AF522104

प्रभात

आधुनिक
हिन्दी शब्दकोश

प्रभात आधुनिक हिन्दी शब्दकोश

कोशकार एवं प्रधान सम्पादक

डॉ. श्याम बहादुर वर्मा

सम्पादक

डॉ. धर्मेन्द्र वर्मा

प्रभात प्रकाशन

Prabhat Adhunik Hindi Shabdakosh

Lexicographer & Chief Editor **Dr. Shyam Bahadur Verma**
Editor **Dr. Dharmendra Verma**

Published by **PRABHAT PRAKASHAN PVT. LTD.**
4/19 Asaf Ali Road, New Delhi-110002 (India)
e-mail: prabhatbooks@gmail.com
₹ 1500.00 ISBN 978-93-5048-479-1

~~★~~

प्रकाशक • **प्रभात प्रकाशन प्रा. लि.**
४/१९ आसफ अली रोड,
नई दिल्ली–११०००२

संस्करण • २०२५
मूल्य • एक हजार पाँच सौ रुपए
मुद्रक • नरुला प्रिंटर्स, दिल्ली

समर्पण

राष्ट्रभक्ति, हिन्दी-निष्ठा और वात्सल्य की मूर्ति
(स्वर्गीय माता जी) डॉ॰ विद्यावती वर्मा,
राष्ट्रभक्त, हिन्दी-प्रेमी और लोकप्रिय शिक्षक
(स्वर्गीय पिताजी) श्री लाल बहादुर वर्मा
तथा
विश्व के सभी हिन्दी-प्रेमियों
को
श्रद्धापूर्वक समर्पित

भूमिका

विचार और व्यवहार के क्षेत्रों में 'भाषा' एक महत्त्वपूर्ण साधन है। इसीलिए किसी भी मानव समाज की संस्कृति और सभ्यता के विकास को मापने में उसकी भाषा के स्वरूप और स्तर की जानकारी अत्यन्त सहायक होती है।

शब्द और अर्थ

भाषा के दो मूल घटक हैं—'शब्द' और 'अर्थ'। किसी शब्द का मूलत: जो अर्थ होता है, कालान्तर में वह महत्त्वपूर्ण बना रहेगा या नहीं—यह तो भविष्य ही निश्चित करता है, क्योंकि परिस्थितियों के प्रभाव से उस शब्द के अर्थ-भण्डार में अनेक नये अर्थ भी जुड़ते रहते हैं।

शब्दकोश

शब्दों की बहुलता और प्राय: उनके अर्थों की बहुसंख्यता के कारण लेखक या वक्ता की बात या तात्पर्य को समझ पाने के लिए विशेष प्रकार के जिस ग्रन्थ की आवश्यकता होती है, उसे उस भाषा का **'शब्दकोश'**, **'शब्दार्थकोश'** या **'कोश'** कहते हैं।

सामान्य रूप में कहा जा सकता है—किसी भाषा का 'शब्दकोश' या 'कोश' ऐसा सन्दर्भ-ग्रन्थ है जिसमें उस भाषा के शब्दों को क्रमपूर्वक देकर उनके अर्थों का ठीक ज्ञान दिया जाता है। परन्तु, वास्तव में शब्दकोश का उपयोग वर्तनी और अर्थ या अर्थों के ज्ञान की प्राप्ति के लिए ही नहीं, शब्द की व्युत्पत्ति, व्याकरणिक कोटि या कोटियों के ज्ञान, विविध प्रयोगों, सम्बद्ध वाग्बन्धों (मुहावरों) के अर्थ-ज्ञान, शब्द के पर्यायों तथा विलोमों की जानकारी इत्यादि के लिए भी महत्त्वपूर्ण है। निस्सन्देह किसी भाषा का उत्तम कोश विद्यार्थियों और सामान्य लोगों के लिए ही नहीं, विद्वानों के लिए भी मार्गदर्शक और ज्ञानवर्धक होता है।

प्रस्तुत शब्दकोश की सामग्री : एक दृष्टि

'आधुनिक हिन्दी शब्दकोश' का उपयोग करने से ठीक पहले, उस सामग्री को ध्यान से देखना **आवश्यक** है जो भूमिका के ठीक बाद और कोश की सारभूत शब्द-अर्थ इत्यादि सामग्री अर्थात् प्रविष्टियों के ठीक पहले समाविष्ट है। भूमिका के इस उत्तर भाग में क्रमश: प्रस्तुत हैं—

१. **देवनागरी लिपि की वर्णमाला और अंक;**

२. ***संकेताक्षर तथा संकेत-चिह्न;***

३. **उदाहरणों में उद्धृत साहित्यकारों तथा कृतियों के नामों के प्रयुक्त रूपों अथवा संकेताक्षरों की सूची;**

४. **हिन्दी के प्रमुख प्रत्यय;**

५. **हिन्दी शब्दों में प्रयुक्त उपसर्ग।**

१. प्रस्तुत कोश की एक प्रमुख विशेषता है इसका **शुद्ध और व्यवस्थित** शब्द-क्रम। इस विषय पर आगे एक परिच्छेद में कुछ विस्तार से कहा जाएगा।

२. एक अन्य विशेषता विशद **वर्ण-परिचय** है। प्रत्येक वर्ण (अ, आ, औ, क, ख,--- स, ह) का यथास्थान (आरम्भ में ही) कुछ उपयोगी परिचय दिया गया है। और, उसके पश्चात् ही प्रविष्टियाँ प्रारम्भ होती हैं।

३. सर्वत्र ही प्रथम प्रविष्टि एकाक्षरी शब्द की है। इस प्रकार संस्कृत के एकाक्षरी कोशों की उपयोगी सामग्री का भी समावेश हो गया है।

४. पाठकों की सुविधा और सामग्री की विविधता को ध्यान में रखकर प्रस्तुत कोश में अनेक प्रकार के मुद्रण-टाइपों का प्रयोग अनेक प्रकार से किया गया है। सभी प्रविष्टियाँ बड़े (अँग्रेजी 'बोल्ड') टाइप में दी गयी है और 'सहप्रविष्टि' (समानार्थक शब्द की प्रविष्टि) भी विकल्प-चिह्न (/) के बाद उसी टाइप में गयी है (**अकिल/अकिलि**)।

५. कोश की एक महत्त्वपूर्ण विशेषता यह भी है कि जिस शब्द में किसी पंचम वर्ण (ङ्, ञ्, ण्, न्, म्) का प्रयोग है, उसे पंचम वर्ण का प्रयोग करके लिखना तो भाषिक दृष्टि से शुद्ध है ही, पंचम वर्ण के स्थान पर बिन्दी (अनुस्वार की बिन्दी के समान) का प्रयोग करके लिखना भी प्रचलित है और ये **दोनों ही रूप क्रमशः प्रविष्टि और सहप्रविष्ट** के रूप में दिए गए हैं; परन्तु, विकल्प-चिह्न का प्रयोग न करके कोष्ठक के साथ, जैसे—पञ्च (पंच)।

६. कोश में किसी प्रविष्टि के पेटे में ही उससे सम्बद्ध कोई प्रविष्टि (या अनेक प्रविष्टियाँ) अर्थात् 'उपप्रविष्टि' (या उपप्रविष्टियाँ) मुख्य प्रविष्टि के पेटे में देने की रीति अपनाकर प्रस्तुत कोश में स्थान की उपयोगी बचत की गयी है। प्रत्येक उपप्रविष्टि के पहले ⁘ चिह्न लगाकर उसे स्पष्ट पहचान दी गयी है। उसकी व्युत्पत्ति न देकर, = चिह्न के बाद शब्द का अर्थ इत्यादि दिया गया है परन्तु शेष बातों (टाइप, अर्थ इत्यादि) में भी वह प्रविष्टि के समान ही प्रस्तुत की गयी है। हिन्दी के दोनों विशाल शब्दकोशों में इस पद्धति को नहीं अपनाया गया था जबकि संस्कृत के अनेक कोशों में इसे अपनाया जाता था। विद्वान् सम्पादकों की उलझन यह थी कि पेटे में दिए गए शब्द यदि अकारादिक्रम से वहाँ उपयुक्त नहीं हैं, तो कोश का पाठक उन्हें कैसे खोज पाएगा। यहाँ इसका उपयोग खोज लिया गया है; प्रस्तुत कोश में दी गयी कोई उपप्रविष्टि यदि क्रमबद्धता में अपने ठीक स्थान पर नहीं है, तो उसकी प्रविष्टि अन्यत्र देकर प्रतिसन्दर्भ में दे॰ (=देखिए) से उपप्रविष्टि तक पहुँचने का मार्ग स्पष्ट कर दिया गया है।

७. शब्द या अर्थ (या दोनों) से सम्बद्ध कोई विशेष जानकारी या उपयोगी टिप्पणी भी अनेक स्थानों पर देना प्रस्तुत कोश की अपनी एक प्रमुख विशेषता है। यह जानकारी या टिप्पणी अर्थ आदि की समाप्ति के बाद एक विशेष सूचक चिह्न (● **विशेष—**) के साथ देने से पाठक को प्रायः विशद अर्थ का ज्ञान होता है या सम्बद्ध विश्वकोशात्मक जानकारी विशेषतः मिलती है।

८. प्रस्तुत कोश की एक महत्त्वपूर्ण विशेषता व्युत्पत्ति-सम्बन्धी है। हर प्रविष्टि के बाद कोष्ठक में शब्द की भाषा और व्युत्पत्ति का निर्देश है। हिन्दी के शब्द-भण्डार में संस्कृत, प्राकृत और अपभ्रंश के अतिरिक्त आधुनिक प्रादेशिक भाषाओं (मराठी आदि) तथा विविध उपभाषाओं (ब्रज, अवधी आदि), विदेशी भाषाओं (फ़ारसी, अरबी, अँग्रेज़ी आदि) के अतिरिक्त सन्थाली आदि जैसी अलग भाषिक पहचान वाले वर्गों की भाषाओं/बोलियों का थोड़ा या बहुत योगदान हुआ है। हिन्दी में अपने ही शब्दों से विकसित अनेक शब्द भी प्रचलित हैं। इन सभी की प्रस्तुत कोश में यथासम्भव प्रामाणिक व्युत्पत्ति निर्दिष्ट/संकेतित है।

जो शब्द विदेशी स्रोत के नहीं हैं और भारतीय स्रोत भी ज्ञात नहीं है, उन्हें 'देशज' कहा गया है। यदि विवेच्य शब्द तत्सम (संस्कृत) है, तो प्रस्तुत कोश में उसकी मान्य व्युत्पत्ति संस्कृत-कोश के आधार पर दी गयी है। व्युत्पत्ति देने से पहले विवेच्य शब्द के व्युत्पादक की भाषा भी संकेतित की गयी है, व्युत्पत्ति-चिह्न (**‹**) का प्रयोग करते हुए—जैसे

अखज—[‹ स॰ अखाद्य]

(उक्त में स॰ = संस्कृत)। व्युत्पत्तियाँ संक्षिप्त रूप में ही दी गयी हैं, अधिक विस्तार में जाना व्युत्पत्ति-कोशों से ही अपेक्षित होता है, शब्दार्थ-कोशों से नहीं।

संस्कृत से भिन्न किसी भाषा से आगत शब्द की भाषागत व्युत्पत्ति अनावश्यक होने के कारण प्रस्तुत कोश में नहीं दी गयी है, केवल उस भाषा का संकेत किया गया है।

यदि किसी शब्द का अर्थ वही है जो उसके व्युत्पादक शब्द का है, तो यह सूचना ≤ चिह्न का प्रयोग करके दी गयी है। और, यदि व्युत्पादक शब्द की कोश में कहीं प्रविष्टि भी है, तो (**दे॰**) अर्थात् 'देखिए' की प्रतिसन्दर्भ-परक सूचना भी दी जा सकती है, जैसे—

अताई—वि॰ ≤ स॰ आततायी। (दे॰)

अर्थात् 'अताई' का अर्थ वही है जो संस्कृत के 'आततायी' का और कोश में 'आततायी' यथास्थान देख लीजिए।

९. व्युत्पत्ति के बाद प्रविष्टि/शब्द की व्याकरणिक कोटि संकेतित है। सर्वनाम, विशेषण इत्यादि सूचक संकेताक्षरों से निर्दिष्ट होते हैं केवल लिंगवाचक पु॰ या स्त्री॰ निर्दिष्ट करके उसे 'संज्ञा' बता दिया जाता है। जब व्याकरणिक कोटि एक से अधिक हो तो कोटियों के अनुसार अलग-अलग अर्थ भी दिये गये हैं।

१०. कभी-कभी शब्द के अर्थ की स्पष्टता के लिए कोई **उदाहरण** देना उपयोगी होता है। ऐसा उदाहरण किसी पुस्तक या पत्र-पत्रिका आदि से भी लिया जा सकता है और अपने द्वारा रचित वाक्य या वाक्यांश के रूप में भी। प्रस्तुत शब्दकोश में ऐसे

उदाहरण देने के पहले, बड़े और तिरछे अछरों में **उदा०** का प्रयोग किया गया है और पुस्तक, लेखक आदि का पर्याप्त सन्दर्भ भी दिया गया है। अपने रचित उदाहरणों के वाक्य या वाक्यांश को उसी टाइप से **जैसे**—के प्रयोग के बाद दिया गया है। कहीं-कहीं **लोकोक्ति** (कहावत) को भी **उदा०** के रूप में दिया गया है। उद्धृत उदाहरण की स्पष्टता के लिए आवश्यकतानुसार उसका अर्थ, या किसी कठिन अंश का कुछ अर्थ-संकेत, भी दिया गया है (जैसे 'अटकि' के 'सूरसागर' से उद्धृत उदाहरण में)।

११. समान वर्तनी परन्तु भिन्न स्रोत से आगत (अर्थात् भिन्न व्युत्पत्ति वाले) शब्दों अर्थात् **समरूप शब्दों में अन्तर करना** आवश्यक होता है। प्रस्तुत कोश में ऐसे शब्दों की अलग-अलग प्रविष्टि दी गयी है और प्रत्येक प्रविष्टि के ऊपर दाहिनी ओर क्रमांक १, २, ३ इत्यादि अंकित कर उनकी व्युत्पत्ति, अर्थ आदि को कोशीय विधि से ही दिया गया है [दे० कुल^{१}, कुल^{२}]।

१२. 'आधुनिक हिन्दी शब्दकोश' की एक विशेषता यह भी है कि उसमें विविध छन्दों (दोहा, सोरठा इत्यादि) की परिभाषा/लक्षण की जानकारी भी प्रविष्टि के अर्थ-क्रम में **(छन्द०)** की पूर्व सूचना के साथ दी गयी है।

१३. साहित्यिक अध्ययन में भाषा के **अलंकारों** का महत्त्वपूर्ण स्थान है। इसी दृष्टि से **'आधुनिक हिन्दी शब्दकोश'** में प्रायः सभी महत्त्वपूर्ण अलंकारों को सामान्य शब्द-क्रम में सँजोया गया है और उनकी परिभाषा विधिवत् दी गयी है।

१४. शब्दों के लाक्षणिक प्रयोग से वाक्याशों में प्रायः चमत्कारी अर्थ आ जाता है और ऐसे **'मुहावरे'** भाषा का सौन्दर्य बढ़ाते हैं। प्रस्तुत कोश में अरबी शब्द **'मुहावरा'** के लिए हिन्दी शब्द **'वाग्बन्ध'** को अपनाते हुए प्रविष्टि में यथा आवश्यकता वाग्बन्ध (मुहावरे) भी शब्द के अर्थ आदि के बाद बड़ी संख्या में सँजोये गये हैं और उनके अर्थ भी स्पष्ट कर दिये गये हैं। कहीं-कहीं उदाहरणार्थ वाग्बद्ध (मुहावरेदार) वाक्यों को भी दिया गया है। वाग्बन्ध देने से पहले सूचनार्थ **वा०** अंकित है। किसी शब्द के सभी वाग्बन्धों को भी अकारादिक्रम से ही व्यवस्थित रूप में प्रस्तुत किया गया है।

१५. 'आधुनिक हिन्दी शब्दकोश' में किसी शब्द का अर्थ स्पष्ट करते समय यथासम्भव उसके एक-दो **पर्यायवाची** देने की सामान्य कोशीय रीति का पालन तो किया ही गया है, अधिक पर्यायवाची शब्दों के संग्रह के जिज्ञासु पाठकों के लिए अन्त में **परिशिष्ट-२** का **'पर्यायवाची कोश'** सन्तोषप्रद होगा। इसके लिए प्रविष्टि में यथास्थान Δ **पर्याय** का संकेत देकर सूचित भी किया गया है।

१६. लिखने-बोलने में पर्यायवाची शब्दों के समान ही **विलोम** शब्दों का महत्त्व है। प्रस्तुत कोश में अनेक शब्दों के विलोम भी ∇ **विलोम** को संकेत देकर प्रस्तुत किये गये हैं।

१७. विगत ५० वर्षों में हिन्दी की विस्तृत **पारिभाषिक शब्दावली** को सरकारी योजना से तैयार किया गया है। मानविकी, विज्ञान की अनेकानेक शाखाओं इत्यादि के अँग्रेज़ी शब्दों के लिए समानार्थक हजारों हिन्दी शब्दों को पुस्तकों, पत्र-पत्रिकाओं इत्यादि में प्रयुक्त देखा जा सकता है। गढ़े गये हजारों शब्दों में से केवल प्रचलित हो चुके पारिभाषिक शब्दों का विवेकपूर्वक संग्रह करके उन्हें **'आधुनिक हिन्दी शब्दकोश'** में प्रविष्टि-रूप में स्थान दिया गया है। ऐसे शब्दों के **समानार्थक अँग्रेज़ी शब्दों को** भी प्रविष्टि के अर्थ आदि के बाद, कोष्ठक में (देवनागरी में ही) दे दिया गया है।

१८. 'आधुनिक हिन्दी शब्दकोश' अनेक दृष्टियों से युगान्तरकारी है। परम्परागत कोशों की सामग्री की अपेक्षा नयी सूझ-बूझ की परिचायक उसकी सात विशेष टिप्पणियाँ भी समाविष्ट हैं—'ह' की प्रविष्टियों के ठीक बाद। इनमें से **भाषिक टिप्पणियाँ** हैं—१. अनुकरनात्मक शब्द, २. निपात, ३. पुनरुक्ति, ४. संकर शब्द, और ५. रंग-सम्बन्धी शब्दावली। इसके बाद एक **वैज्ञानिक टिप्पणी** है—रासायनिक तत्त्व। और, अन्त में समाविष्ट **साहित्यिक टिप्पणी** है—साहित्यिक उपनाम।

सभी हिन्दी कोशकारों और उनके द्वारा रचित कोशों को प्रणाम करते हुए, प्रस्तुत कोश के सुधी पाठकों को प्रस्तुत कोश की कुछ विशेषताओं का ही हमने यहाँ संक्षिप्त परिचय कराया है। कोश का उपयोग करते समय इसकी अन्य अनेक विशेषताएँ भी प्रत्यक्ष होंगी। **जिज्ञासु पाठकों को इस कल्पवृक्ष से वांछित ज्ञान मिल सकेगा। शब्द के किसी अर्थ और वर्तनी की निश्चय-अनिश्चय के हिंडोले में झूलते पाठक के मन के लिए यह निकष (कसौटी) है। अपनी हिन्दी भाषा के शब्द-वैभव और अर्थ-वैभव को प्रत्यक्ष देखकर 'आधुनिक हिन्दी शब्दकोश' के पाठकों का हृदय-कमल प्रफुल्लित होगा और राष्ट्रीय गौरव से मस्तक ऊँचा उठेगा।**

प्रचलित हिन्दी कोशों में शब्दों का भ्रष्ट क्रम

संस्कृत भाषा के शब्दकोशों में शब्द-क्रम की शुद्ध परम्पारा रही है और आज भी मिलती है; परन्तु हिन्दी के अभी तक

प्रकाशित विशाल अथवा छोटे शब्दकोशों में भी शब्दक्रम की जो भयंकर ग़लतियाँ की गयी हैं, उन पर एक विद्वान् लेखक (पूर्व अध्यक्ष, कला संकाय, कुमाऊँ विश्वविद्यालय) अलीगढ़ निवासी (३९८, आवास विकास कालोनी, सासनी गेट) डा. राकेश गुप्ता की १९९४ ई॰ में प्रकाशित, छोटी-सी परन्तु अति तर्कपूर्ण कृति 'हिन्दी कोशों का भ्रष्ट शब्दक्रम' (प्रकाशक, तारामण्डल, अलीगढ़, उ॰प्र॰) ने पर्याप्त प्रकाश डाला है। निस्सन्देह यह पुस्तक पठनीय है, प्रशंसनीय है।

प्रचलित हिन्दी कोशों में शब्द-क्रम-सम्बन्धी जिस भ्रामक नीति को अपनाया गया है, उससे विदेशी हिन्दी-अध्येताओं को अधिक उलझन होती है क्योंकि वे अपनी भाषा के कोशों में विद्यमान शुद्ध शब्द-क्रम के अभ्यस्त होते हैं। 'आधुनिक हिन्दी शब्दकोश' में व्यवस्थित और शुद्ध वर्णानुक्रम के कारण ही सर्वत्र व्यवस्थित और शुद्ध शब्द-क्रम रहा है और प्रत्येक पाठक अपने वांछित शब्द की प्रविष्टि को, बिना किसी उलझन में पड़े, खोज सकता है। हिन्दी कोशों की उक्त शब्द-क्रम-भ्रष्टता से सम्बन्धित **कुछ प्रमुख बिन्दु** इस प्रकार कहे जा सकते हैं—

१. **शब्द-क्रम में अनुस्वारयुक्त शब्दों का स्थान;**

२. **शब्द-क्रम में विसर्गयुक्त शब्दों का स्थान;**

३. **शब्द-क्रम में व्यंजनान्त शब्दों का स्थान;**

४. **शब्द-क्रम में उन शब्दों का स्थान जिनमें वर्गों के पंचम वर्णों (ङ्, ञ्, ण्, न्, म्) के स्थान पर शिरोरेखा के ऊपर बिन्दी प्रयुक्त है;**

५. **शब्द-क्रम में क्ष, त्र, ज्ञ से युक्त शब्दों का स्थान;**

६. **शब्द-क्रम में चन्द्रबिन्दु (ँ) से युक्त शब्दों का स्थान।**

'**आधुनिक हिन्दी शब्दकोश**' में प्रयुक्त शब्द-क्रम की व्यवस्थित और शुद्ध रीति-नीति समझ लेने के बाद पाठक आश्वस्त और आत्मनिर्भर हो जाता है और कोश की विस्तीर्ण वनस्थली में निर्भयतापूर्वक तथा आनन्दसहित विचरण कर सकता है।

प्रस्तुत कोश में शब्द-क्रम

१. '**आधुनिक हिन्दी शब्दकोश**' की सबसे पहली और बड़ी विशेषता उसका व्यवस्थित और शुद्ध शब्दक्रम है जो इस नियम पर आधारित है कि **हिन्दी कोश में शब्द-क्रम को हिन्दी वर्णमाला के क्रम के अनुसार होना चाहिए।**

तदनुसार ही प्रथम तो सभी शब्दों को वर्णमाला के स्वरों और व्यंजनों अ, आ···औ, क, ख···स, ह के क्रम से अलग-अलग रखा गया है। यह ध्यान में रखा गया है कि व्यंजन वर्ण व्याकरण आदि में उच्चारण सुविधा के लिए भले क, ख, ग, घ इत्यादि लिखा जाए, **व्यंजन वर्ण वास्तव में हलन्त ही है अर्थात् क्, ख्, ग्, घ्,···**। यह भी ध्यान में रखने योग्य है कि व्यंजन का उच्चारण उसमें स्वर मिलने पर ही सुविधा से हो सकता है। व्यंजन से व्यंजन का योग भी कोई स्वर मिलने पर ही सुविधापूर्वक हो सकता है जबतक व्यंजन शब्द के अन्त में न हो। **व्यंजन मूल रूप में हल् चिह्न से युक्त होता है और जिस स्वर से वह मिलता है, उसकी मात्रा लेकर 'व्यंजन' 'वर्ण' न रहकर 'अक्षर' बन जाता है।** अतः इस प्रकार समझना चाहिए—

क् + अ = क, क् + आ = का,

क् + इ = कि, क् + ई = की,

क् + उ = कु, क् + ऊ = कू,

क् + ऋ = कृ, क् + ए = के,

क् + ऐ = कै, क् + ओ = को,

क् + औ = कौ।

जिस शब्द के अन्त में कोई 'स्वर' हो, उसे '**स्वरान्त**' कहा जाता है। जिस शब्द के अन्त में कोई व्यंजन (हलन्त) हो, उसे '**व्यंजनान्त**' कहा जाता है। जिस शब्द के अन्त में विसर्ग हो, उसे '**विसर्गान्त**' कहा जाता है। हिन्दी शब्द स्वरान्त, व्यंजनान्त और विसर्गान्त—तीनों प्रकार के होते हैं। उदाहरणार्थ, 'आप' के अन्त में 'अ' है अतः यह स्वरान्त है; 'कमला' के अन्त में 'आ' है अतः यह स्वरान्त है; 'गुरु' के अन्त में 'उ' है अतः यह स्वरान्त है।

व्यंजनान्त शब्दों के उदाहरण हैं—वाक्, जगत्, शरद् इत्यादि। विसर्गान्त शब्द तत्सम (संस्कृत) ही होते हैं और उनके उदाहरण कम ही मिलते हैं—अतः, अन्ततः, पुनः, प्रायः, विशेषतः इत्यादि। **शब्दों का शुद्ध कोशीय क्रम उनकी वर्तनी से सम्बद्ध रहता है**—'जगत्' के बाद 'जगत', 'अन्त' के बाद 'अन्तःकरण' इत्यादि।

२. अनेक शब्दों में व्यजनों का परस्पर योग भी होता है। युक्त व्यंजन या व्यंजन-गुच्छ में व्यंजनों के क्रमानुसार उनका कोशीय क्रम निश्चित रहता है, स्वर-मात्राओं आदि का ध्यान रखते हुए। उदाहरणार्थ, 'रक्त', 'निष्ठा' और 'दन्त्य' शब्दों में क्रमशः ध्वनियाँ देखिए—

रक्त = र् + अ + क् + त् + अ

निष्ठा = न् + इ + स् + ठ् + आ

दन्त्य = द् + अ + न् + त् + य् + अ

संयुक्त व्यंजनों के कुछ विशिष्ट रूप भी परम्परा में मान्य रहे हैं जैसे द्य **(द्+य्+अ)**—विद्या, उद्यत आदि। आजकल कुछ संयुक्त रूपों का प्रयोग न करके हलन्त रूप में व्यंजन बनाकर भी लिखना प्रचलित है, जैसे विद्‌या, उद्‌यत। **'आधुनिक हिन्दी शब्दकोश'** की प्रविष्टियों में दोनों ही रूप दिये गये हैं—

विद्‌या (विद्या); उद्‌यत (उद्यत)।

क्ष, त्र और **ज्ञ** का प्रयोग अनेक शब्दों में होता है और यह भ्रम भी अनेक विद्यार्थियों आदि को होता है कि ये क, ख आदि के समान ही व्यंजन हैं। कोश के पाठकों को यह ध्यान में रखना चाहिए कि क्ष, त्र, और ज्ञ व्यंजन नहीं हैं (वर्णमाला की प्राथमिक पुस्तक में दिये जाने वाले) बल्कि व्यंजनों के योग से बने विशिष्ट रूप हैं। ध्यान में रखने योग्य है कि

क्ष् = क् + ष् तथा क्ष = क् + ष् + अ;

त्र् = त् + र् तथा त्र = त् + र् + अ;

ज्ञ = ज् + ञ् तथा ज्ञ = ज् + ञ् + अ।

इसलिए कोश में 'क्ष' से आरम्भ होनेवाले शब्दों (क्षमता, क्षय, क्षत्रिय) को 'क' के शब्दों में देखना चाहिए, 'त्र' से आरम्भ होनेवाले शब्दों (त्रयी, त्रिलोक, त्रुटि) को 'त' के शब्दों में और 'ज्ञ' से आरम्भ होनेवाले शब्दों (ज्ञान, ज्ञेय) को 'ज' के शब्दों में। 'ज्ञ' का 'ज्ञ' उच्चारण संस्कृतज्ञ तो करते हैं परन्तु हिन्दी में सैकड़ों वर्षों से इसे 'ग्य' ही बोला जाता है। उदाहरणार्थ, यज्ञ ही शुद्ध है, तत्सम है और 'यग्य' तथा 'जग्य' उसके तद्भव रूप समझने चाहिए।

३. हिन्दी वर्णमाला के **'अं' और 'अः' स्वर नहीं है,** वे स्वरों के साथ प्रयुक्त होनेवाली दो विशेष ध्वनियों के वाचक हैं—क्रमशः **'अनुस्वार'** और **'विसर्ग'**।

अनुस्वार एक प्रकार की विशेष ध्वनि का चिह्न है जो स्वर से युक्त होकर और वर्णमाला के **अन्तिम आठ व्यंजनों (य, र, ल, व, श, ष, स, ह) में से ही किसी के ठीक पहले आ सकता है। अं के समान ही आं, इं, ईं,...ओं, औं वाले अनुस्वारयुक्त शब्द** हो सकते हैं, जैसे—अंश, आंशिक, अंस, कंस, संयोग, संरक्षित, संलग्न, संवत्, संशय, संहार, सिंह। ध्यान रखने योग्य है कि अनुस्वार का प्रयोग किसी स्वर के बाद ही हो सकता है और निर्दिष्ट आठ व्यंजनों में से किसी के पहले ही ध्वनियों के विश्लेषण से शब्द में प्रयुक्त अनुस्वार को सरलता से समझा जा सकता है—

कंस = क् + अं + स् + अ,

संवत् = स् + अं + व् + अ + त् + अ,

संहार = स् + अं + ह् + आ + र् + अ।

हिन्दी वर्णमाला में **अनुस्वार का स्थान सुनिश्चित है—स्वरों के बाद और व्यंजनों से पहले।** 'आधुनिक हिन्दी शब्दकोश' में तदनुसार ही उसका स्थान है। कोश का आरम्भ 'अ' से होता है, न कि 'अं' से। 'अकारादिक्रम' होता है, 'अंकारादिक्रम' नहीं। अंश, अऋण और अतएव का क़ोशीय क्रम होना चाहिए—अऋण, अंश, अतएव। अनेक कोशों में ग़लत क्रम मिलते हैं।

शब्दों के बीच में अनुस्वारयुक्त अक्षर होने पर भी क्रम-निर्धारण का नियम वही रहता है।

४. विसर्ग भी स्वरयुक्त ही प्रयुक्त होता है। शब्दों के मध्य या अन्त में ही विसर्ग हो सकता है, जैसे—दुःख, अन्तःकरण, अन्ततः, प्रायः। विसर्गयुक्त शब्द की ध्वनियों के विश्लेषण से यह जाना जा सकता है कि उसमें किस स्वर के साथ

विसर्ग प्रयुक्त है, जैसे—'अतः' में 'अः' है और 'दुःख' में 'दुः'। हिन्दी में विसर्गयुक्त शब्द बहुत कम हैं और वे तत्सम (संस्कृत) ही हैं। **कोशीय क्रम में अनुस्वार के बाद ही विसर्ग का स्थान होता है अर्थात् स्वरों के बाद अनुस्वार और उसके तत्काल बाद ही 'विसर्ग' का स्थान होता है।**

५. कवर्ग आदि पाँच वर्गों के अन्तिम वर्णों—ङ्, ञ्, ण्, न्, म्—का यथास्थान परम्परागत प्रयोग संयुक्त अक्षरों में लेखन में होता रहा। परन्तु लगभग १०० वर्ष से हस्तलेखन, टंकण, मुद्रण इत्यादि में सुविधा के लिए पंचम वर्णों के स्थान पर बिन्दी (अनुस्वार की बिन्दी) को ही प्रयुक्त किया जाना प्रचलित हो गया, जैसे—शङ्कर→शंकर, मञ्च→मंच, ठण्ड→ठंड, सन्देश→संदेश, सम्पर्क→संपर्क। उस समय यह रीति भ्रामक नहीं मानी गयी थी क्योंकि अनुनासिक ध्वनि (ङ्, ञ्, ण्, न्, म्) या उसकी बिन्दी के बाद जिस वर्ग का वर्ण है, उसी वर्ग के पंचम वर्ण का ही प्रयोग **निश्चित** है, जैसे 'शंकर' में 'क' के कारण 'कवर्ग' का पंचम वर्ण 'ङ्' समझना सरल है (शंकर=शङ्कर) और 'संपर्क' में 'प' के कारण 'पवर्ग' का पंचम वर्ण 'म' समझना भी सरल है (संपर्क=सम्पर्क)। परन्तु भ्रामक स्थिति विगत कुछ वर्षों में उत्पन्न हुई **जब य, र, ल, व, श, ष, स, ह के ही पहले आनेवाली अनुस्वार की बिन्दी और पंचम वर्णों के लिए सुविधार्थ प्रचलित बिन्दी का अन्तर ही भुला दिया गया** और वर्णमाला की उपेक्षा करके कोशीय शब्द-क्रम भ्रष्ट कर दिया गया। डा॰ राकेश गुप्ता ने प्रचलित शब्दकोशों में इसी भयंकर भूल पर प्रहार करते हुए लिखा है—"**इस प्रकार हिन्दी के कोशकारों ने एक ओर तो अनुस्वार का स्थान अ-औ से पहले रख दिया है, वहीं दूसरी ओर उसे ङ्, ञ्, ण्, न् और म् से भी पीछे ढकेल दिया है। उनका यह अराजकतापूर्ण कार्य न तो शास्त्रसम्मत है, न तर्कसंगत और न परम्परासिद्ध।**"

इन भ्रमित कोशकारों ने इस बात पर ध्यान नहीं दिया कि 'बन्दर' लिखो या 'बंदर', शब्दकोश में उसकी **प्रविष्टि का स्थान तो एक ही रहना चहिए।**

अनुस्वार-सम्बन्धी अज्ञान का कुप्रभाव हिन्दी कोशों में कुछ अन्य रूपों में भी देखा जा सकता है। 'अन्न' को 'अंन', 'सम्मान' को 'संमान' लिखने की भयंकर स्थिति भी आ गयी। वर्गों के पंचम वर्णों का महत्त्व न जाननेवाला व्यक्ति 'पराङ्मुख', 'विषण्ण', इत्यादि शब्दों को शुद्ध लिख ही नहीं सकता। 'अन्य' को 'अंय' नहीं लिखा जा सकता और न 'साम्य' को 'सांय'। यह तो **हास्यास्पद स्थिति** ही है कि 'मङ्गल', 'चञ्चल', 'ठण्डा', 'सुन्दर' और 'सम्पादक' को अशुद्ध कहा जाए और उनके स्थान पर क्रमशः 'मंगल', 'चंचल', 'ठंडा', 'सुंदर' और 'संपादक' को शुद्ध। **यह बात तो सदा स्मरणीय है कि कवर्ग आदि पाँच वर्गों के किसी पंचम वर्ण के बाद अपने वर्ग के अतिरिक्त किसी वर्ग का कोई वर्ण आये या वही पंचम वर्ण फिर आये तो पंचम वर्ण के स्थान पर बिन्दी लगाना अशुद्ध है।** उदाहरणार्थ—वाङ्मय, कन्या, सन्निधि, सम्मान, सौम्य, अम्ल, आम्र इत्यादि शब्दों को इसी रूप में लिखा जा सकता है। इसी प्रकार संयम, संरक्षण, संवत्, वंश, कंस, संहार इत्यादि शब्दों को भी इसी रूप में लिखा जा सकता है।

'आधुनिक हिन्दी शब्दकोश' में शब्द-क्रम को शुद्ध और व्यवस्थित रखते समय **शब्दों की वर्तनी की शुद्धता का भी ध्यान रखा गया है।**

६. 'चन्द्रबिन्दु' से युक्त अनुनासिक स्वर हिन्दी भाषा की अपनी विशेषता है। यह संस्कृत इत्यादि से प्राप्त ध्वनि नहीं है। यह अनुनासिक ध्वनि है परन्तु पंचम वर्णों की अपेक्षा बहुत हल्की है। इसका चिह्न चन्द्रबिन्दु (ँ) अँ, आँ, इँ इत्यादि के रूप में स्वरों से युक्त होकर ही प्रयुक्त होता है, जैसे—अँधेरा, साँप, छींक, रेंगना, सौंपना।

चन्द्रबिन्दु को अनुस्वार से भिन्न **अर्थभेदक** ध्वनि के रूप में समझना महत्त्वपूर्ण है (जैसे 'हँस' और 'हंस' में अन्तर है)। हिन्दी के बहुत शब्दों में चन्द्रबिन्दु का प्रयोग होता है। अनेक पूर्वप्रकाशित कोशों में चन्द्रबिन्दु, अनुस्वार और पंचम वर्ण की बिन्दी में कोई भेद न करने से शब्द-क्रम अशुद्ध हो गया है। **'आधुनिक हिन्दी शब्दकोश' में चन्द्रबिन्दु से युक्त शब्दों का स्थान उनके स्वर के अनुसार ही सुनिश्चित है। 'अ' के बाद आनेवाले द्वितीय वर्ण के क्रम में 'ह' तक के शब्द हो जाने पर अँ वाले शब्द रखे गए हैं,** जैसे—'अँकटा', 'अँकटी' इत्यादि शब्द 'अहोरि-बहोरि' तथा 'अह्रीक (अह्लीक)' के बाद हैं। **इसी प्रकार आँ⋯औं के विषय में समझना चाहिए।**

७. हिन्दी में अरबी-फ़ारसी के अनेक शब्दों को अपनाने के कारण कुछ विशेष ध्वनियों को व्यक्त करने के लिए नीचे लगी बिन्दी वाले पाँच वर्णों **क़, ख़, ग़, ज़, फ़**, का प्रयोग होता है। 'ड़' और 'ढ़' हिन्दी में पहले से ही प्रयुक्त होते रहे हैं। सामान्य हिन्दीभाषी जो अरबी-फ़ारसी या उर्दू नहीं पढ़ा है, क़, ख़ आदि पाँचों को क्रमशः क, ख, ग, ज, फ ही बोलता है।

'क़लम' को 'कलम', 'ख़ाली' को 'खाली', 'गायब' को 'ग़ायब', 'ज़मीन' को 'जमीन', 'सफ़र' को 'सफर' और 'फ़ेल' को 'फेल' ही बोलते करोड़ों हिन्दीभाषी दिखते हैं परन्तु 'कौड़ी', 'गाड़ी', 'खड़ी', 'बड़े', 'गढ़', 'बाढ़', 'ओढ़नी' के 'ड़' या 'ढ़' का ठीक उच्चारण सहज ही सर्वत्र होता है।

'आधुनिक हिन्दी शब्दकोश' में इन सात ध्वनियों **क़, ख़, ग़, ज़, ड़, ढ़** को क्रमशः **क, ख, ग, ज, ड, ढ** के अन्तर्गत और उनके समतुल्य ही माना गया है, परन्तु इस प्रतिबन्ध के साथ कि यदि किन्हीं दो शब्दों की वर्तनी प्रायः समान हो और उनमें नीचे की बिन्दी-रहित और बिन्दी-युक्त होने का ही अन्तर हो, तो बिन्दी-रहित व्यंजन वाला शब्द पहले आएगा और अन्य शब्द उसके ठीक बाद। उदाहरणार्थ, 'जीना' और 'ज़ीना' में 'जीना' की प्रविष्टि पहले होगी और उसके ठीक पश्चात् 'ज़ीना' की प्रविष्टि होगी।

इसी प्रकार 'फन' और 'फ़न' में 'फन' की प्रविष्टि पहले और 'फ़न' की बाद में होगी। अँग्रेज़ी के कुछ शब्दों की 'फ़' ध्वनि ('फेल' आदि शब्दों में) के लिए भी उपर्युक्त व्यवस्था ही है। अन्य कुछ ध्वनियों (जैसे अँग्रेज़ी में 'डॉक्टर' की हल्की-सी 'ओ' ध्वनि का चिह्न) हिन्दी-उच्चारण में अप्रचलित है और कोश-दृष्टि से महत्त्वहीन है।

७. **'आधुनिक हिन्दी शब्दकोश'** में अपने वांछित शब्द का अर्थ आदि जानने के लिए पाठक को प्रविष्टियों और उनकी उपप्रविष्टियों को क्रमशः देखना चाहिए। उपप्रविष्टियाँ अपने कोशीय क्रम की दृष्टि से प्रायः ठीक रखी होती हैं। परन्तु यदि कोशीय क्रम की दृष्टि से अन्यत्र होनी चाहिए तो उसकी प्रविष्टि वहाँ भी देकर और **प्रतिसन्दर्भ** (अ॰ क्रास रेफ़रेंस) देकर आवश्यक निर्देश कर दिया गया है—**दे॰...**। इस निर्देश को पाकर पाठक को कोई उलझन नहीं होती। 'दे॰....' का संकेत-चिह्न सर्वत्र ही कोई उपयोगी निर्देश करता है।

८. आधुनिक काल की मानक हिन्दी के शब्दों के अतिरिक्त प्राचीन और मध्यकालीन साहित्य में प्रयुक्त ऐसे सहस्रों शब्दों को भी **'आधुनिक हिन्दी शब्दकोश'** में स्थान मिला है जो ब्रजभाषा, अवधी इत्यादि के हैं। प्रस्तुत कोश में यह बताने के लिए दो विशेष चिह्नों (* और **†**) में से किसी का प्रयोग प्रविष्टि/शब्द के पहले किया गया है। इसका अर्थ भी संकेत-चिह्नों की सूची में स्पष्ट कर दिया गया है। तदनुसार शब्द के पहले अंकित ये चिह्न सूचित करते हैं कि * चिह्न से युक्त प्रस्तुत शब्द मानक हिन्दी में प्रयुक्त नहीं होता और प्रायः कविता में ही प्रयुक्त हुआ है तथा **†** चिह्न से युक्त प्रस्तुत शब्द प्रायः बोलचाल में ही प्रयुक्त शब्द हैं।

पाठकों से अनुरोध

प्रस्तुत **'आधुनिक हिन्दी शब्दकोश'** में बहुत सामग्री सँजोकर उसे विश्व-भर के हिन्दी-पाठकों के लिए अत्यन्त उपयोगी बनाने का निष्ठापूर्ण प्रयत्न किया गया है। ग्रन्थ की गुणवत्ता और सामग्री बढ़ाने में पृष्ठ-संख्या भी नियन्त्रक रहती है। निस्सन्देह **किसी भी कोश को न तो कभी 'पूर्ण' कहा जा सकता है और न दोषरहित।** क्योंकि समय-परिवर्तन के साथ-साथ भाषा में नये शब्द भी जुड़ते जाते हैं और नये अर्थ भी। फिर भी, प्रबुद्ध पाठकों से हमारा एक अनुरोध है। अनुरोध यह है कि प्रस्तुत कोश-सामग्री का धैर्यपूर्वक अवलोकन तथा उपयोग करते हुए, उसके जो दोष या अभाव उनके ध्यान में आएँ, उनकी सूचना हमें देने की कृपा करें ताकि अगले संस्करण संशोधित और परिष्कृत हो सकें।

हार्दिक धन्यवाद

कोश की योजना १९९० ई॰ के आरम्भ से ही क्रियान्वित होते-होते लगभग बीस वर्ष में कार्य पूर्णता तक पहुँचा है। इसमें अपने-अपने प्रकार से सहायक रहे विविध सहयोगियों तथा हितैषियों की पूरी सूची तैयार कर पाना तो आज असम्भव ही है। उक्त कार्य के लिए हिन्दी-प्रेमी विद्वानों, परिश्रमी विद्यार्थियों, आत्मीय जनों इत्यादि का जो सहयोग हमें नियमित या समय-समय पर मिला, उसी के कारण कोश-कार्य पूर्ण हो सका। हिन्दी-सेवा के इस ठोस कार्य में थोड़ा या बहुत समय देकर सहयोग करनेवाले इन सभी को आज हार्दिक धन्यवाद देने में हमें आनन्द का अनुभव हो रहा है।

दिवंगतों को नमन

कोश-रचना में अपने विस्तृत ज्ञान और अनुभव से समय-समय पर सहयोग देनेवाले दिवंगत महानुभावों को सर्वप्रथम प्रणाम। इनमें जो स्मरण आ रहे हैं, वे हैं—

- माताजी **डॉ॰ विद्यावती वर्मा** (चिकित्सक, बरेली),
- मित्रवर **ओमप्रकाश अग्रवाल** (शिक्षक और लेखक, बरेली),
- मित्रवर **नवाबसिंह चौहान** (सम्पादक, प्रभात प्रकाशन, दिल्ली),
- मित्रवर **हेमचन्द्र कौशिक** (सरकारी संस्थान 'सेल' के प्रबन्धक (हिन्दी) पद से सेवा-निवृत्त, दिल्ली),
- मित्रवर **देवेशचन्द्र शर्मा** (सेवानिवृत्त, पारिभाषिक शब्दावली के विशेषज्ञ, दिल्ली)

उक्त दिवगंतों को हार्दिक नमन।

सहयोगियों की एक विशेष पंक्ति

कोश-कार्य में अनेक प्रकार से सहयोगी रहे हमारे पारिवारिक जनों का उल्लेख महत्त्वपूर्ण है। मेरे अनुज **डॉ॰ धर्मेन्द्र वर्मा** (भूतपूर्व प्राचार्य), उनकी जीवनसंगिनी **डॉ॰ शशि वर्मा** (रीडर, अँग्रेज़ी विभाग, एम॰ एम॰ एच॰ कालिज, ग़ाज़ियाबाद), पुत्री **सौम्या भारती** (पत्रकार, एन.डी.टी.वी., दिल्ली), पुत्र **सिद्धार्थ वर्मा** (इंजीनियर, सम्प्रति अमरीका में) तथा छोटी पुत्री **सुमेधा वर्मा** (इंजीनियरिंग छात्रा, दिल्ली)—कोश-कार्य में इन सभी का प्रशंसनीय और अनेकविध सहयोग विगत १२ वर्षों से (नियमित-अनियमित) रहा है।

धर्मेन्द्र जी के विज्ञान, गणित, शिक्षा इत्यादि के विशेष ज्ञान का लाभ कोश-कार्य में पिछले कुछ वर्षों से ही हो सका। और, यह सहयोग सम्पादन-सहयोग के रूप में उस विशेष अवसर पर बदल गया जब अपने नेत्रों की दृष्टि मन्द हो जाने के कारण मैं विवशता अनुभव कर रहा था। सम्पूर्ण ग्रन्थ को अपनी दृष्टि से जाँचने-परखने में तथा प्रूफ़ों के संशोधन में उन्होंने बहुत परिश्रम किया। इसी कारण डा॰ धर्मेन्द्र वर्मा मेरे साथ ही, 'आधुनिक हिन्दी शब्दकोश' के सम्पादक के रूप में प्रतिष्ठित हैं। अपने अनुज को तथा उक्त सभी पारिवारिक जनों को धन्यवाद देना तो विचित्र लगता है। अतः इन्हें हार्दिक आशीर्वाद।

कुछ विशेष महत्त्वपूर्ण सहयोगी

कोश-कार्य के कार्यालय-सम्बन्धी तथा कोश-सम्बन्धी विविध कार्यों में नियमित रूप से अत्यन्त परिश्रमपूर्वक तथा अनुशासनपूर्वक सहयोग देनेवाले कुछ-कुछ वर्षों के सहयोगी यहाँ विशेष स्मरणीय हैं—

- **श्री रामशरण गुप्ता** (दिल्ली),
- **श्री अतुल गुप्ता** (दिल्ली),
- **सुश्री नीलम बावा** (दिल्ली),
- **कु॰ नीलम** (दिल्ली),
- **श्रीमती सुनीता जैन** (उपाख्य शुभांगी, दिल्ली)

उक्त सभी को हार्दिक धन्यवाद।

अमूल्य सहयोगी पुस्तकालय

अपना पुस्तक-संग्रह समृद्ध होने पर भी अन्य अनेक स्थानों से वांछित पुस्तकों को एकत्र करने पर ही कोश-कार्य अबाध गति से आगे बढ़ सका। विशेषतः **पी॰ जी डी॰ ए॰ वी॰ सान्ध्य कालिज** (दिल्ली विश्वविद्यालय) का उपयोग हुआ। सहायक रहे सभी पुस्तकालयों के पुस्तकालयाध्यक्षों और कर्मचारियों को हार्दिक धन्यवाद।

कार्य की पूर्णता : मूल कारण

अनेक बाधाओं को पार करते हुए यह कार्य आज पूर्ण हो रहा है। इस पूर्णता में परिश्रम, सहयोगियों का सहयोग इत्यादि अनेक क़ारण प्रतीत होते हैं। परन्तु, वास्तव में इन सबके पीछे मूल कारण है—परम शक्तिमान ईश्वर की इच्छा।

कोटि-कोटि प्रणाम

जिन्होंने हमें अपना यन्त्र बनाकर **भारत माता** की साहित्यिक पूजा में हमारा भी योगदान कराया और **माता सरस्वती** की अर्चना में एक दिव्य पुष्प अर्पित करने का पुण्य प्राप्त कराया, उन **जगन्माता महाशक्ति और परम शक्तिमान के प्रति कोटि-कोटि प्रणाम।**

—श्याम बहदुर वर्मा
कोशकार तथा प्रधान सम्पादक

देवनागरी लिपि की वर्णमाला और अंक

१. वर्णमाला

हिन्दी भाषा में देवनागरी वर्णमाला के निम्नलिखित 'स्वर' तथा 'व्यंजन' हैं—

१. स्वर

अ, आ, इ, ई, उ, ऊ, ऋ, ए, ऐ, ओ, औ।

२. व्यंजन

क, ख, ग, घ, ङ,	(कवर्ग)
च, छ, ज, झ, ञ,	(चवर्ग)
ट, ठ, ड, ढ, ण,	(टवर्ग)
त, थ, द, ध, न	(तवर्ग)
प, फ, ब, भ, म,	(पवर्ग)
य, र, ल, व,	(अन्तःस्थ)
श, ष, स, ह।	(ऊष्म)

तथा ड़, ढ़ जो हिन्दी भाषा में स्वयं विकसित व्यंजन हैं और **क़, ख़, ग़, ज़, फ़ जो अरबी-फ़ारसी इत्यादि से** आगत अनेक शब्दों में प्रयुक्त होते हैं। परन्तु हिन्दीभाषी इन्हें प्रायः क्रमशः **क, ख, ग, ज, फ** ही बोलते हैं।

● **विशेष**—(१) व्यंजनों को संस्कृत व्याकरण में 'हल्' भी कहा जाता है। हल् का चिह्न '्' है, जैसे क्, ख्, ग् इत्यादि। **व्यंजन वर्णों का शुद्ध स्वरूप 'हलन्त' ही है अर्थात् स्वररहित।** परन्तु व्यंजन ध्वनि को स्वररहित बोलना प्रायः असम्भव है अतः वर्णमाला को प्रायः क्, ख्, ग्...न लिखकर क, ख, ग,'''लिखा जाता है जिसमें प्रत्येक व्यंजन के अन्त में 'अ' उच्चारित है।(२) सभी स्वरों की अपनी-अपनी '**मात्रा**' होती है परन्तु 'अ' की कोई मात्रा अलग से नहीं दिखती और हलन्त चिह्न से रहित होने तथा अन्य कोई मात्रा न दिखने पर उस व्यंजन में 'अ' की मात्रा लगी है, ऐसा समझ में आ जाता है। **इसीलिए व्यंजनों के मात्रायुक्त रूप क्रमशः**

ा, ि, ी, ु, ू, ृ, े, ै, ो, ौ

से युक्त होकर इस प्रकार लिखे जाते हैं—क, का, कि, की, कु, कू, कृ, के, कै, को, कौ, ख, खा, खि, खी, खु, खू, खे, खै, खो, खौ, ग, गा, गि, गी, गु, गू, गृ, गे, गै, गो, गौ इत्यादि।

३. संयुक्त व्यंजन

दो व्यंजनों के परस्पर मिलने पर उनके संयुक्त रूप बनते हैं, जैसे—क् + क = क्क, च् + छ = च्छ, द् + र = द्र,...। ऐसे अनेक संयुक्त व्यंजनों में से निम्नलिखित विशिष्ट रूप वाले हैं—

क्ष = क् + ष् + अ = क् + ष
त्र = त् + र् + अ = त् + र
ज्ञ = ज् + ञ् + अ = ज् + ञ

४. अनुस्वार, विसर्ग और अनुनासिक के चिह्न

'**अनुस्वार**' का चिह्न (शिरोरेखा के ऊपर लगनेवाला बिन्दु) [ं] है, जैसे—अं, उं, कुं, तुं...।

'**विसर्ग**' का चिह्न अक्षर या शब्द के बाद उपर-नीचे लगे दो बिन्दु [:] है, जैसे—कः, तिः ...।

'**अनुनासिक**' का चिह्न 'चन्द्रबिन्दु' ँ है, जैसे—अँ, आँ, इँ, ...कँ, काँ,....माँ, मँ,....साँ, सिँ,...हँ, हाँ....।

२. (क) अंक

० , १ , २ , ३ , ४ , ५ , ६ , ७ , ८ , ९

२. (ख) एक से सौ तक संख्यावाचक शब्दों का मानक रूप

एक	इक्कीस	इकतालीस	इकसठ	इक्यासी
दो	बाईस	बयालीस	बासठ	बयासी
तीन	तेईस	तैंतालीस	तिरसठ	तिरासी
चार	चौबीस	चवालीस	चौंसठ	चौरासी
पाँच	पच्चीस	पैंतालीस	पैंसठ	पचासी
छह	छब्बीस	छियालीस	छियासठ	छियासी
सात	सत्ताईस	सैंतालीस	सड़सठ	सतासी
आठ	अट्ठाईस	अड़तालीस	अड़सठ	अठासी
नौ	उनतीस	उनचास	उनहत्तर	नवासी
दस	तीस	पचास	सत्तर	नब्बे
ग्यारह	इकतीस	इक्यावन	इकहत्तर	इक्यानवे
बारह	बत्तीस	बावन	बहत्तर	बानवे
तेरह	तैंतीस	तिरपन	तिहत्तर	तिरानवे
चौदह	चौंतीस	चौवन	चौहत्तर	चौरानवे
पन्द्रह	पैंतीस	पचपन	पचहत्तर	पचानवे
सोलह	छत्तीस	छप्पन	छिहत्तर	छियानवे
सत्रह	सैंतीस	सतावन	सतहत्तर	सतानवे
अठारह	अड़तीस	अठावन	अठहत्तर	अठानवे
उन्नीस	उनतालीस	उनसठ	उनासी	निन्यानवे
बीस	चालीस	साठ	अस्सी	सौ

कोश में प्रयुक्त संकेताक्षर तथा संकेत-चिह्न

१. संकेताक्षर

अ॰ = अँग्रेज़ी भाषा।
अंक॰ = अंकगणित।
अनु॰ = अनुकरणात्मक/ध्वन्यात्मक।
अप॰ = अपभ्रंश भाषा।
अरबी॰ = अरबी भाषा।
अर्थ॰ = अर्थशास्त्र/वाणिज्य।
अवधी = अवधी भाषा।

आयु॰ = आयुर्विज्ञान/चिकित्साविज्ञान।

इति॰ = इतिहास।
ई॰ = ईसवी।
ई॰पू॰ = ईसा पूर्व।

उदा॰ = उदाहरण।

क॰ = कबित्त।
काव्य॰ = काव्यशास्त्र /साहित्यशास्त्र।
कृषि॰ = कृषिविज्ञान।
कोश॰ = कोशविज्ञान।
क्रिअ॰ = क्रिया अकर्मक, अकर्मक क्रिया।
क्रिस॰ = क्रिया सकर्मक, सकर्मक क्रिया।

खगोल॰ = खगोलविज्ञान या गणित ज्योतिष।

गणित॰ = गणितशास्त्र।

चिकित्सा॰ = चिकित्साविज्ञान।

छन्द॰ = छन्दशास्त्र।

जनसा॰ = जनसांख्यिकी।
जन्तु॰ = जन्तुविज्ञान।
जैन॰ = जैन धर्म-दर्शन, साहित्य इत्यादि।
ज्या॰ = ज्यामितिशास्त्र।
ज्योतिष॰ = फलित ज्योतिष।

डिंगल॰ = डिंगल भाषा।

दर्शन॰ = दर्शनशास्त्र, दर्शन।
दे॰ = देखिए।
देशज = देशज शब्द।

नाट्य॰ = नाट्यशास्त्र।
नृ॰ = नृविज्ञान, नृतत्त्वशास्त्र।
नृत्य॰ = नृत्यशास्त्र।
न्याय॰ = न्यायदर्शन।

पत्र॰ = पत्रकारिता।
पा॰ = पाश्चात्य।
पालि॰ = पालि भाषा।
पु॰ = पुंलिंग।
पुरा॰ = पुरातत्त्व।
पुर्त॰ = पुर्तगाली भाषा।
पुस्तक॰ = पुस्तकालयविज्ञान।
पृ॰ = पृष्ठ।
प्रवि॰ = प्रविशेषण।
प्रशा॰ = प्रशासन।
प्रा॰ = प्राकृत भाषा।
प्राणि॰ = प्राणिविज्ञान।
प्रेरणा॰ =प्रेरणार्थक रूप।

फा॰ = फ़ारसी भाषा।
फ्रा॰ = फ़्रांसीसी भाषा।

बहु॰ = बहुवचन।
बीज॰ = बीजगणित।
बुन्देल॰ = बुन्देलखण्डी भाषा या बुन्देली।
बौद्ध॰ = बौद्ध धर्म-दर्शन आदि।
ब्रज॰ = ब्रजभाषा।

भा॰ = भारतीय।
भाषा॰ = भाषाविज्ञान।
भासा॰ = इंडोनेशिया की भाषा—भासा/बहासा।
भौतिकी॰ = भौतिकीविज्ञान।

मनो॰ = मनोविज्ञान।
मीमांसा॰ = मीमांसादर्शन।

मुद्रण॰ = मुद्रणविज्ञान।

योग॰ = योगदर्शन।

रसायन॰ = रसायनविज्ञान।
राज॰ = राजनीतिशास्त्र/राजनीतिविज्ञान।
राजस्थ॰ = राजस्थानी भाषा।

ललित॰ = ललितकला।
लैटिन = लैटिन भाषा।

वनस्पति॰ = वनस्पतिविज्ञान।
वा॰ = वाणिज्य/अर्थशास्त्र।
वा॰ = वाग्बन्ध/मुहावरा।
वास्तु॰ = वास्तुशास्त्र।
वि॰ = १. विशेषण। २. विक्रमी संवत्, विक्रमी।

● **विशेष** = विशेष टिप्पणी या विशेष सूचना।
विधि॰ = विधिशास्त्र /क़ानून।
वेदान्त॰ = वेदान्तदर्शन।
वैशेषिक॰ = वैशेषिकदर्शन।
व्या॰ = व्याकरणशास्त्र।

शिक्षा॰ = शिक्षाशास्त्र।

स॰ = संस्कृतभाषा।
संगीत॰ = संगीतशास्त्र।
सर्व॰ = सर्वनाम।
सांख्य॰ = सांख्यदर्शन।
स्त्री॰ = स्त्रीलिंग।
सार्व॰ वि॰ = सार्वनामिक विशेषण।

हि॰ = हिन्दी।

२. संकेत-चिह्न

= = समान; समतुल्य अर्थ; अर्थ।
≠ = असमान। जैसे—५ ≠ २+२।
≡ = तादात्म्य सम्बन्ध वाला।
* = प्राय: कविता में ही प्रयुक्त शब्द, मानक हिन्दी में नहीं।
† = किसी उपभाषा या बोली में प्रयुक्त शब्द, मानक हिन्दी में नहीं।
> = व्युत्पत्ति-सूचक। **के रूप में निष्पन्न**। जैसे—अग्नि > आग (मूल शब्द 'अग्नि' है, और 'आग' उससे व्युत्पन्न है)।
< = व्युत्पत्ति-सूचक। **से व्युत्पन्न**। जैसे—'आग' < अग्नि ('आग' व्युत्पन्न शब्द है जिसका मूल 'अग्नि' है)।
≤ = व्युत्पत्ति तथा समानार्थकता का सूचक चिह्न। जैसे—**दूध ≤ स॰ दुग्ध** का अर्थ है—'दूध' व्युत्पन्न शब्द है जिसका मूल संस्कृत का 'दुग्ध' शब्द है और 'दूध' का अर्थ 'दुग्ध' के समान है तथा 'दूध' का अर्थ जानने के लिए 'दुग्ध' शब्द की प्रविष्टि देखनी चाहिए।
√ = धातु।
✣ = मुख्य प्रविष्टि से सम्बन्धित और उसके अन्तर्गत अर्थात् उसके पेटे में दी गयी उपप्रविष्टि।
/ = अथवा।
→ = में परिवर्तित या रूपान्तरित।
∆ **पर्याय** = पर्यायवाची शब्द। समानार्थक।

∇ **विलोम** = विलोम शब्द। विपरीतार्थक।
↳ **दे॰** = देखिए (निर्दिष्ट स्थान पर)।
।, ?, !, "...", ; **इत्यादि** = क्रमश: पूर्ण विराम, प्रश्नवाचक, विस्मयादिबोधक, उद्धरणसूचक, अर्धविराम इत्यादि चिह्न।
● **विशेष**—(छन्दों के प्रसंग में) क्रमश: लघु वर्ण अथवा ह्रस्व मात्रा का चिह्न '।' है।
ऽ = संस्कृत-शब्दों में 'अवग्रह' का चिह्न अर्थात् लुप्त 'अ' (अकार) का चिह्न। ● **विशेष**—१. ऽऽ= लुप्त 'आ' का चिह्न। २. (छन्दों के प्रसंग में) गुरु वर्ण अथवा दीर्घ मात्रा का चिह्न ऽ है जो सामान्यत: संस्कृत-शब्दों में अवग्रह का चिह्न है।
+, –, ×, ÷ = क्रमश: योग, ऋण, गुणा, भाग के गणितीय चिह्न।
● **विशेष—व्युत्पत्ति के प्रसंग में सामान्य धनात्मक या योग-सूचक + चिह्न का प्रयोग** संस्कृत के यौगिक शब्दों के अवयव शब्दों के बीच में भी किया गया है परन्तु तभी जब उनमें से कोई भी उपसर्ग/प्रत्यय हो, अन्यथा ~ चिह्न प्रयुक्त है। संस्कृत भाषा से भिन्न भाषा के शब्दों के योग में + चिह्न सामान्य रूप से व्युत्पत्ति के प्रसंगों में प्रयुक्त है।
~ = सामान्यत: संस्कृत के दो अवयव शब्दों के बीच में लगनेवाला चिह्न जब उनमें से कोई भी उपसर्ग या प्रत्यय न हो।

उदाहरणों में उद्धृत साहित्यकारों तथा कृतियों के नामों के प्रयुक्त संक्षिप्त रूपों अथवा संकेताक्षरों की सूची

● **विशेष—१.** प्रस्तुत शब्दकोश में शब्दों के अर्थों के साथ कहीं-कहीं कृतियों से उदाहरण दिये गये हैं। कृतियों के नाम अथवा उनके रचयिता साहित्यकारों के नाम कहीं पूरे और कहीं संक्षिप्त या संकेताक्षरों में दिये गये हैं। कहीं-कहीं कवि का केवल 'उपनाम' दिया गया है। ऐसे संक्षिप्त रूपों अथवा संकेताक्षरों या उपनामों की सूची नीचे वर्णक्रम के अनुसार प्रस्तुत है। **२.** निम्नलिखित सूची में साहित्यकारों के **संक्षिप्त रूपों या संकेताक्षरों आदि** को **गहरे काले अक्षरों** में तथा **कृतियों के नामों** को ***तिरछे अक्षरों*** में दिया गया है। **३.** संक्षिप्त नाम या संकेताक्षर के बाद = **चिह्न के साथ** पूरा नाम स्पष्ट कर दिया गया है। कृति के रचयिता का नाम **तीर के चिह्न→के बाद** बड़े कोष्ठक [ ] में स्पष्ट किया गया है। **४.** उदाहरणों में जिन कृतियों/साहित्यकारों के पूरे नाम प्रस्तुत हुए हैं, वे निम्नलिखित सूची में सम्मिलित नहीं हैं। साथ ही, **क॰** = '**कबित्त**', **ग्र॰** = '**ग्रन्थावली**', **र॰** या **रचना॰** = '**रचनावली**' इत्यादि सामान्य संकेताक्षर समझने चाहिए अथवा इनके लिए विविध संकेताक्षरों की अन्यत्र दी गयी सूची की सहायता लेनी चाहिए। **५.** कृतियों के अन्य विवरणों के लिए '**परिशिष्ट**' **में दी गयी** '**सन्दर्भ-ग्रन्थ-सूची**' देखनी चाहिए।

अज्ञेय = सच्चिदानन्द हीरानन्द वात्स्यायन 'अज्ञेय'।

अनकहा॰ = *अनकहा ही रह गया*→[ओमप्रकाश चतुर्वेदी 'पराग']।

अम्बाप्रसाद = अम्बाप्रसाद 'सुमन'

अरी॰ = *अरी ओ करुणा प्रभामयी*→[अज्ञेय]।

आखिरी॰ = *आखिरी कलाम*→[जायसी]।

आधुनिक॰ = *आधुनिक कवि महादेवी वर्मा*→[महादेवी वर्मा]।

आँगन॰ = *आँगन के पार द्वार*→[अज्ञेय]।

इन्द्रधनु॰ = *इन्द्रधनु रौंदे हुए ये*→[अज्ञेय]।

इन्शा॰ = इन्शा अल्ला ख़ाँ 'इन्शा'।

उद्धव॰ = *उद्धवशतक*→[रत्नाकर]।

एक दीप॰ = *एक दीप चौमुखी*→[कुँअर बेचैन]।

कबित्त॰ = *कबित्त रत्नाकर*→[सेनापति]।

कबीर = कबीरदास ● **विशेष**—'कबीर ग्रन्थावली' नामक कबीर-काव्य-संग्रह [सम्पादक—वासुदेव सिंह] का प्रयोग हुआ है जिसके ३ भाग हैं—१. साखी, २. सबद, ३. रमैनी। 'सबद' में पद-संग्रह है और फिर परिशिष्ट में कहरा, बसंन्त, चाँचर आदि गेय काव्य-रूपों की रचनाएँ हैं।।

कवि॰ = *कविप्रिया*→[केशव]।

कविता॰ = *कवितावली*→[तुलसी]।

कानन॰ = *कानन-कुसुम*→[प्रसाद]।

कामा॰ = *कामायनी*→[प्रसाद]।

कुणाल॰ = *कुणाल गीत*→[मैथिलीशरण]।

कृषक॰ = कृषक-जीवन-सम्बन्धी ब्रजभाषा-शब्दावली (भाग १ और २)→[अम्बाप्रसाद 'सुमन']।

कृष्ण॰ = *कृष्ण-गीतावली*→[तुलसी]।

केशव = केशवदास।

क्योंकि॰ = *क्योंकि मैं उसे जानता हूँ*→[अज्ञेय]।

गंग क॰ = *गंग कबित्त*→'गंग' कवि के काव्य का सम्पादित संग्रह [सम्पादक—बटे कृष्ण]।

गंगा॰ = *गंगालहरी*→[पद्माकर]।

गढ़॰ = *गढ़कुंडार*→[वृन्दावनलाल]।

गीता॰ = *गीतावली*→[तुलसी]।

गोविन्दस्वामी→गोविन्दस्वामी के काव्य का सम्पादित संग्रह, सम्पादक—गो॰ ब्रजभूषण शर्मा।

घनआनन्द क॰ = *घनआनन्द कबित्त*→[घनआनन्द]।

चतुर्भुजदास→चतुर्भुजदास के काव्य का सम्पादित संग्रह, [सम्पादक—गो॰ ब्रजभूषण शर्मा]।

चन्दा॰/चान्दा॰ = *चन्दायन*→[दाऊद]।

चौरासी॰ = *चौरासी वैष्णवन की वार्ता*।

छीतस्वामी→'छीतस्वामी' के काव्य का सम्पादित संग्रह [सम्पादक—गो॰ ब्रजभूषण शर्मा]।

जगद्॰ = *जगद्विनोद*→[पद्माकर], पद्माकर ग्र॰ में समाविष्ट।

जनमेजय॰ = *जनमेजय का नाग-यज्ञ*→[प्रसाद]।

जयद्रथ॰ = *जयद्रथ-वध*→[मैथिलीशरण]।

जयाँगीर॰ = जयाँगीर जस चन्द्रिका→[केशव]।

जानकी॰ = *जानकी-मंगल*→[तुलसी]।

जीवन॰ = *जीवन के गान*→[शिवमंगल सिंह 'सुमन']।

झाँसी॰ = *झाँसी की रानी*→[वृन्दावनलाल]।

ठाकुर→'ठाकुर' के काव्य का सम्पादित संग्रह [सम्पादक—चन्द्रशेखर मिश्र]।

ढोला॰ = *ढोला मारू रा दूहा।*

तुलसी = (गोस्वामी) तुलसीदास।

दादू = दादूदयाल। इनके काव्य-संग्रह (सम्पादित) 'दादूदयाल की बानी' अर्थात् 'बानी' का उपयोग हुआ है।

दिनकर = रामधारीसिंह 'दिनकर'।

दुर्गा॰ = *महारानी दुर्गावती*→[वृन्दावनलाल]

देव ग्र॰ = *देव ग्रन्थावली*→[देव] 'देव' कवि के काव्य का पुष्पा रानी जायसवाल द्वारा सम्पादित संग्रह।

दोहा॰ = *दोहावली*→[तुलसीदास]।

दोहा॰ = *दोहावली* →[रहीम], (रहीम ग्रन्थावली में समाविष्ट)।

नन्ददास ग्र॰ = *नन्ददास ग्रन्थावली*→'नन्ददास' के काव्य का संग्रह [सम्पादक—ब्रजरत्नदास]। इसमें अनेक काव्य-कृतियाँ समाविष्ट हैं जिनका उपयोग हुआ है।

नवीन = बालकृष्ण शर्मा 'नवीन'।

नागरीदास ग्र॰ = *नागरीदास ग्रन्थावली*→[नागरीदास], नागरीदास का काव्य-संग्रह [सम्पादक—किशोरीलाल गुप्त]।

निराला = सूर्यकान्त त्रिपाठी 'निराला'।

निराला-रचनावली→[निराला], निराला के काव्य का अनेक खण्डों में नन्दकिशोर नवल द्वारा सम्पादित संग्रह।

पदमा॰ = पदमावत→[जायसी], सम्पादक—वासुदेवशरण अग्रवाल।

पद्माकर ग्र॰ = *पद्माकर ग्रन्थावली*→[पद्माकर], पद्माकर के काव्य का संग्रह। इसमें अनेक ग्रन्थ समाविष्ट हैं [जिनका उपयोग किया गया है—हिम्मत बहादुर विरुदावली, पद्माभरण, जगद्विनोद, गंगालहरी, प्रतापसिंह विरुदावली, प्रकीर्णक।]

पद्मा॰ = *पद्माभरण*→[पद्माकर], पद्माकर ग्र॰ में समाविष्ट।

पन्त = सुमित्रानन्दन पन्त।

परशुराम॰ = *परशुराम की प्रतीक्षा*→[दिनकर]।

परसाई = हरिशंकर परसाई।

परसाई र॰ = *परसाई रचनावली*→[परसाई], 'परसाई' की रचनाओं का सम्पादित संग्रह।

पार्वती॰ = *पार्वती-मंगल*→[तुलसी]।

प्रताप॰ = प्रतापसिंह विरुदावली→[पद्माकर], पद्माकर ग्र॰ में समाविष्ट।*

प्रतापनारायण ग्र॰ = *प्रतापनारायण ग्रन्थावली*→ [प्रतापनारायण मिश्र], सम्पादित काव्य-संग्रह।

प्रसाद = जयशंकर प्रसाद।

प्रसाद ग्र॰ = *प्रसाद ग्रन्थावली*→[जयशंकर प्रसाद], 'जयशंकर प्रसाद' के सम्पूर्ण साहित्य का सम्पादित संग्रह (४ खण्डों में), सम्पादक—रत्नशंकर प्रसाद।

प्रिय॰ = *प्रिय-प्रवास*→[हरिऔध]।

प्रेम॰ = *प्रेम-पथिक*→[प्रसाद]।

बच्चन = हरिवंशराय बच्चन।

बरवै॰ = *बरवै रामायण*→[तुलसी]

बानी॰ = निर्दिष्ट रचयिता की बानी। ***जैसे***—गुरु तेगबहादुर की बानी, सन्त मलूकदास की बानी, सन्त रोहल की बानी।

बावरा॰ = *बावरा अहेरी*→[अज्ञेय]।

बिहारी = बिहारीलाल जिनकी एकमात्र कृति 'सतसई' (बिहारी सतसई) का प्रयोग बिहारी रत्नाकर (स॰ तथा टीकाकार जगन्नाथदास 'रत्नाकर' के आधार पर) किया गया है।

बीजुरी॰ = *बीजुरी काजल आँज रही*→[माखनलाल चतुर्वेदी]।

बीसल॰ = *बीसलदेव रासो*→[नरपति नाल्ह]।

वेलि क्रिसन॰ = *वेलि किसन रुक्मिणी री*→[पृथ्वीराज राठौर]।

बोधा ग्र॰ = *बोधा ग्रन्थावली*→[बोधा], 'बोधा' का समस्त काव्य-संग्रह [सम्पादक—विश्वनाथ प्रसाद मिश्र]।

भारत॰ = *भारत-भारती*→[मैथिलीशरण]।

भारतेन्दु = भारतेन्दु हरिश्चन्द्र।

भारतेन्दु का॰ = *भारतेन्दु-काव्यामृत*→[भारतेन्दु हरिश्चन्द्र] 'भारतेन्दु' की कुछ विशिष्ट कविताओं का संकलन [सम्पादक—रामचन्द्र श्रीवास्तव 'चन्द्र' तथा कैलाश चन्द्र अग्रवाल]।

भारतेन्दु ग्र॰ = भारतेन्दु ग्रन्थावली→[भारतेन्दु हरिश्चन्द्र], हिन्दी प्रचारक संस्थान (वाराणसी) द्वारा 'भारतेन्दु समग्र' के रूप में प्रकाशित।

भिखारीदास॰ = *भिखारीदास ग्रन्थावली*→ 'भिखारीदास' की समस्त रचनाओं का संग्रह [सम्पादक—विश्वनाथप्रसाद मिश्र]।

भूषण ग्र॰ = *भूषण ग्रन्थावली*→[भूषण], 'भूषण' के समस्त काव्य का संग्रह [सम्पादक—विश्वनाथप्रसाद मिश्र]।

मतिराम ग्र॰ = *मतिराम ग्रन्थावली*→[मतिराम], 'मतिराम' के काव्य का संग्रह [सम्पादक—कृष्ण बिहारी मिश्र]; इसमें 'रसराज', 'ललित ललाम' तथा 'मतिराम-सतसई' समाविष्ट हैं।

मलूक॰ = सन्त मलूकदास।

महादेवी = महादेवी वर्मा।

महाराणा॰ = *महाराणा का महत्त्व*→[प्रसाद]।

माखनलाल॰ = माखनलाल चतुर्वेदी।

मानव॰ = *मानव ट्राम*→[भगवतीचरण वर्मा]।

मानस॰ = रामचरितमानस→[तुलसी]।

मिरगा॰ = *मिरगावती*→[कुतुबन]।

मिलिन्द = जगन्नाथ प्रसाद 'मिलिन्द'।

मीरा = मीराबाई/मीराँबाई ● **विशेष**—'मीराँबाई की पदावली' नामक मीरा के पद-संग्रह का उपयोग किया गया है जो परशुराम चतुर्वेदी द्वारा सम्पादित है।

मृग॰ = *मृगनयनी*→[वृन्दावनलाल]।

मैथिलीशरण = मैथिलीशरण गुप्त।

यामा→[महादेवी] ● **विशेष**—इसमें *'नीहार', 'रश्मि', 'नीरजा'* और *'सान्ध्य गीत'* नामक ४ कविता-संग्रह सम्मिलित हैं।

रंग = *रंग में भंग*→[मैथिलीशरण]।

रत्नाकर = जगन्नाथदास 'रत्नाकर'।

रश्मि° = *रश्मिरथी*→[दिनकर]।

रसिक° = *रसिकप्रिया*→ [केशव]

रहीम = अब्दुर्रहीम ख़ानख़ाना 'रहीम'।

रहीम ग्र° = *रहीम ग्रन्थावली*→[रहीम], काव्य-संग्रह 'रहीम ग्रन्थावली' का उपयोग किया गया है जो विद्यानिवास मिश्र तथा गोविन्द रजनीश द्वारा सम्पादित है तथा जिसमें रहीमकृत 'दोहावली' इत्यादि समाविष्ट हैं।

रानी केतकी° = रानी केतकी की कहानी→[इन्शा]

राम° = *रामचन्द्रिका*→[केशव]।

रामलला° = *रामलला नहछू*→[तुलसी]।

रामाज्ञा° = *रामाज्ञा प्रश्न*→[तुलसी]।

रोहल = सिन्ध के हिन्दी कवि सन्त रोहल जिनके काव्य-संग्रह का एक सम्पादित रूप 'सन्त रोहल की बानी' [सम्पादक—रमेशचन्द्र मिश्र] है।

वक° = *वक-संहार*→[मैथिलीशरण]।

वन° = *वन-वैभव*→[मैथिलीशरण]।

विनय° = *विनयपत्रिका*→[तुलसी]।

विराटा° = *विराटा की पद्मिनी*→[वृन्दावनलाल]।

विष्णु° = *विष्णुप्रिया*→[मैथिलीशरण]।

वृन्द° = *वृन्द सतसई।*

वृन्दावनलाल = वृन्दावनलाल वर्मा।

वेणु° = *वेणु लो गूँजे धरा*→[माखनलाल चतुर्वेदी]।

वैदेही° = *वैदेही-वनवास*→[हरिऔध]।

वैराग्य° = *वैराग्य-संदीपनी*→[तुलसी]।

शंकर = नाथूराम शर्मा 'शंकर'।

शब्द° = *शब्द रसायन*→[देव]।

शेफाली° = *शेफाली झर रही है*→[विद्यानिवास मिश्र]।

सन्त रोहल—दे° रोहल।

सत्यनारायण = सत्यनारायण 'कविरत्न'।

सरफरोशी° = सरफ़रोशी की तमन्ना →[रामप्रसाद 'बिस्मिल'] ● **विशेष**—मदनलाल वर्मा 'क्रान्त' द्वारा सम्पादित कृति के दूसरे भाग (काव्य-खंड) का ही प्रयोग किया गया है।

सागर° = *सागर-मुद्रा*→[अज्ञेय]।

सा° सुमन = *साहित्य-सुमन*→[बालकृष्ण भट्ट]।

सिद्ध° = *सिद्धराज*→[मैथिलीशरण]।

सियारामशरण = सियारामशरण गुप्त।

सुदामा° = *सुदामा-चरित*→[नरोत्तमदास]।

सुन्दर ग्र° = *सुन्दर ग्रन्थावली*→[सुन्दरदास]। ● **विशेष**—रमेशचन्द्र मिश्र द्वारा सम्पादित 'सुन्दर ग्रन्थावली' (भाग १-२) में समाविष्ट अनेक कृतियों का उपयोग हुआ है।

सूरसागर = सूरदास कृत सूरसागर। नागरीप्रचारिणी सभा (काशी) द्वारा प्रकाशित।

हजारीप्रसाद = हजारीप्रसाद द्विवेदी।

हजारीप्रसाद ग्र° = *हजारीप्रसाद द्विवेदी ग्रन्थावली*→ हजारीप्रसाद द्विवेदी की सम्पूर्ण कृतियों का ११ भागों में सम्पादित रूप [सम्पादक—मुकुन्द द्विवेदी]।

हनुमान° = *हनुमान बाहुक*→[तुलसी]।

हरी घास° = *हरी घास पर क्षण भर* → [अज्ञेय]।

हरी बाँसुरी° = *हरी बाँसुरी सुनहरी टेर*→[पन्त]।

हर्षचरित° = *हर्षचरित : एक सांस्कृतिक अध्ययन*→ [वासुदेवशरण अग्रवाल]।

हल्दी° = *हल्दीघाटी*→[श्यामनारायण पाण्डेय]।

हित° = *हिततरंगिनी*→[कृपाराम], कृपाराम ग्रन्थावली [सम्पादक—सुधाकर पाण्डेय] में समाविष्ट।

हिमतरंगिनी →[माखनलाल चतुर्वेदी]।

हिम्मत° = *हिम्मत बहादुर-विरुदावली*→[पद्माकर], पद्माकर ग्र° में समाविष्ट।

हिन्दी के प्रमुख प्रत्यय

प्रत्यय, उसका कार्य, विशेषता और उदाहरण

अ—१. धातु→भाववाचक संज्ञा। ● विशेष—कुछ धातुओं के प्रथम अक्षर में 'अ' का 'आ' हो जाता है, 'इ' का 'ए' तथा 'उ' का 'ओ'। ***जैसे***—√कूद्→कूद, √घिर्→घेर, √घुल्→घोल, √चमक्→चमक, √चल्→चाल, √बढ़्→बाढ़, √मिल्→मेल, √रुक्→रोक, √लूट्→लूट।

२. धातु→आदेश व्यक्त करनेवाला क्रियारूप जो 'तू' के साथ प्रयुक्त होता है। *जैसे*—√गा→गा (जैसे—तू गा), √जा→ना (जैसे—तू जा)

अक—१. धातु→कर्तावाचक शब्द या 'वाला' अर्थ का विशेषण। ● विशेष—'अक' प्रत्यय संस्कृत के 'ण्वुल्' प्रत्यय का हिन्दी रूप है और धातु में गुण/वृद्धि करता है। ***जैसे***—√कर्→कारक, √मोह्→मोहक, √याच्→याचक, √लिख्→लेखक, √सेव्→सेवक।

२. धातु→भाववाचक संज्ञा। *जैसे*—√बैठ्→बैठक, √उठ्→उट्ठक।

अक्कड़—धातु→कर्तावाचक शब्द या 'वाला' अर्थ का विशेषण। ● विशेष—धातु का प्रथम स्वर दीर्घ हो तो ह्रस्व हो जाता है। ***जैसे***—√घूम्→घुमक्कड़, √पी→पियक्कड़, √बूझ्→बुझक्कड़, √भूल्→ भुलक्कड़।

अङ्कू (अंकू)—धातु→'वाला' अर्थ का विशेषण जिससे शील-स्वभाव भी सूचित होता है। *जैसे*—√चिढ़्→चिढ़ंकू, √पढ़→पढ़ंकू, √लड़→लड़ंकू।

अङ्ग (अंग)—धातु→विशेषण। *जैसे*—√दाब्→ दबंग।

अङ्गड़ (अंगड़)—संज्ञा→'बहुत बड़ा' अर्थ की सूचक संज्ञा जो व्यंग्य में प्रयुक्त होती है। *जैसे*—बात→बतंगड़ (बहुत बड़ी बात)।

अड़—१.संज्ञा→'वाला' अर्थ का विशेषण। *जैसे*—भाँग→भंगड़, भूख→भुक्खड़।

२. संज्ञा→समानार्थक संज्ञा। *जैसे*—आँधी→अन्धड़।

अड्डी—अनुकरणात्मक संज्ञा→'वाला' अर्थ का विशेषण। *जैसे*—फिस्→फिसड्डी

अन—धातु→भाववाचक संज्ञा। *जैसे*—√चल्→चलन, √धड़क्→धडकन, √फिसल्→फिसलन, √लग्→लगन।

अन्त (अंत)—धातु→भाववाचक संज्ञा। *जैसे*—√उड़्→उड़न्त, √गढ़्→गढ़न्त, √रट्→रटन्त। **⁘ अन्ता/अन्ती/अन्तू/अन्ते**—उपर्युक्त 'अन्त' प्रत्यय में क्रमशः आ, ई, ऊ और ए के योग से अन्ता/अन्ती/अन्तू और अन्ते प्रत्यय बनते हैं जो 'वाला' अर्थ का विशेषण बनाते हैं परन्तु 'अन्ती' स्त्रीलिंग का विशेषण ('वाली' अर्थ का) बनाता है या भाववाचक संज्ञा (स्त्रीलिंग) और 'अन्ते' विशेषण का बहुवचन रूप। ***जैसे***—√उड़→उड़न्त→उड़न्ता/उड़न्ती/उड़न्तू/उड़न्ते, √गढ़→गढ़न्त→गढ़न्ता/गढ़न्ती/गढ़न्तू/गढ़न्ते, √रट्→रटन्त→रटन्ता/रटन्ती/रटन्तू/रटन्ते।

अन्दाज़ (अंदाज़)—संज्ञा→कर्तावाचक शब्द या 'वाला' अर्थ का विशेषण। *जैसे*—गोला→ गोलन्दाज़, तीर→तीरन्दाज़

अल—१. संज्ञा→'वाला' अर्थ का विशेषण। *जैसे*—दाढ़ी→दढ़ियल। **२. धातु→'वाला' अर्थ का विशेषण। *जैसे***—√मर्→मरियल, √सड़्→सड़ियल।

आ—१. पुंवाची (= पुंलिंग का वाचक) प्रत्यय विशेष जो संस्कृत या प्राकृत आदि से प्राप्त शब्द को हिन्दी का पुंलिंग शब्द बनाता है। *जैसे*—घोड़→घोड़ा, पत्त→पत्ता, लड़क→लड़का।

२. धातु→भूतकालिक क्रिया। *जैसे*—√चल्→ चला, √पढ़्→पढ़ा, √लिख्→लिखा।

३. संज्ञा→लाड़-प्यार में प्रयुक्त शब्द या अनादरसूचक शब्द। *जैसे*—बाबू→बबुआ, सावित्री→सावित्रिया (सावित्रिया मेरी बड़ी लाड़ली बेटी है), रमेश→रमेशा (रमेशा शराबी और जुआरी है)।

४. संज्ञा→व्यवसाय-बोधक शब्द। *जैसे*—सराफ़→सराफ़ा, बज़ाज़→बज़ाज़ा।

५. भाववाचक संज्ञा→विशेषण। *जैसे*—भूख→भूखा, प्यास→प्यासा।

६. धातु→प्रेरणार्थक धातु। *जैसे*—√चल्→चला √थक्→थका, √पढ़→√पढ़ा।

७. धातु→भाववाचक संज्ञा। *जैसे*—√घेर्→घेरा (पुलिस ने घेरा डाल दिया), √झटक्→झटका, √पूज्→पूजा, √फेर्→फेरा।

८. तत्सम पुंलिंग संज्ञा→स्त्रीलिंग संज्ञा। *जैसे*—बाल→बाला, सुत→सुता।

९. तत्सम पुंलिंग विशेषण→स्त्रीलिंग विशेषण। *जैसे*—पूज्य→पूज्या, माननीय→माननीया।

१०. धातु→भूतकालिक कृदन्त। *जैसे*—√पढ़्→ पढ़ा (पढ़ा-लिखा), √देख्→देखा (देखा-भाला)।

११. धातु→करणवाचक संज्ञा (पुंलिंग)। *जैसे*—√झूल्→झूला (जिससे झूलते हैं), √ठेल्→ठेला (जिससे ठेलते हैं)।

१२. धातु→कर्ता-वाचक शब्द (पुंलिंग) जो समस्त (समासयुक्त) पदों में प्रयुक्त होता है। *जैसे*—√चढ़्→चढ़ा (घुड़चढ़ा), √बोल्→बोला (मिठबोला)।

१३. मूल क्रिया→विशेषण (पुंलिंग)। *जैसे*—देखना-सुनना→देखा-सुना, पढ़ना-लिखना→पढ़ा-लिखा।

आइन—एक स्त्रीप्रत्यय। पुंलिंग संज्ञा→स्त्रीलिंग (संज्ञा)। *जैसे*—पंडित→पंडिताइन, बाबू→ बबुआइन।

आई—१. धातु→भाववाचक संज्ञा। *जैसे*—√कमा→कमाई, √खोद्→खुदाई, √जोत्→जुताई, √पढ़→पढ़ाई, √पीट्→पिटाई, √लड़्→लड़ाई।

२. विशेषण→जातिवाचक संज्ञा। *जैसे*—ठंडा→ ठंडाई, मीठा→मिठाई।

३. विशेषण→भाववाचक संज्ञा। *जैसे*—चिकना→ चिकनाई, बुरा→बुराई, भला→भलाई।

आऊ—१. धातु→विशेषण। *जैसे*—√उपज्→ उपजाऊ, √बिक्→बिकाऊ।

२. धातु→संज्ञा। *जैसे*—√पी→प्याऊ।

३. धातु→कर्तावाचक शब्द या 'वाला' अर्थ का विशेषण। *जैसे*—√उड़ा→उड़ाऊ, √खा→खाऊ।

आक—१. धातु→कर्तावाचक शब्द या 'वाला' अर्थ का विशेषण। *जैसे*—√तैर्→तैराक, √लड़्→लड़ाक (अप्रचलित; लड़ाका, लड़ाके आदि इसके प्रचलित रूप हैं)।

२. अनुकरणात्मक संज्ञा→भाववाचक संज्ञा। *जैसे*—खट-खट→खटाक, चट-पट→चटाक, धड़-धड़→धड़ाक, पट-पट→पटाक, सट-सट→सटाक। ● **विशेष**— उक्त भाववाचक संज्ञा में पुन: 'आ' जुड़ कर ही वह संज्ञा-रूप में प्रचलित होता है अन्यथा 'से' के साथ क्रियाविशेषण के रूप में बोला जाता है। *जैसे*—'खटका' या 'खटाक से, 'चटाका' या 'चटाक से', 'धड़ाका' या 'धड़ाक से', 'पटाका' या 'पटाक से', 'सटाका' या सटाक से। ✣ **आका/आकी/आकू/आके**—'आक' प्रत्यय के साथ 'आ', 'ई', 'ऊ', या 'ए' प्रत्यय जुड़ने से बने प्रत्यय क्रमश: 'आका', 'आकी', 'आकू' या 'आके' हैं। इनसे बने शब्द क्रमश: पुंलिंग, स्त्रीलिंग, पुंलिंग और पुंलिंग बहुवचन होते हैं। *जैसे*—√लड़्→ लड़ाक→लड़ाका/लड़ाकी/लड़ाकू/लड़ाके।

आटा—अनुकरणात्मक शब्द→भाववाचक संज्ञा। *जैसे*—फर-फर→फर्राटा, सन-सन→सन्नाटा। ● **विशेष**—'आटा' प्रत्यय वाले शब्द बहुत कम मिलते हैं।

आड़ी—संज्ञा→कर्तावाचक संज्ञा या 'वाला' अर्थ का विशेषण। *जैसे*—खेल→खिलाड़ी, जुआ→जुआड़ी→जुआरी।

आन—विशेषण→भाववाचक संज्ञा। *जैसे*—चौड़ा→चौड़ान, नीचा→निचान। ● **विशेष**—कुछ विद्वानों के अनुसार 'उठान' और 'मिलान' में 'आन' प्रत्यय समझना और 'उठान' को √उठ् से' व्युत्पन्न मानना तथा 'मिलान' को '√मिल्' से व्युत्पन्न मानना भ्रमपूर्ण है। तदनुसार 'आन' प्रत्यय धातु में नहीं जुड़ता। 'उठान' संस्कृत 'उत्थान' का तद्भव है और 'मिलान' प्रेरणार्थक धातु '√मिला' में 'न' प्रत्यय के योग से बना है।

आना—१. संज्ञा→स्थानवाची संज्ञा। *जैसे*—चौबे→चौबियाना (मुहल्ला), मिश्र→मिश्राना (मुहल्ला), राजपूत→राजपूताना (क्षेत्र/प्रदेश)।

२. संज्ञा→'वाला' अर्थ का विशेषण। *जैसे*—मर्द→मर्दाना, साल→सालाना।

आनी—एक स्त्री प्रत्यय। १. पुंलिंग संज्ञा→स्त्रीलिंग संज्ञा। *जैसे*—जेठ→जेठानी (जिठानी) देवर→ देवरानी, नौकर→ नौकरानी।

२. संज्ञा→'वाला' अर्थ का विशेषण। *जैसे*—जिस्म→जिस्मानी, तूफ़ान→तूफ़ानी, बर्फ़→बर्फ़ानी।

आपा—१. धातु→भाववाचक संज्ञा। *जैसे*—√पूज्→ पुजापा।

२. विशेषण/संज्ञा→भाववाचक संज्ञा। *जैसे*—बहिन→ बहिनापा, बूढ़ा→बुढ़ापा, मोटा→ मुटापा।

आयत—संज्ञा→ भाववाचक संज्ञा। *जैसे*—ठाकुर→ ठकुरायत, पंच→पंचायत, बहुत→बहुतायत।

आर—१. संस्कृत 'कार' (कुम्भकार, चर्मकार 'कार') का हिन्दी-रूप। संज्ञा→कर्तावाचक शब्द। *जैसे*—लोहा→लुहार, सोना→सुनार। **२. संज्ञा→'वाला' अर्थ का विशेषण।** *जैसे*—गाँव→गँवार, दूध→ दुधार।

आरा—संज्ञा→कर्तावाचक पुंलिंग शब्द। *जैसे*—घास→ घसियारा, वाणिज्य→बनजारा, हत्या→ हत्यारा। ✣ **आदिन/आरी**—'आरा' प्रत्यय के साथ इन/ई जोड़ने से बना प्रत्यय। संज्ञा→कर्तावाचक *स्त्री॰* शब्द। घास→घसियारिन/घसियारी, भीख→भिखारिन, वाणिज्य→बनजारिन/बंजारी, हत्या→ हत्यारिन/हत्यारी। ● **विशेष**—'कोठारी' और 'भंडारी' शब्दों में 'आरी' प्रत्यय नहीं समझना चाहिए। ये शब्द क्रमश: संस्कृत के 'कोष्ठागारिक' और 'भाण्डागारिक' शब्दों के तद्भव है।

आल—संस्कृत शब्द 'आलय' (घर) से समासयुक्त संज्ञाओं के तद्भवों में 'आलय' का परिवर्तित रूप। संज्ञा→स्थानवाची संज्ञा। नानी→ननिहाल, ससुर→ ससुराल।

आला—संज्ञा→'वाला' अर्थ का विशेषण। *जैसे*—घूँघर→ घुँघुराला, माटी→मटियाला। **आली/आले—'आला' प्रत्यय** के स्थान पर जुड़कर विशेषण के क्रमश: *स्त्री॰* या बहुवचन रूप बनानेवाले **('ई', 'ए' जुड़ने से बने) प्रत्यय। संज्ञा→वाला/वाली/वाले अर्थ के विशेषण।** *जैसे*—घूँघर→घुँघराली/घुँघराले, माटी→ मटियाली/मटियाले।

आलु/आलू—संज्ञा→'वाला' अर्थ का विशेषण। *जैसे*—कृपा→कृपालु, दया→दयालु, श्रद्धा→ श्रद्धालु, लज्जा→ लज्जालु, लाज→लजालू, झगड़ा→ झगड़ालू। ● **विशेष**—तत्सम शब्दों में 'आलु' जुड़ने से बना शब्द तत्सम ही होता है और 'आलु' जुड़ने से बना शब्द तद्भव होता है। 'तद्भव' शब्दों में प्राय: 'आलू' ही जुड़ता है।

आव—१. धातु→भाववाचक संज्ञा। *जैसे*—√चढ़→चढ़ाव,

√झुक्→झुकाव, √बचा→बचाव। २. **संज्ञा/विशेषण→भाववाचक संज्ञा। *जैसे*—**पाथर (पत्थर)→पथराव, लाठी→लठियाव।

आवट—धातु→भाववाचक संज्ञा। *जैसे*—√थक्→ थकावट, √बन् →बनावट, √मिल्→मिलावट, √लिख्→लिखावट, √सज्→सजावट।

आवन—१. धातु→'वाला' अर्थ का विशेषण। *जैसे*—डरा→डरावन, √सुहा→सुहावन। ● **विशेष**—ये अप्रचलित रूप है। इनमें 'आ', 'ई', 'ए' लगने पर प्रचलित रूप बनते हैं (डरावना, डरावनी, डरावने)।

२. संज्ञा→विशेषण। *जैसे*—भय→भयावन, लोभ→लुभावन।

✣ आवना/आवनी/आवने—'आवन' प्रत्यय से 'आ', 'ई', या 'ए' जुड़ने से बने रूप जो क्रमशः पुंलिंग, स्त्रीलिंग और बहुवचन होते हैं। ***जैसे*—**√सुहा→सुहावना/सुहावनी/सुहावने, ***जैसे*—**डर→डरावना/डरावनी/डरावने, भय→भयावना/भयावनी/भयावने।

आवर—फ़ारसी से आया एक प्रत्यय जो प्रायः फ़ारसी से आए शब्दों में ही मिलता है। संज्ञा→'वाला' अर्थ का विशेषण। *जैसे*—ज़ोर→ज़ोरावर, दस्त→दस्तावर, हमला→हमलावर।

आवा—धातु→भाववाचक संज्ञा। *जैसे*—√चढ़ा→ चढ़ावा, √छल्→छलावा, √बुला→बुलावा, √भूल्→ भुलावा।

आस—१. धातु→भाववाचक संज्ञा। *जैसे*—√छप्→छपास, √पी→प्यास, √मूत्→मुतास, √लिख्→लिखास।

२. संज्ञा→भाववाचक संज्ञा। *जैसे*—खटाई→खटास, नीदं (नींद)→निंदास (निदाँस), मिठाई→मिठास। **✣ आसा/आसी/आसे—धातु में जुड़े 'आस' प्रत्यय से बने शब्द में 'आ', 'ई', या 'ए' प्रत्यय के योग से विशेषण (पु॰), विशेषण (स्त्री॰) और विशेषण (बहुवचन) शब्द बनते हैं। *जैसे*—**√ऊँघ्→उँघास→उँघासा/उँघासी/उँघासे, √रो→रुआँस→रुआँसा/रुआँसी/रुआँसे।

आहट—१. धातु→भाववाचक संज्ञा। *जैसे*—√चिल्ला→चिल्लाहट, √घबरा→घबराहट, √टकरा→टकराहट।

२. विशेषण→भावभावचक संज्ञा। *जैसे*—गरम→गरमाहट, चिकना→ चिकनाहट।

३. अनुकरणात्मक संज्ञा→ भाववाचक संज्ञा। *जैसे*—झनझन→झनझनाहट, सनसन→सनसनाहट।

इए—धातु→क्रियारूप, जो प्रार्थना/कामना/विधि आदि को व्यक्त करने के लिए आदरार्थक 'आप' सर्वनाम के साथ प्रयुक्त होता है। उक्त प्रक्रिया में कुछ धातुओं में 'ज' का आगम वाला रूप भी बनता है। ***जैसे*—**√आ→आइए (आप यहाँ आइए), √कर्→करिए/कीजिए (मेरा काम अभी करिए/कीजिए), √खा→खाइए, √गा→गाइए, √जा→जाइए, √दे→दीजिए, √ला→लाइए, √ले→लीजिए। **✣ इएगा—**'इए' जुड़ने के बाद 'गा' जुड़ने से निकट भविष्य में की जाने वाली क्रिया के लिए निवेदन/अनुरोध सूचित होता है। ***जैसे*—**√आ→आइएगा, √कर्→करिएगा।

इक—संज्ञा→विशेषण। उक्त कार्य में संज्ञा शब्द के प्रथम अक्षर का स्वर इस क्रम से परिवर्तित हो जाता है—अ→आ, इ/ई/ए→ऐ, उ, ऊ, ओ→औ। ***जैसे*—**इतिहास→ऐतिहासिक, दिन→दैनिक, नीति→नैतिक, पुराण→पौराणिक, भूगोल→भौगौलिक, मुख→मौखिक, योग→यौगिक, वेद→वैदिक, समाज→सामाजिक।

इत—१. धातु→विशेषण। *जैसे*—√रच्→रचित, √लिख्→लिखित।

२. संज्ञा→विशेषण। *जैसे*—आधार→आधारित, चिन्ता→चिन्तित, हर्ष→हर्षित।

इन—एक स्त्रीप्रत्यय। (पुंलिंग) संज्ञा→स्त्रीलिंग संज्ञा। *जैसे*—कुम्हार→कुम्हारिन, ग्वाला→ग्वालिन, जोगी→जोगिन, धोबी→धोबिन, माली→मालिन।

इम—संज्ञा→विशेषण। *जैसे*—अरुण→अरुणिम, रक्त→रक्तिम, स्वर्ण→स्वर्णिम।

इमा—संज्ञा→भाववाचक संज्ञा (स्त्री॰)। *जैसे*—अरुण→अरुणिमा, रक्त→रक्तिमा, पीत→पीतिमा, लाल→लालिमा, हरित→हरीतिमा।

इयल—१.धातु→विशेषण। *जैसे*—√अड़्→ अड़ियल, √मर्→मरियल।

२. संज्ञा→विशेषण। *जैसे*—दाढ़ी→दढ़ियल, तौंद (तोंद)→तौंदियल (तोंदियल) या तुंदियल।

इया—एक स्त्रीप्रत्यय। १. (पुंलिंग) संज्ञा→स्त्रीलिंग संज्ञा। *जैसे*—कुत्ता→कुतिया, बूढ़ा→बुढ़िया।

२. धातु→'वाला' अर्थ का या गुणवाचक विशेषण। *जैसे*—√घट्→घटिया, √जड़्→जड़िया, √धुन्→धुनिया, √बढ़्→बढ़िया।

३. संज्ञा→कर्ता-वाचक संज्ञा या 'वाला' अर्थ का विशेषण। *जैसे*—आढ़त→आढ़तिया।

४. संज्ञा→स्वार्थिक संज्ञा अथवा अल्पता, ह्रस्वता या निरादर इत्यादि के भाव वाला शब्द। *जैसे*—आम→अमिया, आँख→अँखिया, खाट→खटिया, फोड़ा→फुड़िया, लाठी→लठिया।

५. संज्ञा→स्नेहवाचक संज्ञा। *जैसे*—बहिन→बहिनिया, बेटी→बिटिया, भाई→भैया (भय्या)।

६. स्थानवाचक संज्ञा→निवासी का वाचक शब्द या 'वाला' अर्थ का विशेषण। *जैसे*—कनौज→कनौजिया, कानपुर→कानपुरिया/कनुपरिया, मेरठ→मेरठिया।

७. अंगवाचक संज्ञा→वस्त्रवाचक संज्ञा। *जैसे*—अंग→अँगिया, जाँघ→जाँघिया।

इयाँ (इयों)—संख्यावाचक विशेषण→ अनिश्चयवाचक विशेषण। *जैसे*—दस→दसियों, बीस→बीसियों।

इल—संज्ञा→विशेषण। *जैसे*—धूम→धूमिल, पंक→पंकिल, फेन→फेनिल।

ई[1]—प्रमुख स्त्रीप्रत्यय। **१. (पुंलिंग) संज्ञा/सर्वनाम/विशेषण/परसर्ग→स्त्रीलिंग शब्द। *जैसे*—**घोड़ा→घोड़ी, चाचा→चाची, नाना→नानी छोटा→छोटी, बड़ा→बड़ी, मोटा→मोटी, लम्बा→लम्बी, अपना→अपनी, मेरा→मेरी, हमारा→हमारी, का→की।

२. संज्ञा→लघुतावाचक शब्द (स्त्री॰)। *जैसे*—कटार→कटारी, टोकरा→टोकरी, रस्सा→रस्सी।

३. धातु→भाववाचक संज्ञा। *जैसे*—√घुड़क्→ घुड़की, √बोल्→बोली, √हँस्→हँसी।

४. धातु→करणवाचक शब्द। *जैसे*—√फाँस्→ फाँसी, √रेत्→रेती।

५. संज्ञा→विशेषण। *जैसे*—आसमान→आसमानी, किताब→किताबी, विदेश→विदेशी।

६. संज्ञा→कर्तावाचक शब्द। *जैसे*—तेल→तेली, माला→माली।

७. स्थानवाचक संज्ञा→निवासी या भाषा का सूचक शब्द। *जैसे*—गुजरात→गुजराती, पंजाब→पंजाबी, भोजपुर→भोजपुरी, रूस→रूसी।

८. संज्ञा→स्थानवाचक शब्द। *जैसे*—कोतवाल→ कोतवाली।

९. अंगवाचक संज्ञा→आभूषणवाचक शब्द। *जैसे*—कंठ→कंठी।

१०. संज्ञा→भाववाचक शब्द। *जैसे*—खेत→खेती, चोर→चोरी। **११. विशेषण→भाववाचक संज्ञा। *जैसे*—**ग़रीब→ग़रीबी, मोटा→मोटी, लम्बा→लम्बी।

ई[2]**—अरबी से आगत प्रत्यय। व्यक्तिवाचक संज्ञा→सन्तानवाची शब्द। *जैसे*—**आदम→आदमी (आदम की सन्तान)। **संज्ञा→विशेषण। *जैसे*—जवाब→जवाबी। शरारत→शरारती, शर्बत→ शर्बती।**

ई[3]**—फ़ारसी से आगत प्रत्यय। १. संज्ञा→विशेषण। *जैसे*—जवान→जवानी, शराब→शराबी।**

२. संज्ञा→भाववाचक संज्ञा। *जैसे*—दोस्त→दोस्ती।

३. विशेषण→भाववाचक संज्ञा। ***जैसे*—**ख़ुश→ख़ुशी।

ईदा—फ़ारसी के 'ईद:' प्रत्यय का हिन्दी रूप। संज्ञा→विशेषण। *जैसे*—पसन्द→पसन्दीदा, रंज→ रंजीदा।

ईन—संज्ञा→विशेषण। *जैसे*—काल→कालीन (तत्कालीन, समकालीन), कुल→कुलीन, नमक→नमकीन, रंग→रंगीन। ● **विशेष—** 'ईन' कहीं-कहीं 'ईण' भी हो जाता है (ग्राम→ग्रामीण)।

ईय—(तत्सम) संज्ञा→विशेषण। *जैसे*—पुस्तक→पुस्तकीय, भारत→भारतीय, शासक→शासकीय। ● **विशेष—'पर', 'राज' और 'स्व' में 'ईय' जुड़ने पर 'क' का आगम हो जाता है। *जैसे*—**पर→परकीय, राज→राजकीय, स्व→स्वकीय।

ईला—१. धातु→विशेषण। *जैसे*—√चमक्→चमकीला, √रपट्→रपटीला, √सज्→सजीला।

२. संज्ञा→विशेषण। *जैसे*—ख़र्च→ख़र्चीला, गोबर→गोबरीला/गुबरीला, पाथर (< पत्थर)→ पथरीला, रस→रसीला, रेत→रेतीला, सुर→सुरीला। ⁘ **ईली/ईले—उक्त 'ईला' प्रत्यय से बने शब्दों के 'आ' के स्थान पर 'ई' जुड़ने पर (स्त्रीलिंग) विशेषण, 'ए' जुड़ने पर (बहुवचन) विशेषण बनता है। *जैसे*—**चमकीली/चमकीले, रपटीली/रपटीले, सजीली/सजीले। अथवा, ख़र्चीली/ख़र्चीले, गोबरीली (गुबरीली)/गोबरीले (गुबरीले), पथरीली/पथरीले, रसीली/रसीले, रेतीली/रेतीले, सुरीली/सुरीले।

ईं (ईं)—क्रिया के भूतकालीन स्त्रीलिंग का बहुवचन रूप बनाने में प्रयुक्त। *जैसे*—गयी→गयीं, थी→थीं।

उआ—१. संज्ञा→विशेषण। *जैसे*—गेरू→गेरुआ, गेहूँ→गेहुँआ, फाग→फगुआ।

२. भाववाचक संज्ञा→जातिवाचक संज्ञा। *जैसे*—टहल→टहलुआ।

३. संज्ञा→व्यवसाय-सूचक शब्द। *जैसे*—मच्छ→मछुआ।

४. विशेषण→स्वार्थिक शब्द। *जैसे*—बाज़ारू→ बज़रुआ, शहरू→शहरुआ।

५. (व्यक्तिवाचक) संज्ञा→स्वार्थिक शब्द जिसमें लाड़-प्यार या निरादर का भाव होता है। बच्चू→बचुआ, राम→रमुआ।

ऊ—१. धातु→कर्तावाचक शब्द या 'वाला' अर्थ का विशेषण। *जैसे*—√कमा→कमाऊ, √खा→ खाऊ, √दब्→दब्बू, √रट्→रट्टू।

२. धातु→काणवाचक शब्द। *जैसे*—√झाड़्→ झाड़ू।

३. संज्ञा→विशेषण। *जैसे*—घर→घरऊ, ढाल→ढालू, पेट→पेटू, बाज़ार→बाज़ारू।

४. संज्ञा→स्वार्थिक शब्द जो स्नेहवाचक या निरादरसूचक होता है। *जैसे*—बच्चा→बच्चू, राम→रामू, लाल/लाला→ लालू/लल्लू।

ऊला—संज्ञा→विशेषण। *जैसे*—झंड→झँडूला (झँडूला बालक) ⁘ **ऊली/ऊले—**'ऊला' प्रत्यय के 'आ' के स्थान पर 'ई/ए' जुड़ने पर क्रमश: **संज्ञा→ विशेषण (स्त्रीलिंग) या विशेषण (बहुवचन) बनता है। *जैसे*—**झंड→झँडूली/झँडूले (झँडूली लड़की, झँडूले बच्चे)।

ऊँ—धातु→क्रिया का एक वर्तमानकालिक रूप। *जैसे*—√कर्→करूँ, √खा→खाऊँ, √गा→गाऊँ, √हो-होऊँ।

● **विशेष**—उक्त प्रकार से बने शब्द 'गा' जोड़ने पर भविष्यकालिक रूप बनाते हैं (खाऊँगा, गाऊँगा, होऊँगा) जिनका भाव 'यदि/जब' आदि से आरम्भ वाक्यों में 'ऊँ' वाले शब्दों से भी प्रकट हो जाता है (यदि मैं जाऊँगा तो बता दूँगा; यदि मैं जाऊँ तो तुम्हें कहाँ मिलूँ?)

ए—बहुवचनकारक प्रत्यय। १. संज्ञा/विशेषण/भूतकालिक क्रिया का एकवचन→बहुवचन रूप। ***जैसे***—लड़का→लड़के, काला→काले, गया→(गये गए)

२. क्रिया→क्रियारूप (जो भविष्यकालिक या भूतकालिक बहुवचन इत्यादि होता है) ***जैसे***—खेलना→खेले (गा), बोलना→बोले (आप नहीं बोले), मरना→मरे (कोई न मरे), रखना→रखे (जो चाहे, यह धन रखे)। [● **विशेष**—उक्त रूप क्रियाद्योतक कृदन्त के रूप में 'संयुक्त क्रिया' के रूप में भी प्रयुक्त होते हैं (जैसे—वह गाए जा रहा है, वह हमें मारे डालता है, हम से कुछ करे नहीं बनता)।]

३. संज्ञा→क्रियाविशेषण। ***जैसे***—तड़का→तड़के, बदला→बदले, सबेरा→सबेरे, सामना→सामने।

एड़ी—संज्ञा→'वाला' अर्थ का विशेषण। ***जैसे***—गाँजा→गँजेड़ी, भाँग→भँगेड़ी।

एरा—१. सम्बन्धवाचक संज्ञा→सम्बन्धवाचक विशेषण। ***जैसे***—चाचा→चचेरा, फूफा→फुफेरा, मामा→ममेरा।

२. विशेषण→स्वार्थिक विशेषण। ***जैसे***—बहुत→बहुतेरा।

३. संज्ञा→व्यवसायवाचक शब्द। ***जैसे***—चित्र→चितेरा, साँप→सँपेरा।

४. धातु→कर्ता-वाचक शब्द या 'वाला' अर्थ का विशेषण। ***जैसे***—√लूट्→लुटेरा। ✣ **एरी/एरे→'एरा' प्रत्यय के 'आ' के स्थान पर 'ई/ए' जुड़ने से उक्त शब्दों के क्रमशः स्त्रीलिंग रूप और बहुवचन रूप बनते हैं।** ***जैसे***—चचेरी, फुफेरी, ममेरी, बहुतेरी चितेरी, लुटेरी इत्यादि अथवा चचेरे, फुफेरे इत्यादि।

एल—संज्ञा→सम्बन्धवाचक संज्ञा। ***जैसे***—नाक→नकेल, फूल→फुलेल।

एला—१. संज्ञा→सम्बन्धवाचक विशेषण। जैसे—सौत→सौतेला।

२. विशेषण→समुदायकवाचक विशेषण। जैसे—एक→अकेला, दो→दुकेला। ✣ **एली**—उक्त का स्त्री० रूप। ***जैसे***—सौतेली, अकेली, दुकेली।

एलू—संज्ञा→विशेषण। ***जैसे***—घर→घरेलू।

एँ—क्रिया→भविष्यकालिक रूप (बहुवचन) जो 'गी' या 'गे' जोड़ कर अन्य पुरुष (बहुवचन) के साथ प्रयुक्त होता है या आज्ञा, विधि, कामना इत्यादि में 'तुम' के अतिरिक्त सभी बहुवचनीय रूपों के साथ प्रयुक्त हाता है। ***जैसे***—पढ़ना→पढ़ें, जाना→जाएँ, देखना→देखें (लड़कियाँ पढ़ेंगी; लड़के पढ़ेंगे। लड़के उधर जाएँ। आप लोग इधर देखें)

ऐत—संज्ञा→कर्तावाचक संज्ञा। ***जैसे***—डाका→डकैत, लाठी→लठैत।

ऐता—भाववाचक संज्ञा→विशेषण। ***जैसे***—लाड़→लड़ैता। ✣ **ऐती/ऐते**— 'ऐता' प्रत्यय के 'आ' के स्थान पर 'ई/ए' जोड़ने से बने 'ऐती/ऐते' प्रत्यय जुड़ने से उक्त विशेषण का क्रमशः स्त्रीलिंग रूप और बहुवचन रूप बनते हैं। ***जैसे***—लड़ैती (लड़ैती पुत्री), लड़ैते (लड़ैते बेटे)।

ऐया—धातु→'वाला' अर्थ का विशेषण। ***जैसे***—√बचा→बचैया, √भर्→भरैया, √रख्→रखैया, √रच्→रचैया।

ऐनी—संज्ञा→विशेषण। ***जैसे***—पुश्त→पुश्तैनी (पुश्तैनी मकान)।

ऐल—संज्ञा/धातु→गुणवाचक विशेषण। ***जैसे***—गुस्सा→गुस्सैल, दाँत→दँतैल, √रख्→रखैल।

ऐला—संज्ञा→विशेषण। ***जैसे***—धूम→धुमैला, विष→विषैला, सौत→सौतेला। ✣ **ऐली/ऐले**—'ऐला' प्रत्यय के 'आ' के स्थान पर 'ई/ए' जोड़ने से बने 'ऐली/ऐले' प्रत्यय जुड़ने से उक्त विशेषणों के **क्रमशः स्त्रीलिंग रूप और बहुवचन रूप** बनते हैं। ***जैसे***—धुमैली/धुमैले, विषैली/विषैले, सौतेली/सौतेले।

ओ—धातु→एक क्रियारूप जो केवल 'तुम' के साथ प्रयुक्त होता है या आदेश विधि, आशा या कामना व्यक्त करता है। ***जैसे***—बोल्→बोलो (अब तुम बोलो, धीरे बोलो) म रह्→रहो (चुप रहो)।

ओई—(स्त्रीलिंग) संज्ञा→पति-बोधक शब्द। ***जैसे***—ननद→ननदोई, बहन→बहनोई।

ओड़/ओर—धातु→कर्ता-वाचक संज्ञा या 'वाला' अर्थ का विशेषण। ***जैसे***—√चाट्→चटोर, √हँस्→हँसोड़। ✣ **ओड़ा/ओड़ी/ओड़े अथवा ओरा/ओरी/ओरे—ओड़/ओर प्रत्यय से आ/ई/ए का योग होने से बने इन प्रत्ययों के योग से ओड़/ओर/से बने शब्दों के क्रमशः पुंलिंग/स्त्रीलिंग/बहुवचन रूप बनते हैं।** ***जैसे***—चटोरा/चटोरी/चटोरे, बतोड़ा/बतोड़ी/बतोड़े (अथवा, बतोरा/बतोरी/बतोरे), हँसोड़ा/हँसोड़ी/हँसोड़े।

ओला—१. संज्ञा→स्वार्थिक लघुतावाचक शब्द। ***जैसे***—खाट→खटोला।

२. संज्ञा→सन्तानवाचक शब्द। ***जैसे***—साँप→ सँपोला। ✣ **ओली/ओले—'ओला' प्रत्यय के 'आ' के स्थान पर 'ई/ए' लगने पर बने इन प्रत्ययों के योग से 'ओला' से बने शब्दों के क्रमशः स्त्रीलिंग/बहुवचन रूप बनते हैं।** ***जैसे***—खटोली, सँपोली।

औं (ओं)—संख्यावाचक विशेषण→समग्रतावाचक विशेषण। ***जैसे***—चार→चारों (सभी चार), दस→दसों, बीस→बीसों।

औअल—धातु→भाववाचक संज्ञा। ***जैसे***—√बदल्→

बदलौअल, √बूझ्→बुझौअल। ● **विशेष**—'औवल' इसी का क्षेत्रीय रूपान्तर है—जैसे 'बुझौअल' या 'बुझौवल'।

औटा—संज्ञा→संज्ञा (सम्बन्धित पात्र इत्यादि)। ***जैसे***—काजर→कजरौटा, काठ→कठौता, मुख→मुखौटा। ⁘ **औटी/औटे**—('औटा' को 'आ' के स्थान पर 'ए' से युक्त प्रत्यय जो) **'औटा' से बने शब्दों का स्त्रीलिंग बहुवचन रूप बनाता है। *जैसे*—**कजरौटी/कजरौटे, कठौती/कठौते, मुखौटी (अप्रचलित)/मुखौटे।

औड़ा—संज्ञा→संज्ञा (सम्बन्धित उपकरण आदि)। ***जैसे***—हाथ→हथौड़ा। **विशेषण→संज्ञा**। ***जैसे***—पका→पकौड़ा। ⁘ **औड़ी/औड़े**—'औड़ा' के 'आ' के स्थान पर 'ई/ए' जुड़ने से बने प्रत्यय) जिनके योग से 'औड़ा' से बने शब्दों का स्त्रीलिंग/बहुवचन रूप बनाता है। ***जैसे***—हथौड़ी/हथौड़े, पकौड़ी/पकौड़े।

औत—संज्ञा→सन्तानवाचक शब्द। *जैसे*—जेठ→जिठौत, बहन→बहनौत। ⁘ **औतिन—'औत' से बने शब्दों में 'इन' जोड़कर उनका स्त्रीलिंग रूप बनाने में प्रयुक्त प्रत्यय। *जैसे*—**जिठौतिन, बहनौतिन।

औता—धातु→भाववाचक संज्ञा (पुंलिंग)। *जैसे*—√चुका→चुकौता, √समझ्→समझौता।

औतिन—दे० औता।

औती—१. धातु→भाववाचक संज्ञा (स्त्रीलिंग)। *जैसे*—√काट→कटौती, √चुक→चुकौती, √मान्→ मनौती।

२. जातिवाचक संज्ञा→भाववाचक संज्ञा (स्त्रीलिंग)। *जैसे*—बाप→बपौती, बूढ़ा→बुढ़ौती।

औना—१. धातु→जातिवाचकसंज्ञा। *जैसे*—√खेल्→खिलौना, √बिछा→बिछौना।

२. संज्ञा→विशेषण। *जैसे*—घिन→घिनौना।

⁘ **औनी—१. धातु→संज्ञा (स्त्रीलिंग)। *जैसे*—**√मीच्→मिचौनी।

२. संज्ञा→विशेषण (स्त्रीलिंग)। *जैसे*—घिन→ घिनौनी।

औवल—दे० औअल।

औहाँ—धातु→'वाला' अर्थ का विशेषण। *जैसे*—√उकसा→उकसौहाँ, √ललचा→ललचौहाँ, √हँस्→ हँसौहाँ।

क—१. धातु—कर्तावाचक शब्द या 'वाला' अर्थ का विशेषण। *जैसे*—√पाल्→पालक, √मार्→मारक।

२. धातु→भाववाचक संज्ञा (स्त्री०)। *जैसे*—√कस्→कसक।

३. स्वार्थिक। *जैसे*—ठंड→ठंडक, बहुत→बहुतक।

४. (तत्सम) संख्यात्मक संज्ञा→समुदायवाचक संज्ञा। *जैसे*—अष्ट→अष्टक, दश→दशक, पंच→ पंचक, शत→शतक।

कर[1]—संज्ञा→'करनेवाला' अर्थ का विशेषण। *जैसे*—गुण→गुणकर, लाभ→लाभकर, हानि→ हानिकर।

कर[2],करके—धातु→पूर्वकालिक कृदन्त। *जैसे*—√खा→खाकर (अथवा खाकर के), √जा→जाकर (अथवा जाकर के)।

का—स्वार्थिक प्रत्यय। चुप→चुप्पका, बड़ा→बड़का, बूँद→बुँदका, माटी→मटका, लाड़→लड़का।

कार—१. संज्ञा→कर्तावाचक शब्द या 'वाला' अर्थ का विशेषण। *जैसे*—कला→कलाकार, चित्र→ चित्रकार।

२. धातु→कर्तावाचक शब्द या 'वाला' अर्थ का विशेषण। *जैसे*—√जान्→जानकार।

कारी—संज्ञा→'करनेवाला' अर्थ का विशेषण। *जैसे*—गुण→गुणकारी, लाभ→लाभकारी, हित→ हितकारी। ⁘ **कारिणी**—('कारी' प्रत्यय की 'ई' के स्थान पर 'इणी' के योग से बना प्रत्यय जो) **'कारी' प्रत्यय से बने विशेषणों का स्त्रीलिंग रूप बनाता है। *जैसे*—**गुणकारिणी, लाभकारिणी, हितकारिणी।

की—१. धातु→कर्तावाचक शब्द। *जैसे*—√फिर्→फिरकी।

२. धातु→भाववाचक संज्ञा। (स्त्रीलिंग)। *जैसे*—√डूब्→डुबकी, √बैठ्→बैठकी। ३. स्वार्थिक प्रत्यय। 'का' से बनी पुंलिंग संज्ञाओं का स्त्रीलिंग रूप बनाता है। (दे० का)। ***जैसे***—चुपकी, बड़की, बुँदकी, मटकी, लड़की।

ख़ाना—फ़ारसी प्रत्यय 'ख़ानः' का हिन्दी-रूप। संज्ञा→स्थानवाची शब्द। *जैसे*—डाक→डाकख़ाना, दवा→दवाख़ाना।

ख़ोर—फ़ारसी से आया प्रत्यय। संज्ञा—'खानेवाला' अर्थ में विशेषण (जो संज्ञा की तरह भी प्रयुक्त होता है)। लाक्षणिक अर्थ है—लेने वाला। *जैसे*—घूस→घूसख़ोर, चुग़ल→चुग़लख़ोर, रिश्वत→ रिश्वतख़ोर, हराम→हरामख़ोर।

गर—फ़ारसी से आया प्रत्यय। संज्ञा→व्यवसायसूचक शब्द। *जैसे*—कार (कार्य)→कारीगर, क़लई→क़लईगर, जादू→जादूगर, सौदा→सौदागर।

गार—फ़ारसी से आया प्रत्यय। १. संज्ञा→भाववाचक संज्ञा। *जैसे*—याद→यादगार, रोज़ी→रोज़गार।

२. संज्ञा→कर्तावाचक शब्द या 'वाला' अर्थ का विशेषण। *जैसे*—ख़िदमत→ख़िदमतगार, गुनाह→ गुनहगार, मदद→मददगार।

गी—फ़ारसी से आया प्रत्यय। विशेषण→भाववाचक संज्ञा। *जैसे*—गन्दा→गन्दगी, ज़िन्दा→ज़िन्दगी, मर्दाना→मर्दानगी।

गीर—१. धातु—'वाला' अर्थ की विशेषण। *जैसे*—√उठा→उठाईगीर।

२. संज्ञा—'वाला' अर्थ की विशेषण। *जैसे*—राह→राहगीर **(जो संज्ञा की तरह प्रयुक्त होता है)**

गीरी—'गीर' प्रत्यय में 'ई' जोड़ने से बना प्रत्यय। **संज्ञा→भाववाचक संज्ञा। *जैसे*—**उठाईगीरी, राहगीरी, कुलीगीरी।

घ्न—(तत्सम) संज्ञा—कर्तावाचक संज्ञा या 'मारनेवाला' अर्थ का विशेषण। *जैसे*—विष→विषघ्न, शत्रु→ शत्रुघ्न।

ची—**तुर्की भाषा से आया प्रत्यय। संज्ञा—कर्तावाचक शब्द या 'वाला' अर्थ का विशेषण।** ***जैसे***—अफ़ीम→अफ़ीमची, तोप→तोपची, नक़ल→नक़लची, बन्दूक़→बन्दूक़ची, मशाल→मशालची।

ज—**१. संज्ञा→'से उत्पन्न' अर्थ में विशेषण जो प्रायः संज्ञा की तरह प्रयुक्त होता है।** ***जैसे***—जल→जलज, पंक→पंकज, २. **संज्ञा→सन्तान-वाचक संज्ञा।** ***जैसे***—भ्रातृ→भ्रातृज, मनु→मनुज। ✣ **जा—उक्त 'ज' प्रत्यय से बनी पुंलिंग संज्ञा का स्त्रीलिंग रूप।** ***जैसे***—भ्रातृजा।

ज़ादा—**फ़ारसी के 'ज़ादः' प्रत्यय का हिन्दी-रूप। संज्ञा→सन्तानवाचक पुंलिंग संज्ञा।** ***जैसे***—अमीर→अमीरज़ादा, शाह→शाहज़ादा। ✣ **ज़ादी—फ़ारसी से आया प्रत्यय। 'ज़ादा' प्रत्यय से बनी पुंलिंग संज्ञा की स्त्री रूप बनाता है।** ***जैसे***—अमीरज़ादी, शाहज़ादी।

जै—**धातु→एक क्रियारूप।** √कर→कीजै (= कीजिए), √देना→दीजै (= दीजिए), √लेना→लीजै (= लीजिए)। ● **विशेष**—'जै' प्रत्यय अब अप्रचलित है, प्राचीन हिन्दी साहित्य में प्रयुक्त होता था।

ज्ञ—**विशेषण/संज्ञा→'जानकार/ज्ञाता' अर्थ देनेवाला विशेषण जो संज्ञा की तरह भी प्रयुक्त होता है।** ***जैसे***—अल्प→अल्पज्ञ, बहु→बहुज्ञ, विशेष→विशेषज्ञ, गुण→गुणज्ञ, वेद→वेदज्ञ, शास्त्र→शास्त्रज्ञ।

टा—स्वार्थिक प्रत्यय जो संज्ञा/विशेषण में जुड़ता है। ***जैसे***—काला→कलूटा, गोरा→गोरटा, चोर→चोरटा।

टी—**स्वार्थिक प्रत्यय जो स्त्रीलिंग संज्ञा विशेषण ८ शब्दों में जुड़ता है।** ***जैसे***—काली→कलूटी, गोरी→गोरटी, वधू→वधूटी।

टे—**स्वार्थिक प्रत्यय जो 'टा' प्रत्यय से बने पुंलिंग शब्दों के बहुवचन रूप बनाता है।** ***जैसे***—कलूटे, गोरटे, चोरटे।

ड़ा—**१. संज्ञा में जुड़नेवाला स्वार्थिक प्रत्यय।** ***जैसे***—टूक→टुकड़ा, दुख→दुखड़ा, मुख→मुखड़ा।

२. **क्रियाविशेषण→विशेषण (पुंलिंग)।** ***जैसे***—आगे→अगड़ा, पीछे→पिछड़ा।

ड़ी—**१. संज्ञा में जुड़नेवाला स्वार्थिक प्रत्यय जिससे स्त्रीलिंग शब्द बनते हैं।** ***जैसे***—टाँग→टँगड़ी।

२. क्रियाविशेषण→विशेषण (स्त्रीलिंग)। ***जैसे***—आगे→अगड़ी, पीछे→पिछड़ी।

त—**धातु→भाववाचक संज्ञा।** ***जैसे***—√घट्→घटत, √पढ़्→पढ़त, √बिच्→बचत, √बढ़्→बढ़त, √लिख्→लिखत।

तः—**(तत्सम) सर्वनाम/विशेषण/क्रियाविशेषण→क्रियाविशेषण।** ***जैसे***—स्व→स्वतः द्वितीय→ द्वितीयतः, प्रथम→प्रथमतः, अग्र→अग्रतः, दूर→ दूरतः पृष्ठ→पृष्ठतः।

तम—**विशेषण/क्रियाविशेषण→'सबसे अधिक...' अर्थवाला शब्द।** ***जैसे***—उच्च→उच्चतम (= सबसे अधिक ऊँचा), नवीन→ नवीनतम (= सबसे अधिक नया), सुन्दर→सुन्दरतम (= सबसे अधिक सुन्दर)।

तर—**विशेषण / क्रियाविशेषण→'अपेक्षाकृत अधिक...' अर्थ वाला शब्द।** ***जैसे***—उच्च→उच्चतर (किसी की तुलना में अधिक ऊँचा), नवीनतर (अपेक्षाकृत अधिक नया), सुन्दर→सुन्दरतर (अपेक्षाकृत अधिक सुन्दर)।

ता—**१. विशेषण→भाववाचक संज्ञा।** ***जैसे***—अधिक→अधिकता, मूर्ख→मूर्खता, सरल→सरलता। **२. धातु→विशेषण।** ***जैसे***—√बह्→बहता, √सो→सोता।

ती—**धातु→भाववाचक संज्ञा (*स्त्री॰*)।** ***जैसे***—√गिन्→गिनती।

त्व—**(तत्सम) संज्ञा/सर्वनाम/विशेषण→भाववाचक संज्ञा।** ***जैसे***—इन्द्र→इन्द्रत्व, नारी→नारीत्व, पति→पतित्व, मम→ममत्व, अल्प→अल्पत्व, महत्→महत्त्व, वीर→वीरत्व, श्रेष्ठ→श्रेष्ठत्व।

द—**(तत्सम) संज्ञा→'देनेवाला' अर्थ का विशेषण।** ***जैसे***—धन→धनद (= धन देनेवाला), हर्षद (=हर्ष देनेवाला)।

दा—**१. (तत्सम) विशेषण→क्रियाविशेषण।** ***जैसे***—एक→एकदा, सर्व→सर्वदा।

२. **(तत्सम) संज्ञा→'देनेवाली' अर्थ का विशेषण।** ***जैसे***—धन→धनदा (= धन देनेवाली), पुत्र→पुत्रदा (= पुत्र देनेवाली), मोक्ष→मोक्षदा (= मोक्ष देनेवाली)।

दान—**फ़ारसी से आया प्रत्यय। १. संज्ञा→पात्रवाचक शब्द (पुंलिंग)।** ***जैसे***—इत्र→इत्रदान, कूड़ा→ कूड़ादान/कूड़ेदान, पान→पानदान।

२. **संज्ञा→'करनेवाला' अर्थ का विशेषण।** ***जैसे***—क़द्र→क़द्रदान। ✣ **दानी—(क) संज्ञा→पात्रवाचक शब्द (स्त्रीलिंग)।** ***जैसे***—गोंद→गोंददानी, चाय→चायदानी। **(ख) संज्ञा→भाववाचक संज्ञा (स्त्री॰)।** ***जैसे***—क़द्र→कद्रदानी।

दार—**फ़ारसी से आया प्रत्यय। १. संज्ञा→'वाला' अर्थ का विशेषण।** ***जैसे***—ज़मीन (ज़मीं)→ज़मींदार, ज़िम्मा→ज़िम्मेदार, बदबू→बदबूदार।

२. संज्ञा→'वाला' अर्थ की संज्ञा। ***जैसे***—चौकी→चौकीदार, थाना→थानेदार, दुकान→ दुकानदार, रिश्ता→रिश्तेदार। **३. धातु→'वाला' अर्थ की संज्ञा।** ***जैसे***—√ख़रीद्→ख़रीददार (= ख़रीदार), √दे→देनदार, √ले→लेनदार। ✣ **दारी—'दार' प्रत्यय** में 'ई' जोड़ने से बना 'दारी' प्रत्यय भाववाचक (स्त्रीलिंग) शब्द बनाता है। ***जैसे***—चौकीदारी, थानेदारी, दुकानदारी, रिश्तेदारी,

ख़रीददारी (= ख़दीदारी), देनदारी, लेनदारी।

दाँ—फ़ारसी से आया प्रत्यय। संज्ञा→'करनेवाला' या 'जाननेवाला' अर्थ का विशेषण। *जैसे*—क़द्र→क़द्रदाँ, क़ानून→क़ानूनदाँ।

धा—(तत्सम) विशेषण→'प्रकार से' अर्थ वाला क्रियाविशेषण। *जैसे*—एक→एकधा, द्वि→द्विधा, बहु→बहुधा, शत→शतधा।

न—धातु→भाववाचक संज्ञा। *जैसे*—√मिला→ मिलान।

ना—धातु→क्रिया का मूल रूप जो भाववाचक संज्ञा भी होता है। *जैसे*—√आ→आना [तुम अवश्य आना, तुम्हारा आना (= आगमन) मेरे लिए शुभ होता है], √जा→जाना। **संज्ञा→नामधातु।** *जैसे*—बात→बतियाना, लाठी→लठियाना, हाथ→हथियाना।

नाक— फ़ारसी से आया प्रत्यय। संज्ञा→'भरा हुआ' अर्थ का विशेषण। *जैसे*—ख़तरा→ख़तरनाक, खौफ़→खौफ़नाक, दर्द→दर्दनाम, शर्म→शर्मनाक।

नी—१. क्रिया-रूप बनानेवाला एक प्रत्यय। *जैसे*—कहनी, बतानी, सुनानी (आपको कहानी कहनी पड़ेगी; बात बतानी पड़ेगी; कविता सुनानी ही पड़ी)।

२. पुंलिंग संज्ञा→स्त्रीलिंग संज्ञा। *जैसे*—मोर→मोरनी, शेर→शेरनी।

३. धातु→भाववाचक संज्ञा। *जैसे*—√कर्→करनी, √भर्→भरनी।

४. धातु→करणवाचक संज्ञा। *जैसे*—√धौंक्→ धौंकनी।

नुमा—फ़ारसी से आया प्रत्यय। संज्ञा→'दिखाने-वाला' या 'के समान दिखनेवाला' अर्थ में विशेषण। *जैसे*—राह→राहनुमा (= राह दिखानेवाला), बन्दर→बन्दरनुमा (= बन्दर के समान दिखनेवाला)।

पन—(जातिवाचक) संज्ञा/सर्वनाम/विशेषण→अवस्थासूचक या भाववाचक संज्ञा। *जैसे*—लड़का→लड़कपन, अपना→ अपनापन, गँवार→ गँवारपन, पागल→पागलपन, हरा→हरापन। ⁘ **पना**—'पन' में 'आ' के योग से बना प्रत्यय जो 'पन' प्रत्यय वाले शब्दों में 'आ' जोड़कर उनके समान अर्थ वाले शब्द बनाता है। *जैसे*—लड़कपना (= लड़कपन), गँवारपना (= गँवारपन)।

पा—संज्ञा/विशेषण→अवस्थासूचक या भाववाचक संज्ञा। *जैसे*—बहन→बहनापा, बूढ़ा→बुढ़ापा, मोटा→मोटापा (मुटापा)।

बाज़—फ़ारसी से आया प्रत्यय। संज्ञा→'वाला' या 'करनेवाला' या 'के शौक़ वाला' अर्थ का विशेषण। *जैसे*—दग़ा→दग़ाबाज़, कबूतर→कबूतरबाज़, पंतग→पतंगबाज़। ⁘ **बाज़ी—'बाज़' प्रत्यय से बने शब्दों में 'ई' जोड़कर भाववाचक संज्ञा बनानेवाला प्रत्यय।** *जैसे*—दग़ाबाज़ी, कबूतरबाज़ी, पतंगबांज़ी। ● **विशेष**—'बाज़' और 'बाज़ी' प्रत्ययों से बने शब्द प्राय: बुरे अर्थों के ही सूचक होते हैं।

मती—संज्ञा→'वाली' अर्थ वाला विशेषण (स्त्रीलिंग)। *जैसे*—बुद्धि→बुद्धिमती, श्री→श्रीमती। ● **विशेष**—'मती' प्रत्यय से युक्त शब्द 'मान्' प्रत्यय से युक्त शब्दों के स्त्रीलिंग रूप होते हैं। 'मती' कम शब्दों में ही प्रयुक्त होता है, 'मान्' वाले शब्दों का प्रयोग स्त्रीलिंग विशेष्यों के साथ भी प्राय: प्रचलित है (जैसे—बुद्धिमान् स्त्री)। कहीं-कहीं 'मती' के अर्थ में परन्तु उसके बदले में 'वती' का भी प्रयोग होता है।

मन्द (मंद)—फ़ारसी से आया प्रत्यय। संज्ञा→'वाला' अर्थ का विशेषण। *जैसे*—अक्ल→अक्लमन्द, ज़रूरत→ज़रूरतमन्द, दौलत→दौलतमन्द, हुनर→हुनरमन्द।

मय—१. संज्ञा→'से बना हुआ' अर्थ वाला विशेषण। *जैसे*—रजत→रजतमय, स्वर्ण→स्वर्णमय।

२. संज्ञा→'से भरा हुआ' अर्थ वाला विशेषण। *जैसे*—अग्नि→अग्निमय, अमृत→अमृतमय, जल→जलमय, विष→विषमय।

३. संज्ञा→'से युक्त' अर्थ वाला विशेषण। *जैसे*—प्रेम→प्रेममय, सुख→सुखमय, हर्ष→हर्षमय।

मात्र—संज्ञा→'केवल' या 'ही' अर्थ वाला क्रियाविशेषण। *जैसे*—जल→जलमात्र, धर्म→धर्ममात्र, भक्ति→भक्तिमात्र, स्त्री→स्त्रीमात्र। ● **विशेष**—'मात्र' से युक्त शब्द कभी-कभी 'सभी' का भी वाचक होता है। *जैसे*—स्त्रीमात्र के प्रति आदर का भाव रखो (स्त्रीमात्र = सभी स्त्रियाँ)।

मान्—संज्ञा→'वाला' अर्थ वाला विशेषण। *जैसे*—बुद्धि→बुद्धिमान्, श्री→श्रीमान्। ● **विशेष**—'मान्' प्रत्यय से युक्त शब्दों का स्त्रीलिंग रूप 'मती' प्रत्यय से युक्त शब्द होते हैं।

या—धातु→एक भूतकालिक रूप जो विशेषण भी होता है। √सो→सोया।

री—संज्ञा→लघुता आदि का वाचक स्त्रीलिंग शब्द। *जैसे*—कोठा→कोठरी, गाँठ→गठरी।

ल—१. विशेषण→अपेक्षाकृत कुछ न्यूनता का बोधक विशेषण। *जैसे*—मंजु→मंजुल, मृदु→मृदुल, शीत→शीतल।

२. संज्ञा→'वाला' अर्थ का विशेषण। *जैसे*—धूम→धूमिल, प्रेम→प्रेमिल, फेन→फेनिल, मांस→मांसल।

ला[1]—धातु→प्रेरणार्थक धातु। *जैसे*—√खा→√खिला, √पी→√पिला, √सो-√सुला।

ला[2]—१. संज्ञा→'वाला' अर्थ का विशेषण। *जैसे*—गन्द→गँदला, धुन्ध→धुँधला, लाड़—→लाड़ला। २. क्रिया विशेषण→विशेषण। ***जैसे***—आगे→अगला, पीछे→पिछला। ⁘ **ली/ले**—'ला' प्रत्यय के 'आ' के स्थान पर 'ई/ए' के जुड़ने से बने प्रत्यय 'ली' और 'ले' क्रमश: संज्ञा या क्रियाविशेषण 'वाली' अर्थ वाले विशेषण (स्त्रीलिंग) अथवा 'वाले' अर्थ वाले विशेषण (बहुवचन) में बदलते हैं। ***जैसे***—गन्द→गँदली/गँदले, धुन्ध→धुँधली/धुँधले, लाड़→लाड़ली/लाड़ले, तथा आगे→अगली/अगले, पीछे→पिछली/पिछले।

वती—संज्ञा→'वाली' अर्थ वाला (स्त्रीलिंग) विशेषण। *जैसे*—पुत्र→पुत्रवती, धन→धनवती।

वन्त—संज्ञा→'वाला' अर्थ का विशेषण। *जैसे*—कला→कलावन्त, कुल→कुलवन्त, गुण→गुणवन्त, धन→धनवन्त।

वर—फ़ारसी से आया प्रत्यय। संज्ञा→'वाला' अर्थ का विशेषण। *जैसे*—ताक़त→ताक़तवर, नाम→नामवर, हिम्मत→ हिम्मतवर। ⁘ **वरी—'वर' प्रत्यय में 'ई' जुड़ने से बना प्रत्यय। संज्ञा→भाववाचक संज्ञा। *जैसे*—**नामवरी।

वर्ती—संज्ञा→'वाला' अर्थ का विशेषण। *जैसे*—पूर्व→पूर्ववर्ती, मध्य→मध्यवर्ती।

वा[1]—स्वार्थिक प्रत्यय। *जैसे*—बच्चा→बचवा, बछड़ा→बछवा।

वा[2]—धातु→ द्वितीय प्रेरणार्थक धातु। *जैसे*—√कह्→कहलावा, √चल्→√चलवा, √पी→ पिलवा, √मिल्→√मिलवा, √बोल्→बुलवा।

वान्/वान—संज्ञा→'वाला' अर्थ का विशेषण। *जैसे*—गाड़ी→गाड़ीवान, धन→धनवान्, हाथी→हाथीवान। ● **विशेष**—तत्सम शब्दों में 'वान्' प्रत्यय लगता है और अन्य में 'वान'।

वाल—स्थानवाची संज्ञा→जाति-बोधक शब्द। *जैसे*—काशी→काशीवाल, प्रयाग→प्रयागवाल।

वाला—बहुत अधिक प्रकार से प्रयुक्त प्रत्यय जो संज्ञा, सर्वनाम, विशेषण अथवा क्रियाविशेषण के साथ प्रयुक्त होकर प्राय: 'युक्त/वान्' अर्थ में विशेषण बनाता है। इसके प्रसंगानुसार अनके अर्थ हैं। ***जैसे***—ताँगेवाला (= ताँगा चलानेवाला), पालकीवाला (= पालकी ढोने वाला या पालकी से जानेवाला), गाड़ीवाला (= गाड़ी चलानेवाला या गाड़ी का मालिक), आपवाला (= आपका या जो आप पर है) तुम्हारावाला (= तुम्हारा या जो तुम पर है), छोटावाला (= साथ के अनेक लोगों में जो ज्यादा छोटा है), लालवाला (= साथ के अनेक लोगों में या अन्य अनेक वस्तुओं में जो अकेला लाल रंग का है), ऊपरवाला (= ऊपर स्थित या ऊपर रहनेवाला), आनेवाला (= जो जल्दी ही आएगा), पढ़नेवाला (= जो पढ़ने का काम करता है)। कभी-कभी 'वाला' प्रत्यय का व्यर्थ प्रयोग भी देखा जा सकता है। 'मोटावाला लड़का', इत्यादि प्रयोगों में 'वाला' निरर्थक प्रतीत होता है। परन्तु किसी सन्दर्भ में उसकी भी उपयोगिता हो सकती है। ***जैसे***—अनेक लड़कों में अपेक्षाकृत अधिक मोटे लड़के की पहचान के लिए उसे 'मोटावाला लड़का' कह दिया जाता है। ⁘ **वाली/वाले—'वाला' अर्थ के अन्तिम 'आ' के स्थान पर 'ई/ए' के प्रयोग से बने ये प्रत्यय युक्त/वान् इत्यादि अर्थ में क्रमश: विशेषण (स्त्रीलिंग) या विशेषण बहुवचन बनाते हैं। *जैसे*—**गाड़ीवाली स्त्री, गाड़ीवाले लोग, दिल्लीवाली दुकान, दिल्लीवाले लोग।

वाँ—१. धातु→विशेषण। *जैसे*—√कट्→कटवाँ, √भर्→भरवाँ। **२. संज्ञा→'वाला' अर्थ का विशेषण। *जैसे*—**ढाल→ढलवाँ। **३. पाँच या सात और उसके बाद का संख्यात्मक शब्द→विशेषण। *जैसे*—**पाँच→पाँचवाँ, सात→सातवाँ, आठ→आठवाँ। दे॰ **वीं (वीं) और वें (वें) भी)**

वी—संज्ञा→विशेषण। माया→मायावी, मेधा→ मेधावी।

वीं (वीं)—पाँच या सात और उसके बाद का संख्यात्मक शब्द→विशेषण (स्त्रीलिंग)। जैसे→पाँच→पाँचवीं, सात→सातवीं, आठ→आठवीं।

वें (वें)—उक्त संख्यात्मक शब्द से बने विशेषण का बहुवचन रूप बनानेवाला प्रत्यय। *जैसे*—पाँचवें, सातवें, आठवें।

शाली—संज्ञा→'वाला' अर्थ का विशेषण। जैसे—भाग्य→भाग्यशाली। ⁘ शालिनी—उक्त का स्त्री॰ रूप बनानेवाला प्रत्यय। जैसे—भाग्यशालिनी।

सरा—'दो' या 'तीन' संख्यात्मक संज्ञा→विशेषण। *जैसे*—दो→दूसरा, तीन→तीसरा।

सरी/सरे—उक्त के क्रमश: स्त्रीलिंग और बहुवचन रूप बनानेवाले प्रत्यय। जैसे—दूसरी, तीसरी, दूसरे, तीसरे।

सा—सर्वनाम→सार्वनामिक विशेषण। *जैसे*—जो→जैसा, यह→ऐसा। वह→वैसा। ⁘ **सी/से**—उक्त के क्रमश: स्त्री॰ और बहुवचन बनानेवाले प्रत्यय। ***जैसे***—जैसी, ऐसी, वैसी, जैसे, ऐसे।

सार—फ़ारसी से आया प्रत्यय। संज्ञा→'वाला' अर्थ का विशेषण। जैसे—मिलन→मिलनसार, शर्म→ शर्मसार। ● **विशेष**—उक्त **विशेषण** शब्द को 'ई' प्रत्यय के योग से **भाववाचक संज्ञा** (स्त्रीलिंग) में परिवर्तित किया जा सकता है। ***जैसे***—मिलन→मिलनसार→मिलनसारी।

हिन्दी शब्दों में प्रयुक्त उपसर्ग

१. उपसर्ग—सामान्य परिचय

१. उपसर्ग एक प्रकार के '**अव्यय**' हैं जो 'धातुओं' या उनसे बने हुए संज्ञा, विशेषण आदि शब्दों के पहले जोड़े जाते हैं और इनका स्वतन्त्र/अलग प्रयोग नहीं होता। इन्हें 'अव्यय' कहा जाता है क्योंकि लिंग, वचन आदि के कारण इनमें कोई परिवर्तन/विकार नहीं होता और सदा एक से रहते हैं। भाषाविज्ञान में इन्हें '**पूर्वप्रत्यय**' या '**आदिप्रत्यय**' भी कहा जाता है।

२. 'उपसर्ग' लगने पर 'धातु' का अर्थ कभी कुछ भिन्न हो जाता है, कभी विपरीत हो जाता है और कभी वही रहता है। उदाहरणार्थ, संस्कृत की √हृ धातु में विविध उपसर्ग जुड़ने से बने विविध शब्दों—आहार, उपहार, परिहार, प्रहार, विहार, संहार—के अर्थों की विविधता दर्शनीय है।

३. जब उपसर्ग किसी शब्द के पहले जुड़कर धातु का अर्थ कुछ बदल देते हैं तब वास्तव में इनके द्वारा धातु के विविध अर्थ ही प्रकाशित होते हैं। उदाहरणार्थ, संस्कृत √कृ धातु (= करना) के पहले उपसर्गों के लगने पर 'अधिकार', 'अपकार', 'उपकार' आदि शब्द बनते हैं जिनके विशेष अर्थ होते हैं।

४. शब्दों के पहले एक से अधिक 'उपसर्ग' भी जुड़ सकते हैं (जैसे—'विनियोग' में 'वि' और 'नि')।

५. **संस्कृत में उपसर्गों (प्र, परा आदि) की संख्या २२ है। निम्नलिखित उपसर्ग-सूची में इन्हें तारांकित (*) किया गया है।** इनका उपयोग तो हिन्दी शब्दों में होता ही है। साथ ही, संस्कृत में कुछ और शब्द भी हैं जिनका उपसर्ग की तरह प्रयोग होता है। निम्नलिखित उपसर्ग-सूची में इनका भी समावेश है।

६. संस्कृत में अभाव, अल्पता, विरोध आदि को सूचित करने के लिए '**अ**' या '**अन्**' को शब्द से पूर्व जोड़ा जाता है और इसे संस्कृत-वैयाकरण '**नञ्**' (= न) कहकर '**नञ् समास**' से शब्द बनना कहते हैं (जैसे—अनीतिः = न नीतिः)। **हिन्दी में 'अ' और 'अन्' को उपसर्ग ही कहा जाता है।** 'अ' का प्रयोग उन शब्दों से पहले होता है जो व्यंजन से आरम्भ होते हैं (जैसे—अनीति, अज्ञान) और 'अन्' का प्रयोग उन शब्दों से पहले होता है जो स्वर से आरम्भ होते हैं और 'अन्' की उस स्वर से सन्धि होकर ही शब्द बनता है (जैसे—अनिच्छा, अनुत्सुक)। हिन्दी का अपना उपसर्ग 'अन' संस्कृत तत्सम शब्दों में नहीं जोड़ा जाता, अन्य शब्दों में जोड़ा जाता है (जैसे— अनदेखा, अनसिला)।

७. हिन्दी की संस्कृत तत्सम और तद्भव शब्दावली में संस्कृत के उपसर्गों का प्रचुर प्रयोग होता है।

८. हिन्दी में प्रयुक्त अरबी-फ़ारसी शब्दों की संख्या भी बहुत है। इनके तत्सम शब्दों में जो विदेशी उपसर्ग हैं, उनमें से कुछ को हिन्दी शब्दों के साथ भी प्रयुक्त किया जाता है। अतः अरबी-फ़ारसी के अधिकतर उपसर्गों का ज्ञान केवल भाषा-ज्ञानवर्धक है, उन्हें हिन्दी उपसर्ग नहीं कहा जा सकता। फिर भी उनमें से कुछ मुख्य का समावेश निम्नलिखित सूची में किया गया है।

९. अँग्रेज़ी के अनेक शब्द यथावत् हिन्दी में प्रयुक्त होते हैं जिनमें अँग्रेज़ी उपसर्ग हैं। ऐसे डिप्टी (डिप्टी-कलक्टर), वाइस (वाइस-चान्सलर), सब (सब-इन्स्पेक्टर), हाफ़ (हाफ़पैन्ट) इत्यादि उपसर्गों का समावेश निम्नलिखित सूची में नहीं किया गया है क्योंकि उनका हिन्दी शब्दों के साथ सम्बन्ध हुआ ही नहीं है। केवल 'हेड' अँग्रेज़ी उपसर्ग इसका अपवाद है अतः प्रस्तुत सूची में उसे सम्मिलित किया गया है।

१०. संस्कृत के और विदेशी उपसर्गों के अतिरिक्त हिन्दी के अपने भी कुछ उपसर्ग हैं। इनका भी निम्नलिखित सूची में समावेश है।

११. सम्पूर्ण सूची अकारादिक्रम से देने की अपेक्षा यह अधिक उपयोगी समझा गया कि उपसर्गों को भाषानुसार प्रस्तुत किया जाए। तदनुसार प्रथम सूची संस्कृत के उपसर्गों या उपसर्गवत् शब्दों की है, द्वितीय सूची विदेशी (अरबी-फ़ारसी और अँग्रेज़ी) उपसर्गों की है और तृतीय सूची हिन्दी के अपने उपसर्गों की।

१२. **इस उपसर्ग-सूची में प्रमुख उपसर्गों का ही समावेश है; इसे उपसर्गों की पूर्ण सूची नहीं समझना चाहिए।**

२. उपसर्ग-सूची

१. संस्कृत के उपसर्ग या उपसर्गवत् प्रयुक्त शब्द

उपसर्ग	*उदाहरण*
अ	अज्ञान, अधर्म, अहिंसा।
अग्र	अग्रगामी, अग्रदूत, अग्रनायक।
अति*	अतिक्रम, अतिनिद्रा, अत्याचार।
अधः/अधस्	अधःपतन, अधस्तल।
अधि*	अधिकार, अधिग्रहण, अधिवक्ता।

उपसर्ग	*उदाहरण*
अन्	अनधिकार, अनिच्छा, अनुपकार।
अनु*	अनुगमन, अनुरोध, अनुशीलन।
अन्तः/अन्तर्/अन्तस्	अन्तःकालीन, अन्तर्देशीय, अन्तस्तल।
अन्तर	अन्तरराष्ट्रीय।

अप*	अपकार, अपकीर्ति, अपमान।
अपर	अपरान्त, अपराह्न।
उपसर्ग	***उदाहरण***
अपि*	अपिधान (= ढक्कन)।
अभि*	अभिज्ञान, अभिमान, अभियोग।
अर्ध	अर्धरात्रि, अर्धायु।
अव*	अवगुण, अवतार, अवनत।
असत्	असत्कार, असत्पुरुष।
आ*	आजीवन, आमरण, आहार।
आत्म	आत्मकथा, आत्मनिवेदन, आत्मनिष्ठ।
आविः	आविर्भाव, आविष्करण, आविष्कार।
इति	इतिवृत्त, इतिशेष।
उत्*/उद्*	उत्पात, उत्पत्ति, उद्घोषणा।
उत्तर	उत्तरकथा, उत्तरजीवी।
उप*	उपकार, उपनियम, उपमन्त्री।
कु	कुकर्म, कुराह, कुवेष।
तत्/तद्	तत्काल, तत्समयक, तद्वचन।
तिरः/तिरस्	तिरस्कार, तिरोधान, तिरोभूत।
दुः*/दुर्*/दुस्*	दुःसह, दुराचार, दुर्जन, दुर्गन्ध, दुष्कर, दुस्साहस।
दूर	दूरभाष, दूरदर्शन, दूरमुद्रक।
नमः/नमस्	नमस्कार, नमस्ते।
***नि**	निधान, नियम, निसर्ग।
निः*/निर्*/निस्*	निःस्वार्थ, निर्गम, निर्दोष, निर्धन, निश्चिन्त, निष्पाप।
पर	परकेन्द्रिक, परजीवी, परोपकार।
परा*	पराजय, परामर्श, परावर्तन।
परि*	परिक्रमा, परिपूर्ण, परिश्रम।
पश्च	पश्चकथन, पश्चलेख।
पुनः/पुनर्	पुनर्गठन, पुनर्मुद्रण, पुनर्वास।
पुरः/पुरस्	पुरस्कार, पुरोगामी।
पुरा	पुराकाल, पुरातत्त्व, पुरालिपि।
पूर्व	पूर्वकथा, पूर्वकालिक।
प्र*	प्रचार, प्रपौत्र, प्रहार।
प्रति*	प्रतिकूल, प्रतिदिन, प्रतिवाद।
प्राक्	प्राक्कल्पना, प्रागैतिहासिक, प्राग्जैविक।
प्रादुः/प्रादुर्	प्रादुर्भाव, प्रादुर्भूत।
उपसर्ग	***उदाहरण***
बहिर्	बहिर्गमन, बहिर्यात्रा, बहिर्विवाह।
बहु	बहुखंडात्मक, बहुतलीय, बहुविवाह।
महा	महाक्रान्ति, महानगर, महायुद्ध।
वि*	विदेश, वियोग, विहार।
स	सपरिवार, सप्रेम, सस्नेह।
सत्/सद्	सत्कार, सदाचार, सद्भाव।
सद्यः	सद्यः प्रयुक्त, सद्यःस्नाता, सद्योदर्शन।
सम्*	संहार, सम्बन्ध, सम्मिलित।
सम	समकक्ष, समकालिक।
सर्व	सर्वकालिक, सर्वप्रिय, सर्वहारा।
सह	सहअस्तित्व, सहकर्मी, सहधर्मिणी।
साक्षात्	साक्षात्कार, साक्षात्कृत।
सु*	सुगन्ध, सुबुद्धि, सुशील।
स्व	स्वकेन्द्रित, स्वचालित, स्वदेश।
स्वयम्/स्वयं	स्वयंभू, स्वयंवर, स्वयंसेवक।
स्वी	स्वीकरण, स्वीकार, स्वीकृति।

२. अरबी, फ़ारसी तथा अँग्रेज़ी उपसर्ग

अल्/अल	अलबेला, अल्बत्ता, अल्मस्त।
आ	आगाह, आवारा।
ऐन	ऐनमौक़ा, ऐनवक़्त।
कम	कमख़र्च, कमज़ोर।
ख़ुश	ख़ुशक़िस्मत, ख़ुशबू।
ग़ैर	ग़ैरक़ानूनी, ग़ैरसरकारी।
दर	दरकिनार, दरख़्वास्त।
न	नदीदा, नपूता।
ना	नाकाम, नाख़ुश।
नेक	नेकदिल, नेकनाम।
फ़ी	फ़ीसदी, फ़ीआदमी।
ब	बख़ुशी, बहुक्म।
बद	बदक़िस्मत, बदनाम।
बर	बरक़रार, बरख़िलाफ़, बरबाद।
बा	बाइज़्ज़त, बाक़ायदा।
बिल्	बिल्कुल।
बिला	बिलाक़सूर, बिलावजह।
बे	बेअक़्ल, बेईमान, बेचैन।
ला	लापरवाह, लापता।

सर	सरअंजाम, सरपंच।
हम	हमउम्र, हमदर्द।
उपसर्ग	***उदाहरण***
हर	हरदिन, हररोज़।
हेड	हेड-पंडित, हेड-मुंशी।

३. हिन्दी के अपने उपसर्ग

अध	अधखिला, अधजला, अधमरा।
अन	अनगिनत, अनदेखा, अनपढ़।
उपसर्ग	***उदाहरण***
उ	उजड़ना, उनींदा।
औ	औगुन, औघड़।
दु	दुकाल, दुराज।
नि	निकम्मा, निडर।
बिन	बिनखाया, बिनब्याहा, बिनमाँगा।

प्रविष्टियों के उपयोग की विधि

प्रधान शब्द
प्रविष्टि का प्रधान शब्द प्रविष्टि के आरम्भ में होता है।

प्रविष्टि
कोश में शब्दों की जानकारी प्रविष्टियों के रूप में है और हर प्रविष्टि प्रधान शब्द के वर्णक्रम से यथास्थान स्थित है।

सहप्रविष्टि
प्रविष्टि में प्रधान शब्द के साथ स्थित समान अर्थवाला और वैकल्पिक शब्द।

अर्थ आदि
प्रधान शब्द की परिभाषा या अर्थ आदि।

उपप्रविष्टि
प्रविष्टि के पेटे में प्रस्तुत अन्य प्रविष्टियाँ अर्थात 'उपप्रविष्टियाँ' '✣' चिह्न के साथ प्रस्तुत हैं जिनका अर्थ (= चिह्न के बाद) दिया गया है। उपप्रविष्टि का प्रधान शब्द से सम्बन्ध होता है अत: उसकी व्युत्पत्ति नहीं दी जाती।

व्युत्पत्ति
संस्कृत, प्राकृत, अपभ्रंश हिन्दी, फ़ारसी या अँग्रेज़ी इत्यादि से।
जहाँ किसी प्रविष्टि का समानार्थक शब्द ऐसा है जिससे उसकी व्युत्पत्ति भी है वहाँ उसे ≤ चिह्न द्वारा दिखाया गया है एवं व्याकरणिक कोटि तथा बाद के शब्द की भाषा भी बता दी गयी है।

प्रविष्टि पर अंकित क्रमांक
समान वर्तनी परन्तु भिन्न व्युत्पत्ति वाले अथात् समरूप शब्दों की '१, २, ३....' इत्यादि के क्रम से अलग-अलग प्रविष्टियाँ की गयी हैं।

प्रविष्टि से पहले चिह्न
* काव्य में प्रयुक्त परन्तु मानक हिन्दी में नहीं।
† बोलचाल में या किसी बोली में प्रयुक्त परन्तु मानक हिन्दी में नहीं।

अकिण्विक—[स॰ अ + किण्विक] *वि॰* जिससे ख़मीर न उठे। ✣ **अकिण्वित**—*वि॰* = जिसमें ख़मीर न उठा हो।
अकितव—[स॰ अ + कितव] *वि॰* १. जो जुआरी न हो। २. निष्कपट। छलहीन।

***अकिल/अकिलि**—[< अरबी अक़्ल] *स्त्री॰* बुद्धि। अक़्ल। **उदा॰** देखौ अकिल गँवाई। —सूरसागर (१०/९५३) ✣ **अकिलमन्द (अकिलमंद)**—*वि॰* = अक़्लमन्द। बुद्धिमान्। चतुर।

अतस—[स॰ √अत् +असिच्] *पु॰* १. वायु। हवा। २. आत्मा। जीवात्मा। जीव। ३. पटसन का बना हुआ वस्त्र। ✣ **अतसी**—*स्त्री॰* =१. पटसन। सन। २. अलसी नामक पौधा या उसके दाने जिनका तेल निकाला जाता है। ● **विशेष**—अलसी का फूल नीले रंग का होता है।

***अतसे**—*वि॰* ≤ *स॰* अतिशय। अत्यधिक। बहुत।
अता—[अरबी] *स्त्री॰* (बड़ों द्वारा छोटों को) कृपापूर्वक या स्नेहपूर्वक प्रदान/दान। ***जैसे***—अता करना।

अताई[१]—*वि॰* ≤ *स॰* आततायी। (दे॰)
***अताई[२]**—*वि॰* ≤ *हि॰* अदाई। (दे॰)
***अताई[३]/अतायी**—*वि॰* ≤ *स॰* अताइ। (दे॰)

अखड़्ग (अखंग)—[< स॰ अखण्ड] *वि॰* जो खँगने वाला न हो। (जल्दी) क्षीण न होनेवाला।
***अखज**—[< स॰ अखाद्य] *वि॰* १. न खाने योग्य। अखाद्य। २. बुरा। ख़राब।
†अखड़ा[१]—[सन्थाली, < हि॰ अखाड़ा] *पु॰* नृत्य-स्थल। अखाड़ा। **उदा॰** सूर्योदय के पूर्व हो गया अखड़ा सूना-सूना। श्री किरण (तिलका माँझी, पृ॰ २०)
†अखड़ा[२]—[< स॰ आखात] *पु॰* तालाब के बीच का गड्ढा जिसमें मछलियाँ पकड़ते हैं।

शब्द-भेद
व्याकरणीय कोटि की दृष्टि से शब्द-भेद।

कचोटना—[अनु॰] *क्रिअ॰* १. मानसिक पीड़ा होना। २. व्याकुल होना। ३. (कोई बात) मन में चुभना। *क्रिस॰* चिकोटी काटना। नोचना।

विभिन्न अर्थ
प्रधान शब्द के विभिन्न अर्थ क्रमांक १, २, ... से सूचित

***कचोरा**—[< स॰ कच्चोलक] *पु॰* १. पात्र विशेष। कटोरा। २. प्याला। *उदा॰* अंम्रित बानी भरें कचोरा (=अमृत-तुल्य जल कटोरों में भर रही थीं)। —जायसी (पदमा॰, ५६४/१) ✣ **कचोरी**— *स्त्री॰* = १. कटोरी। *उदा॰* दीजिए कनक कचोरी भीख। —जायसी (पदमा॰, २६९/९) २. प्याली।

उदाहरण
आवश्यकतानुसार ऐसा उदाहरण जिसमें लक्ष्य शब्द का अच्छा प्रयोग हुआ हो।
उदाहरण के दो प्रकार—
उदा॰—हिन्दी की किसी श्रेष्ठ रचना का वास्तविक उद्धरण।
जैसे—स्वनिर्मित वाक्य या वाक्यांश।

कठिन—[स॰ √कठ् + इनच्] *वि॰* १. जो सरल न हो। दुस्साध्य। मुश्किल। *जैसे*—यह काम कठिन है, सरल नहीं। २. (शब्द, वाक्य, बात आदि) जो समझ में न आए। दुर्बोध। ३. कठोर। कड़ा। ४. निष्ठुर। क्रूर। *उदा॰* कठिन कंस मथुरा बसै। —सूरसागर (१०/१६१८) ५. कष्टपूर्ण। *जैसे*—वृद्धावस्था का समय कठिन होता है। **स्त्री॰* कठिनाई। *उदा॰* जब जब दीननि कठिन परी। —सूरसागर (१/१६) ∇ **विलोम**—सरल।

उदाहरण-सन्दर्भ
उदाहरण का सन्दर्भ भी लेखक, पुस्तक तथा पृष्ठ या पद्य क्रमांक आदि के द्वारा दिया गया है

✣ ***अटकि**— *क्रिवि॰* = अटककर। *उदा॰* मुकुट पर मन अटकि लटक्यौ (अटकि लटक्यौ = अटक कर वहीं स्थिर हो गया)। —सूरसागर (१०/१८१८) ✣ ***अटकैं-अटकैं (अटकैं-अटकैं)**— *क्रिवि॰* = अटक-अटककर। फँस-फँसकर। *उदा॰* जनम सिरानौ अटकैं-अटकैं। —सूरसागर (१/२९२)

उदा॰ में अर्थ-संकेत
उदाहरण में भाषा की जटिलता दूर कर, उसे अधिक स्पष्ट करने के लिए आवश्यकतानुसार अर्थ-संकेत भी दिये गये हैं।

अटकल—[< स॰ अटन + कलन] *स्त्री॰* अनुमान। अन्दाज़ा। **वा॰ अटकलें लड़ाना**—अनुमान लगाना। ✣ **अटकलपच्चू**— *वि॰* = स्थूल अनुमान पर आधारित। अविचारपूर्ण अनुमान वाला। २. कपोल-कल्पित। ३. जो गम्भीरता से सोचा-विचारा हुआ न हो। *जैसे*—हम अटकलपच्चू बातें नहीं कहते, जाँच-पड़ताल करके बोलते हैं। **अटकलपच्चू हाँकना**—१. अनुमान से कहना। २. मनगढ़न्त बात कहना। ३. ऊटपटाँग बातें कहना। ● **विशेष**—अटकलें लगाने के स्वभाव वाला व्यक्ति **'अटकलबाज़'** कहा जाता है। और अटकलें लगाने के स्वभाव को **'अटकलबाज़ी'** कहते हैं।

वाग्बन्ध (मुहावरे)
अरबी शब्द 'मुहावरा' के स्थान पर 'वाग्बन्ध शब्द' का प्रयोग किया गया है और वह ***वा॰*** से संकेतित है। सभी वाग्बन्ध मोटे अक्षरों में और क्रमानुसार दिये गये हैं।

विशेष
प्रधान शब्द या उसकी व्याख्या आदि से सम्बन्धित अथवा विशेष जानकारी।

विलोम

आवश्यकतानुसार प्रधान शब्द का विलोम (∇ चिह्न से युक्त) दिया गया है।

पर्याय

सामान्यतः कुछ पर्याय (Δ चिह्न से युक्त) अर्थ के बाद दिए गए हैं। जिन शब्दों के अधिक पर्याय हैं अथवा वे किसी अन्य दृष्टि से महत्त्वपूर्ण भी हैं, तब उनके पर्याय देखने के लिए पर्यायों का संकलन परिशिष्ट के 'पर्यायवाची कोश' में द्रष्टव्य है। यह सूचना Δ **पर्याय** द्वारा दी गयी है।

अँग्रेज़ी समानार्थक शब्द

अनेक शब्दों की, विशेषतः नये पारिभाषिक शब्दों की, स्पष्टता के लिए अन्त में या यथास्थान अँग्रेज़ी समानार्थक शब्द भी दिये गये हैं।

प्रति-सन्दर्भ

(अं. क्रास रेफ़रेंस)

वर्ण-परिचय

प्रत्येक वर्ण के शब्दों का अर्थ इत्यादि आरम्भ करने से पहले, आरम्भ में ही, उस वर्ण के उच्चारण स्थान तथा व्याकरण और भाषाविज्ञान की दृष्टि से विशेष जानकारी भी दी गयी है।

● **विशेष—**

सामान्य परिचय के अतिरिक्त व्यावहारिक उपयोग की विशिष्ट जानकारी ● **विशेष**—द्वारा संकेत करके दी गयी है।

अयोग्य—[स॰ अ + योग्य] *वि॰* १. जो योग्य न हो। २. (कार्य विशेष को करने में) असमर्थ या अक्षम। ३. अनुपयुक्त। ४. बेकार। निकम्मा। ५. जिसमें किसी पद के लिए निर्धारित अर्हताएँ न हों। अनर्ह। ∇ **विलोम**—योग्य। Δ **पर्याय—दे॰ परिशिष्ट के 'पर्यायवाची कोश' में**—अयोग्य। ✣ **अयोग्यता**—*स्त्री॰* = १. योग्यता का अभाव। २. अयोग्य होने की स्थिति। ३. अक्षमता। असमर्थता। ४. अनुपयुक्तता। ५. अनधिकारित्व। अपात्रता। ६. (किसी पद/नौकरी के लिए) अनर्हता। Δ **पर्याय—दे॰ परिशिष्ट के 'पर्यायवाची कोश' में**—अयोग्यता।

अष्टांशक—[स॰ अष्ट ~ अंशक] *पु॰* पुस्तक का ऐसा आकार जिसमें प्रत्येक पन्ना पूरे ताव का आठवाँ भाग हो। (अ॰ आक्टेवो)

***अछरा (अछरी)**—*स्त्री॰* ≤ *स॰* अप्सरा। (दे॰)
अछरौटी—दे॰ अखरौटी।

ग

देवनागरी वर्णमाला में कवर्ग का तीसरा व्यंजन। (भाषाविज्ञान की दृष्टि से) यह कंठ्य, घोष, अल्पप्राण और स्पर्श है। इसका महाप्राण रूप 'घ' है।

● **विशेष—१.** 'ग' व्यंजन अपने बाद आनेवाले व्यंजनों से मिलने पर प्रायः अपनी खड़ी रेखा छोड़कर संयुक्त रूप बनाता है [जैसे—ग्ण (रुग्ण), ग्ध (दुग्ध), ग्न (भग्न), ग्म (युग्म), ग्य (आरोग्य)] परन्तु 'र' के साथ उसका संयुक्त रूप 'ग्र' (समग्र, अग्र, ग्राम, ग्रीवा) ध्यान देने योग्य है। **२.** 'ग' के पहले आए 'ङ्' का संयुक्त रूप ङ्ग बनता है (अङ्ग, भङ्गी) जिसे मुद्रण आदि की सुविधा के लिए 'ङ्' के स्थान पर शिरोरेखा के ऊपर बिन्दी लगाकर लिखना अधिक प्रचलित है (अंग, तंगी)। **३.** 'ग' के पहले आए 'र्' का संयुक्त रूप (अर्थात् रेफ़ से युक्त रूप) 'र्ग' ध्यान देने योग्य है (वर्ग, सर्ग)।

अनुक्रमणिका

देवनागरी वर्णमाला का प्रथम वर्ण और प्रथम स्वर। (भाषाविज्ञान की दृष्टि से) 'अ' कंठ्य, ह्रस्व (जिसका दीर्घ रूप 'आ' है), मध्य, अवृत्तमुखी, अर्धविवृत और मूल स्वर है। ● विशेष—१. 'अ' का अनुनासिक रूप अँ है ('अँगना', 'अँधेरा' आदि में प्रयुक्त)। **२.** अन्य स्वरों के मात्रा-चिह्न होते हैं परन्तु 'अ' का कोई मात्रा-चिह्न नहीं होता अपितु किसी व्यंजन के बाद 'अ' जुड़ने पर केवल 'हल्' चिह्न (्) हट जाता है (जैसे—क् + अ = क, ख् + अ = ख, ह् + अ = ह)। **३.** उच्चारण की दृष्टि से 'अ' के ६ भेद हैं—उदात्त, अनुदात्त और स्वरित होने से ३ भेद और उनके 'निरनुनासिक' (अनुनासिक-रहित) और अनुनासिक होने से कुल ६ भेद। प्राचीन संस्कृत वैयाकरण 'अ' के 'ह्रस्व', 'दीर्घ' और 'प्लुत' भेद मानते हैं, और इसलिए 'अ' के १८ भेद कहते हैं। हिन्दी में 'दीर्घ अ' अर्थात् 'आ' एक पृथक स्वर माना जाता है और 'प्लुत अ' (अर्थात् 'आऽऽ') का हिन्दी में कभी-कभी ही प्रयोग होता है। **४. हिन्दी में 'अ' के मुख्यतः ३ रूप ही अधिक प्रचलित हैं—'अ', अनुनासिक रूप 'अँ' तथा अनुस्वार-युक्त रूप 'अं'।** यह ध्यान देने योग्य है कि अनुनासिक रूप 'अँ' का चिह्न ' ँ ' है जिसे 'अर्धचन्द्रबिन्दु' या 'चन्द्रबिन्दु' कहा जाता है। **५. 'अं' अनुस्वार-युक्त 'अ' है और उसका प्रयोग वहीं समझना चाहिए जहाँ वह य, र, ल, व, श, ष, स या ह से पहले आए** (जैसे—अंश, अंस)। अनुस्वार का वास्तविक चिह्न ' ं ' है जो सभी स्वरों के साथ आ सकता है (एकांश, विंश)। अन्य व्यंजनों से पहले 'अं' का प्रयोग ङ्, ञ्, ण्, न्, म्, अर्थात् कवर्ग आदि पाँचों वर्गों के अन्तिम वर्णों के स्थान पर लेखन-सुविधा, टंकण-सुविधा, या मुद्रण-सुविधा के लिए किया जाता है। उदाहरणार्थ, अङ्क, अञ्जन, अण्डा, अन्धा, अम्बरीष, ...को क्रमशः अंक, अंजन, अंडा, अंधा, अंबरीष...लिखा जा सकता है परन्तु 'अ' में लगी बिन्दी 'अनुस्वार' नहीं है, अपितु पंचम वर्ण की प्रतीक हैं—यह ध्यान रखने योग्य है। **इस महत्त्वपूर्ण बात का ज्ञान न होने, या उसका ध्यान न रखने, के कारण हिन्दी के असंख्य विद्यार्थी आदि ही नहीं, लेखक और कोशकार भी भ्रमित रहे हैं और आज भी हैं।** यह जानना महत्त्वपूर्ण है कि 'अन्त' पूर्णतः सही है और 'अन्‌त' भी उसी के समान है परन्तु 'अंत' केवल सुविधा के लिए लिखा जा सकता है, भाषा-दृष्टि से 'अंत' शब्द को 'अनुस्वार-युक्त अ वाला' नहीं कहा जा सकता। **६. उक्त बात को अन्य स्वरों तथा स्वर-युक्त व्यंजनों के सन्दर्भ में भी जानना चाहिए तथा शब्दकोश, अनुक्रमणिका इत्यादि में उस पर ध्यान देना चाहिए। संस्कृत के शब्दकोशों में इस पर ध्यान देने से कोशों का शब्द-क्रम शुद्ध है परन्तु हिन्दी के अधिकतर कोशकार भ्रमित रहे हैं और उनके शब्दक्रम में 'आंदोलन', 'कंठ', 'संत, ...' को अनुस्वार-युक्त मानकर एक जगह स्थान दिया जाता है और 'आन्दोलन', 'कण्ठ', 'सन्त,...' को दूसरी जगह, जबकि इन शब्दों के स्थान क्रमशः न्, ण्, न्,... ध्वनि के अनुसार सुनिश्चित रहने चाहिए। अभी तक के प्रसिद्ध हिन्दी शब्दकोशों में 'अकारादिक्रम' के स्थान पर 'अंकारादिक्रम' रहा है जो अशुद्ध, त्रुटिपूर्ण और भ्रामक है। ७.** 'अकार' अर्थात् 'अ' का एक व्यापक उपयोग महत्त्वपूर्ण है। व्यंजन के शुद्ध रूप (क्, ख् आदि) का उच्चारण अकेले करना सामान्यतः कठिन या असम्भव है। अतः व्यंजन का स्वर-सहित उच्चारण ही स्वाभाविक रूप से किया जाता है, अतः 'क्', को 'क', 'ख्', को 'ख,...' बोलने में व्यंजन के अन्त में 'अ' जुड़ ही जाता है। व्यंजनों का इस प्रकार अकारान्त उच्चारण हिन्दीभाषी क्षेत्रों की विशेषता है। संस्कृत वैयाकरण भी 'क्', 'ख्...' की ध्वनियों को क्रमशः ककार, खकार... ही कहते हैं (क्कार, ख्कार,...नहीं)।

अ[१]—[सं॰ √अक् + ड] *पु॰* १. विष्णु। २. शिव। ३. ब्रह्मा। ४. वायु। ५. अग्नि। ६. विश्व। ७. अमृत।

अ[२]—[सं॰ 'नञ्' का प्रतिनिधि] *उपसर्ग॰* (व्यंजनों से आरम्भ संज्ञाओं/विशेषणों के पहले लगने पर) न। नहीं। ***जैसे***—अधर्म (= जो धर्म न हो); अधीर (= जो धीर/धैर्यवान् न हो); अजान (जो जानकार न हो); अचूक (जो चूकता न हो या जो न चूके)। ● **विशेष**—**१.** संस्कृत में व्यंजनों से आरम्भ संज्ञाओं और विशेषणों से पहले 'नञ्' (= नहीं) से (समास) होने पर 'नञ्' के स्थान पर 'अ' हो जाता है तथा स्वरों से आरम्भ संज्ञाओं और विशेषणों से पहले 'नञ्' के स्थान पर 'अन्' हो जाता है। हिन्दी को **तत्सम शब्दों में** 'अ' और 'अन्' का प्रयोग इसी परम्परा के अनुसार है (जैसे—अधर्म, अधीर, अज्ञान, अक्रूर, अगणित); परन्तु, **तद्भव शब्दों के पहले** 'अ' के स्थान पर 'अन' ('अन्' नहीं) का प्रयोग भी होता है (जैसे—अनगिनत, अनमेल, अनमोल, अनदेखा)। **२.** 'नञ्' के स्थान पर 'अ' जुड़ने पर, 'नहीं' के अर्थ से, अभाव (जैसे—अपाप, अरूप, अदृश्य…), प्रतिकूलता (जैसे—अधर्म, अप्रसन्न…) निषेध (जैसे—अदेय, अपेय…) अशुभता या अनौचित्य (जैसे—अकाल, अकार्य…), भिन्नता (अभारतीय, अमानवीय, अदेव…) इत्यादि सूचित होते हैं।

***अइक**—[अवधी] *पु॰* गहराई की थाह। ऐक।

***अइक**—[देशज] *पु॰* ऐक। गहराई। यह।

***अउत**[१]—[< सं॰ अयुक्त] *वि॰* अयुक्त। अनुपयुक्त। अनुचित।

***अउत**[२]—[< सं॰ अपुत्र] *वि॰* १. पुत्रहीन। २. निःसन्तान।

***अउम**—[< सं॰ ओम्] *पु॰* ओम्। ओंकार। प्रणव।

***अउहेरना**—[< सं॰ अवहेलन] *क्रिस॰* अवहेलना करना। अवज्ञा या उपेक्षा करना। लापरवाही दिखाना।

***अऊत**[१]—[< हिं॰ अपूत < सं॰ अपुत्र] *वि॰* १. पुत्रहीन। निःसन्तान। निर्वंश। २. मूर्ख।

***अऊत**[२]—[< सं॰ अयुक्त] *वि॰* अनुपयुक्त। अयुक्त। अनुचित।

***अऊलना**—[< सं॰ अ + √उल् (जलना)] *क्रिअ॰* १. उत्तप्त हो जाना। जलना। २. भीतर से गर्म होना। उमसना। ३. क्रोध करना। ४. चुभना। ५. छिलना।

***अएरना**—[< सं॰ अङ्गीकरण] *क्रिस॰* अंगीकार करना। स्वीकार करना। ग्रहण करना। ✣ **अएरि**—*क्रिवि॰* = स्वीकार करके। ग्रहण करके। *उदा॰* दियो, सु सीस चढ़ाइ लै आछी भाँति अएरि। —बिहारी (८१)

अंश—[सं॰ √ अंश् + अच्] *पु॰* १. भाग। हिस्सा। २. स्कन्ध। कन्धा। ३. किसी मापक पर अंकित अन्तराल या प्रभाग। ४. सन्तान। पुत्र। ***जैसे***—ताप का अंश (तापांश)। अं॰ डिग्री। (गणित॰) १. किसी भिन्न का भाज्य। किसी भिन्न में भिन्न-रेखा के ऊपर की संख्या या व्यंजक। ***जैसे***—३/५ में ३ 'अंश' है और ५ 'हर' है। २. कोण मापने की षाष्ठिक पद्धति में प्रयुक्त एकक जो समकोण का १/९० भाग होता है। ***जैसे***—३० अंश का कोण। (अं॰ डिग्री)। [● **विशेष**—अंश का चिह्न संख्या के ऊपर दाहिनी ओर लिखा गया शून्य होता है। ***जैसे***—३०° (तीस अंश)।] (वाणि॰) १. किसी सार्वजनिक कम्पनी की आधारभूत पूँजी के छोटे-छोटे समान भागों में से प्रत्येक। (अं॰ शेयर) २. उक्त के प्रमाण का दस्तावेज़ जिस पर उसका मूल्य अंकित होता है। (अं॰ शेयर) ✣ **अंश-अंशी-भाव**—*पु॰* = अवयवी और अवयव का सम्बन्ध। अंगांगि और अंग का सम्बन्ध अंगांगि भाव। ***जैसे***—विशिष्टाद्वैत के अनुसार जीव और ईश्वर में अंश-अंशी-भाव है।

अंश-अधिपत्र—[सं॰] *पु॰* (वाणि॰) किसी सार्वजनिक कम्पनी द्वारा अपने अंशधारी को दिया गया अंशों के स्वामित्व का सूचक प्रमाणपत्र जिस पर पृष्ठाकंन (बेचान) करके किसी को अन्तरित किया जा सकता है। शेयर अधिपत्र। (अं॰ शेयर वारन्ट)

अंशतः—[अं॰ अंश + तस्] *क्रिवि॰* आंशिक रूप में। कुछ अंश तक। एक सीमा तक।

अंशदाता—[स अंशदातृ] *पु॰* १. वह व्यक्ति जो अपना अंश या भाग दे। २. किसी कोष में अपना अंश, सहयोग के रूप में, देनेवाला व्यक्ति। Δ **पर्याय**—अंशदानी। अंशदायी।

अंशन—[सं॰ √ अंश् + ल्युट्] *पु॰* १. अंश या भाग करने की क्रिया। २. अंशों को चिह्नित करना। ***जैसे***—तापमापी का अंशन करनेवाली कम्पनी। ३. किसी संख्या के खंड करना।

अंश-प्रमाणपत्र—[सं॰] *पु॰* (वाणि॰) किसी व्यक्ति द्वारा ख़रीदे गए किसी कम्पनी के अंशों के स्वामित्व का सूचक प्रमाणपत्र। (अं॰ शेयर सर्टिफ़िकेट)

अंशबन्ध्य (अंशबंध्य)—[सं॰ अंश ~ बन्ध्य] *पु॰* १. आंशिक बन्ध्य। २. जो पूरी तरह बाँझ न हो। ३. आंशिक अनुत्पादक। ✣ **अंशबन्ध्या**—*स्त्री॰* = वह स्त्री आदि जो पूरी तरह बाँझ या पूरी तरह अनुत्पादक न हो। ***जैसे***—अंशबन्ध्या भूमि; अंशबन्ध्या युवती।

अंशभाग—[सं॰ अंश ~ भाग] *पु॰* (कम्पनी आदि में) भाग। हिस्सा। पत्ती। (अ शेयर॰)

अंश-मापक—[सं॰] *वि॰* अंश नापनेवाला।

अंशयिता—[सं॰ अंशयितृ] *वि॰* बाँटनेवाला। विभाजक। *पु॰* अंशी। हिस्सेदार।

अंशस्वर—[सं॰ अंश ~ स्वर] *पु॰* (संगीत॰) जिस स्वर का राग में सबसे अधिक प्रयोग हो। ***जैसे***—यमन राग का अंशस्वर 'ग' है।

अंशहर—[सं॰ अंश ~ हर] *वि॰* (किसी सम्पत्ति आदि में) अंश या भाग प्राप्त करनेवाला।

अंशांश—[सं॰ अंश ~ अंश] *पु॰* अंश का अंश। भाग का भाग।

अंशांशी—[सं॰ अंश ~ अंशी] *पु॰* अंश और अंशी। ***जैसे***—अंशांशी समस्या।

अंशाङ्क (अंशांक)—[सं॰ अंश ~ अङ्क] *पु॰* (नापने के लिए बने) अंशों के चिह्न।

अंशाङ्कन (अंशांकन)—[सं॰ अंश ~ अङ्कन] *पु॰* नापने के लिए अंशों को चिह्नित करने की क्रिया/भाव।

अंशापन—[स॰ √अंश् + आपन] *पु॰* किसी को उसका भाग/हिस्सा देना। आबंटन। बाँट। बँटवारा।

अंशावतरण—[स॰ √अंश ~ अवतरण] *पु॰* १. अंशावतार। (दे॰) २. किसी ग्रन्थ आदि का कोई उद्धृत अंश।

अंशावतार—[स॰ अंश ~ अवतार] *पु॰* अवतार का एक प्रकार। परमात्मा या किसी देवता का अंश रूप में प्रकट हुआ अवतार। ***जैसे***—परशुराम जी भगवान् विष्णु के अंशावतार थे।

अंशित—[स॰ √अंश् + क्त] *वि॰* १. जिसका अंशन हो चुका है। २. जिसे अंश प्राप्त हो गया हो।

अंशी—[स॰ अंशिन्] *वि॰* १. भाग पानेवाला। भागी। साझेदार। २. जिसके अनेक अंश हों। अवयवी। ३. जो ईश्वर या किसी देवता का विशेष अंश हो। अवतारी। ४. सामर्थ्यवान्। *पु॰* हिस्सेदार व्यक्ति। साझेदार व्यक्ति। (वाणि॰) किसी व्यापारिक संस्था, कम्पनी या सम्पत्ति का अंशधारी।

अंशु—[स॰ √ अंश् + कु] *पु॰* १. रश्मि। किरण। ***जैसे***—सूर्य का अंशु-जाल। २. बहुत छोटा अंश। सूक्ष्मांश। ३. चमक। ४. नोक।

अंशुक—[स॰ अंशु + क] *पु॰* १. वस्त्र। कपड़ा। २. महीन और सफ़ेद कपड़ा या महीन रेशमी कपड़ा। ३. वह सिला हुआ कपड़ा जो सबके ऊपर या सबसे नीचे पहना जाता है। ४. उत्तरीय। दुपट्टा। ५. ओढ़नी। चादर। ६. अग्नि की मन्द लौ। ७. मन्द प्रकाश।

अंशुजाल—[स॰ अंशु ~ जाल] *पु॰* किरणों का समूह। रश्मिसमूह।

अंशुधर/अंशुपति—[स॰ अंशु ~ धर/पति] *पु॰* सूर्य।

अंशुमती—[स॰ अंशुमत् + ङीप्] *वि॰* (*स्त्री॰*) चमकीली। *स्त्री॰* १. पूर्णिमा। २. यमुना नदी।

अंशुमान्—[स॰ अंशुमत्] *वि॰* १. चमकीला। २. नोकदार। नुकीला। *पु॰* सूर्य।

अंशुमाला—[स॰ अंशु ~ माला] *स्त्री॰* १. किरणों का समूह। रश्मिमाला। २. सूर्य या चन्द्र के चारों ओर का घेरा। सूर्यमंडल या चन्द्रमंडल।

अंशुमाली—[स॰ अंशुमालिन्] *पु॰* सूर्य। रवि।

अंशुल—[स॰ अंशु + ल] *वि॰* चमकीला।

अंशोच्छेदन—[स॰ अंश ~ उच्छेदन] *पु॰* (चिकित्सा॰) कोई अंग काटकर अलग करना।

अंस[१]—[स॰√ अम् + स] *पु॰* १. भाग। हिस्सा। ***उदा॰*** ईश्वर अंस जीव अबिनासी। —तुलसी (मानस॰, ७/११७/२) २. खंड। टुकड़ा। ३. कन्धा। ***उदा॰*** घिर रहे थे घुँघराले बाल/अंस अवलम्बित मुख के पास। —प्रसाद (कामा॰, श्रद्धा) ३. कन्धे की हड्डी।

***अंस**[२]—[< स॰ अंश] *पु॰* १. अंश। (दे॰) २. (चन्द्रमा की) कला।

अंसकूट—[स॰ अंस ~ कूट] *पु॰* १. वृषभ या ऊँट के कन्धों का कूबड़। २. कूबड़।

अंसबली—[स॰ अंसबलिन्] *वि॰* शक्तिशाली कन्धों वाला। शक्तिशाली। बलवान् ***जैसे***—अंसबली कृष्ण।

अंसभार—[स॰ अंस ~ भार] *पु॰* १. कन्धे पर रखा बोझा। २. (बैल आदि के कन्धों पर रखा हुआ) जुआ। ✣ **अंसभारिक/अंसभारी**—*वि॰* = १. (वह व्यक्ति) जो कन्धे पर बोझा उठाए हुए हो। २. (बैल आदि) जिसके कन्धों पर जुआ रखा हुआ हो।

अंसल[१]—[स॰ अंस + लच्] *वि॰* १. शक्तिशाली। बलवान्।

अंसल[२]—[< स॰ अंस] *वि॰* कन्धे से सम्बन्धित। कन्धे का।

अंसलपाटी—[स॰ अंसल + हि॰ पाटी (< स॰ पट्टिका)] *स्त्री॰* खटपाटी। (दे॰)। ● **विशेष**—किसी बात पर रुष्ट या खिन्न होकर, बिना कुछ खाए-पिए, खाट की पट्टी पकड़ कर पड़ा रहना '**अंसलपाटी लेना**' या '**खटपाटी लेना**' कहा जाता है।

अंसिक**—[< स॰ अंशिक] *वि॰* १. अंश से उत्पन्न। २. अंशमात्र। अल्प। थोड़ा। ***उदा॰ निज अंसिक सुख लागि। —तुलसी (कृष्ण॰, ३१)

अंसु**[१]—[< स॰ अंशु] *पु॰* अंशु। किरण। रश्मि। ***उदा॰ जागिये गोपाल लाल प्रगट भई अंसु माल। —सूरसागर (१०/३१९)

***अंसु**[२]—*पु॰* ≤ *स॰* अंस। कन्धा।

***अंसु**[३]—[< स॰ अंश] *वि॰* सूक्ष्म।

***अंसु**[४]—[< हि॰ आँसू < स॰ अश्रु] *पु॰* अश्रु। आँसू। ✣ **अंसुकन**—*पु॰* = अश्रुकण। आँसू की बूँदे। आँसू।

अंस्य—[स॰ अंस् + यत्] *वि॰* अंस-सम्बन्धी। कन्धे का।

अंह—[स॰ अंहस्] *पु॰* १. पाप। २. कष्ट। ३. चिन्ता। ✣ **अंहस्पति**—*पु॰* = १. पाप, कष्ट या चिन्ता का स्वामी। २. पुरुषोत्तम मास। मलमास। लौंद का महीना।

अंह्रि (अंह्रि)—[स॰ √ अंह् + क्रि] *पु॰* १. पैर। २. पेड़ की जड़। ३. (पद्य आदि में) चार की संख्या। ✣ **अंह्रिप् अंह्रिप** —*पु॰* (जड़ से पीनेवाला) वृक्ष। पादप।

अक[१]—[स॰ अ + कम्] *पु॰* १. हर्ष/सुख का अभाव। दुःख। पीड़ा। कष्ट। ***जैसे***—अकहीन होने के लिए कृष्ण-भक्ति करो। २. पाप।

***अक**[२]—[< स॰ अङ्क] *पु॰* १. अंक। (दे॰) २. लक्षण। चिह्न।

अकच—[स॰ अ + कच] *वि॰* जिसके सिर पर बाल न हो। गंजा। *पु॰* 'राहु' नामक छायाग्रह।

अकचक—[< स॰ चकित] *स्त्री॰* १. आश्चर्यचकित होने का भाव। विस्मय। २. सकपकाहट। ३. दुविधा।

अकच्छ—[स॰ अ + कच्छ] *वि॰* १. वस्त्रहीन। नंगा। २. दुराचारी। कामुक। लम्पट।

***अकट**—[स॰ 'विकट' का अनु॰] *वि॰* विकट। (दे॰) *अव्यय॰* आश्चर्य की बात है।

अकड़—[< हि॰ अकड़ना] *स्त्री॰* १. अकड़ने की क्रिया/भाव। ऐंठ। तनाव। २. (ठंड या रोग के कारण होनेवाला) अंगों का कड़ापन या स्तब्धता। ठिठुरना। ३. धृष्टता। ढीठता। ढिठाई।

अकड़ैल—*वि॰* = अकड़बाज़।

अकण्टक (अकंटक)—[स॰ अ + कण्टक] १. बिना काँटों का। निष्कंटक। कंटकरहित। ***जैसे***—तुम्हारा जीवन-पथ काँटों से भरा हुआ है, अकंटक नहीं हैं। २. शत्रुरहित। ३. विघ्नरहित। बाधारहित। निर्विघ्न।

अकण्ठ (अकंठ)—[सं॰ अ + कण्ठ] *वि॰* १. जिसके कंठ न हो। २. जो बोलता न हो। स्वरहीन।

अकत्थन—[सं॰ अ + कत्थन] *वि॰* जो घमंड न करे। गर्वहीन। दर्पहीन।

अकथ—[< सं॰ अकथ्य] *वि॰* १. अकथनीय। (दे॰) २. अनिर्वचनीय। ३.असत्य। झूठा।

अकथन—[सं॰ अ + कथन] *पु॰* कथन का अभाव। न कहना। *जैसे*—सत्य का अकथन अधर्म है।

अकधक—[अनु॰] *पु॰* १. आशंका। भय। २. सोच-विचार। ३. असमंजस।

***अकनना**—[< सं॰ आकर्णन] *क्रिस॰* १. सुनना। २. ध्यान से सुनना। ३. आहट लेना। ४. सुनने के लिए कान लगाना।

†अकना[१]—[< सं॰ अ + हि॰ कना < सं॰ कण] *पु॰* जौ/बाजरे की बाल जिसमें कण/दाने न हों।

†अकना[२]—[< हि॰ अकुलाना] *क्रिअ॰* १. उकताना। ऊबना। २. घबराना।

अकन्त (अकंत)—[सं॰ अ + हि॰ कन्त] *वि॰* १. पति से रहित। २. स्वामी से रहित। अनाथ।

अकन्थ[१] **(अकंथ**[१] **)**—[सं॰ अ + कन्था] *वि॰* १. कन्था/गुदड़ी से रहित। २. वस्त्रहीन।

अकबक—[हि॰ 'बक' का अनु॰ 'अक' + हि॰ बक < बकना] *पु॰* १. निरर्थक बात। असम्बद्ध कथन। अनर्गल प्रलाप। २. चिन्ता। घबराहट। ३. सुध। होश-हवास। *वि॰* निरर्थक। असम्बद्ध। अनर्गल। *जैसे*—अकबक बातें कहना। चकित। भौचक्का। *क्रिवि॰* = घबराकर। **उदा॰** कोप मघवा को लोग अकबक जोहैं री। —ठाकुर (६, पृ॰ ३३)

अकर[१]—[सं॰ अ + कर] *वि॰* १. बिना हाथ का। २. सरकारी शुल्क/टैक्स (अं॰) से मुक्त (माल या व्यक्ति)।

अकर[२]—[< सं॰ अ + हि॰ करना] *वि॰* १. दुष्कर। कठिन। *जैसे*—अकर कार्य। २. न करने योग्य। अनुचित। ३. क्रियारहित। निष्क्रिय।

***अकर**[३]—[< सं॰ आकर] *पु॰* १. आकर। खान। २.समूह। राशि। **उदा॰** हिमकर सोहै तेरे जस के अकर सों। —भूषण ग्रं॰ (४७, पृ॰, १३६)

***अकर**[४]—*स्त्री॰* ≤ हि॰ अकड़। घमंड। ऐंठ।

अकरकरा—[< सं॰ आकारकरभ, या < अरबी अक़रकर्हः] *पु॰* एक औषधोपयोगी पौधा जो क्षुप जाति का है। ● **विशेष**—अकरकरा का फूल पीले रंग का होता है तथा छाल मोटी और भूरी होती है।

अकरण—[सं॰ अ + करण] *वि॰* १. इन्द्रियों से रहित। २. अनुचित। *पु॰* १. परमात्मा। २. क्रिया का अभाव। कुछ भी न करना। ३. कर्तव्य-कर्म न करना। ४. किसी किए हुए काम को न किए हुए के समान कर देने का कार्य।

अकरणीय—[सं॰ अ + करणीय] *वि॰* न किए जाने योग्य। अनुचित। *जैसे*—गुरु-निन्दा अकरणीय है। ∇ **विलोम**—करणीय।

अकरा—[< सं॰ अक्रय्य] *वि॰* १. सामान्य से अधिक मूल्य का। महँगा। *जैसे*—आज बाज़ार में फल अकरे हो गए। २. महँगा होने के कारण न ख़रीदे जाने योग्य।

अकराम—[अरबी, 'करम' का बहु॰] १. (बहुत) कृपा या मेहरबानी। २. बख़्शिश। *जैसे*—आपके दिए हुए इनाम-अकराम सदा याद रहेंगे।

अकराल—[सं॰ अ + कराल] *वि॰* जो भयंकर न हो। सुन्दर। सौम्य।

अकरी[१]—[< सं॰ आ +किरण (बिखेरना)] *स्त्री॰* हल में लगाया जाने वाला पोले बाँस का टुकड़ा जिसके ऊपर बाँस की बनी कीप लगाकर गेहूँ, जौ आदि बोते हैं।

***अकरी**[२]—*वि॰* ≤ *सं॰* अक्रिय। न करनेवाला। अकर्ता।

अकरी[३]—[< हि॰ अकरा] *वि॰* (*स्त्री॰*) १. महँगी। २. महँगी होने के कारण न ख़रीदे जाने योग्य।

अकर्ण—[सं॰ अकर्ण] *वि॰* १. (नाव) जिसमें पतवार न हो। २. जिसके करन न हों। कर्णहीन। ३. जो सुन न पाता हो। बहरा। *पु॰* साँप।

अकर्तव्य/अकर्त्तव्य—[सं॰ अ + कर्तव्य] *वि॰* न करने योग्य(काम)। अविहित। अनुचित। *पु॰* अनुचित कर्म। ∇ **विलोम**—कर्तव्य।

अकर्ता—[सं॰ अ+ कर्ता (कर्तृ)] *वि॰* १. जो कर्ता न हो। कर्म न करनेवाला। २. जो कर्म करे परन्तु उससे निर्लिप्त हो। *पु॰* कर्मों से निर्लिप्त व्यक्ति।

अकर्तृक—[सं॰ अ + कर्तृक] *वि॰* जिसका कोई कर्ता या रचयिता न हो।

अकर्म—[सं॰ अ + कर्म (कर्मन्)] *पु॰* १. कर्म का अभाव। निष्क्रियता। २. न करने योग्य काम। अनुचित कर्म।

अकर्मक—[सं॰ अकर्मन् + कप्] *वि॰* जिसके लिए कर्म की अपेक्षा न हो। *पु॰* परमात्मा। ⁘ **अकर्मक क्रिया**—*स्त्री॰* = (व्या॰) क्रिया का एक मुख्य भेद। कर्म रहित क्रिया। वह क्रिया जिसके लिए 'कर्म' की अपेक्षा नहीं होती। वह क्रिया जिसके प्रयोग वाले वाक्य में 'कर्म' नहीं होता। *जैसे*—'सोना', 'रोना', 'हँसना' आदि अकर्मक क्रियाएँ है। ● **विशेष**—क्रिया का दूसरा मुख्य भेद **'सकर्मक क्रिया'** है जिसके लिए कर्म की अपेक्षा होती है।

अकर्मण्य—[सं॰ अ + कर्मण्य] *वि॰* १. (व्यक्ति) जो काम के योग्य हो। निकम्मा। २. न करने योग्य या अनुचित (काम) ∇ **विलोम**—कर्मण्य। ⁘ **अकर्मण्यता**—*स्त्री॰* = अकर्मण्य होने की अवस्था/भाव। निकम्मापन।

अकर्मा—[सं॰ अकर्मन्] *वि॰* १. आलसी। सुस्त। २. जो कुछ भी काम न करता हो। जिसके पास करने के लिए कोई काम न हो। निठल्ला। ३. अकर्ता। (दे॰) ४. अकर्मण्य। निकल्मा।

अकर्मी—[सं॰ अकर्मिन्] *वि॰* १. अनुचित कर्म करनेवाला। पापी। २. दोषी। अपराधी।

अकर्षण—[< सं॰ अ + कर्षण] *पु॰* कर्षण का अभाव।

†अकल/अक़्ल—*स्त्री॰* ≤अरबी अक़्ल। बुद्धि।

अकलदाढ़—[< अरबी अक़्ल + हि॰ दाढ़] *पु॰* युवावस्था में निकलनेवाली दाढ़।

***अकलप**[१]—[< सं॰ अकल्प्य] *वि॰* अकल्पनीय। कल्पनातीत।

अकलप[२]—[< सं॰ अकल्प] *वि॰* संकल्प-विकल्प से रहित। निर्विकल्प।

अकलुष—[सं॰ अ + कलुष] *वि॰* १. जिसमें कलुष/दोष/पाप न हो। निर्दोष/निष्पाप। २. स्वच्छ। निर्मल। ***उदा॰*** दीप की अकलुष शिखा समान। —पन्त (गुंजन, १९) ३. पवित्र। शुद्ध।

अकल्प—[सं॰ अ + कल्प] *वि॰* १. जिसकी तुलना न हो सके। अतुल। २. अयोग्य। ३. निर्बल। कमजोर। ४. अनियन्त्रित। असंयत।

अकल्मष—[सं॰ अ + कल्मष] *पु॰* कल्मष का अभाव। *वि॰* १. पापरहित। निष्पाप। २. पवित्र। शुद्ध।

अकवन—[< सं॰ अर्कपर्ण] *पु॰* आक (पेड़)। मदार।

अकशेरुकी—[< सं॰ अ + कशेरुकी] *वि॰* बिना रीढ़ का। मेरुदंडरहित (प्राणी)।

***अकस**[१]—[< सं॰ आकर्ष] *पु॰* १. वैर। शत्रुता। २. विरोध। ३. स्पर्धा। होड़। ईर्ष्या।

***अकस**[२]—[< अरबी अक्स] *पु॰* प्रतिबिम्ब। छाया।

†अकस-मकस—[अवधी] *पु॰* टाल-मटोल। हीला-हवाला।

***अकसर**[१]—[< सं॰ एकसर] *वि॰* जिसके साथ अन्य कोई न हो। अकेला। *क्रिवि॰* बिना किसी को साथ लिए। अकेले।

अकसर**[२]—[< अरबी अक्सर] *क्रिवि॰* प्रायः। बहुधा। ***जैसे—हम लोग अक्सर धर्म-चर्चा करते रहते हैं।

अकस्मात्—[सं॰ अ + कस्मात्] *क्रिवि॰* सहसा। अचानक।

अकह—*वि॰* ≤ *सं॰* अकथ्य। (दे॰) ✣ **अकह कहानी**—*स्त्री॰* = अवर्जनीय कहानी/विवरण/बात। २. अलौकिक लीला। ✣ **अकही**—*वि॰* (*स्त्री॰*) = १. जो न कही गयी हो। अकथित। ***जैसे***—कही बात और अकही बात। २. मौन। चुप। ***जैसे***—कहते-कहते भी वह अकही रह गयी।

अकाज—[< सं॰ अकार्य] *पु॰* १. कार्य का अभाव। कार्य न होना। अकार्य। २. कार्य की हानि। काम का बिगाड़। ३. हानि। अहित। ४. बुरा काम। दुष्कर्म। *क्रिवि॰* व्यर्थ ही। बिना काम। निष्प्रयोजन। ***जैसे***—तुम्हारा अकाज वहाँ जाना हमें पसन्द नहीं हैं।

अकाजना**—[< हि॰ अकाज] *क्रिस॰* हानि पहुँचाना। ***जैसे—दुष्टों का काम दूसरों को अकाजना है। *क्रिअ॰* १. व्यर्थ/निष्प्रयोजन हो जाना। २. नष्ट होना। ३. मर जाना।

अकाट्य—[< सं॰ अ + हि॰ काटना] *वि॰* १. जिसे काटा न जा सके। दृढ़। मज़बूत। २. (तर्क/बात आदि) जिसका तर्क आदि से खंडन न किया जा सके। ***जैसे***—आपका तर्क अकाट्य है; अकाट्य प्रमाण।

अकादमिक—[< हि॰ अकादमी, या < अं॰ एकडेमिक] *वि॰* १. अकादमी-सम्बन्धी। अकादमी का। विद्यापीठीय। २. शास्त्रीय। ३. कोरा सैद्धान्तिक (व्यावहारिक नहीं)। ४. विद्वत्तापूर्ण। पांडित्यपूर्ण। ५. कोरा विद्वत्तापूर्ण जिसमें सांसारिक व्यवहार-कुशलता न हो। ६. शिक्षा-सम्बन्धी। शैक्षिक।

अकादमी—[< अं॰ अकैडमि] *स्त्री॰* किसी विशेष विषय के अध्यापन/अध्ययन का विद्यापीठ। ***जैसे***—यूनानी विद्वान् प्लेटो की अकादमी।

अकान्त (अकांत)—[सं॰ अ+कान्त] *वि॰* १. कान्तिहीन। २. जो सुन्दर न हो। असुन्दर। ३. दुष्टतापूर्ण।

अकाम[१]—[सं॰ अ + काम] *पु॰* कामना का अभाव। *वि॰* जिसे कामना न हो। कामनारहित। निष्काम। इच्छाशून्य। ∇ **विलोम**—सकाम।

अकाम[२]—[सं॰ अ + हि॰ काम (< सं॰ कर्म)] *क्रिवि॰* बिना किसी काम के। व्यर्थ ही। निष्प्रयोजन। *पु॰* १. अनुचित काम। २. व्यर्थ काम।

अकामात्मा—[सं॰ अकामात्मन्] *पु॰* कर्म-फल की कामना से रहित व्यक्ति। निष्काम व्यक्ति।

अकामी—[सं॰ अकामिन्] *वि॰* १. जिसमें कामना/इच्छा न हो। इच्छाशून्य। अकाम। २. (किसी वस्तु/बात आदि का) अनिच्छुक ३. जिसमें कामवासना अभी उत्पन्न न हुई हो। ४. जिसमें कामवासना शेष न रह गयी हो।

अकाम्य—[सं॰ अ + काम्य] *वि॰* जो काम्य न हो। जो कामना-योग्य या इच्छित न हो। ∇ **विलोम**—काम्य। ✣ **अकाम्य कर्म**—*पु॰* = १. निष्काम कर्म। २. फल की इच्छा से नहीं, कर्तव्य-भावना से या परमात्मा की प्रसन्नता के लिए किया जानेवाला शास्त्र-विहित कर्म।

अकाय—[सं॰ अ + काया] *वि॰* १. जिसका शरीर न हो। देहरहित। कायारहित। २. आकार/रूप से रहित। निराकार। ३. शरीर न धारण करनेवाला। जन्म न लेनेवाला। *पु॰* १. परमात्मा। २. राहु।

अकारण—[सं॰ अ + कारण] *वि॰* १. जिसका कोई कारण न हो। हेतुरहित। २. जिसका कोई उद्देश्य/प्रयोजन न हो। निरुद्देश्य। निष्प्रयोजन। ३. अपने आप उत्पन्न। ***जैसे***—अकारण बातचीत। *क्रिवि॰* बिना किसी कारण के। बेमतलब। यों ही। ***जैसे***—अकारण झगड़ना। ∇ **विलोम**—सकारण।

†अकारथ—[< सं॰ अकार्यार्थ] *वि॰* व्यर्थ। निष्फल। बेकार। ***जैसे***—अकारथ जीवन। *क्रिवि॰* व्यर्थ। यों ही। बेकार। ***जैसे***—जन्म अकारथ जात। —सूरसागर (१०/४२९७)

अकारादि—[सं॰ अकार ~ आदि] *वि॰* १. (शब्द/पद) जिसके आरम्भ में 'अ' अक्षर हो। ***जैसे***—'अनुभव', 'अपना', 'अमरता' इत्यादि अकारादि शब्द। २. (क्रम) जो अ, आ, इ, ई,...इत्यादि वर्णों के अनुसार हो। ***जैसे***—शब्दकोश में अकारादि क्रम होना अनिवार्य हैं।

अकारान्त (अकारांत)—[सं॰ अकार ~ अन्त] *वि॰* जिसके अन्त में 'अ' अक्षर या उसकी ध्वनि हो। ***जैसे***—'जन' अकारान्त है शब्द है परन्तु 'मुनि' इकारान्त है।

अकार्पण्य—[सं॰ अ + कार्पण्य] *पु॰* १. दीनता का अभाव। अदीनता। २. कंजूसी का अभाव।

अकार्बनिक—[हि॰ अ + कार्बनिक (< अं॰ कार्बन)] *वि॰*

(रसायन॰) जिसमें 'कार्बन' नामक तत्त्व न हो। ∇ **विलोम**—कार्बनिक। ● **विशेष**—रसायनविज्ञान की उस शाखा को जिसमें कार्बन के अतिरिक्त सभी तत्त्वों के यौगिकों का अध्ययन किया जाता है, **'अकार्बनिक रसायन'** (अ॰ इन्ऑर्गैनिक केमिस्ट्री) कहा जाता है।

अकार्य—[स॰< अ-कार्य] *वि॰* न करने योग्य। अनुचित। *पु॰* अनुचित काम। अपराध।

अकाल—[स॰ अ + काल] *पु॰* १. बुरा समय। (कार्य विशेष के लिए) अनुपयुक्त समय। कुसमय। २. अनुपयुक्त अवसर। अनवसर। ३. ऐसा समय जिसमें अनाज आदि खाने की वस्तुओं की बहुत कमी होने के कारण वे कठिनता से प्राप्त हों। दुर्भिक्ष। ४. (लाक्षणिक) किसी वस्तु का भीषण अभाव। भारी कमी। ***जैसे***—शासन निकम्मा है अत: व्यवस्था और शान्ति का अकाल है। ५. ऋतु के विपरीत समय। ६. (काल के प्रभाव से परे) परमात्मा। ***जैसे***—सत श्री अकाल। *वि॰* १. जिसका समय नहीं हुआ है। असामयिक। ***जैसे***—अकाल मृत्यु। २. अनियत काल पर होनेवाला। ***जैसे***—अकाल वर्षा। ३. जिस पर काल का प्रभाव न पड़े। कालातीत। ४. जिसकी मृत्यु कभी न हो। अविनाशी। ***जैसे***—अकाल पुरुष परमात्मा। ∇ **विलोम**—सुकाल। ● **विशेष**—१. कहीं-कहीं बोली में 'अकाल' का अर्थ 'काल' भी होता है (उसी प्रकार जैसे—'अस्तुति' =स्तुति, अस्नान=स्नान)। ***वा॰*(किसी वस्तु का) अकाल पड़ना/होना**—भारी अभाव होना। ***जैसे***—आजकल समाज में ईमानदारी का अकाल है। ✣ **अकालकुसुम/अकालपुष्प**—*पु॰* = १. किसी वृक्ष में उचित/नियत समय से पहले या बाद में आया हुआ फूल। २. (लाक्षणिक) वह वस्तु/काम जो अपने उपयुक्त समय से पहले या बाद में हो।

अकालिक—[स॰ अ + कालिक (काल + ठक्)] *वि॰* १. जो समयानुसार न हो। असामयिक। २. जो अवसर के अनुकूल न हो। अनवसर।

अकाली—[स॰ अकाल] *पु॰* १. केशधारी सिखों का एक सम्प्रदाय जो सैनिक संघटन के रूप में है। २. उक्त सम्प्रदाय का सदस्य। ● **विशेष**—उक्त संघटन को १६९० में मानसिंह ने चलाया था। अकाली लोग नीली धारीदार वेशभूषा, नीली पगड़ी, शस्त्र आदि धारण करते हैं। उन्हें **'निहंग'** (= अनियन्त्रित) भी कहा जाता है।

अकि—[< हि॰ या + कि] *अव्यय॰* या कि। अथवा।

अकिञ्चन (अकिंचन)—[स॰ अ + किञ्चन] *वि॰* १. जिसके पास थोड़ा भी धन आदि न हो। २. क्षुद्र। तुच्छ। अति निर्धन। परम दरिद्र। *पु॰* १. अति निर्धन व्यक्ति। २. भिक्षुक। भिखारी। ✣ **अकिञ्चनता (अकिंचनता)**—*स्त्री॰* = १. अति निर्धनता। परम दरिद्रता। २. दीनता। ✣ **अकिञ्चनत्व (अकिंचनत्व)**—*पु॰* = अकिञ्चनता।

अकिञ्चित (अकिंचित्)—*वि॰* [स॰ अ + किञ्चित्] *वि॰* किंचित् भी नहीं। कुछ भी नहीं। ज़रा भी नहीं।

अकिण्वक—[स॰ अ + किण्वक] *वि॰* जिससे ख़मीर न उठे। ✣ **अकिण्वित**—*वि॰* = जिसमें ख़मीर न उठा हो।

अक़ीक़—[अरबी] *पु॰* एक प्रकार का रत्न जो श्वेताभ पीला या श्वेताभ लाल आदि रंगों का होता है।

अकीलित—[स॰ अ + कीलित] *वि॰* स्वच्छन्द। बन्धनहीन। मुक्त। ✣ **अकीलिता**—*वि॰* (*स्त्री॰*)।

***अकुचना**—[< स॰ आकुञ्चन] *क्रिअ॰* १. संकोच करना। २. भयभीत होना। डरना। ३. लज्जित होना।

अकुण्ठ/अकुण्ठित (अकुंठ/अकुंठित)—[स॰ अ + कुण्ठ/कुण्ठित] *वि॰* १. जो कुंठित/भोथरा न हो। धारवाला। तीक्ष्ण। तीव्र। तेज़। खरा। २. जिस के मन में कुंठा न हो। कुंठारहित। ३. जिसे रोका-टोका न गया हो। ४. जो बाधाओं के सामने न झुके। उत्साही। ५. शक्तिशाली। सुदृढ़।

अकुल—[स॰ अ + कुल] *वि॰* १. जिसके कुल में कोई शेष न रहा हो। जिसका कुल/वंश समाप्त हो गया हो। *पु॰* शिव। महादेव। ● **विशेष**—पार्वती देवी को **'अकुला'** भी कहा जाता है।

अकुलाइ, अकुलाई, अकुलान—*दे॰* अकुलाना।

अकुलाना—[< स॰ आकुलन] *क्रिअ॰* १. आकुल होना। व्याकुल होना। बेचैन होना। घबराना। २. विह्वल होना। ३. ऊबना। उकताना। ४. उतावला होना। ✣ ***अकुलाइ (अकुलाय)**—*क्रिवि॰* = अकुलाकर। व्याकुल/विह्वल होकर, उकताकर या उतावली करके। *क्रिअ॰* = अकुलाता है। व्याकुल हो रहा है। ✣ **अकुलाई**—क्रिअ॰ = व्याकुल हुई। **क्रिवि॰* = अकुलाइ। (दे॰) *स्त्री॰* = व्याकुलता। बेचैनी। ***जैसे***—नयनों की अकुलाई। ✣ **अकुलान**—*क्रिअ॰* = व्याकुल हुआ। *स्त्री॰* व्याकुलता। बेचैनी। ✣ **अकुलानी**—*क्रिअ॰* = व्याकुल हुई। *वि॰* (*स्त्री॰*) = व्याकुल। ✣ ***अकुलाय**—*दे॰* अकुलाइ। ✣ **अकुलाहट**—*स्त्री॰* = आकुलता। व्याकुलता। व्यग्रता। झटपटाहट। बेचैनी।

अकूट—[स॰ अ + कूट] *वि॰* १. जिसमें कपट न हो। छलरहित। २. जो नक़ली/जाली न हो। खरा। ३. वास्तविक और प्रामाणिक। ४. जो अच्छे कुल/नस्ल का हो। ५. दिव्य। अलौकिक।

अकूत—[< स॰ अ + हि॰ कूतना] *वि॰* १. जिसे कूता न जा सके। जिसे आँका न जा सके। जिसका अनुमान भी न लगाया जा सके। २. अपरिमित। अत्यधिक। अपार। ३. अगणित। अनगिनत।

अकूपार—[स॰ अ + कूपार (कूप√ ऋ + अण्)] *पु॰* १. समुद्र। सागर। २.सूर्य। ३. पत्थर। चट्टान। *वि॰* अपार। असीम। ● **विशेष**—वह विशाल कछुआ जिस पर पृथ्वी टिकी हुई कही जाती है, संस्कृत में 'अकूपार' कहा जाता है। २. संस्कृत में 'कूपार' का अर्थ भी समुद्र/सागर है।

अकूर्च—[स॰ अ + कूर्च] *वि॰* जिसके दाढ़ी न हो। दाढ़ीरहित। *पु॰* महात्मा बुद्ध।

अकूल—[स॰ अ + कूल] *वि॰* १. जिसका कोई तट/किनारा न हो। तटरहित। २. जिसका कहीं और-छोर न हो। ३. अनन्त। असीमित। **उदा॰** ज़ब गूँजी वह वाणी तीखी कम्पित करती अम्बर अकूल। —प्रसाद (कामा॰, इड़ा)

अकूहल—[< हि॰ अकूत] *वि॰* असंख्य। अगणित। **उदा॰** खेलत हँसत करत कौतूहल जुरे लोग जहँ तहाँ अकूहल। —सूरसागर (१०/९०५)

अकृच्छ्र—[सं॰ अ + कृच्छ्र] *वि॰* बिना क्लेश का। सरल। आसान। *पु॰* क्लेश/कठिनाई का अभाव। सुगमता। आसानी।

***अकृत**[१]—*स्त्री॰* ≤ *सं॰* आकृति।

अकृत[२]—[सं॰ अ + कृत] *वि॰* १. जो न किया गया हो। ***जैसे***—अकृत पाप। २. जिसके करने में भूल की गयी हो। जो ठीक प्रकार से न किया गया हो। ३. जिसे किसी ने बनाया/रचा न हो। स्वयम्भू। ४. प्राकृतिक। ५. जो अभी पूरा/ठीक न हुआ हो। जो अभी कम विकसित हुआ हो। अपक्व। कच्चा। ६. निरर्थक। व्यर्थ। बेकार। (विधि॰) जिसे निष्प्रभावित/निरस्त/रद्द किया गया हो। निष्प्रभावित। निरस्त। रद्द। मंसूख़। ***जैसे***—समझौता अकृत घोषित कर दिया गया है। (अं॰ नलिफ़ाइड) *पु॰* १. न किया गया काम। २. ठीक से न किया गया काम या अधूरा काम। ३. पहले कभी न किया गया काम। अश्रुतपूर्व कर्म। ∇ **विलोम**—कृत। ✣ **अकृत और शून्य**—*वि॰* = (विधि॰) अवैध। अमान्य और निष्प्रभावी। निरस्त/रद्द और प्रभावरहित। (अं॰ नल एंड वाइड) ✣ **अकृतकार्य**—*वि॰* = जो कृतकार्य न हो। असफल। ✣ **अकृतकाल**—*वि॰* = जिसकी अवधि निश्चित न हो। निरवधि ग़ैरमियादी।

अकृती—[सं॰ अकृतिन्] *वि॰* १. जो कृती न हो। २. अकुशल। अनाड़ी। ३. निकम्मा। ४. असफल।

अकृतीकरण—[सं॰ अकृत + च्वि + करण] *पु॰* (प्रशासन॰) कृत को अकृत करना। निरस्त करना। रद्द करना। ***जैसे***—सन्धि का अकृतीकरण।

अकृत्य—[सं॰ अ + कृत्य] *वि॰* जो करने योग्य न हो। अकार्य। *पु॰* दुष्कर्म। अपराध।

अकृत्रिम—[सं॰ अ + कृत्रिम] *वि॰* १. जो कृत्रिम न हो। प्राकृतिक। २. जिसमें बनावट या दिखावा न हो स्वाभाविक। ३. वास्तविक। असली। ✣ **अकृत्रिमता**—*स्त्री॰* = १. अकृत्रिम होने का भाव/स्थिति। प्राकृतिकता। २. बनावटीपन का अभाव। स्वाभाविकता। ३. वास्तविकता।

अकृपा—[सं॰ अ + कृपा] *स्त्री॰* कृपा का अभाव। क्रोध। नाराज़गी। ∇ **विलोम**—कृपा।

अकृश—[सं॰ अ + कृश] *वि॰* जो दुर्बल न हो। सशक्त या स्थूल। **उदा॰** यौवन की पहली कान्ति अकृश। —प्रसाद (झरना, वसन्त)…। ∇ **विलोम**—कृश।

अकृषिक—[सं॰ अ + कृषिक] *वि॰* जिसका सम्बन्ध खेती से न हो। कृषीतर। ∇ **विलोम**—कृषिक।

अकृष्ट—[सं॰ अ + कृष्ट] *वि॰* जिसे जोता न गया हो। अनजुता। *पु॰* वह भूमि जो जोती न गयी हो। परती ज़मीन।

अकृष्टपूर्वा भूमि—[सं॰ अकृष्टपूर्वा + भूमि] *स्त्री॰* वह धरती जो पहले कभी जोती न गयी हो।

अकेतन—[सं॰ अ + केतन] *वि॰* १. गृहविहीन। बेघर। २. यायावर। ख़ानाबदोश।

***अकेहरा**—*वि॰* ≤ *हि॰* इकहरा। जो दुहरा/तिहरा आदि न हो।

अकैतव—[सं॰ अ + कैतव] *पु॰* निष्कपटता। निश्छलता। *वि॰* निष्कपट। निश्छल।

***अकोट**—[< सं॰ कोटि] *वि॰* १. करोड़ों। २. अगणित। असंख्य। अनगिनत।

अकोट्य—[सं॰ अ + कोट्य] *वि॰* जिसकी कोटियाँ या श्रेणियाँ न बन सकें। (अं॰ अनग्रेडेबल)

***अकोड़**—[< सं॰ कोटि] *वि॰* १. करोड़ों। २. अगणित। असंख्य। अनन्त।

अकोप—[सं॰ अ + कोप] *पु॰* कोप का अभाव। अक्रोध।

***अकोर**[१]—[< सं॰ अङ्कक्रोड] *पु॰* १. आलिंगन। २. गोद।

***अकोर**[२]—[< सं॰ उत्कोच] *पु॰* १. उत्कोच। घूस। रिश्वत। २. उपहार। भेंट। नज़राना।

अकोरक—[सं॰ अ + कोरक] *पु॰* (वनस्पति॰) किसी अंग की वृद्धि रुक जाने पर उसका कोरक/कली के रूप में अवशेष।

अकोरना—[< हि॰ अकोर] *क्रि॰स॰* १. आलिंगन करना। २. घी में भूनना। ***जैसे***—हलुवा बनाने में सूजी को पहले अकोरते हैं।

अकोला—[< सं॰ अङ्कोल] *पु॰* 'अंकोल' (दे॰) नामक वृक्ष।

अकोविद—[सं॰ अ + कोविद] *वि॰* जो बुद्धिमान/चतुर/अनुभवी न हो। मूर्ख।

अकोशिक/अकोशिकीय—[सं॰ अ + हि॰ कोशिक, सं॰ अ + कोशिकीय] *वि॰* (जन्तु॰) जो कोशिकाओं से न बना हो। कोशिकाहीन। अकोशिक।

अकौआ—[< हि॰ आक < सं॰ अर्क] *पु॰* आक का पेड़। मदार।

अकौटिल्य—[सं॰ अ + कौटिल्य] *पु॰* कुटिलता का अभाव। सरलता। ∇ **विलोम**—कौटिल्य।

***अक्क**—[< सं॰ अर्क] *पु॰* १ आक का पेड़। मदार। २. सूर्य। रवि।

अक्का[१]—[सं॰ √ अक् + कन् + टाप्] *स्त्री॰* माता। माँ।

***अक्का**[२]—[< तुर्की आक़ा] *पु॰* स्वामी। प्रभु। मालिक।

अक्त—[सं॰ √अञ्ज् + क्त] *वि॰* १. अंजन से युक्त (नेत्र वाला)। *वि॰* २. (समासयुक्त पद के अन्त में प्रयुक्त) युक्त। सहित। ***जैसे***—विषाक्त; मोहाक्त। ३. (समायुक्त पद के अन्त में प्रयुक्त) भीगा/लिपा/सना/सींचा हुआ। ***जैसे***—रक्ताक्त (ख़ून से सना हुआ)।

अक्ता—[सं॰ अक्त + टाप्] *स्त्री॰* रात्रि।

अक्रिय—[सं॰ अ + क्रिया] *वि॰* १. जिसमें क्रिया न हो। क्रियाशून्य। २. जो कुछ न कर रहा हो। निष्क्रिय। निकम्मा। ३. जिसका फल/प्रभाव अभी प्रकट न हो रहा हो। ४. चेष्टारहित। जड़। ५. कर्मशून्य। ***जैसे***—अक्रिय ब्रह्म।

अक्रियावाद—[सं॰ अक्रिया ~ वाद] *पु॰* (दर्शन॰) यह मत कि न कोई कर्म है, न क्रिया है, न प्रयत्न है और न कुछ पाप है, न पुण्य है।

अक्रिस्टलीय—[सं॰ अ + हिं॰ क्रिस्टलीय] *वि॰* (रसायन॰) जो केलासीय न हो। अकेलासीय। ***जैसे***—काँच अक्रिस्टलीय ठोस है। (भूविज्ञान॰) *पु॰* (वे शैल खनिज पदार्थ) जिनमें कोई निश्चित क्रिस्टलीय संरचना नहीं होती है। रूपविहीन। ✣ **अक्रिस्टलीयता**— *वि॰* = (किसी ठोस पदार्थ की) अक्रिस्टलीय अवस्था।

अक्रूर—[सं॰ अ + क्रूर] *वि॰* जो क्रूर न हो। दयालु। ✣ **अक्रूरता**—*स्त्री॰* = क्रूरता का अभाव। क्रूरता न होना।

अक्रौर्य—[सं॰ अ + क्रौर्य] *पु॰* क्रूरता न होना। अक्रूरता।

अक़्लमन्द (अक़्लमंद)—[अरबी अक़्ल + फा॰ मन्द] *वि॰* १. बुद्धिमान्। समझदार। २. सूझ-बूझ वाला। चतुर। ∇ **विलोम**—बेअक़्ल/बेवक़ूफ़। ***वा॰* *अक़्लमन्द की दुम बनना***—(व्यंग्य में) स्वयं को बहुत बुद्धिमान समझना। ✣ **अक़्लमन्दी (अक़्लमंदी)**—*स्त्री॰* = १. बुद्धिमत्ता। समझदारी। २. चतुराई। सूझ-बूझ।

अक्लान्त (अक्लांत)—[सं॰ अ + क्लान्त] *वि॰* जो थका हुआ न हो। क्लान्तिरहित।

अक्लिन्न—[सं॰ अ + क्लिन्न] *वि॰* जो गीला न हो। अनार्द्र।

अक्लिष्ट—[सं॰ अ + क्लिष्ट] *वि॰* १. जो क्लिष्ट/कठिन न हो। सरल। सुगम। २. क्लेशरहित। कष्टरहित।

अक़्ली—[< अरबी अक़्ल] *वि॰* १. बुद्धि-सम्बन्धी। बुद्धि का। २. बुद्धिकृत। ३. समझ में आनेवाला। ***जैसे***—अक़्ली बात। ४. बुद्धिमान्। ***जैसे***—अक़्ली विद्यार्थी।

अक्लेद्य (अक्लेद्य)—[सं॰ अ + क्लेद्य] *वि॰* १. जिसे गीला न किया जा सके। २. जो गीला करने योग्य न हो।

अक्षक्रीड़ा—[सं॰ अक्ष ~ क्रीड़ा] *स्त्री॰* १. पाँसे से खेला जाने वाला खेल। २. चौसर (खेल)।

अक्षत—[सं॰ अ + क्षत] *वि॰* १. जो घायल न हो। जिसे चोट न आयी हो। क्षतिरहित। २. जो टूटा हुआ न हो। अखंड। ३. सम्पूर्ण। ४. अविभक्त। *पु॰* १. बिना टूटा हुआ चावल। ***जैसे***— रोली और अक्षत से किया गया तिलक। २. चावल जो जल से धोए हुए हों और किसी देवता की पूजा में चढ़ाने के लिए रखे जाएँ। ● **विशेष**—कुमारी स्त्री या विवाहित होकर भी पुरुष से सम्भोग-रहित स्त्री को '**अक्षतयोनि**' या '**अक्षता**' कहा जाता है।

अक्षत्र—[सं॰ अ + क्षत्र] *वि॰* क्षत्रियों से रहित। क्षत्रियहीन।

अक्ष-द्यूत (द्यूत)—[सं॰] *पु॰* पाँसों से खेलने का जुआ।

अक्षन्तव्य (अक्षंतव्य)—[सं॰ अ + क्षन्तव्य] *वि॰* जो क्षमा किए जाने योग्य न हो। अक्षम्य। ***जैसे***—अक्षन्तव्य हत्यारा।

अक्ष-पण—[सं॰] *पु॰* १. पाँसों का खेल। २. पासों का जुआ।

अक्षपाद—[सं॰ अक्ष ~ पाद] *पु॰* (न्यायदर्शन का प्रवर्तक) गौतम ऋषि।

अक्षबन्ध (अक्षबंध)—[सं॰ अक्ष ~ बन्ध] १. (लोगों की) नज़र बाँधने की विद्या। २. (किसी की) नज़र बाँधने का कार्य।

अक्षमाला—[सं॰ अक्ष ~ माला] *स्त्री॰* १. रुद्राक्ष की माला जो धारण करने के अतिरिक्त मन्त्र का जप करने में भी काम आती है।

अक्षमाली—[सं॰ अक्षमालिन्] *पु॰* १. रुद्राक्ष की माला पहननेवाला। २. शिव। महादेव।

अक्षम्य—[सं॰ अ + क्षम्य] *वि॰* क्षमा न किए जाने योग्य। अक्षन्तव्य। ***जैसे***—अक्षम्य अपराध। ∇ **विलोम**—क्षम्य।

अक्षय—[सं॰ अ + क्षय] *वि॰* १. जिसका क्षय/नाश न हो। अविनाशी। ***जैसे***—परमात्मा अक्षय है। २. बहुत समय तक रहनेवाला। ***जैसे***—अक्षय कीर्ति। ✣ **अक्षयचतुर्थी**—*स्त्री॰* = किसी भी मास में मंगलवार की चतुर्थी (तिथि)। अंगारक चतुर्थी। **अक्षयतृतीया**—*स्त्री॰* = वैशाख शुक्ल तृतीया (तिथि)। ● **विशेष**—इस तिथि को परशुराम का जन्मदिवस है और वर्तमान चतुर्युगी के सत्ययुग का आरम्भ-दिवस भी। ✣ **अक्षयधाम**—*पु॰* = १. वह लोक जहाँ पहुँचकर जन्म-मरण का चक्र समाप्त हो जाता है। अक्षरधाम। ब्रह्मलोक। विष्णुलोक। वैकुंठ। २. मोक्ष। ✣ **अक्षयनवमी**—*स्त्री॰* = कार्तिक शुक्ल नवमी (तिथि)।

अक्षय पद—[सं॰] *पु॰* १. कभी नष्ट न होने वाला दिव्य स्थान। २. मोक्ष। ३. अक्षयधाम।

अक्षय पात्र—[सं॰] *वि॰* कभी ख़ाली न होनेवाला तथा वांछित वस्तुएँ देनेवाला पात्र। ***जैसे***—द्रौपदी को भगवान् सूर्य ने अक्षय पात्र दिया था जिससे वह हज़ारों लोगों को भोजन करा सकती थी।

अक्षय लोक—[सं॰] *पु॰* १. अक्षयधाम। (दे॰) २. स्वर्ग।

अक्षय विकास—[सं॰] *पु॰* आर्थिक और वैज्ञानिक विकास का एक महत्त्वपूर्ण और पर्यावरणवादी रूप जिसकी प्रमुख मान्यता है कि विविध विकास-कार्यक्रमों के कारण पर्यावरण को ऐसी हानि नहीं होने देनी चाहिए जिसे पूरा न किया जा सकता हो। ● **विशेष**—अक्षय विकास के लिए उत्पादन के स्तर पर यथासम्भव कम-से-कम सामग्री और ऊर्जा का प्रयोग और उपयोग के स्तर पर कम-से-कम प्रदूषण पैदा करना आवश्यक है।

अक्षया—[सं॰ अक्षय + टाप्] *स्त्री* (धर्म॰) १. जिस तिथि में किए गए दान आदि के पुण्य का नाश नहीं होता। पुण्यवर्धक तिथि। २. सोमवती अमावस्या। ३. रविवार की सप्तमी तिथि। ४. बुधवार की चतुर्थी तिथि। ५. वैशाख शुक्ल तृतीया। अक्षयतृतीया।

अक्षयिणी—[सं॰ अ + क्षयिणी] *वि॰* (*स्त्री॰*) कभी क्षय न होनेवाली। अविनाशिनी। *स्त्री॰* १. पार्वती। दुर्गा। २. महाशक्ति। ३. प्रकृति।

अक्षयी—[सं॰ अक्षयिन्] *वि॰* अक्षय। अविनाशी।

अक्षर—[सं॰ अ + क्षर] *वि॰* जिसका कभी नाश न हो। अविनाशी। स्थिर। नित्य। *पु॰* १. ब्रह्म। परमात्मा। २. शिव। महादेव। ३. विष्णु। ४. आत्मा। ५. आकाश। ६. मोक्ष। ७. मूल प्रकृति। अव्यक्त (प्रकृति)। ८. श्वास के एक आघात में उच्चरित ध्वनि इकाई। स्वर या स्वरसहित व्यंजन या व्यंजनसहित स्वर। ***जैसे***—'काला' में दो अक्षर हैं 'का' और 'ला'। (अं॰ सिलेबल)। १०. (लाक्षणिक) लिपि। ***जैसे***—देवनागरी अक्षर; अरबी अक्षर। (मुद्रण का) टाइप (अं॰)। ***जैसे***—अक्षर-योजक।

अक्षरच्युतक—[सं॰ अक्षर ~ च्युतक] *पुं॰* एक प्रकार का बौद्धिक खेल जिसमें किसी अक्षर को जोड़कर किसी शब्द का भिन्न अर्थ किया जाता है।

अक्षरजीवी—[सं॰ अक्षरजीविन्] *पुं॰* १. लेखन के व्यवसाय से जीविका कमानेवाला व्यक्ति। व्यावसायिक लेखक। २. प्रतिलिपि करनेवाला। प्रतिलिपिक। नक़लनवीस। ३. लिपिक। क्लर्क। (अं॰)

अक्षर-ज्ञान—[सं॰] *पुं॰* लिखने-पढ़ने की योग्यता। साक्षरता।

अक्षरधाम—[सं॰] *पुं॰* अक्षय धाम।

अक्षर-न्यास—[सं॰ अक्षर ~ न्यास] *पुं॰* १. अकारादि वर्णों को किसी क्रम में रखना। २. लेख। (तंत्र॰) एक क्रिया-विधि जिसमें किसी मंत्र का एक-एक अक्षर पढ़कर हृदय आदि अंगों का स्पर्श किया जाता है।

अक्षर-योजक—[सं॰] *पुं॰* (मुद्रण॰) वह व्यक्ति जो लिखित सामग्री को मुद्राक्षरों में, हाथ से या मशीन से संयोजित करता है। (अं॰ कम्पोज़िटर)

अक्षर-योजन—[सं॰] *पुं॰* (मुद्रण॰) मुद्रण के लिए लेख आदि की पांडुलिपि को मुद्राक्षरों में संयोजित करना। (अं॰ कम्पोज़िंग)

अक्षर-विन्यास—[सं॰ अक्षर ~ विन्यास] *पुं॰* १. शब्द की वर्तनी। हिज्जे। २. लिपि। लिखावट।

अक्षरशः—[सं॰ अक्षर + शः] *क्रिवि॰* १. अक्षर-अक्षर या शब्द-शब्द के अनुसार। २. सम्पूर्णतया। बिल्कुल। ३. ठीक ज्यों का त्यों। पूर्णतः यथावत्।

अक्षराङ्कन (अक्षरांकन)—[सं॰ अक्षर ~ अङ्कन्] *पुं॰* (पुस्तक की जिल्द पर) अक्षरों का अंकन। (कला॰) किसी भाषा के अक्षरों को कलात्मक रीति से लिखना। (अं॰ लेटरिंग)

अक्षरात्मक—[सं॰ अक्षर ~ आत्मक] *वि॰* १. अक्षर-सम्बन्धी। अक्षर का। २. अक्षरोंवाला। ३. अक्षरों से बना हुआ। ✣ **अक्षरात्मक लिपि**—*स्त्री॰* = वह ध्वन्यात्मक लिपि जिसमें लिपि-चिह्न स्वरों और व्यंजनों के मिले रूप वाले 'अक्षर' को व्यक्त करते हैं।

अक्षरार्थ—[सं॰ अक्षर ~ अर्थ] *पुं॰* १. अक्षर या अक्षरों का अर्थ। २. शब्द का अर्थ। ३. केवल शब्दार्थ, व्याख्या या भावार्थ आदि नहीं। संकुचित अर्थ। *जैसे*—कविता समझने के लिए उसका अक्षरार्थ जानना पर्याप्त नहीं है।

अक्षरावली—[सं॰ अक्षर ~ अवली] *स्त्री॰* अक्षरों का समूह।

अक्षरित—[< सं॰ अक्षर] *वि॰* लिखित।

अक्ष-रिपु—[सं॰] *पुं॰* (रावण-पुत्र 'अक्ष' या 'अक्षय कुमार' को मारनेवाला)। हनुमान्।

अक्षरी—[< सं॰ अक्षर] *स्त्री॰* वर्तनी। हिज्जे।

अक्षरीकरण—[सं॰ अक्षर + च्वि + करण] *पुं॰* वाक्य, वाक्यांश या शब्द का अक्षरों (अं॰ सिलैबल्स) में विभाजन।

अक्षरौटी—[< सं॰ अक्षर] *स्त्री॰* १. वर्णमाला। २. लिखने का ढंग। लिखावट।

अक्षवाट—[सं॰ अक्षर ~ वाट] *पुं॰* जुआ खेलने का स्थान। द्यूतशाला। जुआघर।

अक्षवृत्त—[सं॰ अक्ष ~ वृत्त] *पुं॰* १. अक्षांश रेखा। २. (आकाश का) राशिचक्र।

अक्ष-सूत्र—[सं॰] *पुं॰* रुद्राक्ष की माला।

अक्षहीन—[< सं॰ अक्षि ~ हीन] *वि॰* नेत्रहीन। अन्धा।

अक्षांश—[सं॰ अक्ष ~ अंश] *पुं॰* (भूगोल॰, गणित॰) किसी स्थान की भूमध्यरेखा से कोणीय दूरी। *जैसे*—दिल्ली का अक्षांश **२८°३९'** उत्तर (२८ अंश ३९ कला उत्तर) है और देशान्तर ७७° १३' पूर्व (७७ अंश १३ कला पूर्व) है। (खगोल॰) क्रान्तिवृत्त = (सूर्य-पथ) से किसी ग्रह आदि की कोणीय दूरी। ✣ **अक्षांश-वृत्त**—*पुं॰* = किसी स्थान से जानेवाला काल्पनिक वृत्त जो भूमध्य रेखा के समान्तर हो।

अक्षान्त (अक्षांत)—[सं॰ अक्ष ~ अन्त] *पुं॰* अक्ष का अन्त/सिरा। ✣ **अक्षान्त (अक्षांत) फल**—*पुं॰* = (वनस्पति॰) शाखा के अन्तिम सिरे पर उत्पन्न फल।

अक्षान्तर (अक्षांतर)—[सं॰ अक्ष ~ अन्तर] *पुं॰* अक्षांश।

अक्षि—[सं॰ अक्ष + क्सि] *स्त्री॰* १. नेत्र। आँख। २. (पद्य आदि में) दो की संख्या (२)।

अक्षि-कम्प (अक्षि-कंप)—[सं॰ अक्षि ~ कम्प] *पुं॰* पलक गिरना। आँख झपकना।

अक्षिगोल/अक्षिगोलक—[सं॰ अक्षि ~ गोल/गोलक] *पुं॰* आँख की पुतली।

अक्षि-तारक—[सं॰] *पुं॰* आँख की पुतली के अन्दर का तारा। ✣ **अक्षि-तारा**—*स्त्री॰* = अक्षि-तारक। ✣ **अक्षि-पक्ष्म**—*पुं॰* = (आँख की) बरौनी। अक्षि-लोग। ✣ **अक्षि-पटल**—*पुं॰* आँख के कोए पर की झिल्ली। आँख का ऊपरी भाग। आँख का पर्दा। ✣ **अक्षि-बिम्ब (बिंब)**—*पुं॰* = वह स्थान जहाँ पर दृष्टि-तंत्रिका नेत्रगोलक में प्रवेश करती है। ✣ **अक्षि-लोम**—*पुं॰* = (आँख की) बरौनी। अक्षि-पक्ष्म। ✣ **अक्षि-विक्षेप**—*पुं॰* = तिरछी चितवन। कटाक्ष। ✣ **अक्षि-साक्षी**—*पुं॰* = प्रत्यक्ष देखनेवाला गवाह। प्रत्यक्षदर्शी साक्षी। चश्मदीद गवाह।

अक्षीब—[सं॰ अ + क्षीब] *वि॰* जो मत्त/मतवाला न हो। अक्षीव।

अक्षीय—[सं॰ अक्ष + छ] *वि॰* १. अक्ष-सम्बन्धी। अक्ष का। २. अक्ष में होनेवाला।

अक्षीव—[सं॰ अ + क्षीव] *वि॰* जो मत्त/मतवाला न हो। अक्षीब।

अक्षुण्ण—[सं॰ अ + क्षुण्ण] *वि॰* १. जो क्षुण्ण न हो। जो टूटा हुआ न हो। अखंड। अभग्न। अनटूटा। २. समस्त। समूचा। पूरा। ३. जो कम न हुआ हो। जो घटा न हो। ४. जिसे जीता न गया हो। जो हारा न हो। अपराजित। ५. जो कुशल/निपुण न हो। अनाड़ी। ✣ **अक्षुण्णता**—*स्त्री॰* = १. अक्षुण्ण होने का भाव/स्थिति। २. अखंडता। ३. कम न होना। न घटना।

अक्षेम—[सं॰ अ + क्षेम] *पुं॰* क्षेम/कुशल/मंगल का अभाव। ∇ **विलोम**—क्षेम।

अक्षोभ—[सं॰ अ + क्षोभ] *पुं॰* क्षोभ का अभाव। शान्ति। *वि॰* १.

जो क्षुब्ध न हो। क्षोभरहित। शान्त। धीर। २. जो घबड़ाया हुआ न हो।

अक्षौहिणी—[स॰ अक्ष ~ ऊहिनी] *स्त्री॰* (प्राचीन काल में) चतुरंगिणी सेना की एक बड़ी इकाई जिसमें २१८७० रथ, २१८७० हाथी, ६५६१० घोड़े और १०९३५० पैदल होते हैं। ***जैसे***—कुरुक्षेत्र में कौरवों की ११ अक्षौहिणी सेना का पांडवों की ७ अक्षौहिणी सेना से युद्ध हुआ था।

अक्स—[अरबी] *पु॰* १. प्रतिबिम्ब। २. छाया। परछाईं। ३. द्वेष। ✣ **अक्सी**—*वि॰* = १. प्रतिबिम्ब/छाया से सम्बन्धित। प्रतिबिम्ब/छाया का। २. मन में द्वेषभाव रखनेवाला।

अक्सरियत—[< अरबी अक्सरीयत] *स्त्री॰* (किसी देश आदि की जनता में) एक प्रकार के लोगों की अन्य प्रकार के लोगों की तुलना में संख्या की अधिकता। बहुसंख्यकता। बहुमत। ***जैसे***—भारत में हिन्दुओं की अक्सरियत है।

अक्सीर—[< अरबी इक्सीर] *वि॰* अपना गुण/फल/प्रभाव अवश्य दिखाने वाला। अमोघ। अचूक। ***जैसे***—त्रिफला पेट के सभी रोगों के लिए अक्सीर दवा है। *पु॰* वह रस/भस्म जिसके योग से साधारण धातुओं को सोना या चाँदी में बदला जा सकता है। रसायन। कीमिया।

†अखती/अखतीज—[< स॰ अक्षयतृतीया] *स्त्री॰* १. अक्षय तृतीया तिथि। वैशाख शुक्ल तृतीया। २. अक्षय तृतीया का उत्सव।

अखफुट्टा/अँखफुट्टा—[< हि॰ आँख + फूटना] *पु॰* टिड्डी की आकृति का एक उछलनेवाला कीड़ा जो पौधों के पत्ते खा जाता है। टिड्डा।

अख़बारनवीस—[अरबी अख़बार + फा॰ नवीस] *पु॰* १. पत्र/पत्रिका का सम्पादक। २. पत्रकार। ✣ **अख़बारनवीसी**—*स्त्री॰* = १. पत्र/पत्रिका का सम्पादन। २. पत्रकारिता।

अखरना—[< स॰ खर] *क्रिअ॰* १. अप्रिय लगना। बुरा लगना। खल जाना। २. कष्टकर होना। दुःखदायक होना।

अखरा—[स॰ अ + हि॰ खरा] *वि॰* जो खरा न हो। झूठा, कृत्रिम या बनावटी। ● **विशेष**—अवधी क्षेत्र में 'बिना साफ़ किया हुआ चावल' अथवा 'जौ का भूसीसहित आटा' भी 'अखरा' कहा जाता है।

अखरावट—[< स॰ अक्षरावर्त] *स्त्री॰* १. वर्णमाला। २. लिखावट। ३. वर्णमाला के अक्षरों के क्रम से आरम्भ पंक्तियों में लिखा गया पद्य-समूह या काव्य। ✣ **अखरावटी**—*स्त्री॰* = अखरावट।

अखरौटी—[< स॰ अक्षरावर्तन] *स्त्री॰* अखरावट। (दे॰) (संगीत॰) वीणा या सितार वाद्य पर निकाले गए रागों के अलग-अलग और स्पष्ट बोल।

अखर्व—[स॰ अ + खर्व] *वि॰* १. नष्ट न होनेवाला। २. जो छोटा न हो। बड़ा या लम्बा।

अखाड़ची—[< हि॰ अखाड़ा] *पु॰* १. (अखाड़े का) कसरती पहलवान। २. अखाड़ेबाज़ व्यक्ति। ३. (लाक्षणिक) शास्त्रार्थ, वाद-विवाद आदि में निपुण व्यक्ति।

अखाड़ा—[< स॰ अक्षपाट, या < आखात = खोदी गयी धरती] *पु॰* १. कुश्ती लड़ने या व्यायाम करने का स्थान। व्यायामशाला। २. (नागा आदि) साधुओं की मंडली या आश्रम। ३. (नागा आदि) साधुओं के रहने का स्थान। ४. नृत्युशाला या रंगशाला। ***जैसे***—इन्द्र का अखाड़ा। ५. नटों का नाटक या कलाबाज़ी आदि दिखाने का स्थान। ६. अड्डा। ***जैसे***—जुए का अखाड़ा। ७. (लाक्षणिक) किसी विशेष प्रकार के लोगों का अड्डा/जमाव। ***जैसे***—यह संस्था राजनीतिज्ञों का अखाड़ा बन गयी है।

अखाड़ेबाज़ी—*स्त्री॰* = कुश्तियाँ लड़ने का शौक़। २. मित्रों के साथ मौज-मस्ती करना। ३. प्रतिद्वन्द्विता। ४. दलीय संघर्ष। गुटबाज़।

अखात—[स॰ अ + खात] *वि॰* बिना खोदा हुआ। *पु॰* १. बिना खोदा हुआ जलाशय। प्राकृतिक जलाशय। २. प्राकृतिक झील या तालाब। ३. तीन ओर स्थल से घिरा हुआ समुद्र-भाग। खाड़ी। ४. किसी मन्दिर के सामने का छोटा सरोवर।

अखाद्य (अखाद्य)—[स॰ अ + खाद्य] *वि॰* १. (धार्मिक या स्वास्थ्य आदि की दृष्टि से) न खाने योग्य। अभक्ष्य। २. जिसे खाया नहीं जा सकता। अभक्ष्य।

अखाँगी—*वि॰* = अखंडित। *क्रिवि॰* = निरन्तर। लगातार।

अखिल[१]—[स॰ अ + खिल] *वि॰* १. सम्पूर्ण। समग्र। पूरा। ***जैसे***—अखिल विश्व। २. अखंड।

अखिल[२]—[< स॰ अ + हि॰ खिलना] *वि॰* जो खिला न हो। अनखिला।

अखिलात्मा—[स॰ अखिल ~ आत्मा (आत्मन्)] *पु॰* १. सब में व्याप्त आत्मा। विश्वव्यापी चैतन्य। २. परमात्मा।

अखिलेश—[स॰ अखिल ~ ईश] *पु॰* १. सब का स्वामी। विश्वेश। सर्वेश। २. परमात्मा। परमेश्वर।

अख़ीर—[अरबी] *पु॰* १. अन्त। समाप्ति। २. किनारा। छोर। ३. मृत्यु का समय। ✣ **अख़ीरी**—*वि॰* = अन्तिम। आख़िरी।

अखुटना—[देशज] *क्रिअ॰* १. समाप्त न होना। २. न टूटना। ३. लड़खड़ाना।

अखूट**—[< हि॰ अखुटना] १. जो जल्दी समाप्त न हो। ***जैसे—अखूट धन की प्राप्ति। २. अक्षय। अक्षुण्ण। ३. बहुत अधिक।

अखोट[१]—[स॰ अ + हि॰ खोट] *वि॰* जिसमें खोट/दोष न हो। दोषरहित।

†अखोट[२]—[< हि॰ अखूट] *वि॰* बहुत अधिक। अत्यधिक। अखूट।

अखोटा—[देशज] *पु॰* (स्त्रियों का) कान में पहनने का एक आभूषण।

***अखोर[१]**—[< तुर्की आख़ोर] *वि॰* १. निकम्मा। २. बुरा। ख़राब।

***अखोर[२]**—[< स॰ अ + फा॰ ख़ोर] *वि॰* जो खाए जाने के योग्य न हो। अखाद्य। *पु॰* १. रद्दी चीज़। २. कूड़ा-करकट। ३. घास-पात।

***अखोर[३]**—[स॰ अ + हि॰ खोर < खोट] *वि॰* १. जिसमें खोट/दोष न हो। अखोट। अच्छा। भला। २. सुन्दर।

अखौटा—[< स॰ अक्ष] *पु॰* १. चक्की के बीच में लगी खूँटी। २. कुएँ पर का वह डंडा जिसमें घिर्री/गराड़ी लगी होती है।

अखौता—[< स॰ अक्षवत्] *पु॰* (कुएँ से पानी निकालने की) ढेंकुली।

***अखिख**—[< स॰ अक्षि] *स्त्री॰* आँख।

अख़्तियार—[<अरबी इख़्तियार] *पु॰* १. अधिकार। ***जैसे***—अपने फ़र्ज़ और अख़्तियार। २. वश। नियन्त्रण। ३. स्वामित्व। ४. सत्ता। हुकूमत।

अख्यात[१]—[सं॰ अ + ख्यात] *वि॰* १. जो कहा न गया हो। अकथित। २. जो प्रसिद्ध न हो। ३. निन्दित। बदनाम। ∇ **विलोम**—ख्यात।

अख्याति—[सं॰ अ + ख्याति] *स्त्री॰* निन्दा। अपकीर्ति। बदनामी। (मीमांसा॰) भ्रमपूर्ण ज्ञान। भ्रान्ति। ∇ **विलोम**—ख्याति।

अख़्लाक़—[अरबी] *पु॰* शिष्टाचार। ✣ **अख़्लाक़ी**—*वि॰* = शिष्टाचार-सम्बन्धी। शिष्टाचार का।

अग[१]—[सं॰ अ + ग (√ गम् + ड)] *वि॰* १. गमन न करनेवाला। न चलनेवाला। चलने में असमर्थ। २. स्थावर। जड़। अचल। अचर। ३. जिसके पास कोई न पहुँच सके। *पु॰* १. वृक्ष। २. पर्वत। ३. सूर्य। ४. पद्य आदि में सात की संख्या (७)।

***अग**[२]—*वि॰* ≤ *सं॰* अज्ञ। अज्ञानी।

अगज—[सं॰ अग + ज] *वि॰* १. पर्वत से उत्पन्न। २. वृक्ष से उत्पन्न। ३. पर्वत पर होनेवाला। पहाड़ी। *पु॰* शिलाजीत।

अग-जग—[सं॰] *पु॰* चल और अचल। जड़-चेतन। चराचर। स्थावर और जंगम संसार। सब संसार।

अगजा—[सं॰ अगज + टाप्] *स्त्री॰* १. पर्वत की पुत्री २. पार्वती (देवी)।

अगड़—[< सं॰ अर्गल] *पु॰* १. हाथी के पैर में बाँधी जाने वाली ज़ंजीर। २. बन्धन।

अगड़-बगड़—[देशज बगड़ + अनु॰ अगड़] *वि॰* १. अनर्गल। ऊलजलूल। ऊटपटाँग। २. जिसमें कोई क्रम न हो। क्रमहीन। ३. निरर्थक। व्यर्थ। निकम्मा। *पु॰* १. अनर्गल बात। २. ऊलजलूल काम। ३. क्रमरहित काम। ४. व्यर्थ काम। निरुपयोगी काम।

अगड़म-बगड़म—*वि॰, पु॰* ≤ *हि॰* अगड़-बगड़।

अगड़ा—[< सं॰ अग्र] *वि॰* १. आगे स्थित। अग्रा अगला। २. जो पिछड़ा हुआ न हो। ३. जो सामाजिक या आर्थिक दृष्टि से, अन्य लोगों की अपेक्षा, अधिक उन्नत/विकसित हो। ***जैसे***—अगड़े लोगों का पिछड़े लोगों के प्रति व्यवहार। ∇ **विलोम**—पिछड़ा।

***अगढ़**—[< सं॰ अ + हि॰ गढ़ना] *वि॰* सुदृढ़। मज़बूत।

अगण—[सं॰ अ + गण] *वि॰* जो गण-रहित हो। *पु॰* (छन्द॰) किसी पद्य के आरम्भ में निषिद्ध गण। तगण, रगण, जगण और सगण नामक वर्णिक गण।

अगणित—[सं॰ अ + गणित] *वि॰* जिनकी गिनती न की जा सके। असंख्य। अनगिनत। बेहिसाब।

अगण्य—[सं॰ अ + गण्य] *वि॰* १. अगणित। असंख्य। बेहिसाब। २. जो गिने जाने योग्य न हो।∇ **विलोम**—गण्य।

अगत[१]—[सं॰ अ + गत] *वि॰* १. जो गया न हो। २. (समय) जो अभी व्यतीत न हुआ हो। भावी।

अगता**—[< सं॰ अग्र] *वि॰* १. आगे स्थित। अग्रस्थ। २. अनागत। भावी। होनी। ३. नियत समय से पहले होनेवाला। ***जैसे—अगता फ़सल। ४. अग्रिम। पेशगी। ✣ **अगती**[१]—*क्रिवि॰* आगे से। पहले से। अग्रतः।

अगति—[सं॰ अ + गति] *स्त्री॰* १. दुर्गति। दुर्दशा। २. मृत्यु के बाद की दुर्दशा। मोक्ष की प्राप्ति न होना या नरक की प्राप्ति। ३. उपाय का न होना। ४. पहुँच या प्रवेश का न होना। *वि॰* १. गतिहीन। स्थिर। अचल। २. उपायरहित। निरुपाय। ३. असहाय। निरालम्ब। बेसहारा। ४. पापी। ✣ **अगती**[२]—*स्त्री॰* १. दुर्गति। २. अगति। (दे॰) *वि॰* अगति।

अगतिक—[सं॰ अगति + कप्] *वि॰* १. जिसकी कहीं गति/ठिकाना न हो। निराश्रित। आश्रयहीन। अशरण। असहाय। २. उपायरहित। निरुपाय। ३. जिसे मृत्यु के बाद मोक्ष या उत्तम लोक प्राप्त न हुआ हो। ✣ **अगतिक गति**—*पु॰* = १. आश्रयहीन व्यक्ति का आश्रय। २. परमात्मा।

अगत्या—[सं॰ अगति] *क्रिवि॰* १. आगे से। भविष्य में। २. आगे चलकर। अन्त में। अकस्मात्। सहसा। अचानक। ४. अन्य गति न रहने के कारण। लाचार होकर। विवश होकर। बाध्य होकर। ***जैसे***—सफलता के लिए यह अगत्या करना पड़ेगा।

अगद—[सं॰ अ + गद] *वि॰* १. नीरोग। स्वस्थ। २. कष्टों/विघ्नों आदि से रहित। ***जैसे***—अगद स्थान। *पु॰* १. आरोग्य। स्वास्थ्य। २. औषधि। दवा।

अगद-तन्त्र (तंत्र)—[सं॰] *पु॰* आयुर्वेद के आठ अंगों में से एक। सभी प्रकार के विषों से पीड़ित मनुष्यों की चिकित्सा का शास्त्र।

अगन्ता[१]**(अगंता**[१]**)**—[< सं॰ अ + गन्ता (गन्तृ)] *वि॰* १. जो चलता न हो। अचर। २. न जानेवाला।

†अगन्ता[२]**(अगंता**[२]**)**—[< हि॰ आगे] *वि॰* आगे-आदि चलनेवाला या आगे रहनेवाला। अग्रगामी।

अगन्त्री (अगंत्री)—[सं॰ अ + गन्त्री] *वि॰* (*स्त्री॰*) १.जो चलती न हो। अचर। २. न जानेवाली।

अगम**—[< सं॰ अगम्य] *वि॰* १. जहाँ कोई पहुँच न सके। दुर्गम। कठिन। जैसे—अगम स्थान। २. जिसे समझना कठिन हो। दुर्बोध। ३. जो सरलता से प्राप्त न हो सके। दुर्लभ। ४. जिसकी थाह न मिले। अथाह। ५. बहुत कठिन। विकट। ***जैसे—अगम तपस्या। ६. बहुत अधिक।

अगमगना—[देशज] *क्रिअ॰* अग्रसर होना। ***जैसे***—लहर अगमगी है।

***अगमति**—[< सं॰ अगम + अति] *वि॰* अपरिमित। अत्यधिक।

***अगमैया**—[< सं॰ अगम्य] *वि॰* बुद्धि से परे। अगम्य। दुर्बोध।

अगम्य—[सं॰ अ + गम्य] *वि॰* १. दुर्गम। २. जहाँ कोई न पहुँच सके। पहुँच के बाहर। ३. जिसे जाना न जा सके। जानने के अयोग्य। ४. जो विचार/समझ से परे हो। विचारातीत। अबोध्य। ५. बहुत गहरा। अथाह। ६. अपार। अत्यन्त। बहुत। ७. विकट। कठिन।

अगम्या—[सं॰] *वि॰* (*स्त्री॰*) जिस स्त्री से समागम करना धर्मशास्त्र

या क़ानून में वर्जित है। ***जैसे***—माता, बहिन, पुत्री आदि अगम्या हैं। ✣ **अगम्या-गमन**—*पु॰* = जिस स्त्री से सहवास निषिद्ध हो, उससे किया जानेवाला सहवास।

अगर[१]—[< स॰ अगरु] *पु॰* १. एक जंगली वृक्ष जिसकी लकड़ी अति सुगन्धित होती है। अगरु। का वृक्ष। २. अगरु की लकड़ी।

अगर[२]—[< स॰ अग्र] *क्रिवि॰* आगे।

अगर[३]—[फ़ा॰] *अव्यय॰* यदि। ***वा॰* अगर-मगर करना**—१. टालमटोल करना। आनाकानी करना। २. तर्क-वितर्क करना। विवाद करना।

अगरचे—[फ़ा॰] *क्रिवि॰* यद्यपि।

अगराना—*क्रिअ॰* ≤ हि॰ अँगड़ाना।

अगरी[१]—[स॰ अ + गरी] *स्त्री॰* (कोई भी) विषनाशक वस्तु।

अगरी[२]—[< स॰ अ + गिरा] *स्त्री॰* १. अनुचित वाणी। बुरी बात। २. धृष्टतापूर्ण बात। ३. धृषृता। ढिठाई।

अगरी[३]—[< स॰ आगार] *वि॰* (*स्त्री॰*) आगार/भंडार वाली।

अगरी[४]—[< स॰ अग्र] *स्त्री॰* श्रेष्ठ/निपुण स्त्री।

†अगरी[५]—[< स॰ अर्गला] *स्त्री॰* (किवाड़ों की) अर्गला।

अगरु—[< स॰ अ + गुरु] *पु॰* १. एक प्रकार का जंगली वृक्ष जिसकी लकड़ी बहुत सुगन्धित होती है। अगुरु। अगर। २. उक्त वृक्ष की लकड़ी।

***अगरौ[१]**—[< स॰ अग्र] *वि॰* १. अगला। २. बढ़ा-चढ़ा। श्रेष्ठ।

***अगरौ[२]**—[< स॰ आकर] *पु॰* १. आकर। खान। २. राशि। समूह। ढेर।

अगर्व—[स॰ अ + गर्व] *वि॰* गर्व/अभिमान से रहित। गर्वहीन। *पु॰* १. गर्व का अभाव। २. सरलता।

अगर्हित—[स॰ अ + गर्हित] *वि॰* १. जो घृणित न हो। २. जिसकी निन्दा न की गयी हो। अनिन्दित।

अगवानी—[< स॰ अग्रवाणी] *स्त्री॰* १. किसी मान्य अतिथि का स्वागत करने के लिए अपने स्थान से चलकर आगे पहुँचना। २. (विवाह में) बरात का स्वागत करने के लिए कन्यापक्षवालों का आगे पहुँचना। ३. आगे जाकर मिलना। ४. नायकत्व। *पु॰* नायक। नेता। सरदार। अगुवा।

***अगवार**—[< हि॰ आगे] *क्रिवि॰* आगे। *पु॰* १. घर के द्वार के सामने की भूमि। २. अनाज का वह अंश जो ओसाने के समय भूसे के साथ चला जाता है। ३. उपज से प्राप्त अन्न का वह भाग जो सर्वप्रथम देवता आदि के लिए निकाल कर अलग रख दिया जाता है।

***अगसार/अगसारी**—[स॰ अग्र] *क्रिवि॰* आगे। सामने।

†अगसारना—[स॰ अग्रसर] *क्रिस॰* आगे बढ़ाना। अग्रसर करना।

अगस्त[१]—[< स॰ अगस्त्य] *पु॰* १. एक प्रकार का सफ़ेद फूलों वाला लम्बा वृक्ष जो शरद् ऋतु में फूलता है और जिसके फूल अर्धचन्द्राकार तथा गुलाबी-सफ़ेद रंग के होते हैं। २. एक प्राचीन ऋषि। अगस्त्य। आकाशमंडल का एक तारा जो वर्षा ऋतु के अन्त में दिखता है। अगस्त्य। ● **विशेष**—अगस्त के वृक्ष या तारे को '**अगस्ति/अगस्तिया**' भी कहा जाता है।

अगस्त[२]—[< अ॰ ऑगस्ट] *पु॰* अँग्रेज़ी वर्ष का आठवाँ महीना।

अगस्त्य—[स॰ अग √स्त्यै + क] *पु॰* = १. अगस्त[१] (वृक्ष, ऋषि या तारा)। [दे॰] २. अगस्त्य ऋषि।

अगहन—[< स॰ अग्रहायण] *पु॰* (कार्त्तिक मास से अगला) मार्गशीर्ष मास। ● **विशेष**—अगहन के महीने में पकने और काटे जाने वाले धान को '**अगहनिया/अगहनी धान**' कहा जाता है।

†अगाड़—[हि॰ आगे] *पु॰* १. आगे का भाग। *क्रिवि॰* १. आगे। सामने। २. पहले।

†अगाड़ी—[< हि॰ आगे] *क्रिवि॰* १. भविष्य में। २. आगे या सामने। ३. पहले। *पु॰* आगे का या सामने का भाग। ∇ **विलोम**—पिछाड़ी। ✣**अगाड़ी-पिछाड़ी**—*क्रिवि॰* = आगे-पीछे।

अगात्मजा—[स॰ अग ~ आत्मजा] *स्त्री॰* १. पर्वत की पुत्री। २. पार्वती।

अगाध—[स॰ अ + गाध (= √गाध् + घञ्)] *वि॰* १. बहुत गहरा। अथाह। ***जैसे***— सागर में अगाध जल है। २. बहुत अधिक। असीम। अपार। ***जैसे***—अगाध ज्ञान। ३. जिसे समझ पाना असम्भव या बहुत कठिन हो। दुर्बोध।

†अगारी[१]—[< स॰ अगार] *वि॰* घरवाला। गृहवान्। *पु॰* हृदय।

†अगारी[२]—[< स॰ अग्र] *क्रिवि॰* १. आगे। २. सम्मुख। सामने।

†अगाह[२]—[< फ़ा॰ आगाह] *वि॰* जाना हुआ। ज्ञात। *क्रिवि॰* आगे या पहले से।

अगिया[१]—[< हि॰ आग] *स्त्री॰* १. आग की तरह जलता/चमकता हुआ। २. आग के समान जलन उत्पन्न करनेवाला ***जैसे***—अगिया ज्वर।

अगिया[२]—[देशज] *स्त्री॰* एक प्रकार की छोटी चिड़िया जो नाटी और मोटी तथा हरे बादामी भूरे रंग की होती है।

अगियाना—[हि॰ आग] *क्रिस॰* १. आग लगाना। २. आग से जलाना, तपाना या पकाना। ३. जलन उत्पन्न करना। ४. क्रुद्ध करना। ५. बर्तन साफ़ करने के लिए उसमें जलते कोयलों आदि की आग डालना। *क्रिअ॰* १. जलन होना। २. बहुत क्रुद्ध हो जाना।

अगिया बैताल—[< स॰ अग्नि ~ वेताल] *पु॰* १. विनाश-कार्यों में आगे रहनेवाला व्यक्ति। २. क्रोधी व्यक्ति।

अगियारी—[< स॰ अग्निकारिका] *स्त्री॰* १. अग्नि से सम्बन्धित वस्तु तथा क्रिया। २. अग्नि में सुगन्धित पदार्थों को डालने की विधि। ३. वह पात्र जिसमें वायु को सुगन्धित करनेवाली वस्तुओं को डालकर जलाया जाता है। ४. जलता हुआ कंडा जिस पर पूजा आदि में सुगन्धित द्रव्य डाले जाते हैं। ● **विशेष**—कहीं-कहीं 'धूपदानी' को भी 'अगियारी' कहा जाता है।

†अगिलाई—[< स॰ अग्नि + लाना] *स्त्री॰* १. अग्नि की ज्वाला। २. आग लगाने की क्रिया/भाव। ३. दो पक्षों में झगड़ा कराने की क्रिया/भाव।

***अगिहर**—[< स॰ अग्नि] *पु॰* (शव को भस्म करने की) चिता।

†अगिहाना—[< सं॰ अग्नि-स्थान] *पु॰* अग्नि को नित्य रखने/जलाने का स्थान। अग्नि-स्थान।

†अगीठा—[< हि॰ आगे] *पु॰* (मकान का) अगला भाग। **⁘अगीठी**— *क्रिवि॰* = आगे। सामने।

†अगीत[1]—[< सं॰ अग्र] *क्रिवि॰* घर के आगे। घर के सामने। ***जैसे***—घर के अगीत बैठो। *पु॰* आगे का भाग।

अगीत[2]—[सं॰ अ + गीत] *वि॰* जो गीत न हो। *पु॰* (काव्य॰) गीत का एक आधुनिक साहित्यिक प्रकार।

अगुणज्ञ—[सं॰ अ + गुणज्ञ] *वि॰* जो गुणज्ञ या गुणी न हो।

अगुणवादी—[सं॰ अगुनवादिन्/वादिन्] *वि॰* दूसरों में दोष ढूँढनेवाला। छिद्रान्वेषी।

अगुणी—[सं॰ अगुणिन्] *वि॰* १. गुणरहित २. मूर्ख।

अगुरु—[सं॰ अ + गुरु] *वि॰* १. जो भारी न हो। हल्का। २. जिसका कोई गुरु न हो। गुरुरहित। निगुरा। *पु॰* १. अगर का पेड़ या उसकी लकड़ी जो बहुत सुगन्धित होती है। [छन्द॰] (वह वर्ण) जो गुरु न हो। लघु (वर्ण)।

†अगुसरना—[< सं॰ अग्रसर] *क्रिअ॰* अग्रसर होना। आगे बढ़ना।

†अगुसारना—[< सं॰ अग्रसारण] *क्रिस॰* = अग्रसर करना। आगे बढ़ाना।

अगूढ़—[सं॰ अ √गुह् + क्त] *वि॰* १. जो छिपा हुआ न हो। प्रकट। २. सरल। सहज। स्पष्ट। ∇ **विलोम**—गूढ़। **⁘ अगूढ़भाव**—*वि॰* = १. जिसका अर्थ छिपा हुआ न हो। स्पष्ट भाववाला। २. सरलचित्र (व्यक्ति) **⁘अगूढ़व्यङ्ग्य (अगूढ़व्यंग्य)**— *पु॰* = (काव्य॰) गुणीभूत व्यंग्य का एक भेद जिसमें व्यंग्यार्थ वाच्चार्थ के समान स्पष्ट रहता है, गूढ़ नहीं होता और इसलिए सरलता से समझ में आता है। **⁘ अगूढ़व्यङ्ग्या (अगूढ़व्यंग्या) लक्षणा**— *स्त्री॰* = (काव्य॰) प्रयोजनवती लक्षणा का एक भेद जिसमें व्यंग्य स्पष्ट रहता है, गूढ़ नहीं रहता और इसलिए सरलता से समझ में आता है।

अगेय—[सं॰ अ + मेय] *वि॰* १. जो गाया न जा सके। २. (यश आदि) जिसका वर्णन न किया जा सके। ३. जो गाए जाने के योग्य न हो। ∇ **विलोम**—गेय।

***अगेर**—*क्रिवि॰* ≤ *हि॰* आगे।

अगोचर—[सं॰ अ + गोचर] *वि॰* १. जिसका ज्ञान इन्द्रियों द्वारा सम्भव न हो। इन्द्रियातीत। २. अप्रत्यक्ष। अप्रकट। ३. अज्ञेय। *पु॰* परमात्मा। ब्रह्म। ∇ **विलोम**—गोचर।

अगोचरता—[सं॰ अगोचर + तल् + टाप्] *वि॰* १. अगोचर होने का भाव/गुण। अप्रत्यक्षता। परोक्षता। इन्द्रियातीतता। २. अप्रकटता ३. अज्ञेयता।

***अगोट**[1]—[सं॰ अग्र + हि॰ ओट] *स्त्री॰* १. ओट। आड़। २. प्रतिबन्ध। रुकावट। रोक। ३. आश्रय। आधार।

***अगोट**[2]—[< सं॰ अ +हि॰ गोट] *वि॰* १. एकाकी। अकेला। *पु॰* वियोग। विरह।

***अगोनी**—[< हि॰ आगे] *क्रिवि॰* आगे ही। पहले ही।

अगोपना—[सं॰ अ + गोपन] *क्रिस॰* न छिपाना। प्रकट और स्पष्ट करना/रखना।

***अगोया**—[< सं॰ अ + गोपन] *वि॰* १. जो छिपाया न गया हो। २. प्रकट तथा स्पष्ट।

†अगोरदार—[< हि॰ अगोरना] *वि॰* अगोरनेवाला। *पु॰* पहरेदार या रक्षक।

अगोरना**—[< सं॰ आगूरण] *क्रिस॰* १. यत्नपूर्वक रखना। २. प्रतीक्षा करना। ३. पहरा देना या रखवाली करना। ४. बन्द करके रखना। छिपाकर रखना। ५. आकर्षित करना। खींचना। ***जैसे—तन और दृष्टि अगोरति। **⁘ अगोरबटाई**—*स्त्री॰* खलिहान में होनेवाला बँटवारा।

***अगोहूँ**—[< हि॰ आगे] *क्रिवि॰* १. आगे को। २. समाप्ति की ओर।

अगौका—[< सं॰ अगौकस् (= अग ~ औकस्)] *पु॰* १. पर्वतवासी व्यक्ति। २. सिंह।

***अगौनी**[1]—[< हि॰ आगे] *क्रिवि॰* १. आगे। सामने। २. पहले। *स्त्री॰* अगवानी।

***अगौनी**[2]—[< सं॰ अग्रणी] *वि॰* १. अग्रणी। अगुआ। २. श्रेष्ठ। उत्तम।

***अग्गर**[1]—[सं॰ आगार] *पु॰* निवास-स्थान। घर। मकान।

***अग्गर**[2]—*वि॰* ≤ *सं॰* अग्रणी।

अग्नि—[सं॰ √अङ्ग् + नि, न - लोप] *पु॰* १. अनल। आग। २. (पंचमहाभूतों में से एक) 'तेज' नामक तत्त्व। ३. शरीर के अन्दर भोजन पचाने आदि की क्रियाएँ करनेवाली आग। जठराग्नि। जठरानल। ४. (त्रिदोष में से एक) पित्त। ५. एक वैदिक देवता। ६. (पद्य आदि में) तीन की संख्या।

अग्निकर्म—[सं॰ अग्नि ~ कर्म (कर्मन्)] *पु॰* १. अग्निहोत्र। होम। हवन। २. अग्नि का पूजन। ३. गर्म लोहे से दागना। ४. मृत व्यक्ति का दाह-संस्कार। अग्निक्रिया।

अग्निकाष्ठ—[सं॰ अग्नि ~ काष्ठ] *पु॰* 'अरणी' वृक्ष की लकड़ी जिसके दो टुकड़ों को आपस में रगड़ने से अग्नि उत्पन्न होती है।

अग्निकीट—[सं॰ अग्नि ~ कीट] *पु॰* १. खद्योत। जुगनू। २. एक कल्पित कीड़ा जिसके विषय में यह माना जाता है कि वह अग्नि में रहता है।

अग्निकुमार/अग्नितनय/अग्निसुत—[सं॰ अग्नि ~ कुमार/तनय/सुत] *पु॰* (शिव-पार्वती का पुत्र) कार्त्तिकेय। स्कन्द।

अग्निकुल—[सं॰ अग्नि ~ कुल] *पु॰* क्षत्रियों का एक वंश जिसकी उत्पत्ति 'अग्नि' से मानी जाती है। अग्निवंश।

अग्निकेतु—[सं॰ अग्नि ~ केतु] *पु॰* १. धूम। धुँआ। २. शिव। महादेव।

अग्निकोण—[सं॰ अग्नि ~ कोण] *पु॰* दक्षिण-पूर्व का कोना। आग्नेय दिशा।

अग्निक्रिया—[सं॰ अग्नि ~ क्रिया] *स्त्री॰* १. जलाना। २. शव जलाना। मुर्दा जलाना। ३. (गर्म लोहे से) दागना।

अग्निगर्भ—[सं॰ अग्नि ~ गर्भ] *वि॰* १. जिसके भीतर आग हो।

जैसे—अग्निगर्भ ज्वालामुखी। २. जिससे आग उत्पन्न हो। *जैसे*—अग्निगर्भ काष्ठ। *पु॰* १. अरणी (वृक्ष) की लकड़ी। २. सूर्यकान्त मणि। उत्तल ताल। आतिशी शीशा।

अग्निगर्भा—[सं॰ अग्निगर्भ + टाप्] *स्त्री॰* १. पृथ्वी। २. शमी वृक्ष। ३. अरणी वृक्ष की लकड़ी।

अग्निचक्र—[सं॰ अग्नि ~ चक्र] *पु॰* आग का गोला। (योग॰) मूलाधार चक्र।

अग्निचय/अग्निचयन/अग्निचिति—[सं॰ अग्नि ~ चय/चयन/चिति] *पु॰* मन्त्र द्वारा अग्नि की स्थापना। अगन्याधान।

अग्निज/अग्निजन्मा/अग्निजात—[सं॰ अग्नि + ज अग्निजन्मन्, अग्नि ~ जात] *वि॰* १. अग्नि से उत्पन्न। *पु॰* १. (शिव-पार्वती का पुत्र) कार्त्तिकेय। स्कन्द। २. स्वर्ण। सोना।

अग्निजिह्व (अग्निजिह्व)—[सं॰ अग्नि ~ जिह्व] *वि॰* अगग्नि ही जिसकी जीभ है। *पु॰* देवता।

अग्निजिह्वा (अग्निजिह्वा)—[सं॰ अग्नि ~ जिह्वा] *स्त्री॰* अग्नि की जीभ। आग की लपट। अग्निशिखा। ● **विशेष**—अग्निदेव की सात जिह्वाएँ हैं—**काली, कराली, मनोजवा, सुलोहिता, धूम्रवर्णा, उग्रा, प्रदीप्ता।**

अग्निजीवी—[सं॰ ~ जीवी (जीविन्)] *पु॰* अग्नि-सम्बन्धी कार्यों से जीविका कमानेवाला।

अग्नितेजा—[< सं॰ अग्नितेजस्] *वि॰* अग्नि के समान तेजस्वी।

अग्नित्रय/अग्नित्रेता—[सं॰ अग्नि ~ त्रय/त्रेता] *पु॰* वैदिक कर्मकांड के अनुसार तीन प्रकार की अग्नि—गार्हपत्य अग्नि, आहवनीय अग्नि, दक्षिणाग्नि।

अग्निदाता—[सं॰ अग्नि ~ दाता (दातृ)] *पु॰* चिता में अग्नि देनेवाला। शव की अन्त्येष्टि करनेवाला (व्यक्ति)।

अग्निदान—[सं॰ अग्नि ~ दान] *पु॰* (शव का) दाह-संस्कार। अन्त्येष्टि।

अग्निदिव्य—[सं॰ अग्नि ~ दिव्य] *पु॰* अग्नि-परीक्षा। (दे॰)

अग्निदीपक/अग्निदीपन—[सं॰ अग्नि ~ दीपक/दीपन] *वि॰* पाचन शक्ति या भूख बढ़ानेवाला। जठराग्नि-प्रदीप्तिकारी।

अग्निपन्थी (अग्निपंथी)—[सं॰ अग्नि ~ पन्थी (पन्थिन्)] *वि॰* अग्नि में जलने को स्वयं आनेवाला। *पु॰* शलभ। पतंगा।

अग्निप्रस्तर—[सं॰ अग्नि ~ प्रस्तर] *पु॰* आग उत्पन्न करने का पत्थर। चकमक पत्थर।

अग्निबीमा—[सं॰ अग्नि फा॰ बीमा] वाणि॰ *पु॰* पालिसी (अं॰) के धारक की सम्पत्ति को आग लगने या बिजली गिरने से हुई क्षतिपूर्ति का बीमा।

अग्निभ—[सं॰ अग्नि + भ] *वि॰* अग्नि की तरह चमकनेवाला। *पु॰* १. स्वर्ण। सोना। २. कृत्तिका नक्षत्र।

अग्निभीति—[सं॰ अग्नि ~ भीति] *स्त्री॰* एक मनोवैज्ञानिक विकृति जिसमें अग्नि को देखकर रोगी अकारण बहुत डरता है।

अग्निभू—[सं॰ अग्नि ~ भू] *वि॰* अग्नि से उत्पन्न। *पु॰* (शिव-पार्वती का पुत्र) कार्तिकेय। स्कन्द।

अग्निमणि—[सं॰ अग्नि ~ मणि] *पु॰* १. सूर्यकान्तमणि। आतिशी शीशा। २. चकमक पत्थर।

अग्निमन्थ/अग्निमन्थन (अग्निमंथ/अग्निमंथन)—[सं॰ अग्नि ~ मन्थ/मन्थन] *पु॰* १. अरणी नामक वृक्ष। (दे॰ अरणी) २.अरणी के दो टुकड़ों को रगड़कर अग्नि उत्पन्न करने का कार्य। ३. दो वस्तुओं को रगड़कर अग्नि उत्पन्न करने का कार्य।

अग्निमान्द्य (अग्निमांद्य)—[सं॰ अग्नि ~ मान्द्य] *पु॰* पाचन-शक्ति कम हो जाना। भूख न लगना। अजीर्ण रोग। क़ब्ज़ियत।

अग्निमुख—[सं॰ अग्नि ~ मुख] *वि॰* जिसकी वाणी में अग्नि के समान शक्ति हो। *पु॰* १. देवता। २. (ब्रह्मविद्) ब्राह्मण।

अग्निरेता—[सं॰ अग्नि ~ रेतस्] *पु॰* स्वर्ण। सोना।

अग्निवधू—[सं॰ अग्नि ~ वधू] *स्त्री॰* अग्निदेव की पत्नी। स्वाहा।

अग्निवर्ण—[सं॰ अग्नि ~ वर्ण] *वि॰* आग के समान लाल वर्ण वाला।

अग्निवर्धक—[सं॰ अग्नि ~ वर्धक] *वि॰* भूख बढ़ानेवाला (पदार्थ/औषध)। जठराग्नि-वर्धक।

अग्निवाह—[सं॰ अग्नि ~ वाह] *पु॰* १. धूम। धुँआ। २. अग्निवाहन।

अग्निवाहन—[सं॰ अग्नि ~ वाहन] *पु॰* १. अग्नि देवता का वाहन। २. बकरा।

अग्निशेखर—[सं॰ अग्नि ~ शेखर] *पु॰* १. स्वर्ण। सोना। २. केसर। ३. कुसुम का फूल।

अग्नि-संस्कार—[सं॰ अग्नि ~ संस्कार] *पु॰* १. शव का दाह-कर्म। शव-दाह। अन्त्येष्टि। २. परीक्षा या शुद्धि के लिए किसी वस्तु का तपाया जाना। *जैसे*—स्वर्ण का अग्नि-संस्कार।

अग्निसखा—[सं॰ अग्नि ~ सखा] *पु॰* १. पवन। हवा। २. धूम। धुँआ।

अग्निसह—[सं॰ अग्नि ~ सह] *वि॰* जिस पर अग्नि का प्रभाव न पड़ता हो। (अं॰ फ़ायर प्रूफ़)

अग्निसाक्षिक—[सं॰ अग्नि ~ साक्षिक] *वि॰* १. जिसका साक्षी अग्निदेव हो। २. अग्नि को साक्षी करके किया हुआ (कर्म)।

अग्निसात्—[सं॰ अग्नि ~ सात्] *वि॰* अग्नि में जला हुआ या जलाया हुआ।

अग्नि-सेवन—[सं॰ अग्नि ~ सेवन] *पु॰* आग तापना।

अग्निहोत्र—[सं॰ अग्नि ~ होत्र] *पु॰* घर में वैदिक मन्त्रों से नित्य प्रातः-सायँ किया जाने वाला हवन। होम। ✣ **अग्निहोत्री**— *वि॰* = अग्निहोत्र करनेवाला (व्यक्ति)।

अग्नीय—[सं॰ अग्नि + छ] *वि॰* अग्नि-सम्बन्धी। अग्नि का।

अग्न्यस्त्र—[सं॰ अग्नि ~ अस्त्र] *पु॰* १. अग्नि की वर्षा करनेवाला अस्त्र। *जैसे*—अग्नि-बाण। २. बारूद आदि से चलित अस्त्र (जैसे—बन्दूक़ की गोली, तोप का गोला इत्यादि)।

अग्न्याधान—[सं॰ अग्नि ~ आधान] *पु॰* १. (वैदिक विधि से) अग्नि की स्थापना। २. अग्निहोत्र।

अग्न्याशय—[सं॰ अग्नि ~ आशय] *पु॰* आमाशय के पीछे स्थित

एक गुच्छेदार ग्रन्थि जो लगभग २० से.मी. लम्बी होती है।

अग्र—[स० √अङ्ग् + रक्] *वि०* १. अगला। २. प्रथम। पहला। ३. प्रमुख। प्रधान। ४. श्रेष्ठ। *क्रिवि०* १. आगे। २. सम्मुख। सामने। *पु०* १. आगे का या ऊपर का भाग। २. नोक। सिरा। ३. आरम्भ। ४. उत्कर्ष। ५. शिखर। चोटी। ६. अपने वर्ग का सबसे श्रेष्ठ व्यक्ति/वस्तु। (जैन०) —१. चारित्र्य। २. मोक्ष। ३. मुख। ४. अवलम्बन। आश्रय। सहारा। ५. आत्मा। (छन्द०) —एक सतवर्णिक छन्द जिसके प्रत्येक चरण में क्रमशः ७ तगण और २ गुरु के योग से २३ वर्ण होते हैं, ११-१२ पर यति होती है। 'सर्वगामी' छन्द। ∇ **विलोम**—पश्च/पश्चात्।

अग्रकर—[स० अग्र ~ कर] *पु०* १. हाथ का अगला भाग। २. दाहिना हाथ। ३. हाथ की उँगली। ४. हाथी की सूँड़ की नोक। ५. प्रथम किरण।

अग्रकारी—[स० अग्र ~ कारी (कारिन्)] *पु०* आगे/पहले काम करनेवाला। ***जैसे***—अग्रकारी यन्त्र।

अग्रकुञ्चन (अग्रकुंचन)—[स० अग्र ~ कुञ्चन] *पु०* (चिकित्सा०) आगे की ओर मुड़ना। अग्रवक्रता। ***जैसे***— गर्भाशय के मुख्य भाग का अग्रकुंचन। (अ० एन्टिफ़्लेक्शन)

अग्रग—[स० अग्र + ग] *वि०* आगे जानेवाला। अग्रगामी। ***जैसे***—अग्रग घोड़ा।

अग्रगण्य—[स० अग्र ~ गण्य] *वि०* १. गणना में प्रथम आनेवाला। २. मुख्य। प्रधान। ३. श्रेष्ठ।

अग्रगामी—[स० अग्र ~ गामिन्] *वि०* १. सबसे आगे चलने वाला। २. अग्रसर। ३. प्रगतिशील। *पु०* १. सबसे आगे चलनेवाला व्यक्ति। २. नेता। ✣ **अग्रगामिनी**—*वि०* (*स्त्री०*), *स्त्री०*।

अग्रज, अग्रजन्मा—[स० अग्र + ज, अग्रजन्मन्] *वि०* १. पहले जन्मा हुआ। २. जिसका जन्म अपने वर्ग के औरों की अपेक्षा पहले हुआ हो। *पु०* ज्येष्ठ भ्राता। बड़ा भाई। ∇ **विलोम**—अनुज। ✣ **अग्रजा**—*वि०* (*स्त्री०*)। *स्त्री०* = बड़ी बहन। ∇ **विलोम**—अनुजा।

अग्रजात (अग्रजातक)—[स० अग्र + ज, अग्र ~ जातक] *वि०, पु०* अग्रज।

अग्रतः—[स० अग्र + तस्] *क्रिवि०* १. आगे। पहले। २. उपस्थिति में। सामने। ३. आगे से।

अग्रता—[स० अग्र + तल + टाप्] स्त्री० १. आगे/पहले होना। पूर्वता। पहल। २. दूसरों से पूर्ववर्ती होने का भाव। पूर्ववर्तिता। वरिष्ठता। ३. वरीयता। श्रेष्ठता। ४. औपचारिक अवसरों पर दूसरों की अपेक्षा पहले सम्मान या उच्च स्थान पाने का अधिकार। ५. अपेक्षाकृत अधिक महत्त्व। ✣ **अग्रता-क्रम**—*स्त्री०* = औपचारिक अवसरों पर अपनाया जानेवाला पूर्व-पश्चात् का क्रम। ✣ **अग्रत्व**—*पु०* = अग्रता।

अग्रदाय—[स० अग्र ~ दाय] *वि०* (व्यय के लिए) जो अग्रिम दिया गया हो। ✣ **अग्रदाय निधि**— *स्त्री०* = (छोटे भुगतानों के लिए) भुगतान करनेवाले व्यक्ति के पास रहनेवाला अग्रिम धन।

अग्रदीप—[स० अग्र ~ दीप] पु० (गाड़ी, इंजन आदि के आगे लगा हुआ) मार्ग-दर्शक दीप। बड़ी बत्ती। (अ० हेड लाइट)

अग्रदूत—[स० अग्र ~ दूत] *पु०* १. किसी के पहुँचने से पहले उसके आने की सूचना देनेवाला व्यक्ति। २. किसी नयी बात/ परम्परा या आन्दोलन को आरम्भ करनेवाला।

अग्रधर्षण—[स० अग्र ~ धर्षण] *पु०* (राज०) १. युद्ध में पहल करने की कार्यवाही। २. युद्ध के आरम्भ का सूचक प्रथम आक्रमण।

अग्रधर्षी—[स० अग्रधर्षिन्] *वि०* आक्रमणात्मक। २. ज़बरदस्ती करनेवाला।

अग्रनति—[स० अग्र ~ नति] *स्त्री०* (चिकित्सा०) किसी अंग का (आगे की ओर या सिरे की ओर) झुका होना। ***जैसे***—गर्भाशय की सामान्य स्थिति में अग्रनति।

अग्रपूजन/अग्रपूजा—[स० अग्र ~ पूजन/ पूजा] *स्त्री०* (यज्ञ आदि में किसी का सर्वोच्च सम्मान करने के लिए किया जाने वाला) सर्वप्रथम पूजन। ***जैसे***—राजसूय यज्ञ में युधिष्ठिर ने भगवान् कृष्ण की अग्रपूजा की थी।

अग्रबीज—[स० अग्र ~ बीज] *पु०* १. ऐसा वृक्ष जिसकी डाल को काटकर फिर लगाया जा सके। २. (पौधे की) क़लम।

अग्रमहिषी—[स० अग्र ~ महिषी] *स्त्री०* (राजा की) पटरानी।

अग्रयान—[स० अग्र ~ यान] *पु०* १. सबसे आगे चलने की क्रिया/ भाव। २. (सेना द्वारा) आगे बढ़कर पहले किया जाने वाला आक्रमण।

अग्रयायी—[स० अग्रयायिन्] *पु०* १. आगे जानेवाला। आगे बढ़नेवाला। नेतृत्व करनेवाला। २. अग्रसर। अगुआ। ३. प्रधान। श्रेष्ठ।

अग्रलेख—[स० अग्र ~ लेख] *पु०* (पत्र०) १. सम्पादकीय लेख। २. एक ही सम्पादकीय स्तम्भ में दिए गए अनेक सम्पादकीय लेखों में से प्रथम।

अग्रवर्ती—[स० अगवर्तिन्] *वि०* आगे रहनेवाला। अगुआ। अग्रगामी।

अग्रशः—[स० अग्र + शस] *क्रिवि०* आरम्भ से।

अग्रसर—[स० अग्र ~ सर √सृ + ट] *वि०* आगे चलनेवाला। अग्रगामी। अगुआ।

अग्रस्वर—[स०] (भाषा०) वह स्वर जिसके उच्चारण में जिह्वा का आगे का भाग ऊपर उठता है (जैसे—इ, ई ए, आदि)।

अग्रह—[स० अ + ग्रह] *पु०* ग्रहण का अभाव। ग्रहण न करना।

अग्रहण—[स० अ + ग्रहण] *पु०* १. अस्वीकृति। अस्वीकार। २. रद्द किया जाना। रद्दगी।

अग्रहायण—[स० अग्र ~ हायण] *पु०* अगहन का महीना। मार्गशीर्ष।

अग्रहार—[स० अग्र √हृ + घञ्] *पु०* १. (प्राचीन काल में) राजा द्वारा ब्रह्मचारियों या ब्राह्मणों आदि को उनकी जीविका के लिए दी गयी भूमि। २. पुरोहित को देने के लिए किसान द्वारा पहले से ही अलग कर दिया गया खेत की उपज का भाग।

अग्रांश—[स० अग्र ~ अंश] *पु०* अग्रभाग।

अग्रानीत—[स० अग्र ~ आनीत] *वि०* जो आगे ले जाया गया हो। *पु०* (वाणि०) अगले पृष्ठ पर ले जाया जाने वाला अंकन।

अग्रान्तरण (अग्रांतरण)—[सं॰ अग्र + अन्तरण] *पु॰* आगे बढ़ाना। अग्रप्रेषण। ***जैसे***—कर्मचारी के प्रार्थना के पत्र का अधिकारी ने अग्रान्तरण कर दिया।

अग्राम्य—[सं॰ अ + ग्राम्य] *वि॰* १. जो ग्राम्य/देहाती न हो। नगर का। २. जो ग्राम्य/पालतू न हो। जंगली।

अग्रालोकन—[सं॰ अग्र ~ आलोकन] *पु॰* भावी घटना की झलक। अग्र दृश्य। ∇ **विलोम**—पूर्वालोकन/पूर्वदृश्य।

अग्राशन—[सं॰ अग्र ~ अशन] *पु॰* देवता आदि के लिए पहले निकालकर अलग रखा गया भोजन का अंश।

अग्रासन—[सं॰ अग्र ~ आसन] *पु॰* (मान्य व्यक्ति के बैठने के लिए) प्रमुख आसन। सम्मान का आसन।

अग्राह्य (अग्राह्य)—[सं॰ अ + ग्राह्य] *वि॰* १. जो ग्रहण के योग्य न हो। अस्वीकार्य। २. त्यागने योग्य। त्याज्य। ३. अविचारणीय। ∇ **विलोम**—ग्राह्य। ✣ **अग्राह्य (अग्राह्य) व्यक्ति**—*पु॰* = अस्वीकार्य मनुष्य। अवांछित व्यक्ति। नापसन्द आदमी। (राज॰, प्रशासन॰) विदेशी राजदूत या दूतावास का कोई व्यक्ति जिसे वह देश/राज्य किसी कारण वांछित न माने या स्वीकार न करे जिसमें वह जाकर रहता है।

अग्रिम—[सं॰ अग्र + डिमच्] *वि॰* १. (धन) जो समय से पहले लिया/दिया गया हो। अगाऊ। पेशगी। २. (काम) जो समय से पहले किया गया हो। ***जैसे***—रेलगाड़ी में अग्रिम आरक्षण। अगला। पहला। अगाऊ। ४. श्रेष्ठ। उत्तम। ४. आगामी। *पु॰* १. समय से पहले किया गया भुगतान। २. यात्रा आदि का तारीख़ से पहले टिकट लेना। ✣ **अग्रिम धन**—*पु॰* (वाणिज्य॰) = संविदा करते समय जमा की जाने वाली धन राशि जो वायदा पूरा न करने पर प्राय: ज़ब्त कर ली जाती है।

अग्रे—[सं॰ अग्र] *क्रिवि॰* १. आगे। सामने। २. आगे से। पहले से।

अग्रेनीत—[सं॰] *स्त्री॰* (वाणि॰) १. किसी मद में हुई ऐसी राशि जिसका समायोजन सम्बन्धित वर्ष में न हो सका हो और इस कारण आगामी वर्ष/वर्षों की आय में समायोजित की जानी हो। किसी लेखा के जोड़ को अगली लेखा-अवधि के लेखों में अन्तरित करना।

अग्रेषण—[सं॰ अग्र ~ एषण] *पु॰* आगे भेजना। अग्रप्रेषण। ***जैसे***—प्रार्थना-पत्र का अग्रेषण। (वाणि॰) माल को एक स्थान से दूसरे स्थान को भेजना और उससे सम्बद्ध सेवाएँ करना। ✣ **अग्रेषण अभिकर्ता**—*पु॰* (वाणि॰) = वह व्यक्ति या अभिकर्ता जो माल को एक स्थान से दूसरे स्थान को भेजने और उससे सम्बद्ध सेवाएँ (भंडारण, पैकिंग आदि) करता है। (अं॰ फ़ारवर्डिंग एजेंट)

अग्रोन्मुखी—[सं॰ अग्र ~ उन्मुखी] *वि॰* ऊपर की ओर उठा हुआ। (फूल आदि)।

अघ—[सं॰ √अघ् + अच्] *पु॰* १. पाप। २. दुःख। विपत्ति। ३. व्यसन।

अघ-औघ—[सं॰] *पु॰* पापों का समूह। पाप-राशि। अघौघ।

अघघ्न—[सं॰ अघ + घ्न] *वि॰* पापों का नाश करनेवाला। पापनाशक।

अघट[१]—[सं॰ अ + घटना (होना)] *वि॰* १. जो घटित न हुआ हो। २. जो घटित न हो सके। असम्भव। ३. घटित न होनेवाला। ४. अनुपयुक्त। अयोग्य। अनुचित।

अघट[२]—[सं॰ अ + घटना (कम न होना)] *वि॰* १. जो कभी कम न हो। अक्षय। २. जो सदा जैसे का तैसा रहे। स्थिर। ३. अपार। ४. पूर्ण। ***जैसे***—अघट मर्यादा।

***अघटि**—[< सं॰ अवघट] *पु॰* विकट मार्ग।

***अघट्ट**—[< सं॰ अघट्य] *वि॰* न घटनेवाला। अक्षय।

अघनाशन—[सं॰ अघ-नाशन] *वि॰* पाप का नाश। *पु॰* पाप का नाश करनेवाला। पापनाशक।

अघमर्षण—[सं॰ अघ ~ मर्षण] *पु॰* १. पापों का नाश। २. वैदिक सन्ध्या में मन्त्र से पवित्र किए गए जल को अंगों पर तथा चारों ओर छिड़कने की क्रिया। ३. एक वैदिक मन्त्र जो सन्ध्या करते समय पढ़ा जाता है।

अघवाना—[< हिं॰ अघाना] *क्रिस॰* १. भरपेट खिलाना। २. सन्तुष्ट करना। ३. (किसी को) अघाने का काम किसी अन्य से करवाना।

अघहर—[सं॰ अघ ~ हर] *वि॰* पाप नष्ट करनेवाला। पापनाशक।

अघहरण—[सं॰ अघ ~ हरण] *वि॰* पापनाशक। *पु॰* (किसी के) पापों का हरण। पापों का नाश।

अघाती—[सं॰ अ + घातिन्] *वि॰* १. जो घातक न हो। २. घात/प्रहार न करनेवाला।

अघाना—[< सं॰ आघ्राण (नाक तक)] *क्रिअ॰* १. मन भर जाने तक और पेट भर जाने तक भोजन करना। इतना अधिक खाना कि ज़रा भी और न खाया जा सके। २. पूर्णत: तृप्त होना ३. पूरी तरह सन्तुष्ट होना। ✣ **अघाय**—*क्रिवि॰* = अघाकर।

अघारि—[सं॰ अघ ~ अरि] *पु॰* पापों का शत्रु। पापनाशक।

अघी—[सं॰ अघिन्] *वि॰* पापी। पातकी।

अघोर—[सं॰ अ + घोर] *वि॰* जो घोर/ भयानक न हो। सौम्य। *पु॰* १. शिव। महादेव। २. अघोरपन्थी साधु। श्मशान आदि में तान्त्रिक साधना करनेवाला साधु। कापालिक।

अघोरा—[सं॰ अघोर + टाप्] *वि॰* (*स्त्री॰*) जिसकी मूर्ति/आकृति घोर या भयानक न हो। सौम्य। *स्त्री॰* भाद्र कृष्ण चतुर्दशी (तिथि)। ● **विशेष**—अघोरा तिथि शिव-पूजा के लिए और कापालिक साधना आदि के लिए महत्त्वपूर्ण मानी जाती है।

अघोरी—[सं॰] *पु॰* एक प्रकार के शैव तान्त्रिक। अघोरपन्थी। कापालिक।

अघोष—[सं॰ अ + घोष] *पु॰* (भाषा॰) १. वह ध्वनि जो घोष न हो। २. हिन्दी में 'कवर्ग' इत्यादि पाँचों वर्गों के प्रथम दो वर्ण और श्, ष्, स् वर्ण।

अघौघ—[सं॰ अघ ~ ओघ] *पु॰* पापों का समूह। पाप-राशि। अघ-ओघ। **उदा॰** सुनि अघौघ नसावहीं। — तुलसी (गीता॰, ७/१८)

अघ्न्य—[सं॰ अ √हन् + यक] *वि॰* जो मारे जाने के योग्य न हो। जिसकी हत्या नहीं करनी चाहिए। *पु॰* १. ब्रह्मा। २. बैल। ✣ **अघ्न्या**—*वि॰* (*स्त्री॰*)। *स्त्री॰* गौ। गाय।

***अघ्रान**—[< सं॰ आघ्राण] *पु॰* १. सूँघना। २. भोजन अथवा किसी कांम या किसी बात से पूर्ण तृप्त/ सन्तुष्ट होना। अघाना।

***अघ्रानना**—[< सं॰ आघ्राणन] *क्रिस॰* १. सूँघना। २. (भोजन आदि से) अघाना।

अघ्रेय—[सं॰ अ + घ्रेय] *वि॰* न सूँघने योग्य।

अङ्क (अंक)—[सं॰ √अङ्क + घञ्/अच्] *पु॰* १. चिह्न। छाप। निशान। ***जैसे***—राम के चरणों के अंक। २. लिखावट। लेख। ३. अक्षर। ४. शून्य से नौ तक की संख्याओं के सूचक चिह्न। ***जैसे***—मेरे लिए १ अंक शुभ रहता है और तुम्हारे लिए ९ अंक। ५. धब्बा। दाग़। ६. कलंक। ७. गोद। ८. हृदय या वक्ष। ९. आलिंगन १०. शरीर। देह। ११. कटि-प्रदेश। कमर। १२. ओर। तरफ़। ***जैसे***—शिव के वाम अंक में पार्वती। १३. भाग्य-लिपि। भाग्यलेख। १४. बार। ***जैसे***—एकहु अंक तो हरि भजौ। १५. बच्चों को अशुभ दृष्टि से बचाने के लिए माथे पर लगायी जाने वाली काजल की बिन्दी। डिठौना। १६. पत्र-पत्रिकाओं की क्रम की सूचक संख्या। ***जैसे***—'सरस्वती' पत्रिका के वर्ष १४ का तीसरा अंक। १७. उपलब्धि या व्यवहार की कोटि को सूचित करनेवाली संख्या। विद्यार्थियों या परीक्षार्थियों को मूल्यांकन-स्वरूप प्राप्त संख्या। परीक्षा के नम्बर। परीक्षा के प्राप्तांक। १८. सीमा। १९. (पद्य आदि में) नौ की संख्या (९)। (नाट्य॰) नाटक के प्रधान खंडों में से प्रत्येक जिसमें अनेक दृश्य होते हैं और जिसके अन्त में जवनिका (पर्दा) गिरा दी जाती है। ***जैसे***—'शकुन्तला' नाटक के प्रथम अंक का दूसरा दृश्य। (गणित, अंकगणित) संख्या बनानेवाले दस चिह्नों ०, १, २, ३, ४, ५, ६, ७, ८, ९ में से प्रत्येक। (अ॰ डिजिट) ***वा॰* अंक करना**—स्वीकार करना। **अंक देना**—गले लगाना। **अंक में समेटना**—१. गोद में लेना। २. आलिंगन करना। **अंक लगना**—गले लगना। **अंक लगाना**—आलिंगन करना। **अंक लेना**—१. गोद में लेना। २. आलिंगन करना।

अङ्कक (अंकक)—[सं॰ अङ्क + ण्वुल्] *पु॰* १. चिह्न/छाप/निशान लगानेवाला। २. चिह्न/छाप/निशान लगाने का उपकरण (मोहर इत्यादि)। ३. गिनती करनेवाला। गणक। ४. आँकनेवाला। मूल्य-निरूपक।

अङ्कगत (अंकगत)—[सं॰ अङ्क ~ गत] *वि॰* १. अंक में लिया हुआ। २. अंक में स्थित। ३. गोद में लिया हुआ। पकड़ में आया हुआ। ४. आलिंगित। ६. (नाटक के) अंक से सम्बन्धित। ⁘ **अङ्कगता (अंकगता)**—*वि॰* (*स्त्री॰*) अंकगत (स्त्री आदि) ***जैसे***—शिव की अंकगता पार्वती।

अङ्कधारण (अंकधारण)—[< सं॰ अङ्क ~ धारण] *पु॰* शरीर पर अपने धर्म-सम्प्रदाय के अनुसार शंख, चक्र, त्रिशूल, धनुष-बाण आदि के चिह्न गर्म लोहे से दगवाकर अंकित कराना। धार्मिक प्रतीकों / चिह्नों की छाप धारण करना।

अङ्कन (अंकन)—[सं॰ √अङ्क + ल्युट्] *पु॰* १. अंक/ चिह्न बनाने की क्रिया/भाव। अंकित करना। २. अंकधारण। (दे॰) ३. लिखना। ४. चित्र-लेखन। ५. गणना। ६. किसी वस्तु पर उसका क्रम या श्रेणी आदि के अनुसार अंक/संख्या का लेखन। ७. परीक्षा में उत्तर-पुस्तिका जाँचकर या किसी अन्य प्रकार से जाँचकर परीक्षार्थी को अंक देने का कार्य। (पुस्तक॰) किसी वर्गीकरण-पद्धति में वर्गों के सूचक अंक/संख्या देने का कार्य। (अ॰ नोटेशन) ⁘ **अङ्कन (अंकन)-पद्धित (पद्धति)**—*स्त्री॰* = अंकन का ढंग या प्रणाली। ***जैसे***—संगीत की अंकन-पद्धति (अ॰ नोटेशन)।

अङ्कनी (अंकनी)—[सं॰ अङ्कन + ङीप्] *स्त्री॰* १. अंकन करने की वस्तु। २. पेंसिल।

अङ्कनीय (अंकनीय)—[सं॰ √अङ्क् + अनीयर्] *वि॰* १. अंकन करने योग्य। २. जिसे अंकित किया जाना हो।

अङ्कपालि (अंकपालि)—[सं॰ अङ्क ~ पालि] *स्त्री॰* १. आलिंगन। २. धात्री। धाय। दाई। ⁘ **अङ्कपालिका/अङ्कपाली (अंकपालिका/अंकपाली)**—*स्त्री॰* = अंकपालि।

अङ्कपाश (अंकपाश)—[सं॰ अङ्क ~ पाश] *पु॰* भुजाओं का बन्धन। भुजबन्धन। बाहुपाश। आलिंगन।

अङ्कम (अंकम)—[< सं॰ अङ्क + हि॰ में] *पु॰* १. अंक में। गोद में। २. हृदय, छाती या गले से ।

अङ्कमाल (अंकमाल)—[< सं॰ अङ्क ~ माला] *पु॰* भुजाओं में भरकर हृदय या गले से लगाने की क्रिया/स्थिति। आलिंगन।

अङ्कमुख (अङ्कमुख)—[सं॰ अङ्क ~ मुख] *पु॰* (नाट्य॰) अर्थोपक्षेपक के पाँच प्रकारों में से एक। किसी अंक के अन्त में प्रविष्ट होनेवाले अन्तिम पात्र द्वारा संक्षिप्त सूचना देकर अगले अंक के आरम्भ की योजना करना। अंकास्य। ● **विशेष—'अंकमुख' और 'अंकावतार' में अन्तर है।** 'अंकमुख' में अगला अंक पूर्व अंक से असम्बद्ध रूप में आरम्भ होता है और 'अंकावतार' में पूर्व अंक के अंग रूप में ही नया अंक आरम्भ होता है।

अङ्कवार (अंकवार)/अँकवार—[< सं॰ अङ्कपालि] *स्त्री॰* आलिंगन।

अङ्कशायिनी (अंकशायिनी)—[सं॰ अङ्क ~ शायिनी] *वि॰* (*स्त्री॰*) १. साथ सोनेवाली स्त्री। २. पत्नी।

अङ्कान्तर (अंकान्तर)—[सं॰ अङ्क ~ अन्तर] *पु॰* (नाटक में) अंक का परिवर्तन।

***अङ्कार (अंकार)**—*पु॰* ≤ *सं॰* ओङ्कार। ओम्। ॐ।

अङ्कावतार (अंकावतार)—[सं॰ अङ्क ~ अवतार] *पु॰* (नाट्य॰) १. अर्थोपक्षेपक के पाँच प्रकारों में से एक। एक नाट्य-विधि जिसमें किसी अंक के अन्त में कोई पात्र अगले अंक की घटनाओं की सूचना देता है और उसी अंक के पात्र उसी कथावस्तु को बिना विच्छिन्न किए ही अगले अंक में दिखते हैं। २. उक्त में अवतीर्ण अगला अंक। ***जैसे***—'अभिज्ञानशाकुन्तल' नाटक में पंचम अंक के अन्त में सूचित घटनाओंवाला अगला षष्ठ अंक 'अंकावतार' है।

अङ्किल (अंकिल)—[स० अङ्क + इलच्] *वि०* १. चिह्नित। निशान या दाग़ वाला। २. दागा हुआ (साँड़)

अङ्कुर (अंकुर)—[स० √अङ्क + उरच्] *पु०* १. बीज से उपजा नया डंठल जिसमें पत्ती होती है। नवोद्भिद्। अँखुआ। कल्ला। २. उक्त डंठल में लगी नयी पत्ती। कोंपल। ३. (फूल खिलने से पहले की) कली। ४. (किसी वस्तु का) आगे का नुकीला भाग। नोक। ५. (शरीर का) लोम। रोम। रोआँ। ६. किसी वस्तु का आरम्भिक रूप। ७. (स्तनों का) प्रथम उभार। ८. (लाक्षणिक) पल्लव। ९. (लाक्षणिक) वंशज। सन्तान। ***वा०* अंकुर जमना**—आरम्भ होना। ⁘ **अङ्कुरण (अंकुरण)**—*पु०* = बोए हुए बीज से अंकुर का प्रकटन। अंकुर आना। अंकुर का प्रस्फुटन।

अङ्कुरितयौवना (अंकुरितयौवना)—[स० अङ्कुरितयौवन + टाप्] *स्त्री०* वह किशोरी या नायिका जिसके शरीर में यौवन का आरम्भ हो रहा हो।

अङ्कुश (अंकुश)—[स० √अङ्क् + उशच्] *पु०* १. हाथी को चलाने तथा वश में रखने के लिए प्रयुक्त लोहे का बना एक छोटा द्विमुखी नोकदार भाला। २. उक्त का चिह्न। ३. दबाव। ४. प्रतिबन्ध। रोक। नियन्त्रण। ५. नियामक/नियन्त्रक वस्तु आदि। ६. (लाक्षणिक) किसी व्यक्ति/संस्था को मनमानी करने से रोकने के लिए तथा उत्तरदायित्व निभाने को विवश करने के लिए उसके अधिकारों, शक्तियों तथा गतिविधियों का नियामक/नियन्त्रक।

अङ्कुशग्रह (अंकुशग्रह)—[स० अङ्कुश ~ ग्रह] *पु०* (हाथी का) महावत। हाथीवान। फ़ीलवान।

अङ्कुश-मुद्रा (अंकुश-मुद्रा)—[स०] *स्त्री०* एक मुद्रा जिसमें हाथ की उँगलियाँ अंकुश की आकृति की होती हैं।

अङ्कुशलोमी (अंकुशलोमी)—[स० अङ्कुशलोमिन्] *पु०* (वनस्पति०) कँटीले रोगों वाले पादप-अंग।

अङ्कुशी (अंकुशी)—[स० अङ्कुशिन्] *वि०* १. अंकुश वाला। २. नियन्त्रित करनेवाला।

अङ्केक्षण (अंकेक्षण)—[स० अंङ्क ~ ईक्षण] *पु०* (अर्थ०) लेखा-परीक्षण। (दे०) ● **विशेष**—'अंकेक्षण' को 'अंकेक्षा' भी कहा जाता है।

अङ्कोल (अंकोल)—[स० √अङ्क् + ओलच्] *पु०* जंगली पर्वतीय भूमि में होनेवाला एक ऊँचा वृक्ष जिसके पत्ते बड़े-बड़े होते हैं, फूल सफ़ेद होते हैं तथा फल पहले नीले और पकने पर लाल पड़ जाते हैं। अंकोल वृक्ष की जड़, छाल, फूल, फल और तेल औषधोपयोगी होते हैं। ● **विशेष**—अंकोल वृक्ष के ज़हर को '**अंकोल-सार**' भी कहा जाता है।

अङ्क्य (अंक्य)—[स० √अङ्क् + ण्यत्] *वि०* १. जिसका अंकन हो सकता है। अंकनीय। २. जिसका अंकन किया जाना हो। ३. चिह्न करने योग्य। ४. दागने योग्य। *पु०* गोद में रखकर बजाया जाने वाला कोई वाद्य (जैसे—मृदंग, तबला, ढोलक)।

***अङ्ख (अंख)**—[< स० अक्षि] *स्त्री०* नेत्र। आँख।

अङ्ग (अंग)—[स० √अङ्ग् + अच्] *पुं०* १. शरीर का अवयव (जैसे—आँख, कान, हाथ)। २. (किसी बड़ी संख्या के) भाग, अंश या विभाग। ३. (प्राचीनकाल में) सेना के चार प्रकार—हाथी, घोड़े, रथ और पैदल। ४. वेद के अध्ययन के लिए आवश्यक ६ विषय—शिक्षा, कल्प, व्याकरण, निरुक्त, छन्द, ज्योतिष। [● **विशेष**—उक्त शिक्षा आदि ६ अंग '**वेदांग**' कहे जाते हैं।] ५. (मध्ययुग में) एक प्रेम-सूचक या आत्मीयता प्रकट करनेवाला सम्बोधन। ६. ओर। पार्श्व। तरफ़। ७. पक्ष। भूषण ग्र० (४०८) ८. लक्षण। ९. स्वभाव। १०. (पद्य आदि में) छह (६) की संख्या। (काव्य०) काव्य में अप्रधान रस। (नाट्य०) १. नायक का सहायक। ***जैसे***—नाटक में अंगी के सहायक पात्र। २. नाटक की पाँच सन्धियों में से एक। (योग०) योग के ८ भेद —यम, नियम, आसन, प्राणायाम, प्रत्याहार, धारणा, ध्यान, समाधि। [● **विशेष**—उक्त यम आदि ८ अंग '**योग के अष्टांग**' कहे जाते हैं।] (प्राणि०) प्राणी के शरीर का कोई बहुकोशिक भाग या अवयव जो संरचनात्मक इकाई के रूप में विशेष कार्य करता है (जैसे—नेत्र, हृदय)। (ज्योतिष०) जन्म-लग्न। (राज०) (प्राचीन काल में मान्य) भारतीय राजनीति के सात तत्त्व—राजा, अमात्य, पुरोहित या सुहृद, कोष, राज्य, दुर्ग, सेना। [● **विशेष**—उक्त राजा आदि ७ अंग '**राज्यांग**' कहे जाते हैं।] (संगीत०) स्वराष्टक का आधा भाग। [● **विशेष**—प्रथम आधा भाग 'सा रे ग म' है और द्वितीय आधा भाग 'प ध नि सा'। इन्हें क्रमशः '**पूर्वांग**' और '**उत्तरांग**' कहा जाता है।] ***वा०* अंग उभरना**—१. (किशोरों में) यौवन के लक्षण प्रकट होना। २. यौवन का आरम्भ होना। ३. परिपक्वता आना। **(किसी को) अंग करना**—स्वीकार करना। अपनाना। **अंग टूटना**—१. शरीर में पीड़ा होना। २. अधिक थक जाना। ३. शरीर शिथिल हो जाना। **अंग ढीले पड़ना/होना**—१. थक जाना। २. वृद्ध हो जाना। ३. शरीर के अंगों में पहले जैसी शक्ति न रह जाना। दुर्बल हो जाना। **अंग तोड़ना**—१. अँगड़ाई लेना। २. पीड़ा के कारण छटपटाना। **अंग न समाना, अपने अंग न समाना**—दे० अंग फूले न समाना। **(भुजा आदि) अंग फड़कने लगना**—उत्साह या वीरता के आवेश में भर उठना। **(किसी का) अंग बनना**—१. (किसी का) अपना हो जाना। २. सदस्य बनना। **अंग बनाना**—अपना बना लेना। अपनाना। **अंग भरना**—१. शरीर पर कुछ मांस चढ़ना। स्वास्थ्य ठीक होना। २. (लड़कियों के) यौवन के लक्षण दिखना। **अंग मरोड़ना**—अँगड़ाई लेना। **अंग में अंग न समाना, अंग में न समाना**—अत्यन्त प्रसन्न होना। **अंग मोड़ना**—१. लज्जा से देह सिकोड़ना। २. अँगड़ाई लेना। ३. भय या संकोच के कारण पीछे हटना। **(किसी के) अंग लगना**—किसी के गले लगना। **(खाद्य पदार्थों का) अंग लगना**—खाद्य पदार्थों के प्रयोग से शरीर पुष्ट होना। **अंग लगना**—१. स्वीकार करना। २. आलिंगन करना। गले लगना। ३. विवाह कर देना। ४. विवाह कर लेना। ५. महत्त्व देना। ६. पहनना। **अंग लाना**—१. अंग से लगाना। २. निकट बुलाना।

३. आलिंगन करना। **अंग शिथिल पड़ जाना, (या पड़ना), अंग शिथिल हो जाना या होना**—१. भावातिरेक (भाव की अधिकता या अधिक भावुकता) के कारण कुछ न कर पाना। २. बहुत थक जाना। ३. (वृद्धावस्था में या रोगी रहने के कारण, बहुत दुर्बल हो जाना।)

अङ्ग-अङ्ग (अंग-अंग)—[स०] *पु०* १. प्रत्येक अंग। २. पूरा शरीर।

अङ्गकर्म (अंगकर्म)—[स० अङ्ग ~ कर्म] *पु०* शरीर में उबटन आदि मलना।

अङ्गचारी (अंगचारी)—[स० अङ्गचारिन्] *पु०* सहचर। मित्र।

अङ्गच्छेद/अङ्गच्छेदन (अंगच्छेद/अंगच्छेदन)—[स० अङ्ग ~ छेद/छेदन] *पु०* अंगों को काटने की क्रिया/भाव।

अङ्गज (अंगज)—[स० अङ्ग + ज] *पु०* १. शरीर से उत्पन्न। २. पुत्र। ३. पसीना। ४. बाल। केश या रोम। ५. रक्त। ख़ून। ६. काम, क्रोध आदि मानसिक विकार। ६. कामदेव। (काव्य०) नायिका के सात्त्विक अलंकारों का एक भेद। (दे० अंगज अलंकार)। ✣ **अङ्गज अलङ्कार (अंगज अलंकार)**— *पु०* = (काव्य०) नायिका के सात्त्विक अलंकारों के तीन भेदों में से एक। भाव, हाव तथा हेला का समूह।

अङ्गजात (अंगजात)—[स० अङ्ग ~ जात] *पु०* अंगज।

अङ्गजाया (अंगजाया)—[< स० अङ्ग + हि० जाया] *पु०* पुत्र। ✣ **अङ्गजायी (अंगजायी)**—*स्त्री०* पुत्री।

अङ्गड़-खङ्गड़ (अंगड़-खंगड़)—[देशज] *वि०* १. टूटा-फूटा (सामान)। २. निरर्थक (सामान) ३. बिखरा हुआ (सामान) *पु०* टूटा-फूटा या व्यर्थ सामान। ***वा०* अंगड़-खंगड़ समझना**—व्यर्थ या घटिया समझना।

अङ्गण (अंगण)—[स० √अङ्ग् + ल्युट्, णत्व] *पु०* (घर का) आँगन।

अङ्गतन्त्र (अंगतंत्र)—[स० अङ्ग ~ तन्त्र] *पु०* (प्राणि०) शरीर में परस्पर सहयोग से किसी विशेष सामूहिक कार्य को करने के लिए अनेक अंगों का मिलकर बना हुआ संस्थान। ***जैसे***—मुख, यकृत, आमाशय आदि से मिलकर बना 'पाचनतन्त्र'।

अङ्गत्राण (अंगत्राण)—[स० अङ्ग ~ त्राण] *पु०* १. अंग की रक्षा करनेवाली वस्तु। २. कवच।

अङ्गन[१] (अंगन[१])—[< स० अङ्ग + ल्युट्] *पु०* १. (घर का) आँगन। २. मैदान।

अङ्गन[२] (अंगन[२])**—[< स० अङ्ग] *पु०* 'अंग' (= अवयव) का बहुवचन। अंगों। ***जैसे—अभी तो उसके अंगन में शक्ति है।

अङ्गना[१] (अंगना)—[स० अङ्ग +न + टाप्] *स्त्री०* १. सुन्दर अंगों वाली स्त्री। २. स्त्री। ३. उत्तर दिशा के दिग्गज की हथिनी।

अङ्गना[२] (अंगना[२])**—[< स० √अङ्ग्] *क्रिस०* अंगीकार करना। स्वीकार करना। ***उदा० दोज़ख तौ हम अंगिया (= हमने नरक स्वीकार कर लिया है)। —कबीर (साखी, ११/७)

अङ्गना-प्रिय (अंगना-प्रिय)—[स० अङ्गना ~ प्रिय] *वि०* युवतियों का प्रिय। *पु०* अशोक वृक्ष।

अङ्गन्यास (अंगन्यास)—[स० अङ्ग ~ न्यास] *पु०* पूजा आदि में मन्त्रों का उच्चारण करते हुए विभिन्न अंगों को पवित्र करने की भावना से उनका स्पर्श।

अङ्गभाव (अंगभाव)—[स० अङ्ग ~ भाव] *पु०* (संगीत०) नृत्य या संगीत में शरीर के नेत्र आदि विभिन्न अंगों से मनोभावों को प्रकट करने की क्रिया।

अङ्गभू (अंगभू)—[स० अङ्ग ~ भू] *वि०* शरीर या अंग से उत्पन्न। *पु०* १. पुत्र। २. कामदेव।

अङ्गभूत (अंगभूत)—[स० अङ्ग ~ भूत] *वि०* १. अंगस्वरूप बना हुआ। २. जो किसी के भीतर उसके अंग के रूप में हो। अन्तर्गत। *पु०* १. सन्तान। पुत्र या पुत्री। २. कामदेव।

अङ्गमर्दन (अंगमर्दन)—[स० अङ्ग ~ मर्दन] *पु०* १. अंग मलने या दबाने का कार्य। २. मालिश।

अङ्गमारी (अंगमारी)—[स० अङ्ग + हि० मारना] *स्त्री०* (कृषि०) पत्तियों, पुष्पों और तनों में मृत्यु के लक्षणों को उत्पन्न करनेवाला एक रोग। (अ० ब्लाइट)

अङ्ग-रङ्ग (अंग-रंग)—[स०] *पु०* अंग की छटा/शोभा।

अङ्गरक्षक (अंगरक्षक)—[स० अङ्ग ~ रक्षक] *पु०* किसी शासक या अधिकारी आदि की रक्षा के लिए नियुक्त सैनिक या सशस्त्र सेवक आदि। (अ० बॉडीगार्ड)

अङ्गराग (अंगराग)—[स० अङ्ग ~ राग] *पु०* १. शरीर को सजाने की सामग्री। २. सुगन्धित लेप या उबटन या पाउडर। ३. लेप, उबटन या पाउडर आदि लगाना। ४. स्त्रियों के शरीर की पाँच प्रकार से सजावट—माँग में सिन्दूर, माथे पर रोली, गाल पर तिल बनाना, केसर का लेप, हाथ-पैर में मेंहदी या महावर लगाना।

अङ्गराज (अंगराज)—[स० अङ्ग ~ राज] *पु०* १. अंगदेश का राजा। २. दशरथ-मित्र लोमपाद। ४. अंगदेश का राजा कर्ण। ५. अंगों में शोभित होना।

अङ्गवस्त्र (अंगवस्त्र)—[स० अङ्ग ~ वस्त्र] *पु०* १. कन्धे पर डालने का अँगोछा या पटका। २. (वल्लभ-सम्प्रदाय में) देवता की मूर्ति को स्नान कराने के बाद अंगों को पोंछने का वस्त्र।

अङ्ग-विक्षेप (अंग-विक्षेप)—[स०] *पु०* १. अंगों का हिलाना-डुलाना। शारीरिक चेष्टा। २. गायन, नृत्य आदि में हाथ-पैर आदि हिलाना। ३. हाव-भाव दिखाना। अंग मटकाना। ४. नृत्य। ५. कलाबाज़ी।

अङ्गविद्या (अंगविद्या)—[स० अङ्ग ~ विद्या] *स्त्री०* शरीर के अंगों की रचना तथा हथेली आदि के चिह्नों को देखकर जीवन की शुभ-अशुभ घटनाओं को जानने की विद्या। सामुद्रिकविद्या। सामुद्रिकशास्त्र।

अङ्गविन्यास (अंगविन्यास)—[स० अङ्ग ~ विन्यास] *पु०* (नृत्य०) १. शरीर के अंगों की विभिन्न मुद्राओं से प्रेम, क्रोध

आदि की अभिव्यक्ति। २. हाव-भाव का प्रदर्शन।

अङ्गवैकृत (अंगवैकृत)—[सं॰ अङ्ग ~ वैकृत] *पु॰* १. अंगों की चेष्टा से मन का भाव बताना। २. सिर हिलाकर स्वीकृति देने की क्रिया। ३. आँख मारना। ४. शरीर का विकृत रूप।

अङ्ग-शैथिल्य (अंग-शैथिल्य)—[सं॰ अङ्ग ~ शैथिल्य] *पु॰* शरीर की शिथिलता/ढीलापन।

अङ्गशोष (अंगशोष)—[सं॰ अङ्ग ~ शोष] *पु॰* एक रोग जिसमें बच्चे के शरीर के अंग सूखने लगते हैं। 'सूखा नामक रोग।'

अङ्ग-संस्कार (अंग-संस्कार)—[सं॰] *पु॰* अंगों की शोभा बढ़ानेवाली क्रिया। देह को सजाना-सँवारना। शरीर-सज्जा।

अङ्ग-संस्थान (अंग-संस्थान)—[सं॰] *पु॰* १. अंगों का समूह। अंग-समूह। २.रूप। आकृति। ३. अंगों की रचना। अंगों का ढाँचा। अंग-प्रत्यंग का गठन। ४. प्राणियों और वनस्पतियों के अंगों की आकृतियों का विज्ञान। आकृति-विज्ञान।

अङ्ग-संहति (अंग-संहति)—[सं॰] *स्त्री॰* १. सुन्दर अंग-संस्थान। सुन्दर अंग-विन्यास। २. अंग-प्रत्यंग की श्रेष्ठता। ३. अंग-प्रत्यंग की रचना या सौष्ठव। ४. शरीर की दृढ़ता। ५. शरीर। ६. शरीर की सुन्दर बनावट।

अङ्गसेवक (अंगसेवक)—[सं॰ अङ्ग ~ सेवक] *पु॰* वह नौकर जो शारीरिक सेवाएँ करने के लिए नियुक्त हो।

अङ्ग-सौष्ठव (अंग-सौष्ठव)—[सं॰] *पु॰* अंगों की सुडौलता। शारीरिक सुन्दरता।

अङ्गहार (अंगहार)—[सं॰ अङ्ग ~ हार] *पु॰* १. अंगों से हाव-भाव का प्रदर्शन। २. अंग मटकाना। ३. नृत्य।

अङ्गाङ्गिभाव (अंगांगिभाव)—[सं॰ अङ्ग ~ अङ्गी ~ भाव] *पु॰* १. शरीर के किसी अंग और शरीर के सम्बन्ध का भाव। ***जैसे***—हृदय और शरीर का अंगांगिभाव। २. किसी वस्तु के अंश का सम्पूर्ण वस्तु के साथ सम्बन्ध का भाव।

अङ्गाधिप (अंगाधिप)—[सं॰ अङ्ग ~ अधिप] *पु॰* १. अंग देश (वर्तमान बिहार के भागलपुर और उसके समीप का क्षेत्र) का राजा। अंगराज। २. कर्ण। (ज्योतिष॰) जन्म-लग्न का स्वामी ग्रह। लग्नेश।

अङ्गार (अंगार)—[सं॰ अङ्ग ~ आरन्] *पु॰* १. जलता हुआ कोयला या लकड़ी का टुकड़ा। २. (ठंडा) कोयला। ३. मंगल (ग्रह)। ४. लाल रंग। *वि॰* (जलते हुए कोयले के समान) लाल रंग का। रक्तिम। लाल।

अङ्गारक (अंगारक)—[सं॰ अङ्गार + कन्] *पु॰* १. अंगारा। २. मंगल (ग्रह)। ३. चिनगारी। ४. भृंगराज। भँगरा। ५. (रसायन-विज्ञान में) 'कार्बन' (अं॰) नामक तत्त्व।

अङ्गारक चतुर्थी (अंगारक चतुर्थी)—[सं॰ अङ्गारक ~ चतुर्थी] *स्त्री॰* किसी भी मास के मंगलवार को होनेवाली चतुर्थी तिथि। अक्षय चतुर्थी।

अङ्गारधानिका/अङ्गारधानी (अंगारधानिका/अंगारधानी)—[सं॰ अङ्गार ~ धानिका/धानी] *स्त्री॰* अँगीठी। (दे॰)

अङ्गारपुष्प (अंगारपुष्प)—[सं॰ अङ्गार ~ पुष्प] *पु॰* हिंगोट/इंगुदी का वृक्ष जिसके फूल अंगारों की तरह लाल होते हैं।

अङ्गारमणि (अंगारमणि)—[सं॰ अङ्गार ~ मणि] *पु॰* विद्रुम। मूँगा।

अङ्गारिका (अंगारिका)—[सं॰ अङ्गार + ठन् + टाप्] *स्त्री॰* १. अँगीठी। २. किंशुक/पलाश की कली।

अङ्गारिणी (अंगारिणी)—[सं॰ अङ्गार + इनि + ङीप्] *स्त्री॰* १. अँगीठी। २. अस्त हुए सूर्य की लाली से रँगी हुई दिशा।

अङ्गारित (अंगारित)—[सं॰ अङ्गार + क्विप् + क्त] *वि॰* १. जलाया हुआ। २. भूना हुआ। ३. अधजला। *पु॰* किंशुक/पलाश की कली।

अङ्गिका (अंगिका)—[सं॰ √अङ्ग् + इनि + क + टाप्] *स्त्री॰* स्त्रियों का एक वस्त्र। चोली। अंगिया।

अङ्गिरा (अंगिरा)—[सं॰ अङ्गिरस] *पु॰* १. बृहस्पति। २. साठ संवत्सरों के चक्र में से छठा। ● **विशेष**—किसी मास के कृष्ण पक्ष की दशमी को प्रारम्भ करके वर्ष-भर किया जानेवाला तिथि-व्रत '**अंगिराव्रत**' कहा जाता है।

अङ्गी (अंगी)—[सं॰ अङ्गिन्] *वि॰* १. अंगोंवाला। अवयवयुक्त। २. मुख्य। प्रधान। ३. शरीरधारी। देहयुक्त। *पु॰* १. शरीर। २. समष्टि।

अङ्गीकरण/अङ्गीकार (अंगीकरण/अंगीकार)—[सं॰ अङ्ग + च्वि + करण/कार] *पु॰* १. अपने ऊपर लेने की क्रिया/भाव। २. स्वीकार करना। स्वीकार। स्वीकृति। मंजूरी। ३. प्रतिज्ञा। ४. अपना अंग बना लेना।

अङ्गीकार्य (अंगीकार्य)—[सं॰ अङ्ग + च्वि √कृ + ण्यत्] *पु॰* १. अंगीकार/स्वीकार किए जाने योग्य। २. जो स्वीकार किया जाने वाला हो।

अङ्गीकृति (अंगीकृति)—[सं॰ अङ्ग + च्वि + कृति] *स्त्री॰* अंगीकरण।

अङ्गी भाव (अंगी भाव)—[सं॰] *पु॰* (काव्य॰) किसी काव्य/नाटक का प्रधान भाव।

अङ्गीय (अंगीय)—[सं॰ अङ्ग + छ] *वि॰* १. अंग-सम्बन्धी। अंग का। २. अंगदेश-सम्बन्धी।

अङ्गी रस (अंगी रस)—[सं॰] *पु॰* (काव्य॰) काव्य या नाटक का प्रधान रस।

अङ्गुरीय (अंगुरीय)—[सं॰ अङ्गुरि + छ] *पु॰* उँगली में पहनने का आभूषण। अँगूठी।

अङ्गुल (अंगुल)—[सं॰ √अङ्ग् + उल] *पु॰* लम्बाई का एक छोटा माप। आठ जौ की चौड़ाई के बराबर नाप। उँगली की चौड़ाई के बराबर लम्बाई या दूरी। ⁘ **अङ्गुलप्रमाण/अङ्गुलमान (अंगुलप्रमाण/अंगुलमान)**— *पु॰* = अंगुल की लम्बाई। *वि॰* एक अंगुल लम्बाई वाला।

अङ्गुलाङ्क (अंगुलांक)—[< सं॰ अङ्गुल ~ अङ्क] *पु॰* उँगली या उँगलियों का निशान।

अङ्गुलि (अंगुलि)—[सं॰ √अङ्ग् ~ उलि] *स्त्री॰* १. हाथ या पैर की उँगली। लम्बाई का एक छोटा माप। अंगुल।

अङ्गुलिका (अंगुलिका)—[सं॰ अङ्गुलि + कन् + टाप्] *स्त्री॰* उँगली।

अङ्गुलिचिह्न (अंगुलिचिह्न) अङ्गुलिछाप (अंगुलिछाप)—[सं॰ अङ्गुलि + चिह्न हिं॰ छाप] *पु॰* (विधि॰) उँगलियों के अगले भाग की छाप। (अं॰ फिंगर प्रिंट)

अङ्गुलित्र/अङ्गुलित्राण—[सं॰ अङ्गुलि + त्र/त्राण] *पु॰* बाण चलाते समय पहनने का चमड़े का दस्ताना। २. दस्ताना। (संगीत॰) अंगुलित्राण/मिज़राब से बजाया जानेवाला वाद्य (सितार इत्यादि)।

अङ्गुलि-पर्व (अंगुलि-पर्व)—[सं॰ अङ्गुलि ~ पर्व (पर्वन)] *पु॰* उँगली का पोर।

अङ्गुलिपञ्चक (अंगुलिपंचक)—[सं॰ अङ्गुलि ~ पञ्चक] *पु॰* (हाथ या पैर की) पाँचों उँगलियों का समूह।

अङ्गुलिमुद्रा/अङ्गुमुद्रिका (अंगुलिमुद्रा/अंगुलिमुद्रका)—[सं॰ अङ्गुलि ~ मुद्रा/मुद्रिका] *स्त्री॰* १. नाम खुदी हुई अँगूठी। २. मुद्रा (मुहर) का काम देनेवाली अँगूठी। ३. उँगली की छाप।

अङ्गुल्यस्थि (अंगुल्यस्थि)—[सं॰ अङ्गुलि ~ अस्थि] *स्त्री॰* हाथ या पैर की उँगली की हड्डी। २. अंगुलास्थि।

अङ्गुल्याकार (अंगुल्याकार)—[सं॰ अङ्गुलि ~ आकार] *वि॰* उँगली के आकार का।

अङ्गुल्यादेश (अंगुल्यादेश)—[सं॰ अङ्गुलि ~ आदेश] *पु॰* उँगली के संकेत से दी गयी आज्ञा।

अङ्गुश्त (अंगुश्त)—[फा॰] *पु॰* उँगली।

अङ्गुष्ठ (अंगुष्ठ)—[सं॰ अङ्ग √स्था + क] *पु॰* (हाथ या पैर का) अँगूठा।

†अङ्गुसी (अंगुसी)—[< सं॰ अङ्कुश] *स्त्री॰* १. हल का फल। २. अंकुश के आकार की कोई वस्तु जो किसी चीज़ को टाँगने या फँसाने के काम आती हो। ३. पेड़ से फल तोड़ने की लग्गी।

अङ्गूरशफ़ा (अंगूरशफ़ा)—[फा॰] *पु॰* एक औषधीय पौधा जो लगभग ६०-९० से.मी. ऊँचा होता है और जिसके पत्ते मटमैले हरे रंग के, फूल पीले (भूरे से रंग के) तथा फल काले या गहरे बैंगनी रंग के होते हैं।

अङ्गेश (अंगेश)—[सं॰ अङ्ग ~ ईश] *पु॰* १. अंगदेश का राजा। २. (अंगदेश का राजा और महारथी)।

अङ्गोच्छेदन (अंगोच्छेदन)—[सं॰ अङ्ग ~उच्छेदन] *पु॰* (चिकित्सा॰) शरीर के किसी अंग को शल्यक्रिया से काटकर निकाल देना। विच्छेदन।

अङ्घस (अंघस)—[सं॰ √अङ्घस्] *पु॰* १.पाप। २. अपराध।

अङ्घ्रि (अंघ्रि)—[सं॰ √अङ्घ् + क्रिन्] *पु॰* १. चरण। पैर। पाँव। २. पेड़ की जड़।

†अचक—[देशज] *क्रिवि॰* १. अकस्मात्। अचानक। २. बिना समझे-बूझे। ३. चुपचाप। ४. हठात्। बलपूर्वक। ज़बरदस्ती। *वि॰* १. बहुत अधिक। २. जितना चाहिए उतना। यथेष्ट। भरपूर। *पु॰* आश्चर्य। अचरज।

अचकचाना—[< हिं॰ अकचकाना] *क्रिअ॰* १. घबराना। २. चकित/विस्मित होना। भौचक्का होना। ✣ **अचकचाहट**—*स्त्री॰* = १. घबराहट। २. विस्मय। भौचक्कापन।

अचकन—[< सं॰ कञ्चुक] *स्त्री॰* अँगरखा जैसा एक लम्बा पहनावा। एक तरह की लम्बी शेरवानी।

***अचकाइ**—[< हिं॰ अचका] *क्रिवि॰* १. अकस्मात्। अचानक। २. हठात्। बलपूर्वक। ज़बरदस्ती।

†अचक्का—[< हिं॰ अचक] *क्रिवि॰* अकस्मात्। सहसा। अचानक। *पु॰* किसी घटना का अचानक घटित होना। ***वा॰* अचक्के में**—१. अकस्मात्। अचानक। २. धोखे में।

अचक्र—[सं॰ अ + चक्र] *वि॰* १. बिना पहिए का। चक्ररहित। २. (हाथ में) चक्र न लिया हुआ। *जैसे*—अचक्र राम और सचक्र कृष्ण।

अचक्रीय—[सं॰ अ + चक्रीय] *वि॰* जो चक्रीय न हो। *पु॰* (रसायन॰) ऐसा यौगिक जिसके अणुओं में कोई वलय न हो। चक्रीय से भिन्न यौगिक। (अं॰ असाइक्लिक) ∇ **विलोम**—चक्रीय।

अचक्षु—[सं॰ अ + चक्षु (चक्षुस्)] *वि॰* जिसके आँखें न हों। नेत्ररहित। अन्धा।

अचक्षुर्विषय—[सं॰ अचक्षुस् ~ विषय] *वि॰* १. जिसे नेत्रों से देखना सम्भव न हो। २. अतीन्द्रिय ('पदार्थ')। ३. अदृश्य।

†अचगर—[< प्रा॰ अच्चग्गल < सं॰ अत्यर्गल] *वि॰* १. उत्पाती। नटखट। ऊधमी। शरारती। २. छेड़छाड़ करने वाला।

***अचना**—[< सं॰ आचमन] *क्रिस॰* १. आचमन करना। पीना। २. (भोजन के बाद) कुल्ला करना या हाथ-मुँह धोना। ३. त्यागना। छोड़ना। *पु॰* आचमन।

***अचभौन**—[< हिं॰ अचम्भा] *पु॰* आश्चर्य। अचम्भा। ✣ **अचभौना**—*वि॰* = आश्चर्यजनक।

अचर—[सं॰ अ + चर] *वि॰* जो चर/चल न हो। न चलनेवाला। अचल। स्थिर। २. सदा एक-सा बना रहनेवाला। ध्रुव। *पु॰* स्थावर।

अचल—[सं॰ अ + चल] *वि॰* १. जो चल न सकता हो। अचर। स्थिर। २. सदा एक-सा बना रहनेवाला। ध्रुव। *पु॰* १. स्थावर (जैसे—वृक्ष, पत्थर आदि)। २. पर्वत। पहाड़। चट्टान। ३. ब्रह्म। ४. (पद्य आदि में) सात की संख्या। (छन्द॰) एक समवर्णिक छन्द जिसके प्रत्येक चरण में क्रमशः जगण, तगण, भगण, यगण, सगण, तगण (ज त भ य स त) के योग से १८ वर्ण होते हैं तथा ५-६-७ पर यति होती है। ∇ **विलोम**—चल।

अचलज, अचलजात—[सं॰ अचल + ज, अचल ~ जात] *पु॰* पर्वत से उत्पन्न।

अचलपति/अचलराज—[< सं॰ अचल ~ पति/राज] *पु॰* पर्वतों का राजा। हिमालय।

अचल सम्पत्ति (संपत्ति)—[सं॰ अचल ~ सम्पति] *स्त्री॰* वह

सम्पति जिसे अपनी जगह से हटाया न जा सके। भूमि, मकान इत्यादि स्थिर सम्पति।

अचल स्वर—[< सं॰ अचल ~ स्वर] *पु॰* (संगीत॰) स्वरसप्तक के दो स्वर 'सा' और 'प' जो विकृत नहीं होते।

अचलजा/अचलतनया—[< सं॰ अचल + जा, अचल ~ तनया] *स्त्री॰* १. पर्वत की पुत्री। २. पार्वती या गंगा।

अचलता—[सं॰ अचल + तल् + टाप्] *वि॰* (*स्त्री॰*) १. अचल होने की अवस्था/भाव। स्थिरता। अचलपन। २. स्थावरता। ३. दृढ़ता।

अचलधृति—[सं॰ अचल ~ धृति] *स्त्री॰* अचल धीरता। अटल धैर्य। (छन्द॰) एक समवर्णिक छन्द जिसके प्रत्येक चरण में क्रमशः ५ नगण और १ लघु के योग से १६ वर्ण होते हैं।

अचलसुता—[सं॰] *स्त्री॰* १. पर्वत की पुत्री। २. पार्वती या गंगा।

अचला—[< सं॰ अचल् + टाप्] *वि॰* जो चलायमान/चल न हो। *स्त्री॰* पृथ्वी।

अचलाधिप/अचलेश्वर—[सं॰ अचल ~ अधिप/ईश्वर] *पु॰* पर्वतों का राजा। हिमालय।

अचला सप्तमी—[॰स अचला ~ सप्तमी] *स्त्री॰* माघ शुक्ल सप्तमी ● **विशेष**—यह सूर्य-पूजकों की एक व्रत-तिथि है।

***अचवन**—[< सं॰ आचमन] *पु॰* १. पानी पीना। आचमन। २. भोजन के बाद हाथ-मुँह धोने की क्रिया और कुल्ला।

अचाक्षुष—[< सं॰ अ + चाक्षुष] *वि॰* १. आँखों से ग्रहण न किए जाने योग्य (विषय/वस्तु)। जो नेत्रों का विषय न हो। २. जो देखा न जा सके। ३. अति सूक्ष्म (पदार्थ)। Δ **पर्याय**—चाक्षुष।

अचातुर्य—[सं॰ अ + चातुर्य] *पु॰* १. चतुरता/होशियारी का अभाव। सरलता या मूर्खता। २. (कार्य विशेष में) निपुणता/कुशलता न होना। अकुशलता। अनिपुणता। अनाड़ीपन। Δ **पर्याय**—चातुर्थ।

***अचान**—*क्रिवि॰* ≤ *हि॰* अचानक। अकस्मात्। सहसा।

***अचानचक**—*क्रिवि॰* ≤ *हि॰* अचानक। अकस्मात्। सहसा।

अचार—[फा॰] *पु॰* फल या तरकारी में मसाले लगाकर कुछ समय तक तेल या सिरके में रखकर बनाया गया चटपटा खाद्य। ***जैसे***—आम का अचार। ***वा॰* (किसी चीज़ का) अचार डालना**—बहुत समय तक काम में न लाना और यों ही रखे रहना। बहुत समय तक निष्प्रयोजन रखे रहना।

***अचारवती**—[< सं॰ आचारवती] *स्त्री॰* अच्छे आचार-विचारवाली। *उदा॰* ऐसी कहा अचारवती। —मीरा (पद १८६)

***अचारी**[१]—≤ *सं॰* आचारी। आचरणशील।

अचारी[२]—[< फा॰ अचार] *वि॰* १. अचार से सम्बन्धित। अचार का। २. अचार बनाने में काम आनेवाला। ***जैसे***—अचारी नीबू; अचारी मसाला। *स्त्री॰* अचार बनाने या रखने का पात्र।

अचारु—[सं॰ अ + चारु] *वि॰* जो सुन्दर न हो। कुरूप। ∇ **विलोम**—चारु।

अचालक—[सं॰ अ + चालक] *वि॰* जिसमें विद्युत् का संचार न होता हो। ***जैसे***—सूखी लकड़ी। (अं॰ नान-कंडक्टर)

अचित्—[सं॰ अ + चित्] *वि॰* अचेतन। जड़।

अचित्त—[सं॰ अ + चित्त] *वि॰* १. जो पहले विचार में ही न आया हो। अप्रत्याशित। २. मूर्ख। बुद्धिरहित। अज्ञानी। ३. न सोचा-समझा गया। अविचारित। ४. मूर्छित। अचेत। बेहोश।

अचिन्त[१] **(अचिंत**[१]**)**—[< सं॰ अचिन्त्य] *वि॰* १. अचिन्तनीय। अचिन्त्य। २. जिसे किसी बात की चिन्ता न हो। निश्चिन्त।

अचिन्त[२] **(अचिंत**[२]**)**—[सं॰ अ + चिन्ता] *वि॰* चिन्तारहित। निश्चिन्त।

अचिन्तनीय (अचिंतनीय)—[सं॰ अ + चिन्तनीय] *वि॰* १. जिसका चिन्तन न हो सके। २. जो बुद्धि के परे हो। विचारातीत। ३. जो मन/कल्पना के परे हो। कल्पनातीत। ४. जिसका अनुमान/अन्दाज़ भी न किया जा सके। अकूत। ५. आशा से अधिक। ***जैसे***—कवि को राजा से अचिन्तनीय धन मिला।

अचिन्तित (अचिंतित)—[सं॰ अ + चिन्तित] *वि॰* १. जिसका चिन्तन न किया गया हो। जिस पर विचार न किया गया हो। जो सोचा-विचारा न गया हो। अविचारित। २. आकस्मिक। अप्रत्याशित। ३. उपेक्षित। ४. (व्यक्ति) जो चिन्तित/चिन्ताग्रस्त/फ़िक्रमन्द न हो।

अचिन्त्य (अचिंत्य)—[सं॰ अ + चिन्त्य] *वि॰* अचिन्तनीय। ***जैसे***—अचिन्त्य कर्म और रूप। ● **विशेष**—अचिन्तनीय कर्म करनेवाले को '**अचिन्त्यकर्मा**' और अचिन्तनीय या अज्ञेय रूप वाले को '**अचिन्त्यरूप**' कहा जाता है।

अचिन्त्यभेदाभेद (अचिंत्यभेदाभेद)—[सं॰ अचिन्त्य ~ भेद ~ अभेद] *पु॰* वेदान्त दर्शन की एक शाखा जिसका सिद्धान्त है कि परमात्मा शक्तिमान् है, जीव तथा जगत् उसकी शक्ति हैं तथा दोनों में भेद या अभेद मानना तर्क की दृष्टि से असंगत है। ***जैसे***—चैतन्य महाप्रभु के सम्प्रदाय में अचिन्त्यभेदाभेद मान्य है।

अचिन्त्यात्मा (अचिंत्यात्मा)—[सं॰ अचिन्त्य ~ आत्मा (आत्मन्)] *पु॰* अचिन्त्य/विचारातीत परम तत्त्व। परमात्मा। ब्रह्म।

अचिन्त्येश्वर योग (अचिंत्येश्वर योग)—[सं॰ अचिन्त्य ~ ईश्वर ~ योग] *पु॰* चैतन्य-सम्प्रदाय का यह सिद्धान्त कि चिन्तन से परे परम तत्त्व 'हरि/कृष्ण' हैं और उनमें छह ऐश्वर्य हैं—पूर्ण श्री, पूर्ण ऐश्वर्य, पूर्ण वीर्य, पूर्ण यश, पूर्ण ज्ञान और पूर्ण वैराग्य।

अचिर—[सं॰ अ + चिर] *वि॰* १. जो पुराना न हो। नया। २. जो देर का न हो। हाल का। ताज़ा ३. जो तत्काल होने को हो। ४. जो अधिक देर रहनेवाला न हो। क्षणस्थायी। *क्रिवि॰* १. तत्काल। तुरन्त। २. शीघ्र। जल्दी। ३. कुछ ही पहले। हाल में।

अचिरजीवी (अचिरजीवी)—[सं॰ अ + चिरजीवी (चिरजीविन्)] *वि॰* १. अल्पजीवी। ***जैसे***—अचिरजीवी कीड़े। २. नश्वर। ***जैसे***—अचिरजीवी मानव। ∇ **विलोम**—चिरजीवी।

अचूक—[< सं॰ अच्युत] *वि॰* १. जिसमें कोई चूक या भूल न हो। २. जो अपने लक्ष्य की प्राप्ति से न चूके। *क्रिवि॰* १. बिना भूल-चूक किए। २. निश्चित रूप से। Δ **पर्याय—दे॰ परिशिष्ट के 'पर्यायवाची कोश' में**—अचूक।

अचेत—[< सं० अचेतस्] *वि०* १. चेतनारहित। मूर्छित। बेहोश। २. चैतन्यहीन। जड़। ३. जिसके होश-हवास ठीक न हों। बहुत घबराया हुआ। बेहाल। ४. मूढ़। मूर्ख। ५. अविकसित बुद्धि वाला। नासमझ। ∇ **विलोम**—सचेत।

अचेतन—[सं० अ + चेतन] *वि०* १. चेतनारहित। जड़। २. मूर्छित। बेहोश। ३. ज्ञानहीन। अज्ञानी। (मनो०) १. (ऐसी क्रिया) जिसके प्रति उसका कर्ता बेख़बर हो। २. मन की गतिशील प्रक्रियाएँ जो चेतन स्तर तक नहीं पहुँच पातीं। (अं० अन्कान्शस) *पु०* (मनोविश्लेषण०) मानस का वह भाग जो चेतन मानस से अधिक विस्तृत और अधिक शक्तिशाली है तथा कामवृत्ति, जीवन-शक्ति आदि का प्रबल केन्द्र है। ✣ **अचेतनता** —*स्त्री०* १. चेतनारहितता। जड़ता। २. ज्ञानहीनता। ३. चेतना न होने/रहने की अवस्था। अचेतता।

अचेतनीकरण—[< सं० अचेतन + च्वि + करण] *पु०* शरीर के अंग विशेष को थोड़ी देर के लिए संज्ञाशून्य/चेतनारहित किया जाना (जैसा शल्य क्रिया या सम्मोहन में किया जाता है)।

अचेता—[सं० अचेतस्] *वि०* १. चेतनारहित। जड़। २. ज्ञान-शून्य। ३. प्राणहीन। निष्प्राण।

अचेलक—[< सं० अ + चेलक] *पु०* (जैन०) १. वस्त्र न धारण करने का व्रती। २. सर्वस्व त्यागनेवाला व्यक्ति।

अचेला—[< सं० अ + चेल (= वस्त्र)] *पु०* साधुओं के पहनने का एक वस्त्र जिसे धोती के समान ऊपर सीने तक लपेट लेते हैं।

अचैना—[देशज] *पु०* १. भूमि में गाड़ा हुआ लकड़ी का कुन्दा जिस पर चारा काटा जाता है। २. लकड़ी का वह कुन्दा जिस पर बढ़ई लकड़ी काटते और छीलते हैं।

अचोज—[सं० अ + हिं० चोज] *वि०* १. चमत्कारहीन। २. व्यंग्यरहित।

***अचौन**—[< सं० आचमन] *पु०* पानी पीना। आचमन।

अच्छ—[सं० छो + क] *वि०* १. निर्मल। स्वच्छ। उज्ज्वल। साफ़। ✣ **अच्छ छबि**—*स्त्री०* = उज्ज्वल कान्ति।

***अच्छत, *अच्छम, *अच्छय, *अच्छर**—*दे०* इनके तत्सम क्रमशः 'अक्षत', 'अक्षम', 'अक्षय', 'अक्षर'। ***अच्छरा/ *अच्छरि, *अच्छरिअ/ *अच्छरिय, *अच्छरी**—*दे०* इनके तत्सम क्रमशः 'अप्सरा', 'अप्सरा', 'आश्चर्य', 'आश्चर्य', 'अप्सरा'।

***अच्छि**—[< सं० अक्षि] *स्त्री०* नेत्र। आँख।

अच्छिद्र—[सं० अ + छिद्र] *वि०* १. जिसमें छेद न हो। छिद्र-रहित। २. जिसमें दोष/त्रुटि न हो। निर्दोष। ३. जो टूटा हुआ न हो। अभंग।

अच्छिन्न—[< सं० अ + छिन्न] *वि०* १. जो छिन्न न किया गया हो। जो काटा या तोड़ा-फोड़ा न गया हो। अखंडित। २. अविभक्त। ३. जो निरन्तर एक निश्चित क्रम से चले। जिसका क्रम न टूटे। ४. दृढ़। अटूट।

अच्छिन्नपत्र/अच्छिन्नपर्ण—[सं० अच्छिन्नपत्र/पर्ण] *पु०* ऐसा वन जिसके पेड़ों में पतझर न होता हो। सदाबहार पेड़ों वाला जंगल।

अच्छेद्य (अच्छेद्य)—[सं० अ + छेद्य] *वि०* १. जिसे छेदना/भेदना/काटना सम्भव न हो। २. जिसे छेदना/भेदना/काटना उपयुक्त या ठीक न हो।

अच्छोदक—[सं० अच्छ ~ उदक] *वि०* निर्मल जल वाला।

अच्युत—[सं० अ + च्युत] *वि०* स्वरूप और स्वभाव में च्युति-रहित। शाश्वत। *पु०* १. परमात्मा। २. (ज्ञान, बल, ऐश्वर्य आदि से सदा पूर्ण) भगवान् विष्णु। ✣ **अच्युत-पुत्र**—*पु०* = १. (कृष्ण और रुक्मिणी का पुत्र) प्रद्युम्न। २. कामदेव। ✣ **अच्युतवास**—*पु०* = १. वट वृक्ष। २. पीपल वृक्ष। ✣ **अच्युताग्रज**—*पु०* = १. इन्द्र। २. बलराम। ✣ **अच्युतात्म**—*पु०* = अच्युत-पुत्र। (दे०) ✣ **अच्युतानन्द (अच्युतानंद)**—*वि०* = जो सदा आनन्दित रहे। *पु०* अखंड आनन्द।

अच्युतव्रत—[सं० अच्युत + व्रत] *पु०* वैष्णवों का एक तिथिव्रत जो पौष कृष्ण प्रतिपदा को किया जाता है।

अच्युति—[सं० अ + च्युति] *स्त्री०* १. च्युति का अभाव। च्युत न होना। २. शाश्वतता।

अछकना—[< सं० अ + हिं० छकना] *क्रिस०* १. बिना छका रह जाना। २. अतृप्त रहना।

***अछत**[1]—[< सं० अक्षत्] *क्रिवि०* १. विद्यमान रहते हुए। उपस्थिति में। २. जीवित रहते हुए। जीवन-काल में। जीते-जी।

***अछत**[2]—[< सं० असत्] *वि०* १. असत्। २. अविद्यमान। अनुपस्थित।

***अछत**[3]—*पु०* ≤ *सं०* अक्षत। बिना टूटे हुए चावल जो रोली के साथ तिलक करने में काम आते हैं।

***अछते**—[< हिं० अछना] *क्रिवि०* विद्यमान होते हुए। उपस्थित रहते हुए। होते हुए।

†अछन—[सं० अ + क्षण] *पु०* क्षण मात्र नहीं। दीर्घकाल। चिरकाल। *क्रिवि०* धीरे।

***अछभौ**—*पु०* ≤ *हिं०* अचम्भा। आश्चर्य।

***अछाना**—*पु०* अच्छा लगना।

अछूत—[< सं० अ + हिं० छूना] *वि०* १. जिसे छुआ नहीं जाना चाहिए। जिसके स्पर्श का निषेध हो। अस्पृश्य। २. अपवित्र। *पु०* १. ऐसा व्यक्ति जो किसी संक्रामक रोग से ग्रस्त हो या अपवित्र स्थिति में हो और इस कारण उसे छूना या उससे सम्पर्क रखना निषिद्ध हो। ***जैसे***—चेचक के रोगी, कोढ़ी व्यक्ति और रजस्वला स्त्री को अछूत माना जाता है। २. ऐसी जाति का व्यक्ति जिसे नीच/घृणित काम करने के कारण समाज में निचला स्थान प्राप्त हो और उसका स्पर्श अपवित्र माना जाता हो।

अछूता—[< सं० अ + हिं० छूना] *वि०* १. जिसे अभी तक छुआ न गया हो। अस्पृष्ट। २. जिसको अभी तक उपयोग/व्यवहार में न लाया गया हो। ***जैसे***—अछूता बर्तन। ३. जिसके विषय में अभी तक विचार न किया गया हो। ***जैसे***—अछूते विषयों को खोज कर उन पर गोष्ठियाँ करानी चाहिए। ४. पवित्र। शुद्ध। ५. नया। ताज़ा।

अछेद्य (अछेद्य)—[< सं० अच्छेद्य] *वि०* १. जिसे छेदा/भेदा न जा सके। २. जिसे काटा या तोड़ा-फोड़ा न जा सके। अभेद्य। अविनाशी।

***अछेव**—[< हि॰ अछेद] *वि॰* १. जिसमें छेद न हो। २. जिसमें दोष न हो। निर्दोष। बेदाग़। ३. अखंड। *जैसे*—अछेव आनन्द।

***अछेह**[1]—[< हि॰ अछेद] *वि॰* १. जिसमें दोष न हो। दोषरहित। २. अनिष्टकर। हानिकर। ३. बहुत अधिक। अत्यन्त। ४. निरन्तर। लगातार। ५. अक्षय। ६. परिपूर्ण।

अछेह[2]—[< स॰ आक्षेप] *पु॰* दोष।

***अछोटो**—[< स॰ अ + हि॰ छोटा] *वि॰* जो छोटा न हो। बड़ा।

***अछोप**—[< स॰ अ + हि॰ छुपना] *वि॰* १. जो ढाँका न गया हो। अनाच्छादित। २. नंगा। ३. निर्लज्ज। ४. दीन। निर्धन।

***अछोभ**[1]—[< स॰ अक्षोभ] *वि॰* १. क्षोभरहित। अक्षोभ। २. मोहरहित। ३. चंचलतारहित। ४. निर्भीक। निडर।

***अछोभ**[2]—[< स॰ अक्षोभ्य] *वि॰* १. जिसे क्षोभ न होता हो। अक्षोभ्य। गम्भीर। २. शान्त।

अछोर—[< स॰ अ + हि॰ छोर] *वि॰* १. जिसका छोर/सिरा न हो। जिसका अन्त न हो। अनन्त।२. अति विस्तृत। बहुत विशाल। असीम। अपार। ३. बहुत अधिक। अत्यधिक।

अछोह—[< स॰ अक्षोभ] *वि॰* १. क्षोभरहित। गम्भीर। २. शान्त। स्थिर। ३. जिसमें प्रेम या ममता न हो। निर्मोही। ४. दयाहीन। निर्दय। निष्ठुर। *पु॰* १. क्षोभहीनता। गम्भीरता। २. शान्ति। स्थिरता। ३. प्रेम/ममता/मोह का अभाव। ४. दयाहीनता। निर्दयता।

अज—[स॰ अ + ज] *वि॰* जिसका जन्म न हुआ हो। जन्मरहित। अनादि। अजन्मा। २. आत्मा। ३. ब्रह्मा। ४. मेढ़ा। ५. बकरा। *उदा॰* कहुँ महिष मानुष धेनु खर अज खल निसाचर भच्छहीं। —तुलसी (मानस॰, ५/३/छं॰ ३)

अज़—[फ़ा॰] *परसर्ग* से। *जैसे*—अज़ ख़ुद (ख़ुद से)। ● **विशेष**—कम अज़ कम = कम से कम।

†**अजक**—[ब्रज॰ < फ़ा॰ आज़ार] *स्त्री॰* १. रोग। २. पीड़ा। व्यथा।

अजगव/अजगाव—[स॰ अजग √वा + क:, अज़ग √अव् + अण्] *पु॰* शिव/महादेव का धनुष। पिनाक।

***अजगुत**—[< हि॰ अजुगुत < स॰ अयुक्त] *पु॰* १. अयुक्त/अनुचित बात। २. आश्चर्यजनक बात। *वि॰* आश्चर्यजनक। अद्भुत।

अजङ्गम (अजंगम)—[स॰ अ + जङ्गम] *वि॰* जो जंगम न हो। (वृक्ष आदि) जो चल न सकता हो। स्थावर। स्थिर।

अजड़—[स॰ अ + जड] *वि॰* १. जो जड़ न हो। चेतन। २. जो जड़ बुद्धि वाला न हो। जो मूर्ख न हो। बुद्धिमान्। *पु॰* चेतन पदार्थ। ∇ **विलोम**—जड़।

अजधाम—[स॰ अज ~ धाम] *पु॰* १. ब्रह्मा का लोक। ब्रह्मलोक। २. अनादि लोक। वैकुंठ। ३. मोक्ष।

अजन—[स॰ अ + जन] *वि॰* जहाँ कोई मनुष्य न हो। निर्जन। बियाबान। *पु॰* बुरा व्यक्ति।

अजनयिष्णु—[स॰ अ + जनयिष्णु] *वि॰* उत्पन्न न करनेवाला। अनुत्पादक। ✣ **अजनयिष्णुता**—*स्त्री॰* = सन्तान उत्पन्न करने में असमर्थता। अनुर्वरता। बाँझपन।

अजन्मा—[स॰ अजन्मन्] *वि॰* जिसका जन्म न हुआ हो। जन्मरहित। अनादि। *पु॰* १. परमात्मा। २. आत्मा।

अजन्य—[स॰ अ + जन्य] *वि॰* जो उत्पन्न किए जाने के योग्य न हो। जो होने के अयोग्य हो। समाज के प्रतिकूल हो। *पु॰* भूकम्प आदि दैवी उपद्रव।

अजप—[स॰ अ + जप] *पु॰* वह व्यक्ति जो विधिपूर्वक सन्ध्या-उपासना नहीं करता या ठीक प्रकार से पाठ नहीं करता या धर्म-विरोधी ग्रन्थ पढ़ता है। *वि॰* अजपा।

अजपा—[< स॰ अ॰ हि॰ जपा] *वि॰* मुख से न बोलकर, केवल साँस के आने-जाने से किया जाने वाला (जप)।

अजपाल—[स॰ अज ~ पाल] *पु॰* बकरे/बकरियों को पालने से जीविका चलाने वाला। गड़रिया। अजापाल।

अजमोदा—[स॰ अज ~ मोदा] *स्त्री॰* १. एक प्रकार के क्षुप जो लगभग १५ से॰मी॰ ऊँचे होते हैं तथा ज़मीन पर फैलते हैं। २. उक्त के दाने।

अजय—[स॰ अ + जय] *वि॰* जिसे जीता न जा सके। अजेय। *पु॰* १. पराजय। हार। २. विष्णु। ∇ **विलोम**—जय। ✣ **अजया**—*वि॰* (*स्त्री॰*) = न जीती गयी। अविजित। *जैसे*—अजया राजधानी; अजया भूमि।

अजर—[स॰ अ + जरा (जरस्)] *वि॰* १. जो काल के प्रभाव से कभी जीर्ण न हो। जो कभी बूढ़ा न हो। चिर युवा। २. अविनाशी। *पु॰* १. परमात्मा। २. देवता।

अजरा—[स॰ अजर + टाप्] *वि॰* (*स्त्री॰*) १. जो कभी बूढ़ी न हो। चिर युवा। २. अविनाशी। *स्त्री॰* घीकुआँर (पौधा)। २. प्रकृति।

अजरामर—[स॰ अजर ~ अमर] *वि॰* अजर और अमर। जरा और मरण से रहित। अजर-अमर।

अजवाइन/अजवायन—[< स॰ यवानी] *स्त्री॰* एक क्षुप जिसके बीज मसाले के रूप में या औषधियों में काम आते हैं। २. उक्त क्षुप के दाने।

***अजस**—[< स॰ अयश] *पु॰* अपयश। बदनामी। ✣ ***अजसी**—*वि॰* = १. अपयशी। बदनाम। २. जिसे अच्छे काम करने पर भी यश के स्थान पर अपयश ही मिलता हो।

अजस्र—[स॰ अ √जस् + र] *वि॰* जिसका क्रम न टूटे। लगातार रहनेवाला। अविच्छिन्न। *जैसे*—गंगा का अजस्र प्रवाह। *क्रिवि॰* निरन्तर। लगातार। *जैसे*—अजस्र बहना।

अजहत्—[स॰ अ + जहत्] *वि॰* जो छोड़े नहीं।

अजहत्लक्षणा/अजहत्स्वार्था—[स॰ अजहत् ~ लक्षणा/स्वार्था] *स्त्री॰* (काव्य॰) लक्षणा शब्द-शक्ति का एक भेद। वाच्यार्थ का त्याग किए बिना लक्ष्यार्थ का वर्णन करनेवाली लक्षणा। उपादानलक्षणा।

अज़हद—[फ़ा॰ अज़ + अरबी हद] १. सीमा/हद से ज़्यादा। बहुत ज़्यादा। अत्यधिक। २. असीम। अपार। बेहद।

***अजहुँ**—[< हि॰ आज < प्रा॰ अज्ज] *क्रिवि॰* १. आज भी। अब भी। २. अब तक। अभी तक।

अजा—[सं॰ अज + टाप्] *वि॰* (*स्त्री॰*) जिसका जन्म न हुआ हो। अजन्मी। अनादि। नित्य। *स्त्री॰* १. प्रकृति। माया। २. बकरी।

अजागर—[सं॰ अ + जागर] *पु॰* भृंगराज। भँगरा। *वि॰* न जागनेवाला।

अजागलस्तन—[सं॰ अजा ~ गल ~ स्तन] *पु॰* १. बकरी के गले में लटकनेवाला थन के समान अंग जिससे दूध नहीं मिलता। २. निरर्थक वस्तु।

***अजाचक/अजाची**—[< सं॰ अयाचक/अयाची (अयाचिन्)] *वि॰* याचना न करनेवाला। न माँगनेवाला। अयाचक। २. जिसे माँगने की आवश्यकता न हो।

अजाजीव/अजापाल—[< सं॰ अजा ~जीव/पाल] *पु॰* वह व्यक्ति जिसकी जीविका बकरे-बकरियों के पालने/चराने से हो। गड़रिया।

अजात[१]—[सं॰ अ + जात] *वि॰* जो उत्पन्न न हुआ हो। अनुत्पन्न। ***जैसे***—अजात समस्याएँ।

†अजात[२]—[< सं॰ अजाति] *वि॰* १. जिसकी कोई जाति न हो। २. जो जाति से निकाल दिया गया हो। ३. किसी छोटी जाति का।

अजातरिपु/अजातशत्रु—[सं॰ अजात ~ रिपु/शत्रु] *वि॰* (ऐसा व्यक्ति) जिसका कोई शत्रु ही न हो। निर्वैर मनुष्य। ***जैसे***—अजातशत्रु युधिष्ठिर। ● **विशेष**—(पांडव) युधिष्ठिर को उनके कोमल स्वभाव के कारण '**अजातशत्रु**' कहा जाता था।

अजाति—[सं॰ अ + जाति] *स्त्री॰* १. उत्पत्ति का अभाव। अनुत्पत्ति। उत्पन्न न होना। २. (गो, मनुष्य आदि) जाति का अभाव। जातिशून्यता। *वि॰* जिसकी कोई जाति-बिरादरी न हो। २. अधम/छोटी मानी जाने वाली जाति का। कुजाति।

अजान[१]**—[< सं॰ अ + हिं॰ जानना] *वि॰* १. न जाननेवाला। अज्ञानी। अबोध। नासमझ। २. जिसे कोई न जानता हो। अपरिचित। अनजान। ***जैसे—जानते हुए भी अजान बनना। ३. जिसके सम्बन्ध में अच्छी जानकारी न हो। ***जैसे***—अजान देश में भटकना। ∇ **विलोम**—सुजान। ***वा॰* अजान में**—अज्ञानवशा। अनजाने। ✣ **अजानता**—*स्त्री॰* = १. अपरिचितता। २. ज्ञान न होने की अवस्था/भाव। अज्ञान। बोधहीनता। नासमझी। ✣ **अजानपन**—*पु॰* = अज्ञान।

अज़ान—[अरबी] *स्त्री॰* मस्जिद में से मुल्ला द्वारा नमाज़ पढ़ने के लिए उच्चस्वर में पुकार। बाँग।

अजापाल/अजापालक—[सं॰ अजा ~ पाल/पालक] *पु॰* बकरे-बकरियाँ पालने से जीविका चलानेवाला व्यक्ति। गड़रिया। अजपाल।

अज़ाब—[अरबी] *पु॰* १. पापों का वह दंड जो परलोक में मिलता है। २. यातना। पीड़ा। तकलीफ़।

अजायब—[< अरबी अजाइब ('अजीब' का बहुवचन)] *पु॰* विचित्रताएँ। विचित्र बातें। अजीब वस्तुएँ।

अजिन—[सं॰ √ अज् + इनच्] *पु॰* १. जंगली पशु का चमड़ा। सिंह, हाथी, आदि का चर्म। २. काले हिरन का चर्म। ३. (चमड़े की) धौंकनी। ● **विशेष**— १. उक्त पशुओं का चर्म ओढ़ने/पहनने वाला व्यक्ति '**अजिनवासी**' कहा जाता है।

अजिर—[सं॰ √ अज् + किरन्] *वि॰* तेज। फुर्तीला। *पु॰* १. (घर का) आँगन। चौक। ***जैसे***—दशरथ के अजिर में खेल रहे राम। २. मैदान। ३. शरीर। ४. वायु। ✣ **अजिरा**—*वि॰* (*स्त्री॰*) = दुर्गा। पार्वती।

अजिह्म (अजिह्म)—[सं॰ अजि + ह्म] *वि॰* १. जो टेढ़ा न हो। सरल। सीधा। २. ईमानदार। सच्चा। *पु॰* १. मेंढक। २. मत्स्य। मछली।

अजिह्मग (अजिह्मग)—[सं॰ अजिह्म + ग] *वि॰* १. सीधा जानेवाला। *पु॰* बाण। तीर।

अजिह्व (अजिह्व)—[सं॰ अ + जिह्वा] *वि॰* जिसके जीभ न हो। जिह्वारहित।

अजी—[< सं॰ आर्य] *सम्बोध॰ अव्यय॰* हे। अरे। ए जी। ***जैसे***—अजी जनाब, कुछ बताइए भी। अजी, मेरी बात बिल्कुल सच है।

अज़ीज़—[अरबी] *वि॰* प्रिय। प्यारा। *पु॰* १. प्रिय व्यक्ति। २. आत्मीय व्यक्ति। ३. समीपी। निकट-सम्बन्धी। स्वजन। रिश्तेदार।

अज़ीम—[अरबी] *वि॰* १. महान्। २. विशाल। विस्तृत। बड़ा।

अजीर्ण—[सं॰ अ + जीर्ण] *वि॰* १. जो जीर्ण न हो। जो टूटा-फूटा या पुरानी दशा का न हो। २. (भोजन) जो पचा न हो। *पु॰* १. भोजन न पचने का रोग। अपच। बदहजमी। क़ब्ज़। २. (लाक्षणिक) किसी वस्तु/बात की हास्यास्पद या निरर्थक अधिकता। ***जैसे***—धन-वैभव का अजीर्ण; बुद्धि का अजीर्ण।

अजीर्णशूल—[सं॰ अजीर्ण ~ शूल] *पु॰* (आयुर्वेद॰) पेट-दर्द का एक प्रकार। खाया हुआ अन्न न पचने के कारण होनेवाला उदर-शूल।

अजीवाणुज—[सं॰ अ + जीवाणुज] *वि॰* (चिकित्सा॰) (वह स्थिति) जो जीवाणुजन्य नहीं है। जीवाणुरहित।

अजीवी—[सं॰ अजीविन्] *वि॰* जीवन-रहित (पदार्थ)।

अजुगुप्सित—[सं॰ अ + जुगुप्सित] *वि॰* जो जुगुप्सित न हो। जो निन्दित न हो।

अजुष्ट—[सं॰ अ- जुष्ट] *वि॰* अप्रसन्न। क्रुद्ध।

अजूबा—[< अरबी अजूब:] *पु॰* अनोखी वस्तु।

***अजूह**—[< सं॰ अ युद्ध] *पु॰* युद्ध। लड़ाई।

अजेय—[सं॰ अ + जेय] *वि॰* १. जो जीता न जा सकता हो। २. जो हारा न हो। अपराजित।

अजैव—[सं॰ अ + जैव] *वि॰* जो जीवों के सदृश अंगों वाला न हो। निरवयव। (प्राणि॰) जीवन के लक्षणों से रहित। जीवेतर।

***अजैं/अजौं (अजैं/अजौं)**—[< प्रा॰ अज्ज < सं॰ अद्य] *क्रिवि॰* १.अब भी। २. आज भी। ३. अब तक।

***अजोरना[१]/अँजोरना**—[< हिं॰ अजोर] *क्रिअ॰* १. प्रकाश/उजाला करना। २. दीपक जलाना।

†अजोरना[२]—[< हिं॰ अँजुरी < सं॰ अञ्जलि] *क्रिस॰* १. अंजलि में कर लेना। २. अपने अधिकार में कर लेना। छीन लेना।

***अजोरी[१]**—[< सं॰ उज्ज्वल] *स्त्री॰* १. उजाला। २. उजाली रात। चाँदनी रात।

***अजोरी**[२] — *स्त्री॰* ≤ *स॰* अञ्जलि। (हाथों की) अंजलि।

अज्ञ—[स॰ अ + ज्ञ] *वि॰* १. जानने योग्य पदार्थों को जानने में असमर्थ। अज्ञानी। २. जड़। मूर्ख। अबोध। नासमझ। नादान। ३. अशिक्षित। अनपढ़। ४.ज्ञानरहित। ५. अनुभवरहित। *पु॰* मूर्ख मनुष्य। ∇ **विलोम**—विज्ञ। ✣ **अज्ञता**—*स्त्री॰* = १. अज्ञान। २. मूर्खता। नासमझी। नादानी। ३. ज्ञानहीनता। ४. अनुभवहीनता। ✣ **अज्ञत्व**—*पु॰* = अज्ञता।

अज्ञातचेतन—[स॰ अज्ञात ~ चेतन] *पु॰* अचेतन मन।

अज्ञातयौवना—[स॰ अज्ञातयौवन + टाप्] *स्त्री॰* [काव्य॰] (वह नायिका) जिसे अभी अपने युवा हो जाने का बोध न हुआ हो।

अज्ञातवास—[स॰ अज्ञात ~ वास] *पु॰* १. अपने निवास-स्थान को त्यागकर, बिना औरों को बताए, किसी अपरिचित स्थान पर रहना। २. नाम, रूप, वेष आदि बदल कर कहीं रहना ताकि लोग पहचान न सकें। परिचितों की दृष्टि से छिप कर रहना।

अज्ञातस्वामिक—[स॰ अज्ञात ~ स्वामिक] *वि॰* जिसके स्वामी का पता न हो। ***जैसे***— अज्ञातस्वामिक धन।

अज्ञान—[स॰ अ + ज्ञान] *पु॰* १. सामान्य ज्ञान का अभाव। २. विषय-विशेष के ज्ञान का अभाव ३. मिथ्या ज्ञान। ४. मूर्खता। नासमझी। ४. मोह। (भा॰ दर्शन) त्रिगुणात्मिका प्रकृति। ∇ **विलोम**—ज्ञान। ✣ **अज्ञानकृत**—*वि॰* = १. अज्ञान के कारण किया गया। २. अनजाने किया हुआ। ३. मुर्खतावश किया हुआ। ✣ **अज्ञानतः**—*क्रिवि॰* = १. अज्ञान के कारण। अज्ञानवश। २. बिना समझे-बूझे। ✣†**अज्ञानता**—*स्त्री॰* = अज्ञान। ● **विशेष**— 'अज्ञता' के स्थान पर भ्रमवश प्रयुक्त 'अज्ञानता' ग़लत शब्द है।

अज्ञेय—[स॰ अ + ज्ञेय] *वि॰* जो ज्ञेय न हो। जिसे जाना न जा सके। ज्ञान से परे। ज्ञानातीत। ***जैसे***—परमात्मा अज्ञेय है। ∇ **विलोम**—ज्ञेय। ✣ **अज्ञेयवाद**—*पु॰* = (पा॰ दर्शन॰) यह मत कि आत्मा, परमात्मा, आदि अभौतिक तत्त्वों के विषय में निश्चित ज्ञान हो पाना असम्भव है। ✣ **अज्ञेयवादी**—*पु॰* = अज्ञेयवाद का अनुयायी या समर्थक।

†**अझूना**[१]—[< स॰ अजीर्ण] *वि॰* जो जीर्ण/पुराना न हो।

†**अझूना**[२] / ***अझूनो**—[< स॰ ज्वलन] *पु॰* १. अग्नि। २. गोबर के कंडों को चूल्हे में लगाकर जलाने का काम। ३. गोबर के कंडों के ढेर को जलाकर उससे दाल गलाने या बाटी बनाने की क्रिया।

***अञ्च (अंच)**—[अप॰] *स्त्री॰* १. आँच। ताप। २. (लाक्षणिक) दुःख।

अञ्चल (अंचल)—[स॰ √ अञ्च् + अलच्] *पु॰* १. साड़ी या धोती का छोर। आँचल। २. कोना। ३. (किसी वस्तु का) सिरा। किनारा। ४. देश का किसी क्षेत्र/सीमा के समीप का भाग। सीमान्त प्रदेश। ५. पर्वत/ समुद्र आदि के समीप फैला भूभाग। ***जैसे***—पहाड़ी अंचल; समुद्री अंचल। ६. किसी दिशा विशेष में स्थित भू-भाग या क्षेत्र। ***जैसे***—उत्तरांचल (उत्तर-अंचल)। (अ॰ ज़ोन)

अञ्चित (अंचित)—[स॰ √अञ्च् + क्त] *वि॰* १. झुका हुआ। मुड़ा हुआ। २. कुटिल। वक्र। टेढ़ा। ३. घुँघराला ***जैसे***—अंचित केश। ४. गुँथा हुआ।

अञ्चितभ्रू (अंचितभ्रू)—[स॰ अञ्चित ~ भ्रू] *स्त्री॰* (धनुष जैसी) टेढ़ी भौं वाली स्त्री।

***अञ्छ (अंछ)**—[< स॰ अक्षि] *स्त्री॰* नेत्र। आँख।

***अञ्ज (अंज)**—[< स॰ अम्बुज/ कञ्ज] *पु॰* कमल। अम्बुज।

अञ्जन (अंजन)—[स॰ √अञ्ज् + ल्युट्] *पु॰* १. (आँखों में लगाने का) काजल या सुर्मा। २. कालिमा। स्याही। ३. माया। ४. रात्रि । ५. पश्चिम दिशा। ६. पश्चिम दिशा का दिग्गज ७. नीलगिरि (पर्वत)। ८. अग्नि। ९. छिली। १०. आँजने की क्रिया/भाव।

अञ्जनकेश (अंजनकेश)—[स॰] *पु॰* १. अंजन जैसे काले केश। बहुत काले बाल। २. दीपक। दीप। *वि॰* बहुत काले बालों वाला।

अञ्जनसार (अंजनसार)**—[< स॰ अञ्जनसारण] *वि॰* (आँख) जिसमें काजल/सुर्मा लगा हुआ हो। ***जैसे—अंजनसार नेत्र।

अञ्जनहारी (अंजनहारी)—[< स॰ अञ्जनहारिन्] *स्त्री॰* १. एक नेत्र-रोग। बिलनी। गुहाई। २. भृंगी/बिलनी नामक कीड़ा।

अञ्जना[१] **(अंजना**[१] **)**—[स॰ अञ्जन + टाप्] *स्त्री॰* हनुमान् की माता। ● **विशेष**—हनुमान् की माता का नाम '**अंजनी**' भी प्रसिद्ध है। हनुमान को अंजनानन्दन/अंजनीनन्दन कहा जाता है।

अञ्जना[२] **(अंजना**[२] **)**—[< स॰ अञ्जन] *क्रिस॰* (नेत्र में) अंजन/ काजल/सुर्मा लगाना। (नेत्र को) आँजना

अञ्जनी (अंजनी)—[स॰ अञ्जन + ङीप्] *स्त्री॰* १. हनुमान् की माता। अंजना। (दे॰) २. आँखों का एक रोग। बिलनी। गुहाई।

अञ्जर-पञ्जर (अंजर-पंजर)—[< स॰ 'पञ्जर' + 'पञ्जर'] *पु॰* १. शरीर की ठठरी। कंकाल। अस्थि-पंजर। हड्डी-पसली। ३. (किसी वस्तु के) अंग-प्रत्यंग, जोड़ आदि। **अंजर-पंजर ढीले करना**—१. बहुत मारना-पीटना। २. बहुत थका देना। ३. जीर्ण-शीर्ण कर देना। खराब कर देना। ४. गर्व नष्ट कर देना। **अंजर-पंजर ढीला/ढीले होना**—१. शरीर के अंगों का शिथिल हो जाना। २. बहुत थक जाना। ३. गर्व नष्ट हो जाना।

अञ्जलि (अंजलि)—[स॰ √अञ्ज् + अलि] *स्त्री॰* १. दोनों हथेलियों को मिलाकर नमस्कार करने की मुद्रा। २. दोनों हथेलियों को मिलाकर उनके बीच में बनाया गया गड्ढा जो किसी वस्तु को लेने/देनें के लिए पात्र के समान होता है। कर-सम्पुट। कर-पुट। ***जैसे***—अंजलि में फूल लेना। ४. उक्त में भरी वस्तु जिसका माप एक प्रस्थ या १६ तोले के बराबर माना जाता है। ***जैसे***—४ अंजलि अनाज देना। ✣ **अञ्जलि-कर्म (अंजलि-कर्म)**—*पु॰* = एक सम्मानसूचक मुद्रा। हाथ जोड़कर किया गया नमस्कार या प्रणाम। ✣ **अञ्जलिगत (अंजलिगत)**—*वि॰* = अंजलि में आया हुआ या रखा हुआ। ✣ **अञ्जलिपुट (अंजलिपुट)**— *पु॰* = दोनों हथेलियों को जोड़ने पर बननेवाला गड्ढा। कर-सम्पुट। कर-पुट।

अञ्जित (अंजित)—[स॰ √अञ्ज् + क्त] *वि॰* नेत्र जिसमें अंजन लगाया गया हो। अंजनयुक्त आँखें।

अटक—[< सं॰ आर्तकर] *पु॰* १. बाधा। रुकावट। अड़चन। २. ऐसी स्थिति जिसमें आगे बढ़ना सम्भव न हो। ३. उलझन। ४. संकोच। ५. आवश्यकता। ६. भारी ज़रूरत। ग़रज़।

अटक-भटक—[< हि॰ अटक + भटकना] *पु॰* १. अटकने-भटकने की क्रिया/भाव। उलझाव और भटकाव। २. भूलभुलैया। किसी भवन में एक जैसी बनावट वाली रचनाओं के कारण बाहर निकल पाने में होनेवाली अटक और भटकाव।

अटकल—[< सं॰ अटन + कलन] *स्त्री॰* अनुमान। अन्दाज़ा। ***वा॰* अटकलें लड़ाना**—अनुमान लगाना। ✣ **अटकलपच्चू**—*वि॰* = स्थूल अनुमान पर आधारित। अविचारपूर्ण अनुमान वाला। २. कपोल-कल्पित। ३. जो गम्भीरता से सोचा-विचारा हुआ न हो। ***जैसे***—हम अटकलपच्चू बातें नहीं कहते, जाँच-पड़ताल करके बोलते हैं। ***वा॰* अटकलपच्चू हाँकना**—१. अनुमान से कहना। २. मनगढ़न्त बात कहना। ३. ऊटपटाँग बातें कहना। ● **विशेष**—अटकलें लगाने के स्वभाव वाला व्यक्ति '**अटकलबाज़**' कहा जाता है और उसकी इस आदत को '**अटकलबाज़ी**'।

अटकाव—[< हि॰ अटकना] *पु॰* १. अटकने/अटकाने की क्रिया/भाव। २. बाधा। विघ्न। रुकावट। रोक। अड़चन।

***अट-खट**—[< सं॰ √अट् + अनु॰] *वि॰* १. अटपटा। अट्ट-खट्ट। २. बेढंगा। ऊटपटाँग। ३. निरर्थक। व्यर्थ। *पु॰* १. अटपटी या ऊटपटाँग बात। २. निरर्थक बात।

†अटखेल—[< सं॰ अटकाना + खेल] *पु॰* १. उलझानेवाला खेल। २. खेल। ३. कौतुक। खिलवाड़। ४. चंचलता। ५. ढिठाई। ✣ **अटखेली**—*स्त्री॰* = नटखटी की खेल। हँसी-मज़ाक़ से भरा तमाशा। ● **विशेष**—'अटखेली' शब्द का प्रयोग प्राय: बहुवचन में ही होता है। ***जैसे***—अटखेलियाँ करना।

अटन—[सं॰ √ अट् + ल्युट्] *पु॰* भ्रमण। यात्रा। सफ़र। ***जैसे***—तीर्थाटन (तीर्थ-अटन)। भिक्षाटन (भिक्षा-अटन) ✣ **अटनशील**—*वि॰* = १. घूमने-फिरने के स्वभाव वाला। २. यात्राएँ करने का शौक़ीन। Δ **पर्याय**—भ्रमणशील।

अटना[१]—[< सं॰ अटन] *क्रिअ॰* घूमना-फिरना। भ्रमण करना। पर्यटन करना।

अटना[२]—[< हि॰ अँटना] *क्रिअ॰* १. पूरा पड़ना। २. भर जाना। भरना। ***जैसे***—धूल से अटना। ३. समाना।

***अटना**[३]—[< हि॰ ओट] *क्रिअ॰* ओट/आड़ करना।

***अटना**[४]—[< हि॰ अड़ना] *क्रिअ॰* १. अड़ना। २. बाधा देना।

अटनि[१]—[सं॰ √ अट् + अनि] *स्त्री॰* धनुष का अग्रभाग जहाँ डोरी बाँधने के लिए गड्ढा बना होता है। अटनी।

अटनि[२]—[< हि॰ अटा < सं॰ अट्ट] *स्त्री॰* (बहु॰) अट्टालिकाएँ। अटारियाँ।

***अटनि**[३]—[< हि॰ अटना] १. भ्रमण। यात्रा। सफ़र। २. गमन। बुरे उद्देश्य से इधर-उधर जाना।

अटनी[१]—[सं॰ √अट् + अनि + ङीस्] *स्त्री॰* धनुष का अग्रभाग जहाँ प्रत्यंचा/डोरी बाँधने के लिए गड्ढा बना होता है। अटनि।

अटनी**[२]—[< सं॰ अटन (घूमना)] *स्त्री॰* १. घूमने की क्रिया। २. (नट आदि की) कलाबाज़ी। ***जैसे—बाँस पर चढ़कर अटनी दिखायी।

अटपट—[< सं॰ √अट् + √पत्] *वि॰* १. विकट। कठिन। २. दुर्गम। दुस्तर। ३. बेडौल। बेढंगा। ***जैसे***—अटपटा प्रश्न पूछना। ४. टेढ़ा। ५. जटिल। गूढ़। ६. असम्बद्ध। अनियमित। विसंगत। ऊटपटाँग। ***जैसे***—अटपटे वचन। असाधारण। विचित्र। अद्भुत। निराला। अनूठा। ८. गिरता-पड़ता। लड़खड़ाता हुआ। *स्त्री॰* कठिनाई। मुश्किल। ✣ **अटपटा**—*वि॰* = अटपट।

अटपटी—[< हि॰ अटपट] *वि॰* (*स्त्री॰*) १. विकट। कठिन। २. दुर्गम। दुस्तर। ३.बेढ़ंगी। बेडौल। ***जैसे***—अटपटी बात। ४. टेढ़ी ५. जटिल। गूढ़। ७. असम्बद्ध। ऊटपटाँग। ८. गिरती-पड़ती। लड़खड़ाती हुई। *स्त्री॰* १. नटखटपन। शरारत। २. रीति-विरुद्ध बात। अनरीति। ***जैसे***—अटपटी छोड़ो, रीति से चलो।

***अटपाव**—[< हि॰ अटपटा] *पु॰* १. अटपटा काम। ऊधम। २. उत्पात। उपद्रव।

***अटब्बी**—*स्त्री॰* ≤ *सं॰* अटवी। वन। जंगल।

अटम्बर/अटम्बार (अटंबर/अटंबार)—[< सं॰ अट्ट + फा॰ अम्बार] *पु॰* ऊँचा अम्बार। राशि/ढेर।

अटल—[सं॰ अ + टल] *वि॰* १. (अपने स्थान/निश्चय से) न टलने वाला। अचल। ***जैसे***—अटल नियम। २. व्यक्ति जिसका निश्चय/संकल्प/विचार बदला न जा सके। दृढ़। स्थिर। पक्का। ***जैसे***—अपनी प्रतिज्ञा पर अटल महाराणा प्रताप। ३. सदा रहनेवाला। शाश्वत। नित्य। ***जैसे***—अटल परमात्मा; अटल प्रकृति। ४. जिसे टाला न जा सके। अवश्य होनेवाला। अवश्यम्भावी। ***जैसे***—अटल भाग्य।

अटविक—[सं॰ अटवि + ठन्] *पु॰* १. वन की रखवाली करनेवाला व्यक्ति। वन-रक्षक। २. वन में रहनेवाला या वन में घूमनेवाला व्यक्ति। वनचर।

अटवी—[सं॰ √अट् + अवि + ङीप्] *स्त्री॰* वन। जंगल।

अटा[१]—[सं॰ √अट् + अङ् + टाप्] *स्त्री॰* भ्रमण। पर्यटन।

अटा[२]—[< सं॰ अट्ट] *वि॰* ऊँचा। *पु॰* १. भवन का सबसे ऊपर का कमरा या छत। अटारी। २. राशि। ढेर।

अटाटूट—[< सं॰ अट्ट ~ अट्ट] *वि॰* १. बहुत ऊँचा। २. बहुत भारी। ३. बहुत मज़बूत। सुदृढ़। ४. बहुत अधिक। अत्यधिक। अपरिमित। ५.नितान्त। पूर्णतया। बिल्कुल।

अटाना—[< हि॰ अटना < हि॰ अँटना] *क्रिस॰* (किसी वस्तु को अन्य वस्तु में) भर देना। समा देना।

अटारी—[< सं॰ अट्टाल] *स्त्री॰* १. भवन के ऊपर का कमरा या छत। २. दो या अधिक मंज़िलों वाला मकान। ऊँचा मकान। अट्टालिका। ३. प्रासाद। महल। अट्टालिका।

अटार्नी—[अं॰] *पु॰* १. व्यापार या मुक़दमे में किसी का प्रतिनिधि। मुख़्तार। न्यायवादी २. (सरकार का) न्यायवादी। ● **विशेष**—

'अटार्नी जनरल' को '**महान्यायवादी**' कहा जाता है।

***अटाल**—[< स॰ अट्टाल] *पु॰* मीनार या बुर्ज़।

अटाला—[< स॰ अट्ट] *पु॰* १. सामग्री। सामान। असबाब। २. राशि। ढेर। अम्बार। ● **विशेष**—कहीं-कहीं 'मुहल्ला' के लिए भी 'अटाला' शब्द बोला जाता है।

अटी[१]—[< हि॰ अटना] *वि॰* (*स्त्री॰*) १. भरी हुई। ***जैसे***—सामान से अटी कोठरी। २. धूल आदि से भरी हुई। ***जैसे***—मिट्टी से अटी धोती।

अटी[२]—[< स॰ शराटि] *स्त्री॰* टिटिहरी से मिलती-जुलती एक चिड़िया जिसके सिर पर छोटी-सी चोटी होती है।

अटेरन—[देशज] *पु॰* १. लकड़ी का एक चौखटा जिस पर सूत लपेट कर उसकी लच्छी/आँटी बनायी जाती है। २. नए घोड़े को दौड़ने के अभ्यास के लिए एक वृत्त में चक्कर कटवाना। कावा।

अटेरना—[< हि॰ अटेरन] *क्रिस॰* अटेरन द्वारा सूत की लच्छी/आँटी बनाना।

अट्ट[१]—[स॰ √अट्ट + अच्] वि॰ १. ऊँचा। २. ऊँचे स्वर वाला। ***जैसे***—अट्टहास। ३. निरन्तर। लगातार। ४. बहुत अधिक। अतिशय।

अट्ट[२]—[स॰ √अट्ट + घञ्] *पु॰* १. अट्टालिका। अटारी। अटा। २. छोटा बुर्ज़। ३. आश्रय। आधार। ४. ऊँचा और बड़ा भवन। प्रासाद। महल। ५. हाट। बाज़ार। मंडी।

अट्टक—[स॰ अट्ट + कन्] *पु॰* १. ऊँचा और बड़ा मकान। प्रासाद। २. अटारी।

अट्टहास—[स॰ अट्ट ~ हास] *पु॰* ज़ोर की हँसी। ठहाका। क़हक़हा। ***जैसे***—मुंशी प्रेमचन्द्र के अट्हास प्रसिद्ध थे। ✣ **अट्टहासक**—*वि॰* = अट्टहासी।

अट्टा—[< स॰ अट्ट] *पु॰* अट्टालिका। अटारी। *पु॰* (सूत या ऊन की) बड़ी लच्छी। लच्छा।

अट्टाल/अट्टालक—[< स॰ अट्ट√अल् + अच्/ण्वुल्] *पु॰* मकान का ऊपरी कमरा या छत। अटारी। ● **विशेष**—संस्कृत में इसका अन्य अर्थ भी है—प्रासाद। महल। ✣ **अट्टालिका**—*स्त्री॰*।

अट्टी—[< स॰ √अट्] *स्त्री॰* अटेरन पर लपेटकर तैयार की जाने वाली सूत/ऊन की लच्छी।

अठखेल—[< प्रा॰ अट्ठिय] *वि॰* १. चंचल। चपल। चुलबुला। २. अल्हड़। ३. कौतुकी। विनोदी। ✣ **अठखेलपन**—*स्त्री॰* = १. चंचलता। चपलता। चुलबुलापन। २. अल्हड़पन। ३. विनोदीपन। ✣ **अटखेली**—[हि॰ अठखेल] *स्त्री॰* १. चंचलता। चपलता। २. खिलवाड़। ३. ठसक-भरी चाल। ४. अल्हड़पन।

अठड़्ग (अठंग)—[< स॰ अष्टाङ्ग] *वि॰* १. आठ अंगों वाला। अष्टांग। २. आठ अंगों वाले योग से सम्बन्धित अष्टांग योग का। *पु॰* १. आठ अंगों वाली वस्तु। २. अष्टांग योग।

अठमाशा/अठमाशी—[< हि॰ आठ + माश] *वि॰* जो तौल में ८ माशे का हो।

अठमासा—[< हि॰ आठ + स॰ मास] *वि॰* १. जो आठ महीने का हो। २. गर्भ के आठवें महीने में उत्पन्न (शिशु)। *पु॰* गर्भाधान के आठवें महीने में होनेवाला एक संस्कार। सीमन्तोन्नयन संस्कार।

***अठलाना**—[< हि॰ ऐंठ] क्रिअ॰ १. ऐंठ दिखाना। ठसक दिखाना। इठलाना। इतराना। २. नख़रे करना। ३. जानबूझ कर अनजान बनना। ४. छेड़छाड़ करना। ५. उपहास करना। हँसी उड़ाना।

अठवारा—[< हि॰ आठ + स॰ वार] *पु॰* १. आठ दिन की अवधि। आठ दिन का समय। २. आठ दिन का समूह। ३. सप्ताह-समाप्ति का अगला दिन। आठवाँ दिन।

अठवाँस—[स॰ अष्टपार्श्व] *पु॰* आठ पार्श्वों/पहलों वाला कोई पदार्थ। अष्टपार्श्व।

***अठिलाना**—[< हि॰ अठलाना/इठलाना] *क्रिअ॰* अठलाना। इठलाना।

***अठोठ**—[देशज] *पु॰* आडम्बर। पाखंड। ढोंग।

अठौंगर (अठोंगर)—[< हि॰ आठ] *पु॰* (मिथिला क्षेत्र आदि में) विवाह की एक रीति जिसमें वर तथा अन्य सात लोग मिलकर मूसल पकड़ते और धान कूटते हैं।

***अठौर**—[स॰ अ + हि॰ ठौर] *पु॰* १. बुरी जगह। कुठौर। २. गुप्तांग।

†**अठौरा**—[< हि॰ आठ] *पु॰* १. आठ का समूह। २. एक पत्ते में बँधे ८ बीड़ों का समूह। ✣**अठौरी**—*स्त्री॰* = पूजा, हवन आदि में प्रयुक्त होने के लिए आठ छोटी पूरियाँ। ***जैसे***—देवी-पूजा के लिए अठौरी चाहिए।

***अडग**[१]—*वि॰* ≤ हि अडिग। अटल।

अड़गोड़ा—[< हि अड़ना + गोड़ (= टाँग)] *पु॰* भाग जाने के स्वभाववाली गाय के सींगों में एक रस्सी बाँधकर, उस रस्सी के दूसरे सिरे को गाय की अगली एक टाँग में बाँधने का कार्य (जिससे सिर झुका रहता है और गाय तेज़ नहीं दौड़ सकती)।

†**अडड़्ग**[१]**(अडंग**[१] **)**—*वि॰* ≤ *हि॰* अडिग। न डिगने वाला।

अड़ड़्ग[२] **(अड़ंग**[२] **)**—[< हि॰ अड़ंगा] *पु॰* १. किसी के द्वारा किया हुआ विघ्न। बाधा। रुकावट। २. टाँग अड़ाकर किया जाने वाला युद्ध आदि।

***अडण्ड (अडंड)**—[< स॰ अदण्ड] *वि॰* १. जिसके हाथ में दंड/डंडा न हो। २. उद्दंड। निर्भय। स्वेच्छाचारी।

अड़दार[१]—[< हि॰ अड़] *वि॰* १. चलते-चलते बीच में रुक जाने वाला। अड़िया। ***जैसे***— अड़दार घोड़े के कारण देर हो गयी। २. हठी। ज़िद्दी। ***जैसे***—अड़दार लोगों के कारण समझौता नहीं हो सका।

अड़दार[२]—[< हि॰ ऐंड़दार] *वि॰* १. मस्त। ऐंड़दार। २. अभिमानी। घमंडी।

अड़न—[< हि॰ अड़ना] *स्त्री॰* १. अड़ने की क्रिया/भाव। २. हठ। ज़िद। ३. (खड़े होने या बैठने आदि की) मुद्रा। ठवन।

अड़बड़्ग (अड़बंग)—[< हि॰ अड़ + स॰ वक्र] *वि॰* १. टेढ़ा-मेढ़ा। उलटा-सीधा। २. ऊँचा-नीचा। ३. दुर्गम। ४. विचित्र।

अटपटा। ५. विकट। कठिन। ६. बेढंगा। ✣ **अड़बङ्गा (अड़बंगा)**—*पु॰* = विघ्न। बाधा। रुकावट। अड़चन। *वि॰* = अड़बंग।

***अड़बड़**—[< हि॰ अड़ +अनु॰ बड़] *वि॰* १. दुर्गम। दुस्तर २. विचित्र। अटपटा। ३. विकट। कठिन।

अड़व—*पु॰* ≤ *हि॰* ओड़व। (संगीत॰) एक राग।

अड़ा-अड़ी—[< हि॰ अड़ना] *स्त्री॰* १. दो पक्षों/व्यक्तियों का परस्पर अपनी-अपनी बात पर अड़ा रहना। २. अड़े रहने का भाव। हठ/ज़िद। दो पक्षों/व्यक्तियों की एक दूसरे से आगे बढ़ने की चेष्टा। प्रतिस्पर्धा। होड़।

अड़ाना[१]—[< हि॰ अड़ना] *क्रिस॰* १. किसी की गति या मार्ग रोकने के लिए या फँसाने के लिए बीच में कोई वस्तु को लगाना। २. विघ्न/बाधा डालना। अड़चन/रुकावट डालना ३. उलझाना। ४. ठूँसना। *क्रिअ॰* गिरती वस्तु को रोकने के लिए उसके नीचे टेक/दूनी लगाना धूनी लगाना। *पु॰* १. जल्दी ही गिर जाने की सम्भावना वाली वस्तु (छत या दीवार आदि) को रोकने के लिए उसके नीचे लगायी जाने वाली लकड़ी आदि। टेक। २. किसी का मार्ग रोकने के लिए या फँसाने वस्तु।

अड़ाना[२]—[देशज] *पु॰* (संगीत॰) सम्पूर्ण जाति का एक राग जो कान्हड़ा का एक भेद है और जिसे गाने का समय अर्धरात्रि है।

अडार/अड़ार[१]—[देशज] *पु॰* नदी के किनारे का ऊँचा भाग जो थोड़ा-थोड़ा कटता रहता है और नदी में गिरता रहता है।

अड़ार[२]—[< स॰ अराल] *वि॰* वक्र। टेढ़ा। तिरछा।

†अड़ार[३]—[< स॰ अट्टाल] *पु॰* १. समूह। राशि। ढेर। २. बिकने के लिए रखा हुआ ईंधन का ढेर।

***अडारना/अड़ारना**—[< हि॰ डालना] *क्रिस॰* १. डाल देना। २. फेंकना। ३. छोड़ना।

अड़ियल—[< हि॰ अड़ना] *वि॰* १. चलते-चलते बीच में अकारण रुक जाने वाला। अड़नेवाला। २. हठी। ज़िद्दी। ✣ **अड़ियल टट्टू**—*पु॰* = १. पहाड़ी मार्गों पर बीच-बीच में आगे बढ़ने से रुक जानेवाला भारवाही खच्चर। २. (लाक्षणिक) काम करते-करते बीच में हठपूर्वक रुक जाने वाला व्यक्ति। ३. (लाक्षणिक) अपनी ज़िद पर अड़ जाने वाला और हठ पूरा होने पर ही आगे काम करनेवाला व्यक्ति। हठी व्यक्ति। ४. (लाक्षणिक) निकम्मा और सुस्त व्यक्ति। ***वा॰* अड़ियल टट्टू होना**—१. हर काम रुक-रुक कर करनेवाला होना। २. बिना टोके गए किसी काम को न करना।

अडिल्ल/ अडिल्ला—[प्रा॰] *पु॰* प्राकृत-काव्य का लोकप्रिय सममत्रिक छन्द जिसके प्रत्येक चरण में १६ मात्राएँ होती हैं और अन्त में दो लघु होते हैं। ● **विशेष**—इसके दो चरणों में ही एक शब्द का यमक अलंकार होने पर इसे **'मडिल्ला** (छन्द)**'** कहा जाता है। हिन्दी के **'डिल्ला'** तथा **'अरिल्ल'** छन्द इसी के रूपान्तर हैं।

अडीठ—[< स॰ अ + हि॰ डीठ (< स॰ दृष्टि)] *वि॰* १. जो दिखाई न पड़े। अदृश्य। लुप्त। २. जिसे कभी देखा न गया हो। अदृष्ट। ३. छिपा हुआ। अन्तर्निहित।

अड्ड—[प्रा॰] *वि॰* जो आड़े आता हो। बाधक। *पु॰* १. बाधा। रोक।

अड्डा—[< प्रा॰ अड्ड] *पु॰* १. मिलने, एकत्र होने, टिकने या ठहरने का स्थान विशेष। ***जैसे***—हमारे नेता जी का लखनऊ में यही अड्डा है। २. वह स्थान विशेष जहाँ किसी वर्ग के लोग प्राय: मिलते या एकत्र होते हैं। ***जैसे***—कवियों का अड्डा। ३. वह स्थान जहाँ किसी प्रकार के कारीगर बैठकर अपना काम करते हैं या शिल्पी अपना माल बेचते हैं या मज़दूर काम की खोज में नित्य बैठते हैं। ***जैसे***—अख़बार। बेचनेवालों का अड्डा; मज़दूरों का अड्डा। ४. चोरों, डाकुओं आदि का मिलन-स्थान या आश्रय-स्थान। ***जैसे***—पास में ही डाकुओं का अड्डा है। ५.जुआरियों, शराबियों आदि का नित्य जुआ खेलने या शराब पीने का या एकत्र होने का स्थान। ***जैसे***—जुआरियों के अड्डों पर पुलिस ने छापे मारे। ६. वाहनों के ठहरने या उपयोग के लिए मिलने का स्थान। ***जैसे***—बसों का अड्डा। ७. किसी व्यक्ति के रहने या मिलने का स्थान विशेष। ***जैसे***—सुरेश का घर ही उसका प्रमुख अड्डा है। ८. पक्षियों के बैठने/टिकने/ठहरने या एकत्र होने का स्थान। ***जैसे***—बुलबुलों के अड्डे। ९. कबूतर के बैठने के लिए बनी छतरी। १०. कपड़ों का गद्दा जिस पर कपड़ा रखकर छीपी वस्त्र छापते हैं। ११. कार्य विशेष का केन्द्र-स्थान। ***जैसे***—पुलिस क्रान्तिकारियों का अड्डा खोज रही है। ***वा॰* अड्डा जमाना**—१. किसी विशेष स्थान पर ठहर जाना। २. किसी स्थान विशेष को अपनी गतिविधियों का केन्द्र बनाना। **अड्डे पर आना**—१. अपने निवास-स्थान या कार्य-केन्द्र पर आना। २. बुरा मार्ग छोड़कर ठीक मार्ग पर आना। ✣ **अड्डी**—*स्त्री॰* = लकड़ी का एक प्रकार का चौकोर ढाँचा।

***अढ़न**—[< स॰ आढ्य] *स्त्री॰* १. महत्ता। श्रेष्ठता। २. धाक।

***अढार**—[< स॰ अ + हि॰ ढरना (ढलना)] *वि॰* जो किसी पर अनुरक्त या किसी की ओर आकृष्ट न होता हो।

†अढ़ौना—[< हि॰ अढ़वना] *पु॰* करने के लिए बताया गया या दिया हुआ कार्य।

***अणक**—[< √अण् + अच् + क] १. अधम। नीच। २. तुच्छ। निन्दनीय। ३. तिरस्कार करने योग्य। तिरस्करणीय।

†अणवट—[< हि॰ अनवट < स॰ अङ्गुष्ठ] *पु॰* पैर के अँगूठे का छल्ला। अनवट।

अणि—[स॰ √ अण् + इन्] *स्त्री॰* १. सुई की नोक। २. घर का कोना। ३. सीमा।

अणिमा—[स॰ अणिमन्] *स्त्री॰* १. सूक्ष्मता। २. अष्टसिद्धियों में से एक। सूक्ष्म रूप धारण करने की सिद्धि जिससे व्यक्ति अदृश्य हो सकता है। ✣ **अणिमादिक**—*स्त्री॰* = अणिमा आदि अष्टसिद्धियाँ।

अणियाला—[< स॰ अणि] *वि॰* १. तीक्ष्ण। धारदार। २. नोकवाला। नुकीला। ✣ **अणियाली**—*वि॰* (*स्त्री॰*) १. तीक्ष्ण। धारवाली।

२. नोकवाली। नुकीली। *स्त्री॰* १. सुई। २. कटारी।

अणीय[1]—[सं॰ अणीयस्] *वि॰* १. छोटे से छोटा। बहुत छोटा। २. बहुत थोड़ा।

अणीय[2]—[< सं॰ अणी] *वि॰* १. तीक्ष्ण धार वाला। २. तीक्ष्ण नोक वाला। ३. सूक्ष्म। ४. महीन/झीना (वस्त्र)।

अणु—[सं॰ अण् + उन्] *वि॰* १. सूक्ष्म। २. जो सूक्ष्मता के कारण नेत्र आदि से ग्रहण न किया जा सके। दुर्विज्ञेय। ३. अतीन्द्रिय। *पु॰* १. कण। २. शिव। ३. समय की एक सूक्ष्म माप। एक मुहूर्त (४८ मिनट) का ४४६७५००० वाँ भाग। (रसायन॰) किसी तत्त्व/यौगिक का वह सूक्ष्मतम भाग जिसमें उसके गुणधर्म होते हैं। ***जैसे***—हाइड्रोजन के एक अणु में दो परमाणु होते हैं। (अ॰ मॉलिक्यूल) [संगीत॰] तीन ताल के काल का चतुर्थांश।

अणुक—[सं॰ अणु + कन्] *वि॰* १. बहुत छोटा। सूक्ष्म। २. अणु-सम्बन्धी। अणु का।

अणुजैविकी—[< सं॰ अणु ~ जैविकी] *स्त्री॰* जीवविज्ञान की एक शाखा। कोशिका में अणुओं के भौतिक-रासायनिक गुणों के आधार पर जैव क्रियाओं के अध्ययन का विज्ञान। अणुजीवविज्ञान। (अ॰ मोलेक्युलर बाइओलोजि)

अणुवाद—[सं॰ अणु ~ वाद] *पु॰* (भा॰ दर्शन॰) अणु को नित्य और विश्व-प्रपंच का कारण माननेवाला सिद्धान्त। ● **विशेष**—न्याय और वैशेषिक दर्शनों में 'अणुवाद' मान्य है।

अणुवीक्षण—[सं॰ अणु ~ वीक्षण] *पु॰* १. सूक्ष्म वस्तुओं/बातों को देखना। २. सूक्ष्मता/बारीकी से किया गया गुण-दोष का निरीक्षण। ✣ **अणुवीक्षणयन्त्र (अणुवीक्षणयंत्र)**—*पु॰* = सूक्ष्मदर्शक यन्त्र। ख़ुर्दबीन। (अ॰ माइक्रस्कोप)

अणुव्रत—[सं॰ अणु-व्रत] *पु॰* (जैन॰) हिंसा, असत्य, चोरी, कुशील और परिग्रह नामक स्थूल पापों से दूर रहने का संकल्प।

अण्टा (अंटा)—[< सं॰ अण्ड] *पु॰* १. (काँच की) बड़ी गोली। २. बड़ी कौड़ी ३. सूत/रेशम/ऊन का लच्छा।

अण्टिया (अंटिया)—[< हि॰ अण्टा[2]] स्त्री॰ मकान की छत पर बना कमरा या छत।

अण्टी (अंटी)—[< प्रा॰ अट्ठि] *स्त्री॰* १. दो उँगलियों के बीच की जगह। घाई। २. कमर के ऊपर धोती की लपेट जिसमें कुछ लोग रुपए-पैसे भी रख लेते हैं। टेंट (टेंट)। ३. सूत/रेशम आदि की लच्छी। ४. अटेरन। ५. (मन में पड़नेवाली) वैर-विरोध की गाँठ। ७. कुश्ती का एक पेच। ***जैसे***—पहलवान को अंटी मारकर गिरा दिया। ***वा॰* अंटी करना**—१. माल ले भागना। माल उड़ा लेना। २. सूत लपेट कर अंटी बनाना। **अंटी देना/मारना**—१. गर्दन पकड़कर बाहर कर देना। २. गर्दन से पकड़ना। ३. प्रतिद्वन्द्वी को गिराना/हराना। **अंटी (अंटे)पर चढ़ना**—१. वश में आना। २. धोखा खा जाना। ✣ **अण्टीबाज़ (अंटीबाज़)**—*वि॰* = १. चालाकी से दूसरों का धन ग़ायब करनेवाला। कपटी। धूर्त। २. विश्वासघाती।

अण्ड (अंड)—[सं॰ √ अम् + ड] *पु॰* १. पक्षी का अंडा। २. (पुरुष का) अंडकोष। ३. ब्रह्माण्ड। विश्व। ४. अंडे के आकार की वस्तु। ५. बीज। (वास्तु॰) स्तूप का अर्धगोलाकार भाग।

अण्डकटाह (अंडकटाह)—[सं॰ अण्ड ~ कटाह] *पु॰* १. ब्रह्माण्ड। २. बड़ी कड़ाही। कड़ाह।

अण्डज (अंडज)—[सं॰ अण्ड + ज] *पु॰* १. अंडे से उत्पन्न होनेवाला प्राणी। ***जैसे***—पक्षी, सर्प, छिपकली, मछली इत्यादि अंडज प्राणी। २. ब्रह्मा।

अण्डजराय (अंडजराय)—[सं॰ अण्डज + हि॰ राय] *पु॰* पक्षियों का राजा। गरुड़।

अण्डजेश्वर (अंडजेश्वर)—[सं॰ अण्डज ~ईश्वर] *पु॰* पक्षियों का राजा। गरुड़।

अण्डपीत (अंडपीत)—[सं॰ अण्ड ~ पीत] *पु॰* अंडे के भीतर निकलनेवाला पीला पदार्थ। अंडे की ज़र्दी।

अण्ड-बण्ड (अंड-बंड)—[< सं॰ अकाण्ड ~ विकाण्ड] *पु॰* १. बेसिरपैर की बात। असम्बद्ध/अनर्गल बात। प्रलाप। २. गाली-गलौज। *वि॰* १. बेसिर-पैर का। ऊटपटाँग। २. अनुचित। ३. अनुपयुक्त। Δ **पर्याय**—अंट-संट। ***वा॰* अंड-बंड करना**—१. गड़बड़ करना। २. ख़राब करना। ३. ग़ायब करना। **अंड-बंड कहना**—१. अनुचित बोलना। २. गाली देना। **अंड-बंड बकना**—१. पागलों जैसी बातें करना। ऊटपटाँग बातें करना। २. गाली देना। ३. भद्दी और अनुचित बातें कहना।

अण्डा (अंडा)—[< सं॰ अण्ड] *पु॰* वह गोलाकार पिंड या ख़ोल जिसमें से स्त्री, पक्षी, मछली, साँप आदि के बच्चे जन्म लेते हैं। ● **विशेष**—गर्मी पहुँचाने के लिए पक्षियों का अपने अंडों पर बैठना **'अंडे सेना'** कहा जाता है। ***वा॰* अण्डे की तरह सेना**—(किसी वस्तु को) बचा कर और छिपा कर रखना। ✣ **अण्डे (अंडे)-बच्चे**—*पु॰* (बहुवचन)=सन्तान। ✣ **अण्डैल (अंडैल)**—*वि॰* (*स्त्री॰*) = जिसके पेट में उसके अंडे हों। ***जैसे***—अंडैल चिड़िया।

अण्डाणु (अंडाणु)—[सं॰ अण्ड ~ अणु] *पु॰* (प्राणि॰) *स्त्री॰* प्राणियों की जनन-कोशिका। प्राणियों में स्त्री युग्मक।

अण्डाभ (अंडाभ)—[सं॰ अण्ड ~ आभा] *वि॰* अंडे के समान आभा/कान्ति वाला।

अण्डाशय (अंडाशय)—[सं॰ अण्ड ~ आशय] *पु॰* (प्राणि॰) स्त्री प्राणियों का प्रमुख जनन अंग जिससे अंडाणु उत्पन्न होते हैं। (वनस्पति॰) पुष्पी पादपों के जायांग का, निचला और फूल जैसा भाग जिसमें बीजांड होते हैं। (अ॰ ओवरी)

अण्डी/अंडी—[< सं॰ एरण्ड] *स्त्री॰* १. एरंड/रेंड का वृक्ष अथवा फल या बीज। २. एक प्रकार का मोटा रेशम। ३. उक्त रेशम की बनी हुई चादर आदि।

अतएव—[सं॰ अतः ~ एव] *क्रिवि॰* इसी कारण से। इसलिए ही। इसलिए।

अतः—[सं॰ इदम् + तसिल्] *अव्यय॰* इस कारण से। इसलिए।

अतथ्य—[सं॰ अ + तथ्य] *वि॰* जो तथ्य/तथ्यपूर्ण/यथार्थ न हो। असत्य। ग़लत।

अतद्गुण—[सं॰ अ + तद्गुण] *पु॰* अन्य के गुण का ग्रहण न करना। परगुण-अग्रहण। (काव्य॰) एक अर्थालंकार जो ऐसे वर्णन में होता है जिसमें कोई पदार्थ किसी अन्य पदार्थ के समीप रहकर भी उसका गुण ग्रहण नहीं करता। ∇ **विलोम**—तद्गुण।

अतद्वत् (अतद्वत्)—[सं॰ अ + तद्वत्] *वि॰* जो उसके समान न हो। उससे भिन्न प्रकार का।

अतनु—[सं॰ अ + तनु] *वि॰* जिसका शरीर न हो। शरीर रहित। *उदा॰* रति अति दुखित अतनु पति जानी। —तुलसी (मानस॰, १/२४७/३) *पु॰* कामदेव।

अतन्त्र (अतंत्र)—[सं॰ अ + तन्त्र] *वि॰* १. जिस पर या जहाँ किसी का तन्त्र/नियन्त्रण/शासन न हो। तन्त्र से रहित। तन्त्रहीन। २. जिसमें तन्तु/रेशे न हों। तन्तुओं से रहित। तन्तुरहित। *पु॰* अनियन्त्रित कार्य।

अतन्द्र (अतंद्र)—[सं॰ अ + तन्द्रा] *वि॰* १. जो तन्द्रा में न हो। तन्द्रारहित। २. जागरूक। सावधान। ३. जो थका हुआ या शिथिल न हो। ४. उद्यमी। प्रयत्नशील।

अतन्द्रित/अतन्द्रिल/अतन्द्री(अतंद्रित/अतंद्रिल/अतंद्री)—[सं॰ अ + तन्द्रित/तन्द्रिल, अतन्द्रिन्] *वि॰* अतन्द्र।

अतप्त—[सं॰ अ + तप्त] *वि॰* जो तपा न हो। जो गर्म न हो। ∇ **विलोम**—तप्त।

अतमिस्र—[सं॰ अ + तमिस्र] *वि॰* जो अन्धकारपूर्ण न हो। अन्धकाररहित। ***जैसे***—अतमिस्र लोक।

अतरल—[सं॰ अ + तरल] *वि॰* जो तरल न हो।

अतरसौं (अतरसों)—[हि॰ 'परसों' का अनु॰] *क्रिवि॰* १. बीते हुए परसों के ठीक पहले का दिन। २. आने वाले परसों के ठीक बाद का दिन।

अतर्क्य—[सं॰ अ + तर्क्य] *वि॰* १. तर्क न करने योग्य। २. जिसके विषय में करना सम्भव न हो। अचिन्त्य। ३. जो तर्क द्वारा समझ में न आ सके। तर्कशक्ति से अज्ञेय। युक्तियों से परे। ∇ **विलोम**—तर्क्य।

अतल—[सं॰ अ + तल] *पु॰* पृथ्वी तल के नीचे के सात लोकों में से पहला। *वि॰* १. (पात्र) जिसका तल न हो। तल-रहित। बेपेंदा। २. जिसकी गहराई की थाह न मिलती हो। अथाह। ***जैसे***—अतल सरोवर।

अतलस[१]—[अरबी] *पु॰* १. एक प्रकार का अति कोमल रेशमी वस्त्र।

अतलस[२]—[देशज] *पु॰* अलसी का फूल जो नीले रंग का होता है।

अतलस्पर्शी—[सं॰ अतल ~ स्पर्शी (स्पर्शिन्)] *वि॰* अतल को छूनेवाला। बहुत गहरा। अथाह।

अतलान्त (अतलांत)—[सं॰ अतल ~ अन्त] *वि॰* जिसका तल न मिल पाता हो। असीम गहरा। अथाह।

***अतवान**—[< सं॰ अतिवान्] *वि॰* बहुत अधिक। अत्यधिक। अत्यन्त।

अतस—[सं॰ √अत् +असिच्] *पु॰* १. वायु। हवा। २. आत्मा। जीवात्मा। जीव। ३. पटसन का बना हुआ वस्त्र। ✣ **अतसी**—*स्त्री॰* = १. पटसन। सन। २. अलसी नामक पौधा या उसके दाने जिनका तेल निकाला जाता है। ● **विशेष**—अलसी का फूल नीले रंग का होता है।

अता—[अरबी] *स्त्री॰* (बड़ों द्वारा छोटों को) कृपापूर्वक या स्नेहपूर्वक प्रदान/दान। ***जैसे***—उपहार अता करना।

अतापी—[सं॰ अतापिन्] *वि॰* १. तापरहित। २. शान्त।

अति—[सं॰ √अत् + इन्] *क्रिवि॰* बहुत अधिक। अत्यन्त। ***जैसे***—अति भारी; अति सुन्दर। *स्त्री॰* अधिकता। असीमितता। ***जैसे***—धन की अति भी अच्छी नहीं है। ● **विशेष**—'अति' का प्रयोग संज्ञा/क्रिया/विशेषण से पहले उपसर्ग रूप में भी होता है और तब यह प्रायः बहुत अधिक या साधारण की अपेक्षा बहुत अधिक या आसाधारण आदि अर्थ देता है (जैसे—**अतिकाय, अतिदान, अतिक्रूर**) ***वा॰*** **(किसी बात की)अति करना**—बहुत अधिक करना। हद कर देना। ***जैसे***—बच्चों ने शैतानी की अति कर दी।

अतिकाय—[सं॰ अति + काय] *वि॰* बड़े शरीर वाला। विशालकाय।

अतिकाल—[सं॰ अति ~ काल] *पु॰* १. किसी कार्य का उपयुक्त या नियत समय बीत जाने के बाद का समय। २. (नौकरी आदि में) काम करने के नियत समय के बाद का समय। अतिरिक्त समय। समयोपरि। (अं॰ ओवरटाइम)

अतिकृच्छ्र—[सं॰ अति + कृच्छ्र] *वि॰* अति कठिन। बहुत मुश्किल। *पु॰* १. बहुत बड़ा कष्ट। २. असाधारण कठिनता। ३. एक बहुत कठिन प्रायश्चित्त जो १२ रात्रियों में निराहार रह कर किया जाता है।

अतिकृत—[सं॰ अति + कृत] *वि॰* जिसे करने में मर्यादा का अतिक्रमण किया गया हो। सीमा से अधिक किया गया।

अतिक्रम—[सं॰ अति + क्रम] *पु॰* १. सीमा से आगे बढ़ना। २. मर्यादा/नियम का उल्लंघन। मर्यादा के विरुद्ध व्यवहार। ३. शिष्टाचार को भूल जाना। ४. (समय का) व्यतीत हो जाना। (समय का) बीत जाना। ५. अधिकता। आधिक्य। ६. पराजित करना। ७. जोरदार आक्रमण। ८. दुष्प्रयोग।

अतिक्रमण—[सं॰ अति √क्रम् + ल्युट्] *पु॰* १. मर्यादा या नियत सीमा से आगे बढ़ जाना। २. उल्लंघन। ३. किसी क़ानून/समझौते/सन्धि आदि को तोड़ने या उसका उल्लंघन करने की क्रिया। ४. दूसरे के अधिकारों का उल्लंघन। ५. (किसी भूमि/क्षेत्र में) अनधिकार प्रवेश।

अतिक्रान्त (अतिक्रांत)—[सं॰ अति + क्रान्त] *वि॰* १. जिसका अतिक्रमण/उल्लंघन किया गया हो।/उल्लंघित। २. आगे बढ़ा हुआ। ३. बीता हुआ। अतीत। विगत।

अतिक्रान्ति (अतिक्रांति)—[सं॰ अति + क्रान्ति] *स्त्री॰* अतिक्रमण।

अतिक्षिप्त—[सं॰ अति + क्षिप्त] *वि॰* जिसे बहुत दूर या सीमा से बाहर फेंका गया हो। ***जैसे***—अतिक्षिप्त गोला।

अतिगत—[सं॰ अति + गत] *वि॰* १. बहुत ज्यादा। अत्यधिक।

२. (किसी बात की) सीमा तक पहुँचा हुआ।

***अतिगति**—[सं॰ अति + गति] *स्त्री॰* १. तेज़ गति। २. श्रेष्ठ गति। ३. मुक्ति। मोक्ष।

अतिगहन, अतिगह्वर (अतिगह्वर) —[सं॰ अति + गहन/गह्वर] *वि॰* १. अधिक गहरा। २. जिसमें प्रवेश करना कठिन हो।

अतिचार—[सं॰ अति + √चर् + घञ्] *पु॰* १. सीमा से आगे बढ़ जाना। हद लाँघना। २. नैतिकता/औचित्य का उल्लंघन। ३. बिना अधिकार/अनुमति के प्रवेश। अनधिकार प्रवेश। ४. दूसरे के अधिकार में अनुचित हस्तक्षेप। (अं॰ ट्रेसपास) [विधि॰] १. कोई अवैध काम करना या वैध काम को अवैध ढंग से करना जिसमें किसी व्यक्ति को या उसकी सम्पत्ति को हानि पहुँचे अथवा विधि का उल्लंघन या अतिक्रमण हो। २. किसी सीमा का अतिक्रमण। ३. अनधिकार प्रवेश। (जैन॰) १. सम्यक् दर्शन आदि में दोष की उत्पत्ति। २. व्रतों में शिथिलता। ३. करणीय काम के न करने पर और वर्जनीय पदार्थ को न त्यागने पर होनेवाला पाप।

अतिचालकता—[सं॰ अति + चालकता] *स्त्री॰* (भौतिकी॰) किसी धातु, मिश्रधातु या यौगिक का वह गुण जिसमें परम शून्य ताप के लगभग उसका वैद्युत प्रतिरोध लुप्त या लगभग लुप्त हो जाता है। (अं॰ सुपर कन्डक्टिविटी)

अतिछादन—[< सं॰ अतिच्छादन (अति + छादन)] *पु॰* किसी एक वस्तु का दूसरी वस्तु को पूरी तरह ढँक कर कुछ आगे बढ़ा होना। अतिछादिता। अतिव्यापन। (अं॰ ओवरलैपिंग) ✣ **अतिछादिता**—*स्त्री॰* = अतिछादन। ✣ **अतिछादी**—*वि॰* = अतिछादन करनेवाला।

अतिजागर—[सं॰ अति + जागर] *वि॰* १. सर्वदा या बहुत अधिक जागता रहने वाला। २. जिसे नींद न आए। ३. जागरूक। सतर्क।

अतिजीवी—[सं॰ अतिजीविन्] *पु॰* १. बाद में जीवित रहनेवाला। २. अपने सदृश अन्य व्यक्तियों के मर जाने या अन्य जातियों के लुप्त हो जाने के बाद भी जीवित रहनेवाला व्यक्ति/जाति। ३. सामान्य प्राकृतिक आयु से अधिक समय तक जीवित रहनेवाला।

अतितान—[सं॰ अति + तान] *पु॰* १. मुख्य स्वर से अधिक तीव्र स्वर। २. (लाक्षणिक) अव्यक्त अर्थ। गूढ़ अर्थ। अभिप्राय। (अं॰ ओवरटोन)

अतिथि—[सं॰ √अत् + इथिन्] *पु॰* अभ्यागत। मेहमान। ✣ **अतिथि-क्रिया**—*स्त्री॰* = आतिथ्य। मेहमानदारी। ✣ **अतिथि-गृह**—*पु॰* = अतिथियों के ठहरने का कमरा या भवन। अतिथिशाला। (अं॰ गेस्ट-हाउस) ✣ **अतिथिदेव**—*वि॰* = जिसके लिए अतिथि देवता के समान आदरणीय हो। जो मेहमान को देवता के समान मानकर, उसका सत्कार करे। ✣ **अतिथिधर्म**—*पु॰* = अतिथि का सत्कार। ✣ **अतिथिधर्मो**—*वि॰* = अतिथि का सत्कार करने का अधिकारी। आतिथेय। ✣ **अतिथि-पूजा**—*स्त्री॰* = मेहमान का स्वागत और सत्कार। ✣ **अतिथि-भवन**—*पु॰* = अतिथि-गृह। अतिथिशाला। ✣ **अतिथियज्ञ**—*पु॰* = पाँच महायज्ञों में से एक। अतिथि का सेवा-सत्कार। ✣ **अतिथिशाला**—*स्त्री॰* = अतिथि-गृह। अतिथि-भवन। ✣ **अतिथि-सत्कार**—*पु॰* = मेहमान की आवभगत। अतिथि-सेवा। ✣ **अतिथि-सपर्या, अतिथि-सेवा**—*स्त्री॰* = अतिथि-सत्कार।

अतिदर्शी—[सं॰ अतिदर्शिन्] *वि॰* बहुत आगे तक की बात विचारकर कार्य करनेवाला। दूरदर्शी।

अतिदान—[सं॰ अति + दान] *पु॰* १. बहुत अधिक दान। २. सर्वोत्तम वस्तु का दान। ***जैसे***—गाय, भूमि अथवा विद्या का दान और अभय-दान को 'अतिदान' कहा गया है। ३. सीमा से अधिक दान।

अतिदेय—[सं॰ अति + देय] *वि॰* जिसे चुकाने/पाने का निर्दिष्ट/उचित समय निकल चुका हो। अतिकालदेय। (अं॰ ओवरड्यू)

अतिदेशक—[सं॰ अति + देशक] *वि॰* आदेश करनेवाला। ✣ **अतिदेशक वाक्य**—*पु॰* = (मीमांसा॰) विधायक वाक्य के दो प्रकारों में से एक। (उपदेशक वाक्य से भिन्न) आदेशात्मक वाक्य।

अतिदेशीय—[सं॰ अतिदेश + छ] १. देश से बाहर का। विदेश का। २. विदेश के प्रति। ***जैसे***—अतिदेशीय निष्ठा। ✣ **अतिदेशीयता**—*स्त्री॰* = विदेश के प्रति निष्ठा होने का भाव।

अतिनाटक—[सं॰ अति + नाटक] *पु॰* (नाट्य॰) आश्चर्यजनक और रोमांचकारी घटनाओं वाला एक प्रकार की सुखान्त नाटक। (अं॰ मेलोड्रामा) ✣ **अतिनाटकीय**—*वि॰* = (नाट्य॰) जिसमें अस्वाभाविक विधि से नाटकीयता उत्पन्न करने का दोष हो। (अं॰ मेलोड्रामेटिक)

अतिपरवलय—[सं॰ अति + परवलय] *पु॰* (गणित॰) दो शाखाओं वाली एक प्रकार की वक्र रेखा जो उस बिन्दु का बिन्दुपथ होती है जिसकी दो नियत बिन्दुओं से दूरियों में अचर अन्तर हो। ● **विशेष**—उक्त दो नियत बिन्दु अतिपरवलय की '**नाभि**' कहे जाते हैं। (अं॰ हाइपर्बोला)

अतिपात—[सं॰ अति + पात] *पु॰* १. नियम/मर्यादा का उल्लंघन। २.उल्लंघन। ३. (समय का) बीत जाना। ४. घटना का घटित होना। ५.विघ्न। ६. दुर्व्यवहार। ७. विरोध।

अतिपातक—[सं॰ अति ~ पातक] *पु॰* महापाप। भारी पाप। ● **विशेष**—धर्मशास्त्र में तीन बड़े पापों को 'अतिपातक' कहा गया है—माता, पुत्री या पुत्रवधू से व्यभिचार।

अतिपाती—[सं॰ अतिपातिन्] *वि॰* १. किसी की अपेक्षा अधिक वेग वाला। २. भूल करनेवाला।

अतिप्रकृत—[सं॰ अति + प्रकृत] *वि॰* १. प्रकृत/सामान्य रूप की अपेक्षा अधिक बढ़ा हुआ। असामान्य। २. अलौकिक। दिव्य। (अं॰ सुपरनेचुरल)

अतिप्रकृतवाद/अतिप्रकृतिवाद—[सं॰ अतिप्रकृत/अतिप्रकृति ~ वाद] *पु॰* यह विश्वास कि ऐसी शक्तियाँ हैं जो प्रकृति और उसके नियमों से ऊपर हैं तथा विश्व की सृष्टि आदि का कारण हैं। दैवी शक्ति में विश्वास।

अतिप्रश्न—[सं॰ अति + प्रश्न] *पु॰* १. प्रश्न पूछने की मर्यादा का उल्लंघन करनेवाला प्रश्न। तर्कहीन प्रश्न। ***जैसे***—उसने याज्ञवल्क्य से ब्रह्म के विषय में अतिप्रश्न किया था। २. ठीक उत्तर मिल जाने पर भी किया गया प्रश्न। ३. जो पूछने योग्य न हो।

अतिप्राकृत—[सं॰ अति + प्राकृत] *वि॰* १. दिव्य। दैवी। २. आसाधारण।

अतिबरवै—[सं॰ अति + हिं॰ बरवै] *पु॰* (छन्द॰) एक अर्धसममात्रिक छन्द जिसके विषम पदों में १२ और सम पदों में ९ मात्राएँ होती हैं।

अतिबल—[सं॰ अति + बल] *वि॰* १. बहुत बल वाला। २. (ऐसा योद्धा) जो बहुतों से अकेले ही युद्ध कर सके। *पु॰* १. बहुत बड़ा बल। २. शक्तिशाली सेना।

अतिमर्त्य—[सं॰ अति + मर्त्य] *वि॰* १. मृत्युलोक से परे का। पारलौकिक। २. मनुष्य की शक्ति से परे। अमानुषिक। ३. जो इस लोक का न हो या इस लोक में न होता हो। अलौकिक।

अतिमा—[< सं॰ अति ('कालिमा', 'महिमा' आदि के अनुकरण पर)] *स्त्री॰* १. बहुत अधिकता। अत्यधिकता। २. पराकाष्ठा तक पहुँचे हुए होने की अवस्था/गुण/भाव। ३. अलौकिकता। दिव्यता।

अतिमात्र—[सं॰ अति + मात्रा] *वि॰* जो उचित/नियत मात्रा से अधिक हो। बहुत ज्यादा। अत्यधिक। ✣ **अतिमात्रा**—*स्त्री॰* = आवश्यकता/औचित्य से अधिक मात्रा। (चिकित्सा॰) १. औषधि की बहुत अधिक मात्रा। २. औषधि की हानिकर बारम्बारता।

अतिमानव—[सं॰ अति + मानव] *पु॰* १. साधारण मनुष्यों की तुलना में बहुत अधिक शक्ति, बुद्धि और गुणों से युक्त मनुष्य। २. वह मनुष्य जो इस कारण अन्य मनुष्यों पर विजय प्राप्त करे या उनसे स्वयं को ऊँचा सिद्ध करे। २. दिव्य शक्तियों वाला असाधारण मनुष्य। (अं॰ सुपरमैन)

अतियोग—[सं॰ अति + योग] *पु॰* (किसी मिश्रण में) कोई वस्तु उचित मात्रा परिमाण से अधिक मिलाना। (आयुर्वेद॰) आहार-विहार और आचरण की हर प्रवृत्ति में अति करना।

अतिरञ्जन (अतिरंजन)—[सं॰ अति √रञ्ज् + ल्युट्] बहुत बढ़ा-चढ़ाकर किया गया कथन। अतिशयोक्ति या अत्युक्ति।

अतिरथ/अतिरथी—[सं॰ अति + रथ, अतिरथिन्] *पु॰* रथ में बैठकर युद्ध करनेवाला महारथी योद्धा जो अजेय के रूप में प्रसिद्ध हो।

अतिरिक्त—[सं॰ अति + रिक्त] *वि॰* १. जितना होना चाहिए या प्राय: जितना हो, उससे अधिक। नियम से अधिक अथवा अपेक्षित संख्या, मात्रा या परिमाण से अधिक। ***जैसे***—अतिरिक्त सामान, अतिरिक्त किराया। २. जितना काम में आता हो, उससे अधिक। ३. जो आवश्यकता से अधिक हो। फ़ालतू। बेशी। ***जैसे***—अतिरिक्त जुताई में समय नष्ट मत करो। ४. प्रचलित या साधारण से अधिक। ***जैसे***—हम न अतिरिक्त आय चाहते हैं और न अतिरिक्त व्यय करते हैं। ५. जो आवश्यकता के अनुसार बाद में बढ़ाया गया हो। बढ़ाया हुआ। जोड़ा हुआ। ६. भिन्न। अलग। *क्रिवि॰* किसी को छोड़कर। किसी के सिवा। अलावा। ***जैसे***—तुम्हारे अतिरिक्त मेरी सहायता किसी ने नहीं की। ✣ **अतिरिक्त वसीयत सम्पदा (संपदा)**—*स्त्री॰* = (विधि॰) पहले करी गयी वसीयत के अतिरिक्त दी गयी सम्पत्ति।

अतिरेक—[सं॰ अति √रिच् + घञ्] *पु॰* १. बहुत अधिकता। अतिशयता। २. वह अधिकता जो आवश्यक/उचित न हो। अनावश्यक/अनुचित अधिकता। ***जैसे***—तुम्हारे घर में पुस्तकों और काग़ज़ों का अतिरेक है। ३. रोग का बढ़ना या अधिक गम्भीर होना। ***जैसे***—खाँसी का अतिरेक ग़लत दवा खाने से हुआ।

अतिलङ्घन (अतिलंघन)—[सं॰ अति + लङ्घन] *पु॰* १. बहुत अधिक उपवास/लंघन। २. किसी नियम/मर्यादा/क़ानून आदि का उल्लंघन। ३. दूसरों के अधिकारों का अतिक्रमण। ***जैसे***—प्रकाशक ने लेखक के प्रतिलिपि अधिकार का अतिलंघन किया है।

अतिलौल्य—[सं॰ अति ~ लौल्य] *पु॰* १. अति चंचलता। २. अति लोभ। ३. तीव्र इच्छा। (जैन॰) अधिक आसक्ति।

अतिवर्धन—[सं॰ अति ~ वर्धन] *पु॰* अत्यधिक वृद्धि। बहुत बढ़त। (कृषि॰) बढ़े हुए कोशिका-विभाजन के कारण पौधों की अधिक वृद्धि।

अतिवर्ती—[सं॰ अतिवर्तिन्] *वि॰* मर्यादा/नियम तोड़कर चलनेवाले। अतिक्रम करनेवाला।

अतिवाद—[सं॰ अति + वाद] *पु॰* १. किसी भी प्रवृत्ति/बात की अतिशयता। अतिवादिता। २. अतिरंजना ३. डींग। ✣ **अतिवादिक**—*वि॰* = अतिवाद से सम्बन्धित। अतिवाद का। ✣ **अतिवादी**—*वि॰* = १. किसी भी प्रवृत्ति/बात की अतिशयता वाला। २. अतिरंजनापूर्वक बोलनेवाला। ३. डींग मारनेवाला।

अतिवाह—[सं॰ अति √वह् + घञ्] *पु॰* १. सूक्ष्म शरीर का अन्य शरीर में जाना या ले जाया जाना। २. पात्र या नदी आदि का पूरी तरह भर जाने के बाद बाहर बह निकलना। ३. किसी स्थान/नदी/नहर आदि में पानी बढ़ जाने पर आवश्यकता से अधिक पानी को बाहर निकालने के लिए प्रयुक्त मार्ग या नल/नाली आदि।

अतिवाहित—[सं॰ अति √वह् + णिच् + क्त] *वि॰* बिताया हुआ (समय)।

अतिवृष्टि—[सं॰ अति + वृष्टि] स्त्री॰ १. मूसलाधार वर्षा। लगातार बहुत बारिश। २. खेती को हानिकर अथवा धन-जन की हानि करनेवाली भीषण वर्षा। ∇ **विलोम**—अनावृष्टि।

अतिवेध—[सं॰ अति + वेध] *पु॰* १. घनिष्ठ सम्पर्क। २. दशमी और एकादशी तिथियों का परस्पर संयोग। दशमी तिथि के दिन ही किसी समय एकादशी तिथि आ जाना।

अतिवेधी—[सं॰ अतिवेधिन्] *वि॰* बहुत वेधन करने की क्षमता वाला।

अतिव्याप्ति—[सं॰ अति + व्याप्ति] *स्त्री॰* किसी कथन में लक्ष्य के अतिरिक्त अन्य विषय आ जाने का दोष। (न्याय॰) लक्षण/परिभाषा देने में होनेवाला एक दोष। एक हेत्वाभास। लक्षण/ परिभाषा का अपने मुख्य लक्ष्य के अतिरिक्त अन्यत्र भी व्याप्त होना। ***जैसे***—यह गाय है क्योंकि इसके सींग हैं कथन में 'अतिव्याप्ति' दोष है क्योंकि सींगवाली केवल गाय नहीं होती, अन्य पशु (भैंस आदि) भी होते हैं।

अतिशय—[स॰ अति √शी + अच्] *वि॰* १. बहुत ज़्यादा। अत्यधिक। २. यथेष्ट। *पु॰* १. अधिकता। २. (किसी बात का) बढ़ा-चढ़ाकर किया गया वर्णन। अतिरंजना। ✣ **अतिशयता**—*स्त्री॰* = १. बहुत ज़्यादा होना। अत्यधिकता। बहुतायत। २. श्रेष्ठता।

अतिशयोक्ति—[स॰ अतिशय + उक्ति] *स्त्री॰* बढ़ा-चढ़ाकर कहना। अतिशय या अतिरंजनापूर्ण कथन। *जैसे*—इसमें कोई अतिशयोक्ति नहीं है कि शताब्दियों तक इस ग्रन्थ (रामायण) को पवित्र और निर्दोष माना जाता रहेगा। —हजारीप्रसाद ग्र॰ (मध्यकालीन बोध, खंड ५, पृ॰ ३३) [काव्य॰] एक अर्थालंकार जिसमें लोक-सीमा को पार करनेवाला प्रशंसात्मक कथन होता है।

अतिशयोक्तिपूर्ण—*वि॰* = (वह कथा) जिसमें अतिशयोक्ति हो। अतिरंजनापूर्ण।

अतिशयोपमा—[स॰ अतिशय ~ उपमा] *स्त्री॰* (काव्य॰) उपमा अलंकार का एक भेद। किसी पदार्थ का ऐसा वर्णन जिसमें यह दिखाया जाए कि उसके समान वही है तथा अन्य किसी से उसकी उपमा नहीं दी जा सकती।

अतिशायिनी—[स॰ अतिशायिन् + ङीप्] *स्त्री॰, वि॰* (*स्त्री॰*) बहुत अधिक आगे बढ़ जानेवाली। अतिशयतावाली। (छन्द॰) एक समवर्णिक छन्द जिसके प्रत्येक चरण में क्रमशः दो सगण, जगण, भगण, जगण और दो गुरु (स स ज भ ज ग ग) के योग से १७ वर्ण होते हैं तथा १०-७ पर यति होती है।

अतिशीतलन—[स॰ अति + शीतलन] *पु॰* (भौतिकी॰) किसी द्रव को ठोस में बदले बिना उसके हिमांक या क्रिस्टलन-ताप से कम ताप तक ठंडा करना। (अ॰ सुपरकूलिंग)

अतिशेष—[स॰ अति + शेष] *पु॰* १. बचत। २. बचा हुआ बहुत कम अंश। *पु॰* (वाणि॰) किसी लेखे की 'जमा' और 'नामे' प्रविष्टियों का मिलान करने पर बचने वाली राशि या वह निवल राशि जो अभी मिलना शेष है। (अ॰ बैलेन्स)

अतिसन्धान (अतिसंधान)—[स॰ अति + सन्धान] *पु॰* लक्ष्य से आगे निशाना लगाना।

अतिसन्ध्या (अतिसंध्या)—[स॰ अति + सन्ध्या] स्त्री॰ सूर्योदय के ठीक पहले और सूर्यास्त के ठीक बाद का कुछ समय।

अतिसर्पण—[स॰ अति + सर्पण] *पु॰* १. तेज़ गति। २. गर्भाशय में बच्चे का सरकना।

अतिसार—[स॰ अति √सृ + घञ्] *पु॰* (चिकित्सा॰) आँतों से अर्धठोस या द्रवीय मल पदार्थों का लगातार निकलने का रोग। प्रवाहिका। दस्तों की बीमारी। ✣ **अतिसारी**—*वि॰* = १. अतिसार रोग से पीड़ित। २. अतिसार-सम्बन्धी। अतिसार रोग का।

अतिसुधार—[स॰ अति+ सुधार] *पु॰* सुधार की अवांछित अधिकता। (भाषा॰) भाषा को शुद्ध करने की अधिक उत्साह-वृत्ति के आवेश में अज्ञानवश की गयी ग़लती। *जैसे*—'ज़' को 'ज' बोलनेवालों को सुधारने के लिए 'मजाक' को 'मज़ाक' बोलने का आग्रह तो ठीक है परन्तु 'रिवाज', 'जनाब', 'इलाज', वजह इत्यादि को क्रमशः 'रिवाज़', 'ज़नाब', 'इलाज़', 'वज़ह' इत्यादि बोलना तो अतिसुधार है।

अतिसूक्ष्मदर्शी—[स॰ अतिसूक्ष्मदर्शिन्] *पु॰* (भौतिकी॰) ऐसा सूक्ष्म यन्त्र जिससे अति सूक्ष्मकणों की गति आदि का अध्ययन किया जाता है। (अ॰ अल्ट्रामाइक्रस्कोप)

अतिस्पर्श—[स॰ अति + स्पर्श] *पु॰* (व्या॰) १. जीभ और तालु का अल्प स्पर्श। २. अर्धस्वर (य्, र्, ल्, व्,) और स्वर)।

अतिस्फीति—[स॰ अति+ स्फीति] *स्त्री॰* (अर्थ॰) बहुत अधिक मुद्रा-प्रसार के कारण क़ीमतों में इतनी भारी और लगातार वृद्धि कि वस्तुओं को ख़रीदने में मुद्रा का महत्त्व ही न रहे। (अ॰ हाइपर-इन्फ़्लेशन)

अतिहसित—[स॰ अति + हसित] *पु॰* (काव्य॰) हास्य के ६ भेदों में से एक। बहुत ज़ोर की हँसी। ● **विशेष**—'अतिहसित' के लक्षण हैं—ताली पीटना, बीच-बीच में अस्पष्ट बात बोलना, शरीर काँपना और आँसू निकल पड़ना।

अतीत—[स॰ अति √इण् + क्त] *वि॰* १. बीता हुआ (समय)। विगत। गत। *जैसे*— अतीत काल कभी वापस नहीं आता। २. बीते हुए समय से सम्बन्धित। भूतकाल का। *जैसे*— अतीत वैभव। ३. मरा हुआ। मृत। ४. अलग। परे। न्यारा। *उदा॰* गुनअतीत जस निरगुन आप। —कबीर (पद ५०) ५. पार गया हुआ। *जैसे*— माया से अतीत (या मायतीत) योगी। *पु॰* १. बीत चुका समय। भूतकाल। २. विषयों से परे रहनेवाला व्यक्ति। साधु।

अतीतागत—[स॰ अतीत ~ आगत] *पु॰* भूतकाल। और वर्तमान काल। *जैसे*—अतीतागत कालों का विचार करके।

अतीताब्धि—[स॰ अतीत ~ अब्धि] *पु॰* अतीतरूपी सागर।

अतीन्द्रिय (अतींद्रिय)—[स॰ अति + इन्द्रिय] *वि॰* १. जिसका ज्ञान इन्द्रियों से प्राप्त नहीं हो सकता। इन्द्रियातीत। २. अलौकिक। दिव्य। *जैसे*—अतीन्द्रिय शक्तियाँ। *पु॰* (सांख्य॰) १. पुरुष। जीवात्मा। २. परमात्मा। ३. प्रकृति। (वेदान्त॰) मन। ● **विशेष**—१. सांख्यदर्शन में 'अतीन्द्रिय' का अर्थ 'पुरुष', 'परमात्मा' अथवा 'प्रकृति' भी है २. वेदान्तदर्शन में 'मन' को 'अतीन्द्रिय' कहा जाता है। ✣ **अतीन्द्रिय दृष्टि (अतींद्रिय दृष्टि)**—*स्त्री॰* इन्द्रियों की सहायता के बिना दूर तक की तथा भूत, वर्तमान और भविष्य की वस्तुओं और घटनाओं को देखने की शक्ति। योग-दृष्टि। ✣ **अतीन्द्रियवाद (अतींद्रियवाद)**—*पु॰* = अतीन्द्रिय अनुभवों और अतीन्द्रिय ज्ञान की वास्तविकता का प्रतिपादक मत/सिद्धान्त। ✣ **अतीन्द्रियवादी (अतींद्रियवादी)**—*वि॰* = अतीन्द्रियवाद का समर्थक। ✣ **अतीन्द्रिय श्रवण (अतींद्रिय श्रवण)**—*पु॰* = कानों की सहायता के बिना दूर तक की आवाज़ें 'सुनने' की अलौकिक शक्ति या क्रिया।

अतीव—[स॰ अति + इव] *क्रिवि॰* अधिक। बहुत।

अतीस—[< स॰ अतिविषा] *पु॰* कश्मीर आदि में पाया जाने वाला एक

क्षुप जिसके कन्द बहुत कड़वे और विषैले परन्तु औषधोपयोगी होते हैं।

अतुकान्त (अतुकांत)—[सं॰ अ+ हिं॰ तुक+ सं॰ अन्त] *वि॰* [छन्द॰] (वह पद्य) जिसकी पंक्तियों के अन्त में तुक न हो। अन्त्यानुप्रासहीन। जैसे-अतुकान्त कविता। *पु॰* छन्दशास्त्र के नियमों और पंक्तियों के अन्त की तुक से रहित परन्तु लयात्मक कविता। मुक्त छन्द। (अं॰ ब्लैंक वर्स)

अतुङ्ग (अतुंग)—[सं॰ अ + तुङ्ग] *वि॰* १. जो ऊँचा न हो।

***अतुराइ**—[< हिं॰ अतुराना] *क्रिवि॰* १. आतुर होकर। २.व्याकुल होकर। ३. शीघ्रतापूर्वक। ४. उतावले होकर। ५. हड़बड़ाकर।

***अतुराई**—[< सं॰ आतुर] *स्त्री॰* १. आतुरता। २. व्याकुलता। बैचनी। ३. शीघ्रता। ******क्रिवि॰* आतुरतापूर्वक।

अतुल—[सं॰ अ + तुल] *वि॰* १. जिसकी तौल या माप न हो सके। २. अपरिमित। असीम। अपार। बेहिसाब। बेहद। ***जैसे***—अतुल शक्ति। ३. तुलना रहित। अनुपम। बेजोड़। अद्वितीय।

अतुलनीय—[सं॰ अ √तुल् + अनीयर्] *वि॰* १. जिसकी किसी से तुलना या समानता न की जा सके। जिसके तुल्य कोई न हो। अनुपम। अद्‌वितीय। बेजोड़। २. अपरिमित। अपार। असीम। बेहद।

अतुलित—[सं॰ अ √तुल् + क्त] *वि॰* १. बिना तौला हुआ। २. अपरिमित। आपार। असीम। बेहद। ३. अनुपम। अद्‌वितीय। बेजोड़।

अतुल्य—[सं॰ अ + तुल्य] *वि॰* १. अतुलनीय। (दे॰)२. जो प्रस्तुत वस्तु के तुल्य/समान न हो। असमान। असदृश। ∇ **विलोम**—तुल्य।

अतुष—[सं॰ अ + तुष] *वि॰* बिना छिलका/भूसी का (अनाज)।

अतुहिनकर—[सं॰ अ + तुहिन + कर] *पु॰* सूर्य।

***अतूल**—*वि॰≤ सं॰* अतुल। अतुल्य।

अतृष्ण—[सं॰ अ + तृष्णा] *वि॰* जिसमें तृष्णा न हो। तृष्णारहित।

***अतेह**—[< सं॰ अ + हिं॰ तेहा] *वि॰* १. क्रोधराहित। २. ईर्ष्यारहित।

अतैथिक—[सं॰ अ + तैथिक] *वि॰* बिना तिथि का। (पुरा॰) ऐसे पुरावशेष जिनकी तिथि शिलालेखों आदि से निर्धारित नहीं की जा सकती।

***अतोल/अतौल**—[< सं॰ अतुल] *वि॰* अतुल।

***अत्त[१]**—[< सं॰ अति] *स्त्री॰* १. अति। अधिकता। २. अत्याचार। *वि॰* अति। अधिक।

***अत्त[२]**—[< सं॰ आप्त] *वि॰* अहंकार। घमंड।

***अत्त[३]**—[< सं॰ आप्त] *वि॰* मिला हुआ। प्राप्त।

***अत्ता**—[सं॰ भअत् + तक् + टाप्] स्त्री॰ १. माता। २. बड़ी बहिन। ३. सास।

अत्तार—[अरबी] *पु॰* १. जड़ी-बूटियाँ बेचनेवाला या हकीमी/यूनानी दवाएँ इत्यादि बनाने और बेचनेवाला।

अत्यन्त (अत्यंत)—[सं॰ अति + अन्त] *वि॰* १. जिसका अन्त न हो। अनन्त। असीम। बेहद। ***जैसे***—अत्यन्त निपुणता। २. बहुत अधिक। अत्यधिक। ***जैसे***—अत्यन्त प्रसन्न। ३. सम्पूर्ण। नितान्त। ***जैसे***—योग-साधना से दुःख का अत्यन्त अभाव। ४. सदा रहनेवाला। ***जैसे***—अत्यन्त भाव। *क्रिवि॰* बहुत अधिकता से। ***जैसे***—अत्यन्त तेज़ बरसना। ✣ **अत्यन्तता (अत्यंतता)**—*स्त्री॰* १. अनन्तता। असीमता। २. अत्यधिकता। ३. सम्पूर्णता। नितान्तता।

अत्यन्तसंयोग (अत्यंतसंयोग)—[सं॰ अत्यन्त ~ संयोग] *पु॰* बहुत समीपता। अविच्छेद।

अत्यन्तातिशयोक्ति (अत्यंतातिशयोक्ति)—[सं॰ अत्यन्त ~ अतिशयोक्ति] *स्त्री॰* (काव्य॰) अतिशयोक्ति अलंकार का एक भेद। कारण के पूर्व कार्य का वर्णन किए जाने से होनेवाला अलंकार।

अत्यन्तिक (अत्यंतिक)—[सं॰ अत्यन्त+ठन्] *वि॰* १. बहुत तेज़ गति से चलने या घूमने वाला। २. बहुत समीप का। बहुत निकट का। नज़दीकी।

अत्यय—[अति √इ + अच्] *पु॰* १. बीत जाना। २. निकल जाना। ३. अन्त। ४. मृत्यु। ५. समाप्ति। ६. अनुपस्थिति। ७. अदर्शन। लोप। ८. दुःख। ९. संकट। ख़तरा। १०. दोष। अपराध। ११. अतिक्रमण।

अत्याचार—[सं॰ अति + आचार] *पु॰* १. आचार का उल्लंघन। विरुद्ध आचार। २. रीति/प्रथा आदि का उल्लंघन। ३. किसी के साथ किया जाने वाला अमानवीय/अनुचित व्यवहार। ४. किसी को कष्ट देने के लिए किया जानेवाला व्यवहार। अन्याय। उत्पीड़न। जुल्म। **अत्याचारी**—[सं॰ अत्याचारिन्] *वि॰* १. अत्याचार करनेवाला। २. अपने पद या शक्ति के आधार पर दूसरों को कष्ट देनेवाला। अन्यायी। ज़ालिम।

अत्याय—[सं॰ अति √ इ + घञ्] १. (मर्यादा/नियम/सीमा आदि का) उल्लंघन। अतिक्रमण। २. अधिकता। ३. बहुत अधिक लाभ।

अत्यार्तव—[सं॰ अति + आर्तव] *पु॰* (स्त्रियों में) मासिक स्राव का अत्यधिक प्रवाह। अतिरजोस्राव।

अत्यालोचना—[सं॰ अति + आलोचना] *स्त्री॰* १. घोर आलोचना। २. छिद्रान्वेषण।

अत्याश्रम—[सं॰ अति ~ आश्रम] *पु॰* सन्न्यास आश्रम। *वि॰* सन्न्यास आश्रम में स्थित। सन्न्यासी। ✣ **अत्याश्रमी**—*वि॰* सन्नयास आश्रम में स्थित। *पु॰* सन्न्यासी।

अत्याहत—[सं॰ अति + आहत] *वि॰* (दुर्घटना में) अत्यन्त घायल।

अत्याहारी—[सं॰ अति + आहारी (आहारिन्)] *वि॰* अधिक खानेवाला।

अत्युक्त—[सं॰ अति + उक्त] *वि॰* जो बहुत बढ़ा-चढ़ाकर कहा गया हो। अतिरंजनापूर्ण (कथन)।

अत्युक्ति—[सं॰ अति + उक्ति] *स्त्री॰* बहुत बढ़ा-चढ़ाकर कही गयी बात। (काव्य॰) एक अर्थालंकार जिसमें किसी बात का बहुत बढ़ा-चढ़ाकर मिथ्या वर्णन किया जाता है।

अत्र—[सं॰ इदम् + त्रल् (या, एतद् + त्रल्)] *क्रिवि॰* यहाँ। इसमें। ✣ **अत्र-तत्र**—*क्रिवि॰* = यहाँ-वहाँ।

अत्रप—[स० अ + त्रपा] *वि०* १.लज्जाहीन। निर्लज्ज। बेशर्म। २. उद्धत। धृष्ट। उजड्ड। ३. शीलरहित। दुश्शील।

अत्रिज/अत्रिजात—[स० अत्रि + ज/जात] *पु०* १. अत्रि का पुत्र। आत्रेय। २. दुर्वासा। ३. दत्तात्रेय। ४. चन्द्रमा।

अत्रस्थ—[स० अत्र + स्थ] *वि०* १. यहाँ स्थित। २. यहीं रहनेवाला। इसी स्थान का निवासी।

अत्रास—[स० अ + त्रास] *वि०* त्रास-रहित। 'भय-रहित। निडर। *पु०* भय का अभाव।

अथ—[स० √अर्थ् + ड, पृषो० र्-लोप] *अव्यय०* ग्रन्थ आदि के आरम्भ में मंगल-सूचक शब्द। *क्रिवि०* तदनन्तर। पीछे से। *पु०* आरम्भ। ● **विशेष**—१. 'अथ⋯इति' का प्रयोग आरम्भ और अन्त के अर्थ में प्राय: होता है जैसे उपर्युक्त उदाहरण में है।

अथक—[स० अ + हि० थकना] *वि०* १. न थकनेवाला। २. (कार्य आदि) जिसमें थकावट न आयी हो। ***जैसे***—अथक कार्य। *क्रिवि०* १. बिना थके हुए। २. बिना थकावट माने हुए निरन्तर। ***जैसे***—दो घंटे अथक दौड़ता रहा।

अथना, अथयना**—[< प्रा० अथ्य < स० अस्त] *क्रिअ०* १. अस्त होना। डूबना। ***जैसे—चन्द्रमा अथै गयो। २. कम होना। घटना। ३. समाप्त हो जाना। नष्ट हो जाना। ● **विशेष—अथयउ/अथयौ**—अस्त हो गया।

†अथरा—[देशज] *पु०* मिट्टी की नाँद जिसमें रँगरेज़ कपड़े रंगते हैं और जुलाहे सूत भिगोते हैं। *स्त्री०* दही जमाने का मिट्टी का कूँडा। ⁘ **अथरी**—*स्त्री०* = दही जमाने का मिट्टी का तसला।

अथर्वनि—[स० अथर्वन् + इस्] *पु०* १. अथर्ववेद में पारंगत विद्वान्। २. पुरोहित। ⁘ ***अथर्वनी**—*पु०* = अथर्वनि।

अथवा—[स० अथ √वा + क्विप्] *अव्यय०* (विकल्प-सूचक) या। ***जैसे***—राम अथवा भरत।

***अथाई**—[< स० आस्थानिका/आस्थानी] *स्त्री०* १. गोष्ठी। मंडली। सभा। २. बैठक। ३. चौपाल।

अथाना—[< स० अस्तमान] *क्रिवि०* अस्त होना।

अथापि—[स० अथ ~ अपि] *अव्यय०* १. और भी। २. और फिर। ३. इस पर भी।

अथारिटी—[< अ० आथॉरिटी] *स्त्री०* १. (आज्ञा मनवाने का) अधिकार। सत्ता। २. शासन-सत्ता। ३. (सौंपा गया) अधिकार। प्राधिकार। ४. अधिकृत संस्था। प्राधिकरण।

अथाह—[स० अ + हि० थाह] *वि०* १. जिसकी गहराई का पता न चल सके। अगाध। ***जैसे***—तालाब में अथाह जल है। २. गम्भीर। गूढ़। ***जैसे***—मन के अथाह रहस्य। ***वा०* अथाह में पड़ना**—संकट/कठिनाई/परेशानी में पड़ना।

***अथोर**—[स० अ + हि० थोड़ा] *वि०* १. जो थोड़ा न हो। अधिक। बहुत। ज़्यादा। ३. सम्पूर्ण। पूरा।

अदंष्ट्र—[स० अ + दंष्ट्रा] *वि०* जिसके दाँत न हों। दन्त-रहित। *पु०* वह सर्प जिसका विष-दन्त उखाड़ लिया गया हो।

अदक्ष—[स० अ + दक्ष] *वि०* जो दक्ष/निपुण/कुशल/चतुर न हो। अकुशल। ∇ **विलोम**—दक्ष। ⁘ **अदक्षता**—*स्त्री०* = दक्ष/निपुण/कुशल/चतुर न होने का भाव। अकुशलता। (अ० इन-एफ़िशेन्सी) ∇ **विलोम**—दक्षता।

अदक्षिणीय—[स० + दक्षिणीय] *वि०* जो दक्षिणा पाने का अधिकारी न हो। ∇ **विलोम**—दाक्षेर्णीय।

अदग्ध—[स० अ + दग्ध] *वि०* १. (शव) जिसका दाह-संस्कार न हुआ हो। ∇ **विलोम**—दग्ध।

अदत्त—[स० अ + दत्त] *वि०* १. जो दिया न गया हो। न दिया हुआ। २. जो विधिपूर्वक न दिया गया हो। ३. जिसका मूल्य न दिया गया हो।

अदत्तपूर्वा—[स० अ + दत्तपूर्वा] स्त्री० कुमारी कन्या।

अदत्ता—[स० अदत्त + टाप्] स्त्री० कुमारी कन्या।

अदद—[अरबी] *पु०* १. संख्या। गिनती। तादाद। २. गिनती करने के लिए एक मापक या इकाई। ***जैसे***—सामान के दस अदद हो गए।

अदन—[स० ☉अद् + ल्यूट्] *पु०* भोजन करना। भक्षण। खाना।

अदना—[< अरबी अद्ना] *वि०* १. तुच्छ। अधम। ***जैसे***—अदना आदमी। २. बहुत छोटा। ज़रा-सा। ***जैसे***—अदना काम।

अदना-बदना—[< स० अधि + वदन] *क्रिस०* १. दृढ़तापूर्वक कहना। २. निश्चयपूर्वक कहना। ⁘ **अदबदकर/अदबदाकर**—*क्रिवि०* = १. जानबूझकर और दृढ़तापूर्वक। २. (पहले से) चुनौती देकर बदला लेने के लिए ***जैसे***—अदबदाकर मारना। ⁘ **अदा-बदा**—*वि०* = १. पहले से आपस में निश्चित किया हुआ। २. भाग्य-लेख में अंकित। ३. जिसे करने के लिए आपस में शर्त लगायी गयी हो।

अदनीय—[स० √अद् + अनीयर्] *वि०* खाने योग्य। भक्षणीय। भोज्य।

अदन्त (अदंत)—[स० अ + दन्त] *वि०* १. बिना दाँतों का। २. (शिशु) जिसके दाँत अभी निकले न हों।

अदन्त्य (अदंत्य)—[स० अ + दन्त्य] *वि०* १. जो दाँत-सम्बन्धी न हो। २. दाँतों के लिए हानिकारक। [व्या०] (ध्वनि/वर्ण) जो दाँतों से उच्चरित न हो। ***जैसे***—'त' दन्त्य है और 'र' अदन्त्य है।

अदब—[अरबी] *पु०* १. शिष्टाचार। सभ्यता। २. छोटों के द्वारा बड़ों का उचित आदर-सम्मान। ३. साहित्य। ***जैसे***—फ़ारसी अदब। ⁘ **अदब-क़ायदा**—*पु०* = शिष्टाचार। ⁘ **अदब-लिहाज़**—*पु०* = सम्मान। इज़्ज़त। ⁘ **अदबी**—*वि०* = साहित्य-सम्बन्धी। साहित्यिक। ***जैसे***—अदबी दुनिया।

***अदबुध**—[< स० अबुध] *वि०* अज्ञानी। मूर्ख। **उदा०** बाकी बंदन करु सब कोई, बुध अदबुध अचरज बड़ होई (= ज्ञानी-अज्ञानी सभी उसकी वन्दना करते हैं, यही बड़ा आश्चर्य है)। —कबीर (रमैनी, ७२)

अदभ्र—[स० अ + दभ्र] *वि०* १. प्रचुर। बहुत। २. अपार। ३. महान्।

अदम—[अरबी] *पु०* १. यमलोक। परलोक। २. अभाव।

***वा॰* अदम का रास्ता लेना, अदम को सिधारना**—मर जाना।

अदम्भ (अदंभ)—[स॰ अ + दम्भ] *पु॰* दम्भ का अभाव। दम्भहीनता। *वि॰* दम्भ-रहित। निश्छल। सच्चा। २. आडम्बर हीन।

अदम्य—[स अ + दम्य] *वि॰* १. जिसका दमन न किया जा सके। जिसे दबाया न जा सके। २. प्रबल।

अदय—[स॰ अ + दया] *वि॰* १. जिसमें दया न हो। दयारहित। निर्दय। २. कठोर हृदय वाला। निष्ठुर।

***अदराना**—[< स॰ आदर] *क्रिअ॰* बहुत आदर पाने पर घमंड दिखाना। इतराना। *क्रिस॰* किसी का आदर करके उसे इतरानेवाला बनाना।

अदल[1]—[स॰ अ + दल] *वि॰* १. जिसमें पत्ता न हो। अपर्ण। ***जैसे***—अदल वृक्ष। २. जो किसी दल/गुट में न हो। तटस्थ या निर्दलीय। ३. बिना सेना का (राजा आदि)।

अदल[2]—[अरबी] *पु॰* न्याय। ***जैसे***—राजा का अदल।

अदल-बदल—[अनु॰ अदल + अरबी बदल] १. हेर-फेर। परिवर्तन। २. अदला-बदली।

अदली[1]—[स॰ अदलिन्] *वि॰* जिसमें पत्ते न हों। पत्ररहित। अपर्ण।

***अदली[2]**—[< अरबी अदल] *वि॰* न्यायशील। न्यायी।

अदलीय—[स॰ अ + दलीय] *वि॰* १. (व्यक्ति) जो किसी दल से सम्बन्धित न हो। निर्दलीय या तटस्थ। २. (विषय आदि) जो किसी दल से सम्बन्धित न हो। जो दलगत न हो। ***जैसे***—अदलीय पत्रिकाएँ। ३. पत्तों से रहित। ❖ **अदलीय पुष्प**—*पु॰* = पंखुड़ियों से रहित फूल।

अदवाइन—[< स॰ अधः + दाम (रस्सी)] *स्त्री॰* खाट के पैंताने बँधी रस्सी।

अदह—[< स॰ अदाह्य] *वि॰* (अग्नि द्वारा) न जलाया जा सकने वाला। अदाह्य। *पु॰* एक विशेष खनिज पदार्थ या उसके रेशों से बुना गया वस्त्र। (अ॰ एज़्बस्टस)

अदहन—[< स॰ अ + दहन] *पु॰* (दाल आदि पकाने के लिए) गरम किया जानेवाला पानी।

अदा[1]—[फा॰] *स्त्री॰* १. हाव-भाव। अंग-भंगी। ***जैसे***—युवती की अदा पर रीझा युवक। २. प्रणाली। पद्धति। तर्ज़। ***जैसे***—गाने की अदा।

अदा[2]—[अरबी] *पु॰* (देय को) चुकाने का कार्य। बेबाक़ करना। *वि॰* १. दिया गया या चुकाया गया (ऋण या देय धन आदि)। २. सम्पन्न किया हुआ (कार्य)। बेबाक़। ***जैसे***—अपना फर्ज़ अदा करना। ∇ **विलोम**—ग़ैरअदाई/ग़ैरअदायगी। ❖ **अदाई/अदायगी**—*स्त्री॰* = १. अदा करने की क्रिया/भाव। २. (देय धन का) चुकाया जाना। बेबाक़ी। ❖ **अदाकर्ता**—*पु॰* = अदा करने वाला व्यक्ति। (अर्थ॰) वह व्यक्ति या बैंक जिसे किसी चेक/ड्राफ़्ट/बिल/हुंडी का भुगतान करने का आदेश दिया गया है। (अ॰ ड्रॉई)

अदान—[स॰ अ + दान] *पु॰* १. दान का अभाव। दान न देना। २. अनुचित दान। ३. बिना मद-जल का हाथी।

अदान्त (अदांत)—[स॰ अ + दान्त] *वि॰* जो जितेन्द्रिय न हो। अजितेन्द्रिय। ∇ **विलोम**—दान्त।

अदाय—[स॰ + दाय] *वि॰* जो सम्पत्ति में भाग पाने का अधिकारी न हो।

अदायाद—[स॰ अ + दायाद] *वि॰* १. जो उत्तराधिकारी होने का पात्र न हो। २. जिसका कोई उत्तराधिकारी न हो। लावारिस।

अदायिक—[स॰ अ + दायिक] *वि॰* १. जिसका जायदाद से सम्बन्ध न हो। २. वह वस्तु/सम्पत्ति जिसके लिए किसी ने अपना उत्तराधिकार न दिखाया हो। लावारिस।

अदालत—[अरबी] स्त्री॰ न्यायालय। ***वा॰* अदालत का कीड़ा**—१. बहुत मुक़दमेबाज़ व्यक्ति। २. न्यायालय की सब बातों से परिचित व्यक्ति।

अदाली—[< अरबी आदिल] *वि॰* १. आलसी। सुस्त। २. अकर्मण्य। निकम्मा। ३. घटिया। रद्दी। ४. भद्दा।

अदावत—[अरबी] *स्त्री॰* १. शत्रुता। वैर। दुश्मनी। २. द्वेष। ❖ **अदावतन**—*क्रिवि॰* = अदावत से। शत्रुता से।

अदाँव—[स॰ अ + हि॰ दाँव] *पु॰* १. बुरा दाँव। २. अनवसर। ३. कठिन स्थिति।

अदिति—[स॰ अ + दिति] *स्त्री॰* १. असीमता। २. प्रकृति। ३. माता। ४. पृथ्वी। ५. पुनर्वसुन क्षत्र।

अदितिज, अदितिनन्दन, अदितिसुत—[स॰ अदिति + ज, अदिति ~ नन्दन/सुत] *पु॰* १. (अदिति का पुत्र) सूर्य। आदित्य। २. (अदिति के पुत्र) देवता।

***अदिन**—[स॰ अ + दिन] *पु॰* १. बुरा दिन। २. अशुभ समय। विपत्ति-काल। ३. दुर्भाग्य।

अदिश—[स॰ अदिक्] *वि॰* (गणित॰) जो सदिश न हो। ***जैसे***—'वेग' सदिश होता है और 'गति' अदिश। *पु॰* (गणित॰) जो किसी सदिश समष्टि का सदस्य न हो।

अदिष्टि—[< स॰ अदृष्ट] *वि॰* जिसे देखा न जा सके। अदृष्ट। *पु॰* ब्रह्म। परमात्मा।

***अदिष्टी[1]**—[< स॰ अ + दृष्टि] स्त्री॰ दृष्टि का अभाव। दृष्टिहीनता। *वि॰* १. मूर्ख। अविचारी। २. दुष्ट।

***अदिष्टी[2]**—[< स॰ अदृष्ट] *वि॰* भाग्यहीन। अभागा। बदक़िस्मत।

†अदीठि—[स॰ अ + दृष्टि] *स्त्री॰* बुरी दृष्टि। कुदृष्टि। *वि॰* दृष्टि-रहित। नेत्रहीन। अन्धा।

अदीपित—[स॰ अ + दीपित] *वि॰* १. अप्रकाशित। २. प्रकाशरहित।

अदीप्त—[स॰ अ + दीप्त] *वि॰* जो दीप्त न हो। अन्धकारमय। ∇ **विलोम**—दीप्त।

अदीप्ति—[स॰ अ + दीप्ति] *स्त्री॰* दीप्ति का अभाव। प्रकाशरहितता। ∇ **विलोम**—दीप्ति।

अदीयमान—[स॰ अ + दीयमान] *वि॰* १. जो न दिया जाए। २. जो न दिया जा सके। अदेय।

***अदीह**—[< सं॰ अदीर्घ] *वि॰* जो दीर्घ/लम्बा न हो। अदीर्घ।

अदुःख—[सं॰ अ + दुःख] *पु॰* दुःख का अभाव। सुख। *वि॰* जो दुःखी न हो। दुःखरहित। सुखी।

***अदुन्द (अदुंद)**—[< सं॰ अ+ द्वन्द्व] *वि॰* १. द्वन्द्व—रहित। निर्द्वन्द्व। २. शान्त।

अदुरित—[सं॰ अ + हि॰ दुरित] *वि॰* जो छिपा न हो। प्रत्यक्ष। प्रकट। ∇ **विलोम**—दुरित।

***अदूजा**—[< सं॰ अद्वितीय] *वि॰* १. अद्वितीय। अनुपम। बेजोड़। २. जो दूसरा/पराया न हो। आत्मीय। अपना।

अदृप्त—[सं॰ अ + दृप्त] *वि॰* १. जिसमें दर्प न हो। अभिमानरहित। निरभिमान। २. सरल।

अदृश्य—[सं॰ अ + दृश्य] *वि॰* १. जो ओट में होने के कारण न दिख रहा हो। २. जो कभी न दिखता हो। जो देखा न जा सके। अगोचर। ३. लुप्त। ग़ायब।

अदृष्ट—[सं॰ अ + दृष्ट] *वि॰* १. जो पहले देखा न गया हो। अनदेखा। २. जो पहले जाना न गया हो। अज्ञात। ३. जो विचारा न गया हो। अविचारित। ४. आँखों से ओझल। ५. अदृश्य। लुप्त। ग़ायब। *पु॰* १. भाग्य। ***जैसे***—अदृष्ट जहाँ ले जाएगा, वहाँ जाना ही पड़ेगा। २. पूर्वजन्मों का पाप/पुण्य जिससे दुःख/सुख प्राप्त होता है। ३. (अग्निकांड, बाढ़ या सूखा आदि) ऐसी विपत्ति जिसका पहले कभी ध्यान भी न आया हो। दैवी विपत्ति।

अदृष्टगति—[सं॰ अदृष्ट ~ गति] *वि॰* जिसकी गति-विधि समझ में न आए।

अदृष्टपूर्व—[सं॰ अदृष्ट ~ पूर्व] *वि॰* १. जो पहले न देखा गया हो। २. विलक्षण। अद्भुत।

अदृष्टफल—[सं॰ अदृष्ट ~ फल] *पु॰* पाप या पुण्य का भविष्य में मिलनेवाला परिणाम। *वि॰* जिसका परिणाम दृष्ट न हो या अज्ञात हो।

अदृष्टवाद—[सं॰ अदृष्ट ~ वाद] *पु॰* यह मत कि कर्म का फल परलोक में मिलता है। ⁘ **अदृष्टवादी**—*वि॰* = अदृष्टवाद को माननेवाला।

अदृष्टाकाश—[सं॰ अदृष्ट ~ आकाश] *पु॰* १. अलक्षित आकाश। २. भाग्यरूपी आकाश।

अदृष्टाक्षर—[सं॰ अदृष्ट ~ अक्षर] *पु॰* किसी विशेष रस या रासायनिक पदार्थ से लिखे जाने वाले वे अक्षर जिन्हें साधारणतया पढ़ा नहीं जा सकता जब तक उन्हें अग्नि का ताप न दिया जाए या कोई रासायनिक क्रिया न की जाए।

अदृष्टार्थ—[सं॰ अदृष्ट ~ अर्थ] *वि॰* १. जिसका ज्ञान इन्द्रियों द्वारा प्राप्त नहीं किया जा सकता हो। २. आध्यात्मिक/गूढ़ अर्थ वाला। (न्याय॰) शब्दप्रमाण का एक प्रकार जिसमें प्रमाणरूप वचन का अर्थ पारलौकिक विषय से सम्बन्धित होता है। ***जैसे***—'दुराचारी मनुष्य नरकगामी होता है' यह धर्मशास्त्रीय वाक्य अदृष्टार्थ है।

अदृष्टि—[सं॰ अ + दृष्टि] *वि॰* १. दृष्टिहीन। अन्धा। २. (लाक्षणिक) जिसमें सूझ-बूझ न हो। जिसमें विचार-शक्ति, कल्पना-शक्ति या अनुमान की क्षमता न हो। *स्त्री॰* १. दृष्टिहीनता। अन्धता। अन्धापन। २. (दुर्भाववाली) बुरी दृष्टि। कुदृष्टि।

अदेख**—[< सं॰ अ + हि॰ देखना] *वि॰* १. जो देखा न जा सके। छिपा हुआ। अदृश्य। २. जो देखा न गया हो। अदृष्ट। ३. जिसने न देखा हो या जो देख न रहा हो। ***जैसे—मुझे देखकर भी तुम अदेख बने रहे।

अदेवमातृक—[सं॰ अ + देवमातृक] *वि॰* जहाँ पर्याप्त वर्षा न होती हो और इस कारण कुआँ, तालाब, नहर आदि के जल से सींचा जाने वाला। ***जैसे***—अदेवमातृक कृषि।

अदेश—[सं॰ अ + देश] *पु॰* १. कुत्सित स्थान। बुरा स्थान। कुठौर। २. कुत्सित देश। बुरा देश। वर्जित देश। ३. अनुपयुक्त देश/स्थान।

अदेशकाल—[सं॰ अ + देश ~ काल] *पु॰* कुदेश और कुसमय। बुरा स्थान और बुरा समय।

अदेशस्थ—[सं॰ अदेश + स्थ] *वि॰* बुरे देश/स्थान में स्थित। कुठौर का।

अदैन्य—[सं॰ अ + दैन्य] *पु॰* दैन्य का अभाव। दीनता न होना। *वि॰* जिसमें दीनता न हो। दीनतारहित।

अदैव—[सं॰ अ + दैव] *वि॰* १. जो देवताओं या उनके कार्यों से सम्बन्धित न हो। २. जो भाग्य के अधीन न हो। जो भाग्य के द्वारा पहले से निर्धारित न हो।

अदोष—[सं॰ अ + दोष] *वि॰* १. जिसमें दोष न हो। निर्दोष। २. जो अपराधी न हो। निरपराध। ३. जिसमें त्रुटि/ग़लती न हो। त्रुटिरहित। ४. रचना-सम्बन्धी दोषों से मुक्त (कृति)। ***जैसे***—अदोष पुस्तक। *पु॰* दोष न होना। दोष का अभाव। ∇ **विलोम**—सदोष।

अदोह—[सं॰ अ + √दुह्] *वि॰* वह काल जिसमें गाय को दुहना सम्भव न हो। गाय दुहने के लिए अनुपयुक्त समय। *पु॰* दोहन का अभाव। न दुहना।

***अद्ध (अद्ध)**—*वि॰* ≤ *सं॰* अर्ध। आधा।

***अद्धयना (अद्धयना)**—[< सं॰ अध्ययन] *क्रिस॰* अध्ययन करना। पढ़ना।

अद्धा (अद्धा[१])—[सं॰ अत् √धा + क्विप्] *क्रिवि॰* १. प्रत्यक्ष रूप से। साक्षात्। स्पष्टतया। २. निश्चयपूर्वक। ३. सत्य ही। सचमुच। बेशक।

अद्धा (अद्धा[२])—[अवधी < सं॰ अर्द्ध] *पु॰* छोटी बैलगाड़ी जिसमें केवल एक बैल जोता जाता है। ⁘ **अद्धी (अद्धी)**—*स्त्री॰* = १. आधा भाग। २. (पहले प्रचलित रहा) एक पैसे का सोलहवाँ भाग। आधी दमड़ी। ३. (पहले प्रचलित रहा) एक प्रकार का महीन सूती वस्त्र। 'तनज़ेब' नामक कपड़ा।

अद्भुत—[सं॰ अत् √ भा + डुतच्] *वि॰* १. विलक्षण। विचित्र। २. आश्चर्यजनक। विस्मयकारक। ३. अपूर्व। ४. अनुपम। अनोखा। अनूठा। ५. अलौकिक। *पु॰* (काव्य॰) दे॰ अद्भुत रस।

✣ **अद्भुतकर्मा**—*वि॰* = आश्चर्यजनक कर्म करनेवाला।

अद्यतन (अद्यतन)—[सं॰ अद्य + ष्ट्यु, त्→ आगम] *वि॰* १. आज से सम्बन्धित। आज का। वर्तमान। २. आज तक का। अद्यावधिक। ३. आधुनिक। *पु॰* किसी अर्धरात्रि से अगली अर्धरात्रि तक का समय। (व्या॰) आगामी रात्रि के पूर्वाध तक का समय। ∇ **विलोम**—अनद्यतन/पुरातन। ✣ **अद्यतनता (अद्यतनता)**—*स्त्री॰* = १. आधुनिकता। २. अद्यावधिकता। ∇ **विलोम**—पुरातनता। ✣ **अद्यतनीय** (अद्यतनीय)—*वि॰* = १. आज का। २. आधुनिक युग का।

अद्यपूर्व (अद्यपूर्व)—[सं॰ अद्य ~ पूर्व] *क्रिवि॰* आज से पहले। अब से पहले।

अद्यप्रभृति (अद्यप्रभृति)—[सं॰ अद्य ~ प्रभृति] *क्रिवि॰* आज से। आज से लेकर।

अद्यापि (अद्यापि)—[सं॰ अद्य ~ अपि] *क्रिवि॰* १. आज भी। २. आज तक। ३. अब भी। ४. अब तक।

अद्यावत् (अद्यावत्)—[< सं॰ अद्य ~ यावत्] *क्रिवि॰* १. इस समय तक। अब तक। अभी तक। २. आजकल का। आज तक का। बिल्कुल आधुनिक।

अद्यैव (अद्यैव)—[सं॰ अद्य ~ एव] *क्रिवि॰* १. आज ही। २. इसी समय। अभी। ✣ **अद्यावधिवता (अद्यावधिवता)**—*स्त्री॰* = अत्यन्त आधुनिकता।

***अद्रा**—स्त्री॰ ≤ *सं॰* आर्द्रा (नक्षत्र)।

अद्रि—[सं॰ √अद् + क्रिन्] *पु॰* १. पर्वत। पहाड़। ***जैसे***—अद्रि-पुत्री पार्वती। २. पत्थर। ३. वृक्ष। पेड़। ४. सूर्य। ५. बादलों की घटा। ६. बिजली। ७. (पद्य आदि में) सात की संख्या। ✣ **अद्रि-कन्या**—*स्त्री॰* = १. पार्वती। २. पहाड़ से निकलनेवाली नदी। ✣ **अद्रिज**—*वि॰* = पर्वत से उत्पन्न या पर्वत पर उत्पन्न। *पु॰* १. पर्वत से/पर उत्पन्न वस्तु। २. शिलाजीत। ३. गेरू।

अद्रिजा—[सं॰ अद्रिज + टाप्] *वि॰* (*स्त्री॰*) १.पर्वत से उत्पन्न। २. (हिमालय की पुत्री) पार्वती। ३. (हिमालय से उत्पन्न) गंगा (नदी)।

अद्रितनया—[सं॰ अद्रि ~ तनया] *स्त्री॰* १.पर्वत की पुत्री। २. पार्वती (देवी)। ३. गंगा (नदी)। (छन्द॰) एक समवर्णिक छन्द जिसके प्रत्येक चरण में क्रमशः नगण, जगण, भगण, जगण, भगण, जगण, भगण, लघु और गुरु (न ज भ ज भ ज भ ल ग) के योग से २३ वर्ण होते हैं तथा ११-१२ पद यति होती है। अश्वललित (छन्द)।

अद्रि-द्रोणी—[सं॰] *स्त्री॰* पहाड़ की घाटी।

अद्रिनाथ/अद्रिपति/अद्रिराज—[सं॰ अद्रि ~ नाथ/पति/राज] *पु॰* पर्वतों का राजा। २. हिमालय।

अद्रिशृङ्ग (अद्रिशृंग)/अद्रिसानु—[सं॰ अद्रि ~ शृङ्ग/सानु] *पु॰* पहाड़ की चोटी। पर्वत-शिखर।

अद्रिसुता—[सं॰ अद्रि ~ सुता] *स्त्री॰* १. हिमालय की पुत्री। पार्वती। २. (हिमालय से उत्पन्न) गंगा (नदी)।

अद्रीश—[सं॰ अद्रि ~ ईश] *पु॰* १. पर्वतों का राजा। पर्वतराज। २. हिमालय। Δ **पर्याय**—अद्रिनाथ/अद्रिपति/अद्रिराज।

अद्वय (अद्वय)—[सं॰ अ + द्वय] *वि॰* १. दो नहीं। २. एकमात्र। अकेला। ३. अद्वितीय। बेजोड़। *पु॰* १. अद्वितीयता। अद्वैत। एकता। एकरूपता। २. ब्रह्म। परमात्मा। ३. (ब्रह्म और विश्व की, ब्रह्म और जीव की या आत्मा और जड़ पदार्थों की) एकता।

अद्वितीय (अद्वितीय)—[सं॰ अ + द्वितीय] *वि॰* जिसके समान दूसरा कोई न हो। अनुपम। बेजोड़। *पु॰* ब्रह्म। परमात्मा।

अद्वैत (अद्वैत)—[सं॰ अ + द्वैत] *वि॰* १. द्वितीय-रहित। एकाकी। अकेला। २. जिसमें द्वैत न हो। ३. अपरिवर्तनशील। *पु॰* १. द्वैत का अभाव। अद्वय। २. (ब्रह्म और जीव की, ब्रह्म और विश्व की या आत्मा और जड़ पदार्थों की) एकता। अद्वय। ३. ब्रह्म। परमात्मा।

अद्वैतवाद (अद्वैतवाद)—[सं॰ अद्वैत ~ वाद] *पु॰* वेदान्तदर्शन का एक प्रमुख प्रकार जो उपनिषदों पर आधारित है तथा जिसके अनुसार परम सत्ता 'ब्रह्म' ही एकमात्र सत् है, आत्माएँ तत्त्वतः ब्रह्म ही हैं और जगत्/प्रकृति का ब्रह्म/आत्मा से दिखनेवाला द्वैत वास्तविक नहीं है अपितु माया या अविद्या के कारण प्रतीत होता है। (वेदान्ती) अद्वयवाद। ✣ **अद्वैतवादी (अद्वैतवादी)**—*वि॰* = अद्वैतवाद का अनुयायी। अद्वयवादी।

अद्वैध (अद्वैध)—[सं॰ अ + द्वैध] *पु॰* द्वैध का अभाव। *वि॰* १. जो विभाजित न हो। अविभक्त। २. असद्भावना से रहित। सद्भाववाला।

अध[२]—[< सं॰ अर्ध] *वि॰* (समासयुक्त पद के आरम्भ में) अर्ध। आधा। ***जैसे***—अधकहा, अधखिला।

***अध ऊरध**—[< सं॰ अधः + ऊर्ध्व] *क्रिवि॰* १. नीचे से ऊपर तक। २. नीचे और ऊपर। ऊपर-नीचे। *वि॰* ऊपर और नीचे के भाग। **उदा॰** जलजात एक देख्यौ जात, जाकौ अध-ऊरध अधिक मुरझायौ है। —रत्नाकर (उद्धव॰, १)

अधऔटा—[< हि॰ आधा + औटा] *वि॰* (दूध आदि) जो पूरी तरह न उबाला गया हो। आधा औटा हुआ।

अधः—[सं॰ अधसर (अधर + असि, अध→आदेश)] *क्रिवि॰* नीचे। तले। १. नीचे का। तले का। २. नीचे की ओर। तले की ओर। ● **विशेष**—अधः एक उपसर्ग की तरह भी अनेक तत्सम शब्दों में प्रयुक्त होता है (***जैसे***—अधः पतन)। सन्धि-नियमों के अनुसार कहीं-कहीं '**अधः**' का रूप '**अधो**' हो जाता है (अधोगति, अधोभाग) या **अधश, अधस्** आदि (अधश्चर, अधस्तल)। ✣ **अधः ऊर्ध्व**—*क्रिवि॰* = १. नीचे और ऊपर। ऊपर-नीचे। २. नीचे से ऊपर तक। *वि॰* नीचे और ऊपर के (भाग)। ✣ **अधःकर**—*पु॰* = हाथ का निचला भाग। ✣ **अधःकरण**—*पु॰* = १. पराजय। पराभव। २. नीचे गिरना। अधःपात। ✣ **अधःकर्म**—*पु॰* = १. नीच कर्म। २. पाप। (जैन॰) वे कर्म जिन्हें करने से जीवहिंसा होती है (जैसे—ज़मीन खोदना, जीव का अंग छेदना आदि)।

✣ **अधः काय**—*पु॰* = कमर के नीचे के अंग। ✣ **अधःपतन**—*पु॰* = १. नीचे की ओर गिरना। अधोगति। २. अवनति। *जैसे*—चरित्र-सम्बन्धी अधःपतन। ३. दुर्गति। दुर्दशा। ४. नाश। विनाश। ✣ **अधःपतित**—*वि॰* = १. जिसका अधःपतन हुआ हो। जो नीचे की ओर गिरा हो। २. जिसकी अवनति हुई हो। ३. जिसकी दुर्गति हुई हो। दुर्दशाप्राप्त। ✣ **अधःपात**—*पु॰* = अधःपतन। (दे॰) ✣ **अधःशयन**—*पु॰* = १. नीचे सोना। २. भूमि पर सोना। ✣ **अधःस्वस्तिक**—*पु॰* = (खगोल॰) आकाशमंडल का वह स्थान या बिन्दु जो दर्शक के ठीक नीचे हो। अधोबिन्दु।

अधकचरा—[< हि॰ अध + कच्चा] *वि॰* १. जो पूरी तरह कुटा या पिसा न हो। अधकुटा। अधपिसा। दरदरा। २. (पकाने में) जो पूरी तरह पका/गला न हो *जैसे*—अधकचरा आलू। ३. ज्ञान/योग्यता की दृष्टि से अपूर्ण या अधूरा। अपरिपक्व। *जैसे*—चिकित्सा में अधकचरा ज्ञान हानिकारक होता है। ४. जो निपुण न हो। अकुशल। अप्रवीण। ✣ **अधकचरी**—*वि॰* (*स्त्री॰*)। *जैसे*—दाल ठीक से पकाना, अधकचरी न रहे; अधकचरी विद्या। ***वा॰*** **अधकचरी बात**—अनिश्चित/अप्रामाणिक बात।

अधकछार—[हि॰ अध + कछार] *पु॰* हरी-भरी और उपजाऊ पहाड़ी भूमि।

अधघट—[< हि॰ अध + स॰ घट] *वि॰* १. जो पूरा घटित न हुआ हो। आधा घटित। अधूरा। २. अटपटा।

अधचरा—[< हि॰ अध + चरना (खाना)] *वि॰* आधा चरा/खाया हुआ। *जैसे*—अधचरा खेत। ✣ **अधचरी**—*वि॰* (*स्त्री॰*)। *जैसे*—अधचरी फ़सल।

अधजली—*वि॰* (*स्त्री॰*) = जो पूरी न जली हो। आधी जली हुई। *जैसे*—अधजली लकड़ी।

***अधधर**[१]—[< स॰ अधोऽधः] *क्रिवि॰* एकदम नीचे। रसातल में।

***अधधर**[२]—[< स॰ अर्धधारा] क्रिवि॰ १. आधी धारा में ही। धारा के बीच में ही। २. बीच में ही।

अधन—[स॰ अ + धन] *वि॰* धनहीन। निर्धन। ग़रीब।

अधन्ना—[< हि॰ आधा + आना] *पु॰* (पहले प्रचलित रहा) एक छोटा सिक्का जिसका मूल्य आधा आना या दो पैसे होता था।

अधन्य—[स॰ अ + धन्य] *वि॰* १. जो धन्य न हो। जिसका जीवन 'धन्य' न कहा जा सके। साधारण या निन्दनीय। *जैसे*—देशभक्त धन्य होते हैं और देशद्रोही अधन्य। २. भाग्यहीन। अभागा। बदक़िस्मत। ∇ **विलोम**—धन्य।

अधपन्ना—[हि॰ अध + पन्ना] *पु॰* चेक, रसीद आदि की प्रतिलिपि के समान दूसरा भाग जो देनेवाले के पास रहता है। प्रतिपर्ण। (अ॰ काउन्टर फ़ॉइल)

***अधपैया**—[< हि॰ अध + पैर] *क्रिवि॰* आधे पैरों पर। पंजे के बल पर। घुटने टेककर।

***अधबर**—[< हि॰ अध + स॰ वर्त्मन्] *पु॰* १. आधा रास्ता। २. आधी दूर।

***अधबुध**—[< हि॰ अध + स॰ बुध] *वि॰* १. जिसकी शिक्षा पूर्ण न हुई हो। अर्धशिक्षित। २. जिसकी बुद्धि पूरी विकसित न हुई हो। अर्धविकसित बुद्धि वाला।

†**अधबैसा**—[ब्रज॰, < स॰ अर्धवयस्] *वि॰* जिसकी आधी उम्र बीत चुकी हो। ढलती उम्र का। अधेड़।

अधम—[स॰ √ अव् + अम, ध→आदेश, (अथवा, अधस् + म)] *वि॰* १. निम्न कोटि का। निकृष्ट। क्षुद्र। नीच। २. अतिदुष्ट। अतिपापी। ∇ **विलोम**—उत्तम। ✣ ***अधमई**—*स्त्री॰* = अधमता। नीचता या अतिदुष्टता। ✣ **अधमता**—*स्त्री॰* = अधम होने की अवस्था/गुण/भाव। नीचता या अतिदुष्टता। ✣ **अधमत्व**—*पु॰* = अधमता।

अधमर्ण—[स॰ अधम ~ ऋण] *पु॰* ऋण लेनेवाला व्यक्ति। ऋणी। क़र्ज़दार।

अधमा—[स॰ अधम + टाप्] *वि॰, स्त्री॰* अधम (स्त्री)। नीच या अति दुष्ट (स्त्री)। स्त्री॰। अति नीच स्त्री। कर्कशा स्त्री। २. अति दुष्ट स्त्री। *स्त्री॰* = (काव्य॰) नायिका का एक भेद। प्रिय के हित करने पर भी क्रोध करने वाली या रूठ जाने वाली नायिका। ✣ **अधमा दूती**—*स्त्री॰* (काव्य॰) नायक या नायिका से कटु वाणी बोलनेवाली दूती। ✣ ***अधमाई**—*स्त्री॰* = अधमता। नीचता। अतिदुष्टता।

अधमाङ्ग (अधमांग)—[स॰ अधम ~ अङ्ग] *पु॰* पैर। पाँव।

अधमाधम—[स॰ अधम + अधम] *वि॰* १. परम अधम। नीचतम। २. बुरे से बुरा। परम पापी। दुष्टातिदुष्ट।

अधमार्ध—[स॰ अधम ~ अर्ध] *पु॰* शरीर का निचला आधा भाग। नाभि से नीचे का शरीर।

अधर—[स॰ अ + धर √ धृ + अच्] *वि॰* १. नीचे का। निचला। २. अधम। नीच। *पु॰* १. नीचे का होंठ। २. होंठ। ३. पृथ्वी और आकाश के बीच का स्थान। अन्तरिक्ष। ***वा॰*** **अधर चबाना**—बहुत क्रुद्ध होना। **अधर फड़कना**—क्रोधित होना। **अधर में चलना**—अधिक इतराना या इठलाना। **अधर में झूलना/पड़ना/लटकना**—१. अनिश्चय की अवस्था में रहना। दुविधा में पड़ना। २. (किसी की) प्रतीक्षा करने की अवस्था में रहना। ३. (किसी काम का) बीच में रुक जाना, पूरा न होना।

***अधरज**—[< स॰ अधर + रज] स्त्री॰ १. होंठों की लाली। २. होंठों पर पान की लाली या मिस्सी का रंग।

अधरतः—[स॰ अधरतस्] *क्रिवि॰* १. अधर से। २. नीचे से।

अधर-मधु, अधर-रस—[स॰] *पु॰* (प्रिय/प्रिया के) होंठों का रस। *जैसे*—चुम्बनों द्वारा अधर-रस का पान।

अधर-सुधा—[स॰] स्त्री॰ (प्रिय/प्रिया के होंठों का) रस रूपी अमृत। अधर-रस।

अधराङ्ग (अधरांग)—[स॰ अधर ~ अङ्ग] *पु॰* कमर से नीचे के अंग।

अधराङ्गघात (अधरांगघात)—[स॰ अधराङ्ग ~ घात] *पु॰* एक रोग। अधरांग का पक्षाघात।

अधरात—[हिं॰ अध + रात] *स्त्री॰* १. आधी रात का समय। अर्धरात्रि। ***जैसे***—अधरात में शोर मचाना। २. आधी रात। ✣ ***अधराति**—*क्रिवि॰* = अर्धरात्रि में। *स्त्री॰* आधी रात। अर्धरात्रि।

अधरामृत—[सं॰ अधर ~ अमृत] *पु॰* प्रिय/प्रिया के होंठ चूमने से प्राप्त अमृत जैसा रस।

अधरासव—[सं॰ अधर ~ आसव] *पु॰* प्रिय या प्रिया के होंठ चूमने से प्राप्त रस जो मदिरा के समान मादक होता है।

अधरोत्तर—[सं॰ अधर ~ उत्तर] *वि॰* १. नीचे का और ऊपर का। २. ऊँचा-नीचा। ३. अच्छा-बुरा। ४. न्यूनाधिक। कम-ज़्यादा। ५. अस्त-व्यस्त। उलटा-सीधा।

अधरोष्ठ—[सं॰ अधर ~ ओष्ठ] *पु॰* १. नीचे का होंठ। २. नीचे और ऊपर के होंठ।

अधर्मास्तिकाय—[सं॰ अधर्म ~ अस्तिकाय] *पु॰* (जैन॰) द्रव्य का एक भेद। अरूपी अजीव तत्त्व के ४ प्रकारों में से एक। जीव और पुद्गलों की स्थिति में उदासीन भाव से अनन्य सहायक होनेवाला द्रव्य।

अधर्मी—[सं॰ अधर्मिन्] *वि॰* १. अधर्म करनेवाला (व्यक्ति)। २. निषिद्ध कर्म करनेवाला (व्यक्ति)। *पु॰* १. दुराचारी/भ्रष्ट व्यक्ति। २. पापी। ३. अन्यायी। ४. दुष्ट व्यक्ति।

अधर्म्य—[सं॰ अधर्म + यत्] *वि॰* १. जो धर्मानुकूल न हो। अधर्मपूर्ण। २. धर्मविरुद्ध। ३. अन्यायपूर्ण। ४. अवैध। ∇ **विलोम**—धर्म्य।

अधर्षणीय—[सं॰ अ + धर्षणीय] *वि॰* १. जिसे डराया/धमकाया न जा सके। २. निर्भय। निडर। ∇ **विलोम**—धर्षणीय।

अधवर—[< हिं॰ अध + सं॰ वर्त्मन्] *पु॰* १. आधा रास्ता। २. आधीदूर। ● **विशेष**—'अधवर' को '**अधबर**' भी बोला जाता है।

अधवा—[सं॰ अ + धव + टाप्] *स्त्री॰* विधवा। राँड।

अधविकच—[< हिं॰ अध + सं॰ विकच] *वि॰* आधा खिला हुआ।

अधश्चर—[सं॰ अधः + चर] *वि॰* १. रेंगकर चलनेवाला। २. नीचे-नीचे चलनेवाला। *पु॰* सेंध लगानेवाला चोर।

अधस्तल—[सं॰ अधस् (अधः) + तल्] *पु॰* १. नीचे का तल। २. ज़मीन के नीचे का कमरा। तहख़ाना।

अधस्त्वक्—[सं॰ अधस् (अधः) ~ त्वक्] *वि॰* = त्वचा के नीचे का। ***जैसे***—त्वचा के नीचे के ऊतकों में अधस्त्वक् ग्राहिता होती है।

†अधाइन—[< सं॰ आस्थान] *स्त्री॰* १. (ग्राम में) वह स्थान जहाँ ग्रामीण अपनी बैठकें करते हैं। २. ग्रामीणों की उक्त प्रकार की सभाएँ/बैठकें।

अधातु—[सं॰ अ + धातु] *स्त्री॰* (रसायन॰) वे तत्त्व जिनमें धातु के गुण नहीं होते। (अं॰ नान-मेटल)

अधात्विक—[< सं॰ अधातविक] *वि॰* १. जो धातु न हो। अधातु। २. धातु से भिन्न पदार्थ से बना हुआ। (अं॰ नान-मेटेलिक) (रसायन॰) वह तत्त्व जिसमें धातु के गुण न हों।

अधात्वीय—[< सं॰ अधातवीय] *वि॰* अधात्विक।

†अधाधुन्ध (अधाधुंध)—[< हिं॰ अन्धाधुन्ध] *वि॰, क्रिवि॰* अन्धाधुन्ध। (दे॰) ***जैसे***—अधाधुंध सरकार; अधाधुंध बोलना।

अधार/अधारा**[१]—*पु॰* ≤ *सं॰* आधार। *पु॰* आधार। आश्रय। सहारा। ***जैसे—हमको केवल नाम अधारा।

अधारा[२]—[< सं॰ अ + हिं॰ धार] *वि॰* बिना धार का। कुंठित। ***जैसे***—अधारा चाकू। ✣ **अधारी**[१]—*वि॰* (*स्त्री॰*) बिना धार वाली। कुंठित। ***जैसे***—अधारी छुरी।

***अधारी**[२]—[< सं॰ आधार] स्त्री॰ १. आधार। आश्रय। सहारा। २. आधार की वस्तु। सहारा। ३. आश्वासन। ४. काठ के डंडे में लगी टेक जिसे साधु-सन्त सहारे के लिए रखते हैं। ५. यात्रा का सामान रखने का झोला/थैला जिसे कन्धे पर लटकाकर चलते हैं। जोगियों का, कन्धे के दोनों ओर लटकनेवाला झोला। *पु॰* वह बैल जिसे अभी गाड़ी/हल में न जोता गया हो। *वि॰* १. सहारा देनेवाली। २. (किसी वस्तु का) आधार वाला या आधार लेनेवाला।

अधार्मिक—[सं॰ अ + धार्मिक] *वि॰* १. अधर्मी। २. पापी। ३. दुराचारी। ४. दुष्ट। ∇ **विलोम**—धार्मिक।

†अधावट/अधाउट—[< हिं॰ अध + औटना] *पु॰* औटा हुआ दूध जो मूल का आधा रह गया हो। अधाउट। अधौट।

अधाँगा—[देशज] *पु॰* मटीले रंग का एक पक्षी।

अधि—[सं॰ अ √धा + कि] *उपसर्ग॰* धातुओं आदि के साथ ऊपर, अधिक, अतीत, प्रधान या विशेष आदि अर्थ जोड़नेवाला या अधिकार शब्द का संक्षिप्त रूप में उसी के अर्थवाला शब्द (जैसे—अधिकार, अधिपति, अधिराज, अधिष्ठान, अधिक्षेत्र, अधिग्रहण)।

अधिक—[सं॰ अधि + कन्] *वि॰* १. विशेष। बहुत। २. सीमा से आगे बढ़ा हुआ। ३. अतिरिक्त। फ़ालतू। ४. बचा हुआ। शेष। *क्रिवि॰* अत्यन्त। अतिशय। बहुत। ***जैसे***—अधिक दौड़ना। *पु॰* (काव्य॰) अधिकालंकार। (दे॰) ∇ **विलोम**—न्यून। ✣ **अधिकई**—*स्त्री॰* = अधिकता। ✣ **अधिककोण**—*पु॰* = (गणित॰, ज्यामिति) वह कोण जो लम्ब कोण से अधिक तथा ऋजु कोण से कम हो। ९०° और १८०° के बीच का कोण। ✣ **अधिककोण त्रिभुज**—*पु॰* = (गणित॰, ज्यामिति) वह त्रिभुज जिसमें एक कोण 'अधिककोण' हो। ✣ **अधिकतम**—*वि॰, क्रिवि॰* = १. (मात्रा, संख्या आदि में) सबसे अधिक। २. अधिक से अधिक जितना सम्भव हो। ***जैसे***—अधिकतम दान दीजिए। ✣ **अधिकतर**—*वि॰, क्रिवि॰* = १. आधे से अधिक संख्या या भाग। ***जैसे***—इस महीने वह अधिकतर बीमार रहा। २. अधिक की तुलना में कुछ बढ़कर। ***जैसे***—उसको पहले ही अधिक अभिमान था परन्तु अब तो अधिकतर हो गया है। आमतौर से । प्रायः। ***जैसे***—वह अधिकतर धोती पहनता है। ✣ **अधिकता**—*स्त्री॰* = १. अधिक होने का भाव या स्थिति। अतिशयता। प्रचुरता। बहुतायत। २. वृद्धि। बढ़त। ३. विशेषता। ***जैसे***—अन्य समकालीन नारियों की अपेक्षा सीता में शील

की अधिकता थी। ⁘ **अधिक तिथि**— *स्त्री°* = (खगोल°) वह तिथि जो किसी दिन सूर्योदय के समय हो और अगले दिन सूर्योदय के कुछ समय बाद समाप्त हो। तिथिवृद्धि।

अधिकथित—[स° अधि + कथित] *वि°* (विधि°) जो बलपूर्वक कहा गया हो।

अधिक मास—[स°] (ज्योतिष°) चरन्द्र काल गणना में प्रति चौथे वर्ष बढ़नेवाला एक चाद्र मास जो दो संक्रान्तियों के बीच में पड़ता है। मलमास। पुरुषोत्तम मास। लौंद का महीना।

अधिकर—[स° अधि + कर] *पु°* (अर्थ°) पहले ही लगे हुए कर अ° टैक्स के आधार पर लगाया गया अतिरिक्त कर। (अ° सुपरटैक्स)।

अधिकरण—[स° अधि + करण] *पु°* १. आधार। आश्रय। सहारा। २. सम्बन्ध। ३. न्यायालय। अधिकारप्राप्तसंस्थान/प्रतिष्ठान। (अ° इस्टैब्लिशमेन्ट) (व्या°) एक कारक। दे° अधिकरण कारक। (जैन°) धर्म का अधिष्ठान रूप धर्मी। ***जैसे***—'पटत्व' धर्म का अधिकरण पट है। (८ भा°, दर्शन°) १. आधार-विषय। अधिष्ठान। ***जैसे***—शरीर का अधिकरण आत्मा है। २. प्रकरण। ● **विशेष**—मीमांसा और वेदान्त के वे ग्रन्थ 'प्रकरण' कहे जाते हैं, जिनमें सिद्धान्त-विवेचन हो और ये पाँच अवयव हों—विषय, संशय, पूर्वपक्ष, उत्तरपक्ष, निर्णय। ⁘ **अधिकरण कारक**— *पु°* = (व्या°) एक कारक। संज्ञा या सर्वनाम का वह रूप जिससे क्रिया का आधार सूचित होता है। ● **विशेष**—अधिकरण कारक के विभक्ति-प्रत्यय या परसर्ग 'में' तथा 'पर' हैं। ⁘ **अधिकरण तत्पुरुष समास**— *पु°* = (व्या°) तत्पुरुष समास का एकभेद जिसका विग्रह करने पर प्रथम पद में अधिकरण कारक का विभक्ति-प्रत्यय या परसर्ग लगता है (जैसे—कविश्रेष्ठ = कवियों में श्रेष्ठ; आपबीती = आप/स्वयं पर बीती)। ⁘ **अधिकरण बहुव्रीहि समास**— *पु°* = (व्या°) बहुव्रीहि समास का एक भेद जिसका विग्रह करने पर अधिकरण कारक का विभक्ति—प्रत्यय लगता है (जैसे—प्रफुल्लकमल = प्रफुल्ल हैं कमल जिसमें अर्थात् सरोवर)।

अधिकर्मिक/अधिकर्मी—[स° अधि + कर्मिक/कर्मिन्] *पु°* १. निरीक्षण-अधिकारी। निरीक्षक। कर्मचारियों या कारीगरों का मुखिया जो उनके काम की निगरानी करता है। (अ° फ़ोरमैन)

अधिकल्पित—[स° अधि + कल्पित] *वि°* काल्पनिक। कल्पनात्मक। ⁘ **अधिकल्पित मूल**— *पु°* = (गणित°) किसी संख्या के वे मूल (वर्गमूल, घनमूल इत्यादि) जो अधिकल्पित (अ° इमेजिनरी) हों। (दे° अधिकल्पित संख्या) ⁘ **अधिकल्पित सङ्ख्या (संख्या)**— *स्त्री°* = (गणित°) ऐसी संख्या जिसमें $\sqrt{-}$ या उसके किसी गुणज का प्रयोग हो। ***जैसे***— $\sqrt{-}$ $\sqrt{-}$ $\sqrt{-}$ इत्यादि अधिकल्पित संख्याएँ हैं।

अधिकाई**[१]—[८ स° अधिक] *स्त्री°* १. अधिकता। ***जैसे—शोभा की अधिकाई। २. विशेषता या महत्त्व/महिमा। ३. कुशलता। चतुरता। ४. अत्याचार। ***जैसे***—राजा की अधिकाई। *वि°* अधिक। विशेष। ***जैसे***—आपकी यह चतुराई अधिकाई। *क्रिवि°* १. बहुत अधिक। अत्यधिक। २. अधिकता से।

अधिकाई**[२]—[८ हि° अधिकाना] *क्रिअ°* १. अधिक होता है। बढ़ता है। २. अधिक हुई। बढ़ गई। बढ़ी। ***जैसे—उत्सव से नगर की शोभा अधिकाई।

अधिकाम—[स° अधि + काम] *वि°* १. उग्र कामना वाला। २. अति प्रचंड। ३. कामासक्त। ४. कामभावना को उद्दीप्त करनेवाला।

अधिकायु—[स° अधिक ~ आयु] *वि°* नियत से अधिक उम्र का। (अ° ओवरएज)

अधिकार[१]—[स° अधि √ कृ + घञ्] *पु°* १. वस्तु/सम्पत्ति आदि का स्वामित्व। आधिपत्य। २. क़ब्ज़ा। दख़ल। ३. हक़। दावा। ४. प्रभुत्व। आधिपत्य। ५. (किसी विषय की) पूरी जानकारी। पांडित्य। ६. (यन्त्र आदि के प्रयोग में) सिद्धहस्तता, प्रवीणता, निपुणता ७. (कार्य विशेष कर सकने की) शक्ति/सामर्थ्य/ योग्यता या क्षमता। ८. इख़्तियार। ९. शासकीय सामर्थ्य। १०. आज्ञा मनवाने का अधिकार। शासन-सत्ता। सत्ता। ११. आधिपत्य/शासन/प्रभाव का क्षेत्र। १२. कर्म विशेष की पात्रता। १३. (साहित्य में) किसी ग्रन्थ का प्रकरण/अध्याय। (नाट्य°) नाटक के प्रधान फल का प्रभुत्व या उसे प्राप्त करने की योग्यता। (व्या°) किसी मुख्य नियम/सूत्र का अन्य नियमों/सूत्रों/विषय पर होनेवाला प्रभाव या प्रभाव-क्षेत्र। ***जैसे***—'अष्टाध्यायी' ग्रन्थ में कुछ सूत्रों का अधिकार बाद के अनेक सूत्रों पर रहता है। ∇ **विलोम**—अनधिकार। ⁘ **अधिकार-क्षेत्र**— *पु°* = १. अधिकार का क्षेत्र। २. प्रभाव-क्षेत्र। ३. प्रशासन के अन्तर्गत आनेवाला क्षेत्र। (अ° डोमेन) ४. कार्यक्षेत्र। (अ° डोमेन) ५. न्यायाधीश/न्यायालय के अधिकार का क्षेत्र। (अ° ज्यूरिस्डिक्शन) ६. किसी के विधिक अधिकार या उसके प्रयोग का क्षेत्र। ⁘ **अधिकारत्व**— *पु°* = अधिकारिता। (दे°) ⁘ **अधिकार-पत्र**— *पु°* = अधिकार देनेवाला वह प्रलेख जो शासक या संसद् आदि ने दिया हो। राजाज्ञा-पत्र। ⁘ **अधिकार-पात्र**— *वि°* = अधिकार की योग्यता रखनेवाला। ⁘ **अधिकारपृच्छा**— *पु°* = (विधि°) किसी व्यक्ति को दिया गया यह बताने का आदेश कि उसने किस अधिकार से अमुक काम किया। (लैटिन° क्वो वौरैन्टो) ⁘ **अधिकार-विधि**— *स्त्री°* = (मीमांसा°) वह नियम जिससे किसी फल की प्राप्ति के लिए किसी अनुष्ठान को करने का ज्ञान हो। ⁘ **अधिकार-सीमा**— *स्त्री°* = अधिकार-क्षेत्र।

***अधिकार**[२]—[८ स° अधिक] *क्रिवि°* अधिकता से।

अधिकारस्थ—[स° अधिकार + स्थ] *वि°* पदारूढ़। पदासीन।

अधिकारिता—[८स° अधिकार/अधिकारी] *स्त्री°* १. अधिकार होने की अवस्था/गुण/भाव। अधिकारत्व। २. अधिकारी होने की अवस्था/गुण/भाव अधिकारीपन।

अधिकारी—[स° अधिकारिन्] *वि°* १. जिसे अधिकार प्राप्त हो।

अधिकारयुक्त। अधिकारप्राप्त। २. अधिकार रखनेवाला। ३. वस्तु/सम्पत्ति आदि को प्राप्त करने या उस पर स्वामित्व बनाए रखने के अधिकार वाला। ४. (सम्पत्ति आदि पर) जिसका क़ब्ज़ा हो। ५. हक़ रखनेवाला। दावेदार। ६.(ज्ञान की किसी शाखा का) पूरा जानकार। *जैसे*—वेदान्त का अधिकारी विद्वान्। ७. (यन्त्र आदि के प्रयोग में) प्रवीण/निपुण। ८. (कार्य विशेष कर सकने की) योग्यता/क्षमता रखनेवाला। ९. उपयुक्त पात्र। *जैसे*—राम-भक्ति का अधिकारी। (नाट्य॰) नाटक का वह पात्र जिसे नाटक का प्रधान फल मिले। नायक। *पु॰* १. स्वामी। मालिक। २. वह व्यक्ति जिसे कोई स्वत्व प्राप्त हो। ३. किसी पद पर आसीन व्यक्ति। सत्ताधारी। अफ़सर। ✣ **अधिकारी-तन्त्र (तंत्र)**— *पु॰* = अफ़सरों द्वारा होनेवाला प्रशासन। अफ़सरशाही। नौकरशाही। (अ॰ ब्युरोक्रेसी)

अधिकालङ्कार (अधिकालंकार)—[सं॰ अधिक ~ अलङ्कार] *पु॰* (काव्य॰) एक अर्थालंकार। आधेय या आधार के उत्कर्ष का वर्णन करने से होनेवाला अलंकार।

अधिकीलन—[सं॰ अधि + कीलन] *पु॰* (वाणि॰) किसी प्रतिभूति/वस्तु/मुद्रा आदि की क़ीमत को अधिकृत रूप से स्थिर कर देना। (अ॰ पेगिंग)

अधिकृत—[सं॰ अधि + कृत] *वि॰* १. अधिकार में आया हुआ। अधिकार में किया हुआ। क़ब्ज़ा किया हुआ। *जैसे*—अधिकृत मकान। २. जिसे कोई काम करने का अधिकार दिया गया हो। *जैसे*—अधिकृत प्रतिनिधि। ३. जिसे कोई काम करने का अधिकार हो। अधिकारी। ४. आधिकारिक। प्रामाणिक। *जैसे*—अधिकृत सूचना। ✣ **अधिकृत पूँजी**— *स्त्री॰* = (अर्थ॰) पंजीकृत होते समय कम्पनी के प्रवर्तकों द्वारा प्रस्तावित और सरकार द्वारा अनुमोदित पूँजी-राशि। (अ॰ आथोराइज़्ड कैपिटल) ✣ **अधिकृत लेखापाल**— *पु॰* = (वाणि॰) सरकारी प्रमाणपत्र द्वारा अधिकृत किया गया लेखापाल/लेखाकार। सनदी लेखापाल। (अ॰ चार्टर्ड एक़ाउंटेंट) ✣ **अधिकृत संस्करण**— *पु॰* किसी पुस्तक या रचना के लेखक या उसके अधिकारप्राप्त प्रतिनिधि की सहमति से प्रकाशित किया गया संस्करण।

अधिकृति—[सं॰ अधि + कृति] *स्त्री॰* अधिकार। स्वत्व। हक़।

अधिकेन्द्र (अधिकेंद्र)—[सं॰ अधि + केन्द्र] *पु॰* (भूविज्ञान॰) पृथ्वी-तल का वह बिन्दु/क्षेत्र जो किसी भूकम्प के उद्गम-केन्द्र के ठीक ऊपर होता है। ✣ **अधिकेन्द्री (अधिकेंद्री)**— *वि॰* = अधिकेन्द्र-सम्बन्धी। अधिकेन्द्र का।

अधिकोष—[सं॰ अधि + कोष] *पु॰* (वाणि॰) मुद्रा और ऋण के लेन-देन से सम्बन्धित व्यवसाय के सभी काम करनेवाली सरकारी या सरकारी मान्यता प्राप्त संस्था। बैंक। (अ॰) ✣ **अधिकोषण**— *पु॰* = (वाणि॰) मुद्रा और ऋण के लेन-देन से सम्बन्धित व्यवसाय। महाजनी। बैंक व्यवसाय। (अ॰ बैंकिंग) ✣ **अधिकोष प्रभार**— *पु॰* = बैंक द्वारा अपनी सेवाओं के लिए ग्राहकों से लिया जानेवाला व्यय/शुल्क। बैंक प्रभार। ✣ **अधिकोषिक**— *पु॰* = महाजन।

अधिक्रम—[सं॰ अधि √ क्रम् + घञ्] *पु॰* १. आरोहण। २. आक्रमण। चढ़ाई।

अधिक्रमण—[सं॰ अधि √क्रम् + ल्युट्] *पु॰* १. अधिक्रम। आरोहण। २. किसी व्यक्ति की वरिष्ठता को लाँघ कर उससे आगे हो जाना। (अ॰ सुपरसेशन) ३. (किसी के क्षेत्र में) अनधिकार प्रवेश। (अ॰ इन्क्रोच्मेन्ट)। ४. किसी व्यक्ति या संस्था को हटाकर उसका अधिकार स्वयं ले लेना या किसी दूसरे को दे देना।

अधिक्रान्त (अधिक्रांत)—[सं॰ अधि + क्रान्त] *वि॰* १. जिसका अधिक्रमण हुआ हो। २. (निगम आदि) जिसे भंग कर दिया गया हो। जिसे हटा दिया गया हो। *जैसे*—अधिक्रान्त नगर-निगम। (अ॰ सूपरसीडिड)

अधिगत—[सं॰ अधि √ गम् + क्त] *वि॰* १. पाया हुआ। प्राप्त। २. जाना हुआ। ज्ञात। ३. पढ़ा हुआ। अधीत।

अधिगम—[सं॰ अधि √ गम् + घञ्] *पु॰* १. प्राप्ति। २. किसी योग्यता का अर्जन। विद्या/सिद्धि आदि की प्राप्ति। अध्ययन। सीखना। *जैसे*—भाषा-अधिगम की प्रक्रिया। ३. व्याख्यान आदि के रूप में किसी के उपदेश से उत्पन्न ज्ञान। ४. धन/सम्पत्ति की प्राप्ति। लाभ। किसी (समिति आदि द्वारा प्राप्त) निर्णय। निष्कर्ष। (विधि॰) अभियोग की पूरी सुनवाई हो चुकने पर न्यायाधीश/न्यायालय का निष्कर्ष। (अ॰ फ़ाइन्डिंग)।

अधिग्रहण—[सं॰ अधि + ग्रहण] *पु॰* १. प्राप्त करने की क्रिया। प्राप्ति। २. अपने स्वामित्व/अधिकार में कर लेना। ३. सरकार द्वारा जनता की कोई निजी सम्पत्ति, व्यवसाय, भूमि आदि को सार्वजनिक हित में वैध रीति से अपने स्वामित्व में लेना। *जैसे*—भूमि-अधिग्रहण; सम्पत्ति-अधिग्रहण।

अधिचर्म—[सं॰ अधि + चर्म] *पु॰* बाह्य त्वचा। बाहरी खाल। (जीव॰) प्राणी या पौधे की कोशिकाओं को घेरे रखनेवाली बाहरी परत। (अ॰ एपिडर्मिस)

अधिजिह्व (अधिजिह्व)—[सं॰ अधि + जिह्व] *वि॰* एक से अधिक जीभ वाला। *पु॰* सर्प। साँप।

अधिजिह्वा/अधिजिह्विका (अधिजिह्वा/अधिजिह्विका)—[सं॰ अधि + जिह्वा/जिह्विका] *स्त्री॰* गले का कौआ।

अधित्यका—[सं॰ अधि + त्यक (त्यकन्) + टाप्] *स्त्री॰* = पर्वत के ऊपर की समतल भूमि। ऊँचा पथरीला मैदान। ∇ **विलोम**—उपत्यका।

अधित्याग—[सं॰ अधि + त्याग] *पु॰* (वाणि॰) अपने अधिकार या पद पर अपना दावा औपचारिक रूप से छोड़ देना। (अ॰ एब्डिकेशन)

अधिदत्त—[सं॰ अधि + दत्त] *वि॰* नियत सीमा से अधिक दिया हुआ। *जैसे*—अधिदत्त धन। (अ॰ ओवरपेड)

अधिदन्त (अधिदंत)—[सं॰ अधि + दन्त] *पु॰* दाँत के ऊपर निकला दूसरा दाँत।

अधिदर्शक—[सं॰ अधि + दर्शक] *पु॰* (संचार॰) वह व्यक्ति जिसका

काम किसी कार्य का प्रभार ग्रहण करना और यह देखना हो कि उसे ठीक ढंग से किया जाए। २. काम की निगरानी करनेवाला। (अ॰ ओवरसिअर)

अधिदान—[स॰ अधि + दान] *पु॰* किसी को सेना में भरती होने के लिए प्रेरणार्थ दी जानेवाली धनराशि। (अर्थ॰, वाणि॰) उद्योग विशेष को प्रोत्साहन देने के लिए सरकार द्वारा उसके निर्यातकों को दी जाने वाली आर्थिक सहायता। (अ॰ बाउन्टि)

अधिदेव/अधिदेवता—[स॰ अधि + देव/देवता] *पु॰* १. प्रधान देव। २. इष्टदेव। कुल-देवता। ४. परमात्मा। ५. (पदार्थों का) अधिष्ठाता देवता।

अधिदेश—[स॰ अधि + देश] *पु॰* किसी उच्च अधिकारी या न्यायाधीश द्वारा अपने अधीनस्थ अधिकारी या कर्मचारी को कार्य करने के ढंग के सम्बन्ध में दिया गया आदेश। (अ॰ मैन्डेट)

अधिदैव/अधिदैवत—[स॰ अधि + दैव/दैवत] *वि॰* देवता-सम्बन्धी। *पु॰* १. (किसी वस्तु का) अधिष्ठाता देवता। २. अन्तर्यामी परमात्मा।

अधिधारण—[स॰ अधि + धारण] *पु॰* (रसायन॰) गैस को सोखने की क्रिया। (ठोस पदार्थ द्वारा) गैस का शोषण। (अ॰ अक्लूज़न)

अधिनव—[स॰ अधि + नव] *वि॰* बहुत नया। ❖ **अधिनव तारा**—*पु॰* (खगोल॰, भौतिकी॰) दुर्लभ प्रकार का विस्फोटनशील तारा जो सूर्य से दस करोड़ गुना तक अधिक चमकदार होता है। (अ॰ सुपरनोवा)

अधिनाथ—[स॰ अधि + नाथ] १. सबका स्वामी। २. प्रधान अधिकारी। ३. परमात्मा।

अधिनायक—[स॰ अधि + नायक] *पु॰* १. सर्वाधिकार-सम्पन्न शासक/अधिकारी। २. ऐसा शासक जिसे निरंकुश अधिकार प्राप्त हों, विशेषकर जिसने सत्ता को बलपूर्वक या अनियमित ढंग से प्राप्त किया हो। तानाशाह। (अ॰ डिक्टेटर) ❖ **अधिनायक-तन्त्र (तंत्र)**—अधिनायक के अधीन चलनेवाला शासन-प्रबन्ध। तानाशाही। (अ॰ डिक्टेटरशिप) ❖ **अधिनायकता**—*स्त्री॰* = अधिनायकत्व।

अधिनियम—[स॰ अधिनियम] *पु॰* विधायिका (लोकसभा आदि) के द्वारा बनाया गया क़ानून। (अ॰ ऐक्ट) ❖ **अधिनियमन**—*पु॰* = अधिनियम बनना/बनाना। ❖ **अधिनियमित**—*वि॰* = जिसका अधिनियमन हुआ हो। अधिनियम के रूप में बनाया गया।

अधिनिर्णय—[स॰ अधि + निर्णय] *पु॰* (न्यायालय द्वारा सौंपे गए मामले में) जूरी (अ॰) का निर्णय। २. निर्णय। फ़ैसला। ३. अदालती फ़ैसला। ४. पंचाट। (दे॰) ❖ **अधिनिर्णयन**—*पु॰* = (राज॰) विवादग्रस्त पक्षों को शान्तिपूर्ण तरीके से न्याय दिलाने के लिए विवाद का निर्णय किसी न्यायालय/न्यायाधिकरण/आयोग आदि से कराने की प्रक्रिया। न्याय-निर्णयन। (अ॰ एड्जुडिकेशन)

अधिनिर्णायक—[स॰ अधि + निर्णायक] *पु॰* १. न्यायाधीश। निर्णयकर्त्ता। २. (खेलों में) निर्णय लेने के लिए प्रयुक्त विशेष अधिकृत व्यक्ति। निर्देशी। खेलपंच। (अ॰ अम्पायर/रेफ़री)।

अधिनिर्धारण—[स॰ अधि + निर्धारण] *पु॰* वास्तविक से अधिक मूल्य/कर निर्धारित करना। (अ॰ ओवरअसेस्मेन्ट)

अधिनिष्कासन—[स॰ अधि + निष्कासन] *पु॰* (विधि॰) विधिपरक क्रिया द्वारा किसी को मकान या भूमि आदि से बाहर निकालना। बेदख़ली।

अधिनीतिशास्त्र—[स॰ अधि + नीतिशास्त्र] *पु॰* (पा॰ दर्शन॰) 'मानवीय नीतिशास्त्र' से भिन्न वह नीतिशास्त्र जिसमें 'शुभ', 'अशुभ' इत्यादि शब्दों के अर्थ और प्रयोग का विवेचन और नैतिक सम्प्रत्ययों और निर्णयों का विश्लेषण किया जाता है। (अ॰ मेटा-एथिक्स)

अधिन्यस्त—[स॰ अधि + न्यस्त] *वि॰* जो किसी को सौंप दिया गया हो।

अधिन्यास—[स॰ अधि + न्यास] *पु॰* सौंपा गया उत्तरदायित्व।

अधिप/अधिपति—[स॰ अधि + प/पति] *पु॰* १. स्वामी। २. शासक। ३. राजा। ४. प्रधान अधिकारी।

अधिपत्र—[स॰ अधि + पत्र] *पु॰* १. अधिकार या अनुमति देनेवाला आदेश-पत्र। २. किसी को बन्दी बनाने के लिए या उसका माल ज़ब्त करने के लिए न्यायालय का आदेश-पत्र। वारंट (अ॰)।

अधिपादप—[स॰ अधि + पादप] *पु॰* (वनस्पति॰) किसी दूसरे पेड़-पौधे या ऊपर उठे हुए स्थान (*जैसे*— खम्भे आदि पर) उगनेवाला पौधा।

अधिपुरुष—[स॰ अधि + पुरुष] *पु॰* १. परम पुरुष। परमात्मा। २. (किसी संस्था/कार्यालय आदि का) प्रमुख अधिकारी या स्वामी। (अ॰ बॉस) ३. अधिकारप्राप्त व्यक्ति।

अधिप्रभार—[स॰ अधि + प्रभार] *पु॰* १. (किसी व्यक्ति आदि से) वास्तविक मूल्य की अपेक्षा लिया गया अधिक मूल्य। २. निर्धारित कर, शुल्क, किराये-भाड़े आदि पर लगायी गयी अतिरिक्त धनराशि। (अ॰ ओवरचार्ज/सरचार्ज)

अधिप्रमाणन—[स॰ अधि + प्रमाणन] *पु॰* प्रमाणित करना। प्रमाणीकरण।

अधिप्राप्ति—[स॰ अधि + प्राप्ति] *स्त्री॰* उपलब्ध कराने की क्रिया/भाव। उपलब्धता। (अ॰ प्रोक्योरमेन्ट)

अधिप्लवक—[स॰ अधि + प्लवक] *पु॰* (भूविज्ञान॰) वे जीव जो पानी पर तैरती किसी वस्तु से लगे रहने के कारण पानी के ऊपर चलते रहते हैं।

अधिप्लवी द्रव—[स॰] *पु॰* (रसायन॰) अवक्षेप बैठ जाने के बाद उसके ऊपर बचा हुआ स्वच्छ द्रव जो छानने से या निथारने से अलग हो सकता है।

अधिभार—[स॰ अधि + भार] *पु॰* (सामान्य या क़ानून से नियत भार की दृष्टि से) अधिक भार। भार की अधिकता। अधिक वज़न। *वि॰* नियत भार से ज़्यादा भारी। *जैसे*—आपका सामान ३ किलो अधिभार है। (अ॰ ओवरवेट) [भौतिकी॰] किसी उपकरण (मशीन आदि) के अनुमत सुरक्षित निर्गत भार से अधिक विद्युत् धारा का उत्पादन।

अधिभावी—[स॰ अधि + भावी (भाविन्)] *वि॰* अपेक्षाकृत अधिक महत्त्व का। *जैसे*—अधिभावी निर्णय।

अधिभूत—[स॰ अधि + भूत] *वि॰* पंचभूतों में से किसी भूत से सम्बन्धित। *पु॰* परमात्मा।

अधिभोक्ता—[स॰ अधि +भोक्ता] *पु॰* वह जिसके अधिकार में हो। दख़लदार। क़ब्ज़ादार।

अधिभोग—[स॰ अधि + भोग] *पु॰* १. क़ब्ज़ा। दख़ल। २. (भूमि का) उपयोग। *जैसे*—अधिभोग का अधिकारी (भूमि का उपयोग करनेवाला किराएदार या लगानदार)।

अधिमत—[स॰ अधि + मत] *पु॰* निर्णय। फ़ैसला। (विधि॰) अधिनिर्णय। (अ॰ वर्डिक्ट)

अधिमन्थ (अधिमंथ)—[स॰ अधि √मन्थ् + घञ्] *पु॰* (चिकित्सा॰) आँख का एक रोग। ग्लोकोमा। (दे॰ ग्लोकोमा)

अधिमन्थन (अधिमंथन)—[स॰ अधि + मन्थन] *पु॰* अधिक मन्थन। यज्ञ की अग्नि उत्पन्न करने के लिए अरणी की लकड़ियों की परस्पर रगड़।

अधिमन्दाकिनी (अधिमंदाकिनी)—[स॰ अधि + मन्दाकिनी] *स्त्री॰* (खगोल॰) सभी ज्ञात गैलेक्सियों का समूह। (अ॰ मेटा गैलेक्सि)।

अधिमलाशयी—[स॰ अधि + मलाशयिन्] *वि॰* (प्राणि॰) मलाशय के समीप स्थित या उससे जुड़ा हुआ।

अधिमहाद्वीपीय (अधिमहाद्वीपीय) समुद्र—[स॰] *पु॰* (भूविज्ञान॰) महाद्वीपीय सागर प्रदेशों का उथला समुद्र।

अधिमात्र—[स॰ अधि + मात्रा] *वि॰* आवश्यक/उचित मात्रा से अधिक। बहुत ज़्यादा।

अधिमान—[स॰ अधि + मान] *पु॰* किसी वस्तु/व्यक्ति/देश आदि को अन्यों की अपेक्षा अधिक मान/महत्त्व देना। वरीयता। अधिमान्यता। तरजीह। ✣ **अधिमान शेयर**—*पु॰* = (अर्थ॰) ऐसे शेयर जिनकी लाभांश-वितरण के समय प्राथमिकता सामान्य शेयरधारियों से पहले आती है और लाभांश की दरें भी पूर्वनिश्चित होती हैं। (अ॰ प्रिफ़रेन्स शेयर)

अधिमानी—[स॰ अधि + मानिन्] *वि॰* जिसे अधिमान दिया गया हो। वरीयताप्राप्त।

अधिमान्य—[स॰ अधि + मान्य] *वि॰* १. अधिमान के योग्य। तरजीह देने लायक़। वरीय। २. जिसे अधिमान दिया गया हो। वरीयताप्राप्त। ✣ **अधिमान्य विवाह**—*पु॰* = विवाह-साथी चुनने के सम्बन्ध में कुछ व्यक्तियों को अन्य की तुलना में, वरीयता दिए जाने की सामाजिक पद्धति वाला विवाह। *जैसे*—कुछ जातियों में ममेरी बहन से अधिमान्य विवाह की परम्परा है। ✣ **अधिमान्यता**—*स्त्री॰* = अधिमान।

अधिमास—[स॰ अधि + मास] *पु॰* दो संक्रान्तियों के मध्य में होनेवाला चान्द्र मास। पंचांग में प्रति चौथे वर्ष बढ़नेवाला एक चान्द्र मास। अधिकमास। पुरुषोत्तम मास। लौंद का महीना।

अधिमाँग—[स॰ अधि + हि॰ माँग] *पु॰* पूर्ति की तुलना में ज़्यादा माँग। अधिक माँग।

अधिमित्र—[स॰ अधि + मित्र] *पु॰* अधिक मित्रतापूर्ण व्यक्ति। (ज्योतिष॰) ग्रह विशेष की दृष्टि से, नैसर्गिक और तात्कालिक, दोनों प्रकार से, मित्र ग्रह।

अधिमिलन—[स॰ अधि + मिलन] *पु॰* (राज॰) किसी अन्तरराष्ट्रीय सन्धि में किसी देश का बाद में सम्मिलित होना।

अधिमीमांसा—[स॰ अधि + मीमांसा] *स्त्री॰* मीमांसा की मीमांसा के रूप में दर्शनशास्त्र का एक रूप जिसमें यह माना जाता है कि वह शास्त्रों का शास्त्र है, सामान्य शास्त्र नहीं। (अ॰ मेटा इन्क्वायरी)

अधिमूल्य—[स॰ अधि + मूल्य] *पु॰* (वाणि॰) प्रतिभूति, बन्धपत्र आदि के बाज़ार-मूल्य का अंकित मूल्य से अधिक होना।

अधिमूल्यन—[स॰ अधि + मूल्यन] *पु॰* (वाणि॰) सामान्य से अधिक मूल्य लगाना या निर्धारित करना। अतिमूल्यन। (अ॰ ओवरवेल्युएशन)

अधिमुद्रण—[स॰ अधि + मुद्रण] *पु॰* मुद्रित पर मुद्रण। छपे पर छपाई। (अ॰ ओवरप्रिन्ट)

अधियज्ञ—[स॰ अधि + यज्ञ] *पु॰* १. प्रमुख यज्ञ। २. (भगवान्) विष्णु। परमात्मा।

अधियाचन—[स॰ अधि + याचन] *पु॰* किसी वस्तु या काम के लिए अधिकारपूर्वक की गयी लिखित माँग। *जैसे*—सदस्यों द्वारा संस्था की तत्काल बैठक के लिए अधियाचन। (अ॰ रेक्विज़िशन)

अधियार—[< हि॰ आधा] *पु॰* आधे भाग का भागीदार। *जैसे*—सम्पत्ति का अधिभार। ✣ **अधियारी**—*स्त्री॰* = (सम्पत्ति में) आधे भाग की भागीदारी या स्वामित्व।

अधिरथ—[स॰ अधि + रथ] *वि॰* रथ में बैठा हुआ। रथारूढ़। *पु॰* सारथि।

अधिराज—[स॰ अधि + राज] *पु॰* चक्रवर्ती राजा। सम्राट्।

अधिराज्य—[स॰ अधि + राज्य] *पु॰* चक्रवर्ती राज्य। साम्राज्य।

अधिरोपण—[स॰ अधि + रोपण] *पु॰* १. कर/शुल्क/जुर्माना आदि लगाना/लगना। २. कर्तव्य/ज़िम्मेदारी आदि या आरोप लगाना/लगना। ३. थोपी गई वस्तु/ज़िम्मेदारी आदि। ✣ **अधिरोपित**—*वि॰* = जिसका अधिरोपण हुआ हो।

अधिरोह—[स॰ अधि √ रुह् + घञ्] *पु॰* आरोहण। चढ़ना। चढ़ाव।

अधिरोहण—[स॰ अधि + रोहण] *पु॰* १.ऊपर चढ़ना। २. आरोहण करना। सवार होना। ३. धनुष पर प्रत्यंचा चढ़ाना। ✣ **अधिरोही**—*वि॰* = १. अधिरोहण करनेवाला। २. ऊपर चढ़ा हुआ। ३. सवार।

अधिलाभांश—[स॰ अधि + लाभ ~ अंश] *पु॰* १. किसी संस्था में लाभ का वह भाग जो कर्मचारियों को उनके सामान्य वेतन/पारिश्रमिक के अतिरिक्त, समय-समय पर (वार्षिक या अर्धवार्षिक), दिया जाता है। २. किसी कम्पनी के अंशधारियों को दिया जाने वाला अतिरिक्त लाभ। ३. बीमा कम्पनी द्वारा पालिसी-धारकों को दिया जाने वाला लाभ का अंश। (अ॰ बोनस)

अधिलोक—[स॰ अधि + लोक] *क्रिवि॰* १. संसार के विषय में। २. संसार में। *वि॰* दुनियादारी से सम्बन्धित। सांसारिक।

अधिवक्ता—[स॰ अधि + वक्ता (वक्तृ)] *पु॰* वकील। एडवोकेट (अ॰)।

अधिवर्ध—[स॰ अधि + वर्ध] *पु॰* (चिकित्सा॰) लम्बी अस्थि का सिरा जो अलग से विकसित होता है परन्तु अस्थिकांड (अ॰ डाइफ़िसस) उपास्थि (अ॰ कार्टिलेज) द्वारा जुड़ा होता है और अन्तत: वह उससे मिल जाता है। (अ॰ एपिफ़िसिस)

अधिवर्ष—[स॰ अधि + वर्ष] *पु॰* १. अधिक दिन वाला वर्ष। २. वह चान्द्र वर्ष जिसमें मलमास हो। ३. वह ईसवी वर्ष जिसमें फरवरी मास २९ दिन का हो। लौंद का साल। ४. अधिवर्षिता। (दे॰) ✣ **अधिवर्षिता**—*स्त्री॰* = वृद्धता के कारण (पेन्शन देकर) सेवा-निवृत्ति। वार्धक्य-निवर्तन।

अधिवसित—[स॰ अधि + वसित] *वि॰* बसा हुआ। जनाकीर्ण। आबाद।

अधिवहन—[स॰ अधि + वहन] *पु॰* (राज॰) किसी राज्य द्वारा किसी पड़ोसी राज्य के क्षेत्र को बलपूर्वक अपने क्षेत्र में मिला लेना।

अधिवास—[स॰ अधि + वास] *पु॰* १. स्थायी रूप से रहने की जगह। स्थायी निवास-स्थान। २. स्वदेश या स्वप्रदेश त्याग कर किसी अन्य देश/प्रदेश में स्थायी रूप से बस जाना। ३. दूसरे के घर जाकर रहना। ४. सुगन्ध ५. इत्र/फुलेल/उबटन लगाना। ६. सुगन्धित उबटन। ७. उत्तरीय। दुपट्टा या चादर।

अधिवासन—[स॰ अधि √ वस् + णिच् + ल्युट्] १. (सुगन्धित पदार्थ से) सुगन्धित करना। २. प्राण-प्रतिष्ठा से पहले देव-मूर्ति को चन्दन आदि लगा कर रात-भर किसी स्थान में वस्त्र से ढककर और जल में डुबोकर रखने की रीति। ३. मूर्ति की आरम्भिक प्रतिष्ठा। ✣ **अधिवासित**—*वि॰* = जिसका अधिवासन किया गया हो।

अधिवासी—[स॰ अधिवासिन्] *वि॰* १. स्थायी निवासी। २. दूसरे देश में जाकर बसा हुआ।

अधिविकर्ष—[स॰ अधि + विकर्ष] *पु॰* १. खातेदार द्वारा, बैंक की अनुमति से, जमा रक़म से अधिक (राशि) निकालना। २. उक्त प्रकार से निकाली गयी राशि। (अ॰ ओवरड्राफ़्ट)

अधिविक्रीत—[स॰ अधि + विक्रीत] *वि॰* जो नियत सीमा से अधिक बेचा गया हो।

अधिविज्ञान—[स॰ अधि + विज्ञान] *पु॰* ज्ञात विज्ञान की अपेक्षा अधिक ऊँचे स्तर का विज्ञान। (अ॰ सुपर साइन्स) [दर्शन॰] विज्ञानों का विवेचन करनेवाला शास्त्र। (अ॰ मेटा-साइंस)

अधिवृक्क—[स॰ अधि + वृक्क] *क्रिवि॰* वृक्क के निकट। *पु॰* (चिकित्सा॰) अन्त:स्रावी ग्रन्थि। (दे॰ अधिवृक्क ग्रन्थि)। (अ॰ एड्रिनल) ✣ **अधिवृक्क ग्रन्थि (ग्रंथि)**—*स्त्री॰* = (प्राणि॰) वृक्क से जुड़ी हुई एक अन्त:स्रावी ग्रन्थि।

अधिवृषण—[स॰ अधि + वृषण] *पु॰* (प्राणि॰) वृषण के ऊपर की कुंडलाकार नलिका जो उससे आनेवाली नलिकाओं को ग्रहण करती है और शुक्राणुवाहिका तक जाती है। यह वीर्य का ग्रहण और स्थानान्तरण करनेवाली नलिका है। (अ॰ एपिडिडाइमिस)

अधिवेशन—[स॰ अधि + वेशन] *पु॰* १. बहुत लोगों का एकत्रित बैठना। बैठक। २. किसी संस्था का ऐसा एकत्रीकरण जिसमें औपचारिक बैठक या बैठकें हों। सम्मेलन। ***जैसे***—काँग्रेस का वार्षिक अधिवेशन। ३. (संसद, विधानसभा आदि का) सत्र। ***जैसे***—लोकसभा का शरद्कालीन अधिवेशन। (अ॰ सेशन)

अधिशत्रु—[स॰ अधि + शत्रु] *पु॰* (ज्योतिष॰) ग्रह विशेष की दृष्टि से नैसर्गिक और तात्कालिक दोनों प्रकार के शत्रु ग्रह।

अधिशासी—[स॰ अधिशासिन्] *वि॰* १. प्रशासकीय या प्रबन्धकीय अभियन्ता। २. निर्णयों, क़ानूनों, आदेशों आदि को कार्यान्वित करने के लिए अधिकारप्राप्त। ३. योजनागत कार्यों को निष्पन्न करनेवाला। ***जैसे***—अधिशासी अधिकार। (अ॰ इग्ज़ेक्युटिव)

अधिशीतित—[स॰ अधिशीतित] *वि॰* जो आवश्यकता से अधिक ठंडा हो गया हो।

अधिशेष—[स॰ अधि + शेष] *वि॰* १. उपभोग और आवश्यकता पूरी होने पर शेष रहा (धन आदि)। २. व्यय की अपेक्षा आय की अधिकता। ३. किसी वस्तु की आवश्यकता से अधिक उपलब्धि। (अ॰ सर्प्लस)

अधिशोषक—[स॰ अधि + शोषक] *पु॰* (रसायन॰) वह वस्तु जिसके पृष्ठ पर किसी पदार्थ का अधिशोषण हो। ***जैसे***—मिट्टी और कोयला अधिशोषक का काम करते हैं।

अधिशोषण—[स॰ अधि + शोषण] *पु॰* (रसायन॰) ठोस या द्रव के पृष्ठ पर गैसों, विलीन पदार्थों या द्रवों के अणुओं की परत का बनना। (अ॰ एड्सार्पशन)।

अधिशोष्य—[स॰ अधि + शोष्य] *वि॰* = (रसायन॰) किसी ठोस या द्रव के पृष्ठ पर अधिशोषित होने वाली (वस्तु)। ***जैसे***—जल और गैसें अधिशोष्य है।

अधिश्रवण—[स॰ अधि + श्रवण] (दूसरों की बातचीत) छिपकर सुनना या बिना प्रयत्न के सुन लेना। कान में पड़ना। (अ॰ ओवरहिअर)

अधिश्रेणिक—[स॰ अधि + श्रेणिक] *वि॰* वरिष्ठता पर आधारित वर्गों वाला। श्रेणीबद्ध। (अ॰ हाइअरार्किकल)।

अधिश्रेणी—[स॰ अधि + श्रेणी] *स्त्री॰* (समाज॰) धन-सम्पत्ति, पद-प्रतिष्ठा या शक्ति के आधार पर व्यक्तियों की ऊँची-नीची श्रेणी में समाज की व्यवस्था या समाज-संगठन। (अ॰ हाईअरार्कि)

अधिष्ठाता—[स॰ अधिष्ठातृ] *पु॰* १. (किसी संस्था या काम की) देखभाल करने वाला। प्रबन्धक। २. नियामक। ३. प्रधान। अध्यक्ष। ४. विश्वविद्यालय के किसी संकाय का अध्यक्ष। (अ॰ डीन) ५. परमात्मा। ६. (ज्ञान आदि का) संरक्षक देवता। ***जैसे***—भगवान् शिव योग के अधिष्ठाता हैं।

***अधिष्ठात्र**—[ब्रज॰ < स॰ अधिष्ठातृ] *वि॰* १. अधिष्ठाता। २. स्थिर रहनेवाला।

अधिष्ठात्री—[स॰ अधिष्ठातृ + ङीप्] *स्त्री॰* १. (किसी संस्था या काम की) देखभाल करने वाली। प्रबन्धिका। २. नियमन करनेवाली। नियामिका। ३. अध्यक्षा। ४. (विश्वविद्यालय में) संकाय की अध्यक्ष। ५. (ज्ञान आदि की) संरक्षक देवी। ***जैसे***—साहित्य और कला की अधिष्ठात्री सरस्वती।

अधिष्ठान—[सं॰ अधि √ स्था + ल्युट्] *पुं॰* १. समीप में स्थिर होना। सन्निधि। २. लोगों के रहने का स्थान। बस्ती/क़स्बा/नगर आदि। ३. आधार। (सांख्य॰) भोक्ता और भोग का (जैसे आत्मा और देह का या इन्द्रिय और विषय का) संयोग। (वेदान्त॰) भ्रान्ति या अध्यास (जैसे—रस्सी में साँप का)।

अधिष्ठापक—[सं॰ अधि + स्थापक] *पुं॰* अधिष्ठाता।

अधिष्ठित—[सं॰ अधि + स्थित] *वि॰* १. ठहरा हुआ। स्थित। २. स्थापित। ३. बसा हुआ। ४. नियुक्त। ५. अधिकार में किया हुआ।

अधिसङ्ख्यक (अधिसंख्यक)—[सं॰ अधि + संख्यक] *वि॰* १. साधारण संख्या से अधिक (व्यक्ति/वस्तु) २. अनावश्यक। फ़ालतू।

अधिसमाजशास्त्र/अधिसमाजविज्ञान—[सं॰ अधि + समाजशास्त्र/समाजविज्ञान] *पुं॰* समाजशास्त्र में सिद्धान्तों के अध्ययन का वह विभाग जिसमें सामाजिक अन्वेषणों के तार्किक ज्ञान और विधियों से सम्बन्धित विषयों का विवेचन होता है। (अं॰ सुपर सोशिओलॉजि)

अधिसूचन—[सं॰ अधि + सूचन] *पुं॰* विशेष रूप से सूचित करना।

अधिसूचना—[सं॰ अधि + सूचना] *स्त्री॰* १. ऐसी लिखित या प्रकाशित सामग्री जो किसी व्यक्ति, व्यक्ति-समूह या समाज को किसी बात से अवगत कराने अथवा उसे सावधान करने के लिए हो। २. सरकार द्वारा अधिकृत रूप से प्रकाशित अथवा राजपत्र (अं॰ गज़ट) में छपा विवरण या सूचना। (अं॰ नोटिफ़िकेशन) ✣ **अधिसूचित**—*वि॰* = जिसकी अधिसूचना दी गयी हो। विज्ञापित।

अधिस्तरण—[सं॰ अधि + स्तरण] *पुं॰* (नृविज्ञान॰) पदार्थ के निक्षेपों का एक के ऊपर एक एकत्रीकरण। (अं॰ एग्रडेशन)

अधिस्थिति—[सं॰ अधि + स्थिति] *स्त्री॰* सुने जाने का अधिकार। उपस्थित होने या हस्तक्षेप करने का अधिकार।

अधिस्नातक—[सं॰ अधि + स्नातक] *वि॰* स्नातकोत्तर (एम॰ ए॰ आदि) परीक्षा उत्तीर्ण।

अधिस्फोटी गैस—[सं॰ अधिस्फोटी + अं॰ गैस] *पुं॰* (रसायन॰) जल के वैद्युत अपघटन से उत्पन्न हाइड्रोजन तथा आक्सीजन गैसों का मिश्रण जो जलने पर विस्फोट के साथ जल बनाता है।

अधिस्वर—[सं॰ अधि + स्वर] *पुं॰* अव्यक्त अर्थ। अभिप्राय। गूढ़ार्थ। ***जैसे***—हम आपके वक्तव्य के राजनीतिक अधिस्वर समझ गए हैं। (संगीत॰) मुख्य स्वर की अपेक्षा तीव्र स्वर। अधितान। (अं॰ ओवरटोन)

अधिहरण—[सं॰ अधि + हरण] *पुं॰* (विधि॰) राज्य द्वारा किसी की सम्पत्ति को दंडस्वरूप हस्तगत/ज़ब्त करने का काम। ज़ब्ती।

अधिहत—[सं॰ अधि + हत] *वि॰* (विधि॰) हस्तगत की गयी। ज़ब्त। ***जैसे***—अधिहत सम्पत्ति।

अधीक्षक—[सं॰ अधि + ईक्षक] *पुं॰* १. प्रबन्ध-निर्देशन और अधीनस्थ कर्मचारियों के कार्य आदि की देखभाल करनेवाला प्रधान अधिकारी। (अं॰ सुपरिन्टेन्डेन्ट) २. (पुलिस विभाग में) निरीक्षक से ऊपर का अधिकारी। (अं॰ पुलिस सुपरिन्टेन्डेन्ट)

अधीक्षण—[सं॰ अधि + ईक्षण] *पुं॰* काम-काज की देखभाल।

अधीत—[सं॰ अधि √इ + क्त] *वि॰* पढ़ा हुआ। ***जैसे***—अधीत ग्रन्थ। ✣ **अधीति**—*स्त्री॰* = १. अध्ययन। पठन। पढ़ाई। २. स्मरणशक्ति। स्मृति।

अधीन—[सं॰ अधि + इन] *वि॰* १. जो किसी के अधिकार/शासन में हो। २. वशीभूत। ३. जिसे किसी उच्च अधिकारी आदि की आज्ञा का पालन करना पड़ता हो। मातहत। ४. जो किसी नियम/विधि आदि से बँधा हुआ हो। विवश। ५. (किसी का) आश्रित। (किसी पर) अवलम्बित। ६. (किसी के) अन्तर्गत। ***जैसे***—विचाराधीन (विचार-अधीन)। *पुं॰* १. दास। २. सेवक। ✣ **अधीन अधिकारी**—*पुं॰* = अधिकार/शासन में काम करने वाला अधिकारी। मातहत अफ़सर। ✣ **अधीनता**—*स्त्री॰* = किसी के अधीन होने की अवस्था/स्थिति/भाव। परवशता, विवशता, पराश्रितता या दीनता। ✣ **अधीनना**—*क्रिस॰* = अपने अधीन करना। *क्रिअ॰* = किसी के अधीन होना। ✣ **अधीन न्यायालय**—*पुं॰* = उच्च न्यायालय आदि किसी बड़ी अदालत के अधीन रहनेवाला न्यायालय। छोटी अदालत। (अं॰ लोअर कोर्ट/ट्रायल/सबार्डिनेट कोर्ट)

अधीनस्थ—[सं॰ अधीन + स्थ] *वि॰* १. जो किसी के अधीन हो। मातहत। २. जो किसी के वशीभूत हो। ३. किसी के द्वारा नियन्त्रित। ४. (किसी की अपेक्षा) कम महत्त्व का। छोटे स्तर का।

अधीर—[सं॰ अ + धीर] *वि॰* १. धैर्यहीन २. चंचल चित्त वाला। अशान्त। ३. दृढ़तारहित। ४. उतावला। बेसब्र। ५. उत्तेजित। ६. घबराया हुआ। उद्विग्न। ७. कायर। ∇ **विलोम**—धीर।

अधीरता—[सं॰ अधीर + तल् + टाप्] *स्त्री॰* १. अधीर होने की अवस्था/स्थिति/गुण। २. मन की अस्थिरता/चंचलता। ३. उतावलापन। बेसब्री। ४. घबराहट। ५. कायरता। भीरुता। (चिकित्सा॰) तंत्रिका-तंत्र की उत्तेजना जिसमें मानसिक और शारीरिक बेचैनी के लक्षण होते हैं। घबराहट। (अं॰ नर्वसनेस) ∇ **विलोम**—धीरता धैर्य।

अधीरा—[सं॰ अ + धीरा] *वि॰* (*स्त्री॰*) अधीर (स्त्री)। अधैर्यशालिनी। *स्त्री॰* (काव्य॰) अपने पति का परस्त्री-प्रेम या उसके सूचक चिह्न देखकर, क्रुद्ध होनेवाली और कटु वचन कहकर, क्रोध प्रकट करनेवाली नायिका।

अधीश/अधीश्वर—[सं॰ अधि + ईश/ईश्वर] *पुं॰* १. स्वामी। मालिक। ***जैसे***—मठाधीश (=मठ का स्वामी)। २. राजा। ***जैसे***—कोसलाधीश (=कोसल देश का राजा)।

अधुना—[सं॰ इदम् + धुना, निपात॰ इदम्→अ] *क्रिवि॰* इस समय। इन दिनों। सम्प्रति। आजकल। अब।

अधुनातन—[सं॰ अधुना + ट्युल्] *वि॰* १. आजकल का। २. आधुनिक। अर्वाचीन। ∇ **विलोम**—पुरातन।

अधूमक—[सं॰ अ + धूम + कप्] *वि॰* बिना धुएँ का। धूमरहित। *पु॰* जलती हुई अग्नि जिसमें धुआँ न हो।

अधृत—[सं॰ अ + धृत] *वि॰* जिसे धारण न किया गया हो। २. जो पकड़ा न गया हो। जो पकड़ में न आया हो। ३. जो नियन्त्रण में न आया हो। जो वशीभूत न हुआ हो।

अधृति—[सं॰ अ + धृति] *स्त्री॰* १. धैर्य का अभाव। अधीरता। बेसब्री। आतुरता। अधीरता। २. दृढ़ता का अभाव। चंचलता। ३. घबराहट।

अधेड़—[< हिं॰ आधा] *वि॰* जो आधी उम्र पार कर चुका हो। ढलती उम्र का। बुढ़ापा आने से पहले की अवस्था का जिसमें यौवन उतार पर हो।

अधोंशुक—[सं॰ अधः ~ अंशुक] *पु॰* १. शरीर के नीचे भाग में पहनने का वस्त्र (धोती, पाजामा आदि)। २. (कोट आदि में लगा) अस्तर।

अधोक्षज—[सं॰ अधः + अक्षज] *पु॰* १. (भगवान्) विष्णु। २. (वासुदेव) कृष्ण।

अधोगति—[सं॰ अधः + गति] *स्त्री॰* १. पतन। गिरावट २. अवनति।

अधोगामी—[सं॰ अधोगामिन्] *वि॰* नीचे जानेवाला। अवनति/पतन की ओर जाने वाला। जिसकी अवनति हो रही हो।

अधोजिह्व (अधोजिह्व)—[सं॰ अधः + जिह्वा] *वि॰* जिह्वा (जीभ) के नीचे का।

अधोजिह्विका (अधोजिह्विका)—[सं॰ अधः + जिह्विका] *स्त्री॰* गले का कौआ।

अधोद्भृत—[सं॰ अधः + उद्भृत] *पु॰* (कला॰) धँसे हुए बेल-बूटे या चित्र बनाने की कला। (अं॰ लो रिलीफ़)।

अधोनीत—[सं॰ अधः + नीत] *वि॰* जो नीचे ले जाया गया हो। *पु॰* (वाणि॰) लेखा-अवधि की समाप्ति पर पृष्ठ के आर-पार रेखा खींचने के बाद नयी लेखा-अवधि की प्रविष्टियाँ लिखने से पहले अंकित किया गया पिछली अवधि का लेखा-शेष। तलशेष। (अं॰ कैरिड डाउन)

अधोबिन्दु (अधोबिंदु)—[< सं॰ अधः + बिन्दु] *पु॰* (खगोल॰) आकाशमंडल का वह बिन्दु जो दर्शक के ठीक नीचे हो। अधःस्वस्तिका। (अं॰ नैडिर)

अधोभूमि—[सं॰ अधः + भूमि] *स्त्री॰* १. नीचे की भूमि। २. पर्वत के नीचे की भूमि। ३. भूमि के ऊपरी स्तर/तल के नीचे के स्तर/तल का भाग। निचली मिट्टी। ⁘ **अधोभूमिक**—*पु॰* = किसी भवन का वह भाग जो भूमि के नीचे बना हो।

अधोमस्तक—[सं॰ अधः + मस्तक] *पु॰* वह व्यक्ति जो अपना सिर झुकाए हुए हो।

अधोमार्ग—[सं॰ अधः + मार्ग] *पु॰* १. नीचे का रास्ता। २. भूमिगत मार्ग। सुरंग का मार्ग। ३. मल-त्याग करने की इन्द्रिय। गुदा।

अधोमुख—[सं॰ अधः + मुख] *वि॰* नीचे की ओर मुख किया (व्यक्ति)। जो अपना मुख औंधाए हुए हो। *क्रिवि॰* १. मुँह लटकाए हुए। २. मुँह के बल। ***जैसे***—अधोमुख गिरना। ***वा॰* अधोमुख होना**—१. लज्जा के कारण दृष्टि नीची रखना। २. लज्जित होना।

अधोमूल—[सं॰ अधस् ~ मूल] *वि॰* जिसकी जड़ नीचे की ओर हो। ∇ **विलोम**—ऊर्ध्वमूल।

अधोमूल्यन—[सं॰ अधः + मूल्यन] *पु॰* वास्तविक से कम मूल्य आँकना। कम मूल्यांकन। (अं॰ अन्डरवेलुएशन)

***अधोर्ध अधोर्द्ध (अधोर्द्ध)**—[< सं॰ अधः + ऊर्ध्व] *क्रिवि॰* १. ऊपर-नीचे। २. नीचे से ऊपर तक। *वि॰* नीचे से ऊपर के (भाग)।

अधोरेखा—[सं॰ अधः + रेखा] *स्त्री॰* नीचे खींची गयी रेखा। किसी शब्द/शब्दसमूह/वाक्य के नीचे खींची गयी रेखा।

***अधोलोक**—[सं॰ अधः + लोक] *पु॰* १. नीचे का लोक। २. पृथ्वी के नीचे के अतल से पाताल तक के ७ लोक अथवा इन में से कोई।

अधोवायु—[सं॰ अधः + वायु] *पु॰* अपान वायु। पाद।

अधोहनु—[सं॰ अधः + हनु] *पु॰* निचला जबड़ा।

अधोहस्ताक्षरी—[सं॰ अधः + हस्ताक्षरी (हस्ताक्षरिन्)] *वि॰* (पत्र/लेख के) नीचे हस्ताक्षर करनेवाला।

†अधौट—[< हिं॰ अध + औटा] *वि॰* (दूध) जो इतना उबाला गया हो कि मूल का आधा रह गया हो। अधऔटा।

अधौड़ी—[< हिं॰ अधौरी] *स्त्री॰* १. सिझाए हुए चमड़े का आधा टुकड़ा। २. मोटा चमड़ा जिसे जूते के तले के ऊपरी भाग में लगाया जाता है। ३. (सन्त-साहित्य में प्रतीकात्मक अर्थ) आमाशय। पेट। ***जैसे***—अपनी अधौड़ी भरना। ***वा॰* अधौड़ी तानना**—पेट भर खाना। ख़ूब खाना।

†अधौन—[< सं॰ अर्ध + मान] *वि॰* किसी वस्तु का लगभग आधा भाग। ***जैसे***—इस दूध में अधौन पानी है।

अधौरी—[देशज] *स्त्री॰* १. एक बड़ा वृक्ष जिसकी छाल/पत्तियों से चमड़ा सिझाया जाता है और लकड़ी हल तथा नावें बनाने में प्रयुक्त होती है। ● **विशेष**— 'अधौरी' वृक्ष को स्थान भेद से '**बकली/धौरा**' भी कहा जाता है। २. चमड़े से मढ़ा जाने वाला एक वाद्य-यन्त्र।

अध्यक्ष—[सं॰ अधि + अक्ष्] *पु॰* १. स्वामी। मालिक। ***जैसे***—कम्पनी का अध्यक्ष। २. किसी राष्ट्र/सभा/संस्था आदि का प्रधान/सभापति/अधिष्ठाता। सभापति। ***जैसे***—काँग्रेस का अध्यक्ष। ३. विधानपरिषद्/राज्यसभा का स्पीकर (अं॰)। ⁘ **अध्यक्षता**—*स्त्री॰* = १. अध्यक्ष होने की अवस्था/भाव। २. अध्यक्ष का पद/कार्य। ⁘ **अध्यक्षीय**—*वि॰* = अध्यक्ष-सम्बन्धी। अध्यक्ष का।

अध्यधिभाषा—[सं॰ अधि ~ अधिभाषा] *स्त्री॰* (दर्शन॰) वह भाषा जिसके माध्यम से अधिभाषा के विषय में चर्चा की जाती है। (वि॰ मेटा-मेटालैंग्वेज)

अध्यधीन—[सं॰ अधि + अधीन] पूर्णतः अधीन। पूरी तरह वशीभूत।

अध्ययन—[स॰ अधि √इ + ल्युट्] *पु॰* १. (पुस्तक आदि का) पठन। पढ़ाई। २. (गुरु से या विद्यालय आदि में) किसी विद्या/विषय/शास्त्र के ज्ञान की प्राप्ति। *जैसे*—बालक पन्द्रह वर्ष अध्ययन करके शास्त्री या स्नातक बन सकता है। ३. किसी उद्देश्य से किसी ग्रन्थ या विषय आदि की अनेक बातों पर गम्भीर विचार करना। अनुशीलन। परिशीलन। *जैसे*—कश्मीर-समस्या का अध्ययन। ४. (किसी घटना के सम्बन्ध में या किसी विशेष प्रयोजन से की जाने वाली) जाँच-पड़ताल। छानबीन। तहक़ीक़ात। *जैसे*—पुलिस रहस्यमयी हत्याओं का गम्भीर अध्ययन कर रही है।

अध्यर्ध—[< स॰ अधि + अर्द्ध] *वि॰* १. एक और आधा। डेढ़। २. वह जिसके पास आधा अधिक हो।

अध्यवसाय—[स॰ अधि + अव √सो + घञ्] *पु॰* १. दृढ़तापूर्वक काम में लगा रहना। लगातार श्रम करने का स्वभाव। २. लगातार उद्योग। ३. लगातार परिश्रम। ४. दृढ़ विचार। संकल्प। ५. निश्चय। ६. उत्साह। (भा॰ दर्शन॰) इन्द्रिय द्वारा विषय का ज्ञान होने के समय रजोगुण और तमोगुण की न्यूनता और सत्त्वगुण का उदय जिससे ज्ञेय विषय का निश्चित ज्ञान होता है। ∇ **विलोम**—अनध्यवसाय।

अध्यस्त—[स॰ अधि √अस् + क्त] *वि॰* जिसका आरोपण हुआ हो। आरोपित। २. किसी वस्तु में जिसका अध्यास (मिथ्या भ्रम) हो। *जैसे*—रात्रि में रस्सी को साँप समझने पर रस्सी 'अधिष्ठान' है और साँप 'अध्यस्त'।

अध्यात्म—[स॰ अधि + आत्म् (आत्मन्] *पु॰* १. आत्मा। २. शरीर। ३. मन। ४. परमात्मा, आत्मा, शरीर या मन से सम्बन्धित। ५. प्रत्येक शरीर में स्थित परमात्मा की सत्ता। परमात्मा। ६. आत्मा और परमात्मा का सम्बन्ध। ७. स्वभाव। *वि॰* आत्मा-सम्बन्धी। आत्मा का ।

अध्यात्मवाद—[स॰ अध्यात्म ~ वाद] १. आत्मा, परमात्मा, दिव्य शक्तियों आदि की सत्ता एवं स्वरूप का प्रतिपादक सिद्धान्त। २. सर्वत्र व्याप्त एक आत्मा मानने का सिद्धान्त। ✣ **अध्यात्मवादिक**—*वि॰* = अध्यात्मवाद से सम्बन्धित।

अध्यात्मशास्त्र—*पु॰* = अध्यात्मविद्या-सम्बन्धी ग्रन्थ।

अध्यादेश—[स॰ अधि + आदेश] *पु॰* (राज॰) राष्ट्रपति या राज्य के प्रमुख द्वारा जारी किया गया विशेष आदेश जो किसी विशेष स्थिति में थोड़े समय के लिए लागू होता है। (अ॰ आर्डिनेन्स)।

अध्याना—[< स॰ अग्न्याध्यान] *पु॰* आग का एक गड्ढा-सा जिसके पास बैठकर किसान जाड़ों में तापते हैं।

अध्यान्तरण (अध्यांतरण)—[स॰ अधि + अन्तरण] *पु॰* किसी वस्तु के स्थूल रूप से सूक्ष्मरूप और आध्यात्मिक रूप की ओर प्रवृत्त होने की क्रिया। *जैसे*—अध्यान्तरण द्वारा ही कवि फूल की कोमलता आदि से ऊपर उठकर उसकी पवित्रता आदि और उसकी आध्यात्मिक सत्ता का अनुभव कर सकता है।

अध्यापक—[स॰ अधि √इ + णिच् + ण्वुल्] *पु॰* विद्यार्थियों को पढ़ाने और सिखाने वाला। शिक्षक। गुरु। उपाध्याय। आचार्य। ✣ **अध्यापकी**—*स्त्री॰* = १. पढ़ाने का काम। अध्यापन। २. अध्यापक का कार्य/पद।

अध्याय—[स॰ अधि √इ + घञ्] *पु॰* १. किसी पुस्तक के अनेक भागों में से प्रत्येक। परिच्छेद। स्कन्ध। सर्ग। २. अध्ययन। पाठ। [∇ **विलोम**—अनध्याय।] ३. (लाक्षणिक) प्रकरण। प्रसंग। *जैसे*—इस घटना से मेरे जीवन का नया अध्याय आरम्भ हुआ। ४. अध्ययन।

अध्यायी—[स॰ अध्यायिन्] *वि॰* १. अध्ययन करनेवाला। पढ़नेवाला। २. अध्ययनशील। *जैसे*—स्वाध्यायी (= स्व + अध्यायी) राजा। *पु॰* विद्यार्थी। *जैसे*—सहाध्यायी (= सहअध्यापी = सहपाठी)।

अध्यारूढ़—[स॰ अधि+ हि॰ आरूढ़] *वि॰* (किसी पर) चढ़ा हुआ। आरूढ़। सवार।

अध्यारोप—[स॰ अधि + आरोप] *पु॰* १. (किसी वस्तु को) किसी के ऊपर रखना। लादना। २. वस्तु पर अवस्तु का आरोप। (वेदान्त॰) अध्यास।

अध्यावरण—[स॰ अधि ~ आवरण] *पु॰* (चिकित्सा॰) ऊतक की पर्त जो शरीर के किसी भाग या अंग को आवृत करती है। (अ॰ इन्टेग्युमेन्ट)

अध्यास—[स॰ अधि√अस् + घञ्] *पु॰* ग़लत दिशा की ओर चलना। (वेदान्त॰) स्मृति रूप तथा पहले कभी अनुभूत वस्तु की अन्यत्र प्रतीति या मिथ्या ज्ञान। भ्रान्त ज्ञान। अध्यारोप। *जैसे*—अँधेरे में रस्सी में सर्प का अध्यास। ✣ **अध्यासभ्रम**—*पु॰* = (वेदान्त॰) अध्यास के कारण हुआ भ्रमपूर्ण अनुभव। वह भ्रम जो अधिष्ठान के यथार्थ ज्ञान से दूर हो जाता है। *जैसे*—रस्सी में साँप का भ्रम होता है परन्तु प्रकाश हो जाने पर 'रस्सी' का ज्ञान होने से उसमें हुआ सर्प-ज्ञान हट जाता है। ✣ **अध्यासवाद**—*पु॰* = (वेदान्त॰) आदि शंकाराचार्य द्वारा विश्व के विषय में प्रतिपादित अध्यास का सिद्धान्त। मिथ्या प्रतीति का सिद्धान्त जिसके अनुसार सच्चिदानन्द ब्रह्मस्वरूप 'आत्मा' देह आदि से अपना तादात्म्य मानकर स्वयं को सुखी-दुःखी तथा कर्ता-भोक्ता मानती है।

अध्याहार—[स॰ अधि + आहार] *पु॰* किसी वाक्य में ऐसे शब्द या शब्दों को खोजना तथा जोड़ना जो उसका अर्थ स्पष्ट करने के लिए अनिवार्य हों। वाक्य की न्यूनपदता को पूर्ण करना। *जैसे*—'तुम उतने ही वीर हो जितना 'अर्जुन' में 'वीर' का ('जितना के बाद') और 'है' का ('अर्जुन' के बाद) अध्याहार होता है। (व्या॰) सूत्र आदि में जो शब्द या अर्थ नहीं है, उसे अर्थ करने के लिए जोड़ना।

अध्येतव्य—[स॰ अधि √इङ्+ तव्यत्] *वि॰* (विषय/पुस्तक आदि) जिसे पढ़ना चाहिए। अध्ययन के योग्य। पठनीय। अध्येय।

अध्येता—[स॰ अध्येतृ] १. अध्ययन करने वाला व्यक्ति। २. विश्वविद्यालय या संस्थान आदि का अनुसन्धानकर्ता। (अ॰ फ़ेलो, रिसर्च-फ़ेलो)

अध्येतावृत्ति—[परि॰] *स्त्री॰* अध्येता को दी जाने वाली वृत्ति या शोधवृत्ति। (अं॰ फ़ेलोशिप)

अध्येय—[सं॰ अधि √इङ् + यत्] *वि॰* १. अध्येतव्य। (दे॰) २. जिसका अध्ययन किया जानेवाला हो।

अध्रुव—[सं॰ अ + ध्रुव] *वि॰* १. जो ध्रुव/स्थिर न हो। अस्थिर। २. जो नित्य/शाश्वत न हो। अनित्य। विनश्वर। ३. सन्दिग्ध। संशयपूर्ण। ४. जिसे अलग किया जा सके। ∇ **विलोम**—ध्रुव।

अध्व—[सं॰ अध्वन् √अद् + क्वनिप्, द→ध] *पु॰* १. मार्ग। रास्ता। २. समय। काल। ३. आकाश।

अध्वग—[सं॰ अध्व √गम् + ड] *पु॰* १. पथिक। यात्री। राहगीर। मुसाफ़िर। २. सूर्य।

अध्वगा—[सं॰ अध्वग + टाप्] *स्त्री॰* १. पथिक स्त्री। राहगीर स्त्री। २. गंगा (नदी)।

अध्वर[१]—[सं॰ अध्वन्√रा + क] *पु॰* १. यज्ञ। ***जैसे***—अध्वर-मीमांसा। २. आकाश। ✣ **अध्वर-यूप**—*पु॰* = यज्ञ का खम्भा जिससे बलि-पशु बाँधा जाता है।

अध्वर[२]—[सं॰ अ √ध्वर् + अच्] *वि॰* १. जो कुटिल न हो। सरल। सीधा। २. सावधान।

अध्वर्यु—[सं॰ अध्वर + क्यच् + डु] *पु॰* १. यज्ञ करानेवाले चार ऋत्विकों में से एक। २. यजुर्वेद। ३. (यजुर्वेद का ज्ञाता) पुरोहित।

अध्वान्त[१] **(अध्वांत**[१]**)**—[सं॰ अ + ध्वान्त (अन्धकार)] *पु॰* १. बहुत थोड़ा अँधेरा। ईषत् अन्धकार। २. उषाकाल। ३. गोधूलिवेला। सायंकाल। शाम।

अध्वान्त[२] **(अध्वांत**[२]**)**—[सं॰ अध्वन् + अन्त] *पु॰* १. मार्ग का अन्त। रास्ते की सीमा। २. यात्रा का अन्त।

अन[१]—[< सं॰ अन्] *उपसर्ग* नहीं। ***जैसे***—अनकहा; अनदेखी। *क्रिवि॰* बिना। बग़ैर। ***जैसे***—वे मुझसे अनमिले ही चले गए।

***अन**[२]—*पु॰* ≤ *सं॰* अन्न। अनाज।

***अन**[३]—*वि॰* ≤ *सं॰* अन्य। और कोई। दूसरा।

अनअहिवात**—[हिं॰ अन + अहिवात] *पु॰* सौभाग्य का न होना। वैधव्य। विधवापन। ***जैसे—रानी के अनअहिवात की भविष्यवाणी।

अनआया—[< हिं॰ अन + आना] *वि॰* १. न आया हुआ। २. न आए हुए के समान। ***उदा॰*** आया अनआया भया जब राता संसार। —कबीर (साखी, १२/२६)

अनऋतु—[हिं॰ अन + ऋतु] *वि॰* १. बिना ऋतु का। बेमौसम। ***जैसे***—अनऋतु वर्षा। २. किसी ऋतु का अपने नियत समय से भिन्न समय पर होना। ऋतु विपर्यय। ३. ऋतु के विरुद्ध कार्य।

अनंश—[सं॰ अन् + अंश] *वि॰* १. जिसका कोई अंश/भाग न हो। २. पैतृक सम्पत्ति में भाग न पानेवाला।

***अनक**—[< सं॰ आनक] *पु॰* १. बड़ा ढोल। नगाड़ा। २. गरजनेवाला बादल।

अनकहनी—[< हिं॰ अन + कहनी] *वि॰* १. न कहने योग्य। अकथनीय। २. अनुचित।

अनक्ष—[सं॰ अन् + अक्ष] *वि॰* १. बिना धुरी का। अक्षरहित। २. जिसके आँखें न हों। नेत्रहीन। अन्धा।

अनक्षर—[< सं॰ अन् + अक्षर] *वि॰* १. जिसे अक्षरों का ज्ञान न हो। २. मूर्ख। ३. गूँगा।

***अनख**[१]—[< सं॰ अ + नख] *वि॰* जिसके नाख़ून न हों। नख-रहित।

***अनख**[२]—[< सं॰ अनक्ष] *पु॰* १. उपेक्षा, अनादर या अवज्ञा। २. मन में छिपा हुआ क्रोध। खीझ, झुँझलाहट या कुढ़न। ३. अनिच्छा। असन्तोष। ४. दु:ख या झंझट। ५. काजल की बिन्दी। डिठौना।

***अनखन**[१]—[< सं॰ अनुक्षण] *क्रिवि॰* प्रत्येक क्षण। हर समय।

अनखन[२]—[< हिं॰ अनख[२]] *क्रिवि॰* अनख के साथ। क्रोध या खीझ से।

अनखना—[< हिं॰ अनख[२]] *क्रिअ॰* १. अप्रसन्न होना। क्रुद्ध होना। २. झुँझलाना। खीझना। कुढ़ना या चिढ़ना।

अनखा—[< हिं॰ अनख[२]] *पु॰* काजल की बिन्दी। डिठौना।

अनखाना—[< हिं॰ अनख[२]] *क्रिस॰* अप्रसन्न करना। नाराज़ करना। खिझाना। *क्रिअ॰* १. अप्रसन्न होना। २. किसी पर क्रोध करना। नाराज़ होना। खीझना। ✣ ***अनखानि**—*स्त्री॰* = अनख। क्रोध/खीझ/झुँझलाहट या कुढ़न। ✣ **अनखारी**—*वि॰* (*स्त्री॰*) = अनख करनेवाली। अप्रसन्न होनेवाली। खीझनेवाली। नाराज़ होनेवाली। ***उदा॰*** सूरदास ऐसी को त्रिभुवन, जैसी यह अनखारी। —सूरसागर (१०/३६२९) ✣ **अनखाहट**—*स्त्री॰* = अनख।

अनखी[१]—[< सं॰ अनखिन्] *वि॰* जिसके नाख़ून न हों। अनख। नखरहित।

अनखी[२]**/अनखीला**—[< हिं॰ अनखना] *वि॰* जल्दी अनखनेवाला। जल्दी अप्रसन्न होनेवाला। तुनकमिज़ाज। ✣ **अनखीली**—*वि॰* (*स्त्री॰*)।

अनखौहाँ (अनखौहां)/अनखौंहाँ (अनखौंहां)—[< हिं॰ अनख] *वि॰* १. अनख से युक्त। क्रोध/खीझ/झुँझलाहट से भरा हुआ। २. जल्दी क्रुद्ध होनेवाला। गुस्सैल या चिड़चिड़ा। ३. क्रोध दिलानेवाला। क्रोधजनक।

अनगन**—[हिं॰ अन + सं॰ गणन] *वि॰* अगणित। असंख्य। अनगिनत। ***जैसे—अनगन तारे।

***अनगना**[१]—[< हिं॰ अन + सं॰ गमन] *क्रिअ॰* (किसी काम में) जान-बूझकर देर लगाना। जान-बूझकर विलम्ब करना।

***अनगना**[२]**/अनगनिया/अनगनी**—[< सं॰ अगणित] *वि॰* अगणित। अनगिनत।

***अनगवना**—[< हिं॰ अन + सं॰ गमन] *क्रिअ॰* (किसी काम में) जान-बूझकर देर लगाना। जान-बूझकर विलम्ब करना।

अनगाया—[हिं॰ अन + गाना (=गीत गाना)] *वि॰* १. जिसे गाया न गया हो। ***जैसे***—अनगाया गीत। २. जिसने (गीत आदि) गाया न हो। ***जैसे***—अनगाया व्यक्ति।

अनगार—[सं॰ अन् + अगार] *वि॰* १. जिसके पास घर न हो। गृहहीन। बेघर। २. घूमता-फिरता रहनेवाला। भ्रमण करनेवाला। *पु॰* १. भ्रमण करनेवाला सन्यासी। घूमता-फिरता रहनेवाला साधु। २. तपस्वी या मुनि। ३. बौद्ध भिक्षु। ४. जैन साधु।

अनगिन/अनगिनत/अनगिनती—[< हिं॰ अन + गिनना] *वि॰* १. अगणित। असंख्य। २. बहुत अधिक।

अनगिना/अनगिनित—[< हिं॰ अन + गिनना] *वि॰* १. जो गिना न गया हो। २. अगणित। असंख्य। अनगिनत। ३. बहुत अधिक।

***अनगुना**—[< हिं॰ अन + सं॰ गुण] *वि॰* १. जो सोचा-विचारा या समझा न गया हो। २. गुणों से रहित। निर्गुण।

अनगुहा—[< हिं॰ अन + गुहा] *वि॰* जो गूँथा या पिरोया न गया हो।

अनग्नि—[< सं॰ अन् + अग्नि] *वि॰* अग्निहोत्र न करनेवाला। *पु॰* १. अग्नि से भिन्न पदार्थ। २. अग्नि का अभाव।

अनग्निदग्ध—[सं॰ अन् + अग्निदग्ध] *वि॰* जिसका शव अन्त्येष्टि कर्म द्वारा जलाया न गया हो। जिसे गाड़ा गया हो या यों ही छोड़ दिया गया हो।

अनघ—[सं॰ अन् + अघ] *वि॰* १. पापरहित। निष्पाप। २. दोषरहित। निर्दोष। ३. कलंकरहित। निष्कलंक। *पु॰* जो पाप न हो। पुण्य।

अनघाष्टमी—[सं॰ अनघ ~ अष्टमी] *स्त्री॰* मार्गशीर्ष/अगहन के कृष्ण पक्ष की अष्टमी।

अनघोरी—[देशज] *क्रिवि॰* १. अकस्मात्। अचानक। २. चुपचाप। चुपके से।

अनङ्ग (अनंग)—[सं॰ अन् + अङ्ग] *वि॰* शरीर-रहित। अशरीरी। *पु॰* १. कामदेव। २. आकाश। ३. मन। ४. कामभावना।

अनङ्गशत्रु (अनंगशत्रु)—[सं॰ अनङ्ग ~ शत्रु] *पु॰* कामदेव का शत्रु। शिव। महादेव।

अनङ्गशेखर (अनंगशेखर)—[सं॰ अनङ्ग ~ शेखर] (छन्द॰) दंडक नामक वर्णिक छन्दों का एक प्रकार जिसके प्रत्येक चरण में लघु-गुरु वर्णों का मनमाना प्रयोग हो सकता है। ● **विशेष**—छन्द को '**द्विनाराचिका**' और '**महानाराच**' भी कहा जाता है।

अनङ्गी (अनंगी)—[सं॰ अनङ्गिन्] *वि॰* शरीररहित। अशरीर। *पु॰* १. कामदेव। **उदा॰** गरजत अधम अनंगी।—सूरसागर (२/२१)

अनचाखी—*वि॰* (*स्त्री॰*) ***जैसे***—अनचाखी चटनी; अनचाखी पीड़ा।

अनचीता—[< हिं॰ अन + चीतना] *वि॰* १. जिसके विषय में पहले विचार न किया गया हो। न सोचा हुआ। २. अचानक होनेवाला। आकस्मिक। ३. न चाहा हुआ। अनचाहा। ***जैसे***—अनचीता काम।

***अनच्छ**—[< हिं॰ अन + अच्छा] १. जो अच्छा/साफ़ न हो। अस्वच्छ। मलिन। गन्दा। २. जो अच्छा/प्रिय न हो। अप्रिय। ३. जो सुन्दर न हो। असुन्दर।

अनजली—*वि॰* (*स्त्री॰*) = जो जली न हो। ***जैसे***— अनजली लकड़ी।

अनजानत—[< हिं॰ अन + जानना] *वि॰* न जाननेवाला (व्यक्ति)।

अनजाने—[< हिं॰ अन + जानना] *क्रिवि॰* बिना जाने हुए। बिना समझे हुए। अज्ञान से। अज्ञानवश।

अनजोखा—[हिं॰ अन + जोखना] *वि॰* १. बिना नापा-तौला। २. (लाक्षणिक) जिसकी जाँच या छान-बीन न की गयी हो।

अनझिप—[< हिं॰ अन + झपकना] *वि॰* न झपकनेवाला (नेत्र)।

अनञ्जन (अनंजन)—[सं॰ अन् + अञ्जन] *वि॰* १. बिना सुर्मा/काजल/लेप का। अंजनरहित। २. बिना दाग़/धब्बे का। ३. निष्कलंक। ४. निर्दोष। निर्विकार। *पु॰* १. आकाश। २. परमात्मा। ब्रह्म।

***अनट**[1]—[< सं॰ अनृत] *पु॰* १. असत्य। झूठ। २. अनीति। अन्याय। अत्याचार। ३. उपद्रव। **उदा॰** मिटिहि अनट अवरेब।—तुलसी (मानस॰, २/२६९)

***अनट**[2]—[< प्रा॰ अणट्ठ < सं॰ अनर्थ] *पु॰* १. हानि। नुक़सान। २. प्रयोजन का अभाव। ३. झंझट। बखेड़ा। *वि॰* व्यर्थ। बेमतलब।

†**अनडीठ**—[हिं॰ अन + डीठ (< सं॰ दृष्ट)] *वि॰* १. जो पहले न देखा गया हो। अदृष्ट। २. अद्‌भुत। अनोखा।

अनणु—[सं॰ अन् + अणु] *वि॰* जो सूक्ष्म न हो। *पु॰* मोटा अनाज (जैसे—मकई, ज्वार)।

अनत[1]—[सं॰ अ + नत] *वि॰* १. जो नत या झुका हुआ न हो। सीधा। २. जो नम्र न हो। अनम्र। ३. दृढ़। ४. हठी।

***अनत**[2]—[< सं॰ अन्यत्र] *क्रिवि॰* किसी और जगह पर। और कहीं। अन्यत्र। ● **विशेष—अनतहिं/अनतही** = अन्यत्र ही।

अनति[1]—[सं॰ + अति] *वि॰* जो अति/अधिक न हो। थोड़ा। कुछ। ***जैसे***—अनति विस्तार से वर्णन करिए।

अनति[2]—[सं॰ अ + नति] *स्त्री॰* १. नति का अभाव। न झुकना। २. अनम्रता। ३. अभिमान। घमंड। ४. दृढ़ता।

अनतिदूर—[सं॰ अनति ~ दूर] *क्रिवि॰* बहुत दूर नहीं। कुछ ही दूरी पर। ***जैसे***—मेरे घर से बाज़ार अनतिदूर है।

अनतिविलम्बिता (अनतिविलंबिता)—[सं॰ अनति ~ विलम्बिता] *स्त्री॰* बहुत विलम्ब/देरी न होना। ***जैसे***—शास्त्रार्थ में वक्ता के लिए अनतिविलम्बिता अनिवार्य गुण है।

अनतिविस्तार—[सं॰ अनति ~ विस्तार] *वि॰* १. थोड़ा/कम विस्तार। २. संक्षेप।

अनधिकार—[सं॰ अन् + अधिकार] *पु॰* १. अधिकार, शक्ति, योग्यता, प्रभुता, या पात्रता आदि का न होना। २. विवशता। लाचारी। ३. अयोग्यता। *वि॰* अधिकार-रहित। ***जैसे***—अनधिकार हस्तक्षेप। *क्रिवि॰* अधिकार न होते हुए। बिना अधिकार के। ***जैसे***—अनधिकार बोलना।

अनधिकारिक—[सं॰ अन् + अधिकारिक] *वि॰* १. अनधिकारपूर्ण। २. ग़ैरसरकारी।

अनधिकारी—[सं॰ अनधिकारिन्] *वि॰* १. जो अधिकारी न हो। जिसे अधिकार न मिला हो। २. जो किसी विषय विशेष का पारंगत विद्वान् न हो।

अनधिकृत—[सं॰ अन् + अधिकृत] *वि॰* १. (स्थान/काम आदि)

जिसके लिए अधिकार न मिला हो। ***जैसे***— आप यहाँ अनधिकृत विषयों पर बातचीत नहीं कर सकते। २. जिसे कभी अधिकार या वश में न किया गया हो। ***जैसे***—अनधिकृत भूमि। ३. जो अधिकारपूर्वक न किया गया हो। अनधिकारिक। ***जैसे***—अनधिकृत हड़ताल।

अनधिगत—[सं॰ अन् + अधिगत] *वि॰* १. जिसे प्राप्त न किया गया हो। २. जिसे वश में न किया गया हो। ३. जिस पर विचार न हुआ हो।

अनधिगम्य—[सं॰ अन् + अधिगम्य] *वि॰* १. पहुँच के बाहर। २. अगम्य। ३. अज्ञेय।

अनधित्यजन—[सं॰ अन् + अधित्यजन] जिसे हटाया/दूर न किया जा सके। ⁘ **अनधित्यजन करार**— *पु॰* = (वाणि॰) ऐसा अनुबन्ध जिसे हटाया/दूर न किया जा सके। ऐसी सहमति जिससे मुकरना सम्भव न हो।

अनधिवासित—[सं॰ अन् + अधिवासित] *वि॰* (विधि॰) जिस पर किसी का निवास न हो। ***जैसे***—अनधिवासित भूमि में फल वाले वृक्ष लगाओ।

अनधिष्ठित—[सं॰ अन् + अधिष्ठित] *वि॰* १. जो किसी पद आदि पर नियुक्त न हो। २. अनुपस्थित।

अनधिसूचित—[सं॰ अ अन् + अधिसूचित] *वि॰* जो अधिसूचित न हो। ⁘ **अनधिसूचित क़र्ज़**— *पु॰* = (अर्थ॰) ऐसा ऋण जिसकी अधिसूचना न दी गयी हो या जिसका सार्वजनिक रूप से कहीं उल्लेख न किया गया हो। (अं॰ नॉन-नोटिफ़िकेशन लोन)

अनधिहरण—[सं॰ अन् + अधिहरण] *वि॰* (प्रशासन॰) १. जिसे ज़ब्त न किया गया हो। २. जिसे समाप्त न किया गया हो। बरक़रार रखा गया।

अनधीर—[सं॰ + अन+ अधीर] *वि॰* जो अधीर न हो। धैर्ययुक्त।

अनध्याय—[सं॰ अन् + अध्याय] *पु॰* १. अध्ययन के लिए अनुपयुक्त समय/दिन। २. अध्ययन का अवकाश/छुट्टी का दिन।

अननुकूल—[सं॰ अन् + अनुकूल] *वि॰* १. जो अनुकूल न हो। ***जैसे***—यह घोषणा हमारे अननुकूल है। २. प्रतिकूल। ***जैसे***—नौका के अननुकूल नदी का प्रवाह; स्वास्थ्य के अननुकूल भोजन। ३. जो लाभकर न हो। अलाभकर। ***जैसे***—अननुकूल शर्तें। ४. जो स्वभाव के अनुकूल न हो। अरुचिकर। नापसन्द।

अननुज्ञप्त/अननुज्ञात—[सं॰ अन् + अनुज्ञप्त/अनुज्ञात] *वि॰* १. (व्यक्ति) जिसे अनुज्ञा न मिली हो। जिसे आज्ञा न दी गयी हो या अनुमति न मिली हो। २. (कार्य) जिसके लिए आदेश न मिला हो या अनुमति प्राप्त न हुई हो।

अननुज्ञापित—[सं॰ अन् + अनुज्ञापित] *वि॰* अननुज्ञप्त।

अननुदिष्ट—[स अन् + अनुदिष्ट] *वि॰* (किसी कार्य के लिए) जिसे अनुदेश/निर्देश न दिया गया हो। ***जैसे***—अननुदिष्ट प्रतिनिधित्व। ∇ **विलोम**—अनुदिष्ट।

अननुनासिक—[सं॰ अन् ~ अनुनासिक] *वि॰* (ध्वनि) जो अनुनासिक न हो। निरनुनासिक। ***जैसे***—'का' अननुनासिक ध्वनि है, उसकी सानुनासिक ध्वनि 'काँ' है। ∇ **विलोम**—सानुनासिक।

अननुपालन—[सं॰ अन् + अनुपालन] *पु॰* (आज्ञा आदि का) पालन न होना।

अननुभूत—[सं॰ अन् + अनुभूत] *वि॰* १. जो अनुभूत न हो। जिसकी अनुभूति न हुई हो। २. जो पहले अनुभव न किया गया हो। ∇ **विलोम**—अनुभूत।

अननुमत—[सं॰ अन् + अनुमत] *वि॰* १. (व्यक्ति/संस्था आदि) जिसे अनुमति न मिली हो। २. (कार्य) जिसके लिए अनुमति न मिली हो। ३. जो रुचिकर/पसन्द न हो। ∇ **विलोम**—अनुमत।

अननुरूप—[सं॰ अन् + अनुरूप] *वि॰* १. जो अनुरूप न हो। २. असदृश। असमान। ३. प्रतिकूल। ४. अनुपयुक्त। अयोग्य। ∇ **विलोम**—अनुरूप।

अननुमोदन—[सं॰ अन् + अनुमोदन] *पु॰* १. अनुमोदन का अभाव। अस्वीकृति। असहमति। नामंज़ूरी। २. नापसन्दगी। ∇ **विलोम**—अनुमोदन।

अननुसूचित—[सं॰ अन् + अनुसूचित] *वि॰* जिसे अनुसूची में सम्मिलित नहीं किया गया है। ***जैसे***—अननुसूचित जातियाँ; अननुसूचित बैंक। ∇ **विलोम**—अनुसूचित।

अनन्त (अनंत)—[सं॰ अन् + अन्त] *वि॰* १. जिसका अन्त न हो। जो कभी समाप्त न हो। अन्त-रहित। नित्य। शाश्वत। ***जैसे***—अनन्त काल। २. जिसका कहीं अन्त/सिरा न हो। असीम। ***जैसे***—अनन्त आकाश; अनन्त सागर। ३. जिसका विस्तार, मान आदि कल्पना से परे हो। अपरिमेय। असंख्य अथवा असीम। ४. जिसका कभी नाश न हो। अविनाशी। ५. बहुत अधिक। विपुल। ***जैसे***—राजा ने कवि को अनन्त धन दिया। *पु॰* १. परमात्मा। २. आकाश। ३. शेषनाग या शेषनाग का अवतार—लक्ष्मण/बलराम ४. भाद्र शुक्ल चतुर्दशी को दाहिनी भुजा में धारण की जाने वाली विशेष प्रकार के रेशमी/सूती धागों की एक रचना। ५. उक्त रचना। (गणित॰) अपरिमित राशि (जिसका संकेत-चिह्न '∞' है)। (अं॰ इनफ़िनिटि) ∇ **विलोम**—सान्त।

अनन्तग (अनंतग)—[सं॰ अनन्त + ग] *वि॰* अनन्त काल तक चलनेवाला। ⁘ **अनन्तता (अनंतता)**— *स्त्री॰* = १. अन्तहीनता। २. अविनश्वरता। ३. असीमता। अपरिमितता। ४. विपुलता।

अनन्तदेव (अनंतदेव)—[सं॰ अनन्त ~ देव] *पु॰* १. शेषनाग। २. शेषशायी विष्णु।

अनन्तर (अनंतर)—[सं॰ अन् + अन्तर] *क्रिवि॰* १. पश्चात्। उपरान्त। तुरन्त। बाद। पीछे। २. निरन्तर। लगातार। *वि॰* १. सटा/लगा हुआ। २. पास/पड़ोस का। *पु॰* १. अन्तर/भेद का अभाव। अन्तर/भेद न होना। २. निकटता। समीपता।

अनन्तरणीय (अनंतरणीय)—[सं॰ अन् + अन्तरणीय] *वि॰* १. जिसका अन्तरण न हो सकता हो। २. जो अन्तरण के योग्य न हो। ∇ **विलोम**—अन्तरणीय।

अनन्तरित (अनंतरित)—[स॰ अन् + अन्तरित] १. जिसमें बाधा/रुकावट न आयी हो। २. जिनके बीच में कोई अन्तर, भेद या बाधा न हो। ३. जो निरन्तर रहे। अखंड। अटूट।

अनन्तरीय (अनंतरीय)—[स॰ अनन्तर + छ] *वि॰* (जन्म, उन्नति आदि में) जो क्रम में किसी के तत्काल बाद हो।

अनन्तर्हित (अनंतर्हित)—[स॰ अन् + अन्तर्हित] *वि॰* १. लगा/सटा हुआ। मिला हुआ। १. क्रमबद्ध। ३. अखंड। ४. जो छिपा हुआ या गूढ़ न हो। ५. जो अदृश्य/ग़ायब न हुआ हो।

अनन्तविजय (अनंतविजय)—[स॰ अनन्त ~ विजय] *वि॰* असंख्य बार विजय दिलाने/ पाने वाला। ● **विशेष**—(पांडव) युधिष्ठिर के शंख का नाम 'अनन्तविजय' था।

अनन्तशायी (अनंतशायी)—[स॰ अनन्तशायिन्] *पु॰* शेषनाग पर शयन करनेवाला। (भगवान् विष्णु)।

अनन्तशीर्ष (अनंतशीर्ष)—[स॰ अनन्त ~ शीर्ष] *पु॰* १. विष्णु। २. शेषनाग।

अनन्तश्री (अनंतश्री)—[स॰ अनन्त ~ श्री] *वि॰* असीम श्री से युक्त। अनन्त ऐश्वर्य/ सौन्दर्य वाला। *पु॰* परमात्मा।

अनन्तस्थ (अनंतस्थ)—[स॰ अनन्त+ स्थ] *वि॰* अनन्त पर स्थित। ● **विशेष**—गणित में '**अनन्त बिन्दु**' की कल्पना इसकी स्थिति को असम्भव मानते हुए भी की गयी है। ***जैसे***—समान्तर रेखाएँ अनन्तस्थ बिन्दु पर मिलती हैं।

अनन्तस्पर्शी—(अनंतस्पर्शी)—[स॰ अनन्त ~ स्पर्शी (स्पर्शिन्)] *वि॰* अनन्त पर स्पर्श करनेवाला। (गणित॰) किसी वक्र रेखा को अनन्त पर स्पर्श करनेवाली सरल रेखा। वह सरल रेखा जो निरन्तर किसी वक्र रेखा की ओर प्रवृत्त होती जाती है परन्तु उसे कभी स्पर्श नहीं करती। (अ॰ एसिम्पटोट)

अनन्ता (अनंता)—[स॰ अनन्त+ टाप्] *वि॰* (*स्त्री॰*) १. पृथ्वी। २. पार्वती (देवी)। ३. रेशमी धागों का बना हुआ एक आभूषण जो अनन्त चतुर्दशी को दाहिनी भुजा में बाँधा जाता है।

अनन्ताधिवासी (अनंताधिवासी)—[स॰ अनन्त ~ अधिवासी (अधिवासिन्)] *वि॰* सर्वव्यापी। *पु॰* परमात्मा।

अनन्ताभिधेय (अनंताभिधेय)—[स॰ अनन्त ~ अभिधेय] *वि॰* अगणित नामों वाला। *पु॰* परमात्मा।

अनन्त्य (अनंत्य)—[स॰ अन् + अन्त्य, अथवा अनन्त+ यत्] *पु॰* १. अनन्तता। असीमता। २. नित्यता।

अनन्द[१] (अनंद[१])—[स॰ अ + नन्द] *वि॰* आनन्दरहित। हर्षरहित। प्रसन्नतारहित। *पु॰* आनन्द न होना। आनन्द का अभाव। हर्ष/प्रसन्नता का अभाव। (छन्द॰) एक समवर्णिक छन्द जिसके प्रत्येक चरण में क्रमशः जगण, रगण, जगण, रगण, लघु और गुरु (ज र ज र ल ग) के योग से १४ वर्ण होते हैं।

अनन्द[२] (अनंद[२])—*पु॰*≤ *स॰* आनन्द। हर्ष। प्रसन्नता।

अनन्य—[स॰ अन् + अन्य] *वि॰* १. जिसका सम्बन्ध किसी और से न हो। २. एकनिष्ठ। ***जैसे***—भगवान् राम के अनन्य भक्त तुलसीदास। ३.अद्वितीय। ***जैसे***—अनन्य वीर। ४. एकाग्र ५. एकमात्र। ***जैसे***—अनन्य मार्ग।

अनन्यज/अनन्यजन्मा—[स॰ अन् + अन्य+ज अनन्यजन्मन्] *पु॰* कामदेव।

अनन्यता—[स॰ अनन्य + तल् + टाप्] *स्त्री॰* १. अनन्य होने की अवस्था/भाव। २. तल्लीनता। लीनता।

अनन्यदृष्टि—[स॰ अनन्य ~ दृष्टि] *वि॰* जिसकी दृष्टि किसी दूसरे पर न लगी/टिकी हो। *स्त्री॰* एकाग्र दृष्टि।

अनन्यपरता—[स॰ अनन्य ~ परता] *स्त्री॰* पूर्ण निष्ठा होने की स्थिति/भाव। एकनिष्ठता। अनन्यपरायणता।

अनन्यपरायण—[स॰ अनन्य ~ परायण] *वि॰* पूर्ण निष्ठा वाला। एकनिष्ठ। ✣ **अनन्यपरायणता**—*स्त्री॰* = एकनिष्ठता।

अनन्यभाव—[स॰ अनन्य ~ भाव] *पु॰* एकनिष्ठ भाव। *वि॰* एक ही के प्रति भक्तिवाला।

अनन्यमना—[< स॰ अनन्यमनस्] *वि॰* एकाग्रचित्त।

अनन्यमित्र—[स॰ अनन्य ~ मित्र] *वि॰* जिसका एक ही मित्र हो।

अनन्यवृत्ति—[स॰ अनन्य ~ वृत्ति] *वि॰* १. एकाग्रचित्त। २. जिसकी कोई अन्य वृत्ति/जीविका न हो।

अनन्यशासन—[स॰ अनन्य ~ शासन] *वि॰* जिस पर दूसरे की आज्ञा नहीं चलती। स्वतन्त्र।

अनन्याधिकार—[स॰ अन् + अन्य ~ अधिकार] *पु॰* किसी अन्य का अधिकार नहीं। एकाधिकार।

अनन्याश्रित—[स॰ अन् + अन्य~ आश्रित] *वि॰* १. जो किसी दूसरे पर आश्रित न हो। २. स्वाधीन। स्वतन्त्र। ∇ **विलोम**—अन्याश्रित।

अनन्वय—[स॰ अन् + अन्वय] *वि॰* १. हीन वंश का। घटिया कुल का। २. अन्वयरहित। सम्बन्धरहित। *पु॰* अन्वय का अभाव। सम्बन्ध का न होना। सम्बन्धरहितता। (काव्य॰) एक अर्थालंकार। अन्य उपमान के अभाव में उपमेय को ही उसका उपमान कहे जाने पर होनेवाला अलंकार (जैसे—भारत के सम भारत है) ● **विशेष**—'अनन्वय' अलंकार को 'अनन्वयोपमा' अलंकार भी कहा जाता है।

अनन्वित—[स॰ अन् + अन्वित] *वि॰* जो अन्वित न हो। जिसका अन्वय न हुआ हो। ∇ **विलोम**—अन्वित।

अनपकरण/अनपकर्म—[स॰ अन् + अपकरण/अपकर्म] *पु॰* अपकार न करना। हानि न पहुँचाना।

अनपकार—[स॰ अन् + अपकार] *पु॰* अहित का अभाव। (बुराई नहीं) भलाई। हित।

अनपक्रम—[स॰ अन् + अपक्रम] *पु॰* अपक्रम का अभाव। दूर न जाना। ∇ **विलोम**—अपक्रम।

अनपघात—[स॰ अन् + अपघात] *पु॰* अपघात का अभाव। ∇ **विलोम**—अपघात।

अनपचारी—[स॰ अन् + अपचारी (अपचारिन्)] *वि॰, पु॰* १. जो अपराधी/दोषी न हो। निरपराध। निर्दोष। २. अपने कर्तव्यपालन में चूक न करनेवाला।

***अनपत्त**—[< हि॰ अन + स॰ पत्र] *वि॰* पत्तों से रहित। पत्रहीन। अपत्र।

अनपत्य—[स॰ अन् + अपत्य] *वि॰* १. सन्तानहीन। ***जैसे***—अनपत्य पुरुष। २. जिसका कोई उत्तराधिकारी न हो। ✣ **अनपत्य दोष**—*पु॰* (स्त्री का) बन्ध्यत्व। बाँझपन। ✣ **अनपत्या**—*वि॰* (*स्त्री॰*) = बन्ध्या। बाँझ।

अनपहार्य—[स॰ अन्+ अपहार्य] *वि॰* जो छीना न जा सके। अहरणीय। ∇ **विलोम**—अपहार्य।

अनपाय—[स॰ अन् + अवव्य] *वि॰* १. बाधा-रहित। २. अनश्वरता। अविनाशी। ३. अचल। स्थिर। *पु॰* १. अनश्वरता। नित्यता। २. शिव। महादेव।

अनपायनी—[< स॰ अनपायिनी] *वि॰* (*स्त्री॰*) १. सदा रहनेवाली। शाश्वत। २. अविचल। दृढ़।

अनपायी—[स॰ अनपायिन्] *वि॰* १. अविनाशी। २. दृढ़। मज़बूत। ३. स्थायी। ४. अविकारी। ✣ **अनपायी पद**—*पु॰* = १. स्थिर पद। २. मोक्ष।

अनपेक्ष—[स॰ अन् + अपेक्षा] *वि॰* १. जिसे किसी की अपेक्षा/आवश्यकता न हो। २. किसी की चिन्ता/परवाह न करनेवाला। ३. तटस्थ। उदासीन। ४. स्वतंत्र। ५. पक्षपातरहित। निष्पक्ष। ६. जो सम्बद्ध/संगत न हो। असम्बद्ध या असंगत।

अनपेक्षा—[स॰ अन् + अपेक्षा] *स्त्री॰* १. अपेक्षा न होना। २. उपेक्षा। ३. निःस्पृहता। अभिलाषाहीनता।

अनपेत—[स॰ अन् + अपेत] *वि॰* १. जो दूर न चला गया हो। २. जो व्यतीत न हुआ हो। जो बीता न हो। ***जैसे***—अनपेत समय। ३. जो ग़लत मार्ग पर न गया हो। जो विपथगामी न हो। ४. जो अलग न हो। अपृथक्। ५. जो वर्जित न हो।

***अनबद्य (अनबद्य)**—[< स॰ अनवद्य] *वि॰* निर्दोष।

अनबन—[< हि॰ अन + बनना] स्त्री १. आपस में अच्छे सम्बन्ध न रहना। आपसी विरोध-भाव। अनमेल। २. भिन्न प्रकार का। भिन्न। *वि॰* जो बनाया गया या कृत्रिम न हो। प्राकृतिक। २. भिन-भिन्न प्रकार के। विविध।

***अनबिधा/अनबिँधा (अनबिंधा)**—*वि॰*≤ *हि॰* अनबेधा। अविद्ध।

अनबूड़ा—[< हि॰ अन + बूड़ना] *वि॰* १. जो बूड़ा/डूबा न हो। २. [लाक्षणिक] (किसी विषय की) गहराई में न गया हुआ।

अनबोल—[< हि॰ अन + बोलना] *वि॰* १. जो न बोल रहा हो। मौन। अनबोलता। २. जो न बोल सकता हो। गूँगा। ३. जिसे किसी बात/काम के लिए कहना/बताना व्यर्थ है। किसी की कही गयी बात को न माननेवाला। *पु॰* १. न कहने योग्य बात। अनुचित बात। २. आपस में बोलचाल बन्द होने की स्थिति/भाव।

***अनबोवै**—[< हि॰ अन+ बोना] *वि॰* बिना बोया हुआ।

***अनब्यावर**—[हि॰ अन + ब्याना] *वि॰* बिना ब्याई हुई (गाय आदि)।

अनभल—[< हि॰ अन + भला] *वि॰* १. जो भला न हो। बुरा। ***जैसे***—अनभल सलाह। अनभला। २. जो भलाई के लिए न हो। *पु॰* अहित। हानि। बुराई।

अनभला—[हि॰ अन +भला] *वि॰* १. जो भला न हो। बुरा। २. जो भलाई के लिए न हो। अहितकर। *पु॰* अहित। हानि। बुराई।

अनभाया[१]—[हि॰ अन + भावना (= अच्छा न लगना)] *वि॰* १. न भाने वाला। अप्रिय। अनचाहा।

अनभाया[२]—[हि॰ अन + भावा] आपसी वैर/विरोध/द्वेष।

अनभावरि/अनभावरी—[< हि॰ अन + भावना (= अच्छा न लगना)] *वि॰* जो अच्छा न लगे। नापसन्द।

अनभिज्ञ—[स॰ अन् + अभिज्ञ] *वि॰* १. जो अभिज्ञ न हो। २. जो किसी विषय विशेष या बात का जानकार न हो। अनजान। ३. अज्ञ। अज्ञानी। ४. अपरिचित। ५. जो किसी विशिष्ट काम/बात/स्थान/रीति आदि का अभ्यस्त न हो। अनभ्यस्त। ∇ **विलोम**—अभिज्ञ।

अनभिधान—[स॰ अन्+ अभिधान] *वि॰* (शब्द) जो व्याकरण-सम्मत हो परन्तु अप्रचलित होने से जिसका अर्थ व्यक्त न हो सके। (काव्य॰) रचना में उक्त शब्द के प्रयोग से होनेवाला दोष।

अनभिप्रेत—[स॰ अन्+ अभिप्रेत] *वि॰* १. जो अभिप्रेत न हो। अवांछित। अनभीष्ट। ***जैसे***—अनभिप्रेत भेंट। २. बिना उद्देश्य/इरादे के किया हुआ। ***जैसे***—अनभिप्रेत संकेत। ✣ **अनभिप्रेत कथन**—*पु॰* = (मनो॰) जो बात अपने मन में हो, उसे न कह कर कुछ और कह जाने या लिख जाने का मानसिक दोष।

अनभिभूत—[स॰ अन् + अभिभूत] *वि॰* १. जो अभिभूत न हुआ हो। २. अप्रभावित। ३. अपराजित।

अनभिमत—[स॰ अन् + अभिमत] *वि॰* १. जो अभिमत न हो। २. (किसी मत/विचार से) असहमत। असम्मत। ३. जो वास्तविक तात्पर्य के विरुद्ध हो। ४.नापसन्द (व्यक्ति)। ५. जो वांछित न हो। अवांछित। अनभीष्ट।

अनभिमान्य—[स॰ अन् + अभिमान्य] *वि॰* १. जो अच्छा न लगता हो। नापसन्द। २. अवांछित।

अनभिरूप—[स॰ अन् + अभिरूप] *वि॰* १. जो किसी वस्तु विशेष के सदृश न हो। असदृश। २. जो सुन्दर न हो। असुन्दर। कुरूप ३. जो बुद्धिमान् न हो। मूर्ख।

अनभिलषित—[स॰ अन् + अभिलषित] *वि॰* जो अभिलषित/वांछित न हो। अवांछित।

अनभिहित—[स॰ अन्+ अभिहित] *वि॰* १. जो कहा न गया हो। अकथित। २. जिसका नाम न लिया गया हो। ✣ **अनभिहित वाक्य दोष**—*पु॰* = (काव्य॰) वाक्यदोष का एक भेद। वाक्य में अवश्य कही जाने योग्य बात का उल्लेख न होने का दोष। अकथित-कथनीय दोष।

अनभ्र—[स॰ अन् + अभ्र] *वि॰* १. बिना बादलों का। निरभ्र। ***जैसे***—अनभ्र आकाश। २. (लाक्षणिक) अप्रत्याशित।

अनभ्रवृष्टि—[स॰ अनभ्र ~ वृष्टि] १. बादलों के बिना होनेवाली वर्षा। अनुमानित या अकस्मात् होनेवाला लाभ या प्राप्ति।

***अनम**—[< सं॰ अनम्र] *वि॰* १. न झुकनेवाला। अनम्र। २. जो विनीत न हो। उद्‌दंड।

***अनमद**—[हिं॰ अन + सं॰ मद] जिसे धन/पद/शक्ति आदि का मद/नशा न हो। अभिमानरहित। निरभिमानी।

अनमन[1]—[सं॰ अ + नमन] *पु॰* १. न झुकना। २. प्रणाम न करना।

अनमना—[< सं॰ अन्यमनस्क] *वि॰* १. जिसका मन कहीं और लगा हो। जिसका ध्यान कहीं और हो। अन्यमनस्क। उद्‌विग्न। २. (किसी बात पर) खिन्न या उदास। *जैसे*—अनमना बालक। ३. अस्वस्थ।

अनमाप—[< हिं॰ अन + मापना] *वि॰* जिसे मापा/नापा न गया हो।

***अनमिख**—[< सं॰ अनिमिष] *क्रिवि॰* १. बिना पलक गिराए। टकटकी लगाकर।

अनमित्र—[सं॰ अन् + अमित्र] *वि॰* जिसका कोई अमित्र/शत्रु न हो।

***अनमिल/अनमिलत**—[हिं॰ अन + मिलना] *वि॰* १. जो किसी से स्वभाववश मिल न सकता हो। २. जिसका किसी से मेल न बैठे। ३. बेमेल। ४. जिससे मेल-जोल या घनिष्ठता न हो। ५. पराया।

***अनमिषनैनता**—[< सं॰ अनिमिष + नयनता] *स्त्री॰* नेत्रों की अपलक स्थिति।

***अनमीच**—[हिं॰ अन + मीच] *स्त्री॰* १. असमय में होनेवाली मृत्यु। अकालमृत्यु। २. आकस्मिक मृत्यु। *क्रिवि॰* बिना मृत्यु के।

***अनमीलना**—[< सं॰ उन्मीलन] *क्रिअ॰* १. नेत्र खुलना। उन्मीलन। २. (कलियों आदि का) विकसित होना ३. प्रसन्न होना।

अनम्भ (अनंभ)—[सं॰ अन् + अम्भ (अम्भस्)] *वि॰* १. जलरहित। २. बिना विघ्न/बाधा का। विघ्नरहित।

अनम्य—[सं॰ अ + नम्य] *वि॰* १. जिसे झुकाया न जा सके। २. जिसमें लचक न हो। ३. जो प्रणाम के योग्य न हो। अप्रणम्य। अपूज्य।

अनम्र—[सं॰ अ + नम्र] *वि॰* १. जो झुका हुआ न हो। २. जो नम्र न हो। अविनीत। ३. उद्‌दंड। उद्धत। उजड्ड।

अनय—[सं॰ अ + नय] *पु॰* १. अन्याय। २. अनीति। ३. अनुचित आचरण। असदाचरण। ४. विपत्ति। ५. दुर्भाग्य। ६. दुर्व्यवस्था। कुप्रबन्ध। ७. दुःख।

अनयन—[सं॰ अ + नयन] *वि॰* १. जिसके नेत्र न हो। नेत्रहीन। २. अंधा।

अनयस्की—[< सं॰ अन् + अयस्क] *वि॰* (भूविज्ञान॰) मूल्यवान् खनिजों या अयस्कों से रहित (खनिज धातु)। अयस्कहीन।

अनरङ्ग[1] (अनरंग[1])—[< सं॰ अन्य ~ रङ्ग] *वि॰* १. अन्य रंग का। भिन्न रंग का। दूसरे रंग का। २. (लाक्षणिक) भिन्न प्रकार का। दूसरे प्रकार का।

अनरङ्ग[2] (अनरंग[2])—[हिं॰ अन + सं॰ रङ्ग] *वि॰* बिना रंग का। रंगहीन।

***अनरता**—[< हिं॰ अन + सं॰ रत] *वि॰* जिसमें प्रेम न हो। प्रेमरहित।

***अनरसना**—[< हिं॰ अनरस] *क्रिअ॰* खिन्न/उदास/दुःखी होना। ❖ **अनरसनि**—*स्त्री॰* = १. रसहीन/नीरस होने की क्रिया/भाव। २. खिन्नता। उदासी ३. दुःख। ४. खीझ।

अनरसा—[< हिं॰ अनरस] *वि॰* १. रसहीन। २. अन्यमनस्क। अनमना। ३. रोगी। बीमार।

अनराता—[< हिं॰ अन + राता] *वि॰* १. जो रँगा हुआ न हो। २. जो लाल रंग का न हो। ३. जो अनुरक्त न हो। जिसमें प्रेम/अनुराग उत्पन्न न हुआ हो।

अनरुचि—[हिं॰ अन + सं॰ रुचि] *स्त्री॰* १. रुचि का अभाव। अरुचि। अनिच्छा। २. (पेट का) मन्दाग्नि रोग।

अनरूप—[हिं॰ अन + सं॰ रूप] *वि॰* १. रूपहीन। अरूप। २. बुरे रूप वाला। कुरूप। ३. जो किसी के रूप के अनुरूप/सदृश/समान न हो। असदृश। असमान।

अनरेख—[< हिं॰ अन + सं॰ रेखा] *वि॰* १. रेखा-रहित। २. रूप-रहित। निराकार।

अनर्गल—[सं॰ अन् + अर्गल] *वि॰* १. अर्गला-रहित। २. (द्वार) जिसमें कुंडी न हो। ३. बिना ताले का (द्वार)। ४. खुला हुआ। ५. जिसमें कोई रोक-टोक न हो। अबाध। ६. अनियन्त्रित। असंयत। ७. मनमाना। ८. विचारहीन। ९. अनाप-शनाप। ऊटपँटाग। अंड-बंड। *जैसे*—नशे में अनर्गल बातें करना।

अनर्घ—[सं॰ अन् + अर्घ] *वि॰* १. जिसका मूल्य न हो। अमूल्य। २. बहुमूल्य। क़ीमती। ३. जो उचित या नियत भाव (दर) से कम या अधिक का हो। *जैसे*—अनर्घ क्रय-विक्रय।

अनर्घ्य—[सं॰ अन् + अर्घ्य] *वि॰* १. जो अर्घ्य पाने के योग्य न हो। अपूज्य। २. जिसका मूल्य लगा पाना सम्भव न हो। बहुमूल्य। अमूल्य।

अनर्जक—[सं॰ अन् + अर्जक] *वि॰* (वह माल) जिससे धन अर्जित न हो। *जैसे*—अनर्जक माल ढोने से विभाग को कुछ लाभ नहीं। (अं॰ नान-रेवन्यू)

अनर्थ—[सं॰ अन् + अर्थ] *पु॰* १. अर्थ का अभाव। धन-सम्पत्ति न होना। २. धन-सम्पत्ति की हानि। ३. (शब्द/वाक्य आदि का) अनुचित या विपरीत अर्थ। ४. अशुभ घटना। ५. विपत्ति। ६. अधर्म से प्राप्त धन। ७. बहुत बड़ी हानि। *जैसे*—ज़रा-सी असावधानी से अनर्थ हो जाते हैं। *वि॰* १. जिसका कुछ अर्थ /मतलब न हो। अर्थहीन। २. जो किसी काम का न हो। बेकार। व्यर्थ। निरर्थक। ३. अलाभकर। बेफ़ायदा।

अनर्थक—[सं॰ अनर्थ + कप्] *वि॰* १. अर्थहीन। व्यर्थ। बेमतलब। *जैसे*—अनर्थक बातचीत। २. अनुपयोगी। ३. जो लाभदायक न हो। बेफ़ायदा। ४. सार-रहित। तुच्छ। ५. अनर्थ करनेवाला। अभागा। *पु॰* अर्थहीन वचन। असम्बद्ध कथन।

अनर्ह—[सं॰ अन् + अर्ह] *वि॰* १. अपात्र। अनधिकारी। २. अनुपयुक्त। ३. दंड/पुरस्कार के अयोग्य। ✣ **अनर्हता**—*स्त्री॰* = १. (किसी पद/नौकरी आदि के लिए) अपात्रता। अनधिकारिता। २. अनुपयुक्तता। ३. दंड/पुरस्कार के लिए अयोग्यता।

अनल—[सं॰] १. अग्नि। आग। २. (पेट में भोजन पचानेवाली) जठराग्नि। ३. अग्नि देव। ४. संवत्सर-चक्र के ६० संवत्सरों में से पचासवाँ संवत्सर।

अनलपक्षी/अनलपङ्खि (अनलपंखि)—[< सं॰ अनिलपक्षी] *पु॰* एक कल्पित पक्षी जो सदा आकाश में ही उड़ा करता है और पृथ्वी पर कभी नहीं रहता।

अनलगी—[हि॰ अन + लगना] *वि॰* १. न लगा हुआ। असंलग्न। २. अविद्यमान। **अनलगी**—*वि॰ स्त्री॰*। **उदा॰** लगी अनलगी सी जु बिधि करी खरी कटि खीन। —बिहारी (६६४)

अनल-प्रिया—[सं॰] *स्त्री॰* अग्निदेवता की पत्नी। स्वाहा।

अनलस—[सं॰ अन् + अलस] *वि॰* आलस्य-रहित। परिश्रमी। फुर्तीला।

अनलसित[१]—[सं॰ अन् + अलसित] *वि॰* आलस्य-रहित। परिश्रमी। फुर्तीला।

अनलसित[२]—[हि॰ अन + सं॰ लसित] जो लसित/शोभित न हो। अशोभन।

अनलहक़्क़—[अरबी] वाक्य॰ मैं सत्य हूँ। ● **विशेष**—'**अनलहक़्क़**' वेदान्तदर्शन के '**अहं ब्रह्मास्मि**' वाक्य का अरबी रूपान्तर है जो सूफ़ियों का सिद्धान्त-वाक्य है।

अनलानिल—[सं॰ अनल ~ अनिल] *पु॰* अग्नि और वायु।

***अनलेख**—[< हि॰ अन + लेखना (देखना)] *वि॰* १. जो दिखायी न दे। अदृश्य। २. अगोचर।

***अनलेखा**—[हि॰ अन + लेखा] *वि॰* १. जिसका लेखा न हो सके। बेहिसाब। २. असंख्य। अगणित।

अनल्प—[सं॰ अन् + अल्प] *वि॰* जो थोड़ा न हो। अधिक। **उदा॰** उतनी बढ़ती ज्योति, स्नेह जितना अनल्प जलता है। —दिनकर (रश्मिरथी) ∇ **विलोम**—अल्प।

अनवगत—[सं॰ अन् + अवगत] *वि॰* १. जो अवगत न हो। जो जाना हुआ न हो। ***जैसे***—मेरे लिए कुछ विषय ही अवगत हैं, बहुत विषय अनवगत हैं। २. (व्यक्ति) जिसे जानकारी न हो। ***जैसे***—तुम योग की शक्ति से अनवगत हो। ∇ **विलोम**—अवगत।

अनवगम्य—[सं॰ अन् + अवगम्य] *वि॰* जो समझ में न आ सके। ∇ **विलोम**—अवगम्य।

अनवगाह—[सं॰ अन् + अवगाह] *वि॰* (तालाब आदि) जिसकी गहराई का पता न लगे। अथाह। २. गम्भीर। गहन। गहरा। ***जैसे***—विवेकानन्द का अनवगाह ज्ञान। ✣ **अनवगाही**—*वि॰* = १. जो किसी विषय की गहराई में न जाता हो। २. गहरा अध्ययन न करनेवाला।

अनवग्रह—[सं॰ अन् + अवग्रह] *पु॰* १. जिसके लिए कोई बाधा/रुकावट न हो। २. प्रतिबन्ध-रहित। स्वच्छन्द। ३. जो पकड़ में न आए। जिसे रोका न जा सके। अप्रतिरोधनीय। ४. जो किसी को न रोके। ५. अनिवार्य। ६. अति प्रबल। ∇ **विलोम**—अवग्रह।

अनवच्छिन्न—[सं॰ अन् + अवच्छिन्न] *वि॰* १. जो अवच्छिन्न न हो। २. जो काटा न गया हो। ३. जो अलग न किया गया हो। ४. जिसका क्रम निरन्तर बना रहे। निरन्तर। लगातार। ५. अखंडित। अटूट। ७. असीम। अमर्यादित। ८. बहुत ज़्यादा। अत्यधिक। ∇ **विलोम**—अवच्छिन्न।

अनवधान—[सं॰ अन् + अवधान] *पु॰* असावधानी। प्रमाद। लापरवाही। *वि॰* १. असावधान। लापरवाह। २. अन्यमनस्क। अनमना।

अनवधि—[सं॰ अन् + अवधि] *वि॰* १. जिसकी कोई अवधि न हो। अवधि-रहित। २. जिसकी कोई सीमा न हो। असीम। ३. अनन्त। *क्रिवि॰* सदा। हमेशा।

अनवरत—[सं॰ अन् + अवरत] *क्रिवि॰* निरन्तर। लगातार।

अनवसान—[सं॰ अन् + अवसान] *वि॰* १. जिसका अन्त न हुआ हो। जो समाप्त न हुआ हो। २. जिसका कभी अन्त न हो। जिसकी कभी समाप्ति न हो। ३. जिसकी कभी मृत्यु न हो। मृत्यु-रहित।

अनवसित—[सं॰ अन् + अवसित] *वि॰* १. न रुकनेवाला। २. निरन्तर चलता रहने वाला। ३. जो समाप्त न हुआ हो। ४. जो अस्त न हुआ हो।

अनवस्थ—[सं॰ अन् + अवस्थ] *वि॰* १. जो स्थिर न हो। अस्थिर। २. अदृढ़। ३. चंचल।

अनवस्था—[सं॰ अन् + अवस्था] *स्त्री॰* १. अस्थिरता। २. अस्थिर दशा। ३. अव्यवस्था। ४. एक तर्क-दोष। (दे॰ अनवस्था दोष) ✣ **अनवस्था दोष**—*पु॰* = एक तर्क-दोष। कार्य-कारण की ऐसी परम्परा जिसमें हर कारण का पूर्व कारण पूछते-पूछते कहीं अन्त न होने की अवस्था आ जाती है।

अनवस्थित—[सं॰ अन् + अवस्थित] *वि॰* १. अस्थिर। २. परिवर्तनशील। ३. अव्यवस्थित। ४. अशान्त। ५. अधीर। उद्विग्न। ६. असंयत। ७. अनियन्त्रित। ✣ **अनवस्थितचित्त**—*वि॰* = १. अस्थिर चित्त वाला। २. चंचल बुद्धिवाला।

अनवाद**—[हि॰ अन + सं॰ वाद] *पु॰* १. व्यर्थ की बातचीत। ***जैसे—भलो न अति अनवाद। २. कठोर/कटु बात। दुर्वचन।

अनवाप्त—[सं॰ अन् + अवाप्त] *वि॰* अप्राप्त। ✣ **अनवाप्ति**—*स्त्री॰* = अप्राप्ति।

अनवासना—[< सं॰ नव ~ वासन] *क्रिस॰* नए बर्तन/वस्त्र को पहली बार प्रयोग में लाना। ✣ **अनवासा**—*वि॰* = नया बर्तन/वस्त्र जो प्रयोग में न लाया गया हो। कोरा। ***जैसे***—अनवासा वस्त्र।

***अनवाँसा**—[< सं॰ नवान्न] *पु॰* कटी हुई फ़सल का पूला।

अनवाँसी—[< हि॰ अनवासा] *स्त्री॰* नया बर्तन या वस्त्र आदि जो अभी प्रयोग में न लाया गया हो। कोरा।

अनवीकृत—[सं॰ अ + नवीकृत] *वि॰* जिसमें नयापन न लाया गया हो। ✣ **अनवीकृत दोष**—*पु॰* (काव्य॰) = एक प्रकार का अर्थदोष। अनेक अर्थों/विषयों/दृश्यों/बातों आदि का एक ही प्रकार से वर्णन होना और कहीं कोई नयापन या विलक्षणता न होने का दोष।

अनवेक्षण—[सं॰ अन् + अवईक्षण] *पु॰* १. ध्यान न देना। २. निरीक्षण न करना। ३. असावधानी। लापरवाही। ४. निरपेक्षता।

अनशन—[सं॰ अन् + अशन] *पु॰* १. भोजन न करना। निराहार रहना। आहार-त्याग। २. कोई विशेष संकल्प करके किया गया भोजन-त्याग। उपवास। ४. भूख-हड़ताल। ***जैसे***—अपनी माँगें मनवाने के लिए अनशन पर बैठना।

अनश्वर—[सं॰ अ + नश्वर] *वि॰* जो नश्वर न हो। जो कभी नष्ट न हो। अविनाशी।

अनसखरा/अनसखड़ा—[हिं॰ अन + देशज सखरा] *वि॰* (भोजन) जो सखरा न हो। दूध या घी में पका हुआ (व्यंजन)। ✣ **अनसखरी**—*वि॰* (*स्त्री॰*) ***जैसे***—अनसखरी रसोई (= दाल, भात, रोटी आदि से भिन्न) पूरी आदि दूध या घी से बनी भोजन-सामग्री)।

अनसूय—[सं॰ अन् + असूया] *वि॰* १. दूसरों के दोषों पर ध्यान न देनेवाला। २. असूया-रहित। ईर्ष्या-विहीन।

अनसूया—[सं॰ अन् + असूया] *स्त्री॰* १. असूया का अभाव। २. गुणियों के गुण का विरोध न करना तथा कम गुणवालों की भी निन्दा न करना। ३. दूसरों के दोषों को न देखना।

अनस्तमन—[सं॰ अन् + अस्तमन] *पु॰* (सूर्य का) अस्त न होना। (लाक्षणिक) पतन न होना।

अनस्तमित—[सं॰ अन् + अस्तमित] *वि॰* १. जो अस्त न हुआ हो। २. जिसका पतन न हुआ हो। ***जैसे***—राजा का भाग्य अभी अनस्तमित था।

अनस्तित्व—[सं॰ अन् + अस्तित्व] *पु॰* १. अस्तित्व का अभाव। अविद्यमानता। २. मृत्यु।

अनस्थि/अनस्थिक—[सं॰ अन् + अस्थि+ अच्/कप्] *वि॰* जिसमें अस्थि/हड्डी न हो।

अनहद[१]—[हिं॰ अन + अरबी हद] *वि॰* सीमा-हीन। असीम। बेहद। ***जैसे***—अनहद दूरी।

अनहद[२]—[< सं॰ अनाहत] *वि॰* अनाहत। (*दे॰* 'अनाहत' तथा 'अनहदनाद')

अनहदनाद—[< सं॰ अनाहत + नाद] *पु॰* योगियों द्वारा सुनी जा सकने वाली अनाहत ध्वनि। ओंकार ध्वनि या सोऽहं ध्वनि। आन्तरिक ध्वनि।

अनहित—[हिं॰ अन + हित] *पु॰* १. अहित। हानि। २. अहितकारी। हानिकारक। ३. अनिष्टकारी। शत्रु। ४. अशुभ। ✣ **अनहितू**—*वि॰* = १. अशुभ चाहनेवाला। अशुभचिन्तक।

अनहोना—[हिं॰ अन + होना] *वि॰* १. प्रायः न होने वाला। २. अलौकिक। ३. जो न होनेवाला हो। ✣ **अनहोनी**—*वि॰* (*स्त्री॰*) १. न होनेवाली। २. जो न होनेवाली हो। *स्त्री॰* १. प्रायः न होनेवाली बात/घटना आदि। २. असम्भव घटना आदि। ३. अलौकिक बात/घटना।

अनाकर्ण—[सं॰ अन् + आकर्ण] *वि॰* जो कभी सुना न गया हो। अश्रुत।

अनाकार—[सं॰ अन् + आकार] *वि॰* निराकार। आकाररहित।

अनाकुल—[सं॰ अन् + आकुल] *वि॰* १. जो आकुल/व्यग्र न हो। न घबराया हुआ। २. शान्त। ३. स्थिर। ४. आत्मसंयत।

अनाकृष्ट—[सं॰ अन् + आकृष्ट] *वि॰* १. जो आकर्षित /आकृष्ट न हो। २. (धनुष आदि) जिसे खींचा न गया हो। ∇ **विलोम**—आकृष्ट।

अनाक्रमण—[सं॰ अन् + आक्रमण] *पु॰* आक्रमण न करना। ∇ **विलोम**—आक्रमण। ✣ **अनाक्रमण अनुबन्ध/सन्धि/समझौता**—*स्त्री॰* = दो राष्ट्रों/राज्यों/देशों के बीच एक समझौता कि वे एक-दूसरे के विरुद्ध बल प्रयोग नहीं करेंगे और आपसी मतभेदों को बातचीत, मध्यस्थता आदि के द्वारा सुलझाएँगे। (अं॰ नॉन-अग्रेशन पैक्ट/ट्रीटि)

अनाक्रान्त (अनाक्रांत)—[सं॰ अन् + आक्रान्त] *वि॰* जो आक्रान्त न हुआ हो। जिस पर आक्रमण न हुआ हो। ∇ **विलोम**—आक्रान्त।

अनाक्षरिक—[सं॰ अन् + आक्षरिक] *वि॰* (भाषा॰) जो आक्षरिक (अं॰ सिलैबिक) न हो। (अं॰ नॉन-सिलैबिक)

अनाक्सीरक्तता—[सं॰ अन् + अं॰ ऑक्सी + सं॰ रक्तता] *स्त्री॰* (चिकित्सा॰) रक्त में आक्सीजन की कमी/अपर्याप्तता।

अनाख्येय—[सं॰ अन् + आख्येय] *वि॰* जो आख्येय न हो। जो कहने या बताने योग्य न हो। अवर्णनीय। ***जैसे***—हम अश्लील प्रसंगों को अनाख्येय मानते हैं।

अनागत—[सं॰ अन् + आगत] *वि॰* १. नहीं आया हुआ। २. जो अभी सामने न आया हो। अनुपस्थित। अप्रस्तुत। ३. भावी। होनहार। ***जैसे***—अनागत संकट। *क्रिवि॰* सहसा। अचानक। *पु॰* आगे आने वाला समय। भविष्यकाल। ***जैसे***—वर्तमान में अनागत के लिए तैयारी करो। (संगीत॰) १. गायक की तान या वादक की परन या बाँट के 'धा' के बाद संगतकार का 'सम'। २. 'सम' के पहले की ताल।

अनागता—[सं॰ अनागत + टाप्] *वि॰* (*स्त्री॰*) १. नहीं आयी हुई। अनुपस्थित। अप्रस्तुत। ***जैसे***—अनागता विपत्ति।

अनागतागत—[सं॰ अनागत ~ आगत] *वि॰* वह आया हुआ व्यक्ति जो पहले कभी न आया हो। अपूर्व आगत।

अनागम—[सं॰ अन् + आगम] *पु॰* १. आगमन न होना। न आना। २. प्राप्त न होना। अप्राप्ति।

अनागर—[सं॰ अ + नागर] *पु॰* वह व्यक्ति जो नागर न हो। ∇ **विलोम**—नागर।

अनागामी—[सं॰ अन् + आगामी] *वि॰* १. न आनेवाला। २. न

लौटनेवाला। ३. जिसका भविष्य उज्ज्वल न हो।

अनागार/अनागारिक—[सं॰ अन् + आगार/आगारिक] *वि॰* बिना घर का। गृह-विहीन। *पु॰* १. सन्नायासी। २. भिक्षु।

अनाघात—[सं॰ अन् + आघात] *पु॰* आघात का अभाव। आघात न होना। (संगीत॰) लयकारी का एक प्रकार।

अनाघ्रात—[सं॰ अन् + आघ्रात] *वि॰* जिसे सूँघा न गया हो। अनसुँघा।

अनाचरण—[सं॰ अन् + आचरण] *पु॰* १. अनाचार। (दे॰) २. किसी कार्य के लिए वांछित आचरण का अभाव।

अनाचार—[सं॰ अन् + आचार] *पु॰* १. शास्त्रीय या सामाजिक मान्य आचारों के विपरीत आचरण। निन्दनीय आचरण। २. दुराचार। व्यभिचार। ३. भ्रष्टाचार। ४. बुराई।

अनाज्ञप्त—[सं॰ अन् + अज्ञाप्त] *वि॰* १. (व्यक्ति) जिसे आज्ञा न मिली हो। २. (कार्य) जिसके लिए आज्ञा न दी गयी हो।

अनाड़ी—[< सं॰ अनार्य] *वि॰* १. जो प्रवीण न हो। अ-कुशल। अ-दक्ष। २. अज्ञानी। नासमझ। ३. गँवार।

अनातप—[सं॰ अन् + आतप] *पु॰* १. छाया। २. शीतलता। ठंडापन। *वि॰* १. धूप-रहित। २. जो गरम न हो। ३. शीतल।

अनात्म—[सं॰ अन् + आत्मा (आत्मन्)] *वि॰* १. आत्मा से भिन्न। २. आत्मा-रहित। चैतन्य-रहित। जड़। ३. जो आध्यात्मिक न हो। भौतिक या शारीरिक। *पु॰* १. आत्मा से भिन्न पदार्थ। २. पंचभूत। ३. शरीर। ४. जो अपना न हो। ५. जो संयमी न हो।

अनात्मक—[सं॰ अन् + आत्मक] *वि॰* १. जिसका सम्बन्ध आत्मा से न हो। २. जिसका सम्बन्ध अपने से न हो। ३. क्षणिक। नाशवान्। ४. जो यथार्थ न हो। अयथार्थ। ५. सांसारिक। ***जैसे***—अनात्मक परेशानियाँ।

अनात्मज्ञ—[सं॰ अन् + आत्मज्ञ] *वि॰* १. जिसे आत्मा का ज्ञान न हो। आत्मज्ञानशून्य। २. अज्ञानी।

अनात्मदर्शी—[सं॰ अनात्मदर्शिन्] *वि॰* १. जो आत्मदर्शी न हो। २. आध्यात्मिक दृष्टि से रहित। आत्मा, परमात्मा आदि के ज्ञान की प्राप्ति की उपेक्षा करनेवाला।

अनात्मधर्म—[सं॰] *पु॰* शारीरिक धर्म और कार्य।

अनात्मवाद—[सं॰ अनात्म ~ वाद] शाश्वत आत्मा के अस्तित्व को स्वीकार न करने वाला दार्शनिक मत। भौतिकवाद। जड़वाद। (बौद्ध॰) यह मत कि आत्मा शाश्वत तत्त्व नहीं, नित्य परिवर्तनशील स्कन्ध है। ∇ **विलोम**—आत्मवाद।

अनात्मवान्—[सं॰ अन् ~ आत्मवान् (आत्मवत्)] *वि॰* असंयमी। अजितेन्द्रिय।

अनात्मा—[सं॰ अन् + आत्मा (आत्मन्)] *वि॰* १. आत्मा-रहित। २. जो आत्मसंयमी न हो। जिसने स्वयं को वश में न किया हो। *पु॰* १. आत्मा से भिन्न पदार्थ। जड़ पदार्थ। २. शरीर।

अनात्म्य—[सं॰ अन् + आत्म्य (शरीर)] *वि॰* १. शरीर-रहित। २. जिसमें अपने परिवार के प्रति आत्मीयता/स्नेह न हो।

अनात्यन्तिक (अनात्यंतिक)—[सं॰ अन् + आत्यन्तिक] *वि॰* १. जो आत्यन्तिक न हो। २. अनित्य।

अनाद—[सं॰ अ + नाद] *पु॰* नाद/ध्वनि का अभाव।

अनादि—[सं॰ अन् + आदि] *वि॰* १. जिसका कभी आरम्भ या जन्म न हुआ हो। आदि-रहित। २. नित्य। सनातन। ***जैसे***—परमात्मा, आत्मा और प्रकृति अनादि हैं। ✣ **अनादित्व**—*पु॰* = अनादि होने की अवस्था या भाव।

अनादिष्ट—[सं॰ अन् + आदिष्ट] *वि॰* १. (वह काम/बात आदि) जिसके लिए आदेश न दिया गया हो। २. (व्यक्ति) जिसे आदेश न दिया गया हो। जिसे आज्ञा न दी गयी हो।

अनादिसिद्ध (अनादिसिद्ध)—[सं॰ अनादि ~ सिद्ध] *वि॰* अनादि काल से विद्यमान। शाश्वत। नित्य।

अनादृत—[सं॰ अन् + आदृत] *वि॰* १. जिसका अनादर/अपमान हुआ हो। अपमानिता। तिरस्कृत। २. जिसका आदर/सम्मान न किया गया हो। ∇ **विलोम**—आदृत।

अनादेय—[सं॰ अन् + आदेय] *वि॰* जो ग्रहण करने योग्य न हो। अग्राह्य। ∇ **विलोम**—आदेय।

अनादेश—[सं॰ अन् + आदेश] *पु॰* आदेश का अभाव। आज्ञा न होना।

अनाद्य (अनाद्य)—[सं॰ अन् + आद्य] *वि॰* १. अनादि। २. जो खाने योग्य न हो। अभक्ष्य।

अनाद्यनन्त (अनाद्यनंत)—[सं॰ अनादि ~ अनन्त] *वि॰* जो अनादि और अनन्त हो। *पु॰* परमात्मा।

अनाद्यन्त (अनाद्यंत)—[सं॰ अन् + आद्यन्त] *वि॰* जिसका आदि और अन्त न हो। सनातन। शाश्वत। नित्य। *पु॰* परमात्मा।

अनाधि—[सं॰ अन् + आधि] *वि॰* जिसे कोई मानसिक कष्ट (चिन्ता आदि) न हो। आधि-रहित।

अनापत्ति—[सं॰ अन् + आपत्ति] *वि॰* जिसमें या जिसके करने में कोई आपत्ति न हो। ***जैसे***—अपने अधिकारी से अनापत्ति प्रमाण-पत्र लेना।

अनापद—[सं॰ अन् + आपद्] *स्त्री॰* विपत्ति का अभाव। *वि॰* जिसमें विपत्ति की सम्भावना न हो।

अनाप-शनाप—[< सं॰ अनाप्त+ हि॰ 'अनाप' का अनु॰] *वि॰, पु॰* १. बेहिसाब। फ़ालतू। ***जैसे***—अनाप-शनाप ख़र्च करना। २. बढ़ा-चढ़ाकर। ३. अनर्गल। उलटा-सीधा। अंड-बंड। ***जैसे***—नशे में अनाप-शनाप बोलना।

अनापा—[सं॰ अ + हि॰ नापना] *वि॰* १. जिसे नापा न गया हो। २. अपरिमित।

अनाप्त—[सं॰ अन् + आप्त] *वि॰* १. जो आप्त न हो। २. अयोग्य। ३. अनिपुण। अकुशल। अनाड़ी। *पु॰* अनजान व्यक्ति। अजनबी।

अनाम—[सं॰ अ + नाम (नामन्)] *वि॰* १. जिसका कोई नाम न हो। बिना नामवाला। नाम-रहित। गुमनाम। ***जैसे***—अनाम राग। २. जो प्रसिद्ध न हो। अप्रसिद्ध। ३. ऐसी कृति जिसके रचयिता का नाम ज्ञात न हो। ***जैसे***—लोकसाहित्य प्रायः अनाम होता है।

४. अपयशी। बदनाम। ∇ **विलोम**—सनाम।

अनामक—[स॰ अनाम + कप्] *वि॰* अनाम। *पु॰* (पुस्तक॰) वह लेख/पुस्तक जिस पर कहीं भी लेखक का नाम न दिया गया हो।

अनामय—[स॰ अन् + आमय] *वि॰* १. रोग-रहित। नीरोग। स्वस्थ। तन्दुरुस्त। २. दु:खरहित।

अनामा—[स॰ अनाम + टाप्] *वि॰* (*स्त्री॰*) १. बिना नामवाली। ***जैसे***—अनामा रागिनी। २. अप्रसिद्ध। ३. ऐसी कृति जिसके रचयिता का नाम ज्ञात न हो। ४. बदनाम।

अनामिक—[स॰ अनामा + कन्, इत्व] *वि॰* बिना नामका। ✣ **अनामिक साक्षात्कार**—*पु॰* = (पत्र॰) वह साक्षात्कार जिसमें भेंट देनेवाले का नाम प्रकाशित नहीं किया जाता।

अनामिका—[स॰ अनाम + कन् + टाप्, इत्व] *स्त्री॰* सबसे छोटी उँगली के पास वाली उँगली।

***अनामिल**—[‹ स॰ अनाविल] *वि॰* अनाविल। स्वच्छ। निर्मल।

अनामिष—[स॰ अन् + आमिष] *वि॰* बिना माँस का (खाद्य पदार्थ)। माँस-रहित। निरामिष।

अनामी—[‹ स॰ अनाम] *वि॰* १. अनाम-सम्बन्धी। २. बिना नाम वाला। अनाम। नाम-रहित।

अनायक—[स॰ अ + नायक] *वि॰* १. जिसका कोई नायक न हो। ***जैसे***—अनायक सेना। २. जो नायक न हो।

अनायत्त—[स॰ अन् + आयत्त] *वि॰* जो किसी के अधीन न हो। स्वाधीन। स्वतन्त्र।

अनायास—[स॰ अन् + आयास] *क्रिवि॰* १. जिसके लिए आयास/प्रयास न करना पड़ा हो। बिना प्रयत्न किए। २. आसानी से। ३. अकस्मात्। अचानक। ∇ **विलोम**—सायास।

अनायुध—[स॰ अन् + आयुध] *वि॰* जिसके पास कोई अस्त्र-शस्त्र न हों। शस्त्ररहित।

अनायुष्य—[स॰ अन् + आयुष्य] *पु॰* दीर्घ जीवन का अभाव। कम आयु। *वि॰* जो आयुवर्धक न हो। जो दीर्घजीवन के लिए हानिकर हो।

अनारी[1]—[स॰ अ + नारी] *वि॰* १. जो नारी न हो। २. जिसकी पत्नी न हो। अविवाहित या विधुर। ३. वियोगी (पुरुष)।

***अनारी**[2]—[‹ स॰ अनार्य] *वि॰* मूर्ख। अनाड़ी।

अनारी[3]—[‹ फा॰ अनार] *वि॰* १. अनार-सम्बन्धी। अनार का। २. अनार के दाने के रंग का। लाल। ***जैसे***—अनारी कपड़ा।

अनारोग्यक—*वि॰* = अस्वस्थ/बीमार करनेवाला। अस्वस्थकर।

अनार्जव—[स॰ अन् + आर्जव] *पु॰* सरलता का अभाव। कुटिलता।

अनार्तव—[स॰ अन् + आर्तव] *पु॰* (चिकित्सा॰) मासिक धर्म या रजस्राव न होने का रोग। आर्तव का अभाव। ऋतुस्रावहीनता। ✣ **अनार्तव जल**—*पु॰* = बिना ऋतु के बादलों द्वारा बरसाया गया पानी।

अनार्थिक—[स॰ अन् + आर्थिक] *वि॰* जो आर्थिक या धन-सम्बन्धी न हो। ***जैसे***—अनार्थिक समस्याएँ। (अर्थ॰) जिससे आर्थिक लाभ न हो सके। अलाभकर।

अनार्य—[स॰ अन् + आर्य] *पु॰* १. वह व्यक्ति जो श्रेष्ठ प्रकार का न हो। २. म्लेच्छ। *वि॰* १. जो श्रेष्ठ व्यक्ति के योग्य न हो। ***जैसे***—अनार्य आचार। २. नीच। ∇ **विलोम**—आर्य।

अनार्यकर्मी—[स॰ अनार्यकर्मिन्] *वि॰* नीच कर्म करनेवाला।

अनार्यज—[स॰ अनार्य + ज] *वि॰* अनार्य से उत्पन्न। ***जैसे***—रावण अनार्यज नहीं था। ✣ **अनार्यजा**—*वि॰* (*स्त्री॰*)।

अनार्ष/अनार्षेय—[स॰ अन् + आर्ष/आर्षेय] *वि॰* १. जो ऋषियों से सम्बन्धित न हो। २. जो ऋषिसम्मत न हो। ३. जिसका प्रयोग ऋषियों ने न किया हो। ४. जो ऋषियों द्वारा बताए गए नियमों आदि के विरुद्ध हो। ५. अवैदिक। (व्या॰) पाणिनि से पहले के किसी प्राचीन ग्रन्थ में संस्कृत की पाणिनीय व्याकरण से असंगत परन्तु त्रुटिपूर्ण न माना जाने वाला(पद-प्रयोग)। ∇ **विलोम**—आर्ष/आर्षेय।

अनालम्ब (अनालंब)—[स॰ अन् + आलम्ब] *वि॰* जिसका कोई आलम्ब/सहारा न हो। आश्रयहीन। असहाय। बेसहारा।

अनालम्बन (अनालंबन)—[स॰ अन् + आलम्बन] *पु॰* आधार या सहारा न लेना।

अनालस्य—[स॰ अन् + आलस्य] *पु॰* आलस्य का अभाव। आलस्य न होना।

अनालाप—[स॰ अन् + आलाप] *वि॰* १. मौन। चुप। २. कम बोलनेवाला। *पु॰* १. मौन रहना। मौन-ग्रहण। २. अधिक न बोलना। मितभाषण। ३. बातचीत न करना।

अनालोकित—[स॰ अन् + आलोकित] *वि॰* जो आलोकित न हो। जहाँ प्रकाश न किया गया हो। ***जैसे***—अनालोकित कमरा।

अनालोचित—[स॰ अन् + आलोचित] *वि॰* १. जो देखा न गया हो। २. जिसकी आलोचना/समीक्षा न हुई हो। ***जैसे***—अनालोचित उपन्यास। ३. जिसका विवेचन न हुआ हो। ***जैसे***—अनालोचित सिद्धान्त।

अनालोड़ित—[‹ स॰ अनालोडित (अन् + आलोडित)] *वि॰* १. जिसका मन्थन न हुआ हो। जिसे मथा/बिलोया न गया हो। अमन्थित। २. जिसकी विचारपूर्वक छान-बीन न की गयी हो। जिस पर विचार-मन्थन न हुआ हो।

अनावण्टित (अनावंटित)—[स॰ अन् + आवण्टित] *वि॰* जो अनाबंटित न हो।

अनावरण—[स॰ अन् + आवरण] *पु॰* १. आवरण हटाने की क्रिया/भाव। २. किसी महापुरुष आदि की मूर्ति या चित्र पर पड़ा आवरण हटा कर उसे सार्वजनिक करने का कार्य। ३. उक्त के सम्बन्ध में होनेवाला समारोह। ४. धूप/हवा में खुला पड़ा रहना। (अ॰ इकस्पोजर)

अनावर्तक/अनावर्ती—[स॰ अन् + आवर्तक/आवर्ती (आवर्तिन्)] *वि॰* १. जो बार-बार न हो। जिसकी पुनरावृत्ति न हो। २. जो एक ही बार दिया/ किया जाए। ***जैसे***—अनावर्ती अनुदान। अनावर्ती

व्यय। ∇ **विलोम**—आवर्तक/आवर्त।

अनावर्तन—[सं॰ अन् + आर्वतन] *पु॰* १. न लौटना। २. इस संसार में फिर जन्म न लेना। ३. बार-बार न होना। पुनरावृत्ति न होना।

अनावर्षण—[सं॰ अन् ~ आवर्षण] *पु॰* १. वर्षा का अभाव। २. सूखा।

अनावासिक—[सं॰ अन् + आवासिक] *वि॰* १. जिसमें आवास/निवास की व्यवस्था न हो। ग़ैर-रिहायशी। २. (विद्यालय आदि) जिसमें छात्रावास न हो। ***जैसे***—अनावासिक विद्यालय।

अनावासी—[सं॰ अन् + आवासी (आवासिन्)] *वि॰* १. जो स्थायी निवासी न हो। २. स्वदेश छोड़कर किसी देश में जाकर अस्थायी रूप से बसा हुआ। (अं॰ नॉन रेज़िडेन्ट)

अनाविद्ध (अनाविद्ध)—[सं॰ अन् + आविद्ध] *वि॰* जिसे विद्ध न किया गया हो। जिसे वेधा न गया हो। जिसमें छेद न किया गया हो। ***जैसे***—अनाविद्ध रत्न अलग रखो और विद्ध रत्नों की माला पिरोओ।

अनाविल—[सं॰ अन् + आविल] *वि॰* १. निष्कलुष। स्वच्छ। निर्मल। २. कीचड़ से रहित। निष्पंक। ३. स्वास्थ्यकर (देश)।

अनावृत—[सं॰ अन् + आवृत] *वि॰* १. जो आवृत न हो। जो छिपा/ढँका या घेरा हुआ न हो। २. खुला हुआ। ***जैसे***—अनावृत वाचनालय। ३. जिसके ऊपर पड़ा आवरण हटा दिया गया हो। ४. (चित्र/मूर्ति आदि) जिसका अनावरण-समारोह हुआ हो। ∇ **विलोम**—आवृत।

अनावृत्त—[सं॰ अन् + आवृत्त] *वि॰* १. जो आवृत्त न हुआ हो। जो वापस न लौटा हो। २. जिसकी आवृत्ति/पुनरावृत्ति न हुई हो। जो दोहराया न गया हो। ∇ **विलोम**—आवृत्त।

अनावृत्ति—[सं॰ अन् + आवृत्ति] *स्त्री॰* १. आवृत्ति न होना। पुनरावृत्ति न होना। २. वापस न लौटना। अपरावर्तन। ३. फिर जन्म न लेना। मोक्ष। ∇ **विलोम**—आवृत्ति।

अनावृष्टि—[सं॰ अन् + आवृष्टि] *स्त्री॰* वर्षा का अभाव। अवर्षण। सूखा। ∇ **विलोम**—अतिवृष्टि।

अनावेदित—[सं॰ अन् + आवेदित] *वि॰* १. जो आवेदित न हुआ हो या न किया गया हो। ∇ **विलोम**—आवेदित।

अनाशु—[सं॰ अन् + आशु] *वि॰* जो आशु/तेज़ न हो। मन्द। धीमा। ***जैसे***—अनाशु लेखन के कारण देर लगी। ∇ **विलोम**—आशु।

अनाश्य—[सं॰ अ + नाश्य] *वि॰* जिसका नाश न हो सकता हो। अविनाशी। ∇ **विलोम**—नाश्य।

अनाश्रमी—[सं॰ अन् + आश्रमी (आश्रमिन्)] *वि॰* जिसका कोई आश्रम न हो। २. जो ब्रह्मचर्य, गृहस्थ आदि किसी आश्रम में न हो। आश्रम-धर्म से रहित। ∇ **विलोम**—आश्रमी।

अनाश्रित—[सं॰ अन् + आश्रित] *वि॰* १. जिसे किसी का आश्रय/सहारा न हो। बेसहारा। २. स्वाधीन। ∇ **विलोम**—आश्रित।

अनास—[सं॰ अ + नासा] *वि॰* बिना नाक का। नकटा।

अनासक्त—[सं॰ अन् + आसक्त] *वि॰* १. जो आसक्त या अनुरक्त न हो। २. अलग रहनेवाला। ३. उदासीन। ४. निर्लिप्त। ∇ **विलोम**—आसक्त। ⁘ **अनासक्त भाव**—*पु॰* = अनासक्ति।

अनासिक—[सं॰ अ + नासिका] *वि॰* बिना नाक का। नकटा।

अनासीन—[सं॰ अन् + आसीन] *वि॰* १. जो आसीन न हो। जो बैठा हुआ न हो। २. जो अपने स्थान/पद आदि पर आसीन न हो। अपने स्थान, पद आदि से हटा हुआ या हटाया हुआ। ∇ **विलोम**—आसीन।

अनास्थ—[सं॰ अन् + आस्था] *वि॰* आस्था-रहित। अनास्थावाला।

अनास्रव—[सं॰ अन् + आस्रव] *वि॰* जिससे जन्म-मरण का प्रवाह रुकता है। ***जैसे***—अनास्रव योग।

अनास्वाद—[सं॰ अन् + आस्वाद] *वि॰* बिना स्वाद का। नीरस। स्वादरहित। *पु॰* स्वाद का अभाव। स्वाद न होना।

अनाहत—[सं॰ अन् + आहत] *वि॰* १. जो आहत न हुआ हो। आघातरहित। [∇ **विलोम**—आहत।] २. जो आघात से उत्पन्न न हुआ हो। *पु॰* (तन्त्र॰) १. तन्त्रशास्त्र में वर्णित एक चक्र (अनाहतचक्र) जो हृदय में स्थित है। २. एक प्रकार का विशेष नाद जो कंठ/तालु आदि स्थानों से उद्भूत ध्वनियों से भिन्न है। (दे॰ अनाहतनाद)।

अनाहत ध्वनि/अनाहतनाद—[सं॰ अनाहत ~ ध्वनि/नाद] *पु॰* कंठ आदि स्थानों के प्रयत्न से उद्भूत ध्वनियों से भिन्न एक प्रकार की परम आनन्दमयी ध्वनि जो ध्यानियों और योगियों द्वारा अनुभूत है। मूलाधार चक्र में स्थित कुंडलिनी के जाग्रत होकर ऊपर की ओर उठने पर होनेवाला नाद/स्फोट।

अनाहार—[सं॰ अन् + आहार] *पु॰* १. आहार/भोजन का त्याग। २. लंघन। *वि॰* जिसने कुछ न खाया हो। निराहार।

अनाहार्य—[सं॰ अन् + आहार्य] *वि॰* न खाने योग्य। अखाद्य। ∇ **विलोम**—आहार्य।

अनाहिताग्नि—[सं॰ अन् + आहिताग्नि] *वि॰* (वैदिक जीवन-पद्धति में) जिस गृहस्थ ने अग्नि को घर में विधिवत् स्थापित न किया हो। अग्निहोत्र न करनेवाला।

अनाहुति—[सं॰ अन् + आहुति] *स्त्री॰* ऐसा हवन जो हवन कहे जाने योग्य न हो। अनुचित बलि/अर्घ्य।

अनाहूत—[सं॰ अन् + आहूत] *वि॰* १. जो आहूत न हो। जिसे बुलाया न गया हो। अनिमन्त्रित। २.अनपेक्षित।

अनिकेत/अनिकेतन—[सं॰ अ + निकेत/निकेतन] *वि॰* १. जिसका कोई निवास या घर न हो। गृह-हीन। बेघर-बार। २. आश्रयहीन। *पु॰* १. सन्यासी। २. यायावर। खानाबदोश। ३. आश्रयहीन व्यक्ति।

अनिगमित—[सं॰ अ + निगमित] *वि॰* १. (कम्पनी आदि) जो निगम के रूप में स्थापित न हों। ***जैसे***—अनिगमित निकाय। २. (व्यक्ति) जो निगम में सम्मिलित न हो। (अं॰ अन्इन्कार्पोरेट)

अनिगीर्ण—[सं॰ अ + निगीर्ण] *वि॰* १. जो निगीर्ण न हो। जो निगला हुआ न हो। २. जो खा न लिया गया हो। अभुक्त।

३. प्रकट। ४. प्रत्यक्ष। ५. जो कहा न गया हो। अकथित।

अनिग्रह—[स॰ अ + निग्रह] *पु॰* १. निग्रह का अभाव। बन्धन या रोक न होना। २. दंड या नियंत्रण न होना। ३. तर्क में हार न मानना। *वि॰* १. बन्धनरहित। बेरोक। २. बहुत अधिक। असीम। ३. जिसे सज़ा न मिली हो अदंडित। ४. जो दंडित होने के योग्य न हो। अदंडनीय।

अनिङ्गित (अनिंगित)—[स॰ अन् + इङ्गित] *वि॰* जो इंगित न किया गया हो। जिसे संकेत/इशारे से न बताया गया हो।

अनिच्छ—[स॰ अन् + इच्छा] *वि॰* (किसी बात की) इच्छा न रखनेवाला। अनभिलाषी। कामनारहित। अनिच्छुक। *क्रिवि॰* बिना इच्छा के। ***जैसे***—अनिच्छ पढ़ना।

अनित्य—[स॰ अ + नित्य] *वि॰* १. जो नित्य न हो। नश्वर। नाशवान्। २. कभी-कभी होनेवाला। ३. अस्थिर। ४. चंचल।

अनित्यकर्म—[स॰ अनित्य ~ कर्म(कर्मन्)] *पु॰* १. नित्य कर्म से भिन्न (यज्ञ आदि) सामयिक कार्य। २. कभी-कभी किया जानेवाला काम। ✣ **अनित्यक्रिया**—*स्त्री॰* = अनित्यकर्म।

अनित्यता—[स॰ अनित्य + तल् + टाप्] *स्त्री॰* १. अनित्य या नाशवान् होने का गुण/अवस्था/भाव। २. नश्वरता। ३. कभी-कभी होना, नित्य नहीं। ४. अस्थिरता। ५. चंचलता। ६. परिवर्तनशीलता।

अनिदान—[स॰ अ + निदान] *वि॰* १. जिसका निदान न हो सके। २. कारणरहित। *पु॰* १. निदान न होना। निदानाभाव। २. कारण न होना। कारणाभाव।

अनिदेशात्मक—[स॰ अ + निदेशात्मक] १. जो निदेश के रूप में न हो। २. जिसमें निदेश न हो। ३. जो मार्गदर्शक या निर्देशक न हो। ***जैसे***—अनिदेशात्मक अध्यापन।

अनिद्रा—[स॰ + निद्रा] *स्त्री॰* (चिकित्सा॰) नींद न आने की बीमारी। निद्रा-लोप। निद्रा-नाश। उन्निद्र रोग।

अनिधिक—[स॰ अ + निधिक] *वि॰* जो निधि से सम्बन्धित न हो। (अर्थ॰) जो निधि-कोष से सम्बन्धित न हो। (दे॰ अनिधिक ऋण)
✣ **अनिधिक ऋण**—*पु॰* (अर्थ॰) सार्वजनिक ऋण का एक प्रकार।

अनिन्द्य (अनिंद्य)—[स॰ अ + निन्द्य] *वि॰* १. (दोष-रहित होने के कारण) जिसकी निन्दा न की जा सकती हो। निर्दोष और श्रेष्ठ। २. जिसकी निन्दा करना उचित न हो। ३. उत्तम प्रशंसनीय। अच्छा। ***जैसे***—अनिन्द्य व्यवहार। ३. सुन्दर। ***जैसे***—अनिन्द्य रूप।

अनिन्द्रिय (अनिंद्रिय)—[स॰ अन्+ इन्द्रिय] *पु॰* (ज्ञानेन्द्रियों और कर्मेन्द्रियों में से कोई इन्द्रिय नहीं) मन।

***अनिप**—[< हि॰ अनी (< स॰ अनीक) + स॰ प] *पु॰* सेनापति।

अनिबद्ध (अनिबद्ध)—[स॰ अ + निबद्ध] ॰ १. जो बँधा न हो। अबद्ध। २. जो सम्बद्ध न हो। अनर्गल। [संगीत॰] (गान/गत) जो ताल और मात्रा में न हो।

***अनिमादिक**—[< स॰ अणिमा ~ आदिक] *स्त्री॰* अणिमा आदि आठ सिद्धियाँ।

अनिमित्त—[स॰ अ + निमित्त] *वि॰* हेतु-रहित। निमित्त-रहित। प्रयोजन-रहित। कारणरहित। अकारण। आकस्मिक। *क्रिवि॰* बिना किसी कारण/प्रयोजन के। *पु॰* बुरा शकुन। अपशकुन।

अनिमिष—[स॰ अ + निमिष] *वि॰* १. देखते समय जिसकी पलकें न गिरें। स्थिरदृष्टि। २. जागरूक। *क्रिवि॰* बिना पलक गिराए। एकटक। *पु॰* १. देवता। २. मछली।

अनिमिषदृष्टि/अनिमिषनयन—[स॰ अनिमिष ~ दृष्टि/नयन] *वि॰* बिना पलक गिराए देखनेवाला।

अनियत—[स॰ अ + नियत] *वि॰* १. जो नियत न हो। अनिश्चित। २. कभी-कभी होनेवाला। अनियमित। ***जैसे***—अनियत वर्षा। ३. जिसका कोई कारण न हो। अकारण। ४. (ऐसा कर्मचारी या श्रमिक) जिसकी सेवाएँ नियमित न हों। जिसे आकस्मिक रूप से कभी भी रखा और हटाया जा सके। (कैजुअल) ∇ **विलोम**—नियत।

अनियतात्मा—[स॰ अ + नियतात्मा] *वि॰* १. जिसका मन अपने वश में न हो। चंचल चित्त वाला। चंचलप्रकृति। २. जिसकी बुद्धि स्थिर न हो।

अनियर—[< हि॰ अनी (=नोक)] *वि॰* १. तीखी नोक वाला। नुकीला। २. तीक्ष्ण।

अनियार/अनियारा/अनियारो**—[< हि॰ अनी] *वि॰* १. नोकदार। नुकीला। पैना। २. कँटीला। ३. चुभनेवाला। तीक्ष्ण। ४. धारदार। ५. बाँका। वीर। ✣ **अनियारी**—*वि॰* (*स्त्री॰*)। ***जैसे—अनियारी चितवन।

अनियोज्य—[स॰ अ~ नियोज्य] *वि॰* जो नौकरी/रोज़गार आदि में लगाने योग्य न हो। ***जैसे***—अनियोज्य व्यक्तियों की बड़ी संख्या।

अनिरुद्ध (अनिरुद्ध)—[स॰ स॰ अ + निरुद्ध] *वि॰* १. जिसका निरोध न हुआ हो या न हो सके। बिना रुकावटवाला। अबाधित। २. स्वच्छन्द। ३. निरंकुश।

अनिर्बन्ध (अनिर्बंध)—[स॰ अ + निर्बन्ध] *वि॰* निर्बन्धरहित। बन्धन-रहित। स्वतन्त्र।

अनिर्वच—[स॰ अ + निर्वच] *वि॰* अनिर्वचनीय। **उदा॰** अनिर्वच आह्लाद सा लुटाता हूँ। —अज्ञेय (इन्द्रधनुष॰, पृ॰ ४७)

अनिर्वचनीय—[स॰ अ + निर्वचनीय] *वि॰* १. निर्वचन के अयोग्य। २. जिसे वाणी से कहा जाना सम्भव न हो। अकथनीय। ***जैसे***—गूँगे के लिए गुड़ खाने का आनन्द अनिर्वचनीय होता है। ३. जिसका विवेचन/निरुपण सम्भव न हो। ***जैसे***—माया अनिर्वचनीय है। Δ **पर्याय**—अनिर्वाच्य।

अनिर्वाच्य—[स॰ अ + निर्वाच्य] *वि॰* १. अनिर्वचनीय। २. जिसका निर्वाचन/चुनाव न हो सकता हो।

अनिर्वाण—[स॰ अ + निर्वाण] *वि॰* न बुझा हुआ। (दीपक)

अनिर्वाप्य—[स॰ अ + निर्वाप्य] १. जिसे बुझाया न जा सके। ***जैसे***—अनिर्वाप्य दीपक। २. (लाक्षणिक) जिसे शान्त/दूर न किया जा सके। ***जैसे***—अनिर्वाप्य शत्रुता।

अनिर्वेद—[स॰ अ + निर्वेद] *पु॰* १. विषाद/क्षोभ का अभाव। २. उत्साह। ३. स्वावलम्बन। ४. साहस।

अनिल—[स॰ अन् + इलच्] *पु॰* १. पवन। हवा। २. वायु (देवता)। ३. स्वाति नक्षत्र। ५. ४९ प्रकार के पवनों में से एक। ६. (पद्य आदि में) ४९ की संख्या। ✣ **अनिल-कुमार**—*पु॰* = १. वायु-पुत्र। पवन-पुत्र। २. हनुमान्। ३. भीम।

अनिलवाह—[स॰ अनिल ~ वाह] *वि॰* हवा की तरह बहने वाला। *पु॰* १. वायु का प्रवाह। २. वायुमंडल।

अनिलामय—[स॰ अनिल ~ आमय] *पु॰* १. हवा से होनेवाली बीमारी। २. वातरोग। गठिया। ३. (पेट का) अफारा।

अनिलाशी—[< स॰ अनिलाशिन्] *वि॰* वायु पीकर जीने वाला। *पु॰* साँप।

अनिवर्तन—[स॰ अ + निवर्तन] *पु॰* १. निवर्तन का अभाव। न लौटना। पीछे न हटना। २. तत्परता।

अनिवर्ती—[स॰ अनिवर्तिन्] *वि॰* पीछे न लौटनेवाला। ***जैसे***—अनिवर्ती यात्री।

अनिवार—[स॰ अ + निवार] *वि॰* अनिवार्य।

अनिवारित—[स॰ अ + निवारित] *वि॰* १. जिसका निवारण न हुआ हो। २. नियन्त्रण-रहित। अनियंत्रित। निरंकुश।

अनिवार्य—[स॰ अ + निवार्य] *वि॰* १. जिसका निवारण न हो सके। न टालने योग्य। २. आवश्यक। ३. बहुत ज़रूरी। अति आवश्यक। ४. जिसे अवश्य करना हो। अवश्यकरणीय। लाज़िमी। ५. जिससे बचा न जा सके। अपरिहार्य। ∇ **विलोम**—निवार्य/ऐच्छिक।

अनिवासी—[स॰ अ + निवासी (निवासिन्)] *वि॰* (क्षेत्र विशेष में) न रहनेवाला। (अ॰ नॉन-रेज़िडेन्ट) ✣ **अनिवासी विद्यार्थी**—*पु॰* = विद्यालय का विद्यार्थी जो उस विद्यालय के छात्रावास में न रहता हो।

अनिवास्य—[स॰ अ + निवास्य] *वि॰* जो निवास के योग्य न हो। जो रहने/बसने लायक़ न हो।

अनिश—[स॰ अ + निशा] *क्रिवि॰* निरन्तर। सतत। लगातार।

अनिषेक—[स॰ अ + निषेक] *क्रिवि॰* बिना निषेचन के। ✣ **अनिषेकजनन**—*पु॰* = (वनस्पति॰) किसी युग्मक से बिना निषेचन के पौधे का विकास। ✣ **अनिषेक फलन**—*पु॰* = (वनस्पति॰) फलों की बिना निषेचन के ही बनने की क्रिया (अ॰)

अनिषेच्यता—[स॰ अ + निषेच्यता] (वनस्पति॰) स्वपरागण के बाद निषेचन और बीज उत्पन्न न होना।

अनिष्ट—[स॰ अन् + इष्ट] *वि॰* १. जो इष्ट न हो। २. अवांछित। अनर्थ। ३. हानिकर। ४. अशुभ। बुरा। ***जैसे***—अनिष्ट परिणाम। *पु॰* १. अहित। २. अशुभ। अमंगल। ३. विपत्ति। ४. दुर्भाग्य। ५. हानि। ✣ **अनिष्टकर**—*वि॰* = १. अनिष्ट करनेवाला। २. हानिकर। ३. अमंगल/अशुभ करनेवाला। ४. विपत्ति लानेवाला। ✣ **अनिष्टकारी**—*वि॰* = अनिष्टकर। ✣ **अनिष्ट ग्रह**—*पु॰* = (ज्योतिष॰) पापग्रह। बुरा ग्रह। ✣ **अनिष्टप्रसङ्ग (अनिष्टप्रसंग)**—*पु॰* = अनुचित या अवांछित विषय, बात या घटना आदि। बुरा विषय या बुरी घटना आदि। ✣ **अनिष्ट फल**—*पु॰* = बुरा परिणाम। ✣ **अनिष्ट हेतु**—*पु॰* = बुरा लक्षण। अपशकुन। ✣ **अनिष्टशङ्का (अनिष्टशंका)**—*स्त्री॰* = अशुभ का भय। बुराई या अहित की आशंका। ✣ **अनिष्टसूचक**—*वि॰* = अनिष्ट का सूचक। अनिष्ट का संकेत देनेवाला। भावी अशुभ/हानि बतानेवाला।

अनिष्टाप्ति—[स॰ अनिष्ट ~ आप्ति] *स्त्री॰* १. अनिष्ट की प्राप्ति। २. अवांछित घटना।

अनिष्ठा—[स॰ अ + निष्ठा] *स्त्री॰* १. निष्ठा का अभाव। निष्ठा न होना। २. विश्वासघात। बेवफ़ाई। ३. द्रोह। ग़द्दारी।

अनिष्पत्ति—[स॰ अ + निष्पत्ति] *स्त्री॰* १. निष्पत्ति का अभाव २. अपूर्णता। ३. सिंद्ध/समाप्त/पूरा न होना।

अनिष्पन्न—[स॰ अ + निष्पन्न] *वि॰* अपूर्ण, असिद्ध या असमाप्त।

अनिस्तीर्ण—[स॰ अ + निस्तीर्ण] *वि॰* १. जिसका पीछा न छूटा हो। जिसे छुटकारा न मिला हो। २. जो अस्वीकृत न किया गया हो। ३. जिसका प्रतिवाद/खंडन न किया गया हो।

अनी[१]—[< स॰ अनीक] *स्त्री॰* १. समूह। झुंड। २. सेना।

अनी[२]—[< स॰ अणी] *स्त्री॰* १. किसी वस्तु का नुकीला भाग जो आगे निकला हुआ हो। नोक। ***जैसे***—भाले की अनी। २. अगला नुकीला सिरा। ३. सीमा। किनारा।

अनी[३]—[< हि॰ आन] *स्त्री॰* १. लज्जा आदि के कारण होनेवाली मन की कसक। २. ग्लानि। ***वा॰* अनी पर कनी चाटना**—ग्लानि के कारण हीरे का कण चाटकर आत्महत्या करना।

अनीक[१]—[स॰ √ अन् + ईकन्] *पु॰* १. सेना। २. समूह। ३. पंक्ति। ४. सैन्यपंक्ति। ५. युद्ध।

अनीक[२]—[स॰ अ + हि॰ नीक (=अच्छा)] *वि॰* जो अच्छा न हो। बुरा। ख़राब। ***जैसे***—नीक और अनीक की पहचान।

अनीकिनी—[स॰ अनीक + इनि + ङीप्] *स्त्री॰* १. समूह। झुंड। २. सेना। ३. एक अक्षौहिणी सेना का दसवाँ भाग। ● **विशेष**—एक अनीकिनी में २१८७ हाथी, २१८७ रथ, ६५६१ घोड़े और १०९३५ पैदल होते हैं।

अनीच—[स॰ अ + नीच] *वि॰* १. जो नीच न हो। उत्तम। २. आदरणीय।

***अनीठ**—[< स॰ अनिष्ट] *वि॰* १. जो इष्ट न हो। अनिष्ट। २. अशुभ। बुरा। ख़राब। ३. अप्रिय।

अनीड़—[< स॰ अनीड (अ + नीड)] *वि॰* १. बिना घोसलें का। नीड़-रहित। २. निराश्रय। बेसहारा।

अनीत—[स॰ अ + नीत] *वि॰* जिसे ले जाया न गया हो। ***जैसे***—अनीत बालक। ✣ **अनीता**—*वि॰* (*स्त्री॰*)। ***जैसे***—अनीता पुत्री।

अनीति[१]—[स॰ अ + नीति] *स्त्री॰* १. नीति का अभाव। नीतिहीनता। २. नीति-विरुद्ध व्यवहार। अनुचित व्यवहार। ३. अनैतिकता। ४. अन्याय। अत्याचार। जुल्म। ५. दुष्टता।

अनीति[2]—[स॰ अन् + ईति] *स्त्री॰* ईति का अभाव। ईति/संकट न होना।

अनीतिमान्—[स॰ अनीतिमत्] *वि॰* अनीति करनेवाला। नीति पर न चलनेवाला। अनीतिपूर्ण आचरण वाला।

अनीदार—[हि॰ अनी] *वि॰* अनीवाला। नुकीला।

अनीप्सित—[स॰ अन् + ईप्सित] *वि॰* जिसकी अभिलाषा/कामना न की गयी हो। न चाहा हुआ। अनभिलषित। अनिच्छित। अनचाहा।

अनील—[स॰ अ + नील] *वि॰* जो नीला न हो(सफ़ेद आदि)।

अनीश—[स॰ अन् + ईश] *वि॰* १. (जिसका कोई स्वामी न हो) अनाथ। २. जिसका उच्चतर अधिकारी या स्वामी न हो। सर्वोच्च। ३. जो स्वामी नहीं हैं, स्वामी से भिन्न है। ४. जो ईश्वर के अस्तित्व को न मानता हो। नास्तिक। ५. जो किसी के वश में न हो। अनियन्त्रित। ६. असमर्थ। अशक्त। *पु॰* १. ईश्वर से भिन्न व्यक्ति/सत्ता। (जीव या माया)।

अनीश्वर—[स॰ अन् + ईश्वर] *वि॰* १. जिसके ऊपर कोई नियन्ता न हो। २. ईश्वर-रहित। ३. ईश्वर के अस्तित्व को न माननेवाला। नास्तिक। ✣ **अनीश्वरवाद**—*पु॰* = १. ईश्वर के अस्तित्व को न मानने का मत। ***जैसे***—बौद्ध सम्प्रदाय का '**अनीश्वरवाद**' साम्यवादियों के '**अनीश्वरवाद**' से भिन्न है।

अनीह—[< स॰ अन् + ईहा] *वि॰* १. इच्छा-रहित। २. उदासीन। ३. जिसे परवाह न हो। बेपरवाह।

अनीहा—[स॰ अन् + ईहा] *स्त्री॰* इच्छा-रहित होने की स्थिति। आकांक्षाशून्यता। निःस्पृहता।

अनु[1]—[स॰ √ अन + उ] *अव्यय॰* १. तथा। और। २. (स्वीकृति-सूचक) हाँ। ३. इसके पश्चात्। अब। ४. अथवा। ५. पीछे। ६. अन्यथा। ***उदा॰*** देहु उतरु अनु करहु कि नाहीं। —तुलसी (मानस॰, २/३०/४) ● **विशेष**—'अनु' उपसर्ग की तरह भी प्रयुक्त होता है (जैसे—अनुकूल, अनुगामी)।

अनु**[2]—[< स॰ अणु] *पु॰* अणु। (दे॰) ✣ **अनु-अनु**—*वि॰* चूर-चूर। ***उदा॰ मनहुँ मान-गढ़ अनु-अनु भानी। —सूरसागर (१०/२८४६)

अनुकथन—[स॰ अनु + कथन] *पु॰* १. (सामने नहीं) पीछे कहना। २. बाद में कहना। ३. वर्णन ४. वार्तालाप। बातचीत।

अनुकम्पा (अनुकंपा)—[स॰ अनु + कम्पा] *स्त्री॰* १. दया। कृपा। २. सहानुभूति। ***जैसे***—अनुकम्पा-निधि। ✣ **अनुकम्पित (अनुकंपित)**—*वि॰* = जिसके प्रति दया या सहानुभूति प्रकट की गयी हो। ✣ **अनुकम्प्य (अनुकंप्य)**—*वि॰* = अनुकम्पा के योग्य। दया या सहानुभूति का पात्र।

अनुकरण—[स॰ अनु + करण] *पु॰* देखादेखी किया गया काम। नक़ल। ✣ **अनुकरणमूलक शब्द**—*पु॰* = (भाषा॰) अनुकरणात्मक शब्द। (दे॰) ✣ **अनुकरणात्मक**—*वि॰* = १. अनुकरण-युक्त। २. अनुकरण-सम्बन्धी। ✣ **अनुकरणात्मक कला**—*स्त्री॰* = वह कला जो अनुकरणमूलक होती है। ***जैसे***—चित्रकला और मूर्तिकला अनुकरणात्मक कलाएँ हैं। ✣ **अनुकरणात्मक शब्द**—*पु॰* = (भाषा॰) १. किसी ध्वनि या दृश्य के आधार पर बना शब्द (जैसे—कलकल, टें-टें, जगमग, झिलमिल)। २. किसी शब्द के अनुकरण पर बना शब्द (जैसे—'कम्बल-वम्बल' कहने में 'वम्बल')।

अनुकरणीय—[स॰ अनु + करणीय] *वि॰* १. अनुकरण किए जाने योग्य। ***जैसे***—अनुकरणीय महापुरुष। २. जिसका अनुकरण उचित हो। ***जैसे***—अनुकरणीय आदर्श।

अनुकर्ता—[स॰ अनु + कर्ता (कर्तृ)] *वि॰ पु॰* १. नक़ल करनेवाला। २. किसी की आज्ञा के अनुसार कार्य करने वाला। आज्ञाकारी। ३. अभिनेता।

अनुकल्प—[स॰ अनु + कल्प] *पु॰* निर्दिष्ट वस्तु मिलना सम्भव न होने पर उसकी प्रतिनिधि वस्तु का प्रयोग। किसी वस्तु के अभाव में होने वाला विकल्प। ***जैसे***—औषधि के साथ शहद न होने पर दूध का अनुकल्प। ✣ **अनुकल्पतः**—*क्रिवि॰* = अनुकल्प के रूप में। किसी वस्तु के अभाव में विकल्प के तौर पर। ✣ **अनुकल्पी**—*वि॰* = वैकल्पिक। विकल्पी।

अनुकामी—[स॰ अनु + कामी (कामिन्)] *वि॰* १. अपनी इच्छा से काम करनेवाला। २. कामी। आसक्त।

अनुकारक—[स॰ अनु + कारक] *वि॰* पूरा अनुकरण करनेवाला। नक़लची।

अनुकारी—[स॰ अनुकारिन्] *वि॰* १. अनुकरण/नक़ल करनेवाला। २. आज्ञा का पालन करनेवाला। आज्ञाकारी।

अनुकार्य—[स॰ अनु + कार्य] *पु॰* (नाट्य॰) मूल पात्र जिसके रूप या वेशभूषा का अनुकरण कर अभिनेता अभिनय करता है। *वि॰* जिसका अनुकरण किया जा सकता हो या किया जाने को हो।

अनुकूल—[स॰ अनु + कूल] *वि॰* १. जो इच्छा या समय के अनुरूप हो। ***जैसे***—अनुकूल प्रस्ताव। २. उद्देश्य में सहायक। ***जैसे***—अनुकूल वातावरण। ३. उत्साहवर्धक। ४. लाभप्रद। *पु॰* (काव्य॰) १. स्वकीया नायिका या पत्नी में ही अनुरक्त नायक। २. एक काव्यालंकार जो प्रतिकूल बात में अनुकूल बात की सिद्धि का उल्लेख करने में होता है। *क्रिवि॰* १. अनुसार। २. ओर। तरफ़। ∇ **विलोम**—प्रतिकूल। ✣ **अनुकूलता**—*स्त्री॰* = अनुकूल होने का गुण/अवस्था/भाव।

अनुकूलन—[स॰ अनु + कूलन] *पु॰* १. अनुकूल होना। २. अनुकूल करना। (मनो॰) किसी प्रभावी उद्दीपन से होने वाली स्वाभाविक अनुक्रिया का किसी तटस्थ उद्दीपन से भी होने लगना। किसी उद्दीपन के निरन्तर बने रहने पर ऐन्द्रिय अनुभवों की तीव्रता, स्पष्टता या प्रकृति में होनेवाला परिवर्तन। ✣ **अनुकूलनशीलता**—*स्त्री॰* = १. अनुकूल बनने की योग्यता। क्षमता। २. (वस्तु का) लचीलापन। (वनस्पति॰) अपने को नयी परिस्थितियों के अनुकूल बनाने का सामर्थ्य।

अनुकूला—[स॰ अनुकूल + टाप्] *वि॰* (*स्त्री॰*) जो अनुकूल हो। *जैसे*—पति की अनुकूला पत्नी। *स्त्री॰* (छन्द॰) एक समवर्णिक छन्द जिसके प्रत्येक चरण में क्रमशः भगण, तगण, नगण और २ गुरु (भ त न ग ग) के योग से ११ वर्ण होते हैं और ५-६ पर यति होती है। मौक्तिकमाला छन्द।

अनुकृत—[स॰ अनु + कृत] *वि॰* अनुकरण द्वारा बनाया गया। नक़ल किया हुआ। नक़ली।

अनुकृति—[स॰ अनु + कृति] *स्त्री॰* १. अनुकरण। नक़ल। २. किसी वस्तु की नक़ल करके बनायी गयी वस्तु।

अनुक्त—[स॰ अन् + उक्त] *वि॰* न कहा हुआ। अकथित। ✣ **अनुक्तनिमित्त**—*वि॰* = जिसका निमित्त/कारण कहा न गया हो।

अनुक्ति—[स॰ अन् + उक्ति] *स्त्री॰* १. अनुचित उक्ति। बुरा कथन। २. न कहा जाना। अकथन।

अनुक्रम—[स॰ अनु + क्रम] *पु॰* १. उचित क्रम। २. एक के बाद एक होने की क्रिया। शृंखला। ताँता। सिलसिला। ३. (किसी नियम के अनुसार) निर्धारित क्रम। अनुक्रमणी। (गणित॰) किसी विशेष नियम/सिद्धान्त के अनुसार क्रमबद्ध राशियों का समुच्चय। (अ॰ सीक्वेन्स)

अनुक्रमण—[स॰ अनु + क्रमण] *पु॰* १. क्रमपूर्वक आगे बढ़ना। २. ताँता लगाकर चलना। एक के पीछे एक चलना। ३. किसी के पीछे चलना। अनुगमन।

अनुक्रमणिका/अनुक्रमणी—[स॰ अनुक्रमण + ठक् + टाप्, अनुक्रमण + ङीप्] *स्त्री॰* १. अकारादि क्रम से बनी विषय-सूची, शब्द-सूची या तालिका। २. पुस्तक आदि में उल्लिखित विषयों, विविध नामों आदि की वर्णानुक्रम सूची जो प्रायः पुस्तक आदि के अन्त में प्रासंगिक पृष्ठ-संख्या के साथ दी जाती है।

अनुक्रमी—[स॰ अनुक्रमिन्] *वि॰* एक के बाद एक आने वाला। अनुक्रमिक। ✣ **अनुक्रमिक**—*वि॰* =१. एक के बाद एक आनेवाला। क्रमानुसार। क्रमबद्ध। अनुक्रमी। २. निरन्तर। लगातार।

अनुक्रिया—[स॰ अनु + क्रिया] *स्त्री॰* १. किसी क्रिया/कार्य के बाद उसके जबाब में या परिणामस्वरूप की गयी क्रिया। २. किसी क्रिया के परिणामस्वरूप होनेवाली क्रिया। (मनो॰) १. किसी उद्दीपन के परिणामस्वरूप होनेवाली कोई जैविक क्रिया (ग्रन्थीय स्राव, पेशीसंकोच आदि)। २. किसी मानसिक प्रक्रिया के कारण होनेवाली कोई अन्य मानसिक प्रक्रिया। ३. जीव की कार्यकारी प्रक्रियाओं की इकाई विशेष। उद्दीपन के कारण जीव या उसके किसी अंग में होनेवाला अनुकूल परिवर्तन या ऐन्द्रिय/मानसिक प्रक्रिया। *जैसे*—तेज़ प्रकाश पड़ने पर तत्काल नेत्रों का बन्द हो जाना एक अनुक्रिया है। ✣ **अनुक्रियाशील**—*वि॰* = अनुक्रिया करनेवाला।

अनुक्षण—[स॰ अनु + क्षण] *क्रिवि॰* १. प्रत्येक क्षण। क्षण-क्षण। प्रतिक्षण। २. निरन्तर। लगातार।

*__अनुखन__—*क्रिवि॰* ≤ *स॰* अनुक्षण। प्रतिक्षण या लगातार। **उदा॰** इस सरोवर पर अनुखन सैकड़ों पक्षी आते-जाते रहते हैं।

अनुगत—[स॰ अनु + गत] *वि॰* १. पीछे जाने वाला। अनुगामी। २. (किसी सिद्धान्त/महापुरुष का) अनुयायी। ३. शरण में आया हुआ। शरणागत। ४. अधीन। *पु॰* अनुचर। सेवक।

अनुगतार्थ—[स॰ अनुगत ~ अर्थ] *वि॰* समान/सदृश/अनुकूल/संगत अर्थ वाला।

अनुगति—[स॰ अनु + गति] *स्त्री॰* १. किसी के पीछे चलना। अनुगमन। २. अनुकरण। नक़ल।

अनुगन्ता (अनुगंता)—[स॰ अनुगन्तृ] *पु॰* १. (किसी के) पीछे-पीछे चलनेवाला व्यक्ति। अनुगामी व्यक्ति। २. (किसी के आचरण आदि का) अनुकरण करने वाला व्यक्ति। ३. (सिद्धान्त आदि की दृष्टि से किसी का) अनुयायी। ४. (किसी का) आज्ञाकारी व्यक्ति।

अनुगमन—[स॰ अनु गमन] *पु॰* १. पीछे चलना। २. अनुकरण। नक़ल। ३. (किसी शब्द आदि या बात के) अर्थ का ठीक ज्ञान। अर्थ-बोध। ४. समीप जाना। ५. किसी प्रिय व्यक्ति की मृत्यु के बाद शोक के कारण शीघ्र मरना। सहमरण। *जैसे*—पति की मृत्यु का समाचार पाते ही पत्नी का अनुगमन।

अनुगायन—[स॰ अनु + गायन] *पु॰* १. गाने में की जाने वाली संगत। किसी उत्तम गायक के साथ-साथ या पीछे-पीछे उसी के समान गायन। २. किसी गीत का गीत के ही रूप में अनुवाद।

अनुगीत—[< स॰ अनु + गीत] *पु॰* १. किसी गीत की लय पर लिखा गया दूसरा गीत। २. वाद्य ध्वनि के पश्चात् उसी लय के स्वर में बोला गया गीत।

अनुगुञ्जन (अनुगुंजन)—[स॰ अनु + गुञ्जन] *पु॰* प्रतिध्वनि। गूँज। *जैसे*—गायक के स्वरों का अनुगुंजन।

अनुगुण—[स॰ अनु + गुण] *वि॰* १. समान गुण वाला। २. अनुगत। *क्रिवि॰* गुण के अनुसार। *पु॰* स्वाभाविक विशेषता। (काव्य॰) एक अर्थालंकार। दूसरे की समीपता से वस्तु आदि के गुण की वृद्धि या उत्कर्ष हो जाने का वर्णन करने में होनेवाला अलंकार।

अनुगूँज—[स॰ अनु + हि॰ गूँज] *स्त्री॰* प्रतिध्वनि। गूँज।

अनुगृहीत—[स॰ अनु + गृहीत] *वि॰* १. जिस पर अनुग्रह किया गया हो। उपकृत। २. उपकार माननेवाला। कृतज्ञ। एहसानमन्द।

अनुग्रह—[स॰ अनु √ग्रह् + अप्] *पु॰* १. कृपा। दया। २. (शाप/अनिष्ट का) निवारण। *जैसे*—शाप अनुग्रह का उपाय बताइए। ✣ **अनुग्रह-अवधि/काल**—*पु॰* = (वाणि॰) किसी हुंडी आदि की निर्धारित अवधि बीत जाने के बाद उसके भुगतान के लिए अनुग्रह के रूप में दिए गए कुछ दिनों का समय। रियायती दिन। (अ॰ 'ग्रेस पीरियड'/डेज़ आन ग्रेस) ✣ **अनुग्रह-धन**—*पु॰* = सेवा या सहायता के बदले में दिया गया धन। उपदान। (अ॰ ग्रैच्विटी)

अनुग्राह्य (अनुग्राह्य)—[स॰ अनु + ग्राह्य] *वि॰* १. अनुग्रह का पात्र। कृपा करने योग्य। २. जिस पर अनुग्रह किया जाना हो।

अनुघटना—[स॰ अनु + घटना] *स्त्री॰* (मनो॰) किसी एक घटना के

बाद होनेवाली कोई अन्य घटना जिसका पूर्व घटना से कोई कार्य-कारण सम्बन्ध नहीं होता।

***अनुच**—[< सं॰ अनुच्च] *वि॰* १. जो ऊँचा न हो। निम्न। नीचा। २. जो श्रेष्ठ न हो। निम्न। नीच।

अनुचर—[सं॰ अनु + चर] *वि॰* (किसी के) पीछे चलने वाला। अनुगामी। *पु॰* सेवक। नौकर। ✣ **अनुचरण**—*पु॰* पीछे चलने की क्रिया/भाव। ✣ **अनुचरी**—*स्त्री॰* = सेविका। नौकरानी।

अनुचारक—[सं॰ अनु + चारक] *वि॰* अनुचर। सेवक। नौकर। ✣ **अनुचारिका**—*स्त्री॰* = सेविका। नौकरानी।

अनुचारी—[सं॰ अनुचारिन्] *पु॰* अनुचर। सेवक। नौकर।

अनुचित—[सं॰ अन् + उचित] *वि॰* १. जो उचित न हो। नामुनासिब। बेजा। २. बुरा। ∇ **विलोम**—उचित।

अनुचितार्थ—[सं॰ अनुचित ~ अर्थ] *पु॰* अनुचित बात। (काव्य॰) एक प्रकार का शब्द-दोष। किसी पद से अनुचित अर्थ का बोध होने का दोष।

अनुचित्रण—[सं॰ अनु + चित्रण] *पु॰* (मुद्रण) चित्र को उतारना। ***जैसे***—पत्थर पर चित्र आदि उतारने के लिए अनुचित्रण काग़ज का प्रयोग होता है।

अनुचिन्तन (अनुचिंतन)—[सं॰ अनु +चिन्तन] *पु॰* १. सोच-विचार। २. सतत चिन्तन। ३. बीती बात का स्मरण। ४. निरन्तर चिन्ता। ५. उत्कंठापूर्वक स्मरण। ६. ध्यान।

अनुचिन्ता (अनुचिंता)—[सं॰ अनु + चिन्ता] *स्त्री॰* अनुचिन्तन। (दे॰) ✣ **अनुचिन्तित (अनुचिंतित)**—*वि॰* जिसका अनुचिन्तन किया गया हो।

अनुच्च—[सं॰ अन् + उच्च] *वि॰* १. जो ऊँचा न हो। नीचा। २. जो श्रेष्ठ न हो। निम्न। नीच। ∇ **विलोम**—उच्च।

अनुच्चरित—[सं॰ अन् + उच्चरित] *वि॰* जिसका उच्चारण न किया गया हो। (भाषा॰) (अँग्रेज़ी भाषा आदि में किसी शब्द को बोलने में कोई व्यंजन/स्वर) जिसका उच्चारण न किया जाता हो। ***जैसे***—अँग्रेज़ी शब्द—'टॉक' में 'एल्' अर्थात् 'ल्' ध्वनि अनुच्चरित है और 'डाउट' में 'बी' अर्थात् ब ध्वनि अनुच्चरित है। (अं॰ साइलेंट)

अनुच्छिष्ट—[सं॰ अन् + उच्छिष्ट] *वि॰* १. जो जूठा न हो। शुद्ध। २. जो अभी तक प्रयोग/उपयोग में न लाया गया हो। ∇ **विलोम**—उच्छिष्ट।

अनुच्छेद—[सं॰ अन् + उच्छेद] *पु॰* १. नाश न होना। अविच्छिन्नता। २. किसी अधिनियम, विधान, नियमावली आदि का वह अंश जिसमें एक विषय का उल्लेख हो। (अं॰ आर्टिकल) २. लेख आदि का वह छोटा खंड जिसमें कोई एक बात कही जाए। परिच्छेद। ***जैसे***—लेख को अनुच्छेदों में ठीक प्रकार से बाँटो। ✣ **अनुच्छेदन**—*पु॰* = अनुच्छेद बनाना। (अं॰ पैराग्राफ़िंग)

अनुछन—[< सं॰ अनुक्षण] *क्रिवि॰* १. हर क्षण। प्रतिक्षण। २. निरन्तर। लगातार।

अनुज—[सं॰ अनु + ज] *वि॰* बाद में जन्मा हुआ। छोटा। *पु॰* छोटा भाई। ***जैसे***—भरत राम के अनुज थे। ∇ **विलोम**—अग्रज। ✣ **अनुजा**—*वि॰* (*स्त्री॰*) = छोटी बहन। ∇ **विलोम**—अग्रजा।

अनुजन्मा—[सं॰ अनुजन्मन्] *पु॰* छोटा भाई। अनुज।

अनुजीवी—[सं॰ अनुजीविन्] *वि॰* जो जीवन/आजीविका के लिए दूसरे पर निर्भर हो। आश्रित। परावलम्बी। *पु॰* सेवक। नौकर। चाकर।

अनुज्ञप्त—[सं॰ अनु + ज्ञप्त] *वि॰* (कार्य) जिसके लिए अनुज्ञा/स्वीकृति मिल चुकी हो। स्वीकृत (कार्य)। २. (व्यक्ति) जिसे अनुज्ञा/स्वीकृति दी जा चुकी हो। स्वीकृति प्राप्त (व्यक्ति)।

अनुज्ञप्ति—[सं॰ अनु + ज्ञप्ति (√ज्ञप् + क्तिन्)] *स्त्री॰* १. जिसे बिना अनुमति करना विधि-विरुद्ध हो ऐसे काम को करने के लिए उपयुक्त अधिकारी द्वारा दी गयी अनुमति। ***जैसे***—शराब बेचने की अनुज्ञप्ति। २. उक्त अनुमति का सूचक प्रलेख। (अं॰)। ***जैसे***—अनुज्ञप्ति कहीं खो गयी है। लाइसेन्स। ✣ **अनुज्ञप्तिधारी**—वि॰, *पु॰* = जिसे अनुज्ञप्ति प्राप्त हो।

अनुज्ञा—[सं॰ अनु + ज्ञा] *स्त्री॰* १. अनुमति। स्वीकृति। इजाज़त। २. आज्ञा। हुक्म। ३. कहीं जाने, कोई वस्तु ख़रीदने या कार्य विशेष करने की लिखित अनुमति। ✣ **अनुज्ञात**—*वि॰* = (कार्य) जिसके लिए अनुज्ञा मिल चुकी है। २. (व्यक्ति) जिसे अनुज्ञा दी जा चुकी है।

अनुज्ञात्मक—[सं॰ अनुज्ञा ~ आत्मक] *वि॰* १. अनुज्ञा देने से सम्बन्धित। अनुज्ञा/अनुमति देने का। २. अनुज्ञा/अनुमति देनेवाला (क़ानून/प्रलेख आदि)। (अं॰ पर्मिसिव) ✣ **अनुज्ञात्मक समाज**—*पु॰* = वह समाज जो स्त्री-पुरुषों को स्वच्छन्द शारीरिक प्रेम इत्यादि की अनुमति देता हो। वर्जनाहीन समाज। (अं॰ पर्मिसिव सोसाइटी)

अनुज्ञापन—[सं॰ अनु + ज्ञापन] *पु॰* अनुज्ञा देना।

अनुज्ञेय—[सं॰ अनु + ज्ञेय] *वि॰* जिसकी या जिसके सम्बन्ध में अनुज्ञा दी जा सकती हो। अनुमति-योग्य। (विधि॰) स्वीकृति-योग्य। स्वीकार्य। ***जैसे***—अनुज्ञेय मृत्युदंड।

अनुतप्त—[सं॰ अनु + तप्त] *वि॰* १. जिसे अनुताप/पश्चात्ताप हुआ हो। अनुताप-युक्त। २. बहुत दुःखी। ३. खिन्न।

अनुतान—[सं॰ अनु + तान] *स्त्री॰* (भाषा॰) पूरे वाक्य को बोलने का ढंग। स्वर का उतार-चढ़ाव। लहजा। (अं॰ इन्टोनेशन)।

अनुताप—[सं॰ अनु + ताप] *पु॰* कोई ग़लत काम करने के बाद होनेवाला दुःख। पश्चात्ताप। पछतावा।

अनुतापन—[सं॰ अनु + तापन] *वि॰* १. अनुताप उत्पन्न करनेवाला। २. दुःख या खेद देनेवाला। *पु॰* पश्चात्ताप।

अनुतुष्ट—[सं॰ अनु + तुष्ट] *वि॰* सन्तुष्ट।

अनुतोष—[सं॰ अनु √तुष् + घञ्] *पु॰* १. सन्तोष। २. सन्तुष्ट या प्रसन्न करने के लिए दिया गया पुरस्कार/धन।

अनुतोषण—[सं॰ अनु + तोषण] *पु॰* १. (किसी काम से) सन्तुष्ट होना। २. किसी को धन आदि देकर अपने अनुकूल करना।

अनुत्तम—[सं॰ अन् + उत्तम] *वि॰* १. जो उत्तम न हो। २. जिससे

अधिक अच्छा कोई न हो। सबसे अच्छा। सर्वोत्तम। अनुपम।

अनुत्तर—[स० अन् + उत्तर] *वि०* १. बिना उत्तर/जवाब का। निरुत्तर। २. जो उत्तरी न हो। दक्षिणी। ३. सर्वश्रेष्ठ। ४. जिसके बाद कुछ न हो। ५. पूर्ण। *पु०* उत्तर/जवाब का अभाव। (जैन०) देवताओं का एक वर्ग। (बौद्ध०) १. शून्यता। २. करुणा, प्रज्ञा तथा उपाय का एकात्म ज्ञान। ३. सर्वश्रेष्ठ ज्ञान।

अनुत्तरदायी—[स० अन् + उत्तरदायी (उत्तरदायिन्)] *वि०* जो अपना उत्तरदायित्व न समझे। जिसमें ज़िम्मेदारी की भावना न हो। ग़ैरज़िम्मेदार। ∇ **विलोम**—उत्तरदायी।

अनुत्तान—[स० अन् ~ उत्तान] *वि०* जो उत्तान या चित न पड़ा हो। पट। ***जैसे***—अनुत्तान पड़ा हुआ लड़का। ∇ **विलोम**—उत्तान।

अनुत्तिष्ठता—[स० अन् + उत्तिष्ठता] *स्त्री०* (मनो०) (बैठे/लेटे रहने की दशा से) उठ सकने के लिए शक्ति का अभाव।

अनुत्पत्ति—[स० अन् + उत्पत्ति] *स्त्री०* उत्पत्ति का अभाव।

अनुत्पत्तिक—[स० अन् + उत्पत्तिक] *वि०* जो अभी उत्पन्न न हुआ हो। अनुत्पन्न।

अनुत्पन्न—[स० अन् + उत्पन्न] *वि०* जो अभी उत्पन्न नहीं हुआ है। भावी। अजात।

अनुत्पाद—[स० अन् + उत्पाद] *पु०* उत्पत्ति/उत्पादन का अभाव। अनुत्पादन।

अनुत्पादक—[स० अन् ~ उत्पादक] *वि०* १. जो कुछ भी उत्पन्न न करे। जो उत्पादक न हो। ***जैसे***—अनुत्पादक श्रम। २. जिससे उत्पन्न न हो सके। ३. जिससे लाभ न हो सके। अलाभकर। ✣ **अनुत्पादकता**—*स्त्री०* उत्पादकता का अभाव। अनुत्पादन। ✣ **अनुत्पादन**—[स० अन् + उत्पादन] *पु०* १. उत्पन्न न करना। २. उत्पन्न न होना।

अनुत्पादी—[स० अनुत्पादिन्] *वि०* जो उत्पादक न हो।

अनुत्प्रवासी—[< स० अन् + उत् + प्रवासी (प्रवासिन्)] *वि०* जो उत्प्रवासी न हो। जो विदेश जाकर न बस गया हो। (अं० नान-एमिग्रेन्ट)

अनुत्साही—*वि०* = उत्साहरहित।

अनुत्सेक—[स० अन् + उत्सेक] *पु०* १. क्रोध का अभाव। अक्रोध। २. घमंड न होना। अभिमानहीनता।

अनुदक—[स० अन् + उदक] *वि०* १. जल-रहित (स्थान/प्रदेश)। २. थोड़े जल वाला स्थान। ३. मृत्यु के बाद जिसे कोई जल-दान (तर्पण आदि) करनेवाला न हो।

अनुदत्त—[स० अनु + दत्त (= √दा + क्त)] *वि०* १. जो अनुदान के रूप में दिया गया हो। २. (शासन आदि के द्वारा) स्वीकृत (धनराशि)।

अनुदर्शन—[स० अनु + दर्शन] *पु०* अतीत घटना पर विचार करना। अतीत-चिन्तन।

अनुदात्त—[स० अन् + उदात्त] *वि०* १. जो उदात्त या ऊँचा न हो। २. अनुदार। ३. दयाहीन। *पु०* (व्या०) वह स्वर जिसे तालु आदि के निचले भाग से बोला जाए या जिस पर बल न दिया जाए। उदात्त और स्वरित से भिन्न स्वर। नीचा स्वर। (संगीत०) नीचा या उतरा हुआ स्वर। भिन्न स्वर।

अनुदान—[स० अनु + दान] *पु०* शासन या किसी संस्था आदि की ओर से किसी व्यक्ति/संस्था को किसी विशेष कार्य के लिए दी जाने वाली आर्थिक सहायता। (अं० ग्रान्ट)

अनुदार—[स० अन् + उदार] *वि०* १. संकीर्ण हृदय वाला। क्षुद्रहृदय। २. कृपण। कंजूस। ∇ **विलोम**—उदार। ✣ **अनुदारता**—*स्त्री०* = १. संकीर्ण/क्षुद्र हृदय होना। क्षुद्रहृदयता। २. कृपणता। कंजूसी।

अनुदित—[स० अन् + उदित] *वि०* जो उदित या प्रकट न हुआ हो। ***जैसे***—अनुदित सूर्य। *पु०* प्रभात का वह समय जिसमें थोड़ा-सा सूर्य उदित हो और कुछ तारे भी दिखायी पड़ रहे हों।

अनुदिन—[स० अनु + दिन] *क्रिवि०* १. हर रोज़। प्रतिदिन। नित्य। २. दिनोंदिन। निरंतर। लगातार।

अनुदिश—[स० अनु + दिशा] *क्रिवि०* दिशा-दिशा में। प्रत्येक दिशा में। हर तरफ़।

अनुदिष्ट—[स० अनु + दिष्ट] *वि०* १. जिसके लिए अनुदेश किया गया हो। २. (व्यक्ति/कार्य आदि) जिसके लिए हिदायत की गई हो।

अनुदेश—[स० अनु√दिश् + घञ्] *पु०* १. कोई काम करने के लिए विशेष रूप से दिया गया आदेश। २. (किसी काम के सम्बन्ध में) निर्देश/हिदायत। ***जैसे***—अनुदेश पुस्तिका।

अनुदेशक—[स० अनु + देशक] *पु०* १. आज्ञा देनेवाला। २. निर्देश/हिदायत देनेवाला।

अनुदेशन—[स० अनु √दिश् + ल्युट्] *पु०* १. अनुदेश करने की क्रिया/भाव। २. अनुदेश।

अनुदैर्घ्य—[स० अनु + दैर्घ्य] *वि०* १. लम्बाई का। २. लम्बाई में स्थित। ***जैसे***—छत की अनुदैर्घ्य शहतीर। ✣ **अनुदैर्घ्य घाटी**—*स्त्री०* = (भू० विज्ञान०) नदी की वह घाटी जो दोनों ओर के पर्वतों के बीच में उनके समान्तर हो। पर्वतमाला-प्रवृत्ति के अनुदिश घाटी।

अनुदधत (अनुद्धत)—[स० अन् + उद्धत] *वि०* १. जो उद्धत उद्दंड न हो। शिष्ट। विनीत। २. अहंकार-रहित। ∇ **विलोम**—उद्धत।

अनुदधृत (अनुद्धृत)—[स० अन् + उद्धृत] *वि०* जिसे उद्धरण के रूप में प्रयुक्त न किया गया हो। जो उद्धृत न किया गया हो।

अनुद्भूत (अनुद्भूत)—[स० अन् +उद्भूत] *वि०* १. जो उत्पन्न न हुआ हो। अनुत्पन्न। २. जो व्यक्त न हुआ हो। अव्यक्त। ***जैसे***—अनुद्भूत राष्ट्रीय चेतना अब शीघ्र ही व्यक्त होगी।

अनुद्योग (अनुद्योग)—[स० अन् + उद्योग] *पु०* १. उद्योग/प्रयत्न का अभाव। २. निश्चेष्टता।

अनुद्रव्य—[स० अनु ~ द्रव्य] *पु०* कोई पदार्थ जो औषधि में केवल इसलिए मिलाया जाता है कि गोलियाँ बनायी जा सकें। (अं० एक्सिपिएंट)

अनुद्रुत—[स० अनु + द्रुत] *पु०* (संगीत०) एक ताल। मात्रा का

चौथाई भाग। ● **विशेष**—आधी मात्रा को '**द्रुत**' कहते हैं और 'द्रुत' के आधे को 'अनुद्रुत'।

अनुद्वाचित (अनुद्वाचित)—[सं॰ अन् + उद्वाचित] *वि॰* (पुरा॰) वह अभिलेख आदि जिसे अभी पढ़ा और समझा न जा सका हो।

अनुद्वाह(अनुद्वाह)—[सं॰ अन् + उद्वाह] *पु॰* विवाह न करना। अविवाह की स्थिति। चिरकौमार्य। क्वाँरापन।

अनुद्विग्न (अनुद्विग्न)—[सं॰ अन् + उद्विग्न] *वि॰* १. जो उद्विग्न न हो। न घबड़ाया हुआ। २. आशंका, चिन्ता इत्यादि से मुक्त।

अनुद्वेग (अनुद्वेग)—[सं॰ अन् + उद्वेग] *पु॰* (ऐसी मनोदशा) जिसमें उद्वेग न हो। घबराहट, भय, आशंका आदि का अभाव।

अनुधावन—[सं॰ अनु +धावन] *पु॰* १. (किसी के) पीछे दौड़ना। २. पीछा करना।

अनुध्यात—[सं॰ अनु + ध्यात] *वि॰* जिसका मनन/विचार किया गया हो। विचारित।

अनुध्यान—[सं॰ अनु + ध्यान] *पु॰* (किसी व्यक्ति/बात आदि का) बार-बार किया जाने वाला ध्यान। बार-बार स्मरण/विचार।

अनुध्वनि—[सं॰ अनु + ध्वनि] *स्त्री॰* प्रतिध्वनि। गूँज।

अनुनत—[सं॰ अनु + नत] १. विनीत। शीलयुक्त। २. अनुशासित।

अनुनय—[सं॰ अनु + नय] *पु॰* १. विनय। प्रार्थना। २. अनुरोध। ✣ **अनुनय-विनय**—*स्त्री॰* = अनुरोध और प्रार्थना।

अनुनाद—[सं॰ अनु + नाद] *पु॰* प्रतिध्वनि। गूँज। (संगीत॰) स्वर-कम्पन। (भौतिकी॰) किसी तन्त्र की ऐसी स्थिति जब उस पर तन्त्र की प्राकृतिक आवृत्ति के समान या लगभग समान आवृत्तिवाला बल लगने पर दोलन और कम्पन के आयाम में बहुत वृद्धि हो जाती है। (अं॰ रेज़ोनेंस) ✣ **अनुनादक**—*पु॰* = १. अनुनाद। प्रतिध्वनि करनेवाला व्यक्ति। २. गूँज उत्पन्न करने का यन्त्र। ✣ **अनुनादन**—*क्रिअ॰* = प्रतिध्वनि/गूँज उत्पन्न करना। *पु॰* प्रतिध्वनि/होने की क्रिया/भाव। प्रतिध्वनि। गूँज। ✣ **अनुनादित**—*वि॰* = जिसकी गूँज़ हुई हो। गूँजता/गूँजा हुआ। प्रतिध्वनित।

अनुनादी—[सं॰ अनुनादिन्] *वि॰* १. प्रतिध्वनि/गूँज उत्पन्न करनेवाला। अनुनाद उत्पन्न करनेवाला। ***जैसे***—अनुनादी भवन। ✣ **अनुनादी कक्ष/विवर**—*पु॰* = (भाषा॰) मुख-विवर या नासिका-विवर, जो ध्वनियों को अपने अनुनाद द्वारा ऊँचा कर देते हैं।

अनुनासिक—[सं॰ अनु + नासिका] *वि॰ पु॰* (व्या॰) (वह वर्ण) जिसका उच्चारण मुख और नासिका दोनों के मेल से होता है। ***जैसे***—कवर्ग आदि पाँचों वर्गों के अन्तिम अक्षर (ङ् ञ् ण् न् म्) अनुनासिक हैं।

अनुनीत—[सं॰ अनु + नीत] *वि॰* १. जिसके विषय में अनुनय किया गया हो। २. जिसे प्रसन्न/सन्तुष्ट किया गया हो।

अनुन्नत—[सं॰ अन् + उन्नत] *वि॰* १. जो उन्नत/ऊँचा न हो। २. जिसने उन्नति न की हो। अवनत। ∇ **विलोम**—उन्नत।

अनुन्मत्त—[सं॰ अन् + उन्मत्त] *वि॰* जो उन्मत्त/मतवाला न हो। ∇ **विलोम**—उन्मत्त।

अनुन्माद—[< सं॰ अन् + उन्माद] *पु॰* उन्माद/पागलपन का अभाव।

अनुन्मील्य—[सं॰ अन् + उन्मील्य] *वि॰* जिसका उन्मीलन न किया जा सके।

अनुन्मुक्त—[सं॰ अन् + उन्मुक्त] *वि॰* १. जो उन्मुक्त न हो। २. जिसे नौकरी से हटाया न गया हो। जिसे पदच्युत/बरख़ास्त न किया गया हो। ३. जिसे किसी अपराध से या मुक़दमे आदि में या कारागार से मुक्त न किया गया हो।

अनुपक्षी—[सं॰ अनु + पक्षिन्] *पु॰* (किसी का) पक्ष लेनेवाला। किसी के पक्ष में रहनेवाला व्यक्ति। पक्षधर व्यक्ति। ***जैसे***—कौरवों के अनुपक्षी द्रोणाचार्य।

अनुपतन—[< सं॰ अनु + पतन] *पु॰* १. किसी पर गिर जाना। २. किसी के बाद गिरना। ३. क्रमशः पतन/गिरावट। एक के बाद एक के पतन। ***जैसे***—विलासी बादशाहों के अनुपतन का इतिहास।

अनुपद—[सं॰ अनु + पद] *क्रिवि॰* १. पद-पद पर। क़दम-ब-क़दम। २. शब्द प्रति शब्द। *पु॰* (गीत या कविता की) स्थायी/गीत की टेक। *वि॰* (किसी के) पदों का अनुसरण करनेवाला। पीछे-पीछे चलनेवाला। २. प्रत्येक शब्द की (व्याख्या) ***जैसे***—इस गीता भाष्य में प्रतिपद व्याख्या अति स्पष्ट है। ***वा॰* (किसी के) अनुपद रहना**—पीछा करना।

अनुपदिष्ट—[सं॰ अन् + उपदिष्ट] *वि॰* जिसे उपदेश न दिया गया हो।

अनुपदी—[सं॰ अनुपदिन्] *वि॰* १. पीछे-पीछे चलनेवाला। अनुगामी। २. पीछा करनेवाला।

अनुपनीत—[सं॰ अन् + उपनीत] *वि॰* १. जो समीप न लाया गया हो। २. जिसका यज्ञोपवीत/जनेऊ संस्कार न हुआ हो।

अनुपन्थी (अनुपंथी)—[सं॰ अनुपन्थिन्] *वि॰* १. शास्त्र-सम्मत (विचार)। २. परम्परागत या प्रथागत (विचार)। ३. रूढ़िवादी। ***जैसे***—अनुपन्थी विचार।

अनुपपत्ति—[सं॰ अन् + उपपत्ति] *स्त्री॰* १. उपपत्ति/प्रमाण का अभाव। प्रमाणरहितता। २. युक्ति का अभाव। तर्कहीनता। ३. असंगति। ४. सिद्धि न होना। असिद्धि।

अनुपपन्न—[सं॰ अन्+उपपन्न] *वि॰* १. जिसकी उपपत्ति न कही गयी हो। २. जो प्रमाणित न किया गया हो। अप्रमाणित। ३. जो युक्तिहीन हो। तर्कहीन। ४. जिसका प्रतिपादन न किया गया हो। अप्रतिपादित।

अनुपम—[सं॰ अन् + उपमा] *वि॰* १. उपमारहित। अद्वितीय। अनूठा। बेजोड़। २. सर्वोत्तम।

अनुपमेय—[सं॰ अन् + उपमेय] *वि॰* १. जिसकी उपमा देने के लिए कोई उपमान उचित न हो। २. (किसी से) जिसकी तुलना न हो सके। अतुलनीय। बेजोड़।

अनुपयोगी—[सं॰ अनुपयोगिन्] *वि॰* जिसका कोई उपयोग न हो। उपयोग-रहित। निरुपयोगी। ∇ **विलोम**—उपयोगी।

अनुपर्ण—[सं॰ अनु + पर्ण] *पु॰* (वनस्पति॰) पत्ते के वृन्त में लगी छोटी पत्ती। (अं॰ स्टिप्युल)

अनुपल—[सं॰ अनु + पल] *क्रिवि॰* १. प्रतिपल। प्रतिक्षण। २. निरन्तर। लगातार।

अनुपलक्षित—[सं॰ अन् + उपलक्षित] *वि॰* १. जिसकी पहचान न हुई हो। २. जो जाना न गया हो।

अनुपलब्ध—[सं॰ अन् + उपलब्ध] *वि॰* १. जो प्राप्त न हुआ हो। अप्राप्त। ***जैसे***—अनेक प्राचीन ग्रन्थ आज अनुपलब्ध हैं। २. जो पहले जाना न गया हो। अज्ञात। ***जैसे***—अनुसन्धान से प्राप्त अनुपलब्ध तथ्य। ∇ **विलोम**—उपलब्ध।

अनुपहत—[सं॰ अन् + उपहत] *वि॰* १. जो घायल न हुआ हो। २. जो काम में न लाया गया हो। नया या कोरा (वस्त्र आदि)। अव्यवहृत। ✣ **अनुपहत मति**— *स्त्री॰* = (जैन॰) ऐसी बुद्धि जिसमें संशय, विपरीतता, निरुत्साह और अनिश्चयात्मकता न हो।

अनुपात—[सं॰ अनु + पात] *पु॰* १. दो मानों/राशियों/संख्याओं का सम्बन्ध या उनकी लब्धि/भजनफल जिससे यह ज्ञात होता है कि उनमें से एक दूसरी से कितनी बड़ी है। ***जैसे***—हमारी कक्षा में छात्रों और छात्राओं का अनुपात ३ और २ का है क्योंकि २४ छात्र हैं और १६ छात्राएँ। (अं॰ रेशिओ)।

अनुपातक—[सं॰ अनु + पातक] *पु॰* गम्भीर पाप-कर्म। घोर पाप।

अनुपाततः—[सं॰ अनुपात + तः (तस्)] *क्रिवि॰* १. यथा अनुपात। २. अनुपात से।

अनुपाती—[सं॰ अनुपातिन्] *वि॰* १. अनुपात-सम्बन्धी। आनुपातिक। २. जो ठीक अनुपात में हो। जो उचित मात्रा में हो। ***जैसे***—चाय में अनुपाती दूध ही मिलाइए, अधिक नहीं। ✣ **अनुपाती प्रतिनिधित्व**— *पु॰* = (राज॰) विभिन्न सम्प्रदायों/दलों आदि का उनकी जनसंख्या के अनुपात में प्रतिनिधित्व।

अनुपान—[सं॰ अनु + पान] *पु॰* (आयुर्वेद॰) वह द्रव जो अनुकूल प्रभाव उत्पन्न करने या बढ़ाने के लिए औषध के साथ या उसके ऊपर पिलाया जाए। ***जैसे***—आप त्रिफला चूर्ण का अनुपान पानी रखिए।

अनुपाय—[सं॰ अन् + उपाय] *पु॰* १. (वह कार्य/समस्या आदि) जिसका कोई उपाय न हो। २. (वह व्यक्ति) जिसके लिए कोई उपाय/साधन/मार्ग न रहा हो। निरुपाय।

अनुपालन—[सं॰ अनु + पालन] *पु॰* १. पालन। रक्षा। २. आज्ञा/इच्छा का पालन। ***जैसे***—सरकार की भाषा-नीति का अधिकारियों द्वारा अनुपालन। ३. (किसी) नियम/क़ानून आदि का पालन। ४. (व्रत/प्रतिज्ञा को) मानना।

अनुपूरक—[सं॰ अनु + पूरक] *वि॰* जो अभाव या त्रुटि को दूर करने के लिए बाद में जोड़ा गया हो या बढ़ाया जाना हो। ***जैसे***—अनुपूरक नियम। *पु॰* उक्त प्रकार से जोड़ा या बढ़ाया गया अंश। ✣ **अनुपूरक प्रश्न**— *पु॰* =(लोकसभा आदि में) किसी पूछे गए प्रश्न के बाद उसी विषय से सम्बन्धित अन्य प्रश्न। ✣ **अनुपूरक वाक्य**— *पु॰* = (भाषा॰) वाक्य को पूर्णता प्रदान करने वाला अंश जो वाक्य से अलग रखा गया हो। ***जैसे***—'मैं अब जा रहा हूँ। शाम तक के लिए' में 'शाम तक के लिए' अनुपूरक वाक्य है।

अनुपूर्व—[सं॰ अनु + पूर्व] *वि॰* १. क्रमबद्ध। यथाक्रम। २. क्रमशः होता रहनेवाला। सिलसिलेवार। ३. नियमित। ✣ **अनुपूर्वज**— *वि॰* = पीढ़ी-दर-पीढ़ी का। ***जैसे***—उनका व्यवसाय तो अनुपूर्वज है; नया नहीं है। ✣ **अनुपूर्वतः/अनुपूर्वशः**— *क्रिवि॰* = १. क्रमागत रीति से। क्रमशः। २. नियमित रीति से।

अनुपेत—[सं॰ अन् + उपेत] *वि॰* १. अप्राप्त। २. जो अभी गुरुकुल में प्रविष्ट न हुआ हो या जिसका उपनयन/जनेऊ संस्कार न हुआ हो।

अनुप्रमाणन—[सं॰ अनु + प्रमाणन] *पु॰* (किसी बात/वस्तु की) सत्यता को प्रमाणित करना। प्रमाणीकरण। तसदीक़। ***जैसे***—किसी के हस्ताक्षरों का अनुप्रमाणन; किसी प्रलेख/दस्तावेज़ का अनुप्रमाणन।

अनुप्रयुक्त—[सं॰ अनु + प्रयुक्त] *वि॰* जिसके सैद्धान्तिक ज्ञान और अन्वेषणों का उपयोग जीवनोपयोगी कार्यों में हुआ हो या किया गया हो। ***जैसे***—अनुप्रयुक्त विज्ञान। (अं॰ ऐप्लाइड) ✣ **अनुप्रयुक्त कला**— *स्त्री॰* = ललित कला से भिन्न वह कला जो व्यापारिक वस्तुओं को आकर्षक बनाने के लिए प्रयुक्त की जाती है। व्यावसायिक कला। औद्योगिक कला। (अं॰ एप्लाइड आर्ट) ✣ **अनुप्रयुक्त गणित**— *पु॰* = गणित की वह शाखा जिसमें गणितीय सिद्धान्तों का प्रयोग भौतिकी, रसायन, अभियांत्रिकी, जीवविज्ञान तथा सामाजिक विषयों के अध्ययन में किया जाता है। (अं॰ ऐप्लाइड मैथिमैटिक्स) ✣ **अनुप्रयुक्त भाषाविज्ञान**— *पु॰* = भाषाविज्ञान के नियमों का भाषा-अध्ययन के विविध क्षेत्रों में उपयोग/प्रयोग। ***जैसे***—कोश-निर्माण विज्ञान और शैली विज्ञान भी अनुप्रयुक्त भाषाविज्ञान के क्षेत्र हैं। ✣ **अनुप्रयुक्त भूगोल**— *पु॰* = नगरीय एवं ग्रामीण भू-उपयोग, नगर-आयोजन आदि विश्व-समस्याओं के भौगोलिक पक्षों का अध्ययन। ✣ **अनुप्रयुक्त मनोविज्ञान**— *पु॰* = मनोविज्ञान की वह शाखा जो मनोविज्ञान के सिद्धान्तों और अन्वेषणों का उपयोग व्यावहारिक समस्याओं को हल करने में करती है। ✣ **अनुप्रयुक्त विज्ञान**— *पु॰* = विज्ञान के सिद्धान्तों और अन्वेषणों का भवन-निर्माण, चिकित्सा इत्यादि व्यावहारिक क्षेत्रों में उपयोग/प्रयोग। (ऐप्लाइड साइंस)

अनुप्रयोग—[सं॰ अनु + प्रयोग] *पु॰* १. उपयोग। प्रयोग। ***जैसे***—अनेक वैज्ञानिक खोजों का अनुप्रयोग उद्योग-धन्धों में होता है। २. कहीं से प्राप्त किसी सिद्धान्त, वस्तु या बात का किसी नए काम, नए स्थान या नए शास्त्र आदि में प्रयोग। (अं॰ ऐप्लिकेशन) ३. (नियम/क़ानून आदि का) लागू होना/करना। विनियोग। ***जैसे***—क़ानून का अनुप्रयोग। ✣ **अनुप्रयोग-परिधि**— *स्त्री॰* = (भाषा॰) शब्द के प्रयोग-क्षेत्र की परिधि/सीमा। ***जैसे***—'वेतन' और 'वज़ीफ़ा' की अनुप्रयोग-परिधि में अन्तर है।

अनुप्रयोजन—[सं॰ अनु + प्रयोजन] *पु॰* अनुप्रयोग करने की क्रिया/भाव। अनुप्रयोग।

अनुप्रवाह—[सं॰ अनु + प्रवाह] *पुं॰* नदी के पानी के बहाव की दिशा।

अनुप्रवेश—[सं॰ अनु + प्रवेश] *पुं॰* १. द्वार के भीतर जाना। २. किसी के मन के भीतर जाना। किसी के मन में स्थान बनाना।

अनुप्रश्न—[< सं॰ अनु + प्रश्न] *पुं॰* भाषण के बाद वक्ता से पूछा गया प्रश्न।

अनुप्रसादन—[सं॰ अनु + प्रसादन] *पुं॰* (रूठे हुए को) प्रसन्न करना। मनाना।

अनुप्रस्थ—[सं॰ अनु + प्रस्थ] *वि॰* १. तिर्यक्। तिरछा। आड़ा। ***जैसे***—अनुप्रस्थ काट। २. आर-पार जानेवाला। आर-पार स्थित। ***जैसे***—अनुप्रस्थ रेखा। (अं॰ ट्रान्सवर्स) ✣ **अनुप्रस्थ काट**—*स्त्री॰* = अनुप्रस्थ परिच्छेद। तिरछी काट। बेड़ी काट। (अं॰ क्रॉस-सेक्शन) ✣ **अनुप्रस्थ तरङ्ग (तरंग)**—*पुं॰* = (भौतिकी॰) ऐसी तरंग जिसमें माध्यम का विस्थापन तरंग-संचरण की दिशा पर अभिलम्ब होता है। ● **विशेष**—'अनुप्रस्थ तरंग' से भिन्न प्रकार की '**अनुदैर्ध्य तरंग**' होती है। ✣ **अनुप्रस्थ परिच्छेद**—*पुं॰* = (गणित॰) वह परिच्छेद/काट जो अक्ष पर लम्बवत् हो। अनुप्रस्थ/तिरछी/बेड़ी काट। (अं॰ क्रास-सेक्शन) ✣ **अनुप्रस्थ रेखा**—*स्त्री॰* = (गणित॰) १. अन्य रेखाओं को काटनेवाली रेखा। २. तिर्यक् रेखा। आड़ी/तिरछी रेखा। (अं॰ ट्रान्सवर्सल लाइन)

अनुप्राणन—[सं॰ अनु + प्राणन] *पुं॰* १. प्राण-संचार करना। जीवन-संचार। २. उत्साह/प्रेरणा देना। प्रेरण। ३. स्फूर्ति-दान।

अनुप्राणित—[सं॰ अनु + प्राणित] *वि॰* १. जिसमें प्राणों का संचार किया गया हो। जिसमें जीवन-संचारित किया गया हो। ***जैसे***—इतिहास में शिथिल समाज को अनुप्राणित करने की शक्ति होती है। २. जिसे स्फूर्ति दी गयी हो या मिली हो। उत्साहित। प्रेरित। ***जैसे***—महान् आदर्शों से अनुप्राणित साहित्य। ३. प्राणवान्। सजीव।

अनुप्राप्ति—[सं॰ अनु + प्राप्ति] *स्त्री॰* १. लाभ। २. (कर/दंड आदि के रूप में) उगाही। वसूली।

अनुप्रास—[सं॰ अनु + प्र + आस] *पुं॰* (काव्य॰) एक शब्दालंकार। वर्णों/व्यंजनों की समता से होनेवाला अलंकार जिसमें स्वर समान भी हो सकते हैं और भिन्न भी। वर्णसाम्य से होनेवाला अलंकार। ***जैसे***—'पुलकित पलक पसार' में 'प' और 'ल' की आवृत्ति के कारण अनुप्रास अलंकार है।

अनुप्रेक्षा—[सं॰ अनु + प्रेक्षा] *पुं॰* (जैन॰) किसी बात का पुनः-पुनः चिन्तन। जाने हुए अर्थ का मन में अभ्यास। अनुचिन्तन।

अनुबद्ध (अनुबद्ध)—[सं॰ अनु + बद्ध] *वि॰* १. (किसी के साथ) बँधा हुआ। २. जिसके विषय में कोई अनुबन्ध/समझौता हुआ हो। ***जैसे***—अनुबद्ध सौदा। ३. जिसका सम्बन्ध/लगाव हो। सम्बन्धयुक्त। सम्बद्ध। ४. बन्धक। ***जैसे***—अनुबद्ध माल। ५. बँधुआ। ***जैसे***—अनुबद्ध मज़दूर। (अं॰ बान्डिड)

अनुबन्ध (अनुबंध)—[सं॰ अनु + बन्ध] *पुं॰* १. बन्धन। २. घनिष्ठ पारस्परिक सम्बन्ध। लगाव। ३. लिखित समझौता। ४. किसी समझौते की अनिवार्य शर्त। (व्या॰) पाणिनीय 'अष्टाध्यायी' में प्रत्ययों आदि के आरम्भ और अन्त में सहेतुक जुड़े हुए वर्ण जिनका प्रयोग में लोप हो जाता है। ***जैसे***—संस्कृत के 'क्तवतु' प्रत्यय में जुड़ने वाला अंश तो 'तवत्' ही है, 'क्' और 'उ' तो 'अनुबन्ध' हैं। (वेदान्त॰) ग्रन्थ में एक-एक विषय का अधिकरण। (आयुर्वेद॰) वात, पित्त और कफ में जो अप्रधान हो। (वाणि॰) दो या अधिक व्यक्तियों के बीच आपसी सहमति से किया गया इक़रारनामा जिसमें उन पर कोई काम करने या किसी काम को न करने का दायित्व आता है, जो क़ानून द्वारा मान्यता प्राप्त है तथा जिसे न्यायालय द्वारा लागू कराया जा सकता है। संविदा। (अं॰ कॉन्ट्रैक्ट) ✣ **अनुबन्धक/अनुबन्धकारी (अनुबंधक/अनुबंधकारी)**—*वि॰* = अनुबन्ध करनेवाला। ✣ **अनुबन्ध-चतुष्टय (अनुबंध-चतुष्टय)**—*पुं॰* = (भा॰ दर्शन॰) १. चार अनुबन्धों का समूह। २. किसी वेदान्त-ग्रन्थ के चार अनुबन्ध। (ग्रन्थ का) प्रयोजन, विषय, अधिकारी और सम्बन्ध। ***जैसे***—'वेदान्तसार' ग्रन्थ के आरम्भ में ही अनुबन्ध-चतुष्टय बता दिया गया है। ✣ **अनुबन्ध-पत्र (अनुबंध-पत्र)**—*पुं॰* = अनुबन्धवाला काग़ज जिस पर सभी पक्षों के हस्ताक्षर हों। इक़रारनामा।

अनुबोध—[सं॰ अनु + बोध] *पुं॰* बाद में होनेवाला स्मरण या ज्ञान।

अनुबोधन—[सं॰ अनु + बोधन] *पुं॰* १. प्रबोधन। २. स्मरण। ३. स्मरण-शक्ति। ४. स्मरण कराने के लिए सहायक संकेत-शब्द। (नाट्य॰) संवाद बोलते समय अटक जाने वाले अभिनेता की स्मृति जगाने के लिए सहायक या संकेत-शब्द बोलने की क्रिया।

अनुभव—[सं॰ अनु √भू + अप्] *पुं॰* १. ज्ञान की उपलब्धि की अवस्था। २. देखकर, सुनकर, प्रयोग के द्वारा या परीक्षा/जाँच करके प्राप्त निजी या सामान्य प्रकार का ज्ञान। तजुर्बा। ३. जीवन में आए परिवर्तनों, उतार-चढ़ाव आदि से प्राप्त समझ। ४. अपने को प्रभावित करनेवाली किसी घटना या घटना-क्रम में से गुज़रना। ***जैसे***—यात्रा का अनुभव; एक के बाद एक मित्रों की मृत्यु का अनुभव। ५. अपनी शारीरिक/मानसिक अवस्था का बोध या उसकी संवदना। अनुभूति। ६. इन्द्रियों द्वारा शब्द/स्पर्श/रूप/रस/गन्ध का प्रत्यक्ष ग्रहण। ***जैसे***—आँख सौन्दर्य का अनुभव कर सकती है, माधुर्य का नहीं। ७. आत्म-साक्षात्कार या स्वानुभूति। ✣ **अनुभवगम्य**—*वि॰* = १. जिसका अनुभव किया जा सके। २. जो अनुभव से ही जानने योग्य हो, अन्य उपाय से नहीं। ***जैसे***—प्रेम की पीड़ा अनुभवगम्य है, बुद्धिगम्य नहीं।

अनुभववाद—[सं॰ अनुभव ~ वाद] *पुं॰* (पा॰ दर्शन॰) वाद विशेष जो अनुभव को ही ज्ञान का आधार मानता है, तर्कसिद्ध सिद्धान्तों या स्वयंप्रकाश ज्ञान को नहीं। (अं॰ एम्पिरिसिज़्म)

अनुभवाश्रित—[सं॰ अनुभव ~ आश्रित] *वि॰* अनुभव पर आश्रित। अनुभव सापेक्ष। [पा॰ दर्शन॰] (वे तथ्य) जिनका स्रोत व्यक्ति के आन्तरिक अनुभव में हो, उससे बाहर न हो। ***जैसे***—अनुभवाश्रित अनुमान। (अं॰ पोस्टियरियरॉइ)

अनुभविता—[सं॰ अनुभवितृ] वि॰, *पु॰* अनुभव करनेवाला। ***जैसे***—समाधि में अनुभविता और अनुभाव्य का अन्तर मिट जाता है।

अनुभाग—[सं॰ अनु + भाग] *पु॰* (किसी काम, वस्तु या कार्यालय आदि के) किसी भाग का कोई छोटा भाग, उपविभाग या अंश। (अं॰ सेक्शन)

अनुभाव—[सं॰ अनु + भाव] *पु॰* १. महिमा/प्रभाव/अधिकार/सामर्थ्य या निश्चय। ***जैसे***—महा अनुभाव वाला व्यक्ति ही '**महानुभाव**' या '**महापुरुष**' कहा जाता है। २. भाव के पीछे उत्पन्न होनेवाली चेष्टाएँ। ३. किसी के भाव का अनुभव करानेवाली बाह्य चेष्टाएँ आदि। मन की स्थिति के सूचक बाह्य चिह्न। (काव्य॰) वे गुण और क्रियाएँ जिनसे आश्रय के भाव का बोध हो सके। (रस-निष्पत्ति में सहायक और) आलम्बन, उद्दीपन आदि कारणों से जाग्रत भावों को बाहर प्रकट करनेवाली आश्रयगत चेष्टाएँ। ***जैसे***—कटाक्ष करना, लजाना आदि अनुभाव नायिका के प्रेम के सूचक होते हैं।

अनुभावन—[सं॰ अनु + भावन] *पु॰* चेष्टाओं/संकेतों से मन के भाव व्यक्त करना।

अनुभाव्य—[सं॰ अनु + भाव्य] *वि॰* १. जिसका अनुभव किया जा सकता हो। अनुभव के योग्य। २. जिसका अनुभव किया जाने वाला हो। ३. जिसका अनुभव किया जाए।

अनुभूति—[सं॰ अनु √भू + क्तिन्] *स्त्री॰* १. भाव/भावों का अनुभव। ***जैसे***—भूखे व्यक्ति की पीड़ा की अनुभूति। २. मन की वह क्रिया जो बाह्य वस्तुओं के सुखात्मक और दुःखात्मक प्रभावों की संवेदना जगाती है। ***जैसे***—कविता में अनुभूति की प्रधानता होती है, बौद्धिकता की नहीं। ३. वह व्यक्तिगत चेतन संस्कार जिसमें बौद्धिक ज्ञान न हो। ***जैसे***—प्रेम की अनुभूति। ४. सुख या दुःख का अनुभव। ✣ **अनुभूति-दशा**—*स्त्री॰* = [काव्य॰] (रचयिता द्वारा) मार्मिक रूपों और व्यापारों को अनुभूति का विषय बनाने की स्थिति। ***जैसे***—कविता की रचना अनुभूति-दशा में ही नहीं, स्मृति-दशा में भी होती है। —रामचन्द्र शुक्ल (चिन्तामणि)। ✣ **अनुभूतियोग**—*पु॰* = (काव्य॰) व्यक्ति/रचयिता की अनुभूति का सब की अनुभूति बन जाना।

अनुभूत्याभास—[सं॰ अनुभूति ~ आभास] *पु॰* (काव्य॰) जीवन की वास्तविक अनुभूति से भिन्न उसका आभास या केवल हल्की संवेदना जगानेवाली अनुभूति। कम गम्भीर अनुभूति।

अनुभेद—[सं॰ अनु + भेद] *पु॰* उपभेद या सूक्ष्म भेद। ***उदा॰*** कौन बड़ौ को छोट, भेद अनुभेद न जानै। —सूरसागर (१०/५८९)

अनुमत—[सं॰ अनु + मत (√मन् + क्त] *वि॰* १. जिसके लिए अनुमति/स्वीकृति मिल चुकी हो। अनुमतिप्राप्त। स्वीकृतिप्राप्त। सम्मत। स्वीकृत। ***जैसे***—अनुमत समय। २. जिसकी या जहाँ तक की अनुमति दी गई हो। ***जैसे***—व्यय की अनुमत सीमा। ३. प्रिय या कृपापात्र।

अनुमति—[सं॰ अनु + मति (√मन् + क्तिन्)] *स्त्री॰* १. आज्ञा। हुक्म। २. स्वीकृति। अनुमोदन। समर्थन। ३. अनुज्ञा। इजाज़त। ४. चतुर्दशी से युक्त पूर्णिमा (तिथि)। ✣ **अनुमति-पत्र**—*पु॰* = वह पत्र/लेख जिसमें किसी काम की मंजूरी दी गई हो। अनुमति दिए जाने योग्य। *वि॰* = अनुमति देनेवाला।

अनुमन्ता (अनुमंता)—[< सं॰ अनुमत] *वि॰* अनुमति देनेवाला।

अनुमरण—[सं॰ अनु + मरण] *पु॰* १. किसी व्यक्ति के मरने के बाद मरना। २. किसी विधवा का सती होना।

अनुमस्तिष्क—[सं॰ अनु + मस्तिष्क] *पु॰* मस्तिष्क के दो प्रमुख भागों में से छोटा भाग। लघु मस्तिष्क।

अनुमाता—[< सं॰ अनुमातृ] *वि॰* अनुमान करनेवाला।

अनुमान—[सं॰ अनु + मान (√मि या √मा + ल्युट्)] *पु॰* १. ज्ञात वस्तु के आधार पर अज्ञात वस्तु का बोध। २. (परिमाण/संख्या/व्यय/मूल्य आदि का) अन्दाज़ा। अटकल। प्राक्कलन। कूत। आँक। तख़मीना। ***जैसे***—मेरे अनुमान से सभा में एक लाख लोग थे; आपके अनुमान से बहुत अधिक धन ख़र्च हुआ। (अं॰ एस्टीमेट) ३. बिना नापे-तौले या बिना हिसाब किए आँकने की क्रिया। (अं॰ गेस) ४. प्रस्तुत तथ्यों से प्राप्त परिणाम। (अं॰ इन्फ़रेन्स) ५. विचार। ख़्याल। ६. मूल्यांकन। मूल्य/महिमा आदि का अन्दाज़ा। ७. तर्क। ***जैसे***—उस समय वे मन ही मन अनुमान करते रहे कि अब क्या करना चाहिए। (काव्य॰) एक अर्थालंकार जो साधन द्वारा साध्य के विषय में चमत्कारपूर्ण अटकल के वर्णन में होता है। (भा॰ दर्शन॰) १. प्रत्यक्ष वस्तु के आधार पर अप्रत्यक्ष वस्तु का ज्ञान। ***जैसे***—पर्वत पर धुँआ उठता देखकर वहाँ अग्नि होने का अनुमान क्योंकि यह प्रत्यक्ष अनुभव है कि जहाँ-जहाँ धुआँ होता है, वहाँ-वहाँ अग्नि होती है। २. प्रत्यक्ष प्रमाण और शब्द प्रमाण आदि से भिन्न एक प्रमाण। —*वि॰* (किसी के) माप/मान के समान। ***जैसे***—उसकी नाक तो पकौड़े के अनुमान है। ✣ **अनुमानतः**—*क्रिवि॰* = अनुमान के आधार पर। अनुमान से।

अनुमानवाद—[सं॰ अनुमान ~ वाद] *पु॰* (काव्य॰) रस-निष्पत्ति के प्रसंग में आचार्य शंकुक का मत। अनुमितिवाद। (दे॰ अनुमितिवाद)

अनुमाप—[< सं॰ अनु + माप] *पु॰* १. मापने की इकाई। २. मापने/नापने का साधन। पैमाना। मापक्रम। ३. श्रेणी। स्तर। ***जैसे***—सामाजिक अनुमाप।

अनुमापन—[सं॰ अनु + मापन] *पु॰* (मात्रा का) मापन। (रसायन॰) आयतनी विश्लेषण की एक विधि जिसमें एक अभिकारक के विलयन (मिश्र घोल) के किसी एक घटक की मात्रा का पता लगाने के लिए उसके ज्ञात आयतन को दूसरे अभिकारक के विलयन में तब तक धीरे-धीरे मिलाया जाता है जब तक अभीष्ट 'अन्तिम बिन्दु' प्राप्त न हो। (अं॰ टाइट्रेशन)

अनुमित—[सं॰ अनु √मा + क्त] *वि॰* १. जिसका अनुमान किया गया हो। जो अनुमान से जाना/विचारा गया हो। अनुमानित। २. न्यायसंगत तर्क द्वारा प्राप्त।

अनुमिति—[सं॰ अनु +मिति] *स्त्री॰* अनुमान। (नव्य न्याय॰) हेतु या तर्क से किसी वस्तु को जान लेना। (पा॰ दर्शन॰) तर्क से प्राप्त निष्कर्ष। ✣ **अनुमितिवाद**—*पु॰* = (काव्य॰) रस-निष्पत्ति के प्रसंग में भरत मुनि के 'रस-सूत्र' की व्याख्या करनेवाले आचार्य शंकुक का यह मत कि 'रस-निष्पत्ति' का अर्थ रस की अनुमिति है क्योंकि नाटक में अभिनेय (राम आदि) का वास्तविक स्थायी भाव, अभिनेता में कृत्रिम होने पर भी, सहृदय/सामाजिक (दर्शक) को अनुमान के बल से मिथ्या न भासते हुए प्रतीयमान होता है।

अनुमुद्रण—[सं॰ अनु + मुद्रण] *पु॰* १. मुख्य ग्रन्थ/पत्रिका आदि में प्रकाशित किसी अंश की अलग से छपाई। २. अनुमुद्रण से प्राप्त लेख आदि। अनुमुद्रित प्रति। (अं॰ आटोग्राफ़ी/आफ़प्रिन्ट) ✣ **अनुमुद्रित**—*वि॰* अनुमुद्रण से प्राप्त लेख आदि। ***जैसे***—'सरस्वती' में प्रकाशित मेरे लेख की अनुमुद्रित प्रतियाँ प्राप्त हुईं।

अनुमेय—[सं॰ अनु + मेय (√मा + यत्)] *वि॰* १. जिसका अनुमान किया जा सके। अनुमान किए जाने योग्य। २. जिसका अनुमान किया जानेवाला हो।

अनुमोदन—[सं॰ अनु + मोदन (√मुद् + णिच् + ल्युट्)] *पु॰* १. सहमति प्रकट करना। २. समर्थन। ३. स्वीकृति।

अनुमोदित—[सं॰ अनु + मोदित] *वि॰* १. जिसका अनुमोदन हुआ हो। २. (किसी उच्चतर अधिकारी आदि द्वारा) कुछ संशोधन करके समर्थित।

अनुयायिता—[सं॰ अनुयायिन् + तल् + टाप्] *स्त्री॰* अनुयायी होने की अवस्था/भाव। अनुयायी होना।

अनुयायी—[सं॰ अनु √या + णिनि] *वि॰* १. किसी के पीछे जानेवाला। अनुगामी। २. किसी के सिद्धान्त/उपदेश को मानने और उसके अनुसार आचरण करनेवाला। ***जैसे***—श्री रामानुजाचार्य के अनुयायी '**श्रीवैष्णव**' कहलाते हैं।

अनुयोग—[सं॰ अनु + योग] *पु॰* १. प्रश्न। २. जिज्ञासा। ३. पूछताछ। ४. भर्त्सना। ५. डाँट-फटकार। (जैन॰) जैनागम के चार भागों में से प्रत्येक। ● **विशेष**—जैनागम के उक्त चार अनुयोगों के नाम हैं—**प्रथमानुयोग, करणानुयोग, चरणानुयोग और द्रव्यानुयोग।**

अनुयोज्य—[< सं॰ अनु + योज्य] *वि॰* १. जिससे प्रश्न किया जा सके। २. जिससे डाँट-फटकार के साथ पूछ-ताछ की जा सके। (विधि॰) जिस पर विधि-सम्मत कार्रवाई की जा सके। ***जैसे***—अनुयोज्य दोष। *पु॰* सेवक। नौकर।

अनुरक्त—[सं॰ अनु √रञ्ज् + क्त] *वि॰* १. लाल रंग का। २. प्रसन्न। ३. सन्तुष्ट। ४. (किसी के प्रति) अनुराग-युक्त। ५. आसक्त। ∇ **विलोम**—विरक्त।

अनुरक्षण—[सं॰ अनु + रक्षण] *पु॰* १. बनाए रखने की क्रिया/भाव। २. वह देखभाल/व्यवस्था जो किसी वस्तु/सम्पत्ति आदि को काम के योग्य बनाए रखने के लिए मरम्मत आदि के रूप में की जाती है। देख-रेख। रख-रखाव। साज-सँभाल। ***जैसे***—गोदाम में माल का अनुरक्षण। ३. (विधि और व्यवस्था को) बनाए रखना। (अं॰ मेंन्टिनेन्स)

अनुरञ्जन (अनुरंजन)—[सं॰ अनु + रञ्जन] *पु॰* १. प्रसन्न/सन्तुष्ट करना। ***जैसे***—राजा का कर्तव्य प्रजा का अनुरंजन है। २. मन-बहलाव। मनोरंजन। *वि॰* अनुरंजक।

अनुरणन—[सं॰ अनु + रणन] *पु॰* १. किसी वस्तु/क्रिया से सम्बन्धित ध्वनि से उसका सूचक शब्द गढ़ना (जैसे—काँव-काँव; टें-टें)। अनुकृति मूलक शब्द-रचना। २. प्रतिध्वनि। गूँज। ३. (नूपुरों आदि की) झंकार। (काव्य॰) एक अलंकार जिसमें काव्यगत पद-योजन अपनी ध्वनि से ही अर्थ को अभिव्यक्त करे और चित्र-सा प्रस्तुत कर दे। (अं॰ ओनॉमैटॉपीअ)

अनुरणनात्मक—[सं॰ अनुकरण ~ आत्मक] *वि॰* अनुरणन के आधार पर बना (शब्द) [जैसे—कलकल; चर्र-मर्र]। ● **विशेष**—अनुरणनात्मक शब्दों को 'ध्वन्यात्मक शब्द' या 'अनुकरणात्मक शब्द' भी कहा जाता है।

अनुरणित—[सं॰ अनु + रणित] *वि॰* १. प्रतिध्वनित। २. झंकृत।

अनुरत—[सं॰ अनु + रत] *वि॰* अनुराग-युक्त। अनुरक्त।

अनुरति—[सं॰ अनु + रति] *स्त्री॰* १. अनुराग। प्रेम। २. आसक्ति।

अनुरथ्या—[सं॰ अनु + रथ्या] *स्त्री॰* १. पगडंडी। २. सड़क के दोनों ओर चलने का पैदल मार्ग।

अनुराग—[सं॰ अनु √रज + घञ्] *स्त्री॰* १. लालिमा। लाली। २. प्रेम। ३. आसक्ति। ४. भक्ति। (छन्द॰) एक समवर्णिक छन्द जिसके प्रत्येक चरण में क्रमशः नगण, २ जगण, नगण, तगण, जगण (न ज ज न त ज) के योग से १८ वर्ण होते हैं तथा ८-१० पर यति होती है। ∇ **विलोम**—विराग।

अनुराधना—[< सं॰ अनुराध] *क्रिअ॰* विनय/विनती करना। प्रार्थना करना।

अनुराधा—[सं॰ अनु √राध् + घञ् + टाप्] *स्त्री॰* अश्विनी आदि २७ नक्षत्रों में से सत्रहवाँ नक्षत्र। 'विशाखा' और 'ज्येष्ठा' के बीच का नक्षत्र।

अनुरूप—[सं॰ अनु + रूप] *वि॰* १. ठीक वैसे रूप वाला। सदृश। समान। २. योग्य। उपयुक्त। ३. अनुकूल।

अनरूपक—[सं॰ अनु + रूपक] *पु॰* १. वह वस्तु जो किसी के अनुरूप हो। किसी के अनुकरण पर बनी वस्तु। प्रतिमूर्ति। २. प्रतिमा। मूर्ति। ३. मिलती-जुलती वस्तु। ४. सदृश/समान वस्तु। *वि॰* अनुरूपतावाला। सादृश्य/समानता वाला। अनुरूप।

अनुरूपतः/अनुरूपशः—[सं॰ अनुरूप + तः/शः] *वि॰* अनरूपता से। सादृश्य से।

अनुरूपता—[सं॰ अनुरूप + तल् + टाप्] *स्त्री॰* १. अनुरूप होने का गुण/अवस्था/भाव। २. (किसी के) समान होना। समानता। सादृश्य। तुल्यता। ३. उपयुक्तता। ४. अनुकूलता।

अनुरेखण/अनुरेखन—[< सं॰ अनुलेखन, ल्→र्] पु॰ किसी चित्र/नक़्शा या आकृति के ऊपर पारदर्शी काग़ज़ रखकर पेंसिल द्वारा चित्र आदि की रूपरेखा उतारना। (अं॰ ट्रेसिंग) ✣ **अनुरेखित**—वि॰ = जिसका अनुरेखण किया गया हो।

अनुरोध—[सं॰ अनु √रुध् + घञ्] पु॰ (किसी बात के लिए) विनयपूर्ण आग्रह।

अनुर्वर—[सं॰ अन् + उर्वर] वि॰ १. अनुपजाऊ (भूमि)। बंजर। *जैसे*—अनुर्वर ज़मीन। २. बन्ध्य जीव। बाँझ प्राणी।

अनुलग्न—[सं॰ अनु + लग्न] वि॰ साथ में लगाया या जोड़ा गया। संलग्न। *जैसे*—पत्र के साथ अनुलग्न रसीद।

अनुलग्नक—[सं॰ अनुलग्न + कन्] पु॰ लिफ़ाफ़े में पत्र के साथ नत्थी किया हुआ या रखा हुआ पत्र/प्रलेख आदि। (अं॰ इन्क्लोज़र)

अनुलाप—[सं॰ अनु + लाप] पु॰ १. कही हुई बात का बार-बार कथन। पुनरुक्ति। २. घुमा-फिराकर एक बात को ही बार-बार कहना।

अनुलिखित—[सं॰ अनु + लिखित] वि॰ जो किसी लेख की ज्यों-की-त्यों उतारी या छापकर तैयार की गयी हो।

अनुलिपि—[सं॰ अनु + लिपि] १. किसी पत्र, सरकारी अथवा क़ानूनी दस्तावेज़ या बिल आदि की दूसरी प्रति जिसे मूल जैसी वैध स्थिति प्राप्त हो। दूसरी प्रति। (अं॰ डुप्लिकेट) २. किसी लेख/पत्र आदि की दूसरी प्रति। नक़ल। प्रतिलिपि। (अं॰ कॉपी) ३. किसी पांडुलिपि, मुद्रित वस्तु, चित्र आदि की यथावत् नक़ल। प्रतिकृति। अनुकृति। *जैसे*—अशोक के शिलालेखों की अनुलिपियाँ।

अनुलिपित्र—[सं॰ अनु + लिपित्र] पु॰ किसी लिखित या टंकित सामग्री की प्रतिलिपि करनेवाला यन्त्र। (अं॰ डुप्लिकेटर, डुप्लिकेटिंग मशीन)

अनुलेख—[< सं॰ अनु + लेख] पु॰ प्रतिलिपि। नक़ल।

अनुलेखन—[सं॰ अनु + लेखन] पु॰ १. प्रतिलिपि करना। प्रतिलिपिकरण। २. प्रतिलिपि/नक़ल का कार्य।

अनुलेप—[सं॰ अनु +लेप] पु॰ १. सुगन्धित लेप (उबटन आदि)। २. सुगन्धित वस्तुओं की मालिश।

अनुलोम—[सं॰ अनु + लोम] वि॰ १. ऊँचे से नीचे की ओर या बड़े से छोटे की ओर जानेवाला। २. क्रमबद्ध। ३. नियमित। पु॰ अवरोह। उतार। (संगीत॰) स्वरों का उतार। अवरोह। ∇ **विलोम**—प्रतिलोम। ✣ **अनुलोमज, अनुलोमजन्मा**—वि॰ =अनुलोम विवाह से उत्पन्न। वर्णसंकर। ✣ **अनुलोम विवाह**—वि॰ = ऊँचे वर्ण के पुरुष का नीचे वर्ण की कन्या से विवाह।

अनुल्लङ्घन (अनुल्लंघन)—[सं॰ अन् + उल्लङ्घन] पु॰ उल्लंघन का अभाव। उल्लंघन न करना।

अनुवंश—[सं॰ अनु + वंश] पु॰ १. किसी वंश का परम्परागत इतिहास। २. वंशवृक्ष। वंशतालिका।

अनुवंश्य—[सं॰ अनु + वंश्य] वि॰ १. वंशावली से सम्बन्धित। २. जो वंशावली में हो।

अनुवक्ता—[सं॰ अनु + वक्ता] पु॰ १. (किसी के) बाद में बोलनेवाला। २. किसी के बोलने के बाद उत्तरस्वरूप बोलनेवाला। उत्तर देनेवाला। ३. किसी का कथन दुहरानेवाला।

अनुवचन—[सं॰ अनु + वचन] पु॰ १. आवृत्ति। दुहराना। २. शिक्षण। ३. पाठ। ४. भाषण। ५. अध्याय।

अनुवत्सर—[सं॰ अनु + वत्सर] पु॰ (ज्योतिष॰) पाँच वर्षों के वैदिक युग का चौथा वर्ष। *क्रिवि॰* हर साल। प्रतिवर्ष।

अनुवर्तन—[सं॰ अनु + वर्तन] पु॰ १. अनुसरण। अनुगमन। २. आज्ञापालन। ३. परिणाम। (मनो॰) किसी उद्दीपन के स्रोत की ओर मुख करने या विमुख होने की स्वतन्त्र या बलात् होनेवाली, दिशा-परिवर्तन-क्रिया (जैसे—सूरजमुखी फूल का सूर्य की ओर घूमना)।

अनुवर्तिता—[सं॰ अनु + वर्तिता] स्त्री॰ अनुवर्ती होने का गुण/क्रिया/भाव।

अनुवर्ती—[सं॰ अनुवर्तिन्] वि॰ १. अनुसरण करनेवाला। अनुयायी। अनुगामी। *जैसे*—सन्त गोरखनाथ के अनुवर्ती योगी। २. किसी के बाद आनेवाला/होनेवाला या रखा जाने वाला। अगला। *जैसे*—अनुवर्ती वर्ष; अनुवर्ती काग़ज़। (प्रशा॰) किसी कार्य/घटना आदि के बाद उसके परिणाम-स्वरूप होनेवाला। *जैसे*—अनुवर्ती घटना; अनुवर्ती कार्रवाई। ✣ **अनुवर्ती कार्य**—पु॰ = अगला काम। ✣ **अनुवर्ती सरिता**—स्त्री॰ = (भूविज्ञान॰) वह सरिता जो किसी नयी उठी हुई सतह पर उत्पन्न होती है और उस के ढाल के अनुसार ही अपना मार्ग भी बनाती है।

अनुवश—[सं॰ अनु + वश] वि॰ १. जो दूसरे के वश में हो। परवश। २. अनुगत। अनुगामी। अनुयायी। ३. आज्ञाकारी। ✣ **अनुवशता**—स्त्री॰ = किसी के वश में रहने की अवस्था/भाव। वशीभूत होना। वशीभूतता।

अनुवा—[< सं॰ अनूप (=जल के समीप का)] पु॰ १. ताल के पास का वह स्थान जहाँ से खेत सींचने के लिए टोकरी आदि के द्वारा पानी ऊपर फेंकते हैं। २. कुएँ की जगत का वह भाग जहाँ खड़े होकर लोग पानी खींचते हैं। ३. (पानी निकालने के लिए) जमीन में खोदा गया गड्ढा।

अनुवाचन—[सं॰ अनु + वाचन] पु॰ १. 'अध्वर्यु' के आदेश के अनुसार 'होता' 'द्वारा' ऋचाओं का पाठ। २. पाठ कराना। पढ़वाना। ३. स्वयं पढ़ना। बाँचना।

अनुवाद—[सं॰ अनु + वाद] पु॰ किसी भाषा में लिखित/कथित बात का दूसरी भाषा में लेखन/कथन। भाषान्तर। उल्था। तर्जुमा।

अनुवाद अयुक्त—[सं॰] (काव्य॰) एक अर्थ-दोष। (वाक्य में) 'विधेय' के प्रतिकूल 'उद्देश्य' के कथन से होनेवाला काव्य-दोष।

अनुवादजीवी—[सं॰ अनुवाद ~ जीवी (जीविन्)] वि॰ १. जो अनुवादों के आधार पर जीवन या व्यवहार चलाता हो (मौलिक लेखन के आधार पर नहीं)। २. (पुस्तकों आदि के) अनुवादों पर निर्भर।

अनुवाद युग्मक शब्द—[स॰] *पु॰* (भाषा॰) दो शब्दों से बना वह समासयुक्त शब्द जिसमें उसके दोनों शब्द समानार्थक होते हैं (जैसे—लाज-शरम, हाट-बाज़ार, विवाह-शादी)।

अनुवादित—[स॰ अनुवाद + क्विप् + क्त] *पु॰* अनुवाद किया हुआ। अनूदित। भाषान्तरित।

अनुवादी—[स॰ अनुवादिन्] *पु॰* १. कथित बात को दुहरानेवाला। २. अनुवाद करनेवाला। अनुवादक। भाषान्तरकार। ३. दे॰ अनुवादी स्वर। ✣ **अनुवादी स्वर**—*पु॰* = (संगीत॰) वादी, संवादी और विवादी के अतिरिक्त स्वर। ***जैसे***—सा के अनुवादी स्वर हैं—रे, ग, ध, नि। २. वादी स्वर का अनुसरण करने वाला स्वर जो उससे तीसरा होता है।

अनुवास—[स॰ अनु √वस् + णिच् + घञ्] *पु॰* १. (वस्त्र आदि को) सुगन्धित वस्तुओं से सुगन्धित करना। सुवासित करना। बसाना। २. किसी द्रव (तेल आदि या औषधि)को पिचकारी से गुदा-मार्ग द्वारा अन्दर पहुँचाना। वस्ति-क्रिया करना। एनिमा (अ॰) देना। ३. वह पिचकारी जिससे उक्त वस्ति-क्रिया की जाती है।

अनुवासना—[< स॰ अनुवासन] *क्रिस॰* अनुवासन करना। ***जैसे***—पिचकारी द्वारा वस्ति को अनुवासना। एनिमा (अ॰) देना।

अनुविद्ध (अनुविद्ध)—[स॰ अनु + विद्ध] *वि॰* १. जिसमें छेद किया गया हो। बिंधा हुआ। छिद्रित। विद्ध। ***जैसे***—अनुविद्ध मोती। २. मिला हुआ। मिश्रित। युक्त। ३. फैला हुआ। व्याप्त। ओत-प्रोत। ४. जड़ा हुआ। जटिल। ***जैसे***—अनुविद्ध रत्न।

अनुवीचि—[< स॰ अनु + वीचि] *स्त्री॰* (किसी लहर के) बाद में उठनेवाली लहर। ✣ **अनुवीचि भाषण**—*पु॰* = (जैन॰) विचारपूर्वक बोलना।

अनुवृत्ति—[स॰ अनु + वृत्ति] *स्त्री॰* १. आवृत्ति। दुहराना। २. अनुसरण। ३. आज्ञापालन। ४. स्वीकृति। ५. समर्थन। ६. निरन्तरता। सातत्य। ७. वाक्यार्थ स्पष्ट करने के लिए पहले के कथन का कुछ अंश लेना। ***जैसे***—'मैंने भी भोजन कर लिया और तुमने भी' वाक्य में 'तुमने भी' के साथ 'भोजन कर लिया' की अनुवृत्ति होती है। (व्या॰) पाणिनीय सूत्रों में पहले के सूत्रों से कुछ या पूरा अंश अगले सूत्रों में अर्थ की पूर्ति के लिए लिया जाना।

अनुवृद्धि (अनुवृद्धि)—[स॰ अनु + वृद्धि] *स्त्री॰* १. जोड़ा जाना। मिलाया जाना। २. जोड़ने/मिलाने से हुई वृद्धि। *स्त्री॰* (प्रलेखों और पुस्तकों का) पुस्तकालय में मिलाया/बढ़ाया जाना। परिगृहीति। (अ॰ ऐक्सेशन) ✣ **अनुवृद्धि (अनुवृद्धि)-विभाग**—*पु॰* = वह विभाग या अनुभाग जो पुस्तकालय में प्राप्त प्रलेखों और पुस्तकों का कालानुक्रम से विवरण रखता है। परिग्रहण-विभाग।

अनुवेश/अनुवेशन—[< स॰ अनु +वेश/वेशन] *पु॰* १. बाद में प्रवेश करना। २. बड़े भाई के अविवाहित रहते छोटे भाई का विवाह।

अनुव्रजन—[स॰ अनु + व्रजन] *पु॰* १. (किसी के) पीछे-पीछे कुछ दूर तक जाना। २. अतिथियों को विदा के समय, कुछ दूर तक उनके पीछे-पीछे जाना।

अनुशंसा—[स॰ अनु + शंसा] *स्त्री॰* प्रशंसा। सराहना। (काव्य॰) किसी साहित्यिक रचना के रसास्वादन के आधार पर उसकी सराहना/प्रशंसा करनेवाली तथा उसका गुण-विवेचन और समर्थन करनेवाली समीक्षा। ✣ **अनुशंसित**—*वि॰* = जिसकी अनुशंसा की गयी हो।

अनुशय—[स॰ अनु + शय] १. पश्चात्ताप। २. दुःख। ३. क्षोभ। ४. घोर शत्रुता।

अनुशयाना—[स॰ अनु √शी + शानच् + टाप्] *स्त्री॰* (काव्य॰) परकीया नायिका का एक भेद। प्रिय-मिलन के लिए बनाया हुआ संकेत-स्थल नष्ट होने पर पश्चात्ताप करनेवाली नायिका।

अनुशस्त्र—[स॰ अनु + शस्त्र] *पु॰* (आयुर्वेद॰) शल्यक्रिया में शस्त्रों के अभाव में या सहायक रूप में प्रयुक्त उपकरण या वस्तुएँ (जैसे—बाँस, स्फटिक आदि)।

अनुशासन—[स॰ अनु + शासन] १. उपदेश। शिक्षा। २. आज्ञा। आदेश। ३. व्याख्यान। विवरण। ● **विशेष**—महाभारत के १८ पर्वों में से एक का नाम '**अनुशासन पर्व**' है।

अनुशासनिक—[स॰ अनु + शासनिक] *वि॰* १. अनुशासन-सम्बन्धी। २. जो अनुशासन के रूप में हो।

अनुशिथिलन—[स॰ अनु + शिथिलन] *पु॰* (चिकित्सा॰) निलय और हृदय की गुहाओं का लयबद्ध फैलाव जिससे वे रुधिर से भर जाएँ। हृदय पेशी की विश्राम अवस्था। विस्तारण या प्रसारण की अवस्था। (अ॰ डायस्टोल) ● **विशेष**—अनुशिथिलन के पश्चात् हृदयपेशी की अवस्था '**प्रकुंचन**' (अ॰ सिस्टोल) कहलाती है।

अनुशीलन—[स॰ अनु + शीलन] *पु॰* १. सतत तथा गम्भीर अभ्यास। २. नियमित अध्ययन। ३. किसी विषय का सर्वांगीण चिन्तन-मनन।

अनुशीलित—[स॰ अनु √शील् + क्त] *वि॰* जिसका अनुशीलन किया गया हो।

अनुशोक/अनुशोच—[स॰ अनु √शुच् + घञ्/ल्युट्] *पु॰* १. पश्चात्ताप। पछतावा। २. शोक। ३. दुःख। ४. क्षोभ। ● **विशेष**—पश्चात्ताप करनेवाला '**अनुशोचक**' या '**अनुशोची**' कहा जाता है। 'अनुशोचन' को 'अनुशोचना' (*स्त्री॰*) भी कहा जाता है।

अनुश्रवण—[स॰ अनु + श्रवण] *पु॰* १. देख-रेख/निगरानी के लिए सुनना। २. सरकारी टेलीफ़ोन के दुरुपयोग का पता लगाने के लिए सुनना। (अ॰ मॉनीटरिंग)

अनुश्रुत—[स॰ अनु + श्रुत] *वि॰* परम्परा से सुना गया या प्राप्त (ज्ञान/बात/कहानी आदि)। ***जैसे***—अनुश्रुत घटना; अनुश्रुत कथा। १. जिसका अनुश्रवण हुआ हो।

अनुश्रुति—[स॰ अनु + श्रुति] *स्त्री॰* परम्परा से सुनी-सुनायी जा रही बात। ● **विशेष**—अनुश्रुति एक प्रकार का प्रमाण होती है।

अनुश्रोता—[स॰ अनु + श्रोता] पु॰ १. अनुश्रवण करनेवाला। २. सरकारी टेलीफ़ोन के दुरुपयोग की सूचना देनेवाला अधिकारी। (अ॰ मॉनीटर)

अनुषङ्ग (अनुषंग)—[सं॰ अनु √सञ्ज् + घञ्] *पु॰* १. अति निकट सम्बन्ध। २. बहुत समीप विद्यमान होना। ३. सम्बन्ध। मेल। लगाव। ४. (मुख्य कार्य/उद्योग में) सहायक। *वि॰* १. गौण। अप्रधान। आनुषंगिक। २. आकस्मिक। अप्रत्याशित। प्रारम्भिक। ***जैसे***—अनुषंग घटना। ३. वह जिसका होना किसी अन्य बात/घटना पर आश्रित हो।

अनुष्टुप—[सं॰ अनु √स्तुम्भ् + क्विप्, स्→ष्,भ→प] *पु॰* (छन्द॰) संस्कृत का एक समवर्णिक छन्द जिसके प्रत्येक चरण में ८ वर्ण होते हैं, चारों चरणों में पाँचवाँ वर्ण लघु होता है तथा छठा वर्ण गुरु होता है और दूसरे तथा चौथे चरणों में सातवाँ वर्ण भी लघु होता है। श्लोक।

अनुष्ठाता—[सं॰ अनुष्ठातृ] *पु॰* १. अनुष्ठान करनेवाला। २. (कार्य का) आरम्भ करनेवाला। आरम्भकर्ता।

अनुष्ठान—[सं॰ अनु √स्था + ल्युट्] *पु॰* १. कार्य का आरम्भ। २. शास्त्र में बताए गए किसी धार्मिक कृत्य को नियमपूर्वक करना। ३. मन्त्र-सिद्धि के उद्देश्य से किसी मन्त्र का विशिष्ट संख्या में जप/पुरश्चरण।

अनुष्ठित—[सं॰ अनु √स्था + क्त] *वि॰* १. अनुष्ठान के रूप में किया हुआ या आरम्भ किया हुआ। २. जिसे करने का संकल्प/निश्चय किया गया हो।

अनुष्ण—[सं॰ अन् + उष्ण] *वि॰* जो उष्ण/गर्म न हो। ठंडा।

अनुसन्तति (अनुसंतति)—[सं॰ अनु + सन्तति] *वि॰* सन्तान के अनुरूप/अनुसार। ✣ **अनुसन्तति सम्बोधन**— *पु॰* = (समाज॰) एक परिपाटी जिसमें वयस्क व्यक्तियों को उनके नाम से न पुकार कर, उनकी सन्तान के नाम से पुकारा जाता है (जैसे—'रमेश की माँ', 'सरोज के पिता')।

अनुसन्धान (अनुसंधान)—[सं॰ अनु + सन्धान] *पु॰* १. अन्वेषण। गवेषणा। खोज। २. वस्तुस्थिति का पता लगाना। छानबीन। ३. किसी विषय/समस्या का मौलिक, आलोचनात्मक और विधिवत् खोजपूर्ण अध्ययन। (अं॰ रिसर्च) ● **विशेष**—उक्त खोजपूर्ण अध्ययन या 'अनुसन्धान' में सम्बद्ध नए तथ्यों की खोज या पुराने तथ्यों का नया निरूपण होता है।

अनुसन्धायक (अनुसंधायक)—[सं॰ अनु + सम् + धायक] *पु॰* अनुसन्धानी।

अनुसन्धि (अनुसंधि)—[सं॰ अनु + सन्धि] *स्त्री॰* १. गुप्त मन्त्रणा। गुप्त परामर्श। २. गुप्त योजना।

अनुसन्धित्सु (अनुसंधित्सु)—[सं॰ अनु + सन्धित्सु] *वि॰* १. अनुसन्धान करने का इच्छुक। २. अनुसन्धान करने में प्रयत्नशील।

अनुसमर्थन—[सं॰ अनु + समर्थन] *पु॰* १. पुष्टीकरण। पुष्टि। तसदीक़। २. (अपने प्रतिनिधि द्वारा किए गए) समझौते/संविदा/सन्धि की पुष्टि। ***जैसे***—अनुसमर्थन प्राधिकारी।

अनुसरण—[सं॰ अनु √सृ + ल्युट्] *पु॰* १. (किसी के) पीछे-पीछे चलना। अनुगमन। २. (किसी की) आज्ञा के अनुसार कार्य करना। ३. (किसी के) अनुकूल आचरण। ४. अनुकरण। नक़ल। ५. किसी परम्परा/रूढ़ि/प्रथा आदि के अनुसार कार्य करना। ६. किसी सम्प्रदाय/पन्थ आदि के सिद्धान्तों, नियमों और निर्देशों का पालन।

अनुसर्ता—[सं॰ अनुसर्तृ] *पु॰* १. अनुसरण करनेवाला व्यक्ति। २. अनुगामी व्यक्ति। ३. आज्ञापालन करनेवाला व्यक्ति।

***अनुसरना**—[< सं॰ अनुसरण] *क्रिस॰* १. अनुसरण करना। २. किसी के पीछे-पीछे चलना। अनुगमन करना। ३. किसी के अनुकूल आचरण करना। ४. किसी की आज्ञा/आदेश आदि का पालन करना। ५. किसी सम्प्रदाय/पन्थ/सिद्धान्त आदि या अपने नियम/निश्चय के अनुसार कार्य करना।

अनुसर्ग—[सं॰ अनु + सर्ग] *पु॰* (शब्द के बाद आने वाले) सम्बन्धवाचक अव्यय। परसर्ग (जैसे—में, पर, का, को, से)। ● **विशेष**—'अनुसर्ग' शब्द कम प्रचलित है, '**परसर्ग**' ही अधिक प्रचलित शब्द है।

अनुसार—[सं॰ अनु + सार] *वि॰* १. जो किसी के अनुसरण पर हो। २. अनुरूप। मुताबिक़। ***जैसे***—आपके विचार के अनुसार कार्य करूँगा। ३. अनुकूल। *पु॰* अनुसरण। *क्रिवि॰* १. प्रस्तुत वस्तु/व्यक्ति आदि के समान ही। किसी की तरह से। २. किसी के कथन/मत आदि के रूप में। ***जैसे***—हमारे धर्म के अनुसार अहिंसा परम धर्म है; आपके अनुसार तो धन ही सबसे अधिक महत्त्वपूर्ण है।

अनुसारता—[सं॰ अनुसार + तल् + टाप्] *स्त्री॰* १. अनुसार होने की अवस्था/भाव। अनुरूपता। २. अनुकरण। नक़ल। ***जैसे***—हर बात में विदेशियों की अनुसारता हीनभाव के कारण होती है।

अनुसारिता—[सं॰ अनुसारिन् + तल् + टाप्] *स्त्री॰* अनुसारी होने की अवस्था/भाव।

अनुसारी—[सं॰ अनुसारिन्] *वि॰* १. अनुसरण करनेवाला। २. अनुरूप। ***जैसे***—अवसर का अनुसारी उपदेश। *क्रिस॰* 'अनुसारना' क्रिया का एक भूतकालिक रूप।

अनुसाल—[< सं॰ अनु + हिं॰ सालना] *पु॰* मन की कसक। मानसिक वेदना/व्यथा/पीड़ा।

अनुसूचक—[सं॰ अनु + सूचक] *वि॰* सूचना/संकेत देने वाला।

अनुसूचित—[सं॰ अनु + सूचित] *वि॰* जिसका अनुसूची में उल्लेख किया गया हो। (अं॰ शेड्यूल्ड) ✣ **अनुसूचित जाति**— *स्त्री॰* = भारतीय संविधान में (धारा ३४१, ३४२ के अन्तर्गत उल्लिखित प्रयोजनों के लिए) परिशिष्ट रूप में संलग्न सूची में परिगणित जातियाँ और प्रजातियाँ तथा उनमें से प्रत्येक। ✣ **अनुसूचित बैङ्क (बैंक)**— *पु॰* = पाँच लाख या उससे अधिक की प्रारम्भिक पूँजी वाले वे बैंक जिन्हें 'रिज़र्व बैंक अधिनियम' की दूसरी सूची (अवान्तर) में सम्मिलित किया गया है।

अनुसूची—[सं॰ अनु + सूची] *स्त्री॰* (अभिलेख आदि के) अन्त में दी गयी सूची। (अं॰ शेड्यूल)

अनुसृत—[सं॰ अनु √सृ + क्त] *वि॰* जिसका अनुसरण किया गया हो।

अनुसृति—[स॰ अनु √सृ + क्तिन्] *स्त्री॰* पीछे-पीछे जाना। अनुसरण।

अनुसेचन—[स॰ अनु √सिच् + ल्युट्] *पु॰* १. जल से बार-बार सींचना। २. बार-बार जल छिड़कना। बार-बार जल से तर करना।

अनुसेवा—[स॰ अनु + सेवा] *स्त्री॰* १. (किसी उद्देश्य/प्रयोजन को पूरा करने में) साधन के रूप में उपयोगिता। साधनभूत होना। साधनमात्र होना। २. अधीनता। मातहती। (अ॰ सब्-सर्विअन्स)

***अनुसोचना**—[< स॰ + अनुशोचन] *स्त्री॰* १. दुःख/शोक/खेद या चिन्ता। २. बार-बार विचार करना।

अनुस्मरण—[स॰ अनु + स्मरण] *पु॰* १. बीती घटनाओं/अनुभवों का स्मरण। स्मृति। याद। २. स्मरणशक्ति। याददाश्त। ३. बार-बार स्मरण। ४. पूर्वावस्था या पूर्वजन्म की घटनाओं का स्मरण। (मनो॰) बीती घटनाओं का अवसरानुकूल स्मरण और उनकी अभिव्यक्ति कर सकना।

अनुस्मारक—[स॰ अनु + स्मारक] *पु॰* १. याद दिलाने वाली वस्तु/व्यक्ति/बात। २. स्मरण कराने के लिए लिखा गया पत्र। (अ॰ रिमाइन्डर)

अनुस्मृति—[स॰ अनु + स्मृति] *स्त्री॰* १. बीती घटनाओं/अनुभवों की स्मृति। अनुस्मरण। याद। २. बार-बार स्मृति। ३. पूर्वावस्था या पूर्वजन्म की घटनाओं का स्मरण। ४. एक ही वस्तु का बार-बार ध्यान या चिन्तन। ५. वह स्मृति जो प्रिय हो। मधुर स्मृति।

अनुस्यूत—[स॰ अनु √सिव् + क्त] *वि॰* १. पिरोया/गूँथा हुआ। ग्रथित। २. सिला/बुना/बँधा हुआ। ३. बहुत अधिक मिला हुआ।

अनुस्वार—[स॰ अनु √स्वृ + घञ्] *पु॰* १. किसी स्वर के बाद बोला जानेवाला अनुनासिक वर्ण। २. (देवनागरी लिपि में) उक्त वर्ण का सूचक चिह्न। (शिरोरेखा के ऊपर लगी) स्वर के ऊपर की बिन्दी (ं)। ***जैसे***— 'कंस' में 'क' के 'अ' के ऊपर अनुस्वार लगा है।

अनुहरण—[स॰ अनु √हृ + ल्युट्] *पु॰* १. अनुकरण। नक़ल। २. समानता। सादृश्य। ३. अनुरूपता।

अनुहरना—[< स॰ अनुहरण] *क्रिस॰* १. अनुसरण करना। २. अनुकरण करना। नक़ल करना। ३. अनुरूप शोभा देना। समान प्रतीत होना। समान/अनुरूप लगना। ४. उपयुक्त/अनुकूल होना।

अनुहार—[स॰ अनु √हृ + घञ्] *स्त्री॰* १. अनुकरण/ नक़ल। २. समानता। सादृश्य। ३. अनुरूपता। ४. आकृति। रूपाकृति। ५. मुखाकृति। ६. प्रकार। भेद। ***जैसे***—मुग्धा नायिका की चार अनुहार हैं। ७. प्रतिकृति। ८. रचना। बनावट। *वि॰* १. समान। सदृश। तुल्य। ***जैसे***—सूर्य के अनुहार तेजस्वी। २. अनुरूप। ***जैसे***—समय के अनुहार बोलना। *क्रिवि॰* समान। सदृश।

अनुहारना—[< स॰ अनुहार] *क्रिस॰* १. समान/सदृश करना अथवा समानता/सादृश्य करना। २. (किसी से) उपमा देना। ***जैसे***—भीम को यमराज से अनुहारना।

अनुहारी[1]—[< स॰ अनुहारिन्] *वि॰* १. अनुहारक। (दे॰) २. किसी के अनुकरण पर बना। किसी के अनुरूप रचित। *वि॰ (स्त्री॰)* १. अनुकरण करनेवाली। २. अनुकरण।

***अनुहारी**[2]—[< स॰ अनुहार] *वि॰ (स्त्री॰)* १. समान। सदृश। तुल्य। २. अनुरूप लगनेवाली। उपयुक्त। योग्य। *स्त्री॰* (किसी के) समान आकृति। प्रतिकृति। क्रिवि॰ अनुसार।

अनुहार्य—[स॰ अनु √हृ + ण्यत्] *वि॰* १. जिसका अनुकरण हो सकता हो। २. अनुकरणीय। ३. जिसका अनुकरण किया जाना हो।

***अनूजरा**—[< स॰ अनूज्ज्वल] *वि॰* जो उजला न हो। अनुज्ज्वल। मैला।

अनूठा—[< स॰ अनुत्थ] *वि॰* १. विलक्षण। आश्यर्चजनक। अनोखा। २. उत्तम। बढ़िया। ३. असाधारण। अनुपम। अद्वितीय। ✣ **अनूठापन**—*पु॰* = १. विलक्षणता। अनोखापन। २. अनुपमता। असाधारणता। ✣ **अनूठी**—*वि॰ (स्त्री॰)* १. अनोखी। ***जैसे***—अनूठी कहानी। २. उत्तम। बढ़िया। ***जैसे***—अनूठी शोभा। ३. अनुपम। असाधारण। ***जैसे***—अनूठी सफलता।

अनूढ—[स॰ अन् √वह् + क्त] *वि॰* १. न ढोया हुआ। २. अविवाहित (पुरुष)। ✣ **अनूढक**—*पु॰* = (भूविज्ञान॰) शैलों के अपने स्थान पर ही होनेवाले विघटन से बने पदार्थों का संचय।

अनूढा—[स॰ अनूढ + टाप्] *स्त्री॰* अविवाहिता स्त्री। कुमारी। (काव्य॰) परकीया नायिका का एक भेद। अविवाहित कन्या जो किसी से प्रेम करती हो।

***अनूतर**—*वि॰* ≤ *स॰* अनुत्तर। निरुत्तर। मौन। ✣ **अनूतरी**—*वि॰* (स्त्री॰) = १. (वह बात) जिसका उत्तर न दिया जा सके। २. जिसका कोई उत्तर न हो। ३. अप्रतिम। अनुपम।

अनूदन—[स॰ अनु √विद् + ल्युट्] *पु॰* अनुवाद/तर्जुमा करना। उल्था करना।

अनून—[स॰ अन् + ऊन] *वि॰* १. जो कम/हीन/घटिया न हो। २. अधिक। ३. सम्पूर्ण। समग्र। पूरा। सारा।

अनूप[1]—[< स॰ अनुपम] १. उपमा-रहित। अनुपम। बेजोड़। २. अद्वितीय। निराला। अनोखा। अनूठा। ३. बहुत सुन्दर।

अनूप[2]—[स॰ अनु + अप् + अच्, आ→ऊ] *वि॰* १. जल के समीप का। २. जल की अधिकता वाला। ३. दलदल वाला। दलदली। *पु॰* १. अधिक जल वाला स्थान। २. दलदल। ३. तालाब। ४. (नदी आदि का) तट। किनारा। ✣ **अनूपग्राम**—*पु॰* = नदी के तट पर बसा हुआ ग्राम। ✣ **अनूप नराच**—*पु॰* = (छन्द॰) पंचचामर छन्द का एक भेद जिसके प्रत्येक चरण में क्रमशः जगण, रगण, जगण, रगण, जगण, गुरु (ज,र,ज,र,ज,ग) के योग से १६ वर्ण होते हैं।

अनूरु—[स॰ अन् + ऊरु] *वि॰* १. जिसकी जंघा न हो। बिना जाँघों वाला। जंघारहित। ***जैसे***—सूर्य का सारथि अरुण अनूरु है। २. जिसकी जंघाएँ बेकार हों या बेकार कर दी गयी हों। *पु॰* १. सूर्य

का सारथि। अरुण। २. अरुणोदय। उषा-काल। भोर। तड़का। ✣ **अनूरुसारथि**— *वि॰* = जिसका सारथि जंघारहित हो। *पु॰* सूर्य।

अनूर्जित—[स॰ अन् + ऊर्जित] *वि॰* ऊर्जा-रहित। सामर्थ्यहीन। अशक्त। निर्बल।

अनूर्ध्व—[स॰ अन् + ऊर्ध्व] *वि॰* जो ऊँचा न हो। नीचा।

अनूर्मि—[स॰ अन् + ऊर्मि] *वि॰* जिसमें लहरें न उठती हों। तरंगहीन।

अनूह—[स॰ अन् + ऊह] *वि॰* १. जिसके विषय में तर्क-वितर्क न किया जा सके। अतर्क्य। २. चेष्टा-रहित। निश्चेष्ट। ३. विचारहीन। ४. असावधान।

अनृजु—[स॰ अन् + ऋजु] १. जो ऋजु/सीधा न हो। कुटिल। टेढ़ा। २. दुष्ट। बेईमान।

अनृण/अनृणी—[स॰ अन् + ऋण/ऋणिन्] *वि॰* जो ऋणी/क़र्ज़दार न हो।

अनृत—[स॰ अन् +ऋत] *वि॰* असत्य। झूठ। *पु॰* असत्य। झूठ। ✣ **अनृतवादी**— *वि॰* = झूठ बोलनेवाला। असत्यवादी। झूठा। ✣ **अनृती**— *पु॰* = झूठ बोलनेवाला व्यक्ति। झूठा व्यक्ति।

अनृतु—[स॰ अन् + ऋतु] *स्त्री॰* १. उचित ऋतु का अभाव। २. अनुपयुक्त समय। असमय। *वि॰* जो ऋतु के अनुसार न हो। बेमौसम। ***जैसे***—अनृतु वर्षा। *वि॰,* (*स्त्री॰*) (वह कन्या) जो अभी रजस्वला न हुई हो।

अनेक—[स॰ अन् + एक] *वि॰* १. एक नहीं। एक से अधिक। कई। ***जैसे***—वह एक बार नहीं, अनेक बार यहाँ आया। २. (संख्या में) बहुत। ***जैसे***—अनेक शिकायतें। ३. भिन्न-भिन्न। विविध। ***जैसे***—अनेक प्रकार की प्रथाएँ। ● **विशेष**—'अनेक' बहुवचन है, फिर भी उसका बहुवचन **'अनेकों'** भी वैसे ही प्रचलित और मान्य है जैसे 'कई' का 'कइयों'। ✣ **अनेकचित्त**— *वि॰* = जो एकाग्रचित्त न हो। जिसका मन चंचल हो। ∇ **विलोम**— एकता। ✣ **अनेकत्र**— *क्रिवि॰* = अनेक स्थानों पर। कई जगह। ✣ **अनेकधा**— *क्रिवि॰* = कई प्रकार से। विविधत:। ***जैसे***—वेदों में परमात्मा का अनेकधा वर्णन है। ✣ **अनेकमुख**— *वि॰* = १. जिसके कई मुख हों। २. अनेक प्रकार की प्रवृत्तियों वाला। ✣ **अनेकरूप**— *वि॰* = १. कई रूपों वाला। ***जैसे***—प्रकृति अनेकरूप है। २. परिवर्तनशील। अस्थिर। *पु॰* परमात्मा। ✣ **अनेकरूप**— *वि॰* = १. जिसके अनेक रूप हों। कई रूपों वाला। २. अस्थिर। Δ **पर्याय**—अनेकाकार/बहुरूप। ✣ **अनेकविध**— *वि॰* = कई प्रकार का। विविध। ✣ **अनेकशः**— *क्रिवि॰* = १. कई बार। बहुधा। २. अनेक प्रकार से। कई तरह से।

अनेकाकी—[स॰ अन् + एकाकी (एकाकिन्)] जो एकाकी/अकेला न हो। जिसके साथ कोई व्यक्ति हो या अनेक व्यक्ति हो।

अनेकाक्षर—[स॰ अनेक ~ अक्षर] *वि॰* अनेक अक्षरों वाला (शब्द)।

अनेकाग्र—[स॰ अनेक ~ अग्र] *वि॰* जो एकाग्र न हो। अनेक कामों में लगा हुआ।

अनेकाङ्गी (अनेकांगी)—[स॰ अनेकाङ्गिन्] *पु॰* १. बहुत अंगों वाला। २. कई खंडों/भागों वाला।

अनेकात्मक—[स॰ अनेक ~ आत्मक] १. जो एकात्मक न हो। २. अनेक रूपों वाला। बहुरूप। ✣ **अनेकात्मकता**— *स्त्री॰* = अनेकता। बहुरूपता।

अनेकानेक—[स॰ अनेक ~ अनेक] *वि॰* १. कई। २. विविध। ३. बहुत अधिक।

अनेकान्त (अनेकांत)—[स॰ अन् + एक ~ अन्त] *वि॰* १. जो एक रूपवाला नहीं होता या जो एक प्रकार से ही विचारा नहीं जाता। २. अनिश्चित। (जैन॰) एक पदार्थ में पदार्थत्व की निष्पादक परस्पर विरुद्ध दो शक्तियों का प्रकाशित होना। एक ही स्थान पर परस्पर विरुद्ध अनेक धर्मों के स्वरूप का निश्चय करने की क्रिया। ✣ **अनेकान्तवाद**— *पु॰* (जैन॰) = १. स्याद्वाद। (दे॰) २. जैन दर्शन। ✣ **अनेकान्तवादी**— *पु॰* = १. अनेकान्तवाद का अनुयायी। समर्थक। स्याद्वादी। २. जैन।

अनेकाश्रय—[स॰ अनेका ~ आश्रय] *वि॰* अनेक लोगों के आश्रय में रहनेवाला। ∇ **विलोम**—एकाश्रय।

अनेकेश्वरवाद—[स॰ अनेक ~ ईश्वर ~ वाद] *पु॰* एक ईश्वर को मानने के स्थान पर अनेक ईश्वर या स्वतन्त्र देवी-देवता मानने का मत। ∇ **विलोम**—एकेश्वरवाद।

अनेग—[स॰ अ + हि॰ नेग] *वि॰* बिना नेग का। जिसमें नेग का लेन-देन न हो।

***अनेरा**[१]**/अनेरो**—[< स॰ अ + हि॰ नेर (निकट)] *क्रिवि॰* दूर-दूर। २. विचित्र। विलक्षण। ३. उत्पाती।

***अनेरा**[२]**/अनेरो**[२]—[< स॰ अनृत] *वि॰* १. झूठ। २. झूठा। ३. अन्यायी। दुष्ट। ४. कटु।

अनेह[१]—[< स॰ अस्नेह] *पु॰* १. स्नेह का अभाव। प्रेम न होना। अप्रीति। २. विरक्ति। *वि॰* १. जिसके प्रति प्रेम न हो। २. जिसे प्रेम न हो।

अनेह[२]**/अनेहा**—[< स॰ अनेहस्] *पु॰* समय। काल।

अनेही—[< हि॰ अनेह] *वि॰* १. स्नेह/प्रेम न करनेवाला। २. विरक्त। ३. रूखा।

***अनै**[१]—[< स॰ अनय] *पु॰* १. अनय। अनीति। २. उपद्रव। उत्पात।

***अनै**[२]— *वि॰* ≤ *स॰* अन्य।

अनैक्य—[स॰ अन् + ऐक्य] *पु॰* १. एकता का अभाव। २. अनेकता। बहुत्व। ३. आपसी फूट। मतभेद।

अनैच्छिक—[स॰ अन् + ऐच्छिक] *वि॰* १. जो अपनी इच्छा से न किया गया हो। २. जो संकल्प/इच्छा से न किया जाए। अपने आप होनेवाला। (अ॰ इन्-वालन्टरि) ∇ **विलोम**—ऐच्छिक।

अनैतिह्य (अनैतिह्य)—[स॰ अन् + ऐतिह्य] *पु॰* परम्परा-प्राप्त प्रमाण का अभाव। ऐतिह्य का न होना।

अनैसना—[< हि॰ अनैस] *क्रिअ॰* १. अप्रसन्न होना। बुरा मानना। २. रूठना।

***अनैसा**—[< हि॰ अनैस] *वि॰* १. अनुचित। बुरा। २. अयोग्य।

३. प्रतिकूल। ✣ **अनैसी**—*वि॰ (स्त्री॰)*= १. अनुचित। बुरी। २. अयोग्य। ३. प्रतिकूल। ४. विचित्र। ✣ **अनैसे**—*क्रिवि॰* = १. अनिच्छापूर्वक। २. बुरे भाव से।

***अनैहा**—[< हि॰ अनैस] *पु॰* १. उत्पात। उपद्रव। २. दुष्टता। उद्दण्डता।

अनोखा—[< स॰ अनपेक्ष्य] *वि॰* १. (व्यवहार आदि) जो अपेक्षित न हो। अनपेक्ष्य। ***जैसे***—अनोखा अतिथि-सत्कार। २. (वस्तु/घटना आदि) जिसे या जिसके समान पहले कभी देखा न हो। अपूर्व। ३. अद्‌भुत। विलक्षण। आश्चर्यजनक। ***जैसे***—आप अनोखे व्यक्ति हैं जो 'महाभारत' को सामान्य ग्रन्थ बता रहे हैं। ***वा॰* अनोखा गुल खिलना**—१. विचित्र समाचार फैलना। २. विचित्र घटना होना। ✣ **अनोखापन**—*पु॰* = १. अनपेक्ष्यता। २. विलक्षणता।

***अनोट/अनौट**—[< हि॰ अनवट] *पु॰* पैर के अँगूठे में पहनने का छल्ला। अनवट।

***अनोदक**—[< स॰ अन्नोदक] *पु॰* अन्न और जल।

अनोष्ठता—[स॰ अन् + ओष्ठता] *स्त्री॰* ओठों का अभाव।

***अनौधि**—[< स॰ अनवधि] *क्रिवि॰* बिना देर किए। शीघ्र। तत्काल। तुरन्त।

अनौपचारिक—[स॰ अन् + औपचारिक] *वि॰* जो औपचारिक न हो। ∇ **विलोम**—औपचारिक।

अनौरस—[स॰ अन् + औरस] *वि॰* १. जो अपनी विवाहिता पत्नी से उत्पन्न न हुआ हो। जो औरस (सन्तान) न हो। २. अवैध या गोद लिया हुआ (पुत्र/पुत्री)।

अन्जुमन (अंजुमन)—[फा॰] *स्त्री॰* १. संस्था। समिति। २. गोष्ठी। सभा। महफ़िल।

अन्त[१] (अंत[१])—[स॰ √अम् + तन्] *पु॰* १. सिरा। छोर। ***जैसे***—रस्सी का अन्त। २. सीमा। मर्यादा। ***जैसे***—यहाँ पर गाँव का अन्त है। ३. समाप्ति। इति ***जैसे***—परीक्षा का अन्त। ४. मृत्यु। मरण। ***जैसे***—अन्त समीप होने पर केवल परमात्मा का ध्यान करो। ५. नाश। ***जैसे***—मुग़ल शासन का अन्त। ६. परिणाम। फल। नतीजा। **उदा॰** अन्त भला सो भला। —लोकोक्ति ७. (समासयुक्त पद के अन्त में) अन्तिम भाग। ***जैसे***—दिनान्त, निशान्त। (व्या॰) किसी शब्द का अन्तिम अक्षर या अंश। ***जैसे***—'राम' शब्द का अन्त अकार है और 'जगत्' शब्द का अन्त तकार है। *क्रिवि॰* आख़िर में। आख़िरकार। ∇ **विलोम**—आदि/आरम्भ। ***वा॰* अन्त करना**—१. समाप्त करना। २. रुष्ट करना। ३. (किसी बात की) अति कर देना। **अन्त की बेर, अन्त के काल**—मृत्यु-वेला में। मरते समय। **अन्त न पाना**—१. पूरी तरह से न समझ पाना। २. ठीक तरह से न समझ पाना। ३. पूरी गहराई तक न पहुँच पाना। **अन्त पाना**—१. रहस्य जान लेना। भेद पाना। २. मन की बात जान लेना। ३. पूरी गहराई तक पहुँच जाना। **अन्त बनना**—१. किसी काम के अन्तिम भाग का अच्छा होना। २. मरने के बाद स्वर्ग या अच्छी गति मिलना। परलोक बनना। **अन्त बनाना**—परलोक सँवारना। **अन्त बिगड़ना**—१. किसी काम के अन्तिम भाग का बुरा होना। २. परलोक बिगड़ना। **अन्त सुधारना**—मृतक का संस्कार विधिवत् होना।

अन्त[२] (अंत[२])—[< स॰ अन्तस्] *पु॰* १. अन्तःकरण। हृदय। मन। २. (लाक्षणिक) रहस्य। भेद। ***जैसे***—तुम्हारा अन्त कोई नहीं पा सकता। ***वा॰* (किसी का) अन्त पाना/लेना**—किसी के मन की बात या किसी रहस्य का पता लगाना।

अन्तः (अंतः)—[स॰ अन्तर्] *उपसर्ग* १. मध्य में। २. अन्दर। में। ● **विशेष**—'अन्तः' वास्तव में 'अन्तर्' उपसर्ग का ही सन्धि-नियमों के अनुसार एक रूप है। 'अन्तः' का स्वतन्त्र प्रयोग प्रायः नहीं होता। ✣ **अन्तःकथा (अंतःकथा)**—*स्त्री॰* = किसी कथा में संकेतित या वर्णित कोई प्रासंगिक कथा/घटना आदि। किसी बड़ी कथा में आयी हुई कोई छोटी कथा। ***जैसे***—मानस में शिव-पार्वती-विवाह की कथा एक रोचक अन्तःकथा है। ✣ **अन्तःकरण**—*पु॰* १. (शरीर में) विचार और अनुभव का स्थान। भले-बुरे का विवेक तथा अनुभव करनेवाला आन्तरिक कारण/साधन। २. हृदय। मन। चित्त। (योग॰) चित्त। (सांख्य॰) मन, बुद्धि और अहंकार का सामूहिक नाम अथवा उनमें से प्रत्येक। (वेदान्त॰) मन, बुद्धि, चित्त और अहंकार का सामूहिक नाम अथवा उनमें से प्रत्येक। ● **विशेष**—मन, बुद्धि और अहंकार को '**अन्तःकरणत्रय**' कहा जाता है तथा मन, बुद्धि, चित्त और अहंकार को '**अन्तःकरण चतुष्टय**'। ✣ **अन्तःकलह (अंतःकलह)**—*पु॰* आपसी लड़ाई। गृह-कलह। गृहयुद्ध। ✣ **अन्तःकालीन (अंतःकालीन)**—*वि॰* थोड़े समय का। सामयिक। अस्थायी। कामचलाऊ। ***जैसे***—अन्तःकालीन सुविधाएँ। ✣ **अन्तःकुटिल (अंतःकुटिल)**—*वि॰* = मन का कुटिल। छली। कपटी। ✣ **अन्तःकेन्द्र (अंतःकेन्द्र)**—*पु॰* = (गणित॰, ज्यामिति) त्रिभुज के अन्तःवृत्त का केन्द्र। ✣ **अन्तःकोण (अंतःकोण)**—*पु॰* =भीतरी कोण/कोना। (गणित॰, ज्यामिति) त्रिभुज या बहुभुज के अन्दर का कोई कोण। ✣ **अन्तःकोप (अंतःकोप)**—*पु॰* = भीतरी क्रोध। वह क्रोध जो बाह प्रकट न हुआ हो, मन में ही हो। ✣ **अन्तःकोशिक**—*वि॰* = (चिकित्सा॰) कोशिकाओं में पाया जाने वाला। ***जैसे***—अंतःकोशिक जल। (अ॰ इन्ट्रासेल्युलर) ✣ **अन्तःक्रिया (अंतःक्रिया)**—*स्त्री॰* = अन्दर ही अन्दर होनेवाली क्रिया। ✣ **अन्तःक्षेत्र (अंतःक्षेत्र)**—*पु॰* = (राज॰) किसी राज्य का वह क्षेत्र जो अन्य राज्य से घिरा हुआ हो। ✣ **अन्तःक्षिप्त (अंतःक्षेत्र)**—*वि॰* = (द्रव अदि) जिसका शरीर में अन्तःक्षेप हुआ हो। सुई से शरीर में प्रविष्ट। (अ॰ इन्जेक्टिड) ✣ **अन्तःक्षेप/अन्तःक्षेपण (अंतःक्षेप/अंतःक्षेपण)**—*पु॰* = (चिकित्सा॰) सुई आदि से शरीर में किसी द्रव के प्रवेश कराने की क्रिया। सुई लगाना। सूचिकाभरण। इन्जेक्शन (अ॰) ✣ **अन्तःखण्ड (अंतःखंड)**—*पु॰* १. अन्दर का खंड/भाग। भीतरी

खंड/भाग। २. दो सीमाओं के बीच का खंड/भाग। (गणित॰, ज्यामिति) किसी रेखा या तल की दो सीमाओं के बीच का काटकर अलग किया हुआ खंड/भाग। (अ॰ इन्टरसेप्ट) ✣ **अन्तःज्योति (अंतःज्योति)**— *स्त्री॰* = हृदय में रहनेवाला प्रकाश। मनःप्रकाश। ✣ **अन्तःपङ्क्तिक (अंतःपंक्तिक)**— *वि॰* = १. पंक्तियों के बीच का। ***जैसे***—अन्तःपंक्तिक अन्तराल (पंक्तियों के बीच का स्थान) २. पंक्तियों के बीच में लिखा/छपा हुआ। ✣ **अन्तःपट (अंतःपट)**— *पु॰* = १. पर्दा। २. (महाराष्ट्र आदि में) विवाह-मंडप में वर और कन्या के बीच लगाया जाने वाला सफ़ेद कपड़े का पर्दा। ३. उक्त पर्दा लगाने की वैवाहिक रीति। ✣ **अन्तःपटी (अंतःपटी)**— *स्त्री॰* = वह चित्रपट जिस पर पर्वत, नदी आदि का दृश्य अंकित हो। ✣ **अन्तःपत्र (अंतःपत्र)**— *पु॰* = पुस्तक के पन्नों के बीच में, संशोधन, परिवर्तन आदि के लिए लगाया गया कोरा पन्ना। (अ॰ इन्टरलीफ़) ✣ **अन्तःपत्रण (अंतःपत्रण)**— *पु॰* = (पुस्तक में) अन्तःपत्र लगाना। ✣ **अन्तःपत्रित (अंतःपत्रित)**— *वि॰* = जिसके पन्नों के बीच में कोरे पन्ने लगाए गए हों। ***जैसे***—अन्तःपत्रित पुस्तक। ✣ **अन्तःपरजीवी (अंतःपरजीवी)**— *पु॰* = (चिकित्सा॰) परजीवी जो पोषक के अन्दर रहता है। (अ॰ एन्डो पेरासाइट) ✣ **अन्तःपरायण (अंतःपरायण)**— *वि॰* = १. अन्तःकरण के निर्णय को माननेवाला। २. सत् और असत् के विवेकवाला। ३. ईमानदार। ✣ **अन्तःपरिधान (अंतःपरिधान)**— *पु॰* = सबसे नीचे पहनने का वस्त्र (बनियाइन, जाँघिया आदि)। ✣ **अन्तःपर्वतीय (अंतःपर्वतीय)**— *वि॰* = (भूविज्ञान॰) जो किसी पर्वत के भीतर स्थित/क्रियाशील हो। ✣ **अन्तःपवित्र (अंतःपवित्र)**— *वि॰* =पवित्र मन वाला। ✣ **अन्तः पातित (अंतःपातित)**— *वि॰* = १. बीच में बढ़ाया गया। २. जो बीच में आ गया हो। ✣ **अन्तःपाशित (अंतःपाशित)**— *वि॰* = परस्पर गुँथे हुए। ***जैसे***—अन्तःपाशित व्यवस्थाएँ।

अन्तःपुर (अंतःपुर)—[स॰ अन्तः + पुर] १. भवन/महल में स्त्रियों के रहने का स्थान। ज़नानख़ाना। हरम। २. भवन/महल के भीतर रहनेवाली स्त्रियाँ। ✣ **अन्तःपुरिक (अंतःपुरिक)**— *पु॰* = (प्राचीन भारत में) अन्तःपुर का संरक्षक अधिकारी। कंचुकी। ✣ **अन्तःपुरिका (अंतःपुरिका)**— *स्त्री॰* = अन्तःपुर में रहनेवाली स्त्री।

अन्तःपूयता (अंतःपूयता)—[स॰ अन्तः + पूयता] *स्त्री॰* (चिकित्सा॰) किसी गुहा में पीप/मवाद एकत्रित होना। ***जैसे***—वक्ष अन्तःपूयता। (अ॰ एम्पायेमा)

अन्तःपेशी (अंतःपेशी)—[स॰ अन्तः + पेशी] *वि॰* मांसपेशी में किया जानेवाला। ***जैसे***—अन्तःपेशी इन्जेक्शन। (अ॰ इन्ट्रा-मस्क्युलर)

अन्तःप्रकृति (अंतःप्रकृति)—[स॰ अन्तः + प्रकृति] *स्त्री॰* १. मूल स्वभाव। २. हृदय। मन। ३. (प्राचीन राजनीतिशास्त्र में) राजा का मन्त्रिमंडल। ✣ **अन्तःप्रजनन (अंतःप्रजनन)**— *पु॰* = एक ही नस्ल के पशुओं से प्रजनन। सजातीय प्रजनन। (वनस्पति॰) साधारणतः अपने पराग द्वारा निकट-सम्बन्धित पौधों का प्रजनन। (अ॰ इन्ब्रीडिंग) ✣ **अन्तःप्रजात (अंतःप्रजात)**— *वि॰* = अन्तःप्रजनन से उत्पन्न (पशु आदि)। उसी नस्ल का। (अ॰ इन्ब्रेड)

अन्तःप्रज्ञ (अंतःप्रज्ञ)—[स॰ अन्तः + प्रज्ञा] *पु॰* १. अन्तःप्रज्ञा से युक्त व्यक्ति। २. आत्मज्ञानी।

अन्तःप्रज्ञा (अंतःप्रज्ञा)—[स॰ अन्तः + प्रज्ञा] *पु॰ स्त्री॰* ज्ञाता को अपने और दूसरे के मन का, बाह्य जगत् का, शाश्वत सत्यों आदि का, स्वतः होनेवाला प्रत्यक्ष ज्ञान। (अ॰ इन्ट्युइशन) ✣ **अन्तःप्रज्ञात्मक (अंतःप्रज्ञात्मक)**— *वि॰* अन्तःप्रज्ञा-सम्बन्धी। अन्तःप्रज्ञा का। ✣ **अन्तःप्रज्ञावाद (अंतःप्रज्ञावाद)**— *पु॰* (दर्शन॰) यह मत कि समस्त तत्त्वज्ञान या अच्छाई-बुराई का ज्ञान अन्तःप्रज्ञा से ही सम्भव है। (अ॰ इन्ट्युइशनलिज़्म)

अन्तःप्रतिरोध (अंतःप्रतिरोध)—[स॰ अन्तः + प्रतिरोध] *पु॰* (मनोविश्लेषण॰) अचेतन को चेतन में आने से यथासम्भव रोकनेवाली शक्तियों का सामूहिक नाम।

अन्तःप्रवाह (अंतःप्रवाह)—[स॰ अन्तः + प्रवाह] *पु॰* भीतर ही भीतर बहनेवाली धारा।

अन्तः प्रवेश (अंतःप्रवेश)—[स॰ अन्तः + प्रवेश] *पु॰* १. प्रवेश। २. भीतरी भाग में प्रवेश। अन्दर प्रवेश।

अन्तः प्रादेशिक (अंतः प्रादेशिक)—[स॰ अन्तः + प्रादेशिक] *वि॰* १. प्रदेश के भीतर होनेवाला २. प्रदेश के भीतरी भाग से सम्बन्धित। ३. प्रदेश की भीतरी बातों से सम्बन्धित।

अन्तःप्रेरण (अंतःप्रेरण)—[स॰ अन्तः + प्रेरण] *पु॰* कोई काम करने के लिए मन में स्वयं उत्पन्न प्रबल प्रवृत्ति या प्रबल आवेग।

अन्तःप्रेरणा (अंतःप्रेरणा)—[स॰ अन्तः + प्रेरणा] *स्त्री॰* १. मन की स्वाभाविक प्रेरणा। २. अन्तःप्रज्ञा।

अन्तःफ़ोन (अंतःफ़ोन)—[स॰ अन्तः + अ॰ फ़ोन] *पु॰* किसी संस्थान, भवन आदि के विभिन्न कमरों में परस्पर सम्पर्क के लिए दूरभाष की व्यवस्था। (अ॰ इन्टरफ़ोन, इन्टरकॉम फ़ोन)

अन्तःराष्ट्रीय (अंतःराष्ट्रीय)—[स॰ अन्तः + हि॰ राष्ट्रीय] *वि॰* १. राष्ट्र के भीतर होनेवाला। २. राष्ट्र के भीतरी भाग से सम्बन्धित। ३. राष्ट्र की भीतरी बातों से सम्बन्धित। ● **विशेष—'अन्तःराष्ट्रीय' और 'अन्तरराष्ट्रीय' का अन्तर ध्यान देने योग्य है।**

अन्तःशक्ति (अंतःशक्ति)—[स॰ अन्तः + शक्ति] *स्त्री॰* आन्तरिक बल। मानसिक शक्ति।

अन्तःशरीर (अंतःशरीर)—[स॰ अन्तः + शरीर] *पु॰* सूक्ष्म शरीर। लिंग शरीर।

अन्तःशल्य (अंतःशल्य)—[स॰ अन्तः + शल्य] *पु॰* १. शरीर के अन्दर धँसा हुआ शल्य। २. मन में चुभने/खटकने वाली बात/घटना आदि। ✣ **अन्तःशल्यता (अंतःशल्यता)**— *स्त्री॰* = (चिकित्सा॰) बहते हुए रक्त के थक्के द्वारा या किसी पदार्थ के कण द्वारा

रक्त की नली में बाधा होना। (अ॰ एम्बोलिज़्म)।

अन्तःशाल (अंतःशाल)—[सं॰ अन्तः + शाला] *वि॰* १. घर पर रहनेवाला। २. घर का। ३. घर में भीतर के भाग का। ४. घर या कमरे के भीतर होनेवाला। ***जैसे***—अन्तःशाल खेल। ५. कारख़ाने की सीमाओं में होनेवाला। ***जैसे***—अन्तःशाल सहायता। (अ॰ इन्डोर)

अन्तःशिरा (अंतःशिरा)—[सं॰ अन्तः + शिरा] *वि॰* १. शिरा में। २. शिरा में किया जानेवाला। ***जैसे***—अंतःशिरा इंजेक्शन। (अ॰ इन्ट्रा-वीनस)

अन्तःशुद्धि (अंतःशुद्धि)—[सं॰ अन्तः + शुद्धि] *स्त्री॰* अन्तःकरण की शुद्धि। मानसिक शुद्धि। चित्त-शुद्धि। निर्मलहृदयता।

अन्तःशून्य (अंतःशून्य)—[सं॰ अन्तः + शून्य] *वि॰* भीतर से शून्य। निस्सार। सारहीन।

अन्तःश्वसन (अंतःश्वसन)—[सं॰ अन्तः + श्वसन] *पुं॰* १. अन्दर खींची गयी साँस। निश्वास। २. वायु/गैस/वाष्प का नाक और मुख के मार्ग से फेफड़ों में एक विशेष उपकरण से श्वसन। ● **विशेष**—उक्त उपकरण को '**श्वसित्र**' कहते हैं।

अन्तःसञ्चार (अंतःसंचार)—[सं॰ अन्तः + सञ्चार] *पुं॰* दो स्थानों/संस्थानों/देशों आदि में परस्पर सम्पर्क/वार्तालाप करने अथवा समाचार/सन्देश देने की क्रिया/भाव। (अ॰ इन्टरकम्यूनिकेशन)

अन्तःसत्त्व (अंतःसत्त्व)—[सं॰ अन्तः + सत्त्व] *वि॰* जिसके अन्दर शक्ति हो।

अन्तःसर (अंतःसर)—[सं॰ अन्तः + सर] *पुं॰* हृदयरूपी सरोवर। ● **विशेष**—प्रेम, करुणा आदि भावों से युक्त होने के कारण ही 'हृदय' को 'सरोवर/जलाशय के समान' कहा जाता है।

अन्तःसलिल (अंतःसलिल)—[सं॰ अन्तः + सलिल] *वि॰* १. भूमि के नीचे जल वाला। २. (नदी आदि) जिसकी धारा ज़मीन के अन्दर ही अन्दर बहती हो, ऊपर दिखायी न देती हो।

अन्तःसांस्कृतिक (अंतःसांस्कृतिक)—[सं॰ अन्तः + सांस्कृतिक] *वि॰* १. दो या अधिक संस्कृतियों के पारस्परिक सम्बन्धों का। २. दो या अधिक संस्कृतियों का तुलनात्मक। ***जैसे***—अन्तःसांस्कृतिक अध्ययन।

अन्तःसाक्षी (अंतःसाक्षी)—[सं॰ अन्तः + साक्षी] *स्त्री॰* अन्तःकारण की साक्षी। दिल की गवाही।

अन्तःसाक्ष्य (अंतःसाक्ष्य)—[सं॰ अन्तः + साक्ष्य] *पुं॰* आन्तरिक प्रमाण। ***जैसे***—ग्रन्थ का अन्तःसाक्ष्य उसके रचना-काल को प्रमाणित करता है।

अन्तःसागरी (अंतःसागरी)—[< सं॰ अन्तः + सागर] *वि॰* समुद्र के अन्दर चलनेवाला। *स्त्री॰* वह युद्ध-नौका या युद्ध-पोत जो समुद्री जल के अन्दर चलता हो।

अन्तःसागरीय (अंतःसागरीय)—[अन्तः सागर + छ] *वि॰* समुद्र के अन्दर के भागों से सम्बन्धित। समुद्र के अन्दर का। ● **विशेष**—महासागर की तली के भूवैज्ञानिक अध्ययन को '**अन्तःसागरीय भूविज्ञान**' कहा जाता है।

अन्तःसार (अंतःसार)—[सं॰ अन्तः + सार] *पुं॰* १. भीतरी तत्त्व। २. अन्तरात्मा। अन्तःकरण। *वि॰* १. भारी। २. दृढ़। ३. बलवान्।

अन्तःसुख (अंतःसुख)—[सं॰ अन्तः + सुख] *वि॰* आन्तरिक सुख। मानसिक सुख।

अन्तःसौन्दर्य (अंतःसौंदर्य)—[सं॰ अन्तः + सौन्दर्य] *पुं॰* १. भीतर का सौन्दर्य। २. मन की शुद्धता और पवित्रता। ३. भावों और विचारों का सौन्दर्य। ***जैसे***—जायसी में बाह्य सौन्दर्य नहीं था, कुरूप थे, परन्तु उनके काव्य में उनका अन्तः सौन्दर्य तो उच्च कोटि का है।

अन्तःस्थ (अंतःस्थ)—[सं॰ अन्तः + स्थ] *वि॰* १. भीतर रहनेवाला। २. अन्दर का। भीतरी। ३. बीच में स्थित। ४. अन्तःकरण में स्थित। मन में होने/रहने वाला। हृदयस्थ। *पुं॰* (व्या॰) १. स्वर और व्यंजन के बीच की ध्वनि। २. 'य', 'र', 'ल' और 'व' ध्वनियों का सामूहिक नाम। ● **विशेष**—उक्त अन्तःस्थ ध्वनियों/वर्णों को '**अर्धस्वर**' भी कहा जाता है। ✣ **अन्तःस्थ (अंतःस्थ) राज्य**—*पुं॰* = (राज॰) दो बड़े देशों के बीच में स्थित बहुत छोटा देश जिससे दोनों बड़े देशों में प्रत्यक्ष युद्ध की सम्भावना कम होती है। अन्तर्रोधी राज्य। (अ॰ बफ़र स्टेट)

अन्तःस्थापन (अंतःस्थापन)—[सं॰ अन्तः + स्थापन] *पुं॰* १. अन्दर डालना। २. निविष्ट करना। ३. बीच में जोड़ना। शामिल करना। ✣ **अन्तःस्थापित**—*वि॰* = जिसका अन्तः स्थापन किया गया हो या हुआ हो।

अन्तःस्थित (अंतःस्थित)—[सं॰ अन्तः + स्थित] *वि॰* १. अन्तःकरण में स्थित। मन में होने वाला। २. अन्दर का। आन्तरिक। अन्तःस्थ। भीतरी। ३. बीच में स्थित। अन्तःस्थ।

अन्तः स्फटिक (अंतःस्फटिक)—[सं॰ अन्तः + स्फटिक] *पुं॰* हृदयरूपी स्फटिक। स्वच्छ या निर्मल मन। ***जैसे***—मेरे अन्तः स्फटिक पर अंकित छवि।

अन्तःस्यन्द (अंतः स्यंद)—[सं॰ अन्तः ~ स्यन्द] *पुं॰* (भूविज्ञान॰) अन्तःस्यन्दन द्वारा निक्षेपित पदार्थ।

अन्तःस्यन्दन (अंत-स्यंदन)—[सं॰ अन्तः + स्यन्दन] *पुं॰* (भूविज्ञान॰) शैल के कणों या छिद्रों के बीच किसी द्रव या गैस का पारगमन।

अन्तःस्राव (अंतःस्राव)—[सं॰ अन्तः + स्राव] *पुं॰* = (जीव॰) आन्तरिक स्रवण। ✣ **अन्तःस्राव (अतःस्राव) विज्ञान**—*पुं॰* = (जीव॰) अन्तः स्राविकी। (दे॰) ✣ **अन्तःस्रावविज्ञानी (अंतःस्रावविज्ञानी)**—*पुं॰* = अन्तःस्रावविद्। (दे॰) (अ॰ एन्डोक्राइनोलॉजिस्ट) ✣ **अन्तःस्रावविद् (अंतःस्रावविद्)**—*पुं॰* = (जीव॰) अन्तःस्रावी ग्रन्थियों और उनके स्रावों के विज्ञान का विद्वान्। अन्तःस्रावविज्ञानी। (अ॰ एन्डोक्राइनोलॉजिस्ट)

अन्तःस्राविकी (अंतःस्राविकी)—[सं॰ अन्तःस्राव + ठक् + ङीप्] *स्त्री॰* जीवविज्ञान की वह शाखा जिसमें अन्तःस्रावी ग्रन्थियों का अध्ययन होता है। अन्तःस्राव विज्ञान। (अ॰ एन्डोक्राइनोलॉजि)

अन्तःस्रावी ग्रन्थि (अंतःस्रावी ग्रंथि)—[सं॰ अन्तःस्रावी ~ ग्रन्थि] *स्त्री॰* (प्राणि॰) प्राणियों की वाहिनीहीन ग्रन्थियाँ जो अपने स्रावों को सीधे रुधिर में उँडेलती हैं। *जैसे*—अवटु ग्रन्थि (अ॰ थायराइड), पीयूषकाय ग्रन्थि (अ॰ पिट्यूटरी) तथा अधिवृक्क ग्रन्थि (अ॰ एड्रिनल) अन्तःस्रावी ग्रन्थियाँ हैं। ∇ **विलोम**—बहिःस्रावी ग्रन्थि।

अन्तःस्वर (अंतःस्वर)—[सं॰ अन्तः + स्वर] *पु॰* अन्तःकरण का स्वर। मन की आवाज़।

अन्तक (अंतक)—[सं॰ √अन्त् + णिच् + ण्वुल्] *वि॰* अन्त करनेवाला। मारनेवाला। नाशक। *पु॰* १. यमराज। २. काल। मृत्यु। *जैसे*—अन्तक-लोक। ३. शिव। महादेव।

अन्तकर (अंतकर)—[सं॰ अन्त + कर] *वि॰* अन्त करनेवाला। नाशक। मारक। संहारक। *पु॰* यमराज।

अन्तकर्म (अंतकर्म)—[सं॰ अन्त ~ कर्म (कर्मन्)] *पु॰* अन्त्येष्टि।

अन्तकलोक (अंतकलोक)—[सं॰ अन्तक ~ लोक] *पु॰* यमलोक। *उदा॰* अन्तक-लोक अकेलो ही जैहै। —केशव (कवि॰, ५६)

अन्तकारी (अंतकारी)—[सं॰ अन्तकारिन्] *वि॰* १. समाप्ति करने वाला। २. नाश/वध करनेवाला। नाशक। मारक। संहारक। *वि॰* अन्तकर।

अन्तकाल (अंतकाल)—[सं॰ अन्त ~ काल] *पु॰* १. अन्तिम समय। मृत्यु का समय। मृत्यु की घड़ी। मृत्युकाल। मरणवेला। २. समाप्ति का समय। ३. नाश का समय।

अन्तक्रिया (अंतक्रिया)—[सं॰ अन्त ~ क्रिया] *स्त्री॰* शव का अन्तिम संस्कार। अन्त्येष्टि।

अन्तग (अंतग)—[सं॰ अन्त + ग (√गम् + ड)] *वि॰* १. अन्त/सीमा/छोर तक जानेवाला। अन्त तक पहुँचा हुआ। २. (किसी विषय से) भली-भाँति परिचित। पारंगत। पारगामी। *जैसे*—व्याकरण का अन्तग विद्वान्।

अन्तगति (अंतगति)—[सं॰ अन्त ~ गति] *स्त्री॰* मृत्यु। मरण। मौत। *वि॰* नष्ट होनेवाला। नाशवान्।

अन्तगामी (अंतगामी)—[सं॰ अन्तगामिन्] *वि॰* नष्ट होनेवाला। नाशवान्। अन्तगति।

*__अन्तघाई (अंतघाई)__—[< सं॰ अन्तघाती] *वि॰* अन्त में घात करनेवाला। अन्त में धोखा देनेवाला। अन्तघाती। दग़ाबाज़।

अन्तच्छद (अंतच्छद)—[सं॰ अन्त + छद] *पु॰* ढाँकने की वस्तु। आच्छादन।

अन्तड़ी (अंतड़ी)—[< सं॰ अन्त्र] *स्त्री॰* अन्त्र। आँत। अँतड़ी। ***वा॰*** **अंतड़ियाँ कुलबुलाना/जलना**—तेज़ भूख लगना। **अंतड़ियाँ गले पड़ना**—कष्ट में पड़ना। **अंतड़ी जलना**—बहुत तेज़ भूख लगना। **(किसी की) अंतड़ी टटोलना**—भीतरी बातों का पता लगाने का प्रयत्न करना। **(किसी की) अंतड़ियों की बात जानना**—१. भली-भाँति जानना। २. मन की बात जानना। रहस्य जानना। **अंतड़ियों के बल खोलना**—कई दिन भूखे रहने के बाद भरपेट खाना।

अन्ततः (अंततः)—[सं॰ अन्त + तस्] *क्रिवि॰* (सब उपाय/बातें आदि कर चुकने पर या हो जाने पर) अन्त में। अन्ततोगत्वा। आख़िरकार।

अन्ततोगत्वा—[सं॰ अन्ततः ~ गत्वा] *क्रिवि॰* अन्ततः। आख़िरकार।

अन्तर्—[सं॰ अन् + अरन्, तुट्] *क्रिवि॰* (उपसर्ग के रूप में प्रयुक्त) १. मध्य में। बीच में। २. भीतरी भाग में। अन्दर। भीतर। ● **विशेष**—'अन्तर्' का प्रयोग उपसर्ग के रूप में ही होता है (अन्तर्गत, अन्तर्देशीय)। सन्धि-नियमों के अनुसार 'अन्तर्' कभी-कभी 'अन्तः' रूप भी ग्रहण कर लेता है (जैसे—अन्तः कलह, अन्तःपुर)। **'अन्तर्' और 'अन्तर' भिन्न अर्थों वाले हैं, यह बात ध्यान में रखने योग्य है** (जैसे—'अन्तर्जातीय' और 'अन्तरजातीय' में बहुत अन्तर है)।

अन्तर—[सं॰ अन्त √रा + क] *वि॰* १. भीतर का। भीतरी। अन्दरूनी। २. समीप का। करीबी। ३. आत्मीय। प्रिय। ४. (समस्त पद के अन्त में) भिन्न। दूसरा। *जैसे*—कालान्तर; देशान्तर। *क्रिवि॰* अन्दर। भीतर में। *पु॰* १. स्थान-सम्बन्धी दूरी। बीच का स्थान। *जैसे*—दिल्ली और गाज़ियाबाद में कुछ किलोमीटर का अन्तर है परन्तु दिल्ली और लखनऊ में बहुत अन्तर है। २. समय-सम्बन्धी दूरी। दो घटनाओं के बीच का समय। *जैसे*—जुड़वाँ बच्चों के जन्म के समय में कुछ मिनटों का अन्तर तो होता ही है। ३. भीतर का भाग। *जैसे*—इस बर्तन का अन्तर भी चमकदार है। ४. आत्मा। ५. हृदय, मन या अन्तःकरण। ६. परमात्मा। ७. छिद्र। सूराख। ८. (दो वस्तुओं के बीच की) असमानता। भिन्नता। फ़र्क। *जैसे*—दोनों बहनों के स्वभाव में बहुत अन्तर है। ९. आड़। ओट। १०. पर्दा। ११. भेद-भाव। *जैसे*—न्यायाधीश को धनी और निर्धन अपराधी में अन्तर नहीं करना चाहिए। (गणित॰) दो राशियों में एक की दूसरी से अधिकता का परिमाण। *जैसे*—९ और २ का अन्तर '७' है; ३ और ५ का अन्तर '२' (ऋण २) है। ***वा॰*** **अन्तर-कपट न खोलना**—मन के कपट को दूर न करना। **अन्तर-कपाट न खोलना**—१. खुले हृदय से बात न करना। २. मन में रहस्य छिपाए रहना। **अन्तर का पट खोलना**—ज्ञानरूपी नेत्र खोलना। ज्ञान प्राप्त करना। **अन्तर खोलना**—हृदय का भेद कह देना। **अन्तर न समझना**—भेद-भाव की दृष्टि से न देखना। **अन्तर पड़ना**—मनोमालिन्य होना।

अन्तरक—[सं॰ अन्तर + क] *वि॰* अन्तर करनेवाला। दूरी बढ़ानेवाला। *पु॰* टंकक (अ॰ टाइपराइटर) में शब्दों के बीच की दूरी को घटा-बढ़ाकर ठीक करनेवाला उसका पुर्ज़ा। [अ॰ स्पेसर]

अन्तरकोशिकीय (अंतरकोशिकीय)—[सं॰ अन्तर ~ कोशिकीय] *वि॰* किसी संरचना की कोशिकाओं के बीच का (संयोजी ऊतक या द्रव)।

*__अन्तरगत (अंतरगत)__—[< सं॰ अन्तर्गत] *वि॰* १. भीतर स्थित। २. सम्मिलित। शामिल। ३. गुप्त। *पु॰* हृदय। मन।

अन्तरगति (अंतरगति)—[< सं॰ अन्तर्गति] *स्त्री॰* १. चित्तवृत्ति।

२. भावना। हृदय की गति। मन की दशा। *क्रिवि॰* हृदय में।

अन्तर गुहा (अंतर गुहा)—[स॰ अन्तर ~ गुहा] *पु॰* हृदय। मन।

अन्तरग्नि (अंतरग्नि)—[स॰ अन्तर ~ अग्नि] *स्त्री॰* = १. अन्दर की आग। हृदय की अग्नि। २. चिन्ता या सन्ताप की वेदना।

अन्तरङ्ग (अंतरंग)—[स॰ अन्तर् ~ अङ्ग] *वि॰* १. आन्तरिक। भीतरी। अन्दरूनी। २. भीतरी बातों से सम्बन्धित। ३. आन्तरिक/भीतरी/गुप्त बातों को जाननेवाला। ४. अतिप्रिय। ***जैसे***—अन्तरंग मित्र। *पु॰* १. शरीर के भीतरी अंग (हृदय, मस्तिष्क आदि)। २. आन्तरिक भाग। भीतरी अंग। ***जैसे***—सरलता आनन्द का अन्तरंग है और सौन्दर्य बहिरंग है। ३. आत्मीय जन। स्वजन। ४. बहुत घनिष्ठ मित्र। ∇ **विलोम**—बहिरंग। ❖ **अन्तरङ्ग (अंतरंग) आलोचना**—*स्त्री॰* = (काव्य॰) किसी कृति का बौद्धिक, नैतिक और सौन्दर्यपरक मूल्यों की दृष्टि से विवेचन। ❖ **अन्तरङ्गता (अंतरंगता)**—*स्त्री॰* = १. भीतरीपन। २. आत्मीयता। ३. घनिष्ठता। ❖ **अन्तरङ्ग (अंतरंग) रोगी**—*पु॰* = चिकित्सालय में भर्ती हुआ रोगी। ❖ **अन्तरङ्ग (अंतरंग) सभा**—*स्त्री॰* = (संस्था की) कार्यकारिणी समिति। ❖ **अन्तरङ्गिणी/अन्तरङ्गिनी (अंतरंगिणी/अंतरंगिनी)**—*स्त्री॰* = अति प्रिय सखी। घनिष्ठ सहेली। ❖ **अन्तरङ्गी (अंतरंगी)**—*वि॰* = १. भीतरी। २. अति प्रिय। ३. घनिष्ठ। *पु॰* १. अति प्रिय मित्र। २. घनिष्ठ व्यक्ति।

अन्तरचक्र (अंतरचक्र)—[स॰ अन्तर ~ चक्र] *पु॰* (योग॰) शरीर के अन्दर के ६ चक्र।

अन्तरजातीय (अंतरजातीय)—[स॰ अन्तर ~ जातीय] *वि॰* दो या अधिक जातियों के बीच का या उन के बीच होने वाला। ***जैसे***—अन्तरजातीय विवाह। ● **विशेष—'अन्तरजातीय' और 'अन्तर्जातीय' का अन्तर ध्यान देने योग्य है।**

***अन्तरजामिनी (अंतरजामिनी)**—*वि॰*(*स्त्री॰*) < स॰ अन्तर्यामिनी। (दूसरे के) हृदय की सब बातों को जाननेवाली। अन्तर्यामिनी।

***अन्तरजामी (अंतरजामी)**—*वि॰* < स॰ अन्तर्यामी। (दूसरे के) हृदय की सब बातों को जाननेवाला। अन्तर्यामी।

अन्तरज्ञ (अंतरज्ञ)—[स॰ अन्तर + ज्ञ (√ज्ञा + क)] *वि॰* १. हृदय की बात जाननेवाला। दूसरे के मन को जानने वाला। २. रहस्य जाननेवाला। रहस्यज्ञ।

अन्तरण (अंतरण)—[स॰] *पु॰* १. अन्तरित करना/होना। २. किसी वस्तु/धन आदि का एक के हाथ/खाते/अधिकार से दूसरे के हाथ/खाते/अधिकार में जाना। वस्तु, सम्पत्ति आदि का स्वामित्व एक से दूसरे के पक्ष में जाना या दिया जाना। हस्तान्तरण। ३. कोई रक़म एक खाते/मद्द से दूसरे खाते/मद्द में डाली जाना। ४. किसी वस्तु को एक स्थान से दूसरे स्थान पर पहुँचाया/भेजा जाना। स्थानान्तरण। ५. अधिकारी/कर्मचारी को एक स्थान/पद से दूसरे स्थान/पद पर भेजा जाना। स्थानान्तरण। तबादला। (अ॰ ट्रान्सफ़र) ६. लिखित/टंकित/मुद्रित पंक्तियों में साधारण दूरी या दूरी। (अ॰ स्पेसिंग)। ७. बाधा/अन्तर डालना।

अन्तरणीय (अंतरणीय)—[स॰ अन्तरण + छ] *वि॰* १. जिसे दूसरे को दिया जा सके। हस्तान्तरणीय। २. जिसे दूसरे स्थान पर भेजा जा सके। स्थानान्तरणीय। ❖ **अन्तरणीय (अंतरणीय) मत**—*पु॰* = (राज॰) ऐसा मत (अ॰ वोट)जो जिस उम्मीदवार को दिया गया हो, उसके हार जाने पर मतदाता के संकेतानुसार दूसरे या क्रमशः तीसरे, चौथे, ...उम्मीदवार को मिल जाता है। (अ॰ ट्रान्सफ़रेबल वोट)

अन्तरतः (अंतरतः)—[स॰ अन्तर + तः (तस्)] *क्रिवि॰* १. मध्य से। बीच से। २. अन्दर से। भीतर से।

अन्तरतम (अंतरतम)—[स॰ अन्तर + तमप्] *वि॰* १. अति समीपी। २. आत्मीय। ३. अति विश्वस्त। ४. भीतरी। *पु॰* १. (किसी वस्तु के) सबसे भीतर का भाग। २. मन की गहराई। ३. अन्तरण। हृदय। मन। ४. हृदय का आन्तरिक स्थल।

अन्तरदिशा (अंतरदिशा)—[स॰ अन्तर ~ दिशा] *स्त्री॰* दो दिशाओं के बीच की दिशा। विदिशा।

अन्तरदेशीय (अंतरदेशीय)—[स॰ अन्तर ~ देशीय] *वि॰* १. दो या अधिक देशों में पाया जानेवाला या होनेवाला। २. अनेक देशों से सम्बन्ध रखनेवाला।

अन्तरधिदेश (अंतरधिदेश)—[स॰ अन्तर् ~ अधिदेश] *पु॰* अन्तःकरण का निर्देश। हृदय की आवाज़।

अन्तरपणन (अंतरपणन)—[स॰ अन्तर ~ पणन] *पु॰* (वाणि॰) माल, विदेशी मुद्रा या हुंडियों को कहीं से खरीदकर तत्काल अन्यत्र बेच देना जिससे मंडियों में मूल्य का अन्तर होने के कारण लाभ हो सके। (अ॰ आर्बिट्राज)

अन्तरपतित (अंतरपतित)—[स॰ अन्तर ~ पतित] *वि॰* बीच में आने/पड़ने वाला। बीच में होनेवाला।

अन्तरपुरुष (अंतरपुरुष)—[स॰ अन्तर ~ पुरुष] *पु॰* १. आत्मा। २. (मन में स्थित) परमात्मा। ३. (मनुष्य के पापों और पुण्यों का साक्षी) अन्तःकरण।

अन्तरप्रादेशिक (अंतरप्रादेशिक)—[स॰ अन्तर ~ प्रादेशिक] *वि॰* दो या अधिक प्रदेशों के परस्पर व्यवहार से सम्बन्धित या उनमें होनेवाला।

अन्तरराष्ट्रीय (अंतरराष्ट्रीय)—[स॰ अन्तर + हि॰ राष्ट्रीय] दो या अधिक राष्ट्रों के परस्पर व्यवहार से सम्बन्धित या उनमें होनेवाला। ❖ **अन्तरराष्ट्रीय (अंतरराष्ट्रीय) अर्थशास्त्र**—*पु॰* = अर्थशास्त्र की वह शाखा जिसमें अन्तरराष्ट्रीय व्यापार का सैद्धान्तिक तथा व्यावहारिक अध्ययन किया जाता है। ❖ **अन्तरराष्ट्रीयकरण (अंतरराष्ट्रीयकरण)**—*पु॰* = १. अन्तरराष्ट्रीय बना देना। २. अन्तरराष्ट्रीय नियंत्रण में कर देना। ❖ **अन्तरराष्ट्रीय (अंतरराष्ट्रीय) निवेश**—*पु॰* =(अर्थ॰) किसी एक देश का अन्य देश या देशों में व्यवसाय-उद्योगों में पूँजी लगाना। ❖ **अन्तरराष्ट्रीय (अंतरराष्ट्रीय) व्यापार**—पु॰ =(अर्थ॰) विभिन्न देशों के बीच होनेवाला वस्तुओं और सेवाओं का विनिमय।

***अन्तरवर्तित (अंतरवर्तित), अन्तरवर्ती (अंतरवर्ती)**— दे॰ क्रमशः शुद्ध रूप अन्तर्वर्तिनी, अन्तर्वर्ती।

अन्तरशायी (अंतरशायी)—[स॰ अन्तरशायिन्] *वि॰* १. अन्दर पड़ा रहनेवाला या अन्दर सोनेवाला। २. चित्त में स्थित।

अन्तरसञ्चारी (अंतरसंचारी)—[स॰ अन्तर ~ सञ्चारी (सञ्चारिन्)] *पु॰* (काव्य॰) संचारी भाव।

अन्तरस्थ (अंतरस्थ), अन्तरस्थायी (अंतरस्थायी), अन्तरस्थित (अंतरस्थित)—[स॰ अन्तर + स्थ, अन्तरस्थायिन्, अन्तर ~ स्थित] *वि॰* १. भीतर रहनेवाला। २. बीच में रहनेवाला। ३. हृदय में रहने वाला। हृदयस्थ।

अन्तरा[१] (अंतरा[१])—[स॰ अन्तर √इण् + डा] *क्रिवि॰* १. निकट। २. समीप। मध्य में। ३. रहित। बिना। बग़ैर। *पु॰* (संगीत॰) किसी गीत की पहली पंक्ति (स्थायी/टेक) से अगली पंक्तियाँ जिनके बाद टेक दुहरायी जाती है। ● **विशेष**—ध्रुपद के चार भागों में से दूसरा 'अन्तरा' होता है। ख़्याल की दो कलियाँ (भाग) होती हैं जिसमें से दूसरी 'अन्तरा' कहलाती है। स्थायी के निकट होने के कारण ही इस कली को 'अन्तरा' नाम मिला है।

अन्तरा[२] (अंतरा[२])— *पु॰* ≤ *स॰* अन्तर। (दे॰) **उदा॰** हरि बिचि घालैं अंतरा, माया बड़ी बिसास (अन्तरा = भेद; अन्तर बिसासु = कपटी)। —कबीर (साखी, १६/५)

***अन्तराइ**— *पु॰* ≤ *स॰* अन्तराय। बाधा। विघ्न।

अन्तराकशेरुका (अंतराकशेरुका) चक्र—[स॰ अन्तरा ~ कशेरुका ~ चक्र] *पु॰* (चिकित्सा॰) तन्तूपास्थि (अ॰ फ़ाइब्रोकार्टिलेज) की गद्दी जैसी रचना जो कशेरुकाओं के मुख्य भागों के बीच होती है। (अ॰ इन्टरवर्टिब्रल डिस्क)

अन्तराकाश—[स॰ अन्तर् ~ आकाश] *पु॰* १. किन्हीं दो पदार्थों के बीच का खाली स्थान। २. हृदय में स्थित परमात्मा।

अन्तरागम (अंतरागम)—[स॰ अन्तर ~ आगम] *पु॰* १. अन्दर की ओर आना। अन्दर की ओर प्रवाह। २. बड़ी जलराशि या जनसमूह/भीड़ का भीतर आना।

अन्तरागार (अंतरागार)—[स॰ अन्तर् ~ आगार] *पु॰* किसी विशाल भवन का भीतरी भाग।

अन्तरातारकीय (अंतरातारकीय)—[स॰ अन्तरा ~ तारकीय] *वि॰* तारों के बीच का। (अ॰ इन्टरस्टेलर)

अन्तरात्मक (अंतरात्मक)—[स॰ अन्तर ~ आत्मक] *वि॰* १. अन्तर-सम्बन्धी। अन्तर का। २. भेद पर आधारित। भेदात्मक। ३. भेदसूचक। (अ॰ डिफ़रेन्शन)

अन्तरात्मा (अंतरात्मा)—[स॰ अन्तर् ~ आत्मा (आत्मन्)] *स्त्री॰* १. आत्मा या जीवात्मा। २. अन्तःकरण। हृदय। ३. (लाक्षणिक) किसी विषय/ग्रन्थ/बात आदि का मूल आशय, मूल तत्व या मुख्य अभिप्राय। **अन्तरादान (अंतरादान)**—[स॰ अन्तर ~ आदान] *पु॰* आपस में लेना-देना। पारस्परिक लेन-देन।

अन्तराधातुक (अंतराधातुक)—[< स॰ अन्तरा ~ धातुक] *पु॰* (रसायन॰) मिश्र धातु वाला। जिसमें दो या अधिक धातुएँ किसी निश्चित अनुपात में हों। ***जैसे***—अन्तराधातुक यौगिक। (अ॰ इन्टरमेटलिक)

अन्तराधारित (अंतराधारित)—[स॰ अन्तर ~ आधारित] जो बाह्याधारित न हो। जिसका आधार अपने अन्दर ही हो, बाहर नहीं।

अन्तरानुभागीय (अंतरानुभागीय)—[स॰ अन्तर ~ अनुभागीय] *वि॰* अनुभागों के बीच का। ***जैसे***—अन्तरानुभागीय पत्राचार। (अ॰ इन्टर-सेक्शनल)

अन्तरापत्या (अंतरापत्या)—[स॰ अन्तर ~ अपत्य + टाप्] *स्त्री॰* गर्भिणी स्त्री। गर्भवती।

अन्तरापर्वतीय (अंतरापर्वतीय)—[स॰ अन्तरा ~ पर्वतीय] *वि॰* पर्वतों के बीच में स्थित।

अन्तरापर्शुक (अंतरापर्शुक)—[स॰ अन्तरा ~ पर्शुक] *वि॰* (चिकित्सा॰) पसलियों के बीच का। ***जैसे***—अन्तरापर्शुक धमनी।

अन्तराभिमुख (अंतराभिमुख)—[स॰ अन्तर ~ अभिमुख] *वि॰* जिसकी प्रवृत्ति बाहरी वस्तुओं या बाहरी घटनाओं आदि के प्रति न हो, अपनी मानसिक स्थिति के प्रति हो। जो अपने अन्दर की ओर अभिमुख हो, बाहरी बातों के प्रति नहीं।

अन्तराय (अंतराय)—[स॰ अन्तर √ अय् + अच्] *पु॰* १. विघ्न। बाधा। अड़चन। २.आड़। ओट। (योग॰) चित्त की एकाग्रता में होने वाला विघ्न। (जैन॰) १. जीव के गुणों में बाधक दान, लोभ, भोग आदि कर्म। २. जैन साधुओं की आहारचर्या में पड़ी बाधा।

अन्तराल—[स॰ अन्तर + आ √रा, र→ल] *पु॰* १. दो बिन्दुओं/रेखाओं आदि के बीच की जगह। २. दो स्थानों के बीच की जगह। ३. बीच का समय। मध्यवर्ती काल। (स्थापत्य॰) मन्दिर का वह कक्ष जिसमें गर्भगृह का द्वार खुलता है। ✣ **अन्तरालन**— *पु॰* = १. अन्तराल करना। बीच की जगह छोड़ना। २. (शब्दों/पंक्तियों आदि में) परस्पर अन्तर रखना। ३. बीच की जगह। अन्तर। (मुद्रण॰) पंक्तियों में सामान्य अन्तर। (अ॰ स्पेसिंग)।

अन्तरावकाश (अंतरावकाश)—[स॰ अन्तर ~ अवकाश] १. बीच का स्थान। २. बीच की स्थान-सम्बन्धी दूरी या समय-सम्बन्धी-दूरी।

अन्तरावधि (अंतरावधि)—[स॰ अन्तर ~ अवधि] *पु॰* बीच का समय। ***जैसे***—राम के वन-गमन और राज्याभिषेक की अन्तरावधि १४ वर्ष थी।

अन्तरा हिमनदीय (अंतरा हिमनदीय)—[स॰] *वि॰* (भूविज्ञान॰) दो हिमनदीय युगों के बीच के (अपेक्षाकृत) कुछ गर्म युग से सम्बन्धित। (अ॰ इन्टर-ग्लेशियल)

अन्तरिन्द्रिय (अंतरिंद्रिय)—[स॰ अन्तर् + इन्द्रिय] *स्त्री॰* भीतर का इन्द्रिय। मन।

अन्तरिक्ष (अंतरिक्ष)—[स॰ अन्तर् √ ईक्ष् + घञ्, पृषो॰ ह्रस्व] *पु॰* पृथ्वी और स्वर्ग के बीच का स्थान। आकाश। ✣ **अन्तरिक्षचर/**

अन्तरिक्षचारी (अंतरिक्षचर/अंतरिक्षचारी)—*वि°* = आकाश में चलने/उड़ने वाला। *पु°* पक्षी। चिड़िया। ✣ **अन्तरिक्ष-जल (अंतरिक्ष-जल)**—*पु°* = हिम। ओस। ✣ **अन्तरिक्ष-धूलि (अंतरिक्ष-धूलि)**—*स्त्री°* = अन्तरिक्ष के किसी भाग में धूल जैसा सूक्ष्म कणों का समूह जो तारकीय प्रकाश को रोकता है। (अ° कॉस्मिक डस्ट) ✣ **अन्तरिक्ष (अंतरिक्ष)भौतिकी**—*स्त्री°* =भौतिकी की वह शाखा जिसमें ग्रहों के वायुमंडल, सौरमंडल के बाह्य भाग, पृथ्वी के वायुमंडल के ऊपरी भाग, ग्रहों के बीच के अवकाश, आकाशगंगा के अवकाश तथा आकाशगंगाओं के बीच के अवकाश का अध्ययन किया जाता है। (अ° स्पेस फ़िज़िक्स) ✣ **अन्तरिक्षयान (अंतरिक्षयान)**—*पु°* = (राकेट आदि की सहायता से) आकाश में बहुत तेज़ गति से उड़नेवाला यान। ✣ **अन्तरिक्षयानिकी (अंतरिक्षयानिकी)**—*स्त्री°* = अन्तरिक्ष में राकेट, प्रक्षेपास्त्र आदि का संचालन या संचालन की कला। (भौतिकी°) भौतिकी की वह शाखा जिसमें अन्तरिक्ष में उड़ान-सम्बन्धी सभी यांत्रिक, तकनीकी तथा स्वास्थ्य-सम्बन्धी समस्याओं का अध्ययन होता है। (अ° ऐस्ट्रोनॉटिक्स)

अन्तरिक्ष-सञ्चरण (अंतरिक्ष-संचरण)—[स°] *पु°* अन्तरिक्ष-यात्रियों का अपने यान से बाहर आकर चलना-फिरना।

अन्तरिक्ष (अंतरिक्ष) स्टेशन—[स° अन्तरिक्ष + अ° स्टेशन] *पु°* ऐसा कृत्रिम उपग्रह जिस पर पहुँचकर अन्तरिक्ष यान कुछ समय रुक कर आगे उड़ सकते हैं।

***अन्तरिछ (अंतरिछ)**—*पु°* ≤ *स°* अन्तरिक्ष। आकाश।

अन्तरित (अंतरित)—[स° अन्तर √ इ + क्त (अथवा, अन्तर + णिच् + क्त)] *वि°* १. जिसका अन्तरण हुआ हो। एक क्षेत्र/विभाग से दूसरे क्षेत्र/विभाग में गया हुआ। २. बीच में गया/भेजा/पड़ा हुआ। ३. अन्दर रखा हुआ या छिपाया हुआ। ४. अन्दर घुसा हुआ या छिपा हुआ। गुप्त। ५. ढँका हुआ। ६. दृष्टि से ओझल। तिरोहित। अदृश्य। ७. जिसमें रुकावट डाली गयी हो। बाधित। रुद्ध। ८. पृथक्/अलग किया हुआ। भिन्न किया हुआ। ९. लुप्त। ग़ायब।

अन्तरिती (अंतरिती)—[स° अन्तरितिन्] *पु°* १. जिसे स्थानान्तरित किया जाए। २. जिसे कुछ (सम्पत्ति आदि) हस्तान्तरित किया जाए। (अ° ट्रान्सफ़री)

अन्तरिम (अंतरिम)—[स° अन्तर + डिमच्] *वि°* १. बीच के समय का। *जैसे*—अन्तरिम व्यवस्था। २. जो अन्तिम निर्णय होने तक के लिए हो। जो बीच के समय के लिए हो। *जैसे*—अन्तरिम आज्ञा। ३. अल्पकालिक। अस्थायी। ✣ **अन्तरिम (अंतरिम) बजट**—*पु°* = (अर्थ°) चालू वित्त वर्ष के मध्य का अतिरिक्त बजट। ✣ **अन्तरिम (अंतरिम) लाभांश**—*पु°* = (अर्थ°) कम्पनी द्वारा वर्ष के बीच में अपने धारकों के लिए घोषित आन्तरिक लाभांश।

अन्तरीप (अंतरीप)—[स° अन्तर + आप + अच्, आ→ई] *स्त्री°* भूमि का समुद्र में दूर तक गया नुकीला भाग। (अ° केप)

अन्तरीय (अंतरीय)—[स° अन्तर + छ] *पु°* १. कमर से नीचे पहनने का कोई वस्त्र (धोती आदि)। अधोवस्त्र। २. अन्दर पहनने का वस्त्र (बनियान, जाँघिया आदि) *वि°* अन्तर से सम्बन्धित। अन्तर का।

अन्तरैक्य—[स° अन्तर् + ऐक्य] *पु°* आन्तरिक एकता। हृदयों की एकता।

अन्तर्गगन (अंतर्गगन)—[स° अन्तर् + गगन] *पु°* १. हृदयाकाश। २. हृदय में स्थित परमात्मा।

अन्तर्गत (अंतर्गत)—*वि°* १. भीतर समाया हुआ। अन्दर। २. सम्मिलित। शामिल। ३. गुप्त। Δ **पर्याय—दे° परिशिष्ट के 'पर्यायवाची' कोश में**—अन्तर्गत।

अन्तर्गति (अंतर्गति)—[स° अन्तर् + गति] *स्त्री°* मानसिक वृत्ति। भावना।

अन्तर्गिरि (अंतर्गिरि)—[स° अन्तर् + गिरि] *पु°* पर्वत का भीतरी भाग। *क्रिवि°* पहाड़ों में।

अन्तर्गूढ (अंतर्गूढ)—[स° अन्तर् + गूढ] *वि°* भीतर छिपा हुआ।

अन्तर्गृह/अन्तर्गेह (अंतर्गृह/अंतर्गेह)—[स° अन्तर् + गृह/गेह] *पु°* १. घर का भीतरी भाग। २. तहख़ाना। Δ **पर्याय**—अन्तर्भवन।

अन्तर्ग्रथन (अंतर्ग्रथन)—[स° अन्तर् + ग्रथन] *पु°* एक दूसरे से बँधना, गुँथना या जुड़ जाना। एक दूसरे में फँस या उलझ जाना। (अ° इन्टरलॉकिंग) ✣ **अन्तर्ग्रथित (अंतर्ग्रथित)**—*वि°* = परस्पर बँधा/गुँथा/जुड़ा/कसा/उलझा हुआ। *जैसे*—अन्तर्ग्रथित समस्याएँ।

अन्तर्ग्रस्त (अंतर्ग्रस्त)—[स° अन्तर् + ग्रस्त] *वि°* जो किसी अपराध, विपत्ति आदि में फँस गया हो।

अन्तर्ग्रह (अंतर्ग्रह)—[स° अन्तर् ~ ग्रह] (खगोल°) *पु°* वह ग्रह जो पृथ्वी की अपेक्षा सूर्य के अधिक समीप हैं। *जैसे*—बुध और शुक्र अन्तर्ग्रह हैं। (अ° इन्फ़ीरियर प्लैनिट)

अन्तर्घट (अंतर्घट)—[स° अन्तर् + घट] *पु°* १. हृदयरूपी घट। २. हृदय। मन।

अन्तर्जगत् (अंतर्जगत्)—*पु°* १. अन्दर का संसार। आन्तरिक जगत्। मानसिक जगत्। ∇ **विलोम**—बहिर्जगत्।

अन्तर्जात (अंतर्जात)—[स° अन्तर् + जात] *वि°* जो किसी वस्तु के भीतरी भाग से उत्पन्न हुआ हो या निकला हो।

अन्तर्जातीय (अंतर्जातीय)—[स° अन्तर् + जातीय] *वि°* किसी जाति के अन्दर ही अन्दर होनेवाला। *जैसे*—वे अन्तर्जातीय विवाह पसन्द करते हैं, अन्तरजातीय विवाह नहीं।

अन्तर्जानु (अंतर्जानु)—[स° अन्तर् + जानु] *वि°* जिसने अपने हाथों को घुटनों के बीच में रखा हुआ हो।

अन्तर्ज्ञान (अंतर्ज्ञान)—[स° अन्तर् ~ ज्ञान] (सन्तों आदि को होनेवाला) स्वयं स्फुरित ज्ञान। अन्तर्दृष्टि। (अ° इंन्ट्युशन) ✣ **अन्तर्ज्ञानवाद (अंतर्ज्ञानवाद)**—*पु°* = यह दार्शनिक मत कि सत्य का बोध अन्तर्ज्ञान/अन्तर्दृष्टि से ही होता है, अध्ययन आदि से नहीं। (अ° इन्ट्युशनलिज़्म)

अन्तर्ज्योति (अंतर्ज्योति)—[स॰ अन्तर् + ज्योति] *स्त्री॰* भीतर का प्रकाश। आत्मिक/आध्यात्मिक प्रकाश।

अन्तर्ज्वाला (अंतर्ज्वाला)—[स॰ अन्तर् ~ ज्वाला] *स्त्री॰* १. आन्तरिक ज्वाला। भीतरी आग। २. हृदय की आग। ३. चिन्ता। ४. सन्ताप।

अन्तर्दन्त्य (अंतर्दन्त्य)—[स॰ अन्तर् + दन्त्य] *वि॰* (भाषा॰) ऊपर-नीचे के दाँतों के बीच में जीभ रख कर उच्चारित की जानेवाली ध्वनि।

अन्तर्दर्शी (अंतर्दर्शी)—[स॰ अन्तर्दर्शिन्] *वि॰* १. दूसरे के मन की बात जाननेवाला। २. अपने दोष देखनेवाला। आत्मनिरीक्षक।

अन्तर्दशा (अंतर्दशा)—[स॰ अन्तर् + दशा] *स्त्री॰* मानसिक स्थिति। मनः स्थिति। मनोवृत्ति। (अ॰ मूड)

अन्तर्दशाह (अंतर्दशाह)—[स॰ अन्तर् ~ दशाह] *पु॰* (मृत व्यक्ति की सद्गति के लिए) मृत्यु के बाद दस दिन तक किए जाने वाले धार्मिक कृत्य।

अन्तर्दहन/अन्तर्दाह (अंतर्दहन/अंतर्दाह)—[स॰ अन्तर + दहन/दाह] *पु॰* १. भीतरी गरमी/जलन। सूजन। २. घोर मानसिक कष्ट।

अन्तर्दृगब्ज (अंतर्दृगब्ज)—[स॰ अन्तर् + दृगब्ज (दृक् + अब्ज)] *पु॰* अन्दर के नेत्र-कमल। अन्तर्दृष्टि।

अन्तर्दृष्टि—[स॰ अन्तर् ~ दृष्टि] *स्त्री॰* १. अन्तः ज्ञान। (दे॰) २. हृदय के नेत्र। ज्ञान-चक्षु। ३. किसी बात को देखने/जानने/समझने की आन्तरिक दृष्टि/शक्ति। ४. (साधना/पूजा में) बाहरी वस्तुओं से दृष्टि और मन हटाकर किया जानेवाला ध्यान। ***जैसे***—पद्मासन में बैठकर अन्तर्दृष्टि लगाओ।

अन्तर्देशीय (अंतर्देशीय)—[स॰ अन्तर्देश + छ] *वि॰* १. देश के आन्तरिक भागों से सम्बन्धित। २. देश के अन्दर का। ***जैसे***—अन्तर्देशीय सांस्कृतिक विकास; अन्तर्देशीय पत्र। ● **विशेष—'अन्तर्देशीय' और 'अन्तरदेशीय' का अन्तर ध्यान देने योग्य है।**

अन्तर्द्वन्द्व (अंतर्द्वंद्व)—[स॰ अन्तर् ~ द्वन्द्व] *पु॰* १. दो या अधिक विरोधी इच्छाओं की एक साथ पूर्ति सम्भव न होने के कारण उत्पन्न मानसिक तनाव। मानसिक द्वन्द्व। मानसिक संघर्ष।

अन्तर्द्वार (अंतर्द्वार)—[स॰ अन्तर् + द्वार] *पु॰* (घर का) गुप्त द्वार। चोर दरवाज़ा।

अन्तर्धान (अंतर्धान)—[स॰ अन्तर् + धान] *पु॰* अचानक छिप जाना। तिरोधान। अदर्शन। लोप। ***जैसे***—इतना कहकर देवता अन्तर्धान हो गया। ∇ **विलोम**—प्रकट।

अन्तर्धारा (अंतर्धारा)—[स॰ अन्तर् + धारा] *स्त्री॰* १. (नदी, समुद्र आदि में) जल के ऊपरी तल के नीचे-नीचे बहनेवाली धारा जो ऊपर से नहीं दिखती। ***जैसे***—ठंडे पानी की अन्तर्धारा भी होती है और गर्म पानी की अन्तर्धारा भी। २. किसी वर्ग/समाज आदि में ऊपर से पता न लगनेवाली विचारधारा या भावना। छिपी या दबी हुई धारणा या भावना।

अन्तर्ध्वंस (अंतर्ध्वंस)—[स॰ अन्तर् ~ ध्वंस] *पु॰* १. शरारतपूर्ण तोड़-फोड़। २. जान-बूझ कर पहुँचायी गयी क्षति। ✣ **अन्तर्ध्वंसक (अंतर्ध्वंसक)**—*पु॰* = अन्तर्ध्वंस करनेवाला। अन्तर्ध्वंसकर्ता।

अन्तर्नभ (अंतर्नभ)—[स॰ अन्तः + नभ] *पु॰* हृदयाकाश। हृदय।

अन्तर्नयन (अंतर्नयन)—[स॰ अन्तर् + नयन] *पु॰* १. अन्दर की आँखे। मन की आँखें। ज्ञान-चक्षु। २. अन्तर्दृष्टि।

अन्तर्नर (अंतर्नर)—[स॰ अन्तर् + नर] *पु॰* (मनो॰) स्त्री के स्वप्न में प्रकट होनेवाला पुरुष का प्रतीकरूप जिससे यह ज्ञात होता है कि वह कैसे गुणोंवाला पुरुष चाहती है। स्त्री के अचेतन मन में छिपा उसका पुरुष-पक्ष। (अ॰ एनिमस)

अन्तर्नाद (अंतर्नाद)—[स॰ अन्तर् + नाद] *पु॰* १. हृदय की वाणी। अन्तरात्मा की आवाज़। २. समाधि या ध्यान की अवस्था में सुनायी देनेवाली विशेष ध्वनि। अनाहत नाद।

अन्तर्नारी (अंतर्नारी)—[स॰ अन्तर् + नारी] *स्त्री॰* (मनो॰) पुरुषों के स्वप्न में प्रकट होनेवाला स्त्री का प्रतीकरूप जिससे यह ज्ञात होता है कि वह कैसे गुणोंवाली स्त्री चाहता है। पुरुष के अचेतन मन में छिपा उसका स्त्री-पक्ष।

अन्तर्निक्षिप्त (अंतर्निक्षिप्त)—[स॰ अन्तर् + निक्षिप्त] *वि॰* (व्या॰) बीच में रखा हुआ। (वाक्य के अन्दर रखा गया प्रासंगिक पद/वाक्यांश/शब्दसमूह) जो व्याकरण की दृष्टि से आवश्यक न हो और अवान्तर रूप से प्रयुक्त हुआ हो।

अन्तर्निनाद (अंतर्निनाद)—[स॰ अन्तर् + निनाद] *पु॰* योगियों को सुनायी पड़नेवाली हृदय और ब्रह्मांड में व्याप्त ध्वनि विशेष। अनाहत नाद।

अन्तर्निरीक्षण (अंतर्निरीक्षण)—[स॰ अन्तर् + निरीक्षण] *पु॰* आत्मनिरीक्षण। (अ॰ इन्ट्रांस्पेक्शन)

अन्तर्निलय (अंतर्निलय)—[स॰ अन्तर् ~ निलय] *पु॰* अन्तःकरण। हृदय। मन। ***जैसे***—अन्तर्निलय के तार झंकृत।

अन्तर्निविष्ट (अंतर्निविष्ट)—[स॰ अन्तर् + निविष्ट] *वि॰* १. दो वस्तुओं के बीच में आया हुआ या लाया गया। प्रक्षिप्त। २. अन्तर्निष्ठ। अन्तर्निहित। निहित।

अन्तर्निविष्टि (अंतर्निविष्टि)—[स॰ अन्तर् + निविष्टि] *स्त्री॰* अन्तर्निवेशन।

अन्तर्निवेशन (अंतर्निवेशन)—[स॰ अन्तर् + निवेशन] *पु॰* दो वस्तुओं के बीच में आना या पड़ना। प्रक्षेप। अन्तर्निविष्टि।

अन्तर्निष्ठ (अंतर्निष्ठ)—[स॰ अन्तर् + निष्ठ] *वि॰* अन्तर्निहित। निहित।

अन्तर्निहित (अंतर्निहित)—[स॰ अन्तर् + निहित] *वि॰* जो भीतर स्थित हो। समाविष्ट। निहित। ✣ **अन्तर्निहित वर्ण**—*पु॰* (कला॰) हल्का रंग।

अन्तर्नोद (अंतर्नोद)—[स॰ अन्तर् + नोद] *पु॰* (मनो॰) जीव को सक्रिय होने के लिए विवश करनेवाली और उसका व्यवहार किसी लक्ष्य विशेष की ओर निर्दिष्ट करनेवाली आन्तरिक प्रवृत्ति

और उत्साह। शारीरिक शक्तियों की गतिशील/उत्तेजित अवस्था।

अन्तर्बोध (अंतर्बोध)—[सं॰ अन्तः + बोध] १. अन्तःज्ञान। सहज ज्ञान। २. आत्मबोध। (मनो॰) शुभ-अशुभ या सत्-असत् को पहचानने की वह आन्तरिक शक्ति जो वांछनीय और उचित का बोध कराती है। अन्तश्चेतना।

अन्तर्भाव (अंतर्भाव)—[सं॰ अन्तर् + भाव] *पुं॰* १. अन्तर्गत होना। समावेश। २. मन का भाव। आशय। तात्पर्य। ३. तिरोभाव।

अन्तर्भावना (अंतर्भावना)—[सं॰ अन्तर् + भावना] *स्त्री॰* १. हृदयस्थ भावना। २. मन ही मन किया जाने वाला चिन्तन। (मनो॰) मानव-चित्त की एक विशेष प्रवृत्ति। किसी वस्तु को देख/सुनकर उसके गुणों (गति/विस्तार/कोमलता आदि) में 'स्व' का लय करके, उसके गुणों का 'स्व' में अनुभव करना। (अं॰ इन्फ़ीलिंग)

अन्तर्भावित (अंतर्भावित)—[सं॰ अन्तर् + भावित] *वि॰* १. अन्तर्गत किया हुआ। अन्तर्भूत। समाविष्ट। २. छिपाया हुआ।

अन्तर्भुक्त (अंतर्भुक्त)—[सं॰ अन्तर् + भुक्त] *वि॰* जो किसी वस्तु में पूरी तरह समा गया हो और अपना अलग अस्तित्व समाप्त कर चुका हो। ● **विशेष—'अन्तर्भुक्त' और 'अन्तर्भूत' का अन्तर ध्यान देने योग्य है।**

अन्तर्भूत (अंतर्भूत)—[सं॰ अन्तर् + भूत] *वि॰* जो किसी वस्तु में समाविष्ट हो। भीतर समाया हुआ। अन्तर्गत। ● **विशेष**—अन्तर्भूत पदार्थ का स्वतन्त्र अस्तित्व समाविष्ट होने के बाद भी बना रहता है। (दे॰ अन्तर्भुक्त)

अन्तर्भूमि (अंतर्भूमि)—[सं॰ अन्तर् + भूमि] *स्त्री॰* १. मानसिक स्थिति। २. सामान्य रागात्मक स्थितियों में से प्रत्येक।

अन्तर्भेद (अंतर्भेद)—[सं॰ अन्तर् ~ भेद] *पुं॰* आपसी झगड़ा। पारस्परिक झगड़े। झगड़ा-टंटा। ✣ **अन्तर्भेदी (अंतर्भेदी)**—*वि॰* = अन्तर्भेद उत्पन्न करनेवाला।

अन्तर्भौम (अंतर्भौम)—[सं॰ अन्तर् + भौम] *वि॰* भूमि के अन्दर का। भूगर्भीय।

अन्तर्मन्थन (अंतर्मंथन)—[सं॰ अन्तर् + मन्थन] *पुं॰* हृदय-मन्थन।

अन्तर्मना (अंतर्मना)—[सं॰ अन्तर्मनस्] *वि॰* १. अपने विचारों में ही डूबा हुआ। विचारमग्न। २. उदास।

अन्तर्मल (अंतर्मल)—[सं॰ अन्तर् + मल] *पुं॰* १. भीतर का मल/मैल/गन्दगी। २. मन में आनेवाले बुरे विचार। चित्तविकार।

अन्तर्महाद्वीपीय (अंतर्महाद्वीपीय)—[सं॰ अन्तर् + महाद्वीपीय] *वि॰* (भूविज्ञान॰) महाद्वीप के विशाल भागों को ढँकनेवाला। (अं॰ एपीरिक)। ✣ **अन्तरमहाद्वीपीय (अंतर्महाद्वीपीय) समुद्र**—*पुं॰* = (भूविज्ञान॰) महाद्वीप के विशाल भागों को ढँकनेवाला तथा खुले महासागर से सीमित रूप से सम्बन्धित समुद्र। उथला सागर। ● **विशेष**—उक्त समुद्र की गहराई २५० मीटर तक होती है।

अन्तर्मुख (अंतर्मुख)—[सं॰ अन्तर् + मुख] *वि॰* १. भीतर की ओर मुख वाला। २. भीतर की ओर जानेवाला। ३. अन्दर की ओर मुड़ा हुआ। ४.(वह मनुष्य) जो बाहर की ओर प्रवृत्ति वाला न हो। [मनो॰] (वे मनुष्य) जिनका ध्यान और शक्ति अपने पर ही केन्द्रित रहे। ∇ **विलोम**—बहिर्मुख। ***वा॰* अन्तर्मुख होना**—अपने तक ही सीमित रहना। ✣ **अन्तर्मुखी**—*वि॰* = जो अन्तर्मुख हो। ∇ **विलोम**—बहिर्मुखी।

अन्तर्य—[सं॰ अन्तर् + यत्] *वि॰* आन्तरिक। भीतरी।

अन्तर्यामिनी—[सं॰ अन्तर् + यामिनी] *वि॰* (*स्त्री॰*) १. (दूसरे के) हृदय की सब बातों को जाननेवाली। २. हृदय में स्थित।

अन्तर्यामी (अंतर्यामी)—[सं॰ अन्तर्यामिन्] *वि॰* १. (दूसरे के) हृदय की सब बातों को जाननेवाला। ***जैसे***—अन्तर्यामी भगवान्। २. हृदय में स्थित। *पुं॰* परमात्मा।

अन्तर्युति (अंतर्युति)—[सं॰ अन्तर् ~ युति] *स्त्री॰* (खगोल॰) किसी खगोलीय पिंड की वह अवस्था जब वह पृथ्वी और सूर्य के बीच होता है और पृथ्वी से उसका और सूर्य का एक ही खगोलीय अक्षांश प्रतीत होता है। (अं॰ इन्फ़ीरियर कन्जंक्शन)

अन्तर्योग (अंतर्योग)—[सं॰ अन्तर् + योग] *पुं॰* मानसिक पूजा।

अन्तर्रति (अंतर्रति)—[सं॰ अन्तर् ~ रति] *स्त्री॰* मैथुन। सम्भोग।

अन्तर्राष्ट्रीय (अंतर्राष्ट्रीय)—[सं॰ अन्तर् + राष्ट्रीय] *वि॰* राष्ट्र के अन्दर ही अन्दर होनेवाला। राष्ट्र में होने वाला। २. राष्ट्र की भीतरी बातों से सम्बन्धित। ● **विशेष—'अन्तर्राष्ट्रीय' और 'अन्तरराष्ट्रीय' का अन्तर ध्यान देने योग्य है।**

अन्तरुद्ध (अन्तरुद्ध)—[सं॰ अन्तर् √ रुध् + क्त] *वि॰* १. जिसे बीच में रोका या पकड़ लिया गया हो। २. जिसमें रुकावट पड़ी हो। व्यवहित। Δ **पर्याय**—अन्तरोधित।

अंतरोधन—[सं॰ अन्तर् ~ रोधन] *पुं॰* १. (एक स्थान से दूसरे स्थान को जानेवाले व्यक्ति आदि को) बीच में रोक/पकड़ लेना। ***जैसे***—मेरे पत्र का कहीं अन्तरोधन होने से ही आपको नहीं मिला। २. व्यवधान। बाधा। रुकावट। ✣ **अन्तरोधित**—*वि॰* = १. जिसे बीच में रोका या पकड़ लिया गया हो। २. जिसमें रुकावट पड़ी हो। बाधित/व्यवहित। Δ **पर्याय**—अन्तरुद्ध।

अन्तरोधी (अंतरोधी)—[सं॰ अन्तर + रोधी, रोधीन] *वि॰* अन्तःस्थ। (दे॰) ✣ **अन्तरोधी (अंतरोधी) राज्य**—*पुं॰* = (राज॰) अन्तःस्थ राज्य।

अन्तर्लयन (अंतर्लयन)—[सं॰ अन्तर् + लयन] *पुं॰* आत्मसात् करना। आत्मसात्करण। (अर्थ॰) बड़ी कम्पनी में किसी छोटी कम्पनी का पूर्ण विलयन। आत्मसात्करण। (अं॰ एब्सार्प्शन)

अन्तर्लापिका (अंतर्लापिका)—[सं॰ अन्तर ~ लापिका] *स्त्री॰* वह पहेली जिसका उत्तर उसी के शब्दों में छिपा हो।

अन्तर्लीन (अंतर्लीन)—[सं॰ अन्तर् + लीन] *वि॰* १. भीतर छिपा हुआ। ***जैसे***—नगर में कहीं अन्तर्लीन। २. डूबा हुआ। ***जैसे***—जल में अन्तर्लीन। ३. ध्यानमग्न। ***जैसे***—विचारों में अन्तर्लीन।

अन्तर्वर्ग (अंतर्वर्ग)—[सं॰ अन्तर् + वर्ग] *पुं॰* किसी वर्ग (विभाग) के अन्तर्गत छोटा वर्ग। उपवर्ग।

अन्तर्वर्तित (अंतर्वर्तित)—[स॰ अन्तर् + वर्तित] *वि॰* १. अन्दर की ओर मुड़ा हुआ। २. अन्तर्मुखी (व्यक्ति)। अन्तर्मुख। ३. ध्यान में स्थित। ध्यानस्थ। एकाग्र।

अन्तर्वर्ती (अंतर्वर्ती)—[स॰ अन्तर्वर्तिन्] *वि॰* १. भीतर रहनेवाला। अन्दर विद्यमान। २. अन्तर्व्यापी। ३. एक अवस्था से दूसरी अवस्था में परिवर्तन का। संक्रान्ति का। ***जैसे***—अन्तर्वर्ती समय। (अ॰ इमेनेन्ट, ट्रान्जिश्नल) ✣ **अन्तरवर्तिनी (अंतर्वर्तिनी)**—*वि॰ (स्त्री॰)*।

अन्तर्वल्कल (अंतर्वल्कल)—[स॰ अन्तर् + वल्कल] *पु॰* वृक्ष की भीतरी छाल।

अन्तर्वस्तु (अंतर्वस्तु)—[स॰ अन्तर् + वस्तु] *स्त्री॰* (काव्य॰) किसी कृति की विषयवस्तु।

अन्तर्वस्त्र (अंतर्वस्त्र)—[स॰ अन्तर् + वस्त्र] *पु॰* अन्य वस्त्रों के नीचे पहनने का कोई वस्त्र (जाँघिया आदि)।

अन्तर्वाणिज्य (अंतर्वाणिज्य)—[स॰ अन्तर् + वाणिज्य] *पु॰* देश के अन्दर होनेवाला व्यापार। आभ्यन्तर व्यापार।

अन्तर्वास (अंतर्वास)—[स॰ अन्तर् + वास] *पु॰* (भवन/महल का) अन्त:पुर। ✣ **अन्तर्वासक (अंतर्वासक)**—*पु॰* = (प्राचीन काल में) अन्त:पुर का निरीक्षक। *वि॰* = अन्त:पुर से सम्बन्धित।

अन्तर्विकार (अंतर्विकार)—[स॰ अन्तर् + विकार] *पु॰* १. मन का कोई विकार। मानसिक विकार/दोष। २. शरीर के स्वाभाविक धर्म (भूख, प्यास, निद्रा आदि)

अन्तर्विभागीय (अंतर्विभागीय)—[स॰ अन्तर्विभाग + छ] *वि॰* विभिन्न विभागों के बीच में होनेवाला। ***जैसे***—अन्तर्विभागीय प्रतियोगिताएँ।

अन्तर्विवाह (अंतर्विवाह)—[स॰ अन्त: + विवाह] किसी निर्धारित समूह में ही विवाह करना (जैसे—अपनी उपजाति/सम्प्रदाय में ही विवाह करना)।

अन्तर्विवेक (अंतर्विवेक)—[स॰ अन्तर् + विवेक] सत् और असत्, शुभ और अशुभ तथा कर्तव्य और अकर्तव्य का भेद करानेवाली सहज आन्तरिक शक्ति। सत् और असत् में अन्तर करनेवाला विवेक। सदसद्विवेक।

अन्तर्विषयक (अंतर्विषयक)—[स॰ अन्तर् + विषयक] *वि॰* विभिन्न विषयों के परस्पर सम्बन्ध का। ***जैसे***—धर्म, साहित्य और कला का अन्तर्विषयक अध्ययन।

अन्तर्विष्ट (अंतर्विष्ट)—[स॰ अन्तर् + विष्ट] *वि॰* जो किसी वस्तु के भीतर जोड़ा/जड़ा गया हो। सन्निविष्ट। ***जैसे***—अन्तर्विष्ट दृश्य; अन्तर्विष्ट दृश्यांश। (अ॰ इनसेट) ● **विशेष—अन्तर्विष्ट चित्र** = चित्र/मानचित्र के कोने में जोड़ा गया छोटा चित्र। सन्निविष्ट चित्र।

अन्तर्वृत्त (अंतर्वृत्त)—[स॰ अन्तर् + वृत्त] *पु॰* (गणित॰) वह वृत्त जो त्रिभुज की सब भुजाओं को स्पर्श करता है और पूर्णत: त्रिभुज के अन्दर है। (अ॰ इनसर्किल)

अन्तर्वेग (अंतर्वेग)—[स॰ अन्तर् + वेग] *पु॰* १. आन्तरिक चिन्ता। २. मन की घबराहट।

अन्तर्वेद (अंतर्वेद)—[< स॰ अन्तर्वेदी] *पु॰* दो नदियों के बीच का क्षेत्र। दोआबा। *पु॰* गंगा और यमुना नदी के बीच का क्षेत्र।

अन्तर्वेदना (अंतर्वेदना)—[स॰ अन्तर् + वेदना] *स्त्री॰* मन में छिपी वेदना। मानसिक व्यथा।

अन्तर्वेदी (अंतर्वेदी)—[स॰ अन्तर ~ वेदी] *पु॰* १. यज्ञ-वेदियों वाली भूमि। २. दो नदियों के मध्य की भूमि। दोआबा। ३.अन्तर्वेद क्षेत्र का रहनेवाला।

अन्तर्वेशन (अंतर्वेशन)—[स॰ अन्तर् + वेशन] *पु॰* १. सम्मिलित करने का कार्य। २. (किसी ग्रन्थ में) लेखक से भिन्न व्यक्ति द्वारा बाद में अतिरिक्त अंश जोड़ा जाना। ३. प्रक्षिप्त अंश। प्रक्षेप। (अ॰ इंटरपोलेशन) ✣ **अन्तर्वेशित (अंतर्वेशित)**—*वि॰* १. जिसे सम्मिलित किया गया हो। २. (ग्रन्थ में) प्रक्षिप्त।

अन्तर्व्यथा (अंतर्व्यथा)—[स॰ अन्तर् + व्यथा] मन की पीड़ा। अन्तर्वेदना।

अन्तर्व्याधि (अंतर्व्याधि)—[स॰ अन्तर् ~ व्याधि] *स्त्री॰* भीतरी रोग। अन्दरूनी बीमारी।

अन्तर्व्योम(अंतर्व्योम)—[स॰ अन्तर् ~ व्योम] *पु॰* हृदयाकाश। हृदय। **उदा॰** तप्त होता क्षुद्र अन्तर्व्योम पहले व्यक्ति का। —दिनकर (कुरुक्षेत्र, पृ॰ १४)

अन्तर्व्रण (अंतर्व्रण)—[स॰ अन्तर् + व्रण] *पु॰* १. भीतर का फोड़ा। अन्दरूनी फोड़ा। २. शरीर की भीतरी चोट।

अन्तर्हास (अन्तर्हास)—[स॰ अन्तर् ~ हास] *पु॰* ऐसी हँसी जो खुलकर न हो। मन में ही रहनेवाली हँसी। मन ही मन की मुस्कराहट।

अन्तर्हित (अंतर्हित)—[स॰ अन्तर् √धा + क्त, हि-आदेश] *वि॰* १. जो अन्तर्धान हो गया हो। अदृश्य। ग़ायब। **उदा॰** तम से सब होंगे अन्तर्हित। —महादेवी वर्मा (दीपशिखा, पृ॰ ९५) २. समाविष्ट। ३. निहित। ४. छिपा हुआ। गूढ़।

अन्तर्हिमानी (अंतर्हिमानी)—[स॰ अन्तर् + हिमानी] *स्त्री॰* (भूविज्ञान॰) १. हिमनद के भीतरी भाग से सम्बन्धित। २. हिमनद के आरपार जानेवाला। ***जैसे***—अन्तर्हिमानी धारा।

अन्तर्हृदय (अंतर्हृदय)—[स॰ अन्तर् + हृदय] *पु॰* हृदय का भीतरी भाग।

अन्तलोप (अंतलोप)—[स॰ अन्त ~ लोप] *पु॰* (व्या॰) शब्द के अन्तिम अक्षर का लोप/अभाव।

अन्तवेला (अंतवेला)—[स॰ अन्त ~ वेला] *स्त्री॰* मृत्यु का समय। मरण-काल।

अन्तशेष (अंतशेष)—[स॰ अन्त ~ शेष] *पु॰* (वाणि॰) रोकड़बाक़ी।

अन्तश्चित्त (अंतश्चित्त)—[स॰ अन्तस् + चित्त] *पु॰* अन्त:करण। मन।

अन्तश्चेतना (अंतश्चेतना)—[स॰ अन्तस् + चेतना] *स्त्री॰* शुभ-

अशुभ अथवा सत्-असत् पहचानने की आन्तरिक शक्ति जो व्यक्ति का उचित मार्गदर्शन करती है। अन्तर्ज्ञान। अन्तर्बोध।

अन्तश्छद (अंतश्छद)—[स॰ अन्तस् + छद] *वि॰* १. भीतर का आवरण। २. छत के अन्दर का।

अन्तस् (अंतस्)— दे॰ अन्तः।

अन्तस्तत्त्व/अंतस्तत्त्व—[स॰ अन्तस् + तत्त्व] १. मन में रखी हुई बात। २. अन्दर का तत्त्व।

अन्तस्तप्त (अंतस्तप्त)—[स॰ अन्तस् + तप्त] *वि॰* १. दुखी मन वाला। मनस्तप्त। २. जिसे भीतरी बुखार हो।

अन्तस्तल (अंतस्तल)—[स॰ अन्तर् + तल] *पु॰* हृदय। मन।

अन्तस्ताप (अंतस्ताप)—[स॰ अन्तर् + ताप] *पु॰* १. मानसिक दुःख या सन्ताप। मनस्ताप। २. भीतरी बुखार।

अन्तस्त्वचा (अंतस्त्वचा)—[स॰ अन्तस् + त्वचा] त्वचा की भीतरी परत।

अन्तस्थ (अंतस्थ)—[स॰ अन्त + स्थ] *वि॰* (किसी वस्तु के) अन्त में रहनेवाला। अन्त में स्थित। अन्तिम। ***जैसे***—पंक्ति का अन्तस्थ व्यक्ति।

***अन्तहिँ (अन्तहिँ)**—[< स॰ अन्त] *क्रिवि॰* अन्त में।

***अन्तहुँ/अन्तहु** [< स॰ अन्त] *क्रिवि॰* अन्त में भी। अन्ततः। आख़िरकार।

अन्तांश (अंतांश)—[स॰ अन्त ~ अंश] *पु॰* १. अन्त का भाग। अन्तिम भाग। २. सिरे का भाग।

***अन्तावरी (अंतावरी)**—[< स॰ अन्त्रावली] *स्त्री॰*, आँतें।

अन्तिक (अंतिक)—[स॰ √अन्त् + घञ् + ठन्] *वि॰* १. अन्त तक पहुँचनेवाला। २. पास का। समीपी। नज़दीकी। ३. *पु॰* १. पड़ोस। २. पड़ोसी। ३. समीपता। निकटता।

अन्तिम (अंतिम)—[स॰ अन्त + डिमच्] *वि॰* क्रम में सबसे अन्त में होने/रहने वाला। सबसे बाद/पीछे का। आख़िरी। ***जैसे***—परीक्षा का अन्तिम दिन। आज की अन्तिम घटना। ∇ **विलोम**—प्रथम। ***वा॰*** **अन्तिम घड़िया गिनना**—मृत्यु के निकट होना। मरणासन्न होना। **अन्तिम घड़ी आना**—मृत्यु का समय आना। **अन्तिम साँस लेना**—मर जाना। **अन्तिम साँसें गिनना/लेना**—१. मृत्यु के निकट होना। मरणासन्न होना। २. समाप्ति पर होना। ***जैसे***—तब मुग़ल शासन अन्तिम साँसें ले रहा था। ✣ **अन्तिम (अंतिम) यात्रा**—*स्त्री॰* = मृत्यु। मरण। ✣ **अन्तिम (अंतिम) लेखे**—*पु॰* = (अर्थ॰) पिछली लेखा-अवधि में प्रतिष्ठान की लाभ-हानि और अद्यतन आर्थिक स्थिति जानने के लिए तैयार किए गए लेखे और विवरण। ✣ **अन्तिम अङ्क (अंतिम अंक)**—*पु॰* = नौ का अंक। ९। ✣ **अन्तिमता (अंतिमता)**—*स्त्री॰* = १. अन्तिम होने की स्थिति/भाव। अन्तिम होना। २. अन्तिम अवस्था। चरमावस्था। ३. निर्णायकता। ४. निश्चयात्मकता। ✣ **अन्तिम (अंतिम) परिष्करण**—*पु॰* (कला॰, वस्तु॰) १. अन्तिम सुधार। २. काम पूरा करने की अन्तिम कार्यवाही। (अ॰ फ़िनिशिंग टच) ✣ **अन्तिम (अंतिम) बिन्दु**—*पु॰* = (रसायन॰) अनुमापन करते समय वह अवस्था जिसमें अभिक्रिया पूर्ण हो जाती है। (अ॰ एंड प्वाइंट)

अन्तिमाङ्गुलि (अंतिमांगुलि)—[स॰ अन्तिम ~ अङ्गुलि] *स्त्री॰* सब से छोटी उँगली। कनिष्ठिका।

अन्तिमेत्थम् (अंतिमेत्थम्)—[स॰ अन्तिम ~ इत्थम्] निर्धारित अवधि बताते हुए दी गयी चेतावनी जिसके अनुसार कार्य न करने पर कोई भयानक परिणाम होगा अथवा मैत्री समाप्त हो सकती है और युद्ध आरम्भ हो सकता है। (अ॰ अल्टिमेटम)

अन्ते[1] (अंते[1])—[स॰ अन्त] *क्रिवि॰* १. अन्त में। २. परिणामतः। फलतः।

†अन्ते[2] (अंते[2])—≤ *स॰* अन्यत्र। दूसरी जगह। ***जैसे***—अन्ते जाय बलाय।

***अन्तेउर/अन्तेवर (अंतेउर/अंतेवर)**—*पु॰* ≤ *स॰* अन्तःपुर। (दे॰)

अन्तेवासी—[स॰ अन्तेवासिन्] *वि॰* १. सीमा पर रहने वाला। २. समीप रहनेवाला। *पु॰* १. गुरु के पास रहकर विद्याध्ययन करनेवाला विद्यार्थी। २.(गाँव की सीमा पर रहनेवाला) चांडाल।

अन्तोपयोगी (अंतोपयोगी)—[स॰ अन्त ~ उपयोगी] *वि॰* जो अन्त में उपयोगी/लाभप्रद हो।

अन्त्य (अंत्य)—[स॰ अन्त + यत्] *वि॰* १. सब के अन्त में होने/रहनेवाला। सबसे अन्त में आनेवाला। अन्तिम। २. सबसे नीचा/हल्का/बुरा। *पु॰* १. शब्द का अन्तिम अक्षर। अन्त्याक्षर। २. चांडाल। ३. अन्तिम चान्द्रमास। फाल्गुन मास। फागुन। (ज्योतिष॰) १. अन्तिम राशि। मीन राशि। २. (अश्विनी आदि नक्षत्रों में) अन्तिम नक्षत्र। रेवती नक्षत्र। (गणित॰) सौ नील की संख्या ($१०^{१५}$) ✣ **अन्त्य (अंत्य) कर्म**—*पु॰* = अन्त्येष्टि। ✣ **अन्त्य (अंत्य) क्रिया**—*स्त्री॰* = अन्त्येष्टि। ✣ **अन्त्य (अंत्य) युग**—*पु॰* = अन्तिम युग। कलियुग। ✣ **अन्त्यज/अन्त्यजन्मा (अंत्यज/अंत्यजन्मा)**—*पु॰* = १. शूद्र। २. चांडाल। ✣ **अन्त्यजाति/अन्त्यजातीय**—*वि॰* = १. किसी नीच जाति का। *पु॰* = १. शूद्र। २. चांडाल। ✣ **अन्त्यलोप (अंत्यलोप)**—*पु॰* किसी शब्द के अन्तिम अक्षर का लोप।

अन्त्यश्रुति (अंत्यश्रुति)—[स॰ अन्त्य ~ श्रुति] *स्त्री॰* (भाषा॰) परश्रुति।

अन्त्याक्षर (अंत्याक्षर)—[स॰ अन्त्य ~ अक्षर] *पु॰* १. शब्द/पद का अन्तिम अक्षर। २. (कविता में) चरण का अन्तिम अक्षर। ✣ **अन्त्याक्षरी (अंत्याक्षरी) प्रतियोगिता**—*स्त्री॰* = एक प्रकार की प्रतियोगिता या खेल जिस में आरम्भ करने के लिए प्रथम प्रतियोगी के द्वारा सुनाए गए पद्य के अन्तिम अक्षर से आरम्भ होनेवाला कोई पद्य दूसरे प्रतियोगी दल के सदस्य को सुनाना होता है और उसके अन्तिम अक्षर से आरम्भ होनेवाला पद्य प्रथम प्रतियोगी दल के किसी सदस्य को, और इसी प्रकार क्रम चलता रहता है तथा न सुना सकनेवाला दल हार जाता है।

अन्त्याश्रम (अंत्याश्रम)—[सं॰ अन्त्य ~ आश्रम] *पुं॰* ब्रह्मचर्य आदि चारों आश्रमों में से अन्तिम। सन्यासाश्रम। ✣ **अन्त्याश्रमी (अंत्याश्रमी)**— *पुं॰* = सन्यासी।

अन्त्येष्टि (अंत्येष्टि)—[सं॰ अन्त्य ~ इष्टि] *पुं॰* मृतक-संस्कार के रूप में किया गया यज्ञ-कर्म। दाह-संस्कार। अन्तिम संस्कार। अन्तक्रिया।

अन्त्योदय (अंत्योदय)—[सं॰ अन्त्य + उदय] *पुं॰* (राज॰) समाज के सबसे कमज़ोर, दलित और पिछड़े हुए वर्गों के कल्याण की विशेष योजनाएँ बनाने का सिद्धान्त या नीति।

अन्त्र (अंत्र)—[सं॰ √ अन्त् + ष्ट्रन्] *पुं॰* आँत। अँतड़ी। ● **विशेष**— पेट की गुड़गुड़ाहट को '**आँतों का बोलना**', '**अन्त्र-कूज**' या '**अन्त्र-कूजन**' कहते हैं। आँतों की सूजन को '**अन्त्र-प्रदाह**' कहते है। आँत उतरने की बीमारी '**अन्त्र-वृद्धि**' कही जाती है। ✣ **अन्त्रस्रक् (अंत्रस्रक्)**— *स्त्री॰* = आँतों की माला। ***जैसे***—भगवान् नृसिंह अन्त्रस्रक् पहने हुए थे।

अन्दर (अंदर)—[< सं॰ अन्तर, अथवा फा॰ अन्दर] *क्रिवि॰* १. भीतरी भाग में। भीतर। भीतर की ओर। ***जैसे***—अन्दर जाओ। [∇ **विलोम**—बाहर।] २. अन्तर्गत। भीतर। ***जैसे***—वह एक मास के अन्दर आ जा जाएगा। *पुं॰* १. वहं जो किसी में स्थित हो। २. किसी मकान/क्षेत्र/देश/स्थान आदि का भीतरी भाग। ***वा॰*** **अन्दर-अन्दर कड़ाही में गुड़ पकाना**—गुप्त सलाह करना। **अन्दर की साँस अन्दर और बाहर की (साँस) बाहर रह जाना**— स्तब्ध रह जाना। **अन्दर नज़र आना, अन्दर हो जाना, अन्दर होना**—कारागार/हवालात में बन्द कर दिया जाना। ✣ **अन्दरूनी (अंदरूनी)**— *वि॰* = आन्तरिक। भीतरी। ***जैसे***—अंदरूनी बीमारी। ∇ **विलोम**—बाहरी।

अन्दाज़ (अंदाज़)—[फा॰] *पुं॰* १. अनुमान। अटकल। अन्दाज़ा। २. शैली। पद्धति। ढंग। ढब। तर्ज़। ३. हाव-भाव। ***जैसे***—इस युवती के अन्दाज़ निराले हैं। ***वा॰*** **अन्दाज़ उड़ा लेना**—किसी की शैली की नक़ल करना। **अन्दाज़ भिड़ाना**—अनुमान करना।

अन्दु/अन्दुक/अन्दू (अंदु/अंदुक/अंदू)—[सं॰ √ अन्द् + कु, अन्दु + कन्, अन्दु + ऊङ्] *स्त्री॰* १. हाथी के पैर में बाँधने की ज़ंजीर। अँदुआ। २. नूपुर।

अन्देशा (अंदेशा)—[< फा॰ अन्देश:] *पुं॰* १. आशंका। खटका। २. भय। ३. चिन्ता। फ़िक्र। ४. शंका। संशय।

***अन्देस/अन्देसा/अन्देह/अन्दोह (अंदेस/अंदेसा/अंदेह/अनदोह)**— *पुं॰* ≤ अन्देशा।

***अन्दोर (अंदोर)**—[< सं॰ आन्दोलन] *पुं॰* १. आन्दोलन। हलचल। २. कोलाहल। शोर।

अन्ध (अंध)—[सं॰ √ अन्ध् + अच्] *वि॰* १. जिसे दिखाई न दे। दृष्टिहीन। अन्धा। २. जो बिना सोचे-समझे किया गया हो। जो आँखें मूँद कर किया गया हो। ***जैसे***—अन्ध अनुकरण। ३. जिसे अपना भला-बुरा समझ में न आ रहा हो या न आता हो। मूर्ख। नासमझ। *पुं॰* १. अन्धकार। अँधेरा। २. अज्ञान। ३. उल्लू। ४. चमगादड़।

अन्धक (अंधक)—[सं॰ अन्ध + कन्] *वि॰* दृष्टिहीन। अन्धा। *पुं॰* अन्धा व्यक्ति।

अन्धकक्ष (अंधकक्ष)—[सं॰ अन्ध ~ कक्ष] *पुं॰* फ़ोटो-चित्रों को तैयार करने का अँधेरा कमरा। (अं॰ डार्क रूम)

अन्धकार (अंधकार)—[सं॰ अन्ध + कार] *पुं॰* अँधेरा। अँधियारा। ∇ **विलोम**—प्रकाश। ***वा॰*** **अन्धकार छा जाना**—चारों ओर प्रतिकूल परिस्थितियाँ ही होना। **अन्धकार दूर होना**—अज्ञान दूर होना। **अन्धकार नज़र आना**—१. चारों ओर प्रतिकूल परिस्थितियाँ दिखायी पड़ना। २. निराशापूर्ण मन होना। **अन्धकार में रहना/होना**—१. अज्ञानी रहना/होना। २. वस्तुस्थिति से अनभिज्ञ रहना/होना। ✣**अन्धकारमय (अंधकारमय)**— *वि॰* = अन्धकार से पूर्ण। अन्धकार युक्त। ✣ **अन्धकार-युग (अंधकार-युग)**— *पुं॰* = १. किसी देश आदि का ऐसा कालखंड जिसमें बौद्धिक दृष्टि से अविकसित अवस्था रही हो। ***जैसे***—यूरोप में ५वीं शताब्दी ईसवी तक अन्धकार युग चल रहा था। २. किसी देश आदि का ऐसा कालखंड जिसके विषय में ऐतिहासिक घटनाओं, कलात्मक गतिविधियों, साहित्य-रचना, ज्ञान-साधना, राजनीतिक व्यवस्था, आर्थिक व्यवस्था इत्यादि रहने का कोई प्रमाण न मिलता हो। ***जैसे***—भारत के अब तक के दस हज़ार वर्षों के इतिहास के किसी भी काल को 'अन्धकार-युग' नहीं कहा जा सकता।

अन्धकारि (अंधकारि)—[सं॰ अन्धक ~ अरि] *पुं॰* (अन्धकासुर का वध करनेवाला) शिव। महादेव।

अन्धकूप (अंधकूप)—[सं॰ अन्ध ~ कूप] *पुं॰* १. सूखा हुआ कुआँ जिसके अन्दर अँधेरा हो और कुछ दिखायी न पड़ता हो अथवा जो ऊपर से घास-पत्तों से ढँक गया हो जिससे पहचान में ही न आता हो कि यह कुआँ है। अन्धा कुआँ। २. घोर अन्धकार। गहरा अँधेरा। ३. अज्ञान। ४. (लाक्षणिक) ऐसा स्थान जहाँ जाकर मनुष्य विपत्ति में फँस जाता है या फँस सकता है। ***वा॰*** **अन्धकूप में डालना**—१. अहित करना। २. बहुत कठिनाई में फँसा देना। **अन्धकूप में पड़ना**—ऐसी कठिनाई में पड़ना जिससे बाहर निकलने का मार्ग न दिखाई देता हो।

अन्ध-गति (अंध-गति)—[सं॰] *स्त्री॰* अन्धे मनुष्य के समान दशा। किंकर्तव्यविमूढ़ता की स्थिति।

अन्ध-घाती—[सं॰ अन्धघातिन्] *पुं॰* १. (अन्धकासुर को मारनेवाला) शिव। महादेव। २. (अन्धकार को नष्ट करनेवाला) सूर्य, चन्द्र या अग्नि।

अन्धजाल—[सं॰ अन्ध ~ जाल] *पुं॰* घोर अँधेरा।

अन्धड़ (अंधड़)—[< हिं॰ आँधी] *पुं॰* तेज़ आँधी जिसके कारण धूल छा जाए और कुछ भी देख पाना कठिन हो जाए।

अन्धतमस (अंधतमस)—[सं॰ अन्ध ~ तमस] घोर अन्धकार। गहरा अँधेरा। अन्धतामस।

अन्धतामस (अंधतामस)—[स॰ अन्ध ~ तामस] *पु॰* घोर अँधेरा।

अन्धतामिस्र (अंधतामिस्र)—[स॰ अन्ध ~ तामिस्र] *पु॰* १. घोर अन्धकार। गहरा अँधेरा। २. अज्ञान। ३. (पुराण-वर्णित) एक नरक।

***अन्धधुन्ध (अंधधुंध)**—[< हि॰ अन्धाधुन्ध] *पु॰* १. घोर अन्धकार। गहरा अँधेरा। २. अनरीति। अन्धेरा।

अन्धनाल (अंधनाल)—[स॰ अन्ध ~ नाल] *पु॰, स्त्री॰* (प्राणि॰) आहार नाल से निकली हुई, बन्द सिरे वाली कोई नली-जैसी संरचना। (अ॰ सीकम) ● **विशेष**—स्तनियों में यह छोटी आँत और बड़ी आँत के संगम से निकलती है। शाकाहारी प्राणियों में अन्धनाल बहुत लम्बी होती है परन्तु मांसाहारी प्राणियों में बहुत छोटी होती है या होती ही नहीं।

अन्धपरम्परा (अंधपरंपरा)—[स॰ अन्ध ~ परम्परा] *स्त्री॰* बिना विचार किए किसी पुरानी रीति पर चलते रहना। पुरानी प्रथा का अन्धानुकरण। भेड़िया धँसान।

***अन्धबाई (अंधबाई)**—*स्त्री॰* ≤ *हि॰* आँधी।

अन्धभक्त (अंध भक्त)—[स॰ अन्ध + भक्त] *पु॰* (किसी पर) पूर्ण श्रद्धावाला भक्त जो किसी विरोधी तर्क को न माने।

अन्धमति (अंधमति)—[स॰ अन्ध ~ मति] *वि॰* अन्धी बुद्धि वाला।

***अन्धर[१] (अंधर[२])**—*पु॰* ≤ *स॰* अन्धकार। अँधेरा।

***अन्धरा/अन्धला (अंधरा/अंधला)**—[< हि॰ अन्धा] *वि॰* १. अन्धा। २. अज्ञानी। मूर्ख।

अन्धविश्वास (अंधविश्वास)—[स॰ अन्ध ~ विश्वास] *पु॰* किसी प्रचलित रीति या बात को, जिसका कोई तर्कसंगत आधार न हो, मान लेना। विचाररहित विश्वास।

अन्धव्यवस्था (अंधव्यवस्था)—[स॰ अन्ध ~ व्यवस्था] *स्त्री॰* दुर्व्यवस्था। कुप्रबन्ध।

अन्धश्रद्धा (अंधश्रद्धा)—[स॰ अन्ध ~ श्रद्धा] *स्त्री॰* बिना विचार और बिना परीक्षा किए की जाने वाली श्रद्धा।

अन्धाधुन्ध (अंधाधुंध)—[< स॰ अन्ध + हि॰ धुन्ध] *पु॰* १. घोर अन्धकार। गहरा अँधेरा। २. ऐसी अव्यवस्था/स्थिति जिसमें किसी विचारपूर्ण बात का विचार न हो। धींगाधींगी। ३. न्यायहीनता। अन्याय। *वि॰* बहुत अधिक। ***जैसे***—अन्धाधुन्ध शराब पीना; अन्धाधुन्ध खर्च। *क्रिवि॰* बिना सोचे-समझे। अविवेकपूर्वक। ***जैसे***—जंगलों को अन्धाधुन्ध काटने से होनेवाली हानि। ***वा॰* अन्धाधुन्ध मचाना**—अन्याय करना। **अन्धाधुन्ध लुटाना**—बिना विचार किए बहुत अधिक ख़र्च करना। **अन्धाधुन्ध सरकार होना**—मनमानी करनेवाली स्थिति होना। ⁘ **अन्धाधुन्धी (अंधाधुंधी)**—*स्त्री॰* = १. घोर अन्धकार। गहरा अँधेरा। २. ऐसी अव्यवस्था की स्थिति जिसमें किसी क्रम या विचारपूर्ण बात का विचार न हो। धींगाधींगी। ३. न्यायहीनता। अन्याय। अन्धेर। ४. बहुत अधिकता।

अन्धानुकरण (अंधानुकरण)—[स॰ अन्ध ~ अनुकरण] १. आँख मूँदकर किसी के पीछे चलना। २. बिना विचार या परीक्षा किए किसी व्यक्ति, रीति-रिवाज, संस्था या मान्यता का अनुकरण।

अन्धानुयायी (अंधानुयायी)—[स॰ अन्ध ~ अनुयायी (अनुयायिन्)] वि, *पु॰* अन्धानुकरण करनेवाला।

अन्धानुरक्त (अंधानुरक्त)—[स॰ अन्ध ~ अनुरक्त] १. बिना सोचे-समझे भक्ति करनेवाला। अन्ध श्रद्धालु। २. बिना भली प्रकार विचार किए, किसी से अनुराग करनेवाला। अन्धप्रेमी।

अन्धानुसरण (अंधानुसरण)—[स॰ अन्ध ~ अनुसरण] बिना विचार या तर्क किए किसी का अनुगमन।

अन्धान्त्र (अंधांत्र)—[स॰ अन्ध ~ अँन्त्र] *पु॰* (चिकित्सा॰) बड़ी आँत का प्रथम भाग बनाती हुई एक बन्द थैली।

अन्धाहुली (अंधाहुली)—[देशज] नीले फूलों वाला एक क्षुप। शंखाहुली। चोरपुष्पी। शंखपुष्पी।

अन्धिका (अंधिका)—[स॰ √अन्ध् + ण्वुल् + टाप्, इत्व] *स्त्री॰* १. रात्रि। रात। २. 'आँखमिचौनी' नामक खेल।

अन्धी (अंधी)—[< हि॰ अन्धा] *वि॰* (*स्त्री॰*) दृष्टिहीन (स्त्री)। (लाक्षणिक) १. अपना भला-बुरा सोचने में असमर्थ (स्त्री)। २. विचारहीन (स्त्री)। ४. बिना सोचे-समझे काम करनेवाली। ५. अज्ञानी/मूर्ख (स्त्री)। *स्त्री॰* १. दृष्टिहीन स्त्री। २. अज्ञानी/मूर्ख स्त्री।

अन्धेर (अंधेर)—[< स॰ अन्धकार] *पु॰* १. ऐसी अव्यवस्थापूर्ण स्थिति जिसमें क्रम/विचार/न्याय आदि का अभाव हो। २. अशान्तिपूर्ण स्थिति। ३. अनीति। ४. अन्याय। ***वा॰* अन्धेर करना**—अन्याय करना। **अन्धेर छाना**—गड़बड़ी फैलना। **अन्धेर मचना**—१. अन्यायपूर्ण शासन/व्यवस्था होना। २. कुप्रबन्ध होना। ३. गड़बड़ होना। **अन्धेर मचाना**—१. मनमाना आचरण करना। २. अन्याय पूर्ण शासन प्रबन्ध होना। ३. गड़बड़ी करना।

अन्धेरखाता (अंधेरखाता)—[हि॰ अन्धेर + खाता] *पु॰* १. क्रम, विचार, न्याय आदि के पूर्ण अभाव की स्थिति। २. मनमानी व्यवस्था/कार्यवाही। Δ **पर्याय**—अन्धेरगर्दी। ***वा॰* अन्धेरखाता होना**—१. मनमानी धोखाघड़ी की स्थिति होना। घोर अव्यवस्था होना। २. घोर अन्याय होना। ३. हिसाब ठीक न होना। ४. गड़बड़ होना।

अन्धेरगर्दी (अंधेरगर्दी)—[< हि॰ अन्धेर + फा॰ गर्द] *स्त्री॰* अन्धेरखाता। (दे॰)

***अन्धेरना (अंधेरना)**—[< हि॰ अन्धेर] *क्रिस॰* १. अन्धकार करना। अँधेरा फैलाना। २. मनमाना आचरण करना। अन्धेर करना।

अन्न[१]—[स॰ √अन् + तन् अथवा √अद् + क्त] *पु॰* १. (गेहूँ, जौ, चना इत्यादि) पौधों के वे दाने जो मनुष्य के भोजन के काम आते हैं। (कच्चा) अनाज। २. पकाया हुआ अनाज। ३. भोजन। खाद्य पदार्थ। ***वा॰* अन्न अंग न लगना**—भोजन से शरीर का पुष्ट न होना या शरीर का स्वस्थ/मोटा न होना। **अन्न लगना**—ठीक भोजन मिलने से शरीर का पुष्ट/स्वस्थ होना तथा शरीर पर मांस चढ़ना, मोटा होना।

***अन्न**[2]—[< स० अन्य] *वि०* १. अन्य। दूसरा। २. विरुद्ध।

अन्नकूट—[स० अन्न ~ कूट] *पु०* १. अन्न का कूट। अनाज का ऊँचा ढेर। अन्न-राशि। २. मिठाइयों/पकवानों का ढेर। ३. 'अन्नकूटोत्सव' नामक उत्सव।

अन्नकूटोत्सव—[स० अन्नकूट ~ उत्सव] *पु०* मिठाइयों/पकवानों का ऊँचा ढेर बनाकर भगवान् को अर्पित करने का उत्सव जो प्रायः दीपावली के अगले दिन, कार्तिक शुक्ल प्रतिपदा को, होता है। अन्नकूट।

अन्नकोष्ठ—[स० अन्न ~ कोष्ठ] *पु०* १. अनाज रखने का स्थान/कोठरी। धान्यागार। भंडार। कोठिला। बखार। २. भोजन रखने की अलमारी।

अन्न-जल—[स०] *पु०* १. भोजन और पानी। खाने-पीने की सामग्री। दाना-पानी। २. (लाक्षणिक) जीविका। रोज़ी। ३. (लाक्षणिक) स्थान विशेष में रहने का संयोग। ***वा०* (किसी स्थल से) अन्न-जल उठना**—१. किसी स्थान पर रहने का संयोग न रहना। २. एक स्थान छोड़कर दूसरे स्थान पर जाना। ३. जीविका न रहना। **अन्न-जल छोड़ना/त्यागना**—१. उपवास करना। २. अनशन करना।

अन्नजीवी—[स० अन्नजीविन्] *वि०* अन्न खाकर जीवित रहनेवाला। ***जैसे***—कुछ योगी अन्नजीवी नहीं होते, दुग्धजीवी और फलजीवी होते हैं।

अन्नद—[स० अन्न + द] *वि०* अन्न देने वाला। ✣ **अन्नदा**—*वि०* (स्त्री०) = अन्न देनेवाली। ***जैसे***—अन्नदा धरती माता। *स्त्री०* (पार्वती का एक रूप) अन्नपूर्णा देवी।

अन्नदोष—[स० अन्न ~ दोष] *पु०* १. दूषित अन्न खाने से होनेवाला रोग। २. निषिद्ध अन्न खाने या अन्न का दान को लेने से होनेवाला पाप।

अन्न-द्वेष—[स०] *पु०* अनाज/भोजन से अरुचि।

अन्न-पाक—[स०] *पु०* १. अन्न का पकाया जाना। २. (पेट में) भोजन का पाचन। अन्न पचना।

अन्नपूर्णा—[स० अन्न ~ पूर्णा] *स्त्री०* १. पार्वती/दुर्गा का एक रूप। अन्न की अधिष्ठात्री देवी जो सम्पूर्ण विश्व का भरण-पोषण अन्न से करती है। २. (लाक्षणिक) भाग्यशालिनी और कुशल स्त्री जिसके परिवार में अन्न आदि की कभी कमी न रहे। ● **विशेष**—अन्नपूर्णा (पार्वती) देवी को **अन्नपूर्णेश्वरी** (= अन्नपूर्णा ~ ईश्वरी) भी कहा जाता है।

अन्नप्राश/अन्नप्राशन—[स० अन्न ~ प्राश/प्राशन] १. अन्न/भोजन खाना। २. शिशु को प्रथम बार अन्न खिलाने का वैदिक संस्कार जो प्रायः पाँचवे से आठवें महीने में कभी होता है।

अन्नमय—[स० अन्न + मयट्] अन्न से बना हुआ (पदार्थ)।

अन्नमयकोश/अन्नमयकोष—[स० अन्नमय—कोश/कोष] *पु०* (योग०, वेदान्त०) पंचकोशों में से प्रथम और स्थूल अन्न के रस से ही उत्पन्न, अन्न के रस से ही बढ़नेवाला तथा अन्त में पृथ्वी में विलीन होनेवाला कोश। स्थूल शरीर।

अन्न-वस्त्र—[स०] १. रोटी और कपड़ा। भोजन-छाजन। २. जीवन की सामान्य आवश्यकताएँ।

अन्न-विकार—[स० अन्न ~ विकार] *पु०* अन्न का परिवर्तित रूप। रस, रक्त, माँस या मज्जा आदि।

अन्न-व्यवहार—[स०] *पु०* खान-पान-सम्बन्धी नियम, रीति या प्रथा।

अन्नशाला—[स० अन्न ~ शाला] *स्त्री०* अनाज रखने का स्थान। अन्न-भंडार।

अन्नशेष—[स० अन्न ~ शेष] *पु०* १. भोजन करने के बाद थाली में अन्न का शेष भाग। जूठन। २. अनाज का पीसने, छानने के बाद खाने में काम न आनेवाला अंश। चोकर, भूसी आदि।

अन्नसत्र/अन्नक्षेत्र—[स० अन्न ~ सत्र/क्षेत्र] *पु०* वह स्थान जहाँ साधु-सन्तों, ग़रीबों, अपाहिजों आदि को भोजन/अन्न नित्य ही निःशुल्क दिया जाता है।

***अन्नियाय**—*पु०* ≤ *स०* अन्याय।

अन्नोदक—[स० अन्न ~ उदक] *पु०* अन्न और जल।

अन्य—[स० √अन् + य] *वि०* १. (प्रस्तुत से भिन्न) और कोई। २. इतर। भिन्न। दूसरा। ***जैसे***—अन्य बातें मत करो। *सर्व०* भिन्न व्यक्ति। ***जैसे***—कोई अन्य वहाँ जाएगा।

अन्यतः—[स० अन्यतस् (अन्य + तसिल्)] *क्रिवि०* १. अन्य से। दूसरे स्थान/व्यक्ति से। ***जैसे***—पुस्तकें अन्यतः ख़रीदनी चाहिए। २. दूसरे उद्देश्य से। ***जैसे***—मिठाई अपने खाने के लिए नहीं है, अन्यतः है। ३. दूसरे आधार पर।

अन्यतम—[स० अन्य + तमप्] *वि०* बहुत में से एक। प्रथम (अन्य नहीं)। सर्वश्रेष्ठ। ***जैसे***—समकालीन नाटककारों में जयशंकर प्रसाद अन्यतम थे।

अन्यतर—[स० अन्य + तरप्] *वि०* १. दो में से कोई एक। २. इतर। अन्य। दूसरा। ३. भिन्न प्रकार का। अलग तरह का। ***जैसे***—ऐसे वस्त्र नहीं चाहिए, अन्यतर दिखाइए।

अन्यता—[स० अन्य + तल् + टाप्] *स्त्री०* १. अन्य/दूसरा होने की अवस्था/भाव। अन्यत्व। इतरता। भिन्नता। २. परायापन। ✣ **अन्यत्व**—*पु०* = अन्यता।

अन्यत्र—[स० अन्य + त्रल्] *क्रिवि०* कहीं किसी अन्य स्थान पर। किसी दूसरी जगह।

अन्यथा—[स० अन्य + थाल्] *क्रिवि०* १. किसी और तरह से। भिन्न प्रकार से। ***जैसे***—मैं अन्यथा बोल ही नहीं सकता। २. नहीं तो। वरना। ***जैसे***—आप क्षमा माँगिए अन्यथा मैं दंड दूँगा। *वि०* १. विपरीत। उल्टा। ***जैसे***—अन्यथा रीति। २. जो सत्य या वास्तविक के विपरीत हो। असत्य। मिथ्या। झूठ। ***वा०* अन्यथा करना**—पहले की आज्ञा/निश्चय को उलटना या रद्द कर देना। ✣ **अन्यथा कथन**—*पु०* = १. मिथ्या वर्णन। ग़लतबयानी। २. तोड़-मरोड़ कर कही गयी बात। ✣ **अन्यथाकारिता**—*स्त्री०* = अन्यथा/विपरीत करने का गुण/भाव। ✣ **अन्यथानुपपत्ति, अन्यथा**

अनुपपत्ति— *स्त्री°* = किसी वस्तु के अभाव में दूसरी वस्तु के अस्तित्व की सम्भावना न होना। ✣ **अन्यथाभाव**— *पु°* = १. भिन्न रूप में होना। २. परिवर्तन। बदलाव। ✣ **अन्यथावादी**— *वि°* = झूठ बोलनेवाला। मिथ्यावादी। असत्यवादी। ✣ **अन्यथासिद्‌धि (अन्यथासिद्धि)**— *स्त्री°* = गलत प्रकार से प्रमाणित करना। (न्याय°) तर्क में एक दोष जिसमें यथार्थ कारण नहीं, अपितु अन्य कोई कारण दिखाकर, किसी विषय की सिद्धि की जाए।

अन्यदा—[स° अन्य + दा] *क्रिवि°* १. (किसी) दूसरे समय। २. दूसरे अवसर पर। ३. कभी। एक बार। ४. कभी-कभी।

अन्यदीय—[स° अन्य + छ, दुक्] *वि°* और किसी का। अन्य का। दूसरे का। पराया। ***जैसे***—अन्यदीय अधिकार।

अन्य पुरुष—[स°] *पु°* अन्य/भिन्न/दूसरा आदमी। (व्या°) पुरुषवाचक सर्वनाम का एक भेद। वक्ता और श्रोता से भिन्न व्यक्ति का वाचक शब्द (यह/वह/वे इत्यादि)।

अन्यपुष्ट—[स° अन्य ~ पुष्ट] *वि°* दूसरों के द्‌वारा पाला हुआ। *स्त्री°* कोकिल। कोयल। *स्त्री°* = कोकिला। कोयल।

अन्यमनस्क—[स° अन्य ~ मनस्क] *वि°* जिसका मन/चित्त कहीं और हो। जिसका ध्यान कहीं और लगा हो। अनमना।

अन्यमना—[स° अन्यमनस्] *वि°* अन्यमनस्क। अनमना।

अन्यसम्भोगदु:खिता (अन्यसंभोगदु:खिता)—[स° अन्य ~ सम्भोग ~ दु:खिता] *स्त्री°* = (काव्य°) नायिका का एक भेद। अन्य स्त्री के शरीर पर अपने प्रिय द्‌वारा किए गए रति-चिह्नों को देखकर दुखी होनेवाली नायिका।

***अन्याई**—[≤ स° अन्यायी] *वि°* अन्यायी। *स्त्री°* १.अन्याय। अनौचित्य। २. अनुचित कार्य।

अन्यान्य—[स° अन्य ~ अन्य] *वि°* १. दूसरा-दूसरा। २. अन्य विविध। ***जैसे***—धन-शक्ति भी अन्यान्य शक्तियों के समान ही काम करती है।

अन्यापेक्षी—[स° अन्य ~ अपेक्षी (अपेक्षिन्)] *वि°* दूसरे का अवलम्ब/आश्रय/सहारा लेनेवाला।

अन्याय—[स° अ + न्याय] *पु°* १. न्याय का अभाव। २. अति अनुचित कार्य। ऐसा कार्य/आचरण/व्यवहार जो न्याय-संगत न हो। ३. अत्याचार। जुल्म। ∇ **विलोम**—न्याय।

अन्यायी—[स° अन्यायिन्] *वि°* १. अन्याय करनेवाला। २. दूसरों के प्रति अनुचित व्यवहार करनेवाला। ३. अत्याचारी। ज़ालिम।

अन्याय्य—[स° अ + न्याय्य] *वि°* १. जो न्याय-संगत न हो। न्याय-विरुद्ध। अन्यायपूर्ण। २. अनुचित।

अन्यारा[१]—[स° अ + हि° न्यारा] *वि°* १. जो अलग न हो। मिला हुआ। अभिन्न। †२. अद्‌भुत। अनोखा। निराला।

***अन्यारा**[२]—[< हि° अनियारा] *वि°* १. अनियारा। (दे°) २. तीक्ष्ण/नुकीला/कँटीला या धारदार।

अन्यार्थ—[स° अन्य ~ अर्थ] *वि°* १. जिसका अन्य अर्थ हो। भिन्न अर्थ वाला। २. प्रतीत होनेवाले अर्थ से भिन्न अर्थ वाला। *पु°* १. भिन्न अर्थ। २. प्रतीत होनेवाले अर्थ से भिन्न अर्थ।

अन्याश्रित—[स° अन्य ~ आश्रित] *वि°* अन्य पर आश्रित/अवलम्बित। दूसरे पर निर्भर।

अन्यून—[स° अ + न्यून] *वि°* १. जो न्यून/कम न हो। यथेष्ट। पर्याप्त। २. जो कम न हो। अधिक। बहुत। ३. सम्पूर्ण। समूचा।

अन्यूनाङ्ग (अन्यूनांग)—[स° अन्यून ~ अङ्ग] *वि°* जिसका कोई अंग कम न हो। पूर्ण अंगों वाला। सर्वाङ्गीण।

अन्योक्ति—[स° अन्य ~ उक्ति] *स्त्री°* ऐसा व्यंग्यपूर्ण कथन जो किसी वस्तु या व्यक्ति के प्रति कहा जाने पर भी वास्तव में किसी अन्य पर भी घटित हो। अप्रस्तुत के माध्यम से प्रस्तुत का व्यंजनापूर्ण कथन (काव्य°) एक काव्य-पद है। किसी विषय का प्रतीक-कथा या रूपक-कथा के रूप में वर्णन करने की पद्‌धति। प्रतीक-कथा। रूपक-कथा। दृष्टान्त-कथा। (अ° ऐलिगरि) ● **विशेष**—१. प्रसादकृत 'कामना', पन्तकृत 'ज्योत्स्ना' तथा 'हितोपदेश' आदि संस्कृत रचनाएँ अन्योक्ति पद्‌धति पर ही रचित हैं। २. अन्योक्ति के रूप में कहने की विधि/रीति ही **'अन्योक्ति पद्‌धति'** है। ३. अन्योक्ति सदा व्यंग्य प्रधान होती है। ४. समासोक्ति, अप्रस्तुतप्रशंसा या रूपकातिशयोक्ति इत्यादि अलंकार अन्योक्ति के आधार हो सकते हैं।

अन्योन्य—[स° अन्य: ~ अन्य] *क्रिवि°* आपस में। परस्पर। *वि°* पारस्परिक। आपसी। *पु°* (काव्य°) एक अर्थालंकार। दो वस्तुओं द्‌वारा परस्पर एक ही क्रिया होने के वर्णन में होने वाला अलंकार। ***जैसे***—चन्द्रमा से रात्रि की शोभा बढ़ती है और रात्रि से चन्द्रमा की वाक्य में 'अन्योन्य' अलंकार है। ✣ **अन्योन्यता**— *स्त्री°* = १. परस्परता। पारस्परिकता। २. पारस्परिक व्यवहार। ३. आपस में एक -दूसरे के लिए कुछ करना या परस्पर लेना-देना। ✣ **अन्योन्य प्रभाविता**— *स्त्री°* = एक-दूसरे को प्रभावित करने का गुण है। ✣ **अन्योन्य सन्दर्भ (संदर्भ)**— *पु°* =(कोश°) समान सूचना देनेवाली प्रविष्टियों का परस्पर सन्दर्भ। एक प्रविष्टि में दिया गया दूसरी प्रविष्टि को देखने का संकेत।

अन्योन्याभाव—[स° अन्योन्य ~ अभाव] *पु°* (न्याय°) अभाव का एक भेद। किसी पदार्थ का अन्य पदार्थ न होना, उससे भिन्न होना। इतरेतराभाव। ***जैसे***—'घट' और 'पट' में अन्योन्याभाव है।

अन्योन्याश्रय—[स° अन्योन्य ~ आश्रय] *पु°* १. एक का दूसरे पर अवलम्बित/आश्रित होना। २. परस्पर कार्य-कारण-सम्बन्ध।

अन्योन्याश्रयी/अन्योन्याश्रित—[स° अन्योन्य ~ आश्रयी (आश्रयिन्), अन्योन्य ~ आश्रित] *वि°* एक-दूसरे पर निर्भर। परस्पर आश्रित।

अन्वक्ष—[स° अनु + अक्ष] *वि°* १. जो आँखों से देखा जा रहा हो। दृश्य। २. प्रत्यक्ष। ३. अनुभवगम्य। ४. पश्चात् का। बाद का। *क्रिवि°* १. सामने। २. उपरान्त। पश्चात्। पीछे।

अन्वय—[स° अनु √इण् + अच्] *पु°* १. सम्बन्ध। संगति। २. जाति। वंश। कुल। ३. किसी पद्य या उल्टे-सीधे गद्य-वाक्य

के शब्दों को गद्य की वाक्य-रचना। विधि से व्याकरण-सम्मत क्रम से रखने की क्रिया। (व्या॰)वाक्य के विभिन्न पदों/पद-बन्धों में लिंग, वचन, पुरुष, कारक या काल की परस्पर समानता। *जैसे*—'अच्छा राजा' में विशेषण और संज्ञा का अन्वय है परन्तु 'अच्छा रानी' में नहीं है। (न्याय॰) कार्य और कारण का सम्बन्ध। ✣ **अन्वय-दोष**—*पु॰* = (काव्य॰) वाक्य-दोष का एक प्रकार। वाक्य का अन्वय करते समय होनेवाली अस्पष्टता की बाधा। ● **विशेष**—'ये दृग से सरते अग्निखंड/लोहित थे ज्यों हिंसा प्रचंड' 'में लोहित' को 'दृग' का विशेषण कहा जाए या 'अग्निखंड' का, यह स्पष्ट न होने से , यहाँ 'अन्वय-दोष' है। ✣ **अन्वय-व्यतिरेक**—*पु॰* = १. नियम और अपवाद। २. संगति और असंगति।

अन्वयागत—[स॰ अन्वय ~ आगत] *वि॰* वंश-परम्परा से चला आता हुआ। वंशपरम्परागत। वंशानुक्रमिक। आनुवंशिक।

अन्वयार्थ—[स॰ अन्वय ~ अर्थ] *पु॰* (वाक्य/पद्य के) अन्वय से निकलने वाला अर्थ।

अन्वर्थ—[स॰ अनु ~ अर्थ] *वि॰* १. अर्थ के अनुसार। अर्थानुरूप। २. अर्थयुक्त। सार्थक। ✣ **अन्वर्थता**—*स्त्री॰* = १. अर्थानुरूपता। २. सार्थकता। ✣ **अन्वर्थ नाम**—*पु॰* = पदार्थ के अनुरूप ही उसका नाम। [*जैसे*—हिम के समान किरणोंवाला 'हिमकर' (=चन्द्रमा)]।

अन्वादेश—[स॰ अनु + आदेश] *पु॰* १. एक आज्ञा के बाद दूसरी आज्ञा। २. किसी कथन की द्विरुक्ति (=दो बार कहना)।

अन्वित—[स॰ अनु √ इण् + क्त] *वि॰* १. युक्त। *जैसे*—हर्षान्वित (हर्ष-अन्वित) २. (किसी के) साथ जुड़ा हुआ या पीछे लगा हुआ। सम्बद्ध। (व्या॰) १. जिसका अन्वय हुआ हो या किया गया हो। २. गद्य की वाक्य-रचना के व्याकरण-सम्मत क्रम में रखे हुए किसी पद्य या उलटे-सीधे वाक्य के पद।

अन्विताभिधानवाद— दे॰ अन्वितार्थवाद।

अन्वितार्थ—[स॰ अन्वित ~ अर्थ] *पु॰* १. अन्वय करने पर प्राप्त होनेवाला अर्थ। २. गूढ़ अर्थ। छिपा हुआ अर्थ। *वि॰* गूढ़ अर्थवाला (वाक्य)।

अन्वितार्थवाद—[स॰ अन्वितार्थ ~ वाद] *पु॰* (मीमांसा॰) मीमांसक प्रभाकर आदि का एक दार्शनिक सिद्धान्त जिसके अनुसार भाषा की पूर्ण और सार्थक इकाई वाक्य है, पद नहीं। इसी मत को **'अन्विताभिधानवाद'** भी कहते हैं। इस मत के द्वारा मीमांसक कुमारिलभट्ट के **'अभिहितान्वयवाद'** का खंडन होता है जिसमें 'पद' को भाषा की इकाई माना जाता है।

अन्विति—[स॰ अनु + इति] *स्त्री॰* १. अन्वित होने की अवस्था/भाव। (व्या॰) वाक्य में दो पदों/पदबन्धों में लिंग, वचन, पुरुष, कारक या काल की परस्पर समानता। अन्वय। (काव्य॰) कृति में विद्यमान एकता या रचनात्मक सन्तुलन जिसके कारण उसका प्रभाव समग्र कृति के रूप में हो, खंडित कृति के रूप में नहीं। *जैसे*—आजकल की कविता बोल-चाल की अन्विति माँगती है, पर गद्य की लय नहीं माँगती। —प्रयागनारायण त्रिपाठी (तीसरा सप्तक, पृ॰ २९) (नाट्य॰) नाटक की कथावस्तु, देश अथवा काल की एकता।

अन्वीक्षण—[स॰ अनु √ईक्षुण] *पु॰* १. बारीकी से देखना। ध्यान से देखना। २. अन्वेषण। खोज। ३. न्यायिक या सरकारी जाँच-पड़ताल। तहक़ीक़ात। ४. अस्वाभाविक मृत्यु के सम्बन्ध में आधिकारिक रूप से तथ्यों का पता लगाया जाना।

अन्वीक्षा—[स॰ अनु + ईक्षा] *स्त्री॰* अन्वीक्षण। (भा॰ दर्शन॰) प्रत्यक्ष प्रमाण और शब्द प्रमाण पर आश्रित अनुमान।

अन्वेषण—[स॰ अनु √ इष् + ल्युट्] १. अनुसन्धान। खोज। तलाश। २. (क्षेत्र को) अच्छी तरह घूम-फिर कर देखना।

अन्वेष्य—[स॰ अनु √इष् + ण्यत्] *वि॰* अन्वेषण के योग्य। जिसे खोजा जा सकता हो, जिसे खोजा जाने वाला हो या जिसे खोजा जा रहा हो।

***अन्हवाना**—[< स॰ स्नान] *क्रिस॰* स्नान कराना। नहलाना।

***अन्हाना**—[< स॰ स्नान] *क्रिअ॰* नहाना। ✣ **अन्हवैया**—*वि॰* = स्नान करनेवाला। नहानेवाला। **उदा॰** लषन के चरित-सरित अन्हवैया। —तुलसी (गीता, १/९)

***अन्हान**—*पु॰* ≤ *स॰* स्नान।

अप्—[√स॰ आप् + क्विप्, ह्रस्व] *स्त्री॰* जल। पानी। ● **विशेष**—'वरुण' और 'समुद्र' को संस्कृत में **'अप्-पति'** भी कहा जाता है।

अप[1]—[< स॰ आप] *स्त्री॰* जल। पानी।

अप[2]—[< हि॰ आप] *सर्व॰* 'आप/अपना' का संक्षिप्त रूप जो समस्त शब्दों के आरम्भ में 'अपना' अर्थ में प्रयुक्त होता है। *जैसे*—अपकाजी, अपस्वार्थी इत्यादि।

अपकरण—[स॰ अप + करण] *पु॰* १. अपकार करना। अनिष्ट करना। हानि पहुँचाना २. अनुचित व्यवहार करना। ३. अपमान करना।

अपकर्ता—[स॰ अप + कर्त्ता (कर्तृ)] *वि॰* अपकार करनेवाला।

अपकर्म—[स॰ अप +कर्मन्] *पु॰* १. बुरा काम। दुराचार। दुष्कर्म। २. अत्याचार। जुल्म।

अपकर्मा—[स॰ अपकर्मन्] *वि॰* १. अपकर्म करनेवाला। बुरे कर्मों वाला। दुराचारी। आचरण-भ्रष्ट। २. दूसरे की बुराई करनेवाला। परनिन्दक।

अपकर्ष—[स॰ अप √कृष् + घञ्] *पु॰* १. नीचे/पीछे की ओर खींचना/लाना। २. अवनति। ३. पतन। ह्रास। गिरावट। ४. कमी। घटाव। उतार। ५. पद/मान/महत्त्व आदि में कमी। ∇ **विलोम**—उत्कर्ष।

अपकर्षक—[स॰ अप + कर्षक] *वि॰* १. अपकर्ष करनेवाला। २. नीचे खींचनेवाला। ३. अवनतिकारक। ४. पतन-कारक। ५. घटानेवाला। ६. पद/मान/महत्त्व आदि में कमी लानेवाला।

अपकर्षण—[स॰ अप + कर्षण] *पु॰* १. अपकर्ष करना/होना। २. खींच कर नीचे या पीछे की ओर ले जाना या निकालना।

३. दूर हटना/हटाना ४. कमी करना। घटाना।

अपकाजी—[< हिं॰ आप + काज] *वि॰* अपने ही काम का ध्यान रखने के स्वभाववाला। स्वार्थी। मतलबी।

अपकार—[सं॰ अप √कृ + घञ्] *पु॰* १. अहित करनेवाला कार्य। अनिष्ट-साधन। २. अहित। हानि। ३. नीच कर्म। ४. अनुचित काम। ∇ **विलोम**—उपकार।

अपकारक/अपकारी—[सं॰ अप + कारक/कारी (कारिन्)] *वि॰* १. अपकार करनेवाला। २. हानि पहुँचानेवाला। अनिष्टकर्ता। ३. विरोधी। द्वेषी। ∇ **विलोम**—उपकारक/उपकारी। ✣ **अपकारिता**—*स्त्री॰* = १. अपकारी होने की अवस्था/भाव। अपकारीपन। २. अपकार।

अपकीर्ति—[सं॰ अप + कीर्ति] *स्त्री॰* अपयश/बदनामी। ∇ **विलोम**— कीर्ति/सुकीर्ति।

अपकृत—[सं॰ अप + कृत] *वि॰* जिसका अपकार किया गया हो। ∇ **विलोम**—उपकृत।

अपकृत्य—[सं॰ अप + कृत्य] *पु॰* १. अनुचित कार्य। बुरा काम। २. अपकार।

अपकृष्ट—[सं॰ अप √कृष् + क्त] *वि॰* १. जिसका अपकर्षण हुआ हो। २. खींच कर ले जाया हुआ। हटाया हुआ। ३. नीच। दुष्ट। क्षुद्र। निकृष्ट। ✣ **अपकृष्टता**—*स्त्री॰* = १. निकृष्टता। अधमता। नीचता। दुष्टता। क्षुद्रता। २. घटियापन। ३. दोष। बुराई। ख़राबी।

अपकेन्द्रण (अपकेंद्रण)—[सं॰ अप + केन्द्रण] *पु॰* केन्द्र से दूर हटाना। अपकेन्द्रित करना।

अपकेन्द्र बल—[सं॰] *पु॰* (भौतिकी॰) केन्द्र से विपरीत दिशा में प्रवृत्त करनेवाला बल। ∇ **विलोम**—अभिकेन्द्र बल।

अपक्रम—[सं॰ अप + √ क्रम् + घञ्] *पु॰* १. पीछे हटना। २. पलायन। भागना। ३. (समय) व्यतीत हो जाना। समय निकल जाना। ४. बिगड़ा हुआ क्रम। उचित क्रम का अभाव। (खगोल॰) किसी तारा विशेष के लिए नक्षत्रीय खगोल के उत्तरी ध्रुव तथा तारा विशेष से होकर खींचे जाने वाले परमवृत्त और खगोल के विषुव-वलय के छेदन बिन्दु से तारा विशेष की दूरी। (अं॰ डेक्लिनेशन) ● **विशेष**—अपक्रम को कोण में व्यक्त करते हैं। खगोलीय उत्तर ध्रुव का अपक्रम ९०° उत्तर है और दक्षिणी ध्रुव का अपक्रम ८०° दक्षिण। अपक्रम को **'अपयान'** भी कहते हैं। वसन्त सम्पात से उपर्युक्त छेदन-बिन्दु की दूरी तारा विशेष का **'असु'** कहलाती है।

अपक्रमण—[सं॰ अप √ क्रम् + ल्युट्] १. अपक्रम करने की क्रिया/भाव। २. पीछे हट जाना। ३. बचकर निकल जाना। निकल भागना। पलायन।

अपक्रिया—[सं॰ अप + क्रिया] *स्त्री॰* १. अपकार। अहित। हानि। २. बुरा काम। दुष्कर्म। ३. सामान्य रूप से या सन्तोषजनक ढंग से कार्य न करना। (मनो॰) वांछित क्रिया से भिन्न क्रिया करना या विपरीत विधि से कार्य करना।

अपक्व—[सं॰ अ + पक्व] *वि॰* १. न पका हुआ। कच्चा। ***जैसे***—अपक्व बेल नहीं खाना चाहिए। २. (चावल/दाल रोटी आदि) जिसके पूरी तरह पकने या ठीक होने में अभी कुछ देर हो। अधपका। अधकचरा। ३. अनभ्यस्त। ***जैसे***—गणित में अपक्व छात्र। ४. अविकसित या कम विकसित। ***जैसे***—अपक्व बुद्धि। ✣ **अपक्वता**—*स्त्री॰* = १. न पके होने या कम पके होने की अवस्था/गुण/भाव। कच्चापन। २. अनभ्यस्तता। ३. विकासहीनता। अविकसितता। ४. अपूर्ण विकास। ***जैसे***—बुद्धि की अपक्वता।

अपक्ष—[सं॰ अ + पक्ष] *वि॰* १. बिना पंख का। पक्षरहित। २. उड़ने की शक्ति से हीन। ३. जो किसी पक्ष/दल विशेष का न हो। निष्पक्ष। तटस्थ। ४. जिसका कोई मित्र/समर्थक न हो। ✣ **अपक्षपात**—*पु॰* = पक्षपात न करना/होना। निष्पक्षता।

अपक्षय—[सं॰ अप + अश्रय] *पु॰* १. ह्रास। क्षय। छीजन। २. अधः पतन। नाश।

अपक्षरण—[सं॰ अप + क्षरण] *पु॰* (भूविज्ञान॰) १. हटाने या बहा ले जाने की प्रक्रिया। २. बर्फ़ पिघलने या वाष्पन से होनेवाली कमी।

अपक्षेप/अपक्षेपण—[< सं॰ √क्षिप् + घञ्/ल्युट्] *पु॰* १. फेंकना। २. गिराना। ३. पलटना। (वैशेषिक॰) आकुंचन, प्रसारण आदि पाँच प्रकार के कर्मों में से एक।

अपखण्ड (अपखंड)—[सं॰ अप + खण्ड] *पु॰* १. (वस्तु का) टूटा हुआ भाग। ***जैसे***—पत्थर का अपखंड। २. अधूरा भाग। ३. नष्ट हो चुकी वस्तु का बचा हुआ अंश/भाग। ***जैसे***—किवाड़ का अपखंड।

अपग[1]—[सं॰ अप √गम् +ड] *वि॰* १. दूर जाने/हटने वाला। २. नीचे/पीछे जाने वाला। ३. बुरे मार्ग पर जाने वाला। कुमार्गी।

अपग[2]—[सं॰ अ + हिं॰ पग] *वि॰* जिसके पैर न हों। पग-रहित।

अपगत—[सं॰ अप + गत] *वि॰* १. गया हुआ। बीता हुआ। विगत। २. अपने मार्ग से इधर-उधर गया हुआ। ग़लत मार्ग पर गया हुआ। ३. दूर हटा हुआ। ४. जो आँखों से ओझल हो गया हो। तिरोहित। ५. मरा हुआ। मृत। ६. नष्ट।

अपगतव्याधि—[सं॰ अपगत ~ व्याधि] *वि॰* जिसका रोग दूर हो गया हो। रोग-मुक्त।

अपगति—[सं॰ अप √गम् + क्तिन्] *स्त्री॰* १. बुरी गति। दुर्गति। अधोगति। २. दुर्भाग्य।

अपगमन—[सं॰ अप + गमन] *पु॰* १. बुरे/ग़लत मार्ग पर जाना। २. भाग जाना। हट जाना। ३. अलग होना। ४. अदृश्य हो जाना। छिप जाना।

अपगा—[सं॰ अपग + टाप्] *स्त्री॰* नदी।

अपगुण—[सं॰ अप + गुण] *पु॰* बुरा। गुण। दुर्गुण। अवगुण। दोष।

अपगीत—[सं॰ अप + गीत] *पु॰* १. अमांगलिक गीत। २. अनुचित/अभद्र कथन। ३. अपयश। बदनामी। *वि॰* अपयशी/बदनाम (व्यक्ति)।

अपघटन—[सं॰ अप + घटन] *पु॰* विघटन। (जीव॰) मरे हुए जीवों के शरीर या ऊतक का क्षय। शरीर या ऊतक के विघटन (रासायनिक पदार्थों में टूट जाने) की प्रक्रिया।

***अपघर[1]**—[< हिं॰ अपना + घर] *पु॰* अपना घर।

***अपघर[2]**—[< सं॰ अप + हिं॰ घर] *पु॰* बुरा घर।

अपघर्षण—[सं॰ अप + घर्षण] *पु॰* (भूविज्ञान॰) वायु, जल या बहते हुए बर्फ के आघातों से, चट्टानों या भूपृष्ठ के किसी भाग के, रगड़ खाने पर घिस जाने की प्रक्रिया।

अपघर्षी—[सं॰ अपघर्षिन्] *वि॰* १. घर्षण करनेवाला। २. रगड़ने/खरोंचनेवाली वस्तु।

अपघात—[< सं॰ अप + घात] १. अनुचित आघात। २. हत्या। हिंसा। ३. वंचना। धोखा। ४. विश्वासघात।

अपङ्किल (अपंकिल)—[सं॰ अ + पङ्किल] *वि॰* १. जहाँ कीचड़ न हो। २. जो गँदला न हो। निर्मल। साफ़। *जैसे*—अपंकिल तालाब।

अपङ्ग (अपंग)—[< सं॰ पङ्गु] *वि॰* १. वह व्यक्ति जिसके शरीर का कोई अंग न हो या बेकार हो गया हो। विकलांग। लँगड़ा-लूला। २. (लाक्षणिक) अशक्त।

अपच—[< सं॰ अ + हिं॰ पचना] *वि॰* न पचनेवाला। *पु॰* भोजन न पचने का रोग। अजीर्ण। बदहज़मी।

अपचय—[सं॰ अप √चि + अच्] *पु॰* १. अवनति। ह्रास। क्षय। कमी। २. हानि। घाटा। ३. नाश। ४. दोष। (प्राणि॰) प्राणियों में कोशिकाओं के भीतर होनेवाली रासायनिक परिवर्तनों की प्रकिया जिसमें जटिल पदार्थ टूटकर सरल पदार्थ बनते हैं और ऊर्जा निकलती है।

अपचयन—[सं॰ अप + चयन] *पु॰* (रसायन॰) ऐसी अभिक्रिया जिसमें हाइड्रोजन या किसी विद्युत् धनात्मक तत्त्व का संयोग होता है अथवा आक्सीजन या किसी विद्युत ऋणात्मक तत्त्व का वियोग होता है अथवा ऋणात्मक संयोजकता की वृद्धि या धनात्मक संयोजकता में कमी होती है (अं॰ रिडक्शन)

अपचयी—[< सं॰ अपचय] *वि॰* अपचय का। अपचय-सम्बन्धी ✣ **अपचयी क्रिया**—*स्त्री॰* = (प्राणि॰) जीवधारियों की कोशिकाओं में होनेवाली अपचयवाली क्रिया।

अपचरित—[< सं॰ अप √चर् + क्त] *पु॰* १. दोषयुक्त आचरण। बुरा काम। दुष्कर्म। दुराचार। २. अत्याचार। ३. अपराध। *वि॰* जिसके साथ दुराचार/अत्याचार किया गया हो। *जैसे*—अपचरित प्रजा।

अपचायक—[< सं॰ अप + √चि + ण्वुल्] *पु॰* (रसायन॰) वह पदार्थ जो दूसरे पदार्थों से अभिक्रिया करने पर उनका अपचयन करता है। (अं॰ रिड्यूसिंग एजेंट)

अपचार—[सं॰ अप √चर् + घञ्] *पु॰* १. अनुचित आचरण। दुर्व्यवहार। २. अपराध। दोष। ३. दुष्कर्म। ४. अपथ्य। कुपथ्य। ५. (किसी के अधिकार-क्षेत्र में) अनधिकार प्रवेश। (समाज॰) बाल-अपराध।

अपचारक/अपचारी—[सं॰ अप + चारक/चारी (चारिन्)] *वि॰* १. अपचार करनेवाला। २. दुष्ट। ३. नीच। ४. दुराचारी।

***अपचाल**—[< सं॰ अप + हिं॰ चाल] *पु॰* १. अनुचित आचरण। कुचाल। २. अनुचित व्यवहार। ३. नटखटपन। शरारत। ४. उलटी चाल।

अपचित—[सं॰ अ + हिं॰ पचित(< हिं॰ पचना)] *वि॰* न पचा हुआ।

अपचेता—[< सं॰ अपचेतस] *वि॰* १. बुरे विचारों वाला। २. किसी का अशुभ/अनिष्ट सोचनेवाला।

अपच्छाय—[सं॰ अप + छाया] *वि॰* १. छाया-रहित। २. बुरी छाया वाला। ३. कान्ति-रहित। धुँधला। *पु॰* देवता। ✣ **अपच्छाया**—*स्त्री॰* = १. बुरी छाया। २. भूत-प्रेत की बाधा।

अपच्छेद, अपच्छेदन—[सं॰ अप √छिद् + घञ्/ल्युट्] *पु॰* १. काट कर अलग करना। २. हानि। ३. विघ्न। बाधा।

***अपछरा/अपछरी**—[< सं॰ अप्सरा] *स्त्री॰* १. अप्सरा। परी। २. अति सुन्दर स्त्री।

अपजम्भ (अपजंभ)—[< सं॰ अप + जम्भ] *पु॰* (चिकित्सा॰) जबड़े का ऐसा बन्द होना कि ऊपर-नीचे के दाँत अलग न हो सकें। (अं॰ एबओक्लूजन)

***अपजस**—[< सं॰ अपयश] *पु॰* अपयश। बदनामी।

अपजात—[सं॰ अप √जन् + क्त] *वि॰* अपने उत्पादक या वर्ग की तुलना में कम गुणों वाला। *पु॰* १.वह सन्तान जो अपने माता-पितों के गुणों के अनुरूप न हो।

***अपजोग**—[सं॰ अप + हिं॰ जोग < सं॰ योग] *पु॰* बुरा योग।

अपञ्चीकृत (अपंचीकृत)—[सं॰ अ +पञ्चीकृत] *वि॰* (वेदान्त॰) जिसका पंचीकरण न हुआ हो।

अपञ्जीकृत (अपंजीकृत)—[सं॰ अ +पञ्जीकृत] *वि॰* १. जो अभी पंजी में अंकित न हुआ हो। जो सूची, बही, खाता या रजिस्टर आदि में दर्ज न हुआ हो। २. जिसकी रजिस्ट्री न हुई हो। (अं॰ अनरजिस्टर्ड) ∇ **विलोम**—पंजीकृत।

अपटी—[सं॰ अ + पटी] *स्त्री॰* १. कपड़े की दीवार। क़नात। २. (नाटक में) यवनिका। पर्दा।

अपटु—[सं॰ अ + पटु] *वि॰* जो पटु/निपुण न हो। अनिपुण। अकुशल। ✣ **अपटुता**—*स्त्री॰* = पटुता/निपुणता का अभाव। अनिपुणता।

अपठ्यमान—[सं॰ अ + पठ्यमान] *वि॰* जो पढ़ा न जाए या पढ़ने योग्य न हो। अपाठ्य। *जैसे*—अश्लील पुस्तकें अपठ्यमान हैं।

अपढ़—[< सं॰ अपठ] *वि॰* १. जो पढ़ा-लिखा न हो। अशिक्षित। २. (लाक्षणिक) मूर्ख।

***अपढार**—[< सं॰ अप + हिं॰ ढरना] *वि॰* १. बेढंगे प्रकार से

ढलनेवाला। २. अपने आप अकारण या सरलता से प्रसन्न, कृपालु या अनुरक्त होनेवाला।

अपण्डित (अपंडित)—[सं॰ अ + पण्डित] *वि॰ पु॰* जो बुद्धिमान् न हो। अज्ञानी। मूर्ख। ∇ **विलोम**—पंडित।

अपण्य—[सं॰ अ + पण्य] *वि॰* १. जो बेचने योग्य न हो। जो बिक न सके। जो बिक्री के लिए न हो। अविक्रेय। ३. जिसे धार्मिक या कानूनी दृष्टि से बेचना मना हो। ∇ **विलोम**—पण्य।

***अपत**[१]—[< सं॰ अपत्र] *वि॰* १. पत्तों से रहित (वृक्ष/पौधा)। अपत्र। २. पंखहीन (पक्षी)।

अपत[२]—[< सं॰ अ + हि॰ त (प्रतिष्ठा)] *वि॰* १. जिसकी प्रतिष्ठा/इज्ज़त न हो। अप्रतिष्ठित। प्रतिष्ठाहीन। २. निर्लज्ज। बेशर्म। *स्त्री॰* अप्रतिष्ठा। मान-हानि।

***अपत**[३]—*वि॰* ≤ *सं॰* अपात्र। अधम। नीच।

***अपत**[४]—*स्त्री॰* ≤ *सं॰* आपत्ति। मुसीबत।

अपतट—[सं॰ अप + तट] *वि॰* तट से दूर। किनारे से दूर। अपतट क्षेत्र। (´ अं॰ आफ़शोर)

***अपताना**—[< हि॰ अपत] *क्रिअ॰* १. धृष्टता दिखाना। ढीठता करना। २. चंचलता दिखाना। *पु॰* झंझट। बखेड़ा।

अपति[१]—[सं॰ अ + पति] *वि॰* जिसका कोई स्वामी न हो। नाथ-विहीन। अनाथ। *वि॰* (*स्त्री॰*) १. जिसका पति न हो। कुमारी या विधवा।

***अपति**[२]—[< हि॰ अपत] *स्त्री॰* १. अपतई। (दे॰) २. अप्रतिष्ठा। अपमान। *वि॰* १. निर्लज्ज। बेशर्म। २. दुराचारी। दुष्ट। पापी।

अपतिका—[सं॰ अ + पतिका] *वि॰* (*स्त्री॰*) जिसका पति न हो। कुमारी या विधवा।

अपतृण—[सं॰ अप + तृण] *पु॰* (वनस्पति॰) खेत में उगनेवाले अनचाहे तथा अनावश्यक पौधे जो फ़सल के लिए हानिकारक होते हैं। घास-पात। खर-पतवार।

अपत्नी—[सं॰ + पत्नी] *वि॰* (स्त्री॰)१. जो किसी की पत्नी न हो। अविवाहिता। कुमारी।

अपत्य—[सं॰ अ √पत् + यत्] *पु॰* सन्तान। पुत्र या पुत्री। औलाद। ✣ **अपत्य-शत्रु**—*पु॰* = १. अपनी सन्तान का शत्रु। २. साँप। ३. केकड़ा।

अपत्र—[< सं॰ अ + पत्र] *वि॰* १. (पक्षी) जिसके पंख/पर न हों। २. (वृक्ष/पौधा आदि) जिसमें पत्ते न हों या जिसके पत्ते झड़ गए हों। पत्र-रहित।

अपत्रप—[< सं॰ अप + त्रप] *वि॰* १. निर्लज्ज। बेशर्म। ✣ **अपत्रपा**—*स्त्री॰* = लज्जा। शर्म।

अपत्रस्त—[सं॰ अप + त्रस्त √त्रस् + क्त] *वि॰* अति भयभीत। बहुत डरा हुआ।

अपथ—[सं॰ अप + पथ] *पु॰* १. बुरा मार्ग। कुमार्ग। कुपथ। २. विकट मार्ग/रास्ता। ३. पथ का अभाव।

अपथ्य—[सं॰ अ + पथ्य] *वि॰* १. जो पथ्य न हो। स्वास्थ्यनाशक। २. अहितकर। हानिकर। ३. जो गुणकारी न हो। *पु॰* (स्वास्थ्य के) प्रतिकूल आहार-विहार। (रोगी के लिए) हानिकारक आहार-विहार।

अपद—[सं॰ अ + पद] *वि॰* १. जिसके पैर न हों। (जैसे—मछली, साँप)। २. जो किसी पद पर आसीन न हो। बिना पद का। पदरहित या पदच्युत। *पु॰* १. रेंगनेवाला जन्तु (साँप आदि)। २. बुरा स्थान। ३. अनुचित/अनुपयुक्त पद। ४. आकाश। ५. बुरा अवसर। अनवसर। *क्रिवि॰* अनुचित रूप से।

अपदयुक्त—[सं॰ अपद ~ युक्त] *पु॰* (काव्य॰) एक अर्थदोष। किसी ऐसे पद/वाक्य का अनुचित या अनावश्यक प्रयोग जिससे कथित बात का मंडन करने के स्थान पर खंडन हो जाए।

***अपदल**[१]—[< हि॰ अपना + सं॰ दल] *पु॰* १. अपनी सेना। २. अपना पक्ष/दल।

अपदल[२]—[सं॰ अप + दल] *पु॰* १. बुरी सेना। २. बुरा पक्ष/दल।

अपदस्थ—[सं॰ अ + पदस्थ] *वि॰* जो अपने पद/स्थान नौकरी से हटा दिया गया हो। पदच्युत।

अपदार्थ—[सं॰ अ + पदार्थ] *वि॰* १. जो पदार्थ न हो (ऊर्जा आदि) २. जिसमें सार न हो। ३. तुच्छ। नगण्य। *पु॰* १. तुच्छ वस्तु। २. वाक्य में जो शब्द प्रयुक्त हुए हों, उनका अर्थ न होना।

अपदेव/अपदेवता—[सं॰ अप् + देव/देवता] *पु॰* १. दुष्ट/बुरा देवता। २. ब्रह्मपिशाच, भूत-प्रेत, यक्षिणी आदि।

अपदेश—[सं॰ अप + देश] *पु॰* १.बुरा देश/स्थान। २. कथन। वर्णन। ३. अपने रूप को छिपाना। वेष बदलना। ४. छल। धोखा।

अपद्रव्य—[< सं॰ अप + द्रव्य] *पु॰* १. बुरी वस्तु। २. अनुचित/बुरा धन।

अपधर्म—[सं॰ अप + धर्म] *पु॰* १. किसी धर्म/मत/वाद/सिद्धान्त के अनुयायी का कोई ऐसा विश्वास जो उस धर्म/मत/वाद/सिद्धान्त के विरुद्ध हो। २. धर्म-प्रतिकूल आचरण। ३. नास्तिकता। ४. पाखंड। (अं॰ हेरेसि)

अपधर्मी—[सं॰ अपधर्मिन्] *वि॰* १. अपधर्मवाला। ***जैसे***—अपधर्मी विचार। २. धर्म-प्रतिकूल आचरण वाला। ३. नास्तिक। ४. पाखंडी। (अं॰ हेरेटिक)

अपध्यान—[सं॰ अप + ध्यान] बुरा चिन्तन। *पु॰* अनिष्टचिन्तन। बुरे विचार। (जैन॰) न ध्यान करने योग्य विषयों का ध्यान जो राग-द्वेष आदि से जुड़ा होता है।

अपध्वंस—[< सं॰ अप √ध्वंस् + घञ्] *पु॰* १. अधः पतन। २. नाश। ३. अपमान। ४.पराजय। हार। ✣ **अपध्वंसी**—अपध्वंस करनेवाला।

अपध्वस्त—[सं॰ अप + ध्वस्त] *वि॰* १. चूर-चूर किया हुआ। विनष्ट। २. निन्दित। ३. अपमानित।

†अपन—[< हि॰ अपना] *सर्व॰* १. स्वयं। ***जैसे***—अपन का विचार बताओ। २. 'मै' या 'हम'। ***जैसे***—अपन तो थक गए। *सार्वनामिक वि॰* अपना। निजी। ***जैसे***—अपन काम; अपन आदमी।

अपनई—[< हि॰ अपना] *सर्व॰* स्वयं अपनी। *वि॰* अपनी। निजी। *स्त्री॰* अपनापन।

अपनति—[स॰ अप + नति] *स्त्री॰* (भूविज्ञान॰) स्तरित शैलों में एक ऐसी चापीय संरचना जिसमें संस्तर शीर्ष से विपरीत दिशाओं में झुके होते हैं।

अपनत्व—[< हि॰ अपना + स॰ त्व] *पु॰* १. आत्मीयता। अपनापन। २. (अपना) स्वरूप।

अपनपा—[< हि॰ अपना] *पु॰* १. आत्मीयता। अपनापन। २. घनिष्ठता। मेल-जोल। ***वा॰* अपनपा खोना**—अपने अहंकार को छोड़ना। **अपनपा छिपाना**—अपना वास्तविक रूप छिपाए रखना। **अपनपा पहचान पाना**—अपने आप को (स्वरूप को) जानना। **अपनपा भूल जाना**—आत्मविस्मृत हो जाना। **अपनपा हारना**—१. अपना सर्वस्व त्याग देना। २. अपने आपको, स्वयं को, (किसी पर) वार देना। ⁘ ***अपनपो/अपनपौ**—*पु॰* = १. अपनापन। २. आत्मभाव। निज स्वरूप।

अपनय—[स॰ अप √नी + अच्] *पु॰* १. अपनयन। (दे॰) २. बुरी नीति। अनीति।

अपनयन—[स॰ अप √नी + ल्युट्] *पु॰* १. अलग करना। हटाना २. अन्यत्र ले जाना। ३. भगा कर ले जाना। अपहरण।

अपना—[< प्रा॰ अप्पण < स॰ आत्मन:] *सार्वनामिक वि॰* १. आत्म-सम्बन्धी। स्वीय। अपने आप का। निज का। ***जैसे***—तुमने अपना काम किया। *पु॰* आत्मीय व्यक्ति। स्वजन। ***जैसे***—वह मेरा अपना है। ∇ **विलोम**—पराया। ● **विशेष**—१. **'अपना' के प्रयोग में अर्थ को 'वक्ता' के अनुसार नहीं, कर्ता के अनुसार समझा जाता है। *जैसे***—'मैं अपने घर जाऊँगा, तुम अपने घर जाओगे और वे अपने घर जाएँगे' में तीनों 'अपने' क्रमश: 'मेरे', 'तुम्हारे' और 'उनके' अर्थ दे रहे हैं। २. अपनी बात पर ज़ोर देने या अधिकार प्रकट करने के लिए भी 'अपना' का प्रयोग होता है। ***जैसे***—यह हमारा अपना घर है; आपका अपना हित इसी में है। ***वा॰*** ● **विशेष—'अपना' का बहुवचन 'अपने' होता है और स्त्रीलिंग 'अपनी'।** यहाँ 'अपना', 'अपनी' और 'अपने' के वाग्बन्ध (मुहावरे) क्रमश: दिए जा रहे हैं—**अपना-अपना करना**—१. मिलजुलकर काम न करना। २. अलगपन की भावना से काम करना। ३. स्वार्थ से प्रेरित होकर काम करना। **अपना अपना राग अलापना**—१. प्रत्येक व्यक्ति का केवल स्वार्थ की बात कहना। २. संगठित न होना। **अपना उल्लू सीधा करना**—१. (किसी अन्य के हानि-लाभ की चिन्ता न करते हुए) अपना मतलब या स्वार्थ पूरा करना। २. अपना काम निकालना। **(किसी को) अपना करना**—१. अपना मित्र या अपने अनुकूल बना लेना। २. अधिकार में कर लेना। ३. स्वीकार करना। अपनाना। **अपना काम करना**—स्वार्थ पूरा करना। **अपना किया पाना**—अपने कर्म का फल पाना। **अपना गीत गाना**—१. अपनी प्रशंसा करते रहना। २. अपने विषय में ही बोलते रहना। **अपना घर समझना**—१. किसी के घर में बिना संकोच रहना। २. किसी परिवार में ज़िम्मेवारी के साथ सदस्य की तरह रहना। **अपना टका सीधा करना**—नैतिकता-अनैतिकता का विचार किए बिना केवल धन कमाने को उद्देश्य बनाना। **अपना ठिकाना करना**—१. अपनी जीविका का प्रबन्ध करना। २. अपने निवास का प्रबन्ध करना। **अपना तमाचा अपने मुँह पर पड़ना**—दूसरे को हानि पहुँचाने के प्रयत्न में अपनी हानि होना। **अपना बोया आप काटना**—अपने कर्मों का फल भोगना। **अपना मतलब गाँठना**—अपना स्वार्थ पूरा करना। **अपना राग गाना**—अपने ही मतलब की बातें कहना। **अपना रास्ता नापना/लेना**—अपने काम में लग जाना। अपना काम करना। **अपना रुपया/सोना खोटा होना**—अपने व्यक्ति में या अपनी वस्तु में ही दोष होना। **अपना लेना**—स्वीकार कर लेना। **अपना-सा करना**—यथाशक्ति करना। **अपना-सा मुँह लेकर रह जाना**—१. खिसिया जाना। २. लज्जित होना। **अपना ही राग अलापना**—१. अपनी ही बात कहते रहना और दूसरे की न सुनना। २. अपने मतलब की ही बातें कहना। **अपनी-अपनी गाना**—१. सबके विचार भिन्न-भिन्न होना। २. सबका अपनी ही बात कहते रहना। दूसरे की बात न सुनना। **अपनी-अपनी देखना**—केवल अपने स्वार्थ का ध्यान रखना। **अपनी-अपनी पड़ना**—सबको केवल अपनी चिन्ता होना, दूसरे की नहीं। **अपनी आँख से देखना**—अपने दृष्टिकोण से ही विचार करना। **अपनी खिचड़ी अलग पकाना**—अपने को सबसे अलग समझकर आचरण करना। **अपनी गली का शेर होना**—१. केवल अपने क्षेत्र में शक्तिशाली/प्रभावी होना। २. केवल अपने क्षेत्र में अकड़ दिखाना। **अपनी गाना**—दे॰ अपनी ही गाना। **अपनी गाँठ/गिरह का**—अपने पास का। अपनी जेब का। अपना निजी। **अपनी गाँठ/गिरह का कुछ न जाना**—अपना कुछ भी व्यय न होना। **अपनी गुड़िया सँवार देना**—अपनी कन्या का विवाह अपनी शक्ति के अनुसार अच्छी प्रकार कर देना। **अपनी गौं का यार**—स्वार्थी। मतलबी। **अपनी डफ़ली/ढपली अपना राग होना**—सबका अलग-अलग मत होना। **अपनी तरफ़ देखना**—अपनी प्रतिष्ठा/इज़्ज़त का ध्यान रखना। **अपनी नींद सोना और अपनी नींद उठना**—१. निश्चिन्त रहना। २. स्वतन्त्रता और सुख से समय बिताना। ३. अपनी इच्छानुसार काम करना। **अपनी-पराई ठोकरें खाना**—इधर-उधर भटकना। **अपनी बात का एक/पक्का**—अपनी बात पर अडिग रहनेवाला। **अपनी बात पर आना**—१. अपनी प्रवृति या अपने स्वभाव के अनुसार अड़ना। २. हठ करना। **अपनी बात रखना**—अपना निश्चय/वचन/प्रण पूरा करना। **अपनी बीती**—स्वयं भोगी हुई। **अपनी राह चलना**—अपनी पसन्द का काम करना। स्वेच्छा से काम करना। **अपनी-सी**—१. अपनी इच्छा के अनुसार। २. अपने सामर्थ्य के अनुसार। यथाशक्ति। **अपनी ही गाना**—अपनी ही बात कहते रहना। **अपनी ही चलाना**—अपनी कही बात को मनवाने का हठ करना।

अपने आगे किसी को कुछ न गिनना—अपने को बड़ा/बुद्धिमान् समझना और दूसरों को तुच्छ/मूर्ख समझना। **अपने आप**—बिना किसी की प्रेरणा/सहायता के। स्वतः। **अपने ऊपर लेना**—१. किसी बात के लिए स्वयं को ज़िम्मेवार मानना। २. ज़िम्मेवारी लेना। **अपने को कुछ समझना**—अपने को औरों से बड़ा या अधिक शक्तिशाली समझना। **अपने को खोना**—१. अपने शरीर की सुध-बुध भूल जाना। आत्मविस्मृत होना। २. (किसी काम में) तल्लीन होना। **अपने को मिटा देना**—१. किसी कार्य या आदर्श आदि के लिए स्वयं को समर्पित कर देना। २. अपने धन, जीवन आदि को किसी के लिए नष्ट कर देना। **अपने को ही खाना**—अपना ही अनिष्ट करना। **अपने गिरेबान में मुँह डालना, अपने गिरेबान में झाँकना**—आत्मनिरीक्षण करना। **अपने चलते**—अपनी शक्ति-भर। यथासम्भव। **अपने जान**—अपनी समझ से। अपने ज्ञान के अनुसार। **अपने ढंग का**—विलक्षण। अद्‌भुत। निराला। **(किसी बात को) अपने तक रखना**—किसी से न कहना। गुप्त रखना। **अपने पर आना**—अपने ऊपर विपत्ति आना। अपने सामने कोई समस्या या संकट होना। **अपने पैरों में कुल्हाड़ी मारना**—स्वयं अपनी हानि करना। **अपने पैरों पर खड़ा होना**—१. स्वावलम्बी होना। २. अपनी जीविका स्वयं कमाने योग्य बनना। **अपने मन का होना**—मनमानी करना। **अपने मुँह मियाँ मिट्ठू बनना**-अपनी प्रशंसा स्वयं करना। आत्मप्रशंसा करना। **अपने रंग में रँगना**—अपने स्वभाव/प्रवृत्ति के अनुकूल बना लेना। **अपने सिर ओढ़ना/लेना**—अपने ऊपर ज़िम्मेदारी लेना। **अपने से ज़्यादा करना**—अपनी शक्ति से अधिक काम करना। **अपने हक़ में काँटे बोना**—स्वयं अपना अहित करना। **अपने हाथ**—स्वयं। **अपने हाथ काटना**—अपने धन, शक्ति और अधिकार दूसरे को देने के कारण स्वयं विवश हो जाना। **अपने हाथों अपनी क़ब्र खोदना**—अपनी मृत्यु या अपने सर्वनाश का कारण स्वयं बनना। **अपने हाथों में होना**—अपने अधिकार/वश में होना।

***अपनाइति/†अपनाइयत**—[< हि॰ अपना] *स्त्री॰* १. अपनापन। आत्मीयता। २. आपसदारी का सम्बन्ध। ३. सौहार्द। स्नेह। प्रीति। प्रेम।

अपनाना—[< हि॰ अपना] *क्रिस॰* १. अपना बनाना। अपनापन देना। २. अपना आत्मीय मान लेना। ३. अपने पक्ष में मिलाना। ४. स्वीकार करना। ✣ **अपनापन**—*पु॰* = १. आत्मीयता। २. स्वाभिमान। ✣ **अपना-पराया**—*पु॰* १. आत्मीय व्यक्ति और अन्य व्यक्ति। २. मित्र और शत्रु। *वि॰* १. अपना और पराए का। निजी और ग़ैर का। २. भेदभाववाला। ✣ **अपनापन/अपनापा**—*पु॰* = आत्मीयता। अपनापन। ***वा॰* अपनेपन पर आना**—अपने स्वभाव/प्रवृत्ति के अनुसार काम करना।

अपनाम—[स॰ अप + नाम] *पु॰* अपयश। बदनाम।

†अपनायत—[< हि॰ अपना] *स्त्री॰* १. आत्मीयता। अपनापन। २. सौहार्द। स्नेह। प्रेम।

†अपनाव—[< हि॰ अपनाना] *पु॰* आत्मीयता। अपनापन।

***अपनाश**—[< हि॰ अपना + स॰ नाश] स्वयं अपना नाश।

†अपनिया—[< हि॰ अपनाना] *वि॰* १. अपनानेवाला। २. स्नेही।

अपनीत—[स॰ अप + नीत] *वि॰* १. दूर हटाया हुआ या दूर किया हुआ। २. दूसरे स्थान पर पहुँचाया हुआ। ३. जिसका हरण किया गया हो। अपहृत।

अपनोद/अपनोदन—[स॰ अप √नुद् +घञ्/ल्युट्] *पु॰* दूर करना। हटाना। ***जैसे***—चिन्ता का अपनोदन हँसने से हो सकता है।

अपन्थ (अपंथ)—[स॰ अ + पन्थ] *पु॰* १. बुरा मार्ग। कुमार्ग। २. ग़लत मार्ग। अमार्ग।

अपपत्रण—[< स॰ अप + पत्रण] *पु॰* (प्राणि॰) त्वचा या हड्डी से मृत ऊतक की परतों का अलग होना। अपशल्कन।

अपपर्ण—[< स॰ अप + पर्ण] *पु॰* (वनस्पति) पौधों आदि की प्राथमिक पत्तियाँ।

अपभाषा—[स॰ अप + भाषा] *स्त्री॰* १. अनुचित/बुरी भाषा। २. अश्लील/अशिष्ट भाषा। गन्दी बातें। ३. जनसाधारण की बोलचाल में प्रयुक्त होनेवाले अशिष्ट शब्द या वाग्बन्ध (मुहावरे) जिन्हें शिष्ट बातचीत या गम्भीर लेखन में प्रायः प्रयुक्त नहीं किया जाता। ४. ग्राम्य शब्द। (अ॰ स्लैंग)

अपभ्रंश—[स॰ अप √ भ्रंश् + घञ्] *पु॰* १. पतन। २. विकृति। बिगाड़। ३. शब्द का विकृत रूप। ***जैसे***—'अग्नि' का अपभ्रंश 'अग्नी'। *स्त्री॰* (भाषा॰) मध्ययुगीन प्राकृत-युग की बोलचाल की भाषा से विकसित भाषा विशेष जिससे बाद में आधुनिक हिन्दी, गुजराती आदि भाषाओं का विकास हुआ।

अपभ्रष्ट—[स॰ अप + भ्रष्ट] *वि॰* १. गिरा हुआ। पतित। २. बिगड़ा हुआ। विकृत। (भाषा॰) किसी तत्सम शब्द के विकृत उच्चारण से बना हुआ शब्द।

अपमर्दन—[स॰ अप + मर्दन] *पु॰* बुरी तरह कुचलना/रौंदना/मर्दन।

अपमान—[< स॰ अप √मा + ल्युट्] *पु॰* किसी का सम्मान घटानेवाला काम। अनादर। तिरस्कार। बेइज़्ज़ती। ∇ **विलोम**—सम्मान। ***वा॰* अपमान का घूँट पी जाना/लेना**—अपमान को चुपचाप सहन कर लेना। ✣ **अपमानकारक/अपमानकारी**—*वि॰* = १. अपमान करनेवाला (व्यक्ति आदि)। तिरस्कारक। २. अपमानजनक (भाषा आदि)। ✣ **अपमानजनक**—*वि॰* = अपमानपूर्ण। तिरस्कारपूर्ण। तिरस्कारजनक। ∇ **विलोम**—सम्मानजनक ✣ ***अपमानना**—*क्रिस॰* = किसी का अपमान करना। ✣ **अपमानपूर्ण**—*वि॰* = अपमानजनक। ✣ **अपमान-लेख**—*पु॰* = (पत्र॰) किसी को

कलंकित करने के लिए प्रकाशित असत्य और अपमानजनक लेख। ✣ **अपमानित**— *वि०* = जिसका अपमान किया गया हो। ∇ **विलोम**—सम्मानित। **अपमानिनी**— *वि०* (*स्त्री०*) =अपमान करनेवाली। तिरस्कारिणी। ✣ **अपमानी**— *वि०* = अपमान करनेवाला। तिरस्कारी।

अपमार्जन—[सं० अप + मार्जन] *पु०* १. शुद्धि। २. (किसी लेख आदि में से कोई अंश) रद्द करने, मिटा देने या निकाल देने की क्रिया। संशोधन *क्रिस०* (किसी लेख आदि में से कोई अंश) रद्द करना, मिटा देना या निकाल देना। संशोधन करना। ✣ **अपमार्जित**— *वि०* = जिसका अपमार्जन किया गया हो। संशोधित।

अपमिश्रक—[< सं० अप + मिश्रक] *पु०* अपमिश्रण में प्रयुक्त घटिया या सस्ती वस्तु। मिलाया जाने वाला पदार्थ।

अपमिश्रण—[सं० अप + मिश्रण] *पु०* किसी उत्पाद में सस्ते या अवांछित पदार्थों का मिलाया जाना। मिलावट।

अपमूकता—[सं० अप + मूकता] *स्त्री०* (चिकित्सा०) एक रोग। होंठ, जीभ या तालू-सम्बन्धी किसी संरचनात्मक दोष के कारण भाषा को स्पष्ट रूप से बोल न सकना। आंगिक मूकता।

अपमृत्यु—[सं० अप+मृत्यु] *स्त्री०* अकाल मृत्यु।

अपयश—[सं० अपयशस्] *पु०* अपकीर्ति। बदनामी। ∇ **विलोम**—यश। ***वा०* अपयश का टीका**—१. कलंक। २. बदनामी।

अपयान—[< सं० अप + यान] *पु०* १. पलायन। भागना। २. खिसक जाना। ३. पीछे लौटना। (खगोल०) अपक्रम। (दे०)

अपयोग—[सं० अप + योग] *पु०* औषधियों आदि में निर्दिष्ट मात्रा से कम या अधिक पदार्थों का योग। (ज्योतिष०) ग्रहों आदि का अशुभ/अनिष्टकर योग।

अपर—[सं० अ + पर] *वि०* १. जो पर/दूसरा न हो। २. पहले का। ३. (क्रम आदि की दृष्टि से) बाद का। परवर्ती। ४. पीछे की ओर का। पिछला। ***जैसे***—अपर काय (= शरीर का पिछला भाग) ५. प्रस्तुत से भिन्न। अन्य। दूसरा। ६. नियमित पद वाले (अधिकारी) के साथ-साथ और। अतिरिक्त। ***जैसे***—अतिरिक्त अधीक्षक। (अं० एडीशनल) ७. जितना हुआ हो या हो, उससे आगे का या और अधिक। ८. अधम। नीच। घटिया। ९. किसी अन्य जाति/वर्ग का। विजातीय। *पु०* १. शत्रु। वैरी। २. भविष्य। *क्रिवि०* १. पुनः। २. आगे। ३. बहुत अधिक। अत्यधिक। ***जैसे***—अपर शुभ परिणाम। ✣ **अपर अनुच्छेद**— *पु०* =(राज०) वे अनुच्छेद जो किसी अन्तरराष्ट्रीय समझौते के साथ परिशिष्ट के रूप में जुड़े हों (अं० एडीशनल आर्टिकल्स) ✣ **अपर काल**— *पु०* = बाद का समय। उत्तरकाल।

अपरक्त—[सं० अप + रक्त] *वि०* १. अपराग से युक्त। वैरयुक्त/शत्रुतावाला या रंगहीन। ✣ **अपरक्तता**— *स्त्री०* = अपराग।

अपरक्राम्य—[< सं० अ + परक्राम्य] *वि०* (अर्थ०) चेक आदि जिसे बेचा या भुनाया न जा सके, केवल जिसके नाम है, उसी के खाते में जमा किया जा सके। न सकारने योग्य। अविक्रेय। (अं० नॉट-निगोशिएबल)

अपरक्षणीय—[सं० अप + रक्षणीय] *वि०* क्षरण से रक्षा करने में उपयोगी। (अं० ऐब्लेटिव) ✣ **अपरक्षणीय पदार्थ**— *पु०* = राकेट आदि अन्तरिक्षयानों के अगले भागों में लेपन के लिए प्रयुक्त पदार्थ जो पृथ्वी के वायुमंडल में पुनः प्रवेश के समय उत्पन्न ऊष्मा से यानों की रक्षा करते हैं।

अपरजतन—[सं० अप + रजतन] *पु०* (रसायन०) स्वर्ण से चाँदी को अलग करने का प्रक्रम। (अं० पार्टिंग)

अपरञ्च (अपरंच)—[सं० अपरम् ~ च] *अव्यय०* १. और भी। दूसरा भी। २. फिर भी। ३. इसके बाद। उपरान्त।

अपरत—[< हिं० आप + रत] *वि०* १. अपने आप में ही लीन। अपने में ही तल्लीन। २. स्वार्थी। मतलबी।

अपरता[1]—[सं० अपर + तल् + टाच्] *स्त्री०* १. अपरत्व। परायापन। २. अपरत्व। दूरी।

अपरता[2]—[सं० अ + परता] *स्त्री०* १. पराएपन का अभाव। अपनापन। अपरत्व। २. निकटता। अपरत्व।

अपरती—[< हिं० आप + सं० रति] *वि०* स्वार्थी। *स्त्री०* स्वार्थ।

अपरत्र—[सं० अपर + त्रल्] *क्रिवि०* और कहीं। अन्यत्र।

अपरत्व[1]—[सं० अपर + त्व] *पु०* १. अन्यत्व। दूसरापन। परायापन। २. दूरी।

अपरत्व[2]—[सं० अ + परत्व] *पु०* १. पराएपन का अभाव। अपनापन। २. निकटता।

अपरद—[< सं० अपरदन] *पु०* (भूविज्ञान०) १. शैलों के विघटन और अपक्षयण से उत्पन्न पदार्थ जो अपनी उत्पत्ति के स्थान से हट गए हों। २. उक्त प्रकार के पदार्थों से बना निक्षेप।

अपरदन—[सं० अप + रदन] *पु०* क्षरण। कटाव। (भूविज्ञान०) प्राकृतिक कारकों (वायुधारा, बहता जल लहरें इत्यादि) द्वारा भू-पृष्ठ के पदार्थों की घिसाई, कटाव और उनका अपनयन (हटाना)। (चिकित्सा०) ऊतकों का व्रणन के कारण टूटना/क्षरण/कटाव। ✣ **अपरदनकारी**— *वि०* = (भूविज्ञान०) १. अपरदन करनेवाला। २. अपरदन करने में समर्थ। ***जैसे***—जल, वायु-धाराएँ आदि अपरदनकारी हैं। ✣ **अपरदन-चक्र**— *पु०* = (भू विज्ञान०) अपरदन की तीन मुख्य अवस्थाओं (युवावस्था, प्रौढ़ावस्था और जीर्णावस्था) का क्रम जिसमें होकर उठा हुआ भूखंड समतल जैसा हो जाता है।

***अपरना**—[< सं० अपर्णा] *स्त्री०* अपर्णा। पार्वती।

अपर न्यायाधीश—[सं०] *पु०* अतिरिक्त न्यायाधीश।

अपरपक्ष—[सं०] *पु०* १. दूसरा (भिन्न) पक्ष। २. मास का दूसरा पक्ष। कृष्ण पक्ष। (विधि०) प्रतिवादी का पक्ष। प्रतिपक्ष।

अपरबल**—[< सं० प्रबल] *वि०* १. प्रबल। शक्तिशाली। २. प्रचंड। ३. उद्धत। ***जैसे—अपरबल आग फैली हुई है।

अपरब्रह्म (अपरब्रह्म)—[सं०] परब्रह्म से भिन्न ब्रह्म का वह रूप जो सगुण, साकार और सोपाधि (उपाधियुक्त) है।

अपरभा—[सं० अपर + भा] *पु०* (छन्द०) एक वर्णिक छन्द जिसके

प्रत्येक चरण में क्रमशः जगण और सगण के योग से ६ वर्ण होते हैं।

अपर-भाव—[सं॰] *पु॰* १. भिन्नता की भावना। २. अन्तर। भेद।

अपरम्पार (अपरंपार)—[सं॰ अपरम् + पार] *वि॰* असीम। अपार।

अपररूप—[< सं॰ अपर + रूप] *पु॰* दूसरा रूप। (रसायन॰) दे॰ अपररूपता। ✣ **अपररूपता**— *स्त्री॰* = (रसायन॰) किसी तत्त्व (कार्बन, गन्धक आदि) का दो या अधिक ऐसे रूपों में पाया जाना जो भौतिक और रासायनिक गुण धर्मों में परस्पर भिन्न हों। (अ॰ एलोट्रॉपी) ● **विशेष**—अपररूपता वाले विविध रूप परस्पर '**अपररूप**' कहलाते हैं। (अ॰ एलोमॉर्क)

अपर लोक—[< सं॰] *पु॰* अन्य लोक।

अपरवक्त्र—[सं॰ अपर ~ वक्त्र] *पु॰* दूसरा वक्त्र। ● **विशेष**—'**वक्त्र**' एक प्राचीन छन्द है। (छन्द॰) एक अर्धसमवर्णिक छन्द जिसके विषम चरणों में क्रमशः नगण, नगण, रगण, लघु, गुरु (न न र ल ग) के योग से ११ वर्ण होते हैं तथा सम चरणों में क्रमशः नगण, २ जगण और रगण (न ज ज र) के योग से १२ वर्ण होते हैं।

अपरवर्णता—[सं॰ अपरवर्ण + तल् + टाप्] *स्त्री॰* (भौतिकी॰) कोई प्रतिदीप्ति या प्रकाश का पुनर्विकिरण जिसमें उत्सर्जित प्रकाश का रंग अवशोषित प्रकाश के रंग से भिन्न होता है। अ॰ (एलोक्रॉमी)

अपरवश[1]—[सं॰ अ + परवश] *वि॰* जो पराए वश में न हो। स्वाधीन।

अपरवश[2]—[सं॰ अपर ~ वश] *वि॰* जो किसी अन्य के वश में हो। पराधीन।

अपरस[1]—[सं॰ अप + रस] *वि॰* नीरस। रसहीन।

***अपरस**[2]—[सं॰ अ + हि॰ परस (< सं॰ स्पर्श)] *वि॰* १. जिसे किसी ने छुआ न हो। अस्पृष्ट। २. जो छूने योग्य न हो। अस्पृश्य। ३. मलिन। अशुद्ध। ४. स्नान करने के बाद बिना किसी का स्पर्श किए रहना। ५. रसोई का शुद्ध आचार (नियम आदि)। ६. अलिप्त। आसक्ति-रहित। अनासक्त।

***अपरस**[3]—[< हि॰ आप + सं॰ रस] *पु॰* आत्मा का रस/आनन्द। आत्मानन्द।

अपरस्थानिक—[सं॰ अपर + स्थानिक] *पु॰* (भूविज्ञान॰) वे शैल जिनके प्रधान घटक अपने स्थान पर नहीं, अन्यत्र बने हों।

अपरा—[सं॰ अपर + टाप्] *वि॰* (*स्त्री॰*) दूसरी। *स्त्री॰* १. पश्चिम दिशा। २. आध्यात्मिक विद्या के अतिरिक्त अन्य सब विद्याओं का सामूहिक नाम। [● **विशेष**—आध्यात्मिक विद्या '**पर**' कही जाती है। वेद, वेदांग आदि सभी '**अपरा**' के अन्तर्गत हैं।](चिकित्सा॰) भ्रूण को माता से पोषण प्राप्त करानेवाली एक संरचना जिसके द्वारा भ्रूण की श्वसन, पोषण तथा उत्सर्जन क्रियाएँ होती हैं। गर्भनाल। जरायुनाल। (अ॰प्लेसेन्टा)

अपराग—[सं॰ अप + राग] *वि॰* बिना रंग का। रंगहीन। *पु॰* १. असन्तोष। २. शत्रुता।

अपराङ्ग (अपरांग)—[सं॰ अपर ~ अङ्ग] *वि॰* जो किसी का अंग हो। ✣ **अपराङ्गव्यङ्ग्य**— *पु॰* = (काव्य॰) गुणीभूत व्यंग्य का एक भेद जिसमें एक व्यंग्यार्थ किसी अन्य व्यंग्यार्थ का अंग होता है।

अपराजेय—[सं॰ अ + पराजेय] *वि॰* जिसे जीता न जा सके। जिसे हराया न जा सके। अजेय। ✣ **अपराजेयता**— *स्त्री॰* = अजेयता।

अपराध—[सं॰ अप √राध् + घञ्] *पु॰* १. अनुचित काम। ***जैसे***—मैंने कोई अपराध नहीं किया है। २. ऐसा अनुचित काम जो क़ानून द्वारा दंडनीय हो। जुर्म। क़सूर। ३. ऐसा अनुचित कर्म जो धर्म या नैतिकता की दृष्टि से वर्जित हो। पाप। ४. ऐसा कर्म जिससे किसी की हानि या अपमान हो। ✣ **अपराधभञ्जन (अपराधभंजन)**— *पु॰* =अपराधों का नाश। *वि॰* अपराधों को नष्ट करनेवाला। ***जैसे***—अपराधभंजन परमात्मा। ✣ **अपराधमूलक**— *वि॰* = १. अपराध से उत्पन्न। २. अपराध से सम्बन्धित। अपराध से जुड़ा हुआ।

अपराधिता—[< सं॰ अपराधिन् + तल् + टाप्] *स्त्री॰* १. अपराधी होना। २. अपराधी होने का स्वभाव। (अ॰ क्रिमिनेलिटी) ∇ **विलोम**—निरपराधिता।

अपराधी—[सं॰ अपराधिन्] *वि॰, पु॰* अपराध करनेवाला। ∇ **विलोम**—निरपराध। ✣ **अपराधी मन**— *पु॰* = व्यक्ति के मन की अपराधमूलक अवस्था/भावना जिससे प्रेरणा पाकर वह अपराध करता है।

अपरान्त (अपरांत)—[सं॰ अपर ~ अन्त] *पु॰* १. पश्चिमी सीमान्त। २. पश्चिमी सीमान्त का देश या उसका निवासी। ३. (महाराष्ट्र के) उत्तर कोंकण क्षेत्र का प्राचीन नाम।

अपरान्तक (अपरांतक)—[सं॰ अपरान्त + कन्] *पु॰* पश्चिमी सीमान्त प्रदेश या उसका निवासी।

अपरामृष्ट—[< सं॰ अ + परामृष्ट] *वि॰* १. जिसे किसी ने छुआ न हो। अस्पृष्ट। अछूता। २. जिसका अभी उपयोग न किया गया हो। अव्यवहृत। कोरा।

अपरार्क—[< सं॰ अपर + अर्क] *पु॰* दूसरा सूर्य। *वि॰* सूर्य के समान तेजस्वी।

अपरार्ध [< सं॰ अपर + अर्ध] *पु॰* बाद का आधा भाग। उत्तरार्ध।

अपराह्न (अपराह्न)—[सं॰ अपर ~ अह्न] *पु॰* मध्याह्न के बाद और सन्ध्या के पहले का प्रहर। तीसरा पहर।

अपरिगृहीत—[< सं॰ अ + परिगृहीत] *वि॰* जिसे ग्रहण या स्वीकृत न किया गया हो। त्यागा हुआ। त्यक्त। ***जैसे***—अपरिगृहीत धन। *पु॰* अगृहीत या अस्वीकृत व्यक्ति, वस्तु आदि। त्यक्त व्यक्ति, वस्तु आदि। ✣ **अपरिगृहीता**— *स्त्री॰* = अविवाहित स्त्री। अविवाहिता।

अपरिग्रह—[सं॰ अ + परिग्रह] *पु॰* १. परिग्रह का अभाव। संग्रह करने की वृत्ति का त्याग। २. धन, अन्न, वस्त्र आदि का उतना ही संग्रह जितना जीने के लिए अनिवार्य हो। ३. किसी से धन, अन्न, वस्त्र आदि का दान न लेना। ४. वस्तुओं में ममत्व/आसक्ति का

त्याग। ५. त्याग। ६. अभाव। निर्धनता। ग़रीबी। ❁ **विशेष**—योग-साधना में अपरिग्रह का बहुत महत्त्व है। योगदर्शन के 'अहिंसा' आदि ५ यमों में एक 'अपरिग्रह' भी है।

अपरिग्राह्य—[सं॰ अ + परिग्राह्य] *वि॰* जो ग्रहण करने योग्य न हो। जो लेने या स्वीकार करने योग्य न हो। ∇ **विलोम**—परिग्राह्य।

अपरिच्छद—[सं॰ अ + परिच्छद] *वि॰* १. जो ढँका हुआ न हो। खुला हुआ। आवरण-रहित। २. नग्न। नंगा। ३. दरिद्र। ग़रीब।

अपरिच्छिन्न—[सं॰ अ + परि + छिन्न] *वि॰* १. सतत। २. अभेद्य। ३. असीम। ४. सर्वव्यापक। ५. जिसका विभाग न हो सके। मिला हुआ। ∇ **विलोम**—परिच्छिन्न।

अपरिणत—[सं॰ अ + परिणत] *वि॰* जो बदला न हो। अपरिवर्तित। यथावत्। ∇ **विलोम**—परिणत।

अपरिणय—[< सं॰ अ + परिणय] *पु॰* १. परिणय/विवाह का अभाव। विवाह न होना। २. विवाहित न होने की अवस्था (ब्रह्मचर्य, कौमार्य आदि) ३. अविवाहित जीवन। चिरकौमार्य।

अपरिणामी—[सं॰ अपरिणामिन्] *वि॰* जिसमें परिणाम/ विकार न हो। अविकारी। *जैसे*—प्रकृति परिणामी है और आत्मा अपरिणामी। २. जिसमें कभी कोई परिवर्तन/बदल न आए। एकरूप। *जैसे*—हमारे परिवार की आर्थिक स्थिति अपरिणामी है। ३. जिसका कोई परिणाम/फल/नतीजा न निकले। *जैसे*—तुम्हारा परिश्रम अपरिणामी नहीं होगा। ∇ **विलोम**—परिणामी।

अपरिणीत—[सं॰ अ + परिणीत] *वि॰* अविवाहित। ∇ **विलोम**—परिणीत।

अपरिणीता—*स्त्री॰* = अविवाहित स्त्री। अविवाहिता। ∇ **विलोम**—परिणीता।

अपरिनिष्ठित—[सं॰ अ + परिनिष्ठित] *वि॰* जो परिनिष्ठित/मानक न हो। *जैसे*—अपरिनिष्ठित भाषा; अपरिनिष्ठित शब्द। ∇ **विलोम**—परिनिष्ठित।

अपरिपक्व—[< सं॰ अ + परिपक्व] *वि॰* १. जो पका हुआ न हो। कच्चा। २. जो अच्छी तरह पका हुआ न हो। अधकचरा। *जैसे*—जो विषय विशेष का गहरा ज्ञानी न हो। अपूर्ण ज्ञानी। २. जो प्रौढ़ बुद्धि का न हो।

अपरिभाषित—[< सं॰ अ + परिभाषित] *वि॰* जिसकी परिभाषा न की गयी हो। *जैसे*—अपरिभाषित शब्दों के विषय में विचार करना।

अपरिभाष्य—[सं॰ अ + परिभाष्य] *वि॰* १. जिसकी परिभाषा न की जा सकती हो। *जैसे*—काल अपरिभाष्य है। २. ज़िसकी परिभाषा न करनी हो।

***अपरिम**—[< सं॰ अपर] *वि॰* असीम।

अपरिमाण—[< सं॰ अ + परिमाण] *वि॰* अपरिमित। असीम या असंख्य। *पु॰* परिमाण का अभाव। परिमाण रहितता।

अपरिमित—[सं॰ अ + परिमित] *वि॰* १. जो सीमित न हो। असीमित। ∇ **विलोम**—परिमित।

अपरिमेय—[< सं॰ अ + परिमेय] *वि॰* १. जिसका परिमाण निश्चित न किया जा सके। जो नापा या तोला या गिना न जा सके। २. जिसकी सीमा न हो। असीम। ∇ **विलोम**—परिमेय। ✣ **अपरिमेय संख्या**—*स्त्री॰* = (गणित॰) वह वास्तविक संख्या जिसे किसी पूर्णांक के रूप में या पूर्णांक के भागफल के रूप में व्यक्त नहीं किया जा सकता हो। *जैसे*—√२, √५ इत्यादि। (अं॰ इरैशनल नम्बर)

अपरिवर्ती—[सं॰ अ + परिवर्ती (परिवर्तिन्)] *वि॰* १. जो परिवर्तनशील न हो। अपरिवर्तनीय। २. स्थिर। ✣ **अपरिवर्ती गति**—*स्त्री॰* = (गणित॰) वह गति जिसमें रैखिक वेग और कोणीय वेग दोनों अचर रहें।

अपरिवर्त्य—[सं॰ अ + परिवर्त्य] *वि॰* अपरिवर्तनीय। *जैसे*—अपरिवर्त्य निर्णय।

अपरिवृत्त—[< सं॰ अ + परिवृत्त] *वि॰* १. जो घिरा हुआ न हो। २. जो ढँका हुआ न हो। अनाच्छादित।

अपरिवृत्ति अंलकार—[सं॰] *पु॰* (काव्य॰) परिवृत्ति अलंकार के ठीक विपरीत एक अर्थालंकार जिसमें किसी चमत्कारपूर्ण कथन द्वारा कवि यह बताता है कि दाता ने दिया तो परन्तु लिया कुछ नहीं।

अपरिस्राविता—[सं॰ अ + परिस्राविता] *स्त्री॰* जल को बाहर न बहाकर अन्दर ही रखे रहना। (जैन॰) किसी साधक के दोषों को सुनकर, किसी के पूछने पर भी, प्रकट न करना।

अपरिहरणीय—[सं॰ अ + परिहरणीय] *वि॰* जो परिहरण के योग्य न हो। जो निवारण/खंडन/अपहरण के योग्य न हो। २. जिसका परिहरण करना अनुचित हो या मना किया गया हो। ∇ **विलोम**—परिहरणीय।

अपरिहार्य—[सं॰ अ + परिहार्य] *वि॰* १. जिसका परिहार/त्याग सम्भव न हो। अत्याज्य। २. जिसके बिना काम सम्भव न हो। अनिवार्य। ३. जों न छीनने योग्य हो। अहरणीय। ४. जो होकर ही रहेगा। अवश्यम्भावी। ∇ **विलोम**—परिहार्य।

अपरुष—[सं॰ अ + परुष] *वि॰* जो कठोर न हो। कोमल। ∇ **विलोम**—परुष।

अपरूप[१]—[सं॰ अप + रूप] *वि॰* १. अपकृष्ट रूप वाला। कुरूप। बदशक्ल। २. बेढंगा। ३. जिसका कोई अंग टूटा/कटा हुआ हो। ✣ **अपरूपता**[१]—*स्त्री॰* = १. कुरूपता। २.बेढंगापन।

अपरूप[२]—[< हिं॰ आपन + सं॰ रूप] *वि॰* अपूर्व। *पु॰* १. अपूर्व दृश्य। २. अपूर्व/अनुपम सौन्दर्य।

अपरोक्ष—[सं॰ अ + परोक्ष] *वि॰* जो परोक्ष न हो। प्रत्यक्ष।

अपर्ण—[सं॰ अ + पर्ण] *वि॰* (वृक्ष/पौधा) जिसमें पत्ते न हों। बिना पत्तों वाला। पत्ररहित। अपत्र।

अपर्णहरिती—[< सं॰ अ + पर्णहरित] *स्त्री॰* [वनस्पति॰] (वे पत्तियाँ आदि) जिनमें पर्णहरित (अं॰ क्लोरोफ़िल) न हो।

अपर्णा—[सं॰ अपर्ण + टाप्] *वि॰* (*स्त्री॰*)बिना पत्तों वाली। पत्ररहित। *स्त्री॰* (तप में पत्ते खाना भी छोड़ देनेवाली) पार्वती।

अपर्णी—[सं॰ अ + पर्णी] *वि॰* (वनस्पति॰) जिसमें पत्तियाँ न होती हों (जैसे—कैक्टस)।

अपर्युषित—[सं॰ अ + पर्युषित] *वि॰* (भोजन) जो रात का रखा हुआ न हो। जो बासी न हो। ताज़ा।

अपर्व—[सं॰ अ + पर्व (पर्वन्)] *वि॰* १. जिसमें गाँठ न हो। २. जिसमें जोड़ने की जगह या सन्धि न हो। सन्धिरहित। ३. जो ऋतु के अनुरूप न हो। अनऋतु। बेमौसम। *पु॰* वह दिन जो उत्सववाला न हो।

अपल—[< सं॰ अ + हि॰ पलक] *क्रिवि॰* बिना पलक गिराए। निर्निमेष दृष्टि से। अपलक। ***जैसे***—अपल देखना।

अपलक—[सं॰ अ + हि॰ पलक] *वि॰* जिसकी पलकें न गिरें। *क्रिवि॰* निर्निमेष दृष्टि से। एकटक। ***वा॰* अपलक रह जाना**—१. स्तब्ध रह जाना। २. पूरी तरह मोहित हो जाना।

अपलक्षण—[< सं॰ अप + लक्षण] *पु॰* कुलक्षण। दोष। (न्याय॰) ऐसा लक्षण जिसमें अव्याप्ति या अतिव्याप्ति दोष हो। दोषयुक्त लक्षण।

***अपलट**—[< सं॰ अ + हि॰ पलटना] *वि॰* १. न मुड़नेवाला। २. न बदलनेवाला। ३. न लौटनेवाला।

अपलपन, अपलाप—[सं॰ अप् √लप् + ल्युट्/घञ्] पु १. व्यर्थ की बातचीत। बकवास। २. सत्य बात को छिपाने के लिए इधर-उधर की बातें करना। टालमटोल की बातें करना। ३. सत्य को छिपाना। ४. बात को छिपाना। छिपाव/दुराव।

अपलाभ—[सं॰ अप + लाभ] *पु॰* अनुचित लाभ। ✣ **अपलाभन**—*पु॰* = अपलाभ प्राप्त करना। मुनाफ़ाख़ोरी।

अपलोक—[सं॰ अप + लोक] *पु॰* १. अपयश। बदनामी। २. बुरा लोक (नरक आदि)।

अपवन[१]—[सं॰ अ + पवन] *वि॰* पवनरहित। बिना हवा का।

अपवन[२]—[सं॰ अप +वन] *पु॰* १. नगर के समीप का बाग़। उपवन। २. लता-कुंज।

अपवर्ग—[सं॰ अप +वर्ग] *पु॰* १. किसी कार्य का अच्छी तरह सम्पन्न होना। पूर्णता। २. मोक्ष। निर्वाण।

अपवर्जन—[सं॰ अप √वृज् + ल्युट्] *पु॰* १. त्याग। २. सम्मिलित न करना। वर्जन। ३. प्रवेश-निषेध। रोक। ✣ **अपवर्जित**—*वि॰* = १. जिसका अपवर्जन हुआ हो। २. त्यागा हुआ। त्यक्त। ३. सम्मिलित न किया हुआ। वर्जित। ४. जिसका प्रवेश निषिद्ध किया गया हो। रोका गया।

अपवर्तक—[सं॰ अप + वर्तक] *वि॰* अपवर्तन करनेवाला। *पु॰* (अंकगणित॰) किसी संख्या का ऐसा विभाजक जिससे भाग देने पर शून्य शेष रहता है। ***जैसे***—३ और ५ दोनों १५ के अपवर्तक हैं।

अपवर्तन—[सं॰ अप + वर्तन] *पु॰* १. भारी उलट-फेर। पलटाव। २. संक्षिप्त करना। (गणित॰) किसी संख्या का किसी ऐसी संख्या से विभाजन जिससे शून्य शेष रहे।

अपवर्तित—[सं॰ अप √वृत् + णिच् + क्त] *वि॰* १. जिसका अपवर्तन हुआ हो। २. पलटा हुआ। ३. जो संक्षिप्त हुआ हो। ५. जो कम हुआ हो। घटा हुआ।

अपवर्त्य—[सं॰ अप √वृत् + ण्यत्] *वि॰* जिसका अपवर्तन हो सके। *पु॰* (अंकगणित॰) वह संख्या जो दो भिन्न पूर्णांकों का गुणनफल हो। गुणज। ***जैसे***—३ × ४ = १२ अत: १२ को ३ का 'अपवर्त्य' कहेंगे और ४ का भी। इसी प्रकार ८, १०, १४ संख्याएँ २ का अपवर्त्य है। (अं॰ मल्टिपल) ● **विशेष**—दो या अधिक संख्याओं में **'लघुतम समापवर्त्य'** और **'महत्तम समापवर्तक'** का अंकगणित में उपयोग होता है।

***अपवश**—[< हि॰ अप + सं॰ वश] *वि॰* १. अपने वश में लाया हुआ। स्ववश किया हुआ। २. जो परवश/पराधीन न हो। स्वाधीन या स्वेच्छाचारी।

अपवहन—[सं॰ अप √वह् + ल्युट्] *पु॰* (किसी भेजी गयी वस्तु का) अपने उचित/नियत स्थान की जगह इधर-उधर पहुँच जाना। ***जैसे***—धनादेश (अं॰ मनीआर्डर) का अपवहन।

अपवाद—[सं॰ अप + वाद] *पु॰* १. अपयश। बदनामी। २. निन्दा। ३. किसी व्यापक नियम के विरुद्ध नियम विशेष। सामान्य नियम को बाधित या मर्यादित करनेवाला कोई विशेष नियम, तथ्य या उदाहरण आदि। विशेष रूप से कही गयी विधि जो सामान्य विधि से भिन्न/विपरीत हो। ***जैसे***—संस्कृत व्याकरण में अनेक नियमों के अपवाद भी हैं; अपवाद प्रमाणित करता है कि कोई नियम है। (वेदान्त॰) अध्यारोप का निराकरण। ● **विशेष**—उदाहरणार्थ, रस्सी को साँप समझना अध्यारोप है और रस्सी का वास्तविक ज्ञान हो जाने से उक्त का निराकरण ही 'अपवाद' है। ✣ **अपवादक**—*वि॰* = १. बदनाम करनेवाला। २. निन्दक। ३. विरोधी। ✣ **अपवादिक**—*वि॰* = १. अपवाद-सम्बन्धी। अपवाद का।

अपवादी—[सं॰ अपवादिन्] *वि॰* अपवादक। (दे॰)

अपवारण—[सं॰ अप + वारण] *पु॰* १. छिपाव। ढाँकना। २. व्यवधान। बाधा। रोक। आड़। ३. बीच में पड़ कर आघात से रक्षा करनेवाली वस्तु।

अपवारित—[सं॰ अप + वारित] *वि॰* १. छिपाया हुआ। २. छिपा हुआ। ढँका हुआ। ३. दूर किया हुआ। हटाया हुआ। *पु॰* (नाट्य॰) 'नियतश्राव्य' नाट्योक्ति के दो भेदों में से एक। मुँह को दूसरी ओर फेरकर एक पात्र का अन्य पात्र से गोपनीय बात करना।

अपवाह—[सं॰ अप + वाह] *पु॰* १. कम करना। २. दूर करना। हटाना। ३. जल का प्रवाह। ४. पानी बहने की नाली। (भूविज्ञान॰) नदियों या भूमिगत मार्गों (प्रणालों) द्वारा किसी क्षेत्र के जल के बहने की पद्धति। जल-निकास। ***जैसे***—अपवाह-क्षेत्र। (अं॰ ड्रेनेज)

अपवाहक—[सं॰ अप + वाहक] *वि॰* अपवहन करनेवाला। ग़लत दिशा में या ग़लत स्थान पर ले जानेवाला या पहुँचानेवाला।

अपवाह-तन्त्र (तंत्र)—[सं॰] *पु॰* (किसी क्षेत्र में) जल के प्रवाहित होने की पद्धति। (भूविज्ञान॰) किसी क्षेत्र की नदियों और उनकी

शाखाओं द्वारा होनेवाला जल-प्रवाह या उसकी पद्धति।

अपवाहन—[सं॰ अप + वाहन] *पु॰* १. कम करना। घटाना। २. दूर करना। हटाना। ३. (किसी वस्तु को) भूल से गलत स्थान पर ले जाना या पहुँचाना।

अपवाहित—[सं॰ अप + वाहित] *वि॰* १. जिसका अपवहन हुआ हो। २. (भूल से) ग़लत स्थान पर पहुँचा/पहुँचाया हुआ।

अपविकास—[< सं॰ अप + विकास] *पु॰* अपूर्ण और दोषयुक्त विकास।

अपवित्र—[सं॰ अ + पवित्र] *वि॰* जो पवित्र न हो। अशुद्ध, दूषित या मैला। ***जैसे***—अपवित्र स्थान; अपवित्र मन। ∇ **विलोम**—पवित्र। ✣ **अपवित्रता**—*स्त्री॰* = अशुद्धता। मैलापन।

अपविद्ध(अपविद्ध)—[सं॰ अप √व्यध् + क्त] *वि॰* १. छोड़ा हुआ। त्यक्त। २. नीच। निकृष्ट। क्षुद्र। *पु॰* माता-पिता द्वारा त्यागा हुआ पुत्र जिसे किसी ने गोद ले लिया हो।

अपविद्या (अपविद्या)—[सं॰ अप + विद्या] *स्त्री॰* १. बुरी विद्या जिसे सीखना नहीं चाहिए। निषिद्ध विद्या। २. अविद्या। माया।

अपवृक्कता—[सं॰ अप + वृक्क + तल् + टाप्] *स्त्री॰* वृक्क/गुर्दे का कोई भी रोग। गुर्दे की ख़राबी।

अपवृद्धि (अपवृद्धि)—[सं॰ अप + वृद्धि] *स्त्री॰* (चिकित्सा॰) दोषपूर्ण वृद्धि। ***जैसे***—ऊतकों की अपवृद्धि से मस्से निकलते हैं।

अपवेध—[सं॰ अप + वेध] १. (मोती आदि का) ग़लत वेध/छेदन। २. नियत/उचित स्थान पर न वेधना/छेदना।

अपव्यय—[सं॰ अप + व्यय] *पु॰* १. व्यर्थ किया गया व्यय। फ़िज़ूलख़र्ची। २. उचित मात्रा से अधिक ख़र्च। ३. अनुचित कामों में किया गया खर्च।

अपशल्कन—[सं॰ अप + शल्कन] *पु॰* (प्राणि॰) मृत ऊतक, त्वचा या हड्डी की परतों का अलग होना। अपपत्रण।

अपशिष्ट—[सं॰ अप ~ शिष्ट] *पु॰* किसी वस्तु के प्रयोग के बाद बचा हुआ अंश जो प्राय: त्याज्य होता है।

अपशोक—[सं॰ अप + शोक] *वि॰* शोक-रहित।

अपश्री—[सं॰ अप + श्री] *वि॰* श्री से रहित। श्रीहीन। सौन्दर्यरहित। शोभाहीन।

अपश्रुति—[सं॰ अप + श्रुति] *स्त्री॰* (भाषा॰) शब्द में केवल स्वर के ह्रस्व या दीर्घ होने से हुआ अर्थ-परिवर्तन (जैसे—'वसुदेव' से 'वासुदेव' बनने पर आनेवाली अर्थ-भिन्नता)।

अपसमायोजन—[सं॰ अप + समायोजन] *पु॰* ठीक ताल-मेल न बैठना। अनमेलपन। कुसमायोजन।

अपसर—[सं॰ अप √सृ + अच्] *पु॰* १. पीछे हटना/लौटना। २. बच कर भाग जाना। पलायन। २. दूर होना।

अपसरण—[सं॰ अप √सृ + ल्युट] *पु॰* १. हट जाना। २. पीछे हटना। ३. दायित्व/कार्य छोड़कर भाग जाना। (मनो॰) किसी बाह्य उद्दीपन से बचने की प्रवृत्ति।

अपसर्जन—[सं॰ अप् √सृज् + ल्युट्] *पु॰* १. त्याग। २. भेंट। ३. दान। ४. मोक्ष। मुक्ति। ५. अपने आश्रित व्यक्ति या अपने पद/कार्य को बेपरवाही से छोड़ देना।

अपसर्पण—[सं॰ अप √सृप् + ल्युट्] *पु॰* १. पीछे हटना। २. गमन। जाना। ३. गुप्तचरी। जासूसी।

अपसवना—[< सं॰ अपस्रवण] *क्रिअ॰* १. चुपके से चल देना। खिसक जाना। २. भाग जाना।

अपसव्य—[सं॰ अप + सव्य] *वि॰* १. जो सव्य/बायाँ न हो। दाहिना। २. विपरीत। उलटा। ३. जिसका यज्ञोपवीत/जनेऊ दाहिने कन्धे पर हो। ✣ **अपसव्य परिक्रमा**—*स्त्री॰* = देवी/देवता आदि को दाहिनी ओर रखकर, उसके चारों ओर मंडलाकार घूमना। दक्षिणावर्त परिक्रमा।

अपसामान्य मनोविज्ञान—*पु॰* = मनोविज्ञान की एक शाखा जिसमें विकृत व्यक्तियों की मानसिक क्रियाओं और व्यवहार का तथा विलक्षण मनोवैज्ञानिक तथ्यों (घटनाएँ, स्वप्न, सम्मोहन आदि) का अध्ययन किया जाता है।

अपसारी—[सं॰ अपसारिन्] *वि॰* १. अलग-अलग। भिन्न-भिन्न। २. परस्पर विरुद्ध। ***जैसे***—वक्ताओं ने अपसारी विचार व्यक्त किए। (अं॰ डाइवर्जन्ट) ✣ **अपसारी श्रेढी/श्रेणी**—*स्त्री॰* = (गणित॰) वह अनन्त श्रेणी जिसका योगफल कोई निश्चित संख्या नहीं है या अनन्त है। (अं॰ डाइवर्जन्ट सीरीज़) ∇ **विलोम**—अभिसारी श्रेढी/श्रेणी।

अपसृत—[सं॰ अप √सृ + क्त] १. जिसे किसी ने त्याग दिया हो। परित्यक्त। २. जिसे पद/स्थान से हटा दिया गया हो। च्युत। ३. जो अपना अधिकार/दायित्व/पद छोड़कर चला गया हो।

अपसृति—[सं॰ अप √सृ + क्तिन्] *स्त्री॰* १. अलग-अलग होना। अपसरण। २. भेद। भिन्नता। ***जैसे***—वैचारिक अपसृति। ३. परस्पर विरुद्धता।

अपसौर—[सं॰ अप + सौर] *पु॰* (खगोल॰) किसी ग्रह/उल्का की कक्षा का वह स्थान या बिन्दु जो सूर्य से दूरतम है। (अं॰ अफ़ीलियन) ∇ **विलोम**—उपसौर।

अपस्कार—[सं॰ अप √कृ + घञ्, सुट्→आगम] *पु॰* घुटने के नीचे का भाग।

अपस्थानिक—[सं॰ अप + स्थानिक] *वि॰* १. जो सामान्य स्थान से उत्पन्न न हो। २. विदेशी। (भूविज्ञान॰) विशाल ज्वालामुखी के पार्श्व पर स्थित। ✣ **अपस्थानिक मूल**—*पु॰* = (वनस्पति॰) सामान्य स्थान के अतिरिक्त पौधे के किसी अन्य स्थान से निकली हुई जड़।

अपस्नान—[सं॰ अप + स्नान] *पु॰* १. अपवित्र स्नान। २. ऐसे जल में स्नान करना जिसमें कोई मनुष्य पहले नहा चुका हो। ३. शव का दाह-संस्कार करने के बाद का स्नान।

अपस्मार—[सं॰ अप √स्मृ + घञ्] *पु॰* एक गम्भीर रोग। मिरगी। (काव्य॰) एक संचारी भाव। वियोग में काँपकर या मूर्च्छित होकर गिरना। ✣ **अपस्मारी**—*वि॰* = अपस्मार रोग का रोगी। मिरगी की बीमारी वाला।

अपस्मृति—[सं॰ अप √स्मृ + क्तिन्] *स्त्री॰* स्मरणशक्ति का क्षय/नाश/ह्रास। *वि॰* कमज़ोर स्मरणशक्ति वाला। भूल जाने वाला। भुलक्कड़।

अपस्वर—[अप॰ + स्वर] *पु॰* १. अनुचित/बुरा स्वर। २. अप्रिय आवाज़। (संगीत॰) १. कर्णकटु स्वर। २. ग़लत स्वर।

***अपस्वारथ, अपस्वारथी**—दे॰ क्रमश: शुद्ध रूप 'अपस्वार्थ', अपस्वार्थी।

अपस्वार्थ—[< हि॰ अपना + सं॰ स्वार्थ] *पु॰* अपना मतलब। निजी स्वार्थ। ❖ **अपस्वार्थी**—*वि॰* = अपना ही हित देखने वाला, स्वार्थी अथवा निकृष्ट स्वार्थ वाला।

अपह—[सं॰ अप √हन् + ड] *वि॰* (समासयुक्त पद में अन्त में प्रयुक्त) निवारण या नाश करनेवाला। ***जैसे***—रोगापह (रोग-अपह)।

अपहत—[सं॰ अप + हत] *वि॰* १. नष्ट किया हुआ। २. मारा हुआ। मारा गया। मृत। ***जैसे***—युद्ध में अपहत सैनिकों की संख्या।

अपहन—[< सं॰ अपहन्] *वि॰* (समासयुक्त पद में अन्त में प्रयुक्त) नाश करनेवाला। नाशकर्ता।

अपहनन—[सं॰ अप √हन् + ल्युट्] *पु॰* उत्तेजित भीड़ द्वारा किसी अपराधी व्यक्ति की हत्या। (अं॰ लिन्चिंग)

अपहरण—[सं॰ अप + हरण] *पु॰* (बलपूर्वक) छीन लेना। लूट लेना। २. (बलपूर्वक) उठा ले जाना। ३. (सरकार द्वारा) ज़ब्त कर लेना। ***जैसे***—क्रान्तिकारी देशभक्तों की सम्पत्ति के अपहरण का सरकारी आदेश। ४. ग़ायब करना। छिपाना। ५. चुंगी/शुल्क न देने के लिए छिपाकर माल ले जाना। ६. स्वार्थ सिद्ध करने या किसी दुष्ट अभिप्राय से किसी बालक, बालिका, धनी व्यक्ति या शत्रु आदि को बलपूर्वक उठाकर ले जाना या छलपूवर्क ले जाना और कहीं छिपा करके रखना। (अं॰ किडनैपिंग) ❖ **अपहरणीय**—*वि॰* = १. अपहरण के योग्य। जिसका अपहरण किया जा सकता हो। २. जिसका अपहरण किया जाना हो।

अपहसित—[सं॰ अप √हस् + क्त] *वि॰* जिसका मज़ाक़ उड़ाया गया हो। *पु॰* १. अकारण, व्यर्थ या अशिष्ट हँसी। २. मूर्खतापूर्ण हँसी। ३. असमय हँसी। (काव्य॰, नाट्य॰) हास्य का एक भेद जिसके प्रमुख लक्षण हैं—हँसते हुए नेत्रों में आँसू आ जाना और कन्धा तथा सिर हिलने लगना।

अपहारी—[सं॰ अपहारिन्] *वि॰* १. अपहरण करनेवाला। २. छीनने/लूटने/चुरानेवाला। ३. दूर/नष्ट करनेवाला। ***जैसे***—विघ्नों का अपहारी। ४. अपने अधिकार में करनेवाला। ***जैसे***—हृदय का अपहारी (हृदयापहारी)। ● **विशेष**—'अपहारी' का प्रयोग प्राय: समासयुक्त पदों के अन्त में ही होता है।

अपहार्य—[सं॰ अप √हृ + ण्यत्] *वि॰* १. (वस्तु) जिसका अपहरण हो सके। जिसे छीना/लूटा जा सके। २. (व्यक्ति) जिसकी वस्तु को छीना/लूटा गया हो अथवा छीना/लूटा जाता हो।

अपहास—[सं॰ अप + हास] १. अनुचित हँसी। २. अनवसर हँसी। बेमौक़े हँसी। ३. (किसी का) उपहास। मज़ाक़।

अपहृत—[< सं॰ अप + हृत] *वि॰* (वस्तु या व्यक्ति) जिसका अपहरण किया गया हो। छीना, लूटा या चुराया हुआ। ***जैसे***—चोरों द्वारा अपहृत धन। ❖ **अपहृतज्ञान**—*वि॰* = जिसे सुधबुध न हो। बेख़बर। ❖ **अपहृतश्री**—*वि॰* = जिसकी श्री नष्ट हो गयी हो। कान्तिहीन। छविहीन। शोभाहीन। ***जैसे***—पराजय के बाद अपहृतश्री सेनापति।

अपहेला—[सं॰ अप + हेला] *स्त्री॰* १. अपमान। तिरस्कार। २. भर्त्सना। डाँट-फटकार।

अपह्नुति (अपह्नुति)—[सं॰ अप √ह्नु + क्तिन्] *स्त्री॰* १. (कही हुई बात से) मुकरना। २. सत्य को छिपाना। (काव्य॰) एक अर्थालंकार जिसमें प्रस्तुत का निषेध कर अप्रस्तुत की स्थापना की जाती है। (जैसे—यह औषधि नहीं, अमृत है)।

अपह्रासन (अपह्रासन)—[सं॰ अप √ह्रस् + ल्युट्] *पु॰* १. ह्रास होना। कम होना। २. अपकर्ष। गिरावट। (चिकित्सा॰) किसी के जीवन-काल में उसके शरीर के किसी अंग का गलना-सड़ना अथवा थोड़ा या पूरी तरह लोप। (अं॰ डिजेनरेशन)

***अपाइ**—[< हि॰ अपाय] *स्त्री॰* हानि, उत्पात या उपद्रव।

***अपाउ/अपाव**—[< हि॰ अपाय] *पु॰* हानि, उत्पात या उपद्रव।

अपाक[1]—[सं॰ अ + पाक] *वि॰* जो पूरी तरह पका हुआ न हो। अपक्व। कच्चा। *पु॰* १. कच्चापन। २. अजीर्ण रोग।

अपाक[2]—[हि॰ अ + फा॰ पाक] *वि॰* अपवित्र। नापाक।

अपाकरण—[सं॰ अप + आ √कृ + ल्युट्] *पु॰* १. दूर करना। हटाना। २. ऋण चुकता करना। ऋण-परिसमापन। ३. लेना-देना चुकाकर किसी काम-धन्धे या व्यवसाय को समाप्त करना। कारोबार बन्द करना।

अपाङ्क्त (अपांक्त)—[सं॰ अ + पाङ्क्त] *वि॰* जो अपनी जाति-बिरादरी की पंक्ति में बैठाकर खिलाने-पिलाने योग्य न माना जाए। जाति-बहिष्कृत। जातिच्युत।

अपाङ्ग (अपांग)—[< सं॰ अप √अङ्ग् + घञ्] *वि॰* १. अंगहीन। २. पंगु। ३. अशरीरी। *पु॰* १. आँख की कोर। २. कामदेव। ❖ **अपाङ्ग-दर्शन (अपांग-दर्शन)**—*पु॰* = १. कनखियों से देखना। २. तिरछी चितवन। ❖ **अपाङ्ग-दृष्टि (अपांग-दृष्टि)**—*स्त्री॰* = अपांग-दर्शन।

अपाच्य—[सं॰ अ + हि॰ पाच्य] *वि॰* जो पच न सके। गरिष्ठ।

अपाटव—[सं॰ अ + पाटव] *पु॰* १. पटुता न होना। अकुशलता। अनाड़ीपन। २. भद्दापन। ३. अस्वस्थ। रोगी। *वि॰* १. जो पटु न हो। अपटु। अकुशल। अनाड़ी २. भद्दा ३. अस्वस्थ। रोगी।

अपात्र—[सं॰ अ + पात्र] *वि॰* १. जिसमें किसी पद को पाने के लिए निर्धारित योग्यता न हो। अयोग्य। अनर्ह। २. जो किसी शास्त्रविहित कर्म करने का अधिकारी न हो। अनधिकारी। ३. जो सम्मान विशेष या सुविधा पाने के योग्य या उपयुक्त न हो। अनुपयुक्त। ∇ **विलोम**—पात्र।

अपात्रीकरण—[सं॰ अपात्र √कृ + च्व्रि + ल्युट्] *पु॰* अपात्र/अयोग्य बनाना।

अपादान—[सं॰ अप + आदान] *पु॰* १. दूर करना। हटाना। २. अलग होना। अलगाव। [व्या॰] (कर्ता आदि कारकों में) पाँचवाँ कारक। संज्ञा या सर्वनाम के जिस रूप से अलगाव का, दूरी का, तुलना का, निकलने का, डरने का, सीखने का तथा लज्जित होने का बोध हो। *जैसे*—'वृक्ष से पत्ता गिरा' में 'वृक्ष' का कारक 'अपादान' है।

अपान[1]—[सं॰ अप + आ √नी +ड, अथवा अप √अन् + अच्] *पु॰* १. पाँच प्राणों में से एक जो मल-मूत्र को बाहर निकालता है। २. गुदा-मार्ग से निकलनेवाली वायु (अपान-वायु)। ✣ **अपान-द्वार (द्वार)**—*पु॰* = गुदा।

***अपान**[2]—[< हि॰ अपना] *पु॰* १. आत्मज्ञान। २. आत्मगौरव। ३. अपनी सुध-बुध। अपने होश-हवास।

अपान[3]—[सं॰ अ + पान] *वि॰* न पीने योग्य। अपेय।

अपामार्ग—[सं॰ अप √मृज् + घञ्] *पु॰* एक रोगनाशक पौधा। चिचड़ा घास।

अपाय[1]—[सं॰ अप √इण् + अच्] *पु॰* १. दूर हटना। पीछे हटना। २. वियोग। पृथक्ता। अलगाव। ३. नाश। सर्वनाश। ४. (किसी के प्रति किया जानेवाला) हानि -कारक कार्य। ५. हानि। ६. बुराई। ७. संकट। विपत्ति। ८. विघ्न। बाधा। ९. उपद्रव। उत्पात। (जैन॰) अभ्युदय और निःश्रेयस के साधनों की नाशक प्रवृत्ति।

अपाय[2]—[< सं॰ अन् + उपाय] *वि॰* १. जिसके पास कोई उपाय न रह जाए। निरुपाय। २. निर्धन। दरिद्र। ग़रीब।

अपायी—[सं॰ अपायिन्] *वि॰* १. नष्ट होनेवाला। नाशवान्। नश्वर। २. अस्थिर। अनित्य। ३. अलग रहने/होनेवाला। ४. हानिकारक।

अपारग—[सं॰ अ + पारग] *वि॰* १. पार न जानेवाला। २. अयोग्य। ३. अशक्त। असमर्थ।

अपारगम्य—[सं॰ अ + पारगम्य] *वि॰* जिसके पार जाना सम्भव न हो। [भूविज्ञान॰] (ऐसा शैल) जिसमें से कोई द्रव पदार्थ या गैस न जा सके।

अपारदर्शी—[सं॰ अ + पारदर्शी (पारदर्शिन्)] *वि॰* जो पारदर्शी न हो। जिसके आर-पार न देखा जा सके। (भौतिकी॰) प्रकाश-किरणों के लिए अभेदक वस्तु।

अपारमुखी—[सं॰ अपार ~ मुखी (मुखिन्)] *वि॰* १. अनन्त मुखों वाला। २. अनेक धाराओं से समुद्र में मिलनेवाली (नदी)।

अपारार्णव—[सं॰ अपार + अर्णव] *पु॰* असीम सागर। विशाल समुद्र।

***अपारिख/अपारिष**—[< हि॰ अपारखी] *वि॰* परखने की योग्यता न रखनेवाला। जो पारखी न हो। जो परीक्षा/जाँच न कर सके।

अपार्थ—[सं॰ अप + अर्थ] *वि॰* १. अर्थरहित। निरर्थक। व्यर्थ। २. अशुद्ध/दूषित अर्थ वाला। अनुचित अर्थ वाला। ३. निरुद्देश्य प्रयोजनरहित। ४. परिणाम-रहित। निष्फल। ५. असंगत। *पु॰* (काव्य॰) १. पद/वाक्य का अर्थ स्पष्ट न होने का दोष। २. असंगत बात कहने का दोष।

अपार्थिव—[सं॰ अ + पार्थिव] *वि॰* १. जो पृथ्वी/मिट्टी से सम्बन्धित न हो। २. जो पृथ्वी/मिट्टी से उत्पन्न न हुआ हो।

अपावर्तन—[< सं॰ अप + आवर्तन] *पु॰* १. पीछे चला जाना। २. वापस आना। लौटना। ३. अपने वचन का पालन न करना। अपने वचन-पालन से पीछे हटना। ४. चक्कर लगाना। घूमना।

अपावशोषण—[< सं॰ अप + अवशोषण] (प्राणि॰, चिकित्सा॰) कुछ पदार्थों को अवशोषित करने में छोटी आँत की असमर्थता।

अपाश्रित—[< सं॰ अप + आश्रित] १. एक ही आश्रय/स्थान में रहनेवाला। एकान्तसेवी। २. संसार से विरक्त। वैराग्ययुक्त।

अपाहज/अपाहिज—[< प्रा॰ अपाहेज्ज] *वि॰* १. विकलांग। २. लूला-लँगड़ा। ३. काम करने के अयोग्य। ४. (लाक्षणिक) आलसी। निकम्मा।

अपितु—[सं॰ अपि ~ तु] *अव्यय॰* १. परन्तु। लेकिन। किन्तु। २. वरन्। बल्कि। ३. तो भी। तथापि।

अपिधान—[सं॰ अपि √धा + ल्युट्] *पु॰* १. ढाँकने की क्रिया/भाव। ढाँकना। २. छिपाना। ३. ढक्कन। ४. आच्छादन। आवरण।

अपिहित[1]—[सं॰ अपि √धा + क्त] *वि॰* १. ढँका हुआ। २. आच्छादित। आवरणयुक्त। आवृत। २. अस्पष्ट।

अपिहित[2]—[सं॰ अ + पिहित] *वि॰* १. जो छिपा हुआ या ढका हुआ न हो। २. स्पष्ट।

***अपीच**—[< सं॰ अपीच्य] *वि॰* अति सुन्दर।

अपीत—[< सं॰ अ + पीत] *वि॰* १. जो पीले रंग का न हो। २. जो पिया न गया हो। ∇ **विलोम**—पीत।

अपीन—[सं॰ अ + पीन] *वि॰* जो मोटा और मांसल न हो। कृश। क्षीण। ∇ **विलोम**—पीन।

अपील—[अं॰] *स्त्री॰* १. प्रार्थना। निवेदन। २. पुनर्विचार की प्रार्थना। ३. निचले न्यायालय के निर्णय पर पुनर्विचार करने के लिए उच्च न्यायालय में दिया गया निवेदन-पत्र। ✣ **अपीली**—*वि॰* = अपील-सम्बन्धी। अपील का। *जैसे*—अपीली अधिकार।

***अपीव**—[< सं॰ अ + हि॰ पीना] *वि॰* न पीने योग्य। अपेय।

***अपु**—[< हि॰ आप] *सर्व॰* १. स्वयं। आप २. अपना। निजी। ● **विशेष**—**अपु मैं** = आपस में। परस्पर।

अपुच्छ—[< सं॰ अ + पुच्छ] *वि॰* जिसके पूँछ न हो। पुच्छरहित। ∇ **विलोम**—सपुच्छ।

अपुत्र/अपुत्रक—[सं॰ अ + पुत्र, अपुत्र + कप्] *वि॰* पुत्रहीन। निर्वंश।

***अपुनपो/अपुनपौ**—[< सं॰ अपना] *पु॰* १. अपनापन। निजता। २. अपनी सुध-बुध। ३. आत्मगौरव/स्वाभिमान या मान-मर्यादा। ४. अपना शरीर। ५. आत्मीयता।

अपुनरावर्ती—[सं॰ अ + पुनरावर्ती] *वि॰* जो पुनरावर्ती न हो। ∇ **विलोम**—पुनरावर्ती।

अपुनर्भव—[सं॰ अ + पुनर्भव] *पुं॰* फिर जन्म न होना। मोक्ष। मुक्ति।

अपुनर्भाव—[सं॰ अ + पुनर्भाव] *पुं॰* फिर उत्पन्न न होना। ***जैसे***—योग-साधना का लक्ष्य वृत्तियों का अपुनर्भाव है।

अपुरुष—[सं॰ अ + पुरुष] *वि॰* जो पुरुष न हो। २. जो मनुष्य के लिए उचित न हो। अमानुषिक। *पुं॰* नपुंसक। हिजड़ा।

***अपुवै**—[< हिं॰ आप (स्वयं)] *क्रिवि॰* १. आप ही। स्वयं। स्वयं ही। २. अपने ही आप। स्वतः।

अपुष्कल—[< सं॰ अ + पुष्कल] *वि॰* १. जो पुष्कल/बहुत न हो। थोड़ा। २. जो उत्तम न हो। साधारण। ३. अधम। नीच। ∇ **विलोम**—पुष्कल।

अपुष्ट—[सं॰ अ + पुष्ट] *वि॰* १. जो पुष्ट न हो। २. दुर्बल शरीर वाला। ३. (कथन/तथ्य) जिसकी पुष्टि न हुई हो। जो प्रमाण से पुष्ट/समर्थित न हुआ हो। ∇ **विलोम**—पुष्ट।

अपुष्प—[< सं॰ अ + पुष्प] *वि॰* फूल-रहित। पुष्पहीन। २. (वृक्ष/पौधा आदि) जिसमें फूल न आते हों। ✣ **अपुष्पफल**—*पुं॰* = बिना फूल आए ही फल देनेवाला वृक्ष। (जैसे—गूलर आदि का पेड़)।

अपूज्य—[सं॰ अ + पूज्य] *वि॰* १. पूजा के अयोग्य। २. जो सम्मान के योग्य न हो। असम्मान्य।

***अपूठना**—[देशज] *क्रिस॰* १. नाश करना। २. उलट-पलट करना।

***अपूठा[१]**—[< सं॰ अपुष्ट] *वि॰* १. जो पुष्ट न हो। कच्चा। २. जिसे पूरा ज्ञान न हो। अल्पज्ञानी। ३. जो पूर्ण न हो। अपूर्ण। ४. जिसे जानकारी न हो। अनभिज्ञ (अज्ञानी)।

अपूठा[२]—[< सं॰ अस्फुट] *वि॰* जो खिला न हो। अविकसित। ***जैसे***—अपूठा फूल।

अपूठा[३]**—[< सं॰ आ + पृष्ठि] *क्रिवि॰* १. पीठ की ओर। पीछे। ***जैसे—अपूठे जाना। २. उल्टा।

अपूठी—[< हिं॰ अपूठा] *वि॰* (*स्त्री॰*) १. अपुष्ट। कच्ची। २. अल्प ज्ञान वाली। ३. अपूर्ण। अधूरी। ४. अनभिज्ञ। अज्ञानी। ५. जो विकसित न हुई हो। ६. उलटी।

अपूत[१]—[सं॰ अ + पूत] *वि॰* अपवित्र। अशुद्ध।

***अपूत[२]**—[< सं॰ अपुत्र] *वि॰* जिसका कोई पुत्र न हो। पुत्रहीन।

अपूता—[< सं॰ अपुत्रक] *वि॰* पुत्रहीन। अपूत।

***अपूर**—[< सं॰ आपूर्ण] *वि॰* १. पूरी तरह भरा हुआ। भरपूर। २. पूर्ण। पूरा। ३. बहुत अधिक। विपुल। प्रचुर।

***अपूरा[१]**—[< सं॰ अपूर्ण] *वि॰* १. भरा हुआ। २. फैला हुआ। व्याप्त।

अपूरा[२]—[< सं॰ अ +पूर्ण] *वि॰* अपूर्ण। अधूरा।

अपूर्णांश—[सं॰ अपूर्ण + अंश] *पुं॰* किसी वस्तु का वह भाग जो पूर्ण न हो। अधूरा भाग। (गणित॰) किसी संख्या/राशि के लघुगणक के मान में दशमलव के बाद का मान। (अं॰ मैंटिसा)

अपूर्व—[सं॰ अ + पूर्व] *वि॰* १. जो या जिस प्रकार का पहले न हुआ हो। २. नए प्रकार का। नवीन। ३. अनुपम। बेजोड़। ४. अद्भुत। विलक्षण। अनोखा। ५. उत्तम। श्रेष्ठ। ६. जिसका पूर्ववर्ती कोई न हो। *पुं॰* परमात्मा। (मीमांसा॰) अदृष्ट फल। ✣ **अपूर्वता**—*स्त्री॰* = अपूर्व होने की स्थिति/गुण/भाव। १. अपूर्वता। २. नवीनता। ३. अनुपमता। ४. अनोखापन। ५. श्रेष्ठता। ✣ **अपूर्वदृष्ट**—*वि॰* = जिसे या जैसा पहले न देखा/जाना गया हो।

अपृक्त—[सं॰ अ + पृक्त (√पृच् + क्त)] *वि॰* १. असम्बद्ध। २. असंयुक्त। ३. जिसमें मिलावट न हो। विशुद्ध। ख़ालिस।

अपेक्षक—[सं॰ अप √ईक्ष् + ण्वुल्] *वि॰* (किसी से) अपेक्षा/आशा करनेवाला।

अपेक्षण—[सं॰ अप √ईक्ष् + ल्युट्] *पुं॰* १. आकांक्षा। कामना। चाह। २. आशा। ३. आवश्यकता। ज़रूरत। ४. कार्य और कारण का परस्पर सम्बन्ध।

अपेक्षया—[सं॰ अपेक्षा] *क्रिवि॰* किसी की अपेक्षा/तुलना में। अपेक्षाकृत।

अपेक्षा—[< सं॰ अप + ईक्षा] *स्त्री॰* १. आशा। २. इच्छा। चाह। ३. आवश्यकता। ज़रूरत। ४. कार्य और कारण का सम्बन्ध। *क्रिवि॰* तुलना में। ***जैसे***—राजीव की अपेक्षा सतीश अधिक सरल है। ● **विशेष**— उक्त उदाहरण में 'अपेक्षा' के पहले 'की' का प्रयोग ध्यान देने योग्य है। 'की अपेक्षा' का ही प्रयोग ऐसे अवसर पर होता है। ✣ **अपेक्षाकृत**—*क्रिवि॰* = किसी की तुलना में (कम या अधिक)। अपेक्षया। ***जैसे***—उसका व्यवहार अपेक्षाकृत अधिक आकर्षक है। २. अपेक्षा का ध्यान रखते हुए।

अपेक्षातन्तु (अपेक्षातंतु)—[< सं॰ अपेक्षा ~ तन्तु] *पुं॰* आशा-आकांक्षाओं का ताँता। ***जैसे***—साधना से अपेक्षातन्तु का विच्छेद होना चाहिए।

अपेक्षात्मक—[सं॰ अपेक्षा ~ आत्मक] *वि॰* १. अपेक्षा-सम्बन्धी या अपेक्षावाला। २.आवश्यकतापरक ३. तुलनात्मक। ✣ **अपेक्षाबुद्धि (अपेक्षाबुद्धि)**—*स्त्री॰* = वस्तुओं में अन्तर करनेवाली बुद्धि। भेद-बुद्धि।

अपेक्षित—[सं॰ अप √ईक्ष् + क्त] *वि॰* १. जिसकी अपेक्षा/आशा हो। प्रत्याशित। २. जिसकी आवश्यकता हो। वांछित। ∇ **विलोम**—अनपेक्षित।

अपेक्षी—[सं॰ अपेक्षिन्] *वि॰* १. (किसी की) अपेक्षा करनेवाला। जिसे अपेक्षा हो। २. किसी से आशा करनेवाला। ३. जिसे किसी की आवश्यकता हो।

अपेक्ष्य—[सं॰ अप √ईक्ष् + ण्यत्] *वि॰* अपेक्षणीय।

***अपेख[१]**—[< सं॰ अपेक्षा] १. अपेक्षा। आवश्यकता। २. आकांक्षा। कामना। चाह।

***अपेख[२]**—[< सं॰ अ+ हिं॰ पेखना] *वि॰* जो देखा न गया हो।

अपेत—[सं॰ अप √इण् + क्त] *वि॰* (प्रायः समासयुक्त पद में प्रयुक्त) १. गया हुआ। २. रहित। ३. विरुद्ध। ***जैसे***—धर्मापेत

(=धर्म के विरुद्ध) ४. मुक्त। ***जैसे***—बन्धनापेत (=बन्धन से मुक्त) ५. तिरोहित।

अपेय—[< सं॰ अ + पेय] *वि॰* १. (तरल पदार्थ) जो पीने योग्य न हो। २. (तरल पदार्थ) जिसे पीना उचित न हो। ***जैसे***—शराब हमारे लिए अपेय है। ३. जो पिया न जा सकता हो। ***जैसे***—अधिक मीठा शर्बत अपेय होता है। ४. जो पीने के लिए न हो। ***जैसे***—यह जल पूंजा से बचा है, अपेय है, पौधों में डाल दो। ∇ **विलोम** पेय।

अपेरण—[सं॰ अप √ईर् + ल्युट्] *पु॰* (खगोल॰) किसी तारा या अन्य खगोलीय पिंड का आभासी विस्थापन। ● **विशेष**— अपेरण का कारण प्रकाश के वेग और पृथ्वी के वेग की भिन्नता है। (अं॰ ऐबरेशन)

अपेल—[< सं॰ अ + हि॰ पेलना] *वि॰* १. जिसे टाला/हटाया/ठेला न जा सके। २. जिसका उल्लंघन न किया जा सके। ३. अटल। ४. दृढ़। पक्का।

***अपैठ**—[< प्रा॰ अवइट्ठ < सं॰ अप्रविष्ट] *वि॰* १. (स्थान) जहाँ पहुँचना सम्भव न हो। अगम्य। अप्रवेश्य। २. (व्यक्ति) जिसकी पैठ/पहुँच सम्भव न हो।

अपैतृक—[सं॰ अ + पैतृक] *वि॰* १. जो पैतृक न हो। जो बाप-दादों की न हो। जो पूर्वजों की न हो। ग़ैरमौरूसी। २. जिसे पिता/पूर्वजों से प्राप्त न किया हो। ग़ैरपुश्तैनी।

अपोढ—[सं॰ अप √ऊह् + क] *वि॰* जिसे कहीं और ले जाया गया हो। *पु॰* (भूविज्ञान॰) हिमनदों या उनसे निकलनेवाली जलधाराओं द्वारा बहाकर ले जाया गया मिट्टी, रेत, बजरी तथा गोल पत्थरों का निक्षेप। (अं॰ ड्रिफ़्ट)

अपोढ़—[< सं॰ अप्रौढ] *वि॰* जो प्रौढ़ न हो। जो अधिक उम्रवाला न हो।

अपोत्साहक—[सं॰ अप + उत्साहक] *वि॰* (किसी को) अपराध आदि करने के लिए प्रेरित/प्रोत्साहित करनेवाला। दुष्प्रेरक।

अपोह—[सं॰ अप √ऊह् + घञ्] *पु॰* १. स्थानान्तरित करना। २. दूर करना। हटाना। ३. (किसी की) शंका/युक्ति का निराकरण। तर्क से तर्क या सन्देह का निराकरण। ४. तर्क-वितर्क करना। ५. उन सब विषयों का त्याग जो विचारणीय विषय के अन्तर्गत न हों। (जैन॰) संशय के कारणभूत विकल्प का निराकरण करनेवाला ज्ञान।

अपोहन—[सं॰ अप √ऊह् + ल्युट्] *पु॰* अपोह।

अपौरुष/अपौरुषेय—[सं॰ अ + पौरुष/पौरुषेय] *पु॰* १. पौरुष का अभाव। शक्ति का अभाव। अशक्तता। २. वीरता का अभाव। कायरता। भीरुता। ३. पुरुषोचित गुणों का अभाव। नामर्दी। ४. पुरुष की शक्ति से परे की शक्ति। अमानुषिक शक्ति। लौकिक शक्ति। *वि॰* १. जिसमें पौरुष न हो। कायर। भीरु। डरपोक। २. अमानुषिक। अलौकिक। ३. जो मनुष्य के द्वारा बनाया गया या किया गया न हो, किसी अलौकिक शक्ति या परमात्मा के द्वारा बनाया गया या किया गया हो। ***जैसे***—वेद अपौरुषेय माने जाते हैं। ४. (कार्य) जो मनुष्य की शक्ति से होना सम्भव न हो।

***अप्पप**[1]—[< सं॰ आत्मन्] *सर्व॰* स्वयं। आप। *सार्वनामिक वि॰* अपना।

***अप्पप**[2]—*वि॰* ≤ *सं॰* अल्प। *वि॰* थोड़ा।

***अप्पपन**—[< सं॰ आत्मन्] *सर्व॰* (बहु॰) हम लोग। *सार्वनामिक वि॰* अपना। निजी।

अप्रकरण—[सं॰ अ + प्रकरण] *पु॰* जो मुख्य विषय न हो। अप्रासंगिक विषय।

अप्रकाण्ड (अप्रकांड)—[सं॰ अ + प्रकाण्ड] *वि॰* जो प्रकांड न हो। शाखा-प्रशाखाओं से रहित (वृक्ष)।

अप्रकाश—[सं॰ अ + प्रकाश] *पु॰* प्रकाश का अभाव। अन्धकार। अँधेरा। *वि॰* १. प्रकाशरहित। जो चमकीला न हो। धुँधला या काला। २. स्वयं प्रकाशमान। स्वप्रकाश। ३. छिपा हुआ। तिरोहित।

अप्रकाशनीय—[< सं॰ अ + प्रकाशनीय] *वि॰* १. जो प्रकाशनीय न हो। २. जो प्रकाशित किए जाने के लिए न हो। (पत्र॰) किसी क़ानूनी बाधा या जनता पर पड़नेवाले दुष्प्रभाव या समाचार-स्रोत के मना करने के कारण जो सूचना या समाचार छापे जाने के लिए न हो। ∇ **विलोम**—प्रकाशनीय।

अप्रकृत—[सं॰ अ + प्रकृत] *वि॰* १. यथार्थ या प्रकृत से भिन्न। २. अमुख्य। गौण। ३. अप्रासंगिक।

अप्रकृति—[< सं॰ अ ~ प्रकृति] *स्त्री॰* १. प्रकृति का अभाव। २. आत्मा या ब्रह्म। (सांख्य॰) प्रकृति से भिन्न तत्त्व। पुरुष। *वि॰* जो स्वभाव से भिन्न हो। स्वभाव-विरुद्ध।

अप्रकृतिस्थ—[< सं॰ अ + प्रकृतिस्थ] *वि॰* १. जो प्राकृतिक या सामान्य स्थिति में न हो। असामान्य। २. अस्वस्थ। ३. व्याकुल। बेचैन।

अप्रकृष्ट—[सं॰ अ + प्रकृष्ट] *वि॰* नीच। बुरा।

अप्रगण्ड (अप्रगंड)—[सं॰ अ + प्रगण्ड] *वि॰* (चिकित्सा॰) जिसके शरीर में भुजाएँ न हों। भुजाहीन।

अप्रगण्डशीर्षता (अप्रगंडशीर्षता)—[सं॰ अ + प्रगण्डशीर्षता] *स्त्री॰* (चिकित्सा॰) शरीर में सिर और भुजाओं का न होना।

अप्रगल्भ—[सं॰ अ + प्रगल्भ] *वि॰* १. जो प्रगल्भ न हो। २. शीलवान्। विनीत। ३. लजीला। शर्मीला। ४. अपरिपक्व। अप्रौढ़। ५. ढीला। सुस्त। ६. उत्साहहीन। ∇ **विलोम**—प्रगल्भ।

अप्रच्छन्न—[सं॰ अ + प्रच्छन्न] १. जो छिपा हुआ न हो। प्रकट २. खुला हुआ। स्पष्ट। ∇ **विलोम**—प्रच्छन्न।

अप्रज्ञ—[सं॰ अ + प्रज्ञ] *वि॰* १. प्रज्ञारहित। २. जो प्रज्ञा का विषय न हो। ∇ **विलोम**—प्रज्ञ।

अप्रतिकार—[सं॰ अ + प्रतिकार] *पु॰* प्रतिकार का अभाव। बदला न लेना। *वि॰* १. जिसका प्रतिकार/बदला न हो सके। जिसका बदला न लिया/दिया जा सके। २. जिसका कोई उपाय न हो सके। असाध्य। ३. जिसके विरुद्ध प्रयत्न या उपाय न किया जा सके।

अप्रतिज्ञात—[सं॰ अ + प्रतिज्ञात] *वि॰* जिसके विषय में कोई प्रतिज्ञा न की गयी हो।

अप्रतिदेय—[सं॰ अ + प्रतिदेय] *वि॰* १. जो सदा के लिए दे दिया गया हो। २. (ऋण आदि) जिसे वापस न देना हो। ***जैसे***—अप्रतिदेय ऋण। ∇ **विलोम**—प्रतिदेय।

अप्रतिद्वन्द्व (अप्रतिद्वंद्व)—[सं॰ अ + प्रतिद्वन्द्विन्] *वि॰* १. जिसके तुल्य कोई न हो। बेजोड़। २. अजेय।

अप्रतिपत्ति—[सं॰ अ + प्रतिपत्ति] *स्त्री॰* १. प्रतिपत्ति का अभाव। २. अप्राप्ति। अनुपलब्धि। ३. स्वीकृति। ४. अज्ञान। ५. दृढ़ संकल्प का अभाव। ७. बुद्धि/समझदारी की कमी। ८. दृढ़ विचार/संकल्प का अभाव। असफलता। ∇ **विलोम**—प्रतिपत्ति।

अप्रतिपन्न—[सं॰ अ + प्रतिपन्न] *वि॰* १. (व्यक्ति) जिसे अपने कर्तव्य का ज्ञान न हो। २. जो ज्ञात/निश्चित न हो। ***जैसे***—अप्रतिपन्न विषय। ३. अज्ञानी। ४. अप्राप्त। ∇ **विलोम**—प्रतिपन्न।

अप्रतिबल—[सं॰ अ + प्रतिबल] *वि॰* जिसके समान बली दूसरा कोई न हो। अजेय शक्तिवाला। अनुपम बलशाली।

अप्रतिभ—[सं॰ अ + प्रतिभा] *वि॰* १. प्रतिभाहीन। प्रतिभा-शून्य। २. (किसी लज्जित करने वाली घटना/बात के कारण) जो लज्जित तथा उदास या निरुत्तर हो गया हो। ३. शीलवान्। ४. स्फूर्ति-रहित। सुस्त। ५. बुद्धिहीन। मूर्ख।

अप्रतिभट—[< सं॰ अ + प्रतिभट] *पु॰* ऐसा योद्धा जिसके सामने कोई ठहर न सके। अजेय वीर।

अप्रतिम—[सं॰ अ + प्रतिमा] *वि॰* जिसकी तुलना के योग्य कोई न हो। अद्वितीय। अनुपम। बेजोड़।

अप्रतिमान—[सं॰ अ + प्रतिमान] *वि॰* अप्रतिम। (दे॰) ✣ **अप्रतिमानता**—*स्त्री॰* = अप्रतिम या अद्वितीय होने की स्थिति/भाव। अद्वितीयता। २. समाज की वह अवस्था जिसमें सामाजिक संस्थाओं और सम्बन्धों में विघटन हो।

अप्रतिरूप—[सं॰ अ + प्रतिरूप] *वि॰* १. जिसके समान रूप वाला कोई न हो। २. जिसकी तुलना न हो सके। अतुल। अनुपम।

अप्रतिवर्तिता—[सं॰ अ + प्रतिवर्तिता] *स्त्री॰* (मनो॰) सब प्रतिवर्ती क्रियाओं का लोप या कुछ का दमन हो जाना।

अप्रतिष्ठ—[सं॰ अ + प्रतिष्ठा] *वि॰* १. प्रतिष्ठाहीन। बदनाम। बेइज़्ज़त। २. अस्थायी। नाशवान्। नश्वर। ३. अपयश करनेवाला। अकीर्तिकर। ४. (मूर्ति आदि) जो अभी स्थापित न हो। अप्रतिष्ठित।

अप्रतिष्ठा—[< सं॰ अ + प्रतिष्ठा] *स्त्री॰* १. अपमान। अनादर। बेइज़्ज़ती। २. अपयश। अपकीर्ति। बदनामी।

अप्रतिहत—[सं॰ अ + प्रतिहत] *वि॰* १. जिसे कोई रोकनेवाला न हो। अबाधित। २. अजेय। ३. जिसके मार्ग में बाधा/विघ्न न पड़ा हो। ✣ **अप्रतिहत गति**—*वि॰* = जिसकी गति किसी प्रकार रोकी न जा सके। निर्बाध गति वाला।

अप्रतिहार्य—[सं॰ अ + प्रतिहार्य] *वि॰* जो प्रतिहार्य न हो। जिसे रोका न जा सके। ∇ **विलोम**—प्रतिहार्य।

अप्रतीत—[सं॰ अ + प्रतीत] *वि॰* १. जो प्रतीत न हो। अस्पष्ट। २. जो समझा न गया हो। ३. जिस तक पहुँचा न जा सके। अगम्य। ✣ **अप्रतीतत्व**—*पु॰* = (काव्य॰) एक काव्य-दोष। किसी शास्त्र के पारिभाषिक शब्दों का प्रयोग किए जाने से अर्थ-प्रतीति में बाधा आने का दोष।

अप्रतीति—[सं॰ अ + प्रतीति] *स्त्री॰* प्रतीति का अभाव। अविश्वास।

अप्रतुल—[सं॰ अ + प्रतुल] *वि॰* १. जिसकी तुलना न हो सके। अत्यधिक। बेहद। २. अनुपम। बेजोड़। Δ **पर्याय**—अतुल।

अप्रत्यय—[सं॰ अ + प्रत्यय] *वि॰* १. जो किसी पर विश्वास न करता हो। अविश्वासी। २. ज्ञान से रहित। ज्ञान-रहित। ज्ञान-शून्य। (व्या॰) जिसमें प्रत्यय न जुड़ा हो। प्रत्ययरहित। *पु॰* १. ज्ञान का अभाव। अज्ञान। २. विश्वास का अभाव। अविश्वास। ✣ **अप्रत्यायन**—*पु॰* = (पत्र॰) प्रामाणिकता/मान्यता समाप्त करना।

अप्रदत्त—[< सं॰ अ + प्रदत्त] *वि॰* जो न दिया गया हो। अदत्त।

अप्रभ—[सं॰ अ + प्रभा] *वि॰* १. प्रभारहित। २. जिसकी प्रभा नष्ट हो चुकी हो। हतप्रभ। २. धुँधला। ३. जिसमें शक्ति/सारतत्त्व न हो। शक्तिहीन। सत्त्वहीन। निस्सार।

अप्रमत्त—[सं॰ अ + प्रमत्त] *वि॰* १. प्रमाद से रहित। सावधान। सतर्क। २. बुद्धिमान्। ३. जो मत्त/मतवाला न हो।

अप्रमा—[सं॰ अ + प्रमा] *स्त्री॰* मिथ्या ज्ञान। भ्रमपूर्ण ज्ञान।

अप्रमेय—[सं॰ अ + प्रमेय] *वि॰* १. जो प्रमेय न हो। अपरिमित। असीम। जो यथार्थ रूप से जाना न जा सके। २. जो यथार्थ ज्ञान का विषय न हो सके। अज्ञेय। ३. जो मापा न जा सके। *पु॰* ब्रह्म। परमात्मा।

अप्रवर्ती—[सं॰ अप्रवर्तिन्] *वि॰* जो सक्रिय न हो। निष्क्रिय।

अप्रसङ्ग (अप्रसंग)—[सं॰ अ + प्रसङ्ग] *पु॰* १. प्रसंग का अभाव। २. सम्बन्ध का अभाव। असम्बन्ध। ३. अनुपयुक्त समय/अवसर। *वि॰* जो समय/अवसर के अनुकूल न हो। अप्रासंगिक। ***जैसे***—अप्रसंग वर्णन।

अप्रसाधित—[सं॰ अ + प्रसाधित] *वि॰* १. जो प्रसाधित न हो। २. जिसका प्रसाधन न हुआ हो। २. जिसे सजाया-सँवारा न गया हो। ३. अव्यवस्थित। ∇ **विलोम**—प्रसाधित।

अप्रसाध्य—[सं॰ अ + प्रसाध्य] *वि॰* १. प्रसाधन के अयोग्य। २. जो प्रसाधित न हो। जिसे साजा-सँवारा न गया हो।

अप्रस्तुतप्रशंसा—[सं॰ अप्रस्तुत ~ प्रशंसा] *स्त्री॰* (काव्य॰) एक अर्थालंकार जिसमें अप्रस्तुत के चमत्कारी वर्णन द्वारा प्रस्तुत का ज्ञान कराया जाता है। ● **विशेष**—अप्रस्तुतप्रशंसा के ५ भेद किए गए हैं—अप्रस्तुत कारण के वर्णन से प्रस्तुत कार्य की व्यंजना, अप्रस्तुत कार्य के वर्णन से प्रस्तुत कारण की व्यंजना, अप्रस्तुत विशेष से प्रस्तुत सामान्य की व्यंजना, अप्रस्तुत सामान्य के वर्णन से प्रस्तुत विशेष का ज्ञान, अथवा अप्रस्तुत, वस्तु से प्रस्तुत वस्तु का ज्ञान।

अप्राकरणिक—[सं॰ अ + प्राकरणिक] *वि॰* १. जिसका चल रहे

प्रकरण, प्रसंग या विषय से प्रत्यक्ष सम्बन्ध न हो। ∇ **विलोम**—प्राकरणिक।

अप्राज्ञ—[< स॰ अ + प्राज्ञ] *वि॰* १. प्रज्ञारहित। २. (किसी विषय में) अज्ञानी। अनभिज्ञ। ३. बुद्धिहीन। मूर्ख। ∇ **विलोम**—प्राज्ञ।

अप्राधिकृत—[स॰ अ + प्राधिकृत] *वि॰* अनधिकार-पूर्वक किया हुआ। अनधिकृत। ***जैसे***—अप्राधिकृत हस्तक्षेप। ∇ **विलोम**—प्राधिकृत।

अप्राप्तावसर—[स॰ अप्राप्त ~ अवसर] *वि॰* १. बिना अवसर का। अनवसर का। बेमौक़े का। २. असमय का। ३. कुसमय का।

अप्राप्ति—[स॰ अ + प्राप्ति] *स्त्री॰* १. प्राप्ति न होना। न मिलना। २. लाभ न होना। अलाभ। ३. पूर्व नियम से प्रमाणित न होना। अनुपपत्ति। असिद्धि। ४. घटित न होना।

अप्रायिक—[स॰ अ + प्रायिक] *वि॰* जैसा प्राय: नहीं होता। असाधारण। ∇ **विलोम**—प्रायिक।

अप्रायोगिक—[स॰ अ + प्रायोगिक] *वि॰* १. जो प्रयोग में न आता हो। २. जो प्रयोग में आने योग्य न हो। ∇ **विलोम**—प्रायोगिक।

अप्राशन—[स॰ अ + प्राशन] *पु॰* भोजन न करना।

अप्राशनोन्माद—[स॰ अप्राशन + उन्माद] *पु॰* (मनो॰) अति अवसाद और दुःख की अवस्था जिसमें व्यक्ति की खाने की इच्छा नहीं रहती है।

अप्रासङ्गिक (अप्रासंगिक)—[< स॰ अ + प्रासङ्गिक] *वि॰* १. जिसका चल रहे प्रसंग या विषय से प्रत्यक्ष सम्बन्ध न हो। अप्राकरणिक। २. प्रसंग-बाह्य। ३. प्रसंग के प्रतिकूल। प्रसंग-विरुद्ध। ∇ **विलोम**—प्रासंगिक।

अप्रियंवद—[स॰ अप्रियम ~ वद] *वि॰* अप्रिय/कठोर बात कहनेवाला। कटुभाषी। अप्रियवादी।

अप्रीति—[स॰ अ + प्रीति] *स्त्री॰* १. प्रीति का अभाव। भक्ति/अनुराग/प्रेम या स्नेह। २. अरुचि। नापसन्दगी। ३. शत्रुता। वैर। ✣ **अप्रीतिकर**—*वि॰* = १. अप्रिय। नापसन्द। २. कठोर। कटु।

अप्सरा—[स॰ अप् √सृ + अच् + टाप्] *स्त्री॰* १. स्वर्ग की चिरयौवना तथा सुन्दर युवतियाँ जो इन्द्र की सभा में नृत्य करती हैं। ***जैसे***—उर्वशी आदि अप्सराएँ। २. अत्यन्त सुन्दर स्त्री।

अफरन—[< हि॰ अफरना] *स्त्री॰* १. अफरने की स्थिति/भाव। २. अजीर्ण आदि से पेट फूलना। अफरा। ३. उक्त लक्षण वाला रोग। अफरा।

अफरना—[< स॰ अस्फार] *क्रिअ॰* १. इतना अधिक खा लेना कि पेट फूल जाए। २. जी भरकर खाना। तृप्त होना। अघाना। ३. अजीर्ण आदि के कारण पेट फूलना। अफरा होना। ४. और अधिक खाने की इच्छा न रह जाना। (किसी बात की अधिकता से) ऊबना। ***जैसे***—वह जल्दी ही विलासी जीवन से अफर गया। ✣ **अफरा**—*पु॰* = अजीर्ण आदि के कारण पेट फूलने की स्थिति।

अफ़रा-तफ़री—[< अरबी अफ़रात-तफ़रीत] १. क्रम/व्यवस्था आदि की गड़बड़ी। २. शीघ्रता/हड़बड़ाहट आदि के कारण होने वाली अव्यवस्था। हड़बड़ी।

अफला—[स॰ अफल + टाप्] *स्त्री॰* १. वह स्त्री जिसके सन्तान न हो और न हो सकती हो। बन्ध्या स्त्री। बाँझ औरत। २. एक पौधा। घृतकुमारी। घीक्वार। ३. छोटी जाति का आँवला वृक्ष। आमलकी वृक्ष।

अफलाकाङ्क्षी (अफलाकांक्षी)—[स॰ अ + फल ~ आकाङ्क्षी (आकाङ्क्षिन्)] *वि॰* जो फल या परिणाम की इच्छावाला न हो। स्वार्थ-रहित। निस्स्वार्थ।

अफ़लातून—[अरबी] *पु॰* १. प्राचीन यूनान का एक महान् दार्शनिक। प्लेटो। २. (व्यंग्य में) स्वयं को बड़ा विद्वान् या बहुत बुद्धिमान समझनेवाला साधारण व्यक्ति। ✣ **अफ़लातूनी**—*वि॰* = १. अफ़लातून/प्लेटो से सम्बन्धित। अफ़लातून का। २. विद्वत्तापूर्ण। ३. शेखी-भरी या डींगवाली (बात)।

अफली—[स॰ अफलिन्] *वि॰* १. बिना फल वाला। फलरहित (वृक्ष)। २. (वह वृक्ष) जिसमें फल उत्पन्न करने की क्षमता न हो। ३. बिना परिणाम वाला (कार्य/प्रयत्न)।

अफ़वाह—[अरबी] *स्त्री॰* अनिश्चित प्रामाणिकता वाला समाचार। उड़ती हुई ख़बर। **अफ़वाह गरम होना**—किसी निराधार ख़बर की बहुत चर्चा होना।

अफ़साना—[< फ़ा॰ अफ़सानः] *पु॰* १. कहानी। क़िस्सा। २. उपन्यास। ३. किसी घटना का विस्तृत वर्णन।

अफ़ीमी—*वि॰* = अफ़ीम-सम्बन्धी। अफ़ीम का। *पु॰* = अफ़ीमची।

अफुल्ल—[स॰ अ + फुल्ल] *वि॰* १. (वृक्ष) जिस पर कलियाँ या फूल न आए हों। जो फूला न हो। २. जो खिला न हो। अविकसित (फूल)।

अफेन—[स॰ अ + फेन] *वि॰* बिना फेन का। फेन-रहित।

अब—[< अपभ्रंश अब्ब] *क्रिवि॰* १. इस समय। ***जैसे***—यह अब का फ़ैशन है। २. इस अवसर पर। ३. इस स्थिति में। ४. भविष्य में। ५. किसी विशेष समय में। ***जैसे***—रेलगाड़ी अब चलनेवाली है। ६. कथित बातों को ध्यान में रखकर। ***जैसे***—सब की सलाह सुन चुके, अब बताओ कि क्या करना चाहते हो। ***वा॰* अब का**—आजकल का। आधुनिक। ***जैसे***—अब की होली तुम मथुरा में ही करो। **अब की/के** बार— इस बार। —**अब कै**—इस बार। ***जैसे***—अब कै मेरी लाज बचाओ। **अब जाकर**—इतने समय बाद। ***जैसे***—अब जाकर तुम्हारा विवाह हुआ। **अब तक**—इस समय तक। ***जैसे***—वह अब तक रो रही है। **अब तक कभी का**—अब से बहुत पहले ही। ***जैसे***—वह अब तक कभी का घर आ गया होगा। **अब-तब करना**—टालमटोल करना। बहाना करना। **अब-तब लगना/होना**—मरने के समीप होना। मरणासन्न होना। **अब भी**—१. इस समय तक भी। ***जैसे***—वह अब भी सो रहा है। २. इस पर भी। ***जैसे***—इतना पिट चुका परन्तु अब भी अपने हठ पर अड़ा हुआ है। **अब से**—१. भविष्य में। आगे से। ***जैसे***—अब से चोरी मत करना। २. इस समय से। वर्तमान काल से। ***जैसे***—अब से तुम मेरे मित्र हो।

अबड़-धबड़—[अनु॰] *वि॰* १. असंगत। बेमेल। २. अव्यवस्थित। ३. भद्दा। भोंडा। *स्त्री॰* हड़बडी।

अबद्धमूल (अबद्धमूल)—[सं॰ अ + बद्धमूल] *वि॰* १. जो बद्धमूल न हो। २. जिसने जड़ न पकड़ ली हो। ३. जे दृढ़/अटल न हुआ हो।

अबन्ध (अबंध)—[सं॰ अ + बन्ध] *वि॰* १. बन्धन-रहित। २. स्वतन्त्र। अनियंत्रित। निरंकुश। ३. स्वच्छन्द। स्वेच्छाचारी। ✣ **अबन्ध (अबंध) नीति**—*स्त्री॰* = उद्योग, व्यापार आदि पर सरकार द्वारा कोई प्रतिबन्ध या उसमें हस्तक्षेप न करने की नीति। निर्बन्ध नीति।

अबन्धु (अबंधु)—[सं॰ अ + बन्धु] *वि॰* १. आत्मीय जनों या सम्बन्धियों से रहित। बन्धुरहित। २. मित्ररहित। २. अकेला।

अबन्ध्य (अबंध्य)—[सं॰ अ + बन्ध्य] *वि॰* १. जिसे बाँधा न जा सके। २. जो बाँधने योग्य न हो। ३. अवश्य परिणाम/फल देनेवाला।

***अबर**[१]—*वि॰* ≤ *सं॰* अबल। बलहीन। दुर्बल।

***अबर**[२]—[< फा॰ अब] *पु॰* अभ्र। मेघ। बादल।

अबरा/अब्रा—[<अरबी अब्र:] *पु॰* ओढ़ने या पहनने के वस्त्रों में ऊपर के दो पल्ले वाले वस्त्र में ऊपर का पल्ला। उपरला। उपल्ला। ● **विशेष**—नीचेवाला पल्ला '**अस्तर**' कहलाता है।

अबरी[१]—[< सं॰ अभ्र अथवा < फ़ा॰ अब्र बादल] *वि॰* जिनमें बादल जैसी अनेक रंगों की धारियाँ हों। *स्त्री॰* १. वस्त्रों की ऐसी रँगाई जिसमें उक्त प्रकार की धारियाँ हों। ३. ऐसा काग़ज़ जिस पर उपर्युक्त प्रकार की धारियाँ होती हैं। ३. पीले रंग का एक पत्थर जो भवन-निर्माण में पच्चीकारी में प्रयुक्त होता है।

†**अबरी**[२]—[< हिं॰ अब] *क्रिवि॰* इस बार। ***जैसे***—अबरी तुम्हें छोड़ा, फिर ग़लती मत करना।

अबल—[सं॰ अ + बल] *वि॰* १. निर्बल। दुर्बल। कमजोर। २. अरक्षित। ३. सेना-रहित।

अबलक/अबलख—[< अरबी अब्लक] *वि॰* १. जिसमें दो रंग हों। २. अनेक रंगों वाला। ३. विलक्षण। अद्भुत। *स्त्री॰* डबरू नामक पक्षी। (दे॰ डबरू) ● **विशेष**—'अबलक' पक्षी को **अबलका/अबलखा** भी बोला जाता है।

अबला—[सं॰ अबल + टाप्] *वि॰* (*स्त्री॰*) १. दुर्बल/शक्तिहीन/कमज़ोर (स्त्री)। २. असहाय (स्त्री) ३. अरक्षित (स्त्री)। *स्त्री॰* नारी। स्त्री।

***अबली**—[सं॰ अ + बली (बलिन्)] *वि॰* निर्बल। दुर्बल। कमज़ोर।

***अबस**[१]—[< सं॰ अवश] *वि॰* जिस का वश न चले। अवश। बेबस।

अ ब स—[अं॰ ए बी सी का समानार्थक] *पु॰* (किसी विषय का) आरम्भिक या बहुत साधारण ज्ञान। क ख ग। ***जैसे***—तुम राजनीति का अ ब स भी नहीं जानते।

***अबाक**—*वि॰* ≤ *सं॰* अवाक्। मूक। गूँगा।

अबाट—[सं॰ अ + हिं॰ बाट] *पु॰* बुरा रास्ता। कुमार्ग। कुपथ। ✣ **अबाटी**—*वि॰* = बुरे रास्ते पर चलनेवाला। कुमार्गी।

***अबाती**[१]—[< सं॰ अबात (अ + वात)] *वि॰* १. हवा न लगने के कारण स्थिर रूप से जलनेवाला। निर्वात। २. जिसमें वायु का अभाव हो। वातरहित। ३. जिसमें वायु न जा सके।

अबाती[२]—[हिं॰ अ + बाती] *वि॰* (दीपक) जिसमें बत्ती न हो।

अबादान—[< अरबी आबाद] *वि॰* १. बसा हुआ। आबाद। २. भरा पूरा। सुसम्पन्न। ***जैसे***—तुम्हारा घर अबादान रहे (=तुम सकुशल रहो)।

अबादानी—[< फा॰ आब + दाना] *स्त्री॰* जल और अन्न। **उदा॰** भूखे को अन्न, प्यासे को पानी। जंगल-जंगल अबादानी। —लोकोक्ति।

अबाध—[< सं॰ अ + बाधा] १. बाधा-रहित। २. निरन्तर। आज अनुपम, अबाध उत्सव है। —दिनकर (उर्वशी, पंचम अंक) ३. मुक्त। ***जैसे***—अबाध व्यापार। ✣ **अबाधगति**—*वि॰* = निर्विघ्न गति वाला। *क्रिवि॰* = बेरोकटोक।

अबाधित—[सं॰ अ + बाधित] *वि॰* १. बाधा-रहित। अबाध। २. निरन्तर। लगातार। ३. स्वच्छन्द। मनमाना। ४. निरंकुश।

अबाध्य—[सं॰ अ + बाध्य] *वि॰* १. जो बाध्य/विवश न हो। २. जिसे रोका न जा सके। बेरोक। ३. जिस पर किसी का अधिकार/वश न हो। ४. अनिवार्य। ∇ **विलोम**—बाध्य।

अबाबील—[फा॰] *स्त्री॰* मटमैले-से रंग की एक चिड़िया जिसका ऊपरी भाग नीलापन लिए चमकीला काला होता है तथा गले के चारों ओर कत्थई पट्टी होती है।

***अबार**—[< हिं॰ अबेर] *पु॰* १. विलम्ब। देर। २. असमय।

अबाल—[सं॰ अ + बाल] *वि॰* जो बालक न हो। युवा या वृद्ध। २. छोटा नहीं, पूरा। ***जैसे***—पूर्णिमा का अबाल चन्द्रमा।

***अबास**—*पु॰* ≤ *सं॰* आवास। निवास। घर। मकान। **उदा॰** ऊँचे अबास। —केशव (राम॰,१/३७)

***अबाह**—[< सं॰ अवध्य] *वि॰* १. जिसे मारा न जा सके। अवध्य। २. जिसे मारना उचित न हो।

अबाँह—[सं॰ अ + हिं॰ बाँह] *वि॰* १. जिसके बाँह न हो। बिना हाथ वाला। भुजारहित। २. (लाक्षणिक) असहाय। बेसहारा।

***अबिताली**—[देशज] *पु॰* सेना का वह दल जो आगे-आगे चलकर राजा के दल या सेना के पड़ाव आदि का प्रबन्ध करता है।

***अबिद्ध**—*वि॰* ≤ *सं॰* अविद्ध। जो विद्ध न हो।

***अबिध**—[< सं॰ अ + विधि] *वि॰* १. विधि-हीन। अव्यवस्थित। २. विधि-विरुद्ध। नियम-विरुद्ध। *क्रिवि॰* अनियमित रूप से। अविधिपूर्वक।

अबिन्धन (अबिंधन)—[< सं॰ अप + इन्धन] *पु॰* बड़वानल।

***अबिहड़**—[< सं॰ अ + विघट] *वि॰* १. जो अलग न हो। अवियुक्त। २. अखंड। ३. अनश्वर।

अबीर—[अरबी] *पु॰* १. अभ्रक का रंगीन चूर्ण। २. अभ्रक का गुलाबी चूर्ण जिसे होली में लोगों पर डालते हैं। ✣ **अबीरी**—*वि॰* = अबीर के रंग का। गुलाबी। *पु॰* = गुलाबी रंग।

***अबीह**—[< सं॰ अभीत] *वि॰* निर्भय। निडर।

***अबुझ[1]**—[< सं॰ अबुध] *वि॰* न समझने वाला। *वि॰* अज्ञानी। मूढ़। बुद्धिहीन। मूर्ख।

***अबुझ[2]**—[< हि॰ अबूझ] *वि॰* १. अबूझ। (दे॰) २. अज्ञेय। अबोध्य।

अबुद्ध (अबुद्ध)—[सं॰ अ + बुद्ध] *वि॰* मूर्ख। बुद्धू।

अबुद्धि (अबुद्धि)—[सं॰ अ + बुद्धि] *स्त्री॰* बुद्धि का अभाव। बुद्धिहीनता। नासमझी। २. अज्ञान। मूर्खता। *वि॰* बुद्धिहीन। मूर्ख। नासमझ। ✣ **अबुद्धिपूर्वक (अबुद्धिपूर्वक)**—*वि॰* = जो मूर्खता से किया गया हो। ***जैसे***—अबुद्धिपूर्वक अध्ययन।

अबुध—[सं॰ अ + बुध] *वि॰* बुद्धिहीन। मूर्ख। *पु॰* १. अविद्वान्। २. मूर्ख व्यक्ति।

***अबूत**—*वि॰* ≤ *सं॰* अबुध। मूर्ख। अज्ञानी।

अबे—[< सं॰ अपि] *अव्यय॰* तुच्छ व्यक्ति के लिए या तिरस्कार करने के लिए प्रयुक्त एक सम्बोधन। ***जैसे***—अबे! रुक जा। ***वा॰* अबे-तबे करना**—१.अपमानजनक ढंग से बोलना। असभ्यता से बोलना। २. अपमानजनक बातें कहना।

***अबेध**—[< सं॰ अविद्ध] *वि॰* १. जो वेधा न गया हो। अविद्ध। अनबिधा। २. जिसे वेधा न जा सके। अवेध्य।

अबेर—[< सं॰ अ + वेला] *पु॰* १. कुसमय। २. विलम्ब। देर।

अबेर-सबेर—[< सं॰ अवेला + सवेला] *क्रिवि॰* १. समय-कुसमय। वक्त-बेवक्त। २. जल्दी या देर से।

***अबेस[1]**—[< फा॰ बेश] *वि॰* अधिक। बहुत।

***अबेस[2]**—[सं॰ अ + फा॰ बेश] *वि॰* १. थोड़ा। कम। २. मन्द। धीमा।

***अबैन**—[< सं॰ अ + बैन] *वि॰* मौन। चुप। *पु॰* न कहने योग्य बात। अवाच्य। २. वाणी-रहित दशा। मौन स्थिति।

***अबैर**—[< सं॰ अ + वैर] *पु॰* १. वैर का अभाव। वैर-हीनता। २. अविरोध।

अबोध—[सं॰ अ + बोध] *पु॰* ज्ञान का अभाव। ज्ञानहीनता। *वि॰* १. जिसे ज्ञान न हो। अज्ञानी। नासमझ। २. मूर्ख।

अबोधगम्य—[सं॰ अ + बोधगम्य] *वि॰* जो समझ में न आए। जटिल।

अबोल—[< सं॰ अ + हि॰ बोलना] *वि॰* १. मौन। चुप। २. जो बोल न सके। मूक। *पु॰* १. मौन। चुप्पी। २. न कहने योग्य बात। अनुचित बात। ✣ **अबोल चित्रपट**—*पु॰* = मूक फ़िल्म।

अबोलना—[< सं॰ अ + हि॰ बोलना] *पु॰* न बोलने की स्थिति। मौन। चुप। *वि॰* १. जो न बोलता हो। न बोलनेवाला। ***जैसे***—अबोलना बच्चा। २. मूक। गूँगा।

अबोला—[< हि॰ अ + बोला] *वि॰* १. जो कहा न गया हो। २. न बोलनेवाला। *पु॰* १.(खिन्न, दुःखी या क्रुद्ध होने के कारण होनेवाला) मौन। २.रूठने के कारण होनेवाला मौन।

अब्ज—[सं॰ अप् √जन् + ड] *वि॰* जल में या जल से उत्पन्न। *पु॰* १. कमल। २. चन्द्रमा। ३. शंख। ४. कपूर। ५. धन्वन्तरि।

अब्जिनी—[सं॰ अब्ज + इनि + ङीप्] *स्त्री॰* कमलों का समूह। कमलवन। ✣ **अब्जिनी-पति**—सूर्य।

अब्तर—[अरबी] *वि॰* १. दुर्दशाग्रस्त। २. अस्त-व्यस्त। अव्यवस्थित। गड़बड़। ३. विनष्ट। ४. निकृष्ट। ख़राब। ✣ **अब्तरी**—*स्त्री॰* = १. दुर्दशा। २. अव्यवस्था। ३. विनाश। ४. अवनति। अधःपतन।

अब्द—[सं॰ अप्√ दा + क] *पु॰* १. जलद। मेघ। बादल। २. वर्ष। साल। ✣ **अब्दकोश**—*पु॰* = विश्व की या किसी देश आदि की किसी वर्ष की प्रमुख राजनीतिक सामाजिक, आर्थिक आदि गतिविधियों की जानकारियाँ देनेवाली पुस्तक। वर्ष-पुस्तिका। वार्षिकी। आब्दिकी। (अ॰ यिअर-बुक) ✣ **अब्दशत**—*पु॰* = सौ वर्ष। शताब्दी। सदी।

अब्धि—[सं॰ अप् √धा + कि] *पु॰* १. समुद्र। २. झील या तालाब। ३. (पद्य आदि में) सात की संख्या।

अब्धिजन—[सं॰ अब्धि √जन् + ड] *पु॰* १. समुद्र से उत्पन्न वस्तु। २. चन्द्रमा। ३. शंख। ✣ **अब्धिजा**—*स्त्री॰* = १. लक्ष्मी (देवी)। २. वारुणी। सुरा। शराब। ✣ **अब्धिशयन**—*पु॰* = विष्णु।

अब्ध्यग्नि—[सं॰ अब्धि ~ अग्नि] *स्त्री॰* बड़वानल।

***अब्बर**—[< सं॰ अबल] *वि॰* बलहीन। दुर्बल। कमज़ोर

अब्बा—[< फा॰ बाबा] *पु॰* पिता।

अब्र—[फा॰] *पु॰* मेघ। बादल। ● **विशेष**—फा॰ 'अब्र' और सं॰ 'अभ्र' समानार्थक हैं।

अब्रह्मण्य (अब्रह्मण्य)—[सं॰ अ + ब्रह्मण्य] *वि॰* १. (कर्म) जो ब्राह्मणों के करने योग्य न हो। अब्राह्मणोचित। २. ब्राह्मणों के प्रतिकूल। *पु॰* ब्राह्मणों के लिए अनुचित कर्म।

अभक्त—[< सं॰ अ + भक्त] *वि॰* १. जो भक्त न हो। ***जैसे***—राम का अभक्त मनुष्य। २. जो ईश्वर-भक्त न हो। ३. जो विभक्त/विभाजित न हो। अविभक्त। अविभाजित।

अभक्ति—[सं॰ अ + भक्ति] *स्त्री॰* १. भक्ति का अभाव। श्रद्धाहीनता। अश्रद्धा। २. अनुरागहीनता। ३. अनादर। ४. उपेक्षा।

अभक्तिमान्—[सं॰ अ + भक्तिमान्] *वि॰* १. जिसमें भक्ति-भाव न हो। २. अनादरयुक्त। ३. उपेक्षायुक्त।

अभक्ष—[सं॰ अ + भक्ष] *वि॰* भक्षण न करनेवाला। न खाने वाला।

अभक्ष्य—[सं॰ अ + भक्ष्य] *वि॰* १. न खाने योग्य। जो खाए जाने के उपयुक्त न हो। २. जिसे खाया जाना निषिद्ध/वर्जित हो। ३. जो खाया न जा सकता हो।

***अभगत**—[< सं॰ अभक्त] *वि॰* १. जो भक्त न हो। २. जो ईश्वर-भक्त न हो।

अभग्ग—[सं॰ अभक्त] *वि॰* = १. जो विभक्त न हो। जिसके भाग न हुए हों। २. जो कटा हुआ या टूटा-फूटा न हो। अभग्न।

***अभग्न**—[सं॰ अ + भग्न] *वि॰* १. जो भग्न न हो। २. सम्पूर्ण। पूरा।

अभङ्ग—[सं॰ अ + भङ्ग] *वि॰* १. जो भंग न हुआ हो। २. जो टूटा न हो। ३. जिसका क्रम भंग न हुआ हो। निरन्तर। लगातार। *पु॰* एक प्रकार का मराठी पद/भजन। (संगीत॰) एक ताल जिसमें एक लघु, एक गुरु और दो प्लुत मात्राएँ होती हैं।

अभङ्ग (अभंग) पद-श्लेष—[सं॰] *पु॰* (काव्य॰) श्लेष अलंकार का एक भेद जिसमें पद भंग किए बिना ही, पूर्ण पद में, श्लेष होता है।

***अभङ्गिनी (अभंगिनी)**—दे॰ अभङ्गी।

***अभङ्गी (अभंगी)**—[सं॰ अभङ्गिन्] *वि॰* १. जो न टूटनेवाला हो। २. जिसे तोड़ना उचित न हो। ३. कभी अलग न होनेवाला। ✣ **अभङ्गिनी (अभंगिनी)**—*वि॰ (स्त्री॰)* = जो कभी अलग न हो।

अभञ्जन (अभंजन)—[सं॰ अ + भञ्जन] *वि॰* जिसका भंजन न हो सके। जिसे तोड़ा न जा सके।

अभद्र—[सं॰ अ + भद्र] *वि॰* १. अशिष्ट। असभ्य। २. अमांगलिक। अकल्याणकारी। ३. अशुभ। ४. अनुचित। बुरा। *पु॰* १. बुराई। २. पाप। ३. अमंगल। अकल्याण। ✣ **अभद्रता**—*स्त्री॰* = १. अशिष्ट व्यवहार। अशिष्टता। असभ्यता। २. अशुभता। ३. अनुचित व्यवहार।

अभय—[< सं॰ अ + भय] *वि॰* १. जिसे भय न हो। २. निर्भीक। निडर। *पु॰* १. भय या संकट से प्राप्त रक्षा। २. निर्भयता। ***वा॰* अभय करना, अभय देना, अभय बाँह देना, अभय वचन देना**—कोई अहित न करने अथवा न होने देने का आश्वासन देना।

अभयकर—[सं॰ अभय + कर] *वि॰* निर्भय करनेवाला। ***जैसे***—राजा की अभयकर मुस्कान।

अभयचारी—[सं॰ अभयचारिन्] *वि॰* १. निर्भय होकर घूमनेवाला। २. स्वच्छन्द। *पु॰* पकड़े जाने या मारे जाने के भय से मुक्त होकर घूमनेवाले पशु।

अभयद—[सं॰ अभय + द] *वि॰* अभय देनेवाला। अभयदाता।

अभयदान—[सं॰ अभय ~ दान] *पु॰* १. अभय रहने के लिए आश्वासनपूर्वक कथन। २. भयरहित शरण देने की क्रिया या भाव। ३. किसी शक्तिशाली मनुष्य के द्वारा अपने आश्रित या शरणागत मनुष्य को दिया गया पूर्ण सुरक्षा का वचन।

अभयपत्र—[सं॰ अभय ~ पत्र] *पु॰* अभयदान का लिखित आश्वासन।

अभयमुद्रा—[< सं॰ अभय ~ मुद्रा] *स्त्री॰* एक विशेष हस्तमुद्रा जो किसी को निर्भयता देने के लिए दाहिनी हथेली से प्रदर्शित की जाती है।

अभय-वचन—[सं॰] *पु॰* अभय देनेवाला कथन। निर्भय बनानेवाला वचन।

अभया—[सं॰ अभय + टाप्] *वि॰ (स्त्री॰)* [वह स्त्री आदि] जिसे भय न हो। निडर (स्त्री)। *स्त्री॰* १. पार्वती/दुर्गा (देवी) का एक रूप।

अभयारण्य—[सं॰ अभय ~ अरण्य] *पु॰* वह वन जिसे काटने की आज्ञा न हो और जहाँ शिकार करना प्रतिबन्धित हो।

अभर्तृका—[सं॰ अ + भर्तृका] *वि॰ (स्त्री॰)* जिसका पति न हो। कुमारी या विधवा।

अभल—[< सं॰ अ + हि॰ भला] *वि॰* जो भला न हो। बुरा। *पु॰* १. भलाई का अभाव। अमंगल। २. अशुभ कामना। ***जैसे***—किसी का अभल करना।

अभव—[< सं॰ + भव] *पु॰* १. भव या अस्तित्व न होना। अनस्तित्व। २. नाश। ३. प्रलय। ४. मोक्ष।

अभव्य—[< सं॰ अ + भव्य] *वि॰* १. जो भव्य न हो। २. असुन्दर। ३. अनुपयुक्त। अनुचित। ४. अमांगलिक। अशुभ। ५. भाग्यहीन। अभागा। ६. न होने योग्य।

***अभाऊ[१]**—[< सं॰ अ + भावुक] *वि॰* १. जो भावुक न हो। भावुकताहीन। जो सहृदय न हो। २. अ-रसिक। शुष्कहृदय। ३. अशिष्ट। अभद्र। उजड्ड।

***अभाऊ**—[< सं॰ अ + भाव] *वि॰* १. न भानेवाला। अप्रिय। नापसन्द। २. अशोभन। ३. बुरा। ख़राब।

अभाग[१]—[सं॰ अ + भाग] *वि॰* १. जिसके भाग न हों। खंडरहित। पूर्ण। २. जिसके भाग न हो सकते हों। ३. अविभाजित। अविभक्त। ४. (सम्पत्ति में) जिसको कोई भाग न मिले। *पु॰* अभाग्य। दुर्भाग्य। *वि॰* भाग्यहीन। अभागा।

***अभागण**—[< हि॰ अभागिन] *वि॰ (स्त्री॰)* बुरी क़िस्मत वाली। भाग्यहीना। दुर्भाग्यशालिनी। अभागिनी।

अभाजन—[< सं॰ अ ~ भाजन] *वि॰* जो उचित पात्र न हो। जो कुपात्र हो।

***अभाजै[१]**—[< सं॰ अ + भाजित] *वि॰* अविभक्त। सम्पूर्ण।

अभाज्य—[सं॰ अ + भाज्य] *वि॰* जिसे विभाजित न किया जा सके। (अंक॰) (वह संख्या) जो भाज्य न हो। (दे॰ अभाज्य संख्या) ✣ **अभाज्य गुणनखण्ड (गुणनखंड)**—*पु॰* = (अंक॰) ऐसी अभाज्य संख्या जो किसी दी हुई संख्या को पूरा-पूरा भाग दे सके। ***जैसे***—४२ के अभाज्य गुणनखंड २, ३ या ७ हैं, १४ या २१ नहीं। (अ॰ प्राइम फ़ैक्टर) ✣ **अभाज्य संख्या**—*स्त्री॰* = (अंक॰) वह संख्या जो स्वयं तथा १ के अतिरिक्त अन्य किसी संख्या से विभाजित न हो सके। ***जैसे***—७ अभाज्य संख्या है परन्तु ६ नहीं। (अ॰ प्राइम नम्बर)

अभाय**—[< सं॰ अभाव] *पु॰* १.अभाव। २.विकलता। ***उदा॰ पाय परे उखरि अभाय मुख छायौ है। —रत्नाकर (उद्धव॰, १)

अभार—[सं॰ अ + भार] *पु॰* १. भार या बोझ का अभाव। भारहीनता। २. अनुचित भार। बुरा बोझ। ३. न ढोया जा सकनेवाला भारी बोझ। दुर्वह भार।

अभाव—[सं॰ अ + भाव] १. अस्तित्व में न होने की अवस्था या भाव। न होना। अनस्तित्व। २. असत्ता। ३. उपस्थित न होना। अविद्यमानता। ४. अच्छे भाव की कमी। असद्भाव। ५. कमी।

टोटा। *जैसे*—धन का अभाव। ६. नाश। ७. मृत्यु। ८. त्रुटि। कमी। (भा॰ दर्शन॰) अ-दर्शन। किसी वस्तु का न होना। ∇ **विलोम**—भाव/प्रचुरता/प्राचुर्य।

अभावक—[< स॰ अभाव + कप्] *वि॰* १. भावना-रहित। अ-रसिक। २. बुरे भाव रखनेवाला। ३. विरोधी। ४. अभाव उत्पन्न करनेवाला। ५. अभाव/कमी वाला। ६. अभाव सूचित करनेवाला।

अभावन[१]—[स॰ अ + भावन] *पु॰* अप्रिय या असुन्दर। अभावना।

***अभावन**[२]—[< हि॰ अ + भाव] *वि॰* १. न भानेवाला। अरुचिकर। अप्रिय। नापसन्द। २. कुवेश। ३. कुरूप। ४. दुष्ट।

अभावना[१]—[स॰ अ + भावना] १. भावना का अभाव। २. ध्यान का अभाव।

अभावना[२]—[< स॰ अ + हि॰ भाना] *वि॰* १. जो मन को भाता न हो। जो अच्छा न लगे। अप्रिय। २. जो सुन्दर न हो। असुन्दर। अशोभित। *क्रिस॰* पसन्द न आना। अच्छा न लगना। रुचिकर न होना। प्रिय न होना।

अभावनीय—[< स॰ अ + भावनीय] *वि॰* १. जिसकी कल्पना न की जा सके। अकल्पनीय। २. जिसके विषय में कुछ विचार न किया जा सके। अबुद्धिगम्य। अचिन्तनीय। ३. जिसका अनुमान न किया जा सके। अननुमेय।

अभावात्मक—[स॰ अभाव ~ आत्मक] *वि॰* १. अभावयुक्त। *जैसे*—अभावात्मक स्थिति। २. अभाव का सूचक। ३. खंडनात्मक। नकारात्मक। *जैसे*—अभावात्मक दृष्टिकोण।

अभाव्य—[स॰ अ + भाव्य] *वि॰* १. न होनेवाला। अस्तित्वहीन। २. जिसका ध्यान न किया जा सके।

अभिकथन—[स॰ अभि + कथन] *वि॰* (विधि॰) निश्चयपूर्वक या दृढ़तापूर्वक परन्तु बिना प्रमाण के कहना। दावा। *जैसे*—परस्पर विरोधी अभिकथन।

अभिकरण—[स॰ अभि + करण] *पु॰* (अर्थ॰) १. संविदा विधि के अधीन स्थापित एक सम्बन्ध जिसमें एक पक्ष दूसरे पक्ष, (अधिकर्ता/एजेन्ट) को यह प्राधिकार देता है कि वह किसी तीसरे पक्ष के साथ प्रथम पक्ष की ओर से व्यापार कर सकता है। २. किसी बड़े व्यापारिक प्रतिष्ठान के हितों की देखभाल करनेवाली या उसकी ओर से उसकी सेवाओं/उत्पादनों को कमीशन पर बेचनेवाली फ़र्म। ३. अभिकर्ता के कार्य करने का स्थल या उसकी फ़र्म। (अ॰ एजेन्सी)

अभिकर्ता—[स॰ अभि + कर्ता (कर्तृ)] *पु॰* १. वह व्यक्ति जो किसी दूसरे व्यक्ति/संस्था/सरकार की ओर से काम करने के लिए अधिकृत हो। प्रतिनिधि। गुमाश्ता। २. दलाली (अ॰ कमीशन) पर माल बेचनेवाला व्यक्ति। (अ॰ एजेन्ट)

अभिकर्मक—[स॰ अभिकर्म + कथ्] *पु॰* (रसायन॰) अन्य पदार्थ से अभिक्रिया करने में समर्थ पदार्थ। (अ॰ रीएजेन्ट)

अभिकलन—[स॰ अभि + कलन] *पु॰* गणना, अध्ययन और अनुभव के आधार पर भावी घटना का पूर्वानुमान। परिकलन। संगणन। *जैसे*—भूकम्पों का अभिकलन। (अ॰ कम्प्यूटेशन)

अभिकलित्र—[< स॰ अभिकलन] *पु॰* एक स्वचालित इलेक्ट्रानिक मशीन जो अभिकलन में सहायक होती है तथा जानकारी को संकलित कर सकती है और स्मृति से प्रस्तुत कर सकती है। (अ॰ कम्प्यूटर)

अभिकलित्र प्रोग्राम—[स॰ अभिकलित्र + अ॰ प्रोग्राम] *पु॰* अभिकलित्र (अ॰ कम्प्यूटर) की सहायता से किसी समस्या या प्रश्न का हल ज्ञात करने के उद्देश्य से अभिकलित्र को एक चरण के कार्य (अ॰ आपरेशन) के लिए दिए जाने वाले निर्देशों का समूह या योजना (अ॰ कम्प्यूटर प्रोग्राम)।

अभिकल्प—[स॰ अभि + कल्प] *पु॰* १. ऐसा आरेख/रूपरेखा जिसके आधार पर किसी वस्तु (कलाकृति, भवन, यंत्र आदि) को बनाया जाए। २. अलंकरण के रूप, वस्त्र, पात्र आदि पर रेखाओं, आकृतियों, रंगों आदि का विन्यास। रचना। बनावट। (अ॰ डिज़ाइन) ✣ **अभिकल्पक**—*पु॰* = अभिकल्प तैयार करनेवाला व्यक्ति। (अ॰ डिज़ाइनर) ✣ **अभिकल्पन**—*पु॰* योजन/रूपरेखा/नमूना बनाना। डिज़ाइन (अ॰) का निर्माण।

अभिकल्पना—[स॰ अभि + कल्पना] *स्त्री॰* तर्क करने के लिए कल्पित मूल बात (सत्य या असत्य) जिसके आधार पर आगे तर्क किया जाए। तर्क की आधारभूत/मूल कल्पना। प्राक्कल्पना। (अ॰ हाइपोथीसिस)

अभिकाकल—[स॰ अभि + काकल] मांस का एक लचीला पर्दा जो भोजन करते समय श्वास नली को ढक लेता है। स्वरयन्त्र-मुख-आवरण। (अ॰ एपिग्लाटिस)

अभिकाङ्क्षा—[स॰ अभि + काङ्क्षा] *स्त्री॰* अभिलाषा। इच्छा।

अभिकेन्द्र (अभिकेंद्र) बल, अभिकेन्द्री (अभिकेंद्री) बल—[स॰ अभि + केन्द्र/केन्द्री + बल] *पु॰* केन्द्र की दिशा में प्रवृत्त करनेवाला बल। (अ॰ सेन्ट्रिपिटल फोर्स) ∇ **विलोम**—अपकेन्द्र बल।

अभिक्रम—[स॰ अभि √क्रम् + घञ्] *पु॰* १. आगे की ओर बढ़ना। २. आरम्भ। ३. उद्योग। प्रयत्न। ४. आक्रमण।

अभिक्रमण—[स॰ अभि √क्रम् + ल्युट्] *पु॰* १. आगे की ओर बढ़ने की क्रिया/भाव २. समीप गमन। ३. आक्रमण। चढ़ाई। धावा।

अभिक्रिया—[स॰ अभि + क्रिया] *स्त्री॰* (रसायन॰) १. दो या अधिक पदार्थों की परस्पर क्रिया से उनमें उत्पन्न होनेवाला रासायनिक परिवर्तन। २. एक या अधिक यौगिकों से एक या अधिक नए यौगिकों अथवा तत्त्वों का उत्पादन (अ॰ रिऐक्शन) ✣ **अभिक्रियाशील**—*वि॰* = (रसायन॰) रासायनिक अभिक्रिया में सरलता से भाग ले सकनेवाला। (अ॰ रिऐक्टिव)

अभिक्षमता—[स॰ अभि + क्षमता] *स्त्री॰* १. किसी नए ज्ञान या कौशल या विषय को सीखने की सहज क्षमता। २. किसी विषय के प्रति स्वाभाविक रुचि।

अभिगमन—[स॰ अभि √ गम् + ल्युट्] *पु॰* १. समीप जाना। २. सहवास। सम्भोग।

अभिगामी—*वि॰* अभिगमन करनेवाला।

अभिगुप्ति—[सं॰ अभि √गुप्+ क्तिन्] *स्त्री॰* १. छिपा रखना। २. रक्षण। ३. संरक्षण।

अभिगृहीत—[सं॰ अभि + गृहीत] *वि॰* वह कथन जिसे बिना सिद्ध किए हुए ही स्वीकार कर लिया जाए। स्वीकृत तथ्य। मानी हुई बात। (अं॰ पॉस्ट्युलेट)

अभिगोपक—[सं॰ अभि + गोपक] *पु॰* (वाणि॰) १. हानि की पूर्ति का दायित्व लेनेवाला। बीमाकर्ता। २. (जहाज़ी माल का) बीमाकर्ता। ३. कम्पनी के अंशों को ख़रीदने की गारंटी देनेवाला और उसके बदले में कमीशन पानेवाला। गारंटी देनेवाला और उसके बदले में कमीशन पानेवाला। (अं॰ अंडरराइटर)

अभिगोप्ता—[< सं॰ अभि + गोप्तृ] *वि॰* १. छिपाकर रखनेवाला। २. रक्षक। ३. संरक्षक। अभिभावक।

अभिग्रस्त—[सं॰ अभि + ग्रस्त] *वि॰* शत्रु द्वारा दबाया गया। आक्रान्त।

अभिग्रह—[सं॰ अभि √ग्रह् + अच्] *पु॰* १. लूट लेना। २. छीन लेना। ३. आक्रमण। चढ़ाई। ४. अधिकार। ५. शक्ति। (न्याय॰) बिना प्रमाण के मानी गयी बात। फ़र्ज़ी बात।

अभिग्रहण—[सं॰ अभि + ग्रहण] *पु॰* १. बलपूर्वक अधिकार कर लेना। २. दूसरे के नियम, प्रथा इत्यादि को अपना कहकर स्वीकार कर लेना। ३. (दूसरे की सन्तान को) गोद लेना। दत्तक-ग्रहण। ४. (किसी वस्तु को) न्यायालय के आदेश आदि से क़ानूनी ढंग से अपने क़ब्ज़े में लेना। (अं॰ सीजर) ५. प्रेषित संकेत/सन्देश आदि का ग्रहण।

अभिग्राहित्र—[सं॰ अभि+ ग्राहित्र] *पु॰* प्रेषक यन्त्र द्वारा भेजे गए संकेतों/सन्देशों को ग्रहण कर उन्हें ध्वनि या चित्र में बदलकर बोधगम्य बनानेवाला उपकरण/यन्त्र (अं॰ रिसीवर)

अभिघट्य—[सं॰ अभि + घट्य] *वि॰* ढलाई के योग्य (मिट्टी) जिसे किसी विशिष्ट आकार-प्रकार में सरलता से गढ़ा या ढाला जा सके।

अभिघात—[सं॰ अभि √हन् + घञ्] *पु॰* १. आघात। प्रहार। २. चोट। घाव। ३. हानि। ४. विनाश। सर्वनाश। ५. आक्रमण। हमला। ६. (दो वस्तुओं में होने वाली) टक्कर या रगड़। ७. मानसिक आघात/धक्का।

अभिचार—[सं॰ अभि √चर् + घञ्] *पु॰* १. मन्त्रों का अनुचित उपयोग। २. किसी को मारने या हानि पहुँचाने के लिए किया जानेवाला यज्ञ। मन्त्र-पाठ या तान्त्रिक कर्म। ✣ **अभिचारक/अभिचारी**—*वि॰* = अभिचार करनेवाला। *पु॰* १. तान्त्रिक। २. जादूगर।

अभिजन—[सं॰ अभि + जन] *पु॰* १. कुल। वंश। परिवार। कुटुम्ब। २. जाति। ३. पूर्वज। ४. (अपने निवास-स्थान से भिन्न) पूर्वजों की जन्मभूमि। ५. नौकर। ६. सेवक-वर्ग।

अभिजात—[सं॰ अभि + जात (√जन् + क्त)] *वि॰* १. श्रेष्ठ वंश में उत्पन्न। कुलीन। २. शिष्ट, विनम्र या मधुर। ३. अनुकूल, उचित या योग्य। ४. सुन्दर। ५. गुणवान्। ६. विद्वान्। पंडित। ७. उत्तम। श्रेष्ठ। ✣ **अभिजाततन्त्र (अभिजाततंत्र)**—*पु॰* = वह शासन-प्रणाली जिसमें शासन का सूत्र कुलीन लोग सँभालते हैं। कुलीनतन्त्र। (अं॰ एरिस्टोक्रेसी) ✣ **अभिजात वर्ग**—*पु॰* = गण्यमान्य/कुलीन व्यक्तियों का वर्ग। २. (सामन्ती व्यवस्था में) राजाओं, नवाबों, ज़मीदारों आदि का वर्ग जो शारीरिक श्रम से दूर रहता है। ३. (अभिजात-तन्त्र में) शासक कुलीन वर्ग।

अभिजित्—[सं॰ अभि √जि + क्विप्] *पु॰* १. विष्णु। २. [क] (ज्योतिषीय दृष्टि से) एक शुभ नक्षत्र जो उत्तराषाढ़ा नक्षत्र की अन्तिम १५ घड़ी और श्रवण नक्षत्र की आरम्भिक ४ घड़ी में स्थित माना जाता है। [ख] (श्राद्ध आदि के लिए उपयोगी माना जानेवाला) स्थानीय समय से दोपहर के १२ बजने से एक घड़ी पहले से दोपहर के एक घड़ी बाद तक का मुहूर्त।

अभिजित—[सं॰ अभि √जि + क्त] *वि॰* जिसे जीता गया हो। विजित।

अभिज्ञ—[सं॰ अभि + ज्ञ] *वि॰* १. (किसी विषय/बात का) ज्ञाता। विज्ञ। जानकार। २. निपुण। प्रवीण। कुशल। ∇ **विलोम**—अनभिज्ञ।

अभिज्ञा—[सं॰ अभि √ज्ञा + अङ् + टाप्] *स्त्री॰* १. प्राथमिक ज्ञान। परिचित होना। २. प्रत्यभिज्ञान। पुनर्ज्ञान। पहचान। ३. पुरानी बात की स्मृति।

अभिज्ञात—[सं॰ अभि + ज्ञात] *वि॰* १. जिसका अभिज्ञान हुआ हो। पहचाना हुआ। २. समझा हुआ। ३. याद आयी हुई (पुरानी बात या वस्तु आदि)।

अभिज्ञान—[सं॰ अभि + ज्ञान] *पु॰* १. वह वस्तु/बात जिससे कोई पुरानी घटना/बात याद आ जाए। प्रत्यभिज्ञा। पुनर्ज्ञान। २. स्मृति। याद। ३. निशानी। पहचान। ४. किसी को पहचान कर बतलाना कि वह अमुक व्यक्ति ही है। शनाख़्त। (अं॰ आइडेन्टिफ़िकेशन)

अभिज्ञानाघात—[सं॰ अभिज्ञान ~ आघात] *पु॰* (चिकित्सा॰) सामान्य संवेदी अंग के होते हुए भी वस्तुओं को पहचानने की अक्षमता। असम्बोधिता। (अं॰ एॅग्नोज़िआ)

अभिज्ञानाभरण—[सं॰ अभिज्ञान ~ आभरण] *पु॰* किसी बात का स्मरण कराने के लिए प्रस्तुत किया जानेवाला आभूषण। परिचायक अलंकार निशानी का आभूषण। सहदानी। ***जैसे***—हनुमान् ने सीता को अभिज्ञानाभरण मुद्रिका दी थी।

अभितः—[सं॰ अभि + तः(तस्)] *क्रिवि॰* १. चारों ओर से। सर्वतः। २. पूरी तरह से। पूर्णतः। ३. निकट। समीप।

अभिताप—[सं॰ अभि + ताप] *पु॰* १. प्रचंड शारीरिक गर्मी। २. तीव्र मानसिक ताप। ३. क्षोभ। उद्वेग। व्याकुलता। ४. पीड़ा। दुःख।

अभितापन—[सं॰ अभि + तापन] *पु॰* शीशे, मृद्भांड या धातु को कठोर और सख़्त बनाने तथा रंगों को पक्का करने के लिए तपाने के बाद धीरे-धीरे ठंडा करने की प्रक्रिया।

अभित्यजन/अभित्याग—[सं॰ अभि + त्यजन/त्याग] *पु॰*

१. (व्यक्ति/स्थान/पद आदि) छोड़ देना। *जैसे*—अपनी प्रतिज्ञा का अभित्याग। २. पलायन।

अभित्यागी—[सं॰ अभित्यागिन्] १. (वस्तु/स्थान) छोड़नेवाला व्यक्ति। २. (व्यक्ति का) साथ छोड़ देनेवाला व्यक्ति। ३. (सेना/नौकरी आदि से) भागा हुआ व्यक्ति। भगोड़ा। (अं॰ डिज़र्टर)

***अभिद**—*वि॰* ≤ *सं॰* अभेद्य।

अभिदत्त—[सं॰ अभि + दत्त] *वि॰* जो दिया जा चुका हो। प्रदत्त। ✣ **अभिदत्त पूँजी**—*पु॰* =(अर्थ॰) किसी कम्पनी की निर्गमित पूँजी का वह भाग जिसे ख़रीदने के लिए निवेशकर्ताओं से आवेदन मिल चुके हैं। (अं॰ सब्स्क्राइब्ड कैपिटल)

अभिदाता—[सं॰ अभि + दाता] *पु॰* १. (किसी उद्‌देश्य के लिए) दान या चन्दा देनेवाला। २. आर्थिक सहायता के रूप में धन देनेवाला। आर्थिक योगदान करनेवाला। (वाणि॰) कम्पनी का अंशदाता।

अभिदान—[सं॰ अभि + दान] *पु॰* १. किसी उद्‌देश्य के लिए दिया जानेवाला दान/चन्दा। २. आर्थिक सहायता के रूप में धन-दान। आर्थिक योगदान। (वाणि॰) कम्पनी को अंशदान।

अभिदृश्य—[सं॰ अभि + दृश्य] *पु॰* लक्षित किया जानेवाला दृश्य। ✣ **अभिदृश्यक**—*वि॰* = १. लक्षित दृश्य की ओर का। २. लक्षित दृश्य से सम्बन्धित। ● **विशेष**—दूरबीन आदि का वह ताल (अं॰ लेंस) जो देखे जानेवाले पदार्थ की ओर और उसके निकट होता है, **अभिदृश्यक ताल/लेंस** (अं॰ आब्जेक्टिव लेंस) कहा जाता है।

अभिधर्म—[सं॰ अभि + धर्म] *पु॰* १. परमार्थ धर्म के प्रति अभिमुख धर्म। परमार्थ धर्म का ज्ञान देनेवाला धर्म। पारमार्थिक धर्म। २. अध्यात्मविद्या। ३. सर्वोत्कृष्ट तत्त्वज्ञान। (बौद्‌ध॰) बुद्‌ध द्‌वारा उपदिष्ट धर्म विशेष। बौद्ध धर्म।

अभिधा—[सं॰ अभि √धा + अङ्+ टाप्] *स्त्री॰* १. नाम। २. अर्थवाचक शब्द। (काव्य॰) एक शब्द-शक्ति। किसी शब्द के सामान्य रूप से प्रचलित अर्थ का बोध करानेवाली शब्द-शक्ति। ✣ **अभिधात्मक**—*वि॰* = १. अभिधा-सम्बन्धी। अभिधा का। २. सामान्य प्रचलित अर्थवाला, लाक्षणिक या व्यंग्यात्मक अर्थ वाला नहीं। ✣ **अभिधामूला ध्वनि**—*स्त्री॰* = (काव्य॰) ध्वनि का एक भेद। वह ध्वनि जिसमें व्यंग्यार्थ वाच्यार्थ पर आश्रित होता है।

अभिधान—[सं॰ अभि √धा + ल्युट्] *पु॰* १. नाम। २. पद-नाम (जैसे—प्राचार्य, सचिव, मन्त्री इत्यादि)। ३. उपाधि (जैसे—शास्त्री, आचार्य इत्यादि)।

अभिधानकोश—[सं॰ अभिधान ~ कोश] *पु॰* शब्दकोश।

अभिधानमाला—[सं॰ अभिधान ~ माला] *स्त्री॰* शब्दकोश।

अभिधायक—[सं॰ अभि √धा + ण्वुल्] *वि॰* १. (अर्थ विशेष का) वाचक। २. सूचक। परिचायक। ३. (बालक आदि का) नाम रखनेवाला।

अभिधावन—[सं॰ अभि + धावन] *पु॰* १. आक्रमण। २. (किसी का) पीछा करना।

अभिधेय—[सं॰ अभि √धा + यत्] *वि॰* १. जिसका कोई नाम हो। नामवाला। २. जिसका प्रतिपादन/विवेचन हो सकता हो या किया जानेवाला हो। ३. वाच्य। *जैसे*—अभिधेय अर्थ।

अभिधेयार्थ—[सं॰ अभिधेय ~ अर्थ] *पु॰* शाब्दिक अर्थ। वाच्यार्थ।

अभिनत—[सं॰ अभि + नत] *वि॰* १. किसी दिशा में झुका हुआ। २. पक्षपातपूर्ण। पक्षपाती। ३. पूर्वग्रहयुक्त। ✣ **अभिनति**—*स्त्री॰* = १. किसी दिशा में झुकाव। २. पक्षपातपूर्ण दृष्टिकोण। पक्षपात। ३. पूर्वग्रह। ४. प्रवृत्ति। रुझान।

अभिनन्द (अभिनंद)—[सं॰ अभि √नन्द् + घञ्] *पु॰* १. हर्ष। प्रसन्नता। २. प्रशंसा। तारीफ़।

अभिनन्दन (अभिनंदन)—[सं॰ अभि √नन्द् + ल्युट्] *पु॰* १. अभिवादन। वन्दना। २. प्रशंसा। तारीफ़। ३. (किसी को) प्रशंसापूर्वक/श्रद्‌धापूर्वक सार्वजनिक रूप से सम्मानित करने और शुभकामनाएँ देने का कार्य। ४. प्रेमपूर्वक स्वागत। ५. अनुमोदन। समर्थन। ✣ **अभिनन्दन-ग्रन्थ (ग्रंथ)**—*पु॰* = किसी श्रेष्ठ व्यक्ति (सांस्कृतिक/धार्मिक/राजनैतिक आदि) के सार्वजनिक अभिनन्दन के अवसर पर भेंट किया जानेवाला ग्रन्थ विशेष। ✣ **अभिनन्दन-पत्र (अभिनंदन-पत्र)**—*पु॰* = किसी मान्य व्यक्ति के अभिनन्दन-कार्यक्रम में सार्वजनिक रूप से पढ़े जाने के बाद उसे भेंट किया जाने वाला मान-पत्र जिसमें सम्बद्‌ध व्यक्ति के गुणों, उपलब्धियों तथा सेवाओं का प्रशंसापूर्ण उल्लेख होता है।

अभिनन्दी (अभिनंदी)—[सं॰ अभिनन्दिन्] *वि॰* अभिनन्दन करनेवाला।

अभिनय—[सं॰ अभि √नी + अच्] *पु॰* १. कुछ समय के लिए किसी अन्य व्यक्ति के वस्त्र, आभूषण, वाणी, विचार, भाव, कथन, क्रियाओं आदि की नक़ल कने की क्रिया/भाव। २. स्वाँग करना। दृष्टि, संकेत, आंगिक चेष्टा, मुद्रा आदि से मानसिक भाव या आवेश आदि को कलात्मक रीति से प्रकट करने की क्रिया। ३. किसी की नक़ल करने के लिए या प्रदर्शन के लिए की जाने वाली आंगिक चेष्टाएँ। ४. नाटक का खेल। (काव्य॰) किसी पात्र की अवस्था, स्वरूप और कार्य का अनुकरण। मन के क्रोध आदि भावों को प्रकट करनेवाली आंगिक चेष्टाओं द्‌वारा किसी विषय या व्यक्ति का अनुकरण करके प्रदर्शित करना। ● **विशेष—अभिनय चार प्रकार का होता है—आंगिक, वाचिक, आहार्य और सात्त्विक।** ✣ **अभिनय-कला**—*स्त्री॰* = अभिनय करने की कला। ✣ **अभिनय—मञ्च (मंच)**—*पु॰* = नाटक खेलने का मंच। (अं॰ स्टेज) ✣ **अभिनयगीत**—*पु॰* = (काव्य॰) वह गीत जिसमें कोई कथा वर्णित हो और उसके भाव को प्रकट करने के लिए गायन और नृत्य, अभिनय या शारीरिक चेष्टाओं का प्रयोग हो। (अं॰ ऐक्शन साँग) ✣ **अभिनयशाला**—*स्त्री॰* = नाट्‌यशाला। नाटकघर। प्रेक्षागार। (अं॰ थियेटर)

अभिनव—[सं० अभि + नव] पुं० १. बिल्कुल नया। नवीनतम। ***जैसे***—अभिनव भारत। २. आधुनिक ढंग का। नयी-फ़ैशन का। ***जैसे***—अभिनव शिल्प। ✣ **अभिनव प्रयोग**—*पुं०* = १. नवीनतम प्रयोग। २. आधुनिक ढंग का प्रयोग। (कोश०) किसी शब्द का नए अर्थ में प्रयोग।

अभिनियम—[सं० अभि + नियम] *पुं०* १. ऐसा आधारभूत नियम जो सत्य और प्रामाणिक रूप में मान्य हो। २. वस्तु के मूल्यांकन का नियम। कसौटी।

अभिनिर्णायक—[सं० अभि + निर्णायक] *पुं०* प्रस्तुत मामले पर व्यवस्था देने के लिए नियुक्त विधिसम्मत पीठ (या जूरी) का सदस्य।

अभिनिविष्ट—[सं० अभि + निविष्ट] *वि०* १. जिस का अभिविनेश हुआ हो। २. धँसा/गड़ा/पैठा हुआ। ३. अनुरक्त। ४. हठी। ज़िद्दी।

अभिनिवेश—[सं० अभि + निवेश] *पुं०* (किसी में) धँसा/लगा/पैठा होना। २.अनुरक्ति। ३. एकाग्र चिन्तन। (योग०) पाँच क्लेशों में से एक। मृत्यु-शंका। मृत्यु-भय से होनेवाला क्लेश।

अभिनिष्क्रमण—[सं० अभि + निष्क्रमण] *पुं०* १. बाहर निकलने की क्रिया/भाव। २. विरक्त होकर घर-परिवार का त्याग। ***जैसे***—सिद्धार्थ अभिनिष्क्रमण करने के बाद साधना से बुद्ध हुए।

अभिनीत—[सं० अभि √नी + क्त] *वि०* १. समीप लाया हुआ। २. (जिसका) अभिनय किया गया हो। ३. खेला हुआ (नाटक) ***जैसे***—अभिनीत नाटक।

अभिनेता—[सं० अभिनेतृ] *पुं०* (नाटक या फ़िल्म आदि में) रंगमंच पर अभिनय करनेवाला व्यक्ति। नट। ✣ **अभिनेत्री**—*स्त्री०* = अभिनय करनेवाली स्त्री। नटी।

अभिनेय—[सं० अभि √नी + यत्] *वि०* १. जिसका अभिनय हो सकता हो। अभिनययोग्य। २. जिसका अभिनय होने वाला हो।

अभिन्न—[सं० अ + भिन्न] *वि०* १. जो भिन्न न हो। एकरूप। २. किसी से मिला/लगा/सटा हुआ। संलग्न। सम्बद्ध। ***जैसे***—मकान से अभिन्न पुष्पवाटिका। ३. समान प्रकार का। समरूप। ***जैसे***—ये दोनों रंग अभिन्न हैं। ४. जिससे भेद-भाव न हो। अन्तरंग। घनिष्ठ। ५. जिनमें परस्पर भेद-भाव न हो। ✣ **अभिन्नता**—*स्त्री०* = १. एकरूपता। २. समरूपता। ३. संलग्नता। सम्बद्धता। ४. घनिष्ठता। ✣ **अभिन्नत्व**—*पुं०* = अभिन्नता। (दे०) ✣ **अभिन्नहृदय**—*वि०* = परस्पर समान भावों और विचारों वाले। अति घनिष्ठ। ***जैसे***—कृष्ण और अर्जुन अभिन्नहृदय मित्र थे।

अभिपवन—[सं० अभि + पवन] *वि०* हवा चलने की दिशा वाला। ✣ **अभिपवन पार्श्व**—*पुं०* (भूविज्ञान०) =(पर्वत या टीले आदि का) वह पार्श्व/दिशा जिस ओर से हवा चल रही हो। ∇ **विलोम**—प्रतिपवन पार्श्व।

अभिप्राय—[सं० अभि + प्र √इण् + अच्] *पुं०* १. आशय। तात्पर्य। मतलब। २. प्रयोजन। उद्देश्य। ३. विचार। ४. अभिलाषा। इच्छा। (काव्य०) किसी कलात्मक/साहित्यिक कृति का प्रमुख भावात्मक प्रयोजन या आधारभूत तत्त्व। कथानक-रूढ़ि। ***जैसे***—भारतीय साहित्य में पशु-पक्षियों की बातचीत, भविष्यसूचक, सांकेतिक भाषा, लिंग-परिवर्तन इत्यादि अभिप्राय या कथानक-रूढ़ियाँ।

अभिप्रेत—[सं० अभि + प्र √इ + क्त] *वि०* जो अभिप्राय का विषय हो। २. चाहा हुआ/अभिलषित। इष्ट। अभीष्ट। ३. प्रिय। अनुकूल। पसन्द।

अभिप्रेरक—[सं० अभि + प्रेरक] *वि०* प्रेरित/प्रवृत्त करनेवाला। प्रेरक। प्रवर्तक।

अभिप्रेरण—[सं० अभि + प्रेरण] *पुं०* (मनो०) किसी क्रिया को उत्तेजन या प्रोत्साहन। ✣ **अभिप्रेरणा**—*स्त्री०* = १. किसी क्रिया को दी जाने वाली उत्तेजना/प्रोत्साहन। ३. तीव्र प्रेरणा।

अभिप्लव—[सं० अभि + प्लव] *पुं०* १. उपद्रव। उत्पात। २. बाढ़।

अभिभव—[सं० अभि + भव] *पुं०* १. पराजय। हार। २. अपमान। तिरस्कार। ३. दमन।

अभिभावक—[सं० अभि + भावक] *वि०* १. अभिभूत करनेवाला। २. (विद्यार्थी/बालक आदि का) संरक्षक।

अभिभावन—[सं० अभि + भावन] *पुं०* १. अभिभव करने/होने की अवस्था या भाव। २. पराजित करना। ३. अधीन करना। वश में लाना। *वि०* मन को वशीभूत करनेवाला। पसन्द आनेवाला। प्रिय। ***जैसे***—हिमालय का अभिभावन दृश्य।

अभिभावी—[सं० अभिभाविन्] *वि०* अभिभावन करनेवाला।

अभिभाषण—[सं० अभि + भाषण] *पुं०* भाषण। व्याख्यान।

अभिभू—[सं० अभि √भू + क्विप्] *वि०* १. दूसरों से आगे बढ़ा हुआ। २. श्रेष्ठ।

अभिभूत—[सं० अभि √भू + क्त] *वि०* १. जिसका अभिभव हुआ हो। २. पराजित ३. वशीभूत। ४.आक्रान्त या पीड़ित। ५. कर्तव्य और अकर्तव्य के विचार से रहित। Δ **पर्याय**—अभिभावित।

अभिभूति—[सं० अभि √भू + क्तिन्] *स्त्री०* १. अभिभूत होने की अवस्था/भाव। २. पराजय। ३. अपमान। ४. प्रबलता।

अभिमण्डन (अभिमंडन)—[सं० अभि + मण्डन] *पुं०* १. सजाना। २. (किसी) पक्ष/मत का समर्थन और पोषण। ***जैसे***—शास्त्रार्थ में आप धर्म का अभिमंडन करिए।

अभिमत—[सं० अभि + मत] *वि०* १. मनोवांछित। अभीष्ट। मनचाहा। २. मनचाही बात। ३. (किसी विषय पर) विचारपूर्वक निश्चित किया हुआ मत। राय।

अभिमतदातार—[< सं० अभिमतदातृ] *पुं०* १. मनोवांछित वस्तु देनेवाला। मनचाहा फल देनेवाला। अभीष्टप्रदाता।

अभिमन्ता (अभिमंता)—[सं० अभिमन्तृ] *वि०* अभिमानी। घमंडी।

अभिमन्त्रण (अभिमंत्रण)—[सं० अभि √मन्त्र् + ल्युट्] *पुं०* १. विशिष्ट मंत्रों को पढ़कर (किसी वस्तु को) पवित्र या संस्कारित करना। २. अभिचार करना। जादू-टोना करना। ३. निमन्त्रण देना। ४. उपदेश करना। ✣ **अभिमन्त्रित (अभिमंत्रित)**—*वि०* =

१. विशिष्ट मन्त्रों से पवित्र या संस्कारित किया हुआ। २. जिसका आवाहन किया गया हो।

अभिमर्श/अभिमर्शन/अभिमर्ष—[सं० अभि √मृश् + घञ्/ल्युट्, अभि √मृष् + घञ्] *पु०* अभिमर्षण। (दे०) ✣ **अभिमर्शक**—*वि०* = अभिमर्षक।

अभिमर्ष—[सं० अभि √मृष् + घञ्] *पु०* अभिमर्षण। ✣ **अभिमर्षक**—*वि०* = अभिमर्ष करनेवाला।

अभिमर्षण—[सं० अभि √मृष् + ल्युट्] *पु०* १. स्पर्श। २. आक्रमण। अत्याचार। ३. संघर्ष। रगड़। ४. सहवास। सम्भोग। ५. पराजय। हार।

अभिमान—[सं० अभि √मन् + घञ्] *पु०* १. अपनी योग्यता, समृद्धि, प्रतिष्ठा आदि का उचित ध्यान। स्वाभिमान। २. अपनी योग्यता, समृद्धि, प्रतिष्ठा आदि के महत्त्व की अनुचित धारणा। स्वयं को बड़ा समझना। अहंकार। गर्व। घमंड। ***वा०* अभिमान चूर्ण करना, अभिमान दलना**—घमंड मिटाना। **अभिमान में जलना, अभिमान से जलना**—बहुत घमंड करना।

अभिमुख—[सं० अभि + मुख] *वि०* १. जो किसी की ओर मुख किए हुए हो। ***जैसे***—राम के अभिमुख लक्ष्मण को देखो। २. (किसी में) प्रवृत्त। उन्मुख। *क्रिवि०* १. ओर। २. सामने।

अभियन्ता (अभियंता)—[सं० अभियन्तृ] *पु०* अभियान्त्रिकी (अं० इंजीनियरिंग) में निष्णात व्यक्ति। इंजीनियर (अं०)।

अभियन्त्रण (अभियंत्रण)—[सं० अभि √यन्त्र् + ल्युट्] *पु०* अभियन्ता का कार्य। इंजीनियरी। (अं० इन्जीनियरिंग)

अभियान—[सं० अभि √ या + ल्युट्] *पु०* १. समीप जाने की क्रिया, अवस्था या भाव। सामने पहुँचना। २. (शत्रु पर) आक्रमण। सैनिक चढ़ाई। ***जैसे***—भारतीय सेना का शत्रु के विरुद्ध अभियान। ३. किसी उद्देश्य के लिए कहीं जाना या कुछ विशेष तैयारी से काम करना। आन्दोलनात्मक काम। ***जैसे***—साक्षरता अभियान। ✣ **अभियानिक**—*वि०* = १. अभियान-सम्बन्धी। अभियान का। २. अभियान जैसा। ***जैसे***—अभियानिक प्रचार।

अभियान्त्रिकी (अभियांत्रिकी)—[सं० अभि + हिं० यान्त्रिकी] *स्त्री०* मानव की भौतिक सेवाओं के लिए प्राकृतिक साधनों के उपयोग, यंत्रों/मशीनों के प्रयोग तथा उनके निर्माण आदि का विज्ञान। इंजीनियरी।

अभियुक्त—[सं० अभि + युक्त (√युज् + क्त)] *पु०* १. वह व्यक्ति जिस पर दोषारोपण किया गया हो। २. वह व्यक्ति जिस पर न्यायालय में किसी ने अभियोग लगाया हो। वह व्यक्ति जो किसी मुक़दमे में फँसा हो। प्रतिवादी।

अभियोक्ता—[सं० अभियोक्तृ] *पु०* १. (किसी पर) दोषारोपण करनेवाला व्यक्ति। २. वह व्यक्ति जिसने न्यायालय में किसी पर अभियोग लगाया हो। मुक़दमा चलानेवाला व्यक्ति। अभियोगी। वादी। फ़रियादी। मुद्दई।

अभियोग—[सं० अभि √युज् + घञ्] *पु०* १. (किसी व्यक्ति पर) अपराध का आरोप। २. किसी के अपराध की शिकायत को न्यायालय में विचारार्थ प्रस्तुत किया जाना। न्यायालय में किसी व्यक्ति पर नालिश। ✣ **अभियोग-पत्र**—*पु०* = वह पत्र जिसमें किसी अभियोग का उल्लेख हो तथा न्याय किए जाने की प्रार्थना हो।

अभियोजक—[सं० अभि + यजक्] *पु०* अभियोगी। वादी। मुद्दई।

अभियोजन—[सं० अभि +√युज् + ल्युट्] *पु०* १. किसी पर दोष लगाना। २. किसी पर अभियोग/मुक़दमा चलाना।

अभियोज्य—[सं० अभि √युज् + ण्यत्] *वि०* १. अभियोग या आरोप के योग्य। २. दोषी ठहरानें के योग्य। ३. जिस पर अभियोग, आरोप या दोष लगाया जाना हो।

अभिरक्षक—[सं० अभि + रक्षक] *पु०* १. अभिरक्षा करनेवाला व्यक्ति। २. न्यायालय/शासन द्वारा नियुक्त वह व्यक्ति जिसे किसी सम्पत्ति आदि या अभिलेखों की देखभाल और रक्षा करने का दायित्व सौंपा गया हो। (अं० कस्टोडियन)

अभिरक्षा—[सं० अभि + रक्षा] *स्त्री०* १. अच्छी तरह की जानेवाली देखभाल और रक्षा। संरक्षा और निगरानी। २. न्यायालय या शासन के आदेश से किसी सम्पत्ति या अभिलेखों की देखभाल और रक्षा करने का कार्य। ३. (किसी व्यक्ति को पुलिस द्वारा) हिरासत/हवालात में रखने का कार्य। (अं० कस्टडी)

अभिरञ्जन (अभिरंजन)—[सं० अभि √रञ्ज् + णिच् + ल्युट्] *पु०* १. अच्छी तरह रँगना। २. अनुरक्त करना। ३. अनुरक्त होना। ४. धब्बे/दाग़/निशान पड़ना। ५. रासायनिक विधि से रँगना।

अभिरञ्ज्य (अभिरंज्य)—[सं० अभि √रञ्ज् + ण्यत्] *वि०* १. जो अभिरंजन के योग्य हो। २. जिसका अभिरंजन किया जाना हो।

***अभिरना**—[< सं० अभि + रण] *क्रिअ०* (युद्ध आदि में) लड़ना। भिड़ना।

अभिराम—[सं० अभि √रम् + घञ्] *वि०* १. मन को रमानेवाला। रमणीय। रम्य। २. सुन्दर। मनोहर। ३. अच्छा लगनेवाला। प्रिय। मधुर। सुहावना। ✣ **अभिरामता**—*स्त्री०* = १. रमणीयता। २. सुन्दरता। मनोहरता। ✣ **अभिरामत्व**—*पु०* = अभिरामता।

अभिरामिनी—[सं० अभिरामिन् + ङीप्] *वि०* (स्त्री०) १. रमण करनेवाली। २.सुहावनी। ***जैसे***— अभिरामिनी रात्रि।

अभिरामी—[सं० अभिरामिन्] *वि०* १. रमण करनेवाला। २. व्याप्त होनेवाला। ३. सुहावना। ४.आनन्दप्रद।

अभिरुचि—[सं० अभि + रुचि] *स्त्री०* (किसी व्यक्ति/विषय/कार्य आदि में) विशेष रुचि या प्रवृत्ति। दिलचस्पी।

अभिरूप—[सं० अभि + रूप] *वि०* १. सुन्दर रूप वाला। मनोहर। २. सदृश। समान। ३. प्रिय। *पु०* प्रेमपात्र।

अभिरेखण—[सं० अभि + रेखण] *पु०* (पुरा०) दीवारों, चट्टानों आदि पर खरोंचकर बनाए गए चिह्न या अभिकल्प (अं० डिज़ाइन)। भित्ति-आरेख।

अभिलक्षण—[सं० अभि + लक्षण] *पु०* विशेष लक्षण। खासियत।

अभिलक्षित—[सं॰ अभि + लक्षित] *वि॰* १. लक्षित किया हुआ। चिह्नित। अंकित। २. जिसे लक्ष्य बना कर या जिसे दृष्टि में रखकर कार्य किया गया हो। ३. जिसकी ओर संकेत किया गया हो।

अभिलक्ष्य—[सं॰ अभि + लक्ष्य] *वि॰* १. जिसे लक्ष्य/निशाना बनाया जा सके। २. जिसे लक्ष्य/निशाना बनाया गया हो।

अभिलम्ब (अभिलंब)—[सं॰ अभि + लम्ब] *पुं॰* (ज्यामिति॰) किसी वक्र या पृष्ठ के किसी बिन्दु पर खींची गयी स्पर्शरेखा (अं॰ टैंजेंट) पर लम्ब। (अं॰ नार्मल)

अभिलषित—[सं॰ अभि √लष् + क्त] *वि॰* जिसकी अभिलाषा की गयी हो। चाहा हुआ। अभीष्ट। वांछित। ***जैसे***—अभिलषित वैभव।

अभिलाख**—*स्त्री॰* ≤ *सं॰* अभिलाष। अभिलाषा। (दे) ***जैसे—यह अभिलाख रही मेरे मन में। ✣ **अभिलाखना**—*क्रिसं॰* = (किसी वस्तु आदि की) अभिलाषा करना। इच्छा करना। चाहना।

अभिलाष—[सं॰ अभि √लष् + घञ्] *पुं॰* अभिलाषा।

अभिलाषक—[सं॰ अभि √लष् + ण्वुल्] *वि॰* अभिलाषा करनेवाला। इच्छुक। अभिलाषी।

अभिलाषा—[सं॰ अभिलाष + टाप्] *स्त्री॰* १. इच्छा। कामना। २. प्रिय या प्रिया से मिलने की इच्छा। प्रिय-मिलन-इच्छा।

अभिलाषी—[सं॰ अभि √लष् + णिनि] *वि॰* १. अभिलाषा करनेवाला। इच्छा करनेवाला। इच्छुक। Δ **पर्याय**—अभिलाषक।

अभिलिखित—[सं॰ अभि √लिख् + क्त] *वि॰* १. जो लिपिबद्ध या अंकित किया गया हो। ***जैसे***—अभिलिखित अनुभव। २. जो पंजी या खाते में दर्ज किया गया हो। जिसे पंजी (अं॰ रजिस्टर) आदि में लिख लिया गया हो। ३. अभिलेख के रूप में अंकित। ४. लिखकर सुरक्षित रखा हुआ। (अं॰ रिकार्डिड)

अभिलेख—[सं॰ अभि √लिख् + घञ्] *पुं॰* १. तथ्यों, घटनाओं, कार्रवाइयों अथवा सरकार या संस्थाओं के कार्यों का लिखित विवरण। २. किसी बात के प्रामाणिक साक्ष्य के रूप में लिख कर रखा गया विवरण। लिखित ऐतिहासिक प्रामाणिक वृत्त। ३. न्यायालय में किसी मुक़दमे के सम्बन्ध में हुई सभी कार्यवाही का लेखबद्ध विवरण। ४. मूल प्रलेख आदि या उनकी प्रतिलिपियाँ—दस्तावेज़। ५. पत्थर, धातु, हाथीदाँत आदि पर उभारकर बनाए गए लेख। (अं॰ इन्स्क्रिप्शन)

अभिलेखन—[सं॰ अभि + लेखन] *पुं॰* १. काग़ज़, लकड़ी आदि पर लेखन। २. पत्थर/धातु आदि पर अक्षरों आदि को खोदने/उकेरने का काम। ३. अभिलेख तैयार करने का काम। ४. पत्थर, धातु, हाथीदाँत आदि पर उभार कर अभिलेख अंकित करने का काम।

अभिलेखपाल—[सं॰ अभिलेख ~ पाल] *पुं॰* किसी न्यायालय/कार्यालय आदि के अभिलेखों की देखभाल करने और उन्हें व्यवस्थित तथा सुरक्षित रखनेवाला कर्मचारी। (अं॰ रेकॉर्ड-कीपर)

अभिलेखागार—[सं॰ अभिलेख ~ आगार] *पुं॰* वह भवन जहाँ सरकारी या राष्ट्रीय दृष्टि से महत्त्वपूर्ण अभिलेखों को व्यवस्थित और सुरक्षित रखा जाता है। (अं॰ आर्काइव्स)

अभिलेखालय—[सं॰ अभिलेख ~ आलय] किसी सरकारी विभाग, न्यायालय या संस्था आदि का वह कक्ष जहाँ अभिलेखों को व्यवस्थित और सुरक्षित रखा जाता है। (अं॰ रेकॉर्ड रूम)

अभिवक्ता—[सं॰ अभि + वक्ता (वक्तृ)] *पुं॰* वकील।

अभिवचन—[सं॰ अभि + वचन] *पुं॰* १. अभिवक्ता/वकील या किसी के क़ानूनी प्रतिनिधि द्वारा न्यायलय के सम्मुख वह कथन जो वह अपने नियोजक (वादी/प्रतिवादी) की ओर से कहता है। २. अभिवक्ता/वकील द्वारा प्रस्तुत अपने पक्ष की सफ़ाई (जो प्रायः लिखित होती है)।

अभिवन्दन (अभिवंदन)—[सं॰ अभि √वन्द् + ल्युट्] *पुं॰* अभिवन्दना। ✣ **अभिवन्दना (अभिवंदना)**—*स्त्री॰* = १. (सम्मानपूर्वक) प्रणाम। नमस्कार। २. प्रशंसा। स्तुति। ✣ **अभिवन्दनीय (अभिवंदनीय)**—*वि॰* = जिसकी वन्दना करना उचित हो। वन्दनीय। पूज्य। मान्य। ✣ **अभिवन्दित (अभिवंदित)**—*वि॰* = १. जिसे (सम्मानपूर्वक) प्रणाम/नमस्कार किया गया हो। नमस्कृत। २. प्रशंसित। स्तुत।

अभिवर्धन—[सं॰ अभि + वर्धन] *पुं॰* १. बढ़ाने की क्रिया/भाव। वर्धन। २. विकास। ✣ **अभिवर्धित**—*वि॰* = जिसका अभिवर्धन हुआ हो। वर्धित या विकसित।

अभिवाञ्छा (अभिवांछा)—[सं॰ अभि + वाञ्छा] *स्त्री॰* अभिलाषा। कामना। इच्छा।

अभिवादन—[सं॰ अभि √वद् + णिच् + ल्युट्] *पुं॰* १. (सम्मानपूर्वक) प्रणाम। नमस्कार। २. अपना नाम बताते हुए आदरसहित प्रणाम। नमस्कार।

अभिवाही—[सं॰ अभि + वाही (वाहिन्)] *वि॰* भीतर ले जाने वाला। (प्राणि॰) १. मेरुरज्जु या मस्तिष्क की ओर ले जाने वाली (तन्त्रिकाएँ) २. रक्त को किसी विशेष अंग की ओर ले जाने वाली (वाहिकाएँ)।

अभिविन्यास—[सं॰ अभि + विन्यास] *पुं॰* १. नयी परिस्थिति के अनुकूल बनाने के लिए दी गयी जानकारी। २. कर्मचारियों आदि को प्रशिक्षण द्वारा विभाग/ कार्यालय/प्रतिष्ठान/संस्था की कार्य-व्यवस्था, नियम, नीतियों आदि का अथवा उनमें हुए परिवर्तनों का ज्ञान कराना। (अं॰ ओरिअन्टेशन)

अभिवृत्ति—[सं॰ अभि + वृत्ति] *स्त्री॰* १. किसी व्यक्ति/स्थान/कार्य/संस्था इत्यादि के प्रति अनुकूल या प्रतिकूल प्रतिक्रिया करने की एक सुनिश्चित स्थायी प्रवृत्ति। किसी विषय (व्यक्ति/स्थान इत्यादि) के सम्बन्ध में विशेष क्रिया या भावना की पहले से उपस्थित मनोवृत्ति। २. मनोवृत्ति। रुख। (समाज॰) व्यक्तियों या स्थितियों के प्रति ऐसा झुकाव/रुख जिसमें भावना का रंग चढ़ा हो और जो स्थायी जैसा हो। ✣ **अभिवृत्ति संकेतक**—*पुं॰* (कोश॰) = वाक्य में प्रयुक्त वे पद जो केवल बोलनेवाले की भावना या इच्छा के सूचक होते हैं। ***जैसे***—हा, अरे।

अभिवृद्धि (अभिवृद्धि)—[सं॰ अभि + वृद्धि] *स्त्री॰* १. अति

उन्नति। प्रगति। २. विकास। ३. समृद्धि। ४. सफलता। ५. उन्नति। ६. बाह्य वस्तु के जुड़ने से होनेवाली वृद्धि। ७. नयी जुड़ी हुई वस्तु। ८. (किसी क्षेत्र/प्रदेश का) विस्तार या वृद्धि।

अभिवेचक—[स॰ अभि √विच् + ण्वुल्] *पु॰* (प्रशा॰) वह अधिकारी जिसका काम विद्रोहपूर्ण/अश्लील पुस्तकों, आपत्तिजनक समाचारों या अश्लील छायाचित्रों/फ़िल्मों आदि को दबा देना या उनमें काट-छाँट करना होता है। (अ॰ सेन्सर)

अभिवेचन—[स॰ अभि √विच् + ल्युट्] *पु॰* १. विचारों की आपत्तिजनक अभिव्यक्ति पर सरकारी रोक। २. अभिवेचक का कार्य। (अ॰ सेंसर)

अभिव्यक्त—[स॰ अभि + व्यक्त] *वि॰* १. (कथन/विचार आदि) जो सामने लाया गया हो या सामने आया हो। २. प्रत्यक्ष। प्रकट। (भा॰ दर्शन॰) कार्यरूप को प्राप्त (कारण)।

अभिव्यक्ति—[स॰ अभि + √वि + अञ्ज् + क्तिन्] *स्त्री॰* (विचार/भाव/का) व्यक्त/प्रकट होना। कथन। कारण का कार्यरूप में आना। ✣ **अभिव्यक्तिवाद**—*पु॰* =(काव्य॰) रसनिष्पत्ति/रसानुभूति के विविध मतों में अति मान्य आचार्य अभिनवगुप्त द्वारा प्रतिपादित सिद्धान्त जिसके अनुसार काव्यास्वादन से प्राप्त रस/आनन्द सहृदय (पाठक/दर्शक/श्रोता) की अपनी ही सहज प्रवृत्तियों और भावनाओं की अभिव्यक्ति का आनन्द है।

अभिव्यञ्जक (अभिव्यंजक)—[स॰ अभि + वि √अञ्ज् + ण्वुल्] *वि॰* अभिव्यंजना करनेवाला। (काव्य॰) ध्वनित करनेवाला। भाव आदि का व्यंजक या सूचक।

अभिव्यञ्जन (अभिव्यंजन)—[स॰ अभि + वि √अञ्ज् + ल्युट्] *पु॰* १. शब्दों द्वारा विचारों/भावों की अभिव्यक्ति। २. संकेतों द्वारा विचारों/भावों का प्रकटीकरण। ३. बोलने का ढंग। स्वर। लहजा। ४. बोलने/लिखने की शैली। ✣ **अभिव्यञ्जना (अभिव्यंजना)**—*स्त्री॰* = अभिव्यंजन। ✣ **अभिव्यंजनावाद**—*पु॰* = (पा॰ काव्य॰) इटली के दार्शनिक और सौन्दर्यशास्त्री क्रोचे का कला-सिद्धान्त जिसके अनुसार कलात्मक सृजन, मन में ही पूर्णता पानेवाली, अन्तर्ज्ञान की क्रिया है और बाह्य रूपाकार कलाकृति उस आन्तरिक रचना का पुनर्निर्माण मात्र है, अतः कलाकार नैतिक और सामजिक दायित्व से मुक्त है। (अ॰ एक्सप्रेशनिज़्म)

अभिव्यापक—[स॰ अभि + व्यापक] *वि॰* १. सब ओर व्याप्त। सब ओर या अच्छी तरह फैला हुआ। २. अच्छी तरह प्रचलित। *पु॰* १. परमात्मा। ईश्वर। २. ऐसा आधार जिसके हर अंश में आधेय वर्तमान हो। (जैसे—फूल में सुगन्ध)। (व्या॰) अधिकरण कारक के तीन प्रकारों में से एक। आधेय के सब अवयवों में व्याप्त रहनेवाला आधार। ऐसा आधार जिसका आधेय से व्याप्य-व्यापक सम्बन्ध हो। जैसे—'वृक्ष में परमात्मा है' वाक्य में आधार 'वृक्ष' का आधेय 'परमात्मा' से व्याप्य-व्यापक सम्बन्ध होने के कारण 'वृक्ष' अभिव्यापक आधार है।

अभिव्याप्त—[स॰ अभि + व्याप्त] *वि॰* पूर्णतया या अच्छी तरह व्याप्त।

अभिव्याप्ति—[स॰ अभि + व्याप्ति] *स्त्री॰* सर्वव्यापकता।

अभिशंसित—[स॰ अभि √शंस् + णिच् + क्त] *वि॰* (न्यायालय/पंचायत आदि में) जिसका अपराध/दोष सिद्ध हो गया हो। दोषसिद्ध।

अभिशप्त—[स॰ अभि √शप् + क्त] *वि॰* १. जिसे शाप दिया गया हो। शापित। २. जिस पर मिथ्या आरोप लगाया गया हो। ३. किसी की अनिष्ट-कामना के कारण निरन्तर रहनेवाली विपत्ति से पीड़ित (व्यक्ति)।

अभिशाप—[स॰ अभि + शाप] *पु॰* १. शाप। अहित चिन्तन या अनिष्ट कथन। २. निरन्तर बनी रहनेवाली ऐसी विपत्ति जो किसी पीड़ित व्यक्ति द्वारा की गयी अनिष्ट-कामना के कारण या देवी प्रकोप के कारण हो। ✣ **अभिशापन**—*पु॰* = अभिशाप देने की क्रिया/भाव। ✣ **अभिशापित**—*वि॰* = अभिशप्त।

अभिषद्—[स॰ अभि √सद् + क्विप्] *स्त्री॰* १. किसी वस्तु के उत्पादन या पूर्ति आदि सामान्य उद्देश्यों की प्राप्ति के लिए बनाया गया व्यावसायिक प्रतिष्ठानों/फर्मों का संगठन। व्यावसायिक संघ। *जैसे*—व्यापारिक अभिषद्। २. पुस्तक-प्रकाशकों का व्यावसायिक संगठन। प्रकाशक-संघ। ३. पत्र-पत्रिकाओं को लेख, समाचार, व्यंग्य-चित्र इत्यादि भेजनेवाली संस्था। विविध लेखकों के लेखों को स्वीकार करने तथा एक ही समय पर अनेक पत्र-पत्रिकाओं को प्रकाशनार्थ भेजनेवाली संस्था। ४. विश्वविद्यालय की प्रबन्ध-समिति। (अ॰ सिंडिकेट। [वाणि॰] उन व्यक्तियों, व्यापारिक संगठनों या बैंकों का समूह जो किसी उद्यम को चलाने के लिए इकट्ठे होते हैं। ✣ **अभिषदीय रूपलेख**—*पु॰* = वह विशेष लेख जिसे किसी अभिषद् ने सपारिश्रमिक प्रकाशनार्थ भेजा हो। (अ॰ सिन्डिकेटिड फ़ीचर)

अभिषिक्त—[अभि √सिच् + क्त] *वि॰* १. जिसका अभिषेक हुआ हो। २. सींचा हुआ। सिंचा हुआ। सिंचित। ३. भीगा हुआ। तर। ४. राजतिलक किया हुआ। ५. सिंहासन पर बैठा हुआ या बैठाया गया।

अभिषेक—[अभि √सिच् + घञ्] *पु॰* १. पानी का छिड़काव। जल से सिंचाई। २. ऊपर से जल डालकर किया जानेवाला स्नान। ३. (यज्ञ या पूजन आदि में) पत्र पढ़कर जल छिड़कना (जिससे बाधा-शान्ति और मंगल हो)। ४. मन्त्रों के साथ जल छिड़ककर किया जाने वाला राजतिलक। ५. शिवलिंग के ऊपर छेदवाले घड़े से बूँद-बूँद जल का गिरना।

अभिषेचन—[स॰ अभि √सिच् + ल्युट्] *पु॰* १. छिड़काव। २. राज्याभिषेक।

अभिष्यन्द (अभिष्यंद)—[स॰ अभि √स्यन्द् + घञ्] *पु॰* १. बहने की क्रिया या भाव। स्राव। २. नेत्रों का एक रोग। आँख दुखने का रोग।

अभिसङ्ग (अभिसंग)—[स॰ अभि + सङ्ग] *पु॰* (जैन॰) १. आसक्ति। २. (आत्मविकास की दृष्टि से) दोषपूर्ण कामों में अनुराग या आसक्ति।

अभिसन्धि (अभिसंधि)—[सं॰ अभि + सन्धि] *स्त्री॰* अनेक व्यक्तियों द्वारा आपसी परामर्श से रचा जानेवाला कुचक्र। षड्यन्त्र। दुरभिसन्धि।

अभिसन्धिता (अभिसंधिता)—[सं॰ अभिसंधि + णिच् + क्त् +टाप्] *स्त्री॰* (काव्य॰) नायिका का एक भेद। ऐसी नायिका जो विनय और क्रोध करने पर भी प्रसन्न न हो और अन्तत: उसका प्रिय रुष्ट होकर चला जाए। कलहकारिणी नायिका। कलहान्तरिता नायिका।

अभिसमय—[सं॰ अभि + समय] *पुं॰* १. (राष्ट्रों/राज्यों/दलों का) समझौता या इक़रारनामा। २. कोई प्राचीन प्रथा/परिपाटी/ परम्परा जो अलिखित होते हुए भी संविधान/क़ानून की तरह मान्य हो। (अं॰ कन्वेन्शन)

अभिसरण—[सं॰ अभि √सृ + ल्युट्] *पुं॰* १. समीप जाना। २. किसी स्थान/बिन्दु की ओर जाना। ३. (अनेक किरणों आदि का) एक बिन्दु पर जाकर मिलना। (काव्य॰) नायक अपनी प्रिया या नायिका का अपने प्रिय से मिलने के लिए संकेत-स्थल पर जाना। (मनो॰) किसी वस्तु या स्थिति के पास पहुँचने या उसे स्वीकार करने की प्रवृत्ति।

अभिसरना—[< सं॰ अभिसरण] *क्रिअ॰* १. किसी स्थान/बिन्दु की ओर बढ़ना/चलना। २. (अनेक किरणों आदि का) एक बिन्दु पर जाकर मिलना। (काव्य॰) नायक/नायिका का अभिसार करना। प्रेमी-प्रेमिका का परस्पर मिलने के लिए संकेत-स्थल पर जाना।

अभिसर्ग—[सं॰ अभि √सृज् + घञ्] *पुं॰* १. रचना। निर्माण। २. संसार की रचना। सृष्टि।

अभिसाक्ष्य—[सं॰ अभि + साक्ष्य] *पुं॰* साक्ष्य। गवाही। (विधि॰) शपथपूर्वक बयान देना।

अभिसार—[सं॰ अभि √सृ + घञ्] *पुं॰* १. प्रेमी-प्रेमिका का मिलने के लिए (संकेत-स्थान पर) गमन। २. प्रेमी-प्रेमिका का संकेत-स्थान या संकेत-समय। ३. मेल-मिलाप।

अभिसारक—[सं॰ अभि √सृ + ण्वुल्] *वि॰* प्रिया से एकान्त में मिलने के लिए जानेवाला। *पुं॰* (काव्य॰) १.नायक। २. प्रेमी व्यक्ति।

***अभिसारना**—[< हिं॰ अभिसरना] *क्रिअ॰* १. अभिसार करना। २. विचरण करना।

अभिसारिका—[सं॰ अभिसारक + टाप्, इत्व] *स्त्री॰* प्रिय से एकान्त में मिलने के लिए जानेवाली स्त्री। (काव्य॰) नायिका का एक भेद। अभिसार के लिए जानेवाली नायिका या अभिसार के लिए नायक को संकेत-स्थल पर बुलानेवाली नायिका।

अभिसारिणी—[सं॰ अभिसारिन् + ङीप्] *वि॰ (स्त्री॰)* १. अभिसार के लिए जानेवाली। २. बहुत वेग से बाहर निकलनेवाली। *स्त्री॰* (काव्य॰) अभिसारिका।

अभिसारी—[सं॰ अभिसारिन्] *वि॰* १. अभिसार के लिए जानेवाला। २. बहुत वेग से बाहर निकलनेवाला। ३. किसी एक बिन्दु/स्थान की ओर बढ़नेवाला। ***जैसे***—अभिसारी किरणें। (अं॰ कन्वर्जेन्ट)

✣ **अभिसारी श्रेढी/श्रेणी**—*स्त्री॰* = (गणित॰) = ऐसी अनन्त श्रेढी/श्रेणी जिसके पदों का योगफल सीमित हो, अनन्त नहीं। (अं॰ कन्वर्जेन्ट सीरीज़)

अभिसिञ्चित (अभिसिंचित)—[सं॰ अभि + सिञ्चित्] *वि॰* १. जिसे सींचा गया हो। सिंचित। २. भीगा। तर।

अभिहत—[सं॰ अभि √हन् + क्त] *वि॰* १. मारा-पीटा हुआ। २. घायल किया हुआ। आहत। ३. (प्राचीन अंकगणित में) गुणा किया हुआ। गुणित। ✣ **अभिहति**—*स्त्री॰* = १. पिटाई। मार-पीट। २. प्राचीन गणित में गुणन-क्रिया या गुणनफल।

अभिहित—[सं॰ अभि √धा + क्त] *वि॰* १. कहा गया। कथित। २. उल्लिखित। वर्णित। ३. (किसी विशेष नाम से) पुकारा गया या सम्बोधित। ✣ **अभिहित सङ्ख्या (संख्या)**—*स्त्री॰* = (गणित॰) कोई संख्या जो माप की किसी इकाई के साथ प्रयुक्त हो। (अं॰ डिनॉमिनेट नम्बर)

अभिहितान्वयवाद—[सं॰ अभिहित ~ अन्वय ~ वाद] *पुं॰* (मा॰ दर्शन॰) वाक्यार्थ के ज्ञान के सम्बन्ध में मीमांसक कुमारिल भट्ट का मत जिसके अनुसार पहले अभिधा शक्ति द्वारा पदों से उनके अर्थों का ज्ञान होता है और फिर (वक्ता के तात्पर्य के अनुसार अर्थात्) तात्पर्य शक्ति से उन पदार्थों (पदों के अर्थों) का परस्पर अन्वय/सम्बन्ध होता है। ● **विशेष**—मीमांसक प्रभाकर के अनुसार यह मत मिथ्या है और '**अन्विताभिधानवाद**' ही सही है। ✣ **अभिहितान्वयवादी**—*वि॰, पुं॰* अभिहितान्वयवाद का समर्थक।

अभी[१]—[< हिं॰ अब + ही] *क्रिवि॰* १. इस समय ही। इसी समय। तुरन्त। ***जैसे***—अभी चलो। २. इस समय। ***जैसे***—अभी तो पाँच बजे हैं। ३. आज-कल। इन दिनों। ***जैसे***—अभी चुनाव की हलचल है। ४. (बीते समय के विषय में) उस समय। ***जैसे***—अभी वह बच्चा ही था कि उसके पिता मर गए। ५. (भविष्य में) इस समय से लेकर। ***जैसे***—अभी एक घंटे में वह आएगा। ६. (भविष्य की बात के लिए ज़ोर देकर कहने के उद्देश्य से) जल्दी ही। ***जैसे***—अभी चैत्र में रामनवमी होगी।

अभी[२]—[सं॰ अ + भी] *वि॰* जिसे भय न हो। निर्भय। निडर।

अभीत—[सं॰ अ + भीत] *वि॰* जो भयभीत या डरा हुआ न हो। निर्भय। निडर।

अभीति—[सं॰ अ + भीति] *स्त्री॰* भय का अभाव। अभय। निर्भयता। निर्भीकता।

अभीप्सक—[अभि √अप् + सन् + ण्वुल्] *वि॰* अभीप्सा करनेवाला। इच्छुक ।

अभीप्सा—[सं॰ अभि √आप् + सन् + टाप्, ईत्व] *स्त्री॰* १. प्रबल इच्छा। अभिलाषा। २. महत्त्वाकांक्षा। ✣ **अभीप्सित**—*वि॰* = तीव्रता से चाहा हुआ। अभिलषित। ✣ **अभीप्सु**—अभिलाषा करनेवाला। अभिलाषी।

अभीर—[सं॰ अभि √ईर् + अच्] *पुं॰* अहीर। ग्वाला। (छन्द॰)

एक सममात्रिक छन्द जिसके प्रत्येक चरण में ११ मात्राएँ होती हैं, अन्त में जगण होता है। अहीर छन्द। ✣ **अभीरी**— *वि॰* = अभीर या अभीरों का। अभीर-सम्बन्धी। *स्त्री॰* = अभीरों/अहीरों की बोली।

अभीरु—[सं॰ + भीरु] *वि॰* जो कायर न हो। निर्भय। निडर।

अभीष्ट—[सं॰ अभि + इष्ट] *वि॰* १. विशेष रूप से चाहा हुआ। वांछित। अभिलषित। २. प्रिय। ***जैसे***—मुझे अपने सुख के लिए सब कुछ करना अभीष्ट है।—प्रसाद (राज्यश्री, ३/१) ३. आशय के अनुकूल। अभिप्रेत। *पु॰* १. अभिलषित वस्तु/व्यक्ति आदि। २. मनोकामना। मनोरथ। ✣ **अभीष्ट तृतीया**— *स्त्री॰* = मार्गशीर्ष शुक्ल तृतीया। ✣ **अभीष्टवर्षी**— *वि॰* १. मनचाही वस्तु देनेवाला। २. इच्छित मात्रा में वर्षा करनेवाला। ✣ **अभीष्ट-सिद्धि (सिद्धि)**— *स्त्री॰* मन-चाही बात पूरी होना। इष्ट-प्राप्ति।

अभुक्त—[सं॰ अ + भुक्त] *वि॰* १. जो खाया नहीं गया है। २. जो भोगा नहीं गया है। ***उदा॰*** अभुक्त प्रेम की जीवित प्रतिमाएँ हैं।—दिनकर (उर्वशी, प्रथम अंक)

अभुक्तपूर्व—[सं॰ अभुक्त + पूर्व] *वि॰* जिसका पहले किसी के द्वारा कभी भोग, उपयोग या प्रयोग न हुआ हो।

अभुक्त मूल—[सं॰] *पु॰* (ज्योतिष॰) 'ज्येष्ठा' नक्षत्र की अन्तिम २ घटी और 'मूल' नक्षत्र की आरम्भिक २ घटी का समय।

अभुज—[सं॰ अ + भुजा] *वि॰* जिसकी भुजाएँ न हों। भुजा-रहित।

अभू—[सं॰ अ √भू + क्विप्] *वि॰* १. जो कभी उत्पन्न न हुआ हो। अनादि। *पु॰* विष्णु।

***अभूखन**— *पु॰* ≤ *सं॰* आभूषण। गहना। ज़ेवर।

अभूत—[सं॰ अ √भू + क्त] *वि॰* १. जो अस्तित्व में न आया हो। २. जो घटित न हुआ हो। जो न हुआ हो। अघटित। ३. अविद्यमान। ४. मिथ्या। ५. अपूर्व। असाधारण। अनोखा।

अभूतपूर्व—[सं॰ अ + भूतपूर्व] *वि॰* १. जो या जिसके समान पहले कभी न हुआ हो। अपूर्व। अद्वितीय। बेजोड़। ***जैसे***—अभूतपूर्व वीरता। २. अद्भुत। अनोखा।

अभूतार्थ—[सं॰ अभूत ~ अर्थ] *पु॰* वह जिसके विषय का अस्तित्व ही न हो। ***जैसे***—ख़रगोश के सींग; बाँझ का पुत्र। (जैन॰) असत्य वस्तु (जैसे—सभी संयोगी पदार्थ)

अभूमि—[सं॰ अ + भूमि] *स्त्री॰* १. भूमि से भिन्न पदार्थ। ज़मीन के अतिरिक्त अन्य कोई पदार्थ। २. अनुपयुक्त स्थान। ३. भूमि या स्थान का अभाव।

***अभूषन**— *पु॰* ≤ *सं॰* आभूषण। गहना। ज़ेवर।

अभूषित—[सं॰ अ + भूषित] *वि॰* १. जो भूषित (सजाया हुआ) न हो। अनलंकृत। २. जिसके पास अलंकार न हों। अलंकारहीन। आभूषण-रहित।

अभेद—[सं॰ अ + भेद] *वि॰* १. जो विभक्त न हो। अविभक्त। २. एक-सा। समान। ३. जिसे भेदा न जा सके। ४. अभिन्न। एकरूप। *पु॰* भेद/अन्तर का अभाव। अभिन्नता। २. समानता। एकरूपता। ✣ **अभेदरूपक**— *पु॰* (काव्य॰) = 'रूपक' अलंकार का एक भेद जिसका लक्षण उपमेय में उपमान का अभेद आरोप है (जैसे—'अम्बर पनघट में डुबो रही ताराघट ऊषा नागरी' में 'अम्बर', 'तारा' और 'ऊषा' में क्रमशः 'पनघट,' 'घट' और 'नागरी' का अभेद कथन होने से यहाँ अभेदरूपक के तीन उदाहरण हैं)।

अभेदनीय—[सं॰ अ + भेदनीय] *वि॰* १. जिसका भेदन/छेदन/वेधन न हो सके। जिसे काटा/तोड़ा/छेदा न जा सके। अभेद्य। ***जैसे***—अभेदनीय दुर्ग; अभेदनीय पत्थर। २. अति कठोर वस्तु। ३. (रहस्य) जिसका पता न चल सके। अत्यन्त गुप्त (रहस्य/भेद)।

अभेदवाद—[सं॰ अभेद ~ वाद)] *पु॰* अभेद/अभिन्नता का सिद्धान्त/मत। अद्वैतवाद।

अभेदवादी—[सं॰ अभेद ~ वादी (वादिन्)] *वि॰, पु॰* जो परमात्मा, जीवात्मा और प्रकृति में कोई भेद न मानता हो। अद्वैतवादी। ***जैसे***—अभेदवादी शंकराचार्य।

अभेरा—[देशज] *पु॰* १. आघात। धक्का। २. टक्कर। मुठभेड़। भिड़न्त।

***अभेव**—[< सं॰ अभेद] *वि॰* १. भेद-रहित। अभिन्न। २. एक। *पु॰* १. अभिन्नता। अभेद। २. एकता।

***अभै**— *वि॰* ≤ *सं॰* अभय। भय-रहित। निर्भय।

अभोक्ता—[सं॰ अ + भोक्ता (भोक्तृ)] *वि॰* उपभोग न करनेवाला। जो उपयोग न करे।

अभोग[1]—[सं॰ अ + भोग] *वि॰* जिसे न भोगा गया हो। जो प्रयोग या व्यवहार में न लाया गया हो।

अभोगी—[सं॰ अ + भोजी (भोजिन्)] *वि॰* १. उपयोग या उपभोग न करनेवाला। २. सांसारिक वस्तुओं (वैभव आदि) का भोग न करनेवाला। ३. सांसारिक सुखों के प्रति उदासीन। वैराग्ययुक्त। विरक्त।

अभौतिक—[सं॰ अ + भौतिक] *वि॰* जो भौतिक न हो। ∇ **विलोम**—भौतिक।

अभौम—[सं॰ अ + भौम] *वि॰* जो भूमि से उत्पन्न न हो। अपार्थिव।

अभ्यंश—[सं॰ अभि + अंश] *पु॰* (देने/लेने के लिए) नियत अंश मात्रा/भाग। (अं॰ क्वोटा)

अभ्यक्त—[सं॰ अभि √अञ्ज् + क्त] *वि॰* १. जो पोता या लेपा गया हो। २. जिसमें/तेल या उबटन लगाया गया हो। ३. सज़ा हुआ। सुसज्जित। अलंकृत।

अभ्यङ्ग (अभ्यंग)—[सं॰ अभि + अङ्ग] *पु॰* १. पोतना या लेपना। २. शरीर की तेल-मालिश या उबटन।

अभ्यर्चन—[सं॰ अभि + अर्चन] *पु॰* १. पूजन। २. सम्मान। ३. शृंगार। सजावट। ✣ **अभ्यर्चना/अभ्यर्चा**— *स्त्री॰* = अभ्यर्चन।

अभ्यर्थन—[सं॰ अभि √ अर्थ् + ल्युट्] *पु॰* अभ्यर्थना।

अभ्यर्थना—[सं॰ अभि √ अर्थ् + युच् + टाप्] *स्त्री॰* १. विनय। विनती। २. सम्मान के लिए आगे बढ़कर स्वागत करना। अगवानी। ३. प्रार्थना-पत्र। ✣ **अभ्यर्थनीय**— *वि॰* = १. जो अभ्यर्थना का

अधिकारी हो। २. स्वागत किए जाने योग्य। ✣ **अभ्यर्थित**— *वि॰* = १. (व्यक्ति) जिसकी अभ्यर्थना की गयी हो। २. (वस्तु) जिसके लिए अभ्यर्थना की गयी हो। ✣ **अभ्यर्थिता**— *स्त्री॰* = अभ्यर्थी/प्रत्याशी/ उम्मीदवार होने की क्रिया/भाव। प्रत्याशिता।

अभ्यर्थी—[स॰ अभ्यर्थिन् (अभि + अर्थिन्)] *पु॰* १. नौकरी/पद के लिए आवेदन करनेवाला। प्रार्थी। उम्मीदवार। २. किसी चुनाव का उम्मीदवार। प्रत्याशी। (अ॰ कैंडिडेट)

अभ्यर्दन—[स॰ अभि √अर्द् + णिच् + ल्युट्] *पु॰* कष्ट देना। सताना। उत्पीड़न।

अभ्यर्पक—[स॰ अभि + अर्पक] *वि॰* अभ्यर्पण करनेवाला।

अभ्यर्पण—[स॰ अभि + अर्पण] *पु॰* १. समर्पण। २. (किले का) शत्रु को समर्पण। ३. (बीमा-कम्पनी को पॉलिसी (अ॰) के धारक द्वारा) पॉलिसी बन्द करने के अनुरोध के साथ उसे वापस करना। (अ॰) ४. क़ानूनी तौर पर सौंपना। हस्तान्तरण (अ॰ ऐसिगनेशन) ✣ **अभ्यर्पण मूल्य**— *पु॰* = (वाणि॰) बीमा-पालिसी की परिपक्वता तिथि से पहले ही बीमादार द्वारा उसे बन्द करने के अनुरोध पर बीमा कम्पनी द्वारा देय नक़द राशि। (अ॰ सरेंडर वेल्यु।) ✣ **अभ्यर्पित**— *वि॰* = जिसका अभ्यर्पण हुआ हो। (अधिकार आदि) जो किसी को सौंप दिया गया हो। ✣ **अभ्यर्पिती**— *पु॰* = वह व्यक्ति जिसे अभ्यर्पण किया गया हो।

अभ्यसन—[स॰ अभि √अस् + ल्युट्] *पु॰* १. अभ्यास करना। २. पुनरावृत्ति। दुहराना। ३. निरन्तर अध्ययन। अनुशीलन।

अभ्यस्त—[स॰ अभि √अस् + क्त] *वि॰* १. (व्यक्ति) जिसने किसी काम/विषय का उत्तम अभ्यास किया हो। ***जैसे***—कुश्ती का अभ्यस्त। २. (विषय) जिसका अच्छी तरह अभ्यास किया गया हो। ***जैसे***—व्याकरण तुम्हारा अभ्यस्त विषय है। ३. विशेष आदतवाला। आदी। ***जैसे***—गालियाँ देने का अभ्यस्त। ✣ **अभ्यस्त अपराधी**— *पु॰* = वह व्यक्ति जो स्वभाववश बार-बार अपराध करता हो।

अभ्याख्यान—[स॰ अभि + आख्यान] *पु॰* दोष का मिथ्या आरोपण। झूठा अभियोग। इलज़ाम।

अभ्यागत—[स॰ अभि + आगत] *वि॰* १. सामने आया हुआ। २. घर आया हुआ। अतिथि बना हुआ। *पु॰* अतिथि। मेहमान।

अभ्यागम—[स॰ अभि + आगम] *पु॰* १. समीप आना या समीप जाना। २. आगमन। ३. भेंट। मुलाक़ात।

अभ्यागमन—[स॰ अभि + आगमन] *पु॰* १. समीप आना। २. आगमन। ३. भेंट। मुलाक़ात।

अभ्याघात—[स॰ अभि + आघात] *पु॰* १. आक्रमण। हमला। २. बाधा। विघ्न। अवरोध। रुकावट।

अभ्यावेदन—[स॰ अभि + आवेदन] *पु॰* १. आवेदन-पत्र। प्रार्थना-पत्र। याचिका २. प्रतिवेदन।

अभ्यास—[स॰ अभि √अस् + घञ्] *पु॰* १. किसी काम को बार-बार करने की क्रिया। २. दक्षता-प्राप्ति के लिए बार-बार एक ही क्रिया करते रहना। ३. स्वभाव। आदत। बान। ४. (सदाचार/सद्गुण/योग आदि की) प्रयत्नपूर्वक साधना। ५. किसी कार्य की प्रस्तुति से पहले की जाने वाली उसकी आवृत्ति। ***जैसे***—नाटक के सभी अभिनेता अभ्यास में लगे हुए हैं। ६. व्यायाम। कसरत। ***जैसे***—मुग्दर का अभ्यास। ∇ **विलोम**—अनभ्यास। ✣ **अभ्यास-पुस्तक**— *पु॰* = विद्यार्थियों की किसी विषय की पाठ्य पुस्तकों और सहायक पुस्तकों से सम्बन्धित निर्देशन की पुस्तक जिसमें पाठों से सम्बन्धित प्रश्न दिए होते हैं और उनके उत्तर लिखने के लिए हर प्रश्न के साथ ही रिक्त स्थान रखा गया होता है। (अ॰ वर्क-बुक) ✣ **अभ्यास-पुस्तिका**— *स्त्री॰* = १. अभ्यास-पुस्तक। २. लिखने की कापी।

अभ्यासवशात्—[स॰ अभ्यास ~ वशात्] *क्रिवि॰* अभ्यास हो जाने के कारण। आदत पड़ जाने के कारण। आदतन।

अभ्यासी—[स॰ अभ्यासिन्] *वि॰* १. लगातार अभ्यास करनेवाला। २. (किसी काम में) दक्ष। निपुण। ३. साधना करनेवाला। साधक।

अभ्युक्ति—[स॰ अभि + उक्ति] *स्त्री॰* कथन। उक्ति। (तर्क॰) सिद्धान्त-वाक्य या सूत्र।

अभ्युत्थान—[स॰ अभि + उत्थान] *पु॰* १. किसी का सम्मान करने के लिए आसन छोड़कर उठ खड़ा होना। ***जैसे***—राजा ने अभ्युत्थान से साधुओं का सम्मान किया। २. (नक्षत्र/भाग्य आदि का) का उदय। ३. पदोन्नति। ४. उन्नति। समृद्धि। ✣ **अभ्युत्थायी**— *वि॰* = १. जिसने अभ्युत्थान किया हो। २. जिसका अभ्युत्थान हुआ हो। ३. उदित। ***जैसे***—अभ्युत्थायी चन्द्रमा। ✣ **अभ्युत्थेय**— *वि॰* = १. जो अभ्युत्थान का पात्र हो। जिसके आदर के लिए उठकर खड़ा होना उचित हो। २. जिसका अभ्युत्थान (पदोन्नति/उन्नति/समृद्धि) होने वाला हो या होना उचित हो।

अभ्युदय—[स॰ अभि + उदय] *पु॰* १. ऊपर की ओर उठना या चढ़ना। २. उन्नति। ३. सुख आदि की वृद्धि। ४. (सूर्य, चन्द्र आदि) किसी ग्रह या नक्षत्र आदि का उदय। ५. उत्पत्ति। प्रादुर्भाव। ६. आरम्भ।

अभ्युदित—[स॰ अभि + उदित] *वि॰* १. जिसका उदय हुआ हो। उगा हुआ। निकला हुआ। २. उत्पन्न। ३. उन्नत। ४. समृद्ध। ऐश्वर्यशाली।

अभ्युपगम—[स॰ अभि + उपगम] *पु॰* किसी अपरीक्षित बात को विचारार्थ थोड़ी देर के लिए मान लेना। मानी हुई बात या धारण। (दर्शन॰) अस्थायी रूप से मान लिया गया कोई नियम जो सिद्ध न किया गया हो। ऐसी स्थापना या नियम जिसकी सत्यता को वैज्ञानिक या शास्त्रीय अध्ययन में बिना प्रमाणित किए ही स्वीकार कर लिया जाता है। (अ॰ पोस्ट्युलेट)

अभ्र—[स॰ √अभ्र् + अच्] *पु॰* १. मेघ। बादल। २. आकाश। ३. अभ्रक।

अभ्रक—[स॰ अभ्र + कन्] *पु॰* एक सफ़ेद और चमकीली धातु। अबरक।

अभ्रगङ्गा (अभ्रगंगा)—[स० अभ्र ~ गङ्गा] *स्त्री०* आकाशगंगा।

अभ्रङ्कष (अभ्रंकष)—[स० अभ्र √कष् + खच्, मुम्→आगम] *वि०* १. बादलों या आकाश को छूने वाला। २. बहुत ऊँचा। ***जैसे***—अभ्रंकष हिमालय।

अभ्रपुष्प—[स० अभ्र ~ पुष्प] *पु०* असम्भव बात। अनहोनी बात। आकाश-कुसुम।

अभ्रभेदी—[स० अभ्र ~ भेदी (भेदिन्)] *वि०* इतना ऊँचा कि मानो आकाश को भेद रहा हो। बहुत ऊँचा। ***जैसे***—अभ्रभेदी भवन।

अभ्रम—[स० अ + भ्रम] *वि०* जिसे भ्रम न हो। भ्रमरहित। *पु०* भ्रम का अभाव। भ्रमरहितता।

अभ्रीय—[< स० अभ्र] *वि०* १. बादल/बादलों से सम्बन्धित। बादलों का। २. बादलों में होनेवाला।

***अमग्ग**—[< स० अमार्ग] *पु०* बुरा रास्ता। कुमार्ग।

***अमड़ना**—[< स० अमर] *क्रिअ०* १. अमर हो जाना। २. प्रतिष्ठित/स्थापित हो जाना।

अमड़ा—[< स० आम्रातक] *पु०* १. एक वृक्ष जिसके फल छोटे और खट्टे होते हैं तथा चटनी और अचार बनाने के काम आते हैं। अमोरी। २. उक्त वृक्ष का फल।

अमण्ड (अमंड)—[स० अ + मण्ड] *वि०* १. जिसका मंडन न हुआ हो। बिना सजावट/आभूषण का। असज्जित। अनलंकृत। २. बिना माँड़ वाला। ***जैसे***—अमंड भात।

अमत—[स० अ + मत] *वि०* १. असम्मत। अस्वीकृत। अमान्य। २. नापसन्द। *पु०* १. असहमति। २. मत का अभाव। मतहीनता। मतरहितता।

अमतदाता—[स० अ + मतदाता] *पु०* १. अपना मत (विचार या वोट) न देनेवाला व्यक्ति। २. व्यक्ति जिसे मत (अ० वोट) देने का अधिकार न हो।

अमतदेय/अमताधीन—[स० अ + मत देय/मताधीन] *वि०* जिसका निर्णय मतदान से न होता हो। जो मताधीन न हो। ***जैसे***—अमतदेय व्यय। (अ० नॉन-वोटेबल)

अमति—[स० अ + मति] *स्त्री०* १. बुद्धि या ज्ञान का अभाव। अज्ञान। २ ज्ञान/संकल्प/दूरदर्शिता का अभाव। २. असहमति। ✣ **अमतिपूर्ण**—*वि०* = १. जिसमें सत्य और असत्य का अन्तर करने का विवेक न हो। २. अनिच्छा से किया गया हो। अनिच्छाकृत। ३. जो अभिप्रेत न हो। अनभिप्रेत।

अमत्त—[स० अ + मत्त] *वि०* १. जो मत्त न हो। जो नशे में न हो। २. जिसे धन आदि का मद/घमंड न हो। ३. सावधान। ४. विचारशील।

अमद—[स० अ + मद] *वि०* १. जिसे नशा न हो। मदरहित २. जिसे अभिमान/घमंड न हो। निरभिमान। ३. विचारशील। ४. गम्भीर।

अमन[१]—[स० अ + मन] *वि०* जिसका मन किसी काम में न लग रहा हो। अन्यमनस्क। अनमना।

अमन[२]—[अरबी] *पु०* सुख और शान्ति। २. आराम और चैन।

अमन-अमान—[अरबी] *पु०* १. सुख-शान्ति (राज्य या देश की) ऐसी उत्तम व्यवस्था जिसमें शान्ति और सुरक्षा का अनुभव हो।

अमन-चैन—[अरबी अमन + हि० चैन] *पु०* १. शान्ति और सुख। २. निश्चिन्ततापूर्ण सुख।

अमनपसन्द (अमनपसंद)—[अरबी अमन + फा० पसन्द] *वि०* शान्तिप्रिय। ✣ **अमनपसन्दगी (अमनपसंदगी)**—*स्त्री०* = शान्तिप्रियता।

अमनस्क—[स० अ + मनस्क] *वि०* १. उदासीन। २. अन्यमनस्क। अनमना। उदास।

अमना—[स० अमनस्] *वि०* १. बिना मन का। इच्छारहित। २. मन पर नियन्त्रण-रहित। ३.अन्यमनस्क। अनमना। ४. उदास। ५. असावधान। लापरवाह।

अमनुष्य—[स० अ + मनुष्य] *पु०* मनुष्य से भिन्न (देव, गन्धर्व आदि)। *वि०* जो मनुष्य के लिए उचित न हो। अमानवीय। अमानुषिक। ✣ **अमनुष्यता**—*स्त्री०* = १. मनुष्यता का अभाव। अमानवता। २. अमानवीयता।

अमनैक[१]—[< स० आम्नायिक] *पु०* १. नायक। २. (किसी काम/बात का) अधिकारी पात्र। ३. साहसी।

***अमनैक[२]**—[< स० मन (मनस्)] *वि०* १. मनमानापन करनेवाला। स्वच्छन्द। *वि०* २. धृष्ट। ढीठ। ✣ **अमनैकी**—*स्त्री०* = १. स्वच्छन्दता। २. मनमानी।

अमनोज्ञ—[स० अ + मनोज्ञ] *वि०* अप्रिय।

अमन्त्र/अमन्त्रक (अमंत्र/अमंत्रक)—[स० अ + मन्त्र, अ + मन्त्र + कप्] *वि०* १. वैदिक मन्त्रों से रहित। २. वह धार्मिक अनुष्ठान जिसमें वैदिक मन्त्रों का पाठ आवश्यक न हो। ३. वेद पढ़ने का अनधिकारी।

अमन्द (अमंद)—[स० अ + मन्द] *वि०* १. जो मन्द न हो। २. जो धीमा/सुस्त न हो। तीव्र। तेज़। ***जैसे***—नदी का अमन्द प्रवाह; तलवार की अमन्द धार। ३. क्रियाशील। ४. प्रतिभाशाली। ५. जो कम/थोड़ा न हो। अधिक या अत्यधिक। बहुत या बहुत ज्यादा। ६. परिश्रमी। उद्योगी। प्रयत्नशील। ७. कुशल। चतुर। ८. उत्तम श्रेष्ठ या सुन्दर। **अमम**—[स० अ + मम] *वि०* = १. मोह से रहित। ममतारहित। २. जिसमें स्वार्थ न हो। ३. जिसमें सांसारिक वस्तुओं का अनुराग न हो। आसक्ति से रहित। अनासक्त। निर्लिप्त। ✣ **अममता**—*स्त्री०* =१. मोह या ममता का अभाव। २. स्वार्थहीनता। ३. अनासक्ति।

अमर—[स० अ + मर (√मृ + अच्)] *वि०* १. कभी न मरनेवाला। सदा जीवित रहनेवाला। शाश्वत। २. जिसका कभी क्षय/नाश न हो। अविनाशी। चिरस्थायी। *पु०* १. देवता। २. पारद। पारा। सुवर्ण। सोना। ४. (पद्य आदि में) ३३ की संख्या। ✣ **अमरता**—*स्त्री०*= अमर होने की अवस्था/भाव। न मरना अथवा कभी नष्ट न होना। शाश्वतता। अविनाशित्व।

***अमरख**—पु॰≤ स॰ अमर्ष। क्रोध।

अमर-तटिनी—[स॰] स्त्री॰ १. आकाशगंगा। २. गंगा (नदी)।

अमर-तरु—[स॰] पु॰ कल्पवृक्ष।

अमर-धाम—[स॰] पु॰ देव-लोक। स्वर्ग।

अमरनाथ/अमरपति—[स॰ अमर ~ नाथ/पति] पु॰ १. देवताओं का स्वामी। २. इन्द्र। ३. शिव। महादेव।

अमर-पुर—[स॰] पु॰ देवताओं की राजधानी। अमरावती। ✣ **अमरपुरी**—स्त्री॰ = अमरपुर।

अमरपुष्प—[स॰ अमर ~ पुष्प] पु॰ १. कल्पवृक्ष। २. केतकी।

अमरबेल—[स॰ अमर + हि॰ बेल] स्त्री॰ १. बबूल आदि वृक्षों पर फैलनेवाली बिना जड़ की एक प्रकार की पीली लता जो परजीवी होती है और अपने आश्रयदाता वृक्षों को सुखा देती है। आकाशबेल। २. (लाक्षणिक) दूसरे का भाग हड़प कर स्वयं समृद्ध होनेवाला व्यक्ति या वस्तु। परजीवी।

***अमरभनित**—[< स॰ अमर ~ भणिति] स्त्री॰ देववाणी। संस्कृत भाषा।

अमर-राज—[स॰] पु॰ देवताओं का राजा। इन्द्र।

अमर-वर—[स॰] पु॰ देवताओं में श्रेष्ठ। इन्द्र।

अमर-वल्ली—[स॰] स्त्री॰ अमरबेल।

अमर-वारुणी—[स॰] स्त्री॰ दिव्य मदिरा। (हठयोग॰) ब्रह्मरन्ध्र के सहस्रदलकमल के मूल में, त्रिकोणचक्र में स्थित चन्द्रमा से, झरनेवाला अमृत।

अमरस—[हि॰ आम + स॰ रस] पु॰ १. पकी अमिया का निचोड़ा हुआ रस। पना। २. अमावट। ✣ **अमरसी**—वि॰ = आम के रंग का। हल्का पीला। पु॰ = हल्का पीला रंग।

अमरा—[स॰ अमर + टाप्] स्त्री॰ १. अमरावती पुरी। इन्द्रपुरी। २. नवजात शिशु का नाभि-नाल। ३. गर्भस्थ शिशु की झिल्ली। जरायु। ४. गर्भाशय।

अमराई—[< स॰ आम्रराजि] पु॰ वह स्थान जहाँ आम के अनेक वृक्ष हों। आमों का बाग़।

अमराचार्य—[स॰ अमर ~ आचार्य] पु॰ देवों का गुरु। बृहस्पति।

अमराद्रि—[स॰ अमर ~ अद्रि] पु॰ देवों का पर्वत। सुमेरु।

अमराधिप—[स॰ अमर ~ अधिप] पु॰ देवों का राजा। देवराज। इन्द्र।

अमराना—[< स॰ अमर] क्रिस॰ १. अमर बनाना।

***अमरापगा**—[स॰ अमर ~ आपगा] स्त्री॰ १. स्वर्ग की नदी। आकाशगंगा २. गंगा (नदी)।

अमरारि—[स॰ अमर ~ अरि] पु॰ १. देवताओं का शत्रु। २. असुर, दैत्य या राक्षस।

अमरालय—[स॰ अमर ~ आलय] पु॰ १. देवताओं का स्थान। इन्द्रलोक। स्वर्ग।

अमराव—[< स॰ आम्रराजि] पु॰ आमों का बग़ीचा। अमराई।

अमरावती—[स॰ अमर + मतुप् + ङीप्] स्त्री॰ देवताओं की नगरी। इन्द्रपुरी।

अमरी—[स॰ अमर + ङीष्] स्त्री॰ देव-पत्नी। देवी।

अमरेश/अमरेश्वर—[स॰ अमर ~ ईश/ईश्वर] पु॰ देवताओं का राजा। देवराज। इन्द्र।

अमरौती—[< स॰ अमर] स्त्री॰ १. एक कल्पित फल जिसे खानेवाला व्यक्ति अमर हो जाता है और जिसका उल्लेख कहानियों आदि में मिलता है। *जैसे*— सभी को मरना है, अमरौती खाकर कोई नहीं आया है। २. अमरत्व। अमरता।

अमरोली/अमरौली—[< स॰ अमर] स्त्री॰ (हठयोग॰) वज्रोली से भिन्न एक क्रिया। अमरी।

अमर्त्य—[स॰ अ ~ मर्त्य] वि॰ १. न मरनेवाला। अमर। २. दिव्य। स्वर्गीय। पु॰ देवता। ✣ **अमर्त्यलोक**—पु॰ = देवलोक। स्वर्ग।

अमर्त्यापगा—[स॰ अमर्त्य ~ आपगा] स्त्री॰ गंगा (नदी)।

अमर्दित—[स॰ अ + मर्दित] वि॰ जिसका मर्दन न हुआ हो। जिसे कुचला न गया हो।

अमर्याद—[स॰ अ + मर्यादा] बि॰ १. मर्यादा से रहित। सीमारहित। २. सीमा का उल्लंघन करनेवाला। ३. (वह व्यक्ति) जिसे मर्यादा का ध्यान न रहता हो। ४. (वह कार्य) जिसमें मर्यादा का ध्यान न रखा गया हो। ५. प्रतिष्ठा-रहित। अप्रतिष्ठित।

अमर्ष—[स॰ अ √मृष् + घञ्] पु॰ १. अपनी उपेक्षा या अपमान से उत्पन्न क्रोध। २. ईर्ष्या से उत्पन्न क्रोध। ३. असहनशीलता। (काव्य॰) एक संचारी भाव। किसी अधिक विद्वान्/ऐश्वर्यवान्/बलशाली व्यक्ति द्वारा किए गए आक्षेप से अपमानित होने पर उत्पन्न बदला लेने का भाव जिसके अनुभाव पसीना आना, नीचे मुख कर चिन्तन करना इत्यादि हैं।

अमर्षण—[स॰ अ + मर्षण] पु॰ १. क्रोध। २. असहिष्णुता। असहनशीलता।

अमर्षी—[स॰ अमर्षिन्] वि॰ १. अमर्ष करनेवाला। असहनशील। क्रुद्ध। २.क्षमा न करनेवाला।

अमल[1]—[स॰ अ + मल] वि॰ १. जिसमें मल न हो। २. जो मैला न हो। साफ़-सुथरा। स्वच्छ। निर्मल। ३. कलंकरहित। निष्कलंक। बेदाग़। *जैसे*—अमल मुखचन्द्र। ४. विशुद्ध। ५. स्वच्छ मन वाला। निष्पाप। *जैसे*—अमल योगी। ६. उज्ज्वल। सफ़ेद या चमकदार। *जैसे*—अमल कमल। पु॰ परमात्मा।

अमल[2]—[< स॰ अम्ल] पु॰ १. मदिरा। शराब। २. नशीली वस्तु। ३. (नशा का) प्रभाव। नशा। ४. व्यसन।

अमल[3]—[अरबी] पु॰ १. कर्म। काम। २. प्रयोग। व्यवहार। ३. रूढ़ कर्म। लोकाचार। ४. आचरण। ५.शासन।

अमलता—[स॰ अमल + तल् + टाप्] स्त्री॰ १. अमल/निर्मल होने की अवस्था/भाव। निर्मलता। स्वच्छता। २. निष्कलंकता। ३. निर्दोषता। ४. निष्पापता। ५. उज्ज्वलता। सफ़ेदी।

अमलतास—[देशज] पु॰ १. एक प्रकार का बड़ा वृक्ष जिसकी पत्तियाँ चिकनी, फलियाँ लम्बी, फूल पीले और गन्धरहित तथा छाल, बीज, फल और गूदा औषधोपयोगी होते हैं। कर्णिकार। २. उपर्युक्त

वृक्ष की फली या फूल। ✣ **अमलतासी**—*पु॰* = हल्का पीला रंग। *वि॰* अमलतास के फूलों के समान रंग वाला। हल्के पीले रंग का।

अमलदारी—[< अरबी अमल] *स्त्री॰* १. शासन। राज्याधिकार। सत्ता। हुकूमत। २. शासन-काल।

अमलनामा—[< अरबी अमल + फा॰ नाम:] *पु॰* १. व्यक्ति का पूर्व वृत २. व्यक्ति के पूर्ववृत-सम्बन्धी काग़ज़-पत्र। ३. व्यक्ति या घटना से सम्बन्धित विवरण का दस्तावेज़ या मिसल।

अमलपट्टा—[अरबी अमल + हि॰ पट्टा] *पु॰* (प्रशासन॰) भूमि-व्यवस्था-सम्बधी अधिकार-पत्र।

अमल-पानी—[अरबी अमल + हि॰ पानी] *पु॰* (अफ़ीम, भाँग आदि) नशे की कोई वस्तु घोलकर पीने का काम। नशीले घोल का सेवन।

अमलबेत/अमलबैंत (अमलबेंत)—[< स॰ अम्लवेतस्] १. एक प्रकार का खट्टा फल। चूक। संखदराउ। २. उक्त फल की लता जिसके फूल सफ़ेद और फल छोटे तथा गोल होते हैं।

अमला[१]—[स अमल + टाप्] *स्त्री॰* १. लक्ष्मी देवी। २. आँवला वृक्ष।

अमला[२]—[< स॰ अमल] *वि॰ (स्त्री॰)* १. निर्मल। विमला। उज्ज्वल। २. जो दोषवाली न हो। ३. निष्पाप। ४. छल-कपट से रहित। सीधी-सादी।

अमला[३]—[< अरबी अमल:] *पु॰* कचहरी या कार्यालय में काम करनेवाले लोग। कर्मचारी-वर्ग।

***अमलि**—[< हि॰ अमल] *स्त्री॰* १. मादकता। २. ख़ुमारी। ३. मौज-मस्ती। *क्रिवि॰* नशे में।

अमलिन—[स॰ अ + मलिन] *वि॰* १. निर्मल। स्वच्छ। २. निर्दोष। ३. निष्कलंक। बेदाग़। ४. पवित्र। ∇ **विलोम**—मलिन।

अमली[१]—[< स॰ अमल] *वि॰ (स्त्री॰)* १. जो गन्दी न हो। निर्मल। स्वच्छ। २. जो दोषपूर्ण/कलंकवाली न हो। निर्दोष या निष्कलंक। ३. छल-कपट से रहित। सीधी-सादी।

अमली[२]—[< हि॰ अमल] *वि॰* व्यसनी। नशेबाज़।

अमली[३]—[< अरबी, अमल] *वि॰* १. अमल में लाया जानेवाला। व्यावहारिक। २. अमल करनेवाला। व्यावहारिक। ३. कार्य-सम्बन्धी। ४. कर्मनिष्ठ। कर्मठ। ***वा॰* अमली जामा पहनाना**—कार्यरूप देना। व्यावहारिक बनाना।

अमलोनी—[< स॰ अम्ल लोणी] *स्त्री॰* एक प्रकार की घास जिसकी पत्तियाँ बहुत छोटी होती हैं और जिसका साग बनाकर खाते हैं। नोनिया घास। नोनी।

अमसूल—[< स॰ आम ~ शूल] *पु॰* एक औषधोपयोगी वृक्ष जो महाराष्ट्र के कोंकण क्षेत्र में तथा कर्नाटक के कुर्ग क्षेत्र में अधिक पाया जाता है।

अमहल—[स॰ अ + अरबी महल] *वि॰* १. बिना घर का। अनिकेत। २. जो वास्तविक घर न हो। ३. जो सर्वत्र व्याप्त हो। सर्वव्यापी।

अमा—[स॰ अ + मां (√मा + क्विप्)] *स्त्री॰* १. अमावस्या (तिथि)। २. चन्द्रमा की सोलहवीं कला।

अमांस—[स॰ अ + मांस] *वि॰* १. मांस-रहित। २. दुबला-पतला। दुर्बल। *पु॰* वह वस्तु जो मांस न हो।

अमात्य—[स॰ अमा + त्यक्] *पु॰* (प्राचीन भारत में राजा का) मन्त्री।

अमात्र—[स॰ अ + मात्रा] *वि॰* १. मात्रा-रहित। २. जिसकी माप-तौल न हो। ३. सीमा-रहित। असीम। अपरिमित। *पु॰* परमात्मा।

अमात्रिक—[स॰ अ + मात्रिक] *वि॰* जो मात्रिक न हो। जिसमें किसी स्वर की मात्रा का प्रयोग न हो। ***जैसे***—'काली' मात्रिक शब्द है और 'कल' अमात्रिक। *पु॰* = (छन्द॰) मात्रिक छन्द से भिन्न छन्द। वर्णिक छन्द।

अमान[१]—[स॰ अ + मान] *वि॰* १. जिसका मान/परिमाण निश्चित न हो। २. अपरिमित। असीम। ३. बहुत अधिक। अनेकानेक। असंख्य। अगणित। बेहद। ४. मान-सम्मान से रहित। अप्रतिष्ठित। ५. जिसे मान/अभिमान न हो। गर्व-रहित। *पु॰* मान का अभाव। मानहीनता।

अमान[२]—[< हि॰ अ + मानना] *वि॰* न माननेवाला।

अमान[३]—[अरबी] *पु॰* १. रक्षा। बचाव। २. शरण। पनाह।

अमानत—[अरबी] *स्त्री॰* १. कुछ समय के लिए अपनी वस्तु किसी दूसरे मनुष्य के पास रखना। २. उक्त प्रकार से रखी गयी वस्तु धरोहर। थाती। ३. अमीन का पद/कार्य। ***वा॰* अमानत में ख्यानत करना**—१. धरोहर का अपने काम में धन व्यय कर देना। २. धरोहर का धन वापस न करना, हड़प जाना। ✣ **अमानतख़ाना**—*पु॰* = अमानत की वस्तुएँ रखने का स्थान। ✣ **अमानतदार**—*पु॰* जिसके पास वस्तुएँ धरोहर/अमानत के रूप में रखी जाती हों या कोई वस्तु धरोहर रखी जाए। ✣ **अमानतनामा**—*पु॰* = (किसी के पास) धरोहर या अमानत रखने का प्रमाणपत्र या रसीद। ✣ **अमानती**—*वि॰* = अमानत से सम्बन्धित। अमानत का। ***जैसे***—अमानती सामान।

अमानवी—[< स॰ अमानव] *वि॰* १. जो मनुष्य-सम्बन्धी न हो। अलौकिक। २. (कार्य) जो मनुष्य को शोभा न देता हो। अमानवीय। ३. (व्यक्ति/कार्य अदि) जो मानवता के गुणों से रहित हो। अमानवीय। ४. अत्यन्त नीचतापूर्ण या क्रूरतापूर्ण। आसुरी। राक्षसी। ∇ **विलोम**—मानवी।

अमाना—[< स॰ आ + मान (पूरा-पूरा माप)] *क्रिअ॰* १. किसी चीज़ के भीतर पूरा-पूरा समाना। अँटना। २. अभिमान से फूलना। इतराना। *क्रिस॰* अँटाना।

अमानित—[स॰ अ + मानित] *वि॰* १. जिसका सम्मान न हुआ हो। २. जिसका कथन आदि अमान्य किया गया हो। ३. जिसे अमान्य किया गया हो। ***जैसे***—अमानित प्रमाण।

अमानिता—[स॰ अमानिन् + तल् + टाप्] *स्त्री॰* १. अभिमान का अभाव। गर्वहीनता। २. नम्रता। ✣ **अमानित्व**—*पु॰* = अमानिता।

अमानी[१]—[स॰ अमानिन्] *वि॰* १. जो अभिमानी/घमंडी न हो।

गर्वहीन। निरभिमान। निरहंकार। २. विनम्र। विनयी।

अमानी[2]—[< स॰ अ + हि॰ मानना] *वि॰* १. किसी के समझाने पर भी न माननेवाला। २. मनमानी करनेवाला। ३. परिणाम की चिन्ता न करनेवाला। बेपरवाह। **उदा॰** घूमैं दिवानी अमानी चकोर सों ओर सों दोऊ चलैं दृग बाने। —रसखान रचना॰ (सुजान-रसखान, १७५)

अमानुष—[स॰ अ + मानुष] *पु॰* १. मनुष्य से भिन्न प्राणी। २. देवता, गन्धर्व, यक्ष, राक्षस या पशु आदि। *वि॰* १. जो मनुष्य-सम्बन्धी न हो। अमानवी। २. अलौकिक। दिव्य। ४. पशु जैसा। ✣ **अमानुषिक/अमानुषी**—*वि॰* = १. अमानुषीय। (दे॰) २. मनुष्यरहित। निर्जन।

अमानुषीय—[स॰ अ + मानुषीय] *वि॰* १. जो मनुष्य की शक्ति से होना सम्भव न हो। मानव-शक्ति से बाहर का। अपौरुषेय। अलौकिक। २. सभ्य मनुष्य के स्वभाव से विपरीत। अमानवीय। ३. क्रूरतापूर्ण। पाशविक। पैशाचिक। राक्षसी। ४. मनुष्यों से शून्य। मनुष्यरहित। निर्जन।

अमानुष्य—[स॰ अ + मानुष्य] *वि॰* १. अलौकिक। दिव्य। २. अपौरुषेय। *पु॰* मनुष्यता का अभाव। अमानवीयता।

अमाप—[स॰ अ + माप] *वि॰* १. जिसका माप न हो सके। २. जिसके परिमाण का अनुमान न हो सके। अपरिमित। असीम। बेहद। ३. बहुत अधिक। अत्यधिक।

अमामा—[< अरबी अम्माम:] *पु॰* (मुसलमानों में प्रचलित) एक प्रकार की बड़ी और भारी पगड़ी या साफ़ा।

अमाया—[स॰ अ + माया] *वि॰* अमायिक। (दे॰) *स्त्री॰* माया का अभाव। *पु॰* आत्मा, परमात्मा या ब्रह्म। २. छल-कपट का अभाव। ३. सच्चाई। ईमानदारी।

अमायिक/अमायी—[स॰ अ + मायिक, मायिन्] *वि॰* १. मायारहित। २. छल, कपट आदि से रहित। निश्छल। निष्कपट। ३. सच्चा। ईमानदार। ४. जिसमें राग, प्रेम, मोह आदि न हो। ५. स्वार्थरहित।

अमार्जित—[स॰ अ + मार्जित] *वि॰* १. जिसका मार्जन न हुआ हो। अपरिष्कृत। २. (व्यक्ति) जो संस्कारित न हो।

अमार्ज्य—[स॰ अ + मार्ज्य] *वि॰* १. जिसका मार्जन न किया जा सके। २. जो स्वच्छ न किया जा सके। जिसे माँजा न जा सके। ३. जो स्वच्छ करने के योग्य न हो। ४. जिसका मार्जन न किया जाना हो।

अमावस्या—[स॰ अमा √वस् + यत् + टाप्] *स्त्री॰* (चान्द्र मास के) कृष्ण पक्ष की अन्तिम तिथि। अँधेरे पाख का अन्तिम दिन। अमावस।

अमावास्य—[स॰ अमावस्या + अण्] *वि॰* १. अमावस्या से सम्बन्धित। अमावस्या का। २. अमावस्या तिथि में उत्पन्न/निर्मित।

अमाँ—[< हि॰ ओ + अरबी मियाँ] *सम्बोध॰ अव्यय॰* (प्राय: मुसलमानों द्वारा प्रयुक्त) ओ मियाँ। **जैसे**—अमाँ, बात तो सुनो।

अमाँठी—[< हि॰ आम] *पु॰* आम की गुठलियों को पीसकर बनाया गया आटा।

अमित—[स॰ अ + मित] *वि॰* १. जो परिमित न हो। अपरिमित। असीम। बेहद। **जैसे**—अमित सौन्दर्य। २. बहुत अधिक। अत्यधिक। **जैसे**—अमित विश्वास। ∇ **विलोम**—मित। ✣ **अमितता**—*स्त्री॰* = १. असीमता। २. अत्यधिकता। ✣ **अमितव्ययी**—*वि॰* = बहुत अधिक व्यय करनेवाला। फ़िज़ूलखर्च। ∇ **विलोम**—मितव्ययी।

अमिताचार—[स॰ अमित ~ आचार] *पु॰* १. संयमहीनता। असंयम। २. मर्यादा का उल्लघंन। मर्यादा-भंग। (अ॰ इन्टेम्परेन्स) ✣ **अमिताचारी**—*वि॰* १. संयमहीन। असंयमी। असंयत। उच्छृंखल। २. मर्यादा का पालन न करनेवाला। अमर्यादित। (अ॰ इन्टेम्परेट)

अमिताभ—[स॰ अमित ~ आभा] *वि॰* १. बहुत आभा वाला। अतिकान्तियुक्त। अति तेजस्वी। २. बहुत चमक-दमक वाला। अति दीप्त। *पु॰* (महात्मा) बुद्ध।

अमिताशन—[स॰ अमित ~ अशन] *वि॰* बहुत खाने वाला। *पु॰* अग्नि।

अमितौजा—[स॰ अमितौजस्] *वि॰* असीम शक्ति वाला।

***अमिय/अमिअ**—*पु॰* ≤ *स॰* अमृत। सुधा। पीयूष। ✣ **अमिय (अमिअ-धार)**—*पु॰* = अमृत की धारा। ✣ **अमिय (अमिअ) मूरि**—*स्त्री॰* = १. अमृतमयी जड़ी। २. संजीवनी बूटी। ✣ **अमिय रस**—*पु॰* = अमृत-रस। (योग॰) सहस्रदलकमल के मध्य स्थित चन्द्र-बिन्दु से होनेवाला एक प्रकार का दिव्य स्राव।

अमिया—[< हि॰ आम] *स्त्री॰* छोटी जाति का आम। टिकोरा।

***अमिल**—[< हि॰ अ + मिलना] *वि॰* १. न मिलनेवाला। अप्राप्त। २. (व्यक्ति) जो दूसरों के साथ मिलता-जुलता न हो। ३. (वस्तु) जिसकी दूसरी वस्तुओं से संगति या मेल न हो। ४. ऊँचा-नीचा। ऊबड़-खाबड़। ✣ ***अमिलता/अमिलताई**—*स्त्री॰* = बेमेल होने का गुण/भाव। बेमेलपन।

अमिलित—[स॰ अ + मिलित] *वि॰* जो मिला हुआ न हो। पृथक्। अलग।

अमिश्रण—[स॰ अ + मिश्रण] *पु॰* मिश्रण का अभाव। मिश्रण न होना। मिश्रित न होना।

अमिष—[स॰ अ + मिष] *पु॰* १. छल/कपट का अभाव। सच्चाई। ईमानदारी। २. बहानेबाज़ी न होना। सांसारिक भोग-वस्तु। विलास की वस्तु। *वि॰* जिसमें छल-कपट या बहानेबाज़ी न हो।

***अमी**—[< हि॰ अमिअ < स॰ अमृत] *पु॰* अमृत। सुधा। (छन्द॰) एक समवर्णिक छन्द जिसके प्रत्येक चरण में क्रमश: नगण, जगण, यगण (न ज य) के योग से ९ वर्ण होते हैं। ✣ **अमीकर/अमीकला**—*पु॰* = चन्द्रमा। सुधाकर।

अमीन—[अरबी] *पु॰* माल-विभाग का एक कर्मचारी जिसका काम भूमि की पैमाइश, भूमि का विभाजन इत्यादि करना होता है।

***अमी-निधि**—[हि॰ अमी + स॰ निधि] *पु॰* १. अमृत का भंडार। २. अमृत का समुद्र। ३. चन्द्रमा।

अमीबा—[अ॰] *पु॰* (प्राणि॰) एक एककोशीय तथा निरन्तर आकार

बदलनेवाला सूक्ष्म जीवाणु जो अनेक रोगों का जनक होता है। ✣ **अमीबता**—*स्त्री°* = (चिकित्सा°) १. अमीबा के द्वारा उत्पन्न रोग। २. बड़ी आँत में अमीबाओं के संक्रमण से उत्पन्न रोग। ✣ **अमीबाणु**—*पु°* = (चिकित्सा°) अमीबा के समान अनिश्चित तथा परिवर्तशील आकृति की और उसी प्रकार गति करनेवाली कोशिका (जैसे—कुछ श्वेत रुधिर कोशिकाएँ)। ✣ **अमीबानाशी**—*पु°* = (चिकित्सा°) १. अमीबाओं का नाशक पदार्थ। २. परजीवी अमीबाओं का नाशक पदार्थ।

अमुक—[स° अदस् + अकच्, उत्व] *वि°* कोई व्यक्ति/वस्तु जिसका नाम न लेना हो या जिसका नाम अनिश्चित हो। वह/वे/उस/उन या फ़लाँ/फ़लाना। ***जैसे***—उसने मुझसे कहा कि अमुक दिन अमुक पुस्तक ले आना; राम कह रहा है कि अमुक मिलने आएगा अतः घर पर ही रहना।

अमुक्त—[स° अ + मुक्त] *वि°* १. जो मुक्त न हो। बन्धन में पड़ा हुआ। बन्धनग्रस्त। २. ऐसा हथियार जो फेंककर नहीं, हाथ में पकड़ कर किया जाता है। शस्त्र। ***जैसे***—तलवार अमुक्त हथियार है और बाण मुक्त हथियार है। ∇ **विलोम**—मुक्त।

अमुक्तहस्त—[स° अमुक्त ~ हस्त] *वि°* १. कम खर्च करनेवाला। मितव्ययी। २. कृपण। कंजूस।

अमुक्ति—[स° अ + मुक्ति] *पु°* मुक्ति का अभाव। मोक्ष प्राप्त न होना। मोक्ष की अप्राप्ति। ∇ **विलोम**—मुक्ति।

अमुख—[स° अ + मुख] *वि°* बिना मुख का। मुखहीन।

अमुख्य—[स° अ + मुख्य] *वि°* १. जो मुख्य/प्रमुख/प्रधान न हो। गौण। २. सामान्य।

अमुग्ध—[स° अ + मुग्ध] *वि°* १. जो मुग्ध/मोहित/न हुआ हो। २. जितेन्द्रिय। संयमी।

अमुत्र—[स° अदस् + त्रल्, उत्व, मत्व] *पु°* १. जन्मान्तर। २. परलोक।

अमूक—[स° अ + मूक] *वि°* १. जो गूँगा न हो। बोलनेवाला। २. प्रायः चुप न रहनेवाला। अधिक बोलनेवाला। वाचाल।

अमूढ — [< स° अ + मूढ] *वि°* जो मूर्ख न हो। विद्वान्। पंडित। ✣ **अमूढ़** —*वि°* = अमूढ।

अमूमन—[< अरबी उमूमन] *क्रिवि°* प्रायः। बहुधा। अक्सर।

अमूर्त—[स° अ + मूर्त] *वि°* १. जो मूर्त/साकार न हो। आकार-शून्य। शरीर-रहित। निराकार। अशरीरी। २. अप्रत्यक्ष। अगोचर। *पु°* १. परमात्मा। २. आत्मा या जीवात्मा। ३. काल। समय। ४. दिशा। ५. वायु। ६. आकाश। ✣ **अमूर्त कला**—*स्त्री°* = वह कला जिसमें प्रकृति के यथार्थवादी रूपों का चित्रण न करके अपनी अनुभूतियों के आधार पर उनकी अभिव्यक्ति केवल रेखा आदि ज्यामितीय आकारों और रंगों में होती है। (अ° ऐब्स्ट्रैक्ट आर्ट) ✣ **अमूर्त पद**—*पु°* = (दर्शन°) किसी अमूर्त वस्तु का बोध कराने वाला शब्द (जैसे—पशुता)। ✣ **अमूर्त प्रत्यय**—*पु°* = (दर्शन°) अमूर्त पदार्थों या विचार के स्तर पर पदार्थों से अलग किए गए पक्षों से सम्बन्धित प्रत्यय (अ° ऐब्स्ट्रैक्ट आइडिया)। ✣ **अमूर्त बीजगणित**—*पु°* =(गणित°) बीजगणित की वह शाखा जिसमें समूह, वलय, क्षेत्र आदि अमूर्त बीजीय संकल्पनाओं का अध्ययन होता है। (अ° ऐब्स्ट्रैक्ट ऐलजिब्रा) ✣ **अमूर्त भाषा**—*स्त्री°* = भाषा का वह रूप जो व्यक्ति के मस्तिष्क में रहता है। ∇ **विलोम**—मूर्त भाषा।

अमूर्ति—[स° अ + मूर्ति] *वि°* जिसका मूर्त/साकार रूप न हो। आकाररहित। रूपरहित। अरूप। *स्त्री°* आकार/रूप का अभाव। अरूपता।

अमूल—[स° अ + मूल] *वि°* अमूलक। (दे°) *पु°* (सांख्य°) प्रकृति।

अमूलक—[स° अ + मूलक] *वि°* १. जिसका कोई मूल न हो। निर्मूल। २. जिसका कोई आधार/प्रमाण न हो। निराधार। प्रमाणरहित। ३. मिथ्या। असत्य। झूठ। Δ **पर्याय**—अमूल।

अमूल्य—[स° अ + मूल्य] *वि°* १. जिसका मूल्य आँकना असम्भव हो। अनमोल। २. अति मूल्यवाला। बहुमूल्य। ३. जिसका मूल्य न देना हो। मुफ़्त। ४. जिसका कोई मूल्य न हो। मूल्यहीन।

अमृत—[स° अ + मृत] *वि°* १. जो मृत न हो। जीवित। २. सदा जीवित रहनेवाला। अमर। ३. कभी नष्ट न होने वाला। अविनाशी। ४. सुन्दर। ५. अभीष्ट। प्रिय। *पु°* १. वह वस्तु जिसे पीनेवाला जीवित प्राणी अजर-अमर हो जाता है और जिसके स्पर्श से मरा हुआ व्यक्ति जी उठता है। सुधा। पीयूष। २. (कोई भी) अति स्वादिष्ट, मधुर, सात्त्विक और लाभकारी वस्तु। परमात्मा। ∇ **विलोम**—विष।

अमृतकुण्डली (अमृतकुंडली)—[स° अमृत ~ कुण्डली] *स्त्री°* एक प्राचीन वाद्य जिसका आकार कुंडली लगाए हुए सर्प के समान होता है।

अमृतगति—[स° अमृत ~ गति] *पु°* (छन्द°) एक समवर्णिक छन्द जिसके प्रत्येक चरण में क्रमशः नगण, जगण, नगण और गुरु (न ज न ग) के योग से १० वर्ण होते हैं तथा ५-५ पर यति होती है।

अमृतजयन्ती (अमृतजयंती)—[स° अमृत ~ जयन्ती] *स्त्री°* किसी व्यक्ति की उम्र ७५ वर्ष पूर्ण होने पर किया जानेवाला अभिनन्दन-समारोह।

अमृततत्त्व—[स° अमृत + तत्त्व] *पु°* विनाशहीन मोक्ष पद। २. (ग्रन्थ आदि का) सार।

अमृततरङ्गिणी (अमृततरंगिणी)—[स° अमृत ~ तरङ्गिणी] *स्त्री°* ज्योत्स्ना। चाँदनी।

अमृततरङ्गिनी (अमृततरंगिनी)—*स्त्री°* ≤ स° अमृत ~ तरङ्गिणी। चाँदनी।

अमृतत्व—[स° अमृत + त्व] *पु°* १. अमरता। अमरत्व। २. मोक्ष। ३. अमृत का भाव। पीयूषता।

अमृतधारा—[स° अमृत ~ धारा] *स्त्री°* १. अमृत की धारा। २. एक प्रसिद्ध औषधि जो वमन आदि अनेक रोगों में लाभकर है। (छन्द°) एक विषमवर्णिक छन्द जिसके चरणों में क्रमशः २०, १२, १६ और ८ वर्ण होते हैं।

अमृतधुनि—[< स॰ अमृत ~ ध्वनि] *स्त्री॰* = *वि॰* १. अमृत ध्वनि। (दे॰)(छन्द॰) एक मात्रिक छन्द जो यौगिक होता है, जिसमें ६ चरण होते हैं, प्रति चरण में २४ मात्राएँ होती हैं, पहले एक दोहा के दो दल होते हैं और फिर रोला के ४ चरण, साथ ही आरम्भिक शब्द छठे चरण के अन्त में भी आता है तथा दोहे के दूसरे दल के अन्तिम अंश की छन्द के तृतीय चरण के आरम्भ में आवृत्ति होती है। अमृतध्वनि छन्द।

अमृतध्वनि—[स॰ अमृत ~ ध्वनि] *स्त्री॰* १. अमृत के समान मधुर ध्वनि। (आवाज़) २. अमर ध्वनि। ३. शक्ति, उत्साह और प्रेरणा देनेवाली ध्वनि। (छन्द॰) दे॰ अमृतध्वनि। *वि॰* अमृत के समान मधुर/आनन्ददायक ध्वनि से युक्त।

अमृतफल—[स॰ अमृत ~ फल] *पु॰* (योग॰) मोक्ष। *वि॰* १. बहुत मधुर फलोंवाला (वृक्ष आदि)। २. अमरता देनेवाला।

अमृतफला—[स॰ अमृतफल + टाप्] *स्त्री॰* १. द्राक्षा। अंगूर। २. आमलक। आँवला।

अमृत-बन्धु—[स॰] *पु॰* १. देवता। २. चन्द्रमा।

अमृत-मन्त्र (मंत्र)—[स॰] *पु॰* १. मनुष्य को मृत्यु से बचानेवाला मन्त्र। २. नवचेतना देनेवाली वस्तु/ज्ञान/वाणी/आदि।

अमृतमूल—[स॰] *पु॰* १. अमरता देनेवाली जड़ी। २. संजीवनी बूटी।

अमृत-लता/लतिका—[स॰] *स्त्री॰* गुडुच/गिलोय नामक लता।

अमृतलोक—[स॰ अमृत ~ लोक] *पु॰* स्वर्ग। अमरलोक।

अमृतवर्षी—[स॰ अमृतवर्षिन्] *वि॰* १. अमृत की वर्षा करनेवाला। २. अत्यन्त मधुर और आनन्दप्रद। ***जैसे***—अमृतवर्षी प्यार। ४ ३. नवचैतन्य देनेवाला। ***जैसे***—अमृतवर्षी भाषण। ✣ **अमृतवर्षिणी**—*वि॰* (*स्त्री॰*) ***जैसे***—अमृतवर्षिणी वाणी।

अमृता—[स॰ अमृत + टाप्] *स्त्री॰* आँवला, गिलोय, तुलसी, हरड़ या दूब।

अमृतांशु—[स॰ अमृत ~ अंशु] *पु॰* सुधाकर। चन्द्रमा।

अमृताक्षर—[स॰ अमृत ~ अक्षर] *वि॰* १. अमर और अक्षर। अजर-अमर। २. अमृत के समान गुण वाले अक्षर/शब्द।

अमृताशन/अमृताशी—[स॰ अमृत ~ अशन, अमृताशिन्] *वि॰* जिसका भोजन अमृत हो। *पु॰* देवता।

अमृष्ट—[स॰ अ + मृष्ट] *वि॰* १. बिना मला हुआ। २. जिसे माँज कर साफ़ न किया गया हो। अस्वच्छ। गन्दा। मैला।

अमेधा—[स॰ अमेधस्] *वि॰* मेधा-रहित। निर्बुद्धि। मूर्ख।

अमेध्य—[स॰ अ ~ मेध्य] *वि॰* १. जो यज्ञ-होमादि कर्म करने योग्य न हो। २. अपवित्र। ३. अस्वच्छ। गन्दा। मैला। *पु॰* विष्ठा। मल।

अमेय—[स॰ अ ~ मेय] *वि॰* १. जो नापा न जा सके। सीमारहित। असीम। २. अतुल। ***जैसे***—अमेय तेज। ३. जिसे (पूरी तरह) जाना न जा सके। अज्ञेय। अचिन्त्य।

अमेयात्मा—[स॰ अमेयात्मन्] *पु॰* परमात्मा। विष्णु।

अमेल—[स॰ अ + हि॰ मेल] *वि॰* १. जिसके मन का किसी से मेल न बैठ पाता हो। २. जो सम्बद्ध न हो। असम्बद्ध। ३. अनमेल। बेमेल।

अमैडँा (अमेंडा)—[स॰ अ + हि॰ मेंड] *वि॰* १. मर्यादा/बन्धन न माननेवाला। अमर्याद। २. स्वच्छन्द।

अमोक्ष—[स॰ अ + मोक्ष] *पु॰* १. मोक्ष का अभाव। जीवात्मा का मोक्ष/मुक्ति न होना। २. किसी बन्धन से मुक्त न होना। बन्धनग्रस्तता। ३. बन्धन। *वि॰* जिसे मोक्ष/मुक्ति की प्राप्ति न हुई हो। अमुक्त।

अमोघ—[स॰ अ + मोघ] *वि॰* १. लक्ष्य/निशाने पर अवश्य पहुँचनेवाला। अचूक। २. जो कभी निरर्थक/व्यर्थ न हो। अव्यर्थ। ✣ **अमोघदण्ड (अमोघदंड)**—*वि॰* = जो दंड देने में कभी न चूकता हो। ✣ **अमोघदृष्टि**—*वि॰* जिसकी दृष्टि/नज़र कभी व्यर्थ/निष्फल न होती हो। ✣ **अमोघवाक्**—*वि॰* = जिसकी वाणी कभी व्यर्थ न हो। जिसका वचन सदा पूर्ण होता हो। ✣ **अमोघशर**—*वि॰* = १. जिसका बाण अचूक हो। धनुर्धर।

अमोघा—[स॰ अमोघ + टाप्] *वि॰* (*स्त्री॰*) अमोघ। (दे॰) *स्त्री॰* हरीतकी। हरड़। हर्र।

अमोचन—[स॰ अ + मोचन] *पु॰* छुटकारा न होना। *वि॰* न छूट सकने वाला। छुटकारा न पानेवाला।

अमोद—[अ + मोद] *वि॰* मोद-रहित। आनन्दहीन। निरानन्द।

अमोनिया—[अ॰] *स्त्री॰* (रसायन॰) एक रंगहीन तेज़ गैस जो नाइट्रोजन और हाइड्रोजन गैसों के संयोग से बनती है।

†**अमोर**—[< स॰ आम्रावर्त] *पु॰* छोटी जाति के आम का कच्चा फल। आम का टिकोरा। अमिया। ✣ **अमोरी**[१]—*स्त्री॰* = अमीर। अमिया।

अमोरी[२]—[< स॰ आम्रातक] *पु॰* आम्रातक। आमड़ा।

अमोल—[< स॰ अमूल्य] *वि॰* १. जिसके मूल्य का अनुमान न लगाया जा सके। बहुमूल्य। २. जिसका मूल्य न देना हो। मुफ़्त। ✣ **अमोलक**—*वि॰* = अमोल। ✣ **अमोला**[१]—*वि॰* = अमोल।

अमोला[२]—[< हि॰ आम] *पु॰* आम का नया अंकुर/ कल्ला।

अमोलिक**—*वि॰* ≤ *हि॰* अमोलक। अमोल। (दे॰) ***जैसे—अमोलिक शरीर।

अमोही—[स॰ अ + मोही (मोहिन्)] *वि॰* १. (किसी व्यक्ति या वस्तु के प्रति) मोह-ममता से रहित। निर्मोही। ***जैसे***—अमोही युवक। २. संसार के प्रति मोह/आसक्ति से रहित। विरक्त। अनासक्त। ***जैसे***—अमोही योगी।

अमौआ—[< हि॰ आम] *वि॰* १. पके हुए आम के रंग के समान हल्का पीला। *पु॰* पके हुए आम का रंग। हल्का पीला रंग।

अमौद्रीकृत—[स॰ अ + मौद्रीकृत] *वि॰* (अर्थ॰) जिसमें सिक्का न चलाया गया हो। ***जैसे***—अमौद्रीकृत क्षेत्र।

अमौलिक—[स॰ अ + मौलिक] *वि॰* १. जो मौलिक न हो। २. जिसका सम्बन्ध मूल से न हो। मूल से असम्बद्ध। ३. (रचना/कृति) जो किसी रचना/कृति की कम या अधिक नक़ल हो। ४.

(रचना/कृति) जिसमें अन्य रचनाओं/कृतियों की अपेक्षा विचार, कल्पना, अभिव्यक्ति आदि की कुछ नवीनता न हो। ∇ **विलोम**—मौलिक।

अम्ब[1] (अंब[1])—[स॰ √अम्ब् + घञ्/अच्] *पु॰* १. पिता। २. जल। पानी। ३. नेत्र। आँख।

***अम्ब[2] (अंब[2])**—[< स॰ अम्बा] *स्त्री॰* १. माता। जननी। २. दुर्गा। पार्वती।

***अम्ब[3] (अंब[3])**—[< स॰ आम्र] *पु॰* आम का पेड़ या उसका फल।

अम्बक[1] (अंबक[1])—[स॰ √अम्ब् + ण्वुल्] *पु॰* नेत्र। आँख।

अम्बक[2] (अंबक[2])—[स॰ √अम्ब् + घञ् + क] *पु॰* पिता।

अम्बर (अंबर)—[स॰ अम्ब √रा + क] *पु॰* १. अन्तरिक्ष। आकाश। २. वस्त्र। कपड़ा। *जैसे*—पीताम्बर (पीला अम्बर)। ३. परिधान। पोशाक। ४. केसर। ५. अभ्रक। अबरक। ६. मेघ। बादल। ७. स्वर्ग।

अम्बरचर (अंबरचर)—[स॰ अम्बर √चर् + ट] *वि॰* आकाश में चलनेवाला। आकाश में उड़नेवाला। *पु॰* पक्षी। चिड़िया।

अम्बरचारी (अंबरचारी)—[स॰ अम्बरचारिन्] *पु॰* १. आकाश में चलनेवाला प्राणी आदि। २. पक्षी। चिड़िया। ३. पवन। वायु। हवा। ४. वायुयान। हवाई जहाज़। ५. राकेट आदि। ६. पतंग। ७. आकाशीय ग्रह अथवा उपग्रह।

अम्बर-डम्बर (अंबर-डंबर)—[स॰ अम्बर + अनु॰] *पु॰* सूर्यास्त के समय पश्चिम दिशा में आकाश की लाली। *जैसे*—यह सब चमक-दमक अम्बर-डम्बर की तरह जल्दी ही नष्ट हो जाएगी।

अम्बरपुष्प (अंबरपुष्प)—[स॰ अम्बर ~ पुष्प] *पु॰* १. आकाश का फूल। आकाशकुसुम। २. (उक्त के समान) असम्भव बात।

***अम्बरबानी (अंबरबानी)**—*दे॰* अम्बरवाणी।

अम्बरमणि (अंबरमणि)—[स॰ अम्बर ~ मणि] *स्त्री॰* आकाश की मणि। सूर्य।

अम्बरवाणी (अंबरवाणी)—[< स॰ अम्बर ~ वाणी] *स्त्री॰* १. आकाशवाणी। २. मेघ-गर्जन।

अम्बरान्त (अंबरांत)—[स॰ अम्बर ~ अन्त] *पु॰* १. कपड़े का सिरा/छोर। २. आकाश का सिरा/छोर। क्षितिज।

अम्बरीष (अंबरीष)—[स॰ √अम्ब् + अरिष्, निपात॰ दीर्घ] *पु॰* १. विष्णु। २. शिव। महादेव। ३. सूर्य।

अम्बष्ठ (अंबष्ठ)—[स॰ अम्ब √स्था + क] *पु॰* १. (हाथी का) महावत। २. कायस्थ जाति का एक भेद।

अम्बा (अंबा)—[स॰ √अम्ब् + घञ् + टाप्] *स्त्री॰* १. माता। जननी। २. पार्वती। दुर्गा। (छन्द॰) एक समवर्णिक छन्द जिसके प्रत्येक चरण में क्रमशः भगण और मगण के योग से ६ वर्ण होते हैं। **अम्बाझोर (अंबाझोर)**—[< हि॰ अम्बा + झोरना] *वि॰* वृक्षों को झकझोर देनेवाली बहुत तेज़ हवा जिससे पेड़ों के आम झड़ जाएँ।

अम्बारी (अंबारी)—[< अरबी अम्मारी] *स्त्री॰* १. हाथी की पीठ पर बैठने का हौदा जो छज्जेदार मंडपवाला होता है। २. मकान का छज्जा जो मंडप की तरह होता है।

अम्बालिका (अंबालिक)—[स॰ अम्बाला + क, + टाप्, इत्व] *स्त्री॰* माता। जननी।

अम्बिका (अंबिका)—[स॰ अम्बा + कन् + टाप, इत्व] *स्त्री॰* १. माता। जननी। २. पार्वती। दुर्गा।

अम्बिकेय (अंबिकेय)—[स॰ अम्बिका + ढ] *पु॰* १. अम्बिका/पार्वती का पुत्र (गणेश अथवा स्कन्द/कार्तिकेय)। २. (हस्तिनापुर का राजा) धृतराष्ट्र।

अम्बिया (अंबिया) हल्दी—[< स॰ आम्रगन्धी हरिद्रा] *स्त्री॰* हल्दी के समान क्षुपों वाली एक वनस्पति जो अधिक बड़े और गोल पत्तों वाली होती है, जिसकी गाँठ भीतर से लाल होती है, तथा जो कपूर/मिश्रित आम की सुगन्धवाली होती है। आँबा हल्दी। कर्पूर हल्दी।

अम्बु (अंबु)—[स॰ √ अम्ब् + उण्] पु॰ १. जल। पानी। २. रक्त में रहनेवाला जल का भाग। (पद्य आदि में) चार कीं संख्या। ● **विशेष**—ग्राह/घड़ियाल/मगर को '**अम्बु-कंटक**', पितरों के लिए जल-तर्पण को '**अम्बु-क्रिया**', तथा जलचर को '**अम्बुचर**' या '**अम्बुचारी**' कहा जाता है।

अम्बुखण्डन (अंबुखंडन)—[स॰ अम्बु ~खण्डन] *पु॰* १. स्वाति नक्षत्र की वर्षा के अतिरिक्त अन्य सब प्रकार के जलों का तिरस्कार करनेवाला पक्षी। चातक। २. पपीहा।

अम्बुज (अंबुज)—[स॰ अम्बु + ज] *वि॰* जल में या जल से उत्पन्न। *पु॰* १. कमल। *जैसे*—अम्बुज के समान नेत्र। २. चन्द्रमा। ३. कपूर। ४. शंख।

अम्बुजा (अंबुजा)—[स॰ अम्बुज + टाप्] *स्त्री॰* १. कमलिनी। २. कुमुदिनी।

अम्बुजाक्ष (अंबुजाक्ष)—[स॰ अम्बुज √ अक्ष] *वि॰* कमल के समान नेत्रोंवाला। *पु॰* विष्णु।

अम्बुजासन (अंबुजासन)—[स॰ अम्बुज √आसन] *वि॰* जो कमल पर विराजमान हो। *पु॰* ब्रह्मा।

***अम्बुजी(अंबुजी)**—[< स॰ अम्बुज] *स्त्री॰* कमलिनी।

अम्बुद (अंबुद)—[स॰ अम्बु + द] *वि॰* जल देने वाला। *पु॰* जलद। मेघ। बादल।

अम्बुधर (अंबुधर)—[स॰ अम्बु + धर] *वि॰* जल धारण करनेवाला। *पु॰* जलधर। मेघ। बादल।

अम्बुधि (अंबुधि)—[स॰ अम्बु + धि] *वि॰* जिसमें जल हो। *पु॰* १. जलधि। समुद्र। सागर। २. जल रखने का पात्र। (कलश, घड़ा आदि)। ३. (पद्य आदि में) चार की संख्या।

अम्बुनाथ (अंबुनाथ)—[स॰ अम्बु ~ नाथ] *पु॰* १. (जल का स्वामी) वरुण। २. (वर्षा का स्वामी) इन्द्र।

अम्बुनिधि (अंबुनिधि)—[स॰ अम्बु ~ निधि] *पु॰* जलनिधि। समुद्र। सागर।

अम्बुपात—[सं॰ अम्बु ~ पात] *पु॰* १. जल-प्रवाह। धारा। २. जलप्रपात। झरना।

अम्बुराज (अंबुराज)—[सं॰ अम्बु ~राज] *पु॰* १. समुद्र। २. वरुण (देवता)।

अम्बुराशि (अंबुराशि)—[सं॰ अम्बु ~ राशि] *पु॰* समुद्र। सागर।

अम्बुरुह (अंबुरुह)—[सं॰ अम्बु + रुह] *पु॰* कमल।

अम्बुवाह (अंबुवाह)—[सं॰ अम्बु √वह् + अण)] *पु॰* १. मेघ। बादल। २. झील। ✣ **अम्बुवाही (अंबुवाही)**—*वि॰* = पानी ढोनेवाला। *पु॰* मेघ। बादल।

अम्बुशायी (अंबुशायी)—[सं॰ अम्बुशायिन्] *पु॰* (जल में शयन करनेवाला) विष्णु। नारायण।

***अम्ब्रित (अंब्रित)**—*पु॰* ≤ *सं॰* अमृत। ✣ **अम्ब्रित (अंब्रित) बेलि**—*स्त्री॰* = अमृत के समान मधुर फलों वाली लता/बेल।

अम्भ (अंभ)—[सं॰ अम्भस्] *पु॰* १. जल। पानी। २. आकाश। ३. (पद्य आदि में) चार की संख्या। ४. तेज। ● **विशेष**—संस्कृत में प्रातिपदिक 'अम्भस्' है, 'अम्भ' नहीं, अत: अम्भ के समस्त पदों में 'अम्भ:/अम्भ' का प्रयोग होता है, 'अम्भ' का नहीं (जैसे—अम्भोज, अम्भोनिधि, अम्भ: सार)। ऐसे कुछ प्रमुख शब्दों के अर्थ नीचे दिए गए हैं। ✣ **अम्भ:सार (अंभ:सार)**—*पु॰* = मोती। ✣ **अम्भोज (अंभोज)**—*पु॰* = १. कमल। २. चन्द्रमा। ✣ **अम्भोजनेत्रा (अभोजनेत्रा)**—*वि॰* (*स्त्री॰*) = १. कमल के समान नेत्रोंवाली। कमलनयनी। २. सुन्दर (स्त्री)। ✣ **अम्भोजन्मा (अंभोजन्मा), अम्भोजयोनि (अंभोजयोनि)**—*पु॰* =ब्रह्मा। ✣ **अम्भोजिनी (अंभोजिनी)**—*स्त्री॰* = १. कमलिनी। २. कमलों का समूह। ✣ **अम्भोद/अम्भोधर (अंभोद/अंभोधर)**—*पु॰* = मेघ। बादल।

अम्भनिधि (अंभनिधि), अम्भसार (अंभसार)—दे॰ क्रमश: शुद्ध रूप अम्भोनिधि, अम्भ:सार।

***अम्भु (अंभु)**—[< सं॰ अम्बु] *पु॰* जल। पानी।

अम्माँ—[< सं॰ अम्बा] *स्त्री॰* माता। जननी। माँ।

***अम्रित**—*पु॰* ≤ *सं॰* अमृत।

अम्ल—[सं॰ √अम् + क्ल] *पु॰* १. खट्टापन। खटाई। २. सिरका। (रसायन॰) वह यौगिक जो किसी क्षार के साथ अभिक्रिया कर लवण बनाता है और प्राय: धातुओं के साथ अभिक्रिया कर हाइड्रोजन उत्पन्न करता है। तेज़ाब। *जैसे*—गन्धकाम्ल (गन्धक का तेज़ाब)। (अं॰ एसिड) *वि॰* खट्टा।

अम्लघ्न—[सं॰ अम्ल + घ्न] *वि॰* अम्ल को नष्ट करनेवाला। अम्लनाशक। *पु॰* १. अम्लनाशक पदार्थ। प्रत्यम्ल। २. क्षार।

अम्लता—[सं॰ अम्ल + तल् + टाप्] *स्त्री॰* खट्टापन। खटाई। (रसायन॰) किसी विलयन या क्षारक (क्षार यौगिक) में अम्ल की विद्यमान मात्रा। (अं॰ एसिडिटी)

अम्लपञ्चक (अम्लपंचक)—[सं॰ अम्ल ~ पञ्चक] *पु॰* (आयुर्वेद॰) पाँच मुख्य खट्टे फल—खट्टा अनार, नारंगी, इमली, अमलबेंत और जम्बीरी नीबू।

अम्लरञ्जक (अम्लरंजक)—[सं॰ अम्ल ~रञ्जक] *पु॰* (रसायन॰) वह रंजक जिसमें सोडियम या पोटैशियम लवणों के रूप में अम्लीय समूह होता है। (अं॰ एसिड डाइ)

अम्लवर्षा—[सं॰ अम्ल ~ वर्षा] *स्त्री॰* (रसायन॰) औद्योगिक क्षेत्रों के वायुमंडल में उपस्थित कुछ यौगिकों का वर्षा के पानी के साथ अम्ल में बदल कर भूमि पर आना।

अम्लवृक्ष—[सं॰ अम्ल ~ वृक्ष] *पु॰* इमली का पेड़।

अम्लशूल—[सं॰ अम्ल ~ शूल] *पु॰* (आयुर्वेद॰) पेट-दर्द का एक प्रकार। अम्ल-पित्त रोग में होनेवाला उदर-शूल।

अम्लसार—[सं॰ अम्ल ~ सार] *पु॰* १. नीबू। २. चूक (नामक शाक)। ३. अमलबेंत। ४. काँजी।

अम्लहरिद्रा—[सं॰ अम्ल ~ हरिद्रा] *स्त्री॰* आँबाहल्दी।

अम्लान—[सं॰ अ + म्लान] *वि॰* १. जो कुम्हलाया/मुरझाया हुआ न हो। २. खिला हुआ। प्रफुल्ल। ३. जो मलिन न हो। स्वच्छ। निर्मल। साफ़। ४. प्रसन्न। प्रफुल्ल। ∇ **विलोम**—म्लान।

अम्लिका—[सं॰ अम्ला + कन् + टाप्, इत्व] *स्त्री॰* १. इमली का पेड़। २. मुँह का खट्टापन। ३. खट्टी डकार।

अम्लिमा—[सं॰ अम्लिमन् (अम्ल + इमनिच्)] *स्त्री॰* खट्टापन।

अम्लीकरण—[सं॰ अम्ल + च्वि + करण] *पु॰* १. किसी पदार्थ में अम्लता लाने की क्रिया। खट्टा करने की क्रिया। २. अम्ल में परिवर्तित करने की क्रिया।

अम्लीय—[सं॰ अम्ल + छ] *वि॰* १. अम्ल-सम्बन्धी। अम्ल का। २. जिसमें खट्टापन हो। अम्लतायुक्त।

अय[1]—[सं॰ अयस्] *पु॰* १. लोहा। २. (कोई भी) धातु।

अय[2]—[< सं॰ अयि] *सम्बोधन॰ अव्यय॰* ए। अरे। हे। अरी।

अय:शूल—[सं॰ अयस् ~ शूल] *पु॰* १. लोहे का भाला। (लाक्षणिक) तीक्ष्ण उपाय।

अयजनीय—[सं॰ अ + यजनीय] *वि॰* १. जो पूजन या आदर के योग्य न हो। अपूज्य या अनादरणीय। २. जिसका पूजन या आदर न करना हो। अपूजनीय। ३. निन्दनीय। ∇ **विलोम**—यजनीय।

अयज्ञ—[सं॰ अ + यज्ञ] *पु॰* १. जो यज्ञ न हो। यज्ञ से भिन्न या बुरा यज्ञ। २. यज्ञ का अभाव। ३. यज्ञ न करनेवाला।

अयतेन्द्रिय (अयतेंद्रिय)—[सं॰ अ + यतेन्द्रिय] *वि॰* १. जिसने अपनी इन्द्रियों को संयमित/नियंत्रित न किया हो। असंयमी। २. ब्रह्मचर्यहीन। ब्रह्मचर्यभ्रष्ट। इन्द्रियलोलुप। ३. चंचल इन्द्रियों वाला। ∇ **विलोम**—यतेन्द्रिय।

अयत्न—[सं॰ अ + यत्न] *वि॰* १. (कार्य) जिसमें प्रयत्न न करना पड़े। २. प्रयत्न न करनेवाला। *पु॰* यत्न का अभाव। चेष्टाहीनता। उद्योगहीनता।

अयत्नकृत—[सं॰ अयत्न ~ कृत] *वि॰* बिना प्रयत्न किए होनेवाला (कार्य/परिणाम)। *जैसे*—अयत्नकृत सफलता। यत्नकृत।

अयत्नज—[सं॰ अयत्न + ज] *वि॰* १. अयत्नकृत। २. स्वाभाविक। प्राकृतिक। ✣ **अयत्नज अलङ्कार (अलंकार)**—*पु॰* =

(काव्य॰) सात्त्विक अलंकारों का एक भेद। नायिका के शरीर तथा स्वभाव की मोहकता को बढ़ानेवाली स्वाभाविक विशेषताएँ।

अयथा—[स॰ अ + यथा] *क्रिवि॰* (कार्य) जैसे होना चाहिए, वैसे नहीं। अनुचित/ग़लत रीति से। *वि॰* १. मिथ्या। असत्य। झूठ। २. अनुपयुक्त। अयोग्य।

अयथातथ—[स॰ अ + यथा ~ तथा] *वि॰* १. यथा होना चाहिए तथा नहीं। जैसा होना चाहिए वैसा नहीं। २. जो यथार्थ न हो। अयथार्थ। ३. अनुपयुक्त या विपरीत।

अयथापूर्व—[स॰ अ + यथापूर्ण] *वि॰* जो यथापूर्व न हो। जो पहले जैसा न हो। ∇ **विलोम**—यथापूर्व।

अयन—[स॰ √अय् + ल्युट्] *पु॰* १. गमन। जाना। २. गति। चाल। ३. मार्ग। रास्ता। ४. स्थान। जगह। ५. (गाय आदि के) थन का वह भाग जिसमें दूध रहता है। (खगोल॰) १. सूर्य की आभासी गति जो उत्तर की ओर या दक्षिण की ओर होती है। ● **विशेष**—१. उत्तर की ओर की गति '**उत्तरायण**' और दक्षिण की ओर की गति '**दक्षिणायन**' कहलाती है। (दे॰ अयन-काल) २. छह महीने का समय। [उक्त समय को '**अयन-काल**' कहते हैं। सूर्य 'उत्तरायण' में ६ महीने रहता है और 'दक्षिणायन' में भी ६ महीने।] ***उदा॰*** दिवस-मास-ऋतु-अयन-वर्ष भर। —निराला रचना॰ (खंड १, पृ॰ २५६) २.विषुव-अयन = विषुव-संक्रान्ति का पूर्व वर्ष की अपेक्षा कुछ जल्दी होना। (अं॰ प्रिसेशन) ✣ **अयन-काल**—*पु॰* = सूर्य का एक अयन (उत्तरायण या दक्षिणायन) में रहने का समय जो ६ महीनों का होता है। ✣ **अयन-चलन**—*पु॰* = विषुव बिन्दुओं का प्रतिवर्ष पीछे हटना। (दे॰ अयन)। इसका मान लगभग ५०''.३ प्रतिवर्ष है।

अयन-सङ्क्रान्ति (अयन-संक्रांति)—[स॰] *स्त्री॰* कर्क-संक्रान्ति और मकर-संक्रान्ति। ● **विशेष**—पृथ्वी के दक्षिणी गोलार्ध में '**कर्क-संक्रान्ति**' को उत्सव मनाया जाता है और उत्तरी गोलार्ध में '**मकर-संक्रान्ति**' को।

अयनांश—[स॰ अयन ~ अंश] *पु॰* (खगोल॰)। अयन चलन के कारण वसन्त-विषुव (अर्थात्) वसन्त-साम्पातिक बिन्दु) या मेष राशि के आरम्भ बिन्दु के प्रतिवर्ष पीछे हटने के कारण उससे होनेवाली ग्रह-नक्षत्र आदि के देशान्तर और एक स्थिर बिन्दु (रेवती नक्षत्र से जो पाँचवीं शती ई. में साम्पातिक बिन्दु या विषुव-बिन्दु था) का कोणीय अन्तर। ***जैसे***—१ जनवरी २००५ को अयनांश २३° ५५'३०'' था और १ दिसम्बर २००५ को २३° ५६'२५''। ● **विशेष**—१. ग्रह आदि के प्रत्यक्ष देशान्तर को '**सायन राशि चक्र का देशान्तर**' या '**सायन**' कहते हैं और उसमें से अयनांश घटने पर प्राप्त मान '**निरयन देशान्तर**' या '**निरयन**' कहा जाता है। २. **अयनांश २८५ई. में शून्य था।**

अयनान्त (अयनांत)—[स॰ अयन ~ अन्त] *पु॰* (खगोल॰) अयन का अन्त। उत्तरायण-काल या दक्षिणायन-काल की समाप्ति का क्षण। संक्रान्ति। सूर्य का मकर राशि या कर्क राशि में प्रवेश। सूर्य के विषुवत्/भूमध्य रेखा से दूरतम पहुँचने का समय जब वह लौटने से पहले रुका-सा प्रतीत होता है। ● **विशेष**—दो अयनान्त/संक्रान्तियाँ होतीं हैं—कर्क संक्रान्ति (२१ जून के लगभग) और मकर संक्रान्ति (२२ दिसम्बर के लगभग)।

अयस्—[स॰ √इण् + असुन्] *पु॰* १. लोहा। २. स्वर्ण आदि कोई भी धातु। ✣ ***अयस**—*पु॰* = लोहा। ***उदा॰*** अयस्कान्त ले खींच अयस को जैसे निज बाँहों में (अयस्कान्त = चुम्बक)। —दिनकर (उर्वशी, तृतीय अंक) ✣ **अयस्-उत्कीर्णन**—*पु॰* = लोहे पर उत्कीर्ण करने की प्रक्रिया या कला। ✣ **अयस्क**—*पु॰* = आर्थिक दृष्टि से उपयोगी धातुमय खनिज-समुच्चय जिससे मूल्यवान् धातुएँ व्यापारिक स्तर पर प्राप्त की जा सकती हैं। (अं॰ ओर)

अयस्कान्त (अयस्कांत)—[स॰ अयस् ~ कान्त] *पु॰* चुम्बक।

अयस्कार—[स॰ अयस् + कार (√कृ + अण्)] *पु॰* लुहार।

अयस्मय—[स॰ अयस् + मयट्] *वि॰* १. लोहे का बना हुआ। २. किसी भी धातु का बना हुआ। Δ **पर्याय**—अयोमय।

अयात—[स॰ अ + यात] *वि॰* १. नहीं गया हुआ। ***जैसे***—अयात व्यक्ति। २. नहीं बीता हुआ। ***जैसे***—अयात समय। ✣ **अयातयाम**—*वि॰* = (भोजन आदि) जो रात का रखा हुआ या बासी न हो। ताज़ा।

अयान[1]—[स॰ अ + यान] *पु॰* १. गमन न करना। न चलना। ठहरना। २. स्वभाव। *वि॰* १. जिसके पास यान न हो। बिना वाहन/सवारी। २. पैदल।

अयान**[2]—[< स॰ अज्ञान] *पु॰* १. अज्ञान। ***उदा॰ भया अयान तब कछुवौ न बूझा। —कबीर (रमैनी, ६३) २. अज्ञानी। बुद्धिहीन। नासमझ। ✣ ***अयानता**—*स्त्री॰* = अज्ञान। बुद्धिहीनता। नासमझी। ✣ ***अयानप**—*पु॰* = १. अज्ञानीपन। नासमझी। २. सरलता। भोलापन।

अयाना**—[< स॰ अज्ञान] *वि॰* १. अज्ञानी। बुद्धिहीन। नासमझ। २. अबोध। सरल। भोला। *पु॰* बालक। शिशु। ✣ **अयानी**—*वि॰* (*स्त्री॰*) = ***जैसे—अयानी गोपी। *स्त्री॰* = बालिका।

अयाल—[< फा॰ याल] *पु॰* घोड़े की गर्दन के लम्बे बाल।

अयि—[स॰ √इण् + इन्] *अव्यय॰* हे। अरे। अरी। ए। ओ।

अयुक्त—[स॰ अ + युक्त] *वि॰* १. जो युक्त/मिला/जुड़ा हुआ न हो। पृथक्। अलग। २. (पशु) जो गाड़ी में जुता न हो। ३. जो किसी काम में लगा हुआ न हो। ४. जो उपयुक्त न हो। अनुपयुक्त। ५. जो योग्य न हो। अयोग्य। ६. जिसका (किसी बात/काम पर) भली भाँति ध्यान न हो। अमनस्क। ७. जो सत्य न हो। असत्य। झूठ। ८. अविवाहित। ९. जो युक्तिसंगत/तर्कसंगत न हो। (काव्य॰) एक अर्थदोष। विधि या अनुवाद की अयुक्तता का दोष।

अयुक्ति—[स॰ अ + युक्ति] *स्त्री॰* १. युक्ति का अभाव। कारण न बतलाना। तर्क न बता पाना। २. (किसी काम में) योग न देना। (कार्य से) पृथक्ता। ३. असम्बद्धता।

अयुग/अयुगल—[सं॰ अ + युग/युगल] *वि॰* १. जो अकेला युगल न हो। २. अलग। ३. (१, ३, ५, ७…इत्यादि कोई) विषम (संख्या)। ***जैसे***—अयुगनेत्र शिव।

अयुग्म—[सं॰ अ + युग्म] *वि॰* १. जो युग्म/जोड़ा न हो। अकेला। २. (संख्या) जो सम न हो। विषम। (जैसे—१, ३, ५, ७…) ● **विशेष**—बेल वृक्ष की तीन-तीन पत्तियाँ एक साथ होती हैं अर्थात् विषम संख्या वाली। अत: बेल का वृक्ष '**अयुग्मच्छद**' कहा जाता है। सूर्य के रथ के ७ घोड़े होने के कारण सूर्य को '**अयुग्मवाह**' कहा जाता है। पाँच बाणों वाले 'कामदेव' को '**अयुग्मबाण**' या '**अयुग्मशर**' भी कहते हैं।

अयुत—[सं॰ अ + युत] *वि॰* १. जो युत/सम्बद्ध/मिला न हो। असम्बद्ध। असंयुक्त। अलग। २. दस हजार। ***जैसे***—अयुत वर्ष। ३. बहुत अधिक संख्यावाला। अनेक।

अयुतसिद्ध (अयुतसिद्ध)—[सं॰ अयुत ~ सिद्ध] *वि॰* सदा सम्बद्ध रहनेवाले। [न्याय॰] दो पदार्थ जो एक दूसरे पर आश्रित हों और इस कारण अलग न किए जा सकें। ***जैसे***—वस्त्र और वस्त्र का रूप अयुतसिद्ध हैं।

अयुध्य—[< सं॰ अयोध्य] *वि॰* १. जो युद्ध/आक्रमण करने योग्न न हो। लड़ने में असमर्थ। २. जिससे युद्ध न किया जा सके। अति शक्तिशाली।

अये—[सं॰ √इण् + एच्] *सम्बोधन॰ अव्यय॰* (आश्चर्य, दु:ख आदि का सूचक) हे। अरे। अयि।

अयोग—[सं॰ अ + योग] *पु॰* १. योग का अभाव। अलग होना। पृथक्ता। अलगाव। २. वियोग। ३. एकरूपता का अभाव। ४. अप्राप्ति। ५. असंलग्नता। ६. संकट। ७. अनुचित योग/मेल। (ज्योतिष॰) (ग्रह, नक्षत्र आदि आदि की दृष्टि से) बुरा योग। कुसमय।

अयोगवाह—[सं॰ अयोग + वाह] *वि॰* (भाषा॰) १. वे ध्वनियाँ जो स्वतन्त्र न हों तथा अन्य ध्वनियों के साथ ही प्रयुक्त होती हों। २. वे ध्वनियाँ जिनके उच्चारण में 'अ' का योग अनिवार्य है। *पु॰* (संस्कृत व्या॰) अनुस्वार, विसर्ग, उपध्मानीय तथा जिह्वामूलीय नामक ध्वनियाँ।

अयोघन—[सं॰ अयस् ~ घन] *पु॰* लोहे का हथौड़ा।

अयोध्य—[सं॰ अ + योध्य (√युध् + ण्यत्)] *वि॰* १. जो युद्ध/आक्रमण किए जाने योग्य न हो। अति शक्तिशाली। २. अजेय। ✣ **अयोध्या**—*वि॰* (स्त्री॰) =अयोध्य (स्त्री/नगरी आदि)। *स्त्री॰* ऐसी नगरी जो युद्ध/आक्रमण किए जाने योग्य न हो। नगरी। सूर्यवंशी राजाओं रघु, दशरथ, राम इत्यादि की राजधानी।

अयोनि—[सं॰ अ + योनि] *वि॰* १. अजन्मा। २. नित्य। ३. जो योनि से उत्पन्न न हुआ हो। अयोनिज। *पु॰* १. ब्रह्मा। २. शिव। महादेव।

अयोनिज—[सं॰ अयोनि + ज] *वि॰* जो योनि/गर्भ से उत्पन्न न हुआ हो (जैसे—उद्भिज, स्वेदज, देवता आदि)।

अयोमय—[सं॰ अयस् + मयट्] *वि॰* १. लोहे का बना हुआ। २. (किसी भी) धातु का बना हुआ। **Δ पर्याय**—अयस्मय।

अयोमुख—[सं॰ अयस् ~ मुख] *वि॰* जिसके मुख/सिर पर या सिरे पर लोहा लगा हो।

अयोहृदय—[सं॰ अयस् ~ हृदय] *वि॰* जिसका हृदय लोहे के समान कठोर हो। निष्ठुर।

अर[१]/अरा—[सं॰ √ऋ + अच्] *पु॰* १. (बैलगाड़ी आदि के) पहिए की नाभि में ठुकी हुई चौड़ी और मोटी लकड़ियाँ जिनके सिरे पहिए में होते हैं। २. कोण। कोना। ३. चक्रवाक (पक्षी)। चकवा। *क्रिवि॰* जल्दी से। शीघ्रतापूर्वक।

***अर[२]**—*स्त्री॰* ≤ *हि॰* अड़। हठ। ज़िद।

†अरइल—*वि॰* ≤ *हि॰* अड़ियल। अड़वाला। हठी। ज़िद्दी।

†अरई[१]—[< सं॰ √ऋ] *स्त्री॰* बैलों को हाँकने की डंडी जिसके सिरे पर छोटा-सा नुकीला लोहा लगा होता है। पैना। ***वा॰* अरई देना/लगाना**—बार-बार चेताना। ताकीद करना।

†अरई[२]—*स्त्री॰* ≤ *हि॰* अरवी। घुइयाँ (तरकारी)।

†अरई[३]—[< हि॰ अड़ना/अर] *वि॰* (बैल आदि) जो चलते-चलते रुक जाता है या अड़ जाता है। अड़नेवाला।

***अरक[१]**—[< सं॰ अर्क] *पु॰* १. अर्क। सूर्य। २. मदार नामक पौधा। आक वृक्ष। ३. सेवार घास।

अरक़—[अरबी] *पु॰* १. वनस्पति आदि का भभके द्वारा खींचा गया सार द्रव। अर्क। २. निचोड़ कर प्राप्त या पकाकर बनाया हुआ (किसी वस्तु का) रस। अर्क।

अरकटी—[< हि॰ आर + काटना] *पु॰* (नाव की पतवार सँभालने वाला) माँझी।

†अरकना—[अनु॰] *क्रिअ॰* १. अरराकर गिरना। २. टकराना। भिड़ना। **उदा॰** फरकि फरकि लोथि लोथिन सौं अरकी। —बनवारी कवि (शिवसिंह सरोज, १०८०) ३. फटना। ४. ऊँचे स्वर से बोलना। ज़ोर से बोलना। ✣ **अरकना-बरकना**—*क्रिअ॰* = १. बेकार की तथा बहुत बातें करना। २. टालमटोल करना। ३. खींचातानी करना।

†अरकसिया[१]—[< हि॰ आरा + फा॰ कशी] *पु॰* (लकड़ी चीरने का) आरा चलाने का काम करनेवाला व्यक्ति।

†अरकसिया[२]—[< हि॰ अरकसी] *वि॰* आलस्य करने वाला। आलसी। सुस्त।

†अरकसी—[< सं॰ आलस्य] *स्त्री॰* आलस्य। सुस्ती। *वि॰* आलसी। सुस्त।

अरक्तक—[सं॰ अरक्त + कन्] *वि॰* (चिकित्सा॰) शरीर में रक्त की कमी वाला।

अरक्तता—[सं॰ अ+ रक्तता] *स्त्री॰* (चिकित्सा॰) १. शरीर में रक्त की कमी। रक्तहीनता। रक्ताल्पता। रक्तक्षीणता। २. लाल रुधिर कणिकाओं (अं॰ हेमोग्लोबिन) की कमी की स्थिति जिसमें शरीर पीला और निर्जीव-सा हो जाता है। (अं॰ एनीमिया)

अरक्षित—[सं॰ अ + रक्षित] १. जिसकी रक्षा न की गयी हो या न

की जाती हो। २. (व्यक्ति या वस्तु) जिसका रक्षक कोई न हो। ३. (स्थान) जिसकी रक्षा का कोई प्रबन्ध न हो।

अरगजा—[देशज] *पु॰* केसर, चन्दन और कपूर से बना एक सुगन्धित द्रव्य जो माथे पर लगाया जाता है।

अरगजी—[< हि॰ अरगजा] *वि॰* १. अरगजे के समान गहरे पीले रंग वाला। २. अरगजे के समान सुगन्ध वाला। *पु॰* एक प्रकार का गहरा पीला रंग।

***अरगट**—[< हि॰ अलगंट] *वि॰* १. पृथक्। अलग। २. भिन्न। ३. निराला।

अरगल—[< सं॰ अर्गला] *पु॰* किवाड़ को भीतर से बन्द करने की लकड़ी या सिटकिनी आदि। अर्गला।

***अरगाना**—[< हि॰ अलगाना] *क्रिअ॰* १. अलग होना। २. चुप होकर बैठ जाना। चुप्पी साधना। *क्रिस॰* १. अलग करना। २. छाँटना। ❖ **अरगाइ**—*क्रिवि॰* = १. अलग होकर। २. मौन/चुप्पी साधकर। *वि॰* स्तब्ध।

अरघट्ट—[सं॰ अर √घट्ट + अच्] *पु॰* १. कुएँ से पानी निकालने का यन्त्र। रहट। २. गहरा कुआँ।

अरघा—[< सं॰ अर्घ] *पु॰* १. अर्घ देने का पात्र। २. शिवलिंग के चारों ओर बना पत्थर का आधार। जलधरी। ३. कुएँ की जगत पर जल के नीचे गिरने के लिए बना नाली जैसा मार्ग।

***अरघान/अरघानी**—[< सं॰ आघ्राण] *स्त्री॰* सुगन्ध। महक। ख़ुशबू।

***अरचा**—*स्त्री॰* ≤ *सं॰* अर्चा। १. अर्चना। पूजा। २. वह प्रतिमा/मूर्ति जिसकी पूजा की जाती है। ❖ **अरचि**[१]—*क्रिवि॰* = पूजा करके।

***अरचि**[२]—*स्त्री॰* ≤ *सं॰* अर्चि। १. ज्योति। २. दीप्ति। चमक।

अरचित[१]—[सं॰ अ + रचित] *वि॰* १. जो अभी रचित न हो। जो अभी न बना हो। ***जैसे***—अरचित भवन। २. न लिखा गया (लेख, पुस्तक आदि)। ***जैसे***—अरचित कविता।

अरचित[२]—*वि॰* ≤ *सं॰* अर्चित। पूजित।

अरज[१]—[< सं॰ अरजस्] *वि॰* १. धूल या गर्द से रहित। बिना धूल का। स्वच्छ। २. वासना-रहित।

†**अरज**[२]—*स्त्री॰* ≤ फा॰ अर्ज़। निवेदन। प्रार्थना।

†**अरज़**[१]—[< अरबी अर्ज़] *पु॰* (कपड़े की) चौड़ाई। अर्ज़। ***जैसे***—धोती का अरज़।

†**अरज़**[२]—[< फा॰ अर्ज़] *स्त्री॰* निवेदन। प्रार्थना। ❖ **अरज़ ग़रज़**—प्रार्थना या आवश्यकता।

***अरजना**—[< सं॰ अर्जन] *क्रिस॰* प्राप्त करना।

***अरज़ना**—[< फा॰ अर्ज़] *क्रिस॰* निवेदन करना। प्रार्थना करना। अर्ज़ करना।

***अरजमा**—*पु॰* ≤ *सं॰* अर्यमा। सूर्य।

अरजस्क—[सं॰ अ + रजस्क] *वि॰* १. जिसमें रज न हो। धूलि-रहित। २. स्वच्छ। साफ़।

अरड़ाना—[अनु॰] *क्रिअ॰* १. सूखे वृक्ष या किसी बड़े काष्ठ खंड का 'अरड़'/'अरर' की ध्वनि के साथ टूटना। अरराना। २. (पशु का) पीड़ा के कारण चीख़ना या डकराना।

अरणि/अरणी—[सं॰ √ऋ + आणि, अरणि + ङीप्] *स्त्री॰* एक औषधोपयोगी और काफ़ी ऊँचा वृक्ष जिसके पत्ते गोल परन्तु कुछ नुकीलापन लिए हुए और फूल सफ़ेद तथा बहुत सुगन्धित होते हैं।

अरण्ड (अरंड)—[< सं॰ एरण्ड] *पु॰* लगभग ५ मीटर ऊँचा एक पेड़ जिसके तने, पत्तों आदि में सफ़ेद धूल जैसा पदार्थ लिपटा रहता है जो छूनेवाले के हाथों में लग जाता है, फूल लाल और बैंगनी रंग के होते हैं तथा जिसमें बैंगनी और लाल रंग मिले हुए फल बड़े गुच्छे के रूप में लगते हैं। एरण्ड। रेंड। रेंडी।

अरण्य—[सं॰ √ऋ ~ अन्य] *पु॰* १. घोर जंगल जिसमें मनुष्यों का आना-जाना प्रायः नहीं होता है। २. दशनामी सन्न्यासियों का एक भेद।

अरण्यक—[सं॰ अरण्य + कन्] *पु॰* १. वन। जंगल। २. वनवासी समाज/व्यक्ति।

अरण्य-गान—[सं॰] *पु॰* १. वन में गाया गया गीत। २. (लाक्षणिक) कोई सुन्दर कार्य/बात जिसको देखने-समझने या सराहनेवाला कोई न हो।

अरण्य ~ चन्द्रिका (चंद्रिका)—[सं॰] *स्त्री॰* १. घोर जंगल में छिटकी चाँदनी। २. (लाक्षणिक) ऐसा शृंगार या कोई सुन्दर वस्तु आदि जिसे देखने, समझने या सराहनेवाला कोई न हो।

अरण्य-पति/राज—[सं॰] *पु॰* सिंह। शेर।

अरण्यरोदन/अरण्यविलाप—[सं॰ अरण्य ~ रोदन/विलाप] *पु॰* १. घोर वन में रुदन/रोना। २. निष्फल रुदन। ३. (लाक्षणिक) किसी अन्याय के विरुद्ध या अपने कष्ट के विषय में शिकायत या चीख़-पुकार जिस पर कोई ध्यान न दे। ४. (लाक्षणिक) निष्फल कथन या व्यर्थ निवेदन।

अरण्यानी—[सं॰ अरण्य + ङीष्, आनुक्] *स्त्री॰* १. बहुत लम्बा-चौड़ा अरण्य। विशाल जंगल। २. अरण्य की देवी। वन-देवी।

अरण्यीय—[सं॰ अरण्य + छ] *वि॰* १. वन-सम्बन्धी। वन का। २. वनैला। जंगली। *पु॰* वह भूमि/क्षेत्र जिसके समीप अरण्य/वन हो।

अरत—[सं॰ अ + रत] *वि॰* १. जो किसी काम में रत न हो। विरत। २. जो अनुरक्त न हो। विरक्त। अनासक्त। ३. आलसी। सुस्त।

अरति—[सं॰ अ + रति] *स्त्री॰* १. (किसी काम में) रत न होने की स्थिति या भाव। २. रति/प्रीति न होना। विरक्ति। ३. भोग-विलास का अभाव। ४. कष्ट। पीड़ा। ५. चिन्ता। ६. शोक। ७. विकलता। घबड़ाहट। ८. असन्तोष। ९. आलस्य। सुस्ती।

अरत्नि—[सं॰ अ + रत्नि] *स्त्री॰* १. कोहनी। २. बाहु। बाँह। ३. कोहनी से छोटी उँगली के सिरे तक की नाप।

***अरथ**—[< सं॰ अर्थ] *पु॰* १. अर्थ। २. सार्थकता।

***अरथाना/अरथियाना**—[< सं॰ अर्थ] *क्रिस॰* १. अर्थ लगाना।

अर्थ करना। २. विस्तार से अर्थ बताना। व्याख्या करना। ३. अर्थ समझाना/बताना।

अरथी[१]—[सं॰ अरथिन्] *पु॰* १. वह व्यक्ति जो रथ पर सवार न हो। २. पैदल। ३. शव को श्मशान तक ले जाने वाली सीढ़ी/तख़्ता। टिकटी।

अरथी[२]—*वि॰ ≤ सं॰* अर्थी। (कुछ) चाहनेवाला या माँगनेवाला।

अरद/अरदन—[सं॰ अ + रद/रदन] *वि॰* जिसके दाँत न हों। दन्त-रहित।

***अरदना**—[< सं॰ अर्दन] *क्रिस॰* १. कष्ट पहुँचाना। २. नष्ट करना। ३. मसलना। ४. कुचलना।

***अरदाना**—[हि॰ अरदना का प्रेरणा॰ रूप] *क्रिस॰* १. (किसी से) कष्ट पहुँचवाना। २. (किसी से) नष्ट करवाना। ३. (किसी से) कुचलवाना। *क्रिअ॰* कुचला जाना।

अरदास—[< अरबी अर्ज़ + फा॰ दाश्त] *पु॰* १. प्रार्थना। विनती। निवेदन। २. भेंट के साथ निवेदन। ३. किसी शुभ कर्म के आरम्भ/अन्त में देवता को अर्पित भेंट। ४. धार्मिक पाठ आदि के बाद की जाने वाली ईश्वर-प्रार्थना या देवी-देवता की प्रार्थना।

***अरध**[१]—[< सं॰ अधः] *क्रिवि॰* १. नीचे। २. अन्दर। भीतर।

***अरध**[२]—*वि॰ ≤ सं॰* अर्ध। आधा।

***अरध-ऊरध**—[< सं॰ अधः ~ ऊर्ध्व] *पु॰* नीचे और ऊपर। अधः ऊर्ध्व। (योग॰) १. मूलाधार चक्र और सहस्रार चक्र। २. कुंडलिनी शक्ति जो सामान्यतः नीचे मूलाधार चक्र में स्थित रहती है और ऊपर स्थित सहस्रार चक्र में स्थित शिव।

***अरधङ्ग (अरधंग)**—*पु॰ ≤ सं॰* अर्धाङ्ग। (दे॰) ✣ **अरधाङ्गी**

***अरधन्त (अरधंत)**—[< सं॰ अधः] *क्रिवि॰* नीचे।

अरन[१]—[< हि॰ अड़न] *पु॰* एक प्रकार की निहाई जिसके दोनों ओर या एक ओर नोक होती है। *स्त्री॰* अड़ने का कार्य। अड़न। अड़। हठ। ***जैसे***—हर बात पर अड़न ठीक नहीं है।

***अरन**[२]—*पु॰ ≤ सं॰* अरण्य। घोर जंगल।

***अरपना**[१]—[< सं॰ अर्पण] *क्रिस॰* १. अर्पण करना। सौंपना। २. भेंट करना। देना।

***अरपना**[२]—[देशज] *क्रिअ॰* १. पैर रखना। २. आरूढ़ होना। चढ़ना।

अरब[१]—[< सं॰ अर्बुद] *पु॰* सौ करोड़ की संख्या। ***जैसे***—लाख, करोड़, अरब। *वि॰* सौ करोड़। ***जैसे***—पाँच अरब रुपए।

अरब[२]—[< सं॰ अर्वन्] *पु॰* १. घोड़ा। २. इन्द्र।

अरब[३]—[अरबी] *पु॰* १. पश्चिमी एशिया का एक देश। २. उक्त देश का निवासी। ३. उक्त देश का घोड़ा।

अरबराना—[अनु॰] *क्रिअ॰* १. चलने में लड़खड़ाना। २. बोलने में लड़खड़ाना। ३. बड़बड़ाना। ४. व्याकुल होना। घबराना। ५. प्रेम में मग्न होना। ६. तड़पना। ७. जल्दी मचाना। हड़बड़ाना। ८. उतावला होना। ✣ ***अरबरानि**—*स्त्री॰* = अरबरी।

***अरबरी**—[< हि॰ अरबराना] *स्त्री॰* १. चलने में लड़खड़ाहट। २. बोलने में लड़खड़ाहट। ३. बड़बड़ाहट। ४. व्याकुलता। बेचैनी। घबराहट। ५. प्रेम-विह्वलता। ६. जल्दी। हड़बड़ाहट। ७. उतावली। ८. भगदड़।

***अरबीला**—[< हि॰ अर (अड़)] *वि॰* १. अड़नेवाला। हठी। २. आन-बानवाला। ठसकवाला। ३. तेजस्वी। ✣ **अरबीली**—*वि॰* (*स्त्री॰*) = १. अड़नेवाली। हठी। २. आन-बानवाली। ठसकवाली। ३. तेजस्विनी।

***अरभक**—*पु॰ ≤ सं॰* अर्भक। बालक।

अरमण—[सं॰ अ + रमण] *वि॰* १. जिसमें मन रमण न करे। अरुचिकर। अप्रिय। नापसन्द। २. आनन्द न देनेवाला।

अरर—[अनु॰] *विस्मया॰ अव्यय* १. आश्चर्य, व्याकुलता आदि का सूचक शब्द। ***जैसे***—अरर! धोखा! २. प्रसन्नता का सूचक शब्द। ***जैसे***—अरर! तुम्हें इतना धन मिल गया।

अररर—[अनु॰] *स्त्री॰* १. 'अरे-अरे' की ध्वनि। २. पिचकारी आदि की जल-धारा की ध्वनि। ३. तोप छूटने की ध्वनि।

अरराना—[अनु॰, < हि॰ अरर/अररर] १. 'अररर' शब्द करना। २. 'अरर' की ध्वनि के साथ अचानक टूट कर गिरना।

अरलू—[< सं॰ अरलु] *पु॰* एक औषधोपयोगी वृक्ष जो बहुत बड़ा और ऊँचा होता है। सोनापाठा। ● **विशेष**—अरलू की फली लगभग ६० सें॰मी॰ लम्बी होती है और उसका सिरा मुड़ा हुआ होता है। 'अरलू' को संस्कृत में '**श्योनाक**' भी कहते हैं और हिन्दी में इसे '**टेंटू/टेंटी**' भी कहा जाता है।

अरव—[सं॰ अ + रव] *वि॰* १. बिना रव/शब्द का। जिसमें आवाज़ न हो। २. मौन। शान्त। चुप। *पु॰* शब्द/ध्वनि का अभाव। निःशब्दता।

अरवन—[< हि॰ अ + लवना (=फ़सल काटना)] *पु॰* कच्ची काटी जानेवाली फ़सल।

***अरवाती**—[< हि॰ ओरवती या < हि॰ ओलती] *स्त्री॰* ढालू छप्पर का वह सिरा जहाँ से वर्षा का पानी नीचे गिरता है। ओलती। ओरी।

अरविन्द (अरविंद)—[सं॰ अर √विद् + श, नुम्] *पु॰* १. (लाल/नीला) कमल। २. सारस (पक्षी)। (छन्द॰) एक समवर्णिक छन्द। एक प्रकार का सवैया जिसके प्रत्येक चरण में क्रमशः ८ सगण और लघु के योग से २५ वर्ण होते हैं।

अरविन्दाक्ष (अरविंदाक्ष)—[सं॰ अरविन्द ~ अक्ष] *वि॰* कमल के समान नेत्रोंवाला। कमलनयन। *पु॰* विष्णु।

अरविन्दिनी (अरविंदिनी)—[सं॰ अरविन्द + इनि + ङीप्] *स्त्री॰* १. कमलों का समूह। २. कमलों से पूर्ण स्थान। कमलवन। ३. कमलिनी।

अरस[१]—[सं॰ अ ~ रस] *वि॰* १. जिसमें रस न हो। नीरस। रसहीन। २. बिना स्वाद का। फीका। ३. जो काव्य, कला, मनोरंजक बात आदि में रस न ले पाए। अरसिक। ४. अनाड़ी। गँवार।

अरस[२]—[< सं॰ आलस्य] *पु॰* आलस्य।

***अरस**[३]—[< अरबी अर्श] *पु॰* १. आकाश। २. बहुत ऊँचा भवन। ३. कमरे की छत।

अरसात—[< हि॰ अरसाना] *पु॰* (छन्द॰) एक प्रकार का सवैया। एक समवर्णिक छन्द जिसके प्रत्येक चरण में क्रमशः सात भगण और एक रगण के योग से २४ वर्ण होते हैं।

अरसिक—[स॰ अ + रसिक] *वि॰, पु॰* १. (व्यक्ति) जो रसिक न हो। २. प्रेम, शृंगार आदि से सम्बन्धित बातों में रुचि न रखनेवाला (व्यक्ति)। ३. काव्य, संगीत, चित्रकला आदि का मर्म न समझ पानेवाला या उनका आनन्द लेने में असमर्थ (व्यक्ति)। ***जैसे***—अरसिकों को कविता मत सुनाओ। ४. (व्यक्ति) जो सरस न हो। स्वभाव से रूखा व्यक्ति। ***जैसे***—व्याकरण, गणित, दर्शन आदि के विद्वान् प्रायः अरसिक होते हैं।

***अरसी**[1]—*स्त्री॰* ≤ *हि॰* अलसी। (दे॰ अलसी[1], अलसी[2])

***अरसी**[2]—*स्त्री॰* ≤ *हि॰* आरसी। दर्पण। आईना। शीशा।

***अरसीला**[1]—[स॰ अ + रसीला] *वि॰* १. व्यक्ति जो रसीला न हो। २. जिसमें रस न हो। स्वादहीन।

अरसीला[2]—[< स॰ अलस] *वि॰* अलसाया हुआ। आलस्यपूर्ण।

अरसौंहा (अरसौंहा)—[< हि॰ अरसाना] *वि॰* आलस्य से भरा हुआ। आलस्ययुक्त।

अरहट—[< प्रा॰ अरहट्ट < स॰ अरघट्ट] *पु॰* कुएँ से पानी निकालने का एक उपकरण। रहट।

***अरहना**—[< स॰ अर्हण] *पु॰* पूजा करना। *स्त्री॰* पूजा। आराधना।

***अरहन्त (अरहंत)**—[प्रा॰ < स॰ अर्हत्] *वि॰* पूजा के योग्य। पूज्य। *पु॰* जिन भगवान्। तीर्थंकर।

अरा—[< स॰ अर] *पु॰* गाड़ी के पहिए की नाभि और नेमि/परिधि के बीच की लकड़ी।

अरागी—[स॰ अ + रागी (रागिन्)] *वि॰* जिसमें राग न हो। जिसमें आसक्ति/प्रेम/अनुराग न हो। राग-रहित। विरागी।

अराज—[स॰ अ + राजा] *वि॰* १. (देश) जहाँ राजा न हो। अराजक। २. क्षत्रियों से रहित। क्षत्रियहीन (देश)। ३. शिथिल शासनवाला (देश/राज्य)।

अराजक—[स॰ अ + राजक] *वि॰* १. राजा या शासक से हीन (देश/राज्य/प्रदेश)। २. जो शासक/शासन का विरोधी हो। ३. विद्रोही। ४. राज्य के विरुद्ध षड्यंत्र करनेवाला। ५. जो अराजकतावाद का अनुयायी/समर्थक हो। अराजकतावादी। ✣ **अराजकता**—*स्त्री॰* = किसी देश में राजा/शासक न होने की स्थिति। शासन की शिथिलता या शासक के न होने पर सरकारी अधिकारियों आदि में और जनता में अनुशासन और व्यवस्था का अभाव। २. (साहित्य आदि किसी क्षेत्र/संस्था आदि में) अव्यवस्थावाली स्थिति। अनुशासन/नियन्त्रण के अभाव की स्थिति। (राज॰) १. ऐसी स्थिति जिसमें राज्य में क़ानून और व्यवस्था छिन्न-भिन्न हो जाए तथा जनता का जीवन और धन-सम्पत्ति सुरक्षित न रहें। २. अराजकतावाद के अनुसार होनेवाली वह उत्तम स्थिति जिसमें राजा/शासक के बिना ही समाज के सदस्य स्वेच्छा से और मिल-जुलकर व्यवस्थित रहें। (अ॰ ऐनार्कि) ✣ **अराजकतावाद**—*पु॰* = सामाजिक या राजनीतिक अव्यवस्था। (राज॰) एक राजनीतिक सिद्धान्त जिसके अनुसार राज्य, सरकार और क़ानून हानिकारक हैं अतः राज्यतन्त्र को समाप्त कर देना चाहिए तथा जनता को स्वेच्छा से और मिलजुलकर व्यवस्थित रहने की स्थितिवाला समाज बनाना चाहिए। (अ॰ एनार्किज़्म)

अराजन्य—[स॰ अ + राजन्य] *वि॰* १. क्षत्रियरहित। २. (व्यक्ति) जो क्षत्रिय न हो।

अराजपत्रित—[स॰ अ + राजपत्रित] *वि॰* जो राजपत्रित (अ॰ गज़ेटिड) न हो। ***जैसे***—अराजपत्रित अधिकारियों का सम्मेलन। ∇ **विलोम**—राजपत्रित।

अराज़ी—[अरबी] *स्त्री॰* १. भूमि। धरती। जमीन। २. खेतीवाली भूमि। कृषि-भूमि।

अराति—[स॰ अ + राति] *पु॰* शत्रु। वैरी। ***जैसे***—अराति-नाश। २. काम, क्रोध इत्यादि छह शत्रु। ३. (पद्य आदि में) छह की संख्या। ✣ **अराति-भङ्ग (भंग)**—*पु॰* = शत्रु का नाश।

अराबा—[< अरबी अराब:] *पु॰* १. रथ या गाड़ी। २. तोप लादनेवाली गाड़ी। तोप-गाड़ी।

अरारी—[देशज] *पु॰* एक औषधोपयोगी वृक्ष जिसके फूल और फल आसमानी रंग के होते हैं तथा पत्ते दुर्गन्धवाले। करंजिया।

अरारोट—[< अ॰ ऐरोरूट] *पु॰* एक विदेशी पौधा जिसके कन्द को कूट कर सार निकाला जाता है जो रोगियों के लिए पथ्य होता है।

अराल—[स॰ (√ऋ + विच्), अर् + आल (आ √ला+ क)] *वि॰* १. मुड़ा हुआ। तिरछा। २. प्रतिकूल। ३. घुँघराला। ***जैसे***—अरालकेशी कृष्ण (=घुँघराले बालों वाला कृष्ण)। ४. अपवित्र। *पु॰* १. मतवाला हाथी। २. केश।

अरि—[स॰ √ऋ + इन्] *पु॰* १. शत्रु। वैरी। २. मनुष्य का अहित करनेवाले उसके ६ दोष या शत्रु—काम, क्रोध, लोभ, मोह, मद, मत्सर। ३. (पद्य आदि में) ६ की संख्या। ४. (गाड़ी का) पहिया। ५. वायु। ✣ **अरिकर्षण**—*वि॰* = शत्रु को वश में करनेवाला। शत्रुजयी। ✣ **अरिकुल**—*पु॰* = १. शत्रु-समूह। २. शत्रु। ✣ **अरिघ्न**—*पु॰* = शत्रु का नाश करनेवाला। शत्रुनाशक। शत्रुघ्न। ✣ **अरि-चिन्तन (अरि-चिंतन)**—*पु॰* = शत्रु के नाश का उपाय सोचना। ✣ **अरिता**—*स्त्री॰* = शत्रुता। वैर-भाव।

***अरिन्द (अरिंद)**—[< स॰ अरीन्द्र (अरि ~ इन्द्र)] *पु॰* प्रबल शत्रु।

अरिन्दम (अरिंदम)—[स॰ अरि √दम् + खच्, मुम्] *वि॰* १. शत्रु को वश में करनेवाला। विजयी। २. शत्रु का नाश करनेवाला। शत्रुनाशक।

अरिमर्दन—[स॰ अरि ~ मर्दन] *वि॰* शत्रुओं का मर्दन/नाश करनेवाला। शत्रुजयी।

अरिल्ल—[< स॰ अडिला] *पु॰* (छन्द॰) एक सममात्रिक छन्द जिसके प्रत्येक चरण में १६ मात्राएँ होती हैं, अन्त में २ गुरु होते हैं या एक यगण परन्तु इसकी रचना में किसी चौकल में जगण नहीं होता।

अरिवन—[देशज] *पु॰* रस्सी का फन्दा जिसमें घड़ा आदि फँसाया जाता है ताकि कुएँ से पानी भरा जा सके।

अरिषड्वर्ग—[सं॰ अरि ~ षड् ~ वर्ग] *पु॰* मनुष्य का अहित करनेवाले ६ दोषों का समूह। काम, क्रोध, लोभ, मोह, मद और मत्सर का वर्ग।

अरिष्ट—[सं॰ अ + रिष्ट (√रिष् + क्त)] *वि॰* १. अशुभ। २. दृढ़। *पु॰* १. बुरा भाग्य। दुर्भाग्य। बदक़िस्मती। २. अनिष्टसूचक उत्पात। (भूकम्प आदि) ३. अपशकुन। ४. कौआ (पक्षी)। ५. गिद्ध (पक्षी)। ६. नीम (वृक्ष)। ७. रीठा का वृक्ष। ८. शत्रु। ९. मदिरा। शराब। (ज्योतिष॰) १. मृत्यु के सूचक लक्षण। २. मृत्यु का सूचक दुष्ट ग्रहों का योग। (आयुर्वेद॰) पकायी हुई (क्वाथ की हुई) जल-औषधियों से तैयार, औषध रूप में प्रयुक्त, मद्य। *जैसे*—द्राक्षारिष्ट; अशोकारिष्ट। ✣ **अरिष्ट-गृह**—*पु॰* = प्रसव-गृह। प्रसूतिगृह।

अरिष्टसूदन—*वि॰* अशुभ का नाश करनेवाला। *पु॰* विष्णु।

***अरिहन**—*पु॰*≤ *सं॰* अर्हत्। जिन देव। तीर्थंकर।

अरिहा—[सं॰ अरि √हन् + विच्] *वि॰* शत्रु का नाश करनेवाला। शत्रुनाशक। *पु॰* (दशरथ-सुमित्रा का पुत्र) शत्रुघ्न।

अरी—[< प्रा॰ अरि < सं॰ अरे] *सम्बोधन॰ अव्यय॰* अपनी सखी या अपने से छोटी स्त्री, बालिका आदि के लिए सम्बोधन का शब्द। *जैसे*—अरी, यह काम पहले कर दे।

अरीति—[सं॰ अ + रीति] *स्त्री॰* १. रीति के विपरीत आचरण/कार्य। २. अनुचित कार्य। बुरा काम।

अरीतिक—[सं॰ अरीति + कप्] *वि॰* १. जो रीति/प्रथा/नियम के अनुसार न हो। २. जो औपचारिक न हो। अनौपचारिक।

अरीना थियेटर—[अं॰] *पु॰* (पा॰ नाट्य॰) गोलाकार प्रेक्षागृह।

***अरु**—[< प्रा॰ अवर < सं॰ अपर] *समुच्चय॰ अव्यय॰* और।

अरुआ—[देशज] *पु॰* एक प्रकार का कन्द जिसकी तरकारी बनाते हैं।

अरुक्ष—[सं॰ अ + रुक्ष] *वि॰* १. जो रुक्ष/रूखा न हो। २. स्निग्ध। ∇ **विलोम**—रुक्ष।

***अरुगाई**—[< हिं॰ अलग] *वि॰* पृथक्। अलग।

***अरुगाना**—[< सं॰ अनुगायन] *क्रिस॰* (बात को) समझाकर कहना।

अरुग्ण—[सं॰ अ + रुग्ण] *वि॰* जो रुग्ण/बीमार न हो। स्वस्थ। नीरोग। रोग-रहित। ∇ **विलोम**—रुग्ण।

अरुचि—[सं॰ अ + रुचि] *स्त्री॰* १. रुचि का अभाव। अनिच्छा २. (किसी विषय/वस्तु के प्रति) विरसता। ३. घृणा। नफ़रत। ∇ **विलोम**—रुचि। ✣ **अरुचिकर**—*वि॰* = जो रुचिकर न हो। अप्रिय। नापसन्द। ∇ **विलोम**—रुचिकर।

अरुझि—*स्त्री॰* = उलझन। *क्रिवि॰* = उलझकर। ✣ ***अरुझि-सरुझि**—*क्रिवि॰* = उलझकर और सुलझकर। ✣ **अरुझेरा**—*पु॰* = उलझन।

अरुण—[सं॰ √ऋ + उनन्] *पु॰* १. गहरा लाल रंग। २. सूर्य। ३. सायंकाल के पश्चिमी आकाश की लालिमा/लाली। ४. केसर। ५. सिन्दूर। ६. मजीठ। ७. कुंकुम। ८. सूर्य के सारथी का नाम। *वि॰* गहरे लाल रंग का। रक्तवर्ण। सुर्ख़। (छन्द॰) एक सममात्रिक छन्द जिसके प्रत्येक चरण में २० मात्राएँ होती हैं, अन्त में रगण होता है और ५-५-१० पर यति होती है। ✣ **अरुणकमल**—*पु॰* = लाल रंग का कमल। ✣ **अरुणकर/अरुणकिरण**—*पु॰* = सूर्य। ✣ **अरुणचूड**—*वि॰* = लाल शिखा/कलग़ी वाला। *पु॰* मुर्ग़ा। ✣ **अरुणता**—*स्त्री॰* = अरुणाई। लालिमा। लाली। ✣ **अरुणनेत्र**—*वि॰* = जिसके नेत्र लाल हों। *पु॰* १. कपोत। कबूतर। २. कोकिल। कोयल। ✣ **अरुणलोचन**—*वि॰, पु॰* अरुणनेत्र। (दे॰) ✣ **अरुणशिख**—*पु॰* = कुक्कुट। मुर्ग़ा। ✣ **अरुणसारथि**—*पु॰* = सूर्य।

अरुणा—[सं॰ अरुण + अच् + टाप्] *स्त्री॰* १. प्रातःकालीन पूर्व दिशा की लालिमा/लाली। २. लाल रंग की गाय। ३. मजीठ। ४. घुँघची।

अरुणाई—[< सं॰ अरुण] *स्त्री॰* अरुणता। लालिमा। लाली।

अरुणात्मज—[सं॰ अरुण ~ आत्मज] *पु॰* अरुण/सूर्य का पुत्र। शनि, यम, अश्विनी कुमार, सुग्रीव, जटायु, अथवा कर्ण। ✣ **अरुणात्मजा**—*स्त्री॰* = सूर्य की पुत्री यमुना (नदी) अथवा ताप्ती (नदी)।

अरुणानुज—[सं॰ अरुण ~ अनुज] *पु॰* (सूर्य के सारथी अरुण का छोटा भाई) गरुड़।

अरुणाभ—[सं॰ अरुण ~ आभा] *वि॰* १. लाली से युक्त। २. उषाकाल की लाली की चमक वाला। ✣ **अरुणाभ प्रहर**—*पु॰* = लाली से युक्त समय। २. (लाक्षणिका) यौवनावस्था का आरम्भिक काल।

अरुणाभा—[सं॰ अरुण ~ आभा] *स्त्री॰* १. लाल प्रकाश। २. सूर्योदय या सूर्यास्त के समय का हल्का लाल प्रकाश।

अरुणार्क—[सं॰ अरुण ~ अर्क] *पु॰* अरुण रंग का प्रातःकालीन सूर्य।

अरुणार्चि—[सं॰ अरुणार्चिस् (अरुण ~ अर्चिस्)] *पु॰* सूर्य।

अरुणाली—[< सं॰ ~ अरुण] *वि॰* (*स्त्री॰*) अरुण रंग वाली। लालिमायुक्त।

अरुणित—[सं॰ अरुण + इतच्] *वि॰* १. जिसे अरुण किया गया हो। जिसे लाल रंग का बनाया गया हो। लाल रँगा हुआ। लाल रंग का। अरुणीकृत। २. जिसमें लाली आ गयी हो।

अरुणिमा—[सं॰ अरुणिमन्] *स्त्री॰* अरुणता। लालिमा। लाली।

अरुणीकृत—[सं॰ अरुण + च्वि + कृत] *वि॰* जिसे अरुण/लाल किया गया हो। अरुणित।

अरुणेक्षण—[सं॰ अरुण ~ ईक्षण] *वि॰* लाल नेत्रों वाला।

अरुणोदक/अरुणोदधि—[सं॰ अरुण ~ उदक। उदधि] *पु॰* (अरब और मिस्र देश के बीच में स्थित) लाल सागर।

अरुणोदय—[सं॰ अरुण ~ उदय] *पु॰* उषाकाल। प्रातः काल।

भोर। तड़का। ✣ **अरुणोदय सप्तमी**— *स्त्री°* = माघ शुक्ल सप्तमी (तिथि)।

अरुणोपल—[सं° अरुण ~ उपल] *पुं°* पद्मरागमणि। 'लाल' नामक रत्न।

अरुन्तुद (अरुंतुद)—[सं° अरु √तुद् + खश्,मुम्] *वि°* १. मर्मस्थलों को छेदनेवाला। मर्मवेधी। मर्मपीड़क। २. काटने, छेदने या घाव करनेवाला। ३. मन को दुःखी करनेवाला। चुभनेवाला। हृदयपीड़क। हृदयवेधी।

अरुन्धती (अरुंधती)—[सं°] *स्त्री°* १. वसिष्ठ ऋषि की पत्नी। २. एक तारा जो 'वसिष्ठ' तारा के पास रहता है।

अरुष—[< सं° अ + रुष] *वि°* चमकदार। चमकीला।

अरुषी—[सं° अरुष + ङीष्] *स्त्री°* १. उषा। २. ज्वाला। *वि°* (*स्त्री°*) चमकीली।

अरुष्ट—[सं° अ + रुष्ट] *वि°* १. जो क्रुद्ध न हो। २. जो रूठा हुआ न हो। ∇ **विलोम**—रुष्ट।

*__अरूढ़__[1]—[< सं° अरूढ] *वि°* जो रूढ़ न हो। ∇ **विलोम**—रूढ़।

*__अरूढ़__[2]—[< हिं° आरुढ़ < सं° आरुढ] *वि°* १. आरूढ़। २. (योग-साधना आदि में) ऊर्ध्वमुखी अवस्था।

अरूपक—[सं° अ + रूपक] *वि°* १. बिना रूप का। २.जो किसी की मूर्ति या प्रतिकृति न हो। ३. (काव्य°) जिसमें रूपक अलंकार न हो। *पुं°* (बौद्ध°) निर्बीज समाधि।

अरूपहार्य—[सं° अ + रूपहार्य] *वि°* जिसे सौन्दर्य से आकर्षित/वशीभूत न किया जा सके।

*__अरूरना__[1]—[< सं° अरुस् (= घाव)] *क्रिस°* दुःखी करना। पीड़ा देना।

*__अरूरना__[2]—[< हिं° अरुरना] *क्रिअ°* संकुचित होना। सिकुड़ना।

*__अरूलना__—[< सं° अरुस् (= घाव)] *क्रिअ°* १. क्षत-विक्षत होना। घायल होना। २. छिलना। ३. छिपना। *क्रिस°* क्षत-विक्षत करना। घायल करना। २. छीलना। ***जैसे***—नाख़ूनों से अरुलना। ३. छेदना।

अरे—[सं° √ऋ + ए] *अव्यय°* १. हे। ओ। ए। ***जैसे***—अरे भाई!, अरे, इधर आना। २.घृणा/ईर्ष्या का सूचक शब्द। ***जैसे***—अरे पापी! २. आश्चर्य का सूचक शब्द। अहा। ***जैसे***—स्वर्ण का ढेर देखते ही वह बोला—अरे! इतना! ● **विशेष**—१. **अरे राम राम**—घृणा और व्यंग्य का सूचक शब्द-समूह। ***जैसे***—अरे राम राम! इतना अत्याचार! २. **अरे रे**—१. आश्चर्य आदि का सूचक शब्द-समूह। अरे-अरे। ***जैसे***—अरे रे! इतना परिश्रम! २. एक सम्बोधन। अरे अरे। ***जैसे***—अरे रे, जरा ठहर।

अरेखित—[सं° अ + हिं° रेखित] *वि°* जिस पर रेखा/लकीर न बनी हो। ***जैसे***—अरेखित काग़ज़। ✣ **अरेखित चेक**— *पुं°* = ऐसा चेक जो रेखित नहीं है और जिसे बैंक की निर्दिष्ट शाखा से भुनाया जा सकता है। (अं° ओपन चेक)

अरेणु—[सं° अ + रेणु] *वि°* १. जिसमें धूल न हो। धूलि-रहित। २. जिसमें धूल न लगी हो। *स्त्री°* धूल का अभाव।

*__अरेरना/अरेहना__—[देशज] *क्रिस°* रगड़ना।

अरोक—[< सं° अ + हिं° रोकना] *वि°* १. न रोका जा सकनेवाला। चंचल। २. जिस पर नियन्त्रण/बाधा/प्रतिबन्ध न हो। निर्बाध। ३. जो रुक न पाए।

*__अरोगना__— *क्रिस°* ≤ *हिं°* आरोगना। भोजन करना। खाना।

अरोध्य—[सं° अ + रोध्य] *वि°* १. जिसे रोका न जा सके। २. जिसे रोकना अनुचित हो। ३.जिसे रोकना न हो।

*__अरोहन__—[< सं° आरोहण] *पुं°* १. चढ़ने की क्रिया/भाव। २. सोपान। सीढ़ी।

*__अरोहना__—[< सं° आरोहण] *क्रिअ°* १. आरोहण करना। ऊपर चढ़ना। २. सवार होना।

अर्क—[सं° √अर्च् + घञ्, कुत्व] *पुं°* १.सूर्य। २. प्रकाश की किरण या बिजली की कौंध/चमक। ३ अग्नि। ४. अकौआ (वृक्ष)। मदार। आक। ५. (पद्य आदि में) बारह की संख्या। ✣ **अर्क-कान्ता**— *स्त्री°* = सूर्य की पत्नी। सूर्य की 'छाया' और 'संज्ञा' नामक पत्नियाँ या उनमें से कोई। ✣ **अर्कचन्दन**— *पुं°* = लाल चन्दन। ✣ **अर्कज**— *पुं°* = सूर्य -पुत्र। (दे°) *वि°* १. सूर्य से उत्पन्न। २. सूर्य से बननेवाला। ३. सूर्य से निकलनेवाला। ✣ **अर्कजा**— *स्त्री°* = सूर्य-पुत्री। (दे°) ✣ **अर्कपत्र/अर्कपर्ण**— *पुं°* = आक/मदार वृक्ष के पत्ते। ✣ **अर्कपुत्र**— *पुं°* = सूर्य-पुत्र। **अर्कपुत्री**—स्त्री° = सूर्य की पुत्री। नर्मदा (नदी) या ताप्ती नदी। ✣ **अर्कपुष्पी**— *स्त्री°* = सूर्यमुखी(पौधा)। (दे°) ✣ **अर्कबन्धु (अर्कबंधु)**— *पुं°* = कमल। ✣ **अर्कमण्डल (अर्कमंडल)**— *पुं°* = सूर्य-मंडल। ✣ **अर्कविवाह**— *पुं°* = आक के पेड़ के साथ विवाह। दो पत्नियों के मर जाने पर तीसरा विवाह करनेवाले पुरुष के लिए पहले अर्क के पौधे से विवाह कर लेने की रीति। ✣ **अर्कव्रत**—[सं° अर्क ~ व्रत] *पुं°* = सूर्य-पूजकों का एक वर्ष तक चलनेवाला एक व्रत जो प्रत्येक मास की षष्ठी और सप्तमी को किया जाता है। ✣ **अर्कसप्तमी**— *स्त्री°* = प्रत्येक मास की सप्तमी जो सूर्य-पूजकों के दो वर्ष तक चलनेवाले एक व्रत के आरम्भ करने की तिथि है।

अर्केन्दुसङ्गम (अर्केंदुसंगम)—[सं° अर्क ~ इन्दु ~ सङ्गम] *पुं°* वह समय जब सूर्य और चन्द्रमा एक ही राशि में होते हैं। अमावस्या (तिथि)। **अर्कोपल**— *पुं°* = सूर्यकान्त मणि। आतिशी शीशा। अर्काश्म।

अर्गल—[सं° √अर्ज् + कलच्] *पुं°* १. किवाड़ बन्द करके खुलने से रोकने के लिए लगाया जाने वाला लकड़ी का डंडा। २. (लाक्षणिक) (किसी काम/बात को रोक रखने वाला) अवरोधक तत्त्व। बाधा। अड़चन। ✣ **अर्गला**— *स्त्री°* = १. अर्गल। (दे°) २. अवरोध। बाधा। ३. हाथी के पैर में बाँधी जानेवाली ज़ंजीर। सिक्कड़। ● **विशेष**—'अर्गला' को स्थान-स्थान पर **अगड़ी/अगरी/ब्योंड़ा/किल्ली** आदि कहा जाता है। आजकल प्रयुक्त होनेवाली लोहे की बनी 'सिटकिनी' भी एक प्रकार की 'अर्गला' है।

अर्गलित—[सं॰ अर्गला + इतच्] *वि॰* १. जिसमें अर्गला लगी हो। २. जिसके सामने अवरोध/रुकावट लगायी गयी हो। रुकावटवाला।

अर्घ—[सं॰ √अर्घ् + घञ्] *पु॰* १. देवी/देवता के षोडशोपचार-पूजन में से एक उपचार जिसमें कुशाग्र, जल, दूध, दही, मधु, घी, चावल, जौ और सफ़ेद सरसों मिलाकर अर्पित करते हैं। २. उक्त पूजन में प्रयुक्त दूध आदि से मिश्रित जल। ३. आदरणीय व्यक्तियों या अतिथि के सत्कार में प्रयुक्त उक्त प्रकार का दूध आदि से मिश्रित जल। ४. अतिथि आदि को हाथ-पैर धोने के लिए दिया जाने वाला जल। ५. मूल्य। दाम। ६. किसी वस्तु का महत्त्व। ✣ **अर्घ-दान**—*पु॰* = (देवी-देवता या अतिथि आदि को) अर्घ देने का कार्य। ✣ **अर्घ-पात्र**—*पु॰* = अर्घ-दान का बर्तन जो प्रायः ताँबे आदि से बना और शंख आदि के आकार का होता है। जलधरी। अर्घा। अरघा।

अर्घा—[सं॰ अर्घ + टाप्] *स्त्री॰* १. अर्घ-पात्र। (दे॰)२. २० रत्ती वज़न वाला २० मोतियों का लच्छा।

अर्घार्ह—[सं॰ अर्घ + अर्ह] *वि॰* १. अर्घ पाने के योग्य (व्यक्ति)। २. सम्मान-सूचक भेंट पाने योग्य। ३. सम्मान्य। आदरणीय।

अर्घ्य—[सं॰ अर्घ + यत्] *पु॰* १. किसी देवता या माननीय व्यक्ति के प्रति सम्मान प्रदर्शित करनेवाली भेंट। २. अतिथि आदि को पीने के लिए दिया जाने वाला जल। *वि॰* अर्घ दिए जाने के योग्य। २. जो पूजा, भेंट या सम्मान का पात्र हो। ३. पूजा में देने योग्य जल, फूल आदि। ४. बहुमूल्य। क़ीमती।

अर्चक—[सं॰ √अर्च् + ण्वुल्] *वि॰* १. अर्चना करनेवाला। पूजक। पुजारी।

अर्चन—[सं॰ √अर्च् + ल्युट्] *पु॰* १. पूजन। ***जैसे***—देवता का अर्चन। २. आदर। सत्कार। ✣ **अर्चना**—*स्त्री॰* अर्चन।

अर्चना-गीत—*पु॰* स्तोत्र का लोकगीतात्मक रूप। स्तुति-गीत। ● **विशेष**—'**अर्चना-गीत**' और '**आराधना-गीत**' में अन्तर है। अर्चना-गीत में भाव-भक्ति-मूलक आवेश का चित्रण अधिक होता है जबकि आराधना-गीत में आराध्य की महिमा का वर्णन अधिक होता है।

अर्चनीय—[सं॰ √अर्च् + अनीयर्] *वि॰* १. जो अर्चना के योग्य हो। पूजनीय। पूज्य। २. जिसकी अर्चना की जाती हो। ३. माननीय। Δ **पर्याय**—अर्च्य।

अर्चा—[सं॰ √अर्च् + अ + टाप्] *स्त्री॰* १. अर्चना। पूजा। २. पूजन करने की मूर्ति। अर्चना की प्रतिमा।

अर्चि—[सं॰ √अर्च् + इन्] *स्त्री॰* १. रश्मि। किरण। २. अग्नि-शिखा। आग की लपट।

अर्चित—[सं॰ √अर्च्+ क्त] *वि॰* जिसकी अर्चना की गयी हो। पूजित या सम्मानित।

अर्चिती—[सं॰ अर्चित + इनि] *वि॰* अर्चना करनेवाला। अर्चक।

अर्चिष्मान्—[सं॰ अर्चिष्मत्] *वि॰* १. चमकवाला। दीप्त। २. लपटोंवाला। *पु॰* १. सूर्य। २. अग्नि। ३. विष्णु।

अर्ज़[1]—[अरबी] *पु॰* १. प्रार्थना। निवेदन। विनती। गुज़ारिश। २. चौड़ाई।

अर्ज़[2]—[फा॰] *पु॰* १. मूल्य। दाम। क़ीमत। २. प्रतिष्ठा। इज़्ज़त।

अर्जक—[सं॰ √अर्ज् + ण्वुल्] *वि॰* उपार्जन करनेवाला। प्राप्त करनेवाला। ***जैसे***—कीर्ति-अर्जक। २. (धन/जीविका आदि) कमाने वाला।

अर्जन—[सं॰ √अर्ज् + ल्युट्] *पु॰* प्राप्त करना। प्राप्ति। उपलब्धि। २. संग्रह करना। जोड़ना। ३. धन या जीविका कमाना। ✣ **अर्जनशील**—*वि॰* = अर्जन करनेवाला या अर्जन करता हुआ। ✣ **अर्जनशील समाज**—*पु॰* = (समाज॰) वह समाज जिसमें निजी धन-सम्पत्ति को अधिक से अधिक जोड़ना ही सफलता मानी जाती है।

अर्जनीय—[सं॰ √अर्ज + अनीयर्] *वि॰* १. अर्जन करने योग्य। प्राप्त करने योग्य। २. जिसका अर्जन किया जाने वाला हो। ३. संग्रह करने योग्य।

अर्ज़ी—[अरबी] *स्त्री॰* प्रार्थना-पत्र।

अर्जुन—[सं॰ √अर्ज् + उनन् + अच्] *वि॰* १. स्वच्छ। सफ़ेद। २. शुभ्र। चमकीला। ३. रुपहला। सफ़ेद *पु॰* १. सफेद रंग। २. चाँदी। ३. सोना। ४. मयूर। मोर। ५. एक प्रकार का औषधोपयोगी विशाल वृक्ष जिसकी छाल सफ़ेदी लिए हुए और फूल पीताभ होते हैं। ✣ **अर्जुनध्वज**—*वि॰* सफ़ेद ध्वजा वाला। ✣ **अर्जुन-सखा**—*पु॰* = अर्जुन का मित्र। कृष्ण।

अर्जुनी—[सं॰ अर्जुन + ङीष्] *स्त्री॰* १. सफ़ेद गाय। २. कुटनी। ३. करतोया नदी। ४. बाणासुर की पुत्री 'उषा' जो कृष्ण के पौत्र अनिरुद्ध की पत्नी थी।

अर्णव—[सं॰ अर्णस् + व, स-लोप] *पु॰* १. समुद्र। सागर। २. अन्तरिक्ष। ३. इन्द्र। ४. सूर्य। ५. रत्न। मणि। ६. (पद्य आदि में) चार की संख्या। (छन्द॰) वर्णिक दंडक का एक भेद जिसके प्रत्येक चरण में क्रमशः २ नगण और ९ रगण के भेद से ३३ वर्ण होते हैं। ✣ **अर्णवज**—*पु॰* = १. समुद्र में या समुद्र से उत्पन्न। २. समुद्र का फेन। ३. समुद्र के झाग। ✣ **अर्णवपोत**—*पु॰* = समुद्री जहाज़। जलयान।

अर्णवोद्भव—[सं॰ अर्णव ~ उद्भव] *पु॰* १. चन्द्रमा। २. अमृत। ✣ **अर्णवोद्भवा**—*स्त्री॰* = लक्ष्मी।

अर्णोद—[सं॰ अर्णस् + द] *पु॰* मेघ। बादल।

अर्णोनिधि—[सं॰ अर्णस् + निधि] *पु॰* सागर।

अर्ति—[सं॰ √अर्द् + क्तिन्] *स्त्री॰* १. पीड़ा। दुःख। २. धनुष की नोक।

अर्थ—[सं॰ √अर्थ् + अच्] *पु॰* १. जिस अभिप्राय से वक्ता/लेखक द्वारा शब्द का प्रयोग किया गया है, उसकी प्रतीति। शब्द का अभिप्राय। अभिधेय। आशय। मतलब। ***जैसे***—इस दोहे का अर्थ बताइए। ३. शब्द का पर्याय। ***जैसे***—'जल' का अर्थ 'पानी' है। ३. उद्देश्य। प्रयोजन। ***जैसे***—उनके यहाँ आने का अर्थ समझिए।

४. द्रव्य। पदार्थ। वस्तु। ५. धर्म आदि चार पुरुषार्थों में से एक पुरुषार्थ। ६. धन-सम्पत्ति। *जैसे*—अर्थ-संग्रह जीवन का उद्देश्य नहीं है। ७. नेत्रेन्द्रिय आदि पाँचों ज्ञानेन्द्रियों में से प्रत्येक का विषय। *जैसे*—नेत्रेन्द्रिय का अर्थ रूप है। *क्रिवि॰* के लिए। वास्ते। *जैसे*—धर्म के अर्थ (धर्मार्थ) दान करना। **वा॰ किसी अर्थ का न होना**—व्यर्थ होना। बेकार होना।

अर्थ-अपनिरूपण—[सं॰] *पु॰* १. ग़लत लगाया गया अर्थ २. ग़लत की गयी व्याख्या। ३. ग़लत अर्थ लगाना। (अं॰ मिस-इंटरप्रिटेशन)

अर्थक—[< सं॰ अर्थ + कप्] *वि॰* १. धन से सम्बन्धित। धन का। आर्थिक। २. (शब्द /वाक्य आदि के) अर्थ या मतलब से सम्बन्धित। अर्थीय। ३. धन प्राप्त करानेवाला या करनेवाला। ४. जो निरर्थक/व्यर्थ न हो। अर्थपूर्ण।

अर्थकर—[सं॰ अथ √कृ + ट] *वि॰* १. जिसका कुछ अर्थ हो। २. जिससे धन मिले। *जैसे*—अर्थकर धन्धा। ⁘ **अर्थकरी**—*वि॰* (*स्त्री॰*) = १. अर्थवाली। २.धन दिलानेवाली। *जैसे*—अर्थकरी शिक्षा।

अर्थकाम—[सं॰ अर्थ ~ काम] *वि॰* धन चाहनेवाला। धनेच्छु। धनाकांक्षी।

अर्थकृच्छ्र—[सं॰ अर्थ ~ कृच्छ्र] *वि॰* १. धन की कमी। २. धन-सम्बन्धी संकट। ३. जिसका अर्थ समझना कठिन हो। कठिन विषय।

अर्थगत—[सं॰ अर्थ ~ गत] *वि॰* १. पद/शब्द/वाक्य आदि के अर्थ पर आश्रित। २. अर्थ-सम्बन्धी। अर्थ का। ⁘ **अर्थगत परिधि**—*स्त्री॰* = अर्थ - सम्बन्धी सीमा या घेरा। (भाषा॰) अर्थ की दृष्टि से प्रयोग-क्षेत्र की परिधि या सीमा। *जैसे*—'वेतन' और 'मेहनताना' की अर्थगत परिधियों में अन्तर है।

अर्थगर्भित—[सं॰ अर्थ ~ गर्भित] *वि॰* (कथन) जिसमें एक या अनेक अर्थ हों। अर्थयुक्त।

अर्थगौरव—[सं॰ अर्थ ~ गौरव] *पु॰* (वाक्य आदि के) अर्थ की अगाधता। अर्थ/मतलब की गम्भीरता/गहराई। *जैसे*—भारवि का काव्य अर्थगौरव में अनुपम है।

अर्थघ्न—[सं॰ अर्थ √हन् + ट] *वि॰* १. अर्थ को नष्ट करनेवाला। अर्थनाशक। २. अपव्ययी। फ़िज़ूलख़र्च।

अर्थतः—[सं॰ अर्थ + तस्] *क्रिवि॰* १. अर्थ/अभिप्राय/आशय/भाव के विचार से। २. वास्तव में। यथार्थतः। सचमुच।

अर्थतत्त्व—[सं॰ अर्थ ~ तत्त्व] *पु॰* १. वास्तविक बात। २. किसी वस्तु का यथार्थ कारण। (भाषा॰) १. शब्द, धातु रूप या पद का अर्थ। २. अर्थविज्ञान। ● **विशेष—वाक्य में दो तत्त्व होते हैं—अर्थ-तत्त्व और सम्बन्ध-तत्त्व।**

अर्थद—[सं॰ अर्थ √दा + क] *वि॰* १. धन देनेवाला। धनप्रद। २. (शब्द आदि का) अर्थ देने/बताने वाला। ३. उपयोगी। लाभप्रद। *पु॰* धन देनेवाला व्यक्ति। २. कुबेर (देवता)।

अर्थदर्शी—[सं॰ अर्थदर्शिन्] *वि॰* अर्थ दिखानेवाला। ⁘ **अर्थदर्शी शब्द**—*पु॰* = (भाषा॰) किसी वाक्य में ऐसा शब्द जिसका अपना स्पष्ट अर्थ होता है। अर्थतत्त्व वाला शब्द। *जैसे*—'राम ने रावण को मारा' वाक्य में 'राम', 'रावण' और 'मारा' अर्थदर्शी शब्द है तथा 'ने' और 'को' सम्बन्धदर्शी शब्द हैं।

अर्थदा—[सं॰ अर्थद + टाप्] *वि॰* (*स्त्री॰*) १. अर्थ/धन देनेवाली। २. (शब्द आदि का) अर्थ देने/बतानेवाली। ३. उपयोगी। लाभप्रद। *स्त्री॰* १. धन देनेवाली देवी/स्त्री आदि। २. लक्ष्मी (देवी)।

अर्थदूषण—[सं॰ अर्थ ~ दूषण] *पु॰* १. (धन का) अपव्यय। फ़िज़ूलख़र्ची। २. अनुचित रीति से किसी का धन ले लेना। ३. पद/वाक्य आदि में अर्थ-सम्बन्धी दोष निकालना।

अर्थदोष—[सं॰ अर्थ ~ दोष] *पु॰* (काव्य॰) वे काव्य-दोष जिनका सम्बन्ध अर्थ से होता है।

अर्थन—[सं॰ √अर्थ् + ल्युट्] *पु॰* माँगने की क्रिया। भाव। याचना। ⁘ **अर्थना**—*स्त्री॰* = १. प्रार्थना। विनती। निवेदन। २. याचना। *क्रिस॰* याचना करना। माँगना।

अर्थनीय—[सं॰ √अर्थ् + अनीयर्] १. माँगे जाने योग्य। २. जिसे माँगा जा सके। ३. जिसे माँगा जाना हो। Δ **पर्याय**—याचनीय।

अर्थपति—[सं॰ अर्थ ~ पति] *पु॰* धनी व्यक्ति। धनवान्। अमीर।

अर्थ-परास—[सं॰] *पु॰* अर्थ का विस्तार-क्षेत्र या दायरा।

अर्थ-परिवर्तन—[सं॰] *पु॰* अर्थ में परिवर्तन/बदल। (भाषा॰) समय के साथ किसी भाषा में किसी शब्द के अर्थ में होनेवाला विस्तार या संकोच आदि परिवर्तन।

अर्थ-प्रकृति—[सं॰] (नाट्य॰) नाटकीय कथावस्तु का एक तत्त्व। नाटक के सम्पूर्ण इतिवृत्त की पाँच स्थितियों (बीज, बिन्दु, पताका, प्रकरी और कार्य) का सामूहिक नाम।

अर्थबुद्धि (अर्थबुद्धि)—[सं॰ अर्थ ~ बुद्धि] *वि॰* स्वार्थी। मतलबी।

अर्थलुब्ध—[सं॰ अर्थ ~ लुब्ध] *वि॰* १. लोभी। लालची। २. कृपण। कंजूस।

अर्थलोभ—[सं॰ अर्थ ~ लोभ] *पु॰* लोभ। लालच।

अर्थवत्ता—[सं॰ अर्थवत् + तल् +टाप्] *स्त्री॰* १. अर्थवान् या धनवान् होने की अवस्था/भाव। धन-सम्पन्नता। २. पदों/वाक्यों आदि का विशिष्ट अर्थ वाला होना। अर्थयुक्तता।

अर्थवाद—[सं॰ अर्थ ~ वाद] *पु॰* उद्देश्यपूर्ण प्रशंसा या निन्दा। (न्याय॰) विधेय अर्थ (बात) की प्रशंसा करना अथवा निषिद्ध अर्थ (बात) की निन्दा करना।

अर्थ-विरोध—[सं॰] *पु॰* (काव्य॰) अर्थ-दोषों के अन्तर्गत एक प्रकार का वर्णन-दोष। स्वीकृत अर्थ के विरुद्ध वर्णन से होनेवाला काव्य-दोष।

अर्थवैज्ञानिक—[सं॰ अर्थविज्ञान + ठक्] *वि॰* (भाषा॰)अर्थ-विज्ञान का। अर्थ-विज्ञान-सम्बन्धी। ⁘ **अर्थवैज्ञानिक आवृत्ति**—*स्त्री॰* = (भाषा॰) किसी शब्द का एक विशेष अर्थ में बहुल प्रयोग।

अर्थव्यवस्था—[सं॰ अर्थ ~ व्यवस्था] *स्त्री॰* अर्थ की व्यवस्था। (अर्थ॰) किसी राज्य/प्रदेश/क्षेत्र आदि के आर्थिक ढाँचे का स्वरूप।

किसी देश आदि के धन, आय-व्यय और संसाधनों का नियन्त्रण और प्रबन्ध। (अ॰ इकोनॉमी)

अर्थशुचिता—[स॰ अर्थ ~ शुचिता] *स्त्री॰* धन-सम्पत्ति के लेन-देन में ईमानदारी। अर्थशौच।

अर्थशुद्‌धि (अर्थशुद्धि)—[स॰ अर्थ ~ शुद्धि] *स्त्री॰* अर्थ की शुद्धता। अर्थ का दोषरहित होना। (काव्य॰) वाच्यार्थ का संशय आदि दोषों से रहित होना।

अर्थश्लेष—[स॰ अर्थ ~ श्लेष] *पु॰* (काव्य॰) एक अर्थालंकार जिसमें एक से अधिक अर्थ देनेवाले शब्द से वाक्य के दो या अधिक अर्थ प्रकट होते हैं और वे सभी लेखक/वक्ता को अभीष्ट होते हैं। ● **विशेष**—'**शब्दश्लेष**' एक शब्दालंकार है जो '**अर्थश्लेष**' से इस बात में भिन्न है कि वह शब्द का पर्याय रख देने पर नहीं रहता है जबकि 'अर्थश्लेष' में पर्याय रख देने पर भी वे अर्थ बने रहते हैं। अर्थश्लेष में शब्द के एक से अधिक अर्थ होते हैं और वे वाच्यार्थ ही होते हैं, व्यंग्यार्थ नहीं।

अर्थ-सङ्कोच (संकोच)—[स॰] *पु॰* अर्थ का क्षेत्र संकुचित होना। (भाषा॰) अर्थ-परिवर्तन की एक दिशा। शब्द के अर्थ का क्षेत्र समय-परिवर्तन के साथ संकुचित होना। ***जैसे***—पहले 'मृग' का अर्थ 'पशु' था परन्तु कालान्तर में वह सीमित होकर 'हिरन' हो गया; अतः 'मृग' शब्द का अर्थ-संकोच हो गया।

अर्थसिद्‌धि (अर्थसिद्धि)—[स॰ अर्थ ~ सिद्धि] *स्त्री॰* १.अभीष्ट/उद्‌देश्य की प्राप्ति। सफलता। २. धन-प्राप्ति। ३. अर्थ-लाभ।

अर्थागम—[स॰ अर्थ ~ आगम] *पु॰* १. धन की प्राप्ति। आय। आमदनी। २. किसी शब्द में कोई नया अर्थ प्रकट होना।

अर्थागमोपाय—[स॰ अर्थ ~ आगम ~ उपाय] *पु॰* धन कमाने की विधि/उपाय/युक्ति। आय का साधन।

अर्थात्—[स॰ अर्थ] *समुच्चय॰ अव्यय॰* अथवा। या। यानी।

अर्थादेश—[स॰ अर्थ ~ आदेश] *पु॰* (भाषा॰) अर्थ-परिवर्तन का एक प्रकार। समय-परिवर्तन के साथ शब्द के प्रमुख अर्थ का लोप होकर उसके गौण अर्थ का प्रमुख हो जाना या नया अर्थ हो जाना। ● **विशेष**—'मौन' शब्द का मूल अर्थ 'मुनिका शुद्‌ध आचरण' था परन्तु बाद में बदल कर नया अर्थ 'चुप रहना' या 'चुप्पी' हो गया; अतः यहाँ 'मौन' शब्द का अर्थादेश हो गया है।

*__अर्थाना__—[< स॰ अर्थ] *क्रिस॰* १. पद या वाक्य आदि का अर्थ लगाना। २. विवरण की बातें समझाकर कहना।

अर्थानुरणन—[स॰ अर्थ + अनुरणन] *पु॰* (काव्य॰) ध्वनि के माध्यम से ऐसे चित्र का निर्माण जो अर्थ और भाव का उद्‌बोधन कर सकता हो (***जैसे***—'घन घमंड नभ गरजत घोरा' में)। (भाषा॰) ध्वनि के अनुकरण पर वस्तुओं, भावों और विचारों को प्रकट करनेवाले शब्दों की रचना। ***जैसे***—खटपट, भौं-भौं, जगमग आदि।

अर्थानुसन्धान (अर्थानुसंधान)—[स॰ अर्थ ~ अनुसन्धान] *पु॰* पद या वाक्य आदि का अर्थ खोजना तथा समझने का यत्न करना। *पु॰* १. प्रस्तुत अर्थ से भिन्न अर्थ। अन्य अर्थ। दूसरा अर्थ। २. भिन्न अर्थ/अभिप्राय। दूसरा मतलब। ३. भिन्न विषय/मामला/बात। ४. भिन्न प्रयोजन/उद्‌देश्य।

अर्थान्तरन्यास (अर्थांतर न्यास)—[स॰ अर्थान्तर ~ न्यास] *पु॰* अन्य अर्थ का न्यास। भिन्न बात कहना। (काव्य॰) एक अर्थालंकार। सामान्य कथन का विशेष कथन से या विशेष कथन का सामान्य कथन से समर्थन किए जाने से होनेवाला अलंकार।

अर्थान्वित—[स॰ अर्थ ~ अन्वित] *वि॰* १. अर्थयुक्त। अर्थवाला। २. सारगर्भित। ३. धन-सम्पत्तिवाला। धनी। ४. उद्‌देश्ययुक्त। प्रयोजनवाला। ५. महत्त्वपूर्ण।

अर्थान्वेषक—[स॰ अर्थ ~ अन्वेषक] *वि॰* अर्थ की खोज करनेवाला। ***जैसे***—अर्थान्वेषक विद्‌यार्थी।

अर्थान्वेषण —[स॰ अर्थ ~ अन्वेषण] *पु॰* अर्थ की खोज। ✣ **अर्थान्वेषिणी**—*वि॰* (*स्त्री॰*) अर्थ की खोज करनेवाली। ***जैसे***—अर्थान्वेषिणी प्रतिभा। ✣ **अर्थान्वेषी**—*वि॰* = अर्थ की खोज करनेवाला। अर्थान्वेषक।

अर्थापकर्ष—[स॰ अर्थ ~ अपकर्ष] *पु॰* अर्थ का अपकर्ष। अर्थ की गिरावट। (भाषा॰) अर्थ-परिवर्तन का एक प्रकार। शब्द के किसी अर्थ का परिवर्तित होकर ऐसा हो जाना जो पहले अर्थ की अपेक्षा अपकर्षवाला हो (जैसे—पहले 'जुगुप्सा' का अर्थ 'छिपाना' था जो बदल कर 'घृणा' हो गया, अतः अर्थापकर्ष हो गया)।

अर्थापत्ति—[स॰ अर्थ ~ आपत्ति (= प्रतीति)।] *स्त्री॰* किसी कथन से उसके अ-कथित आशय की प्रतीति। (मीमांसा॰) ऐसा प्रमाण जिसमें कथित बात से दूसरी बात स्वयं सिद्‌ध हो जाए। [**जैसे**—'अहिंसा धर्म है' कहने से यह ज्ञात होना कि 'हिंसा अधर्म है'; 'मोटे शरीर वाला मोहन दिन में नही खाता' कहने से यह ज्ञात होना कि 'मोहन रात में खाता है।'] (काव्य॰) एक अर्थालंकार जो प्रस्तुत कथन से अकथित अर्थ की प्रतीति होने पर होता है। एक बात कहने से दूसरी बात की सिद्धि अपने आप हो जाने में होनेवाला अलंकार।

अर्थापदेश—[स॰ अर्थ ~ अपदेश] *पु॰* (भाषा॰) अर्थादेश।

अर्थार्थी—[स॰ अर्थ ~ अर्थी (अर्थिन्)] *वि॰* १. धन पाने का इच्छुक। धनाकांक्षी। २. उद्‌देश्य/प्रयोजन की पूर्ति का इच्छुक।

अर्थालङ्कार (अर्थालंकार)—[स अर्थ ~ अलङ्‌कार] *पु॰* (काव्य॰) अलंकार का एक प्रकार। वह अलंकार जो शब्द पर नहीं, अर्थ पर आश्रित हो। ***जैसे***—उपमा 'अर्थालंकार' है और अनुप्रास 'शब्दालंकार'।

अर्थावधारण—[स॰ अर्थ ~ अवधारण] *पु॰* अर्थ के सम्बन्ध में सोच-समझकर कोई धारणा बनाना। अर्थ का निश्चय।

अर्थिक—[स॰ अर्थिन् + कन्] *वि॰* १. जिसके मन में कोई कामना हो। २. धन की कामना करनेवाला। ३. विनयपूर्वक प्रार्थना करनेवाला। अभ्यर्थी। *पु॰* भिक्षुक। भिखारी।

अर्थित—[स॰ √अर्थ + क्त] *वि॰* १. चाहा हुआ। अभिलषित।

इच्छित। २. माँगा हुआ। प्रार्थित। ३. जिसका अर्थ किया गया हो। ✣ **अर्थिता**—*स्त्री॰* = १.याचना। प्रार्थना। २. इच्छा। चाह।

अर्थिम—[स॰ अर्थ] *पु॰* (भाषा॰)रूपग्राम का अर्थ। अर्थतत्त्व।

अर्थी[१]—[स॰ अर्थिन्] *वि॰* १. चाहनेवाला। अभिलाषी। २. याचना करनेवाला। माँगनेवाला। याचक। ३. (न्यायालय में) वादी। मुद्दई। ४. धनवान्। धनी। ५. (समासयुक्त पदों के अन्त में) उद्देश्यवाला, प्रयोजनवाला या चाहनेवाला। ***जैसे***—शिक्षार्थी (शिक्षा + अर्थी); सुखार्थी (सुख + अर्थी)।

अर्थी[२]—*स्त्री॰* ≤ *हि॰* अरथी। श्मशान तक शव ले जाने की सज्जित सीढ़ी।

अर्थोत्कर्ष—[स॰ अर्थ ~ उत्कर्ष] *पु॰* अर्थ का उत्कर्ष। (भाषा॰) अर्थ-परिवर्तन का एक प्रकार। शब्द के अर्थ का समय के साथ बदल कर ऐसा अर्थ हो जाना जो पहले की अपेक्षा उत्कृष्ट/ऊँचा हो। ***जैसे***—'साहस' शब्द का प्राचीन अर्थ बलात्कार, लूटपाट आदि बुरे काम से बदलकर 'हिम्मत' होना उसका अर्थोत्कर्ष है। ∇ **विलोम**—अर्थापकर्ष।

अर्थोत्पत्ति—[स॰ अर्थ ~ उत्पत्ति] *स्त्री॰* धन-प्राप्ति। धनोपार्जन।

अर्थोपक्षेपक—[स॰ अर्थ ~ उपक्षेपक] *पु॰* (नाट्य॰) नाटक में कथावस्तु का सूचक तत्त्व। नाटक में जिन दृश्यों या वृत्तान्तों का अभिनय नीरस या अनुचित होने के कारण शास्त्र-सम्मत नहीं, उनकी सूचना देने की एक प्रणाली। ● **विशेष—अर्थोपक्षेपक के ५ प्रकार हैं—विष्कम्भक, चूलिका, अंकास्य, अंकावतार, प्रवेशक।**

अर्थ्य—[स॰ √अर्थ् + ण्यत्/यत्] *वि॰* १. माँगने योग्य। प्रार्थनीय। २. उचित। उपयुक्त। ३. धनी। ४. विद्वान।

अर्दन—[स॰ √अर्द् + ल्यु/ल्युट्] *पु॰* १. कष्ट पहुँचना। पीड़न। हिंसा। २. वध। ३. याचना। माँगना। *वि॰* १. पीड़क। हिंसक। २. नष्ट करनेवाला। नाशक।

अर्दना[१]—[स॰ √अर्द् + युच् + टाप्] *स्त्री॰* १. पीड़ा। २. वध।

***अर्दना**[२]—[< स॰ अर्दन] *क्रिअ॰* पीड़ित करना। कष्ट देना। *क्रिस॰* दूर करना। हटाना।

अर्दली—[< अ॰ आर्डरलि] *पु॰* चपरासी।

अर्दित—[स॰ √अर्द् + क्त] *वि॰* १. पीड़ित। २. गया हुआ। गत। ३. माँगा हुआ ३. याचित।

अर्द्ध (अर्द्ध)—*दे॰* अर्ध। ● **विशेष**—'अर्ध' को संस्कृत में 'अर्द्ध' भी लिखा जाता है। हिन्दी में 'अर्ध' का प्रयोग ही मानक रूप में प्रचलित है। अर्द्ध के यौगिकों के लिए देखिए 'अर्ध' के यौगिक।

अर्ध—[स॰ √ऋध् + घञ्] *वि॰* १. जो किसी वस्तु के माप/मान/परिमाण की दृष्टि से किए गए दो समान भागों में से एक हो। आधा। ***जैसे***—सम्पत्ति का अर्ध भाग तुम्हें मिलेगा। २. जो 'पूरा' न हो। अधूरा। आंशिक। ***जैसे***—अर्ध स्वर; अर्ध विकास। ३. जो थोड़ा-बहुत हो। कुछ-कुछ ***जैसे***—अर्ध सहायता। *क्रिवि॰* १. (उपसर्ग की तरह प्रयुक्त) जो पूरी तरह न हो। अधूरापन लिए हुए। ***जैसे***—अर्धविकसित; अर्धबर्बर; अर्धसरकारी। २. (उपसर्ग की तरह प्रयुक्त) किसी निश्चित काल के दो समान भागों में से हर भाग में होने वाला। ***जैसे***—अर्धसाप्ताहिक; अर्धवार्षिक। *पु॰* आधा भाग/खण्ड। ***जैसे***—सम्पत्ति का अर्ध तुम्हारा है और अर्ध मेरा। ● **विशेष**—'अर्ध' को संस्कृत में '**अर्द्ध**' भी लिखा जाता है परन्तु हिन्दी में अब 'अर्ध' का मानक रूप में प्रयोग ही प्रचलित है।

अर्ध आयु—[स॰] *स्त्री॰* (भौतिकी॰) किसी रेडियो-धर्मी (अ॰ रेडियो ऐक्टिव) तत्त्व के कुल परमाणुओं में से आधे परमाणुओं का क्षय हो जाने की अवधि। ***जैसे***—प्लूटोनियम की अर्ध-आयु २४४१० वर्ष है और बेरियम-१४१ की अर्ध-आयु १८ मिनट है।

अर्धक—[स॰ अर्ध + कन्] *वि॰* १. आधा। २. अधूरा। *पु॰* वह रेखा जो किसी कोण, रेखा आदि को दो समान भागों में विभाजित करे। समद्विभाजक।

अर्धगोल—[स॰ अर्ध ~ गोल] *पु॰* किसी गोल का आधा भाग। गोलार्ध। *वि॰* जो पूरी तरह गोल न हो। गोलाई वाला। कुछ-कुछ गोल। ***जैसे***—तरबूज़ अर्धगोल होते हैं।

अर्धचन्द्र (अर्धचंद्र)—[स॰ अर्ध ~ चन्द्र] *पु॰* १. आधा चन्द्रमा। चन्द्रमा का आधा भाग या उसके समान आकृति का चित्र आदि। २. अष्टमी तिथि का चन्द्रमा जो आधा दिखता है। ३. आधे चन्द्रमा के आकार की तरह नोंक वाला बाण। ४. मोर-पंख पर बनी चन्द्रिका। ५. नख-क्षत। ६. किसी को धक्का देकर निकालने के लिए उसकी गर्दन पकड़ने की मुद्रा। गलहस्त। गर्दनिया। ७. अक्षर की शिरोरेखा के ऊपर सानुनासिक ध्वनि का चिह्न (ँ)। चन्द्रबिन्दु। ✣ **अर्धचन्द्र देना**—गर्दन पकड़ कर बाहर निकालना। गर्दनिया देना।

अर्धचन्द्रक (अर्धचंद्रक)—[स॰ अर्ध ~ चन्द्रक] हाथ की उँगलियों के नाख़ूनों की जड़ के निकट का सफ़ेद अर्धवृत्त।

अर्धचेतन—[स॰ अर्ध ~ चेतन] *पु॰* १. मन की वे क्रियाएँ जिनका व्यक्ति को पता नहीं चलता। अवचेतना। २. सोने के पहले तन्द्रा की स्थिति में, बहुत थकान की दशा में अथवा कुछ मानसिक रोगों में, धुँधली चेतना की वह अवस्था जिसमें व्यक्ति अनुभवों और व्यवहारों के विषय में पूर्ण रूप से चेतन नहीं रहता परन्तु अस्पष्ट रूप से उसे उनका अनुभव होता रहता है। *वि॰* १. अवचेतना में विद्यमान। अवचेतन। २. जो पूरी तरह होश में न हो। जिसे पूरी तरह अपने शरीर की सुध-बुध न हो।

अर्धदृष्टिता—[स॰ अर्धदृष्टि + तल् + टाप्] *स्त्री॰* (चिकित्सा॰) दृष्टि के सामान्य क्षेत्र का केवल आधा भाग देख पाने का रोग। आंशिक अन्धत्व। अल्पान्धता।

अर्धनराच—[< स॰ अर्ध ~ नाराच] *पु॰* एक प्रकार का बाण/तीर। (छन्द॰) एक समवर्णिक छन्द जिसके प्रत्येक चरण में क्रमशः जगण, रगण, लघु, गुरु (ज र ल ग) के योग से ८ वर्ण होते हैं।

अर्धनाराच—[स॰ अर्धनाराच] *पु॰* एक प्रकार का बाण/तीर।

अर्धनारीश/अर्धनारीश्वर—[सं॰ अर्ध ~ नारी ~ ईश/ईश्वर] *पु॰* १. शिव। महादेव। २. शिव का एक विशेष रूप जिसमें दाहिना भाग पुरुष/शिव और बायाँ भाग नारी/पार्वती का होता है। हरगौरीरूप शिव।

अर्धन्यायिक—[सं॰ अर्ध ~ न्यायिक] *वि॰* (प्रशासन॰) कुछ प्रशासनिक और कुछ अदालती व्यवस्था से होनेवाला कार्य।

अर्धपारदर्शक—[सं॰ अर्ध ~ पारदर्शक] *वि॰* (वह वस्तु) जिसके सामने रहने पर उसके पार की वस्तु अस्पष्ट या धुँधली-सी दिखाई दे। अल्पपारदर्शी।

अर्धभागिक—[सं॰ अर्धभाग + ठन्] *वि॰* १. जो आधे भाग का अधिकारी हो। २. जिसने कार्य विशेष में आधा काम किया हो। ३. साझीदार।

अर्धभुजङ्गी (अर्धभुजंगी)—[< सं॰ अर्धभुजङ्ग] *पु॰* (छन्द॰) एक समवर्णिक छन्द जिसके प्रत्येक चरण में दो यगण के योग से ६ वर्ण होते हैं।

अर्धमण्डप (अर्धमंडप)—[सं॰ अर्ध ~ मण्डप] *पु॰* मन्दिर में महामंडप और प्रवेश द्वार के बीच का मंडप जिसमें महामंडप से छोटा वितान होता है।

अर्धमागधी—[सं॰ अर्ध ~ मागधी] *स्त्री॰* (भाषा॰) १. महात्मा बुद्ध के काल में बिहार की मागधी प्राकृत भाषा और मथुरा की शौरसेनी प्राकृत भाषा का मिश्रित रूप जो कोसल देश के आसपास की भाषा थी और जिसमें बहुत सा जैन साहित्य रचा गया था। अर्धमागधी प्राकृत। २. उक्त अर्धमागधी प्राकृत का अपभ्रंश रूप जिससे 'पूर्वी हिन्दी' (अवधी और छत्तीसगढ़ी) विकसित हुई। अर्धमागधी अपभ्रंश।

अर्धमात्रा—[सं॰ अर्ध ~ मात्रा] *स्त्री॰* १. आधी मात्रा। २. व्यंजन वर्ण।

अर्धरात्रि—[सं॰ अर्ध ~ रात्रि] *स्त्री॰* १.(बीती या शेष) आधी रात। २. आधी रात का समय।

अर्धविकच—[सं॰ अर्ध ~ विकच] *वि॰* आधा खिला हुआ (फूल)। अर्धविकसित।

अर्धविराम—[सं॰ अर्ध ~ विराम] *पु॰* वाक्य के बीच में प्रयुक्त एक विराम-चिह्न (;) जो पाठक को 'विराम' से कम देर और अल्प विराम से अधिक देर तक रुकने का संकेत देता है। ***जैसे***—वह चला गया था; मैं देर तक उसके विषय में सोचता रहा। (अं॰ सेमिकोलन)

अर्धविसर्ग—[सं॰ अर्ध ~ विसर्ग] *पु॰* (संस्कृत व्या॰) स्वर तथा क्/ख् अथवा स्वर तथा प्/फ् के बीच का विसर्ग जिसका चिह्न 'ᳵ' है। ***जैसे***—विष्णु करोति; क पौ। ● **विशेष**—'विसर्ग' स्वर है परन्तु 'अर्धविसर्ग' व्यंजन है। क्/ख् से पहले का अर्धविसर्ग '**जिह्वामूलीय**' कहा जाता है और प्/फ् से पहले का अर्धविसर्ग '**उपध्मानीय**'।

अर्धवीक्षण—[सं॰ अर्ध ~ वीक्षण] *पु॰* कटाक्ष से देखना। तिरछी चितवन/नज़र।

अर्धवृत्त—[सं॰ अर्ध ~ वृत्त] (गणित॰, ज्यामिति) वृत्त का आधा भाग।

अर्धवृद्ध (अर्धवृद्ध)—[सं॰ अर्ध ~ वृद्ध] *वि॰* ढलती युवावस्था का। प्रौढ़। अधेड़।

अर्धव्यास—[सं॰ अर्ध ~ व्यास] *पु॰* (गणित॰, ज्यामिति) वृत्त के केन्द्र से परिधि तक की दूरी। त्रिज्या।

अर्धशत—[सं॰ अर्ध ~ शत] *वि॰* सौ का आधा। पचास। *पु॰* पचास की संख्या। ✣ **अर्धशती**—*स्त्री॰* = १. आधी शताब्दी। आधी सदी। २. पचास वर्ष का समय।

अर्ध शेष—[सं॰ अर्ध ~ शेष] *वि॰* जिसका आधा ही बचा हुआ हो, आधा काम में आ गया हो।

अर्धश्रावणिका व्रत—[सं॰] *पु॰* पार्वती देवी के पूजकों द्वारा श्रावण शुक्ल प्रतिपदा से आरम्भ करके एक मास तक नित्य किया जाने वाला एक व्रत।

अर्धसम—[सं॰ अर्ध ~ सम] *वि॰* १. जो आधे के बराबर हो। आधा। २. आधी समानता वाला। ✣ **अर्धसममात्रिक छन्द (छंद)**—*पु॰* (छन्द) विषम (पहले और तीसरे) चरणों में समान मात्राओं वाले तथा सम (दूसरे और चौथे) चरणों में समान मात्राओं वाले छन्द। (जैसे—दोहा, सोरठा)। ✣ **अर्धसमवर्णिक छन्द (छंद)**—*पु॰* = (छन्द॰) विषम चरणों में (क्रम और संख्या की दृष्टि से) समान वर्णों वाले तथा सम चरणों में समान वर्णों वाले छन्द। ● **विशेष**—चारों चरणों में समान वर्णों वाले छन्द '**समवर्णिक छन्द**' या '**समवृत्त**' कहे जाते हैं। चारो चरणों में वर्णों की संख्या अलग होने पर छन्द '**विषमवर्णिक छन्द**' या '**विषमवृत्त**' कहे जाते हैं।

अर्ध सवैया—[सं॰ अर्ध+ हिं॰ सवैया] *पु॰* (छन्द॰) किसी सवैया की केवल दो पंक्तियों वाला पद्य।

अर्धसाप्ताहिक—[सं॰ अर्ध ~ साप्ताहिक] *वि॰* १. आधे सप्ताह का। २. सप्ताह में दो बार होनेवाला। आधे सप्ताह-भर रहनेवाला। ३. प्रति सप्ताह दो बार प्रकाशित होने वाला/वाली (पत्र/पत्रिका)।

अर्धस्वर—[सं॰ अर्ध ~ स्वर] *पु॰* (भाषा॰ व्या॰) ऐसी ध्वनि जो स्वर और व्यंजन के बीच भी हो। वह ध्वनि जिसमें कुछ बातें स्वर की तथा कुछ व्यंजन की हों। ***जैसे***—य्, र्, ल् और व् अर्धस्वर हैं।

अर्धस्वायत्त—[सं॰ अर्ध ~ स्वायत्त] *वि॰* १. (देश/व्यक्ति आदि) जिसे अधूरी स्वतन्त्रता प्राप्त हो। २. जो पूरी तौर से अपने अधीन न हुआ हो।

अर्धह्रस्व—[सं॰ अर्ध ~ ह्रस्व] *वि॰* जो ह्रस्व स्वर का आधा हो।

अर्धाङ्ग (अर्धांग)—[सं॰ अर्ध ~ अङ्ग] *पु॰* १. आधा अंग। आधा शरीर। २. 'अर्धांगघात' नामक रोग। ✣ **अर्धाङ्गघात (सं॰ अर्धांगघात)**—*पु॰* = एक गम्भीर रोग जिसमें शरीर के दाहिने या बाएँ सब अंग निष्क्रिय और सुन्न हो जाते हैं। ✣ **अर्धाङ्गी**—*वि॰* = अर्धांग रोग से पीड़ित। *पु॰* = अर्धनारीश्वर शिव।

अर्धाङ्गिनी (अर्धांगिनी)—[सं॰ अर्धाङ्ग + इनि + ङीप्] *स्त्री॰* पत्नी। सहधर्मिणी।

अर्धार्ध—[स॰ अर्ध ~ अर्ध] *वि॰* आधे का आधा। चतुर्थांश। चौथाई।

अर्धाली—[< स॰ अर्ध ~ आली] *स्त्री॰* (छन्द॰) चौपाई के ४ चरणों में से प्रथम-द्वितीय या तृतीय-चतुर्थ का जोड़ा। द्विपदी। ***जैसे***—रामचरितमानस की अर्धाली एक पंक्ति में लिखी जाती है।

अर्धासन—[स॰ अर्ध ~ आसन] *पु॰* १. आसन का आधा अंश। आधा आसन। ***जैसे***—राजा ने अतिथि को अर्धासन पर बैठाया। २. (लाक्षणिक) अति सम्मान का स्थान। ३. (लाक्षणिक) बराबरी का स्थान।

अर्धीकरण—[स॰ अर्ध √कृ + च्वि + ल्युट्] *पु॰* आधा करना। दो समान भागों में बाँटना।

अर्धेन्दु (अर्धेंदु)—[स॰ अर्ध ~ इन्दु] *पु॰* अर्धचन्द्र। (दे॰) ✣ **अर्धेन्दुमौलि (अर्धेंदुमौलि)**—*वि॰* = सिर पर अर्धचन्द्र धारण करनेवाला। *पु॰* शिव। महादेव।

अर्धोत्तोलित—[स॰ अर्ध ~ उत्तोलित] *वि॰* जो पूरी/उचित ऊँचाई से कुछ कम उठाया/चढ़ाया गया हो। ***जैसे***—राष्ट्रीय शोक प्रकट करने के लिए पूरे चढ़े हुए राष्ट्रध्वज को कुछ समय के लिए अर्धोत्तोलित कर दिया जाता है।

अर्धोदय—[स॰ अर्ध ~ उदय] *पु॰* एक पर्व जो रविवार, व्यतीपात योग और श्रवण नक्षत्र से युक्त माघ मास की अमावस्या को होता है।

***अर्न**—[≤ स॰ अर्ण] *पु॰* जल। पानी।

अर्पक—[स॰ √ऋ + णिच् + ण्वुल् + पुक्] *वि॰* अर्पण करनेवाला।

अर्पण—[स॰ √ऋ + णिच् + ल्युट्, पुक्] *पु॰* १. भेंट। नज़र। २. आदरपूर्वक और नम्रतापूर्वक देना। ३. भेंट करने की क्रिया/भाव। ***जैसे***—कृष्णार्पण (कृष्ण ~ अर्पण)।

अर्बुद—[स॰ √अर्ब् + विच् + उद् √ इण् + ड] *पु॰* १. दस करोड़ की संख्या। २. (गर्भ में) दो मास के भ्रूण का रूप। ३. मेघ। बादल। ४. सूजन। गुमड़ा ५. शरीर में गाँठ के रूप का रोग। रसौली या फोड़ा। (अ॰ ट्यूमर) ६. मांस का ढेर। ७. (राजस्थान का) आबू पर्वत।

अर्भ/अर्भक—[स॰ √ऋ + भ, अर्भ + कन्] *पु॰* १. शिशु। बालक। २. शिष्य। ३. शावक। छौना। ४. शिशिर ऋतु। ५. कुशा। ६. मूर्ख व्यक्ति। *वि॰* १. सूक्ष्म। ह्रस्व। छोटा। २. निर्बल। दुर्बल। दुबला। ३. मूर्ख।

अर्य—[स॰ √ऋ + यत्] *वि॰* १. श्रेष्ठ। उत्तम। २. प्रिय। ३. प्रतिष्ठित। कुलीन। ४. आदरणीय। ५. दयालु। *पु॰* १. स्वामी। मालिक। २. ईश्वर। ३. वैश्य।

अर्यमा—[स॰ अर्य √मा + कनिन्] *पु॰* १. सूर्य। २. उत्तराफाल्गुनी नक्षत्र का स्वामी देवता। ३. पितरों का प्रमुख।

अर्र-बर्र—[अनु॰] *स्त्री॰* झूठी या बेकार की बातें। अंड-बंड। बकबक। ***जैसे***—हर समय उसकी अर्र-बर्र कौन सुने।

अर्वाक्—[स॰ अर्वाच्] *क्रिवि॰* १. इस ओर। इधर। ***जैसे***—अर्वाक्कालिक। २. नीचे या पीछे की ओर। ३. पीछे से। पश्चात्। ४. बीच में। ५. समीप। *वि॰* १. इधर आता हुआ। २. किसी ओर घूमा हुआ। ३. (समय/स्थान की दृष्टि से) नीचे का या पीछे का। ● **विशेष—अर्वाक्कालिक** = १. अभी हाल का २. आधुनिक।

अर्वाचीन—[स॰ अर्वाच् + ख] *वि॰* १. जो वर्तमान समय में उत्पन्न/प्रचलित/निर्मित हुआ हो। आधुनिक। २. इधर का। हाल का। ३. नए प्रकार का। वर्तमान समय की विशेषताओं वाला। ४. जो पुराना न हो। ***जैसे***—अर्वाचीन काव्य।

अर्श[1]—[स॰ √ऋश + अच्] *पु॰* बवासीर नामक रोग।

अर्श[2]—[अरबी] *पु॰* १. आकाश। आसमान। २. स्वर्ग। ३. बहुत ऊँचा आसन।

अर्शोघ्न—[स॰ अर्शस् √हन् + ट] *वि॰* अर्श (बवासीर) रोग का नाशक। अर्शहर। *पु॰* १. अर्श-रोगनाशक वस्तु (जैसे—ज़मीकन्द, भिलावाँ आदि)

अर्ह—[स॰ √अर्ह् + अच्] *वि॰* १. पूज्य। आदरणीय। माननीय। २. उपयुक्त। योग्य। ३. अधिकारी। पात्र। मूल्यवान्। *पु॰* १. इन्द्र। विष्णु। ३. मूल्य। ● **विशेष**—यौगिक शब्द बनाने में विशेषण रूप में 'अर्ह' (उपयुक्त/योग्य) का उपयोग अधिक होता है। ***जैसे***—पूजार्ह (पूजा + अर्ह, पूजा के योग्य, पूजनीय); दंडार्ह (दंड + अर्ह, दंड के योग्य, दंडनीय)। ✣ **अर्हक**—*वि॰* = योग्यता प्रमाणित करनेवाला। पात्रता-सूचक। (अ॰ क्वालिफ़ाइंग) ***जैसे***—इस विश्वविद्यालय में प्रवेश करने के लिए निर्धारित अर्हक अंक ६० प्रतिशत हैं।

अर्हण—[स॰ √अर्ह् + ल्युट्] *पु॰* १. पूजा। पूजन। उपासना। २. आदर-सत्कार। सम्मानपूर्ण व्यवहार। ✣ **अर्हणा**—*स्त्री॰* = अर्हण।

अर्हणीय—[स॰ √अर्ह् + अनीयर्] *वि॰* १. पूज्य। २. आदरणीय।

अर्हत्—[स॰ √अर्ह् + शतृ] *वि॰* १. उपयुक्त। २. योग्य। ३. आराधनीय। उपास्य। ४. पूज्य। *पु॰* जैन सम्प्रदाय में अत्यन्त पूज्य महापुरुष। तीर्थंकर।

अर्हता—[स॰ √अर्ह + तल् + टाप्] *स्त्री॰* (न्यूनतम) योग्यता। ***जैसे***—इस प्रतियोगिता में अर्हता प्राप्त करने के बाद ही भाग ले सकोगे। (अ॰ क्वालिफ़िकेशन)

अर्हन्त (अर्हंत)—[स॰ √अर्ह् + झ] *वि॰* अत्यन्त पूज्य। *पु॰* १. बौद्ध भिक्षुक। २. (जैन सम्प्रदाय का) तीर्थंकर अथवा सिद्ध। केवलज्ञानयुक्त/केवली महापुरुष।

अर्हा—[स॰ √अर्ह् + अङ् + टाप्] *स्त्री॰* १. पूजा। पूजन। उपासना। २. आदर-सत्कार। सम्मानपूर्ण व्यवहार।

अर्हित—[स॰ √अर्ह् + क्त] *वि॰* १. जिसका आदर-सत्कार हुआ हो। सम्मानित। २. पूजित। आराधित।

अर्ह्य (अर्ह्य)—[स॰ √अर्ह् + ण्यत्] *वि॰* १. पूजनीय। उपासनीय। आराधनीय। २. माननीय। ३. स्तुति योग्य। ४. योग्य। ५. अर्हता/पात्रता-युक्त। अधिकारी।

अलक—[सं॰ √अल् + क्वुन्] *स्त्री॰* १. (सिर के) घुँघराले बाल। केश। २. केशों की लट। जुल्फ़। ३. (शरीर पर) केसर का उबटन।

***अलकत**—*पु॰≤ सं॰* अलक्त। महावर।

अलक-रचना—[सं॰] केशों को सँवारना और सुन्दर लटें/जुल्फें निकालना या उन्हें घुँघराले/छल्लेदार बनाना।

अलक-संहति—[सं॰] *स्त्री॰* केश-समूह या लटें। अलकावलि।

अलकसलोना—[< सं॰ बालक + हि॰ सलोना] *वि॰* १. सुन्दर (बालक)। २. लाड़ला। दुलारा। ✣ **अलकसलोनी**—*वि॰ (स्त्री॰)* = १. सुन्दर (बालिका) २. लाड़ली। दुलारी।

अलका—[सं॰ अलक + टाप्] *स्त्री॰* कुबेर (देवता) की राजधानी। अलकापुरी।

अलकाधिप/अलकापति—[सं॰ अलका ~ अधिप/पति] *पु॰* अलकापुरी का स्वामी। कुबेर।

अलक़ाब—[< अरबी अलक़ाब, लक़ब (उपाधि) का बहुवचन] *पु॰* १. उपाधियाँ। पदवियाँ। २. पत्र के आरम्भ में लिखे जाने वाले आदरसूचक शब्द (जैसे—पूज्य, आदरणीय, महामान्य)। प्रशस्ति।

अलकाली—[सं॰ अलका ~ आली] *स्त्री॰* अलक-समूह। अलकें। अलकावलि। **उदा॰** वह अंगों की गठन और अनुपम अलकाली।—मैथिलीशरण (सैरन्ध्री, ५)

अलकावलि—[सं॰ अलक ~ आवलि] *स्त्री॰* १. घुँघराले बाल। २. सँवारे हुए केश-समूह। ३. लटें। जुल्फें।

अलक़िस्सा—[< अरबी अल किस्स:] *अव्यय॰* सारांश यह है कि। संक्षेप में।

अलकेश—[सं॰ अलका ~ ईश] *पु॰* अलकापुरी का स्वामी। (यक्षराज) कुबेर। Δ **पर्याय**—अलकाधिप, अलकापति।

अलक्त/अलक्तक—[सं॰ अ + रक्त, र→ल, अलक्त + कन्] *पु॰* १. कुछ वृक्षों की लाल छाल। २. लाख का रंग। लाक्षा-रस। महावर। ● **विशेष**—उक्त महावर या लाख के रंग को स्त्रियाँ अपने पैरों में शोभा के लिए लगाती हैं। ✣ **अलक्त-राग**—*पु॰* = महावर का लाल रंग।

अलक्षण—[सं॰ अ + लक्षण] *वि॰* १. जिसमें कोई लक्षण/चिह्न/निशान न हो। २. जिसके लक्षण निर्दिष्ट न हों। ३. अशुभ लक्षण वाला। *पु॰* १. लक्षण का अभाव। चिह्न/निशान न मिलना। २. अशुभ लक्षण/बुरा लक्षण। ३. अशुभ शकुन। अपशकुन। ४. बुरी/ग़लत परिभाषा। ✣ **अलक्षणा**—*वि॰* = अशुभ/बुरे लक्षण वाला। कुलक्षण। ✣ **अलक्षणी**—*वि॰* = अलक्षणा। *वि॰ (स्त्री॰)* बुरे लक्षणों वाली। कुलक्षणी।

अलक्षित—[सं॰ अ + लक्षित] *वि॰* १. जो देखा न गया हो। अदृष्ट। २. जो प्रकट न हुआ हो। अप्रकट। गुप्त। ३. जो ध्यान में न आया हो। ४. जिसकी ओर ध्यान न गया हो।

अलक्ष्म—[सं॰ अ + लक्ष्म] *वि॰* चिह्नरहित। २. जिस पर कलंक या दाग़-धब्बा न हो। ३. निर्दोष। ***जैसे***—अलक्ष्म नेत्र।

अलक्ष्मी—[सं॰ अ + लक्ष्मी] *स्त्री॰* १. दरिद्रता। ग़रीबी। २. दुर्भाग्य। अभागापन। बदक़िस्मती। ३. अशुभ लक्षणों वाली स्त्री।

अलक्ष्य—[सं॰ अ + लक्ष्य] १. जो लक्ष्य/दृष्ट न हो। जो देखा न जा सके। अदृष्ट। अदृश्य। २. जिसका लक्षण न जाना/बताया जा सके। ३. अज्ञेय। ४. चिह्नरहित। ✣ **अलक्ष्यगति**—*वि॰* = १. ऐसे चलने वाला कि कोई देख न सके। २. अदृश्य रूप धारण करके चलनेवाला।

अलख—[< सं॰ अलक्ष्य] *वि॰* १. जिसे देखा न जा सकता हो। आकार/रूप से रहित। निराकार। अमूर्त। अदृश्य। २. जिसका ज्ञान इन्द्रियों द्वारा प्राप्त करना असम्भव हो। अगोचर। *पु॰* निर्गुण ब्रह्म। निराकार परमात्मा। ***वा॰* अलख जगाना**—१. अलख-अलख कहकर परमेश्वर का स्मरण करना। २. अलख-अलख कहकर भिक्षा माँगना। ३. समाज में किसी महान् कार्य के लिए निरन्तर और प्रयत्नपूर्वक प्रेरणा जगाना।

अलखधारी—[< हि॰ अलख + धारना (धारण करना)] *पु॰* १. गोरखपन्थी साधुओं का एक सम्प्रदाय। ३. उक्त सम्प्रदाय का कोई साधु।

अलख निरञ्जन (निरंजन), अलखपुरुष—[सं॰ अलक्ष्य ~ निरञ्जन/पुरुष] *पु॰* निराकार और अगोचर परमात्मा।

अलग—[< सं॰ अलग्न] *वि॰* १. जो किसी के साथ लगा हुआ या जुड़ा/मिला सटा हुआ न हो। अलग्न। पृथक्। ***जैसे***—तलवार से कटकर हाथ अलग हो गया। २. गुण, रूप, प्रकार आदि की दृष्टि से अन्यों से भिन्न। ***जैसे***—अलग विचार; अलग प्रकार की वस्तुएँ। ३. जिसका सम्बन्ध न हो, न रहे या न रहा हो। ***जैसे***—मकान से अलग मन्दिर; उसे दुकान से अलग कर दो; मेरी पुस्तकें अलग हैं। *क्रिवि॰* दूसरे स्थान पर। ***जैसे***—ये रुपए अलग रख दो; वे अब अलग रहेंगे। ***वा॰* अलग करना**—१. दूर करना। हटाना। २. नौकरी आदि से हटा देना। ३. परिवार या घर से हटा देना। **अलग होना**—१. दूर होना। २. नौकरी आदि छोड़ना। ३. परिवार छोड़ देना।

अलग़रज़—[अरबी] समुच्चय॰ *अव्यय॰* तात्पर्य यह है कि। अधिक क्या कहूँ। ***जैसे***—उन्होंने मुझे डराया, धमकाया, लालच दिया, अलग़रज़ हर प्रयत्न किया कि मैं उनके पक्ष में हो जाऊँ। ✣ **अलग़रज़ी**—[अरबी] *वि॰* = बेपरवाह। बेफ़िक्र। २. अतिस्वार्थी। *स्त्री॰* १. बेपरवाही। बेफ़िक्री। २. स्वार्थपरता। स्वार्थीपन। २. लापरवाही।

अलगाऊ—[< हि॰ अलगाना] *वि॰* अलग करनेवाला या अलग रखनेवाला। पृथक्कर्ता।

अलगोज़ा—[अरबी] *पु॰* (एक प्रकार की) बाँसुरी।

अलग्योझा—[< हि॰ अलग] *पु॰* संयुक्त परिवार का विभाजन/बँटवारा।

अलघु—[सं॰ अ + लघु] वि १. जो लघु न हो। २. जो छोटा न हो। लम्बा। ३. जो हल्का न हो। भारी। ४. गम्भीर (समस्या/विषय/बात आदि)। ५. प्रबल। प्रचंड।

अलङ्करण (अलंकरण)—[सं॰ अलम् √कृ + ल्युट्] *पु॰* १. अलंकारों से युक्त करना। २. आभूषणों/गहनों से सजाना। ३. अलंकार। आभूषण। ४. किसी के सौन्दर्य को सजावट से बढ़ाना। शृंगार। सज्जा। सजावट। ✣ **अलङ्करण (अलंकरण)**— *स्त्री॰* = व्यक्तियों/वस्तुओं/स्थानों आदि को अच्छी प्रकार सजाकर आकर्षक बनाने की कला।

अलङ्करिष्णु (अलंकरिष्णु)—[सं॰ अलम् √कृ + इष्णुच्] *वि॰* १. अलंकारों/आभूषणों का प्रेमी। गहनों का शौक़ीन। २. सजाने में निपुण।

अलङ्कार (अलंकार)—[सं॰ अलम् √कृ + घञ्] *पु॰* १. शृंगार। सज्जा। सजावट २. शोभाकारक पदार्थ। ***जैसे***—विनम्रता विद्वानों का अलंकार है। ३. आभूषण। गहना। ***जैसे***—अँगूठी, हार, कुंडल आदि अलंकार। (काव्य॰) काव्य/साहित्य की शोभा बढ़ानेवाला विशेष तत्त्व जो भाव/रस का उत्कर्षकारक होता है। ● **विशेष**—काव्य में अलंकार तीन प्रकार के होते हैं—**शब्दालंकार** और **अर्थालंकार**। जहाँ ये दोनों होते हैं, वहाँ **'उभयालंकार'** कहा जाता है। (संगीत॰) स्वरों का वह उलट-फेर जो सुनने में बहुत सुन्दर हो। ● **विशेष**—संगीत में अलंकार के दो प्रकार है — १. वर्णालंकार जो वर्ण द्वारा रचित होते हैं, ***जैसे***—सा रे ग, ग म प। २. शब्दालंकार अर्थात् आवाज़ को ध्वनित करने की विशेष प्रयोगात्मक कला (जैसे—मीड़, गमक इत्यादि)। ✣ **अलङ्कार शास्त्र (अलंकार शास्त्र)**— *पु॰* = १. काव्यशास्त्र। साहित्यशास्त्र। २. साहित्यिक अलंकारों की परिभाषा, विवेचन वर्गीकरण इत्यादि करनेवाला शास्त्र। ✣ **अलङ्कार-सम्प्रदाय (अंलकार-सम्प्रदाय)**— *पु॰* = 'अलंकार' को 'काव्य की आत्मा' माननेवाले काव्यशास्त्रियों का वर्ग। ● **विशेष**—अलंकार को 'काव्य की आत्मा' प्रतिपादित करनेवाला सिद्धान्त **'अलंकार-सिद्धान्त'** कहा जाता है।

अलङ्कृति (अलंकृति)—[सं॰ अलम् √क्तिन्] *स्त्री॰* १. अलंकार २. शृंगार। सजावट।

अलङ्ग (अलंग)—[देशज] *पु॰* दिशा। ओर। तरफ़। **उदा॰** लेन आयो कान्ह कोऊ मथुरा अलंग तें। —भिखारीदास ग्र॰ (भाग २, पृ॰ १०६)

अलङ्घनीय/अलङ्घ्य (अलंघनीय/अलंघ्य)—[सं॰ अ + लङ्घनीय/लङ्घ्य] *वि॰* १. जिसे लाँघना सम्भव/उचित न हो। ***जैसे***—अलंघ्य महासागर। २. (नियम/आज्ञा अदि) जिसका उल्लंघन नहीं किया जाना चाहिए। ३. (नियम/आज्ञा आदि) जिसका पालन अनिवार्य हो।

***अलच्छ**—[< सं॰ अलक्ष्य] *वि॰* १. अलक्ष्य। २. लक्ष्यहीन। निरुद्देश्य। व्यर्थ। **उदा॰** लच्छ दुरे सकल बिलोकत अलच्छ रहे। —रत्नाकर (उद्धव॰, २९) २. ३. जो न दिखे। अलक्षित।

अलज्ज—[सं॰ अ + लज्जा] *वि॰* १. जिसे लज्जा न लगे। २. निर्लज्ज/बेशर्म।

अलतई—[< हिं॰ अलता] *वि॰* अलता के रंग का। महावरी रंग का। *पु॰* अलता जैसा रंग। गहरा लाल रंग।

***अलता**—[< सं॰ अलक्तक] *पु॰* लाख का गहरा लाल रंग जिसे स्त्रियाँ शोभा के लिए पैरों में लगाती हैं।

अलफ़—[< सं॰ अल्प/अल्पायु] *स्त्री॰* १. भीषण संकट जिसमें मृत्यु सम्भव हो। ***जैसे***—दुर्घटना होते-होते बची, तुम्हारी अलफ़ टल गयी। २. कष्ट। विपत्ति। संकट। ३. अकालमृत्यु।

अलफ़ा—[अरबी] *पु॰* एक प्रकार का ढीला-ढाला, बिना बाँहों का और लम्बा कुर्ता जिसे प्रायः मुसलमान फ़क़ीर पहनते हैं। ✣ **अलफ़ी**— *स्त्री॰* = अलफ़ा।

अलबत्ता—[< अरबी अल्बत्तः] *समु॰ अव्यय॰* १. अवश्य। निस्सन्देह। बेशक। २. परन्तु। लेकिन। ३. बहुत ठीक। हाँ।

अलबल/अलबिलल—[< प्रा अलिल्ला (= कहना/बताना) + अनु॰] *वि॰* १. अटपटा। ऊलजलूल। ऊटपटाँग। ***जैसे***—अलबिलल बातें। २. व्यर्थ। निरर्थक। बेफ़ायदा। ***जैसे***—तुम्हारी अलबिलल योजनाएँ। *क्रिवि॰* जल्दी-जल्दी। ***जैसे***—अलबिलल बोलना। **उदा॰** झुक-झुक झूमत अलबल बोलत चाल मस्त बौरानी सी। —भारतेन्दु काव्यामृत (स्फुट कविताएँ, ३०)

अलबेला—[< सं॰ अलभ्य] *वि॰* १. अनोखा। अनूठा। उदा॰ छैला-छबीला, रसिया साक़ी, अलबेला पीने वाला। —बच्चन (मधुशाला, २३) २. सुन्दर। सुसज्जित। बना-ठना। बाँका। ३. अल्हड़। मनमौजी। *पु॰* बना-ठना व्यक्ति। ✣ **अलबेलापन**— *पु॰* = १. अनोखापन। अनूठापन। २. सौन्दर्य। सजधज। ४. अल्हड़पन। मनमौजीपन। ✣ **अलबेली**— *वि॰* (*स्त्री॰*)।

अलब्ध—[सं॰ अ + लब्ध] *वि॰* जो प्राप्त न हुआ हो अप्राप्त।

अलभ्य—[सं॰ अ + लभ्य] *वि॰* १. जो न मिल सके। अप्राप्य। ***जैसे***—महानगरों में शान्ति अलभ्य है। २. जो प्रायः मिलता न हो। जो कठिनता से मिल सके। दुर्लभ। २. बहुमूल्य। अमूल्य। अनमोल।

अलम्—[सं॰ √अल् + अमु] *क्रिवि॰* १. पर्याप्त। काफ़ी। २. बस, बहुत हो चुका। ***जैसे***—इति अलम्।

अलम—[अरबी] *पु॰* ध्वजा। पताका। झंडा। ✣ **अलमदार/अलमबरदार**— *पु॰* = सेना के आगे-आगे झंडा लेकर चलनेवाला। ध्वजवाहक।

अलमस्त—[फा॰] *वि॰* १. नशे में धुत्त/मत्त। २. बहुत ही मस्त। मनमौजी। ✣ **अलमस्ती**— *स्त्री॰* = १. नशे की मस्ती। मदमत्तता। २. मनमौजीपन।

अलम्बुषा (अंलबुषा)—[अलम्बुष + टाप्] *स्त्री॰* १. छुई-मुई का पौधा। लाजवन्ती। लजालू। २. किसी अन्य का प्रवेश रोकने के लिए खींची गयी रेखा। ३. (स्वर्ग की) एक अप्सरा।

अलय—[सं॰ अ + लय] *वि॰* १. जिसमें लय का अभाव हो। ***जैसे***—कविता लयवाली होती है, अलय नहीं। २. जिसका कभी नाश न हो। अविनाशी/अविनश्वर। ३. जिसका अपना घर न हो।

गृहहीन। पु॰ (१. गद्य आदि में लय का अभाव। २. नाश का अभाव। नित्यता। ३. जन्म। उत्पत्ति। (संगीत॰) अशुद्ध लय।

अलल-टप्प—[< हि॰ अलबिलल + टापना] *वि॰* १. अनुमानित। अन्दाज़िया। २. बेसिर -पैर का। ऊटपटाँग। ✣ **अलल-टप्पू**—*वि॰* = अलल-टप्प।

अललपङ्ख (अललपंख)—[< हि॰ अलबेला + पंख] *पु॰* एक पक्षी जिसका रंग कुछ काला और कुछ सफ़ेद होता है।

अलल-बछेड़ा—[< हि॰ अल्हड़ + बछेड़ा] *पु॰* १. घोड़े का जवान बच्चा। २. (लाक्षणिक) अनुभव-रहित व्यक्ति। अल्हड़ व्यक्ति।

अलल हिसाब—[अरबी] *क्रिवि॰* बिना हिसाब किए। *वि॰* (धन) जो बाद में हिसाब लेने/देने के लिए दिया गया हो।

†अललाना—[< हि॰ अल्लाना] *क्रिअ॰* १. बहुत ज़ोर से बोलना। चिल्लाना। २. बहुत ज़ोर से पुकारना। गला फाड़ कर पुकारना।

अलल्ले-तलल्ले—[< अरबी अलल + अनु॰] *वि॰* बेहिसाब।

अलवान—[अरबी] *पु॰* १.पश्मीने की चादर। २. बढ़िया ऊनी चादर।

अलविदा—[अरबी] *अव्यय* बिदा लेते समय कहा जाने वाला एक शब्द। अच्छा, अब बिदा।

अलस—[स॰ अ + लस (√लस् + अच्)] *वि॰* १. निष्क्रिय। निरुद्योगी। २. जो फुर्तीला न हो। सुस्त। ३. आलस्ययुक्त। आलसी। ४. आलस्य उत्पन्न करनेवाला। *जैसे*—अलस चिन्तन। ५. थका हुआ। श्रान्त। क्लान्त। शिथिल। ६. मृदु। कोमल। ✣ **अलसता**—*स्त्री॰* = १. आलस्य। २. शिथिलता। थकावट। ✣ **अलसना**—*क्रिअ॰* = आलस्य से युक्त होना। अलसाना। ✣ **अलसान**—*स्त्री॰* = आलस्य। ✣ **अलसाना**—*क्रिअ॰* = १. आलस्य करना। २. सुस्ती करना। ३. थकावट अनुभव करना। ४. (लाक्षणिक) मानसिक शिथिलता के कारण अपने कर्तव्य-पालन से बचना/हटना। ५. उदासीन होना। खिन्न होना।

अलसित[१]—[स॰ अ + लसित] *वि॰* जो लसित/शोभित न हो। अशोभित।

अलसित[२]—[स॰ अलस + इतच्] *वि॰* अलसाया हुआ। आलस्ययुक्त। **उदा॰** जब सो रहा है विश्व अलसित। —महादेवी (दीप-शिखा, पृ॰ १३४)

अलसी[१]—[< स॰ अतसी] *स्त्री॰* एक पौधा जिसके बीजों/दानों को पेर कर तेल निकाला जाता है।

अलसी[२]—[< स॰ अलस] *वि॰* आलस्ययुक्त। आलसी।

अलसी[३]—*वि॰* ≤ स॰ अलसित। अशोभित।

अलसौहाँ, अलसौंहा (अलसौंहा)—[< स॰ अलस] *वि॰* १. अलसाया हुआ। आलस्ययुक्त। शिथिल। *जैसे*—अलसौहाँ शरीर। २. नींद या ख़ुमारी से भरा हुआ। *जैसे*—अलसौंहे नेत्र। ✣ **अलसौंही (अलसौंही)**—*वि॰* (*स्त्री॰*) *जैसे*—अलसौंही देह।

अलस्सुबह—[अरबी] *क्रिवि॰* अति प्रातः। बहुत तड़के।

***अलह**—*वि॰* ≤ *स॰* अलभ्य। दुर्लभ।

अलहदगी—[< हि॰ अलहदा] *स्त्री॰* पृथक्ता। अलहदापन। जुदाई।

अलहदा—[< अरबी अलाहद:] *वि॰* १. पृथक्। अलग। जुदा २. भिन्न। अलग।

***अलहन**—[< स॰ अलभन] *पु॰* १. प्राप्ति न होना। अप्राप्ति। २. बुरे दिन। कुसमय। *स्त्री॰* विपत्ति। संकट।

अलहिया—[देशज] *स्त्री॰* एक वाद्ययन्त्र। (संगीत॰) एक रागिनी जिसे करुण रस के प्रसंग में अधिक गाया जाता है। अल्हैया।

अलहैरी—[अरबी] *पु॰* एक प्रकार का अरबी ऊँट जिसके एक ही कूबड़ होता है और जो बहुत तेज़ चलता है।

अलात[१]—[स॰ अ + लात (√ला + क्त)] *पु॰* १. जलती हुई लकड़ी। २. (पटेबाज़ी में प्रयुक्त) वह बनैठी/लाठी जिसे दोनों सिरों पर जलाकर चलाया जाता है।

अलात[२]—[अरबी] *पु॰* निहाई (जिस पर रख कर गर्म लोहा कूटा जाता है)।

अलात-चक्र—[स॰] *पु॰* १. जलती हुई लकड़ी को शीघ्रता से घुमाते रहने से बनने वाला प्रकाश का मंडल।

अलान—[< स॰ आलान] *पु॰* १. हाथी बाँधने का खूँटा या सिक्कड़ २. बेड़ी। ३. बन्धन। ४. लता चढ़ाने के लिए गाड़ी गयी लकड़ी।

अलापना—[< स॰ आलाप] *क्रिस॰* १. गाने में अलाप का प्रयोग करना। २. शास्त्रीय पद्धति से गाना। *क्रिअ॰* बातचीत करना। बोलना। **वा॰ अपना-अपना राग अलापना**—१. अपने-अपने स्वार्थ/लाभ की बात कहना। २. किसी विषय पर अपने अलग-अलग प्रकार के मत प्रकट करना।

***अलापी**—[स॰ आलापिन्] *वि॰* १. (संगीत) आलाप करनेवाला। तान लगानेवाला। २. गाने वाला। ३. बातचीत करनेवाला।

अलाबू—[स॰ अ + लाबू] *स्त्री॰* १. लौकी। तुम्बी। २. तुम्बी का बना पात्र।

अलाभकर—*वि॰* =१. जिससे कोई लाभ न हो। व्यर्थ। २. जिससे आर्थिक लाभ न हो।

अलामत—[अरबी] *स्त्री॰* चिह्न। लक्षण। पहचान।

अलाय-बलाय—[< फा॰ बला का अ॰ + < बला] *स्त्री॰* १. परोक्ष से आनेवाली विपत्ति (जैसे—नज़र लगना; जादू-टोने का प्रभाव होना)। २. भूत-प्रेत आदि की बाधा।

अलाव—[< स॰ अलात] *पु॰* १. आग का ढेर। २. शीत ऋतु में तापने के लिए जलायी गयी आग। ३. (ग्रामों आदि में) वह स्थान जहाँ सबके तापने के लिए आग जलायी जाती है।

अलावा—[< अरबी इलाव:] *क्रिवि॰* अतिरिक्त। सिवाय। *जैसे*—तब मेरे अलावा घर में कोई नहीं था।

अलि[१]—[स॰ अल् + इन्] *पु॰* १. भ्रमर। भौंरा। २. कौआ। ३. कोयल।

अलि[२]—[< स॰ आली] *स्त्री॰* सखी। सहेली। २. पंक्ति। कतार। ३. रेखा। लकीर।

अलिक[१]—[स॰ √अल् + इकन्] *पु॰* ललाट। माथा।

***अलिक[२]**—[< स॰ अलि] *पु॰* अलि। भौंरा।

अलिकुल—[स॰ अलि ~ कुल] *पु॰* भौंरों का झुंड। भ्रमर-समूह।

अलिखित—[स॰ अ + लिखित] *वि॰* १. जो लिखा हुआ न हो। ***जैसे***—पत्र अलिखित रह गया। २. मौखिक। जबानी। ***जैसे***—अलिखित परीक्षा। ३. मौखिक रूप से परम्परा-प्राप्त। ***जैसे***—ब्रिटेन का अलिखित संविधान। ∇ **विलोम**—लिखित।

अलिङ्ग (अलिंग)—[स॰ अ + लिङ्ग] *वि॰* १. जिसका कोई लक्षण या चिह्न न हो। लिंगरहित। २. जिसका ठीक लक्षण/पहचान न हो। *पु॰* लक्षण/चिह्न का अभाव। (व्या॰) १. जिसका कोई लिंग न हो। ***जैसे***—अव्यय अलिंग होते हैं। २. वह शब्द जो पुलिंग और स्त्रीलिंग दोनों में समान रूप से प्रयुक्त होता हो। ***जैसे***—मित्र, हम, तुम इत्यादि अलिंग हैं।

अलिङ्गिनी (अलिंगिनी)—[< स॰ अलिगण] *स्त्री॰* भ्रमरी।

अलिजिह्व—[स॰ अलि ~ जिह्वा] *वि॰* अलिजिह्वा का। अलिजिह्वीय। ***जैसे***—अलिजिह्व कम्पन।

अलिजिह्वा—[स॰ अलि ~ जिह्वा] *स्त्री॰* (शरीर॰)। मुख-विवर की छत में गले के पास का एक अवयव। कौवा। घंटी। अलिजिह्विका। ✣ **अलिजिह्वीय**—*वि॰* (*स्त्री॰*) = अलिजिह्व। ***जैसे***—अलिजिह्वीय वर्ग। ✣ **अलिविह्विका**—*स्त्री॰* = अलिजिह्वा।

अलिन्द[१] (अलिंद)—[स॰ √अल् + किन्दच्] *पु॰* १. घर के द्वार के सामने का चबूतरा। २. घर का बरामदा या आँगन। (प्राणि॰) हृदय के ऊपरी दो कक्षों में से एक जिसमें रुधिर शरीर के विविध अंगों से लौटकर आता है।

अलिन्द[२] (अलिंद[२])—[< स॰ अलीन्द्र (अलि ~ इन्द्र)] *पु॰* अलि। भ्रमर। भौंरा।

अलिफ़—[अरबी] *पु॰* अरबी, फ़ारसी इत्यादि की वर्णमालाओं का प्रथम अक्षर।

अलिरव/अलिरुत—[स॰ अलि ~ रव/रुत] *पु॰* भौंरों की गुंजार। भ्रमर-गुंजन।

अलि-वृत्ति—[स॰] *स्त्री॰* १. स्थान-स्थान पर पुष्पों का रस पीने की भौंरों की वृत्ति। २. उक्त के समान (साधु-सन्यासी की) अनेक घरों से थोड़ी-थोड़ी भिक्षा लेकर पेट भरने की वृत्ति। मधुकरी वृत्ति।

***अली[१]**—[< स॰ अलि] *पु॰* भ्रमर। भौंरा।

***अली[२]**—[< स॰ आली] *स्त्री॰* १. सखी। सहेली। २. पंक्ति। क़तार। ३. रेखा। लकीर।

अली[३]—[अरबी] *वि॰* उच्च। ऊँचा। *पु॰* १. परमात्मा। ईश्वर। २. (मुसलमानों का) चौथा ख़लीफ़ा।

***अलीआ**—[< स॰ अलीक] *वि॰* १. अलीक। मिथ्या। असत्य। झूठा। २. अप्रिय। ३. अमान्य।

अलीक[१]—[स॰ √अल् + वीकन्] *वि॰* १. असत्य। मिथ्या। झूठा। मनगढ़न्त। २. अप्रिय। ३. अल्प। थोड़ा। *पु॰* १. असत्य। झूठ। २. अप्रिय विषय।

अलीक[२]—[स॰ अ + हि॰ लीक] *वि॰* लीक/रीति से परे। रीति-रहित या रीति-विरुद्ध।

अलीकी—[स॰ अलीकिन्] *वि॰* १. अरुचिकर। २. झूठ।

अलीन—[स॰ अ + लीन] *वि॰* १. जो किसी में लीन न हुआ हो २. जो (किसी में) रत/संलग्न न हो। ***जैसे***—परमात्मा में अलीन मन वाले लोग। ३. अनुपयुक्त। ४. अनुचित। *पु॰* द्वार की चौखट की लम्बी लकड़ी जिसमें किवाड़ जड़ा जाता है।

अलील—[अरबी] *वि॰* १.रुग्ण। बीमार २. दूषित।

अलीह—[< स॰ अलीक] १. मिथ्या। असत्य। झूठ। २. अनुचित। ३. असम्भव।

अलुक् समास—[स॰] *पु॰* (संस्कृत व्या॰) समास का एक भेद जिसमें पूर्वपद की विभक्ति का लोप हुए बिना ही समासयुक्त पद बनता है।

***अलुटना**—[< स॰ √लुण्ट्] *क्रिअ॰* लड़खड़ाना। डगमगाना।

***अलूझणि**—[< हि॰ अलुझना] *स्त्री॰* उलझन। उलझाव।

***अलूझिया**—[< हि॰ अलुझना] *वि॰* उलझा हुआ।

अलूना/†अलूणा—[< स॰ अलवण] *वि॰* १. बिना नमक का। फीका। अलोना। २. शोभाहीन। असुन्दर। ✣ **अलूणी/अलूनी**—*वि॰* (*स्त्री॰*)।

***अलूधना**—[< स॰ अवरुन्धन] *क्रिअ॰* फँसना या उलझना।

***अलूप**—[< स॰ लोप] *पु॰* लोप। *वि॰* लुप्त।

***अलूफ़ा**—[< अरबी अलफ़ी] *पु॰* १. अलफ़ी (दे॰) नामक कुर्ता/चोग़ा। २. दान। ३. चिह्न या पहचान। ४. प्रसाद।

अलेख[१]—[स॰ अ + लेख] *वि॰* १. अलिखित। २. रूपरहित। आकृतिरहित। निराकार। अरूप। ३. जो समझा न जा सके। दुर्बोध या अज्ञेय।

***अलेख[२]**—[< स॰ अलक्ष्य] *वि॰* जो दिखायी न पड़े। अलक्ष्य। अदृश्य। अप्रत्यक्ष। निराकार। *पु॰* परमात्मा।

***अलेख[३]**—[< स॰ अलेख्य] *वि॰* अकथ्य। अनिर्वचनीय।

अलेखा—[स॰ अ + हि॰ लेखा] *वि॰* १. जिसका लेख/हिसाब न हो सके। बहुत अधिक। बेअन्दाज़। २. व्यर्थ। बेकार।

***अलेखी[१]**—[< स॰ अलेख] *वि॰* १. जो इतना अधिक हो कि लिखा/गिना न जा सके। अगणित। बेहिसाब। बेअन्दाज़। २. विचित्र। अकथ्य। ३. जो लिखने/गिनने योग्य न हो। व्यर्थ। निष्फल।

अलेखी[२]—[< स॰ अलेख्य] *वि॰ (स्त्री॰)* जिसका लेखा न हो। जो लिखी न गयी हो। ***जैसे***—अलेखी वार्ता।

***अलेखी[३]**—[< स॰ अलक्ष्य] *वि॰* जो दिखायी न दे। २. जिसे या जैसा पहले कभी न देखा गया हो। अभूतपूर्व।

***अलेखे**—[< स॰ अलेख] *वि॰* १. अगणित। बेहिसाब। २. व्यर्थ।

***अलेखे**—[< स॰ अलक्ष्य] *क्रिवि॰* बिना समझे हुए। बिना देखे हुए।

अलेखै**—[< स॰ अलक्षित] *वि॰* समझ से बाहर। ***जैसे—अलेखै बात।

***अलेखैं (अलेखैं)**—[< सं॰ अलेख] *वि॰* व्यर्थ। निष्फल।

अलेपक—[सं॰ अलेप + कप्] *वि॰* १. अलिप्त। निर्लेप। २. सम्बन्ध-रहित। *पु॰* परमात्मा।

***अलेल**—[< सं॰ कल्लोल] *पु॰* (खेल में अति मगन होकर प्रकट किया जाने वाला) हर्ष। प्रसन्नता।

अलैङ्गिक (अलैंगिक)—[सं॰ अ + लैङ्गिक] *वि॰* १. जिसमें स्त्री या पुरुष किसी का चिह्न न हो (ऐसा प्राणी या वनस्पति) २. लिंग अथवा योनि से असम्बन्धित। ✣ **अलैङ्गिक (अलैंगिक) जनन**—*पु॰* = (जीव॰) जनन की वह प्रक्रिया जिसमें युग्मकों का मिलन नहीं होता।

अलोक[१]—[सं॰ अ + लोक] *वि॰* १. अदृश्य। २. जहाँ मनुष्य न रहते हों। लोक-रहित। ३. सामान्य लोक या मृत्युलोक आदि से भिन्न लोक। लोकोत्तर या दिव्यलोक।

***अलोक**[२]—[< सं॰ आलोक] *पु॰* आलोक। प्रकाश।

***अलोकना**[१]—[< सं॰ आलोक] *क्रिस॰* आलोकित करना। प्रकाश से युक्त करना। *क्रिअ॰* प्रकाश से युक्त होना।

अलोकना[२]—[< सं॰ अवलोकन] *क्रिस॰* अवलोकन करना। देखना।

अलोना—[< प्रा॰ अलोणिय < सं॰ अलवणिक] *वि॰* १. बिना नमक का (खाद्य पदार्थ) ***जैसे***—अलोना साग। २. (व्रत) जिसमें नमक न खाया जाए। ***जैसे***—रविवार का अलोना व्रत। ३. स्वादहीन। फीका। बेमज़ा। ***जैसे*** अलोना उपन्यास। ४. जिसमें लावण्य न हो। सौन्दर्यहीन। असुन्दर। ***जैसे***—अलोना मनुष्य। ✣ **अलोनी**—*वि॰* (*स्त्री॰*)।

अलोप्य—[सं॰ अ + लोप्य] *वि॰* १. जिसका लोप न हो सके। जिसे समाप्त न किया जा सके। अमिट। २. लुप्त न किए जाने योग्य। जो मिटाने योग्य न हो।

अलोल—[सं॰ अ + लोल] *वि॰* जो चंचल न हो। स्थिर या शान्त।

अलोह—[सं॰ अ + लोह] *वि॰* जिसमें लोहा न हो।

अलोहित—[सं॰ अ + लोहित] *वि॰* १. जो लाल रंग का न हो। २. रक्त-शून्य। रक्तहीन।

***अलोही**—[< सं॰ अलोहित] *वि॰* १. जो लाल रंग का न हो। २. रक्तहीन।

अलौकिक—[सं॰ अ + लौकिक] *वि॰* १. जो इस लोक में न दिखायी दे। लोकोत्तर। २. असाधारण। अद्भुत। ***जैसे***—मीराबाई का अलौकिक चरित्र। ३. अमानुषी। दिव्य। ∇ **विलोम**—लौकिक। ✣ **अलौकिक आलोक, अलौकिकालोक**—*पु॰* = दिव्य प्रकाश। ✣ **अलौकिकालोकमय**—*वि॰* =१. दिव्यप्रकाशमय। २. दिव्य और प्रकाशयुक्त। असाधारण और उज्ज्वल।

***अलौनिया**—[< सं॰ अ + हि॰ लोन (लवण)] *वि॰* नमक न खानेवाला।

अल्ट्रावाइलेट—[अं॰] *वि॰* इन्द्रधनुष में बैंगनी रंग से परे का। पराबैंगनी। ✣ **अल्ट्रावाइलेट किरणें**—*पु॰* (बहुवचन) = इन्द्रधनुष में बैंगनी रंग से परे की किरणें। पराबैंगनी किरणें। लघु तरंगदैर्घ्य वाली विद्युत्चुम्बकीय किरणें।

अल्ट्रासाउन्ड (अल्ट्रासाउंड)—[अं॰] *पु॰* अति उच्च आवृत्ति वाली ध्वनि। पराश्रव्य ध्वनि। ✣ **अल्ट्रासाउन्ड तरङ्गें (अल्ट्रासाउंड तरंगें)**—*स्त्री॰* (बहु॰) = पराश्रव्य ध्वनि की तरंगें। शरीर के आन्तरिक अंगों के परीक्षण आदि के लिए प्रयुक्त अति उच्च आवृत्ति वाली तरंगें।

अल्प—[सं॰ √अल् + प] *वि॰* १. थोड़ा। २. छोटा। ३. तुच्छ। ४. थोड़े दिनों रहनेवाला। नाशवान्। क्षणिक। *पु॰* (काव्य॰) एक अर्थालंकार जिसमें चमत्कारी रीति से आधेय की अपेक्षा आधार को बहुत छोटा या सूक्ष्म बताया जाता है। ∇ **विलोम**—अनल्प। ✣ **अल्पतम**—*वि॰* = (परिमाण, मात्रा आदि में) सबसे अल्प। सबसे कम। सबसे थोड़ा। ***जैसे***—अल्पतम समय में अधिकतम कार्य करो। ✣ **अल्पतर**—*वि॰* = तुलना में अल्प। ✣ **अल्पता**—*स्त्री॰* = १. न्यूनता। कमी। २. लघुता। छोटाई। ✣ **अल्पत्व**—*पु॰* = अल्पता।

अल्पक—[सं॰ अल्प + कन्] *वि॰* १. थोड़ा। २. कम। ३. तुच्छ। क्षुद्र। *पु॰* किसी वस्तु के छोटे रूप का वाचक शब्द। लघुतावाची। अल्पार्थक। ***जैसे***—'लाठी' का अल्पक 'लठिया' है, 'खाट' का 'खटिया', 'मटका' का 'मटकिया', 'किताब' का 'कितबिया'।

अल्पज्ञ—[सं॰ अल्प + ज्ञ] *वि॰* १. जिसे कम ज्ञान हो। थोड़ा जाननेवाला। २. जो अच्छा जानकार न हो। ३. कम समझवाला। नासमझ। ४. मूर्ख। ✣ **अल्पज्ञता**—*स्त्री॰* = १. ज्ञान की अपूर्णता। थोड़ी जानकारी। २. नासमझी। ३. मूर्खता।

अल्पतनु—[सं॰ अल्प ~ तनु] *वि॰* १. नाटे क़द का। ठिंगना। २. दुर्बल। दुबला-पतला। ✣ **अल्पदृष्टि**—*वि॰* = १. संकुचित विचारों वाला। २. अदूरदर्शी। **अल्पतम, अल्पतर, अल्पता, अल्पत्व**—दे॰ अल्प।

अल्पधी—[सं॰ अल्प ~धी] *वि॰* १. कम बुद्धि वाला। २. मूर्ख।

अल्पप्राण—[सं॰ अल्प ~ प्राण] *वि॰* १. कम प्राणशक्ति वाला। २. कम जीनेवाला। अल्पजीवी। अल्पायु। ३. साँस के रोग से पीड़ित। श्वास-रोगी। *पु॰* (व्या॰) वह व्यंजन जो महाप्राण न हो। ● **विशेष**—देवनागरी वर्णमाला में पाँचों वर्गों का पहला, तीसरा और पाँचवाँ वर्ण तथा य्, र्, ल्, व् अल्पप्राण हैं।

अल्पविराम—[सं॰ अल्प ~ विराम] *पु॰* थोड़ा विश्राम। ठहराव। (व्या॰)एक विराम-चिह्न (,) जो वाक्य के अंशों या शब्दों में पृथकता दिखलाने का और बोलने पर क्षण-भर रुककर पढ़ने का संकेत है। ***जैसे***—राम, लक्ष्मण और सीता; मेरा मकान, अर्जुन का मकान और देवेन्द्र का मकान पास-पास हैं। (अं॰ कॉमा)

अल्पशः—[सं॰ अल्प + शः] *क्रिवि॰* १. थोड़ा-थोड़ा करके। २. क्रमशः। ३. धीरे-धीरे।

अल्पांश—[सं॰ अल्प ~ अंश] *पु॰* १. (किसी वस्तु का) थोड़ा अंश। थोड़ा/कम/छोटा भाग। ***जैसे***—इन आय का अधिकांश व्यय करो और अल्पांश बचाओ। २. (किसी समाज/समूह/वर्ग

का) बहुत कम अंश/भाग। ***जैसे***—भारतीयों का अल्पांश ही विदेशों में जाकर बसा है।

अल्पाका—[< स्पेनी॰ एल्पैका] *पु॰* १. दक्षिणी अमरीका में पाया जाने वाला एक प्रकार का ऊँट जिसके लम्बे ऊनी बालों के वस्त्र बनाए जाते हैं। २. उक्त ऊँट से प्राप्त ऊन या इस ऊन से बुना कपड़ा।

अल्पाक्षरिक—[स॰ अल्पाक्षर + ठन्] *वि॰* बहुत थोड़े अक्षरों वाला। अति संक्षिप्त।

अल्पान्तर (अल्पांतर)—[स॰ अल्प ~ अन्तर] *पु॰* थोड़ा अन्तर। थोड़ी भिन्नता/दूरी। ✣ **अल्पान्तरिक (अल्पांतरिक)**— *वि॰* = अल्पान्तरवाला। ✣ **अल्पान्तरी**— *वि॰* = अल्पान्तरवाला। *वि॰* (*स्त्री॰*) = अल्पान्तवाली। ✣ **अल्पान्तरीय (अल्पांतरीय)**— *वि॰* = अल्पान्तरिक। ✣ **अल्पान्तरी (अल्पांतरी) रेखा**— *स्त्री॰* = (गणित॰) किसी पृष्ठ के दो बिन्दुओं को मिलानेवाली सबसे छोटी रेखा। (अ॰ जीओडेसिक)

अल्पारम्भ (अल्पारंभ)—[स॰ अल्प ~ आरम्भ] *पु॰* किसी बड़े कार्य का आरम्भ जो छोटे रूप में हो। *वि॰* (कार्य) जिसका आरम्भिक रूप छोटा रहा हो।

अल्पार्थक—[स॰ अल्पार्थ + कप्] *पु॰* किसी वस्तु का लघुरूप सूचित करनेवाला शब्द। अल्पक। ***जैसे***—'पुस्तक' का अल्पार्थक 'पुस्तिका' है।

अल्पावधि—[स॰ अल्प ~ अवधि] *स्त्री॰* अल्प अवधि। कम या थोड़ी समय-सीमा। थोड़ी मियाद। *वि॰* अल्प अवधि वाला। कम या थोड़ी समय-सीमा वाला। थोड़ी मियाद वाला। ***जैसे***—अल्पावधि सूचना।

अल्पित—[स॰ अल्प + णिच् + क्त] *वि॰* १. अल्प रूप में लाया हुआ। कम या छोटा किया हुआ। घटाया हुआ। २. जिसकी उपेक्षा की गयी हो। उपेक्षित।

अल्पिष्ठ—[स॰ अल्प + इष्ठन्] *वि॰* १. छोटे से छोटा। अत्यन्त छोटा। २. कम से कम। अत्यन्त कम। Δ **पर्याय**—अल्पतम।

अल्पीकरण—[स॰ अल्प + च्वि + करण] *पु॰* १. छोटा करना। २. कम करना। घटाना। ✣ **अल्पीकृत**— *वि॰* = १. जिसे छोटा किया गया हो। २. जिसे कम किया गया हो। घटाया हुआ।

अल्फ़ा—[यूनानी] *पु॰* ग्रीक वर्णमाला का प्रथम अक्षर। ✣ **अल्फ़ा किरणें**— *स्त्री॰* (बहुवचन) कुछ रेडियोसक्रिय पदार्थों द्वारा उत्सर्जित एक प्रकार की तीव्र किरणें।

अल्ल—[< अरबी आल (=वंशज)] *पु॰* वंश, गोत्र, जाति आदि के समान एक प्रकार का विशिष्ट नाम जो विविध लोगों के एक पूर्वज के वंशज होने की सूचना देता है। जैसे—'सक्सेना' कायस्थों में 'बिसरिया', 'ख़ुसरिया', 'लखटकिया', 'जौहरी' आदि अनेक अल्लें मिलती है।

अल्ल-बल्ल—[अनु॰] *वि॰* १. व्यर्थ। निरर्थक। २. ऊटपटाँग।

अल्लम-गल्लम—[अनु॰] *वि॰* १. व्यर्थ। निरर्थक। २. क्रमविहीन। अव्यवस्थित। ३. अनावश्यक। फ़ालतू। ४. बेसिरपैर का। ऊटपटाँग। *पु॰* १. व्यर्थ वस्तुएँ। २. अव्यवस्थित ढंग से रखी वस्तुएँ। ३. अनावश्यक/फ़ालतू चीज़ें। ४. बेसिर पैर की या ऊटपटाँग बातें।

अल्ला—[स॰ अल् (√अल् + क्विप्) √ला + क] *स्त्री॰* १. माता। जननी। २. पराशक्ति। परमात्मशक्ति। आदिशक्ति। पार्वती (देवी)।

अल्लाना—[देशज] *क्रिअ॰* १. बहुत ज़ोर से बोलना। चिल्लाना। २. बहुत ज़ोर से पुकारना। गला फाड़कर पुकारना।

अल्सर—[अ॰] *पु॰* (चिकित्सा॰) एक गम्भीर रोग। त्वचा या किसी श्लेष्मिक झिल्ली की निरन्तरता का लोप जिसके साथ प्रायः पूयता भी होती है। व्रण।

अल्हड़—[देशज] *वि॰* १. कम अवस्था का। लड़कपन वाला। २. जो काम या व्यवहार में निपुण न हो। ३. (बालक के समान) भोला-भाला। कुटिलता-रहित। *पु॰* १. बिना दाँत वाला बछड़ा। २. अभी तक गाड़ी या हल में न जोता गया बछड़ा या बैल। ✣ **अल्हड़ता**— *स्त्री॰* = अल्हड़पन। ✣ **अल्हड़पन**— *पु॰* = १. लड़कपन। २. काम/व्यवहार में निपुणता का अभाव। ३. (बालक के समान) भोलापन। कुटिलता का अभाव।

अल्हजा**—[देशज] *पु॰* इधर-उधर की बातें। ***जैसे—कल अल्हजा मार रहे थे, आज मर गए।

अल्हैया—[< हि॰ अलहिया] *स्त्री॰* एक वाद्ययंत्र। अलटिया। (संगीत॰) एक रागिनी जो करुण रस के प्रसंग में अधिक गायी जाती है। अलहिया।

अवंश—[स॰ अ + वंश] *वि॰* १. जिसके वंश का कोई व्यक्ति जीवित न हो। २. सन्तानहीन।

अवकर्षण—[स॰ अव √कृष्+ ल्युट्] *पु॰* १. ज़ोर से खींचना। खींचकर बाहर निकालना। २. नीचे की ओर खींचना।

अवकल—[स॰ अव √कल् + घञ्] *पु॰* (गणित॰) किसी चर के सन्दर्भ में उसकी अत्यन्त सूक्ष्म वृद्धि जो स्वयं एक चर है। (अ॰ डिफ़रेन्शल) ● **विशेष**—ज्यामितीय गणित की एक शाखा **'अवकल ज्यामिति'** है जिसमें वक्रों, पृष्ठों और ठोस आकृतियों का अध्ययन गणितीय विश्लेषण की सहायता से किया जाता है।

अवकलज—[स॰ अवकल √जन् + ड] *पु॰* अवकलन से उत्पन्न वस्तु। (गणित॰) स्वतन्त्र चर के सापेक्ष किसी आश्रित फलन की अति छोटी वृद्धि के तात्कालिक परिवर्तन की दर का सीमान्त मान। (अ॰ डेरिवेटिव)

अवकलन—[स॰ अव √कल् + ल्युट्] *पु॰* १. एक में मिलाना। २. देखकर जानना/समझना। ३. ग्रहण करना। लेना। (गणित॰) अवकलज ज्ञात करने की प्रक्रिया। (अ॰ डिफ़रेन्शिएशन) ● **विशेष**—गणित की एक शाखा **'अवकलन गणित'** (अ॰ डिफ़रेन्शियल कैल्क्युलस) है जिसमें किसी फलन के स्वतन्त्र चरों के मानों में परिवर्तन से फलन में आए परिवर्तनों का अध्ययन किया जाता है।

अवकलना—[< सं॰ अवकलन] *क्रिअ॰* १. ज्ञान होना। २. विचार में आना। समझ में आना। ३. गणना करना। *क्रिस॰* १.संग्रह करना। २.ग्रहण करना। लेना। ३. देखना।

अवकलित—[सं॰ अव √कल् + क्त] *वि॰* १. जिसका अवकलन हुआ हो। २. समझा हुआ। ३. लिया हुआ। गृहीत।

अवकाश—[सं॰ अव √काश् + घञ्] *पु॰* १. रिक्त/ख़ाली स्थान। शून्य। २. अन्तरिक्ष। आकाश। ३. दो पदार्थों के बीच का स्थान। ४. दूरी। फ़ासला। ५. अवसर। मौक़ा। ***जैसे***—अवकाश मिलने पर आना। ६. ख़ाली समय। ७. छुट्टी। ८. किसी पद/नौकरी आदि से सेवा- निवृत्त होना। सेवा-निवृत्ति। ***जैसे***—३० वर्ष की नौकरी के बाद अवकाश लेने पर विदाई समारोह हुआ। ९. किसी कार्य-भार या कार्य-क्षेत्र से विरक्त होकर उसे छोड़ देना। ***जैसे***—राजनीति से अवकाश लेना। ∇ **विलोम**—अनवकाश। ✣ **अवकाश-ग्रहण**—*पु॰* = नौकरी आदि से सेवा-निवृत्ति। (अं॰ रिटायर्मेन्ट) ✣ **अवकाशप्राप्त**—*वि॰* = जिसने नौकरी आदि से अवकाश ले लिया है। सेवा-निवृत्त। ✣ **अवकाश-लेखा**—*स्त्री॰* = (कर्मचारियों आदि को) मिली या दी गयी छुट्टियों का हिसाब।

अवकिरण—[सं॰ अव √कृ + ल्युट्] *पु॰* चारों और बिखेरने/फैलाने की/क्रिया/भाव। विकीर्णन। बिखेर।

अवकीर्ण—[सं॰ अव √कृ + क्त] *वि॰* १. चारों ओर फैलाया हुआ। छितराया। बिखेरा हुआ। २. तोड़-फोड़ कर चूर किया हुआ। ध्वस्त।

अवकीर्णन—[सं॰ अवकीर्ण + णिच् + ल्युट्] *पु॰* चारों ओर फैलाना/ छितराना। बिखेरना। विकीर्णन।

अवकुञ्चन (अवकुंचन)—[सं॰ अव √कुञ्च् + ल्युट्] *पु॰* १. सिकोड़ना। सिकुड़न। २. समेटना। सिमटन। ३. मोड़ना।

अवकृष्ट—[सं॰ अव √कृष् + क्त] *वि॰* १. खींचकर नीचे लाया हुआ। गिराया हुआ। २. हटाया हुआ। दूर किया हुआ। निकाला हुआ। ३. जाति से निकाला हुआ। ४. नीची/छोटी जाति का। ५. तुच्छ। निकृष्ट। नीच।

***अवक्खन**—[< सं॰ अवेक्षण] १. अवेक्षण। देखना। २. निरीक्षण। ३. जाँच-पड़ताल।

अवक्रम—[सं॰ अव √क्रम् + घञ्] *पु॰* १. उतार। २. ढाल। निचान। ३. अव्यवस्थित क्रम। गड़बड़ क्रम।

अवक्रमण—[सं॰ अव √क्रम् + ल्युट्] *पु॰* नीचे आना। उतरना।

अवक्षिप्त—[सं॰ अव √क्षिप् + क्त] *वि॰* जिसका अवक्षेपण हुआ हो।

अवक्षेप—[सं॰ अव √क्षिप् + घञ्] *पु॰* १. अध:पात। गिराव। २. दोषारोपण। ३. आपत्ति। उज्र। (रसायन॰) १. गरम करके या रासायनिक प्रक्रिया आदि से किसी घोल के अंश को नीचे बैठाना या उसका स्वयं बैठ जाना। अवक्षेपण। (अं॰ प्रिसिपिटेशन) २. उक्त प्रकार से घोल का नीचे बैठा अंश। (अं॰ प्रिसिपिटेट)

अवखात—[सं॰ अव + खात] *पु॰* १. गहरा गड्ढा। २. खाई।

अवगणन—[सं॰ अव √गण् + ल्युट्] *पु॰* १. गिनती करते समय किसी को छोड़ देना। २. अवज्ञा। तिरस्कार। अवहेलना। ३. उपेक्षा। ४. दोषारोपण। ✣ **अवगणना**—*स्त्री॰* = अवगणन।

अवगत[1]—[सं॰ अव + गत] *वि॰* १. जाना गया। समझा हुआ। २. गिरा हुआ।

†अवगत[2]—[< सं॰ अवगति] *वि॰* व्यर्थ। बेकार।

अवगतना—[< सं॰ अवगत] *क्रिअ॰* १. अवगत होना। २. विचार करना। सोचना। *क्रिस॰* अवगत कराना। (बात) बताना। जतलाना।

अवगति—[सं॰ अव √गम् + क्तिन्] *स्त्री॰* १. अवगत होने की अवस्था/भाव। २. ज्ञान। बोध। ३. निश्चयात्मक ज्ञान। ४. बुद्धि। समझ। ५. बुरी गति। दुर्दशा।

अवगम/अवगमन—[सं॰ अव √गम् + घञ्/ल्युट्] *पु॰* १. समीप गमन। २. ऊपर से नीचे उतरने की क्रिया। ३. ज्ञान। ***जैसे***—वेद के अर्थों का अवगम साधना के साथ अध्ययन करने से हो सकता है। ४. धारणा। ५. समझ। ६. विदित होना। ७. ज्ञान-प्राप्ति। ८. बुरे/ ग़लत मार्ग पर जाना।

***अवगनना**—[< सं॰ अवगणन] *क्रिस॰* १. निन्दा या तिरस्कार करना। २. तुच्छ समझना। घटिया मानना। ३. कम मूल्य लगाना।

***अवगारना**—[< सं॰ अवगरण] *क्रिस॰* १. समझाना। जतलाना। २. निन्दा करना।

अवगाह—[सं॰ अव √गाह् + घञ्] *पु॰* १. जल में घुस कर किया जाने वाला स्नान। निमज्जन। २. (लाक्षणिक) (किसी विषय में) किसी विषय में पूर्ण ज्ञान-प्राप्ति। पारंगतता। ३. गहरा स्थान। ४. थाह। ५. खोज। छानबीन। मन्थन। विलोडन। ६. निरीक्षण। *वि॰* १. अत्यन्त गहरा (जल)। अगाध। अथाह। २. कठिन। दुर्गम। अशक्य।

अवगाहन—[सं॰ अव √गाह् + ल्युट्] *पु॰* अवगाह। अवगाहन = खोज या छानबीन।

अवगाहना—[< सं॰ अवगाहन] *क्रिअ॰* १. जल में घुस कर स्नान करना। स्नान के लिए जल में प्रवेश करना। २. (जल आदि में) निमग्न होना। ३. भीतरी भाग में पहुँचना। ४. किसी विषय का गहरा अध्ययन/चिन्तन/मनन करना। ५. (पानी आदि की गहराई की) थाह लेना। ६. (पानी में) डुबकी लगाना। ७. खोज करना। ८. हृदय में बसाना। ९. (नदी, समुद्र आदि को) पार करना।

***अवगाहा**—[< सं॰ अवगाह] *वि॰* १. अगाध। अथाह (जल आदि) २. कठिन। दुर्गम।

अवगीत—[सं॰ अव √गा + क्त] *वि॰* १. बेसुरा गाया हुआ। बुरी तरह गाया हुआ। २. धिक्कारा हुआ। निन्दित। ३. दुष्ट। पापी। *पु॰* १. बेसुरा गीत। २. अश्लील गीत। ३. निन्दा।

अवगुण—[सं॰ अव + गुण] *पु॰* १. बुरा गुण। दुर्गुण। २. दोष। ऐब। ३. अपराध। ४. बुराई। ख़राबी। ∇ **विलोम**—गुण।

अवगुण्ठन (अवगुंठन)—[सं॰ अव √गुण्ठ् + ल्युट्] १. कपड़े से

मुँह छिपाने/ढँकने की क्रिया। २. घूँघट। ३. बुर्क़ा। ४. पर्दा। ५. रेखाओं से घेरना। ६. ढक्कन। ✣ **अवगुण्ठनमय (अवगुंठनमय)**— *वि॰* = जिसका मुख या सारा शरीर कपड़े से छिपा/ढँका हुआ हो। ✣ **अवगुण्ठनमयी (अवगुंठनमयी)**— *वि॰* (*स्त्री॰*) = १. जिसका सारा शरीर कपड़े से ढँका हो। २. जिसके मुँह पर घूँघट हो। घूँघटवाली। ३. बुर्क़ेवाली।

अवगुण्ठिका (अवगुंठिका)— [सं॰ अव √गुण्ठ् + ण्वुल् + टाप्, इत्व] *स्त्री॰* १. घूँघट। २. पर्दा।

अवगुण्ठिता (अवगुंठिता)— *वि॰* (*स्त्री॰*) = १. ढँकी हुई या छिपायी हुई। २. जिस पर पर्दा पड़ा हुआ हो। ३. जिसके मुँह पर घूँघट हो। घूँघटवाली। ४. जो बुर्क़ा पहने हो। बुर्क़ेवाली।

अवगुम्फन (अवगुंफन)— [सं॰ अव √गुम्फ् + ल्युट्] *पु॰* १. गूँथना। २. पिरोना। ३. गुहना। ४. बुनना।

अवगूहन— [सं॰ अव √गूह् + ल्युट्] *पु॰* १. छिपाने की क्रिया/भाव। छिपाव। दुराव। २. आलिंगन करना।

अवग्रह— [सं॰ अव √ग्रह् + घञ्] *पु॰* १. बाधा। रुकावट। अड़चन। २. वर्षा का अभाव। अनावृष्टि। ३. दंड। सज़ा। (संस्कृत व्या॰) १. सन्धि-विच्छेद। २. सन्धि के कारण लुप्त हुए 'अ' का बोधक चिह्न (ऽ) या लुप्त हुए 'आ' का बोधक चिह्न (ऽऽ)। *जैसे*— मनः + अनुकूल = मनोऽनुकूल। **अवग्रह**— *पु॰* (जैन॰) निवास-स्थान। *जैसे*—अवग्रह-याचना।

अवघट— [< सं॰ अव + घट्ट (घाट)] *वि॰* १. कठिन। २. ऊँचा-नीचा। ऊबड़-खाबड़। ३. दुर्गम। ४. दुर्बोध। जटिल। *पु॰* (नदी का) बुरा घाट। कुघाट। औघट। ✣ **अवघट घाट**— *पु॰* = बुरा घाट। २. (लाक्षणिक) विषम मार्ग। (साधना का) अति कठिन मार्ग। औघट।

अवघट्टन— [सं॰ अव √घट्ट + ल्युट्] *पु॰* १. मर्दन। पीसना। २. मिलाना। ३. गड्डमड्ड करना।

अवघर्षण— [सं॰ अव √घृष् + ल्युट्] *पु॰* १. घिसाई। २. छीलना। ३. मलना। ४. रगड़ना। (अर्थ॰) बार-बार के प्रयोग से सिक्कों के भार और उनके आन्तरिक मूल्य में होनेवाली कमी।

अवघात— [सं॰ अव + घात] *पु॰* १. आघात। प्रहार। चोट। २. (धान आदि का) कूटना। ३. अकाल या अस्वाभाविक मृत्यु। अपमृत्यु। ४. हत्या।

अवघोषणा— [सं॰ अव √घुष् + युच् + टाप्] *स्त्री॰* १. राजघोषणा या घोषणा। २. ढिंढोरा।

***अवचक**— [सं॰ अव +√चक्] *क्रिवि॰* अकस्मात्। अचानक। औचक।

***अवचट**— [< हिं॰ औचक] *क्रिवि॰* १. अचानक। २. संयोग से। ३. अनजान में या भूल से। ४. (अचानक) चकित होकर। ५. अनिच्छा से।

अवचन— [सं॰ अ + वचन] *पु॰* १. वचन/कथन का अभाव। कुछ न कहना। २. मौन। चुप्पी। ३. डाँट-फटकार। झिड़की। ४. अनुचित वचन। दुर्वचन। *वि॰* १. न बोलने वाला। २. मौन। चुप। ख़ामोश।

अवचूर्णन— [सं॰ अव √चूर्ण् + ल्युट्] *पु॰* १. पीसना या पीसकर चूर्ण बनाना। २. (घाव आदि पर) चूर्ण छिड़कना।

अवचूषण— [सं॰ अव + चूषण] *पु॰* अवशोषण।

अवचेतन— [सं॰ अव + चेतना] *पु॰* (मनो॰) मन के चेतन भाग और अचेतन भाग के बीच का भाग।

अवच्छद— [सं॰ अव √छद् + क] *पु॰* १. आवरण। २. ढक्कन। ३. पर्दा।

अवच्छिन्न— [सं॰ अव √छिद् + क्त] *वि॰* १. काट कर अलग किया हुआ। २. अलग किया हुआ। ३. छेका हुआ। ४. संशोधित किया हुआ।

अवच्छेद— [सं॰ अव √छिद् + घञ्] *पु॰* १. खंड। भाग। टुकड़ा। २. परिमिति। सीमा। हद। ३. (पुस्तक का) परिच्छेद/प्रकरण।

अवच्छेदक— [सं॰ √छिद् + ण्वुल्] *वि॰* १. अन्यों से अलग करनेवाला। भेदकारी। २. सीमित करनेवाला। परिमित करनेवाला। *पु॰* विशेषण।

अवच्छेदन— [सं॰ अव √छिद् + ल्युट्] *पु॰* १. काट कर अलग करने की क्रिया/भाव। २. खंड/टुकड़े करना। ३. अलग करना। ४. सीमा-निर्धारण। परिमित करना।

अवच्छेदवाद— [सं॰ अवच्छेद ~ वाद] *पु॰* (भा॰ दर्शन॰) कुछ वेदान्तियों का यह मत कि ब्रह्म से भिन्न जगत् की प्रतीति का कारण अनवच्छिन्न/एकरस सत्ता के भीतर माया द्वारा अवच्छेद/परिमिति है।

अवच्छेद्य (अवच्छेद्य)— [सं॰ अव √छिद् + ण्यत्] *वि॰* १. जिसका अवच्छेदन होनेवाला हो या जो अवच्छेदन के योग्य हो। *जैसे*— अवच्छेद्य हाथ। २. अलग किए जाने के योग्य। अलगाव के योग्य। *जैसे*—अवच्छेद्य वर्ग।

***अवछङ्ग (अवछंग)**— [< सं॰ उत्सङ्ग] *पु॰* उत्संग। गोद।

***अवज्जना**— [< फा॰ आवाज़] *क्रिस॰* आवाज़ देना। पुकारना। बुलाना। *क्रिअ॰* ज़ोर की आवाज़ करना। गरजना।

अवज्ञा— [सं॰ अव √ज्ञा + अङ् + टाप्] *स्त्री॰* १. उपेक्षा। २. (अधिकारी आदि की) आज्ञा/निर्देश का उल्लंघन। आज्ञोल्लंघन। निर्देशोल्लंघन। ३. अपमान। अनादर। तिरस्कार। (काव्य॰) एक अर्थालंकार। एक के गुण-दोष से अन्य में गुण-दोष की प्राप्ति या लाभ-हानि न हो, ऐसे वर्णन में होनेवाला अलंकार।

अवज्ञात— [सं॰ अव √ज्ञा + क्त] *वि॰* १. उपेक्षित। २. अपमानित। तिरस्कृत। ३. हारा हुआ। पराजित।

अवज्ञान— [सं॰ अव √ज्ञा + ल्युट्] *पु॰* १. उपेक्षा। २. (अधिकारी आदि की) आज्ञा/निर्देश का उल्लंघन। आज्ञोल्लंघन। ३. अपमान। अनादर। तिरस्कार।

अवज्ञेय— [सं॰ अव √ज्ञा + यत्] *वि॰* (अधिकारी आदि या आदेश/निर्देश) जिसकी अवज्ञा की जा सकती हो, जिसकी अवज्ञा करना उचित हो या जिसकी अवज्ञा की जानी हो।

***अवझेरा**—[देशज] *पु॰* १. झंझट। बखेड़ा। झमेला। २. उलझन।

***अवट**—[स॰ √अव् + अटन्] *पु॰* १. रन्ध्र। छेद। २. गुफा। ३. गड्ढा। ४. हाथियों को फँसाने के लिए बनाया गया गड्ढा जो तृणों इत्यादि से ढँका रहता है। ५. कूप। कुआँ ६. जादूगर। ✣ **अवट-कच्छप**—*पु॰* = १. गड्ढे का कछुआ। २. (लाक्षणिक) सांसारिक ज्ञान और अनुभव से रहित व्यक्ति। क्षुद्र अनुभव वाला व्यक्ति।

***अवटना**[1]—[देशज] *क्रिस॰* १. (आग पर चढ़ाकर) औटाना। उबालना। २. (आग पर) गलाना या पिघलाना।

***अवटना**[2]—[< प्रा॰ आउट्टण < स॰ आवर्तन] *क्रिस॰* १. आराधन/सेवा/भक्ति करना। २. अभिलाषा/इच्छा करना।

***अवटना**[3]—[< प्रा॰ आउट्ट< स॰ आवृत्] *क्रिअ॰* १. घूमना। फिरना। २. सम्मुख/तत्पर होना।

अवटि[1]—[< हि॰ अवटना] *क्रिवि॰* १. औटाकर। उबालकर, गलाकर या पिघलाकर। २. आराधन, सेवा या भक्ति करके। ३. सम्मुख/तत्पर होकर। ४. घूम-फिर कर। ● **विशेष**—'अवटि' के उक्त अर्थ तीन 'अवटना' शब्दों के सन्दर्भ में एक साथ दिए गए हैं।

अवटि[2]/**अवटी**—[स॰ √अव् + अटि, अवटि + ङीष्] *स्त्री॰* १. रन्ध्र। छेद। २. गड्ढा। ३. कूप। कुआँ।

अवटु[1]—[स॰ अ + वटु] *पु॰* व्यक्ति जो ब्रह्मचारी अथवा बालक न हो।

अवटु[2]—[स॰ अव √टीक् + डु] *पु॰* गर्दन के पीछे का भाग। ✣ **अवटु ग्रन्थि (ग्रंथि)**—*स्त्री॰* = (प्राणि॰) (कशेरुकियों की) गर्दन के क्षेत्र में स्थित बड़ी वाहिनीहीन ग्रन्थि जिससे निकलनेवाला रस शरीर-वृद्धि को नियमित करता है। (अ॰ थाइरॉइड) ● **विशेष**—अवटु ग्रन्थि की अधिक सक्रियता से 'घेंघा' रोग होता है और कम सक्रियता से शरीर-वृद्धि में कमी आती है।

अवडीन—[स॰ अव √डी + क्त] १. नीचे की ओर उड़ान। २. पक्षियों की उड़ान। ∇ **विलोम**—उड्डीन।

***अवडेर**—[< स॰ अव + रार/राड़] *पु॰* १. चक्कर। फेर। २. झंझट। बखेड़ा। झमेला।

अवडेरना[1]—[< हि॰ अवडेर] *क्रिस॰* १. चक्कर में डालना। फेर में डालना। फँसाना। २. झंझट/बखेड़े में डालना या फँसाना।

***अवडेरना**[2]—[< स॰ अपद्वार] *क्रिस॰* १. बाहर निकालना या त्याग देना। २. बसने/रहने न देना। ३. दुर्दशा करना। ४. तिरस्कृत/अपमानित करना।

अवडेरि—[< हि॰ अवडेरना[2]] *क्रिवि॰* १. चक्कर/फेर में डालकर। फँसाकर। २. त्याग कर।

***अवडेरी**—[< हि॰ अवडेर] *स्त्री॰* १. चक्कर। फेर। २. झंझट। बखेड़ा।

***अवडेरे**—[< हि॰ अवडेर] *वि॰* बेढब। ऊटपटांग।

अवढर—[< स॰ अव + हि॰ ढरना (ढलना)] *वि॰* अकारण ढलने या प्रसन्न होनेवाला। मनमाने ढंग से उदारता दिखानेवाला। सहज ही अति कृपा करनेवाला। ***जैसे***—अवढर दानी शिव।

अवढेरना—*क्रिस॰* ≤ *हि॰* अवडेरना। १. चक्कर में डालना। फँसाना। २. झंझट में डालना। फँसाना।

अवतंस—[स॰ अव √तस् + घञ्] *पु॰* १. माला। हार। गजरा। २. (कान का आभूषण) कुंडल या कर्णफूल। ३. मुकुट। ४. (लाक्षणिक) श्रेष्ठ व्यक्ति। ***जैसे***—रघुवंश के अवतंस राम।

अवतंसक—[स॰ अव √तंस् + ण्वुल्] *पु॰* आभूषण। गहना।

अवतंसित—[स॰ अव √तंस् + क्त] *वि॰* १. जो माला/हारं, आभूषण या मुकुट पहने हुए हो। २. सजा हुआ। अलंकृत। सज्जित।

अवतप्त—[स॰ अव √तप् + क्त] *वि॰* १. गर्म किया हुआ। २. प्रकाशित। उजागर।

अवतरण—[स॰ अव √तृ + ल्युट्] *पु॰* १. (ऊपर से नीचे) उतरने की क्रिया। २. (स्नान के लिए) पानी में उतरने की क्रिया। ३. (नदी आदि के) पार होना। ४. जन्म। प्रादुर्भाव। ५. (ईश्वर या देवी-देवता या महापुरुष का) जन्म-ग्रहण। अवतार। ***जैसे***—भगवान् राम का अयोध्या में अवतरण चैत्र शुक्ल नवमी को हुआ था। ६. किसी के कथित शब्दों का या किसी ग्रन्थ आदि का उद्धरण।

अवतरण-चिह्न—[स॰] *वि॰* एक विराम-चिह्न। *वि॰* किसी का कथन उद्धृत करने के लिए प्रयुक्त किए जानेवाले चिह्न विशेष। उद्धरण-चिह्न। ("…" या '…') ***जैसे***—राम ने मुझ से कहा, "मैं साहित्य-प्रेमी हूँ" वाक्य में अवतरण-चिह्न का ठीक प्रयोग किया गया है।

अवतरणिका—[स॰ अवतरण + ङीप् + कन् + टाप्, ह्रस्व] *स्त्री॰* १. (पुस्तक की) भूमिका। उपोद्घात। प्रस्तावना। २. अवतरण। (दे॰)

अवतरना**—[< स॰ अवतरण] *क्रिअ॰* १. (ऊपर से) उतर कर आना। उतरना। २. जन्म लेना। जन्मना। ३. प्रकट होना। ४. (ईश्वर/देवता/देवी का) अवतार लेना। ✣ **अवतरित**—*वि॰* = १. उतर कर आया हुआ। ***जैसे—अवतरित विमान। २. जन्म लिया हुआ। ३. जो प्रकट हुआ हो। ***जैसे***—उस समय अवतरित नृसिंह ने हिरण्यकशिपु का वध कर दिया। ४. जिसने अवतार लिया हो। ***जैसे***—अवतरित भगवान् विष्णु की लीलाएँ। ५. किसी अन्य ग्रन्थ आदि से उद्धृत (वाक्य/शब्द आदि)। ***जैसे***—आपके निबन्ध में रामायण से अवतरित श्लोक बहुत सुन्दर है।

अवतल—[स॰ अव + तल] *वि॰* जिसका तल बीच में कुछ दबा हो। नतोदर। (अ॰ कॉन्केव)

अवतार—[स॰ अव √तृ + घञ्] *पु॰* १. उतरने की क्रिया/भाव। उतार। अवतरण। २. शरीर धारण करना। जन्म। ३. (ईश्वर या देवता आदि) का पृथ्वी पर मनुष्य या किसी अन्य रूप में प्रकट होना। ४. वह व्यक्ति जिसमें ईश्वर/ या देवी-देवता का विशेष अंश हो (पृथ्वी पर) दिव्य विभूति के मान्य व्यक्ति। (छन्द॰) एक सममात्रिक छन्द जिसके प्रत्येक चरण में २३ मात्राएँ होती हैं और १३-१० पर यति होती है। ● **विशेष**— पुराणों में भगवान्

विष्णु के २४ अवतारों का वर्णन भी किया गया है और १० प्रमुख अवतार '**दशावतार**' विशेष प्रसिद्ध हैं। १० अवतारों के नाम इस प्रकार हैं—**१. मत्स्यावतार (मत्स्य अवतार), २. कूर्मावतार, ३. वराहावतार, ४. नृसिंहावतार, ५. वामनावतार, ६. परशुरामावतार, ७. रामावतार, ८. कृष्णावतार, ९. बुद्धावतार, १०. कल्कि अवतार**। इनमें से 'कल्कि अवतार' 'कलियुग' के अन्तिम काल में होगा—ऐसा कहा गया है।

अवतापीय—[स॰ अवताप + छ] *वि॰* बहुत कम तापवाला। ठंडा। ✣ **अवतापीय न्यूट्रान**—*पु॰* = (भौतिकी॰) अत्यन्त निम्न ऊर्जावाला इलेक्ट्रान। (अ॰ कोल्ड न्यूट्रान) *जैसे*—अवतापीय न्यूट्रान का उपयोग क्रिस्टल-संरचना के अध्ययन में होता है।

अवतारण—[स॰ अव √तृ + णिच् + ल्युट्] *पु॰* अवतारणा। (दे॰) ✣ **अवतारणा**—*स्त्री॰* = १. अवतरित करने की क्रिया। उतारना। २. जन्म देना। ३. रचना करना। बनाना। रचना। ✣ **अवतारना**—*क्रिस॰* १. (ऊपर से) नीचे लाना। उतारना। २. जन्म देना। ३. रचना। बनना।

अवतार-मणि—[स॰] *वि॰* सब अवतारों में श्रेष्ठ।

अवतारवाद—[स॰ अवतार ~ वाद] *पु॰* यह वैष्णव सिद्धान्त कि विश्व में धर्म की अत्यन्त हानि और अधर्म की अत्यन्त वृद्धि की जटिल परिस्थिति देखकर, परमात्मा अपनी इच्छा से सत्पुरुषों के संरक्षण, दुष्टों के विनाश तथा धर्म की संस्थापना के लिए युग-युग में अवतार लेता है।

अवतीर्ण—[स॰ अव √तृ + क्त] *वि॰* ऊपर से नीचे आया हुआ। उतरा हुआ। अवतरित २. जिसने अवतार लिया हो। अवतरित। ३. जिसने नदी आदि को पार किया हो। उत्तीर्ण।

अवदात—[स॰ अव √दै + क्त] *वि॰* १. स्वच्छ। निर्मल। साफ़। २. शुभ्र। उज्ज्वल। सफ़ेद। ३. पवित्र। शुद्ध। ४. पीला। ५. गौर वर्ण का। गोरा। ६. सुन्दर। ७. पुण्यात्मा। *पु॰* १. सफ़ेद रंग। २. पीला रंग।

अवदान—[स॰ अव √दो + ल्युट्] *पु॰* १. टुकड़े-टुकड़े करने की क्रिया। २. वीरतापूर्ण या गौरवपूर्ण कार्य। यश देनेवाला कार्य। ३. पराक्रम। वीरता। ४. लोक-प्रसिद्ध आख्यान जो किसी वास्तविक व्यक्ति, स्थान या घटना से सम्बन्धित है, चाहे उसमें इतिहास कम हो या अधिक। *जैसे*—विक्रमादित्य-सम्बन्धी अवदानों की रोचकता।

अवदान्य—[स॰ अ + वदान्य] *पु॰* १. जो उदार न हो। अनुदार। संकीर्ण हृदय। २. नियम आदि को तोड़नेवाला।

अवदारक—[स॰ अव √दृ + णिच् + ण्वुल्] *वि॰* अवदारण करनेवाला। *पु॰* १. तोड़ने-फोड़ने या चीरने-फाड़ने की कोई वस्तु। २. (मिट्टी खोदने की) खन्ती या कुदाल।

अवदारण—[स॰ अव √दृ + णिच् + ल्युट्] *पु॰* १. चीर-फाड़। विदारण। २. तोड़फोड़। ध्वंस। खंडन। बिखंडन। ३. अलग करना। विभाजित करना। पृथक्करण। ४. खुदाई। ५. कुदाल या खन्ता।

अवदारित—[स॰ अव √दृ + णिच् + क्त] *वि॰* १. चीरा-फाड़ा हुआ। विदारित। २. तोड़ा-फोड़ा हुआ। ध्वस्त। खंडित। विखंडित। ३. अलग या विभाजित किया हुआ। ४. नष्ट किया हुआ। विनष्ट।

अवदाह—[स॰ अव √दह् + घञ्] *पु॰* १.बहुत ताप/ उष्णता/गर्मी। २. शरीर या मन में अधिक ताप/सन्ताप से होने वाली जलन।

अवदोह—[स॰ अव √दुह् + घञ्] *पु॰* १. दूध, दुहने की क्रिया। दोहन। २. दुग्ध। दूध।

अवद्य (अवद्य)—[स॰ अ + वद्य] *वि॰* १. (शब्द/बात) जो बोलने के योग्य न हो। न कहे जाने योग्य। २. निन्दनीय। निन्द्य। गर्हित। ३. त्यागने योग्य। त्याज्य। ४. अधम। पापी। ५. निकृष्ट। बुरा। *पु॰* १. अपराध। दोष। २. पाप। ३. कलंक।

अवध[1]—[< स॰ अयोध्या] *पु॰* १. अयोध्या (नगर)। ३. अयोध्या नगरी और उसके समीप का क्षेत्र। प्राचीन उत्तर कोसल देश। ● **विशेष**—१.अवध के राजा को '**अवधधनी/अवधनरेश/अवधपति/अवधेश**' इत्यादि कहा जाता हैं। २. अवध/अयोध्या नगरी को '**अवधपुर/अवधपुरी**' भी कहा जाता है। ३. वर्तमान अवध क्षेत्र की बोली '**अवधी**' है जो हिन्दी की एक प्रमुख उपभाषा है।

***अवध**[2]—[< स॰ अवधि] *स्त्री॰* १. सीमा। हद। २. कोई काम पूरा होने की या किसी के जाने के बाद वापस आने की निश्चित की हुई समय-सीमा। अवधि।

***अवध**[3]—*वि॰* ≤ *स॰* अवध्य। १. जो वध के योग्य न हो। २. जिसे मारना असम्भव हो।

अवधान—[स॰ अव √धा + ल्युट्] *पु॰* १. किसी विषय पर मन की एकाग्रता। ध्यान। मनोयोग। २. सतर्कता। चौकन्नापन। ३. (व्यक्ति/वस्तु/कार्य की) देखभाल। निगरानी।

अवधारण—[स॰ अव √धृ + निच् + ल्युट्] *पु॰* १. निश्चय। २. किसी परिणाम तक पहुँचना। ३. शब्दार्थ की सीमा बाँधना। ४. (शब्द विशेष पर) ज़ोर देना। (काव्य॰) रचनाकार द्वारा भावी कलात्मक/साहित्यिक रचना के पूर्ण रूप का मानसिक प्रत्यक्षीकरण। संकल्पन। (अ॰ कन्सेप्शन)

अवधारणा—[स॰ अव √धृ + णिच् + युच् + टाप्] *स्त्री॰* १. अवधारण। (दे॰)२. मन में किसी धारणा/कल्पना/विचार का उदय या उसका स्थिर होना।

अवधारणीय—[स॰ अव √धृ + णिच् + अनीयर्] *वि॰* १. अवधारण के योग्य। २. जिसका अवधारण होने को हो। ३. धारण या ग्रहण करने योग्य।

अवधारना—[< स॰ अवधारण] *क्रिस॰* धारण करना। ग्रहण करना। *क्रिअ॰* विचारपूर्वक निश्चय करना। ✣ **अवधारित**—*वि॰* = १. जिसका अवधारण किया गया हो। २. निश्चित।

अवधार्य—[स॰ अव √धृ + णिच् + यत्] *वि॰* १. जो अवधारण के योग्य हो। २. जिसका अवधारण किया जाता हो।

अवधि—[सं॰ अव √धा + कि] *स्त्री॰* १. सीमा। मर्यादा। हद। २. किसी काम की समाप्ति, किसी की वापसी या ऋण आदि की वापसी के लिए निर्धारित समय-सीमा। मियाद। *जैसे*—अब तो अवधि का एक ही दिन शेष रह गया। **अवधि गिनना**—प्रतीक्षा करना। **अवधि देना**—किसी काम को पूरा करने के लिए समय-सीमा निश्चित करना। ✣ **अवधि-बाधित**—*वि॰* = जिसकी अवधि बीत चुकी हो और इसीलिए जिसका अब उपयोग या विचार न हो सकता हो।

अवधिमान—[सं॰ अवधिमत्] *वि॰* १.जो अपनी सीमा/मर्यादा कभी नहीं छोड़ता। २. जिसकी अवधि निश्चित हो। *पु॰* समुद्र। सागर।

अवधी—[< हि॰ अवध < सं॰ अयोध्या] *वि॰* १. अवध से सम्बन्धित। अवध का। *जैसे*—अवधी रीति-रिवाज। *पु॰* अवध-क्षेत्र की भाषा/बोली। *जैसे*—रामचरितमानस अवधी में रचित काव्य है।

*__अवधी__[२]—*स्त्री॰* ≤ *हि॰* अवधि।

*__अवधू__—[≤ सं॰ अवधूत] *पु॰* १. सन्यासी। २. गोरखपन्थी साधु। नाथयोगी।

अवधूत—[सं॰ अव √धू + क्त] *वि॰* १. अस्वीकृत। २. घृणित। ३. अपमानित। *पु॰* सन्यासी। २. सन्यासियों का एक प्रकार। गोरखपन्थी साधु। नाथयोगी। ३. सहजावस्था को प्राप्त कर चुका साधक। ✣ **अवधूत मत**—*पु॰* = गोरखनाथ के अनुयायी साधुओं का सम्प्रदाय। नाथयोगियों का सम्प्रदाय। ✣ **अवधूतवेश**—*वि॰* = १. नग्न। दिगम्बर। नंगा। २. मैले-कुचैले वस्त्र पहननेवाला। ✣ **अवधूतिका**—*स्त्री॰* = अवधूत साधिका। सहजावस्था को प्राप्त कर चुकी साधिका। अवधूती। ✣ **अवधूती**—*वि॰* = अवधूत-सम्बन्धी। अवधूत का। *जैसे*—अवधूती साधना। *स्त्री॰* = १. अवधूत अवस्था। २. अवधूत होने का भाव। अवधूतपन। ३. अवधूत साधिका। अवधूतिका। (हठ॰) सुषुम्ना नाड़ी।

अवधूपित—[सं॰ अव √धूप् + क्त] *वि॰* सुगन्धित द्रव्य के धुएँ से/सुवासित/सुगन्धित किया हुआ।

अवधेय—[सं॰ अव √धा + यत्] *वि॰* १. ध्यान देने योग्य। ध्यान में रखने योग्य। २. जानने योग्य। ३. आदरणीय या श्रद्धेय।

अवधेश—[सं॰ अवध ~ ईश] *पु॰* अवध का राजा। अवध-नरेश। *जैसे*—रघु/दशरथ/राम इत्यादि अवधेशों की कीर्ति।

अवध्य—[सं॰ अ + वध्य] *वि॰* १. जिसका वध करना अनुचित हो। जो वध के योग्य न हो। २. जिसका वध करना सम्भव न हो। ∇ **विलोम**—वध्य।

अवन[१]—[सं॰ √अव् + ल्युट्] *पु॰* १. रक्षा करना। रक्षण। बचाव। २. प्रसन्न/सन्तुष्ट करना। ३. हर्ष। ४. सन्तोष। ५. इच्छा। कामना।

*__अवन__[२]—[< सं॰ अवनि] *स्त्री॰* १. पृथ्वी। भूमि। ज़मीन। २. मार्ग। रास्ता।

*__अवन__[३]—[अ॰] *पु॰* १. (ईंट/पत्थर/लोहा आदि का बना) तन्दूर/चूल्हा/अँगीठी। २. आँवा या छोटी भट्ठी।

अवनत—[सं॰ अव √नम् + क्त] *वि॰* १. नीचे की ओर झुका हुआ। नत। २. गिरा हुआ। पतित। ३. पिछड़ा हुआ। दुर्दशाग्रस्त। ४. हीन। ५. विनीत। विनम्र। ∇ **विलोम**—उन्नत।

अवनद्ध (अवनद्ध)—[सं॰ अव √नह् + क्त] *वि॰* १. बँधा हुआ। नत्थी किया हुआ। २. गड़ा हुआ। ३. ढँका हुआ। ४. (ढोल या मृदंग जैसा) मढ़ा हुआ। (वाद्य)। ✣ **अवनद्ध वाद्य (अवनद्ध वाद्य)**—*पु॰* = (संगीत॰) चमड़े से मढ़कर बजाए जाने वाले वाद्य (मृदंग, पखावज, ढोल आदि)। ● **विशेष**—'अवनद्ध वाद्य' को '**आनद्ध वाद्य**' अथवा '**वितत वाद्य**' भी कहा जाता है।

अवनमन—[अव √नम् + ल्युट्] *पु॰* १. झुकने की क्रिया/भाव। नति। *जैसे*—बादलों का अवनमन। २. पैर पड़ना। प्रणाम। ३. गुण, महत्त्व आदि का ह्रास/कमी/उतार। ३. ग्रह/नक्षत्र आदि का क्षितिज से नीचे की ओर जाना/होना। ✣ **अवनमन-कोण**—*पु॰* = (गणित॰) प्रेक्षक की आँख को उससे नीचे स्थित किसी बिन्दु से जोड़नेवाली रेखा ओर क्षैतिज तल के बीच का कोण। क्षैतिज तल से नीचे की ओर मापा गया कोण। (अ॰ डिप्रेशन ऐंगल) ∇ **विलोम**—उन्नयन कोण।

अवनयन—[सं॰ अव √नी + ल्युट्] *पु॰* नीचे की ओर ले जाना। नीचे लाना।

अवनि—[सं॰ √अव् + अनि] *स्त्री॰* पृथ्वी। भूमि। ज़मीन। ∇ **विलोम**—अम्बर। ✣ **अवनिचर**—*वि॰* = पृथ्वी पर जगह-जगह भ्रमण करनेवाला। घुमक्कड़। ✣ **अवनिज**—*वि॰* = पृथ्वी से उत्पन्न होनेवाला। *पु॰* मंगल (ग्रह)। ✣ **अवनितल**—*पु॰* = भूमि की सतह। धरातल। ✣ **अवनिनाथ/अवनिप**—*पु॰* = राजा। पृथ्वीनाथ। पृथ्वीपति। ✣ **अवनिपति/अवनिपाल/अवनिपालक)**—*पु॰* = राजा। भूपति। भूपाल। भूपालक।

अवनिर्धारण—[सं॰ अव + निर्धारण] *पु॰* उचित या वास्तविक से कम निर्धारण। १. उचित से कुछ कम मूल्यांकन। २. उचित से कुछ कम का अनुमान।

अवनि-सुत—[सं॰] *पु॰* १. पृथ्वी का पुत्र। २. मंगल (ग्रह)। ✣ **अवनि-सुता**—*स्त्री॰* १. = पृथ्वी की पुत्री। २. सीता। वैदेही।

अवनी—[सं॰ अवनि + ङीष्] *स्त्री॰* पृथ्वी। भूमि। ज़मीन। ∇ **विलोम**—अम्बर।

अवनीन्द्र (अवनींद्र)—[सं॰ अवनि/अवनी ~ इन्द्र] *पु॰* राजा। भूपति।

अवनीप/अवनीश/अवनीश्वर—[सं॰ अवनी + प, अवनी ~ ईश/ईश्वर] *पु॰* राजा। पृथ्वीपति।

अवन्ति (अवंति), अवन्ती (अवंती)—[सं॰ √अव + झि, अवन्ति + ङीष्] *स्त्री॰* प्राचीन मालव प्रदेश की राजधानी (तथा आधुनिक मध्य प्रदेश का) 'उज्जैन' नगर। उज्जयिनी नगरी। अवन्तिका।

अवपङ्क (अवपंक)—[सं॰ अव √पञ्च् + घञ्, कुत्व] *पु॰* (रसायन॰) तलछट। (अ॰ स्लज)

अवपात—[सं॰ अव √पत् + घञ्] *पु॰* १. नीचे गिरना। अध:

पतन। २. झपट्टा। ३. गर्त। ४. हाथी फँसाने का गड्ढा जो ऊपर से तृण आदि से ढँका होता है।

अवपातन—[सं॰ अव √पत् + णिच् + ल्युट्] *पु॰* १. ठोकर गिराने की क्रिया। ठुकराना। २. नीचे गिराना/फेंकना।

अवपीड़न—[< सं॰ अवपीडन] १. बल-प्रयोग। २. दमन। ३. दबाव। (अं॰ कोअर्शन)

अवप्रभार—[सं॰ अव + प्रभार] *पु॰* (वाणि॰) कम दाम लेना। कम दाम लगाना। (अं॰ अन्डरचार्ज)

अवप्रेरण—[सं॰ अव + प्रेरण] *पु॰* कोई गलत काम या अपराध करने के लिए उकसाना। बहकाना।

अवबोध—[सं॰ अव √बुध् + घञ्] *पु॰* १. जाग उठना। जागरण। २. ज्ञान। बोध। समझ। ***जैसे***—पहेलियों से मनोरंजन भी होता है और अनेक तथ्यों का अवबोध भी। (अं॰ ऐप्रिहेन्शन) ३. विवेक। ४. बताने/जताने का कार्य। ज्ञापन।

अवबोधक—[सं॰ अव + √बुध् + ण्वुल्] *वि॰* १.जगाने वाला। २. ज्ञान करानेवाला। ३. उपदेश देनेवाला। उपदेशक। ४. बताने/जतानेवाला। ज्ञापक। ● **विशेष**—संस्कृत में सूर्य, भाट या बन्दीजन अथवा शिक्षक को 'अवबोधक' कहा जाता है।

अवभास—[सं॰ अव √भास् + घञ्] *पु॰* १. चमक-दमक। २. प्रकाश। २. ज्ञान। अवबोध। ३. मिथ्या ज्ञान। भ्रम। ४. प्रकट होना। प्राकट्य।

अवभासन—[सं॰ अव √भास् + ल्युट्] *पु॰* १. प्रकाशन। चमकना। २. ज्ञान। बोध। ३. प्रकट होना। प्राकट्य। ४. मिथ्या ज्ञान। भ्रम।

अवभृथ—[सं॰ अव √भृ + क्थन्] *पु॰* १. यज्ञ पूर्ण होने पर किया जाने वाला स्नान। २. मुख्य यज्ञ की त्रुटियों को शान्त करने के लिए किया जाने वाला एक यज्ञानुष्ठान। ● **विशेष**—उक्त स्नान को **'अवभृथस्नान'** भी कहा जाता है।

अवम—[सं॰ √अव् + अमच्] *वि॰* १. जो सबसे नीचे हो। निचला। २. अन्तिम। ३. (उम्र में) सबसे छोटा। ४. अधम। नीच। पापी। *पु॰* सौर दिन और चान्द्र दिन का अन्तर। ✣ **अवम तिथि**—*स्त्री॰* = वह तिथि जिसका क्षय हो गया हो। वह तिथि जो किसी दिन सूर्योदय के बाद आए और अगले सूर्योदय से पहले ही समाप्त हो जाए। ✣ **अवम दिन**—*पु॰* = अवम तिथि वाला दिन। ऐसा दिन जिसमें दो तिथियाँ समाप्त होकर तीसरी तिथि आरम्भ हो जाए। तिथि-क्षय का दिन।

अवमत—[सं॰ अव √मन् + क्त] *वि॰* १. अपमानित। तिरस्कृत। २. निन्दित।

अवमति—[सं॰ अव √मन् + क्तिन्] *स्त्री॰* १. अवज्ञा। अवहेलना। उपेक्षा। २. घृणा। ३. विरक्ति। अरुचि।

अवमन्ता (अवमंत)—[सं॰ अवमन्तृ] *वि॰* अपमान करनेवाला। तिरस्कर्ता।

अवमर्द—[सं॰ अव √मृद् + घञ्] *पु॰* १. मर्दन। कुचलना। रौंदना। २. नाश। ३. अत्याचार।

अवमर्दन—[सं॰ अव √मृद् + ल्युट्] *पु॰* १. मर्दन। कुचलना। रौंदना। २. रगड़ना। मालिश। ***जैसे***—पैरों में तेल का अवमर्दन। ३. पीड़ा देना। दुःख देना।

अवमर्दित—[सं॰ अव √मृद् + क्त] *वि॰* १. जिसका अवमर्दन हुआ हो। २. कुचला हुआ। रौंदा हुआ। ३. पीड़ित। दलित। ४. मालिश किया गया। रगड़ा गया। ***जैसे***—तेल से अवमर्दित शरीर।

अवमर्श—[सं॰ अव √मृश् + घञ्] *पु॰* १. स्पर्श। छूना। २. संसर्ग। सम्बन्ध-स्थापन। ● **विशेष**—संस्कृत-नाट्यशास्त्र में निर्दिष्ट ५ सन्धियों में से चौथी को **'विमर्श सन्धि' या 'अवमर्श सन्धि'** कहा जाता है। यहाँ **विमर्श/अवमर्श** = छानबीन।

अवमर्ष—[अव √मृष् + घञ्] *पु॰* १. विचार। २. अन्वेषण। खोज।

अवमर्षण—[सं॰ अव √मृष् + ल्युट्] *पु॰* १. सहन न करने की क्रिया/गुण। असहनशीलता।असहिष्णुता। २. मिटाने की क्रिया। ३. स्मृति से नष्ट कर देने की क्रिया।

अवमल—[सं॰ अव √मल् + अच्] *पु॰* वाहित मल-जल में से नीचे बैठ जाने वाला ठोस भाग। ***जैसे***—इस अवमल में विषैली धातुएँ हैं अतः कृषि-कार्य में इसका प्रयोग मत करिए।

अवमान—[सं॰ अव √मन् + घञ्] *पु॰* १. अपमान। तिरस्कार। २. अवहेलना। अवज्ञा। ***जैसे***— गुरु का अवमान बड़ा दोष है।

अवमानक—[सं॰ अव ~ हिं॰ मानक] *वि॰* मानक या औसत स्तर से कम। निकृष्ट। घटिया। ***जैसे***—अवमानक फ़िल्म। (अं॰ सबस्टैन्डर्ड)

अवमानना—[< सं॰ अवमान] *क्रिस॰* १. अपमान करना। २. अवज्ञा करना। ३. आज्ञा/निर्देश का उल्लंघन करना।

अवमानवीय—[सं॰ अव + मानवीय] *पु॰* १. मनुष्य की अपेक्षा हीन प्राणी। २. मानव-सृष्टि से पहले के परन्तु उसके सदृश प्राणी।

अवमानित—[सं॰ अव √मन् + णिच् + क्त] *वि॰* १. जिसका अवमान हुआ हो। अपमानित या अवहेलित/उपेक्षित।

अवमानी—[सं॰ अवमानिन्] *वि॰* १. अपमान करनेवाला। २. उपेक्षा करनेवाला।

अवमुक्त—[सं॰ अव √मुच् + क्त] *पु॰* वह कर्मचारी या अधिकारी जिसे उसके कार्यभार या दायित्व आदि से मुक्त कर दिया गया हो। (अं॰ रिलीव्ड) ✣ **अवमुक्ति**—*स्त्री॰* = १. किसी को उसके कार्यभार या दायित्व से मुक्त किया जाना। २. किसी कर्मचारी या अधिकारी को उसका स्थानापन्न व्यक्ति देकर उसे दायित्व से मुक्त करने की क्रिया या भाव। कार्यमुक्ति। (अं॰ रिलीफ़)

अवमूल्य—[सं॰ अव + मूल्य] *पु॰* [वाणि॰] (शेयर आदि का) कम मूल्य। अंकित मूल्य से कम मूल्य। ✣ **अवमूल्यन**—*पु॰* = मूल्य घटाना। (अर्थ॰) सरकार द्वारा विदेशी मुद्रा की तुलना में देशी मुद्रा का विनिमय मूल्य घटाना।

अवमोचन—[सं॰ अव √मुच् + ल्युट्] *पु॰* १. बन्धन से मुक्त करना। रिहा करना। २. ढीला कर देना। ३. स्वतंत्र करना। ४. छोड़ देना।

अवमोटन—[सं॰ अव + मोटन] *पु॰* (चिकित्सा॰) १. रुक-रुककर होनेवाली ऐंठन। २. पिंडली की पेशियों का स्वयं ही जल्दी-जल्दी सिकुड़ना और ढीला पड़ना। (अं॰ क्लोनस)

अवयव—[सं॰ अव √यु + अच्] *पु॰* १. शरीर का अंग। २. अंश। भाग। हिस्सा। (न्याय॰) अनुमान की प्रक्रिया में प्रयुक्त पाँच वाक्यों (प्रतिज्ञा, हेतु, दृष्टान्त, उपनय और निगमन) में से प्रत्येक। ✣ **अवयवभूत**—*वि॰* = १. अंगभूत। २. अंशभूत।

अवयवशः—[सं॰ अवयव + शस्] *क्रिवि॰* १. अंग-अंग करके। अलग-अलग। २. अंश-अंश करके। टुकड़े-टुकड़े करके।

अवयवार्थ—[सं॰ अवयव ~ अर्थ] *पु॰* (व्या॰) शब्द के प्रकृति और प्रत्यय से प्राप्त होनेवाला अर्थ।

अवयवी—[सं॰ अवयविन्] *वि॰* १. जिसके अनेक अवयव हों। जिसके अनेक अंग या अंश हों। २. पूर्ण। पूरा। कुल। *पु॰* १. वह वस्तु जिसके अनेक अवयव (अंग या अंश) हों। २. देह। शरीर। (न्याय॰) १. अनुमान-वाक्य। २. उपनय, निगमन आदि का संयोग। कोई तर्कसंगत सन्धि।

अवर[१]—[सं॰ अव √रा + क] *वि॰* १. (अवस्था में) छोटा। २. बाद का। पीछे का। पिछला या पश्चिम का। ***जैसे***—अवर शैल (=अस्ताचल) ३. अपकृष्ट। हीन। घटिया। ४. अधम। गया-बीता। ५. अन्तिम। ***जैसे***—अवर वर्ण (वर्णों में अन्तिम, शूद्र वर्ण) ६. (परिमाण में) सबसे कम। ७. क्रम में निचला। छोटा। ***जैसे***—अवर सचिव।

अवर[२]—[सं॰ अ + वर (श्रेष्ठ)] *वि॰* जो श्रेष्ठ न हो। अधम। तुच्छ।

अवर[३]—[< सं॰ अपर] *वि॰* अन्य। दूसरा। *क्रिवि॰* और।

अवरज—[सं॰ अवर √जन् + ड] *पु॰* नीच कुल में उत्पन्न मनुष्य। ✣ **अवरजा**—*स्त्री॰* = नीच कुल में उत्पन्न स्त्री।

***अवरण**—*वि॰* ≤ *सं॰* अवर्ण। वर्णहीन।

अवरत—[सं॰ अव + रत] *वि॰* १. जो रत न हो। विरत। २. पृथक्। अलग।

अवरतः—[सं॰ अवर + अतसुच्] *क्रिवि॰* १. पीछे की ओर। पीछे। २. पीछे से।

अवरति—[सं॰ अव √रम् + क्तिन्] *स्त्री॰* १. अवरत होने की अवस्था/भाव। २. विराम। ठहराव। ३. निवृत्ति। छुटकारा।

अवराधन—[सं॰ अव √राध् + ल्युट्] *पु॰* आराधना। उपासना। पूजा। ✣ **अवराधना**—*स्त्री॰* = १. आराधना। उपासना। पूजा। *क्रिस॰* =पूजा करना। पूजना। आराधना।

अवरार्ध—[सं॰ अवर ~ अर्ध] *पु॰* १. दो समान भागों में से बाद का आधा भाग या पिछला आधा भाग। २. शरीर का पिछला भाग।

अवरावर—[सं॰ अवर ~ अवर] *वि॰* सब से नीच। निकृष्टतम।

***अवरु**—[< हिं॰ अवर] *समुच्चय॰ अव्यय॰* और। *वि॰* अन्य। दूसरा।

अवरुद्ध (अवरुद्ध)—[सं॰ अव √रुध् + क्त] *वि॰* रोका गया या रुका हुआ। (अर्थ॰) जिसे बैंक में जमा पूँजी निकालने से रोक दिया गया हो। २. (परिसम्पत्ति आदि) जिसे नक़द धन में बदलने से रोक दिया गया हो। (अं॰ फ्रोज़ेन)। ∇ **विलोम**—अनवरुद्ध।

अवरूढ़—[सं॰ अव √रुह् + क्त] *वि॰* १. उतरा हुआ या उतारा हुआ। २. उखड़ा/टूटा हुआ। छिन्नमूल। ३. जो दृढ़/तत्पर न हो।

अवरूप—[सं॰ अव + रूप] *वि॰* बुरे या भद्दे रूपवाला। विरूप। कुरूप। *पु॰* बुरा रूप।

अवरेखना—[< सं॰ अवलेखन] *क्रिस॰* १. (चित्र) अंकित करना। (चित्र) बनाना। २. विचारना। सोचना। ३. कल्पना/अनुमान करना ४. ध्यान से देखना। ५. समझना। ६. अनुभव करना। जानना। ७. महत्त्व/मूल्य समझना। ✣ **अवरेखी**—*वि॰ (स्त्री॰)* = १. जिसे अवरेखा गया हो। २. चित्रित की हुई। चित्रवत्।

अवरेब—[सं॰ अव + रेव (=गति), अथवा < फा॰ उरबेर (=टेढ़ा)] *पु॰* १. वक्र गति। तिरछी चाल। २. कथन की वक्रता। वक्रोक्ति या काकु-उक्ति। ३. (पहनने के) कपड़े की तिरछी काट। ४. उलझन। ५. विवाद। झगड़ा। ६. दोष। ख़राबी। बुराई। ✣ **अवरेबदार**—*वि॰* = १. तिरछी काट वाला (कपड़ा) २. जटिल/पेचीला (कथन)।

अवरोक्त—[सं॰ अवर ~ उक्त] *वि॰* १. जिसका अन्त में उल्लेख हुआ हो। २. बाद में कहा हुआ।

अवरोध—[सं॰ अव √रुध् + घञ्] *पु॰* १. बाधा। रुकावट। २. चारों ओर से घेरना। ३. घेरा। ४. रास्ता बन्द करना। नाकेबन्दी। ५. अन्तःपुर। रनिवास। ज़नानख़ाना। ६. बन्दीगृह। कटघरा।

अवरोपण—[सं॰ अव √रुह् + णिच् + ल्युट्, (पुक्)] *पु॰* १. उखाड़ने/डालने की क्रिया/भाव। उखाड़। २. आरोप/अभियोग से मुक्त करना। ∇ **विलोम**—रोपण ✣ **अवरोपणीय**—*वि॰* = १. अवरोपण योग्य। जिसका अवरोपण हो सकता हो या होना चाहिए। २. जिसका अवरोपण किया जाना हो। ✣ **अवरोपित**—*वि॰* = १. उखाड़ा हुआ। २. आरोप या अभियोग से मुक्त किया हुआ।

अवरोह—[सं॰ अव √रुह् + घञ्] *पु॰* १. ऊपर से नीचे आना। उतार। २. अवनति। पतन। ३. मूल से शाखाएँ निकलना। ४. लता का वृक्ष के चारों ओर लिपटना। (काव्य॰) एक अर्थालंकार जो किसी वस्तु के रूप और गुण का क्रमशः अधःपतन दिखाने में होता है। (संगीत॰) किसी स्वर से क्रमशः नीचे स्वरों की दिशा में जाने की क्रिया (जैसे—सा नि ध प) ∇ **विलोम**—आरोह।

अवरोहक—[सं॰ अव √रुह् + ण्वुल्] *वि॰* ऊपर से नीचे की ओर आनेवाला। उतरनेवाला।

अवरोहण—[सं॰ अव √रुह् + ल्युट्] १. ऊपर से नीचे उतरने की क्रिया/भाव। उतार। २. पतन। गिराव। ∇ **विलोम**—आरोहण।

अवरोहना[१]—[< सं॰ अवरोहण] *क्रिस॰* (ऊपर से) उतरना।

***अवरोहना**[२]—[< सं॰ अवरोधन] *क्रिस॰* अवरोध करना। रोकना।

अवरोहशाखी—[सं॰ अवरोह ~शाखी (शाखिन्)] *पु॰* बरगद का पेड़। वट-वृक्ष।

अवरोहित—[सं॰ अवरोह + इतच्] *वि॰* १. जिसका अवरोह हुआ हो। २. उतरा हुआ या उतारा हुआ। (ऊपर से) नीचे आया हुआ। ३. अवनत। पतित।

अवरोही—[सं॰ अवरोहिन्] *वि॰* ऊपर से नीचे की ओर आनेवाला। *पुं॰* बरगद का पेड़। वट-वृक्ष। (संगीत॰) आरोही स्वरों के विपरीत क्रम से स्वरों का उच्चारण। ✣ **अवरोही कर**—*पुं॰* = (अर्थ॰) ऐसी व्यवस्था जिसमें आय में वृद्धि होने के साथ कर की दर कम होती जाती है। प्रतिगामी कर। (अं॰ रिग्रेशन टैक्स) ✣ **अवरोही पात**—*पुं॰* = (गणित॰) किसी खगोलीय पिंड का वह पात (अं॰ नोड) जिस पर उसकी गति उत्तर से दक्षिण की ओर होती है। *जैसे*—चन्द्रमा का अवरोही पात 'केतु' कहलाता है। ✣ **अवरोही श्रेढी/श्रेणी**—*स्त्री॰* = (गणित॰) वह श्रेणी जिसके सभी पदों का संख्यात्मक मान क्रमशः कम होता जाए (जैसे—
+⋯)।

अवर्गित—[सं॰ अ + वर्गित] *वि॰* १. जो किसी वर्ग में न रखा गया हो। २. जिसका वर्ग न बनाया गया हो।

अवर्ण—[सं॰ अ + वर्ण] *वि॰* १. जिसका कोई वर्ण (ब्राह्मण आदि) न हो। २. रंगहीन। *पुं॰* अकार।

अवर्णक—[सं॰ अ + वर्णक] *वि॰* वर्णरहित। रंगहीन। [भौतिकी॰] (लेन्स आदि) जिसमें से सफ़ेद प्रकाश का अपवर्तन होता है, रंगीन प्रकाश का नहीं।

अवर्तन—[सं॰ अ + वर्तन] *पुं॰* १. वृत्ति का अभाव। जीविका न होना। २. परस्पर व्यवहार का अभाव। आपस में व्यवहार न होना।

अवर्षण—[सं॰ अ + वर्षण] *पुं॰* वर्षा न होना। अनावृष्टि।

अवलक्ष—[सं॰ अव √लक्ष् + घञ्] *वि॰* उज्ज्वल। सफ़ेद। *पुं॰* सफ़ेद रंग। ● **विशेष**—'**वलक्ष**' भी 'अवलक्ष' के अर्थ में ही प्रयुक्त होता है।

अवलग्न—[सं॰ अव + लग्न] *वि॰* १. चिपटा हुआ। सटा। संलग्न। २. स्पर्श करता हुआ। छूता हुआ। *पुं॰* कटि। कमर।

अवलङ्घन (अवलंघन)—[सं॰ अव + लङ्घन] *पुं॰* उल्लंघन। लाँघना।

***अवलच्छना**[१]—[८ सं॰ अव + लक्ष्य] *क्रिस॰* देखना।

***अवलच्छना**[२]—[८ सं॰ अवलक्षणा] *वि॰* (*स्त्री॰*) बुरे लक्षणों वाली। कुलक्षणी।

अवलम्ब (अवलंब)—[सं॰ अव √लम्ब् + घञ्] *पुं॰* आश्रय। सहारा। *जैसे*—वृद्ध को पुत्रों का अवलम्ब मिलना चाहिए।

अवलम्बन (अवलंबन)—[सं॰ अव √लम्ब् + ल्युट्] *पुं॰* १. सहारा लेने की क्रिया/भाव। २. ग्रहण या धारण करना। अपनाना। *जैसे*—मौन-अवलम्बन। ३. अनुसरण करना। ४. अवलम्ब। आश्रय। सहारा।

अवलिप्त—[सं॰ अव √लिप् + क्त] *वि॰* १. लिपा/हुआ। २. किसी कार्य आदि में लगा हुआ। लीन। तन्मय। ३. अभिमानी। घमंडी। ✣ **अवलिप्तता**—*स्त्री॰* = अवलिप्ति।

अवलिप्ति—[सं॰ अव √लिप् + क्तिन्] *स्त्री॰* १. अवलिप्त होने की अवस्था या भाव। अवलिप्तता। तल्लीनता। तन्मयता। २. अभिमान। घमंड।

***अवलीक**—[८ सं॰ अव्यलीक] *वि॰* १. पाप-रहित। २. निष्कलंक। निष्पाप। ३. दोषरहित। निर्दोष।

अवलुण्ठन (अवलुंठन)—[सं॰ अव √लुण्ठ् + ल्युट्] *पुं॰* १. भूमि पर लोटना। लुढ़कना। २. (किसी के धन आदि की) लूट। ✣ **अवलुण्ठित (अवलुंठित)**—*वि॰* = १. भूमि पर लोटा या लुढ़का हुआ। २. जिसे लूट लिया गया हो।

अवलेख—[सं॰ अव √लिख् + घञ्] *पुं॰* १. तोड़ने की क्रिया/भाव। २. खरोंच। ३. छीलने की क्रिया/भाव। ४. कंघा आदि से केश झाड़ना।

अवलेखन—[सं॰ अव √लिख् + ल्युट्] *क्रिस॰* १खोदना। २. खुरचना। ३. छीलना। ४. चित्र बनाना या मूर्ति बनाना। उकेरना। ५. निशान लगाना। चिह्नित करना। ✣ **अवलेखनी**—*स्त्री॰* = १. वह वस्तु जिससे चिह्नांकन किया जाए (क़लम, तूलिका आदि) २. (केश काढ़ने की) कंघी।

अवलेखा—[सं॰ अव √लिख् + अ + टाप्] *स्त्री॰* १. रगड़ना। रगड़। २. (व्यक्ति को) सुसज्जित करना। सुसज्जा। ३. चित्रकारी।

अवलेप—[सं॰ अव √लिप् + घञ्] *पुं॰* १. मलने या पोतने की क्रिया। अवलेपन। २. (शरीर पर मलने का) लेप या उबटन। अवलेपन। ३. (घाव आदि पर लगाने का) लेप या मरहम। ४. मिथ्या अभिमान। गर्व। घमंड। *जैसे*—बलावलेप (बल + अवलेप) = बल का घमंड। ✣ **अवलेपक**—*वि॰* = अवलेपन करनेवाला।

अवलेपन—[सं॰ अव √लिप् + ल्युट्] *पुं॰* १. उबटन/लेप/मरहम आदि लगाने/पोतने की क्रिया। २. सानने की क्रिया। ३. तेल, उबटन या मरहम। ४. मिथ्या अभिमान। गर्व। घमंड। ५. एकता। मेल। ६. सम्बन्ध। लगाव।

अवलेह—[सं॰ अव √लिह् + घञ्] *पुं॰* १. चाटने की क्रिया। २. न अधिक गाढ़ी और न अधिक पतली वस्तु जो चाटी जा सके। चाटने की वस्तु (चटनी, शहद आदि)। ३. चटनी। ४. चाटने की औषधि।

अवलेहन—[सं॰ अव √लिह् + ल्युट्] *पुं॰* १. जीभ से चाटने की क्रिया/भाव। चाटना। २. चटनी। ✣ **अवलेह्य (अवलेह्य)**—*वि॰* = चाटने योग्य। *जैसे*—शहद अवलेह्य वस्तु है।

अवलोक[१]—[सं॰ अव √लोक् + घञ्] *पुं॰* १. दृष्टिपात। अवलोकन। देखना। २. दृष्टि। नज़र।

***अवलोक**[२]—[८ सं॰ आलोक] *पुं॰* आलोक। प्रकाश।

अवलोकक—[सं॰ अव √लोक् + ण्वुल्] *वि॰* अवलोकन करनेवाला। देखनेवाला।

अवलोकन—[सं॰ अव √लोक् + ल्युट्] *पुं॰* १. देखने की क्रिया/

भाव। दृष्टिपात। देखना। २. निरीक्षण। देखभाल। ३. परीक्षण। जाँच। ४. दृष्टि। ५. चितवन।

***अवलोचना**—[< सं० अव + लोचना] *क्रिस०* नेत्रों के सामने से हटाना। दूर करना।

अववैतनिक—[सं० अव + वैतनिक] *वि०* उचित से कम वेतन पानेवाला। ***जैसे***—अववैतनिक श्रमिक। (अं० अन्डरपेड)

अवश—[सं० अ + वश] *वि०* १. जो वश या अधिकारों में न हो। अनियन्त्रित। २. जो किसी दूसरे के वश में हो, स्ववश/स्वाधीन न हो। परवश। ३. विवश। लाचार। *पुं०* विवशता। लाचारी।

अवशता—[सं० अवश + तल् + टाप्] *स्त्री०* अवश होने की अवस्था या भाव। विवशता। बेबसी। लाचारी।

अवशिष्ट—[सं० अव √शिष् + क्त] *वि०* जो बाक़ी बचा हो। शेष। ⁘ **अवशिष्ट पर्वत**—*पुं०* = (भूगर्भ०) अपरदन से कुछ अंश नष्ट होने पर बचा हुआ पहाड़। ⁘ **अवशिष्ट मूल्य**—*पुं०* = (वाणि०) व्यवसाय में किसी परिसम्पत्ति का प्रयोग बन्द करने के बाद उसे बेचने पर प्राप्त या प्राप्य मूल्य।

अवशीर्ण—[सं० अव + √शृ + क्त] १. कटा हुआ। टूटा हुआ। छिन्न-भिन्न। २. टूटा-फटा। नष्ट। ३. छितराया हुआ।

अवशीर्ष—[सं० अव + शीर्ष] *वि०* १. जिसका सिर नीचे की ओर झुक गया हो। नतमस्तक। २. जिसका ऊपरी भाग नीचे की ओर हो गया हो। औंधा।

अवशेष—[सं० अव + √शिष् + घञ्] *पुं०* १. बचा हुआ। शेष। बाक़ी। २. (व्यय आदि से) बची हुई वस्तु। ३. वह धन या सम्पत्ति जो किसी की मृत्यु के बाद बची हो। ४. समाप्ति। अन्त।

अवशेषाङ्ग (अवशेषांग)—[सं० अवशेष ~ अङ्ग] *पुं०* बचा रह गया अंग। (प्राणि०) प्राणियों का ऐसा अंग या संरचना जो पूर्वजों में पूर्ण विकसित रहा होता है तथा उपयोगी होता है परन्तु परिस्थितियों के बदल जाने से इसका महत्त्व समाप्त हो जाने के कारण यह विकास-क्रम में क्रमिक लोप की दशा में चिह्न मात्र रह जाता है। ***जैसे***—मानव शरीर के रोम, बाह्य कर्ण की पेशियाँ आदि अवशेषांग हैं।

अवशोषण—[सं० अव + शोषण] *पुं०* शोषण। सोखना। (रसायन०) किसी ठोस या द्रव द्वारा किसी गैस का अथवा किसी ठोस द्वारा द्रव का ग्रहण किया जाना। अवचूषण। (अं० एब्सार्प्शन)

अवश्य[1]—[< सं० अवश्यम्] *क्रिवि०* निश्चयपूर्वक। निश्चित रूप से सर्वथा। ज़रूर।

अवश्य[2]—[सं० अ + वश्य] *वि०* १. जो वश में न किया जा सके। २. जिस पर कोई वश न हो। ***जैसे***—अवश्य पुत्र। *क्रिवि०* अनिवार्य या आवश्यक। ***जैसे***—अवश्य पठनीय।

अवश्यमेव—[सं० अवश्यम् ~ एव] *क्रिवि०* अवश्य ही हर परिस्थिति में। निश्चित रूप से। ज़रूर ही।

अवश्यम्भाविता (अवश्यंभाविता)—[सं० अवश्यम्भाविन् + तल् + टाप्] *स्त्री०* अवश्य घटित होने की स्थिति। अनिवार्यता।

अवश्या—[सं० अ + वश्या] *स्त्री०* १. स्वच्छन्द आचरण करनेवाली स्त्री। स्वैरिणी। २. व्यभिचारिणी स्त्री। कुलटा।

अवश्याय—[सं० अव √श्यै + ण] *पुं०* १. कुहरा। २. पाला। ओस। ३. तुषार। हिम-कण।

अवश्रव्य—[सं० अव + श्रव्य] *पुं०* इतना क्षीण कि मनुष्य को साधारणतः सुनाई न पड़े। ***जैसे***—अवश्रव्य ध्वनि।

अवष्टम्भ (अवष्टंभ)—[अव √स्तम्भ् + घञ्] *पुं०* १. ठहरने या रुकने क्रिया/भाव। २. स्तम्भ। खम्भा। ३. 'लक़वा' नामक रोग। ४. मूर्च्छा। बेहोशी। ५. स्वर्ण। सोना। ६. अभिमान। घमंड।

अवष्टम्भन (अवष्टंभन)—[सं० अव √स्तम्भ् + ल्युट्] *पुं०* १. सहारा लेने/देने की क्रिया। २. स्तम्भ। खम्भा। ३. जड़ीभूत करना। ४. रुकना या रोकना। रुकाव। (मनो०) अवचेतन मन के द्वारा चेतन मन की विरोधी अवचेतन इच्छाओं को चेतन मन में आने से रोकने या उन्हें चेतन मन की स्वीकृति के अनुरूप बनाने (चेतन मन के द्वारा व्यक्त किए जा सकने योग्य बनाने) का कार्य। (अं० सेन्सरशिप)

***अवस**[1]—[≤ सं० अवश] *वि०* १. जो वश में न हो। २. विवश। बेबस। लाचार।

अवस[2]—*क्रिवि० ≤ सं०* अवश्य।

अवसक्त—[सं० अव √सज्ज् + क्त] *वि०* सटा/लगा हुआ। संलग्न।

अवसण्डीन (अवसंडीन)—[सं० अव + सम् √डी + क्त] *पुं०* पक्षियों की समूह में, ऊपर से एक साथ नीचे की ओर उड़ान।

अवसथ—[सं० अव √सो + कथन्] *पुं०* १. रहने का स्थान। २. घर। मकान। ३. ग्राम। ४. विद्यार्थियों के रहने का स्थान। मठ या छात्रावास आदि।

अवसन्न—[सं० अव √ सद् + क्त] *वि०* १. अवसाद से युक्त। खिन्न। उदास। दुःखी। २. समाप्त। ३. थका हुआ। शिथिल। बेदम। ४. अपने नाश की ओर बढ़ने वाला। नाशोन्मुख। ५. उत्साहरहित। ⁘ **अवसन्नता**—*स्त्री०* = १. विषाद। दुःख। खिन्नता। २. आलस्य। सुस्ती। ३. विनाश। बरबादी।

अवसर—[सं० अव √सृ + अच्] *पुं०* १. निश्चित या नियत समय। २. अनुकूल परिस्थिति। मौक़ा। ३. अपेक्षित समय। ४. अवकाश। फ़ुर्सत। (काव्य०) एक अर्थालंकार जो ठीक अपेक्षित समय पर किसी घटना का घटित होना वर्णित करने में होता है। ∇ **विलोम**—अनवसर। ***वा०* अवसर चूकना, अवसर हाथ से जाना**—आए हुए अवसर का लाभ न उठा पाना। अवसर खो देना। मौक़े पर काम न करना। **अवसर ताकना**—अवसर की खोज में रहना। मौक़ा ढूँढना। **अवसर मारा जाना**—प्राप्त उचित अवसर बिना उपयोग किए बीत जाना। **अवसर लेना**—उपयुक्त समय देखकर किसी से बदला चुकाना।

अवसर्जन—[सं० अव √सृज् + ल्युट्] *पुं०* १. त्यागना। छोड़ना। २. बन्धनमुक्त करना। स्वतन्त्र करना।

अवसर्पण—[सं० अव √सृप् + ल्युट्] *पुं०* ऊपर से नीचे आना। अधोगमन। उतरना।

अवसर्पिणी—[सं० अव √सृप् + णिनि + ङीप्] *स्त्री०* (जैन०) १. काल का एक भेद जिसमें बल, रूप, आयु क्रमशः घटते जाते हैं। [● **विशेष**—अवसर्पिणी का परिमाण ४,६२,००० वर्ष है।] २. पतन का युग। ∇ **विलोम**—उत्सर्पिणी।

अवसर्पी—[सं० अवसर्पिन्] *वि०* नीचे आनेवाला। उतरनेवाला।

अवसाद—[सं० अव √सद् + घञ्] *पु०* १. विषाद। खिन्नता। उदासी। २. शिथिलता। सुस्ती। ३. थकावट। ४. पराजय। हार। ५. नाश। हानि। (भूविज्ञान०) नदी, वर्षा का जल, हिमानी आदि के द्वारा बहाकर ले जाए गए कण या पदार्थ (कंकड़, पत्थर, मिट्टी आदि)। तलछट। गाद। (अं० सेडिमेन्ट्) [मनो०] एक मानसिक रोग जिसमें मन उदास और शरीर थका रहता है, कुछ अच्छा नहीं लगता और संसार से विरक्ति/ऊब हो जाती है। मन:शारीरिक सक्रियता की कमी। (अं० डिप्रेशन)

अवसादन—[सं० अव √सद् + णिच् + ल्युट्] *पु०* १. शिथिल होने की अवस्था/भाव। २. थकावट। ३. विनाश। ४. विरक्ति। ५. अवनति। ६. नाश। ७. कार्य करने की अक्षमता। ८. उत्पीड़न। ९. समाप्ति। अन्त। (विज्ञान०) किसी निलम्बन में विद्यमान ठोस कणों को गुरुत्व द्वारा नीचे बैठाना। (अं० सेडिमेन्टेशन)

अवसादी—[सं० अवसादिन्] *वि०* १. अवसाद उत्पन्न करनेवाला। २. अवसादयुक्त। ३. नदियों आदि के अवसाद से बना हुआ। ४. शिथिल। उत्साहहीन। ✣ **अवसादी मृत्तिका**—*स्त्री०* =(भूविज्ञान०) नदी आदि के द्वारा बहाकर लाए गए पदार्थों से बनी मिट्टी। तलछटी मिट्टी। (अं० सेडिमेन्टरी क्ले)। ✣ **अवसादी शैल**—*पु०* = (भूविज्ञान०) सागरों और झीलों में मिट्टी, कंकड़, बालू और जीव-जन्तुओं तथा वनस्पतियों के अवशेष जमने से बननेवाली चट्टान/शैल। (अं० सेडिमेन्टरि रॉक)

अवसान[1]—[सं० अव √ सो + ल्युट्] *पु०* १. विराम। ठहराव। २. समाप्ति। अन्त। ३. विश्रामस्थान। ४. सीमा। हद। ५. मृत्यु। मरण। ६. कविता/पद्य का अन्तिम चरण। ७. पतन। ✣ **अवसानक**—*वि०* = अवसान करनेवाला। अन्त/समाप्ति करनेवाला।

*__अवसान__[2]—[< अरबी औसान] *पु०* चेतना। सुध-बुध। होश-हवास।

अवसानिक—[< सं० आवसानिक] *वि०* १. अवसान से सम्बन्धित। आवसानिक। २. अन्त में होने वाला।

अवसामान्य—[सं० अव + सामान्य] *वि०* सामान्य से कम।

*__अवसि__—*क्रिवि०* ≤ *सं०* अवश्य (अवश्यम्)।

अवसित—[सं० अव √सो + क्त] *वि०* १. समाप्त। २. पूर्ण। ३. जाना हुआ। ज्ञात। ४. निश्चित किया हुआ। ५. एकत्र/जमा किया हुआ। ६. लगा/सटा हुआ। संलग्न। ७. नत्थी। ८. बँधा हुआ। ९. (किसी में) स्थित। ***जैसे***—जल में अवसित कमल।

अवसेक—[सं० अव √सिच् + घञ्] *पु०* १. सिंचन। सींचना। २. छिड़काव।

अवसेचन—[सं० अव √ सिच् + ल्युट्] *पु०* (पानी से) सींचने की क्रिया। सिंचन। (चिकित्सा०) रोगी के शरीर से रक्त या पसीना निकालने की क्रिया।

*__अवसेर__—[देशज] *स्त्री०* १. अटकाव। उलझन। २. विलम्ब। देर। ३. चिन्ता। ४. स्मरण। याद।

*__अवसेरना__—[< हिं० अवसेर] *क्रिस०* उलझाना।। २. व्याकुल करना। ३. विकल करना। ४. विलम्बित कराना। *क्रिअ०* विलम्ब करना। देर लगाना।

*__अवसेरि/अवसेरी__—[< हिं० अवसेर] *स्त्री०* १. अटकाव। उलझन। २. विलम्ब। देर। ३. चिन्ता। ४. विकलता। बेचैनी। ५. स्मरण याद।

अवस्तरण—[सं० अव √स्तृ + ल्युट्] *पु०* बिछौना।

अवस्तु—[सं० अ + वस्तु] *वि०* १. जो वस्तु न हो। अपदार्थ। २. शून्य। ३. तुच्छ। हीन। *पु०* १. वस्तु का अभाव। २. तुच्छ/नगण्य वस्तु।

अवस्था—[सं० अव √स्था + अङ् + टाप्] *स्त्री०* १. दशा। २. वय। उम्र। (नाट्य०) नाटक में 'कार्य' नामक अर्थप्रकृति के चढ़ाव और उतार का क्रम। ● **विशेष—भारतीय नाट्यशास्त्र के अनुसार ५ अवस्थाएँ हैं—१. आरम्भ, २. प्रयत्न ३. प्राप्त्याशा, ४. नियताप्ति, ५. फलागम। पाश्चात्य नाट्यशास्त्री पाँच अवस्था मानते हैं—१. आरम्भावस्था, २. विकासावस्था, ३. चरमबिन्दु, ४. ह्रासावस्था, ५. समाप्ति।** ***वा०* अवस्था उतरना/ढलना**—वृद्धावस्था आना। ✣ **अवस्थाचतुष्टय**—*पु०* = (मनुष्य जीवन की) चार दशाएँ—बाल्यावस्था, कौमार्यावस्था, युवावस्था, वृद्धावस्था। ✣ **अवस्थात्रय**—*पु०* =(वेदान्त दर्शन के अनुसार) मनुष्य की तीन दशाएँ—जाग्रत/जागरित, स्वप्न, सुषुप्ति। ✣ **अवस्थाद्वय (अवस्थाद्वय)**—*पु०* = जीवन की दो दशाएँ—सुख और दु:ख।

अवस्थान—[सं० अव √स्था + ल्युट्] *पु०* १. ठहरना। २. रहना। ३. ठहरने/रहने का स्थान। ४. ठहरने/रहने की अवधि। ५. घर। ६. थोड़े दिन ठहरना। (अं० सोजोर्न)।

अवस्थान्तर (अवस्थांतर)—[सं० अवस्था ~ अन्तर] *पु०* एक अवस्था के बदलने पर हुई दूसरी अवस्था। परिवर्तित दशा।

अवस्थापन—[सं० अव + स्थापन] *पु०* १. स्थापन करना। रखना। २. निश्चित करना। ३. निवास-स्थान।

अवस्थित—[सं० अव √स्था + क्त] *वि०* १. उपस्थित। विद्यमान। २. ठहरा हुआ। ३. किसी विशेष अवस्था में आया हुआ या स्थित। ४. दृढ़। ५. टिका हुआ। अवलम्बित।

अवस्थिति—[सं० अव + स्थिति] *स्त्री०* १. स्थित होने की अवस्था/भाव। स्थिति। २. स्थान। जगह। (अं० लोकेशन) २. वर्तमान होना। वर्तमानता। ***जैसे***—ब्रह्मांड में हमारी अवस्थिति। ३. रहने/ठहरने का स्थान। ४. ठहरने की अवधि। ∆ **पर्याय**—अवस्थान।

अवस्फीति—[सं० अव + स्फीति] *स्त्री०* (अर्थ०) क़ीमतों में गिरावट के कारण मौद्रिक इकाई के मूल्य में वृद्धि की स्थिति। (अं० डिफ़्लेशन)

अवह—[सं॰ अ + वह (√वह् + अच्)] *वि॰* १. जिसे वहन न किया जा सके। जिसे ढोया न जा सके। २. बिना नदी या स्रोत का (स्थान)। ३. न बहता हुआ। *पु॰* वह क्षेत्र जिसमें नदी-नाले न बहते हों।

अवहट्ट—[< सं॰ अवभ्रष्ट] *वि॰* अवग्रह। विकृत। *स्त्री॰* अपभ्रंश भाषा का विकृत रूप।

अवहरण—[सं॰ अव √हृ + ल्युट्] *पु॰* अपहरण करना। चुराना, छीनना या लूटना। चोरी या लूट। ✣ ***अवहरना**—*क्रिस॰* = अपहरण करना। चुराना, छीनना या लूटना।

अवहस्त—[सं॰ अव + हस्त] *पु॰* हथेली का पिछला भाग। करतल-पृष्ठ।

अवहार्य—[सं॰ अव √हृ + ण्यत्] *वि॰* १. जिसे वहन किया जा सकता हो। ले जाने योग्य। २. दंडनीय। ३. जिसे फिर से प्राप्त किया जा सकता हो।

अवहास—[सं॰ अव + हास] *पु॰* १. स्मिति। मुस्कराहट। मुस्कान। २. हँसी-मज़ाक़। उपहास।

अवहित—[सं॰ अव √धा + क्त] *वि॰* १. एकाग्रचित्त। २. सावधान। ३. ध्यानपूर्वक। ***जैसे***—अवहित समीक्षा। ३. (किसी में) रखा हुआ।

अवहित्था—[सं॰ अवहित्थ + टाप्] *स्त्री॰* (काव्य॰) एक संचारी भाव जिसमें भय, लज्जा आदि के कारण अपने मन के हर्ष आदि किसी भाव को चतुराई से छिपाया जाता है।

अवहेलन—[सं॰ अव √हेल् + ल्युट्] *पु॰* अवहेलना।

अवहेलना—[सं॰ अव √हेल् + युच् + टाप्] *स्त्री॰* १. तिरस्कार। अपमान। २. उपेक्षा। ***जैसे***—अपने कोमल भावों की अवहेलना करके ही न्याय किया जाता है। ३. (आज्ञा आदि की) अवज्ञा।

अवहेला—[सं॰ अव √हेल् + अ + टाप्] *स्त्री॰* अवहेलना।

अवहेलित—[सं॰ अव √हेल् + क्त] *वि॰* १. जिसकी अवहेलना हुई हो। २. तिरस्कृत। अपमानित। ३. उपेक्षित। ४. (आज्ञा आदि) जिसकी अवज्ञा की गयी हो।

अवा—[< हि॰ आँवाँ] *पु॰* (मिट्टी के बर्तन या कच्ची ईंटें पकाने का) आँवाँ।

अवाई—[< हि॰ आना] *स्त्री॰* १. आने की क्रिया या भाव। आगमन।

अवाक्[1]—[सं॰ अ + वाक् (वाच्)] *वि॰* १. जिसके मुख से/वाणी न निकल रही हो। २. मौन। चुप। ३. गूँगा। ४. जो आश्चर्यचकित होने के कारण या भय के कारण कुछ बोल न पा रहा हो।

अवाक्[2]—[सं॰ अवाच्] *वि॰* १. नीचे की ओर झुका हुआ। २. अपेक्षाकृत नीचा। ३. सिर के बल। ४. दक्षिणी।

***अवागी**—*वि॰* ≤ *सं॰* अवाक्[2]। मौन/चुप या गूँगा।

अवाङ्—[सं॰ अवाच्] *वि॰* नीचे की ओर झुका हुआ।

अवाङ्मुख—[सं॰ अवाक्[2] ~ मुख] *वि॰* १. नीचे की ओर मुखवाला। नीचे देखता हुआ। २. लज्जित। ***जैसे***— अवाङ्मुख युवक। ✣ **अवाङ्मुखी**—*वि॰* (*स्त्री॰*) ***जैसे***—अवाङ्मुखी युवती।

अवाची—[सं॰ अवाच् + ङीप्] १. *स्त्री॰* दक्षिण दिशा। २. (धरती के) नीचे का लोक।

अवाच्य—[सं॰ अ + वाच्य] *वि॰* १. जो कहने योग्य न हो २. जो शब्दों द्वारा प्रकट न किया जा सके। ३. जिसका उच्चारण न हो सकता हो। ४. जिससे बात करना उचित न हो। ५. बुरा।

***अवाज**—[< फा॰ आवाज़] *पु॰* १. ध्वनि। शब्द। आवाज़। २. प्रसिद्धि।

अवात—[सं॰ अ + वात्] *वि॰* जहाँ या जिसमें वायु न हो। वायुरहित। निर्वात।

अवान्तर (अवांतर)—[सं॰ अव + अन्तर] *वि॰* १. दो बिन्दुओं, स्थानों, वस्तुओं आदि के बीच में स्थित। मध्यवर्ती। ***जैसे***—भारत और अरब के अवान्तर देश। २. जो किसी भेद/उपभेद/वर्ग में सम्मिलित/शामिल हो। अन्तर्गत। ३. जो प्रमुख न हो। गौण। ***जैसे***—अवान्तर अधिकारियों पर ध्यान मत दो। ४. अतिरिक्त। फ़ालतू। ***जैसे***—अवान्तर सामान साथ ले चलो। ५. अन्य। दूसरा। ***जैसे***—जड़ी-बूटियों के भेद तो हैं ही, हर भेद के अवान्तर भेद भी हैं। ✣ **अवान्तर (अवांतर) दिशा**—*स्त्री॰* = दो प्रमुख दिशाओं के बीच की दिशा। विदिशा। ✣ **अवान्तर (अवांतर) देश**—*पु॰* = दो देशों के बीच का देश। ✣ **अवान्तर (अवांतर) भूमि**—*स्त्री॰* = वह ज़मीन जिसका कोई स्वामी न हो। अस्वामिक भूमि। (अं॰ नो मैन्स लैन्ड) ✣ **अवान्तर (अवांतर) भेद**—*पु॰* = भेद के अन्तर्गत भेद। उपभेद। ✣ **अवान्तर (अवांतर) वाक्य**—*पु॰* = वाक्य के बीच में आनेवाला शब्द-समूह या उपवाक्य।

अवाम[1]—[सं॰ अ + वाम] *पु॰* १. जो शत्रु, विरोधी या प्रतिकूल न हो। २. मित्र। ३. अनुकूल। ४. जो वाम न हो। दाहिना।

अवाम[2]—[अरबी, 'आम' का बहु॰] *पु॰* आम लोग। सर्वसाधारण।

अवायुजीव—[सं॰ अ + वायुजीव] (प्राणि॰) एक प्रकार के सूक्ष्म जीव जो आक्सीजन की अनुपस्थिति में भी जीवित रह सकते है तथा बढ़ सकते हैं। अनाक्सीजीवी। (अं॰ एनएरोब)

अवार—[सं॰ अ + वार (√वृ + घञ्)] *पु॰* १. नदी का निकट का किनारा। इस पार। २. इस ओर। ∇ **विलोम**—पार/वार।

अवारजा—[< फा॰ अवार्ज] *पु॰* १. (दैनिक आय-व्यय लिखने की बही। खतौनी। २. संक्षिप्त लेखा/वृत्तान्त। **वा॰ अवारजा करना**—बही में लिखना।

अवारण—[सं॰ अ + वारण] *वि॰* जिसका निवारण या निषेध न हो। अनिवार्य। अवारणीय।

अवारणीय—[सं॰ अ + वारणीय] *वि॰* जिसका वारण या निषेध न हो सके। अनिवार्य। ***जैसे***—अवारणीय विपत्ति; अवारणीय रोग।

***अवारना**—[< सं॰ वारण] *क्रिस॰* १. मना करना। रोकना। २. न्योछावर करना। वारना।

अवारपार—[सं॰ अ + वार ~ पार] *पु॰* समुद्र। *क्रिवि॰* आर-पार।

अवारित—[सं॰ अ + वारित] *वि॰* १. जो वारित न हो। बाधारहित। २. जो अवरुद्ध/बन्द न हो। ***जैसे***—अवारित द्वार। ३. जो

निषिद्ध न हो। ४. जिसका प्रवेश या जिसकी सम्भागिता आदि निषिद्ध/वर्जित न हो।

†अवारी[१]—[< सं॰ अवार] *स्त्री॰* १. किनारा। सिरा। २. मोड़। ३. मुख-विवर। मुँह।

†अवारी[२]—[< सं॰ वारण] *स्त्री॰* लगाम।

अवार्य—[सं॰ अ + वार्य] *वि॰* अवारणीय। अनिवार्य।

अवासा—[< सं॰ अवासः] *वि॰* जो वस्त्र न पहने हो। नंगा। *पु॰* दिगम्बर जैन साधुओं का एक सम्प्रदाय।

अवाह**—[सं॰ अ + वाह (< √वह्)] *वि॰* जो वहन न किया जा सके। दुर्वह। ***जैसे—अवाह बोझ।

अवाहन—[सं॰ अ + वाहन] *वि॰* १. जिसके पास वाहन/सवारी न हो। २. जो सवारी पर न बैठा हो।

अवाँग—[< हि॰ अवाँग] *क्रिस॰* नीचे की ओर झुकाना। नत करना।

अवाँगार्द—[फ्रा॰] *वि॰* अग्रगामी। *पु॰* लेखनकला इत्यादि में नवीनतम अवधारणाओं, विचारों और तकनीकों के निर्माता या समर्थक लोग। अग्रगामी लेखकों, कलाकारों या चिन्तकों का वर्ग।

***अवाँसना**—[< सं॰ वासन] *क्रिस॰* किसी नये कपड़े या बर्तन आदि का पहली बार प्रयोग करना।

अवाँसी—[< सं॰ अवासित] *स्त्री॰* फ़सल में से प्रथम बार काट कर, नवान्न समारोह के लिए, लाया गया बोझ।

अवि—[सं॰ √अव् + इन्] *पु॰* १. मेष। भेड़ा। मेंढ़ा। २. बकरा। ३. सूर्य। ४. पर्वत। *स्त्री॰* भेड़। भेड़ी।

अविकच/अविकचित—[सं॰ अ + विकच/विकचित] *वि॰* न खिला हुआ। अविकसित।

अविकत्थ—[सं॰ अ + विकत्थ] *वि॰* जो अपने विषय में प्रशंसापूर्ण बातें न करता हो। जो शेख़ी न मारता हो। जो अभिमानी/घमंडी न हो। ✣ **अविकत्थन**—*पु॰* = बढ़ा-चढ़ाकर न कहना। *वि॰* जो अभिमानी/घमंडी न हो। अविकत्थ।

अविकल—[सं॰ अ + विकल] *वि॰* १. जो विकल/व्याकुल/बेचैन न हो। विकलतारहित। शान्त। २. समग्र। सम्पूर्ण। पूरा। ३. जिसे घटाया-बढ़ाया न गया हो। यथावत्। ***जैसे***—ग्रन्थ का अविकल अनुवाद।

अविकल्प—[सं॰ अ + विकल्प] *वि॰* १. विकल्प-रहित। २. निश्चित। ३. अपरिवर्तनशील। *पु॰* १. विकल्प का अभाव। २. सन्देह का अभाव। सन्देहहीनता।

अविक्रम—[सं॰ अ + विक्रम] *वि॰* १. जो विक्रमशील न हो। शक्तिहीन। दुर्बल। कमज़ोर। *पु॰* १. दुर्बलता। कमज़ोरी। २. कायरता। भीरुता।

अविक्षत—[सं॰ अ + विक्षत] *वि॰* १. जो कम न हुआ हो या टूटा-फूटा न हो। पूर्ण। पूरा। २. जिसकी कोई क्षति या हानि न हुई हो। ३. जिसे आघात या चोट न लगी हो।

अविगत—[सं॰ अ + विगत] *वि॰* १. जो जाना न गया हो। अज्ञात। २. जिसे जाना न जा सके। अज्ञेय। विचारातीत। ३. अनोखा। ४. अनिर्वचनीय। ***जैसे***—अविगत अनुभूति। ५. अविनाशी। नित्य। *पु॰* ब्रह्म।

अविगति—[सं॰ अ + विगति] *वि॰* जिसकी गति-विधि ज्ञात न हो। *स्त्री॰* अविगत होने की अवस्था/भाव।

अविग्रह—[सं॰ अ + विग्रह] *वि॰* १. जिसका शरीर न हो। अशरीरी। २. जो स्पष्ट रूप से जाना न गया हो। अविज्ञात। ३. जिस पर विग्रह/विवाद न हो। निर्विवाद। *पु॰* परमात्मा। (व्या॰) वह समास जिसका विग्रह न हो सके। नित्य समास।

अविघात—[सं॰ अ + विघात] *वि॰* बिना बाधा का। बाधा-रहित। *पु॰* बाधा/विघ्न का अभाव।

अविघ्न—[सं॰ अ + विघ्न] *वि॰* बिना विघ्न/बाधा का। निर्विघ्न। ***जैसे***—अविघ्नयात्रा। *पु॰* विघ्न/बाधा का अभाव।

अविच्छेद—[सं॰ अ + विच्छेद] *वि॰* जिसका विच्छेद न हुआ हो। विच्छेदन-रहित। निरन्तर। लगातार। *पु॰* विच्छेद का अभाव। निरन्तरता।

अविज्ञ—[सं॰ अ + विज्ञ] *वि॰* १. न जाननेवाला। अज्ञ। २. अनभिज्ञ। अनजान। ***जैसे***—संस्कृत से अविज्ञ शिक्षक। ∇ **विलोम**—विज्ञ। ✣ **अविज्ञता**—*स्त्री॰* = अज्ञान।

अविज्ञात—[सं॰ अ + विज्ञात] *वि॰* १. जो अच्छी तरह जाना न गया हो। जो अच्छी तरह ज्ञात न हो। अनजाना। अज्ञात। ***जैसे***—अविज्ञात वंश। २. जिसे स्पष्ट ज्ञान न हो। अज्ञानी। नासमझ। ३. जो स्पष्ट न हो। अस्पष्ट। सन्दिग्ध। ∇ **विलोम**—विज्ञात।

अविज्ञाता—[सं॰ अविज्ञातृ] *वि॰* जो जाननेवाला न हो। अविज्ञ। *पु॰* (वह जिससे बढ़कर जाननेवाला कोई न हो) परमात्मा।

अविज्ञेय—[सं॰ अ + विज्ञेय] १. जिसे जानना सम्भव न हो। ***जैसे***—प्रकृति के अनेक अविज्ञेय रहस्य हैं। २. न जानने योग्य। ***जैसे***—बाद की घटनाएँ अश्लील होने के कारण अविज्ञेय हैं। ∇ **विलोम**—विज्ञेय।

अविडीन—[सं॰ अ + विडीन (√डी + क्त)] *पु॰* पक्षियों की सीधी उड़ान।

अवित्त—[सं॰ अ + वित्त] *वि॰* वित्तहीन। धनहीन। निर्धन।

अवित्ति—[सं॰ अ + वित्ति] *स्त्री॰* वित्त न होने की अवस्था/भाव। निर्धनता। ग़रीबी।

अविदूर—[सं॰ अ + विदूर] *वि॰* जो दूर न हो। समीपस्थ। निकटस्थ। *पु॰* निकटता। समीपता। *क्रिवि॰* (किसी स्थान से) दूर नहीं, निकट। ∇ **विलोम**—विदूर। दूर।

अविद्ध (अविद्ध)—[सं॰ अ + विद्ध] *वि॰* जो वेधा या छेदा न गया हो।

अविद्य (अविद्य)—[सं॰ अ + विद्या] *वि॰* १. अशिक्षित। विद्या-विहीन। अनपढ़। २. मूर्ख।

अविद्यमान (अविद्यमान)—[सं॰ अ + विद्यमान] *पु॰* १. जो विद्यमान न हो। अनुपस्थित। २. जिसकी सत्ता न हो। असत्। ∇ **विलोम**—विद्यमान।

अविद्वत्ता (अविद्वत्ता)—[सं॰ अ + विद्वत्ता] *स्त्री॰* १ विद्वत्ता का अभाव। २. अज्ञान। मूर्खता। ∇ **विलोम**—विद्वत्ता।

अविद्वान् (अविद्वान्)—[सं॰ अ + विद्वान] *वि॰* जो विद्वान् न हो। अज्ञानी। मूर्ख।

अविधा—[सं॰ अ + विधा] *स्त्री॰* विधा का अभाव। प्रकारहीनता।

अविधान—[सं॰ अ + विधान] *पु॰* विधान का अभाव *वि॰* १. विधि के विरुद्ध। २. विधि या विधान की दृष्टि से अनुचित। ३. विपरीत। उलटा।

अविधि—[सं॰ अ + विधि] *पु॰* विधि का अभाव। *वि॰* शास्त्र में वर्णित विधि के विपरीत। विधि-विरुद्ध। २. जो विधिपूर्वक न हो। विधि-रहित। ∇ **विलोम**—विधिपूर्वक। सविधि। विधिविहित।

अविधिक—[सं॰ अ + विधिक] *वि॰* १. जो विधि-विहित या विधि-अनुकूल न हो। ***जैसे***—अविधिक यज्ञ करने की हानियाँ। २. जो विधि/क़ानून की दृष्टि से निषिद्ध हो। ग़ैरक़ानूनी।

अविधेय—[सं॰ अ + विधेय] *वि॰* १. न करने योग्य। अनुचित। २. प्रतिकूल। ३. जो अपने वश का न हो।

अविनय—[सं॰ अ + विनय] *पु॰* १. विनय का अभाव। अशिष्टता। उद्दंडता। धृष्टता। २. अभिमान। घमंड। अकड़। ३. अपराध। दोष। *वि॰* विनयहीन। अशिष्ट। उद्दंड।

अविनश्वर—[सं॰ अ + विनश्वर] *वि॰* जो नाशवान् न हो। अविनाशी। चिरस्थायी। शाश्वत। ***जैसे***—नश्वर शरीर में अविनश्वर आत्मा। ∇ **विलोम**—नश्वर।

अविनाभाव—[सं॰ अ + विना ~ भाव] *पु॰* १. वियोग न होना। अवियोग। अबिछोह। २. कारण से कार्य का ऐसा सम्बन्ध जो कभी छूट न सके। ***जैसे***—धुएँ और अग्नि का अविनाभाव सम्बन्ध है। ३. (दो वस्तुओं/व्यक्तियों आदि में ऐसा सम्बन्ध जिसमें एक के बिना दूसरा न रह सके।) अटूट सम्बन्ध।

अविनाशी—[सं॰ अविनाशिन्] *वि॰* १. जिसका कभी नाश न हो सकता हो। शाश्वत। नित्य। अक्षय। अक्षर। *पु॰* परमात्मा। ब्रह्म। ∇ **विलोम**—नाशवान्।

अविनीत—[सं॰ अ + विनीत] *वि॰* १. जिसमें विनय न हो। जो विनीत/नम्र न हो। २. उद्दंड। धृष्ट। अशिष्ट। ∇ **विलोम**—विनीत। ✣ **अविनीता**—*स्त्री॰* = १. उद्दंड/धृष्ट स्त्री। २. कुलटा। दुराचारिणी स्त्री।

अवि-पट—[सं॰] *पु॰* १. भेड़ की खाल। २. ऊनी कपड़ा।

अविपद्—[सं॰ अ + विपद्] *स्त्री॰* १. विपत्ति का अभाव। २. सुख। समृद्धि।

अविपन्न—[सं॰ अ + विपन्न] *वि॰* १. जो विपन्न/विपत्तिग्रस्त न हो। जिस पर विपत्ति न हो। २. स्वस्थ। नीरोग। ३. जिसे चोट न लगी हो। ४. जो क्षतिग्रस्त न हो। ५. पवित्र। शुद्ध। ∇ **विलोम**—विपन्न।

अविपर्यय—[सं॰ अ + विपर्यय] *पु॰* विपर्यय का अभाव।

अविपाक—[सं॰ अ + विपाक] *पु॰* अजीर्ण रोग। अपच।

अविपाल—[सं॰ अवि ~ पाल] *पु॰* भेड़, बकरी आदि पालनेवाला। गड़रिया।

अविबुध—[सं॰ अ + विबुध] *वि॰* जो विबुध या बुद्धिमान न हो। अज्ञानी। मूर्ख। *पु॰* असुर, राक्षस या दैत्य आदि। ∇ **विलोम**—विबुध।

अविभक्त—[सं॰ अ + विभक्त] *वि॰* १. जो विभक्त न हो। सम्पूर्ण। पूरा। २. जिसका विभाजन न हुआ हो। जो बाँटा न गया हो। ३. मूल से संलग्न। अभिन्न। ४. जो सर्वत्र एक-सा व्याप्त हो। ***जैसे***—शरीर में अविभक्त आत्मा की सत्ता।

अविभेदित—[सं॰ अ + विभेदित] *वि॰* जिनमें भेद/अन्तर न किया गया हो। जिनमें भेद न माना गया हो।

अविमुक्त—[सं॰ अ + विमुक्त] *वि॰* अमुक्त। बद्ध। *पु॰* वाराणसी के विश्वनाथ मन्दिर के चारों ओर लगभग १ मील त्रिज्या के वृत्त का क्षेत्र। २. काशी नगरी। वाराणसी-क्षेत्र। ● **विशेष**—पद्मपुराण में काशी के चार विभाग किए गए हैं—काशी, वाराणसी, अविमुक्त, अन्तर्गृही।

अविमुक्ति—[सं॰ अ + विमुक्ति] *स्त्री॰* बद्धता। (जैन॰) अपने पूज्य देवों के प्रति अति भक्ति के कारण होने वाली अन्ध श्रद्धा जिससे अन्य नामों से प्रसिद्ध उन्हीं गुणों वाले देवों से अपने उपास्य की एकता उन्हें दिखाई नहीं पड़ती।

अवियुक्त—[सं॰ अ + वियुक्त] *वि॰* जो अलग न हो। संलग्न।

अवियोग—[सं॰ अ + वियोग] *पु॰* १. वियोग का अभाव। २. संयोग। ∇ **विलोम**—वियोग।

अवियोज्य—[सं॰ अ + वियोज्य] *वि॰* १. जिसे अलग न किया जा सके। अभेद्य। २. जिसे अलग करना उचित न हो। ३. जिसे अलग न करना हो। जो अलग करने के लिए न हो। ∇ **विलोम**—वियोज्य।

अविरत—[सं॰ अ + विरत] *वि॰* बिना रुके लगातार होनेवाला। विराम-रहित। *क्रिवि॰* निरन्तर। सतत। लगातार।

अविरति—[सं॰ अ + विरति] *स्त्री॰* १. विरत न होने की दशा/भाव। २. निवृत्ति का अभाव। लीनता। आसक्ति। ∇ **विलोम**—विरति।

***अविरथा**—*क्रिवि॰* ≤ *सं॰* वृथा। व्यर्थ।

अविरल—[सं॰ अ + विरल] *वि॰* १. जो विरल न हो। २. सटा हुआ या लगा हुआ। ३. सघन। घना। ४. लगातार मिलने या होने वाला। *क्रिवि॰* १. निरन्तर। लगातार। २. ध्यान से। ∇ **विलोम**—विरल।

अविराम—[सं॰ अ + विराम] *वि॰* बिना विश्राम, विराम या ठहराव का। अविश्रान्त। *क्रिवि॰* १. बिना बीच में रुके हुए। ***जैसे***—अविराम चलना। २. निरन्तर। लगातार। *पु॰* विराम का अभाव। निरन्तरता। ∇ **विलोम**—सविराम। विराम।

अविलम्ब (अविलंब)—[सं॰ अ + विलम्ब] *वि॰* विलम्ब से रहित। जिसमें देर न लगे। *क्रिवि॰* बिना विलम्ब किए। तत्काल। शीघ्र। शीघ्रातिशीघ्र। तुरन्त।

अविलेय—[सं॰ अ + विलेय] *वि॰* (पदार्थ) जो किसी विलायक में न घुल सके। ***जैसे***—सुवर्ण गन्धक के अम्ल में अविलेय है।

अविवक्षित—[सं॰ अ + विवक्षित (√वच् + सन् + क्त)] *वि॰* १. जो विवक्षित न हो। २. जो अभिप्रेत/उद्दिष्ट न हो। अनभिप्रेत।

अनुद्दिष्ट। ३. जो बोलने या कहे जाने के लिए न हो।

अविवाद—[सं॰ अ + विवाद] *वि॰* जिसमें विवाद न हो। विवाद-रहित। निर्विवाद। *पु॰* विवाद का अभाव। सहमति।

अविविक्त—[सं॰ अ + विविक्त] *वि॰* १. जो भली-भाँति विचारा न गया हो। अविचारित। २. अच्छी तरह विचार न करनेवाला। अविवेकी। ३. जो विवेचन से स्पष्ट न हुआ हो। ∇ **विलोम**—विविक्त।

अविवेक—[सं॰ अ + विवेक] *पु॰* १. विवेक का अभाव। विचारहीनता। अविचार। २. अज्ञान। ३. अन्याय। ४. उतावलापन। जल्दबाज़ी। (सांख्य॰) मिथ्या ज्ञान।

अविशङ्क (अविशंक)—[सं॰ अ + विशङ्क] *वि॰* १. शंका या सन्देह न करनेवाला। अशंक। २. न डरनेवाला। निर्भय। *क्रिवि॰* १. बिना शंका/संकोच/सन्देह के। २. निर्भयतापूर्वक।

अविशङ्का (अविशंका)—[सं॰ अ + विशङ्का] *स्त्री॰* १. सन्देह या शंका का अभाव। सन्देहहीनता या निःशंकता। २. भय का अभाव। भयहीनता। निर्भयता। ३. विश्वास। भरोसा।

अविशिष्ट—[सं॰ अ + विशिष्ट] *वि॰* १. जो विशिष्ट न हो। २. जिसमें किसी प्रकार की विशेषता न हो। ३. जो विलक्षण/अद्भुत न हो। ४. जो प्रसिद्ध न हो। अप्रसिद्ध। ***जैसे***—विशिष्ट अतिथियों को अविशिष्ट अतिथियों से अलग बैठाया जाएगा। ५. जो यशस्वी न हो। कीर्तिहीन। ६. जो बहुत अधिक शिष्ट न हो। ∇ **विलोम**—विशिष्ट।

अविशुद्ध (अविशुद्ध)—[सं॰ अ + विशुद्ध] १. जो विशुद्ध न हो। २. जिसमें मिलावट हो। ३. जो अशुद्ध/गन्दा हो। ४. अपवित्र।

अविश्रान्त (अविश्रांत)—[सं॰ अ + विश्रांत] *वि॰* १. जो रुके नहीं। अविराम। २. जो थके नहीं। *क्रिवि॰* १. निरन्तर। लगातार। ***जैसे***—अविश्रान्त चलना। २. बिना थके। ***जैसे***—अविश्रान्त पढ़ते रहना। ∇ **विलोम**—विश्रांत।

अविश्राम—[सं॰ अ + विश्राम] *वि॰* विश्रामरहित। *पु॰* विश्राम/आराम का अभाव।

अविश्ववाद—[सं॰ अ + विश्व ~ वाद] *पु॰* (***वा॰*** दर्शन॰) एक मत जिसके अनुसार जगत् मन में स्थित है और उससे अलग उसका अस्तित्व नहीं है। अप्रपंचवाद। (अं॰ अकॉज़्मिज़्म)

अविश्वसनीय—[सं॰ अ + विश्वसनीय] *वि॰* जो विश्वास किए जाने योग्य न हो। जिस पर विश्वास न किया जा सके। ∇ **विलोम**—विश्वसनीय।

अविष—[सं॰ अ + विष] *वि॰* १. जो विष न हो। २. जो विषैला न हो। विषहीन। ३. विष के प्रभाव का नाशक। विषनाशक।

अविषय—[सं॰ अ + विषय] *पु॰* पहुँच के बाहर/परे होना। *वि॰* १. जो विचार या कथन आदि का विषय न हो। २. जो किसी इन्द्रिय का विषय न हो। ३. जिसे इन्द्रियों से ग्रहण न किया जा सके। अगोचर। ४. विषयरहित।

अविसंवादित—[सं॰ अ + विसंवादित] *वि॰* १. जिसका विरोध या खंडन न किया गया हो। २. सर्वस्वीकृत।

***अविहड़**—[< सं॰ अविघट्य] *वि॰* १. जो खंडित न हो। अखंड। २. अविनाशी।

अविहित—[सं॰ अ + विहित] *वि॰* १. जो विहित न हो। २. जो शास्त्र-विहित न हो। शास्त्रों में निषिद्ध ३. विधि-विरुद्ध। ४. अनुचित। ∇ **विलोम**—विहित।

अवीचि—[सं॰ अ + वीचि] *वि॰* लहरों से रहित। तरंग-शून्य।

अवीर—[सं॰ अ + वीर] *वि॰* जो वीर न हो। कायर। ∇ **विलोम**—वीर।

अवीरा—[सं॰ अवीर + टाप्] *स्त्री॰* वह स्त्री जिसका न कोई पुत्र हो, न पति।

अवृत्ति—[सं॰ अ + वृत्ति] *स्त्री॰* वृत्ति/जीविका का अभाव। *वि॰* १. जीविकाहीन।

अवृथा—[सं॰ अ + वृथा] *वि॰* १. जो व्यर्थ या बेकार न हो। अव्यर्थ। २. सफल। *क्रिवि॰* सफलतापूर्वक। ∇ **विलोम**—वृथा।

अवृद्धिक (अवृद्धिक)—[सं॰ अ + वृद्धिक] *वि॰* १. न बढ़नेवाला। २. (ऋण) जिस पर ब्याज न लगता हो। *पु॰* वह ऋण जिस पर ब्याज न लगे।

अवृष्टि—[सं॰ अ + वृष्टि] *स्त्री॰* १. वर्षा का अभाव। अनावृष्टि। पानी न बरसना। अनावृष्टि। २. अकाल। सूखा।

अवेक्षण—[सं॰ अव + ईक्षण] *पु॰* १. अवलोकन। देखना। २. किसी उद्देश्य से ध्यानपूर्वक देखना। निरीक्षण। देख-भाल। ३. जाँच-पड़ताल। ४. रखवाली। पहरेदारी। ५. ध्यान। ख़बरदारी।

अवेक्षा—[सं॰ अव + ईक्षा] *स्त्री॰* १. अवेक्षण। (दे॰) २. ध्यान देना। संज्ञान।

***अवेखना**—[< सं॰ अवेक्षण] *क्रिस॰* देखना।

अवेद्य (अवेद्य)—[सं॰ अ + वेद्य] *वि॰* जो जानने योग्य न हो। ∇ **विलोम**—वेद्य।

अवेल—[सं॰ अ + वेला] *वि॰* १. जिसकी वेला/सीमा न हो। सीमारहित। असीम। २. कुसमय का। असामयिक।

अवेला—[सं॰ अ + वेला] *स्त्री॰* १. अनुचित या अनुपयुक्त समय। बुरा समय। कुसमय। प्रतिकूल समय। २. विलम्ब। देर।

अवेश[१]—[सं॰ अ + वेश] *वि॰* वेश-रहित।

†अवेश[२]—[< सं॰ आवेश] *पु॰* १. आवेश। २. भूत-प्रेत-बाधा। भूतावेश।

अवैध—[सं॰ अ ~ वैध] *वि॰* १. जो विधान या नियम के विपरीत हो। अविहित। २. विधि-विरुद्ध। ग़ैरक़ानूनी। ३. (सन्तान) जो पति-पत्नी से उत्पन्न न हो । जारज। नाजायज़। हरामी। ∇ **विलोम**—वैध।

अवैधव्य—[सं॰ अ + वैधव्य] *पु॰* वैधव्य का अभाव। विधवा न होना। पतिवाली/सौभाग्यवती होना। सधवापन। ∇ **विलोम**—वैधव्य।

अवैधानिक—[सं॰ अ + वैधानिक] *वि॰* जो विधान, संविधान या नियम के विपरीत हो। जो वैधानिक न हो। ∇ **विलोम**—वैधानिक।

अवैमत्य—[स० अ + वैमत्य] *पु०* १. मतभेद का अभाव। २. विचारों की एकता। ऐकमत्य। ∇ **विलोम**—वैमत्य।

अवैयक्तिक—[स० अ + वैयक्तिक] *वि०* १. जो वैयक्तिक/व्यक्तिगत/निजी न हो। २. सर्वसामान्य लोगों से सम्बन्धित। जनसाधारण-सम्बन्धी। ∇ **विलोम**—वैयक्तिक।

अव्यक्त—[स० अ + व्यक्त] *वि०* १. जो व्यक्त न हो। जिसकी अभिव्यक्ति न हुई हो। २. जो प्रत्यक्ष न हो। अगोचर। ३. जो स्पष्ट न हो। अस्पष्ट। ४. अज्ञेय। ५. अचिन्त्य। ६. जो उत्पन्न न हुआ हो। अनुत्पन्न। *पु०* १. ब्रह्म। परमात्मा। (सांख्य०) मूल प्रकृति। प्रधान। ✣ **अव्यक्त ध्वनि**—*पु०* = वह ध्वनि जिसका मनुष्य स्पष्ट उच्चारण न कर सके। ***जैसे***—पशुओं, पक्षियों आदि की आवाज़ या वाहनों, मशीनों या आघातों की आवाज़। अनुकरणात्मक ध्वनि। ✣ **अव्यक्त राग**—*पु०* = १. थोड़ा लाल या गुलाबी रंग। २. वह प्रेम/जो प्रकट न किया गया हो, मन ही मन हो। ✣ **अव्यक्त राशि**—*स्त्री०* = (बीजगणित०) वह राशि जिसका मान अज्ञात हो या अनिश्चित हो। ✣ **अव्यक्तलिङ्ग (अव्यक्तलिंग)**—*वि०* = १. जिसके लक्षण, स्वरूप आदि अज्ञात हों। २. जिसके लक्षण व्यक्त/प्रकट न हों। ✣ **अव्यक्त विषय**—पु० (मनोविश्लेषण०) दमित काम-इच्छाएँ जो, छिपे हुए ही, स्वप्न का कारण होती हैं। (अ० लेटेंट कंटेंट)

अव्यग्र—[स० अ + व्यग्र] *वि०* जो व्यग्र न हो। २. जो घबराया हुआ न हो। व्याकुलता-रहित। ३. शान्त। धीर। ∇ **विलोम**—व्यग्र।

अव्यङ्ग (अव्यंग)—[स० अ + व्यङ्ग] *वि०* १. जो टेढ़ा-मेढ़ा न हो। ऋजु। सीधा। २. जिसमें कुछ कमी न हो। त्रुटिरहित। ३. सम्पूर्ण। पूर्ण। पूरा। *पु०* सूर्य-मन्दिर के पुरोहितों द्वारा पूजा के समय हाथ में धारण किया जाने वाला एक उपादान।

अव्यङ्ग्य (अव्यंग्य)—[स० अ + व्यङ्ग्य] *वि०* (काव्य०) जो व्यंग्य न हो। वाच्य या लाक्षणिक (अर्थ)।

अव्यञ्जन (अव्यंजन)—[स० अ + व्यञ्जन] *वि०* जो व्यंजन न हो। जो तैयार किया हुआ भोज्य पदार्थ न हो। (भाषा०) जो व्यंजन न हो। स्वर।

अव्यथ—[स० अ + व्यथा] *वि०* १. व्यथा/पीड़ा/वेदना से मुक्त। २. दुःखरहित।

अव्यपदेश्य—[स० अ + व्यपदेश्य] *वि०* १. जो व्यपदेश्य न हो। जिसका शब्दों में वर्णन न हो सके। अनिर्वचनीय। ***जैसे***—अव्यपदेश्य ब्रह्म। २. जिसमें किसी प्रकार का विकल्प/परिवर्तन न हो। निश्चित। ***जैसे***—अव्यपदेश्य ज्ञान। ३. जिसे निर्देश न दिया जा सके। अनिर्देश्य। *पु०* १. निर्विकल्पक ज्ञान। २. ब्रह्म।

अव्यपेत—[स० अ + व्यपेत] *वि०* १. जो अलग न हुआ हो। २. जिसका अन्त न हुआ हो। ३. जो गया हुआ न हो। जो विगत न हो। ४. जो विरुद्ध न हो। अविरुद्ध।

अव्यभिचारी—[स० अव्यभिचारिन्] *वि०* १. जो व्यभिचारी न हो। २. जो दुराचारी न हो। सदाचारी। ३. एकनिष्ठ। वफ़ादार। ∇ **विलोम**—व्यभिचारी।

अव्यय—[स० अ + व्यय] *वि०* १. सदा एक समान रहनेवाला। अपरिवर्तनशील। २. जो व्यय/ख़र्च न किया गया हो। ३. कम ख़र्च करनेवाला। मितव्ययी। ४. कृपण। कंजूस। ५. जिसका कभी अन्त न हो। नित्य। अक्षय। अविनाशी। ***जैसे***—परमात्मा अव्यय है। *पु०* १. व्यय का अभाव। ख़र्च न होना। २. ब्रह्म। (व्या०) वे शब्द जो सभी लिंगों, विभक्तियों और वचनों में सदा एकरूप/अपरिवर्तित/अविकारी रहते हैं। ऐसे शब्द जिनके रूप में लिंग, वचन, कारक इत्यादि के कारण कभी रूप-परिवर्तन नहीं होता। (जैसें—अरे, रे, हे, परन्तु और तक, मात्र इत्यादि)।

अव्ययित—[स० अ + व्ययित] *वि०* जिसका व्यय न हुआ हो। बिना ख़र्च हुआ। ***जैसे***—अभी सौ रुपये अव्ययित है।

अव्ययीभाव—[स० अव्यय + च्वि √ भू + घञ्] *पु०* १. अनश्वरता। नाशहीनता। २. व्यय का अभाव। खर्च न होना। (व्या०) समास का एक भेद (दे०अव्ययीभाव समास) होता है। ✣ **अव्ययीभाव समास**—*पु०* = (व्या०) एक प्रकार का समास जिसमें पहला पद प्राय: अव्यय होता है तथा समस्त पद विशेषण या क्रियाविशेषण होता है। (यथाशक्ति, प्रतिविदन, बीचोंबीच, हररोज़)। ● **विशेष**—१. हिन्दी के अव्ययीभाव समास वाले शब्दों (समस्त पदों) की संरचना में **संज्ञा + संज्ञा** (रातोंरात, हाथोंहाथ), **संज्ञा + अव्यय** (इच्छानुसार, जीवनभर), **अव्यय + संज्ञा** (यथास्थान, भरपेट), **अव्यय + अव्यय** (धीरेधीरे, पहलेपहल) अथवा **विशेषण + संज्ञा** (हररोज़, हरसाल) हो सकते हैं। २. अव्ययीभाव समास में संज्ञा शब्दों की द्विरुक्ति वाले समस्त पद भी हो सकते हैं (नस-नस, घर-घर) और ऐसे शब्द संज्ञा की तरह प्रयुक्त होते हैं। (नस-नस में जोश भरा था; उसे घर-घर का पता है)।

अव्यर्थ—[स० अ + व्यर्थ] *वि०* जो कभी व्यर्थ न होता हो। अमोघ। अचूक।

अव्यलीक—[स० अ + व्यलीक] *वि०* १. जो झूठा न हो। सच्चा। २. अनुकूल। प्रिय।

अव्यवधान—[स० अ + व्यवधान] *पु०* १. व्यवधान/ओट/आड़ का अभाव। बाधा का अभाव। बाधा रहितता। २. दूरी का अभाव। समीपता।

अव्यवसाय—[स० अ + व्यवसाय] *पु०* व्यवसाय/उद्यम का अभाव। कोई काम-धन्धा न होना। व्यवसायहीनता।

अव्यवसायी—[स० अव्यवसायिन्] *वि०* १. व्यवसाय/उद्यम या काम-धन्धा न करनेवाला। व्यवसाय-रहित। उद्यमहीन। २. आलसी और अपरिश्रमी।

अव्यवस्थ—[स० अ + व्यवस्था] *वि०* जो एक स्थान पर नियत न हो। २. जो चिरस्थायी न हो। ३. अनियमित। ४.अव्यवस्थित। ५. अस्थिर मन या अस्थिर बुद्धि वाला। ∇ **विलोम**—व्यवस्थ।

अव्यवहार्य—[स० अ + व्यवहार्य] *वि०* १. जो व्यवहार में लाने

के योग्य न हो। जो काम में न लाया जा सके। २. जिसके साथ किसी प्रकार का व्यवहार न रखा जा सके।

अव्यवहित—[सं॰ अ + व्यवहित] *वि॰* १. जिसमें कोई व्यवधान न हो। व्यवधान-रहित। बाधा-रहित। अबाध। ***जैसे***—अव्यवहित उन्नति। २. (व्यक्ति/वस्तु आदि की दृष्टि से) जिनके बीच में दूसरा कोई न हो। मिला/सटा/लगा हुआ। निकटतम। ***जैसे***—अव्यवहित पड़ोसी से मधुर सम्बन्ध अवश्य रखना चाहिए।

अव्यवहृत—[सं॰ अ + व्यवहृत] *वि॰* १. जो व्यवहार/प्रयोग में न आता हो। २. जिसका व्यवहार/प्रचलन न हो। जो चलन में न रहा हो। अप्रचलित। ***जैसे***—विवाह के अनेक पुराने रीति-रिवाज आज अव्यवहृत हैं। ३. पुराने ढंग का। पुराने फ़ैशन का। ४. जिसका अभी तक प्रयोग न किया गया हो। ∇ **विलोम**—व्यवहृत।

अव्यसन—[सं॰ अ + व्यसन] *वि॰* जिसे कोई व्यसन न हो। जिसे कोई लत न लगी हो। *पुं॰* व्यसन का अभाव। लत न होना।

अव्याकृत—[सं॰ अ + व्याकृत] *वि॰* १. जो प्रकट रूप में न हो। अप्रकट। २. जो अलग नहीं हुआ है। अपृथक्। ३. कारणरूप। *पुं॰* [वेदान्त॰](जगत् का कारण और अप्रकट बीजरूप) अज्ञान। [सांख्य॰](जगत् का कारण) प्रकृति। प्रधान। मूल प्रकृति।

अव्याख्येय—[सं॰ अ + व्याख्येय] *वि॰* १. व्याख्या के अयोग्य। २. जिसकी व्याख्या न हो सकती हो। ३. जिसे व्याख्या की आवश्यकता न हो। सरल या स्पष्ट। ***जैसे***—अव्याख्येय कविता। ∇ **विलोम**—व्याख्येय।

अव्याज—[सं॰ अ + व्याज] *वि॰* १. बिना छल-कपट का (व्यक्ति/काम)। छल-रहित। निश्छल। निष्कपट। २. स्वाभाविक। अकृत्रिम। ***जैसे***—अव्याजमनोहर। *पुं॰* १. छल-कपट का अभाव। निश्छलता। २. ईमानदारी।

अव्यापक—[सं॰ अ + व्यापक] *वि॰* १. जो व्यापक न हो। जो सर्वत्र न पाया जाए। २. सीमित। ३. संकुचित। ∇ **विलोम**—व्यापक।

अव्यापार—[सं॰ अ + व्यापार] *वि॰* १. व्यापार-रहित। बिना काम-धन्धे का। निठल्ला। बेरोज़गार। २. व्यापार/क्रिया से रहित। निष्क्रिय। *पुं॰* १. कार्य से निवृत्ति। २. व्यवसाय का अभाव। अपना कोई काम-धन्धा न होना।

अव्यापारी—[सं॰ अव्यापारिन्] *वि॰* १. जो कोई व्यापार/क्रिया न करता हो। निष्क्रिय। क्रिया-शून्य। २. जो व्यापारी/व्यवसायी न हो। *पुं॰* क्रिया-शून्य व्यक्ति। अकर्ता।

अव्याप्त—[सं॰ अ + व्याप्त] *वि॰* १. जो व्याप्त न हो। न फैला हुआ। २. सीमित। ३. संकुचित। ∇ **विलोम**—व्याप्त।

अव्याप्ति—[सं॰ अ + व्याप्ति] *स्त्री॰* व्याप्ति का अभाव। व्यापकता न होना। (न्याय॰) लक्ष्य पर लक्षण के घटित न होने का दोष। ● **विशेष**—यदि 'गाय' का लक्षण 'काला रंग' कहा जाए तो इसमें '**अव्याप्ति दोष**' है क्योंकि सभी गाएँ काले रंग की नहीं होती हैं। ∇ **विलोम**—व्याप्ति।

अव्यावृत—[सं॰ अ + व्यावृत] *वि॰* १. अपरिवर्तित। यथावत्। २. निरन्तर क्रम वाला। अखंड। ३. अपृथक्। ∇ **विलोम**—व्यावृत।

अव्याहत—[सं॰ अ + व्याहत] *वि॰* १. जिसमें कोई विघ्न/बाधा न हो। अप्रतिहत। निर्बाध। अबाध। बेरोक। ***जैसे***—अव्याहत प्रगति। २. जो खंडित न हो। अटूट। ∇ **विलोम**—व्याहत।

अव्युत्पन्न—[सं॰ अ + व्युत्पन्न] *वि॰* १. जो कुशल/निपुण न हो। अनभिज्ञ। अनाड़ी। २. जो किसी शास्त्र/विषय का विद्वान् न हो। (व्या॰) जिसकी व्युत्पत्ति न हो सके (वह शब्द)। (शब्द) जिसे व्याकरण के अनुसार सिद्ध न किया जा सके। *पुं॰* १. व्याकरण-ज्ञान-शून्य व्यक्ति। २. (किसी विषय या शास्त्र आदि में) अपारंगत व्यक्ति।

अव्रण—[सं॰ अ + व्रण] *वि॰* जिसे घाव न लगा हो। जिसके शरीर में घाव न हो। व्रण-रहित। *पुं॰* व्रण/घाव का अभाव।

अव्रत—[सं॰ अ + व्रत] *वि॰* १. जो निर्दिष्ट व्रत-उपवास या धार्मिक कृत्य न करता हो। २. जिसने कोई संकल्प/व्रत न लिया हो। ३. जिसका व्रत नष्ट हो गया हो। ४. नियम-रहित। *पुं॰* १. व्रत का अभाव। २. व्रत छोड़ देना। व्रत-त्याग।

अव्वल—[फा॰] *वि॰* प्रथम। ***वा॰* अव्वल तो**—*क्रिवि॰* = पहले तो या सबसे पहले। प्रथमतः। जैसे अव्वल तो यह बताइए कि आप इतने दिनों तक कहाँ ग़ायब रहे? ***वा॰* अव्वल दर्जे का**—१. (प्रशंसात्मक भाव से) बहुत अच्छा। उच्च कोटि का। ***जैसे***—अव्वल दर्जे की दुकान। २. (निन्दात्मक भाव से) बहुत अधिक। परले सिरे का। ***जैसे***—अव्वल दर्जे का बदमाश।

अशक्त—[सं॰ अ + शक्त] *वि॰* जो शक्तिशाली न हो। दुर्बल। कमज़ोर। ∇ **विलोम**—शक्त। ✣ **अशक्तता**—*स्त्री॰* = अशक्ति।

अशक्ति—[सं॰ अ + शक्ति] *स्त्री॰* १. शक्ति का अभाव। ताक़त न होना। दुर्बलता। कमज़ोरी। २. असमर्थता। ३. अयोग्यता। अपात्रता।

अशक्य—[सं॰ अ + शक्य] *वि॰* १. जिसे करना सम्भव न हो। जो न किया जा सकता हो। असाध्य। २. जो नियन्त्रित न किया जा सके।

अशङ्क (अशंक)—[सं॰ अ + शङ्का] *वि॰* १. जिसे किसी प्रकार की शंका न हो। शंका-रहित। २. निर्भय। निडर। बेखौफ़। ***जैसे***—भयंकर वन में रहनेवाले अशंक मनुष्य का साहस। ∇ **विलोम**—सशंक।

अशन—[सं॰ √अश् + ल्युट्] *पुं॰* १. भोजन करने की क्रिया/भाव। २. भोजन। आहार। ● **विशेष**—अनशन = अन् +अशन; फलाशन = फल + अशन।

अशनि—[सं॰ √अश् + अनि] *पुं॰* १. (इन्द्र का) वज्र। २. (आकाशीय) बिजली। तड़ित्। ● **विशेष**—संस्कृत में 'अशनि' के अर्थ 'इन्द्र' और 'अग्नि' भी है। ✣ **अशनिपात**—*पुं॰* = वज्र/

बिजली गिरने की क्रिया। वज्रपात। ● **विशेष**—अचानक आनेवाली भारी विपत्ति के लाक्षणिक अर्थ में भी 'अशनिपात/वज्रपात' का प्रयोग होता है। ***जैसे***—वृद्ध दम्पति पर अशनिपात हुआ जब इकलौता पुत्र दुर्घटना का शिकार हो गया।

अशनीय—[स॰ √अश् + अनीयर्] *वि॰* १. जो खाया जा सके। खाने योग्य। २. जो खाया जानेवाला हो। Δ **पर्याय**—भोजनीय। भोग्य।

अशब्द—[स॰ √अ + शब्द] *वि॰* १. जो शब्दों में व्यक्त न हुआ हो। २. जो शब्द/आवाज़ न करता हो। शब्द-रहित। ३. मूक। ४. मौन। **उदा॰** अशब्द अधरों का सुना भाव—निराला [सरोज-स्मृति, (अपरा)] *पु॰* १. शब्द का अभाव। २. ब्रह्म।

अशब्दित—[स॰ √अ + शब्दित] *वि॰* १. शब्दरहित। २. अव्यक्त।

अशमित—[स॰ √अ + शमित] *वि॰* १. जो शांत न हुआ हो। २. बिना बुझा हुआ। अनबुझा। ***जैसे***—अशमित अग्नि; अशमित चिता।

अशरण—[स॰ अ + शरण] *वि॰* १. शरण-हीन। २. असहाय। आश्रयहीन। निराश्रय। बेसहारा।

अशरण-शरण—[स॰] *वि॰* १. शरणहीन को शरण देनेवाला। २. अनाथ का रक्षक। *पु॰* परमात्मा।

अशरफ़ी—[फा॰] *स्त्री॰* एक प्रकार का सोने का मूल्यवान/बड़ा सिक्का। मोहर।

अशरीर—[स॰ अ + शरीर] *वि॰* जिसका शरीर न हो। देह-रहित। अशरीरी। *पु॰* १. परमात्मा। २. कामदेव।

अशरीरी—[स॰ अशरीरिन्] *वि॰* शरीर-हीन। अशरीर। *पु॰* १. परमात्मा। २. आत्मा। ३. देवता। ४. कामदेव।

अशर्त—[स॰ अ + शर्त] *वि॰* बिना शर्त। शर्त-रहित। ***जैसे***—अशर्त समर्पण। ∇ **विलोम**—सशर्त।

अशस्त्र—[स॰ अ + शस्त्र] *वि॰* १. जो शस्त्र धारण न करता हो। २. जो शस्त्र-रहित हो। ३. जो शस्त्रों से सम्बन्धित न हो। ४. जिसमें शस्त्रों का प्रयोग न हो। गाँधी जी का अशस्त्र संघर्ष। ∇ **विलोम**—सशस्त्र।

अशान्त (अशांत)—[स॰ अ + शान्त] *वि॰* १. जो शान्त न हो। २. अस्थिर। चंचल। ***जैसे***—अशान्त मन। ३. कोलाहलपूर्ण। ***जैसे***—अशान्त वातावरण। ४. क्षोभयुक्त। ***जैसे***—अशान्त विद्रोही। ∇ **विलोम**—शान्त।

अशान्ति(अशांति)—[स॰ अ + शान्ति] *स्त्री॰* १. शान्ति का अभाव। २. अस्थिरता। चंचलता। ***जैसे***—मानसिक अशान्ति। ३. कोलाहल। ***जैसे***—वातावरण में अशान्ति है। ४. क्षोभ। ५. असन्तोष। ***जैसे***—धन की कमी से उत्पन्न अशान्ति। ∇ **विलोम**—शान्ति।

अशाम्य—[स॰ अ + शाम्य] *वि॰* १. जिसका शमन न किया जा सके। जिसे शान्त न किया जा सके। २. जिसे सन्तुष्ट न किया जा सके। ३. जिसे शान्त या सन्तुष्ट करना उचित न हो। जो शमन के योग्य न हो। ∇ **विलोम**—शाम्य।

अशित[१]—[स॰ √अश् + क्त] *वि॰* खाया हुआ। भुक्त।

अशित[२]—[स॰ अ + शित] *वि॰* (शस्त्र) जिस पर धार न रखी गयी हो। बिना धार का। ***जैसे***—लाठी। १. (शस्त्र) जो नुकीला न हो। बिना नोक का (जैसे—लाठी)।

अशिव—[स॰ अ + शिव] *वि॰* १. जो शिव न हो। अकल्याणकारी। २. अशुभ। अमंगलकारी। ३. भाग्यहीन। बदक़िस्मत। ∇ **विलोम**—शिव।

अशीत—[स॰ अ + शीत] *वि॰* जो ठंडा न हो। उष्ण। गर्म। ***जैसे***—श्रीलंका अशीत देश है।

अशीर्षी—[स॰ अशीर्षिन्] *वि॰* शीर्षरहित। बिना सिर का। (प्राणि॰) १. सिर या उसके समान संरचना से रहित। प्राणी। मुंडकहीन। २. बिना स्पष्ट सिर वाला या वक्ष में आकुंचित सिर वाला (प्राणी)।

अशुचि—[स॰ अ + शुचि] *वि॰* १. मैला। गन्दा। २. अपवित्र।

अशृङ्गिक (अशृंगिक)—[स॰ अ + शृंगिक] *वि॰* बिना सींगों वाला। ∇ **विलोम**—शृंगिक।

अशेष—[स॰ अ + शेष] *वि॰* १. जिसमें से कुछ भी शेष/बाकी न बचा हो। २. पूर्ण। परिपूर्ण। समस्त। सारा। ***जैसे***—अशेष दायित्व। ३. जिसका अन्त न हो। अपार। अनन्त। ***जैसे***—अशेष ब्रह्म। ४. सब। **उदा॰** अशेष माथे कटि भू परैंगे (कटि, कटकर)। केशव (राम॰ १६/२१)

अशोक—[स॰ अ + शोक] *वि॰* जिसे शोक न हो। शोक-रहित। *पु॰* १. एक औषधोपयोगी सदाबहार वृक्ष जो मध्यम आकार का होता है, जिसके पत्ते लम्बे और कोमल होते हैं तथा फूल, घने गुच्छों में, नारंगी रंग के होते हैं। २. उक्त वृक्ष का फूल। ● **विशेष**—अशोक के फूल को कामदेव के पाँच पुष्पबाणों में से एक माना जाता है। ३. विष्णु। ● **विशेष**—**१.** फाल्गुन मास की पूर्णिमा को **'अशोकपूर्णिमा'** कहा जाता है। **२.** चैत्र शुक्ल षष्ठी को **'अशोकषष्ठी'** कहते हैं और चैत्र शुक्ल अष्टमी को **'अशोकाष्टमी'** (अशोक-अष्टमी)। **३.** अशोक के पुष्प को **'अशोक्रमंजरी'** भी कहते हैं। **'अशोकपुष्पमंजरी'** नामक एक वर्णिक दंडक छन्द भी होता है जिसमें क्रमश: गुरु-लघु का इच्छानुसार अनेक बार प्रयोग होता है। ३० वर्णों का गुरु-लघु क्रम होने पर अशोकमंजरी छन्द का एक भेद **'नीलचक्र'** छन्द बनता है और इसी प्रकार के क्रम वाला ३२ वर्णों का **'सुधानिधि'** छन्द।

अशोकवाटिका—[स॰ अशोक ~ वाटिका] *स्त्री॰* अशोक वृक्षों का उद्यान/बग़ीचा।

अशोकारि—[स॰ अशोक ~ अरि] *पु॰* कदम्ब वृक्ष।

अशोच्य—[स॰ अ+ शोच्य] *वि॰* जिसके लिए शोक करना उचित न हो। अशोचनीय।

अशोधित—[स॰ अ + शोधित] *वि॰* १. जिसका शोधन न हुआ हो। जिसे शुद्ध/साफ़ न किया गया हो। २. जिसे सुधारा या संस्कारित न किया गया हो। ३. जिस पर या जिसके विषय में शोध/अनुसन्धान/खोज न की गयी हो।

अशोध्य—[स॰ अ + शोध्य] *वि॰* १. वसूल न होने वाला। (ऋण)। ***जैसे***—अशोध्य ऋण। २. (हानि/घाटा) जिसे पूरा न किया जा सके। ***जैसे***—अशोध्य हानि। ✣ **अशोध्य ऋण**—*पु॰* = ऐसा ऋण या धन-राशि जिसका भुगतान मिलने की सम्भावना न रहे। डूबी रक़म। बट्टाखाता।

अशोभन/अशोभनीय—[स॰ अ + शोभन/अशोभनीय] १. जो शोभनीय/सुन्दर न हो। भद्दा। २. अनुचित। अनुपयुक्त।

अशौच—[स॰ अ + शौच] *पु॰* १. अशुचिता। अपवित्रता। गन्दगी। मैलापन। २. (कुटुम्ब में किसी का) जन्म/मृत्यु होने के कारण होनेवाला सूतक।

अश्क—[फा॰] *पु॰* अश्रु। आँसू।

अश्म—[< स॰ अश्मन्] *पु॰* १. पत्थर। २. चकमक पत्थर। ३. मेघ। बादल। ४. वज्र। कुलिश। ✣ **अश्म-उल्का**—*स्त्री॰* = (भूविज्ञान॰) एक प्रकार का उल्का-पिंड जो अधिकांशत: सिलिकेटों (अ. सिलिकेट्स) से बना होता है। (अ. एरोलाइट)

अश्मकुट्ट—[स॰ अश्म + कुट्ट] *वि॰* पत्थर से कूटा हुआ (पदार्थ)। *पु॰* केवल पत्थर से कूटा हुआ अन्न खाने के नियम वाला वानप्रस्थी या सन्न्यासी आदि।

अश्मगर्भ—[स॰ अश्मन् ~ गर्भ] *पु॰* 'पन्ना' नामक रत्न। मरकतमणि।

अश्मगर्भज—[स॰ अश्मगर्भ + ज] *पु॰* 'पन्ना' नामक रत्न। मरकतमणि।

अश्मज—[स॰ अश्मन् + ज] *पु॰* १. गेरू। लोहा।

अश्मन— दे॰ अश्मीभवन।

अश्ममुद्र—[स॰ अश्मन् ~ मुद्रा] *पु॰* अश्ममुद्रण (अ॰ लिथोग्राफ़ी) से प्राप्त चित्र/लेख।

अश्ममुद्रण—[स॰ अश्मन् ~ मुद्रण] *पु॰* (मुद्रण॰) एक विशेष प्रकार के चूना-पत्थर पर चिपकदार विशेष स्याही से चित्र/लेख को छापने की कला। पत्थर की छपाई। शिलामुद्रण। (अ॰ लिथोग्राफ़ि)

अश्मर—[स॰ अश्मन् √रा + क] *वि॰* पथरीला।

अश्मरी—[स॰ अश्मर + ङीष्] *स्त्री॰* एक मूत्र-रोग। पथरी।

अश्मरीघ्न/अश्मरीरोधक—[स॰ अश्मरी + घ्न, अश्मरी ~ रोधक)] *वि॰* पथरी-नाशक। *पु॰* १. वरुण/बरना वृक्ष। २. पथरी रोग को दूर करनेवाला पदार्थ।

अश्मविज्ञान—[स॰ अश्मन् ~ विज्ञान] *पु॰* प्रस्तरों/शैलों का अध्ययन जो उनके नमूनों के स्थूल परीक्षणों के आधार पर होता है। आश्मिकी। (अ॰ लिथोलॉजि)

अश्मीभवन—[स॰ अश्मन् + च्वि + भवन] *पु॰* पत्थर हो जाना। (भूविज्ञान॰) भूगर्भ में दबे हुए पेड़-पौधों, जीवों के शरीरों आदि का सैकड़ों वर्षों में परिवर्तित होकर कठोर पत्थर बन जाना। ● **विशेष**—'अश्मीवन' को '**अश्मन**' भी कहा जाता है।

अश्मोपकरण—[स॰ अश्मन् ~ उपकरण] *पु॰* पत्थर का हथियार/औज़ार। ***जैसे***—पाषाण-युग के मनुष्य अश्मोपकरणों का प्रयोग करते थे।

अश्र—[स॰ √अश् + रक्] *पु॰* १. अश्रु। आँसू। २. रक्त। ख़ून।

अश्रप—[स॰ अश्र + प] *वि॰* ख़ून पीनेवाला। रक्तपायी *पु॰* १. राक्षस। २. खटमल। ३. जोंक।

अश्रवण—[स॰ अ + श्रवण] *वि॰* १. जिसे सुनाई न पड़ता हो। बधिर। बहरा। २. जिसके कान न हों। कर्णरहित। *पु॰* १. सुनाई न पड़ना। बधिरता। *पु॰* १. सुनाई न पड़ना। बधिरता। बहरापन। ३. सर्प। साँप।

अश्रान्त (अश्रांत)—[स॰ अ + श्रान्त] *वि॰* १. जो थका हुआ न हो। श्रम-रहित। अक्लान्त। ***जैसे***—अश्रान्त पथिक। २. (काम) जिसके बीच में विश्राम/विराम न हो। अविराम। निरन्तर। लगातार। ***जैसे***—नित्य १२ घंटे अश्रान्त अध्ययन करने वाला विद्वान्। *क्रिवि॰* निरन्तर। लगातार। ***जैसे***—शाम तक अश्रान्त पढ़ो।

अश्राव्य—[स॰ अ + श्राव्य] *वि॰* १. न सुनने योग्य। २. जो न सुना जा सके। ३. जो किसी को सुनाने के योग्य न हो। ३. जो किसी को सुनाने के लिए न हो। *पु॰* (नाट्य॰) १ रंगमंच पर किसी पात्र का ऐसा कथन जो वहाँ उपस्थित अन्य पात्रों द्वारा नहीं सुना जा रहा है, ऐसा माना जाता है। २. स्वगत कथन।

अश्रीक/अश्रील—[स॰ अश्री + कप् + अश्री + र, र → ल] *वि॰* १. जिसमें श्री न हो। श्री-हीन। २. जिसमें कान्ति/चमक न हो। कान्तिहीन। ३. जिसमें शोभा/सौन्दर्य न हो। शोभाहीन। सौन्दर्यहीन। ४. धन-वैभव-हीन। श्रीहीन। ४. भाग्यहीन। अभागा।

अश्रु—[स॰ √अश् + क्रुन्] *पु॰* कभी-कभी नेत्रों में आ जाने वाला या नेत्रों से बहने/टपकने वाला एक प्रकार का खारा पानी। आँसू। ***वा॰*** दे॰ **'आँसू'** के वाग्बन्ध (मुहावरे)। ✣ **अश्रुकर**—*वि॰* = आँसू लानेवाला। ✣ **अश्रु गैस**—*पु॰* = एक गैस जो नेत्रप्रदाही है और जिसके प्रभाव से बहुत आँसू निकलते हैं। (अ॰ टिअर गैस) ✣ **अश्रु-ग्रन्थि (ग्रंथि)**—दे॰ अश्रुस्रावी ग्रन्थि। ✣ **अश्रु-जल**—*पु॰* = आँसू।

अश्रुत—[स॰ अ + श्रुत] *वि॰* १. (कथन) जो सुना न गया हो। २. जो सुनाई न पड़ा हो। ३. अशिक्षित।

अश्रुतपूर्व—[स॰ अश्रुत ~ पूर्व] *वि॰* १. जो पहले कभी न सुना गया हो। २. विचित्र। अद्भुत। अनोखा।

अश्रुतवृत्त—[स॰ अश्रुत ~ वृत्त] *वि॰* आसाधारण महान् चरित्र वाला (व्यक्ति)।

अश्रुतिधर—[स॰ अ + श्रुतिधर] *वि॰* जिसने वेद का अध्ययन न किया हो।

अश्रु-परिप्लुत—[स॰] *वि॰* आँसुओं से तर। आँसुओं से नहाया हुआ। अश्रुसिक्त।

अश्रुपात—[स॰ अश्रु + पात] *पु॰* १. आँसू गिरना। आँसुओं का टपकना। २. रुदन। रोना।

अश्रुमुख—[स॰ अश्रु + मुख] *वि॰* १. अचानक रो पड़नेवाला। २. रुआँसा।

अश्रुलोचन—[स॰ अश्रु ~ लोचन] *वि॰* आँसू-भरे नेत्रोंवाला। अश्रुनेत्र।

अश्रुवलित—[स॰ अश्रु ~ वलित] *वि॰* आँसुओंवाला। अश्रुपूर्ण। ***जैसे***—अश्रुवलित सीता-नयन।

अश्रुसिक्त/अश्रुस्नात—[स॰ अश्रु ~ सिक्त/स्नात] *वि॰* आँसुओं से तर। आँसुओं से नहाया हुआ । ***जैसे***—अश्रुस्नात मुख।

अश्रुस्रावी ग्रन्थि (ग्रंथि)—[स॰ अश्रुस्राविन् ~ ग्रन्थि] *स्त्री॰* नेत्र कक्ष के ऊपर कोने में स्थित ग्रन्थि जो आँसू उत्पन्न करती है।

अश्रेयस्—[स॰ अ + श्रेयस्] *वि॰* १. जो किसी की तुलना में अधिक अपकृष्ट हो। अपकृष्टतर। हीन। *पु॰* १. अकल्याण। २. उपद्रव। ३. दुःख।

अश्रौत—[स॰ अ + श्रौत] *वि॰* १. जो श्रौत न हो। २. जो वेद में न हो। अवेदोक्त। अवैदिक। ३. जो वेद के विपरीत हो। वेद-विरुद्ध।

अश्लाघ्य—[स॰ अ + श्लाघ्य] *वि॰* १. जो श्लाघ्य/प्रंशसनीय न हो। अप्रशंसनीय। २. निन्दनीय। ∇ **विलोम**—श्लाघ्य।

अश्लिष्ट—[स॰ अ + श्लिष्ट] *वि॰* जो श्लिष्ट न हो। जिसमें श्लेष न हो। श्लेष-रहित।

अश्लील—[स॰ अ + श्लील] वि॰ १. जो नैतिक आदर्शों की दृष्टि से हीन और सभ्य व्यक्तियों की रुचि के प्रतिकूल हो। ***जैसे***—अश्लील गाने; अश्लील पुस्तकें नाटक के अश्लील दृश्य। २. गन्दा और भौंड़ा। ग्राम्य। गँवार। फूहड़। भद्दा। ***जैसे***—अश्लील मज़ाक़। ३. कुवाच्य। (काव्य॰) लज्जा, घृणा या अमंगल की व्यंजना करनेवाला। ✣ **अश्लीलता**—*स्त्री॰* = १. अश्लील होने की अवस्था/गुण/भाव। अश्लीलपन। २. गन्दापन और भौंडापन। ३. गँवारपन। फूहड़पन। भद्दापन। (काव्य॰) १. अश्लील शब्दों का प्रयोग। २. अश्लील वर्णन, चित्रण या अभिनय। ✣ **अश्लीलवाच्यता**—*स्त्री॰*=(मनो॰) सदैव अशिष्ट और अश्लील बातें करने की अनियन्त्रित प्रवृत्ति।

अश्लेषा—[स॰ अश्लेष + टाप्] *स्त्री॰* १. अनमिलपन। २. (आकाशमंडल के अश्विनी आदि २७ नक्षत्रों में से नवाँ) आश्लेषा (नक्षत्र)।

अश्व—[स॰ अश् + क्वन्] *पु॰* १. एक पशु। घोड़ा। २. (पद्य आदि में) सात की संख्या (७)।

अश्वगति—[स॰ अश्व ~ गति] *स्त्री॰* घोड़े की चाल। (काव्य॰) एक प्रकार का चित्रकाव्य जिसमें पद्य को इस प्रकार लिखा जाता है कि उससे घोड़े की आकृति बन जाती है। (छन्द॰) १. 'नील' नामक समवर्णिक छन्द। २. 'तीव्र' नामक समवर्णिक छन्द।

अश्वचक्र—[स॰ अश्व + चक्र] *पु॰* १. घोड़े का समूह। २. घोड़े के चिह्नों से शुभ-अशुभ का विचार करने की विधि।

अश्वतर—[स॰ अश्व + ष्ट्रच्] *पु॰* खच्चर (पशु)। ✣ **अश्वतरी**—*स्त्री॰* = खच्चरी।

अश्वत्थ—[स॰ अ + श्वस् √स्था + क, पृषो॰] १. पीपल का पेड़। २. अश्विनी नक्षत्र। ● **विशेष**—अश्विनी नक्षत्र से युक्त मुहूर्त को **'अश्वत्थ मुहूर्त'** कहा जाता है।

अश्वमेध—[स॰ अश्व ~ मेध] *पु॰* १. एक प्राचीन वैदिक यज्ञ जो दिग्विजय करके चक्रवर्ती राजा बनने के लिए किया जाता था। २. (लाक्षणिक) ऐसा कार्य जिसमें चारों ओर अपना अधिकार जमाने के लिए अपने प्रतिद्वन्द्वियों को खुली चुनौती दी जाए।

अश्वरक्ष—[स॰ अश्व √रक्ष् + अण्] *पु॰* अश्वपाल। साईस।

अश्वरत्न/अश्वराज—[स॰ अश्व ~ रत्न/राज] *पु॰* श्रेष्ठ या सर्वोत्तम घोड़ा।

अश्वललित—[स॰ अश्व ~ ललित] (छन्द॰) एक समवर्णिक छन्द जिसके प्रत्येक चरण में क्रमशः नगण, जगण, भगण, जगण, भगण, जगण,भगण, लघु और गुरु (न ज भ ज भ ल ग) के योग से २३ वर्ण होते हैं तथा ११-१२ पर यति होती है। अद्रितनया छन्द।

अश्ववह—[स॰ अश्व √वह् + अप्] *पु॰* अश्वारोही। घुड़सवार।

अश्ववार/अश्ववारक—[स॰ अश्व √वृ + अण्/ण्वुल्] *पु॰* १. अश्वरोही। घुड़सवार। २. साईस।

अश्ववाह/अश्ववाहक—[स॰ अश्व √वह् + णिच्/ण्वुल्] *पु॰* अश्वारोही। घुड़सवार।

अश्वविद्—[स॰ अश्व √विद् + क्विप्] *वि॰* घोड़ों के अच्छे-बुरे लक्षणों को जाननेवाला तथा उन्हें चालें सिखाने में कुशल (व्यक्ति)। *पु॰* घोड़ों का व्यापारी।

अश्वव्यूह—[स॰ अश्व ~ व्यूह] *पु॰* प्राचीन सैन्य-व्यूह-रचना का एक प्रकार।

अश्वशङ्कु (अश्वशंकु)—[स॰ अश्व ~ शङ्कु] *पु॰* घोड़ा बाँधने का खूँटा।

अश्वारोह—[स॰ अश्व ~ आरोह] *पु॰* घुड़सवार।

अश्विद्वय (अश्विद्वय)—[स॰ अश्विन् ~ द्वय] *पु॰* दोनों अश्विनीकुमार।

अश्विनी—[स॰ अश्विन् +ङीप्] *स्त्री॰* १. घोड़ी। २. आकाशमंडल के २७ नक्षत्रों में से प्रथम।

अश्वीय—[स॰ अश्व + छ] *वि॰* १. अश्व-सम्बन्धी। घोड़े का। २. घोड़ों में होने वाला। ***जैसे***—अश्वीय बीमारियाँ।

***अषिर**—[< स॰ अक्षर] *वि॰* अक्षर। अविनाशी। नाश-रहित। *पु॰* अक्षर। वर्ण।

अष्ट—[स॰ अष्टन् (√अश् + कनिन्, तुट्)] *वि॰* जो गिनती में आठ हो। ***जैसे***—अष्टभुजाएँ। *पु॰* आठ की संख्या (८)। ✣ **अष्टक**—*पु॰* = १. आठ वस्तुओं का समूह/वर्ग। ***जैसे***—औषधियों का अष्टक। २. आठ पद्यों का समूह। ***जैसे***—गंगाष्टक। पाणिनि की अष्टाध्यायी। ३. आठ अध्यायों वाला ग्रन्थ। ✣ **अष्टकमल**—*पु॰* = आठ कमलों का समूह। (हठयोग॰) शरीर में स्थित आठ चक्र विशेष जो कमल के आकार के होने के कारण 'कमल' भी कहे जाते हैं—मूलाधारचक्र, स्वाधिष्ठान चक्र, मणिपूर चक्र, अनाहतचक्र, विशुद्धाख्य चक्र, आज्ञाचक्र, सहस्रारचक्र (सहस्रदलकमल) तथा सुरतिकमल। ✣ **अष्टका**—*स्त्री॰* = १.

कृष्ण पक्ष की सप्तमी, अष्टमी और नवमी तिथियों का समूह। २. पौष, माघ और फाल्गुन महीनों के कृष्ण पक्ष की अष्टमी। [● **विशेष**—इन तिथियों पर किए गए श्राद्ध को भी '**अष्टका**' कहा जाता है।] ३. अष्टमी के दिन के धार्मिक कृत्य। ✣ **अष्टकुल**—*पु०* = (पुराणों में वर्णित) नाग जाति के ८ कुल/वंश। ● **विशेष**—उक्त नाग-कुलों के नाम हैं—**शेष, वासुकि, कम्बल, कर्कोटक, पद्म, महापद्म, शंख, कुलिक**। ✣ **अष्टकुलपर्वत**—*पु०* = अष्कुलपर्वत। ● **विशेष**—उक्त कुलपर्वतों के नाम हैं—**नील, निषध, विन्ध्य, माल्यवान्, मलय, गन्धमादन, हेमकूट, हिमालय**। ✣ **अष्ट कृष्ण**—*पु०* = (वल्लभ सम्प्रदाय में) कृष्ण के आठ रूप। ● **विशेष**—उक्त रूपों के नाम हैं—**श्रीनाथ, नवनीतप्रिय, मथुरानाथ, विट्ठलनाथ, द्वारकानाथ, गोकुलनाथ, गोकुलचन्द्र, मदनमोहन**। ✣ **अष्टकोण**—*वि०* = जिसमें आठ कोण/कोने हों। *पु०* १. आठ कोणों/कोनों वाला क्षेत्र। २. कोई वस्तु जिसमें आठ कोण/कोने हों। ✣ **अष्टगन्ध (अष्टगंध)**—*पु०* = चन्दन आदि आठ सुगन्धित पदार्थों का समूह। गन्धाष्टक। ✣ **अष्टग्रहयोग**—*पु०* = (ज्योतिष०) सूर्य, चन्द्रमा, मंगल, बुध, बृहस्पति, शुक्र और शनि का राहु या केतु के साथ एक ही राशि में आ जाना। ✣ ***अष्टङ्गी (अष्टंगी)**—*वि०* = अष्टांगी। ✣ **अष्टछाप**—आठ पुष्टिमार्गी कवियों का मंडल जिसमें सूरदास प्रमुख थे। ✣ **अष्टदल**—*पु०* = आठ पंखुड़ियों/दलों वाला फूल। ✣ **अष्टदस**—*वि०, पु०* = अष्टादश। अठारह। ✣ **अष्टदिक्**—*स्त्री०* = पूर्व, ईशान आदि आठ दिशाएँ। ✣ **अष्टदिक्पाल**—*पु०* = आठों दिशाओं के क्रमशः अग्नि इत्यादि आठ स्वामी। ✣ **अष्टद्रव्य**—*पु०* = १. आठ वस्तुओं का वर्ग/समूह। २. यज्ञ में उपयोगी आठ वस्तुएँ—पीपल, गूलर, पाकड़, बरगद, तिल, सरसों, पायस और घी। ✣ **अष्टधा**—*क्रिवि०* = १. आठ प्रकार से। २. आठ भागों में। ३. आठ बार। ✣ **अष्टधाती**—*वि०* = अष्टधातु का बना हुआ। (लाक्षणिक) २. दृढ़। मजबूत। *पु०* (लाक्षणिक) बहुत दुष्ट व्यक्ति। ✣ **अष्टधातु**—*पु०* =आठ धातुओं का वर्ग/समूह। ● **विशेष**—उक्त ८ धातुएँ हैं—सोना, चाँदी, ताँबा, राँगा, सीसा, लोहा और पारा। *वि०* = उक्त आठ धातुओं से बना हुआ। ***जैसे***—अष्टधातु मूर्ति। ✣ **अष्टनायिका**—*स्त्री०* = (काव्य०) काव्य/काव्यशास्त्र में वर्णित आठ प्रकार की नायिकाएँ। ● **विशेष**—ये ८ नायिकाएँ हैं—स्वाधीनपतिका, विरहोत्कंठिता, विप्रलब्धा, वासकसज्जा, खंडिता, कलहान्तरिता, अभिसारिका, प्रोषितपतिका। (तन्त्र०) मंगला आदि ८ देवियाँ। ● **विशेष**—उक्त देवियों के नाम हैं—मंगला, विजया, भद्रा, जयन्ती, अपराजिता, नन्दिनी, नारसिंही और कौमारी। ✣ **अष्टपद**—*वि०* = आठ पैरोंवाला। *पु०* १. आठ पैरों वाला प्राणी। २. मकड़ा। ३. शरभ। ४. कैलास पर्वत। ✣ **अष्टपदी**—*स्त्री०* = (छन्द०) ८ चरणों वाला छन्द। ✣ **अष्टपाद**—*वि०* = आठ पैरोंवाला। *पु०* आठ पैरों वाला प्राणी। (प्राणी०) ऐसे प्राणियों का सामूहिक नाम जिनके शरीर में ८ पैर होते हैं। ✣ **अष्टप्रकृति**—*स्त्री०* = (राज०) १.(प्राचीन भारतीय राज्यतन्त्र में)राज्य के ८ अंग—राजा, राज्य (राष्ट्र), अमात्य, दुर्ग, सेना (बल), कोष, सामन्त और प्रजा। २. (प्राचीन भारतीय, राज्यतन्त्र में) राज्य के ८ प्रधान—सुमन्त्र, पंडित, मंत्री, प्रधान, सचिव, अमात्य, न्यायाधीश और प्रतिनिधि। ✣ **अष्टप्रधान**—*पु०* (राज०) प्राचीन भारतीय (राज्यतन्त्र में) राजा के प्रधान आदि ८ प्रकार के अधिकारी। ● **विशेष**—उक्त के पद-नाम हैं—**प्रधान, अमात्य, सचिव, मन्त्री, धर्माध्यक्ष, न्यायशास्त्री, वैद्य और सेनापति**। २. छत्रपति शिवाजी के अष्टप्रधान थे—**प्रधान, अमात्य, सचिव, मंत्री, लिपिक (लेखक), न्यायाधीश, सेनापति और न्यायशास्त्री**। ✣ **अष्टफलक**—*पु०* = वह घन पिंड जिसमें आठ समतल/फलक हों। ✣ **अष्टभुज**—*वि०* = आठ भुजाओं वाला। *पु०* (ज्यामिति०) वह आकृति/क्षेत्र जिसकी ८ भुजाएँ हों। ✣ **अष्टभुजा/अष्टभुजी**—*स्त्री०* =पार्वती/दुर्गा देवी का वह विशिष्ट रूप जिसमें आठ भुजाएँ होती हैं। ✣ **अष्टम**—*वि०* = १. आठवाँ। २. आठवाँ भाग। ✣ **अष्टमङ्गल (अष्टमंगल)**—*पु०* = आठ मांगलिक वस्तुएँ। ● **विशेष**—अष्टमंगल के कई प्रकार बताए गए हैं। ***जैसे***—एक मत के अनुसार ये ८ पदार्थ हैं—सिंह, वृषभ, हाथी, कलश, पंखा, वैजयन्ती भेरी और दीप। ✣ **अष्टमान**—*पु०* आठ मुट्ठी का एक परिमाण। ✣ **अष्टमी**—*स्त्री०* = चान्द्रमास के कृष्ण/शुक्ल पक्ष की आठवीं तिथि। ✣ **अष्टमूर्ति**—*पु०* = १. शिव। महादेव। २. भगवान् शिव की पृथ्वी आदि ८ मूर्तियाँ। [● **विशेष**—उक्त ८ मूर्तियाँ हैं—पाँच तत्त्व, सूर्य, चन्द्र तथा ऋत्विज/यजमान।] ३. भगवान् शिव जिनके ८ रूप हैं—शर्व, भव, रुद्र, उग्र, भीम, पशुपति, ईशान तथा महादेव। ✣ **अष्ट मैथुन**—*पु०* = (पूर्ण ब्रह्मचर्य-पालन के लिए वर्जित) आठ प्रकार के स्त्री-पुरुष-प्रसंग। ● **विशेष**—उक्त आठ प्रकार हैं—**स्मरण, कीर्तन (गुणगान) प्रेक्षण (दर्शन), गुप्त बातचीत, संकल्प, स्पर्श तथा क्रियानिष्पत्ति (सम्भोग)**। ✣ **अष्टयाम**—*पु०* = १. (दिन-रात के) आठ प्रहर। २. नायक या नायिका की आठों प्रहरों की दिनचर्या का क्रमबद्ध वर्णन करने वाली कविता। ***जैसे***—रीतिकालीन कवियों द्वारा रचित अष्टयामों का सौन्दर्य। ✣ **अष्टलौह**—*पु०* = अष्टधातु। (दे०) ✣ **अष्टविध**—*वि०* = आठ प्रकार का। ***जैसे***—अष्टविध नीतियाँ। *क्रिवि०* = आठ प्रकार से। ***जैसे***—वह अष्टविध हँस सकता है। ✣ **अष्टविवाह**—*पु०* = विवाह के आठ प्रकार—ब्राह्म, दैव, आर्ष, प्राजापत्य, आसुर, गान्धर्व, राक्षस और पैशाच। ✣ **अष्टश्रवण**—*पु०* = (आठ कानों वाला) ब्रह्मा के चार मुख होने से उन्हें आठ कानों वाला कहा जाता है। ✣ **अष्टसखा**—*पु०* = आठ सखा/मित्र। (वैष्णव०) पुष्टिमार्ग में मान्य कृष्ण और उनके सात सखाओं का समूह। ● **विशेष**—वय, शील आदि में समान अष्ट सखा हैं—**१. कृष्ण, २. तोक, ३. अर्जुन, ४. ऋषभ, ५. सुबल, ६. श्रीदामा, ७. विशाल और ८ भोज। अष्टछाप के**

८ कवियों—१. सूरदास, २. परमानन्ददास, ३. कुम्भनदास, ४. कृष्णदास, ५. छीतस्वामी, ६. चतुर्भुजदास, ७. गोविन्ददासी और ८. नन्ददास को क्रमशः इनका स्वरूप माना जाता है।

अष्टसखी—*स्त्री॰* = आठ सखियाँ/सहेलियाँ। (वैष्णव॰) कृष्ण की प्रिया राधा की विशेष प्रिय आठ सखियाँ जो सब गोपियों में प्रमुख मानी जाती हैं। ● **विशेष**—गौड़ीय वैष्णव सम्प्रदाय (चैतन्य सम्प्रदाय) और पुष्टिमार्ग (वल्लभ संप्रदाय) में राधा की आठ सखियों की सूची में कुछ अन्तर है। **गौड़ीय वैष्णव सम्प्रदाय में मान्य राधा की परम श्रेष्ठ सखियाँ हैं—१. ललिता, २. विशाखा, ३. चम्पकलता, ४. चित्रा, ५. तुंगविद्या, ६. इन्दुलेखा, ७. रंगदेवी और ८. सुदेवी। पुष्टिमार्गी अष्ट सखियाँ**—१. ललिता, २. विशाखा, ३. चम्पकलता, ४. चन्द्रभागा, ५. पद्मा, ६. भामा, ७. विमला और ८. चन्द्ररेखा हैं। '**ब्रह्मवैवर्त पुराण**' में राधा-सहित ८ सखियों के नाम इस प्रकार वर्णित हैं—**१. राधा, २. ललिता, ३. विशाखा, ४. चन्द्रावली, ५. श्यामा, ६. शैव्या, ७. पद्मा तथा ८. भद्रा।** २. पुष्टिमार्ग में सूरदास आदि अष्टछाप के ८ कवियों की मधुर भक्ति को ध्यान में रखकर उन्हें निकुंजलीला की 'अष्टसखी' भी माना जाता है। ✣ **अष्टसिद्धि (अष्टसिद्धि)**—*स्त्री॰* = आठ सिद्धियाँ। **विशेष**—उक्त सिद्धियों के नाम हैं—**अणिमा, महिमा, गरिमा, लघिमा, प्राप्ति, प्राकाम्य, ईशित्व और वशित्व।**

अष्टांशक—[स॰ अष्ट ~ अंशक] *पु॰* पुस्तक का ऐसा आकार जिसमें प्रत्येक पन्ना पूरे ताव का आठवाँ भाग हो। (अ॰ आक्टेवो)

अष्टाक्षर—[स॰ अष्ट ~ अक्षर] *वि॰* आठ अक्षरोंवाला। ***जैसे***—भगवान् विष्णु का अष्टाक्षर मन्त्र 'ओम् नमो नारायणाय' है। ● **विशेष**—वल्लभ-मत में 'श्रीकृष्ण: शरणं मम' अष्टाक्षर मन्त्र है।

अष्टाङ्ग (अष्टांग)—[अष्टन् ~ अङ्ग] *वि॰* जिसके ८ अंग/अवयव/भाग/विभाग हों। *पु॰* १. आठ अंग/अवयव/भाग/विभाग। २. शरीर के ८ अंग—पैर, घुटना, हाथ, छाती, सिर, वचन, दृष्टि और बुद्धि। ***जैसे***—साष्टांग (अष्टांग-सहित) प्रणाम। ३. राजयोग के ८ अंग। (दे॰ अष्टांगयोग) ४. आयुर्वेद के ८ अंग/विभाग। (दे॰ अष्टांग आयुर्वेद) ✣ **अष्टाङ्ग (अष्टांग) आयुर्वेद**—*पु॰* = आठ अंगों/विभागों वाला आयुर्वेद/चिकित्साशास्त्र। ● **विशेष**—आयुर्वेद के आठ अंग हैं—**१. कायचिकित्सा, २. शल्यचिकित्सा, ३. शालाक्य, ४. कौमारभृत्य, ५. भूतविद्या, ६. अगद-तन्त्र, ७. रसायन और ८.वाजीकरण। अष्टांगायुर्वेद।** ✣ **अष्टाङ्गमार्ग (अष्टांगमार्ग)**—*पु॰* = महात्मा बुद्ध द्वारा उपदिष्ट/प्रतिपादित साधना का मार्ग जिसके आठ अंग हैं—सम्यक् दृष्टि, सम्यक् संकल्प, सम्यक् वाक्, सम्यक् कर्म, सम्यक् आजीव, सम्यक् व्यायाम, सम्यक् स्मृति और सम्यक् समाधि। ✣ **अष्टाङ्गयोग (अष्टांगयोग)**—*पु॰* = राजयोग जिसके ८ अंग हैं—यम, नियम, आसन, प्राणायाम, प्रत्याहार, धारणा, ध्यान और समाधि।

अष्टाङ्गी (अष्टांगी)—[स॰ अष्टाङ्गिन्] *वि॰* आठ अंगों/विभागों वाला। ***जैसे***—अष्टांगी आयुर्वेद।

अष्टाध्यायी—[स॰ अष्टाध्याय + ङीप्] *वि॰* (स्त्री॰) आठ अध्यायों वाली। *स्त्री॰* पाणिनिकृत व्याकरण-ग्रन्थ जिसमें ८ अध्याय हैं।

अष्टाह्निक (अष्टाह्निक)—[स॰ अष्टन् ~आह्निक] *वि॰* १. आठ दिन से सम्बन्धित। आठ दिन का। ***जैसे***—अष्टाह्निक इतिहास। २. आठ दिनों तक चलनेवाला या किया जाने वाला। ***जैसे***—अष्टाह्निक व्रत।

अष्टि—[स॰ √अस् + क्तिन्, पृषो॰ षत्व] *स्त्री॰* १. बीज। २. छिल्का या छाल। ३. खेल का पाँसा ४. (पद्य आदि में) १६ की संख्या।

अष्ठि—[स॰ अष्टि→अष्ठि, पृषो॰] *स्त्री॰* १. पत्थर या उसका टुकड़ा। २. कठोर खनिज ढेला। ३. फलों के अन्दर का बहुत बड़ा बीज। गुठली। ✣ **अष्ठिल**—*वि॰* = जो पत्थर के रूप में हो। २. पत्थर के समान कठोर। ३. जिसमें पत्थर लगे हों। ४. पथरीला। ✣ **अष्ठीला**—*स्त्री॰* = १. कोई गोल वस्तु। २. गोल पत्थर। ३. स्फटिक। बिल्लौर। ४. छिल्का। छाल। ✣ **अष्ठीलिका**—*स्त्री॰* = पत्थर का छोटा टुकड़ा। कंकड़।

***अस**—[< अप॰ अइस < स॰ ईदृश] *वि॰* ऐसा । १. इस प्रकार से। २. जैसा।

असंयत—[स॰ अ + संयत] *वि॰* (व्यक्ति) जिसके विचार और आचरण संयत न हों। संयमरहित। २. (कार्य) जो नियमबद्ध न हो। ∇ **विलोम**—संयत।

असंयति—[स॰ अ + संयति] *स्त्री॰* संयत/नियन्त्रित कर पाने में असमर्थता। ∇ **विलोम**—संयति।

असंयम—[स॰ अ + संयम] *पु॰* (इन्द्रियों के) संयम/नियंत्रण का अभाव। इन्द्रियों को अपने वश में न रखना। ∇ **विलोम**—संयम।

असंलक्ष्य—[स॰ अ + संलक्ष्य] *वि॰* अलक्षित। ✣ **असंलक्ष्यक्रम**—*पु॰* = अलक्षित क्रम। ✣ **असंलक्ष्यक्रम ध्वनि**—*स्त्री॰* = (काव्य॰) अभिधामूला ध्वनि का एक भेद जहाँ वाच्यार्थ अपना बोध कराके व्यंग्यार्थ की पुष्टि करने लगता है और व्यंग्यार्थ की प्रतीति का क्रम बहुत शीघ्रता से होने के कारण क्रम को जान सकना सम्भव नहीं होता। ● **विशेष—१. असंलक्ष्यक्रम ध्वनि/व्यंग्य की व्यंजना ८ रूपों में होती है—रस, भाव, रसाभास, भावाभास, भावशान्ति, भावोदय, भावसन्धि और भावशबलता।** इनमें रस और भाव की व्यंजना बहुत चमत्कारी और रमणीय होने के कारण सर्वश्रेष्ठ मानी जाती है। **२. संलक्ष्यक्रम ध्वनि/व्यंग्य की व्यंजना २ रूपों में होती है—वस्तुध्वनि और अलंकारध्वनि।**

असंवृत—[स॰ अ + संवृत] *वि॰* जो संवृत न हो। जो ढँका हुआ न हो। खुला हुआ।

असंवेदनता/असंवेदिता—[स॰ अ + संवेदनता/संवेदिता] *स्त्री॰*

(चिकित्सा॰) औषधि के प्रभाव से रोगी को मूर्छित या अंग विशेष को सुन्न करने से उत्पन्न संवेदनहीनता की स्थिति। संवेदनशीलता का आंशिक अभाव। निश्चेतना (अ॰ एनेस्थेसिया)

असंसृष्ट—[स॰ अ + संसृष्ट] *वि॰* १. जो मिश्रित न हो। अमिश्रित। २. जो संलग्न न हो। असंलग्न।

असंस्कृत—[स॰ अ + संस्कृत] *वि॰* १. जिसका सुधार न हुआ हो। बिना सुधार हुआ। अपरिमार्जित। २. जिसके यज्ञोपवीत आदि संस्कार न हुए हों। व्रात्य। ३. असभ्य। अशिष्ट। गँवारू। ४. व्याकरण के संस्कार से रहित (शब्द आदि) *पु॰* १. व्याकरण के संस्कार से रहित शब्द/भाषा आदि। २. बिगड़ा हुआ शब्द या प्राकृत। अपशब्द। (भाषा॰) १. संस्कृत भाषा से भिन्न भाषा। २. प्राकृत भाषा या उससे बनी कोई भाषा। ∇ **विलोम**—संस्कृत।

असंस्थित—[स॰ अ + संस्थित] *वि॰* १. जो व्यवस्थित न हो। अव्यवस्थित या अनियमित। २. जो क्रमबद्ध न हो। क्रमविहीन। ३. जो एकत्र न हो। बिखरा हुआ। ४. न्यूनतावाला। जिसमें कमी हो। अभावपूर्ण। ∇ **विलोम**—संस्थित।

असंस्थिति—[स॰ अ + संस्थिति] *स्त्री॰* १. अव्यवस्था। अनियमितता। गड़बड़। २. क्रमहीनता। ३. अभाव। न्यूनता। कमी। ∇ **विलोम**—संस्थिति।

असंहत—[स॰ अ + संहत] *वि॰* १. जो संहत न हो। जो जुड़ा/मिला हुआ न हो। असंयुक्त। २. जो एकत्र न हो। बिखरा हुआ। ∇ **विलोम**—संहत।

***असकत**—[< स॰ अशक्त] *वि॰* १. अशक्त। दुर्बल। २. अस्वस्थ। बीमार। ३. आलस्य।

असकृत—[स॰ अ + सकृत] *क्रिवि॰* (एक बार नहीं) बार-बार। प्रायः। अक्सर।

***असक्त**[१]—[स॰ अ + सक्त] *वि॰* १. जो आसक्त न हो। आसक्तिहीन। २. अपने कर्मों के फलों के प्रति अभिलाषा से रहित। अनासक्त। ३. सांसारिक विषयों/वस्तुओं के प्रति उदासीन। विरक्त।

***असक्त**[२]—*वि॰* ≤ *स॰* अशक्त। शक्तिहीन। दुर्बल।

असगन्ध (असगंध)—[< स॰ अश्वगन्ध] *पु॰* १. एक प्रकार का महत्त्वपूर्ण औषधोपयोगी पौधा। २. उक्त के नीचे होने वाला छोटी मूली के समान पतला कन्द।

असगुनिया—*पु॰* = ऐसा व्यक्ति जिसे देखना अपशकुन/अशुभ समझा जाता है। *वि॰* किसी का अपशकुन करनेवाला।

असङ्कुल (असंकुल)—[स॰ अ + सङ्कुल] *वि॰* १. जहाँ बहुत भीड़ न हो। २. खुला हुआ (स्थान)। ३. चौड़ा (मार्ग)। ∇ **विलोम**—संकुल।

असङ्क्रान्त (असंक्रांत)—[स॰ अ + सङ्क्रान्त] *वि॰* (वह चान्द्र मास) जिसमें संक्रान्ति न हो। *पु॰* अधिकमास। मलमास।

असङ्ख्य (असंख्य)—[स॰ अ + सङ्ख्य] *वि॰* १. जिनकी गिनती न हो सके। अगण्य। संख्यातीत। अनगिन। ***जैसे***—असंख्य नक्षत्रों से भरा आकाश। २. जो गिनती में बहुत अधिक हों। बहुत अधिक। ***जैसे***—मेले में असंख्य लोगों को देखा। ✣ **असङ्ख्यक (असंख्यक)**—*वि॰* =असंख्य।

असङ्ख्यात/असंख्यात—[स॰ अ + सङ्ख्यात] *वि॰* १. असंख्य। अगणित। संख्यातीत। अनगिन। २. अनन्त संख्या वाला।

असङ्ख्येय (असंख्येय)—[स॰ अ + सङ्ख्येय] *वि॰* असंख्य। अगणित। *पु॰* बहुत बड़ी संख्या।

असङ्ग (असंग)—[स॰ अ + सङ्ग] *वि॰* १. सांसारिक बन्धनों से मुक्त। २. सांसारिक पदार्थों में आसक्तिरहित। अनासक्त। ३. सांसारिक कर्मों के प्रति वैराग्य-युक्त। विरक्त। निर्लिप्त। ४. अकेला। *पु॰* १. वैराग्य। अनासक्ति। २. किसी का संग/साथ न होना। अकेलापन।

असङ्गचारी (असंगचारी)—[स॰ असङ्गचारिन्] *वि॰* १. अकेला विचरण करनेवाला। २. अबाधित/अनवरुद्ध विचरण करनेवाला।

असङ्गजनन (असंगजनन)—[स॰ असङ्ग ~ जनन] *पु॰* (जीव॰, कृषि॰) अनिषेचित अंड या अंड से असम्बन्धित शरीर-कोशिकाओं से होनेवाला जनन/उत्पत्ति।

असङ्गत (असंगत)—[स॰ अ + सङ्गत] *वि॰* १. जो संगत न हो। जिसकी किसी से संगति न बैठती हो। संगतिहीन। बेमेल। २. जो उचित/उपयुक्त न हो। अनुचित। अनुपयुक्त। ***जैसे***—उनके भाषण में अनेक असंगत बातें थीं। ∇ **विलोम**—संगत।

असङ्गी (असंगी)—[स॰ असङ्गिन्] *वि॰* १. जो किसी के साथ न रहता हो। अकेला रहनेवाला। २. जो मिला/जुड़ा हुआ न हो। असंलग्न। ३. जिसका किसी से सम्बन्ध न हो। असम्बन्धित। ४. जिसका कोई संगी-साथी न हो। अकेला। ५. संसार से विरक्त।

असञ्चर (असंचर)—[स॰ अ + सञ्चर] *वि॰* (मार्ग) जिस पर गमन सम्भव न हो। अगम्य।

असञ्ज्ञ (असंज्ञ)—[स॰ अ + सञ्ज्ञा] *वि॰* १. बिना नाम का। अनाम। २. संज्ञा-शून्य। मूर्छित। चेतनाहीन। अचेत। जैसे—असंज्ञ रोगी।

असञ्ज्ञेय (असंज्ञेय)—[स॰ अ + सञ्ज्ञेय] *वि॰* १. जो संज्ञेय न हो। जो बुद्धिगम्य न हो। २. न्यायालय द्वारा अवेक्षणीय। जो न्यायालय के अधिकार-क्षेत्र में न हो। ***जैसे***—असंज्ञेय घटना। ३. जो पुलिस द्वारा हस्तक्षेप करने योग्य न हो। ***जैसे***—असंज्ञेय अपराध।

असढ़िया—[< हि॰ असाढ़ < स॰ अषाढ/आषाढ] *वि॰* आषाढ़ मास से सम्बन्धित। आषाढ़ मास का। २. आषाढ़ में होनेवाला।

असत्—[स॰ अ + सत्] *वि॰* १. जो सत् न हो। २. जिसका अस्तित्व न हो। जिसकी सत्ता न हो। जो न हो। अविद्यमान। ३. जो सत्य न हो। मिथ्या। झूठा। ४. ग़लत। ५. अनुचित। ६. बुरा। ख़राब। *पु॰* १. अनस्तित्व। २. मिथ्या। असत्य। झूठ। ● **विशेष—१. असत् परिग्रह** = १.असत् वस्तुओं का परिग्रह/संग्रह। २. अनुपयुक्त वस्तु का ग्रहण। **२.असत् प्रतिग्रह** = *पु॰* बुरा दान। कुदान। ●

विशेष—तेल, तिल आदि वस्तुओं का दान 'असत् प्रतिग्रह' कहा जाता है। **३. असत् संसर्ग** = *पु॰* बुरी संगति। कुसंगति।

असती—[स॰ अ + सती] *वि॰* (*स्त्री॰*) जो सती/पतिव्रता न हो। दुराचारिणी। *स्त्री॰* कुलटा। दुराचारिणी स्त्री।

असत्ता—[स॰ असत् + तल् + टाप्] *स्त्री॰* १. असत्/अस्तित्वहीन होना। सत्ता का अभाव। अविद्यमानता। २. असत्यता। दुष्टता। बुराई।

असत्त्व—[स॰ अ + सत्त्व] *वि॰* १. जिसमें सत्त्व/सार न हो। सारहीन। २. जो वास्तविक/सच्चा न हो। ३. शक्तिहीन। कमज़ोर। *पु॰* अवास्तविकता। असत्यता।

असद्—[स॰ असत्] *वि॰* 'असत्' का सन्धि-नियमों के अनुसार परिवर्तित रूप। असत्।

असदागम—[स॰ असत् ~ आगम] *पु॰* वेद-विरुद्ध शास्त्र। असत् शास्त्र।

असदृश—[स॰ अ + सदृश] *वि॰* १. जो सदृश न हो। असमान। २. जो (किसी के साथ) मेल का न हो। बेमेल। ∇ **विलोम**—सदृश।

असद्ग्रह—[स॰ असत् ~ ग्रह] *पु॰* १. बुरी चालबाज़ी। २. पक्षपात।

असद्वाद—[स॰ असत् ~ वाद] *पु॰* (भा॰ दर्शन॰) संसार की सब वस्तुओं को असत्/मिथ्या मानने का सिद्धान्त। ✣ **असद्वादी**—*वि॰ पु॰* = असद्वादी का समर्थक।

असद्विद्या (असद्विद्या)—[स॰ असत् ~ विद्या] *स्त्री॰* मिथ्या विद्या। (जैन॰) पतन की ओर ले जानेवाली विद्या।

असन[१]—[स॰√अस् + ल्युट्] *पु॰* १. (बाण आदि) फेंकना, छोड़ना या चलाना। २. असना का पेड़। (दे॰ असना)।

***असन**[२]—[< स॰ अशन] *पु॰* १. भोजन। आहार। २. भोजन करने या खाने की क्रिया।

असना—[< स॰ असन] *पु॰* एक वृक्ष जो साल के पेड़ के समान होता है और जिसकी लकड़ी भूरापन लिए काले रंग की होती है तथा मकान बनाने में काम आती है।

***असनि**—[≤ स॰ अशनि] पु॰, *स्त्री॰* १. (आकाश की) बिजली। अशनि। २. वज्र। कुलिश। ३. हीरा।

***असनी**—[≤ स॰ अश्विनी] *स्त्री॰* १. अश्विनी (नक्षत्र)। २. आश्विन मास में कटनेवाली फ़सल।

असन्तत (असंतत)—[स॰ अ + सन्तत] *वि॰* जो सन्तत/लगातार न हो। निरन्तरता-रहित।

असन्ध (असंध)—[< स॰ असन्धि] *वि॰* १. जिसमें सन्धि/जोड़ न हो। सन्धि-रहित। २. जिसके टुकड़े न हुए हों।

असन्धना (असंधना)—[< हि॰ असन्ध] *क्रि॰स॰* अलग करना। *क्रि॰अ॰* अलग होना।

असपत्न—[स॰ अ + सपत्न] *वि॰* (*स्त्री॰*) जिसकी सौत न हो। (व्यक्ति) जिसका कोई शत्रु/विरोधी/प्रतिस्पर्धी न हो।

असपिण्ड (असपिंड)—[स॰ अ + सपिण्ड] *वि॰* जो सपिंड न हो। जो अपने वंश का न हो। भिन्न वंश का (व्यक्ति)।

असबाब—[अरबी] *पु॰* १. गृहस्थी में काम आने वाली वस्तुएँ। घर-गृहस्थी का सामान। २. सामग्री। सामान। ***जैसे***—अधिक असबाब को लेकर यात्रा करना कष्टदायक होता है।

असभ्य—[स॰ अ + सभ्य] *वि॰* जो सभ्य न हो। सभा में बैठने के अयोग्य। अशिष्ट। गँवार। उजड्ड। ***जैसे***—अपने असभ्य आचरण के लिए माता जी से क्षमा माँगो ∇ **विलोम**—सभ्य। ✣ **असभ्यता**—स्त्री॰ = असभ्य होने की अवस्था/भाव। अशिष्टता। गँवारपन। उजड्डपन। ∇ **विलोम**—सभ्यता।

असम—[स॰ अ + सम] *वि॰* जो सम न हो। विषम। २. जिसका तल सम न हो। ऊँचा-नीचा। ऊबड़-खाबड़। ३. जो किसी के अनुरूप या सदृश न हो। असमान। ४. जिस की समता करनेवाला कोई न हो। अतुल। बेजोड़। [अंकगणित॰] (वह संख्या) जो २ से पूरी-पूरी विभाजित न हो। विषम (संख्या)। ∇ **विलोम**—सम।

असमञ्जन (असमंजन)—[स॰ अ + समञ्जन] सामंजस्य का अभाव। ताल-मेल न होना। ∇ **विलोम**—समंजन।

असमञ्जस (असमंजस)—[स॰ अ + समञ्जस] *स्त्री॰* कहने/करने आदि के लिए आवश्यक स्पष्टता और निश्चितता की कमी। दुविधा।

असमदली—[< स॰ असम + दल] *वि॰* (वनस्पति॰) जिनके दल/पंखुड़ियाँ समान न हों। *पु॰* वे पुष्प जिनकी पंखुडियाँ भिन्न-भिन्न आकार की होती हैं।

असमनयन/असमनेत्र—[स॰ असम ~ नयन] *वि॰* विषम संख्या के नेत्रोंवाला (जैसे—तीन नेत्रोंवाला)। *पु॰* शिव। महादेव।

***असमपर्णी**—[स॰ असमपर्णिन्] *पु॰* [वनस्पति॰] (वह वृक्ष) जिसकी पत्तियाँ भिन्न-भिन्न आकार की हों।

असमबाण—[स॰ असम ~ बाण] *वि॰* जो विषम संख्या वाले बाणों से युक्त हो। *पु॰* (पाँच बाणों वाला) कामदेव।

असममित—[स॰ अ + सममित] *वि॰* १. जो असम माप का हो। २. (वस्तु) जिसके विभिन्न अवयवों का परस्पर ठीक अनुपात न हो। (वस्तु) जिसके अवयवों में सन्तुलन न हो। असमरूप। विषमरूप। ३. (वस्तु) जिसके अंगों में से एक/अनेक उचित स्थान पर न हों। ४. (वस्तु) जो सुडौल न हो। सौष्ठवहीन। ∇ **विलोम**—सममित। ✣ **असममित वर्ण**—*पु॰* = (कला॰) असंगत रंग। बेमेल रंग।

असमर्थ समास—*पु॰* = (व्या॰) अन्वय-दोष से युक्त समास। ● **विशेष**—'असूर्यम्पश्या' (= सूर्य को भी न देखनेवाली, अन्तःपुर में या पर्दे में रहनेवाली) शब्द में 'अ' का अन्वय 'सूर्य' के साथ न करके 'पश्या' के साथ करना होता है जबकि वह 'सूर्य' के साथ रखा हुआ है अतः 'असूर्यम्पश्या' में 'असमर्थ समास' है।

असमलोचन—[स॰ असम ~ लोचन] *वि॰, पु॰* असमनयन। (दे॰)

असमवायिकरण—[स॰ असमवायी ~ कारण] *पु॰* (न्याय॰) असमवायी कारण।

असमवायी—[सं॰ असमवायिन्] *वि॰* जो समवायी न हो। जो नित्य सम्बन्ध वाला न हो। जो अलग हो सकता हो। विच्छेद्य। ∇ **विलोम**—समवायी। ✣ **असमवायी कारण**—*पु॰*=(न्याय॰) वह कारण जो द्रव्य न हो, गुण या कर्म हो। आनुषंगिक कारण। (वैशेषिक॰) वह कारण जिसका कार्य से नित्य सम्बन्ध न हो। आनुषंगिक कारण।

असमवृत्त—[सं॰ असम ~ वृत] *पु॰* (छन्द॰) वे वर्णिक छन्द जिनके चारों चरण समान न हों या दो चरण भी समान न हो। विषमवर्णिक छन्द। विषमवृत्त।

असमस्त—[सं॰ अ + समस्त] *वि॰* १. पूरा नहीं। अपूर्ण। अधूरा। २. पृथक्। असम्बद्ध। अलग। अलहदा। (व्या॰) जो समास से युक्त न हो। समास-रहित। ∇ **विलोम**—समस्त।

असमाधेय—[सं॰ अ + समाधेय] *वि॰* जिसका समाधान/हल न हो सके। ***जैसे***—सरकारी तन्त्र के भ्रष्टाचार की समस्या को मैं असमाधेय नहीं मानता।

असमान[1]—[सं॰ अ + समान] *वि॰* १. को आकार/रूप/योग्यता आदि में किसी के समान या तुल्य न हो। समानता से रहित। असमतुल्य। २. विषम। ३. अन्तर/भेद/फ़र्क़ वाला। ∇ **विलोम**—समान। ✣ **असमानता**—*स्त्री॰*= १. समानता/समता का अभाव। २. विषमता। ***जैसे***—ग़रीब और अमीर की असमानता। ३. अन्तर/भेद/फ़र्क़। ***जैसे***—इन भाई-बहनों में भारी असमानता है।

*__असमान__[2]—[<फा॰ आसमान] *पु॰* आकाश। गगन। आसमान।

असम्बाध (असंबाध)—[सं॰ अ + सम्बाध] *वि॰* १. बिना बाधा का। अबाध। २. जो बन्धन में न हो। ३. जो मनुष्यों की भीड़ से भरा हुआ न हो। ४. खुला हुआ स्थान जहाँ प्रत्येक व्यक्ति पहुँच सकता हो। ✣ **असम्बाधा (असंबाधा)**—*स्त्री॰*= (छन्द॰) एक समवर्णिक छन्द जिसके प्रत्येक चरण में क्रमशः मगण, तगण, नगण, सगण और २ गुरु (म त न स ग ग) के योग से १४ वर्ण होते हैं तथा ५-९ पर यति होती है।

असम्बोधिता (असंबोधिता)—[सं॰ अ + सम्बोधिता] *स्त्री॰* (मनो॰) एक रोग जिसमें मनुष्य देखकर, सुनकर, छूकर, सूँघकर या खाकर भी परिचित वस्तुओं को नहीं पहचान पाता। अभिज्ञानाघात। (अं॰ एग्नोज़िआ)

असम्भार (असंभार)—[सं॰ अ + सम्भार] *वि॰* १. जो सँभाला न जा सके। २. बहुत भारी/बड़ा। *पु॰* देख-रेख का अभाव।

असम्भाष्य (असंभाष्य)—[सं॰ अ + सम्भाष्य] *वि॰* १. ऐसे वचन/शब्द या बातें जो कहे जाने योग्य न हों। २. (ऐसा तुच्छ/हीन व्यक्ति) जिससे बात करना या कुछ कहना उचित न हो। *पु॰* १. अनुचित बात। बुरी बात। २. कुवचन। ∇ **विलोम**—सम्भाष्य।

असम्भूति (असंभूति)—[सं॰ अ + सम्भूति] *स्त्री॰* १. सम्भूति का अभाव। अस्तित्व न होना। अनस्तित्व। अस्तित्वहीनता। २. बार-बार जन्म न लेना। पुनर्जन्म का अभाव। ३. मूल प्रकृति। ∇ **विलोम**—सम्भूति।

असम्भृत (असंभृत)—[सं॰ अ + सम्भृत] १. जो अच्छी तरह पाला-पोसा न गया हो। २. जो कृत्रिम/बनावटी न हो। अकृत्रिम। प्राकृतिक। स्वाभाविक।

असम्मत—[सं॰ अ + सम्मत] *वि॰* १. (व्यक्ति) जो सम्मत/सहमत न हो। २. जो पसन्द न हो। नापसन्द। ३. (विषय) जो किसी की सम्मति के प्रतिकूल हो। ४. अनभिमत। विरुद्ध।

असम्मति—[सं॰ अ + सम्मति] *स्त्री॰* १. सम्मति का अभाव। विरुद्ध मत। प्रतिकूल राय। २. सहमति/स्वीकृति का अभाव। असहमति। अस्वीकृति। ३. अरुचि। नापसन्दगी।

असम्मोह—[सं॰ अ + सम्मोह] *पु॰* १. मोह/भ्रम का अभाव। २. चित्त की स्थिरता। शान्ति। ३. दृढ़ता। ४. यथार्थ/वास्तविक ज्ञान।

असयाना—[सं॰ अ + हि॰ सयाना] *वि॰* १. जो सयाना न हो। २. जो वयस्क न हो। अवयस्क। ३. जो चतुर न हो। भोला। मूर्ख। अनाड़ी। ४. (वाणी में) निश्छल। ∇ **विलोम**—सयाना। ✣ **असयानी** = *वि॰* (*स्त्री॰*) = १. अवयस्क (स्त्री)। २. भोली, मूर्ख या अनाड़ी स्त्री। ३. (वाणी में) निश्छल। ∇ **विलोम**—सयानी।

असर—[अरबी] *पु॰* प्रभाव।

*__असरन__—*वि॰* ≤ *सं॰* अशरण। जिसे कहीं शरण न हो। आश्रय-हीन। निराश्रय। अनाथ।

*__असराफ़__—[< अरबी अशराफ़, ('शरीफ़' का बहुवचन)] *पु॰* सज्जन। शरीफ़।

*__असरार__[1]—[< हि॰ सरासर] *क्रिवि॰* निरन्तर। लगातार।

*__असरार__[2]—*पु॰* ≤ *फा॰* इसरार। *पु॰* १. हठ। २. आग्रह।

*__असरारा__[1]—[< अरबी अस्रार ('सिर' का बहुवचन)] *पु॰* रहस्य। भेद। मर्म। राज।

*__असरारा__[2]—[< अरबी अशर] *वि॰* १. दुष्ट। उपद्रवी। शरारती। २. चुग़लख़ोर।

*__असराल__—[< अरबी अशर] *वि॰* १. बहुत धूर्त/शरीर। पाजी। *क्रिवि॰* १. निरन्तर। लगातार।

असल[1]—[सं॰ √अस् + कलच्] *पु॰* १. लोहा। २. हथियार।

असल[2]—[< अरबी अस्ल] *वि॰* १. वास्तविक। यथार्थ। २. जो नक़ली न हो। स्वाभाविक। प्राकृतिक। ***जैसे***—असल मोती और नक़ली मोती की पहचान। ३. मूल (वस्तु)। ***जैसे***—असल कथा। ४. जिसमें मिलावट न हो। विशुद्ध। ***जैसे***—असल घी। *पु॰* १. मूल वस्तु। २. (पूँजी या ऋण का) मूलधन। ∇ **विलोम**—नक़ली। ✣ **असल में**—*क्रिवि॰* = वास्तव में। वस्तुतः।

असलियत—[<अरबी अस्लियत] *स्त्री॰* १. वास्तविक। यथार्थता। वस्तुस्थिति। २. मूलतत्त्व। सार।

*__असलेखा/असलेषा__—*स्त्री॰* ≤ *सं॰* आश्लेषा (नक्षत्र)।

असवर्ण—[सं॰ अ + सवर्ण] *वि॰* १. जो परस्पर एक ही वर्ण के न हों। जो भिन्न वर्ण के हों। २. जो समान प्रकार के न हों। ३. जो सवर्ण या उच्च वर्ण का न हो। शूद्र वर्ण का। ✣ **असवर्ण विवाह**—*पु॰* = ऐसा विवाह जिसमें वर और कन्या एक ही वर्ण के न हों।

जैसे—ब्राह्मण और क्षत्रिय का विवाह असवर्ण विवाह होता है।

***असवार**[१]—[< फा॰ सवार] *पु॰* आरोही। सवार।

***असवार**[२]—[< स॰ अश्ववार] *पु॰* अश्वारोही। घुड़सवार।

असह—[स॰ अ + सह] *वि॰* जो सहा न जा सके। असहनीय। असह्य। *पु॰* शत्रु। वैरी। दुश्मन।

असहकार—[स॰ अ + सहकार] *पु॰* सहकार/सहयोग का अभाव। असहयोग।

असहन—[स॰ अ+सहन] *वि॰* १. सहन न करनेवाला। असहिष्णु। २. ईर्ष्यालु। ३. असह्य। असहनीय। *पु॰* १. असहनशीलता। असहिष्णुता। २. शत्रु। वैरी। दुश्मन। ✣ **असहनशील**—*वि॰* = १. जो सहनशील न हो। सहन न करनेवाला। २. असहिष्णु। ∇ **विलोम**—सहनशील।

असहभाज्य सङ्ख्याएँ (संख्याएँ)—[< स॰ असहभाज्य + सङ्ख्या] *पु॰* (अंकगणित॰) दो संख्याएँ जिनका कोई उभयनिष्ठ गुणनखंड न हो। *जैसे*—१० और २१ असहभाज्य संख्याएँ हैं क्योंकि दोनों में कोई गुणनखंड समान नहीं हैं। (अ॰ को-प्राइम नम्बर्स)

असहयोग—[स॰ अ + सहयोग] *पु॰* सहयोग का अभाव। किसी अन्य के साथ मिलकर काम न करना। *जैसे*—सरकार के विरुद्ध महात्मा गांधी का असहयोग आन्दोलन। ∇ **विलोम**—सहयोग।

असहाय—[स॰ अ + सहाय] *वि॰* १. जिसकी सहायता कोई न करे। २. जिसका कोई मित्र/साथी न हो। ३. अकेला। ४. जो कुछ भी न कर पाने की स्थिति में हो। विवश। लाचार।

असहिष्णु—[स॰ अ + सहिष्णु] *वि॰* जो दूसरों के विचार, धर्म-सम्प्रदाय या जाति आदि के प्रति सहनशील न हो। असहनशील। ✣ **असहिष्णुता**—*स्त्री॰* = असहनशीलता।

***असही**[१]—*वि॰* ≤ *स॰* असहिष्णु। असहनशील।

***असही**[२]—*वि॰* ≤ *स॰* असह्य। असहनीय।

***असा**[१]—[< स॰ एषः] *वि॰* ऐसा।

असा[२]—[अरबी] *पु॰* (राजाओं आदि की सवारी या बरात आदि के आगे शोभा के लिए सेवक द्वारा ले जाया जानेवाला) सोने-चाँदी के पत्तरों से युक्त डंडा।

***असाइस**—[< फा॰ आसाइश] *स्त्री॰* १. सुख। चैन। २. तृप्ति। सन्तोष।

***असाई**—[< स॰ अशास्त्रीय] *वि॰* १. अशास्त्रीय। शास्त्र-विरुद्ध। २. (उपेक्षा-सूचक) शास्त्र आदि से या अधिक अच्छी बात से अनभिज्ञ।

असांविधिक—[स॰ अ + सांविधिक] *वि॰* १. जो सांविधिक न हो। संविधान-विरुद्ध। २. विधि-विधान के विरुद्ध। अवैधानिक। ∇ **विलोम**—सांविधिक।

असाक्षिक—[स॰ अ + साक्षिक] *वि॰* १. जिसका साक्षी/गवाही देनेवाला कोई न हो। जिसका कोई गवाह न हो। २. (घटना आदि) जिसे प्रमाणित/सिद्ध करनेवाला कोई न हो।

असाक्षी—[स॰ असाक्षिन्] *वि॰* १. जो प्रत्यक्ष देखने वाला गवाह न हो। २. धर्मशास्त्र या कानून के अनुसार जिसकी गवाही को प्रमाण न माना जाए। *जैसे*—पागल व्यक्ति असाक्षी होते हैं। ३. जो किसी दस्तावेज़ को प्रमाणित करने के लिए अधिकृत न हो।

असाढ़—[< स॰ अषाढ़] *पु॰* आषाढ़ मास। ✣ **असाढ़ी**—*स्त्री॰* = आषाढ़ मास की पूर्णिमा। *पु॰* १. गुरुपूर्णिमा। व्यासपूर्णिमा। २. आषाढ़ मास में बोई जानेवाली फ़सल या उसके लिए की जानेवाली जुताई। ● **विशेष**—उक्त फ़सल को '**ख़रीफ़**' कहा जाता है। *वि॰* १. आषाढ़ मास से सम्बन्धित। आषाढ़ मास का। २. आषाढ़ मास में होनेवाला।

असातत्य—[स॰ अ + सातत्य] *पु॰* सातत्य का अभाव। निरन्तरता न होना। ∇ **विलोम**—सातत्य।

असात्म्य—[स॰ अ + सात्म्य] *वि॰* जो स्वास्थ्यकर न हो। २. जो व्यक्ति की प्रकृति के प्रतिकूल हो। विपरीत। [आयुर्वेद॰] (रोगी के रोग का कारण जानने के लिए उसे जानना) जो वस्तु/क्रिया रोगी को 'सात्म्य' नहीं, कष्टकारक है। ∇ **विलोम**—सात्म्य।

असाधनीय—[स॰ अ + साधनीय] *वि॰* असाध्य। (दे॰) ∇ **विलोम**—साधनीय।

असाध्य—[स॰ अ + साध्य] *वि॰* १. जो साध्य न हो। जिसकी प्राप्ति न हो सके। २. न हो सकनेवाला (कर्म आदि)। ३. जिस पर अधिकार करना या विजय पाना सम्भव न हो। *जैसे*—असाध्य शत्रु। (आयुर्वेद॰) १. (रोग) जिसे चिकित्सा से दूर न किया जा सके। *जैसे*—असाध्य रोगों में क्षय रोग प्रमुख है। २. (रोगी) जिसे चिकित्सा से स्वस्थ न किया जा सके। ∆ **पर्याय**—असाधनीय। ∇ **विलोम**—साध्य। ✣ **असाध्य-साधन**—*पु॰* = ऐसा कार्य करना जो असाध्य प्रतीत होता हो।

असाध्वी—[स॰ अ +साध्वी] *वि॰* (स्त्री॰) १. जो साध्वी न हो। दुश्चरित्रवाली। २. दुष्ट। *स्त्री॰* १. कुलटा। व्यभिचारिणी। २. दुष्ट स्त्री।

असान्तत्य (असांतत्य)—[स॰ अ + सान्तत्य] *पु॰* १. निरन्तरता का अभाव। २. बीच-बीच में रुकावट/अन्तर/अन्तराल होना। विच्छिन्नता। विच्छेद। ∇ **विलोम**—सान्तत्य।

असामयिक—[स॰ अ + सामयिक] *वि॰* १. जो सामयिक न हो। प्रस्तुत समय की दृष्टि से प्रतिकूल/अनुपयुक्त। अनवसर। बेमौक़ा। *जैसे*—असामयिक वक्तव्य; असामयिक आगमन। २. जो नियत समय पर न हो। समय से पहले का। बेवक़्त। *जैसे*—असामयिक वर्षा। ∇ **विलोम**—सामयिक।

असामी—[अरबी] *पु॰* १. (ज़मीदारी प्रथा में) छोटा किसान जिसने लगान पर जोतने के लिए ज़मीदार से खेत लिया हो। २. (दुकानदार या महाजन) देनदार व्यक्ति। ३. (लाक्षणिक) वह मनुष्य जिससे कोई आर्थिक लाभ होता हो या कोई स्वार्थ पूरा होता हो। *जैसे*—तुम्हारे तो बहुत असामी हैं, किसी से भी रुपए मिल जाएँगें।

असार—[स॰ अ + सार] *वि॰* १. सार-हीन। तत्त्वहीन। २. व्यर्थ।

निरर्थक। निकम्मा। ३. जो लाभदायक न हो। ४. निर्बल। कमज़ोर। ५. शून्य। ख़ाली। ६. खोखला। पोला। ७. तुच्छ। हेय। *पु॰* १. सार-हीन पदार्थ। २. अनावश्यक अंश। ३. रेंडी का वृक्ष। ४. अगर/अगरु की लकड़ी। ✣ **असारता**—*स्त्री॰* = १.सारहीनता। २. तुच्छता। ३. निरर्थकता। ४. मिथ्यापन। ***जैसे***—संसार की सारहीनता का ज्ञान।

***असारत**—[‹ अरबी इशारत] *पु॰* संकेत। इशारा।

***असाँच**—[स॰ अ + हि॰ साँच (‹ स॰ सत्य)] *वि॰* १. असत्य। झूठ। २. जो वास्तविक न हो। मिथ्या।

असि[१]—[स॰ √अस् + इन्] *स्त्री॰* १. तलवार। २.पशुओं को हलाल करने में प्रयुक्त छुरी।

***असि**[२]—[‹ स॰ ईदृशी] *वि॰* (*स्त्री॰*) ऐसी।

असि-कला—[स॰] *स्त्री॰* तलवार चलाने का कौशल।

असिक्नी—[स॰ असिक्न + ङीप्] *स्त्री॰* १. अन्तःपुर की युवती दासी। २. रात्रि। ३. (पंजाब की) चिनाब नदी।

असिजीवी—[स॰ असि ~ जीवी (जीविन्)] *वि॰* जिसकी जीविका का आधार तलवार हो। *पु॰* १. सैनिक। सिपाही। २.योद्धा।

असित—[स॰ अ + सित] *वि॰* १. जो सित/सफ़ेद न हो। अश्वेत। २. काला या नीला 'रंग'। ३. कुटिल। *पु॰* १. काला या नीला रंग। २. शनि। ३. कृष्णपक्ष। ✣ **असितकेश**—*वि॰* = काले बालों वाला (पुरुष)। ✣ **असितकेशा**—*वि॰* (*स्त्री॰*) काले बालों वाली (स्त्री)। ✣ **असितागिरि/असितनग**—*पु॰* 'नीलगिरि' नामक पर्वत। ✣ **असितग्रीव**—*वि॰* = काली गर्दन वाला। ✣ **असितपक्ष**—*पु॰* = (चान्द्र मास का) कृष्णपक्ष। अँधेरा पाख। **असितमृग**—*पु॰* = काला हिरन। कृष्णमृग। ✣ **असित रत्न**—*पु॰* = नीला रत्न। नीलम।

असिता—[स॰ असित + टाप्] *स्त्री॰* १. नील का पौधा। २. यमुना (नदी)।

असिताङ्ग (असितांग)—[स॰ असित ~ अङ्ग] *वि॰* १. काले अंगों वाला। २. काले शरीर वाला। *पु॰* शिव। महादेव।

असिताम्बुज (असितांबुज)—[स॰ असित ~ अम्बुज] *पु॰* नीलकमल।

असितावदात—[स॰ असित ~ अवदात] *वि॰* उज्ज्वल श्याम रंग का।

असिताश्म—[स॰ असित ~ अश्म (अश्मन्)] *पु॰* १. काला/नीला पत्थर। २. 'नीलम' नामक रत्न।

असितोत्पल—[स॰ असित ~ उत्पल] *पु॰* नील कमल।

असिदन्त/असिदंष्ट्र/असिदंष्ट्रक/—[स॰ असि ~ दन्त/दंष्ट्र/दंष्ट्रक] *पु॰* मगर। घड़ियाल।

असिद्ध (असिद्ध)—[स॰ अ + सिद्ध] *वि॰* १. जो पूरा न हुआ हो। अपूर्ण। अधूरा। ***जैसे***—असिद्ध काम। २. जो प्रमाणित न हुआ हो। ३. जो पका न हो। अनपका। कच्चा। ***जैसे***—असिद्ध अमरूद। ४. जो साधना द्वारा फलदायक न हुआ हो। ***जैसे***—असिद्ध मन्त्र। ५. (व्यक्ति) जिसने सिद्धि प्राप्त न की हो। ***जैसे***—वह अभी असिद्ध महात्मा है। ६. जिसका परिणाम कुछ न हुआ हो। विफल। व्यर्थ। ७. (किसी कार्य के लिए) जो प्रस्तुत/तत्पर न हो। ८. जो नियम, सिद्धान्त आदि की दृष्टि से ठीक न हो। ***जैसे***—भाषा में अनेक शब्द व्याकरण की दृष्टि से असिद्ध होते हैं परन्तु प्रचलित रहते हैं। *पु॰* (न्याय॰) एक हेत्वाभास जिसमें हेतु स्वयं असिद्ध होता है। ✣ **असिद्धता (असिद्धता)**—*स्त्री॰* = असिद्धि। (दे॰)

असिधारा—[स॰ असि ~ धारा] *स्त्री॰* तलवार की धार। ✣ **असिधाराव्रत**—*पु॰* = तलवार की धार पर चलने के समान अत्यन्त कठिन व्रत/संकल्प/प्रतिज्ञा। ***जैसे***—क्रान्तिकारियों का असिधाराव्रत।

***असिव**—*वि॰* ≤ *स॰* अशिव। जो कल्याणकारी न हो। अशुभ। अमंगलकारी।

***असिष**—[‹ स॰ आशिष्] *स्त्री॰* आशीर्वाद।

***असी**—[‹ हि॰ अस्सी] *वि॰, पु॰* अस्सी।

असीस—[‹ स॰ आशिष्] *स्त्री॰* आशीष। आशीर्वाद। मंगल-कामना। ✣ **असीस की चूड़ी**—*स्त्री॰* = मनिहार द्वारा स्त्री की मनपसन्द चूड़ियाँ पहनाने के बाद बाएँ हाथ में पहनायी जाने वाली अलग रंग की एक चूड़ी जो सधवा और सुखी रहने की मंगलकामना के साथ आशीष रूप में बिना मूल्य पहनायी जाती है।

असु[१]—[स॰ अस् + उन्] *पु॰* १. प्राण। २. प्राणवायु। ३.समय की एक प्राचीन इकाई जो ४ सेकंड के बराबर होती है।

***असु**[२]—*पु॰* ≤ *स॰* अश्व। घोड़ा।

***असु**[३]—[‹ स॰ आशु] *क्रिवि॰* शीघ्र। जल्दी।

असुख—[स॰ अ + सुख] *पु॰* १. सुख का अभाव। २. दुःख। पीड़ा। ३. शोक। *वि॰* १. दुःख उत्पन्न करनेवाला। दुःखोत्पादक। २. जो सहज/सरल न हो। कठिन। श्रम-साध्य। ✣ **असुखी**—*वि॰* = १. दुःखी। पीड़ित। २. शोकग्रस्त।

***असुग**—[‹ स॰ आशुग] *वि॰* तेज़ चलनेवाला। आशुगामी। शीघ्रगामी।

असुत्त—[‹ स॰ असुप्त] *वि॰* जो सोया हुआ न हो। असुप्त। जागरित।

असुमान्—[स॰ असुमत्] *वि॰* जीवित। *पु॰* प्राणी। जीवधारी।

असुमोचक—[स॰ असु ~ मोचक] *वि॰* १. प्राण लेनेवाला। प्राणहारी। जान-लेवा। २. अतिकष्टदायक।

असुर—[स॰ √अस् + उर] *पु॰* १. व्यक्ति जो सुर/देवता न हो। २. वह व्यक्ति जो देवताओं का विरोधी हो। ३. एक प्राचीन जाति जो 'राक्षस' आदि जातियों के समान थी, जिसमें बलि, लवणासुर, बाणासुर इत्यादि अनेक शक्तिशाली राजा हुए तथा जो अन्य जातियों के प्रति क्रूरता और अत्याचारों के लिए बदनाम थी। ४. दुष्ट और क्रूर व्यक्ति। ५. प्राचीन असीरिया देश का निवासी। *वि॰* विशेष शक्तिशाली। ***जैसे***—असुर वरुण। ✣ **असुर-गुरु**—*पु॰* = १. असुरों का गुरु। २. (राजा बलि आदि असुरों का गुरु) शुक्राचार्य। ✣ **असुर-रिपु**—*पु॰* = १. असुरों का शत्रु। २. देवता। ३. विष्णु।

४. इन्द्र। ✣ **असुर-सूदन**— *वि॰* = असुरों का नाश करनेवाला। *पु॰* १. देवता। २. विष्णु। ३. इन्द्र।

असुराई—[< सं॰ असुर] *स्त्री॰* १. असुरों के समान क्रूर आचरण। क्रूरता। २. घोर निर्दयता। ३. भीषण अत्याचार। ४. दुष्टता।

असुराचार्य—[सं॰ असुर ~ आचार्य] *पु॰* १. असुरों का आचार्य/गुरु। २. (असुरों का आचार्य) शुक्राचार्य।

असुराधिप—[सं॰ असुर ~ अधिप] *पु॰* असुरों का राजा। ***जैसे***—असुराधिप बलि ने वामन को दान दिया।

असुरापी—[सं॰ अ + सुरापी] *वि॰* १. सुरा/शराब न पीनेवाला। अमद्यप। २. जिसने अभी शराब न पी हो।

असुरारी—[< सं॰ असुरारि (असुर ~ अरि)] *पु॰* १. असुरों का शत्रु। २. देवता। ३. विष्णु। ४. इन्द्र।

असुरी—[सं॰ असुर + ङीष्] *स्त्री॰* असुर स्त्री।

असुर्य—[सं॰ असुर + यत्] *वि॰* असुरों का। आसुरी।

असुविधा—[सं॰ अ + सुविधा] *स्त्री॰* १. सुविधा का अभाव। सुविधा। सुभीता न होना। २. (किसी काम में) बाधा। अड़चन। ∇ **विलोम**— सुविधा।

असुहर—[सं॰ असु + हर] *वि॰* प्राणनाश्क। **जैसे**—असुहर बाण।

असुहाता—[< सं॰ अ + हि॰ सुहाना] *वि॰* जो सुहाना न लगे। जो अच्छा न लगे। अप्रिय। ∇ **विलोम**—सुहाता। ✣ **असुहाती**—*वि॰* (*स्त्री॰*) = जो अच्छी न लगे। अप्रिय। ∇ **विलोम**—सुहाती।

असुहाना—[सं॰ अ + हि॰ सुहाना] *वि॰* असुहाता। (दे॰)। ✣ **असुहानी**—*वि॰* (*स्त्री॰*) = असुहाती। (दे॰)

असूझ—[< सं॰ अ + हि॰ सूझना] *वि॰* १. जिसमें कुछ न सूझे। जिसमें कुछ दिखाई न दे। ***जैसे***—असूझ अँधेरा। २. (इतनी बड़ी वस्तु कि) जिसका दूसरा सिरा दिखाई न दे। अपार। ३. (इतना कठिन कार्य कि) जिसे करने का कोई उपाय न दिखे। ४. जिसकी ओर ध्यान न जाए। ***जैसे***—असूझ उपाय। ५. अन्धा। ***जैसे***—असूझ मनुष्य। ६. जिसमें सूझ-बूझ का अभाव हो। मूर्ख। *पु॰* १. सूझ का अभाव। समझ न होना। २. अन्धकार। अँधेरा। *स्त्री॰* अदूरदर्शिता। ✣ ***असूझा**—*वि॰* = असूझ।

असूत—[सं॰ अ + सूत] *वि॰* १. (भूमि) जिसमें कुछ भी उत्पन्न न हो। बंजर। २. (स्त्री) जिसके सन्तान न हो सके। बन्ध्या। बाँझ।

असूति—[सं॰ अ + सूति] *स्त्री॰* १. (भूमि का) बंजरपन। २. (स्त्री का) बाँझपन। ३. बाधा। अड़चन।

असूतिका—[सं॰ अ + सूतिका] *वि॰* (*स्त्री॰*) १. जिसके सन्तान न हुई हो। २. बन्ध्या। बाँझ।

असूयक—[सं॰ √असू + यक् + ण्वुल्] *वि॰* १. असूया/ईर्ष्या करनेवाला। ईर्ष्यालु। डाही। २. जो दूसरों के दोष ही देख पाता हो। ३. प्रायः परनिन्दा करनेवाला। निन्दक।

असूया—[सं॰ √असू + यक् + टाप्] *स्त्री॰* १. ईर्ष्या। डाह। जलन। २. प्रायः दूसरो के दोष ही देखने की प्रवृत्ति। ३. निन्दा। (काव्य॰) एक संचारी भाव। ईर्ष्या के कारण किसी के गुणों या सुख को सहन न करने का भाव।

असृक्—[सं॰ असृज्] *पु॰* रक्त। रुधिर। ख़ून। ***जैसे***— असृक्पात (= रक्तपात), असृक्स्रवण (= रक्तप्रवाह)।

असृग्वहा—[सं॰ असृक् ~ वहा] *स्त्री॰* रक्तवाहिनी नाड़ी। धमनी।

असेचनीय—[सं॰ अ + सेचनीय] *वि॰* १. जिसे सीचंना उचित न हो। २. जो सींचा जानेवाला न हो।

***असेत**—[< सं॰ अ + श्वेत] *वि॰* १. जो श्वेत/सफेद न हो। सफ़ेद से भिन्न रंग का। २. काले/नीले/हरे रंग का।

असेम्बली (असेंबली)—[अं॰ असेम्ब्लि] *स्त्री॰* १. सभा। २. विधानसभा।

***असैला**—[< सं॰ अ + शील] *वि॰* शील-विरुद्ध, शील-रहित या अनुचित।

***असोकी**—[< सं॰ अशोक] *वि॰* जिसे शोक न हो। शोक-रहित।

***असोच**—[< सं॰ अशोच] *वि॰* चिन्ता-रहित। निश्चिन्त। बेफ़िक्र। *पु॰* चिन्ता का अभाव। चिन्ताहीनता। निश्चिन्तता। बेफ़िक्री।

***असोस**—[< सं॰ अशोष्य] *वि॰* जो सोखा न जा सके। न सूखनेवाला। जो कभी सूखे नहीं।

***असौच**—[< सं॰ अशौच] *पु॰* अशुचिता। अपवित्रता। मलिनता। *वि॰* अपवित्र। मलिन।

†असौज—[< सं॰ अश्वयुज्] *पु॰* आश्विन मास।

***अस्चर्ज**—[< सं॰ आश्चर्य] *पु॰* १. आश्चर्य। विस्मय। २. अद्‌भुत बात। *वि॰* आश्चर्यपूर्ण।

***अस्ट**—*वि॰, पु॰* ≤ *सं॰* अष्ट। आठ।

अस्त—[सं॰ √अस् + क्त] *वि॰* १. समाप्त। ***जैसे***—उनका प्रभुत्व अब अस्त होने ही वाला है। २. (लाक्षणिक) जिसकी अवनति हो चुकी हो। जिसका पतन या ह्रास हो चुका हो। ***जैसे***—अँग्रेज़ों का अस्त साम्राज्य। ३. जो अदृश्य हो गया हो। तिरोहित। ओझल। ४. दृष्टि-पथ से बाहर चला गया या डूबा हुआ (तारा/सूर्य/चन्द्र आदि)। ***जैसे*** सूर्य अस्त हो गया; जब तक शुक्र अस्त रहेगा, विवाह नहीं होंगे। ✣ **अस्त-काल**—*पु॰* = १. अस्त हो जाने का समय। २. अवनति/पतन/ह्रास का समय। ***जैसे***—मुगल साम्राज्य का अस्त-काल। ३. (सूर्य/चन्द्र/तारा आदि के) दृष्टि-पथ से अदृश्य हो जाने का समय। डूब जाने का समय। ✣ **अस्तकालीन**—*वि॰* = अस्त होने के समय का।

अस्तगिरि—[सं॰ अस्त ~ गिरि] *पु॰* अस्ताचल।

अस्तङ्गत (अस्तंगत)—[सं॰ अस्तम् ~ गत] *वि॰* १. जो अस्त हो चुका हो। ***जैसे***—अस्तंगत चन्द्रमा। २. (लाक्षणिक) जिसकी उन्नत अवस्था समाप्त हो चुकी हो। ***जैसे***—अस्तंगत ब्रिटिश साम्राज्य। ३. अवनत होकर जो प्रायः नष्ट हो चुका हो। ***जैसे***—अस्तंगत वैभव।

अस्तनी—[सं॰ अस्तन + ङीष्] *स्त्री॰* बहुत छोटे स्तनों वाली स्त्री।

अस्तन्यता—[सं॰ अ + स्तन्यता] *स्त्री॰* नवप्रसूता स्त्री में शिशु के लिए दूध की बहुत कमी।

अस्तबल—[< अरबी अस्तब्ल] *पु॰* घोड़ों को बाँधने का स्थान। अश्वशाला। घुड़साल। तबेला।

अस्तमन—[सं॰ अस्तम् + अनम्] *पुं॰* १. (सूर्य आदि का) अस्त होना। डूबना। २. (लाक्षणिक) वैभव आदि का समाप्त होना।

अस्तमित—[सं॰ अस्म् + इत] *वि॰* १. (सूर्य, चन्द्र, तारा आदि) जो अस्त हो चुका हो या जो डूब चुका हो। २. आँखों से ओझल। अदृश्य। तिरोहित। ३. नष्ट। ४. समाप्त। ५ मृत। ६. (शासन/वैभव आदि) जिसका पतन/अवनति/ह्रास हो चुका हो या जो समाप्त हो चुका हो।

अस्तर—[फ़ा॰] *पुं॰* १. सिले कपड़े के भीतर की तह। २. जूते आदि के भीतर की तह। ३. रोग़न/पालिश करने से पहले का मसाला या पहला लेप। ४. किसी प्रकार की भीतरी तह।

***अस्तरी**—*स्त्री॰* ≤ *सं॰* स्त्री। नारी।

अस्त-व्यस्त—[सं॰] *वि॰* १. बिखरा हुआ। तितर-बितर। २. जिसकी क्रम-व्यवस्था नष्ट हो चुकी हो। बेतरतीब।

अस्ताचल/अस्ताद्रि—[सं॰ अस्त ~ अचल/अद्रि] *पुं॰* पश्चिम दिशा का वह कल्पित पर्वत जिसके पीछे गया सूर्य अस्त हो जाता है। ✣ **अस्ताचलगामी**—*वि॰* = अस्ताचल को जानेवाला। अस्त होनेवाला या डूबने वाला। सन्ध्याकालीन। ***जैसे***—अस्ताचलगामी सूर्य।

अस्ति[1]—[सं॰ अस् + शितप्] *स्त्री॰* स्थिति। विद्यमानता। सत्ता। अस्तित्व। पु॰ १. अस्तित्ववाला तत्त्व। २. सत्य।

अस्ति[2]—[सं॰ √अस्] *क्रिअ॰* है।

अस्तिकाय—[सं॰ अस्ति ~ काय] *पुं॰* (जैन॰) बहुप्रदेशी या कायवान् द्रव्य। (जैनदर्शन के) ६ द्रव्यों में से 'काल' के अतिरिक्त शेष पाँच—जीव, पुद्गल, धर्म, अधर्म और आकाश।

अस्तित्व—[सं॰ अस्ति +त्वल्] *पुं॰* १. 'है' का भाव। होना। २. स्थिति। सत्ता। विद्यमानता। ✣ **अस्तित्वपरक**—*वि॰* = १. अस्तित्व से सम्बन्धित। अस्तित्वविषयक। २. जीवन-सम्बन्धी। जीवन का। ● **विशेष**—**'अस्तित्वपरक मनोविज्ञान'** एक प्रकार का मनोविज्ञान है जिसमें यह माना जाता है कि विज्ञान का विषय उन अनुभुतियों के अध्ययन तक सीमित है जिनका अन्तर्निरीक्षण सम्भव है अर्थात् संवेदन, कल्पना और भाव के अध्ययन तक।

अस्तित्ववाद—[सं॰ अस्तित्व ~ वाद] *पुं॰* आधुनिक युग का एक दार्शनिक मतवाद जो व्यक्ति के जीवन को सर्वोपरि महत्त्व देता है और जिसके अनुसार इस अननुकूल विश्व में मनुष्य एकाकी है, वह स्वयं अपने कर्मों के लिए उत्तरदायी है और अपने भाग्य का निर्माता है। (अं॰ एग्ज़िस्टेन्शलिज़्म) ● **विशेष**—१. अस्तित्ववाद के अनुसार मनुष्य की रचना के मूल में कोई उद्देश्य नहीं है, और यह मनुष्य का ही कार्य है कि वह अपने जीवन के अर्थ और उद्देश्य निश्चित करे। २. अस्तिववाद की दो धाराएँ हैं—धर्मनिरपेक्ष धारा और धार्मिक धारा। ३. अस्तित्ववादी चिन्तन का प्रमुख सूत्र है—'अस्तित्व तत्त्व से पहले है'। अस्तित्ववाद भाव तथा विचार के प्रति जीवन का विद्रोह है। अस्तित्ववादी विचारधारा का जन्म मनुष्य की अवश और उपायहीन स्थिति से है। ४. अस्तित्ववाद यूरोपीय विचारधारा के रूप में (१९४३ ई॰ से) प्रतिष्ठित है। इसके मुख्य प्रवक्ता फ़्रांस के **ज्याँ पाल सार्त्र, एलबर्ट कामू (केमुअ)** इत्यादि रहे। हिन्दी साहित्य पर इसका प्रभाव **'अज्ञेय'** आदि के साहित्य में और **'क्षण' के महत्त्व के विवेचन में** देखा जा सकता है।

अस्ति-नास्ति—[सं॰] *क्रिवि॰* 'हाँ' या 'नहीं' अथवा दोनों। हाँ-नहीं। *स्त्री॰* १. 'हाँ या नहीं' ' अथवा दोनों। २. कभी हाँ और कभी 'ना' कहना। सन्देहपूर्ण या असमंजस वाली स्थिति। अनिश्चयात्मक कथन/स्थिति। ***जैसे***—'वह चोर नहीं' इस विषय में 'अस्ति-नास्ति' ही कहा जा सकता है।

अस्तिमान्—[सं॰ अस्तिमत्] *वि॰* धनवान्। धनी। मालदार।

अस्तिरूप—[सं॰ अस्ति ~ रूप] *वि॰* जो 'हाँ' के रूप में हो। 'हाँ' वाला। जो अभावरूप नहीं, भावरूप हो। ∇ **विलोम**—नास्तिरूप।

अस्तु—[सं॰ √अस् का एक रूप अथवा √अस् + तुन्] *क्रिअ॰* हो। ***जैसे***—एवमस्तु (एवम् + अस्तु) *अव्यय॰* १. चाहे जो हो। जो भी हो। २. भला। ख़ैर।

अस्तुत—[सं॰ अ + स्तुत] *वि॰* १. जिसकी स्तुति नहीं की गयी है। २. अप्रशंसित।

अस्तुति—[सं॰ अ + स्तुति] *स्त्री॰* १. स्तुति का अभाव। अप्रशंसा। २. निन्दा। ३. अपयश। ● **विशेष**—बोलचाल में कुछ लोग 'स्तुति' का उच्चारण 'इस्तुति' या 'अस्तुति' कर देते हैं और सम्भवतः इसी कारण **भक्तों/सन्तों आदि के काव्य में 'अस्तुति' शब्द 'स्तुति' के लिए प्रयुक्त हुआ है।**

अस्तेय—[सं॰ अ + स्तेय] *पुं॰* १. चोरी न करना। अचौर्य। २. योग का एक उपांग। अस्तेय-व्रत। (दे॰) ✣ **अस्तेय-व्रत**—*पुं॰* = चोरी न करने का व्रत/प्रतिज्ञा/संकल्प। (योग॰) अष्टांग योग का एक अंग। चोरी न करना तथा मन में भी चोरी का विचार न आना।

अस्तोक—[सं॰ अ + स्तोक] *वि॰* जो स्तोक/थोड़ा न हो। बहुत।

अस्तोदधि—[सं॰ अस्त ~ उदधि] *पुं॰* पश्चिम दिशा का एक कल्पित सागर जिसमें अस्त हो रहा सूर्य डूब जाता है।

अस्त्र—[सं॰ √अस् + ष्ट्रन्] *पुं॰* १. फेंककर चलाया जानेवाला हथियार (जैसे—बाण, भाला आदि)। २. वह उपकरण जिससे कोई वस्तु, शत्रु आदि पर, फेंकी जाए (जैसे-धनुष, तोप, बन्दूक़ आदि)। ३. वह उपकरण जो शत्रु के चलाए हथियार को रोक ले। (जैसे—ढाल)। ✣ **अस्त्रकार**—*पुं॰* = अस्त्र/हथियार बनानेवाला कारीगर। अस्त्र-निर्माता। ✣ **अस्त्र-चिकित्सा**—*स्त्री॰* = शल्यचिकित्सा। (अं॰ सर्जरी) ✣ **अस्त्रजीवी**—*पुं॰* = १. वह व्यक्ति जिसकी जीविका हथियार बनाने या चलाने से चलती हो। (जैसे—अस्त्रकार, योद्धा आदि) २. सैनिक या योद्धा। ✣ **अस्त्रधारी**—*वि॰* = अस्त्र धारण करनेवाला। हथियारबन्द सैनिक या योद्धा। ✣ **अस्त्र-निवारण**—*पुं॰* = अस्त्र के वार/प्रहार को रोकना। ✣ **अस्त्र-लाघव**—*पुं॰* = अस्त्र चलाने में निपुणता।

अस्त्र-कौशल। ✣ **अस्त्रविद्**—*वि॰* = अस्त्रविद्या जाननेवाला। धनुर्वेदज्ञ। ✣ **अस्त्रविद्या (अस्त्रविद्या)**—*स्त्री॰* = १. हथियार चलाने की कला। २. अस्त्रों के प्रयोग-आदि बतानेवाला शास्त्र। ✣ **अस्त्र-विराम**—*पु॰* = १. (कुछ समय के लिए) अस्त्र-प्रयोग रोक देना। २. युद्ध-विराम। **अस्त्रवेद**—*पु॰* अस्त्रविद्या। अस्त्रशास्त्र। धनुर्वेद। ✣ **अस्त्र-शस्त्र**—*पु॰* = अस्त्र और शस्त्र दोनों प्रकार के हथियार। आयुध। **विशेष—'अस्त्र'** = फेंके जानेवाले हथियार; **'शस्त्र'** = हाथ में लेकर युद्ध करने के हथियार। ✣ **अस्त्रशाला**—*स्त्री॰* = १. वह स्थान जहाँ अस्त्र रखे जाते हों। अस्त्रागार। २. वह स्थान जहाँ अस्त्र बनते हों। अस्त्रनिर्माणशाला। ✣ **अस्त्र-शास्त्र**—*पु॰* = अस्त्रविद्या। धनुर्वेद। ✣ **अस्त्र-शिक्षा**—*स्त्री॰* = १. अस्त्र चलाने या उनका प्रयोग करने की शिक्षा। अस्त्र-संचालन की शिक्षा। २. सैनिक शिक्षा। ✣ **अस्त्रागार**—*पु॰* = अस्त्रशाला।

अस्त्री[१]—[स॰ अस्त्रिन्] *वि॰* १. अस्त्रों से लड़नेवाला। धनुर्धर। २. अस्त्र धारण करनेवाला। अस्त्रधारी। *पु॰* सैनिक या योद्धा।

अस्त्री[२]—[स॰ अ + स्त्री] *पु॰* जो स्त्री न हो। २. पुरुष। (संस्कृत व्याकरण में) पुंलिंग और नपुंसकलिंग शब्द।

अस्थायी[१]—[स॰ अ + स्थायी (स्थायिन्)] *वि॰* १. जो स्थायी न हो। जो हमेशा न रहने वाला हो। २. नाशवान्। ३. जो केवल वर्तमान समय के लिए हो और बाद में जिसकी पुष्टि होनी हो या जिसे हटा दिया जाना हो या जिसमें परिवर्तन किया जाना हो। अनन्तिम। अन्तः। ***जैसे***—अस्थायी सरकार। (अ॰ प्रॅविज़नल) ४. जो थोड़े समय के लिए हो। ***जैसे***—अस्थायी नियुक्ति; अस्थायी अधिकारी। (अ॰ टेम्परिर)

अस्थायी[२]—[< स॰ स्थायी] *वि॰* स्थायी। *स्त्री॰* ध्रुवपद/गीत का पहला चरण जो हर 'अन्तरा' को गाने के बाद दुहराया जाता है। स्थायी।

अस्थावर—[स॰ अ + स्थावर] *वि॰* जो स्थावर/जड़ न हो। जंगम। चल। ***जैसे***—वृक्ष स्थावर हैं और मनुष्य अस्थावर।

अस्थि—[स॰ √अस् + क्थिन्] *स्त्री॰* १. शरीर का सबसे कठोर ऊतक। हड्डी। ***जैसे***—शरीर की बड़ी अस्थियों का अध्ययन। २. फल की गुठली। ✣ **अस्थिज**—*वि॰* = हड्डियों से बननेवाला या हड्डियों से निकलनेवाला। *पु॰* (फल का) गूदा।

***अस्थिति**[१]—[स॰ अ + स्थिति] *स्त्री॰* १. स्थिति/दृढ़ता का अभाव। २. अस्थिरता। ३. चंचलता।

अस्थि-प्रक्षेप, अस्थि-प्रवाह—[स॰] *पु॰* शव जलने के बाद बची हुई अस्थियों को गंगा या किसी अन्य पवित्र नदी में बहाने या विसर्जित करने की क्रिया। अस्थि-विसर्जन।

अस्थि-मज्जा—[स॰] स्त्री॰ अस्थियों की मज्जा। गुहाओं को भरनेवाला वसीय पदार्थ (अ॰ बोन मैरो)

अस्थि-माला—[स॰] *स्त्री॰* १. हड्डियों की माला। २. हड्डियों की पंक्ति।

अस्थिमाली—[स॰ अस्थिमालिन्] *वि॰* अस्थियों की माला धारण करनेवाला *पु॰* शिव। महादेव।

अस्थिर—[स॰ अ + स्थिर] *वि॰* १. जो स्थिर न हो। जो स्थायी/दृढ़ न हो। गतिमान्/चल या चंचल। २. किसी एक स्थान पर न टिकने वाला। ३. किसी सिद्धान्त/नियम को दृढ़तापूर्वक न माननेवाला। सिद्धान्त/नियम बदलते रहनेवाला। ✣ **अस्थिरता**—*स्त्री॰* = १. स्थायित्व/ दृढ़ता का अभाव। २. गतिशीलता। चंचलता। ● **विशेष**—बोलचाल में कुछ लोग 'स्थिर' का उच्चारण 'अस्थिर' करते हैं।

अस्थि-राख—[स॰ अस्थि + हि॰ राख] *स्त्री॰* (रसायन॰) हड्डियों को वायु में गर्म करने से उत्पन्न भस्म/राख। (अ॰ बोन ऐश) ● **विशेष**—'अस्थि-राख' में मुख्य रूप से 'कैल्सियम फ़ास्फ़ेट' नामक रासायनिक यौगिक होता है।

अस्थिल—[स॰ अस्थि + ल] *वि॰* १. हड्डी से सम्बन्धित। हड्डी/हड्डियों का। २. हड्डी जैसा कड़ा। ३. चौड़ी या बड़ी हड्डियों वाला। ४. जिसके शरीर पर मांस कम हो अतः हड्डियाँ दिखती हों। ५. दुबला-पतला।

अस्थिविग्रह—[स॰ अस्थि ~ विग्रह] *वि॰* बहुत दुर्बल। दुबला-पतला। *पु॰* इतना दुर्बल प्राणी कि वह शरीर की हड्डियों का ढाँचामात्र दिखता हो।

अस्थिशेष—[स॰ अस्थि ~ शेष] *वि॰* १. (रोग आदि की अधिकता के कारण) जिसके शरीर में माँस बहुत कम बचा हो और केवल हड्डियाँ रह गयी हों। कंकालमात्र। कंकालवत्। २. अति दुर्बल। दुबला-पतला।

अस्थि-सञ्चय (संचय)—[स॰] *पु॰* शव जल जाने पर शेष रही हड्डियों को चुनने तथा एकत्र करने का एक धार्मिक कृत्य। ***जैसे***—अस्थि-संचय हो गया और अब अस्थि-प्रवाह पवित्र गंगा की धारा में होगा। ● **विशेष**—अस्थि-संचय को **'फूल बीनना'** भी कहा जाता है।

अस्थिसार, अस्थिस्नेह—[स॰ अस्थि ~ सार/स्नेह] *पु॰* १. शरीर की मज्जा। २. फल का गूदा।

अस्थिहीन—[स॰ अस्थि ~ हीन] *वि॰* १. बिना हड्डी का। अस्थि-रहित। २. बहुत दुर्बल। दुबला-पतला।

अस्थूल—[स॰ अ + स्थूल] *वि॰* जो स्थूल न हो। सूक्ष्म। ∇ **विलोम**—स्थूल।

अस्थैर्य—[स॰ अ + स्थैर्य] *पु॰* अस्थिरता। (दे॰) ∇ **विलोम**—स्थैर्य।

अस्पन्द (अस्पंद)—[स॰ अ + स्पन्द] *वि॰* जिसमें स्पन्दन/कम्पन न हो। स्पन्दनहीन। निष्कम्प।

अस्पृश्य—[स॰ अ + स्पृश्य] *वि॰* १. जिसे स्पर्श करना उचित न हो। ***जैसे***—यह रोगी अस्पृश्य है। २. (वह मनुष्य) जिसे नीच जाति का होने के कारण स्पर्श योग्य न माना जाता हो। अछूत। ∇ **विलोम**—स्पृश्य। ✣ **अस्पृश्यता**—*स्त्री॰* = १. अस्पृश्य होने की अवस्था/भाव। अछूतपन। २. यह मत कि कुछ व्यक्ति या वस्तुएँ अस्पृश्य/अछूत हैं। अछूतवाद। ∇ **विलोम**—स्पृश्यता।

अस्पृष्ट—[सं॰ अ + स्पृष्ट] *वि॰* १. जिसे स्पर्श न किया गया हो। न छुआ हुआ। अनछुआ २. अछूता। ***जैसे***—साहित्य में अनेक विषय आज भी अस्पृष्ट हैं। ∇ **विलोम**—स्पृष्ट।

अस्पृह—[सं॰ अ + स्पृहा] *वि॰* जिसमें स्पृहा/इच्छा/कामना न हो। स्पृहा-रहित। कामना-रहित।

अस्फुट—[सं॰ अ + स्फुट] *वि॰* १. जो स्पष्ट न हो। अस्पष्ट। २. जो स्पष्ट रूप से उच्चरित न हो। अस्पष्ट रूप से कथित। अस्पष्ट भाषा वाला। ३. (फूल) जो खिला न हो। अर्धविकसित या अविकसित (फूल)। *पुं॰* अस्पष्ट कथन।

***अस्म**—[< सं॰ अश्म (अश्मन्)] १. पाषाण। पत्थर। २. मेघ। बादल। ३. कुलिश। वज्र।

अस्मत—[< अरबी इस्मत] *स्त्री॰* (नारी का) सतीत्व शील या पवित्रता।

अस्मद्—[सं॰ √अस् + मदिक्] *सर्व॰* संस्कृत के आत्मवाची सर्वनामों, ('अहम्', 'वयम्' आदि) का प्रातिपदिक) मैं। हम। *पुं॰* देहाभिमानी आत्मा। (शरीर में स्थित) ज्ञाता/द्रष्ट। आत्मा। ✣ **अस्मदादि (अस्मद् ~ आदि)**—*सर्व॰* = हम लोग। ✣ **अस्मदीय**—हम लोगों का। हमारा।

अस्मार्त—[सं॰ अ + स्मार्त] *वि॰* १. जो स्मार्त न हो। जो मनुस्मृति आदि स्मृतियों का अनुयायी न हो। २. जो स्मृतियों का विरोधी हो। ३. जो स्मार्त सम्प्रदाय का न हो।

अस्मिता—[सं॰ अस्मि + तल् + टाप्] *स्त्री॰* १. यह मानसिक भाव कि 'मैं हूँ'। अपनी सत्ता के बोध का भाव। अहंभाव। २. अन्य व्यक्तियों/समाजों/राष्ट्रों आदि से भिन्नता दिखानेवाली विशेषताओं से युक्त और उनसे सिद्ध क्रमशः व्यक्ति/समाज/राष्ट्र का अपने अस्तित्व का भाव। ● **विशेष**—जैसे व्यक्ति की 'अस्मिता' उसके 'अहंभाव' में प्रकट होती है, वैसे ही किसी समाज की 'अस्मिता' उसके 'सामूहिक अहंभाव' में अर्थात् 'समष्टिभाव' में प्रकट होती है तथा राष्ट्र की 'अस्मिता' उसकी 'संस्कृति' में प्रकट होती है। व्यक्ति, समाज या राष्ट्र अपनी 'अस्मिता' पर आघात होने पर तिलमिला उठते हैं क्योंकि 'अस्मिता' पर प्रहार उनके अस्तित्व पर प्रहार है और उसकी 'अस्मिता' का विनाश ही उनका विनाश है। (सांख्य॰) अहंभाव। अज्ञान। मोह। (योग॰) पाँच क्लेशों में से एक। अहंभाव। (वेदान्त॰) अहंभाव। हृदय-ग्रन्थि। ✣ **अस्मिता समाधि**—*स्त्री॰* = (योग॰) समाधि का एक भेद जिसमें चित्त अपने स्वरूप को अपना विषय बनाता है।

अस्मृति—[सं॰ अ + स्मृति] *स्त्री॰* स्मृति का अभाव। स्मरण न रहना। विस्मृति। भुलक्कड़पन।

अस्र—[सं॰ √अस् + रन्] *पुं॰* १. कोण। कोना। २. रक्त। रुधिर। ख़ून। ३. अश्रु। आँसू। ४. सिर के बाल। केश। ✣ **अस्रज**—*पुं॰* = मांस। ✣ **अस्रप**—*वि॰* = रक्त पीनेवाला। *पुं॰* राक्षस। ✣ **अस्रपा**—*वि॰* (*स्त्री॰*) रक्त पीनेवाली। *स्त्री॰* = १. राक्षसी। २. जोंक।

***अस्रु**—[सं॰ √अस् + रु] *पुं॰* अश्रु। आँसू।

अस्ल—[अरबी] *वि॰* असल। (दे॰) ✣ **अस्लियत**—*स्त्री॰* = असलियत। (दे॰) ✣ **अस्ली**—*वि॰* = असली।

अस्व[1]—[सं॰ अ + स्व] *वि॰* निर्धन। दरिद्र। ग़रीब।

***अस्व**[2]—*पुं॰* ≤ *सं॰* अश्व। घोड़ा।

अस्वर—[सं॰ अ + स्वर] *वि॰* १. जो ठीक स्वर वाला न हो। अनुचित/अस्पष्ट/भद्दे स्वर वाला। २. मन्द स्वर वाला। ***जैसे***—तुम्हारा अस्वर पाठ मुझे सुनाई नहीं पड़ा। *पुं॰* १. स्वर का अभाव। २. जो स्वर वर्ण न हो। व्यंजन वर्ण। (संगीत॰) १. मन्द स्वर। २. अनुचित/ग़लत स्वर।

अस्वर्ग्य—[सं॰ अ + स्वर्ग्य] *वि॰* जिससे स्वर्ग की प्राप्ति न हो। ***जैसे***—सात्त्विक यज्ञ स्वर्ग्य और तामसिक यज्ञ अस्वर्ग्य होते हैं। ∇ **विलोम**—स्वर्ग्य।

अस्वेदल—[सं॰ अ + स्वेदल] *वि॰* १. पसीना न लानेवाला। २. पसीना बहने को कम करनेवाला। स्वेदरोधी। ∇ **विलोम**—स्वेदल।

अहं—[सं॰ अस्मद्] *सर्व॰* अहम्। (दे॰) ✣ **अहंवाद**—*पुं॰* = १. अपने आपको अन्यों से बहुत श्रेष्ठ और महत्त्वपूर्ण समझना, स्वयं अपनी प्रशंसा करना और अपने विषय में बड़ी-बड़ी अभिमानपूर्ण बातें करना। २. अहंभाव। (दे॰ अहम्)। ३. स्वार्थवाद। स्वहितवाद। ४. डींग मारना। शेख़ी दिखाना। Δ **पर्याय**—अहम्मन्यता। ✣ **अहंवादी**—*वि॰* = जिसमें अहंवाद हो। अहम्मन्य। ✣ **अहं-विकृति**—*स्त्री॰* = (मनो॰) दूसरों को नीचा दिखाकर स्वयं को उनसे अधिक अच्छा बताने/दिखाने से उत्पन्न शत्रुता/विद्वेष की भावना।

अहः—[सं॰ 'अहन्' के समासयुक्त पदों में होनेवाले रूपों में से एक] *पुं॰* १. दिन। ***जैसे***—अहोरात्रि (अहः रात्रि)। २. (दिन-रात मिलाकर) दिवस। ***जैसे***—अहर्गण (अहःगण)।

अहःपति—[सं॰ अहन् ~ पति] *पुं॰* १. दिन का स्वामी। २. सूर्य। रवि।

अहःशेष—[सं॰ अहन् ~ शेष] *पुं॰* १. दिन का अन्तिम समय। २. सायंकाल। सन्ध्या। शाम।

†**अहक**—[अवधी, < सं॰ ईहा] *स्त्री॰* १. हार्दिक इच्छा। तीव्र कामना। लालसा। २. उत्कंठा। ✣ **अहकना**—*क्रि॰स॰* = तीव्र इच्छा करना। लालसा करना।

अहङ्कार (अहंकार)—[सं॰ अहम् + कार] *पुं॰* १. शरीर आदि को अपनी 'आत्मा' से अभिन्न मानने का भाव। 'मैं'/'मेरा' का भाव। अहम्-भाव। ***जैसे***—'मैं मनुष्य हूँ' और 'मैं खा रहा हूँ' आदि वाक्य अहंकार के सूचक हैं। २. अभिमान। घमंड। ***वा॰*** **अहंकार का पुतला**—बहुत घमंडी पुरुष। **अहंकार की पुतली**—बहुत घमंडी स्त्री।

अहङ्कृति (अहंकृति)—[सं॰ अहम् ~ कृति] *स्त्री॰* अहंकार। अभिमान। गर्व। घमंड।

***अहटना**—*क्रि॰अ॰* ≤ *हि॰* अहुटना। (दे॰) ✣ **अहटाना**[1]—*क्रि॰स॰* ≤ *हि॰* अहुटाना।

†अहटाना[२]—[< हि॰ आहट] *क्रिअ॰* १. आहट लेना। आहट से पता लगाना। २. खोजना।

†अहटाना[३]—[< स॰ आहट] *क्रिअ॰* दर्द करना। दुखना।

अहत—[स॰ अ + हत] *वि॰* १. जो हत न हुआ हो। २. जो मारा न गया हो। ३. जो मारा-पीटा न गया हो। जो घायल न हुआ हो। ४. (वस्त्र) जो अभी धुला न हो। नवीन/नया या कोरा (वस्त्र)। ५. स्वच्छ। बेदाग़। *पु॰* नया वस्त्र। कोरा कपड़ा।

अहद—[अरबी] *पु॰* १. दृढ़ संकल्प। प्रतिज्ञा। प्रण। २. शासन-काल। ***जैसे***—छत्रपति शिवाजी के अहद में प्रजा सुख से रही। ✣ **अहदनामा**—*पु॰* = प्रतिज्ञा-पत्र।

अहदीं—[< अरबी अहद] *पु॰* सैनिक। सिपाही।

अहन्—[स॰ अ + हन् (√हा + कीनन्)] *पु॰* १. दिन। २. (दिन-रात्रि को मिलाकर) दिवस। ● **विशेष**—हिन्दी में 'अहन्' शब्द का स्वतन्त्र प्रयोग नहीं होता। समस्त पदों में 'अहन्' का रूप बदलकर 'अहः', 'अह्न (अह्व)' या 'अहर्' हो जाता है। 'अहः' भी कहीं-कहीं 'अहस्/अहो' हो जाता है। ***जैसे***—अहःपति, मध्याह्न (मध्य ~ अह्न), अहर्गण, अहस्कर, अहोरात्रि।

अहन—[< स॰ अहन्] दिन या दिवस (दिन-रात मिलाकर)।

***अहनातैं (अहनातैं)**—[देशज] *क्रिवि॰* बिना किसी कारण के। अकारण।

अहनिसि**—[< स॰ अहर्निशम्] *क्रिवि॰* दिन-रात। सदा। ***उदा॰ सो मुल्ला जो मन सौं लरै, अहनिसि काल चक्र सौं भिरै। —कबीर (पद ३४६)

अहन्ता (अहंता)—[स॰ अहम् + तल् + टाप्] *स्त्री॰* १. अहंभाव। मैंपन। २. 'अहम्' की अनुभूति। ३. अहंकार। घमंड।

***अहप्पति**—[< स॰ अहि ~ पति] *पु॰* १. सर्पों का राजा। २. सर्पराज वासुकि। ३. कोई भी बड़ा साँप।

अहम् (अहं)—[स॰ अस्मद्] *सर्व॰* मैं। *पु॰* १. प्राणी का यह स्वाभाविक ज्ञान कि 'मैं हूँ'। अपनी विशिष्ट सत्ता का बोध। अपने अस्तित्व का ज्ञान। अहम्-भाव। २. अहंकार की भावना। (मनो॰) व्यक्ति की अपने विषय में कोई निश्चित संकल्पना। व्यक्तित्व का आन्तरिक पक्ष। दे॰ **'अहं' और उससे सम्बन्धित शब्द**। ✣ **अहम्-आदर्श**—*पु॰* = (मनो॰) बचपन में किसी प्रशंसित व्यक्ति (पिता इत्यादि) से अपना तादात्म्य करके प्रत्येक कार्य में उसे पूर्णता का मानक समझने की प्रवृत्ति। ✣ **'अहम्' और 'इदम्'**—*पु॰* = जीवात्मा और जगत्।

अहम—[अरबी] *वि॰* १. महत्त्वपूर्ण। २. मुख्य। ३. बहुत आवश्यक।

अहमक़—[अरबी] *वि॰* १. मूर्ख। २. नासमझ।

अहमहमिका—[स॰ अहम् ~ अहमिका] *स्त्री॰* १. प्रतिद्वन्द्विता। स्पर्धा। २. ईर्ष्या। ३. अहंकार। घमंड। ४. अपने-अपने गुण गाना। 'मैं ही सर्वश्रेष्ठ हूँ' ऐसा कहना।

अहमिका—[स॰ अहम् + ठन् + टाप्] *स्त्री॰* अहंकार। घमंड।

अहमिति—[स॰ अहम् ~ इति] *स्त्री॰* १. 'मैं' की भावना। अहंभाव।

अहमियत—[अरबी] *स्त्री॰* १. महत्त्व। महत्ता। २. मुख्यता।

अहमेव—[स॰ अहम् ~ एव] *पु॰* १. मैं ही। २. 'मैं ही सर्वश्रेष्ठ या सब कुछ हूँ'—यह समझना। ३. अहंकार। घमंड।

अहम्पूर्विका (अहंपूर्विका, अहम्पूर्विका)—[स॰ अहम् ~ पूर्विका] *स्त्री॰* 'मैं पहले'—'मैं पहले' की स्पर्धा/होड़।

अहम्-मति (अहम्मति)—[स॰] *स्त्री॰* १. अहंकार। घमंड। २. आत्मप्रशंसा। ३. अविद्या।

अहम्मन्य—[स॰ अहम् ~ मन्य] *वि॰* १. स्वयं को अन्यों से बड़ा या श्रेष्ठ अथवा बहुत महत्त्वपूर्ण माननेवाला। २. अहंकारी। घमंडी। ✣ **अहम्मन्यता**—*स्त्री॰* = १. स्वयं को बहुत महत्त्वपूर्ण मानना। २. अहंकार। घमंड।

अहम्मय (अहंमय)—[स॰ अहम् + मयट्] *वि॰* अहम्भाव/अहंकार से भरा हुआ। घमंडी।

अहम्मेउ (अहंमेउ)—[< स॰ अहमेव (अहम ~ एव)] *सर्व॰* मैं ही (सबसे बढ़कर हूँ)। *पु॰* अहंकार। अहम्-भाव या घमंड।

अहम् लिबिडो, अहम्वाद, अहम्वादी, अहम्विकृति—दे॰ 'अहं' के अन्तर्गत क्रमशः शुद्ध रूप अहं-लिबिडो, अहंवाद, अहंवादी, अहंविकृति।

अहरन—[< स॰ आ + धरण] *स्त्री॰* लोहारों, सुनारों आदि का एक उपकरण। निहाई।

अहरह—[< स॰ अहन् ~ अहन्] *क्रिवि॰* १. दिन-दिन। प्रतिदिन। रोज़-रोज़। २. नित्य। सदा। ३. निरन्तर। लगातार।

अहरा[१]—[< स॰ आहरण] *पु॰* १. कोई वस्तु पकाने के लिए बनाया गया कंडों का ढेर। २. कंडों से तैयार आग। ३. (मनुष्यों के) ठहरने का स्थान।

***अहरा**[२]—[< हि॰ आहर < स॰ अहः (अहन्)] *पु॰* १. दिन। २. (दिन-रात मिलाकर) दिवस। ३. समय। वक़्त।

***अहरात**—[< स॰ अहोरात्र] *पु॰* अहोरात्र। दिन-रात।

अहरी—[< स॰ आहरण] *स्त्री॰* १. (गर्मी में) मनुष्यों को पानी पिलाने के लिए प्रबन्धवाला स्थान। प्रपा। प्याऊ। २. पशुओं के पानी पीने के लिए कुएँ के समीप बनाया गया पानी का छोटा कुंड/हौज़। ३. पानी से भरा हौज़।

अहेरा—[< हि॰ अहीर] *पु॰* अहीर का पुत्र।

अहर्गण—[स॰ अहन् ~ गण] *पु॰* दिनों का समूह। (ज्योतिष॰) सृष्टि के आरम्भ से किसी दिन विशेष तक बीत चुके दिनों का समूह।

अहर्निश—[स॰ अहन् ~ निशा] *क्रिवि॰* १. दिन-रात। ***जैसे***—अहर्निश परिश्रम। २. नित्य। सदा। ३. निरन्तर। लगातार।

अहर्पति/अहःपति—[स॰ अहन् ~ पति] *पु॰* दिन का स्वामी। सूर्य।

अहर्मुख—[स॰ अहन् ~ मुख] *पु॰* दिन का आरम्भ। उषाकाल। सबेरा। तड़का।

अहर्बान्धव/अहर्मणि—[स॰ अहन् ~ बान्धव/मणि] *पु॰* सूर्य।

अहलकार—[अरबी अहल + फा० कार] *पु०* १. कर्मचारी। २. राजकर्मचारी। ३. कारिन्दा।

अहलना—[< स० आहलन] *क्रिअ०* १. बार-बार हिलना। काँपना। २. भय से काँपना। थर्राना।

अहलमद—[अरबी] *पु०* न्यायालय आदि का वह कर्मचारी जो सब मिसिलों/फाइलों को क्रम से रखता है।

अहला[१]—[< हि० अहिला < प्रा० अहिल्लो < स० अभिप्लव] *पु०* १. नदी आदि की बाढ़। अभिप्लव। आहला। अहिला। ***जैसे***—अहले के कारण सैकड़ों गाँव नष्ट हो गए। २. उपद्रव।

***अहला**[२]—[राजस्था०] *क्रिवि०* व्यर्थ।

***अहलाद**—*पु०* ≤ *स०* आह्लाद। हर्ष।

अहले वतन—[अरबी अहल-ए-वतन] *पु०* वतन के लोग। स्वदेशवासी।

अहल्य—[स० अ + हल्य] *वि०* १. जो हल में न जोता गया हो। अनजुता (बैल आदि)। २. जो हल में जोतने योग्य न हो। ३. बिना जुता हुआ (खेत आदि) या जो जोतने के योग्य न हो।

अहल्या—[स० अहल्य + टाप्] *स्त्री०* भूमि जो हल में जोते जाने के योग्य न हो। बंजर भूमि।

अहवाल—[अरबी ('हाल' का बहुवचन)] १. वृत्तान्त। समाचार। हाल-चाल। २. घटनाएँ। ३. परिस्थिति। दशा। हाल।

अहश्चर—[स० अहः (अहन्) ~ चर] *वि०* दिन में या दिन भर चलनेवाला। *पु०* सूर्य।

अहस्कर—[स० अहन् + कर] *वि०* दिन करनेवाला। *पु०* सूर्य।

अहस्त—[स० अ + हस्त] *वि०* बिना हाथ का। हस्त-रहित।

अहह—[स० अहम् √हा + क, पृषो०] *विस्मया० अव्यय०*, हर्ष, आश्चर्य, दुःख अथवा खेद का व्यंजक शब्द। अहा। अहो। अरे।

अहा[१]—[< स० अहह] *अव्यय०* हर्ष तथा आश्चर्य का व्यंजक शब्द। अहो। अरे।

†**अहा**[२]—[< हि० अहना] *क्रिअ०* (अवधी और पूर्वी हिन्दी में) था।

अहाता—[< अरबी इहातः] १.चारों ओर से घिरा हुआ ख़ाली स्थान या मैदान। २. चारदीवारी।

***अहान**—[< स० आह्वान] *पु०* आह्वान। पुकार। चिल्लाहट।

अहार**—[< स० आहार] *पु०* १. आहार। भोजन। खाद्य वस्तु। २. भोजन की क्रिया/भाव। भक्षण। खान। ✣**अहारना**—*क्रिस०* = भोजन करना। ✣अहारी**—*वि०* = भोजन करनेवाला। आहारी।

अहार्य—[स० अ + हार्य (√ हृ + ण्यत्)] *वि०* अहरणीय।

अहाहा—[< स० अहह] *विस्मया० अव्यय०* हर्ष का सूचक शब्द।

अहि—[स० आ √हन् + डिन्, टि-लोप, ह्रस्व] *पु०* १. सर्प। साँप। २. सूर्य। ३. राहु। ४.वृत्रासुर। ५. मेघ। बादल। ६. पृथ्वी। ७. जल। ८. दुष्ट मनुष्य। ९. भोगी/कामी/लम्पट व्यक्ति। १०. आश्लेषा नक्षत्र। (छन्द०) एक समवर्णिक छन्द जिसके प्रत्येक चरण में क्रमशः ६ भगण और एक मगण के योग से २१ वर्ण होते हैं तथा १२-९ पर यति होती है।

***अहिंस**—[< स० अहिंसा] *वि०* १. अहिंसा का। २. अहिंसात्मक।

अहिंसक—[स० अ + हिंसक] *वि०* १. हिंसा न करनेवाला। २. अहिंसा का सिद्धान्त माननेवाला। अहिंसावादी।

अहिंसा—[स० अ + हिंसा] *स्त्री०* १. किसी प्राणी को न मारना। २. मन, वचन और कर्म से किसी प्राणी को कष्ट न पहुँचाना।

अहिंस्र—[स० अ + हिंस्र] *वि०* १. जो हिंसक न हो। जो हिंसा न करे। २. जो किसी प्राणी को कष्ट न पहुँचाए।

अहिक[१]—[स० अहि + कन्] *पु०* अन्धा साँप।

अहिक[२]—[< स० अहन्] *वि०* (संख्या-सूचक शब्द से समास बनाते हुए अन्त में प्रयुक्त) अमुक दिनों तक रहनेवाला। ***जैसे***—पंचाहिक (= पाँच दिन तक रहनेवाला); दशाहिक।

अहिकोष—[स० अहि ~ कोष] *पु०* साँप की केंचुली।

अहिगण—[स० अहि ~ गण] *पु०* अनेक सर्प। सर्प-समूह। (छन्द०) मात्रिक गण 'ठगण' का एक भेद जिसमें क्रमशः एक गुरु और तीन लघु (ऽ।।।) होते हैं।

अहिजित्—[स० अहि + जित्] *पु०* १.साँप को जीतनेवाला व्यक्ति। २. (कालियनाग का दमन करनेवाला) कृष्ण। ३. (वृत्रासुर को मारनेवाला) इन्द्र। ✣ **अहिजित/अहिजिन**—*पु०* = अहिजित्।

अहित—[स० अ + हित] *पु०* १. हित का अभाव। हानि। २. शत्रु। वैरी। *वि०* १. हानिकर। २. अयोग्य। प्रतिकूल। ∇ **विलोम**—हित। ✣ **अहितकर**—*वि०* = १. अहित/हानि करनेवाला। हानिकर। २. हानि पहुँचानेवाला। अपकारी। ∇ **विलोम**—हितकर।

अहिनकुलिका—[स० अहिनकुल + वुन् + टाप्, इत्व] *स्त्री०* १. साँप और नेवले की स्वाभाविक शत्रुता। २. उक्त के समान स्वाभाविक शत्रुता। वैर।

अहिनाथ—[स० अहि ~ नाथ] *पु०* सर्पों/नागों का राजा। २. कोई भी बड़ा सर्प। Δ **पर्याय**—अहिप, अहिपति।

अहिनिर्मोक—[स० अहि ~ निर्मोक] *पु०* साँप की केंचुली। अहिकोष।

अहिप/अहिपति—[स० अहि √ पा + क, अहि ~ पति] *पु०* अहिनाथ। (दे०)

अहिपाश—[स० अहि ~पाश] *पु०* १. 'नागपाश' नामक पाश। २. जटिल बन्धन।

अहिफेन—[स० अहि ~ फेन] *पु०* १. साँप के मुँह से निकलनेवाला फेन/लार। २. अफ़ीम।

अहिफेनक—[स० अहिफेन + कन्] *पु०* अफ़ीम से तैयार की जानेवाली एक पीड़ाहर औषधि। (स० हेरोइन)

अहिबात—[< स० अविधवात्व] *पु०* (विवाहित स्त्री का) सधवापन। सौभाग्य। सुहाग।

***अहिबेल**—[< स० अहिवल्ली] *स्त्री०* पान की लता/बेल। नागवल्ली।

अहिभोजी—[स० अहि ~ भोजिन्] *पु०* १. सर्प खानेवाला प्राणी। सर्पभक्षी। २. गरुड़। ३. मयूर। मोर। ४. नेवला।

अहिम—[सं॰ अ + हिम] *वि॰* जो ठंडा न हो। गर्म। ✣ **अहिमकर/अहिमरश्मि/अहिमांशु**—[सं॰ अहिम ~ कर/रश्मि/अंशु] *पु॰* (गर्म किरणों वाला) सूर्य।

अहिमाली—[सं॰ अहिमालिन्] *वि॰* सर्पों की माला पहननेवाला। *पु॰* शिव। महादेव। —केशव (राम॰, १३/१८)

अहिमेध—[सं॰ अहि ~ मेध] *पु॰* सर्प-यज्ञ या नाग-यज्ञ। ***जैसे***—जनमेजय का अहिमेध।

अहिरिपु—[सं॰ अहि ~ रिपु] *पु॰* १. सर्प/नाग का शत्रु। २. (वृत्रासुर का शत्रु) इन्द्र। ३. मयूर। मोर।

अहिर्बुध्न—[सं॰ अहिर् ~ बुध्न] *पु॰* १. ग्यारह रुद्रों में से एक। २. शिव। महादेव। ३. उत्तराभाद्रपद नक्षत्र।

अहिलता—[सं॰ अहि ~ लता] *स्त्री॰* पान की बेल। नागवल्ली।

***अहिला**—[< प्रा॰ अहिल्लोर < सं॰ अभिप्लव] *पु॰* १. (नदी आदि की) बाढ़। अभिप्लव। २. उपद्रव।

अहिवल्ली—[सं॰ अहि ~ वल्ली] *स्त्री॰* पान की बेल। नागवल्ली।

अहिवात—[< सं॰ अविधवात्व] (विवाहित स्त्री का) सधवा होना। अविधवात्व। सौभाग्य। सुहाग। ✣ **अहिवातिन/अहिवाती**—*स्त्री॰* = सधवा/ सौभाग्यवती स्त्री। सुहागिन।

***अहिसाव**—[< सं॰ अहिशावक] *पु॰* साँप का बच्चा। सँपोला।

अहीन—[सं॰ अ + हीन] *वि॰* १. जो हीन न हो। २. दोष-रहित। ३. जो किसी की अपेक्षा कम अच्छा या घटिया न हो। ४. जो किसी वस्तु से वंचित न हो। ५. जो जाति से बहिष्कृत न हो। ६. जो पापी/पतित न हो। ७. जिसमें कोई कमी/न्यूनता न हो। सम्पूर्ण। ∇ **विलोम**—हीन।

अहीर—[< सं॰ आभीर] *पु॰* गाय-भैंस को पालनेवाली और दूध, घी इत्यादि का व्यवसाय करनेवाली एक जाति या उसका व्यक्ति। गोप। ग्वाला। (छन्द॰) (अपभ्रंश काव्य में अधिक प्रयुक्त) एक सममात्रिक छन्द जिसके प्रत्येक चरण में ११ मात्राएँ होती हैं और अन्त में जगण (।ऽ।) होता है। अभीर छन्द। ✣ **अहीरिन**—*स्त्री॰* = अहीर जाति की स्त्री। ✣ **अहीरी**—*वि॰* = १. अहीर-सम्बन्धी। अहीर का। २. अहीरों के समान। अहीरों जैसा। ***जैसे***—इस लड़के का रंग-ढंग अहीरी है। *स्त्री॰* = अहीर जाति की स्त्री। अहीरिन।

अहीश—[सं॰ अहि ~ ईश] *पु॰* १. साँपों/नागों का राजा। सर्पराज या नागराज। २. सर्पराज वासुकि। नागराज शेषनाग। ३. कालियनाग (जिसका मान-मर्दन कृष्ण ने किया था) ४. (शेषनाग का अवतार) लक्ष्मण या बलराम।

†अहुजी—[अवधी] *स्त्री॰* एक व्यंजन जिसमें लौकी के बारीक लच्छे, दूध, चावल और ज़ीरे के साथ, पकाए जाते हैं।

***अहुटना**—[< हि॰ हटना] *क्रिअ॰* १. अलग/दूर होना। २. पीछे हटना।

***अहुटाना**—[< हि॰ हटाना] *क्रिस॰* १. अलग/दूर करना। २. पीछे हटाना।

अहुरमज़्द—[पहलवी] *पु॰* पारसी धर्म में पूजित सर्वोच्च देवता।

***अहुँठ**—[< सं॰ अध्युष्ठ] *वि॰* तीन और आधा। साढ़े तीन। ✣ **अहुँठा**—*पु॰* = (अंकगणित॰) साढ़े तीन का पहाड़ा। अहूँठा।

†अहूठन—[< सं॰ स्थूण] *पु॰* भूमि में गाड़ा हुआ लकड़ी का टुकड़ा जिस पर रखकर किसान गँड़ासे से चारा काटते हैं। ठीहा।

***अहूठना**—[< हि॰ अहुटना] *क्रिअ॰* दूर होना या नष्ट होना।

अहूँठा—[< सं॰ अध्युष्ठ] *पु॰* (अंकगणित में) साढ़े तीन का पहाड़ा। अहुँठा।

अहे—[< सं॰ हे] *अव्यय॰* किसी को सम्बोधित करने का शब्द। हे। *विस्मया॰ अव्यय॰* १. धिक्कार, खेद या वियोग का सूचक शब्द। २. आश्चर्य का सूचक शब्द। अहा। अरे।

अहेतु—[सं॰ अ + हेतु] *वि॰* १. जिसका कोई हेतु/कारण न हो। कारणरहित। २. बिना किसी उद्देश्य/प्रयोजन का। प्रयोजनरहित। ३. कर्म-फल की इच्छा से रहित। फलेच्छारहित। *पु॰* हेतु का अभाव। हेतुरहितता। ✣ **अहेतुक**—*वि॰* = अहेतु।

अहेर—[< प्रा॰ आहेड < सं॰ आखेट] *स्त्री॰* १. आखेट। मृगया। शिकार। ***जैसे***—जंगली पशुओं का अहेर। २. वह प्राणी जिसका शिकार किया जाए। ✣ ***अहेरा**—*पु॰* = आखेट। मृगया। शिकार। **उदा॰** खेलत सबै अहेरा जहाँ। —कुतुबन (मिरगा॰, २६/१)। ✣ **अहेरिया/अहेरी**—*पु॰* = १. शिकार करनेवाला व्यक्ति। आखेटक। शिकारी। २. व्याध। बहेलिया।

अहो—[सं॰ अ + हो (√हा + डो)] *विस्मया॰ अव्यय॰* आश्चर्य, शोक, खेद, प्रशंसा, स्पर्धा, ईर्ष्या या तिरस्कार आदि का व्यंजक शब्द। अहा। अरे। *सम्बोधन॰ अव्यय॰* सम्बोधन में प्रयुक्त एक शब्द। अरे। हे। ***जैसे***—अहो बन्धु।

अहोई—[प्रा॰ < सं॰ अभावी (अभावि॰)] *वि॰* (*स्त्री॰*) न होने वाली। अनहोनी। ✣ **अहोई अष्टमी**—*स्त्री॰* = कार्तिक कृष्ण अष्टमी। दीपावली के एक सप्ताह पहले की अष्टमी। ✣ **अहोई आठैं**—*स्त्री॰* = अहोई अष्टमी।

***अहोनिस**—[< सं॰ अहर्निशम्] *क्रिवि॰* १. दिन-रात। सदा। २. निरन्तर। लगातार।

अहोभाग्य—[सं॰ अहो ~ भाग्य] *पु॰* बड़ा भाग्य। धन्य भाग्य। ***जैसे***—हमारा अहोभाग्य कि आप हमारे घर आए।

अहोरना-बहोरना—[< सं॰ आहरण + हि॰ बहुरना] *क्रिअ॰* १. जाना और कुछ देर रुक कर वापस आना। ✣ **अहोर-बहोरी**—*क्रिवि॰* = रुक-रुककर बार-बार। बार-बार लौट आकर।

अहोरा—[< सं॰ अहः (अहन्)] *पु॰* विवाह होने पर वधू का प्रथम बार ससुराल जाना। (दे॰ अहोरा-बहोरा)

अहोरात्र—[सं॰ अहः (अहन्) ~ रात्रि] *पु॰* दिन और रात। दो सूर्योदयों के बीच का समय। *क्रिवि॰* १. दिन-रात। सदा। २. निरन्तर। लगातार।

अहोरा-बहोरा—[< सं॰ अहः (अहन्) + हि॰ बहुरना] *पु॰* विवाह के बाद वधू के पहली बार ससुराल जाने और उसी दिन वापस मायके आने की एक रीति।

अहोरि-बहोरि—[< हि॰ अहोरना-बहोरना] *क्रिवि॰* १. रुक-रुककर बार-बार। २. बार-बार लौट आकर।

अहनिज (अह्निज)—[स॰ अह्नि + ज] *वि॰* दिन में होनेवाला। ***जैसे***—अह्निज पूजा-पाठ।

अह्रीक (अह्रीक)—[स॰ अह्री (अ + ह्री)+कप्] *वि॰* निर्लज्ज। बेशर्म।

अँकटा[१]—[< स॰ इष्टका] *पु॰* ईंट/पत्थर आदि का बहुत छोटा टुकड़ा। कंकड़।

†अँकटा[२]—[अवधी] *पु॰* गेहूँ/जौ आदि के खेत में अपने आप उग आनेवाली घास।

अँकटी—[< हि॰ अँकटा (= कंकड़)] *स्त्री॰* छोटा कंकड़। कंकड़ी।

अँकड़ा—*पु॰* ≤ *हि॰* कंकड़। ✣ **अँकड़ी**—*स्त्री॰* = १. कंकड़ी। अँकटी। २. फल तोड़ने का बाँस जिसमें सिरे पर छोटी लकड़ी बँधी होती है। लग्गी। ३. मछली फाँसने का काँटा। ४. लता। बेल।

अँकना—[< हि॰ आँकना] *क्रिअ॰* १. आँका/कूता जाना। ***जैसे***—अब विवाह का ख़र्च अँकेगा। २. अंकित होना। चित्रित होना। ***जैसे***—दिन-भर में चित्र अँक गया। ३. लिखा जाना। ***जैसे***—तुम्हारी दी हुई राशि बही में अँक जाएगी। ४. (किसी का) श्रेणी विशेष में गिना जाना। मूल्यांकन होना। *क्रिस॰* मूल्य/व्यय का अनुमान करना या निर्धारित करना। (मूल्य/व्यय) आँकना। २. अंकन/चित्रण करना। ३. लिखना। ४. किसी को श्रेणी विशेष में स्थान देना या गिनना। मूल्यांकन करना।

अँकरा[१]—[< स॰ अङ्कुर] *पु॰* एक प्रकार की घास जो खेतों में होती है। ● **विशेष**—अँकरा के दाने निर्धन लोग खाते हैं।

***अँकरोरी/अँकरौरी/अँकरवरी**—[< हि॰ अँकरा (कंकड़)+ स॰ लोष्ट] *स्त्री॰* कंकड़ी।

अँकवाई—[< हि॰ आँकना] *स्त्री॰* १. अँकवाने की क्रिया/भाव। २. अँकवाने का पारिश्रमिक।

अँकवाना—[हि॰ 'आँकना' का प्रेरणा॰] *क्रिस॰* १. आँकने के लिए प्रेरित करना। २. जाँच करवाना। ३. मूल्य निर्धारित करवाना। ४. किसी से अंकन/चित्रण/लेखन करवाना।

अँकवार—[< स॰ अङ्कपालि] *स्त्री॰* १.वक्ष या हृदय। २. गोद। ३. आलिंगन। **विशेष—अँकवार देना/भरना** = १. आलिंगन करना। गले लगाना।

अँकवारना—[< हि॰ अँकवार] *क्रिस॰* आलिंगन करना। गले लगाना।

अँकाई—[< हि॰ आँकना] *स्त्री॰* १. आँकने की क्रिया/भाव। अंकन। अँकवाई। २. आँकने का पारिश्रमिक। अँकवाई।

अँकुड़ा—[< प्रा॰ अंकुडग (खूँटी) < स॰ अङ्कुटक] *पु॰* १. लोहे का टेढ़ा काँटा जिसका उपयोग वस्तुओं को टाँगने, निकालने या फँसाने में होता है। २. रेशमी वस्त्र बनाने में उपयोगी एक उपकरण। ३. गाय-बैल के पेट में होने वाली ऐंठन/मरोड़। ✣ **अँकुड़ी**—*स्त्री॰* = १. लोहे का टेढ़ा काँटा। अँकुड़ा। २. लुहारों का एक उपकरण। ✣ **अँकुड़ीदार**—*वि॰* = जिसमें अँकुड़ी लगी हो। लोहे के टेढ़े काँटे से युक्त।

अँकुरी—[< स॰ अङ्कुर] *स्त्री॰* १. अन्न के दाने जिनमें अंकुर फूटे/निकले हुए हों। २. उक्त अन्न की घुँघरी।

अंकुसी—[< स॰ अङ्कुश] *स्त्री॰* १. अंकुश के आकार की कोई छोटी वस्तु। २. किसी वस्तु को टाँगने या फँसाने में प्रयुक्त काँटा। छोटा टुकड़ा। ३. पेड़ों से फल तोड़ने का बाँस जिसके सिर पर एक छोटी लकड़ी लगी होती है। लग्गी। ४. चूल्हे आदि में से कोयला/राख निकालने में उपयोगी छोटी सी टेढ़ी छड़।

***अँकूर**—*पु॰* ≤ *स॰* अङ्कुर।

अँकोर—[< स॰ अङ्क, और < प्रा॰ अंकवार] *पु॰* १. गले लगाने की क्रिया/भाव। आलिंगन। अंकवार। २. गोद। ३. भेंट/नज़र अथवा उत्कोच/घूस। रिश्वत। ४. (लाक्षणिक) प्रलोभन या क्षणिक आकर्षण।

अँकौरी—[< हि॰ अँकवार या < हि॰ अँकोर] *स्त्री॰* १. आलिंगन। २. गोद।

अँखड़ी—[< हि॰ आँख] *स्त्री॰* १. नेत्र। आँख। २. चितवन।

अँखिया—[< हि॰ आँख] *स्त्री॰* १. आँख। नेत्र। २. बर्तनों पर नक़्क़ाशी करने की लोहे की लेखनी।

अँखुआ—[< स॰ अङ्कुर] *पु॰* अंकुर। कल्ला।

अँगड़ाई—[< स॰ अङ्ग + प्रा॰ अड] *स्त्री॰* १. अँगड़ाने की क्रिया/भाव। २. कमज़ोरी/थकावट/आलस्य की स्थिति में शरीर की एक स्वाभाविक क्रिया जिसमें शरीर कुछ क्षणों के लिए तन जाता है। ३. आलस्य में या सोकर जागने के बाद जमुहाई लेते हुए शरीर तानने की क्रिया।

अँगड़ाना—[< स॰ अङ्ग + प्रा॰ अड (< स॰ √अट्)] अंगड़ाई लेना।

***अँगना**—*पु॰* ≤ *हि॰* आँगन। ● **विशेष**—१. **अँगनाइ/अँगनाई** = आँगन में। २. **अँगनैखा** = आँगन।

अँगरखा—[< स॰ अङ्गरक्षक] *पु॰* एक लम्बा मर्दाना पहनावा जिसमें बाँधने के लिए बन्द रहते हैं। एक प्रकार की अचकन।

अँगरी—[< स॰ अङ्गत्राण/अङ्गुलित्राण] *स्त्री॰* १. कवच। २. गोह के चमड़े का दस्ताना। ● **विशेष**—पहले उक्त दस्ताने को धनुष का प्रयोग करते समय हाथ में पहना जाता था।

अँगवना—[< स॰ अङ्ग] *क्रिस॰* १. अंगीकार/स्वीकार करना। ग्रहण करना। लेना। २. अंग से लगाना। गले लगाना। आलिंगन करना। ३. सहन करना। सहना। ४. अपने आप सहन करना। झेलना। ४. (दायित्व को) अपने ऊपर लेना। ✣ **अँगवनिहारा**—*वि॰* = १. अंगीकार/स्वीकार/ग्रहण करनेवाला। लेनेवाला। २. गले लगानेवाला। आलिंगन करनेवाला। ३. सहन करनेवाला। सहनेवाला। ४. अंगों पर झेलनेवाला। ✣ † **अँगवाना**—*क्रिस॰* = १. अंगीकार/स्वीकार/ग्रहण करने को प्रेरित करने में प्रवृत्त करना। २. गले लगवाना। आलिंगन करवाना।

अँगवारि/अँगवारी—[< स॰ अङ्ग] *स्त्री॰* सुन्दर अंगों वाली स्त्री। सुन्दर स्त्री। सुन्दरी।

अँगिया—[< सं॰ अङ्गिका] *स्त्री॰* स्त्रियों का एक वस्त्र जिससे वे अपने स्तन ढँकती है। कंचुकी। अंगिका। चोली। ***वा॰* अँगिया की बखिया उधेड़ना**—१. कटु आलोचना करना। दोष निकालना। २. छिद्रान्वेषण करना। ३. बहुत पहले की बातों की चर्चा फिर से करना।

अँगिराइ—*क्रिवि॰* = अँगड़ाई लेकर।

अँगीठ/अँगीठा—[< सं॰ अग्निष्ठ] *पु॰* बड़ी अँगीठी। सिगड़ी।

अँगीठी—[< प्रा॰ अग्गिटठिया < सं॰ अग्निष्टिका] *स्त्री॰* मिट्टी या लोहे आदि का एक पात्र जिसमें अग्नि के कोयले रखे और दहकाए जाते हैं तथा देर तक आग बनी रहती है।

अँगेजना—[< सं॰ अङ्ग] *क्रिस* १. अंगीकार/स्वीकार करना। ग्रहण करना। लेना। २. सहन करना। सहना। ३. (अपने ऊपर) झेलना।

†अँगेट—[< सं॰ अङ्ग] *स्त्री॰* १. अंगों की चमक। अंग-दीप्ति। २. अंगों की शोभा। ***उदा॰*** एड़ी ते सिखा लौं है अनूठियै अँगेट आछी। —घनआनन्द क॰ (३८८)

***अँगेठी**—[< सं॰ अङ्ग ~ यष्टि] *वि॰* (*स्त्री॰*) १. अंग के लिए यथेष्ट। अंग के लिए ठीक माप की। २. (लाक्षणिक) अति सुन्दर।

***अँगोटना**—[< हि॰ अगोटना] *क्रिस॰* रोकना या घेरना ✣ **अँगोट/अँगोटि**—*क्रिवि॰* = रोककर या घेरकर।

***अँगोठना**—[< सं॰ अङ्ग] *क्रिस॰* आदर करना। ✣ **अँगोठि**—*क्रिवि॰* = आदर करके। आदरपूर्वक।

†अँगौंगा (अँगौंगा)—[< सं॰ अग्र ~ अङ्ग] *पु॰* धर्मार्थ बाँटने या देवी-देवता को अर्पित करने के लिए फ़सल के नवान्न (नए अन्न) के उपयोग से पहले निकाला हुआ कुछ अन्न अथवा भोजन करने से पहले उक्त उद्देश्य से निकाला हुआ अंश। अग्राशन। ● **विशेष**—उक्त अंश को कहीं-कहीं '**पुजौरा/अँगौड़ा**' कहा जाता है।

अँघड़ा—[< सं॰ अङ्घ्रि] *पु॰* (स्त्रियों का) पैर के अँगूठे में आभूषण के रूप में पहनने का एक छल्ला।

अँचना—[< सं॰ आचमन] *क्रिअ॰* १. आचमन करना। पीना। २. (लाक्षणिक) नष्ट कर देना। ३. भोजन के बाद मुँह और हाथ धोना।

अँचला[१]—[< सं॰ अञ्चल] *पु॰* साधुओं द्वारा कमर में लपेटा जाने वाला एक कपड़ा।

***अँचला[२]**—[≤ सं॰ अञ्चल] *स्त्री॰* (साड़ी/धोती का) अंचल। पल्ला। आँचल।

†अँचवन—[< सं॰ आचमन] *पु॰* १. आचमन। (दे॰) २. जल। पानी।

†अँचवना—[< सं॰ आचमन] *क्रिस॰* १. आचमन करना। पीना।

अँजना—[< सं॰ अञ्जन] *क्रिस॰* (आँखों में) काजल/सुर्मा लगाना। आँजना।

***अँजोरना[१]**—[< हि॰ अँजोर] *क्रिस॰* १. प्रकाश करना। उजाला करना। २. दीपक जलाकर घर में प्रकाश करना। ३. स्वच्छ करना। उज्ज्वल करना। ✣ **अँजोरि[१]**—*क्रिवि॰* = (दिन के) प्रकाश में। दिन-दहाड़े।

***अँजोरना[२]**—[< सं॰ अञ्जलि] *क्रिस॰* १. अंजलि में लेना। अंजलि में भरना। २. निकाल लेना। ले लेना। ३. हरण करना। छीनना। ✣ ***अँजोरि[२]** — *क्रिवि॰* = १. अंजलि में लेकर या भरकर। २. निकाल कर। लेकर ३. हरण करके। छीनकर।

अँटियाना—[< हि॰ अंटी] *क्रिस॰* १. दो उँगलियों के बीच के स्थान में छिपाना। आँटी में छिपाना। २. अदृश्य करना। छिपाना। ३. अदृश्य/ग़ायब करना। ४. धागे की लच्छी पिंडी आदि बनाना।

अँटौतल—[देशज] *पु॰* कोल्हू के बैल की आँखों पर बाँधी जाने वाली पट्टी।

†अँठली/अँठुली—[< हि॰ अंठी] *स्त्री॰* १. (आम आदि की) गुठली। २. किशोरी/युवती के उभरते हुए स्तन।

अँड़दार**—[< हि॰ अड़दार] *वि॰* अड़नेवाला। अड़ियल। ***जैसे—अँड़दार हाथी।

अँड़ुआ—[< सं॰ अण्ड] *वि॰* (वह पशु) जो बधिया न किया गया हो। ✣ **अँड़ुआना बैल**—*पु॰* = वृषभ। साँड़।

†अँतरौटा—[< सं॰ अन्तः पट] *पु॰* १. बारीक साड़ी के नीचे पहनने का वस्त्र। अधोवस्त्र। २. कपड़े का एक छोटा टुकड़ा जो स्त्रियाँ प्रायः पेट और पेड़ू पर लपेटती हैं। ३. अँगिया/चोली में जुड़ी हुई और नाभि तक लटककर पैर की ढँकनेवाली पट्टी।

अँतावरि/अँतावरी—[< प्रा॰ अंतावलि < सं॰ अन्त्रावलि/अन्त्रावली] *स्त्री॰* आँतों की लड़ी। आँतें।

***अँथना/अँथयना**—[< सं॰ अस्त] *क्रिअ॰* अस्त होना।

***अँदोह**—[फ़ा॰] *पु॰* दुःख। अवसाद।

अँधेरा—[< सं॰ अन्धकार] *वि॰* बिना रोशनी का। प्रकाशहीन। अन्धकारपूर्ण। *पु॰* अन्धकार। २. धुँधलापन। ∇ **विलोम**—उजाला। ***वा॰* अँधेरा छा जाना, अँधेरा छाना**—१. शोक छाना। २. निराशापूर्ण स्थिति होना। ३. अत्यधिक अन्धकार होना। ४. अचानक बहुत बड़ी हानि होने पर कुछ दिखाई न देना। **अँधेरा नज़र आना**—१. परिस्थिति प्रतिकूल दिखाई पड़ना। २. निराशापूर्ण वातावरण प्रतीत होना। **अँधेरा होना**—१. बुरा समय आना। २. कुछ भी समझ में न आना। बुद्धि जड़ हो जाना। **अँधेरे-उजेले में साथ देना**—सुख और दुःख दोनों में, या समय और कुसमय दोनों में, सहायता करना या साथ होना। **अँधेरे घर का उजाला/दीपक**—१. जिससे घर की शोभा/प्रतिष्ठा/कीर्ति बढ़े। २. एकमात्र पुत्र/सन्तान। ३. वह जो परिवार के अन्धकार को दूर कर दे। **अँधेरे में टटोलना**—१. जहाँ कुछ भी ज्ञात न हो, वहाँ किसी बात का पता लगाने का प्रयत्न करना। २. अनुमान लगाना। ३. व्यर्थ प्रयत्न करना। **अँधेरे में तीर चलाना/मारना**—दे॰ अँधेरे में टटोलना। **अँधेरे में रखना**—वास्तविक स्थिति या बात न बताना। स्थिति या बात से अनभिज्ञ रखना। **अँधेरे में रहना**—स्थिति/बात से अनभिज्ञ रहना। ✣ **अँधेरा घुप्प**—*पु॰* =

घोर अँधेरा। घना अँधेरा। ✣ **अँधेरा पक्ष/पाख**—*पु॰* = (चान्द्र मास का) कृष्ण पक्ष।

अँधेरी—[< हि॰ अँधेरा] *स्त्री॰* १. अन्धकार। अँधेरा। २. अँधेरी रात। ३. आँधी। अन्धड़। ४. युद्धक्षेत्र में जानेवाले घोड़ों के मुँह पर बाँधी जाने वाली लोहे की जाली। ५. घोड़ा/बैल आदि की आँखों पर बाँधी जाने वाली पट्टी। ***वा॰* अँधेरी का यार**—गुप्त प्रेमी। **अँधेरी कोठरी**—१. ऐसी स्थिति/जगह जिसमें अन्दर की बातों का पता न चल पाए। २. गुप्त स्थान या गुप्त केन्द्र। **अँधेरी झुकना**—बहुत अँधेरा होना। ✣ **अँधेरे मुँह**—*क्रिवि॰* = अति प्रात:काल। उषाकाल में।

†अँधौटा—[< स॰ अन्ध ~ पट] घोड़ा/बैल आदि की आँख पर बाँधा जाने वाला कपड़ा। अनवट।

अँबराई/अँबराउ/अँबराना/अँबराव/ *अँबराँउँ—[< स॰ आम्र ~ आराम] *पु॰* १. आमों का उपवन। आम्रोद्यान। अमराई। २. उपवन। बाग़।

***अँबली**—[< स॰ अम्ल] *स्त्री॰* १. इमली। २. इमली का वृक्ष।

अँबरी—[< स॰ अम्बर] *वि॰* १. जिसमें अम्बर मिला हो। अम्बरयुक्त। २. अम्बर की सुगन्ध वाला। अम्बर-सुगन्ध-युक्त।

***अँबिरथा**—[< स॰ वृथा] *वि॰* वृथा। व्यर्थ। बेकार।

अँहाँ—[< स॰ अ + हि॰ हाँ] *क्रिवि॰* नहीं। **उदा॰** काम को 'अँहाँ' और खाने को 'हाँ'—लोकोक्ति।

आ

देवनागरी वर्णमाला का दूसरा स्वर। (भाषाविज्ञान की दृष्टि से) यह कण्ठ्य, दीर्घ ('अ' का दीर्घ रूप), मध्य, अवृत्तमुखी, तथा अर्धविवृत स्वर है और 'घोष' ध्वनि है। ● **विशेष**—१. 'आ' का अनुनासिक रूप 'आँ' है (**जैसे**—आँख, आँगन आदि में)। २. 'आ' स्वर की मात्रा खड़ी रेखा '**ा**' है जो व्यंजन के दाहिनी ओर लगती है (***जैसे***—का, ता, पा इत्यादि में)।

आ—[स० √आप् + क्विप्, पृषो०, प-लोप] *पु०* शिव। महादेव। *स्त्री०* लक्ष्मी। रमा। ● **विशेष**—'आ' एक महत्त्वपूर्ण उपसर्ग भी है जो **संस्कृत** तत्सम शब्दों में जुड़कर अनेक अर्थ देता है—१. पर्यन्त/तक (***जैसे***—आमरण), २. आदि से अन्त तक या भर (***जैसे***—आजीवन), ३. अन्दर सब स्थानों पर व्याप्त या अन्दर तक (***जैसे***—आपाताल), ४. सहित (***जैसे***—आबालवृद्ध), ५. विपरीत, उलटा या विलोम (***जैसे***—आगत < गत, आदान < दान), ६. ओर/तरफ़ [***जैसे***—आकर्षण (= अपनी ओर कर्षण/खींचना)], तथा, तत्सम क्रियार्थक संज्ञाओं के पहले लगकर विविध अर्थ देता है [***जैसे***—राधन→आराधन, लोचन→ आलोचन, कलन→ आकलन]।

आंशिक—[स० अंश + ठक्] *वि०* १. अंश/भाग से सम्बन्धित। ***जैसे***—सम्पत्ति का आंशिक दान। २. अपूर्ण/कुछ। थोड़ा। ***जैसे***—आंशिक सफलता। ✣ **आंशिक आख्या**—*स्त्री०* = (पुस्तक०) मुखपृष्ठ पर दिए हुए पुस्तक के नाम के गौण अंश वाला, शीर्षक। ✣ **आंशिक प्रभाविता**—*स्त्री०* = पूर्ण प्रभाविता की कमी। अपूर्ण प्रभाविता। ✣ **आंशिक भिन्न**—*स्त्री०* = (गणित०) किसी भिन्न के ऐसे भिन्नात्मक खंड जिनका योग दी हुई भिन्न के बराबर हो। (अ० पार्शल फ़्रैक्शन)

आइन्दा (आइंदा)—[< फा० आइन्द:] *वि०* आनेवाला। भावी। आगामी। ***जैसे***—आइन्दा साल। *क्रिवि०* आनेवाले समय में। भविष्य में। ***जैसे***—आइन्दा ऐसा मत करना।

आइसबर्ग—[अ०] *पु०* (भूविज्ञान०) समुद्र में तैरती हुई बर्फ़ की चट्टान। (बहता हुआ) हिमशैल।

आई[1]—[< हि० आना] *स्त्री०* मृत्यु। मौत। ***जैसे***—आई को कौन रोक सकता है? *क्रिअ०* 'आना' का एक भूतकालिक रूप। आयी।

†आई[2]—[< स० आर्या] *स्त्री०* १. माता। माँ। २. पितामही। दादी।

आईन—[फा०] *पु०* १. विधि। क़ानून। २. नियम। क़ायदा। ✣ **आईनी**—*वि०* = १. विधिक। विधिसम्मत। क़ानूनी। २. नियम-सम्बन्धी।

***आउ**[1]—[< स० आयु] *स्त्री०* आयु। उम्र।

***आउ**[2]—[< हि० आना] *क्रिअ०* आओ।

***आउज/आउझ**—[< स० आतोद्य] *पु०* आघात से बजने वाला एक वाद्य। ताशा।

आउटडोर—[अ०] *वि०* १. (घर, चिकित्सालय आदि के) बाहर का। बहिरंग। बाहरी। ***जैसे***—आउटडोर रोगियों को दवा देना। २. खुले मैदान में ही खेला जा सकने वाला। खुली हवा में ही खेला जा सकने वाला। ***जैसे***—शतरंज आउटडोर खेल नहीं है, कबड्डी है।

आउ-बाउ—[देशज] *पु०* निरर्थक शब्द। अंड-बंड।

आउस—[< स० आशु] *पु०* एक प्रकार का धान जो वर्षाऋतु में ही पक जाता है।

***आऊ**—[< स० आयु] *स्त्री०* आयु। उम्र।

आकण्ठ (आकंठ)—[स० आ + कण्ठ] *वि०* १. कंठ-पर्यन्त। गले तक। ***जैसे***—गंगा में आकंठ स्नान। २. पूर्ण रूप से। पूर्णत:। ***जैसे***—विलास में आकंठ डूबा।

आक—[< स० अर्क] *पु०* एक औषधोपयोगी वृक्ष। अर्क। मदार। अकौआ। ✣ **आक की बुढ़िया**—*स्त्री०* = १. आक की बौंडी के अन्दर निकलनेवाली रुई जैसी वस्तु। २. (लाक्षणिक) वृद्ध और बहुत दुर्बल स्त्री।

आकटि—[स० आ + कटि] *वि०* कमर तक। ***जैसे***—आकटि पानी में खड़ा हुआ।

आक-थू—[अनु०] *पु०* थूकने की ध्वनि। *अव्यय०* (किसी वस्तु को देखकर) घृणा प्रकट करने का शब्द।

आक़बत—[< अरबी आक़िबत] *स्त्री०* १. परलोक। २. मृत्यु के बाद की अवस्था/समय।

आक-बाक—[< स० वाक्य तथा अनु० आक] *वि०* अंड-बंड। ऊटपटाँग।

आकम्प (आकंप)/आकम्पन (आकंपन)—[स० आ √कम्प् + घञ्/ल्युट्] *पु०* १. थोड़ा हिलना-डुलना। २. कम्पन। ✣ **आकम्पित**—*वि०* = १. जो हिला-डुला हो या हिलाया-डुलाया गया हो। २. काँपा हुआ या कँपाया हुआ। कम्पित। ३. क्षुब्ध।

आकर[1]—[स० आ √कृ + अप्] *पु०* १. (किसी धातु, रत्न आदि की) खान। २. उत्पत्ति-स्थान।

आकर[2]—[स० आ √कृ + घ] *पु०* १. समूह। २. किसी वस्तु की अधिकतावाला स्थान। ३. कोष। ख़ज़ाना। *वि०* १. सर्वोत्तम। सर्वश्रेष्ठ। २. अधिक।

आकर ग्रन्थ—[स०] *पु०* १. वे श्रेष्ठ मूल ग्रन्थ जिनसे भावी साहित्यकारों को अन्य रचनाएँ लिखने की महत्त्वपूर्ण सामग्री चिरकाल तक मिले।

उपजीव्य ग्रन्थ। ***जैसे***—रामायण और महाभारत भारत के आकर ग्रन्थ हैं। २. ज्ञातव्य बातें जानने के लिए यहाँ-वहाँ पढ़ने की (न कि लगातार पढ़ने की) पुस्तकें। सन्दर्भ ग्रन्थ। ***जैसे***—कोश और विश्वकोश आकर ग्रन्थों में महत्त्वपूर्ण हैं।

आकर भाषा—[स॰] *स्त्री॰* वह मूल भाषा जिससे दूसरी भाषा जन्मी हो तथा अपना शब्द-भंडार बढ़ाती रहती हो। ***जैसे***—भारत की हिन्दी, गुजराती, मराठी आदि भाषाओं की आकर भाषा संस्कृत है।

आकरिक—[स॰ आकर + ठन्] *वि॰* १. खान में काम करनेवाला। २. खान के काम का निरीक्षक। ३. सुरंग बनानेवाला।

आकरी[1]—[स॰ आकरिन] *वि॰* १. खान से निकाला हुआ (खनिज पदार्थ)। २. कुलीन। *स्त्री॰* खान खोदकर खनिज पदार्थ निकालने का काम। *पु॰* १. खान में काम करनेवाला। २. सुरंग बनानेवाला।

***आकरी**[2]—[देशज] *वि॰* १. कठोर। तेज़। २. कटु। कर्कश।

आकर्ण—[स॰ आ √कर्ण् + अप्] *क्रिवि॰* कान तक। ***जैसे***—आकर्ण खींचा गया धनुष। *वि॰* १. कान के पास तक पहुँचा हुआ। ***जैसे***—आकर्ण नेत्रों वाली युवती। २. सुना हुआ। ***जैसे***—आकर्ण घटना।

आकर्णकृष्ट—[स॰ आकर्ण ~ कृष्ट] *वि॰* कान तक खींचा हुआ। ***जैसे***—आकर्णकृष्ट धनुष।

आकर्ष—[स॰ आ √कृष् + घञ्] *पु॰* १. अपनी ओर खींचने की क्रिया या भाव। २. चुम्बक। ३. पाँसा। ४. पाँसे से खेला जाने वाला जुआ। ५. (धनुष को) तानना। ६. वशीकरण।

आकर्षण—[स॰ आ √कृष् + ल्युट्] *पु॰* १. खींचने की क्रिया/भाव। खिंचाव। २. अपने बल से किसी को अपनी ओर ले आना। खींचना। ३. अपने गुण आदि के बल से अपनी ओर ले आना। ४. मोहकता। (तन्त्र॰) एक तान्त्रिक प्रयोग जिससे किसी व्यक्ति का मन अपनी ओर खींच लिया जाता है। (भौतिकी॰) एक प्रकार की शक्ति। (दे॰ आकर्षण-शक्ति) ∇ **विलोम**—विकर्षण।

आकलन—[स॰ आ + कलन] *पु॰* १. परीक्षण। जाँच। २. गणना। ३. अनुमान। ***जैसे***—यात्रा में होनेवाले व्यय का आकलन। ⁘ **आकलनीय**—*वि॰* = १. आकलन के योग्य। २. जिसका आकलन होने को हो।

†आकला—[< स॰ आकुल] *वि॰* १. उतावला। २. उच्छृंखल। ३. व्याकुल।

†आकली[1]—[< स॰ आकुल] *स्त्री॰* व्याकुलता। बेचैनी।

आकली[2]—[देशज] *स्त्री॰* गौरैया पक्षी।

आकल्प—[स॰ आ + कल्प] *क्रिवि॰* कल्प-पर्यन्त। कल्प तक।

आकस्मिक—[स॰ अकस्मात् + ठक्] *वि॰* १. अचानक होनेवाला। २. जो अल्पकाल के लिए अचानक किया गया हो। ***जैसे***—आकस्मिक हड़ताल। ⁘ **आकस्मिक अवकाश**—*स्त्री॰* = अचानक कार्य आ पड़ने पर ली जाने वाली छुट्टी। ⁘ **आकस्मिकता**—*स्त्री॰* = अचानक घटित होने का भाव। अप्रत्याशितता। ⁘ **आकस्मिकता निधि**—*स्त्री॰* = अचानक आनेवाली आवश्यकता आदि के लिए व्यय की जानेवाली धन-राशि। आकस्मिक निधि। (अ॰ कन्टिन्जन्सि फ़न्ड)

†आका—[< स॰ आकाय] *पु॰* १. अलाव। २. भट्ठी। ३. आँवा।

आक़ा—[तुर्की] *पु॰* स्वामी। मालिक।

आकाङ्क्षा (आकांक्षा)—[स॰ आ √काङ्क्ष् + अ + टाप्] *स्त्री॰* १. इच्छा। २. अपेक्षा। (व्या॰, न्याय॰) वाक्य में, दूसरे पद के अभाव में अपना अर्थ प्रकाशित न कर सकने के कारण, पदों की परस्पर अपेक्षा। ⁘ **आकाङ्क्षित (आकांक्षित)**—*वि॰* = जिसके लिए आकांक्षा की गयी हो। इच्छित।

आकाङ्क्षी (आकांक्षी)—[स॰ आकाङ्क्षिन्] *वि॰* आकांक्षा करनेवाला। इच्छा/अपेक्षा रखनेवाला। ⁘ **आकांक्षिणी**—*वि॰* (*स्त्री॰*)।

आकार[1]—[स॰ आ ~ कार] *पु॰* 'आ' वर्ण या उसकी ध्वनि या मात्रा।

आकार[2]—[स॰ आ √कृ + घञ्] *पु॰* १. रूप। आकृति। शक्ल। ***जैसे***—गोल आकार। २. किसी व्यक्ति की लम्बाई, मोटाई आदि। डील-डौल। क़द। ३. किसी वस्तु की लम्बाई, चौड़ाई, मोटाई आदि। परिमाण। (अ॰ फ़ार्म/फ़िगर/साइज़)

आकारान्त (आकारांत)—[स॰ आकार + अन्त] *वि॰* (वह शब्द) जिसके अन्त में 'आ' वर्ण या उसकी मात्रा हो। ***जैसे***—'सतुआ' और 'लता' आकारान्त शब्द हैं।

आकारिकी—[स॰ आकार + ठक् + ङीष्] *स्त्री॰* जीवविज्ञान की वह शाखा जिसमें प्राणियों और पौधों के आकार, रूप और संरचना का अध्ययन किया जाता है। आकृतिविज्ञान। (अ॰ मार्फ़ोलॉजि)

आकारित—[स॰ आ √कृ + णिच् + क्त] *वि॰* जिसे कोई आकार/रूप दिया गया हो। रूपायित।

आकारी—[< स॰ आकार] *वि॰* आकारवाला। आकृतियुक्त।

***आकारीठ**—[राजस्थ॰ < प्रा॰ आखारिट्ठ] *पु॰* = १. युद्ध। लड़ाई। २. शस्त्र-प्रहार की ध्वनि। *वि॰* १. तीक्ष्ण स्वभाव वाला। २. बलवान्।

आकाल—[स॰ आ + काल] *क्रिवि॰* काल-पर्यन्त। काल तक। *पु॰* ठीक समय। उपयुक्त काल।

आकालिक—[स॰ अकाल + ठञ्] *वि॰* १. शीघ्र नष्ट होनेवाला। क्षणिक। २. अपने समय पर न होनेवाला, पहले या बाद में होनेवाला। असामयिक। ३. अकाल से सम्बन्धित। ***जैसे***—आकालिक समस्याएँ।

आकाश—[स॰ आ √काश् + घञ्] *पु॰* १. शून्य स्थान। शून्य। २. पंच महाभूतों में से प्रथम। ३. ऊँचाई पर का वह शून्य और अनन्त स्थान जो नीला दिखता है। अन्तरिक्ष। गगन। आसमान। ***जैसे***—आकाश में उड़ते पक्षी। ४. वह अनन्त अवकाश जिसमें विश्व के सब पदार्थ, सूर्य, चन्द्र, ग्रह आदि स्थित हैं और जो सब पदार्थों में व्याप्त है। ५. छिद्र। ६. ब्रह्म। (गणित॰) शून्य अंक। (वैशेषिक॰) नौ द्रव्यों में से एक। (वेदान्त॰) १. सूक्ष्म अपंचीकृत पाँच महाभूतों/तन्मात्राओं में से प्रथम। २. स्थूल पंचीकृत पाँच महाभूतों में से प्रथम जिसका गुण 'शब्द' है। ● **विशेष**—क्रमशः पंच महाभूत हैं—

आकाश, वायु, अग्नि (तेज), जल, पृथ्वी। ∇ **विलोम**—पाताल। ***वा॰* आकाश की बातें करना**—असम्भव बातें करना। **आकाश के तारे तोड़ लाना**—कोई असम्भव/बड़ा काम कर डालना। **आकाश खुलना**—बादल हट जाना और आकाश स्वच्छ हो जाना। **आकाश चढ़ना**—बड़ी-बड़ी कल्पनाएँ करना। **आकाश चढ़ाना**—बहुत सम्मान देना। **आकाश चूमना/छूना**—(भवन आदि का) बहुत ऊँचा होना। **आकाश पकड़ना**—१. असम्भव/बड़ा काम करना। २. असम्भव बात कहना। २. बहुत परिश्रम या दौड़-धूप करना। **आकाश पर चढ़ाना**—बहुत प्रशंसा करना। **आकाश-पाताल एक करना**—१. बहुत प्रयत्न करना। २. हलचल मचाना। **आकाश-पाताल का अन्तर**—१. बहुत बड़ा अन्तर। २. अनन्त दूरी। **आकाश-पाताल के कुलाबे मिलाना/भरना**—१. सब प्रकार के प्रयत्न करना। २. बढ़-बढ़ कर बातें करना। **आकाश-पाताल सोचना**—बहुत आगे तक का विचार करना। **आकाश बाँधना**—१. असम्भव प्रतीत होनेवाला काम कर लेना। २. सब प्रकार के प्रयत्न करना। **आकाश से गिरना, आकाश से धरती पर आ गिरना**—(आश्चर्य और आघात से) सन्न रह जाना। **आकाश से पाताल में गिरना**—१. सन्न रह जाना। २. उन्नति के बाद भारी अवनति होना। **आकाश से बातें करना**—१. (भवन आदि का) बहुत ऊँचा होना। २. बहुत बढ़-चढ़कर बातें करना। ३. (मूल्य का) बहुत बढ़ना। ***दे॰* 'आसमान' और 'गगन' भी।**

आकाशकुसुम/आकाशपुष्प—[*स॰* आकाश ~ कुसुम/पुष्प] *पु॰* १. आकाश में फूल उगने की कल्पना के समान मोहक परन्तु असम्भव वस्तु। २. कल्पित या अनहोनी बात। ऐसी वस्तु जिसका अस्तित्व ही न हो। ३. ऐसी वस्तु जिसे पाना असम्भव हो।

आकाशगङ्गा (आकाशगंगा)—[*स॰* आकाश ~ गङ्गा] *स्त्री॰* (खगोल॰) आकाश में बृहत् वृत्त के रूप में फैली हुई प्रकाश की एक पट्टी। एक बड़ा तारा-निकाय जिसमें हमारा सौर-परिवार एक सदस्य है। छायापथ।

आकाशचारी—[*स॰* आकाशचारिन्] *वि॰ पु॰* १. आकाश में गमन/विचरण करनेवाला। *पु॰* २. पक्षी। ३. ग्रह। ४. वायु। ५. देवता। ६. भूत; प्रेत, यक्ष या राक्षस आदि।

आकाशदीप—[*स॰* आकाश ~ दीप] *पु॰* १. ऊँचे बाँस के सिरे पर बाँध कर जलाया जानेवाला दीपक। २. कार्त्तिक मास में देवताओं के लिए ऊँचे बाँस पर बाँधकर जलाया जानेवाला दीपक।

आकाश-ध्रुव—[*स॰*] *पु॰* (खगोल॰) खगोल का ध्रुव।

आकाश-निद्रा—[*स॰*] *स्त्री॰* खुले मैदान में सोना।

आकाशवृत्ति—[*स॰* आकाश ~ वृत्ति] *स्त्री॰* १. ऐसी जीविका जो निश्चित न हो। निर्वाह की अनिश्चित वृत्ति। २. बिना माँगे मिलनेवाली भिक्षा या दान के सहारे जीना। ✣ **आकाशवृत्तिक**—*वि॰* आकाशवृत्ति के सहारे जीनेवाला।

आकाशी—[< *स॰* आकाशीय] *वि॰* आकाशीय। (दे॰) *स्त्री॰* (धूप आदि से बचाने के लिए ताना जाने वाला) चँदोवा। वितान। ✣ **आकाशी प्ररिप्रेक्ष्य**—*पु॰* (कला॰) = चित्र-रचना का एक प्रकार जिसमें वस्तुओं की परस्पर दूरी का प्रभाव दिखाने के लिए उन्हें छोटा-बड़ा बनाया जाता है और उनके रंगों को भी धुँधला-गहरा बनाया जाता है। (अ॰ एरियल पर्सपेक्टिव) ✣ **आकाशी पर्यवेक्षण**—*पु॰* = आकाश में उड़ते वायुयान, उपग्रह आदि से पृथ्वी के विविध स्थानों का किया गया निरीक्षण। वायवीय पर्यवेक्षण। ✣ **आकाशी वृत्ति**—*स्त्री॰* = आकाशवृत्ति।

आकाशीय—[*स॰* आकाश + छ] *वि॰* १. आकाश-सम्बन्धी। आकाश का। २. आकाश में स्थित। ३. आकाश में उत्पन्न। ४. आकाश में होनेवाला। ५. दैवी।

आकिञ्चन/आकिञ्चन्य (आकिंचन/आकिंचन्य)—[*स॰* अकिञ्चन + अण्/ष्यञ्] *पु॰* १. अकिंचनता। दरिद्रता। निर्धनता। ग़रीबी। २. अपने पास कोई भी वस्तु न रखने का गुण। पूर्ण अपरिग्रह।

आकीर्ण—[*स॰* आ √कृ + क्त] *वि॰* १. छितरा/बिखरा हुआ। २. छितराया/बिखेरा हुआ। ३. फैला हुआ। विकीर्ण। ४. (समासान्त में प्रयुक्त) भरा हुआ। व्याप्त। ***जैसे***—जनाकीर्ण (जन + आकीर्ण)।

आकुञ्चन (आकुंचन)—[*स॰* आ √कुञ्च् + ल्युट्] *पु॰* १. सिकोड़ना। २. (फैले हुए को) समेटना। ३. सिमटना। ४. संकोच। सिकुड़ना। ***जैसे***—शक्ति का प्रसार तथा आकुंचन। ५. सिकुड़ने से कपड़े, धातु आदि के विस्तार में होनेवाली कमी। (वैशेषिक॰) पंच कर्मों में से एक। [● **विशेष** अन्य चार कर्म हैं—उत्क्षेपण, अवक्षेपण, प्रसारण तथा गमन।] ६. टेढ़ा होना। ७. झुकाव। मोड़। ८. झुका हुआ या मुड़ा हुआ भाग।

आकुण्ठन (आकुंठन)—[*स॰* आ √कुण्ठ् + ल्युट्] *पु॰* १. कुंठित होने की अवस्था या भाव। २. मन्द होना। ३. लज्जा।

आकुल—(*सं॰* आ √कुल् + क) *वि॰* १. उद्विग्न। बेचैन। परेशान। २. विह्वल। व्याकुल। ३. भरा हुआ। व्याप्त। ४. कातर। भयभीत। ५. अव्यवस्थित।

आकृत—[*स॰* आ √कृ + क्त] *वि॰* १. जिसे आकृति (रूप/आकार) दी गयी हो। बनाया हुआ। २. व्यवस्थित। क्रमबद्ध।

आकृति—[*स॰* आ √कृ + क्तिन्] *स्त्री॰* १. आकार। रूप। २. (शरीर या अंगों की) गठन/बनावट। ३. ढाँचा। ४. (वस्तु या व्यक्ति का) चित्र। ५. मुख का भाव। (गणित॰) रेखाओं की सहायता से बनाए गए क्षेत्रों आदि के रूप/चित्र। (छन्द॰) सवैया छन्द का एक प्रकार। (आयुर्वेद॰) रोग के पाँच निदानों में से तृतीय। रोगी का रोग प्रकट होने पर व्यक्त लक्षण। (***जैसे***—ज्वर का घटना-बढ़ना, गला सूखना आदि)। ✣ **आकृतिविज्ञान**—*पु॰* (जीव॰) = जीवविज्ञान की एक शाखा। प्राणियों और वनस्पतियों की आकृतियों का अध्ययन। आकारिकी। (भूविज्ञान॰) जीवाश्मों की आकृति और संरचना का अध्ययन। आकारिकी। (अ॰ मार्फ़ोलॉजि) ✣ **आकृति-विद्या**—*स्त्री॰* = मुख आदि अंगों तथा अन्य शारीरिक लक्षणों से व्यक्ति के स्वभाव, चरित्र आदि को जानने की विद्या। सामुद्रिकविद्या।

आकृष्ट—[सं॰ आ √कृष् + क्त] *वि॰* १. आकर्षित। २. मुग्ध। मोहित। ∇ **विलोम**—विकृष्ट/अनाकृष्ट। ❖ **आकृष्टि**—*स्त्री॰* = १. आकर्षण। २. मुग्धता। ३. धनुष को खींचने/तानने का कार्य/भाव।

आकोचनी—[सं॰ आकोचन + ङीप्] *स्त्री॰* किसी अंग को मोड़ देने वाली पेशी। संकोचन पेशी। (अ॰ फ़्लेक्सर)

***आको दुद्ध (दुद्ध)**—[< सं॰ अर्क ~ दुग्ध] *पु॰* अर्क/आक/मदार वृक्ष का दूध।

आक्रन्द (आक्रंद)—[सं॰ आ √क्रन्द् + घञ्] *पु॰* १. ऊँचे स्वर से की गयी पुकार। २. ज़ोर से विलाप/रुदन। ३. ज़ोर की आवाज़। घोष। ४. कोलाहल। शोर।

आक्रन्दन (आक्रंदन)—[सं॰ आ √क्रन्द् + ल्युट्] *पु॰* १. ऊँचे स्वर से की गयी पुकार। २. ज़ोर से विलाप/रुदन। ३. चीख़। चिल्लाहट।

आक्रम—[सं॰ आ √क्रम् + घञ्] *पु॰* १. आक्रमण। २. पराक्रम। वीरता।

आक्रमण—[सं॰ आ √क्रम् + ल्युट्] *पु॰* १. विपक्षी/शत्रु पर शस्त्र-अस्त्र से किया जानेवाला वार या प्रहार। २. दूसरे राज्य को जीतने के लिए किया गया बलपूर्वक सीमा-उल्लंघन। धावा। हमला। ३. तीव्र या कटु आलोचना। आक्षेप। निन्दा। ४. (रोग आदि का) आरम्भ। ५. (किसी काम का) उत्साहपूर्वक या ज़ोर-शोर से आरम्भ। ६. (किसी के अधिकार आदि का) अतिक्रमण। (कृषि॰) परपोषी में रोगजनक का प्रसार। ∇ **विलोम**—प्रतिरक्षा।

आक्रान्त (आक्रांत)—[सं॰ आ√क्रम् + क्त] *वि॰* १. जिस पर आक्रमण किया गया हो। आक्रमित। ***जैसे***—असुरों से आक्रान्त होने पर। २. घिरा हुआ। आवृत। ३. जो किसी के अधीन हो। अधिकार में किया हुआ। वशीभूत। ४. पराजित। ५. व्याप्त। ∇ **विलोम**—आक्रामक/अनाक्रान्त। ❖ **आक्रान्ता (आक्रांता)**—*वि॰* (*स्त्री॰*)। ***जैसे***—आक्रान्ता चाँदबीबी और आक्रामक अकबर।

आक्रान्ति (आक्रांति)—[सं॰ आ √क्रम् + क्तिन्] *स्त्री॰* १. आक्रान्त करने की स्थिति/भाव। २. क़ब्ज़ा करना।

आक्रीड़—*पु॰* ≤ *सं॰* आक्रीड। १. क्रीड़ा। खेल। २. क्रीड़ा का उद्यान/वन।

आक्रीडन—[सं॰ आ √क्रीड् + ल्युट्] *पु॰* १. खेलना। २. दिल-बहलाव।

आक्रीड-भूमि—[सं॰] *स्त्री॰* खेलने का स्थान। क्रीड़ा-स्थल।

आक्रुष्ट—[सं॰ आ √क्रुश् + क्त] *वि॰* १. जिस पर आक्रोश किया गया हो। आक्रोशित। २. जो डाँटा-डपटा गया हो। तिरस्कृत। ३. जिसे कोसा गया हो। जिसे शाप दिया गया हो। शापित।

आक्रोश—[सं॰ आ√क्रुश् + घञ्] *पु॰* १. क्रोधपूर्वक कठोर वचन कहना। दुर्वचन कहना। २. धिक्कार। भर्त्सना। ३. चिल्लाना। ४. शाप। कोसना। ❖ **आक्रोशक**—*वि॰* = आक्रोश करनेवाला। ❖ **आक्रोशन**—*पु॰* = आक्रोश करने की क्रिया/भाव। ❖ **आक्रोशित**—*वि॰* = आक्रुष्ट। ❖ **आक्रोष्टा**—*वि॰* = आक्रोशक।

आक्लान्त (आक्लांत)—[सं॰ आ √क्लम् + क्त] *वि॰* १. (पानी आदि से) भीगा हुआ। तर। २. लथपथ। सना हुआ। ***जैसे***—रक्त से आक्लान्त।

आक्षरिक—[सं॰ अक्षर + ठक्] *वि॰* १. अक्षर/अक्षरों का। २. अक्षरात्मक।

आक्षिक—[सं॰ अक्ष् + ठक्] *वि॰* १. अक्ष-सम्बन्धी। २. पाँसों का खिलाड़ी। ३. शतरंज खेलनेवाला। *पु॰* (जुए में दाँव लगाने का) धन।

आक्षिप्त—[सं॰ आ √क्षिप् + क्त] *वि॰* १. जिसका आक्षेपण हुआ हो। २. फेंका/गिराया हुआ। ***जैसे***—घोर वन में आक्षिप्त बालक। ३. जिसपर आक्षेप किया गया हो। लांछित। ***जैसे***—आक्षिप्त कर्मचारी ने त्यागपत्र दे दिया।

आक्षेप—[सं॰ आ √क्षिप् + घञ्] *पु॰* १. फेंकने/गिराने की क्रिया/भाव। २. उछालना। ३. कटूक्ति। ताना। ४. दोषारोपण। आरोप। लांछन। (काव्य॰) १. पाठक की अपनी कल्पना द्वारा प्रस्तुत वस्तु। २. एक अर्थालंकार। किसी कथन की कुछ विशेषता बताने के लिए उसका निषेध-सा करने में होनेवाला अलंकार।

आखण्डल (आखंडल)—[सं॰ आ √खण्ड + डलच्] *पु॰* पर्वतों को तोड़नेवाला व्यक्ति। इन्द्र। ❖ **आखण्डलीय (आखंडलीय)**—*वि॰* = इन्द्र-सम्बन्धी। इन्द्र का। ***जैसे***—आखंडलीय रथ।

आखता—[< फा॰ आख़्त:] *वि॰* बधिया किया हुआ (पशु)।

आखन—[< सं॰ आ + क्षण] *क्रिवि॰* प्रतिक्षण। हर समय।

***आखना**[1]—[< सं॰ आख्यान] *क्रिस॰* (कोई बात) कहना।

***आखना**[2]—[< सं॰ आकांक्षा] *क्रिस॰* इच्छा करना। चाहना।

†आखना[3]—[< हिं॰ आँख] *क्रिस॰* देखना।

आखनिक—[< सं॰ आ + खनिक] *वि॰* खोदनेवाला। खनिक। *पु॰* १. खुदाई का काम करनेवाला। २. भूमि खोदनेवाला प्राणी (चूहा, सुअर इत्यादि)। ३. भूमि खोदने का उपकरण (कुदाल, फावड़ा इत्यादि)।

आखर—[< प्रा॰ अक्खर < सं॰ अक्षर] *पु॰* १. अक्षर या शब्द। २. वचन। ***वा॰* आखर देना**—वचन देना। वादा करना।

†आखा—[< सं॰ अक्षय] *वि॰* १. पूर्ण। पूरा। २. समस्त। कुल। ३. जिसका क्षय न हो। अक्षय। ***जैसे***—आखा तीज।

आखात—[सं॰ आ √खन् + क्त] *पु॰* १. (भूमि आदि का) खनन। खुदाई। २. खोदने का उपकरण (कुदाल आदि)। ३. ऐसा जलाशय जो मनुष्य का बनाया हुआ न हो। झील।

आखातीज—[< सं॰ अक्षयतृतीया] *स्त्री॰* वैशाख शुक्ल तृतीया का एक व्रतोत्सव। अक्षयतृतीया।

आखानवमी—[< सं॰ अक्षयनवमी] *स्त्री॰* कार्तिक शुक्ल नवमी का एक व्रतोत्सव। अक्षयनवमी।

आख़िर—[अरबी] *पु॰* १. अन्त। समाप्ति। २. परिणाम। नतीजा। *वि॰* १. पिछला। २. अन्त का। *क्रिवि॰* अन्त में। अन्तत:।

आख़िरी—[अरबी] *वि॰* अन्तिम। ***वा॰* आख़िरी दम पर होना**—

१. (कोई प्राणी) मृत्यु के अति समीप होना। २. (कोई काम) समाप्ति/अन्त के निकट होना।

आख़ीर—[< अरबी आख़िर] *पु॰* अन्त। समाप्ति। ∇ **विलोम**→ शुरू।

आखु—[स॰ आ √खन् + डु] *वि॰* १. खोदनेवाला। २. कृपण। कंजूस। *पु॰* १. चूहा। २. छछूँदर। ३. सुअर। ४. चोर। ५. कुदाल। ✣ **आखु-पाषाण**—*पु॰* = १. चुम्बक पत्थर। २. संखिया। ✣ **आखुवाहन**—*पु॰* = गणेश (देवता)।

आखेट—[स॰ आ √ खिट् + घञ्] *पु॰* मृगया। शिकार।

आखेटिक—[स॰ आखेट + ठक्] *पु॰* १. शिकारी। २. शिकारी कुत्ता।

आखेटी—[स॰ आखेटिन्] *वि॰* शिकारी। अहेरी। ✣ **आखेटिनी**—*वि॰* (*स्त्री॰*) = अहेरिन। शिकारिन।

†**आख़ोर**—[< तुर्की आख़ुर] *पु॰* १. पशु के खाने के बाद बचा रह गया चारा। २. रद्दी वस्तुएँ। सड़ी-गली वस्तुएँ। कूड़ा-करकट। कबाड़। *वि॰* १. सड़ा-गला। २. रद्दी। ३. गन्दा।

आख्या—[स॰ आ √ख्या + अङ् + टाप्] *स्त्री॰* १. नाम। उपाधि। २. विवरण। ३. व्याख्या। (पुस्तक॰) शीर्षक। नाम। ✣ **आख्या सूची**—*स्त्री॰* (पुस्तक॰) = ऐसी सूची जिसकी प्रविष्टियाँ केवल शीर्षकों के अनुसार बनायी गयी हों। (अ॰ टाइटिल कैटलॉग)

आख्यात—[स॰ आ √ ख्या + क्त] *वि॰* १. कहा हुआ। कथित। वर्णित। २. जाना हुआ। ज्ञात। ३. पढ़ा हुआ। पठित। ४. अति प्रसिद्ध। *पु॰* (संस्कृत व्या॰) क्रियापद। क्रिया। ✣ **आख्यातज**—*वि॰* = आख्यात से बना (शब्द)। ***जैसे***—'दौड़ना' से बने 'दौड़ता', दौड़ती, 'दौड़ते' आख्यातज हैं।

आख्याति—[स॰ आ √ख्या + क्तिन्] *स्त्री॰* १. कथन। २. सूचना। ३. यश। कीर्ति।

आख्यातिक—[स॰ आख्यात + ठक्] *पु॰* धातुओं और क्रियाओं का विवेचन करनेवाला (संस्कृत का) व्याकरण-ग्रन्थ।

आख्यान—[स॰ आ √ख्या + ल्युट्] *पु॰* १. कथन। उक्ति। २. वर्णन। वृत्तान्त। ३. प्राचीन कथा या कहानी की ओर संकेत करना या कहना। ४. कथा। कहानी। ५. पुरावृत्त-कथन। ६. काव्यबद्ध इतिहास-ग्रन्थ (***जैसे***—महाभारत) ७. पौराणिक कथा। ८. कल्पित कथा।

आख्यानक—[स॰ आख्यान + कन्] *पु॰* १. कथा। कहानी। २. छोटा आख्यान। उपाख्यान। ३. पूर्ववृत्तान्त।

आख्यानिक—[स॰ आख्यान + ठक्] *वि॰* १. आख्यान-क्रम-सम्बन्धी। आख्यान का। २. आख्यानों में चर्चित।

आख्यानिकी—[स॰ आख्यानक + ङीप्] *स्त्री॰* (छन्द॰) एक वर्णिक छन्द जो इन्द्रवज्रा और उपेन्द्रवज्रा के योग से बनता है और जिसके विषम चरणों में क्रमशः दो तगण, जगण और दो गुरु (त त ज ग ग) होते हैं और सम चरणों में क्रमशः जगण, तगण, जगण और दो गुरु (ज त ज ग ग) होते हैं।

आख्यापक—[स॰ आ √ख्या + ण्वुल्, पुक्-आगम] *पु॰* १. घोषणा/एलान करनेवाला। २. कहनेवाला। ३. सन्देशवाहक। दूत। ✣ **आख्यापिका**—*स्त्री॰*।

आख्यापन—[< स॰ आ √ख्या + णिच्, पुक्-ल्युट्] *पु॰* १. घोषणा। एलान। २. सार्वजनिक सूचना। ३. किसी घटना/ बात को दूसरों से कहना। कथन। वर्णन।

आख्यायिका—[स॰ आख्यायक + टाप्] *स्त्री॰* १. कहानी। कथा। क़िस्सा। २. वृत्तान्त। (काव्य॰) संस्कृत गद्यकाव्य के दो प्रकारों में से एक जिसमें सत्य कथा वर्णित होती है, कल्पित नहीं। ***जैसे***—बाणभट्टकृत 'हर्षचरित' आख्यायिका है और कादम्बरी 'कथा' है।

आख्येय—[स॰ आ √ख्या + यत्] *वि॰* १. जो कहे जाने योग्य हो या कहे जाने को हो। २. जो सूचित किए जाने योग्य हो या सूचित किए जाने को हो। सूच्य।

आग[१]—[< स॰ अग्नि] *स्त्री॰* १. पंच तत्त्वों में से एक। अग्नि। २. किसी वस्तु के जलने पर प्रकट होने वाला ताप और प्रकाश। अग्नि। ३. वनों, भवनों आदि का ऐसा जलना कि वे नष्ट हो जाएँ। ***जैसे***—नगर में लगी आग। ४. बहुत अधिक गर्मी। ***जैसे***—दोपहर की भीषण आग। ५. काम, क्रोध आदि का तीव्र आवेग या उससे होने वाला मानसिक ताप। ***जैसे***—ईर्ष्या की आग। ६. अति असन्तोष। ***जैसे***—भूखी जनता में बढ़ रही आग। ७. विचारों, भावों या स्वभाव की उग्रता जो हानिकारक हो। ८. बन्दूक़, तोप आदि की गोलाबारी। ***जैसे***—तोपों की आग से जूझते राजपूत। *वि॰* १. अति गर्म। २. गर्मी उत्पन्न करनेवाला। ***वा॰*** **आग उगलना**—१. (ताप आदि का) गोलियाँ या गोले बरसाना। २. विद्रोही भावनाओं से युक्त ओजस्वी भाषण देना। भड़काऊ या विद्रोही वक्तव्य देना। **आग उठाना**—१. झगड़ा उठाना। २. दबी वेदना को जगाना। **आग का पुतला**—अति क्रोधी स्वभाव का व्यक्ति। **आग का बाग़**—आतिशबाज़ी। **(समाचार आदि का) आग की तरह फैल जाना**—तेज़ी से फैल जाना। **आग को हवा देना**—क्रोध, उत्तेजना या विरोध आदि को और बढ़ाना। **आग खाना**—उपद्रव करना। **आग खाना और अंगारे उगलना**—पहले तो अति अनुचित कार्य करके विरोध उत्पन्न करना और फिर ऐसी बातें करना कि बिगाड़ और भी बढ़े। **आग जलाना**—ऐसी क्रिया करना जिससे अग्नि उत्पन्न हो। **आग जिलाना**—बुझती अग्नि को फिर से तेज़ करना या सुलगाना। **आग ठंडी पड़ना**—१. क्रोध शान्त हो जाना। २. उत्तेजना या विरोध या आदोलन आदि शान्त हो जाना। ३. अग्नि बुझ जाना। **आग दिखाना**—१. आग लगाना। २. आग पर थोड़ा तपाना। **आग देना**—१. शव का दाहकर्म करना। २. जलाना। ३. नष्ट करना। **आग निकलना**—बहुत गर्म होना। **आग पर आग डालना**—दुःखी व्यक्ति को और भी दुःखी करना। कष्ट पर कष्ट देना। **आग पर तेल छिड़कना**—१. क्रोध को उत्तेजित करना। २. विरोध आदि को बढ़ाना। **आग पर पानी डालना**—१. क्रुद्ध मनुष्य को शान्त करना। २. झगड़े को समझा-बुझाकर शान्त करना। **आग पर लोटना**—१. कष्ट से तड़पना। २. बेचैन होना। ३. ईर्ष्या करना। **आग-पानी का वैर**—स्वाभाविक शत्रुता। **आग पानी में कूदना, आग पानी से गुज़रना**—

१. संकट में पड़ना। २. कष्ट उठाना। **आग-पानी होना**—१. कभी क्रुद्ध और कभी शान्त होना। २. पूर्णतया विपरीत स्वभावों वाला होना। **आग फाँकना**—१. हानि उठाना। २. डींग मारना। ३. मन ही मन दुर्भाव, दुर्विचार आदि करते रहना। ४. जानबूझकर अपने को संकट में डालना। **आग फूँकना**—किसी वस्तु का, शरीर पर लगकर या शरीर के अन्दर पहुँचकर, गर्मी बहुत बढ़ा देना। **आग-फूस का वैर**—१. स्वाभाविक शत्रुता। **आग-फूस की मैत्री**—दो विरोधी स्वभावों के मनुष्यों की मित्रता जो बहुत समय तक नहीं चलती। **आग बढ़ना**—१. क्रोध का बहुत बढ़ जाना। २. लड़ाई-झगड़े का और बढ़ जाना। **आग बन जाना**—१. लाल हो जाना। २. बहुत क्रुद्ध होना। **आग-बबूला होना**—अति क्रुद्ध होना। **आग बरसना**—१. भीषण गर्मी पड़ना। २. लू चलना। ३. शत्रु द्वारा गोलियों/गोलों या बमों से आक्रमण होना। **आग बरसाना**—शत्रु पर बहुत अधिक गोलियाँ, गोले या बम आदि छोड़ना। **आग बाँधना**—१. अग्नि को बढ़ने से रोकना। २. लड़ाई-झगड़ा शान्त करना। **आग बुझना**—१. लड़ाई-झगड़ा शान्त होना। २. भूख शान्त होना। **आग बुझाना, आग बुझा लेना**—१. बदला लेना। २. अपनी तीव्र इच्छा पूर्ण करा लेना। **आग बोना**—१. उत्पात या झगड़ा खड़ा करना। २. ऐसा ग़लत काम करना जिससे आगे चलकर बहुत कष्ट या हानि हो। **आग भड़क उठना**—दबा हुआ क्रोध, विरोध, झगड़ा, आन्दोलन आदि फिर से उभर जाना। **आग भड़कना**—१. परस्पर विरोध या लड़ाई आरम्भ होना। २. मन में दबा हुआ शत्रुता-भाव या क्षोभ फिर से प्रबल होना। **आग भड़काना**—१. हलचल मचाना। २. झगड़ा बढ़ाना। ३. उत्साह बढ़ाना। **आग-भभूका होना**—अति क्रुद्ध होना। **आग में आग डालना**—व्यर्थ काम करना। **आग में ईंधन डालना**—दे॰ आग पर तेल छिड़कना। **आग में उतरना**—किसी भयंकर झगड़े या संकट के काम में भाग लेना। **आग में कूदना**—जानबूझकर अपने ऊपर मुसीबत/ख़तरा लेना। **आग में घी का काम करना**—क्रोध, आवेश आदि को बढ़ाना। **आग में घी छोड़ना/डालना**—१. क्रोध भड़काना। २. झगड़ा बढ़ाना। **आग में घी पड़ना**—क्रोध, उत्तेजना या विरोध आदि को बढ़ावा देनेवाली बात कहना या वैसा कुछ करना। **आग में झोंकना**—१. विपत्ति या संकट में डालना। २. नष्ट कर देना। **आग में पाँव डालना**—जानबूझकर संकट में पड़ना। **आग में पानी डालना**—१. क्रोध शान्त करना। २. झगड़ा मिटाना। **आग लगना**—१. क्रोध आ जाना। २. ईर्ष्या होना। ३. किसी वस्तु का बहुत महँगा होना। ४. नाश होना। **आग लगने पर कुआँ खोदना**—पहले से करने योग्य काम को आवश्यकता पड़ने पर ही आरम्भ करना। **आग लगाकर तमाशा देखना**—झगड़ा खड़ा करके उसका मज़ा लेना। **आग लगाकर पानी को दौड़ना**—१. पहले झगड़ा करना और फिर उसे शान्त करने का प्रयत्न करना। २. पहले उत्तेजना फैलाना और फिर उसे शान्त करने का प्रयत्न करना। **आग लगाना**—१. क्रोध या ईर्ष्या भड़काना। २. चुग़ली खाना। ३. नाश करना। ४. उपद्रव मचाना। ५. त्याग देना। **आग लगे**—(एक प्रकार का शाप देना) नष्ट हो जाए। **आग-सा लगना**—१. बहुत अप्रिय लगना। २. बहुत कष्ट या दु:ख देनेवाला लगना। **आग सुलगना**—१. क्रोध, विद्रोह आदि के भाव फैलना। २. उत्साह/जोश आना। **आग सुलगाना**—१. क्रोध, विद्रोह आदि के भाव फैलाना। २. उत्साह/जोश दिलाना। **आग से आग बुझाने की कोशिश करना**—१. क्रोध को क्रोध से शान्त करने का यत्न करना। २. बुराई को बुराई से शान्त करने का यत्न करना। ३. विरोध को विरोध से या शत्रुता को शत्रुता से समाप्त करने का यत्न करना। **आग से खेलना**—जानबूझकर संकट या भयानक परिस्थिति से संपर्क रखना। **आग से पानी हो जाना**—क्रोध शान्त हो जाना। **आग होना**—अति क्रुद्ध होना। **पेट की आग**—भूख।

†आग[२]—[< स॰ अग्र] *पु॰* ईख का अग्र/ऊपरी भाग जिसमें पत्तियाँ होती हैं। अगौरी।

आगणन—[स॰ आ + गणन] *पु॰* १. परिगणना। २. आकलन।

आगत—[स॰ आ + गत] *वि॰* १. आया हुआ। २. बाहर से आया हुआ (माल)। *पु॰* अतिथि। ∇ **विलोम**—विगत/गत। ⁘ **आगता**—*वि॰* (*स्त्री॰*)। ⁘ **आगत शब्द**—*पु॰* = (भाषा॰) (किसी भाषा में) अन्य भाषा से आया हुआ शब्द जो रूप और अर्थ दोनों में जैसे का तैसा ग्रहण किया जाता है। (अ॰ लोनवर्ड)

आगतपतिका—[स॰ आगत ~ पति + कप् + टाप्] *स्त्री॰* (काव्य॰) अपने पति के परदेश से वापस आने पर प्रसन्न होनेवाली नायिका। वह नायिका जिसका पति परदेश से वापस आ गया हो।

आगत-स्वागत—[स॰] *पु॰* अतिथि-सत्कार।

आगति—[स॰] *स्त्री॰* आगमन।

आगन्तुक (आगंतुक)—[स॰ आगन्तु + कन्] *वि॰* १. आनेवाला। २. बिना बुलाए आनेवाला। ३. अजनबी। *पु॰* १. अतिथि। मेहमान। २. अजनबी व्यक्ति।

आगम—[स॰ आ √गम् + घञ्] *पु॰* १. आगमन। २. प्राप्ति। *जैसे*—धन और यश का आगम। ३. जन्म। उत्पत्ति। ४. आय। आमदनी। ५. परम्परा से चले आ रहे मूल सिद्धान्त/शास्त्र। ६. आनेवाला समय। भविष्य। ७. आने का लक्षण। (व्या॰, भाषा॰) १. उपसर्ग, विभक्ति या प्रत्यय। २. शब्द के रूप-साधन में किसी स्वर या व्यंजन की वृद्धि। (न्याय॰) शब्दप्रमाण। (तन्त्र॰) संस्कृत तन्त्र-ग्रन्थों का एक प्रमुख प्रकार जिसमें देवताओं की पूजा, पुरश्चरण, षट्कर्म-साधन, ध्यान आदि का वर्णन होता है। *जैसे*—शैवों का आगम साहित्य विशाल है। ***वा॰* आगम जताना**—भावी घटना की सूचना देना और उसके विषय में सावधान करना। **आगम करना/बाँधना**—किसी भावी घटना/कार्य के लिए पहले से व्यवस्था करना। ⁘ ***आगमजानी**—*वि॰* = आगमज्ञानी। ⁘ **आगमज्ञानी**—*वि॰* = जिसे भविष्य का ज्ञान हो। भविष्यज्ञानी। ⁘ **आगमवक्ता**—*वि॰* = भविष्य की बातें बतानेवाला। *पु॰* ज्योतिषी। ⁘ **आगमवाणी**—

स्त्री॰ = भविष्यवाणी। ❖ **आगम-वृद्ध (वृद्ध)**— *वि॰* = शास्त्रों, धर्मग्रन्थों आदि का महान् विद्वान्। ❖ **आगमसोची**— *वि॰* = आगे की बात सोचनेवाला। दूरदर्शी।

आगम-निर्गम—[स॰] *पु॰* १. आना और जाना। आना-जाना। २. (पुस्तकालय और पाठकों के बीच पुस्तकों का) लेना और वापस देना। आदान-प्रदान।

आगमन—[स॰ आ + गमन] *पु॰* १. आना। २. प्राप्ति। लाभ। ३. उत्पत्ति। (तर्क॰) १. अनुमान का वह प्रकार जिसमें विशेष तथ्यों से सामान्य निष्कर्ष निकाला जाता है। कम सामान्य से अधिक सामान्य निष्कर्ष निकालने वाला अनुमान। २. उक्त अनुमान का निष्कर्ष। ∇ **विलोम**—१. गमन। २. (तर्क॰ में) निगमन।

आगमित—[स॰ आ √गम् + णिच् + क्त] *वि॰* जिसका अच्छी प्रकार से अध्ययन किया गया हो। अधीत।

आगमी[१]—[स॰ आगमिन्] *पु॰* १. आगमों का विद्वान्। २. ज्योतिषी।

आगमी[२]—[< स॰ आगम] स्त्री॰ आगमन।

आगर[१]—[< स॰ आकर = खान] *पु॰* १. आकर। खान। ***जैसे***—गुण-आगर (या गुणागर)। २. भंडार। ३. कोष। ख़जाना। ४. रहने का स्थान (घर, झोपड़ी आदि)।

***आगर**[२]—[< स॰ आकर (= युक्त। पूर्ण। श्रेष्ठ)] *वि॰* १. श्रेष्ठ। उत्तम। २. सम्पन्न।

***आगर**[३]—[< स॰ आगार] *वि॰* १. (गुणों से) २. भरपूर। श्रेष्ठ। ३. चतुर। *पु॰* रहने का स्थान (घर आदि)।

***आगर**[४]—[< स॰ अग्र] *क्रिवि॰* १. अधिक। बहुत। २. आगे। सामने। ३. बहुत बढ़कर। आगे।

***आगर**[५]—[< स॰ अर्गल] *स्त्री॰* अर्गला।

आगरि/आगरी**[१]—[< स॰ आकर] *स्त्री॰* १. आकर। खान। २. भंडार। राशि। समूह। ***जैसे—गुण-आगरी राधा। ३. कोष। ख़ज़ाना।

आगरी[२]—[हि॰ आगर का स्त्री॰] *वि॰* (*स्त्री॰*) १. युक्त। पूर्ण। २. श्रेष्ठ। उत्तम।

आगरी[३]—[< स॰ आकर] *पु॰* १. जो नमक बनाने का काम करता हो। नोनिया। २. खान में काम करनेवाला मज़दूर।

†आगल—[< स॰ अग्र] *वि॰* १. सबसे आगे जानेवाला। अग्रगामी। २. बढ़ा-चढ़ा। *क्रिवि॰* आगे। सामने।

***आगला**—[< हि॰ आगल] *वि॰* अगला। ❖ **आगली**— *वि॰* (*स्त्री॰*) = अगली।

आगवाह—[< स॰ अग्निवाह] *पु॰* धुआँ।

आगस्ती—[स॰ अगस्त्य + अण् + ङीप्, य लोप] *वि॰* आगस्त्य। (दे॰) *स्त्री॰* दक्षिण दिशा।

आग़ाज़—[फा॰] *पु॰* आरम्भ।

आगामिक—[स॰ आ + गामिन् + क] *वि॰* १. भविष्य से सम्बन्ध रखनेवाला। २. आनेवाला।

आगार—[स॰ √अग् + घञ् = आग, आग √ऋ + अण्] *पु॰* १. रहने का स्थान। घर। २. किसी विशेष कार्य के लिए निश्चित घर का कोई कमरा। ***जैसे***—शयनागार। ३. भांडार। ***जैसे***—अस्त्रागार।

आगाह—[फा॰] *वि॰* १. जिसे सावधान रहने के लिए पहले से कोई सूचना मिल चुकी हो। २. होनेवाली बात से सचेत/सावधान। ३. परिचित। जानकार।

आगे—[< स॰ अग्रे] *क्रिवि॰* १. जिस ओर मुख हो या (गाड़ी आदि का) अगला भाग हो, उस ओर। सम्मुख। सामने। ***जैसे***—गाड़ी के आगे पत्थर पड़ा है। २. (किसी की) उपस्थिति में। (किसी के) सामने। ***जैसे***—माता के आगे वह झूठ नहीं बोल पाता है। ३. पहले। ***जैसे***—तुमसे आगे वह पहुँचा। ४. पश्चात्। बाद। ***जैसे***—इसके आगे की घटनाएँ बहुत आश्चर्यजनक हैं। ५. भविष्य में। आइन्दा। ***जैसे***—आगे ध्यान रखना। ६. कुछ दूर और। ***जैसे***—रुको मत, आगे बढ़ो। ७. विरोध में। मुक़ाबले में। ***जैसे***—राम के आगे रावण की नहीं चली। ८. जीवित रहने की वर्तमान दशा में। ***जैसे***—तुम्हारे आगे घर की यह दशा है, पीछे क्या होगा। ∇ **विलोम**—पीछे। ***वा॰* आगे-आगे**—भविष्य में। क्रमशः कुछ-कुछ समय के बाद। **आगे आना**—१. सामना करना। २. कर्म का फल मिलना। ३. घटित होना। **आगे करना**—१. आगे की ओर चलाना/बढ़ाना। २. अगुआ बनाना। ३. प्रस्तुत करना। ४. सामने रखना। ५. संकट आदि के सामने कर देना। ६. आड़ लेना। **आगे का पैर पीछे पड़ना**—आगे बढ़ने का साहस न करना। **आगे को**—१. कुछ दिनों बाद। २. भविष्य में। **आगे चलकर**—भविष्य में। **आगे धरना**—१. अपना आदर्श बनाना। २. प्रस्तुत करना। ३. भेंट में देना। **(किसी के) आगे डालना/देना/रखना**—(किसी को खिलाने, देने आदि के लिए) सामने उपस्थित करना। **आगे नाचना**—स्मृति में सजीव होना। **आगे निकल जाना**—१. (प्रतियोगिता आदि में) श्रेष्ठ होना। २. उन्नति कर जाना। अधिक श्रेष्ठ सिद्ध होना। **आगे पड़ना**—बाधक होना। रुकावट डालना। **आगे पाँव/पैर न पड़ना**—आशंका, चिन्ता या भय से साहस कम हो जाना और गति रुक जाना। **आगे बढ़ना/होना**—१. सामने जाना। २. सामना करना। ३. जाना। ४. प्रगति करना। ५. अन्यों की तुलना में सबसे पहले किसी काम या बात में सम्मिलित होना। **आगे रंग लाना**—१. भविष्य में विशेष प्रभाव दिखाना। २. भविष्य में अधिक सुन्दर होना। ३. भविष्य में अधिक बुराई पैदा करना। **आगे रखना**—१. प्रस्तुत करना। २. बतलाना। **आगे से**—१. भविष्य में। २. पहले से। ३. सामने से। **आगे से दूर होना**—१. सामने से हट ज़ाना। **आगे से लेना, आगे होकर लेना**—आगे बढ़कर स्वागत करना। **आगे होना**—१. अग्रसर होना। २. बढ़ जाना। ३. सामना करना।

आग़ोश—[फा॰] *पु॰* १. अंक। गोद। ***जैसे***—नींद के आग़ोश में।

आगौल—[< स॰ अग्र] *पु॰* सेना का अगला भाग।

आग्नेय—[स॰ अग्नि + ढक्] *वि॰* १. अग्नि-सम्बन्धी। अग्नि का। २. अग्नि से उत्पन्न। ३. जिससे अग्नि निकले। *पु॰* १. कार्त्तिकेय।

स्कन्द। २. दक्षिण-पूर्व दिशा। ३. कृत्तिका नक्षत्र। ४. स्वर्ण। सोना। ५. ज्वालामुखी पर्वत। ६. रक्त। रुधिर। ख़ून। ७. प्रतिपदा (तिथि)। (भाषा॰) भारत के दक्षिण पूर्व में (इंडोनेशिया और उसके पास के द्वीपों में) बोली जाने वाली भाषाओं का वर्ग। ✣ **आग्नेय अस्त्र**— *पु॰* = आग्नेयास्त्र। (दे॰) ✣ **आग्नेय कोण**— *पु॰* = दक्षिण-पूर्व दिशा। ✣ **आग्नेय चट्टान/शैल**— *पु॰* = भूगर्भ के पिघले पदार्थों के भीतर या बाहर, ठंडे होकर जम जाने से बने शैल, जो कठोर और रवेदार होते हैं। तप्त पृथ्वी के धीरे-धीरे ठंडे होने से बनी (अत: प्राचीनतम) चट्टान। ✣ **आग्नेय स्नान**— *पु॰* = सारे शरीर पर भस्म/राख का लेपन।

आग्नेयास्त्र—[स॰ आग्नेय ~ अस्त्र] *पु॰* विस्फोट से चलनेवाले अस्त्र। बन्दूक, पिस्तौल, तोप आदि बारूदी अस्त्र।

आग्नेयी—[स॰ आग्नेय + ङीप्] *स्त्री॰* १. अग्नि-पत्नी। स्वाहा। २. दक्षिण-पूर्व दिशा। ३. पेट की अग्नि उद्दीप्त करनेवाली वस्तु (औषध आदि)। भूख बढ़ानेवाली वस्तु (दवा आदि)।

आग्रह—[स॰ आ √ग्रह् + अच्] *पु॰* १. नम्रतापूर्वक किसी बात पर बल देना। अनुरोध। २. हठ।

आग्रहायण—[स॰ आग्रहायण + अण्] *पु॰* मार्गशीर्ष/अगहन मास।

आग्रहायणी—[स॰ आग्रहायण + ङीप्] *स्त्री॰* १. मार्गशीर्ष (अगहन) मास की पूर्णिमा। मार्गशीर्षी। २. मृगशिरा नक्षत्र।

आग्रहारिक—[स॰ अग्रहार + ठक्] *वि॰* नियमानुसार प्रथम भाग पाने योग्य। *पु॰* १. प्रथम भाग पाने योग्य ब्राह्मण। श्रेष्ठ ब्राह्मण। २. अग्रहार ग्रहण करने का अधिकारी विद्वान् ब्राह्मण।

आग्रही—[< स॰ आग्रह] *वि॰* आग्रह करनेवाला। अनुरोध या हठ करनेवाला।

***आघ**[1]**/आघु**—[< स॰ अर्घ] *पु॰* १. सम्मान। आदर। २. अर्घ। महत्त्व। मूल्य। ३. अपनापन। निजत्व। आपा।

***आघ**[2]—[< स॰ आघ्रा] *पु॰* सूँघने की क्रिया/भाव।

***आघना**[1]—[< स॰ आ √घ्रा] *क्रिस॰* सूँघना।

***आघना**[2]—[< हि॰ अघाना] *क्रिस॰* १. (भोजन) अघाना। छकना। २. तृप्त होना।

आघात—[स॰ आ √हन् + घञ्] *पु॰* १. आकस्मिक धक्का/ठोकर। २. प्रहार। ३. (किसी के) प्रहार से लगनेवाली चोट। ४. वध। हत्या। ५. मानसिक कष्ट। (भाषा॰) ध्वनि, अक्षर, शब्द आदि के उच्चारण की गुणवत्ता को प्रभावित करनेवाला दबाव। बलाघात। (अ॰ एक्सेन्ट) (पा॰ संगीत॰) लयात्मक बलाघात। प्राय: तालखंड की पहली माला पर होनेवाला लयात्मक बलाघात। ✣ **आघातक**— *वि॰* = आघात करनेवाला। ✣ **आघातन**— *पु॰* = आघात करने की क्रिया/भाव।

आघातवर्ध्य— *वि॰* = आघातवर्धनीय। ✣ **आघातवर्ध्यता**— *स्त्री॰* = आघातवर्धनीयता।

†**आघारना**—[< स॰ आघार] *क्रिस॰* १. छिड़कना। २. (हवन आदि में) अग्नि पर घी छिड़कना।

†**आघी**—[< स॰ अर्घ] *स्त्री॰* १. ग्रामों में महाजन से लिया गया वह ऋण जिसमें ब्याज को फ़सल की उपज के रूप में दिया जाता है। २. उक्त रीति से दिया जानेवाला अन्न।

आघूर्ण—[स॰ आ + घूर्ण] *पु॰* (भौतिकी॰) कार्यशील बल की घूर्णन उत्पन्न करने की प्रवृत्ति।

आघूर्णन—[स॰ आ + घूर्णन] *पु॰* चक्कर खाना। घूमना।

आघोष—[स॰ आ + घोष] *पु॰* १. ऊँची आवाज़ में कहना। ज़ोर से पुकारना। २. गर्वपूर्ण कथन। ३. घोषणा। मुनादी। ढिंढोरा। ४. आह्वान। बुलाहट।

आघोषण—[स॰ आ + घोषण] *पु॰* सरकारी आज्ञा की घोषणा। मुनादी। ढिंढोरा।

आघ्राण—[स॰ आ + घ्राण] *पु॰* १. सूँघना। २. तृप्ति। अघाना। छकना।

आघ्रात—[स॰ आ √घ्रा + क्त] *वि॰* सूँघा हुआ। ***जैसे***—आघ्रात पुष्प।

आघ्रेय—[स॰ आ √घ्रा + ढक्] *वि॰* १. सूँघने योग्य। २. जो सूँघा जाने को हो।

आङ्गारिक (आंगारिक)—[स॰ अङ्गार + ठक्] *वि॰* १. अंगार-सम्बन्धी। अंगारों का। २. अंगारों पर पकनेवाला (खाद्य पदार्थ)।

आङ्गिक (आंगिक)—[स॰ अङ्ग + ठक्] *वि॰* १. अंग-सम्बन्धी। अंग/अंगों का। ***जैसे***—आंगिक चर्चा। २. शारीरिक चेष्टा, क्रिया या संकेतों से व्यक्त होनेवाला। ***जैसे***—आंगिक अभिनय। ३. शारीरिक। कायिक। ***जैसे***—आंगिक पीड़ा। *पु॰* मृदंग बजानेवाला। पखावजी। ✣ (नाट्य॰) **आंगिक अभिनय**—(पु॰) = अभिनय के चार भेदों (आंगिक, वाचिक, सात्त्विक और आहार्य) में से एक। वह अभिनय जिसमें नर्तक या नट अपनी शारीरिक चेष्टाओं/क्रियाओं/संकेतों द्वारा मन के भावों को अभिव्यक्त करता है।

आङ्गिरस (आंगिरस)—[स॰ अङ्गिरस + अण्] *वि॰* अंगिरा ऋषि से सम्बन्धित। अंगिरा का। *पु॰* १. अंगिरा ऋषि का पुत्र। बृहस्पति। २. अंगिरा ऋषि के वंश या गोत्र में उत्पन्न।

***आच**—[डिंगल] *पु॰* १. हस्त। हाथ। २. समुद्र। सागर।

आचञ्चल (आचंचल)—[स॰ आ + चञ्चल] *वि॰* अस्थिर। चंचल। ***जैसे***—आचंचल सागर।

***आचम्भ (आचंभ)**—[< हि॰ अचम्भा] आश्चर्य। अचम्भा।

आचमन—[स॰ आ √चम् + ल्युट्] *पु॰* १. जल पीना। २. किसी धार्मिक अनुष्ठान के आरम्भ में मुख-शुद्धि के लिए दाहिनी हथेली पर जल रखकर पीने की क्रिया। ३. पीने का जल। ४. हाथ-मुँह धोने के लिए जल। ✣ **आचमनक**— *पु॰* = आचमन करने का जल। ✣ **आचमनी**— *स्त्री॰* = एक छोटा चम्मच जिसमें जल लेकर आचमन करते हैं। ✣ **आचमनीय**— *वि॰* = १. आचमन के योग्य। पीने योग्य। २. जिसका आचमन किया जाने वाला हो। ✣ **आचमित**— *वि॰* = जिसका आचमन किया गया हो। पिया हुआ।

***आचरज**— *पु॰* ≤ *स॰* आश्चर्य। ✣ **आचरजित**— *वि॰* = चकित।

आचरण—[स॰ आ √चर् + ल्युट्] *पु॰* १. व्यवहार। २. चाल-

चलन। (अ॰ कन्डक्ट) ✣ **आचरण-पंजी, आचरण-पुस्तिका**—*स्त्री॰* = सरकारी कर्मचारियों और अधिकारियों के चरित्र और आचरण की अच्छी-बुरी बातें लिखी जाने की गोपनीय पुस्तिका। ✣ **आचरणीय**—*वि॰* = आचरण करने योग्य। व्यवहार में लाने योग्य। व्यवहार्य।

आचर्य—[सं॰ आ √चर् + यत्] *वि॰* आचरणीय। करणीय। कर्तव्य।

आचार—[सं॰ आ√चर् + घञ्] *पु॰* १. आचरण। व्यवहार। २. शील। चरित्र। चाल-चलन। ३. शिष्ट व्यक्तियों द्वारा अनुमोदित तथा प्रचलित रीति-रिवाज। लोकाचार। ४. धर्म के तीन भागों (आचार, व्यवहार और प्रायश्चित्त) में से एक। शास्त्रों में वर्णित आचार। ५. पारस्परिक व्यवहार। ***जैसे***—पत्राचार। ∇ **विलोम**—अनाचार।

आचारवत्ता—[सं॰ आचारवत् + तल् + टाप्] *स्त्री॰* आचारवान् होने की स्थिति/भाव। ✣ **आचारवत्त्व**—*पु॰* = आचारवत्ता।

आचार-संहिता—[सं॰] *स्त्री॰* समाज विशेष द्वारा मान्य नैतिक नियमावली।

आचारिक—[सं॰ आचार + ठक्] *वि॰* १. आचार-सम्बन्धी। आचार का। २. लोकाचार की पुरानी प्रथा/रीति।

आचारी—[सं॰ आचार + इनि] *वि॰* आचारवान्। *पु॰* (रामानुज-सम्प्रदाय में) श्रीवैष्णव आचार्य।

आचार्य—[सं॰ आ √चर् + ण्यत्] *पु॰* १. शिक्षक। गुरु। २. वेद पढ़ानेवाला गुरु। ३. किसी विषय का विशेष विद्वान्। ४. आचार का आदर्श स्थापित करनेवाला विद्वान्। (जैन) वीतरागी संघनायक साधु जो साधुओं को शिक्षा-दीक्षा देता है। ✣ **आचार्या**—*स्त्री॰* = स्त्री आचार्य/ गुरु। शिक्षिका।

आचूषण—[सं॰ आ √चूष् + ल्युट्] *पु॰* चूसना।

आच्छन्न—[सं॰ आ √छद् + क्त] *वि॰* १. ढका हुआ। आवृत। ***जैसे***—वस्त्र से आच्छन्न शरीर। २. ऊपर से छाया हुआ। ***जैसे***—बादलों से आच्छन्न आकाश। ३. छिपा हुआ। तिरोहित। ***जैसे***—आच्छन्न सूर्य।

आच्छादन—[सं॰ आ √छद् + णिच् + ल्युट्] *पु॰* १. ढकना। २. छिपाना। ३. आवरण। ४. वस्त्र। ५. परिधान। पहनावा।

आच्छेद/आच्छेदन—[सं॰ आ √ छिद् + घञ्/ल्युट्] *पु॰* १. ज़रा-सा काटना। २. काटना। छेदना। २. काट-छाँट।

***आछत**—[‹ हि॰ आछना] *क्रिवि॰* उपस्थिति में। विद्यमानता में। रहते हुए।

***आछना**—[‹ सं॰ अस् = होना] *क्रिअ॰* विद्यमान होना। रहना। होना।

***आछी**—[‹ हि॰ आछा] *वि॰* (*स्त्री॰*) अच्छी।

***आछे**—[‹ हि॰ अच्छे] वि॰ १. अच्छे। २. सुन्दर। *क्रिवि॰* अच्छी प्रकार से। भली-भाँति। ✣ **आछे काछे**—*क्रिवि॰* = अच्छी प्रकार से। *वि॰* अच्छा वेष धारण करने वाला। सुवेषधारी।

आज—[‹ सं॰ अद्य] *पु॰* १. वर्तमान दिन। प्रस्तुत दिन। ***जैसे***—आज का मौसम। २. वर्तमान समय। ***जैसे***—आज की युवतियों के शौक़। *क्रिवि॰* १. वर्तमान दिन में। ***जैसे***—वह आज आएगा। २. इन दिनों में। इस काल में। ***जैसे***—आज देश गम्भीर दशा में है। ∇ **विलोम**—कल। ● **विशेष**—'आज' का प्रयोग 'वर्तमान दिन' और 'वर्तमान समय' दोनों अर्थों में प्रसंगानुसार होता है। 'आज तक' और 'आज से' भी दोनों अर्थों में बोले जाते हैं। ***वा॰* आज को**—इस समय। **आज मरे/मुए, कल दूसरा दिन होना**—मरने के बाद संसार में अपने विषय में कुछ भी अच्छा-बुरा हो, उसकी चिन्ता न करना।

आजगव—[सं॰ अजगव + अण्] *पु॰* शिव/महादेव का धनुष। पिनाक।

आजन्म—[सं॰ आ + जन्मन्] *क्रिवि॰* १. जन्म से अब तक। २. जीवन के अन्त तक। जीवन-पर्यन्त। जीवन-भर। आजीवन।

आज़म—[अरबी] *वि॰* १. महान्। २. विशाल।

आज़माना—[‹ फा॰ आज़माइश] *क्रिस॰* प्रयोग करके या सम्पर्क द्वारा जाँचना। परीक्षण करना। परखना। ✣ **आज़मूदा**—*वि॰* = आज़माया हुआ। परखा हुआ। परीक्षित।

†आजा—[बुन्देली॰ ‹ सं॰ आर्य] *पु॰* पितामह। दादा। बाबा।

आजान—[सं॰ आ + जान] *क्रिवि॰* सृष्टि काल से। ✣ **आजानदेव**—*पु॰* = तप और योग के बल से अन्य जीवों से ज्ञान और शक्तियों में बहुत बढ़े हुए जीव जो सूक्ष्मशरीरवाले होते हैं और विश्व-संचालन में 'देवता' के रूप में अपनी ज़िम्मेदारी निभाते हैं। ***जैसे***—आजान देवों की उपासना।

आजानु—[सं॰ आ + जानु] *वि॰* घुटनों तक लम्बा।

आजानुबाहु—[सं॰ आजानु ~ बाहु] *वि॰* जिसकी भुजाएँ घुटने तक पहुँचती हों। अति लम्बी भुजाओं वाला। ***जैसे***—आजानुबाहु राम।

आज़ार—[फा॰] *पु॰* १. रोग। बीमारी। २. कष्ट। दुःख।

आजि—[सं॰ √अज् + इण्] *पु॰* १. युद्ध। २. रणक्षेत्र। ***जैसे***—आजि-विराजी = युद्ध या रणक्षेत्र में शोभा पानेवाला वीर योद्धा। भट।

आजिज़—[अरबी] *वि॰* १. बेबस। लाचार। २. ऊबा हुआ। ३. दीन। ✣ **आजिज़ी**—*स्त्री॰* = १. बेबसी। लाचारी। २. दीनता। ३. नम्रता। विनय।

†आजी—[हि॰ 'आजा' का स्त्री॰] *स्त्री॰* पितामही। दादी।

आजीव—[सं॰ आ √जीव् + घञ्] *पु॰* १. जीविका। व्यवसाय। पेशा। २. जीवन-निर्वाह के लिए प्राप्त धन।

आजीवक—[सं॰ आ √जीव् + ण्वुल्] *पु॰* जैन साधु।

आजीवन—[सं॰ आ + जीवन] *क्रिवि॰* १. सम्पूर्ण जीवन में। २. जीवन-पर्यन्त।

आजीविका—[सं॰ आ + जीविका] *स्त्री॰* जीवन-निर्वाह का कार्य। रोज़ी। रोज़गार। धन्धा।

आजीव्य—[सं॰ आ √जीव् + ण्य] *वि॰* १. जीविका देने योग्य (व्यवसाय)। २. बसने योग्य (स्थान)। *पु॰* जीवन-निर्वाह के साधन।

***आजुल**—[हि॰ 'आजा' से 'बाबुल' के अनुकरण पर] *पु॰* पितामह। बाबा। दादा।

आज्ञप्त—[सं॰ आ + ज्ञप्त] *वि॰* १. (व्यक्ति) जिसे आज्ञा दी गई हो।

निर्दिष्ट। २. (कार्य) जिसके सम्बन्ध में आज्ञा दी गयी हो। आज्ञा के रूप में प्राप्त। ❖ **आज्ञप्त मुद्रा**—*स्त्री॰* = (अर्थ॰) सरकार द्वारा मुद्रा के रूप में स्वीकृत तथा विनिमय क्षेत्र में वैध मुद्रा के रूप में प्रयुक्त वस्तु। प्रादिष्ट मुद्रा।

आज्ञप्ति—[सं॰ आ + ज्ञप्ति] *स्त्री॰* आज्ञा। आदेश।

आज्ञा—[सं॰ आ √ज्ञा + अङ् + टाप्] *स्त्री॰* १. आदेश। हुक्म। २. अनुमति। इजाज़त। ***वा॰* आज्ञा माथे होना, आज्ञा सिर पर मानना/लेना**—आदेश को आदरपूर्वक स्वीकार करना। **आज्ञा हाथों पर लेना**—आदेश को तत्काल पूरा करना।

आज्ञा-चक्र—[सं॰] *पु॰* (तन्त्र॰, योग॰) भ्रू-मध्य में स्थित चक्र।

आज्ञाता—[आ √ज्ञा + तृच्] *वि॰* आज्ञा देनेवाला। आज्ञापक। *पु॰* स्वामी। मालिक।

आज्ञापक—[सं॰ आ + ज्ञापक] *वि॰* १. आज्ञा देनेवाला। २. जो आदेशात्मक हो। अवश्यकरणीय। अनिवार्य। *पु॰* स्वामी। मालिक। ❖ *वि॰* (*स्त्री॰*), *स्त्री॰* आज्ञापिका।

आज्ञापन—[सं॰ आ + ज्ञापन] *पु॰* आज्ञा देने की क्रिया/भाव। हुक्म देना।

आज्ञापित—[सं॰ आ + ज्ञापित] *वि॰* १. जिसे आज्ञा दी गयी हो। २. जिसके विषय में आज्ञा दी गयी हो।

आज्ञार्थक—[सं॰ आज्ञा ~ अर्थक] *वि॰* आज्ञा के लिए प्रयुक्त होनेवाला। *पु॰* (व्या॰) *दे॰* आज्ञार्थक वृत्ति। ❖ **आज्ञार्थक वाक्य**—*पु॰* = (व्या॰) जिस वाक्य से आज्ञा, विनती या उपदेश सूचित हो। ***जैसे***—अच्छा लिखो; घर जाओ। ❖ **आज्ञार्थक वृत्ति**—*स्त्री॰* = (व्या॰) क्रिया का वह रूप जिसमें किसी को आज्ञा दी जाए। विधि-रूप (***जैसे***—पढ़ो; लिखो)।

आज्य—[सं॰ आ √अज्ज् + क्यप्, न लोप] *वि॰* जिसकी आहुति दी जाए। *पु॰* घृत। घी।

आञ्चलिक (आंचलिक)—[सं॰ अञ्चल + ठक्] *वि॰* अंचल या क्षेत्र विशेष का। अंचल से सम्बन्धित। क्षेत्रीय। ❖ **आंचलिकता**—*स्त्री॰* = उपन्यास या कहानी आदि में वर्णित किसी विशेष अंचल/क्षेत्र या स्थान की प्राकृतिक, सांस्कृतिक, भाषागत आदि विशेषताओं के साथ प्रभावी विस्तृत विवरण/चित्रण। स्थानीय विवरण। ***जैसे***—'मैला आंचल' उपन्यास आंचलिकता के कारण लोकप्रिय हुआ।

आञ्जन (आंजन)—[सं॰ अञ्जनी + अण्] *पु॰* १. (नेत्रों में लगाने का) अंजन। २. हनुमान्। आंजनेय।

आञ्जनेय (आंजनेय)—[सं॰ अञ्जना/आंजनेय + ठक्] *पु॰* (अंजना का पुत्र) हनुमान्।

आटना—[< प्रा॰ अट्ट] *क्रि॰स॰* १. दबाना। २. अधिक लादना। ***जैसे***—किसी को उपकार से आटना।

आटा[1]—[< प्रा॰ अट्ट, या देशज] *पु॰* १. चूर्ण किया हुआ या पिसा हुआ अन्न। पिसान। चून। ***जैसे***—गेहूँ का आटा। २. चूर्ण की तरह पिसी कोई वस्तु। ***जैसे***—सिंघाड़े का आटा। ***वा॰* आटा कर देना**—कुछ बारीक करना/पीसना। **(ग़रीबी में) आटा गीला होना**—संकट या कठिनाई के समय में और अधिक संकट या कठिनाई आना। **आटा-दाल का भाव बता देना**—१. कठोर दंड देना। २. किसी काम या परिस्थिति आदि की गुणता/गम्भीरता मालूम होना। **आटा-दाल होना**—दैनिक उपयोग की आवश्यक वस्तुओं का होना। **आटा माटी करना**—नष्ट करना। **आटा माटी होना**—नष्ट होना। **आटे-दाल का भाव मालूम होना**—१. वास्तविकता का पता चलना। २. किए का फल मिलना। **आटे-दाल की फ़िक्र**—गृहस्थी या जीविका-निर्वाह की चिन्ता। **आटे के साथ घुन पिसना**—बड़े व्यक्ति के साथ छोटे व्यक्ति को हानि पहुँचना। **आटे में नमक बराबर**—इतना कम कि नगण्य जैसा। थोड़ा-सा। ज़रा-सा।

आटोग्राफ़—[अं॰] *पु॰* १. अपने हाथ की लिखावट। स्वाक्षर। २. हस्ताक्षर।

आटोप—[सं॰ आ √तुप् + घञ्] *पु॰* १. आडम्बर। २. फैलाव। ***जैसे***—घटाटोप = घटाओं का फैलाव।

आठ—[< सं॰ अष्ट] *पु॰* १. गणितीय अंकों के आरोही क्रम में सात के बाद का अंक। (८) २. संख्याओं में सात से एक अधिक। (८) *वि॰* सात से एक अधिक। ***वा॰* आठ-आठ आँसू रुलाना**—बहुत दुःख देना। **आठ-आठ आँसू रोना**—कष्ट, शोक आदि के कारण बहुत रोना। **आठ-आठ पहर**—हर समय। **आठ आने-भर**—आधा। **आठ पहर चौंसठ घड़ी**—हर समय। ❖ **आठ दिशाएँ**—*पु॰* = पूर्व, पश्चिम, उत्तर, दक्षिण, वायव्य (= उत्तर-पश्चिम), ईशान (= उत्तर-पूर्व), नैऋत्य (= दक्षिण-पश्चिम) तथा आग्नेय (= दक्षिण-पूर्व)।

***आठक**—[< हिं॰ आठ + एक] *वि॰* लगभग आठ।

आड़—[< प्रा॰ अड्ड] *स्त्री॰* १. ओट। पर्दा। २. रक्षा का स्थान। शरण। आश्रय। ***जैसे***—क्षत्रिय राजा की आड़ लेकर प्राण बचाना। ३. टेक। थूनी। ४. बाधा। रोक। ५. स्त्रियों के माथे का टेढ़ा तिलक। ६. माथे का एक आभूषण। टीका। ***वा॰* आड़ देना**—१. आश्रय या शरण देना। २. सहायता देना। ३. ओट में करना। **(किसी की) आड़ में**—१. किसी के बहाने से। किसी के नाम पर। २. आश्रय में। **आड़ में खेल खेलना**—किसी के बहाने से अपना स्वार्थ पूरा करना। **(किसी की) आड़ लेना**—१. आश्रय या शरण में जाना। सहारा लेना। २. सहायता लेना। ३. बन्धन या मर्यादा मानना। **आड़ होना**—रक्षक के रूप में होना।

***आडण/आडणी**—[डिंगल < हिं॰ आड़] *स्त्री॰* १. आड़। २. ढाल। ३. पहेली। ४. जुए का दाँव।

†आड़न—[ब्रज॰ < हिं॰ आड़ना] १. आड़। ओट। २. ढाल।

***आड़ना**—[< हिं॰ आड़] *क्रि॰स॰* १. आड़/ओट करना। २. बीच में बाधक होना। रोकना। ३. बाँधना। ४. मना करना।

आडम्बर (आडंबर)—[सं॰ आ √डम्ब् + अरन्] *पु॰* १. दिखावटी ठाठ। दिखावा। २. धर्म का बाह्य आचार जो दिखावा मात्र हो। ढोंग। पाखंड। ३. बादलों की गर्जना। ४. युद्ध का डंका। ५. युद्ध

का कोलाहल। ६. हाथी। ✣ **आडम्बरपूर्ण**—*वि°* = दिखावटी। ∇ **विलोम**—आडम्बरहीन। ✣ **आडम्बरहीन**—*वि°* = जो दिखावटी न हो। ∇ **विलोम**—आडम्बरपूर्ण।

आडम्बरी (आडंबरी)—[< सं° आडम्बरीय] *वि°* १. आडम्बर करने वाला (व्यक्ति)। २. (वस्तु आदि) जिसमें आडम्बर/दिखावा हो।

आडम्बरोक्ति (आडंबरोक्ति)—[सं° आडम्बर ~ उक्ति] *स्त्री°* भारी-भरकम शब्दों से भरी भाषा। वाग्जालीय कथन। शब्दों का आडम्बर।

आड़ा—[< हिं° आड़] *वि°* १. तिर्यक्। तिरछा। ***जैसे***—आड़ा मत लिखना, सीधा लिखना। २. क्षैतिज तल के समान्तर। ***जैसे***—आड़ा डंडा। ३. कठोर। विकट। ***जैसे***—आड़ा काम। ४. जिसकी गति/क्रम बीच में नियत से कुछ भिन्न हो। ***जैसे***—मृदंग वाद्य का आड़ा चौताल। *क्रिवि°* १. तिरछा। ***जैसे***—आड़ा रखा डंडा। २. बाधक। ***जैसे***—आड़े हुए लोग। ***वा°*** **आड़ा तिरछा होना**—१. क्रुद्ध होना। २. क्रुद्ध होकर झगड़ा बढ़ानेवाली बात करना। **आड़ा पड़ना**—बाधक होना। रुकावट डालना। **आड़ा वक़्त/समय**—विपत्ति-काल। बुरा समय।

आड़ि**—[ब्रज° < हिं° अड़] *पु°* हठ। अड़। ज़िद। ✣ **आड़िली**—*वि°* (*स्त्री°*) = अड़नेवाली। हठीली। ***जैसे— राधा अनोखी आड़िली।

आड़ी—[< हिं° आड़ा का स्त्री°] *वि°* (*स्त्री°*)। १. तिर्यक्। तिरछी। ***जैसे***—आड़ी दीवार; आड़ी रेखा। २. क्षैतिज तल के समान्तर। ३. कठोर। विकट। **जैसे**—आड़ी नौकरी। *क्रिवि°* तिरछी। ***जैसे***—आड़ी खड़ी पुस्तक।

आढ़[1]—[< सं° आढक] *पु°* अनाज तोलने का एक पुराना माप। चार प्रस्थ (= चार सेर) की एक तौल। आढक।

आढ़**[2]—[< हिं° आड़] १. ओट। २. आश्रय। सहारा। ३. (पुरानी हिन्दी में) अन्तर। बीच। ***जैसे—दो दिन आढ़ देकर चलेंगे। ४. टालमटोल। बहानेबाज़ी। ५. माथे का एक आभूषण। टीका।

आढ़[3]—[< सं° आढ्य] *वि°* १. कुशल। दक्ष। पटु। ***जैसे***—स्वार्थ में आढ़। २. सम्पन्न। धनी।

आढक—[सं° आ √ढौक् + घञ्, पृषो°] *पु°* १. अनाज तोलने का एक पुराना माप। चार प्रस्थ (= चार सेर) की एक तौल। २. उक्त माप का काठ का पात्र। ३. अरहर।

आढकी—[सं° आढक + ङीष्] *स्त्री°* १. एक अनाज। अरहर। २. गोपीचन्दन।

आढ़त—[< प्रा° आड़हति < सं° अट्ट] *स्त्री°* १. दूसरों का माल अपने पास थोक बिक्री के लिए रखकर बिक्री होने पर, कुछ नियत धन (वर्तन, अं° कमीशन) अपने लिए लेने का व्यवसाय। २. उक्त धन जो पारिश्रमिक/लाभ/कमीशन के रूप में मिलता है। ३. उक्त व्यवसाय का स्थान। (वाणिज्य°) अभिकर्ता को दिया गया पारिश्रमिक जो किसी सौदा आदि के लिए दिया जाता है।

आढ़तिया/आढ़ती—[< हिं° आढ़त] *पु°* आढ़त का काम करनेवाला। (वाणिज्य°) ऐसा व्यक्ति या प्रतिष्ठान जो किसी की ओर से माल की बिक्री/सौदा करता है और इस सेवा के बदले कमीशन लेता है।

आढ्य—[सं° आ √ध्यै + क, पृषो°] *वि°* १. किसी वस्तु से सम्पन्न। ***जैसे***—धनाढ्य (धन + आढ्य) २. धनी।

आढ्यङ्कर (आढ्यंकर)—[सं° आढ्य √कृ + ट, मुम्] *वि°* (धन देकर) निर्धन को धनी बनानेवाला।

आणव—[सं° अणु + अण्] *वि°* १. बहुत छोटा। २. आणविक। अणु-सम्बन्धी। *पु°* १. 'अणु' का भाव। अणुत्व। अणुता। २. अत्यन्त सूक्ष्मता। (आगमिक शैव दर्शन) पशु (जीव) के पाश (बन्धन) के तीन प्रकारों में से एक। अज्ञान।

आणविक—[सं° अणु + ठक्] *वि°* अणु-सम्बन्धी। ✣ **आणविक सूत्र**—*पु°* (रसायन°) = वह संकेत जो किसी पदार्थ के एक अणु को प्रकट करे। (अं° मालिक्यूलर फ़ार्मूला)

आणाँ[1]—[< हिं° आन/आना] *वि°* अन्य।

आणाँ[2]—[राजस्थानी] *क्रिवि°* अन्यत्र।

आण्ड (आंड)—[सं° अण्ड + अण्] *वि°* अंडे से उत्पन्न। अंडज। *पु°* १. हिरण्यगर्भ। ब्रह्मा। २. अंडकोष की थैली।

आतङ्क (आतंक)—[सं° आ √तङ्क् + घञ्] *पु°* १. भारी भय। त्रास। दहशत। २. विपत्ति। विभीषिका। आफ़त। ३. दबदबा। ४. विकलतापूर्ण मानसिक स्थिति। घबराहट। ✣ **आतङ्कवाद (आतंकवाद)**—*पु°* १. लोगों को भयभीत कर अपना उद्देश्य पूरा करने का मत/वाद। २. आतंक फैलानेवाली गतिविधि/कार्रवाई।

आतञ्च (आतंच)—[सं° आ √तञ्च् + अच्] *पु°* (चिकित्सा°) रक्त या लसिका आदि द्रव में स्कन्दन द्वारा बननेवाला एक अर्ध ठोस पिंड। स्कन्द। थक्का। (अं° क्लॉट)

आतञ्चन (आतंचन)—[सं° आ √तञ्च् + ल्युट्] *पु°* १. दूध जमाने की क्रिया/भाव। २. दूध जमाने का जामन। (रक्त का) थक्का जमना। स्कन्दन। (अं° क्लॉटिंग/कोएग्यूलेशन)

आतत—[सं° आ √ तन् + क्त] *वि°* १. फैला हुआ। २. फैलाया हुआ। ३. खिँचा हुआ। ४. खींचा हुआ। ***जैसे***—आतत धनुष। ५. तना हुआ। ६. ताना हुआ।

आततायी—[सं° आततायिन्] *वि°* १. अत्यन्त अत्याचारी। २. दुष्ट। ३. क्रूर। ४. अति उपद्रवी। *पु°* १. शस्त्र उठाकर किसी को मारने को तैयार। २. हत्यारा। ३. भीषण पाप/अपराध करनेवाला। महापापी। ४. आग लगानेवाला। ५. विष खिलानेवाला। ६. धन चुराने/छीननेवाला। ७. खेत लूटनेवाला। ८. नारी का अपहरण करनेवाला।

आतनन—[सं° आ √तन् + ल्युट्] *पु°* फैलाने/खींचने/तानने की क्रिया या भाव। ✣ **आतनिक**—*वि°* = १. तनाव से युक्त। २. आशंका, उत्तेजना, व्याकुलता आदि से युक्त।

आतप—[सं° आ √तप् + घञ्] *पु°* १. सूर्य का प्रकाश। धूप। ***जैसे***—आतप-स्नान। २. ताप। गर्मी। ३. ज्वर। बुख़ार। *वि°* पीड़ा देनेवाला। कष्टप्रद। ✣ **आतपता**—*स्त्री°* उष्णता। गर्मी। **आतपत्व**—पु° = आतपता।

आतपत्र—[स॰ आतप √त्रै + क] *पु॰* १. राजा का छत्र। राजछत्र। २. (धूप आदि से बचानेवाला) छाता। छतरी।

आतपन—[स॰ आ √तप् + णिच् + ल्युट्] *पु॰* १. तपाना। २. कष्ट देना। कष्टप्रदता।

आतप-पति—[स॰] *पु॰* सूर्य।

आतप-स्नान—[स॰] *पु॰* (स्वास्थ्य-लाभ के लिए) सम्पूर्ण शरीर पर देर तक प्रातःकालीन धूप लेना। धूप-स्नान। सूर्य-स्नान।

आतपात्यय—[स॰ आतप ~ अत्यय] *पु॰* १. धूप का अभाव। २. गर्मी का अभाव।

आतपी—[स॰ आतप + इनि] *वि॰* १. धूप-सम्बन्धी। २. कष्ट देनेवाला। ३. ईर्ष्यालु। *पु॰* सूर्य।

आतपीय—[स॰ आतप + छ] *वि॰* १. धूप वाला। २. धूप सम्बन्धी। धूप का।

आतम**—[< स॰ आत्म] *वि॰* आतम। अपना। ***जैसे—आतमकल्याण। *पु॰* १. आत्मा। २. ब्रह्म। ✣ **आतमहन**—*वि॰* = आत्मघाती।

***आतमा**—*स्त्री॰* ≤ आत्मा। ।

आतशक—[फा॰] *स्त्री॰* जननेन्द्रिय में होने वाला एक रतिज रोग। उपदंश। फ़िरंग। ✣ **आतशकी**—*वि॰* = आतशक-सम्बन्धी। आतशक का।

आतापी—[स॰ आ √तप् + णिनि] *वि॰* धूर्त। शठ। *पु॰* १. चील (पक्षी)। २. 'आतापि' नामक राक्षस।

आतिथेय—[स॰ अतिथि + ढक्] *पु॰* अतिथि-सत्कार करनेवाला। मेज़बान। *वि॰* १. अतिथि-सम्बन्धी। २. अतिथि के लिए उपयुक्त।

आतिथेयातिथि—[स॰ आतिथेय ~ अतिथि] *पु॰* आतिथेय और अतिथि। मेज़बान और मेहमान।

आतिथ्य—[स॰ अतिथि + ष्यञ्] *पु॰* अतिथि का सत्कार या सेवा। मेहमान की आवभगत।

आतिदेशिक—[स॰ अतिदेश + ठक्] *वि॰* अतिदेश-सम्बन्धी। *पु॰* (व्या॰) संस्कृत व्याकरण के ऐसे सूत्र जो अपने विषय के अतिरिक्त अन्य समान विषयों में भी काम देते हैं।

आतिवाहिक—[स॰ अतिवाह + ठक्] *वि॰* १. आत्मा को इस लोक से दूसरे लोक में पहुँचानेवाला। २. आत्मा को शरीर से अलग करके दूसरे शरीर में पहुँचानेवाला। *पु॰* सूक्ष्म शरीर।

आतिश—[फा॰] *स्त्री॰* अग्नि। ✣ **आतिशपरस्त**—*वि॰* = अग्नि-पूजक। *पु॰* = १. प्राचीन अग्निपूजक ईरानी या उनके वंशज पारसी। २. पारसी व्यक्ति या समाज।

आतिशबाज़—[फा॰] *वि॰, पु॰* १. आतिशबाज़ी बनानेवाला। २. आतिशबाज़ी छोड़नेवाला। ✣ **आतिशबाज़ी**—*स्त्री॰* = बारूद, गन्धक आदि से तैयार विशेष प्रकार की वस्तुएँ जिनके जलने पर रंग-बिरंगी फुलझड़ियाँ निकलती हैं।

आतिशयिक—[स॰ अतिशय + ठक्] *वि॰* १. अतिशय सम्बन्धी। २. बहुत अधिक। अतिशय।

आतिशी—[फा॰] १. अग्नि-सम्बन्धी। २. अग्नि जैसे रंग का लाल। ✣ **आतिशी शीशा**—*पु॰* = उत्तल लेंस जिससे सूर्य किरणों को केन्द्रित कर काग़ज़ आदि जलाया जा सकता है।

आती-पाती—[अवधी, < हि॰ आना + पाना/पत्ती] *पु॰* पत्तियाँ लाकर खेला जाने वाला एक बाल-खेल।

आतुर—[स॰ आ √अत् + उरच्] *पु॰* रोगी। बीमार। ***जैसे***—आतुरशाला। *वि॰* १. रोगी। बीमार। २. पीड़ित। दुःखी। ३. उत्सुक। ४. अधीर। उतावला। बेसब्र। ५. व्याकुल। विकल। बेचैन। ६. वेगशील। *क्रिवि॰* शीघ्र। ∇ **विलोम**—अनातुर।

आतुरता—[स॰ आतुर + तल् + टाप्] *स्त्री॰* १. रोग। बीमारी। २. उत्सुकता। ३. अधीरता। उतावली। ४. व्याकुलता। विकलता। बेचैनी। शीघ्रता।

आतुरशाला—[स॰ आतुर ~ शाला] *स्त्री॰* चिकित्सालय।

आतुर-सन्यास—[स॰] *पु॰* रोगी तथा मरणासन्न व्यक्ति का शीघ्रता से सन्यास आश्रम में प्रवेश।

आतुराना—[< हि॰ आतुर] *क्रिअ॰* (किसी बात/काम के लिए) आतुर होना। उतावला होना। *क्रिस॰* किसी को उतावला बनाना। ✣ **आतुरित**—*वि॰* = आतुर किया हुआ। व्याकुल। ✣ **आतुरी**—*स्त्री॰* = आतुरता।

आतुरालय—[स॰ आतुर ~ आलय] *पु॰* चिकित्सालय।

आतोद्य (आतोद्य)—[स॰ आ √ तुद् + ण्यत्] *पु॰* एक प्रकार का वाद्य।

आत्त—[स॰ आ √दा + क्त] *वि॰* १. लिया हुआ। प्राप्त। गृहीत। २. स्वीकृत। ३. आकृष्ट। ४. दूर किया हुआ। हटाया हुआ। ५. पराजित। ✣ **आत्तगर्व**—*वि॰* = जिसका गर्व दूर किया गया हो। अपमानित।

आत्म—[स॰ समास में प्रयुक्त 'आत्मन्' (आत्मा) का संक्षिप्त रूप] *पु॰* आत्मा। *वि॰* १. आत्मा से सम्बन्धित। २. स्वयं का। निज का। स्व। अपना। **जैसे**—आत्मकथा, आत्मकल्याण। 'आत्म' को उपसर्ग के समान प्रयुक्त कर अनेक नए शब्द बनाए गए हैं। ।

आत्मक—[स॰ आत्मन् + कन्] *वि॰* (समास के अन्त में प्रयुक्त) से युक्त।...मय। ***जैसे***—काव्यात्मक (काव्य + आत्मक); भावात्मक (भाव + आत्मक)। ✣ **आत्मिका**—*वि॰* (*स्त्री॰*)। ***जैसे***—काव्यात्मिका।

आत्मकथा—[स॰ आत्मन् ~ कथा] *स्त्री॰* १. अपनी जीवन-कहानी। २. स्वलिखित जीवन-चरित। आत्म-चरित।

आत्मकाम—[स॰ आत्मन् ~ काम] *वि॰* १. आत्मा या अपने स्वरूप को जानने का अभिलाषी। २. केवल परमात्मा की भक्ति करनेवाला। *पु॰* १. आत्माभिमानी। अहंकारी। २. स्वार्थी। मतलबी।

आत्मगत—[स॰ आत्मन् ~ गत] *वि॰* १. आत्मा/चेतना से सम्बन्धित। २. अपने व्यक्तित्व से सम्बन्धित। व्यक्तिगत। अपने व्यक्तित्व में आया हुआ। ३. अपने मन/शरीर के अन्दर होनेवाला। मनोगत। शरीरगत। (दर्शन॰) व्यक्ति की चेतना/मन से सम्बन्धित या उत्पन्न, न कि बाह्य भौतिक पदार्थों से। (काव्य॰) जो वस्तुपरक न हो,

(लेखक/कलाकार के) निजी दृष्टिकोण पर आधारित हो। स्वानुभूतिमूलक। स्वानुभूतिपरक।

आत्मग्राही—[स॰ आत्मन् ~ ग्राही] *पु॰* १. स्वार्थी। २. लोभी। लालची।

आत्मचरितात्मक—*वि॰* = आत्मकथा से युक्त।

आत्मचेतना—[स॰ आत्मन् ~ चेतना] *स्त्री॰* (दर्शन॰) 'मैं हूँ' यह 'चेतना'। अहं या आत्मा का प्रत्यक्ष अनुभव। (मनो॰) अनुभव करते समय स्वयं को अनुभव होने की चेतना। (समाज॰) दूसरे लोगों के सन्दर्भ में अपने अस्तित्व और अपनी गतिविधियों के प्रति बहुत अधिक जागरूक रहने की प्रवृत्ति।

आत्मज—[स॰ आत्मन् + ज] *वि॰* अपने से उत्पन्न। अपने द्वारा उत्पन्न। *पु॰* पुत्र। बेटा।

आत्मजय—[स॰ आत्मन् ~ जय] *स्त्री॰* अपने आपको जीतना। जितेन्द्रियता। आत्मविजय।

आत्मजा—[स॰ आत्मज + टाप्] *स्त्री॰* पुत्री। बेटी।

आत्मजात—[स॰ आत्मन् ~ जात] *वि॰, पु॰* आत्मज। पुत्र।

आत्मज्ञ—[स॰ आत्मन् + ज्ञ] *पु॰* १. स्वयं को जाननेवाला व्यक्ति। २. आत्मा और परमात्मा के स्वरूप को जाननेवाला व्यक्ति।

आत्मज्ञान—[स॰ आत्मन् ~ ज्ञान] *पु॰* १. आत्मा का स्वरूप-ज्ञान। आत्म-साक्षात्कार। २. ब्रह्म का ज्ञान। ब्रह्म-साक्षात्कार। ३. जीवात्मा और परमात्मा के विषय में होनेवाला ज्ञान। ४. अपने स्वरूप का ज्ञान। (समाज॰) प्रशिक्षण, अनुभव, स्वाध्याय आदि द्वारा सामाजिक कार्यकर्ता का अपनी योग्यताओं, पूर्वग्रहों आदि से परिचित होने की स्थिति।

आत्मतन्त्र (आत्मतंत्र)—[स॰ आत्मन् ~ तन्त्र] *वि॰* स्वाधीन। स्वतन्त्र। आज़ाद।

आत्मतत्त्व—[स॰ आत्मन् ~ तत्त्व] *पु॰* आत्मा या परमात्मा का स्वरूप।

आत्मतादात्म्य—[स॰ आत्मन् ~ तादात्म्य] *पु॰* (समाज॰) व्यक्ति का वह भाव जो व्यक्तित्व के बदलते रहने पर भी एक निश्चित प्रकार का बना रहता है और जिसके आधार पर वह स्वयं को अद्वितीय समझता है।

आत्मतुष्ट—[स॰ आत्मन् ~ तुष्ट] *वि॰* १. जिसे आत्मसन्तोष हो। २. आत्मज्ञान प्राप्त कर परम सन्तोष प्राप्त करनेवाला (व्यक्ति)। ✣ **आत्मतुष्टता**—*स्त्री॰* = १. अपने मन को होनेवाला सन्तोष। २. आत्मज्ञान होने से प्राप्त आनन्द/सन्तोष। आत्मसन्तोष। ✣ **आत्मतुष्टि**—*स्त्री॰* = आत्मतुष्टता।

आत्मतृप्त—[स॰ आत्मन् ~ तृप्त] *वि॰* आत्मतुष्ट। (दे॰) ✣ **आत्मतृप्ति**—*स्त्री॰* = आत्मतुष्टि।

आत्मत्याग—[स॰ आत्मन् ~ त्याग] *पु॰* परोपकार के लिए अपने हित का विचार छोड़ देना। स्वार्थ-त्याग। ✣ **आत्मत्यागी**—*वि॰* = आत्मत्याग करनेवाला। स्वार्थ-त्यागी। निःस्वार्थ।

आत्मत्राण—[स॰ आत्मन्-त्राण] *पु॰* अपनी रक्षा। आत्म-रक्षा।

आत्मदर्शन—[स॰ आत्मन् ~ दर्शन] १. आत्म-साक्षात्कार। आत्मज्ञान। २. परमात्मा का साक्षात्कार या ज्ञान।

आत्मदान—[स॰ आत्मन् ~ दान] *पु॰* आत्मत्याग।

आत्मदाह—[स॰ आत्मन् ~ दाह] *पु॰* १. राजनीतिक/सामाजिक आदि आन्दोलनों में विरोधस्वरूप स्वयं अपने शरीर में आग लगा लेना। ***जैसे***—कुछ छात्रों द्वारा आत्मदाह की घोषणा। २. स्वयं अपने शरीर में आग लगाकर मर जाना। ***जैसे***—आत्मदाह की भीषण घटनाएँ।

आत्मद्रोह—[स॰ आत्मन् ~ द्रोह] *पु॰* १. स्वयं अपने साथ की जानेवाली शत्रुता। २. स्वयं को हानि पहुँचाना। अपनी ही हानि करना। ✣ **आत्मद्रोही**—*वि॰* = आत्मद्रोह करनेवाला।

आत्मनिवेदन—[स॰ आत्मन् ~ निवेदन] *पु॰* १. अपने सम्बन्ध में किया गया निवेदन। २. नवधा भक्ति का एक अंग। इष्ट देवता या परमात्मा के प्रति स्वयं को पूरी तरह समर्पित कर देना। आत्मसमर्पण।

आत्मनिषेध—[स॰ आत्मन् ~ निषेध] *पु॰* (पा॰ दर्शन॰) किसी ऊँचे आध्यात्मिक लक्ष्य को पाने के लिए अपनी इच्छाओं और सांसारिक स्वार्थों का त्याग।

आत्मनिष्ठ—[स॰ आत्मन् ~ निष्ठ] *वि॰* १. स्वयं में निष्ठा रखनेवाला। आत्मविश्वासी। २. आत्मा/परमात्मा में निष्ठावाला। आत्मविद्या की साधना में लीन। ३. जो व्यक्ति की अनुभूतियों और विचारों से सम्बन्धित न हो। जो वस्तुनिष्ठ न हो। ४. स्वकेन्द्रित। ∇ **विलोम**—वस्तुनिष्ठ। ✣ **आत्मनिष्ठता**—*स्त्री॰* = आत्मनिष्ठ होने की अवस्था/भाव।

आत्मनिष्ठा—[स॰ आत्मन् ~ निष्ठा] *स्त्री॰* १. आत्मा में निष्ठा। २. स्वयं में निष्ठा। आत्मविश्वास।

आत्मनेपद—[स॰ आत्मन + पद] *पु॰* अपने विषय में। (स॰ व्या॰) वे धातुएँ जो 'परस्मैपद' नहीं हैं (***जैसे***—√लभ्, √सेव् आदि)।

आत्मपद—[स॰ आत्मन् ~ पद] *पु॰* मोक्ष। मुक्ति।

आत्मपालक—[स॰ आत्मन् ~ पालक] *वि॰* स्वार्थी।

आत्मपीड़न—[< स॰ आत्मन् ~ पीड़न] *पु॰* (मनो॰) स्वयं को मानसिक या शारीरिक कष्ट देकर तृप्ति पाने की क्रिया/भाव/अवस्था।

आत्मप्रकाश—[स॰ आत्मन् ~ प्रकाश] *पु॰* १. आत्मा या परमात्मा का प्रकाश। २. अपने भावों या विचारों को व्यक्त करना।

आत्मप्रत्यक्ष—[स॰ आत्मन् ~ प्रत्यक्ष] *पु॰* १. आत्मा के स्वरूप का ज्ञान। २. आत्मा का साक्षात्कार।

आत्मप्रदर्शन—[स॰ आत्मन् ~ प्रदर्शन] *पु॰* १. अपने धन या ज्ञान आदि का दिखावा करना। २. स्वयं को बढ़ा-चढ़ा कर दिखाना।

आत्मप्रेक्षण—[स॰ आत्मन् ~ प्रेक्षण] *पु॰* अपने दोषों का सूक्ष्म अवलोकन।

आत्मबल—[स॰ आत्मन् ~ बल] *पु॰* १. आत्मा का बल। आध्यात्मिक बल। २. अपना बल।

आत्मबुद्धि (आत्मबुद्धि)/आत्मबोध—[स॰ आत्मन् ~ बुद्धि/बोध] *पु॰* आत्मज्ञान।

आत्मभाव—[स॰ आत्मन् ~ भाव] *पु॰* १. आत्मा का स्वरूप।

२. आत्मा की सत्ता। आत्मा का अस्तित्व। ३. अपनेपन का भाव। आत्मीयता। ४. हर प्राणी के प्रति परमात्म-दृष्टि।

आत्मभीति—[सं॰ आत्मन् ~ भीति] *स्त्री॰* (मनो॰) १. एकाकीपन का अस्वाभाविक भय। २. अपने से ही लगने वाला अस्वाभाविक भय।

आत्मभू—[सं॰ आत्मन् ~ भू] *वि॰* १. जो अपने शरीर से उत्पन्न किया गया हो। आत्मज। २. जो स्वयं उत्पन्न हुआ हो। स्वयंभू। *पु॰* १. पुत्र। बेटा। २. कामदेव। ३. ब्रह्मा। ४. विष्णु। ५. शिव।

आत्मयोनि—[सं॰ आत्मन् ~ योनि] *वि॰* आत्म-भू। स्वयंभू। *पु॰* १. परमात्मा। २. आत्मा। ३. प्रकृति।

आत्मरक्षक—[सं॰ आत्मन् ~ रक्षक] *वि॰* १. अपनी रक्षा स्वयं करनेवाला।

आत्मरक्षण—[सं॰ आत्मन् ~ रक्षण] *पु॰* १. अपनी रक्षा। अपना बचाव। २. स्वयं की जानेवाली अपनी रक्षा।

आत्मरत—[सं॰ आत्मन् ~ रत] *वि॰* ब्रह्मज्ञानी।

आत्मरति—[सं॰ आत्मन् ~ रति] *स्त्री॰* १. अपने आपमें लीन रहने की अवस्था या भाव। २. ब्रह्मज्ञानी की आत्मलीनता। (मनो॰) १. अपने शारिरिक गुणों, कामों और विशेषताओं को बहुत बढ़ा-चढ़ा कर देखने की वृत्ति। २. अपनी आदर्शीकृत (अवास्तविक) प्रतिमा से तदात्मीकरण।

आत्मलीन—[सं॰ आत्मन् ~ लीन] *वि॰* १. (प्राय: उपेक्षा के साथ) जो स्वयं में और अपने कार्यों में ही रुचि रखता हो। स्वार्थी। ***जैसे***—स्वतन्त्रता-आन्दोलन के समय भी आत्मलीन व्यक्ति धन कमाने और ऐश करने में ही लगे रहे। २. (किसी चिन्ता/शोक) आदि के कारण अपने में ही खोया/डूबा रहनेवाला। ३. बाहरी संसार से मन हटाकर आत्मस्वरूप की साधना में लगा रहनेवाला। ***जैसे***—आत्मलीन मुनि। ✣ **आत्मलीनता**—*स्त्री॰* = आत्मलीन होने की अवस्था/गुण/भाव।

आत्मवञ्चना (आत्मवंचना)—[सं॰ आत्मन् ~ वञ्चना] *स्त्री॰* स्वयं अपने को दिया गया धोखा।

आत्मवाद—[सं॰ आत्मन् ~ वाद] *पु॰* आत्मा का अस्तित्व या उसे सर्वत्र व्याप्त मानने का सिद्धान्त। ∇ **विलोम**—अनात्मवाद।

आत्मवादी—[सं॰ आत्मवादिन्] *वि॰* आत्मवाद-सम्बन्धी। आत्मवाद का। आत्मवाद का समर्थक। ∇ **विलोम**—अनात्मवादी।

आत्मविघटन—[सं॰ आत्मन् ~ विघटन] *पु॰* (मनो॰) व्यक्ति द्वारा अपना निरीक्षण, आलोचना आदि करने से अपनी अहन्ता के एक अंश का दूसरे अंश से संघर्ष होने की मानसिक स्थिति।

आत्मविचार—[सं॰ आत्मन् ~ विचार] *पु॰* १. आत्मतत्त्व का चिन्तन। २. परमात्मा का चिन्तन।

आत्मविभेदन—[सं॰ आत्मन् ~ विभेदन] *पु॰* (समाज॰) व्यक्ति की एक प्रवृत्ति जिससे वह स्वयं को अपने समूह से किसी सीमा तक अलग और विलक्षण समझता है।

आत्मविद्—[सं॰ आत्मन् ~ विद्] *पु॰* आत्मा/परमात्मा का स्वरूप जाननेवाला। ब्रह्मज्ञानी।

आत्मविद्या—[सं॰ आत्मन् ~ विद्या] *स्त्री॰* आत्मा, परमात्मा और प्रकृति का ज्ञान करानेवाली विद्या। ब्रह्मविद्या। अध्यात्मविद्या।

आत्मविरेचन—[सं॰ आत्मन् ~ विरेचन] *पु॰* (मनो॰) एक प्रकार की मनश्चिकित्सा जिसमें रोगी अपने कष्टकर और विक्षोभजनक अचेतन तत्त्वों को उन्मुक्त भाव से व्यक्त करके रोग-मुक्त होता है।

आत्मविस्मृति—[सं॰ आत्मन् ~ विस्मृति] *स्त्री॰* १. अपने आपको बिल्कुल भूल जाना। २. अपने स्वरूप का विस्मरण।

आत्मश्लाघा—[सं॰ आत्मन् ~ श्लाघा] *स्त्री॰* आत्मप्रशंसा। ✣ **आत्मश्लाघी**—*वि॰* = आत्मप्रशंसक।

आत्मसंयम—[सं॰ आत्मन् + संयम] *पु॰* अपनी इन्द्रियों और मन को वश में रखना। जितेन्द्रियता। ✣ **आत्मसंयमी**—*वि॰* = जितेन्द्रिय।

आत्मसंवेदन—[सं॰ आत्मन् + संवेदन] *पु॰* आत्मबोध। आत्मज्ञान।

आत्मसंसूचन—[सं॰ आत्मन् + संसूचन] *पु॰* (समाज॰) व्यक्ति के अपने ही अन्दर से उत्पन्न या उसके निजी व्यक्तित्व से ही प्रेरित संसूचन। अन्त: प्रेरित संसूचन। (अं॰ ऑटोसजेस्शन)

आत्मसंस्कार—[सं॰ आत्मन् ~ संस्कार] *पु॰* अपना सुधार।

आत्मसम्भव—[सं॰ आत्मन् ~ सम्भव] *वि॰, पु॰* आत्मसमुद्भव। ✣ **आत्मसम्भवा**—*वि॰* (*स्त्री॰*), *स्त्री॰* = आत्मसमुद्भवा।

आत्मसम्मान—[सं॰ आत्मन् ~ सम्मान] *पु॰* अपना सम्मान। आत्मगौरव। आत्मप्रतिष्ठा। ***वा॰* आत्मसम्मान बेचना**—अपमान सहकर भी स्वार्थ पूरा करना।

आत्मसम्मोहन—[सं॰ आत्मन् ~ सम्मोहन] (मनो॰) स्वत: प्रेरित सम्मोहन।

आत्मसाक्षी—[सं॰ आत्मसाक्षिन्] *पु॰* १. आत्मा का द्रष्टा। २. ब्रह्म।

आत्मसात्—[सं॰ आत्मन् + साति] *वि॰* १. जो अपने में मिला या समा लिया गया हो। जो अपने से एकरूप कर लिया गया हो। २. अपने अधिकार/वश में।

आत्मसात्करण—[सं॰ आत्मसात् ~ करण] *पु॰* (नृ॰) उन्नत और बहुसंख्यक संस्कृति द्वारा किसी अल्पसंख्यक संस्कृति के तत्त्वों को अपने में मिला लेना। अन्तर्लयन।

आत्मसाधन—[सं॰ आत्म ~ साधन] *पु॰* आत्मसाक्षात्कार।

आत्मसिद्ध (आत्मसिद्ध)—[सं॰ आत्म ~ सिद्ध] *वि॰* १. (वह बात) जो अपने आप ही प्रमाणित हो, जिसे सिद्ध न करना पड़े। २. अपने द्वारा सम्पन्न किया गया (काम)। ३. अपने आप ही होनेवाला। ४. जिसने आत्मसाधन/आत्मसाक्षात्कार कर लिया हो।

आत्मसेवी—[सं॰ आत्मसेविन्] *वि॰* स्वार्थी।

आत्मस्तुति—[सं॰ आत्मन् ~ स्तुति] *स्त्री॰* आत्मप्रशंसा।

आत्महन्ता (आत्महंता)—[सं॰ आत्महन्तृ] १. आत्महत्या करनेवाला। २. स्वयं अपनी बड़ी हानि करनेवाला।

आत्मा—[सं॰ आत्मन् (= √अत् + मनिण्)] *पु॰* (संस्कृत आदि में), *स्त्री॰* (हिन्दी में) १. जीवों में विद्यमान चैतन्य। २. पुरुष। जीव। ३. ब्रह्म। ४. मन। ५. बुद्धि। ६. अहंकार। ७. स्वभाव।

प्रकृति। ८. समस्त शरीर। ९. (किसी वस्तु का) सार भाग। मूल तत्व। ***वा॰* आत्मा ठंडी होना**—१. इच्छा पूरी होने पर सन्तोष होना। २. भरपेट खाकर भूख मिटना। **आत्मा में डालना**—१. स्वयं खाना। २. खिलाना। **आत्मा में पड़ना**—भूख मिटना। **आत्मा सताना**—किसी के मन को दुखाना। **आत्मा होना**—सार होना।

आत्माधिक—[स॰ आत्मन् ~ अधिक] *वि॰* जो स्वयं से या अपने शरीर/प्राणों से भी अधिक (प्रिय) हो। ***जैसे***—आत्माधिक भारत के लिए।

आत्मानन्द (आत्मानंद)—[स॰ आत्मन् + आनन्द] *पु॰* आत्मा या ब्रह्म के साक्षात्कार से मिलनेवाला आनन्द। ब्रह्मानन्द।

आत्मानुभूति—[स॰ आत्मन् ~ अनुभूति] *स्त्री॰* १. आत्मा या ब्रह्म का साक्षात्कार। २. अपने आत्मस्वरूप की अनुभूति। ३. अपनी अनुभूति। स्वानुभूति।

आत्मानुगमन—[स॰ आत्मन् ~ अनुगमन] *पु॰* दूसरे के पीछे नहीं, स्वयं अपने विवेक से चलना। स्वकीय अनुसरण। ***जैसे***—स्वतन्त्र राष्ट्र आत्मानुगमन करते हैं, पर-अनुगमन नहीं।

आत्मानुरूप—[स॰ आत्मन् ~ अनुरूप] *वि॰* १. अपने समान। २. आत्मा के समान। ३. परमात्मा के समान। ✣ **आत्मानुरूपी प्रत्यक्ष**—*पु॰* (मनो॰) = दूसरों को अपने-जैसा ही समझने की प्रवृत्ति।

आत्मानुशीलन—[स॰ आत्मन् ~ अनुशीलन] *पु॰* आत्मा या ब्रह्म के स्वरूप का चिन्तन/मनन। आत्मचिन्तन।

आत्माभिमान—[स॰ आत्मन् ~ अभिमान] *पु॰* १. अपनी मान-मर्यादा और उसकी रक्षा का ध्यान/विचार। अपनी प्रतिष्ठा के प्रति निष्ठा। स्वाभिमान। २. अपने ऊपर गौरव। स्वाभिमान।

आत्माभिमुख—[स॰ आत्मन् ~ अभिमुख] *वि॰* १. आत्मा या ब्रह्म की ओर उन्मुख। २. अन्तर्मुख।

आत्माराम[१]—[स॰ आत्मन् ~ आराम] *पु॰* १. आत्मभाव में रमण करने वाला। २. अपने आप में ही प्रसन्न रहने वाला। आत्मतुष्ट। ३. आध्यात्मिकता का साधक/अन्वेषक। ४. आत्मज्ञान से तृप्त योगी आदि। आत्मज्ञानी।

आत्माराम[२]—[स॰ आत्मा (आत्मन्) ~ राम] *पु॰* १. अपना व्यक्तित्व। आत्मा। ***जैसे***—आत्माराम की कहानी। २. (प्यार के शब्द के रूप में) शुक/तोता। ***जैसे***—आत्माराम की टें-टें।

आत्मारोपण—[स॰ आत्मन् ~ आरोपण] *पु॰* स्वेच्छा से किसी दायित्व आदि को अपने ऊपर ले लेना।

आत्मार्थक—[स॰ आत्म ~ अर्थक] *वि॰* जो आत्मार्थ हो। ✣ **आत्मार्थक सर्वनाम**—*पु॰* (व्या॰) = वह सर्वनाम जो स्वयं अपने लिए प्रयुक्त हो। निजवाचक सर्वनाम (***जैसे***—आप, अपना, अपनी, अपने)।

आत्मार्थी—[स॰ आत्मार्थिन्] *वि॰* १. सदा अपना ही हित चाहनेवाला। स्वार्थी। २. अध्यात्मविद्या का साधक।

आत्मार्पण—[स॰ आत्मन् ~ अर्पण] *पु॰* १. स्वयं को अर्पित कर देना। आत्मनिवेदन। २. किसी पवित्र कर्म में स्वयं को लगा देना। ३. (अपराधी आदि का) आत्मसमर्पण।

आत्मावज्ञा—[स॰ आत्मन् ~ अवज्ञा] *स्त्री॰* स्वयं अपनी उपेक्षा। आत्म-तिरस्कार।

आत्मिक—[स॰ आत्मन् + ठक्] *वि॰* १. आत्मा-सम्बन्धी। आत्मा का। २. निजी। अपना। ३. मानसिक। ४. आत्मीय। घनिष्ठ। ∇ **विलोम**—भौतिक। ✣ **आत्मिकता**—*स्त्री॰* = आत्मीयता। घनिष्ठता। अपनापन।

आत्मीकृत—[स॰ आत्मन् + च्वि, ईत्व ~ कृत] *वि॰* जिसे अंगीकार किया हो। अपनाया हुआ। अंगीकृत।

आत्मीय—[स॰ आत्मन् + छ] *वि॰* १. अपना। २. घनिष्ठ। आत्मिक। *पु॰* निकट-सम्बन्धी या इष्ट मित्र। स्वजन। ✣ **आत्मीयता**—*स्त्री॰* = १. आत्मीय होने की अवस्था/भाव। २. अपनापन। ३. घनिष्ठता।

आत्मोक्ति—[स॰ आत्मन् + उक्ति] *स्त्री॰* (नाट्य॰) स्वगत कथन।

आत्मोत्कर्ष—[स॰ आत्मन् ~ उत्कर्ष] *पु॰* १. अपनी उन्नति। २. आत्मा की उन्नति। आध्यात्मिक प्रगति।

आत्मोत्सर्ग—[स॰ आत्मन् ~ उत्सर्ग] *पु॰* १. दूसरे के हित के लिए किया गया अपने हितों का त्याग। २. आत्म-बलिदान।

आत्मोदय—[स॰ आत्मन् ~ उदय] १. अपनी उन्नति। २. आध्यात्मिक विकास।

आत्मोद्भव—[स॰ आत्मन् ~ उद्भव] *वि॰, पु॰* आत्मभू।

आत्मोपजीवी—[स॰ आत्मन् ~ उपजीवी] *पु॰* १. अपने श्रम से जीविका कमानेवाला व्यक्ति। २. श्रमिक। मज़दूर।

आत्मोपम—[स॰ आत्मन् ~ उपमा] *वि॰* अपने जैसा। आत्मसदृश।

आत्यन्तिक (आत्यंतिक)—[स॰ अत्यन्त + ठक्, वृद्धि] *वि॰* १. निरन्तर। अविरत। ***जैसे***—दस दिन तक आत्यन्तिक परिश्रम। २. अनन्त या अत्यन्त। ***जैसे***—आत्यन्तिक लगन से अध्ययन। ३. चरम सीमा तक पहुँचा हुआ। ***जैसे***—आत्यन्तिक नियम-पालन। ४. सम्पूर्ण। बिल्कुल। ***जैसे***—आत्यन्तिक निषेध। ५. सार्वकालिक और पूर्ण। ***जैसे***—अज्ञान का आत्यन्तिक नाश। ६. अनन्य। ***जैसे***—आत्यन्तिक भक्ति। (विधि॰) १. बाहरी नियन्त्रण या अवरोध से रहित। अबाधित। ***जैसे***—आत्यन्तिक उन्मोचन। (अ॰ ऐब्सल्यूट) २. असीम। अपरिमित। ***जैसे***—आत्यन्तिक उद्दंडता। ✣ **आत्यन्तिक प्रलय**—*स्त्री॰* = महाप्रलय। ✣ **आत्यन्तिकता**—*स्त्री॰* = 'आत्यन्तिक' का भाव। निरन्तरता, अनन्तता, पूर्णता या अनन्यता। ***जैसे***—तुलसीदास की भक्ति की आत्यन्तिकता। ✣ **आत्यन्तिकी**—*वि॰* (*स्त्री॰*) = आत्यन्तिक। ***जैसे***—आत्यन्तिकी श्रद्धा।

आत्ययिक—[स॰ अत्यय + ठक्, वृद्धि] *वि॰* १. अत्यय-सम्बन्धी। नाशकारी। २. कष्टकारक। ३. अशुभ।

आत्रेयी—[स॰ आत्रेय + ङीप्] *स्त्री॰* अत्रि ऋषि की पुत्री। *वि॰* (*स्त्री॰*) 'अत्रि' गोत्र वाली।

***आथ**—[< स॰ अर्थ] *पु॰* १. अर्थ। अभिप्राय। मतलब। २. गूढ़ अर्थ

की बात। *अव्यय°* के लिए। वास्ते।

***आथन**—[< स° अस्तमन] *पु°* (सूर्य आदि का) अस्त होना। अस्तमन।

***आथना**[१]—[< प्रा° अत्थि < स° अस्ति] *क्रिअ°* अस्तित्व से युक्त होना। वर्तमान होना।

आथना**[२]—[< स° अस्तमन] *क्रिअ°* अस्त होना। ***जैसे—सूर्य आथ गया।

आथर्वण—[स° अथर्वन् + अण्] *वि°* १. अथर्ववेद से सम्बन्धित। अथर्ववेद का। २. अथर्ववेद में निर्दिष्ट (कर्म) *पु°* १. अथर्वा ऋषि का वेद। अथर्ववेद। २. अथर्ववेद का ज्ञाता। ३. अथर्ववेद में निर्दिष्ट कर्म करानेवाला पुरोहित। ४. अथर्ववेद में निर्दिष्ट कर्म। ५. अथर्वा ऋषि का वंशज या गोत्रज।

***आथि/आथी**—[प्रा° अत्थी < स° अर्थी] *वि°* अर्थयुक्त। धनी।

आद[१]—[स° आ √दा + क] प्रत्यय° (समास के अन्त में प्रयुक्त) खानेवाला या लेनेवाला ***जैसे***—उरगाद (= उरग + आद = उरगों या सर्पों को खानेवाला, गरुड़), दायाद (= दाय + आद = दाय को लेनेवाला, उत्तराधिकारी)।

***आद**[२]—[< हिं° आदी (= अदरक)] *स्त्री°* अदरक।

आदत—[अर°] *स्त्री°* १. किसी विशिष्ट परिस्थिति के लिए स्वप्रेरित प्रतिक्रिया जो अभ्यास और पुनरावृत्ति के परिणामस्वरूप होती है। प्रकृति। स्वभाव। २. अभ्यास। ३. व्यसन। लत। ✣ **आदतन**—*क्रिवि°* = स्वभाव के अनुसार या स्वभाव के कारण। स्वभावतः।

आदत्त—[स° आ √दा + क्त] *वि°* १. ग्रहण किया हुआ। गृहीत। ***जैसे***—आदत्त उपहार। २. स्वीकृत। ***जैसे***—आदत्त आदेश।

आदम—[अरबी] *पु°* १. यूहदी मत, इस्लाम/ईसाई मत के अनुसार सृष्टि का प्रथम पुरुष। २. मनुष्य। आदमी। ✣ **आदमक़द**—*वि°* = मनुष्य के आकार का। मानवाकार। ***जैसे***—आदमक़द मूर्ति। ✣ **आदमख़ोर**—*वि°* = मनुष्यों को खानेवाला। मनुष्यभक्षी। नरभक्षी। ✣ **आदमज़ाद**—*पु°* = मनुष्य। आदमी।

आदमियत—[< अरबी आदमीयत] *स्त्री°* १. मनुष्यता। मानवता। इंसानियत। २. सज्जनता। भलमनसाहत। ३. सभ्यता। शिष्टता।

आदमी—[अरबी] *पु°* १. मनुष्य। मानव। २. बालक और नारी से भिन्न मनुष्य। वयस्क पुरुष। २. किसी कार्य के लिए नियुक्त व्यक्ति। ३. (बोलचाल में) नौकर। ४. (बोलचाल में) पति। ***वा°*** **आदमी पर आदमी गिरा पड़ना**—बहुत भीड़ होना। **आदमी लगाना**—गुप्तचर पीछे लगा देना।

आदर—[स° आ √दृ + अप्] *पु°* १. सम्मान। इज़्ज़त। ∇ **विलोम**—अनादर।

आदरण—[स° आ √दृ + ल्युट्] *पु°* १. सम्मान/आदर करना। २. सत्कार करना।

आदर्य—[स° आ √दृ + यत्] *वि°* आदरणीय।

आदर्श—[स° आ √दृश् + घञ्] *पु°* १. दर्पण। आईना। २. उदाहरण। नमूना। ***जैसे***—आदर्श विद्यार्थी। ३. अनुकरणीय व्यक्ति, वस्तु, अवस्था, रूप या स्थिति। ***जैसे***—युधिष्ठिर के राज्य का आदर्श। ४. भाष्य, टीका या व्याख्या। (पा°) पराकाष्ठागत रूप। सौन्दर्य, नैतिकता, लौकिक उत्कर्ष या पूर्णता का सीमान्त रूप। वह लक्ष्य जो उत्कृष्टतम हो परन्तु जिसे पूर्णतया प्राप्त करना असम्भव है। (अ° आइडियल) *वि°* अति श्रेष्ठ और अनुकरणीय। ***जैसे***—आदर्श राजा। ✣ **आदर्श कोश**—*पु°* (भाषा°) = वह कोश जिसमें शब्दों के शुद्ध लेखन, उच्चारण, व्याकरणिक प्रयोग, व्युत्पत्ति, अर्थ आदि की जानकारी दी गयी हो और उदाहरणार्थ उद्धरणों का प्रयोग हो। ✣ **आदर्श गैस**—*स्त्री°* = (रसायन°) ऐसी काल्पनिक गैस जो गैस-नियमों का पूरी तरह पालन करे। (अ° आइडियल गैस) ✣ **आदर्श वाक्य**—*पु°* = किसी आदर्श, सिद्धान्त या ऊँचे मनोभाव आदि को अभिव्यक्त करनेवाली मुद्रित या उत्कीर्ण उक्ति या संक्षिप्त वाक्य। आदर्शोक्ति। सिद्धान्तवाक्य। शीर्षवाक्य। ✣ **आदर्श विलयन**—*पु°* [रसायन°] = ऐसा विलयन जिसके क्वथनांक या हिमांक में बढ़त या कमी विलायक में विलयित विलेय अणुओं की संख्या पर निर्भर करे।

आदर्शक—[स° आ + दर्शक] *वि°* १. दिखानेवाला। २. देखनेवाला। ३. आदर्श-सम्बन्धी। *पु°* दर्पण। आईना। शीशा।

आदर्श-मन्दिर—[स°] *पु°* ऐसा भवन जो शीशे का बना हुआ हो अथवा जिसमें बहुत शीशे लगे हों। शीशमहल।

आदर्शवाद—[स° आदर्श ~ वाद] *पु°* १. यह मत/सिद्धान्त कि मनुष्य को उच्च आदर्शों को ध्यान में रखकर अपने और समाज के जीवन को उनके अनुसार ढालने का प्रयत्न करना चाहिए। २. नैतिक, आध्यात्मिक, राजनीतिक, सामाजिक या सौन्दर्यपरक आदि उच्च आदर्शों को स्वीकार करना तथा अपने और समाज के जीवन को उनके अनुसार ढालने का प्रयत्न। ३. किसी समाज, सम्प्रदाय या वर्ग विशेष की वर्तमान दशा से असन्तुष्ट होकर उसके लिए किसी नए आदर्श की कल्पना करना। ४. (व्यंग्य/निन्दा के अर्थ में) कोई असम्भव आदर्श स्वीकारना या किसी स्वीकृत आदर्श को जीवन में जरा-भी न उतारना। [पा° दर्शन] १. (तत्त्वमीमांसा में) यह सिद्धान्त/मत कि सृष्टि का सारतत्त्व/मूलतत्त्व जड़-पदार्थ नहीं, चेतना है और इस जगत् की वस्तुएँ मूलतः भौतिक वस्तुएँ नहीं है अपितु केवल मानसिक प्रत्यय (अ° आइडिया) हैं। प्रत्ययवाद। २. (ज्ञानमीमांसा में) यह सिद्धान्त/मत कि ज्ञान का स्रोत प्रत्ययों में है और ज्ञान-प्रक्रिया का अर्थ प्रत्ययों को व्यवस्थित रूप देना है। प्रत्ययवाद। (प्रत्यय = अ° आइडिया)। (काव्य°, राज°) १. यथार्थ और आदर्श के अन्तर को स्वीकार करते हुए साहित्य/कला आदि में आदर्श की अभिव्यक्ति और आदर्श को साकार करने पर बल देने की दृष्टि। २. वह प्रवृत्ति जिसकी प्रेरणा से स्वतन्त्रता, समता, न्याय, शान्ति आदि आदर्शों के सन्दर्भ में तथ्यों, कार्यों, विचारों और कृतियों का मूल्यांकन किया जाता है। ✣ **आदर्शवादी**—*वि°* = आदर्शवाद-सम्बन्धी। आदर्शवाद का। *पु°* १. आदर्शवाद को माननेवाला या उसका समर्थक। २. आदर्शवाद के अनुसार विचार और व्यवहार

करनेवाला व्यक्ति। ३. केवल यथार्थ का चित्रण करने के स्थान पर आदर्श के अंकन को अपनी रचना का विषय बनानेवाला साहित्यकार/कलाकार।

आदहन—[स॰ आ + दहन] *पु॰* १. अच्छी तरह जलना/जलाना। २. ईर्ष्या। जलन। *क्रिवि॰* जलते रहने तक।

आदात—[भासा॰, < स॰ आदाता] *वि॰* प्राप्त की हुई। गृहीत। ● **विशेष—इन्डोनेशिया की भाषा 'भासा'** के 'आदात' शब्द को हिन्दी में ग्रहण किया गया है और सरकारी पारिभाषिक शब्दावली में उससे बनाए कुछ शब्दों को भी रखा गया है। ❖ **आदात शब्दावली**—*स्त्री॰* = (कोश॰) ऐसे शब्द जो भाषा को अपनी स्रोत-भाषा से प्राप्त नहीं हुए हैं अपितु सम्पर्क के कारण दूसरी भाषा से आए हैं। ***जैसे***—हिन्दी में अरबी, फ़ारसी, आदि की आदात शब्दावली बहुत बड़ी है।

आदाता—[स॰ आ + दाता] *पु॰* १. प्राप्तकर्ता। पानेवाला। ग्रहीता। २. किसी जायदाद का प्रबन्ध करने के लिए न्यायालय द्वारा नियुक्त व्यक्ति। (वाणि॰) चेक, ड्राफ़्ट आदि का भुगतान पानेवाला व्यक्ति या प्रतिष्ठान। प्राप्तकर्ता। पावक।

आदान—[स॰ आ + दान] *पु॰* स्वीकार करना। ग्रहण करना। (कोश॰) किसी भाषा में दूसरी भाषा से आए हुए शब्द, व्याकरणिक प्रभाव आदि। ∇ **विलोम**→ प्रदान।

आदान-प्रदान—[स॰] *पु॰* १. किसी से कुछ लेना और उसे कुछ देना। लेना-देना। लेन-देन। ***जैसे***—विचारों का आदान-प्रदान। २. (किसी के साथ) वस्तुओं की परस्पर अदल-बदल। विनिमय। ***जैसे***—विदेशी मुद्रा का रुपये से आदान-प्रदान। (पत्र॰) परस्पर सहयोग और सद्भाव के लिए पत्र-पत्रिकाओं के प्रकाशित अंकों की प्रतियों का परस्पर लेन-देन।

आदाब—[अरबी 'अदब' का बहुबचन] *पु॰* १. प्रणाम। नमस्कार। २. सभ्य व्यवहार के नियम ३. शिष्टाचार।

आदाय—[< स॰ आदेय] *पु॰* १. लेना। पाना। प्राप्ति। २. किसी से प्राप्य धन। *वि॰* १. प्राप्य। २. प्राप्त किया हुआ।

आदायी—[स॰ आ + दायी] *वि॰* १. पानेवाला। आदाता। २. लेने या पाने का इच्छुक।

आदि—[स॰ आ √दा + कि] *पु॰* १. आरम्भ। शुरू। ***जैसे***—कहानी आदि से अन्त तक रोचक है। २. मूल कारण। ***जैसे***—झगड़े का आदि खोजना पड़ेगा। *अव्यय॰* दिए गए नामों, कामों, वस्तुओं आदि से आरम्भ करके उसी प्रकार या वर्ग के शेष भी, जिन्हें सरलता से समझा जा सकता है। वग़ैरह। ***जैसे***—राम आदि भारतीय महापुरुष। राजा आदि। ३. (आदिनाथ) शिव या परमात्मा। *वि॰* १. प्रथम। ***जैसे***—रामायण हमारा आदि काव्य है। २. आरम्भ का। ***जैसे***—मानव सभ्यता का आदि युग। ∇ **विलोम**→अन्त।

आदि-अन्त—[स॰] *पु॰* १. आरम्भ और समाप्ति। २. आरम्भ से समाप्ति तक का सब कुछ। ***वा॰*** **आदि-अन्त न पाना**—पूरी जानकारी न होना।

आदिक—[स॰ आदि + क] *अव्यय॰* आदि। वग़ैरह। ***जैसे***—खाना, पीना, सोना आदिक क्रियाएँ। *वि॰* किसी काम के आरम्भ में होनेवाला। आरम्भिक। ***जैसे***—युद्ध का आदिक कारण।

आदि कर्ता—[स॰] *पु॰* विश्व का रचयिता। परमात्मा।

आदि कवि—[स॰] *पु॰* १. प्रथम कवि। २. वाल्मीकि। ३. शुक्राचार्य।

आदिकाण्ड (आदिकांड)—[स॰ आदि ~ काण्ड] *पु॰* (रामायण का) प्रथम काण्ड। बालकाण्ड।

आदिकाल—[स॰ आदि ~ काल] *पु॰* १. प्रारम्भिक समय/युग। २. हिन्दी साहित्य का आरम्भिक युग जो प्रायः विक्रमी संवत् १०५० से १३७५ तक माना जाता है।

आदिकाव्य—[स॰ आदि ~ काव्य] *पु॰* १. प्रथम काव्य। २. लौकिक संस्कृत का प्रथम काव्य—आदिकवि वाल्मीकि की 'रामायण'।

आदितेय—[स॰ अदिति + ढक्] *पु॰* १. अदिति का पुत्र। २. देवता। ३. सूर्य।

आदितः—[स॰ आदि + तसिल्] *क्रिवि॰* आदि/आरम्भ से।

आदित्य—[स॰ अदिति + ण्य] *पु॰* १. (कश्यप-पत्नी) अदिति का पुत्र। २. देवता। ३. सूर्य। ४. (विष्णु का अवतार) वामन।

आदित्यवार—[स॰ आदित्य + वार] *पु॰* रविवार। इतवार।

आदित्यव्रत—[स॰ आदित्य ~ व्रत] *पु॰* प्रत्येक रविवार को किया जानेवाला सूर्य देवता की पूजा का व्रत जो आश्विन मास में आरम्भ किया जाता है और वर्ष भर चलता है।

आदिदेव—[स॰ आदि ~ देव] *पु॰* १. परमात्मा। २. विष्णु। नारायण। ३. शिव। महादेव। ४. सूर्य।

आदिनाथ—[स॰ आदि ~ नाथ] *पु॰* शिव। महादेव। (जैन॰) प्रथम तीर्थंकर ऋषभदेव।

आदिनिहिति—[स॰ आदि ~ निहिति] *स्त्री॰* (भाषा॰) किसी शब्द के आरम्भ में किसी स्वर का आगम (जो प्रायः अज्ञानवश और उच्चारण-सुविधा के लिए होता है)। आदिस्वरागम। ***जैसे***—'स्त्री' को 'इस्त्री', 'स्टेशन' को 'इस्टेशन', 'स्नान' को 'अस्नान' बोलने में आदिनिहिति है।

आदिपर्व—[स॰ आदि ~ पर्व] *पु॰* 'महाभारत' ग्रन्थ का प्रथम पर्व।

आदि पाषाण-युग—[स॰] *पु॰* प्राचीनतम पाषाण-काल।

आदिपुरुष—[स॰ आदि ~ पुरुष] *पु॰* १. परमात्मा। २. विष्णु। नारायण। ३. (किसी वंश का) मूल पुरुष।

आदिम—[स॰ आदि + डिमच्] *वि॰* १. प्रारम्भिक काल का। २. मौलिक। ३. प्राचीन। ४. प्रथम। पहला। ५. अविकसित सभ्यता या संस्कृति का। प्राक्-सभ्य। ६. सीधे-सादे ढंग का या पुराने फ़ैशन का। ❖ **आदिम-जाति**—*स्त्री॰* = किसी देश में रहने वाली सबसे पुरानी मनुष्य जाति। आदिवासी जाति। ❖ **आदिम निवासी**—*पु॰* = आदिवासी। ❖ **आदिम मानव**—*पु॰* = १. प्रागैतिहासिक मानव। अति प्राचीन मानव। २. सभ्यता के उदय से पूर्व का मनुष्य। ❖ **आदिम वृत्तियाँ**—*पु॰* = (मनुष्य की) मूल प्रवृत्तियाँ।

आदिरस—[स० आदि ~ रस] *पु०* (काव्य०) शृंगार रस।

आदिरूप—[स० आदि ~ रूप] *पु०* ईश्वर। परमात्मा।

आदिल—[अरबी] *वि०* सदा न्याय करनेवाला। न्यायशील। न्यायी। ***जैसे***—आदिल राजा।

आदिलघु—[स० आदि ~ लघु] *पु०* (छन्द०) वह गण जिसका प्रथम वर्ण लघु है, शेष दोनों वर्ण गुरु हैं। यगण।

आदिवासी—[स० आदि ~ वासी] *पु०* १. किसी देश या प्रदेश का मूल निवासी। २. आदिम जाति। जनजाति। ३. आदिम जाति का व्यक्ति।

आदिशक्ति—[स० आदि ~ शक्ति] *स्त्री०* १. विश्व का सृजन, पालन और संहार करनेवाली महाशक्ति। ब्रह्मशक्ति। २. पार्वती। दुर्गा।

आदिष्ट—[स० आ √दिश् + क्त] *वि०* १. (विषय) जिसके सम्बन्ध में आदेश किया गया हो। २. (व्यक्ति) जिसे आदेश दिया गया हो। ✣ **आदिष्ट चेक**—*पु०* (वाणि०) = ऐसा चेक जिसकी धनराशि उसमें निर्दिष्ट पक्ष को या उसके आदेशिती को देय होती है। (अ० आर्डर चेक)

*__आदी__[1]—[< स० आर्द्रक] *स्त्री०* अदरक।

*__आदी__[2]—[< स० आदि] अव्ययव १. आदि/आरम्भ में ही। २. ज़रा भी। ३. बिल्कुल। निपट। निरा।

आदी[3]—[अर०] *वि०* १. स्वभाव/आदत वाला। अभ्यस्त। ***जैसे***—परिश्रम का आदी किसान। २. जिसे कोई लत लगी हो। व्यसनी। ***जैसे***—शराब का आदी मनुष्य।

आदीपन[1]—[< अरबी आदी] *पु०* किसी बात का अभ्यास या व्यसन।

आदीपन[2]—[स० आ + दीपन] *पु०* १. दीपक जलाना। २. आग जलाना/सुलगाना। ३. उत्तेजित करना। उत्तेजन। भड़काना। ४. (उत्सव आदि के अवसर पर) दीवाल की पुताई और फ़र्श को चमकाना। ✣ **आदीपित/आदीप्त**—*वि०* = जिसका आदीपन हुआ हो।

आदृत—[स० आ √दृ + क्त] *वि०* जिसका आदर किया गया हो। सम्मानित। ***जैसे***—महात्मा गांधी अति आदृत नेता थे।

आदेय—[स० आ √दा + यत्] *वि०* १. (किसी से) प्राप्त करने योग्य। जिसे प्राप्त करना हो। प्राप्य। २. जिस पर शुल्क आदि लिया जा सके। ३. जिसपर शुल्क, कर आदि लगाया गया हो।

आदेश—[स० आ √दिश् + घञ्] *पु०* १. (किसी बड़े व्यक्ति या अधिकारी द्वारा) अधिकारपूर्वक निर्देश। आज्ञा। हुक्म। ***जैसे***—गुरु का शिष्य को आदेश; न्यायालय का पुलिस को आदेश। २. किसी व्यापारी को माल भेजने के लिए दिया गया निर्देश। (व्या०) किसी वर्ण/प्रत्यय आदि के स्थान पर कोई अन्य वर्ण/प्रत्यय आदि हो जाना। ***जैसे***—पूर्वकालिक क्रिया बनाने के लिए संस्कृत की धातुओं में 'क्त्वा' (= त्वा) प्रत्यय जुड़ता है परन्तु धातु के पहले कोई उपसर्ग हो तो 'क्त्वा' के स्थान पर 'ल्यप्' (= य) आदेश होता है। ✣ **आदेशक**—*वि०, पु०* = आदेश करनेवाला। आज्ञा देनेवाला। आदेष्टा। ✣ **आदेशदेय चेक**—*पु०* (वाणिज्य०) = आदिष्ट चेक। ✣ **आदेशन**—*पु०* = आदेश करना। आज्ञा देना। ✣ **आदेशात्मक**—*वि०* = जो आदेश/आज्ञा के रूप में हो। आदेशपूर्ण। आज्ञात्मक। ✣ **आदेशी**—*पु०* = १. आदेश देनेवाला। २. शासक।

आदेशिती—[< स० आदेश] *पु०* (वाणिज्य०) आदिष्ट चेक (अ० आर्डर चेक) के भुगतान के लिए निर्दिष्ट पक्ष। वह जिसे भुगतान किए जाने का आदेश बैंक को दिया गया हो।

आदौ—[स० आदि] *क्रिवि०* आदि में। आरम्भ में। पहले।

आद्य (आद्य)—[स० आदि + यत्] *वि०* १. आरम्भ में रहने या होनेवाला। आरम्भिक। २. आदि का। प्रथम। ३. मुख्य। प्रधान। ✣ **आद्य अहम्**—*पु०* = (मनो०) मनुष्य के अचेतन मन में प्रागैतिहासिक जीवन की शेष स्मृतियाँ जो स्वप्नों या मानसिक रोगों के लक्षणों या अचेतन आवेगों में प्रकट होती है। ✣ **आद्य इतिहास**—*पु०* = प्रागैतिहासिक काल तथा ऐतिहासिक काल के बीच की कड़ी। (अ० प्रोटोहिस्ट्री) ● **विशेष**—इस काल का मानव समाज धातु-ज्ञान, व्यवस्थित जीवन, स्थायी निवास और लिपि-ज्ञान से युक्त था।

आद्याक्षर—[स० आदि ~ अक्षर] *पु०* १. प्रथम अक्षर। २. (लाक्षणिक) आरम्भ। ३. किसी व्यक्ति के नाम के प्रत्येक पद का प्रथम अक्षर जिसका प्रयोग संक्षिप्त नाम बताने या हस्ताक्षर करने के समय किया जाता है। ***जैसे***—हमारी माता जी 'विद्यावती वर्मा' के आद्याक्षर 'वि० व०' हैं। (इनिशल्स) ✣ **आद्याक्षरित**—*वि०* = १. आद्याक्षर-युक्त। २. जिस पर हस्ताक्षर के स्थान पर नाम के केवल आद्याक्षर लिखे गए हों।

आद्यन्त (आद्यंत)—[स० आदि + अन्त] *क्रिवि०* १. आदि से अन्त तक। *पु०* (किसी बात का) आरम्भ और अन्त।

आद्यप्ररूप—[स० आद्य ~ प्ररूप] *पु०* (पा० दर्शन०) (प्लेटो के मतानुसार) अतीन्द्रिय जगत् के वे मूल प्रत्यय जिनके अनुकरण पर दृश्य जगत् में अस्तित्वशील वस्तुएँ बनी हैं। (मनो०) (युंग के मतानुसार) मनुष्य को जातिगत और आनुवंशिक रूप से प्राप्त होनेवाले संस्कारों का अचेतन आदिम मौलिक रूप। सामूहिक अचेतन मन में संकलित विचार और प्रवृत्तियाँ। (अ० आर्चिटाइप)

आद्या—[स० आद्य + टाप्] *स्त्री०* १. आद्य। ***जैसे***—आद्या शक्ति। २. आदिशक्ति। ब्रह्मशक्ति। ३. पार्वती। दुर्गा। ४. दस महाविद्याओं में से प्रथम। महाकाली। ५. मास/पक्ष की प्रथम तिथि। प्रतिपदा।

आद्योपान्त (आद्योपांत)—[स० आद्य ~ उपान्त] *क्रिवि०* आदि से अन्त तक।

आध—[< हि० आधा] *वि०* आधा। ***जैसे***—आध पाव दूध। **विशेष**—एक-आध = १. एक या दो। २. बहुत थोड़ा।

आधमर्ण्य—[स० अधमर्ण + ष्यञ्] *पु०* अधमर्ण होना। ऋणी होना। क़र्ज़दारी।

आधाता—[स० आधातृ] *वि०, पु०* १. आधान करनेवाला। धारण करनेवाला। २. (वस्तु को किसी के पास) गिरवी रखनेवाला। ✣ **आधात्री**—*वि०* (*स्त्री०*), स्त्री० = (प्राणि) १. संयोजी ऊतक, उपास्थि

आदि का अन्तराकोशिक पदार्थ जिसमें कोशिकाएँ पड़ी रहती हैं। २. गर्भाशय।

आधान—[सं॰ आ √धा + ल्युट्] *पुं॰* १. रखने की क्रिया या भाव। स्थापित करना। स्थापन। ***जैसे***—गर्भाधान (= गर्भ + आधान)। २. (कोई वस्तु रखने का) पात्र। ***जैसे***—जलाधान (= जल + आधान)। ३. (कोई वस्तु किसी के पास) बन्धक/गिरवी रखना। (चिकित्सा॰) रक्ताधान।

आधानवती—[सं॰ आधानवत् + ङीप्] *वि॰* (स्त्री॰) गर्भवती। गर्भिणी।

आधा-परधा—[< हिं॰ आधा + सं॰ परार्ध] १. आधा। २. थोड़ा-थोड़ा।

आधार—[सं॰ आ √धृ + घञ्] *पुं॰* १. अवलम्ब। आश्रय। सहारा। ***जैसे***—सुग्रीव को राम का आधार मिला। २. जिस पर कोई दूसरी वस्तु स्थित या रखी हो। ***जैसे***—विश्व का आधार धर्म है। ३. नींव। ***जैसे***—मकान का गहरा आधार। (गणित॰) १. कोई संख्या जिस पर लघुगणकीय प्रणाली निर्भर होती है। ***जैसे***—साधारण लघुगणक में आधार १० होता है। २. किसी ज्यामितीय आकृति (त्रिभुज आदि) की वह भुजा जिससे आकृति की ऊँचाई नापते हैं। ३. किसी घातांक को धारण करने वाली संख्या या राशि। ***जैसे***—$२^{३}$ में २ आधार है और ३ घात है। (वास्तु॰) किसी वस्तु-संरचना का निचला भाग जिसपर वह टिकी हो। आलम्बक। पीठ। (अं॰ बेस) ✣ **आधार-अवधि**—*स्त्री॰* = (अर्थ॰) वह कालखंड जिसके आधार पर सूचकांक की गणना की जाती है। ✣ **आधार-आधेय-सम्बन्ध**—*पुं॰* = दो वस्तुओं में यह सम्बन्ध कि एक वस्तु आधार है और दूसरी उस पर आधारित/स्थित है। आश्रय-आश्रयी सम्बन्ध। ***जैसे***—वृक्ष और उसपर बैठे पक्षी में आधार-आधेय-संबंध है। ✣ **आधार कोण**—*पुं॰* = (गणित॰) त्रिभुज के आधार के दोनों सिरों पर के कोण। ✣ **आधार-तल**—*पुं॰* = (पुरातत्व) किसी भवन की दीवारों का पृथ्वी में सबसे नीचे के तल का वह मूल भाग जिसपर सारी संरचना आधारित हो। नींव-तल। ✣ **आधार-निक्षेप**—*पुं॰* = (पुरातत्त्व) उत्खनन के समय किसी भवन की नींव में मिली दैनिक उपयोग की वस्तुओं के अवशेष। (अं॰ फ़ाउन्डेशन-डिपाज़िट) ✣ **आधार बीज**—*पुं॰* = (कृषि॰) प्रजनन बीज से बढ़ाया हुआ वह बीज जिसके द्वारा क़िस्म की आनुवंशिक विशिष्टता और विशुद्धता बनी रहे। (अं॰ फ़ाउन्डेशन सीड) ✣ **आधार-रूप**—*पुं॰* = (भाषा॰) शब्द का वह रूप जिससे अन्य शब्द रूपों का निष्पादन हो। मूल रूप। ✣ **आधार रेखा**—*स्त्री॰* = १. सर्वेक्षण की त्रिकोण-पद्धति में शुद्ध मापी गयी रेखा जो आधार के रूप में काम आती है। २. लॉन-टेनिस खेल के प्रांगण की सीमा-रेखा। ३. बेसबाल खेल में आधारों को जोड़नेवाली रेखा। (अं॰ बेस लाइन) ✣ **आधारवर्ष**—*पुं॰* = (अर्थ॰) वह विशिष्ट वर्ष जिसमें प्रचलित किसी आर्थिक चर के औसत मान को इकाई मानकर इस चर के भावी मूल्यों को नापा जाता है। (अं॰ बेस इयर) ✣ **आधारशक्ति**—*स्त्री॰* १. = मूल शक्ति। ***जैसे***—राष्ट्र की आधारशक्ति युवा वर्ग है। २. सृष्टि रचने वाली मूल शक्ति। प्रकृति। माया। ✣ **आधार-शिला**—*स्त्री॰* = किसी भवन की नींव में रखे गए पत्थरों में से प्रत्येक, जिनके आधार पर भवन बनाया जाता है, विशेषत: सर्वप्रथम रखा जाने वाला प्रथम विशाल पत्थर जिस पर कुछ उत्कीर्ण किया गया होता है और जिसे प्राय: सार्वजनिक समारोह के साथ रखा जाता है। नींव का पत्थर। २. किसी वस्तु/कार्य आदि का मुख्य आधार। ✣ **आधार-सामग्री**—*स्त्री॰* = वे ज्ञात तथ्य या आँकड़े जिनके आधार पर कोई निष्कर्ष निकाला जाए या अनुमान लगाया जाए। ***जैसे***—आधार-सामग्री से निष्कर्ष निकालिए। (अं॰ डेटा) ✣ **आधार-स्तम्भ**—[सं॰] *पुं॰* १. किसी द्वार, छत, दीवार आदि का बोझ सँभालनेवाला खम्भा। २. किसी वस्तु या कार्य आदि का मुख्य आधार।

आधारक—[सं॰ आधार + कन्] *पुं॰* १. (किसी ढाँचे का) आधार। २. नींव।

आधारभूत—[सं॰ आधार ~ भूत] *वि॰* = १. जो आधार के रूप में स्थित हो। ***जैसे***—राष्ट्र की आधारभूत संस्थाएँ। २. मूलभूत। ***जैसे***—जैनों का आधारभूत सिद्धान्त 'अहिंसा परमो धर्म:' है।

आधाराधेयभाव—[सं॰ आधार-आधेय-भाव] *पुं॰* आधार-आधेय-सम्बन्ध।

आधारिक—[सं॰ आधार + ठक्] *वि॰* १. आधार-सम्बन्धी। आधार का। २. जो किसी काम या बात के लिए आधारस्वरूप है। आधारभूत। मूल। बुनियादी। (अं॰ बेसिक) ***जैसे***—आधारिक पाठ्यक्रम/शिक्षा। ✣ **आधारिक भाषा**—*स्त्री॰* (भाषा॰) = किसी भाषा का अन्यभाषा-भाषियों के सीखने के लिए तैयार किया गया अत्यन्त सरल रूप जिसमें थोड़े-से अति प्रचलित शब्दों से ही सब काम चलाया जाता हो। ✣ **आधारिक संरचना**—*स्त्री॰* (अर्थ॰) = किसी देश का आधारभूत पूँजी-ढाँचा। आधुनिक अर्थव्यवस्था के लिए अनिवार्य सार्वजनिक सेवाएँ (परिवहन, संचार-व्यवस्था, बिजली की सुविधाएँ आदि) (अं॰ इन्फ्रास्ट्रक्चर)

आधारित—[सं॰ आधार + णिच् + क्त] *वि॰* किसी के आधार पर टिका हुआ या स्थित। अवलम्बित। आधृत।

आधारी—[सं॰ आधारिन्] *वि॰* १. किसी आधार/आश्रय पर रहनेवाला। सहारे पर टिका। आश्रित। २. (व्यक्ति) जो किसी कार्य आदि का आधार बन सके। विश्वसनीय। ३. अधारी।

आधि—[सं॰ आ √धा + कि] *स्त्री॰* १. मानसिक पीड़ा/कष्ट। २. चिन्ता। ३. विपत्ति।

आधिकरणिक—[सं॰ अधिकरण + ठक्] *वि॰* १. अधिकरण-सम्बन्धी। (व्या॰) अधिकरण कारक से सम्बन्धित। *पुं॰* न्यायाधीश।

आधिकारिक—[सं॰ अधिकार + ठञ्] *वि॰* १. अधिकार से सम्बन्धित। अधिकार का। २. अधिकारी से सम्बन्धित। अधिकारी का। ३. किसी अधिकारी द्वारा किया गया या कहा गया। ४. (किसी विषय के) किसी अधिकारी/प्रामाणिक विद्वान् द्वारा कथित। प्रामाणिक।

अधिकृत। *जैसे*—आधिकारिक कथन। ५. जो अधिकारपूर्वक किया गया हो या कहा गया हो। साधिकार। ६. शासकीय। सरकारी। *जैसे*—आधिकारिक मुद्रा। ✣ **आधिकारिक कथावस्तु/वस्तु**—*स्त्री°* = (काव्य°/नाट्य°) नाटक आदि में नायक से सम्बद्ध कथा। मूल कथावस्तु।

आधिदैविक—[स° अधिदेव + ठञ्] १. दैव/प्रारब्ध से होनेवाला (दुःख/कष्ट आदि)। २. प्रकृति से होनेवाला (दुःख/कष्ट आदि)। ३. इन्द्रियों के अधिष्ठाता देवताओं (अग्नि, सूर्य, वायु आदि) से सम्बन्धित। ४. देवता-कृत। ५. देवताओं द्वारा प्रेरित।

आधिपत्य—[स° अधिपति + ष्यञ्] *पु°* १. अधिपति होने की अवस्था/भाव। २. स्वामित्व। अधिकार।

आधिभौतिक—[स° अधिभूत + ठञ्] *वि°* १. पंचभूतों से सम्बन्धित/उत्पन्न। *जैसे*—आधिभौतिक सृष्टि। २. मनुष्य, ३. सिंह, सर्प आदि प्राणियों या भौतिक पदार्थों द्वारा कृत (पीड़ा आदि)। ✣ **आधिभौतिक दुःख**—*पु°* = मनुष्य, सिंह, पक्षी, सर्प आदि प्राणियों से तथा वृक्ष आदि स्थावरों और भौतिक पदार्थों से प्राप्त होनेवाला दुःख।

आधिराज्य—[स° अधिराज + ष्यञ्] *पु°* १. राजकीय आधिपत्य। २. सर्वोपरि प्रभुता।

आधि-व्याधि—[स°] *स्त्री°* मानसिक और शारीरिक पीड़ा।

***आधी**[१]—[< स° आधि] *स्त्री°* रोग। बीमारी।

आधी[२]—[< हि° आधा] *वि°* (*स्त्री°*) आधा। (दे°) *जैसे*—आधी रोटी। ✣ **आधी ढोली**—*स्त्री°* = पान के पत्तों की गिनती में 'सौ' के लिए प्रयुक्त शब्द। *जैसे*—आधी ढोली पान = १०० पान। ***वा°*** **आधी कौड़ी का**—तुच्छ। क्षुद्र। **आधी बात कहना**—१. थोड़ा-सा डाँटना। २. शिकायत करना। ३. स्पष्ट न कहना। **आधी बात न पूछना**—ज़रा-भी सम्मान या क़द्र न करना। (दे° 'आधा' भी)।

***आधीन**—*वि°* ≤ *स°* अधीन। (दे°) ✣ **आधीनता**—*स्त्री°* = अधीनता। ● **विशेष**—'अधीन' के स्थान पर 'आधीन' और 'अधीनता' के स्थान पर 'आधीनता' का प्रयोग ग़लत है।

आधुनिक—[स° अधुना + ठञ्] *वि°* १. जो थोड़े समय से ही अस्तित्व में आया हो या जो थोड़े समय से ही प्रचलित हुआ हो। वर्तमान काल का। साम्प्रतिक। *जैसे*—आधुनिक पत्र-पत्रिकाएँ। २. नवीन पद्धति का। *जैसे*—आधुनिक परीक्षा-पद्धति। ३. वर्तमान काल की विशेषताओं वाला। नए ज़माने का। *जैसे*—साहित्य में आधुनिक प्रयोग। ✣ **आधुनिकता**—*स्त्री°* = १. आधुनिकपन। नवीनता। २. वर्तमानकालीनता। ३. नवीन पद्धति। ४. नए विचार/शब्द/प्रयोग।

आधुनिका—[स° आधुनिक + टाप्] *स्त्री°* १. आधुनिक विचारों को माननेवाली स्त्री। २. आधुनिक वेशभूषा या नए फ़ैशन वाली स्त्री। ३. नए युग की नारी।

आधूमित—[आ + धूम + इतच्] *वि°* धुएँ से ढका हुआ।

आधूम्र—[स° आ + धूम्र] *वि°* धुएँ जैसा काले रंग का।

आधृत—[स° आ √धृ + क्त] *वि°*, *क्रिवि°* (किसी पर) आधारित।

आधेय—[स° आ √धा + यत्] *वि°* १. किसी आधार पर टिका हुआ। २. जो स्थापित किया जाए। ३. जो धारण किया जाए। *पु°* किसी आधार पर रखी या टिकी हुई वस्तु। *जैसे*—'पर्वत पर वृक्ष है' में वृक्ष आधेय है।

आध्मान—[स° आ √ध्मा + ल्युट्] *पु°* १. धौंकनी से धौंकने की क्रिया/भाव। २. पेट फूलने का रोग। अफरा। ३. जलोदर (रोग)।

आध्यात्मिक—[स° अध्यात्म + ठञ्] *वि°* १. आत्मा से सम्बन्धित। २. (व्यक्ति) जो आत्मा और परमात्मा से सम्बन्धित उन्नति कर चुका हो या उसके लिए प्रयत्नशील हो। ३. (व्यक्ति) जो सामान्य मनुष्यों के समान राग और भोग में रुचिशील जीवन जीने के स्थान पर वैराग्य और त्याग में प्रवृत्त हो। *जैसे*—आध्यात्मिक महापुरुष। ४. (ग्रन्थ आदि) जिसमें आत्मा और परमात्मा के स्वरूप और सम्बन्ध का विचार हो तथा लौकिक और भौतिक से भिन्न उन्नति के साधनों का विवेचन आदि हो।

आध्यासिक—[स° अध्यास + ठक्] *वि°* अध्यास/मिथ्याज्ञान से उत्पन्न। भ्रमपूर्ण और कल्पित। अ-यथार्थ। *जैसे*—अँधेरे में रस्सी को साँप समझना आध्यासिक भ्रम है। ✣ **आध्यासिकी**—*वि°* (स्त्री°) = आध्यासिक। *जैसे*—आध्यासिकी प्रतीति।

आन[१]—[< स° आणि = सीमा] *स्त्री°* १. मर्यादा। प्रतिष्ठा। सम्मान। २. परम्परा, प्रतिज्ञा आदि के पालन की दृढ़ भावना जिसमें मर्यादा की रक्षा का विचार प्रमुख होता है। ३. प्रतिज्ञा/प्रण/व्रत की भावना का स्मरण कराते हुए दी जानेवाली दुहाई। ४. (उक्त मर्यादा का स्मरण दिलाते हुए दी जाने वाली) शपथ। सौगन्ध। क़सम। ५. विजय-घोषणा। ६. हठ। ज़िद। ७. अकड़। ऐंठ। *जैसे*—शेर की अपनी ही आन होती है। ***वा°*** **आन का पक्का**—वचन का पक्का। दृढ़व्रती। **आन की आन**[१] **में**—१. बहुत शीघ्र। २. प्रतिष्ठा का ध्यान करके। बात की बात में। **आन छोड़ना**—अपनी प्रतिज्ञा छोड़ना। **आन तोड़ना**—१. प्रतिज्ञा भंग करना। २. हठ छोड़ना। **आन फिरना**—१. दुहाई फिरना। २. पुकार मचना। **आन फेरना**—चारों ओर अपनी विजय/प्रभुत्व/प्रभाव इत्यादि का ढिंढोरा पिटवाना। **आन रखना**—१. अपनी बात रखना। २. अपनी प्रतिज्ञा बनाए रखना। **आन सँभालना**—प्रतिष्ठा बनाए रखना।

आन[२]—[< स° अन्य] *वि°* और कोई। अन्य। दूसरा। ***वा°*** **आन का आन, आन की आन**[२]**/तान**— जो हो, उसके स्थान पर, उससे भिन्न।

†**आन**[३]—[< हि° आना] *क्रिवि°* आकर। *जैसे*—मुसीबत का मारा कबूतर यहाँ आन गिरा।

आन[४]—[< स° अन्न] १. भोज्य पदार्थ। अन्न। २. (चावल का) भात।

आन[५]—[< प्रा° आण] १. क्षण। पल। *जैसे*—आन की आन में हज़ारों लोग मारे गए। २. मुहूर्त। घड़ी।

आन[६]—[फा°] *स्त्री°* १. छवि। शोभा। *जैसे*—प्रतिदिन उसकी नयी आन होती है। २. हाव-भाव।

आनक—[स° आ √अन् + णिच् + ण्वुल्] *पु°* १. बड़ा नगाड़ा।

भेरी। ढक्का। २. गरजनेवाला बादल।

आनकदुन्दुभि, आनकदुन्दुभी (आनकदुंदुभि, आनकदुंदुभी)—[सं॰ आनक ~ दुन्दुभि/दुन्दुभी] *स्त्री॰* १. बहुत बड़ा नगाड़ा। २. (कृष्ण का पिता) वसुदेव।

आनत—[सं॰ आ + नत] *वि॰* १. झुका हुआ। २. नम्रतापूर्वक प्रणाम करने के लिए झुका हुआ। विनत। ***जैसे***—श्री राम के चरणों में आनत विभीषण। ३. नम्र। विनीत।

आनति—[सं॰ आ + नति] *स्त्री॰* १. आनत होने की अवस्था या भाव। २. नति। झुकाव। ३. प्रणति। प्रणाम।

आनद्ध (आनद्ध)—[सं॰ आ + नद्ध] *वि॰* १. बँधा हुआ। कसा हुआ। २. मढ़ा हुआ (ढोल, वाद्य आदि)। *पु॰* मढ़ा हुआ वाद्य (ढोल, मृदंग आदि)।

आनन—[सं॰ आ √अन् + ल्युट्] *पु॰* १. मुख। २. मुखमंडल। चेहरा।

आनन-फ़ानन—[अरबी आनन + फा॰ फ़ानन] *क्रिवि॰* १. तत्क्षण। तुरन्त। फ़ौरन। २. अतिशीघ्र।

आनन्तर्य (आनंतर्य)—[सं॰ अनन्तर + ष्यञ्] *पु॰* १. अनन्तर होने की अवस्था/भाव। अनन्तरता। २. व्यवधान-रहितता। निरन्तरता। ३. समीपता। सामीप्य।

आनन्त्य (आनंत्य)—[सं॰ अनन्त + ष्यञ्] *पु॰* १. अनन्त होने की अवस्था/भाव। अनन्तता। २. असीमता। ३. अमरता। अमरत्व।

आनन्द (आनंद)—[सं॰ आ √नन्द् + घञ्] *पु॰* १. हर्ष। प्रसन्नता। उल्लास। ख़ुशी। २. आध्यात्मिक प्रसन्नता। दिव्य सुख। ३. शाश्वत सुख। अखंड सुख। वस्तु, देश और काल के आच्छादन से रहित अखंड सुख। मोक्ष का शाश्वत सुख। मज़ा। ब्रह्म। परमात्मा। ***वा॰* आनन्द में पगना**—अति आनन्दित होना। **आनन्द लूटना**—मौज करना।

***आनन्दना (आनंदना)**—[< सं॰ आनन्द] *क्रिस॰* आनन्दित होना। प्रसन्न होना। **उदा॰** आनंदे मधुबन के बासी। —सूरसागर (१०/४१६२) *क्रिस॰* आनन्दित करना। प्रसन्न करना। ✣ **आनन्द बधाई (आनंद बधाई)**—[सं॰ आनन्द + हि॰ बधाई] *स्त्री॰* = किसी मांगलिक अवसर पर दी जानेवाली शुभकामना/बधाई। ✣ **आनन्द-बधावा**—*पु॰* = आनन्द-बधाई। **आनन्द-भैरव**—[सं॰] *वि॰* = जो हर्ष और भय दोनों उत्पन्न करे। *पु॰* = शिव। महादेव।

आनन्दमत्ता (आनंदमत्ता)—[सं॰] *वि॰* १. आनन्द में मस्त। २. आनन्द में निमग्न। *वि॰ (स्त्री॰)* = आनन्द में मस्त या निमग्न (स्त्री)। *स्त्री॰ (काव्य॰)* = सम्भोग के आनन्द में डूबी होने से मुग्ध हुई प्रौढ़ा नायिका।

आनन्दवाद (आनंदवाद)—[सं॰ आनन्द ~ वाद] *पु॰* आनन्द को परम मूल्य मानने का सिद्धान्त। ✣ **आनन्दवादी**—*वि॰* = आनन्दवाद को माननेवाला या उसका समर्थक।

आनन्दी (आनंदी)[१]—[सं॰ आनन्दिन्] *वि॰* १. प्रसन्न। हर्षित। २. सदा प्रसन्न रहनेवाला। ३. (दूसरों को) प्रसन्न करनेवाला।

आनबान—[हि॰ आन + बान] १. प्रतिष्ठा। ***जैसे***—आनबान पर मरनेवाले वीर। २. सजधज। ठाठ-बाट। ***जैसे***—आनबान-भरी फुलवारी।

आनम्य—[सं॰ आ + नम्य] *वि॰* १. जो झुकाया जा सके। लचकदार। लचीला। ***जैसे***—आनम्य तार। २. अपने आपको स्थिति के अनुसार ढाल सकने वाला। ३. जिसमें परिवर्तन किया जा सके। परिवर्तनक्षम। ✣ **आनम्यता**—*स्त्री॰* = १. लचीलापन। लचक। २. (लाक्षणिक) नम्रता।

आनयन—[सं॰ आ √नी + ल्युट्] *पु॰* १. ले आना। लाना। २. पास लाना।

आनर्त—[सं॰ आ √नृत् + घञ्] *पु॰* १. सौराष्ट्र प्रदेश का प्राचीन नाम। २. नृत्यशाला। ३. युद्ध। ४. जल।

आना[१]—[< सं॰ आगमन] *क्रिस॰* १. किसी वस्तु का एक स्थान से चलकर दूसरे स्थान पर पहुँचना। ***जैसे***—दिल्ली से लखनऊ आना। २. उपस्थित होना। ***जैसे***—तुम्हारा आना अच्छा लगा। ३. आरम्भ होना। ***जैसे***—ग्रीष्म के बाद वर्षा का आना। ४. वृक्ष में फल-फूल आदि लगना। ***जैसे***—वृक्षों में फलों का आना। ५. ज्ञान या जानकारी आना। ***जैसे***—उसे संस्कृत भी आती है। ६. बढ़ना। ***जैसे***—नदी में पानी का गले तक आना। ७. किसी स्थिति विशेष में पहुँचना। ***जैसे***—पहिए के नीचे आना। ८. किसी विचार या भाव का उत्पन्न होना। ***जैसे***—क्रोध आना। ९. गुण, योग्यता,अवस्था आदि का विकास होना। ***जैसे***—धीरे-धीरे बुढ़ापा आ गया। ∇ **विलोम**—जाना। ✣ **आना-जाना**—*पु॰* = १. आने और चले जाने की क्रिया। आगमन और गमन। २. जन्म और मृत्यु। ३. मिलना-जुलना। ४. अनैतिक सम्बन्ध रखना। ✣ **आनी-जानी**—*वि॰* = १. आने-जानेवाली। अस्थिर। २. बनने-बिगड़नेवाली। ३. जन्मने-मरनेवाली। ४. नाशवान्। ✣ **आया-गया**—*वि॰* = जो (किसी काम से) आए और चला जाए। *पु॰* = अतिथि। मेहमान। ***वा॰* आयी-गयी (आई-गई)**—अच्छी-बुरी होनेवाली। **आयी-गयी (आई-गई) होना**—१. नष्ट होना। २. विस्मृत होना। ३. परिचित होना। **आए दिन**—प्रायः। **आ जमना**—१. एकत्रित होना। २. आकर देर तक बैठना। **आ धमकना**—अचानक आ जाना। **आ निकलना**—अचानक पहुँच जाना। **आ पड़ना**—१. अचानक आ जाना। २. टूट पड़ना। ३. संकट या विपत्ति आना। ४. सहसा गिर पड़ना। **आ बनना**—१. अवसर हाथ लगना। २. घटित होना। **आया गया करना**—किसी बात के हो जाने पर उसे उपेक्ष्य समझ कर उसका ध्यान छोड़ देना। **आया राम गया राम**—अवसरवादी व्यक्ति। **आ लगना**—१. साथ हो जाना। २. ठिकाने पर पहुँच जाना। **आ लेना**—पहुँच जाना।

आना[२]—[< सं॰ आणक] *पु॰* १. पहले प्रचलित रहा एक सिक्का जो रुपए का सोलहवाँ भाग होता था। पुराने चार पैसे या बारह पाई के मूल्य का एक सिक्का। ***जैसे***—चार आना या 'चवन्नी' एक ही बात है। २. किसी वस्तु का सोलहवाँ भाग। ***जैसे***—अभी तो रोगी को केवल आठ आना-भर लाभ हुआ है।

***आना**[३]—[< स० अर्ण] *पु०* जल।

आना[४]—[< हि० आनना < स० आनयन] *क्रिस०* लाया।

आनाकानी—[< स० अनाकर्णन] *स्त्री०* १. कोई बात सुनकर भी अनसुनी के समान करना। २. टालमटोल। हीला-हवाला।

† ***आनि**[१]—[ब्रज० < हि० आना = आगमन करना] *क्रिवि०* आकर।

***आनि**[२]—[< हि० आना < स० आनयन] *क्रिवि०* लाकर।

***आनि**[३]—[< हि० आन] *स्त्री०* १. मर्यादा। प्रतिष्ठा। सम्मान। २. चिन्ता।

***आनि**[४]—[< स० अन्य] *वि०* दूसरा कोई। अन्य।

***आनिक**—[< देशज आणिक्क] *वि०* वक्र। बाँका।

आनीत—[स० आ √नी + क्त] *वि०* लाया हुआ।

***आनु**[१]—[< स० अन्य] *वि०* अन्य।

***आनु**[२]/**आनू**—[< स० आनय] *क्रिस०* ले आओ।

आनुकल्पिक—[स० अनुकल्प + ठक्] *वि०* अनुकल्पी। वैकल्पिक।

आनुकूलित—[स० अनुकूल + इतच्] *वि०* जिसे अनुकूल कर लिया गया हो।

आनुकूल्य—[स० अनुकूल + ष्यञ्] *पु०* अनुकूल होने की अवस्था/भाव। अनुकूलता।

आनुक्रमिक—[स० अनुक्रम + ठक्] *वि०* १. क्रम के अनुसार होनेवाला। क्रमशः। २. क्रम से लगा हुआ या लगाया हुआ।

आनुगतिक—[स० अनुगत + ठक्] *वि०* १. अनुगत/अनुयायी से सम्बन्धित। २. पीछे चलनेवाला। ***जैसे***—जनता गतानुगतिक होती है।

आनुग्रहिक—[स० अनुग्रह + ठक्] *वि०* १. अनुग्रह-सम्बन्धी। अनुग्रह का। २. अनुग्रह के कारण होनेवाला। अनुग्रह-प्रेरित।

आनुतिथ—[स० अनुतिथि + अण्] *वि०* जो तिथियों के क्रमानुसार हो।

आनुनासिक—[स० अनुनासिक + अण्] *वि०* अनुनासिक वर्ण से सम्बन्धित। अनुनासिक वर्ण का। ✣ **आनुनासिकता**—*स्त्री०* = आनुनासिक होने की अवस्था/भाव। आनुनासिक्य।

आनुपातिक—[स० अनुपात + ठक्] *वि०* १. अनुपात-सम्बन्धी। अनुपात का। ***जैसे***—गणित के आनुपातिक प्रश्न। २. अनुपात के अनुसार। ***जैसे***—सम्पत्ति का दोनों भाइयों में आनुपातिक वितरण हुआ। ३. समानुपाती। ४. जो उचित मात्रा या ठीक अनुपात में हो।

आनुपूर्व—[स० अनुपूर्व + अण्] *पु०* १. एक के बाद एक होना। क्रम। २. वर्णों का अनुक्रम। वर्णक्रम। ✣ **आनुपूर्वी**—*स्त्री०* = आनुपूर्व।

आनुभविक—[अनुभव + ठक्] १. अनुभव (निरीक्षण, प्रयोग आदि) से प्राप्त होनेवाला, न कि तर्क पर आधारित। अनुभवमूलक। अनुभवाश्रित। ***जैसे***—आनुभविक यथार्थ। ✣ **आनुभविक नियम**—*पु०* = वह नियम जो केवल प्रेक्षण/अनुभव के आधार पर बनाया गया हो। (अ० एम्पिरिकल लॉ)

आनुमानिक—[स० अनुमान + ठक्] *वि०* १. अनुमान पर आश्रित। अनुमानगम्य। २. अटकल-पच्चू। (न्याय०) अनुमान प्रमाण से सम्बन्धित।

आनुवंशिक—[स० अनुवंश + ठक्] *वि०* वंश-परम्परा से प्राप्त। (जीव०) १. जीवों में एक पीढ़ी से दूसरी पीढ़ी में जानेवाला (लक्षण आदि)। वंशागत। (अ० हेरेडिटरी) २. आनुवंशिकी (अ० जेनेटिक्स) का या उससे सम्बन्धित। (अ० जेनेटिक)। ✣ **आनुवंशिकता**—*स्त्री०* = वंश-परम्परा से गुणों या विशेषताओं की प्राप्ति। (जीव०) माता-पिता से सन्तान में लक्षणों का पहुँचना। एक पीढ़ी से दूसरी पीढ़ी में आनुवंशिक विशेषकों के जाने की प्रक्रिया। ✣ **आनुवंशिकी**—[स० आनुवंशिक + ङीप्] *स्त्री०* (जीव०) जीवविज्ञान की एक शाखा जो जीवों की वंश-परम्परा और विविधता का अध्ययन करती है। आनुवंशिकता और प्राकृतिक विकास का अध्ययन। उत्पत्ति-विज्ञान। आनुवंशिकविज्ञान। (अ० जेनेटिक्स)

आनुवर्णिक—[स० अनुवर्ण + ठक्] *वि०* वर्णों के क्रम के अनुसार। अक्षरानुक्रमिक। ***जैसे***—आनुवर्णिक विषय-सूची।

आनुश्रविक—[स० अनुश्रव + ठक्] *वि०* १. जिसे परम्परा से सुना गया हो। २. वेद-विहित या वैदिक (कर्मानुष्ठान)।

आनुषंगिक—[स० अनुषंग + ठक्] *वि०* १. साथ-साथ होनेवाला। सहवर्ती। २. प्रासंगिक। ३. गौण। ✣ **आनुषंगिक उक्ति**—*स्त्री०* = प्रासंगिक उक्ति।

आनूप—[स० अनूप + अण्] १. वह स्थान जो अधिक जल वाला तथा अधिक वृक्षों वाला हो। २. पानीवाला। दलदली। ३. दलदल में उत्पन्न। ४. जल या दलदल में रहना पसन्द करनेवाला पशु हाथी, भैंस आदि।

आनृशंस—[स० अनृशंस + अण्] *वि०* जो नृशंस या क्रूर न हो। दयालु। करुण। ✣ आनृशंस्य—पु० = दयालुता। करुणा।

***आनौं (आनों)**—[< स० अन्यान्य] *वि०* अन्यान्य। अनेक।

आन्तर (आंतर)—[स० अन्तर + अण्] *वि०* १. अन्तरंग। भीतरी। २. छिपा हुआ। गुप्त। ३. बीच का। *पु०* १. हृदय। २. भीतरी स्वभाव। अन्तःप्रकृति। ३. घनिष्ठ मित्र।

आन्तरभाषिक (आंतरभाषिक)—[स० आन्तर ~ भाषिक] *वि०* (भाषा०) एक ही भाषा में परस्पर भिन्न प्रकारों का। ✣ **आन्तरभाषिक (आंतरभाषिक) (अनुवाद)**—*पु०* = किसी भाषा की किसी विधा की पुस्तक आदि का उसी भाषा की किसी अन्य विधा में अनुवाद (***जैसे***—हिन्दी की किसी कहानी का हिन्दी नाटक में रूपान्तरण)।

आन्तरागारिक (आंतरागारिक)—[स० आन्तर + आगारिक] *वि०* १. घर के भीतरी भाग से सम्बन्धित। २. अन्तःपुर-सम्बन्धी। ३. भंडारी (भांडार-प्रमुख) के कर्तव्यों से सम्बन्धित। *पु०* १. भांडार-प्रमुख। भंडारी। २. कोषाध्यक्ष।

आन्तरिक (आंतरिक)—[स० अन्तर + ठक्] *वि०* १. किसी सीमा/क्षेत्र में होनेवाला। अन्दर का। भीतरी। २. भीतरी बातों से सम्बन्धित।

अन्तरंग। ३. मनोगत। हार्दिक। ४. आत्मीय। ∇ **विलोम**—बाह्य। ✣ **आन्तरिकता (आंतरिकता)**—*स्त्री॰* = १. भीतरीपन। २. अन्तरंगता। ३. आत्मीयता। घनिष्ठता। ∇ **विलोम**—बाह्यता। ✣ **आन्तरिक (आंतरिक) व्यापार**—*पु॰* = बाहर से नहीं, देश की सीमा में, होनेवाला व्यापार।

आन्तिक (आंतिक)—[स॰ अन्त + ठक्] *वि॰* अन्त में या समाप्ति पर होनेवाला। *पु॰* जहाज़, बस आदि के यात्रियों के उपयोग के लिए अपनी यात्रा के आरम्भ या अन्त का स्थान। (अ॰ टर्मिनल)

आन्त्र (आंत्र)—[स॰ अन्त्र + अण्] *पु॰* आँत। *वि॰* आँत-सम्बन्धी।

आन्त्रिक (आंत्रिक)—[स॰ अन्त्र + ठञ्] *वि॰* १. आँत-सम्बन्धी। आँत/आँतों का। २. आँतों में होनेवाला। ✣ **आन्त्रिक ज्वर**—*पु॰* = आँतों में दोष आने से उत्पन्न बुख़ार जो दो सप्ताह या अधिक समय तक चलता है। (अ॰ टायफ़ायड)

आन्दोलन (आंदोलन)—[स॰ √आन्दोल् + ल्युट्] *पु॰* १. इधर-उधर हिलना। २. कम्पन। हलचल। ३. सामान्य जनता या उसके किसी वर्ग के भावों/विचारों को प्रभावित/उत्तेजित करने का सामूहिक कार्य। ***जैसे***—सुधारवादी आन्दोलनों का प्रभाव। ४. अशान्ति फैलाने के लिए किए जानेवाले प्रयत्न/कार्य। ***जैसे***—तोड़-फोड़ करनेवाले आन्दोलनों से हो रही देश की हानि।

आन्ध्य (आंध्य)—[स॰ √अन्ध् + ष्यञ्] *पु॰* १. अन्धता। अन्धापन। २. अन्धकार। अँधेरा।

आन्ध्र (आंध्र)—[स॰ आ √अन्ध् + रन्] *पु॰* १. दक्षिण भारत का एक प्रदेश जिसकी प्रमुख भाषा तेलुगु है। २. उक्त प्रदेश का निवासी। ३. दक्षिण भारत की एक प्राचीन जाति। *वि॰* उक्त प्रदेश का।

आन्वयिक—[स॰ अन्वय + ठञ्] *वि॰* १. कुलीन। २. व्यवस्थित। क्रमबद्ध।

आन्वीक्षिकी—[स॰ अन्वीक्षा + ठञ् + ङीप्] *स्त्री॰* १. न्यायदर्शन। तर्कशास्त्र। २. आत्मविद्या।

आप[१]—[< स॰ आत्मा] *सर्व॰* १. (तीनो पुरुषों में) स्वयं। ख़ुद। ***जैसे***—मैं/वह आप वहाँ गया; तुम/वे आप वहाँ गए। २. 'तुम' का आदरार्थक रूप। ***जैसे***—आप हमारे अतिथि हैं। ३. परमात्मा। ४. आत्मस्वरूप। ५. अहंभाव। ६. आपस में। परस्पर। ***वा॰*** **आप आप करना**—ख़ुशामद करना। **आप-आप की**—अपनी-अपनी। **आप-आप की पड़ना**—१. अपने-अपने काम में व्यस्त रहना। २. अपना-अपना स्वार्थ देखते रहना। **आप-आपको**—१. अलग-अलग। २. अपने-अपने को। ३. अपने को। **आपकी आप पड़ना**—अपनी-अपनी रक्षा या लाभ का ध्यान रहना। **आप से आप**—बिना किसी प्रयत्न के। अपने आप। **आप ही अपना जबाव होना**—अद्वितीय होना। **आप ही अपने हक़ में काँटे बोना**—ऐसा काम करना जिससे स्वयं अपनी हानि हो। **आप ही आप**—१. अपने मन से। स्वतः। २. मन ही मन। **आप ही आप सा होना**—अनुपम होना। बेजोड़ होना। **अपने आपको जताना**—अपना अस्तित्व, महत्त्व आदि प्रकट/सूचित/स्थापित करना। **अपने आप को भूलना**—१. किसी मनोवेग के कारण बेसुध होना। २. घमंड चूर होना। ● **विशेष**—†**आपई** = १. आप ही। स्वयं ही। २. (सम्मानपूर्वक) आप (तुम) ही। ***जैसे***—आपई जाओ।

आप[२]—[स॰ अप् + अण्] १. जल-प्रवाह। २. जल।

आपक—[स॰ √आप् + ण्वुल्] *वि॰* प्राप्त करनेवाला।

आपकाज—[हि॰ आप + काज] *पु॰* १. अपना काम। २. स्वार्थी।

आपगा—[स॰ आपग + टाप्] *स्त्री॰* नदी। ***जैसे***—देवापगा (देव-आपगा)।

आपगोपम—[स॰ आपगा ~ उपमा] *वि॰* नदी के समान। ✣ **आपगोपमा**—*वि॰* (*स्त्री॰*)।

*__आपचारना__—[< हि॰ आप + चार] *क्रिअ॰* स्वेच्छाचार करना। मनमानी करना।

*__आपचारी__—[< हि॰ आप + स॰ चारी (चारिन्)] *स्त्री॰* स्वेच्छाचार। *वि॰* स्वेच्छाचारी। ✣ **आपचारिणी**—*वि॰* (*स्त्री॰*) = स्वेच्छाचारिणी।

आपण[१]—[स॰ आ √पण् + घ] *पु॰* १. हाट। बाज़ार। २. दुकान।

आपण-विपणि—[स॰] *पु॰* क्रय-विक्रय। ख़रीद और बिक्री।

आपणिक—[स॰ आपण + ठक्] *वि॰* व्यापार-सम्बन्धी। वाणिज्य-सम्बन्धी। व्यापारिक। *पु॰* दुकानदार। व्यापारी।

आपत्—[स॰ 'आपद्' का समासगत रूप] *स्त्री॰* १. आपत्ति। विपत्ति। २. कष्ट। कठिनाई।

आपतन—[स॰ आपत् + ल्युट्] *पु॰* १. पहुँचना। २. ऊपर से आकर गिरना। ३. घटित होना। ४. अचानक सम्पर्क में आना।

आपत्काल—[स॰ आपत् ~ काल] *पु॰* १. आपत्ति/विपत्ति का समय। २. बुरा समय। कुसमय। (राज॰) वह स्थिति जिसमें किसी बाह्य आक्रमण, आन्तरिक उपद्रव या उसकी आशंका से सम्पूर्ण देश में या उसके किसी भाग के सन्दर्भ में राष्ट्रपति विशेष अधिकार प्राप्त कर लेता है और वहाँ नागरिकों के मूल अधिकार प्रायः स्थगित हो जाते हैं। (अ॰ इमर्जेन्सी) ✣ **आपत्कालिक**—*वि॰* = १. आपत्तिकाल में होनेवाला। २. जो आपत्तिक के लिए उचित हो। (राज॰) आपत्काल का।

आपत्कृत—[स॰ आपत् ~ कृत] *वि॰* विपत्ति के काल में किया हुआ।

आपत्कृत ऋण—[स॰] *पु॰* संकट-काल में लिया गया क़र्ज़।

आपत्ति—[स॰ आ √पद् + क्तिन्] *स्त्री॰* १. विपत्ति/संकट। २. आपत्ति। एतराज़।

आपत्ति-याचिका—[स॰] *स्त्री॰* (विधि॰) किसी काम या विषय के सम्बन्ध में अपनी आपत्ति और मतभेद के निवेदन का प्रार्थना-पत्र।

आपत्य—[स॰ अपत्य + अण्] *वि॰* अपत्य/सन्तान से सम्बन्धित। सन्तान का।

आपद्—[स॰ आ √पद् + क्विप्] *स्त्री॰* १. विपत्ति। मुसीबत। २. कष्ट। कठिनाई।

आपदर्थ—[स॰ आपद् + अर्थ] *पु॰* ऐसी सम्पत्ति जिसे प्राप्त करने पर भविष्य में अपना अनिष्ट हो। *क्रिवि॰* विपत्ति के समय के लिए।

आपदा—[सं॰ आपद् + टाप्] *स्त्री॰* विपत्ति। संकट। आपत्ति।

आपद्गत/आपद्ग्रस्त—[सं॰ आपद् ~ गत/ग्रस्त] *वि॰* विपत्ति में पड़ा हुआ। विपत्तिग्रस्त।

आपद्धर्म (आपद्धर्म)—[सं॰ आपद् ~ धर्म] *पु॰* किसी विपत्ति या विशेष परिस्थिति के समय अपने स्वाभाविक कर्तव्यों को न कर पाने पर केवल काल विशेष के लिए भिन्न आचरण, वृत्ति आदि का पालन। ● **विशेष**—विपत्ति आदि समाप्त होने पर आपद्धर्म का त्याग कर अपने स्वाभाविक कर्तव्यों का पुनः पालन करना प्रारम्भ करना ही ठीक आचार है।

आपन[१]—[< सं॰ √आप् + ल्युट्] *पु॰* प्राप्ति। पाना।

***आपन[२]**—[< हि॰ आप] *पु॰* १.अपना अस्तित्व। २. स्वरूप। आत्मरूप। *सर्व॰* अपना। *क्रिवि॰* अपने आप। ✣ ***आपनपो, आपनपौ**—*पु॰* = अपनपो। (दे॰) ✣†**आपना/आपनो**— *सर्व॰* = अपना। ✣ **आपनोई**— *सर्व॰* = अपना ही।

आपनिक—[सं॰ आ √पन् + इकन्] *पु॰* १. पन्ना (रत्न)। २. नीलमणि। नीलम (रत्न)। ३. पुखराज (रत्न)।

***आपनिधि**—[< सं॰ आपोनिधि] *पु॰* समुद्र। सागर।

***आपनी**—[< हि॰ आपन] अपनी। निजी। *जैसे*—आपनी देह।

आपन्न—[सं॰ आ √पद् + क्त] *वि॰* १. आपत्ति/संकट में फँसा हुआ। २. प्राप्त। ३. (समासयुक्त शब्द में) ग्रस्त। *जैसे*—संकटापन्न (संकट + आपन्न)।

आपपति—[सं॰ आप ~ पति] *पु॰* जलनिधि। समुद्र।

आपबीती—[< हि॰ आप + बीतना] *स्त्री॰* १. अपने साथ हुई घटना। २. अपने जीवन की किसी घटना की कहानी।

आपराधिक—[सं॰ अपराध + ठक्] *वि॰* १. अपराध से सम्बन्ध रखनेवाला। अपराध का। २. जो अपराध माना जा सकता हो (कार्य) ३. अपराधयुक्त। दोषपूर्ण।

आपरेटर—[अं॰] *पु॰* (यन्त्र आदि) चलाने वाला। कारीगर। प्रचालक। *जैसे*—टेलीफ़ोन-आपरेटर।

आपरेशन—[अं॰] *पु॰* १. कार्य। कार्रवाई। (सैन्य॰) २. सैनिक गतिविधि/कार्रवाई। (चिकित्सा॰) शल्यक्रिया। चीरफाड़।

आपरेशन थियेटर—[अं॰] *पु॰* (चिकित्सालय में) शल्यकर्म का कक्ष। शल्यशाला।

आपस—[< हि॰ आप] अव्यय॰ परस्पर सम्बन्ध का सूचक एक शब्द जिसका प्रयोग कुछ विभक्तियों के साथ विशेषण या क्रियाविशेषण के समान होता है। *जैसे*—आपस की बातचीत। ● **विशेष**—**आपस का** = स्वजनों, सम्बन्धियों या मित्रों के बीच का। परस्पर का। पारस्परिक। *जैसे*—आपस का समझौता। **आपस में** = एक दूसरे के साथ। परस्पर। *जैसे*—वे आपस में बातें करने लगे।

आपसदारी—[हि॰ आपस + फा॰ दारी] *स्त्री॰* १.परस्पर निकट सम्बन्ध। बन्धुत्व। २. परस्पर निकट सम्बन्ध वाले लोगों का वर्ग।

आपसी—[< हि॰ आपस] *वि॰* आपस का। पारस्परिक। *जैसे*—आपसी मतभेद।

आपा[१]—[< हि॰ आप = स्वयं] *पु॰* १. अपना अस्तित्व। निजत्व। *जैसे*—आपका आपा और मेरा आपा समान नहीं हैं। २. अहंभाव। ख़ुदी। ३. अहंकार। गर्व। ४. अपना स्वरूप। ५. आत्मतत्त्व। आत्मा। ६. अपने पद/योग्यता/प्रतिष्ठा आदि का ध्यान। **वा॰** **आपा खोना**—१. अहंकार त्यागना। २. नम्र होना। ३. क्रोध के कारण अपने ऊपर नियन्त्रण न रख पाना। क्रोध से उग्र होना। ४. अपना गौरव नष्ट करना। **आपा खोलना**—मन की बातें कह डालना। **आपा डालना**—अभिमान छोड़ना। **आपा तजना/मेटना**—१. अभिमान छोड़ना। नम्र होना। २. द्वैत-भाव छोड़ना। **आपा दिखलाना**—दर्शन देना। **आपा बिसराना**—अपने आप को भूल जाना। सुध-बुध खो देना। **आपा सँभालना**—१. सजग होना। २. वयस्क होकर अपना भला-बुरा समझने योग्य होना। **आपा सौंपना**—१. अपने आप को समर्पित कर देना। २. अभिमानहीन होना। **आपे में आना**—१. होश में आना। २. बहुत थके व्यक्ति का कुछ क्षण विश्राम कर लेना। **आपे में न रहना/होना, आपे से निकलना**—१. बहुत क्रोधित होना। क्रोधावेश में आना। २. बहुत प्रसन्न होना। ३. बेक़ाबू होना। **आपे से बाहर होना**—१. बहुत क्रोधित होना। २. बहुत घमंडी होना। ३. बहुत प्रसन्न होना।

आपात—[सं॰ आ √पत् + घञ्] *पु॰* १. गिरना। गिराव। *जैसे*—वृक्ष से पत्तों का आपात। २. किसी घटना का अचानक घटित होना या वैसा होने की सम्भावना। (राज॰) आकस्मिक संकट जिसके लिए तत्काल कार्रवाई आवश्यक हो। *जैसे*—आपातकाल की घोषणा। ✣ **आपातकाल**—*पु॰* = (राज॰) आपत्काल। (दे॰) ✣ **आपात-बिक्री**—*स्त्री॰* = (वाणि॰) १. मन्दी की आशंका से व्यापारियों द्वारा माल बेचा जाना। २. दिवालिया हो जाने या दुकान समाप्त करने की स्थिति में माल या परिसम्पत्ति को बहुत कम मूल्य पर बेचना।

आपाततः—[सं॰ आपात + तस्] *क्रिवि॰* १. अकस्मात्। अचानक। *जैसे*—आपाततः आया संकट। २. ऊपर-ऊपर से। *जैसे*—आपाततः देशभक्त होना सरल है, वास्तविक देशभक्ति कठिन है। ३. प्रथम दृष्टि में देखने पर। *जैसे*—आपाततः तो वह सीधा व्यक्ति है।

आपातरमणीय—[सं॰ आपात ~ रमणीय] *वि॰* १. तात्कालिक सुख देनेवाला (स्थायी सुख देनेवाला नहीं)। *जैसे*—स्त्री, धन आदि आपातरमणीय विषय हैं, वास्तव में रमणीय नहीं। २. बाह्य रूप से सुन्दर प्रतीत होने वाला।

आपातिक—[सं॰ आपात + ठक्] *वि॰* १. नीचे गिरनेवाला। २. नीचे उतरनेवाला। ३. अचानक घटित होनेवाला। ४. असम्भावित रूप में सामने आनेवाला।

आपाती—[सं॰ आपातिन्] *वि॰* १. आपातिक। (दे॰) २. आक्रमण करनेवाला।

आपाद—[सं॰ आ √पद् + घञ्] *क्रिवि॰* पैरों तक। ✣ **आपादमस्तक**—*क्रिवि॰* = १. सिर से पैरों तक। २. ऊपर से नीचे

तक। पूर्णतः। **जैसे**—आपादमस्तक सजा हुआ।

आपाधापी—[< हिं॰ आप + धावना] १. ऐसी स्थिति जिसमें लोग केवल अपनी-अपनी चिन्ता करें, किसी दूसरे की नहीं। अपनी-अपनी स्वार्थपूर्ति में लगे होने की स्थिति। २. खींच-तान। ३. धाँधली की स्थिति।

आपान/आपानक—[सं॰ आ + पान, आपान + कन्] *पु॰* मद्यपान-गोष्ठी। २. उपर्युक्त का स्थान। ३. मदिरालय। शराबघर।

***आपापद**—[हिं॰ आपा + सं॰ पद] *पु॰* आत्मपद। मोक्ष।

***आपायत**—[डिंगल, < सं॰ आप्यायित] *वि॰* १. बलवान। शक्तिशाली। २. साहसी। ३. वीर। ४. असंयत। ५. स्वेच्छाचारी। ७. उद्दंड। ८. दुष्ट।

आपीड—[सं॰ आ √पीड् + घञ्/अच्] *वि॰* १. दबानेवाला। २. कष्ट देनेवाला। *पु॰* सिर पर बाँधने की वस्तु—(पगड़ी, मुकुट, आदि)।

आपीडन—[सं॰ आ √पीड् + ल्युट्] *पु॰* १. ज़ोर से दबाना/बाँधना। २. कष्ट/पीड़ा देना।

***आपु[१]**—[< सं॰ आप] *पु॰* जल। जल-प्रवाह। जल-समूह।

***आपु[२]**—[< हिं॰ आप] *सर्व॰* स्वयं। आप। *पु॰* अहंभाव। आपा।

***आपुन**—[< हिं॰ आप] *वि॰* अपना। *सर्व॰* स्वयं। ख़ुद। ✣ **आपुनपौ**—*पु॰* = १. अपना अस्तित्व। २. अपनापन। ३ अपना-पराया का भाव।

***आपुस**—*क्रिवि॰* ≤ *हिं॰* आपस में।

आपूर—[सं॰ आ √पूर् + घञ्] *पु॰* १. बहुत भरा हुआ। २. पूर्ण करना। ३. (पानी की) बाढ़। ✣ **आपूरण**—*पु॰* = पूर्ण करना। भरना।

***आपूरना**—[< सं॰ आपूरण] *क्रिअ॰* भर पाना। *क्रिस॰* पूरी तरह भरना। अच्छी प्रकार भरना। ✣ **आपूरित/आपूर्ण**—*वि॰* = १. पूरी तरह भरा हुआ। २. पूर्ण। **जैसे**—प्रकाश से आपूरित।

आपूर्ति—[सं॰ आ + पूर्ति] *स्त्री॰* १. भरण। भरना। २. अच्छी तरह भरा होना। ३. जरूरत की वस्तुओं की उपलब्धि कराना। सम्भरण। (अं॰ सप्लाई)

आपेक्षिक—[सं॰ अपेक्षा + ठक्] *वि॰* १. अपेक्षा रखने वाला। सापेक्ष। २. दूसरे पर आश्रित/आधारित। **जैसे**—सौन्दर्य सदा दर्शक की दृष्टि के आपेक्षिक होता है। ३. तुलनात्मक। **जैसे**—धर्म और राजनीति का आपेक्षिक महत्त्व। ४. आनुपातिक। **जैसे**—पूर्ति तो माँग के आपेक्षिक होती है। ५. किसी की अपेक्षा अधिक। अपेक्षाकृत। **जैसे**—लाखों के जीवन के आपेक्षिक तुम्हारा विलासमय जीवन। ✣ **आपेक्षिक गति**—*स्त्री॰* = (गणित॰) किसी गतिशील वस्तु के सापेक्ष मापी गयी गति।

आपेक्षिकता—[सं॰ आपेक्षिक + तल् + टाप्] *स्त्री॰* १. अपेक्षा रखना। सापेक्षता। २. तुलनात्मकता। ३. आनुपातिकता। ४. किसी की अपेक्षा अधिक होना। ✣ **आपेक्षिकता सिद्धान्त (सिद्धान्त)**—*पु॰* (गणित॰/भौतिकी॰) = वैज्ञानिक आइन्स्टाइन द्वारा प्रतिपादित सिद्धांत जिससे द्रव्यमान और ऊर्जा के परस्पर सम्बन्ध का गणितीय सूत्र **ऊर्जा = द्रव्यमान × (प्रकाश का वेग)²** प्राप्त हुआ है तथा काल और दिक् का परस्पर सम्बन्ध सिद्ध हुआ है। (अं॰ रिलेटिविटी थीऑरि)

आपोक्लिम—[सं॰] *पु॰* (ज्योतिष॰) लग्न से तीसरे, छठे, नवें और बारहवें भावों का सामूहिक नाम।

आप्त—[सं॰ आप् + क्त] *वि॰* १. प्राप्त। **जैसे**—आप्तगर्भा। २. विश्वस्त या प्रामाणिक। ३. कुशल। दक्ष। **जैसे**—वेदाप्त (= वेद में आप्त/कुशल)। ४. यथार्थ ज्ञान से युक्त। **जैसे**—आप्त पुरुषों के उपदेश। (जैन॰) राग, द्वेष और मोह से रहित तथा सब पदार्थों के प्रत्यक्ष ज्ञान से युक्त। *पु॰* १. विश्वसनीय/प्रामाणिक व्यक्ति। २. यथार्थ ज्ञान रखनेवाला व्यक्ति। ३. ऋषि। (भा॰ दर्शन) शब्द-प्रमाण। ✣ **आप्त पुरुष**—*पु॰* = १. यथार्थ ज्ञान रखनेवाला व्यक्ति। **जैसे**—सन्त ज्ञानेश्वर आप्त पुरुष थे। २. यथार्थ ज्ञान का उपदेशक। **जैसे**—आप्त पुरुषों की वाणी का प्रभाव। ✣ **आप्त वचन/वाक्य/शब्द**—*पु॰* = विश्वस्त व्यक्ति या प्रामाणिक द्वारा कथित बात। प्रामाणिक कथन।

आप्तकाम—[सं॰ आप्त ~ काम] *वि॰* १. जिसकी कामनाएँ पूरी हो गयी हों। पूर्णकाम। २. जिसने सांसारिक इच्छाएँ और आसक्तियाँ त्याग दी हों। *पु॰* परमात्मा। ईश्वर।

आप्तवर्ग—[सं॰ आप्त ~ वर्ग] *पु॰* आत्मीय जनों का समूह। स्वजन-समूह। बन्धुवर्ग।

आप्तागम—[सं॰ आप्त ~ आगम] *पु॰* प्रामाणिक और युक्तियुक्त परम्पराप्राप्त ग्रन्थ। **जैसे**—आप्तागम पर आधारित साधनाएँ।

आप्ति—[सं॰ √आप् + क्तिन्] *स्त्री॰* १. आप्त होने की अवस्था/भाव। २. प्राप्ति। **जैसे**—धन की आप्ति। ३. पूर्णता।

आप्तोक्ति—[सं॰ आप्त ~ उक्ति] *स्त्री॰* १. आप्त पुरुष/ग्रन्थ का कथन। २. प्रामाणिक/युक्तियुक्त वचन। ३. सिद्धान्त के रूप में माना जानेवाला वचन।

आप्य[१]—[अप् + अण् + ष्यञ्] *वि॰* जल-सम्बन्धी।

आप्य[२]—[√आप् + ण्यत्] *वि॰* १. जो प्राप्त करने योग्य हो। प्राप्य। २. जो प्राप्त किया जानेवाला हो। प्राप्य।

आप्यायन—[सं॰ आ √प्याय् + ल्युट्] *पु॰* १. वृद्धि। वर्धन। २. तृप्ति। ३. (जल से पितरों का) तर्पण।

आप्रलय—[सं॰ आ + प्रलय] *क्रिवि॰* प्रलय तक।

आप्रवास/आप्रवासन—[सं॰ आ + प्रवास/प्रवासन] *पु॰* विदेश से आकर बसने की क्रिया/भाव। ✣ **आप्रवासी**—*वि॰, पु॰* = विदेश से आकर बसनेवाला।

आप्लव/आप्लवन—[सं॰ आ √प्लु + ल्युट्] १. स्नान। २. डुबकी। ग़ोता। ३. चारों ओर पानी का छिड़काव। ४. बाढ़ आने की क्रिया/भाव।

आप्लावन—[सं॰ आ √प्लु + णिच् + ल्युट्] *पु॰* १. स्नान। २. (जल आदि में) डुबाना। ३. बाढ़।

आप्लुत—[सं॰ आ √प्लु + क्त] *वि॰* आप्लावित।

आफ़त—[फा॰] *स्त्री॰* १. आपत्ति। विपत्ति। संकट। २. दुःख। कष्ट। ३. उपद्रव। ऊधम। ✣ **आफ़ती**—*वि॰* = १. विपत्तिपूर्ण। २. कष्टपूर्ण। ३. उपद्रवी/ऊधमी। ***वा॰*आफ़त उठाना**—१. उपद्रव/ऊधम करना। २. विपत्ति/कष्ट सहना। **आफ़त का टुकड़ा/परकाला**—१. धूर्त व्यक्ति। २. बहुत शरारती व्यक्ति। ३. ऐसा व्यक्ति जो अपनी चालाकी से सभी प्रकार के विकट काम कर सकता है। **आफ़त का मारा**—भारी मुसीबत में पड़ा हुआ। विपत्तिग्रस्त। **आफ़त की पुड़िया**—कष्टदायक या भयानक व्यक्ति। **आफ़त के बादल उमड़ना**—भारी विपत्ति आना। **आफ़त खड़ी करना**—ऐसा काम करना जिससे दूसरों को कष्ट या विपत्ति में पड़ना पड़े। **आफ़त ढाना**—१. उपद्रव मचाना। २. कष्ट पहुँचाना। पीड़ित करना। **आफ़त मचाना**—१. कोलाहल करना। २. उपद्रव। ऊधम करना। **आफ़त मोल लेना, आफ़त सिर पर लेना**—झंझट, बखेड़ा या संकट में स्वयं पड़ना। **आफ़त सिर पर लेना**—१. व्यर्थ के झगड़े में पड़ना। २. संकट में पड़ना।

आफ़्ताब—[फा॰] *पु॰* सूर्य। रवि। ✣ **आफ़्ताबी**—*वि॰* = १. सूर्य-सम्बन्धी। सूर्य का।

आब—[फा॰] *पु॰* जल। ***जैसे***—आब-हवा (आबोहवा) = जलवायु। *स्त्री॰* १. कान्ति। चमक। ***जैसे***—मोती की आब। २. शोभा। रौनक़। ३. प्रतिष्ठा। महिमा। ***वा॰* आब जाना/बिगड़ना**—१. प्रतिष्ठा नष्ट होना। २. चमक समाप्त हो जाना। **आब होना**—१. प्रतिष्ठा होना। २. शोभा होना।

आबकारी—[फा॰] *स्त्री॰* १. शराब बनाने या बेचने का स्थान। मदिरालय। शराबख़ाना। २. नशीली वस्तुओं का व्यवसाय। ३. नशीली वस्तुओं पर लगाया जाने वाला कर। नशीली वस्तुओं से सम्बन्ध रखनेवाला सरकारी विभाग। ४. उत्पादन-शुल्क। (अं॰ एक्साइज़)

आबड़—[देशज] *स्त्री॰* आवरण। घेरा।

आबण्टन (आबंटन)—*पु॰* ≤ *सं॰* आवण्टन। ✣ **आबण्टित (आबंटित)**—*वि॰* = आवंटित। ✣ **आबण्टिती (आबंटिती)**—*पु॰* = आवंटिती।

आबताब—[< फा॰ आबोताब] *स्त्री॰* १. चमक। २. शोभा।

आबदस्त—[फा॰] *पु॰* शौच/टट्टी करने के बाद स्वच्छता के लिए पानी का प्रयोग।

आबदाना—दे॰ आबोदाना।

आबदार—[फा॰] *वि॰* १. जिसमें पानी हो। जलयुक्त। २. आभायुक्त। चमकदार। ***जैसे***—आबदार मोती। ३. प्रतिष्ठा/स्वाभिमान वाला। ***जैसे***—आबदार मनुष्य। ४. धारदार। ***जैसे***—आबदार तलवार। ✣ **आबदारी**—*स्त्री॰* = आबदार होने का गुण/अवस्था/भाव।

आबद्ध (आबद्ध)—[सं॰ आ + बद्ध] *वि॰* १. किसी सीमा के अन्दर ही रहने को बाध्य। सीमा में बँधा हुआ। बद्ध। २. बँधा हुआ। बद्ध। ३. बन्धन में पड़ा हुआ। बन्धनग्रस्त। क़ैद।

आबनूस—[< फा॰ आबनूस] *पु॰* १. तेंदू नामक वृक्ष। २. उक्त वृक्ष की लकड़ी जो बहुत काली होती है। ✣ **आबनूसी**—*वि॰* = १. आबनूस वृक्ष का या उसकी लकड़ी का। २. बहुत काला।

आबन्ध (आबंध)—[सं॰ आ √बन्ध् + घञ्] *पु॰* १. बाँधने की क्रिया/भाव। २. जिससे बाँधा जाए। बन्धन। ३. बाँधने का सूत्र या रस्सी। ४. स्नेह। प्रेम। (रसायन॰) किसी अणु के संरचना-सूत्र में संयोजकताओं की संख्या और संलग्न समूहों को व्यक्त करनेवाला एक प्रतीक। (अं॰ बान्ड) ✣ **आबन्धक (आबंधक)**—*वि॰* = १. बाँधनेवाला। २. प्रेमी।

आबन्धन (आबंधन)—[आ √बन्ध् + ल्युट्] *पु॰* आबन्ध। (दे॰)

आबपाशी—[फा॰] *स्त्री॰* खेतों आदि की सिंचाई।

आबरू—[फा॰] *स्त्री॰* १. प्रतिष्ठा। इज्ज़त। २. (स्त्री का) सतीत्व। ✣ **आबरूदार**—*वि॰* = १. प्रतिष्ठित। इज्ज़तदार। २. सतीत्ववाली। ***वा॰*आबरू पर आ बनना**—प्रतिष्ठा संकट में होना। **आबरू पर पानी फिरना**—प्रतिष्ठा नष्ट हो जाना। **आबरू पर मिट जाना**—१. अपनी प्रतिष्ठा के लिए मर जाना। २. अपनी प्रतिष्ठा की रक्षा के लिए सब कुछ बलिदान कर देना। **आबरू में बट्टा लगना**—प्रतिष्ठित व्यक्ति पर कलंक लगना। **आबरू लुटना**—प्रतिष्ठा नष्ट होना।

आबला—[< फा॰ आबल:] *पु॰* छाला। फफोला।

आबाद—[फा॰] *वि॰* १. (स्थान) जिसमें मनुष्य आदि रहते हों। आबादीवाला। २. (भूमि) जिसे जोता और बोया गया हो या जिसे जोता और बोया जाता हो। ३. जो सुखी हो (व्यक्ति)।

आबादी—[फा॰] *स्त्री॰* १. आबाद होने की अवस्था/भाव। २. बस्ती। ३. जनसंख्या। ४. सुख-समृद्धि। ख़ुशहाली।

आबालवृद्ध (आबालवृद्ध)—[सं॰ आ + बाल ~ वृद्ध] *क्रिवि॰* बालकों से लेकर वृद्धों तक।

आबाल्य—[सं॰ आ + बाल्य] *क्रिवि॰* बाल्यावस्था तक।

आबिल—[सं॰ आ √बिल् + क] *वि॰* १. कीचड़ से भरा हुआ। पंकिल। २. मैला/गन्दा।

आबी—[फा॰] *वि॰* १. जल-सम्बन्धी। जल का। २. जल-तटों पर रहने वाली एक चिड़िया जिसकी चोंच और पैर हरे होते हैं। *पु॰* आबी नमक = झील/समुद्र आदि के खारी पानी से प्राप्त किया जाने वाला नमक।

आबोदाना—[फा॰] *पु॰* १. जल और अन्न। अन्न-जल। २. जीविका। ***वा॰*(किसी स्थान से) आबोदाना उठ जाना**—स्थान विशेष में जीविका न रह जाना।

आबोहवा—[फा॰ आब + अरबी हवा] *स्त्री॰* जलवायु।

आब्द—[< सं॰ अब्द (= बादल)] *वि॰* १. मेघ/बादल से उत्पन्न/सम्बन्धित। २. बादल का।

आब्दिक—[सं॰ अब्द (वर्ष) + ठन्] *वि॰* = वार्षिक। ✣ **आब्दिकी**—*स्त्री॰* = प्रतिवर्ष एक बार प्रकाशित होनेवाली वह पुस्तक जिसमें गत वर्ष के विषय में तथ्यों और जानकारियों का संग्रह हो। वार्षिकी।

आभ**[1]—[< सं॰ आभा] *स्त्री॰* आभा। कान्ति। चमक। *वि॰* (समासान्त में) १. किसी वस्तु या रंग की या उसके समान आभावाला। ***जैसे—रक्ताभ (रक्त + आभ), पीताभ (पीत + आभ), कमलाभ (कमल + आभ)। २. आभावाला। ***जैसे***—अमिताभ (अमित + आभ)।

***आभ**[2]—[< सं॰ आप, या < फा॰ आब] *पु॰* जल। पानी।

***आभ**[3]—[राजस्थ॰, < सं॰ अभ्र] *पु॰* आकाश। आसमान।

आभड़ना**—[राजस्थ॰] *क्रिस॰* १. स्पर्श करना। ***जैसे—भ्रमर आभड़ियो नहीं। २. व्याप्त होना। ३. आलिंगन करना। ४. टक्कर लेना। भिड़ना।

आभरण—[सं॰ आ √भृ + ल्युट्] *पु॰* १. आभूषण। गहना। ज़ेवर। २. भरण-पोषण। पालन-पोषण। ✣ ***आभरन**— *पु॰* = आभरण।

आभरित—[सं॰ आ + भरित] *वि॰* = १. आभरणों/आभूषणों से युक्त। अलंकृत। भूषित। २. सँवारा हुआ। ३. जिसका भरण-पोषण हुआ हो। पाला-पोसा हुआ।

आभा—[सं॰ आ √भा + अङ् + टाप्] १. कान्ति। चमक। २. सौन्दर्य। रूप-रंग। ३. सादृश्य। समानता। ४. छाया। प्रतिबिम्ब।

आभाणक—[सं॰ आ √भण् + ण्वुल्] *पु॰* लोकोक्ति। कहावत।

आभार—[सं॰ आ + भार] *पु॰* १. भार। बोझ। बोझा। २. उपकार। एहसान। ३. कृतज्ञता। **जैसे**—आभार-प्रदर्शन। (छन्द॰) एक समवर्णिक छन्द जिसके प्रत्येक चरण में ८ तगण के योग से २४ वर्ण होते हैं। ✣ **आभारी**—*वि॰* = आभार माननेवाला। कृतज्ञ। एहसानमन्द।

***आभारु**—[< सं॰ आभार] *पु॰* १. आभार। (दे॰) २. (देखभाल का) दायित्व। उत्तरदायित्व।

आभास—[सं॰ आ √भास् + अच्] *पु॰* १. द्युति। चमक। प्रकाश। ***जैसे***—परम शिव का ही विश्व के विविध रूपों में आभास है। २. प्रतिबिम्ब। छाया। ***जैसे***—दर्पण में रूप का आभास। ३. किंचित् ज्ञान। ***जैसे***—उनकी बातचीत के ढंग से उनके वैर-भाव का आभास हुआ। ४. मिथ्या ज्ञान। प्रतीति। ***जैसे***—रस्सी में सर्प का आभास। ५. क्षणिक दर्शन। झलक। ६. जो यथार्थ में वैसा न हो जैसा प्रतीत हो। मिथ्या प्रतीति। ***जैसे***—प्रमाणाभास (= प्रमाण + आभास) रसाभास, हेत्वाभास। ७. तात्पर्य। अभिप्राय। ***जैसे***—आपके कथन का आभास स्पष्ट है। ८. संकेत। ९. सादृश्य। समानता। ✣ **आभासन**—*पु॰* = १. स्पष्ट करने की क्रिया/भाव। २. प्रकाशित करने की क्रिया/भाव। ✣ **आभासना**—*क्रिअ॰* = प्रकाशित होना। ✣ **आभास शब्द**—*पु॰* (भाषा॰) = मिथ्या शब्द। (दे॰) ✣ **आभासित**—*वि॰* = जिसका आभास हुआ हो। ***जैसे***—रस्सी में आभासित सर्प; दर्पण में आभासित रूप। ✣ **आभासी**—*वि॰* = १. प्रकट। व्यक्त। स्पष्ट। ज़ाहिर। ऊपर से दिखायी देनेवाला। २. दृश्यमान/प्रतीयमान। ३. ऊपरी। दिखावटी। जैसे—उसका आभासी कठोर व्यवहार। ✣ **आभासीन**—*वि॰* = १. चमकीला। २. आभास रूप में दिखायी देनेवाला। जो बहुत हल्का दिखायी दे।

आभास्वर—[सं॰ आ √भास् + वरच्] *वि॰* जिसमें बहुत अधिक आभा हो। अति दीप्तिशील। बहुत चमकीला। ***जैसे***—आभास्वर नक्षत्रों का अध्ययन।

आभिचारिक—[सं॰ अभिचार + ठक्] *वि॰* अभिचारों (मारण, मोहन आदि) से सम्बन्धित अभिचारात्मक। *पु॰* अभिचारों के समय पढ़े जाने वाले मन्त्र।

आभिजात्य—[सं॰ अभिजात् + ष्यञ्] *पु॰* १. अभिजात होने की अवस्था/भाव। २. ऊँचे कुल में जन्म। कुलीनता। ३. विद्वत्ता।

आभिजात्यवाद—[सं॰ आभिजात्य ~ वाद] *पु॰* (पा॰ काव्य॰) १. सुसंस्कृत समाज के लिए लिखने की प्रवृत्ति। २. विश्वविद्यालयों में अध्ययन-अध्यापन के लिए उपयुक्त पुस्तकों को लिखने की प्रवृत्ति। ३. पूर्वकालीन यूनानी और रोमी साहित्यकारों की महान कृतियों के अनुकरण पर साहित्य-रचना करने की प्रवृत्ति। (अं॰ क्लासिसिज़्म) Δ **पर्याय**—शास्त्रवाद।

आभिजित्—[सं॰ अभिजित् + अण्] *वि॰* १. अभिजित् नक्षत्र से सम्बन्धित। २. अभिजित् नक्षत्र में उत्पन्न।

आभिधानिक—[सं॰ अभिधान + ठक्] *वि॰* १. शब्दकोश में लिखित। २. शब्दकोश से सम्बन्धित। *पु॰* शब्दकोश का रचयिता। कोशकार।

आभिमुख्य—[सं॰ अभिमुख + ष्यञ्] *पु॰* १. अभिमुख होने की अवस्था/भाव। अभिमुखता। २. आमने-सामने होना। आमना-सामना।

आभीर—[सं॰ आ + भी √रा + क] *पु॰* १. गोप। अहीर। ग्वाला। (व्यक्ति या जाति) २. गोपों का एक प्राचीन जनपद या उसका निवास। (छन्द॰) (अपभ्रंश काव्य में तथा केशवदास आदि द्वारा प्रयुक्त) एक सममात्रिक छन्द जिसके प्रत्येक चरण में ११ मात्राएँ होती हैं तथा अन्त में जगण होता है। अभीर छन्द। अहीर छन्द।

आभीरी—[सं॰ आभीर + ङीष्] *स्त्री॰* १. अहीर स्त्री या अहीर की पत्नी। अहीरिन। २. प्राचीन आभीरों की भाषा।

आभुक्ति—[सं॰ आ + भुक्ति] *स्त्री॰* १. आभोग करने की क्रिया/भाव। २. आभोग। भोग।

आभृत—[सं॰ आ √भृ + क्त] *वि॰* १. पूरा भरा हुआ। २. पालित-पोषित। ३. निकट लाया हुआ। ४. बँधा/जकड़ा हुआ।

आभोग—[सं॰ आ √भुज् + घञ्] *पु॰* १. सुखों का उपभोग। भोग-विलास। ***जैसे***—विषयों के आभोग से विरक्त महात्मा। २. भोजन। ३. नाग का फैला हुआ फन। ४. वरुण देवता का छत्र। ५. किसी गीत/कविता में रचयिता के नाम का उल्लेख। (संगीत॰) ध्रुपद या आलाप की चार कलियों में से अन्तिम।

आभोज्य—[सं॰ आ √भुज् + ण्यत्] *वि॰* भोजन के योग्य (पदार्थ)। *पु॰* १. खाद्य पदार्थ। २. भोजन।

आभोजी—[सं॰ आ + भोजिन्] *वि॰* खानेवाला।

आभ्यन्तर (आभ्यंतर)—[सं॰ अभ्यन्तर + अण्] *वि॰* अन्दर का। आन्तरिक। भीतरी। अन्दरूनी। ***जैसे***—आभ्यन्तर विद्रोह। *पु॰* आन्तरिक वस्तु। **उदा॰** नाटक में आभ्यन्तर की प्रधानता होती है। —प्रसाद (काव्य और कला॰, आरम्भिक पाठ्य, काव्य, निबन्ध) ∇

विलोम—बाह्य। ✣ **आभ्यन्तर प्रयत्न**—*पु॰* = (भाषा॰) उच्चारण के लिए किया जानेवाला मुख के भीतरी भाग का प्रयत्न (जो चार प्रकार का होता है—स्पृष्ट, ईषत् स्पृष्ट, विवृत, संवृत)। ✣ **आभ्यन्तरिक (आभ्यंतरिक)**—*वि॰* = १. बिल्कुल अन्दर होनेवाला। २. बिल्कुल अन्दर का। *उदा॰* इन लोगों के पास रस-जैसी कोई आभ्यन्तरिक वस्तु न थी। —प्रसाद (काव्य और कला॰, 'रस' निबन्ध)

आभ्युदयिक—[स॰ अभ्युदय + ठक्] *वि॰* १. अभ्युदय-सम्बन्धी। उन्नति का। २. उन्नति करने/करानेवाला। ३. शुभ कर्मों की वृद्धि के लिए करने योग्य। ४. उन्नत। *पु॰* किसी मंगल-कार्य में पितरों के लिए किया जानेवाला श्राद्ध-कर्म। नान्दीमुख श्राद्ध।

आम[1]—[स॰ आ √अम् + घञ्] *वि॰* १. कम पका हुआ। अधपका। २. बिना पका हुआ। कच्चा। *पु॰* (आयुर्वेद॰) अधूरे पके हुए या अनपके 'आमरस' से उत्पन्न एक दोष जो रोग उत्पन्न करता है। (दे॰ 'आमाशय' और 'आमवात' भी)।

आम[2]—[< स॰ आम्र] *पु॰* आम्र वृक्ष या उसका फल जो गूदेदार, रसीला तथा स्वादिष्ट होता है। रसाल। ***वा॰* आम खाने से काम होना गुठली गिनने से नहीं**—सारपूर्ण बात से सम्बन्ध रखना, सारहीन बात से नहीं।

आम[3]—[अरबी] *वि॰* १. सार्वजनिक। व्यापक। ***जैसे***—आम जलसा (= सार्वजनिक सभा)। २. सामान्य। साधारण। ***जैसे***—आम लोगों के विचार। ३. जो मुख्य न हो। गौण। ***जैसे***—आम समस्याएँ और ख़ास समस्याएँ। ∇ **विलोम**—ख़ास।

आमड़ा—[< स॰ आम्रातक] *पु॰* आम जैसा एक खट्टा छोटा फल या उसका वृक्ष।

***आमण-दूमण**—[< हि॰ उन्मन-दुर्मन] *वि॰* १. अन्यमनस्क। २. अशान्त और खिन्न।

आमद—[फा॰] *स्त्री॰* १. आगमन। २. आय। आमदनी।

आमदनी—[फा॰] *स्त्री॰* १. आय। कमाई। ∇ **विलोम**—ख़र्च। २. आगमन। ***वा॰* आमदनी टूटना**—आय कम होना।

आमदोख़र्च—[फा॰] *पु॰* आमद/आमदनी और ख़र्चा। आय-व्यय।

आमदोरफ़्त—[फा॰] *स्त्री॰* आना-जाना।

आमना-सामना—[< स॰ आमुख ~ सम्मुख] *पु॰* १. एक दूसरे के सम्मुख होने की अवस्था/भाव। परस्पर सम्मुखता। २. एक दूसरे के सामनेवाला भाग। ३. मिलन। साक्षात्कार। भेंट। मुलाक़ात। ४. प्रतिद्वन्द्विता। मुक़ाबला।

आमनी—[देशज] *स्त्री॰* वह भूमि जिसमें शीत ऋतु में धान बोया जाता है।

आमने-सामने—[< हि॰ आमना-सामना] *क्रिवि॰* १. परस्पर सम्मुख। २. परस्पर विरोध/प्रतिद्वन्द्विता/शत्रुता में। मुक़ाबले में।

आमन्त्रण (आमंत्रण)—[स॰ आ √मन्त्र् + ल्युट्] *पु॰* १. पुकारना। बुलाना। २. निमन्त्रण। बुलावा। ✣ **आमन्त्रयिता (आमंत्रयिता)**—*पु॰* = आमंत्रित करनेवाला व्यक्ति। ✣ **आमन्त्रित (आमंत्रित)**—*वि॰* = १. पुकारा/बुलाया हुआ। आमन्त्रित। २. जो आमन्त्रण देकर बुलाया गया हो। आमन्त्रित अतिथि।

आमन्द्र (आमंद्र)—[स॰ आ √मन्द्र् + अच्] *पु॰* १. कुछ गम्भीर/भारी स्वर। *वि॰* गम्भीर स्वर वाला।

आमय—[स॰ आ √मी + अच्] *पु॰* रोग। बीमारी।

आमरस[1]—[स॰ आम + रस] *पु॰* (आयुर्वेद॰) १. आहार पचने पर उससे बननेवाला रस। २. जठराग्नि मन्द होने से खाए हुए पदार्थों का जो रस बिना पका ही रह जाए। पेट में रह गया अपक्व रस।

आमरस[2]—[हि॰ आम ~ स॰ रस] *पु॰* पके आम का रस सुखाकर तैयार की गयी मोटी परत। अमावट। अमरस।

आमर्दन—[स॰ आ + मर्दन] *पु॰* अच्छी तरह मसलना/पीसना/कुचलना/रगड़ना/दबाना।

आमर्ष—[स॰ आ √मृष् + घञ्] *पु॰* १. अमर्ष। क्रोध। २. असहनशीलता।

आमलक—[स॰ आ √मल् + क्वुन्] *पु॰* आँवला या उसका वृक्ष। धात्री वृक्ष या उसका फल। (वास्तु॰) नागर मन्दिरों के शिखर का एक भाग जो आँवला फल के आकार का होता है और जिसके ऊपर मन्दिर का कलश होता है। ✣ **आमलकी**—*स्त्री॰* = आँवला वृक्ष या उसका फल। ✣ **आमलकी एकादशी**—*स्त्री॰* = फाल्गुन शुक्ल एकादशी।

आमला—[< स॰ आमलक] *पु॰* आँवला वृक्ष/फल।

आमवात—[स॰ आम ~ वात] *पु॰* (आयुर्वेद॰) एक रोग जो 'आम' नामक दोष के कारण होता है जिससे अंगों की सन्धियों आदि में सूजन हो जाती है और शरीर में जकड़न आती है। गठिया।

आमातिसार—[स॰ आम ~ अतिसार] *पु॰* (आयुर्वेद॰) एक रोग जिसमें थोड़ी-थोड़ी देर बाद रक्त के साथ मल आता है। आँव। पेचिश।

आमादा—[< फा॰ आमाद:] *वि॰* उद्यत। तैयार। ***जैसे***—झगड़ा करने पर आमादा। ✣ **आमादगी**—*स्त्री॰* = उद्यतता। तैयारी।

आमान्न—[स॰ आम ~ अन्न] *पु॰* (पेट में गया हुआ) बिना पका अन्न। कच्चा या अधपका अन्न।

आमाल—[अरबी 'अमल' का बहुवचन] *पु॰* १. कर्मों का समूह। कार्यकलाप। २. आचार-व्यवहार। आचरण। चरित्र। ✣ **आमालनामा**—*पु॰* = आचरण-पंजी। (दे॰)

***आमालक**—[देशज] *पु॰* पर्वत के पास की भूमि।

आमावास्य—[स॰ अमावास्या + अण्] *वि॰* अमावस्या के दिन होनेवाला। ***जैसे***—आमावास्य स्नान।

आमाशय—[स॰ आम ~ आशय] *पु॰* पेट की वह थैली जिसमें भोजन पचता है।

आमा हल्दी—[< स॰ आम्रहरिद्रा] आँबा हल्दी। (दे॰ 'हल्दी' भी)

आमिक्षा—[स॰ आ √मिष् + सक् + टाप्] *स्त्री॰* फटे दूध का ठोस भाग। छेना।

आमिन—[< हि॰ आम] *स्त्री॰* एक प्रकार का बहुत छोटा और मीठा आम।

***आमिर**—[< अरबी आमिल] *वि॰, पु॰* अधिकारी/शासक/हाकिम।

आमिल[१]—[< स॰ अम्ल] *वि॰* खट्टा।

आमिल[२]—[< हि॰ आम] *स्त्री॰* कच्चे आमों को सुखाकर तैयार की जानेवाली खटाई।

आमिल[३]—[अरबी] *वि॰* १. शासक। अधिकारी। २. झाड़-फूँक करनेवाला। *पु॰* १. धार्मिक साधक। २. तांत्रिक साधक।

आमिष—[स॰ आ √मिष् + क] *पु॰* मांस। गोश्त। ✣ **आमिषप्रिय**—*वि॰* = जिसे मांस प्रिय हो। मांस-प्रेमी। ✣ **आमिषभोजी**—*वि॰, पु॰* = मांस-भक्षी। मांसाहारी। ∆ **विलोम**—निरामिषभोजी।

आमी—[< हि॰ आम] *स्त्री॰* छोटा आम। अमिया।

आमीन—[हीब्रू] *अव्यय॰* ऐसा ही हो। एवमस्तु। ● **विशेष**—प्रार्थना के अन्त में 'आमीन' शब्द का प्रयोग मुसलमानों, यहूदियों और ईसाइयों द्वारा होता है।

आमीलन—[स॰ आ + मीलन] *पु॰* (नेत्रों को) बन्द करने की क्रिया या भाव। (नेत्र) मूँदना।

आमुक्त—[स॰ आ + मुक्त] *वि॰* १. मुक्त किया हुआ। २. त्यागा हुआ। छोड़ा हुआ। ✣ **आमुक्ति**—*स्त्री॰* = १. मुक्ति। छुटकारा। २. (आत्मा का) मोक्ष।

आमुख—[स॰ आ + मुख] *पु॰* १. आरम्भ। २. (नाटक की) प्रस्तावना। ३. (पुस्तक की) भूमिका। *क्रिवि॰* सामने। आगे।

आमुष्मिक—[स॰ अमुष्मिन् + ठक्] *वि॰* दूसरे लोक का। परलोक-सम्बन्धी। पारलौकिक। ***जैसे***—ऐहिक और आमुष्मिक विवेचन। *पु॰* दूसरे लोक का निवासी। पारलौकिक व्यक्ति। ✣ **आमुष्मिकता**—*स्त्री॰* = पारलौकिकता। ✣ **आमुष्मिकी**—*स्त्री॰* = दूसरे लोक की निवासिनी।

आमूल—[स॰ आ + मूल] *क्रिवि॰* १. जड़ तक। मूलपर्यन्त। २. पूर्णतः। समग्रतः। ***जैसे***—आमूल बदलना। *वि॰* सम्पूर्ण। समग्र। पूरा। सब। ***जैसे***—आमूल परिवर्तन ✣ **आमूलपरिवर्तनवाद**—*पु॰* = सामाजिक, राजनीतिक आदि समस्याओं के समाधान के लिए किसी नयी दृष्टि से पूर्णतः परिवर्तन करने की आग्रही विचारधारा। उग्र सुधारवाद। (अ॰ रेडिकलिज़्म)

आमेलन—[स॰ आ + मेलन] *पु॰* १. सम्मिलित करना। मिलाना। २. संस्था के वर्तमान सदस्यों द्वारा किसी अन्य व्यक्ति को सदस्य बना लेना। सहयोजित करना। सहयोजन। (अ॰ कोआप्टेशन/कोआप्शन)

आमोद—[स॰ आ + मोद] *पु॰* १. हर्ष। प्रसन्नता। आनन्द। ***जैसे***—आमोद सहित। २. मनोरंजन। दिल-बहलाव। ***जैसे***—आमोद के कार्यक्रम। ३. सुगन्ध।

आमोदन—[स॰ आ + मोदन] *पु॰* १. (दूसरों को) प्रसन्न करना। २. मनोरंजन करना। ३. सुगन्धित करना।

आमोद-प्रमोद—[स॰] *पु॰* १. मनोरंजन। मनोविनोद। २. सुख-चैन। ३. भोग-विलास।

आम्नात—[स॰ आ √म्ना + क्त] *वि॰* १. विचारित। २. अध्ययन किया हुआ। अधीत। ३. स्मरण किया हुआ। ४. परम्परा से प्राप्त (ग्रन्थ, ज्ञान आदि)। ***जैसे***—वेद आम्नात ग्रन्थ हैं।

आम्नाय—[स॰ आ √म्ना + घञ्] *पु॰* १. (ब्राह्मणों, आरण्यकों, उपनिषदों सहित) वेद। २. वंश की परिपाटी। कुल-रीति। ३. परामर्श या उपदेश। (जैन॰) शुद्ध उच्चारण के साथ पाठ का बार-बार अभ्यास।

आम्बिकेय (आंबिकेय)—[स॰ अम्बिका + ढक्] *पु॰* १. अम्बिका का पुत्र। २. कार्तिकेय। ३. धृतराष्ट्र।

आम्र—[स॰ √अम् + रन्, दीर्घ] *पु॰* आम का वृक्ष या उसका फल।

आम्रकूट—[स॰ आम्र ~ कूट] *पु॰* अमरकंटक पर्वत।

आम्रवन—[स॰ आम्र ~ वन] *पु॰* आम के वृक्षों का वन/उपवन। अमराई।

आम्रेडन—[स॰ आ √म्रेड् + ल्युट्] *पु॰* पुनरावृत्ति। दुहराना। ✣ **आम्रेडित**—*पु॰* = १. शब्द या ध्वनि की पुनरावृत्ति। २. (संस्कृत व्याकरण में) द्वित्व वाले शब्दों में से दूसरे शब्द की पारिभाषिक संज्ञा।

आम्लिका—[स॰ आम्ला + कन् + टाप्] *स्त्री॰* १. इमली का वृक्ष अथवा इमली। २. अपच के कारण मुँह का खट्टा स्वाद होना तथा खट्टी डकारें आना।

आय[१]—[स॰ √अय् + घञ् अथवा √आ इण् + घञ्] *स्त्री॰* १. आगमन। आना। २. धन का आना। धन-प्राप्ति। धनागम। ३. पारिश्रमिक, लाभ आदि के रूप में प्राप्त होनेवाला धन। आमदनी। ***जैसे***—आय-कर। ४. संस्था को सदस्यता-शुल्क आदि से प्राप्त होनेवाला धन। ५. सरकार/राज्य को कर, लगान, शुल्क आदि से प्राप्त होनेवाला धन। राजस्व। ६. व्यक्ति/कम्पनी/सरकार को किसी विशेष अवधि में सेवाओं या उत्पादन-साधनों के स्वामित्व से प्राप्त होनेवाला धन। (विधि॰) वाणिज्य, श्रम, पूँजी-विनियोग, नौकरी, भूमि इत्यादि से प्राप्त लाभ। ∇ **विलोम**→व्यय।

†आय[२]—[< स॰ आस्] *क्रिअ॰* है।

***आय**[३]—[< स॰ आयु] जीवन-काल। उम्र।

आय**[४]**/आइ**—[< हि॰ आना] *क्रिवि॰* आकर। ***जैसे—तमाशा देखने आय खड़े हो गए।

आयत[१]—[स॰ आ √यम् + क्त] *वि॰* १. लम्बा। २. विस्तृत। विशाल। *पु॰* (ज्यामिति॰) चार भुजाओंवाला एकतलीय क्षेत्र जिसके चारों कोण समकोण हों।

आयत[२]—[अरबी] *स्त्री॰* कुरान का कोई वाक्य। ***जैसे***—कुरान की आयतों में स्वर्ग का वर्णन। ✣ **आयत चित्र**—*पु॰* (सांख्यिकी) = वह सांख्यिकीय आलेख (अ॰ ग्राफ़) जिसमें बारम्बारता-बंटन को आयतों द्वारा प्रदर्शित किया जाता है। (अ॰ हिस्टोग्राम)

आयतन—[स॰ आ √यत् + ल्युट्] *पु॰* १. स्थान। २. निवास-स्थान/मकान/घर। ***जैसे***—मंगलायतन (= मंगल + आयतन)। ३. पवित्र स्थान। मन्दिर। ***जैसे***—शिवायतन (= शिव + आयतन), देवायतन

(= देव + आयतन)। ४. विस्तार। फैलाव। (जैन०) संयम द्वारा राग, द्वेष, मद, मोह, क्रोध और माया को जीतनेवाला तथा सम्यक् दर्शन-ज्ञान-चारित्र से युक्त मुनि। (बौद्ध०) पाँच ज्ञानेन्द्रियाँ, उनके पाँच विषय (शब्द, स्पर्श आदि), मन और धर्म में से प्रत्येक। अनुभव के साधन। (ज्यामिति०) किसी ठोस पिंड द्वारा घेरा गया स्थान। ✣ **आयतनमिति**— *स्त्री०* = आयतन नापने की विद्या। ✣ **आयतनमितीय**— *वि०* = आयतनमिति-सम्बन्धी। ✣ **आयतनीय**— *वि०* = आयतन-सम्बन्धी। आयतन का।

आयतनेत्र/आयतलोचन—[स० आयत ~ नेत्र/लोचन] *वि०* बड़े नेत्रों वाला।

आयताक्ष—[स० आयत ~ अक्ष] *वि०* बड़े नेत्रों वाला।

आयति—[स० आ √या + डति] *स्त्री०* १. लम्बाई। २. विस्तार। फैलाव। ३. जहाँ तक कोई वस्तु विस्तृत हो। सीमा। हद। ४. जहाँ तक कोई बात लागू होती हो। (लागू होने की) सीमा। ५. भविष्यकाल। ६. प्राप्ति।

आयत्त—[आ √यत् + क्त] १. अधीन। ***जैसे***—स्वायत्त (= स्व + आयत्त)। २. पराधीन। परतन्त्र। ३. वशीभूत। ***जैसे***—दैवायत्त = भाग्य के वशीभूत। ४. आश्रित। अवलम्बित। ✣ **आयत्ति**— *स्त्री०* = १. पराधीनता। २. अधीनता। ३. सीमा।

आयन—[अं०] *पु०* (भौतिकी०, रसायन०) धनात्मक या ऋणात्मक विद्युत्-आवेश से युक्त परमाणु या परमाणु-समूह। ✣ **आयनन**— *पु०* = आयन बनाने का प्रक्रम। उदासीन परमाणु या परमाणु-समूह से इलेक्ट्रान हटाने या उसमें इलेक्ट्रान जोड़ने का प्रक्रम। (अं० आयनाइज़ेशन) ✣ **आयनन ऊर्जा**— *स्त्री०* = किसी परमाणु में से एक इलेक्ट्रान को अलग करने में व्यय की जाने वाली ऊर्जा। ✣ **आयनमण्डल (आयनमंडल)**— *पु०* = पृथ्वी से प्राय: ५० से १००० किलोमीटर तक ऊँचाई का भाग जिसमें आयन और मुक्त इलेक्ट्रान बड़ी संख्या में पाए जाते हैं। पृथ्वी के वायुमंडल का आयनित भाग। (अं० आयनोस्फ़ियर)

आयव्ययक—[स० आय ~ व्यय + कञ्] *पु०* १. आय-व्यय का विवरण। २. सरकार/संस्था/परिवार इत्यादि के आय और व्यय से सम्बन्धित विवरणों वाला किसी अवधि (वार्षिक/मासिक आदि) के लिए बनाया गया, अनुमान-पत्र। बजट (अं०)।

आयस—[अयस् + अण्] *वि०* १. लोहे का बना। २. लोहा-सम्बन्धी। लोहे का। *पु०* १. लोहा। २. लोहे की बनी वस्तु। ३. अस्त्र-शस्त्र। हथियार। ✣ **आयसी**— *पु०* = कवच। *वि०* आयसीय।

आयसीय—[स० अयस् + छ] *वि०* १. लोहा-सम्बन्धी। लोहे का। २. लोहे का बना हुआ।

***आयसु**—[< स० आदेश] *स्त्री०* आदेश। आज्ञा।

आयँता-पायँता—[< फा० पायताना + उसका अनु०] *पु०* लेटते समय खाट/बिछौने आदि का सिर की ओर का भाग और पैरों की ओर का भाग। ✣ **आयँती-पायँती**— *स्त्री०* = आयँता-पायँता।

आया[1]—[< हि० आना] *क्रिअ०* 'आना' क्रिया का एक भूतकालिक रूप। आ गया। ***जैसे***—राम आया और मोहन गया।

आया[2]—[पुर्त०] *स्त्री०* बच्चे को दूध पिलानेवाली अथवा उसकी देखभाल/सेवा करनेवाली सेविका। धात्री। धाय।

आया-गया—[< हि० आना-जाना] *पु०* १. अचानक आकर चला जानेवाला कोई अपरिचित या सामान्य व्यक्ति। सामान्य आगन्तुक। २. अतिथि। मेहमान। ३. ऐसी बात या घटना आदि जो सामान्य रूप से ध्यान में न रही हो। *वि०* १. जो किसी काम से आए और चला जाए। २. (बीती बात या घटना) जो सामान्य रूप से ध्यान में न रहे। ***जैसे***—बच्चों का आया-गया झगड़ा। ✣ **आयी-गयी (आई-गई)**— *वि०* = (*स्त्री०*), स्त्री०। ● **विशेष**—'आया-गया' और 'आयी-गयी' के वागबन्धों (मुहावरों) के लिए दे० आना[1]।

आयात—[स० आ + यात] *पु०* (वस्तु/माल को) विदेश से लाना/ मँगाना। *वि०* विदेश से लाया/मँगाया हुआ। ∇ **विलोम**—निर्यात। ✣ **आयातक**— *पु०* = आयात करनेवाला। ✣ **आयात-कर**— *पु०* = आयात शुल्क। ✣ **आयात-व्यापार**— *पु०* = विदेशी वस्तुओं तथा सेवाओं को वाणिज्य द्वारा देश में मँगाना। ✣ **आयात-शुल्क**— *पु०* = विदेश से आनेवाली वस्तुओं पर लगनेवाला कर।

आयाम—[आ √यम् + घञ्] *पु०* १. विस्तार। फैलाव। २. (लम्बाई, चौड़ाई, मोटाई, क्षेत्रफल, आयतन आदि की) माप। विमा। ३. नियमित करना। नियमन। ४. संयम। ५. किसी वस्तु, विषय या धारणा के विविध पक्ष। ***जैसे***—वेदान्त के विविध आयाम। (भौतिकी०) १. किसी कम्पन की सीमा/विस्तार। २. किसी कण के सरल आवर्त दोलन में केन्द्र से दाहिनी या वाम ओर अधिकतम दोलनात्मक/ रेखीय विस्तार। ३. प्रत्यावर्ती (अं० आल्टर्नेटिंग) रेडियो तरंग का शून्य स्थिति से किसी एक दिशा में अधिकतम मान। *क्रिवि०* एक याम/प्रहर तक।

आयामन—[स० आ + यामन] १. आयाम या विस्तार में बढ़ाना। खींचना, तानना या फैलाना। २. नियमबद्ध करना। नियमन। ३. नियन्त्रित करना। नियन्त्रण। ✣ **आयामित**— *वि०* = जिसका आयामन हुआ हो या किया गया हो।

आयामी—[स० आयामिन्] *वि०* १. नियमन करनेवाला। नियन्त्रण में रखने वाला। २. अधिक विस्तार वाला। लंबा-चौड़ा।

आयास—[स० आ √यस् + घञ्] *पु०* १. प्रयत्न। यत्न। कोशिश। २. श्रम। थकावट।

आयासी—[स० आयासिन्] *वि०* १. आयास करनेवाला। प्रयत्न करने वाला। २. प्रयत्न करके थका हुआ।

आयु—[आ √इण् + उण्] *स्त्री०* १. जन्म से मृत्यु तक का समय। पूर्ण जीवन-काल। २. जीवन-शक्ति। ३. 'आयुस्' का समासगत रूप। ***जैसे***—आयुवर्धक। ● **विशेष**—'वय' या 'उम्र' के लिए 'आयु' का प्रयोग करना ग़लत है। ***वा०* आयु खुटाना/सरना/ सिराना**—१. मृत्यु निकट आना। जीवन बीतता जाना। उम्र घटना। २. जीवन समाप्त होना।

आयु:शेष—[स० आयु: ~ शेष] *पु०* १. आयु का शेष भाग। शेष

जीवन-काल। २. जीवन का अन्त। ३. आयु का ह्रास। क्षय।

आयुक्त—[सं॰ आ √युज् + क्त] *वि॰* १. नियुक्त। २. संयुक्त। *पु॰* १. (किसी विशेष कार्य के लिए बने) आयोग का सदस्य। २. किसी मंडल/सम्भाग (अ॰ कमिश्नरी) का सर्वोच्च प्रशासनिक अधिकारी। ३. किसी सूचना केन्द्र/कार्यालय (अ॰ ब्यूरो) का अध्यक्ष।

आयुध—[सं॰ आ √युध् + घञ्] *पु॰* अस्त्र-शस्त्र। हथियार। ✣ **आयुधजीवी**—*पु॰* = हथियारों से जीविका कमानेवाला। सैनिक। ✣ **आयुधपाल**—*पु॰* = अस्त्रशस्त्रागार का अधिकारी। ✣ **आयुधभृत**—*पु॰* = सशस्त्र योद्धा या सैनिक। ✣ **आयुधशाला/आयुधागार**—*स्त्री॰* = अस्त्र-शस्त्र रखने का स्थान। शस्त्रागार/आयुधागार। ✣ **आयुधिक**—*वि॰* = आयुध-सम्बन्धी। *पु॰* = योद्धा/सैनिक।

आयुर्दाय/आयुर्बल/आयुर्योग—[सं॰ आयुस् ~ दाय/बल/योग] *पु॰* आयु का परिमाण। जीवन-काल। (ज्योतिष॰) जन्मकुंडली में ग्रहों की स्थिति के अनुसार उनके बल के आधार पर आयु के परिमाण का निर्णय।

आयुर्वेद—[सं॰ आयुर् ~ वेद] *पु॰* १. आयु के लिए लाभकारक और हानिकारक पदार्थों का वर्णन और रोगों के निदान तथा चिकित्सा का वर्णन करनेवाला शास्त्र। आरोग्यविज्ञान। चिकित्साशास्त्र। २. भारतीय चिकित्साशास्त्र (जो 'अथर्ववेद' का उपवेद है।) **विशेष—(क)** आयुर्वेद के अष्टांग हैं—शल्य, शालाक्य, कायचिकित्सा, भूतविद्या, कौमारभृत्य, अगदतन्त्र, रसायन और वाजीकरण। **(ख)** आयुर्वेद विशाल शास्त्र है और मनुष्यों के समान ही अश्व, गो, वृक्ष आदि के चिकित्साशास्त्र भी 'आयुर्वेद' कहे जाते हैं। ***जैसे***—अश्वायुर्वेद, गवायुर्वेद, गजायुर्वेद, वृक्षायुर्वेद आदि। ✣ **आयुर्वेदिक**—*वि॰* = १. आयुर्वेद-सम्बन्धी। ***जैसे***—आयुर्वेदिक ग्रन्थ। २. आयुर्वेद में होनेवाला। ***जैसे***—आयुर्वेदिक औषध। ३. औषध-सम्बन्धी। दवा का। ✣ **आयुर्वेदी**—*पु॰* = १. आयुर्वेद का ज्ञाता। चिकित्सक। २. आयुर्वेद के अनुसार चिकित्सा करने वाला (होम्योपैथी, एलोपैथी आदि का चिकित्सक नहीं)। वैद्य। *वि॰* = आयुर्वेद-सम्बन्धी।

आयुशेष—[< सं॰ आयुस् ~ शेष] *पु॰* आयु का शेष भाग। शेष जीवन।

आयुष्कर—[सं॰ आयुस् + कर] *वि॰* आयु बढ़ानेवाला। आयुवर्धक।

आयुष्मान्—[सं॰ आयुस् + मतुप्] *वि॰* दीर्घायु। दीर्घजीवी। चिरंजीवी। *पु॰* १. पुत्र, शिष्य आदि के लिए प्रयुक्त आशीर्वादात्मक या स्नेहसूचक शब्द। २. दीर्घायु व्यक्ति। ✣ **आयुष्मती**—*वि॰* (*स्त्री॰*)।

आयुष्य—[सं॰ आयुस् + यत्] *वि॰* १. दीर्घायु देनेवाला। २. जीवन की रक्षा करनेवाला। जीवन-रक्षक। *पु॰* १. आयु। २. जीवन-शक्ति।

आयोग—[सं॰ आ √युज् + घञ्] १. नियुक्ति। २. कार्य-सम्पादन। ३. कोई विशेष कार्य करने के लिए नियुक्त व्यक्तियों का विशिष्ट मंडल। ***जैसे***—जाँच आयोग। (अ॰ कमीशन)

आयोजक—[सं॰ आ + योजक] *वि॰* (कार्यक्रम आदि का) आयोजन करनेवाला। ***जैसे***—उत्सव की आयोजक संस्था। *पु॰* १. आयोजन करनेवाला व्यक्ति। ***जैसे***—आयोजकों का परिश्रम। २. संयोजक।

आयोजन—[सं॰ आ √युज् + णिच् + ल्युट्] *पु॰* १. किसी कार्य में लगना। नियुक्ति। २. एकत्र करना। संयोजन। ३. प्रबन्ध/व्यवस्था/इन्तज़ाम। ४. (सभा आदि का) सम्मेलन/अधिवेशन बुलाना। ५. सम्मेलन या अधिवेशन।

आर**[1]—[< हिं॰ आड़ < अड़] *पु॰* हठ। अड़। जिद। ***जैसे—खिलौने के लिए बालक का आर करना। ठानना।

आर**[2]—[< सं॰ अवार] *पु॰* १. (नदी आदि का) इस ओर का किनारा। ***जैसे—आर-पार। २. सिरा। किनारा।

आर[3]—[सं॰ √ऋ + घञ्] *पु॰* १. खान से निकला लोहा (जो अभी साफ़ न किया गया हो)। अशोधित लोहा। २. पीतल। ३. किनारा। ४. कोण। कोना। ***जैसे***—द्वादशार चक्र (= बारहकोनों वाला चक्र)।

आर[4]—[< सं॰ अल = बिच्छू का डंक] *स्त्री॰* १. बिच्छू, मधुमक्खी, बर्र आदि का डंक। २. लोहे की पतली कील जो बैल हाँकने के पैने में लगी रहती है।

आर[5]—[< सं॰ आरा] *पु॰* चमड़ा सीने का सूजा।

आर[6]—[अरबी] *स्त्री॰* १. घृणा। २. वैर। ३. लज्जा।

***आर**[7]—[मैथिली॰] *क्रिवि॰* अन्यत्र।

आरकाटी—[< सं॰ आर + हिं॰ काटना] *स्त्री॰* लोहे की पतली कील जो बैल हाँकने के पैने में लगी रहती है। *वि॰* चुभने वाली (वस्तु)। *पु॰* (लाक्षणिक) गुप्त शत्रु।

आरकेस्ट्रा—[अं॰] (संगीत॰) १. वादकों की टोली। वादकवृन्द। २. वाद्यसमूह।

आरक्त—[सं॰ आ + रक्त] *वि॰* १. हल्का लाल। २. लाल रंग का। लाल। *पु॰* लाल चन्दन।

आरक्तिम—[सं॰ आ + रक्तिम] *वि॰* हल्के लाल रंग का।

आरक्षक—[सं॰ आ + रक्षक] *वि॰* १. रक्षा करनेवाला। बचाने वाला। २. सँभालकर रखनेवाला। *पु॰* १. प्रहरी। पहरेदार। चौकीदार। सन्तरी। २. आरक्षिक बल का कर्मचारी। पुलिस का सिपाही/अधिकारी।

आरक्षण—[सं॰ आ + रक्षण] *पु॰* किसी वस्तु/स्थान/पद आदि को किसी विशेष उद्देश्य से सामान्य कोटि से अलग रखा जाना। किसी विशेष व्यक्ति या कार्य के लिए पहले ही स्थान निर्धारित या सुरक्षित किया जाना। ***जैसे***—रेलगाड़ी/सिनेमा/होटल में स्थान का आरक्षण।

आरक्षा—[सं॰ आ + रक्षा] *स्त्री॰* अच्छी तरह की जानेवाली रक्षा।

आरक्षिक—[< सं॰ आ √रक्ष् + ठञ्] *पु॰* आरक्षक। पुलिस का सिपाही/अधिकारी। *वि॰* १. आरक्षा से सम्बन्धित। ***जैसे***—आरक्षिक बल (= पुलिस-शक्ति)। २. आरक्षा के लिए की जानेवाली। कार्रवाई।

आरक्षित—[सं॰ आ √रक्ष् + क्त] *वि॰* १. जिसका आरक्षण हुआ हो। २. आवश्यकता के समय के लिये बचाया हुआ। रखा हुआ। ∇ **विलोम**→अनारक्षित। ✣ **आरक्षित संग्रह**—*पु॰* (पुस्तक॰) =

पुस्तकों आदि का ऐसा विशेष संग्रह जिसमें से सामान्य पाठकों को पुस्तकें न दी जाती हों।

आरज़ी—[< अरबी आरिज़ी] *वि॰* १. अल्पकालिक। अस्थायी। २. थोड़ी देर का। क्षणिक।

आरञ्जित (आरंजित)—[स॰ आ + रञ्जित] *वि॰* अच्छी तरह रँगा हुआ। सम्यक् रूप से रंजित।

आरट्ठ—[< स॰ आ + राष्ट्र] *पु॰* पश्चिमी पंजाब का एक प्राचीन जनपद। **जैसे**—आरट्ठ का घोड़ा।

आरण्य—[स॰ अरण्य + अण्] *वि॰* अरण्य/वन से सम्बन्धित। वन का। जंगली। बनैला। *पु॰* १. जंगल। वन। २. बनैला पशु। जंगली जानवर।

आरण्यक[1]—[स॰ अरण्य + वुञ्] *वि॰* अरण्य/वन से सम्बन्धित, अरण्य में होने वाला या अरण्य में रहने वाला। वन्य। जंगली। बनैला। *पु॰* १. वन का निवासी। वनवासी। २. वैदिक साहित्य का एक भाग जो ब्राह्मणों और उपनिषदों के बीच का है। ***जैसे***—ऐतरेय आरण्यक।

आरण्यक[2]—[स॰ अरण्य + कन्] 'महाभारत' के 'वनपर्व' के अन्तर्गत एक पर्व का नाम। ✣ **आरण्यक संवाद**—*पु॰* = १. आरण्यक ग्रन्थों में प्रतिपादित ज्ञान। २. अरण्य में प्राप्त तत्त्वज्ञान।

आरण्य-पशु—[स॰] *पु॰* जंगली पशु (भैंसा आदि)।

***आरत**[1]—[< स॰ आर्त] १. दुःखी। २. दीन। व्याकुल। ३. अस्वस्थ। ४. भक्तों के चार प्रकार में से एक—आर्त भक्त।

***आरत**[2]—[< हि॰ आरती] *पु॰* आरती। ✣ ***आरतपाल**—*वि॰* = आर्तों का रक्षक। ✣ ***आरतपोस**—*वि॰* = आर्तों का पोषक/पालक। ✣ ***आरतवन्त**—*वि॰* = १. आर्त। दुःखी। २. दीन। ३. व्याकुल।

आरता—[< हि॰ आरती] *पु॰* विवाह में वर की आरती। बड़े मन्दिरों आदि में आरती का बड़ा थाल जिसमें २१ या ५१ बत्तियाँ सजायी जाती हैं।

***आरति**[1]—[< हि॰ आरती] *स्त्री॰* (देवता आदि की) आरती। नीराजना।

***आरति**[2]—[< स॰ आर्ति] *स्त्री॰* १. आर्तता। दुःख। २. दीनता या व्याकुलता। ३. असहायता। ४. लालसा। इच्छा। ५. विनय।

***आरति**[3]—[< हि॰ आर = हठ] *स्त्री॰* हठ। ज़िद।

***आरति-भञ्जन (भंजन)**—[< स॰ आर्ति ~ भञ्जन] *वि॰, पु॰* दुःख/दीनता/व्याकुलता आदि को दूर करनेवाला। आर्तता-नाशक।

आरतिहर**—[< स॰ आर्तिहर] दुःख/दीनता/व्याकुलता आदि को दूर करने वाला। कष्टहारी। ***जैसे—आरतिहर राम।

आरती—[< स॰ आरात्रिक] *स्त्री॰* १. देव-पूजन के लिए, आदरणीय व्यक्ति के स्वागत के लिए या विवाह आदि मांगलिक अवसरों पर जलते हुए दीपक, कपूर या धूप आदि रखी थाली को देवता/वर आदि के आगे बार-बार घुमाने का कार्य। नीराजन। ***जैसे***—मन्दिर में आरती का समय हो गया। २. वह पात्र जिससे उक्त क्रिया की जाती है। ***जैसे***—उसके हाथ में आरती थी। ३. वह विशिष्ट स्तोत्र या भजन जो उक्त क्रिया के समय गाया जाता है। ***जैसे***—विष्णु की आरती गाना। ***वा॰* आरती उतारना/करना**—१. पूजा करना। २. सत्कार करना।

***आरद**—[< स॰ आर्द्र] *वि॰* आर्द्र।

***आरन**[1]—[< स॰ अरण्य] *पु॰* १. अरण्य। जंगल।

***आरन**[2]—[< स॰ आरण्य] *वि॰* आरण्य। जंगली।

आर-पार—[हि॰ आर + स॰ पार] *पु॰* १. नदी आदि के दोनों किनारे। ***जैसे***—नदी का आर-पार। २. (किसी वस्तु का) इस ओर का तल और दूसरी ओर का तल। ***जैसे***—शीशे का आर-पार। *क्रिवि॰* १. एक किनारे से दूसरे किनारे तक। २. एक ओर के तल से दूसरी ओर। ***जैसे***—नदी के आर-पार जाना। इस ओर से उस ओर तक। ***जैसे***—गोली सिर के आर-पार हो गयी।

आरब्ध—[स॰ आ √रभ् + क्त] *वि॰* जो आरम्भ हो चुका हो। ***जैसे***—आरब्ध यज्ञ। ✣ **आरब्धि**—*स्त्री॰* = आरम्भ। ***जैसे***—यज्ञ की आरब्धि कल होगी।

आरभट—[स॰ आ √रभ् + अट] *पु॰* १. उद्योगी, उत्साही या साहसी व्यक्ति। २. वीर व्यक्ति। ३. संकटपूर्ण काम करनेवाला व्यक्ति। ३. साहस। (नाट्य॰) नाटक में वीरतापूर्ण और साहस के कामों का अभिनय।

आरभटी—[स॰ आ √रभ् + अटि + ङीष्] १. साहस। २. (गर्वपूर्वक किए जाने वाले) साहस और शक्ति के लौकिक कर्म। ३. नृत्य की एक शैली। ४. एक नाट्यवृत्ति। (दे॰ आरभटी वृत्ति) ✣ **आरभटी वृत्ति**—*स्त्री॰* (नाट्य॰) = एक नाट्यवृत्ति जिसमें माया, इन्द्रजाल, संग्राम, छल-कपट, क्रोध, अभिमान आदि का संयोजन होता है।

आरम्भ (आरंभ)—[स॰ आ √रभ् + घञ्, मुम्] *पु॰* १. उपक्रम। आदि। शुरुआत। २. आदि का अंश। भाग। प्रथम भाग। शुरू का हिस्सा। ३. उत्पत्ति। ४. स्थापना ∇ **विलोम**→अन्त/समाप्ति। ५. कर्म-चेष्टा। (नाट्य॰) रूपक की पाँच अवस्थाओं में से प्रथम। नायक आदि के मन में अत्यधिक फल-लाभ की उत्सुकता या इच्छा। ✣ **आरम्भक (आरंभक)**—*वि॰, पु॰* = आरम्भ करनेवाला। ✣ **आरम्भण (आरंभण)**—*पु॰* = आरम्भ करना। ✣ **आरम्भतः (आरंभतः)**—*क्रिवि॰* = १. आरम्भ से। २. नए सिरे से। ३. मूल/जड़ से। मूलतः। ✣ **आरम्भशूर (आरंभ शूर)**—*वि॰, पु॰* = किसी काम के आरम्भ में तत्परता दिखाकर बाद में ढीला पड़ जाने वाला। ✣ **आरम्भशूरता**—*स्त्री॰* = आरम्भशूर होने की अवस्था/गुण/भाव। ✣ **आरम्भशूरत्व** —*पु॰* = आरम्भशूरता

आरम्भना (आरंभना)—[< स॰ आरम्भण] *क्रिअ॰* (कोई काम या बात आदि) आरम्भ होना। शुरू होना। *क्रिस॰* (कोई काम या बात) आरम्भ करना। शुरू करना।

आरम्भिक (आरंभिक)—[स॰ आरम्भ + ठक्] *वि॰* १. आरम्भ का। शुरू का। २. प्राथमिक। ***जैसे***—आरम्भिक शिक्षा। ३. अग्रिम।

आरम्भी (आरंभी)—[स॰ आरम्भिन्] *वि॰* आरम्भ करनेवाला।

आरव—[स॰ आ √रु + अप्] *पु॰* १. चिल्लाहट। २. आवाज़।

३. कुत्तों, भेड़िया आदि की आवाज़ (भौंक, ग़ुर्राहट आदि)।

†आरसा—[< हि॰ रस्सा] *पु॰* १. मोटा और लम्बा रस्सा। २. रस्सा या रस्सी में लगी हुई गाँठ।

†आरसी[१]—[< हि॰ आरसा] १. रस्सी। २. रस्सी में लगी हुई गाँठ।

आरसी[२]—[< स॰ आदर्शिका] *स्त्री॰* १. दर्पण। आईना। २. हाथ के अँगूठे में पहनने का अँगूठी जैसा एक आभूषण जिसमें दर्पण जड़ा होता है।

आरसीभौन—[< हि॰ आरसी[२] + स॰ भवन] *पु॰* शीशे का भवन। शीशमहल।

आराइश—[फा॰] *स्त्री॰* १. सजावट। २. काग़ज़ के फूल-पत्ते। काग़ज़ की फुलवारी। ✣ **आराइशी**—*वि॰* = सजावट के काम आनेवाला। सजावटी।

आराज़ी—[अरबी] *स्त्री॰* १. भूमि। ज़मीन। २. कृषि। खेती। ३. खेत।

***आरात**—[< स॰ आरात्] *क्रिवि॰* १. निकट। समीप। २. दूरी पर। दूर।

आराति—[स॰ आ √रा + क्तिच्] *पु॰* शत्रु। दुश्मन।

आरात्रिक—[स॰ अरात्रि + ठञ्] *पु॰* १. (देवता आदि का) नीराजन। आरती। २. आरती रखने का पात्र या दीपक। नीराजन-पात्र। ३. आरती करनेवाला व्यक्ति।

आराधन—[स॰ आ √राध् + ल्युट्] *स्त्री॰* १. पूजा करने की क्रिया या भाव। पूजा। उपासना। २. प्रसन्न करना। ३. सेवा।

आराधनीय—[स॰ आ √राध् + णिच् + अनीयर्] *वि॰* १. आराधन के योग्य। पूज्य। २. प्रसन्न करने के योग्य। २. सेवा के योग्य। सेव्य।

आराधित—[स॰ आ √राध् + णिच् + क्त] *वि॰* १. पूजित। ***जैसे***—भक्तों द्वारा आराधित भगवान् विष्णु। २. जिसे प्रसन्न किया गया हो। २. सेवित। ✣ **आराधिता**—*वि॰* (*स्त्री॰*)। ***जैसे***—आराधिता लक्ष्मी देवी।

आराध्य—[स॰ आ √राध् + णिच् + यत्] *वि॰* १. पूज्य। उपास्य। २. सेव्य। *पु॰* १. पूज्य व्यक्ति। उपास्य व्यक्ति। २. सेव्य व्यक्ति। ✣ **आराध्या**—*वि॰* (स्त्री॰), स्त्री॰।

आराम[१]—[स॰ आ √रम् + घञ्] *पु॰* १. उपवन। वाटिका। बग़ीचा। २. पंजाब का एक प्राचीन जनपद।

आराम[२]—[फा॰] *पु॰* १. विश्राम। ***जैसे***—थकने के बाद आराम करिए। २. सुख। ***जैसे***—आराम से सोना। ३. रोग दूर होने या रोग में कमी होने की अवस्था। ***जैसे***—दवा से रोगी को आराम मिला। ४. सुगमता। आसानी। ***जैसे***—तुम्हारा घर आराम से खोज लिया। ∇ **विलोम**→तकलीफ़। ✣ **आरामख़्वाह**—*वि॰* = आराम चाहनेवाला। ✣ **आरामगाह**—*स्त्री॰* = १. आराम करने का स्थान। २. विश्राम करने या सोने का कमरा। ***वा॰* आराम से**—१. धीरे-धीरे। २. अवकाशपूर्वक। फ़ुर्सत में। **आराम से गुज़रना**—सुखपूर्वक समय बीतना। **आराम होना**—१. बीमारी के बाद स्वस्थ होना। २. रोग में कमी होना।

***आराँण[१]**—[राजस्थ॰ < स॰ अर्णव] *पु॰* १. समुद्र। सागर। २. युद्ध। संग्राम। ३. युद्धभूमि। रणक्षेत्र। ४. आँगन। ५. सूर्य।

***आराँण[२]**—[राजस्थ॰ < स॰ अरण्य] *वि॰* १. आरण्य/जंगल का। २. जो निर्जन हो। शून्य।

***आरि[१]**—[< हि॰ आर] *स्त्री॰* १. हठ। अड़। ज़िद।

***आरि[२]**—[< स॰ आरात्] *क्रिवि॰* समीप में।

आरी[१]—[< हि॰ आरा] १. छोटा आरा जो लकड़ी चीरने के लिए बढ़ई द्वारा प्रयुक्त होता है। २. लोहे की कील जो बैल हाँकने के पैने में लगी होती है। ३. चमड़े का जूता आदि सीने का सूजा।

***आरी[२]**—[< स॰ आर = किनारा] *स्त्री॰* ओर। तरफ़।

***आरी[३]**—[देशज] *पु॰* बबूल की जाति का एक वृक्ष।

आरुणि[१]—[स॰ अरुण + इञ्] *पु॰* १. अरुण का वंशज। २. सूर्य का पुत्र। ३. उद्दालक ऋषि।

***आरुणि[२]**—[< स॰ अरि] *पु॰* शत्रु।

आरुण्य—[स॰ अरुण + ष्यञ्] *पु॰* अरुणता। लाली।

आरूढ़—[स॰ आ√रुह् + क्त] *वि॰* १. (किसी पर) चढ़ा हुआ। सवार। आसीन। २. (अपने वचन आदि पर) दृढ़। ***जैसे***—अपनी प्रतिज्ञा पर आरूढ़। ∇ **विलोम**→अनारूढ़।

आरूढ़ि—[स॰] *स्त्री॰* १. आरूढ़ होने की अवस्था, क्रिया या भाव। आरूढ़ता। २. आरोहण।

आरेख—[स॰ आ √लिख् + घञ्] *पु॰* १. रेखाचित्र। चित्र। २. योजना-चित्र। ख़ाका। नक़्शा। (अ॰ ड्राइंग)

आरेखन/आरेखण—[स॰ आ √लिख् + ल्युट्] *पु॰* २. वस्तुओं, दृश्यों आदि को पेन्सिल, चाक आदि की सहायता से रेखाओं में प्रस्तुत करने की क्रिया/कला। चित्रण। चित्रांकन। २. उक्त प्रकार से प्रस्तुत की गयी वस्तु। रूपरेखा। ढाँचा। चित्र। (अ॰ ड्राइंग)

***आरेस[१]** / ***आरेसू**—[< स॰ आ + ईर्षा] *स्त्री॰* ईर्ष्या। डाह।

***आरेस[२]**—*पु॰* आलस्य।

***आरो**—[< स॰ आरव] *पु॰* १. घोर शब्द। २. आहट।

***आरोगना**—[< प्रा॰ आरोग] *क्रिस॰* (आदरार्थक प्रयोग में) भोजन करना। खा पी लेना।

आरोग्य—[स॰ अ-रोग + ष्यञ्] *पु॰* १. रोग का अभाव। २. स्वास्थ्य। ✣ **आरोग्यद्वितीया व्रत**—*स्त्री॰* = प्रत्येक शुक्ल पक्ष की द्वितीया को या पौष शुक्ल द्वितीया को किया जानेवाला एक व्रत जिसमें उदय होते हुए चन्द्र के पूजन का विधान है। ✣ **आरोग्यप्रतिपदा व्रत**—*स्त्री॰* = वर्षप्रतिपदा से आरम्भ करके प्रत्येक प्रतिपदा को किया जानेवाला सूर्य की पूजा का एक व्रत। ✣ **आरोग्य-लाभ**—*पु॰* = रोगी/बीमार रहने के बाद क्रमशः स्वस्थ होना। रोगोत्तर स्वास्थ्य-लाभ। ***जैसे***—एक महीना तो आरोग्य-लाभ के लिए विश्राम करना ही होगा। ✣ **आरोग्यव्रत**—*पु॰* = एक वैष्णव-व्रत जो आश्विन कृष्ण प्रतिपदा से शरद्-पूर्णिमा तक किया जाता है।

आरोध—[स॰ आ + रोध] *पु॰* १. अवरोध। घेरा। २. बाधा। रुकावट। ✣ **आरोधन**—*पु॰* = आरोध।

आरोप—[स॰ आ + रोप] *पु॰* १. संस्थापन। लगाना। ***जैसे***—माल पर कर का आरोप। २. एक पदार्थ में दूसरे की कल्पना करने की क्रिया/भाव/कल्पना। ३. पेड़-पौधों को लगाने का काम। रोपण। ४. दोष। इलज़ाम। ***जैसे***—उस पर चोरी का आरोप लगा है। (काव्य॰) किसी व्यक्ति या वस्तु में दूसरे के गुण-धर्म की कल्पना। ***जैसे***—मुख पर चन्द्र का आरोप। ✣ **आरोपवाद**—*पु॰* (काव्य॰) रसनिष्पत्ति के विवेचन में भट्टलोल्लट का सिद्धान्त जिसके अनुसार अभिनेता/नट के कौशलपूर्ण अभिनय के कारण दर्शक उसी पर अनुकार्य/पात्र का आरोप करता है। ✣ **आरोप-पत्र**—*पु॰* = अधिकारी द्वारा किसी पर लगाए गए आरोपों के विवरण का पत्र। चार्ज-शीट (अ॰)

आरोप्य—[स॰ आ + रोप्य] १. रोपे जाने योग्य। लगाए जाने योग्य। ***जैसे***—आरोप्य पुष्पवृक्ष। २. जिसका आरोप किया जाए। ***जैसे***—'राम रूपी सूर्य' में सूर्य आरोप्य है। ३. जो आरोप के योग्य हो या जिसपर आरोप किया जानेवाला हो। ***जैसे***—इस षड्यन्त्र में तुम भी आरोप्य हो। ✣ **आरोप्यमाण**—*वि॰* = जिसमें किसी वस्तु आदि का आरोप किया जाए। ***जैसे***—'रामरूपी सूर्य' में 'राम' आरोप्यमाण है।

आरोह—[स॰ आ √रुह् + घञ्] *पु॰* १. (किसी वृक्ष/पर्वत आदि के ऊपर) चढ़ना। चढ़ाई। २. (किसी घोड़े आदि पर) सवार होना। सवारी। ३. नीचे से ऊपर की ओर जाना। चढ़ाव। उठान। ***जैसे***—वृक्ष का आरोह। ४. ऐसा मार्ग जो क्रमशः ऊँचा होता जाए। चढ़ाई। ***जैसे***—पहाड़ी मार्ग के आरोह और अवरोह। ४. (बीज से) अंकुर निकलना। ५. गिरी अवस्था से उत्तम अवस्था की ओर बढ़ना। ***जैसे***—आर्थिक आरोह। ६. उत्तरोत्तर उन्नति। ७. उन्नति। उत्थान। ८. पर्वत। पहाड़। ९. ढेर। १०. शत्रु पर चढ़ाई। आक्रमण। (धर्म॰) जीवात्मा की उत्तरोत्तर उन्नति। ज़ीवात्मा को अधिक ऊँची योनियों/लोकों की क्रमशः प्राप्ति। (संगीत॰) तार-सप्तक (सा, रे, ग, म, प, ध, नि) में नीचे वाले किसी स्वर से उत्तरोत्तर ऊँचे स्वरों का उच्चारण। ∇ **विलोम**—अवरोह।

आरोहण—[स॰ आ √रुह् + ल्युट्] *पु॰* १. चढ़ने या सवार होने की क्रिया/अवस्था/भाव। २. ऊपर या उन्नति की ओर जाने/बढ़ने की क्रिया/अवस्था/भाव। ३. घोड़े आदि पर चढ़ना। ***जैसे***—अश्वारोहण (= अश्व + आरोहण) ४. ज़ीना या सीढ़ी। ∇ **विलोम**—अवरोहण। ✣ ***आरोहना**—*क्रिअ॰* = आरोहण करना। ऊपर चढ़ना।

आरोहावरोह—[स॰ आरोह ~ अवरोह] *पु॰* आरोह और अवरोह। उतार-चढ़ाव। ***जैसे***—जीवन में आरोहावरोह आते ही रहते हैं। (संगीत॰) किसी स्वर से क्रमानुसार ऊँचे स्वरों की दिशा में जाना या आरोह और उसकी विपरीत क्रिया या अवरोह।

आरोही—[स॰ आ √रुह् + णिनि] *वि॰, पु॰* आरोहक। (दे॰) *पु॰* (संगीत॰) ऐसा स्वर-साधन जिसमें तार-सप्तक के किसी नीचे स्वर से उत्तरोत्तर ऊँचे स्वरों का गायन किया जाता है। ✣ **आरोही क्रम**—*पु॰* = (गणित॰) (संख्याओं, राशियों आदि का) बढ़ता हुआ क्रम। ***जैसे***—१, ४, १८, २९… आरोही क्रम की संख्याएँ हैं परन्तु ३५, १०, ५… अवरोही क्रम की हैं। ✣ **आरोही पात**—*पु॰* = (गणित॰) किसी खगोलीय पिंड का वह पात (अ॰ नोड) जिस पर उसकी गति दक्षिण से उत्तर की ओर होती है। ***जैसे***—चन्द्रमा का आरोही पात 'राहु' कहलाता है। ● **विशेष**—दे॰ 'अवरोही पात' भी। ✣ **आरोही वर्ण**—*पु॰* = (संगीत॰) आरोह-क्रम में स्वर का विस्तार।

***आरौ**—[< स॰ आरव] *पु॰* १. आरव। (दे॰) २. (पैरों आदि की ध्वनि की) आहट।

आर्गन—[अ॰] *स्त्री॰* (रसायन॰) एक गैसीय तत्त्व।

आर्च[१]—[स॰ √ऋच् + अण्] *वि॰* १. ऋचा-सम्बन्धी। २. ऋग्वेद-सम्बन्धी।

आर्च[२]—[स॰ अर्चा + अण्] *वि॰* अर्चा/पूजा करने वाला।

आर्चिक—[स॰ ऋच् + ठञ्] *वि॰* ऋग्वेद-सम्बन्धी। *पु॰* १. सामवेद में आए हुए ऋग्वेद के मन्त्र। सामवेदीय मन्त्रों की स्तुतियों का संग्रह। २. सामवेद।

आर्जव—[स॰ ऋजु + अण्] *पु॰* १. ऋजु होने की अवस्था/गुण/भाव। ऋजुता। २. टेढ़ा न होना। सीधापन। सिधाई। ३. सुगमता। सरलता। ४. स्पष्टवादिता। ५. ईमानदारी। ६. कुटिलता का अभाव। (व्यवहार की) सरलता।

आर्त—[स॰ आ √ऋ + क्त] *वि॰* १. जिसे पीड़ा/कष्ट हो। पीड़ित। २. विपत्ति/संकट में पड़ा हुआ। विपत्तिग्रस्त। ३. जिससे विशेष कष्ट/दुःख/संकट प्रकट होता हो। दर्द-भरा। ***जैसे***—आर्त स्वर। ४. अस्वस्थ। बीमार। *पु॰* भक्तों के चार प्रकारों में से एक। (दे॰ आर्त भक्ति) ✣ **आर्तता**—*स्त्री॰* = १. आर्त होने की अवस्था/भाव। २. पीड़ा। कष्ट। ३. कष्ट। दुःख ३. संकट। ४. अस्वस्थता। ✣ **आर्तध्वनि**—*स्त्री॰* = आर्तनाद। ✣ **आर्तनाद**—*पु॰* = १. (पीड़ित या विपत्तिग्रस्त व्यक्ति के मुख से निकला) दर्द-भरा स्वर। पीड़ा-भरी आवाज़। २. करुण स्वर में सहायता की पुकार। ✣ **आर्त-बन्धु**—*पु॰* = आर्त व्यक्तियों की सहायता करनेवाला व्यक्ति। ✣ **आर्तभक्ति**—*स्त्री॰* = भक्ति का एक भेद जिसमें भक्त कष्ट में पड़कर भगवान की उपासना करता है। ● **विशेष**—आर्तभक्ति करनेवाला = **आर्त भक्त**।

आर्तव—[स॰ ऋतु + अण्] *वि॰* १. ऋतु-सम्बन्धी। २. ऋतु में उत्पन्न। मौसमी। *पु॰* (प्रजनन-क्षम स्त्रियों में) रक्त और गर्भाशय की अन्तर्कला का गर्भाशय से प्रतिमास (३ से ७ दिन तक) होनेवाला स्राव। मासिकधर्म। ऋतुस्राव। रजोधर्म। ***जैसे***—आर्तव-दोष। ✣ **आर्तवी**—*वि॰* (*स्त्री॰*) = आर्तव-सम्बन्धी। ***जैसे***—आर्तवी वेशभूषा।

आर्ति—[स॰ आ √ऋ + क्तिन्] १. आर्त होने की अवस्था या भाव। आर्तता। २. कष्ट। दुःख। ३. रुग्णता। बीमारी।

आर्थ—[स॰ अर्थ + अण्] *वि॰* धन-सम्पत्ति से सम्बन्धित। २. शब्द के अर्थ से सम्बन्धित। ३. वाक्य के अर्थ/तात्पर्य से सम्बन्धित।

आर्थी—[सं॰ आर्थ + ङीप्] *वि॰ (स्त्री॰)*—आर्थ। (दे॰) ***जैसे***—आर्थी व्यंजना। ✣ **आर्थी अपह्नुति (अपह्नुति)**—*स्त्री॰* = (काव्य॰) अपह्नुति अलंकार का एक भेद। कैतवापह्नुति। (दे॰) ✣ **आर्थी व्यंजना**—*स्त्री॰* (काव्य॰) = व्यंजना का एक भेद जिसमें व्यंग्यार्थ किसी शब्द पर आधारित नहीं होता अपितु उस शब्द के अर्थ द्वारा ध्वनित होता है। ● **विशेष**—आर्थी व्यंजना के ३ प्रमुख भेद हैं—**वाच्यसम्भवा** (वाच्यार्थ पर आधारित), **लक्ष्यसम्भवा** (लक्ष्यार्थ पर आधारित) और **व्यंग्यसम्भवा** (व्यंग्यार्थ पर आधारित)।

आर्द्र—[सं॰ √अर्द् + रक्, दीर्घ] *वि॰* १. भीगा हुआ। क्लिन्न। गीला। नम। तर। ***जैसे***—जल से आर्द्र वस्त्र। २. रस-युक्त। रसीला। ३. जल से युक्त। सजल। ***जैसे***—आर्द्र काष्ठ = हरी लकड़ी। ४. पिघला हुआ। द्रवित। ***जैसे***—स्नेहार्द्र (= स्नेह-आर्द्र) ५. सहानुभूतिपूर्ण। ***जैसे***—आर्द्र हृदय। ∇ **विलोम**—शुष्क।

आर्द्रक—[सं॰ आर्द्र + कन्] *पु॰* अदरक। (रसायन॰) पदार्थों में नमी की मात्रा बनाए रखने के लिए प्रयुक्त पदार्थ।

आर्द्रगलन—[सं॰ आर्द्र ~ गलन] *पु॰* (कृषि॰) मृदा के तल के निकट पौधों का विनाश।

आर्द्रतादर्शी—[सं॰ आर्द्रता ~ दर्शी (दर्शिन्)] *पु॰* (भौतिकी॰) हवा में नमी होने को सूचित करनेवाला यन्त्र। आर्द्रतासूचक यन्त्र। (अं॰ हाइग्रस्कोप)

आर्द्रतामापी—[सं॰ आर्द्रता ~ माती] *पु॰* वायु में विद्यमान जल वाष्प या नमी मापने का यंत्र। (हाइग्रोमीटर)

आर्द्रनयन—[सं॰ आर्द्र ~ नयन] *वि॰* रोता हुआ।

आर्द्रा—[सं॰ आर्द्र + टाप्] *स्त्री॰* १. सत्ताईस नक्षत्रों में छठा नक्षत्र जो मृगशिरा और पुनर्वसु के बीच में है। २. सूर्य के आर्द्रा नक्षत्र में होने का समय भारत में सामान्यत: वर्षा के आरम्भ का समय है। (छन्द॰) एक वर्णिक छन्द जिसके प्रथम और चतुर्थ चरणों में क्रमश: जगण, तगण, जगण और दो गुरु तथा द्वितीय और तृतीय चरणों में क्रमशः तगण, तगण, जगण और दो गुरु के योग से ११ वर्ण होते हैं।

***आर्नव**—[< सं॰ आर्णव] *पु॰* समुद्र। सागर।

आर्य—[सं॰ √ऋ + ण्यत्] *वि॰* १. श्रेष्ठ। उत्तम। २. आदरणीय। मान्य। ३. पूज्य। ४. उदारचरित। ५. शान्तचित्त। ६. योग्य। *पु॰* १. श्रेष्ठ, आदरणीय, पूज्य, उदारचरित, शान्तचित्त या योग्य व्यक्ति। २. स्वामी, गुरु, पिता, ससुर या किसी आदरणीय व्यक्ति के लिए सम्बोधन। ३. आर्यसमाजी। व्यक्ति। ∇ **विलोम**—अनार्य।

आर्यक—[आर्य + कन्] *पु॰* १. आर्य। (दे॰) २. पितामह। दादा या नाना। ✣ **आर्यका/आर्यिका**—*स्त्री॰* = १. श्रेष्ठ स्त्री। २. दादी या नानी।

आर्यघोटक—[सं॰ आर्य ~ घोटक] *पु॰* (प्राचीन काल में) शोभायात्रा का सुसज्जित सवार-रहित घोड़ा। कोतल।

आर्यमिश्र—[सं॰ आर्य ~ मिश्र] *वि॰* पूज्य। माननीय। *पु॰* (संस्कृत नाटकों में प्रयुक्त) पूज्य/माननीय व्यक्ति।

आर्यसत्य—[सं॰ आर्य ~ सत्य] *पु॰* श्रेष्ठ सत्य। (बौद्ध॰) चार प्रमुख सत्य—दु:ख है, दु:ख का हेतु है, दु:ख का निरोध है और दु:ख-निरोध का मार्ग है।

आर्या—[सं॰ आर्य + टाप्] *स्त्री॰* १. पार्वती। भवानी। २. (प्राचीन भारत में) दादी, सास, मान्य वृद्धाओं आदि का एक सम्बोधन। (छन्द॰) एक अर्धसममात्रिक छन्द जिसके चारों चरणों में क्रमश: १२, १८, १२, १५ मात्राएँ होती हैं।

आर्यावर्त—[सं॰ आर्य ~ आवर्त] *पु॰* विन्ध्य पर्वत से हिमालय पर्वत तक तथा पूर्वी समुद्र से पश्चिमी समुद्र तक फैली, निवास के योग्य श्रेष्ठ भूमि। प्राचीन काल में भारतवर्ष का एक नाम।

आर्ष—[सं॰ ऋषि + अण्] *वि॰* १. ऋषि-सम्बन्धी। ऋषि या ऋषियों का। ***जैसे***—आर्ष चिन्तन। २. ऋषि द्वारा रचित। ***जैसे***—महाभारत आर्ष ग्रन्थ है। ३. ऋषि द्वारा प्रयुक्त। ***जैसे***—आर्ष शब्द। ४. वैदिक। ***जैसे***—आर्ष संस्कृति। ∇ **विलोम**—अनार्ष। ✣ **आर्ष प्रयोग**—*पु॰* = १. ऋषि द्वारा किया गया शब्द-प्रयोग। २. संस्कृत के वैयाकरण पाणिनि की व्याकरण 'अष्टाध्यायी' की रचना से पहले के ग्रन्थों में पाणिनीय नियमों से भिन्न शब्द-प्रयोग। ✣ **आर्ष विवाह**—*पु॰* = स्मृतियों में वर्णित विवाह के आठ प्रकारों में से एक जिसमें कन्या का पिता वर से दो बैल शुल्क में लेकर विवाह कर देता था।

आर्षेय—[सं॰ ऋषि + ढक्] *वि॰* १. ऋषियों से सम्बन्धित। २. श्रेष्ठ। *पु॰* १. मन्त्रद्रष्टा ऋषि २. ऋषियों का कर्म। ३. ऋषियों का गोत्र।

आर्सीन—[अं॰] *स्त्री॰* (रसायन॰) एक रंगहीन और अत्यन्त विषैली गैस।

आर्हत—[सं॰ अर्हत + अण्] *वि॰* १. जैन सिद्धान्तों से सम्बन्धित। २. जैन सिद्धांतों का अनुयायी। *पु॰* जैन व्यक्ति।

आल[१]—[सं॰ अल् + णिच् + अच्] *स्त्री॰* १. एक पौधा जिसकी जड़ और छाल से लाल रंग बनाया जाता है। २. उपर्युक्त पौधे से प्राप्त लाल रंग। ३. झंझट। बखेड़ा। ४. हरा प्याज़।

आल[२]—[सं॰ आ √अल् + अच्] *पु॰* १. विषैले कीड़ों आदि के शरीर से निकलनेवाला विषैला रस। २. दोष/कलंक लगाना। दोषारोपण।

***आल[३]**—[< सं॰ आलय] *पु॰* आलय। स्थान। घर।

***आल[४]**—[< सं॰ आलवाल] *पु॰* (वृक्ष का) थाला। आलवाल।

आलङ्कारिक (आलंकारिक) स्वर—*पु॰* (संगीत॰) = वह स्वर जो किसी अन्य स्वर (प्रधान स्वर) को रंजकता देकर अलंकृत करे परन्तु स्वयं अप्रधान रहे। **विशेष**—स्वरलिपि में प्राय: आलंकारिक स्वर, प्रधान स्वर के ऊपर, छोटे अक्षरों में, लिखे जाते हैं। ✣ **आलङ्कारिकता (आलंकारिकता)**—*स्त्री॰* = आलंकारिक होने का गुण/भाव। ✣ **आल-जाल**—*वि॰* = १. बखेड़े वाला। झंझटी। २. व्यर्थ और ऊटपटाँग। असम्बद्ध। ऊलजलूल। *पु॰* १. बखेड़ा। झंझट। २. व्यर्थ और ऊटपटाँग बात। ३. व्यर्थ की वस्तु।

आलता—[< स॰ अलक्तक] *पु॰* १. कुछ वृक्षों की लाल छाल से बना रंग। २. लाख का रंग। लाक्षारस। ३. (स्त्रियों द्वारा पैरों में लगाने की) महावर।

आलती-पालती, आलथी-पालथी—[< हि॰ आलथी (= पालथी का अनुकरण) + पालथी] *स्त्री॰* बैठने की एक सामान्य स्थिति जिसमें दाहिनी एड़ी बायीं जंघा के नीचे और बायीं एड़ी दाहिनी जंघा के नीचे रखी जाती है। ***जैसे***—आलती-पालती लगाकर/मारकर बैठा हुआ व्यक्ति।

आलना—[< स॰ आलय] *पु॰* (चिड़ियों का) घोंसला। नीड।

आलबाल—[< स॰ आलवाल] *पु॰* वृक्ष या पौधे चारों ओर बनायी जाने वाली मंडलाकार रचना। आलवाल। थाला।

आलभन—[स॰ आ √लभ् + ल्युट्] *पु॰* १. प्राप्ति। २. पकड़ना। ३. स्पर्श। ४. वध।

आलम—[अरबी] *पु॰* १. जगत्। संसार। दुनिया। ***जैसे***—आलम का मालिक परमात्मा। २. दशा। अवस्था। हालत। ***जैसे***—मस्ती का आलम। ३. दृश्य। ***जैसे***—चारों तरफ़ दरिद्रता का आलम। ४. एक प्रकार का नृत्य। ✣ **आलमपनाह**—*वि॰* = संसार का रक्षक। *पु॰* = राजा/बादशाह आदि का एक सम्बोधन।

आलम्ब (आलंब)—[स॰ आ √लम्ब् + घञ्] *पु॰* १. अवलम्ब। आश्रय। सहारा। २. अधिष्ठान। ३. लटकी हुई वस्तु। लटकन। ४. (भौतिकी॰) वह बिन्दु जिसके आधार पर उत्तोलक (अ॰ लीवर) चारों ओर निर्बाध घूम सकता है। (अ॰ फ़ल्क्रम)

आलम्बन (आलंबन)—[स॰ आ √लम्ब् + ल्युट्] *पु॰* १. किसी पर आश्रित रहने या टिके होने की अवस्था/भाव। आश्रय। २. जिस पर कोई व्यक्ति/वस्तु आश्रित हो या टिकी हो। आधार। ३. नीव। ४. (किसी कार्य का) कारण। हेतु। ५. योगियों द्वारा किया जानेवाला मानसिक ध्यान। (काव्य॰) रस का आधार। एक विभाव। (दे॰ आलम्बन विभाव) [बौद्ध॰] किसी वस्तु का मानसिक ज्ञान जो ६ प्रकार का होता है—शब्द, स्पर्श, रूप, रस, गन्ध और धर्म। ✣ **आलम्बन विभाव**—*पु॰* (काव्य॰) = वह व्यक्ति/वस्तु जिसके कारण श्रोता या दर्शक में कोई स्थायी भाव जाग्रत होता है। ***जैसे***—आलम्बन विभाव लौकिक भी हो सकता है और अलौकिक भी, मूर्त भी और अमूर्त भी।

आलम्भ/आलम्भन (आलंभ/आलंभन)—[स॰ आ √लभ् + घञ्/ल्युट्-नुम्] *पु॰* १. प्राप्ति। २. पकड़ना। ३. स्पर्श। ४. चीरना/फाड़ना। ४. वध। हिंसा। हत्या। ✣ **आलम्भी (आलंभी)**—*वि॰* = आलम्भ करने वाला।

आलय—[स॰ आ √ली + अच्] *पु॰* १. घर। मकान। २. (किसी विशेष कार्य के लिए बना हुआ) स्थान/जगह। ***जैसे***—देवालय (= देव + आलय), चिकित्सालय (= चिकित्सा + आलय)। *क्रिवि॰* लय तक। मृत्यु तक।

आलवाल—[स॰ आ √ला + क] *पु॰* आलबाल। (दे॰) (चिकित्सा॰) प्याले के आकार का किसी अंग का भाग। ***जैसे***—वृक्क आलवाल। (अ॰ केलिक्स)

***आला**[1]—[< प्रा॰ अल्ल < स॰ आर्द्र] *वि॰* १. भीगा। गीला। नम। २. कच्चा

†आला[2]—[< स॰ अलात] *पु॰* (कुम्हार का) आवा। पजावा।

आला[3]—[< स॰ आलय] *पु॰* दीवार में थोड़ा-सा ख़ाली छोड़ा स्थान जिसमें छोटी वस्तुएँ रखी जा सकती हैं। ताक। ताखा।

आला[4]—[अरबी] *वि॰* १. सबसे अच्छा। सर्वश्रेष्ठ। उत्तम। २. (गुण या पद में) उच्चस्तरीय। उच्च। ***जैसे***—आला अफ़सर।

आला[5]—[< अरबी आल:] *पु॰* उपकरण। यन्त्र। ***जैसे***—डाक्टर ने आला लगाकर जाँच की।

आलात—[स॰ अलात + अण्] *पु॰* ऐसी लकड़ी जिसका एक सिरा जल रहा हो। लुकाठी। ***जैसे***—आलात-चक्र। ✣ **आलात-चक्र**—*पु॰* = एक सिरे पर जलती हुई लकड़ी को तेज़ी से घुमाने पर दिखायी देनेवाला मंडल।

आलान—[स॰ आ √ली + ल्युट्] १. हाथी बाँधने का खूँटा या खम्भा। २. हाथी बाँधने का रस्सा/ज़ंजीर। ३. बाँधने की रस्सी।

आलाप—[स॰ आ √लप् + घञ्] *पु॰* १. आपस में होनेवाली बातचीत। २. चिड़ियों की चहचहाहट। (संगीत॰) राग को प्रकट करना या विस्तार देना। राग-विस्तार। तान।

आलापक—[स॰ आ √लप् + ण्वुल्] *वि॰, पु॰* १. बातचीत करनेवाला। २. स्वरों का आलाप करनेवाला। गाने वाला।

आलापचार—[स॰ आलाप ~ चार] *पु॰* (संगीत॰) १. स्वरों का आलाप करने की क्रिया। अलापना। २. तान लड़ाने की क्रिया। ✣ **आलापचारी**—*स्त्री॰* = आलापचार। *वि॰, पु॰* = आलापचार करनेवाला।

आलापन—[स॰ आ √लप् + णिच् + ल्युट्] *पु॰* १. आलाप करने की क्रिया/भाव। २. वार्तालाप। बातचीत। (संगीत॰) आलापना। (दे॰)

आलि[1]—[स॰ आ √अल् + इन्] *पु॰* १. वृश्चिक। बिच्छू। २. भ्रमर। भौंरा।

आलि[2]—[< हि॰ आल] *पु॰* १. 'आल' नामक पौधे से बननेवाला लाल रंग। २. शृंगार।

आलि[3]—[< स॰ आली] *स्त्री॰* १. सखी। सहेली। २. पंक्ति। आवली। क़तार। ३. रेखा। लकीर। ४. सेतु। पुल।

आलिखित—[स॰ आ √लिख् + क्त] *वि॰* १. आलेख के रूप में अंकित। चित्रित। २. लिखा हुआ। लिखित।

आलिङ्ग (आलिंग)—[स॰ आ √लिङ्ग् + घञ्] *पु॰* १. आलिंगन। २. पखावज के सदृश एक वाद्य।

आलिङ्गन (आलिंगन)—[स॰ आ √लिङ्ग् + ल्युट्] *पु॰* १. (स्नेहभाव से या कामभाव से किसी को) हृदय से या गले से लगाना। ***जैसे***—मित्रों का परस्पर आलिंगन, पति-पत्नी का परस्पर आलिंगन। २. (लाक्षणिक) सहर्ष स्वीकार करना। ***जैसे***—मृत्यु का आलिंगन।

आलिप्त—[स॰ आ √लिप् + क्त] *वि॰* लिपा-पुता हुआ। लीपा-पोता हुआ।

आलिम—[अरबी] *वि॰, पु॰* विद्वान्।

आली[1]—[स॰ आलि + ङीष्] *स्त्री॰* १. भ्रमरी। भौंरी। २. सेतु। पुल। ३. पंक्ति। आवली। क़तार। ***जैसे***—वनाली। ४. रेखा। लकीर। ५.सखी। सहेली।

आली[2]—[< स॰ आर्द्र] *वि॰ (स्त्री॰)* गीली। नम।

आली[3]—[देशज] १. भूमि की एक माप। एक बिस्वा। २. खेतों, बग़ीचों आदि की क्यारी।

आली[4]—[अरबी] *वि॰ (स्त्री॰)* १. श्रेष्ठ। उत्तम। २. (गुण/पद में) उच्च। ***जैसे***—आली जनाब। ✣ **आलीजनाब/आलीजाह**—*वि॰* = १. महामान्य। २. उच्चपदस्थ। *पु॰* अति माननीय और उच्चपदस्थ लोगों के लिए एक सम्बोधन।

आलीढ़—[स॰ आ √लिह् + क्त] *वि॰* १. जीभ से चाटा हुआ। २. खाया हुआ। भक्षित। *पु॰* बैठने की एक स्थिति जिसमें दाहिना घुटना मोड़ कर बैठा जाता है।

आलीशान—[अरबी] *वि॰* अति भव्य। बहुत शानदार।

आलुलायित—[स॰ आ + लुलायित] १. हिलता-डुलता। हुआ। २. लहराता हुआ। ***जैसे***—आलुलायित केश। ३. क्षुब्ध। चंचल।

आलूदा—[< फा॰ आलूदः] सना हुआ। लिप्त। ***जैसे*** ख़ूँआलूदा = रक्त में सना हुआ।

आलेख—[स॰ आ √लिख् + घञ्] *पु॰* (पत्र॰) १. लिखना। २. लिपि। लिखावट। ३. जो कुछ लिखा हो (चित्र, लेख आदि)। (प्रसारण/फ़िल्मी नाटक आदि का) मूल लेख। (गणित॰) किसी गणितीय सम्बन्ध को प्रकट करनेवाला चित्र। ग्राफ़ (अ॰)।

आलेखनी—[स॰ आलेखन + ङीप्] *स्त्री॰* १. लेखनी। क़लम। २. (चित्रकला की) कूँची। तूलिका।

आलेखित्र—[स॰ आ + लेखित्र] *पु॰* नक़्शे आदि की अभीष्ट आकार की प्रतिलिपि बनाने का यन्त्र। (अ॰ पैन्टोग्राफ़)

आलेखीय—[स॰ आलेख] *वि॰* १. आलेख से सम्बन्धित। २. आलेख द्वारा बनाया गया या किया गया।

आलेख्य—[स॰ आ √लिख् + ण्यत्] *वि॰* १. लिखने या चित्रित करने योग्य। २. जो लिखा या चित्रित किया जानेवाला हो। *पु॰* १. वह जो लिखा गया हो। २. चित्र। ✣ **आलेख्य कर्म**—*पु॰* = चित्र अंकित करना। चित्रांकन। ✣ **आलेख्य-प्रख्य**—*पु॰* = (काव्य॰) 'काव्य-हरण' के एक प्रकार 'अर्थ-हरण' का एक भेद। अन्य कवि की रचना का ऐसा संस्कार किया जाना कि वह पूरी तरह भिन्न रचना प्रतीत हो। ✣ **आलेख्य-विद्या (विद्या)**—*स्त्री॰* = चित्रकला। ✣ **आलेख्य-सर्पपञ्चमी (सर्पपंचमी)**—*स्त्री॰* = नागपंचमी (श्रावण शुक्ल पंचमी) जिस दिन रंगीन चूर्ण आदि से किसी स्थान पर नागों की आकृतियाँ बनाकर उनका पूजन किया जाता है।

आलेप—[स॰ आ √लिप् + घञ्] १. लेप करने का पदार्थ। २. उबटन। ३. मरहम। ४. पलस्तर। (अ॰ प्लास्टर)

आलेपन—[स॰ आ √लिप् + ल्युट्] *पु॰* १. लेप करना। २. उबटन करना। ३. मरहम लगाना। ४. प्लस्तर करना।

आलोक—[स॰ आ √लोक् + घञ्] १. अवलोकन। दर्शन। देखना। २. प्रकाश। ३. कान्ति। चमक। ४. (ग्रन्थ का) अध्याय। प्रकरण। ५. किसी विषय पर लिखी गयी टिप्पणी/सूचना। (प्राचीन काल में) वह शब्द जिसे बोलते हुए प्रतिहार राजा के आगे-आगे चलते थे। *वि॰* उज्ज्वल। श्वेत।

आलोच—[< स॰ आलुञ्चन] *पु॰* वे दाने जो फ़सल काटते समय खेत में गिर जाते हैं। शीला।

आलोचक—[स॰ आ √लोच् + णिच् + ण्वुल्] *वि॰* १. किसी व्यक्ति/वस्तु आदि के गुण-दोष का विवेचक। २. निन्दक। छिद्रान्वेषक। (काव्य॰) १. ग्रन्थ/रचना पर टिप्पणी करनेवाला। २. साहित्य/कला का समीक्षक।

आलोचना—[स॰ आलोचन + टाप्] *स्त्री॰* १. आलोचन। २. निन्दा। छिद्रान्वेषण। (काव्य॰) किसी रचना/कृति के गुण-दोषों का विवेचन। (साहित्य की) समीक्षा। (जैन॰) वीतरागी गुरु के सामने अपने सभी छोटे-बड़े दोषों को कह देना।

आलोच्य—[स॰ आ √लोच् + ण्यत्] *वि॰* १. आलोचना योग्य। आलोचनीय। २. जिसकी आलोचना की जानेवाली हो। आलोचनीय।

आलोड़न—[< स॰ आलोडन (= आ √लोड् + णिच् + ल्युट्)] *पु॰* १. (दही आदि को) मथना। बिलोना। ***जैसे***—दही का आलोड़न। २. मन का द्वन्द्व। ऊहापोह। ३. गम्भीरता से विचार करना। ***जैसे***—गीता का आलोड़न करने से प्राप्त ज्ञान। ४. क्षोभ।

आलोल—[स॰ आ + लोल] १. हिलता हुआ। लहराता हुआ। २. काँपता हुआ। ३. चंचल। ४. क्षुब्ध।

आव[1]—[< हि॰ आना] *पु॰* आगमन। आना। ***वा॰* आव देखना न ताव**—बिना सोच-विचार किए और बिना झिझके कोई काम कर डालना।

***आव**[2]—*स्त्री॰* ≤ स॰ आयु। उम्र।

***आव**[3]—*स्त्री॰* ≤ स॰ आभा। चमक/शोभा।

आवक—[< हि॰ आना] *स्त्री॰* १. आगमन। आमद। २. (अन्न इत्यादि) माल का बिक्री के लिये आना। *वि॰* १. बाहर से आनेवाला। (अ॰ इन-कमिंग) ∇ **विलोम**→जावक।

आवक्ष—[स॰] वक्ष तक। छाती तक। ✣ **आवक्ष मूर्ति**—*स्त्री॰* = किसी मानव की शीर्ष से वक्ष तक की प्रतिमा। (अ॰ बस्ट)

***आवज/आवझ**—[< स॰ आवाद्य] एक पुराना वाद्य। ताशा।

आवण्टन (आवंटन)—[स॰ आ √वण्ट् + ल्युट्] *पु॰* १. बाँटने की क्रिया/भाव। बाँट/बँटवारा। २. भूमि, सम्पत्ति आदि की अनेक भागों में बाँट/बँटवारा। ३. अधिकृत रूप से किसी व्यक्ति, संस्था या उद्देश्य के लिए भूखंड, मकान आदि का निर्धारण। ४. कम्पनी द्वारा अंशों का वितरण/बाँट। ५. वितरण हेतु वस्तु की मात्रा/संख्या का निर्धारण। Δ **पर्याय**→आबंटन। ✣ **आवण्टित (आवंटित)**—*वि॰* = १. जिसका आवंटन किया गया हो। जो बाँटा गया हो। २.

जो निर्धारित किया गया हो। ✣ **आवण्टिती (आवंटिती)**— *पु०* = आवंटन पानेवाला। भाग/बाँट पानेवाला। (अ० अलॉटी)

आवधिक—[स० अवधि + ठञ्] *वि०* १. किसी अवधि या समय-सीमा से सम्बन्धित। २. निश्चित अवधि में होनेवाला। ***जैसे***—आवधिक स्वास्थ्य-परीक्षा। ३. समय-समय पर होनेवाला। ✣ **आवधिक जमा**—*स्त्री०* = एक महीने से अधिक की अवधि के लिए बैंक में जमा की गई धनराशि जिस पर बचत खाते की तुलना में अधिक ब्याज मिलता है। मियादी जमा। (अ० फ़िक्स्ड डिपाज़िट/टाइम डिपाज़िट) ✣ **आवधिकता**—*स्त्री०* = १. आवधिक होने का भाव/गुण। २. नियत अवधि पर होते रहना। आवर्तिता।

आवधिकी—*वि०* (*स्त्री०*) आवधिक। *स्त्री०* (पत्र०) किसी निश्चित अवधि के अन्तर से प्रकाशित होनेवाली पत्रिका। आवधिक पत्रिका। नियतकालिक पत्रिका।

आवन**—[< स० आगमन] *पु०* आगमन/आना। ***जैसे—वसन्त के दिन प्रिय के आवन की ख़बर। ✣ ***आवना**—*वि०* = आनेवाला। ***जैसे***—आवना अतिथि। ✣ ***आवनि**—*स्त्री०* = आगमन/आना। ***जैसे***—सखी की आवनि। *वि०* = आनेवाली। ✣ ***आवनि-जावनि**—*स्त्री०* = आना और जाना। ***जैसे***—दिन-भर सखियों की आवनि-जावनि होती रही। ✣ ***आवनी**—*वि०* (स्त्री०) = आनेवाली। ***जैसे***—आवनी सखी; आवनी पूर्णिमा। ✣ **†आवनी-जावनी**—*वि०* (*स्त्री०*) = १. आनेवाली-जानेवाली। २. न टिकनेवाली। अस्थिर। चंचल। ***जैसे***—आवनी-जावनी माया। *स्त्री०* = आना-जाना। ✣ **†आवनो**—*पु०* = आगमन। आना। ***जैसे***—आवनो अच्छो लगत है, जावनो बुरो।

आवनेय—[स० अवनि + ढक्] *वि०* १. पृथ्वी-सम्बन्धी। २. पृथ्वी से उत्पन्न। *पु०* (पृथ्वी का पुत्र) मंगल ग्रह।

आवन्तिक (आवंतिक)—[स० अवन्ति + ठक्] *वि०* अवन्तिनगरी से सम्बन्धित। उज्जैन का। *पु०* अवन्तिनगरी का निवासी। उज्जैन-वासी। ✣ **आवन्ती**—*वि०* (*स्त्री०*), *स्त्री०* = आवन्तिक। ***जैसे***—आवन्ती सुन्दरी; आवन्तियों का नृत्य।

आवरक—[स० आ √वृ + अप् + कन्] *वि०* आवरण डालनेवाला। ढँकनेवाला। *पु०* आवरण। पर्दा।

आवरण—[स० आ √वृ + ल्युट्] *पु०* १. ढकने की क्रिया/भाव। ढँकना। २. ढक्कन। ३. पर्दा। ४. घेरा। ५. वार/प्रहार रोकने वाली वस्तु। ढाल। ६. किसी पुस्तक आदि की रक्षा के लिए उस पर चढ़ाया हुआ काग़ज़ इत्यादि। (पत्र०) पत्र/पत्रिका का मुखपृष्ठ। (कला०) किसी सतह/वस्तु पर किसी रंग आदि की पर्त चढ़ाना। लेप। विलेपन। (अ० कोट) ✣ **आवरण कथा**—*स्त्री०* (पत्र०) = किसी पत्रिका के मुखपृष्ठ के शीर्षक या चित्रों आदि से सम्बन्धित भीतरी पृष्ठों में विस्तृत विवेचन। ✣ **आवरण जेब**—*स्त्री०* (पुस्तक०) = पुस्तक की जिल्द के अन्दर की ओर की जेब जिसमें मानचित्र आदि रखे जा सकें। (अ० कवर पाकेट) ✣ **आवरण पत्र**—*पु०* = पुस्तक आदि की रक्षा के लिए उस पर चढ़ाया हुआ काग़ज़। ✣ **आवरण परिचय**—*पु०* = (मुद्रण०) किसी पुस्तक के आवरण पृष्ठ पर प्रकाशित, प्रकाशक द्वारा दिया गया पुस्तक-परिचय। ✣ **आवरण पृष्ठ**—*पु०* (पत्र०) = पत्र/पत्रिका का प्रथम पृष्ठ। मुखपृष्ठ। ✣ **आवरणशक्ति**—*स्त्री०* (वेदान्त०) = आत्मा/चैतन्य (की शक्ति) को ढकनेवाली शक्ति। अज्ञान। ✣ **आवरण शीर्षक**—*पु०* = (पुस्तक०) पुस्तक का वह शीर्षक जो प्रकाशक द्वारा दी गयी जिल्द पर लिखा गया हो और मुखपृष्ठ पर दिए गए शीर्षक से भिन्न हो। आवरण आख्या। (अ० कवर टाइटिल)

***आवरना**—[< स० आवरण] *क्रिस०* १. आवृत करना। आवरण डालना। ढकना। २. घेरना। ३. छिपाना। *क्रिस०* १. आवृत होना। घिरना। २. छिपना।

†आवरा[१]—[< स० आवरण] *पु०* ओढ़ने की चादर।

***आवरा[२]**—[< स० अवर, तथा < आविल] *वि०* १. विमुख। २. विपरीत। ३. मैला। ४. व्याकुल। उतावला।

***आवरित**—[< स० आवृत] *वि०* १. घिरा हुआ। आवृत। २. ढका हुआ। आवरण-युक्त। आच्छादित।

***आवरी**—[< हि० आवरा] *वि०* (*स्त्री०*) १. विमुख। २. विपरीत। ३. मैली। ४. व्याकुल। उतावली।

आवर्जक—[< स० आ√वृज् + ण्वुल्] *वि०* आवर्जन करनेवाला।

आवर्जन—[< स० आ√वृज् + ल्युट्] *पु०* १. अपनी ओर आकर्षित करना। खींचना। ***जैसे***—हृदयावर्जन करना। २. अधिकार/वश में करना। ३. अपमान। तिरस्कार। (समाज०) कठोर सामाजिक/मज़हबी निषेध जो मनुष्य की भावनाओं को दबाकर कुंठा उत्पन्न करते हैं।

आवर्त—[स० आ √वृत् + घञ्] *पु०* १. घुमाव। चक्कर। २. जल का भँवर। ३. घोड़े की भँवरी/भौंरी। ४. बार-बार आने-जाने का स्थान। ५. किसी विचार/चिन्ता का बार-बार आना। ६. संसार। ७. लाजवर्द नामक नीला रत्न। ८. सोनामाखी नामक खनिज। ९. ऐसा बादल जिससे अधिक पानी बरसे। ✣ **आवर्त काल**—*पु०* = १. एक पूर्ण चक्कर में लगनेवाला समय। २. समय की वह अवधि जिसमें कोई आवर्ती घटना एक बार होती है। (खगोल०) = १. किसी ग्रह द्वारा अपने मूल तारे अथवा किसी उपग्रह द्वारा अपने ग्रह के चारों ओर परिक्रमा में लगनेवाला समय। २. सरल आवर्त गति में जितना समय लोलक या गतिमान कण किसी स्थान से जाने के बाद फिर उसी स्थान से उसी दिशा में उसी वेग में जाने के लिए लेता है। ✣ **आवर्त दशमलव**—*पु०* (गणित०) = वह दशमलव राशि जिसके अन्तिम अंक या भाग की अनन्त बार पुनरावृत्ति हो। **विशेष**—आवर्त दशमलव का चिह्न दुहराए जानेवाले अंक या संख्या के ऊपर पर लिखा जाता है जैसे ०.३̇ का अर्थ है ०.३३३… और ३.५̇०२̇ का अर्थ है ३.५०२ ५०२ ५०२… ✣ **आवर्त नियम**—*पु०* (रसायन०) = (रूसी रसायनज्ञ दिमित्री मेन्डलीव द्वारा १८६९ ई. में प्रस्तुत) एक वैज्ञानिक नियम जिसके अनुसार समस्त तत्त्वों के भौतिक और रासायनिक गुणधर्म उनकी

प्रोटॉन संख्या के आवर्ती फलन हैं। ✣ **आवर्त सारणी**—*स्त्री॰* (रसायन॰) = तत्त्वों की निश्चित रासायनिक व्यवस्था के अनुसार रूसी रसायनज्ञ दिमित्री मेन्डलीव द्वारा प्रस्तुत तथा बाद में परिष्कृत एक वैज्ञानिक तालिका।

आवर्तन—[स॰ आ √वृत् + ल्युट्] *पु॰* १. किसी के चारों ओर घूमना। २. चक्कर खाना। ३. क्रमश: बार-बार होनेवाली घटनाओं का सिलसिला। घटनाक्रम। *जैसे*—ऋतुओं का आवर्तन। ४. किसी बात का दोबारा या बार-बार होना। पुनरावृत्ति होना। ५. कुछ ठीक होकर उसी रोग का पुन: हो जाना। *जैसे*—ज्वर का आवर्तन।

आवर्तनीय—[स॰ आ √वृत् + णिच् + अनीयर्] *वि॰* जिसका आवर्तन होता हो या हो सकता हो।

आवर्ती—[स॰ आवर्तिन] *वि॰* १. जो चारों ओर घूमता हो या चक्कर लगाता हो। २. बार-बार होने वाला। आवर्तक। ३. नियत अवधि के बाद नियमित रूप से होनेवाला या किया जानेवाला। *जैसे*—आवर्ती भूकम्प, आवर्ती व्यय/अनुदान।

आवर्धन—[स॰ आ √वृध् + णिच् + ल्युट्] *पु॰* (किसी वस्तु के) आकार, शक्ति आदि को बढ़ाना। वृद्धि या विस्तार। *जैसे*—सूक्ष्मदर्शी यन्त्र द्वारा आवर्धन।

आवलि—[स॰ आ √वल् + इन्] *स्त्री॰* रेखा। पंक्ति। क़तार। *जैसे*—दीपावलि (= दीप + आवलि), भ्रमरावलि।

आवलित—[आ √वल् + क्त] *वि॰* थोड़ा सा मुड़ा हुआ।

आवली—[स॰ आवलि + ङीष्] *स्त्री॰* आवलि। (दे॰) *जैसे*—दीपावली, भ्रमरावली।

आवसति—[स॰ आ + वसति] *स्त्री॰* १. रात्रि में रहने के लिए विश्राम का स्थान। बसेरा। २. आधी रात। ३. रात्रि। रात।

आवसथ—[स॰ आ √वस् + अथच्] *पु॰* १. घर। २. ग्राम। ३. छात्रालय। ४. साधुओं के रहने का स्थान। ५. आश्रम। कुटी।

आवसरिक—[स॰ अवसर + ठन्] *वि॰* १. कभी-कभी होने/आने वाला। अनियत। **जैसे**—आवसरिक जाँच। २. विशेष अवसर के लिए रचित या रूपान्तरित (कविता आदि) *जैसे*—आवसरिक गीत।

आवसानिक—[स॰ अवसान + ठक्] *वि॰* अवसान से सम्बन्धित। अन्त में होनेवाला।

आवह—[स॰ आ √वह् + अच्] *वि॰* १. वहन करनेवाला। लानेवाला। २. (समास के अन्त में आने पर) उत्पन्न करनेवाला। जनक। *जैसे*—भयावह (= भय + आवह)। *पु॰* अग्नि की सात जीभों में से एक।

आवहन—[स॰ आ √वह् + ल्युट्] *पु॰* (उठाकर या ढोकर) समीप लाना।

आवा—[< प्रा॰ आवाग, < स॰ आपाक्] *पु॰* (कुम्हार का) मिट्टी के बर्तन पकाने का भट्ठा। पजावा। ● **विशेष**—यह शब्द स्थान-भेद से '**आवाँ**', '**आँवा**' और '**आँवाँ**' भी बोला जाता है। ***वा॰* आवे का आवा बिगड़ जाना**—१. सम्पूर्ण संस्था/वर्ग/परिवार में कोई दोष होना। २. सभी बातें ख़राब हो जाना। ३. सभी का दोषपूर्ण होना।

आवागमन—[< हि॰ आना + स॰ गमन] *पु॰* १. आना-जाना। २. यातायात। ३. जन्म-मरण का बन्धन।

आवार—[स॰ आ √वृ + अण्] *पु॰* १. रक्षा। २. रक्षा का स्थान। *जैसे*—स्कन्धावार (= स्कन्ध + आवार)।

आवारगी—[फा॰] *स्त्री॰* १. व्यर्थ इधर-उधर फिरना। २. दुराचारिता। दुश्चरित्रता। बदचलनी।

आवारा—[< फा॰ आवार:] *वि॰* १. बेकार घूमनेवाला। २. जिसका किसी एक स्थान पर ठिकाना न हो। ३. दुश्चरित्र। बदचलन।

आवारागर्द—[< फा॰ आवार: गर्द] *वि॰* व्यर्थ में इधर-उधर मारा-मारा फिरनेवाला।

आवाल—[स॰ आ √वल् + णिच् + अच्] *पु॰* (वृक्ष का) थाला। आलवाल।

आवास—[स॰ आ √वस् + घञ्] *पु॰* १. रहने की जगह। निवास स्थान। २. घर। मकान। (प्राणि॰) प्राणी के रहने या पौधे के उगने का प्राकृतिक प्रदेश या वातावरण।

आवासिक—[स॰ आवास + ठक्] *वि॰* १. निवास से सम्बन्धित। *जैसे*—आवासिक विद्यालय। २. नगर आदि का वह क्षेत्र जहाँ मुख्यत: लोगों के रहने के मकान हों, कारख़ाने और कार्यालय आदि न हों या नगण्य हों। रिहायशी। *पु॰* १. अस्थायी रूप से किसी स्थान पर रहने/बसने वाला। २. निवासी। ✣ **आवासिक विद्यालय**—*पु॰* = विद्यार्थियों के निवास और भोजन की व्यवस्था वाला विद्यालय।

आवासिनी—[स॰ आवासिन् + ङीप्] *वि॰* (*स्त्री॰*) १. निवास करने की। रहने की। *जैसे*—आवासिनी राजधानी। २. निवास करनेवाली। रहनेवाली। *जैसे*—भवन में आवासिनी युवती। *स्त्री॰* रहनेवाली।

आवासी—[स॰ आ + वासिन्] *वि॰* १. निवास करने का। रहने का। *जैसे*—आवासी भवन। २. निवास करनेवाला। रहनेवाला। *पु॰* रहनेवाला व्यक्ति। निवासी। ✣ **आवासी राजदूत**—*पु॰* (राज॰) = किसी राज्य के अध्यक्ष का प्रतिनिधि राजदूत जो किसी दूसरे राज्य की राजधानी में एक अवधि तक रहने के लिए नियुक्त किया जाता हैं। ✣ **आवासी विद्यार्थी**—*पु॰* = छात्रावास में रहनेवाला विद्यार्थी। ✣ **आवासी विद्यालय**—*पु॰* = आवासिक विद्यालय। (दे॰) ✣ **आवासीय**—*वि॰* = आवासिक।

आवाहन—[स॰ आ √वह् + णिच् + ल्युट्] १. आमन्त्रण। न्योता। बुलावा। २. (पूजा में) मन्त्र से किसी देवता को बुलाना। देवता का आह्वान। ∇ **विलोम**→विसर्जन।

आवाँ—दे॰ आवा[1]।

आवाँ गार्द—[फ्रांसीसी] *पु॰* (काव्य॰) कला/साहित्य में नवीनतम विचारों और शिल्प के रचयिता का समर्थक। सुधारकों, आविष्कारकों आदि का अग्रिम दल।

आविक—[स॰ अवि + ठक्] *वि॰* १. भेड़-सम्बन्धी। २. ऊनी। *पु॰* ऊनी वस्त्र।

आविद्ध (आविद्ध)—[स॰ आ ~ विद्ध + क्त] *वि॰* १. भेदा

हुआ। छेदा हुआ। ***जैसे***—बाणों से आविद्ध शत्रु। २. हताश। ३. मूर्ख।

आविर्भाव—[सं॰ आविस् √भू + घञ्] *पु॰* १. प्रकट होना। प्रत्यक्ष होना। २. उत्पत्ति। जन्म। प्रादुर्भाव। ३. (परमात्मा, देवता या महापुरुष का) अवतार। ∇ **विलोम**→तिरोभाव।

आविर्भावक—[सं॰ आविर्भाव + कन्] *वि॰* आविर्भाव करनेवाला। ***जैसे***—विविध मतों के आविर्भावक दार्शनिक।

आविर्भूत—[सं॰ आविस् √भू + क्त] *वि॰* १. जिसका आविर्भाव हुआ हो। जो प्रकट/प्रत्यक्ष हुआ हो। सामने आया हुआ। २. उत्पन्न। प्रादुर्भूत। ३. जिसका अवतार हुआ हो। अवतरित। ∇ **विलोम**→तिरोभूत।

आविल—[सं॰ आ √विल् + क] *वि॰* १. मलिन। मैला। गन्दा। २. धुँधला। ३. अपवित्र। ४. काले रंग का। कलौंहा। ✣ **आविलता**—*स्त्री॰* = १. मलिनता। २. धुँधलापन। ३. अपवित्रता। ४. कालापन।

आविष—[सं॰ आ + विष] *पु॰* (प्राणि॰, वनस्पति॰) सूक्ष्म जीवों द्वारा उत्पन्न यौगिक जो पौधों/शत्रुओं के लिए विषैला होता है। जीवों में उत्पन्न होने वाला विष जो उपचय और अपचय की क्रियाओं में विशिष्ट उत्पादों के रूप में बनता है। जीव-विष। (चिकित्सा॰) रोग से शरीर के अन्दर उत्पन्न होनेवाला विष। शारीरिक विष। (अं॰ टॉक्सिन)

आविष्कार—[सं॰ आविस् √कृ + अण्] *पु॰* १. कोई अज्ञात बात खोज निकालना। २. कोई नयी वस्तु सबसे पहले बनाना। ईजाद। ***जैसे***—टेलीफ़ोन का आविष्कार। ✣ **आविष्कारक**—*वि॰, पु॰* = आविष्कार करनेवाला। ✣ **आविष्कृत**—*वि॰* = जिसका आविष्कार हुआ हो।

आविष्ट—[सं॰ आ √विश् + क्त] *वि॰* १. किसी प्रकार के आवेश से युक्त। ***जैसे***—क्रोधाविष्ट (= क्रोध + आविष्ट)। २. (भूत-प्रेत) की बाधा से ग्रस्त। ३. (किसी काम में) रत। लीन। ४. आच्छादित। ***जैसे***—अन्धकाराविष्ट (अन्धकार + आविष्ट)।

आवृत—[सं॰ आ √वृ + क्त] *वि॰* १. ढका हुआ। आच्छादित। २. घिरा हुआ या घेरा हुआ। ∇ **विलोम**—अनावृत।

आवृत्त—[सं॰ आ √वृत् + क्त] *वि॰* १. घूमा हुआ। चक्कर खाया हुआ। २. लौटा हुआ। ३. दुहराया हुआ। ४. पढ़ा हुआ। अधीत। ∇ **विलोम**—अनावृत्त।

आवृत्ति—[सं॰ आ √वृत् + क्तिन्] *स्त्री॰* १. प्रत्यावर्तन। लौटना। २. परिक्रमा। चक्कर। ३. बार-बार करना। ४. दुहराना। ५. (पुस्तक आदि का) संस्करण। ***जैसे***—ग्रन्थ की द्वितीय आवृत्ति। (भौतिकी॰) १. समय की किसी इकाई। मात्रा में किसी निर्दिष्ट प्रकार की घटना (दोलन आदि) की संख्या। २. प्रत्यावर्ती विद्युत् धारा या अन्य तरंगों के प्रति सेकंड होनेवाले पूर्ण चक्रों/प्रत्यावर्तनों की संख्या। (अं॰ फ़्रीक्वेन्सी) ∇ **विलोम**—अनावृत्ति। ✣ **आवृत्ति दीपक**—*पु॰* = (काव्य॰) दीपक अलंकार का एक भेद जिसमें क्रियापदों की आवृत्ति होती है।

आवृष्टि—[आ √वृष् + क्तिन्] *स्त्री॰* वर्षा। फुहार।

आवेग—[सं॰ आ √विज् + घञ्] *पु॰* १. मन की प्रबल प्रवृत्ति। मनोवेग। २. घबराहट। बैचैनी। ३. उतावली। (काव्य॰) एक संचारी भाव। हर्ष या भय से उत्पन्न मनोवेग।

आवेदक—[सं॰ आ √विद् + णिच् + ण्वुल्] *वि॰* आवेदन/प्रार्थना करनेवाला। *पु॰* १. (मुक़दमे में) वादी। २. प्रार्थी।

आवेदन—[सं॰ आ √विद् + णिच् + ल्युट्] *पु॰* निवेदन। प्रार्थना। २. सूचना। ✣ **आवेदन-पत्र**—*पु॰* = प्रार्थना-पत्र। अर्ज़ी। ✣ **आवेदनीय**—*वि॰* = १. जो आवेदन के रूप में प्रस्तुत किया जानेवाला हो। २. बताने योग्य। सूचनीय। ✣ **आवेदित**—*वि॰* = १. जो आवेदन के रूप में किसी के सामने रखा गया हो। निवेदित। २. सूचित।

आवेद्य (आवेद्य)—[सं॰ आ √विद् + णिच् + यत्] *वि॰* आवेदनीय।

आवेश—[सं॰ आ √विश् + घञ्] *पु॰* १. संचार। ***जैसे***—क्रोध का आवेश। २. भूत-प्रेत-बाधा। ३. उत्साह। जोश। ४. क्रोध। ५. अभिमान। (भौतिकी॰) विद्युत्-मात्रा।

आवेशन—[सं॰ आ √विश् + ल्युट्] *पु॰* १. प्रवेश। २. आवेश में आना/होना। ३. सूर्य या चन्द्रमा का परिवेश। ४. क्रोध। ५. भूत-प्रेत-बाधा।

आवेष्टन—[सं॰ आ √वेष्ट् + णिच् + ल्युट्] *पु॰* १. चारों ओर से लपेटने/घेरने/ढकने की क्रिया/भाव। २. घेरने/लपेटने/ढकने वाली वस्तु। ३. बेठन। ख़ोल। लिफ़ाफ़ा। ४. घेरा। दीवार। चारदीवारी।

आश[१]—[सं॰ √अश् + अण्/घञ्] *वि॰* (समासयुक्त पद के अन्त में) १. खानेवाला। भक्षक। ***जैसे***—आश्रयाश (= आश्रय + आश) अग्नि। २. भोजन। आहार। ***जैसे***—प्रातराश (= प्रातर् + आश = प्रातःकाल का अल्पाहार)।

आशंसन—[सं॰ आ √शंस् + ल्युट्] *पु॰* १. कथन। २. घोषणा। ३. प्रशंसा/सराहना/तारीफ़ करने की क्रिया/भाव।

आशंसा—[सं॰ आ √शंस् + अ + टाप्] १. अभिलाषा। इच्छा। २. कथन। ३. घोषणा। ४. प्रशंसा। सराहना।

आशङ्कनीय (आशंकनीय)—[सं॰ आ √शङ्क् + अनीयर्] *वि॰* १. जिसके सम्बन्ध में आशंका हो या की जा सकती हो। आशंका-योग्य। २. सन्दिग्ध। सन्देहास्पद।

आशंका—[सं॰ आ + शङ्का] *स्त्री॰* १. भय। डर। ***जैसे***—हर बात में आशंका कायर का स्वभाव है। २. भावी संकट/अनिष्ट का भय। खटका। ***जैसे***—भारत-पाकिस्तान युद्ध की आशंका से ग्रस्त लोग। ३. सन्देह। शंका। अनिश्चितता। ***जैसे***—सफलता में आशंका।

आशङ्कित (आशंकित)—[सं॰ आ √शङ्क् + क्त] *वि॰* १. जिसके सम्बन्ध में आशंका हो। ***जैसे***—आशंकित हड़ताल। २. जो आशंका के योग्य हो। ३. (व्यक्ति) जिसे आशंका हुई हो। ४. (विषय) जिसके विषय में आशंका हुई हो। ५. आशंका-युक्त। ***जैसे***—

आशंकित राजा ने तलवार निकाल ली। ६. डरा हुआ। भयभीत।

आशन—[स० √अश् + णिच् + ल्युट्] *वि०* खिलानेवाला। *पु०* वज्र। अशनि।

आशना—[फा०] *वि०* १. प्रेमी। प्रेमपात्र। २. जिससे अवैध प्रेम-सम्बन्ध हो। ✣ **आशनाई**—*स्त्री०* = १. प्रेम। २. अवैध प्रेम-सम्बन्ध। ३. मित्रता।

आशय—[स० आ √शी + अच्] *पु०* १. (किसी कथन का) अभिप्राय या तात्पर्य। ***जैसे***—आपका आशय मैं समझ गया। २. सारांश। ***जैसे***—भाषण का आशय। ३. वासना। इच्छा। ***जैसे***—महाशय; नीचाशय। ४. विश्राम का स्थान। ५. रहने का स्थान। घर। ६. हृदय। मन। ७. इरादा। नीयत। ८. शरीर के अन्दर थैली जैसे अंग जिनमें कोई विशेष क्रिया होती है। (***जैसे***—आमाशय, गर्भाशय, मूत्राशय) (भा० दर्शन०) सुख-दुःख के कारणरूप कर्म-जन्य संस्कार। पाप-पुण्य।

आशा—[स० आ √अश् + अच् + टाप्] *स्त्री०* १. किसी अप्राप्त वस्तु की प्राप्ति की अभिलाषा और उसकी प्राप्ति का कुछ-कुछ निश्चय। ***जैसे***—आपकी आशा शीघ्र पूर्ण होगी। २. किसी अभीष्ट कार्य या बात आदि के सम्बन्ध में मन में उत्पन्न होनेवाली उसके पूरे होने या हो जाने की भावना। उम्मीद। ३. थोड़ा विश्वास या भरोसा। ***जैसे***—अब तो तुमसे ही आशा है। ४. (लाक्षणिक) व्यक्ति/वस्तु जिस पर उम्मीद आधारित हो। आसरा। सहारा। ***जैसे***—पुत्र ही पिता की आशा है। ५. सम्भावना। ***जैसे***—जीवन की आशा। ६. दिशा। ओर। ***जैसे***—पश्चिम आशा। ∇ **विलोम**—निराशा। ***वा०* आशा की रेख/रेखा न होना**—थोड़ी-भी आशा न होना। **आशा टूटना**—१. आशा कम होना। २. आशा न रह जाना। **आशा तोड़ना**—निराश करना। **आशा देना**—१. उम्मीद बँधाना। २. विश्वास दिलाना। **आशा पर तुषारापात होना, पानी फिरना**—आशा पूर्ण न हो पाना। **आशा पर पानी फेरना**—आशा पूरी न होने देना। **आशा पूजना**—आशा पूरी करना। **आशा पूरी होना**—आशा के अनुरूप काम होना। **आशा बँधना**—१. आशा उत्पन्न होना। २. आशा पूरी होने के कुछ लक्षण दिखाई देना। **आशा बँधाना**—आशान्वित करना। **आशा हरी होना**—पुनः आशा होना।

आशागज—[स० आशा ~ गज] *पु०* दिशा विशेष का हाथी। दिग्गज।

आशातीत—[स० आशा ~ अतीत] *वि०* आशा से अधिक। आशा से परे।

आशापाल—[स० आशा ~ पाल] *पु०* दिक्पाल।

आशा-बन्ध (बंध)—[स०] *पु०* १. विश्वास। २. सान्त्वना।

आशा-भङ्ग (भंग)—[स०] *पु०* आशा का टूटना। उम्मीद समाप्त होना।

आशामय—[स० आशा + मयट्] *वि०* जिसे आशा हो। आशावान्।

आशामुखी—[< स० आशामुख] *वि०* १. अपनी आशा पूरी करने के लिए दूसरों का सहारा लेनेवाला। २. आशान्वित। ३. किसी की ओर आशापूर्वक देखनेवाला।

आशालुब्ध—[स० आशा ~ लुब्ध] *वि०* आशा से मोहित।

आशावरी—[< स० आशा] (संगीत०) दे० आसावरी।

आशावसन—[स० आशा ~ वसन] *वि०* जिसके लिए दिशाएँ ही वस्त्ररूप हों। दिगम्बर। नग्न। *पु०* १. दिगम्बर साधु। २. शिव। ३. शुकदेव। ४. सनत्कुमार आदि चारों भाई।

आशावाद—[स० आशा ~ वाद] *पु०* १. शुभ परिणाम में विश्वास। २. सफलता में विश्वास। ३. शुभ परिणाम या सफलता में सदा विश्वास करने का स्वभाव। ∇ **विलोम**—निराशावाद। ✣ **आशावादिता**—*स्त्री०* = १. आशावादी होने की अवस्था/भाव। २. आशावाद। ✣ **आशावादी**—*वि०* = १. सदा अच्छे परिणामों और अच्छी बातों की आशा करनेवाला। *पु०* २. किसी भी वस्तु, घटना या परिस्थिति का उज्ज्वल पक्ष देखनेवाला। ∇ **विलोम**—निराशावादी।

आशाहीन—[स० आशा ~ हीन] *वि०* १. हतोत्साह। उदास। २. निराश। ∇ **विलोम**—आशावान्।

आशिक़—[अरबी] *वि०* प्रेमी। ✣ **आशिक़मिज़ाज**—*वि०* = प्रत्येक सुन्दर व्यक्ति से प्रेम करने के स्वभाववाला। ✣ **आशिक़ाना**—*वि०* = प्रेमियों जैसा। ✣ **आशिक़ी**—*स्त्री०* = प्रेम।

आशिञ्जन (आशिंजन)—[स० आ √शिञ्ज् + ल्युट्] *पु०* आभूषणों/गहनों की झंकार। ✣ **आशिञ्जित (आशिंजित)**—*वि०* = झंकार करता हुआ (आभूषण)।

आशिनी—[स० आशिन् + ङीप्] *वि०* (*स्त्री०*) खानेवाली। भक्षिणी। ***जैसे***—फलाशिनी (= फल + आशिनी)।

आशिमा—[स० आशु + इमनिच्] *स्त्री०* तीव्रता। तेज़ी।

आशियाना/आशियाँ—[< फा० आशियानः] *पु०* नीड़। घोंसला।

आशिष—[< स० आशिस्] *स्त्री०* १. आशीर्वाद। असीस। ***जैसे***—माता की आशिष। २. प्रार्थना। ३. मंगल-कामना। दुआ। (काव्य०) एक अर्थालंकार जिसमें किसी अप्राप्त वस्तु की प्राप्ति के लिए प्रार्थना होती है।

आशिषाक्षेप—[स० आशिष् ~ आक्षेप] *स्त्री०* (काव्य०) एक अर्थालंकार जिसमें दूसरों का हित दिखाते हुए ऐसी बातों को करने की सीख दी जाए जिनसे वक्ता के अपने ही दुःख दूर हो जाएँ।

आशी[१]—[स० आशिन्] *वि०* (समासयुक्त पद के अंत में) खानेवाला। ***जैसे***—फलाशी (फल + आशी) = फल खानेवाला।

आशी[२]—[स० आ √शृ + क्विप्, पृषो०] *स्त्री०* १. आशिष। आशीर्वाद। ***उदा०*** प्रसन्नमन जाओ, मेरा आशी। २. अभिलाषा। कामना। —पन्त (हरी बाँसुरी० ८९)

आशीर्वचन—[स० आशिस् ~ वचन] *पु०* आशीर्वाद।

आशीर्वाद—[स० आशिस् ~ वाद] *पु०* (सुखी हो, दीर्घायु हो आदि कहकर) अप्राप्त इष्ट अथवा समृद्धि पाने के लिए बड़ों के द्वारा छोटों के प्रति मंगलकामना/सद्भावना की अभिव्यक्ति। आशिष। ***जैसे***—माता-पिता का आशीर्वाद। ∇ **विलोम**—शाप।

आशु—[सं॰ √अश् + उण्] *वि॰* तेज़। फुर्तीला। *जैसे*—आशुभाषण; आशुकविता। *क्रिवि॰* १. तेज़ी से। शीघ्र। २. तत्काल। *पु॰* वर्षा ऋतु में ही पक जानेवाला धान। आउस धान।

आशुकवि—[सं॰ आशु ~ कवि] *पु॰* किसी भी समय और किसी भी विषय पर तत्काल कविता रचने में समर्थ कवि।

आशुकोपी—[सं॰ आशु ~ कोपी] शीघ्र नाराज़ हो जाने के स्वभाव वाला। चिड़चिड़ा। तुनकमिज़ाज।

आशुग/आशुगामी—[सं॰ आशु + ग √गामी (गामिन्)] *वि॰* १. तेज़ चलनेवाला। शीघ्रगामी। *पु॰* १. वायु। हवा। २. सूर्य।

आशुतोष—[सं॰ आशु ~ तोष] *वि॰* सहज में या शीघ्र प्रसन्न हो जाने वाला। *पु॰* शिव। महादेव।

आशु परिकलक—[सं॰] ऐसी पुस्तक जिसमें विविध प्रकार की गणनाओं (जैसे ब्याज-दर से किसी मूलधन पर होने वाला ब्याज, विभिन्न मुद्राओं तथा मानकों के परस्पर विनिमय/परिवर्तन इत्यादि से सम्बन्धित) की अनेक सारणियाँ होती हैं। गणन-पुस्तिका। (अं॰ रेडी रेकनर)

आशुपाती—[सं॰ आशुपातिन्] *वि॰* (वनस्पति॰) (वृक्ष की पत्तियाँ) शीघ्र झड़ जानेवाली।

आशुलिपि—[सं॰ आशु ~ लिपि] *स्त्री॰* शीघ्र लिखने की कोई संकेत-लिपि। *जैसे*—पिटमैन की आशुलिपि। (अं॰ स्टेनोग्राफ़ि) ✣ **आशुलिपिक**—*पु॰* = आशुलिपि में लिखनेवाला व्यक्ति। स्टेनोग्राफ़र (अं॰) *वि॰* = आशुलिपि-सम्बन्धी। आशुलिपि का। *जैसे*—आशुलिपिक पद्धति से।

आशोधन—[सं॰ आ + शोधन] *पु॰* १. थोड़ा परिवर्तन। काट-छाँट। २. संशोधन।

आशोन्मुख—[सं॰ आशा ~ उन्मुख] *वि॰* १. अपनी आशा पूरी करने के लिए किसी का सहारा लेनेवाला। २. आशान्वित। आशायुक्त।

आश्चर्य—[सं॰ आ √चर् + ण्यत्, सुट्] *पु॰* विस्मय। अचम्भा। ताज्जुब। (काव्य॰) अद्भुत रस का स्थायी भाव।

आश्चर्यचकित—[सं॰ आश्चर्य ~ चकित] *वि॰* जिसे आश्चर्य हुआ हो। विस्मित। चकित।

आश्मरिक—[सं॰ अश्मरी + ठन्] *वि॰* १. पथरी (रोग)-सम्बन्धी। पथरी का। २. जिसे पथरी रोग हो। *पु॰* पथरी रोग।

आश्मिक—[सं॰ अश्मन् + ठण्] *वि॰* १. पत्थर-सम्बन्धी। पत्थर का। २. पत्थर से बना हुआ। ३. पत्थरों से युक्त। पथरीला। ४. पत्थर ढोनेवाला।

आश्मिकी—[सं॰ आश्मिक + ङीप्] *स्त्री॰* (भूविज्ञान॰) पत्थरों या शैलों का वैज्ञानिक अध्ययन। अश्मविज्ञान।

आश्रम—[सं॰ आ √श्रम् + घञ्] *पु॰* १. ऋषि, मुनि, साधु या सन्त का निवास-स्थान। *जैसे*—व्यास जी का आश्रम। २. कोई भवन या स्थान विशेष जो साधना-पूर्ण या शान्त जीवन बिताने के इच्छुकों के रहने के लिए या धार्मिक यात्रियों के कुछ समय ठहरने के लिए बना हो। ३. अनाथों, विधवाओं आदि किसी वर्ग विशेष को आश्रय देनेवाला स्थान। *जैसे*—अनाथ आश्रम, विधवा आश्रम। ४. विद्यालय। पाठशाला। ५. मठ। ६. कुटी। ७. भारतीय जीवन-पद्धति में, जीवन के चार विभागों—ब्रह्मचर्य, गार्हस्थ्य, वानप्रस्थ, सन्न्यास में से प्रत्येक।

आश्रय—[सं॰ आ √श्रि + अच्] *पु॰* १. आसरा। सहारा। २. आधार। शरण। ३. विश्रामस्थल। घर। ४. भरोसा। ५. बहाना। ६. निकटता। (व्याकरण॰) उद्देश्य। (बौद्ध॰) पंचज्ञानेन्द्रिय और मन। ✣ **आश्रय शब्द**—*पु॰* (भाषा॰) १. बोलने में वाक्यों का वह अंश जो प्रवृत्ति के कारण दुहराया जाता है—जैसे, "आज मैं घर देर से पहुँचा। पहुँचा न? तब बहुत डाँट पड़ी। पड़ी न"? २. (प्राय: वयस्कों द्वारा) बोलने में प्रवृत्ति के अनुसार किसी शब्द या कुछ शब्दों को अनावश्यक रूप से दुहराना। *जैसे*—'मैं क्या कह रहा था', 'सच्ची', 'आप समझे?' इत्यादि।

आश्रयण—[सं॰ आ √श्रि + ल्युट्] *पु॰* १. आश्रय लेना। सहारा लेना या देना। आश्रित होना। *जैसे*—शिव के आश्रयण से शान्ति प्राप्त होना। २. आश्रय देना।

आश्रयासिद्ध (आश्रयासिद्ध)—[सं॰ आश्रय ~ असिद्ध] *वि॰* (न्याय॰) (कथन या तर्क) जिसका आधार असत्य हो।

आश्रयी—[सं॰ आश्रयिन्] *वि॰* १. (किसी का) आश्रय/सहारा लेनेवाला। २. आश्रय में रहनेवाला।

आश्रव—[सं॰ आ √श्रु + अप्] १. सरिता। नदी। २. प्रवाह। धारा। (जैन॰) मन, वाणी और शरीर से किए हुए कर्म का संस्कार। (बौद्ध॰) बन्धनकारक विषय।

आश्रित—[सं॰ आ √श्रि + क्त] *वि॰* १. किसी के सहारे रहनेवाला। (किसी पर) अवलम्बित। २. शरणागत। *पु॰* १. भरण-पोषण के लिए किसी पर अवलम्बित। २. सेवक। ३. शरणागत व्यक्ति। ∇ **विलोम**→अनाश्रित।

आश्रुत—[सं॰ आ + श्रुत] *वि॰* १. सुना हुआ। २. माना हुआ। स्वीकृत।

आश्रुति—[सं॰ आ + श्रुति] *स्त्री॰* १. श्रवण। सुनना। २. स्वीकृति।

आश्लिष्ट—[सं॰ आ + शिलष्ट] *वि॰* १. गले लगा हुआ। आलिंगित। २. चिपटा हुआ। लिपटा हुआ। सटा हुआ। ३. साथ लगा हुआ। सम्बद्ध।

आश्लेष—[सं॰ आ + श्लेष] *पु॰* १. गले लगाना। आलिंगन। २. चिपटाना। लिपटाना। ३. सम्बन्ध।

आश्लेषण—[सं॰ आ ~ श्लेषण] *पु॰* संयोग। मेल। (प्राणि॰) किसी तरल में मिले हुए कणों या कोशिकाओं का एकत्र होकर समूह बन जाना। समूहन। *जैसे*—रुधिराणुओं का आश्लेषण।

आश्लेषा—[सं॰ आश्लेष + टाप्] *स्त्री॰* (खगोल॰) पुष्य और मघा के बीच का नक्षत्र। नवाँ नक्षत्र।

आश्लेषित—[सं॰ आश्लेष + हतच्] *वि॰* आलिंगित।

आश्वमेधिक—[सं॰ अश्वमेध + ठञ्] *वि॰* अश्वमेध-सम्बन्धी। *पु॰* महाभारत ग्रन्थ का चौदहवाँ पर्व।

आश्वस्त—[सं॰ आ √श्वस् + क्त] *वि॰* १. जिसे आश्वासन मिला

हो। आश्वासनप्राप्त। २. जिसे सान्त्वना दी गयी हो। ३. जिसे प्रोत्साहन दिया गया हो। ✣ **आश्वस्ति**— *स्त्री॰* = आश्वासन। (वाणिज्य॰) = अपने माल के ख़राब निकलने पर उसकी मरम्मत करने या उसे बदलने का ग्राहक को निर्माता या विक्रेता द्वारा दिया गया लिखित आश्वासन। (अ॰ वारन्टी)

आश्वास—[स॰ आ + √श्वस् + घञ्] *पु॰* साँस लेना। २. सान्त्वना। धैर्य। तसल्ली। दिलासा। ३. आश्रय-दान। ४. किसी पुस्तक का परिच्छेद/कांड/अध्याय आदि।

आश्वासन— *पु॰* १. सान्त्वना/धैर्य/आशा देना। २. सान्त्वना। तसल्ली। दिलासा। ३. विश्वास। भरोसा। ४. प्रोत्साहन। ✣ **आश्वासनीय**— *वि॰* = १. (व्यक्ति) जो आश्वासन देने योग्य हो। सान्त्वनीय। २. (विषय) जिसके लिए आश्वासन दिया जा सके। सान्त्वनीय। आश्वास्य। ✣ **आश्वासित**— *वि॰* = जिसे आश्वासन दिया गया हो। सान्त्वना-प्राप्त। तसल्ली पाया हुआ। ✣ **आश्वासी**— *वि॰* = आश्वासन देनेवाला। आश्वासक। ✣ **आश्वास्य**— *वि॰* = आश्वासनीय।

आश्विन—[स॰ अश्विन् + अण्] *पु॰* भाद्र और कार्तिक महीनों के बीच का चान्द्र मास। क्वार (का महीना)।

***आष**—[< स॰ आखु] *पु॰* आखु। चूहा।

***आषना/आखना**—[< स॰ आख्यान] *क्रिस॰* कहना।

***आषर, आखर**—[< स॰ अक्षर] *पु॰* अक्षर।

***आषा/आखा**—[< स॰ अक्षत] *पु॰* अक्षत (चावल)।

आषाढ़—[< स॰ आषाढ] *पु॰* ज्येष्ठ और श्रावण महीनों के बीच का चान्द्र मास। असाढ़।

आषाढ़ी—[< स॰ आषाढी] *स्त्री॰* आषाढ़ मास की पूर्णिमा। व्यासपूर्णिमा। गुरुपूर्णिमा।

आषाढ़ीय—[स॰ आषाढीय] *वि॰* १. आषाढ़ मास से सम्बन्धित। आषाढ़ का। २. आषाढ़ा नक्षत्र (पूर्वाषाढ़ा या उत्तराषाढ़ा) में होनेवाला।

***आषु**—[< स॰ आखु] *पु॰* आखु। चूहा।

आस[१]—[स॰ √आस् + घञ्] धनुष।

आस[२]**—[< स॰ आशा] *स्त्री॰* १. आशा। उम्मीद। २. दिशा। ***वा॰ **आस टूटना**—निराश होना। **आस ताकना**—किसी काम को करने के लिये दूसरे व्यक्ति के सहारे की प्रतीक्षा करना। **आस तोड़ना**—निराश करना। **आस देना**—१. आशा बँधाना। २. आश्वासन देना। **आस पूजना/पूरना**—आशा पूरी करना। **आस बाँधना**—आशान्वित होना। **आस लगना/होना**—आशा होना। दे॰ 'आशा' भी।

आस-औलाद—[< स॰ आशा + अरबी औलाद] *पु॰* सन्तान। बच्चे।

आसक्त—[स॰ आ √सञ्ज् + क्त] *वि॰* १. (किसी के प्रति) बहुत अनुराग /प्रेम करनेवाला। आसक्तिवाला। २. मोहित। मुग्ध। ३. लिप्त या लीन। ***जैसे***—कामासक्त (काम + आसक्त) ∇ **विलोम**→अनासक्त।

आसक्ति—[स॰ आ √सञ्ज्+ क्तिन्] *स्त्री॰* १. आसक्त होने की अवस्था/भाव। २. किसी के प्रति बहुत अनुराग/प्रेम। ३. मोह। लगाव। ४. लिप्तता। लीनता। ∇ **विलोम**→अनासक्ति।

आसङ्ग (आसंग)—[स॰ आ + सङ्ग] *पु॰* १. संगति। साथ। २. अनुराग। ३. आसक्ति। लगाव। ४. बन्धन। ५. कर्तृत्व का अभिमान। *क्रिवि॰* निरन्तर। लगातार।

आसङ्गी (आसंगी)—[स॰ आसङ्गिन्] १. आसक्त। २. सम्बद्ध।

आसञ्जक (आसंजक)—[स॰ आ √सञ्ज् + ण्वुल्] *वि॰* चिपकनेवाला। ***जैसे***—आसंजक टिकिट। *पु॰* दो पदार्थों के पृष्ठ पर चिपक कर उन्हें जोड़नेवाला पदार्थ। (गोंद, लेई आदि)।

आसञ्जन (आसंजन)—[स॰ आ √सञ्ज् + ल्युट्] *पु॰* १. बाँधना। २. लपेटना। ३. (शरीर पर) धारण करना। ***जैसे***—वस्त्रों का आसंजन। ४. फँस जाना। ५. चिपक जाना। जुड़ जाना। ६. अनुराग। प्रेम। ७. भक्ति। (वनस्पति॰) दो विभिन्न प्रकार के अवयवों का परस्पर जुड़ना। (चिकित्सा॰) शरीर के ऊतकों का परस्पर जुड़ जाना (जैसे—सूजन आने पर)।

†आसते[१]—[< हि॰ आछत < स॰ अस्ति] *क्रिवि॰* (किसी के) रहते हुए या होते हुए।

†आसते[२]/आस्ते—[< फा॰ आहिस्त:] धीरे-धीरे।

आसत्ति—[स॰ आ √सद् + क्तिन्] *स्त्री॰* समीपता। निकटता। (व्या॰) वाक्य में पदों का अविलम्बित उच्चारण। वाक्य में पदों की परस्पर निकटता। (न्याय॰) वाक्य में पास-पास रहने वाले पदों का आपसी सम्बन्ध।

आसन—[स॰ √आस् + ल्युट्] *पु॰* १. बैठना। बैठक। २. (चटाई, कुर्सी आदि) वह वस्तु जिस पर बैठा जाए। ३. कपड़े आदि का टुकड़ा जिस पर बैठते हैं। ***जैसे***—पूजा का आसन। ४. बैठने का कोई विशेष प्रकार/ढंग। ***जैसे***—आसन लगाना। (योग॰) अष्टांगयोग का एक अंग जिसके अन्तर्गत व्यायाम की कुछ विशेष स्थितियाँ होती हैं। ***जैसे***—शीर्षासन, वज्रासन आदि। (प्राचीन राजनीति॰) शत्रु पर आक्रमण न कर अपने स्थान पर अवसर की प्रतीक्षा में जमे रहना। (कामशास्त्र॰) सम्भोग की कोई स्थिति। रतिबन्ध। ***वा॰*** **आसन उखड़ना**—१. अपने स्थान से हिल जाना। २. जमकर रहने के स्थान से हट जाना। ३. प्रभाव समाप्त होना या बहुत कम हो जाना। **(किसी का) आसन उखाड़ना**—स्थायी रूप से न जमने देना। **आसन उठना**—स्थान छूटना। **आसन छोड़ना**—उठकर चल देना। **आसन जमना**—१. किसी एक स्थान पर टिक कर रहना। २. स्थायी प्रभाव होना। **आसन जमाना**—१. किसी एक स्थान पर जमकर रहना। २. निश्चिन्त बैठना। **आसन डिगना/डोलना**—१. जाना या जाने के लिए तैयार होना। २. संयम न रहना। ३. आतंकित होना। ४. स्थिति डाँवाडोल होना। **आसन डिगाना/हिलाना**—१. विचलित कर देना। चित्त को चलायमान कर देना। **आसन तले आना**—वश में आना। **आसन देना**—सम्मान से बैठाना। **आसन माँडना**—आसन लगाकर बैठना। **आसन मारना/**

लगाना—१. टिकना। ठहरना। २. किसी योगासन की स्थिति में बैठना।

आसनास्थि—[स० आसन ~ अस्थि] (चिकित्सा०) श्रोणि मेखला की निम्न पश्च अस्थि। (अ० इस्कियम)

***आसना**—[< स० अस्] *क्रिअ०* होना। **विशेष**—इस क्रिया का प्रयोग वर्तमान काल में ही मिलता है और उसका 'आहि' (= है) या उसका कोई विकारी रूप ही मिलता है।

आसनी—[हि० 'आसन' का स्त्री० रूप] *स्त्री०* बैठने की छोटी चटाई, छोटा आसन आदि। ***जैसे***—कुश की आसनी पर बैठकर पूजा करना।

आसन्दिका (आसंदिका)—[स० आसन्दी + कन् + टाप्] *स्त्री०* १. छोटी कुर्सी। २. छोटी चौकोर चौकी जो बुनी गयी हो। मचिया। ३. छोटा आसन। आसनी।

आसन्दी (आसंदी)—[स० आ √सद् + ट, नुम्, ङीप्] *स्त्री०* १. आराम-कुर्सी या कुर्सी। २. चौकी। ३. तकियादार लम्बी बेन्च जिसपर गद्दा मढ़ा हो।

आसन्न—[स० आ √सद् + क्त] *वि०* १. समीप में स्थित। समीपस्थ। ***जैसे***—आसन्न मृत्यु २. उपस्थित। ***जैसे***—आसन्न लोग। ३. (किसी के साथ) लगा/सटा हुआ। संलग्न। ✣ **आसन्नकाल**—*वि०* = जिसकी मृत्यु समीप आ गयी हो। *पु०* = मृत्यु का समय। मृत्यु-काल। ✣ **आसन्नकोण**—*पु०* = (गणित०) किसी एक रेखा के दोनों ओर बने हुए दो कोण। संलग्न कोण। ✣ **आसन्नता**—*स्त्री०* = १. आसन्न होने की अवस्था/भाव। २. निकटता। समीपता। ३. संलग्नता।

आसन्नभूत—[स० आसन्न ~ भूत] *पु०* (व्या०) क्रिया के काल-रूपों का एक भेद। क्रिया का वह रूप जिससे ज्ञात हो कि क्रिया का व्यापार भूतकाल में आरम्भ होकर अभी कुछ समय पूर्व समाप्त हुआ। ***जैसे***—मैंने गाना गाया है।

आस-पास—[< प्रा० अस्स पस्स] *अव्यय०* १. समीप में। इधर-उधर। इर्द-गिर्द। २. चारों ओर।

***आसमुन्द (आसमुंद)**—[< स० आसमुद्र] *क्रिवि०* आसमुद्र। समुद्रपर्यन्त।

***आसर**—[< स० आशर] *पु०* १. राक्षस। २. अग्नि। ३. वायु।

***आसरना**—[< स० आश्रयण] *क्रिस०* १. आसरा लेना। सहारा लेना। २. शरण लेना।

आसरा—[< स० आश्रय] *पु०* १. जिस पर कोई वस्तु टिकी हुई हो। अवलम्ब। आधार। सहारा। २. भरोसा। ३. आशा। ४. प्रतीक्षा। इन्तज़ार। ***जैसे***—तुम्हारा आसरा देखते रहे। ५. रक्षा/शरण का स्थान। शरणस्थल। ६. शरण।

आसव—[स० आ √सू + अण्] *पु०* १. अर्क़। २. काढ़ा। ३. मद्य। शराब।

आसवन—[स० आ √सु + ल्युट्] *पु०* (रसायन०) किसी द्रव पदार्थ को उबाल देकर वाष्प बनाने और फिर वाष्प को ठंडा करके द्रव में बदलने की संयुक्त प्रक्रिया जो किसी द्रवणित्र या भभके तथा ग्राही से युक्त एक आसवन पात्र (अं० फ़्लास्क) से की जाती है। ✣ **आसवित**—*वि०* (रसायन०) = जिसका आसवन हुआ हो।

आसवनी—[< स० आसवन] *स्त्री०* वह कारख़ाना या भवन जहाँ अल्कोहल द्रवों का आसवन होता है। मद्य की निर्माणशाला। (अ० डिस्टिलरी)

***आसा**[१]—[< स० आशा] *स्त्री०* १. आशा। उम्मीद। २. दिशा।

आसा[२]—[< अरबी असा] *पु०* १. डंडा। छड़ी। **उदा०** खाय कासा भर, चले आसा भर। —लोकोक्ति २. सोने/चाँदी का दंड जिसे लेकर एक व्यक्ति राजा की सवारी के आगे या बरात आदि के आगे चलता है।

आसाइश—[फा०] *स्त्री०* १. सुख। चैन। आराम। २. सुविधा। सुगमता।

आसान—[फा०] *वि०* सुगम। सरल। ∇ **विलोम**→ मुश्किल।

आसाम—[< स० असम] *पु०* भारत के 'असम' प्रदेश के नाम का अशुद्ध बोला जानेवाला रूप। असम प्रदेश।

आसामी[१]—[< हि० आसाम] *वि०* १. असमप्रदेश-सम्बन्धी। असमप्रदेश का। *पु०* असमप्रदेश का निवासी। असमिया। *स्त्री०* असम प्रदेश की भाषा। असमिया।

आसामी[२]—[< स० अ-स्वामी] *पु०* १. क़र्ज़ लेनेवाला किसान। २. दूसरे की भूमि को किसी शर्त पर जोतने वाला किसान। ३. किसान। ४. ऋणी व्यक्ति। क़र्ज़दार।

***आसामुखी**—[< स० आशोन्मुख] *वि०* १. अपनी आशा पूरी करने के लिए दूसरों का सहारा लेनेवाला। २. आशावाला। आशान्वित।

आसार[१]—[स० आ √सृ + घञ्] *पु०* १. मूसलाधार वर्षा। २. बादलों का समूह। मेघमाला। ३. शत्रु को सब ओर से घेरकर उस पर किया जानेवाला आक्रमण। ४. आक्रमण के लिए सेनाओं का चारों ओर फैलना। ५. मित्र राज्य की सेना। ६. भोजन सामग्री। रसद।

आसार[२]—[अरबी, 'असर' का बहुवचन] *पु०* १. किसी भावी बात के लक्षण। ***जैसे***—अभी तक वर्षा के आसार नहीं हैं। २. चिह्न। निशान। ३. कमरे की दीवार की मोटाई।

आसावरी—[< स० आशा] *स्त्री०* (संगीत०) एक लोकप्रिय शुद्ध राग जो भक्तिरसात्मक और शृंगाररसात्मक होता है। ● **विशेष**—१. इसका गायन-समय दिन का दूसरा प्रहर है। २. जब कोई इसमें कोमल ऋषभ प्रयोग करता है तब इसे 'कोमल आसावरी' कहते हैं।

***आसिष/आसिस**—[< हि० आशिष] आशीष। आशीर्वाद।

***आसी**—[< स० आशी] *वि०* खानेवाला। **उदा०** शंभु भये विष आसी। —सूरसागर (१०/३३७५)

आसीन—[स० आस् + शानच्, ईत्व] बैठा हुआ।

***आसु**[१]—[< स० आशु] *क्रिवि०* १. शीघ्र। जल्दी। २. तत्क्षण।

***आसु**[२]—[< स० अस्य] *सर्व०* इसका।

***आसु**[३]—[< स० अंसु] *पु०* प्राण। जीवनी-शक्ति।

***आसुग**—≤ स० आशुग। *वि०* शीघ्रगामी।

आसुत—[सं॰ आ √सु + क्त] *वि॰* आसवित। ✣ **आसुति**—*स्त्री॰* = १. आसवन। २. प्रसव।

आसुर—[सं॰ असुर + अण्] *वि॰* १. असुर-सम्बन्धी। असुर का। ***जैसे***—आसुर कर्म। २. असुरों के समान। असुरों जैसा। ✣ **आसुर विवाह**—*पु॰* = विवाह के ८ प्रकारों में से एक, जिसमें वर कन्या के माता-पिता को धन देकर कन्या से विवाह करता है।

आसुरी—[< सं॰ आसुर + ङीप्] *वि॰* (*स्त्री॰*) १. असुरों की। ***जैसे***—आसुरी माया। २. असुरों जैसा। ***जैसे***—आसुरी विवाह। *स्त्री॰* असुर स्त्री। ✣ **आसुरी चिकित्सा**—*स्त्री॰* = शल्य-चिकित्सा/सर्जरी (अं॰) ✣ **आसुरी माया**—*स्त्री॰* = असुरों की माया। ✣ **आसुरी विवाह**—*पु॰* = आसुर विवाह। (दे॰) ✣ **आसुरी सम्पत्ति**—*स्त्री॰* = १. अनुचित रूप से प्राप्त किया हुआ धन-वैभव। बुरी कमाई। २. आसुरी गुण। ∇ **विलोम**—दैवी सम्पत्ति।

आसुर्य—[< सं॰ असुर + ईयसुन्] *पु॰* असुरता।

***आसू**—[< सं॰ आशु] *क्रिवि॰* शीघ्र। तत्क्षण। जल्दी।

आसूर्य—[सं॰ आ ~ सूर्य] *क्रिवि॰* १. जब तक सूर्य रहे। २. चिरकाल तक।

आसेतुहिमाचल—[सं॰ आसेतु ~ हिमाचल] *क्रिवि॰* हिमालय से सेतुबन्ध रामेश्वरम् तक। ***जैसे***—आसेतुहिमाचल विस्तृत भारत।

आसेवन—[सं॰ आ √सेव् + ल्युट्] *पु॰* १. सतत सेवन। २. अच्छी तरह की जानेवाली सेवा। ३. उत्साह के साथ किसी काम को बार-बार करने की प्रवृत्ति। ४. उत्साहयुक्त अभ्यास। ५. पुनरावृत्ति।

***आसोज**—[< सं॰ अश्वयुज्] *पु॰* क्वार का महीना। आश्विन मास।

***आसौ**—[< सं॰ अस्मिन्] *क्रिवि॰* इस वर्ष।

आस्तर—[सं॰ आ √स्तृ + अप्] *पु॰* १. आवरण। २. बिछाने की कोई वस्तु (***जैसे***—क़ालीन/गलीचा/दरी/चादर)। ३. बिछौना। बिस्तर।

आस्तरण—[सं॰ आ √स्तृ + ल्युट्] *पु॰* १. बिछौना। बिस्तर। २. दरी। क़ालीन। गलीचा। ३. (यज्ञ में) वेदी पर फैलाए हुए कुश। ४. हाथी की झूल।

आस्तिक—[सं॰ अस्ति + ठक्] *वि॰* १. ईश्वर और परलोक को मानने वाला। २. वेद को मानने वाला। *पु॰* १. ईश्वर और परलोक में विश्वासी व्यक्ति। २. धार्मिक व्यक्ति। ∇ **विलोम**→नास्तिक। ✣ **आस्तिकता**—*स्त्री॰* = १. आस्तिक होने की अवस्था या भाव। २. परमात्मा या आत्मा में विश्वास होना। ३. वेद में विश्वास होना। ✣ **आस्तिकत्व, आस्तिकपन, आस्तिक्य** = आस्तिकता।

आस्तियाँ—[< सं॰ आस्ति] *स्त्री॰* किसी व्यक्ति, संस्था, प्रतिष्ठान या कम्पनी आदि की सकल सम्पत्ति। (अं॰ एसेट्स)

आस्तीन—[फ़ा॰] *स्त्री॰* कुर्ता/अंगरखा/कोट आदि का वह भाग जो भुजाओं को छिपाता है। वस्त्र की बाँह। ***वा॰*****आस्तीन का साँप**—मित्र बनकर शत्रुता करनेवाला। धोखा देनेवाला मित्र। **आस्तीन चढ़ाना**—लड़ने को तैयार होना। **आस्तीन में साँप पालना**—मित्र बनकर हानि पहुँचानेवाले व्यक्ति को आश्रय देना या उसका पोषण करना।

आस्थगन—[सं॰ आ √स्थग् + ल्युट्] *पु॰* १. स्थगित करने या होने की क्रिया या भाव। स्थगन। २. अप्रयोगावस्था में लाने की क्रिया। (राज॰, वाणिज्य॰) किसी क़ानून, नियम, भुगतान आदि को स्थगित रखने या विलम्बित करने की क्रिया या भाव। ***जैसे***—आस्थगन की अवधि। ✣ **आस्थगित**—*वि॰* = १. जिसे स्थगित किया गया हो। २. जो अप्रयोगावस्था में लाया गया हो। (वाणि॰) क़ानून, नियम, भुगतान आदि जिसे स्थगित या विलम्बित किया गया हो। ***जैसे***—आस्थगित भुगतान।

आस्था—[सं॰ आ √स्था + अङ्] *स्त्री॰* १. परमात्मा, देवी-देवता, गुरु या महान व्यक्ति आदि के प्रति पूज्य बुद्धि। श्रद्धा। २. किसी सिद्धान्त, आदर्श या जीवन-मूल्य आदि में दृढ़ विश्वास/श्रद्धा। ∇ **विलोम**→अनास्था।

आस्थान—[सं॰ आ √स्था + ल्युट्] *पु॰* १. स्थान। जगंह। २. आधार। आधारस्थल। ३. सभाभवन। सभागृह। ४. (राजा की) सभा। दरबार। ५. दर्शकों के बैठने का विशाल स्थान। भवन। ६. श्रद्धा।

आस्थावाद—[सं॰ आस्था ~ वाद] *पु॰* (पा॰ दर्शन॰) यह मत कि ज्ञान का प्रत्येक रूप किसी सीमा तक उन मान्यताओं पर निर्भर होता है जिन्हें आस्था/श्रद्धा के कारण स्वीकार किया जाता है। श्रद्धावाद। (अं॰ फ़ाइडेइज़्म)

आस्थित—[सं॰ आ √स्था + क्त] *वि॰* १. जो किसी स्थान में रहता हो। निवासी। २. ठहरा हुआ। टिका हुआ। ३. पहुँचा हुआ। ४. प्राप्त। लब्ध। ✣ **आस्थिति**—*स्त्री॰* = १. स्थिति। २. निवास।

आस्पद—[सं॰ आ √पद् + घ, सुट्] *पु॰* १. स्थान। जगह। २. रहने की जगह। निवास-स्थान। ***जैसे***—विपत्तियों का आस्पद। ३. पद। ***जैसे***—युवराज नामक आस्पद। ४. सामाजिक प्रतिष्ठा। ५. विषय। ***जैसे***—हास्यास्पद (= हास्य + आस्पद)। ६. वंशगत नाम। कुल की उपाधि।

आस्फालन—[सं॰ आ √स्फल् + णिच् + ल्युट्] १. ताड़न। रगड़ना। मलना। दबाना। २. धीरे-धीरे चलाना/हिलाना। ३. हाथी का अपने कानों को फटफटाना। गजकर्णचालन। ४. गर्व। अहंकार। घमंड।

आस्फोट—[सं॰ आ √स्फुट् + णिच् + अच्] १. संघर्ष से उत्पन्न शब्द। २. ताल ठोंकने का शब्द। ३. शस्त्रास्त्र की झंकार। ४. अर्क/मदार का वृक्ष। ✣ **आस्फोटक**—*वि॰, पु॰* = आस्फोट करनेवाला।

आस्फोटन—[सं॰ आ √स्फुट् + ल्युट्] *पु॰* १. ताल ठोंकना। २. प्रकट/व्यक्त करना। ३. फूँकना, फुलाना या सिकोड़ना। ४. (थर-थर) काँपना।

आस्मियम—[लैटिन] *पु॰* (रसायन॰) एक धात्विक तत्त्व। ● **विशेष**—यह धातु प्लैटिनम तथा इरिडियम के साथ मिश्र धातुएँ बनाने में प्रयुक्त होती है।

आस्य—[सं॰ √अस् + ण्यत्] *पु॰* १. मुख। चेहरा। ***जैसे***—आस्य की पवित्रता। २. मुख का वह भाग जिससे वर्णों का उच्चारण किया जाता है। (तालु आदि) *वि॰* मुख-सम्बन्धी।

आस्र—[सं॰ अस्र + अण्] *पु॰* रक्त। ख़ून।

आस्रप—[सं॰ आस्र √पा + क] *वि॰* रक्त पीनेवाला। *पु॰* राक्षस।

आस्रव—[सं॰ आ √स्रु + अप्] *पु॰* १. (जल आदि का) बहाव। स्रवण। २. (जिनसे मन का विषयों की ओर बहाव होता है) इन्द्रियों में से प्रत्येक का द्वार। इन्द्रिय-द्वार। (जैन॰) कर्म-पुद्गलों का जीव में योग के द्वारा प्रवेश जिससे जीव कर्म-बन्धन में पड़ जाता है। (बौद्ध॰) क्लेश।

आस्राव—[सं॰ आ √स्रु + घञ्] *वि॰* बहता हुआ। *पु॰* १. प्रवाह। बहाव। २. थूक। ३. ऐसा फोड़ा जिसमें से रक्त, पीप आदि बहता हो।

आस्वाद—[सं॰ आ √स्वद् + घञ्] *पु॰* १. रस का अनुभव। २. रस। स्वाद। मज़ा। ३. मधुर, कटु आदि रस। (काव्य॰) १. शृंगार आदि रस। २. रसानुभूति। ✣ **आस्वादक**—*वि॰, पु॰* = स्वाद लेनेवाला। चखनेवाला।

आस्वादन—[सं॰ आ √स्वद् + णिच् + ल्युट्] *पु॰* स्वाद लेना। चखना। ✣ **आस्वादनीय**—*वि॰* = १. जिसका आस्वादन किया जा सके या किया जाने को हो। २. आस्वादन के योग्य।

आह[१]—[< सं॰ अहह] *विस्मय॰ अव्यय॰* शोक, पीड़ा, पश्चात्ताप आदि का सूचक शब्द। हाय। ***जैसे***—आह! अभिमन्यु मारा गया। *स्त्री॰* पीड़ा प्रकट करनेवाली ध्वनि। कराहने की आवाज़। ***वा॰*** **आह खींचना**—दुःख-भरी साँस लेना। **आह पड़ना**—किसी को सताने का फल मिलना। **आह भरना/मारना**—ठंडी साँस लेकर 'आह' करना/कलपना। **(किसी की) आह लेना**—१. किसी को इतना कष्ट देना कि वह मन ही मन शाप दे। सताना। २. किसी को सताने का फल अपने ऊपर लेना।

***आह**[२]—[< सं॰ आहव] *पु॰* १. बल। २. साहस। ३. क्रोध। ४. ललकार।

***आह**[३]—[< हिं॰ आहि < सं॰ √अस्] *क्रिअ॰* है।

आहट—*स्त्री॰* १. किसी के चलने, हिलने-डुलने या बोलने आदि से होनेवाली हल्की ध्वनि जो किसी के आने या पास में कहीं होने का अनुमान करा दे। ***जैसे***—तुम्हारे आने की आहट पाकर चोर भाग गए। ***वा॰*** **आहट मिलना**—शब्द या ध्वनि से यह ज्ञात होना कि यहाँ कोई आया है या कोई बात हो रही है। **आहट लेना**—किसी बात या गतिविधि जानने के लिए चुपचाप या छिप कर देखना या सुनना। टोह लेना।

आहत—[सं॰ आ √हन् + क्त] *वि॰* १. जिस पर आघात हुआ हो या किया गया हो। ताड़ित। ***जैसे***—विपत्तियों से आहत मनुष्य। २. (शस्त्र आदि की चोट, दुर्घटना आदि से) घायल। ज़ख़्मी। ***जैसे***—तलवार से आहत सैनिक। ३. मर्दित। ***जैसे***—विजेता के पैरों से आहत देश की दुर्दशा। (संगीत॰) बजाया हुआ (वाद्य) (व्याकरण॰) असंगत या मिथ्यार्थक (वाक्य)। ***जैसे***—'बन्ध्या का पुत्र मिला' एक आहत वाक्य है। (गणित॰) जिसमें गुणा किया गया हो। गुणित। ***जैसे***—१० को ३ से गुणा करें तो १० आहत संख्या है। ∇ **विलोम**→अनाहत। *पु॰* ढोल नामक वाद्य। ✣ **आहत मुद्रा/सिक्के**—*पु॰* = (इति॰) चाँदी और सोने के बने कार्षापण आदि प्राचीन भारतीय सिक्के जिन पर ठप्पों द्वारा धार्मिक और भौगोलिक चित्र/मुद्रा अंकित है। (अं॰ पंच-मार्क्ड क्वाइन्स)

आहति—[सं॰ आ √हन् + क्तिन्] *स्त्री॰* १. आहत होने की अवस्था/भाव। २. आघात।

***आहन**[१]—[< सं॰ अहन्] दिन।

आहन[२]—[फा॰] लोहा। ✣ **आहनी**—*वि॰* = लोहे का।

आहरण[१]—[सं॰ आ √हृ + ल्युट्] *पु॰* १. हरण कर लेना। चुरा लेना या छीन लेना। २. उठा ले जाना। ३. ग्रहण। ४. वापसी। ***जैसे***—दिए हुए त्यागपत्र का आहरण। (वाणिज्य॰) बैंक आदि से अपना धन चेक आदि से निकालना।

***आहरण**[२]—[< सं॰ आभरण] *पु॰* आभूषण। अलंकार। गहने।

आहला—[सं॰ आ + हला] *पु॰* नदी आदि की बाढ़।

आहव—[सं॰ आ √ह्वे + अप्] *पु॰* १. युद्ध। २. आह्वान/ललकार। ३. यज्ञ।

आहवनीय—[सं॰ आ + हवनीय] *वि॰* हवन करने योग्य। आहुति देने योग्य। *स्त्री॰* वैदिक कर्मकांड में अग्नि का एक प्रकार। यज्ञ-मंडप में पूर्व दिशा में स्थापित अग्नि।

आहार—[सं॰ आ √हृ + घञ्] *पु॰* खाने की वस्तु। खाद्य। भोजन। **आहार-विहार**—*पु॰* = भोजन, परिश्रम, विश्राम, मनोरंजन आदि प्रतिदिन के शारीरिक व्यवहार। रहन-सहन।

आहारिक—[सं॰ आहार + ठक्] *वि॰* आहार-सम्बन्धी। भोजन का। ✣ **आहारिकी**—*स्त्री॰* = आहारविज्ञान। (अं॰ डाइटेटिक्स)

आहारी—[सं॰ आहारिन्] *वि॰* आहार करनेवाला। खानेवाला। ***जैसे***—शाकाहारी। (= शाक + आहारी)। ✣ **आहारिणी**—*वि॰* (*स्त्री॰*) = आहार करनेवाली। खानेवाली। ***जैसे***—शाकाहारिणी।

आहार्य—[सं॰ आ √हृ + ण्यत्] *वि॰* १. ग्रहण करने योग्य। २. लेने, लाने या हरण करने योग्य। ३. खाने योग्य। भक्ष्य। खाद्य। ***जैसे***—छह प्रकार के आहार्य पदार्थ। *पु॰* (काव्य॰) अनुभाव का एक प्रकार। (दे॰ आहार्य अनुभाव)। (नाट्य॰) अभिनय का एक प्रकार। (दे॰ आहार्य अभिनय) ✣ **आहार्य अनुभाव, आहार्यानुभव**—*पु॰* (काव्य॰) = अनुभाव के चार प्रकारों में से एक (अन्य तीन आंगिक अनुभाव, वाचिक अनुभाव, सात्त्विक अनुभाव)। मन में जब जैसा भाव उत्पन्न हो, उसके अनुरूप भिन्न-भिन्न प्रकार की कृत्रिम वेश-भूषा धारण करना। ✣ **आहार्य अभिनय, आहार्याभिनय**—*पु॰* = (नाट्य॰) अभिनय के चार प्रकारों में से एक (अन्य तीन—आंगिक अभिनय, वाचिक अभिनय, सात्त्विक अभिनय)। पात्र की अवस्था और वय के अनुरूप वस्त्रों और आभूषणों को धारण करके किया जाने वाला अभिनय।

***आहाँ**[१]—*स्त्री॰* ≤ सं॰ आह्वान।

आहाँ[२]—[< हिं॰ अ + हाँ] *अव्यय॰* अस्वीकृति-सूचक या मना करने का सूचक शब्द।

आहाँ[३]—[< हि॰ हाँ-हाँ] *अव्यय॰* स्वीकृति-सूचक शब्द। हाँ।

***आहि**[१]—[< स॰ अस्] *क्रिअ॰* है।

***आहि**[२]—*स्त्री॰* ≤ *हि॰* आह। ✣ **आहिँ (आहिं)**—*क्रिअ॰* = हैं।

आहित—[स॰ आ √धा + क्त] *वि॰* १. स्थापित। ***जैसे***—घर में आहित अग्नि। २. बन्धक/गिरवी रखा हुआ। ***जैसे***—आहित आभूषण। ३. किया हुआ। कृत। ***जैसे***—आहित दान।

आहिताग्नि—[स॰ आहित ~ अग्नि] *पु॰* १. घर में अग्नि स्थापित करनेवाला। अग्निहोत्री। २. (हवन, यज्ञ आदि के लिए) घर आदि में स्थापित अग्नि।

***आहु**—[< स॰ आहव] *पु॰* १. युद्ध। २. ललकार।

***आहुड़**—[< स॰ आहव] *पु॰* युद्ध। संग्राम।

आहुत—[स॰ आ + हुत] *वि॰* १. यज्ञ-कुंड में सामग्री के रूप में डाला गया। २. किसी उद्देश्य के लिए दिया हुआ या अर्पित। हवन किया हुआ।

आहुति—[स॰ आ √हु + क्तिन्] *स्त्री॰* १. यज्ञ/हवन में हवन की सामग्री डालने का भाव/प्रक्रिया। मन्त्र पढ़कर देवता/परमात्मा के लिए अग्नि में किसी वस्तु को डालना। ***जैसे***—१०८ आहुतियाँ डालना। २. हवन-सामग्री। ३. हवन-सामग्री की वह मात्रा जो एक बार में यज्ञकुंड में डाली जाए। ४. किसी उद्देश्य की सिद्धि के लिए किया जाने वाला त्याग। ***जैसे***—स्वतंत्रता-संग्राम में अपने जीवन की आहुति देना। ***वा॰* आहुति देना**—अर्पित करना। **(अपनी या अपने प्राणों की) आहुति देना**—किसी काम के लिए अपने शरीर आदि को अर्पित करना।

आहू—[फ़ा॰] *पु॰* मृग। हिरन।

आहूत—[स॰ आ √ह्वे + क्त] *वि॰* १. जिसका आह्वान हुआ हो। २. बुलाया हुआ या पुकारा हुआ। ३. निमन्त्रित। आमन्त्रित। ✣ **आहूति**—*स्त्री॰* = आह्वान की क्रिया/भाव। आह्वान। पुकार।

आहृत—[स॰ आ + हृत] *वि॰* १. छीना हुआ। हरण किया हुआ। २. लिया हुआ। ३. लाया हुआ।

आह्न (आह्न)—[स॰ अह्न + अण्] *वि॰* प्रतिदिन होनेवाला। दैनिक।

आह्निक (आह्निक)—[स॰ अह्न + ठक्] *वि॰* एक दिन का। दैनिक। *पु॰* १. एक दिन का काम। २. एक दिन का पारिश्रमिक। मज़दूरी। ३. धार्मिक नित्यकर्म (स्नान, पूजा, पाठ आदि) ४. किसी ग्रन्थ का एक दिन में अध्ययन के लिए नियत पाठ। ***जैसे***—प्रथम आह्निक।

आह्लाद (आह्लाद)—[स॰ आ √ह्लद् + घञ्] *पु॰* हर्ष। आनन्द। प्रसन्नता। ख़ुशी। ∇ **विलोम**→विषाद।

आह्वय (आह्वय)—[स॰ आ √ह्वे + अल्] १. नाम। संज्ञा। २. बाज़ी लगाकर की जानेवाली मेढ़ों, तीतरों, बटेरों आदि पशु-पक्षियों की लड़ाई। प्राणिद्यूत। ***जैसे***—'मनुस्मृति' आह्वय का निषेध करती है।

आह्वान (आह्वान)—[स॰ आ √ह्वे + ल्युट्] *पु॰* १. पुकार। २. ललकार। चुनौती। ३. आमन्त्रण। निमन्त्रण। ४. (देवता का) आवाहन। (विधि॰) न्यायालय द्वारा भेजा गया उपस्थित होने का आदेश। सम्मन। (अ॰ समन) ✣ **आह्वायक (आह्वायक)**—*वि॰* = आह्वान करने वाला।

आँ—['आ' का अनुनासिक रूप] *अव्यय॰* एक विस्मयसूचक शब्द। ऐं। हैं। ✣ **आँ-आँ**—*पु॰* = बच्चों के रोने की ध्वनि। ***जैसे***—बच्चों का आँ-आँ करके रोना।

आँक—[< स॰ अङ्क] *पु॰* १. अंक। छाप। २. शून्य से नौ तक के अंक या उनसे बनी संख्या। ३. लक्षण। चिह्न। ४. अक्षर। वर्ण। ५. लिखावट। ६. गोद। ७. आलिंगन। ८. दृढ़ निश्चय। ९. अंश। भाग। १०. बार। ११. बैलगाड़ी में। १२. रेखा। लकीर। १३. किसी वस्तु पर लिखा मूल्य का संकेत। १४. किसी वस्तु पर लिखा पहचान का संकेत। ✣ **आँक-बिहूनी**—*वि॰ (स्त्री॰)* = अक्षरों से रहित। बिना अक्षरों को। अलिखित/कोरी। ***जैसे***—विरह से व्याकुल नायिका द्वारा भेजी आँक-बिहूनी चिट्ठी को ध्यान से पढ़ रहा नायक।

आँकड़ा—[< हि॰ आँक] *पु॰* १. अंक। अदद। २. तथ्यों या संख्याओं की सांख्यिकीय सूचना। ३. (बहुवचन में प्रयुक्त होने पर) किसी विषय में संख्यात्मक और क्रमबद्ध तथ्य। ***जैसे***—जनगणना से प्राप्त आँकड़े। ✣ **आँकड़ाविद्**—*पु॰* = सांख्यिकीविद्।

आँकना[१]—[< स॰ अंकन] *क्रिस॰* १. अंक या चिह्न लगाना। अंकन करना। २. अंकित करना। चित्र बनाना। ३. (मूल्य आदि का) अनुमान लगाना। मूल्यांकन करना। कूतना। ४. महत्त्व आदि का अनुमान करना।

आँकना**[२]—[< स॰ अंक] *क्रिस॰* आलिंगन करना। गले लगाना। ***जैसे—श्रीराम द्वारा भरत को आँकने का दृश्य।

आँक-बाँक—[< हि॰ + स॰ वाक्] *पु॰* बिना सिर-पैर की बातें। अंट-संट बातें।

आँकर[१]—[< स॰ आकर] *वि॰* १. गहरा। २. बहुत अधिक। *स्त्री॰* खेत की गहरी जुताई।

आँकर[२]—[< स॰ अक्रय्य] *वि॰* महँगा। अकरा।

***आँकल**—[डिंगल, < हि॰ आँक] *पु॰* दाग़ा हुआ साँड़।

***आँकु**—[ब्रज॰ < अंक] *पु॰* १. अक्षर। वर्ण। २. अंक। ३. लेख। ४. रेखा। लकीर। ५. लिपि। ६. भाग्यलिपि।

***आँकुस**—*पु॰* ≤ *स॰* अंकुश।

आँकू—[< हि॰ आँकना] *वि॰, पु॰* संख्या, माप, मूल्य आदि का अनुमान लगानेवाला। आँकनेवाला।

आँख-रँजउनी—[< हि॰ आँख + स॰ रञ्जन] *स्त्री॰* १. नेत्रों में काजल लगाना। नेत्ररंजनी क्रिया। २. शिशु के जन्म के कुछ दिन बाद उसके नेत्रों में उसकी बुआ द्वारा काजल लगाने की एक प्रथा जिसमें बुआ को नेग दिया जाता है।

***आँग**—[< स॰ अङ्ग] *पु॰* अंग।

†आँगी—[< हि॰ अँगिया] *स्त्री॰* अँगिया। चोली।

आँघी—[< सं॰ √घृ] *स्त्री॰* मैदा आदि छानने की चलनी। महीन जाली वाली चलनी।

आँच—[< सं॰ अर्चिस्] *स्त्री॰* १. अग्नि। आग। २. अग्नि की लपट। ३. अग्नि से निकलनेवाली गर्मी। ४. ताप। ५. (लाक्षणिक) विपत्ति, संकट, कष्ट या हानि। *जैसे*—परिवार पर आँच आना। ६. (लाक्षणिक) किसी मनोवेग की तीव्र अनुभूति। *जैसे*—क्रोध की आँच। ७. (लाक्षणिक) भय। *जैसे*—दुष्ट लोग केवल डंडे की आँच मानते हैं। ***वा॰* आँच आना**—१. हानि होना। २. कष्ट, आघात या हानि पहुँचना। ३. संकट में पड़ना। **आँच दिखाना**—गरम करने के लिए अग्नि के समीप रखना। **आँच खाना**—१. गरम होना। २. अग्नि पर पकाया जाना। पकायी गयी वस्तु को अधिक ताप लग जाना। ३. क्रोध आना। **आँच न आने देना**—तनिक भी कष्ट आघात या हानि न होने देना। **आँच पाना**—हानि होना। **आँच लगना**—हानि होना। **आँच सहना**—कष्ट या विपत्ति सहना। **आँच से खेलना**—प्राणों पर संकट वाला काम करना।

आँचना[१]—[< सं॰ अञ्चन] *क्रिस॰* प्रवृत्त होना।

आँचना[२]—[< हि॰ आँच] *क्रिस॰* १. (अग्नि में) गरम करना। तपाना। जलाना। भूनना। २. कष्ट देना।

आँचना[३]—[< हि॰ अँचवना] *क्रिस॰* आचमन करना।

आँचल—*पु॰* १. धोती, साड़ी आदि का वक्ष पर रहने वाला छोर। २. शाल आदि का छोर। ३. ओढ़नी। ४. कपड़े का छोटा टुकड़ा। ५. (लाक्षणिक) स्तन। *जैसे*—आँचल में है दूध। —मैथिलीशरण (यशोधरा) ३. अंचल। (दे॰) *जैसे*—हिमालय के आँचल में। ***वा॰* आँचल की ओट लेना**—(बालक आदि को) यत्नपूर्वक रखना। बहुत सँभाल कर रखना। **आँचल दबाना**—बच्चे को स्तनपान कराना। **आँचल देना**—१. स्त्री का बच्चे को दूध पिलाना। २. ओट करना। ३. विवाह की एक रीति में भाँवर के समय कन्या को दुपट्टा उढ़ाना। **आँचल पसारना/फैलाना**—१. दीन भाव से भिक्षा माँगना। २. किसी बड़े से गिड़गिड़ा कर कुछ माँगना। किसी बात के लिये प्रार्थना करना। ३. अत्यन्त दीन भाव दिखाना।

आँजन—[< हि॰ आँजना] *पु॰* (आँखों में लगाने का) अंजन।

आँजना—[< सं॰ अञ्जन] *क्रिस॰* (नेत्रों में) सुर्मा/काजल लगाना। ✣ **आँजे**—*वि॰* = अंजन लगाए हुए।

आँट[१]—[< सं॰ आनद्ध] सोना परखने के लिए कसौटी पर उसकी रेखा या चिह्न। कस।

†आँट[२]—[< हि॰ अंटी] *पु॰* १. तर्जनी और अँगूठे के बीच का स्थान। घाई। २. दाँव-पेच। ३. वैर। द्वेष। (राउलवेल, पंक्ति २३) ४. गाँठ। ५. एँठन। अंटी। (दे॰) ***वा॰* आँट पड़ना**—मन मुटाव होना। **(किसी की) आँट पर चढ़ना**—किसी की घात का शिकार होना। किसी के दाँव में फँसना।

†आँट[३]—[< हि॰ आँटी] *स्त्री॰* परम्परा। रीति।

†आँट[४]—[< हि॰ अँटना] १. अँटने या पूरा पड़ने की क्रिया/भाव। २. पूर्ति। पर्याप्तता।

†आँट[५]—[< सं॰ आर्ति] *पु॰* १. दुःख। २. मानसिक पीड़ा।

***आँटड़ियाँ**—[< हि॰ आँट (= वैर)] १. वैर। शत्रुता। २. उपेक्षा।

आँटना[१]—[< हि॰ अँटना] *क्रिअ॰* १. समाना। भरना। २. अटकाना। लगाना। २. पूरा पड़ना। पर्याप्त होना। *क्रिस॰* १. अंटी बनाना। अँटियाना। २. (किसी को) अपने अधिकार/पक्ष में करना।

आँटना[२]—[< प्रा॰ अट्ट = प्राप्त] *क्रिअ॰* १. पहुँचना। जाना। *जैसे*—कमल तक हाथी नहीं आँटा। २. प्राप्त होना, मिलना।

†आँट-साँट—[< हि॰ आँटना + साँटना] *पु॰* १. षड्यन्त्र। २. मेल-जोल। ३. भागीदारी। साझा।

†आँटी[१]—[< हि॰ अंटी] १. (फल की) गुठली। २. गुठली जैसी कड़ी और गोल वस्तु। ३. कमर में धोती की लपेट जिसमें लोग रुपए आदि रख लेते हैं। अंटी। ***वा॰* आँटी गरम करना**—घूस देना/लेना। **आँटी गरम होना**—धन मिलना। ४. (मन की) ग्रन्थि। गाँठ। ५. अहंकार। ऐंठन।

***आँटी[२]**—[< प्रा॰ अट्ट] *स्त्री॰* परम्परा। रीति।

†आँटी[३]—[< सं॰ अण्ड] *स्त्री॰* १. घास आदि का छोटा गट्ठा। पूला। २. सूत आदि की लच्छी। ३. (गुल्ली-डंडा खेल की) गुल्ली।

†आँठी—[< प्रा॰ अट्ठि] १. दही का थक्का। २. (वस्त्र की) गाँठ। गिरह। ३. (फल की) गुठली या बीज। ४. गुठली जैसी कोई कड़ी वस्तु। ५. नवोढ़ा के स्तन।

***आँड**—[< सं॰ अण्ड] १. (शरीर का एक अवयव) अंडकोष। २. (अंडे की आकृति वाला) तलवार को मूठ के बीच का भाग। अँबिया।

†आँड़ी—[< सं॰ अण्ड] *वि॰* १. गाँठ। २. कन्द। *जैसे*—प्याज़ की आँड़ी। ३. पहिए की हाल।

आँड़ू—[< सं॰ अण्ड (= कोण)] *वि॰* (पशु) जो बधिया न किया गया हो। अँड़ुआ।

आँतरा—[< हि॰ आँतर] *वि॰* १. अन्तर/भेद वाला। २. दूरीवाला। ३. एक दिन छोड़कर एक दिन वाला। ✣ **आँतरा/आँतरे दिन**—*पु॰* = अगले दिन के बाद का दिन।

***आँदू**—[< सं॰ अन्दू] *पु॰* १. हथकड़ी। २. (पैरों में डालने की) बेड़ी। ३. (लोहे आदि की) शृंखला। साँकल। ज़ंजीर। ४. हाथी के पैर में बाँधने की ज़ंजीर।

आँध[१]—[< सं॰ अन्ध] *स्त्री॰* १. अँधेरा। २. रतौंधी (रोग)। *वि॰* नेत्रहीन। अन्धा।

***आँधना**—[< हि॰ आधी] *क्रिअ॰* आँधी की तरह अचानक और वेगपूर्वक आक्रमण करना। हल्ला बोलना। टूट पड़ना।

***आँधा/आँधौ**—[< हि॰ अन्धा] *वि॰* अन्धा।

***आँधारम्भ (आँधारंभ)**—[< सं॰ अन्धारम्भ] *पु॰* १. बिना समझे-बूझे कोई काम करना। २. अन्याय। अन्धेर।

आँधी—[< सं॰ अन्ध] *स्त्री॰* ज़ोर से चलनेवाली धूलभरी हवा। प्रभंजन। अन्धड़। तूफ़ान। *वि॰* १. आँधी की तरह वेगवान्। २. आवेश में कार्य करनेवाला। ३. बहुत शीघ्र कार्य करनेवाला। ***वा॰***

आँधी आना—१. किसी बात या वस्तु का पूरे वेग से आना। २. बहुत विरोध होना। **आँधी उठना**—१. मन में बहुत आवेग होना। २. विचारों में हलचल मचना। **आँधी उठाना**—हलचल मचाना। **आँधी के आम**—१. बहुत सस्ती वस्तु। २. बिना परिश्रम किए मिली वस्तु। ३. थोड़े दिनों तक ही रह जानेवाली वस्तु। ४. अधिक मात्रा में मिलनेवाली वस्तु। **आँधी से खेलना**—जानबूझ कर संकट में पड़ना। **(किसी का) आँधी होना**—बहुत तेज़ चलना।

***आँब**—[< हि॰ आम] *पु॰* आम का वृक्ष और उसका फल।

आँबा हल्दी—[< स॰ आम्र-हरिद्रा] *स्त्री॰* एक पौधा जिसकी जड़ हल्दी की तरह होती है और औषधोपयोगी होती है।

आँव—[< स॰ आम] *स्त्री॰* १. एक रोग जिसमें अपच के कारण पेट में ऐंठन होती है तथा लसीला मल निकलता है। २. उक्त लसीला मल।

आँवठ—[< हि॰ ओंठ] *पु॰* १. किनारा। तट। २. किसी बर्तन या कपड़े का किनारा। ३. किसी वस्तु की कुछ ऊँची उठी हुई बाड़।

***आँवड़ना**—[< स॰ उमड़ना] *क्रिअ॰* उमड़ना।

***आँवड़ा**—[< स॰ अवगर्त] *वि॰* गहरा।

आँवल—[< स॰ उल्व] *पु॰* गर्भस्थ शिशु के चारों ओर लिपटी रहनेवाली झिल्ली। जेरी।

आँवा/आँवाँ—दे॰ आवा[1]। ***वा॰* आँवे का आँवा बिगड़ जाना**—१. सम्पूर्ण संस्था/वर्ग/परिवार में कोई दोष होना। २. सभी बातें ख़राब हो जाना। ३. सभी का दोषपूर्ण हो जाना।

†आँस[1]—[ब्रज॰ < हि॰ आँसू] *स्त्री॰* अश्रु। आँसू।

†आँस[2]—[ब्रज॰ < हि॰ गाँस] *स्त्री॰* कष्ट। वेदना। दर्द।

†आँस[3]—[देशज] *स्त्री॰* १. सूत। रेशा। २. डोरी। रस्सी। ३. मूँछें निकलने के समय की आरम्भिक रेखा। ● **विशेष**— दे॰ आँसें।

†आँस-गाँस—[हि॰] कष्ट। पीड़ा। दर्द। ● **विशेष**—आँस = पीड़ा। गाँस = १. तीर या भाले आदि की नोक। २. कष्ट देनेवाली वस्तु।

†आँसना—[< हि॰ आँस] *क्रिअ॰* कष्टप्रद होना। खटकना, गड़ना या चुभना।

***आँसला[1]/आँसलो[1]**—[< हि॰ आँसू] *वि॰* जिसके नेत्रों में आँसू भरे हों। अश्रुपूर्ण।

***आँसला[2]/आँसलो[2]**—[< हि॰ आँस] *वि॰* वेदनावाला। वेदनापूर्ण।

***आँसी**—[ब्रज॰, < स॰ अंश] *स्त्री॰* १. भेंट के रूप में किसी को दी जाने वाली मिठाई। बैना। २. अंश। भाग। हिस्सा।

†आँसें—[< हि॰ आँस = रेखा] *स्त्री॰* मूँछों का आरम्भिक रूप जब वे रेखा मात्र होती हैं। मूँछों के बढ़ने से पहले की हल्की रोमावली। मसें। *जैसे*—उसकी आँसें भीग चुकी थीं। ● **विशेष**—इस अर्थ में बहुवचन 'आँसें' का ही प्रयोग होता है, 'आँस' का नहीं। ***वा॰* आँसें भीगना**—मूँछें निकलना आरम्भ होना।

†आँहड़—[< स॰ आ + भाण्ड] १. मिट्टी का बर्तन। २. पात्र। बर्तन।

आँहाँ—[< हि॰ हाँ] *अव्यय* १. एक स्वीकृतिसूचक शब्द। हाँ। *जैसे*—'क्या आ रहे हो?' 'आँहाँ'।

इ

देवनागरी वर्णमाला का तीसरा स्वर। (भाषाविज्ञान की दृष्टि से) यह 'तालव्य', 'ह्रस्व' (जिसका दीर्घ रूप 'ई' है), अग्र, अवृत्तमुखी, संवृत, तथा 'मूल' स्वर है और 'घोष' ध्वनि है। ● **विशेष**—१. 'इ' का अनुनासिक रूप 'इँ' है। ***जैसे***—इँचना, इँडुरी आदि। २. 'इ' की मात्रा 'ि' है जो व्यंजन के बायीं ओर लगती है। (***जैसे***—कि, ति, रि इत्यादि में।)

इ[1]—[स॰ अ + इञ्] *पु॰* कामदेव। *अव्यय॰* १. क्रोध, दया, आश्चर्य और भर्त्सना का सूचक एक शब्द। २. सम्बोधनवाची एक शब्द।

इ**[2]—[अवधी < प्रा॰ इ < स॰ हि] *अव्यय॰* (निपात के रूप में प्रयुक्त) ही। निश्चय ही। ***जैसे—झूठइ, लोभइ, रामइ। **उदा॰** झूठइ भोजन झूठ चबेना। —तुलसी (मानस॰, ७/३९/४)

†**इ**[3]—[अवधी < स॰ इदम्] *सर्व॰, वि॰* यह। ***जैसे***—इ बालक।

इक आँक—[< हि॰ इक + स॰ अङ्क] *क्रिवि॰* १. निश्चय ही। २. सर्वथा। पूर्णतः। बिल्कुल। ● **विशेष**—'एक अंक' का अर्थ 'लकीर खींच कर (कहना)' या 'पूरी तरह विश्वासपूर्वक कहना' लोकप्रचलित रहा है, उसी के आधार पर उक्त शब्द-प्रयोग हुआ है।

इकङ्क (इकंक)**—[< हि॰ इक + स॰ अङ्क] *क्रिवि॰* निश्चित ही। ***जैसे—राम-विजय, रावण-मरण शीघ्र होय इकंक।

***इकङ्ग (इकंग)**—[< हि॰ इक + स॰ अङ्ग] *वि॰* एकांगी। एकपक्षीय। इकतरफ़ा। *क्रिवि॰* अच्छी प्रकार से मिश्रित। एकरूप। *पु॰* अर्धनारीश्वर शिव।

इकजोर—[हि॰ इक + जोर] *क्रिवि॰* एकसाथ।

इकटक—[< हि॰ एकटक] *क्रिवि॰* १. बिना पलक गिरे। निर्निमेष। २. निरन्तर।

इकट्ठी—*वि॰ (स्त्री॰), क्रिवि॰ (स्त्री॰)*। ***जैसे***—इकट्ठी पुस्तकें; इकट्ठी जाना। ● **विशेष**—'इकट्ठा' का तिर्यक् रूप 'इकट्ठे' भी *वि॰* और *क्रिवि॰* के रूप में प्रयुक्त होता है। ***जैसे***—भाषण सुनने के लिए इकट्ठे लोग; यहाँ से इकट्ठे जाना।

इकतरा—[< स॰ एकान्तर] *पु॰* एक-एक दिन छोड़कर आनेवाला ज्वर।

इकताक—[< हि॰ एक + ताक] *स्त्री॰* टकटकी। *वि॰* एक समान।

इकतान—[< हि॰ एक + तान] *वि॰* १. एक-सा। एकरस। २. शान्त। स्थिर।

इकतार—[स॰ एक ~ तार] *वि॰* एक-सा। एकरस। *क्रिवि॰* अनवरत। निरन्तर। लगातार।

इकतारा—[< हि॰ एक + तार] *पु॰* एक तार वाला तत-वाद्य जो देखने में छोटे तानपूरे की तरह होता है तथा मिज़राब से बजाया जाता है। एकतन्त्री वीणा। ✣ **इकतारी**—*स्त्री॰* = छोटा इकतारा।

इक़बाल—[< अरबी इक़्बाल] *पु॰* १. प्रताप। २. तेज। ३. भाग्य। [विधि॰] (अपने अपराध आदि की) स्वीकृति। ✣ **इक़बालमन्द (इक़बालमंद)**—*वि॰* = इक़बालवाला। प्रतापी। तेजस्वी। भाग्यशाली। ✣ **इक़बाली**—*वि॰* = (विधि॰) अपना अपराध स्वीकार कर लेनेवाला (अभियुक्त)।

इकराम—[अरबी ('करम' का बहुवचन')] *पु॰* १. अनेक प्रकार की कृपाएँ। २. सम्मान बढ़ानेवाली कृपाएँ।

***इकलन्त (इकलंत)**—[< स॰ एकल] *वि॰* अकेला।

इकलाई—[< स॰ एकल] *स्त्री॰* १. अकेलापन। २. बारीक सूती धोती जो जोड़े में नहीं बनती।

***इकलास**—[< अरबी इख़लास] *पु॰* मैत्री।

इकलोई[1]—[< हि॰ इक + लोई] *वि॰* एक ही लोई (चादर या परत) से बना हुआ। ***जैसे***—इकलोई पतीली।

†**इकलोई**[2]—[< हि॰ इकला ही] *वि॰* अकेला ही। एकमात्र। ***जैसे***—इकलोई बेटा।

इकलौती—*वि॰ (स्त्री॰)*। ***जैसे***—इकलौती पुत्री।

***इकस**—[< अरबी अकस] *स्त्री॰* १. ईर्ष्या। २. द्वेष। ३. लालसा।

***इकसर**[1]—[< हि॰ इक] *वि॰* अकेला।

***इकसर**[2]—[< अरबी अक्सर] *क्रिवि॰* प्रायः। बहुधा। अक्सर।

इकसार**—[< हि॰ इक + प्रा॰ सारिस < स॰ सदृश] *वि॰* १. एक-सा। समान। बराबर। ***जैसे—रात-दिन इकसार वर्षा होना। २. समतल। *क्रिवि॰* समान ढंग से। ***जैसे***—इकसार चलना।

***इकसूत**—[< स॰ एकसूत्र] *वि॰* एक साथ। एकत्र। इकट्ठा। *क्रिवि॰* निरन्तर। लगातार।

इकहरा—[< हि॰ इक] *वि॰* १. एक परत/तह वाला। ***जैसे***—इकहरा शाल ओढ़ना, दुहरा नहीं। २. पतला। ***जैसे***—इकहरा शरीर। ✣ **इकहरी**—*वि॰ (स्त्री॰)*। ***जैसे***—इकहरी चादर।

***इकहाई/इकहाऊ**—[< हि॰ इक] *क्रिवि॰* १. एक ही बार में। एक साथ। २. तत्काल। तुरन्त। ३. सहसा। अचानक।

इकाई—[< हि॰ इक] *स्त्री॰* १. संख्या में 'एक' होने की अवस्था/भाव। २. एक वस्तु/व्यक्ति। ३. किसी समूह/वर्ग का सबसे छोटा अंश। ***जैसे***—'समाज' की इकाई 'व्यक्ति' है। ४. किसी यौगिक पदार्थ के मूल अवयवों में से प्रत्येक। ***जैसे***—शरीर की प्रमुख इकाइयाँ

उसके हाथ, पैर आदि अंग और रक्त, मज्जा आदि धातुएँ हैं। ४. लम्बाई, मात्रा, समय, विद्युत्धारा, ताप, प्रकाश-तीव्रता और द्रव्य-परिमाण नामक सात भौतिकीय परिमाणों/राशियों के मापन के लिए मान्य 'आधारभूत मान' या उनके गुणन या विभाग से बने 'व्युत्पन्न मान'। *जैसे*—मीटर, किलोग्राम, किलोमीटर, ग्राम, सेकंड इत्यादि। ५. आर्थिक आदि राशियों के गणन/मापन के लिए मान्य 'आधारभूत मान' या उनके गुणन या विभाग से बने 'व्युत्पन्न मान'। *जैसे*—रुपया, पैसा, डालर, पौंड, शिलिंग, पेंस इत्यादि। (अंकगणित॰) १. एक की संख्या (१)। २. (दाशमिक प्रणाली में) किसी संख्या में दाहिनी ओर का पहले अंक का स्थान। *जैसे*—२३७५ में ५ 'इकाई' स्थान पर है और ७ 'दहाई' स्थान पर।

इकारादि—[स॰ इकार ~ आदि] *वि॰* वह शब्द जिसके आदि/आरम्भ में 'इकार' हो। *जैसे*—'इधर' इकारादि है, 'शिव' नहीं। *स्त्री॰* 'इकार' आदि। *जैसे*—इकारादि ध्वनियों को पहचानिए।

इकारान्त (इकारांत)—[स॰ इकार ~ अन्त] *वि॰* वह शब्द जिसके अन्त में 'इकार' हो। *जैसे*—'हरि' और 'मुनि' इकारान्त शब्द हैं, 'राम' तथा 'शिव' नहीं।

***इकैठ**—[< स॰ एकस्थ] *वि॰* एकत्र। इकट्ठा।

***इकोतर**—[< स॰ एकोत्तर] *वि॰* एक अधिक। एकोत्तर।

इकौना—[< स॰ एक] *पु॰* बिना छाँटा/चुना हुआ अनाज। *वि॰* अनुपम। बेजोड़।

***इकौसा/इकौंसा (इकौंसा)**—[< स॰ एक ~ वास] *वि॰* १. एकान्त (स्थान)। २. एकान्त में रहनेवाला। एकान्तवासी। अकेला। ३. पृथक्। अलग। *जैसे*—इकौसे रहना। ✣ **इकौसी/इकौंसी (इकौंसी)**—*वि॰ (स्त्री॰)*।

इकौंज (इकौंज)—[< स॰ एक-वन्ध्या] *स्त्री॰* वह स्त्री जिसके एक बार ही सन्तान हो, फिर उत्पन्न न हो पाए। काकबन्ध्या।

इक्का—[< हि॰ इक + का] *वि॰* अकेला। *पु॰* १. एक घोड़ेवाली या एक बैलवाली गाड़ी। *जैसे*—लखनऊ का इक्का। २. (युद्ध में) अकेला लड़नेवाला योद्धा। ३. ताश का पत्ता जिसमें केवल एक बुँदकी होती है। *जैसे*—ईंट का इक्का। ✣ **इक्का-दुक्का**—*वि॰* = १. अकेला या साथ में एक व्यक्ति वाला। अकेला-दुकेला। २. कोई-कोई। *जैसे*—इक्का-दुक्का व्यापारी ही पूर्ण ईमानदार मिलेगा। ३. बहुत कम। *जैसे*—रात्रि में इस सड़क पर इक्का-दुक्का वाहन ही मिलेगा। ● **विशेष**—(क) इक्का हाँकनेवाले को '**इक्कावान**' कहते हैं तथा इक्का हाँकने का काम/पारिश्रमिक '**इक्कावानी**' कहा जाता है। (ख) एक बैल वाली छोटी गाड़ी को '**इक्की**' कहते हैं। (ग) ताश के खेल में 'इक्का' नामक पत्ते को भी कहीं-कहीं '**इक्की**' बोला जाता है।

इक्ज़ेक्युटिव—[अ॰ इग्ज़ेक्युटिव] *वि॰* कार्यान्वित करनेवाला। कार्यकारी। *स्त्री॰* कार्यपालिका। कार्यकारिणी। ✣ **इक्ज़ेक्युटिव कमेटी**—*स्त्री॰* = कार्यकारिणी समिति। ✣ **इक्ज़ेक्युटिव कौंसिल**—*स्त्री॰* = कार्यकारिणी परिषद्।

इक्विटी—[अ॰] *स्त्री॰* (वाणि॰) कम्पनी के अंशधारियों का स्वामित्व-हित। ● **विशेष**—यह प्रदत्त पूँजी, आरक्षित निधि और प्रतिधारित लाभों का योग होती है। ✣ **इक्विटी शेयर**—*पु॰* = (वाणिज्य॰) अधिमान अंशों से भिन्न अंश/शेयर।

इक्षु—[स॰ √इष् + क्सु] *पु॰* ईख। गन्ना। ● **विशेष**—गन्ने के डंठल को '**इक्षु-कांड**' अथवा '**इक्षु-दंड**' और गन्ने के रस से बने पदार्थ को '**इक्षुज**' कहते हैं। गन्ना '**इक्षु-दंड**' कहा जाता है और उसका रस '**इक्षु-रस**' है। गन्ने के रस से बनी चीनी को '**इक्षु-शर्करा**' कहते हैं तथा ईख के रस से बनी वस्तु (गुड़, चीनी आदि) को '**इक्षु-सार**'। ✣ **इक्षुमती**—*वि॰* (स्त्री॰) = १. गन्ने का रस वाली। २. जल या प्रवाह से युक्त।

***इखद**—[< स॰ ईषत्] *वि॰* ईषत्। थोड़ा।

इख़्तियार—[अरबी] *पु॰* १. अधिकार। २. सामर्थ्य। शक्ति। ३. वश। क़ाबू।

इख़्तिलाफ़—[अरबी] *पु॰* १. मतभेद। २. वैमनस्य। रंजिश। ३. फूट।

इग़वा—[अरबी] *वि॰* १. बहकाया हुआ। २. जिसे बहकाकर भगा ले जाया गया हो।

इङ्ग (इंग)—[स॰ √इङ्ग् + घञ्] *पु॰* १. संकेत। इशारा। २. चिह्न। निशान। ३. हाथी का दाँत।

इङ्गन (इंगन)—[स॰ √इङ्ग् + ल्युट्] *पु॰* १. चलना। २. हिलना या हिलाना। ३. संकेत करना। ४. ज्ञान। जानकारी।

इङ्गला (इंगला)—[< स॰ इडा 'पिंगला' के अनुकरण पर बना शब्द] *स्त्री॰* (योग॰) इड़ा नामक नाड़ी जो दाहिने नथुने से साँस लेते समय सक्रिय होती है। चन्द्र नाड़ी। ✣ **इङ्गला-पिङ्गला (इंगला-पिंगला)**—*स्त्री॰* (योग॰) = इड़ा और पिंगला नामक दो नाड़ियाँ।

इङ्गित (इंगित)—[स॰ √इङ्ग् + क्त] *पु॰* १. संकेत। इशारा। *जैसे*—मित्र का इंगित समझकर। २. किसी के मन का विचार, मानसिक प्रवृत्ति/रुचि। *वि॰* जिसकी ओर संकेत किया गया हो। संकेतित। *जैसे*—इंगित व्यक्ति।

इङ्गितज्ञ (इंगितज्ञ)—[स॰ इङ्गित ~ ज्ञ] *वि॰, पु॰* संकेत समझनेवाला। जो इशारा पहचानता हो।

इङ्गुदी (इंगुदी)—[स॰ इङ्गुद + ङीष्] *स्त्री॰* १. एक औषधोपयोगी छोटे आकार का और कँटीदार वृक्ष जिसके पत्ते वृन्तरहित और अंडाकार तथा फूल पीताभ होते हैं। हिंगोट वृक्ष। २. उक्त वृक्ष का फल। ३. ज्योतिष्मती लता। मालकंगनी। ● **विशेष**—इसके फल के तेल को '**इंगुदी तेल**' कहते हैं।

***इङ्गुर (इंगुर)**—[< प्रा॰ इंगुल < स॰ हिङ्गुल] *पु॰* ईंगुर। सिन्दूर।

इङ्गुरौटी (इंगुरौटी)—[< हि॰ ईंगुर] *स्त्री॰* ईंगुर/सिन्दूर रखने की डिबिया।

***इचना**—[< हि॰ इँचना] *क्रिस॰* खिँचना। खिँच जाना।

***इचनि**—[< हि॰ इचना] *स्त्री॰* आकर्षण।

***इच्छना**—[< स॰ इच्छन] *क्रिस॰* इच्छा करना। चाहना। *जैसे*—सुख इच्छना परन्तु दुःख पाना।

इच्छा—[सं॰ √इष् + श + टाप्] *स्त्री॰* १. इष्ट/प्रिय/सुखद वस्तु को प्राप्त करने की मनोवृत्ति। कामना/चाह। *जैसे*—धन की इच्छा। ▽ **विलोम**—अनिच्छा। २. परमात्मा या महाशक्ति की शक्ति का एक प्रकार। लीला-शक्ति। (शैव॰) परम शिव की एक शक्ति जिसके जागृत होने पर वे सृष्टि करते हैं।

इच्छाचारी—[सं॰ इच्छा ~ चारी] *वि॰* १. (देवता, सिद्ध, योगी, राक्षस आदि) जो अपनी इच्छा के अनुकूल पृथ्वी, स्वर्ग इत्यादि में जाता हो। जहाँ चाहे वहाँ बेरोक जा सकनेवाला। २. मनचाहा करनेवाला। स्वच्छन्द। उच्छृंखल। ३. मनमौजी। ✣ **इच्छाचारिणी**—*वि॰ (स्त्री॰)*। *जैसे*—इच्छाचारिणी अप्सरा; इच्छाचारिणी शूर्पणखा।

इच्छा-पत्र—[सं॰] *पु॰* वसीयतनामा।

इच्छामय—[सं॰ इच्छा + मयट्] *वि॰* १. इच्छा से युक्त। चाहवाला। २. इच्छा या लीला से निर्मित (रूप, वेष आदि)।

इच्छार्थक—[सं॰ इच्छा ~ अर्थक] *वि॰* इच्छा प्रकट करनेवाला। इच्छा-सूचक।

इच्छावसु—[सं॰ इच्छा ~ वसु] *वि॰* मनचाहा धन तत्काल प्राप्त करनेवाला। *पु॰* कुबेर।

इच्छु[१]—[सं॰ √इष् + उ, नि॰ सिद्धि] *वि॰* (प्रायः समास-युक्त शब्द के अन्त में) चाहनेवाला। *जैसे*—धनेच्छु, शुभेच्छु।

***इच्छु**[२]—[< सं॰ इक्षु] *पु॰* ईख। गन्ना।

इजरा—[अरबी] *पु॰* १. जारी करने या कराने की क्रिया या भाव। (विधि॰) २. दीवानी न्यायालय से प्राप्त डिगरी को कार्यान्वित कराने के लिए की गयी कार्रवाई। *जैसे*—डिगरी इजरा कराना।

इजलास—[अरबी] *पु॰* १. सार्वजनिक कार्यों के लिए किसी अधिकारी का अपने निश्चित स्थान पर बैठना। २. (किसी संस्था आदि का) अधिवेशन। ३. न्यायालय में मुक़दमे सुने जाने का स्थान। कचहरी।

इज़हार—[< अरबी इज़्हार] *पु॰* १. प्रकट होना। २. प्रकट करना। प्रकटीकरण। (विधि॰) न्यायालय में दिया गया बयान।

इज़ाफ़ा—[< अरबी इज़ाफ़ः] *पु॰* (आय, व्यय, मात्रा, मान आदि में होनेवाली) वृद्धि। बढ़त। *जैसे*—आमदनी में सौ रुपए प्रति मास का इज़ाफ़ा।

इज़ारबन्द (इज़ारबंद)—[फा॰] *पु॰* पाजामा, लहँगा आदि को बाँधने की डोरी। कमरबन्द। नाड़ा। ● **विशेष**—फ़ारसी शब्द 'इज़ार' का अर्थ है—पाजामा।

इजारा—[< अरबी इजारः] *पु॰* १. एकाधिकार। २. ठेका। ३. नियत धन लेकर या किराए पर किसी सम्पत्ति/वस्तु पर अस्थायी अधिकार। *जैसे*—जंगल इजारे पर देना/लेना। ४. किसी भूमि का किसी अवधि के लिए लिखा जाने वाला पट्टा। ५. (ग्राम, ज़िले इत्यादि की उगाही आदि की आय का) ठेका।

इजारेदार—[< फा॰ इज़ारःदार] *वि॰* = एकाधिकारी। २. ठेकेदार। ३. पट्टेदार। ✣ **इजारेदारी**—*स्त्री॰* = १. एकाधिकार। २. ठेकेदारी। ३. पट्टेदारी।

इज़्ज़त—[अरबी] *स्त्री॰* १. सम्मान। २. प्रतिष्ठा। ३. (स्त्री की) मर्यादा या शील। ***वा॰*** **इज़्ज़त अपने हाथ होना**—सम्मान को घटाना-बढ़ाना अपने वश में होना। **(किसी की) इज़्ज़त उतारना/बिगाड़ना**—१. अपमानित करना। २. प्रतिष्ठा या मर्यादा नष्ट करना। २. (नारी का) शील भंग करना। सतीत्व नष्ट करना। **इज़्ज़त कमाना**—मान-प्रतिष्ठा पाना। **इज़्ज़त ख़ाक (धूल/मिट्टी) में मिला देना**—१. मान-प्रतिष्ठा को मिटा देना। २. नाम पर कलंक लगाना। **इज़्ज़त खोना/गँवाना**—अपनी मान-प्रतिष्ठा नष्ट करना। **इज़्ज़त जाना**—अपमान होना। **इज़्ज़त डुबाना/डुबोना**—प्रतिष्ठा नष्ट करना। **(अपनी) इज़्ज़त देना**—१. अपना सम्मान नष्ट करना। २. मर्यादा खोना। **(किसी को) इज़्ज़त देना**—१. गौरव देना। गौरवान्वित करना। २. सम्मानित करना। **इज़्ज़त पर आँच आना**—अपमानित होना। **इज़्ज़त पर पानी फेरना**—प्रतिष्ठा नष्ट करना। **इज़्ज़त पर हाथ डालना**—अपमानित करना। **इज़्ज़त बिगाड़ना**—प्रतिष्ठा नष्ट करना। **इज़्ज़त बेचना**—१. धन लेकर प्रतिष्ठा नष्ट करनेवाला काम करना। २. धन लेकर अपना सतीत्व/चरित्र नष्ट करना। **इज़्ज़त मिट्टी करना**—प्रतिष्ठा नष्ट करना। **इज़्ज़त मिलना**—१. प्रतिष्ठा प्राप्त करना। २. बड़ा पद मिलना। **इज़्ज़त में बट्टा लगना**—नाम पर कलंक लगना। **इज़्ज़त में बट्टा लगाना**—१. सम्मान या प्रतिष्ठा को मिटा देना। २. नाम पर कलंक लगाना। **इज़्ज़त रखना**—प्रतिष्ठा बचा लेना। **इज़्ज़त लुटाना**—ऐसा काम करना जिससे सम्मान या प्रतिष्ठा नष्ट हो। **इज़्ज़त लूटना/लेना**—१. अपमानित करना। २. प्रतिष्ठा या मर्यादा नष्ट करना। ३. (स्त्री का) शील भंग करना। सतीत्व नष्ट करना। **इज़्ज़त से खेलना**—१. किसी के मान-सम्मान को नष्ट करने का प्रयत्न करना। २. किसी स्त्री का सतीत्व नष्ट करना।

इञ्जील (इंजील)—[यूनानी, अरबी] *स्त्री॰* (ईसाई मत का प्रमुख धार्मिक ग्रन्थ) बाइबिल। ✣ **इञ्जीली (इंजीली)**—*वि॰* = ईसाई मत का। *जैसे*—इंजीली अख़बार और पुस्तकें। *पु॰* = ईसाई प्रचारक। *जैसे*—इंजीलियों के गोवा में अत्याचार।

इटैलिक/इटैलिक्स—[अं॰] *वि॰* (मुद्रण॰) तिरछा (टाइप)। *पु॰* (मुद्रण॰) तिरछे अक्षर।

इठलाना—[< हिं॰ ईठ < प्रा॰ इट्ठ < सं॰ इष्ट] *पु॰* इठलाने का भाव/क्रिया। इठलाहट। *जैसे*—तुम्हारा इठलाना भी मुझे पसन्द है। *क्रिअ॰* १. ऐंठ/ठसक दिखाना। २. दूसरों का ध्यान आकर्षित करने के लिए गर्वसूचक चेष्टाएँ करना। भाव-भंगिमा दिखाना। *जैसे*—इठलाते हुए बातें करना। ३. मटक-मटक कर चलना। *जैसे*—बच्चों का इठलाना। ४. छेड़ने के लिए दिखावटी निषेधपूर्ण बातचीत करना। टालमटोल करना। *जैसे*—वह इठलाती रही और यह नहीं बताया कि मेरी पुस्तक कहाँ छिपा दी है। ✣ **इठलाहट**—*स्त्री॰* = इठलाने का भाव।

***इठाई**—[< सं॰ इष्ट] *स्त्री॰* १. इष्टता। २. मित्रता। दोस्ती। ३. रुचि।

इड—[लैटिन] *पु॰* (मनो॰) मन का वस्तु-जगत् से पूरी तरह अछूता,

गहनतम और अचेतन समझा जानेवाला भाग। अचेतन मन। इदम्।

इडा—[सं॰ √इल् + अच्, 'इला' का ही एक रूप 'इडा' है] *स्त्री॰* १. पृथ्वी। २. वाणी। ३. गौ। गाय। ४. अन्न। ५. पार्वती। दुर्गा। ६. सरस्वती। ७. बुद्धि। ८. यज्ञ-सामग्री। हवि। (योग॰) एक सूक्ष्म नाड़ी जो रीढ़ की हड्डी की बायीं ओर से होकर मस्तिष्क तक जाती है। ● **विशेष**—'इडा' को हिन्दी-भाषी प्रायः '**इड़ा**' बोलते और लिखते हैं। **इड़ा**—दे॰ इडा।

***इत**[1]—[< सं॰ इतः] *क्रिवि॰* १. इस ओर। इधर। २. यहाँ। *सर्व॰* यह। ✣ ***इत उत**—*सर्व॰* = १. यहाँ-वहाँ। २. इधर-उधर। ✣ ***इत उत जित कित**—*क्रिवि॰* = इधर-उधर जिधर-किधर। सर्वत्र।

इतः—[सं॰ इदम् + तसिल्] *क्रिवि॰* १. इस जगह। यहाँ। २. इस ओर। इधर। ३. इस समय से। अब से। ४. अतः। इसलिए। ✣ **इतःपर**—*क्रिवि॰* = इसके पश्चात्। इसके बाद।

इतनक**—[< सं॰ इयत्] *वि॰* १. इतना। २. छोटा। ***जैसे—इतनक-सा बालक।

इतना—[< हिं॰ इत्ता < सं॰ इयत्तक] *वि॰* १. कथित, निर्धारित या प्रस्तुत परिमाण, मात्रा या संख्या का। ***जैसे***—इतना धन तुम्हारा है; इतना बहुत है; इतना काम करिए; इतना कपड़ा ख़रीदो। २. मात्रा, परिमाण, स्थिति आदि की अधिक तीव्रता, प्रचंडता आदि (जिस पर आश्चर्य, क्रोध, खीज आदि को प्रकट किया जाए)। ***जैसे***—इतना अत्याचार; इतना बल! *क्रिवि॰* किसी विशेषण या क्रियाविशेषण की अधिकता आदि बतानेवाला शब्द जिसका तात्पर्य होता है—बहुत भीषण, बहुत भयंकर आदि। ***जैसे***—इतना भीषण अत्याचार!; इतना अधिक क्रोध!; इतना कम बोलना! [● **विशेष—इसका प्रयोग** विस्मय, क्रोध आदि के प्रसंगों में होता है।] *पुं॰* (विशेष्य न होने पर) अनिश्चित या अज्ञात मात्रा, परिमाण या राशि आदि। ***जैसे***—इतना मेरा है, उतना तुम्हारा। ● **विशेष**—१. '**इतना तो**', '**इतना-सा**', '**इतना ही**' से मात्रा, परिमाण, संख्या आदि का थोड़ापन, कमी, सूक्ष्मता आदि का भाव प्रकट होता है। ***वा॰* इतने में**—इस बीच के समय में। इस अवधि में। ✣ ***इतनिक**—*वि॰ (स्त्री॰)* = १. इतनी। २. थोड़ी। ✣ ***इतनियै**—**वि॰** = इतनी ही। ✣ **इतनी**—*वि॰ (स्त्री॰), क्रिवि॰* = इतना *(स्त्री॰)*। ***जैसे***—इतनी रात्ति में; इतनी अधिक नाराज़गी।

***इतबार**—[< अरबी एतबार] *पुं॰* विश्वास। एतबार।

इतर—[इ √तृ + अप्] *वि॰* १. प्रस्तुत से भिन्न। ***जैसे***—साहित्येतर विषय। २. अन्य। दूसरा। ३. अवशिष्ट। शेष। ४. नीच। पतित। ✣ **इतर जन**—*पुं॰* = जनसाधारण। आम लोग। ✣ **इतर प्रविष्टि**—*स्त्री॰* = (पुस्तक॰) सूचीकरण में मुख्य प्रविष्टि के अतिरिक्त अन्य प्रविष्टि जो सम्पादक, अनुवादक आदि की हो सकती है। ✣ **इतर विकसन**—*पुं॰* = (चिकित्सा॰) ऊतक की रचना में असामान्य परिवर्तन। ऊतिकोशान्तरण। (अं॰ मेटाप्लेज़िया)

इतरतः—[सं॰ इतर + तसिल्] *क्रिवि॰* १. भिन्न रीति से। दूसरी तरह से। २. नहीं तो। अन्यथा।

इतरत्र—[सं॰ इतर + त्रल्] *क्रिवि॰* भिन्न स्थान में। अन्यत्र।

इतरत्व—[सं॰ इतर] *पुं॰* १. प्रस्तुत से भिन्नता। इतरता। २. अन्यत्व। दूसरापन। इतरता।

इतराना—[< सं॰ इत्वरायते] *पुं॰* १. इतराने की क्रिया/भाव। इतराहट। ***जैसे***—तुम्हारा इतराना ठीक नहीं। २. गर्व। *क्रिअ॰* अपना महत्त्व दिखाने के लिए चलने या बातचीत करने में नाज़-नख़रे दिखाना। गर्वसूचक चेष्टाएँ दिखाना।

इतरी—[< हिं॰ इतराना] *वि॰* चंचल स्वभाव वाली (गाय)।

इतरेतर—[सं॰ इतर ~ इतर] *क्रिवि॰* आपस में। परस्पर। अन्योन्य। *वि॰* आपस का। पारस्परिक। ✣ **इतरेतराभाव**—*पुं॰* (न्याय॰, वैशेषिक॰) अभाव का एक भेद। अन्योन्य अभाव। ✣ **इतरेतराश्रय**—*पुं॰* (न्याय॰) एक तर्क-दोष। तर्क में दो वस्तुओं की परस्पर अवलम्बित होने की स्थिति जिसमें दोनों वस्तुएँ सिद्ध नहीं हो सकतीं। अन्योन्यसम्बन्ध का दोष। ✣ **इतरेतर द्वन्द्व (द्वन्द्व)**—*पुं॰* = (व्याकरण॰) द्वन्द्व समास का एक भेद जिसमें समस्त पद में योग-सूचक अव्यय 'और' का लोप होता है। ***जैसे***—राम-लक्ष्मण (= राम और लक्ष्मण)।

***इतरौहाँ/इतरौंहाँ**—[< हिं॰ इतराना] *वि॰* १. इतराने की प्रवृत्ति वाला। २. जिससे इतराने का भाव प्रकट हो। गर्वसूचक।

इतवत**—[< हिं॰ इत उत] *क्रिवि॰* इधर-उधर। ***जैसे—इतवत देखि चलत।

***इतवरी**—[< सं॰ इत्वरी] *स्त्री॰* चरित्नहीन नारी। कुलटा।

इतस्ततः—[सं॰ इतस् ~ ततस्] *क्रिवि॰* १. इधर-उधर। २. यहाँ-वहाँ।

***इता**—[< हिं॰ इत्ता] *वि॰* इतना।

इताअत—[अरबी] *स्त्री॰* १. अधीनता। मातहती। २. आज्ञापालन। आज्ञाकारिता। ✣ **इताअतमन्द (इताअतमंद)/इताअतशियार**—*वि॰* = आज्ञापालक। आज्ञाकारी।

***इताति**—[< अरबी इताअत] *स्त्री॰* १. अधीनता। २. आज्ञा या आज्ञापालकता।

इति—[सं॰ इ + क्तिन्] *अव्यय॰* (उद्धरण, वाक्य आदि या ग्रन्थ के अन्त में दिया जानेवाला) समाप्ति का सूचक शब्द। *स्त्री॰* १. समाप्ति। अन्त। ***जैसे***—उसके राज्य की इति हो गई। २. पूर्णता। *क्रिवि॰* इस प्रकार। (पूर्वोक्त) ऐसा या यह। ✣ **इति-अथ**—*पुं॰* = आरम्भ और अन्त। **उदा॰** आली विरह के पन्थ में मैं तो न इति-अथ मानती री! —महादेवी (दीपशिखा, १९) ✣ **इतिकरणीय/इतिकर्तव्य**—*पुं॰* = १. किन्हीं नियमों के अनुसार अवश्य करने योग्य। ✣ **इतिकृतम्**—*पद॰* = जो कुछ करणीय था, वह कर दिया गया।

इतिमात्न—[सं॰ इति + मात्नच्] *अव्यय॰* केवल इतना (न इससे कम, न अधिक)। इतना ही। *वि॰* बहुत थोड़ा।

इतिवत्—[सं॰ इति + वत्] *क्रिवि॰* इस विधि से। इस प्रकार।

इतिवृत्त—[सं० इति ~ वृत्त] पु० १. किसी विषय से सम्बद्ध घटनाओं का कालक्रमानुसार विवरण। २. इतिहास। ३. पुरानी कथा/कहानी। ● **विशेष**—चिकित्सालयों में रोगी के रोग से सम्बन्धित घटनाओं का कालक्रम से जो विवरण लिखा जाता है, उसे भी रोगी का 'इतिवृत्त' (अं० केस-हिस्टॉरी) कहते हैं। ✣ **इतिवृत्त नाटक**—पु० = (पा० काव्य०) आख्यानात्मक नाटक जिसमें किसी विशेष शासक की प्रशंसा या राष्ट्रीय भावना की प्रधानता होती है और घटनाएँ क्रमबद्ध नहीं होतीं। *जैसे*—शेक्सपियर का 'हेनरी फ़िफ़्थ' इतिवृत्त नाटक है। (अं० क्रानिकिल प्ले)

इतिह—[सं० इति ~ ह] पु० १. उपदेश-परम्परा के अनुकूल वचन। २. पूरी तरह परम्परा के अनुकूल वचन। ३. सुना-सुनाया अच्छा वचन।

इतिहास—[इतिह ~ आस (=√आस् + घञ्) अथवा इति + ह + आस] पु० १. किसी व्यक्ति, संस्था, समाज या देश आदि की घटनाओं या महत्त्वपूर्ण घटनाओं का कालक्रमानुसार वर्णन। *जैसे*—भारतवर्ष का इतिहास। २. किसी संस्था या वस्तु की उत्पत्ति, विकास आदि का कालक्रमानुसार विवरण और विवेचन। *जैसे*—हिन्दी कोशों का इतिहास। ३. उक्त वर्णन, विवरण और विवेचन से युक्त ग्रन्थ। ४. कथा या वृत्त। ✣ **इतिहासकार**—पु० = इतिहास-लेखक।

*इती—[< हि० इतनी] *वि०, क्रिवि०* इतनी।

इत्तफ़ाक़—[< अरबी इत्तिफ़ाक़] पु० १. अचानक हुई घटना/बात। संयोग। २. एकता। ३. सहमति। ✣ **इत्तफ़ाक़न**—*क्रिवि०* = १. संयोग से। संयोगवश। २. अकस्मात्। अचानक।

इत्तिहाद—[अरबी] पु० १. एकता। मेल। २. मैत्री। ✣ **इत्तिहादी**—*वि०* = परस्पर एकता या मित्रता रखनेवाले।

इत्थम् (इत्थं)—[सं० इदम् + थमु] *क्रिवि०* इस प्रकार से। ऐसे। यों।

इत्थमेव—[सं० इत्थम् ~ एव] *वि०* इसी जैसा। ऐसा ही। *क्रिवि०* १. ऐसी अवस्था में। ऐसा होने पर। २. इसी प्रकार से। इसी तरह।

इत्थम्भाव (इत्थंभाव)—[सं० इत्थम् ~ भाव] पु० ऐसी अवस्था। यह दशा।

इत्थम्भूत (इत्थंभूत)—[सं० इत्थम् ~ भूत] *वि०* १. ऐसी दशा में प्राप्त। २. इस प्रकार का। ऐसा। ३. सत्य। *जैसे*—इत्थंभूत कहानी।

इत्थैं—[सं० इतः] *क्रिवि०* इस स्थान पर। यहाँ।

इत्मीनान—[अरबी] पु० १. विश्वास। भरोसा। २. समाधान। सन्तुष्टि। तसल्ली। ३. शान्ति। **इत्मीनान से** = १. विश्वासपूर्वक। २. शान्तिपूर्वक।

इत्यादि—[सं० इति ~ आदि] *अव्यय०* इसी वर्ग या प्रकार के अन्य (व्यक्ति/वस्तुएँ/बातें)। वग़ैरह। *जैसे*—राम, कृष्ण इत्यादि महापुरुष; हँसना, बोलना इत्यादि क्रियाएँ।

इत्यादिक—[सं० इत्यादि + कप्] *अव्यय०* इत्यादि। ● **विशेष**—**'इत्यादिक' के बाद 'विशेष्य' का प्रयोग नहीं किया जाता।** *जैसे*—राम, कृष्ण इत्यादिक।

इत्र—[अरबी] पु० १. फूलों का आसवन करके निकाला गया सुगन्धित द्रव। पुष्प-सार। २. सुगन्ध। ख़ुशबू। ● **विशेष**—इत्र रखने का पात्र '**इत्रदान**' कहलाता है, इत्र बेचनेवाला '**इत्रफ़रोश**' और इत्र बनानेवाला '**इत्रसाज़**'। इन शब्दों में प्रयुक्त 'दान', 'फ़रोश' और 'साज़' फ़ारसी के हैं।

इत्रीफल—[अरबी < सं० त्रिफला] पु० त्रिफला के चूर्ण को शहद में मिलाकर तैयार की जानेवाली एक दवा।

इत्वरी—[सं० इत्वर + ङीष्] *स्त्री०* अन्य पुरुषों के पास जानेवाली नारी। व्यभिचारिणी। कुलटा।

इदम्[1] **(इदं)**[1]—[सं० √इन्द् + कमिन्] *सर्व०* यह।

इदम्[2] **(इदं)**[2]—[< अं० इड] पु० (मनो०) अचेतन मन।

इदन्ता (इदंता)—[सं० इदम् + तल् + टाप्] *स्त्री०* १. 'इदम्' का भाव। २. एकरूपता।

इदमित्थम्—[सं० इदम् + इत्थम्] *अव्यय०* (निश्चयात्मक रूप से) यह ऐसा ही है।

इदम्-रूप (इदंरूप)—[सं०] *वि०* इस आकार वाला। जो इस रूप का हो।

इदावत्सर—[सं० इदा ~ वत्सर] पु० (खगोल०, ज्योतिष०) बृहस्पति की गति के अनुसार ६० वर्षों के एक चक्र में पाँच-पाँच वर्षों के जो क्रमशः १२ युग होते हैं, उनमें से प्रत्येक युग का तीसरा वर्ष। पंचवर्षीय युग-गणना में तीसरा वर्ष। ● **विशेष**—उक्त पाँच वत्सरों के नाम क्रमशः इस प्रकार हैं—**१. संवत्सर, २. परिवत्सर, ३. इदावत्सर, ४. अनुवत्सर, ५. उदावत्सर।**

इध्म—[सं० √इन्ध् +मक्] १. ईंधन। २. (हवन की) समिधा। ● **विशेष**—'अग्नि' को 'इध्मजिह्व' भी कहते हैं।

इन—[< सं० एतानाम्] *सर्व०* 'इस' का बहुवचन। *जैसे*—इनका, इनसे, इनमें। ● **विशेष**—'इस' के समान ही 'इन' का भी सार्वनामिक विशेषण के रूप में प्रयोग होता है। *जैसे*—इन बालकों ने।

इनवार—[अं०] पु० (रसायन०)—लोहा, निकिल तथा कार्बन से बनी एक मिश्रधातु का व्यापारिक नाम। ● **विशेष**—'इनवार' में उक्त तीनों का अनुपात क्रमशः ६३.८%, ३६% तथा ०.२% होता है।

इनाम—[< अरबी इन्आम] पु० १. पुरस्कार। २. पारिश्रमिक के अतिरिक्त मिला धन। बख़्शिश। ३. माफ़ी ज़मीन। ∇ **विलोम**—जुर्माना। ✣ **इनाम-इकराम**—पु० = उपहार और सम्मान। ✣ **इनामदार**—पु० = माफ़ी ज़मीन पाया व्यक्ति। माफ़ीदार।

इनायत—[अरबी] *स्त्री०* अनुग्रह। कृपा। दया।

इनारिन—[< सं० इन्द्राणिका] पु० एक बेल जो रेतीले खेतों में गर्मी में उग आती है और जिसका फल गोल सा और बहुत कड़ुवा होता है, फूल पीलापन लिए सफ़ेद होता है तथा पत्ते कटावदार होते हैं। फरफेंदुआ।

इने-गिने—[< हि० अनु० इनना + गिनना] *वि०* जो गिनती में बहुत कम हों। गिने-चुने। थोड़े। कुछ। *जैसे*—इने-गिने कपड़े लेकर।

इनेमल—[अं०] पु० (रसायन०) १. काँच जैसा परन्तु अपारदर्शी

एक पदार्थ जो दाँत की ऊपरी सतह में होता है और आभूषणों में तथा संरक्षण के लिए प्रयुक्त होता है। आकाच। तामचीनी। २. दन्तवल्क।

इन्क़िलाब—[अरबी] *पु॰* १. उलट-पलट। परिवर्तन। २. राज्य-परिवर्तन। राज्य-क्रान्ति। ३. क्रान्ति। ***जैसे***—इन्क़िलाब ज़िन्दाबाद।

इन्टरेस्ट (इंटरेस्ट)—[अ॰] *पु॰* १. रुचि। दिलचस्पी। २. ब्याज।

इन्डेक्स—[अ॰] *वि॰* सूचक। ***जैसे***—इन्डेक्स नम्बर = सूचकांक। *पु॰* १. अनुक्रमणिका। ***जैसे***—वर्गीकरण का इन्डेक्स। २. सूचकांक। ***जैसे***—लाभ का इन्डेक्स।

इन्तक़ाल (इंतक़ाल)—[अरबी] *पु॰* मृत्यु। मौत।

इन्तख़ाब (इंतख़ाब)—[< अरबी इन्तिख़ाब] *पु॰* १. चयन। चुनना। छाँटना। २. निर्वाचन। चुनाव।

इन्तज़ाम (इंतज़ाम)—[< अरबी इन्तिज़ाम] *पु॰* व्यवस्था। प्रबन्ध।

इन्तज़ार (इंतज़ार)—[< अरबी इन्तिज़ार] *पु॰* प्रतीक्षा।

इन्तिहा (इंतिहा)—[अरबी] *स्त्री॰* १. पराकाष्ठा। चरम सीमा। २. अन्त। समाप्ति।

इन्दराज़ (इंदराज़)—[< फा॰ इन्दिराज़] *पु॰* बही, पंजी आदि में लिखा जाना। दर्ज होना। प्रविष्टि।

***इन्दव (इंदव)**—*पु॰* ≤ *स॰* इन्दु। ✣ **इन्दवभाल (इंदवभाल)**—*पु॰* = वह जिसके ललाट/सिर पर चन्द्रमा है। शिव। महादेव।

इन्दिरा (इंदिरा)—[स॰ √इन्द् + किरच् + टाप्] *स्त्री॰* १. लक्ष्मी (देवी)। २. शोभा। कान्ति। ३. आश्विन कृष्ण एकादशी। (छन्द॰) एक समवर्णिक छन्द जिसमें प्रत्येक चरण में क्रमशः नगण, रगण, रगण, लघु और गुरु (न र र ल ग) के योग से ११ वर्ण होते हैं तथा ६-५ पर यति होती है। कनकमंजरी (छन्द)।

इन्दिरारमण (इंदिरारमण)—[स॰ इन्दिरा ~ रमण] *पु॰* लक्ष्मी-पति। विष्णु।

इन्दीवर (इंदीवर)—[स॰ √इन्द् + इनि + ङीप् + वर] *पु॰* १. नीलकमल। २. कमल। ● **विशेष**—'नीलकमल' रात में फूलता है।

इन्दीवरिणी (इंदीवरिणी)—[स॰ इन्दीवर + इनि + ङीप्] *स्त्री॰* नीलकमलों का समूह।

इन्दु (इंदु)—[स॰ √उन्द् + उ, इत्व] १. चन्द्रमा।

इन्दुक (इंदुक)—[स॰ इन्दु + कन्] *पु॰* अर्धचन्द्रीय आकृति। (गणित॰) किसी गोले का दो बृहत् अर्धवृत्तों द्वारा परिबद्ध अर्धचन्द्राकार भाग। (अ॰ लून)

इन्दुकमल (इंदुकमल)—[स॰ इन्दु ~ कमल] *पु॰* सफ़ेद कमल।

इन्दुकर (इंदुकर)—[स॰ इन्दु ~ कर] *पु॰* चन्द्रमा की किरण।

इन्दुकला (इंदुकला)—[स॰ इन्दु ~ कला] *स्त्री॰* १. चन्द्रमा की कला। चन्द्रमंडल का सोलहवाँ भाग। २. चन्द्रमा की किरण। ३. सोमलता। ४. अमृत।

इन्दुकलिका (इंदुकलिका)—[स॰ इन्दु ~ कलिका] *स्त्री॰* १. केतकी/केवड़ा का पौधा। २. चन्द्रमा की कला।

इन्दुकान्त (इंदुकांत)—[स॰ इन्दु ~ कान्त] *पु॰* चन्द्रकान्त मणि (जो चन्द्रमा की किरणें पड़ने पर पिघलती है)।

इन्दुकान्ता (इंदुकांता)—[स॰ इन्दु ~ कान्ता] *स्त्री॰* १. रात्रि। रात। २. केतकी। केवड़ा। ३. रोहिणी (नक्षत्र)।

इन्दुज (इंदुज)—[स॰ इन्दु + ज] *पु॰* चन्द्रमा का पुत्र। बुध (ग्रह/देवता)।

इन्दुजनक (इंदुजनक)—[स॰ इन्दु ~ जनक] *पु॰* १. समुद्र। सागर। २. अत्रि ऋषि।

इन्दुजा (इंदुजा)—[स॰ इन्दुज + टाप्] *स्त्री॰* नर्मदा नदी।

इन्दुपुत्र (इंदुपुत्र)—[स॰ इन्दु ~ पुत्र] *पु॰* चन्द्रमा का पुत्र। बुध (ग्रह/देवता)।

इन्दुभूषण (इंदुभूषण)—[स॰ इन्दु ~ भूषण] *पु॰* (चन्द्रमा को आभूषण के रूप में धारण करनेवाला) शिव। महादेव।

इन्दुमणि (इंदुमणि)—[स॰ इन्दु ~ मणि] *पु॰* चन्द्रकान्त मणि।

इन्दुमती (इंदुमती)—[स॰ इन्दु + मतुप् + ङीष्] *स्त्री॰* पूर्णिमा।

इन्दुमौलि (इंदुमौलि)—[स॰ इन्दु ~ मौलि] *वि॰, पु॰* इन्दुशेखर।

इन्दुर (इंदुर)—[< स॰ उन्दूर] *पु॰* चूहा। मूषक।

इन्दुरत्न (इंदुरत्न)—[स॰ इन्दु ~ रत्न] *पु॰* मुक्ता। मोती।

इन्दुरेखा/इन्दुलेखा (इंदुरेखा/इंदुलेखा)—(स॰ इन्दु ~ रेखा/लेखा) *स्त्री॰* चन्द्रमा की कला।

इन्दुव (इंदुव)—[< स॰ इन्दीवर] *पु॰* इन्दीवर। नीलकमल।

इन्दुवदना (इंदुवदना)—[स॰ इन्दुवदन + टाप्] *स्त्री॰* चन्द्रमा के समान गोरे और आकर्षक मुख वाली। चन्द्रमुखी। सुन्दरी। (छन्द॰) १४ वर्णों का एक समवर्णिक छन्द जिसके प्रत्येक चरण में क्रमशः भगण, जगण, सगण, नगण और दो गुरु (भ ज स न ग ग) होते हैं।

इन्दुवल्ली (इंदुवल्ली)—[स॰ इन्दु ~ वल्ली] *स्त्री॰* १. सोमलता। २. गुडूची। गिलोय। ३. सोमवल्ली। सोमराजी। बाकुची।

इन्दुवार/इन्दुवासर (इंदुवार/इंदुवासर)—[स॰ इन्दु ~ वार/वासर] *पु॰* (रविवार से अगला दिन) सोमवार।

इन्दुशेखर (इंदुशेखर)—[स॰ इन्दु ~ शेखर] *पु॰* (चन्द्रमा को सिर पर धारण करनेवाला) शिव। महादेव।

इन्दूर (इंदूर)—[< स॰ उन्दूर] *पु॰* चूहा। मूषक

इन्द्र (इंद्र)—[स॰ √इन्द् + र] *वि॰* १. ऐश्वर्यवान्। वैभवशाली। २. (समासयुक्त शब्द के अन्त में) श्रेष्ठ। बड़ा। ***जैसे***—मुनीन्द्र (मुनि + इन्द्र) = मुनियों में श्रेष्ठ। *पु॰* १. देवताओं का स्वामी। स्वर्ग का राजा। २. ज्येष्ठा नक्षत्र, पूर्व दिशा और वर्षा का देवता। मेघों/बादलों का स्वामी। ३. राजा। स्वामी। प्रधान। ***जैसे***—नरेन्द्र (नर + इन्द्र) = मनुष्यों का स्वामी/राजा; मृगेन्द; देवेन्द्र। ४. आत्मा। ५. बारह आदित्यों में से एक। ६. (पद्य आदि में) चौदह की संख्या। ***वा॰* इन्द्र का अखाड़ा होना**—१. बहुत सजा हुआ भवन होना। २. बहुत सजी हुई सभा होना जिसमें नृत्य और गायन होता हो। **इन्द्र का आसन डोलना/हिलना**—(किसी अति शक्तिशाली व्यक्ति के मन में) अपनी सत्ता/पद छिन जाने का

भय उत्पन्न होना। **इन्द्र की परी**—बहुत सुन्दर स्त्री।

इन्द्रगिरि (इंद्रगिरि)—[सं॰ इन्द्र ~ गिरि] *पुं॰* महेन्द्र पर्वत।

इन्द्र-गुरु (इंद्र-गुरु)—[सं॰] *पुं॰* बृहस्पति।

इन्द्रगोप (इंद्रगोप)—[सं॰ इन्द्र ~ गोप] *पुं॰* बीरबहूटी नामक लाल रंग का सुन्दर कीड़ा जो वर्षा होने पर देखा जाता है।

इन्द्रचाप (इंद्रचाप)—[सं॰ इन्द्र ~ चाप] *पुं॰* इन्द्रधनुष।

इन्द्रजव (इंद्रजव)—[< सं॰ इन्द्रयव] *पुं॰* कुटज का बीज। इन्द्रयव। इन्द्रजौ।

इन्द्रजाल (इंद्रजाल)—[सं॰ इन्द्र ~ जाल] १. जादूगरी। २. माया का प्रपंच। ३. कोई अद्‌भुत और भ्रामक काम जो घटित न होने पर भी होता हुआ प्रतीत हो। ❖ **इन्द्रजालिक (इंद्रजालिक)**—*वि॰* १. इन्द्रजाल का। जादूगरी का। २. जादूगरी जाननेवाला। *पुं॰* ऐन्द्रजालिक। जादूगर। बाजीगर।

इन्द्रजित् (इंद्रजित्)—[सं॰ इन्द्र + जित्] *वि॰* इन्द्र को जीतनेवाला। *पुं॰* (रावण का पुत्र) मेघनाद। ❖ **इन्द्रजीत (इंद्रजीत)**—*वि॰, पुं॰* = इन्द्रजित्।

इन्द्रदमन (इंद्रदमन)—[सं॰ इन्द्र ~ दमन] *वि॰, पुं॰* इन्द्रजित्। (दे॰)

इन्द्रधनुष (इंद्रधनुष)—[सं॰ इन्द्र ~ धनुष] *पुं॰* वर्षा के समय आकाश में प्रायः दिखाई देनेवाला सात रंगों का अर्धवृत्त।

***इन्द्रधानी (इंद्रधानी)**—[सं॰ इन्द्र ~ धानी] *स्त्री॰* इन्द्र की राजधानी/नगरी। इन्द्रपुरी। अमरावती।

इन्द्रध्वज (इंद्रध्वज)—[सं॰ इन्द्र ~ ध्वज] *पुं॰* १. इन्द्र की ध्वजा/पताका। २. भाद्रशुक्ल द्वादशी को वर्षा और खेती की वृद्धि के लिए मनाया जानेवाला उत्सव जिसमें इन्द्र को ध्वजा अर्पित की जाती है।

इन्द्रनील (इंद्रनील)—[सं॰ इन्द्र ~ नील] *पुं॰* मरकतमणि। पन्ना।

इन्द्रपुरी (इंद्रपुरी)—[सं॰ इन्द्र ~ पुरी] *स्त्री॰* १. इन्द्र की राजधानी/नगरी। अमरावती। २. बहुत वैभवशाली और सुन्दर स्थान।

इन्द्रयव (इंद्रयव)—[सं॰ इन्द्र ~ यव] *पुं॰* १. कुटज/कुरैया नामक वृक्ष। २. कुटज वृक्ष के बीज। कुटजबीज। इन्द्रजौ।

इन्द्रलोक (इंद्रलोक)—[सं॰ इन्द्र ~ लोक] *पुं॰* स्वर्ग।

इन्द्रवंशा (इंद्रवंशा)—[सं॰ इन्द्र ~ वंशा] *पुं॰* (छन्द॰) एक समवर्णिक छन्द जिसके प्रत्येक चरण में क्रमशः तगण, तगण, जगण, रगण (त त ज र) के योग से १२ वर्ण होते हैं।

इन्द्रव (इंद्रव)—[< सं॰ ऐन्द्रव] *पुं॰* (छन्द॰) मत्तगयन्द सवैया (दे॰)

इन्द्रवज्रा (इंद्रवज्रा)—[सं॰ इन्द्र ~ वज्रा] *स्त्री॰* (छन्द॰) एक समवर्णिक छन्द जिसके प्रत्येक चरण में क्रमशः तगण, तगण, जगण और दो गुरु (त त ज ग ग) के योग से ११ वर्ण होते हैं।

इन्द्रवल्लरी/इन्द्रवल्ली (इंद्रवल्लरी/इंद्रवल्ली)—[सं॰ इन्द्र ~ वल्लरी/वल्ली] *स्त्री॰* पारिजात वृक्ष। हरसिंगार।

इन्द्रवारुणी (इंद्रवारुणी)—[सं॰ इन्द्र ~ वारुणी] *स्त्री॰* लता जाति की एक वनौषधि जिसके फल कड़वे होते हैं। इन्द्रायण/इन्द्रायन/इनारुन। ● **विशेष**—इन्द्रवारुणी मुख्यतः दो प्रकार की होती है—छोटी इन्द्रायण और बड़ी इन्द्रायण। छोटी इन्द्रायण का संस्कृत-नाम '**इन्द्रवारुणी**' है। बड़ी इन्द्रायण को '**वारुणी**' या '**विशाला**' कहते हैं। बड़ी इन्द्रायण की लताएँ छोटी इन्द्रायण की लताओं से अधिक लम्बी होती हैं। दोनों के पुष्प पीले रंग के होते हैं। छोटी इन्द्रायण के पत्तों में रोम नहीं होते, डंठल में रोम होते हैं और बड़ी इन्द्रायण के पत्तों में भी रोम होते हैं और डंठल में भी। बड़ी इन्द्रायण का फल नीलाभ हरित होता है, सफ़ेद फूलवाली विशाला का फल लाल रंग का।

इन्द्रवृक्ष (इंद्रवृक्ष)—[सं॰ इन्द्र ~ वृक्ष] *पुं॰* देवदारु वृक्ष।

इन्द्रशक्ति (इंद्रशक्ति)—[सं॰ इन्द्र ~ शक्ति] *स्त्री॰* १. इन्द्र की पत्नी। शची। इन्द्राणी। २. इन्द्र की शक्ति।

इन्द्रशत्रु (इंद्रशत्रु)—[सं॰ इन्द्र ~ शत्रु] *पुं॰* (इन्द्र का शत्रु) वृत्रासुर।

इन्द्र-सारथि (इंद्र-सारथि)—[सं॰] *पुं॰* १. इन्द्र का रथवान्। मातलि। २. (मेघों का वाहक) वायु/पवन/हवा। ❖ **इन्द्र-सारथी**—*पुं॰* = इन्द्र-सारथि। मातलि।

इन्द्र-सुत, इन्द्र-सूनु (इंद्र-सुत, इंद्र-सूनु)—[सं॰] *पुं॰* १. इन्द्र का पुत्र। जयन्त। २. बालि। ३. अर्जुन।

इन्द्रा (इंद्रा)—[सं॰ इन्द्र + टाप्] *स्त्री॰* १. इन्द्र की पत्नी। शची। २. इन्द्रायन नामक पौधा। इन्द्रवारुणी।

इन्द्राणी (इंद्राणी)—[सं॰ इन्द्र + ङीष्, आनुक्] *स्त्री॰* इन्द्र की पत्नी। शची।

इन्द्रानुज (इंद्रानुज)—[सं॰ इन्द्र ~ अनुज] *पुं॰* (वामन अवतार लेनेवाला) विष्णु।

इन्द्रायुध (इंद्रायुध)—[सं॰ इन्द्र ~ आयुध] *पुं॰* १. इन्द्र का हथियार। २. वज्र। ३. इन्द्रधनुष।

इन्द्रासन (इंद्रासन)—[सं॰ इन्द्र ~ आसन] *पुं॰* १. इन्द्र का पद। २. इन्द्र का आसन/गद्दी। ३. राजा का सिंहासन।

इन्द्रिय (इंद्रिय)—[सं॰ इन्द्र + छ] *स्त्री॰* १. वह शक्ति जिससे प्राणी बाहरी विषयों का ज्ञान प्राप्त करता है अथवा कोई क्रिया करता है। २. ज्ञान तथा क्रिया के साधक शरीर के अंग/करण। ३. लिंग/योनि। जननेन्द्रिय। ४. (पद्य आदि में) पाँच की संख्या। ● **विशेष**—इन्द्रियों के मुख्यतः दो भेद हैं—ज्ञानेन्द्रियाँ और कर्मेन्द्रियाँ। ५ ज्ञानेन्द्रियाँ हैं—श्रोत्र (कान), त्वचा, चक्षु (नेत्र), जिह्वा (जीभ) तथा नासिका (नाकदे॰)। ५ कर्मेन्द्रियाँ हैं—वाक् (वाणी), पाणि (हाथ), पाद (पैर), पायु (गुदा) और उपस्थ (लिंग/योनि)। दसों इन्द्रियों का अध्यक्ष मन है। मन ज्ञानेन्द्रिय और कर्मेन्द्रिय दोनों है। मन, बुद्धि, चित्त और अहंकार को '**अन्तःकरण**' या '**अन्तरिन्द्रिय**' कहते हैं, शेष १० इन्द्रियों को '**बाह्यकरण**' या '**बाह्येन्द्रिय**' कहते हैं। ***वा॰*** **इन्द्रियाँ मारना/कसना**—इन्द्रियों को वश में रखना। आत्मसंयम करना। इन्द्रिय-निग्रह करना।

इन्द्रियनिष्ठ (इंद्रियनिष्ठ)—[सं॰ इन्द्रिय ~ निष्ठ] *वि॰* इन्द्रियों या उनके विषयों या भोगों में आसक्त। ***जैसे***—योगी इन्द्रियनिष्ठ नहीं, ब्रह्मनिष्ठ होते हैं।

इन्द्रिय (इंद्रिय)—सन्निकर्ष—[सं॰] *पु॰* ज्ञानेन्द्रिय का विषय से सम्बन्ध।

इन्द्रियायतन (इंद्रियायतन)—[सं॰ इन्द्रिय ~ आयतन] *पु॰* १. शरीर। देह। २. आत्मा। ३. सूक्ष्म शरीर।

इन्स्पेक्टर (इंस्पेक्टर)—[अं॰] *पु॰* निरीक्षक।

***इफतरा**—[< अरबी इफ़्तिरा] *पु॰* १. आरोप। लांछन। २. व्यर्थ/सारहीन बात।

इफ़रात—[< अरबी इफ़्रात] *स्त्री॰* प्रचुरता। अतिशयता। बहुलता।

***इब**—[< हिं॰ अब] *क्रिवि॰* अब।

इबरानी—[अरबी] *पु॰* यहूदी जाति या यहूदी व्यक्ति। *स्त्री॰* यहूदियों की भाषा। हिब्रू भाषा। *वि॰* यहूदियों के देश में होनेवाला या उससे सम्बन्धित।

इबारत—[अरबी] *स्त्री॰* १. वाक्य-रचना। २. लेख। तहरीर। ३. लिखावट। ३. भाषा। ज़बान। ✣ **इबारती**—*वि॰* = १. लेख-सम्बन्धी। २. लिखावट-सम्बन्धी। ***जैसे***—इबारती सवाल = गणित का वह प्रश्न जो मौखिक या ज़बानी नहीं लगाया जाता, लिखकर लगाया जाता है।

इब्तिदा—[अरबी] *स्त्री॰* १. आदि। आरम्भ। शुरुआत। २. उत्पत्ति। पैदाइश।

इभ[१]—[सं॰ √इण् + भ+ कित्] *पु॰* १. गज। हाथी। २. आठ की संख्या। ● **विशेष**—'इभ' से अनेक यौगिक शब्द बनते हैं, ***जैसे***—**इभकुम्भ**, (= गजकुम्भ), **इभराज** (= गजराज), **इभानन** (= गजानन) तथा **इभारि** (= गजारि)।

***इभ[२]**—[राजस्थ॰ < सं॰ इव] *अव्यय॰* १. इस प्रकार। ऐसे। २. समान। सदृश।

इभी—[सं॰ इभ + ङीष्] *स्त्री॰* हथिनी।

***इम**—[< सं॰ एवम्] *क्रिवि॰* इस प्रकार।

इमन—[< हिं॰ यमन] *पु॰* (संगीत॰) 'यमन' नामक राग। (दे॰ यमन)

इमला—[< अरबी इम्ला] *स्त्री॰* बोले गए शब्दों या वाक्यों का लेखन। श्रुतलेख। (अं॰ डिक्टेशन)

इमाम—[अरबी] *पु॰* (इस्लाम॰) १. मुसलमानों के धार्मिक कृत्य करानेवाला व्यक्ति। २. नमाज़ पढ़ने के कार्य में प्रमुख व्यक्ति। नमाज़ पढ़ानेवाला।

इमामबाड़ा—[< अरबी इमाम + फा॰ बार:] *पु॰* १. ताज़िया रखने और गाड़ने का स्थान। २. सामूहिक रूप से मुहर्रम त्यौहार मनाने का भवन।

इमारती—*वि॰* = १. भवन-सम्बन्धी। भवन का। २. भवन बनाने में काम आनेवाला। ✣ **इमारती पत्थर**—*पु॰* = (भूविज्ञान॰) वे पत्थर जो सामान्य चिनाई-रचना, साज-सज्जा, छत और फ़र्श बनाने में प्रयुक्त होते हैं। वास्तु-प्रस्तर। ✣ **इमारती लकड़ी**—*स्त्री॰* = भवनों को बनाने में काम आनेवाली सुदृढ़ लकड़ी (शीशम, सागवान आदि वृक्षों की)।

इमि**—[< सं॰ एवम्] *क्रिवि॰* इस प्रकार। ऐसे। ***जैसे— रहिए इमि संसार में।

इम्कान—[अरबी] *पु॰* १. सम्भावना। शक्यता। २. शक्ति। सामर्थ्य। ३. वश। क़ाबू।

इम्तियाज़—[अरबी] *पु॰* १. अन्तर। भेद। २. विवेक/तमीज़। ३. विशिष्टता। मुख्यता।

इयत्—[सं॰ इदम् + वतुप्] *वि॰* इतना। इतने विस्तार वाला। इतना बड़ा। *अव्यय॰* इतना-सा।

इयत्ता—[सं॰ इयत् + तल् + टाप्] *स्त्री॰* १. नियत संख्या। २. परिमाण। माप। ३. सीमा। हद।

***इयारा**—[< फा॰ यार] *वि॰* १. यार जैसा। मित्रवत्। २. मैत्रीपूर्ण। प्रेमयुक्त।

इरण—[सं॰ ऋ + अण्, पृषो॰] *पु॰* १. ऊसर भूमि। २. मरुस्थल। रेगिस्तान।

इरसी—[देशज] *स्त्री॰* पहिए की धुरी।

इरा—[सं॰ इ √रा + क + टाप्] *स्त्री॰* १. इड़ा। इला। पृथ्वी। २. वाणी। ३. अन्न। ४. गौ। गाय। ५. जल। ***जैसे***—इरा का स्वामी वरुण। ६. मदिरा। शराब।

इरादा—[< अरबी इराद:] *पु॰* १. विचार। संकल्प। २. इच्छा। ३. निश्चय।

इरावती—[सं॰ इरा + मतुप् + ङीप्] *स्त्री॰* १. नदी। २. पंजाब की रावी नदी। ३. म्याँमार देश (ब्रह्मदेश/बर्मा) की एक नदी।

इरेश—[सं॰ इरा ~ ईश] *पु॰* १. विष्णु। २. गणेश। ३. सम्राट्। ४. वरुण। ५. ब्राह्मण।

इर्द-गिर्द—[अनु॰ इर्द + फा॰ गिर्द] *क्रिवि॰* १. समीप में। आस-पास। ***जैसे***—मन्दिर के इर्द-गिर्द बहुत शोर था। २. चारों ओर। ***जैसे***—द्रोणाचार्य के इर्द-गिर्द खड़े हुए शिष्य।

इर्शाद—[अरबी] *पु॰* १. आज्ञा। आदेश। २. उपदेश। हिदायत।

इला—[सं॰ √इल् + क + टाप्] १. पृथ्वी। भूमि। २. वाणी। ३. अन्न। ४. गो। गाय। ५. पार्वती। दुर्गा।

इलाक़ेदार—*पु॰* = इलाक़े का स्वामी/प्रमुख।

***इलाम**—[< अरबी एलान] *पु॰* १. घोषणा। एलान। २. आज्ञा।

***इलावर्त्त**—दे॰ इलावृत्त।

इलावा—[< अरबी इलाव:] *क्रिवि॰* अतिरिक्त। ***जैसे***—तुम्हारे इलावा भी बहुत लोग ईमानदार हैं।

इलावृत्त—[सं॰ इला ~ वृत्त] *पु॰* प्राचीन जम्बूद्वीप के नौ खंडों/भागों में से एक।

इलास्टिक—[अं॰ इलैस्टिक] *वि॰* तन्य। लोचदार। लचीला। *स्त्री॰* लचीला फ़ीता/डोरी।

इलाही—[अरबी] *पु॰* ईश्वर। *वि॰* ईश्वर-सम्बन्धी। ईश्वरीय। ● **विशेष**—१. **या इलाही** = हे ईश्वर! २. **इलाही गज़** = मुग़ल शासक अकबर के काल में प्रचलित लम्बाई का एक माप जो ४१ अंगुल (३३.७५ इन्च) के तुल्य था। ३. **इलाही सन्** = अकबर द्वारा १५८४ ई॰ में चलाया गया सन्।

इलेक्ट्रम—[अं॰] *स्त्री॰* (रसायन॰) १. स्वर्ण तथा चाँदी की एक

मिश्र धातु। २. 'जर्मन सिल्वर' नामक मिश्र धातु जिसमें ५२% ताँबा, २६% निकिल तथा २२% जस्ता होता है।

इलेक्ट्रा ग्रन्थि—[अ॰ इलेक्ट्रा + स॰ ग्रन्थि] *स्त्री॰* (पा॰ मनो॰) १. पुत्री के अचेतन मन में पिता के प्रति अत्यन्त प्रेम की स्वाभाविक मनोवृत्ति। पितृरति ग्रन्थि। २. (फ्रायड के मत में) पुत्री के अचेतन मन में पिता के प्रति अतिशय काम-भावना और माता के प्रति शत्रुता की भावना।

इलेक्ट्रोकार्डियोग्राम—[अ॰] *पु॰* विद्युतहृद्‌लेख।

इलेक्ट्रोड—[अ॰] *पु॰* (भौतिकी) कोई चालक जिसे परिपथ के अधातु-भाग के साथ विद्युत्-सम्बन्ध स्थापित करने के लिए प्रयुक्त किया जाता है। **विशेष**—धन इलेक्ट्रोड को **'ऐनोड'** तथा ऋण इलेक्ट्रोड को **'कैथोड'** कहते हैं।

इल्तिजा—[अरबी] *स्त्री॰* प्रार्थना। निवेदन।

इल्म—[अरबी] *पु॰* १. विधा। २. (सांसारिक) ज्ञान। जानकारी।

इल्मेनाइट—[अ॰] *पु॰* (रसायन॰) टाइटेनिम का खनिज जो केरल प्रदेश में पाया जाता है। ● **विशेष**—इसका उपयोग इनेमलीकरण, टाइटेनियम धातु प्राप्त करने आदि में होता है।

इल्मेहिन्दसा—[< अरबी इल्म-ए-हिन्दसः] *पु॰* १. अंकगणित। २. गणितशास्त्र। ● **विशेष**—प्राचीन अरबों ने हिन्द/भारत से गणित सीखने के कारण कृतज्ञतावश 'अंकगणित' और 'गणित' को 'इल्मेहिन्दसा' (हिन्द का इल्म/ज्ञान) कहना पसन्द किया।

इल्लत—[अरबी] *स्त्री॰* १. बुरी लत। दुर्व्यसन। २. झगड़ा। झंझट। बखेड़ा। ३. व्यर्थ का काम। ४. रोग। बीमारी। ***वा॰* इल्लत कटना**—झगड़े का निर्णय होना। **इल्लत काटना**—१. काम को किसी तरह शीघ्र समाप्त करना। २. विपत्ति दूर करना। **इल्लत पालना**—१. कोई बुरी आदत लगा लेना। २. किसी संकटपूर्ण या कष्टप्रद काम का दायित्व लेना। ३. कोई झंझट ले लेना। **इल्लत लगना**—व्यर्थ का झंझट होना। ✣ **इल्लती**—*वि॰* = इल्लत से सम्बन्धित। इल्लत का। ***जैसे***—इल्लती काम।

इल्ला—[देशज] *पु॰* शरीर के किसी अंग में उभरा हुआ विकार-रूप मांस का छोटा दाना। मांस की कील।

इल्ली—[देशज] *स्त्री॰* (प्राणि॰) अनेक प्राणियों (जैसे तितलियों, मेंढकों, कीटों, पतंगों इत्यादि) की अंडे से निकलने और कोशित होने के बीच की अवस्था। डिम्भक। (अ॰ लारवा/लार्वा)

इल्हाम—[अरबी] *पु॰* १. ईश्वर की ओर से मन में आयी बात। २. ईश्वरवाणी। आकाशवाणी। ✣ **इल्हामी**—*वि॰* = ईश्वर से प्राप्त।

इव—[स॰ √इ + वन्] *अव्यय* १. (उपमावाचक शब्द) समान। सदृश। तरह। २. (उत्प्रेक्षावाचक शब्द) मानो। ३. इस प्रकार। ऐसे।

***इवै**—[< स॰ इव] *क्रिवि॰* इसी तरह।

इशरत—[< अरबी इश्रत] *स्त्री॰* १. भोग-विलास। ऐयाशी। २. विलास-जन्य सुख। ३. सुख। चैन। आराम। ४. हर्ष। ख़ुशी।

इशारतन—[अरबी] *क्रिवि॰* संकेत से। इशारे से। ***जैसे***—इशारतन समझाना।

इश्तिहार—[अरबी] *पु॰* १. विज्ञापन। २. घोषणा।

***इषण/इषणा/इषना**—[< स॰ एषणा] *स्त्री॰* एषणा। वासना। इच्छा।

इषिका/इषीका—[स॰ √इष् + वुन् + टाप् √ईष् + ईकन्, ह्रस्व + टाप्] *स्त्री॰* १. सींक। २. बाण। तीर। ३. तूलिका। कूँची। ४. हाथी की आँख का गोला/डेला। गजाक्षिगोलक।

इषु—[स॰ √ईष् + उ, कित्, ह्रस्व] *पु॰* १. बाण। तीर। २. पाँच की संख्या। ● **विशेष**—१. संस्कृत में 'इषु' से बने अनेक शब्द हैं। ***जैसे***—**'इषुधर'** (= धनुर्धर या योद्धा)। बाण चलाने के लिए **'इषु-प्रयोग'** और **'इषु-विक्षेप'** कहा गया है। २. इसी प्रकार धनुष को **'इष्वसन'** (इषु ~ असन), **'इष्वस्त्र'** (इषु ~ अस्त्र) और **'इष्वास'** (इषु ~ आस) भी कहा गया है। **'इष्वास'** का अर्थ धनुर्धर/योद्धा भी है। बाण की नोक को **'इष्वग्र'** (इषु ~ अग्र) और **'इष्वनीक'** (इषु ~ अनीक) कहा जाता है।

इष्ट—[स॰ √इष् + क्त] *वि॰* १. प्रिय लगनेवाला। २. चाहा हुआ। इच्छित। अभिलषित। ३. पूज्य। मान्य। ४. यज्ञ में पूजित। ५. अनुकूल। *पु॰* १. आराध्य देवता। ***जैसे***—उसके इष्ट 'शिव' हैं। २. यज्ञ आदि कर्म। ३. मित्र या प्रिय व्यक्ति। ४. प्रेमी या पति। ५. कामना। अभिलाषा। चाह। ∇ **विलोम**—अनिष्ट। ***वा॰* इष्ट होना**—किसी देवी-देवता, भूत-प्रेत आदि की पूजा करके उसे सिद्ध कर लेना जिससे अपना इच्छित कार्य उससे करा सके।

इष्टका—[स॰ √इष् + तिकन् + टाप्] *स्त्री॰* ईंट। ✣ **इष्टका-गृह**—*पु॰* = ईंटों से बना मकान। पक्का मकान। ✣ **इष्टका-न्यास**—*पु॰* = भवन की नींव रखना। शिलान्यास। ✣ **इष्टका-पथ**—*पु॰* = ईंटों से बना मार्ग। पक्की सड़क।

इष्टता—[स॰ इष्ट + तल् + टाप्] *स्त्री॰* १. इष्ट होने की अवस्था/भाव। २. मित्रता। दोस्ती। ✣ **इष्टत्व**—*पु॰* = इष्टता।

इष्टदेव—[स॰ इष्ट ~ देव] *पु॰* १. आराध्य देव। २. कुलदेवता। ✣ **इष्टदेवता**—*स्त्री॰* = इष्टदेव।

इष्टा—[स॰ इष्ट + टाप्] *वि॰ (स्त्री॰)* इष्ट। वांछित। प्रिय। *स्त्री॰* १. वांछित स्त्री/वस्तु। २. प्रेमिका या पत्नी। प्रिया।

इष्टापत्ति—[स॰ इष्ट ~ आपत्ति] *स्त्री॰* (न्याय॰) विवाद में वादी का ऐसा वक्तव्य जो प्रतिवादी के अनुकूल होता है।

इष्टापूर्त—[स॰ इष्ट ~ पूर्त] *पु॰* इष्ट तथा पूर्त कर्म। ● **विशेष**—यज्ञादि अनुष्ठान **'इष्ट कर्म'** हैं। कुआँ खुदवाना, तालाब बनवाना, वृक्ष लगवाना, धर्मशाला बनवाना आदि परोपकारी कर्म **'पूर्त कर्म'** हैं।

इष्टापूर्ति—[स॰ इष्ट ~ आपूर्ति] *स्त्री॰* इष्ट वस्तु की प्राप्ति। काम्य/इच्छित की उपलब्धि। ● **विशेष**—'इष्टापूर्त' के अर्थ में भी 'इष्टापूर्ति' शब्द का प्रयोग होता है।

इष्टार्थ—[स॰ इष्ट ~ अर्थ] *पु॰* अभिलषित/अभीष्ट वस्तु। (कोश॰) शब्द से सम्बन्धित वक्ता का इच्छित अर्थ जो वाच्यार्थ से भिन्न होता है। लक्ष्यार्थ या व्यंग्यार्थ।

इष्टालाप—[सं० इष्ट ~ आलाप] *पुं०* मेल-जोल की बातचीत।

इष्टि[१]—[सं० √इष् + क्तिन्] *स्त्री०* १. ऐसा कार्य/बात जो इष्ट हो। २. अभिलाषा। कामना। इच्छा।

इष्टि[२]—[सं० √यज् + क्तिन्] *स्त्री०* यज्ञ। ***जैसे***—इष्टि-पशु।

इष्टिका—[सं० √इष् + तिकन् + टाप्] *स्त्री०* इष्टका। ईंट।

इस—[< सं० एतस्य] *सर्व०* 'यह' का वह रूप जो उसमें परसर्ग लगने से पहले हो जाता है। समीप में स्थित या किसी प्रसंग में प्रस्तुत या कुछ ही समय पहले उल्लिखित व्यक्ति, वस्तु या बात का वाचक शब्द। ***जैसे***—इसने काम किया; इसको पानी में डाल दो; इसमें मेरा लाभ ही है। ● **विशेष**—'इस' का प्रयोग विशेषण के रूप में होने पर परसर्ग का प्रयोग विशेष्य के साथ होता है। ***जैसे***—इस बालक ने/को/से/का। ***वा०*** **इस कान की बात उस कान तक न जाने देना**—किसी बात को अत्यन्त गोपनीय रखना। **इस कान सुनना उस कान उड़ा देना/निकाल देना**—सुने हुए पर ध्यान न देना। **इस कोठे का धान उस कोठे में करना**—१. व्यर्थ का काम करना। २. केवल स्थानान्तरित हो जाना। **इस पार**—इस लोक में। **इस लोक/संसार से उठ जाना**—मर जाना। **इस हाथ देना उस हाथ लेना**—तत्काल फल मिलना।

***इसउ[१]**—[< सं० ईदृश] *वि०, क्रिवि०* ऐसा। **उदा०** इसउ कहइ (ऐसा कहते हैं)। —राउलवेल (पंक्ति ४०-४१)

†इसउ[२]—[< हि० इस] *सर्व०* इसने भी। ***जैसे***—इसउ ने नाहिं सुनी।

***इसड़ा**—[राजस्थ० < हि० इस] *वि०, क्रिवि०* ऐसा/ऐसे।

इसराज—[देशज] *पुं०* (संगीत०) एक वितत वाद्य जो सितार की आकृति का होता है और सारंगी की तरह कमानी/छड़ी से बजाया जाता है।

इसरार—[< अरबी इस्रार] *पुं०* आग्रह। हठ। ज़िद।

***इसरी[१]**—[< सं० ईश्वरी] *स्त्री०* १. देवी। २. पार्वती/दुर्गा।

***इसरी[२]**—[< सं० ईश्वरीय] *वि०* ईश्वरीय। दैवी।

इसलिए—[हि० इस + लिए] *अव्यय०* इस कारण से। अतः।

इससे—[< हि० यह] *सर्व०* १. इसके द्वारा। ***जैसे***—इससे पानी डालो। २. इसके साथ। ***जैसे***—इससे बात करो। *अव्यय०* इस कारण से। अतः। इसलिए।

इसी—[< हि० इस + ही] *सर्व०, वि०* (पूरे आग्रह/ज़ोर से कहने पर) निश्चयपूर्वक यही। ठीक यही। ***जैसे***—इसीने; इसी काम से; इसी का।

इसे—[< हि० इस] *सर्व०* १. इसको। ***जैसे***—इसे देखो। २. इसके लिए। ***जैसे***—इसे पुस्तक दो।

इस्तग़ासा—[< अरबी इस्तिग़ासः] *पुं०* (विधि०) फ़ौजदारी का मुक़दमा चलाने के लिए न्यायालय में दिया गया प्रार्थना-पत्र। नालिश।

इस्तमरारी—[< अरबी इस्तिम्रारी] *वि०* १. कभी न बदलने वाला। स्थायी। २. स्थायी पट्टे की भूमि। ✣ **इस्तमरारी बन्दोबस्त (बंदोबस्त)**—*पुं०* = (विधि०) कृषि की स्थायी व्यवस्था। खेतों का सीमांकन, लगान का निर्धारण आदि की नयी और स्थायी व्यवस्था।

इस्तिरी—[< सं० स्तरी] *स्त्री०* १. लोहे या पीतल का एक उपकरण जिसे (जलते कोयलों से या बिजली से) गर्म करके कपड़ों की सिलवटें दूर की जाती हैं और तहें की जाती हैं। २. उक्त से कपड़ों की सिलवटें दूर करना और तहें करने का काम।

†इस्त्री—[< सं० स्त्री] *स्त्री०* १. स्त्री। २. पत्नी।

इस्लाह—[अरबी] *स्त्री०* १. संशोधन/सुधार। २. किसी की रचना (लेख, कविता आदि) का, रचयिता के निवेदन पर, किसी अधिकारी विद्वान् द्वारा किया गया संशोधन/सुधार।

इह—[सं० इदम् + ह, इ आदेश] *सर्व०* यह। ***जैसे***—इहलोक और परलोक। ✣ **†इहइ**—*सर्व०, वि०* = यही।

इहलीला—[सं० इह + लीला] *स्त्री०* इस लोक की लीला। लौकिक जीवन। जीवन-लीला। ***वा०*** **इहलीला समाप्त हो जाना**—मर जाना।

इहलोक—[सं० इह ~ लोक] *पुं०* १. यह लोक/संसार। २. मृत्युलोक। ∇ **विलोम**—परलोक।

इहलौकिक—[< सं० इह ~ लौकिक] *वि०* इस लोक/संसार से सम्बन्धित। इस लोक का। ∇ **विलोम**—पारलौकिक।

इहस्थ—[सं० इह ~ स्थ] *वि०* यहाँ स्थित।

इहामुत्र—[सं० इह ~ अमुत्र] *क्रिवि०* १. यहाँ और वहाँ। २. इस लोक में और परलोक में। *पुं०* यह लोक और परलोक।

***इहि**—[< हि० इह] *सर्व०, वि०* इस। *वि०, क्रिवि०* यही। इसी। ✣ ***इहिं (इहिं)**—*सर्व०* = १. इसको। इसे। २. इसके। ✣ ***इहे, इहै**—*सर्व०* = यही।

***इँचना**—[< हि० खिँचना] *क्रिअ०* खिंचना। *क्रिस०* खींचना।

इँडुआ—[< सं० कुंडली] *पुं०* कपड़े की कुंडलाकार गद्दी जिसे सिर पर भार उठाते समय भार के नीचे रख लिया जाता है। गेंडुरी। बिड़ई। (संगीत०) तबला बजाते समय दाहिने और बायें तबले के नीचे रखी जाने वाली कपड़े की गोल गद्दी। ✣ **इँडुरी**—*स्त्री०* = इँडुआ।

***इँदारुन**—*स्त्री०* ≤ सं० इन्द्रवारुणी।

ई

देवनागरी वर्णमाला का चौथा स्वर। (भाषाविज्ञान की दृष्टि से) यह तालव्य, दीर्घ ('इ' का दीर्घ रूप), अग्र, अवृत्तमुखी, संवृत और घोष है। ● **विशेष**—१. 'ई' का अनुनासिक रूप 'ईँ' है (**जैसे**—ईँट, छीँट, झीँगुर) परन्तु शिरोरेखा के ऊपर की मात्रा के कारण, मुद्रण आदि में सुविधा के लिए, इसे 'ईं' भी लिखा जाता है। (**जैसे**—ईंट, छींट, झींगुर)। २. 'ई' की मात्रा 'ी' है जो व्यंजन के दाहिनी ओर लगती है (**जैसे**—की, जी, टी, पी, सी)।

ई[१]—[सं॰ अ (= विष्णु) + ङीष्] *स्त्री॰* १. लक्ष्मी। २. माया। ३. शान्ति।

ई[२]—[सं॰ √ई + क्विप्] *पुं॰* कामदेव।

†**ई**[३]—[अवधी, < सं॰ इ (= यह/वह)] *सर्व॰* १. यह। **जैसे**—ई बालक। २. इस।

†***ई**[४]—[< हिं॰ ही] *अव्यय* (जोर देकर कहने में प्रयुक्त) ही। ● **विशेष**—यह प्रायः सर्वनामों आदि के साथ संयुक्त हो जाता है। **जैसे**—इस + ई = इसी। इतना + ई = एतनोई।

ईकार—[सं॰ ई + कार] *पुं॰* 'ई' स्वर या उसकी मात्रा। **जैसे**—'ईश्वर' और 'पानी' में ईकार है।

ईकारादि—[सं॰ ईकार ~ आदि] *पुं॰* ईकार आदि (ध्वनियाँ)। *वि॰* (वह शब्द) जिसके आरम्भ में 'ई' हो ('ईख' आदि)।

ईकारान्त (ईकारांत)—[सं॰ ईकार ~ अन्त] *वि॰* (वह शब्द) जिसके अन्त में 'ई' (वर्ण या मात्रा) हो। **जैसे**—'भाई' और 'देवी' ईकारान्त शब्द हैं परन्तु 'मति' इकारान्त है।

ईक्षक—[सं॰ √ईक्ष् + ण्वुल्] *वि॰* १. देखनेवाला। २. जाँच आदि करनेवाला।

ईक्षण—[सं॰ √ईक्ष् + ल्युट्] *पुं॰* १. देखने की क्रिया/भाव। देखना। २. जाँच-पड़ताल। ३. विवेचन। विचार। ✣ **ईक्षणीय/ईक्ष्य**—*वि॰* = ईक्षण के योग्य।

ईक्षा—[सं॰ √ईक्ष् + अ + टाप्] *स्त्री॰* १. देखने की क्रिया। ईक्षण। देखना। २. दृष्टि। नज़र। ३. विचारना।

ईक्षिका—[सं॰ ईक्षक + टाप्] १. देखनेवाली। २. जाँच करनेवाली। ३. नेत्र। आँख।

ईक्षित—[सं॰ √ईक्ष् + क्त] *वि॰* १. देखा हुआ। २. जाँचा हुआ। ३. विचारा हुआ।

***ईछन**—[< सं॰ ईक्षण] *पुं॰* १. दृष्टिपात। देखना। २. नेत्र। आँख।

***ईछना**[१]—[< सं॰ √इच्छ्] *क्रिस॰* इच्छा करना। चाहना।

***ईछना**[२]—[< सं॰ ईक्षण] *क्रिस॰* देखना।

ईछना[३]—[देशज] *क्रिस॰* गूँधने पर, लोच से युक्त हुए आटे को तोड़ना।

ईजाद—[अरबी] *स्त्री॰* आविष्कार।

***ईठ**—[ब्रज॰ < सं॰ इष्ट] *पुं॰* प्रिय व्यक्ति या मित्र। *वि॰* प्रिय। ✣ **ईठता**—*स्त्री॰* = मित्रता। दोस्ती।

***ईठना**—[< ब्रज॰ ईठ] *क्रिस॰* इच्छा करना। चाहना। *क्रिअ॰* इष्ट होना। वांछित होना।

***ईठि**—[< प्रा॰ इट्ठि < सं॰ इष्टि] *स्त्री॰* १. प्रेम। प्रीति। मित्रता। २. जान-पहचान। ३. सखी। ४. प्रयत्न। चेष्टा। ५. चाह। *वि॰* १. इष्ट। प्रिय। २. हितकारिणी। *क्रिवि॰* १. अच्छी तरह से। यत्नपूर्वक। २. इष्ट रूप में। प्रेमपूर्वक।

***ईठी**[१]—[< सं॰ यष्टि] *स्त्री॰* १. डंडा। २. बर्छा। भाला।

***ईठी**[२]—[< हिं॰ ईठि] *वि॰ (स्त्री॰)* १. प्रिय। प्यारी। २. स्वच्छ। ३. मित्रता। दोस्ती। *पुं॰* प्रेमी।

ईडा—[√ईड् + टाप्] *स्त्री॰* स्तुति। प्रशंसा।

ईडित—[सं॰ √ईड् + क्त] *वि॰* प्रशंसित।

ईड्य—[सं॰ √ईड् + ण्यत्] *वि॰* १. जो प्रशंसा के लायक़ हो। प्रशंसनीय। स्तुत्य। २. जिसकी प्रशंसा की गयी हो। प्रशंसित। ३. जिसकी प्रशंसा की जा रही हो।

***ईढ़**[१]—[< सं॰ इष्ट] *स्त्री॰* हठ। टेक। ज़िद। ✣ **ईढ़ी**—*वि॰* = हठी। ज़िद्दी।

†**ईढ़**[२]—[राजस्थ॰ < सं॰ ईदृश] *वि॰* १. इस तरह का। ऐसा। २. तुल्य। समान। बराबर। *स्त्री॰* १. समानता। बराबरी। २. ईर्ष्या। ३. शत्रुता।

***ईत**—[अवधी, < हिं॰ इतना] इतना।

ईतर—[< सं॰ इतर] *वि॰* १. तुच्छ। निकृष्ट। २. धृष्ट। ढीठ। ३. इतरानेवाला। ४. इतर। भिन्न। अन्य। ✣ **ईतरता**—*स्त्री॰* = १. धृष्टता। ढिठाई। २. भिन्नता। अन्यत्व।

ईति—[सं॰ ई + क्तिन्] *स्त्री॰* १. बाधा। विघ्न। विपत्ति। २. उपद्रव। दंगा। ३. विदेश-यात्रा। प्रवास। ४. फ़सल को हानि पहुँचानेवाले उपद्रव—अतिवृष्टि, अनावृष्टि, अग्निकांड और चूहों, पक्षियों, टिड्डियों तथा विदेशी आक्रमण से हानि। ✣ **ईति-भीति**—*स्त्री॰* = १. ईति का भय। २. ईति और भय।

ईथर—[अं॰] *पुं॰* एक सूक्ष्म तत्त्व जो समस्त आकाश में व्याप्त है। (रसायन॰) कार्बनिक यौगिकों का एक वर्ग। **जैसे**—एथिल ईथर।

ईद—[अरबी] *स्त्री०* (इस्लाम०) मुसलमानों का एक त्योहार जो रमज़ान मास की समाप्ति पर द्वितीया का चन्द्रमा देखने के बाद अगले दिन मनाया जाता है। ईदुलफ़ितर। (दे० 'बकरीद' भी) ***वा०* ईद का चाँद**—ऐसी वस्तु जिसका दर्शन दुर्लभ हो। **ईद का चाँद होना**—१. कभी-कभी दिखाई पड़ना। २. दुर्लभ हो जाना। **ईद मनाना**—१. उत्सव मनाना। २. हर्ष मनाना। ख़ुशी मनाना।

ईदी—[< अरबी ईद] ईद का पुरस्कार या इनाम। ईद की त्योहारी।

ईदुज़्ज़ुहा—[अरबी] *स्त्री०* (इस्लाम०) मुसलमानों का एक त्योहार। बकरीद।

ईदृश—[स० इदम् √दृश् + कञ्] *वि०* इस प्रकार का। ऐसा। *क्रिवि०* इस प्रकार। ऐसे। ✣ **ईदृशी**—*वि० (स्त्री०)* = इस प्रकार की। ऐसी।

ईप्सा—[स० √आप् + सन् + अ + टाप्] *स्त्री०* (कोई वस्तु) पाने की इच्छा। अभिलाषा। चाह।

ईप्सित—[स० √आप् + सन् + क्त] *वि०* १. जिसकी ईप्सा की गयी हो। इच्छित। अभिलषित। ***जैसे***—ईप्सित सफलता। २. प्रिय। प्यारा।

ईप्सु—[स० √आप् + सन् + उ] *वि०* प्राप्त करने की इच्छा रखनेवाला। चाह रखनेवाला। अभिलाषी।

ईमन—[< हि० यमन] *पु०* (संगीत०) यमन राग।

ईरण—[स० √ईर् + ल्युट्] *वि०* क्षुब्ध/अस्थिर करनेवाला। *पु०* १. वायु। हवा। २. गमन। ३. प्रेषण। ४. किसी को आगे बढ़ाने की क्रिया/भाव। ५. उत्तेजना। प्रेरणा।

ईरमद—[< स० इरम्मद] *स्त्री०* १. बिजली की कड़क। २. बिजली में रहनेवाली अग्नि। वज्राग्नि। ३. बाड़वाग्नि।

***ईरषा**—*स्त्री०* ≤ स० ईर्ष्या।

ईरित—[स० √ईर् + क्त] *वि०* १. आगे बढ़ाया हुआ। २. प्रेरित। प्रोत्साहित।

ईर्या—[स० √ईर् + ण्यत् + टाप्] *स्त्री०* १. इधर-उधर घूमना-फिरना। २. इधर-उधर घूमने का भिक्षु-व्रत। (जैन०) जीवों की हिंसा न हो इसलिए आगे की भूमि देख-देखकर सावधानी से चलना।

ईर्षित—[स० ईर्षा + इतच्] *वि०* जिससे ईर्ष्या की गयी हो।

ईर्ष्य—[स० √ईर्ष्य् + अच्] *वि०* १. ईर्ष्या के लायक़। ईर्ष्या-योग्य। २. जिससे ईर्ष्या हो या की जानी हो।

ईर्ष्या—[स० √ईर्ष्य् + अ + टाप्] *स्त्री०* दूसरे की उन्नति, सुख आदि देखकर मन में कष्ट उत्पन्न होना। पर-उत्कर्ष-असहिष्णुता। डाह। जलन। ***वा०* ईर्ष्या से जलना/फुँकना**—बहुत ईर्ष्या करना।

ईलि—[स० √ईड् + कि] *पु०* छोटी तलवार। कटार।

ईली—[स० ईलि + डीष्] *स्त्री०* कटारी।

ईश—[स० √ईश् + क] *पु०* १. ईश्वर। २. शिव। ३. राजा। ४. स्वामी। प्रभु। मालिक। ५. एक उपनिषद्। ईशावास्योपनिषद्। ईशोपनिषद्। *वि०* १. ऐश्वर्यशाली। २. समर्थ। ३. श्रेष्ठ। ***जैसे***—कपीश (कपि + ईश)। ✣ **ईशता**—*स्त्री०* = १. ईश होने की अवस्था/भाव। ईशत्व। २. स्वामित्व। प्रमुखता। ✣ **ईशत्व**—*पु०* = ईशता।

ईशा—[स० √ईश् + क + टाप्] *स्त्री०* १. ऐश्वर्य। २. ऐश्वर्ययुक्त स्त्री। ३. पार्वती। दुर्गा। ४. स्वामिनी। ५. शक्ति। ६. हल का डंडा। लांगल-दंड।

ईशान—[स० √ईश् + शानच्] *वि०* १. ऐश्वर्ययुक्त। २. धनी। *पु०* १. स्वामी। शासक। प्रभु। २. ईश्वर। ३. शिव। महादेव। ४. ग्यारह रुद्रों में से एक रुद्र का नाम। ५. (पद्य आदि में) ग्यारह की संख्या। ६. उत्तर-पूर्व दिशा। ✣ **ईशानादिपंचमूर्ति**—*पु०* = शिव के पाँच नाम-रूप—ईशान, तत्पुरुष, अघोर, वामदेव, सद्योजात।

ईशानी—[स० ईशान + डीप्] *स्त्री०* पार्वती। दुर्गा (देवी)।

ईशिता—[स० ईशिन् + तल् + टाप्] *स्त्री०* १. ईश्वरत्व। २. उत्कृष्टता। श्रेष्ठता। महत्ता। ३. आठ सिद्धियों (अणिमा, महिमा आदि) में से एक, जिसे प्राप्त कर मनुष्य सब पर शासन कर सकता है।

ईशित्व—[स० ईशिन् + त्व] *पु०* ईशिता।

ईश्वर—[स० √ईश् + वरच्] *पु०* १. ऐश्वर्यवान्। २. परमात्मा। ३. शिव। महादेव। ४. आत्मा। ५. स्वामी। प्रभु। ६. राजा। (भा० दर्शन०) १. मायायुक्त सगुण ब्रह्म। २. सृष्टि का निमित्त कारण तथा उपादान कारण। ३. सृष्टि की उत्पत्ति, स्थिति और लय का कारण परमात्मा जो सर्वज्ञ, सर्वशक्तिमान् और सर्वव्यापक है। *वि०* १. ऐश्वर्ययुक्त। २. शक्तिमान्। ३. समर्थ।

ईश्वरता—[स० ईश्वर + तल् + टाप्] *स्त्री०* १. ईश्वर होने का गुण/भाव। ईश्वरत्व। २. स्वामित्व। प्रभुत्व। ३. ऐश्वर्य। ४. शक्तिमत्ता। ५. सामर्थ्य। ✣ **ईश्वरत्व**—*पु०* = ईश्वरता।

ईश्वरवादी—*वि०* = ईश्वरवाद को माननेवाला या उसका समर्थक। आस्तिक।

ईश्वरा/ईश्वरी[1]—[स० ईश्वर + टाप्/डीष्] *स्त्री०* १. पार्वती। दुर्गा। शक्ति। २. लक्ष्मी। ३. देवी।

ईश्वरी[2]—[< स० ईश्वरीमूल] *स्त्री०* एक औषधीय पौधा जिसकी नीचे की शाखाएँ कड़ी और मोटी होती हैं, फूलों का अग्रभाग गुलाबी/बैंगनी रंग का होता है तथा फल लगभग ५ से०मी० लम्बे होते हैं। ईश्वरीमूल। ईशरमूल।

ईषज्जल—[स० ईषत् ~ जल] *पु०* १. थोड़ा पानी। २. (नदी आदि में) उथला पानी।

ईषत्—[स० √ईष् + अति] *क्रिवि०* १. अल्प रूप में। बहुत थोड़ा। ***जैसे***—ईषत् हँसती हुई। २. किंचित्। कुछ-कुछ। ***जैसे***—ईषत् उष्ण। *वि०* कुछ। ***जैसे***—ईषत् हास्य। ∇ **विलोम**—प्रचुर।

ईषत्पाण्डु (ईषत्पांडु)—[स० ईषत् ~ पाण्डु] *वि०* अल्प पांडु वर्ण का। धूसर रंग का। धुमैला। *पु०* हल्का पांडु रंग।

ईषत्स्पृष्ट—[स० ईषत् + स्पृष्ट] *वि०* जिसका किसी से बहुत थोड़ा स्पर्श हुआ हो। बहुत कम छुआ हुआ। (व्या०) *पु०* वे वर्ण जिनके उच्चारण में तालु, दाँत, मूर्धा या ओठों का बहुत थोड़ा स्पर्श होता

है। **जैसे**—'य', 'र', 'ल', और 'व' वर्ण ईषत्स्पृष्ट हैं।

ईषत् हास—[स॰] *पु॰* थोड़ी हँसी। हल्की हँसी। स्मिति। मुस्कराहट।

ईषदुष्ण—[स॰ ईषद् ~ उष्ण] *वि॰* हल्का गर्म। मन्दोष्ण। गुनगुना।

ईषद्दर्शन, ईषद्दृष्टि—[स॰ ईषत् ~ दृष्टि] *स्त्री॰* चितवन।

ईषद्रक्त (ईषद्रक्त)—[स॰ ईषत् ~ रक्त] *पु॰* १. हल्का लाल रंग। नारंगी रंग। २. अव्यक्त राग/प्रेम। *वि॰* १. हल्के लाल रंग का। नारंगी। २. अव्यक्त राग/प्रेम वाला।

***ईषना**—[< स॰ एषणा] *स्त्री॰* एषणा। इच्छा।

ईषा—[स॰ √ईष् + क + टाप्] *स्त्री॰* १. हल का डंडा। लांगल-दंड। हरिस। हरसा। २. बैलगाड़ी का डंडा/बम।

ईषादन्त (ईषादंत)—[स॰ ईषा ~ दन्त] *वि॰* लम्बे दाँतों वाला। *पु॰* १. हाथी। २. हाथीदाँत।

ईषिका—[स॰ √ईषा + कन् + टाप्, इत्व] *स्त्री॰* १. हाथी की आँख का गोलक। २. चित्रकार की तूलिका/कूँची। ३. बाण। तीर। ४. सींक।

***ईषु**—[< स॰ इषु] *पु॰* बाण। तीर।

ईष्म—[स॰ √ईष् + मक्] *पु॰* १. कामदेव। २. वसन्त ऋतु।

† ईसर—*पु॰* ≤ ईश्वर। (दे॰) **✣† ईसरी/ईसुरी**—*वि॰* = ईश्वरीय। **जैसे**—ईसुरी माया।

***ईसर[३]**—[< स॰ ईश्वरी] *स्त्री॰* १. पार्वती। दुर्गा। २. लक्ष्मी। ३. देवी।

ईसवी—[फा॰] *वि॰* १. ईसा से सम्बन्धित। ईसा का। **जैसे**—ईसवी सन्। २. 'ईसवी सन्' का संक्षिप्त रूप। **जैसे**—१९९९ ईसवी। ✣ **ईसवी सन्**—*पु॰* = ईसाइयों द्वारा ईसा के जन्म-वर्ष (५७ विक्रमी संवत्) से आरम्भ किया जाने वाला सन्/संवत्।

***ईहग**—[डिंगल, < स॰ ईहा + ग] *पु॰* कवि।

ईहा—[स॰ √ईह् + अ + टाप्] *स्त्री॰* १. इच्छा। अभिलाषा। २. प्रयत्न। उद्योग। चेष्टा। ३. लोभ।

ईहामृग—[स॰ ईहा ~ मृग] *पु॰* १. वृक। भेड़िया। २. मृग/हिरन के समान अलभ्य वस्तु को पाने की चेष्टा। (नाट्य॰) रूपक का एक भेद जिसमें नायक और प्रतिनायक प्रसिद्ध व्यक्ति होते हैं तथा नायक के लिए नायिका, जो प्राय: दिव्य नारी होती है, अन्त तक अप्राप्त ही रहती है। ● **विशेष**—संस्कृत में ईहामृग रचित हैं परन्तु हिन्दी में ईहामृग का उदाहरण नहीं मिलता।

ईहार्थी—[स॰ ईह ~ अर्थिन्] *वि॰* १. धन पाने के लिए प्रयत्नशील। २. उद्देश्य को पूरा करने के लिए प्रयत्नशील। ✣ **ईहार्थिनी**—*वि॰ (स्त्री॰)*।

ईहावृक—[स॰ ईहा ~ वृक] *पु॰* एक जंगली पशु। लकड़बग्घा।

ईहित—[स॰ √ईह् + क्त] *वि॰* १. जिसकी इच्छा की गयी हो। इच्छित। अपेक्षित। २. जिसे पाने के लिए प्रयत्न किया गया हो। चेष्टित।

ईँगुर (ईंगुर)—[< स॰ हिंगुल] *पु॰* अभ्रक, पारा और गन्धक घोटकर तैयार किया जानेवाला एक प्रकार का लाल रंग का पदार्थ जिसे स्त्रियाँ माँग में लगाती हैं और जो चित्रकारी में भी प्रयुक्त होता है। सिन्दूर।

***ईँचना (ईंचना)**—[< स॰ अञ्चन] *क्रिस॰* खींचना।

ईँडुरी (ईंडुरी)—[< वैदिक स॰ इण्ड्र] *स्त्री॰* सिर पर घड़ा रखने के लिए रस्सी या कपड़े की बनी कुंडली। गेंडुरी।

***ईँढ (ईंढ)**—[डिंगल, < स॰ ईदृश] *वि॰* १. ऐसा। २. तुल्य। समान। बराबर।

उ

देवनागरी वर्णमाला का पाँचवाँ स्वर। (भाषाविज्ञान की दृष्टि से) यह ओष्ठ्य, ह्रस्व (जिसका दीर्घ रूप 'ऊ' है), पश्च, वृत्तमुखी, संवृत और मूल स्वर है तथा घोष ध्वनि है। ● **विशेष**—१. 'उ' की मात्रा 'ु' है जो प्राय: व्यंजन के नीचे लगती है (जैसे—कु, चु, टु, तु, पु आदि में) परन्तु 'र' में लगने पर 'रु' लिखा जाता है ('रु' नहीं)। **'उ' और 'ऊ' की मात्राएँ लगने पर 'र' के रूप क्रमशः 'रु' और 'रू' बनते हैं;** (< जैसे—रुपया, रूप; रुष्ट, रूठा; इत्यादि में) इनका अन्तर ध्यान देने योग्य है।

उ[1]—[सं॰ √अत् + डु] *पु॰* १. शिव। २. ब्रह्मा।

†**उ**[2]—[< सं॰ तु] *निपात॰* भी। ● **विशेष**—पूर्वी हिन्दी की 'अवधी' बोली आदि में शब्द के अन्त में जुड़ने पर 'उ' का अर्थ 'भी' होता है। (खलउ = खल/दुष्ट भी)।

†**उ**[3]—*सर्व॰* ≤ हि॰ ऊ। वह। ***जैसे***—उ कहत है।

***उअना**—[< हि॰ उगना] *क्रिअ॰*—उदित होना। उगना। ✣ **उयै**—*क्रिवि॰* उगने पर। ✣ **उयौ**—*क्रिअ॰* = ठगा।

***उअर**—[< सं॰ उर] *पु॰* उर। हृदय।

***उआदो**—[< अरबी वादा] *पु॰* वादा।

***उआना**—[< हि॰ उअना] *क्रिस॰* १. उदित करना। उगाना। २. उठाना।

उई[1]—[देशज] *अव्यय॰* पीड़ासूचक शब्द। ***जैसे***—उई! पैर में काँटा चुभ गया।

***उई**[2]—[< हि॰ उअना] *क्रिअ॰* १. 'उअना' का एक भूतकालिक रूप। २. उदित हुई।

***उए**—[< हि॰ उअना] *क्रिअ॰* 'उअना' क्रिया का भूतकालिक बहुवचन रूप। उदित हुए। *क्रिवि॰* उदित होते ही। उदित होने पर।

उकचन—[< सं॰ मुचकुन्द] *पु॰* मुचकुन्द का फूल।

उकटा—[< हि॰ उघटा] *वि॰* १. गुप्त/विस्मृत बातें कहकर रहस्य खोलनेवाला। २. अपने उपकारों और दूसरे के अपकारों या दोषों की चर्चा कर दूसरे को अपमानित करनेवाला। ३. तुच्छ। ओछा।

उकठना—[< हि॰ उ + काठ] १. काठ/लकड़ी के समान कड़ा हो जाना। २. वृक्ष/पौधे का सूख कर कड़ा हो जाना। ३. पौधों/वृक्षों में 'उखटा' रोग होना।

उकठा—[< सं॰ अपकाष्ठ/अवकृष्ट] *वि॰* १. जो सूखकर लकड़ी की तरह कड़ा हो गया हो। २. सूखकर रसहीन हुआ। शुष्क। सूखा। *पु॰* पाला पड़ने से गेहूँ, जौ आदि की फ़सल में होनेवाला एक रोग।

***उकढ़ना**—[हि॰ उ + कढ़ना] *क्रिअ॰* बाहर निकलना। कढ़ना।

***उकत**—[< सं॰ उक्ति] *स्त्री॰* उक्ति। कथन।

उकताव/उकताहट—*पु॰* १. ऊब। २. अधीरता।

***उकनाह**—[देशज] *पु॰* ऐसा घोड़ा जिसकी जाँघ में श्यामता हो और पीली तथा लाल छवि हो।

उकलना—[< सं॰ उद् + कलन] *क्रिम॰* १. कपड़े आदि की तह/लपेट/ऐंठन खुलना। २. उखड़ना। उचड़ना।

***उकस**—[< सं॰ उत्कर्ष] *पु॰* उभार। उठान।

उकसन—[< हि॰ उकसना] *स्त्री॰* १. उभार। २. घबराहट। ३. टूट।

उकसना—[< सं॰ उत्कर्षण] १. *क्रिव॰* थोड़ा-सा उठना। शरीर का पिछला भाग थोड़ा-सा उठाना। ***जैसे***—उसके नीचे दबे कपड़े को निकालने के लिए उससे उकसने को कहो। २. व्याकुल होकर ऊपर के अंगों को कुछ ऊपर उठाना। कसमसाना। ३. अंकुरित होना। उभरना। ४. किसी के द्वारा प्रेरित/उत्तेजित होना। ***जैसे***—उसने उकसाया और तुम उकस गए। ✣ ***उकसनि**—*स्त्री॰* = १. उभार। २. कसमसाहट। ✣**उकसवाना**—*स्त्री॰* = उकसने/उकसाने का काम किसी अन्य से कराना। ✣ ***उकसाई**—*स्त्री॰* = १. उकसाने की क्रिया/भाव। २. निकलवाने का पारिश्रमिक।

उकसाना—[हि॰ 'उकसना' का प्रेरणा॰] १. ऊँचा करना। उठाना। चढ़ाना। २. आगे बढ़ाना। सरकाना। ***जैसे***—दीपक की बत्ती उकसाना। ३. किसी को कोई कार्य करने के लिए उत्साहित/उत्तेजित/प्रेरित करना। ***जैसे***—विद्रोह के लिए उकसाना।

***उकसारना**—[< हि॰ उकसाना] *क्रिस॰* ऊपर उठाना।

***उकसित**—[< हि॰ उकसाना] *वि॰* उकसाया हुआ।

उकसौहाँ—[< हि॰ उकसना] *वि॰* उकसने की प्रवृत्ति वाला। उभरता हुआ। विकासोन्मुख। ✣ **उकसौहीं (उकसौंहीं)**—*वि॰ (स्त्री॰)*।

उकाई—[< हि॰ उकलाई] *स्त्री॰* वमन करने की इच्छा।

***उकाढ़ना**—[< हि॰ काढ़ना] *क्रिस॰* १. निकालना। २. गढ़ना। बनाना।

उक़ाब—[अरबी] *पु॰* विशालकाय और तीव्र दृष्टि वाला पक्षी विशेष जो गृध्र/गिद्ध जाति का होता है।

उकार—[सं॰ उ + कार] *पु॰* 'उ' वर्ण, उसकी ध्वनि या उसकी मात्रा। 'उ' स्वर। ***जैसे***—'मधु' और 'उमा' में उकार है परन्तु 'धर्म' में नहीं।

उकारादि—[सं॰ उकम् आदि] *वि॰* (वह शब्द) जिसके आरम्भ में उकार हो। ***जैसे***—'उमार', 'उधार' और 'उषा' उकारादि हैं।

उकारान्त (उकारांत)—[सं॰ उकार ~ अन्त] *वि॰* (वह शब्द)

जिसके अन्त में उकार हो। ***जैसे***—'मधु' उकारान्त है परन्तु 'उमा' नहीं।

उकास[1]—[< प्रा॰ उक्कास < स॰ उत्कर्ष] *स्त्री॰* उकासने की क्रिया/भाव।

***उकास**[2]—[< स॰ अवकाश] *पु॰* १. अवकाश। छुट्टी। फ़ुर्सत। २. अवकाश। स्थान। जगह।

उकासी[1]—[< हि॰ उकासना] *स्त्री॰* १. उकासने की क्रिया/भाव। २. खुल जाने की स्थिति।

उकासी[2]—[< हि॰ उकास < स॰ अवकाश] *स्त्री॰* १. अवकाश। छुट्टी। २. अवकाश के समय मनाया जाने वाला उत्सव। मनोविनोद।

उकीरना—[< स॰ उत्तकीर्णन] *क्रिस॰* उत्कीर्ण करना। उकेरना। ✣ **उकीरी**—*वि॰* = (स्त्री॰) उत्कीर्ण। उकेरी हुई।

***उकुसना**—[देशज] *क्रिस॰* नष्ट करना।

उकेरना—[< स॰ उत्कीर्णन] *क्रिअ॰* (पत्थर/लकड़ी/धातु आदि पर) खोदकर बेल-बूट इत्यादि बनाना। नक़्क़ाशी करना। उत्कीर्ण करना।

उकेरी—[< हि॰ उकेरना] *स्त्री॰* १. उकेरने की कला। २. उकेरने का काम। नक़्क़ाशी। *वि॰* जिसे उकेरा गया हो। ***जैसे***—उकेरी आकृतियाँ।

उकेलना—[< हि॰ उकलना] *क्रिस॰* १. उकलना। (दे॰) २. उधेड़ना। ३. छिलका निकालना। छीलना। ***जैसे***—केला उकेलकर खाइए और अंगूरों को बिना उकेले खाइए।

***उकेसना**—[< स॰ उत्कर्षण] *क्रिस॰* १. उखाड़ना। २. नष्ट करना।

उक्त—[√वच् + क्त] *वि॰* जो कहा जा चुका हो। कथित। ● **विशेष**—'उक्त' का प्रयोग 'उपर्युक्त' (ऊपर कथित/लिखित) और 'पूर्वोक्त' (पहले कथित/लिखित) के लिए भी प्रायः किया जाता है।

उक्तपुंस्क—[स॰ उक्त ~ पुंस्क] *वि॰* (भाषा॰) वह स्त्रीलिंग शब्द जिसका पुल्लिंग रूप भी हो। ***जैसे***—'नारी' शब्द उक्तपुंस्क है क्योंकि उसका पुल्लिंग रूप 'नर' है परन्तु 'कला' उक्तपुंस्क नहीं है।

उक्ताक्षेप—[स॰ उक्त ~ आक्षेप] *पु॰* (काव्य॰) आक्षेप अलंकार का एक भेद। अभीष्ट वस्तु की विशेषता दिखाने के लिए पहले वक्तव्य बात को कहकर पीछे उसे मना-सा करना।

उक्ति—[स॰ √वच् + क्तिन्] *स्त्री॰* कही हुई बात। कथन। वचन।

उक्थ—[स॰ √वच् + थक्] *पु॰* १. वाक्य/कथन। २. स्तुति/प्रशंसा। ३. स्तोत्र। ४. श्लोक। ***जैसे***—उक्थवाह (= श्लोक का समर्पण करने/पाने वाला)। ५. सामवेद। ६. प्राण। ✣ **उक्थी**—*वि॰* = स्तोत्रों/श्लोकों का पाठ करनेवाला।

उक्षण—[स॰ √उक्ष् + ल्युट्] *पु॰* (जल आदि) छिड़कने की क्रिया/भाव। छिड़काव।

***उखनींद (उखनींद)**—[< हि॰ उखड़ी ~ नींद] *स्त्री॰* उखड़ी नींद। उचटी नींद।

***उखम**—[< स॰ ऊष्म] *वि॰* ऊष्म। गर्म।

उखाड़-पछाड़—[< हि॰ उखाड़ना + पछाड़ना] *स्त्री॰* १. उलट-पलट। क्रम या विन्यास में परिवर्तन। ***जैसे***—सामान की उखाड़-पछाड़ करना। २. दलबन्दी में किसी को गिराने और किसी को उठाने का प्रयत्न (या उसकी प्रवृत्ति)। ***जैसे***—काँग्रेसियों की उखाड़-पछाड़।

उ***उखेलना**—[< स॰ उल्लेखन] *क्रिस॰* १. अंकित करना। लिखना। २. चित्र खींचना। ३. उकेरना।

***उगन**—[< हि॰ उगना] *स्त्री॰* १. उत्पत्ति। २. उदय।

उगना[1]—[< स॰ उद्गमन] *क्रिअ॰* १. उदित होना। ***जैसे***—सूर्य उगना। ∇ **विलोम**—डूबना। २. अंकुरित होना। ***जैसे***—खेत में अनाज उगना। ३. किसी तल के भीतर से निकलकर बाहरी स्तर पर आना। ***जैसे***—सिर पर बाल उगना। ४. पैदा होना। उपजना। ५. सुशोभित होना। खिलना। ***जैसे***—आभूषण से मुख-ज्योति का उगना।

***उगना**[2]—[< स॰ उग्रनाथ] *पु॰* शिव। महादेव।

उगमन—[< स॰ उद्गमन] *पु॰* उदय। पूर्व दिशा।

उगरना**—[< स॰ उद्गरण] *क्रिअ॰* १. बाहर निकलना। २. घर से बाहर निकलना। ३. कुएँ में ऊपर से गयी मिट्टी आदि तथा ख़राब पानी निकाल कर कुएँ का पानी स्वच्छ किया जाना। ***जैसे—कुआँ उगरना। *क्रिस॰* उगलना।

उगलना—[< स॰ उद्गिलन] *क्रिस॰* पेट में गयी वस्तु, ख़ून आदि अथवा मुँह में रखी वस्तु को मुँह से निकालना। ***जैसे***—दूध उगलना; दवा उगलना; पान की पीक उगलना। ∇ **विलोम**—निगलना। ***वा॰* (कोई बात आदि) उगल देना**—१. गुप्त बात या रहस्य को किसी के सामने कह डालना। २. विवश होकर छिपायी/चुरायी हुई वस्तु औरों के सामने रख देना।

***उगसारना**[1]—[< स॰ अग्रसारण] *क्रिस॰* १. आगे रखना। आगे लाना। सामने लाना। २. (किसी के सामने) प्रकट करना या कहना। जताना।

***उगसारना**[2]—*क्रिस॰* ≤ *हि॰* उकसाना।

उगहन—[< स॰ उद्ग्रहण] *पु॰* (ग्रहण से सूर्य/चन्द्र का) छुटकारा। उग्रह।

***उगार**[1]—[< हि॰ उगारना] १. उगारने की क्रिया/भाव। २. धीरे-धीरे निचुड़ने से एकत्र होनेवाला जल। ३. रँगे कपड़े का निचुड़ा जल।

***उगार**[2]**/उगारु**—[< हि॰ उगाल] *पु॰* १. उगली हुई वस्तु। २. मुख की लार। ३. रस। आनन्द।

उगाल—[< स॰ उद्गार] १. उगलने की क्रिया/भाव। २. उगली गयी वस्तु (थूक, पीक आदि)।

उगालदान—[हि॰ उगाल + फा॰ दान] *पु॰* मिट्टी/धातु का बना पात्र जिसमें उगली गयी वस्तुएँ (थूक/पीक आदि) गिराते हैं। पीकदान।

उगाहना—[< स॰ उद्ग्रहण] १. कहीं से कुछ धन आदि प्राप्त करना या लेना। २. (लगान, कर, ऋण आदि) प्राप्य धन या उसकी क़िस्त वसूल करना। ३. सार्वजनिक काम के लिए अनेक लोगों से थोड़ा-

थोड़ा धन माँगकर लेना। ***जैसे***—होली का चन्दा उगाहना।

उग्गाहा—[प्रा॰ < स॰ उद्‌गाथा] *पु॰* (छन्द॰) आर्या छन्द का एक भेद जिसके चरणों में क्रमश: १२, १८, १२, १८ मात्राएँ होती हैं। उद्‌गाथा।

उग्र—[स॰ √उच् + रक्, ग आदेश] *वि॰* १. भयानक। ***जैसे***—काली देवी की उग्र मूर्ति। २. क्रूर। निष्ठुर। ***जैसे***—भीम का उग्र व्यवहार। ३. जो शान्त स्वभाव का न हो क्रोधी। ***जैसे***—उग्र पति की सौम्य पत्नी। ४. प्रचंड। ***जैसे***—उग्र विचारों का नेता। ५. तीक्ष्ण। तेज़। ***जैसे***—उग्र औषध। ६. अति तीव्र और दु:खद। ***जैसे***—उग्र रोग। ७. कठोर और परिश्रमपूर्ण। ***जैसे***—उग्र तपस्या। ८. असह्य। ***जैसे***—उग्र गन्ध। ∇ **विलोम**—सौम्य। पु॰ शिव। महादेव।

उग्रता—[स॰ उग्र + तल् + टाप्] *स्त्री॰* १. उग्र होने की अवस्था/भाव। उग्रत्व। २. भयानक। ३. क्रूरता। निष्ठुरता। ४. प्रचंडता। तीक्ष्णता। तेजी। ५. तीव्रता और दु:खदता। ६. कठोरता और परिश्रमपूर्णता। ७. असह्यता। (काव्य॰) एक संचारी भाव जिसमें चित्त का रूखापन होता है और जो तर्जन, ताड़ना आदि से प्रकट होता है। ∇ **विलोम**—सौम्यता।

उग्रतारा—[स॰ उग्र ~ तारा] *स्त्री॰* देवी का एक रूप जिसमें वह चार हाथों वाली, लाल नेत्रों वाली, कृष्णवर्ण, और मुंडमाला-धारिणी होती है।

उग्रदंष्ट्र—[स॰ उग्र ~ दंष्ट्र] *वि॰* तीखे दाँतों वाला।

उग्रधन्वा—[स॰ उग्र ~ धन्वा] *वि॰* १. बड़े धनुष वाला। २. विकट धनुर्धर। *पु॰* १. शिव। महादेव। २. इन्द्र।

उग्रनासिक—[स॰ उग्र ~ नासिका] *वि॰* बड़ी नाक वाला। दीर्घनासिक।

उग्रपीठ—[स॰ उग्र ~ पीठ] *पु॰* (वास्तु॰) भवन-निर्माण के पूर्व की निर्माण-भूमि जिसमें छत्तीस समान चौकोर विभाग कर दिए गए हों।

उग्रबाहु—[स॰ उग्र ~ बाहु] *वि॰* शक्तिशाली भुजाओं वाला।

उग्रवाद—[स॰ उग्र ~ वाद] *पु॰* (राज॰) उग्र विचारों और उग्र कार्यों की श्रेष्ठता/उपयोगिता मानने का सिद्धान्त/मत। ✣ **उग्रवादिता**—*स्त्री॰* = उग्रवाद (दे॰) ✣ **उग्रवादी**—*वि॰, पु॰* (राज॰) (वह व्यक्ति) जो उग्रवाद का अनुयायी/समर्थक हो। अतिवादी। उग्रपन्थी। ***जैसे***—नक्सलवादी लोग उग्रवादी कहे जाते हैं। *वि॰* उग्रवाद से पूर्ण/प्रेरित (घटना)। ***जैसे***—उग्रवादी आन्दोलन।

उग्रह—[< स॰ उद्‌ग्रह] *पु॰* १. बन्धन से मुक्ति। २. (चन्द्रमा या सूर्य की) ग्रहण से मुक्ति।

उग्रा—[स॰ उग्र + टाप्] *वि॰ (स्त्री॰)* उग्र। (दे॰) *स्त्री॰* १. उग्र स्वभाव की स्त्री। कर्कशा। [∇ **विलोम**—सौम्या।] २. दुर्गा या महाकाली (देवी)। (संगीत॰) निषाद स्वर की प्रथम श्रुति।

उग्रेश—[स॰ उग्रा ~ ईश] *पु॰* शिव। महादेव।

उघटना—[< स॰ उद्‌घाटन] *क्रिस॰* १. उद्‌घाटन करना। खोलना। प्रकट करना। उघाड़ना। २. किसी का भेद प्रकट करना। ३. कहना। ४. पिछली बातें बताना। गड़े मुर्दे उखाड़ना। ५. ताना देते हुए किसी पर अपने उपकारों और उसके अपकारों, दोषों आदि की चर्चा करना। ६. निन्दा करते हुए गालियाँ देना या ताना देना। (संगीत) १. तान छेड़ना। २. (नृत्य में) थिरकना।

उघटा—[< हि॰ उघटना] *पु॰* उघटने की क्रिया/भाव। उद्‌घाटन। *वि॰* १. पिछली बातें कहकर रहस्य खोलनेवाला। २. ताना देते हुए किसी पर अपने उपकारों और उसके अपकारों व दोषों की चर्चा करनेवाला।

उघाड़—[< हि॰ उघाड़ना] *पु॰* उघाड़ने की क्रिया/भाव।

***उच**—[< स॰ उच्च] *वि॰* उच्च। ऊँचा।

उचकन—[< स॰ उच्च ~ करण] *पु॰* किसी वस्तु को ऊँचा करने के लिए उसके नीचे रखा जाने वाला आधार (पत्थर आदि)।

उचकना—[< स॰ उच्चकरण] *क्रिअ॰* १. कोई ऊँची वस्तु देखने/पकड़ने/छूने के लिए पंजों के बल और एड़ी उठाकर खड़ा होना। ***जैसे***—उचक-उचक कर देखना। २. उठकर ऊपर आना। उतराना। उछलना। ***जैसे***—उत्सुकता से उचककर आना। *क्रिस॰* उछलकर/लपककर कोई वस्तु उठाना/छीनना। ***जैसे***—उचककर मिठाई छीनना।

उचकौहीं (उचकौहीं)—[< हि॰ उचकना] ऊपर उठी हुई। ***जैसे***—उचकौहीं आँखें।

उचक्का—[< हि॰ उचकना] *पु॰* दूसरों की वस्तु छीनकर/उठाकर भाग जानेवाला मनुष्य। उठाईगीर।

उचटना—[< स॰ उच्चाटन] *क्रिम॰* १. संलग्न वस्तु का अलग होना। लगी/जमी वस्तु का उखड़ना। ***जैसे***—फ़र्श में लगा पत्थर उचटना। २. छिटकना। ३. (मन) ऊब जाना। खिन्न होना। अरुचि होना। विरक्त होना। ***जैसे***—उसका मन विलासी जीवन से उचट गया।

उचना—[< स॰ उच्च] *क्रिम॰* ऊपर उठना। उचकना। *क्रिस॰* ऊपर उठाना।

उचन्त (उचंत)—[< हि॰ उचना] *पु॰* (वाणिज्य॰) कुछ समय के लिए अग्रिम धन लेना/देना जिसका हिसाब व्यय के बाद दिया जाना हो। ✣ **उचन्त खाता/लेखा**—*पु॰* = वह खाता/लेखा जिसमें उचन्त धनराशियाँ देते समय लिखी जाती हैं क्योंकि उन्हें सामान्य खाते में तत्काल नहीं लिखा जा सकता। ✣ **उचन्ती बिक्री**—*स्त्री॰* = उचन्त बिकी वस्तु की वापसी हो सकने के आधार पर बिक्री।

उचरना[1]—[< स॰ उच्चारण] *क्रिस॰* उच्चारण करना। बोलना या कहना। ***जैसे***—'जय-जय' शब्द उचरना। *क्रिअ॰* १. उच्चरित होना। बोला/कहा जाना। २. लिखित अक्षरों/शब्दों आदि का पढ़ा जाना।

†**उचरना**[2]—[< हि॰ उचटना] *क्रिम॰* उचटना। उचड़ना। उचलना। ✣ **उचराई**—*स्त्री॰* १. उच्चारण करने की क्रिया/भाव/स्थिति। २. कहने/बोलने का पारिश्रमिक।

***उचाकु**—[< स॰ उच्चाटन] *पु॰* उचाट।

उचाट—[< स॰ उच्चाट] *स्त्री॰* मन की ऊब। मन न लगना। ***जैसे***—संसार से मन की उचाट। *वि॰* १. (मन) जो उचट गया हो। ऊबा हुआ। अरुचिशील। उदासीन। विरक्त। ***जैसे***—पढ़ाई से मन का उचाट होना। २. अन्यमनस्क।

***उचाढ़ी**—[< हि॰ उचाटी] *वि॰* उचाटी। उदासीन। अनमनी।

उचाना—[< स॰ उच] *क्रिस॰* १. ऊँचा करना। २. उठाना।

†**उचापत**—[देशज] *स्त्री॰* १. विश्वास। एतबार। २. छल। धोखाधड़ी। ३. दुकान से वस्तु उधार ख़रीदने की रीति। ४. दुकान से उधार ली वस्तुएँ। ***उदा॰*** बनिए की उचापत और घोड़े की दौड़ बराबर—लोकोक्ति। ५. झंझट। ६. ऊधम।

***उचार**—[< स॰ उच्चारण] *पु॰* १. उच्चारण। २. कथन।

उचित—[स॰ √उच् + क्त] *वि॰* १. जैसा साधारणत: होना चाहिए। उपयुक्त। ठीक। मुनासिब। वाजिब। ***जैसे***—उचित क़ीमत। २. स्थिति, अवसर आदि के अनुरूप। ***जैसे***—उचित तैयारी। ३. पद/मर्यादा/योग्यता के अनुसार। यथायोग्य। ***जैसे***—राजाओं को उचित आसन देना। ४. न्यायसंगत। युक्तियुक्त। ***जैसे***—उचित आलोचना; उचित दंड। ५. विधि के अनुरूप। विहित। ***जैसे***—उचित प्रकार से किया गया यज्ञ। ५. योग्य। ***जैसे***—उचित वर। ६. ग्रहण करने योग्य। ग्राह्य। ***जैसे***—दवा की उचित मात्रा। ∇ **विलोम**—अनुचित। ✣ **उचित भिन्न**—*स्त्री॰* = (गणित॰) वह भिन्न जिसका अंश हर से छोटा हो। ***जैसे***—२/३ उचित भिन्न है परन्तु ५/४ नहीं है।

उचौंहा (उचौंहा)—[< हि॰ ऊँचा] *वि॰* १. जो ऊँचा हो गया हो। २. उठा हुआ। उभरा हुआ। ✣ **उचौंही (उचौंही)**—*वि॰ (स्त्री॰)*।

उच्च—[स॰ √उट् + चि + ड] *वि॰* १. ऊँचा। लम्बा। ***जैसे***—उच्च पर्वत। २. (गुणों आदि की दृष्टि से) महान्। ***जैसे***—उच्च विचार। ३. कुलीन। ४. जो किसी मापदंड के अनुसार सामान्य स्तर से आगे बढ़ा हुआ हो। ***जैसे***—उच्च शिक्षा। ५. जो अधिकार/पद/विभाग आदि में अन्यों से बड़ा हो। ***जैसे***—उच्च अधिकारी। ६. प्रधान। प्रमुख। ***जैसे***—उच्च न्यायालय। (संगीत॰) 'तार' नामक सप्तक जो शेष दोनों 'मन्द्र' और 'मध्य' सप्तकों से ऊँचा होता है। (**ज्योतिष॰**) दे॰ उच्च ग्रह। ✣ **उच्चतम**—*वि॰* = सबसे उच्च। ***जैसे***—विश्व का उच्चतम पर्वत। ∇ **विलोम**—निम्नतम। ✣ **उच्चतर**—*वि॰* = तुलना में अधिक ऊँचा। ***जैसे***—अरावली पर्वत से उच्चतर पर्वत। ∇ **विलोम**—निम्नतर।

उच्चटन—[स॰ उद् √चट् + ल्युट्] *पु॰* १. उन्मूलन। उजड़ना। विनाश। २. मंत्र द्वारा किसी व्यक्ति को नष्ट कर देने या भगा देने का काम। ✣ **उच्चटनीय**—*वि॰* = भगा देने या निकाल देने योग्य।

उच्चटा—[स॰ उद् √चट् + अच् + टाप्] *स्त्री॰* १. गुंजा। घुँघची। २. लाल घुँघची।

उच्चण्ड (उच्चंड)—[स॰ उत् + चण्ड] *वि॰* १. अत्यन्त उग्र। प्रचण्ड। २. भयानक। ३. क्रुद्ध। नाराज़। ४. उच्च स्वर वाला।

उच्चय[1]—[स॰ उद् + चय] *पु॰* १. चयन। चुनना। ***जैसे***—फूलों का उच्चय। २. संग्रह। ढेर। ३. समूह। समुदाय। ४. समृद्धि। अभ्युदय।

***उच्चय**[2]—[< स॰ उच्च] *पु॰* ऊँचा।

उच्चयापचय—[स॰ उच्चय + अपचय] *पु॰* वृद्धि और ह्रास। घटती-बढ़ती।

उच्च रक्तचाप—[स॰] *पु॰* (चिकित्सा॰) धमनियों में बहते रक्त/ख़ून का सामान्य से अधिक दबाव।

उच्चरण—[स॰ उद् √चर् + ल्युट्] *पु॰* १. बाहर आना। २. कंठ आदि से शब्द निकालने की क्रिया/भाव। ३. उच्चारण। कहना। बोलना।

***उच्चरना**—[< स॰ उच्चरण] *क्रिस॰* १. उच्चारण करना। २. कहना। बोलना। ✣ **उच्चरित**—*वि॰* = १. जिसका उच्चारण किया गया हो। २. कहा हुआ। कथित।

उच्चाट—[स॰ उद् √चट् + घञ्] *पु॰* १. उचटने/उचाटने की क्रिया/भाव। विरक्ति। २. ऊब।

उच्चाटन—[स॰ उत् √चट् + णिच् + ल्युट्] *पु॰* १. चिपकी/लगी/जमी/सटी वस्तु को उखाड़ना। ***जैसे***—वृक्ष का उच्चाटन। २. हटाना। निकालना। ३. उदासीनता। विरक्ति। ४. तान्त्रिक षट्प्रयोगों में से एक, जिसमें किसी का मन किसी व्यक्ति आदि की ओर से हटाया जाता है। ५. कामदेव के पाँच बाणों में से एक का नाम (अन्य—मोहन, शोषण, उन्मादन, मारण)।

उच्चायुक्त—[स॰ उच्च + आयुक्त] *पु॰* (राज॰) राष्ट्रमंडल के सदस्य राज्यों में किसी राज्य की ओर से दूसरे राज्य के पास भेजा जानेवाला उच्चतम राजनयिक प्रतिनिधि जिसका पद राजदूत के तुल्य होता है। (अ॰ हाइ-कमिश्नर)

उच्चायोग—[स॰ उच्च ~ आयोग] *पु॰* १. उच्चायुक्त का कार्यालय। २. उच्चायुक्त और उसके सभी कर्मचारी।

उच्चार—[स॰ उद् √चर् + णिच् + घञ्] *पु॰* १. उच्चारण। २. कथन। ३. त्याग। ४. विष्ठा। मल।

उच्चारण—[स॰ √चर् + णिच् + ल्युट्] पु॰ १. मुख से शब्द निकालना। बोलना। २. सार्थक शब्दों, अक्षरों या वर्णों को बोलने का ढंग। ***जैसे***—शुद्ध हिन्दी-उच्चारण।

उच्चारित—[स॰ उद् √चर् + णिच् + क्त] *वि॰* १. (शब्द आदि) जिसका उच्चारण किया गया हो। ***जैसे***—उच्चारित शब्द। २. कहा/बोला हुआ। कथित। उच्चीरत।

उच्चारोह—[स॰ उच्च ~ आरोह] *पु॰* १. ऊँचा चढ़ना। २. (लाक्षणिक) आत्मविकास।

उच्चार्यमाण—[स॰ उच्चार्य + शानच्] *वि॰* जिसका उच्चारण किया जा रहा हो।

उच्चावच—[स॰ उदक् ~ अवाक्] *वि॰* १. उच्च-नीच। ऊँचा-नीचा। २. भला-बुरा। ३. (जाति आदि में) छोटा-बड़ा। ४. विविध प्रकार का। (भूविज्ञान॰) १. भूमि-तल की असमानताएँ। २. भूपृष्ठ के उच्च और निम्न स्थानों के बीच की ऊँचाई में अन्तर। ✣ **उच्चावचता**—*स्त्री॰* = १. ऊँचाई-निचाई। २. छोटा-बड़ा होना। विषमता। ✣ **उच्चावच मानचित्र**—*पु॰* = (भूविज्ञान॰) किसी क्षेत्र का ऐसा नक़्शा जिसमें उसके पृष्ठ की असमानता, ऊँचापन और नीचापन दिखाया जाए। उद्भृत मानचित्र। (अ॰ रिलीफ़ मैप)

उच्चावचन—[< स॰ उच्चावच] *पु॰* ऊँचाई-निचाई। (वाणिज्य॰)

घट-बढ़। (गणित॰) संख्याओं की किसी श्रेढ़ी के क्रमागत पदों में होनेवाली घट-बढ़। ✣ **उच्चावचनी**—*वि॰* बदलता रहनेवाला। घटता-बढ़ता। उतरता-चढ़ता। अस्थिर। (अ॰ फ़्लक्चुएटिंग)

उच्चित्र—[सं॰ उद् + चित्र] *पु॰* (कला॰) तक्षित शब्द/मूर्ति/आकृति जो उत्कीर्ण या उद्भृत हो। उभरा/उकेरा हुआ शब्द/मूर्ति/आकृति। *वि॰* (कला॰) जिसमें या जिसपर, फूल-पत्ती आदि बनाए गए हों। ***जैसे***—उच्चित्र वस्त्रों की कलात्मकता। ✣ **उच्चित्रण**—*पु॰* = उत्कीर्ण/उद्भृत चित्रण। फूल-पत्ती आदि का वस्त्र आदि पर चित्रण।

उच्चीकृत—[सं॰ उच्च ~ कृत] *वि॰* जिसे ऊँचा किया गया हो। ***जैसे***—उच्चीकृत मन्दिर; उच्चीकृत पद।

उच्चैःश्रवा—[सं॰ उच्चैः ~ श्रवस्] *पु॰* इन्द्र का घोड़ा। *वि॰* १. ऊँचा सुनने वाला। बहरा। २. जिसके कान ऊँचे हों।

उच्चोद्भृत—[सं॰ उच्च ~ उद्भृत] *पु॰* (कला॰) (पृष्ठभूमि से) उभरी हुई मूर्ति।

***उच्छङ्ग (उच्छंग)**—[< सं॰ उत्सङ्ग] *पु॰* क्रोड़। गोद।

उच्छन्न—[सं॰ उद् √छद् + क्त] वि॰ १. नष्ट किया हुआ। विनष्ट। २. लुप्त।

उच्छल—[सं॰ उद् √शल् + अच्] *वि॰* १. उछला हुआ या उछलता हुआ। ***उदा॰*** यौवन के उच्छल प्रवाह को। —दिनकर (कुरुक्षेत्र, पृ. ५४) २. लहराता हुआ। तरंगित। ***जैसे***—समुद्र की उच्छल लहरें। ३. हिलता हुआ। कम्पित। ४. क्षुब्ध।

***उच्छलिध्न/उच्छलिन्ध**—[< सं॰ उच्छिलीन्ध्र] *पु॰* कुकुरमुत्ता।

उच्छादन—[सं॰ उद् √छिद् + णिच् + ल्युट्] *पु॰* १. आच्छादन। ढकना। २. शरीर पर सुगन्धित वस्तु मलना/लगाना। (तेल-फुलेल आदि) मलना/लगाना।

उच्छास्त्र—[सं॰ उद् + शास्त्र] *वि॰* १. शास्त्र को न माननेवाला। शास्त्र-विरोधी। २. शास्त्र-विरुद्ध काम करनेवाला। ✣ **उच्छास्त्रवर्ती**—*वि॰, पु॰* शास्त्र-विरुद्ध काम करनेवाला।

उच्छाह**—[< सं॰ उत्साह] *पु॰* उत्साह। ***उदा॰ मदन मोह उच्छाह गर्व रस सौं भरी। —कृपाराम ग्र॰ (७०)

उच्छिन्न—[सं॰ उद् + छिन्न] १. काटकर नष्ट किया हुआ। २. उखाड़कर नष्ट किया हुआ। समूल नष्ट। ३. नष्ट। ध्वस्त।

उच्छिलीन्ध्र—[सं॰ उत् + शिलीन्ध्र] *पु॰* कुकुरमुत्ता।

उच्छिष्ट—[सं॰ उद् + शिष्ट] *वि॰* १. खाने से बचा हुआ (खाद्य पदार्थ)। जुठारा हुआ। जूठा। २. बासी (भोजन)। ३. अपवित्र। अशुद्ध। ४. अस्वीकृत। ५. छोड़ा हुआ। त्यक्त। *पु॰* जूठा बचा हुआ पदार्थ। जूठन। ✣ **उच्छिष्टगणपति/उच्छिष्टगणेश**—*पु॰* = १. गणेश का एक रूप या उसकी मूर्ति। २. हेरम्ब सम्प्रदाय। ∇ **विलोम**—शुद्ध गणपति। ✣ **उच्छिष्ट-भोक्ता**—*वि॰* = जूठन खानेवाला। *पु॰* नीच व्यक्ति। ✣ **उच्छिष्ट-भोजन**—*पु॰* = जूठन खाना। ✣ **उच्छिष्ट-भोजी**—*पु॰* = १. दूसरे का जूठा खानेवाला। २. नीच व्यक्ति। ✣ **उच्छिष्टविनायक**—*पु॰* = उच्छिष्टगणेश।

उच्छृङ्खल (उच्छृंखल)—[सं॰ उद् + शृङ्खला] *वि॰* १. जो शृंखलित न हो। क्रमरहित। अव्यवस्थित। २. अनियन्त्रित। ३. स्वेच्छाचारी। ४. निरंकुश। ५. उद्दंड।

उच्छेत्ता—[सं॰ उच्छेतृ] *वि॰, पु॰* उच्छेद करनेवाला। विनाशक। ध्वंसक। उच्छेदक। उच्छेदी।

उच्छेद/उच्छेदन—[सं॰ उद् √छिद् + घञ्/ल्युट्] *पु॰* १. काटना। २. जड़ से उखाड़ना। उन्मूलन। ३. (विचार/मत आदि का) खंडन। ४. नाश। ✣ **उच्छेदक**—*पु॰* = उच्छेदन करनेवाला। उच्छेदी।

उच्छेदवाद—[सं॰ उच्छेद + वाद] *पु॰* (दर्शन॰) आत्मा को शाश्वत न माननेवाला दार्शनिक मत। नास्तिक मत। ✣**उच्छेदवादी**—*वि॰* = उच्छेदवाद-सम्बन्धी। *पु॰* = उच्छेदवाद का समर्थक।

उच्छेदी—[सं॰ उत् + छेदी (छेदिन्)] *वि॰* उच्छेदन करनेवाला।

उच्छ्रय/उच्छ्राय—[सं॰ उद् √श्रि + उच्] *पु॰* १. (भवन आदि को) खड़ा करना। २. ऊँचाई। ३. वृद्धि। बढ़त। ४. अभिमान। ✣ **उच्छ्रायी**—*वि॰* = (प्राणि॰) जिसमें उच्छ्रित होने की शक्ति है। ***जैसे***—उच्छ्रायी ऊतक। ✣ **उच्छ्रित**—*वि॰* = १. उठा हुआ। २. लम्बा। ३. बड़ा। ४. अभिमानी।

उच्छ्वसन—[सं॰ उद् + श्वसन] *पु॰* १. साँस लेना। २. गहरी साँस लेना। ३. आह भरना। उसाँस लेना।

उच्छ्वसित—[सं॰ उद् √श्वस् + क्त] साँस लेता हुआ। आह भरता हुआ। *पु॰* प्राण-वायु। साँस।

उच्छ्वास—[सं॰ उद् √श्वस् + घञ्] *पु॰* १. ली हुई साँस। २. वेदना। कष्ट में ऊपर ली गयी आह भरने की गहरी साँस। उसाँस। ३. (ग्रन्थ का कोई) प्रकरण/विभाग/अध्याय। ✣ **उच्छ्वासी**—*वि॰* १. उच्छ्वास लेनेवाला। ऊँची साँस लेनेवाला। २. उसाँस लेनेवाला। आह भरनेवाला।

***उछकना**[१]—[< हि॰ उझकना] *क्रिअ॰* १. आश्चर्यचकित होना। चौंकना। २. (नशा आदि का) उतरना। होश में आना। चेत जाना।

***उछकना**[२]—[< हि॰ उचकना] *क्रिअ॰* उछलना। ✣ **उछक्का**—*वि॰* = स्थान-स्थान पर उछलनेवाला। *स्त्री॰* व्यभिचारिणी स्त्री। कुलटा।

***उछङ्ग (उछंग)**[१]—[< सं॰ उत्संग] *पु॰* क्रोड़/गोद। ✣ **उछङ्गा**[१] **(उछंगा)**—*पु॰* = उछंग।

***उछङ्गी (उछंगी)**—[< हि॰ उचंगी] *वि॰* उत्साही। उमंगी।

उछटना**—[< हि॰ उचटना] *क्रिअ॰* १. उचटना। उखड़ना। २. खुल जाना। २. बिखरना। छिटकना। ***जैसे—गायों का उछटना। ३. प्रकाशित होना।

***उछटाना**—[< हि॰ उछटना] *क्रिस॰* १. उखाड़ना। २. किसी का मन उचाट करना।

***उछाई**—[< हि॰ उछाह] *पु॰* उत्साह।

उछाल—[< हि॰ उछालना] *स्त्री॰* १. उछलने की क्रिया/भाव। २. उछालने की क्रिया/भाव। ३. उछलकर/कूदकर एक स्थान से दूसरे स्थान पर पहुँचने की क्रिया/भाव। छलाँग। ४. एक बार में उछलकर पार करने की दूरी। ५. वह ऊँचाई/सीमा जहाँ तक उछलकर पहुँचा जा सकता है। ६. (लाक्षणिक) आकस्मिक उन्नति। ***जैसे***—

एक उछाल में ही वह प्रधानमन्त्री बन गया।

***उछाव**—≤ *हि॰* उछाह। (दे॰) ✣ **उछाव-बधाव**—*पु॰* = १. उत्सव और बधाई। २. (उत्सव आदि की) धूमधाम। ३. आनन्द-बधाई।

***उछाह**[१]—[< स॰ उत्साह] *पु॰* १. उत्साह। उमंग। जोश। २. प्रबल लालसा। उत्कंठा।

***उछाह**[२]—[< स॰ उत्सव] *पु॰* १. उत्सव। २. आनन्द या अति हर्ष। ३. उत्सव आदि आनन्द के समय होनेवाली धूमधाम। (जैन॰) रथ-यात्रा का उत्सव विशेष।

उछाँग—[< हि॰ उछलना] *पु॰* छलाँग। उछाल।

उछाँटना[१]—[< हि॰ उचाटना] *क्रिस॰* उदासीन/विरक्त करना। (मन) उचाटना।

उछाँटना[२]—[< हि॰ छाँटना] *क्रिस॰* छाँटना। चुनना।

***उछिप्त**—[< स॰ उत्क्षिप्त] *वि॰* जिसे ऊपर की ओर उठाया गया हो। उत्क्षिप्त।

***उछीनना**—[< स॰ उच्छिन्न] *क्रिस॰* १. समूल उखाड़ना। २. नष्ट करना।

***उछीर**—[< हि॰ उ + स॰ छिद्र] *पु॰* १. ऊपर से खुला हुआ स्थान। २. बीच का खाली स्थान। अवकाश। ३. भीड़ की कमी। ४. एकान्त। ४. रन्ध्र। दरार।

उजका—[देशज] *पु॰* चिड़ियों को उड़ाने तथा रात्रि में पशुओं आदि को डराने के लिए बनाया गया पुतला या काली हाँडी जैसा धोखा (जो खेत में लगाया जाता है)। बिजूखा। बिजूका।

उजड़ना—[< हि॰ उजाड़ना] *क्रिस॰* १. बसे हुए स्थान का निर्जन होना। जनशून्य होना। वीरान होना। ***जैसे***—प्लेग की महामारी ने गाँव उजाड़ दिया। २. ध्वस्त होना नष्ट-भ्रष्ट होना। टूट-फूट जाना। ***जैसे***—भूकम्प के कारण अनेक नगर उजड़ गए। ३. धन-सम्पत्ति-हीन हो जाना। ***जैसे***—डाके से सेठ का घर उजड़ गया। ४. (किसी विपत्ति आदि के कारण) शोभाहीन हो जाना। ***जैसे***—जवान बेटा मरने से घर ही उजड़ गया। ∇ **विलोम**—बसना। ***वा॰* उजड़ी कोख**—बाँझ स्त्री। बन्ध्या।

उजड़ा-पुजड़ा—[हि॰ उजड़ा + अनु॰ पुजड़ा] *वि॰* नष्ट-भ्रष्ट। टूटा-फूटा।

उजड्ड—[< स॰ उद् + जड] *वि॰* १. असभ्य/अशिष्ट/गँवार। २. उद्दंड। अक्खड़। ✣ **उजड्डपन**—*पु॰* = १. असभ्यता। अशिष्टता। गँवारपन। २. उद्दंडता। अक्खड़पन।

उजबक—[तुर्की] *पु॰* तातारियों की एक जाति या उसका कोई व्यक्ति। *वि॰, पु॰* अतिमूर्ख। मूढ़।

उजरत—[< अरबी उज्रत] *स्त्री॰* पारिश्रमिक। मज़दूरी। (अर्थ॰) मज़दूर को उसके काम की मात्रा के आधार पर दी जाने वाली मज़दूरी। यथाकर्म भृति।

***उजरना**[१]—[< हि॰ उजड़ना] *क्रिअ॰* उजड़ना।

***उजरना**[२]—[< स॰ उज्ज्वल] *क्रिअ॰* उज्ज्वल होना। प्रकाशमान होना।

***उजरनि**—[< हि॰ उजरना] *स्त्री॰* निर्जनता। ऊजड़पन।

***उजराई**—[< हि॰ उजरा] *स्त्री॰* उज्ज्वलता। उजलापन।

***उजरान**—[< हि॰ उजराना] उज्ज्वलता। निर्मलता। स्वच्छता।

***उजराना**—[< हि॰ उजला] *क्रिस॰* १ उज्ज्वल करना या कराना। २. स्वच्छ/निर्मल करना या कराना। *क्रिअ॰* १. उज्ज्वल होना। २. स्वच्छ होना।

***उजरारा**—[< हि॰ उजरा] *वि॰* उज्ज्वल। चमकीला। ✣ **उजरारी**—*वि॰ (स्त्री॰)*।

***उजरी**—*वि॰ (स्त्री॰)* ≤ *हि॰* उजली।

उजलवाना—[हि॰ 'उजालना' का प्रेरणा॰] *क्रिस॰* (किसी से कोई वस्तु) उज्ज्वल करवाना। स्वच्छ करवाना।

उजला—[< स॰ उज्ज्वल] *वि॰* १. चमकदार। २. दीप्त। प्रकाशवाला। ३. स्वच्छ। निर्मल। ***जैसे***—उजला कुर्ता। ∇ **विलोम**—मैला। ✣ **उजली**—*वि॰* (स्त्री॰)। ***जैसे***—उजली धोती। ***वा॰* उजली प्रकृति का (व्यक्ति)**—शुद्ध स्वभाव वाला। सज्जन।

उजागर—[< प्रा॰ उज्जोअजर < स॰ उद्योतकर] *वि॰* १. उज्ज्वल। प्रकाशमान्। २. जगमगाता हुआ। दीप्तिमान। ३. प्रकाशित। प्रकट। स्पष्ट। ***जैसे***—बात जल्दी ही उजागर हो गयी। ४. प्रसिद्ध। यशस्वी। ***जैसे***—पिता का नाम उजागर करना। ५. निपुण। चतुर। ***जैसे***—उजागर गोपियाँ। ६. जागृत। ७. सात्त्विक। ✣ **उजागरी**—*वि॰ (स्त्री॰)* उजागर। ***वा॰* बाप-दादा का नाम उजागर करना**—१. कुल का यश बढ़ाना। २. (व्यंग्यात्मक) कुल में कलंक लगाना।

उजाड़—[< प्रा॰ उज्जड] *पु॰* १. उजड़ने या उजाड़ने की क्रिया/भाव। २. उजड़ा हुआ निर्जन स्थान। *वि॰* १. उजड़ा हुआ। ध्वस्त। २. जहाँ मनुष्यों की बस्ती न हो। निर्जन। ✣ **उजाड़ मुँह**—*वि॰* = अभागा मुख। कम्बख्त चेहरा। ✣ **उजाड़ जंगल**—*पु॰* = निर्जन स्थान।

***उजान**—[< स॰ उद् + यान] *पु॰* १. नदी आदि की वह दिशा जिधर से प्रवाह आ रहा है। २. नदी का चढ़ाव। बाढ़। *क्रिवि॰* (नदी आदि के) बहाव आने की दिशा में।

उजालना—[< हि॰ उजाला] *क्रिस॰* १. (दीपक आदि को) प्रज्वलित करना। ***जैसे***—दीपक उजालना। २. (घर, आभूषण आदि को) स्वच्छ करना या चमकाना। ***जैसे***—बर्तन उजालना।

उजाला—[< स॰ उज्ज्वल] *पु॰* १. प्रकाश। रोशनी। २. सूर्य का प्रकाश। २. चन्द्रमा का प्रकाश। चाँदनी। ***वा॰* उजाला होना**—१. सबेरा होना। २. निराशा दूर होना। ३. विपत्ति-काल समाप्त होना। ४. उन्नति होना। ✣ **उजाला पाख**—*पु॰* = शुक्ल पक्ष। ✣ **उजाले का तारा**—*पु॰* = (चमकीला सफ़ेद ग्रह) शुक्र।

उजाली—[< हि॰ उजाला] *स्त्री॰* १. प्रकाश। २. चन्द्रिका। चाँदनी। ३. चाँदनीवाली रात। *वि॰ (स्त्री॰)* १. जिसमें प्रकाश/उजाला हो। प्रकाशमयी। २. चाँदनीवाली। ***जैसे***—उजाली रात।

उजास—[< हि॰ उजाला] *पु॰* प्रकाश। उजाला। ***उदा॰*** कछु उजास सौ पाइ। —बिहारी (२६३)

***उजासना**—[< हि॰ उजास] *क्रिस॰* १. प्रकाशित करना। २. उज्ज्वल/

स्वच्छ करना। *क्रिअ*० १. प्रकाशित होना। २. उज्ज्वल/स्वच्छ होना।

उजियाना—[< स० उज्जीवन] *क्रिस*० १. उत्पन्न करना। पैदा करना। २. प्रकट करना।

***उजियार/उजिआर**—[< स० उज्ज्वल] *पु*० १. प्रकाश। उजाला। *वि*० उज्ज्वल। उजला। ✣ **उजियारना**— *क्रिस*० = १. प्रकाशमय करना। २. उज्ज्वल/निर्मल/स्वच्छ करना। ✣ **उजियारा/उजियाला**— *पु*० = १. उजाला। ✣ **उजियारी/उजियाली**— *वि*० *(स्त्री*०*)* = उजली। प्रकाशवाली। *स्त्री*० प्रकाश। उजाला।

उजूबा—[< अरबी अजूबा] *पु*० बैँगनी रंग का एक प्रकार का चमकीला पत्थर जिसमें चमकीले छींटे होते हैं।

***उजेनी**—[< स० उज्जयिनी] *स्त्री*० उज्जैन नगरी।

***उजेर**—[< हि० उजारा] *पु*० प्रकाश। उजाला।

उजेली— *वि*० *(स्त्री*०*)* = उजली। प्रकाशवाली।

उज्जल[1]—[< स० उत् + जल] *वि*० (नदी के) जल-प्रवाह आने की दिशा से विपरीत दिशा। उजान।

***उज्जल**[2]—[< स० उज्ज्वल] *वि*० उज्ज्वल।

***उज्जारना**—[< स० उज्जारन] *क्रिस*० उजाड़ना। ✣ **उज्जारि**— *क्रिवि*० उजाड़कर।

उज्जीवन—[स० उद्+ जीवन] *पु*० १. फिर से प्राप्त हुआ नया जीवन। २. नष्ट होने के बाद फिर से हुआ विकास/वृद्धि। ✣ **उज्जीवित/उज्जीवी**— *वि*० = जिसे पुनः जीवन प्राप्त हुआ हो।

उज्जृम्भ (उज्जृंभ)—[स० उद् √जृम्भ् + घञ्] *वि*० १. फूला/खिला हुआ। विकसित। प्रफुल्ल। २. खुला हुआ। *पु*० खिलने या फूलने की क्रिया/भाव।

उज्जृम्भण/उज्जृंभण—[स० उद् √जृम्भ् + ल्युट्] *पु*० मुँह फैलना। जमुहाई। ✣ **उज्जृम्भा/उज्जृंभा**— *स्त्री*० = जमुहाई।

उज्जृम्भित (उज्जृंभित)—[स० उद्√जृम्भ् + क्त] *वि*० १. फूला/खिला हुआ। विकसित या प्रफुल्ल। २. खुला हुआ।

उज्ज्वल—[सं० उद् √ज्वल् + अच्] *वि*० १. उजला। २. स्वच्छ। निर्मल। ३. शुभ्र। सफ़ेद। ४. प्रकाशमान्। चमकीला। दीप्त।

उज्ज्वलन—[स० उद् + ज्वलन (√ज्वल् + ल्युट्)] *पु*० १. जलाना। २. प्रकाशयुक्त करना। ३. (स्वच्छ करके) चमकाना। ४. अग्नि। आग।

उज्ज्वला—[स० उज्ज्वल + टाप्] *स्त्री*० *(छन्द*०*)* *वि*० *(स्त्री*०*)* उज्ज्वल। ***जैसे***—उज्ज्वल यश और उज्ज्वल कीर्ति। (छन्द०) १. एक समवर्णिक छन्द जिसके प्रत्येक चरण में क्रमशः २ नगण, भगण और रगण (न न भ र) के योग से १२ वर्ण होते हैं तथा ७-५ पर यति होती है। २. एक सममात्रिक छन्द जिसके प्रत्येक चरण में १५ मात्राएँ होती हैं, अन्त में रगण होता है।

उज्झटित—[स० उद् √झट् + क्त] *वि*० उलझन में पड़ा हुआ। उलझा हुआ। दुविधाग्रस्त।

उज्झन—[स० √उज्झ् + ल्युट्] *पु*० १. त्यागने/छोड़ने की क्रिया/भाव। परित्याग। २. दूर करने या हटाने की क्रिया/भाव। स्थानान्तरण।

उज्झित—[स० √उज्झ् + क्त] *वि*० १. छोड़ा हुआ। त्यागा हुआ। त्यक्त। परित्यक्त। २. दूर किया हुआ। हटाया हुआ। स्थानान्तरित। ३. रोका/दबाया हुआ। उपशमित।

***उज्यास**—[< हि० उजास] *पु*० १. प्रकाश। उजाला। २. कान्ति। चमक।

उज़्र—[अरबी] *पु*० (किसी बात पर की जानेवाली) आपत्ति। एतराज़। ✣ **उज़्रदार**— *वि*० = आपत्ति/एतराज़ करनेवाला। ✣ **उज़्रदारी**— *वि*० = आपत्ति। एतराज़।

उझकना—[< हि० उचकना] *क्रिअ*० १. उछलना। २. (देखने आदि के लिए) उचकना। ३. (भय से) चौंकना। ४. निकलना। *पु*० ताक-झाँक। ✣ **उझकि**— *क्रिवि*० = १. उचककर। २. निकलकर।

†**उझट्ट**—[< हि० उझका] *पु*० फलाँग। उछाल।

†**उझपना**—[< हि० झपना] *क्रिम*० पलकों का ऊपर उठे रहना। पलक न झपकना। *क्रिस*० आँख खोलना।

उझरना**—[< स० उद् + सरण] *क्रिअ*० १. हटना। २. ऊपर की ओर सरकना। ***जैसे—वस्त्र का उझरना। *क्रिस*० उँडेलना।

†**उझल**—[< हि० उझलना] *स्त्री*० १. उझलने की क्रिया/भाव। उँडेलना। २. वर्षा। बारिश। ३. सहसा किसी वस्तु का बहुत अधिक आ जाना।

†**उझिल**—[< हि० उझलना] १. उझलने की क्रिया/भाव। उँडेलना। २. उँडेल कर लगाया हुआ ढेर। उमड़ाव।

†**उझीना**—[देशज] *पु*० आग सुलगाने के लिए बनाया हुआ कंडों का ढेर। अहरा।

उञ्चन (उंचन)—[< स० उदञ्चन] *स्त्री*० (चारपाई/खाट में) पैंताने की ओर बाँधी जानेवाली रस्सी। अदवान। अदवाइन।

उञ्चना (उंचना)—[< स० उदञ्चन] *क्रिस*० चारपाई/खाट के ढीलेपन को दूर करने के लिए उसकी उंचन को कसना। अदवान/अदवाइन कसना।

उञ्छ (उंछ)—[स० √उञ्छ् + घञ्] *पु*० फ़सल कटने के बाद खेत में छूटे हुए या खेत के आसपास पड़े हुए अनाज के दानों को बीनने/चुनने का काम। सिला बीनना।

उञ्छवृत्ति (उंछवृत्ति), उञ्छशील (उंछशील)—[स० उञ्छ ~ वृत्ति/शील] *वि*० उंछ के द्वारा प्राप्त अन्न से ही अपना पेट भरनेवाला (त्यागी व्यक्ति)। उंछशील। *स्त्री*० केवल उंछ से प्राप्त अन्न द्वारा अपना पेट भरने की जीवन-पद्धति।

उट—[स० √उ + टक्] *पु*० १. पत्र। पत्ता। २. तृण। घास।

***उटकना**[1]—[< हि० अटकल] *क्रिअ*० अटकल से जानना। अनुमान करना।

***उटकना**[2]— *क्रिअ*० ≤ *हि*० अटकना।

***उटकना**[3]—[देशज] *क्रिअ*० १. कूदना/उछलना। २. भड़कना। ३. चिढ़ना।

***उटक्कर**—[< हि० टक्कर] *क्रिवि*० अन्धाधुन्ध।

उटङ्कित (उटंकित)—[< हि० उ + स० टङ्कित] १. संकेतित। २. चिह्नित।

उटङ्ग (उटंग)—[< हि॰ उ (= ऊपर) + टाँग] *वि॰* उटंगा।

उटङ्गन (उटंगन)—[< सं॰ उट + अन्न] *पु॰* एक प्रकार की घास जो औषधोपयोगी है और शाक के रूप में खाने के काम भी आती है।

उटङ्गा (उटंगा)—[< हि॰ उ (= ऊपर) + टाँग] *वि॰* १. ऊपर पैर किए हुए। ***जैसे***—उटंगा बालक। २. (इतना छोटा वस्त्र) जो पहनने पर टाँग के ऊपरी भाग तक ही रहे। ऊँचा-ऊँचा कपड़ा। ***जैसे***—उटंगा पाजामा। ✣ **उटङ्गी (उटंगी)**— *वि॰ (स्त्री॰)*। ***जैसे***—उटंगी बालिका; उटंगी धोती।

उटज—[सं॰ उट + ज] *पु॰* पत्तों से बना घर। पर्णकुटी। कुटिया। झोपड़ी।

***उटना**[1]—[< हि॰ उलटना] *क्रिस॰* उलटा करना। ✣ ***उटि**[1]* —*क्रिवि॰* = उलटा करके।

***उटना**[2]—[< हि॰ ओट] ओट में हो जाना। छिपना। ✣ ***उटि**[2]* —क्रिवि॰ = ओट में होकर। छिपकर।

उटारी—[देशज] *स्त्री॰* लकड़ी का टुकड़ा जिसके ऊपर रखकर चारा काटा जाता है।

उटेव—[देशज] *पु॰* लकड़ी के दो टुकड़े जिन पर गड़ारी रखकर छाजन की धरन जमाते हैं।

उट्टा—[< हि॰ ओटना] *पु॰* कपास ओटने की चरख़ी। ओटनी।

***उट्ठना**—*क्रिअ॰ ≤ हि॰* उठना।

उठक-बैठक—[< हि॰ उठना-बैठना] *स्त्री॰* १. उठना और बैठना। २. (व्यायाम या सज़ा के रूप में) बार-बार उठना और बैठना।

†**उठङ्गन (उठंगन)**—[< सं॰ अवस्तम्भन] *पु॰* टेक। थूनी। आड़।

उठतक—[< हि॰ उठना] *पु॰* १. टेक। सहारा। २. घोड़े की पीठ पर, काठी के नीचे, रखी जाने वाली गद्दी।

उठल्लू—[< हि॰ उठना] *वि॰* १. जिसे एक स्थान से उठाकर दूसरे स्थान पर सरलता से रखा जा सके। उठौआ। ***जैसे***—उठल्लू दुकान। २. जो कहीं स्थायी रूप से न रहता हो। जो हर स्थान से उठता/हटता रहता हो। ***जैसे***—उठल्लू आदमी। ३. व्यर्थ घूमने-फिरने वाला। आवारा। ***वा॰* उठल्लू (का) चूल्हा**—१. एक स्थान पर टिक कर न रहनेवाला। २. व्यर्थ ही इधर-उधर फिरनेवाला।

उठाईगीर—[< हि॰ उठाना] *पु॰* दूसरों की छोटी-मोटी या थोड़ी-सी वस्तु उठा लेने या चुरा लेने वाला। उचक्का। ✣ **उठाईगीरा**— *पु॰* = उठाईगीर। ✣ **उठाईगीरी**—*स्त्री॰* = १. स्त्री = उठाईगीर। २. उठाईगीर की क्रिया/भाव। उचक्कापन।

उठाऊ—[< हि॰ उठना] *वि॰* १. जो ऊपर उठनेवाला हो। २. जो स्थिर न हो, स्थान बदलनेवाला हो। ***वा॰* उठाऊ चूल्हा**—१. एक स्थान पर टिक कर न रहनेवाला। २. व्यर्थ इधर-उधर फिरनेवाला।

उठान—[< सं॰ उत्थान] *स्त्री॰* १. उठने की क्रिया/विधि/ढंग/भाव। २. किसी बात या काम के आरम्भ होने की अवस्था/भाव। ***जैसे***—गीत की उत्तम उठान। ३. उभार। ***जैसे***—युवती के उरोजों की उठान। ४. विकास की ओर उन्मुख अवस्था। ***जैसे***—वृक्ष की उठान। ५. ऊँचाई। ६. माल का बिकना या उपभोग में आना। खपत। ***जैसे***—चीनी की प्रतिमास उठान। ७. उन्नति। (संगीत॰) १. तबला बजाते समय ठेका आरम्भ करने से पहले बजायी जानेवाली ज़ोरदार परन या गीत के आरम्भ में 'सम' पकड़ने के लिए बजनेवाला टुकड़ा। २. स्तुति के बाद नृत्य का प्रथम टुकड़ा।

उठा-बैठी—[< हि॰ उठना + बैठना] *स्त्री॰* खड़े हो-होकर बैठ जाने की क्रिया। उठना-बैठना। २. बार-बार अपना स्थान छोड़ना। ३. (व्यायाम के लिए) बैठकें लगाना। ४. (सज़ा के रूप में) कान पकड़कर खड़े होने और बैठने की क्रिया बार-बार करना। ५. परेशानी।

उठावनी—[< हि॰ उठाना] *स्त्री॰* १. उठने या उठाने की क्रिया या भाव। २. मृतक के दाह-संस्कार के पश्चात् दूसरे, तीसरे या चौथे दिन श्मशान में जाकर उसकी अस्थियाँ चुनने की क्रिया। ३. मृतक के दाह-संस्कार के तीसरे/चौथे दिन मृतक के घर पर जाति-बन्धुओं के एकत्र होने की प्रथा।

***उठेल**—[< हि॰ ठेल] *पु॰* १. धक्का। ठेल। २. आघात। चोट।

उठेलना—[< हि॰ उठेलना] *क्रिस॰* १. धक्का देना। ठेलना। २. आघात करना। चोट पहुँचाना।

उठौनी—[< हि॰ उठाना] *स्त्री॰* १. उठाने या उठाकर रखने की क्रिया/भाव/मज़दूरी। २. कोई काम आरम्भ करने की क्रिया/भाव। ३. कुछ धन या कोई वस्तु देवी-देवता के नाम पर या धर्म-कार्य के लिए उठाकर रखना। ४. कोई लेन-देन पक्का करने के लिए दिया गया अग्रिम धन। पेशगी। ५. मृतक व्यक्ति-सम्बन्धी एक रीति। उठावनी।

***उड़गन**—[< सं॰ उडुगण] *पु॰* उडुगण। तारागण।

उड़ङ्कू (उड़ंकू)—[< हि॰ उड़ना] *वि॰* १. उड़ान भरनेवाला। उड़नेवाला। २. दौड़-दौड़ कर या शीघ्र काम करनेवाला।

उड़न—[< हि॰ उड़ना] *पु॰* उड़नें की क्रिया/भाव। उड़ान। *वि॰* उड़नेवाला। ✣ **उड़नखटोला**— *पु॰* = १. उड़नेवाला खटोला या चौकी जिसका प्राचीन कहानियों में एक विशेष प्रकार के वायुयान के रूप में उल्लेख किया जाता है।

उड़नदस्ता—[हि॰ उड़न + फा॰ दस्ता] *पु॰* वाहनों से युक्त पुलिस दल जो तत्काल घटना-स्थल पर पहुँचता है और अपराधियों का पीछा करता है।

उड़ननौका—[हि॰ उड़न + नौका] *स्त्री॰* एक प्रकार का विमान जो नौका/नाव का काम भी करता है।

उड़नी—[< हि॰ उड़ना] *वि॰ (स्त्री॰)* = १. उड़नेवाली। ***जैसे***—उड़नी वस्तु। २. संक्रामक। ***जैसे***—चेचक की बीमारी उड़नी होती है।

***उडपति/उडपाल/उडराज**—[< सं॰ उडु ~ पति/पाल/राज] *पु॰* तारागण का स्वामी। चन्द्रमा।

उड़म्बरी (उड़ंबरी)—[< सं॰ उडुम्बर] *स्त्री॰* (पहले प्रचलित

रहा) एक प्रकार का तारोंवाला वाद्य।

उड़व—[< सं॰ ओडव] *पु॰* (संगीत॰) वह राग जिसमें सात स्वरों में से दो छूट जाते हैं।

उड़ाक—[< हिं॰ उड़ना/उड़ाना] *वि॰* १. उड़ाने वाला। २. पतंग उड़ानेवाला। ३. उड़ाका।

उड़ान—[< हिं॰ उड़ना] *स्त्री॰* १. उड़ने की क्रिया/ढंग/भाव। २. किसी स्थान से अन्य स्थान पर उड़कर पहुँचने का भाव। ***जैसे***—दिल्ली से कलकत्ता की उड़ान। ३. उड़ने की गति। ४. उड़ने का मार्ग। ५. छलाँग। ६. कल्पना, विचार आदि की तरंग। ***जैसे***—कवि की उड़ान की भव्यता। ***वा॰*** **उड़ान भरना**—बहुत दूर तक आना-जाना। **उड़ान मारना**—१. बहाना करना। २. बातों में टालना।

***उड़ायक/उड़ाइक**—[< हिं॰ उड़ना] १. उड़ाने की कला में निपुण। उड़ाका। २. उड़ानेवाला।

***उड़ास**—[< सं॰ उद्वास] *स्त्री॰* १. निवास-स्थान। २. सरोवर, नदी आदि के तट पर बना हुआ भवन।

उड़ियाना—[देशज] *पु॰* (छन्द॰) एक सममात्रिक छन्द जिसके प्रत्येक चरण में २२ मात्राएँ होती है, १० और १२ मात्राओं पर यति होती है और अन्तिम मात्रा गुरु होती है।

उड़ी—[< हिं॰ उड़ना] *स्त्री॰* उड़ने की क्रिया/भाव। उड़ान।

***उडीकना**—*क्रिस॰* प्रतीक्षा करना।

उडु—[सं॰ उ √डी + डु] *स्त्री॰* नक्षत्र। तारा। ***जैसे***—उडुगण।

उडुगण—[सं॰ उडु ~ गण] *पु॰* तारा-समूह। तारागण।

उडुचक्र—[सं॰ उडु-चक्र] *पु॰* राशि-चक्र।

उडुप—[सं॰ उडु √पा + क] *पु॰* १. उडुपति। चन्द्रमा। २. एक प्रकार की नाव जो बाँसों में घड़े बाँधकर बनायी जाती है। घड़नई। डोंगी। ३. नौका। नाव।

उडुपति—[सं॰ उडु ~ पति] *पु॰* तारों का स्वामी। चन्द्रमा।

उडुपथ—[सं॰ उडु ~ पथ] *पु॰* आकाश।

उडुराज—[सं॰ उडु ~ राज] *पु॰* चन्द्रमा।

***उड़ैना**—[< हिं॰ उड़ना] *वि॰* उड़नेवाला। पु॰ खद्योत। जुगनू। ✣ **उड़ैनी**—*वि॰* (स्त्री॰) उड़नेवाली। *स्त्री॰* (नारी/मादा) जुगनू।

†उड़ौहाँ—[< हिं॰ उड़ना] *वि॰* प्राय: उड़ते रहने वाला।

उड्डयन—[सं॰ उद् √डी + ल्युट्] *पु॰* १. आकाश में उड़ने की क्रिया/भाव। २. उड़ान। ✣ **उड्डयन विभाग**—*पु॰* विमानों आदि की व्यवस्था करनेवाला सरकारी विभाग।

उड्डीन—[सं॰ उद् √डी + क्त] *पु॰* उड़ान। *वि॰* उड़ा हुआ या उड़ता हुआ। ∇ **विलोम**—अवडीन।

उड्डीयन—[सं॰ उड्डीयन + ल्युट्] *पु॰* उड़ान। ***जैसे***—पक्षियों का उड्डीयन।

उड्डीयान—[सं॰] *वि॰* उड़ता हुआ। *पु॰* (हठयोग का) एक बन्ध जिसमें पेट को अन्दर की ओर खींचा जाता है। ● **विशेष**—इस बन्ध से प्राण सुषुम्ना की ओर उड़ने लगता है इसलिए इसे 'उड्डीयान' बन्ध कहते हैं।

उड्डीश—[सं॰ उड्डी ~ ईश] *पु॰* शिव। महादेव।

†उढ़कन—[< हिं॰ उढ़कना] *पु॰* १. दूसरी वस्तु को गिरने/लुढ़कने से रोकने के लिए लगायी जाने वाली वस्तु। टेक। सहारा। २. रास्ते में पड़ी वस्तु जिससे ठोकर लगे। ३. अवरोध। आड़। रोक।

***उणारथ**[1]—[< सं॰ ऊन ~ अर्थ] *पु॰* १. त्रुटि। कमी। २. उपेक्षा।

***उणारथ**[2]—[< सं॰ मनोरथ] पु॰ इच्छा। लालसा।

***उत**—[< हिं॰ उ (= वह), इत, कित, जित अर्थ के सादृश्य पर निर्मित] *क्रिवि॰* उस दिशा में। उस ओर। वहाँ। उधर। ✣ **† उतई**—*क्रिवि॰* = उधर ही। वहीं।

***उतंसक**—[< सं॰ अवतंसक] *पु॰* कान का आभूषण। अवतंसक। *वि॰* श्रेष्ठ।

***उतजोग**—[< सं॰ उद्योग] *पु॰* उद्योग।

***उतन**—[< हिं॰ उ + तनु] *क्रिवि॰* उस ओर। उधर।

उतना—[< हिं॰ उत] *वि॰* उस मात्रा, मान या संख्या का (क) जिसे पहले कहा या निश्चित किया जा चुका है। ***जैसे***—उतना धन बहुत है। (ख) जिसका सम्बन्ध पर-पक्ष से हो या दूरी से। ***जैसे***—उतना धन बहुत है; इतना काम हमारा है और उतना उनका। *क्रिवि॰* उस परिमाण/मात्रा में। ***जैसे***—उतना मत पढ़ना। ● **विशेष**—'उतना' का प्रयोग कभी 'इतना' के पूरक रूप में भी होता है और कभी 'जितना' के पूरक रूप में भी। ***जैसे***—(क) इतना काम ठीक है, उतना काम अधिक माना जाएगा। (ख) जितना काम कहा, उतना (काम) ही करो। ✣ **उतनी**—*वि॰ (स्त्री॰)*। ***जैसे***—उतनी धोतियाँ बहुत हैं। ● **विशेष**—'उतना' का बहुवचन 'उतने' होता है। 'उतनी' एकवचन में भी प्रयुक्त होता है और 'बहुवचन' में भी।

उतन्त (उतंत)[1]—[< सं॰ उत्तत] *वि॰* समृद्ध। भरा-पूरा।

उतन्त (उतंत)[2]—*वि॰* ≤ *सं॰* उत्पन्न।

उतपाटना—[< सं॰ उत्पाटन] *क्रिस॰* १. जड़ से उखाड़ना। उत्पाटन। उन्मूलन। २. नष्ट-भ्रष्ट करना।

***उतपाना**—[<सं॰ उत्पाद] *क्रिस॰* उत्पन्न करना।

***उतमङ्ग (उतमंग)**—[< सं॰ उत्तमाङ्ग] *पु॰* उत्तमांग। मस्तक। सिर।

उतरङ्ग/उतरङ्गा (उतरंग/उतरंगा)—[< सं॰ त्तमाङ्ग] *पु॰* दरवाज़े की चौखट का ऊपरी भाग।

उतराई—[< हिं॰ उतरना] *स्त्री॰* १. उतरने या उतारने की क्रिया/भाव। २. (पर्वत आदि का) उतार या ढाल। ३. किसी वस्तु को ऊपर से उतारने का पारिश्रमिक/मज़दूरी। ४. किसी लेख, चित्र आदि की प्रतिलिपि/नक़ल करवाने का पारिश्रमिक। ५. नदी पार करवाने के लिए लगनेवाला कर या भाड़ा। नाविक आदि को दिया जानेवाला पारिश्रमिक/मज़दूरी। ∇ **विलोम**—चढ़ाई।

उतराना[1]—[< सं॰ उत्तरण] *क्रिअ॰* १. वस्तु का किसी द्रव के ऊपर आना। ***जैसे***—नदी की धारा पर फूल उतरा रहे हैं। २. पानी में डूबी हुई वस्तु का ऊपर आना और प्रवाह में बहना। ***जैसे***—नदी में

डूबे व्यक्ति का शव जल्दी ही उतराने लगा। ● **विशेष**—१. 'उतराना' क्रिया का कर्ता सामान्यत: कोई हल्की और निर्जीव वस्तु होती है, (*जैसे*—फूल, लट्ठा, शव इत्यादि)। २. **'उतराना' नदी आदि के प्रवाह के अनुकूल दिशा में ही होता है जबकि 'तैरना' प्रतिकूल दिशा में भी सम्भव है।**

*__उतराना__[2]—[< हि॰ उतारना] *क्रिस॰* १. पार उतारना। २. उद्धार करना। ***वा॰* उतराकर बहना**—बिना गम्भीर विचार किए किसी व्यक्ति या बात आदि के प्रभाव में आ जाना।

*__उतरारी__[1]—[< स॰ उत्तर] *वि॰* उत्तर दिशा का। उत्तरी। *स्त्री॰* उत्तर की हवा।

*__उतरारी__[2]—[< हि॰ उतरना] *पु॰* मार्ग का उतार। ढाल।

उतराव—[< हि॰ उतरना] *पु॰* पहाड़ का उतार या ढाल। *जैसे*—चढ़ाई के बाद दूर तक उतराव ही है।

*__उतराँही__—[< स॰ उत्तर] *वि॰ (स्त्री॰)* उत्तर दिशा से आनेवाली। उत्तरी। *स्त्री॰* उत्तरी हवा।

*__उतरु__—[< स॰ उत्तर] *पु॰* (प्रश्न का) उत्तर। जवाब।

*__उतरौंहाँ (उतरौंहाँ)__—[< स॰ उत्तर] *वि॰* उत्तर दिशा का। उत्तरी। *क्रिवि॰* उत्तर दिशा की ओर।

*__उतलाना__—[< स॰ आतुर] *क्रिअ॰* १. आतुर/उत्सुक होना। २. उतावली करना। उत्सुकतापूर्वक जल्दी मचाना।

*__उतहि__—[< हि॰ उत] *क्रिवि॰* उधर ही। *जैसे*—उतहि रुक जाओ। ∇ **विलोम**— *इतहि।

उतहिं (उतहिं)—[< हि॰ उत] *क्रिवि॰* १. उधर। २. उधर ही। वहीं।

*__उताइल__—[< प्रा॰ उत्ताइल्ल] *वि॰* जल्दी-जल्दी। त्वरित। *क्रिवि॰* उतावली से। *__उताइली__—*स्त्री॰* ≤ *हि॰* उतावली।

उतान—[< स॰ उत्तान] *वि॰* पीठ के बल लेटा हुआ। चित लेटा हुआ। उत्तान।

*__उतामला/उतायल/उतायला__—*वि॰* ≤ *हि॰* उतावला।

उतार—[< हि॰ उतरना/उतारना] *पु॰* १. उतरने या उतारने की क्रिया/भाव/स्थिति। २. परिमाण आदि में क्रमशः होनेवाली कमी। घटाव। *जैसे*—स्वर्ण के भाव में होनेवाला उतार। ३. (पर्वत, नदी आदि के मार्ग की) नीचे की ओर प्रवृत्ति। ढाल। ४. (ज्वर, मौसम आदि का) समाप्ति की ओर का अंश। *जैसे*—बुखार का उतार; गर्मी का उतार। ५. (किसी वस्तु का) प्रभाव कम करने वाली वस्तु। प्रतिकारक। *जैसे*—शराब का उतार मिठाई है और भाँग का उतार खटाई। ६. नदी के तट के समीप का वह भाग जहाँ से उसे पैदल पार किया जा सके। (यहीं पर यात्री नाव से उतरते हैं।) ७. उतरन। (दे॰) ८. उतारा[1]। (दे॰ उतारा[2]) ९. न्योछावर।

उतारन—[< हि॰ उतारना] *स्त्री॰* १. पुराना वस्त्र या आभूषण आदि जिसे पहनना छोड़ दिया हो। परित्यक्त वस्त्र। २. न्योछावर। ३. निकृष्ट वस्तु। ख़राब चीज़।

उतारा[1]—[< हि॰ उतरना] १. (नदी आदि के) पार उतरने की क्रिया/भाव। २. (यात्री का) अस्थायी रूप से ठहरने का स्थान/डेरा/पड़ाव।

उतारा[2]—[< हि॰ उतारना] १. नदी आदि पार कराने की क्रिया/भाव। २. नदी को पार कराने का पारिश्रमिक। ३. नदी-तट के पास का वह स्थान जहाँ नाव से यात्री उतरते हैं। ४. मांगलिक अवसर पर की जाने वाली न्योछावर या उसका धन आदि। ५. किसी की भूत-प्रेत-बाधा या रोग आदि को दूर करने के लिए टोना-टोटका करते हुए रोगी के चारों ओर कुछ धन, खाद्य वस्तु आदि घुमाकर अलग रखने की क्रिया। [● **विशेष**—उक्त घुमाने की क्रिया **'उतारना'** या **'उतारा करना'** कहलाती है।] उपर्युक्त क्रिया में उतारी गई खाद्यवस्तु आदि। ७. (पुराने वस्त्र आदि की) उतारन। ***वा॰* उतारा करना**—किसी की भूत-प्रेत-बाधा दूर करने के लिए टोना-टोटका करना।

उतारू—[< हि॰ उतरना] *वि॰* (किसी कार्य आदि के लिए) *जैसे*—मरने को उतारू। ● **विशेष**—'उतारू' का प्रयोग प्रायः किसी अनुचित कार्य के लिए ही किया जाता है।

*__उताल__—[< प्रा॰ उत्ताइल्ल] *स्त्री॰* शीघ्रता। जल्दी। *क्रिवि॰* शीघ्रता से। शीघ्र। तत्काल। तुरन्त।

*__उतालक__—[< हि॰ उताल] *क्रिवि॰* शीघ्र। तत्काल।

*__उतावल__—[< हि॰ उतावला] *वि॰* उतावली। *क्रिवि॰* जल्दी-जल्दी। शीघ्र।

उतावला—[< हि॰ उताइल] *वि॰* १. (किसी काम में) जल्दी मचानेवाला। *जैसे*—विवाह के लिए उतावला आदमी। २. बिना सोचे-समझे काम करनेवाला। जल्दबाज़। *जैसे*—उतावला आदमी काम बिगाड़ता है। ३. धैर्यहीन। अधीर। बेसब्र। *जैसे*—घर जाने के लिए उतावला बालक। ✣ **उतावलापन**—*पु॰* = १. उतावला होने की अवस्था/भाव। उतावली। २. (किसी काम में) जल्दी मचाने की प्रवृत्ति। ३. जल्दबाज़ी। ४. अधीरता। बेसब्री। ✣ **उतावली**—*वि॰ (स्त्री॰)* = उतावलापन। *स्त्री॰* = उतावला। *जैसे*—उतावली लड़की।

*__उति__—[< हि॰ उत] *क्रिवि॰* उस ओर। उधर।

*__उती__[1]—[< हि॰ उत] *क्रिवि॰* उस ओर। उधर।

*__उती__[2]—[< हि॰ उतनी] *वि॰* १. उतनी। २. अधिक।

*__उतू__—[देशज] *पु॰* एक उपकरण जिससे चोली आदि पर फूल-पत्ती बनाते हैं और चुन्नटें डालते हैं।

*__उतै__—[< हि॰ उत] *क्रिवि॰* उस ओर। उधर। वहाँ। ∇ **विलोम**—*इतै।

उत्कच्छा—[देशज] *स्त्री॰* (छन्द॰) एक सममात्रिक छन्द जिसमें ६ चरण होते हैं और प्रत्येक चरण में ११ मात्राएँ होती हैं।

उत्कट—[स॰ उद् √कट् + अच्] *वि॰* १. (गुण/प्रभाव आदि की दृष्टि से) तीव्र, उग्र या प्रबल। *जैसे*—उत्कट परिश्रम। २. ऊँचा। बढ़ा-चढ़ा। *जैसे*—उत्कट विद्वान्। ✣ **उत्कटता**—*स्त्री॰* = १. उत्कट होने का भाव/अवस्था। २. तीव्रता। उग्रता। प्रबलता। ३. श्रेष्ठता। ✣ **उत्कटत्व**—*पु॰* = उत्कटता।

उत्कण्ठ (उत्कंठ)—[सं॰ उद् + कण्ठ] *वि॰* १. जो कंठ ऊपर किए हो। २. उत्कंठावाला। उत्कंठित। उत्सुक। *क्रिवि॰* १. कंठ ऊपर किए हुए। २. उत्कंठा के साथ। उत्कंठापूर्वक।

उत्कण्ठा (उत्कंठा)—[सं॰ उत्कण्ठ + टाप्] *स्त्री॰* १. ऐसी इच्छा जिसमें देरी असह्य हो। तीव्र अभिलाषा। लालसा। २. उत्सुकता। ३. व्याकुलता। (काव्य॰) एक संचारी भाव जिसमें प्रिय को देखने या प्रिय से मिलने की उत्सुकता और तीव्र अभिलाषा होती है।

उत्कम्प (उत्कंप)—[सं॰ उद् √कम्प् + घञ्] *स्त्री॰* कम्पन। कँपकँपी। (भूविज्ञान॰) किसी भूकम्प के उद्गम-केन्द्र से दूर पृथ्वी का कम्पन।

उत्कर्ण—[सं॰ उत् + कर्ण] *वि॰* १. जिसके कान ऊँचे उठे हुए हों। २. खड़े कानों वाला। ३. सुनने को उत्सुक। ✣ **उत्कर्णता**—*स्त्री॰* = सुनने की उत्सुकता। *उदा॰* वाक्य सुनने की हुई उत्कर्णता। —मैथिलीशरण (साकेत, सर्ग १) ✣ **उत्कर्णत्व**—*पु॰* = उत्कर्णता।

उत्कर्तन—[सं॰ उद् + कर्तन] *पु॰* = उत्कीर्ण करना। नक़्क़ाशी करना। खोदना।

उत्कर्तित—[सं॰ उद् + कर्तित] *वि॰* उत्कीर्ण। नक़्क़ाशी किया हुआ। खोदा हुआ। ✣ **उत्कर्तित अलंकरण**—*पु॰* (पुरा॰) बनाते समय मिट्टी के बर्तनों को सजाने की एक प्रविधि जिसमें कच्चे बर्तनों के पृष्ठ को धारदार उपकरण से कुरेदकर या खोदकर फूल-पत्ती या आकर्षक अभिप्राय (अं॰ मोटिफ़) बनाया जाता है।

उत्कर्ष—[सं॰ उद् √कृष् + घञ्] *पु॰* १. ऊपर की ओर खिंचने/जाने की क्रिया/भाव। २. ऊपर चढ़ना। ३. उन्नति। ४. समृद्धि। वृद्धि। ∇ **विलोम**—अपकर्ष।

उत्कल—[सं॰ उद् √कल् + अच्] *पु॰* वर्तमान भारत के उड़ीसा (राज्य/प्रदेश) का प्राचीन नाम।

उत्कलाप—[सं॰ उत् + कलाप] *वि॰* (मोर) जिसने पूँछ ऊपर फैला रखी हो।

उत्कलिका—[सं॰ उद् √कल् + वुन् + टाप्] *स्त्री॰* १. (फूल की) कली। २. उत्कंठा। ३. तरंग। लहर। ✣ **उत्कलिकाप्राय**—*पु॰* = संस्कृत (काव्य॰) की ऐसी गद्य-रचना जिसमें कर्णकटु अक्षरों और लम्बे-लम्बे समासों की अधिकता हो।

उत्कलित—[सं॰ उद् √कल् + क्त] *वि॰* १. जो बँधा हुआ न हो। मुक्त। २. कुछ विकसित। ३. उत्कंठित। ४. विकल।

उत्कली—[< सं॰ उत्कलीय] *वि॰* उत्कल/उड़ीसा राज्य या प्रदेश का। उड़िया।

***उत्का**—[< सं॰ उत्कंठिता] *स्त्री॰* (काव्य॰) उत्कंठिता (नायिका)।

उत्कासन—[सं॰ उत्क √अस् + ल्युट्] *पु॰* गले का कफ साफ़ करना। खखारना। खाँसना।

उत्कीर्ण—[सं॰ उद् √कृ + क्त] *वि॰* १. छितराया हुआ। बिखेरा हुआ। २. छिदा हुआ। ३. खोदकर अंकित किया हुआ। *जैसे*—उत्कीर्ण लेख। ✣ **उत्कीर्ण अभिलेख**—*पु॰* = पत्थर, धातु आदि से बनी वस्तु पर खुदा हुआ लेख। पुरालेख। ✣ **उत्कीर्णक**—*पु॰* = १. धातु आदि पर खोदकर लिखनेवाला या बेलबूटे बनानेवाला मनुष्य। नक़्क़ाश। २. पत्थर काटने और गढ़ने का उपकरण। छेनी। टाँकी। ✣ **उत्कीर्ण छपाई**—*स्त्री॰* = (मुद्रण) वह मुद्रण जिसमें छपने वाला भाग तल से नीचे होता है। ✣ **उत्कीर्ण मुद्रा**—*स्त्री॰* = (इति॰) वह मुद्रा जिसमें लेख या अलंकरण खोदा गया हो। खुदी मुहर। ✣ **उत्कीर्णन**—*पु॰* = १. उत्कीर्ण करने का कार्य। २. नक़्क़ाशी।

उत्कूज—[सं॰ उद् √कूज् + घञ्] १. कोमल मीठी ध्वनि। २. कोयल की कूक। कोकिल-ध्वनि।

उत्कृति—[सं॰ उद् √कृ + क्तिन्] *स्त्री॰* (छन्द॰) एक समवर्णिक छन्द जिसके प्रत्येक चरण में २६ वर्ण होते हैं।

उत्कृष्ट—[सं॰ उद् √कृष् + क्त] *वि॰* १. सर्वोत्तम। उत्तम। श्रेष्ठ। २. हल चलाया हुआ। जोता हुआ। ∇ **विलोम**—निकृष्ट। ✣ **उत्कृष्टता**—*स्त्री॰* = १. उत्कृष्ट होने की अवस्था/भाव। २. श्रेष्ठता। ∇ **विलोम**—निकृष्टता। ✣ **उत्कृष्टत्व**—*पु॰* = उत्कृष्टता।

उत्केन्द्र (उत्केंद्र)—[सं॰ उद् + केन्द्र] *वि॰* केन्द्र से हटा हुआ।

उत्कोच—[सं॰ उद् √कुच् + घञ्] *पु॰* घूस। रिश्वत।

उत्क्रम—[सं॰ उद् √क्रम् + घञ्] *पु॰* १. ऊपर जाना या ऊपर की ओर उठना। २. क्रमिक उन्नति। क्रमोन्नति। ३. क्रम-विपरीतता। क्रम-भंग। ४. नियमविरुद्धता। ५. प्रस्थान।

उत्क्रमण—[सं॰ उद् √क्रम् + ल्युट्] *पु॰* १. ऊपर की ओर जाने की क्रिया/भाव। २. क्रमिक उन्नति। ३. क्रम-विपरीतता। क्रम-भंग। ४. (आज्ञा या कार्यक्षेत्र की सीमा का) उल्लंघन। अतिक्रमण। ५. आक्रमण। चढ़ाई। ६. प्रस्थान। गमन। ७. शरीर से जीवात्मा का प्रस्थान। मृत्यु।

उत्क्रान्त(उत्क्रांत)—[सं॰ उद् √क्रम + क्त] १. ऊपर की ओर बढ़ा हुआ। २. जिसका उल्लंघन हुआ हो। ३. गया हुआ। ४. जिससे जीवात्मा चला गया हो। मृत।

उत्क्रोश—[सं॰ उद् √क्रुश् + अच्] *पु॰* १. कोलाहल। शोर। २. घोषणा। ढिंढोरा।

उत्क्लेदन—[सं॰ उद् √क्लिद् + ल्युट्] *पु॰* तर करने की क्रिया या भाव। भिगोना।

उत्क्लेश—[सं॰ उद् + क्लेश] *पु॰* १. अशान्ति। विकलता। २. रोग। बीमारी। ३. जी मिचलाने का रोग।

उत्क्वथन—[सं॰ उद् √क्वथ् + ल्युट्] *पु॰* उबाल या उफान आने तक औटाना।

उत्क्षिप्त—[सं॰ उद् √क्षिप् + क्त] *वि॰* १. उछाला हुआ। *जैसे*—उत्क्षिप्त गेंद। २. दूर फेंका हुआ। ३. दूर किया हुआ। हटाया हुआ। ४. गिराया हुआ। ढाया हुआ।

उत्क्षेप—[सं॰ उद् √क्षिप् + घञ्] *पु॰* १. ऊपर की ओर फेंकने या उछालने की क्रिया/भाव। २. उछाल या फेंक। ३. परित्याग। ४. वमन। क़ै।

उत्खचित—[सं॰ उद् √खच् + क्त] १. मिलाकर गुँथा/बुना हुआ। २. जड़ा हुआ। जटित।

उत्खनन—[सं॰ उद् √खन् + ल्युट्] *पु॰* १. खोदने की क्रिया/स्थिति/भाव। खुदाई। २. गड़ी या जमी हुई वस्तु को खोदकर बाहर निकालना। (पुरा॰) भूगर्भ में स्थित वस्तुओं (प्राचीन भवन इत्यादि के अवशेषों, सिक्कों, खिलौनों इत्यादि) को फावड़े आदि की सहायता से बहुत धीरे-धीरे खोदकर ऊपर जमी मिट्टी आदि से इस प्रकार अलग करना कि अन्दर के स्तरों और प्राप्त प्राचीन वस्तुओं का ज्ञान हो सके। ✣ **उत्खनन रेखा**—*स्त्री॰* = (पुरा॰) उत्खनन नियंत्रित रखने के लिए खुदाई आरम्भ करने से पहले भूतल पर अंकित रेखा या निशान जिससे नीचे की ओर खुदाई की जाती है। ✣ **उत्खनन स्थल**—*पु॰* = (पुरा॰) वह भू-क्षेत्र जिसकी खुदाई होनेवाली हो या जो खुदाई के योग्य हो।

उत्खनित्र—[सं॰ उद् + खनित्र] *पु॰* खोदने का यन्त्र।

उत्खात—[सं॰ उद् √खन् + क्त] *वि॰* १. खोदा हुआ। २. खोदकर निकाला हुआ। ३. उखाड़ा हुआ। ४. जड़ से उखाड़ा हुआ। ५. नष्ट किया हुआ। ध्वस्त। ६. अपने स्थान से हटाया हुआ। *पु॰* १. छेद। बिल। २. गड्ढा। ३. ऊबड़-खाबड़ ज़मीन।

उत्खात-केलि—[सं॰] *स्त्री॰* (पशुओं का) खेल में सींगों या दाँतों से धरती खोदना।

उत्तंस—[सं॰ उद् √तंस् + अच्] १. शिखा। चोटी। २. सिर का एक आभूषण। सीसफूल। ३. कान का एक आभूषण। बाली या झुमका।

उत्तट—[सं॰ उद् + तट] *वि॰* तट के ऊपर निकलकर बहनेवाला। ***जैसे***—उत्तट नदी।

उत्तप्त—[सं॰ उद् √तप् + क्त] *वि॰* १. बहुत तपा हुआ। २. बहुत तपाया हुआ। ३. जलता हुआ। गर्म। ४. (लाक्षणिक) पीड़ित। सन्तप्त। ५. (लाक्षणिक) क्रुद्ध। कुपित।

उत्तम—[सं॰ उद् + तमप्] *वि॰* १. सबसे अच्छा। सर्वश्रेष्ठ। ***जैसे***—सब नगरों में उत्तम। २. अच्छा। ३. प्रधान। मुख्य। ∇ **विलोम**—अधम। ✣ **उत्तमगन्धा (उत्तमगंधा)**—*वि॰ (स्त्री॰)* सबसे अच्छी गन्ध वाली। *स्त्री॰* चमेली। ✣ **उत्तमगात**—*वि॰* = १. उत्तम शरीर वाला। २. सुन्दर।

उत्तमगाथ—[सं॰ उत्तम ~ गाथा] *वि॰* सर्वप्रशंसित।

उत्तमता—[सं॰ उत्तम + तल् + टाप्] *स्त्री॰* १. उत्तम होने की अवस्था या भाव। २. श्रेष्ठता। ३. प्रधानता।

उत्तमर्ण/उत्तमर्णिक—[सं॰ उत्तम ~ ऋण/ऋणिक] *पु॰* जिसने किसी को ऋण दिया हो। ऋणदाता। ∇ **विलोम**—अधमर्ण (=ऋण लेनेवाला, क़र्ज़दार)।

उत्तमश्लोक—[सं॰ उत्तम ~ श्लोक] *वि॰* यशस्वी।

उत्तमा—[सं॰ उत्तम + टाप्] *वि॰* (स्त्री॰) उत्तम। *स्त्री॰* उत्तम स्त्री।

उत्तमाङ्ग (उत्तमांग)—[सं॰ उत्तम ~ अङ्ग] *पु॰* (शरीर का सबसे श्रेष्ठ अंग) मस्तक। सिर।

उत्तमा दूती—[सं॰] *स्त्री॰* (काव्य॰) वह दूती जो नायक या नायिका को अपनी बातचीत से सहमत कर ले।

उत्तमा नायिका—[सं॰] *स्त्री॰* (काव्य॰) वह नायिका जो प्रतिकूल पति के साथ भी अनुकूल आचरण करे।

उत्तमार्ध—[सं॰ उत्तम ~ अर्ध] *पु॰* १. शेष अंश की तुलना में श्रेष्ठ आधा भाग। २. अन्तिम आधा भाग।

उत्तमोत्तम—[सं॰ उत्तम ~ उत्तम] *वि॰* १. सर्वोत्तम। सर्वश्रेष्ठ। ***जैसे***—उत्तमोत्तम महापुरुष राम। २. एक से एक बढ़कर। सभी श्रेष्ठ। ***जैसे***—उत्तमोत्तम वस्त्रों का दान।

उत्तमोत्तमक—[सं॰ उत्तम ~ उत्तमक] *पु॰* वह गायन आदि जो उत्तमों में भी उत्तम या सर्वोत्तम हो। (नाट्य॰) नाट्योपयोगी एक लास्यांग।

उत्तमौजा—[सं॰ उत्तम ~ ओजस्] *वि॰* जो ओज (तेज और शक्ति) में अन्य लोगों से श्रेष्ठ हो।

उत्तर—[सं॰ उद् √तॄ + अप्] *वि॰* १. अपेक्षाकृत ऊँचा। उच्चतर। २. अपेक्षाकृत अधिक अच्छा। ***जैसे***—लोकोत्तर। ३. (किसी के) बाद का। बाद वाला। ***जैसे***—युद्धोत्तर। ४. अधिक। ***जैसे***—अष्टोत्तर दश। ५. उदीची (उत्तर) दिशा का। उत्तरी। ***जैसे***—उत्तर भारत का इतिहास। *पु॰* १. पूर्व की ओर मुख करके खड़े होने पर बाएँ हाथ की दिशा। दक्षिण दिशा के ठीक सामने की दिशा। २. (प्राप्त हुए पत्र का) जवाब। ३. प्रश्न/शंका/समस्या का समाधान, हल या जवाब। ४. किसी तर्क, आपत्ति या प्रहार को काटने के लिए किया गया कथन, लेखन या काम। ***जैसे***—आपके तर्कों के उत्तर देना सरल है। ५. बदले में किया गया काम या व्यवहार। ***जैसे***—अपमान का उत्तर। ५. किसी देश का उत्तरी भाग। ***जैसे***—भारत के उत्तर में शत्रु-सेना का जमाव। (काव्य॰) एक अर्थालंकार जो चमत्कारपूर्ण उत्तर के वर्णन में होता है। *क्रिवि॰* बाद में। पीछे। ● **विशेष**—आधुनिक हिन्दी पारिभाषिक शब्दावली के निर्माण में 'उत्तर' (= अं॰ पोस्ट) का प्रयोग अनेक शब्दों में किया गया है। ***जैसे***—उत्तरदिनांकित, उत्तर-आधुनिककाल, स्नातकोत्तर। ***वा॰* उत्तर न आना, उत्तर न बन पाना**—उत्तर न दे पाना।

उत्तरकथा—[सं॰ उत्तर ~ कथा] (काव्य॰) ऐसी पूर्ण कृति जो पहले की किसी कृति (उपन्यास आदि) के पात्रों को लेकर आगे की घटनाएँ वर्णित करे।

उत्तरकाय—[सं॰ उत्तर ~ काय] *पु॰* शरीर का ऊपर का भाग।

उत्तरकाल—[सं॰ उत्तर ~ काल] *पु॰* १. बाद का काल। ***जैसे***—वैदिक उत्तरकाल। २. आनेवाला समय। भविष्य काल।

उत्तरक्रिया—[सं॰ उत्तर ~ क्रिया] शव को जलाने के बाद मृतक के निमित्त होनेवाले धार्मिक कृत्य। मरणोत्तर श्राद्ध आदि कर्म।

उत्तरग्रन्थ (उत्तरग्रंथ)—[सं॰ उत्तर ~ ग्रन्थ] *पु॰* किसी मूल ग्रन्थ की रचना के बाद अन्त में जोड़ा गया अंश। ग्रन्थ का खिल भाग।

उत्तरङ्ग (उत्तरंग)[1]—[सं॰ उद् + तरङ्ग] *वि॰* १. ऊँची तरंगों/लहरों वाला। २. लहराता हुआ। तरंगित। ३. आनन्द की लहरों में डूबा हुआ। आनन्दमग्न। ४. अत्यन्त क्षुब्ध। ५. काँपता हुआ। कम्पित।

उत्तरङ्ग (उत्तरंग)[2]—[सं॰ उत्तर ~ अङ्ग] *पु॰* १. चौखट के ऊपर की काठ की मेहराब। २. दो खम्भों या दीवारों पर आधारित समतल शिला जो ऊपर का बोझ सँभालती है। (अं॰ लिन्टल)

उत्तरचर्या—[सं॰ उत्तर ~ चर्या] *स्त्री॰* चिकित्सालयी उपचार के बाद होनेवाली रोगी की सेवा।

उत्तरच्छद—[सं॰ उत्तर ~ छद] *पु॰* बिस्तर पर बिछाने की चादर।

उत्तरजीविता—[सं॰ उत्तर ~ जीवित + टाप्] *स्त्री॰* १. उत्तरजीवी होने की अवस्था/भाव। २. किसी की तुलना में बाद तक जीवित रहना। ३. किसी दुर्घटना आदि के होने पर भी जीवित रहना। ४. अपने सदृश अन्य व्यक्तियों/जातियों/प्रजातियों/देशों आदि के नष्ट/समाप्त हो जाने के बाद भी जीवित रहना। ***जैसे***—योग्यतम की उत्तरजीविता का वैज्ञानिक सिद्धान्त। ५. सामान्य प्राकृतिक आयु से अधिक जीवित रहना।

उत्तरण—[सं॰ उद् + तरण] *पु॰* (नदी आदि) पार करना।

उत्तरतः—[सं॰ उत्तर + तस्] *क्रिवि॰* १. उत्तर/जवाब से। २. उत्तर दिशा से। ३. बाद में। पीछे।

उत्तरदायित्व—[सं॰ उत्तर ~ दायित्व] *पु॰* (किसी बात/कार्य के लिए) उत्तरदायी होने की स्थिति/भाव। ज़िम्मेदारी।

उत्तरदायी—[सं॰ उत्तर ~ दायी (दायिन्)] *वि॰* जिस पर कोई कार्य करने का उत्तरदायित्व हो। उत्तरदाता। ज़िम्मेदार। ∇ **विलोम**—अनुत्तरदायी।

उत्तरदीप्ति—[सं॰ उत्तर ~ दीप्ति] *स्त्री॰* १. बाद की चमक। २. सूर्यास्त के कुछ समय पश्चात् रहनेवाली विस्तृत चमक जो प्राय: पश्चिमी आकाश में दिखायी देती है। ३. जलते हुए पदार्थ की ज्वाला बुझा देने के बाद भी कुछ देर तक बनी रहनेवाली चमक या ऐसी चमक रहने का गुण। (भौतिकी॰) किसी ग़ैर-विसर्जन नलिका या सन्दीप्तिशील पर्दे से निकलनेवाले विकिरण जो उत्तेजक स्रोत को हटा देने पर भी कुछ क्षणों तक बने रहते हैं। (अं॰ आफ़्टर-ग्लो)

उत्तर-पट—[सं॰] *पु॰* १. ओढ़ने की चादर। उत्तरीय। २. बिछाने की चादर।

उत्तरपूजा—[सं॰ उत्तर ~ पूजा] *स्त्री॰* विसर्जन के समय देवता/देवी की अन्तिम पूजा।

उत्तर-प्रतिमा—[सं॰] *स्त्री॰* (मनो॰) किसी वस्तु को देखने के बाद, उसके न रहने पर भी कुछ क्षण तक बनी रहनेवाली उस वस्तु की ऐन्द्रिय अनुभूति। उत्तर-बिम्ब।

उत्तरफाल्गुनी—[सं॰ उत्तर ~ फाल्गुनी] *स्त्री॰* अश्विनी आदि २७ नक्षत्रों में बारहवाँ नक्षत्र।

उत्तरभाव्य—[सं॰ उत्तर ~ भाव्य] बाद में होनेवाला। उत्तरवर्ती। उत्तरकालीन। अगला।

उत्तरमन्द्र—[सं॰ उत्तर ~ मन्द्र] *पु॰* (संगीत॰) ज़ोर से धीरे-धीरे गाने की रीति।

उत्तरमीमांसा—[सं॰ उत्तर ~ मीमांसा] *स्त्री॰* (भारतीय षड्दर्शन में से एक) वेदान्तदर्शन। ● **विशेष**—उत्तरमीमांसा के आधारभूत तीन ग्रन्थ (प्रस्थानत्रयी) हैं—ब्रह्मसूत्र, (प्राचीन) उपनिषद् और गीता।

उत्तरमुखी—[सं॰ उत्तर ~ मुखी (मुखिन्)] वि॰ जो उत्तर की ओर मुख किए हुए हो। (अं॰ नार्थसीकिंग)।

उत्तरवय—[सं॰ उत्तर~वयस्] *पु॰* ढलती उम्र। वृद्धावस्था। बुढ़ापा।

उत्तरवर्ती—[सं॰ उत्तर ~ वर्ती (वर्तिन)] *वि॰* किसी काल-सीमा के अन्त में या बादवाले अंश में आने/होने वाला। बाद का। उत्तरकालीन। परवर्ती।

उत्तरवस्त्र—[सं॰ उत्तर ~ वस्त्र] *पु॰* १. ऊपर पहनने का वस्त्र। २. उत्तरीय। ∇ **विलोम**—अधोवस्त्र।

उत्तरवादी—[सं॰ उत्तर ~ वादी] *वि॰* प्रतिवादी।

उत्तरवेदी—[उत्तर ~ वेदी (वेदिन्)] *स्त्री॰* १. एक प्रकार की वेदी। २. समन्तपंचक तीर्थ। (कुरुक्षेत्र) का एक नाम।

उत्तर-संवेदन—[सं॰] *पु॰* (मनो॰) उत्तेजक के समाप्त हो जाने पर भी ज्ञानेन्द्रियों में अनुभव-प्रक्रिया का बना रहना और संवेदना होती रहना।

उत्तरसाक्षी—[सं॰ उत्तर ~ साक्षी (साक्षिन्)] *पु॰* १. सुनी हुई बात कहनेवाला गवाह। ऐसा गवाह जो प्रत्यक्षदर्शी न हो। २. प्रतिवादी पक्ष का गवाह।

उत्तरा—[सं॰ उत्तर + टाप्] *वि॰ (स्त्री॰)* १. बाद की। ***जैसे***—उत्तरा फाल्गुनी नक्षत्र। २. उत्तर दिशा को। ***जैसे***—उत्तरा भूमि। ३. उत्तर दिशा से चलनेवाली हवा जो अधिक वर्षा लानेवाली होने से धान की फसल के लिए उत्तम होती है।

उत्तराङ्ग (उत्तरांग)—[सं॰ उत्तर ~ अङ्ग] *पु॰* कमर से ऊपर का अंग। ***जैसे***—भीम ने दुर्योधन के उत्तरांग पर नहीं, जंघा पर प्रहार किया। (संगीत॰) स्वरसप्तक को स्वराष्टक मानकर किए गए दो अंगों/भागों में से द्वितीय अंग—'प ध नी सा'। ● **विशेष**—प्रथम अंग 'सा रे ग म' को **'पूर्वांग'** कहते हैं।

उत्तराधिकार—[सं॰ उत्तर ~ अधिकार] *पु॰* १. किसी की मृत्यु या उसके अधिकार-त्याग के पश्चात् उसकी सम्पत्ति, पद आदि को पाने का अधिकार। विरासत। २. वंशगत/पैतृक सम्पत्ति या पद आदि को पाने का अधिकार। ३. किसी के पद से हटने के बाद उस पद पर आसीन व्यक्ति को मिलनेवाला अधिकार। ४. वंशगत गुण या दोष की प्राप्ति। ***जैसे***—उसे वीरता उत्तराधिकार में मिली है। ✣ **उत्तराधिकार कर**—*पु॰* = (अर्थ॰) उत्तराधिकार में प्राप्त सम्पत्ति पर लगनेवाला कर।

उत्तरापेक्षी—[सं॰ उत्तर ~ अपेक्षी (अपेक्षिन्)] *वि॰* उत्तर की अपेक्षा करनेवाला। जवाब चाहनेवाला।

उत्तराभास—[सं॰ उत्तर ~ आभास] *पु॰* १. झूठा उत्तर। २. टालमटोल। बहाना।

उत्तरायण—[सं॰ उत्तर ~ अयन] *पु॰* १. सूर्य की मकर रेखा से आरम्भ होकर उत्तर की ओर कर्क रेखा तक की गति। सूर्य की मकर, कुम्भ, मीन, मेष, वृष और मिथुन राशियों में स्थिति। २. उपर्युक्त गति की छह महीने की अवधि। ∇ **विलोम**—दक्षिणायन।

उत्तरार्ध—[सं॰ उत्तर ~ अर्ध] *पु॰* १. किसी वस्तु के आधे-आधे दो

भागों में से बाद का या अन्त की ओर का भाग। बाद का अर्ध भाग। २. ऊपर का आधा भाग। ३. शरीर का नाभि से ऊपर का भाग। ∇ **विलोम**—पूर्वार्ध।

उत्तराशा—[स॰ उत्तरा+ आशा] *स्त्री॰* उत्तर दिशा।

उत्तराषाढ़ा—[स॰ उत्तर ~ आषाढ़ा] अश्विनी आदि २७ नक्षत्रों में इक्कीसवाँ नक्षत्र।

उत्तरासङ्ग (उत्तरासंग)—[स॰ उत्तर ~ आसङ्ग] उत्तरीय।

उत्तरीय—[उत्तर + छ] *पु॰* १. ऊपर पहनने का वस्त्र। २. कन्धे पर डालने का वस्त्र। चादर या दुपट्टा। *वि॰* १. उत्तर दिशा का। उत्तरी। २. ऊपर का। ऊपर वाला।

उत्तरेतर—[स॰ उत्तर ~ इतर] *वि॰* १. दक्षिण का। २. उत्तर दिशा से भिन्न।

उत्तरेतरा—[स॰ उत्तरेतर + टाप्] *स्त्री॰* १. दक्षिण दिशा। २. उत्तर दिशा से भिन्न दिशा।

उत्तरोत्तर—[स॰ उत्तर ~ उत्तर] *पु॰* उत्तर का उत्तर। जवाब का जवाब। *वि॰* क्रमशः बढ़ता हुआ। ***जैसे***—उत्तरोत्तर प्रगति। *क्रिवि॰* १. एक के बाद एक। क्रमशः। ***जैसे***—उत्तरोत्तर दस आक्रमण हुए। २. निरन्तर। लगातार। ***जैसे***—वर्षा उत्तरोत्तर तेज़ होती गयी।

उत्तरोष्ठ—[स॰ उत्तर ~ ओष्ठ] *पु॰* ऊपर का होंठ।

उत्तल—[स॰ उद् + तल] *वि॰* गोलाकार तल का खंड जिसमें बीच का भाग ऊपर उठा हुआ हो। उन्नतोदर। ✣ **उत्तलता**—*स्त्री॰* = उत्तल होने का भाव/गुण।

उत्तलित—[स॰ उद् √तल् + क्त] १. जो उत्तल किया गया हो। उभारा हुआ। २. ऊपर उठाया हुआ।

उत्तान—[स॰ उद् + तान] *वि॰* १. ताना हुआ। फैलाया हुआ। प्रसारित। २. पीठ के बल लेटा हुआ। चित पड़ा हुआ। ***जैसे***—सिंह की आवाज़ सुनकर भय के कारण उत्तान पड़े लोग। ३. निर्मल। सरल। ***जैसे***—निष्कपट और उत्तान हृदय वाले सन्त।

उत्ताप—[स॰ उद् √तप् + घञ्] १. बहुत गर्मी। तपन। २. बहुत पीड़ा। बहुत कष्ट। ३. चिन्ता।

उत्तार—[स॰ उद् + तार] *वि॰* गुणों में औरों से बढ़ा हुआ। उत्कृष्ट। श्रेष्ठ। *पु॰* १. नदी आदि के पार ले जाने की क्रिया/भाव। २. उद्धार। ३. मुक्ति। ४. उद्धार करनेवाला। उद्धारक। ५. नाव आदि पर लदा माल तट पर उतारना। ढुलाई।

उत्तारक—[स॰ उद् + तारक] *पु॰* १. (नदी आदि के) पार ले जाने वाला। २. तारनेवाला। उद्धार करनेवाला। उद्धारक। ३. विपत्ति से छुड़ानेवाला। रक्षक।

उत्तारण—[स॰ उद् + तारण] *पु॰* १. पार उतारने की क्रिया/भाव। २. उद्धार करने की क्रिया/भाव। ३. नाव आदि से सामान को तट पर उतारने की क्रिया। ४. रक्षा।

उत्तारी—[स॰ उत्तारिन्] *वि॰* १. पार करनेवाला। २. उद्धार करनेवाला।

उत्तार्य—[स॰ उद् + तार्य] *वि॰* १. पार उतारे जाने के योग्य। २. जिसे पार उतारा जाना हो। ३. जिसे नाव आदि से तट पर उतारा जाना हो। ४. उद्धार के योग्य। ५. जिसका उद्धार किया जाना हो।

उत्ताल—[स॰ उद् + ताल] *वि॰* १. ऊँचा। २. बड़ा। ३. भयानक। उग्र।

उत्तीर्ण—[स॰ उद् + तीर्ण] *वि॰* १. (नदी आदि के) पार पहुँचा हुआ। २. परीक्षा में सफल। ∇ **विलोम**—अनुत्तीर्ण।

उत्तुङ्ग (उत्तुंग)—[स॰ उद् + तुङ्ग] *वि॰* बहुत ऊँचा। ***जैसे***—उत्तुंग हिमालय। ✣ **उत्तुंगता**—*स्त्री॰* = अति उच्चता। ✣ **उत्तुंगताभीति**—*स्त्री॰* = (मनो॰) भीति रोग का एक प्रकार। (पर्वत आदि) किसी ऊँचे स्थान को देखकर डरना या ऊँचे स्थान पर जाकर डरना।

उत्तू—[फा॰] *पु॰* १. कपड़े पर चुन्नट डालने या बेल-बूटे काढ़ने का एक उपकरण। २. उपर्युक्त से डाली हुई चुन्नटें या काढ़े हुए बेल-बूटे। ● **विशेष**—'उत्तू' का कारीगर '**उत्तूगर**' कहलाता है।

उत्तेजन—[स॰ उद् √तिज् + णिच् + ल्युट्] *पु॰* १. तेज से युक्त करना। तेज बढ़ाने या तेज को उग्र रूप देने की क्रिया/भाव। ***जैसे***—हनुमान् का उत्तेजन करने के लिए। २. क्रोध दिलाना। ***जैसे***—उसके उत्तेजन का प्रयत्न। ३. उत्साहित करना। जोश दिलाना। भावावेश में लाना। ४. भड़काने की क्रिया/भाव। भड़काव। उकसाव। ***जैसे***—भाषणों द्वारा उत्तेजन। ५. शरीर के किसी अंग/ऊतकों का उद्दीपन। (पा॰ संगीत॰) पूरे उत्साह और दबाव से गाने-बजाने का निर्देश। (अ॰ एजिटेटो)

उत्तेजना—[स॰ उद् √तिज् + णिच् + युच् + टाप्] *स्त्री॰* १. उत्तेजन। (दे॰)। २. सनसनी। घबराहट। खलबली। ***जैसे***—पुलिस के आने से बाज़ार में उत्तेजना फैल गयी। ३. क्रोध। क्षोभ। ***जैसे***—लोकमान्य तिलक को कारावास का दंड दिए जाने से जनता में व्याप्त उत्तेजना। ४. बिना सोचे-समझे शीघ्रतापूर्वक किसी काम में प्रवृत्त होने की स्थिति। ***जैसे***—उत्तेजना में हत्या करना।

उत्तोलक—[स॰ उद् √तुल् + णिच् + ण्वुल्] *वि॰* उत्तोलन करनेवाला। ऊपर उठानेवाला। *पु॰* उत्तोलनयन्त्र। (दे॰) [भौतिकी॰] एक दृढ़ छड़ (या हत्था) जो किसी स्थिर बिन्दु 'आलम्ब'। (अ॰ फ़ल्क्रम) के आधार पर चारों ओर निर्बाध घूम सकता है और जिससे किसी भारी वस्तु या मशीन आदि को उठाया/चलाया जा सकता है। (अ॰ लीवर)।

उत्तोलन—[स॰ उद् √तुल् + णिच् + ल्युट्] १. ऊपर उठाना। २. तौलना।

उत्थ—[स॰ उद् √स्था +क] *वि॰* १. उत्पन्न या निकला हुआ। ***जैसे***—जलोत्थ। २. खड़ा हुआ या सामने आया हुआ। ३. उभरा हुआ। भारदार। ***जैसे***—उत्थ अलंकरण। ✣ **उत्थ अलङ्करण (अलंकरण)**—*पु॰* = किसी तल के ऊपर किया गया उभरा सजावटी काम। (अ॰ बॉस्ड ऑरनामेन्टेशन)

***उत्थवना**—[< स॰ उत्थापन] *क्रिस॰* १. ऊपर उठाना। ऊँचा करना। २. उन्नत करना। ३. आरम्भ करना।

उत्थान—[स॰ उद् √स्था + ल्युट्] *पु॰* १. उठने या खड़े होने की

क्रिया। ऊपर उठना। उठान। २. ऊपर उठाना। ∇ **विलोम**—पतन। ३. उदय या उत्पत्ति। ***जैसे***—भाग्य का उत्थान। ४. उन्नत/समृद्ध स्थिति। ***जैसे***—राष्ट्र का उत्थान। ५. सजग होना। जाग उठाना। ***जैसे***—शयन के बाद भगवान विष्णु का उत्थान। ६. किसी काम/बात का आरम्भ। ***जैसे***—कहानी का उत्थान प्रभावी है। (योग॰) समाधि-अवस्था से जागरण।

उत्थान-एकादशी—[स॰] *स्त्री॰* (चातुर्मास्य में शयन के बाद) भगवान् विष्णु के जागरण की तिथि। कार्तिक शुक्ला एकादशी। प्रबोधनी/देवोत्थानी एकादशी।

उत्थानक—[स॰ उत्थान + क] *वि॰* उठाने वाला। *पु॰* किसी भवन के नीचे के खंड से ऊपर के खंडों में या इसके विपरीत पहुँचानेवाला वह विशाल यन्त्र जो बिजली से चलता है। लिफ़्ट (अ॰) (अ॰ एलिवेटर)।

उत्थापन—[स॰ उद् √स्था + णिच्, पुक् + ल्युट्] *पु॰* १. ऊपर उठाना। २. स्थापित करना। जगाना। ३. उत्तेजित करना। ४. उत्साहित या प्रेरित करना। ✣ **उत्थापन-अवस्थापन**—*पु॰* = उठाना और स्थापित करना।

उत्थायी—[स॰ उत्थायिन्] *वि॰* १. उत्थान करनेवाला। ऊपर की ओर उठनेवाला। २. उभरने या बढ़ने वाला। ३. उभारने या बढ़ाने वाला।

उत्थित—[स॰ उद् √स्था + क्त] *वि॰* १. उठा हुआ। २. निकला या बढ़ा हुआ। ३. फैला हुआ। प्रसारित।

उत्थिताङ्गुलि (उत्थितांगुलि)—[स॰ उत्थित ~ अङ्गुलि] *पु॰* खुला हुआ या फैला हुआ हाथ। प्रसारित हाथ।

उत्पक्ष्म—[स॰ उत्पक्ष्मन्] *वि॰* पलकों को ऊपर उठाए हुए।

उत्पत्ति—[स॰ उद् √पत् + क्तिन्] *स्त्री॰* १. उत्पन्न होने की अवस्था/क्रिया/भाव। उद्भव। सृष्टि। ***जैसे***—विश्व की उत्पत्ति। ∇ **विलोम**—विनाश। २. जन्म। ***जैसे***—पुत्र की उत्पत्ति। ३. प्रकट होना। आविर्भाव। ***जैसे***—क्रोध की उत्पत्ति। ४. उत्पादन। ✣ **उत्पत्तिकेतन/उत्पत्तिधाम**—*पु॰* = जन्मस्थान। ✣ **उत्पत्तिवाद**—*पु॰* = (काव्य॰) भरत कृत 'नाट्यशास्त्र' के रस-निष्पत्ति-सूत्र में 'निष्पत्ति' का अर्थ 'उत्पत्ति' मानने का भट्ट लोल्लट का मत।

उत्पथ—[स॰ उद् + पथ] *पु॰* बुरा रास्ता। कुमार्ग। कुपथ। *वि॰* १. पथ-भ्रष्ट। २. कुमार्गी।

उत्पन्न—[स॰ उद् √पद् + क्त] *वि॰* १. जिसकी उत्पत्ति हुई हो। जो पैदा हुआ हो। २. जिसकी उत्पत्ति की गयी हो। जिसे अस्तित्व में लाया गया हो। जो पैदा किया गया हो। ३. बनाया हुआ। निर्मित। रचित। ***जैसे***—प्रकृति द्वारा उत्पन्न विश्व। ४. उपजा हुआ। ***जैसे***—यहाँ उत्पन्न घास। ६. उपजाया हुआ। उत्पादित। ***जैसे***—खेती से उत्पन्न गेहूँ। ७. जो प्रकट, उदित या घटित हुआ हो। ***जैसे***—इस घटना से उत्पन्न सन्देह के कारण।

उत्पन्ना—[स॰ उत्पन्न + टाप्] *वि॰* (*स्त्री॰*) उत्पन्न। *स्त्री॰* मार्गशीर्ष कृष्ण एकादशी।

उत्परिवर्तन—[स॰ उद् + परिवर्तन] *पु॰* रूप या गुणों का परिवर्तन। (जीव॰) किसी गुणसूत्र (अ॰ क्रोमोसोम) या जीन की संरचना में परिवर्तन होने के कारण उत्पन्न आनुवंशिक लक्षण जो सन्तानों में चला जाता है। (अ॰ म्यूटेशन)

उत्पल—[स॰ उद् √पल् + अच्] *पु॰* १. कमल। ***जैसे***—उत्पल जैसा हृदय। २. नीलकमल। ***जैसे***—उत्पल जैसे नेत्र। ३. पौधा।

उत्पलिनी—[स॰ उत्पलिन् + ङीप्] *स्त्री॰* १. कमल के पुष्पों का समूह। २. कमल का पौधा जिसमें फूल हों।

उत्पली—[स॰ उत्पलिन्] *वि॰* बहुत से कमल-पुष्पों वाला। ***जैसे***—उत्पली सरोवर।

उत्पाटन—[स॰ उद् √पट् + णिच् + ल्युट्] *पु॰* जड़ से उखाड़ना। उन्मूलन। उखाड़। (चिकित्सा॰) किसी अंग को काटकर अलग करना। अंगविच्छेद।

उत्पाटी—[स॰ उद् √पट् + णिच् + णिनि] *वि॰* (समासयुक्त शब्द के अन्त में प्रयुक्त) जड़ से उखाड़नेवाला। उन्मूलक। ***जैसे***—शत्रु-उत्पाटी।

उत्पात—[स॰ उद् √पत् + घञ्] *पु॰* १. उछल-कूद। ऊधम। ***जैसे***—बच्चों का उत्पात। २. अशान्ति। उपद्रव। मार-पीट। दंगा-फ़साद। ***जैसे***—नगर में प्रतिदिन हो रहे उत्पात। ३. आकस्मिक और प्राकृतिक घटना जो हानिकारक हो। ***जैसे***—भूकम्प आदि उत्पात। ४. अपशकुन।

उत्पाद—[स॰ उद् √पद् + घञ्] *पु॰* उत्पन्न की हुई वस्तु। उपज। (अर्थ॰) उत्पन्न की हुई वस्तु अथवा मनुष्य द्वारा निर्मित या अधिक उपयोगी बनी हुई वस्तु। माल। (काव्य॰) कवि-कल्पना से उद्भूत कथावस्तु।

उत्पादशयन—[स॰ उत् + पाद ~ शयन] *वि॰* पैर ऊपर उठाकर लेटनेवाला। *पु॰* १. शिशु। २. टिट्टिभ/टिटिहरी (पक्षी)।

उत्पादी—[स॰ उत्पादिन्] *वि॰* १. उत्पादन करनेवाला। उपजानेवाला। उत्पादक। **जैसे**—उत्पादी वन। २. निर्माता।

उत्पाद्य (उत्पाद्य)—[स॰ उद् √पद् + णिच् + ल्यप्] *वि॰* १. जो उत्पादन के योग्य हो। २. जिसका उत्पादन किया जानेवाला हो।

उत्पीड़न—[< स॰ उत्पीडन] *पु॰* १. दबाना। २. पीड़ित करने की क्रिया/भाव। पीड़ा देना। ३. पीड़ा। ४. अत्याचार।

उत्पुच्छ—[स॰ उद् + पुच्छ] *वि॰* जिसकी पूँछ ऊपर उठी हुई हो। ***जैसे***—उत्पुच्छ कुत्ता।

उत्प्रवास—[स॰ उद् + प्रवास] *पु॰* अपना देश छोड़कर विदेश में जा बसना। विदेशगमन। ∇ **विलोम**—आप्रवास। ✣

उत्प्रवासी—*पु॰* = अपना देश छोड़कर विदेश में जा बसनेवाला। प्रवासी। ***जैसे***—भारतीय उत्प्रवासियों की समस्याएँ। ∇ **विलोम**—आप्रवासी।

उत्प्रेक्षण—[स॰ उद् + प्रेक्षण] *पु॰* १. ऊपर की ओर देखना। २. उत्कृष्ट रूप से या ध्यान से देखना। ३. तुलना।

उत्प्रेक्षा—[स॰ उद् + प्रेक्षा] *स्त्री॰* उत्प्रेक्षण। (काव्य॰) एक अर्थालंकार जिसमें प्रस्तुत/उपमेय में अप्रस्तुत/उपमान की सम्भावना या कल्पना की जाती है। ***जैसे***—'उसका मुख मानो चन्द्रमा है' में

'मुख' में 'चन्द्रमा' की सम्भावना होने से उत्प्रेक्षा अलंकार है।

उत्प्रेक्ष्य—[सं॰ उद् + प्रेक्ष्य] *वि॰* १. जिसकी उत्प्रेक्षा की गयी हो या होनेवाली हो। २. जो उत्प्रेक्षा द्वारा अभिव्यक्त किया जा सकता हो।

उत्प्रेरक—[सं॰ उद् + प्रेरक] *वि॰* उत्प्रेरण करनेवाला। *पु॰* (रसायन॰) वह पदार्थ जिसकी अल्पमात्रा में उपस्थिति से रासायनिक अभिक्रिया का वेग बढ़ या घट जाता है और अभिक्रिया के अन्त में स्वयं अपरिवर्तित रहता है। (अं॰ कैटलिस्ट)

उत्प्रेरण—[सं॰ उद् + प्रेरण] *पु॰* = प्रेरणा करने की क्रिया/भाव। (रसायन॰) किसी रासायनिक अभिक्रिया के वेग में ऐसे पदार्थ के द्वारा की गयी वृद्धि, जिसकी प्राय: अल्प मात्रा प्रयुक्त होती है और जो अभिक्रिया के अन्त में स्वयं अपरिवर्तित मिलता है। उत्प्रेरक पदार्थ का कार्य। ✣ **उत्प्रेरणा**—*स्त्री॰*। ✣ **उत्प्रेरित**—*वि॰* = जिसे उत्प्रेरणा मिली हो।

उत्प्रेषण—[सं॰ उद् + प्रेषण] *पु॰* ऊपर भेजना। (विधि॰) न्यायालय में चल रहे मामले को उच्चतर न्यायालय के सामने प्रस्तुत करने का आदेश। ✣ **उत्प्रेषण लेख/समादेश**—*पु॰* = (विधि॰) सर्वोच्च न्यायालय या उच्च न्यायालय का किसी निचले न्यायालय को यह आदेश कि निर्दिष्ट मुक़दमा उस न्यायालय को स्थानान्तरित किया जाए।

उत्प्लव—[सं॰ उद् √प्लु + अप्] *पु॰* १. उछाल। २. फलाँग। छलाँग। ✣ **उत्प्लव घनत्वमापी**—*पु॰* = (भौतिकी॰) उत्प्लावन के नियम पर बना एक यंत्र जिससे द्रवों का घनत्व नापा जाता है। (अं॰ हाइड्रोमीटर)

उत्प्लवन—[सं॰ उद् + प्लवन] *पु॰* १. उछलना। कूदना। २. (जल आदि के ऊपर) तैरना।

उत्फुल्ल—[सं॰ उद् √फुल् + क्त] *वि॰* १. फूला या खिला हुआ। प्रस्फुटित। ***जैसे***—उत्फुल्ल पुष्प। २. हर्ष से खिला हुआ। प्रसन्न। हर्षित। ***जैसे***—उत्फुल्ल मुख। ३. खुला हुआ। ***जैसे***—उत्फुल्ल नयन। ✣ **उत्फुल्लता**—*स्त्री॰* = उत्फुल्ल होने का गुण/अवस्था/भाव।

उत्फुल्लन—[सं॰ उद् √फुल् + ल्युट्] *पु॰* १. फूलना-फलना। ***जैसे***—वसन्त में वृक्षों का उत्फुल्लन। २. (पुष्पों का) खिलना। प्रस्फुटन।

उत्स—[सं॰ √उन्द् + स, कित्, न-लोप] *पु॰* १. बहते पानी की धारा। स्रोत। सोता। झरना। २. जल का स्थान। ३. मूल स्रोत। ***जैसे***—हमारी संस्कृति का उत्स वेद हैं।

उत्संस्करण—[सं॰ उद् + संस्करण] *पु॰* (नृ॰, मनो॰) भिन्न संस्कार या संस्कृति ग्रहण करना। अपने वर्ग से भिन्न किसी वर्ग (जाति/कबीला आदि) की संस्कृति को ग्रहण करना। परसंस्कृतिग्रहण।

उत्सङ्ग (उत्संग)—[सं॰ उद् √सञ्ज् + घञ्] *पु॰* १. अंक। गोद। २. आलिंगन। ३. शिखर। चोटी। ४. घर का सबसे ऊपर का भाग। ५. नितम्ब के ऊपर का भाग। ६. सम्पर्क।

उत्सन्न—[सं॰ उद् √सद् + क्त] *वि॰* १. उखाड़ा हुआ। उच्छिन्न। २. क्षीण। ३. नष्ट। ४. अप्रचलित। लुप्त।

उत्सर्ग—[सं॰ उद् √सृज् + घञ्] *पु॰* १. (किसी के लिए किया गया) त्याग। ***जैसे***—देश के लिए वैभव का उत्सर्ग। २. बलिदान। ***जैसे***—प्राणों का उत्सर्ग। ३. अर्पण/भेंट। ***जैसे***—राष्ट्र-सेवा में जीवन का उत्सर्ग। ४. बन्धन से मुक्त करना। खुला छोड़ना। ***जैसे***—पुण्य-प्राप्ति के लिए किया जाने वाला वृष-उत्सर्ग। ५. (अध्ययन या किसी व्रत की) समाप्ति। ६. मल/विष्ठा का त्याग। ✣ **उत्सर्गी**—*वि॰* = उत्सर्ग करनेवाला।

उत्सर्जन—[सं॰ उद् √सृज् + ल्युट्] *पु॰* १. उत्सर्ग। त्याग या दान। २. वैदिक अध्ययन को स्थगित करना। ३. वैदिक अध्ययन स्थगित करने के उद्देश्य से किया जानेवाला एक गृहकर्म जो पौष मास और श्रावण मास में किया जाता है। (प्राणि॰) जीवधारियों के शरीर के द्वारा अनावश्यक और हानिकारक पदार्थों को बाहर निकालने की क्रिया। वर्ज्य पदार्थ का शरीर से निष्कासन। ✣ **उत्सर्जन तन्त्र (तंत्र)**—*पु॰* = (प्राणि॰) प्राणियों के शरीर द्वारा अनावश्यक और हानिकारक पदार्थों को बाहर निकालने में सहयोगी सभी संरचनाओं और अंगों का सामूहिक नाम।

उत्सर्प/उत्सर्पण—[सं॰ उद् √सृप् + घञ्/ल्युट्] *पु॰* १. ऊपर जाना। ऊपर सरकना। २. उठना। ३. फैलना।

उत्सर्पिणी—[सं॰ उद् √सृप् + णिनि + ङीप्] *पु॰* (जैन॰) काल का एक विभाग जिसमें आयु, बल आदि की निरन्तर वृद्धि होती है। ∇ **विलोम**—अवसर्पिणी।

उत्सव—[सं॰ उद् √सू + अप्] *पु॰* १. आनन्द। हर्ष। ***जैसे***—उसे देखना नेत्रों का उत्सव है। २. उत्साह के साथ आनन्द मनाने का अवसर। ***जैसे***—स्वतंत्रता-उत्सव। ३. मंगल-कार्य। ***जैसे***—विवाह-उत्सव। ४. (सार्वजनिक या निजी) समारोह। ५. त्योहार। पर्व। ***जैसे***—दीपावली-उत्सव। ✣ **उत्सव-गीत**—*पु॰* = ऐसे लोकगीत जो पारिवारिक उत्सवों के अवसर पर गाए जाते हैं।

उत्साद—[सं॰ उद् √सद् + णिच् + घञ्] *पु॰* नाश।

उत्सार—[सं॰ उद् √सृ + णिच् + अण्] *पु॰* दूर हटाना। बाहर करना। निकालना। निस्सारण। ✣ **उत्सारक**—*पु॰* = १. दूर हटाने या बाहर निकालनेवाला व्यक्ति। २. द्वारपाल, पहरेदार या चौकीदार। ५. रिक्त करनेवाला उपकरण। (अं॰ इवैक्युएटर) ✣ **उत्सारण**—*पु॰* = १. दूर करना। हटाना। २. वाहन आदि से उतरने में सहायता करना। ३. अतिथि-सत्कार।

उत्साह—[सं॰ उद् √सह् + घञ्] *पु॰* १. मन की वह स्थिति जिसमें व्यक्ति किसी विषय/कार्य विशेष में प्रसन्नतापूर्वक उत्सुक या रुचिशील दिखता है और उसमें लगने को तत्पर होता है। २. दृढ़संकल्प। दृढ़ता। दृढ़ अध्यवसाय। ३. उमंग। जोश। हौसला। ४. शक्ति। सामर्थ्य। ५. साहस। हिम्मत। (काव्य॰) वीर रस का स्थायी भाव। ∇ **विलोम**—निरुत्साह। ✣ **उत्साहक**—*वि॰* = उत्साहित करनेवाला। ✣ **उत्साहन**—*पु॰* = उत्साहित करने की क्रिया/भाव। उत्साह बढ़ाना। ✣ ***उत्साहना**—*क्रिअ॰* उत्साहित होना। ✣ **उत्साहपूर्ण**—*वि॰* = उत्साही। ✣ **उत्साहपूर्वक**—*क्रिवि॰* = उत्साह के साथ। ✣ **उत्साहवर्धक**—*वि॰* = उत्साह बढ़ानेवाला। ✣

उत्साह-वैकल्य—*पु॰* = (मनो॰) निराशा, विषाद, अवसाद और दुश्चिन्ता की दशा।

उत्सिक्त—[स॰ उद् √सिच् + क्त] *वि॰* १. जिस पर जल आदि छिड़का गया हो। २. जल की बाढ़ से बढ़ा हुआ। ३. अभिषिक्त। ४. अभिमानी। ५. क्रोधी। ६. चंचल। ७. विकल।

उत्सुक—[स॰ उद् √सू + क्विप् + कन्] *वि॰* १. बहुत इच्छुक। उत्कंठित। २. आतुर अधीर। ✣ **उत्सुकता**—(भाव॰ स्त्री॰) उत्सुक होने की अवस्था/भाव। औत्सुक्य (काव्य॰) एक संचारी भाव।

उत्सृष्ट—[स॰ उद् √सृज् + क्त] *वि॰* १. उत्सर्ग किया हुआ। २. त्यागा हुआ। छोड़ा हुआ। परित्यक्त। ✣ **उत्सृष्ट पशु**—*पु॰* = किसी विशेष अवसर पर उत्सर्ग किया हुआ पशु (विशेषत: साँड़)।

उत्सेक—[स॰ उद् √सिच् + घञ्] *पु॰* १. जल आदि का छिड़काव। २. वृद्धि। अत्यधिकता। ३. अभिमान। घमंड। ✣ **उत्सेकी**—*वि॰* = अभिमानी। घमंडी।

उत्सेचन—[स॰ उद् √सिच् + ल्युट्] *पु॰* १. जल आदि छिड़कने की क्रिया/भाव। २. सिंचन। सींचना।

उत्सेध—[स॰ उद् √सिध् + घञ्] *पु॰* १. ऊँचा स्थान। २. ऊँचाई। ३. किसी निम्न स्तर की संरचना को ऊँचा उठाने की प्रक्रिया। ४. हत्या। ✣ **उत्सेध-जीवी**—*पु॰* = हत्या और लूटपाट से जीवन-निर्वाह करनेवाला।

उत्स्राव—[स॰ उद् + स्राव] *पु॰* (द्रव, या गैस का) बाहर निकलना। निकास। ✣ **उत्स्राव नली**—*स्त्री॰* = वह नली जिससे गैसें बाहर निकलती हैं। निकास नली। (अ॰ इग्ज़ास्ट पाइप)

उत्स्रुत—[स॰ उद् ~ स्रुत] *वि॰* ऊपर की ओर बहा हुआ। *पु॰* (भूविज्ञान॰) पृथ्वी के अन्दर का वह जल जो प्राकृतिक दाब से जलभर/जलमग्न/चट्टानों के ऊपर स्वयं आ जाता है। ✣ **उत्स्रुत कूप**—*पु॰* = (भूविज्ञान) जलभृत शैल के मध्य में खोदा गया कुआँ या छेद जिसमें से पर्याप्त पानी प्राकृतिक दाब से अपने आप ऊपर उठकर जोर से बाहर निकलता रहता है। (अ॰ आर्टीज़ियन वेल) ✣ **उत्स्रुत जलभृत**—*पु॰* = (भूविज्ञान॰) ऐसी जलमग्न/जलभृत चट्टान जिसमें पर्याप्त प्राकृतिक दाब के कारण अवसर मिलते ही जल स्वयं ऊपर उठकर भूपृष्ठ पर बहने लगता है। ✣ **उत्स्रुत झरना**—*पु॰* = (भूविज्ञान) ऐसा झरना जिसका पानी पर्याप्त दाब के कारण जलभृत/जलमग्न चट्टान से स्वयं ऊपर उठकर किसी दरार या छिद्र से होकर निकलता है। (अ॰ आर्टीज़ियन स्प्रिंग)

उत्स्वन—[स॰ उद् + स्वन] *पु॰* ऊँची आवाज़। उच्चरव। *वि॰* ऊँची आवाज़ वाला। उच्चरवकारी।

***उथपन/उथप्पन**—[< स॰ उत्थापन] *पु॰* १. उत्थान। उठान। २. उन्मूलन। उखाड़। ३. उजाड़ने की क्रिया। उजाड़। ✣ ***उथपन-थप्पन/थापन**— *पु॰* = उत्थापन और स्थापन *वि॰* १. उखड़ों को जमानेवाला। २. उजड़ों को बसानेवाला।

***उथपनहार**—[< हि॰ उथपन] *वि॰, पु॰* १. उठानेवाला। २. उखाड़नेवाला। उन्मूलक। ३. उजाड़नेवाला।

***उथपना**—[< स॰ उत्थापन] *क्रिस॰* १. उठाना। २. खड़ा करना। ३. उखाड़ना। ४. उजाड़ना। *क्रिअ॰* १. उठना। २. उखड़ना। ३. उजड़ना।

***उथपा**—[< हि॰ उथपना] *वि॰* १. उखड़ा हुआ। २. उजड़ा हुआ। ३. पद से हटाया हुआ। पदच्युत।

***उथरा**—[< हि॰ उथला] *वि॰* उथला। ✣ ***उथराई**—*स्त्री॰* = १. उथलापन। (दे॰) २. थोड़ी उठान।

उथलना—[< प्रा॰ √उत्थल] *क्रिअ॰* १. डाँवाडोल होना। डगमगाना। २. नीचे-ऊपर होना। उलटना। *क्रिस॰* नीचे- ऊपर करना।

उथल-पुथल—*स्त्री॰* १. भारी उलटफेर। २. उलट-पलट। ३. बड़ी हलचल। ***वा॰* उथल-पुथल करना**—१. अव्यवस्थित कर देना। २. भारी परिवर्तन करना। ३. हलचल मचाना। **उथल-पुथल होना**—१. अव्यवस्थित होना। १. भारी परिवर्तन होना। २. हलचल या गड़बड़ होना।

उथला—[< स॰ उत्स्थला] *वि॰* कम गहरा। छिछला।

***उथापना**[1]—[< स॰ उत्थापन] *क्रिस॰* १. ऊपर उठाना। खड़ा करना। २. उखाड़ना।

***उथापना**[2]—[< हि॰ थापना < स॰ स्थापना] *क्रिस॰* स्थापित करना।

उद्—[स॰ √उ + क्विप् + तुक्] *उपसर्ग॰* संस्कृत का एक उपसर्ग जो क्रियाओं, संज्ञाओं और विशेषणों के आरम्भ में जुड़कर कुछ अर्थ-सम्बन्धी विशेषताएँ उत्पन्न करता है।

उद—[< स॰ उदन्] *पु॰* जल। **जैसे**—उदपात्र=जल भरने का पात्र।

***उदउ**—[< स॰ उदय] *पु॰* उदय।

उदक—[स॰ √उन्द् + क्वुन्] *पु॰* जल। पानी।

***उदंसना**—[< स॰ उत्सादन] *क्रिस॰* उखाड़ना। *क्रिअ॰* उखड़ना।

उदककर्म/उदककार्य/उदनक्रिया—[स॰ उदक ~ कर्म/कार्य/क्रिया] *पु॰* पितरों की तृप्ति के लिए जल से तर्पण। पितरों को जल-दान।

उदकगाह—[स॰ उदक ~ गाह] *पु॰* स्नान।

उदकगिरि—[स॰ उदक ~ गिरि] *पु॰* जलाशयवाला पर्वत।

उदकपात—[स॰ उदक ~ पात] *पु॰* वर्षा।

उदकहार—[स॰ उदक ~ हार] *पु॰* जीविका के लिए दूसरों के (घरों में) पानी भरनेवाला। कहार। पनभरा।

उदकान्त (उदकांत)—[स॰ उदक ~ अन्त] *पु॰* १. तट। किनारा। २. समुद्र-तट।

उदकार्थी—[स॰ उदक ~ अर्थी (अर्थिन्] *वि॰* जल चाहने वाला। प्यासा।

उदक्—[स॰ उद् √अंच् + क्विन्] *वि॰* १. ऊपर का। २. उत्तरी। ३. परवर्ती। पिछला।

उदगद्रि—[स॰ उदक् ~ अद्रि] *पु॰* उत्तर का पर्वत। हिमालय।

उदगयन—[स॰ उदक् + अयन] *पु॰* उत्तर का अयन। उत्तारायण।

***उदगारना**—[< स॰ उद्गार] *क्रिस॰* १. उगलना। २. उद्गार प्रकट करना। बोलना। ३. उत्तेजित करना। भड़काना। उभाड़ना। ✣ ***उदगारी**—*वि॰* = १. उगलनेवाला। २. बोलनेवाला।

२. निकालनेवाला। बाहर फेंकनेवाला।

***उदग्ग**—[< सं॰ उदग्र] *वि॰* १. उदग्र। (दे॰) २. उग्र। प्रचंड। तेज़। ३. उद्धत। उजड्ड।

उदग्र—[सं॰ उद् + अग्र] *वि॰* १. ऊर्ध्वाधर। सीधा। खड़ा। ***जैसे***—उदग्र स्तम्भ। २. उन्नत। ऊँचा। ***जैसे***—उदग्रशिर। ३. बाहर की ओर निकला हुआ या बढ़ा हुआ। ४. उग्र। प्रचंड। तेज़। ***जैसे***—उदग्र अभिमान। ५. मुख्य। ६. प्रसिद्ध। ७. भयानक। ८. उद्विग्न। व्याकुल। ✣ **उदग्रता**—*स्त्री॰* = उदग्र होने की अवस्था/भाव।

उदग्रशिर—[सं॰ उदग्र ~ शिर] *वि॰* ऊँचे सिरवाला। उन्नत भाल।

***उदघटना**—[< सं॰ उद्घाटना] *क्रिअ॰* १. प्रकट होना। २. उदित होना। ३. प्रत्यक्ष होना।

***उदघाटना**—[< सं॰ उद्घाटन] *क्रिस॰* १. उद्घाटन करना। प्रकाशित करना। २. खोलकर दिखाना। प्रकट करना।

उदङ्मुख—[सं॰ उदक् ~ मुख] *वि॰* जो उत्तर दिशा की ओर मुख किए हो। उत्तराभिमुख।

उदज—[सं॰ उद + ज] *वि॰* १. जल से उत्पन्न। जलीय।

उदजन—[सं॰ उद (उदन) + जन] *पु॰* (रसायन॰) एक तत्त्व जो साधारणतः अत्यन्त दहनशील गैस रूप में मिलता है और आक्सीजन गैस से मिलकर जल बनाता है। हाइड्रोजन (अं॰)।

उदञ्चन (उदंचन)—[सं॰ उद् √अञ्च् + ल्युट्] *पु॰* १. ऊपर चढ़ाना। फेंकना। २. कुएँ से जल निकालना/खींचना। ३. कुएँ से जल निकालने में प्रयुक्त पात्र—घड़ा, डोल, बाल्टी आदि। ४. ढक्कन। ५. (वैदिक कार्यों में प्रयुक्त) जलपात्र। ✣ **उदञ्चन-स्थान (उदंचन-स्थान)** *पु॰* = पानी का घड़ा, बाल्टी आदि रखने का स्थान। ✣ **उदञ्चित (उदंचित)**—*वि॰* = १. ऊपर उठाया हुआ। २. उछाला हुआ।

उदधि—[सं॰ उदन् + √धा + कि] *पु॰* १. जल को धारण करनेवाला। २. समुद्र। ३. कलश। घड़ा। ४. मेघ। बादल। ✣ **उदधि-कन्या**—*स्त्री॰* = १. समुद्र की या समुद्र से उत्पन्न पुत्री। २. लक्ष्मी। ३. शुक्ति। सीपी। ✣ **उदधि-जात, उदधि-सुत**—*पु॰* = १. समुद्र का पुत्र या समुद्र से उत्पन्न। २. चन्द्रमा। ३. अमृत। ४. शंख। ✣ **उदधि-सुता**—*स्त्री॰* = उदधि-कन्या।

उदधिमेखला—[सं॰ उदधि ~ मेखला] *स्त्री॰* समुद्ररूपी करधनी वाली। समुद्ररशना। पृथ्वी।

उदधिवस्त्रा—[सं॰ उदधि ~ वस्त्रा] *स्त्री॰* समुद्ररूपी वस्त्र (साड़ी) वाली। समुद्रवसना। पृथ्वी।

उदधीय—[सं॰ उदधि + छ] *वि॰* समुद्र-सम्बन्धी। समुद्र का। समुद्रीय।

उदन्त[१] (उदंत)[१]—[< सं॰ उद् + अन्त] *पु॰* १. वह जिससे निर्णय अन्त/सीमा तक पहुँचे। २. समाचार। ख़बर। *वि॰* १. अन्त/सीमा तक पहुँचनेवाला। २. श्रेष्ठ।

†**उदन्त[२] (उदंत)[२]**—[< सं॰ अदन्त] बिना दाँत का। दन्तहीन। ***जैसे***—उदन्त बछड़ा।

उदपान—[सं॰ उदन् ~ पान] *पु॰* १. कुएँ के समीप का हौद/हौदिया या गड्ढा। २. कूप। कुआँ। जिसमें पानी भरा जाता हो। ३. (साधुओं का) कमंडल जिसमें पानी रखते हैं।

***उदबस**—[< सं॰ उद्वासन] *वि॰* १. जिसका निवास-स्थान नष्ट कर दिया गया हो। २. उजाड़। सुनसान। ३. किसी एक स्थान पर स्थिर रूप से न रहनेवाला।

***उदबसना**—[< हिं॰ उदबस] *क्रिस॰* १. उजाड़ना। २. (बसे हुए को) हटा देना। भगा देना।

***उदबासना**—[< सं॰ उद्वासन] *क्रिस॰* १. उजाड़ना। २. (बसे हुए को) हटा देना। भगा देना। ३. निर्वासित करना।

उदबिन्दु (उदबिंदु)—[सं॰ उदन् ~ बिन्दु] *पु॰* पानी की बूँद।

उदभार—[सं॰ उदन् ~ भार] *पु॰* (जल ढोनेवाला) जलधर। बादल।

उदभौति—[< सं॰ अद्भुत] *स्त्री॰* आश्चर्यजनक घटना।

***उदमद**—[< सं॰ उन्मद] *वि॰* उन्मत्त। मत्त। मतवाला। मस्त।

***उदमाता**—[< सं॰ उन्मत्त] *वि॰* उन्मत्त। मत्त। मतवाला। मस्त। ✣**उदमाती**—*वि॰ (स्त्री॰)*।

***उदमादना**—[< हिं॰ उन्मादन] *क्रिस॰* उन्मत्त करना। *क्रिअ॰* उन्मत्त होना। ✣ **उदमादी**—*वि॰* = उन्मादी।

उदय—[सं॰ उद् √इ + अच्] *पु॰* १. ऊपर की ओर उठना/बढ़ना। २. (सूर्य आदि ग्रहों/नक्षत्रों का) क्षितिज से ऊपर उठकर आकाश में आना। ***जैसे***—चन्द्रमा के उदय का समय। [∇ **विलोम**—अस्त।] ३. आगमन। ***जैसे***—धनोदय। ४. उपज। ५. प्रकट या प्रत्यक्ष होना। ***जैसे***—निराशा में ईश्वर-भक्ति का उदय। ६. उन्नति। समृद्धि। ७. उत्पत्ति का स्थान। उद्गम। ८. आय। लाभ। ९. नयी शक्ति के रूप में सामने आना। ***जैसे***—आधुनिक भारत का विश्व-राजनीति में उदय। १०. आरम्भ। ***जैसे***—यौवन का उदय।

उदयन—[सं॰ उद् √इ + ल्युट्] *पु॰* १. उदय। २. ऊपर चढ़ना। ३. उगना। निकलना। ४. प्रकाशन। प्राकट्य। *वि॰* उदय होता हुआ।

उदयना**—[< सं॰ उदयन] *क्रिअ॰* उदय होना। ***जैसे—पूरब सौं सूरज उदयौ।

उदयशैल/उदयाचल—[सं॰ उदय ~ शैल/अचल] *पु॰* पूर्व दिशा में सूर्य के उदय का स्थान जिसकी कल्पना पर्वत के रूप में की गयी है। उदयगिरि। उदयपर्वत। उदयाद्रि। ∇ **विलोम**—अस्ताचल।

उदया तिथि—[सं॰] *स्त्री॰* सूर्योदय के समय की तिथि।

उदयास्त—[सं॰ उदय ~ अस्त] *पु॰* १. उदय और अस्त। २. उत्थान-पतन। ३. बनना-बिगड़ना।

उदयी—[सं॰ उदयिन्] *वि॰* १. जिसका उदय हो रहा हो। उदयशील। २. उन्नतिशील।

उदर—[सं॰ उद् √ऋ + अप्] *पु॰* १. शरीर का वह भाग जो वक्ष और वस्ति के बीच में होता है। पेट। [● **विशेष**—उदर में आमाशय, आँत, यकृत (जिगर), प्लीहा (तिल्ली), गुर्दे आदि होते हैं।] २. किसी वस्तु का भीतरी भाग या मध्य भाग। ***जैसे***—पृथ्वी के उदर में अनन्त वस्तुएँ हैं। ***वा॰* उदर भरना**—१. भोजन करना। २.

जीविका चलाना।

उदर-गुल्म—[स॰] *पु॰* वायु के दोष से पेट फूलने का रोग।

उदर-ज्वाला—[स॰] *स्त्री॰* १. जठराग्नि। २. भूख।

उदर-दास—[स॰ उदर ~ दास] *पु॰* १. पेट का ग़ुलाम। २. अधिक खानेवाला। पेटू। ३. स्वार्थी।

***उदरना**[१]—[< हि॰ उद्‌दलन] *क्रिअ॰* १. विदीर्ण होना। फटना। २. टूट जाना। ३. नष्ट होना।

***उदरना**[२]—[< हि॰ उतरना] *क्रिअ॰* गिर पड़ना।

उदरपरायण—[स॰ उदर ~ परायण] *वि॰* १. अधिक खानेवाला। पेटू। २. स्वार्थी।

उदरपिशाच—[स॰ उदर ~ पिशाच] *वि॰, पु॰* (पिशाच के समान) बहुत खानेवाला। अतिभक्षी। पेटू।

उदरम्भरि (उदरंभरि)—[उदर √भृ + इन्, मुम् आगम] *वि॰* १. केवल अपना पेट भरनेवाला। स्वार्थी। २. अधिक खानेवाला। पेटू। ✣ **उदरम्भरी**—*वि॰* (स्त्री॰)।

उदर-रेखा—[स॰] *स्त्री॰* पेट पर पड़नेवाली रेखा।

उदरशूल—[स॰ उदर ~ शूल] *पु॰* पेट में शूल गड़ने जैसी वेदना। पेट-दर्द।

उदरसर्पी—[स॰ उदर ~ सर्पी] *वि॰* पेट के बल रेंगनेवाला।

उदरस्थ—[स॰ उदर + स्थ] *वि॰* पेट में स्थित।

उदराग्नि—[स॰ उदर ~ अग्नि] *स्त्री॰* पेट की आग। जठराग्नि।

उदराध्मान—[स॰ उदर ~ आध्मान] *पु॰* पेट फूल जाना। अफरा।

उदरामय—[स॰ उदर ~ आमय] *पु॰* पेट का रोग।

उदरावर्त—[स॰ उदर ~ आवर्त] *पु॰* नाभि।

उदरिक/उदरिल—[स॰ उदर + ठन्/इलच्] *वि॰* १. तोंदवाला। तुन्दिल। २. स्थूलकाय। मोटा।

उदरिणी—[स॰ उदरिन् + ङीप्] *स्त्री॰* गर्भवती स्त्री। गर्भिणी।

उदरी—[स॰ उदरिन्] *वि॰* बड़े पेट वाला। तोंदवाला। मोटा।

उदरीय—[< स॰ उदर] *वि॰* पेट-सम्बन्धी। पेट का। ***जैसे***—उदरीय रोग। ✣ **उदरीय प्रतिवर्त**—*पु॰* = (अचानक कोई धक्का लगने पर) आमाशय की पेशियों का संकुचित होना।

उदर्य—[स॰ उदर + यत्] *वि॰* उदर-सम्बन्धी। पेट का। *पु॰* पेट के अन्दर की वस्तुएँ (अंग आदि)।

उदवास—[स॰ उद (उदन्) + वास] *पु॰* १. जल में स्थित निवास-स्थल। जलस्थ निवास। २. जलाशय के तट का या अति समीप का निवास-स्थान।

उदवाह—[स॰ उद (उदन्) + वाह] *पु॰* जलधर। मेघ। बादल।

***उदसना**[१]—[< स॰ उद्‌वासन] *क्रिअ॰* १. उजड़ना। २. नष्ट होना। *क्रिस॰* १. उजाड़ना। २. नष्ट करना।

***उदसना**[२]—[< स॰ उदास] *क्रिअ॰* उदास होना। *क्रिस॰* उदास करना।

उदात्त—[स॰ उद् + आ √दा + क्त] *वि॰* १. ऊँचा। २. जिसका ऊँचे स्वर में उच्चारण किया गया हो या करना हो। ३. उदार। विशालहृदय। ४. दाता। ५. कुलीन। *पु॰* १. (वैदिक उच्चारण में विशेषत: प्रयुक्त) स्वर के तीन भेदों (उदात्त, अनुदात्त, स्वरित) में से एक। ऊँचा स्वर। (काव्य॰) एक अर्थालंकार। किसी वस्तु, स्थान आदि की अलौकिक समृद्धि के वर्णन या किसी महापुरुष के चरित का वर्णन करने से किसी वस्तु, स्थान आदि के महत्त्व की उत्कृष्टता प्रकट करनेवाले वर्णन में होनेवाला अलंकार। ∇ **विलोम**—अनुदात्त। ✣ **उदात्तता**—*स्त्री॰* = उदात्त होने का गुण/भाव। ✣ **उदात्तीकरण**—*पु॰* = उदात्त करना।

उदान—[स॰ उद् √अन् + घञ्] *पु॰* शरीर में स्थित प्राण के पाँच प्रमुख भेदों में से एक। ● **विशेष**—शेष चार हैं—प्राण, अपान, समान, व्यान।

उदार—[स॰ उद् + आ √रा + क्] *वि॰* १. विशाल। विस्तृत। २. जिसमें विचारों की संकीर्णता न हो। खुले मनवाला। विशालहृदय। ३. सबसे आत्मीयतापूर्ण व्यवहार करनेवाला। ४. सरल और दयापूर्ण। ५. जो कृपण न हो, खुले हाथ से दान देता हो। दानशील। ***जैसे***—उदार दानी। ६. श्रेष्ठ। ∇ **विलोम**—अनुदार।

उदारता—[स॰ उदार + तल् + टाप्] *स्त्री॰* १. उदार होने की अवस्था/गुण/भाव। उदारत्व। औदार्य। २. उदार स्वभाव। ***वा॰* उदारता की मूर्ति**—अति उदार व्यक्ति। ✣ **उदारतावाद**—*पु॰* = (राज॰) यह मत कि सबको समान रूप से स्वतंत्र और सुविधापूर्वक रहने का अधिकार मिलना चाहिए। (अ॰ लिबरलिज्म) ✣ **उदारतावादी**—*वि॰, पु॰* = (राज॰) उदारतावाद का अनुयायी/समर्थक।

उदारधी—[स॰ उदार ~ धी] *वि॰* १. उत्कृष्ट बुद्धि वाला। २. प्रतिभाशाली।

***उदारना**—[< स॰ उद् + दारण] *क्रिस॰* १. चीरना। फाड़ना। २. छिन्न-भिन्न करना। तोड़ना। फोड़ना।

उदारात्मा—[स॰ उदार ~ आत्मन्] *वि॰* उदार स्वभाव वाला। महामना। उदारचित्त।

उदाराशय—[< स॰ उदार ~ आशय] *वि॰* उत्तम और उदार विचारों वाला। उदार।

उदास—[स॰ उद् √अस् + घञ्] *वि॰* १. खिन्न। दु:खी। विषादमय। ***जैसे***—पत्नी के ताने सुनकर वह उदास हो गया। २. जिसे कोई वस्तु न अच्छी लगे न बुरी। निरपेक्ष। तटस्थ। ***जैसे***—उदास भाव से सबकी बातें सुनना। ३. अनुराग-रहित। विरक्त। ***जैसे***—धन के प्रति उदास सन्त। ४. निराश। ***जैसे***—बार-बार की हार से उदास राजा। ५. उल्लासरहित। ***जैसे***—उदास घर। ६. फीका। ***जैसे***—उदास रंग।

***उदासना**[१]—[< हि॰ उदास] *क्रिअ॰* उदास होना।

***उदासना**[२]—[< स॰ उद्‌वासन] *क्रिस॰* १. उजाड़ना। २. (बिस्तर को) समेटना।

उदासी[१]—[< हि॰ उदास] *स्त्री॰* उदास होने की अवस्था/भाव। उदासता। उदासपन।

उदासी[२]—[स॰ उदासिन] *पु॰* १. सांसारिक बातों से तटस्थ/विरक्त व्यक्ति। २. सन्न्यासी। साधु। ३. उदासी सम्प्रदाय (उदासीन

सम्प्रदाय) का अनुयायी साधु।

उदासीन—[उद् + आसीन] *वि॰* १. (विरक्त भाव से) अलग/दूर बैठने वाला। आसक्ति, कामना आदि से रहित। २. सांसारिक मोह आदि से निर्लिप्त/विरक्त। ३. जो किसी विवाद या युद्ध में सम्मिलित न हो। तटस्थ। ४. किसी कार्य/विषय विशेष में रुचि न लेनेवाला। ***जैसे***—कश्मीर विवाद के प्रति उदासीन राष्ट्रों के नाम। ✣ **उदासीन कर्म**—*पु॰* = (मध्वमत, भा॰ दर्शन॰) शास्त्र में वर्णित 'विहित' कर्म और 'निषिद्ध' कर्म से भिन्न, तीसरी श्रेणी के कर्म जो सब जीवों द्वारा होते हैं (***जैसे***—जाना, घूमना, खाना, पीना, फैलना, सिकुड़ना आदि)। ✣ **उदासीन स्वर**—*पु॰* = (भाषा॰) बलाघात-रहित (बहुत हल्का बोला गया) स्वर (विशेषत: 'अ')।

उदित—[स॰ उद् √इ + क्त] *वि॰* जिसका उदय हुआ हो। ***जैसे***—उदित सूर्य को देखकर।

उदितयौवना—[स॰ उदित ~ यौवन + टाप्] *वि॰ (स्त्री॰)* जिसमें यौवन उदित/प्रकट हुआ हो। *स्त्री॰* (काव्य॰) मुग्धा नायिका का एक भेद। ऐसी नवयुवती (नायिका) जिसमें अभी कुछ बाल्यभाव शेष हो।

***उदिनल**—[< स॰ उदय] *वि॰* उदय होता हुआ। उदीयमान।

उदीची—[स॰ उद् √अञ्च् + क्विन् + ङीप्] *स्त्री॰* उत्तर दिशा।

उदीचीन—[स॰ उदीची + ख] *वि॰* १. उत्तर दिशा-सम्बन्धी। उत्तर का। उत्तरी। २. उत्तर की ओर झुका/मुड़ा हुआ।

उदीच्य—[स॰ उदीची + मत्] *वि॰* १. उत्तर दिशा का। ***जैसे***—उदीच्य देश। २. उत्तर दिशा में होनेवाला। ३. उत्तर का निवासी। ***जैसे***—उदीच्य व्यापारी। ४. सरस्वती नदी के उत्तर-पश्चिम में स्थित एक प्राचीन देश।

उद्दीयमान—[स॰ उद् √इ + यक् + शानच्] *वि॰* १. जिसका उदय हो रहा हो। २. उगता हुआ। ***जैसे***—उदीयमान सूर्य। ३. उठता या उभरता हुआ। ***जैसे***—उदीयमान भारत। ४. आरम्भ में ही जिसके महान् होने के लक्षण दिखते हों। होनहार। ***जैसे***—उदीयमान लेखक।

उदीरण—[स॰ उद् √ईर् + ल्युट्] *पु॰* १. उच्चारण। २. कथन। ३. विजृम्भण। ४. भेजने या पहुँचाने का काम। प्रेरण। ५. उत्पत्ति। ✣ **उदीरित**—*वि॰* = कथित। ३. भेजा हुआ। ४. प्रेरित।

उदीरणा—[स॰ उदीरण + टाप्] *स्त्री॰* (जैन॰) अपक्व कर्मों का पाचन। कर्मफल की व्यक्तता।

उदीर्ण—[स॰ उद् √ऋ + क्त] *वि॰* १. उदित। २. उत्पन्न। ३. उठा हुआ।

***उदीषा**—[स॰ उद् + ईषा] *स्त्री॰* उत्कट इच्छा। लालसा।

उदुम्बर (उदुंबर)—[स॰ उ √वृ + खच्, मुम्] *पु॰* १. गूलर वृक्ष या उसका फल। २. दो तोले की एक प्राचीन तौल।

***उदे**—[< स॰ उदय] *पु॰* उदय।

***उदेश/उदेस[1]**—[< स॰ उद्देश्य] *पु॰* १. उद्देश्य। २. खोज। तलाश। ३. पता या चिह्न/निशान।

***उदेस[2]**—[हि॰ उ + <स॰ देश] *पु॰* विदेश। परदेश।

***उदै/उदैन/उदो**—*पु॰* [≤ स॰ उदय] ✣ ***उदै-सानु**—*पु॰* = उदयाचल का शिखर।

***उदोत[1]**—[< हि॰ उद्योत] *पु॰* १. प्रकाश। २. शोभा या चमक। *वि॰* १. प्रकाशित। प्रकाशमान। दीप्त। २. शुभ्र। उज्ज्वल।

***उदोत[2]**—[< स॰ उद्भूत] *पु॰* १. उत्पत्ति। २. वृद्धि। *वि॰* उद्भूत। उत्पन्न। ✣ **उदोतकर**—*वि॰* = १. प्रकाशक। २. चमकानेवाला। ✣ **उदोती**—*वि॰* = १. प्रकाशक। २. प्रकाशयुक्त। ३. चमकीला।

***उदौ**—*पु॰* ≤ स॰ उदय।

***उदौतना**—[< स॰ उद्भूत] *क्रिअ॰* प्रकाशित होना।

उद्गत—[स॰ उद् + गत] *वि॰* १. उत्पन्न। ***जैसे***—उद्गत शृंग। २. प्रकट। ***जैसे***—उद्गत विचार। ३. वमन किया हुआ। वमित। ४. प्राप्त। ✣ **उद्गतशृङ्ग (उद्गतशृंग)**—*वि॰* = जिसके सींग निकल आए हों। नए निकले सींगों वाला। नूतन शृंगों से युक्त। ✣ **उद्गता**—*वि॰ (स्त्री॰)* = उद्गत। *पु॰* = (छन्द॰) एक विषम वर्णिक छन्द जिसके चरणों में क्रमश: १०, १०, ११ और १३ वर्ण होते हैं। प्रथम चरण में क्रमश: सगण, जगण, सगण और लघु, द्वितीय चरण में क्रमश: नगण, सगण, जगण और गुरु, तृतीय चरण में क्रमश: भगण, नगण, जगण, लघु, गुरु तथा चतुर्थ चरण में क्रमश: सगण, जगण, सगण, जगण और गुरु होते हैं।

उद्गम—[स॰ उद् √गम् + अप्] १. आविर्भाव/उत्पत्ति। २. आविर्भाव/उत्पत्ति का स्थान। ३. नदी के आरम्भ होने का स्थान। निकास। ४. वमन। क्रै।

उद्गम-केन्द्र (केंद्र)—[स॰] *पु॰* उत्पत्ति का केन्द्र। ***जैसे***—किसी भूकम्प का उद्गम-केन्द्र।

उद्गमन—[स॰ उद् √गन् + ल्युट्] *पु॰* उद्भव। उत्पत्ति।

उद्गाता—[स॰ उद् + गाता] *पु॰* यज्ञ में सामगान करनेवाला ऋत्विक्।

उद्गाथा—[स॰ उद् + गाथा] *स्त्री॰* (छन्द॰) आर्या छन्द का एक भेद जिसके चरणों में क्रमश: १२, १८, १२, १८ मात्राएँ होती हैं।

उद्गार—[स॰ उद् √गृ + घञ्] *पु॰* १. उबाल। उफान। २. उबाल से निकला हुआ तरल पदार्थ। ३. वमन। क्रै। ४. थूक। खखार। ५. डकार। ६. अधीरता/आवेश के कारण मन में दबी हुई बात का कथन। ७. उच्चारण। ८. विचार। (भूविज्ञान॰) १. पृथ्वी के तल पर किसी ज्वालामुखी द्वारा लावा, राख आदि का सहसा और प्रचंड रूप में निकलना। विस्फोट। २. उक्त में निकली वस्तुएँ। ३. स्रोत/चश्मा से पानी फूट पड़ना। उद्भेदन।

उद्गिरण—[स॰ उद् √गृ + ल्युट्] *पु॰* १. उगलना। २. वमन। क्रै। ३. डकार। ४. थूक या लार। ५. गले की घरघराहट।

उद्गीत—[स॰ उद् + गीत] १. देशभक्तिपूर्ण गीत। २. भजन। स्तुति-गान। (ईसाई॰) ३. गिरजाघर का एक प्रकार का गीत जिसे गायकों के दो दल क्रमश: उत्तर-प्रत्युत्तर के रूप में गाते हैं। (अ॰ ऐन्थम)

उद्गीति—[स॰ उद् + गीति] *स्त्री॰* १. ऊँचे स्वर में गाना। २. सामवेद के मन्त्रों का गायन। (छन्द॰) आर्या छन्द का एक भेद

जिसके चारों चरणों में क्रमशः १२, १५, १२, १८ मात्राएँ होती हैं।

उद्गीथ—[स॰ उद् √गै + थक्] *पु॰* १. सामवेद का उत्तरार्ध। २. साम-गान का एक अवयव। ३. सामवेद का गायन। साम-गान। ४. ओंकार। प्रणव।

उद्गीर्ण—[स॰ उद् √गृ + क्त] *वि॰* १. बाहर निकाला हुआ। २. उगला हुआ। ३. वमन किया हुआ। वमित। ४. उँडेला हुआ। ५. (उद्गार के रूप में) कहा हुआ।

उद्गेय—[स॰ उद् √गै + यत्] *वि॰* १. गाए जाने के योग्य। गेय। २. जिसे अभी गाया जाना हो।

उद्ग्रीव/उद्ग्रीवी—[स॰ उद् + ग्रीवा, उद् + ग्रीविन्] *वि॰* १. जिसकी गर्दन ऊपर उठी हो। उत्कंठ। २. उत्सुक। *क्रिवि॰* गर्दन को ऊपर उठाए हुए।

उद्घट्टन—[स॰ उद् √घट्ट + ल्युट्] *पु॰* १. खोलना। २. संघर्ष। रगड़। ३. खंड। टुकड़ा।

उद्घाटन—[स॰ उद् √घट् + णिच् + ल्युट्] १. खोलना। उघारना। ***जैसे***—द्वार का उद्घाटन। २. प्रकट करना। ***जैसे***—रहस्य का उद्घाटन। ३. आवरण/पर्दा हटाना। ४. कोई नया कार्य आरम्भ करने का औपचारिक समारोह। ***जैसे***—अधिवेशन का उद्घाटन; पुल का उद्घाटन।

उद्घातक—[स॰ उद् + घातक] *वि॰* १. आघात/प्रहार करनेवाला। २. धक्का मारनेवाला।

उद्घात्यक—[स॰ उद् + घात्यक] *पु॰* आरम्भ करने वाला। (नाट्य॰) संस्कृत के नाटकों में प्रस्तावना का एक प्रकार जिसमें अप्रतीतार्थक पदों के अर्थ की प्रतीति कराने के लिए कुछ और पद साथ में जोड़े हुए होते हैं और ऐसी बात सुनकर, बात का दूसरा अर्थ समझकर, कोई पात्र नेपथ्य से कुछ बोलता है और फिर रंगमंच पर अभिनय आरम्भ करता है। ***जैसे***—मुद्राराक्षस नाटक के आरम्भ में चाणक्य का अभिनय उद्घात्यक से आरम्भ होता है।

उद्घोष—[स॰ उद् + घोष] *पु॰* १. उच्चस्वर में या चिल्लाकर कुछ कहना। ***जैसे***—क्रुद्ध पत्नी का उद्घोष। २. गर्जन। ***जैसे***—बादलों का उद्घोष। ३. घोषणा। ढिँढोरा। ***जैसे***—शासन के द्वारा किया गया उद्घोष। ४. ऊँची ध्वनि। ***जैसे***—सेनापति की जय-जय का उद्घोष।

उद्दण्ड (उद्दंड)—[स॰ उद् + दण्ड] *वि॰* १. जो अनुचित तथा मनमाना आचरण करता हो। न दबने वाला। २. जो किसी से न डरता हो। निडर। ३. अक्खड़।

उद्दन्त (उद्दंत)—[स॰ उद् + दन्त] *वि॰* आगे निकले हुए दाँत वाला। *पु॰* आगे निकला हुआ दाँत।

उद्दाम—[स॰ उद् + दाम] *वि॰* १. बन्धनरहित। मुक्त। स्वतन्त्र। २. स्वच्छन्द। स्वेच्छाचारी। ३. शक्तिशाली। बलवान्। प्रचंड। उग्र। *पु॰* १. वरुण। २. यमराज। (छन्द॰) वर्णिक दंडक का एक भेद जिसके प्रत्येक चरण में १ नगण और १३ रगण के योग से ४२ वर्ण होते हैं।

उद्दिष्ट—[स॰ उद् √दिश् + क्त] *वि॰* १. जिसे उद्देश्य मानकर कार्य विशेष किया जाए। २. जिसे उद्देश्य मानकर बात कही गयी हो। अभिप्रेत। वांछित। ३. जिसकी ओर संकेत किया गया हो। संकेतित (अर्थ॰) १. कार्य विशेष या विभाग विशेष के लिए निर्धारित। नियत। २. जिसे कार्य विशेष के लिए अलग रखा गया हो। *पु॰* उद्देश्य। अभीष्ट।

उद्दीपन—[स॰ उद् + दीपन] *पु॰* १. उद्दीप्त करने की क्रिया या भाव। २. प्रज्वलित करने की क्रिया या भाव। ३. विचारों/भावों को उभाड़ने या उत्तेजित करने की क्रिया/भाव। विचारोत्तेजन या भावोत्तेजना। ४. प्रकाश करना। ५. जठराग्नि तीव्र करने की क्रिया या भाव। (काव्य॰) विभाव का एक भेद। (● **विशेष**—दो भेद हैं। दूसरा आलम्बन विभाव है) रस को उद्दीप्त करने वाला विभाव। आश्रय के हृदय में आलम्बन विभाव के कारण जागृत हुए किसी स्थायी भाव को अधिकाधिक उद्दीप्त/तीव्र करनेवाली आलम्बन की चेष्टा तथा देश, काल आदि। ***जैसे***—सखा, सखी, दूती, प्राकृतिक सौन्दर्य आदि शृंगार रस के उद्दीपक होते हैं।

उद्दीप्त—[स॰ उद् + दीप्त] *वि॰* १. जिसका उद्दीपन हुआ हो। दीप्त या तीव्र किया हुआ। ***जैसे***—उद्दीप्त जठराग्नि। २. दहकता हुआ। जलता हुआ। प्रज्वलित। ***जैसे***—उद्दीप्त कोयला। ३. चमकता हुआ। चमकीला। ***जैसे***—उद्दीप्त मुख। ४. उत्तेजित। ***जैसे***—विवेकानन्द के साहित्य से उद्दीप्त विचार। [काव्य॰] (भाव/रस) जिसका उद्दीपन हुआ हो।

उद्दीप्ति—[स॰ उद् + दीप्ति] *स्त्री॰* १. उद्दीप्त होने की अवस्था/भाव। २. प्रज्वलन। ३. चमक। ४. उत्तेजना।

उद्देशिका—[स॰ उद् + देशिका] *स्त्री॰* (विधान, क़ानून या दस्तावेज़ की) प्रस्तावना।

उद्देश्य—[स॰ उद् √दिश् + ण्यत्] *पु॰* १. संकेत किए जाने योग्य। २. वह वस्तु या बात आदि जिसे ध्यान में रखकर कोई कार्य/कथन किया जाए। ध्येय। लक्ष्य। प्रयोजन। साध्य। ३. किसी कार्य में प्रेरक मनोभाव। आशय। नीयत। इरादा। मंशा। (व्याकरण॰) १. (वाक्यों में) जिसके विषय में कुछ कहा जाए, उसे सूचित करनेवाला शब्द। वाक्य में विधेय के अतिरिक्त जो हो। कर्तृपद। कर्ता। ***जैसे***—'राम पुस्तक पढ़ता है' वाक्य में 'राम' उद्देश्य है और शेष विधेय। २. 'विधेय' का विलोम।

उद्देश्यवाद—*पु॰* (पा॰ दर्शन॰, समाज॰) यह मत कि घटनाएँ किसी (अज्ञात) उद्देश्य को पूरा करने के लिए होती हैं। घटनाओं की सोद्देश्यता का मत।

उद्देष्टा—[स॰ उद्देष्टृ] *वि॰* उद्देश्य को प्राप्त करने के लिए प्रयत्नशील।

***उद्दोत**[१]—[< स॰ उदित] *वि॰* उदित।

***उद्दोत**[२]—*वि॰* ≤ *स॰* उद्दीप्त। ✣ ***उद्दोतिताई**—*स्त्री॰* उद्दीप्ति।

उउद्धत (उद्धत)—[स॰ उद् √हन् + क्त] *वि॰* १. अविनीत। उद्दंड। अक्खड़। उजड्ड। २. उग्र। *पु॰* (छन्द॰) उद्धतदंडक नामक मात्रिक

छन्द। ∇ **विलोम**—अनुद्धत/विनीत। ✣ **उद्धत (उद्धत) राष्ट्रवादिता**—*स्त्री॰* = (राज॰) ज़रा-सी बात पर दूसरे देश से लड़ने को तैयार रहनेवाली राष्ट्रवादिता। उग्र राष्ट्रवादिता। ✣ **उद्धत (उद्धत) राष्ट्रवादी**—*पु॰* = (राज॰) उग्र राष्ट्रवादी। ✣ **उद्धतता (उद्धतता)**—*स्त्री॰* = उद्धत होने की अवस्था/भाव। उद्धतपन।

उद्धतदण्डक (उद्धतदंडक)—[सं॰ उद्धत ~ दण्डक] *पु॰* (छन्द॰) एक मात्रिक दण्डक जिसके प्रत्येक चरण में ४० मात्राएँ होती हैं, अन्त में गुरु-लघु होते हैं और १०-२०-३०-४० मात्राओं पर यति होती है।

उद्धतायुध (उद्धतायुध)—[सं॰ उद्धत ~ आयुध] *वि॰* १. सशस्त्र। २. युद्ध करने के लिए तैयार। युद्धोद्यत।

***उद्धना (उद्धना)** —[< सं॰ उद्धरण] *क्रिअ॰* १. उद्धार होना। २. ऊपर उठना। *क्रिस॰* १. उद्धार करना। २. ऊपर उठाना।

उद्धरण (उद्धरण)—[सं॰ उद् √हर + हरण] *पु॰* १. उद्धार करना। २. मुक्ति। मोक्ष। उद्धार। ३. किसी पुस्तक, लेख या रचना के अंश का अन्यत्र अविकल रखा जाना। उद्धृत की गयी वस्तु। अवतरण। ***जैसे***—गीता के उद्धरणों से युक्त भाषण। ✣ **उद्धरण (उद्धरण)-अनुक्रमणिका**—*स्त्री॰* = (कोश॰) किसी पुस्तक या लेखक के सभी मुख्य शब्दों या विषयों की अकारादि क्रम से बनी सूची। (अं॰ कन्कॉर्डेन्स) ✣ **उद्धरण-चिह्न (उद्धरण)**—*पु॰* = किसी वक्तव्य, पुस्तक या लेख आदि के कथन का उद्धरण या किसी शीर्षक/नाम को देने के लिए प्रयुक्त चिह्न/निशान (''...'') या ('...')।

उद्धरणिका (उद्धरणिका)—[सं॰ उद्धरण + कन् + टाप्] *(स्त्री॰)* किसी भाषा के श्रेष्ठ उद्धरणों का संकलन। उद्धरण-संग्रह या सूक्ति-संग्रह।

***उद्धरना (उद्धरना)**—[< सं॰ उद्धरण] *क्रिस॰* उद्धार करना। बचाना। उबारना। *क्रिअ॰* उद्धार पाना। उबरना। बचना।

उद्धर्ष (उद्धर्ष)—[सं॰ उद् √हृष् + घञ्] *पु॰* हर्ष। आनन्द।

उद्धर्षिनी (उद्धर्षिनी)—[< सं॰ उद्धर्षिणी] *वि॰ (स्त्री॰)* १. प्रसन्न करनेवाली। २. उत्साह बढ़ानेवाली। ३. रोमांचित करनेवाली। *स्त्री॰* (छन्द॰) वसन्ततिलका छन्द का एक भेद, जिसके हर चरण में १४ वर्ण होते हैं।

उद्धव (उद्धव)—[सं॰ उद् √धू + अप्] *पु॰* = १. उत्सव। २. यज्ञ की अग्नि। ३. द्वापर युग के एक प्रसिद्ध पुरुष।

उद्धार (उद्धार)—[सं॰ उद् + हार] *पु॰* १. हीन स्थिति से बाहर निकालना। २. विपत्ति, कष्ट, ऋण आदि से मुक्ति। ३. जन्म-मरण के बन्धन से छुटकारा। मुक्ति। ● **विशेष**—किसी पुरातात्त्विक निधि को सुरक्षित रखने के उद्देश्य से की गयी खुदाई को '**उद्धार उत्खनन**' कहा जाता है। ✣ **उद्धारक (उद्धारक)**—*वि॰* = उद्धार करनेवाला। उद्धारकर्ता।

उद्धृत—[सं॰ उद् √धृ + क्त] *वि॰* १. जड़ से उखाड़ा हुआ। २. जो किसी पुस्तक, कविता आदि से उद्धरण के रूप में लिया गया हो।

उद्ध्वंस—[सं॰ उद् + ध्वंस] *पु॰* विध्वंस। नाश।

उद्ध्वस्त—[सं॰ उद् + ध्वस्त] *वि॰* नष्ट किया हुआ। विध्वस्त।

उद्बाहु (उद्बाहु)—[सं॰ उद् + बाहु] *वि॰* जो अपनी भुजाएँ ऊपर उठाए हुए हो। ***जैसे***—ऊँचाई पर लगे फलों को न तोड़ पानेवाला उद्बाहु बौना।

उद्बुद्ध (उद्बुद्ध)—[सं॰ उद् + बुद्ध] *वि॰* १. जागा हुआ या जगाया हुआ। ***जैसे***—विवेकानन्द के द्वारा उद्बुद्ध भारत। २. जिसे ज्ञान दिया गया हो या हुआ हो। ३. जिसे (कर्तव्य आदि का) स्मरण कराया गया हो। ४. जिसे चेतावनी दी गयी हो। जिसे सावधान किया गया हो। Δ **पर्याय**—उद्बोधित। ✣ **उद्बुद्धा (उद्बुद्धा)**—*वि॰ (स्त्री॰)* = उद्बुद्ध (स्त्री आदि)। उद्बोधिता। *स्त्री॰* (काव्य॰) परकीया नायिका का एक भेद। अपनी इच्छानुरूप परपुरुष से प्रेम बढ़ानेवाली नायिका।

उद्बोध—[सं॰ उद् + बोध] *पु॰* १. जागरण। जगना/जागना। २. बोध होना। ज्ञान प्राप्त होना। ३. कर्तव्य आदि का स्मरण होना। स्मृति।

उद्भट (उद्भट)—[सं॰ उद् √भट् + अप्] *वि॰* १. सर्वोत्तम। ***जैसे***—उद्भट विद्वान्। २. मुख्य। ३. प्रबल। प्रचण्ड। ***जैसे***—उद्भट योद्धा। ✣ **उद्भटता**—*स्त्री॰* = उद्भट होने का भाव/गुण।

उद्भव (उद्भव)—[सं॰ उद् √भू + अप्] *पु॰* १. जन्म। उत्पत्ति। २. उद्गम। मूल। उत्पत्ति-स्थान। *वि॰* उत्पन्न।

उद्भवन (उद्भवन)—[सं॰ उद् √भू + ल्युट्] *पु॰* उद्भव। (दे॰) (मनो॰) मनश्चिकित्सा के काल में कुछ समय तक बहुत कम प्रगति होने के बाद अभिवृत्तियों में अचानक होनेवाला महत्त्वपूर्ण परिवर्तन। (प्राणि॰) सूक्ष्म जीवों और प्राणी-भ्रूणों का विकास तथा वृद्धि। ✣ **उद्भवन (उद्भवन) अवधि**—*स्त्री॰* = (कृषि॰) किसी रोगजनक द्वारा परपोषी का वेधन और परपोषी पर लक्षणों के प्रथम बार प्रकट होने के बीच की अवधि।

उद्भावन—[सं॰ उद् + भावन] *पु॰* उद्भावना। (दे॰) ✣ **उद्भावना**—*स्त्री॰* = १. उद्भव। उत्पत्ति। २. कल्पना। ३. कल्पना से प्राप्त नवीन विचार या बात। ४. कोई अनोखी सूझ या बात। ***जैसे***—कवि की मौलिक उद्भावना।

उद्भास (उद्भास)—[सं॰ उद् + भास] *पु॰* १. दीप्ति। चमक। २. प्रकाश। ३. उद्भावना। (दे॰)

उद्भासी (उद्भासी)—[सं॰ उद्भासिन्] *वि॰* १. दीप्तिवाला। दीप्त। चमकीला। २. प्रकाशित। ३. प्रकट/व्यक्त करनेवाला। ४. चमकानेवाला। ✣ **उद्भासिनी (उद्भासिनी)**—*वि॰ (स्त्री॰)*।

उद्भिज (उद्भिज)—[< सं॰ उद्भिज्ज] *पु॰* उद्भिज्ज। ● **विशेष**—**उद्भिजनिभ**—*वि॰* = उद्भिज्ज के समान।

उद्भिज्ज (उद्भिज्ज)—[सं॰ उद्भिद् + ज] *वि॰* भूमि फोड़कर उगने/निकलने वाला। *पु॰* १. अंकुर। अँखुआ। २. भूमि में उगनेवाले वृक्ष/पौधे/लताएँ। ३. उत्स। झरना। ✣ **उद्भिज्जशास्त्र**—*पु॰* = वनस्पतिविज्ञान।

उद्भिद्[१] (उद्भिद[१])—[स॰ उद् √भिद् + क्विप्] *वि॰* १. धरती फोड़कर उगने/निकलनेवाला। २. भेदक। ३. तोड़ डालने वाला।

उद्भिद[२] (उद्भिद[२])—[स॰ उद् √भिद् + क] *वि॰, पु॰* उद्भिज्ज। (दे॰)

उद्भिन्न (उद्भिन्न)—[स॰ उद् + भिन्न] *वि॰* १. भूमि फोड़कर उगा/निकला हुआ। २. विभक्त किया हुआ। ३. जो तोड़ा गया हो। खंडित। ४. उत्पन्न। ५. व्यक्त।

उद्भूत (उद्भूत)—[स॰ उद् √भू + क्त] *वि॰* १. जिसका उद्भव हुआ हो। उत्पन्न या जन्मा हुआ। ***जैसे***—ढीले शासन से उद्भूत समस्याएँ। २. जिसका उद्भव किया गया हो। ***जैसे***—ब्रह्मा द्वारा उद्भूत सृष्टि। ३. जो प्रकट हुआ हो। व्यक्त।

उद्भूति (उद्भूति)—[स॰ उद् √भू + क्तिन्] १. उत्पत्ति। आविर्भाव। २. उद्भूत/व्यक्त/प्रकट हुई वस्तु।

उद्भृत—[स॰ उद् √भृ + क्त] *वि॰* (पुरा॰, कला॰) १. उभरा हुआ। ***जैसे***—उद्भृत मानचित्र। २. खोदकर बनाया हुआ। उत्कीर्ण। ***जैसे***—उद्भृत चित्र। (अ॰ रिलीफ) *पु॰* (पुरा॰, कला॰) उभरे हुए या खोदकर बनाए हुए बेल-बूटे आदि। (अ॰ रिलीवो) ✣ **उद्भृत पट्टिका**—*स्त्री॰* = खुदे हुए लेख वाली पट्टिका। उत्कीर्ण पटिया। ✣ **उद्भृत मानचित्र**—*पु॰* (भू-विज्ञान॰) धरातल की ऊँचाई-निचाई बतानेवाला नक़्शा। उभारदार नक़्शा। उच्चावच मानचित्र। (अ॰ रिलीफ़ मैप) ✣ **उद्भृत मुद्रण**—*पु॰* = उभरे मुद्राक्षरों में छपाई (अ॰ रिलीफ़ प्रिन्टिंग)

उद्भृति—[स॰ उद् √भृ + क्तिन्] *स्त्री॰* उभार। (कला॰) वे त्रि-आयामिक ठोस कृतियाँ जो अपने रचना माध्यम के तल से ऊपर उभरी हों या नीचे धँसी हों। (अ॰ रिलीफ़)

उद्भेद (उद्भेद)—[स॰ उद् √भिद् + घञ्] *पु॰* १. उद्भेदन। २. प्रादुर्भाव। ३. झरना। (काव्य॰) एक अर्थालंकार। चातुर्य के साथ छिपायी हुई किसी गुप्त बात का किसी कारण प्रकट होना।

उद्भेदन (उद्भेदन)—[स॰ उद् √भिद् + ल्युट्] *पु॰* १. वेधना। २. (किसी वस्तु को) फोड़कर या छेदकर निकलना। ***जैसे***—बीज, भूमि का उद्भेदन कर, अंकुरित होता है। ३. तोड़-फोड़। (भूविज्ञान॰) १. उद्गार। (दे॰) २. विस्फोट।

उद्भ्रमण—[स॰ उद् + भ्रमण] *पु॰* १. चक्कर काटना/लगाना। २. भ्रमण करना। घूमना-फिरना।

उद्भ्रान्त (उद्भ्रांत)—[स॰ उद् + भ्रान्त] *वि॰* १. चक्कर खाता हुआ। घूमता हुआ। भटकता हुआ। २. भ्रम से युक्त। भ्रान्त। ***जैसे***—उद्भ्रान्त विचार। ३. चकित। विस्मित। ४. उन्मत्त। पागल। ***जैसे***—उद्भ्रान्त और अधीर यौवन। ५. उद्विग्न। व्याकुल।

उद्यत (उद्यत)—[स॰ उद् √यम् + क्त] *वि॰* (किसी कार्य को करने के लिए) तत्पर या तुला हुआ। आमादा।

उद्यम (उद्यम)—[स॰ उद् √यम् + घञ्] *पु॰* १. (किसी काम को करने के लिए) तत्परता। तैयारी। २. परिश्रम। मेहनत। ३. किसी उद्देश्य की सिद्धि के लिए किया जाने वाला लगातार प्रयत्न और कठोर परिश्रम। उद्योग। ४. कोई कठिन, जटिल और जोखिम-भरा काम, व्यंवसाय या उद्योग-धन्धा। (वाणिज्य॰)उत्पादन का वह कारक जो जोखिम उठाता है। (अ॰ एन्टरप्राइज़)

उद्यमी (उद्यमी)—[स॰ उद्यमिन्] *वि॰, पु॰* १. उद्यम करनेवाला। उद्यमकर्ता। २. परिश्रमी। मेहनती। ३. उद्योगी। अध्यवसायी। *पु॰* (वाणिज्य॰) किसी व्यवसाय/उद्यम को स्थापित करनेवाला, उसका प्रबन्ध करनेवाला तथा उसका जोखिम उठानेवाला। उद्योग , फर्म या कम्पनी चलानेवाला। (अ॰ इन्टरप्रेन्र)

उद्यान (उद्यान)—[स॰ उद् √या + ल्युट्] *पु॰* उपवन। बाग़। ✣ **उद्यान (उद्यान)-कृषि**—*स्त्री॰* = उद्यान-विज्ञान। बाग़वानी। (अ॰ हॉरटिकल्चर) ✣ **उद्यानगृह (उद्यानगृह)**—*पु॰* = किसी बड़ी वाटिका में बना हुआ मकान। (अ॰ गार्डन हाउस) ✣ **उद्यानगोष्ठी (उद्यानगोष्ठी)**—*स्त्री॰* = उद्यान में जलपान आदि के साथ होनेवाली गोष्ठी। (अ॰ गार्डन पार्टी) ✣ **उद्यानिकी (उद्यानिकी)**—*स्त्री॰* = उद्यान में पौधे आदि लगाने की कला/विद्या। बाग़बानी। (अ॰ गार्डनिंग)

उद्यापन (उद्यापन)—[स॰ उद् + यापन] *पु॰* १. (कोई कार्य) विधिपूर्वक पूर्ण/समाप्त करना। २. किसी व्रत आदि की समाप्ति ३. किसी व्रत आदि की समाप्ति पर किया जानेवाला विशेष धार्मिक कृत्य (हवन, दान इत्यादि) जो यह प्राय: व्रत की तिथि पुन: आने पर ही किया जाता है। ✣ **उद्यापित (उद्यापित)**—*वि॰* = विधिपूर्वक पूर्ण किया हुआ (व्रत आदि)।

उद्युक्त (उद्युक्त)—[स॰ उद् + युक्त] *वि॰* १. (किसी कार्य के लिए) तत्पर। तैयार। २. किसी कार्य में संलग्न। किसी काम में लगा हुआ।

उद्योग (उद्योग)—[स॰ उद् + योग] *पु॰* १. प्रयत्न। प्रयास। २. परिश्रम। मेहनत। ३. उद्यम। काम-धन्धा। (वाणिज्य॰) १. वह इकाई जिसमें किसी वस्तु या सेवा का उत्पादन होता है। २. उत्पादक उपक्रमों का समूह। ३. किसी देश का क्षेत्र विशेष के सभी उत्पादन-कार्यों के लिए सामूहिक नाम। (अ॰ इन्डस्ट्री)

उद्योत (उद्योत)—[< स॰ उद् √द्युत् + घञ्, द-लोप] १. दीप्ति। चमक। २. प्रकाश।

उद्योतन (उद्योतन)—[< स॰ उद्द्योतन] *पु॰* १. चमकने या चमकाने की क्रिया/गुण/भाव। २. प्रकाशित करना या प्रकाशित होना। २. प्रकट करना। प्रकटीकरण।

उद्रेक (उद्रेक)—[स॰ उद् √रिच् + घञ्] *पु॰* १. वृद्धि। बढ़ती। २. बहुत अधिकता। प्रचुरता। विपुलता। ***जैसे***—भक्ति का उद्रेक सत्संग से होता है। ३. आरम्भ। उदय। [काव्य॰] एक अर्थालंकार जिसमें किसी वस्तु के गुण/दोष के सामने अनेक गुणों/दोषों के मन्द हो जाने का वर्णन होता है।

उद्वर्त (उद्वर्त)—[स॰ उद् √वृत् + घञ्] *वि॰* १. उपयोग के पश्चात् बचा हुआ। उपयोग से शेष। २. आवश्यकता से अधिक। अतिरिक्त या फ़ालतू। *पु॰* १. बचत। २. अधिकता। ३. (शरीर में) मालिश या उबटन।

उद्वर्धन (उद्वर्धन)—[स॰ उद् √वृध् + ल्युट्] १. वृद्धि। २. उन्नति। ३. (किसी में से निकलकर) फैलना/बढ़ना।

उद्वह (उद्वह)—[स॰ उद् √वह् + अच्] *पु॰* १. पुत्र। २. विवाह। ३. पवन के सात प्रकारों में से एक।

उद्वहन (उद्वहन)—[स॰ उद् + वहन] *पु॰* १. ऊपर उठाना। २. ले जाना। ३. खींचना। ४. विवाह।

उद्वाचन (उद्वाचन)—[स॰ उद् + वाचन] *पु॰* पहले कभी प्रचलित रही परन्तु अब लुप्त प्रयोग वाली लिपि की व्यवस्था को जानना और उसे पढ़ना या साधारण लिपि में लिखना। ***जैसे***—सिन्धुघाटी/सरस्वतीघाटी की लिपि का उद्वाचन करनेवाले विद्वान।

उद्वाह (उद्वाह)—[स॰ उद् √वह् + घञ्] *पु॰* १. ऊपर उठाना। २. विवाह।

उद्वाहन (उद्वाहन)—[स॰ उद् + वाहन] *पु॰* विवाह।

उद्वाही (उद्वाही)—[स॰ उदवाहिन] *वि॰* १. वहन करनेवाला। ढोनेवाला। २. विवाह करनेवाला। ✣ **उद्वाही (उद्वाही) हिमनद**—*पु॰* = (भूविज्ञान॰) दूसरे हिमनद को अपने ऊपरी तल पर वहन करनेवाला हिमनद।

उद्विग्न (उद्विग्न)—[स॰ उद् √विज् + क्त] *वि॰* १. जिसे उद्वेग हो। उद्वेगयुक्त। २. दुःखी। ३. शोकग्रस्त। ४. चिन्तित। ५. घबराया हुआ। विकल। ✣ **उद्विग्नता (उद्विग्नता)**—*स्त्री॰* = उद्वेग।

उद्वेग (उद्वेग)—[स॰ उद् √विज् + घञ्] *पु॰* १. चित्त की व्याकुलता। २. विरह से उत्पन्न दुःख। ३. भय। ४. परेशानी। ५. विकलता। ५. घबराहट। ६. चिन्ता। ७. आश्चर्य। ✣ **उद्वेगी (उद्वेगी)**—*वि॰* = उद्विग्न। ✣ **उद्वेजक (उद्वेजक)**—*वि॰* = उद्वेग उत्पन्न करनेवाला। उद्वेगकारक। ✣ **उद्वेगायित (उद्वेगायित)**—*वि॰* = उद्वेगयुक्त। उद्विग्न।

उद्वेजन (उद्वेजन)—[स॰ उद् √विज् + ल्युट्] *पु॰* १. किसी के मन में उद्वेग उत्पन्न करना। २. उद्वेग। ३. पीड़ा। कष्ट। सन्ताप। ४. खेद।

उद्वेलन (उद्वेलन)—[स॰ उद् + वेलन] *पु॰* १. (जल आदि का) तट को अतिक्रान्त करना। उमड़कर तट के ऊपर बहना। २. सीमा/मर्यादा का उल्लंघन करना।

उद्वेल्लित (उद्वेल्लित)—[स॰ उद् √वेल्ल् + क्त] *वि॰* १. काँपा हुआ। २. उछाला हुआ। ३. हिलाया हुआ।

उद्वेष्टन (उद्वेष्टन)—[स॰ उद् + वेष्टन] *पु॰* १. चारों ओर से घेरने/ढकने की क्रिया/भाव। २. घेरा/बाड़ा। (चिकित्सा॰) (रोग/क्रोध/हँसी आदि का) आवेग/दौरा। (अ॰ पैरक्सिज़्म)

उधड़ना—[< स॰ उद्धरण] *क्रिअ॰* १. (सिलाई या टाँके का) खुलना/टूटना। ***जैसे***—कमीज़ के टाँके उधड़ना। २. (चिपकी हुई या संलग्न वस्तु या त्वचा का) अलग होना। ***जैसे***—खाल उधड़ना। ३. बिखरना। ४. उखड़ना।

उधर—[हि॰ उ + धर (प्रत्यय)] *क्रिवि॰* १. उस ओर (जिधर की तरफ़ संकेत किया गया हो)। वहाँ। २. पर-पक्ष की ओर। उस पक्ष की तरफ़। ∇ **विलोम**—इधर।

***उधरना**—[< स॰ उद्धरण] *क्रिअ॰* १. उद्धार होना। २. मुक्त होना। *क्रिस॰* उद्धार करना। उबारना।

***उधराना**—[< स॰ उद्धरण] *क्रिअ॰* १. तितर-बितर होना। बिखरना। २. नष्ट हो जाना। ३. ऊधम मचाना। उद्दंडता करना। ४. अदृश्य हो जाना। *क्रिस॰* तितर-बितर कर देना। बिखेर देना।

***उधसना**—[< स॰ √उद्ध्वंस् अथवा < स॰ उद्वसन] *क्रिअ॰* १. उद्ध्वस्त होना। २. बिखरना। फैलना।

उधारन**—[< हि॰ उधारना] *वि॰* (यौगिक शब्दों के अन्त में प्रयुक्त) उद्धार करनेवाला। उद्धारक। ***जैसे—भक्त-उधारन, विपत्ति-उधारन आदि।

उधारना—[< स॰ उद्धार] *वि॰* उद्धार करना।

उधारी[१]—[< स॰ उद्धारिन्] *वि॰* उद्धार करनेवाला।

उधारी[२]—[< हि॰ उधार] *वि॰* उधार माँगनेवाला। *स्त्री॰* उधार। ***जैसे***—अभी एक लाख रुपए की उधारी शेष है।

उधेड़बुन—[< हि॰ उधेड़ना + बुनना] *स्त्री॰* १. (उसी वस्तु को) बुनकर उधेड़ना और उधेड़ कर बुनना। २. चिन्ता। ३. यह सोच-विचार कि क्या करे और क्या न करे। दुविधा की स्थिति। उलझन। ***वा॰* उधेड़बुन में रहना/पड़ना/लगना**—१. चिन्तित रहना। २. उलझन में रहना।

उन—[< हि॰ उस] *सर्व॰* पुरुषवाचक सर्वनाम 'वह' के एक रूप 'उस' का बहुवचन रूप। ***जैसे***—उनका घर। ● **विशेष**—इसका प्रयोग संख्यावाचक बहुवचन रूप में भी होता है, आदरार्थक बहुवचन रूप में भी और स्त्री द्वारा पति/प्रेमी के लिए भी; और तदनुसार ही भिन्न अर्थ होते हैं। ***जैसे***—**'उनका कहना है'** के विभिन्न सन्दर्भों में अर्थ भी भिन्न होंगे—(क) उन लोगों का कहना है, (ख) उस मान्य व्यक्ति का कहना है, अथवा (ग) पति/प्रेमी का कहना है।

उनङ्गा (उनंगा)—[< हि॰ उ + स॰ नङ्ग (नं नतिं गच्छति)] *वि॰* झुका हुआ। नत। ✣ **उनङ्गी (उनंगी)**—*वि॰ (स्त्री॰)*।

***उनन्त (उनंत)**—[< स॰ उन्नत] *वि॰* १. उन्नत। २. उठा हुआ। ३. आगे बढ़ा हुआ।

उनचन—[< स॰ उदञ्चन] *स्त्री॰* खाट में पैताने की ओर बँधी रस्सी जिसे खींचकर खाट कसी जा सकती है। अदवाइन। दावन।

उनत—दे॰ 'उनना'।

†**उनदौहाँ**—[< स॰ उन्निद्र] *वि॰* उन्निद्र। उनींदा। ***जैसे***—उनदौहाँ लड़का। ✣ **उनदौहीं (उनदौहीं)**—*वि॰ (स्त्री॰)* ***जैसे***—उनदौहीं आँखें।

उनना**—[< स॰ अवनमन] *क्रिअ॰* १. ऊपर आना। उमड़कर घिरना। छाना। २. उठना। ३. झुकना। ✣ **उनइ**—*क्रिवि॰* = १. नीचे झुककर। २. छाकर। ३. उमड़कर। ✣ ***उनए**—*वि॰* (बहुवचन रूप) = १. (लज्जा, भार आदि के कारण) नीचे को झुके हुए। ***जैसे—फलों के बोझ से उनए वृक्ष। (दे॰ उनये) २. घिरे हुए।

छाए हुए। ३. उमड़ते हुए। ✣ **उनत**— *वि°* = १. उमड़ा हुआ। छाया हुआ। २. उठा हुआ। ३. झुका हुआ। ✣ **उनै**— *क्रिवि°* = १. उमड़कर या छाकर। ***जैसे***—बादल उनै कर बरसना। २. उठकर। ३. झुककर।

***उनमत/उनमत्त**—[< स° उन्मत्त] *वि°* १. उन्मत्त। पागल। २. मदमत्त। मदान्ध।

***उनमद**[१]—[< स° उन्मत्त] *वि°* १. उन्मत्त। पागल। २. मदमत्त। मदान्ध।

***उनमद**[२]—[< स° उन्माद] *पु°* १. उन्माद। पागलपन। २. मद। नशा।

***उनमना**—*वि°* अन्यमनस्क। उदास। अनमना। ✣ **उनमनि/उनमनी**—*वि° (स्त्री°)* = उदास। अनमनी। *स्त्री°* = उन्मनी।

***उनमाथना**—[< स° उन्मथन] *क्रिस°* मन्थन करना। मथना। ✣ **उनमाथी**—*वि°* = १. मथनेवाला। २. खलबली मचानेवाला।

***उनमान**[१]—[< स° उन्मान] १. परिमाण। तौल। नाप। २. गहराई आदि का पता। थाह। ३. शक्ति। सामर्थ्य। ४. उपमा। तुलना। ५. मूल्य।

उनमान**[२]—[< स° अनुमान] *पु°* अनुमान। ✣ **उनमानना**—*क्रिअ°* = १. अनुमान करना। ***जैसे—मैं यों उनमानी। २. गहराई का पता करना। थाह लेना। ३. विचार करना। सोचना।

***उनमानि**[१]—[< हि° उनमानना] *क्रिवि°* अनुमान करके।

***उनमानि**[२]—[< हि° उनमान] *स्त्री°* उपमा या तुलना। **जैसे**—नैनन की उनमानि।

***उनमाय**—[< स° उन्नमय्य] ऊँचा करके। ऊपर उठाकर।

***उनयना**—[< स° उन्नमन] *क्रिअ°* ✣ **उनये**—*वि°* (बहुवचन रूप) १. लज्जा, भय आदि के कारण नीचे को झुके हुए। २. घिरे हुए। छाए हुए।

***उनरना**—[देशज] *क्रिअ°* उभरना। २. चारों ओर से घिर आना। छा जाना। ३. उछलते-कूदते आगे बढ़ना।

उनवना**—[< स° अव √ नम्] *क्रिअ°* १. ऊपर से घेरकर झुकना। घिर आना। छा जाना। उमड़ना। ***जैसे—घटा उनवना। २. अचानक प्रकट होना। ३. गिरना। ✣ **उनवनि**—*स्त्री°* = उनवना की क्रिया/भाव।

***उनवर**—[< स° ऊन] *वि°* १. कम। २. तुच्छ। हीन।

***उनहार**—[< स° अनुसार] *वि°* अनुरूप। समान। सदृश। *स्त्री°* १. अनुरूपता। समानता। सादृश्य। २. किसी वस्तु की नक़ल। प्रतिकृति। ✣ **उनहारि**—*स्त्री°* = १. अनुरूपता। समानता। सादृश्य। २. (किसी वस्तु की) नक़ल। प्रतिकृति।

***उनाना** [< हि° उनवना] —*क्रिस°* १. झुकाना। २. आज्ञा का पालन कराना। ३. (किसी की ओर) प्रवृत्त/अनुरक्त करना। लगाना। ४. उत्तेजित करना। क्रिअ° आज्ञा मानना।

***उनारना**—[< हि° उनरना] १. ऊपर की ओर उठाना। उकसाना। २. आगे बढ़ाना। खिसकाना।

†**उनारी**—[बुन्देली < अप° उन्हाल (= ग्रीष्म ऋतु) < स° उष्णकाल] *स्त्री°* चैत्र में तैयार होनेवाली रबी की फ़सल या उसकी बुआई। चैती। *वि° (स्त्री°)* ग्रीष्म ऋतु की।

***उनाहना**—[< हि° उनाना] *क्रिअ°* १. ध्यान देना। २. आज्ञा मानना। ३. अनुरक्त होना।

उन्दरु (उंदरु), उन्दुर (उंदुर), उन्दुरु (उंदुरु), उन्दूरु (उंदूरु)—[स° √उन्द् + अरु/उर/उरु/ऊरु] *पु°* चूहा।

***उन्द्र (उंद्र)**—[< स° उन्दुर] *पु°* चूहा।

उन्नत—[स° उद् √नम् + क्त] *वि°* १. ऊपर उठा हुआ। ऊँचा। ***जैसे***—उन्नत भाल। २. (विद्या, वैभव आदि में) आगे बढ़ा हुआ। ***जैसे***—उन्नत देश। ३. (पद, सम्मान आदि की दृष्टि से) आगे बढ़ा हुआ। श्रेष्ठ। ***जैसे***—उन्नत मनुष्यों का अनुभव। ∇ **विलोम**—अवनत।

उन्नतानत—[स° उन्नत ~ आनत] *वि°* ऊँचा-नीचा। ***जैसे***—उन्नतानत भूमि।

उन्नतांश—[स° उन्नत ~ अंश] *पु°* (गणित°) क्षैतिज तल और प्रेक्षक की आँख से ऊपर के निर्दिष्ट बिन्दु को जोड़नेवाली रेखा के मध्य बननेवाला कोण। क्षितिज से ऊपर स्थित किसी वस्तु या खगोलीय पिंड की कोणीय दूरी। (खगोल°) दे° दृङ्मंडल। ✣ **उन्नतांश वृत्त**—*पु°* = (खगोल°) खगोल का एक लघु वृत्त जो क्षितिज के समान्तर होता है और किसी उन्नतांशवाले सभी बिन्दुओं को मिलाता है।

उन्नति—[स° उद् + नति] *स्त्री°* १. उन्नत होने की अवस्था/क्रिया/भाव। २. उच्चता। ऊँचाई। ३. (पद, प्रतिष्ठा आदि में) वृद्धि। तरक़्क़ी। ४. समृद्धि। ५. विकास। ६. श्रेष्ठता। ∇ **विलोम**—अवनति। ● **विशेष**—**उन्नति का शिखर** = अधिकतम सम्भव श्रेष्ठता, विकास या वैभव की स्थिति।

उन्नमन—[स° उद् + नमन] *पु°* १. ऊपर उठाना। २. उन्नत होना। ३. उन्नति। अभ्युदय। ✣ **उन्नमित**—*वि°* = १. जिसे ऊपर उठाया गया हो। ऊर्ध्वीकृत। २. उन्नत।

उन्नम्र—[स° उद् + नम्र] *वि°* १. जो सीधा खड़ा हो। २. ऊँचा।

उन्नयन—[स° उद् + नयन] *पु°* ऊपर उठाना। ऊँचा करना। २. उन्नति की ओर ले जाना। ३. उन्नति। *वि°* ऊपर की ओर उठे नयनों/आँखों वाला। ✣ **उन्नयन कोण**—*पु°* (गणित°) उन्नतांश (दे°)। ∇ **विलोम**—अवनमन कोण।

उन्नाब—[अरबी] *पु°* झरबेरी की तरह का एक फल। ✣ **उन्नाबी**—*वि°* = १. उन्नाब-सम्बन्धी। उन्नाब का। २. उन्नाब के रंग का। हल्का बैंगनी।

उन्नायक—[स° उद् + नायक] *वि°* १. उन्नयन करनेवाला। ऊँचा करनेवाला। २. ऊपर उठानेवाला। ३. आगे बढ़ानेवाला। ४. उन्नति की ओर ले जानेवाला। ✣ **उन्नायिका**—*वि° (स्त्री°)*।

उन्निद्र—[स° उद् + निद्र] *वि°* जिसे नींद न आ रही हो। जागता हुआ। निद्रारहित। *पु°* नींद न आने का रोग।

उन्नीत—[स° उद् + नीत] *वि°* १. जो ऊपर उठाया गया हो। जिसे

ऊपर ले जाया गया हो। २. जिसकी उन्नति/तरक़्क़ी की गयी हो। ३. जिसे पद या कक्षा में उन्नत किया गया हो।

उन्नेता—[सं॰ उद् + नेता] *वि॰* उन्नायक। *पु॰* यज्ञ करानेवाले १६ ऋत्विजों में से एक।

उन्मज्जन—[सं॰ उद् + मज्जन] *पु॰* (स्नान आदि के बाद नदी आदि के) जल से बाहर आना।

उन्मण्डल (उन्मंडल)—[सं॰ उद् + मण्डल] *पु॰* (खगोल॰) खगोलीय ध्रुवों और विषुवों से होकर या खगोलीय ध्रुवों और अयनान्तों से होकर जाने वाला होरा-वृत्त (अं॰ आवर-सर्किल)

उन्मत्त—[सं॰ उद् + मत्त] *वि॰* १. जिसे उन्माद हो। पागल। २. नशीला पदार्थ खाने/पीने से जिसकी बुद्धि बिगड़ गयी हो। ३. भूत, प्रेत, आदि के आवेश से युक्त। ४. (क्रोध, अभिमान आदि के) भावावेश के कारण जिसकी बुद्धि सन्तुलित/सामान्य न हो। मदान्ध/उद्धत। *पु॰* १. धतूरा। २. मुचकुन्द वृक्ष। ● **विशेष**— उन्मत्तपञ्चक (उन्मत्तपंचक)-*पु॰* = (आयुर्वेद॰) पाँच मादक पदार्थों—धतूरा, बकुची, भाँग, जावित्री और ख़सख़स—का समूह। ✣ **उन्मत्तकीर्ति/उन्मत्तवेश**—*पु॰* = शिव। महादेव। ✣ **उन्मत्तरूप**—*वि॰* = देखने में पागल।

उन्मथन—[सं॰ उद् + मथन] *पु॰* १. मथना। बिलोना। २. हिलाना-डुलाना। ३. पीड़ा देना। ४. क्षुब्ध करना। ५. वध। हिंसा। ६. मर्दन।

उन्मथित—[सं॰ उद् + मथित] *वि॰* १. जिसे मथा या बिलोया गया हो। २. जिसे हिलाया-डुलाया गया हो। ३. पीड़ित। ४. क्षुब्ध किया हुआ। ५. जिसका वध किया गया हो। हत। ६. मर्दित।

उन्मद—[सं॰ उद् + मद] *वि॰* उन्मत्त। *पु॰* उन्माद।

उन्मदन—[सं॰ उद् + मदन] *वि॰* १. प्रेम में विह्वल। प्रेमासक्त। २. काम-पीड़ित। कामासक्त।

उन्मन—[सं॰ उद् + मनस्] *वि॰* १. अन्यमनस्क। अनमना। उदास। २. उद्विग्न। ३. उन्मत्त। *पु॰* (हठयोग॰) मन की अवस्था विशेष जो उन्मनीं-साधन के समय होती है।

उन्मनस्क/उन्मना—[सं॰ उन्मनस् + कप्, उन्मनस्] *वि॰* उन्मन।

उन्मनी—[सं॰ उन्मनस् + ङीप्] *स्त्री॰* योग-साधना में प्राप्त होनेवाली एक विशेष आनन्दमयी अवस्था जिसमें मन के संकल्प-विकल्प शान्त हो जाते हैं और मन स्थिर हो जाता है। (हठयोग॰) एक मुद्रा जिसमें दृष्टि को नाक के अग्र भाग पर केन्द्रित किया जाता है। ✣ **उन्मनी भाव**—*पु॰* = उन्मनी अवस्था। (जैन॰) प्राणवायु का सुषुम्ना के मध्य संचार होने से उत्पन्न मन की स्थिरता। मन का ऊर्ध्वीकरण। आत्मलीनता की स्थिति।

उन्मन्थ (उन्मंथ)—[सं॰ उद् √मन्थ् + घञ्] *पु॰* मथना। बिलोना।

उन्मर्दन—[सं॰ उद् + मर्दन] *पु॰* मलना। रगड़ना।

उन्माद—[सं॰ उद् √मद् + घञ्] *पु॰* १. पागलपन। २. एक मानसिक रोग जिसमें बुद्धि और चित्त का सन्तुलन नहीं रहता। चित्त-सम्मोह। चित्त-विभ्रम। (काव्य॰) एक संचारी भाव जिसमें वियोग आदि के कारण बुद्धि और चित्त असन्तुलित रहते हैं।

उन्मान—[सं॰ उद + मान] *पु॰* १. तौल या माप। २. मूल्य। क़ीमत। ३. तौलने का एक पुराना माप। द्रोण।

उन्मार्ग—[सं॰ उद् + मार्ग] *पु॰* १. विपरीत मार्ग। २. बुरा मार्ग। कुपथ/कुमार्ग। ३. बुरा आचरण। दुराचार।

उन्मिष[1]—[सं॰ उद् √मिष् + क] *वि॰* १. खुला हुआ (नेत्र)। २. खिला हुआ (फूल)। प्रफुल्ल। ३. किंचित् प्रकाश से युक्त।

*__उन्मिष__[2]—*पु॰* ≤ सं॰ उन्मेष। (दे॰)

उन्मिषित—[सं॰ उद् √मिष् + क्त] *वि॰* १. खुला हुआ (नेत्र)। २. खिला हुआ (फूल)। प्रफुल्ल। ३. किंचित् प्रकाशित।

उन्मीलन—[सं॰ उद् √मील् + ल्युट्] *पु॰* १. (आँखें) खोलना। २. (आँख) खुलना। ३. (पुष्प का) विकसित होना। खिलना। ४. व्यक्त या प्रकट होना।

उन्मुक्त—[सं॰ उद् + मुक्त] *वि॰* १. जिसे बन्धन से मुक्ति मिली हो। मुक्त किया हुआ। २. जो बन्धन में न हो। खुला हुआ। (चिकित्सा॰) रोग के प्रभाव से मुक्त। रोधक्षम (अं॰ इम्यून)। (प्रशासन॰) जिसे कर आदि से छूट मिली हो।

उन्मुक्ति—[सं॰ उद् + मुक्ति] *स्त्री॰* उन्मुक्तता। छुटकारा। (चिकित्सा॰) रोग के प्रभाव से बचे रहना। रोग-प्रभाव-मुक्ति। रोध-क्षमता। (अं॰ इम्युनिटि) [प्रशासन॰] कर आदि में छूट।

उन्मुख—[सं॰ उद् + मुख] *वि॰* १. जो किसी को या किसी की ओर देख रहा हो। ***जैसे***—दूत की ओर उन्मुख राजा। २. जो उत्सुकतापूर्वक प्रतीक्षा कर रहा हो। ३. उद्यत। तैयार। ४. (समासयुक्त पद के अन्त में) की ओर बढ़ता हुआ, ***जैसे***—धर्मोन्मुख, ईश्वरोन्मुख। ✣ **उन्मुखता**—*स्त्री॰* = उन्मुख होने की अवस्था/भाव। ✣ **उन्मुखी**—*वि॰ (स्त्री॰)*। ***जैसे***—धर्मोन्मुखी बालिका; प्रसवोन्मुखी स्त्री।

उन्मूलन—[सं॰ उद् √मूल + ल्युट्] *पु॰* १. जड़ से उखाड़ना। २. पूरी तरह नाश। ***जैसे***—वंश-उन्मूलन। ३. (किसी प्रथा आदि की) समाप्ति या अन्त। ***जैसे***—ज़मींदारी-उन्मूलन।

उन्मेष—[सं॰ उद् √मिष् + घञ्] *पु॰* १. (नेत्रों का) खुलना। जागरण। जागना। २. (पुष्पों का) खिलना। ३. व्यक्त/प्रकट होना। ***जैसे***—ज्ञानोन्मेष।

उन्मोचन—[सं॰ उद् + मोचन] *पु॰* १. मुक्त करना। २. ढीला करना। ३. क़ैद या बन्धन से मुक्त कर देना। ४. ऋण आदि को चुका देना। (विधि॰) किसी बाध्यता, देयता या अवरोध से मुक्त करने का काम। ***जैसे***—बक़ाया या ऋण का उन्मोचन, मुक़दमे की डिगरी का उन्मोचन। (अं॰ डिस्चार्ज) ✣ **उन्मोचित**—*वि॰* = जिसका उन्मोचन हुआ हो।

†**उन्हारी**—[बुन्देलखंडी < अप॰ उन्हाल < सं॰ उष्ण काल] *स्त्री॰* चैत्र में तैयार होनेवाली (रबी की) फ़सल या उसकी बुआई। चैती। रबी। *वि॰* ग्रीष्म ऋतु की।

*__उन्हारे__—[देशज] *वि॰* उच्च।

उन्हीं (उन्हीं)—[< हिं॰ उन ही] *सर्व॰* उन ही। ***जैसे***—उन्हीं ने यह कहा है। *वि॰* उन ही। ***जैसे***—उन्हीं कमरों की बात है। ***वा॰*** उन्हीं

पैरों लौट जाना—तत्काल वापस जाना।

उप—[सं॰] **उपसर्ग॰** एक उपसर्ग जो अनेक क्रियाओं/संज्ञाओं के पहले जुड़कर उनके अर्थों में विशेषताएँ उत्पन्न करता है। (*जैसे*—उपकार, उपसर्ग)। ● **विशेष—हिन्दी की नयी पारिभाषिक शब्दावली के निर्माण में** 'उप' के प्रयोग से अँग्रेज़ी के अनेक शब्दों के समानार्थक शब्द बनाए गए हैं (उपराष्ट्रपति, उपसंविदा)।

***उपइल**—[< सं॰ उपरि] *वि॰* १. ऊँचा। २. ऊपर का।

उपकक्ष—[सं॰ उप + कक्ष] *पु॰* १. प्रमुख कमरे के समीप का कमरा। २. संसद् आदि में प्रमुख कमरे के समीप का बड़ा कमरा जहाँ बाहर के लोग आकर सदस्यों से भेंट कर सकते हैं। दर्शक-कक्ष। गोष्ठी-कक्ष। (अं॰ लॉबि) ३. संसद् के दो कमरे जहाँ मत-विभाजन के समय सदस्यों को जाना होता है। मत-विभाजन कक्ष। (अं॰ लॉबि)

उपकथन—[सं॰ उप + कथन] *पु॰* उत्तर रूप में कथन। प्रत्युत्तर।

उपकथा—[सं॰ उप + कथा] *स्त्री॰* १. छोटी कहानी। २. कहानी के भीतर की छोटी कहानी। अवान्तर कथा।

उपकन्या—[सं॰ उप + कन्या] *स्त्री॰* पुत्री की सखी।

उपकर—[सं॰ उप + कर] *पु॰* (कुछ वस्तुओं पर लगनेवाला) छोटा कर। छोटा महसूल।

उपकरण—[सं॰ उप + करण] *पु॰* १. निमित्त रूप से की गयी सहायता। २. जो निमित्त रूप से सहायता करे। साधन। ३. यन्त्र। औज़ार।

उपकला—[सं॰ उप + कला] *स्त्री॰* (प्राणि॰) किसी अंग, नली, गुहा आदि की सतह को ढकनेवाला कोशिकीय ऊतक। (अं॰ एपिथीलियम)

उपकल्पना—[सं॰ उप + कल्पना] *स्त्री॰* परिकल्पना। (दे॰) ✣ **उपकल्पित**—*वि॰* = जिसकी उपकल्पना/परिकल्पना की गई हो। परिकल्पित।

उपकार—[सं॰ उप √कृ + घञ्] *पु॰* १. निमित्त रूप से सहायक होना। २. दूसरों की भलाई का कार्य। ३. सहायता। ४. अनुग्रह। कृपा। ∇ **विलोम**—अपकार।

उपकुल—[सं॰ उप + कुल] *पु॰* एक परिवार के अन्तर्गत दूसरा विवाहित युगल और उसके बच्चे। उपपरिवार।

उपकुलपति—[सं॰ उप + कुलपति] *पु॰* (पुराने प्रचलन में) किसी विश्वविद्यालय, विद्यापीठ आदि का प्रधान प्रशासक-शिक्षक जिसका पद 'कुलपति' से द्वितीय स्थान पर होता है। (अं॰ वाइस-चांसलर) ● **विशेष—पहले 'चांसलर' (अं॰) को 'कुलपति' और 'वाइस-चांसलर' को 'उपकुलपति' कहा जाता था। परन्तु, अब मानक प्रयोग में 'चांसलर' को 'कुलाधिपति' तथा वाइस-चांसलर को 'कुलपति' कहा जाता है।**

उपकूल—[सं॰ उप + कूल] *पु॰* १. (नदी आदि का) तट। किनारा। २. (नदी आदि के) तट के समीप का स्थान।

उपकृत—[सं॰ उप + कृत] *वि॰* जिस पर उपकार किया गया हो। ∇ **विलोम**—अपकृत।

उपक्रम—[सं॰ उप + क्रम] १. आरम्भ। २. योजना। ३. अनुष्ठान। ४. किसी कार्य को करने से पहले की जाने वाली तैयारी। ५. किसी व्यवसाय के जोखिम और प्रबन्ध का भार उठाने का काम। ६. कठिन कार्य। ७. भाषण आदि की प्रस्तावना।

उपक्रमी—*वि॰* = उपक्रम करनेवाला।

उपक्रमणिका—[सं॰ उपक्रमण + ङीप् + कन् + टाप् ह्रस्व] *स्त्री॰* अनुक्रमणिका। विषय-सूची।

उपक्षय—[सं॰ उप + क्षय] *पु॰* १. धीरे-धीरे होनेवाला क्षय। २. अवनति।

उपक्षेत्र—[सं॰ उप + क्षेत्र] *पु॰* किसी बड़े क्षेत्र का छोटा भाग।

उपक्षेप—[सं॰ उप + क्षेप] *पु॰* १. संकेत। २. चर्चा। (नाट्य॰) नाटक के आरम्भ में कथावस्तु का संक्षेप में कथन।

उपखण्ड (उपखंड)—[सं॰ उप + खण्ड] *पु॰* १. खंड का छोटा भाग। *जैसे*—खेत का उपखंड। २. (नियम, विधि, विधान आदि की) धारा या उपधारा के किसी अंश का कोई छोटा भाग।

उपखनिज—[सं॰ उप + खनिज] शैलों में बहुत कम मात्रा में विद्यमान खनिज। गौण खनिज।

उपगिरि—[सं॰ उप + गिरि] *पु॰* छोटी पहाड़ी। गिरिका।

उपगीति—[सं॰ उप + गीति] *स्त्री॰* (छन्द॰) आर्या छन्द का एक प्रकार जिसके चरणों में क्रमश: १२, १५, १२, १५ मात्राएँ होती हैं और अन्त में गुरु होता है।

उपगुरु—[सं॰ उप + गुरु] *पु॰* गुरु का सहायक अध्यापक। सहायक शिक्षक।

उपगूहन—[सं॰ उप √गुह् + ल्युट्] १. छिपाने की क्रिया/भाव। छिपाव। २. गले लगाना। आलिंगन।

उपग्रह—[सं॰ उप + ग्रह] *पु॰* छोटा ग्रह। (खगोल॰) १. किसी ग्रह की परिक्रमा करनेवाला आकाशीय पिंड। *जैसे*—चन्द्रमा पृथ्वी का उपग्रह है। २. मानव-निर्मित अन्तरिक्ष यान जो पृथ्वी, चन्द्रमा या किसी अन्य खगोलीय पिंड की परिक्रमा करे।

उपघात—[सं॰ उप √हन् + घञ्] १. प्रहार या आक्रमण। २. आघात। धक्का। ३. रोग। बीमारी। ४. नाश। ✣ **उपघातक/उपघाती**—*वि॰* = १. उपघात करनेवाला। २. पीड़क। ३. नाशक।

***उपङ्ग (उपंग)**—[< सं॰ उपाङ्ग] *पु॰* एक वाद्य। नसतरंग। ✣ **उपङ्गी (उपंगी)**—*वि॰* = जो उपंग/नसतरंग बजाता हो। वादक। *पु॰* उपंग।

***उपचना**—[< सं॰ उपचय] *क्रिअ॰* १. बढ़ना। २. पूरी तरह भर जाने के कारण बाहर निकलना। उमड़ना।

उपचय—[सं॰ उप √चि + अच्] *पु॰* १. एकत्रीकरण। संचय। २. राशि। ढेर। ३. वृद्धि। बढ़त। ४. समृद्धि। (ज्योतिष॰) लग्नकुंडली में लग्न से तीसरे, छठे और ग्यारहवें भावों का सामूहिक नाम। (वाणि॰) ब्याज, किराया, कर आदि प्रत्याशित/सम्भावित मदों के लिए आवधिक (वार्षिक आदि) तौर पर देय या प्राप्य राशि। (प्राणि॰) प्राणियों में होने वाली वे रासायनिक क्रियाएँ जिनसे भोजन जीवनद्रव्य

(अ॰ प्रोटोप्लाज़्म) में बदलता है और ऊर्जा भी जमा होती है। (अ॰ एनाबोलिज़्म) ✣ **उपचयी**—*वि॰* = १. उपचय से सम्बन्धित। उपचय का। २. उपचयवाला। (प्राणि॰) प्राणियों में उपचय से सम्बन्धित क्रियाएँ जो रचनात्मक होती हैं। (अ॰ एनाबोलिक)

उपचर्या—[सं॰ उप √चर् + क्यप् + टाप्] *स्त्री॰* उपचार।

उपचायी—[सं॰ उपचायिन्] *वि॰* १. उपचय करनेवाला। २. उन्नति/वृद्धि करनेवाला।

उपचार—[सं॰ उप √चर् + अच्] *पु॰* १. उपाय। ***जैसे***—कोटि उपचार। २. रोग-शान्ति का उपाय। चिकित्सा। इलाज। ***जैसे***—वैद्यों के अनेक उपचारों से भी लाभ नहीं हुआ। ३. औषध। दवा। ४. रोगी की सेवा। परिचर्या। ***जैसे***—उपचार पुण्य कर्म है। ५. व्यवहार। प्रयोग। ६. पूजन की विधि और उसके अंग। ***जैसे***—पूजा के षोडश उपचार। ७. धर्मानुष्ठान। ८. तान्त्रिक अभिचार। ***जैसे***—वशीकरण, उच्चाटन आदि उपचार। ९. सत्कार। १०. रीति-रिवाज या विधि के अनुकूल आचरण। ***जैसे***—यह सब उपचारमात्र है। (व्या॰) सन्धि का एक प्रकार जिसमें विसर्ग के स्थान पर श्, ष्, या स् हो जाता है। (***जैसे***—निः+छल = निश्छल, निः+कपट = निष्कपट, निः+तार = निस्तार, (काव्य॰) किसी वस्तु के धर्म को प्रयोजनवश अन्य वस्तु में आरोपित करना। ***जैसे***—मिट्टी के बने घड़े को 'घी का घड़ा' कहना, किसी नगर में रहने के कारण 'यह मेरा नगर है' कहना इत्यादि। ● **विशेष**—१. प्रायः 'लक्षणा' शक्ति ही 'उपचार' में कार्य करती है। २. उपचार तत्त्वतः सत्य न होने पर भी व्यवहार में उपयोगी होता है।

उपचारच्छल—[सं॰ उपचार ~ छल] *पु॰* (न्याय॰) किसी की कही हुई बात का उचित अर्थ छोड़कर छलपूर्वक किसी भिन्न अर्थ की कल्पना करके उस कथन में दोष दिखाना।

उपचारवक्रता—[सं॰ उपचार ~ वक्रता] *स्त्री॰* (काव्य॰) १. पर्यायवक्रता का एक रूप जिसमें वर्ण्य पदार्थ पर दूसरे पदार्थ के धर्म का आरोप होता है। ***जैसे***—अचेतन पदार्थ पर चेतन पदार्थ के धर्म का आरोप, मूर्त्त पर अमूर्त्त के सौन्दर्य का आरोप आदि। ***जैसे***—'अँखियाँ हरि दरसन की भूखी' में 'आँखों' पर चेतन प्राणी के धर्म 'भूख' का आरोप। २. दो स्वभावतः भिन्न पदार्थों में अभेद-भावना का पोषण।

उपचित—[सं॰ उप √चि + क्त] *वि॰* १. संचित। २. बढ़ा हुआ। ***जैसे***—उपचित ब्याज। ३. समृद्ध। ४. विकसित। ∇ **विलोम**—अपचित।

उपचुनाव—[सं॰ उप + हिं॰ चुनाव] *पु॰* (संसद् आदि लोकतन्त्रात्मक संस्थाओं में) किसी निर्वाचित सदस्य का स्थान अवधि से पहले (त्यागपत्र या मृत्यु आदि के कारण) रिक्त होने पर, उस स्थान की पूर्ति के लिए, फिर से होनेवाला चुनाव। मध्यवर्ती चुनाव।

उपचेतना—[सं॰ उप + चेतना] *स्त्री॰* (मनो॰) ऊपरी चेतना से भिन्न अन्तःस्थित चेतना। अवचेतना।

उपज—[< प्रा॰ उप्पज्ज] *स्त्री॰* १. उत्पत्ति। २. जो भूमि से उपजा हो या बनाकर तैयार किया गया हो। उत्पाद। पैदावार। ***जैसे***—गन्ने की उपज। ३. कल्पना। सूझ।

उपजनन—[< सं॰ उप + जनन] *पु॰* १. उत्पादन। २. प्रजनन।

उपजाऊ—[< हिं॰ उपज] *वि॰* १. उपजवाला। २. (भूमि) जो कृषि के लिए उपयुक्त हो। जिसमें अधिक उपज करने की शक्ति हो। उर्वर। ***जैसे***—भारत की उपजाऊ भूमि। ∇ **विलोम**—बंजर। ✣ **उपजाऊपन**—*पु॰* = अधिक उपज करने की शक्ति। उर्वरता।

उपजात—[सं॰ उप + जात] *वि॰* उत्पन्न। (रसायन॰) किसी रासायनिक क्रिया में मुख्य उत्पादन के साथ बननेवाली अन्य वस्तु। उपोत्पाद। (अ॰ बाइ-प्रोडक्ट)

उपजाति—[सं॰ उप + जाति] *स्त्री॰* जाति का कोई उपभेद। ***जैसे***—कायस्थ एक हिन्दू उपजाति है। (छन्द॰) किन्हीं भी दो वर्णिक छन्दों के चरणों के संयोग से निर्मित चार चरणों वाला छन्द। (***जैसे***—दो वर्ण वृत्तों इन्द्रवज्रा और उपेन्द्रवज्रा के २-२ चरणों के संयोग से निर्मित चार चरणों वाला छन्द)।

उपजीवन—[सं॰ उप + जीवन] *पु॰* १. जीविका। वृत्ति। रोज़ी। २. निर्वाह। ३. दूसरों पर आश्रित जीवन।

उपजीविका—[सं॰ उप + जीविका] *स्त्री॰* १. जीविका। रोज़ी। २. जीविका का साधन।

उपजीविनी—[सं॰ उपजीविन् + ङीप्] *वि॰ (स्त्री॰)* उपजीवी का *स्त्री॰* रूप। (दे॰ उपजीवी)

उपजीवी—[सं॰ उपजीविन्] *वि॰* दूसरे पर आश्रित जीवन या जीविका वाला (व्यक्ति)। पराश्रयी। *पु॰* (जीव॰) दूसरे से आहार लेनेवाला पौधा या जीव। परपोषित।

उपजीव्य—[सं॰ उप √जीव् + ण्यत्] *वि॰* १. जीविका देनेवाला। २. जिसके आधार पर जीविका या जीवन चले। संरक्षण/आश्रय/सहारा देनेवाला। ३. लिखने के लिए आधारभूत सामग्री देनेवाला। *पु॰* १. संरक्षक। २. सहारा। ✣ **उपजीव्य ग्रन्थ**—*पु॰* = आधारभूत ग्रन्थ जिससे बाद के लेखक अपनी रचनाओं के लिए सामग्री पाते हैं। ***जैसे***—'रामायण' और 'महाभारत' हमारे उपजीव्य ग्रन्थ हैं।

उपज्ञा—[सं॰ उप + ज्ञा] *स्त्री॰* चिन्तन द्वारा किसी नयी वस्तु, विचार, यन्त्र या साधन आदि का आविष्कार या अन्वेषण। २. वह ज्ञान जो स्वयं प्राप्त किया हो, परम्परा से प्राप्त न किया हो। ३. ऐसे कार्य का अनुष्ठान जो पहले न किया गया हो।

उपटन**—[< हिं॰ उपटना] पु १. शरीर पर आघात या किसी कड़ी वस्तु से दबने आदि का निशान। ***जैसे—नायक के हृदय पर मोतियों के हार का उपटन। २. उभार।

***उपटना**[१]—[देशज] *क्रिअ॰* १. शरीर पर आघात या किसी कड़ी वस्तु से दबने आदि का निशान पड़ना। २. उभरना।

***उपटना**[२]—[< सं॰ उत्पाटन] *क्रिअ॰* उखड़ना।

***उपटाना¹**—[< हि॰ उपटना¹] *क्रिस॰* शरीर पर आघात आदि के निशान डालना।

***उपटाना²**—[< हि॰ उपटना²] *क्रिस॰* उखाड़ना।

उप-ठेका—[स॰ उप + हि॰ ठेका] *पु॰* (वाणिज्य॰) उप-संविदा। (दे॰) [अ॰ सब-कॉन्ट्रैक्ट]

उपड़ना—[< हि॰ उपटना] *क्रिअ॰* १. उखड़ना। २. उभरना। ३. (कोई काम) सम्पन्न होना। ***जैसे***—तुमसे कुछ नहीं उपड़ेगा।

उपढौकन—[स॰ उप √ढौक् + ल्युट्] *पु॰* उपहार। भेंट।

उपतप्त—[स॰ उप + तप्त] *वि॰* १. अच्छी तरह गरम किया हुआ। तपाया हुआ। २. दुःखी। खिन्न।

उपतापन—[स॰ उप + तापन] *पु॰* १. अच्छी तरह गरम करना। तपाना। तपाव। २. कष्ट देना।

उपत्यका—[स॰ उप + त्यकन् + टाप्] *स्त्री॰* पर्वत के नीचे की भूमि। तलहटी। तराई।

उपत्वचा—[स॰ उप + त्वचा] *स्त्री॰* बाहर की खाल। बाह्य त्वचा। ● **विशेष**—बाहरी त्वचा के नीचे वास्तविक त्वचा होती है।

उपदंश—[स॰ उप + दंश] *पु॰* एक रतिज रोग। आतशक। ✣ **उपदंशी**—*वि॰* = उपदंश का रोगी।

उपदर्शन—[स॰ उप + दर्शन] *पु॰* १. दिखाने, बताने या समझाने की क्रिया या भाव। २. व्याख्या या टीका करने की क्रिया या भाव। ३. व्याख्या या टीका।

उपदान—[स॰ उप + दान] *पु॰* १. भेंट। २. बलि। चढ़ावा। ३. अनुग्रहपूर्वक दी गयी धनराशि। (प्रशासन॰) किसी कर्मचारी को सेवा-निवृत्ति के समय सेवा के काल के अनुसार पेन्शन के अतिरिक्त दी जाने वाली अनुग्रह-राशि। (अ॰ ग्रैच्विटी) (अर्थ॰) किसी लोकोपयोगी संस्था या उद्योग-धन्धे के लिए या क़ीमतों को कम रखने के लिए सरकार द्वारा दी गयी आर्थिक सहायता। सहायिकी। (अ॰ सबसिडि)

उपदिशा—[स॰ उप + दिशा] *स्त्री॰* दो दिशाओं के बीच की दिशा। विदिशा।

उपदिष्ट—[स॰ उप √दिश् + क्त] *वि॰* १. जिसे उपदेश दिया गया हो। २. सिखाया हुआ। ३. दीक्षा प्राप्त किया हुआ।

उपदेव—[स॰ उप + देव] *पु॰* १. छोटा देव। २. देवों के अतिरिक्त देव-वर्ग के अन्य उपवर्ग (गन्धर्व, यक्ष आदि)।

उपदेवता—[स॰ उप + देवता] *पु॰* १. उपदेव। (दे॰) २. छोटा देवी-देवता।

उपदेश—[स॰ उप √दिश् + घञ्] *पु॰* १. बड़ों या विद्वानों द्वारा सन्मार्ग पर ले जाने के लिए हितकारी बातें कहना। शिक्षा। सीख। २. नीति-प्रवचन। अच्छी सलाह। ४. धर्म-प्रवचन। ५. दीक्षा के समय दिया जानेवाला मन्त्र। गुरु-मन्त्र।

उपदेष्टा—[स॰ उप √दिश् + तृच्] *पु॰* उपदेश करनेवाला। उपदेशक।

उपद्रव—[स॰ उप √द्रु + अप्] *पु॰* १. उत्पात। २. सार्वजनिक संकट। ३. दंगा-फ़साद। बखेड़ा। ४. बाधा। विघ्न। ५. बड़े रोग से उत्पन्न सहायक रोग।

उपद्वार (उपद्वार)—[स॰ उप + द्वार] *पु॰* (द्वार के समीप का) छोटा द्वार।

***उपधरना**—[< स॰ उपधारण] *क्रिवि॰* १. स्वीकार करना। अपनाना। २. शरण में लेना।

उपधर्म—[स॰ उप + धर्म] *पु॰* १. (किसी धर्म के अन्तर्गत) गौण धर्म। छोटा कर्तव्य। २. धार्मिक नियम जो अ-प्रधान हो।

उपधा—[स॰ उप √धा + अङ्] *स्त्री॰* (प्राचीन काल में राजा आदि के द्वारा मन्त्री आदि की) सत्यता, निष्ठा, ईमानदारी आदि की परीक्षा। (व्या॰) शब्द के अन्तिम वर्ण से पहले का वर्ण। ***जैसे***—'पठ्' में उपधा 'अ' है।

उपधातु—[स॰ उप + धातु] *स्त्री॰* (रसायन॰) १. वे तत्त्व जो धातु और अधातु दोनों के कुछ-कुछ गुण प्रदर्शित करते हैं। ***जैसे***—कार्बन, बोरन, आर्सेनिक आदि अनेक उपधातु हैं। (अ॰ मेटलाइड) २. किसी प्रधान धातु के समान परन्तु कुछ अन्य गुणों वाली धातु। ***जैसे***—तूतिया ताँबे की उपधातु है। (आयुर्वेद॰) शरीरस्थ रक्त आदि किसी धातु से बनी भिन्न धातु। ***जैसे***—मज्जा की उपधातु केश हैं। ● **विशेष**—(क) १. सोना, २. चाँदी, ३. ताँबा, ४. राँगा, ५. जस्ता, ६. सीसा और ७. लोहा धातुएँ हैं। इनकी उपधातुएँ क्रमशः १. स्वर्णमाक्षिक, २. तारामाक्षिक, ३. तूतिया, ४. काँसा, ५. पीतल, ६. सिंदूर और ७. शिलाजीत हैं। (ख) शरीरस्थ सात धातुएँ हैं—१. रस, २. रक्त, ३. मांस, ४. मेद, ५. अस्थि, ६. मज्जा और ७. शुक्र। इनकी ७ उपधातुएँ क्रमशः हैं—१. (स्त्री का) दूध, २. (स्त्री का) रज, ३. वसा (चर्बी) ४. पसीना, ५. दाँत, ६. केश और ७. ओज।

उपधारणा—[स॰ उप + धारणा] *स्त्री॰* ऐसी बात जिसे बिना प्रमाण के ही मान लिया गया हो। अनुमान। (विधि॰) प्रकल्पना।

उपधारा—[स॰ उप + धारा] *स्त्री॰* (नदी आदि की) किसी धारा से निकली छोटी या गौण धारा। (प्रशासन॰) अधिनियम, विधान आदि की किसी धारा का छोटा भाग। (अ॰ सब-सेक्शन)

उपधावन—[स॰ उप ~ धावन] *पु॰* १. किसी के पीछे दौड़ना। २. किसी का पीछा करना।

उपधि—[स॰ उप √धा + कि] १. छल। कपट। धोखेबाज़ी। २. जानबूझकर सत्य को छिपाना। (जैन॰) आत्मा से भिन्न वस्तुएँ जो आत्म-भाव से ग्रहण की जाती हैं। परिग्रह-सम्बन्धी विषय। (***जैसे***—शरीर, धन, सम्पत्ति आदि)। ∇ **विलोम**—निरुपधि।

उपधिक—[स॰ उपधि + ठन्] *वि॰* छली। कपटी। धोखेबाज़।

उपध्मान—[स॰ उप √ध्मा + ल्युट्] *पु॰* १. ओष्ठ। ओंठ। २. फूँक। ✣ **उपध्मानीय**—*वि॰* = उपध्मान-सम्बन्धी। *पु॰* (व्या॰) वैदिक संस्कृत में 'प' और 'फ' वर्णों के पहले आनेवाले 'विसर्ग' के स्थान पर '⌓' चिह्न विशेष जो अर्ध विसर्ग के तुल्य ध्वनि का सूचक है।

उपनत—[स॰ उप + नत] *वि॰* १. झुका हुआ। नम्र। २. शरण में आया हुआ। शरणागत। ३. प्राप्त।

उपनय—[स॰ उप + नय] *पु॰* १. समीप ले जाना। २. उपलब्धि। प्राप्ति। ३. उपनयन संस्कार। (न्याय॰) परार्थानुमान के पाँच अवयवों में से चौथा (शेष चार हैं—प्रतिज्ञा, हेतु, दृष्टान्त और निगमन)।

उपनयन—[स॰ उप + नयन] *पु॰* १. समीप ले जाना। २. गुरु के समीप ले जाना। ३. बालक को यज्ञोपवीत पहनाकर ब्रह्मचर्य आश्रम में प्रविष्ट कराने का संस्कार। यज्ञोपवीत संस्कार।

***उपना**[१]—[< स॰ उत्पन्न] *क्रिअ॰* उत्पन्न होना। उपजना।

***उपना**[२]—[ब्रज॰] *क्रिअ॰* उड़ जाना। लुप्त/गायब हो जाना।

उपनागरिका—[स॰ उप + नागरिका] *वि॰* (*स्त्री॰*) जो नगर की चतुर और विदग्ध युवतियों के समान हो।

***उपनाना**—[< स॰ उत्पन्न] *क्रिस॰* उत्पन्न करना। पैदा करना। उपजाना।

उपनाम—[स॰ उप + नाम] *पु॰* १. (मुख्य नाम से भिन्न) पुकारने का नाम। ***जैसे***—प्रधानमंत्री लाल बहादुर शास्त्री को उनके उपनाम 'नन्हे' से ही उनकी बहिन बुलाती थीं। २. कुल-नाम। ***जैसे***—सक्सेना, वर्मा, शर्मा आदि उपनाम। ३. पदवी। ***जैसे***—'रायबहादुर', 'महामहोपाध्याय', 'पद्मश्री' आदि उपनाम। ४. लेखक/कवि आदि द्वारा स्वयं अपना रखा हुआ नाम जो साहित्य-जगत् में प्रयुक्त और प्रसिद्ध होता है। ***जैसे***—सूर्यकान्त त्रिपाठी, अयोध्यासिंह उपाध्याय और प्रभुलाल गर्ग नामक कवियों के उपनाम क्रमश: 'निराला', 'हरिऔध' और 'काका हाथरसी' मुख्य नामों की अपेक्षा अधिक प्रसिद्ध हैं।

उपनायक—[स॰ उप + नायक] *पु॰* (कहानी, नाटक इत्यादि में) नायक के कार्य की सिद्धि में प्रधान सहायक उसका साथी। ✣ **उपनायिका**—*स्त्री॰* = (काव्य॰) नायिका की प्रधान सखी या सहायिका।

उपनिदेशन—*पु॰* = उपनिदेशक का कार्य।

उपनिधि—[स॰ उप + निधि] *स्त्री॰* धरोहर। अमानत।

उपनिबद्‌ध (उपनिबद्ध)—[स॰ उप + निबद्ध] *वि॰* लिखित। ***जैसे***—उस घटना का वर्णन यहाँ उपनिबद्ध है।

उपनियम—[स॰ उप + नियम] *पु॰* नियम के अन्तर्गत छोटा नियम।

उपनिवेश—[स॰ उप + निवेश] *पु॰* १. दूसरे देश से आए हुए लोगों की स्थायी और स्वतन्त्र बस्ती। २. दूसरे देश से बड़ी संख्या में आए लोगों द्वारा अपने देश के राजनीतिक अधिकार में स्थापित राज्य। २. वह विजित देश जिसमें दूसरे देश के लोगों ने अपना राजनीतिक अधिकार जमा लिया हो। ***जैसे***—भारत में स्थापित फ्रांसीसी उपनिवेशों का इतिहास। ✣ **उपनिवेशक**—*वि॰, पु॰* = उपनिवेश बसानेवाला।

उपनिवेशवाद—[स॰ उपनिवेश ~ वाद] *पु॰* उपनिवेश बनाने और उन्हें अपने अधीन रखने की नीति। ***जैसे***—ब्रिटेन, फ्रांस, स्पेन, पुर्तगाल आदि देशों ने उपनिवेशवाद को अपनाकर दो शताब्दियों तक अनेक देशों का शोषण किया।

उपनिषद्—[स॰ उप + नि + सद् + क्विप्] *पु॰* १. (गुरु के) समीप बैठना। २. ब्रह्मविद्या। ३. ब्रह्मविद्या के प्रतिपादक वैदिक ग्रन्थ विशेष। ४. वेदान्त दर्शन। ५. रहस्य। ● **विशेष**—'उपनिषद्' शब्द संस्कृत में *स्त्री॰* है।

उपनिष्क्रमण—[स॰ उप + निष्क्रमण] *पु॰* १. बाहर निकलना। २. चार मास का होने पर शिशु को प्रथम बार बाहर लाना। निष्क्रमण संस्कार।

उपनिहित—[स॰ उप + निहित] *वि॰* धरोहर के रूप में रखा हुआ।

उपनीत—[स॰ उप + नीत] *वि॰* १. समीप लाया हुआ। २. प्राप्त किया हुआ। ३. जिसका उपनयन (यज्ञोपवीत जनेऊ) संस्कार हो चुका हो।

उपनेता—[स॰ उप √नी + तृच्] *वि॰* पास ले जाने वाला। *पु॰* (राज॰) मुख्य नेता के ठीक नीचे का नेता। ***जैसे***—विधान सभा में विरोधी दल के नेता और उपनेता के अधिकार।

***उपन्ना**—[< हि॰ उपरना] *पु॰* शरीर के ऊपरी भाग में ओढ़ने की चादर या दुपट्टा। उत्तरीय। उपरना।

उपन्यस्त—[स॰ उप + न्यस्त] *वि॰* १. (किसी के) पास रखा हुआ या पास लाया हुआ। २. धरोहर के रूप में रखा हुआ। अमानती। ३. कथित। ४. उल्लिखित। ५. 'उपन्यास' के रूप में लिखित।

उपन्यास—[स॰ उप + न्यास] *पु॰* १. वाक्य का उपक्रम या बँधान। २. प्रस्तुतीकरण। ***जैसे***—यहाँ केवल एक ऋचा का उपन्यास किया गया है। (काव्य॰) १. एक गद्यात्मक साहित्य-विधा जो कहानी से बड़े आकार की तथा भिन्न उद्‌देश्यवाली है और जिसमें कल्पित या वास्तविक पात्रों तथा कार्यों से युक्त कथाओंवाला कथानक होता है और और जिसमें जीवन के विविध पक्षों का ऐसा चित्रण होता है जो मानव-जीवन (के वैविध्य) का प्रतिनिधित्व करता है। २. उक्त विधा की कोई कृति। ***जैसे***—'गोदान' प्रेमचन्द का प्रसिद्ध उपन्यास है। ✣ **उपन्यासकार**—*पु॰* = उपन्यास-लेखक। ✣ **उपन्यासिका**—*स्त्री॰* = आकार में छोटा उपन्यास। ✣ **उपन्यासीकरण**—*पु॰* = नाटक या घटनाओं को उपन्यास का रूप देना।

उपपति—[स॰ उप + पति] *पु॰* विवाहित स्त्री का प्रेमी जो उसके पति से भिन्न हो। जार।

उपपत्ति—[स॰ उप √पद् + क्तिन्] *स्त्री॰* १. युक्ति। हेतु। २. प्रमाण। सबूत। ३. सिद्धि। (गणित॰) प्रमेयों के तथ्य को सिद्ध करने की प्रक्रिया। (अ॰ प्रूफ़)

उपपत्नी—[स॰ उप + पत्नी] *स्त्री॰* वह स्त्री जिसे बिना विवाह किए पत्नी की भाँति रखा जाए। रखैल।

उपपद—[स॰ उप + पद] *पु॰* १. पहले कहा हुआ या आया हुआ शब्द। पूर्वकथित पद। २. शिक्षा-सम्बन्धी योग्यता की सूचक पदवी। उपाधि। ***जैसे***—शास्त्री, आचार्य। ३. प्रतिष्ठासूचक सम्बोधनवाची शब्द। (***जैसे***—आर्य; महाशय)। (व्या॰) समास का आरम्भिक पद/शब्द। (प्रशासन॰) नियमावली, दंडसंहिता आदि का कोई स्वतन्त्र अनुच्छेद/ धारा/ दफ़ा। (अ॰ आर्टिकल) ✣ **उपपद-समास**—

पु॰ = (व्या॰) कृदन्त के साथ हुआ संज्ञा का समास। (*जैसे*—कुम्भकार)।

उपपातक—[सं॰ उप-पातक] *पु॰* (स्मृतियों के अनुसार) छोटा पाप। ∇ **विलोम**—महापातक।

उपपादन—[सं॰ उप √पद् + णिच् + ल्युट्] *पु॰* १. (कार्य) पूरा करना। २. युक्ति द्वारा सिद्ध करना। सम्यक् प्रतिपादन।

उपपुराण—[सं॰ उप + पुराण] *पु॰* (मुख्य पुराणों या महापुराणों से भिन्न) गौण पुराण। ● **विशेष**—(नारदीय पुराण, कल्कि पुराण इत्यादि) १८ उपपुराण कहे जाते हैं परन्तु अधिक नाम भी मिलते हैं।

उपप्रधान—[सं॰ उप + प्रधान] *पु॰* प्रधान के ठीक बाद का (योग्यता या पद के आधार पर) अगला व्यक्ति।

उपप्रमेय—[सं॰ उप + प्रमेय] *पु॰* (गणित॰) किसी प्रमेय से सहज निगमित होनेवाली कोई ऐसी प्रतिज्ञा जो इतनी स्पष्ट हो कि उसे अलग से सिद्ध करने की आवश्यकता न हो।

उपप्रविष्टि—[सं॰ उप + प्रविष्टि] (पुस्तक॰, कोश॰) मुख्य प्रविष्टि से सम्बन्धित अन्य प्रविष्टि जो उसके बाद दी जाए। (अं॰ सब-एन्ट्री)

उपप्लव—[सं॰ उप √प्लु + अप्] *पु॰* १. विघ्न। बाधा। २. संकट। विपत्ति। ३. प्राकृतिक उत्पात (बाढ़, आँधी, भूकम्प, उल्कापात आदि) ४. सूर्यग्रहण या चन्द्रग्रहण। ५. राज्यक्रान्ति। विप्लव। विद्रोह। बग़ावत।

उपबन्ध—[सं॰ उप + बन्ध] *पु॰* संयोग या सम्बन्ध। (प्रशासन॰) १. किसी अधिनियम आदि की कोई धारा/उपधारा जिसमें आगामी किसी बात की सम्भावना को ध्यान में रखकर कोई प्रावधान/प्रबन्ध रखा या किया गया हो। २. उक्त प्रावधान रखने की क्रिया। (अं॰ प्रॉविज़न) ✣ **उपबन्धित (उपबंधित)**—*वि॰* = १. जो किसी उपबन्ध से युक्त हो। २. उपबन्ध में निर्दिष्ट। *क्रिवि॰* = उपबन्ध के अनुसार। प्रावधानतः। बशर्ते।

***उपबर्हण**—[सं॰ उप + बर्हण] *पु॰* (लेटने पर सिर के नीचे लगने का) तकिया।

उपबाहु—[सं॰ उप + बाहु] *पु॰* हाथ के पंजे से कोहनी तक का भाग।

उपबृंहण—[सं॰ उप √बृंह् + ल्युट्] *पु॰* वृद्धि या विस्तार। *जैसे*—पुराणों द्वारा वैदिक ज्ञान का उपबृंहण। ✣ **उपबृंहित**—*वि॰* = बढ़ा हुआ या बढ़ाया हुआ। वर्धित।

उपबोधन—[सं॰ उप + बोधन] *पु॰* = परामर्श देना। समझाना। ✣ **उपबोधन मनोविज्ञान**—*पु॰* = मनोविज्ञान की एक शाखा जिसका उद्देश्य व्यक्तित्व-सम्बन्धी, व्यावसायिक और वैवाहिक समस्याओं के समाधानों का अध्ययन और उचित परामर्श देना है।

उपभाषा—[सं॰ उप + भाषा] *स्त्री॰* (भाषा॰) किसी भाषा का कोई सीमित क्षेत्रीय रूप। *जैसे*—'छत्तीसगढ़ी' हिन्दी की एक उपभाषा है।

उपभुक्त—[सं॰ उप √भुज् + क्त] *वि॰* १. भोगा हुआ। भुक्त। २. काम में लाया हुआ। व्यवहृत। ३. उच्छिष्ट। जूठा। ✣ **उपभुक्ति**—*स्त्री॰* = उपभोग।

उपभू—[सं॰ उप + भू] *पु॰* पृथ्वी के समीप। (खगोल॰) पृथ्वी के किसी भी उपग्रह (चन्द्रमा आदि) की कक्षा का वह बिन्दु जहाँ से वह पृथ्वी के निकटतम होता है। भूमिनीच। (अं॰ पेरिजी)

उपभूषण—[सं॰ उप + भूषण] *पु॰* १. गौण आभूषण। २. (राजा आदि के) चँवर, छत्र आदि उपकरण।

उपभेद—[सं॰ उप + भेद] *पु॰* किसी भेद के अन्तर्गत छोटा भेद। *जैसे*—अलंकारों के भेद और उपभेद।

उपभोक्ता—[सं॰ उपभोक्तृ] *पु॰* उपभोग करनेवाला। काम में लानेवाला। उपयोग करनेवाला। (अर्थ॰) वह व्यक्ति, संस्था या प्रतिष्ठान जो किसी आर्थिक माल का उपभोग करता है।

उपभोग—[सं॰ उप √भुज् + घञ्] *पु॰* १. भोगना। २. स्वाद लेना। आस्वादन। ३. व्यवहार में लाना। व्यवहार। ४. विषय-सुख। ५. (स्त्री/पुरुष से) सहवास। सम्भोग। ६. (किसी कर्म के) फल का भोग। (अर्थ॰) मानवीय इच्छाओं की तृप्ति के लिए वस्तुओं (तथा सेवाओं) का उपयोग (जिसके बाद वस्तु की उपयोगिता नष्ट हो जाती है)। (उपभुक्त वस्तु की) खपत।

उपभोगी—[सं॰ उपभोगिन्] *वि॰* उपभोग करनेवाला। उपभोक्ता।

उपभोग्य—[सं॰ उप + भोग्य] *वि॰* १. जो उपभोग के योग्य हो। २. जिसका उपभोग होनेवाला हो। *पु॰* उपभोग की वस्तु।

उपमण्डल (उपमंडल)—[सं॰ उप + मण्डल] *पु॰* = मंडल का कोई भाग/उपविभाग। (प्रशासन॰) एक या अधिक तहसीलों को मिलाकर बनायी गयी प्रशासनिक इकाई। परगना।

उपमन्त्री (उपमंत्री)—[सं॰ उप + मन्त्री (मन्त्रिन्)] *पु॰* किसी संस्था, राज्य सरकार या केन्द्र सरकार के मन्त्री की सहायता के लिए नियुक्त छोटा मन्त्री।

उपमति—[सं॰ उप + मति] *स्त्री॰* (विधि॰) १. मौन स्वीकृति। मौन सम्मति। २. व्यवहार से उपलक्षित या ध्वनित समर्थन।

उपमन्यु—[सं॰ उप + मन्यु] *वि॰* १. बुद्धिमान्। २. उत्साही।

उपमर्दन—[सं॰ उप + मर्दन] *पु॰* १. कुचलना। २. मसलना। रगड़। ३. पिसाई। ४. उपेक्षा करना। तिरस्कार करना। ५. नाश। उजाड़ना। ६. (वृक्ष आदि को) झकझोरना।

उपमहाद्वीप (उपमहाद्वीप)—[सं॰ उप + महाद्वीप] *पु॰* किसी महाद्वीप का एक बड़ा भाग जिसकी अपनी विशेषता हो।

उपमा—[सं॰ उप √मा + अङ् + टाप्] *स्त्री॰* १. समानता। सादृश्य। २. तुलना। (काव्य॰) एक अर्थालंकार। दो भिन्न वस्तुओं में धर्म की समानता (साधर्म्य) दिखाना। *जैसे*—मुख की उपमा चन्द्रमा से देना।

उपमाता—[सं॰ उप + माता] *स्त्री॰* १. सौतेली माता। विमाता। २. माता के समान आदरणीय स्त्री (विशेषतः सम्बन्धिनी)—मौसी, चाची, ताई, बुआ, सास आदि। ३. धात्री। धाय।

उपमान—[उप √मा + ल्युट्] *पु॰* वह वस्तु या व्यक्ति जिससे किसीकी

तुलना या समानता की जाए। समानता-सूचक वस्तु या व्यक्ति। (काव्य॰) उपमा अलंकारों के चार तत्त्वों में से एक। जिससे उपमा दी जाती है वह व्यक्ति या वस्तु। अप्रस्तुत। (छन्द॰) एक सममात्रिक छन्द जिसके प्रत्येक चरण में २३ मात्राएँ होती हैं, १३-१० पर यति होती है और अन्त में दो गुरु होते हैं। (न्याय॰) चार प्रकार के प्रमाणों में से एक। सादृश्य के द्वारा न देखे गए (अविद्यमान) विषय का ज्ञान।

उपमालिनी—[स॰ उप + मालिनी] *स्त्री॰* (छन्द॰) एक समवर्णिक छन्द जिसके प्रत्येक चरण में क्रमशः दो नगण, तगण, भगण और रगण (न न त भ र) के योग से १५ वर्ण होते हैं और ८-७ पर यति होती है।

उपमित—[स॰ उप √मा + क्त] *वि॰* जिसकी किसी से उपमा दी गयी हो। ***जैसे***—'चन्द्र के समान मुख' वाक्य में मुख उपमित है। ✣ **उपमिता**—*वि॰ (स्त्री॰)*।

उपमिति—[स॰ उप √मा + क्तिन्] *स्त्री॰* १. समानता। सादृश्य। तुलना। २. सादृश्य से होनेवाला ज्ञान। (न्याय॰) उपमान प्रमाण से प्राप्त ज्ञान।

उपमित्र—[स॰ उप + मित्र] *पु॰* १. साधारण मित्र। २. मित्रवत् व्यक्ति।

उपमेय—[स॰ उप √मा + यत्] *वि॰* १. उपमा के योग्य। २. जिसकी किसी से उपमा दी जाए या तुलना की जाए। *पु॰* वह जिसकी किसी से तुलना की जाए। (काव्य॰) उपमा अलंकार के चार तत्त्वों में से एक। वह जिसकी तुलना अन्य पदार्थ के साथ की जाए। प्रस्तुत।

उपमेयोपमा—[स॰ उपमेय ~ उपमा] *स्त्री॰* (काव्य॰) एक अर्थालंकार जिसमें उपमेय और उपमान को परस्पर उपमान और उपमेय कहा जाता है। (***जैसे***—चन्द्रमा के समान मुख और मुख के समान चन्द्रमा है)।

उपयुक्त—[स॰ उप + युक्त] *वि॰* १. उपयोग में लाया हुआ। २. प्रयोग में लाया हुआ। प्रयुक्त। २. उचित। ठीक। ***जैसे***—उपयुक्त निर्णय। ३. योग्य। समर्थ। लायक़। ***जैसे***—मंत्री पद के लिए उपयुक्त व्यक्ति। ४. अनुकूल। ✣ **उपयुक्तता**—*स्त्री॰* = उपयुक्त होने की अवस्था/भाव। उपयुक्त होना। ✣ **उपयोक्तव्य**—*वि॰* = नियुक्त किए जाने योग्य।

उपयोजन—[स॰ उप √युज् + ल्युट्] *पु॰* उपयोग में लाना। काम में लाना।

उपरञ्जन (उपरंजन)—[स॰ उप + रञ्जन] *पु॰* १. रँगना। २. रंगसाज़ी। ✣ **उपरञ्जनीय (उपरंजनीय)**—*वि॰* = १. रँगने योग्य। २. जो रँगा जानेवाला हो। ✣ **उपरञ्जित (उपरंजित)**—*वि॰* जिसे रँगा गया हो।

उपरत—[स॰ उप √रम् + क्त] *वि॰* १. जो रत न हो। विरत। २. जो किसी काम में लगा हुआ न हो। ३. राग-रहित। विरक्त। उदासीन।

उपरति—[स॰ उप + रति] *स्त्री॰* १. वासना-त्याग। २. (विषयों के प्रति) वैराग्य। ३. सन्यास।

उपरत्न—[स॰ उप + रत्न] *पु॰* (रत्नों के समान परन्तु कम मात्रा में गुणोंवाले) कम मूल्य के या गौण रत्न। ***जैसे***—मोती, सीप, शंख इत्यादि प्रमुख उपरत्न हैं।

उपरना**—[हि॰ उपर] *पु॰* १. उत्तरीय। दुपट्टा। ***जैसे—पीला उपरना। २. (स्त्रियों का) ओढ़ने का वस्त्र। ओढ़नी।

उपरफट—[< स॰ उपरि ~ स्फुट] *वि॰* १.दिखावटी। बनावटी। २. व्यर्थ की। बेकार की।

†उपरला—[< हि॰ उपर] *वि॰* ऊपरवाला। ऊपरी।

†उपरवार—[< हि॰ उपर] बाँगर भूमि। *वि॰* ऊपर की ओर का। ऊँची भूमि का। ***जैसे***—उपरवार खेत।

उपरस—[स॰ उप + रस] *पु॰* १. गौण रस। २. उपधातु। ● विशेष—आयुर्वेद में पारा, अंजन, सिन्दूर, गेरू, सोहागा, नीलांजन, सीप, कौड़ी आदि को 'उपरस' कहा गया है।

उपराग—[स॰ उप √रञ्ज् + घञ्] *पु॰* १. लाल रंग। २. लालिमा। लाली। ३. रंग। ४. भोग-विलास में अनुराग। विषयासक्ति। ५. सूर्य/चन्द्र का ग्रहण। ६. राहु। (सांख्य॰) निकटस्थ वस्तु के प्रभाव से रंग-रूप बदलना (***जैसे***—लाल वस्तु की समीपता से स्फटिक का लाल दिखना)।

उपराज[1]—[स॰ उप + राज] *पु॰* (प्राचीन भारत में) राजा के प्रतिनिधि के रूप में किसी अधीन प्रदेश का शासक। राजप्रतिनिधि शासक।

***उपराज**[2]—[< स॰ उपार्जन] *पु॰* उपज। पैदावार।

***उपराजना**—[< स॰ उपार्जन] *क्रिस॰* १. उपार्जन करना। कमाना। २. उत्पन्न करना। उपजाना। ३. रचना। बनाना।

उपरान्त (उपरांत)—[< हि॰ ऊपर + स॰ अन्त] *क्रिवि॰* (किसी के) अन्त में या बाद में। अनन्तर। पश्चात्। ***जैसे***—मरणोपरान्त (मरण + उपरान्त)।

***उपरान्ति (उपरांति)**—[< हि॰ उपरान्त] इसके अतिरिक्त या इससे बढ़कर।

उपराम—[स॰ उप √रम् + घञ्] *पु॰* १. विरक्ति। विराग। २. निवृत्ति। छुटकारा। ३. विश्राम। आराम। ४. मृत्यु।

***उपराहना**—[< हि॰ ऊपर + करना] *क्रिस॰* १. औरों से बढ़कर मानना। २. प्रशंसा करना। सराहना।

***उपराही**—[< हि॰ ऊपर] *क्रिवि॰* ऊपर। *वि॰* १. उत्तम। श्रेष्ठ। २. बढ़कर।

उपरि—[स॰ ऊर्ध्व + रिल्, उपादेश] *क्रिवि॰* १. ऊपर। ***जैसे***—सर्वोपरि (= सर्व + उपरि)। २. उपरान्त। बाद। *वि॰* १. ऊपर का। २. ऊँचाई पर स्थित।

उपरिपुल—[स॰ उपरि + हि॰ पुल] *पु॰* (रेल की पटरी या सड़क आदि के) ऊपर बना हुआ पुल। ऊपरी पुल। (अ॰ ओवरब्रिज)

उपरिराशि—[स॰ उपरि ~ राशि] *स्त्री॰* अतिरिक्त राशि। ***जैसे***—उपरिराशि पुनर्बीमा।

उपरिव्यय—[स॰ उपरि ~ व्यय]—*पु॰* = (अर्थ॰) कच्चे माल और

प्रत्यक्ष श्रम जैसे कारकों पर होनेवाले निर्माण-व्यय के अतिरिक्त ख़र्च जो व्यवसाय या उद्योग को चलाने के लिए अनिवार्य होते हैं (***जैसे***—किराया, विज्ञापन, बिजली आदि का व्यय)।

उपरिश्रेणिक—[सं॰ उपरि ~ श्रेणिक] *वि॰* ऊपर की श्रेणी का।

उपरिष्ट—[सं॰ ऊर्ध्व ~ रिष्ट, उप आदेश] *पुं॰* घी लगाकर तवे पर सेंकी गयी रोटी। पराँठा।

***उपरी-उपरा**—[< सं॰ उपरि ~ उपर] *स्त्री॰* १. एक दूसरे के ऊपर होना। चढ़ा-ऊपरी। २. स्पर्धा। होड़।

उपरुद्ध (उपरुद्ध)—[सं॰ उप + रुद्ध] *वि॰* १. रोका हुआ। बाधित। २. घेरा हुआ। ३. कैद किया हुआ। बद्ध। *पुं॰* बन्दी। क़ैदी।

***उपरैना**—[< हिं॰ उपरना] *पुं॰* उत्तरीय। दुपट्टा। ✣ **उपरैनी**—*स्त्री॰* = (स्त्रियों की) ओढ़नी।

उपरूपक—[सं॰ उप + रूपक] *पुं॰* नृत्य पर आधारित नाटक।

उपरोक्त—*दे॰* शुद्ध शब्द 'उपर्युक्त'।

उपरोध—[सं॰ उप + रोध] *पुं॰* १. बाधा। २. आड़। पर्दा।

उपरोधन—[सं॰ उप + रोधन] *पुं॰* बाधा डालने की क्रिया/भाव। बाधा। अड़चन। ✣ **उपरोधी**—*वि॰* = बाधा डालनेवाला।

***उपरौटा/उपरौठा/उपरौंठा (उपरौंठा)**—[< सं॰ उपरिष्ट] *पुं॰* घी लगाकर तवे पर सेंकी गयी रोटी। पराँठा।

***उपरौना**—[< हिं॰ उपर] *पुं॰* उत्तरीय। दुपट्टा।

†**उपरौर**—[अवधी, < सं॰ उपल] *पुं॰* कंडों/उपलों का ऊँचा ढेर।

***उपरौंछा (उपरौंछा)**—[< हिं॰ ऊपर] *क्रिवि॰* ऊपर की ओर। *वि॰* ऊपर की ओर का। ऊपरी।

उपर्युक्त—[सं॰ उपरि ~ उक्त] *वि॰* १. ऊपर कहा हुआ। पहले कहा हुआ। पूर्वोक्त।

उपर्युपरि—[सं॰ उपरि ~ उपरि] *क्रिवि॰* १. ऊपर-ऊपर। २. बहुत ऊपर। ***जैसे***—उपर्युपरि जाते हुए विष्णुलोक मिलेगा।

उपल—[सं॰ उप √ला + क] *पुं॰* १. पत्थर। २. रत्न। ३. ओला। ***जैसे***—बादलों से उपल-वर्षा होना।

उपलक्षक—[सं॰ उप √लक्ष् + ण्वुल्] *वि॰* १. अनुमान करनेवाला। २. बोधक। *पुं॰* [काव्य॰] (किसी वाक्य में) उपादानलक्षणा से युक्त शब्द। (*दे॰* उपादानलक्षणा)

उपलक्षण—[सं॰ उप + लक्षण] *पुं॰* १. देखना। २. बोधक चिह्न। ३. विशेष लक्षण। पहचान। ४. संकेत। (काव्य॰) शब्द की वह शक्ति जिससे निर्दिष्ट वस्तु के अतिरिक्त उस प्रकार की और वस्तुओं का भी बोध हो। (*दे॰* उपादानलक्षणा)

उपलक्षित—[सं॰ उप + लक्षित] *वि॰* १. जिसको लक्ष्य बनाया गया हो। २. जिसका अनुमान किया गया हो। अनुमानित। ३. संकेत से बताया हुआ। संकेतित। ४. उपादानलक्षणा शब्दशक्ति से संकेतित (अर्थ)।

उपलक्ष्य—[सं॰ उप √लक्ष् + ण्यत्] *वि॰* १. लक्ष्य करने योग्य। २. अनुमान करने योग्य। *पुं॰* १. उद्देश्य। निमित्त। २. अनुमान। ३. संकेत। ● **विशेष**—'**उपलक्ष्य में**' = निमित्त से। ***जैसे***—आज नव वर्ष के उपलक्ष्य में एक संगीत कार्यक्रम होगा।

उपलब्ध—[सं॰ उप √लभ् + क्त] १. मिला हुआ। प्राप्त। हस्तगत। २. जाना हुआ। ज्ञात। ३. उपलभ्य। सुलभ। ✣ **उपलब्धता**—*स्त्री॰* = १. प्राप्ति। २. सुलभता।

उपलब्धि—[सं॰ उप √लभ् + क्तिन्] *स्त्री॰* १. प्राप्ति। २. ज्ञान। ३. प्राप्त सफलता। ***जैसे***—स्वतंत्र भारत की उपलब्धियाँ। ✣ **उपलब्धि-परीक्षण**—*पुं॰* = (मनो॰) विद्यालयी विषयों में प्राप्त दक्षता को मापने के लिए रचित और मानकीकृत परीक्षण।

उपलभ्य—[सं॰ उप √लभ् + यत्] *वि॰* उपलब्ध हो सकनेवाला। जो मिल सके। प्राप्य। ***जैसे***—उपलभ्य धन के आधार पर।

उपलभेदी—[सं॰ उपलभेदिन्] *पुं॰* एक औषधोपयोगी पाषाणभेदी वृक्ष। पथरचटा।

उपला—[< सं॰ उपल] *पुं॰* गाय-भैंस के गोबर से बनाया हुआ कंडा जो जलाने के काम में आता है। गोहरा। गोइठा।

उपलाकार—[सं॰ उपल ~ आकार] *वि॰* १. पत्थर के आकार का। पाषाण-रूप। २. पत्थर जैसा कठोर।

उपलेपन—[सं॰ उप + लेपन] १. मालिश। २. उबटन। ३. लेप के रूप में लगाना। ४. (किसी वस्तु से) लीपने या पोतने की क्रिया।

उपलोपम—[सं॰ उपल ~ उपमा] *वि॰* उपल/पत्थर के समान। पत्थर जैसा। २. अति कठोर।

उपवन—[सं॰ उप + वन] *पुं॰* १. छोटा वन/जंगल। २. उद्यान। बाग़। बग़ीचा।

***उपवना**[1]—[< हिं॰ उपजना] *क्रिअ॰* १. उत्पन्न होना। उपजना। २. उदय होना।

***उपवना**[2]—[< हिं॰ उ + लोपना] *क्रिअ॰* अदृश्य हो जाना। उड़ जाना।

उपवर्ग—[सं॰ उप + वर्ग] *पुं॰* (व्यक्तियों या वस्तुओं आदि के) किसी वर्ग के अन्तर्गत कोई छोटा वर्ग। ***जैसे***—आधुनिक हिन्दी ग्रन्थों के वर्ग में साहित्यिक, वैज्ञानिक, कलात्मक इत्यादि उपवर्गों के ग्रन्थों की अलग-अलग सूचियाँ बनाइए।

उपवायुपति—[सं॰ उप + वायुपति] *पुं॰* वायुसेना का एक उच्च अधिकारी जिसका पद ग्रुप-कैप्टन और एअर वाइस-मार्शल के बीच का होता है। (अं॰ एअर-कॉमोडोर)

उपवास—[सं॰ उप √वस् + घञ्] *पुं॰* १. व्रत-रूप में भोजन का त्याग। २. भोजन का त्याग या अप्राप्ति। निराहार/भूखा रहना।

उपविधि—[सं॰ उप + विधि] *स्त्री॰* गौण या कम महत्त्व की विधि। (विधि॰) ऐसा कानून/अध्यादेश/विनियम जिसे कोई सरकारी निगम या अन्य संगठन अपने आन्तरिक मामलों के विनियमन तथा व्यवहार के लिए बनाए।

उपविष—[सं॰ उप + विष] *पुं॰* हल्का विष (जैसे—धतूरा, शराब आदि) जो घातक न हो।

उपविष्ट—[सं॰ उप √विश् + क्त] *वि॰* बैठा हुआ। ***जैसे***—भूमि पर उपविष्ट बालक।

उपवीणा—[सं॰ उप + वीणा] *स्त्री॰* वीणा का निचला (तूँबेवाला) भाग।

उपवीत—[सं॰ उप + वि √इ + क्त] *पु॰* १. यज्ञोपवीत। जनेऊ। २. उपनयन-संस्कार। जनेऊ-संस्कार। ✣ **उपवीती**—*वि॰* = जनेऊ धारण करनेवाला। यज्ञोप्रवीतधारी।

उपवृंहण—[सं॰ उप √वृंह् + ल्युट्] *पु॰* उपबृंहण। वृद्धि।

उपवृंहित—[सं॰ उप √वृह् + क्त] *वि॰* जो बढ़ाया गया हो। वर्धित। उपबृंहित।

उपवेद—[सं॰ उप + वेद] *पु॰* चार वेदों की अंगभूत विद्याओं का सामूहिक नाम। ● **विशेष**—ऋग्वेद का उपवेद 'आयुर्वेद' है, यजुर्वेद का 'धनुर्वेद', सामवेद का गान्धर्ववेद तथा अथर्ववेद का 'अर्थशास्त्र' अथवा 'स्थापत्यवेद'। । इनके अतिरिक्त 'इतिहास' और 'पुराण' भी अथर्ववेद से सम्बन्धित उपवेद कहे जाते हैं।

उपवेशन—[उप √विश् + ल्युट्] *पु॰* १. बैठना। २. सभा की बैठक।

उपवेष्टन—[सं॰ उप + वेष्टन] *पु॰* लपेटने की क्रिया। चारों ओर से लपेटना। ✣ **उपवेष्टित**—*वि॰* = १. लिपटा हुआ। २. घिरा हुआ।

उपशम—[सं॰ उप √शम् + घञ्] *पु॰* १. शान्त हो जाना। शमन। २. इच्छाओं की या तृष्णा की निवृत्ति। ३. निवृत्ति। ४. रोग/पीड़ा का समाप्त होना या घट जाना। ५. कम करना। घटाना। जैसे-भाड़े का उपशमन। ६. निवारण का उपाय। ७. इन्द्रिय-निग्रह। (आयु॰) वात, पित्त और कफ़ के दोषों का कुपित होने के बाद शान्त हो जाना। वेदना या रोग के लक्षणों की तीव्रता में कमी। (जैन॰) कर्मों का उदय कुछ समय के लिए रोक देना। कर्मों की शक्ति का प्रकट न होना। (विधि॰) १. रद्द करने का कार्य। *जैसे*—कार्रवाई का उपशम।

उपशमन—[सं॰ उप √ शमन + णिच् + ल्युट्] *पु॰* १. शान्त करना। २. दबाना। ३. घटाना। ४. तुष्ट करना। ५. निवारण। दूर करना। (चिकित्सा॰) राहत। (विधि॰) बिल्कुल रोक देना। समाप्त कर देना। जैसे—उत्पात-उपशमन; वाद-उपशमन (अं॰) अबेटमेंट।

उपशय—[सं॰ उप √शी + अच्] *वि॰* शन्तिदायक। *पु॰* १. ओषधि या पथ्य विशेष के प्रभाव से रोग का निदान। २. अनुकूल ओषधि या पथ्य के द्वारा रोग की चिकित्सा।

उपशाखा—[सं॰ उप + शाखा] *स्त्री॰* १. शाखा की शाखा। २. बड़ी शाखा की कोई छोटी शाखा। ३. उपभेद।

उपशामक—[सं॰ उप + शामक] *वि॰* (रोग /झगड़ा आदि का) उपशमन करनेवाला।

उपशास्त्र—[सं॰ उप + शास्त्र] *पु॰* १. गौण शास्त्र। २. कोई छोटी कला/शिल्प।

उपशिक्षक—[सं॰ उप + शिक्षक] *पु॰* सहायक शिक्षक।

उपशिष्य—[सं॰ उप + शिष्य] *पु॰* शिष्य का शिष्य।

उपसंहार—[सं॰ उप + संहार] *पु॰* १. अन्त। समाप्ति। २. ग्रन्थ या लेख के अन्त में दिया जानेवाला सारांश। ग्रन्थ/लेख की प्रमुख बातों का संक्षिप्त वर्णन।

उपसङ्ग (उपसंग)—[सं॰ उप + हि॰ संग] *क्रिवि॰* समीप। पास।

उपसना[1]—[< हि॰ उपस] *क्रिअ॰* १. दुर्गन्धित होना। सड़कर दुर्गन्ध देना। २. सड़ना।

उपसना[2]—[< सं॰ उपवसन] *क्रिअ॰* दूर होना। हटना।

उपसम्पदा (उपसंपदा)—[सं॰ उप + सम्पदा] *स्त्री॰* १. गुरुकुल में विधिपूर्वक स्वयं को समर्पित कर आचार्य का शिष्य बनना। २. बौद्ध भिक्षु बनने की दीक्षा।

उपसर्ग—[सं॰ उप √सृज् + घञ्] *पु॰* १. उत्पात। २. विपत्ति। ३. रोग। ४. रोग से उत्पन्न दुर्बलता आदि विकार। ५. भूत-प्रेत का आवेश। भूत-बाधा। (भाषा॰) अर्थ में कुछ परिवर्तन लाने के लिए धातु/शब्द के आरम्भ में जोड़ा जानेवाला वर्ण या अर्थहीन वर्ण-समूह। पूर्वप्रत्यय। *जैसे*—'विनाश' शब्द में 'वि' उपसर्ग है। (चिकित्सा॰) रोग उत्पन्न करनेवाले जीवों द्वारा शरीर पर आक्रमण। संक्रमण। (अं॰ इन्फ़ेक्शन)

***उपसवना**—[< हि॰ उपसना < सं॰ उपवसन] *क्रिअ॰* भागकर अन्य स्थान पर चला जाना।

उपसागर—[सं॰ उप + सागर] *पु॰* १. समुद्र की खाड़ी। २. बड़े सागर का कोई छोटा भाग।

उपसाधन—[सं॰ उप + साधन] *पु॰* (मुख्य साधन के साथ प्रयुक्त होनेवाली) गौण वस्तु। गौण साधन।

उपसीजना—[< सं॰ उपसृज्] *क्रिअ॰* अधीन होना। ✣ **उपसीजि**—*क्रिवि॰* = अधीन होकर।

उपसृष्ट—[सं॰ उप √सृज् + क्त] *वि॰* १. उपसर्ग से युक्त। २. पीड़ित। ३. ग्रस्त। ४. भूत-प्रेत के आवेश से पीड़ित/ग्रस्त। ५. राहु-केतु से ग्रस्त सूर्य/चन्द्र। (चिकित्सा॰) (शरीर) जिस पर रोग उत्पन्न करनेवाले जीवों द्वारा आक्रमण हुआ हो। संक्रमित।

उपसेक/उपसेचन—[सं॰ उप √सिच् + घञ्/ल्युट्] *पु॰* १. सींचना। २. पानी से तर करना। भिगोना। ३. गीली वस्तु। ४. रसेदार व्यंजन (*जैसे*—दाल, रसेदार आलू आदि)।

उपसेवन—[सं॰ उप + सेवन] *पु॰* १. सेवा करना। २. किसी वस्तु का प्रयोग/इस्तेमाल करना। सेवन करना।

उपसौर—[सं॰ उप + सौर] *पु॰* (खगोल॰) किसी ग्रह या उल्का की कक्षा का वह बिन्दु जो सूर्य के निकटतम होता है। रविनीच।

उपस्कर—[सं॰ उप √कृ + अप्, सुट्] *पु॰* १. किसी वस्तु के अधूरेपन को दूर करनेवाली वस्तु। अंगभूत वस्तु। २. पूरक वस्तु। ३. सामग्री। साज-सामान। ४. साधन। ५. गृहस्थी के लिए उपयोगी वस्तुएँ (झाड़ू, सूप, चलनी आदि) ६. घर की सजावट का सामान (मेज़, कुर्सी आदि)। (अं॰ फ़र्निचर) ७. आभूषण। गहना। ८. (कारखाने के)उपकरण, यन्त्र, औजार आदि।

उपस्करण—[सं॰ उप √कृ + ल्युट्, सुट्] *पु॰* १. सँवारना। सजाना। २. संग्रह।

उपस्कार—[सं॰ उप √कृ + घञ्, सुट्] *पु॰* १. न्यूनतापूरक वस्तु।

पूरक वस्तु। २. सजावट। ३. गृहस्थी की सजावट की वस्तुएँ। (अ॰ फर्निचर) ४. आभूषण। गहना।

उपस्कृत—[स॰ उप √कृ + क्त, सुट्] *वि॰* १. उपस्कर से युक्त। उपस्कर से सज्जित। २. संगृहीत। ३. सजाया हुआ। सज्जित। ४. अलंकृत। भूषित।

उपस्तरण—[स॰ उप √स्तृ + ल्युट्] *पु॰* १. चादर। २. शय्या। बिछौना।

उपस्त्री—[स॰ उप + स्त्री] *स्त्री॰* अविवाहित पत्नी। उपपत्नी।

उपस्थ—[स॰ उप √स्था + क] *पु॰* १. पुरुष या स्त्री की जननेन्द्रिय। लिंग या योनि। २. मल-त्याग का मार्ग। गुदा। ✣ **उपस्थ-निग्रह**—*पु॰* = जननेन्द्रिय का नियन्त्रण। संयम।

उपस्थान—[स॰ उप √स्था + ल्युट्] *पु॰* १. देवता के सामने खड़े होकर स्तुति/पूजा करना। २. पूजा का स्थान। देवालय। मन्दिर। ३. मठ। ४. सभा।

उपस्थापन—[स॰ उप + स्थापन] *पु॰* (सभा, परिषद् आदि में) कोई प्रस्ताव विचारार्थ उपस्थित/प्रस्तुत करने की क्रिया/भाव। ✣ **उपस्थापनीय**—*वि॰* = प्रस्तुत करने योग्य। ✣ **उपस्थापित**—*वि॰* = उपस्थित/प्रस्तुत किया हुआ।

उपस्थित—[स॰ उप + स्थित] *वि॰* १. समीप/सामने स्थित। ***जैसे***—आज उपस्थित एक समस्या। २. प्रस्तुत। हाज़िर। मौजूद। ***जैसे***—विद्यालय में उपस्थित विद्यार्थियों ने। [∇ **विलोम**—अनुपस्थित।] *पु॰* (छन्द॰) एक समवर्णिक छन्द जिसके प्रत्येक चरण में क्रमशः जगण, सगण, तगण तथा दो गुरु (ज स त ग ग) के योग से ११ वर्ण होते हैं तथा ५-६ पर यति होती है। ✣ **उपस्थिता**—*वि॰ (स्त्री॰)*। *स्त्री॰* (छन्द॰) एक समवर्णिक छन्द जिसके प्रत्येक चरण में क्रमशः तगण, २ जगण, और गुरु (त ज ज ग) के योग से १० वर्ण होते हैं तथा २-८ पर यति होती है।

उपस्पर्श/उपस्पर्शन—[स॰ उप √स्पृश् + घञ्/ल्युट्] *पु॰* १. स्पर्श। छूना। २. आचमन। ३. कुल्ला।

उपस्मृति—[स॰ उप + स्मृति] *स्त्री॰* धर्मशास्त्र के छोटे ग्रन्थ। लघु स्मृतियाँ। ***जैसे***—लौगाक्षिस्मृति, गोभिलस्मृति आदि अनेक उपस्मृतियाँ हैं जो मनुस्मृति आदि २० स्मृतियों से भिन्न है।

उपहत—[स॰ उप √हन् + क्त] *वि॰* १. चोट खाया हुआ। आहत। घायल। ***जैसे***—हत और उपहत मनुष्य। २. हराया हुआ। ***जैसे***—उपहत शत्रु। ३. नष्ट किया हुआ। ***जैसे***—उपहत बुद्धि। ४. बिगाड़ा हुआ। दूषित। विकृत। ***जैसे***—उपहत चित्त। ५. अपवित्र किया हुआ। ***जैसे***—उपहत पूजा-स्थान।

उपहतचित्त—[स॰ उपहत ~ चित्त] *वि॰* १. घबड़ाया हुआ। उद्विग्न। २. विवेकरहित। ३. पागल।

उपहति—[स॰ उप √हन् + क्तिन्] *स्त्री॰* १. आघात। प्रहार। चोट। २. वध। हत्या। ३. हानि। ४. विनाश।

उपहसित—[स॰ उप √हस् + क्त] *वि॰* जिसका उपहास किया गया हो। *पु॰* कटाक्षभरी हँसी। (काव्य॰) हँसने का वह प्रकार जिसमें सिर और कन्धे काँपने लगते हैं, नाक फूल जाती है और चितवन तिरछी हो जाती है।

उपहार—[स॰ उप √हृ+ घञ्] *पु॰* किसी विशेष उद्देश्य से या किसी विशेष अवसर पर दी गयी वस्तु। भेंट। ***जैसे***—बालक के जन्मदिवस पर दिया गया उपहार। (अर्थ॰) किसी संस्था, सम्बन्धी आदि को आत्मसन्तोष के लिए तथा बिना प्रतिफल दी जानेवाली वस्तु।

उपहारी—[स॰ उपहा+ रिन्] *वि॰* उपहार देनेवाला।

उपहास—[स॰ उप √हस् + घञ्] *पु॰* १. निन्दात्मक हँसी। खिल्ली। २. मज़ाक़। ३. निन्दा। बदनामी।

उपहित—[स॰ उप √धा + क्त] *वि॰* १. पास में रखा हुआ। समीपस्थ। २. युक्त। सहित। ***जैसे***—बलोपहित (बल + उपहित)। ३. उपाधियुक्त। ***जैसे***—अन्तःकरण से उपहित चैतन्य।

***उपही**—[< स॰ उपरि] *पु॰* १. ऊपरी या बाहरी वस्तु/व्यक्ति। २. विदेशी, परदेशी या अपरिचित।

उपांशु—[स॰ उप + अंशु] *क्रिवि॰* १. अत्यन्त मन्द स्वर से। धीमी आवाज़ से। २. चुपके-चुपके। *पु॰* अत्यन्त मन्द स्वर में मन्त्र जपने की विधि।

***उपाइनि**—[< हि॰ उपाना] *वि॰ (स्त्री॰)* उत्पन्न करनेवाली।

उपाकर्म—[स॰ उप + आ + कर्म] १. उपक्रम। आरम्भ। २. श्रावणी पूर्णिमा को वेद-अध्ययन का संस्कारपूर्वक आरम्भ। श्रावणी कर्म। ३. यज्ञोपवीत (जनेऊ) संस्कार।

उपाख्या—[स॰ उप + आख्या] *स्त्री॰* १. शब्दों के द्वारा किया गया कुछ वर्णन। २. विवरण।

उपाख्यान—[स॰ उप + आख्यान] *पु॰* १. कोई पुरानी कथा। पुराना वृत्तान्त। २. किसी कथा में आनेवाली कोई अन्य कथा। ***जैसे***—महाभारत में 'नलोपाख्यान' आदि अनेक उपाख्यान हैं।

उपागम—[स॰ उप ~ आगम] *पु॰* समीप आना। निकट आना। ***जैसे***—परीक्षा का उपागम।

उपाङ्ग (उपांग)—[स॰ उप + अङ्ग] *पु॰* १. किसी वस्तु के किसी अंग का कोई छोटा भाग। २. सहायक या पूरक वस्तु। ३. वेदांग के पूरक विषयों—पुराण, न्याय, मीमांसा और धर्मशास्त्र—में से प्रत्येक। ● **विशेष—उपांग ललिता व्रत**—ललिता देवी के भक्तों का एक व्रत जो आश्विन शुक्ल पंचमी को किया जाता है।

उपाचार्य—[स॰ उप + आचार्य] *पु॰* विश्वविद्यालय अथवा उसके महाविद्यालयों में आचार्य (अ॰ प्रोफ़ेसर) के नीचे का पद। (अ॰ रीडर)

***उपाटना**—[< स॰ उत्पाटन] *क्रिस॰* जड़ से खोदकर उखाड़ना। उत्पाटन। उन्मूलन करना।

उपाड़ना—[< स॰ उत्पाटन] १. उत्पाटन करना। उखाड़ना। २. नष्ट करना। ध्वस्त करना। ३. उभारना। *२. ऊपर उठाना।

उपात्यय—[स॰ उप + अत्यय] *पु॰* १. आज्ञा-उल्लंघन। २. मर्यादा-भंग। किसी रीति-रिवाज या प्रथा का उल्लंघन। ३. उद्धतता। उद्दंडता।

उपादान—[स॰ उप + आदान] *पु॰* १. ग्रहण लेना। २. कोई पदार्थ जिन वस्तुओं से बना हो उनमें से प्रत्येक। ***जैसे***—नाव का प्रमुख

उपादानं लकड़ी है। (न्याय॰) एक प्रकार का कारण/हेतु। (दे॰ उपादान कारण) ⁘ **उपादान कारण**—*पु॰*= (न्याय, वेदान्त आदि में) ऐसा कारण जो अन्य रूप धारण कर किसी वस्तु को बनाता है। ***जैसे***—घड़े का उपादान कारण मिट्टी है।

उपादानलक्षणा—[स॰ उपादान ~ लक्षणा] *स्त्री॰* (काव्य॰) शुद्ध लक्षणा का एक भेद। शब्द के मुख्य अर्थ के साथ उसके अमुख्य अर्थ की संलग्नता वाली लक्षणा। ● **विशेष**—'कौओं से मिठाई की रक्षा करो' वाक्य में 'कौआ' शब्द उपलक्षण मात्र है। क्योंकि कौओं के साथ अन्य जीवों का संकेत-ग्रहण भी है; अतः यहाँ उपादानलक्षणा है।

उपादेय—[स॰ उप + आदेय] *वि॰* १. ग्रहण किए जाने योग्य। २. जो ग्रहण किया जा सकता हो। ३. उपयोगी। ***जैसे***—आयुर्वेद की अति उपादेय दवाएँ ख़रीदना। ⁘ **उपादेयता**—*स्त्री॰* = १. ग्रहण किए जाने की योग्यता। २ उपयोगिता।

उपाधि—[स॰ उप + आ √धा + कि] *स्त्री॰* १. किसी व्यक्ति के नाम के साथ लगनेवाला शब्द जिससे उसकी प्रतिष्ठा, पद या योग्यता सूचित हो (***जैसे***—आचार्य, शास्त्री, महामहोपाध्याय, भारतरत्न, पद्मविभूषण, रायबहादुर, नवाब, राजा आदि)। २. उत्पात। उपद्रव। कष्ट। ३. भ्रम। धोखा। ४. छल। कपट। ५. विघ्न। बाधा। ६. उपलक्षण। पहचान। ७. वह वस्तु जिसके संयोग से कोई वस्तु भिन्न रूप में दिखे। (वेदान्त॰) भेद की प्रतीति करानेवाला वस्तु-धर्म। ⁘ **उपाधिधारी**—*पु॰* = उपाधि प्राप्त व्यक्ति।

उपाध्याय—[स॰ उप + अधि √इ + घञ्] *पु॰* १. शास्त्रज्ञ विद्वान् जो स्वयं अध्ययन करे और शिष्यों को भी अध्ययन कराए। २. अपनी जीविका के लिए (शिष्य से शुल्क लेकर) वेद का एक अंश या वेदांग पढ़ाने वाला शिक्षक। ३. अध्यापक। शिक्षक। ४. (ब्रह्मणों में) एक उपजातीय उपाधि। ***जैसे***—पंडित दीनदयाल उपाध्याय। ● **विशेष**—शिक्षकों में 'उपाध्याय' 'आचार्य' से छोटा होता है।

उपान—[< हि॰ ऊपर] १. भवन की कुर्सी। २. खम्भे के नीचे की चौकी।

उपानह—[< स॰ उपानह्] *पु॰* जूता।

***उपाना**[१]—[< स॰ उत्पादन] *क्रिस॰* उत्पन्न करना। पैदा करना। *वि॰* उत्पन्न किया हुआ।

उपाना[२]—[< स॰ उपाय] *क्रिअ॰* उपाय/युक्ति करना।

उपानुक्रमणिका—[स॰ उप + अनुक्रमणिका] *स्त्री॰* अनुक्रमणिका के अन्तर्गत किसी प्रकार की छोटी अनुक्रमणिका। ***जैसे***—इतिहास की पुस्तकों की अनुक्रमणिका के अन्तर्गत भारतीय इतिहास, जापान का इतिहास इत्यादि की उपानुक्रमणिकाएँ भी बनाओ।

उपान्त (उपांत)—[स॰ उप + अन्त] *वि॰* अन्त के समीप का। *पु॰* १. अन्तिम स्थान से ठीक पहले का स्थान। २. सीमा। हद। ३. छोटा। किनारा। ४. नेत्र का कोना। ५. नदी का तट/किनारा। ६. वस्त्र का अंचल। ७. (काग़ज आदि का) हाशिया। ८. सान्निध्य। समीपता।

उपान्तस्थ (उपांतस्थ)—[स॰ उपान्त + स्थ] *वि॰* १. उपान्त पर स्थित। २. काग़ज़ आदि के हाशिए पर लिखा हुआ। उपान्तिक।

उपान्तिक (उपांतिक)—[स॰ उप + अन्तिक] *वि॰* १. उपान्त में रहने/होनेवाला। २. काग़ज़ आदि के हाशिए पर लिखा हुआ। ३. समीप का। पास-पड़ोस का। समीपवर्ती। पड़ोसी। *पु॰* पास-पड़ोस।

उपान्तिका (उपांतिका)—[स॰ उपान्तिक + टाप्] *स्त्री॰* संसद् या विधानसभा के कक्ष के समीप का एक प्रकोष्ठ जिसमें सदस्य परस्पर विचार-विमर्श या पत्रकारों से बातचीत करते हैं। गोष्ठी-कक्ष। (अ॰ लॉबि)

उपान्त्य (उपांत्य)—[स॰ उपा + अन्त्य] *वि॰* १. अन्त के समीप का। २. अन्तिम के पहले का एक। ३. उपान्त-सम्बन्धी। *पु॰* १. नेत्र की कोर। २. पड़ोस।

उपापचय—[< स॰ उप + अपचय] *पु॰* (जीव॰) उपचय और अपचय। जीवधारियों में लगातार होनेवाली सब भौतिक और रासायनिक प्रतिक्रियाएँ जिनमें पदार्थ बनते और टूटते हैं जिससे जीवन-क्रियाओं के लिए आवश्यक ऊर्जा मिलती है। रचनात्मक उपचय क्रियाओं और विनाशात्मक अपचयी क्रियाओं का मिला हुआ सम्पूर्ण रूप। (अ॰ मिटैबलिज़्म)

उपाबन्ध (उपाबंध)—[स॰ उप + आ + बन्ध] *पु॰* १. जोड़ी गयी वस्तु। २. पुस्तक, दस्तावेज़ आदि का परिशिष्ट। ३. राज्य में मिलाया गया क्षेत्र।

उपाय—[स॰ उप √अय् + घञ्] *पु॰* १. ऐसा प्रयत्न जिससे सफलता मिले या मिलने की सम्भावना हो। उद्योग। २. साधन। युक्ति। तरकीब। ३. चिकित्सा। इलाज। ***जैसे***—वैद्य के उपाय से लाभ। ***वा॰* उपाय रचना**—युक्ति लगाना/तरकीब करना। **उपाय चलना**—युक्ति सफल होना।

उपाय-चतुष्टय—[स॰] *पु॰* १. चार उपायों का समूह। २. शत्रु को वश में करने के चार उपाय—साम, दाम, दंड, भेद। ● **विशेष**—**उपायसप्तक** = साम, दाम, दंड, भेद, उपेक्षा, माया और इन्द्रजाल।

उपायी—[उपायिन्] *वि॰* उपाय करनेवाला।

उपायुक्त—[स॰ उप + आयुक्त] *पु॰* आयुक्त (अ॰ कमिश्नर) से छोटा अधिकारी। (अ॰ डिप्टी कमिश्नर)।

उपार्जन—[स॰ उप + अर्जन] *पु॰* १. अर्जन। (धन इत्यादि) कमाना। २. प्राप्त करना। प्राप्ति। ⁘ **उपार्जनीय**—*वि॰* = उपार्जन करने योग्य।

उपालम्भ (उपालंभ)—[स॰ उप + आ √लभ् + घञ्, नुम्] *पु॰* उलाहना। शिकायत।

उपालिजिह्व—[स॰ उप + अलिजिह्व] *पु॰* मुहँ और नाक के पीछे स्थित एक नली जो श्वास-नली और भोजन-नली में खुलती है। ग्रसनी।

उपाश्रय—[स॰ उप ~ आश्रय] *पु॰* छोटा आश्रय। हल्का सहारा।

उपासक—[स॰ उप √आस् + ण्वुल्] *पु॰* १. पूजा करनेवाला। आराधक। २. भक्त। ३. अनुयायी।

उपासना[1]—[सं० उप √आस् + युच् + टाप्] १. पूजा। आराधना। २. सम्मान। ३. सेवा। ४. किसी विषय/वस्तु में बहुत आसक्ति। ***जैसे***—धन की उपासना। ● **विशेष**—१. **उपासनात्रय** = ब्रह्मोपासना, मन्त्रोपासना और प्रतिमा की उपासना। २. **उपासनात्रयी** = वैदिक मन्त्रों से स्तुति (शंसन), हवन, और लौकिक स्तोत्रों से स्तुति (स्तवन)।

उपासना[2]—[< सं० उपासन] *क्रिस०* उपासना करना। आराधना, ध्यान, पूजन आदि करना।

†**उपासना**[3]—[< हिं० उपास < सं० उपवास] *क्रिअ०* उपवास करना। निराहार रहना।

उपासा—[< हिं० उपास < सं० उपवास] *वि०* १. जिसने उपवास किया हो। २. जिसे भूखा रहना पड़ा हो या रहना पड़ता हो। ३. निराहार। भूखा।

उपासी[1]—[सं० उपासिन्] *पु०* पूजक। उपासक। आराधक।

उपासी[2]—*स्त्री०* ≤ सं० उपासना। पूजा।

उपासी[3]—[< सं० उपवासी] *वि०* १. उपवास करनेवाला। उपवासी। २. भूखा। वि० (*स्त्री०*) १. उपवास करनेवाली। २. भूखी।

उपास्त्र—[सं० उप + अस्त्र] *पु०* छोटा हथियार।

उपास्थि—[सं० उप + अस्थि] *स्त्री०* कोमल हड्डी। (प्राणि०) एक प्रकार का सफ़ेद संयोजी ऊतक जो बाद में अस्थि/हड्डी में बदल जाता है। (अं० कार्टिलेज)

उपाहार—[सं० उप + आहार] *पु०* जलपान। नाश्ता। ✣ **उपाहार-गृह**—*पु०* = जलपानघर। रेस्तराँ (अं०)।

उपेक्षा—[सं० उप + ईक्षा] *स्त्री०* १. अवहेलना। २. अपमान। तिरस्कार। ३. किसी व्यक्ति/वस्तु के प्रति राग-द्वेष का अभाव। उदासीनता। ५. अनुराग का अभाव। विरक्ति। ६. लापरवाही।

उपेत—[सं० उप √इ + क्त] *वि०* १. समीप आया हुआ। ***जैसे***—उपेत व्यक्ति। २. उपस्थित। ३. (समासयुक्त शब्द के अन्त में) युक्त। ***जैसे***—धर्मोपेत (धर्म + उपेत), गुणोपेत (गुण + उपेत)।

उपेन्द्र (उपेंद्र)—[सं० उप + इन्द्र] *पु०* विष्णु।

उपेन्द्रवज्रा (उपेंद्रवज्रा)—[सं० उप + इन्द्रवज्रा] *स्त्री०* (छन्द०) एक समवर्णिक छन्छ जिसके प्रत्येक चरण में क्रमश: जगण, तगण, जगण और २ गुरु (ज त ज ग ग) के योग से ११ वर्ण होते हैं।

उपेय—*वि०* १. उपाय से हो सकनेवाला। उपायसाध्य। २. पाने के योग्य। मिल सकनेवाला। प्राप्य।

***उपैना**[1]—[< सं० उप √हन्] *वि०* १. खुला हुआ। अनावृत। ३. नंगा।

***उपैना**[2]—[< हिं० उपवना] *क्रिअ०* अदृश्य या लुप्त हो जाना। न रह जाना।

उपोढ—[सं० उप √वह् + क्त] १. जमा किया हुआ। संगृहीत। २. समीप लाया हुआ। ३. विवाहित।

उपोत्पाद—[सं० उप + उत्पाद] *पु०* किसी पदार्थ के उत्पादन में प्राप्त होनेवाला अन्य उत्पाद। गौण उपज। (अं० बाइ-प्रॉडक्ट)

उपोद्घात—[सं० उप + उद् √हन् + घञ्] १. आरम्भ। २. (ग्रन्थ की) भूमिका। प्रस्तावना। ३. किसी कार्य को आरम्भ करने से पहले किया जानेवाला कृत्य।

उपोषण—[सं० उप √उष् + ल्युट्] *पु०* (बौद्ध०) उपवास। व्रत।

उपोसथ—[पा०, < सं० उपवसथ] *पु०* (बौद्ध०) प्रत्येक पूर्णिमा, अमावस्या और अष्टमी को होने वाली बौद्धों की एक सभा जिसमें भिक्षु अपने अपराधों को स्वयं बताकर उन्हें स्वीकार करते हैं।

उप्त—[सं० √वप् + क्त] *वि०* बोया हुआ।

उप्ति—[सं० √वप् + क्तिन्] *स्त्री०* (बीज) बोना। वपन।

***उप्पम**—[< सं० उपमा] *वि०* अनुपम। अद्वितीय। बेजोड़।

उप्य—[सं० √वप् + ण्यत्] *वि०* १. बोने योग्य। वपनीय। २. बोया जानेवाला। ३. जो बोया जा रहा हो।

उफान—[< हिं० उफनना] *पु०* १. दूध आदि तरल पदार्थों का अधिक उबलने पर ऊपर उठना और क्रमश: पात्र से बाहर गिरने की स्थिति होना। ***जैसे***—दबा उबाल लो परन्तु उफान मत आने देना। २. उबाल। ३. भाव या भावना का अधिक उत्तेजन। ***जैसे***—क्रोध का उफान।

†**उफाल**—[< सं० फाल (= फलाँग)] *स्त्री०* १. छलाँग मारते समय का लम्बा डग। २. लम्बा डग। ३. उछल-कूद।

उबकना—[< सं० उद् √वम्] *क्रिअ०* १. वमन/क़ै करना। २. जी मिचलाना। ३. (बात का) मुँह से बाहर निकलने को होना। *क्रिस०* १. बाहर निकालना। २. दूर करना। हटाना।

उबका—[< सं० उद्वाहक] *पु०* कुएँ से पानी निकालने के लिए कलश में फँसाया जानेवाला रस्सी का फन्दा।

उबटन—[< प्रा० उव्वट्टण < सं० उद्वर्तन] *पु०* आटा/बेसन तथा तेल आदि से बना लेप जो शरीर की मालिश के काम आता है।

उबटना—[< प्रा० उव्वट्ट < सं० उद्वर्तन] *क्रिअ०* उबटन लगाना।

***उबटना/उबठना**—[देशज] *क्रिअ०* १. चित्त से उतर जाना। २. उदासीन होना।

उबडुब—[अनु०] *स्त्री०* १. पानी में डूबने या ग़ोते खाने की ध्वनि।

***उबना**—[< सं० उद् √वज्] *क्रिस०* १. उदित होना। उगना। २. फलना-फूलना। बढ़ना। ३. उन्नति करना। ४. उछलना।

उबरना[1]—[< सं० उद् √वृ] *क्रिअ०* १. मुक्त होना। छूटना। २. उद्धार होना। ***जैसे***—भव-सागर से उबरना। ३. शेष बच रहना।

उबरना[2]—[< सं० उद्वृत्त] *क्रिअ०* बाहर फैलना।

उबरा—[< हिं० उबरना[1]] *वि०* बचा हुआ। शेष। अवशिष्ट। ✣ **उबरी**—*वि० (स्त्री०)* = बची हुई।

***उबरे**—[< सं० बल] *वि०* अधिक बलवान्। ● **विशेष**—'उबरे' 'दुबरे' (= दुर्बल) का विलोम है।

उबसन—[< सं० उद्वसन] *पु०* बर्तन माँजने में प्रयुक्त घास-पात, बान आदि का जूना।

उबसना[1]—[< सं० उद्वसन] *क्रिस०* बर्तन माँजना।

उबसना[2]—[< हिं० उ + बास] *क्रिअ०* १. बासी हो जाने के कारण

खराब होना। दुर्गन्धयुक्त होना। सड़ना। ***जैसे***—कल की खीर आज उबसने लगी। २. अधीर होना। ३. थककर शिथिल होना।

उबसाना[१]—[< हि॰ उबसना[१]] *क्रिस॰* बर्तन मँजवाना।

उबसाना[२]—[< हि॰ उबसना[२]] *क्रिस॰* ऐसा करना जिससे कोई वस्तु उबसने लगे। सड़ाना।

***उबहना**[१]—[< स॰ उद्‌वहन] *क्रिस॰* १. ऊपर उठाना। २. (तलवार आदि) खींचना। ३. उलीचना। ४. (खेत) जोतना। *क्रिअ॰* ऊपर उठना। उभरना।

***उबहना**[२]—[< *हि॰* उपानह] *वि॰* बिना जूते का। नंगे पैरों वाला।

उबाई—[< हि॰ ऊबना] *स्त्री॰* १. ऊबने की क्रिया/भाव। २. जृम्भा। जँभाई।

उबाक—[< हि॰ उबकना] *पु॰* १. वमन/क़ै करने की प्रवृत्ति। जी मिचलाना। २. वमन। क़ै।

उबाना—[< हि॰ ऊबना का प्रेरणा॰] *क्रिस॰* किसी के मन को उकता देने में कारण बनना। ***जैसे***—नीरस और लम्बी बातचीत से सबको उबा देना।

उबार—[< हि॰ उबारना] *पु॰* १. उबरने/उबारने की क्रिया/भाव। २. उद्‌धार। मुक्ति। छुटकारा। बचाव। ***जैसे***—पतितों का उबार ईश्वर-कृपा से होता है।

उबारा—[< स॰ उद् + वारण] *पु॰* कुओं के समीप का बनाया गया जल-कुण्ड जो पशुओं के पानी पीने के लिए होता है।

उबाल—[< हि॰ उबलना] *पु॰* १. उबलने की क्रिया/भाव। २. अग्नि पर रखे द्रव का बुलबुले उठाते हुए तथा भाप में बदलते हुए तेज़ी से ऊपर उठना। ३. अभिमान, क्रोध आदि का आवेश।

उबालना—[< स॰ उद्‌वालन] *क्रिस॰* १. किसी द्रव को इतना गर्म करना कि उसमें उबाल आ जाए। २. किसी कड़ी वस्तु को (पानी आदि) द्रव में डालकर, द्रव को इस प्रकार खौलाना कि वह वस्तु नरम हो जाए। ***जैसे***—आलू उबालना। ३. (सब्ज़ी आदि को) बिना मसालों के पकाना।

उबासी—[< हि उ+ स॰ श्वास] *स्त्री॰* जमुहाई। जम्भाई।

***उबिठना/उबीठना**—[< स॰ उद्विष्ट] *क्रिअ॰* (किसी बात/वस्तु से) मन ऊबना। रुचि न रह जाना। जी भर जाना। *क्रिस॰* १. मन उबाना। २. विरक्त करना। ⁘ **उबीठा**—*वि॰* = उबानेवाला। अरुचिकर।

***उबीधना**—[< हि॰ उ + बिँधना] *क्रिअ॰* १. उलझना। फँसना। २. गड़ना। धँसना। ३. चुभना। *क्रिस॰* १. उलझाना। फँसाना। २. गड़ाना। घँसाना। ३. चुभाना। ⁘ **उबीधा**—*वि॰* = १. उलझा हुआ। फँसा हुआ। २. गड़ा हुआ। धँसा हुआ। २. उलझाने/फँसानेवाला। ३. गड़नेवाला। छेदनेवाला। ४. चुभनेवाला। कँटीला।

***उब्बी**—[< स॰ उर्वी] *स्त्री॰* भूमि। पृथ्वी।

उभटना—[< हि॰ उ + स॰ भट] *क्रिअ॰* गर्व करना। शेख़ी मारना।

***उभना**—[< प्रा॰ उब्भइ] *क्रिअ॰* खड़े होना। उठना।

उभय—[स॰ √उभ् + अयट्] *सर्व॰ वि॰* दोनों। ***जैसे***—उभय दलों ने मिलकर चुनाव लड़ा।

उभयचर—[स॰ उभय ~ चर] *वि॰* जल और स्थल दोनों स्थानों पर रह सकनेवाला (प्राणी)। जल-स्थल-चर। ***जैसे***—मेंढक उभयचर प्राणी है। ⁘ **उभयचरी**—*वि॰ (स्त्री॰)*। ***जैसे***—मेंढकी उभयचरी प्राणी है। *वि॰* = उभयचर।

उभयछन्द—[स॰ उभय ~ छन्दस्] *पु॰* (छन्द॰) वह छन्द जो वर्णिक और मात्रिक दोनों हो।

उभयतः—[स॰ उभय + तसिल्] *क्रिवि॰* १. दोनों प्रकार से। ***जैसे***—उभयतः सुखी। २. दोनों ओर से। ***जैसे***—उभयतः लाभ मिलना। ३. दोनों अवस्थाओं में।

उभयत्र—[स॰ उभय + त्रल्] *क्रिवि॰* दोनों ओर।

उभयदिक्—[स॰ उभय ~ दिक्] *क्रिवि॰* दोनों दिशाओं में। दोनों ओर।

उभयनिष्ठ—[स॰ उभय ~ निष्ठ] *वि॰* १. जो दोनों में सम्मिलित हो। (अ॰ कॉमन) ⁘ **उभयनिष्ठ स्पर्शरेखा**—*स्त्री॰* = (गणित॰) दो या अधिक वृत्तों को स्पर्श करनेवाली रेखा। (अ॰ कॉमन टैन्जेन्ट)

उभयरन्ध्री (उभयरंध्री)—[स॰ उभयरन्ध्रिन्] *वि॰* (वनस्पति॰) (ऐसी पत्ती) जिसकी दोनों सतहों पर रन्ध्र हों।

उभयलिङ्ग (उभयलिंग)—[स॰ उभय ~ लिङ्ग] *वि॰* स्त्री-पुरुष दोनों के चिह्नों से युक्त (व्या॰) दो लिंगों में प्रयुक्त होनेवाला। (शब्द)। ***जैसे***—'मित्र' शब्द उभयलिंग है।

उभयलिङ्गी (उभयलिंगी)—[स॰ उभय ~ लिङ्गिन्] *वि॰* उभयलिंग। (दे॰) [वनस्पति॰] पुरुष और स्त्री दोनों प्रकार के अंगों वाला (पुष्प)।

उभयविध—[स॰ उभय ~ विध] *वि॰* दोनों प्रकार का उभयात्मक।

उभयसृपविज्ञान—[स॰ उभय ~ सृप ~ विज्ञान] *पु॰* (प्राणि॰) प्राणिविज्ञान की एक शाखा। उभयचरों और सरीसृपों की संरचना, स्वभाव, वर्गीकरण आदि का अध्ययन।

उभयहस्तता—[स॰ उभयहस्त + तल् + टाप्] *स्त्री॰* दोनों हाथों से समाने कौशल से काम करने की क्षमता।

उभयाग्र—[स॰ उभय ~ अग्र] *पु॰* (गणित॰) दो शाखाओं वाली वक्र रेखा का वह उभयनिष्ठ बिन्दु जिस पर वक्र की दोनों स्पर्श रेखाएँ सम्पाती हों। (अ॰ कस्प) ● **विशेष**—इस उभयनिष्ठ बिन्दु को 'द्विक बिन्दु' कहते हैं।

उभयान्वयी—[स॰ उभय ~ अन्वयी] *वि॰* १. दोनों से जुड़नेवाला। २. दोनों को जोड़नेवाला। (व्या॰) १. पद और वाक्य दोनों से जुड़नेवाला। जिसका अन्वय दोनों से हो सके। २. दो पदों या दो वाक्यों को जोड़नेवाला या उनके बीच में आनेवाला।

उभयालङ्कार (उभयालंकार)—[स॰ उभय ~ अलङ्कार] *पु॰* (काव्य॰) (किसी उक्ति में) शब्दालंकार और अर्थालंकार दोनों का परस्पर मिला होना या एक से अधिक अलंकारों का मेल। मिश्रालंकार।

उभयावतल—[स॰ उभय ~ अवतल] *वि॰* दोनों ओर से दबे हुए

तलों वाला। जो दोनों ओर में से किसी भी ओर समतल या उत्तल न हो। ***जैसे***—उभयावतल लेन्स।

उभरौंहा (उभरौंहा)—[< हि॰ उभार] *वि॰* १. उभार पर आया हुआ। उभरता हुआ। २. ऊपर उठा हुआ। ३. उभरने की प्रवृत्ति रखनेवाला।

***उभाणा**—[राजस्थानी, ≤ हि॰ उबहना] *वि॰* १. नग्न। नंगा। २. नंगे पैरों वाला।

***उभाना**—[< हि॰ उभुआना] *क्रिअ॰* भूत-प्रेत से आविष्ट व्यक्ति का सिर हिलाना और हाथ-पैर पटकना।

उभार—[< हि॰ उभरना] *पु॰* १. उभरने या बढ़ने की क्रिया/अवस्था/भाव। २. उभरा हुआ अंश। ३. ऊँचाई। ४. वृद्धि।

उभारना—[< हि॰ उभरना] *क्रिस॰* १. (किसी को) उभरने में प्रवृत्त करना। २. (किसी काम के लिए) उत्तेजित/उत्साहित करना।

उभिटना—[< हि॰ उबिठना] १. संकोच करना। हिचकना। २. (आश्चर्य आदि से) ठिठकना। ३. भटकना।

उभियाना—[< हि॰ उभना] *क्रिस॰* १. खड़ा करना। २. ऊपर उठाना। ३. खड़ा होना। खड़ा रह जाना।

***उमग[१]**—[< हि॰ उमंग] १. उमंग। २. उल्लास या उत्साह।

***उमग[२]**—[< स॰ उन्मार्ग] *स्त्री॰* मार्ग लाँघकर बहना। बाढ़।

उमङ्ग (उमंग)—[< स॰ उद् √मङ्ग्] *स्त्री॰* १. आनन्द, उत्साह आदि की मानसिक तरंग जो व्यक्ति को किसी काम में प्रवृत्त करती है। ***जैसे***—उमंग-भरा व्यक्ति। २. उल्लास। ३. उत्साह। जोश। ४. आकांक्षा। अरमान। ***जैसे***—युवक के मन में बड़ी उमंगे थीं। ५. प्रवाह।

†उमचना—[ब्रज॰] *क्रिअ॰* १. उल्लसित होना। २. चकित होना। चौंकना। ३. सावधान/सजग/सतर्क होना।

उमड़—[< हि॰ उमग] *स्त्री॰* १. उमड़ने की क्रिया/भाव। २. बाढ़।

***उमण्ड (उमंड)**—[< हि॰ उमंग] १. उमंग। उल्लास या उत्साह। २. उत्साह। आवेश। जोश। ३. तीव्रता। वेग। ४. घेरा। फैलाव।

***उमण्डना (उमंडना)**—[< हि॰ उमड़ना] *क्रिअ॰* १. उमड़ना। २. आवेश/जोश में आना।

***उमदना**—[< स॰ उन्मद] *क्रिअ॰* १. उन्मत्त होना। मस्ती में आना। २. नशे में झूमना।

***उमधना**—[< हि॰ उमंगना] *क्रिअ॰* प्रसन्न होना। उल्लसित होना। हुलसना। ✣**उमधि**—*क्रिवि॰* = प्रसन्न/उल्लसित होकर।

***उमयना**—[< हि॰ उमड़ना] *क्रिअ॰* उमड़ना।

उमरा—[अरबी 'अमीर' का बहु॰] *पु॰* अमीर लोग। धनी या सरदार लोग।

†उमराव—[< अरबी॰ उमरा] *पु॰* १. उमरा। (दे॰) २. सामन्त। सरदार। अमीर। ३. धनी। अमीर। ४. दरबारी व्यक्ति।

उमस—[< स॰ ऊष्म] *स्त्री॰* वायुमंडल में नमी अधिक होने और हवा न चलने से होनेवाली घुटन-भरी गर्मी। ***जैसे***—वर्षाकाल में बहुत बार उमस होती है।

***उमहना**—[< हि॰ उमगना] *क्रिअ॰* १. उमड़ना। २. घिरना। छाना। ३. मग्न होना। रमना। ४. उमंग में आना। उमंगयुक्त होना। ५. तरंगित होना। लहराना। ६. उल्लसित होना। प्रसन्न होना।

उमा—[स॰ उ √मा + क + टाप्] *स्त्री॰* पार्वती। भवानी। ● **विशेष**—१. उमा। पार्वती के पति 'शिव' को 'उमाकान्त/उमानाथ/उमापति' भी कहा जाता है। २. उमा के पिता 'हिमालय' को 'उमागुरु/उमाजनक' भी कहा जाता है। ३. उमा के पुत्र 'गणेश' और 'कार्त्तिकेय' को 'उमापुत्र/उमासुत' भी कहा जाता है।

†उमाकना—[ब्रज॰] *क्रिस॰* १. खोदना। उखाड़ना। २. नष्ट करना।

उमाचतुर्थी—[स॰] *स्त्री॰* ज्येष्ठ शुक्ल चतुर्थी।

***उमाचना**—[< स॰ उन्मञ्चन(= ऊपर उठाना)] *क्रिस॰* १. ऊपर उठाना। २. उभारना। ३. निकालना। *क्रिअ॰* प्रसन्न होना।

***उमाह**—[< हि॰ उमहना] *पु॰* १. उत्साह। २. उल्लास। उमन्ग। आनन्द।

***उमाहल**—[< हि॰ उमाहना] *वि॰* १. उमंग से भरा हुआ । उमंगित। २. उत्साहपूर्ण।

उमेख—[< स॰ उन्मेष] *स्त्री॰* लालसा। उमंग।

उमेठन—[< हि॰ उमेठना] *स्त्री॰* १. उमेठने की क्रिया या भाव। २. (उमेठने से होनेवाली) ऐंठन। मरोड़।

उमेठवाँ—*वि॰* = १. ऐंठनवाला। २. जिसे उमेठ कर काम लिया जाता हो। उमेठकर चलाया जानेवाला। **जैसे**—उमेठवाँ खिलौना।

***उमेलना**—[<स॰ उन्मीलन] १. खोलना। २. प्रकट करना। ३. वर्णन करना। कहना।

उम्बर/उम्बुर (उंबर/उंबुर)—[स॰ उम् √वृ + अच्] *पु॰* (द्वार की) चौखट की ऊपरवाली लकड़ी।

उम्बी—[< स॰ उम्बी] *स्त्री॰* गेहूँ आदि के हरे दानों की भुनी हुई बाली।

उम्मीद—[< फा॰ उम्मेद] *स्त्री॰* १. आशा। अपेक्षा। **जैसे**—सफलता की उम्मीद। २. भरोसा। सहारा। आसरा। ∇ **विलोम**—नाउम्मीदी। ***वा॰* उम्मीद बर आना**—१. आशा पूरी होना। २. अभीष्ट सिद्ध होना।

उम्मीदवार—[< फा॰ उम्मेदवार] *वि॰* आशा/अपेक्षा रखनेवाला। *पु॰* १. किसी नौकरी/पद के लिए प्रार्थी। २. चुनाव में खड़ा होनेवाला व्यक्ति। प्रत्याशी। ✣ **उम्मीदवारी**—*स्त्री॰* = उम्मीदवार होने की अवस्था/भाव।

उम्लाउट—[जर्मन] *पु॰* (भाषा॰) १. जर्मन भाषा में अ, ओ, उ अक्षरों की ध्वनि में 'इ' मिलाने जैसा थोड़ा-सा परिवर्तन। अभिश्रुति। २. उक्त ध्वनि-परिवर्तन के सूचक दो बिन्दु।

***उयना**—[ब्रज॰, < हि॰ उदय] *क्रिअ॰* उदय होना। उगना।

***उयबना**—[< हि॰ ऊबना] *क्रिअ॰* उबाई/जम्हाई लेना।

उर—[< स॰ उरस्] *पु॰* १. वक्ष। छाती। **जैसे**—उर पर घूँसा मारना। २. मन। चित्त। हृदय। ***वा॰* उर आनना/लाना**—१. छाती से लगाना। २. प्यार करना। ३. ध्यान में रखना। ४. मानना। **(कोई बात) उर**

धरना—१. ध्यान में रखना। २. मन में रखना। गुप्त रखना।

***उरइन**—[< हिं॰ उलाहना] *पु॰* उपालम्भ। उलाहना।

उर:/उरस्—[< स॰ √ऋ + असुन्, उत्व, रपर] *पु॰* उर। वक्ष। छाती या मन। चित्त। ● **विशेष**—१. 'उरस्' का ही एक रूप 'उर:' है। इसके अतिरिक्त यह 'उरश्' और 'उरो' रूपों में भी मिलता है। ***जैसे***—उरस्त्राण (उरस् ~ त्राण), उर:क्षत, उरश्छद (उर: ~ छदस्), उरोज (उर: + ज)। २. 'उरस्' का सप्तमी एकवचन रूप (संस्कृत में) '**उरसि**' है जिसका अर्थ है—१. वक्ष/छाती में। २. वक्ष/मन/चित्त/हृदय में।

†**उरकना**—[< हिं॰ रुकना] *क्रिअ॰* रुकना। ठहरना।

उरग—[स॰ उरस् √गम् + ड, स लोप] *पु॰* १. सर्प। साँप। २. नाग। ✣ **उरगभूषण**—*पु॰* शिव। महादेव। ✣ **उरग-राज**—*पु॰* = १. सर्पों/नागों का राजा। २. वासुकि। ✣ **उरग-शत्रु**—*पु॰* = सर्पों का शत्रु। गरुड़ या मोर। Δ **पर्याय**—उरगारि। ✣ **उरग-स्थान**—*पु॰* = नागों/सर्पों का स्थान। २. पाताल लोक।

***उरगना**[१]—[< स॰ उररी] *क्रिस॰* १. स्वीकार करना। २. सहना। झेलना।

***उरगना**[२]—[देशज] *क्रिअ॰* मुक्त होना।

उरगाद—[स॰ उरग √अद् + अण] *वि॰, पु॰* १. सर्पों को खाने वाला। सर्प-भक्षक। *पु॰* १. गरुड़। २. मोर।

उरगी—[स॰ उरग + ङीष्] *स्त्री॰* १. सर्पिणी। साँपिन। २. नागिन।

उरङ्ग/उरङ्गम (उरंग/उरंगम)—[स॰ उरस् √गम् + ड, निपातत: सिद्ध; उरस् √गम् + खच्, स लोप, मुम्] *पु॰* १. सर्प। साँप। २. नाग।

***उरज/उरजात**—[< हिं॰ उर + ज/जात] *पु॰* उरोज। स्तन। कुच। **उदा॰** ज्यों नैना सैना करैं, उरज उमेठे जाहिँ। —रहीम ग्र॰ (दोहा॰, ४२)

***उरझावर**—[< हिं॰ उरझना] *पु॰* १. उलझन। २. फन्दा।

***उरझेर/उरझेरा**—[< हिं॰ उरझना] *पु॰* १. उलझाव। खींचातानी। बखेड़ा। ✣ ***उरझेरी**—*स्त्री॰* = उरझेरा।

उरधारना[१]—[< स॰ उद्धरण] *क्रिस॰* १. उधेड़ना। २. बिखेरना। छितराना। फैलाना।

उरधारना[२]—[स॰ उर + हिं॰ धारना] *क्रिस॰* हृदय में धारण करना। ***जैसे***—मैंने हरि उरधारे।

***उरबी**—[< स॰ उर्वी] *स्त्री॰* उर्वी। पृथ्वी।

***उरभूषन**—[< स॰ उर: ~ भूषण] *पु॰* वक्ष पर पहनने के आभूषण।

उरमण्डन (उरमंडन)—[< स॰ उरोमण्डन] *पु॰* १. वक्ष का आभूषण। २. वक्ष के आभूषण जैसा अत्यन्त प्रिय व्यक्ति। ३. (वक्ष/हृदय की शोभा बढ़ानेवाला) पति या प्रेमी। *वि॰* १. वक्ष/हृदय की शोभा बढ़ानेवाला। २. जो हृदय को प्रिय हो।

***उरमना**—[< स॰ अवलम्बन] *क्रिअ॰* १. लटकना। २. झूलना।

***उरमी**—[< स॰ ऊर्मि] *स्त्री॰* ऊर्मि। तरंग। लहर।

उरर—[अनु॰] *अव्यय* आश्चर्य, प्रसन्नता आदि का सूचक एक शब्द। अरे। अरे-अरे।

***उररना**[१]—[< हिं॰ उरर] *क्रिस॰* जोर से बुलाना। पुकारना।

***उररना**[२]—[देशज] *क्रिस॰* १. उलझना। २. हृदय में धँसना/घुसना। ३. रुचि/उत्साह से आगे बढ़ना।

उररीकृत—[< स॰ उररी ~ कृत] *वि॰* स्वीकृत। अंगीकृत।

†**उरला**[१]—[< सु॰ उपर/अवर] *वि॰* १. पीछे का। पिछला। ***जैसे***—उरला गाँव। २. इस ओर का। इधर का। जो 'परला' न हो। ∇ **विलोम**—परला।

†**उरला**[२]—[< स॰ विरल] *वि॰* १. विरल। २. अद्भुत। अनोखा। निराला।

***उरविज**—[< स॰ उर्विज] *वि॰* पृथ्वी से उत्पन्न। *पु॰* १. पृथ्वी से उत्पन्न व्यक्ति/वस्तु आदि। २. पृथ्वी-पुत्र। मनुष्य। ३. मंगल (ग्रह)।

उरश्छद—[स॰ उरस् √छद् + णिच्] *पु॰* वक्ष का कवच। उरस्त्राण।

उरस[१]—[< स॰ उरस्] *पु॰* १. वक्ष:स्थल। छाती। २. मन। चित्त। हृदय।

उरस[२]—[हिं॰ उ + स॰ रस] *वि॰* जिसमें रस न हो। नीरस।

***उरसना**—[देशज] *क्रिस॰* १. ऊपर-नीचे करना। उठाना-गिराना।

उरसिज—[स॰ उरसि + ज] *पु॰* उरोज। स्तन। कुच।

उरस्क—[स॰ उरस् + कन्] १. वक्ष:स्थल। छाती। २. मन। चित्त। हृदय।

उरस्त्राण—[स॰ उरस् ~ त्राण] *पु॰* वक्ष का कवच। उरश्छद।

उरस्थ—[< स॰ उर:स्थ] *वि॰* १. वक्ष में स्थित। २. मन में स्थित। मनोगत। चित्तगत। हृदयस्थ। ***जैसे***—प्रेम का उरस्थ देवता।

***उरह**—[< स॰ उर॰] *पु॰* १. वक्ष। छाती।

***उराउ**—[< हिं॰ उराव] *पु॰* १. उत्साह। उमंग।

***उराना**—[< हिं॰ ओर आना] *क्रिअ॰* १. ओर या सिरे पर आना। २. (व्यय होते-होते) समाप्त होना। चुकना। *क्रिस॰* उड़ाना।

उरालय—[हिं॰ उर + स॰ आलय] *पु॰* हृदयरूपी घर। ***जैसे***—परमात्मा का उरालय में निवास है।

***उराव**—[< हिं॰ उर] *पु॰* १. उत्साह। उमंग। २. चाव। चाह। ३. साहस। हिम्मत।

***उराहना**—[< हिं॰ उलाहना] *पु॰* उपालम्भ। उलाहना। ताना। *क्रिस॰* उलाहना देना। ताना मारना।

उरु[१]—[स॰ √ऊर्णु + कु, णुलोप, ह्रस्व] *वि॰* १. विशाल। विस्तृत। २. श्रेष्ठ। महान्। ३. मूल्यवान्।

***उरु**[२]—[< स॰ ऊरु] *पु॰* जंघा/जाँघ और घुटना।

उरुक्रम—[स॰ उरु √क्रम + अच्] *वि॰* बहुत लम्बे डग रखनेवाला। *पु॰* १. लम्बा डग। २. (वामनावतार में लम्बे डग रखनेवाला) विष्णु। ३. सूर्य। ४. शिव। महादेव।

***उरुग**—[< स॰ उरग] *पु॰* सर्प। साँप। ✣ **उरुगिनी**—*स्त्री॰* = सर्पिणी। साँपिन।

***उरुज**—[< स॰ उरोज] *पु॰* उरोज। स्तन। कुच।

उरुवा—[< हिं॰ रुरुवा] *पु॰* एक पक्षी जो उल्लू जैसा होता है। रुरुआ।

उरूज—[अरबी॰] *पु॰* १. उन्नति। तरक़्क़ी। २. ऊँचाई। ३. उत्कर्ष। उत्थान। उठान।

***उरेखना**—[< सं॰ उल्लेखन] *क्रिस॰* १. चित्र बनाना। चित्रांकन करना। २. देखना। ताकना।

***उरेझा**—[< हि॰ उरझना] *पु॰* उलझन।

उरेब—[< फा॰ औरेब] *वि॰* १. टेढ़ा। २. तिरछा। ३. छलपूर्ण।

उरेह—[< सं॰ उल्लेख] *पु॰* १. चित्रकारी। आलेखन। २. नक़्क़ाशी। ३. चित्र।

उरेहना—[< सं॰ उल्लेखन] *क्रिस॰* १. चित्र बनाना। २. रचना। बनाना। ३. रँगना। ***जैसे***—नेत्र उरेहना।

***उरै**—[< सं॰ अवर] *क्रिवि॰* उधर। परे। आगे।

***उरै-परै**—१. निकट और दूर। २. इधर-उधर।

†उरैड़—[< हि॰ उरैड़ना] *स्त्री॰* १. उँडेलने या गिराने की क्रिया/भाव। २. बहुत अधिक आ गिरना। ३. प्रवाह। बहाव। ***जैसे***—प्रेम की उरैड़।

†उरैया—[बुन्देली] *स्त्री॰* प्रातःकालीन किरणें।

उरोज/उरोरुह—[सं॰ उरस् + ज/रुह] *पु॰* स्तन। कुच।

उरोस्थि—[सं॰ उरस् ~ अस्थि] *स्त्री॰* वक्ष की अग्र भित्ति के बीच में एक चपटी और पतली हड्डी जो पसलियों को जोड़ती है। (अं॰ स्टर्नम)

***उर्जित**—[< सं॰ ऊर्जित] *वि॰* १. बलवान्। शक्तिशाली। २. तेजस्वी। २. प्रसिद्ध। ३. समृद्ध।

उर्ण—[< सं॰ ऊर्ण] *पु॰* ऊन।

उर्णनाभ—[< सं॰ ऊर्ण नाभि] *पु॰* मकड़ा।

उर्दू—[तुर्की] *हि॰* १. हिन्दी का फ़ारसी लिपि में लिखा वह रूप जिसमें अरबी-फ़ारसी शब्दों का अधिक प्रयोग होता है। २. फौजी पड़ाव। छावनी।

***उर्द्ध (उर्द्ध), उर्ध**—[< सं॰ ऊर्ध्व] *वि॰* = ऊर्ध्व। ऊपर/ऊँचा या सीधा खड़ा। *स्त्री॰* ऊर्ध्व दिशा। ऊपर की दिशा। *क्रिवि॰* ऊपर की ओर।

उर्फ़—[अरबी] *अव्यय* (व्यक्ति के) मुख्य नाम के अतिरिक्त दूसरा छोटा नाम जो अधिक प्रचलित हो जाता है। उपाख्य। ***जैसे***—श्री मधुकर दत्तात्रेय देवरस उर्फ़ बाला साहब।

उर्मि—[< सं॰ ऊर्मि] *स्त्री॰* लहर। तरंग। ✣ **उर्मित**—*वि॰* = लहराता हुआ।

उर्वर—[सं॰ उरु √ऋ + अच्] *वि॰* १. उपजाऊ। २. अधिक उत्पादन-शक्ति वाला। ***जैसे***—उर्वर मस्तिष्क। ∇ **विलोम**—अनुर्वर/बन्ध्य।

उर्वरा—[सं॰ उर्वर + टाप्] *वि॰ (स्त्री॰)* उपजाऊ। *स्त्री॰* उपजाऊ भूमि।

उर्वशी—[सं॰ उरु √अश् + क, ङीष्] *स्त्री॰* १. विषय वासना। २. तीव्र अभिलाषा। ३. इंद्रलोक की एक प्रमुख अप्सरा।

उर्वी—[सं॰ √ऊर्णु + कु, न-लोप + ङीष्] *स्त्री॰* भूमि। पृथ्वी। *वि॰* विस्तृत।

उर्वीज—[सं॰ उर्वी + ज] *वि॰* पृथ्वी से उत्पन्न। *पु॰* १. पृथ्वी का पुत्र। २. मंगल (ग्रह)। ३. मनुष्य। ✣ **उर्वीजा**—*वि॰ (स्त्री॰)* पृथ्वी से उत्पन्न। *स्त्री॰* सीता। जानकी।

उर्वी-तल—[सं॰] *पु॰* पृथ्वी की सतह। भूतल। धरातल।

उर्वीधर—[सं॰ उर्वी + धर] *पु॰* १. भूधर। पर्वत। पहाड़। २. (पृथ्वी को धारण करने वाला)

उर्वी-पति—[सं॰] *पु॰* पृथ्वी का स्वामी। राजा।

उर्वीरुह—[सं॰ उर्वी √रुह् + क] *वि॰* भूमि/ज़मीन से उगनेवाला। *पु॰* वृक्ष। पेड़-पौधे।

उर्स—[अरबी] *पु॰* (इस्लाम॰) १. किसी की मरण-तिथि पर किए जानेवाले श्रद्धा-पूर्ण कृत्य। २. किसी मुसलमान फ़कीर आदि की मरण-तिथि पर उसकी मज़ार (समाधि) पर होनेवाला वार्षिक स्मृति-उत्सव।

†उलग—[राजस्थ॰] *पु॰* १. परदेश। २. प्रवास। ३. सेवा। नौकरी। ४. कीर्तिगान।

†उलगट—[< हि॰ उलगना] *स्त्री॰* कूद-फाँद।

उलगणा—[राजस्थ॰] *क्रिअ॰* १. गायन करना। गाना। २. यशोगान करना। ३. वंशावली पढ़ना।

†उलगना—[< हि॰ उल्लंघन] *क्रिम॰* कूदना। फाँदना।

***उलगाणा *उलगाँणा**—[राजस्थ॰] *वि॰* १. प्रवासी। *पु॰* प्रवासी प्रियतम।

उलङ्क/उलङ्ग (उलंक/उलंग)—[< हि॰ उ + नंग] *वि॰, पु॰* १. नग्न/नंगा (व्यक्ति)। २. आवारा।

†उलछा—[< हि॰ उलचना] *पु॰* कृषि की एक रीति। खेतों में हाथ से बीज बिखेरना।

***उलछारना**—[< हि॰ उछालना] *क्रिस॰* १. उछालना। २. प्रकट करना।

उलझन—[< हि॰ उलझना] *स्त्री॰* १. उलझने की क्रिया/भाव। उलझाव। २. कोई जटिल स्थिति जिसमें कोई निश्चय करना कठिन हो। असमंजस। दुविधा। ३. समस्या। गुत्थी। ४. जटिलता। पेचीदगी। कठिनाई। ५. झंझट। झमेला। ६. चिन्ता। सोच। ७. डोरी आदि में जगह-जगह होनेवाला उलझाव। फँसाव। ८. ग्रन्थि। गाँठ।

***उलझारना**—[< हि॰ उलझाना] *क्रिस॰* १. अटकाना। फँसाना। उलझाना। २. लिप्त रखना। ३. उलटना। उठाना।

उलझा-सुलझा—[< हि॰ उलझना + सुलझना] *वि॰* १. जो न पूरी तरह उलझा हुआ हो और न पूरी तरह सुलझा हुआ हो। ***जैसे***—कश्मीर का उलझा-सुलझा मामला। २. भला-बुरा। ३. टेढ़ा-सीधा।

उलझौहाँ—[< हि॰ उलझाना] *वि॰* १. उलझने या उलझाने की प्रवृत्तिवाला। २. फँसानेवाला। ३. लुभानेवाला। ४. झगड़ालू।

उलट-पलट—[< हि॰ उलटना + पलटना] *स्त्री॰* १. वस्तुओं को बार-बार उलटने की क्रिया/भाव। २. परिवर्तन। ***जैसे***—तुम पुस्तकों की उलट-पलट जल्दी-जल्दी कर देते हो। ३. वस्तुओं के क्रम में परिवर्तन से हुई अस्त-व्यस्तता। ***जैसे***—बच्चों के कारण घर की उलट-पलट होती रहती है। ४. गड़बड़। *वि॰* १. परिवर्तित। २. अस्त-व्यस्त। ३. गड़बड़ किया हुआ। ✣ **उलट-पुलट**—*स्त्री॰* = उलट-पलट।

उलट-फेर—[< हि॰ उलटना + फेरा] *पु॰* १. वस्तुओं में या उनके क्रम/स्थिति में परिवर्तन। हेर-फेर। २. उलट-पलट।

उलटबाँसी—[< हि॰ उलटी + बानी < सं॰ वाणी] *स्त्री॰* (काव्य में) ऐसा कथन जिसमें सामान्य से विपरीत बात कहकर भी कोई गम्भीर अर्थ प्रकट किया गया हो। ***जैसे***—कबीर की एक उलटबाँसी में पानी में आग लगने और मछलियों के पेड़ पर चढ़ जाने का प्रतीकात्मक वर्णन है।

उलटा-पलटा—[हि॰] *पु॰* उलट-पलट। (दे॰) *वि॰* असंगत। बेसिरपैर का। ✣ **उलटी-पलटी (उलटी-पुलटी)**—*स्त्री॰, वि॰ (स्त्री॰)* उलटा-पलटा।

उलटा-सीधा—[हि॰] *वि॰* १. सही-ग़लत। २. अच्छा-बुरा। ३. असंगत। बेसिर-पैर का। ४. उतावली या जल्दबाजी में किया हुआ। अव्यवस्थित। ✣ **उलटा-सुलटा**—*वि॰* = उलटा-सीधा।

***उलथना**—[< हि॰ उलटना] *क्रिअ॰* १. उलटना। २. उलट-पलट होना। ऊपर-नीचे होना। ३. उछलना। ४. उमड़ना। *क्रिस॰* = उलटना-पलटना। ऊपर-नीचे करना।

उलथा—[< हि॰ उलथना] *पु॰* १. कलाबाज़ी। २. करवट। ३. उल्था। (दे॰) (नृत्य॰) नृत्य में उछल-उछल कर घूमना और ताल पर घुँघरुओं से सम देना।

***उलद**—[< हि॰ उलदना] *स्त्री॰* लगातार वर्षा। झड़ी।

उलदना—[< प्रा॰ उल्लद्दह] *क्रिस॰* १. उड़ेलना। उलीचना। २. बरसाना। *क्रिअ॰* बहुत बरसना।

***उलमना**[१]—[< सं॰ अवलम्बन] *क्रिअ॰* टेक लगाना। सहारा लेना।

***उलमना**[२]—[< हि॰ उरमना] *क्रिम॰* १. लटकना। २. झूलना। ३. झुकना। ✣ **उलमि**—*क्रिवि॰* = १. लटककर। २. झूलकर। ३. झुककर।

उलमा—[अरबी, 'आलिम' का बहुवचन] *पु॰* आलिम लोग। विद्वान लोग। विद्वज्जन।

***उलरना**—[< सं॰ उल्ललन] (अधिक बोझ के कारण बैलगाड़ी आदि का) १. पीछे की ओर झुका रहना। उलार होना। २. कूदना, उछलना या झपटना। ३. (बादलों का) घिर आना। ४. (किसी पर) धावा करना। टूट पड़ना।

***उललना**—[< हि॰ उँड़ेलना] *क्रिअ॰* १. ढरकना। ढलना। २. उलटना। ३. उलट-पलट होना। *क्रिस॰* उलट-पलट करना।

***उलसना**—[< सं॰ उल्लसन] *क्रिअ॰* १. शोभित होना। २. उल्लासयुक्त या उल्लसित होना। प्रसन्न होना।

***उलहना**[१]—[< सं॰ उल्लसन] *क्रिअ॰* १. उल्लसित होना। उमंगित होना। हुलसना। २. उमड़कर बढ़ चलना। उमड़ना। ३. लहलहा उठना। ४. उत्पन्न होना। ५. प्रस्फुटित होना। खिलना। फूटना। निकलना। ६. सामने/बाहर आना।

†**उलहना**[२]—[< हि॰ उलाहना] *पु॰* उपालम्भ। उलाहना। ताना। *क्रिस॰* उलाहना देना। ताना देना।

***उलहा**—[< हि॰ उलहना[१]] *वि॰* १. उल्लसित। उमंगित। २. उमड़ा हुआ। ३. लहलहाता हुआ। ४. उत्पन्न। ५. खिला हुआ। प्रस्फुटित। ६. सामने बाहर आया हुआ। ✣ **उलही**—*वि॰ (स्त्री॰)*।

†**उलही**—[< हि॰ उलहना[२]] *स्त्री॰* उपालम्भ। उलाहना।

***उला**—[राजस्थ॰, < सं॰ ऊर्ण] *स्त्री॰* भेड़ का बच्चा। मेमना।

***उलाइत**—[< हि॰ उलाहित] *स्त्री॰* १. शीघ्रता। जल्दबाज़ी। २. उतावली।

†**उलाक**—[< हि॰ उलाँक] *पु॰* डाक का हरकारा। *वि॰* ऊँचा।

†**उलार**—[< हि॰ उलारना] *वि॰* (बैलगाड़ी, नाव आदि की) वह स्थिति जिसमें पीछे का भाग आगे के भाग की अपेक्षा अधिक भारी हो। पीछे की ओर झुके होने की स्थितिवाला।

†**उलारा**—[< हि॰ उलरना] *पु॰* (संगीत॰) कुछ लोकगीतों में पद विशेष जिसे चौताल के अन्त में गाया जाता है।

उलालना—[< सं॰ + लालन] *क्रिस॰* लालन-पालन करना। पालन-पोषण करना।

***उलाह**—[< सं॰ उल्लास] *पु॰* उल्लास। उमंग। उत्साह।

उलाहना—[< सं॰ उपालम्भन] *पु॰* किसी व्यवहार की शिकायत। उपालम्भ। *क्रिस॰* दोष देना। शिकायत करना।

†**उलाहित**—[ब्रज॰] *क्रिवि॰* शीघ्र। जल्दी। *स्त्री॰* शीघ्रता। जल्दबाज़ी।

उलाँक—[< हि॰ लाँघना] *पु॰* चिट्ठी-पत्री ले जाने की व्यवस्था। डाक। ✣ **उलाँकी**—*पु॰* = १. डाक ले जानेवाला हरकारा। डाकिया। २. (पत्र ले जानेवाला) दूत।

उलाँघना—[< सं॰ उल्लङ्घन] *क्रिस॰* १. ऊपर से फाँदकर जाना। फाँदना। २. किसी बैठे या लेटे व्यक्ति के ऊपर से होकर (बिना उस पर पैर रखे हुए) जाना। ३. (नियम या आज्ञा का) उल्लंघन करना। नियम/आज्ञा न मानना।

†**उलिया** [बुन्देलखंडी, < हि॰ ओली] *स्त्री॰* गोद।

उलीचना—[< सं॰ उदञ्चन] *क्रिस॰* १. कहीं भरे हुए अधिक या अवांछित जल आदि को, निकास का कोई और उपाय न होने के कारण, हाथों से या बाल्टी आदि में भर कर बाहर फेंकना। २. (लाक्षणिक) उदारतापूर्वक धन व्यय करना। ३. (लाक्षणिक) समर्पित करना। भेंट करना।

उलू—[< सं॰ उलूलु] *स्त्री॰* बंगाल आदि में मांगलिक अवसरों पर स्त्रियों द्वारा मुख से की जानेवाली हर्ष-ध्वनि विशेष।

***उलुक**—[< सं॰ उल्का] *पु॰* १. उल्का। २. अग्नि की लपट। ज्वाला।

उलूक—[सं॰ √वल् + ऊक्] *पु॰* १. उल्लू (पक्षी)। घुग्घू। २. इन्द्र। ३. कणाद (ऋषि)। ✣ **उलूक-दर्शन**—*पु॰* १. उल्लू का दिखाई पड़ना। २. (कणाद ऋषि का) वैशेषिक दर्शन। ✣ **उलूक-वृत्ति**—*स्त्री॰* = उल्लू जैसा स्वभाव। मूर्खता।

उलूखल—[सं॰ उलूख √ला + क] *पु॰* १. ओखली। ऊखल। २. खरल। ३. कान का एक आभूषण। (चिकित्सा॰) वस्ति-अस्थि का एक प्याले-जैसा गढ़ा जिसमें जाँघ की हड्डी का सिरा घूमता है। ✣ **उलूखल सन्धि**—*स्त्री॰* = स्वतन्त्र रूप से घूमनेवाला कोई शारीरिक जोड़।

*उले—[< हि॰ उरे] *क्रिवि॰* १. इधर। २. निकट। समीप। पास।

†उलेढ़ना—[< हि॰ उलटना] *क्रिस॰* कपड़े के किनारे को थोड़ा उलटकर और मोड़कर सिलना।

*उलेल—[< हि॰ कुलेल] *स्त्री॰* १. उल्लास। उमंग। २. उछल-कूद। ३. आवेश। जोश। ४. जल की बाढ़। *वि॰* १. अबोध। २. लापरवाह। ३. कान्तियुक्त। चमकीला। ४. लहराता हुआ।

उल्का—[सं॰ √उष् + क (ष् → ल्) + टाप्] *स्त्री॰* १. धातु-मिश्रित पत्थर के टुकड़े जो आकाशीय पिंडों से टूटकर जलती हुई अवस्था में पृथ्वी पर गिरते हैं। २. आकाश से टूटकर गिरता हुआ तारा। २. मशाल। (खगोल॰) सूर्य का चक्कर लगाने वाला कोई छोटा पिंड।

उल्का नवमी—[सं॰] *स्त्री॰* आश्विन शुक्ल नवमी। ● **विशेष**—आश्विन शुक्ल नवमी से आरम्भ 'उल्का नवमी व्रत' महिषासुर-मर्दिनी दुर्गा की पूजा का व्रत है जो एक वर्ष तक चलता है।

उल्कापिण्ड (उल्कापिंड)—[सं॰ उल्का ~ पिण्ड] *पु॰* (खगोल॰) ऐसी उल्का जो पृथ्वी के वायुमण्डल से गुज़रती हुई पूरी तरह भस्म नहीं हुई है तथा निरे अश्म, लोहा, लोहाश्म या बालुकामय और सामान्य धूलिकणों से बने विशाल पिंड के रूप में पृथ्वी पर आती है। ● **विशेष**—पृथ्वी पर गिरे उल्का का भार ५०,००० किलोग्राम तक पाया गया है।

उल्कामुख—[सं॰ उल्का ~ मुख] *पु॰* १. भूतों का एक प्रकार। मुख से आग निकालनेवाला भूत। अगिया बैताल। २. शिव का एक गण।

उल्काश्म—[सं॰ उल्का ~ अश्म (अश्मन्)] *पु॰* पृथ्वी पर गिरी हुई उल्का जो पत्थर की शिला जैसी होती है। टूटकर गिरा हुआ तारा।

उल्था—[< हि॰ उलथना] *पु॰* अनुवाद। भाषान्तर।

उल्फ़त—[अरबी] *स्त्री॰* प्रेम। मुहब्बत।

उल्ब—[सं॰ उच् + बन्, च → ल] *पु॰* १. गर्भस्थ शिशु को घेरे रहने वाली झिल्ली। भ्रूणावरण। जरायु। जेरी। २. गर्भाशय। ✣ **उल्बी**—*पु॰* = वह प्राणी पक्षी, स्तनी आदि प्राणी जिसके गर्भ-काल में उल्ब होता है।

उल्मुक—[सं॰ √उष् + मुक्, ष् → ल्] *पु॰* १. अग्नि। आग। २. अंगारा। ३. जलती हुई लकड़ी। लुकाठी।

उल्लङ्घन (उल्लंघन)—[सं॰] *पु॰* १. (रेखा आदि को) लाँघना। २. किसी के ऊपर से होकर जाना। लाँघना। ३. नियम, आज्ञा, सन्धि, प्रथा, रीति आदि को न मानना। नियमादि तोड़ना। नियम आदि के विरुद्ध आचरण। ४. दूसरे के क्षेत्र में अनधिकार प्रवेश। अतिक्रमण। ५. किसी मर्यादा या सीमा को तोड़ना। ***जैसे***—सीमा का उल्लंघन। **उल्ललित**—[सं॰ उद् √लल् + क्त] *वि॰* १. आन्दोलित। क्षुब्ध। २. उठा हुआ। बढ़ा हुआ।

उल्लस—[सं॰ उद् √लस् + अच्] *वि॰* १. उल्लसित। आनन्ति। प्रसन्न। २. कान्तियुक्त। चमकदार।

उल्लसन—[सं॰ उद् √लस् + ल्युट्] *पु॰* १. उल्लसित होना। प्रसन्न होना। हर्ष। २. हर्ष से होनेवाला रोमांच। पुलक। ३. चमकना।

उल्लाप—[सं॰ उद् √लप् + घञ्] १. वाणी। २. अपमानकारक शब्द। ३. ऊँचे स्वर से बुलाना। पुकार। ४. रोग या भावावेश के कारण परिवर्तित स्वर। ५. आर्तनाद। चीख-पुकार। ✣ **उल्लापक**—*वि॰* = १. उल्लाप करनेवाला। २. चाटुकार। खुशामदी। ✣ **उल्लापन**—१. उल्लाप करने की क्रिया/भाव। २. चाटुकारिता। ख़ुशामद। ✣ **उल्लापी**—*वि॰* = उल्लापक।

उल्लाप्य—[सं॰ उद् √लप् + णिच् + यत्] *वि॰* जिसकी खुशामद की जा सके या की जाने वाली हो। *पु॰* एक प्रकार का एकांकी उपरूपक जिसमें धीरोदात्त नायक, चार नायिकाएँ तथा शृंगार, करुण या हास्य रस की प्रधानता होती है।

उल्लाल—[सं॰ उद् √लल् + घञ्] *पु॰* १. एक अर्धसम मात्रिक छन्द जिसके प्रथम और तृतीय चरणों में १५-१५ तथा द्वितीय और चतुर्थ चरणों में १३-१३ मात्राएँ होती हैं।

उल्लाला—[< सं॰ उल्लाल] *पु॰* (छन्द॰) एक सममात्रिक छन्द जिसके प्रत्येक चरण में १३ मात्राएँ होती हैं।

उल्लास—[सं॰ उद् √लस् + घञ्] *पु॰* १. प्रसन्नता। हर्ष। आनन्द। ख़ुशी। २. उमंग। जोश। २. दीप्ति। आभा। चमक। ३. ग्रन्थ का भाग। अध्याय/पर्व/प्रकरण। (काव्य॰) एक अर्थालंकार जिसमें किसी व्यक्ति या वस्तु के गुण/दोष/से दूसरे व्यक्ति या वस्तु के गुण/दोष की प्राप्ति वर्णित होती है (***जैसे***—कुटिल कूबरी संग ते भये त्रिभंगी लाल)। ✣ ***उल्लासक**—*वि॰* = उल्लास देनेवाला। उल्लासप्रद।

उल्लासी—[सं॰ उल्लासिन्] *वि॰* उल्लास से युक्त। प्रसन्न। ✣ **उल्लासिनी**—*वि॰ (स्त्री॰)* = उल्लास से भरी हुई। प्रसन्न।

उल्लिखित—[सं॰ उद् + लिखित] *वि॰* १. जिसका उल्लेख ऊपर या पहले किया गया हो। २. (पुस्तक या लेख आदि में) पूर्ववर्णित। २. उकेरा हुआ। उत्कीर्ण।

उल्लेख—[सं॰ उद् √लिख् + घञ्] *पु॰* १. लिखने की क्रिया या भाव। लेखन। लिखाई। २. (बातचीत या लेख आदि में) वर्णन। चर्चा। ३. अंकन। चित्रण। (काव्य॰) एक अर्थालंकार। ज्ञाताओं के दृष्टि-भेद से अथवा विषय-भेद के कारण एक ही पदार्थ का अनेक प्रकार से चित्रण/वर्णन से होनेवाला अलंकार।

उल्लोल—[सं॰ उद् + लोल] *पु॰* १. बड़ी तरंग/लहर। २. तरंग। लहर। हिलोर।

उल्वोदक—[सं॰ उल्व ~ उदक] *पु॰* (चिकित्सा॰) एक तरल द्रव्य जिसमें गर्भकाल में भ्रूण तैरता रहता है और जो भ्रूण के कोमल तन्तुओं की सुरक्षा करता है। गर्भाशय का जल विशेष।

***उल्हैया**—[< सं॰ उल्लास] *पु॰* उल्लास। प्रसन्नता।

***उवन**—[< हि॰ उवना] *पु॰* उदित होने की क्रिया या भाव। उदय।

***उवाँ**—[< हि॰ वहाँ] *क्रिवि॰* १. वहाँ। २. वहाँ से।

***उवेस**—[< सं॰ उद्देश] १. नाम बताते हुए वस्तु-निरूपण। २. नाम।

उशना—[सं॰ √वश् + कनस्, व → उ] *पु॰* १. शुक्राचार्य (दैत्यों का गुरु)। २. शुक्र (तारा/ग्रह)।

उशीर—[सं॰ √वश् + ईरन्, व→उ] *पु॰* १. गाँडर घास की सुगन्धित जड़ जिसके पंखे, पर्दे आदि गर्मियों में उपयोगी होते हैं। ख़स। २. ख़स की टट्टी।

उष:—[सं॰ √उष् + असि] *स्त्री॰* १. सूर्योदय से पहले का प्रकाश। दिन निकलने से पहले का चाँदना। २. सूर्योदय से पहले का समय। प्रभात। तड़का। भोर। ३. सूर्य निकलने से पहले की आकाश की लालिमा। अरुणोदय की लाली। ✣ **उष:काल**—*पु॰* = सूर्योदय से कुछ पहले का समय। प्रभात। तड़का। ✣ **उष:पान**—*पु॰* = (हठयोग) उष:काल में नाक से पानी पीकर मुख से निकालने की क्रिया।

उषण—[सं॰ √उष् + क्युन्] १. कालीमिर्च। २. अदरक। ३. सोंठ। ४. पिप्पलीमूल।

उषर्बुध—[सं॰ उष: ~ बुध] *पु॰* १. अग्नि। २. चित्रक/चीता वृक्ष। ३. बालक। *वि॰* उष:काल में जगनेवाला।

उषा—[सं॰ √उष् + क + टाप्] *स्त्री॰* १. उष:। (दे॰) २. बाणासुर का पुत्री। (छन्द॰) एक समवर्णिक छन्द जिसके प्रत्येक चरण में यगण और लघु के योग से ४ वर्ण होते हैं। ✣ **उषा-काल**—*पु॰* = उष:काल। (दे॰)

उषित—[√वस् + क्त या √उष् + क्त] *वि॰* १. बसा हुआ। २. बासी (भोजन)।

उष्ट्र—[सं॰ √उष् + ष्ट्रन् + कित्] *पु॰* ऊँट (पशु)। ● **विशेष**—प्राचीन काल में 'उष्ट्र' का अर्थ भैंसा या 'ककुद्वान् साँड़' भी होता था। ✣ **उष्ट्रयान**—*पु॰* = ऊँटगाड़ी। ✣ **उष्ट्रिका/उष्ट्री**—*स्त्री॰* = ऊँटनी।

उष्ण—[सं॰ √उष् + नक्] *वि॰* १. गरम। ∇ **विलोम**—शीत। २. गरमी। ताप उत्पन्न करनेवाला। ३. राग आदि मनोविकारों से युक्त। रागान्वित। (आयुर्वेद॰) वह पदार्थ जिसे खाने से शरीर में गरमी बढ़े या जलन हो। *पु॰* १. ग्रीष्मकाल। गरमी का मौसम। २. गरमी। ३. धूप।

उष्णक—[सं॰ उष्ण + कन्] *पु॰* १. ग्रीष्म ऋतु। २. ज्वर। बुख़ार। ३. सूर्य। *वि॰* १. गरम। गरमी या ताप उत्पन्न करनेवाला। २. तीक्ष्ण।

उष्णकटिबन्ध—[सं॰] *पु॰* पृथ्वी के ऊपरी तल का सबसे अधिक गर्म भाग जो कर्क रेखा और मकर रेखा के बीच का है। ✣ **उष्णकर**—[सं॰ उष्ण ~ कर] *पु॰* (गर्म किरणों वाला) सूर्य। रवि।

उष्णता—[सं॰ उष्ण + तल् + टाप्] *स्त्री॰* उष्णत्व। गर्मी। ✣ **उष्णता-लहर**—*स्त्री॰* १. गर्मी की लहर। ऊष्मा-तरंग। २. कड़ी गर्मी। ३. गर्म हवा। लू।

उष्णप्रस्रवण—[सं॰ उष्ण ~ प्रस्रवण] *पु॰* गरम पानी का झरना। तप्तकुंड।

उष्णवीर्य—[सं॰ उष्ण ~ वीर्य] *वि॰* (आयुर्वेद॰) गरम गुण या गरम प्रभाव वाली वस्तु। *जैसे*—केसर उष्णवीर्य है और दही शीतवीर्य।

उष्णालु—[सं॰ उष्ण + आलुच्] *वि॰* १. जो गर्मी सहन न कर सकता हो। २. गर्मी से व्याकुल।

उष्णिमा—[सं॰ उष्ण + इमनिच्] *स्त्री॰* उष्णता। ताप। गर्मी।

उष्णीष—[सं॰ उष्ण √ईश् + क] *स्त्री॰* १. शिरोवेष्टन। पगड़ी। साफ़ा। २. मुकुट। ✣ **उष्णीषकमल**—*पु॰* (बौद्ध॰) सिर में स्थित सहस्रारचक्र। ✣ **उष्णीषधारी/उष्णीषी**—*वि॰* = १. पगडीधारी। २. मुकुटधारी। (*पु॰*) शिव। महादेव।

उष्णोत्स—[सं॰ उष्ण ~ उत्स] *पु॰* (भूगर्भ॰) विशेष प्रकार का सोता जिससे गरम पानी और भाप तेज़ी से कुछ अन्तरालों पर निकलते रहते हैं।

***उष्न**—[< सं॰ उष्ण] *वि॰* उष्ण। गरम। *जैसे*—उष्नकाल। *स्त्री॰* उष्णता। गरमी।

उष्म—[सं॰ √उष् + मक्] *पु॰* १. गरमी। २. ग्रीष्म ऋतु। ३. धूप। ४. क्रोध। (व्या॰) श, ष, स, ह (चारों वर्णों) के वर्ग का नाम। *वि॰* गरम।

उष्मा—[सं॰ √उष् + मनिन्] *स्त्री॰* १. गरमी। २. धूप। ३. क्रोध। ✣ **उष्मा रसायन**—*पु॰* = भौतिक रसायन की वह शाखा जिसमें रासायनिक अभिक्रियाओं की उष्मा आदि का अध्ययन होता है। (अ॰ थर्मोकेमिस्ट्री)।

उस—[< सं॰ अमुष्य] *सर्व॰* 'वह' का एक रूप जो विभक्ति लगने के पहले हो जाता है। (*जैसे*—'वह ने,' 'वह की' आदि के स्थान पर 'उसने', 'उसकी')। ***वा॰* उस पार**—उस लोक में। परलोक में।

***उसना**—[< सं॰ वसन] *क्रिअ॰* बसना। रहना। ✣**उसि**—*क्रिवि॰* = बसकर। रहकर।

***उसनीस**—[सं॰ उष्णीष] *पु॰* उष्णीष। पगड़ी या मुकुट।

उसरतलोवा/उसरबगेरी—[< हि॰ ऊसरतल, ऊसर + बगेर] *पु॰* ऊसर भूमि में विशाल झुंड में रहनेवाला एक भूरे रंग का पक्षी।

***उसरना**[१]—[< सं॰ अपसरण] *क्रिम॰* १. दूर होना। हटना। टलना। २. व्यतीत होना। बीतना। ३. छिन्न-भिन्न होना।

***उसरना**[२]—[< सं॰ उद्सरण] *क्रिअ॰* १. ऊपर उठना। २. डूबते हुए का फिर ऊपर आना। उतराना। ३. निश्चिन्त होकर बैठना।

***उसरना**[३]—[< सं॰ विस्मरण] *क्रिस॰* भूलना। बिसरना।

***उसलेना**—*क्रिअ॰* ≤ *हि॰* उसरना। भूलना। बिसरना।

उससना[१]—[< सं॰ उच्छ्वसन] *क्रिअ॰* १. साँस लेना। २. गहरी या ठंडी साँस लेना। उच्छ्वास लेना।

उससना[२]—[< सं॰ उत्सरण] *क्रिअ॰* १. खिसक जाना। टलना। २. ऊपर-नीचे होना।

***उसारना**[१]—[< हि॰ उसरना[१] < सं॰ अपसरण] *क्रिस॰* १. दूर करना। हटाना। टालना। भगाना। २. व्यतीत करना। बिताना। ३. छिन्न-भिन्न करना। ४. उखाड़ना। ५. (वस्त्र आदि में से) निकालना।

***उसारना**[२]—[< हि॰ उसरना[२] < सं॰ उद् + सरण] *क्रिस॰* १. ऊपर उठाना। २. (दीवार आदि) खड़ी करना। रचना। बनाना।

†उसारा/उसरा—[< हि॰ ओसारा] *पु॰* (मकान का) दालान। बरामदा। ओसारा।

***उसालना**—[< हि॰ उसारना[१]] *क्रिस॰* १. निर्मूल करना। उखाड़ना। २. दूर करना। हटाना। भगाना। टालना।

उसास/उसाँस—[< स॰ उत् + श्वास] *पु॰* १. ऊपर को खींची गयी गहरी साँस। लम्बी साँस। उच्छ्वास। २. परिश्रम, शोक, दुःख आदि के कारण ली जाने वाली ठंडी साँस। ३. श्वास। साँस

उसासना—[< हि॰ उसास] *क्रिम॰* १. उसाँस लेना। २. आह भरना।

***उसासी**—[< हि॰ उसास] *स्त्री॰* १. साँस लेने का अवकाश। २. अवकाश। छुट्टी। फ़ुर्सत।

†उसिआर—[अवधी] *पु॰* कूड़ा। कूड़ा-करकट।

***उसीर**—[< स॰ उशीर] *पु॰* उशीर। ख़स।

***उसीला[१]**—[< हि॰ उ + स॰ शील] *वि॰* १. शीलवान्। २. कृतज्ञ। ३. उपकारी।

***उसीला[२]**—[< स॰ वशी] *वि॰* वश में रहने/आने वाला। वशीभूत। वशी।

***उसीला[३]**—[< अरबी वसीलः] *पु॰* १. साधन। २. माध्यम।

***उसीस/उसीसा**—[< स॰ उत्शीर्ष] *पु॰* तकिया। सिरहाना। ✣**उसीसी**—*क्रिस॰* = सिर के नीचे रखना। ✣ ***उसीसी**—*स्त्री॰* = तकिया या छोटा तकिया।

उसूल—[अर॰] *पु॰* १. नियम। २. सिद्धान्त। ● **विशेष**—'उसूल' शब्द 'असल' का बहुवचन है परन्तु हिन्दी में एकवचन मानकर प्रयुक्त होता है और उसका बहुवचन 'उसूलों' प्रचलित है। ✣ **उसूलन**—*क्रिवि॰* १. सिद्धान्ततः या नियमतः। ✣ **उसूली**—*वि॰* १. अपने सिद्धान्त/नियम का पालक। २. सिद्धान्तपरक। सैद्धान्तिक। ३. नियमपरक।

उस्तरा—[< फा॰ उस्तुरः] *पु॰* हजामत बनाने का छुरा।

उस्ताद—[फा॰] *पु॰* १. शिक्षक। २. वेश्याओं को नृत्य और गायन सिखानेवाला। ३. विद्वान्। *वि॰* १. प्रवीण। होशियार। २. विद्वान्। विज्ञ। ३. धूर्त। चालाक। ✣ **उस्तादाना**—*वि॰* = १. शिक्षक/शिक्षकों-जैसा। २. चालाकी का। धूर्ततापूर्ण। ✣ **उस्तादी**—*स्त्री॰* = १. उस्ताद होने की अवस्था/भाव। शिक्षकत्व। २. शिक्षक की वृत्ति। अध्यापकी। ३. प्रवीणता। निपुणता। दक्षता। ४. धूर्तता। चालाकी।

***उहट**—[< हिं॰ उ + हटना] *स्त्री॰* १. हटने की क्रिया/भाव। २. ऊब जाने की क्रिया/भाव। उचाट।

***उहाँहि**—[< हि॰ उहाँ + ही] *क्रिवि॰* वहाँ ही। वहीं।

***उहार**—[< हि॰ ओहार] *पु॰* रथ, पालकी आदि पर पड़ा ऊपर का आवरण/पर्दा। ✣ **उहारना**—*क्रिस॰* = आवरण/पर्दा हटाना/उठाना। ✣ **उहरि/उहारु**—*क्रिव॰* = आवरण/पर्दा हटाकर।

***उहास**—[< स॰ उद्भास] *पु॰* प्रकाश। उजाला। रोशनी।

***उहूल**—[< स॰ उल्लोल] *स्त्री॰* १. तरंग। लहर। २. उमंग।

उँगनी—[< हि॰ ओंगना] *पु॰* गाड़ी ओंगने का काम। गाड़ी के पहिए में तेल लगाना।

उँघाई—[< हि॰ ऊँघना] *स्त्री॰* ऊँघने की क्रिया/भाव। झपकी।

***उँचनि**—[< हि॰ ऊँचा] *स्त्री॰* १. उच्चता। ऊँचाई। ऊँचापन। २. महत्ता। बड़ाई।

उँचाना—*क्रिस॰* १. ऊँचा करना। २. उच्च बनाना।

उँह—[< स॰ ऊम्] *अव्यय॰* १. असहमति, अस्वीकार, घृणा, वेदना आदि का सूचक शब्द। **जैसे**—उँह! ऐसा मत कहो। २. नहीं।

***उँहीं**—[< हि॰ उहीं] *क्रिवि॰* वहीं।

उँहुँ/उँहुँक—[< हि॰ उँह] *अव्यय॰* असहमति, अस्वीकार आदि का सूचक एक शब्द।

ऊ

देवनागरी वर्णमाला का छठा स्वर। (भाषाविज्ञान की दृष्टि से) यह ओष्ठ्य, दीर्घ (जिसका ह्रस्व रूप 'उ' है), पश्च, वृत्तमुखी, संवृत तथा मूल स्वर है और घोष ध्वनि है। ● **विशेष**—१. ऊ की मात्रा व्यंजन के नीचे लगती है (*जैसे*—कू, घू, तू, शू, सू इत्यादि परन्तु, 'र' से जुड़ने पर 'र' का रूप '**रू**' होता है जो 'र + उ' के रूप 'रु' से थोड़ा भिन्न है। **'रू' और 'रु' का अन्तर** (**जैसे**—रूप, रुपया; रूठना, रुष्टता इत्यादि में) समझना महत्त्वपूर्ण है।

ऊ—[सं॰ √अव् + क्विप्] *पु॰* १. शिव। महादेव। २. चन्द्रमा।

***ऊअना**—[ब्रज॰, < हिं॰ उगना] *क्रिअ॰* उदय होना। उगना।

***ऊआबाई**—[ब्रज॰] *वि॰* १. इधर-उधर का। २. व्यर्थ। निरर्थक।

***ऊक**[1]—[< सं॰ उल्का] *पु॰* १. टूटता तारा। उल्का। २. लूक। लौ। लपट। ३. जलती हुई लकड़ी। ४. ताप। दाह। आँच। तपन। जलन। *जैसे*—विरह की ऊक।

***ऊक**[2]—[हिं॰ चूक का अनु॰] *स्त्री॰* चूक। ग़लती। *अव्यय॰* आगे की ओर, मुँह के बल।

***ऊकना**[1]—[हिं॰ 'चूकना' का अनु॰] *क्रिअ॰* भूल जाना। चूकना। *क्रिस॰* १. (भूल से या जानकर) छोड़ देना। २. उपेक्षा करना।

***ऊकना**[2]—[ब्रज॰ < हिं॰ ऊक < सं॰ उल्का] *क्रिस॰* १. जलाना। २. तपाना।

ऊकारादि—[सं॰ ऊकार ~ आदि] *पु॰* ऊकार इत्यादि। *वि॰* (वह शब्द) जिसके आरम्भ में ऊकार हो। *जैसे*—ऊकारि दै।

ऊकारान्त (ऊकारांत)—*वि॰* (वह शब्द) जिसके अन्त में ऊकार है। (*जैसे*—खाऊ, चालु)।

ऊख[1]—[< सं॰ इक्षु] *पु॰* गन्ना। ईख। ***वा॰* ऊख छोड़कर आग चचोड़ना**—सारयुक्त या लाभप्रद वस्तु को छोड़कर निस्सार या हानिकर वस्तु को ग्रहण करना।

ऊख[2]—[< सं॰ ऊष्म] *वि॰* ऊष्ण। गर्म। *स्त्री॰* गरमी के दिन। ग्रीष्म काल।

†ऊखट/ऊखड़—[< सं॰ ऊषट] पर्वत के नीचे की सूखी भूमि। भाभर।

ऊखा[1]—[< हिं॰ ऊषा] *स्त्री॰* १. ऊषा। प्रभात। २. ऊषा जो बाणासुर की पुत्री और अनिरुद्ध की पत्नी थी।

ऊखा[2]—[< सं॰ ऊष्मा] *स्त्री॰* आग। गर्मी।

ऊखाणा—[राजस्थ॰, < सं॰ उपाख्यान] *पु॰* कहावत। लोकोक्ति।

***ऊखिल**[1]—[ब्रज॰] *वि॰* १. अपरिचित। अजनबी। पराया। ✣ ***ऊखिलताई**—*स्त्री॰* = १. अजनबीपन। २. मेल-मिलाप का अभाव। अमेल।

***ऊखिल**[2]—[< सं॰ उखर्वल] १. तृण। तिनका। २. खटकनेवाली वस्तु। काँटा।

ऊगट—[< सं॰ उद्वर्त] *पु॰* शरीर में उबटन या तेल आदि की मालिश।

***ऊगना**—[< हिं॰ उगना] *क्रिअ॰* उदित होना। उगना।

***ऊघड़**—[हिं॰ 'सुघड़' का अनु॰] *वि॰* जो सुघड़ न हो। कुरूप। बेडौल। ∇ **विलोम**—सुघड़।

***ऊचालना**—[< सं॰ उच्चलन] *क्रिअ॰* १. अकाल पड़ने आदि के कारण देश त्यागकर अन्यत्र जाना। २. प्रयाण करना।

***ऊचाला**—[< हिं॰ ऊचालन] *पु॰* १. प्रस्थान। गमन। २. देश त्यागकर परदेश-गमन।

***ऊछजना**—[< हिं॰ ऊ < सं॰ उत् + हिं॰ छजना] *क्रिअ॰* अस्त्र आदि उठाकर अपनी रक्षा के लिए तैयार होना।

***ऊज**—[सं॰ उद् √रुज्] *पु॰* १. उपद्रव। २. अन्धेर।

ऊजड़—[< हिं॰ उजड़ना] *वि॰* उजड़ा हुआ। निर्जन। उजाड़। **उदा॰** ऊजड़ गाँव में सियार राजा। (लोकोक्ति)

***ऊजन**—[ब्रज॰] *वि॰* १. विशाल। २. दृढ़।

***ऊजना**—[हिं॰ 'पूजना' का अनु॰] *क्रिअ॰* पूर्ण होना। *क्रिस॰* पूर्ण करना।

***ऊटना**—[< हिं॰ औटना] *क्रिअ॰* १. उत्साहित होना। उमंगित होना। २. मन में योजना बनाना। ३. सोच-विचार करना।

***ऊटि**—[ब्रज॰] *स्त्री॰* साध। इच्छा।

***ऊठ**[1]—[ब्रज॰] *पु॰* बहाना। मिस।

***ऊठ**[2]**/ऊठा**—[< हिं॰ उठना] *पु॰* १. उठान। २. छटा। ३. उमंग।

***ऊड़ना**—[< सं॰ ऊढ़] *क्रिअ॰* १. विवाह करना। २. किसी स्त्री को पत्नी की तरह घर में रखना।

ऊढ़—[सं॰ √वह् + क्त] *वि॰* विवाहित (पुरुष)। ✣ **ऊढ़ा**—*वि॰* (*स्त्री॰*) = विवाहिता।

***ऊढ़ना**[1]—[< सं॰ ऊह] *क्रिअ॰* १. सोच-विचार करना। २. अनुमान करना। ३. तर्क करना।

***ऊढ़ना**[2]—[< सं॰ ऊढ] *क्रिअ॰* विवाह होना।

ऊढा—[सं॰ ऊढ + टाप्] *स्त्री॰* विवाहित स्त्री। विवाहिता। (काव्य॰) परकीया नायिका जो पति के अतिरिक्त किसी अन्य से प्रेम करे। ✣ **ऊढ़ा**—*स्त्री॰* = ऊढा।

ऊत—[< सं॰ अपुत्र] *वि॰* १. पुत्ररहित। २. सन्तानहीन। निःसन्तान। ३. मूर्ख। *पु॰* भूत-प्रेत।

ऊतक—[< सं॰ अति] *पु॰* ऐसी वस्तु जिसमें ताना-बाना वाली बुनावट हो। (जीव॰) शरीर की एक आधारभूत संरचना जो एक प्रकार की अनेक कोशिकाओं के मिलने से बनती है और विशिष्ट कार्य करती है। ● **विशेष**—ऊतकों के पाँच प्रकार हैं—उपकला, संयोजी ऊतक, दृढ़ ऊतक, पेशी ऊतक, तन्त्रिका ऊतक। (अं॰ टिशू) ✣ **ऊतक रसायन**—पु॰ = ऊतकविज्ञान की वह शाखा जो कोशिकाओं और ऊतकों में रासायनिक यौगिकों का अध्ययन करती है। ✣ **ऊतकलयन**—*पु॰* = ऊतकों का विघटन। ✣ **ऊतकविज्ञान**—*पु॰* = (जीव॰) कोशिकाओं और ऊतकों की सूक्ष्मरचना तथा कार्य का अध्ययन करनेवाला विज्ञान। औतिकी। (अं॰ हिस्टोलॉजि)

†**ऊतताई**—[< हिं॰ ऊत] *वि॰* मूर्ख।

ऊति[१]—[सं॰ √अव् + क्तिन्] स्त्री॰ १. रक्षण। रक्षा। २. सहायता। ३. क्रीड़ा। खेल। ४. इच्छा। वासना। ५. कृपा। अनुग्रह।

ऊति[२]—[सं॰ √वे + क्तिन्] *स्त्री॰* १. सिलाई। २. सिलाई की मज़दूरी। ३. बुनाई।

ऊतिकोशान्तरण—[सं॰ ऊति ~ कोशान्तरण] पु॰ (चिकित्सा॰) ऊतक की रचना में असामान्य परिवर्तन। इतर विकसन। (अं॰ मेटाप्लेज़िया)

***ऊती**—[< सं॰ ऊति[१]] *स्त्री॰* १. ऊति[१] (दे॰) २. अनुग्रह।

***ऊथापना**—[< सं॰ उत्थापन] *क्रिस॰* १. ऊपर उठाना। खड़ा करना। २. उखाड़ना। ३. थापना।

ऊद—[अरबी] *पु॰* अगर वृक्ष या उसकी लकड़ी जो सुगन्धित होती है।

***ऊदना**—[< सं॰ उदय] *क्रिअ॰* उदय होना।

ऊदबत्ती—[अरबी ऊद + हिं॰ बत्ती] *स्त्री॰* अगरबत्ती।

ऊदबिलाव—[< सं॰ उद्र + हिं॰ बिलाव] *पु॰* १. एक जन्तु जो स्थल और जल दोनों में रह सकता है तथा जो नेवले के सदृश होता है। २. (व्यंग्य) मूर्ख व्यक्ति।

ऊदल—[< सं॰ उदय] *पु॰* आल्हा (आल्हखंड) काव्य के वीर योद्धा 'उदयसिंह' का लोकप्रसिद्ध नाम।

ऊदा—[< अरबी ऊद] *वि॰* लाल रंग लिए काला। बैंगनी रंग का। *पु॰* १. उक्त रंग। २. उपर्युक्त रंग का घोड़ा। ✣ **ऊदी**—*वि॰ (स्त्री॰)* बैंगनी रंग की। ***जैसे***—ऊदी पत्ती।

***ऊध**—[< सं॰ ऊर्ध्व] *क्रिवि॰* ऊर्ध्व। ऊपर।

ऊधम—[< सं॰ उद् √ध्मा] *पु॰* १. शोर-ग़ुल। २. उत्पात। उपद्रव। ३. शरारत। हुल्लड़।

ऊधरना—[< सं॰ उद्धरण] *क्रिअ॰* उद्धार पाना। बचना। *क्रिस॰* उद्धार करना।

ऊन[१]—[सं॰ √ऊन् + अच्] *वि॰* १. न्यून। कम। २. थोड़ा। ३. हीन। छोटा। घटिया। *स्त्री॰* त्रुटि। कमी। ***वा॰* ऊन की बात दून करना**—छोटी-सी बात को बहुत बढ़ाना। **(हृदय में) ऊन मानना**—१. दुःखी होना। २. साहस या उत्साह कम हो जाना।

ऊन[२]—[< सं॰ ऊर्ण] *पु॰* भेड़ आदि के कोमल रोम जिनसे कम्बल, वस्त्र आदि बनते हैं।

ऊनक—[सं॰ ऊन + क] *वि॰* १. न्यून। कम। थोड़ा। २. हीन। छोटा। ३. दोषयुक्त। सदोष।

ऊनना[१]—[< सं॰ ऊन] *क्रिअ॰* १. कम पड़ना या कम होना। घटना। २. संकीर्ण होना। *क्रिस॰* १. कम करना। घटाना। २. संकीर्ण करना।

***ऊनना**[२]—[< सं॰ उन्नय] *क्रिअ॰* उमड़ना।

***ऊनमना**—[< हिं॰ ऊनना] *क्रिअ॰* बादलों का उमड़ आना।

ऊना—[< सं॰ ऊन] *वि॰* १. न्यून। कम। छोटा। थोड़ा। २. अपूर्ण। ३. व्यर्थ। ४. तुच्छ। हीन। घटिया। *पु॰* एक प्रकार की तलवार। ✣ **ऊनित**—*वि॰* = कम किया हुआ।

ऊनी[१]—[< सं॰ ऊन] *स्त्री॰* १. न्यूनता। कमी। २. दोष। ३. खेद। ग्लानि। ४. उदासी।

ऊनी[२]—*वि॰* (स्त्री॰) ≤ *हिं॰* ऊना। (दे॰)

ऊनी[३]—*वि॰* = ऊन से बुना/बना हुआ। ***जैसे***—ऊनी कपड़े।

***ऊनो**—*वि॰* ≤ *हिं॰* ऊना। (दे॰)

***ऊन्हाला**—[राज॰ < सं॰ ऊष्ण-काल] *पु॰* ग्रीष्म ऋतु।

†**ऊप**—[< हिं॰ ओप] *स्त्री॰* १. ओप। कान्ति। २. लावण्य। शोभा।

ऊब—[< हिं॰ ऊबना] *स्त्री॰* १. ऊबने की क्रिया/भाव। २. अरुचि। ३. उद्वेग। खिन्नता। ४. उदासी। ५. व्याकुलता। घबराहट।

†**ऊबट**—[< सं॰ उद्-वर्त्म] १. *वि॰* कहीं पर ऊँचा और कहीं पर नीचा। ऊँचा-नीचा और टेढ़ा-मेढ़ा। ऊबड़-खाबड़। ***जैसे***—ऊबट बाट (= कठिन मार्ग)। २. मार्ग से चूका हुआ। पथभ्रष्ट। *पु॰* ऊँचा-नीचा और टेढ़ा-मेढ़ा रास्ता।

ऊबड़—[< हिं॰ ऊवट] *वि॰* कहीं पर ऊँचा और कहीं पर नीचा। ऊँचा-नीचा। अ-समतल। ✣ **ऊबड़-खाबड़**—*वि॰* = ऊबड़।

ऊबर[१]—[< हिं॰ उबार] *पु॰* रक्षा। उद्धार। उबार।

ऊबर[२]—*पु॰* ≤ *हिं॰* उभार। (दे॰)

ऊभ—[< प्रा॰ उब्भइ] *वि॰* उभरा हुआ। ऊँचा उठा हुआ। *स्त्री॰* १. उमंग। २. व्याकुलता।

†**ऊभक**—[< हिं॰ ऊभ[१]] *स्त्री॰* १. उमंग। २. वेग।

ऊभ-चूभ—[हिं॰ ऊभ[१] + अनु॰ चूभ] *स्त्री॰* १. (जल में) डूबने-उतराने की क्रिया/भाव। २. कभी आशावान् और कभी निराश होने की स्थिति। *वि॰* १. डूबती-उतराती। २. जो कभी आशायुक्त हो और कभी निराश हो। ***जैसे***—ऊभ-चूभ नौका।

***ऊभना**—[< प्रा॰ उब्भव] *क्रिअ॰* खड़ा होना। २. उछलना। ३. उचकना।

ऊभर—[< हिं॰ उभरना] *वि॰* १. उभरा हुआ। २. ख़ाली।

ऊभा—[< हिं॰ ऊभना[१]] *वि॰* खड़ा। उठा। ✣ **ऊभी**—वि॰ *(स्त्री॰)*।

†**ऊभासासी/ऊभासाँसी**—[< हिं॰ ऊबना + साँस] *स्त्री॰* १. साँस/दम घुटना। २. ऊब। ३. घबराहट। बेचैनी।

ऊभि**—[< प्रा॰ उब्भ] वि॰ ऊर्ध्व। ***जैसे—ऊभि साँस।

†**ऊमक**[१]—[< हिं॰ उमगना] *स्त्री॰* १. उमंग। २. वेग। झोंक। ३. झपट।

†**ऊमक**[२]—[< हिं॰ ऊब] *स्त्री॰* १. ऊब। २. साँस/दम फूलना। ३. बेचैनी।

†ऊम-डाम—[अवधी] *पु॰* आडम्बर। दिखावा। ***जैसे***—ऊम-डाम करब (= आडम्बर करना)।

ऊमना—[< हि॰ उमगना] *क्रिअ॰* १. उमगना। २. उमड़ना।

ऊमर/ऊमरा—[< स॰ उदुम्बर] *पु॰* गूलर का वृक्ष/फल।

ऊमरि—[< स॰ उदुमबर] गूलर का वृक्ष/फल।

***ऊमहना**—[< हि॰ उमहना] *क्रिअ॰* उमड़ना।

ऊमी—[< स॰ उम्बी] *स्त्री॰* गेहूँ या जौ की हरी बाल।

ऊरध**—[< स॰ ऊर्ध्व] *वि॰* १. ऊर्ध्व। ऊपर। २. ऊपर जानेवाली। ऊर्ध्वगामी। ***जैसे—पैर की ऊरध रेखा।

***ऊरना**—*क्रिअ॰* ≤ *हि॰* उड़ना।

ऊरा—[हि॰ 'पूरा' का अनु॰] *वि॰* अपूर्ण। अधूरा। ***जैसे***—स्वाँग का पूरा, ज्ञान का ऊरा।

ऊरु—[स॰ √ऊर्णु + कु, नुलोप] *पु॰* जंघा। जाँघ।

ऊरुज/ऊरुजन्मा/ऊरुसम्भव—[स॰ ऊरु + ज, ऊरुजन्मन्/ऊरुसम्भव] *वि॰* ऊरु/जाँघ से उत्पन्न। *पु॰* वैश्य (वर्ग)।

ऊर्ज—[स॰ √ऊर्ज् + णिच् + अच्] *पु॰* १. शक्ति। बल। २. स्फूर्ति। ३. प्राण। ४. जीवन। ५. उत्साह। (काव्य॰) एक अर्थालंकार जिसमें असहाय होने पर भी स्वाभिमान और उत्साह बने रहने का वर्णन होता है।

ऊर्जस्वल—[स॰ ऊर्जस् + वलच्] *वि॰* १. शक्तिशाली। बलवान्। २. तेजस्वी। ३. श्रेष्ठ।

ऊर्जस्वान्—[स॰ ऊर्जस् + मतुप्] *वि॰* शक्तिशाली। बलवान्।

ऊर्जस्वित—[स॰ ऊर्जस् + इतच्] *वि॰* १. शक्तिशाली। २. तेजस्वी।

ऊर्जा—[स॰ ऊर्ज + टाप्] *स्त्री॰* शक्ति। बल। (विज्ञान॰/गणित॰) कार्य करने की क्षमता। (अ॰ एनर्जि) ● **विशेष—ऊर्जा-संरक्षण सिद्धान्त**—विज्ञान का यह सिद्धान्त कि विश्व की ऊर्जा की कुल मात्रा घटती-बढ़ती नहीं है, अचर रहती है और केवल उसका रूप परिवर्तित होता रहता है। ✣ **ऊर्जा-स्तर**—*पु॰* (रसायन॰) = प्रत्येक अणु, परमाणु या नाभिक में पायी जाने वाली निश्चित ऊर्जा। (अ॰ एनर्जि लेविल)

ऊर्जित—[स॰ √ऊर्ज् + क्त] *वि॰* १. ऊर्जा से युक्त। शक्तिशाली। बलवान्। २. तेजस्वी।

ऊर्ण—[स॰ ऊर्णु + ड] *पु॰* १. ऊन। २. ऊनी कपड़ा। *वि॰* ऊनी।

ऊर्णन—[स॰ ऊर्ण् + ल्युट्] *पु॰* ऊन के लच्छे बनाना। (रसायन॰) निलम्बित ठोस कणों के बड़े-बड़े गुच्छे/थक्के बनने की क्रिया। ***जैसे***—फिटकरी डालकर ऊर्णन द्वारा गन्दा जल शुद्ध किया जाता है। (अ॰ फ़्लोक्यूलेशन)

ऊर्णनाभ/ऊर्णनाभि—[स॰ ऊर्ण ~ नाभि] *पु॰* मकड़ा।

ऊर्णपर्णी—[स॰ ऊर्णपर्णिन्] *पु॰* (वनस्पति॰) (वे पादप) जिन पर ऊन जैसी पत्तियाँ लगती हैं।

ऊर्णपुष्पी—[स॰ ऊर्ण + पुष्पी (पुष्पिन्)] *पु॰* (वनस्पति॰) (वे पादप) जिन पर ऊन जैसे फूल लगते हैं।

ऊर्णा—[स॰ ऊर्ण + टाप्] *स्त्री॰* १. ऊन। २. भौंहों के बीच की भौंरी।

ऊर्णायु—[स॰ ऊर्णा + युस्] *वि॰* ऊनी। *पु॰* १. मेष। मेढ़ा। २. मकड़ा। ३. ऊनी कम्बल।

ऊर्णी—[स॰ ऊर्णिन्] *पु॰* (रसायन॰) ऊर्णन को प्रेरित करने वाला पदार्थ।

ऊर्ध्व—[स॰ उद् √हा + ड, पृषो॰, ऊर् आदेश] *क्रिवि॰* ऊपर की ओर। ऊपर। *वि॰* १. ऊपर की ओर सीधा गया हुआ। उदग्र। २. ऊँचा। खड़ा। *स्त्री॰* ऊपर की दिशा। ∇ **विलोम**—अधः।

ऊर्ध्वग—[स॰ ऊर्ध्व √गम् + ड] *वि॰* १. ऊपर की ओर जानेवाला। ऊर्ध्वगामी। २. स्वर्ग जानेवाला।

ऊर्ध्वगामी—[स॰ ऊर्ध्वगामिन्] *वि॰* १. ऊपर की ओर जानेवाला। ऊपर जानेवाला। ऊर्ध्वग। २. स्वर्ग जानेवाला।

ऊर्ध्वचेतना—[स॰ ऊर्ध्व ~ चेतना] *स्त्री॰* १. (तेज़ बुखार आदि रोगों में) स्नायुसंघटन की बहुत उत्तेजित अवस्था के परिणामस्वरूप तीव्र चेतना। २. समाधि में अन्य देश-काल में तथा शरीर और इन्द्रियों की सीमा से परे स्थित और अगोचर घटनाओं या वस्तुओं आदि का ज्ञान।

ऊर्ध्वचरण—[स॰ ऊर्ध्व ~ चरण] *वि॰* जिसके पैर ऊपर की ओर उठे हों। *पु॰* 'शरभ' नामक कल्पित प्राणी।

ऊर्ध्व छन्द—[स॰] (स्था॰) मन्दिर की नींव के ऊपर से, जहाँ जगती (चबूतरा) का आरम्भ होता है, शिखर की चोटी तक की ऊँचाई।

ऊर्ध्वदेह—[स॰ ऊर्ध्व ~ देह] *स्त्री॰* मृत्यु के बाद प्राप्त होनेवाला शरीर।

ऊर्ध्वद्वार (ऊर्ध्वद्वार)—[स॰ ऊर्ध्व ~ द्वार] *पु॰* ब्रह्मरन्ध्र। (दे॰)

ऊर्ध्वनयन—[स॰ ऊर्ध्व ~ नयन] *वि॰* १. जिसकी दृष्टि ऊपर की ओर हो। २. महत्त्वाकांक्षी। ३. पुराणों में वर्णित एक काल्पनिक पशु। शरभ नामक सिंह।

ऊर्ध्वपथ—[स॰ ऊर्ध्व ~ पथ] *पु॰* १. आकाश। २. ऊपरी मार्ग।

ऊर्ध्वपाद—[स॰ ऊर्ध्व ~ पाद] *पु॰* टिड्डी।

ऊर्ध्वपुण्ड्र (ऊर्ध्वपुंड्र)—[स॰ ऊर्ध्व ~ पुण्ड्र] *पु॰* वैष्णव सम्प्रदाय में प्रचलित चन्दन/गोपीचन्दन का तिलक जो माथे पर ऊर्ध्व/खड़ा लगाया जाता है।

ऊर्ध्वबाहु—[स॰ ऊर्ध्व ~ बाहु] *वि॰* जिसकी भुजाएँ ऊपर की ओर उठी हुई हों। *पु॰* एक प्रकार के साधु जो सदैव अपनी एक भुजा ऊपर उठाए रखते हैं।

ऊर्ध्वरेता—[स॰ ऊर्ध्वरेतस्] *वि॰* अपने वीर्य को कभी नष्ट न करने वाला। पूर्ण ब्रह्मचारी। *पु॰* योगी।

ऊर्ध्वलिङ्गी (ऊर्ध्वलिंगी)—[स॰ ऊर्ध्वलिङ्गिन्] *पु॰* १. ब्रह्मचारी। २. शिव। महादेव।

ऊर्ध्वलोक—[स॰ ऊर्ध्व ~ लोक] *पु॰* १. ऊपर का लोक। २. स्वर्ग। ३. आकाश।

ऊर्ध्ववर्ती—[स॰ ऊर्ध्ववर्तिन्] *वि॰* १. ऊपर स्थित। २. ऊपर के लोक में स्थित। ३. ऊँचे पद पर स्थित। वरिष्ठ। (वनस्पति॰) किसी दूसरे

अंग के ऊपर स्थित (***जैसे***—पुष्पासन में पंखुड़ियों और बाह्य दल के ऊपर जुड़ा अंडाशय)।

ऊर्ध्ववात/ऊर्ध्ववायु—[सं॰ ऊर्ध्व ~ वात/वायु] (मुख से निकलनेवाली) डकार।

ऊर्ध्वशायी—[सं॰ ऊर्ध्वशायिन्] *वि॰* चित लेटनेवाला। उत्तानशायी। *पुं॰* शिव। महादेव।

ऊर्ध्वश्वास—[सं॰ ऊर्ध्व ~ श्वास] पुं॰ १. ऊपर की ओर चढ़ने वाली साँस। २. मरने के समय विशेष प्रकार की साँस की गति जो प्रायः ऊपर की ओर होती है। उसाँस।

ऊर्ध्वाधर—[सं॰ ऊर्ध्व ~ अधर] वि॰ सीधा खड़ा। (अं॰ वर्टिकल)

ऊर्ध्वाम्नाय (ऊर्ध्वाम्राय)—[सं॰ ऊर्ध्व ~ आम्नाय] पुं॰ वैष्णव तन्त्र का एक भेद।

ऊर्ध्वायन—[सं॰ ऊर्ध्व + अयन] पुं॰ १. ऊपर की ओर जाना। उड़ना। २. स्वर्ग जाने का मार्ग।

ऊर्मि—[सं॰ √ऋ + मि, ऊर् आदेश] *स्त्री॰* १. तरंग। लहर। २. प्रवाह। बहाव।

ऊर्मिका—[सं॰ ऊर्मि + कन् + टाप्] *स्त्री॰* १. तरंग। लहर। २. कपड़े की शिकन।

ऊर्मिमान्—[सं॰ ऊर्मि + मतुप्] *वि॰* १. तरंगित। २. घुँघराला (बाल)। २. टेढ़ा-मेढ़ा।

ऊर्मिल—[सं॰ ऊर्मि + लच्] *वि॰* छोटी-छोटी लहरों से युक्त। ***जैसे***—ऊर्मिल सरोवर।

ऊर्मिला—[सं॰ ऊर्मिल + टाप्] *वि॰ (स्त्री॰)* ऊर्मिल। ***जैसे***—ऊर्मिल झील। *स्त्री॰* लक्ष्मण की पत्नी।

ऊल—[< हिं॰ ऊलना] *स्त्री॰* १. उल्लास से भरने की क्रिया/भाव। उल्लसित होना। २. उल्लास। उमंग। ३. उछाल। उछल-कूद। असम्बद्ध। ✣ **ऊल-जलूल**—*वि॰* = १. असम्बद्ध। ऊटपटांग। ***जैसे***—ऊल-जलूल काम। २. असभ्य। अशिष्ट। ***जैसे***—ऊल-जलूल व्यक्ति। *क्रिवि॰* = १. असम्बद्धतापूर्वक। २. अशिष्टतापूर्वक। ***जैसे***—ऊल-जलूल बकना।

†**ऊलङ्ग (ऊलंग)**—[< हिं॰ उलंग] *वि॰* नग्न। नंगा।

ऊलना—[< हिं॰ उछलना] *क्रिअ॰* १. उछलना। २. प्रसन्न होना। ***जैसे***—कक्षा में प्रथम स्थान पाने पर बालक ऊलने लगा। ३. मर्यादा तोड़ना। ४. आतुर होना। ✣ **ऊल-फूल**—*स्त्री॰* = ऊलने और फूलने की क्रिया/भाव। उल्लास और प्रसन्नता।

ऊलर[1]—[< सं॰ उद् + लल्] *वि॰* नीचा।

ऊलर[2]—[< हिं॰ ऊलना] *वि॰* हिलता-डुलता हुआ। दोलित। ***जैसे***—हाथी की अम्बारी ऊलर है।

ऊषर—[सं॰ ऊष √रा + क] *वि॰* १. नमक/लोन मिला हुआ। खारा। नोना। लुनहा। २. ऊसर। बंजर। पुं॰ वह भूमि जो नमक की अधिकता होने से बंजर हो। ऊसर भूमि। ✣ **ऊषरज**—पुं॰ = नोनी मिट्टी से प्राप्त किया गया नमक।

ऊषा—[< सं॰ ऊष] *स्त्री॰* १. अरुणादेय की लाली। उषा। प्रभात का प्रकाश। उषा। प्रभात। २. बाणासुर की पुत्री। उषा।

ऊष्म—[सं॰ ऊष् + मक्] *वि॰* गर्म। पुं॰ ग्रीष्म ऋतु। (व्या॰, भाषा॰) दे॰ ऊष्मवर्ण।

ऊष्मवर्ण—[सं॰ ऊष्म ~ वर्ण] पुं॰ (व्या॰) १. ऐसी संघर्षी ध्वनियाँ जिनके उच्चारण में कुछ अधिक जोर से साँस लानी पड़ती है। २. श, ष, स और ह वर्ण।

ऊष्मा—[सं॰ ऊष्मन्] *स्त्री॰* १. ग्रीष्म ऋतु। २. ताप। गर्मी। ३. क्रोध। ४. उग्रता। ✣ **ऊष्मीय**—वि॰ = ऊष्मा-सम्बन्धी।

ऊष्मागतिकी—[< सं॰ ऊष्मा + हिं॰ गतिकी] *स्त्री॰* (भौतिकी॰) ऊष्मा और अन्य प्रकार की ऊर्जाओं के परस्पर सम्बन्ध का अध्ययन। ऊष्मागतिविज्ञान। (अं॰ थर्मोडाइनैमिक्स)

ऊष्माघात—[सं॰ ऊष्मा ~ आघात] पुं॰ गर्मी का आकस्मिक आघात।

ऊष्मायन—[सं॰ ऊष्मा ~ अयन] पुं॰ अंडे सेने की मशीन। (अं॰ इन्क्युबेटर)

ऊसर—[प्रा॰ < सं॰ ऊषर] *वि॰* जिसमें उपज न हो या बहुत कम हो। अनुर्वर। बंजर। (कृषि॰) लवणों तथा क्षार पदार्थों की अधिकता के कारण खेती के अयोग्य (भूमि)। ***वा॰ ऊसर की खेती होना***—असम्भव बात/काम होना। **ऊसर में बीज बोना/डालना**—निष्फल काम करना।

ऊह[1]—[सं॰ √ऊह् + घञ्] पुं॰ १. तर्क या अनुमान का एक प्रकार। ***जैसे***—'न पिता खिलाता है, न माता' वाक्य से 'अन्य लोग खिलाते हैं', यह ऊह होता है। २. अन्वय के अनुसार अनुक्त पद की अध्याहार से पूर्ति। ***जैसे***—'आएगा अवश्य' में न कहे गए 'वह' की पूर्ति करने से 'वह आएगा अवश्य' वाक्य ग्रहण करना ऊह है। ३. परीक्षण और निश्चय करना। ४. समझ। ५. युक्ति।

ऊह[2]—[अनु॰] *अव्यय॰* कष्ट/पीड़ा का सूचक एक शब्द। ओह। ***जैसे***—दर्द हो तो भी आह-ऊह मत करना।

ऊहन—[सं॰ √ऊह् + ल्युट्] पुं॰ १. ऊह या ऊहा करना। २. तर्क-वितर्क करना। ३. विचारना।

ऊहनीय—[सं॰ √ऊह् + अनीयर्] *वि॰* १. ऊहन के योग्य। २. तर्क के योग्य। तर्क्य। ३. विचार के योग्य। विचारणीय।

ऊहा—[सं॰ √ऊह् + अ + टाप्] *स्त्री॰* अनुक्त पद का अध्याहार। ऊह। (काव्य॰) कवि की दूर की कल्पना। कष्ट-कल्पना। ***जैसे***—कवि बिहारी की ऊहा-प्रियता।

ऊहापोह—[सं॰ ऊह ~ अपोह] पुं॰ १. किसी समस्या आदि के पक्ष-विपक्ष दोनों का विवेचन या विचार। २. तर्क-वितर्क। सोच-विचार। ३. अनिश्चय की स्थिति में होनेवाला मानसिक अन्तर्द्वन्द्व। असमंजस। दुविधा।

†**ऊँगा**—[ब्रज॰] पुं॰ अपामार्ग। चिड़चिड़ा। ✣†**ऊँगी**—*स्त्री॰* = ऊँगा।

ऊँघ—[< प्रा॰ उंघ] *स्त्री॰* ऊँघने की क्रिया या भाव। अर्धनिद्रा। औंघाई। झपकी।

ऊँचा—[< सं॰ उच्च] *वि॰* १. किसी आधार/तल/भूमि से ऊपर स्थित। ***जैसे***—ऊँचा मकान। २. आसपास के तल से ऊपर उठा हुआ।

जैसे—ऊँचे होते जाते पहाड़। ३. तुलनात्मक लम्बा (व्यक्ति/अंग)। *जैसे*—ऊँचा क़द/कन्धा। ४. तुलनात्मक कम लम्बाई का (वस्त्र)। *जैसे*—ऊँचा कुर्ता। ५. श्रेष्ठ। उत्तम। बड़ा। *जैसे*—ऊँचा आदर्श। ६. अधिक सम्मानित या बड़े पद वाला। *जैसे*—ऊँचा अधिकारी। ७. तीव्र/तेज़ (स्वर)। *जैसे*—ऊँचा स्वर। ८. किसी मानक मात्रा या परिमाण आदि से अधिक। *जैसे*—मिठाई का ऊँचा भाव। ∇ **विलोम**—नीचा। ✣ **ऊँची**—*वि० (स्त्री०)*। *जैसे*—ऊँची दुकान। ***वा०* ऊँचा उठना**—१. श्रेष्ठ बन जाना। २. उन्नति करना/होना। ३. प्रतिष्ठित होना। **ऊँचा उठाना**—१. श्रेष्ठ बनाना। २. उन्नति कराना। **ऊँचा करना**—१. श्रेष्ठ बनाना। २. प्रशंसा करना। **ऊँचा कुल/घर**—१. प्रतिष्ठित परिवार। २. धनी परिवार। **ऊँचा बोल**—गर्वभरा कथन। गर्वीली उक्ति। **ऊँचा बोलना**—१. ज़ोर से बोलना। २. गर्वपूर्वक बोलना। **ऊँचा लाभ**—बहुत अधिक फ़ायदा। **ऊँचा साहस**—१. श्रेष्ठ प्रकार का साहस। २. अधिक साहस। **ऊँचा सुनना**—१. ज़ोर से बोलने पर ही सुन पाना। कम सुन पाना। २. बहरा होना। **ऊँचा स्थान होना**—श्रेष्ठ माना जाना। **ऊँचा स्वर**—ज़ोर की आवाज़। तेज़ स्वर। **ऊँचा हाथ होना**—१. उदार होना। २. अधिक योगदान होना। **ऊँचा होना**—१. श्रेष्ठ होना। २. किसी की अपेक्षा बढ़कर होना। ज़ोर से (बोलना आदि)। १. बड़ी कल्पना। २. बड़ी सूझ। **ऊँची-ऊँची उड़ान भरना**—बड़ी-बड़ी कल्पनाएँ करना। **ऊँची करनी**—श्रेष्ठ कर्म। **ऊँची जगह पाना**—बड़ा पद पाना। **ऊँची तान लेना**—उच्च स्वर में गाना। **ऊँची दुकान फीका पकवान होना**—नाम या यश के अनुरूप गुण, कर्म, कार्य आदि न होना। **ऊँची नाक होना**—१. प्रतिष्ठा होना। २. मान-मर्यादा का अधिक ध्यान रखना। **ऊँची पहुँच**—१. दूर की सूझ-बूझ। २. दूरदर्शिता। **ऊँची हवा में होना**—गर्व करना। घमंडी होना। **ऊँचे उठना**—१. सम्मान प्राप्त करना। २. उन्नति होना। **ऊँचे चढ़ना**—१. उन्नति करना। २. अभिमान करना। **ऊँचे दर्जे का**—श्रेष्ठ। उत्तम/अच्छा। **ऊँचे दाम का**—महँगा। **ऊँचे बोल का मुँह नीचा होना**—अभिमानी व्यक्ति का अभिमान नष्ट होना। **ऊँचे मन का**—१. श्रेष्ठ। २. महान्। ३. उदार।

***ऊँचि**—[< हि० ऊँच] *स्त्री०* उच्चता। *वि० (स्त्री०)* उच्च। ऊँची।

ऊँचे—[< हि० ऊँचा] *वि०* 'ऊँचा' का बहुवचन। जैसे-ऊँचे मकान *क्रिवि०* १. ऊँचाई पर। ऊपर की ओर। *जैसे*—ऊँचे उड़ना। २. जोर से। *जैसे*—ऊँचे बोलना।

***ऊँचो**—[< हि० ऊँचा] *वि०* १. ऊँचा। २. उत्तम। श्रेष्ठ। *क्रिवि०* ऊपर की ओर।

ऊँछना—[< सं० उञ्छन] *क्रिस०* १. बीनना। २. बालों में कंघी करना। झाड़ना।

ऊँटकटारा/ऊँटकटेरा—[< सं० उष्ट्रकण्ट] *पु०* एक प्रकार की कँटीली झाड़ी जिसे ऊँट रुचिपूर्वक खाते हैं।

ऊँटगाड़ी—[हि० ऊँट + गाड़ी] *स्त्री०* ऊँट द्वारा खींची जाने वाली गाड़ी।

ऊँटनाल—[हि० ऊँट + नाल] *पु०* ऊँट की पीठ पर रखकर चलायी जाने वाली तोप।

ऊँटरा—[< सं० उष्ट्रक] *पु०* (बैलों से रहित) बैलगाड़ी को टिकाने की छोटी-सी लकड़ी जो गाड़ी के अगले भाग को उठाए रहती है।

ऊँटवान—[< हि० ऊँट] *पु०* १. ऊँट को चलानेवाला। ऊँटवाला। २. ऊँट का स्वामी/मालिक।

†**ऊँठा**—[< हि० अँगूठा] *पु०* अंगुष्ठ। अँगूठा।

†**ऊँड़ा**—[< सं० कुण्ड] *पु०* १. भूमि में धन गाड़ने के लिए बनाया हुआ गड्ढा। २. वह पात्र जिसमें रखकर धन भूमि में गाड़ा जाए। ३. तहख़ाना। *वि०* गहरा।

†**ऊँधा**—[< हि० औंधा] *पु०* जलाशय का ढालू किनारा जहाँ से पशु पानी पीने या नहाने के लिए आते-जाते हैं। *वि०* औंधा।

ऊँह—[अनु०] *अव्यय* असन्तोष का सूचक शब्द।

ऋ

देवनागरी वर्णमाला का सातवाँ स्वर। (भाषाविज्ञान की दृष्टि से) यह मूर्धन्य, ह्रस्व, अग्र, अवृत्तमुखी, अर्धविवृत स्वर है तथा घोष ध्वनि है। ● **विशेष**—१. 'ऋ' का अनुनासिक रूप नहीं होता। २. 'ऋ' का दीर्घ रूप 'ॠ' है जो हिन्दी के शब्दों में नहीं, संस्कृत के कुछ शब्दों में ही प्रयुक्त होता है। ३. 'ऋ' की मात्रा व्यंजनों के नीचे जुड़कर लगती है (*जैसे*—कृ, गृ, पृ, मृ)। 'र' में 'ऋ' की मात्रा नहीं लगती। ४. 'ऋ' का उच्चारण कुछ संस्कृतज्ञों में ही विशिष्ट रूप में मिलता है। सामान्य हिन्दी-भाषी 'ऋ' को 'र' के समान ही बोलता है। फिर भी, ऋ-युक्त संस्कृत तत्सम शब्द हिन्दी में अपने मूल रूप में ही लिखे जाते हैं और लिखे भी जाने चाहिए। ५. 'ऋ' के शुद्ध उच्चारण के सम्बन्ध में संस्कृत-विद्वानों में भी मतभेद हैं। मराठी-भाषी 'ऋ' का उच्चारण 'रु' से मिलता-जुलता करते हैं।

ऋ—[सं° √ऋ + क्विप्] *स्त्री°* १. (देव-माता) अदिति। २. निन्दा। ३. उपहास।

ऋक्—[सं° √ऋच् + क्विप्] *स्त्री°* १. ऋचा। २. ऋग्वेद की ऋचा। ऋग्वेद का मन्त्र।

ऋकार—[सं° ऋ + कार] *पु°* 'ऋ' वर्ण या उसकी ध्वनि या मात्रा।

ऋक्थ—[सं° √ऋच् + थक्] *पु°* १. सम्पत्ति। जायदाद। २. मरने पर छोड़ी हुई सम्पत्ति। ३. उत्तराधिकार में प्राप्त सम्पत्ति। बपौती। ४. स्वर्ण। सोना। ✣ **ऋक्थग्रहण**—*पु°* = ऋक्थ को प्राप्त करना। ऋक्थ-प्राप्ति। ✣ **ऋक्थग्राह**—*पु°* = उत्तराधिकारी। वारिस। ✣ **ऋक्थभाग**—*पु°* = १. ऋक्थ का विभाजन/बँटवारा। २. ऋक्थ का भाग। ३. पैतृक सम्पत्ति। ✣ **ऋक्थभागी/ऋक्थहर/ऋक्थहारी**—*पु°* = उत्तराधिकारी। वारिस।

ऋक्ष—[√ऋष् + स, कित्] पु° १. रीछ। भालू। २. नक्षत्र। तारा। *जैसे*—सूर्योदय होते ही ऋक्ष अस्त हो गए। (खगोल°) राशि। ✣ **ऋक्षचक्र**—*पु°* = राशि-चक्र। ✣ **ऋक्षकल्प**—*वि°* = नक्षत्रों के समान। तारों जैसा। **उदा°** ऋक्षकल्प झिलमिल भावों का। —दिनकर (उर्वशी, तृतीय अंक) ✣ **ऋक्षनाथ**—*पु°* = ऋक्षों का स्वामी/नायक। २. (नक्षत्रों का राजा) चन्द्रमा। ३. (सुग्रीव की ऋक्ष-सेना का सेनापति) जाम्बवान्। ✣ **ऋक्षनेमि**—*पु°* = विष्णु। ✣ **ऋक्षपति/ऋक्षराज**—*पु°* = ऋक्षनाथ।

ऋक्संहिता—[सं° ऋक् ~ संहिता] *स्त्री°* ऋग्वेद।

ऋग्वेद—[सं° √ऋच् ~ वेद] *पु°* चारों वेदों में से प्रथम। ✣ **ऋग्वेदी**—*वि°* = १. जो ऋग्वेद का विद्वान् या विद्यार्थी हो। २. जिसके पारिवारिक संस्कार ऋग्वेद के अनुसार हों।

ऋचा—[सं° √ऋच् + क्विप् + टाप्] *स्त्री°* १. ऋग्वेद का मन्त्र। २. वेद-मन्त्र। *जैसे*—वेद की पावन ऋचाएँ।

ऋजु—[सं° √ऋज् + कु] *वि°* १. सरल। सीधा। २. छलरहित। ईमानदार। सच्चा। ३. अनुकूल। ४. हितकर। लाभकारी।

ऋजुकाय—[सं° ऋजु ~ काय] *वि°* जिसका शरीर टेढ़ा-मेढ़ा न हो। सीधे शरीर वाला।

ऋजुकोण—[सं° ऋजु ~ कोण] *पु°* (गणित°, ज्यामिति) दो समकोणों के बराबर या १८० अंशों का कोण। सरल कोण।

ऋजुग—[सं° ऋजु √गम् + ड] *वि°* १. सीधा जाने/चलने वाला। २. सरल/सच्चा व्यवहार करनेवाला। *पु°* १. बाण। तीर। २. सज्जन।

ऋजुता—[सं° ऋजु + तल् + टाप्] *स्त्री°* १. ऋजु होने की अवस्था/भाव। ऋजुत्व। २. सरलता। सीधापन। ३. छलरहितता। ईमानदारी। सच्चाई। ४. अनुकूलता। ५. हितकारी होना। हितकारिता। ✣ **ऋजुत्व**—*पु°* = ऋजुता।

ऋण—[सं° √ऋ + क्त, णत्व] *पु°* १. उधार लिया हुआ धन। क़र्ज़। २. किसी का किया हुआ उपकार। ३. देवता, पिता आदि की कृपा के बदले में की जाने वाली सेवा। *जैसे*—देव-ऋण, पितृ-ऋण और ऋषि-ऋण। (गणित°) घटाने का चिह्न (–)। *वि°* (वाणिज्य°) एक व्यक्ति या प्रतिष्ठान की दूसरे व्यक्ति या प्रतिष्ठान के प्रति देनदारी। ४. (गणित°) वह संख्या या राशि जिसका मान शून्य से कम है। (*जैसे*—-२, -३)। ● **विशेष**—वाणिज्य में ऋण के अनेक प्रकार हैं (*जैसे*—दीर्घकालीन ऋण, अल्पकालीन ऋण, निधिक ऋण)। ***वा°*** **ऋण उतारना**—पूरा क़र्ज़ चुकाना। **ऋण चढ़ना**—१. ऋणी या क़र्ज़दार बनना। २. ऋण या कर्ज़ बढ़ना। **ऋण चढ़ाना**—१. ऋणी/क़र्ज़दार बनाना। २. देनदार बनाना। ३. उपकृत करना। **ऋण भरना**—१. ऋण चुकाना। २. उपकार का बदला देना।

ऋणत्रय—[सं° ऋण ~ त्रय] *पु°* (वैदिक संस्कृति में प्रत्येक मनुष्य पर मान्य) तीन ऋण—देव-ऋण, ऋषि-ऋण और पितृ-ऋण।

ऋणदास—[सं° ऋण ~ दास] *पु°* ऐसा व्यक्ति जो ऋण के भुगतान के लिए ऋणदाता का दास बना हो। ✣ **ऋणदासता**—*स्त्री°* = ऋणदास बनने की प्रथा।

ऋण-पक्ष—[सं°] पु° (वाणिज्य°) बही खाते आदि में दायीं ओर का वह पक्ष/स्तम्भ जिसमें किसी को दी हुई वस्तु का दिनांक, मूल्य और विवरण लिखा जाता है। (अं° क्रेडिट साइड) ● **विशेष**—इससे

भिन्न '**नामे-पक्ष**' होता है।

ऋणपत्र—[सं॰ ऋण ~ पत्र] *पु॰* ऋण लेने और देने की शर्तों वाला पत्र। क़र्ज़ का दस्तावेज़। (वाणिज्य॰) पूँजी प्राप्त करने के लिए कम्पनियों द्वारा जारी किए जानेवाले विशेष प्रकार के प्रतिभूति-पत्र। (अं॰ डिबेंचर)

ऋणविद्युदणु—[सं॰ ऋण ~ विद्युत् ~ अणु] *पु॰* (भौतिकी॰) परमाणु के मूलभूत रचयिता कणों में से एक प्रकार का ऋण-विद्युत् कण। इलेक्ट्रान (अं॰)।

ऋणात्मक—[सं॰ ऋण ~ आत्मक] *वि॰* १. नकारात्मक। निषेधात्मक। २. ऋणरूप/ऋण-सम्बन्धी। (गणित॰) शून्य से कम मान वाली (संख्या/राशि) जिसका चिह्न '-' है। *जैसे*—-२, -क इत्यादि। (भौतिकी॰) धनात्मक से भिन्न (विद्युत्-आवेश)। (अं॰ नेगेटिव) ∇ **विलोम**—धनात्मक।

ऋणादान—[सं॰ ऋण ~ आदान] *पु॰* १. ऋण लेना। उधार लेना। २. दिया हुआ ऋण वापस मिलना। क़र्ज़ की वसूली।

ऋणाधार—[सं॰ ऋण ~ आधार] *पु॰* (वाणिज्य॰) ऋण लेते समय ऋणदाता को आश्वासन देने के लिए निर्दिष्ट सम्पत्ति/वस्तु।

ऋणान्तक (ऋणांतक)—[सं॰ ऋण ~ अन्तक] *वि॰* ऋण का अन्त करनेवाला। *पु॰* मंगल ग्रह।

ऋणायन—[सं॰ ऋण ~ आयन] *पु॰* ऋण विद्युत्वाला आयन। ∇ **विलोम**—धनायन।

ऋणार्ण—[सं॰ ऋण ~ ऋण] *पु॰* ऋण चुकाने के लिए लिया जानेवाला ऋण।

ऋणावेश—[सं॰ ऋण ~ आवेश] *पु॰* ऋणविद्युत् का आवेश। (अं॰ नेगेटिव चार्ज)

ऋणी—[सं॰ ऋण + इनि] *वि॰* १. जिसने ऋण लिया हो। क़र्ज़दार। देनदार। २. जिसपर किसी का उपकार/एहसान हो। उपकृत। ∇ **विलोम**—उऋण।

ऋत—[सं॰ √ऋ + क्त] *पु॰* १. विश्व-व्यवस्था, नैतिकता और आध्यात्मिकता की दृष्टि से निश्चित दैवी नियम। ईश्वरीय नियम। २. सत्य। ३. फ़सल काटने के बाद खेत में पड़े रह गए अनाज के दानों को ही चुन-चुनकर खाने की वृत्ति। उंछवृत्ति।

ऋतधामा—[सं॰ ऋत ~ धामन्] *वि॰* सत्य में निवास करनेवाला। पवित्र स्वभाव वाला। *पु॰* १. विष्णु। २. अग्नि।

ऋतम्भर (ऋतंभर)—[सं॰ ऋतम् √भृ + खच्, मुम्] *वि॰* सत्य को धारण करनेवाला। *पु॰* परमेश्वर। ब्रह्म। ✣ **ऋतम्भरा (ऋतंभरा)**—*वि॰ (स्त्री॰)* = सत्य को धारण करनेवाली। *जैसे*—ऋषियों और योगियों की ऋतम्भरा प्रज्ञा। ✣ **ऋतवादी**—*वि॰* = सत्य बोलनेवाला। सत्यवादी।

ऋतानृत—[सं॰ ऋत ~ अनृत] *पु॰* १. ऋत और अनृत। २. सत्य और असत्य।

ऋतु—[सं॰ √ऋ + तु, कित्] *पु॰* १. किसी देश/भूखंड की समय-समय पर परिवर्तित होनेवाली वातावरण की स्थिति के अनुसार किया गया वर्ष के प्रमुख काल-विभागों में से प्रत्येक। मौसम। *जैसे*—वर्षा ऋतु। २. किसी बात का प्रायः होनेवाला, प्राकृतिक, निश्चित या उपयुक्त समय। ३. किसी वृक्ष/पौधे के फलने-फूलने का समय। *जैसे*—आमों की ऋतु। ४. (स्त्रियों का) मासिक धर्म या रजःस्राव। आर्तव। माहवारी। ५. (स्त्रियों के रजःस्राव के बाद का) गर्भ धारण करने के लिए उपयुक्त समय। ६. (पद्य आदि में) छह (६) की संख्या। *जैसे*—ऋतुभाग (= छठा भाग)। ● **विशेष**—ऋतुएँ ६ भी कही जाती हैं और ३ भी। दे॰ 'ऋतुषट्क' और 'ऋतुसन्धि'।

ऋतुकाल—[सं॰ ऋतु ~ काल] *पु॰* १. उपयुक्त काल। २. मासिक धर्म के बाद का गर्भाधान के लिए अनुकूल समय। ऋतुवेला। ऋतुसमय।

ऋतुक्षरण—[सं॰ ऋतु ~ क्षरण] *पु॰* भौतिक, रासायनिक और यान्त्रिक प्रकार की अनेक प्राकृतिक क्रियाओं द्वारा चट्टानों का छोटे-छोटे कणों में परिवर्तन या छीजन होने की क्रिया/भाव।

ऋतु-गमन—[सं॰] *पु॰* (पत्नी से) ऋतु-काल में यौन क्रिया। ऋतुमती पत्नी के साथ किया जाने वाला सम्भोग।

ऋतुचर्या—[सं॰ ऋतु ~ चर्या] *स्त्री॰* ऋतु विशेष के अनुसार उचित आहार-विहार।

ऋतुजन्य यायावरी—*स्त्री॰* = (समाज॰) जीवन की अर्धयायावरी अवस्था जिसमें किसी क्षेत्र के मनुष्य ऋतु बदलने पर जीवन-निर्वाह के लिए किसी अन्य निश्चित स्थान पर चले जाते हैं।

ऋतुदान—[सं॰ ऋतु ~ दान] *पु॰* १. ऋतुस्नान के पश्चात् पत्नी के साथ सन्तान की कामना से सम्भोग।

ऋतुप्राप्त—[सं॰ ऋतु ~ प्राप्त] *वि॰* १. फल देने योग्य (वृक्ष) २. गर्भवती होने योग्य (स्त्री)। रजोदर्शन कर चुकी (स्त्री)। ✣ **ऋतुप्राप्ति**—*स्त्री॰* = स्त्री का रजोदर्शन। स्त्री द्वारा गर्भवती होने योग्य अवस्था की प्राप्ति।

ऋतुमती—[सं॰ ऋतु + मतुप् + ङीप्] *स्त्री॰* वह स्त्री जिसे मासिक धर्म हुआ हो। रजस्वला।

ऋतुराज—[सं॰ ऋतु ~ राज] *पु॰* सबसे श्रेष्ठ ऋतु। वसन्त ऋतु। ✣ **ऋतुराज-सखा**—*पु॰* = कामदेव। मदन।

ऋतु-विपर्यय—[सं॰] *पु॰* ऋतु का क्रम-भंग। ऋतु की विपरीतता (*जैसे*—शीत के महीनों में गर्मी पड़ना)।

ऋतु-वृत्ति—[सं॰] *स्त्री॰* ऋतुओं का आना-जाना।

ऋतुषट्क—[सं॰ ऋतु ~ षट्क] *पु॰* छह ऋतुएँ—वसन्त, ग्रीष्म, वर्षा, शरद्, हेमन्त, शिशिर।

ऋतुसात्म्य—[सं॰ ऋतु ~ सात्म्य] *पु॰* ऋतु विशेष के अनुकूल आहार-विहार।

ऋतुसेव्य—[सं॰ ऋतु ~ सेव्य] *वि॰* ऋतु विशेष के अनुसार ही सेवन करने योग्य।

ऋतुस्नान—[सं॰ ऋतु ~ स्नान] *पु॰* स्त्रियों द्वारा मासिक धर्म की समाप्ति पर (प्रायः चौथे दिन) किया जानेवाला स्नान। रजस्वला

होने के बाद शुद्धि के लिए किया जानेवाला स्नान।

ऋतुस्राव—[स॰ ऋतु ~ स्राव] *पु॰* ऋतुमती स्त्रियों का प्रतिमास निकलनेवाला रज। आर्तव।

ऋत्विज—[स॰ ऋतु √यज् + क्विन्] *पु॰* यज्ञ के पुरोहित के रूप में कार्य करनेवाला। यजमान के लिए यज्ञ को सम्पन्न करनेवाला। याज्ञिक। पुरोहित। ✣ **ऋत्विजा**— *स्त्री॰* = स्त्री ऋत्विज।

ऋद्ध (ऋद्ध)—[स॰ √ऋध् + क्त] *वि॰* १. सम्पन्न। वैभवशाली। धनवान्। फलता-फूलता। २. बढ़नेवाला। वर्धमान। *पु॰* विष्णु।

ऋद्धि (ऋद्धि)—[स॰ √ऋध् + क्तिन्] *स्त्री॰* १. वृद्धि। विकास। २. धन-धन-सम्पत्ति। सम्पत्ति। ३. पूर्णता या श्रेष्ठता। ४. तप के प्रभाव से प्राप्त दिव्य शक्ति। ५. लक्ष्मी। ६. पार्वती। ७. कुबेर की पत्नी।

ऋद्धिकाम (ऋद्धिकाम)—[स॰ ऋद्धि ~ काम] *वि॰* ऋद्धि चाहनेवाला।

ऋद्धि-सिद्धि (ऋद्धि-सिद्धि)—[स॰] *स्त्री॰* १. ऋद्धि और सिद्धि। समृद्धि और सफलता। २. हर प्रकार का वैभव। ***वा॰* ऋद्धि-सिद्धि पाना**—समृद्ध होना।

ऋश्य—[√ऋश् + क्यप्] *पु॰* एक प्रकार का हिरन जो कुछ काले रंग का होता है परन्तु जिसके पैर सफ़ेद होते हैं। ऋष्य।

ऋषभ—[स॰ √ऋष् ~ अभच् + क्विप्] *पु॰* १. वृषभ। साँड़। २. (किसी संज्ञा के अन्त में जुड़ने पर) श्रेष्ठ। ***जैसे***—पुरुषर्षभ (पुरुष + ऋषभ = पुरुषों में श्रेष्ठ)। (छन्द॰) एक समवर्णिक छन्द जिसके प्रत्येक चरण में १५ वर्ण होते हैं जिनका क्रम दो प्रकार का हो सकता है—सगण, यगण (या जगण), दो सगण तथा यगण। (संगीत॰) सात स्वरों में से दूसरा स्वर—'रे'।

ऋषभगजविलसिता—[स॰ ऋषभ ~ गज ~ विलसिता] *स्त्री॰* (छन्द॰) एक समवर्णिक छन्द जिसके प्रत्येक चरण में क्रमशः भगण, रगण, तीन नगण और गुरु (भ र न न न ग) के योग से १६ वर्ण होते हैं तथा ७-९ पर यति होती है।

ऋषभध्वज—[स॰ ऋषभ ~ ध्वज] *पु॰* शिव। महादेव।

ऋषि—[स॰ √ऋष् + इन्] *पु॰* १. वेद-मन्त्रों का साक्षात्कार करनेवाला और उन्हें प्रकाशित करनेवाला व्यक्ति। मन्त्रद्रष्टा। २. तप द्वारा आध्यात्मिक अथवा भौतिक तत्त्वों का ज्ञाता। तपस्वी ज्ञानी। ३. अनुष्ठान आदि कर्म बतलानेवाले सूत्रों के रचयिता अथवा गोत्रों और प्रवरों के प्रवर्तक प्राचीन ज्ञानी। ४. (पद्य आदि में) सात की संख्या।

ऋषिऋण—[स॰ ऋषि ~ ऋण] *पु॰* (वैदिक संस्कृति में मान्य) मनुष्य पर तीन ऋणों में से एक। ऋषियों द्वारा प्राप्त परम्परागत ज्ञान का ऋण जिससे उऋण होने के लिए ज्ञान-प्राप्ति और ज्ञान-प्रसार (वेद आदि का अध्ययन-अध्यापन) किया जाता है।

ऋषिक—[स॰ ऋषि + कन्] *पु॰* निम्न श्रेणी का ऋषि।

ऋषिकल्प—[स॰ ऋषि ~ कल्प] *वि॰* ऋषि के समान। ऋषि-तुल्य।

ऋषितर्पण—[स॰ ऋषि ~ तर्पण] *पु॰* ऋषियों की स्मृति में और उन्हें तृप्त करने की भावना से दी जाने वाली जलाञ्जलि।

ऋषिपञ्चमी (ऋषिपंचमी)—[स॰ ऋषि ~ पञ्चमी] *स्त्री॰* भाद्र शुक्ल पंचमी। ● **विशेष**—**'ऋषिपंचमी व्रत'** में स्त्रियाँ सप्तर्षि और अरुन्धती की पूजा करती हैं।

ऋषियज्ञ—[स॰ ऋषि ~ यज्ञ] *पु॰* ऋषि-ऋण से मुक्ति के लिए वेद आदि का अध्ययनरूपी यज्ञ।

ऋषीश्वर—[स॰ ऋषि ~ ईश्वर] *पु॰* ऋषियों में प्रमुख/श्रेष्ठ व्यक्ति।

ए

देवनागरी वर्णमाला का आठवाँ स्वर। (भाषाविज्ञान की दृष्टि से) यह दीर्घ, अग्र, अवृत्तमुखी, अर्धसंवृत, और संयुक्त स्वर है तथा घोष ध्वनि है। इसके उच्चारण में कंठ और तालु का प्रयोग होने से यह **'कण्ठतालव्य'** वर्ण है। ● **विशेष**—१. इसका अनुनासिक रूप 'एँ' है। २. इसकी मात्रा व्यंजन की शिरोरेखा के ऊपर लगती है। (***जैसे***—के, ने, से इत्यादि में)।

ए[१]—[सं॰ इ + विच्] *पु॰* विष्णु। *अव्यय॰* स्मरण, ईर्ष्या, दया, आह्वान, तिरस्कार अथवा धिक्कार का सूचक शब्द।

ए[२]—[फा॰] *अव्यय॰* बुलाने का या सम्बोधनात्मक शब्द। ***जैसे***—ए लड़के! इधर आ।

ए[३]—[< स्व॰ रे] *अव्यय॰* एक विस्मयसूचक शब्द। ***जैसे***—ए! तुम भीं कवि हो।

***†ए**[४]—[< सं॰ एतः] *सर्व॰* 'यह' या 'ये'।

ए[५]—अँग्रेज़ी वर्णमाला का पहला वर्ण जो मुख्यतः 'अ' या 'आ' की ध्वनि देता है परन्तु कहीं 'ए' की भी।

†एइ/एई—[< हिं॰ ए + ही] *सर्व॰* १. यही। २. ये ही। ***जैसे***—एई लोग झूठे हैं।

†एउ[१]—[< सं॰ एतत्] *सर्व॰* यह या इसे।

†एउ[२]**/एऊ**—[< हिं॰ ए] *सर्व॰* यह भी।

एकक—[सं॰ एक + कन्] *पु॰* एकांश। इकाई। मात्रक। (अं॰ यूनिट) *वि॰* एकाकी। अकेला।

एककालन—[सं॰ एक ~ काल] *पु॰* (अनेक घटनाओं का) एक ही समय में घटित होना या घटित करना। समकालन। समकालीकरण।

एककालिक—[सं॰ एककाल + ठञ्] *वि॰* १. एक ही बार घटित होने वाला। २. एक ही समय में घटित होने वाला। समकालीन। समसामयिक। ***जैसे***—ऋषि वाल्मीकि और श्रीराम एककालिक थे। ✣ **एककालिक कोश**—*पु॰* = (कोश॰) ऐसा कोश जिसमें समसामयिक या किसी काल विशेष के शब्दों का ही समावेश हो।

एककालिकत्व—पु॰ = एककालिकता।

एकगाछी—[< सं॰ एक + हिं॰ गाछ] *स्त्री॰* एक प्रकार की नाव जो एक ही लम्बी लकड़ी को सुखाकर बनायी जाती है।

एकघ्न—[सं॰ एक √हन् + क] *वि॰* एक को मारनेवाला (बाण आदि)।

एकघ्नी—[सं॰ एकघ्न + ङीष्] *वि॰ (स्त्री॰), स्त्री॰* एक को मारनेवाली (शक्ति, तोप आदि)।

एकचक्र—[सं॰ एक ~ चक्र] *वि॰* १. एक पहिए वाला। २. चक्रवर्ती। *पु॰* १. सूर्य। २. सूर्य का रथ। ✣ **एकचक्री**—*स्त्री॰* = एक पहिए वाली गाड़ी।

एकचर—[सं॰ एक ~ चर] *वि॰* १. अकेले घूमने-फिरने-वाला (पशु, पक्षी, मनुष्य आदि)। ***जैसे***—साँप एकचर प्राणी है। २. बिना सहायता लिए रहनेवाला।

एकचारिणी—[सं॰ एकचारिन् + ङीप्] *स्त्री॰* पतिव्रता।

एकचित्त—[सं॰ एक ~ चित्त] *वि॰* १. एकाग्र मन/चित्त वाला। एकाग्र। २. एक मन या विचार के (व्यक्ति)। समान मत वाले।

एकचेता—[सं॰ एक ~ चेतस्] *वि॰* एकचित्त।

एकच्छत्र—[सं॰ एक ~ छत्र] *वि॰* (राज्य आदि) जिसमें किसी दूसरे का अधिकार न हो। एकछत्र।

एकजटा—[सं॰ एक ~ जटा] *वि॰ (स्त्री॰)* सिर पर एक जटा धारण करनेवाली। *स्त्री॰* उग्रतारा देवी।

एकज़बान—[सं॰ एक + फा॰ ज़बान] *वि॰* १. वचन/बात का पक्का (व्यक्ति)। २. एक ही भाषा बोलनेवाले (लोग)। एकभाषाभाषी।

एकजाई—[< फा॰ यकजाई] *वि॰* १. परिवार के सदस्य जो एक साथ रहते हों। २. (सम्पत्ति) जिस पर उसके सब स्वामियों का समान अधिकार हो। ३. (सम्पत्ति) जिसका बँटवारा न हुआ हो।

एकजात—[सं॰ एक ~ जात] *वि॰* एक माता-पिता से उत्पन्न। सहोदर।

एकजाति—[सं॰ एक ~ जाति] *वि॰* एक ही जाति के।

एकजान—[सं॰ एक ~ जान] *वि॰* जो पूरी तरह से घुलमिलकर एक हो गए हों। बहुत निकट। घनिष्ठ।

एकजीव—[सं॰ एक ~ जीव] *वि॰* अभिन्न। एकरूप।

एकटक—[सं॰ एक + हिं॰ टक] *क्रिवि॰* १. बिना पलक गिराए। निर्निमेष। अपलक। २. निरन्तर। लगातार।

एकटँगा—[< सं॰ एक + हिं॰ टाँग] *वि॰* एक ही टाँग वाला। लँगड़ा।

†एकठा—[< हिं॰ एक + काठ] *स्त्री॰* एक ही लकड़ी से बनी हुई। २. एक बार ही ब्यानेवाली गाय।

एकड़—[< अं॰ एकर] *पु॰* माप की ब्रिटिश प्रणाली में ४८४० वर्ग गज़ का क्षेत्रफलीय माप। ✣ **एकड़वार**—*वि॰* = प्रति एकड़ के हिसाब से। ***जैसे***—एकड़वार आबंटन।

एकडाल—[सं॰ एक + हिं॰ डाल] *वि॰* १. एक ही प्रकार के। २. एक ही टुकड़े से बने हुए। *पु॰* वह छुरा आदि जिसका फल और बेंट दोनों एक ही में बने हों।

***एकत**—[< सं॰ एकत्र] *क्रिवि॰* एकत्र। इकट्ठे।

***एकतः**—[सं॰ एक + तसिल्] *क्रिवि॰* १. एक ओर। २. एक ओर से। ३. एक प्रकार से। ४. एक-एक करके। ५. अकेले।

एकतन्त्र (एकतंत्र)—[सं॰ एक ~ तन्त्र] *वि॰* १. एक ही व्यक्ति द्वारा प्रबन्ध की व्यवस्था। २. (राज्य) जिसका शासन एक ही व्यक्ति के अधीन हो और कोई अन्य उसमें हस्तक्षेप न कर सके। ∇ **विलोम**—बहुतन्त्र। ✣ **एकतन्त्रता (एकतंत्रता)**—*स्त्री॰* = एकतन्त्र होने की स्थिति/भाव।

एकतन्त्री (एकतंत्री)—[सं॰ एक ~ तन्त्रीय] *स्त्री॰* एक प्रकार की वीणा।

एकतरा—[< सं॰ एकोत्तर] *पु॰* एक-एक दिन छोड़कर आनेवाला ज्वर। अँतरा ज्वर।

एकताक—[सं॰ एक + हि॰ ताक] *वि॰* एक ही प्रकार के। एक जैसे। एक समान।

एकतान—[सं॰ एक √तन् + अण्] *वि॰* १. एक ही विषय का ध्यान रखनेवाला। एकाग्रचित्त। तल्लीन। तन्मय। २. जो सब मिलकर एक या एक ही प्रकार के हो गए हों। *वि॰* ३. जिसमें उतार-चढ़ाव न हो। आरोह-अवरोह-रहित। एकस्वर। ४. जिसमें परिवर्तन या विविधता न हो और इस कारण जो उकता देने वाला हो। अरुचिकर। बेमज़ा। ✣ **एकतानता**—*स्त्री॰* १. स्वर के उतार-चढ़ाव से रहित होना। एकस्वरता। २. अरोचकता।

एकतार—[सं॰ एक + तार] *वि॰* एक जैसे। एक ही रूप-रंग के। एक-से। सदृश। समान। *क्रिवि॰* निरन्तर। लगातार। Δ **पर्याय**—इकतार। ✣ **एकतारता**—*स्त्री॰* = १. एक जैसा होना। सादृश्य। समानता। २. निरन्तरता।

एकतारा/इकतारा—[< सं॰ एक + हि॰ तार] *पु॰* सितार के सदृश एक वाद्य जिसमें एक ही तार होता है।

एकताल—[सं॰ एक + ताल] *वि॰* (संगीत॰) १. जिसमें ताल और स्वर का पूरा मेल हो। २. बारह मात्राओं की एक विशेष ताल जो ख़्याल गायकी के साथ बजायी जाती है।

एकतीर्थी—[सं॰ एक ~ तीर्थिन्] *वि॰* १. एक ही सम्प्रदाय के। २. एक ही गुरु के शिष्य। गुरुभाई। सहपाठी। ***जैसे***—ये सभी विद्वान् एकतीर्थी हैं।

एकत्र—[सं॰ एक + त्रल्] *क्रिवि॰* १. एक स्थान पर। २. साथ-साथ। एक-साथ। ३. इकट्ठा। जमा। ∇ **विलोम**—विकीर्ण।

एकदण्डी (एकदंडी)—[सं॰ एकदंडिन्] *पु॰* सन्यासियों का एक भेद।

एकदम—[हि॰ एक + फा॰ दम] *क्रिवि॰* १. तत्काल। तत्क्षण। तुरन्त। ***जैसे***—वह एकदम चला गया। २. पूरी तरह से। निरा। बिलकुल। ***जैसे***—वह एकदम मूर्ख है। ३. अकस्मात्। अचानक। एकाएक। ***जैसे***—हम पर एकदम आक्रमण हुआ।

एकदरा—[< सं॰ एक + फा॰ दर] *वि॰* केवल एक द्वार वाला। *पु॰* ऐसा कमरा जिसमें एक ही द्वार हो।

एकदा—[सं॰ एक + दा] *क्रिवि॰* (किसी) एक दिन एकबार। २. एक ही समय में। ✣ **एकदा पठन**—*पु॰* = एक बार पढ़ना।

एकदिल—[सं॰ एक + फा॰ दिल] *वि॰* एक विचार या स्वभाव के। २. एकरूप। ३. अभिन्न। ✣ **एकदिली**—*स्त्री॰* = एकदिल होने की अवस्था/भाव।

एकदिशीय—[< सं॰ एक + दिशा] *वि॰* जो पूर्णतः या मुख्यतः एक दिशा में हो। ***जैसे***—एकदिशीय प्रगति।

एकदेशी, एकदेशीय—[सं॰ एकदेशिन्, एक ~ देशीय] *वि॰* १. किसी एक देश/स्थान का। एक देश/स्थान में होनेवाला। २. जो एक ही क्षेत्र/पक्ष के लिए उचित हो, सबके लिए नहीं। एकांगी।

एकधा—[सं॰ एक + धा] *क्रिवि॰* १. एक प्रकार से। २. एक ही समय में। तुरन्त। ३. एक साथ।

एकधातुमान—[सं॰ एक ~ धातुमान] *पु॰* (वाणि॰) एक ही धातु (सोना या चाँदी) पर आधारित मौद्रिक पद्धति।

एकनयन—[सं॰ एक ~ नयन] *वि॰* एक ही नेत्र वाला। एकाक्ष। काना। ***जैसे***—एकनयन शुक्राचार्य। *पु॰* १. शिव। २. शुक्राचार्य। ३. कौआ। काग।

एकनिष्ठ—[सं॰ एक ~ निष्ठ] *वि॰* १. किसी एक पर ही निष्ठा (श्रद्धा, विश्वास या अनुराग) रखनेवाला। २. एकाग्रचित्त होकर कार्य करनेवाला।

***एकन्त/एकन्ता (एकंत/एकंता)**—[< सं॰ एकान्त] *वि॰, पु॰* एकान्त।

एकपटा—[सं॰ एक + हि॰ पाट (= चौड़ाई)] *वि॰* (वह वस्त्र) जो एक ही पाट का बना हो, जिसमें जोड़ न हो।

एकपत्र—[सं॰ एक ~ पत्र] *वि॰* एक पत्ते वाला। एकपर्ण।

एकपद—[सं॰ एक ~ पद] *वि॰* एक टाँग का। लँगड़ा।

एकपदी—[सं॰ एकपदिन्] *स्त्री॰* पगडंडी। *वि॰* १. केवल एक पैर वाला। २. लँगड़ा।

एकपाद—[सं॰ एक ~ पाद] *वि॰* एक टाँग वाला। लँगड़ा। *पु॰* १. शिव। महादेव। २. विष्णु।

एकपार्श्विक—[सं॰ एक ~ पार्श्विक] *वि॰* एक पार्श्व वाला। (वनस्पति॰) (पत्तियाँ) जो डंडी के एक ओर ही पूरी तरह लगी हों। ✣ **एकपार्श्वी**—*वि॰* = एकपार्श्विक।

एकपँचा (एकपेंचा)—[सं॰ एक + हि॰ पेंच] *वि॰* (पगड़ी आदि) जिसमें एक ही पेंच या ऐंठन हो। *पु॰* उक्त प्रकार की पगड़ी।

एकप्राण—[सं॰ एक ~ प्राण] *वि॰* (वे प्राणी) जो परस्पर विचारों और भावनाओं में पूरी तरह समान हों। अत्यन्त घनिष्ठ। अभिन्नहृदय।

एक-ब-एक—[< फा॰ यक-ब-यक] *क्रिवि॰* अकस्मात्। सहसा। अचानक।

एकबाँझ—[< सं॰ एक + हि॰ बाँझ] *स्त्री॰* वह स्त्री जिसके एक सन्तान होने के बाद कोई सन्तान न हुई हो। काकबन्ध्या।

एकबारगी—[< फा॰ यकबारगी] *क्रिवि॰* १. एक ही बार में। २. एक ही समय में। एक ही साथ। ३. अकस्मात्। सहसा। एकाएक। ४. पूरी तरह से। निरा। बिल्कुल।

एकबिन्दुगामी (एकबिंदुगामी)—[सं॰ एक ~ बिन्दु ~ गामिन्] *वि॰* एक बिन्दु से जानेवाले। *जैसे*—एकबिन्दुगामी रेखाएँ।

एकभाव—[सं॰ एक ~ भाव] *वि॰* १. समान भाव वाला। २. एकनिष्ठ।

एकभुक्त—[सं॰ एक ~ भुक्त] *वि॰* दिन में एक ही बार भोजन करनेवाला। *पुं॰* दिन में एक ही समय भोजन करने का नियम।

एकमात्र—[सं॰ एक + मात्र] *वि॰* केवल एक। अकेला।

एकमात्रिक—[सं॰ एक ~ मात्रा + ठक्] *वि॰* एक मात्रा वाला (शब्द आदि)।

एकमुख—[सं॰ एक ~ मुख] *वि॰* १. एक मुख वाला। २. एक ही द्वार वाला (भवन आदि)। ३. एक ही लक्ष्य की ओर जानेवाला। ∇ **विलोम**—बहुमुख/अनेकमुख।

एकमुश्त—[< फा॰ यकमुश्त] *क्रिवि॰* जो एक ही बार में दिया जाए। जो किश्तों में न हो। एक साथ। इकट्ठा। *जैसे*—ऋण का एकमुश्त भुगतान।

एकमेक—[सं॰ एकम् ~ एक] *वि॰* १. जो किसी में मिलकर उसके साथ एक ही हो गया हो। एकाकार। २. एकरस। अद्वैत।

एकमेव—[सं॰ एकम् + एव] *क्रिवि॰* एक ही। एकमात्र।

एकमोला—[< सं॰ एक + हि॰ मोल] *वि॰* निश्चित या एक ही मूल्य वाला। जिसमें मोल-भाव न करना हो। *जैसे*—एकमोला सामान।

एकयुग्मजी—[सं॰ एकयुग्मजिन्] *वि॰* (प्राणि॰) एक ही निषेचित अंडे से उत्पन्न (सब प्राणी)। एकांडजी।

एकरङ्ग (एकरंग)—[सं॰ एक + हि॰ रंग] *वि॰* १. एक ही रंग वाला। २. एकरूप। एक-सा। ३. बाहर-भीतर एक ही व्यक्तित्व वाला।

एकरदन—[सं॰ एक ~ रदन] *वि॰* एक दाँत वाला। एकदन्त। *पुं॰* गणेश।

एकरस—[सं॰ एक ~ रस] *वि॰* १. आदि से अन्त तक एक-सा। एकरूप। २. जो किसी से पूरी तरह घुल-मिलकर एक हो गया हो। ३. निरन्तर समानभाव से। निर्विकार। अपरिवर्तित।

***एकर सूँ**—[राजस्थ॰] *क्रिवि॰* एकबार भी।

एकरात्र—[सं॰ एक ~ रात्र] *पुं॰* एक ही रात्रि में पूरा होनेवाला (यज्ञ इत्यादि)।

एकरुख़ी/एकरुख़ा—[< फा॰ यकरुख़ी] *वि॰* १. जिसका मुख एक ही ओर हो। २. वस्त्र, काग़ज़ आदि जिस पर एक ही ओर बेल-बूटे आदि बने हों। एकतरफ़ा।

एकरूप—[सं॰ एक ~ रूप] *वि॰* १. समान रूप वाला। एक-सा। *जैसे*—तीनों पुस्तकों का एकरूप शीर्षक। २. जो परिवर्तनशील न हो। सदा एक-सा बना रहनेवाला। ∇ **विलोम**—अनेकरूप/बहुरूप। ✣ **एकरूपता**—*स्त्री॰* = एकरूप होने का गुण/भाव या स्थिति। समानता। एकता। ✣ **एकरूपत्व**—पुं॰ = एकरूपता।

एकरेखीय—[सं॰ एक ~ रेखीय] *वि॰* १. सरल रेखा में होनेवाला। २. जो निरन्तर उन्नति की ओर हो। *जैसे*—एकरेखीय परिवर्तन।

***एकल**—[सं॰ एक √ला + क्] *वि॰* १. एकाकी। अकेला। *जैसे*—एकल प्रकार्य। २. बेजोड़। अनुपम। अद्वितीय। ✣ **एकल नाट्य**—*पुं॰* (नाट्य॰) = एक ही पात्र द्वारा अभिनेय नाट्यकृति। (अं॰ मोनोड्रामा)

***एकलया**—[< सं॰ एकल] *वि॰* अकेला। *क्रिवि॰* सहसा। अचानक।

एकलिङ्ग (एकलिंग)—[सं॰ एक ~ लिङ्ग] *वि॰* (व्या॰) एक ही लिंग में प्रयुक्त (शब्द)। *पुं॰* १. शिवलिंग के रूप में शिव/महादेव। २. शिव के एक ही लिंग वाला स्थान। पाँच कोस (लगभग १६ किमी॰) के भीतर जहाँ पर एक ही शिवलिंग हो, वह स्थान। [● **विशेष**—तपस्वी के लिए यह स्थान सिद्धिप्रद माना जाता है।] ३. मेवाड़ के महाराणाओं के आराध्य देव 'शिव' का विशेष नाम जो (चतुर्मुख लिंग वाले) उस शैव मन्दिर के कारण है जो उदयपुर से लगभग २० किमी॰ की दूरी पर नाथद्वारा मार्ग पर है।

एकलिङ्गाश्रयिता (एकलिंगाश्रयिता)—[सं॰ एक ~ लिङ्ग ~ आश्रयिता] *स्त्री॰* (वनस्पति॰) पादपों की वह अवस्था जिसमें पुरुष-फूल और स्त्री-फूल भिन्न-भिन्न पादपों पर पाए जाते हैं।

एकलिङ्गी (एकलिंगी)—[सं॰ एकलिङ्गिन्] *वि॰* (वनस्पति॰) १. (वह फूल) जो एक ही लिंग वाला हो, जिसमें या तो पुंकेसर हो या केवल स्त्री-केसर (*जैसे*—तुरई का फूल)। २. एक ही लिंग के फूल उत्पन्न करनेवाला (वृक्ष आदि)।

एकविध—[सं॰ एक ~ विध] *वि॰* १. एक प्रकार का। २. एक ही प्रकार से होने या रहनेवाला।

एकवीर—[सं॰ एक ~ वीर] *पुं॰* प्रसिद्ध योद्धा। महावीर। ✣ **एकवीरा**—*स्त्री॰* = (परशुराम की माता) रेणुका।

एकवृत्तीय—*वि॰* (गणित॰, ज्यामिति) = एक ही वृत्त पर स्थित। *जैसे*—एकवृत्तीय बिन्दु।

एकवेणि/एकवेणी—[सं॰ एक ~ वेणि/वेणी] *वि॰ (स्त्री॰), स्त्री॰* (पति-वियोग आदि में) अपने केशों की केवल एक चोटी बनानेवाली। *जैसे*—लंका में हनुमान ने एकवेणी सीता को देखा।

एकशः—[सं॰ एक + शस्] *क्रिवि॰* एक-एक करके।

एकशफ—[सं॰ एक ~ शफ] *वि॰* (वह पशु) जिसका प्रत्येक खुर प्राकृतिक रूप से पूरा होता है, बीच से फटा हुआ नहीं। *जैसे*—घोड़ा और गधा एक-शफ पशु हैं।

एकशिरीय—[< सं॰ एक ~ शिरा] *वि॰* (वनस्पति॰) एक ही मध्य-शिरा वाला (*जैसे*—पीपल की पत्ती)।

एकशेष—[सं॰ एक ~ शेष] *पुं॰* (व्या॰) 'द्वन्द्व समास' का एक प्रकार जिसमें दो या अधिक शब्दों/पदों में से एक ही शब्द/पद रह जाता है और वह उन सब शब्दों का अर्थ देता है। *जैसे*—संस्कृत में 'माता च पिता च' का समस्त पद 'पितरौ' बनने में एकशेष समास है।

एकश्रुत—[सं॰ एक ~ श्रुत] *वि॰* एक बार का सुना हुआ। ✣ **एकश्रुतधर**—*वि॰* = जो एक ही बार की सुनी हुई बात को कंठस्थ कर सके।

एकश्रुति—[सं॰ एक ~ श्रुति] *स्त्री॰* ऐसा वेद-पाठ जिसमें उदात्त आदि स्वरों का विचार नहीं किया जाता है।

***एकसर**—[< हि॰ एक] *वि॰* १. अकेला (व्यक्ति)। २. जिसमें एक ही परत या पल्ला हो। *क्रिवि॰* १. एक सिरे से दूसरे सिरे तक। २. पूर्णतः। बिल्कुल। ३. निरन्तर। लगातार।

एकसार—[स॰ एक + प्रा॰ सरि (= सदृश)] *वि॰* १. एकसमान। (दे॰) २. सर्वत्र समान (या एक ही) प्रकार का। ***जैसे***—भूमि का एकसार ढलान। ३. समतल। ***जैसे***—एकसार मैदान।

एकसाँ—[फा॰] *वि॰* १. किसी के तुल्य या समान। २. समतल।

एकसूत्र—[स॰ एक ~ सूत्र] *वि॰* १. जिसमें एक ही सूत्र (धागा आदि) हो। जो एक ही सूत्र/धागा में पिरोए हुए हों। ***जैसे***—माला के सभी मोती एकसूत्र होते हैं। २. एकरूप। ***जैसे***—समाज का एकसूत्र जीवन। ✣ **एकसूत्रता**—*स्त्री॰* = एकसूत्र होने का गुण/भाव। एकसूत्रत्व। ✣ **एकसूत्रत्व**—*पु॰* = एकसूत्रता।

एकस्थ—[स॰ एक √स्था + क] *वि॰* एक (स्थान) पर स्थित या केन्द्रित।

एकस्थानिक—[स॰ एक ~ स्थानिक] *वि॰* (समाज॰) एक ही स्थान का (निवासी आदि)। ***जैसे***—एकस्थानिक वंश।

एकस्व—[स॰ एक ~ स्व] *पु॰* १. आविष्कृत वस्तु के निर्माण, विक्रय आदि का एकाधिकार। २. राजकीय पत्र द्वारा सुरक्षित आविष्कार। (अ॰ पेटेंट) ✣ **एकस्व कार्यालय**—*पु॰* = एकस्व देने वाला कार्यालय। ✣ **एकस्व पत्र**—*पु॰* = किसी आविष्कृत वस्तु के निर्माण, विक्रय आदि का एकाधिकार देनेवाला शासकीय पत्र। (अ॰ लेटर्स पेटेंट) ✣ **एकस्व भेषज**—*पु॰* = वह दवा जिसका एकस्व हो गया हो। पेटेन्ट औषधि। (अ॰ पेटेन्ट मेडिसिन)

एकहार—[स॰ एक ~ हार] *पु॰* (कला॰) स्तम्भशीर्ष के नीचे शृंखला के समान नक़्क़ाशी का काम।

†**एकँड़िया**—[< स॰ एक ~ अंड] *वि॰* १. एकबार में एक ही अंडा देनेवाला (जीव)। २. एक ही अंडकोष वाला (बैल इत्यादि पशु)। ३. जिसमें एक ही गाँठ हो। ***जैसे***—एकँड़िया लहसुन।

एका[1]—[स॰ एक + टाप्] *स्त्री॰* एकमात्र शक्ति। दुर्गा। पार्वती।

एका[2]—[< स॰ एक] *पु॰* एकता। ऐक्य। मेल।

एकाएक—[फा॰ यकायक] *क्रिवि॰* सहसा। अचानक।

एकांश—[स॰ एक ~ अंश] *पु॰* १. एक अंश। एक भाग। २. इकाई (अ॰ यूनिट)। ***जैसे***—लम्बाई का एकांश; बिजली का एकांश।

एकाकी—[स॰ एक + आकिनिच्] *वि॰* अकेला। ✣ **एकाकीपन**—*पु॰* = अकेलापन। ✣ **एकाकिनी**—*वि॰ (स्त्री॰)* = अकेली।

एकाक्ष—[स॰ एक + अक्ष] *वि॰* १. एक आँख वाला। काना। २. एक ही अक्ष/धुरीवाला। *पु॰* १. कौवा। काग। २. शुक्राचार्य।

एकाक्षरी—[स॰ एकाक्षरिन्] *वि॰* १. एक अक्षर वाला। २. जिसमें प्रत्येक अक्षर अलग-अलग हों। ३. जिसमें प्रत्येक अक्षर पर अलग-अलग विचार किया गया हो। ***जैसे***—एकाक्षरी कोश। ✣ **एकाक्षरी कोश**—*पु॰* = वह कोश जिसमें केवल अक्षरों (अ, आ, ··· क, ख, ···इत्यादि) के विविध अर्थ दिए गए हों। ✣ **एकाक्षरी शब्द**—*पु॰* = एक अक्षर (अ॰ सिलैबल) से बना शब्द (***जैसे***—हाँ, न, जा, लो, या)।

एकाग्र—[स॰ एक ~ अग्र] *वि॰* १. किसी एक ही विषय या वस्तु पर पूरा ध्यान लगाए हुए। तन्मय। तल्लीन। ***जैसे***—योग में एकाग्र साधक। २. ध्यान में स्थित। ध्यानस्थ। ध्यानावस्थित। ***जैसे***—पूजा में एकाग्र होकर। ३. स्थिर। अ-चंचल। ***जैसे***—एकाग्रदृष्टि। ✣ **एकाग्रचित्त**—*वि॰* = एक ही बात में चित्त या ध्यान लगानेवाला। स्थिरचित्त। ✣ **एकाग्रता**—*स्त्री॰* = एकाग्र होने का भाव/स्थिति। स्थिरता। अ-चंचलता। ✣ **एकाग्रत्व**—*पु॰* = एकाग्रता। ✣ **एकाग्रदृष्टि**—*वि॰* = किसी एक ही वस्तु पर दृष्टि जमानेवाला।

एकाग्रभूमि—[स॰ एकाग्र ~ भूमि] *स्त्री॰* (योग॰) चित्त की वह अवस्था जिसमें बाह्य वृत्तियों का निरोध होने से वह किसी विषय से तन्मय हो जाता है।

एकाङ्की (एकांकी)—[स॰ एकाङ्किन्] *पु॰* (नाट्य॰) एक ही अंक वाला नाटक (जिसमें एक या अधिक दृश्य हो सकते हैं)। ***जैसे***—'वैदिकी हिंसा हिंसा न भवति' हिन्दी का प्रथम एकांकी है।

एकाङ्ग (एकांग)—[स॰ एक ~ अङ्ग] *वि॰* १. जिसका एक अंग नष्ट हो जाने के कारण दूसरा एक अंग हो (***जैसे***—एक आँख वाला)। २. विकलांग। *पु॰* १. एक अंग। २. बुध (ग्रह/देवता)। ३. सिर। ✣ **एकाङ्गघात (एकांगघात)**—*पु॰* = शरीर के एक अंग पर होनेवाला पक्षाघात। ✣ **एकाङ्गवध (एकांगवध)**—*पु॰* = शरीर का एक अंग काटने का दंड।

एकाङ्गी (एकांगी)—[स॰ एकांगिन्] *वि॰* एक अंग से सम्बन्ध रखनेवाला। एकपक्षीय। ∇ **विलोम**—सर्वांगी/सर्वांगीण।

एकाण्डजी (एकांडजी)—[< स॰ एक ~ अण्डज] *वि॰* (प्राणि॰) एक ही अंडे से उत्पन्न (प्राणी)। एकयुग्मजी।

एकातपत्र—[स॰ एक ~ आतपत्र] *वि॰* एकछत्र। चक्रवर्ती। *पु॰* सम्राट्।

एकात्म—[स॰ एक ~ आत्मन्] *वि॰* जो किसी के साथ मिलकर एक हो गया है। तादात्म्यपूर्ण। अभिन्न। ***जैसे***—देशभक्तों का देश से एकात्म जीवन।

एकात्मवाद—[स॰ एकात्म ~ वाद] *पु॰* (दर्शन॰) आत्मा, जीव और ब्रह्म को तत्त्वतः एक ही मानने का सिद्धान्त। अद्वैतवाद।

एकादशाह—[स॰ एकादश ~ अह] *पु॰* मृत्यु के पश्चात् ग्यारहवें दिन किया जाने वाला संस्कार।

एकादशी—[स॰ एकादश + ङीप्] *वि॰* ग्यारहवीं। *स्त्री॰* किसी भी चान्द्रमास के शुक्ल या कृष्ण पक्ष की ग्यारहवीं तिथि।

एकादेश—[स॰ एक ~ आदेश] *पु॰* (व्या॰) 'आदेश' का एक विशेष रूप—पूर्ववर्ण और परवर्ण दोनों के स्थान पर एक वर्ण होना। ***जैसे***—'रमा' और 'ईश' की सन्धि से बने शब्द 'रमेश' में पूर्ववर्ण 'आ' और परवर्ण 'ई' दोनों के स्थान में एक वर्ण 'ए' होना एकादेश है।

एकाध—[< स॰ एक + हि॰ आधा] *वि॰* १. एक या आधा। २. जो संख्या में बहुत ही कम हों। ***जैसे***—एकाध लोगों के विरोध से हमारी हानि नहीं होगी।

एकाधिक—[स॰ एक ~ अधिक] *वि॰* एक से अधिक। अनेक।

जैसे—एकाधिक पुस्तकें; राजाओं के एकाधिक विवाहों का काव्य-वर्णन।

एकाधिकार—[स० एक ~ अधिकार] *पु०* (किसी वस्तु आदि पर) एक ही का पूरा अधिकार। एकाधिपत्य। *जैसे*—एकाधिकार विरोधी क़ानून। (वाणि०) बाज़ार की ऐसी स्थिति जिसमें किसी वस्तु का केवल एक विक्रेता हो। किसी माल के व्यापार का अनन्य अधिकार।

एकानन—[स० एक ~ आनन] *वि०, पु०* एक मुख वाला (व्यक्ति)।

एकान्त (एकांत)—[स० एक ~ अन्त] *वि०* १. अकेला (व्यक्ति)। २. निर्जन या सूना (स्थान)। २. अलग। ३. एक ही वस्तु को लक्ष्य करनेवाला। *जैसे*—श्रीकृष्ण का एकान्त भक्त। ४. अत्यन्त। नितान्त। निरपवाद। पूर्ण। सर्वथा। *जैसे*—दु:खों की एकान्त निवृत्ति। ५. निश्चित। ६. एक ही ओर लगा हुआ। *पु०* निर्जन स्थान।

एकान्ततः (एकांततः)—[स० एकान्त + तसिल्] *क्रिवि०* पूरी तरह से। पूर्णत:। *जैसे*—परमात्मा में एकान्तत: विश्वास करना चाहिए।

एकान्तर (एकांतर)—[स० एक ~ अन्तर] *वि०* १. एक के बाद आनेवाला। २. बीच में एक-एक को छोड़कर दूसरा-दूसरा। *जैसे*—५, ७, ९ एकान्तर संख्याएँ हैं और ४, ६, ८ भी। ✣ **एकान्तर (एकांतर) कोण**—*पु०* = (गणित०, ज्यामिति) किसी रेखा द्वारा दो रेखाओं का छेदन करने पर बने दो कोण जो छेदी रेखा के विपरीत पार्श्वों में होते हैं (आसन्न कोण नहीं होते)। ✣ **एकान्तरतः**—*क्रिवि०* = १. बीच-बीच में एक को छोड़कर। २. बारी-बारी से।

एकार—[स० ए + कार] *पु०* १. 'ए' वर्ण/अक्षर या उसकी ध्वनि या मात्रा। *जैसे*—'खेल', 'एड़ी' और 'रमेश' में एकार है परन्तु 'राम' और 'पूर्ण' में नहीं है।

एकारान्त (एकारांत)—[स० एकार + अन्त] *वि०* (वह शब्द) जिसके अन्त में 'ए' या उसकी मात्रा हो (*जैसे*—हरे, आए)।

एकार्णव—[स० एक ~ अर्णव] १. अनेक समुद्रों के मिलने से बना समुद्र। २. समुद्र।

एकार्थ—[स० एक ~ अर्थ] *वि०* १. एक ही अर्थ वाला। २. (शब्द या वाक्य) जिनका समान अर्थ हो। समानार्थक। समानार्थी। *पु०* १. एक ही वस्तु। २. एक ही अर्थ। समान अर्थ।

एकार्थक—[स० एकार्थ + कप्] *वि०* (शब्द या वाक्य) जिनका समान अर्थ हो। समानार्थक। *जैसे*—'नदी' और 'सरिता' एकार्थक हैं। ✣ **एकार्थकता**—स्त्री० = एकार्थक होने का भाव। ✣ **एकार्थक[illegible]**—पु० = एकार्थकता।

एकार्थी—[स० एकार्थिन्] *वि०* [कोश०] (शब्द या वाक्य) जिनका समान अर्थ हो। एकार्थ। समानार्थी।

एकालाप—[स० एक ~ आलाप] *पु०* (नाट्य०) १. बहुत से साथियों के बीच किसी व्यक्ति का लम्बा भाषण। २. एक ही पात्र वाला नाटक या अंक। (अ० मोनोलॉग)

एकावली—[स० एक ~ आवली] *स्त्री०* एक लड़ी की मोतियों की लम्बी माला। (काव्य०) एक अर्थालंकार जिसमें पदों की ऐसी श्रृंखला होती है कि पूर्वपद के विशेषण के रूप में उत्तरपद प्रयुक्त होता है। (छन्द०) एक समवर्णिक छन्द जिसके प्रत्येक चरण में क्रमशः भगण, नगण, दो जगण और लघु (भ न ज ज ल) के योग से कुल १३ वर्ण होते हैं। कंजावलि/पंकजावली छन्द।

एकावली व्रत—[स०] *पु०* (जैन०) एक व्रत जिसमें, श्रावण शुक्ल प्रतिपदा से आरम्भ होकर, एक वर्ष में प्रतिमास ७ उपवास और ७ पारणाएँ होती हैं। ● **विशेष**—प्रतिमास २ उपवास और २ पारणाएँ करने का व्रत '**लघु एकावली व्रत**' कहलाता है।

एकाशन—[स० एक ~ अशन] *पु०* थाली में एक बार परोसा गया अन्न ही खाने का नियम।

एकाश्म—[स० एक ~ अश्म] *पु०* १. एक ही पत्थर का बड़ा खंड। बृहत् पाषाण। २. एक ही पत्थर का बना स्तम्भ या मूर्ति आदि। ३. बड़े आकार की कोई कठोर वस्तु जो बड़े पाषाण जैसी लगती हो। ✣ **एकाश्मक/एकाश्मी/एकाश्मीय**—*वि०* = एकाश्म का या एकाश्म जैसा।

एकाह—[स० एक ~ अह (अहन्)] *वि०* १. एक दिन में पूरा होनेवाला (कार्य)। *जैसे*—एकाह यज्ञ। २. एक दिन की अवधि।

एकीभूत—[स० एक + च्वि √भू + क्त] *वि०* १. जो किसी से मिलकर एक हो गया हो। *जैसे*—हिन्दू समाज से एकीभूत शक, हूण आदि जातियाँ। २. एकत्र किया हुआ। *जैसे*—एकीभूत सामग्री।

एकेडेमी—[अ०] *स्त्री०* १. विद्यापीठ। विद्या-संस्थान। ज्ञानपीठ। अकादमी। २. विद्वत्परिषद्। अकादमी।

एकेन्द्रिय (एकेंद्रिय)—[स० एक ~ इन्द्रिय] *वि०* वह प्राणी जिसकी एक ही इन्द्रिय हो। *जैसे*—केंचुआ, जोंक आदि एकेन्द्रिय प्राणी हैं।

†**एकै**—[< एकैव] *सर्व०* एक तो। कोई तो। *जैसे*—एकै सौ साल जियै और एकै बचपन में ही मर जाए।

एकैक—[स० एक ~ एक] *वि०* एक-एक। प्रत्येक। ✣ **एकैकशः**—*क्रिवि०* = १. एक-एक करके। *जैसे*—एकैकशः पुरस्कार मिलेंगे। २. पृथक्-पृथक्। अलग-अलग। ✣ **एकैक सम्बन्ध**—*पु०* = एक का एक से सम्बन्ध/संगति। ✣ **एकैक संवाद**—*पु०* = एक की एक से बातचीत।

एकोतरा—[< स० एकोत्तर] *वि०* एक दिन छोड़-छोड़कर होनेवाला या आनेवाला। *जैसे*—एकोतरा बुख़ार। *पु०* एक रुपया प्रतिशत मासिक ब्याज।

एकोत्तर—[स० एक ~ उत्तर] *वि०* (दी हुई संख्या से) एक अधिक। *जैसे*—एकोत्तर शत।

एकोद्दिष्ट—[स० एक ~ उद्दिष्ट] *वि०* एक व्यक्ति के उद्देश्य से किया गया। ✣ **एकोद्दिष्ट श्राद्ध (श्राद्ध)**—*पु०* = मृत व्यक्ति की शान्ति और तृप्ति के लिए किया जाने वाला श्राद्ध (जो पितरों के वार्षिक श्राद्ध से भिन्न होता है)।

एकोन्माद—[स० ~ उन्माद] *पु०* एक ही बात की धुन/लगन/सनक। (अ० मोनोमेनिआ)

एकोन्मुख—[स० ~ उन्मुख] *वि०* एकाग्र।

*एकौ—[< सं॰ एक] *सर्व॰* एक भी।

एक्ज़िमा/एक्ज़ीमा—[अं॰] *पु॰* (चिकित्सा॰) छाजन (रोग)।

एक्युपङ्क्चर (एक्युपंक्चर)—[अं॰] *पु॰* शरीर के विभिन्न अंगों में विशेष प्रकार की लम्बी और बारीक सुइयाँ चुभाकर चिकित्सा करने की पद्धति। सूचीवेध (चिकित्सा)।

एक्युप्रेशर—[अं॰] *पु॰* शरीर के विविध अंगों की रुधिरवाहिनियों की भित्तियों के कुछ विशेष स्थानों पर हाथ इत्यादि से दबाव डालकर चिकित्सा करने की पद्धति।

एक्सचेन्ज (एक्सचेंज)—[अं॰] *पु॰* १. विनिमय। आदान-प्रदान। २. किसी प्रकार के आदान-प्रदान का केन्द्र। ***जैसे***—टेलीफ़ोन एक्सचेन्ज।

एक्सप्रेस—[अं॰] *वि॰* तेज़ी से आने-जानेवाला। द्रुतगामी (वाहन, पत्र आदि)। ***जैसे***—एक्सप्रेस गाड़ी; एक्सप्रेस तार।

एक्स-रे/रेज़—[अं॰] *पु॰* बिजली की विशेष किरणें जिनकी सहायता से शरीर के भीतरी भागों का चित्र लिया जा सकता है। क्ष-किरण/किरणें।

*एखन—[< हिं॰ ए + सं॰ क्षण] *क्रिवि॰* १. इस क्षण। २. इस समय।

एड़—[< सं॰ एड़ी] *स्त्री॰* घोड़े को तेज़ दौड़ने का संकेत देने के लिए एड़ी से उसके पेट पर किया जाने वाला हल्का आघात।

एडिसन-रोग—[अं॰ एडिसन + सं॰ रोग] *पु॰* (चिकित्सा॰) अधिवृक्क की अल्पक्रियता के कारण होनेवाला एक रोग जिसमें रक्त की कमी, शरीर की क्षीणता इत्यादि लक्षण होते हैं।

एड़ी[1]—[< सं॰ एडूक] *स्त्री॰* १. पैर के पंजे का टख़ने की नीचे का पिछला, उभरा हुआ, भाग। २. उक्त को ढँकनेवाला जूते या मोज़े का भाग। ***वा॰* एड़ी/एड़ियाँ घिसना/रगड़ना**—१. बहुत दौड़-धूप करना। २. घोर परिश्रम करना। ३. कष्ट सहना। **एड़ी-चोटी का ज़ोर लगाना**—घोर प्रयत्न करना। **एड़ी-चोटी का पसीना एक करना**—१. बहुत परिश्रम करना। २. घोर प्रयत्न करना। **एड़ी से चोटी तक**—१. सिर से पैर तक। २. पूर्णतया। **एड़ी से चोटी तक आग लगना, एड़ी से चोटी तक जल जाना**—१. बहुत क्रुद्ध होना। २. बहुत ईर्ष्या होना।

*एड़ा—[डिंगल, < सं॰ आद्य] *वि॰* बलवान्। बली।

एण/एणक—[सं॰ √इ + ण, एण + कर] *पु॰* १. वह हिरन जिसकी नाभि में कस्तूरी होती है और जिसका रंग काला होता है। कस्तूरीमृग। २. मृग। हिरन। ● **विशेष—एणदृश्** = मृग जैसे नेत्रों वाला; **एणदृशी** = मृग जैसे नेत्रों वाली। **एणमद** = हिरन की कस्तूरी। **एणलांछन** = चन्द्रमा। **एणी** = कस्तूरी हिरन की जाति की हिरनी।

*एत[1]—[< सं॰ आदित्य] *पु॰* सूर्य। ***जैसे***—एत बंस के राम।

*एत[2]—[< प्रा॰ एत्तअ < सं॰ इयत्] *सर्व॰* इतना।

*एत[3]—[< सं॰ एतावत्] *क्रिवि॰* इस प्रकार। इस तरह।

एतक़ाद—[< अरबी॰ एतिक़ाद] *पु॰* १. विश्वास। यक़ीन। २. श्रद्धा। आस्था।

एतत्—[सं॰ एतद्] *सर्व॰* यह।

एतद्—[सं॰ √इ + अदि, तुक् आगम] *सर्व॰* यह।

एतदर्थ—[सं॰ एतद् + अर्थ] *वि॰* १. केवल इस काम के लिए। तदर्थ। ***जैसे***—एतदर्थ नियुक्ति। २. विशेष। ***जैसे***—एतदर्थ समिति। *क्रिवि॰* १. इस कारण। इसलिए। २. इसके लिए। इस वास्ते।

एतदीय—[सं॰ एतद् + छ] *वि॰* १. इससे सम्बन्धित। २. इसका।

†एतन—[< हिं॰ इतना] *सर्व॰* इतने। इतनों।

एतन्मय—[सं॰ एतद् + मय] *वि॰* इससे बना हुआ। ऐसा।

एतन्मात्र—[सं॰ एतद् + मात्र] *वि॰* इस परिमाण वाला। इतना।

†एता/एतो—[ब्रज॰, < सं॰ इयत्तक] *वि॰* इतना। ***जैसे***—उसे एता सामान मिला। ● **विशेष**—'एता' का बहुवचन रूप **'एते'** और *स्त्री॰* रूप **'एती'** (दे॰) होते हैं।

एतादृश—[सं॰ एतद् √दृश् + क्विन्] *वि॰* इस तरह का। इसके समान। ऐसा। *क्रिवि॰* इस प्रकार। ऐसे। ✣ **एतादृशी**—*वि॰ (स्त्री॰)* = ऐसी।

एतावद्—[सं॰ एतद् + वतुप्] *वि॰* इतने परिमाण का। इतना। *क्रिवि॰* इस प्रकार। ✣ **एतावत् मात्र, एतावन्मात्र**—*क्रिवि॰* = इतना ही।

†एतिऐ/एतियै—[< ब्रज॰ एती + हिं॰ ही] *वि॰, क्रिवि॰* इतना ही। ***जैसे***—एतिऐ बात।

†एती—[ब्रज॰, 'एता' का स्त्री॰] *क्रिवि॰* इतनी। *वि॰ (स्त्री॰)* इतनी। ***जैसे***—एती कही पर मानी नहीं।

*एन[1]—[< सं॰ एण] *पु॰* कस्तूरी-मृग। एण।

*एन[2]—[< सं॰ अयन] अयन। घर। ***जैसे***—करुना-एन।

एनमद—[ब्रज॰ < सं॰ एण ~ मद] *पु॰* कस्तूरी-मृग का मद। कस्तूरी।

†एनस—*पु॰* ≤ *सं॰* एनस्। (दे॰)

एनस्—[सं॰ √इ असुन्, नुट् आगम] *पु॰* १. पाप। २. अपराध।

*एनि—[< सं॰ एणी] *पु॰* कस्तूरी-मृगी। एणी।

*एनिमा—[अं॰] *पु॰* (चिकित्सा॰) वस्तिकर्म। वस्ति।

*एनी—[< सं॰ एणी] *पु॰* कस्तूरी-मृगी। एणी।

एन्ज़ाइम (एंज़ाइम)—[अं॰] *पु॰* (जीव॰) जीवों के शरीर में रासायनिक प्रतिक्रियाओं के उत्प्रेरण के लिए विशेष प्रकार के कार्बनिक उत्प्रेरक। ख़मीर उत्पन्न करनेवाला रसायन। प्रकिण्व। ✣ **एन्ज़ाइम विज्ञान**—*पु॰* = जीवविज्ञान की एक शाखा जिसमें प्रकिण्वों का अध्ययन किया जाता है। प्रकिण्व विज्ञान। (अं॰ एन्ज़ाइमोलॉजि)

*एम[1]—[राजस्थ॰ < सं॰ एवम्] *वि॰* इस प्रकार का। ऐसा। *क्रिवि॰* इस प्रकार। ऐसे। ***जैसे***—एम बिधूंसी (= इस प्रकार विध्वस्त/नष्ट कर दी)। *सर्व॰* यह। इस। ✣ **एमौ**—*क्रिवि॰* = इस ओर।

एम[2]—[अं॰] *पु॰* (मुद्रण॰) पंक्ति के मापने की इकाई। १२ प्वाइन्ट ऊँचा और इतना ही चौड़ा मुद्राक्षर। ● **विशेष—मुद्राक्षर (अं॰ टाइप)** की ऊँचाई को **'प्वाइंट'** में कहा जाता है और चौड़ाई को **'एम'** में कहा जाता है। १. एम = १२ प्वाइंट या १/६ इंच।

एमन—[< सं॰ यवन, या < फ़ा॰ यमन] *पु॰* (संगीत॰) **'यमन'** नामक राग।

*एमनी—[< हिं॰ एम < सं॰ एवम्] *वि॰ (स्त्री॰)* ऐसी ही।

एरण्ड (एरंड)—[सं० आ √ईर + अण्डच्] *पुं०* रेंड का वृक्ष। रेंडी। ✣ **एरण्ड (एरंड) बीज**—*पुं०* = रेंडी के बीज या दाने। ✣ **एरण्ड (एरंड) ख़रबूज़ा**—*पुं०* = पपीता।

एरियल—[अं०] *पुं०* बेतार संचार में तार/छड़ आदि जिसे विद्युत्चुम्बकीय तरंगों को ग्रहण करने या भेजने के लिए मुक्त आकाश में खुला रखा जाता है। ऐन्टिना (अं०)।

एरोग्राम—[< अं० एअरोग्राम] *पुं०* हवाई डाक का पत्र। हवाई पत्र।

एरोड्रम—[< अं० एअरोड्रम] *पुं०* हवाई अड्डा।

एरोप्लेन—[< अं० एअरोप्लेन] *पुं०* हवाई जहाज़। वायुयान। विमान।

एलक—[< सं० √इल् + ण्वुल्] *पुं०* १. भेड़। २. आटा छानने की एक प्रकार की चलनी। ऐलक।

एलची—[तुर्की] *पुं०* १. पत्रवाहक। दूत। २. राजदूत।

एला[१]—[सं० √इल् + अच् + टाप्] *स्त्री०* १. इलायची का वृक्ष। २. इलायची। (छन्द०) एक समवर्णिक छन्द जिसके प्रत्येक चरण में क्रमशः सगण, जगण, २ नगण और यगण (स ज न न य) के योग से १५ वर्ण होते हैं तथा ५-१० पर यति होती है। (संगीत०) शुद्ध राग का एक प्रकार।

एला[२]—[देशज] *पुं०* एक प्रकार की कँटीली लता जिसकी पत्तियों की चटनी बनायी जाती है।

एलिनवार—[अं०] *पुं०* (रसायन०) इस्पात के एक प्रकार का व्यापारिक नाम। ● **विशेष**—इसमें ३६% निकिल तथा १२% क्रोमियम होता है। इसका उपयोग घड़ियों की कमानी बनाने में होता है।

***एली/एलि**—[< सं० एला] *स्त्री०* इलायची।

एलुआ/एलुवा—[< सं० एलवालुक] *पुं०* १. एक औषधोपयोगी पदार्थ। 'अरणी' का फल। २. सिद्ध किया हुआ ग्वारपाठा का सत्त्व जो सुगन्धित और काले रंग का होता है।

एव—[सं० √इ + वन्] *अव्यय०* (निश्चयात्मक) ही। ***जैसे***—सदा + एव (सदैव)।

एवंरूप—[सं० एवम् ~ रूप] *वि०* १. इस रूप का। २. इस प्रकार का। ऐसा। *क्रिवि०* इस प्रकार। ऐसे।

एवंविध—[सं० एवम् ~ विध] *वि०* इस रूप का। ऐसा। *क्रिवि०* इस प्रकार। ऐसे।

एवज़—[अरबी] *पुं०* १. प्रतिफल। २. प्रतिकार। बदला। ३. परिवर्तन। बदल। *क्रिवि०* बदले में। ✣ **एवज़ी**—*वि०, पुं०* = १. बदले में कार्य करनेवाला। २. स्थानापन्न। ३. बदले में प्राप्त। ***जैसे***—एवज़ी छुट्टी।

***एवड़**—[राजस्थ०, < सं० एडक] *वि०, पुं०* भेड़ों का झुंड। रेवड़।

एवम् (एवं)—[सं० √इ + वमु] *अव्यय०* १. इस प्रकार। ऐसा। ***जैसे***—एवमस्तु। २. और। ***जैसे***—कृष्ण एवं भीम।

एवमस्तु—[सं० एवम् ~ अस्तु] *वाक्य०* (प्रायः वरदान की भाषा में प्रयुक्त) ऐसा हो।

एवम्भूत (एवंभूत)—[सं० एवम् ~ भूत] *वि०* इस प्रकार का। ऐसा।

एवरी—[देशज] *पुं०* हरा और पीला पत्थर जो पच्चीकारी में काम आता है।

†एवाड़/एवाल—[< राजस्थ० एवड़ + सं० पाल] *पुं०* गड़रिया।

एषणा—[सं० √इष् + णिच् + युच् + टाप्] *स्त्री०* कामना। इच्छा। चाह। ***जैसे***—धन की एषणा। [मनो०] मनुष्य को सुख, आनन्द या सन्तोष देनेवाली अनुक्रियाओं में लगानेवाली प्रेरक प्रवृत्तियों में से कोई। ● **विशेष**—१. मानव-एषणाओं में तीन प्रमुख हैं—पुत्रैषणा, वित्तैषणा, लोकैषणा। २. 'एषणा' या उसकी मूल √इष् धातु से सम्बन्धित अनेक शब्द संस्कृत में है जिनमें से कुछ दार्शनिक, मनोवैज्ञानिक आदि रचनाओं में प्रयुक्त होते हैं। ***जैसे***—**एषणी** = इच्छा करनेवाला (***जैसे***—वित्तैषणी बुद्धि), **एषणीय/एष्य** = इच्छा के योग्य, काम्य (***जैसे***—एषणीय विषय-भोग)।

एषा—[सं० √इष् + अ + टाप्] *स्त्री०* कामना। इच्छा। चाह।

एषी—[सं० √इष् + णिनि] *वि०* (प्रायः समासयुक्त पद के अन्त में प्रयुक्त) इच्छा करनेवाला। अभिलाषी। ***जैसे***—हितैषी (हित + एषी) = हित चाहनेवाला।

†एसौं (एसों)—[< सं० एष] *पुं०* वर्तमान वर्ष। चालू साल।

एस्केलेटर—[अं०] *पुं०* स्टेशनों पर या बहुमंज़िली दुकानों में लोगों को ऊपर-नीचे, आगे-पीछे या दाएँ-बाएँ ले जाने वाली सीढ़ी। चलती सीढ़ी। चल सोपान।

एस्चुअरी—[< अं० एस्ट्युअरि] *पुं०* (भूविज्ञान०) नदी की धारा और ज्वार का संगम-स्थान। ज्वार का मुहाना। ज्वारनदमुख।

एस्टाटीन—[अ] *पुं०* (रसायन०) एक रेडियोसक्रिय हैलोजन तत्त्व जो यूरेनियम आदि के रेडियोसक्रिय क्षय से उत्पन्न होता है।

एस्पिरैन्टो/एस्पिरान्तो (एस्पिरैंटो, एस्पिरांतो)—[लैटिन/फ़्रांसीसी] एक कृत्रिम विश्वभाषा जिसे लैटिन तथा यूरोप की अनेक आधुनिक भाषाओं के समान शब्दों से १८८७ ई. में बनाया गया था।

एस्बेस्टस—[< अं० एज़्बेस्टस] *पुं०* (रसायन०) मैग्नेशियम और कैल्शियम का रेशेवाला अ-ज्वलनशील सिलीकेट जो खनिज रूप में मिलता है। ● **विशेष**—इसकी चादरें (अं० शीट्स) भवन-निर्माण आदि में काम आती हैं।

एह—[अपभ्रंश, < प्रा० एसो < सं० एषः] *सर्व०, वि०* यह। इस। ये।

***†एहड़ा**—[डिंगल < हिं० एह] *वि०* १. ऐसा। २. व्यर्थ।

एहतिमाम—[अरबी] *पुं०* १. प्रबन्ध। व्यवस्था। इन्तज़ाम। २. निरीक्षण। निगरानी। ३. तत्त्वावधान। देख-रेख।

***एहवा**—[डिंगल, < हिं० एह] *वि०* इस प्रकार का। ऐसा। *क्रिवि०* इस प्रकार। ऐसे।

***एहा**—[< हिं० एह] सर्व; *वि०* १. यह या इस। २. ऐसा। (दे० एहा तेहा) ✣ **एहा तेहा**—*वि०* = ऐसा-वैसा।

***एहाँ**—[< सं० इह] *क्रिवि०* यहाँ।

***एहि**—[< हिं० एह] *सर्व०* इस या इसमें। ✣ **एहिते**—*सर्व०* = इससे। ● **विशेष**—**एहि लेखे**—१. इस प्रकार से। २. इस साधन से। ३. इस कारण। **एहि विधि** = १. इस रीति से। २. इस प्रकार। **एहिँ (एहिं)** = इसमें। **एही** = इसी। ✣ **एहीँ (एहीं)**—*क्रिवि०* = इसी से। ✣ **एहू** = १. यह। २. यही।

एँचना—[< हि॰ खेंचना] *क्रिस॰* खींचना।

एँच-पेंच (एँच-पेंच)—[हि॰ एँच (फा॰ 'पेंच' का अनु॰) + फा॰ पेंच] *पु॰* १. हेर-फेर। घुमाव। फिराव। २. टेढ़ी चाल या युक्ति। ३. अटकाव। उलझन। ४. गूढ़ कथन। ५. दाँव-पेंच। ६. चालाकी। ***जैसे***—ज़्यादा ऐंच-पेंच मत दिखाओ।

एँड़—[< हि॰ ऐंड़] *पु॰* गर्व की या अभिमान की मुद्रा। **उदा॰** एँड़ सों एँड़ाति अति अंचल उड़ात उर। —केशव (रसिक॰, ५/९)

एँड़ना—[< हि॰ ऐंड़ना < हि॰ ऐंठना] *क्रिअ॰* देह तोड़ना। अँगड़ाना।

एँड़ी[१]—[< स॰ एरण्ड] *स्त्री॰* १. अंडी के पत्ते खानेवाला रेशम का कीड़ा। २. उक्त कीड़े का रेशम।

***एँड़ी**[२]—[< हि॰ एड़ी] *स्त्री॰* (पैर की) एड़ी।

†एँड़ुआ—[< हि॰ ऐंड़ना] *पु॰* (सिर पर बोझ उठाते समय) बोझ के नीचे रखने की गद्दी। गेंडुरी। ✣ **एँड़ुई**—*स्त्री॰* = छोटी गेंडुरी।

देवनागरी वर्णमाला का नवाँ स्वर। (भाषाविज्ञान की दृष्टि से) यह दीर्घ, अग्र, अवृत्तमुखी तथा अर्धसंवृत स्वर है और घोष ध्वनि है। इसका उच्चारण-स्थान कण्ठ और तालु होने से 'कण्ठ्य-तालव्य' है। ● **विशेष**—१. 'ऐ' का अनुनासिक रूप 'ऐँ' है जिसे मुद्रण आदि की सुविधा के लिए 'ऐं' भी लिखा जाता है। २. 'ऐ' की मात्रा व्यंजन की शिरोरेखा के ऊपर लगती है (***जैसे***—कै, गै, चै, टै, पै, मै, वै)।

ऐ[1]—[सं॰ आ √इ + विच्] *पु॰* शिव। महादेव। *अव्यय॰* स्मरण, बुलावा तथा सम्बोधन-बोधक शब्द।

ऐ[2]—[< प्रा॰ अइ < सं॰ अयि] *अव्यय॰* १. विस्मय का सूचक एक शब्द। अरे। २. सम्बोधन-सूचक एक शब्द। हे।

†**ऐ**[3]—[ब्रज॰] *सर्व॰, वि॰* १. यह। ***जैसे***—ऐई। २. इस। ***जैसे***—ऐ से काम नहीं चलेगा। ● **विशेष**—'**ऐ परि**' = इतने पर भी। फिर भी।

***ऐई**—[< हिं॰ ऐ + ही] *सर्व॰, वि॰* यह ही। यही।

ऐक[1]—[< सं॰ एक] *वि॰* एक से सम्बन्धित। एक का।

ऐक[2]—[सं॰ एक + अण्] *पु॰* ऐक्य। एकता। 2. समानता। सादृश्य।

ऐक[3]—[देशज] *पु॰* अनुमान । अटकल (नदी आदि की) गहराई की थाह का आन्दाज़ा।

ऐकतानवादन—[सं॰ एक ~ तान ~ वादन] *पु॰* अनेक प्रकार के वाद्य-यन्त्रों का एक स्वर से बजाया जाना। (अं॰ आरकेस्ट्रा)

ऐकमत्य—[सं॰ एकमत + ष्यञ्] *पु॰* एकमत होना। एकमतता। मतैक्य। सहमति।

ऐकाग्र्‌य (ऐकाग्र्य)—[सं॰ एकाग्र + ष्यञ्] *पु॰* एकाग्रता।

ऐकात्म्य—[सं॰ एकात्मन् + ष्यञ्] *पु॰* एकात्मता।

ऐकान्तिक—[सं॰ एकान्त + ठञ्] *वि॰* १. एकान्त में होनेवाला। २. एकान्त से सम्बन्धित। एकान्त का। ३. विशेषरूप से किसी एक ही व्यक्ति/विषय आदि से सम्बन्ध रखनेवाला। ४. एकदेशीय। ५. सम्पूर्ण। बिल्कुल।

ऐकायनिक—[सं॰ एकायन + ठञ्] *वि॰* १. एकनिष्ठ। २. एकान्त।

ऐकाहिक—[सं॰ एकाह + ठक्] *वि॰* १. एक दिन में पूर्ण/समाप्त होने वाला। ***जैसे***—ऐकाहिक व्रत। २. एक ही दिन जीवित रहनेवाला।

ऐक्टीनियम—[अं॰] *पु॰* (रसायन॰) एक रेडियोसक्रिय धात्विक तत्त्व।

ऐक्य—[सं॰ एक + ष्यञ्] *पु॰* एक होने की अवस्था/भाव। एकता। ∇ **विलोम**—अनैक्य।

†**ऐगुन**—[< सं॰ अवगुण] *पु॰* अवगुण। दोष।

ऐङ्ग्लो (ऐंग्लो)—[अं॰] *वि॰* १. अँग्रेज़ी/ब्रिटिश मूल का। आंग्ल। २. (शब्द-रचना में) अँग्रेज़ी/ब्रिटिश मूल के साथ किसी अन्य मूल का भी। ***जैसे***—ऐंग्लो-अमरीकी। ✣ **ऐंग्लो-इंन्डियन (ऐंग्लो-इंडियन)**—*वि॰* = १. जो इंग्लैंड/ब्रिटेन का तथा भारत का भी हो। २. जो ब्रिटेन में जन्मा हो परन्तु भारत में लम्बे समय से रह रहा हो। ३. अँग्रेज़ी भाषा जैसी भारत में बोली जाती है। *पु॰* १. व्यक्ति या परिवार जो अँग्रेज़ी/ब्रिटिश मूल का हो परन्तु भारत में बस गया हो या लम्बे समय से रह रहा हो। २. ऐसे माता-पिता की सन्तान जिनमें से एक अँग्रेज़/ब्रिटिश हो और दूसरा भारतीय।

ऐङ्ग्स्ट्रम (ऐंग्स्ट्रम)—[अं॰] *पु॰* (भौतिकी॰) लम्बाई का एक मात्रक ($१०^{-१०}$ मीटर) जिसका उपयोग प्रकाश, पराबैंगनी किरणों, क्ष-किरणों आदि के तरंगदैर्घ्यों को व्यक्त करने में होता है।

ऐच्छिक—[सं॰ इच्छा + ठक्] *वि॰* १. अपनी इच्छा से किया जानेवाला। जिसे करना अपनी इच्छा पर निर्भर हो। ***जैसे***—ऐच्छिक व्रत। २. वैकल्पिक। ***जैसे***—ऐच्छिक विषयों में से एक चुन लो। ३. स्वेच्छाधीन। मनमाना। ***जैसे***—ऐच्छिक व्यवहार। ✣ **ऐच्छिक क्रिया**—*स्त्री॰* (प्राणि॰) इच्छा के अनुसार होनेवाली क्रिया। ***जैसे***—पेशियों की ऐच्छिक क्रिया। ∇ **विलोम**—प्रतिवर्ती क्रिया।

ऐज़न—[अरबी] *अव्यय॰* १. जैसा पहले या ऊपर है, वैसा ही। तथैव। वही। २. उक्त का चिह्न। ● **विशेष**—हिन्दी में 'ऐज़न' शब्द का प्रयोग प्राय: नहीं होता है परन्तु उसके चिह्न'' '' का प्रयोग किया जाता है।

ऐज़ुराइट—[अं॰] *पु॰* (रसायन॰) ताम्र (ताँबा) का एक खनिज जो रत्न के रूप में प्रयुक्त होता है।

ऐटलस—[अं॰] *स्त्री॰* (अलग-अलग देशों के महाद्वीपों के अथवा विश्व के) मानचित्रों की पुस्तक। मानचित्रावली।

***ऐठा, ऐठित**—[< सं॰ उच्छिष्ट] *वि॰* १. खाकर छोड़ा हुआ। जूठा। २. जिसका उपभोग हो चुका हो।

ऐडमिरल—[अं॰] *पु॰* नौसेनाध्यक्ष।

***ऐण**[1]—[< सं॰ अयन] *पु॰* घर।

***ऐण**[2]—[एण+अण्] *वि॰* हिरन का (चर्म आदि)। ✣ **ऐणिक**—*वि॰* = १. हिरन-सम्बन्धी। हिरन का। २. हिरन से उत्पन्न। *पु॰* हिरन का शिकारी। ✣ **ऐणेय**—*वि॰* कृष्णसार मृग (काले हिरन) से उत्पन्न। *पु॰* कृष्णसार मृग। काला हिरन।

***ऐत**—[< स॰ इयत्] *वि॰* इतना।

ऐतिह्य (ऐतिह्य)—[इ॰ इतिह + ज्य] *पु॰* परम्परा। अनुश्रुति। *वि॰* इतिहास-सम्बन्धी। इतिहास का। ✣ **ऐतिह्य (ऐतिह्य) प्रमाण**—*पु॰* (न्याय॰) = प्रमाणों में से एक। ऐसे वाक्य जिनके मूल वक्ता अज्ञात होते हैं परन्तु जिनका विचार परम्परा से होता है। परम्परा या अनुश्रुति का प्रमाण। ***जैसे***—ऐतिह्य प्रमाण से सन्त पानपदास का निवास-स्थान धामपुर (बिजनौर उ.प्र.) था।

***ऐते**—[< हि॰ एते] *वि॰* इतने।

ऐन[1]—[< स॰ अयन] *पु॰* १. गमन। २. मार्ग। रास्ता। ३. स्थान। ४. निवासस्थान। गृह। घर। ५. निधि। राशि। भंडार। ६. सूर्य की गति। अयन (उत्तरायण, दक्षिणायन)। ७. (गाय आदि के) थन का वह भाग जिसमें दूध रहता है। ८. अंश। भाग। ९. समय। काल। ***जैसे***—तिहि ऐन = उस समय।

ऐन[2]—[< स॰ ऐण] *पु॰* कस्तूरी मृग/हिरन। *वि॰* कस्तूरी मृग का। ***जैसे***—ऐन चर्म।

ऐन[3]—[अरबी] *पु॰* नेत्र। नयन। आँख। *वि॰* १. उपयुक्त। ठीक। ***जैसे***—ऐन वक़्त पर आना। २. सदृश। तुल्य। ३. यथार्थ। वास्तविक। ४. स्पष्ट। ५. पूर्ण। ***जैसे***—ऐन इनायत = पूर्ण कृपा।

ऐनिस्थेटिक—[अ॰] *वि॰* (चिकित्सा॰) १. बेहोश करनेवाली (दवा)। २. संवेदना-शून्य करनेवाली (दवा)।

ऐन्टि-कण (ऐंटि-कण)—[अ॰ ऐन्टि + स॰ कण] *पु॰* (भौतिकी॰) अवपरमाण्विक कण (***जैसे***—एन्टि न्यूट्रान या ऐन्टिप्रोटान) जो रेडियो-सक्रिय क्षय में प्राप्त होता है और आवेश तथा चुम्बकीय आघूर्ण में अपने संगत कण (***जैसे***—न्यूट्रान, प्रोटान या न्यूट्रिनो) से विपरीत होता है। (अ॰ ऐन्टि-पार्टिकल)

ऐन्टि-न्यूट्रान (ऐंटि-न्यूट्रान)—[अ॰] *पु॰* (भौतिकी॰) एक परिकल्पित कण जो द्रव्यमान में न्यूट्रान के समान होता है, विद्युत्-आवेश से रहित होता है और जिसका चुम्बकीय आघूर्ण न्यूट्रान से विपरीत होता है।

ऐन्टिप्रोटान (ऐंटिप्रोटान)—[अ॰] *पु॰* (भौतिकी॰) परमाणु का वह सूक्ष्म कण जो द्रव्यमान में प्रोटान के समान होता है परन्तु उसका विद्युत्-आवेश ऋणात्मक होता है और चुम्बकीय आघूर्ण प्रोटान से विपरीत।

ऐन्टिमनि (ऐंटिमनि)—[अ॰] *स्त्री॰* (रसायन॰) एक धात्विक तत्त्व।

ऐन्दव (ऐंदव)—[स॰ इन्दु + अण्] *वि॰* चन्द्रमा-सम्बन्धी। चन्द्रमा का। चान्द्र। *पु॰* १. चान्द्र मास। २. चान्द्रायण व्रत।

ऐन्द्र—[स॰ इन्द्र + अण्] *वि॰* इन्द्र-सम्बन्धी। इन्द्र का। ***जैसे***—ऐन्द्र व्याकरण। *पु॰* १. इन्द्र का पुत्र। जयन्त/बालि या अर्जुन। २. ज्येष्ठा नक्षत्र।

ऐन्द्रजाल (ऐंद्रजाल)—[स॰ इन्द्रजाल + अण्] *पु॰* इन्द्रजाल। जादू।

ऐन्द्रिय/ऐन्द्रियक (ऐंद्रिय/ऐंद्रियक)—[स॰ इन्द्रिय + अण्/वुञ्] *वि॰* १. इन्द्रियों से सम्बन्धित। इन्द्रिय-विषयक। इन्द्रियगत। ***जैसे***—ऐन्द्रिय सुख। २. विषय-भोगी। ३. जो इन्द्रियों द्वारा जाना या ग्रहण किया जा सके। इन्द्रियगम्य।

ऐन्द्रियता (ऐंद्रियता)—[स॰ ऐन्द्रिय + तल् + टाप्] *स्त्री॰* १. ऐन्द्रिय होने की अवस्था/भाव। २. इन्द्रियों द्वारा किया जाने वाला भोग। विषय-भोग। ३. इन्द्रियों से प्राप्त होनेवाला सुख। इन्द्रिय-सुख। ४. इन्द्रियों की वासना-पूर्ति।

ऐन्द्री (ऐंद्री)—[स॰ इन्द्र + अण् + ङीष्] *स्त्री॰* १. इन्द्र की पत्नी। इन्द्राणी। शची। २. दुर्गा का एक रूप। ३. इन्द्रवारुणी लता। ४. पूर्व दिशा।

ऐपन—[< स॰ लेपन] *पु॰* चावल और हल्दी को पीसकर बनाया हुआ लेप जो पूजा के और मांगलिक कार्यों में चौक, रंगोली इत्यादि बनाने में काम आता है।

†**ऐबाती**—[बुन्देली, < हि॰ अहिवाती] *वि॰* (*स्त्री॰*) सौभाग्यवती।

ऐबोहुनर—[< अरबी ऐब + फा॰ हुनर] *पु॰* बुराइयाँ और अच्छाइयाँ। गुण-दोष। ***जैसे***—तुम्हारे ऐबोहुनर जानता हूँ।

ऐमिथिस्ट—[अ॰] *पु॰* (रसायन॰) बिल्लौर खनिज का एक नील-लोहित प्रकार। ● **विशेष**—इसे रत्न की तरह पहना जाता है।

ऐम्पियर (ऐंपियर)—[अ॰] *पु॰* (भौतिकी॰) विद्युत्-धारा की तीव्रता की इकाई।

ऐम्बेसडर (ऐंबेसडर)—[अ॰] *पु॰* राजदूत।

†**ऐया**—[< स॰ आर्या/आर्यिका] *स्त्री॰* १. वृद्ध स्त्री के लिए एक आदरपूर्ण सम्बोधन। २. दादी, सास, माता या अतिवृद्ध स्त्री।

ऐयार—[अरबी] *वि॰* धूर्त। ठगिया। छली। *पु॰* गुप्तचर। जासूस। ✣ **ऐयारी**—*स्त्री॰* = १. धूर्तता। ठगी। छल। २. गुप्तचरी। जासूसी।

ऐयाश—[अरबी] *वि॰* १. विलासी। २. व्यभिचारी।

ऐरन—[< स॰ अधिकरण] *पु॰* सुनार द्वारा प्रयुक्त लोहे का भारी उपकरण जिसपर सोना रखकर हथौड़े से हल्का-हल्का पीटा और बढ़ाया जाता है।

ऐरना-पैरना—[< हि॰ पैरना और उसका अनु॰ ऐरना] *क्रिअ॰* (नदी आदि में) डूबना-उतराना।

ऐरा-ग़ैरा—[< 'ग़ैरा' का अनु॰ + ग़ैरा < अरबी ग़ैर] *वि॰* १. जो आत्मीय, सम्बन्धित या परिचित न हो। कोई इधर-उधर का और सामान्य (व्यक्ति)। २. अपरिचित और तुच्छ। उपेक्षणीय।

ऐराब—[अरबी] *पु॰* १. (शतरंज में) 'शह' बचाने के लिए बादशाह और शह देनेवाले मोहरे के बीच में कोई मोहरा रखने की क्रिया। २. उक्त में रखा गया मोहरा।

ऐरावत—[स॰ इरावत् + अण्] १. इन्द्र का हाथी। २. ब्रह्मदेश (म्याँमार देश) की इरावती नदी का तटवर्ती प्रदेश या उसमें पाया जानेवाला हाथी। ३. पंजाब की इरावती (रावी) नदी का तटवर्ती प्रदेश। ✣ **ऐरावती**—*स्त्री॰* = १. ऐरावत की हथिनी। २. इरावती नदी।

ऐरोमैटिक रसायन—[अ॰] *पु॰* (रसायन॰) कार्बनिक रसायन की वह शाखा जिसमें ऐरोमैटिक यौगिकों का अध्ययन किया जाता है। ●

विशेष—ऐरोमैटिक यौगिक = बेन्ज़ीन से व्युत्पन्न यौगिक जिसके अणु में कम से कम एक कार्बन वलय अवश्य होता है।

ऐल[१]—[सं॰ इला + अण्] *पुं॰* इला का पुत्र। पुरूरवा।

ऐल[२]—[< प्रा॰ अहिल्लो < सं॰ अभिप्लव] *पुं॰* १. कोलाहल। शोर। २. बाढ़। अहिला। ३. अधिकता। ४. खलबली। ५. परेशानी। *क्रिवि॰* अधिकता से।

ऐलक[१]—[< हिं॰ एलक] *स्त्री॰* एलक। चलनी।

ऐलक[२]—[< सं॰ अचेलक] *पुं॰* (जैन॰) कम से कम वस्त्रों को धारण करनेवाला श्रावक।

ऐलानिया—*क्रिवि॰, वि॰* = एलान करते हुए। घोषणापूर्वक। ***जैसे***—ऐलानिया धमकी देना।

ऐलिफ़ैटिक यौगिक—[अं॰ ऐलिफ़ैटिक + सं॰ यौगिक] *पुं॰* (रसायन॰) वे कार्बनिक यौगिक जिनके अणुओं का विन्यास वलय के रूप में नहीं रहता।

ऐल्फ़ा कण—[अं॰ ऐल्फ़ा + सं॰ कण] *पुं॰* (भौतिकी॰) स्थायी कण जिसमें दो प्रोटान और दो न्यूट्रान होते हैं। (अं॰ ऐल्फ़ा पार्टिकल)

ऐल्बम—[अं॰] चित्र, फोटो या डाक टिकिट आदि के संग्रह के लिए अच्छे काग़ज़ की संग्रह-पुस्तिका। अलबम।

ऐल्लक—[प्राकृत] *पुं॰* (जैन॰) बड़ा जैन साधु। ● **विशेष—'ऐल्लक'** की तुलना में छोटा साधु **'क्षुल्लक'** होता है।

†**ऐवै**—[हिं॰ 'आना' का एक रूप] *वि॰* (कुछ समय बाद) आनेवाली।

ऐश—[अरबी] *पुं॰* १. विलास। विषय-सुख। २. व्यभिचार। ३. चैन। आराम। ● **विशेष**—विलास-भवन या सुख चैन के स्थान को **'ऐशगाह'** कहा जाता है। **ऐशतलब/ऐशपरस्त/ऐशपसन्द** = विलासी/ऐयाश।

ऐशान—[ईशान + अण्] *वि॰* १. शिव-सम्बन्धी। शिव /महादेव का। २. ईशान-कोण-सम्बन्धी। उत्तरपूर्वीय। ✣ **ऐशानी**—*वि॰* = ईशान-कोण- सम्बन्धी। उत्तरपूर्वीय।

ऐशोइशरत—दे॰ ऐश।

ऐश्वर्य—[सं॰ ईश्वर + ष्यञ्] *पुं॰* १. ईश्वरता। २. धन-सम्पत्ति। वैभव। ३. प्रभुता। ४. शक्ति। (योग॰) अणिमा, महिमा आदि अष्ट सिद्धियों का स्वामित्व। ∇ **विलोम**—दैन्य। ● **विशेष**—१. तृतीया तिथि को होनवाला ब्रह्मा, विष्णु, महेश की पूजा का एक व्रत **'ऐश्वर्य तृतीया'** कहा जाता है। २. अनेक वैष्णव भूदेवी और लक्ष्मी देवी को विष्णु की **'ऐश्वर्य शक्ति'** कहते हैं।

ऐसा—[< प्रा॰ अइस] *वि॰* इस प्रकार का। ***जैसे***—ऐसा आदमी। *प्रवि॰* इतना। ***जैसे***—ऐसा सुन्दर बालक! ∇ **विलोम**—वैसा। ● **विशेष**—'ऐसा क्या?' का प्रयोग 'ऐसा नहीं होना चाहिए' या 'ऐसा मत समझो' के अर्थ में किया जाता है। ✣ **ऐसा-वैसा**—*वि॰* = तुच्छ। साधारण। ✣ **ऐसी**—*वि॰ (स्त्री॰), प्रवि॰ (स्त्री॰)*। ***जैसे***—ऐसी स्त्री, ऐसी सुन्दर लड़की! ***वा॰* (किसी की) ऐसी की तैसी, ऐसी-तैसी**—उसकी हमें कोई परवाह नहीं (गाली के रूप में ही प्रयुक्त)। **(किसी की) ऐसी की तैसी करना, ऐसी-तैसी करना**—अपमान करना (गाली के रूप में ही प्रयुक्त)। **(वह) ऐसी-तैसी में जाए**—(उपेक्षा या क्षोभ के साथ कहा जानेवाला) उसकी हमें कोई परवाह नहीं। ✣ **ऐसे**—*वि॰* = 'ऐसा' का बहुवचन रूप। इस प्रकार के। ***जैसे***—ऐसे लड़के। *क्रिवि॰* = इस ढंग से। ***जैसे***—राम ऐसे दौड़ा। ✣ †**ऐसो**—*वि॰* = ऐसा।

ऐहलौकिक—[सं॰ इहलोक + ठक्] *वि॰* इस लोक का। ऐहिक।

ऐहिक—[सं॰ इह + ठक्] *वि॰* इस लोक का। लौकिक। सांसारिक। दुनियावी। ∇ **विलोम**—पारलौकिक। ✣ **ऐहिकता**—*स्त्री॰* = लौकिकता। सांसारिकता। ✣ **ऐहिकतापरक**—*वि॰* = ऐहिकता-सम्बन्धी।

†**ऐहै**—[हिं॰ 'आना' क्रिया का एक रूप] *क्रिअ॰* आएगा। ***जैसे***—राम आज ऐहै। ● **विशेष—ऐहौं** = आऊँगा। **ऐहैं** = आएँगे। **ऐहौ** = आओगे/आओगी।

ऐँच/ऐँचन (ऐंच/ऐंचन)—[< हिं॰ ऐंचना] *स्त्री॰* १. ऐंचने/खींचने की क्रिया/भाव।

ऐँचाताना (ऐंचाताना)—[< हिं॰ ऐंचना + तानना] *वि॰* (वह व्यक्ति) जिसकी आँख की पुतली उसके देखने की दिशा से भिन्न ओर खिंची रहे। तिरछा देखनेवाला। भैंगा।

ऐँचातानी (ऐंचातानी)—[< हिं॰ ऐंचना + तानना] *स्त्री॰* १. किसी वस्तु को अपनी-अपनी ओर खींचने का प्रयास। खींचातानी। खींचतान। २. लड़ाई। ३. कठिनाई।

***ऐँछना (ऐंछना)**—[देशज] १. झाड़ना। पोंछना। २. (बालों में) कंघी करना।

ऐँठ (ऐंठ)—[< हिं॰ ऐंठना] *स्त्री॰* १. ऐंठन। २. अकड़। ३. अभिमान। घमंड। ४. खिंचाव। ***वा॰* ऐंठ निकल जाना**—गर्व दूर होना। **ऐंठ में रहना**—घमंड से भरा रहना। गर्वित रहना।

ऐंठफरी (ऐंठफरी)—[< हिं॰ ऐँठ + फली] *स्त्री॰* एक बेलदार घास जिसके पत्ते सेम के समान और फलियाँ मटर की तरह परन्तु सिकुड़ी और ऐंठी-सी होती हैं।

ऐँठू (ऐंठू)—[< हिं॰ ऐँठना] *वि॰* १. बहुत ऐँठ दिखाने वाला। २. दूसरों का माल ऐंठनेवाला।

ऐँड़ (ऐंड़)—[< हिं॰ ऐंठ] *पुं॰* १. गर्व। ऐंठ। घमंड। २. शान। ठसक। ***वा॰* ऐंड़ निकल जाना**—घमंड दूर हो जाना।

ऐँड़ा (ऐंड़ा)—[< हिं॰ ऐंड़] *वि॰* १. ऐंठा हुआ। गर्वित। घमंड-भरा। २. टेढ़ा-तिरछा। ***वा॰* ऐंड़ा-ऐंड़ा डोलना/फिरना**—घमंड से भरा रहना।

ऐँड़ा-बैँड़ा (ऐंड़ा-बैंड़ा)—[हिं॰ ऐंड़ा + अनु॰ बैंड़ा] *वि॰* १. टेढ़ा-तिरछा। टेढ़ा-मेढ़ा। विकृत आकार वाला। बेढंगा। २. ऊँचा-नीचा। ३. उलटा-सीधा। ४. ऊटपटाँग। अंड-बंड।

ओ

देवनागरी वर्णमाला का दसवाँ स्वर। (भाषाविज्ञान की दृष्टि से) यह दीर्घ, पश्च तथा अर्धसंवृत स्वर है और घोष ध्वनि है। इसके उच्चारण में कंठ और ओष्ठ का प्रयोग होने से यह कंठोष्ठ्य या 'कंठौष्ठ्य' वर्ण है। ● **विशेष**—१. 'ओ' का अनुनासिक रूप 'ओँ' है जो प्राय: मुद्रण आदि में सुविधा के लिए 'ओं' लिखा जाता है (*जैसे*—कौँपल/कोंपल, झौँका/झोंका इत्यादि में)। २. 'ओ' की मात्रा सभी व्यंजनों के दाहिनी ओर लगती है (*जैसे*—कोमल, तोतला, रोम इत्यादि में)।

ओ[१]—[सं० √उ + विच्] *पुं०* ब्रह्म।

ओ[२]—[< सं० भो] *अव्यय०* १. पुकारने में प्रयुक्त एक शब्द। हे। *जैसे*—ओ भगवान्! २. विस्मय के अर्थ में प्रयुक्त एक शब्द। ओह। अरे। *जैसे*—ओ! तुम हो!

†ओ[३]—[अप०] *सर्व०* वह। ***विशेष***—अवधी में 'ओ' से बने अनेक शब्द प्रयुक्त होते हैं—**ओई** = वही, **ओऊ** = वह भी, **ओकर** = उसका, **ओहू** = वह भी।

†ओ[४]—[फा० व] *अव्यय०* और। व। *जैसे*—आब-ओ-हवा (आबोहवा); राम ओ श्याम।

ओक[१]—[सं० √उच् + क, निपात० च→क] *पुं०* १. निवास। घर। २. आश्रय। शरण। ३. पक्षी। ४. समूह। ढेर। ५. ग्रह-नक्षत्रों का समूह।

ओक[२]—[<प्रा० ओक्किअ] *स्त्री०* वमन। मितली। क़ै।

ओक[३]—[देशज] *स्त्री०* अंजलि। *जैसे*—ओक से पानी पीना।

ओकना—[< हिं० ओक[२] < प्रा० ओक्किअ] १. 'ओ-ओ' ध्वनि करना। २. ('ओ-ओ' करते हुए) वमन/क़ै करना। ३. भैंस की तरह ('ओ-ओ' करके) चिल्लाना।

ओकपति—[सं० ओक ~ पति] *पुं०* १. ग्रहों और नक्षत्रों का स्वामी। २. सूर्य। ३. चन्द्रमा।

†ओकर—दे० ओ[३]।

ओकलाई—[< हिं० ओक + लाना] *स्त्री०* ओकने (उलटी करने) की इच्छा। उकलाई। ओकाई।

ओकाई—[< हिं० ओकना] *स्त्री०* १. वमन करने की इच्छा। मिचली। उकलाई। २. वमन। उलटी। क़ै।

ओकार—[सं० ओ + कार] *पुं०* 'ओ' वर्ण या उसकी ध्वनि या मात्रा। *जैसे*—'ओखली', 'गोपाल', 'करो' में ओकार है परन्तु 'राम' में नहीं है।

ओख[१]—[< हिं० ओखा] *स्त्री०* १. मिलावट। मिश्रण। २. सोने में ताँबे की अथवा चाँदी में जस्ता या ताँबे की अथवा सोने और चाँदी की मिलावट। खोट। बट्टा।

***ओख**[२]—[< सं० ओष] *स्त्री०* दाह। जलन।

***ओखद**—[< सं० ओषधि] *पुं०* औषधि। दवा।

ओखली—[< हिं० ऊखल] *स्त्री०* धान आदि कूटने के लिए काठ या पत्थर का एक गहरा पात्र। ऊखल। ***वा०* ओखली में सिर देकर मूसलों को न गिनना, ओखली में सिर देकर मूसलों से न डरना**—किसी काम को आरम्भ कर देने के बाद उसके परिणामस्वरूप आनेवाली कठिनाइयों/विपत्तियों/कष्टों की चिन्ता न करना। **ओखली में सिर देना**—१. जानते हुए भी किसी झंझट/विपत्ति में पड़ना। २. कष्ट और हानि सहने के लिए तैयार रहना।

ओखा—[हिं० 'चोखा' का अनु०] *वि०* १. जो चोखा न हो। साधारण। *जैसे*—ओखा छुरा; ओखा वार। २. जो खरा/शुद्ध न हो। मिश्रणवाला। मिलावटी। *जैसे*—ओखा गहना। ३. ख़राब। ४. रूखा-सूखा। ५. झीना (वस्त्र)। ६. विकट। कठिन। ७. तेज़ (जल-धारा आदि)। *पुं०* मिस। बहाना। ✣ **ओखी**—*वि० (स्त्री०)*।

ओखाण/ओखान—*पुं०* ≤ *सं०* उपाख्यान।

ओखिया—[< हिं० ओख] *वि०* १. मिलावटवाला। जो चोखा न हो। २. (आभूषण) जो सोने या चाँदी का हो परन्तु जिसमें जस्ता/ताँबा मिश्रित हो। बट्टेवाला। *जैसे*—ओखिया गहने।

***ओग**[१]—[< हिं० उगाहना] १. उगाहा हुआ धन। २. कर/चन्दा आदि।

†ओग[२]—[देशज] *पुं०* दीवार या भूमि पर पानी आदि से पड़ा निशान।

***ओगण**—[< सं० अवगुण] *पुं०* अवगुण। दोष। बुराई।

†ओगरना—[< सं० अवगरण] *क्रिअ०* १. टपकना। २. (किसी बर्तन आदि से जल आदि) रिसना। २. (कूप आदि का) साफ़ किया जाना।

ओगल—[< सं० ऊषर] *पुं०* १. परती/ऊसर भूमि। २. एक प्रकार का कुआँ।

ओघ—[सं० √उच् + घञ्, पृषो०] *पुं०* १. जल की बाढ़। २. जल की धारा। प्रवाह। ३. समूह। ४. राशि। ढेर।

ओङ्कार (ओंकार)—[सं० ओम् + कार] *पुं०* १. परमात्मा। ब्रह्म। प्रणव। २. 'ओम्' की ध्वनि।

†ओछना[१]—[< सं० उञ्छन] *क्रिस०* १. बालों में कंघी करना। ऊँछना। २. साफ़ कर देना। पोंछना।

†ओछना[२]—[< सं० अञ्चन] *क्रिस०* निछावर करना। वारना। ओंइछना।

ओछा—[< प्रा० उच्छ < सं० तुच्छ] *वि०* १. तुच्छ। क्षुद्र। *जैसे*—ओछा काम। २. जिसमें गम्भीरता न हो। छिछोरा। *जैसे*—ओछा लड़का। ३. छोटा। *उदा०* पिक नैनी के ओछे उरोजन ऊपर। —देव (दीपशिखा, २) ४. खोटा। *जैसे*—ओछा काम। ✣ **ओछाई**—*स्त्री०* = ओछापन।

✣ **ओछापन**— *पु॰* = १. ओछा होने की अवस्था/भाव। २. तुच्छता। क्षुद्रता। ३. छिछोरापन। ४. छोटापन। ५. खोटापन। ✣ **ओछी**— *वि॰ (स्त्री॰)* = ओछा। ***जैसे***—ओछी बात; ओछी लड़की। ***वा॰*** **ओछी नज़र से देखना**—बुरा समझना। **ओछे की प्रीति**—नीच के साथ मित्रता।

ओज/ओजस्—[सं॰ ओजस] *पु॰* १. दीप्ति। कान्ति। २. तेज। (काव्य॰) भाषा या रचना के तीन गुणों में से एक। रचना का वह गुण जो मन में दीप्ति, आवेग, वीरता, उत्साह और आवेग का भाव उत्पन्न करता है।

†**ओजना**—[देशज] *क्रिस॰* १. आघात आदि को सहना। २. घड़े आदि से किसी बर्तन में पानी उँडेलना।

ओजस्वी—[सं॰ ओजस्विन्] *वि॰* १. ओज से भरा हुआ। २. शक्तिशाली। ***जैसे***—ओजस्वी नेता। ३. प्रभावशाली। ***जैसे***—ओजस्वी भाषण। ४. तेजस्वी। ***जैसे***—ओजस्वी जीवन।

ओजित—[सं॰ √ओज् + क्त] *वि॰* ओज से युक्त किया हुआ। ओजयुक्त।

ओज़ोन—[अं॰] *स्त्री॰* (रसायन॰) तीक्ष्ण गन्ध वाली एक नीली गैस जो आक्सीजन का एक अपर रूप है। ✣ **ओज़ोन-मण्डल (मंडल)**— *पु॰* = वायुमंडल का वह ऊपरी स्तर जिसमें अधिकांश ओज़ोन गैस पायी जाती है। ✣ **ओज़ोन-संस्तर**— *पु॰* = वायुमंडल की वह परत जिसमें ओज़ोन सान्द्रित है। ● **विशेष**—यह परत (पृथ्वी के पृष्ठ से १५ से ५० किमी॰ ऊपर तक है)।

***ओझकना**—[राजस्थ॰] *क्रिअ॰* १. चौंक पड़ना। २. भयभीत होना। घबराना। ३. काँपना।

***ओझर**—[< सं॰ उदर] *पु॰* १. उदर। पेट। आमाशय। २. आँत। ✣ **ओझरी**— *स्त्री॰*।

ओटन—[< सं॰ आवर्तन] *स्त्री॰* कपास से बिनौले को अलग करनेवाली चरख़ी का डंडा। ओटनी का डंडा।

ओटना[१]—[< सं॰ आवर्तन] *क्रिस॰* १. कपास से बिनौले अलग करना। २. किसी बात को बार-बार कहना। ३. अपने ज़िम्मे लेना। ✣ **ओटनी**— *स्त्री॰* = कपास से बिनौले अलग करने की चरख़ी।

ओटना[२]—[< हि॰ ओट] *क्रिअ॰* आड़ में होना। छिपना। *क्रिस॰* ओड़ना[१]।

ओटा[१]—[< हि॰ ओट] *पु॰* १. ओट। आड़। २. परदे या ओर लिए बनायी गयी दीवार।

ओटा[२]—[< हि॰ ओटना] *पु॰* कपास ओटने का चरखा/यन्त्र।

†**ओड**—[< हि॰ ओट] *पु॰* ओट। आड़।

ओड़—[देशज] *पु॰* ईंट, चूना आदि को गधों आदि पर ढोनेवाली एक श्रमिक उपजाति।

ओड़चा—[< हि॰ ओड़ना[३]] *पु॰* नीची भूमि का पानी खेत में पहुँचाने की एक गहरी टोकरी जैसी वस्तु।

†**ओडन/ओड़न**— *स्त्री॰* [< सं॰ अवकटन् (√कट् = आवरण करना)] १. अवरोध। रोक। २. बचाव की वस्तु। ३. ढाल।

†**ओडना**[१]/**ओड़ना**[१]—[< सं॰ अवकटन (√कट् = आवरण करना)] *क्रिस॰* आघात रोकना। वार रोकना।

†**ओडना**[२]/**ओड़ना**[२]—[< हि॰ ओड़] *क्रिस॰* गधे आदि पर माल लादकर एक स्थान से दूसरे स्थान पर पहुँचाना।

ओडना[३]/**ओड़ना**[३]—[देशज] *क्रिअ॰* १. फैलाना। २. माँगना।

***ओड़ना**[४]—[< हि॰ ओढ़ना] *क्रिस॰* १. ओढ़ना। २. आड़ करना। २. सहन करना। ३. पहनना। ✣ ***ओड़ि**— *क्रिवि॰* = ओढ़कर या सहनकर। *वि॰* = दबा हुआ। दबी।

ओडव—[सं॰] *पु॰* (संगीत॰) वह राग जिसमें (सात स्वरों में से) कोई पाँच स्वर ही लगते हों, कोई दो स्वर न लगते हों। ● **विशेष**—'ओडव' को 'ओड़व' भी बोलते हैं।

ओड़ा—[देशज] *पु॰* १. गड्ढा। २. बोने के काम का बड़ा टोकरा। *वि॰* गम्भीर। गहरा।

ओड्र—[सं॰ आ √उन्द् + रक्, द → ड] *पु॰* १. जवाकुसुम वृक्ष। अड़हुल का पेड़। २. उड़ीसा का प्राचीन नाम। ३. उत्कल-निवासी। उड़िया। ● **विशेष**—उत्कल के उत्तरी-भाग को ही पहले 'ओड्र' कहा जाता था।

***ओढ़र**—[< हि॰ ओट] *पु॰* व्याज। बहाना।

ओत[१]—[सं॰ आ √वे + क्त, सम्प्रसारण] *वि॰* सूत, तार आदि से बुना/गुँथा हुआ। *पु॰* कपड़े की बुनावट में लम्बाई में लगे सूत। ताना। ● **विशेष**—कपड़े की बुनावट में चौड़ाई में लगे सूत को '**बाना**' कहते हैं। '**ताना-बाना**' प्रयोग प्रसिद्ध है।

†**ओत**[२]—[< सं॰ अ + हि॰ होत (= होना)] १. न होना। अभाव। २. न्यूनता। कमी।

***ओत**[३]—[< हि॰ औत] *पु॰* १. लाभ। प्राप्ति। २. सुख/चैन या विश्राम। आराम।

***ओतत**—[< हि॰ ओ + सं॰ तत्त्व] *पु॰* वह तत्त्व।

ओत-प्रोत—[सं॰] *वि॰* १. (वस्त्र के ताने-बाने के समान) एक में एक बुना/गुँथा हुआ। परस्पर लगा और उलझा हुआ। भली-भाँति मिला-जुला। अन्तर्व्याप्त। ***जैसे***—जीवन में ओत-प्रोत सुख-दुख। २. सब ओर फैला हुआ। ***जैसे***—विश्व में ओत-प्रोत चेतना। ३. पूरी तरह भरा हुआ। ***जैसे***—प्रेम से ओत-प्रोत भगवान् श्रीकृष्ण।

†**ओता**[१]— *वि॰* ≤ *हि॰* उतना। ***जैसे***—ओता काम। ✣ **ओती**[१]— *वि॰ (स्त्री॰)* = उतनी। ***जैसे***—ओती बातें।

ओता**[२]—[< हि॰ ओत] *वि॰* १. (तुलना में) कम। ✣ **ओती**[२]— *वि॰ (स्त्री॰)*। ***जैसे—ओती बुद्धि।

†**ओद**[१]—[< सं॰ उद] *पु॰* आर्द्रता। नमी। गीलापन।

***ओद**[२]—[< सं॰ आर्द्र] *वि॰* १. आर्द्र। गीला। नम। तर। २. (रस में) निमग्न।

ओदक—[< सं॰ औदक] *पु॰* जल में रहनेवाला प्राणी/जन्तु। जलचर।

ओदन—[सं॰ √उन्द् + युच्, न का लोप] *पु॰* १. पका हुआ चावल। भात। २. दूध में पकाया गया दलिया।

†**ओदरना**—[< सं॰ दारण] *क्रिअ॰* १. विदीर्ण होना। फटना। २. नष्ट होना। *क्रिस॰* १. विदीर्ण करना। फाड़ना। २. नष्ट करना।

***ओदा**—[< सं॰ आर्द्र] *वि॰* आर्द्र। गीला। नम। तर।

ओध[१]—[< सं॰ ऊधस्] *पु॰* (गाय आदि का) थन।

***ओध**[२]—[< सं॰ अवधि] *वि॰* भरा हुआ। परिपूर्ण।

ओधना[१]—[< सं॰ आबन्धन] *क्रिअ॰* १. फँसना। उलझना। २. काम में लगना। ३. आरम्भ होना। लगना।

ओधना[२]—[< सं॰ वेधन] *क्रिस॰* वेधना। छेद करना। *क्रिअ॰* वेधा जाना। छिदना।

†ओधा[१]—[< सं॰ उपाध्याय] १. उपाध्याय। २. स्वामी। मालिक। ३. अधिकारी।

†ओधा[२]—[< हि॰ औंधा] *वि॰* १. औंधा। २. तिरछा।

ओनत—[< सं॰ अवनत] *वि॰* जो उन्नत न हो। झुका हुआ। नत। अवनत।

ओनना**—[< सं॰ अवनत] *क्रिअ॰* १. झुकना। २. घिर आना। उमड़ना। ***जैसे—बादलों की घटा का चारों ओर से ओनना।

ओना—[< सं॰ उद्गमन] *पु॰* (तालाब आदि में से) पानी निकालने का मार्ग। निकास।

†ओनाना[१]—[< सं॰ उन्नयन] *क्रिअ॰* किसी ओर उठना/लगना। किसी ओर प्रवृत्त होना। *क्रिस॰* किसी ओर लगाना। किसी ओर प्रवृत्त करना। २. कान लगाकर सुनना। ध्यान देना।

†ओनाना[२]—[< हि॰ ओनना] *क्रिस॰* झुकाना।

ओनामासी (ओनामासी) धम—[< प्रा॰ ओम् नमः सिद्धम्] *स्त्री॰* १. बालकों को विद्या आरम्भ करते समय के मंगलाचरण 'ओम् नमः सिद्धम्' का भ्रष्ट रूप। सिद्धों को प्रणाम। २. अक्षर-आरम्भ। विद्यारम्भ। ३. (किसी कार्य का) आरम्भ।

ओप—[देशज] *स्त्री॰* १. आभा। कान्ति। चमक। ***जैसे***—अशोक के लौह-स्तम्भ की ओप। २. (मुख की) शोभा। सुन्दरता। ***जैसे***—आनन ओप बढ़ी। ३. उमंग। ४. गौरव। सम्मान।

ओपची—[< हि॰ ओप] *पु॰* (चमकदार कवच या शास्त्र आदि को धारण करने वाला) योद्धा।

ओपना—[< हि॰ ओप] *क्रिस॰* ओप/कान्ति से युक्त करना। चमकाना। *क्रिअ॰* १. चमकना। २. चौंकना। *पु॰* १. पत्थर आदि का वह टुकड़ा जिससे रगड़कर तलवार आदि को चमकाया जाए। २. अक़ीक़ पत्थर का वह टुकड़ा जिससे रगड़कर चित्र आदि पर का सोना-चाँदी चमकाते हैं। ३. वार्निश (अ॰) करने की पट्टी।

ओपल—[< सं॰ उपल] *पु॰* दूधिया पत्थर जो बिल्लौर जैसा होता है और रंग बदलता है।

ओपी—[< हि॰ ओपना] *वि॰* १. चमकता हुआ। चमकीला। २. युक्त। ***जैसे***—कृष्ण-प्रेम से ओपी गोपी। ३. सुशोभित। ४. प्रकाशित।

†ओबरि/ओबरी—[< प्रा॰ ओअरिया] *स्त्री॰* १. घर का भीतरी भाग। २. छोटा कमरा। कोठरी।

ओम् (ओं)—[सं॰ √अव् + मन्] *पु॰* परमात्मा। प्रणव। ● **विशेष**—'ओम्' को 'ओ३म्' भी लिखा जाता है। इसमें ३ से 'ओ' के 'प्लुत' उच्चारण ह्र का संकेत होता है।

ओम—[जर्मन॰] *पु॰* (भौतिकी॰) वैद्युत प्रतिरोध को नापने की एक इकाई जो उस चालक के प्रतिरोध के तुल्य है जिसके सिरों पर एक वोल्ट का विभवान्तर चालक में एक ऐम्पियर की धारा उत्पन्न करता है। ● **विशेष**—जर्मन भौतिकविज्ञानी ओम (१७८७-१८५४ ई॰) के नाम पर 'ओम' इकाई का नाम रखा गया था।

†ओरगना—[< सं॰ अवलग्न] *क्रिस॰* सेवा करना।

ओरङ्ग-ऊटङ्ग (ओरंग-ऊटंग)—[< मलयेशिया॰ ओरंग = मनुष्य, ऊटन = वन] *पु॰* बोर्नियो और सुमात्रा में पाया जानेवाला एक प्रकार का पुच्छहीन वानर। वनमानुष।

†ओरन-खोरन—[बुन्देली॰, < सं॰ ओर + हि॰ खोर] *पु॰* गली-कूँचे में।

ओरमना**—[< सं॰ अवलम्बन] *क्रिस॰* १. झुकना। २. लटकना। झूलना। ***जैसे—फूलन के हार ओरमत हैं।

***ओरहन/ओरहना**—[< हि॰ उलाहना] *पु॰* १. उपालम्भ। उलाहना। २. शिकायत।

***ओराना**—[< हि॰ ओर] *क्रिअ॰* १. ओर या सिरे पर आना। २. समाप्त होना। ३. ख़र्च होते-होते समाप्त होना। *क्रिस॰* १. ओर या सिरे पर लाना। २. समाप्त करना। ✣ **ओरानाँ**—*वि॰* = समाप्त।

†ओराँ—[< हि॰ ओर] *पु॰* इधर ही। इस पार। ***जैसे***—और लोग तो ओराँ रह गए।

ओराँव—[देशज] *पु॰* एक पर्वतीय जनजाति जो छोटा नागपुर की पहाड़ियों में (बिहार के राँची आदि जिलों में) रहती है। *स्त्री॰* उक्त की बोली।

ओरि—[< हि॰ ओर] *क्रिवि॰* अन्त तक।

ओरिया[१]—[< हि॰ ओर = सिरा] *स्त्री॰* (कपड़ा बुनने में प्रयुक्त) वह लकड़ी जो ताना तनते समय खूँटी के पास गाड़ी जाती है।

†ओरिया[२]—*स्त्री॰* ≤ *हि॰* ओरी। छप्पर की ओलती।

***ओरिया**[३]—[< हि॰ ओर = तरफ़] *वि॰* ओर वाला। तरफ़ वाला। पक्षीय।

ओल[१]—[सं॰ आ √उन्द् + क, न का लोप, पृषो॰] *पु॰* भूमि में पैदा होनेवाला एक कन्द। ज़िमीकन्द। *वि॰* आर्द्र। भीगा। गीला। तर।

***ओल**[२]—[< सं॰ ओढ़ (= आ √वह् + क) = जो पास लाया गया हो] *पु॰* १. गोद। २. आड़। ओट। शरण। ३. बन्धक के रूप में रखा गया या रहनेवाला व्यक्ति/वस्तु। ज़मानत। बन्धक। गिरवी। ४. बहाना। मिस।

***ओल**[३]—[देशज] *पु॰* = अन्त।

ओलक**—[< हि॰ ओले[२]] *पु॰* आड़। ओट। ***जैसे—आँखिन ओलक।

***ओलगना**—[< हि॰ अलग] *क्रिअ॰* अलग/दूर होना।

ओलचा—[< हि॰ उलचना] *पु॰* लकड़ी का एक हत्थेदार बर्तन जिससे खेत में भरा पानी बाहर फेंकते हैं या बाहर का पानी खेत में भरते हैं। दौरी।

†ओलट—[< हि॰ ओट] *स्त्री॰* ओट। आड़।

ओलती—[< हि॰ ओर + सं॰ वती] *स्त्री॰* ढालू छप्पर का किनारा जहाँ से वर्षा का पानी नीचे गिरता है। ओरी।

***ओलना**[१]—[< हि॰ ओल] *क्रिस॰* १. पर्दा करना। २. रोकना। ३. ओढ़ना। ४. सहन करना। सहना। ५. उत्तरदायित्व के रूप में अपने ऊपर लेना।

***ओलना**[२]—[< हि॰ हूलना] *क्रिस॰* घुसाना। चुभाना।

ओलमना—[< सं॰ अवलम्बन] *क्रिअ॰* १. लटकना। २. झुकना।

***ओलम्बा/ओलम्भा (ओलंबा/ओलंभा)**—[< प्रा॰ ओलम्भ <

स॰ उपालम्भ] *पु॰* १. उलाहना। २. शिकायत।

ओला[१]—[< स॰ उपल] *पु॰* १. शीतकाल की वर्षा के साथ कभी-कभी गिरनेवाले बर्फ़ के छोटे-बड़े गोल टुकड़े। २. मिश्री का बना हुआ लड्डू। *वि॰* बहुत ठंडा।

***ओला**[२]—[< हि॰ ओल] *पु॰* १. आड़। ओट। २. पर्दा।

ओलियाना[१]—[< हि॰ ओल[२]] *क्रिस॰* १. गोद में भरना/लेना। २. कोई वस्तु गिराते हुए ढेर लगाना।

ओलियाना[२]—[< हि॰ हूलना] *क्रिस॰* १. घुसाना। २. किसी पात्र में कोई वस्तु भरना या प्रविष्ट करना।

ओली—[< हि॰ ओल[२]] *स्त्री॰* १. गोद। २. आँचल या दुपट्टे को फैलाकर बनी वस्तु रखने की झोली। ३. आँचल। ४. झोली। ५. विनयपूर्ण याचना।

***ओल्यो**—[< हि॰ ओल[२]] *पु॰* मिस। बहाना।

ओवरसियर—[अ॰] *पु॰* अभियन्ता/इंजीनियर के अधीन एक अधिकारी जो चल रहे निर्माण-कार्य का निरीक्षण करता है। अधिदर्शक।

ओषजन—[स॰ ओष ~ जन] *पु॰* 'आक्सिजन' नामक गैस या गैसीय तत्त्व।

ओषधि/ओषधी—[स॰ ओष √धा + कि, पक्षे ङीष्] *स्त्री॰* १. फल देनेवाले वृक्ष। २. वनस्पति। ३. जड़ी-बूटी। ✣ **ओषधिधर/ओषधीधर**— *पु॰* = १. चन्द्रमा। २. वैद्य। ✣ **ओषधिनाथ/ओषधीनाथ**— *पु॰* = चन्द्रमा। ✣ **ओषधिप्रस्थ**— *पु॰* = हिमालय।

ओषधीश—[स॰ ओषधि/ओषधी ~ ईश] *पु॰* चन्द्रमा।

ओष्ठागत—[स॰ ओष्ठ ~ आगत] *वि॰* ओंठ तक आया हुआ। ***जैसे***—ओष्ठागत प्राण (= मृतप्राय)।

ओष्ठाधर—[स॰ ओष्ठ ~ अधर] *पु॰* ओष्ठ और अधर। ऊपर का ओंठ और नीचे का ओंठ।

ओष्ठी—[स॰ ओष्ठ + क्विप् + अच् + ङीष्] *स्त्री॰* बिम्बाफल। कुँदरू। ● **विशेष**—ओंठों की उपमा बिम्बाफल से देने के कारण बिम्बाफल को '**ओष्ठी**' कहा जाता है। जिसके बिम्बाफल जैसे लाल ओंठ हों, उसे '**बिम्बोष्ठ/बिम्बौष्ठ**' कहा जाता है।

ओष्ठ्य—[स॰ ओष्ठ + यत्] *वि॰* १. ओंठ-सम्बन्धी। ओंठ का। २. ओंठों से बोला जाने वाला। ***जैसे***—ओष्ठ्य वर्ण। ✣ **ओष्ठ्य वर्ण**— *पु॰* = ओंठों की सहायता से उच्चरित स्वर और व्यंजन—उ, ऊ, प, फ, ब, भ, म।

ओष्ण—[स॰ आ + उष्ण] *वि॰* (जल आदि) जो थोड़ा गरम हो। गुनगुना।

ओस—[< प्रा॰ ओसा < स॰ अवश्याय] *स्त्री॰* रात्रि में ठंडी हुई हवा की आर्द्रता/नमी जो छोटी बूँदों या जलकणों के रूप में वस्तुओं के तल पर गिरी/जमी दिखती है। तुहिन-कण। शबनम। ***जैसे***—फूलों पर चमकती ओस। ***वा॰*ओस का मोती**—सुन्दर परन्तु शीघ्र नाशवान्।

ओसर**[१]—[< स॰ अवसर] १. अवसर। मौक़ा। २. समय। ३. पारी। बारी। ***जैसे—अपने-अपने ओसर से गाना।

†ओसर[२]—[< स॰ उपसर्या] *स्त्री॰* गर्भ धारण करने की अवस्था प्राप्त कर चुकी बछिया या पड़िया। बिना ब्यायी गाय या भैंस।

†ओसरना—[राजस्थ॰ < स॰ वर्षण] *क्रिअ॰* बरसना।

ओसाई—[< हि॰ ओसाना] *स्त्री॰* १. गेहूँ आदि को टोकरी में भरकर हवा चलते समय ऊपर उठाकर नीचे गिराने से भूसा उड़ाने की क्रिया/भाव। ओसाने का काम। २. ओसाने की मज़दूरी।

ओसाङ्क (ओसांक)—[स॰ ओस ~ अङ्क] *पु॰* वह तापमान जिस पर वायु में मौजूद नमी ओस के रूप में प्रकट होती है।

***ओसान**—[< स॰ अवसान] *पु॰* अवसान। समाप्ति।

ओसाना—[< स॰ आवर्षण] *क्रिस॰* भूसा मिले हुए अनाज को कुछ ऊँचाई से गिराकर अनाज के दानों को भूसा, धूल आदि से अलग करना। सैलाना।

ओसार—[< स॰ अपसार] *पु॰* प्रसार। विस्तार। फैलाव। *वि॰* चौड़ा।

***ओसारना**[२]— *क्रिस॰* ≤ *हि॰* उसारना।

***ओहट**—[< स॰ अपभ्रष्ट] *स्त्री॰* १. ओट। २. दूर।

ओहदेदार—[< अरबी ओहदः + फा॰ दार] *पु॰* पदाधिकारी। अफ़सर।

†ओहना—[देशज] *क्रिस॰* (कृषि॰) डंठलों को ऊपर उठाकर हिलाते हुए उनके दाने नीचे गिराना।

†ओहरना—[< स॰ अवहरण] *क्रिअ॰* बढ़ती वस्तु का घटना। कमी पर होना।

†ओहार—[< प्रा॰ ओवार < स॰ अप-धारय्] *पु॰* रथ, या पालकी आदि पर पड़ा पर्दा।

औंइछना (ओंइछना)—[< स॰ अञ्चन] *क्रिस॰* निछावर करना। वारना।

***औंकना (ओंकना)**—[< प्रा॰ अवक्करण < स॰ अपक्रमण] *क्रिअ॰* दूर होना। हटना।

†औंगन—[< हि॰ औंगना] *पु॰* बैलगाड़ी आदि की धुरी में दिया जाने वाला तेल।

औंगना[१] **(ओंगना)**[१]—[देशज] *पु॰* १. अंडी के पौधे (अंडउआ) के फल के अन्दर के बीज (चीआ) का आवरण/ढक्कन। ● **विशेष**—उक्त बीजों का तेल '**अंडी का तेल**' कहलाता है।

औंगना[२] **(ओंगना**[२]**)**—[< हि॰ औंगना[१]] *क्रिस॰* बैलगाड़ी आदि की धुरी में तेल लगाना।

***औंड़ा (ओंड़ा)**—[< हि॰ ओड़ा] *वि॰* गहरा। *पु॰* १. गर्त। गड्ढा। २. सेंध।

औंदफरी (ओंदफरी)—[< हि॰ ओद + फरी] *स्त्री॰* एक प्रकार की बेलदार घास जिसके पत्ते गोल और छोटे, फूल पीले और फलियाँ पतली होती हैं।

औंध (ओंध)—[देशज] *पु॰* वह रस्सी जिससे छाजन पूरी करने के लिए लकड़ियाँ बाँधी जाती हैं।

औंधेरी/औंधेली (ओंधेरी/ओंधेली)—[< हि॰ औंधा] एक प्रकार की घास जो औंधी-सी प्रतीत होती है।

औ

देवनागरी वर्णमाला का ग्यारहवाँ स्वर। (भाषा विज्ञान की दृष्टि से) यह दीर्घ, पश्च, वृत्तमुखी तथा अर्धसंवृत स्वर है और घोष ध्वनि है। कंठ और ओष्ठ से उच्चरित होने के कारण यह 'कंठोष्ठ्य' या 'कंठौष्ठ्य' वर्ण है। ● **विशेष**—१. 'औ' का अनुनासिक रूप 'औँ' है जो प्रायः मुद्रण आदि में सुविधा के लिए 'औं' भी लिखा जाता है (***जैसे***—औँधा/औंधा, सौँह/सौंह आदि में)। २. 'औ' की मात्रा व्यंजन के दाहिनी ओर लगती है (***जैसे***—'कौन', 'मौन' आदि में)।

औ[1]—[सं॰ आ √अव् + क्विप्, ऊठ् आगम] *पुं॰* १. शेषनाग। २. शब्द। *स्त्री॰* पृथ्वी।

औ[2]—[< हिं॰ और < सं॰ अवर] *क्रिवि॰* और।

†औकन—[देशज] *स्त्री॰* राशि। ढेर। समूह।

†औकना—[देशज] *क्रिस॰* बन्द करना। मूँदना।

औक़ात—[अरबी, 'वक़्त' का बहु॰] *स्त्री॰* १. प्रतिष्ठा। मान-मर्यादा। २. आर्थिक स्थिति। हैसियत। ३. सामर्थ्य। शक्ति।

***औखाद**—[< अरबी औक़ात] सामर्थ्य। औक़ात।

औखा[1]—[< हिं॰ गोखा] *पुं॰* १. गाय का चमड़ा। गो-चर्म। २. चमड़े का बना हुआ चरसा।

†औखा[2]—[< हिं॰ सौखा (= सुखकर) का अनु॰ और विलोम] *वि॰* १. कठिन। मुश्किल। २. वक्र। टेढ़ा। ३. उलटा बोलनेवाला। ✣ **औखी**—*वि॰ (स्त्री॰)*। *स्त्री॰* = कठिनाई। मुश्किल/मुसीबत।

***औगाह**—[< सं॰ अवगाहन] १. बहुत गहरा/अथाह। २. गम्भीर। ३. कठिन। *पुं॰* १. गहरा स्थान। २. संकट का स्थान। ३. (जल में प्रवेश करके किया जाने वाला) स्नान।

***औगाहना**—[< सं॰ अवगाहन] *क्रिअ॰* १. नहाना। २. प्रवेश करना। ३. प्रसन्न होना। *क्रिस॰* १. जानना। सोचना-विचारना। २. धारण करना। पकड़ना।

†औगी—[< हिं॰ औंगी] *स्त्री॰* १. (बैल हाँकने का) पैना। २. कोड़ा। चाबुक।

औग्र्‌य (औग्र्य)—[सं॰ उग्र + ष्यञ्] *पुं॰* उग्रता। भयंकरता।

औघ—[सं॰ ओघ + अण्] *पुं॰* (पानी की) बाढ़। प्लावन।

औघट[1]—[< सं॰ अवघट] *वि॰* १. विकट। कठिन। २. ऊँचा-नीचा। ३. अटपटा। ४. दुर्गम। ५. जटिल। दुर्बोध। ६. सुनसान। *पुं॰* घाट। ***वा॰* औघट घाट**—१. दुर्गम पथ। २. दुर्गम स्थान। **औघट घाट उतारना**—संकट/विपत्ति में डालना।

औघड़**—[< सं॰ अवघट] *पुं॰* १. अघोरपन्थी साधु। २. फक्कड़। मनमौजी। *वि॰* १. अनगढ़। भद्दा। २. जो दक्ष न हो। अनाड़ी। ✣ **औघड़दानी**—*वि॰* = बिना अवसर के या बिना कारण दान देनेवाला। मन की मौज से जब चाहे दान देनेवाला। ***जैसे—शिव जी प्रसिद्ध औघड़दानी हैं।

***औघूरना**—[< सं॰ अवघूर्णन] *क्रिअ॰* चक्कर खाना। अवघूर्णन। घूमना।

औचक—[< हिं॰ अचानक] *क्रिवि॰* अकस्मात्। अचानक। *पुं॰* १. आकस्मिक स्थिति। २. विकट स्थिति जिसमें असमंजस का अनुभव हो। ✣ **औचका/औचकाँ**—*क्रिवि॰* = औचक। अचानक। ✣ **औचकाय**—*क्रिवि॰* = औचक।

औचट**—[< हिं॰ औचक] *क्रिवि॰* १. अकस्मात्। सहसा। अचानक। ***जैसे—औचट भेंट होना। २. चकित होकर। ***जैसे***—सब राजा औचट सीताजी की ओर देखने लगे। ३. अनजाने में (भी)। भूल से (भी)। *पुं॰* १. आकस्मिक स्थिति। २. विकट स्थिति जिससे छूटना कठिन हो। ***जैसे***—औचट में पड़ना।

औचित्य—[सं॰ उचित + ष्यञ्] *पुं॰* १. उचित होने की स्थिति/भाव। २. उचित रीति/गुण/बात। ३. उपयुक्तता। ✣ **औचित्य-प्रश्न**—*पुं॰* (राज॰) = व्यवस्था-प्रश्न। (अं॰ प्वाइन्ट ऑव ऑर्डर) ✣ **औचित्य सम्प्रदाय**—*पुं॰* (काव्य॰) = काव्य की आत्मा 'औचित्य' को माननेवाला काव्यशास्त्रीय मतवाद जिसका प्रवर्तन संस्कृत-कवि और आचार्य क्षेमेन्द्र (११ वीं शती ई॰) ने किया था। २. उक्त मतवाद के समर्थक या अनुयायी विद्वानों का वर्ग।

***औचिन्त (औचिंत)**—[< सं॰ अव + चिन्ता] *वि॰* चिन्ता-रहित। निश्चिन्त।

औचिन्ताह (औचिंताह)**—[< सं॰ अव + चिन्ता] *वि॰* १. निश्चिन्त। २. असावधान। बेख़बर। ***जैसे—औचिन्ताह पक्षी पर बाज़ का आक्रमण।

औछ—[देशज] *स्त्री॰* दारु हल्दी की जड़।

***औजड़**—[< सं॰ उद् + जड़] *वि॰* १. उद्दंड। उज्ड्ड। २. अनाड़ी।

†औजना—[देशज] *क्रिअ॰* घड़े आदि से किसी बर्तन में पानी गिराना।

औजनि—[देशज] *स्त्री॰* एक पौधा जो लगभग दो हाथ ऊँचा होता है और जिसके पत्ते और बालें चिरचिटा की-सी होती हैं।

औजसिक—[सं॰ ओजस् + ठक्] *वि॰* १. ओजवाला। ओजयुक्त। २. उत्साहवाला। जोशीला। ३. शक्तिशाली। *पुं॰* वीर पुरुष।

औज़ार—[अरबी] *पुं॰* काम करने का साधन। कारीगरों का यन्त्र। उपकरण। ***जैसे***—बढ़ई आरी, हथौड़े इत्यादि औज़ार लेकर आ गया है।

औझड़—[सं० अव + हि० झड़ी] *क्रिवि०* निरन्तर। लगातार। *वि०* १. झक्की। २. मनमौजी। ✣ **औझर**—*क्रिवि०, वि०* = औझड़।

औटन—[< हि० औटना] *स्त्री०* १. औटने की क्रिया/भाव। २. उबाल।

***औटपाय**—[< हि० उलट + पाँव] *पु०* १. उलटे काम। २. नटखटी। शरारत। ३. धूर्तता। ४. उपद्रव। उद्दंडता। ऊधम।

***औठें**—[< हि० वह + ठाँव] *सर्व०* वहाँ।

***औडर**—[< सं० औड (= आर्द्र/गीला)] *वि०* (पानी का वह स्थान) जहाँ तैरना सम्भव न हो।

***औड़ना**—[< हि० उमड़ना] *क्रिअ०* उमड़ना। बढ़ना।

औडव[1]—[सं० ओडव + अण्] *वि०* उडु-सम्बन्धी। ताराओं का। नक्षत्रीय।

औडव[2]—[सं०] *पु०* (संगीत०) राग की तीन जातियों में से एक। दो स्वर वर्जित करने से पाँच स्वर-विशिष्ट राग की जाति। ● **विशेष**—१. औडव क्रम में षड्ज स्वर कभी वर्जित नहीं होता। २. राग की तीन जातियाँ 'औडव', 'षाडव' और 'सम्पूर्ण' होती हैं।

†औडाना—[देशज] *क्रिस०* ग्रहण करना।

औड़ी—[देशज] *वि० (स्त्री०)* तीव्र या तीक्ष्ण। तेज़।

औढर—[< सं० अव + ढरना] *वि०* १. मनमानी रीति से किसी ओर ढल जानेवाला। मनमौजी। २. बहुत कम सेवा से प्रसन्न होकर ही सन्तुष्ट कर देनेवाला। ✣ **औढरदानी**—*वि०* = उदारतापूर्वक बहुत देनेवाला।

†औणी—[देशज] *स्त्री०* १. बहुत बड़ा चाबुक। २. बैलगाड़ी हाँकने की छड़। ३. हाथी फँसाने का गड्ढा।

***औत**—[< प्रा० आउत्त < सं० आपूर्ति] *पु०* १. घाव आदि का भरना। २. (घास आदि की) पूर्ति। ३. विश्राम। आराम। चैन।

औतिक—[सं० ऊति + ठक्] *वि०* (प्राणि०) ऊतकों का। ऊतक-सम्बन्धी। ✣ **औतिकी**—*स्त्री०* = ऊतक-विज्ञान।

औत्तरेय—[सं० उत्तरा + ढक्] *पु०* (अभिमन्यु की पत्नी) उत्तरा का पुत्र। परीक्षित।

औत्स—[सं० उत्स + अण्] *वि०* उत्स/स्रोत/झरने से सम्बन्धित। मूल उद्गम से सम्बन्धित।

***औथरा/औथरो**—[< हि० उथला] *वि०* कम गहरा। उथला। छिछला।

***औदकना**—[देशज] *क्रिअ०* १. चौंकना। २. कूदना।

औदर/औदरिक—[सं० उदर + अण्/ठञ्] *वि०* उदर/पेट से सम्बन्धित। उदर-सम्बन्धी। पेट का। *जैसे*—औदरिक रोग।

औदार्य—[सं० उदार + ष्यञ्] *पु०* १. उदारता। २. सभी स्थितियों में शालीनता की अभिव्यक्ति। सभी स्थितियों में विनम्रतापूर्वक व्यवहार करना। (काव्य०, नाट्य०) १. उक्त अर्थ में नायक का एक सात्त्विक गुण। २. नायिका का एक अयत्नज अलंकार। नायक द्वारा कोई अपराध होने पर भी नायिका का यह गुण कि न क्रुद्ध हो और न कठोर शब्द बोले।

औदीच्य—[सं० उदीची + ष्यञ्] *वि०* उत्तर दिशा से सम्बन्धित। उत्तर दिशा का। उत्तरी। *पु०* गुजराती ब्राह्मणों की एक जाति।

औदुम्बर (औदुंबर)—[सं० उदुम्बर + अञ्] *वि०* उदुम्बर/गूलर की लकड़ी से बना हुआ। *पु०* १. गूलर की लकड़ी। २. गूलर के फल। ३. वह प्रदेश जहाँ गूलर के वृक्ष अधिक हों। ४. ताम्र। ताँबा।

औद्धत्य (औद्धत्य)—[सं० उद्धत + ष्यञ्] *पु०* उद्धत होने की अवस्था/भाव। उद्धतता। उजड्डपन।

औद्भिज्ज (औद्भिज्ज)—[सं० उद्भिद् √जन् + ड + अण्] *वि०* धरती से प्राप्त। भूमि से उत्पन्न। *पु०* सेंधा नमक।

औद्भिद (औद्भिद)—[सं० उद्भिद् + अण्] *पु०* झरने का जल। *वि०* पृथ्वी से प्राप्त। ✣ **औद्भिद जल**—*पु०* = पृथ्वी को फाड़कर धारारूप से बहनेवाला पानी। स्रोत/सोता का पानी।

औद्वाहिक (औद्वाहिक)—[सं० उद्वाह + ठञ्] *वि०* १. विवाह से सम्बन्धित। २. विवाह के समय ससुराल या मित्रों से प्राप्त होनेवाला (धन या उपहार आदि)। *पु०* विवाह में ससुराल या मित्रों से प्राप्त होनेवाला धन और उपहार आदि जो व्यक्ति की निजी सम्पत्ति होते हैं।

औधान—[< सं० आधान] *पु०* १. धारण करने की क्रिया/अवस्था। २. धारण किया हुआ गर्भ।

***औधारना**—[< हि० अवधारना < सं० अवधारण] *क्रिस०* १. (इधर-उधर) हिलाना-डुलाना। *जैसे*—चँवर औधारना। २. धारण करना। ग्रहण करना। ३. आरम्भ करना। ५. रखना। बैठना। *क्रिअ०* प्रवेश करना।

***औन**[1]**/औनो**—[< सं० अवनि] *पु०* १. पृथ्वी। २. स्थान। ३. घर। मकान।

औन[2]**/औनि/औनू**—[< सं० ऊन] *वि०* कम।

†औनना—[< सं० ऊन] *क्रिअ०* कम होना। *क्रिअ०* कम करना।

औना-पौना—[< सं० ऊन + हि० पौन] *वि०* १. तीन-चौथाई या उससे भी कम। २. आधा-परधा। ३. थोड़ा-बहुत। ***वा०* औने-पौने करना**—(किसी वस्तु को) कुछ हानि से बेचना। घाटा उठाकर बेचना। **औने-पौने निकालना/बेचना**—हानि उठाकर भी बेच देना।

***औनिबाल**—[< सं० अवनि ~ बाल] १. पृथ्वी का पुत्र। २. मंगल ग्रह।

औपचारिक—[सं० उपचार + ठञ्] *वि०* १. उपचार-सम्बन्धी। २. नियमानुसार। विधि-अनुसार। ३. जो विशेष उद्देश्य से रहित और केवल रस्म पूरी करने के लिए हो। रिवाजी। रस्मी। ४. दिखावटी (व्यवहार)। ∇ **विलोम**—अनौपचारिक। ✣ **औपचारिकता**—*स्त्री०* = औपचारिक होने की क्रिया/भाव। ∇ **विलोम**—अनौपचारिकता।

औपपत्तिक—[सं० उपपत्ति + ठक्] *वि०* १. उपपत्ति-सम्बन्धी। २. तर्क द्वारा सिद्ध होनेवाला। ३. कल्पनात्मक।

औपयोगिक—[सं० उपयोग + ठञ्] *वि०* उपयोग-सम्बन्धी।

औपल—[सं० उपल + अण्] *वि०* १. उपल-सम्बन्धी। पत्थर का। २. पत्थर का बना हुआ।

औपवासिक—[सं० उपवास + ठञ्] *वि०* १. उपवास के योग्य।

२. उपवास कर सकने वाला। उपवास-समर्थ।

औपशमिक—[सं॰ उपशम + ठञ्] *वि॰* १. शान्ति देनेवाला। शान्तिप्रद। २. (किसी अशुभ ग्रह आदि के प्रभाव को) शान्त करनेवाला।

औपश्लेषिक—[सं॰ उपश्लेष + ठक्] *वि॰* घनिष्ठ सम्बन्ध रखनेवाला। विशेष लगाव वाला। *पु॰* (व्या॰) अधिकरण कारक के तीन प्रकार के आधारों में से एक। ऐसा आधार जिसमें वस्तु के एक अंश से ही (पूरी वस्तु से नहीं) दूसरी वस्तु का सम्बन्ध होता है। *जैसे*—'मेज़ पर चम्मच है' में मेज़ औपश्लेषिक आधार है।

औपाधिक—[सं॰ उपाधि + ठञ्] *वि॰* १. उपाधि-सम्बन्धी। २. सापेक्ष।

औम तिथि—[< सं॰ अवम तिथि] *स्त्री॰* वह तिथि जो सूर्योदय के बाद आरम्भ हो और अगले सूर्योदय से पहले समाप्त हो जाए। वह तिथि जिसका क्षय हो गया हो। अवम तिथि।

औरङ्ग[१] (औरंग[१])—[हिं॰ और + सं॰ रङ्ग] मक्का, ज्वार और बाजरा का एक रोग जिसमें डंठलों पर सफ़ेद दाग़ पड़ जाते हैं।

औरङ्ग[२] (औरंग[२])—[फ़ा॰] *पु॰* १. राजसिंहासन। २. बुद्धिमत्ता। ३. मुग़ल सम्राट् औरंगज़ेब के नाम का संक्षिप्त रूप।

औरन—[< हिं॰ और] *सर्व॰* १. 'और' का बहुवचन रूप। औरों। अन्यों। *जैसे*—औरन की बात। २. औरों को। दूसरों को।

औरस—[सं॰ उरस् + अण्] *वि॰* १. हृदय से उत्पन्न। २. अपनी पत्नी से उत्पन्न। वैध (सन्तान) *पु॰* अपनी पत्नी से उत्पन्न पुत्र। वैध पुत्र। ✣ **औरसी**—*वि॰ (स्त्री॰)*। *स्त्री॰* = अपनी पत्नी से उत्पन्न पुत्री। वैध पुत्री।

औरसना—[< सं॰ अव + रस] *क्रिअ॰* रूठना।

***औरासी**—[< सं॰ अव + राशि] *वि॰ (स्त्री॰)* १. निकृष्ट। २. विलक्षण। बेढंगी।

†औरी-बौरी—[< हिं॰ 'बौरी' का अनु॰ + बौरी] *स्त्री॰* पागल स्त्री। पगली।

†औरेब—[< सं॰ अव + रेव] *पु॰* १. वक्रता। तिरछापन। टेढ़ापन। २. वक्रगति। टेढ़ी या तिरछी चाल। ३. पहनने या ओढ़ने के कपड़े की तिरछी काट। *जैसे*—औरेबवाला कपड़ा। ४. उलझन या संकट। भक्त के औरेब भगवान् सुधारते हैं। ५. पेंच या चाल की बात। *जैसे*—तुम्हारे औरेब उसे पता हैं। ६. थोड़ा दोष। *जैसे*—रत्न का औरेब।

और्ण/और्णिक—[सं॰ ऊर्णा + अञ्/ठञ्] *वि॰* १. ऊन-सम्बन्धी। २. ऊन से बना हुआ। ऊनी।

और्ध्वदेहिक, और्ध्वदैहिक—[सं॰ ऊर्ध्वदेह + ठञ्, वैकल्पिक उत्तरपद में वृद्धि] *वि॰* १. मृत व्यक्ति से सम्बन्धित। २. मृत व्यक्ति के लिए किया गया। *जैसे*—और्ध्वदेहिक कार्य। *पु॰* १. मरने के बाद किए जाने वाले कर्म। २. अन्त्येष्टि।

और्व—[सं॰ उर्वी + अण्] *वि॰* १. भूमि से उत्पन्न। २. भूमि से सम्बन्धित। भूमि का। *पु॰* १. बाड़वाग्नि। बड़वानल। २. एक भृगुवंशी ऋषि।

और्वशेय—[सं॰ उर्वशी + ढक्] *पु॰* उर्वशी का पुत्र। अगस्त्य या वसिष्ठ।

औल—[देशज] *पु॰* १. खाई। खन्दक। २. गुहा। गुफ़ा।

†औलना—[हिं॰ 'खौलना' का अनु॰] *क्रिअ॰* तप्त होना। जलना। *क्रिस॰* १. तपाना। २. गरम करना। ३. कष्ट देना।

औलिया—[अरबी, 'वली' का बहुवचन] *पु॰* १. वली लोग। सिद्धपुरुष। २. श्रेष्ठ सन्त/फ़क़ीर।

†औली—[< सं॰ आवली] *स्त्री॰* खेत की नयी फ़सल से काट कर लाया गया नया अन्न। नवान्न।

औलूक्य—[सं॰ उलूक + ष्यञ्] *पु॰* उलूक का पुत्र (वैशेषिक दर्शन का प्रवर्तक) कणाद। *जैसे*—औलूक्य-दर्शन (= कणाद का) दर्शनशास्त्र, वैशेषिक दर्शन।

औशनस—[सं॰ उशनस् + अण्] *वि॰* १. उशना/शुक्राचार्य से सम्बन्धित या उत्पन्न। २. जो शुक्राचार्य से पढ़ा हुआ हो। *पु॰* दैत्य गुरु शुक्राचार्य द्वारा रचित शास्त्र (शुक्रनीति)। ✣ **औशनसी**—*वि॰* = औशनस। *स्त्री॰* = १. शुक्रनीति नामक पुस्तक। शुक्राचार्य की पुत्री। देवयानी।

औशीर—[सं॰ उशीर + अण्] *वि॰* उशीर/ख़स से सम्बन्धित। ख़स का। *पु॰* १. ख़स की चटाई। २. शय्या। ३. आसन। ४. ख़स की जड़।

औषध—[सं॰ ओषधि + अण्] *पु॰* १. ओषधि। दवा। २. (लाक्षणिक) उपाय। *वि॰* जड़ी-बूटी से बना हुआ।

औषधि/औषधी—[सं॰ आ + ओषधि/ओषधी] *स्त्री॰* १. पत्र, फल आदि से युक्त वनस्पति। २. वृक्ष जिसमें प्रतिवर्ष पतझड़ होता हो। ३. जड़ी-बूटी। ४. चिकित्सा की वस्तु। दवा। ५. (लाक्षणिक) उपाय।

औषध-निघण्टु (निघंटु)—[सं॰] *पु॰* चिकित्सा में काम आनेवाली औषधियों का अध्ययन। (अं॰ मेटीरिया मेडिका)

औषधीय—[सं॰ औषध + छ] *वि॰* १. दवा-सम्बन्धी। २. जिसमें जड़ी-बूटी पड़ी हो।

औष्ट्र—[सं॰ उष्ट्र + अण्] *वि॰* ऊँट-सम्बन्धी। ऊँट का। ✣ **औष्ट्र-रथ**—*पु॰* = ऊँटगाड़ी।

औष्ट्रिक—[सं॰ उष्ट्र + ठक्] *वि॰* १. ऊँट से मिलनेवाला। २. ऊँट से उत्पन्न।

औष्ठ—[सं॰ ओष्ठ + अण्] *वि॰* ओंठ-सम्बन्धी।

औष्ठ्य—[सं॰ ओष्ठ्य + अण्] *वि॰* १. ओंठ-सम्बन्धी। २. (वह वर्ण) जिसका उच्चारण ओंठ से होता हो। *जैसे*—प्, फ्, इत्यादि औष्ठ्य व्यंजन।

औसत—[अरबी] *पु॰* (कुछ संख्याओं का) माध्य। *जैसे*—५,७,१८ का औसत १० है। *वि॰* १. सामान्य (कोटि का)। मध्यम (कोटि का), न उत्तम और न अधम। २. सर्वसाधारण। *जैसे*—औसत आदमी। ३. माध्य। *जैसे*—औसत लागत। ✣ **औसतन**—*क्रिवि॰* = औसत के हिसाब से।

†औसना—[< हिं॰ उमसना] क्रिअ॰ १. अधिक उमस होना। २. फलों आदि का पत्तों या भूसा आदि में दबे होने पर पकना। ३. देर तक रखे हुए खाने के पदार्थों का सड़ना।

औसान[१]—[< सं॰ अवसान] *पु॰* अन्त। परिणाम।

औसान[२]—[अरबी] *पु॰* सुध-बुध। होश।

***औसेर/औसेरि**—[< हि॰ अवसेर] *स्त्री॰* १. उलझन। अटकाव। २. विलम्ब। देर ३. व्याकुलता। ४. चिन्ता। बेचैनी। ✣ **औसेरना**—*क्रिअ॰* = १. उलझन में पड़ना। २. विलम्ब करना/होना। ३. व्याकुल होना। ४. चिन्तित होना।

औहठी—[हि॰ औ + स॰ हठी (हठिन्)] *वि॰* बुरे हठवाला।

***औहत**—[< स॰ अपहत] *स्त्री॰* १. अपमृत्यु। २. दुर्गति। दुर्दशा।

† औँगा[१] **(औंगा**[१] **)**—[< स॰ औँगना] *पु॰* औँगने की क्रिया/भाव।

†औँगा[२] **(औंगा**[२] **)**—[< हि॰ गूँगा] *वि॰* १. गूँगा। ***जैसे***—औंगा बालक इशारे से बताएगा। २. चुप्पा। ***जैसे***—औंगा आदमी सामने चुप रहता है पर पीछे खोटा होता है। ✣ **औँगी (औंगी)**—*वि॰* (*स्त्री॰*)।

***औँचक (औंचक)**—[< हि॰ अचानक] *क्रिवि॰* अकस्मात्। अचानक।

औँछना (औंछना)—[< हि उंछना] *क्रिस॰* १. केश काढ़ना। बाल सँवारना। २. पोंछना। ३. (हाथ) फिराना।

औँटन (औंटन)—[देशज] *स्त्री॰* (कृषि॰) भूमि में गाड़ी गयी चौड़ी लकड़ी जिस पर रखकर ज्वार-बाजरे के पौधों आदि की कुट्टी पशुओं के चारे के लिए की जाती है या गन्नों के छोटे खंड किए जाते हैं। कुटहरा।

औँठ (औंठ)—[< प्रा॰ ओट्ठ < स॰ ओष्ठ] *पु॰* १. बर्तन आदि का उठा हुआ किनारा। २. कपड़े की किनारी।

†औँड़ (औंड़)—[देशज] *पु॰* १. गड्ढा खोदनेवाला। बेलदार। २. गधे आदि पर मिट्टी ढोनेवाला। ओड़। *वि॰* मिट्टी खोदनेवाला।

औँड़ा (औंड़ा)—[< हि॰ उमड़ा] *वि॰* १. गहरा। ***उदा॰*** २. उमड़ा हुआ या उमड़ता हुआ। बढ़ा हुआ या बढ़ता हुआ। ✣ **औँड़ा-बौँड़ा (औंड़ा-बौंड़ा)**—*वि॰* = उलटा-सीधा। अंड-बंड।

औँदना (औंदना)—[< स॰ उन्मादन] *क्रिअ॰* १. व्याकुल होना। अकुलाना। घबराना। २. उकताना। ऊबना। ३. उन्मत्त होना।

औँधा (औंधा)—[< स॰ अवमूर्धक] *वि॰* १. जिसका सिर नीचे की ओर हो गया हो। २. जिसका ऊपरी भाग नीचे और नीचेवाला भाग ऊपर हो गया हो। ३. जो अपनी सामान्य स्थिति में न होकर उसके विपरीत हो। उलटा। ४. सामान्य से विपरीत बुद्धि का। उलटी बुद्धि वाला।

औँधाझार (औंधाझार)—[< हि॰ औंधा + झाड़] *पु॰* एक प्रकार का छोटा पौधा जिसकी पत्ती बारीक तिकोनी होती है और जिसमें लाल फूल आते हैं।

क

हिन्दी वर्णमाला का पहला व्यंजन तथा कवर्ग का पहला वर्ण। (भाषाविज्ञान की दृष्टि से) यह कंठ्य (कोमल तालव्य), स्पर्श, अल्पप्राण और अघोष है। 'क' का महाप्राण रूप 'ख' है। **अरबी से आया 'क़', जो हिन्दी में प्राय: 'क' भी बोला और लिखा जाता है (जैसे—क़लम/कलम)**, जिह्वामूलीय, स्पर्श, अल्पप्राण और अघोष है। ● **विशेष—प्रस्तुत कोश में 'क़' को 'क' के अन्तर्गत ही, समतुल्य परन्तु उसके पश्चात्, स्थान दिया गया है (जैसे—'अकल' के बाद 'अक़ल')।** **१.** 'क' का प्रयोग शब्द के आरम्भ, मध्य और अन्त (तीनों में) होता है (क्या, वाक्य, वाक्)। **२.** 'क्' के अनेक संयुक्त रूप (अर्थात् व्यंजन-गुच्छ) सम्भव हैं। 'क' का द्वित्व भी होता है और उसे 'क्क' लिखा जाता है (पक्का, शक्की)। **३.** 'क्' अपने बाद के व्यंजन से प्राय: '**क**' रूप में मिलता है (युक्त, वाक्य, हुक्म) परन्तु 'र' से मिलने पर संयुक्त रूप '**क्र**' प्रयुक्त होता है (चक्र, क्रम, विक्रेता); 'ष' से मिलने पर संयुक्त रूप '**क्ष**' प्रयुक्त होता है (यक्ष, कक्षा, पक्षी, क्षेम, लक्ष्य)। **४.** 'क' से पहले आकर मिलनेवाले व्यंजन प्राय: अपनी खड़ी रेखा छोड़कर मिलते हैं (कल्क, ख़ुश्क, शुष्क, वयस्क); परन्तु, पहले आकर मिलनेवाला 'र्' शिरोरेखा के ऊपर जाकर संयुक्त रूप 'र्क' बनाता है (कर्क, तर्क)।

क[1]—[सं॰ √कच् + ड] *पु॰* १. ब्रह्म। २. आत्मा। ३. विष्णु। ४. अग्नि। ५. वायु। ६. शब्द। ७. पुष्प। फूल। ८. कामदेव। ९. सूर्य। १०. यमराज। ११. प्रजापति। १२. राजा। १३. काल। समय। १४. मेघ। बादल। १५. पक्षी। १६. मयूर। मोर। १७. गरुड़। १८. मन। १९. शरीर। २०. स्वर्ण। सोना।

क[2]—[सं॰ √कै + ड] *पु॰* १. प्रसन्नता। हर्ष। २. केश। बाल। ३. जल। पानी।

***कइ**[1]—[< हिं॰ की] *प्रत्यय॰* (सम्बन्धार्थक) की।

***कइ**[2]—[प्रा॰ < सं॰ कति] *वि॰* कितना। कितने।

***कइत**—[< हिं॰ कित] *क्रिवि॰* १. किस ओर। किस तरफ़। २. कहाँ।

***कए**[1]—[< हिं॰ करे] *क्रिवि॰* करने पर या किए जाने पर।

***कए**[2]—[< हिं॰ कहना] *क्रिस॰* ('कहना' का भूतकालिक रूप) कहे।

कंस—[सं॰ √कम् + स] *पु॰* १. काँसा नामक धातु। २. काँसे का बना हुआ पात्र। ३. मँजीरा।

कंसक—[सं॰ कंस + कन्] *वि॰* काँसे का बना हुआ। कांस्य। *पु॰* काँसे का बर्तन।

कंस-ताल—[सं॰] *पु॰* झाँझ।

कंसा—[< सं॰ कांस्य] *पु॰* १. काँसा। २. झाँझ।

कंसाराति/कंसारि—[सं॰ कंस ~ अराति/अरि] *पु॰* कंस का शत्रु। कृष्ण।

कंसिक—[सं॰ कंस + ठन्] *वि॰* काँसे का बना हुआ। कांस्य।

कंसीय—[सं॰ कंस + छ] *वि॰* १. काँसे का। काँसा-सम्बन्धी। २. काँसे के बर्तन से सम्बन्धित। ३. कंस का।

कंसुआ—[< हिं॰ काँस] *पु॰* काँसे के रंग का एक कीड़ा जो ईख, ज्वार, बाजरे आदि की फ़सल को हानि पहुँचाता है।

कंसुला—[< हिं॰ काँसा] *पु॰* काँसे का एक चौकोर टुकड़ा जिससे सुनार घुँघरू बनाते हैं। ✣ **कंसुली**—*स्त्री॰* = (छोटा) कंसुला।

ककराली—[< हिं॰ काँखवाली] *स्त्री॰* काँख या बग़ल में होनेवाली फुड़िया। कँखौरी।

ककरेजा, ककरेजी—दे॰ क्रमश: काकरेजा, काकरेजी।

†**ककरौल**—[< सं॰ कर्कोटकी/कर्कोटी] *पु॰* एक फल जो सब्ज़ी के रूप में पकाकर खाया जाता है। ककोड़ा। खेखसा।

ककाओ/कैको—[अं॰] *पु॰* उष्ण प्रदेश का एक वृक्ष जिसके बीजों से कोको और चाकलेट बनाते हैं।

ककुद्—[सं॰ क √कु + क्विप्, तुक् त्-द्] *पु॰* १. पर्वत की चोटी। २. वृषभ के कन्धे का कूबड़/डिल्ला। ३. राजकीय चिह्न (छत्र आदि)। *वि॰* १. उत्तम। २. प्रमुख। मुख्य। (भूविज्ञान॰) टेकरी।

ककुद्मान्—[सं॰ ककुद्मत्] *पु॰* १. (ककुद्युक्त) वृषभ। २. पर्वत।

ककुद्मी (ककुद्मी)—[सं॰ ककुद्मिन्] *वि॰* १. शिखरयुक्त। २. डिल्लेवाला (वृषभ)। *पु॰* १. डिल्ले वाला वृषभ। २. विष्णु (देवता)। ३. पर्वत।

ककुभ्—[सं॰ क √स्कुभ् + क्विप्] *स्त्री॰* १. शिखर। चोटी। २. दिशा। ३. कान्ति। ४. सौन्दर्य। ५. चम्पा के फूलों की माला।

ककुभ—[सं॰ क √स्कुभ् + क] १. वीणा के ऊपर का टेढ़ा भाग। २. कुटज का फूल। (छन्द॰) एक सममात्रिक छन्द जिसके प्रत्येक चरण में ३० मात्राएँ होती हैं, १६-१४ पर यति होती है तथा अन्त में २ गुरु होते हैं।

ककुभा—[सं० ककुभ् + टाप्] *स्त्री०* दिशा।

ककैया—[देशज] *स्त्री०* एक प्रकार की पुरानी ईंट जो छोटी और पतली होती थी। ***जैसे***—ककैया ईंटों की दीवार।

ककोड़ा/ककोरा—[< प्रा० कक्कोड < सं० कर्कोट] *पु०* एक फल जो सब्ज़ी के रूप में पकाकर खाया जाता है। खेखसा।

†**ककोरना**—[देशज] *क्रिस०* १. खरोंचना। खुरचना। २. सिकोड़ना। ३. मोड़ना। घुमाना। *क्रिअ०* १. खुरचा जाना। कुरेदा जाना। २. विक्षुब्ध होना। ३. कचोटना।

कक्ष—[सं० √कष् + स] *पु०* १. कमरा। २. (धोती का सिरा) काछ। लाँग। ७३. सबसे नीचे पहने हुए वस्त्र का सिरा। ४. राजा का अन्त:पुर। ५. काँख। बग़ल। ६. वन का भीतरी भाग। ७. दलदलवाली भूमि।

कक्षा—[सं० कक्ष + टाप्] *स्त्री०* १. आकाश में किसी ग्रह आदि के द्वारा सूर्य या किसी बड़े ग्रह आदि की परिक्रमा करने का पथ। ***जैसे***—चन्द्रमा की कक्षा। २. (विद्यार्थियों की) श्रेणी। दर्जा। ३. काँख। बग़ल। ४. कमरा। (भौतिकी०) परमाणु के नाभिक की परिक्रमा करते इलेक्ट्रान का वक्र पथ।

कक्ष्या—[सं० कक्ष + यत् + टाप्] *स्त्री०* १. आँगन। २. घेरा। ३. दीवार। ४. प्रासाद। महल। ५. ड्योढ़ी। दहलीज़। ६. हाथी बाँधने का रस्सा।

कखवाली—[< हि० काँख + वाली] *स्त्री०* कक्ष/बग़ल में होनेवाली फुड़िया। कँखौरी।

कगर—[सं० क (= जल) ~ अग्र] *पु०* १. कगार। (दे०) २. (दीवार में बनी) कँगनी। कार्निश। ३. खेत की ऊँची मेंड़। ४. किसी वस्तु का ऊँचा किनारा। ५. सीमा। हद। ६. कुछ हटकर या अलग स्थान। *क्रिवि०* १. किनारे/सिरे पर। २. समीप। निकट। ३. अलग और कुछ दूर हटकर। ✣ **कगरदार/कगरीदार**—*वि०* = कगर/कगरी वाला। ऊँचे किनारे वाला (बर्तन आदि)। ✣ **कगरी**—*स्त्री०* = कगार। किनारा।

***कगरौ**—[< हि० कागर] *पु०* काग़ज़।

कगाना—[< हि० काग] *क्रिअ०* काँव-काँव करना।

कगाया—[< हि० काग] *पु०* १. कौआपन। २. कौए के समान मांस नोचकर खाना। ३. चालाकी। ४. कौए की काँव-काँव।

कगार—[< हि० कगर] *पु०* नदी का ऊँचा और ढालू किनारा। (भूविज्ञान०) भ्रंशन या अपरदन से बना एक लम्बा तेज़ ढाल जो एक ही दिशा में दूर तक चला जाता है। ✣ **कगारिका**—*स्त्री०* = छोटा कगार।

कङ्क[१] (कंक[१])—[< सं० कङ्क + अच्] *पु०* १. सफ़ेद चील (पक्षी)। २. बगला (पक्षी)। ३. क्रौंच (पक्षी)। ४. ऐसा बाण जिसके एक ओर कंक पक्षी का पंख लगा हो। कंकपत्र।

कङ्क[२] (कंक[२])—[< सं० कङ्कट] *पु०* १. कवच। २. (हाथी का) अंकुश। ३. युद्ध।

कङ्कड़ (कंकड़)—[< सं० कर्कर] *पु०* १. पत्थर का छोटा टुकड़ा। २. पत्थर और मिट्टी से मिलकर बना छोटा टुकड़ा जो सड़क बनाने आदि में प्रयुक्त होता है। ✣ **कङ्कड़ (कंकड़)-पत्थर**—*पु०* = १. कंकड़ और पत्थर या कंकड़ अथवा पत्थर। २. कूड़ा-करकट। ३. (लाक्षणिक) व्यर्थ वस्तुएँ। बेकार चीजें। ✣ **कङ्कड़ी (कंकड़ी)**—*स्त्री०* = १. छोटा कंकड़। २. (नमक आदि की) डली। ३. किसी कड़ी वस्तु का छोटा टुकड़ा। ✣ **कङ्कड़ीला (कंकड़ीला)**—*वि०* = १. कंकड़ों से बना हुआ। जिसमें कंकड़ पड़े/बिछे हों। ***जैसे***—कंकड़ीला रास्ता। २. कंकड़ मिला हुआ। ३. जिसमें कंकड़ भरे हों।

कङ्कण (कंकण)—[सं० कम् √कण् + अच्] *पु०* १. कलाई में पहनने का चाँदी या सोने का बना एक गोलाकार आभूषण। कंगन। कड़ा। २. विवाह के पूर्व वर/वधू की कलाई में बाँधा जाने वाला मांगलिक धागा। कंगन। कँगना।

कङ्कनचार (कंकनचार)—[< सं० कङ्कणाचार (कङ्कण ~ आचार)] *पु०* विवाह के बाद वर के घर पर वर और वधू द्वारा परस्पर कंगन खोलने की प्रथा।

कङ्कपत्र (कंकपत्र)—[सं० कङ्क ~ पत्र] *पु०* १. सफ़ेद चील का पंख। २. उक्त पंख लगा हुआ बाण। ● **विशेष**—प्राचीन काल में बाण के सिरे पर 'कंकपत्र' लगाया जाता था। ✣ **कङ्कपत्री (कंकपत्री)**—*पु०* = बाण। तीर।

कङ्करीट (कंकरीट)—[अं० कॉन्क्रीट] *स्त्री०* १. इमारत बनाने के लिए बालू, सीमेंट, कंकड़ी से बना मसाला। २. छोटी कंकड़िया। बजरी।

कङ्कालपाली (कंकालपाली)—[सं० कङ्कालपालिन्] *पु०* शिव। महादेव।

कङ्कालमाली (कंकालमाली)—[सं० कङ्कालमालिन्] *वि०* हड्डियों की माला धारण करनेवाला। *पु०* १. शिव। महादेव। २. भैरव।

कङ्कालमालिनी (कंकालमालिनी)—[सं० कङ्कालमालिन् + ङीप्] *वि० (स्त्री०)* हड्डियों की माला पहननेवाली (देवी)। *स्त्री०* १. काली (देवी)। २. भैरवी।

कङ्कालिनी (कंकालिनी)—[सं० कङ्कालिन् + ङीप्] *स्त्री०* १. काली देवी। कंकाली। २. प्रेतिनी। ३. दुष्ट और झगड़ालू स्त्री। कर्कशा।

कङ्काली (कंकाली)—[< सं० कङ्काल] *पु०* किंगरी बजाकर भीख माँगनेवाली एक उपजाति या उसका व्यक्ति। *स्त्री०* १. काली (देवी)। कंकालिनी। २. प्रेतनी। ३. दुष्ट और झगड़ालू स्त्री। कर्कशा।

कङ्केलि (कंकेलि)—[सं० कम् ~ केलि] *पु०* अशोक वृक्ष।

कङ्कोल (कंकोल)—[सं० √कङ्क + ओल] १. शीतल चीनी के वृक्ष का एक प्रकार। २. उक्त वृक्ष का फल।

***कङ्खना (कंखना)**—[< सं० कङ्क्षण] *क्रिस०* १. इच्छा करना। चाहना। २. देखना।

कङ्गनी (कंगनी)—[< सं० कङ्गु] *स्त्री०* १. एक प्रकार का कदन्न (मोटा अनाज) जिसके पौधे ढाई मीटर ऊँचे होते हैं और जिसमें लगनेवाली बाली में छोटे दाने लगते हैं। २. उक्त पौधे के दाने।

कङ्गूरा (कंगूरा), कँगूरा—[< फा० कुंगर] *पु०* १. भवनों में अलंकरण के लिए प्रयुक्त उन सुन्दर मीनारों में से प्रत्येक जो भवन से सम्बद्ध बनायी जाती हैं और जिनके ऊपर कलश/शिखर होते हैं। २. भवन के ऊपर का शिखर। *उदा०* रचे कँगूरा रंग रंग बर। —तुलसी (मानस०, ७/२७/२) ३. गुम्बद। बुर्ज। ४. छोटी मीनार।

कच[1]—[सं० √कच् + अच्] *पु०* १. केश। बाल। २. समूह। झुंड। ३. मेघ। बादल।

कच[2]—[अनु०] *स्त्री०* १. किसी नुकीली वस्तु के धँसने या चुभने का शब्द। २. किसी वस्तु को जल्दी-जल्दी खाने में होनेवाली ध्वनि।

***कच[3]**—*पु०* ≤ *हि०* काँच।

कचकच—[अनु० हि० 'कच' की पुनरुक्ति] *स्त्री०* १. 'कच' की निरन्तर ध्वनि। कचर-कचर। २. किसी पैनी वस्तु की नरम वस्तु में बार-बार चुभने या धँसने की ध्वनि। ***जैसे***—कैंची से कचकच कपड़ा काटना। ३. किसी वस्तु को जल्दी-जल्दी खाने में होनेवाली ध्वनि। ४. (लाक्षणिक) व्यर्थ का झगड़ा। ५. व्यर्थ बातचीत या उसका शोर। ***वा०* कचकच करना/मचाना**—झगड़ा करना।

कचकचाना—[अनु०] *क्रिअ०* कच-कच ध्वनि होना। धँसने या चुभने की आवाज़ होना। *क्रिस०* १. कच-कच शब्द करना। २. (दाँत) किटकिटाना। ३. धँसाने/चुभाने की आवाज़ करना। ४. किचकिचाना। ५. बलपूर्वक पकड़कर दबाना। ❖ **कचकची**—*स्त्री०* = कचकचाने का भाव या स्थिति।

कचपच—[अनु०] *स्त्री०* १. थोड़े स्थान में अधिक वस्तुएँ जमा हो जाना। घिचपिच। २. निरन्तर होती रहने वाली कहा-सुनी। विवाद। कचकच। किचकिच। ३. बातचीत आदि का शोर।

कचपची—[< सं० कृत्तिका] *स्त्री०* १. कृत्तिका नक्षत्र जिसमें अनेक ताराओं का गुच्छा-सा दिखाई पड़ता है। २. चमकदार बुँदकियाँ या तारे जो शृंगार के लिए गालों आदि पर लगाए जाते हैं। कचबची।

†कचबची—[< हि० कचपची] *स्त्री०* शृंगार के लिए गालों आदि पर लगाए जाने वाले चमकदार तारे या बुँदकियाँ। कचपची।

कचर—[अनु०] 'कच' जैसी ध्वनि। ❖ **कचर-कचर**—*स्त्री०* = १. 'कच-कच' ध्वनि। २. भोजन करने में होनेवाली 'कच-कच' जैसी ध्वनि। ३. एक साथ अधिक लोगों की बातचीत से उत्पन्न मिली-जुली ध्वनि। ४. व्यर्थ का झगड़ा। कच-कच। *क्रिवि०* 'कच-कच' ध्वनि करते हुए। ***वा०* कचर-कचर खाना**—१. भरपेट भोजन करना। २. जल्दी-जल्दी खाना। **कचर-कचर बोलना**—जल्दी-जल्दी बोलना। ❖ **कचर कूट**—*पु०* = १. मारपीट। २. घमासान युद्ध।

†कचरघान—[< हि० कचर + घान] *पु०* १. बहुत तरह की छोटी-छोटी चीज़ों का ढेर। २. छोटे बालकों का समूह। ३. अनेक छोटी-छोटी सन्तानों का समूह। ४. घमासान युद्ध।

कचरना[1]—[< सं० कच्चरण] *क्रिस०* १. कुचलना। रौंदना। २. दबाना। ३. 'कचर-कचर' की ध्वनि करते हुए बुरी तरह खाना। ४. (भोजन) खाना। *क्रिअ०* १. कुचल जाना। २. दब जाना। ३. 'कचर-कचर' या 'कच-कच' ध्वनि होना। ४. भोजन खाया जाना।

कचर-पचर—[अनु०] *स्त्री०* १. 'कच-पच' की ध्वनि। २. बहुत लोगों के एक साथ बातचीत करने या बोलने का शोर या अस्पष्ट ध्वनि। ३. घिचपिच।

कचरा[1]—[< प्रा० कच्चरा] *पु०* १. कच्चा ख़रबूज़ा। २. तरबूज़। ३. कच्ची ककड़ी। ४. बिनौला।

कचरा[2]—[< प्रा० कच्चबार] *पु०* १. कूड़ा-करकट। २. अनाज आदि को साफ़ करने पर निकला रद्दी अंश।

कचरी—[< हि० कचरा] *स्त्री०* १. ककड़ी के समान एक बेल या उसका फल और मूल सुखाकर और तलकर या तरकारी के रूप में खाया जाता है। २. चावल/अरारोट आदि के पानी में घोल को पकाकर सेव की तरह तोड़कर तैयार किया जाने वाला और धूप में सुखाने के बाद तलकर खाया जाने वाला एक व्यंजन।

कचवाँसी—[< हि० कच्चा + बिस्वांसी] *स्त्री०* (पहले प्रचलित रहा) भूमि नापने का एक पुराना, बहुत छोटा, मान। बिस्वाँसी का बीसवाँ भाग।

कचाई—[< हि० कच्चा] *स्त्री०* १. अपक्वता। कच्चापन। २. अनुभवहीनता। ३. अपूर्णता। ४. त्रुटि। कमी। ५. दुर्बलता। ६. अस्थिरता।

कचाना—[< हि० कच्चा] *क्रिअ०* १. कच्चा पड़ना। साहस/हिम्मत छोड़ना। २. धैर्य छोड़ना। ३. डरना। *क्रिस०* ऐसा कुछ करना/कहना जिससे अन्य व्यक्ति साहस/धैर्य छोड़ दे।

कचायँध—[< हि० कच्चा] *स्त्री०* कच्चेपन की गन्ध।

कचालू—[देशज] *पु०* १. एक प्रकार की अरबी/घुइयाँ। बंडा। २. ककड़ी, अमरूद, कमरख इत्यादि के टुकड़ों में खटाई व नमक-मिर्च मिलाकर बनाया गया व्यंजन। ३. चाट के आलू। खट्टे चटपटे आलू। ***वा०* (किसी का) कचालू करना/बनाना**—ख़ूब पीटना।

कचावली—[सं० कच ~ आवली] *स्त्री०* केशों का समूह।

कचाहट—[< हि० कच्चा] *स्त्री०* १. (धैर्य, साहस आदि का) कच्चापन।

कचीची—[< हि० कच-कच] *स्त्री०* दाँत पर दाँत रखने या क्रोध में दाँत पीसने की स्थिति।

कचूमर—[अनु०] *पु०* १. किसी वस्तु का कुचला हुआ रूप। २. आम के टुकड़ों को कूटकर या कुचलकर बनाया हुआ अचार। ***वा०* (किसी का) कचूमर करना (निकालना)**—१. ख़ूब मारना-पीटना। २. बहुत थका देना। ३. किसी वस्तु को नष्ट कर देना। ४. लापरवाही के कारण वस्तु को खराब कर देना। ५. किसी

वस्तु को बहुत ज़ोर से कूटना। **(किसी वस्तु या व्यक्ति का) कचूमर निकलना**—१. इतना अधिक पिटना कि अधमरा हो जाए। २. अधिक दुर्दशा होना। ३. बहुत थक जाना।

कचूर—[< सं॰ कर्चूर] *पु॰* एक वनौषधि जिसके क्षुप ५०-६० सेंमी॰ ऊँचे होते हैं, पत्ते हल्दी के पत्तों के सदृश और जड़ का कन्द/गाँठ हल्दी के समान गहरे लाल रंग का या हरा व सुगन्धित होता है।

कचेरा/कँचेरा—[< सं॰ काच, तथा < हि॰ काँच] *पु॰* चूड़ियाँ बेचनेवाला।

कचोट—[< हि॰ कचोटना] *स्त्री॰* १. कचोटने की क्रिया/भाव। २. मानसिक पीड़ा। वेदना। ३. (किसी अप्रिय बात की) मन में चुभन। ***वा॰* (मन का) कचोट खाना**—दु:खी होना।

***कचोरा**—[< सं॰ कच्चोलक] *पु॰* १. पात्र विशेष। कटोरा। २. प्याला। ✣ **कचोरी**—*स्त्री॰* = १. कटोरी। २. प्याली।

कचौघ—[सं॰ कच ~ ओघ] *पु॰* सिर के बालों का समूह। केश-समूह।

कच्चू—[< सं॰ कञ्चु] *पु॰* १. अरबी/घुइयाँ नामक कन्द। २. 'बंडा' नामक कन्द।

कच्छ[१]—[सं॰ क√छो + क] *पु॰* १. नदी/समुद्र के किनारे की नम और नीची भूमि। कछार। २. दलदल। ३. गुजरात प्रदेश का एक भाग/क्षेत्र या उसका निवासी। *स्त्री॰* कच्छ क्षेत्र की भाषा।

कच्छ[२]—[< सं॰ कक्ष] *पु॰* १. कक्ष। (दे॰) २. धोती की लाँग।

कच्छ**[३]—[< सं॰ कच्छप] *पु॰* १. कच्छप। कछुआ। २. विष्णु का कच्छप अवतार। ***जैसे—मच्छ, कच्छ आदि के रूप में अवतरित विष्णु। ३. तुन का वृक्ष या उसकी लकड़ी जो बहुत जल्दी जलती है।

कच्छ[४]—[देशज] *पु॰* तिनकों का ढेर या तिनका।

कच्छप—[सं॰ कच्छ √पा + क] पु॰ १. कूर्म। कछुआ। २. कुबेर की नौ निधियों में से एक। ३. विष्णु का एक अवतार। (छन्द॰) दोहे का एक प्रकार जिसमें चारों चरणों में कुल मिलाकर ८ गुरु और ३२ लघु होते हैं।

कच्छा—[< सं॰ कच्छ] *पु॰* १. जाँघिया। २. नावों का बेड़ा।

†कछना—[< हि॰ कछनी] *पु॰* घुटनों तक बँधी धोती।

†कछनी—[< हि॰ काछना] *स्त्री॰* १. घुटनों तक की धोती। २. उक्त प्रकार की धोती पहनने का ढंग। ३. छोटी धोती। काछनी।

***कछव**—[< सं॰ कच्छ] *पु॰* १. दलदल। २. कीचड़।

कछवारा—[हि॰ काछी + बाड़ा] *पु॰* १. काछियों द्वारा सब्ज़ियाँ आदि बोए जाने का स्थान। २. काछियों का मुहल्ला/टोला।

कछवाहा—[< सं॰ कच्छ] *पु॰* राजपूतों की एक उपजाति।

***कछाना**—[देशज] *क्रिस॰* धारण कराना।

कछार—[< सं॰ कच्छ] *पु॰* १. किसी नदी के दोनों किनारों की चिकनी भूमि की पट्टी जो नदी द्वारा लाए हुए मन्दगति वाले जल-क्षेत्र में गिरे हुए निक्षेपों (मिट्टी आदि से) से बनी होती है। बाढ़कृत मैदान। २. असम प्रदेश का एक ज़िला।

कछियाना[१]—[< हि॰ काछी] *पु॰* काछी लोगों का मुहल्ला/टोला। कछवारा।

कछियाना[२]—*क्रिस॰* ≤ काछना।

***कछु/कछुक/कछू**—[< हि॰ कुछ] *वि॰, क्रिवि॰* कुछ। थोड़ा। ● **विशेष—कछुइक, कछुएक**—थोड़ा।

कछनी/काछनी/कछोटा[१]—[< हि॰ काछा या < सं॰ कच्छपट्ट/कश्यपट्ट] *पु॰* १. कछनी। कछोटा। २. लंगोट। ३. जाँघिया। ✣ **कछोटी**—*स्त्री॰* = १. घुटने तक की कसी हुई धोती जिसमें दोनों ओर लाँग बँधी रहती है। कछनी।

†कछोटा[२]—[< सं॰ कक्ष] *पु॰* काँख। बगल।

कज—[फा॰] *वि॰* वक्र। टेढ़ा। तिरछा। *स्त्री॰* १. वक्रता। टेढ़ापन। तिरछापन। २. दोष। ऐब। ३. त्रुटि। कमी। ***वा॰* कज निकालना**—१. दोष निकालना। २. दोष दूर करना। ३. टेढ़ापन समाप्त करना।

कजनी—[< फा॰ कज] *स्त्री॰* ताँबे आदि के बर्तनों को खुरचने का उपकरण।

†कजरी—*स्त्री॰* ≤ *सं॰* कदली। केला।

कजला—[< हि॰ काजल] *पु॰* १. एक पक्षी जो काले रंग का होता है। २. वह बैल जिसकी आँखों के चारों ओर काला घेरा हो। ३. काजल। *वि॰* १. (काजल जैसे रंग का) काला। २. काजल से युक्त। कजरारा (नेत्र)।

कजलाना—[< सं॰ काजल] *क्रिअ॰* १. काला पड़ना। २. आग या कोयलों का बुझने लगना। झँवाना। *क्रिस॰* १. काजल लगाना। २. काला करना।

कजली—[< सं॰ कज्जल] *स्त्री॰* १. दीपक की लौ से जमायी गयी कालिख। २. (गहरा काजल लगी जैसी) बहुत काली आँखों वाली गाय। ३. एक प्रकार के लोकगीत। ***वा॰* कजली खेलना**—स्त्रियों का घेरा बनाकर कजलियाँ गाना। ✣ **कजली तीज**—*स्त्री॰* = भाद्रकृष्ण तृतीया तिथि।

कजली व्रत—[हि॰ कजली + सं॰ व्रत] *पु॰* भाद्र कृष्ण तृतीया को किया जाने वाला व्रत। कजरी व्रत।

***कजा**—[< सं॰ काञ्जी] *स्त्री॰* काँजी। माँड़।

क़ज़ा—[अरबी] *स्त्री॰* मृत्यु।

***कजाक/कज़ाक**—[< तुर्की कज़्ज़ाक] *पु॰* १. डाकू। लुटेरा। बटमार। २. दुष्ट।

***कजात**—[< सं॰ कदाचित्] *क्रिवि॰* कदाचित्। कभी।

कजावा—[< फा॰ कजाव:] *पु॰* ऊँट की पीठ पर रखी जाने वाली काठी जिसमें दोनों ओर मनुष्य बैठते हैं।

†कजिया—[< अरबी कज़ीय:] *पु॰* १. आपसी झगड़ा। २. झंझट। बखेड़ा।

कजी—[फा॰] *स्त्री॰* १. टेढ़ापन। २. दोष। ३. त्रुटि। कमी।

***कजीले**—[< हि॰ काज] *वि॰* कार्य में उपयोगी।

कजैतिन—[< हि॰ काज, या < सं॰ कृत्य] *स्त्री॰* कन्या के विवाह में

कृत्यों की प्रमुख स्त्री जो प्राय: कन्या की माता होती है या निकट सम्बन्ध की स्त्री। ✣ **कजैती**— *पु*॰ = कन्या के विवाह में कृत्यों का प्रमुख पुरुष जो प्राय: कन्या का पिता होता है या निकट सम्बन्धी।

***कजौड़ा**—[देशज] *पु*॰ समूह।

***कज्ज**—[< हि॰ काज] *पु*॰ कार्य। काम। काज।

कज्जल—[स॰ कु + जल, कु—कद्] *पु*॰ १. काजल। २. सुर्मा। ३. दीपक आदि की कालिख। ४. मेघ। बादल। (छन्द॰) एक सममात्रिक छन्द जिसके प्रत्येक चरण में १४ मात्राएँ होती हैं तथा अन्त में गुरु, लघु होते हैं। ✣ **कज्जल-कलित**— *वि*॰ = काजल से सुशोभित। ✣ **कज्जल-कीच**— *स्त्री*॰ = आँसुओं से मिलकर बना हुआ काजल का कीचड़। ✣ **कज्जलध्वज**— *पु*॰ = दीपक। ✣ **कज्जल-नीर**— *पु*॰ = काजल लगी हुई आँख का आँसू।

कज्जली—[< स॰ कज्जल] *स्त्री*॰ १. काली स्याही। २. पारा और गन्धक घोटने से बननेवाला एक पदार्थ जो काजल के समान काला होता है तथा वैद्यों के द्वारा रसौषध बनाने में और सुनारों के द्वारा धातु-शोधन में काम आता है। ✣ **कज्जली फफूँद**— *स्त्री*॰ = (वनस्पति॰) कवकों के काले तन्तुओं द्वारा पत्तियों और फूलों पर बना काजली आवरण। ✣ **कज्जली व्रत**— *पु*॰ = कजरी व्रत।

कज़्ज़ाक—[तुर्की] *पु*॰ १. एशियाई रूस की एक तुर्क जाति जो वीरता के लिए प्रसिद्ध है। २. लूटमार करनेवाला। डाकू।

कञ्च (कंच)—[< हि॰ काँच < स॰ काच] *पु*॰ काँच। शीशा।

कञ्चन/कंचन—[< स॰ काञ्चन] *पु*॰ १. स्वर्ण। सोना। ***जैसे***— कंचन, कामिनी और क्रोध का दास। २. धन-सम्पत्ति। ***जैसे***— कंचन की लंका। ३. धतूरा (पौधा)। ४. (लाल) कचनार। *वि*॰ १. स्वर्ण के रंग का। ***जैसे***—कंचन काया। ३. सुन्दर। ४. नीरोग। स्वस्थ। ***वा॰* कंचन का कौर खिलाना**—दूसरे के लिए बहुत अधिक व्यय करना। **(कहीं) कंचन बरसना**—१. बहुत आय या बहुत धन-सम्पत्ति होना। २. बहुत शोभा होना। ✣ **कञ्चनकलश (कंचनकलश)**— *पु*॰ = स्वर्ण का बना घट। सोने का घड़ा। ✣ **कञ्चनकाया (कंचनकाया)**— *स्त्री*॰ = १. स्वर्ण जैसा सुन्दर। चमकदार शरीर। २. स्वस्थ और नीरोग शरीर। ✣ **कञ्चनकुम्भ (कंचनकुंभ)**— *पु*॰ = कंचनकलश (दे॰) ✣ **कञ्चनकोट (कंचनकोट)**—पु॰ सोने का बना परकोटा। स्वर्ण-प्राचीर। ✣ **कञ्चन-धार (कंचन-धार)**— *पु*॰ = सोने की वर्षा। स्वर्ण-वर्षा। ✣ **कञ्चनपुर (कंचनपुर)**— *पु*॰ = १. स्वर्ण का बना नगर। २. वैभवशाली नगर। ३. लंका।

कञ्चनमणि (कंचनमणि)—[स॰ कञ्चन ~ मणि] *स्त्री*॰ एक प्रकार की मणि। हेममणि। ✣ ***कञ्चनमनि (कंचनमनि)**— *स्त्री*॰ = कंचनमणि।

कञ्चनमूल (कंचनमूल)—[स॰ कञ्चन ~ मूल] *वि*॰ स्वर्ण उत्पन्न करनेवाला। *पु*॰ पारस पत्थर।

कञ्चनिया (कंचनिया)—[हि॰ कंचन] *स्त्री*॰ एक प्रकार का कचनार वृक्ष। *वि*॰ १. स्वर्ण का बना हुआ। २. स्वर्ण के रंग का। सुनहरा।

कञ्चनी (कंचनी)—[स॰ कञ्चन] *स्त्री*॰ वेश्या।

कञ्चु (कंचु)—[< स॰ काच] *पु*॰ काँच। शीशा।

कञ्चुक (कंचुक)—[स॰ कञ्च् + उकन्] *पु*॰ १. अचकन की तरह घुटनों तक लम्बा एक वस्त्र। २. (स्त्रियों का) चोली नामक वस्त्र। अँगिया। ३. वस्त्र। कपड़ा। ४. कवच। ५. साँप की केंचुली।

कञ्चुकी[१] (कंचुकी[१])—[स॰ कञ्चुकिन्] *पु*॰ १. (राजा आदि के) अन्त:पुर का रक्षक प्रधान अधिकारी। २. द्वारपाल। ३. साँप।

कञ्चुकी[२] (कंचुकी[२])—[< स॰ कञ्चुक] *स्त्री*॰ १. चोली। अँगिया। २. साँप की केंचुली। ✣ **कञ्चुकी बन्द (कंचुकी बंद)**— *स्त्री*॰ = चोली का बन्धन।

कञ्चुली (कंचुली)—[स॰ √कञ्च् + उलच् + ङीष्] *स्त्री*॰ चोली। अँगिया।

कञ्छा (कंछा)—[< स॰ कञ्चिका] *पु*॰ (पौधे की) कोपल। कल्ला।

कञ्छी (कंछी)—[< स॰ कञ्चिका] *स्त्री*॰ १. (पौधे की) कोंपल। कल्ला। २. बहुत छोटी फुड़िया/फुंसी।

कञ्ज (कंज)—[स॰ कम् √जन् + ड] *पु*॰ १. कमल। २. केश। ३. अमृत।

कञ्जई (कंजई)—[हि॰ कंजा] *वि*॰ कंजा की फली के रंग का। ख़ाकी रंग का।

कञ्जक (कंजक)—[स॰ कञ्ज √कै + क] *पु*॰ १. मैना (पक्षी)। २. कोयल।

कञ्जज (कंजज)—[स॰ कञ्ज √जन् + ड] *वि*॰ कमल से उत्पन्न। *पु*॰ ब्रह्मा।

कञ्जड़ (कंजड़)/कञ्जर (कंजर)—[देशज] *पु*॰ परिवार के साथ यायावर जीवन व्यतीत करने वाली एक उपजाति या उसका व्यक्ति।

कञ्जनाभ (कंजनाभ)—[स॰ कञ्ज ~ नाभि] *पु*॰ विष्णु।

कञ्जा (कंजा)—[देशज] *पु*॰ एक प्रकार की घास जो बेल के रूप में होती है और जिसकी पत्ती छोटी तथा मंजरी पीली होती है। *वि*॰ (वह मनुष्य) जिसके नेत्रों की पुतली, काली नहीं, भूरी होती है।

कञ्जाभ (कंजाभ)—[स॰ कञ्ज ~ आभा] *वि*॰ कमल के समान चमक वाला। *पु*॰ कमल जैसी कान्ति।

कञ्जाभ्र (कंजाभ्र)—[स॰ कञ्ज ~ अभ्र] *पु*॰ कमल और बादल।

कट[१]—[स॰ √कट् + अच्] *पु*॰ १. सरकंडों आदि के लम्बे कांड/डंठल जिनसे चटाइयाँ बनती हैं। २. चटाई। ३. शव, अरथी या श्मशान। ४. हाथी का गंडस्थल/कनपटी। ५. एक प्रकार का काला रंग जो कसीस, हर्र, बहेड़ा आदि मिलाकर बनाया जाता है। *वि*॰ १. बहुत अधिक। २. उग्र।

कट[२]—[< हि॰ काटना] *वि*॰ काटने वाला। ● **विशेष**—यह कुछ यौगिक पदों में अन्त में आता है। ***जैसे***—जेबकट; गिरहकट।

कट[३]—[अ॰] काटने की विधि, ढंग या भाव। *जैसे*—कुरते का कट।

कटक—[स॰ √कट् + वुन्] पु॰ १. समूह। झुंड। २. सेना। फ़ौज। ३. सैनिक छावनी। ४. पर्वत का मध्य भाग, पार्श्व या उपत्यका। ५. हाथ या पैर में पहनने का कड़ा। ६. मेखला। कमरबन्द। ७. शृंखला/ज़ंजीर की कड़ी। ८. (गाड़ी का) चक्र। पहिया। ९. चटाई। १०. नितम्ब। ११. उड़ीसा प्रदेश का एक ऐतिहासिक नगर। (भूविज्ञान॰) पहाड़ का लम्बा और सँकरा शिखर।

कटकई—[< स॰ कटक] स्त्री॰ १. सेना। फ़ौज। २. सेना चलने की तैयारी। ३. सेना का प्रयाण। कूच।

कटककारी—[स॰ कटककारिन्] पु॰ सेनापति।

कट-कट—[अनु॰] स्त्री॰ १. दो छोटी और कठोर वस्तुओं के टकराने से उत्पन्न ध्वनि। २. (भय या ठंड आदि के कारण) ऊपर-नीचे के दाँतों के परस्पर टकराने की ध्वनि। कँपकँपी की स्थिति में दाँतों के बजने की ध्वनि। ३. (लाक्षणिक) कहा-सुनी। अनबन। लड़ाई-झगड़ा।

कटकटिया—वि॰ = १. कट-कट शब्द करनेवाला। २. लड़ाई-झगड़ा करनेवाला। स्त्री॰ बुलबुल पक्षी का एक प्रकार।

कटक-बन्ध (बंध)—[स॰] पु॰ सेना की व्यूह-रचना।

कटखना—[< हि॰ काटना + खाना] वि॰ १. काट खाने वाला। *जैसे*—कटखना कुत्ता। २. (लाक्षणिक) हर बात में काटने को दौड़नेवाला (व्यक्ति)। सदा लड़ने-झगड़ने को तैयार रहनेवाला।

कटड़ा—[< स॰ कटाह] पु॰ भैंस का नर बच्चा। पड़रा।

कटत—[< हि॰ कटना] स्त्री॰ १. कटने की क्रिया/भाव। काट। २. बिक्री। खपत।

कटती—[< हि॰ कटना] स्त्री॰ १. कटत। बिक्री। खपत। २. कटौती।

कटन—[< हि॰ कटना] स्त्री॰ १. कटने की क्रिया/भाव। कटनी। २. काटने की क्रिया/भाव। ३. प्रेम।

†**कटनास**—[< हि॰ काटना + नाशना] पु॰ नीलकंठ पक्षी। कठफोड़ा।

कटपीस—[अ॰] पु॰ (वस्त्र-विक्रेता की दुकान पर बिकनेवाले) थान का शेष रह गया छोटा टुकड़ा जो कुछ सस्ता बिकता है।

†**कटम्कुट्ट (कटंकुट्ट)**—[< हि॰ कटना + कुटना] पु॰ १. कटना और कुटना। २. कचरकूट। मार-पीट।

कटर—[< स॰ कट (= घास-फूस)] स्त्री॰ एक प्रकार की घास।

कटरा—[< स॰ कटाह] १. छोटा बाज़ार। २. भैंस का नर बच्चा। कटड़ा। पड़रा।

कटवाँ—[< हि॰ कटना] पु॰ जिसमें जगह-जगह पर कटाव हो। *जैसे*—अंगूर की पत्तियाँ कटवाँ होती हैं। ✣ **कटवाँ ब्याज**—पु॰ = वह ब्याज/सूद जो कुछ-कुछ मूलधन चुकाते रहने पर शेष राशियों पर अलग-अलग जुड़ता रहता है।

कटसरैया—[< स॰ कटसारिका] स्त्री॰ एक कँटीला क्षुपजातीय पौधा जिसमें सफ़ेद, पीले, नीले या लाल फूल लगते हैं। कटैया।

कटहला—[< हि॰ कटहल] पु॰ १. कटहल के छिलके के समान कटाईवाला या खुदाईवाला आभूषण। २. उक्त प्रकार की कटाई या खुदाई। वि॰ कटहल के छिलके के समान कटाईवाला।

कटहा—[< स॰ कट] पु॰ अन्त्येष्टि क्रिया के समय का दान लेनेवाला ब्राह्मण। महाब्राह्मण। महापात्र।

कटाक्ष—[स॰ कट √अक्ष् + अच्] पु॰ १. कुछ तिरछी दृष्टि। (तिरछी) चितवन। २. आक्षेप। ३. व्यंग्य। ताना। ● **विशेष**—कृपा-कटाक्ष = कृपापूर्ण दृष्टि।

कटाग्नि—[स॰ कट ~ अग्नि] स्त्री॰ घास-फूस की आग।

कटार—[अप॰] स्त्री॰ लगभग डेढ़ बालिश्त या उससे कुछ बड़ी दुधारी तलवार जैसा शस्त्र। छुरिका। ✣ **कटारी**—स्त्री॰ = कटार। ✣ **कटार चिह्न (कटार चिह्न)**—पु॰ (मुद्रण॰) = एक विशेष चिह्न (†)। ● **विशेष**—दोहरा कटारचिह्न (‡) भी प्रयुक्त होता है।

कटाह—[स॰ कट ~ आ √हन् + ड] पु॰ १. बड़ी कड़ाही। कड़ाह। २. कछुए की पीठ का कठोर ख़ोल। ३. टूटे घड़े का टुकड़ा। खपड़ा। ४. राशि। ढेर। ५. टीला।

कटि—[स॰ √कट् + इन्] स्त्री॰ १. कमर। २. किसी वस्तु का बीच का भाग। ३. हाथी का गंडस्थल/कनपटी।

कटिका—[स॰ कटि + कन् + टाप्] स्त्री॰ कूल्हा।

कटिबद्ध (कटिबद्ध)—[स॰ कटि ~ बद्ध] वि॰ १. जिसने किसी कार्य को करने के लिए कमर कस ली हो। २. उद्यत। तैयार।

कटिबन्ध (कटिबंध)—[स॰ कटि ~ बन्ध] पु॰ कमरबन्द। नाड़ा। (गणित॰) किसी गोल को दो समान्तर समतलों से काटने पर बीच में आनेवाला गोल का पृष्ठ। (भूगोल॰) गर्मी-सर्दी के आधार पर किए गए पृथ्वी के भूमध्यरेखा के समान्तर पाँच विभागों में से प्रत्येक। *जैसे*—शीत कटिबन्ध। (अ॰ ज़ोन)

कटिमण्डन (कटिमंडन)—[स॰ कटि ~ मण्डन] पु॰ कमर का अलंकार। करधनी।

कटिया—[< हि॰ काटना] स्त्री॰ १. रत्नों की काट-छाँट कर सुन्दर नग बनानेवाला शिल्पी/कारीगर। २. (स्त्रियों का) मस्तक का एक आभूषण। ३. भैंस का स्त्री/मादा बच्चा। पड़िया। ४. छोटे टुकड़ों में कटा हुआ पशुओं का चारा।

*__कटियाना__—[< हि॰ काँटा] क्रिअ॰ कंटकित/रोमांचित/पुलकित होना। क्रिस॰ कंटकित/रोमांचित/पुलकित करना।

कटि-सूत्र—[स॰] पु॰ १. कमरबन्द। नाड़ा। २. सूती करधनी। ३. कमर का एक आभूषण। तगड़ी।

कटिहस्त—[स॰ कटि ~ हस्त] कमर पर हाथ रखे हुए। ✣ **कटिहस्त मुद्रा**—स्त्री॰ = (कला॰) कमर पर हाथ को इस प्रकार रखने की मुद्रा कि कोहनी कोण बनाती हुई बाहर की ओर निकली रहे। कट्यवलम्बित मुद्रा।

कटीर—[स॰ कट + ईरन्] १. कटि। कमर। २. कूल्हा।

कटीला—[< हि॰ काट] वि॰ १. काटनेवाला। *जैसे*—कटीले नेत्र। २. चुभनेवाला। *जैसे*—कटीला मज़ाक। ३. अच्छी बनावट/सज्जा वाला। *जैसे*—कटीला युवक। ४. धारदार। तेज़। *जैसे*—कटीला चाक़ू।

कटु—[सं० √कट + उ] *वि०* १. कड़वा। २. अप्रिय। बुरा लगनेवाला। **जैसे**—कटु वचन। ३. कष्टदायक। *पु०* भोज्य/पेय पदार्थों के ६ रसों में से एक। कड़वापन। ∇ **विलोम**—मधुर।

कटुआ—[< हि० काटना] *वि०* १. जिसे काटकर टुकड़े कर दिए गए हों। २. जिसके किनारे कटे हुए हों। ३. जिसका कुछ अंश काटकर निकाल लिया गया हो। ४. काटनेवाला।

कटुक—[सं० कटु + कन्] *वि०* १. कटु। कड़वा। २. अप्रिय। ३. तीक्ष्ण। चरपरा। ४. प्रचंड। तेज़। ५. कष्टप्रद।

कटुत्रय—[सं० कटु + त्रय] *पु०* १. तीन कटु वस्तुओं—काली मिर्च, सोंठ और पीपली—का समूह।

कटुफल—[सं० कटु ~ फल] एक फल जो लाल रंग का होता है। कायफल।

कटूक्ति—[सं० कटु ~ उक्ति] *स्त्री०* अप्रिय/कड़वी बात।

कटेरी/कटैया[१]—[< सं० कष्टकारी] *स्त्री०* एक प्रकार का कँटीला पौधा। कटसरैया।

कटैया[२]—[< हि० काटना] *वि०* १. काटनेवाला। **जैसे**—नाक-कटैया। २. नष्ट करनेवाला।

कटोरदान—[< हि० कटोरा] *पु०* धातु का बना एक पात्र जो ढक्कनवाला होता है और रसोईघर में रोटियाँ आदि रखने के काम आता है।

कटोरा—[< प्रा० कट्टोरग] *पु०* लकड़ी, पत्थर या धातु आदि का बना हुआ एक चौड़ा और कुछ गहरा पात्र। ✣ **कटोरा-स्तूप**—*पु०* = कटोरा जैसी आकृति का अर्धगोलाकार स्तूप। ✣ **कटोरी**—*स्त्री०* = १. छोटा कटोरा। बिलिया। २. उक्त आकार की कोई छोटी वस्तु। ***जैसे***—तलवार की मूठ में ऊपर बनी कटोरी; कपड़े पर टाँके जाने वाली सितारों की कटोरियाँ।

कटौती—[< हि० काटना] *स्त्री०* १. काटे जाने या कटने की क्रिया/भाव। २. किसी धनराशि (वेतन आदि) में से कुछ अंश कम करना। ***जैसे***—वेतन में से १० रुपए की कटौती। ३. उक्त प्रकार से काटा गया धन।

कट्टर[१]—[< हि० काटना] *वि०* काट खाने वाला।

कट्टर[२]—[< प्रा० कट्ठ < सं० काष्ठ] *वि०* १. अपने विचार/मत/विश्वास का दुराग्रही। २. अनुदार विचार वाला। असहिष्णु। ३. दृढ़। ***जैसे***—कट्टर गांधीवादी। ४. हठधर्मी।

कट्टा[१]—[< सं० काष्ठ] *वि०* पुष्ट। 'हट्टा' के साथ प्रयुक्त। ***जैसे***—हट्टा-कट्टा।

†**कट्टा[२]**—[< हि० कटना/काटना] *पु०* १. (सामान भरने की, पटसन की बनी) छोटी बोरी। २. देशी तमंचा।

कट्ठा—[< सं० काष्ठा] *पु०* १. (भूमि या खेत नापने की) एक पुरानी नाप जो पाँच हाथ चार अंगुल लम्बी वर्गाकार होती थी। २. (अनाज तोलने की) एक पुरानी नाप जो ५ सेर की होती थी।

कट्यवलम्बित—[सं० कटि ~ अवलम्बित] *वि०* कमर पर रखा हुआ (हाथ इत्यादि)। ***जैसे***—कट्यवलम्बित मुद्रा (= कटिहस्त मुद्रा)।

कट्याना—[< हि० कटियाना] *क्रिअ०* कंटकित/रोमांचित होना। पुलकित होना।

कठ[१]—[सं० कठ् + अच्] *पु०* १. कृष्ण यजुर्वेद की एक शाखा। २. एक उपनिषद्। कठोपनिषद्।

कठ[२]—[< हि० काठ] *वि०* 'काठ' का संक्षिप्त रूप जो कुछ समस्त शब्दों में पूर्वपद के रूप में आकर अनेक प्रकार के अर्थ देता है—१. काठ का बना हुआ। ***जैसे***—कठपुतली; कठघरा। २. काठ से सम्बन्धित। ***जैसे***—कठरेती (= लकड़ी रेतने की रेती) ३. काठ की तरह सूखा/कड़ा/जड़ या निष्ठुर। ***जैसे***—कठजामुन; कठमुल्ला।

कठगूलर—[हि० कठ + गूलर] *पु०* गूलर के समान और औषधोपयोगी वृक्ष। कठूमर।

कठघरा—[< हि० काठ + घर] *पु०* १. काठ का बना जंगलेदार घेरा। २. बड़ा पिंजड़ा जिसमें शेर आदि वन-पशु बन्द किए जाते हैं। ३. न्यायालय में गवाहों और अभियुक्तों के बयान देते समय खड़े होने का, लकड़ी का बना, घेरा।

कठङ्गर (कठंगर)—[< हि० काठ + सं० अङ्ग] *वि०* लकड़ी जैसे कठोर अंगों वाला। हृष्ट-पुष्ट।

कठजामुन—[< हि० कठ + जामुन] *पु०* १. जामुन वृक्ष की एक जाति जिसके फल कड़े होते हैं। २. उक्त वृक्ष का फल।

***कठञ्जरा (कठंजरा)**—[< सं० काष्ठपञ्जर] *पु०* १. कठघरा। २. लकड़ी से बना ढाँचा।

कठधान—[हि० कठ + धान] *पु०* एक प्रकार का जंगली चावल। कड़हन।

कठप्रेम—[< हि० काठ + सं० प्रेम] *पु०* हठपूर्वक किया जानेवाला प्रेम। एक ओर का प्रेम।

कठफोड़ा—[< हि० काठ + फोड़ना] *पु०* १. लगभग मैना के आकार का एक छोटी चिड़िया। ● **विशेष**—कठफोड़ा की चोंच लम्बी, नुकीली तथा मज़बूत होती है, कम घने वनों में रहती है तथा छाल और ख़राब लकड़ी को उखाड़कर अन्दर के कीड़े खाती है। इसे '**खुटबढ़ई**' भी कहा जाता है।

कठबन्धन—[< हि० काठ + सं० बन्धन] *पु०* (हाथी के पैरों के लिए) काठ की बेड़ी।

कठबाँस—[< हि० काठ + बाँस] *पु०* एक प्रकार का ठोस बाँस।

कठमुल्ला—[हि० काठ + मुल्ला] *पु०* १. अनपढ़, मूर्ख और कट्टर मुल्ला/मौलवी। २. दुराग्रही व्यक्ति। ३. अति मूर्ख।

कठला—[< सं० कण्ठ] *पु०* कंठ में पहनने की एक प्रकार की माला जिसमें सोने-चाँदी के मनके गुँथे होते हैं।

***कठारा**—[< सं० कण्ठ] *पु०* नदी, झील आदि का तट।

कठिनपृष्ठ/कठिनपृष्ठक—[सं० कठिन ~ पृष्ठ/पृष्ठक] *वि०* कठोर पीठ वाला। *पु०* कच्छप। कछुआ।

कठिनिका/कठिनी—[सं० कठिन + ङीष् + कन् + टाप्, कठिन + ङीष्] *स्त्री०* १. खड़िया। २. हाथ की सबसे छोटी उँगली। कनिष्ठिका।

कठिया—[< हि॰ काठ] *स्त्री॰* १.कठौती। २. काठ की माला। *वि॰* १. काठ की तरह कड़ा। २. कड़े छिलके वाला। ***जैसे***—कठिया बादाम।

***कठीर**—[डिंगल < स॰ कण्ठीरव] *पु॰* सिंह। शेर।

***कठुला**—[< हि॰ कठला] *पु॰* कठला। (दे॰) ● **विशेष**—ब्रजक्षेत्र में एक प्रकार की लता 'कठुला/कटुला' कही जाती है। इसकी पत्ती गोल और नोकदार होती है। इसमें सफ़ेद और लाल रंग के फूल आते हैं।

कठे**—[देशज] *क्रिवि॰* कहाँ। ***उदा॰ कठे जावाँ ब्रजराज। —मीरा (पद ४८)

कठेठ/कठेठा**—[< हि॰ काठ] *वि॰* १. कठोर। सख़्त। ***जैसे—कठेठा वस्तु। २. अप्रिय। कठोर। कटु। ***जैसे***—कठेठा वचन। ३. कठोर अंगों वाला। हृष्ट-पुष्ट। ✣ **कठेठी**—*वि॰* (*स्त्री॰*)। ✣ ***कठैठा**—*वि॰* = कठेठा।

कठैला—*पु॰* लकड़ी का एक बर्तन। कठौता। ✣ **कठैली**—*स्त्री॰* = छोटा कठौता। कठौती।

कठोर—[स॰ √कठ + ओरन्] *वि॰* १. कड़ा। सख़्त। ***जैसे***—हीरा तो पुखराज से भी अधिक कठोर होता है। २. कठिन। ***जैसे***—कठोर कार्य। ३. अप्रिय। असह्य। ***जैसे***—कठोर बातें कहना। ४. कष्टपूर्ण। ***जैसे***—कठोर व्रत।५. निष्ठुर। ***जैसे***—कठोर हृदय। ∇ **विलोम**—कोमल। ✣ **कठोरहृदय**—*वि॰* = कठोर स्वभाव का। दयाहीन। निष्ठुर। क्रूर।

कठौता—[< हि॰ काठ] *पु॰* काठ का एक तसला जैसा पात्र जिसकी कोर ऊँची होती है। ✣ **कठौती**—*स्त्री॰* = छोटा कठौता।

कड़—[देशज] *पु॰* १. 'कुसुम/बर्रें' नामक पौधा। २.उक्त पौधे का बीज।

कड़क—[< हि॰ कड़-कड़] *स्त्री॰* १. 'कड़-कड़' की कठोर ध्वनि। ३. (पीड़ा की) कसक। ४. तड़प। ५.वज्र। गाज।

कड़कड़ाता—[< हि॰ कड़-कड़] *वि॰* १. 'कड़-कड़' शब्द करता हुआ। ***जैसे***—कड़कड़ाता बादल। २. बहुत कड़ा। कड़ाके का। कड़ाकेदार। ***जैसे***—कड़कड़ाता जाड़ा।

कड़कना—[< हि॰ कड़-कड़] *क्रिअ॰* १. कड़-कड़ शब्द होना। ***जैसे***—बिजली कड़कना। २. (क्रोधपूर्वक) डाँटते हुए बोलना। गरजकर बोलना। ३. (वस्त्र आदि का) फटना। ***जैसे***—उधर मुड़ते ही कुर्ता कड़क गया।

कड़कनाल—[हि॰ कड़क + नाल] *स्त्री॰* (मध्ययुग की) एक प्रकार की चौड़े मुँह वाली तोप।

कड़क बाँका—[हि॰] *पु॰* १. शत्रु को ज़ोर से ललकारनेवाला योद्धा। २. छैला।

कड़क बिजली—[हि॰] *स्त्री॰* १. कान में पहनने का एक आभूषण। २. एक प्रकार की मध्ययुगीन बन्दूक़।

कड़का—[< हि॰ कड़क] *पु॰* कड़ाके का शब्द। कड़ी आवाज़। २. धन की बहुत कमी। धनाभाव।

कड़खा—[< स॰ कर्ष] *पु॰* एक प्रकार के गीत जिनमें वीरों की प्रशंसा होती है और जिन्हें युद्ध-क्षेत्र में सुनकर वीर उत्तेजित हो उठते हैं। विजय-गीत। (छन्द॰) अपभ्रंश काव्य का एक लोकप्रिय छन्द जिसके प्रत्येक चरण में ३७ मात्राएँ होती है और अन्त में 'यगण' रहता है।

कड़खैत—[< हि॰ कड़खा] *पु॰* १. कड़खा सुनानेवाला। कड़खा गानेवाला। २. चारण, बन्दी या भाट।

†कड़ङ्गा (कड़ंगा)—[< हि॰ कड़ा + स॰ अङ्ग] *वि॰* १. कड़े अंगों वाला। बलिष्ठ। हृष्ट-पुष्ट। २. उद्दंड। उजड्ड। अक्खड़।

कड़वक—[अप॰] *पु॰* अपभ्रंश के प्रबन्ध-काव्यों में सन्धियों की आधारभूत रचना जिसमें सामान्यत: ८ यमक और १६ पंक्तियाँ होती हैं और अन्त में '**घत्ता**' (दे॰) होता है। ● **विशेष**—प्रबन्ध-काव्य अनेक सन्धियों में बद्ध होता है, एक सन्धि में अनेक कड़वक होते हैं और दो कड़वकों के बीच में '**धत्ता**' होता है।

कड़हन—[< हि॰ कठ + धान] *पु॰* एक प्रकार का जंगली चावल जो मोटा होता है। कठधान।

कड़ा[1]—[< स॰ √कड्ड] *वि॰* १. जिसे काटना/तोड़ना/दबाना/लचाना सरल न हो। कठोर। सख़्त। ***जैसे***—लोहा कड़ा होता है। २. जो कम पानी रहने के कारण लचीला न रहे। ***जैसे***—गूँधा हुआ कड़ा आटा। ३. जो ढीला न हो। कसा हुआ। ***जैसे***—कड़ा पेंच। ४. तीव्र प्रभाव वाला। ***जैसे***—कड़ा इलाज।५. अप्रिय या असह्य उग्रता वाला। ***जैसे***—कड़ा जाड़ा। ६. स्वभाव से कठोर, कर्कश या रूखा। ***जैसे***—कड़े मिज़ाज का आदमी। ७. जिसमें अधिक सतर्कता हो। ***जैसे***—कड़ा पहरा। ८. जो सामान्य से अधिक हो। असाधारण। ***जैसे***—कड़ा परिश्रम। ९. जिसका उल्लंघन दंडनीय या निन्दनीय हो। ***जैसे***—कड़ा नियम। १०. जो अच्छी तरह पका न हो। ***जैसे***—कड़ा आम। ११. जो नियम का कठोरता से पालन कराता हो और रिआयत न करता हो। ***जैसे***—कड़ा अधिकारी। १२. जो विपरीत परिस्थितियों में भी अविचलित रहे। ***जैसे***—कड़ा हृदय। १३. हृष्ट-पुष्ट। ***जैसे***—कड़ा शरीर। १४. जिसे विशेष परिश्रम या प्रयत्न के बिना न किया जा सके। ***जैसे***—कड़ी नौकरी। १५. (कार्य या व्यवहार) जिसमें उग्रता या क्रोध हो। ***जैसे***—कड़ा उत्तर। ✣ **कड़ी[1]**—*वि॰* (*स्त्री॰*)। ***वा॰*** **कड़ा पड़ना**—१. दृढ़ता दिखाना। २. कठोर रहना। ३. न दबना। **कड़ा हाथ रखना**—कठोर नियन्त्रण में रखना। **कड़ी आँख (नज़र) से देखना**—१. क्रोधपूर्वक देखना। २. निर्दयता करना। **कड़ी-कड़ी सुनाना**—कठोर बातें कहना। **कड़ी नज़र रखना/रहना/होना**—कठोरता और सावधानी से देखभाल करना। पूरा ध्यान रखना। **कड़ी बात कहना**—कठोर या अप्रिय बात कहना। **कड़ी बीतना**—विपत्ति की स्थिति होना। **कड़े कलेजे का**—दृढ़ और सहनशील। **कड़े हाथों**—कठोरतापूर्वक।

कड़ा[2]—[< स॰ कटक] *पु॰* १. कलाइयों में पहनने का एक वृत्ताकार आभूषण। वलय। २. पाँवों में पहनने का एक आभूषण। ३. (सिक्खों

द्वारा) कलाई में पहना जाने वाला लोहे का बड़ा छल्ला। ४. कड़ाही आदि में लगा छल्ला जो पकड़ने/उठाने आदि के लिए लगा होता है। ५. छतों आदि से कोई वस्तु लटकाने के लिए लगा बड़ा छल्ला। ६. छत पाटने की वह विधि जिसमें वह बिना कड़ियों/शहतीरों को लगाए कालबूत की सहायता से गारे, चूने आदि से बनायी जाती है। ***जैसे***—इस मकान में कड़े की छत बनी है।

कड़ाबीन—[हि॰ कराबीन] *स्त्री॰* १. (पुराने प्रकार की) चौड़े मुँह की बन्दूक जिसमें अनेक गोलियाँ भरकर छोड़ी जाती थीं और जिसे प्राय: कमर में लटकाते थे। २. छोटी बन्दूक। तमंचा।

कड़ाही—*स्त्री॰* = छोटा कड़ाह। ***वा॰* कड़ाही चढ़ना**—पकवान तैयार होना। **कड़ाही में हाथ डालना**—जानबूझकर संकटवाला काम करना।

कड़िया—[< स॰ काण्ड] *स्त्री॰* (अरहर आदि की फ़सल को) झाड़ लेने के पश्चात् बचा सूखा डंठल।

कड़ियाली—[स॰ कलिकारी] *स्त्री॰* (घोड़े के मुख की) लगाम।

***कड़िहार**—[< स॰ कर्णधार] *पु॰* १. कर्णधार। माँझी। मल्लाह। २. उद्धारक।

कड़ी[१]—[< हि॰ कड़ा[१]] *वि॰* (*स्त्री॰*) 'कड़ा[१]' का स्त्री॰। ***जैसे***—कड़ी लकड़ी। (दे॰ कड़ा[१]) ***वा॰*** दे॰ '**कड़ा**' के वाग्बन्धों/मुहावरों के साथ। ✣ **कड़ी क़ैद**—*स्त्री॰* = सपरिश्रम कारावास। ✣ **कड़ी धरती**—*स्त्री॰* = १. ऐसा स्थान जहाँ के निवासी हृष्ट-पुष्ट हों। २. ऐसा स्थान जहाँ के निवासियों को अनेक कष्टों या संकटों को सहना पड़ता हो। ✣ **कड़ी सज़ा**—*स्त्री॰* = कठोर दंड।

कड़ी[२]—[< हि॰ कड़ा[२]] *स्त्री॰* १. ज़ंजीर के छल्लों में से प्रत्येक। २. शृंखला। ज़ंजीर। ३. (धातु का बना) छोटा कड़ा जिसमें वस्तुओं को लटकाया/टाँगा/फँसाया जाता है। ४. गीत की कोई पंक्ति। ५. क्रमश: होनेवाली घटनाओं/बातों में से प्रत्येक। ***जैसे***—बातों की कड़ी टूट गई। ६. लम्बाई का एक नाप। जरीब का सौवाँ भाग।

कड़ी[३]—[< स॰ काण्ड] छत पाटने आदि में प्रयुक्त छोटा शहतीर। छोटी धरन। ✣ **कड़ीदार**—*वि॰* = १. जिसमें कड़ी हो या कड़ियाँ लगी हों। छल्लेदार। २. जिसमें कड़ियों की तरह के बेल-बूटे आदि बने हो। ***जैसे***—कड़ीदार कढ़ाई।

†**कड़ूला**—[< हि॰ कड़ा] *पु॰* १. (हाथ में पहनने का) कड़ा। २. बच्चों का हाथ में पहनने का छोटा कड़ा।

कढ़त—[< हि॰ कढ़ना] *स्त्री॰* १. कढ़ने/काढ़ने की क्रिया/भाव। २. बाहर निकलने या निकालने की क्रिया/भाव। निकासी। ***जैसे***—बिक्री की सभी चीज़ों की कढ़त आजकल कम है।

†**कढ़ना[१]**—[< प्रा॰ कड्ढ < स॰ √ कर्ष्] *क्रिअ॰* १. बाहर आना। निकलना। ***जैसे***—म्यान से तलवार कढ़ना। २. (सूर्य आदि का) उदित होना। निकलना। ३. बढ़ जाना। ४. आकर्षित होना। खिंचना। ५. स्त्री का परपुरुष के साथ भाग जाना।

कढ़ना[२]—[< प्रा॰ कढण < स॰ क्वथन] *क्रिअ॰* (दूध आदि का) आग पर उबलकर गाढ़ा होना।

***कढ़नी**—[< प्रा॰ कड्ढण < स॰ कर्षण] *स्त्री॰* मथानी घुमाने की रस्सी। मथानी की डोरी।

†**कढ़राना/कढ़लाना**—[< हि॰ काढ़ना] *क्रिस॰* कढ़ेरकर/घसीटकर बाहर निकालना।

***कढ़िराना**—[< हि॰ कढ़राना] *क्रिस॰* घसीटकर निकलवाना। धक्के देकर निकलवाना। ✣ **कढ़िराइ**—*क्रिवि॰* = घसीटकर। धक्के देकर निकलवाकर। ✣ **कढ़िहार**—*वि॰* = १. काढ़ने/निकालने वाला। २. (संकट आदि से) उद्धार करनेवाला। ३. ऋण लेनेवाला। क़र्ज़दार।

कढ़ेरना—[< हि॰ काढ़ना] *पु॰* बर्तनों पर नक़्क़ाशी करने का एक उपकरण। *क्रिस॰* १. घसीटकर बाहर निकालना। २. घसीटना। ३. लथेड़ना। ● **विशेष**—कहीं-कहीं इसे 'कढ़ोरना/कढ़ोलना' भी कहते हैं।

कण—[स॰ √कण् + अच्] *पु॰* १. अत्यन्त छोटा टुकड़ा। ***जैसे***—रेत के कण। २. अनाज का एक दाना। ***जैसे***—गेहूँ का कण। ३. चावल आदि का बहुत छोटा अंश। ४. भिक्षा। ५. धूल आदि का अत्यन्त छोटा टुकड़ा। ***जैसे***—धूलि-कण। ६. जल की बूँद या फुहार का अंश। ***जैसे***—जल-कण। ७. रक्त का बहुत छोटा अंश। ***जैसे***—रक्त-कण। ✣ **कण-कण[१]**—*पु॰* = प्रत्येक कण।

कण-कण—[अनु॰] *स्त्री॰* कंकण (कंगन) का स्वर। क्वणन।

कण त्वरित्र—[स॰ कण + हि॰ त्वरित्र] पु॰ (भौतिकी॰) विद्युत्-आवेश से युक्त कणों (प्रोटोन आदि) को अत्यधिक ऊर्जा तक त्वरित करनेवाली मशीन (साइक्लोट्रॉन, बीटाट्रॉन इत्यादि)। (अ॰ पार्टिकिल अक्सेलरेटर)

कणश:—[स॰ कण + शस्] *क्रिवि॰* थोड़ा-थोड़ा करके। कण-कण करके।

कणाङ्कुर (कणांकुर)—[स॰ कण ~ अङ्कुर] *पु॰* (चिकित्सा॰) नए ऊतकों की वृद्धि जिससे घाव भरते हैं।

कणाद—[स॰ कण √अद् + अण्] *पु॰* १. स्वर्णकार। सुनार। २. उलूक। उल्लू।

कणिक—[स॰ कण + कन्] *पु॰* १. कण। २. अनाज का दाना। ३. अनाज की बाली। ४. गेहूँ का आटा या उससे बना भोजन। ५. पानी की बूँद। जल-कण। ५. शत्रु। ✣ **कणिका**—*स्त्री॰* = १. बहुत छोटा कण। कनी। २. बूँद। ३. तिनका। (चिकित्सा॰) जीवद्रव्य-कोशिका जो अन्य कोशिकाओं के प्रत्यक्ष सम्पर्क में नहीं आती और तरल या ठोस आधात्री (अ॰ मैट्रिक्स) में होती है। ***जैसे***—रुधिर कणिका। २. अनेक कोशिकाओं से बना पिंड। ✣ **कणिकामय**—*वि॰* = कणमय। दानेदार।

कणित—[स॰ कण + इतच्] *वि॰* जो कणों में विभक्त हुआ हो या किया गया हो।

कणी[१]—[< स॰ कण] *स्त्री॰* बहुत छोटा टुकड़ा। कण। कनी। ***जैसे***—काँच की कणी।

***कणी[२]**—[देशज] *सर्व॰, क्रिवि॰* किधर। कहाँ।

कण्ट (कंट)—[सं° √कण्ट् + अच्] *वि°* कँटीला। *पु°* कंटक। काँटा।

कण्टक (कंटक)—[सं° √कण्ट् + ण्वुल्] *पु°* १. चुभनेवाली वस्तु। २. पेड़-पौधों की डालियों में उगनेवाला ठोस, नुकीला और शरीर में चुभ सकने वाला अंकुर। काँटा। ३. कोई कड़ी, नुकीली और लम्बी वस्तु जिसमें कुछ फँसाया जाए। *जैसे*—मछली फँसाने की टेढ़ी अंकुसी। ४. (बर्र आदि का) डंक। ५. (शरीर का) रोमांच। ६. प्रगति में बाधक व्यक्ति वर्ग/दल/वस्तु/नीति आदि। ७. लोगों को कष्ट देनेवाला या उत्पातकारी व्यक्ति/वर्ग/समूह आदि। ८. राज्य का शत्रु। ***वा°* कंटक होना**—बाधक होना।

कण्टकत्रय (कंटकत्रय)—[सं° कण्टक ~ त्रय] *पु°* (आयुर्वेद°) तीनों प्रकार की कटैया (बृहती, कंटकारी और गोखरू) का समूह।

कण्टकदला (कंटकदला)—[सं° कण्टकदल + टाप्] *स्त्री°* केतकी। केवड़ा।

कण्टकाकीर्ण (कंटकाकीर्ण)—[सं° कण्टक ~ आकीर्ण] *वि°* १. काँटों से भरा हुआ मार्ग। २. जिसमें बहुत दुःख/मुसीबतें हों। ३. बाधाओं से युक्त।

कण्टकिनी (कंटकिनी)—[सं° कण्टक + इनि + ङीप्] *स्त्री°* भटकटैया।

कण्टकी[१] (कंटकी[१])—[सं° कण्टकिन्] *वि°* काँटेदार। कँटीला।

कण्टकी[२] (कंटकी[२])—[सं° कण्टक + ङीष्] *पु°* १. काँटेदार पेड़। २. बाँस। ३. खैर का पेड़। ४. गोखरू।

कण्टफल (कंटफल)—[सं° कण्ट ~ फल] *पु°* १. गोखरू। २. कटहल। ३. धतूरा। ४. करंज वृक्ष।

कण्टफली (कंटफली)—[सं° कण्ट ~ फली] *वि°* [वनस्पति°] (वे पौधे) जो काँटेवाले फल उपजाते हैं।

कण्टवृन्ती (कंटवृंती)—[सं° कण्ट ~ वृन्ती (वृन्तिन्)] *वि°* [वनस्पति°] (वे पौधे) जिनके पुष्पों या पत्तियों के वृन्त कँटीले होते हैं।

†कण्टाइन (कंटाइन)—[सं° कात्यायिनी] *स्त्री°* १. चुड़ैल। भूतनी। २. लड़नेवाली या दुष्ट स्त्री। कर्कशा।

कण्टाई (कंटाई)—[< सं° कण्टकी] १. एक ऊँचा वृक्ष जो वनों में पाया जाता है, जिसके पत्ते छोटे होते हैं और डालियाँ काँटों से भरी होती है। किंकिणी। २. उक्त वृक्ष का फल जो बेर के समान छोटा और मधुर होता है।

कण्टिका (कंटिका)—[सं° कण्टक + टाप्] *स्त्री°* सुई जैसी पतली परन्तु छोटी तीली। आलपिन (अं°)। पिन (अं°)।

कण्ठ (कंठ)—[सं° √कण् + ठ] *वि°* याद किया हुआ। कंठस्थ। कंठाग्र। *पु°* १. गला। हलक़। २. गले के अन्दर का वह यन्त्र जिससे आवाज़ उत्पन्न होती है। स्वरयन्त्र। ३. गले से निकली आवाज़। स्वर। ४. तट। किनारा। ५. गर्दन। ६. घड़े आदि का गर्दन जैसा भाग। ७. तोते आदि के गले पर की रंगीन गोल लकीर। ***वा°* कंठ करना**—१. कंठस्थ कर लेना। ज़बानी याद करना। २. ज़बानी याद रखना। **कंठ का हार बनना/होना**—१. बहुत प्रिय होना। २. सदा साथ रहना। **कंठ खुलना**—आवाज़ निकलना। **कंठ न खुलना**—१. कुछ न बोलना। २. बोलने में संकोच करना या लजाना। बोलने का साहस न होना। ३. जुकाम आदि के कारण गला फँसना और स्पष्ट या सुरीला स्वर न निकलना। **कंठ फूटना**—१. कंठ से स्पष्ट स्वर निकलना। २. युवावस्था आने पर कंठ का स्वर बदलना। **कण्ठगत (कंठगत)**—[सं° कण्ठ ~ गत] *वि°* १. गले में या गले तक आया हुआ। *जैसे*—कंठगत प्राण। २. गले में पहना हुआ। *जैसे*—कंठगत रत्नहार। ३. जो ज़बानी याद हो। कंठाग्र। Δ **पर्याय**—कंठस्थ।

कण्ठतः (कंठतः)—[सं° कण्ठ + तस्] *क्रिवि°* १. कंठ से। गले से। २. स्पष्ट/खुले रूप में। स्पष्टतः। साफ़-साफ़।

कण्ठद्वार (कंठद्वार)—[सं° कण्ठ ~ द्वार] *पु°* मुख में स्वर-रज्जुओं के बीच का स्थान। घाँटी।

कण्ठ-बन्ध (कंठ-बंध)—[सं°] *पु°* (यूरोपीय पहनावे में) गले से लटकी रहने वाली विशेष प्रकार की कपड़े की पट्टी। टाई (अं°)।

कण्ठभङ्ग (कंठभंग)—[सं° कण्ठ ~ भङ्ग] *पु°* हकलाने की क्रिया/भाव/अवस्था। हकलाहट।

कण्ठ-भूषा (कंठ भूषा)—[सं°] *स्त्री°* गले का आभूषण (कंठी, हँसुली, माला आदि)।

कण्ठमणि (कंठमणि)—[सं° कण्ठ ~ मणि] *स्त्री°* १. गले में पहनने का हार। कंठहार। २. घोड़े के गले के समीप की भौंरी।

कण्ठमाला (कंठमाला)—[सं° कण्ठ ~ माला] *स्त्री°* गले की माला। कंठहार। (चिकित्सा°) एक रोग जिसमें गले के चारों ओर कष्टप्रद गिल्टियाँ/गाँठे निकलती हैं। गंडमाला।

***कण्ठ (कंठ)-लवा**—[< सं° कण्ठ + लग्न] *वि°* (*स्त्री°*) १. कंठ से लगानेवाली। २. कंठस्थ। *स्त्री°* एक प्रकार का लवा पक्षी।

कण्ठला (कंठला)—दे° कठला।

कण्ठश्री (कंठश्री)—[सं° कण्ठ ~ श्री] *स्त्री°* गले में पहना जाने वाला एक आभूषण। माला। कंठी।

कण्ठस्थ/कंठस्थ—[< सं° कण्ठ √ स्था + क] *वि°* १. कंठ में स्थित। २. जो ज़बानी याद हो। कंठाग्र। Δ **पर्याय**—कंठगत।

कण्ठा/कंठा—[< सं° कण्ठ] *पु°* १. गले का एक आभूषण। सोने/मोती/रुद्राक्ष के बड़े मनकों की माला। २. (तोता आदि) कुछ पक्षियों के गले पर या गर्दन के चारों ओर पड़ी हुई रंगीन रेखाएँ। ३. कुर्ता आदि के गले का गहरा अर्धचन्द्राकार भाग।

कण्ठाग्र (कंठाग्र)—[सं° कण्ठ ~ अग्र] *वि°* जो ज़बानी याद हो। कंठस्थ।

कण्ठास्थि (कंठास्थि)—[सं° कण्ठ ~ अस्थि] *स्त्री°* शरीर के सम्मुख भाग में गर्दन के निचले भाग से दोनों कन्धों तक जानेवाली दो हड्डियों में से प्रत्येक। हँसुली।

कण्ठिका (कंठिका)—[सं° कण्ठिक + टाप्] *स्त्री°* एक लड़ी का हार।

कण्ठी¹ (कंठी¹)—[सं॰ कण्ठ + ङीष्] १. कंठ। गला। गर्दन। २. एक लड़ी का हार। कंठिका। २. छोटे दानों वाला हार। ३. घोड़े की गर्दन की रस्सी।

कण्ठी² (कंठी²)—[< हि॰ कंठा] *स्त्री॰* १. छोटे दानों की माला जो गले में पहनी जाती है। २. तुलसी के छोटे दानों की छोटी माला जो वैष्णवों द्वारा जपने में काम आती है तथा पहनी भी जाती है। ***वा॰* कंठी उठाना/छूना**—शपथ लेना। क़सम खाना। **कंठी छोड़ना/तोड़ना**—१. संकल्प तोड़ देना। २. वैष्णव नियमों को तोड़कर अभक्ष्य खाने-पीने लगना। **कंठी देना**—१. शिष्य बनाना। २. वैष्णव दीक्षा देना। **कंठी बाँधना**—१. शिष्य बनना या बनाना। २. वैष्णव दीक्षा लेना या देना। ३. साधु बनना। **कंठी लेना**—१. शिष्य बनना। २. वैष्णव दीक्षा लेना। ३. साधु बनना। ✣ **कण्ठीधारी (कंठीधारी)**—*वि॰, पु॰* = जो कंठी पहने हुए हो।

कण्ड/कण्डवा (कंड/कंडवा)—[< सं॰ √कण्ड्] (कृषि॰) फ़सलों का एक रोग जिसमें अनाज की बालें काली पड़ जाती हैं।

कण्डनी (कंडनी)—[सं॰ कण्डन + ङीप्] *स्त्री॰* १. अनाज की भूसी अलग करने में प्रयुक्त उपकरण। २. ओखली। ३. मूसल।

कण्डरा (कंडरा)—[सं॰ √कण्ड् + अरन् + टाप्] *पु॰* (प्राणि॰) नस। (मनुष्य/पशु के शरीर में) पेशी को हड्डी आदि से जोड़नेवाली ऊतक की रज्जु। रक्तवाहिनी मोटी नस। महास्नायु। ***जैसे***—आचार्य सुश्रुत के अनुसार शरीर में १६ कंडराएँ है। ✣ **कण्डरा पेशी (कंडरा पेशी)**—*स्त्री॰* = पिंडली की दो पेशियों को एड़ी की हड्डी से जोड़नेवाली कंडरा। (अं॰ एकिलीज़ टेन्डन) ✣ **कण्डरीय (कंडरीय)**—*वि॰* १. कंडरा-सम्बन्धी। कंडरा का। ***जैसे***—कंडरीय अध्ययन। २. कंडरा की प्रकृति वाला।

कण्डा¹ (कंडा¹)—[< सं॰ स्कन्दनं (= मल-त्याग)] *पु॰* १. सूखा हुआ गोबर। २. (गोबर पाथकर बनाया हुआ) उपला। ***जैसे***—कंडों की आग। ***वा॰* कंडा होना (हो जाना)**—(कंडे की तरह) कड़ा होना, सूख जाना या ऐंठ जाना।

कण्डा² (कंडा²)—[< सं॰ काण्ड] *पु॰* मूँज का पौधा। सरपत। ***जैसे***—कंडों से अनेक रस्सियाँ व चटाइयाँ बनती हैं और पंखे भी बुने जाते हैं।

कण्डारी (कंडारी)—[< सं॰ कर्णधारि] *पु॰* नाव खेने वाला। कर्णधार। नाविक। माँझी।

कण्डाल¹ (कंडाल¹)—[सं॰ कण्डोल] *पु॰* १. पानी रखने के लिए गोल या चौड़े मुँह का लोहे, पीतल आदि का गहरा बर्तन।

कण्डिका (कंडिका)—[सं॰ √कण्ड् + ण्वुल् + टाप्] *स्त्री॰* १. वैदिक ऋचाओं का छोटा समूह। २. अध्याय का अंश/परिच्छेद।

कण्डी (कंडी)—[< हि॰ कंडा] *स्त्री॰* (गोबर का) छोटा कंडा। उपली।

कण्डु (कंडु)—[सं॰ √कण्ड् + कु] *स्त्री॰* खाज (खुजली)।

कण्डुआ (कंडुआ)—[देशज] *पु॰* बाजरा की फ़सल में लगनेवाला एक रोग।

कण्डू (कंडू)—[सं॰ √कण्डू +यक् + क्विप्] *पु॰* खाज। खुजली।

कण्डेरा (कंडेरा)—[< सं॰ काण्डकार] *पु॰* एक उपजाति विशेष जो पहले बाण बनाने का काम करती थी। कांडकार।

कण्डोल (कंडोल)—[सं॰ कण्ड् + ओलच्] *पु॰* १. बाँस आदि से निर्मित अनाज आदि रखने का टोकरा। डलिया। २. भंडार।

कण्डौरा (कंडौरा)—[< हि॰ कंडा < सं॰ स्कन्दन] *पु॰* १. कंडे रखने का स्थान। २. कंडों का ढेर। ३. कंडे पाथने का स्थान।

कण्व—[सं॰] *पु॰* १. तत्त्वविद्या के प्रभाव से अनासक्त हो सुख से रहनेवाला। २. मेधावी। विद्वान्। ३. स्तुतिकारक। ४. स्तुति के योग्य।

***कत¹**—[< सं॰ कुतः] *क्रिवि॰* १. किस जगह। कहाँ। किधर। २. किस कारण। किसलिए। क्यों। ३. कहाँ से। ४. किस प्रकार। कैसे।

***कत²**—[< सं॰ कियत्] *वि॰* १. कितना। २. बहुत अधिक।

क़त—[अरबी] *पु॰* क़लम की तिरछी काट वाली नोक।

क़तअ—[अरबी] *स्त्री॰* १. पृथक् करना। काट। २. अलग करना। विच्छेद। ३. किसी चीज़ के बनाने का ढंग। तर्ज़। बनावट।

क़तअन—[अरबी] *क्रिवि॰* १. कदापि। हरगिज़। २. नितान्त। बिल्कुल।

क़तआ—[अरबी क़तअः] *पु॰* १. खंड। टुकड़ा। २. भूमि-खंड। (काव्य॰) फ़ारसी/उर्दू काव्य की एक प्रकार की मुक्तक रचना जिसमें कम से कम चार चरण (दो शेर) अवश्य होते हैं, सम चरणों में तुम आवश्यक है तथा अन्तिम चरण सशक्त/प्रभावी होना चाहिए।

क़तई—[< अरबी क़त्ई] *क्रिवि॰* कदापि। हरगिज़। *वि॰* १. नितान्त। बिलकुल। २. अन्तिम। आख़िरी।

***कतक**—[< सं॰ कत] *क्रिवि॰* १. क्यों। किसलिए। २. कैसे। ३. कितना।

***कत-कत**—[हि॰] *क्रिस॰* किस-किस।

†कतकी—[< सं॰ कार्तिक] *वि॰* कार्तिक मास का। *स्त्री॰* १. कार्तिक मास-भर गंगा-स्नान करनेवाली स्त्री। २. कार्तिक मास में पकनेवाली फ़सल।

कतना—[< हि॰ कातना] *क्रिअ॰* काता जाना।

कतनी—[< हि॰ कातना] *स्त्री॰* १. तकली। २. सूत कातने का सामान रखने की टोकरी। ३. सूत कातने की क्रिया/भाव/मज़दूरी।

कतर—[< हि॰ कतरना] *क्रिवि॰* काटकर। ✣ ***कतर-कतर**—*स्त्री॰* = कैंची से कतरने की ध्वनि। *क्रिवि॰* = तेज़ी से (जीभ का चलना) ***जैसे***—कतर-कतर ज़बान चलना। ✣ **कतर-छाँट**—*स्त्री॰* = काट-छाँट। कतरब्योंत।

†कतरवाँ—[< हि॰ कतरना] *वि॰* १. कटावदार। २. टेढ़ा-तिरछा।

कतरा—[< हि॰ कतरना] पु॰ कटकर या टूटकर अथवा काटकर निकाला हुआ छोटा टुकड़ा। कतला। ✣ **कतरी**—*स्त्री॰*। जैसे—मिठाई की कतरी।

क़तरा—[< अरबी क़त्र:] *पु०* (पानी आदि की) बूँद।

कतराई—[< हि० कतरना] *स्त्री०* १. कतरने/कतरवाने की क्रिया/भाव/मज़दूरी। २. कतराकर जाने की क्रिया/भाव।

कतराना—[हि० 'कतरना' का प्रेरणा०] *क्रिस०* किसी से कतराने का काम कराना। कतरवाना। कटवाना। *क्रिअ०* किसी की दृष्टि से बचना। आँख बचाकर निकलना। किसी से सामना होने से बचने के लिए कुछ हटकर चुपचाप निकल जाना।

कतला—[< हि० कतरा] *स्त्री०* मीठे पकवान का चौकोर कटा टुकड़ा। कतली। ***जैसे***—मैंने बरफ़ी के चार कतले खाए। ✣ **कतली**—*स्त्री०*। ***जैसे***—बरफ़ी की कतली।

***कतवार**[1]—[< हि० कातना] *वि०* कातनेवाला। कतैया।

कतवार[2]—[< प्रा० कच्चवार < स० कच्चर] *पु०* १. कूड़ा। २. अनुपयोगी वस्तुएँ।

कतान—[देशज] *पु०* १. अधिक ऐंठनवाले धागे का बारीक रेशमी कपड़ा जिससे साड़ियाँ, दुपट्टे आदि बनाए जाते हैं। २. पहले प्रचलित रहा एक प्रकार का अति कोमल वस्त्र जो अलसी की छाल से बनता था।

क़तार—[< अरबी क़ितार] *स्त्री०* पंक्ति। ✣ **क़तार दर क़तार**—*वि०* = १. जो अनेक पंक्तियों में क्रमबद्ध हो। पंक्तिबद्ध। २. बहुत अधिक।

कति—[स० किम् + डति, तथा < स० कियत्] *वि०* १. कितना। कितने। २. कितने ही। न जाने कितने। बहुत अधिक। अगणित। *वि०* (*स्त्री०*) कितनी या कितनी ही।

***कतिक**—[< स० कति] *वि०* १. कितना। कितने। २. थोड़ा। ३. बहुत। *वि०* (*स्त्री०*)

कतिका—[< हि० कातिक] *वि०* कार्तिक मास में होनेवाला। ***जैसे***—कतिका धान। ✣ **कतिकी**—*वि०* (*स्त्री०*)। ***जैसे***—कतिकी फ़सल।

कतिधा—[स० कति + धा] *क्रिवि०* १. कितनी बार। २. कितने स्थानों पर। ३. कितने भागों में। ***जैसे***—कतिधा विभक्त सेना। *वि०* अनेक प्रकार का।

कतिपय—[स० कति + अयच्, पुक् आगम] *वि०* (अधिक नहीं) थोड़े-से। कुछ। ***जैसे***—कतिपय लोगों के विरोध की चिन्ता मत करो।

कतिविध—[स० कति ~ विधा] *वि०* कितने प्रकार के। ***जैसे***—कतिविध आभूषणों का संग्रह किया?

कतीरा—[< फा० कतीर:] एक काँटेदार वृक्ष का गोंद। २. टुकड़ा। ● **विशेष**—उक्त वृक्ष के फूल पीले और फल लाल रंग के होते हैं। इस गोंद का स्वाद फीका और लुआबदार होता है।

कत्तर/कत्तल—[< हि० कतरा] *पु०* १. कतली। (दे०)। २. काटे गए काग़ज़/कपड़े आदि का बहुत छोटा टुकड़ा। कतरन। ३. मूर्ति गढ़ते समय कटने से प्राप्त पत्थर का छोटा टुकड़ा।

कत्ता—[देशज] *पु०* १. बाँस आदि को काटने और चीरने का उपकरण। २. एक प्रकार की छोटी और टेढ़ी तलवार। ✣ **कत्ती**—*स्त्री०* = छुरी, कटारी सा एक प्रकार की कैंची।

कत्तारी—[देशज] *पु०* एक प्रकार का सदाबहार वृक्ष जो मध्यम आकार का होता है।

कत्थ—[< हि० कत्था] *पु०* १. काला रंग। २. कत्था। खैर। ३. रँगाई का काम करनेवाला। रँगरेज़।

कत्थक—[स० कथक] *स्त्री०* १. एक नृत्यशैली। २. नृत्य से जीविका कमानेवाली एक उपजाति।

कत्थना[1]—[< स० √कत्थ् + णिच् + युच् + टाप्] *स्त्री०* बढ़ा-चढ़ाकर कही बात। डींग।

***कत्थना**[2]—[< स० कथन] *क्रिस०* कथन करना। कहना।

क़त्लेआम—[अरबी] सर्वसाधारण की हत्या। छोटे-बड़े, स्त्री-पुरुष, अपराधी-निरपराध सब की हत्या।

कथक—[स० √कथ् + णिच् + ण्वुल्] *पु०* १. कथा/कहानियाँ सुनाने का काम करनेवाला व्यक्ति। २. कवि या रचयिता। ३. वेश्याओं को गाना, नाचना आदि सिखाने का काम करनेवाली एक उपजाति या उसका व्यक्ति। कत्थक। (नाट्य०) (प्राचीन काल में) नाटक के आरम्भ में नाटक की पूरी कथा को रंगमंच से सुनानेवाला नट/पात्र। (नृत्य०) एक प्रकार का नृत्य।

कथ-कीकर—[< हि० कत्था + कीकर] *पु०* एक प्रकार का कीकर वृक्ष जिसकी छाल को उबालकर कत्था तैयार किया जाता है।

कथक्कली—[मलयालम] *स्त्री०* (*नृत्य०*) केरल की एक नृत्यशैली।

कथन—[स० √कथ् + ल्युट्] *पु०* १. कोई बात कहने की क्रिया/भाव। कहना। बोलना। २. उक्ति। ३. वक्तव्य। बयान।

कथन्ता (कथंता)—[< स० कथन] *स्त्री०* १. जिज्ञासा। पूछताछ। २. बातें।

कथम् (कथं)—[स० किम् + थमु] *क्रिवि०* १. किस रूप में। २. किस तरह से। कैसे। ३. कहाँ से।

कथमपि—[स० कथम् ~ अपि] *क्रिवि०* १. किसी भी प्रकार से। २. बहुत कठिनाई से। किसी प्रकार जैसे-तैसे।

कथा—[स० √कथ् + अङ् + टाप्] *स्त्री०* १. कहानी। ***जैसे***—शिवाजी की प्रेरक कथाएँ। २. कल्पित कहानी। ***जैसे***—कथा-कहानी की पत्रिका। ३. वृत्तान्त। वर्णन। ***जैसे***—यात्रा-कथाएँ रोचक होती हैं। ४. वार्ता। चर्चा। ५. (किसी धार्मिक ग्रन्थ आदि का) व्याख्या-सहित वाचन। ***जैसे***—रामायण की कथा सात दिन होगी। ६. आख्यान। इतिहास। ***वा०* कथा उठ जाना, कथा उठना**—(रामायण आदि की) कथा समाप्त होना। **कथा बैठना**—(रामायण, पुराण आदि की) कथा का प्रारम्भ होना। **कथा बैठाना**—(रामायण, पुराण आदि की) कथा का आयोजन करना।

कथात्मक—[स० कथा ~ आत्मक] *वि०* कथा से युक्त। कहानीवाला।

कथानक—[स० √कथ् + आनक] *पु०* किसी रचना (नाटक/उपन्यास आदि) की कथावस्तु। ✣ **कथानक-रूढ़ि**-स्त्री० = कथा-रूढ़ि।

कथान्तर (कथांतर)—[सं० कथा ~ अन्तर] पु० भिन्न/दूसरी कथा। (काव्य०) किसी कथा के अन्दर कोई गौण कथा।

कथा-पीठ—[सं०] पु० १. कहानी का आरम्भिक भाग। कथा-प्रस्तावना। कथा-मुख। २. धार्मिक कथा के वाचक के बैठने का आसन/स्थान विशेष। व्यासपीठ।

कथा-प्रबन्ध—[सं०] पु० १. कथा की रचना। २. रचयिता द्वारा कथा की सभी बातों को क्रमपूर्वक और अच्छे ढंग से प्रस्तुत करना।

कथावस्तु—[सं० कथा ~ वस्तु] स्त्री० कथात्मक साहित्य (प्रबन्धकाव्य, नाटक, उपन्यास, कहानी आदि) में कार्य-व्यापार (घटनाओं) की योजना। कथानक। (अ० प्लॉट) ● **विशेष**—मुख्यकथा '**आधिकारिक**' कही जाती है और अन्य पात्रों से सम्बद्ध कथावस्तु '**प्रासंगिक**' या '**गौण**'। ***जैसे***—'रामायण' में राम की कथा आधिकारिक है और सुग्रीव की कथा प्रासंगिक।

कथा-सङ्कुलता (संकुलता)—[सं०] स्त्री० (काव्य०) कथानक जिसमें अनेक कार्य, घटनाएँ और स्थितियाँ गुम्फित होने की स्थिति/भाव।

कथा-सूत्र—[सं०] पु० कहानी, नाटक आदि में वर्णित वस्तु। विषयवस्तु।

कथितपदता/कथितपददोष—[सं० कथित ~ पदता, कथित ~ पद, ~ दोष] पु० (काव्य०) एक काव्यदोष जो किसी वाक्य में उसी शब्द को या समानार्थक शब्द को अनावश्यक दुहराने से होता है। ***जैसे***—'जो तिय मो मन लै गयी, कहाँ गयी वह तीय' वाक्य में 'तीय' का प्रयोग अनावश्यक होने के कारण यहाँ कथितपददोष है।

कथी—[सं० कथित] स्त्री० कथनी।

कथीर—[< सं० कस्तीर] पु० राँगा।

कथोद्‌घात—[सं० कथा ~ उद्‌घात] (नाट्य०) पु० कथा/कहानी, का आरम्भ। (नाट्य०) नाटक की एक प्रस्तावना। सूत्रधार के वाक्य या वाक्य के किसी अर्थ को ग्रहण कर प्रथम अभिनेता का रंगमंच पर प्रवेश।

कथोपकथन—[सं० कथा ~ उपकथन] पु० १. दो या अधिक व्यक्तियों की परस्पर बातचीत। संवाद। २. किसी नाटक/उपन्यास/कहानी आदि के पात्रों में आपस में होनेवाला वार्तालाप। संवाद।

कथ्य—[सं० √कथ् + यत्] वि० कहने योग्य। कथनीय। पु० कही हुई या कही जानेवाली बात।

क़द—[अरबी] पु० शरीर की लम्बाई या ऊँचाई। डील। आकार। ✣ **क़दोक़ामत**—पु० = डील-डौल।

कदंश—[सं० कु + अंश, कु→कद्] पु० निकृष्ट भाग। हीनभाग। बुरा अंश।

कदक्षर—[सं० कु + अक्षर, कु→कद्] पु० १. अशुभ अक्षर। २. बुरी लिखावट।

कदध्वा—[सं० कदध्वन्] पु० बुरा मार्ग। कुपथ।

कदन—[सं० √कद् + णिच् + ल्युट्] पु० १. वध। हत्या। संहार। २. नाश। विनाश। ३. हिंसा। मार-काट। ३. युद्ध। संग्राम। ४. पाप। ५. मृत्यु। ६. दुःख। कष्ट। ७. छुरी। वि० नष्ट।

कदन्न (कदन्न)—[सं० कु + अन्न, कु→कद्] पु० १. घटिया प्रकार का और रोगकारक अन्न। खराब अन्न। ***जैसे***—मध्य प्रदेश की खेसारी दाल कदन्न है। २. मोटा अन्न (कोंदो आदि)।

क़दमचा—[< फा० क़दमचः] पु० शौचालय में पैर रखकर बैठने के लिए दोनों ओर बने हुए स्थान।

क़दमबोसी—[अरबी क़दम + फा० बोसी] स्त्री० १. पाँव चूमना। पद-चुम्बन। २. (गुरुजन के प्रति) सम्मान-प्रदर्शन। ३. साक्षात्कार। भेंट। ***जैसे***—आपकी क़दमबोसी के लिए आया हूँ।

कदम्ब (कदंब)—[सं० कद् + अम्बच्] १. एक वृक्ष या उसका फल जो गोल और पीला होता है। २. समूह। झुंड। ३. राशि। ढेर।

कदम्बपुष्पी (कदंबपुष्पी)—[सं० कदम्बपुष्प] स्त्री० कदम्ब के पुष्प के समान फूलवाला एक पौधा। गोरखमुंडी।

कदर—[सं० क √दृ + अच्] पु० १. कदम्ब वृक्ष के फूल। २. आरा। ३. (हाथों का) अंकुश। ४. पैर के तलवे में पड़ने वाली गाँठ। गोखरू। ५. सफ़ेद खैर का वृक्ष।

***कदरई**—[< हि० कादर] स्त्री० कायरता।

***कदरज**—[< सं० कदर्य] वि० १. कायर। २. कंजूस। ३. हीन। बुरा।

***कदरा**—[< हि० कादर] वि० १. कायर। डरपोक। २. डरा हुआ। भयभीत।

कदराना[1]—[< हि० कादर] क्रिअ० १. साहस छोड़ना। २. डरना। ***जैसे***—डाकुओं को देखकर सब लोग कदराए। क्रिस० किसी में डर का भाव भरना।

कदराना[2]—[< हि० कातर] क्रिअ० १. कातर/व्याकुल होना। अधीर होना। २. घबड़ाना।

***कदर्ज**—[< सं० कदर्य] वि० १. कायर। २. कंजूस। ३. हीन। बुरा। ✣ **कदर्जता**—स्त्री० = १. कायरता। २. कंजूसी। ३. नीचता। हीनता।

कदर्थ—[सं० कु + अर्थ, कु→कद्] वि० १. व्यर्थ। बेकार। २. निकम्मा। बेकार। ३. बुरा। पु० बेकार/रद्दी वस्तुएँ। कूड़ा-करकट। ✣ **कदर्थता**—स्त्री० = १. व्यर्थता। २. निकम्मापन। ३. कुत्सितता। बुराई। ✣ **कदर्थन**—पु० = १. पीड़ा पहुँचाना। उत्पीड़न। २. अपमान। ३. दुर्दशा। दुर्गति।

कदर्य—[सं० कु + अर्य] वि० १. कंजूस। २. कायर। डरपोक। ३. बुरा। ✣ **कदर्यता**—स्त्री० = १. कंजूसी। २. कायरता। ३. हीनता।

कदली—[सं० कदल + ङीष्] स्त्री० १. केले का वृक्ष। ✣ **कदलीफल**—पु० = उक्त वृक्ष का फल। केला।

कदा—[सं० किम् + दा, क-आदेश] क्रिवि० १. किस समय। कब। २. कभी। ***जैसे***—यदा-कदा जाना (यदा-कदा = जब कभी, कभी-कभी)।

कदाकार—[सं० कु + आकार कु→कद्] वि० भद्दी आकृति का।

कुरूप। भोंडा। *जैसे*—अनेक जंगली पशु कदाकार होते हैं।

***कदाच**—*क्रिवि॰* ≤ *स॰* कदाचित्। *जैसे*—कदाच कम हो जाए।

कदाचन—[< स॰ कदा + चन] *क्रिवि॰* १. कभी। २. कदाचित्। शायद। ✣ **कदाचनिक**—*वि॰* = कभी-कभी का। *जैसे*—कदाचनिक अपराधी।

कदाचरण/कदाचार—[< स॰ कु ~ आचरण/आचार, कु→कद्] *वि॰ पु॰* सामान्य नैतिकता का निर्वाह न करना। कुत्सित आचरण। ख़राब चालचलन। दुराचार।

कदाचित्—[स॰ कदा ~ चित्] *क्रिवि॰* १. सम्भवतः। शायद। २. कभी। ३. यदि। अगर।

कदापि—[स॰ कदा ~ अपि] *क्रिवि॰* किसी अवस्था में भी। कभी। हर्गिज़। *जैसे*—वह कदापि झूठ नहीं बोलेगा। ● **विशेष—'कदापि' का प्रयोग नकारात्मक शब्द (नहीं/न आदि) के साथ ही होता है।**

क़दामत—[अरबी] *स्त्री॰* प्राचीनता। पुरानापन।

कदाशय—[स॰ कु + आशय, कु→कद्] *वि॰* जिसका बुरा इरादा हो। *पु॰* १. बुरा इरादा। २. बुरा उद्देश्य। ✣ **कदाशयता**—*स्त्री॰* = १. बुरा इरादा। २. बुरा उद्देश्य।

कदाहार—[< स॰ कु + आहार, कु→कद्] *पु॰* दूषित/निकृष्ट/बुरा भोजन।

क़दीम—[अरबी] *वि॰* प्राचीन। पुराना। ✣ **क़दीमी**—*वि॰* = १. पुराने समय का। पुराना। २. आनुवंशिक। मौरूसी।

क़दोक़ामत—दे॰ क़द।

***कद्दव (कद्दव)**—[< स॰ कर्दम] *पु॰* कर्दम। कीचड़।

क़द्दावर—[< अरबी क़द + फा॰ आवर] *वि॰* लम्बे-चौड़े आकार वाला। बड़े डील-डौल का। विशालकाय। लम्बा-तड़ंगा।

कनक[1]—[स॰ √कन् + वुन्] *पु॰* १. स्वर्ण। सोना। २. 'धतूरा' नामक विषैला फल या उसका वृक्ष। ३. पलाश। ढाक। टेसू।

कनक[2]—[< स॰ कणिक] *पु॰* १. गेहूँ। २. अनाज।

कनक-कूट—[स॰] *पु॰* सुमेरु पर्वत।

कनक-चम्पा—[स॰ कनक + हि॰ चम्पा] *स्त्री॰* १. कर्णिकार वृक्ष। कनियार। २. उक्त वृक्ष का फूल।

†**कनकना**—[अनु॰] *वि॰* १. हल्की-सी चोट से भी टूट जानेवाला। २. चिड़चिड़ा। तुनुकमिज़ाज। ३. हल्की खुजली उत्पन्न करनेवाला। चुनचुनानेवाला।

†**कनकनाना**[1]—[< हि॰ कान] *क्रिअ॰* कान खड़े करना। सतर्क/सावधान/चौकन्ना होना।

कनकनाना[2]—[अनु॰] १. अप्रिय लगना। *क्रिस॰* १. किसी वस्तु के स्पर्श से शरीर में खुजली/चुनचुनाहट आदि अनुभव करना। २. रोमांचित होना। ✣ **कनकनाहट/कनकनी**—*स्त्री॰* = कनकनाने की क्रिया/भाव। हल्की खुजलाहट।

कनक-पत्र—[स॰] *पु॰* कानों का एक आभूषण। कर्णफूल। झुमका।

कनक-फल—[स॰] *पु॰* धतूरे का फल।

कनक-मन्दिर (मंदिर)—[स॰] *पु॰* महल के भीतर का स्वर्ण-मन्दिर जो पति-पत्नी का निजी निवास-स्थान हो। सुहाग-मन्दिर।

कनकमय—[स॰ कनक + मयट्] *वि॰* १. सोने का बना हुआ। स्वर्णनिर्मित। २. सोने का पानी चढ़ाया हुआ।

कनकरस—[स॰ कनक ~ रस] *पु॰* १. गला/पिघला हुआ सोना। तरल स्वर्ण। २. हरताल।

कनका—[< स॰ कणिक] *पु॰* १. क़ण। २. किसी वस्तु का छोटा टुकड़ा। ३. चावलों के टूटे हुए छोटे टुकड़ों में से प्रत्येक।

कनकाचल/कनकाद्रि—[स॰ कनक + अचल/अद्रि] *पु॰* सुमेरु पर्वत।

कनकाभ—[< स॰ कनक ~ आभा] *वि॰* स्वर्णिम। सुनहला।

कनकाम्बर (कनकांबर)—[स॰ कनक ~ अम्बर] *पु॰* १. स्वर्ण का बना हुआ वस्त्र। २. सुनहला वस्त्र। *वि॰* १. जो सुनहले वस्त्र पहने हो। २. जो ज़री के कामवाले वस्त्र पहने हो।

कनकी—[< स॰ कणिक] *स्त्री॰* १. चावल का टूटा हुआ छोटा टुकड़ा। २. छोटा कण। किनकी।

कनकौआ—[< हि॰ कन्ना + कौआ] *पु॰* काग़ज़ की बड़ी पतंग। ***वा॰* कनकौआ से दुमछल्ला बड़ा होना**—मुख्य वस्तु की अपेक्षा उससे सम्बन्धित सामान्य वस्तु का अधिक महत्त्वपूर्ण होना। ✣ **कनकौआबाज़/कनकौएबाज़**—*वि॰* = पतंगबाज़।

कनखजूरा—[< हि॰ कान + स॰ खर्जु] *पु॰* एक विषैला कीड़ा जिसके बहुत पैर होते हैं और जो ज़मीन पर रेंगकर चलता है। गोजर।

कनखियाना—[< हि॰ कनखी] *क्रिस॰* १. कनखियों से देखना। तिरछी दृष्टि से देखना। २. कनखी या तिरछी दृष्टि से संकेत करना। आँख का संकेत करना।

कनखी—[< हि॰ कान + आँख] *स्त्री॰* १. आँख की पुतली को कान की ओर ले जाकर देखने की मुद्रा। तिरछी दृष्टि से देखने की स्थिति। २. तिरछी दृष्टि। ३. दूसरों की दृष्टि बचाकर आँख की कोर से देखना। ४. उक्त प्रकार से देखते हुए किया जानेवाला संकेत। ***वा॰* कनखी मारना**—१. आँखों से संकेत करना। २. आँखों के संकेत से मना करना। **कनखियाँ लगना**—आँख के कोनों से इस प्रकार देखना कि कोई न जाने।

†**कनटक**—[हि॰ कण + एकटक] *पु॰* कृपण। कंजूस।

कनफटा—[< हि॰ कान + फटना] नाथपन्थी साधु। दरसनी साधु।

कनफूँका—[< हि॰ कान + फूँकना] *पु॰* १. कान फूँककर दीक्षा देनेवाला योगी/गुरु। २. कान में मन्त्र फूँककर दीक्षा देने का ढोंग करनेवाला व्यक्ति।

कनमनाना—[अनु॰] *क्रिअ॰* १. सोने में आहट पाकर या बेचैनी के कारण हाथ-पाँव हिलाना या कुछ हिलना-डुलना। २. किसी के विरोध में कुछ हल्का-सा प्रयत्न करना।

***कनय**—[< स॰ कनक] *पु॰* स्वर्ण। सोना।

***कनयर**—[< स॰ कर्णिकार] *पु॰* १. कनेर का वृक्ष। २. उक्त का

फूल जो पीला/सफ़ेद/लाल होता है।

कनरई—[देशज] *स्त्री°* 'गुलू' नामक वृक्ष जिसका गोंद 'कतीरा' नाम से प्रसिद्ध है।

कनरस—[< हि° कान + स° रस] *पु°* सरस कविताएँ/गीत/बातें सुनने की प्रवृत्ति।

***कनराई**—[< हि° किनारा] *वि°* वास्तविक मार्ग से हटकर।

†कनवाँसा—[< स° कन्या ~ वंश, या < फा° नवासा] *पु°* १. नवासे का पुत्र। पुत्री का पौत्र। परनाती।

कनसार—[< हि° काँसा] *पु°* १. धातु-पत्रों पर अक्षर/बेलबूटे खोदनेवाला व्यक्ति।

†कनसुई—[< हि° कान + सुनना] *स्त्री°* १. चोरी से छिपकर किसी की बातें सुनने की क्रिया/भाव। छिपकर टोह लेना। २. आहट। ३. स्त्रियों में प्रचलित शकुन-विचार की एक रीति जिसमें गोबर की गौर (गौरी) बनाकर चलनी में रखकर, पृथ्वी पर फेंकने पर यदि गौर सीधी गिरे, तो उत्तम शकुन और उलटी या तिरछी गिरे, तो अशकुन माना जाता है।

क़नाअत—[अरबी] *स्त्री°* १. थोड़ी-सी वस्तु पर सन्तोष। २. अपने भाग्य पर सन्तोष।

कनागत—[< स° कन्यागत] *वि°* कन्याराशि में गया हुआ (सूर्य)। कन्यागत। *पु°* १. आश्विन कृष्ण पक्ष में किए जाने वाले पितरों के श्राद्ध। २. श्राद्ध-पक्ष।

†कनाटेरी—[< हि° कान + टेरना] *स्त्री°* किसी की बातों पर ध्यान देने की क्रिया/भाव।

क़नात—[तुर्की] *स्त्री°* बाँसों की सहायता से बनायी गयी कपड़े की दीवार/आड़/पर्दा। ⁘ **क़नाती**—*वि°* क़नात से बनाया हुआ। ***जैसे***—क़नाती पूजा-स्थान।

कनावड़ा—*वि°* ≤ *हि°* कनौड़ा। (दे°) ⁘ **कनावड़ी**—*वि°* (स्त्री°)।

कनिआरी/कनियार—[< स° कर्णिकार] *स्त्री°* कनक-चम्पा वृक्ष या उसका फूल।

कनिक—[< स° कणिक] *स्त्री°* १. गेहूँ। २. गेहूँ का आटा।

***कनिगर**—[< हि° कानि + फा° गर] *पु°* मर्यादा का ध्यान रखनेवाला व्यक्ति। स्वाभिमानी व्यक्ति।

***कनित**—[< स° क्वणित] *वि°* बजता हुआ। क्वणित।

***कनिया[१]**—*स्त्री°* ≤ *स°* कन्या।

†कनिया[२]—[< हि° कन्धा] *स्त्री°* १. शिशु को गोद में लेने का ढंग जिसमें उसका सिर गोद में लेनेवाले के कन्धे से लग जाता है। २. क्रोड़। गोद। ⁘ **कनियाँ/कँधैया**—*स्त्री°* = कनिया।

†कनियाना[१]—[< हि° कोना] *क्रिअ°* १. आँख बचाकर या कतराकर चला जाना। कतराना। २. पतंग का एक ओर झुकना।

†कनियाना[२]—[< हि° कनिया] *क्रिस°* (शिशु को) गोद में लेना और उसका सिर अपने कन्धे से लगाना।

कनियार/कनियारी—[< स° कर्णिकार] *पु°* कनकचम्पा/कनेर का वृक्ष/फूल।

कनिष्ठ—[< स° युवन् या अल्प + इष्ठन्, कन् आदेश] *वि°* १. वय/उम्र में सबसे छोटा। २. जो पद/योग्यता आदि में वरिष्ठ न हो। दूसरों से छोटा/कम। ३. अन्यों की तुलना में जो सबसे हीन/तुच्छ हो। ***जैसे***—उत्तम, मध्यम और कनिष्ठ प्रकार के लोग। ∇ **विलोम**—ज्येष्ठ/वरिष्ठ।

कनिष्ठा—[स° कनिष्ठ + टाप्] *वि°* (*स्त्री°*) १. अन्यों की तुलना में सबसे छोटी। *स्त्री°* १. हाथ की सबसे छोटी उँगली। कनिष्ठिका। २. (अनेक पत्नियों में) सबसे बाद में ब्याही हुई पत्नी। ३. सबसे छोटे भाई की पत्नी। ४. सबसे छोटी बहिन। (काव्य°) वह पत्नी/नायिका जो पति/नायक को कम प्रिय हो।

कनिष्ठिका—[स° कनिष्ठ + कन् + टाप्, इत्व] *स्त्री°* हाथ की सबसे छोटी उँगली। कानी उँगली। कनिष्ठा।

†कनिहार—[< स° कर्णधार] *पु°* नाविक। मल्लाह।

कनी—[< स° कण] *स्त्री°* १. बहुत छोटा टुकड़ा। कण, कणिका। ***जैसे***—चावल की कनी। २. पानी/पसीना आदि की बूँद। ३. चिनगारी। ४. हीरे का बहुत छोटा टुकड़ा। ***वा°*** **कनी खाना/चाटना**—१. हीरा चाटकर उसके बिष से मर जाना। २. आत्महत्या करना।

कनीज़—[फा°] *स्त्री°* १. दासी। २. सेविका। नौकरानी।

कनीन[१]—[स° √कन् + ईयन्] *वि°* १. तरुण। युवा। जवान। २. वयस्क। बालिग़।

***कनीन[२]**—[< स° कनीनिका] *स्त्री°* आँख की पुतली।

कनीनिका—[स° कनीन + कन् + टाप्, इत्व] *स्त्री°* १. हाथ की सबसे छोटी उँगली। कनिष्ठिका। २. आँख की पुतली में स्थित तारा। ३. कन्या।

कनीनी—[स° कनीन + ङीष्] *स्त्री°* कनीनिका।

कनीय—[< स° कनीयस्] *वि°* कनिष्ठ। ***जैसे***—कनीय कर्मचारी।

†कने—[< प्रा° कण्णे < स° करणे] *क्रिवि°* १. निकट। समीप। पास। ***जैसे***—राम के कने सीता बैठी थीं। २. ओर। ३. अधिकार में।

***कनेख/कनेखी**—*स्त्री°* ≤ *हि°* कनखी।

†कनेठा—[< हि° कान + ऐंठना] *वि°* १. जिसकी आँखें परस्पर अधिक दूर खिंची हुई हों। भेंगा। ऐंचाताना। २. एकाक्ष। काना। *पु°* १. किसी वस्तु का बाहर निकला अंश। कान। २. कोल्हू से रगड़ खाती हुई उसके चारों ओर घूमनेवाली लकड़ी।

कनेठी—[< हि° कान + ऐंठना] *स्त्री°* १. (दंड के रूप में) कान ऐंठने/मरोड़ने की क्रिया/भाव। २. कान ऐंठने का दंड। *वि°* (स्त्री°) १. जिसकी आँखें परस्पर अधिक दूर खिंची हुई हों। भेंगी। २. कानी।

कनेरिया—*वि°* = कनेर के फूल जैसा पीला (रंग)। ⁘ **कनेरी**—[< हि° कनेर] *वि°* = कनेर के फूल जैसा पीला (रंग)।

†कनेव—[< हि° कान] *पु°* चारपाई आदि का ऐसा टेढ़ापन जिसमें वस्तु का कोई भाग कान की तरह बाहर निकला प्रतीत हो।

***कनै[१]**—[< प्रा° कणय < स° कनक] *पु°* स्वर्ण। सोना।

कनै**[२]—[< हिं° कने < सं° करणे] *क्रिवि°* निकट। समीप। पास। ***जैसे—किसी के कनै ऐसी सेना नहीं है।

***कनैखी**—[< हिं° कनखी] *स्त्री°* नेत्र की कोर। कनखी।

कनोखा—[< हिं° कनखी] *वि°* (नेत्र) जो देखने के समय कुछ तिरछा हो गया हो। तिरछी दृष्टि वाला। ***जैसे***—कनोखा नेत्र। ✣ **कनोखी**—*वि° (स्त्री°)* = तिरछी दृष्टि वाली। ***जैसे***—कनोखी आँखें। *स्त्री°* दूसरों की दृष्टि बचाकर किया गया आँख का संकेत। कनखी।

†**कनौठा**[१]—[< हिं° कोना] *पु°* १. कोना। २. पार्श्व। किनारा।

†**कनौठा**[२]—[< सं° कनिष्ठ] *पु°* १. बन्धुगण। २. भागीदार। हिस्सेदार।

कनौड़—[< हिं° कनौड़ा] *स्त्री°* १. किसी अंग के खंडित होने या टूटे-फूटे होने की अवस्था/भाव। २. लज्जा। संकोच। ३. हीनता। ४. दोष। कलंक।

***कनौड़ना**—[< हिं° कनौड़ा] *क्रिस°* चिन्ता/परवाह करना।

कनौड़ा—[< हिं° कान (= टेढ़ापन) या काना] *वि°* जिसकी दृष्टि सीधी न पड़ रही हो। कानी दृष्टि वाला। २. जिसकी एक आँख बेकार हो। काना या विकलांग। ३. कुख्यात/बदनाम या कलंकित/दोषपूर्ण। ४. क्षुद्र। हीन। तुच्छ। ५. (उपकृत होने के कारण सीधी न हो सकनेवाली दृष्टि वाला)। कृतज्ञ। किसी के उपकार से दबा हुआ। अनुगृहीत। ६. लज्जित। संकोचपूर्ण। ***वा°* (किसी को) कनौड़ा करना**—१. प्रेमी बनाना। २. कृतज्ञ बनाना। ३. नीचा दिखाना। ✣ **कनौड़ी**—*वि° (स्त्री°)*।

कनौती—[< हिं° कान] *स्त्री°* १. पशुओं के कानों की नोक। २. पशु के कान। ३. (पशुओं का) कभी-कभी कान खड़े करना जो उनके चौकन्ने हो जाने का सूचक होता है। ***वा°* कनौती उठाना**—(घोड़े आदि का) चौकन्ना होना। **कनौती बदलना**—बैठने की मुद्रा बदलना।

***कन्त (कंत)**—[< सं° कान्त] *पु°* १. पति। २. प्रेमी। ३. ईश्वर। परमात्मा।

***कन्ता (कंता)**—*पु°* ≤ *हिं°* कन्त।

***कन्ति (कंति)**—[< सं° कान्ता] *स्त्री°* कान्ता। पत्नी।

***कन्ती (कंती)**—[< सं° कान्ति] *स्त्री°* कान्ति। चमक।

कन्था (कंथा)—[सं° √कम् + थन् + टाप्] *स्त्री°* फटे-पुराने कपड़ों को सिलकर बनाया जानेवाला वस्त्र। कथरी। गुदड़ी। ***वा°* कन्था उढ़ाना**—योगी बनाना। **कन्था पहनना**—योगी बनना।

कन्थारी (कंथारी)—[सं° कन्था √ऋ + अण् + ङीप्] *स्त्री°* कन्था। गुदड़ी।

कन्थी (कंथी)—[< सं° कन्था] *वि°, पु°* गुदड़ी ओढ़नेवाला (साधु/फ़क़ीर)।

कन्द (कंद)—[सं° √कन्द् + णिच् + अच्] *पु°* १. पौधों की गाँठदार/गूदेदार जड़। ***जैसे***—मूली, गाजर प्रसिद्ध कन्द हैं। २. गाँठ। ३. मेघ। बादल। ***जैसे***—आनन्द के कन्द श्रीकृष्ण। (छन्द°) एक समवर्णिक छन्द जिसके प्रत्येक चरण में क्रमशः चार यगण और एक लघु के योग से १३ वर्ण होते हैं।

क़न्द (कंद)—[अरबी] *पु°* १. सफ़ेद दानेदार शकर। २. मिश्री।

कन्दन[१] **(कंदन**[१] **)**—[< सं° √कन्द् + ल्युट्] *पु°* क्षय। नाश। ध्वंस। *वि°* नाश/ध्वंस करनेवाला।

***कन्दन**[२] **(कंदन**[२] **)**—[< सं° क्रन्दन] *पु°* क्रन्दन। रुदन। चिल्लाहट। ✣ **कन्दना (कंदना)**—*स्त्री°* = क्रन्दन। रुदन। चिल्लाहट।

कन्दर[१] **(कंदर**[१] **)**—[सं° कम् √दृ + अच्] *पु°* १. कन्दरा। गुफ़ा। २. अंकुश।

***कन्दर**[२] **(कंदर**[२] **)**—[< सं° कन्द] *पु°* मेघ। बादल।

कन्दर्प (कंदर्प)—[सं° कम √दृप् + अच्] *पु°* १. कामदेव। २. काम-भाव। ३. प्रेम।

कन्दला[१] **(कंदला**[१] **)**—[< सं° कन्दल] *पु°* १. चाँदी/सोने का पतला तार। २. चाँदी की लम्बी छड़ जिससे तार खींचे/निकाले जाते हैं।

***कन्दला**[२] **(कंदला**[२] **)**—*स्त्री°* ≤ *सं°* कन्दरा। गुफ़ा।

कन्दली (कंदली)—[सं° कन्दल + ङीष्] *स्त्री°* १. केले का वृक्ष। २. कमल का बीज। कमलगट्टा। ३. एक प्रकार का हिरन।

कन्दाकर (कंदाकर)—[सं° कन्द ~ आकर] *पु°* बादलों का समूह। मेघ-समूह।

कन्दी (कंदी)—[सं° कन्दिन्] *पु°* सूरन/ज़िमीकन्द नामक कन्द जो खाया जाता है।

क़न्दील (कंदील)—[अरबी (= दीपक)] *स्त्री°* मिट्टी, काग़ज़ इत्यादि का बना आधान जिसमें दीपक रखकर लटकाते हैं (विशेषतः दीवाली के अवसर पर)।

कन्दु (कंदु)—[सं° √स्कन्द् + उ, स-लोप] *पु°* १. भाड़ या चूल्हा। २. पतीली। बटलोई।

कन्दुक (कंदुक)—[सं° कम् √दा + डु + कन्] *पु°* १. गेंद। जैसे—कन्दुक-क्रीड़ा। २. सुपारी।

कन्दूरी (कंदूरी)—[फा°] *पु°* भोजन की मेज़ पर बिछाने का कपड़ा। दस्तरख़्वान।

कन्धर (कंधर)—[सं° कम् √धृ + अच्] *पु°* ग्रीवा। गर्दन। ✣ **कन्धरा (कंधरा)**—*स्त्री°* = ग्रीवा। गर्दन।

कन्धार (कंधार)—[< सं° गान्धार] *पु°* प्राचीन भारत का गान्धार देश या उसकी राजधानी। ● **विशेष**—उक्त राजधानी ही वर्तमान अफ़गानिस्तान देश का 'कन्दहार' नगर है। ✣ **कन्धारी (कंधारी)**—*वि°* = १. कन्धार का। २. कन्धार में उत्पन्न। ***जैसे***—कन्धारी अनार; कन्धारी घोड़ा।

†**कन्ना**[१]—[< सं° कर्ण] *पु°* १. किसी वस्तु का निकला हुआ कोई कोना। २. पतंग के बीच में बाँधा जाने वाला डोरा। ३. किनारा या सिरा। ***जैसे***—जूते का कन्ना। ***वा°* कन्ना ढीला होना**—१. उत्साह/साहस समाप्त होना। २. ऐंठ समाप्त/कम हो जाना। **कन्ना**

साधना—(पतंग के) कन्ने की गाँठ ठीक जगह पर बाँधने के लिए उसकी लम्बाई नापना।

।कन्ना[२]—[< स॰ कणक][१] *पु॰* चावल आदि का छोटा कण। कनकी।

कन्नी[१]—[< हि॰ कन्ना] *स्त्री॰* १. किनारा। सिरा। २. पतंग का किनारा। ३. पतंग की कमानी में बाँधी जानेवाली कपड़े की धज्जी। ***वा॰* कन्नी कटाना**—१. कन्नी काटना। (दे॰) २. किसी काम से बचने के लिए बहाना करके चला जाना। **कन्नी काटना**—बचकर निकलना। कतराना। **कन्नी खाना/मारना**—(पतंग का) एक ओर झुकना। **कन्नी दबाना**—अधीन करना। वश में लाना।

कन्नी[२]—[< स॰ स्कन्ध] *स्त्री॰* पेड़/पौधे का नया कल्ला। कोंपल।

कन्नी[३]—[< स॰ करण] *स्त्री॰* राज/मिस्त्री का एक औज़ार।

कन्यका—[स॰ कन्या + कन् + टाप्] १. अविवाहित लड़की। कन्या। २. दुर्गा। पार्वती।

कन्या—[स॰ कन्य + टाप्] *स्त्री॰* १. अविवाहित लड़की। २. पुत्री। बेटी। (छन्द॰) एक समवर्णिक छन्द जिसके प्रत्येक चरण में चार गुरु होते हैं। (खगोल॰) मेष आदि बारह राशियों में से एक।

कन्यागत—[स॰ कन्या ~ गत] *वि॰* कन्या राशि में स्थित। *पु॰* कनागत।

कन्या-धन—[स॰] *पु॰* अविवाहित अवस्था में किसी स्त्री को प्राप्त हुआ धन।

कन्याराशि—[स॰ कन्या ~ राशि] *स्त्री॰* (ख़गोल॰) मेष आदि बारह राशियों में से एक। *वि॰* जिसके जन्म के समय चन्द्रमा 'कन्या' राशि में रहा हो। 'कन्या राशि' में जन्मा। ***वा॰* कन्यारासी होना**—१. स्त्रियों जैसे स्वभाववाला होना। २. दुर्बल/दब्बू होना। ३. निकम्मा होना।

कन्हड़ी—[< स॰ कर्णाटी] *स्त्री॰* कर्णाटक देश/प्रदेश की स्त्री/भाषा। कर्णाटी।

कपट—[स॰ क √पट् + अच्] *पु॰* १. बनावटी व्यवहार। छलपूर्ण मिथ्या आचरण। २. धोखा। ३. दुराव। छिपाव। *वि॰* छलपूर्ण। ***जैसे***—कपट प्रेम। ***वा॰* कपट की खान होना**—अति कपटी होना।

कपट-तापस—[स॰] *पु॰* साधु-वेश बनाकर ठगनेवाला व्यक्ति।

कपट-नाटक—[स॰] *पु॰* ठगने या धोखा देने का काम। छलपूर्ण व्यवहार।

कपट-निधान—[स॰] *वि॰* अति कपटी। बहुत छली।

कपटी—[स॰ कपटिन्] *वि॰* कपट करनेवाला। धोखेबाज़। फ़रेबी। ∇ **विलोम**—निष्कपट।

कपड़मिट्टी—[< हि॰ कपड़ा + मिट्टी] *स्त्री॰* (आयुर्वेद॰) कपड़ौटी। (दे॰)

कपड़ा—[< प्रा॰ कप्पड़ < स॰ कर्पट] *पु॰* १. सूत/रेशम/ऊन आदि के धागों या वृक्षों की छालों के रेशों से बुनी हुई वस्तु। वस्त्र। २. पहनावा। पोशाक। **(किसी के) कपड़े उतार लेना**—१. सब कुछ छीन या लूट लेना और कुछ भी न छोड़ना। २. अपमानित करना। **(अपने) कपड़े रँगना/रंग लेना**—सन्यासी हो जाना। **कपड़ों में न समाना**—१. अत्यन्त हर्षित होना। २. अधिक मोटा होना। **(किसी स्त्री का) कपड़ों से होना**—रजस्वला होना।

कपड़ा-लत्ता—[हि॰ कपड़ा + लत्ता] *पु॰* पहनने आदि के वस्त्र। व्यवहार में आने वाले कपड़े।

।कपड़ौटी/कपरौटी—[< हि॰ कपड़ा + मिट्टी] *स्त्री॰* (आयुर्वेद॰) रस, भस्म आदि तैयार करने में धातु/औषध को फूँकने के पहले उसके सम्पुट को कपड़े से ढँककर गीली मिट्टी से बन्द करने की क्रिया। कपड़मिट्टी।

कपर्द—[स॰ क ~ पर् √दैव् + क] *पु॰* १. कौड़ी। २. जटा-जूट। ३. शिव का जटाजूट।

कपर्दिका—[स॰ कपर्दक + टाप्, इत्व] *स्त्री॰* कौड़ी।

कपर्दिनी—[स॰ कपर्दिन् + ङीप्] *स्त्री॰* पार्वती। दुर्गा।

कपर्दी—[स॰ कपर्दिन्] *वि॰* जटाजूटधारी। *पु॰* शिव। महादेव।

कपस—[< हि॰ कपास] *पु॰* पानी के समीप उगनेवाला एक पौधा जिसकी ऊँचाई लगभग ५० से॰मी॰ होती है, फूल सफ़ेद होते हैं और फल में रुई जैसी वस्तु निकलती है। ● **विशेष**—बर्र के काटे हुए स्थान पर इसका पत्ता पीसकर लगाने से लाभ होता है।

।कपसेठा—[< हि॰ कपास] *पु॰* कपास के सूखे हुए पौधे/डंठल जो जलाए जाते हैं।

कपाट—[स॰ क √पट् + णिच् + अण्] *पु॰* १. किवाड़। २. द्वार। दरवाज़ा। ● **विशेष**—'बाल्व' (अ॰) = कपाट।

कपाटबन्ध (कपाटबंध)—[स॰ कपाट ~ बन्ध] *पु॰* (काव्य॰) चित्रकाव्य का एक भेद जिसमें किसी पद्य के अक्षरों को क्रमपूर्वक लिखने से बन्द द्वार जैसी आकृति बन जाती है।

कपाल—[स॰ क √पाल् + अण्] *पु॰* १. खोपड़ी। २. मस्तक। ललाट। माथा। ३. (घड़े आदि का) खपड़ा। ४. (भिक्षुओं का) मिट्टी का भिक्षा-पात्र। खप्पर। ५. प्याला। कटोरा। ६. कछुए की पीठ का ख़ोल। ७. भाग्य। ***वा॰* कपाल खुलना**—१. सिर फट जाना। २. भाग्योदय होना। **कपाल फूटना**—१. सिर फूटना। २. दुर्भाग्य आना।

कपाल-क्रिया—[स॰] *स्त्री॰* शव जलाने के समय का एक संस्कार। शव का अधिकांश भाग जल चुकने पर उसकी खोपड़ी को बाँस आदि से फोड़ने की क्रिया। ***वा॰* कपालक्रिया कर देना**—मार डालना।

कपालथली—[स॰ कपाल + हि॰ थली] *स्त्री॰* खोपड़ियों की माला।

कपालनाथ—[स॰ कपाल ~ नाथ] *पु॰* शिव। महादेव।

कपालमालिनी—[स॰ कपालमालिन् + ङीप्] *वि॰* मुंडों या खोपड़ियों की माला धारण करनेवाली। *स्त्री॰* काली/कालिका देवी।

कपालमाली—[स॰ कपालमालिन्] *वि॰* खोपड़ियों की माला पहननेवाला। *पु॰* शिव। महादेव।

कपालविद्या (कपालविद्या)—[स॰ कपाल ~ विद्या] *स्त्री॰* (चिकित्सा॰) मनुष्य के मस्तिष्क की संरचनात्मक और कार्यात्मक

विशेषताओं का खोपड़ी के बाह्यतल के निरीक्षण द्वारा अध्ययन।

कपालिका—[सं॰ कपाल + कन् + टाप्, इत्व] *स्त्री॰* १. खोपड़ी। २. काली देवी। ३. (घड़े का) खपड़ा।

कपालिनी—[सं॰ कपालिन् + ङीप्] *स्त्री॰* काली देवी।

कपाली—[सं॰ कपालिन्] *पु॰* १. खोपड़ी रखनेवाला। २. खोपड़ियों की माला पहननेवाला। ३. कापालिक। ४. शिव। महादेव।

कपास—[< सं॰ कर्पास] *स्त्री॰* १. एक वृक्ष जिसके फूल पीले और बीच में लाल होते हैं और जिसके फलों में से रुई निकलती है। ● **विशेष**—इसके बीज '**बिनौले**' कहलाते हैं। रुई कातने से सूत/धागा प्राप्त होता है। ***वा॰* दही के धोखे (में) कपास खाना**—१. किसी वस्तु को कुछ अन्य वस्तु समझकर धोखे में उसका उपभोग करना। २. धोखे में आना।

कपासी—[< हि॰ कपास] *वि॰* कपास के फूल के रंग का। हल्का पीला। *पु॰* हल्का पीला रंग।

कपि—[सं॰ √कम्प् + इ, म-लोप] *पु॰* १. वानर। बन्दर। २. प्राचीन कपि/वानर जाति। ***जैसे***—कपियों के राजा सुग्रीव।

कपिकेतन/कपिकेतु—[सं॰ कपि ~ केतन/केतु] *पु॰* कपिध्वज। अर्जुन।

कपिञ्जल (कपिंजल)—[सं॰ क √पिञ्ज् + कलच् अथवा कपि √जु + अच्, पृषो॰] *पु॰* १. चातक या पपीहा। २. तीतर। *वि॰* पीले या हरताली रंग का।

कपित्थ—[सं॰ कपि √स्था + क, पृषो॰] *पु॰* कैथ का वृक्ष/फल।

कपिरथ—[सं॰ कपि ~ रथ] *पु॰* (पांडव) अर्जुन।

कपिल—[सं॰ √कम्प् + इलच्, प् आदेश] *वि॰* भूरा/बादामी रंग का। *पु॰* भूरा रंग।

कपि-लता—[सं॰] केवाँच नामक बेल।

कपिलधारा[1]—[सं॰ कपिल ~ धारा] *स्त्री॰* गंगा (नदी)।

कपिलधारा[2]—[सं॰ कपिला ~ धारा] *स्त्री॰* कपिला गाय के दूध की धारा।

कपिला—[सं॰ कपिल + टाप्] *वि॰* (*स्त्री॰*) भूरी या बादामी रंग की। *स्त्री॰* १. भूरे रंग की गाय। २. सीधी गाय।

कपिलागम—[सं॰ कपिल ~ आगम] *पु॰* सांख्यदर्शन।

कपिला षष्ठी—[सं॰] भाद्र कृष्ण षष्ठी या आश्विन कृष्ण षष्ठी (तिथि)।

कपिश—[सं॰ कपि + श] *वि॰* भूरा, बादामी या सुनहला *पु॰* भूरा/बादामी/सुनहला रंग।

कपिशा—[सं॰ कपिश + टाप्] *स्त्री॰* १. माधवी लता। २. माधवी लता के फूलों से बननेवाली मदिरा जो मध्ययुग में लोकप्रिय थी। ३. उत्तरी अफ़गानिस्तान के एक प्रदेश का प्राचीन नाम।

कपीन्द्र (कपींद्र)—[सं॰ कपि ~ इन्द्र] *पु॰* १. कपियों का राजा। २. कपियों में श्रेष्ठ। ३. सुग्रीव। ४. हनुमान्।

कपूरकचरी—[हि॰] *स्त्री॰* एक औषधोपयोगी लता और उसकी सुगन्धित जड़ के टुकड़े जो सुखाकर खाए जाते हैं।

कपूरधूर—[< हि॰ कपूर + धूल] *स्त्री॰* कपूर की धूल। *पु॰* मध्यकालीन वस्त्र विशेष। ***जैसे***—कपूरधूर की ओढ़नी ओढ़े।

***कपूरमनि**—[< सं॰ कर्पूरमणि] *स्त्री॰* एक प्रकार का सफ़ेद पत्थर जो हाथ पर घिसने के बाद तिनकों/पांडुर को अपनी ओर खींचने लगता है। कर्पूरमणि। तृणमणि।

कपूरा—[< हि॰ कपूर] *वि॰* कपूर के रंग का। सफ़ेद। ***जैसे***—कपूरा बकरा।

कपूरी—[< हि॰ कपूर] *वि॰* १. कपूर का बना हुआ। २. हल्के पीले रंग का। ***जैसे***—कपूरी चावल। *पु॰* हल्का पीला रंग।

कपोत—[सं॰ क ~ पोत या √कब् + ओतच्, प आदेश] *पु॰* कबूतर। ✣ **कपोती**—*स्त्री॰* कबूतरी। *वि॰* सुर्मे के रंग का। सुर्मई।

कपोत-वृत्ति—[सं॰] *स्त्री॰* १. संचय न करने की वृत्ति। (धन आदि) न जोड़ने का स्वभाव। २. संकट से बचने का उपाय न करने की वृत्ति।

कपोत-व्रत—[सं॰] *पु॰* १. कष्ट या अत्याचार चुपचाप सहन करना। २. विरोध न करते हुए अत्याचार सहने का दृढ़ निश्चय।

कपोतहस्तक—[सं॰ कपोत ~ हस्तक] *पु॰* हाथ जोड़ने का एक ढंग जिससे भय/प्रार्थना प्रकट होता है।

कपोतारि—[सं॰ कपोत ~ अरि] *पु॰* १. कबूतर का शत्रु। २. बाज़ (पक्षी)।

कपोतिका—[सं॰ कपोतक + टाप्] *स्त्री॰* छोटी कबूतरी।

कपोल—[सं॰ √कपि + ओलच्] *पु॰* मुख का एक भाग। गाल। ✣ **कपोल-कल्पना**—*स्त्री॰* = १. मनगढ़न्त और निराधार बात। २. गपप। ३. झूठ।

कप्परा—[देशज] *पु॰* लम्बी पूँछ वाला एक पक्षी जो निचले पहाड़ी स्थानों और सूखे झाड़-झंखाड़वाले मैदानों में विचरता है तथा जिसकी चोंच गहरी हरी होती है।

कफ्का—[< फा॰ कफ़ (झाग)] *पु॰* १. अफ़ीम का सत जिससे मदक बनता है। २. वह वस्त्र जिस पर मदक बनाते समय अफ़ीम फैलाते हैं।

कफ[1]—[सं॰ क √फल् + ड] *पु॰* खाँसने पर मुँह से निकलनेवाला गाढ़ा तरल पदार्थ। बलग़म। (आयुर्वेद॰) शरीर की एक धातु। श्लेष्मा।

***कफ**[2]—[देशज] *पु॰* सूत का गुच्छा।

कफ़—[अं॰] *पु॰* १. क़मीज़, कुर्ता आदि में कलाई के ऊपर की दोहरी सिली पट्टी जिसमें बटन लगता है। २. खाँची।

कफणि—[सं॰ क√फण् + इन्] *स्त्री॰* (हाथ की) कुहनी।

कफनी—[< अरबी कफ़न] *स्त्री॰* १. बिना आस्तीन का कुरता जो शव को पहनाया जाता है। २. (साधुओं और फ़कीरों का) बिना बाँह का ढीला-ढाला कुर्ता।

कफनी-चिड़ी—[देशज] *स्त्री॰* एक भारतीय वन-पक्षी जो लम्बी और धारीदार पूँछ वाला तथा मैना के आकार का होता है और जिसकी बोली सुरीली 'क्यू' या 'म्यू' ध्वनि वाली होती है।

कफल—[स० कफ + लच्] *वि०* कफ-प्रकृति वाला। कफवाला। कफी।

कफोणि/कफोणी—[स० क √फण् + इन्, पृषो०, कफोणि + ङीप्] *स्त्री०* (हाथ की) कुहनी।

कबन्ध (कबंध)—[स० क √बन्ध् + अण्] *पु०* १. बिना सिर का धड़। रुंड। २. बादल। धूमकेतु। राहु। ५. जल। ६. उदर। पेट।

कबन्धज (कबंधज)—[स० कबन्ध √जन् + ड] *पु०* सिर कट जाने पर भी धड़ मात्र से युद्ध करनेवाले वीर व्यक्ति का वंशज।

***कबर**[१]—[< हि० कब] *क्रिवि०* किस दिन। किस समय। कब।

कबर[२]—[स० √कु + अरन्] *वि०* १. मिला-जुला। मिश्रित। २. रंग-बिरंगा। *पु०* १. चोटी। जूड़ा। २. चितकबरापन।

कबरा—[< स० कबर] *वि०* १. जिसमें दूसरे रंग के धब्बे धारियाँ हो। चितकबरा। २. काले और सफेद रंग की धारियोंवाला (बैल)।

कबरी—[स० कबर + ङीप्] *वि०* (*स्त्री०*) १. मिली-जुली। मिश्रित। २. रंग-बिरंगी। ३. चितकबरी। ४. सफेद और काले रंग की धारियोंवाली (गाय)। *स्त्री०* गुथी हुई चोटी। केश-पाश। वेणी।

कबरी-भार, कवरी-भार—[स०] *पु०* १. केशों का बोझ/समूह। २. जूड़ा।

***कबाइ**—[< अरबी क़बा] *पु०* एक लम्बा ढीला पहनावा। चोग़ा।

क़बाइली/क़बायली—[< अरबी क़बीले या < फा० काबुल] *वि०* १. किसी क़बीले का। २. सीमान्त का। सरहदी प्रदेश का। *पु०* १. किसी क़बीले का व्यक्ति। २. सीमान्त/सरहद का निवासी। ३. अफ़ग़ानिस्तान के सीमान्त के निवासी।

कबाब—[अरबी] *पु०* १. कुटे हुए मांस की तली हुई टिकियाँ या सेंकी हुई नलियाँ। २. फूलगोभी आदि सब्ज़ियों से (कूटकर व बेसन मिलाकर) तैयार की गयी तली हुई टिकियाँ। ***वा०* कबाब करना**—भूनना। २. जलाना। ३. बहुत कष्ट पहुँचाना। **कबाब में हड्डी होना**—सुख में बाधक होना। **कबाब होना**—१. अत्यन्त क्रुद्ध होना। २. क्रोध से अधिक सन्तप्त होना।

कबाबचीनी—[फा०] *स्त्री०* शीतलचीनी।

***कबार**—[< फा० कारोबार] *पु०* १. व्यवसाय/कारोबार/क्रय-विक्रय या रोज़गार। २. (छोटा) लेन-देन।

कबाल—[हि०] *स्त्री०* खजूर का रेशा जिसे बटकर रस्सी बनायी जाती है।

***कबीनैं (कबीनैं)**—[< स० √कव्] *क्रिवि०* (कविता को) रचते-रचते।

कबीर[१]—[अरबी] *वि०* १. प्रतिष्ठित। २. महान्। श्रेष्ठ।

कबीर[२]—[देशज] *पु०* होली के समय गाए जाने वाले एक प्रकार के अश्लील गीत।

कबीला/क़बीला—[< अरबी क़बील:] *पु०* १. वंश। कुटुम्ब। परिवार। २. (किस एक) दल के लोग।

कबुद—[देशज] *स्त्री०* लम्बे पैरों वाली एक धूसर रंग की चिड़िया जिसकी गर्दन सफ़ेद और चोंच नुकीली होती है।

कबूद—[फा०] *पु०* हल्का नीला रंग। ❖ **कबूदी**—*वि०* = नीले रंग का। आसमानी।

क़बूल—[अरबी] *वि०* स्वीकृत। ***जैसे***—प्रार्थना क़बूल हुई।

क़ब्ल—[अरबी] *क्रिवि०* पूर्व। पहले।

कमकर—[< स० कर्मकार] *पु०* १. कर्मकार। श्रमिक। २. 'कहार' उपजाति का एक भेद या उसका व्यक्ति।

कमख़र्च—[फा०] *वि०* थोड़ा खर्च करनेवाला। मितव्ययी।

कमख़ाब—[फा०] *पु०* एक बहुमूल्य वस्त्र जो मोटा, रेशमी और रंगीन होता है तथा जिस पर बेल-बूटे बने होते हैं।

कमङ्गर (कमंगर)—[< फा० कमानगर] *पु०* १. धनुष बनानेवाला। २. हड्डियाँ जोड़ने या बैठाने वाला। ३. चित्रकार। ४. किसी कला/विद्या में निपुण व्यक्ति। ❖ **कमङ्गरी (कमंगरी)**—*स्त्री०* = १. कमंगर का पद/काम/विद्या। २. हड्डियाँ जोड़ने या ठीक बैठाने का काम। ३. चित्रकारी। ४. किसी कला/विद्या में निपुणता।

कमञ्चा (कमंचा)—[< फा० कमानच:] *पु०* बढ़ई का एक उपकरण जो बरमा घुमाने में काम देता है।

कमठ—[स० √कम् + अठन्] *पु०* १. कच्छप। कछुआ। २. (साधुओं का) कमंडल या तूँबी।

कमठा—[स० कमठ + टाप्] *पु०* १. कच्छप। कछुआ। २. बड़ी छड़ी या लाठी। ३. बाँस का धनुष। ❖ **कमठी**—*स्त्री०* = १. कच्छपी। कछुई। २. बाँस की पतली लचीली पट्टियाँ जिनसे टोकरियाँ बनाई जाती हैं।

कमन—[स० √कम् + णिङ् + युच्] *वि०* कमनीय। सुन्दर। *पु०* कामदेव।

कमना—[< फा० कम] *क्रिअ०* (आवश्यकता से) कम होना। थोड़ा होना।

कमनीय—[स० √कम् + अनीयर्] *वि०* १. (प्राप्त करने की) कामना के योग्य। काम्य। ***जैसे***—कमनीय युवक। २. सुन्दर। ***जैसे***—कमनीय युवती; कमनीय पुरुष।

कमनैत—[< फा० कमान] *पु०* धनुष के प्रयोग में निपुण। धनुर्धर। तीरन्दाज़। ❖ **कमनैती**—*स्त्री०* = धनुष चलाने की विद्या। तीरन्दाज़ी।

कमन्द (कमंद)—[फा०] *स्त्री०* १. फन्दा। पाश। २. ऊँची दीवारों पर चढ़ने में उपयोगी एक लम्बी रस्सी जिसके सिरे पर एक गोह बँधी होती है जो दीवार पर रस्सी फेंकने पर उसे कसकर पकड़ लेती है। (छन्द०) एक सममात्रिक छन्द जिसके प्रत्येक चरण में ३२ मात्राएँ होती हैं, १५-१७ पर यति होती है, अन्त में दो गुरु होते हैं।

कमरख—[< स० कर्मरङ्ग] *पु०* एक छोटा वृक्ष या उसका फल। ● **विशेष**—इस वृक्ष की लकड़ी लाल, हल्की और कड़ी होती है तथा कहीं घर बनाने और सज्जा की वस्तुएँ बनाने में काम आती हैं। फल फाँकदार होता है परन्तु मीठा और खट्टा दो प्रकार का होता है।

कमरखी—[< हिं॰ कमरख] *वि॰* १. कमरख के समान फाँकदार। २. कमरख के समान पीले रंग वाला। *पु॰* १. कमरख जैसा पीला रंग। २. किसी वस्तु में कमरख जैसी फाँकों की बनावट।

कमरबन्द (कमरबंद)—[फा॰] *पु॰* १. पाजामा/पेटीकोट आदि का नाड़ा। नीवी। २. कमर बाँधने का लम्बा वस्त्र। पटुका। *वि॰* किसी काम के लिए पूरी तरह तैयार। कटिबद्ध।

कमलज—[सं॰ कमल √जन् + ड] *वि॰* कमल से उत्पन्न। *पु॰* ब्रह्मा।

कमल-जाल—[सं॰] *पु॰* कमलों का समूह।

कमलनयन—[सं॰ कमल ~ नयन] *वि॰* कमल की पंखुड़ी जैसे सुन्दर नेत्रों वाला। सुन्दर। ***जैसे***—कमलनयन (कृष्ण)।

कमलनाभ—[सं॰ कमल ~ नाभि] *पु॰* विष्णु।

कमलनाल—[सं॰ कमल ~ नाल] *स्त्री॰* कमल की डंडी। मृणाल। भसींड़ा/भँसीड़ा।

कमलबन्ध (कमलबंध)—[सं॰ कमल ~ बन्ध] *पु॰* (काव्य॰) एक चित्रकाव्य जिसमें किसी पद्य के अक्षरों को क्रमपूर्वक रखने से कमल जैसी आकृति बन जाती है।

कमल-बन्धु (बंधु)—[सं॰ कमल ~ बन्धु] *पु॰* सूर्य।

कमलभव/कमलभू—[सं॰ कमल ~ भव/भू] *पु॰* ब्रह्मा।

कमलयोनि—[सं॰ कमल ~ योनि] *पु॰* ब्रह्मा।

कमल-रोग—[< सं॰ कामला ~ रोग] *पु॰* 'पीलिया' नामक रोग। 'कामला' रोग।

कमला—[सं॰ कमल + टाप्] *स्त्री॰* १. (विष्णु-पत्नी) लक्ष्मी। २. उत्तम स्त्री। ३. नारंगी। ४. सन्तरा। ५. गंगा। (छन्द॰) ९ वर्णों का एक समवर्णिक छन्द जिसके प्रत्येक चरण में क्रमशः २ नगण और सगण (न न स) होते हैं। 'रतिपद' छन्द।

कमलाकर—[< सं॰ कमल ~ आकर] १. कमलों की खानि। २. कमलों को उत्पन्न करनेवाला। ३. कमलों से भरा तालाब। ४. कमलों का समूह।

कमला-कान्त (कमला-कांत)—[सं॰] *पु॰* लक्ष्मी का पति। विष्णु।

कमलाक्ष—[सं॰ कमल ~ अक्ष] *वि॰* कमलनयन। (दे॰) *पु॰* कमलगट्टा।

कमलाक्षी—[सं॰ कमलाक्ष + ङीष्] *वि॰* (*स्त्री॰*) (दे॰) कमलनयनी।

कमलाग्रजा—[सं॰ कमला ~ अग्रजा] *स्त्री॰* १. लक्ष्मी की बड़ी बहिन। अलक्ष्मी। दरिद्रा। २. निर्धनता।

कमला-पति—[सं॰] *पु॰* लक्ष्मी का पति/स्वामी। विष्णु।

कमलालया—[सं॰ कमलालय + टाप्] *स्त्री॰* लक्ष्मी।

कमलावती—[सं॰ कमला + मतुप् + ङीप्] (छन्द॰) *स्त्री॰* 'पद्मावती' नामक सममात्रिक छन्द जिसके प्रत्येक चरण में ३२ मात्राएँ होती हैं, १०-८-१४ पर यति होती है, अन्त में दो गुरु होते हैं तथा किसी चौकल के अन्त में जगण (।ऽऽ) नहीं होता।

कमलिनी—[सं॰ कमल + इनि + ङीष्] *स्त्री॰* १. छोटा कमल। २. कमल का पौधा। ३. कमलों का समूह। ४. वह स्थान जहाँ बहुत कमल हों। ५. वह जलाशय जिसमें कमल फूले हों। ● **विशेष**—सूर्य को '**कमलिनी-कान्त**' अथवा '**कमलिनी-कुल-वल्लभ**' भी कहा जाता है क्योंकि सूर्य को देखकर कमलिनी खिल जाती है।

कमली[1]—[< सं॰ कमल] *स्त्री॰* कुमुदिनी।

कमली[2]—[< सं॰ कम्बल] *स्त्री॰* छोटा और हल्का कम्बल। ***जैसे***—महात्मा जी काली कमली ओढ़े हुए थे।

कमलेक्षण—[सं॰ कमल ~ ईक्षण] *वि॰* कमल जैसे नेत्रों वाला। कमलनयन। *पु॰* विष्णु।

कमलेश[1]—[सं॰ कमल ~ ईश] *पु॰* कमलों का स्वामी सूर्य। कमलेश्वर।

कमलेश[2]—[सं॰ कमला ~ ईश] *पु॰* लक्ष्मीपति। विष्णु। कमलेश्वर।

कमलेश्वर—[सं॰ कमल ~ ईश्वर] पु॰ कमलेश। सूर्य या विष्णु।

कमलोद्‌भव[1]—[सं॰ कमला ~ उद्‌भव] *पु॰* कमला/लक्ष्मी का उत्पत्ति-स्थान। समुद्र।

कमलोद्‌भव[2]—[सं॰ कमल ~ उद्‌भव] *पु॰* (विष्णु के नाभि-कमल से उत्पन्न) ब्रह्मा।

कमसिन—[फा॰] *वि॰* छोटी उम्र का। कमउम्र।

कमाच[1]—*पु॰* ≤ *हिं॰* केवाँच। कौंच। कवाछु नामक औषधोपयोगी लता। ● **विशेष**—इसे संस्कृत में '**कपिकच्छ**' कहते हैं।

कमाच[2]—[देशज] *पु॰* एक प्रकार का रेशमी वस्त्र। ***जैसे***—काम जो आवै कामरी का लै करै कमाच (कामरी = छोटा कम्बल)।

कमान[1]—[फा॰] *स्त्री॰* १. धनुष। २. तोप। ३. बन्दूक़। ४. क़ालीन की बुनाई में प्रयुक्त एक उपकरण। ***वा॰* कमान से तीर निकल जाना**—बिना उपयोग किए अवसर चला जाना।

कमान[2]—[< अं॰ कमान्ड] *स्त्री॰* १. सैनिक सेवाओं से सम्बन्धित आदेश/आज्ञा/हुक्म। २. (सेना आदि में) नायकत्व। ***जैसे***—दल की कमान सँभालना। ३. सैनिक कर्तव्य। ***जैसे***—कमान पर जाने की तैयारी।

कमानचा—[< फा॰ कमानचः] *पु॰* १. छोटा धनुष। छोटी कमान। २. सारंगी आदि बजाने की कमानी। ३. (रुई धुनने की) धुनकी। ४. (भवन की) मेहराब।

कमानदार[1]—[फा॰] *वि॰* १. धनुष/तोप/बन्दूक़ वाला। २. मेहराबवाला। मेहराबदार।

कमानदार[2]—[< अं॰ कमान्ड] *पु॰* एक सैनिक अधिकारी। सेनानायक। सेनापति।

कमानिया—[< फा॰ कमान] *पु॰* धनुष चलाने वाला व्यक्ति। *वि॰* १. मेहराब से युक्त। २. कमानीदार। ***जैसे***—कमानिया घड़ी।

कमानी—[फा॰] *स्त्री॰* १. कमान के समान झुकी वस्तु या किसी ओर से झुकी हुई या टेढ़ी वस्तु। ***जैसे***—सारंगी की कमानी। चरने की कमानी। २. तार इत्यादि धातु की बनी कोई लचीली और कुछ झुकाई हुई वस्तु। ३. घड़ी आदि का एक पुर्ज़ा जो चक्कर काटता रहता है। (अं॰ स्प्रिंग)।

†कमार—[< स॰ कर्मकार] *पु॰* १. बढ़ई। २. लोहार।

कमीना—[< फा॰ कमीन:] *वि॰* १. नीच। धूर्त। क्षुद्र। २. अ-कुलीन। ✣ **कमीनापन**—*पु॰* = कमीना होने की अवस्था/भाव। नीचता। क्षुद्रता।

***कमुकन्दर (कमुकंदर)**—[< स॰ कार्मुकम् + हि॰ दर] *पु॰* शिव का धनुष तोड़ने वाला। (दाशरथि) राम।

***कमेड़ी**—[देशज] पंडुकी (पक्षी)।

***कमोद[१]**—*पु॰* ≤ *स॰* कुमुद (पुष्प)।

***कमोद[२]**—*पु॰* ≤ *स॰* कामोद (संगीत में) एक राग।

***कमोदण**—*पु॰* ≤ *स॰* कुमुदिनी (पुष्प)।

कमोदिक—[< स॰ कामोदिक] *पु॰* १. 'कामोद' नामक राग का गायक। २. गायक। गवैया।

कम्पा (कंपा)—[< हि॰ काँपा] *पु॰* १. बाँस की पतली और छोटी तीलियाँ जिनमें लासा लगाकर बहेलिए चिड़ियाँ फाँसते हैं। २. (लाक्षणिक) किसी को फाँसने के लिए प्रयुक्त कुटिलतापूर्ण जाल/युक्ति/विधि। ***वा॰* कम्पा मारना/लगाना**—किसी को फँसाने के लिए जाल विछाना या षड्यंत्र करना।

कम्पास (कंपास)—[अ॰] *पु॰* १. दिक्सूचक यन्त्र। क़ुतुबनुमा। २. एक ज्यामितीय उपकरण। परकार।

कम्पू (कंपू)—[< अ॰ कैम्प] *पु॰* १. सैनिक छावनी। फ़ौजी छावनी। २. सैनिकों का पड़ाव। फौज़ी पड़ाव।

कम्पोस्ट (कंपोस्ट)—[अ॰] *पु॰* (कृषि॰) प्राय: कार्बनिक पदार्थ के विघटन से तैयार की गयी खाद जिसमें प्रमुखत: कार्बन और खनिज पदार्थ रहते हैं।

कम्बख़्त (कंबख्त)—[फा॰] *वि॰* भाग्यहीन। अभागा। बदकिस्मत। ***जैसे***—कमबख्त लोग।

कम्बुकण्ठी (कंबुकंठी)—[स॰ कम्बु ~ कण्ठ + ङीष्] *वि॰* (*स्त्री॰*) शंख जैसी गर्दन वाली। *स्त्री॰* सुन्दर स्त्री।

कम्बुग्रीव (कंबुग्रीव)—[स॰ कम्बु ~ ग्रीवा] *वि॰* १. शंख के समान सुन्दर गर्दन वाला। २. सुन्दर।

कम्बुरव (कंबुरव)—[स॰ कम्बु ~ रव] *पु॰* शंख की आवाज़। शंख-ध्वनि।

***कयक**—[< हि॰ कई + स॰ एक] *वि॰* अनेक।

***कया**—[< स॰ काया] *स्त्री॰* काया। शरीर।

क़याफ़ा—[< अरबी क़ियाफ़:] *पु॰* १. चेष्टा। २. मुख का आकार-प्रकार, मुद्राएँ आदि। ***जैसे***—क़याफ़ा देखकर आदमी पहचान लेना।

क़याम—[< अरबी क़ियाम] *पु॰* १. ठहराव। २. निवास। ठिकाना। ३. अस्थायी निवास। पड़ाव।

क़यास—[< अरबी क़ियास] *पु॰* १. विचार। २. अनुमान। अन्दाज़ा। ***जैसे***—उसने ठीक क़यास लगाया था कि तुम आज आओगे। ✣ **क़यासन**—*क्रिवि॰* = अनुमान से। अनुमानत:। ✣ **क़यासी**—*वि॰* = १. अनुमान पर आधारित। अनुमानित। २. काल्पनिक। ३. अटकलपच्चू।

कर[१]—[स॰ √कृ + अप्] *पु॰* १. (मनुष्य का) हाथ। ***जैसे***—कर-तल। २. हाथी की सूँड़। ३. सूर्य आदि के प्रकाश की किरण। ४. सरकारी टैक्स। राजस्व। ***जैसे***—आय-कर। *वि॰* (समस्त पद में अन्त में प्रयुक्त) करनेवाला। ***जैसे***—सुखकर; दिनकर। ***वा॰* कर गहना**—१. किसी का पालन-पोषण करना। २. आश्रय देना। **कर धुनना**—पछताना।

***कर[२]**—[अवधी, < हि॰ का] *परसर्ग॰* सम्बन्ध-कारक का चिह्न का।

कर[३]—[< हि॰ करना] *क्रिवि॰* (धातु के अन्त में जुड़ने पर) करके। ***जैसे***—सोकर, पढ़कर। ● **विशेष**—'कर' का प्रयोग *स॰* 'त्वा' (त्वा, ***जैसे***—गत्वा, पठित्वा) या 'ल्यप्' (य, ***जैसे***—विचार्य, सम्पठ्य) के समान हिन्दी में होता है। यह नए शब्द बनाने में बहुत अधिक उपयोगी शब्द है। इससे शब्द बनाने के लिए क्रिया की 'धातु' का प्रयोग होता है। ***जैसे***—पढ़ (ना)→पढ़कर, खा (ना)→खाकर। विचार (ना)→विचारकर। कर (ना) में 'कर' जोड़ने पर 'कर के' रूप बनता है, 'करकर' नहीं। ***जैसे***—पुस्तक पढ़कर के।

कर-कण्टक (कंटक)—[स॰] *पु॰* उँगलियों के नाख़ून।

***करकण्डइ (करकंडइ)**—[< स॰ करङ्क] *पु॰* अस्थि-पंजर। कंकाल। ठठरी।

करक[१]—[स॰ √कृ + वुन्] *पु॰* १. कमंडलु। २. करवा। ३. अनार। ४. नारियल का खोपड़ा। ५. हाथ। ६. राजस्व। कर। ७. उपल। ओला। ८. कचनार/मौलसिरी/पलाश/करील का वृक्ष।

***करक[२]**—[< हि॰ कसक] *स्त्री॰* पीड़ा। कसक। टीस।

***करक[३]**—[< हि॰ कड़क] *स्त्री॰* १. दर्द। कड़क। २. चाबुक आदि के प्रहार से शरीर पर बनी लम्बी लकीर।

करक चतुर्थी—*स्त्री॰* ≤ *स॰* कार्तिक चतुर्थी।

करकना—[< हि॰ कड़कना] *क्रिअ॰* १. रह-रह कर पीड़ा या दर्द होना। ***जैसे***—आँख का करकना। २. कड़-कड़ शब्द करके टूटना/कड़कना। तड़कना। चटकना। ३. चुभना। ४. छिन्न-भिन्न होना।

करकर—[< हि॰ करकरा] *वि॰* (स्पर्श में) खरखरा। खुरदरा।

करकरा[१]—[< स॰ करटु] *पु॰* सारस की जाति का काले रंग का एक पक्षी। करकटिया।

करकरा[२]—[< स॰ कर्कर] *वि॰* १. जो बहुत छोटे कणों के रूप में हो। २. (स्पर्श में) खरखरा। खुरदरा। ३. करारा।

करकराना[१]—[अनु॰] *क्रिअ॰* 'कर-कर' ध्वनि उत्पन्न होना। ***जैसे***—लकड़ी चीरने के आरे की तरह करकराता हुआ।

करकराना[२]—[< कड़कना] *क्रिअ॰* पीड़ा होना। कड़कना। चुभना।

करकराहट—[< हि॰ करकराना] *स्त्री॰* करारा होने की अवस्था/गुण/भाव। २. करारी वस्तु खाते समय होनेवाला शब्द। ३. नेत्र में धूल का कण पड़ने से होने वाली पीड़ा जैसा कष्ट।

करका—[स॰ करक + टाप्] *स्त्री॰* १. (वर्षा में कभी-कभी बरसनेवाला) ओला। वर्षोपल। २. पत्थर। ✣ **करका-घन**—*पु॰*

= ओले बरसानेवाला बादल। *उदा॰* आह! घिरेगी हृदय लहलहें/ खेतों पर करका-घन सी। —प्रसाद (कामा०, चिन्ता)

करका चतुर्थी—[स॰] *स्त्री॰* कार्तिक कृष्ण चतुर्थी। 'करवा चौथ' नामक त्योहार।

करका-जल—[स॰] *स्त्री॰* ओलों का पानी।

करकाना—[< हि॰ करकना] *क्रिस॰* १. चटकाना। २. दुःख देना।

करका-पात—[स॰] *पु॰* १. ओलों की वर्षा। २. पत्थरों की वर्षा।

कर-किसलय—[स॰] *पु॰* १. कोमल हाथ। २. उँगली।

कर-कुड्मल—[स॰] हाथ की उँगली।

करखा[१]—[< स॰ कर्ष] *पु॰* १. उत्तेजना। २. उत्साह। आवेश। जोश। ३. उत्साह उत्पन्न करनेवाले गीत। जोशीले युद्ध-गीत। कड़खा। (छन्द॰) कड़खा।

***करखा**[२]—*पु॰* ≤ *हि॰* कालिख।

***करग**—[< स॰ कराग्र] *पु॰* हथेली।

करगत—[स॰ कर ~ गत] *वि॰* हाथ में आया हुआ। हस्तगत। ✣ **करगता**[१]—*वि॰* (*स्त्री॰*)।

***करगता**[२]—[< स॰ कटिगता] *स्त्री॰* (कमर में पहनने की) करधनी।

करगहना—[देशज] *पु॰* खिड़की या द्वार के चौखटे के ऊपरी भाग में स्थित लकड़ी जिसके ऊपर दीवार बनती है।

कर-ग्रह—[स॰] *पु॰* १. सरकार द्वारा कर लगाने की क्रिया/भाव। २. किसी का हाथ पकड़ना। ३. पाणिग्रहण। विवाह।

करघा—*पु॰* हाथ से कपड़ा बुनने का यन्त्र। खड्डी।

करङ्क (करंक)—[स॰ क ~ रङ्क] *पु॰* १. मस्तक। खोपड़ी। २. अस्थिपंजर। कंकाल। ठठरी। ३. हड्डी। ४. नारियल का खोपड़ा। ५. कमंडलु। ६. मिट्टी का करवा।

करङ्गा (करंगा)—[< हि॰ काला + स० अङ्ग] *वि॰* काले अंगों वाला। काला।

करचङ्ग (करचंग)—[हि॰ कर + चंग] *पु॰* एक वाद्य। एक प्रकार का छोटा डफ जिसपर ख़्याल या लावनी गानेवाले ताल लगाते हैं।

करचिआ बगला—[< हि॰ किलचिआ बगला] *पु॰* मुर्गी के आकार का, अधिक लम्बी गर्दन और टाँगों वाला तथा सफ़ेद रंग का दलदल-पसन्द पक्षी। किलचिआ बगला।

करच्युत—[स॰ कर ~ च्युत] हाथ से छूटा हुआ या गिरा हुआ।

करछा[१]—[< हि॰ करौंछा (काला)] *पु॰* एक प्रकार का काला पक्षी।

करछा[२]—[< हि॰ कर ~ रक्षा] *पु॰* बड़ी कलछी। कलछा।

करछिया—[< हि॰ करौंछा (काला)] *स्त्री॰* बगले की जाति का एक सफ़ेद पक्षी जिसके पैर और चोंच काले होते हैं।

करज[१]—[स॰ कर √जन् + ड] *वि॰* हाथ से उत्पन्न। *पु॰* १. नख़। नाख़ून। २. उँगली।

करज[२]—*पु॰* ≤ अरबी क़र्ज़। ऋण।

करज-रेखा—[स॰] *स्त्री॰* नाख़ून से बनी रेखा। नख-क्षत।

***करजीरा**—[< हि॰ काला + जीरा] काला ज़ीरा।

करञ्जुआ[१] **(करंजुआ**[१] **)**—[< स॰ करञ्ज] *वि॰* ख़ाकी रंग वाला। *पु॰* ख़ाकी रंग।

करञ्जुआ[२] **(करंजुआ**[२] **)**—[देशज] *पु॰* एक काँटेदार घास जो बाँस की जड़ को नष्ट कर देती है। घमोइ। घमोई।

करट—[स॰ क √रट् + अच्] *पु॰* १. काक। कौआ। २. पतित ब्राह्मण। ३. नास्तिक। ४. कुसुम्भ। केसर। ५. मृत व्यक्ति के दसवें दिन (या अगले दो दिनों में) किया जाने वाला श्राद्ध।

करटक—[स॰ करट् + कन्] *पु॰* काक। कौआ।

करटा—[< स॰ करटक] *पु॰* काक। कौवा।

***करठा**—[< हि॰ काला] *वि॰* अति काला।

करड़-करड़—[अनु॰] *स्त्री॰* 'कड़-कड़' ध्वनि।

करण—[स॰ √कृ + ल्युट्] *पु॰* १. (क्रिया का) साधकतम कारण। (काम का) मुख्य साधन। २. सम्पन्न करना। क्रिया। ***जैसे***—राष्ट्रीयकरण; उदारीकरण। ३. जो किया जाए। काम। ४. कारण। हेतु। ५. काम करने के उपकरण। हथियार या औज़ार। ६. इन्द्रिय। ७. शरीर। ८. अन्तःकरण। ९. धार्मिक अनुष्ठान। १०. कायस्थों का एक भेद। ११. असम प्रदेश आदि की एक वनजाति/जनजाति। (संगीत॰) १. ताली से ताल देना। २. नृत्य में हाथ और पैरों का समायोग। ***जैसे***—'तलपुष्पतट' आदि १०८ करण प्रसिद्ध हैं। [● **विशेष**—दो करणों से एक '**मातृका**' बनती है और अधिक करणों के संयोग से '**अंगहार**'। भरत के नाट्यशास्त्र में ३२ अंगहार वर्णित हैं।] (व्या॰) एक कारक। (दे॰ करण कारक)। (गणित॰) करणी। (दे॰)। (ज्योतिष॰) पंचांग के पाँच अंगों में से एक। तिथि का आधा भाग (पूर्वार्ध या उत्तरार्ध)। ● **विशेष**—प्रत्येक तिथि के दो समान भाग होते हैं। ११ करणों के नाम इस प्रकार हैं— **१. बव, २. बालव, ३. कौलव, ४. तैतिल, ५. गर/गरज, ६. वणिज, ७. विष्टि, ८. शकुनि, ९. चतुष्पाद, १०. नाग, ११. किंस्तुघ्न।** 'विष्टि' को '**भद्रा**' भी कहते हैं। इनमें से प्रथम सात की तिथियों में बार-बार आवृत्ति होती है, अन्तिम चार एक मास में केवल एक बार होते हैं। कृष्ण पक्ष और शुक्ल पक्ष की तिथियों के करणों में अन्तर होता है। (विधि॰) लेख्य। दस्तावेज़। ✣ **करण कारक**—*पु॰* = (व्या॰) एक कारक जो क्रिया की सिद्धि में कर्ता का सबसे अधिक उपकारक होता है। ● **विशेष**—हिन्दी भाषा में इसकी पहचान 'से/द्वारा' के प्रयोग से होती है। ***जैसे***—'राम ने तीर से रावण को मारा' वाक्य में 'तीर' का करण कारक है।

करण-ग्राम—[स॰] *पु॰* इन्द्रियों का समूह।

करणा—[स॰] *स्त्री॰* एक बड़ा और छिद्रयुक्त वाद्य जिसकी ध्वनि कर्णभेदी होती है।

करणि[१]—[< स॰ कर्णिकार] *पु॰* कनकचम्पा का फूल।

करणि[२]—[< स॰ करण] *स्त्री॰* १. काम। २. करनी। करतूत।

करणी—[स॰ करण + ङीप्] *स्त्री॰* 'करण' नामक जनजाति या

कायस्थ उपजाति की स्त्री। (गणित॰) वह संख्या जिसका वर्गमूल/घनमूल आदि पूरी तरह न निकल सके। अपरिमेय संख्या। *जैसे*—√४ करणी नहीं है क्योंकि इसका मान २ है, परन्तु √५ या √२१ करणी है।

करणी सुता—[सं॰] *स्त्री॰* जो लड़की पालने के लिए पुत्री के समान रखी जाए।

करण्ड (करंड)—[सं॰ √कृ + अण्डन्] *पु॰* बेंत या बाँस आदि लचीली वस्तुओं की खपच्चियाँ। २. बाँस का टोकरा। ३. शहद का छत्ता। ४. तलवार। ५. कारंडव पक्षी। एक प्रकार का हंस। ✣ **करण्ड (करंड) संरचना**—*स्त्री॰* = (भूविज्ञान॰) शैल में विकसित एक संरचना जो शहद के छत्ते के समान दिखती है।

करण्डक (करंडक)—[सं॰ करण्ड + कन्] *पु॰* साँपों को रखने की पिटारी (छोटी टोकरी)।

करण्डी[१] (करंडी[१])—[सं॰ करण्ड + डीष्] *स्त्री॰* बाँस आदि की पिटारी। करंडिका।

करण्डी[२] (करंडी[२])—[< हिं॰ अंडी] *स्त्री॰* कच्चे रेशम की चादर।

करतब—[< सं॰ कर्तव्य] *पु॰* १. किया हुआ काम। २. कौशलपूर्ण काम। करामात। ३. करतूत। करनी।

करतल—[सं॰ कर-तल] *पु॰* हथेली।
करतली—*स्त्री॰* = १. हथेली। २. (करतल से बजी) ताली।

***करतार**—[< सं॰ कर्ता] *पु॰* १. करनेवाला। कर्ता। २. रचयिता। विधाता। ब्रह्मा। ३. ईश्वर।

***करतारी[१]**—[< हिं॰ करतार] *स्त्री॰* १. कर्तापन। कर्तृत्व। २. ईश्वर के काम। ईश्वर-लीला।

***करतारी[२]**—[< सं॰ कर ~ ताल] *स्त्री॰* (दोनों हथेलियों से बजी) ताली। करतल-ध्वनि। करताल (वाद्य)।

करताल—[सं॰ कर ~ ताल] *पु॰* १. हथेलियों के परस्पर आघात से उत्पन्न ध्वनि। ताली। २. ताल देने का एक वाद्य जिसका एक-एक जोड़ा हाथ में लेकर बजाया जाता है। झाँझ।

करतालिका—[सं॰ करताली + कन् + टाप्, ह्रस्व] *स्त्री॰* (हाथ की) ताली।

करताली—[सं॰ करताल + ङीप्] *स्त्री॰* (हाथ की) ताली।

करतूत—[< हिं॰ करना] *स्त्री॰* (व्यंग्य में) कोई निन्दनीय काम। *जैसे*—अपने लड़के की करतूतें देखो। २. व्यवहार। ३. कर्म-कौशल। ४. रचना। ✣ ***करतूति**—*स्त्री॰* = करतूत। ✣ ***करतूती[१]**—*स्त्री॰* = करतूत। *वि॰* = करतूत करनेवाला।

करद[१]—[< सं॰ कर √दा + क] *वि॰* कर/टैक्स देनेवाला। पु॰ करदाता।

***करद[२]**—[राजस्थ॰] *पु॰* १. तलवार। २. कटार, छुरी या चाकू।

करदा—[< हिं॰ गर्द] *पु॰* १. गेहूँ आदि में मिली धूल या अन्य वस्तुएँ। ३. गेहूँ आदि पिसाने पर उक्त के परिवर्तन में दिया जाने वाला मूल्य।

करदौना—[देशज] *पु॰* तेज़ गन्धवाला एक पौधा। दौना।

करघई—[देशज] बुन्देलखंड के पहाड़ों पर अधिक होनेवाला एक मज़बूत और कँटीला पेड़।

करधनी—[< सं॰ कटि ~ आधानी] *स्त्री॰* १. सोना/चाँदी आदि का एक आभूषण जो कमर में पहना जाता है। तगड़ी। २. कमर में पहना जानेवाला अनेक लड़ों का सूत।

करधर[१]—[< सं॰ करक ~ धर] *पु॰* (ओले बरसानेवाला) बादल।

†**करधर[२]**—[देशज] महुआ के फल की रोटी। महुअरी।

***करन**—[< हिं॰ करना] *वि॰, पु॰* करनेवाला। *पु॰* करने की क्रिया/भाव। करना। *क्रिवि॰* करने के लिए।

***करन[३]**—[< सं॰ कर्ण] *पु॰* १. कान। *जैसे*—करन-फूल। २. पतवार। ३. (कुन्ती-पुत्र) कर्ण।

***करन-कारन**—[< सं॰ करण ~ कारण] *वि॰* करने और कराने वाला।

करनख—[सं॰ कर ~ नख] *पु॰* हाथ का नाख़ून।

करना—[< सं॰ कर्ण] *पु॰* वसन्त ऋतु में खिलनेवाला एक सफ़ेद फूल या उसका पौधा। सुदर्शन की जाति का लम्बा और बिना काँटों वाला एक पौधा या उसका फूल।

करनाल—[सं॰ कर + हिं॰ नाल] *पु॰* १. एक वाद्य। नरसिंहा। एक प्रकार की तोप।

***करनि[१]**—[< हिं॰ करना] *स्त्री॰* करने की रीति, कर्म या क्रिया।

***करनि[२]**—*स्त्री॰* ≤ *हिं॰* करनी।

***करनि[३]**—[< सं॰ कर] *पु॰* १. हाथों से। २. हाथों में।

***करनि[४]**—[< सं॰ करिणी] *स्त्री॰* हथिनी। *जैसे*—करनि जूथ के संग।

***करनि[५]**—[< सं॰ कर] *पु॰* १. सूँड़। २. हाथी।

***करनि[६]**—[देशज] *स्त्री॰* एक पुष्पलता।

***करनिका**—[< सं॰ कर्णिका] *स्त्री॰* १. एक आभूषण। कानों की बाली। २. कमल की कर्णिका/पद्मबीजकोष। ३. (चित्रकार की) तूलिका। ४. (हाथ की) मध्यमा उँगली। ५. हाथी की सूँड़ की नोक। ६. खड़िया।

***करनिकार**—[< सं॰ कर्णिकार] *पु॰* कनेर का फूल/वृक्ष।

***करन्त (करंत)**—[< हिं॰ करना] *क्रिस॰* करता है।

कर-परिहार—[सं॰] *पु॰* कर (टैक्स) से बचने या उसे न्यूनतम रखने के लिए करदाता द्वारा अपनाए जाने वाले वैध उपाय।

करपल्लव—[सं॰ कर ~ पल्लव] *पु॰* १. हाथ की उँगली। २. कोमल हाथ। ३. हाथ रूपी पल्लव/पत्ती।

करपल्लवी—[सं॰ कर ~ पल्लव + ङीष्] *स्त्री॰* हाथ की उँगलियों के संकेतों से बातचीत या भाव प्रकट करने की कला।

†**करपा**—[देशज] *पु॰* १. कटे पौधों का ढेर। २. अनाज के ऐसे पौधे जिनमें बाली लगी हो।

करपिचकी—[< सं॰ कर + हिं॰ पिचकारी] *स्त्री॰* दोनों हथेलियों के बीच में पानी भरकर ज़ोर से दबाकर छोड़ी जाने वाली पिचकारी। उक्त प्रकार की हस्त-मुद्रा।

कर-पीड़न—[< सं॰ कर ~ पीडन] *पु॰* पाणिग्रहण। विवाह।

करफूल—[सं॰ कर + हि॰ फूल] *पु॰* तेज़ गन्धवाला एक पौधा। दौना।

***करब**[1]—[< हि॰ करना] *क्रिस॰* करूँगा।

करब[2]—[देशज] *पु॰* मक्का के सूखे और कटे हुए पौधे।

करबर[1]—[< सं॰ कर्बुर] *वि॰* १. रंग-बिरंगा। २. चितकबरा। ३. खुरखुरा। *पु॰* चीता।

करबर[2]—[< सं॰ कलरव] *स्त्री॰* १. कोलाहल। शोर। २. लड़ाई-झगड़ा। ३. विघ्न। झंझट। बखेड़ा।

***करबर**[3]—[< सं॰ करवाल[3]] *स्त्री॰* तलवार।

करबी—[देशज] *स्त्री॰* १. जुआर या बाजरे की डंडी। २. पशुओं के खाने का तृण।

करबीर—[देशज] *पु॰* १. कनेर का वृक्ष। २. कनेर का फूल जो पीला/सफ़ेद/लाल रंग का होता है।

करभ—[सं॰ कर √भा + क] *पु॰* १. कलाई से छोटी उँगली तक के हाथ का पृष्ठ भाग। २. ऊँट या ऊँट का बच्चा। ३. हाथी या हाथी का बच्चा। ४. कटि। कमर। ५. 'नख' नामक सुगन्धित पदार्थ। (छन्द॰) 'दोहा' छन्द का एक भेद जिसमें चारों चरणों में मिलाकर १६ गुरु और १६ लघु वर्ण होते हैं।

करभक—[सं॰ + करभ + कन्] *पु॰* ऊँट ।

करभप्रिया—[सं॰ करभ ~ प्रिया] *स्त्री॰* १. हथिनी। २. ऊँटनी।

करभी[1]—[< सं॰ करभिन्] *पु॰* १. हाथी। २. ऊँट।

करभी[2]—[सं॰ करभ + ङीष्] स्त्री॰ १. हथिनी। २. ऊँटनी।

करभोरू—[सं॰ करभ ~ ऊरू] *स्त्री॰* १. हाथी की सूँड़ की तरह सुडौल जंघावाली स्त्री। २. सुन्दरी।

करमकल्ला—[देशज] *पु॰* एक सब्ज़ी जिसमें कोमल पत्तों का गोल सम्पुट होता है। बन्दगोभी। पत्तागोभी।

करमफाँस—[< सं॰ कर्म + हि॰ फाँस] *पु॰* बार-बार जन्म और मरण का बन्धन। भवबन्धन।

करमबिपाकु—[< सं॰ कर्मविपाक] *पु॰* पूर्व जन्म के अच्छे-बुरे कर्मों के फल। कर्म-विपाक।

करमरेख—[< सं॰ कर्म ~ लेख] *पु॰* भाग्य में लिखी हुई बात। भाग्यलिपि।

करमर्द—[सं॰ कर √मृद् + अण्] *पु॰* करौंदा (पेड़ या फल)।

***करमात**—[< सं॰ कर्म] *स्त्री॰* भाग्य।

कर-माला—[सं॰] *स्त्री॰* १. हाथ में लेकर जप करने की माला। २. जप की गिनती के लिए प्रयुक्त उँगलियों के पोर।

करमाली—[सं॰ करमालिन्] *पु॰* सूर्य।

***करमी**—[< सं॰ कर्मी (कर्मिन्)] *वि॰* १. कर्म करनेवाला। २. कर्मठ।

†**करमुखा**—[< हि॰ काला + सं॰ मुख] *वि॰* १. काले मुख वाला। कलमुँहा। २. कलंकित। *पु॰* लंगूर।

***करमुहाँ/करमुँहा**—[< हि॰ कलमुँहा] *वि॰* १. काले मुख वाला। कलमुँहा। २. कलंकित। *पु॰* लंगूर।

***करराना/करराना**—[अनु॰] *क्रिअ॰* १. चरमराकर टूटना। २. कर्कश/कठोर शब्द करना। ३. कड़ा पड़ना/होना। ✣ **कररान**—*स्त्री॰* धनुष खींचने/चढ़ाने का शब्द।

करी—[< हि॰ कड़ी] *वि॰* कड़ी। कर्री। *पु॰* बनतुलसी।

कररुह—[सं॰ कर ~ रुह] *पु॰* नख। नाख़ून।

करेचकरत्न—[सं॰ कर ~ रेचक ~ रत्न] *पु॰* (नृत्य॰) नृत्य में हाथ घुमाने-फिराने की एक कठिन मुद्रा।

***करल**—[< सं॰ कर] *वि॰* जो हाथ/मुट्ठी भर हो।

करला—[< हि॰ कल्ला] *पु॰* कोमल पत्ता। कल्ला। कोंपल। ✣ **करली**—*स्त्री॰* कल्ला। कोंपल।

करलुरा—[देशज] *पु॰* एक काँटेदार लता जिसके फूल सफेद और गुलाबी रंग के होते हैं।

करवञ्चन (करवंचन)—[सं॰ कर ~ वञ्चन] *पु॰* चालाकी से कर/टैक्स देने से बचने की क्रिया/भाव।

***करवत**—[< सं॰ करपत्र] *पु॰* आरा। ✣ **करवतिया**—*वि॰, पु॰* = आरा चलानेवाला। लकड़ी चीरनेवाला।

†**करवर**[1]—[< सं॰ कर्वर (= सिंह आदि हिंसक जीव)] *पु॰* १. विपत्ति। संकट। मुसीबत। ***जैसे***—बड़ी करवर टली। २. कठिनाई।

***करवर**[2]—[< हि॰ करवाल] *स्त्री॰* तलवार।

***करवर**[3]—*पु॰* ≤ *हि॰* कर-बल। बाहु-बल।

करवा[1]—[< सं॰ करक] *पु॰* मिट्टी/धातु का टोंटीदार लोटा।

†**करवा**[2]—[< हि॰ कारा (= काला)] *वि॰* काले रंग का। काला। कलुआ। *पु॰* कृष्ण। श्याम। ***जैसे***—करवा से प्रीति लगाना।

करवा चौथ—[< सं॰ करका चतुर्थी] *स्त्री॰* १. कार्तिक कृष्ण चतुर्थी। करका चतुर्थी। २. उक्त तिथि का व्रत। करका चतुर्थी व्रत।

***करवान**—[< सं॰ कृपाण] *स्त्री॰* तलवार।

करवानक—[< सं॰ कलविङ्क] *पु॰* गौरैया/चटक पक्षी।

***करवार**—[< सं॰ करवाल] *स्त्री॰* करवाल। तलवार। ✣ ***करवारी**—*स्त्री॰* = तलवार। करवाल।

करवाल—[सं॰] स्त्री॰ तलवार।

करवाह्यता (करवाह्यता)—[सं॰ कर ~ वाह्यता] *स्त्री॰* (अर्थ॰) करापात।

करवी[1]—[< सं॰ कबरी] *स्त्री॰* गुँथी हुई चोटी।

करवी[2]—[देशज] *स्त्री॰* १. ज्वार और बाजरा के सूखे डंठल। २. पशुओं का चारा।

करवीर—[सं॰ कर ~ वीर] *पु॰* १. तलवार। २. श्मशान। मरघट। ३. कनेर का वृक्ष/पुष्प।

***करवील**—*पु॰* ≤ *हि॰* करील (वृक्ष)।

करवैया—[< हि॰ करना] *वि॰* (कार्य) करने या कराने वाला।

करशीकर—[सं॰ कर ~ शीकर] *पु॰* हाथी के द्वारा सूँड से फेंका गया पानी।

करष—[< स॰ कर्ष] *पु॰* १. आकर्षण। २. खिँचाव। तनाव। ३. वैर। द्वेष। विरोध। **स्त्री॰* क्रोध।

***करषना/करसना**—[< स॰ कर्षण] *क्रिस॰* १. आकर्षित करना। खींचना। २. खींच कर निकालना। ३. शोषण करना। सोखना। ४. बुलाना। ५. समेटना। बटोरना। *क्रिअ॰* १. खिंचना। २. निकलना। ३. सूखना।

***करषा**—[< हि॰ करष] *स्त्री॰* १. क्रोध। २. उत्साह। आवेश। जोश। ३. स्पर्धा।

करसनी—[देशज] *स्त्री॰* एक लता जिसके पके फलों के रंग से बैंगनी स्याही बनती है और जड़ तथा पत्तियाँ औषधोपयोगी होती हैं।

करसम्पुट (करसंपुट)—[स॰ कर ~ सम्पुट] *पु॰* १. (दोनों हथेलियाँ को जोड़ने से बनी) अंजलि। २. (विनती के समय) हाथ जोड़ने की मुद्रा। ***जैसे***—कर-सम्पुट किए विनती करना।

†करसायर/करसायल—[< स॰ कृष्णसार] *पु॰* काला हिरन। कृष्णसार।

***करसि/करसी**—[< स॰ करीष] *स्त्री॰* १. कंडा। २. कंडे का चूरा। ३. कंडों की आग।

***करह[1]**—[< स॰ करभ] *पु॰* ऊँट।

करह[2]—[< स॰ कलिः] *स्त्री॰* (फूल की) कली।

करहंस—[स॰ कर ~ हंस] *पु॰* (छन्द॰) एक वर्णिक छन्द जिसके प्रत्येक चरण में क्रमशः नगण, सगण और लघु (न स ल) के योग से कुल ७ वर्ण होते हैं। करहन्त छन्द। वीरवर छन्द।

***करहरा**—[< हि॰ काला] *वि॰* काले अंश वाला।

†करहरिया—[< हि॰ काला + हरा] *पु॰* काले और हरे रंग का घोड़ा।

***करहा[1]**—[< स॰ करम] *पु॰* ऊँट।

***करहा[2]**—[देशज] *पु॰* सफ़ेद रंग का शिरीष/सिरस वृक्ष। *स्त्री॰* कटि। कमर।

करहाट—[कर √हट् + णिच् + अण्] *पु॰* १. कमल की छतरी। छत्ता। कमल-छत्र। ● **विशेष**—कमल-छत्र आरम्भ में पीला होता है, बढ़ने पर हरा हो जाता है। २. कमल की जड़। कमलनाल। भसींड़ा। ३. मैनफल।

करहाटक—[स॰ कर ~ हाटक] *पु॰* हाथ का स्वर्ण-आभूषण।

कराइत—[< हि॰ काला] *पु॰* एक प्रकार का काला और बहुत विषैला साँप। करैत साँप।

कराई[3]—[< हि॰ काला] *स्त्री॰* कालिमा। कालापन।

कराकुल—[< स॰ कलाङ्कुर] *पु॰* क्रौंच (पक्षी)। कराँकुल।

कराघात—[स॰ कर ~ आघात] *पु॰* १. हाथ से किया हुआ आघात। २. प्रहार। वार।

कराङ्गुलि (करांगुलि)—[स॰ कर ~ अङ्गुलि] *स्त्री॰* हाथ की उँगली।

कराचोली[1]—[< हि॰ कड़ा + चोला] *स्त्री॰* लोहे की कड़ियों से बना वक्ष का कवच।

कराचोली[2]—[देशज] *स्त्री॰* एक छोटी तलवार। किरच।

†कराड़—[< स॰ क्रेतारः] *पु॰* १. क्रय करनेवाला व्यक्ति। ख़रीदार २. महाजन।

करामलक—[स॰ कर ~ आमलक] *पु॰* १. हथेली पर रखा आँवला। २. हथेली पर रखे आँवले के समान स्पष्ट बात।

करार[1]**—[< हि॰ कगार] *पु॰* नदी का ऊँचा और खड़ा किनारा। कगार। ***जैसे—तेज़ धारा करारे तोड़ती जा रही है।

करार[2]—[< स॰ करट] *पु॰* काक। कौआ।

करार[3]—[< स॰ कराल] *वि॰* भयानक। विकराल।

क़रार—[अरबी] *पु॰* १. स्थिरता। २. (मन को स्थिर करनेवाला) धैर्य। ३. चैन। आराम। ४. वादा। इक़रार। ***वा॰* क़रार आना**—चैन आना। **क़रार पाना**—१. निश्चित होना। २. इक़रार होना। ३. चैन या आराम पाना।

करारा[1]—[< हि॰ कड़ा] *वि॰* १. कठोर। कड़ा। २. हृष्ट-पुष्ट। तगड़ा। ३. खाने में स्वादिष्ठ और कुरकुरा। ***जैसे***—करारा पापड़। ४. उग्र। तेज़। खरा। ***जैसे***—करारा जवाब।

करारा[2]—[< स॰ करटक] *पु॰* काक। कौआ।

करारी—[< हि॰ करारा < स॰ कराल] *वि॰* (*स्त्री॰*) १. भयानक। विकराल। २. भारी। ज़ोरदार। ***जैसे***—तुम्हारी करारी हार हुई।

क़रारी—[< अरबी क़रार] *वि॰* इक़रार करनेवाला।

कराल—[स॰ कर √अल् + अच्] *वि॰* १. भीषण। भयानक। डरावना। २. उग्र। रौद्र। ३. बहुत ऊँचा। ४. विशालकाय। ५. अशोभन।

करालवदना—*वि॰* (*स्त्री॰*) = भयंकर मुख वाली। *स्त्री॰* = काली देवी।

करालिका—[स॰ कराल + कन् + टाप्, इत्व] *स्त्री॰* दुर्गा का एक रूप। चंडी। काली।

करावल—[तुर्की] *पु॰* १. घुड़सवार। प्रहरी। पहरेदार। ३. शत्रु का भेद लेने के लिए भेजे जाने वाले सैनिक।

करावलि/करावली—[स॰ कर ~ आवलि/आवली] किरणों का समूह।

करावा—[< हि॰ करना] *पु॰* काम (विशेषतः विवाह आदि काम)।

कराहियत—[< अरबी कराहीयत] *स्त्री॰* १. घृणा। २. अरुचि। ३. उदासीनता।

कराँकुल—[< स॰ कलाङ्कुर] *पु॰* जलाशयों के किनारे पर रहनेवाली एक बड़ी चिड़िया। कूँज पक्षी। क्रौंच।

कराँत—[< स॰ करपत्र] *पु॰* (लकड़ी चीरने का) आरा। ✣ **कराँती**—*पु॰* = आरा चलाने का धन्धा करनेवाला। *स्त्री॰* = छोटा आरा।

***करिअ**—[< स॰ कर्ण] *पु॰* (नाव की) पतवार।

***करिअट**—[देशज] *पु॰* मछलियाँ पकड़ कर खाने वाला एक पक्षी। किलकिला।

***करिअर**—[< सं॰ कर्णधार] पु॰ (नाव का) कर्णधार। करिया।

***करिआ**[1]—[< सं॰ कर्णिक] पु॰ (नाव का) कर्णधार। करिया।

करिआ[2]—[< हिं॰ काला] वि॰ काला।

करिआ[3]—[< हिं॰ करना] वि॰ काम करनेवाला। करने-धरने वाला।

करिका—[सं॰ कर + ठन् + टाप्] स्त्री॰ नाख़ून की खरोंच। नखक्षत।

करिकुम्भ (करिकुंभ)—[सं॰ करिन् ~ कुम्भ] पु॰ हाथी का मस्तक।

***करिगन**—[< सं॰ करिगण] पु॰ हाथियों का झुंड।

करिणी—[सं॰ करिन् + ङीप्] स्त्री॰ हथिनी।

करिन्द (करिंद)—[< सं॰ क़रीन्द्र] पु॰ १. श्रेष्ठ हाथी। गजराज। २. ऐरावत (गज)।

करिमुख—[सं॰ करिन् ~ मुख] पु॰ (हाथी के समान मुख वाला) गणेश।

करिया[1]—[< सं॰ कर्णधार] नाव में पतवार सँभालने वाला मल्लाह। कर्णधार।

करिया[2]—[< हिं॰ काला] वि॰ काला।

***करिया**[3]—[< हिं॰ करना] वि॰ करने योग्य।

***करिल**[1]—[< सं॰ करीर] पु॰ करील (वृक्ष)।

करिल[2]—[< देशी प्रा॰ करिल्ल] वि॰ काला।

करिवदन—[सं॰ करिन् ~ वदन] पु॰ (हाथी के समान मुख वाला) गणेश।

करिवर[1]—[सं॰ करिन् ~ वर] पु॰ श्रेष्ठ हाथी। ✣ **करिवरवदन**—पु॰ = गणेश।

करिवर[2]—[< सं॰ कर्वर (= सिंह आदि हिंसक जीव)] १. आपत्ति। संकट। बला।

करी[1]—[सं॰ करिन्] पु॰ हाथी।

***करी**[2]—[< हिं॰ कड़ी] वि॰ स्त्री॰ कठोर या सुदृढ़। कड़ी। स्त्री॰ कड़ी। शहतीर।

करी[3]—स्त्री॰ ≤ हिं॰ कली।

करी[4]—[< हिं॰ करना] क्रिअ॰ 'करना' का एक भूतकालिक रूप की। *जैसे*—मैंने राम से बात करी।

करीन्द्र (करींद्र)—[सं॰ करी (करिन्) ~ इन्द्र] पु॰ १. विशाल और उत्तम हाथी। २. ऐरावत (हाथी)।

करीम—[अरबी] वि॰ कृपालु। दयालु। पु॰ ईश्वर।

करीर—[सं॰ कृ + ईरन्] पु॰ १. करील वृक्ष। २. बाँस का अँखुआ। कल्ला। ✣ **करीरफल**—पु॰ = करील का बीज।

करील—[< सं॰ करीर] पु॰ १. एक कँटीला और बिना पत्तों का पेड़। टेंटी का वृक्ष। २. उक्त पेड़ का फल।

करीश/करीश्वर—[सं॰ करी ~ ईश/ईश्वर] पु॰ १. विशाल और उत्तम हाथी। २. ऐरावत (हाथी)।

करीष—[सं॰ √कृ + ईषन्] पु॰ सूखा गोबर।

करीषाग्नि—[सं॰ करीष ~ अग्नि] पु॰ सूखे गोबर की अग्नि।

†करुआ[1]—[< सं॰ कटु] वि॰ कटु। कड़ुआ। ✣ **करुआई**—स्त्री॰ = कटुता। कड़ुआपन।

†करुआ[2]—[< हिं॰ करवा] पु॰ मिट्टी का टोंटीदार लोटा।

करुआ[3]—[देशज] पु॰ एक प्रकार का वृक्ष जो दालचीनी की जाति का होता है।

***करुआना**—[< हिं॰ करुआ] क्रिअ॰ १. कड़ुआ लगना। २. (आँख) दुखना।

†करुई[1]—[हिं॰ करुआ[1] का स्त्री॰] वि॰ (स्त्री॰) कटु। कड़वी। *जैसे*—करुई ककड़ी।

†करुई[2]—[हिं॰ करुआ[2] का स्त्री॰] स्त्री॰ छोटा करुआ/करवा।

करुण—[सं॰ √कृ + अन्] वि॰ १. दुःख या शोक से पूर्ण। करुणापूर्ण। २. जिसे देखकर करुणा उत्पन्न हो। दुःखद या दयनीय। (काव्य॰) एक रस जिसका स्थायी भाव शोक है। ✣ **करुण रस**—पु॰ (काव्य॰) एक काव्य-रस जिसकी निष्पत्ति इष्ट के नाश या अनिष्ट की प्राप्ति से होती है। स्थायी भाव 'शोक' से निष्पन्न रस।

करुणा—[सं॰ करुण + टाप्] स्त्री॰ किसी खिन्न, विपत्तिग्रस्त या दुःखी व्यक्ति के दुःख से उत्पन्न सहानुभूति और उसका दुःख दूर करने की भावना। दया। रहम। तरस।

करुणा-अयन—[सं॰] वि॰ असीम दयालु।

करुणाकर[1]—[सं॰ करुणा ~ आकर] सं॰ करुणा + हिं॰ कर] वि॰ अति करुणायुक्त। बहुत दयालु।

करुणाकर[2]—[< सं॰ करुणा + हिं॰ करना] वि॰ करुणा करने वाला। दयालु।

करुणापर—[सं॰ करुणा + पर] वि॰ अत्यन्त दयालु।

करुणालय—[सं॰ करुणा ~ आलय] वि॰ अत्यन्त करुणा से युक्त। असीम दयामय।

करुबेल—[< सं॰ कटु/कारु + हिं॰ बेल] स्त्री॰ इन्द्रायण/इन्द्रायन लता या उसके फल देखने में सुन्दर परन्तु कड़ुए होते हैं।

***करुवार**—[< सं॰ कर्ण] पु॰ (नाव को) खेने का डाँड़। ● **विशेष**—यह पतवार से भिन्न होता है।

***करू**—[< सं॰ कटु] वि॰ कटु। कड़वा।

***करूर**—[< सं॰ क्रूर] वि॰ १. क्रूर। २. कठोर। ३. निष्ठुर।

***करेजा**—पु॰ ≤ हिं॰ कलेजा। (दे॰) ✣ **करेजी**—स्त्री॰ = कलेजी। (दे॰)

***करेटा**—[< हिं॰ काला] वि॰ (व्यंग्य/उपेक्षा से) काले रंग वाला। श्यामवर्ण।

करेणु—[सं॰ √कृ + एणु] पु॰ १. हाथी। २. कर्णिकार वृक्ष। कनेर का पेड़।

करेणुका—[सं॰ करेणु + कन् + टाप्] स्त्री॰ हथिनी।

करेतर—[सं॰ कर ~ इतर] वि॰ १. कर/हाथ से भिन्न (अंग)। २. कर/टैक्स से भिन्न। कर लगने के योग्य (धन आदि) से भिन्न। *जैसे*—करेतर आय।

***करेनु**—[< सं॰ करेणु] पु॰ हाथी।

करेमू—[< सं॰ कलम्बु] पु॰ एक प्रकार की घास जो जलाशय में

उत्पन्न होती है और उस में फैलती है। कलम्बु। कलम्बिका।

करेल—[< हिं॰ करना] *पुं॰* एक प्रकार का बड़ा मुग्दर जिसे दोनों हाथों से घुमाते हैं।

करैत—[< हिं॰ काला] *पुं॰* एक प्रकार का साँप जो काला और अति विषैला होता है।

करैल—[हिं॰] *स्त्री॰* १. एक प्रकार की मिट्टी। जलाशय की काली मिट्टी। ● **विशेष**—इसका प्रयोग दीवार बनाने में भी होता है और कुम्हार खिलौने आदि बनाने में भी करते हैं। २. काली और चिकनी मिट्टी वाली भूमि (जैसी मालवा क्षेत्र की है)।

करोट—[सं॰ क √रुट् + अच्] *पुं॰* १. खोपड़ी। २. कटोरा या प्याला।

करोटि—[सं॰ क √रुट् + इनि] *स्त्री॰* खोपड़ी। ✣ **करोटी**—*स्त्री॰* = खोपड़ी।

करोदक—[सं॰ कर ~ उदक] *पुं॰* हाथ में रखा हुआ जल।

करोना—[< सं॰ क्षुरण] *क्रिसं॰* १. खरोंचना। खुरचना। २. कुरेदना।

करौत/करौता[१]—[< सं॰ करपत्र] *पुं॰* (लकड़ी चीरने का) आरा।

करौता[२]—[< हिं॰ काला] *स्त्री॰* काली चिकनी मिट्टी।

करौती[१]—[< हिं॰ करौता] *स्त्री॰* (लकड़ी चीरने की) आरी।

करौती[२]—[< हिं॰ करवा] *स्त्री॰* १. शीशा गलाने की भट्ठी। २. (शीशे का) छोटा बर्तन।

करौना—[< हिं॰ करोना] *पुं॰* नक़्क़ाशी करने में प्रयुक्त लोहे की क़लम।

करौल[१]/करौला—[< अरबी करावल] *पुं॰* १. शिकारी। २. शिकार के लिए हाँका लगानेवाले व्यक्ति।

***करौल[२]**—[< सं॰ कराल] *वि॰* कराल। कठोर।

करौली—[< सं॰ करवाल] *स्त्री॰* एक प्रकार की छोटी तलवार जो भोंकने में प्रयुक्त होती है। भुजाली।

करौंछ (करौंछ)—[< हिं॰ काला] *स्त्री॰* हल्का कालापन। कलौंस। ✣ **करौंछा (करौंछा)**—*वि॰* = कुछ काले रंग का। श्यामल।

कर्क—[सं॰ √कृ + क] *पुं॰* कर्कट। केकड़ा। (ज्योतिष॰) मेष आदि १२ राशियों में से चौथी राशि।

कर्कट—[सं॰ √कर्क् + अटन्] *पुं॰* १. एक जल-जन्तु। केकड़ा। कमल-नाल। भसींड़ा। २. सँड़सी। ३. एक घातक रोग। कैंसर (अं॰)। (ज्योतिष॰) मेष आदि १२ राशियों में से चौथी राशि। कर्क।

कर्कटार्बुद—[सं॰ कर्कट ~ अर्बुद] *पुं॰* कर्कट/कैंसर रोग का गाँठदार फोड़ा।

कर्कर—[सं॰ कर्क √रा + क] *पुं॰* १. चूने का कंकड़। २. कंकड़। काँकर। ३. एक प्रकार का नीलम। *वि॰* १. कठोर। कड़ा। ***जैसे***—**कर्कराक्ष** (= कड़ी आँख वाला)। २. दृढ़। ३. करारा।

कर्क-नीहारिका—[सं॰] *स्त्री॰* (खगोल॰) आकाश गंगा की एक नीहारिका जो रोहिणी तारा से एक अंश उत्तर-पश्चिम में स्थित है।

कर्कश—[सं॰ कर्क + श] *वि॰* १. कठोर। कड़ा। सख़्त। २. निष्ठुर/दयाहीन या क्रूर (व्यक्ति)। ३. कटु/तीव्र (स्वर)। ४. उद्दंड/उग्र या कटुभाषी (व्यक्ति)। *पुं॰* १. तलवार। २. ईख। गन्ना। ✣

कर्केतन—[सं॰ कर्क √तन् + अच्] *पुं॰* एक रत्न। जमुर्रद। —(अं॰ बेरिल)

कर्कोट—[सं॰ √कर्क + ओट] *पुं॰* १. बेल का पेड़। २. पीले फूलों वाला एक शाक। ककोड़ा। खेखसा।

कर्ण—[सं॰ √कृ + न] *पुं॰* १. शब्द सुनने की इन्द्रिय या सुननेवाला अंग। कान। २. (नाव की) पतवार। (छन्द॰) एक सममात्रिक छन्द जिसके प्रत्येक चरण में ३० मात्राएँ होती हैं, १३-१६ पर यति होती है, अन्त में दो गुरु होते हैं। ● **विशेष**—इसके चौकलों में जगण निषिद्ध है। इसे कहीं 'सार्थ' (छन्द) भी कहा गया है। (गणित॰) १. समकोण त्रिभुज में समकोण के सामने की भुजा। २. चतुर्भुज आदि में आमने-सामने के कोनों को मिलाने वाली रेखा।

कर्णक—[सं॰ √कर्ण् + ण्वुल्] *पुं॰* १. (किसी वस्तु का) कान-जैसा बाहर निकला अंग। २. बर्तन इत्यादि को पकड़ने का कुंडा। ३. पेड़ की डालियाँ और पत्ते।

कर्ण-कुहर—[सं॰] *पुं॰* कान का छेद जिससे आवाज़ अन्दर जाती है।

कर्णग—[सं॰ कर्ण + ग] *पुं॰* शब्द। आवाज़। *वि॰* १. कान में पड़ा हुआ। कर्ण-स्थित। २. कान तक फैला हुआ। आकर्ण।

कर्ण-गूथ—[सं॰] *पुं॰* कान का मैल। कर्ण-मल।

कर्णधार—[सं॰ कर्ण~धार] *पुं॰* १. नाव की पतवार पकड़नेवाला नाविक। पतवारी। २. (लाक्षणिक) किसी संस्था आदि का नेतृत्व सँभालनेवाला।

कर्णपटह—[सं॰ कर्ण ~ पटह] *पुं॰* कान की नली के अन्त में स्थित एक धूसर सफ़ेद चमकदार पर्दा। कान का पर्दा।

कर्ण-परम्परा (कर्ण-परंपरा)—[सं॰] *स्त्री॰* एक से दूसरे और दूसरे से तीसरे इत्यादि तक बात फैलने की पद्धति।

कर्णपालि—[सं॰ कर्ण ~ पालि] *स्त्री॰* कान का निचला कोमल भाग। कान की लौर। कर्णपाली। ✣ **कर्णपाली**—*स्त्री॰* = १. कर्णपालि। २. कान का एक आभूषण। बाली।

कर्णपूर—[सं॰ कर्ण ~ पूर] *पुं॰* १. सिरिस का पेड़। २. अशोक वृक्ष। ३. नीला कमल। ४. कान का एक आभूषण। करनफूल।

कर्णशष्कुली—[सं॰ कर्ण ~ शष्कुली] *स्त्री॰* बाह्य कर्ण का बाहरी भाग जिसका आकार सीपी जैसा होता है और जिसमें छेद कराके स्त्रियाँ बालियाँ पहनती हैं।

कर्णशिरीष—[सं॰ कर्ण ~ शिरीष] *पुं॰* कान पर अलंकार की तरह रखा हुआ शिरीष पुष्प।

कर्णान्तिक (कर्णांतिक)—[सं॰ कर्ण ~ अन्तिक] *वि॰* कान के समीप स्थित।

कर्णाकर्णि—[सं॰ कर्ण ~ कर्ण + इच्, प्रथम 'कर्ण' → कर्णा] *क्रिवि॰* कानों-कान। कानाफूसी से।

कर्णाट—[सं॰ कर्ण √अट् + अच्] *पुं॰* कर्नाटक प्रदेश का प्राचीन

नाम। (संगीत॰) सम्पूर्ण जाति का एक राग।

कर्णादर्श—[स॰ कर्ण ~ आदर्श] *पु॰* कान का एक आभूषण। कर्णफूल।

***कर्णाधार**—*पु॰* ≤ *स॰* कर्णधार।

कर्णारि—[स॰ कर्ण ~ अरि] *पु॰* (कर्ण का शत्रु) अर्जुन।

कर्णार्बुद—[स॰ कर्ण ~ अर्बुद] *पु॰* (आयुर्वेद॰) कान का मस्सा।

कर्णिक—[स॰ कर्ण + ठन्] *वि॰* जिसके कान हों। कानों वाला। *पु॰* कर्णधार। मल्लाह। माझी। पतवारी।

कर्णिका—[स॰ कर्ण + कन् + टाप्, इत्व] *स्त्री॰* १. कान का 'बाला' नामक आभूषण। ताटंक। २. कमल का बीजकोष। पद्मबीजकोष। ३. हाथ की बीच की उँगली। मध्यमा। ४. (चित्रकार की) तूलिका। ५. हाथी की सूँड की नोक। ६. सफ़ेद गुलाब। सेवती।

कर्णिकार—[स॰ कर्णि √कृ + अण्] *पु॰* १. कनेर का वृक्ष या फूल। २. अमलतास वृक्ष या उसका फूल।

कर्णी—[स॰ कर्णिन्] *पु॰* १. कर्णधार। मल्लाह। २. अमलतास वृक्ष। ३. कनपटी। ४. गाँठोंवाला बाण। *वि॰* १. कानोंवाला। २. बड़े कानोंवाला। दीर्घकर्ण। ३. गँठीला। ४. पतवारवाला। *स्त्री॰* एक प्रकार का बाण।

कर्णोपकर्णिका—[स॰ कर्ण ~ उपकर्ण + ठन् + टाप्] *स्त्री॰* १. कानाफूसी करनेवाली स्त्री। २. किंवदन्ती। अफ़वाह।

कर्तन—[स॰ √कृत् + ल्युट्] *पु॰* १. कतरने या काटने की क्रिया/भाव। कतरना या काटना। २. सूत की कताई।

कर्तरि—[स॰ 'कर्तृ'] *पु॰* १. कर्ता में। २. कर्ता के अनुरूप। ✣ **कर्तरि प्रयोग**—*पु॰* (स॰ व्या॰) वह प्रयोग जहाँ क्रिया कर्ता के लिंग और वचन का अनुसरण करती है।

कर्तरी—[स॰ कर्त √रा + क, ङीष्] *स्त्री॰* १. क़ैंची। २. छुरी या कटार।

कर्तित—[स॰ √कृत् + क्त] *वि॰* जो कतरा/काटा गया हो। ● **विशेष**—(अलंकरण के लिए) तल पर तक्षणवाले तथा आग में पके मिट्टी के बर्तन को पुरातत्त्वीय शब्दावली में '**कर्तित मृद्भाण्ड**' कहा जाता है।

कर्तृक—[स॰ कर्तृ + कप्] *वि॰* (किसी के द्वारा) किया हुआ। *जैसे*—शिवकर्तृक = शिव द्वारा किया हुआ।

कर्तृत्व—[स॰ कर्तृ + त्व] *पु॰* १. कर्ता होने की अवस्था/स्थिति/गुण/धर्म/भाव। २. कार्य।

कर्तृप्रधान—[स॰ कर्तृ ~ प्रधान] *वि॰* जिसमें कर्ता प्रधान हो। कर्ता की प्रधानता वाला। ● **विशेष**—(क) किसी कार्य को करने की 'वस्तुपरक विधि' या 'व्यक्ति-निरपेक्ष विधि' (अ॰ आब्जेक्टिव मेथड) को '**कर्तृनिरपेक्ष विधि**' भी कहा जाता है। इसके विपरीत 'व्यक्ति-सापेक्ष विधि' को '**कर्तृसापेक्ष विधि**' (अ॰ सब्जेक्टिव मेथड) भी कहा जाता है। (ख) व्याकरण में जिस वाक्य में कर्ता के अनुसार क्रिया का लिंग और वचन होता है, उसे 'कर्तृप्रधान वाक्य' कहा जाता है।

कर्तृवाचक (कर्तृवाची)—[स॰ कर्तृ ~ वाचक/वाची (वाचिन्)] *वि॰* कर्ता को बतानेवाला (शब्द/पद)।

कर्तृवाच्य—[स॰ कर्तृ ~ वाच्य] *पु॰* वाक्य में क्रिया का वह प्रकार जिसमें कर्ता के लिंग और वचन के अनुसार क्रिया होती है। ● **विशेष**—वाच्य के तीन प्रकार हैं—**१. कर्तृवाच्य, २. कर्मवाच्य, ३. भाववाच्य।** सकर्मक क्रिया का वाक्य दो प्रकार से लिखा जा सकता है—१. राम रावण को देखता है (कर्तृवाच्य); २. रावण राम द्वारा देखा गया (कर्मवाच्य)। अकर्मक क्रिया का वाक्य भी दो प्रकार का होता है—१. राम गया। (कर्तृवाच्य)। और, २. राम के द्वारा गमन किया गया (भाववाच्य)।

कर्दम—[स॰ √कर्द् + अम्] *पु॰* १. कीचड़। कीच। २. मैल। कूड़ा। ३. पाप। ४. छाया। (रसायन॰) द्रव में ठोस के निलम्बन से बनी पतली लेई। गिलावा।

कर्पट—[स॰ कर् (√कृ + विच्) ~ पट] *पु॰* १. फटा-पुराना कपड़ा। चिथड़ा। गूदड़।

कर्पटिक/कर्पटी—[स॰ कर्पट + ठन्, कर्पटिन्] *वि॰* जो चिथड़े लपेटे हो। *पु॰* १. भिक्षुक। २. निर्धन व्यक्ति।

कर्पास—[स॰ √कृ + पास] *पु॰* कपास।

कर्पूरमणि—[स॰ कर्पूर ~ मणि] *पु॰* एक प्रकार का सफ़ेद पत्थर जो हाथ पर घिसे जाने पर तिनकों को आकर्षित करता है। तृणमणि।

कर्बुर—[स॰ √कर्ब् + उरच्] *वि॰* रंग-बिरंगा। चितकबरा। *पु॰* १. चितकबरा रंग। २. पाप। ३. धतूरा। ४. कचूर। ५. स्वर्ण। सोना। ६. जल।

कर्मकाण्ड (कर्मकांड)—[स॰ कर्मन् ~ काण्ड] *पु॰* १. वेद का एक विभाग जिसमें नित्य और नैमित्तिक कर्मों की विधि आदि वर्णित हैं। २. (ज्ञान और भक्ति से भिन्न) यज्ञ, संस्कार आदि बाह्य धार्मिक विधान। ३. धार्मिक कृत्य/कर्म। ४. शास्त्रों का वह भाग जिसमें धार्मिक कृत्यों का विधान वर्णित हो। ✣ **कर्मकाण्डकार (कर्मकांडकार)**—*वि॰* कर्मकांड करने वाला (व्यक्ति)। कर्मकांडी। ✣ **कर्मकाण्डपरता (कर्मकांडपरता)**—*स्त्री॰* = धार्मिक कर्मों में बहुत निष्ठा। ✣ **कर्मकाण्डवाद (कर्मकांडवाद)**—*पु॰* = १. यह विश्वास कि धार्मिक कर्मकांड से अभीष्ट प्राप्त हो जाता है। २. ज्ञान और भक्ति की अपेक्षा कर्मकांड को महत्त्व देना।

कर्मकार—[स॰ कर्म ~ कार] *पु॰* १. श्रमिक। मज़दूर। २. कारीगर।

कर्म कारक—[स॰] *पु॰* [व्या॰] (कर्ता आदि) कारकों का एक भेद। किसी पद की वह स्थिति जो कर्म होने पर प्राप्त होती है।

कर्मग्रन्थि (कर्मग्रंथि)—[स॰ कर्म ~ग्रन्थि] *स्त्री॰* (भा॰ दर्शन॰) अज्ञान से उत्पन्न वासना दोष से उत्पन्न कर्मों की गाँठ या बँधन जिसके कारण बार-बार जन्म-मरण होता रहता है।

कर्मचाण्डाल (कर्मचांडाल)—[स॰ कर्म ~ चाण्डाल] *पु॰* १. नीच कर्मों के कारण चाण्डाल के समान माना गया या माना जाने योग्य व्यक्ति।

कर्मचारी—[सं॰ कर्मचारिन्] *पु॰* किसी काम के लिए नियमित वेतन या मज़दूरी पर नियुक्त व्यक्ति। ⁘ **कर्मचारी-वर्ग**—*पु॰* = सरकार या किसी संस्था या कारखाने आदि में कार्य करने वाले कर्मचारियों का समूह। कर्मचारीवृन्द। कर्मचारीगण। (अं॰ स्टाफ़)

कर्मज—[सं॰ कर्म + ज] *वि॰* कर्म से उत्पन्न। *पु॰* कर्म-फल।

कर्मठ—[सं॰ कर्मन् + अठच्] *वि॰* १. कर्म में तत्पर। कर्मशील। कर्मण्य। कर्मनिष्ठ। क्रिया। क्रियाशील। २. कर्म-कुशल। कार्यकुशल। ⁘ **कर्मठता**—*स्त्री॰* = १. कर्मठ होने का गुण/अवस्था/भाव। कर्मण्यता। कर्मशीलता। सक्रियता। २. कर्मकुशलता। कर्मण्यता।

कर्मणा—[सं॰ कर्मन्] *क्रिवि॰* कर्म से। कर्म द्वारा। कर्मतः। ***जैसे***—मनसा वाचा कर्मणा (= मन से, वचन से और कर्म से) भारत-भक्ति करो।

कर्मणि—[सं॰ कर्मन्] १. कर्म में। २. कर्म के अनुसार। ⁘ **कर्मणि प्रयोग**— दे॰ 'कर्तरि प्रयोग'।

कर्मण्य—[सं॰ कर्मन् + यत्] *वि॰* कर्मठ। (दे॰) ∇ **विलोम**—अकर्मण्य। ⁘ **कर्मण्यता**—*स्त्री॰* = कर्मठता। ∇ **विलोम**—अकर्मण्यता।

कर्मतः—[सं॰ कर्मन् + तस्] *क्रिवि॰* कर्म से। कर्म द्वारा। कर्मणा।

कर्मधारय समास—[सं॰] *पु॰* (व्या॰) समास का एक भेद जिसमें प्रथम और द्वितीय पद क्रमशः विशेषण और विशेष्य या उपमेय और उपमान होते हैं। ***जैसे***—'नीलगगन' अथवा चन्द्रमुख में कर्मधारय समास है। ● **विशेष**—कर्मधारय समास का एक प्रकार **'मध्यमपदलोपी कर्मधारय'** होता है जिसमें मध्य का पद लुप्त हो जाता है। [**जैसे**—घृतान्न (घृतमिश्रित अन्न), बैलगाड़ी (बैलों से खींची जाने वाली गाड़ी)]।

कर्म-पाक—[सं॰ कर्मन् ~ पाक] *पु॰* पहले किए हुए कर्मों का फल।

कर्मयोग—[सं॰ कर्मन् ~ योग] *पु॰* १. योग का एक प्रकार। निष्काम भाव से कर्म करने का साधन-मार्ग। २. भगवद्गीता ग्रन्थ के तीसरे अध्याय का नाम।

कर्मवाच्य—[सं॰ कर्म ~ वाच्य] *स्त्री॰* (व्या॰) वाक्य-रचना का वह प्रकार जिसमें कर्म का प्रयोग कर्ता की तरह होता है और क्रिया कर्म के अनुसार होती है। ● **विशेष**—यह 'कर्तृवाच्य' और 'भाववाच्य' से भिन्न वाच्य है। (दे॰ कर्तृवाच्य)

कर्म-विपर्यय—[सं॰] *पु॰* १. कर्मों की निरन्तरता। कर्मों का अनुक्रम। २. कर्मों का उलट-फेर। कर्म-व्यतिक्रम।

कर्म-विपाक—[सं॰] *पु॰* पूर्व जन्मों में किए हुए कर्मों का फल।

कर्मवीर—[सं॰ कर्मन् ~ वीर] *वि॰* बाधाओं की चिन्ता न कर कर्तव्य-पालन करनेवाला। कर्मठ। २. जिसने प्रशंसनीय काम किए हों। ३. साहस से काम करनेवाला।

कर्म-सङ्कुल (कर्मसंकुल)—[सं॰ कर्मन् ~ सङ्कुल] कर्मों से पूर्ण। कर्ममय। **जैसे**—कर्म-संकुल समाज।

कर्म-सन्न्यास (कर्म-संन्यास)—[सं॰] *पु॰* धर्मशास्त्र में बताए गए कर्मकांड का विधिपूर्वक त्याग। ⁘ **कर्म-सन्न्यासी (कर्म-संन्यासी)**—कर्म-सन्न्यास करनेवाला।

कर्म-साक्षी—[सं॰ कर्मन् ~ साक्षिन्] *पु॰* १. कर्म विशेष को देखनेवाला या गवाह। २. प्राणियों के शुभ-अशुभ कर्म को देखनेवाले ९ साक्षी—सूर्य, चन्द्र, यम, काल, पृथ्वी, जल, अग्नि, वायु और आकाश।

कर्मा[1]—[< सं॰ 'कर्मन्'] *वि॰* (समासयुक्त पद के अन्त में प्रयुक्त) करनेवाला। ***जैसे***—दानकर्मा = दान करने वाला।

*__कर्मा__[2]—*पु॰* ≤ *सं॰* कर्म (कर्मन्)।

†**कर्र**—[देशज] *पु॰* एक पौधा जिसका लाल और पीला फूल 'क़ुसूम' (< सं॰ कुसुम्भ) कहलाता है।

कर्रा—[< सं॰ कराल] *पु॰* (जुलाहों का) सूत को फैलाकर तानने का काम।

†**कर्री**[1]—[< हिं॰ कर्रा] *स्त्री॰* कड़ी। करारी। ***जैसे***—कर्री चपत लगी।

†**कर्री**[2]—[देशज] *स्त्री॰* बड़े पत्तों वाली वनस्पति जो पशुओं के चारे के रूप में काम आती है।

कर्वट—[सं॰ √कर्व् + अट] *पु॰* १. ग्राम। गाँव। २. गाँव में लगनेवाला बाज़ार। ३. पहाड़ का ढाल।

कर्वर—[सं॰ √कृ + वरच्] *पु॰* १. राक्षस। २. व्याघ्र। बाघ। *वि॰* चितकबरा। ⁘ **कर्वरी**—*स्त्री॰* = १. राक्षसी। २. व्याघ्री। बाघिन। ३. दुर्गा (देवी)। ४. रात्रि। *वि॰, स्त्री॰* चितकबरी।

कर्शन—[सं॰ √कृश् + णिच् + ल्युट्] *पु॰* कृश/दुर्बल/क्षीण करने की क्रिया/भाव। ⁘ **कर्शित**—*वि॰* = १. जिसे कृश/दुर्बल/क्षीण कर दिया गया हो। २. शक्तिहीन। दुर्बल। क्षीण।

कर्ष—[सं॰ √कृष् + अच्/घञ्] *पु॰* १. आकर्षण। खिंचाव। २. रेखा खींचना। ३. एक पुरानी तोल जो ८० रत्ती की होती थी। ५. अपनी ओर खींचना। ६. घसीटना। ७. आपस का मनोमालिन्य। मन-मुटाव। ८. क्रोध। ९. खेत की जुताई।

कर्षी—[सं॰ कर्षिन्] *वि॰* १. खींचनेवाला। २. (खेत या भूमि को) जोतनेवाला।

कल[1]—[सं॰ √कल् + घञ्] *वि॰* १. अस्पष्ट, मधुर, मन्द और कोमल (ध्वनि)। ***जैसे***—पक्षियों का कलरव। २. सुन्दर। मनोहर। प्रिय।

कल[2]—[< प्रा॰ कल्ल < सं॰ कल्य] *स्त्री॰* १. सुख/चैन/शान्ति में रहने की अवस्था। ***जैसे***—कृष्ण के बिना यशोदा को किसी प्रकार से भी कल नहीं थी। २. सन्तोष/धैर्य की स्थिति।

कल[3]—[< सं॰ कला] *स्त्री॰* १. अवयव। अंग। २. यन्त्र। मशीन। ***जैसे***—नयी कलों के प्रयोग से कारख़ानों की उन्नति। ३. किसी यन्त्र का कोई पुरज़ा, पेंच आदि जिसे घुमाना/दबाना आदि यन्त्र को सक्रिय करने या सक्रियता नियंत्रित करने की युक्ति हो। ४. युक्ति। उपाय। तरकीब। ***जैसे***—छल और बल नहीं, कल से काम लो।

क़लई—[अरबी॰ क़लुई] *स्त्री॰* १. राँगा। २. राँगे का पतला लेप जो

पीतल आदि के बरतनों पर किया जाता है। ३. मुलम्मा। ४. चूना। ५. चूने से की हुई पुताई। ६. बाहरी चमक-दमक। बनावट। कृत्रिमता। ***वा०*(किसी की) क़लई खुलना, क़लई भंग होना**—१. रहस्य खुलना। २. वास्तविकता प्रकट होना। **(किसी की) क़लई खोलना, क़लई भंग करना**—रहस्य प्रकट करना। ✣ **क़लईगर**—*पु०* = क़लई करनेवाला।

कलक—[< अरबी क़लक़] *पु०* १. व्याकुलता। बेचैनी। २. पीड़ा। कष्ट। तकलीफ। ३. खेद। अफ़सोस। ***वा०*(किसी बात का) कलक होना**—१. दुःख होना। २. कार्य विशेष या कोई बात न कर पाने का। पछतावा होना।

कलकण्ठ (कलकंठ)—[स० कल ~ कण्ठ] *वि०* मधुर कंठ-स्वर वाला। *पु०* १. हंस। २. कबूतर। *स्त्री०* कोयल।

***कलकण्ठि (कलकंठि)**—[< स० कलकण्ठिनी] *स्त्री०* = कोकिल। कोयल।

***कलकना**[१]—[< हि० कल-कल] *क्रिम०* १. कल-कल करना। मधुर शब्द करना। २. ज़ोर से चिल्लाना। चीत्कार करना।

***कलकना**[२]—[< हि० कलक] *क्रिअ०* (किसी बात के लिए) कलक अनुभव करना। व्याकुलता/पीड़ा/खेद अनुभव करना।

कलकलाची—[< हि० काला] *स्त्री०* एक चमकीली काली चिड़िया जो दुबली-पतली फुर्तीली और कर्कश ध्वनियाँ करने वाली होती है और जिसकी लम्बीं दुम बीच से काफ़ी फटी हुई होती है। भुजंगा। कोतवाल। ● **विशेष**—यह ग्रामों में 'खुले स्थानों' पर तथा खेतों के आस-पास अकेली पायी जाती है और अनेक हानिकारक कीटों को खाने के कारण खेती के लिए लाभकारक होती है।

***कलकान**—[< हि० कलह] *वि०* दुःखी। परेशान।

***कलकानि**—[< हि० कलकान] *स्त्री०* १. दुःख/हैरानी/परेशानी की बात। २. कलह।

कल-कूजक—[स०] १. मधुर बोल बोलनेवाला। मधुरभाषी। २. मृदुभाषी।

कलगान—[स० कल ~ गान] *पु०* मधुर नाद। कलरव। ***जैसे***—कोकिल का कलगान।

कलग़ी—[तुर्की कलग़ी] *स्त्री०* १. पक्षियों के सिर पर निकला हुआ बालों का गुच्छा। पक्षियों की चोटी/शिखा। २. पक्षियों के बहुमूल्य पर जो पहले राजाओं आदि की पगड़ी में लगाए जाते थे। ३. सिर का एक आभूषण जो सोने और मोतियों से बनता है। ४. टोपी या पगड़ी में लगाया जानेवाला फुँदना या तुर्रा। (संगीत०) लावनी की एक तर्ज़। ● **विशेष**—इसका गायक कलगीबाज़ कहा जाता है।

कलघोष—[स० कल ~ घोष] *वि०* मधुर स्वर वाला। कलकंठ। *पु०* १. हंस। २. कबूतर। ३. कोकिल। *स्त्री०* कोयल। कोकिला।

कलङ्क (कलंक)—[स० √कल् + क्विप् + अङ्क] *पु०* १. धब्बा या दाग़, विशेषत: काला दाग। ***जैसे***—चन्द्रमा का कलंक। २. लांछन। दोष। ऐब। ३. दोष। त्रुटि। ४. अपयश। बदनामी। ५. पारा (पारद) की कजली। ***वा०*कलंक का टीका**—अपयश। लांछन। **कलंक का टीका लगाना**—बदनाम करना। **कलंक की कोठरी बनना/होना**—भारी बदनामी होना। **कलंक चढ़ना/लगना**—कलंकित/बदनाम होना। **कलंक चढ़ाना/देना/लगाना**—बदनाम करना। **कलंक धोना**—अपयश को दूर करना।

कलङ्ककला (कलंककला)—[स० कलङ्क ~ कला] *स्त्री०* चन्द्रमा का काला चिह्न।

कलङ्कधर (कलंकधर)—[स० कलङ्क ~ धर] *पु०* चन्द्रमा।

कलङ्काङ्क (कलंकांक)—[स० कलङ्क ~ अङ्क] *पु०* चन्द्रमा का काला धब्बा।

कलङ्गड़ा (कलंगड़ा)—[< स० कलिङ्ग] *पु०* तरबूज़। (संगीत०) राग।

†कलङ्गी (कलंगी[१] **), कलङ्गो (कलंगो)**—[देशज] *स्त्री०* जंगली या पहाड़ी भाँग।

कलचिड़ी—[< हि० काली + चिड़िया] *स्त्री०* काले पेट वाली एक चिड़िया जिसकी चोंच लाल होती है।

कलछुरी—[< हि० काला] *स्त्री०* एक छोटी और काली चिड़िया जिसके जोड़े नगरों व ग्रामों के समीप, पथरीले झाड़-झंखाड़ वाले स्थानों में, घूमते रहते हैं।

कलजिह्वा (कलजिह्वा)—[< हि० काली + स० जिह्वा] *वि०* १. काली जीभ वाला (पशु)। २. (वह मनुष्य) जिसकी कही अशुभ बातें ठीक निकलती हों।

कलझँवाँ—[< हि० काला + झाँवाँ] *वि०* १. झाँवें के समान काला। गहरा काला। २. जो झुलसा हुआ-सा लगे।

कलठोरा—[< हि० काला + ठोर] *वि०* काली चोंच वाला। *पु०* काली चोंच वाला सफ़ेद कबूतर।

***कलत्थना**—[देशज] *क्रिअ०* १. विकल होना। २. दुःखी होना/छटपटाना।

कलत्र—[स० √गड् + अत्रन्, ग→क, ड→ल] *स्त्री०* पत्नी।

कलत्रोचित—[स० कलत्र ~ उचित] *वि०* नारियों में स्वभावत: होने वाला। नारीसुलभ।

कलदार—[फा०] *पु०* १. मशीन से बना रुपया। २. रुपए का सिक्का। *वि०* ३. पेंच लगा हुआ।

कलदुमा—[< हि० काला + फा० दुम] *वि०* काली पूँछ वाला। ***जैसे***—कलदुमा पक्षी।

कलधुनि—[< स० कल + ध्वनि] *स्त्री०* १. कल-कल ध्वनि। २. कोमल मधुर ध्वनि।

कलधौत—[स० कल ~ धौत] *पु०* १. स्वर्ण। सोना। २. चाँदी। ३. मन्द और मधुर ध्वनि। *वि०* १. सुनहला। २. चाँदी के समान सफ़ेद। रुपहला।

कलध्वनि—[स० कल ~ ध्वनि] *वि०* मधुर [illegible]नि करनेवाला। *पु०* १. हंस। २. कबूतर। ३. कोकिल। *स्त्री०* १. मधुर धीमा स्वर। २. हल्की मीठी बोली। ? कोकिला। कोयल।

कलन—[सं॰ √कल् + ल्युट्] *पु॰* १. ग्रहण। पकड़। २. अच्छी तरह जानना। समझना। ३. गणना करना। हिसाब लगाना। गणन। ४. दोष। ५. अपराध। त्रुटि। ६. धब्बा। दाग़। ७. शब्द। रव। ८. रचना। करने की क्रिया/भाव। रचना। बनावट। (चिकित्सा॰) (गर्भ का) प्रथम रूप (जिसका विकसित रूप 'कलल' कहा जाता है)। गणित की एक शाखा जिसमें फलनों (अं॰ फंक्शन्स) के अवकलन, समाकलन (अं॰ इन्टीग्रेशन) और उनसे सम्बद्ध संकल्पनाओं तथा अनुप्रयोगों का अध्ययन होता है। (अं॰ कैल्क्युलस)

कलना[१]—[सं॰ √कल् + युच् + टाप्] *स्त्री॰* १. ग्रहण। पकड़। २. ज्ञान। समझ। ३. सुन्दर रचना/बनावट।

कलना[२]—[< सं॰ कलन] *क्रिस॰* १. कलन करना। गिनना। २. हिसाब लगाना।

कलन्दर (कलंदर)—[फा॰] *पु॰* १. एक प्रकार का मुस्लिम फ़क़ीर या साधु। २. (भालू या बन्दर नचानेवाला) मदारी। ३. मस्त मनुष्य।

***कलप[१]**—[< सं॰ कल्प] *पु॰* १. कल्प। ब्रह्मा का एक दिन। एक हज़ार चतुर्युगी का समय। २. रचना।

***कलप[२]**—[< सं॰ कलाप] *पु॰* समूह। झुंड।

***कलप[३]**—[< हिं॰ कलपना] *पु॰* १. कलपने की क्रिया/भाव। २. दुःख।

कलपनी—[< सं॰ कल्पनी] *स्त्री॰* कतरनी। क़ैंची।

कलपोटिया—[< हिं॰ काला + पोटा] *स्त्री॰* एक पक्षी जिसका पोटा (आँख के ऊपर का पलक) काला होता है।

कलप्पा—[< मलया॰ कलपा (= नारियल)] *पु॰* कभी-कभी नारियल में मिलनेवाला एक नीलाभ सफ़ेद और कठोर पदार्थ। ● **विशेष**—चीन में इसे '**नारियल का मोती**' कहते हैं।

कलफ़—[देशज] *पु॰* धुले कपड़े में लगाया जाने वाला माँड़। ✣ **कलफ़दार**—*वि॰* = जिसमें कलफ़ लगाया गया हो।

कलबल[१]—[< सं॰ कला ~ बल] *पु॰* १. उपाय। दाँव-पेंच। २. श्रृंगार। सज्जा।

कलबल[२]—[अनु॰] १. कोलाहल। शोर। २. अस्पष्ट शब्द।

कलबूत—[< फा॰ काल्बुद] *पु॰* १. साँचा। २. जूता सीने का ढाँचा जो लकड़ी का बना होता है। ३. टोपी बनाने का ढाँचा जो लकड़ी, टीन या मिट्टी का बना होता है।

कलभ—[सं॰ √कल् + अभच्] *पु॰* १. पाँच वर्ष तक का हाथी का बच्चा। २. हाथी। ३. ऊँट का बच्चा। ४. ऊँट। ५. धतूरे का वृक्ष।

क़लमकार—[अरबी क़लम + फा॰ कार] *पु॰* १. लेखक। २. चित्रकार। ३. लेखनी से कलात्मक या दस्तकारी का काम करनेवाला।

क़लमना—[< हिं॰ क़लम] *क्रिस॰* १. (पेड़-पौधे की) क़लम काटना। २. टुकड़े कर देना। तराशना।

क़लमबन्द (क़लमबंद)—[अरबी क़लम + फा॰ बन्द] *वि॰* लिखा हुआ। लिपिबद्ध। लिखित।

कलमलना/कलमलाना—[अनु॰] *क्रिअ॰* १. इधर-उधर से अधिक दबने के कारण अंगों का आगे-पीछे की ओर हिलना-डुलना। ***जैसे***—बोझ के कारण पीठ कलमलाने लगी। २. कसमसाना। ३. तिलमिलाना। ४. व्याकुल होना। बेचैन होना। घबराना।

कलमा—[अरबी] *पु॰* १. वाक्य। वचन। २. इस्लाम में मान्य एक अरबी वाक्य जिसका भावार्थ है कि ईश्वर एक है और मुहम्मद उसके सन्देशवाहक हैं। ***वा॰* कलमा पढ़ना**—मुसलमान बन जाना।

***कलमास**—[< सं॰ कल्माष] *वि॰* चितकबरा।

क़लमी—[अरबी] *वि॰* १. क़लम-सम्बन्धी। क़लम का। २. हाथ से लिखा हुआ। हस्तलिखित। ३. (फ़ोटो आदि से भिन्न) चित्र जो तूलिका से अंकित हो। ४. (वृक्ष की शाखा की) क़लम लगाने से उत्पन्न (फल या फूल)। ***जैसे***—क़लमी आम।

कलम्ब (कलंब)—[सं॰ √कल् + अम्बच्] *पु॰* १. बाण। तीर। २. शाक (सब्ज़ी) का डंठल। ३. कदम्ब वृक्ष। ४. सरसों। ५. शर। सरपत।

कलम्बक—[सं॰ कलम्ब + कन्] *पु॰* पीले रंग की लकड़ी वाला एक प्रकार का चन्दन वृक्ष। पीला चन्दन। हरिचन्दन।

कलम्बिका (कलंबिका)—[सं॰ कलम्ब + ङीप् कलम्बी √कै + क + टाप्, ह्रस्व] *स्त्री॰* १. करेमू। (दे॰) २. गर्दन की पिछली नस (जिसे संस्कृत में 'मन्या' कहा जाता है)।

कलरव—[सं॰ कल ~ रव] *पु॰* १. मधुर ध्वनि। २. पक्षियों की चहचहाहट की ध्वनि जो कर्णप्रिय होती है।

कलरिन—[< हिं॰ कल्लर] *स्त्री॰* (जोंक लगानेवाली) कल्लर जाति की स्त्री।

कलरिया—[देशज] *पु॰* अरहर में लगनेवाला एक कीड़ा।

कलल—[सं॰ √कल् + कलच्] *पु॰* (चिकित्सा॰) गर्भ का आरम्भिक रूप। ● **विशेष**—यह 'कलन' का विकासित रूप है। (दे॰ कलन)

कलवादिता—[सं॰ कल ~ वादिता] मधुर ध्वनि। ***जैसे***—कलित नूपुर की कलवादिता।

कलवार—[< प्रा॰ कल्लपाल < सं॰ कल्यपाल] *पु॰* १. शराब बनाने और बेचने का पेशा करनेवाली उपजाति। कलाल। २. उक्त जाति का व्यक्ति। ✣ **कलवारिन**—*स्त्री॰* = कलवार उपजाति की स्त्री।

कलविङ्ग (कलविंग)—[< सं॰ कलविङ्क] *पु॰* चटक/गौरैया पक्षी।

कलवीर—[देशज] *पु॰* भाँग के पौधे जैसा एक वृक्ष जिसकी जड़ रेशम पर पीला रंग चढ़ाने में काम आती है।

कलश—[सं॰ कल √शु + ड] *पु॰* १. (मिट्टी/धातु आदि का बना) घड़ा। कलसा। २. मन्दिर के शिखर पर लगा हुआ घड़े के आकार का बड़ा कंगूरा। *वि॰* श्रेष्ठ। ***जैसे***—कुल-कलश।

***कलसजोनि**—[< सं॰ कलस ~योनि] *पु॰* घटयोनि। अगस्त्य (ऋषि)।

कलसभव—[< सं॰ कलशभव] *पु॰* अगस्त्य ऋषि।

कलसिरा[१]—[< स॰ क्लेश] *वि॰* झगड़ालू (व्यक्ति)। ✣ **कलसिरी**[१]—स्त्री॰ = झगड़ालू *स्त्री*।

कलसिरी[२]—[< हि॰ काला + सिर] *स्त्री॰* काले रंग के सिर वाली एक चिड़िया।

कलसी—[स॰ कलस + ङीष्] *स्त्री॰* छोटा कलश। छोटा घड़ा। गगरी।

कलस्वर—[स॰ कल ~ स्वर] *पु॰* १. प्रिय या मधुर स्वर। २. गुंजन। भिनाभिनाहट। **जैसे**—भ्रमरों का कलस्वर।

कलहनी—[< स॰ कलहिनी] *वि॰* (*स्त्री॰*) झगड़ा करनेवाली। *स्त्री॰* प्रायः कलह करनेवाली स्त्री।

कलहंस—[स॰ कल ~ हंस] *पु॰* १. राजहंस। २. हंस। ३. परमात्मा। (छन्द॰) एक समवर्णिक छन्द जिसके प्रत्येक चरण में क्रमशः सगण, जगण, दो सगण और गुरु (स ज स.स ग) के योग से १३ वर्ण होते हैं। ● **विशेष**—कलहंस छन्द के अन्य नाम कुटजा, नन्दिनी, सिंहनाद इत्यादि हैं। ✣ **कलहंसिनी**—*स्त्री॰* = राजहंसिनी या हंसिनी।

कलहान्तरिता (कलहांतरिता)—[स॰ कलह ~ अन्तरिता] *स्त्री॰* (काव्य॰) अपने प्रिय (पति या नायक) का अपमान करने के बाद पछतानेवाली नायिका।

कलहास—[स॰ कल ~ हास] *पु॰* मन्द और मधुर ध्वनि वाली हँसी।

कलहिनी—[स॰ कलहिन् + ङीप्] *स्त्री॰* झगड़ालू स्त्री।

कला—[स॰ √कल् + अच् + टाप्] *स्त्री॰* १. किसी वस्तु का बहुत छोटा अंश। **उदा॰** सब पहचाने से लगते अपनी ही एक कला से। —प्रसाद (कामा॰, आनन्द) २. चान्द्रमास में किसी दिन चन्द्रमंडल की पृथ्वी से दिखलायी देने वाली दीप्ति की स्थिति। ● **विशेष**—पूर्णिमा को चन्द्रमा की षोडश कलाएँ होती हैं और अमावस्या को केवल एक कला। अमावस्या के बाद कलाएँ बढ़ती हैं और पूर्णिमा के बाद घटती हैं। ३. (उक्त के कारण) १६ की संख्या। ४. बुध/शुक्र आदि के मंडल की पृथ्वी से दिखायी देने वाली दीप्ति की स्थिति। ५. कोणीय नाप के एक अंश का साठवाँ भाग। [● **विशेष**—एक राशि में ३० अंश होते हैं, १ अंश में ६० कला और १ कला में ६० विकला। ग्रहों की स्थिति को इन्हीं के द्वारा व्यक्त किया जाता है। *जैसे*—इस समय सूर्य की स्थिति ३ राशि ११ अंश ५ कला ८ विकला है। (अ॰ मिनिट)] ६. आकाशमंडल में सूर्य के प्रतीत होने वाले परिभ्रमण के मार्ग में प्रत्येक राशि का अंश जो लगभग १ महीने में पूरा होता है। [● **विशेष**—इसी कारण सूर्य की १२ कलाएँ कही जाती हैं। ७. घटी/घड़ी का पन्द्रहवाँ भाग। ९६ सेकंड।] ८. ललित गुण। *जैसे*—प्राचीन ग्रन्थों में वर्णित चौंसठ कलाएँ। ९. ललित कार्य। *जैसे*—चित्र-कला; काव्य-कला। १०. निपुणता। कौशल। ११. चतुराई। १२. माया। छल। कपट। १३. विद्या। कारीगरी। हुनर। १४. गुण। विशेषता। १५. विभूति। तेज। प्रभाव। १६. शक्ति। सामर्थ्य। *जैसे*—कला-पूर्ण परमात्मा। १७. शोभा। छटा। १८. प्रभा। ज्योति। कान्ति। १९. तरंग। लहर। २०. युक्ति। उपाय। *जैसे*—तुम्हारी कोई कला यहाँ नहीं चलेगी। २१. नट/बाजीगर आदि का अनोखा कार्य या करतब। कौतुक। लीला। खेल। (छन्द॰) १. मात्रा। २. चार वर्णों का एक समवर्णिक छन्द जिसके प्रत्येक चरण में क्रमशः भगण और गुरु के योग से ४ वर्ण होते हैं। (शैव॰) ईश्वर की संकुचित कर्तृत्व-शक्ति। जो सृष्टि-विकास का एक तत्त्व है और जीव को आवृत करनेवाले षट्कंचुकों में से एक है। (चिकित्सा॰) कुछ अंगों के तल और शरीर की गुहाओं की अन्तःस्थ परत को ढँकनेवाला एक पतला और लचीला ऊतक। झिल्ली। (अ॰ मेम्ब्रेन) **वा॰** **कला करना**—(नट आदि का) अपने करतब दिखाना।

कलाई—[< स॰ कलाची, या < प्रा॰ कलाइआ < स॰ कलाचिका] *स्त्री॰* मणिबन्ध। पहुँचा।

कलाकन्द (कलाकंद)—[< फा॰ कलाँ ~ कन्द] *पु॰* खोए से बननेवाली एक प्रकार की मिठाई।

कला-कलित—[स॰] *वि॰* १. कलायुक्त। कलात्मक। कलापूर्ण। २. चौंसठ कलाओं की जानकारी से युक्त।

कला-कोण—[स॰] *पु॰* (खगोल॰) किसी क्षण पर किसी ग्रह और पृथ्वी को जोड़नेवाली रेखा और उस ग्रह को सूर्य से जोड़नेवाली रेखा के बीच के कोण का ऋजु कोण (१८०°) से अनुपात। (अ॰ फ़ेज़ ऐंगल)

कला-क्षय—[स॰] १. क्रमशः होने वाला ह्रास। धीरे-धीरे होनेवाली कमी। २. कृष्ण पक्ष में चन्द्रमा की कलाओं का क्रमशः होनेवाला ह्रास।

कला-तत्त्व—[स॰] *पु॰* कला के आधार जो किसी कला-कृति के अंग होते हैं। *जैसे*—धरातल का महत्त्व। बिन्दु, रेखा, रंग, तकनीक, लय आदि कला तत्त्वों का महत्त्व। (अ॰ आर्ट एलिमंट)

†**कलादा**—[देशज] *पु॰* १. हाथी की गर्दन का वह भाग जिस पर महावत बैठता है।

कलाधर—[< स॰ कला √धृ + अच्] *पु॰* १. कला को धारण करनेवाला। २. कला का ज्ञाता। कलाकार। *पु॰* १. चन्द्रमा। २. शिव। (छन्द॰) दण्डक छन्द का एक भेद जिसमें गुरु और लघु के क्रम से १५ गुरु और १५ लघु के बाद अन्त में एक गुरु होता है।

†**कलाना**—[देशज] *क्रि॰स॰* भूनना/पकाना या तलना।

कला-नाथ—[स॰] *पु॰* १. कला का स्वामी। कलाकार। २. चन्द्रमा।

कलाप—[< स॰ कला √आप् + अण्/घञ्] *पु॰* १. एक ही प्रकार की अनेक वस्तुओं का समूह। समुदाय। *जैसे*—कार्य-कलाप। २. (घास आदि का) गट्ठर। गट्ठा। ३. मोर की पूँछ। ४. तूणीर। तरकश। ५. बाण। ६. चन्द्रमा। ७. आभूषण। ८. (स्त्री की) करधनी या कमरबन्द। ९. (कलाई पर बाँधने का) कलावा। १०. बुद्धिमान् मनुष्य। ११. एक ही छन्द में रचित संस्कृत की पद्य-रचना।

कलापक—[स॰ कलाप + कन्] *पु॰* १. (घास आदि का) गट्ठा। गट्ठर। २. करधनी या कमरबन्द। ३. हाथी के गले की रस्सी।

४. माथे पर का तिलक विशेष। ५. मोतियों की माला। ६. किसी एक विषय पर रचित चार संस्कृत-श्लोक जिनका सामूहिक अन्वय हो।

कलापिनी—[< सं॰ कलापिन् + ङीप्] *स्त्री॰* १. मयूरी। मोरनी। २. रात्रि। रात।

कलापी—[सं॰ कलापिन्] *पु॰* १. मोर। २. कोयल। ३. वटवृक्ष। *वि॰* १. तरकशधारी। २. झुंड में रहनेवाला।

कलाबत्तू—[< तुर्की कलाबतून] *पु॰* सूती/रेशमी डोरा जिस पर सोने/चाँदी के तार घने रूप में लपेट दिए गए हों। ● **विशेष**—कलाबत्तू से बनी गोटा, डोरी आदि अनेक प्रकार की वस्तुएँ बनती हैं।

कलाबीन—[देशज] *पु॰* असम में उत्पन्न एक ऊँचा वृक्ष जिसके फलों का तेल औषधोपयोगी होता है।

कलाभवन—[सं॰ कला ~ भवन] *पु॰* १. चित्रशाला। (दे॰) २. कलात्मक वस्तुओं की रचना या प्रदर्शन करने का भवन/इमारत।

कलाम—[अरबी] *पु॰* १. उक्ति। वचन। कथन। २. रचना। ३. बातचीत।

कलाम मजीद, कलाम पाक—[अरबी] *पु॰* (इस्लामी धर्मग्रन्थ) पवित्र क़ुरान।

कलार (कलाल)—[< प्रा॰ कल्लाल < सं॰ कल्यपाल] *पु॰* कलवार। (दे॰) ✣ **कलारी**—*स्त्री॰* = १. कलवार स्त्री। २. शराब बनाने या बेचने का स्थान। ✣ **कलालख़ाना**—*पु॰* = मद्यशाला। शराबघर।

कलालाप—[सं॰ कल ~ आलाप] *पु॰* मधुर आलाप। मीठी बोली।

कलावती—[< सं॰ कला + मतुप् + ङीप्] *स्त्री॰* १. कलाकार स्त्री। २. कलाओं की विदुषी/विशेषज्ञ।

कलावन्त (कलावंत)—[< सं॰ कलावान्] *पु॰* १. विधिवत् शिक्षाप्राप्त गायक या वादक। गवैया। २. कुशल ध्रुपद-गायक। ३. कलाकार। कलावान्। ४. किसी कला में निपुण। कला का विशेषज्ञ। ५. कलात्मक ढंग से कार्य करनेवाला व्यक्ति। ६. कलाबाज़। नट।

कलावा—[< सं॰ कलापक] *पु॰* १. सूत की लच्छी/गोला। २. मांगलिक अवसरों पर कलाई में या कलश आदि में बाँधा जाने वाला लाल-पीला रँगा हुआ कच्चे सूत का डोरा।

कलावाद—[सं॰ कला ~ वाद] (काव्य॰) 'कला का उद्देश्य कला' मानने का मत जिसके अनुसार कलाकार के लिए सौन्दर्य-सृष्टि और सौन्दर्यानुभूति का ही महत्त्व है, नैतिकता या उपयोगिता का नहीं।

कलाँ—[फा॰] *वि॰* विस्तार/आकार में बड़ा। ● **विशेष**—अनेक ग्रामों के नामों के साथ '**कलाँ**' और '**ख़ुर्द**' का प्रयोग क्रमशः 'बड़ा' और 'छोटा' के अर्थ में होता है। ***जैसे***—कोसी कलाँ, रामपुरा ख़ुर्द।

कलाँच—[< तुर्की कल्लाच] *वि॰* १. अंशभूत। २. दरिद्र। निर्धन।

कलि[१]—[सं॰ √कल् + इन्] *पु॰* १. (सतयुग, त्रेता, द्वापर के बाद का) चौथा युग। कलियुग। २. अक्ष (पाँसे) का वह पार्श्व जिस पर एक बिन्दी अंकित हो। ३. झगड़ा। युद्ध। ४. निकृष्ट मनुष्य। दुष्ट व्यक्ति। *स्त्री॰* (फूल की) कली। कलिका। *वि॰* काला।

***कलि**[२]—[< हि॰ कल (= सुख)] *क्रिवि॰* चैन से। सुखपूर्वक।

कलिका—[सं॰ कलि + कन् + टाप्] *स्त्री॰* १. (फूल की) कली। ***जैसे***—कुसुम-कलिका। २. वीणा या सितार के मूल का भाग।

कलिकारक—[सं॰ कलि ~ कारक] *वि॰* १. झगड़ालू। २. झगड़ा करानेवाला। *पु॰* नारद (ऋषि)।

कलिङ्ग (कलिंग)—[< कलि √गम् + ड] *पु॰* १. तरबूज़। २. भारत का एक प्राचीन राज्य।

कलिङ्गड़ा (कलिंगड़ा)—[< सं॰ कलिङ्ग] *पु॰* १. तरबूज़। २. कलिंग देश का निवासी।

कलिन्द (कलिंद)—[सं॰ कलि √दा + खच्, मुम्] *पु॰* १. सूर्य। २. बहेड़े का वृक्ष। ३. तरबूज़। ४. एक पर्वत जिससे यमुना निकलती है। ● **विशेष**—यमुना नदी '**कलिन्द**' पर्वत से निकलती है अतः उसे '**कलिन्द-कन्या/कलिन्दिनी/कलिन्दी/कालिन्दी**' भी कहा जाता है।

कलित—[सं॰ √कल् + क्त] *वि॰* १. विभूषित। २. युक्त। ३. रचित। ***जैसे***—कनक कलित। ३. सुन्दर। ***जैसे***—कलित कल्पना। ४. गणना किया हुआ। परिगणित। ५. अस्पष्ट मधुर ध्वनि से युक्त।

कलितरु—[सं॰ कलि ~ तरु] *पु॰* १. पापरूपी वृक्ष। २. बबूल का वृक्ष।

कलिप्रिय—[सं॰ कलि ~ प्रिय] *वि॰* १. झगड़ालू। २. दुष्ट स्वभाव वाला। *पु॰* नारद (ऋषि)।

कलिमल—[सं॰ कलि ~ मल] *पु॰* १. कलियुग का दोष। पाप। २. कालापन। कलुष। कालिमा।

कलियाना—[< सं॰ कली] *क्रिअ॰* १. नई कलियाँ आना। २. पक्षियों का नए परों वाला होना।

कलियुग—[सं॰ कलि ~ युग] *पु॰* (ज्योतिष) १. चार युगों की कालगणना में अन्तिम युग। द्वापर के बाद का युग। ● **विशेष**—इसकी कुल अवधि ४,३२,००० वर्ष होती है। २. ऐसा समय जिसमें जनता प्रायः अधार्मिक तथा स्वार्थी होती है। ● **विशेष**—वर्तमान कलियुग का आरम्भ ३१०२ ई॰ पू॰ में हुआ था।

कलियुगाद्या (कलियुगाद्या)—[सं॰ कलियुग ~ आद्या] *स्त्री॰* वर्तमान कलियुग आरम्भ होने की तिथि। माघ पूर्णिमा।

कलिल—[सं॰ √कल् + इलच्] *वि॰* १. मिला-जुला। मिला हुआ। मिश्रित। २. घना। ३. भरा हुआ। ४. ढका हुआ। ५. गहन। ६. दुर्गम। ७. प्रभावान्वित। ८. अभेद्य। *पु॰* १. राशि। ढेर। ३. समूह। झुंड। ४. भ्रम।

कलिहारी[१]—[सं॰ कलि √हृ + अण् + ङीप्] हल्दी के गुल्म के सदृश एक प्रकार का गुल्म जिसका कन्द अदरक के समान होता है। कलियारी।

कलिहारी[२]—[सं॰ कलिहारिन्] *वि॰* झगड़ालू स्त्री।

कलीरा—[देशज] *पु॰* कौड़ियों, मेवा आदि को पिरोकर विवाह, उत्सव आदि के अवसर पर उपहार में दी जाने वाली माला।

कलीसा—[< यूनानी इकलीसिया] *पु॰* ईसाई उपासनाघर। गिरजाघर।

कलींदा (कलींदा)—[< सं॰ कलिन्द] *पु॰* तरबूज़।

*__कलु__—[< हि॰ कल] सुख। चैन।

कलुआबीर—[< हि॰ काला + सं॰ वीर] *पु॰* झाड़-फूँक करनेवालों द्वारा सिद्ध एक प्रेतात्मा।

कलुष—[सं॰ √कल् + उषच्] *पु॰* १. मलिनता। मैल। गन्दगी। २. पाप। ३. कलंक। ४. दोष। ५. क्रोध। ६. अपवित्रता। *वि॰* १. मलिन। मैला। गँदला। २. पापी। ३. कलंकित। ४. अपवित्र। ५. दुष्ट। ६. काला।

कलुषचेता—[सं॰ कलुषचेतस्] *पु॰* १. जिसके मन में पाप हो। २. बुरे कामों में प्रवृत्ति वाला।

*__कलेउ/कलेऊ__—[< प्रा॰ कल्लेउय < सं॰ कल्यवर्त] *पु॰* प्रातःकाल का जलपान। कलेवा।

कलेजई—[< हि॰ कलेजा] *पु॰* कसीस, मजीठ आदि को मिलाकर बनाया जाने वाला। काला मिला लाल रंग। *वि॰* काला-लाल मिश्रित रंग का।

कलेवर—[सं॰ कले ~ वरम्, अलुक् समास] *पु॰* १. शरीर। २. आकार। डील-डौल। ३. ऊपरी ढाँचा। ४. देवता की मूर्ति पर चढ़ाने में प्रयुक्त घी मिला हुआ सिन्दूर। ***जैसे***—हनुमान की मूर्ति पर कलेवर चढ़ाना। ***वा॰* कलेवर बदलना**—१. स्वर्गवास होना। २. पुराना वस्त्र उतारकर नया वस्त्र पहनना। ३. नया रूप लेना। ४. चिकित्सा आदि से रोगी शरीर का पूर्ण नीरोग होना।

कलेवा—[< सं॰ कल्यवर्त] *पु॰* १. प्रातःकाल का जलपान। २. मार्ग में खाने के लिए साथ लिया गया भोजन। ३. विवाह में एक रीति। कुँवर कलेवा।

*__कलेस__[१]—[< सं॰ क्लेश] *पु॰* १. क्लेश। दुःख। कष्ट। २. योगसाधना में बाधक पाँच क्लेश (अविद्या आदि)। ✣ **कलेसकारी**—*वि॰* = १. क्लेश/कष्ट देने वाला। २. क्लेश/झगड़ा करने वाला। ✣ **कलेसहर/कलेसहारी**—*वि॰* क्लेश समाप्त/नष्ट करने वाला। दुःख दूर करने वाला।

*__कलेस__[२]—[< सं॰ कलेश (कला ~ ईश)] *पु॰* १. कलाओं का स्वामी। २. परमात्मा। ईश्वर।

*__कलै__—[< हि॰ कल] *क्रिवि॰* १. अवसर पर। २. सुख-चैन से। ३. अपनी इच्छा से। स्वेच्छापूर्वक।

†**कलोर**[१]—[< प्रा॰ कल्होडी] *स्त्री॰* वह गाय जो अभी गाभिन न हुई हो। जवान बछिया। तरुण बछड़ा।

*__कलोर__[२]—[< सं॰ कल्लोल] *स्त्री॰* १. तरंग। लहर। २. मस्ती। मौज। ३. क्रीड़ा।

कलोल—[< सं॰ कल्लोल] *स्त्री॰* १. तरंग। लहर। २. क्रीड़ा। ३. मस्ती। मौज। *वि॰* मनोहर।

कलौंजी (कलौंजी)—[< हि॰ काला + जाजी] *स्त्री॰* १. मंगरैल नामक पौधा जिसके बीज मसाले में काम आते हैं। २. मसाला भरकर तली हुई भिंडी, बैंगन आदि। ३. प्याज़ के बीज जो छौंक में काम आते हैं। ४. कच्चे आम की भाजी विशेष जिसे कहीं-कहीं **'लौंजी'** कहा जाता है।

कलौंस (कलौंस)—[< हि॰ काला] *स्त्री॰* १. हल्की कालिमा। २. कालिख। स्याही। ३. कलंक।

कल्क[१]—[सं॰ √कल् + क] *पु॰* १. तेल आदि के नीचे जमने वाली तलछट या मैल। काँइट। किट्ट। २. कान का मैल। ३. पाप। ४. दम्भ। ५. कपट। ६. पाप। *पु॰* (आयुर्वेद॰) किसी वस्तु का कुछ जल मिलाकर पीसा हुआ चूर्ण। ✣ **कल्क कषाय**—ताज़ी हरी वनस्पति को जल से धोकर पीसने से (अथवा रूखी वनस्पति को जल मिलाकर पीसने से) प्राप्त चूर्ण जो खाने के लिए रोगी को दिया जाता है। ✣ **कल्क प्रक्षेप**—*पु॰* = उक्त रीति से बनाया गया चूर्ण जो घी, तेल, आसव आदि में मिलाकर खाने के लिए रोगी को दिया जाता है।

कल्प—[सं॰ √कृप् + णिच् + अच्/घञ्] *वि॰* १. लगभग बराबर, बहुत थोड़ा कम। ***जैसे***—देवकल्प। २. उचित। योग्य। ठीक। ३. होने योग्य। सम्भव। साध्य। ४. (समासयुक्त पद के अन्त में प्रयुक्त) लगभग समान/तुल्य। सदृश। ***जैसे***—ऋषिकल्प। *पु॰* १. (शिक्षा, व्याकरण, निरुक्त आदि छह) वेदांगों में से एक जिसमें यज्ञों, संस्कारों आदि की विधियाँ वर्णित होती हैं। २. (धर्मशास्त्रों के अनुसार) धार्मिक कर्तव्यों का विधि-विधान। ३. (भारतीय काल-गणना में) ब्रह्मा का एक दिन (या एक हज़ार चतुर्युग) जो ४,३२,००,००,००० सौर वर्षों के बराबर है। ४. (लाक्षणिक) बहुत बड़ा कालखंड। **उदा॰** निमिष-से मेरे विरह के कल्प बीते। —महादेवी (दीप-शिखा, २६) ५. प्रलय। ६. चिकित्सा। ***जैसे***—दुग्ध-कल्प। (पुरा॰) युग। ***जैसे***—आदि कल्प; मध्य कल्प।

कल्पक[१]—[< सं॰ कल्पना] *वि॰* १. कल्पना करनेवाला। २. रचनेवाला। रचयिता। ३. काटनेवाला। ***जैसे***—केश-कल्पक।

कल्पक[२]—[सं॰ √कृप् + णिच् + ण्वुल्] *पु॰* नाई। विधि-विधान के अनुसार नेग लेनेवाला।

कल्पकार—[सं॰ कल्प ~ कार] *पु॰* १. कल्पसूत्र का रचयिता (आश्वलायन, आपस्तम्ब, बोधायन या कात्यायन)। २. साजने-सँवारनेवाला। ३. नापित। नाई।

कल्प-क्षय—[सं॰] *पु॰* कल्प के अन्त में होने वाला सृष्टि का अन्त। प्रलय।

कल्पन—[सं॰ √कृप् + णिच् + ल्युट्] *पु॰* १. किसी वस्तु को बनाने या दूसरा रूप देने की क्रिया/भाव। २. कल्पना करना। ३. कतरना या काटना।

कल्पनक—[< सं॰ कल्पना] *वि॰* १. कल्पना-युक्त। २. उत्तम कल्पना-शक्ति वाला। ३. जो सदा कल्पना में डूबा रहता हो।

कल्पना—[सं॰ √कृप् + णिच् + युच् + टाप्] *स्त्री॰* १. किसी वस्तु

की रचना। २. चिन्ता। चिन्तन। ३. कोई नयी बात सोचना। मौलिक उद्‌भावना। ४. किसी पदार्थ का मानसिक चित्र बनाने की मानसिक शक्ति। ५. उक्त प्रकार से प्रस्तुत कृति या रूपरेखा। ६. किसी वस्तु में अन्य वस्तु का आरोप। अध्यारोप। ७. नयी-नयी बातें सोचने की शक्ति। ८. मनगढ़न्त बात। ९. (गणित में) कुछ समय के लिए मात्रा आदि को सत्य मान लेना। (अ॰ सपोज़िशन) (काव्य॰) पूर्व अनुभूतियों की पुनर्योजना से अपूर्व की अनुभूति उत्पन्न करने की क्रिया/शक्ति। ● **विशेष**—'आधारहीन कल्पित बात' को '**कोरी कल्पना**' कहा जाता है।

कल्पनानुरञ्जित (कल्पनानुरंजित)—[स॰ कल्पना ~ अनुरञ्जित] *वि॰* १. कल्पना से रँगा हुआ। कल्पना-युक्त। २. कल्पनाशील। ***जैसे***—कल्पनानुरंजित मस्तिष्क ही सुन्दर पहेलियाँ बना सकता है।

कल्प-वयन—[स॰] *पु॰* कल्पना की उधेड़-बुन।

कल्पवल्ली—[स॰ कल्प ~ वल्ली] *स्त्री॰* कल्पलता। कल्पवृक्ष।

कल्पवास—[स॰ कल्प ~ वास] *पु॰* माघ मास में गंगा-तट पर संयमपूर्वक निवास।

कल्पवृक्ष—[स॰ कल्प ~ वृक्ष] *पु॰* १. स्वर्ग का एक विशेष वृक्ष, जो उसके नीचे बैठे व्यक्ति की प्रत्येक इच्छा पूर्ण करनेवाला है। २. (लाक्षणिक) अति उदार या महादानी व्यक्ति या संस्था आदि। ३. एक प्रकार का वृक्ष जो ऊँचा, विशाल और दीर्घजीवी होता है। Δ **पर्याय**—कल्पतरु, कल्पद्रु, कल्पद्रुम, कल्पपादप, कल्पलता।

कल्प-शिल्पी—[स॰] *पु॰* ब्रह्मा।

कल्प-हिंसा—[स॰] *स्त्री॰* (जैन॰) अन्न पकाने/पीसने आदि में होने वाली, हिंसा।

कल्पान्तर—[स॰ कल्प ~ अन्तर] *पु॰* १. कल्प का परिवर्तन। २. दूसरा कोई कल्प। ***जैसे***—यह वर्तमान कल्प की नहीं, कल्पान्तर की कथा है।

कल्पादि—[स॰ कल्प ~ आदि] *पु॰* सृष्टि का आरम्भ-काल।

कल्मष—[स॰ कर्मन् √षो + क, र → ल] *पु॰* १. मैल। गन्दगी। २. पाप।

कल्मषगताचार—[स॰ कल्मष ~ गत ~ आचार] *वि॰* पापी।

कल्माष—[स॰ कल् √मष् + णिच् + अच्] *वि॰* चित्र-विचित्र। चितकबरा। *पु॰* १. चित्रविचित्र/चितकबरा रंग। २. धब्बा। ३. पिशाच। भूत। ● **विशेष**—शिव का एक नाम '**कल्माषकंठ**' भी है।

कल्य—[स॰ √कल् + यत्] *वि॰* स्वस्थ। नीरोग। *पु॰* १. स्वास्थ्य। २. प्रातःकाल। ३. अगला दिन। (आनेवाला) कल। ४. मदिरा। शराब। ● **विशेष**—संस्कृत में शराब बनाने और बेचनेवाले (अर्थात् कलवार) को '**कल्यपाल**' कहा जाता है तथा प्रातःकाल के जलपान/कलेवा को '**कल्यवर्त**'।

कल्याण—[स॰] *पु॰* १. मंगल। शुभ। २. शुभकर्म। ३. सौभाग्य। ४. विवाह। ***जैसे***—कल्याण-मंडप। (संगीत॰) सम्पूर्ण जाति का एक राग जिसके गाने का समय रात का प्रथम पहर है।

कल्याणी—[< स॰ कल्याण] *वि॰ (स्त्री॰)* १. कल्याण करनेवाली। मंगल करनेवाली। मंगलकारिणी। २. भाग्यशालिनी। ३. रूपवती। सुन्दरी। ४. गाय। ५. प्रयाग (उत्तर प्रदेश) की एक प्रसिद्ध देवी। *स्त्री॰* १. भद्र महिला। २. गौ। गाय। ३. कामधेनु।

कल्लर—[देशज] *पु॰* १. एक उपजाति जिसके लोग छोटे-छोटे कामों के अतिरिक्त शरीर में जोंक लगाने का काम करते हैं। २. नोनी मिट्टी। ३. रेह। ४. ऊसर भूमि।

कल्ला[1]—[< स॰ करीर] (पेड़-पौधों आदि का) अंकुर। ***जैसे***—पौधे में नए कल्ले फूटने लगे।

कल्ला[2]—[< फा॰ कल्लः] *पु॰* मुख के अन्दर का एक अंग। जबड़ा। ***वा॰*** **कल्ला चलाना**—१. बोलना। २. (भोजन आदि) खाना। **कल्ला दबाना**—बोलने से रोकना। **कल्ला मारना**—बढ़-चढ़कर बातें करना। डींग मारना।

कल्लाना—[देशज] १. किसी अंग या त्वचा में बहुत पीड़ा होना। त्वचा का बहुत दुखना। ***जैसे***—पिताजी ने ऐसा थप्पड़ मारा कि गाल बहुत देर तक कल्लाया। २. रह-रहकर मन में कोई दुःख होना।

कल्लोल—[स॰ √कल्ल् + ओलच्] *पु॰* १. जल की तरंग। लहर। २. मन की लहर। मौज। ✣ **कल्लोलना**—दे॰ कलोलना।

कल्लोलिनी—[स॰ कल्लोल + इनि + ङीप्] *वि॰ (स्त्री॰)* १. क्रीड़ा करनेवाली। २. तरंगों/लहरोंवाली। *स्त्री॰* नदी। ✣ **कल्लोलिनी-वल्लभ**—*पु॰* = समुद्र।

कल्हक—[< स॰ कलहंसक] *स्त्री॰* कबूतर के आकार का, लाल रंग का, एक पक्षी।

कल्हार[1]—[< हि॰ कल्हारना] *स्त्री॰* कल्हारने की क्रिया/ढंग/भाव।

कल्हार[2]—[< स॰ कह्लार] *पु॰* सफ़ेद कमल।

कल्हारना—[< स॰ कल्ल (= कोलाहल/शोर)] *क्रिअ॰* १. चिल्लाना। २. कराहना। *क्रिस॰* (कड़ाही आदि में डालकर) थोड़े घी/तेल में तलना/भूनना/पकाना।

कवक—[स॰ √कु + अच् + कन्] *पु॰* १. (भोजन का) कौर। ग्रास। निवाला। २. कुकुरमुत्ता। (वनस्पति॰) एक प्रकार का एककोशिकीय पौधा, जिसमें पर्णहरित एवं चालक ऊतकों का अभाव रहता है। फफूँद।

कवच—[स॰ क √वञ्च् + अच्] *पु॰* १. बाहरी आघातों से रक्षा करने का आवरण। २. लोहे का बना हुआ वह आवरण जिसे योद्धा शरीर-रक्षा के लिए युद्ध में पहनते हैं। ३. लड़ाई के जहाज़ों, गाड़ियों आदि पर रक्षा के लिए लगी हुई लोहे की मोटी चादरें। ४. एक प्रकार के मन्त्र जो आपत्तियों में अपनी रक्षा के उद्‌देश्य से पढ़े जाते हैं। ***जैसे***—दुर्गा कवच। ५. (तान्त्रिक) यन्त्र। ताबीज़।

कवच-पत्र—[स॰] *पु॰* (तन्त्र आदि के) कवच-मन्त्र आदि लिखने का भोजपत्र।

कवचित—[स॰ कवच + इतच्] *वि॰* कवच से युक्त। ***जैसे***—

कवचित टैंक। ✣ **कवचित यान**—*पु॰* = कवच के रूप में लोहे की मोटी चादरें जड़ी युद्ध में प्रयुक्त गाड़ी।

***कवनीय**[१]—[< हि॰ कवन] *क्रिवि॰* किस तरह। किस भाँति।

कवनीय[२]—*वि॰* ≤ *स॰* कमनीय। मनोहर। सुन्दर।

कवयिता—[स॰ कवि + क्विप् + तृच्] *पु॰* कवि। ✣ **कवयित्री**—*स्त्री॰* = कवि स्त्री। *जैसे*—मीरा, महादेवी वर्मा, सुभद्राकुमारी चौहान इत्यादि कवयित्रियाँ।

कवर[१]—[< स॰ कवल] *पु* (भोजन का) ग्रास। कौर।

कवर[२]/**कबर**—[स॰ √कु + अरन्] *वि॰* १. मिश्रित। २. जड़ा हुआ। ३. रंगबिरंगा। *पु॰* १. चोटी। जूड़ा। २. चितकबरापन।

कवर[३]—[अ॰] *पु॰* १. पत्रिका का आवरण-पृष्ठ। २. (पुस्तक या अभ्यास-पुस्तिका पर चढ़ाया हुआ) आवरण।

कवरपुच्छ—[स॰ कवर ~ पुच्छ] *पु॰* मयूर। मोर। ✣ **कवरपुच्छी**—*स्त्री॰* = मयूरी। मोरनी।

कवरा/कबरा—[स॰ कवर/कबर + टाप्] *वि॰* (*स्त्री॰*) १. मिश्रित। २. जड़ी हुई। ३. रंग-बिरंगी। *स्त्री॰* कवरी।

कवरी—[स॰ कवर + ङीप्] *स्त्री॰* १. केशों को गूँथकर बनायी हुई चोटी या जूड़ा। २. वन-तुलसी।

कवर्ग—[स॰ क ~ वर्ग] *पु॰* देवनागरी वर्णमाला में व्यंजनों का प्रथम वर्ग। क्, ख्, ग्, घ्, ङ् अक्षरों का समूह।

कवल—[स॰ क √वल् + अच्] *पु॰* १. (भोजन का) कौर। ग्रास। निवाला। *जैसे*—कम से कम चार कवल खाकर चले जाना। २. कुल्ला।

कवलग्रह—[स॰ कवल √ग्रह् + अच्] *पु॰* १. तौल की एक प्राचीन इकाई। २. कुल्ला करने के लिए मुँह में लिया पानी का घूँट।

कवलन—[स॰ क √वल् + ल्युट्] *पु॰* १. खाने के लिए कोई वस्तु मुँह में रखना। २. ग्रसन। पकड़।

कवाट—[स॰ क √वट् + अण्] *पु॰* १. कपाट। किवाड़। २. द्वार।

क़वायद—[अरबी 'क़ायदा' का बहुवचन] *पु॰* १. (किसी काम या बात के) विविध नियम। क़ायदे। २. व्याकरण। ३. कार्य-विधि। *स्त्री॰* सैनिकों आदि का वह अभ्यास जो उन्हें व्यवस्थित रूप से युद्धोपयोगी ढंगों (आगे बढ़ने, पीछे हटने, प्रहार करने, आक्रमण करने, आत्मरक्षा करने) को सिखाने के लिए कराया जाता है।

***कवार**[१]—[< हि॰ क्वार] *पु॰* आश्विन/क्वार/क्वाँर का महीना।

***कवार**[२]—[< हि॰ किवाड़] *पु॰* कपाट। किवाड़।

कवि—[स॰ √कव् + इन्] *पु॰* १. कविता करनेवाला। २. ललित साहित्य का रचयिता। ३. ऋषि। ४. ब्रह्मा।

कविता—[स॰ कवि + तल् + टाप्] *स्त्री॰* काव्यात्मक/रसात्मक रचना। कवि की कृति। काव्य। पद्य।

कवित्त—[< स॰ कवित्व] *पु॰* १. कवित्व। (दे॰) २. कविता। ३. (लाक्षणिक) कल्पना या अतिशयोक्तिपूर्ण कथन। (छन्द॰) वर्णिक दंडक का एक भेद। एक समवर्णिक छन्द जिसके प्रत्येक चरण में ३१ वर्ण होते हैं, ८-१६-२४-३१ पर यति होती है तथा अन्तिम वर्ण गुरु होता है। घनाक्षरी (छन्द)। मनहरण छन्द।

कवित्व—[स॰ कवि + त्व] *पु॰* १. काव्य-रचना की शक्ति। २. काव्य-रचना की क्रिया/गुण। ३. काव्य का गुण/भाव।

कविराज—[स॰ कवि ~ राज] *पु॰* १. कवियों में श्रेष्ठ। २. चारण या भाट। ३. वैद्यों की एक उपाधि।

***कविलास**—[< स॰ कैलास] *पु॰* १. कैलास। २. स्वर्ग।

कविसत्तम—[स॰ कवि ~ सत्तम] *वि॰* कवियों में श्रेष्ठ। *जैसे*—अश्वघोष और कालिदास जैसे कवि-सत्तम। —निराला (गीतगुंज, पृ॰ ५४)

कवि-समय—[स॰] कवियों में मान्य वर्णन-सम्बन्धी कुछ ऐसी मान्यताएँ और परिपाटियाँ जो सत्य न होने पर भी काव्य में प्रसिद्ध और स्वीकृत हैं। कवि-प्रसिद्धि। *जैसे*—हंस का दूध और पानी के मिश्रण में से दूध मात्र पी सकने का विशेष गुण केवल कवि-समय है।

कव्य—[स॰] *वि॰* १. स्तवन करनेवाला। २. पितरों को अर्पित किया जाने वाला अन्न। *पु॰* एक पितृलोक।

कव्यवाह, कव्यवाहन—[स॰ कव्य ~ वाह/वाहन] *पु॰* १. पितृ-पक्ष के समय की अग्नि जिसमें पिंड से आहुति दी जाती है। २. अग्नि।

कश—[फा॰] *पु॰* १. खींचने की क्रिया या भाव। खींच। *जैसे*—सिगरेट का कश। २. चाबुक। *प्रत्यय॰* १. खींचनेवाला। *जैसे*—दिलकश। २. सहन करनेवाला। *जैसे*—सितमकश।

कशमकश—[< फा॰ कश्मकश] *स्त्री॰* १. अनेक ओर खींचे जाने की क्रिया/भाव। खींचातानी। २. असमंजस। दुविधा। ३. संघर्ष। प्रतिस्पर्धा।

कशमीरा/कश्मीरा—[< स॰ कश्मीर] *पु॰* एक प्रकार का मोटा ऊनी कपड़ा।

कशा—[स॰ कश + टाप्] *स्त्री॰* १. चाबुक। कोड़ा। २. रस्सी।

कशाघात—[स॰ कश ~ आघात] *पु॰* १. चाबुक मारना। २. कोड़ा मारना। ३. (लाक्षणिक) तीव्र प्रेरणा जो किसी कार्य के लिए विवश कर दे।

कशिश—[फा॰] *स्त्री॰* १. आकर्षण। खिंचाव। २. आकर्षण-शक्ति।

कशीदा—[< फारसी कशीदः] *पु॰* कपड़े पर बेल-बूटे आदि काढ़ने का काम। ✣ **कशीदाकार**—*वि॰* = कशीदे का काम करनेवाला। चिकन काढ़नेवाला। ✣ **कशीदाकारी**—*स्त्री॰* = कशीदे का काम। कपड़े पर बेल-बूटे आदि काढ़ना। चिकन काढ़ना। ✣ **कशीदेदार जिल्द**—(पुस्तक॰) = पुस्तक को ऐसी जिल्द जिस पर कढ़ा हुआ कपड़ा चढ़ा हो।

कशेरु—[स॰ क √शृ + उ, एर् आदश] *पु॰* १. मेरुदंड। रीढ़। २. कसेरु नामक जल में उत्पन्न होनेवाला पौधा या उसका फल।

कशेरुक—[स॰ कशेरु + कन्] *पु॰* रीढ़ बनानेवाली। छोटी-छोटी हड्डियों में से प्रत्येक। गुरिया। २. कसेरू नामक जल में उत्पन्न

होनेवाला एक पौधा या उसका फल। ✣ **कशेरुकदण्ड (कशेरुकदंड)**—*पु॰* = रीढ़ की हड्डी। मेरुदंड। ✣ **कशेरुका**—*स्त्री॰* = मेरुदंड। रीढ़।

कशेरुकी—[सं॰ कशेरुकिन्] *पु॰* (प्राणी॰) रीढ़वाले प्राणी। ● **विशेष**—कशेरुकी प्राणियों के पाँच प्रमुख वर्ग हैं—स्तनी, पक्षी, सरीसृप, उभयचर, मछलियाँ।

कश्ती—[फा॰] *स्त्री॰* नौका। नाव। किश्ती।

कश्मल—[सं॰ √कश् + कल, मुट्] *पु॰* १. पाप। २. मोह। ३. उत्साहहीनता। *वि॰* गन्दा। मैला। २. दूषित। बुरा।

कष—[सं॰ √कष् + अच्] *पु॰* १. जाँचने के लिए कसने की क्रिया/भाव। २. परीक्षा। ३. निकष। कसौटी (पत्थर)। ४. धार रखने का पत्थर।

कषण—[सं॰ √कष् + ल्युट्] *पु॰* १. कसौटी पर कसने की क्रिया/भाव। २. परीक्षा करने की क्रिया/भाव। परीक्षण। ३. रगड़ने/छीलने की क्रिया/भाव।

कषाय—[सं॰ √कष् + आय] *वि॰* १. (स्वाद में)। कसैला। २. गेरू के रंग में रंगा हुआ। गैरिक। *पु॰* १. कसैला स्वाद। २. क्वाथ। काढ़ा।

कषायित—[सं॰ कषाय + इतच्] *वि॰* १. जिसमें कसैलापन आ गया हो या जिसे कसैला किया गया हो। २. गेरुए रंग का। ३. बुरे मनोविकारों के कारण बिगड़ा हुआ।

कष्ट—[सं॰ √कष् + क्त] *पु॰* १. पीड़ा। व्यथा। २. दुःख। ***जैसे***—कष्टों से भरा जीवन। ३. विपत्ति। मुसीबत। ४. श्रम।

कष्टसहीला—[< सं॰ कष्ट + हिं॰ सहना] *वि॰* कष्टों को प्रसन्नतापूर्वक सहन करनेवाला। कष्टसहनशील।

कष्ट-साध्य—[सं॰] *वि॰* जिसका करना सरल न हो, कठिन हो। श्रम साध्य।

कष्टार्तव—[सं॰ कष्ट ~ आर्तव] *पु॰* (स्त्री का) कष्टपूर्वक होनेवाला मासिक रजःस्राव/आर्तव।

कष्टार्थ—[सं॰ कष्ट ~ अर्थ] *पु॰* सरल रीति से हो जाने वाले अर्थ से भिन्न खींच-तानकर लाया गया अर्थ। क्लिष्ट कल्पना से किया जानेवाला अर्थ। (काव्य॰) काव्य का एक अर्थ-दोष। कठिनता से अर्थ-ज्ञान हो पाने का दोष। कष्टत्व।

***कस**[१]—[< अप॰ कइस < सं॰ कीदृश] *वि॰* किस प्रकार का। कैसा। *क्रिवि* किस प्रकार। कैसे। २. क्यों। ● **विशेष**—**कस कै** = किस प्रकार से।

कस[२]—[< सं॰ कष] *पु॰* १. निचोड़ा हुआ रस। निचोड़। २. स्वाद। ३. कसने की क्रिया/प्रकार/भाव। ४.कसकर/रगड़कर की जानेवाली परीक्षा या उसका फल। ***जैसे***—स्वर्णकार सोने को तपाकर उसका कस देखता है। ५. (लाक्षणिक) कठिन परीक्षा। ६. निकष। कसौटी। ७. (तलवार की उत्तमता बतानेवाली) तलवार की लचक।

कस[३]—[< हिं॰ कसना] *स्त्री॰* १. कसकर बाँधनेवाली वस्तु। २. (कसने/बाँधने में प्रयुक्त) बल। शक्ति। ३. नियन्त्रण। वश। क़ाबू। ***जैसे***—पत्नी के कस में रहना। ४. रुकावट। रोक। ***जैसे***—किसी को कस में रखना।

कस[४]—[< सं॰ कषाय] १. कसैलापन। २. निकाला हुआ रस/सार/अर्क़। ३. मदिरा को तीखा बनाने के लिए डाली जाने वाली वस्तु।

कसक—[< सं॰ √कष्] *स्त्री॰* १. किसी दुःखपूर्ण घटना के कारण रह-रहकर होनेवाली मानसिक पीड़ा/वेदना। टीस। २. रह-रहकर होनेवाला हल्का दर्द। टीस। २. मन में दबा हुआ पुराना द्वेष जो बदला लेने को प्रेरित करता हो। ३. उक्त प्रकार की बदला लेने की इच्छा। ४. दूसरों के कष्ट को देखने/सुनने या उसकी अनुभूति के कारण होनेवाली सहानुभूतिपूर्ण मानसिक पीड़ा। ***वा॰* कसक निकालना/मिटाना**—१. बदला लेना। २. चिन्ता दूर करना। ✣ **कसकदार**—*वि॰* = जिसमें कसक हो। जिसमें रह-रहकर होनेवाली हल्की पीड़ा हो। कसकवाली। टीसवाली। ✣ **कसकन**—*स्त्री॰* = कसक।

कसकौहाँ—[< हिं॰ कसकना] *वि॰* पीड़ा उत्पन्न करनेवाला। ***जैसे***—कसकौहें नेत्र।

कसगर—[< फा॰ कासागर] *पु॰* मिट्टी की मूर्तियाँ आदि बनानेवाली एक उपजाति या उसका व्यक्ति। कसेरा (उपजाति या उसका व्यक्ति)।

कसदम—[अरबी] *वि॰* शक्तिशाली।

कसदार—[< हिं॰ कस (शक्ति)] *वि॰* १. बलवान्। शक्तिशाली। २. जो अच्छी तरह कसकर जाँचा जा चुका हो। श्रेष्ठ। चतुर।

कसन—[< हिं॰ कसना] *स्त्री॰* १. कसने की क्रिया/ढंग/भाव। कसावट। कसाव। २. कष्ट। पीड़ा।

कसनई—[< सं॰ कृष्ण] *स्त्री॰* एक पक्षी जिसके पंख काले, सीना और पीठ गुलाबी तथा चोंच लाल होती है।

कसना[१]—[< सं॰ कर्षण] *क्रिस॰* १. जकड़ने के लिए डोरी आदि को खींचना। तानना। ***जैसे***—वीणा के तार कसना; जूते के फीते बाँधना। २. दृढ़ता से बाँधना। ***जैसे***—राम ने कमर के फेंटे में तरकश कस लिया। ३. (ढीली बँधी वस्तु के) बन्धन को कड़ा करना। ***जैसे***—ढीली गठरी को कसना। ४. पुर्ज़ा आदि को दृढ़ करके लगाना/बैठाना। ***जैसे***—पेंच कसना। ५. पात्र/आधान को बहुत अधिक भरना। ***जैसे***—कचौड़ियों से पेट कस गया। ६. साज रखकर वाहन/सवारी तैयार करना। ***जैसे***—घोड़ा कसा। ७. (लाक्षणिक) नियन्त्रित करना। वश में लाना। ***जैसे***—अपने पुत्र को कसो, नहीं तो बिगड़ जाएगा। *क्रिअ॰* १. दृढ़ता से बँधना। ***जैसे***—रस्सी अधिक कस रही है। २. बँधे हुए अंग आदि का अधिक जकड़ा जाना। ***जैसे***—कमरबन्द से कमर कस गयी। ३. आभूषण/वस्त्र आदि पहनने की वस्तु का तंग होना। ***जैसे***—चोली कसना। ४. (पेट या पात्र/आधान का) ख़ूब भर जाना। ***जैसे***—अधिक खाने से पेट बहुत कस गया। ५. साज़ से युक्त होकर वाहन/सवारी का तैयार होना। *पु॰* कसने का साधन (डोरी/रस्सी आदि)।

कसना[2]—[< सं॰ कषण] *क्रिस॰* १. घिसना। रगड़ना। ***जैसे***—चन्दन कसना। २. (स्वर्ण/चाँदी को) कसौटी पर घिसना/परखना। ३. अच्छा-बुरा परखना। ४. दूध को गाढ़ा करके खोया बनाना। ५. किसी उद्देश्य के लिए शरीर/मन को कष्ट सहने योग्य बनाना। ६. अपने लाभ के लिए ऐसा कार्य करना जिससे दूसरे पर दबाव पड़े या उसे हानि/घाटा/कष्ट हो। ***जैसे***—सरकार नए क़ानूनों से जनता को कस रही है; पुलिस अधिकारी रुपए ऐंठने के लिए व्यापारियों को बिना बात कसते हैं। ७. बेचने/ख़रीदने वाले से मोल-भाव करके दाम ठीक करना। ***जैसे***—दुकानदार को थोड़ा और कसो तो १० रुपए प्रति किलो का भाव तय हो जाएगा। ***वा॰*** **कसकर रखना**—१. ज़बरदस्ती रखना। रोक लेना। कहीं जाने न देना। २. नियन्त्रण में रखना। ३. मन का भाव प्रकट न करना। **कसकर रहना**—स्वयं को वश में रखकर व्यवहार करना। **कस लेना**—१. सोने को कसौटी पर रगड़कर जाँचना। २. कमी करना। ***जैसे***—तोलने में कस लेना।

कसनी—[< हिं॰ कसना] *स्त्री॰* १. निकष। कसौटी। २. रस्सी। ३. गिलाफ़। ख़ोल। ४. कंचुकी/चोली नामक वस्त्र।

कसपत—[देशज] *पु॰* १. काले रंग का कूटू। २. कूटू का पौधा।

कस-बल—[हिं॰ कस + सं॰ बल] १. शक्ति। सामर्थ्य। ताक़त। २. (व्यक्ति का) साहस। हिम्मत। ३. (किसी विषय में) योग्यता।

कसबी—[< हिं॰ कसब] *पु॰* व्यवसायी। *स्त्री॰* १. व्यभिचार करके धन कमानेवाली स्त्री। २. वेश्या। ✣ **कसबीख़ाना**—*पु॰* = वेश्याओं के रहने का स्थान। वेश्यालय।

कसमसना—[< हिं॰ कसमस] *क्रिअ॰* १. परस्पर घर्षण करना। ***जैसे***—भीड़ में मनुष्यों का कसमसना। २. चेष्टा करने या सक्रिय होने के लिए आतुर होने लगना। कसमसाना।

कसमसाना—[< हिं॰ कसमसना] *क्रिअ॰* १. हलकी-सी चेष्टा करना। बहुत थोड़ा इधर-उधर हिलना-डुलना। कुलबुलाना। २. बेचैन होना। ३. कुछ करने के लिए थोड़ा उत्सुक अथवा सक्रिय होना। ४. कुछ प्रयत्नशील होना।

कसमसाहट—[< हिं॰ कसमसाना] *स्त्री॰* १. कसमसाने की क्रिया/भाव। कुलबुलाहट। २. थोड़ी प्रयत्नशीलता/चेष्टा। ३. कुछ करने के लिए थोड़ी उत्सुकता/सक्रियता।

क़समिया—[< अरबी क़सम] *क्रिवि॰* शपथपूर्वक।

कसर—[< अरबी क़स्र] *स्त्री॰* १. न्यूनता। कमी। २. दोष। विकार। त्रुटि। ३. (लेन-देन आदि में) सामान्य हानि। थोड़ी हानि। टोटा। ***वा॰*** **कसर करना/छोड़ना/रखना**—किसी काम में या काम को करने में कुछ कमी छोड़ देना। **कसर खाना/सहना**—हानि/घाटा सहना। **कसर न उठा रखना, कसर न छोड़ना, कसर न रखना**—कोई कमी न रखना। सब तरह से ठीक/पूरा कर देना। **कसर निकलना**—१. हानि पूरी होना। २. बदला मिलना। **कसर निकालना**—कमी पूरी करना। क्षति-पूर्ति करना।

कसरहट्टा—[< हिं॰ कसेरा + हाट] *पु॰* ताँबे-पीतल आदि के बर्तनों का बाज़ार। कसेरों का बाज़ार।

कसली—[< सं॰ √कष्] *स्त्री॰* एक प्रकार का छोटा फावड़ा। कसी।

कसाकस—[< हिं॰ कसना] *वि॰, क्रिवि॰* बहुत अधिक। ठसाठस। ***जैसे***—डिब्बे में कसाकस भीड़ थी; कसाकस भरा हुआ कमरा।

कसा-गँसा—[< हिं॰ कसना + गँसना] *वि॰* १. ठसाठस भरे स्थान में कठिनाई से स्थित। २. जकड़ा हुआ।

कसामसी—[< हिं॰ कसमस] *स्त्री॰* १. भीड़ होने या कम स्थान के कारण परस्पर घर्षण या धक्का-मुक्की। २. स्थान की संकीर्णता।

कसार[1]—[< प्रा॰ कंसार] *पु॰* घी में भुना हुआ और चीनी, मेवा आदि मिला हुआ आटा। **जैसे**—कथा के प्रसाद के रूप में कसार बाँट दिया।

कसार**[2]—[< सं॰ कासार] *पु॰* छोटा तालाब। कासार। ***जैसे—फूले कमल कसार।

कसाला—[< सं॰ कष] *पु॰* १. कष्ट या विपत्ति। २. श्रम। मेहनत। ३. कमी। ४. वह खटाई जिसमें स्वर्णकार आभूषण रखकर साफ़ करते हैं।

***कसि**[1]—[< अप॰ कइसि < सं॰ कीदृशी] *वि॰* (*स्त्री॰*) कैसी। *क्रिवि॰* कैसे।

कसि**[2]—[< हिं॰ कसना] *क्रिवि॰* १. दृढ़ बाँध कर। कसकर। ***जैसे—कमर में काछनी कसि कहा। २. परखकर। कस कर।

कसिया[1]—[< हिं॰ कसी < सं॰ कषण] *स्त्री॰* छोटा फावड़ा।

कसिया[2]—[देशज] *स्त्री॰* एक चिड़िया जो मटमैले रंग की होती है।

***कसिवान**—[< सं॰ कष] *पु॰* (सोना परखने की) कसौटी।

कसी[1]—[< सं॰ कशी] १. रस्सी। २. (पहले प्रयुक्त होनेवाली) भूमि को नापने की रस्सी विशेष जो दो क़दम की दूरी के बराबर होती थी।

कसी[2]—[< सं॰ कषण] *स्त्री॰* (भूमि खोदने आदि में प्रयुक्त) फावड़ा।

***कसीटना**—[< हिं॰ कसना] *क्रिस॰* १. कसना। २. रोकना।

क़सीदा[1]—[< फ़ा॰ कशीद:] *पु॰* कपड़े पर रंगीन तारों से बेल-बूटे काढ़ने का काम। कसीदाकारी।

क़सीदा[2]—[< अरबी क़सीद:] *पु॰* १. पद्यात्मक प्रशंसा। २. फ़ारसी आदि में कविता का एक प्रकार जिसमें किसी बड़े व्यक्ति की प्रशंसा की जाती है।

कसीला—[< हिं॰ कसना] *वि॰* १. कसा हुआ। सुगठित (शरीर)। ***जैसे***—कसीले शरीर वाले युवक। २. कसा हुआ (वस्त्र)। ***जैसे***—कसीले वस्त्र पहनना।

कसीस[1]—[< सं॰ कासीस] *पु॰* (रसायन॰) लोहे का एक यौगिक जो खनिज रूप में मिलता है। हरा थोथा। ● **विशेष**—यह '**फ़ेरस सल्फ़ेट/ग्रीन विट्रिअल**' (अ॰) का लोकप्रचलित नाम है। कसीस को '***हरा थोथा***' कहते हैं और '**नीला थोथा**' ताँबे का एक यौगिक है।

कसीस[2]—[< फ़ा॰ कशिश] *स्त्री॰* १. आकर्षण। खिंचाव। २. तनाव।

३. प्रयत्न। कोशिश। ४. निर्दय और कठोर व्यवहार। निर्दयता।

†**कसुबा छठ**—[< सं० कुसुम्भ ~ षष्ठी] *स्त्री०* श्रावण शुक्ल षष्ठी। ● **विशेष**—इस दिन भक्त लोग भगवान् विष्णु/कृष्ण की मूर्ति की विशेष सेवा कर कुसुम्भी रंग के वस्त्र पहनाते हैं।

कसून—[देशज] *पु०* कंजी आँखों वाला घोड़ा। सुलेमानी घोड़ा।

†**कसूम**—[≤ *सं०* कुसुम्भ] *पु०* कर्र (दे०) पौधे का लाल/पीला फूल।

***कसूमर/कसूमल**—[< हि० कुसुम < सं० कुसुम्भ] *पु०* कुसुम्भ/कुसुम नामक पुष्प। *वि०* कुसुम्भ पुष्प के रंग का। केसरिया।

कसेरा—[< सं० कांस्यकार] *पु०* बर्तन बनानेवाली एक उपजाति। कांस्यकार। ठठेरा।

कसेरू—[< सं० कशेरु] *पु०* जलीय भूमि में या झीलों/तालाबों के समीप की भूमि में उपजनेवाला तृण जाति का एक क्षुप या उसकी जड़ में होने वाला काले रंग का कन्द जिसे फल की तरह खाया जाता है।

कसैया—[< हि० कसना] *वि०* १. कसने-जकड़नेवाला। २. परखनेवाला। जाँचनेवाला।

कसोरा—[देशज] *पु०* मिट्टी का छोटा कटोरा। ● **विशेष**—इसे '**सकोरा**' भी कहते हैं।

कसौटी—[< सं० कष ~ पट्टिका] *स्त्री०* १. काले रंग का विशेष पत्थर जिस पर रगड़कर स्वर्ण की परीक्षा की जाती है। २. परखने या निर्णय करने का मानक आधार। मानदंड। ***जैसे***—अच्छे नेता कसौटी पर खरे उतरते हैं। ***वा०* कसौटी पर कसना/तौलना**—अच्छी तरह परीक्षा करना।

कस्तूर—[< सं० कस्तूरी] *पु०* वह हिरन जिसकी नाभि में कस्तूरी होती है। कस्तूरी मृग।

कस्तूरिका मृग—*पु०* = कस्तूरी मृग। मुश्की हिरन।

कस्तूरी—[सं० √कस् + ऊर, तुट् + ङीप्] *स्त्री०* एक सुगन्धित पदार्थ जो एक विशेष जाति के मृग की नाभि से निकलता है। मुश्क।

क़स्द—[अरबी] *पु०* १. विचार। इरादा। २.दृढ़ निश्चय। संकल्प।

क़स्दन—[अरबी] *क्रिवि०* निश्चयपूर्वक। जानबूझकर।

क़स्बा—[< अरबी क़स्बः] *पु०* नगर से छोटी और गाँव से बड़ी बस्ती। ● **विशेष**—क़स्बे के अधिकतर लोग प्राय: कृषि से भिन्न धन्धों पर निर्भर होते हैं।

क़स्मिया—[< अरबी क़स्म] *क्रिवि०* क़सम से। शपथपूर्वक।

क़स्साब—[अरबी] *पु०* १. मांस-विक्रेता। २. पशु-वध करनेवाला। क़साई।

कस्सी[१]—[< हि० कसी < सं० कशा] *स्त्री०* १. (पहले प्रयुक्त होनेवाली) भूमि नापने की रस्सी जो दो क़दमों के बराबर नाप की होती थी। कसी। २. भूमि का उक्त नाप।

कस्सी[२]—[< हि० कसी < सं० कषण] *स्त्री०* छोटा फावड़ा। कसी।

***कह**—[< हि० कहा] *वि०* क्या।

कहकशाँ—[फ़ा०] *स्त्री०* आकाशगंगा।

कहगिल—[< फ़ा० काह (= घास) + गिल (= मिट्टी)] *स्त्री०* चिकनी मिट्टी या गारा जिसमें घास, फूँस या भूसा मिला हो। ● **विशेष**—कच्ची दीवारों को लेसने में या ईंटें जोड़ने में कहगिल काम आती है।

क़हत—[अरबी] *पु०* १. अकाल। दुर्भिक्ष। २. बहुत कमी। अभाव।

कहन—[< सं० कथन] *स्त्री०* १.कथन २. वचन। ३. लोकोक्ति। कहावत। ४. लोक में प्रचलित किसी पद्य का अंश। ✣ **कहनवाली/कहनहारी**—*वि०* (*स्त्री०*) = १. कहनेवाली। २. जो कहने योग्य हो। कथनीय।

***कहनावत**—[< हि० कहना] *स्त्री०* लोकोक्ति। कहावत।

क़हर—[< अरबी क़ह्र] *पु०* १. विपत्ति। संकट। २. विकट क्रोध। ३. दैवी कोप। दैवी विपत्ति। ***वा०* क़हर करना**—१. भीषण काम करना। २. घोर अत्याचार करना। ३. बड़ी विपत्ति लाना। **क़हर गिरना/टूटना/ढहना/पड़ना**—भारी विपत्ति का आना। **क़हर ढाना (तोड़ना)**—(किसी पर) भीषण क्रोध करना। **क़हर बरसना**—ग़ज़ब होना। **क़हर बरसाना**—ग़ज़ब करना। **क़हर मचना**—बहुत बड़ा उत्पात या उपद्रव होना।

कहरवा—[देशज] *पु०* (संगीत०) एक ताल।

क़हरी—[< अरबी क़हर]—१. क़हर ढानेवाला। उत्पाती। ***जैसे***—क़हरी डाकू। २. संकट या विपत्ति लानेवाला। ३. अत्याचारी। ४. बहुत क्रोधी।

कहरुबा—[फ़ा०] *पु०* १. एक हल्का पत्थर जो घास को अपनी ओर आकर्षित करता है। तृण-मणि। २. एक वृक्ष जिसका गोंद/राल 'धूप' नाम से प्रसिद्ध है।

***कहल**[१]—[< हि० कहना] *स्त्री०* उपदेश।

†**कहल**[२]—[देशज] *पु०* १. वर्षा ऋतु में हवा बन्द हो जाने से होनेवाली गर्मी। उमस। २. ताप। गर्मी। ३. दु:ख-दर्द।

***कहलना**—[< हि० कहल] *क्रिअ०* १. (गर्मी से) व्याकुल होना। २. बेचैन होना। अकुलाना।

***कहवत**—[< हि० कहना] *स्त्री०* १. कहावत। २. कहानी। ३. कथन।

***कहँ**[१]—[प्रा०] *क्रिवि०* किस स्थान पर। कहाँ।

***कहँ**[२]—[अप० केहिं < सं० कृते] *प्रत्यय०* के प्रति। के लिए। को।

कहा[१]—[< हि० कहना] *पु०* १. कथित बात। कथन। २. आदेश। ***जैसे***—बड़ों का कहा मानो। ३. उपदेश। परामर्श। सलाह। *क्रिस०* 'कहना' क्रिया का एक भूतकालिक रूप। कथन किया। ***जैसे***—कुछ तुमने कहा और कुछ उसने कही। *वि०* कथित। ***जैसे***—कहा सन्देश और कही बातें। ● **विशेष**—'कहा' का *स्त्री०* '**कही**' होता है।

†**कहा**[२]—[ब्रज०] *सर्व०, वि०* क्या। *क्रिवि०* १. कैसे। २. कब।

कहा-कही—[< हि० कहना] *वि०* कहा-सुनी।

कहाल—[देशज] *पु०* एक वाद्य/बाजा।

कहावत—[< हि॰ कहना, या < स॰ कथा-वार्ता, या < स॰ कथावृत्त] *स्त्री॰* १. कोई लोकप्रसिद्ध/लोकप्रचलित कथन। २. ऐसा संक्षिप्त वाक्य जिसे लोग प्राय: बातचीत आदि में उद्धृत करते रहते हैं और जिसमें अनुभवपूर्ण या ज्ञान की हितकारी बात अलंकृत या चमत्कारपूर्ण भाषा में होती है। लोकोक्ति। ● **विशेष—१. कहावतों में संक्षिप्तता, सारगर्भितता और सप्राणता अवश्य होती है। २. कहावतों की उत्पत्ति के तीन प्रमुख आधार हैं—लोककथाएँ, ऐतिहासिक घटनाएँ और किसी विद्वान् या मान्य व्यक्ति का कथन।**

कहुँ**—[< हि॰ कहँ] *क्रिवि॰* १. किसी जगह। कहीं। २. किसी। ३. के लिए। को। वास्ते। ✣ **कहुँक**—*क्रिवि॰* = कहीं-कहीं। १. कहीं। ***जैसे—कहुँ नहिं देखा। २. कभी। ✣ **कहुँ-कहुँ**—*क्रिवि॰* = १. कहीं-कहीं। ***जैसे***—कहुँ-कहुँ वर्षा हुई है। २. कभी-कभी। ✣ **कहूँ**—*क्रिवि॰* = १. कहीं। २. कभी। ✣ **कहूँक**—*क्रिवि॰* = कहीं-कहीं।

कह्लार (कह्लार)—[स॰ क √ह्लाद् + अच्, पृषो॰, द→र] *पु॰* १. सफ़ेद कमल। कोकाबेली। २. कमल।

कँखवारी/कँखौरी—[< हि॰ काँख] *स्त्री॰* १. काँख। बग़ल। २. बग़ल में होनेवाला फोड़ा।

***कँखिया**—[< हि॰ काँख] *स्त्री॰* पार्श्व। बग़ल।

कँघेरा—[< हि॰ कंघा] *पु॰* कंघी बनानेवाला कारीगर।

कँचेरा—[< हि॰ काँच] *पु॰* काँच (शीशा) की वस्तुएँ बनानेवाला (व्यक्ति)।

कँजियाना—[< हि॰ कंजा] *क्रिअ॰* १. कंजई (गहरा ख़ाकी) रंग का बनाया होना। २. दहकते हुए कोयलों आदि का बुझना या बुझनेवाला होना। झँवाना। ३. मुरझाना।

कँटकारा—[< स॰ कटक] *पु॰* सैनिक।

कँटिया—[< हि॰ काँटा] *स्त्री॰* १. मछली फँसाने की बंसी। २. अनेक अंकुसियों के गुच्छेवाला उपकरण जिससे कुएँ में गिरे हुए लोटे, बाल्टियाँ आदि निकाले जाते हैं। ३. बिना बीज पड़ी इमली की छोटी फली।

***कँट्यौनी**—[< हि॰ काँटा] *वि॰* १. कंटकित। २. रोमांचित।

***कँदला**—[< स॰ कन्दरा] *स्त्री॰* कन्दरा। गुफ़ा।

कँदैला—[< हि॰ काँदा] *वि॰* १. कीचड़ से भरा हुआ। पंकिल। २. मलिन। गन्दा। मैला।

कँधावर—[< हि॰ कन्धा] *स्त्री॰* १. (गाड़ी या हल में) जुए का वह भाग जो बैलों के कन्धे पर रखा जाता है। २. कन्धे पर डाली हुई चादर। ३. कन्धे पर किसी वस्तु को लटकाने में प्रयुक्त रस्सी आदि।

कँधियाना—[< हि॰ कन्धा] *क्रिस॰* १. कन्धे का सहारा देना। २. कन्धे पर रखना।

कँधेला—[< हि॰ कन्धा] *पु॰* साड़ी का वह सिरा जो कन्धे पर रहता है।

कँधेली—[< हि॰ कन्धा] *स्त्री॰* १. वस्तु जो बैल/घोड़े आदि की पीठ को छिलने से बचाने के लिए, उसकी पीठ पर, सामान लादने से पहले रखी जाती है। २. घोड़े को गाड़ी में जोतते समय उसके कन्धों व गर्दन के ऊपर रखा जाने वाला गोल साज।

कँधैया—[< हि॰ कन्धा] *स्त्री॰* १. कन्धा। २. बच्चों को कन्धे पर बैठाकर ले जाने की क्रिया/भाव।

कँपना—[< स॰ कम्पन] *पु॰* कम्पन। कँपकँपी। *क्रिअ॰* काँपना।

कँपनी—[< हि॰ कँपना] *स्त्री॰* कँपकँपी।

कँपाना—[< हि॰ काँपना] *क्रिस॰* १. किसी को काँपने में प्रेरित करना। २. हिलाना-डुलाना। ३. डराना। दहलाना।

***कँबनी**—[< स॰ कमनीय] *वि॰* कमनीय। सुन्दर।

†**कँवर**—[< हि॰ कुँवर] *पु॰* कुमार। कुँवर। ● **विशेष**—इस शब्द का उपयोग सम्मानार्थक उपाधि के रूप में भी होता है। ***जैसे***—कँवर रामसिंह। ✣ **कँवरी**[1]—*स्त्री॰* कुमारी।

†**कँवरी**[2]—[देशज] *स्त्री॰* (तमोलियों की बोली में) पचास पानों की गड्डी।

कँवरी[3]—[< स॰ कवरी] *स्त्री॰* केशों की चोटी। कवरी।

कँवलाकन्त (कँवलाकंत)—[< स॰ कमलाकान्त] *पु॰* लक्ष्मी-पति। विष्णु। परमात्मा।

†**कँवासा**—[हि॰ 'नवासा' का अनु॰] *पु॰* पुत्री का पौत्र। नवासे का पुत्र। परनाती।

कँवाँ—[< हि॰ केंव] केंव/जलबोदरी पक्षी जो बतख़ से कुछ छोटा और मुर्ग़ी से कुछ बड़ा होता है।

कांस्य—[स॰ कांस + यञ्] *पु॰* ताँबा और राँगा की एक मिश्र धातु। काँसा। कसकुट। *वि॰* १. काँसे से सम्बन्ध रखनेवाला। काँसे का। २. काँसे का बना हुआ।

कांस्यक—[स॰ कांस्य + कन्] *पु॰* पीतल।

कांस्यताल—[स॰ कांस्य ~ ताल] *पु॰* झाँझ/मंजीरा नामक वाद्य।

कांस्यन—[< स॰ कांस्य] *पु॰* किसी वस्तु पर कांस्य का आरोपण जिससे उसमें धातु जैसी चमक आ जाए। कांस्यरोपण।

कांस्य संस्कृति—[स॰] *स्त्री॰* (पुरा॰) कांस्य-युग की संस्कृति।

†**का**[1]—[< हि॰ कौन] *सर्व॰* ब्रजभाषा में 'कौन' का एक रूप जो उसमें कुछ प्रत्यय लगने से पहले होता है। ***जैसे***—काको, कासों।

का[2]—*प्रत्यय॰* एक सम्बन्धसूचक प्रत्यय। ***जैसे***—राम का भाई। ● **विशेष**—इसके अन्य रूप 'की' (*स्त्री॰*) तथा 'के' (*बहुवचन*) हैं। ***जैसे***—सीता की माता; राम के मित्र।

†**का**[3]—[< स॰ किम्] *सर्व॰* क्या। ***जैसे***—का का न करो?

***काउ/काऊ**[1]—[< हि॰ काहू] *सर्व॰* १. कोई। २. कुछ।

***काऊ**[2]—[< स॰ कदापि] *क्रिवि॰* कभी।

काक—[स॰ √कै + कन्] *पु॰* १. कौआ। २. (लाक्षणिक) धूर्त या दुष्ट व्यक्ति। ३. (लाक्षणिक) निर्लज्ज व्यक्ति।

काक-गोलक—[स॰] *पु॰* कौए की आँख की पुतली।

काक—जङ्घा—(जंघा) [स॰] *स्त्री॰* घुँघची।

काकड़ा—[< सं॰ कर्कट] *पु॰* १. बारहसिंगे की जाति का एक जंगली पशु जो कत्थई रंग का होता है। २. एक प्रकार का पहाड़ी वृक्ष।

काकड़ासिंगी—[< सं॰ कर्कटशृङ्गी] *स्त्री॰* ककड़ो (सं॰ कर्कट) वृक्ष पर विशेष कीड़ों द्वारा शाखा में निर्मित एक औषधोपयोगी पदार्थ जो लम्बा और लाल रंग का होता है जिसे सरलता से तोड़कर लाल चूर्ण बनाया जाता है।

काक-पक्ष—[सं॰] *पु॰* कनपटियों पर लटकनेवाले लम्बे बालों के पट्टे। जुल्फ़ें।

काकपद—[सं॰] *पु॰* १. कौवे के पैर के बराबर माप। २. लिखने में कहीं कुछ शब्द छूट जाने पर उसे पंक्ति के ऊपर लिखकर पूरा करने के लिए दिया जानेवाला एक चिह्न (∧)। ३. हीरे का एक दोष। ✣ **काकपदी**—*वि॰* = काकपद के आकार का (∧ जैसा)।

काकपुच्छ/काकपुष्ट—[सं॰ काक ~ पुच्छ/पुष्ट] *पु॰* कोकिल। कोयल।

काकफल—[सं॰ काक ~ फल] *पु॰* नीम वृक्ष।

काकबन्ध्या (काकबंध्या)—[सं॰ काक ~ बन्ध्या] *स्त्री॰* वह स्त्री जो एक सन्तान को जन्म देने के बाद बाँझ हो गयी हो।

काक-रव—[सं॰] *पु॰* कौए के बोलने की आवाज़। काँव-काँव।

काकरुत—[सं॰ काक ~ रुत] *पु॰* कौए की बोली। काँव-काँव।

काकरेज—[फ़ा॰] *पु॰* एक प्रकार का गहरा काला रंग जिसमें कुछ नीला या ऊदा रंग भी झलकता है। *वि॰* उक्त रंग का। कोकची रंग की साड़ी। ✣ **काकरेजी**—*वि॰* = काकरेज रंग वाला। *पु॰* काकरेज रंग।

काकल[1]—[सं॰ का ~ कल] *पु॰* पहाड़ी कौआ।

काकल[2]—[सं॰ कल, का—आदेश] *पु॰* मुख के अन्दर का कौआ। गले के अन्दर की घंटी। कंठमणि।

काकली—[सं॰ काकलि + ङीष्] *स्त्री॰* १. अस्पष्ट मधुर ध्वनि। धीमा मधुर स्वर। २. गुंजा/घुँघची का पौधा।

काकाक्षिगोलक—[< सं॰ काक ~ अक्षिम ~ गोलक] *पु॰* कौए की आँख की पुतली। काकगोलक।

काकातुआ/काकातूआ—[< मलयालम ककाटू] *पु॰* तोते की जाति का एक बड़ा और सुन्दर पक्षी जिसके सिर पर चोटी होती है।

काकारि—[सं॰ काक ~ अरि] *पु॰* उलूक (पक्षी)। उल्लू।

काकिणी—[सं॰ √कक् + निनि + ङीप्, पृषो॰, न→ण] *स्त्री॰* १. प्राचीन भारत में प्रचलित मुद्रा का एक मान जो एक पण का चतुर्थ भाग या २० कौड़ी के बराबर होता था। २. एक प्राचीन तौल जो एक माशे का चतुर्थ भाग होती थी। ३. कौड़ी। ४. गुंजा। घुँघची।

काकी[1]—[< हिं॰ काक] *स्त्री॰* नारी (मादा) कौआ।

काकी[2]—[< हिं॰ काका] *स्त्री॰* १. चाची। २. पुत्री या छोटी लड़की।

काकु—[सं॰] *पु॰* (भय, क्रोध, शोक आदि के कारण) १. भाव या अर्थ की भिन्नतावाला स्वर-परिवर्तन। २. छिपी चोट करनेवाली उक्ति। व्यंग्य करनेवाला कथन। ३. वक्रोक्ति अलंकार का भेद जिसमें कहने का ढंग/लहजा बदलने से अर्थ बदल जाता है। काकुवक्रोक्ति।

काकुल—[फ़ा॰] *स्त्री॰* काकपक्ष। जुल्फ़ें।

काकुवक्रोक्ति—[सं॰ काकु ~ वक्रोक्ति] *स्त्री॰* (काव्य॰) वक्रोक्ति अलंकार का एक भेद जिसमें कहने का ढंग/लहजा बदलने से वाक्य का अर्थ बदल जाता है।

***काकू**—[< हिं॰ का + कू] *सर्व॰* किसको। किसे। **जैसे**—काकू दीजै दोष।

काकोदर—[सं॰ काक ~ उदर] *पु॰* सर्प। साँप।

काकोल—[सं॰ √कक् + णिच् + ओल] १. पहाड़ी कौआ। २. सर्प। साँप। ३. शूकर। सुअर।

काकोली—[सं॰] *स्त्री॰* (आयुर्वेद॰) अष्टवर्ग की आठ औषधोपयोगी वनस्पतियों में से एक।

काक्षी—[सं॰ कक्ष + अण् + ङीप्] *स्त्री॰* सौराष्ट्र की एक प्रकार की सुगन्धित मिट्टी।

***काखना**—[< सं॰ काङ्क्षण] *क्रिअ॰* इच्छा करना। चाहना।

काखासोती/काँखासोती—[< सं॰ कक्षाश्रोत्रिक] *वि॰* जनेऊ की तरह, एक ओर काँख के नीचे और दूसरी ओर कान के नीचे कन्धे पर, धारण किया हुआ। *स्त्री॰* कन्धे पर जनेऊ के समान दुपट्टा डालने की विधि। विवाह के अवसर पर भी कहीं-कहीं काखासोती की रीति होती है।

***काखी**—[< हिं॰ काखना] *स्त्री॰* आकांक्षा। इच्छा।

काग[1]—[< सं॰ काक] १. कौआ। २. श्राद्ध आदि में कौओं के लिए निकाला जानेवाला भाग।

काग[2]—[< अं॰ कार्क] *स्त्री॰* (शीशी आदि की) डाट।

काग[3]—[< सं॰ काकलक] *पु॰* (गले की) घाँटी। कौआ।

***कागर**—[< अरबी काग़ज़] *पु॰* १. काग़ज़। २. (पक्षियों के) पंख। ✣ ***कागरी**—*वि॰* = १. काग़ज़ की तरह पतला। २. तुच्छ। हीन।

कागाबासी—[< हिं॰ कागा + सं॰ भासी] *पु॰* १. एक प्रकार का काला मोती।

कागारोर/कागारौल—[< हिं॰ कागा + रोर] *पु॰* १. कौओं की काँव-काँव। २. कौओं जैसा मचाया जाने वाला कोलाहल। बेढंगा शोर-गुल।

कागौर—[< हिं॰ काग] *पु॰* (पितरों के श्राद्ध आदि में) पितरों के लिए तैयार किए हुए अन्न में से कौओं के लिए निकाला जाने वाला भाग।

काङ्क्षणीय (कांक्षणीय)—[सं॰ काङ्क्ष् + अनीयर्] *वि॰* चाहने योग्य।

काच[1]—[सं॰ √कच् + घञ्] *पु॰* १. शीशा। काँच। २. काला नमक। ३. मोम। ४. खारी मिट्टी।

***काच**[2]—[< हिं॰ कच्चा] *वि॰* कच्चा। अधपका।

काच-भाजन—[सं॰] *पु॰* शीशे का बर्तन।

काच-मणि—[सं॰] *स्त्री॰* स्फटिक। बिल्लौर।

काचित—[< सं॰ काच] *वि॰* १. शीशे से बना हुआ। ***जैसे***—काचित दुर्ग। २. शीशा जैसा लगनेवाला।

काछ—[< प्रा॰ कच्छ < सं॰ कक्ष्य] *स्त्री॰* १. परिधान। पहनावा। २. पेड़ू और जंघा का जोड़। ३. धोती की लाँग। ४. (अभिनय में) वेश-धारण। ***वा॰* काछ काछना**—१. धोती को घुटनों तक लेना। २. वेश धारण करना। ३. रूप धरना।

***काछती**—[< हिं॰ काछ] *स्त्री॰* १. मूर्तियों आदि को पहनाया जाने वाला एक प्रकार का घाघरा।

***काछन**—[< हिं॰ काछना] *स्त्री॰* १.काछने की क्रिया/भाव। २. काछनी।

***काछना**[1]—[< सं॰ कर्षण] *क्रिस॰* हटाना।

काछना[2]—[< सं॰ कषण] *क्रिस॰* किसी द्रव पदार्थ को उँगली/हथेली से समेटना/उठाना।

काछना[3]—[< हिं॰ काछ] *क्रिस॰* १. वेष धारण करना। वस्त्र पहनना। २. साजना। सँवारना। ३. बनाना। ४. धोती की लाँग/काछ को पीछे ले जाकर खोंसना। ५. शोभित होना। शोभा देना।

काछनि[1]—[< हिं॰ काछनी] *स्त्री॰* जाँघिया के ऊपर पहनने का वस्त्र।

काछनि**[2]—[< हिं॰ कछार] *पु॰* तट। कछार। ***जैसे—गंगा-काछनि घूमना।

काछनी—[< हिं॰ काछना] *स्त्री॰* १. घुटनों तक पहनी हुई धोती जिसमें दोनों ओर की लाँगें पीछे ही हों। २. घाघरा जैसा एक पहनावा जो प्रायः घुटने तक का होता है।

काछा—[< प्रा॰ कच्छ < सं॰ कक्ष्य] *पु॰* १. पेड़ू के नीचे और जंघाओं के बीच का स्थान। २. (धोती की) कच्छ। लाँग। ३. अभिनय के समय नटों का वेश। ***वा॰* काछा कछना**—वेश बनाना। स्वाँग रचना। **काछा कसना**—किसी काम के लिए तैयार होना।

काछिन—[< हिं॰ काछी] *स्त्री॰* १. काछी उपजाति की स्त्री। २. काछी व्यक्ति की पत्नी।

काछी—[< प्रा॰ काछिआ] *पु॰* तरकारियाँ बोने और बेचने का काम करनेवाली एक उपजाति या उसका व्यक्ति।

***काछे/काछें**—[< प्रा॰ कच्छ < सं॰ कक्ष] *क्रिवि॰* निकट। पास।

काज—[< प्रा॰ कज्ज < सं॰ कार्य] *पु॰* १. कार्य। काम। ***जैसे***—घर के सैकड़ों काज। २. व्यापार। व्यवसाय। धन्धा। ३. प्रयोजन। कारण। ४. विवाह आदि शुभ कृत्य। *अव्यय॰* के लिए। ***जैसे***—शिक्षण काज। ***वा॰* काज निबाहना**—काम पूरा करना। **काज सँवारना**—किसी बिगड़े हुए या अधूरे काम को ठीक प्रकार से सम्पन्न करना। **काज सरना**—काम पूरा होना।

***काजर**—*पु॰ ≤ हिं॰* काजल। *पु॰* काजल। *वि॰* काला।

***काजरि/काजरी**—[< हिं॰ काजर] *स्त्री॰* कजरी गाय। श्यामा गाय। ● **विशेष**—इसकी आँखों के चारों ओर का भाग काला होता है।

काजल—[< सं॰ कज्जल] *पु॰* दिए के धुएँ की कालिख जिसको आँख में अँगुली से सुरमे की तरह लगाते हैं। ***वा॰* काजल की कोठरी**—ऐसा स्थान या काम जिससे सम्पर्क होने पर अपयश अवश्य मिले। कलंक लगने का स्थान। **काजल पारना**—दीपक की लौ पर कोई वस्तु रखकर काजल इकट्ठा करना।

काजसिद्धि (काजसिद्धि)—[< सं॰ कार्य ~ सिद्धि] *स्त्री॰* अभीष्ट कार्य की पूर्ति। कार्यसिद्धि।

काजी—[< हिं॰ काज] *वि॰* कार्य करनेवाला।

क़ाज़ी—[अरबी] *पु॰* (इस्लाम॰) १. न्यायकर्ता। न्यायाधीश। २. विवाह करानेवाला पुरोहित जैसा व्यक्ति। ३. मज़हबी विवादों में निर्णय देनेवाला अधिकारी।

काञ्चन (कांचन)—[< √काञ्च् + ल्युट्] *पु॰* १. सोना। स्वर्ण। २. धन। ३. धतूरा। ४. ऐश्वर्य। ५. कचनार। ६. चम्पा। *वि॰* १. स्वर्ण का बना। २. सुनहरा। ३. सुन्दर।

काञ्चनक (कांचनक)—[सं॰ काञ्चन + कन्] *पु॰* चम्पा का पौधा या पुष्प।

काञ्चनी (कांचनी)—[सं॰ काञ्चन + ङीप्] *स्त्री॰* १. हल्दी। २. गोरोचन।

काञ्चनीय (कांचनीय)—[सं॰ काञ्चन + छ] *वि॰* १. सोने का बना। ***जैसे***—कांचनीय रथ। २. सोने जैसी चमकवाला। स्वर्णाभ।

काञ्ची (कांची)—[< सं॰ √कञ्च् + इन् + ङीष्] *स्त्री॰* १. करधनी। मेखला। २. दक्षिण भारत की एक पवित्र नगरी। कांजिवरम्। ३. घुँघची।

काञ्जी (कांजी)—[< सं॰ कु √अञ्ज् + अण् + ङीष्] *स्त्री॰* राई, नमक, सोंठ, जीरा और पानी के मिश्रण से बना एक प्रकार का खट्टा गाढ़ा रस जो खमीर उठने पर तैयार होता है।

काटकी—[< हिं॰ काठ + की] *स्त्री॰* भालू/बन्दर नचाने वाले मदारी के हाथ की लकड़ी की छड़ी।

काठा—[< हिं॰ काठ॰] *वि॰* १. लकड़ी से बना हुआ कठोर छिलके वाला (फल)। ***जैसे***—काठा बादाम। २. कठोर गूदे वाला (फल)। ***जैसे***—काठा केला।

काठिन्य—[सं॰ कठिन + ष्यञ्] *पु॰* १. कठिनता। २. कड़ापन। ३. अकड़ जाना। अकड़न। ४. निष्ठुरता। ५. आचरण की दृढ़ता।

काठी—[< हिं॰ काठ] *स्त्री॰* १. ऊँटों/घोड़ों आदि की पीठ पर कसने की जीन जिसमें नीचे काठ लगा होता है। २. शरीर का गठन। ***वा॰* काठी अच्छी होना**—विशाल शरीर वाला, स्वस्थ और पुष्ट होना।

†**काड़ी**—[< सं॰ काण्ड] *स्त्री॰* अरहर का सूखा डंठल।

काढ़ा—[< हिं॰ काढ़ना] *पु॰* औषधियों को उबालकर बनाया हुआ पेय। क्वाथ।

†**काणा**—[≤ *सं॰* काण] वि॰ १. काना (पुरुष)। २. दोषयुक्त (पदार्थ) ✣ **काणी**—*वि॰ (स्त्री॰)* १. कानी (स्त्री)। २. छिद्रयुक्त

(वस्तु)। ३. फूटी (कौड़ी)।

काण्ड (कांड)—[< सं० √कण् + ड, दीर्घ] *पु०* १. अंश। भाग। २. वृक्ष का तना। ३. डंठल। नाल। ४. ग्रन्थ का विभाग। *जैसे*—रामायण का पांचवाँकाण्ड। ५. सरकंडा। ६. बाण। तीर। ७. (भीषण) घटना। *जैसे*—हत्याकाण्ड। ८. (हाथ/टाँग आदि की) लम्बी हड्डी।

काण्डकार (कांडकार)—[सं० काण्ड ~ कार] *पु०* १. तीर बनानेवाला।

काण्डत्रय (कांडत्रय)—[सं० काण्ड ~ त्रय] *पु०* तीन काण्डों (कर्मकाण्ड, उपासनाकाण्ड और ज्ञानकाण्ड) का समूह।

काण्डपट (कांडपट)—[सं० काण्ड ~ पट] *पु०* क़नात। पर्दा।

काण्ड-भङ्ग (कांड-भंग)—[सं०] *पु०* हड्डी टूट जाना। अस्थिभंग।

काण्डर्षि (कांडर्षि)—[< सं० कांड + ऋषि] *पु०* वेद के किसी कांड (कर्मकांड/ज्ञानकांड/ उपासनाकांड) का विवेचन करनेवाला ऋषि।

काण्डवान् (कांडवान्)—[सं० काण्ड + मतुप्] *पु०* तीरन्दाज़।

काण्डवीणा—[सं० काण्ड ~ वीणा] *स्त्री०* एक वाद्य। चंडालवीणा।

काण्डारी (कांडारी)—[< सं० कर्णधारी] *पु०* कर्णधार। खिवैया। मल्लाह।

काण्डिका (कांडिका)—[सं० काण्ड + ठन् + टाप्] *स्त्री०* ग्रन्थ का खंड/विभाग/अध्याय। कंडिका।

कातर—[सं० कु √तृ + अच्] *वि०* १. डरा हुआ/भयभीत। २. कायर। डरपोक। ३. दुःखी। शोकग्रस्त। ४. विकल। व्याकुल। अधीर। ५. भय से काँपता हुआ।

कातर्य—[सं० कातर + ष्यञ्] *पु०* कातरता।

कातिब—[अरबी] *पु०* १. लिखनेवाला। लेखक। २. लिपिक। क्लर्क (अ०)। ३. लीथो मुद्रण यन्त्र से छपने के लिए विशेष प्रकार से लिखनेवाला व्यक्ति।

काती—[< प्रा० कत्तिया] *स्त्री०* १. कैंची। २. (कतरने में काम आनेवाली) सुनार की कतरनी/कैंची। ३. चाकू। ४. कटारी। छुरी। *वि०* काटनेवाली।

कात्यायनी—[< सं० कात्यायन + ङीष्] *स्त्री०* १. पार्वती/दुर्गा का एक रूप। २. गेरुए वस्त्र पहननेवाली विधवा। ● **विशेष**—कुमारियों द्वारा उत्तम पति पाने की इच्छा से मार्गशीर्ष मास में प्रतिदिन कात्यायनी देवी की पूजा का व्रत किया जाता है जिसे **कात्यायनी व्रत** कहते हैं।

***काथ**[१]—[< सं० कपित्थ] *पु०* १. कत्था। खैर। २. एक प्रकार का कत्थई रंग।

†**काथ**[२]—[< सं० कन्या] *स्त्री०* कन्था। गुदड़ी। ✣ **काथड़िया**—*वि०* = गुदड़ी ओढ़नेवाला। *पु०* साधु। फ़क़ीर।

काथिक—[सं० कथा + ठक्] *पु०* कहानी कहनेवाला व्यक्ति।

कादम्बरी (कादंबरी)—[< सं० कादम्बर + ङीप्] *स्त्री०* १. कदम्ब के फूलों से बनी शराब। २. मदिरा। ३. सरस्वती (देवी)। ४. वाणी। ५. कोयल। ६. मैना।

कादम्बिनी (कादंबिनी)—[सं० कादम्ब + इनि + ङीष्] बादलों की लम्बी पंक्ति। मेघमाला।

***कादर**—[< सं० कातर] *वि०* १. कातर। २. कायर। डरपोक। ३. अधीर। विकल। बैचेन। ✣ **कादरता**—*वि०* = १. कातरता। २. कायरता। ३. अधीरता। ४. व्याकुलता।

***कादिम**—[< सं० कर्दम] *पु०* कीचड़।

कादिर—[अरबी] *वि०* १. शक्तिशाली। २. भाग्यवान।

***कादो/कादौं**—[< सं० कर्दम] *पु०* १. कीचड़। *जैसे*—उस समय गलियों में दधि-कादौं हो गयी। २. गारा।

काद्रवेय—[< सं० कद्रु + ढक्] *पु०* १. कद्रु के पुत्र। २. शेष/तक्षक/वासुकि आदि नाग/सर्प। २. नाग या सर्प।

कानक—[< सं० कनक + अण्] *वि०* १. सुवर्ण-सम्बन्धी। सोने का। २. सुवर्ण का बना। स्वर्णिम।

कानन—[< सं० √कन् + णिच् + ल्युट्] *पु०* बड़ा वन। जंगल।

काननचारी[१]—[सं० काननचारिन्] *वि०* जंगल में विचरण करनेवाला। *जैसे*—काननचारी शिकारी लोग।

***काननचारी**[२]—[< हिं० कान + सं० चारी (चारिन्)] *वि०* कानों तक फैला हुआ। *जैसे*—काननचारी नेत्र।

कानसराई/कानसलाई—[< हिं० कान + सरना/सलाई] लाल रंग का एक कीड़ा जो सलाई की तरह पतला होता है, लगभग ४ से० मी० लम्बा होता है और मनुष्य/पशु के कान में घुसकर बहुत कष्ट देता है।

काना-कुतरा—[< हिं० काना + कुतरना] *वि०* कुरूप। भद्दा। *जैसे*—काना-कुतरा आदमी।

कानाफूसी—[< हिं० कान + अनु० फुस-फुस] *स्त्री०* १. किसी के कान में बहुत धीरे-धीरे बात कहना जो कोई अन्य व्यक्ति न सुन सके। २. दूसरों से छिपाकर और बहुत धीरे-धीरे की जानेवाली बात।

कानाबाती—[< हिं० कान + बात] *स्त्री०* १. कान में बहुत धीरे से कही जानेवाली बात। २. बच्चों के साथ विनोद में बात करने के बहाने 'कू'/'कुर्र' जैसा शब्द करना जिससे कान झन्ना जाए।

कानि—[देशज] *स्त्री०* १. लोक-लज्जा। २. मर्यादा। ३. संकोच। लिहाज़ा। ४. प्रतिष्ठा। सम्मान। इज़्ज़त। ५. (तराजू का) पासंग। ***वा०* कानि करना/पड़ना**—मर्यादा या लोकलज्जा का ध्यान रखना।

कानी[१]—[हिं० 'काना' का *स्त्री०*] *वि०* (*स्त्री०*) १. एक आँख वाली। *जैसे*—कानी स्त्री। २. दोषयुक्त या छिद्रयुक्त। *जैसे*—कानी गगरी। ३. फूटी। *जैसे*—कानी कौड़ी। *स्त्री०* कानी स्त्री।

कानी[२]—[< हिं० कानि] *स्त्री०* १. कानि। (दे०)। ✣ **कानी उँगली**—[< सं० कनीनी] *स्त्री०* हाथ की सबसे छोटी उँगली। कनिष्ठिका। छिगुनी। ✣ **कानी कौड़ी**—*स्त्री०* = १. वह कौड़ी जो टूटी हुई हो। फूटी कौड़ी। २. माला में पिरोने के लिए बीच में छेदी गयी

कौड़ी। ३. (लाक्षणिक) बहुत थोड़ा धन। ४. (लाक्षणिक) नगण्य वस्तु। मूल्यहीन या अत्यन्त तुच्छ वस्तु। ***जैसे***—उन्हें कानी कौड़ी भी मत देना। ***वा॰* (किसी वस्तु/व्यक्ति का) कानी कौड़ी का भी न होना**—मूल्यहीन होना। **(पास में) कानी कौड़ी भी न होना**—बहुत निर्धन होना।

कानीन—[< सं॰ कन्या + अण्, कनीन आदेश] *वि॰* अविवाहिता स्त्री की सन्तान।

***कानूड़ो**—[< हिं॰ कान्ह] *पु॰* कृष्ण। कन्हैया।

कान्त (कांत)—[सं॰ √कन् + क्त या √कम् + क्त] *वि॰* १. प्रिय। प्यारा। २. सुन्दर/मनोहर। *पु॰* १. प्रेमी। २. प्रेम-पात्र। प्रिय। ३. पति। ● **विशेष—(क)** संस्कृत में '**कान्त**' का अर्थ चन्द्रमा, विष्णु, शिव, कामदेव, कृष्ण, चक्रवाक और कुंकुम भी प्रसिद्ध हैं। **(ख)** संस्कृत में मोर को '**कान्तपक्षी**' कहा जाता है और चुम्बक को '**कान्तलोह**'।

कान्ता (कांता)—[सं॰ कान्त + टाप्] *वि॰* (*स्त्री॰*) १. प्रिया। प्यारी। २. सुन्दर। *स्त्री॰* १. प्रेमिका। प्रिया। २. पत्नी। ३. सुन्दर स्त्री।

कान्तार (कांतार)—[सं॰ कान्त √ऋ + अण्] *पु॰* १. घना और भीषण जंगल। २. निर्जन वन। बियाबान स्थान। ३. विकट/भीषण मार्ग।

कान्ति (कांति)—[< सं॰ √कम् + क्तिन्] *स्त्री॰* १. आभा। दीप्ति। चमक। २. सौन्दर्य। शोभा। छवि। ३. शृंगार। ४. चन्द्रमा की सोलह कलाओं में से एक। ५. सुन्दर स्त्री। (छन्द॰) आर्या छन्द का एक भेद जिसमें १६ लघु और २५ गुरु वर्ण होते हैं। (काव्य॰) १. नायिका के अयत्नज अलंकारों में से एक। नायिका की शोभा की वह सुविकसित अवस्था जो कामविलास के कारण बढ़ी हुई प्रतीत होती हो या जिसके द्वारा अति कामोद्दीपन हो।

कान्तोत्पीड़ा—[सं॰ कान्त ~ उत्पीड़ा] *स्त्री॰* वियोग-दुःख। (छन्द॰) एक समवर्णिक छन्द जिसके प्रत्येक चरण में क्रमशः भगण, मगण, सगण, मगण (भ म स म) के योग से १२ वर्ण होते हैं।

कान्दव (कांदव)—[सं॰ कन्दु + अण्] *पु॰* चूल्हे या लोहे की कड़ाही में भुनी हुई वस्तु।

कान्दविक (कांदविक)—[सं॰ कान्दव + ठक्] *पु॰* हलवाई।

कान्यकुब्ज—[< सं॰ कन्यकुब्ज + अण्] *पु॰* १. कान्यकुब्ज देश (वर्तमान कन्नौज) या उसका निवासी। २. ब्राह्मणों का एक भेद। कनौजिया ब्राह्मण।

कान्हड़ा—[< सं॰ कर्णाट] *पु॰* (संगीत॰) सम्पूर्ण जाति का एक राग। ⁜ **कान्हड़ा नट**—*पु॰* (संगीत॰) = एक संकर राग। ⁜ **कान्हड़ी**—*स्त्री॰* (संगीत॰) = एक रागिनी।

कान्हम—[< प्रा॰ कण्ह (= काला)] *पु॰* गुजरात के भड़ौंच प्रदेश की काली मटियार भूमि जिसमें कपास की अच्छी फ़सल उपजती है। ⁜ **कान्हमी**—*स्त्री॰* = उक्त भूमि में उपजनेवाली कपास।

***कान्हर**—[< सं॰ कर्ण] *पु॰* कोल्हू के तख़्ते से लगी तिरछी लकड़ी जो चारों ओर घूमती है।

कापट्य—[सं॰ कपट + ष्यञ्] *पु॰* १. कपटीपन। २. कपट। छल। धोखा।

कापड़ी—[< सं॰ कपर्दी] *पु॰* काँवरधारी तीर्थयात्री जो गंगोत्तरी से गंगा-जल लेकर विविध तीर्थों में शिवलिंग पर चढ़ाते हैं। काँवड़िया।

कापालिक—[सं॰ कपाल + ठक्] *वि॰* कपाल-सम्बन्धी। खोपड़ी का। *पु॰* १. शैव सम्प्रदाय की एक वामाचारी शाखा। २. उक्त का अनुयायी। ● **विशेष**—कापालिकों के आचार में मनुष्य के कपाल (खोपड़ी) में रखकर भोजन करना, मद्य-मांस का सेवन तथा देवी को नर-बलि चढ़ाना जैसी विलक्षण बातें होती हैं।

कापाली—[सं॰ कापालिन्] *वि॰* कपालों/खोपड़ियों की माला धारण करनेवाला। *पु॰* शिव/महादेव। *स्त्री॰* कपालों की माला।

कापिश—[सं॰ कपिशा + अण्] *पु॰* १. माधवी के फूलों से बनी मदिरा। २. मदिरा/शराब। *वि॰* कपिशा नगरी से सम्बन्धित। कपिशा नगरी का।

कापिशायन—[सं॰ कापिशी + ष्फक्] *पु॰* १. मद्य। शराब। २. देवता।

कापिशेय—[सं॰ कपिशा + ढक्] *पु॰* पिशाच। भूत-प्रेत।

क़ाफ़िया—[अरबी क़ाफ़िय:] *पु॰* अन्त्यानुप्रास। ***जैसे***—पद्य-रचना में क़ाफ़िया मिलाना।

काफ़िर—[अरबी] *पु॰* १. अफगानिस्तान के एक प्रदेश काफ़िरिस्तान में रहनेवाली एक जाति या उसका व्यक्ति। *वि॰* १. नास्तिक। २. (मुसलमानों के मत में) इस्लाम धर्म को न माननेवाला।

काफ़िरी—[अरबी] *वि॰* १. काफ़िर-सम्बन्धी। काफ़िर का। २. काफ़िरों जैसा। *स्त्री॰* १. काफ़िर होने की अवस्था/भाव। काफ़िरपन। २. काफ़िरिस्तान प्रदेश की या काफ़िरों की भाषा/बोली।

काफिला/क़ाफ़िला—[< अरबी क़ाफ़िल:] *पु॰* यात्री-दल। सार्थवाह।

काफ़ूर—[फ़ा॰] *पु॰* कर्पूर। कपूर। ***वा॰* काफ़ूर हो जाना**—१. तत्काल अदृश्य हो जाना। २. भाग जाना। ⁜ **काफ़ूरी**—*वि॰* = १. काफ़ूर के रंग का। बहुत सफ़ेद। २. काफ़ूर की बनी हुई या काफ़ूर में पड़ी हुई वस्तु। कपूरी।

[1]काबर/काबीर—[< हिं॰ कबरा] *वि॰* अनेक रंगों वाला। चितकबरा। *स्त्री॰* दोमट भूमि जिसकी मिट्टी में रेत मिली रहती है।

काबा—[< अरबी काब:] *पु॰* अरब में मक्का का एक देव-मन्दिर।

काबिस—[< सं॰ कपिश] *पु॰* मिला हुआ काला-पीला रंग जिससे कुम्हार अपने बर्तन रंगता है।

काबुक—[फ़ा॰] *स्त्री॰* कबूतरों को रखने का लकड़ी या बाँस आदि का बना ख़ानेदार सन्दूक जैसा घर। दरबा। कबूतरखाना।

काबुली—[फ़ा॰] *वि॰* १. काबुल (नगर) से सम्बन्धित। काबुल का। काबुल में उत्पन्न। *पु॰* १. काबुल का निवासी व्यक्ति। अफ़ग़ान। २. बहुत ऊँचा और देर तक उड़ने वाला एक प्रकार का कबूतर।

काम[1]—[सं॰ √कम् + णिङ् + घञ्] १. कामना। अभिलाषा।

मनोरथ। इच्छा। चाह। २. सृष्टि की रचना करनेवाली और प्राणियों की प्रेरक आकर्षणप्रधान इच्छा विशेष। वासना। ३. स्त्री-पुरुष की परस्पर सम्भोग-कामना। *जैसे*—काम, क्रोध और लोभ के वश में। ४. प्रेम। अनुराग। ५. कामदेव। *जैसे*—काम-पत्नी रति। ६. धर्म आदि चार पुरुषार्थों में से एक। ७. प्रेमा भक्ति। ८. फल में आसक्ति।

काम[२]—[< सं॰ कर्म] *पु॰* १. जो कुछ किया जाए। क्रिया का परिणाम। कर्म। कार्य। कृत्य। २. प्रयोजन। ग़रज़। *जैसे*—अपने काम के लिए जाओ। ३. आजीविका। रोज़गार या नौकरी। *जैसे*—पेट भरने के लिए काम की खोज करना। ४. व्यवहार। प्रयोग। उपयोग। *जैसे*—दवा में काम आना। ५. बेलबूटे, नक़्क़ाशी आदि। *जैसे*—कपड़े पर किया गया काम सुन्दर है। ६. कारीगरी। ७. सरोकार। मतलब। *जैसे*—मुझे उससे कोई काम नहीं। ८. किसी वस्तु की प्रमुख सामग्री। *जैसे*—साड़ी में रेशम का काम है। ९. कोई रचनात्मक कृति तैयार करना *जैसे*—उपन्यास का काम।

कामकला—[सं॰ काम ~ कला] *स्त्री॰* १. काम-क्रीड़ा की कला। रति-सुख बढ़ाने की कला। २. कामदेव की पत्नी। रति। (शैव॰) सौन्दर्य, आनन्द और उन्मदभाव की परमात्म-शक्ति।

कामकान्ता (कामकांता)—[सं॰ काम ~ कान्ता] *स्त्री॰* कामदेव की पत्नी। रति।

कामकाज—[< सं॰ कर्म ~ कार्य] *पु॰* १. जीविका का साधन। काम-धन्धा। २. विविध कार्य।

कामकृत्—[सं॰ काम ~ कृत] *वि॰, पु॰* १. विषय-भोग-सम्बन्धी कार्यों से सम्बन्धित। २. काम-वासना के कारण होनेवाला। ३. स्वेच्छाचारी।

कामकेलि/कामक्रीडा—[सं॰ काम ~ केलि/क्रीडा] *स्त्री॰* काम-क्रीड़ा। रतिक्रीड़ा। सम्भोग। ✣ **कामक्रीड़ा**—*स्त्री॰* = कामक्रीडा, कामकेलि।

कामगार—[< हि॰ काम] *पु॰* १. मज़दूर। २. मुख्य कर्मचारी। कामदार।

***कामगो**—[सं॰ काम ~ गो] *स्त्री॰* कामधेनु।

कामचर—[सं॰ काम ~ चर] *पु॰* १. जो अपनी इच्छा के अनुसार सब जगह पहुँच जाता हो। स्वेच्छापूर्वक घूमने-फिरनेवाली। २. स्वेच्छाचारी। Δ **पर्याय**—इच्छाचारी/कामचारी।

कामज—[सं॰ काम + ज] *वि॰* १. कामदेव से उत्पन्न। २. वासना से उत्पन्न। वासनाजन्य। *पु॰* क्रोध।

कामजित्—[सं॰ काम ~ जित्] *वि॰* काम को जीतनेवाला। *पु॰* शिव। महादेव।

कामतः—[सं॰ काम + तस्] *क्रिवि॰* १. अपनी इच्छा से। स्वेच्छापूर्वक। २. कामनापूर्वक।

कामता—[सं॰ काम + ता] *स्त्री॰* काम-भाव। कामत्व।

कामद—[सं॰ काम + द] *वि॰* कामना पूर्ण करनेवाला। इच्छा-पूरक। *जैसे*—कामद देवता। ✣ **कामद गाय**—*स्त्री॰* = कामधेनु।

***कामदन्द (कामदंद)**—[< सं॰ काम ~ द्वन्द्व] *पु॰* काम-भावना के कारण होनेवाली व्यथा। काम-पीड़ा।

कामद मणि—[सं॰] *पु॰* इच्छाओं को पूरा करनेवाली एक दिव्य मणि। चिन्तामणि।

काम-दव—[सं॰ काम ~ दव्] *पु॰* काम-भाव की अग्नि। कामाग्नि। कामवासना।

कामदा—[सं॰ कामद + टाप्] *स्त्री॰* १. मनोकामना पूर्ण करनेवाली देवी आदि। २. कामधेनु। ३. चैत्र शुक्ल एकादशी। (छन्द॰) एक वर्णिक छन्द जिसके प्रत्येक चरण में क्रमशः रगण, यगण, जगण और गुरु (र य ज ग) के योग से १० वर्ण होते हैं।

कामदार—[हि॰ काम + फा॰ दार] *वि॰* जिसपर ज़रदोज़ी या कलाबत्तू का काम किया गया हो। *जैसे*—कामदार शाल। *पु॰* प्रमुख कर्मचारी। कामगार।

कामदी—[< यूनानी कॉमेदि] *स्त्री॰* (काव्य॰) सुखान्त नाटक जिसमें हास्यास्पद स्थितियों, हास्यजनक संवादों तथा चारित्रिक विशेषताओं का चित्रण रहता है।

कामदुघा—[सं॰ काम √दुह् + क + टाप्] *स्त्री॰* कामधेनु।

***कामदुहा**—[< सं॰ कामदुघा] *स्त्री॰* कामधेनु।

***कामधुजा**—[< सं॰ काम ~ ध्वजा] *स्त्री॰* कामदेव की पताका। काम-ध्वजा।

कामध्वज—[सं॰ काम ~ ध्वज] *पु॰* १. कामदेव की ध्वजा। २. (कामदेव की ध्वजा पर अंकित) मछली।

***कामनैनी**—[< सं॰ काम + नयन] *वि॰* रसीली आँखों वाली। *स्त्री॰* सुन्दर स्त्री। सुन्दरी।

कामपरता—[सं॰ काम ~ परता] *स्त्री॰* कामुकता।

कामबाण—[सं॰ काम ~ बाण] *पु॰* १. कामदेव के पाँच बाण—मोहन, उन्मादन, सन्तपन, शोषण और निश्चेष्टीकरण। २. कामदेव के पाँच पुष्पबाण जिनके पुष्प हैं—लाल कमल, नील कमल, अशोक, आम्रमंजरी और चमेली।

***कामबाम**—[< सं॰ काम ~ वामा] *स्त्री॰* कामदेव की पत्नी। रति।

काम महोत्सव—[सं॰] चैत्र मास की पूर्णिमा को मनाया जानेवाला एक प्राचीन उत्सव जिसमें कामदेव तथा रति की पूजा गायन-वादन के साथ की जाती थी।

***कामर**—*पु॰* ≤ *सं॰* कम्बल। ✣ ***कामरि**—*स्त्री॰* = कम्बल।

***कामरिया/कामरी**—*स्त्री॰* ≤ *सं॰* कम्बल।

कामरू—*पु॰* ≤ कामरूप (देश)।

कामरूप—[सं॰ ~ रूप] *वि॰* १. मनचाहा रूप धारण करने वाला। २. मायावी। ३. कामदेव के समान रूप वाला। अति सुन्दर। *पु॰* १. वर्तमान असम प्रदेश का एक ज़िला। २. असम का एक प्राचीन राज्य। ३. देवता। (छन्द॰) एक सममात्रिक छन्द जिसके प्रत्येक चरण में क्रमशः २६ मात्राएँ होती हैं, ९-७-१० पर यति होती है तथा अन्त में क्रमशः गुरु और लघु होते हैं।

कामला—[< सं॰ कामल] *पु॰* एक रोग जिसमें त्वचा, नाख़ूनों और

नेत्रों में पीलापन आ जाता है। पीलिया रोग।

कामलोल—[स॰ काम ~ लोल] *वि॰* काम-पीड़ित।

कामवती—[स॰ कामवत् + ङीप्] *स्त्री॰* रूपवती स्त्री। सुन्दरी।

कामसखा—[स॰ काम ~ सखा] *पु॰* वसन्त (ऋतु)। ऋतुराज।

कामवल्लभा—[स॰ काम ~ वल्लभा] *स्त्री॰* १. कामदेव की पत्नी। रति। २. चन्द्रिका। चाँदनी।

कामवान्—[स॰ काम + वत्] *वि॰* १. कामनायुक्त। २. सुन्दर। मनोहर।

कामाङ्गना (कामांगना)—[स॰ काम ~ अङ्गना] *स्त्री॰* कामदेव की पत्नी। रति।

कामा—[स॰ काम + टाप्] *स्त्री॰* सुन्दर स्त्री। कामिनी। (छन्द॰) एक समवर्णिक छन्द जिसके प्रत्येक चरण में दो-दो गुरु वर्ण होते हैं।

कामाक्षी—[स॰ कास ~ अक्षी] *स्त्री॰* पार्वती/दुर्गा का एक रूप। कामाख्या।

कामात्मज—[स॰ काम ~ आत्मज] *पु॰* (कामदेव के अवतार) प्रद्युम्न का पुत्र अनिरुद्ध।

कामायनी—[काम ~ अयन + ङीप्/ङीष्] *स्त्री॰* १. कामगोत्र में उत्पन्न स्त्री। २. मनु की पत्नी। श्रद्धा।

कामायुध—[स॰ काम ~ आयुध] *पु॰* १. काम का बाण। २. आम का वृक्ष या उसकी मंजरी।

कामारि—[काम ~ आरि] *पु॰* १. कामदेव का शत्रु। २. शिव/महादेव।

कामार्त—[स॰ काम ~ आर्त] *वि॰* काम-वासना से पीड़ित। काम-पीड़ित। कामातुर।

कामाश्रय—[स॰ काम ~ आश्रय] *वि॰* जो काम-भावना पर आश्रित हो। ***जैसे***—नृत्य कामाश्रय कला है।

कामिक—[स॰ काम + ठन्] *वि॰* जिसकी इच्छा की गयी हो। अभिलषित।

कामिका—[स॰ कामिक + टाप्] *स्त्री॰* श्रावण कृष्ण एकादशी।

कामिनी—[स॰ कामिन् + ङीप्] *स्त्री॰* १. प्रेम करने वाली स्त्री। २. सुन्दर स्त्री। ३. रसिक स्त्री। कामी नारी। ४. *स्त्री॰* नारी।

कामिनीकान्त (कामिनीकांत)—[स॰ कामिनी ~ कान्त] *पु॰* १. प्रेमी और प्रेमिका। २. पति-पत्नी।

कामिल—[अरबी] *वि॰* १. सम्पूर्ण। पूरा। २. सर्वांगपूर्ण। बिल्कुल। ३. दक्ष। निपुण। होशियार। ४. चमत्कारी। ***जैसे***—कामिल फ़कीर।

कामेश्वर—[स॰ काम ~ ईश्वर] *पु॰* १. कामतत्त्व का स्वामी। २. कुबेर। ३. परमात्मा। (शैव॰) परमशिव। ✣ **कामेश्वरी**—*स्त्री॰* = १. परमात्मा की महाशक्ति। २. पार्वती/दुर्गा (देवी)। ३. कामाख्या देवी का एक रूप।

कामोद्दीपन—[स॰ काम ~ उद्दीपन] *पु॰* सहवास की इच्छा या काम-वासना का तीव्र होना या उसे तीव्र करना।

कामोन्मत्त—[स॰ काम ~ उन्मत्त] *वि॰* १. काम-पीड़ित। २. कामोन्माद से ग्रस्त (रोगी)।

कामोन्माद—[स॰ काम ~ उन्माद] *स्त्री॰* कामवासना या कामभावना की प्रबलता। (चिकित्सा॰) एक प्रकार का उन्माद जिसमें मनुष्य में बहुत कामवासना जागृत होती है। (अ॰ निम्फ़ोमेनिअ)

काम्बोज (कांबोज)—[स॰ कम्बु + ठक्] *वि॰* कम्बोज (देश) सम्बन्धी। कम्बोज देश का। *पु॰* कम्बोज देश का निवासी।

काम्य—[स॰ √ कम् + णिङ + यत्] *वि॰* १. जो कामना किए जाने के योग्य हो। ***जैसे***—युद्ध में काम्य मृत्यु। २. सुन्दर। कमनीय। ***जैसे***—काम्य युवती। ३. अपनी इच्छा से होने या हो सकने वाला। ४. जो किसी विशेष कामना की सिद्धि के लिए हो। ***जैसे***—काम्य यज्ञ। ✣ **काम्य कर्म**—*पु॰* = किसी विशेष उद्देश्य से या फल की इच्छा से किया जाने वाला निहित कर्म। धर्मानुष्ठान। ✣ **काम्य दान**—*पु॰* = १. स्वीकार करने योग्य दान। २. स्वेच्छा से दिया हुआ दान। ✣ **काम्य मरण**—*पु॰* = १. अपनी इच्छा से प्राणत्याग करना। इच्छा-मृत्यु। २. आत्महत्या। ३.मुक्ति। मोक्ष।

काम्येष्टि—[स॰ काम्य ~ इष्टि] *स्त्री॰* कामना की सिद्धि के लिए किया जाने वाला यज्ञ।

काय—[स॰ √चि + घञ्, नि॰ साधु] *पु॰* १. काया। शरीर। ***जैसे***—काय-चिकित्सा। २. बाह्य रूप। बाहरी ढाँचा। ३. वृक्ष का तना। ४. समुदाय। संघ।

कायचिकित्सा—[स॰ काय ~ चिकित्सा] *स्त्री॰* आयुर्वेद के आठ विभागों में से एक जिसमें शारीरिक सर्वांगव्यापी रोगों की चिकित्सा वर्णित है।

क़ायदा—[अरबी] *पु॰* १. विधि-नियम। २. सिद्धान्त। ३. पद्धति। ४. (किसी भाषा की) वर्णमाला सिखाने की पुस्तक। ५. किसी काम को करने का व्यवस्थित या शिष्ट ढंग। शिष्टाचार। ६. वस्तुओं को रखने का व्यवस्थित ढंग। ७. प्रथा। क़ायदा। (संगीत॰) १. ठेका का द्विगुणित बोल। २. ठेके का विस्तार।

कायफल—[< स॰ कट्फल] *पु॰* १. एक बड़ा और मोटा सदाबहार वृक्ष जो पहाड़ी प्रदेशों में अधिक उगता है तथा स्वादिष्ट फल वाला होता है। काफर। २. उक्त वृक्ष की छाल जो कड़ी, लाल रंग की मोटी, भारी, तेज़ सुगन्धवाली तथा औषधोपयोगी होती है। ३. उक्त का गोल फल।

कायर—[< स॰ कायर] *वि॰* १. डरपोक। २. साहस से रहित। ✣ कायरता—*स्त्री॰* = १. डरपोकपन। २. साहसहीनता। ∇ **विलोम**—वीर।

क़ायल—[अरबी] १. किसी विचार को ठीक समझकर मान लेने वाला। २. निरुत्तर होने के कारण चुप हो जाने वाला।

काय-व्यूह—[स॰] *पु॰* (आयुर्वेद॰) शरीर के अन्दर कफ आदि दोषों, मज्जा आदि धातुओं और स्नायुओं का क्रम-विभाजन या विवेचन।

कायश्री—[स॰ काय ~ श्री]—*स्त्री॰* १. शरीर की शोभा। २. सुन्दर शरीर।

कायस्थ—[सं० काय √स्था + क] *वि०* शरीर में रहने वाला। शरीरस्थ। *पु०* १. जीवात्मा। २. परमात्मा। ३. एक उपजाति जो अपना मूलपुरुष यमराज के कार्यालय-प्रमुख 'चित्रगुप्त' को मानती है। ४. उक्त उपजाति का व्यक्ति। ***वा०* कायस्थ खोपड़ी**—१. (कायस्थ उपजाति का) कुशल व्यक्ति। २. (कायस्थ उपजाति का) चालबाज़ या धूर्त मनुष्य।

कायस्था—[सं० कायस्थ + टाप्] *स्त्री०* (आयुर्वेद०) १. हरीतकी। हरड़। २. आँवला।

काया—[सं० काय + टाप्] *स्त्री०* शरीर/देह। ***वा०* काया पलट जाना**—बाहरी रूप में भारी और लाभप्रद परिवर्तन हो जाना। सुन्दर रूपान्तर हो जाना। **काया पलट देना**—बाहरी स्वरूप में भारी और लाभप्रद परिवर्तन कर देना। सुन्दर रूपान्तर कर देना।

कायिक[1]—[सं० काय + ठक्] *वि०* १. शरीर में होनेवाला या उससे सम्बद्ध। शारीरिक। दैहिक। २. शरीर द्वारा किया जानेवाला। ✣ **कायिक अनुभाव**—*पु०* (काव्य०) = अनुभावों का एक भेद। मनोभावों के अनुसार आंगिक चेष्टाएँ (कटाक्ष, मुट्ठी बाँधना, भौंह टेढ़ी करना आदि)। ✣ **कायिक रोग**—*पु०* = शरीर में उत्पन्न होनेवाली बीमारी। ***जैसे***—खाँसी, खुजली आदि कायिक रोग हैं।

कायिकी—[< सं० कायिक] *स्त्री०* जीवविज्ञान की एक शाखा। शरीर में होनेवाली जीवन-क्रियाओं का अध्ययन। शरीर-क्रिया-विज्ञान। (अं० फ़िज़ियोलॉजि)

कायोत्सर्ग—[सं० काय ~ उत्सर्ग] *पु०* १. शरीर छोड़ना। देह-त्याग। मरण। २. (जैन शिल्प में) अर्हन्त की वीतराग अवस्था में खड़ी मूर्ति।

कार[1]—[सं० √कृ + घञ्] *पु०* १. (यौगिक पदों में अन्त में आने पर) क्रिया/कार्य। ***जैसे***—स्वीकार; चमत्कार; उपकार। २. किसी अक्षर/वर्ण या अनुकृत ध्वनि के अन्त में जुड़कर उसकी सूचना संज्ञा बनाता है। ***जैसे***—अकार; ककार; मकार; चीत्कार; टंकार।

कार[2]—[फ़ा०] *प्रत्यय* (फ़ारसी आदि के शब्दों के अन्त में जुड़नेवाला प्रत्यय) करनेवाला। ***जैसे***—काश्तकार।

कार[3]—[< सं० कार्य तथा फ़ा०] *पु०* १. कठिन काम जिसे करने में परिश्रम करना पड़े। २. फ़ारसी आदि के शब्दों के पूर्व पद के रूप में प्रयुक्त। कार्य। काम। ***जैसे***—कारगुज़ारी।

***कार[4]**—[< हिं० काला] *वि०* काला। *पु०* अन्धकार। अँधेरा।

कार[5]—[अं०] *स्त्री०* मोटर-गाड़ी।

कारक—[सं० √कृ + ण्वुल्] *पु०* करनेवाला। उपादान। ***जैसे***—उत्पादन के कारक (= उत्पादन में सहायक उपादान—श्रम, पूँजी आदि)। (व्या०) व्याकरण का एक पारिभाषिक शब्द। क्रिया का जनक या क्रिया से किसी प्रकार सम्बन्धित अर्थतत्त्व जिसका बोध विभक्ति, कृत् प्रत्यय, तद्धित प्रत्यय या समास के द्वारा होता है। ● **विशेष**—१. हिन्दी व्याकरण में कर्ता आदि आठ कारक कहे जाते हैं परन्तु संस्कृत व्याकरण में 'सम्बन्ध कारक' और 'सम्बोधन कारक' मान्य नहीं हैं, केवल ६ कारक हैं। **२. 'कारक' और 'विभक्ति' में अन्तर है। कारक अर्थतत्त्व है और प्रकृति, प्रत्यय या पद नहीं है जबकि विभक्ति एक रूप है और पद का अंश है। विभक्ति अर्थ-प्रकाशक है, अर्थ नहीं है। परन्तु, 'कारक' अर्थ है, पद/शब्द नहीं है। संस्कृत में ७ विभक्तियाँ हैं जिनके वचन-भिन्नता से २१ प्रकार हैं परन्तु कारक केवल ६ हैं।**

कारक दीपक—[सं०] (काव्य०) *पु०* एक अर्थालंकार जिसमें अनेक क्रियाओं का एक कारक होने का सौन्दर्य होता है।

कारक विभक्ति—[सं०] *स्त्री०* (व्या०) पाणिनीय व्याकरण का एक पारिभाषिक शब्द। (दे० कारक)

कारक हेतु—[सं०] *पु०* क्रियात्मक हेतु। कारण। (न्याय०) वह कारण जिससे कोई कार्य हुआ हो या होता हो।

कारकुन—[फ़ा०] *वि०* १. कर्मचारी। कार्यकर्ता। २. अभिकर्ता। गुमाश्ता। एजेन्ट।

कारगुज़ार—[फ़ा०] *वि०* कार्यकुशल। कार्य-पटु। ✣ कारगुज़ारी। *स्त्री०* = १. कार्यकुशलता। २. कोई महत्त्वपूर्ण कार्य ठीक से करना।

कारचोब—[फ़ा०] *पु०* १. लकड़ी का वह चौखटा जिसमें कपड़ा कसकर कशीदे का काम किया जाता है। अड्डा। २. उक्त प्रकार के चौखटे पर तैयार होनेवाला काम। ३. उक्त प्रकार का काम करनेवाला कारीगर। ✣ **कारचोबी**—*स्त्री०* = कशीदे का काम। कशीदाकारी।

***कारटा**—[< सं० करट] *पु०* काक। कौआ।

कारण्ड (कारंड), कारण्डव (कारंडव)—[सं० कु √रभ् + ड, कारण्ड √वा + क] *पु०* एक प्रकार का हंस या बत्तख़ जैसा पक्षी जो सदा जोड़े में उड़ता है परन्तु पृथ्वी पर उतरते समय अलग हो जाता है।

कारतूस—[< पुर्त० कारटूश] *पु०* छर्रे या गोली के साथ ख़ोल।

***कारनी**—[< हिं० कारन] *वि०* १. कर्म का प्रेरक। २. भेद करनेवाला। भेदक। बुद्धि पलटनेवाला। *पु०* १. (किसी काम का) कर्ता। २. प्रेत-बाधा आदि से ग्रस्त व्यक्ति।

***कारमुक**—[< सं० कार्मुक] *पु०* धनुष।

कारयिता—[सं० कारयितृ] *पु०* १. कर्ता। २. रचयिता।

कारसाज़—[फ़ा०] *वि०* १. ठीक प्रकार से काम करने वाला। २. बिगड़ा हुआ काम सँभाल देनेवाला।

कारा[1]—[सं० √कृ + अङ्, गुण, दीर्घ, नि०] *स्त्री०* १. बन्धन। २. कारागार। बन्दीगृह। जेलख़ाना।

***कारा[2]**—*वि०* ≤ *हिं०* काला।

कारापाल—[सं० कारा ~ पाल] *पु०* कारागार का प्रधान अधिकारी। जेलर (अं०)।

काराबन्दी (काराबंदी)—[सं० कारा + हिं० बन्दी] *स्त्री०* कारावासी। क़ैदी।

कारा-मनस्ताप—[सं०] *पु०* (समाज०) कारागार में बहुत समय रहने से उत्पन्न उदासीनता, कुंठा आदि।

कारा-रुद्‌ध (रुद्ध)—[सं०] *वि०* कारागार में बन्द किया गया। बन्दी।

कारा-रोधन—[स॰] *पु॰* कारावास। क़ैद।

कारिका—[स॰ कारक + टाप्] *स्त्री॰* (काव्य॰) किसी लक्षण का वाचक सूत्र या उसके अर्थ का प्रतिपादन करनेवाला श्लोक तथा उसका प्रतिपाद्य विषय। ***जैसे***—'सांख्यकारिका' ग्रन्थ की कारिकाएँ। ● **विशेष**—कारिका सूत्रात्मक भी हो सकती है और श्लोकात्मक भी।

कारिणी—[स॰ कारिन् + ङीप्] *वि॰* (*स्त्री॰*) (समासयुक्त पद के अन्त में प्रयुक्त होने पर) करनेवाली। ***जैसे***—कार्यकारिणी। प्रबन्धकारिणी।

कारिन्दा (कारिंदा)—[< फा॰ कारिन्दः] *पु॰* १. कर्मचारी। कार्यकर्ता। कारकुन। २. ज़मींदार का कार्यकर्ता। ३. अभिकर्ता। गुमाश्ता। एजेन्ट।

कारी[1]—[स॰ कारिन्] *वि॰* (प्रत्यय के रूप में) करने वाला। ***जैसे***—लाभकारी। *स्त्री॰* (प्रत्यय के रूप में) काम करने की क्रिया/भाव। जैस—कलाकारी; चित्रकारी।

कारी**[2]—[< हि॰ काली] *वि॰* (*स्त्री॰*) काले रंग की। काली। *स्त्री॰* अन्धकार। ***जैसे—बड़ी कारी छायी हुई थी।

कारीगर—[फा॰] *पु॰* १. शिल्पी। ***जैसे***—लुहार, बढ़ई, सुनार आदि कारीगरों की कारीगरी देखिए। २. कुशल। दक्ष। ३. गुणवान्।

करीष—[स॰ करीष + अण्] *पु॰* सूखे गोबर का ढेर। *वि॰* १. गोबर-सम्बन्धी। गोबर का। २. गोबर से बननेवाला। गोबर से होनेवाला।

कारु/कारुक—[स॰ √कृ + उण्, कारु + कन्] *पु॰* १. शिल्पी। कारीगर। २. बुनकर। कोरी। जुलाहा।

कारूँ—*पु॰* बहुत धनी परन्तु कंजूस व्यक्ति। ***वा॰* कारूँ का ख़ज़ाना**—अनन्त धन-सम्पत्ति। बेहिसाब धन-दौलत। ● **विशेष**—हज़रत मूसा का चचेरा भाई कारूँ अपने देश का सबसे धनी परन्तु कंजूस व्यक्ति था।

कार्क—[अं॰] *स्त्री॰* (शीशी आदि की) डाट।

कार्त्तिक—[स॰ कृत्तिका + अण्] *पु॰* चान्द्र वर्ष का आठवाँ मास। आश्विन से अगला मास।

कार्त्तिकी—[< स॰ कार्त्तिक] *स्त्री॰* कार्त्तिक मास की पूर्णिमा।

कार्त्तिकेय—[< स॰ कृत्तिका + ढक्] *पु॰* १. कृत्तिकाओं की सन्तान। २. शिव-पार्वती का पुत्र। स्कन्द। ✣ **कार्त्तिकेय षष्ठी**—*स्त्री॰* = मार्गशीर्ष शुक्ल षष्ठी जो कार्त्तिकेय के पूजन की व्रत-तिथि है।

कार्दम—[स॰ कर्दम + अण्] *वि॰* १. कीचड़ से सना हुआ। पंकिल। २. गन्दा। मैला। ३. कर्दम प्रजापति से सम्बन्धित। कर्दम का।

कार्निश—[अं॰] *स्त्री॰* दीवार में कुछ बाहर निकला हुआ थोड़ा-सा अंश जो सजावट के लिए प्रयोग में आता है।

कार्पटिक—[स॰ कर्पट + ठक्] *पु॰* १. तीर्थयात्री। २. तीर्थयात्री-दल। ३. तीर्थ के जल को ढोकर आजीविका करने वाला। ४. भिखारी। ५. खुशामदी मनुष्य।

कार्पास—[स॰ कर्पास + अण्] *वि॰* कपास का बना। सूती। *पु॰* सूती वस्त्रादि।

कार्मिक—[स॰ कर्मन् + ठक्] *वि॰* १. बना हुआ। निर्मित। २. रंग-बिरंगे धागों से बना हुआ। ३. ज़री का काम किया हुआ। *पु॰* वह वस्त्र जिसमें बुनकर स्वस्तिक आदि चिह्न बनाए गए हों। ✣ **कार्मिक कार्य**—*पु॰* (समाज॰) = कर्मचारी वर्ग के कल्याण-कार्य। ● **विशेष**—कार्मिक कार्यों में प्रमुख हैं—कर्मचारियों की पदोन्नति, वर्गीकरण, प्रशिक्षण, मज़दूरी-दर, स्वास्थ्य, मनोरंजन आदि। ✣ **कार्मिक संघ**—*पु॰* = कर्मचारियों, मज़दूरों आदि का संघ।

कार्मुक—[स॰ कर्मन् + उकञ्] *पु॰* १. धनुष। ***उदा॰*** कर्म का कार्मुक कर में धर। —निराला (गीतिका॰, २५) २. रुई धुनने की मशीन। ३. बाँस का वृक्ष या बाँस। *वि॰* १. कर्मशील। २. काम करने के योग्य। ३. बाँस आदि का बना हुआ।

कार्य—[स॰ √कृ + ण्यत्] *पु॰* १. जो करने योग्य हो। २. कर्तव्य। ३. काम। व्यवसाय। धन्धा। ४. प्रयोजन। जैसे किसी कार्य से मिलना। (नाट्य॰) १. नाटक का फल/प्रयोजन। २. बीज, बिन्दु आदि पाँच अर्थ प्रकृतियों में से एक। (दर्शन) परिणाम। फल। ***जैसे***—कार्य-कारण-सम्बन्ध। ∇ **विलोम**—कारण।

कार्यकर—[स॰ कार्य ~ कर] *वि॰* हितकारी। लाभकारी।

कार्यकलाप—[स॰ कार्य ~ कलाप] *पु॰* विविध कार्य।

कार्यकारिणी—[स॰ कार्य ~ कारिणी] *स्त्री॰* किसी संस्था आदि का काम चलानेवाली समिति।

कार्यकारी—[स॰ कार्यकारिन्] *वि॰* १. प्रत्यक्ष रूप से कार्य विशेष करनेवाला। २. किसी अधिकारी की अनुपस्थिति में उसके स्थान पर अस्थायी रूप से काम करने के लिए नियुक्त।

कार्यकाल—[स॰ कार्य ~ काल] *पु॰* १. किसी अधिकारी के किसी पद पर कार्य करने की नियत अवधि। पदावधि। २. कार्य का उपयुक्त समय/अवसर।

कार्य-कुशल—[स॰] *वि॰* कार्य को करने में दक्ष/चतुर। काम में होशियार। कार्य-निपुण। ✣ **कार्यकुशलता**—*स्त्री॰* = कार्य करने में कुशलता। कार्य-पटुता। कार्य-निपुणता।

कार्य-गौरव—[स॰] *पु॰* कार्य का महत्त्व।

कार्यचिकित्सा—[स॰ कार्य ~ चिकित्सा] *स्त्री॰* (चिकित्सा॰) रोगी को किसी काम में लगाने के द्वारा चिकित्सा। ● **विशेष**—यह **अवसाद रोगी** के उपचार की एक विधि है जिसमें रोगी को उसके मन की स्थिति और क्षमताओं के अनुसार कामकाज दिए जाते हैं।

कार्यतः—[स॰ कार्य + तस्] *क्रिवि॰* १. कार्यरूप में। २. किसी उद्देश्य/प्रयोजन से। ३. परिणामस्वरूप। फलतः। लिहाज़ा।

कार्यपञ्चक (कार्यपंचक)—[सं॰ कार्य ~ पञ्चक] *पु॰* १. पाँच कामों का समूह। २. परमात्मा के पाँच कार्य—अनुग्रह, तिरोभाव, आदान, स्थिति और उद्भव।

कार्यपालिका—[स॰ कार्यपालक + टाप्] *वि॰* (*स्त्री॰*) कार्यान्वित करनेवाली। *स्त्री॰* शासन का वह अंग जिसका सम्बन्ध विधि और राजकीय आदेशों को कार्यान्वित करने से है।

कार्यमन्दन (कार्यमंदन)—[सं॰ कार्य ~ मन्दन] *पुं॰* १. कर्मचारियों द्वारा काम की गति का धीमा होना। २. उक्त से होनेवाली उत्पादन दर में कमी।

कार्यवाही—[सं॰ कार्यवाहिन्] *वि॰* कार्य/पद का भार वहन करनेवाला। *स्त्री॰* १. किसी कार्य के सम्पादन में होनेवाली या की जानेवाली आवश्यक क्रियाएँ। कार्रवाई। २. किसी सभा/संस्था आदि की उक्त प्रकार की क्रियाओं का लिखित वर्णन। कार्यवृत्त। ३. किसी सभा आदि में हुआ काम। कार्रवाई।

कार्यव्यापार—[सं॰ कार्य ~ व्यापार] *पुं॰* (काव्य॰) उपन्यास, कहानी, नाटक आदि में प्रस्तुत घटना- क्रम।

कार्य-हेतु—[सं॰] *पुं॰* किसी काम का प्रेरक मूल उद्देश्य। (विधि॰) वह कारण/हेतु जिससे कोई मुक़दमा न्यायालय में विचारार्थ प्रस्तुत किया जाए।

कार्याकार्य—[सं॰ कार्य ~ अकार्य] *पुं॰* अच्छे और बुरे सभी कार्य। कर्तव्य और अकर्तव्य। ***जैसे***—कार्याकार्य का विचार।

कार्याक्षम—[सं॰ कार्य ~ अक्षम] *वि॰* अपना कार्य करने में असमर्थ। कार्य के लिए अयोग्य।

कार्यात्मक—[सं॰ कार्य ~ आत्मक] *वि॰* १. कार्य-सम्बन्धी। २. कार्यमय। कार्यपूर्ण।

कार्याधिप—[सं॰ कार्य ~ अधिप] *पुं॰* किसी कार्य का प्रमुख अधिकारी। कार्याधिकारी।

कार्यावलि/कार्यावली—[सं॰ कार्य ~ आवलि/आवली] *स्त्री॰* कार्यसूची।

कार्येक्षण—[सं॰ कार्य ~ ईक्षण] *पुं॰* काम की देख-भाल। दूसरों के किए काम का निरीक्षण। कार्य-निरीक्षण।

कार्रवाई—[< फा॰ काररवाई] *स्त्री॰* १. कार्य। काम। २. किसी काम को करने में होनेवाली आवश्यक क्रियाएँ। ***जैसे***—सभा की कार्रवाई। ३. किसी के परामर्श या षड्यन्त्र से किया गया प्रयत्न।

कार्श्य—[सं॰ कृश + ष्यञ्] *पुं॰* १. कृशता। दुबलापन। २. अल्पता। कमी। थोड़ापन।

कार्षापण—[सं॰ कार्ष + आपण] *पुं॰* १. (प्राचीन भारत में प्रचलित) कर्ष की तोल का एक सिक्का जो ताँबा/चाँदी/सोने का होता था। २. सोना। ३. चाँदी। ४. धन।

कार्ष्ण—[सं॰ कृष्ण + अण्] *वि॰* १. कृष्ण, कृष्ण द्वैपायन व्यास या कृष्णमृग से सम्बन्धित। २. काला। ❖ **कार्ष्णवेद**—*पुं॰* = (कृष्णद्वैपायन व्यास की रचना) भारत-संहिता या महाभारत।

काल[१]—[सं॰ √कल् + णिच् + अच् + अण्] *पुं॰* १. समय। २. उचित समय। अवसर। ३. अवधि। ४. ऋतु या मौसम। ***जैसे***—शीत काल। ५. समय के तीन विभाजित रूपों में से कोई—वर्तमान, भूत, भविष्य। ६. समय का कोई विभाग—घंटा, मिनट, घड़ी, पल आदि। ७. युग। ८. दुर्भिक्ष। अकाल। (व्या॰) क्रियाओं के रूप से सूचित समय—भूत, वर्तमान, भविष्य। (आयुर्वेद॰) यह ज्ञान कि रोगी का रोग दिन-रात में किस समय बढ़ता है। (भूविज्ञान॰) पृथ्वी के इतिहास की एक अनिश्चित अवधि जिसमें किसी विशेष प्रकार के जीवों की प्रधानता रही हो या कोई विशेष भूवैज्ञानिक घटना घटी हो। युग। जैसे—हिमकाल। ***वा॰* काल का कंठ गहना/पकड़ना**—१. मृत्यु के अधीन होना। २. मृत्यु समीप होना। **काल का कलेवा होना/बनना, काल का कौर होना**—मृत्यु हो जाना। **काल का केश/चोटी पकड़ना**—मृत्यु समीप होना। **काल का गाल/पाश**—मृत्यु। **काल का चबेना होना**—मृत्यु के वश में होना। **काल का सिर पर चढ़ना**—मृत्यु समीप होना। **काल की भेंट होना**—मरना। **काल के गाल में जाना**—मर जाना। **काल के वश होना**—मृत्यु के अधीन या निकट होना। **काल-सा लगना**—अत्यन्त अप्रिय लगना। **(किसी का) काल होना**—घातक होना। **(किसी के) सिर पर काल नाचना**—मृत्यु निकट होना।

काल[२]—[सं॰ कु √ला + क या कु √अल् + अच्, कु→का] *वि॰* १. काला। २. गहरा नीला। *पुं॰* १. काला रंग। २. गहरा नीला रंग। ३. मृत्यु। ४. अन्तिम समय। अन्त। ५. शिव। ६. विष्णु। ७. नेत्र का काला भाग। ८. प्रारब्ध। भाग्य। (शैव॰) परमात्मा की संकुचित व्यापकत्व शक्ति जो सृष्टि-विकास का एक तत्त्व है और जीव को आवृत करनेवाले ३६ तत्त्वों में से एक है।

कालकण्ठ (कालकंठ)—[सं॰ काल ~ कंठ] *पुं॰* १. शिव। महादेव। २. मयूर। मोर। ३. नीलकंठ पक्षी। ४. गौरैया पक्षी।

कालक—[सं॰ √कल् + णिच् + ण्वुल्] *वि॰* काला। *पुं॰* १. नेत्र का काला भाग। २. पनिया साँप।

काल-कवल—[सं॰] काल का ग्रास। मृत्यु।

कालकाल—[सं॰ काल ~ काल] *पुं॰* महाकाल। *वि॰* अत्यन्त भयंकर।

कालकूट—[सं॰ काल √कूट् + अण्] *पुं॰* १. समुद्रमन्थन के समय निकला अत्यन्त भयंकर विष जिसे शिव/महादेव ने पिया था। हालाहल। २. वत्सनाभ विष। ३. तीव्र विष।

कालक्रमिक—[सं॰ कालक्रम + ठक्] *वि॰* १. काल-क्रम-सम्बन्धी। २. कालक्रम के अनुसार। ३. समय की गति से प्राप्त।

कालक्षेप—[सं॰ काल ~ क्षेप] *पुं॰* १. समय व्यतीत करना। वक़्तगुज़ारी। समययापन। २. समय का व्यतीत होना। ३. विलम्ब। देरी।

कालजयी—[सं॰ काल ~ जयी] *स्त्री॰* १. जिसने समय पर विजय प्राप्त कर ली हो। ***जैसे***—कालजयी धर्म। २. श्रेष्ठ व्यक्ति या वस्तु जिसकी श्रेष्ठता युगों तक बनी रहे और जो कभी पुरानी न पड़े या विस्मृत न हो। ***जैसे***—कालजयी वाल्मीकि या व्यास। ३. ऐसा ग्रन्थ जो चिरप्रतिष्ठित हो। उत्कृष्ट प्राचीन ग्रन्थ। ***जैसे***—कालजयी रामायण।

कालज्ञ—[सं॰ काल + ज्ञ (√ज्ञा + क)] *वि॰* समय/अवसर को पहचाननेवाला। *पुं॰* १. समय/अवसर को पहचानने वाला व्यक्ति। २. ज्योतिषी। ३. कुक्कुट। मुर्गा।

कालत्रय—[सं॰ काल ~ त्रय] पु॰ तीनों काल—भूत, भविष्य और वर्तमान।

काल-दण्ड (दंड)—[सं॰] पु॰ १. यमराज का दंड। २. मृत्यु।

काल-दोष—[सं॰] पु॰ (काव्य॰) किसी वस्तु/व्यक्ति/घटना के समय के विषय में ग़लती। काल-भ्रम। काल-भ्रान्ति। किसी काव्य/उपन्यास/नाटक आदि में किसी ऐसी बात का वर्णन/चित्रण जो उस काल में सम्भव न हो। कालक्रम-विपर्यय। ***जैसे***—किसी राम-कथा सम्बन्धी नाटक में 'गीता' के उपदेश का उल्लेख करने से कालदोष होगा। (पुरा॰) किसी ऐतिहासिक घटना के काल-निर्णय में होनेवाली त्रुटि।

काल-धर्म—[सं॰] पु॰ १. ऐसे आचरण जो समय विशेष के लिए उचित हों। २. किसी ऋतु के लिए उपयुक्त आचरण। ३. समय के अनुसार घटनाओं के घटित होने का प्राकृतिक गुण/धर्म (जैसे—शीत काल में ठंडी हवा चलना; वृद्धावस्था में केश सफ़ेद होना)। ४. मृत्यु। ५. नाश। अन्त।

काल-धारणा—[सं॰] १. समय-निर्धारण। २. काल की स्थिति का ज्ञान। काल-बोध।

काल-नाथ—[सं॰] पु॰ १. शिव। महादेव। २. कालभैरव।

काल-निशा—[सं॰] स्त्री॰ १. घोर अँधेरी रात। २. भीषण रात्रि। ३. दीपावली की रात।

कालनेमि—[सं॰ काल ~ नेमि] स्त्री॰ १. कालरूपी चक्र की नेमि/परिधि।

कालपरक—[सं॰ काल ~ परक] वि॰ १. काल-सम्बन्धी। २. समय के हिसाब से। ✣ **कालपरक मज़दूरी**— स्त्री॰ = (समाज॰) श्रमिकों/कर्मचारियों को घंटेवार/साप्ताहिक/पाक्षिक/मासिक या वार्षिक दर से देय वेतन।

काल-पाश—[सं॰] पु॰ १. यम का पाश/फन्दा। मृत्यु-पाश। २. मृत्यु। ३. फाँसी। ४. समय का बन्धन।

कालपाशिक—[सं॰ काल ~ पाशिक] पु॰ मृत्युदंड पाए हुए अपराधियों को फाँसी देनेवाला व्यक्ति। जल्लाद।

कालपुरुष—[सं॰ काल ~ पुरुष] पु॰ १. समयरूपी पुरुष। मानवीकृत समय। २. कालरूपी परमात्मा। महाकाल। ३. मृत्यु का देवता। यमराज। ४. मृत्यु।

कालफल—[सं॰ काल ~ फल] पु॰ इन्द्रायन नामक प्राणघातक फल।

कालबञ्जर (कालबंजर)—[सं॰ काल + हि॰ बञ्जर] स्त्री॰ बहुत पुरानी परती भूमि जिसे सरलता से जोतना-बोना सम्भव न हो।

कालबूत—[< फा॰ काल्बुद] पु॰ १. मिट्टी, लकड़ी आदि का वह ढाँचा जिसपर चढ़ाकर/रखकर टोपियाँ, जूते, पगड़ियाँ आदि तैयार की जाती हैं। ***जैसे***—जूते का कालबूत। २. मिट्टी या ईंट आदि का वह ढाँचा जो छत या द्वार का कड़ा जोड़ने के साथ, सहारे के लिए, उसके नीचे दिया जाता है और बाद में हटा दिया जाता है। ३. कतरनें, घास-फूस, चिथड़े आदि जो किसी वस्तु के अन्दर भरे जाएँ।

कालभट—[सं॰ काल ~ भट] पु॰ यम का सेवक। यमदूत।

कालभैरव—[सं॰ काल ~ भैरव] पु॰ १. शिव। महादेव। २. काशी में शिव का एक मुख्य गण।

कालम—[अं॰] पु॰ (सैनिकों की) टुकड़ी या दस्ता। (पत्र॰) स्तम्भ। ***जैसे***—दूसरे पृष्ठ का पहला कालम।

कालमिति—[सं॰ काल ~ मिति] स्त्री॰ समय के अन्तर की माप।

कालमुख—[सं॰ काल ~ मुख] पु॰ १. काले मुँह वाला बन्दर। लंगूर। २. एक शैव सम्प्रदाय।

कालमेघ—[सं॰ काल ~ मेघ] पु॰ एक क्षुपजातीय वनौषधि जो बहुत तिक्त होती है।

कालयोग—[सं॰ काल ~ योग] पु॰ नियति। भाग्य।

कालर[1]—[देशज] पु॰ १. नोनी मिट्टी। रेह। कल्लर। ***जैसे***—कालर का खेत (= ऊसर खेत) २. ऊसर/बंजर भूमि।

कालर[2]—[अं॰] पु॰ १. कमीज़/कोट आदि का पट्टा। २. पशुओं के गले में बाँधने का पट्टा।

कालवाचक, कालवाची—[सं॰ काल ~ वाचक/वाची] वि॰ जिससे समय का बोध हो। समय बतानेवाला। ***जैसे***—कालवाचक विशेषण।

काल-विपाक—[सं॰] पु॰ १. किसी काम के पूरा होने के लिए नियत समय आ जाना। २. भवितव्यता। होनहार। होनी।

काल-शकल—[सं॰] समय का कोई खंड (घंटा, घटी, दिन, रात आदि)।

काल-श्रेणी—[सं॰] स्त्री॰ (सांख्यिकी॰) समय के कुछ अन्तरालों पर लिए गए आँकड़े। ***जैसे***— निरन्तर कुछ दिनों तक प्रतिदिन किसी निश्चित समय हुई वर्षा के आँकड़े। (अं॰ टाइम सीरीज़)।

कालसर्प—[सं॰ काल ~ सर्प] पु॰ १. (अति विषैला) काला साँप। २. कालरूपी साँप।

कालाक्षर—[सं॰ काल ~ अक्षर] पु॰ सहज में न पढ़े जा सकने वाले अस्पष्ट, गुप्त या रहस्यपूर्ण अक्षर/लेख। ✣ **कालाक्षरिक**— वि॰ कालाक्षरी। ✣ **कालाक्षरी**— वि॰ = कालाक्षर को पढ़ने में निपुण। ***जैसे***—कालाक्षरी अध्यापक।

कालागुरु—[सं॰ काल ~ अगरु] पु॰ एक तरह का काला अगर।

कालाग्नि—[सं॰ काल ~ अग्नि] स्त्री॰ १. प्रलयकाल की अग्नि। पु॰ २. रुद्र। शिव। ३. पंचमुखी रुद्राक्ष।

कालाङ्ग (कालांग)—[सं॰ काल ~ अङ्ग] वि॰ = १. काले शरीर वाला। २. काला। पु॰ तलवार।

कालाज़ार—[हि॰ काला + फा॰ आज़ार] पु॰ एक उष्णप्रदेशीय संक्रामक तथा घातक रोग जिसमें ज्वर, यकृत और प्लीहा की वृद्धि, रक्तक्षीणता इत्यादि लक्षण होते हैं। काला-ज्वर।

कालाञ्जन (कालांजन)—[सं॰ काल ~ अञ्जन] पु॰ काला सुरमा।

कालातिक्रमण—[सं॰ काल ~ अतिक्रमण] पु॰ १. समय बीतना। २. नियत समय बीत जाना। ३. विलम्ब। देर।

कालातिपात/कालातिरेक—[सं॰ काल ~ अतिपात/अतिरेक] पु॰ १. समय का नाश। २. विलम्ब। देर।

कालातीत—[सं॰ काल ~ अतीत] *वि॰* १. जो काल से परे हो। कालनिरपेक्ष। २. जिसका समय बीत गया हो। ३. जिसकी अवधि बीत गयी हो और इस कारण जिसकी वैधता न रही हो। ***जैसे***—कालातीत दावा; कालातीत टिकट।

कालात्यय—[सं॰ काल ~ अत्यय] *पु॰* समय बीत जाना।

कालानल—[सं॰ काल ~ अनल] *पु॰* १. प्रलयकाल की अग्नि। २. रुद्र। शिव। Δ **पर्याय**—कालाग्नि।

कालानुक्रमिकी—*स्त्री॰* (भूविज्ञान॰) = वह विज्ञान जो नियमित कल्पों/युगों द्वारा समय के मापन या परिकलन की विवेचना करता है तथा घटनाओं की तिथियाँ निर्धारित करता है। (अं॰ क्रोनॉलॉजी)।

कालान्तक (कालांतक)—[सं॰ काल ~ अन्तक] *पु॰* सब का नाशक 'काल' देवता।

कालान्तर (कालांतर)—[सं॰ काल ~ अन्तर] *पु॰* १. अन्य काल। दूसरा समय। २. (समय का) अन्तराल। *वि॰* कुछ समय बाद अपना प्रभाव दिखानेवाला। ● **विशेष**—**कालान्तर विष** = ऐसा ज़हर जिसका प्रभाव उसे खाने या किसी के द्वारा काटे जाने के कुछ समय बाद प्रभावी होकर प्रकट होता है। (जैसे—चूहा, पागल कुत्ता आदि के काटने का विष)।

कालान्तरित (कालांतरित)—[सं॰ काल ~ अन्तरित] *वि॰* १. प्राचीन/पुराना। २. जिसका समय बीत गया हो।

कालाप—[सं॰ काल् √आप् + घञ्] *पु॰* १. सिर के केश। २. साँप का फन। ३. दैत्य, दानव या राक्षस।

कालाभ्र—[सं॰ काल ~ अभ्र] *पु॰* (पानीवाला) काला बादल।

कालाशौच—[सं॰ काल ~ अशौच] *पु॰* परिवार में किसी बड़े व्यक्ति के मरण से होनेवाला अशौच (जो एक वर्ष तक चलता है)।

***कालि**—[< सं॰ काल्य] *क्रिवि॰* १. आगामी कल। अगला दिन। २. बीता हुआ कल।

कालिक—[सं॰ काल + ठञ्] *वि॰* १. समय-सम्बन्धी। सामयिक। २. समय पर निर्भर। ३. किसी विशेष समय से सम्बन्धित। ***जैसे***—पूर्वकालिक; द्वापर का मलिक। ४. उचित/नियत समय पर होने वाला। अवसर आने पर होने वाला। ५. कुछ-कुछ समय बाद होने वाला। आवधिक। ***जैसे***—कालिक प्रकाशन। ६. काल के प्रभाव से उत्पन्न। ***जैसे***—कालिक दुर्बलता। ७. समयानुसार। *पु॰* नियमित रूप से प्रकाशित होनेवाली। आवधिक पत्रिका। ***जैसे***—कालिक पत्र-पत्रिकाएँ दैनिक, साप्ताहिक, पाक्षिक या मासिक आदि अनेक प्रकार की होती है। ⁂ **कालिक ग्रन्थसूची (ग्रन्थसूची)**—*स्त्री॰* (पुस्तक॰) ऐसी ग्रन्थसूची जो किसी निश्चित काल से सम्बन्धित हो।

कालिका—[सं॰ काल + ठन् + टाप्] *स्त्री॰* १. कालिमा। कालापन। २. काला रंग। स्याही। ३. बादलों का समूह। ४. दुर्गा/पार्वती का एक रूप। युद्ध की देवी। काली। ५. आभूषण आदि बनाने के लिए प्रयुक्त वह धातु जो स्वर्ण में मिलायी जाती है। बट्टा।

कालिकेय—[सं॰ कालिका + ढक्] *पु॰* एक प्रकार के असुर।

कालिङ्ग (कालिंग)—[सं॰ कलिङ्ग + अण्] *वि॰* १. कलिंग देश का। २. कलिंग देश में उत्पन्न। *पु॰* १. कलिंग देश का निवासी। २. हाथी।

कालिङ्गडा (कालिंगड़ा)—[< सं॰ कालिङ्ग] *पु॰* (संगीत॰) सम्पूर्ण जाति का एक राग जिसे गाने का समय रात्रि का अन्तिम प्रहर है।

कालिन्दी (कालिंदी)—[कालिन्द + ङीप्] *स्त्री॰* १. यमुना नदी। २. (वासुदेव) कृष्ण की एक पत्नी।

***कालीनाथ**—[< सं॰ कालिय + हिं॰ नाथना] *पु॰* कालिय नाग को नाथनेवाला। (वासुदेव) कृष्ण।

कालीय—[सं॰ काल + छ] *वि॰* १. काल-सम्बन्धी। २. कालीन।

कालुष्य—[सं॰ कलुष + ष्यञ्] *पु॰* १. कालिमा। कालापन। २. (लाक्षणिक) कलंक। लांछन। ३. (लाक्षणिक) पाप या दोष।

कालेश—[सं॰ काल ~ ईश] *पु॰* १. सूर्य। २. शिव।

कालौंच/कालौंछ (कालोंच/कालोंछ)—[< हिं॰ काला] *स्त्री॰* १. कालिमा। कालिख। २. (लाक्षणिक) कलंक। लांछन।

काल्य[1]—[सं॰ काल + यत्] *वि॰* १. जो अवसर के अनुसार हो। सामयिक। २. ऋतु/समय के अनुकूल। ३. शुभ। कल्याणकारी।

काल्य[2]—[सं॰ कल्य + अण्] *पु॰* १. प्रातःकाल। प्रभात। सबेरा। २. प्रातःकाल का कर्म।

कावक—[< सं॰ चक्रवाक] *पु॰* चक्रवाक। चकवा। (पक्षी)।

कावा—[फ़ा॰] *पु॰* १. चक्कर। २. घोड़े को वृत्ताकार चक्कर कटाना।

काव्य—[सं॰ कवि + ष्यञ्] *पु॰* १. कवि-कर्म। कविता। २. छन्दोबद्ध साहित्यिक रचना। ३. सरस रचना। ४. सर्जनात्मक/ललित साहित्य। ५. (दैत्यों/असुरों का गुरु) शुक्राचार्य। ● **विशेष**—कविता, उपन्यास, नाटक, कहानी आदि सभी ललित रचनाएँ 'काव्य' के अन्तर्गत आती है।

काव्य-दोष—[सं॰] *पु॰* (काव्य॰) काव्यास्वांद के विघातक तत्त्व। वह जिससे रस का अपकर्ष हो रसापकर्षक तत्त्व। ● **विशेष**—काव्य-दोष तीन प्रकार के होते हैं—शब्ददोष, अर्थदोष, रसदोष।

काव्यलिङ्ग (काव्यलिंग)—[सं॰ काव्य ~ लिङ्ग] *पु॰* (काव्य॰) एक अर्थालंकार जिसमें वाक्य या पद के द्वारा किसी कथन का कारण बताने का चमत्कार होता है।

काव्यानुभूति—[सं॰ काव्य ~ अनुभूति] *स्त्री॰* लौकिक अनुभूति से भिन्न प्रभाववाली वह अनुभूति, जो काव्य को लिखने, पढ़ने या सुनने वाले को, लोक में प्रत्यक्ष रूप से सुखात्मक और दुःखात्मक दोनों प्रकार के अनुभवों की केवल सुखमय/आनन्दमय अनुभूति के रूप में होती है। काव्य से होने वाली रसानुभूति, भावानुभूति या सौन्दर्यानुभूति।

काश[1]—[सं॰ √काश् + अच्] *पु॰* १. काँस/कास नामक घास। २. काँस का फूल। ३. खाँसी/कास नामक रोग। ४. कान्ति। चमक। प्रकाश।

काश[२]—[फा॰] *अव्यय॰* १. यदि ईश्वर ऐसा करता या करे। २. यदि ऐसा होता या हो जाए तो अच्छा होता। ● **विशेष**—व्यक्ति की किसी आकांक्षा/इच्छा को सूचित करने के लिए 'काश' शब्द का प्रयोग होता है। ***जैसे***—काश, इस समय तुम मेरे साथ होते।

काशिका—[सं॰ काशि + कम् + टाप्] *वि॰* (स्त्री॰) प्रकाश करने वाली। *स्त्री॰* १. काशी नगरी। वाराणसी। २. पाणिनि कृत 'अष्टाध्यायी' के सूत्रों पर जयादित्य और वामन का प्रसिद्ध व्याख्या-ग्रन्थ। ✣ **काशिकेय**—*वि॰* = काशी-सम्बन्धी। काशी का। *पु॰* काशी का निवासी।

काशिराज—[सं॰ काशी ~ राजन्] *स्त्री॰* काशी का राजा।

काशी-करवट—[सं॰ काशी + हि॰ करवट < सं॰ करपत्र] *पु॰* १. तीर्थस्थान काशी में आरे से अपना गला कटाने का काम जिसे मध्यकालीन कुछ लोग प्राण देने की अति पुण्यदायक विधि मानते थे। २. काशी का एक स्थान जहाँ उक्त कार्य किया जाता था।

काशीफल—[सं॰ काशी ~ फल] *पु॰* एक सब्ज़ी। कद्दू। ● **विशेष**—'काशीफल' को कहीं-कहीं '**रामफल/सीताफल/कुम्हेड़ा**' कहा जाता है।

काश्त—[फा॰] *स्त्री॰* १. कृषि। खेती। २. खेत की भूमि। ● **विशेष**—कृषक/किसान को '**काश्तकार**' तथा कृषि-कर्म या खेती को '**काश्तकारी**' कहा जाता है।

काश्मीरा—[< सं॰ काश्मीरा] *पु॰* एक प्रकार का मोटा ऊनी कपड़ा। ● **विशेष**—इसे '**कश्मीरा**' भी कहा जाता है।

काश्यप—[सं॰ कश्यप + अण्] *वि॰* १. कश्यप-सम्बन्धी। २. कश्यप के वंश/गोत्र का। *पु॰* कश्यप का वंशज या कश्यपगोत्रीय व्यक्ति।

काश्यपि—[सं॰ कश्यप + इञ्] *पु॰* १. गरुड़। २. (सूर्य का सारथी) अरुण।

काश्यपी—[सं॰ काश्यप + ङीप्] *स्त्री॰* पृथ्वी।

काश्यपेय—[सं॰ कश्यप + ढक्] *पु॰* १. कश्यप के पुत्र। २. सूर्य। ३. गरुड़। ४. (सूर्य का सारथी) अरुण।

काष—[सं॰ √कष् + घञ्] *पु॰* १. वह वस्तु जिस पर कोई चीज घिसी जाय। २. कसौटी। ३. धार पैनी करने का पत्थर। सान।

काषाय—[सं॰ कषाय + अण्] *वि॰* १. गेरू के रंग में रँगा हुआ। गेरुआ। गैरिक। २. हरड़, बहेड़ा आदि कसैली वस्तुओं के रंग में रंगा हुआ। ३. कसैला। *पु॰* गेरुआ वस्त्र।

काष्ठ—[सं॰ √काश् + क्थन्] *पु॰* १.(वृक्ष की) लकड़ी। काठ। २. लट्ठा। शहतीर। ३. ईंधन।

काष्ठतक्ष/काष्ठतक्षक—[सं॰ काष्ठ ~ तक्ष/तक्षक] *पु॰* १. बढ़ई। २. लकड़हारा।

काष्ठदारु—[सं॰ काष्ठ ~ दारु] *पु॰* १. देवदारु वृक्ष। २. ढाक का पेड़। पलाश वृक्ष।

काष्ठभारिक—[सं॰ काष्ठ ~ भारिक] *पु॰* लकड़ी ढोनेवाला। लकड़हारा।

काष्ठा—[सं॰ काष्ठ + टाप्] *स्त्री॰* १. दिशा। ओर। २. सीमा। ३. चरम सीमा। ४. उत्कर्ष। ऊँचाई। ५. समय का एक माप जो १८ पल के बराबर है।

कास[१]—[सं॰ √कास् + घञ्] *पु॰* १. खाँसी। २. सहिजन का पेड़।

कास[२]—[< सं॰ काश] *पु॰* एक प्रकार की घास जो नदियों के किनारे कीचड़ में उत्पन्न होती है और जिसमें सफ़ेद फूल आते हैं। (काँस)।

कासनी—[फा॰] *स्त्री॰* एक वनस्पति जिसके बीज दवा में काम आते हैं और फूल छोटे तथा नीले आसमानी रंग के होते हैं।

कासा—[फा॰] *पु॰* १. प्याला। कटोरा। २. आहार/भोजन। ३. भिक्षापात्र। ४. काँसे का पात्र। थाली।

कासार—[सं॰ क ~ आसार] *पु॰* १. तालाब। २. तलैया। ३. सरोवर। झील। (छन्द॰) ४. वर्णिक दंडक का एक भेद। प्रत्येक चरण में २० रगण वाला वर्णिक छन्द।

क़ासिद—[अरबी] *पु॰* १. पत्रवाहक। २. सन्देशवाहक। ३. दूत।

कासीस—[देशज] *पु॰* लोहा और गन्धक का एक यौगिक जो हरे रंग का होता है। हरा थोथा।

***कासु**—[< हि॰ का (कौन) या < सं॰ कस्य] *सर्व, वि॰* १. किसका। २. किसको। किसे। ✣ **कासूँ**—*सर्व॰* = किससे। ✣ **कासौं/कासों**—*सर्व॰* = किससे।

काहल[१]—[सं॰ कु + हल्, कु→का] *पु॰* १. बिलाव। २. मुर्ग़ा। ३. अस्पष्ट शब्द। ४. हुंकार। ५. एक प्रकार का बड़ा ढोल। ६. कर्कश। कठोर।

***काहल**[२]—[देशज] *वि॰* पंकिल। गन्दा।

***काहलिया**—[< फा॰ काहिल] *वि॰* १. कायर। डरपोक। २. अधीर। व्याकुल।

काही—[< फा॰ काह (= सूखी घास)] *वि॰* घास के रंग का। कालापन मिश्रित हरे रंग का। *पु॰* कालापन मिश्रित हरा रंग।

***काहू**—[फा॰] *पु॰* एक प्रकार का एक मीटर ऊँचा पौधा जो क्षुपजातीय है और जिसके बीज दवा में काम आते हैं।

काँइयाँ—[हि॰ 'चाँइयाँ' का अनु॰] *वि॰* बहुत चालाक। धूर्त।

काँई[१]—[< सं॰ किम्] सर्व॰१. क्या। २. कोई।

***काँई**[२]—[< हि॰ क्यों] *क्रिवि॰* क्यों। किसलिए। *सर्व॰* किसको।

†**काँक**[१]—[< सं॰ कङ्क] *पु॰* सफ़ेद चील।

†**काँक**[२]—[< सं॰ कङ्क] *पु॰* कँगनी नामक अन्न।

***काँखी**—[< सं॰ कांक्षी] *वि॰* इच्छा करनेवाला। आकांक्षी।

काँगड़ा—[सं॰ कङ्क] *पु॰* कंक पक्षी जिसका रंग मटमैला, सीना सफ़ेद तथा शिखा काली होती है।

काँगड़ी—[हि॰ काँगड़ा] *स्त्री॰* एक प्रकार की कश्मीरी अँगीठी। ● **विशेष**—इसे कश्मीरी लोग शीत से बचने के लिए अपने गले में लटकाए रहते हैं।

काँच[१]—[< प्रा॰ कच्छ < सं॰ कक्ष] *स्त्री॰* (धोती की) कच्छ। लाँग। *स्त्री॰* गुदा के भीतर का भाग।

काँच[2]—[< सं॰ काच] *पु॰* शीशा। *जैसे*—काँच की बोतल। (अं॰ ग्लास)

काँचल—[देशज] *पु॰* गाय के गले की लटकती हुई खाल।

***काँचा**—[< हिं॰ काँच] *वि॰* १. अपक्व। कच्चा। २. काँच/शीशा के समान जल्दी टूटनेवाला। ३. दुर्बल।

काँचाभ—[< हिं॰ काँच + सं॰ आभा] *वि॰* टूटे काँच जैसी चमकवाला।

***काँची**—[< हिं॰ काँच] *वि॰* (*स्त्री॰*) १. अपरिपक्व। कच्ची। २. झूठी। बनावटी। ३. अस्थिर।

काँछ—[< प्रा॰ कच्छ < सं॰ कक्ष] *पु॰* (धोती की) कच्छ। लाँग।

काँछना—[< हिं॰ काँछ] *क्रिस॰* धोती को लाँग लगाकर पहनना। काछना।

काँठली—[< सं॰ कण्ठ] *स्त्री॰* गले का आभूषण। कंठा।

काँठा—[< सं॰ कण्ठ] *पु॰* १. गले का आभूषण। कंठा। २. (नदी आदि का) तट। किनारा। *जैसे*—गंगा का काँठा। ३. तोते के गले की मंडलाकार रेखा। ४. पार्श्व। बग़ल। ५. आश्रय। सहारा। ✣ **काँठे**—*क्रिवि॰* = १. किनारे पर। *जैसे*—सागर काँठे। २. समीप।

काँड़ना—[< सं॰ कण्डन] *क्रिस॰* १. रौंदना। कुचलना २. कूटना (धान आदि)। ३. धान को कूटकर चावल और भूसी को अलग करना। ४. बहुत मारना-पीटना।

काँड़ा—[सं॰ काण्ड] लकड़ी का लम्बा लट्ठा। *पु॰* १. दाँत का कीड़ा। २. पेड़ों का एक रोग। ३. लकड़ी में लगनेवाला एक कीड़ा। ✣ **काँड़ी**—*स्त्री॰* = १. कुछ वृक्षों का वह लम्बा पतला तना जो छाजन में काम आता है। २. किसी वस्तु का छोटा लम्बा टुकड़ा। डंडी। डंडा।

काँती—[< सं॰ कर्तरी] *स्त्री॰* साधारण लोहा जिससे कड़ाही आदि बनती हैं।

***काँद**—[< सं॰ क्रन्दन] *पु॰* रोना। चिल्लाना।

***काँदन**[1]—[< सं॰ क्रन्दन] *पु॰* रोना-पीटना। रोना-चिल्लाना।

***काँदन**[2]—[< सं॰ कण्डन] *पु॰* १. काटने की क्रिया/भाव/गुण। २. मार-काट।

काँदना[1]—[< सं॰ क्रन्दन] *क्रिअ॰* ज़ोर से रोना। चिल्लाना।

काँदना[2]—[< सं॰ कण्डन] *क्रिस॰* १. रौंदना। २. पानी मिलाकर गूँथना। *जैसे*—आटा कौंदना। ३. काटना। *जैसे*—धातु काँदना।

काँदा[1]—[< सं॰ कन्द] *पु॰* (प्याज़ के समान) एक गुल्म विशेष। एक कन्द जिसे तरकारी के रूप में खाया जाता है। बंडा।

काँदा[2]—[< सं॰ कर्दम] *पु॰* कीचड़।

काँदू—[< सं॰ कान्दव] *पु॰* १. एक उपजाति। भड़भूँजा। २. हलवाई।

***काँदो**—[< सं॰ कर्दम] *पु॰* कीचड़।

काँधी—*स्त्री॰* ≤ *हिं॰* कन्धा।

***काँनै**—[< हिं॰ काँण] *वि॰* अधूरे।

काँप—[< प्रा॰ कप्प < सं॰ कल्प] *स्त्री॰* १. कान का एक आभूषण। २. बाँस की पतली और लचीली तीली। ३. पतंग में लगायी जाने वाली पतली और लचीली तीली। ४. हाथी का दाँत। ५. सुअर का खांग।

काँवर—[< प्रा॰ कावड < सं॰ कार्पटिक] *स्त्री॰* १. बाँस का वह मोटा व लम्बा डंडा जिसके सिरे पर बँधे छींकों में वस्तुएँ रखी जाती है तथा जिसे कन्धे पर रखकर वस्तुएँ ढोते हैं। बहँगी। २. उक्त डंडा जिसके सिरों पर टोकरियाँ बाँधते हैं तथा विशेष पर्वों पर उनमें गंगाजल आदि रखकर तीर्थयात्री ले जाते हैं। ✣ ***काँवरि**—*स्त्री॰* = काँवर। ✣ **काँवरिया**—*पु॰* = काँवर लेकर चलनेवाला तीर्थयात्री। *स्त्री॰* = काँवर।

काँवी—[देशज] *स्त्री॰* पैर का एक आभूषण।

काँस/कास—[< सं॰ काश] *पु॰* शरद् ऋतु में होनेवाली एक लम्बी और सफ़ेद फूलों वाली घास।

काँसा[1]—[< सं॰ कांस्य] *पु॰* १. ताँबे, जस्ते आदि के मिश्रण से बनी एक मिश्रधातु। कसकुट। ✣ **काँसागर**—*पु॰* = काँसे आदि के आभूषण, बर्तन इत्यादि बनानेवाला। काँसे का काम करनेवाला। कांस्यशिल्पी।

काँसा[2]—[< फा॰ कास:] *पु॰* भिक्षा माँगने का पात्र। खप्पर या ठीकरा।

काँसुला—[< हिं॰ काँसा] *पु॰* १. काँसे/गिलट का बना हुआ आभूषण। २. सुनारों द्वारा घुंडी आदि बनाने में प्रयुक्त काँसे का चौकोर टुकड़ा।

***कि**[1]—[< सं॰ किम्] *क्रिवि॰* क्या। *अव्यय॰* १. अथवा। या। *जैसे*—देना हैं कि लेना है। २. किस प्रकार। कैसे।

***कि**[2]—[< हिं॰ की] परसर्ग॰ की।

कि[3]—[फा॰] *अव्यय॰* १. 'कहना' आदि क्रियाओं के कर्म की तरह प्रयुक्त आश्रित वाक्य को आरम्भ करनेवाला शब्द। *जैसे*—उसने कहा कि वह अभी जाएगा। २. (प्रश्नवाचक अर्थ में) अथवा। या। *जैसे*—तुम आज जाओगे कि कल?

किंरूप—[सं॰ किम् + रूप] *वि॰* किस रूप का। कैसी शक्ल वाला।

किंवदन्ती (किंवदंती)—[सं॰ किम् √वद् + झिच् + ङीष्] *स्त्री॰* १. वह बात जिसे लोग परम्परा से सुनते आ रहे हों। २. जनश्रुति। प्रवाद। अफ़वाह।

किंवा—[सं॰ किम् ~ वा] *अव्यय॰* अथवा । या।

किंशुक—[सं॰ किम् ~ शुक] *पु॰* पलाश/ढाक/टेसू का वृक्ष या उसका फूल जो लाल, पीला, सफ़ेद या नीला चार तरह का होता है।

***किंसुक**—*पु॰* ≤ *सं॰* किंशुक।

किकियाना—[अनु॰] *क्रिअ॰* १.'कीं-कीं' या 'कें-कें' ध्वनि करना। २. चीख़ना। चिल्लाना। ३. ज़ोर से रोना।

किङ्कर (किंकर)—[सं॰ किम् √कृ + ट] *पु॰* सेवक। *जैसे*—राम का किंकर।

किङ्कर्तव्यविमूढ़ (किंकर्तव्यविमूढ़)—[सं॰ किम् ~ कर्तव्य

~ विमूढ] *वि॰* जिसे यह न समझ में आए कि अब आगे क्या करना है। कार्य और अकार्य के विषय में ज्ञानरहित।

***किङ्किणि (किंकिणि)**— *स्त्री॰* ≤ *हि॰* किंकिणी।

किङ्किणी (किंकिणी)—[अनु॰] *स्त्री॰* १. छोटी-छोटी घंटियों वाली करधनी। २. छोटी घंटी। ३. घुँघरुओंवाला आभूषण। ४. घुँघरू।

***किङ्किनी/किंकिनी**— *स्त्री॰* ≤ *स॰* किंकिणी।

किङ्किर (किंकिर)—[स॰ किम् √कृ + क] *पु॰* १. घोड़ा। २. कोयल। ३. कामदेव। ४. लाल रंग। ५. भ्रमर। भौंरा।

किङ्गरिहा (किंगरिह)—[< स॰ किङ्गरी] *पु॰* १. किंगरी बजाने वाला। २. किंगरी बजाकर भिक्षा माँगनेवाला।

किङ्गरी (किंगरी)—[< स॰ किन्नरी] *स्त्री॰* १. एक वाद्य। छोटा चिकारा जिसे भरथरी (भर्तृहरि) के गीत गाने वाले जोगी बजाते हैं। चिकारी। २. वीणा।

किचकिच—[अनु॰] *स्त्री॰* १. बेकार वाद-विवाद। तू-तू मैं-मैं। २. व्यर्थ की बातें। ३. विवाद। झगड़ा।

किचकिचाना—[अनु॰] *क्रिअ॰* (क्रोध में या खीजकर) दाँत पीसना। दाँतों से 'किच-किच' ध्वनि करना। *क्रिस॰* १. बकबक करना। २. बेकार वाद-विवाद करना। ३. तू-तू मैं-मैं करना/होना।

किचपिच—[< हि॰ कीच + अनु॰] *स्त्री॰* १. कीचड़। २. भीड़भाड़। ३. गड़बड़ी की अवस्था। ४. दुविधा। उलझन। ५. व्यर्थ का वाद-विवाद। *वि॰* १. अस्पष्ट। २. क्रमरहित। ३. गन्दा।

किचिरपिचिर— *स्त्री॰* = किचरपिचर।

***किछु**— *वि॰* ≤ *हि॰* कुछ। ✣ **किछौ**— *क्रिवि॰* = कुछ भी।

***किंजाकी**—[< तुर्की कज़्ज़ाक] *स्त्री॰* १. लुटेरापन। डाकाज़नी। २. धूर्तता। ३. चतुरता।

***किज्जय**—[< हि॰ कीजै] *क्रिस॰* कीजिए। करिए।

किञ्च (किंच)—[स॰ किम् + च] *अव्यय॰* १. परन्तु। लेकिन। २. इसके अतिरिक्त। ३. और फिर। ४. इसके विपरीत। अपितु। *क्रिवि॰* कुछ-कुछ। किंचित्। ***जैसे***—किंच हँसता हुआ।

किञ्चन (किंचन)—[स॰ किम् ~ चन] *क्रिवि॰* कुछ अंश में। थोड़ा-सा। किंचित्।

किञ्चित् (किंचित्)—[स॰ किम् ~ चित्] *वि॰, क्रिवि॰* १. कम मात्रा में। बहुत थोड़ा। कुछ ही। २. कुछ-कुछ। थोड़ा सा। ✣ **किञ्चित्कर (किंचित्कर)**— *वि॰* = १. कुछ करने वाला। २. उपयोगी।

किञ्छा (किंछा)—[देशज] *पु॰* पानी का छींटा।

किञ्जल्क (किंजल्क)—[स॰ किम् √जल् + क] *पु॰* १. कमल का पराग। २. कमल (फूल)। **उदा॰** स्वर्ण सरसिज किंजल्क समान। —प्रसाद (झरना, किरण) ३. कोई पुष्प या उसका पराग। *वि॰* कमल के पराग के रंग का। हल्का पीला।

किट्ट—[स॰ √किट् + क्त] *पु॰* १. धातु का मैल। २. तेल आदि तरल पदार्थों के नीचे जमनेवाला मैल। तलछट। गाद। ३. किसी वस्तु के ऊपर जमा हुआ मैल। ४. लोहे आदि पर लगनेवाली ज़ंग। (लोहे का) मोर्चा। (कृषि॰) एक रोग जिसमें पौधा ज़ंग लगा हुआ-सा दिखता है। ✣ **किट्टक**— *पु॰* = किट्ट। ✣ **किट्टवर्णी**— *वि॰* = [वनस्पति॰] (वे पादप) जिनका रंग ज़ंग की तरह होता है।

किड़ाना—[< हि॰ कीड़ा] कीड़े पड़ जाना। सड़ना।

किण[1]—[स॰ √कण् + अच्, पृषो॰, इत्व] *पु॰* १. श्रम के कारण हाथ आदि में पड़ने वाले निशान। घट्टा। २. घाव/फोड़ा का निशान। ३. तिल। ४. मस्सा। ५. (लकड़ी में लगनेवाला) घुन।

***किण[2]**—[< स॰ केन] *सर्व॰* १. किसके। २. किसने। किन्होंने?

किण-किण—[अनु॰] *पु॰* किंकिणी का स्वर।

किणता—[स॰ किण + ता] *स्त्री॰* (चिकित्सा॰) त्वचा का कड़ापन। (अं॰ कैलोसिटि)

किण्व—[स॰ √कण् +क्वन्, इत्व] *पु॰* १. पाप। २. शराब का ख़मीर उठानेवाला एक द्रव्य। प्रकिण्व ✣ **किण्वन**— *पु॰* = ख़मीर उठना। उबाल आना। ✣ **किण्वभोज**— *पु॰* = (प्राणि॰) वह पदार्थ जिस पर किण्व/प्रकिण्व (अं॰ एन्ज़ाइम) क्रिया करता है। ✣ **किण्वित**— *वि॰* = जिसमें ख़मीर उठा हो या उठाया गया हो।

कित**—[< स॰ कुत्र] *क्रिवि॰* १. किस ओर। किधर। २. कहाँ। ***जैसे—कित गए थे। ३. क्या। ४. कैसे। ***जैसे***—श्रम विन कित फल आशा। ५. क्यों। *वि॰* कितना। कितने। ***जैसे***—कित दुःख दूर किए।

कितक—[< हि॰ कितना + एक या < स॰ कियत्क] किवि॰ १. कितना २. कहाँ। ३. कितनी। *वि॰* कितने ही। अनेक। कई।

कितव—[स॰ कित √वा + क] *पु॰* १. जुआरी। २. धूर्त। ३. ठग। कपटी। छलिया। ४. उन्मत्त। पागल। ५. धतूरा। *वि॰* कपटपूर्ण। छलपूर्ण। ***जैसे***—कितव विवाद।

क़िता, क़ता—[< अरबी क़त्‌अ:] *पु॰* १. खंड। टुकड़ा। २. भूमि का टुकड़ा। भूमि-खंड। (काव्य॰) फ़ारसी और उर्दू पद्य का एक प्रकार जिसमें ग़ज़ल के समान क़ाफ़िया अनिवार्य होता है और जिसमें कोई एक ही बात कही जाती है।

किताबत—[अरबी] *पु॰* १. लेखन। २. लेखन-कार्य। ३. लिथो मुद्रणयन्त्र के लिए लेखन का काम।

***कितिक**—[< स॰ कियत्] *वि॰* कितना। *क्रिवि॰* १. कितना ही (बहुत अधिक)। २. कितना-सा (बहुत थोड़ा)।

***कितेब[1]**—[< स॰ कितब] *वि॰* धूर्त। छली।

***कितेब[2]**—[< अरबी किताब] *पु॰* १. धर्मग्रन्थ। २. कुरान।

***किधौं**—[< हि॰ कि + कहुँ] *अव्यय॰* १. अथवा। या। २. या तो। ३. न जाने।

***किन[1]**—[< स॰ किण] *पु॰* किसी वस्तु के चुभने/रगड़ने आदि से त्वचा पर बना निशान। घट्टा।

किन[2]**—[< हि॰ किस] *सर्व॰, वि॰* 'किस' का बहु वचन। ***जैसे—किन ने; किन लोगों ने। सर्व॰ १. किसने। २. किससे। ३. किसके। **उदा॰** किन संग गयी? ● **विशेष**—'किस' का बहुवचन।

४. कौन। ***जैसे***—किन लोगों को घर चाहिए?

किन[३]—[< सं० किन्न (किम् + न)] *क्रिवि०* १. क्यों न। २. चाहे क्यों न। भले ही।

किनकना—[देशज] *क्रिअ०* बच्चों का धीरे-धीरे रोना।

किनर-मिनर—[अनु०] *स्त्री०* १. नाक-भौं सिकोड़ने का भाव। २. आनाकानी।

किनहा—[देशज] *वि०* जिसमें कीड़े पड़ गए हों। ***जैसे***—किनहा फल।

†**किनाठी**—[< हिं० किनारा] *स्त्री०* कुम्हार द्वारा बनाए गए मिट्टी के बर्तन के मुँह का किनारा। किनार।

किनाती—[< हिं० किनारा] *स्त्री०* तालाबों के किनारे रहनेवाली एक चिड़िया जिसके सिर और गला सफ़ेद होते हैं तथा चोंच हरी होती है।

***किनाना**—[< प्रा० किणिय < सं० क्रीत] *वि०* ख़रीदा हुआ। २. वशीभूत।

किनाराकशी—[< फा० कनार: कशी] *स्त्री०* १. पृथक्ता। अलहदगी। अलगाव। २. एकान्त में रहना।

किनारी—[< हिं० किनारा] *स्त्री०* १. सुनहला या रुपहला पतला गोटा जो कपड़ों के किनारे पर लगाया जाता है। २. धोती आदि का सिरे का भाग जो रंग/बुनावट आदि में शेष वस्त्र से अलग होता है। किनार।

***किनि**—[< सं० किं न] क्यों नहीं।

***किनिका, किनुका**—*पुं०* ≤ *हिं०* किनका। अन्न या भोजन का कण।

किन्डरगार्टन (किंडरगार्टन)—[जर्मन किन्डर (= बच्चे) + गार्टन (= बाग़)] *पुं०* (शिक्षा०) १. एक विशेष शिशु-शिक्षा-पद्धति। २. खेल-खिलौनों से शिक्षा देने का शिशु-विद्यालय।

किन्तु (किंतु)—[सं० किम् ~ तु] *अव्यय०* १. परन्तु। लेकिन। २. फिर भी। तथापि।

किन्नर/किंनर—[सं० किम् ~ नर] *पुं०* १. एक देवजाति जो नृत्य और गाने-बजाने से सम्बन्धित है। २. हिमालय प्रदेश में रहनेवाली एक प्राचीन जाति। ● **विशेष**—प्राचीन साहित्य में इन्हें घोड़े के समान मुखवाला या 'तुरगमुख' कहा गया है। ⁘ **किन्नरी (किंनरी)**—*स्त्री०* = १. किन्नर जाति की स्त्री। २. किन्नर की पत्नी। ३. छोटा चिकारा। किंगरी। छोटा तम्बूरा या छोटी सारंगी। ⁘ **किन्नरी वीणा**—*स्त्री०* = वीणा का एक प्रकार जिसमें एक दो या तीन तूँबे तथा दो तार लगे होते हैं तथा जिसका स्वर कोमल होता है।

क़िब्ला—[अरबी किब्ल:] *पुं०* १. (अरब देश के) मक्का (नगर) में वह स्थान जहाँ वह विशेष काला पत्थर स्थित है। काबा। २. प्रतिष्ठित या सम्मानित व्यक्तियों के लिए सम्बोधन का शब्द। पूज्य व्यक्ति। ३. पश्चिम दिशा।

किम् (किं)—[सं० √कु + डिमु] *सर्व०* १. कौन। २. क्या। ३. कौन सा। *अव्यय०* १. क्यों। २. कैसे। ३. कहाँ से। ४. किसलिए। ● **विशेष**—**किमर्थम्** (सं० किम् ~ अर्थम्) = १. किस उद्देश्य से। किसलिए। २. क्यों। क्योंकर।

क़िमाम—[< अरबी क़िवाम] *पुं०* १. किसी वस्तु का गाढ़ा किया हुआ रस। अवलेह। २. ख़मीर। ***जैसे***—तम्बाकू का क़िमाम।

किमि—[< सं० किम्] *क्रिवि०* किस प्रकार। कैसे।

किम्पुरुष (किंपुरुष)—[सं० किम् ~ पुरुष] *पुं०* १. कुत्सित पुरुष। नीच व्यक्ति। २. कापुरुष। कायर व्यक्ति। ३. वर्णसंकर। दोग़ला। *वि०* कुत्सित। २. कायर।

किम्भूत (किंभूत)—[सं० किम् ~ भूत] *वि०* किस ढंग/प्रकार/स्वभाव का।

किम्रूप (किंरूप)—[सं० किम् ~ रूप] *वि०* १. किस रूप का। कैसी शक्ल का। २. विचित्र रूप का।

कियत्—[सं० किम् + वतुप्, व→इय्] *वि०* १. कितना। २. थोड़ा-सा। कुछ। ३. गुण, सीमा आदि की दृष्टि से बहुत बड़ा। ***जैसे***—कियत् महान्। ⁘ **कियत्काल**—*पुं०* = कुछ काल।

कियाह—[सं० कियान् ~ हय, पृषो०] *पुं०* १. लाल रंग का घोड़ा। २. मटमैला लाल रंग। किरमिजी रंग।

***किर**—[< सं० किल] *क्रिवि०* अवश्य ही।

किरका—[< सं० कर्कट] *पुं०* कंकड़, पत्थर आदि का बहुत छोटा टुकड़ा या कण। किरकिरी।

किरकिटी—[< हिं० किरकी] *स्त्री०* १. किरका। (दे०) २. बहुत छोटा कण (जो आँख में पड़ने पर कष्ट देता है)।

किरकिरा—[< हिं० किरकिरा] *वि०* १. कँकरीला। रेत/कंकड़ आदि के बारीक और कड़े कणों के मिश्रण वाला। ***जैसे***—किरकिरा चावल खाना पड़ा। २. किरकिराहट उत्पन्न करनेवाला। ३. (लाक्षणिक) विकृत। *पुं०* लोहारों का एक औज़ार जिससे लोहे में छेद किया जाता है। बरमा। ***वा०* मज़ा किरकिरा होना**—आनन्द में बाधा पड़ना।

किरकिल[१]—[< सं० कृकलास] *पुं०* गिरगिट।

किरकिल[२]—[< सं० कृकल] *पुं०* (योग०) शरीर के दस प्राणों में एक प्राण जिससे छींक आती है।

***किरखी/किरषी**—[< सं० कृषि] *स्त्री०* कृषि। खेती।

किरच/किर्च—[देशज] *स्त्री०* १. (काँच आदि का) बहुत छोटा और नुकीला टुकड़ा। २. एक प्रकार की छोटी तलवार जो भोंकने के काम आती है। ३. (माला का) मनका। दाना। ⁘ **किरच-किरच, किर्च-किर्च**—*पुं०* = खंड-खंड। टुकड़ा-टुकड़ा। ***जैसे***—पति के व्यवहार से पत्नी का हृदय किरच-किरच हो गया।

किरचिया—[देशज] *पुं०* बगुले जैसा एक पक्षी।

किरची[१]—[देशज] *पुं०* रेशम या सूत की लच्छी।

किरची[२]—[< हिं० किरच] *स्त्री०* छोटी किरच/किर्च।

किरण—[सं० √कृ + क्यु] *स्त्री०* प्रकाश या ऊष्मा की रेखा। ***वा०* किरण फूटना**—सूर्योदय होना।

किरणकेतु—[सं० √कृ ~ केतु] *पु०* सूर्य।

किरणन—[< सं० √कृ] *पु०* १. (प्रकाश या गर्मी की) किरणें डालना। २. (इलाज के लिए) किरणें आदि डालना। (भौतिकी०) किसी पदार्थ या प्राणी पर किसी आयनकारी विकिरण (एक्सकिरणों, गामाकिरणों, पराबैंगनीकिरणों आदि) का उद्भासन। (अं० इरेडिएशन)

किरणीयन—[< सं० √कृ] *पु०* (वनस्पति०) आनुवंशिक तथा पादप प्रजनन में उत्परिवर्तन की दर बढ़ाने के लिए बीज, पराग या पौधे के अन्य भागों पर विकिरणों का उपयोग। (अं० इरेडिएशन)

किरना[1]—[< सं० कीर्णन] *क्रिस०* १. बिखरना। फैलाना। २. विमुख होना। ***जैसे***—वचन से किरना। ३. (चाकू आदि की) धार का कुंठित/भोथरा होना। *क्रिस०* बिखेरना। फैलाना।

किरना[2]—[देशज] *क्रिअ०* किटकिटाकर ज़ोर लगाना।

***किरनाकर**—[< सं० किरणाकर (किरण ~ आकर)] *पु०* १. किरणों का समूह। २. सूर्य।

***किरनारा**—[< हिं० किरन] *वि०* किरणोंवाला।

किरनीला—[< हिं० किरन] *वि०* किरणोंवाला। प्रकाशमान।

किरमई—[< सं० कृमि] *स्त्री०* एक प्रकार की लाख।

***किरमाल[1]**—[< सं० किरणमाल] *पु०* सूर्य।

***किरमाल[2]**—[< सं० करवाल] *पु०* तलवार।

किरमिच—[देशज] *पु०* १. पटसन या रुई आदि से बना एक प्रकार का मोटा कपड़ा जिससे जूते/पर्दे आदि बनते हैं। (अं० कैन्वस)

किरमिज—[< सं० कृमिज] *पु०* १. एक तरह का मटमैला लाल रंग। २. मटमैले लाल रंग का घोड़ा। ❖ **किरमिजी**—*वि०* = मटमैले लाल रंग का।

किरराना[1]—[अनु०] *क्रिअ०* १. 'किर्र-किर्र' आवाज़ करना। २. दाँत पीसना। ३. क्रोध से दाँत पीसना।

किरराना[2]**—[< हिं० कुररना] *क्रिअ०* (पक्षी का) बोलना। ***जैसे—तुम्हें देखकर तोता किरराने लगा।

***किरराना[3]**—[अनु०] *क्रिअ०* तड़पना। छटपटाना।

***किरवार**—[< सं० करवाल] *पु०* खड्ग। तलवार।

किरसानी—[< सं० कृषाण] *पु०* कृषि करनेवाला। खेतिहर। किसान। *स्त्री०* किसान का काम। खेती-बारी। किसानी।

किराएदार/किरायेदार—[< फा० किरायः दार] *पु०* १. किराए पर कोई वस्तु लेनेवाला। किराया देनेवाला। २. किराए पर घर/कमरा लेकर रहनेवाला।

किरात—[सं० किर √अत् + अच्] *पु०* १. पर्वतीय प्रदेशों में घूमती रहनेवाली एक प्राचीन जाति। २. वनवासी व्यक्ति। ***जैसे***—कोल, किरात आदि राम के लिए फल लाए। ३. बौना व्यक्ति। *वि०* दुष्ट। ❖ **किरात-पति**—*पु०* शिव। महादेव।

किराना[1]—[< सं० क्रयाणक] *पु०* पंसारी की दुकान पर मिलनेवाली वस्तुएँ (दाल, चावल, मेवा इत्यादि)।

किराना[2]—[< हिं० किरना] *क्रिस०* १. किसी वस्तु को बिखेरना या गिराना। २. सूप में चावल आदि रखकर उसे हिला-हिलाकर छोटे-छोटे दानों को नीचे गिराना।

किरानी[1]—[< सं० कारणिक (= परीक्षक, हिसाब-किताब की जाँच करनेवाला)] *पु०* (कार्यालय में काम करनेवाला) लिपिक। क्लर्क। (अं०)

किरानी[2]—[< अं० क्रिस्टियन] *पु०* १. ईसाई। २. एक भारतीय और एक यूरोपीय माता-पिता की सन्तान।

किरावल—[< तुर्की करावल] *पु०* १. सेना का वह भाग जो लड़ाई का मैदान साफ़ करने के लिए आगे-आगे जाता है। २. बन्दूक से शिकार करनेवाला। शिकारी।

***किरि**—[राजस्थ० < हिं० करना] *अव्यय०* उपमा/उत्प्रेक्षा/दृष्टान्त अलंकार का सूचक शब्द। मानो। जैसे।

किरीट—[सं० √कृ + कीटन्] *पु०* १. मुकुट। (छन्द०) २. एक समवर्णिक छन्द। एक प्रकार का सवैया जिसके प्रत्येक चरण में २४ वर्ण होते हैं तथा जो ८ भगण के योग से बनता है। (खगोल०) सूर्य के चारों ओर का सफ़ेद प्रभामंडल। (अं० कोरोना)

किरीटमाली—[सं० किरीटमालिन्] *पु०* अर्जुन।

किरीट मुकुट—[सं०] बीच में पान के आकार का एक बड़ा मुकुट जिसके दोनों ओर छोटे-छोटे मुकुट रहते हैं और नीचे एक आयताकार पट्टी होती है।

किरीटी—[सं० किरीटिन्] *वि०* किरीट धारण करनेवाला। *पु०* १. इन्द्र। २. अर्जुन। ३. राजा।

किर्दार/किरदार—[< फा० कर्दार] *पु०* १. आचरण। व्यवहार। २. (चलचित्र आदि में) अभिनय।

किर्मीर—[सं० √कृ + ईरन्, मुट्] *पु०* १. चितकबरा रंग। २. नारंगी। *वि०* चितकबरा।

किर्रा—[< सं० कीर्ण] *स्त्री०* धातु पर नक़्क़ाशी करने की एक प्रकार की छेनी।

किल—[सं० √किल् + क] *क्रिवि०* १. निश्चित ही। निश्चय ही। अवश्य। २. सचमुच।

किलक[1]/किलकन—[< हिं० किलकना] *स्त्री०* १. किलकने या हर्ष-ध्वनि करने की क्रिया/भाव। २. हर्ष-ध्वनि। किलकारी। ***जैसे***—शिशुओं का तो अभी रुदन, अभी किलकन।

†**किलक[2]**—[देशज] *स्त्री०* एक प्रकार की घास जो लगभग एक मीटर ऊँची होती है और जिसकी पत्तियाँ बहुत लम्बी होती हैं।

किलकारी—[< हिं० किलकना] *स्त्री०* १. बन्दरों के द्वारा हर्षित होने पर किया जाने वाला 'की-की' शब्द। २. बहुत प्रसन्नता से की गयी चिल्लाहट। ***जैसे***—शिशु की किलकारियाँ। ३. ज़ोर की हर्ष-ध्वनि। ***वा०*** **किलकारी मारना**—बहुत प्रसन्न होना।

किलकिञ्चित् (किलकिंचित्)—[सं० किल ~ किञ्चित्] *पु०* (काव्य०) संयोगशृंगार का एक हाव। प्रेमी के सामने नायिका का काम-प्रेरित क्रोध, रूठना, हँसना, मचलना, रोना आदि जो एक ही भाव-भंगिमा से सूचित होता है।

किलकिल—[स॰ किल ~ किल] *स्त्री॰* १. किलकारी। २. कलह। झगड़ा। किचकिच। ३. व्यर्थ की कहा-सुनी। तकरार।

किलकिला[1]—[स॰ किलकिल + टाप्] *स्त्री॰* १. किलकारी। २. हर्ष-ध्वनि।

किलकिला[2]—[देशज] *पु॰* नदी या ताल-तलैया के किनारे मछली की ताक में रहनेवाला तथा वृक्षों पर घोंसला बनानेवाला एक पक्षी जिसका शरीर प्रायः कत्थई रंग का होता है परन्तु ऊपर का कुछ भाग नीला तथा चोंच और पैर मटमैले लाल रंग के होते हैं। (अ॰ किंगफिशर)

किलकिलाना—[< हि॰ किलकिल] *क्रिअ॰* १. किलकारी मारना। हर्षध्वनि करना। २. क्रोधपूर्व चिल्लाना या मारने-पीटने की मुद्रा में होना।

किलकी—[< हि॰ किलकना] *स्त्री॰* १. किलक। किलकारी। २. बेचैनी। व्याकुलता। विकलता।

किलचिया बगला—[देशज] लम्बी गर्दन और लम्बी टाँगों वाली और सफ़ेद रंग की एक चिड़िया जिसकी चोंच काली और टाँगें काली-पीली चितकबरी होती हैं।

किलना—[< स॰ कील] *क्रिअ॰* १. कीलों से जकड़ा जाना। कीला जाना। २. वश में किया जाना। ३. गति/प्रभाव का रुद्ध या बन्द किया जाना।

किलनी—[< हि॰ कीड़ा] *स्त्री॰* एक छोटा कीड़ा जो गाय-बैलों, कुत्तों आदि के शरीर से चिपटा रहकर उनका रक्त पीता है।

किलबिल—[अनु॰] *स्त्री॰* छोटे-छोटे कीट-पतंगों या नाली के कीड़ों आदि की बड़े समूह में रेंगने की क्रिया/भाव।

किलबिलाना—[< हि॰ कुलबुलाना] *क्रिअ॰* १. बहुत से कीड़ों का छोटी जगह में एक साथ हिलना-डुलना। २. चंचल होना। ३. कुलबुलाना।

किलवाना—[< हि॰ कीलना] *क्रिस॰* १. कील ठुकवाना। २. कीलने का कार्य किसी से कराना। किलाना। ३. मंत्र आदि से भूत, प्रेत आदि की बाधा को दूर कराना।

***किलविषी**—[< स॰ किल्विष] *वि॰* १. रोगी। २. पापी। ३. दोषी। अपराधी।

***किलसना**—[< स॰ √क्लेश] *क्रिअ॰* १. क्लेशयुक्त होना। दुःखी होना। कष्ट पाना। २. (मन में) कुढ़ना।

किलहटा—[< हि॰ कलह] *पु॰* सारिका/मैना नामक पक्षी। ● **विशेष**—मैना की अनेक जातियाँ हैं, उनमें से एक **'देशी मैना'** या 'किलहटा' है।

किलाना—[< हि॰ कीलना] *क्रिस॰* कीलने का काम किसी से कराना। किलवाना।

किलावा—[< फा॰ कलावा] *पु॰* १. हाथी की गर्दन में लिपटी हुई रस्सी जिसमें पैर फँसाकर महावत बैठता है। २. सूत का लच्छा। ३. सुनारों का एक औजार।

किलिक—[< फा॰ किलक] एक प्रकार का नरकट जिससे लिखने की क़लम बनती है।

किलोर/किलोल—[हि॰ < कलोल] *पु॰* १. कल्लोल। तरंग। लहर। २. मन की मौज। ३. खेल या मनोरंजन के लिए की जानेवाली थोड़ी उछल-कूद।

किल्ला—[< स॰ कील] *पु॰* १. खूँटा। ***जैसे***—गाय किल्ले से बाँध दी। २. चक्की आदि के ठीक बीच में गड़ी मेख़ जिसके चारों और चक्की घूमती है।

किल्ली—[< हि॰ किल्ला] *स्त्री॰* १. छोटा किल्ला। छोटी कील/मेख़। २. गाय बाँधने का खूँटा। ३. चक्की आदि के बीच में गड़ी मेख़ जिसके चारों ओर चक्की घूमती है। ४. किवाड़ की सिटकिनी। ५. किसी यन्त्र/उपकरण का वह भाग जिसे घुमाने से वह चले।

किल्विष—[स॰ √किल् + टिषच्, वुक् आगम] *पु॰* १. रोग। २. पाप। ३. दोष। अपराध। ४. धोखा। ५. विपत्ति।

किल्विषी—[स॰ किल्विषिन्] *वि॰* १. रोगी। २. पापी। ३. दोषी। अपराधी। ४. छली। ५. विपत्तिग्रस्त।

क़िवाम—[अरबी] *पु॰* अवलेह। चाशनी।

किवाँच—[< स॰ केवाच] *पु॰* केवाँच/कौंच नामक एक लता जो वनौषधि है। ● **विशेष**—इसके स्पर्श से शरीर में बहुत खुजली लगती है।

किशोर—[स॰ √कश् + ओरन्] *वि॰, पु॰* बाल और युवा अवस्थाओं के बीच की अवस्था। ११ वर्ष से अधिक और १८ वर्ष से कम उम्र का (बालक)। ***जैसे***—किशोर कृष्ण के साहसपूर्ण कार्य। (छन्द॰) सवैया छन्द का एक प्रकार। प्रत्येक चरण में ८ सगण और २ लंघु के योग से २६ वर्णों का सवैया। सुख सवैया। ● **विशेष**—'किशोर' या 'सुख' नामक सवैया को 'कुन्दलता' (सवैया) भी कहा जाता है। ⁂ **किशोर न्यायालय**—*पु॰* = वह न्यायालय जो १८ वर्ष की अवस्था से नीचे के बालक-बालिकाओं द्वारा किए गए अपराधों से सम्बन्धित मामलों की सुनवाई करता है। बाल न्यायालय।

किशोरी—[स॰ किशोर + ङीष्] *स्त्री॰* १. बालिका और युवती के बीच की अवस्था। २. ११ से अधिक और १६ वर्ष से कम अवस्था की लड़की। ३. सुन्दर युवती।

किश्त—[फा॰] *स्त्री॰* शतरंज के खेल में बादशाह पर शत्रु के किसी मुहरे का आक्रमण। शह।

किश्ती—[< फा॰ कश्ती] *स्त्री॰* नाव। नौका। ⁂ **किश्तीनुमा**—*वि॰* = किश्ती की तरह आकृतिवाला।

किसनई—[< हि॰ किसान] *स्त्री॰* कृषि-कर्म। खेती-बाड़ी। किसानी।

किसलय—[स॰ किम् √शल् + कयन्, पृषो॰, श→स] *पु॰* १. कोमल नया पत्ता। नवपल्लव। कोंपल। २. अंकुर। कल्ला।

किसान—[< स॰ कृषाण] *पु॰* खेती-बाड़ी करनेवाला। कृषक। ⁂ **किसानी**—*स्त्री॰* = १. किसान का काम। कृषि-कर्म। २. कृषि-वृत्ति।

***किसाला**—[< हि॰ कसाला] *पु॰* कष्ट।

***किसोरक**—[< सं॰ किशोरक] *पु॰* १. किशोर। २. छोटा बच्चा।

क़िस्त—[अरबी] *स्त्री॰* १. अंश। भाग। २. खंड। टुकड़ा। ३. ऋण आदि किसी देय धन का वह अंश जो निश्चित अवधि के अन्तर से चुकाया जाता है। ***जैसे***—बीमे की वार्षिक क़िस्त।

***किह**[1]—[< हिं॰ किस] *सर्व॰* १. किस। २. कौन।

***किह**[2]—[< हिं॰ कहाँ] *क्रिवि॰* कहाँ।

***किहनी**—[< हिं॰ कहानी] *स्त्री॰* कथा। कहानी।

किहि**—[< हिं॰ किस] *सर्व॰* १. किस, किसका या किसको। २. किसी या किसी को। ● **विशेष**—'किहि' से बने अनेक शब्द क्षेत्रीय प्रयोग में चलते हैं। ***जैसे—**किहिधौं** = किस प्रकार, किस तरह। **किहिन** = किस। **किहिनि** = किस, किसका या किसके। **किहुँ/किहूँ** = किसी।

***की**[1]—[< हिं॰ क्या] *क्रिवि॰* क्या। **उदा॰** भरत की मातु को की ऐसो चहियतु है। —तुलसी (कविता॰, २/४) *अव्यय॰* १. कि। २. अथवा। या तो।

की[2]—[< हिं॰ का] *परसर्ग॰* सम्बन्ध-सूचक 'का' का *स्त्री॰* रूप। ***जैसे***—राम की इच्छा; बहिन की मेहनत।

की[3]—[अ॰] *स्त्री॰* १. (ताले की) चाबी। २. (पुस्तक की) कुंजी।

कीक—[अनु॰] *स्त्री॰* चीत्कार। चीख़। चिल्लाहट।

कीकट—[सं॰ की √कट् + अच्] *वि॰* १. निर्धन। ग़रीब। २. कृपण। ३. लालची।

कीकना—[< हिं॰ कीक] *क्रिअ॰* १. बच्चों का 'की-की' की आवाज़ करके रोना। २. चीख़ना। चिल्लाना।

कीकर—[< सं॰ किङ्किरात] *पु॰* बबूल का वृक्ष। ⁂ **कीकरी**—*स्त्री॰* = एक प्रकार का बबूल वृक्ष जिसकी पत्तियाँ छोटी होती हैं।

कीचक—[सं॰ की √चक् + अच्] *पु॰* बाँस।

कीचट—[< हिं॰ कीच] *स्त्री॰* (तेल की) गाद। तलछट।

कीट[1]—[सं॰ √कीट् + अच्] *पु॰* १. भूमि पर रेंगने वाले छोटे जन्तुओं का वर्ग या उसमें से कोई। ***जैसे***—कीट और पतंगे। २. (लाक्षणिक) दुष्ट/तुच्छ व्यक्ति।

कीट[2]—[< सं॰ किट्ट] *स्त्री॰* किसी वस्तु पर जमा हुआ मैल।

कीटक—[सं॰ कीट + कन्] *पु॰* कीट। कीड़ा।

कीटज—[सं॰ कीट √जन् + ड] *वि॰* १. कीड़ों से निकला। बना हुआ। २. कीड़ों द्वारा बनाया हुआ। *पु॰* १. रेशम। २. रेशमी कपड़ा।

कीटरुग्णता—[सं॰ कीट ~ रुग्णता] *स्त्री॰* कीट के कारण हुई बीमारी।

कीटवाहित—[सं॰ कीट ~ वाहित] कीड़ों द्वारा ले जाया गया या फैलाया गया। ***जैसे***—कीटवाहित रोग।

कीटिका—[सं॰ कीटक + टाप्, इत्व] *स्त्री॰* १. छोटा कीड़ा। २. (लाक्षणिक) तुच्छ प्राणी।

***कीड़ना**—[सं॰ क्रीडन] *क्रिअ॰* क्रीड़ा करना। खेलना।

†**कीता**—[< सं॰ कृत] *वि॰* किया हुआ। कृत। ⁂ **कीती**[1]—वि॰ (*स्त्री॰*) = की हुई। कृत।

***कीती**[2]—[< सं॰ कृति] *स्त्री॰* कृति।

***कीती**[3]—[< सं॰ कीर्ति] *स्त्री॰* कीर्ति।

***कीधौं (कीधौं)**—[< हिं॰ किधौं] *अव्यय॰* १. अथवा। या। २. तो। *क्रिवि॰* क्यों।

***कीनर**—[< सं॰ किन्नर] *पु॰* १. किन्नर। २. हिजड़ा।

कीनाश—[सं॰ √क्लिश् + कन्, ईत्व, लकार का लोप, 'ना' का आगम] *पु॰* १. यमराज। २. क़साई। *वि॰* भूमि जोतनेवाला।

कीनिया—[< फा॰ कीना (= द्वेष)] *पु॰* १. द्वेषी। २. कपटी। छली।

कीप—[< अरबी कीफ़] *स्त्री॰* (तेल आदि) द्रवों को बोतल आदि में उँडेलने के लिए प्रयुक्त एक उपकरण जो शंकु के आकार में जुड़ी नली वाला होता है। ⁂ **कीप-स्तम्भ (स्तंभ)**—*पु॰* = स्तम्भ जैसा एक उपकरण जिसमें फँसाकर कीप का प्रयोग किया जाता है। (अं॰ फ़नेल स्टैंड)

क़ीमा—[< फा॰ क़ीमः] *पु॰* कुटा हुआ मांस (जिसके कबाब आदि बनते हैं)।

कीमिया—[अरबी] *स्त्री॰* १. रसायन। २. ताँबे आदि से सोना बनाने की विद्या। ३. कार्य पूर्ण कराने की युक्ति। ⁂ **कीमियागर**—*पु॰* = १. रसायनविद्। २. ताँबे आदि से सोना बनानेवाला। ३. बहुत गुणी।

कीर—[सं॰ की √ईर् + णिच् + अच्] *पु॰* १. तोता। ***जैसे***—कीर का पिंजड़ा खोल दो। २. व्याध। बहेलिया।

***कीरु**—[< सं॰ कीर] *पु॰* शुक। तोता।

कीर्ण—[सं॰ √कृ + क्त] *वि॰* १. बिखरा हुआ। २. ढका हुआ। ३. पकड़ा हुआ। ४. ठहरा हुआ। ५. आहत।

कीर्तन—[सं॰ √कृत + ल्युट्] *पु॰* १. कीर्ति-वर्णन। गुणकथन। २. ईश्वर/देवता के यश और गुण-गान सम्बन्धी गायन-वादन। ३. उक्त प्रकार की पद्यात्मक रचना। ४. कथन। वर्णन।

कीर्तित—[सं॰ √कृत् + क्त, इत्व] *वि॰* १. कहा गया। कथित। वर्णित। प्रसिद्ध किया गया। ख्यात। ३. प्रशंसित।

कीर्तिदा—[सं॰ कीर्ति + दा] वि॰ (स्त्री॰) कीर्ति/यश देने वाली। **स्त्री॰* (कृष्ण की माता) यशोदा।

कीर्तिधवलित—[सं॰ कीर्ति ~ धवलित] *वि॰* जो यश से उज्ज्वल हुआ हो। यशस्वी।

कीर्तिमान्—[सं॰ कीर्ति + मतुप्] *वि॰* यशस्वी।

कीर्तिमान—[सं॰ कीर्ति ~ मान] *पु॰* किसी क्षेत्र (अध्ययन, खेल, व्यायाम आदि) के कार्य विशेष या प्रतियोगिता विशेष में पिछली सभी उपलब्धिओं से बड़ी उपलब्धि। ***जैसे***—उसने तैराकी में गतवर्ष कीर्तिमान स्थापित किया था।

कीर्तिशेष—[सं॰ कीर्ति ~ शेष] *वि॰* जिसकी कीर्ति ही इस संसार में शेष रह गयी है। मृत।

कीर्ति-स्तम्भ (कीर्ति-स्तंभ)—[सं॰] *पु॰* वह स्तम्भ या वास्तु-रचना जिसका निर्माण किसी का बहुत दिनों तक स्मरण कराने या उसकी कीर्ति को स्थायी बनाने के लिए किया गया हो।

कील—[स॰ √कील् + घञ्] *स्त्री॰* १. लकड़ी या लोहे आदि का गोलाकार, लम्बोतरा नुकीला टुकड़ा जो गाड़ने, फँसाने आदि के लिए होता है। मेख़। खूँटी। २. नाक में पहनने की एक छोटा आभूषण। लौंग। ३. फुंसी-फोड़े के मुँह पर निकलनेवाला कड़ा पीप।

कीलक—[स॰ कील् + ण्वुल्] *पु॰* १. बड़ी कील या काँटा। मेख़। २. गाय आदि बाँधने का खूँटा। ३. किसी मंत्र या तांत्रिक प्रयोग का प्रभाव नष्ट कर देनेवाला मंत्र। *वि॰* कीलनेवाला।

कील-काँटा—[हि॰] *पु॰* उपकरण। औज़ार। ***वा॰* कील काँटे से दुरुस्त होना**—पूरी तरह तैयार होना।

कीलन—[स॰ √कील् + ल्युट्] *पु॰* १. कीलों से जकड़ने/बाँधने/रोकने की क्रिया/भाव। २. किसी क्रिया/शक्ति आदि को व्यर्थ करना। ३. मंत्र की शक्ति से बाँधना। ४. किसी के विरोधी मन्त्र-प्रयोग आदि की शक्ति को नष्ट करना।

कीलना—[< स॰ कीलन] *क्रिस॰* १. कील ठोंकना या गाड़ना। २. कील आदि ठोंककर दो वस्तुओं को जोड़ना। ३. कील आदि ठोंककर किसी वस्तु का मुँह बन्द करना। ४. किसी विरोधी गति/शक्ति को रोकना। ५. बहुत-सी चीज़ों को एक में बाँधना। ६. किसी के विरोधी मन्त्र-प्रयोग आदि का प्रभाव नष्ट करना। ७. (साँप को) मन्त्र के प्रभाव से हिलने-डुलने में असमर्थ कर देना। ८. वश में करना। अधीन करना।

कीलाक्षर—[स॰ कील ~ अक्षर] *वि॰* कीलाकार लिपि के अक्षरों वाला। *पु॰* कीलाकार लिपि के अक्षर।

कीलाल—[स॰ कील √अल् + अण्] *वि॰* बन्धन हटानेवाला। *पु॰* १. अमृत के समान एक स्वर्गीय पेय। २. जल। ३. शहद। ४. रुधिर। ५. पशु।

कीलिया—[हि॰ कील] *पु॰* पुर (=रहट) चलाते समय बैलों को हाँकनेवाला। पैरहा।

कीवी—[अ॰] *स्त्री॰* न्यूजीलैन्ड देश का एक पक्षी जिसके पंख बहुत छोटे होते हैं और पूँछ नहीं होती।

कीश—[स॰ की √ईश + क] *पु॰* १. वानर। ***जैसे***—काशीनाथ सुग्रीव। २. सूर्य। ३. पक्षी।

कीशकेतु, कीशध्वज—[स॰ कीश ~ केतु/ध्वज] *पु॰* (कपिध्वज) अर्जुन।

कीसा—[< फा॰ कीस:] *पु॰* १. जेब। २. थैली। ३. खरीता।

कु—[स॰ √कु + डु] *स्त्री॰* पृथ्वी। भूमि। ***उपसर्ग॰*** दुष्टता/हीनता इत्यादि का सूचक एक उपसर्ग।

कुअँर—*पु॰* ≤ स॰ कुमार। १. राजकुमार। २. अविवाहित किशोर या युवक।

***कुअँरि**—[< स॰ कुमारी] *स्त्री॰* १. राजकुमारी। कुमारी। कुँआरी।

कुई/कुईं (कुईं)—[< स॰ कुमुदिनी] *स्त्री॰* एक पौधा जिसमें सफ़ेद कमल जैसे फूल लगते हैं जो रात में खिलते हैं। कुमुद। कुमुदिनी।

कुकड़ना—[< स॰ कुक्कुट] *क्रिअ॰* (मुर्गे की तरह) सिकुड़/सिमट जाना। सिकुड़ना। ***जैसे***—ठंड से कुकड़ना।

***कुकड़ी**—[< स॰ कुक्कटी] *स्त्री॰* १. कुक्कटी। मुर्गी। २. चरखे के तकुए से उतारा गया कच्चे सूत का लच्छा।

कुकर[1]—*पु॰* ≤ *स॰* कुक्कुर। कुत्ता।

कुकर[2]—*पु॰* ≤ *स॰* कुक्कुट। मुर्ग़ा।

कुकरी[1]—[< स॰ कुक्कुरी] *स्त्री॰* कुतिया।

कुकरी[2]—[< स॰ कुक्कुटी] *स्त्री॰* मुर्गी।

कुकुभ—[स॰ क √स्कुम्भ् + क, पृषो॰] *पु॰* वीणा के नीचे लगी चर्म से मढ़ी तूँबी। (संगीत॰) एक राग। (छन्द॰) *पु॰* एक मात्रिक छन्द जिसके प्रत्येक चरण में ३० मात्राएँ होती हैं, १६-१४ पर यति होती है तथा अन्त में २ गुरु होते हैं।

कुकुही[1]—[< स॰ कुक्कुटी] *स्त्री॰* मुर्गी।

कुकुही[2]—[देशज] *स्त्री॰* बाजरे की फ़सल का एक रोग जिससे बालियाँ काली पड़ जाती हैं।

कुकूल—[स॰ √कू + ऊलच्, कु का आगम] *पु॰* १. भूसी। चोकर। २. भूसी की आग। तुषाग्नि। कुकूलाग्नि। ३. चिनगारी।

कुक्कुट—[स॰ कुक् √कुट + क] *पु॰* मुर्ग़ा।

कुक्कुटक—[स॰ कुक्कुट + कन्] *पु॰* बन-मुर्ग़ा।

कुक्कुभ—[स॰ कुक्कु √भाष् + ड] *पु॰* १. बनमुर्ग़ा। २. मुर्ग़ा।

कुक्ष—[स॰ √कुष् + क्स] *पु॰* १ उदर। पेट। २. कोख।

कुक्षि—[स॰ √कुष् + क्सि] *स्त्री॰* १. उदर। पेट। २. कोख। ३. गर्भाशय। ४. वस्तु का मध्य भाग। ५. गुहा। ६. सन्तान। ✣ **कुक्षिम्भरि (कुक्षिंभरि)**—*वि॰* = १. बहुत खाने वाला। पेटू। २. स्वार्थी।

***कुगहनि**—[< स॰ कुग्रहण] *स्त्री॰* अनुचित हठ। बुरी ज़िद। दुराग्रह।

कुगात—[< स॰ कु + गात] *पु॰* निन्दनीय/बुरा शरीर।

कुगाँव—[< स॰ कुग्राम] *पु॰* १. बुरा गाँव। २. निन्दित ग्राम/बस्ती। ३. उपेक्षित ग्राम/बस्ती।

कुग्रह—[स॰ कु + ग्रह] *पु॰* (ज्योतिष॰) बुरे ग्रह। अशुभ ग्रह।

कुघड़—[< स॰ कु + हि॰ घड़ना] *पु॰* जिसकी गठन/रचना अच्छी न हो। कुरूप। भद्दा। ***जैसे***—कुघड़ मकान। ∇ **विलोम**—सुघड़।

कुघाट—[स॰ कु + घाट] *पु॰* १. बुरा घाट। २. बुरा स्थान।

कुघाव—[स॰ कु + हि॰ घाव] *पु॰* १. अति कष्टकर घाव। २. बुरा घाव। बुरा ज़ख्म। ३. गहरा घाव। ४. मर्मस्थल का घाव। ५. असाध्य घाव।

कुङ्कुम (कुंकुम)—[स॰ √कुक् + उमक्, मुम्] *पु॰* १. (कश्मीर का) केसर। २. (माथे पर लगाने की) रोली। ३. कुमकुमा। (दे॰) ✣ **कुङ्कुम-पङ्क (कुंकुम-पंक)**—*पु॰* केसर का लेप।

***कुङ्कुमबानी (कुंकुमबानी)**—[< स॰ कुङ्कुमवर्णी] *वि॰* कुंकुम/केसर के रंग का। केसरिया।

कुङ्कुमा (कुंकुमा)—[< हि॰ कुमकुमा] *पु॰* लाख का बना गोला जिसमें रंग आदि भरा होता है और गोला फटने पर इधर-उधर बिखर जाता है।

कुच[१]—[√कुच + क] *पु॰* स्तन। उरोज।

†**कुच**[२]—[< स॰ कुचिका (= नली)] *स्त्री॰* एड़ी के ऊपर की नस। ● **विशेष**— कुचकट = उक्त नस को काटनेवाली/दबानेवाली। ***जैसे***—कुचकट खटिया।

कुच-कोर—[स॰ कुच + हि॰ कोर] *पु॰* कुचाग्र। (दे॰)

कुचना[१]—[< स॰ कुञ्चन] *क्रिअ॰* संकुचित होना। संकुचन। सिकुड़ना।

कुचना[२]—[< हि॰ कोचना] किसी वस्तु का चुभाया/धँसाया जाना।

कुचन्दन (कुचंदन)—[स॰ कु + चन्दन] *पु॰* १. लाल चन्दन। २. कुंकुम।

कुचर —[स॰ कु + चर] *वि॰* १. रेंगनेवाला। २. दुर्गम स्थानों में घूमनेवाला। ३. दुष्ट। दुराचारी। ४. आवारा। *पु॰* (ज्योतिष॰) स्थिर ग्रह।

कुचला[१]—[< हि॰ कुचलना] *वि॰* जो कुचल दिया गया हो। ***जैसे***—भीड़ में कुचला व्यक्ति।

कुचला[२]—[देशज] *पु॰* १. एक प्रकार का वृक्ष जो ऊँचा होता है, जिसका तना मटमैला होता है, पत्ते गोल और चिकने होते है, फूल छोटे और हरापन लिए सफ़ेद होते हैं और फल गोल होते हैं। २. उक्त वृक्ष के बीज जो विषैले तथा औषधोपयोगी होते हैं।

कुचला-पिचली—[< हि॰ कुचलना + पिचना] *स्त्री॰* कुचल जाने और पिच/दब जाने की स्थिति। ***जैसे***—भगदड़ मची तो सैकड़ों लोग कुचला-पिचली के शिकार हो गए। —वृन्दावनलाल (दुर्गा॰, पृ॰ १७६)

कुचली—[< हि॰ कुचलना] *स्त्री॰* दाढ़ों और सामने के दाँतों के बीच के दाँत जो खाने की वस्तु को कुचलते हैं।

कुचांशुक—[स॰ कुच ~ अंशुक] *पु॰* स्तनों पर बाँधने की रेशमी/महीन पट्टी। स्तनोत्तरीय।

कुचाग्र—[स॰ कुच ~ अग्र] *पु॰* कुच/स्तन का अग्रभाग।

कुचित—[स॰ √कुच् + कितच्] *वि॰* निन्दनीय।

कुचिपुड़ि—[तेलुगु] *स्त्री॰* एक दक्षिण भारतीय नृत्य। आन्ध्र प्रदेश का एक शास्त्रीय नृत्य।

†**कुची**—[< स॰ कुञ्जिका] *स्त्री॰* (ताले की) कुंजी। चाबी।

*__कुचील__—[< स॰ कुचेल] *वि॰* १. मैले वस्त्रों वाला। २. मलिन। गन्दा। ✣ *__कुचीलणी__—*वि॰* (*स्त्री॰*) = मैले वस्त्रों वाली। कुचैली। ✣ **कुचीला**—*वि॰* = कुचील।

कुचेल—[स॰ कु + चेल] *वि॰* १. बहुत मैले या फटे कपड़े वाला। २. मलिन। गन्दा। *पु॰* मलिन/गन्दा वस्त्र।

कुचेष्ट—[स॰ कु + चेष्टा] *वि॰* बुरी चेष्टा वाला। कुप्रयत्न करनेवाला।

कुचैन—[स॰ कु + हि॰ चैन] *स्त्री॰* १. सुख/चैन का अभाव। बिकलता। बेचैनी। २. कष्ट। दुःख। *वि॰* विकल। व्याकुल। बेचैन।

कुचैल—[स॰ कु + चैल] *वि॰* १. गन्दे वस्त्रों वाला। २. गन्दा। मैला। ✣ **कुचैला**—*वि॰* = कुचैल। ***जैसे***—मैला-कुचैला।

कुज—[स॰ कु √जन् + ड] *पु॰* १. पृथ्वी का पुत्र या पृथ्वी से उत्पन्न। २. मंगल (ग्रह)।

कुजन—[स॰ कु ~ जन] *पु॰* बुरा आदमी। दुर्जन।

†**कुजन्त्र (कुजंत्र)**—[< स॰ कुयन्त्र] *पु॰* १. बुरा यन्त्र। २. बुरे उद्‌देश्य से किया जाने वाला जादू-टोना।

कुजन्मा—[स॰ कु + हि॰ जन्मा] *वि॰* नीच या हीन जाति या कुल में उत्पन्न। अकुलीन। नीच। *पु॰* मंगल (ग्रह)।

कुजा—[स॰ कुज + टाप्] *स्त्री॰* १. भूमि की पुत्री। २. (मैथिली) सीता।

कुजाम—[< स॰ कु + याम] *पु॰* बुरा समय। कु-अवसर।

कुज्झटि/कुज्झटी—[स॰ कुज + झटि/झटी] *स्त्री॰* कुहरा। धुन्ध।

कुज्झटिका—[स॰ कुज्झटि + कन् + टाप्] *स्त्री॰* कुहरा। धुन्ध।

कुञ्चन (कुंचन)—[स॰ √कुञ्च् + ल्युट्] *पु॰* १. सिकुड़ना। सिमटना। २. बालों का घुँघरालापन।

कुञ्चिका (कुंचिका)—[स॰ √कुञ्च् + ण्वुल् + टाप्, इत्व] *स्त्री॰* १. (ताले की) चाबी। कुंजी। २. गुंजा। घुँघची।

कुञ्चित (कुंचित)—[स॰ √कुञ्च् + क्त] *वि॰* १. सिकुड़ा/सिमटा हुआ। २. घूमा हुआ। वक्र। ३. घुँघराला। (केश)।

कुञ्ज (कुंज)—[स॰ कु √जन् + ड, पृषो॰] *पु॰* लताओं आदि से घिरा हुआ स्थान। लतामंडप। लता-वितान। ***जैसे***—वृन्दावन के कुंजों में राधा-कृष्ण का विहार। (छन्द॰) एक समवर्णिक छन्द जिसके प्रत्येक चरण में क्रमशः तगण, जगण, रगण, सगण, रगण, (त ज र स र) के योग से १५ वर्ण होते हैं तथा ८-७ पर यति होती है।

*__कुञ्जक (कुंजक)__—[स॰ कुञ्चुकी] *पु॰* (अन्तःपुर में जाने-आनेवाला) कंचुकी।

कुञ्ज (कुंज)-गृह—[स॰] *पु॰* कुंज के अन्दर रहने का स्थान। लतागृह।

कुञ्ज (कुंज) गली—[स॰ कुञ्ज + हि॰ गली] *स्त्री॰* उपवनों आदि में वह पगडंडी या संकीर्ण तंग मार्ग जो झाड़ियों, लताओं आदि से घिरा हो।

कुञ्जर (कुंजर)—[स॰ कुञ्ज + र] *पु॰* १. हाथी। २. पीपल। ३. हस्त नक्षत्र। ४. केश। बाल। ५. पद्य आदि में आठ की संख्या का वाचक शब्द। (छन्द॰) छप्पय छन्द का एक भेद। *वि॰* उत्तम। श्रेष्ठ। ***जैसे***—नर-कुंजर (नरों में श्रेष्ठ)।

*__कुञ्जल (कुंजल)__—*पु॰* ≤ स॰ कुंजर। हाथी।

कुञ्जा (कुंजा)—[< स॰ कुञ्ज] *स्त्री॰* एक पक्षी। दे॰ कुञ्ज।

कुञ्जिका (कुंजिका)—[स॰ कुञ्जक + टाप्, इत्व] *स्त्री॰* १. (ताले की) कुंजी। ताली। २. पुस्तक की कुंजी।

कुट[१]—[स॰ √कुट् + क] *पु॰* १. जलपात्र। कलश। घड़ा। २. घर। ३. हथौड़ा। ४. पर्वत। पहाड़। ५. वृक्ष।

कुट[२]—[< हि॰ कूटना] *पु॰* १. कूटकर बनायी हुई वस्तु। ***जैसे***—तिलकुट। २. पत्थर के अंश/टुकड़े।

कुटक—[सं॰ कुट + कन्] *पु॰* वह डंडा जिसमें मथानी की रस्सी लपेटते हैं।

कुटका—[< सं॰ कुट्टक] *पु॰* किसी वस्तु का छोटा टुकड़ा। ✣ **कुटकी**[1]—*स्त्री॰* = छोटा टुकड़ा। ***जैसे***— चन्दन की कुटकी।

कुटकी[2]—[< सं॰ कटुका] *स्त्री॰* १. कश्मीर आदि बर्फ़ीले या पर्वतीय क्षेत्रों में पाया जाने वाला एक औषधोपयोगी पौधा जिसकी जड़ काम में आती है। २. घने जंगलों में पाया जाने वाला एक पक्षी जो भिन्न-भिन्न ऋतुओं में विभिन्न रंग धारण करता है। ३. एक छोटा कीड़ा जो पशुओं और मनुष्यों को मच्छर की तरह काटता है। ४. एक प्रकार का अन्न। कंगनी।

कुटज—[सं॰ कुट + ज] *पु॰* १. बनचमेली/कुरैया का पुष्प। २. इन्द्रजौ। ३. कमल।

कुटङ्गक (कुटंगक)—[सं॰ कुट ~ अङ्गलि, पृषो॰] *पु॰* १. वृक्ष पर फैली हुई लताओं से बना हुआ मंडप। २. वृक्ष पर फैलनेवाली लता। ३. झोंपड़ी या छोटा घर।

कुटनई—[< हि॰ कुटनी] *स्त्री॰* कुटनी या दूती का कार्य। कुटनपन।

कुटनपन, कुटनपना, कुटनपेशा—[< सं॰ कुटनी] *पु॰* कुटनी का काम।

कुटना[1]—[< हि॰ कूटना] *क्रिअ॰* १. कूटा जाना। २. मारा-पीटा जाना। *पु॰* कुटाई करने का उपकरण।

कुटना[2]—[< हि॰ कुटनी] *क्रिस॰* १. स्त्रियों को बहकाकर व्यभिचार के लिए दूसरे लोगों के पास ले जाने वाला पुरुष। २. दो पक्षों/व्यक्तियों में झगड़ा करानेवाला पुरुष।

कुटनी—[< सं॰ कुट्टनी] *स्त्री॰* १. स्त्रियों को बहकाकर परपुरुष के पास ले जानेवाली स्त्री। २. झगड़े करानेवाली स्त्री।

†**कुटम्मस**—[< हि॰ कूटना] *स्त्री॰* कुटाई। पिटाई।

†**कुटवार**—[< हि॰ कूटना] *पु॰* ग्राम की पंचायत के आदेशों का पालन कराने वाला पदाधिकारी विशेष जो ग्राम में ही रहता है। २. ग्राम का चौकीदार। ३. मिट्टी कूटनेवाला या कठिन कार्य करनेवाला व्यक्ति।

कुटहरा—[< हि॰ कुट्टी] *पु॰* ज़मीन में गाड़ी गयी चौड़ी लकड़ी, जिस पर रख कर कुट्टी काटी जाती है।

कुटाई—[<हि॰ कूटना] *स्त्री॰* १. कूटने का भाव/काम/मज़दूरी। २. पिटाई।

***कुटि**—[सं॰ √कुट + इन्] *वि॰* १. कुटिल। वक्र। टेढ़ा।

कुटिल—[सं॰ √कुट् + इल] *वि॰* १. वक्र। टेढ़ा। २. घुँघराला। छल्लेदार। ३. छली। कपटी। *पु॰* (छन्द॰) एक समवर्णिक छन्द जिसके प्रत्येक चरण में क्रमशः सगण, भगण, नगण, यगण तथा दो गुरु वर्णों (स भ न ग ~ ग) के योग से १४ वर्ण होते हैं तथा ४-१० पर यति होती है। ∇ **विलोम**—सरल।

कुटी—[सं॰ √कुट् + इन् ङीष्] *स्त्री॰* १. पर्णशाला। झोंपड़ी। २. ऋषियों, साधुओं आदि की पर्णशाला। ३. ज्वार-बाजरा आदि के पौधों को छोटे टुकड़ों में बदलकर पशुओं के चारे के लिए किए गए बहुत छोटे टुकड़े। कुट्टी।

कुटीचक—[सं॰ कुटी √चक् + अच्] *पु॰* एक प्रकार के सन्यासी जो चोटी और जनेऊ का त्याग नहीं करते तथा घर में ही आश्रम बनाकर रहते हैं। ● **विशेष**—अन्य तीन प्रकार हैं—**बहूदक, हंस, परमहंस**।

कुटीचर—[सं॰ कुचर] *वि॰* अपनी गृहस्थी का भार पुत्र को सौंपकर तप आदि में लगनेवाला सन्यासी।

कुटीर—[सं॰ कुटी + र] *पु॰* १. कुटी। कुटिया। २. छोटा घर। ✣ **कुटीर उद्योग, कुटीरोद्योग**—*पु॰* = छोटा उद्योग जो प्रायः घर में किया जाता है—विशेषतः कताई, बुनाई, मोमबत्ती बनाने जैसा कोई हस्तशिल्प का काम।

कुटुम्ब (कुटुंब)—[सं॰ √कुटुम्ब् + अच्] *पु॰* १. एक कुल के विविध परिवारों का समूह। कुनबा। ख़ानदान। ***जैसे***—उदार व्यक्ति तो विश्व-भर को एक कुटुम्ब ही मानते हैं। २. परिवार। ३. समूह।

कुटेक—[सं॰ कु + हि॰ टेक] *स्त्री॰* अनुचित हठ। दुराग्रह। बुरी ज़िद।

कुट्टन—[सं॰ √कुट्ट् + ल्युट्] *पु॰* १. कुटाई। २. पिसाई। ३. गाली देने या धिक्कारने की क्रिया या भाव।

कुट्टमित—[सं॰ कुट्ट + इमप् + इतच्] *पु॰* (काव्य॰) १. संयोग-शृंगार में एक भाव। २. प्रिय के स्पर्श से मन में सुखी होने पर भी झूठमूठ विकलता या विरक्ति प्रकट करने की चेष्टा का सूचक भाव।

कुट्टार—[सं॰ √कुट्ट + आरन्] *पु॰* १. पर्वत। पहाड़। २. पार्थक्य। अलगाव।

कुट्टिम—[सं॰ √कुट्ट + इमप्] *पु॰* १. पत्थर जड़ा हुआ फ़र्श। २. पक्का फ़र्श। गच। ३. अनार (वृक्ष/फल)।

कुट्टी—[< सं॰ √कुट्ट (काटना)] *स्त्री॰* १. बच्चों द्वारा प्रयुक्त एक शब्द जिसे बोलकर वे अपने किसी साथी से बोलचाल बन्द करते हैं या मित्रता तोड़ते हैं। २. मैत्री-सम्बन्ध का त्याग। ***जैसे***—आजकल इन दोनों बच्चों में कुट्टी चल रही है। ३. पशुओं के लिए चारा काटने की क्रिया। ४. ज्वार-बाजरा आदि के पौधों को छोटे टुकड़ों में बदलकर पशुओं के चारे के लिए किए गए बहुत छोटे-छोटे टुकड़े। कुटी। ५. कूटकर सड़ाया हुआ काग़ज़ जिससे खिलौने आदि बनते हैं।

कुठला—[< प्रा॰ कोट्ठ < सं॰ कोष्ठ] *पु॰* १. अनाज रखने का मिट्टी का एक बड़ा पात्र। बखारी। २. चूने की भट्ठी। ✣ **कुठली**—*स्त्री॰* = छोटा कुठला।

कुठार—[सं॰ √कुठ् + आरन्] *पु॰* कुल्हाड़ा। फरसा।

कुठाराघात—[सं॰ कुठार ~ आघात] *पु॰* १. कुल्हाड़ी द्वारा किया गया आघात। २. (लाक्षणिक) बहुत हानि पहुँचानेवाला कार्य। ३. (लाक्षणिक) सर्वनाश।

कुठारी—[सं॰ कुठार + ङीष्] *स्त्री॰* कुल्हाड़ी। *वि॰* (*स्त्री॰*) [समासयुक्त पद के अन्त में] नाश करनेवाली। नाशिका। ***जैसे***—वंश-कुठारी।

कुठाली—[< सं॰ कु + स्थाली] *स्त्री॰* मिट्टी का बना एक छोटा पात्र जिसमें सुनार सोना-चाँदी गलाते हैं। घरिया।

कुठिया—[< हिं॰ कुठला] *स्त्री॰* अन्न रखने के लिए मिट्टी का एक गहरा बड़ा पात्र। छोटा कुठला।

कुड़—[< सं॰ कूट] *पु॰* राशि। ढेर।

कुडप—[सं॰ √कुड् + कपन्] *पु॰* १. (प्राचीन भारत में प्रचलित) अनाज की एक तोल जो १२ मुट्ठी भर या १/४ प्रस्थ होती थी। कुडव। २. उक्त मान का पात्र।

कुड़री—[< सं॰ कुण्डली] *स्त्री॰* १. कुंडली। २. नदी के घूमने के कारण तीन ओर जल से घिरी भूमि। ३. सिर पर घड़ा रखने के लिए रस्सी या कपड़े की बनी गेंडुरी।

कुड़ा—[< सं॰ कुटज] *पु॰* एक विशाल वृक्ष जो लम्बे पत्तों और सफ़ेद फूलों वाला होता है।

कुड्मल—[सं॰ √कुड् + कलच्, मुट्] *पु॰* १. मुकुल। कली। २. पुष्प। फूल।

कुड्मलित—[सं॰ कुड्मल + इतच्] *वि॰* १. कलियों से भरपूर। २. खिला हुआ। ३. प्रसन्न।

कुढ़ना—[< प्रा॰ कुड्ढ < सं॰ क्रुद्ध] *क्रिअ॰* १. किसी व्यक्ति की किसी क्रिया या बात से अथवा विपत्ति आदि के कारण मन ही मन दुःखी होना। ***जैसे***—ग़रीबी के कारण कुढ़ना। २. मन-ही-मन खीजना। ३. ईर्ष्या करना। चिढ़ना। ***जैसे***—पत्नी के दुर्व्यवहार से कुढ़ते रहना।

कुढब—[सं॰ कु + हिं॰ ढब] *वि॰* १. बुरे ढंग वाला। कुढंगा। कठिन। २. विकट। बेढब। *पु॰* बुरा ढब/ढंग। कुढंग।

कुणप—[सं॰ √कुण + कपन्] *पु॰* १. मृत शरीर। शव। २. भाला। ३. दुर्गन्ध। *४. शरीर। देह। ✣ **कुणपी**—*स्त्री॰* = छोटा भाला। बर्छी।

कुण्ठा (कुंठा)—[सं॰ √कुण्ठ् + णिच् + अङ् + टाप्] *स्त्री॰* १. (चाकू आदि की) धार की मन्दता। भोथरापन। २. व्यक्ति की यह भावना कि उसके सारे प्रयत्न विफल हो गए और कोई आशा पूर्ण न हुई। घोर निराशा। हताशा। ***जैसे***—कुंठापूर्ण मन। (मनो॰) स्वाभाविक प्रवृत्तियों को दबाने से उत्पन्न असाधारण मनोवृत्ति। मनोग्रन्थि। भावग्रन्थि। ✣ कुण्ठाग्रस्त (कुंठाग्रस्त)—वि॰ = कुंठा से ग्रस्त। कुंठित। निराश। हताश। ***जैसे***—कुंठाग्रस्त साहित्यकार।

कुण्डल (कुंडल)—[सं॰ कुण्ड् √ला + क] *पु॰* कान का एक आभूषण जो गोल आकार का होता है। (छन्द॰) एक सममात्रिक छन्द जिसके प्रत्येक चरण में २२ मात्राएँ होती हैं, १२-१० पर यति होती है और अन्त में २ गुरु होते हैं।

कुण्डलिका (कुंडलिका)—[सं॰ कुण्डली + कन् + टाप्, ह्रस्व] *स्त्री॰* १. मंडलाकार रेखा। २. जलेबी। (एक मिठाई)। (छन्द॰) कुंडलिया (छन्द)।

कुण्डलिनी—[सं॰ कुण्डल + इनि + डीप्] *स्त्री॰* (योग॰) मूलाधार चक्र में स्थित शक्ति जिसे जगाकर ब्रह्मरन्ध्र में पहुँचाने की साधना योग/तन्त्र में की जाती है।

कुण्डलिया (कुंडलिया)—[< सं॰ कुण्डली] *स्त्री॰* कुण्डली। (छन्द॰) एक मात्रिक छन्द जिसमें ६ पंक्तियाँ होती हैं और प्रत्येक पंक्ति में २४ मात्राएँ होती हैं।

कुण्डली (कुंडली)[१]—[सं॰ कुण्डल + ङीष्] *स्त्री॰* १. वृत्ताकार रेखा। २. जन्मकुंडली। लग्नकुंडली। ३. जलेबी/इमरती नामक मिठाई। ४. साँप की मंडलाकार स्थिति। ५. गेंडुरी। ६. ताँबे के तार का कई फेरों वाला वेष्टन (अं॰ क्वाइल)।

कुण्डली (कुंडली)[२]—[सं॰ कुण्डलिन्] *वि॰* १. जो कुंडल पहने हुए हो। कुंडलधारी। २. जो कुंडल के आकार का हो। कुंडलाकार। ३. लपेटा हुआ। *पु॰* १. साँप। २. मोर। ३. कुंडल (आभूषण)। ४. शिव। महादेव।

कुण्डि (कुंडि)—[< सं॰ कुण्ड (लोहे का टोप)] *स्त्री॰* युद्ध में पहनने का फ़ौलादी टोप।

कुण्डी (कुंडी)—[सं॰ कुण्डिन् + ङीष्] *स्त्री॰* १. पत्थर का बना एक बड़ा गोल और गहरा पात्र। २. द्वार बन्द करने की ज़ंजीर। ३. उक्त ज़ंजीर की कोई कड़ी। ४. किसी प्रकार की वृत्ताकार रचना। छल्ला। ✣ **कुंडी-सौंटा**—*पु॰* भाँग घोटने की कूँड़ी और घोटने का उपकरण।

कुण्डू (कुंडू)—[देशज] *पु॰* काले रंग का एक पक्षी जिसकी पूँछ पीली होती है और मुँह तथा कंठ सफ़ेद। कस्तूरा।

***कुत**—[< सं॰ कुत्र] *क्रिवि॰* कहाँ।

कुतः—[सं॰ किम् + तसिल्, क→कु] *क्रिवि॰* १. कहाँ से। किधर से। २. किस स्थान पर। कहाँ। ३. किस प्रकार। कैसे। ४. क्यों। किसलिए।

†**कुतका**—[< हिं॰ गतका] *पु॰* १. सोंटा। डंडा। २. भाँग घोटने का डंडा। ३. चमड़ाचढ़ी मूठ वाला डंडा जिससे गतका फरी का खेल खेलते हैं। गतका। ४. हाथ का अँगूठा। ***जैसे***—काम के समय कुतका दिखाना।

कुतप—[सं॰ कु + तप] *पु॰* १. बुरा तप। २. बुरी तरह तपनेवाली वस्तु। ३. दिन का आठवाँ मुहूर्त। मध्याह्न। ४. सूर्य। ५. अग्नि।

कुतरु—[सं॰ कु + तरु] *पु॰* १. गुणहीन वृक्ष। २. बुरे फलों वाला या फलहीन वृक्ष।

कुतल—[सं॰ कु ~ तल] *पु॰* पृथ्वी-तल। भूतल।

कुतार—[सं॰ कु + हिं॰ तार] *पु॰* १. असफलता की स्थिति। २. असुविधा। बाधा। अड़चन। ३. सुमति की कमी। ∇ **विलोम**—सुतार।

कुतुक—[सं॰ √कुत् + उकङ्] *पु॰* १. कौतुक। २. कौतूहल। **जैसे**—सारा आकाश कुतुक विस्मय में डूब गया।

***कुतुप**[१]—[सं॰ कुतप, पृषो॰] *पु॰* दिन का आठवाँ मुहूर्त।

कुतुप[२]—[सं॰ कुत् + डुप्, पृषो॰, ह्रस्व] १. चमड़े की कुप्पी। २. बोतल।

कुतुब—[अरबी] *स्त्री॰* 'किताब' का बहुवचन। पुस्तकें/किताबें। ***जैसे***—कुतुबख़ाना।

क़ुतुब—[< अरबी क़ुत्ब] *पु॰* ध्रुवतारा।

कुतुबख़ाना—[फ़ा॰] *पु॰* पुस्तकालय।

क़ुतुबनुमा—[< फ़ा॰ क़ुत्बनुमः] *पु॰* ध्रुवतारा (या उत्तर) की दिशा बतानेवाला यन्त्र। दिग्दर्शक यन्त्र। ● **विशेष**—इस यन्त्र की चुम्बकीय सुई का एक सिरा सदा उत्तर दिशा की ओर रहता है।

कुतुबफ़रोश—[अरबी कुतुब + फ़ा॰ फ़रोश] *पु॰* पुस्तकें बेचनेवाला। पुस्तक-विक्रेता।

कुतुरझा—[देशज] *पु॰* लाल चोंच, लाल पीठ और लाल पैरों वाला, हरे रंग का, एक पक्षी।

कुतुली—[देशज] *स्त्री॰* इमली की कोमल फली जिसके बीज कोमल होते हैं।

कुतूहल—[सं॰ कुतू √ हल् + अच्] *पु॰* १. किसी नयी और अनोखी वस्तु को देखने या रहस्यमयी बात को जानने की तीव्र इच्छा। किसी अद्‌भुत विषय के प्रति विनोदपूर्ण उत्कंठा। जिज्ञासा। उत्सुकता। २. आश्चर्य। अचम्भा। ३. कौतुक। क्रीड़ा। खिलवाड़। ✣ **कुतूहलता**—*स्त्री॰* = १. कुतूहल होने की क्रिया/भाव। कौतूहल। २. कुतूहलशीलता।

कुत्सन—[सं॰ √कुत्स् + ल्युट्] *पु॰* १. निन्दा करने की क्रिया/भाव। २. निन्दा करना। भर्त्सना करना। ✣ **कुत्सनीय**—कि॰ = कुत्सन के योग्य। निन्दनीय। भर्त्सनीय।

कुत्सा—[सं॰ √कुत्स् + अ, टाप्] *स्त्री॰* दुसरे के कुल, शील आदि में दोष लगाना। निन्दा। बुराई।

कुत्सित—[सं॰ √कुत्स् + क्त] *वि॰* १. जिसकी निन्दा की गयी हो। २. निन्दनीय। ३. अधम। नीच। दुष्ट। बुरा। ४. घृणित।

कुथ—[सं॰ √कुन्थ् + क, न लोप] *पु॰* १. कन्या। गुदड़ी। २. हाथी की झूल। ३. पालकी का पर्दा। ओहार।

कुदकना—[< हिं॰ कूदना] *क्रिअ॰* १. छोटे-छोटे डगों के साथ उछलते हुए चलना। फुदकना। २. कूदना-फाँदना। *पु॰* कूद-फाँद। *जैसे*—बालिका का हर्ष से कुदकना देखिए।

क़ुदरत—[< अरबी क़ुद्रत] *स्त्री॰* प्रकृति। निसर्ग।

क़ुदरतन—[< अरबी क़ुद्रतन] १. क़ुदरती तौर पर। प्राकृतिक रूप में। प्रकृतितः। २. स्वभाव से। स्वभावतः।

कुदान[१]—[सं॰ कु + दान] *पु॰* १. बुरा काम। २. अशुभ कार्य के लिए या अशुभ अवसर पर दिया जाने वाला दान। ३. कुपात्र को दान। ३. भूमि का दान। भूमिदान।

कुदान[२]—[< हिं॰ कूदना] *पु॰* १. कूदने की क्रिया/भाव। २. कूदी गयी दूरी। कूद। ३. छलाँग।

कुदाम—[सं॰ कु॰ + हिं॰ दाम] *पु॰* १. खोटा सिक्का। २. बुरा धन।

कुदास—[सं॰ कु + दास] *पु॰* १. बुरा सेवक। निकम्मा नौकर।

कुदाँई—[< हिं॰ कुदाँव] *वि॰* अनुचित ढंग से या ग़लत अवसर पर स्वार्थ पूरा करनेवाला।

कुदेव—[सं॰ कु + देव] *पु॰* १. असुर। दैत्य। राक्षस। २. भू-देव। ब्राह्मण।

कुधर—[सं॰ कु + धर] *पु॰* १. पृथ्वी धारण करनेवाला। २. भूधर। पर्वत। ३. शेषनाग।

कुधी—[सं॰ कु + धी] *स्त्री॰* बुरी बुद्धि। *वि॰* १. मन्द बुद्धि वाला। मन्दबुद्धि। मूर्ख। २. दुष्ट बुद्धि वाला।

कुनकुन/कुनकुना—[< सं॰ कदुष्ण] *वि॰* थोड़ा गरम। गुनगुना। *जैसे*—कुनकुना पानी।

कुनखी—[सं॰ कु + नखी (नखिन्)] *वि॰* १. गन्दे/बुरे नाख़ूनों वाला। २. नाख़ून ख़राब होकर और पककर गिर जाने के रोग से पीड़ित। ● **विशेष**—कहीं-कहीं 'कुनखी', का अर्थ 'अनखी, अनखनेवाला' भी होता है।

कुनना—[< सं॰ घुणन] *क्रिस॰* १. चिकना/चमकीला बनाने के लिए खरादना, छीलना या खुरचना। *जैसे*—बर्तनों को कुनना।

कुनबा—[< सं॰ कुटुम्ब] *पु॰* एक साथ रहनेवाले एक ही कुल/परिवार के सब लोग। कुटुम्ब।

कुनमुनाना—[अनु॰] *क्रिअ॰* १. सोते शिशु का कुछ जगना। कुलबुलाना। २. कुछ स्पन्दन। हलचल। ३. शिशु का धीरे-धीरे रोना।

कुनवा—[< हिं॰ कुनना] *पु॰* खरादने का काम करने वाला व्यक्ति। खरादी। कुनेरा।

कुनाई[१]—[< हिं॰ कुनना] *स्त्री॰* १. लकड़ी/लोहे आदि का या उसकी बनी वस्तु को खरादने/खुरचने की क्रिया/भाव/मज़दूरी। २. खरादने/खुरचने/छीलने से निकलने वाला चूरा। बुरादा। ३. कोयले आदि का महीन चूरा।

***कुनाई[२]**—[< सं॰ कु + न्यायी] *वि॰* १. ठीक न्याय न करने वाला। कुन्यायी। २. अन्यायी।

कुनेरा—[< हिं॰ कुनना] *पु॰* खरादनेवाला। खरादी।

कुन्त (कुंत)—[सं॰ कु √उन्द् + त] *पु॰* १. भाला। बर्छा। २. कौड़िल्ला पक्षी।

कुन्तल (कुंतल)—[सं॰ कुन्त √ला + क] *पु॰* १. सिर के बाल। केश। (संगीत॰) सम्पूर्ण जाति का एक राग। ✣ **कुन्तलभार (कुंतलभार)**—*पु॰* = केशों का समूह। केशराशि। ✣ **कुन्तलवर्धन (कुंतलवर्धन)**—*वि॰* = केश बढ़ानेवाला। *पु॰* भृंगराज वनस्पति जिसके तेल से केश बढ़ते हैं। ✣ **कुन्तला (कुंतला)**—*स्त्री॰* = लम्बे केशों वाली स्त्री।

कुन्द[१] (कुंद[१])—[सं॰ कु √दै + क] *पु॰* १. चमेली की जाति का एक पौधा। २. उक्त पौधे के फूल जो बहुत सफ़ेद और बहुत सुगन्धित होते हैं। ● [**विशेष**—हर ऋतु में इसके फूल खिलने के कारण संस्कृत में इसे '**सदापुष्प**' भी कहते हैं।] ३. विष्णु (देवता)। ४. खरादने का उपकरण। खराद। ५. कनेर का पेड़। ६. नौ निधियों में से एक। ७. (पद्य आदि में) नौ (९) की संख्या। ८. कुन्दरु नामक एक प्रकार का गन्धाबिरोज़ा।

कुन्द[२] (कुंद[२])—[फ़ा॰] *वि॰* १. मन्दबुद्धि। मूर्ख। २. मन्दगति। सुस्त। ३. कुंठित धार वाला। भोथरा। ***वा॰* कुन्द छुरी से हलाल**

करना—बहुत कष्ट देना। सताना।

कुन्दज़ेहन (कुंदज़ेहन)—[फा॰] *वि॰* मन्दबुद्धि। मूर्ख।

कुन्दन (कुंदन)—[< स॰ कुन्द] *पु॰* स्वच्छ और शुद्ध सुवर्ण/सोना। *वि॰* स्वच्छ, शुद्ध और सुन्दर। ✣ **कुन्दनसाज़ (कुंदनसाज़)**—*पु॰* = १. पतले स्वर्णपत्र बनानेवाला। २. नगीनों की जड़ाई करनेवाला। जड़िया।

कुन्दरु[1] **(कुंदरु**[1]**)/कुन्दुरु (कुंदुरु)**—[< स॰ कुन्दुर] *पु॰* शल्लकी वृक्ष का गोंद जो सफ़ेद होता है और बिरोज़ा जैसी गन्ध वाला होता है। गन्धाबिरोजा।

कुन्दलता (कुंदलता)—[स॰ कुन्द ~ लता] स्त्री॰ कुन्द पुष्प की लता। (छन्द॰) एक समवर्णिक छन्द। एक प्रकार का सवैया जिसके प्रत्येक चरण में क्रमशः ८ सगण और दो गुरु के योग से २६ वर्ण होते हैं। सुख (छन्द)। किशोर (छन्द)।

कुन्दा[1] **(कुंदा**[1]**)**—[< फा॰ कुन्दः] *पु॰* १. वृक्ष के तने या मोटी शाखा का बड़ा और मोटा खंड। २. लकड़ी की मुँगरी जिससे पीटकर कपड़े साफ़ किए जाते हैं। कुन्दी करने की मुँगरी। ३. लकड़ी का टुकड़ा जिस पर रखकर बढ़ई लकड़ियाँ काटते हैं। ठीहा। ४. बन्दूक़ का काठ का बना पिछला भाग जिसमें घोड़ा और नली जड़े होते हैं। दस्ता। ५. औज़ारों का दस्ता/मूठ/बेंट। ६. खोया/मावा बनाते समय दूध चलाने आदि के लिए प्रयुक्त लकड़ी का टुकड़ा। ७. (दूध का) खोया। मावा।

कुन्दा[2] **(कुंदा**[2]**)**—[< स॰ स्कन्ध] *पु॰* १. स्कन्ध। कन्धा। २. पतंग का आड़ा कोना। ३. पाजामे की कली।

†**कुन्दा**[3] **(कुंदा)**—*पु॰* ≤ *हि॰* कुंडा। ***जैसे***—किवाड़ों के पीछे लगे कुन्दे और साँकलें।

कुन्दी (कुंदी)—[< हि॰ कुन्दा] *स्त्री॰* १. कपड़ों को धोते समय मुँगरी से पीटना। २. (लाक्षणिक) बहुत मारने-पीटने की क्रिया। ✣ **कुन्दीगर (कुंदीगर)**—*पु॰* = कपड़ों की कुन्दी करनेवाला।

कुप—[देशज] *पु॰* भूसा, पुआल या आदि का खलिहान में लगाया जाने वाला ढेर।

कुपक—[देशज] *पु॰* मधुर स्वर वाला एक पक्षी जिसे पाला जाता है।

कुपथ्य—[स॰ कु ~ पथ्य] *वि॰* १. हानिकर। २. अस्वास्थ्यकर। *पु॰* स्वास्थ्य को हानिकर आहार-विहार में बदपरहेजी।

***कुपायण**—[< स॰ कोप] *वि॰* १. क्रोधयुक्त। २. बकवादी।

***कुपार**—[< स॰ अकूपार] *पु॰* समुद्र।

कुफ़ुल—[< अरबी क़ुफ़्ल] *पु॰* ताला।

कुफ़्र—[अरबी] *पु॰* काफ़िरपन। नास्तिकता। ● **विशेष**—अरबी में इसके मूल अर्थ हैं—१. अस्वीकृति। २. कृतघ्नता।

***कुबण्ड**[1] **(कुबंड**[1]**)**—[< स॰ कोदण्ड] *पु॰* १. धनुष या धनुषधारी व्यक्ति।

कुबण्ड[2] **(कुबंड**[2]**)**—[< हि॰ कूबड़] *वि॰* विकलांग।

***कुबज**—*वि॰* ≤ *स॰* कुब्ज। (दे॰) ✣ **कुबजा**—*स्त्री॰* कुब्जा।

कुबड़ा—[< स॰ कुब्ज] *पु॰* वह जिसकी पीठ आगे की ओर झुकी हुई हो। (कुब्ज रोग के कारण) टेढ़ी पीठ वाला व्यक्ति। *वि॰* १. झुका हुआ। टेढ़ा। वक्र। २. कूबड़ वाला। कुब्ज।

***कुबत**—[< स॰ कु + हि॰ बात] *स्त्री॰* १. बुरी बात। २. निन्दा। बुराई।

कुबलि—[स॰ कु + बलि] *स्त्री॰* १. निन्दनीय/बुरी बलि। २. बुरी तरह से अर्पित बलि।

***कुबाक**—[< स॰ कुवाक्य] *पु॰* १. बुरा वचन। कुवचन। गाली। २. शाप। ३. अशुभ/बुरी बात।

***कुबानि/कुबानी**[1]—[< स॰ कु + हि॰ बान] *स्त्री॰* बुरा स्वभाव। बुरी आदत।

***कुबानी**[2]—[स॰ कुवाणिज्य] *स्त्री॰* बुरा व्यापार। कुवाणिज्य।

***कुबानी**[3]—[< स॰ कुवाणी] *स्त्री॰* अशुभ बात। कुवाणी। कुवचन।

कुबेरदिशा—[स॰] *स्त्री॰* उत्तर दिशा।

कुबेराचल, कुबेराद्रि—[स॰ कुबेर ~ अचल/अद्रि] *पु॰* कैलास पर्वत।

कुब्ज—[स॰ कु √उब्ज् + अच्] *वि॰* १. कुबड़ा। (दे॰) २. टेढ़ा। वक्र। *पु॰* १. एक कष्टप्रद वातरोग जिसमें पीठ टेढ़ी होकर झुक जाती है। २. कुबड़ा व्यक्ति। ३. कूबड़। डिल्ला। ***जैसे***—वृषभ का कुब्ज। ✣ **कुब्जता**—*स्त्री॰* = मेरुदंड की पश्चवक्रता। कुबड़ापन। ✣ **कुब्जत्व**—*पु॰* = कुब्जता।

†**कुब्बा**—[< हि॰ कूबड़] *पु॰* कूबड़। *वि॰* १. कुबड़ा। २. वक्र। टेढ़ा।

कुभा—[स॰ कु + भा] *स्त्री॰* १. बुरी दीप्ति। बुरी चमक। २. (ग्रहण के समय पड़ने वाली) पृथ्वी की छाया। ३. (अफ़गानिस्तान की) काबुल नदी।

कुभामिनी—[स॰ कु + भामिनी] *स्त्री॰* दुष्ट पत्नी।

कुमक—[तुर्की] १. सेना की सहायता के लिए भेजी हुई सेना, रसद आदि। २. सहायता। मदद। ✣ **कुमकी**—*वि॰* = सहायता का। सहायतार्थ। ***जैसे***—कुमकी प्रबन्ध। *स्त्री॰* हाथियों को पकड़ने में सहायक प्रशिक्षित हथिनी।

कुमकुम—[< स॰ कुङ्कुम] *पु॰* १. केसर। कुंकुम। २. रोली। ३. नीबू के रस में भीगी हल्दी जिससे हाथ की छाप मांगलिक अवसरों पर लगाते हैं।

कुमकुमा—[< अरबी क़ुम्क़ुमः] *पु॰* १. लाख/झिल्ली आदि का बना हुआ खोखला गोला जिसमें गुलाल/रंग भरकर होली के दिनों में लोगों पर फेंकते हैं। २. काँच के खोखले रंगीन गोले जो शोभा के लिए छत से लटकाए जाते हैं। ३. बिजली का बल्ब। ✣ **कुमकुमी**—*वि॰* = १. कुमकुमा के आकार का। २. गोल और खोखला।

कुमण्डल (कुमंडल)—[स॰ कु ~ मण्डल] *पु॰* पृथ्वीमंडल। भूमंडल।

कुमन्त्र (कुमंत्र)—[स॰ कु + मन्त्र] *पु॰* १. अनुचित/ग़लत परामर्श।

बुरी सलाह। २. बुरा विचार।

कुमन्त्रणा (कुमंत्रणा)—[सं॰ कु + मन्त्रणा] *स्त्री॰* अनुचित/बुरी सलाह। कुपरामर्श। कुमन्त्र।

कुमया—[< सं॰ कु + माया] *स्त्री॰* १. छलपूर्ण आत्मीयता। २. निष्ठुरता।

†कुमरगड़ा—[बुन्देली, < हिं॰ कुम्हार + गढ़ा] *पुं॰* कुम्हार के मिट्टी लाने का गड्ढा या स्थान।

कुमरी—[अरबी] *स्त्री॰* पंडुक/फ़ाख्ता की जाति की एक सफ़ेद चिड़िया जो सफ़ेद कबूतर और पंडुक से जन्म लेती है।

कुमसुम—[देशज] *पुं॰* एक प्रकार का वृक्ष जिसकी लकड़ी भूरे रंग की और मज़बूत होती है तथा भवन-निर्माण में काम आती है।

***कुमाइच**—[< सं॰ कर्म वीणा] *स्त्री॰* १. एक प्रकार का वाद्य। अलाबु सारंगी। २. सारंगी बजाने की कमानी। ● **विशेष**—कश्मीरी में इस वाद्य को 'कमाँचा' कहा जाता है।

कुमाच—[< अरबी क़ुमाश] *पुं॰* एक प्रकार का रेशमी वस्त्र या दुशाला।

कुमार—[सं॰ √कुमार् + अच्] *पुं॰* १. पुत्र। २. बालक। ३. किशोर अवस्था का लड़का। ४. राजकुमार। ५. युवराज। ६. (शिव-पार्वती का पुत्र) कार्तिकेय। स्कन्द। ७. मंगल (ग्रह)। *वि॰* अविवाहित। कुआँरा।

कुमारतन्त्र (कुमारतंत्र)—[सं॰ कुमार ~ तन्त्र] *पुं॰* आयुर्वेद का एक भाग जिसमें बाल-रोगों का निदान और चिकित्सा होती है।

कुमारभृत्य—[सं॰ कुमार ~ भृत्य] *पुं॰* (आयुर्वेद॰) १. प्रसव कराने की विद्या। २. गर्भिणी की परिचर्या। ३. नवजात शिशुओं की परिचर्या।

कुमारललिता—[सं॰ कुमार ~ ललिता] *स्त्री॰* (छन्द॰) एक समवर्णिक छन्द जिसके प्रत्येक चरण में क्रमशः जगण, सगण और गुरु (ज स ग) के योग से ७ वर्ण होते हैं।

कुमारवाहन—[सं॰ कुमार ~ वाहन] *पुं॰* मयूर। मोर।

कुमारसम्भव (कुमारसंभव)—[सं॰ कुमार ~ सम्भव] १. पार्वती-पुत्र स्कन्द का जन्म। २. कालिदास का एक महाकाव्य।

कुमारसू—[सं॰ कुमार ~ सू] *स्त्री॰* कार्त्तिकेय की माता। पार्वती।

कुमारामात्य—[सं॰ कुमार ~ अमात्य] *पुं॰* गुप्तकाल आदि में एक महवत्त्पूर्ण पद।

कुमारी—[सं॰ कुमार + ङीष्] *स्त्री॰* १. पुत्री। २. किशोरावस्था की लड़की। किशोरी। ३. अविवाहित कन्या। ४. पार्वती। ५. राजकुमारी। ६. भारत के दक्षिणी छोर का अन्तरीप। कन्याकुमारी। *वि॰ (स्त्री॰)* अविवाहिता। कुआँरी। (छन्द॰) एक समवर्णिक छन्द जिसके प्रत्येक चरण में क्रमशः नगण, जगण, भगण, जगण और दो गुरु (न ज भ ज ग ग) के योग से १४ वर्ण होते हैं तथा ८-६ पर यति होती है। ✣ **कुमारी-पूजा**—*स्त्री॰* = १. पार्वती-पूजा। २. नवरात्र में किया जाने वाला एक व्रत जिसमें कुमारी बालिका की पार्वती देवी के प्रतीक रूप में पूजा की जाती है। ३. (तन्त्र-साधना में) कुमारी कन्या की पूजा।

***कुमीच**—[< सं॰ कु + हिं॰ मीचु] *स्त्री॰* दुर्घटना आदि से होनेवाली मृत्यु। अकालमृत्यु। अपमृत्यु। बुरी मौत। *वि॰* बहुत दुर्दशा के बाद मरनेवाला।

कुमीत—[सं॰ कु + हिं॰ मीत] *पुं॰* बुरा मित्र। कुमित्र।

कुमुख—[सं॰ कु + मुख] *वि॰* १. बुरे मुख वाला। दुर्मुख। २. कुरूप। ३. शूकर। सुअर।

कुमुद—[सं॰ कु √मुद् + क] *पुं॰* १. एक पौधा जिसमें सफ़ेद कमल जैसे फूल लगते हैं जो रात में खिलते हैं। कुईं। २. उक्त पौधे का फूल। ३. लाल कमल। ४. चाँदी। ५. दक्षिण-पश्चिम दिशा का दिग्गज। ६. विष्णु। (छन्द॰) एक समवर्णिक छन्द जिसके प्रत्येक चरण में क्रमशः २ नगण और सगण (न न स) के योग से ९ वर्ण होते हैं। कमला छन्द। रतिपद छन्द।

कुमुदकला—[सं॰ कुमुद ~ कला] *स्त्री॰* ज्योत्स्ना। चन्द्रिका। चाँदनी।

कुमुदिनी—[सं॰ कुमुद + इनि + ङीप्] *स्त्री॰* १. कुमुद। कुईं का पौधा। २. वह स्थान जहाँ बहुत कुमुद हो। ३. कुमुदों से भरा हुआ सरोवर। ४. कुमुद फूलों का समूह।

कुमेरु—[सं॰ कु + मेरु] *पुं॰* दक्षिणी ध्रुव।

कुमैत—[अरबी] *पुं॰* १. कालापन लिए लाल रंग। २. उक्त रंग का घोड़ा। *वि॰* कालापन लिए लाल रंग का।

कुमोदक—[सं॰ कु ~ मोदक] *पुं॰* विष्णु।

कुम्भ (कुंभ)—[सं॰ कु √उम्भ् + अच्] *पुं॰* १. धातु/मिट्टी आदि का बना घट/कलश/घड़ा। २. हाथी के मस्तक के दोनों ओर उभरे हुए भाग। ३. प्रति बारह वर्ष के अन्तर से चार मुख्य तीर्थों (प्रयाग, हरिद्वार, नासिक और उज्जैन) में होने वाला पर्व विशेष या उसका मेला। (खगोल॰) मेष आदि बारह राशियों में से ग्यारहवीं राशि।

कुम्भक (कुंभक)—[सं॰ कुम्भ √कै + क] *पुं॰* (प्राणायाम में) ली हुई श्वास-वायु को शरीर के भीतर रोकने की क्रिया या छोड़ी गयी श्वास को शरीर के बाहर रोकने की क्रिया।

कुम्भकला (कुंभकला)—[सं॰ कुम्भ ~ कला] १. घड़ा बनाने की कला। २. कुम्हार का काम।

कुम्भकार (कुंभकार)—[सं॰ कुम्भ + कार] *पुं॰* घड़ा आदि मिट्टी के बर्तन बनानेवाली एक उपजाति। कुम्हार।

कुम्भज (कुंभज)—[सं॰ कुम्भ + ज] *वि॰* जिसका जन्म कुम्भ/कलश/घट से हुआ हो। *पुं॰* १. अगस्त्य (ऋषि)। २. वसिष्ठ (ऋषि)। ३. द्रोणाचार्य। ● **विशेष**—'कुम्भज' के अर्थ में ही **'कुम्भजन्मा/कुम्भजात/कुम्भयोनि/कुम्भसम्भव'** का भी प्रयोग होता है।

कुम्भसन्धि (कुंभसंधि)—[सं॰ कुम्भ ~ सन्धि] *स्त्री॰* हाथी के मस्तक के दो मांसपिंडों के बीच का गड्ढा।

कुम्भिका (कुंभिका)—[सं॰ कुम्भिक + टाप्] *स्त्री॰* १. छोटा घड़ा। २. वेश्या। ३. जलकुम्भी नामक एक वनस्पति जो जलाशयों में होती है।

कुम्भिल (कुंभिल)—[सं॰ कुम्भ + इलच्] *पुं॰* १. सेंध लगानेवाला

चोर। २. गर्भ-काल पूर्ण होने से पहले ही जन्मी सन्तान। ३. दूसरों की रचना या उसका अंश चुराकर अपनी रचना करनेवाला।

कुम्भी[१] (कुंभी[१])—[सं॰ कुम्भिन्] *वि॰* जिसके पास कुम्भ/घड़ा/कलश हो। *पु॰* १. हाथी। २. घड़ियाल। ३. कुम्भीपाक नामक नरक।

कुम्भी[२] (कुंभी[२])—[सं॰ कुम्भ + ङीष्] *स्त्री॰* १. छोटा घड़ा। २. मिट्टी का एक पात्र। हाँडी। हँडिया। ३. (मछली पकड़ने की) बंसी।

कुम्भीक (कुंभीक)—[सं॰ कुम्भी √कै + क] *पु॰* १. जलकुम्भी। २. पुन्नाग वृक्ष।

कुम्भीपाक (कुंभीपाक)—[सं॰ कुम्भी ~ पाक] *पु॰* १. हाँडी में पकायी गयी वस्तु। २. एक नरक।

कुम्भीर (कुंभीर)—[सं॰ कुम्भिन् √ ईद् + अण्] *पु॰* घड़ियाल या नक्र/नाका।

कुम्भेर (कुंभेर)—[देशज] *पु॰* गम्भारी/गम्भार नामक विशाल, ऊँचा और बहुत शाखाओं वाला छाया-वृक्ष।

कुयारी—[सं॰ कु + हि॰ यारी] *स्त्री॰* १. बुरी प्रीति। कुप्रीति। २. धोखा देनेवाली मित्रता।

कुयोनि—[सं॰ कु + योनि] *स्त्री॰* क्षुद्र प्राणियों की योनि। तिर्यक् योनि। क्षुद्र जन्तुओं की श्रेणी।

कुरकन—[देशज] *पु॰* घोड़े आदि पशुओं की खाल का अगला भाग।

***कुरकुटा**—[< सं॰ कूर (= भात) ~ कूट] *पु॰* १. भात का ढेर। २. घटिया अन्न या उसका बना भोजन।

कुरकुण्ड (कुरकुंड)—[देशज] *पु॰* एक प्रकार की घास। ● **विशेष**—इसे '**कनखुरा/रीहा**' भी कहा जाता है।

कुरङ्ग[१] (कुरंग)—[सं॰ कु + रङ्ग] *पु॰* १. बुरा रंग। २. बुरा लक्षण। ३. प्रतिकूलता। *वि॰* बुरे रंग का। बदरंग।

कुरङ्ग[२] (कुरंग[२])—[सं॰ कु √ रङ्ग + अच्] *पु॰* १. बादामी रंग का हिरन। २. हिरन। **उदा॰** खंजन मीन कुरंग गन। —कृपाराम ग्र॰ (२९१, पृ॰ ६४) ३. (छन्द॰) बरवै छन्द। ● **विशेष**—हिरन के नेत्रों जैसे सुन्दर और चंचल नेत्रों वाली (बालिका/युवती) को अर्थात् 'मृगनयनी' को '**कुरंगनयना/कुरंगनयनी/कुरंगनेत्रा/कुरंगलोचना/कुरंगाक्षी**' भी कहा जाता है। हिरन की नाभि से प्राप्त होनेवाली 'कस्तूरी' को '**कुरंग-नाभि, कुरंग-मद** अथवा **कुरंग-सार**' भी कहा जाता है। चन्द्रमा '**कुरंगलांछन**' है।

कुरङ्गी[१] (कुरंगी[१])—[सं॰ कु + हि॰ रंगी] *वि॰* १. बुरे या भद्दे रंग वाला। २. बुरे लक्षणों वाला। कुलक्षणी।

कुरङ्गी[२] (कुरंगी[२])—[< सं॰ कुरङ्ग] *वि॰* १. हिरन से सम्बन्धित। हिरन का। २. हिरन जैसा।

कुरच—[< सं॰ क्रौञ्च] *पु॰* जल के पास रहनेवाली एक चिड़िया। क्रौंच। कराँकुल।

कुरचना—[सं॰ कु + रचना] *स्त्री॰* बुरी बनावट। कुनिर्माण।

कुरज[१]—[सं॰ कु + रज] *पु॰* बुरी धूल।

कुरज[२]—[< सं॰ क्रौञ्च] *पु॰* जल के पास रहनेवाली एक चिड़िया। क्रौंच। कराकुल। कुरच।

कुरण्ट[१]/कुरण्टक (कुरंट[१]/कुरंटक)—[सं॰ √कुर् + अण्टक्, कुरण्ट + कन्] *पु॰* १. पीले फूलों वाली कटसरैया। पीली कटसरैया। २. कुटज वृक्ष।

कुरण्ट[२] (कुरंट[२])—[< हि॰ कुरण्ड] *पु॰* एक प्रकार का बहुत कठोर पत्थर जो शाण/धार रखने के काम आता है।

कुरण्ड[१] (कुरंड[१])—[< सं॰ कुरुविन्द] *पु॰* धार तेज करने का पत्थर। सिल्ली। सान।

***कुरण्ड[२] (कुरंड[२])**—[< सं॰ कारण्डव] *पु॰* एक पक्षी। कारंडव हंस।

***कुरधी**—[< सं॰ कुल] *पु॰* परिवार का व्यक्ति।

***कुरना**—[< हि॰ कूरा (= राशि)] *क्रिस॰* १. ढेर लगाना। २. एकसाथ उँडेल देना। *क्रिअ॰* १. ढेर लगना। २. एकसाथ उँडेल दिया जाना।

कुरबक—[सं॰] *पु॰* एक कँटीला क्षुप। लाल फूलों वाली कटसैरया।

कुरमा—[< सं॰ कुल] *पु॰* कुटुम्ब। परिवार। कुनबा।

कुरर—[सं॰ √कु + क्ररच्] *पु॰* क्रौंच पक्षी। कराँकुल चिड़िया।

कुरा—[हि॰] *पु॰* १. क्रौंच पक्षी। २. टिटिहरी पक्षी।

कुररी—[< सं॰ कुरर + ङीष्] *स्त्री॰* हल्के स्लेटी रंग की देह वाली, लाल पाँवों वाली तथा लम्बी चोंच वाली एक जलतटवर्ती चिड़िया। कुरल। ● **विशेष**—इसे '**धोबिन**' चिड़िया भी कहा जाता है। *पु॰* (छन्द॰) आर्या छन्द का एक भेद जिसमें ४ गुरु और ४९ लघु वर्ण होते हैं।

कुरल—[सं॰ √कु + क्ररन्, र→ल] *पु॰* १. क्रौंच पक्षी। २. घुँघराले केश। *वि॰* घुँघराला (केश)।

कुरलना—[< सं॰ कलरव] *क्रिअ॰* मधुर स्वर में बोलना। (पक्षियों का) कलरव करना।

कुरलाना[१]—[< सं॰ करुण] *क्रिअ॰* १. करुण स्वर में बोलना। २. आर्तनाद करना।

कुरलाना[२]—[< हि॰ 'कुरलना' का प्रेरणा॰] *क्रिस॰* (पक्षी को) कलरव करने के लिए प्रेरित करना।

कुरव[१]—[सं॰ कु + रव] *पु॰* १. अप्रिय/कर्कश स्वर। २. अप्रिय/बुरा शोर। ३. गीदड़। सियार। *वि॰* कर्कश ध्वनि करनेवाला।

कुरव[२]—[सं॰] *पु॰* एक वृक्ष जिसके फूल नहीं मुरझाते।

कुरवक—[सं॰ कुरव + कन्] *पु॰* १. कुरव। (दे॰) २. एक कँटीला क्षुप। लाल फूलों वाली कटसरैया। कुरबक। ३. उक्त के फूल। ४. वसन्त ऋतु में खिलने वाला, सदाहरित और मध्यम आकार का एक पहाड़ी वृक्ष जिसके फूल लाल रंग के होते हैं। बुरांस। ५. उक्त के फूल। ६. सफेद मदार वृक्ष या उसके फूल।

†कुरवा—[< सं॰ कुडव] *पु॰* (पहले प्रचलित रहा) अनाज मापने का लकड़ी का एक पात्र।

***कुरषना**—[< सं॰ करुष] *क्रिअ॰* १. क्रुद्ध होना। २. चिढ़ना।

कुरसा—[देशज] *पु॰* १. जंगली गोभी। २. एक वृक्ष जिसकी लकड़ी लाल रंग की होती है तथा मजबूत होने के कारण मकान और पुल बनाने में काम आती है।

***कुरहरा**—[देशज] *वि॰* चितकबरा।

***कुराई[१]**—[< हि॰ कुराही] *वि॰* कुमार्गी। कुराही।

***कुराई[२]**—[< हि॰ कुराह] *स्त्री॰* १. कुमार्ग। (दे॰) २. ऊबड़-खाबड़ रास्ता। ऊँचा-नीचा मार्ग। कुराह।

***कुरारी**—[< हि॰ कुररी] *स्त्री॰* एक पक्षी। कुररी।

***कुरिआर**—[< हि॰ कुरलना] *पु॰* (पक्षियों का) शब्द। कलरव।

***कुरिया**—[< सं॰ कुटिका] *स्त्री॰* १. फूस की झोंपड़ी। कुटिया। २. छोटा ग्राम।

***कुरियाल**—[< सं॰ कल्लोल] *स्त्री॰* १. आनन्द में मग्न होना। २. चिड़ियों का आनन्दमग्न होकर। पंख खुजलाना।

***कुरिल**—[< सं॰ कुटिल] *वि॰* १. कुटिल। २. घुँघुराला (बाल)।

***कुरिहार**—*पु॰* ≤ *सं॰* कोलाहल। शोर।

***कुरी[१]**—[< सं॰ कुल] *पु॰* १. कुल। वंश। कुटुम्ब। २. जातीय वर्ग।

***कुरी[२]**—[< हि॰ कुरैना] *स्त्री॰* राशि। ढेर।

***कुरुख**—[< सं॰ कु + फा॰ रुख़] *वि॰* क्रुद्ध। नाराज़। *स्त्री॰* क्रोधपूर्ण/कठोर दृष्टि।

कुरुराज—[सं॰ कुरु ~ राज] *पु॰* कौरवों का राजा। ***जैसे***—कुरुराज धृतराष्ट्र।

कुरुविन्द (कुरुविंद)—[सं॰ कुरु √विद् + श, मुम्] *पु॰* १. एक रत्न जिसका चूर्ण पालिश करने में काम आता है। २. दर्पण। शीशा। ३. ईंगुर। ४. उड़द। उरद। ५. थोथा। ६. कुलथी। ७. काला नमक।

कुरुश्रेष्ठ—[सं॰ कुरु ~ श्रेष्ठ] *वि॰, पु॰* कुरुवंशियों में सर्वोत्तम। ***जैसे***—कुरुश्रेष्ठ अर्जुन।

कुरेद—[< हि॰ कुरेदना] *स्त्री॰* १. कुरेदने की क्रिया/भाव। २. मन की तीव्र जिज्ञासा।

***कुरेर**— [< हि॰ कुलेल] *स्त्री॰* कीड़ा। कुलेल।

कुरैया—[< सं॰ कुटज] *स्त्री॰* १. कुटज का पौधा/पुष्प। २. कुटज के बीज। इन्द्रजौ।

क़ुर्बान/क़ुरबान—[अरबी] *वि॰* १. जिसके प्राणों की भेंट किसी देवता आदि को पूजा के रूप में दी गयी हो। जीव या पशु की बलि। २. जिसने किसी उद्देश्य के लिए प्राण दिए हों या बड़ा त्याग किया हो। आत्मबलि। ***जैसे***—क्रान्तिकारियों की क़ुर्बानी। ३. निछावर। न्योछावर। ***जैसे***—वह अपने पति पर क़ुर्बान जाती है। ⁘ **क़ुर्बानी/क़ुरबानी**— *स्त्री॰* = १. देवता आदि को दी जाने वाली पशु-बलि या जीव-बलि। ***जैसे***—बकरीद के दिन मुसलमान बकरों की क़ुर्बानी देते हैं। २. किसी उद्देश्य के लिए प्राण-दान। ३. किसी उद्देश्य के लिए बड़ा त्याग। महान् त्याग। ४. निछावर। न्योछावर।

कुर्रना—[< सं॰ कलरव] *क्रिअ॰* १. पक्षियों का कलरव करना। २. मधुर स्वर में बोलना।

कुल[१]—[सं॰ √कुल् + क] *पु॰* १. समूह। समुदाय। झुंड। २. वंश। घराना। खानदान। ३. किसी मूल तत्त्व/पदार्थ आदि की भिन्न-भिन्न शाखाओं/वर्गों का समूह। (योग तन्त्र॰) १. शरीर में पृथ्वी तत्त्व का आधार। मूलाधार चक्र। २. सुषुम्ना नाड़ी। ३. कुंडलिनी। ४. आदिशक्ति। महाशक्ति। ***वा॰*(किसी का) कुल बखानना**—किसी के परिवार के लोगों को नाम लेकर गाली देना, निन्दा करना या कोसना।

कुल[२]—[अरबी] *वि॰* १. सब (मिलाकर)। तमाम। ***जैसे***—कुल दस लोग आए। २. पूर्ण। सारा। ***जैसे***—कुल काम करके जाना।

कुलावतंस—[सं॰ कुल ~ अवतंस] *वि॰* कुल को शोभित करनेवाला।

कुलक—[सं॰ कुल + कन्] *वि॰* अच्छे कुल का। कुलीन। *पु॰* १. एक जैसे लोगों का समुदाय, वर्ग, दल या समूह। ***जैसे***—खिलाड़ियों का कुलक। २. समान प्रकार की या एक साथ काम आनेवाली वस्तुओं का समूह। ***जैसे***—भोजन परोसने और खाने के बर्तनों के कुलक को अँग्रेज़ी में 'डिनर सेट' कहते हैं। ३. ग्रन्थवाली। ग्रन्थावली। किसी लेखक की सब रचनाओं का संग्रह। ग्रन्थमाला। ***जैसे***—प्रेमचन्द के उपन्यासों का कुलक। (अ॰ सेट)

***कुलकना**—[< हि॰ किलकना] *क्रिअ॰* प्रसन्न होना।

कुलकन्या—[सं॰ कुल ~ कन्या] *स्त्री॰* उत्तम कुल में जन्मी लड़की।

कुलकानि—[सं॰ कुल + हि॰ कानि] *स्त्री॰* कुल की मर्यादा/प्रतिष्ठा/सम्मान/लज्जा।

कुलकुण्डलिनी (कुलकुंडलिनी)—[सं॰ कुल ~ कुण्डलिनी] *स्त्री॰* (तन्त्र॰) मूलाधार चक्र में स्थित कुंडलिनी शक्ति।

कुल-केतु—[सं॰] *पु॰* कुल की ध्वजा के समान। कुल का श्रेष्ठ व्यक्ति। ***जैसे***—रघुकुल-केतु राम।

कुलङ्ग (कुलंग)—[फा॰] *पु॰* १. सारस से मिलता-जुलता एक पक्षी जिसकी चोंच और टाँगें लम्बी, सिर लाल रंग का और शरीर चितकबरा होता है। २. मुर्ग़ा।

***कुलचन्द (कुलचंद)**—[< सं॰ कुलचन्द्र] *वि॰* जो अपने वंश के चन्द्रमा के समान हो। कुल में श्रेष्ठ। कुलोत्तम।

कुलज—[सं॰ कुल + ज] *वि॰* ऊँचे कुल में जन्मा हुआ। कुलीन।

कुल-जन—[सं॰] *पु॰* कुलीन लोग।

कुलजात—[सं॰ कुल ~ जात] *वि॰* १. कुल में उत्पन्न। वंशज। २. कुलीन।

कुलञ्जन (कुलंजन)—[देशज] *पु॰* १. एक लता की जड़ जो लाल रंग की और सुगन्धित होती है। ● **विशेष**—१. गायक आदि अपने कंठ-स्वर को उत्तम करने के लिए इसे खाते हैं। यह 'वच' का एक प्रकार है और इसे 'महाभरीवचा' भी कहा जाता है। २. इसे पान के पौधे की जड़ समझना भ्रमपूर्ण है। कुलंजन की लता अंगूर की लता की तरह फैलती है और इसके पत्ते पान की तरह होते हैं। इसी से उक्त भ्रमपूर्ण कथन प्रचलित है। ३. 'कुलंजन'

को 'कुलिंजन' भी कहा जाता है।

कुलटा—[सं॰ कुलट + टाप्] *स्त्री॰* व्यभिचारिणी।

कुलतारन—[< सं॰ कुल + हिं॰ तारना] *वि॰, पु॰* (अपने श्रेष्ठ कर्मों से) कुल का उद्धार करनेवाला। कुल का यश बढ़ानेवाला। कुल को पवित्र करनेवाला। ***जैसे***—परमात्मा के महान् भक्त कुलतारन होते हैं।

कुलथी—[< सं॰ कुलत्थिका] *स्त्री॰* प्रायः वर्षा ऋतु में ज्वार के साथ बोया जाने वाला उड़द की जाति का एक मोटा अन्न।

कुलदेवता—[सं॰ कुल ~ देवता] *पु॰* कुल का इष्टदेवता। *स्त्री॰* १. कुल-देवी। (दे॰) ● **विशेष**—संस्कृत में 'देवता' शब्द *स्त्री॰* है और 'देवी' का वाचक है।

कुल-द्रुम—[सं॰] *पु॰* दस प्रमुख वृक्ष— बेल, बरगद, पीपल, गूलर, नीम, आमला, लसोड़ा, इमली, करंज और कदम्ब।

कुलधन्या—[सं॰ कुल ~ धन्या] *वि॰* कुल को धन्य करनेवाली। वंश/परिवार की प्रतिष्ठा बढ़ानेवाली। *स्त्री॰* पुत्री। बेटी।

कुलधर—[सं॰ कुल ~ धर] *पु॰* १. कुल को धारण करनेवाला। २. पुत्र। बेटा।

कुलनाम—[सं॰ कुल ~ नाम] *पु॰* वंश के सब लोगों के नामों के साथ लगनेवाली संज्ञा। ● **विशेष**—यह व्यक्ति के अपने नाम का अंश होता है और प्रायः यह अपने वंश के पूर्वज, पिता, व्यवसाय, जाति या मूलस्थान का सूचक होता है। (जैसे—सावरकर, पंसारी, खंडेलवाल, माथुर इत्यादि)।

कुलनायिका—[सं॰ कुल ~ नायिका] *स्त्री॰* (तन्त्र॰) वह स्त्री जो वाममार्गियों के पूजा-चक्र में बैठाकर पूजी जा सकती है। ● **विशेष**—नटी, कापालिनी, धोबिन, वेश्या, नाइन, ब्राह्मणी, शूद्रा, मालिन आदि कुलनायिका मानी जाती हैं।

कुलनार—[देशज] *पु॰* एक खनिज पत्थर जो कुछ सफ़ेद जैसे रंग का होता है। ● **विशेष**—इसे भस्म करके 'प्लास्टर आव पेरिस' (अं॰) नामक चूर्ण बनता है जो अनेक प्रकार से काम में आता है।

कुलन्धर (कुलंधर)—[सं॰ कुल √धृ + खच्, मुम्] *पु॰* वंश का मूल पुरुष।

कुलपति—[सं॰ कुल ~ पति] *पु॰* १. परिवार का स्वामी। गृहपति। २. प्राचीन भारत में गुरुकुल का अधिष्ठाता या आचार्य। ३. किसी विश्वविद्यालय का सर्वोच्च शैक्षिक अधिकारी। वाइस-चांसलर (अं॰)। ● **विशेष**— अब 'चान्सलर' (अं॰) के लिए '**कुलाधिपति**' शब्द का प्रयोग मान्य है, पहले 'कुलपति' शब्द प्रचलित था और तब 'उपकुलपति' का प्रयोग 'वाइस-चान्सलर' के समानार्थक रूप में होता था।

कुलपर्वत—[सं॰ कुल ~ पर्वत] *पु॰* (पुराण॰) भारतवर्ष के सात प्रमुख पर्वतों (महेन्द्र, मलय, सह्य, शुक्ति, ऋक्ष, विन्ध्य, पारियात्र) में से प्रत्येक। कुलाचल।

कुलफ़—[< अरबी कुल्फ़] *पु॰* ताला।

कुलबन्धु (कुलबंधु)—[सं॰ कुल ~ बन्धु] *पु॰* एक ही कुल से सम्बन्धित व्यक्ति।

कुलबुल—[अनु॰] *पु॰* छोटे-छोटे जीवों या कीड़ों का हिलना/डुलना। कुलबुलाहट।

कुलमौर—*वि॰* ≤ *सं॰* कुलमौलि।

कुलमौलि—[सं॰ कुल ~ मौलि] *वि॰* अपने कुल में सबसे श्रेष्ठ और प्रसिद्ध। वंश का भूषण। कुल-भूषण।

कुलवधू—[सं॰ कुल ~ वधू] *स्त्री॰* उत्तम कुल की तथा मर्यादा से रहनेवाली स्त्री। कुलांगना।

कुलवन्त (कुलवंत)—[< सं॰ कुलवान्] *वि॰* कुलीन। ✣ **कुलवन्ती**—*वि॰* (*स्त्री॰*)।

कुलवान्—[सं॰ कुलवत्] *वि॰* अच्छे कुल/वंश का व्यक्ति। कुलीन।

कुल-वामा—[सं॰] *स्त्री॰* कुलीन और पतिव्रता स्त्री। कुल-नारी।

कुल-स्त्री—[सं॰] *स्त्री॰* अच्छे परिवार की स्त्री। कुल-वधू।

कुलह—[< फा॰ कुलाह] *स्त्री॰* १. एक प्रकार की गोल टोपी। २. टोपी।

कुलाङ्गना (कुलांगना)—[सं॰ कुल ~ अङ्गना] *स्त्री॰* कुलवधू।

कुलाबा—[< अरबी कुलाबः] १. किवाड़ को चौखट से जकड़ने का छल्ला या काँटा। २. मछली फँसाने का काँटा। बंसी।

कुलाय—[सं॰ कुल √अय् + घञ्] *पु॰* १. (पक्षी का) घोंसला। २. स्थान। जगह। ३. किसी वस्तु के रखने का वर्ग/घर/ख़ाना।

कुलाल—[सं॰ √कुल् + कालन्] *पु॰* कुम्हार। ✣ **कुलाल-चक्र**—*पु॰* = कुम्हार का चाक।

कुलाह[1]—[देशज] *पु॰* वह घोड़ा जिसका रंग भूरा हो परन्तु घुटने तथा पैर काले हों।

कुलाह[2]—[फा॰] *पु॰* (सिर की) टोपी।

कुलाँच—[< तुर्की कुलाच] *स्त्री॰* छलाँग। चौकड़ी। ***जैसे***—हिरन की कुलाँचे देखिए। ***वा॰* कुलाँचें मारना**—१. चौकड़ी भरना। २. बड़े लोगों तक पहुँच होना।

कुलिक—[सं॰ कुल + ठन्] *पु॰* १. आठ महानागों में से एक जिसका रंग हल्का भूरा होता है और मस्तक पर अर्धचन्द्र बना होता है। २. कुलीन व्यक्ति। ३. कुलीन शिल्पकार। ४. शिल्पकार। कारीगर।

कुलिङ्ग (कुलिंग)—[सं॰ कु √ लिङ्ग् + अच्] *पु॰* १. पक्षी। चिड़िया। २. गौरैया (पक्षी)। ३. भृंग/फिंगा नामक चिड़िया।

कुलिया[1]—[< हिं॰ कुल्हिया < सं॰ कुल्हरिका] *स्त्री॰* मिट्टी का बहुत छोटा कुल्हड़। ***वा॰* कुलिया में गुड़ फोड़ना**—१. छिपाकर काम करना। २. छोटे आधार पर बड़ा काम करना। ३. थोड़े मनुष्यों से बड़ा काम करवाना।

कुलिया[2]—[< सं॰ कुल्या] *स्त्री॰* नहर से निकाली गयी छोटी जलधारा या नाला।

कुलिश—[सं॰ कुलि √शी + ड] *पु॰* १. (आकाश/बादलों से गिरनेवाली) बिजली। वज्र। २. हीरा। ३. कुल्हाड़ी। कुठार। ● **विशेष**—हाथ में वज्र धारण करने के कारण 'इन्द्र' को '**कुलिशधर/कुलिशपाणि**' कहा जाता है।

कुली—[सं॰ कुलिन्] *वि॰* कुलीन। उच्चवंशोत्पन्न। ● **विशेष**—मध्यकाल में क्षत्रियों के ३६ विशेष सम्मानित कुलों की सूचियाँ कुछ ग्रन्थों (वर्णरत्नाकर आदि) में दी गयी थीं। इन सूचियों में परस्पर अन्तर भी था। इनमें परमार, चन्देल, चौहान, चालुक्य, राष्ट्रकूट, कलचुरि, वर्धन, गुहिलौत, परिहार, गहरवार आदि के नाम थे।

क़ुली—[तुर्की॰] *पु॰* १. सेवक। दास। नौकर। २. रेल-स्टेशनों आदि पर सामान ढोने वाला मज़दूर। ✣ **क़ुली-कबाड़ी**—*पु॰* निम्न श्रेणी के मज़दूरी करनेवाले लोग।

कुलीन—[सं॰ कुल + ख] *वि॰* ऊँचे कुल/वंश का। उच्चकुलोत्पन्न।

कुलू—*पु॰* ≤ *सं॰* कुलूत। *जैसे*—कुलू और मनाली की यात्रा।

कुलूत—[सं॰] *पु॰* हिमाचल प्रदेश का 'कुलू' नामक पहाड़ी जनपद।

कुलेल—[< सं॰ कुल ~ केलि या < हि॰ कलोल] *पु॰* प्रसन्नतापूर्वक खिलवाड़। क्रीड़ा। *जैसे*—कुलेलों से भरा बचपन। ***वा॰* कुलेल में गुलेल होना**—हर्ष के समय विघ्न आना।

꜍कुलैया—[बुन्देली] *स्त्री॰* कुल्हाड़ी।

कुल्फ़ा/कुलफ़ा—[< अरबी कुल्फ़ः] *पु॰* एक प्रकार का शाक जिसके पत्ते नमकीन होते हैं। नोनिया। ● **विशेष**—यह दो प्रकार का होता है छोटा और बड़ा। बड़ा कुल्फ़ा 'बड़ी नोनिया' कहलाता है।

कुल्फ़ी/कुलफ़ी—[< अरबी कुफ़्ल] *स्त्री॰* १. दूध, मलाई, शकर, बर्फ़ आदि को मिलाकर जमाने का नली जैसा साँचा। २. उक्त साँचे से जमायी गयी वस्तु। *जैसे*—गर्मियों में कुल्फ़ी खाने का आनन्द।

कुल्माष—[सं॰ √कुल् + क्विप् = कुल्, कुल् ~ माष] *पु॰* १. कुल्थी नामक मोटा अन्न। २. उरद/उड़द नामक अन्न। ३. वह अन्न जिसके दो दल/भाग होते हैं और उन्हें अलग करके 'दाल' बन सकती है। *जैसे*—चना, मूँग, अरहर आदि कुल्माष।

कुल्य—[सं॰ कुल + यत्] *पु॰* कुलीन पुरुष। भद्र व्यक्ति।

कुल्या—[सं॰ कुल्य + टाप्] *स्त्री॰* १. कुलीन स्त्री। २. छोटी नहर। ३. अनाज की एक प्राचीन तौल जो ८ द्रोण के बराबर होती थी।

***कुल्ल/कुल्लि**—[< हि॰ कुल] *वि॰* समस्त। सम्पूर्ण। कुल।

कुल्ला[१]—[< सं॰ कवल] *पु॰* १. मुख स्वच्छ करने के लिए मुख में पानी भरने की क्रिया। २. उक्त क्रिया में मुख में रखा जाने वाला थोड़ा-सा पानी।

कुल्ला[२]—[< फा॰ काकुल] *पु॰* अलक। ज़ुल्फ़।

कुल्लियात—[अरबी] *पु॰* किसी लेखक या कवि की सभी रचनाओं का संग्रह। **जैसे**—कुल्लियात-ए-इक़बाल। ● **विशेष**—'दीवान' में कवि की गज़लों का ही संग्रह होता है।

कुल्हड़—[< सं॰ कुल्हर] *पु॰* मिट्टी का एक छोटा पात्र। पुरवा। चुक्कड़। *जैसे*—बरेली के हलवाई बहुत सुन्दर कुल्हड़ में गर्म दूध पिलाते हैं।

कुल्हाड़ी—*स्त्री॰* = छोटा कुल्हाड़ा।

꜍कुल्हिया—[< सं॰ कुल्हरिका या < हि॰ कुल्हड़] *स्त्री॰* बहुत छोटा कुल्हड़। कुलिया। *जैसे*—कुल्हिया में दही देना। ***वा॰* कुल्हिया में गुड़ फोड़ना**—कोई काम इस प्रकार चुपचाप करना कि किसी को पता ही न चले।

***कुल्हैया**—*स्त्री॰* ≤ *हि॰* कुलही।

कुवङ्ग (कुवंग)—[सं॰ कु + वङ्ग] *पु॰* सीसा नामक धातु।

कुवज—[सं॰ कुव + ज] *पु॰* (कमल से उत्पन्न) ब्रह्मा।

कुवर्षा—[सं॰ कु + वर्षा] *पु॰* घोर वर्षा। अतिवृष्टि।

कुवलय—[सं॰ कु ~ वलय] *पु॰* १. भूमंडल। २. कमल। ३. नीला कमल। ४. नील कुमुद। नीली कुईं।

कुवलयिनी—[सं॰ कुवलयिन् + ङीप्] *स्त्री॰* १. नील कुमुद या नीली कुईं का पौधा। २. नीले कुमुद के फूलों का समूह।

कुवामा—[सं॰ कु + वामा] *स्त्री॰* दुष्ट स्त्री।

कुविन्द (कुविंद)—[सं॰ कु √विद् + श] *पु॰* वस्त्र बुननेवाली उपजाति या उसका व्यक्ति। कोरी। जुलाहा।

क़ुव्वत—[अरबी] *स्त्री॰* शक्ति। बल। ● **विशेष**—'भुजाओं की शक्ति' अथवा 'बाहुबल' के अर्थ में 'क़ुव्वते बाज़ू' का प्रयोग होता है।

कुश—[कु √शा + ड] *पु॰* कड़ी और नुकीली पत्तियों वाली एक घास जिसका उपयोग यज्ञ, तर्पण, पूजा आदि धार्मिक कृत्यों में किया जाता है। दर्भ।

कुशय—[सं॰ कु √ शी + अच्] *पु॰* १. जलाशय। सरोवर। २. जल पीने का बर्तन।

कुशल—[सं॰ √कुश् + कलन] *पु॰* १. मंगल। कल्याण। २. नीरोगता और स्वस्थता। ३. ख़ैरियत। ४. चतुरता। निपुणता। *वि॰* १. (किसी कार्य को करने में) निपुण। दक्ष। २. किसी कार्य को करने के लिए प्रशिक्षित। ✣ **कुशल श्रम**—*पु॰* = (अर्थ॰) वह परिश्रमपूर्ण काम जिसमें बुद्धि और दक्षता से काम करना होता है। *जैसे*—बढ़ई का काम कुशल श्रम है।

कुशल-क्षेम—[सं॰] *पु॰* आनन्द-मंगल। सुख-स्वास्थ्य। ख़ैरियत।

कुशल-प्रश्न—[सं॰] *पु॰* किसी से उसका और उसके परिवार का कुशल-मंगल पूछना। कुशल-क्षेम पूछना।

कुशा—[सं॰ कुश + टाप्] *स्त्री॰* १. रस्सी। २. लगाम। ३. कुश नामक घास। दर्भ।

कुशाग्र—[सं॰ कुश ~ अग्र] *पु॰* 'कुश' घास की पत्ती का अगला नुकीला भाग। *वि॰* (कुश की नोक जैसा) तीक्ष्ण। तेज़।

कुशाङ्गुलीय (कुशांगुलीय)—[सं॰ कुश ~ अङ्गुलीय] *स्त्री॰* कुश-मुद्रिका।

कुशादगी—[फा॰] *स्त्री॰* कुशादा होने की स्थिति/भाव। विस्तार।

कुशादा—[< फा॰ कुशादः] *वि॰* १. विशाल। विस्तृत। २. चारों ओर से खुला हुआ। ३. फैला हुआ।

कुशासन[१]—[सं॰ कु + शासन] १. बुरा राज्य-प्रबन्ध। २. दोषपूर्ण राज्य।

कुशासन[2]—[सं० कुश ~ आसन] *पु०* कुश का बना हुआ आसन।

कुशिक—[सं० कुश + ठन्] *पु०* १. हल की फाल। २. बहेड़ा।

कुशी—[सं० कुश + ङीष्] *स्त्री०* हल की फाल।

कुशेशय—[सं० कुशे √शी + अच्, अलुक् समास] *पु०* १. कमल। २. कनेर का वृक्ष। ३. सारस।

कुशोदक—[सं० कुश ~ उदक] *पु०* १. वह जल जिसे कुश घास की पत्तियाँ रखने के द्वारा पवित्र किया गया हो। २. कुशसहित जल।

कुश्ता—[< फा० कुश्तः] *पु०* (किसी) धातु की भस्म।

कुश्ती—[फा०] *स्त्री०* मल्लयुद्ध। ***वा०* कुश्ती खाना**—कुश्ती में हार जाना। **कुश्ती माँगना**—अपने साथ कुश्ती लड़ने के लिए कहना या ललकारना। **कुश्ती मारना**—कुश्ती में जीतना।

कुष्ठ—[सं० √कुष् + क्थन्] *पु०* 'कोढ़' नामक रोग।

कुष्ठघ्न/कुष्ठसूदन—[सं० कुष्ठ + घ्न/सूदन] *वि०* कुष्ठ रोग का नाशक।

कुष्माण्ड (कुष्मांड)—[सं० कु + उस्मन् ~ अण्ड] *पु०* कुम्हड़ा। पेठा।

कुसना—[< सं० कुश] *क्रिस०* खेतों में उग आयी व्यर्थ या हानिकारक घास को उखाड़ कर फेंकना। निराना।

***कुसलात**—[< सं० कुशल] *स्त्री०* १. कुशल-समाचार। २. कुशल-मंगल। ३. ख़ैरियत।

कुसवारी—[< सं० कोश] *पु०* १. रेशम का कीड़ा। २. रेशम का कोया।

कुसाइत—[सं० कु + अरबी साइत] *स्त्री०* बुरा समय। कुसमय। (ज्योतिष०) अशुभ मुहूर्त।

कुसाखी[1]—[< सं० कु + शाखी (शाखिन् = वृक्ष)] *पु०* बुरा वृक्ष। कुवृक्ष।

कुसाखी[2]—[< सं० कु + साक्षी] *पु०* बुरा साक्षी/गवाह।

†कुसिया—[< हि० कुसी < सं० कुशी] *स्त्री०* हल का अगला नुकीला भाग। हल की फाल। कुसी।

कुसी—[< सं० कुशी] *स्त्री०* हल का अगला नुकीला भाग। हल का फाल।

***कुसीट**—[< सं० कोष] *पु०* रेशम के कीड़े का घर।

कुसीद—[सं० √कुस् + ईद] *पु०* १. ब्याज/सूद पर रुपये देने का काम। महाजनी। २. ब्याज पर लिया हुआ ऋण। ३. (मूल धन का) ब्याज/सूद।

कुसीदिक—[सं० कुसीद + ष्ठन्] *वि०* ब्याज-सम्बन्धी। *पु०* सूद लेनेवाला। महाजन।

कुसुम—[सं० √कुस् + उम] *पु०* १. पुष्प। फूल। २. (स्त्री का) रजोदर्शन। (छन्द०) मात्रिक गण 'ठगण' का एक भेद जिसमें क्रमशः लघु, गुरु, लघु और लघु मात्राएँ होती हैं।

कुसुमकार्मुक, कुसुमचाप, कुसुमधन्वा—[सं० कुसुम ~ कार्मुक/चाप/धन्वा] *पु०* कामदेव। मन्मथ।

कुसुमपञ्चक (कुसुमपंचक)—[सं० कुसुम ~ पञ्चक] *पु०* कामदेव के पाँच पुष्प-बाण।

कुसुमराजि—[सं० कुसुम ~ राजि] *स्त्री०* फूलों की माला। पुष्पमाला।

कुसुमल—[< सं० कुसुम] *वि०* कुसम्भ के रंग की। केसरिया।

कुसुमवती—[सं०] *स्त्री०* १. पुष्पयुक्त। फूलोंवाली। २. रजस्वला स्त्री।

कुसुम-वल्ली—[सं०] फूलों की लता। पुष्प-लता।

कुसुमविचित्रा—[सं० कुसुम ~ विचित्र + टाप्] *वि० स्त्री०* फूलों से विचित्र शोभा वाली स्त्री०। (छन्द०) एक समवर्णिक छन्द जिसके प्रत्येक चरण में क्रमशः नगण, यगण, नगण, यगण (न, य, न, य) के योग से १२ वर्ण होते हैं तथा ६-६ पर यति होती है।

कुसुमशर—[सं० कुसुम ~ शर] *पु०* कामदेव। मदन।

कुसुमस्तबक—[सं० कुसुम ~ स्तबक] *पु०* फूलों का गुच्छा। गुलदस्ता। (छन्द०) एक समवर्णिक छन्द। एक वर्णदंडक जिसके प्रत्येक चरण में ९ या अधिक सगण होते हैं।

कुसुमाञ्जन (कुसुमांजन)—[सं० कुसुम ~ अञ्जन] *पु०* जस्ते की भस्म जो अंजन/सुर्मे की तरह प्रयुक्त की जाती है।

कुसुमाकर—[सं० कुसुम ~ आकर] *पु०* १. उपवन। फुलवारी। बग़ीचा। २. वसन्त (ऋतु)।

कुसुमाधिप/कुसुमाधिराज—[सं० कुसुम ~ अधिप/अधिराज] *पु०* चम्पा का वृक्ष।

कुसुमायुध—[सं० कुसुम ~ आयुध] *पु०* कामदेव।

कुसुमालि—[सं० कुसुम ~ आलि] १. फूलों की पंक्ति। २. फूलों का समूह। पुष्प-समूह।

कुसुमावलि—[सं० कुसुम ~ आवलि] *स्त्री०* फूलों का समूह। पुष्प-समूह।

कुसुमासव—[सं० कुसुम ~ आसव] *पु०* मधु। शहद। २. एक प्रकार की मदिरा।

कुसुमित—[सं० कुसुम + इतच्] *वि०* फूला हुआ। जिसमें फूल लगे हों। पुष्पित।

कुसुमितलतावेल्लिता—[सं० कुसुमित ~ लता ~ वेल्लिता] *स्त्री०* (छन्द०) एक वर्णिक छन्द जिसके प्रत्येक चरण में क्रमशः मगण, तगण, नगण और ३ यगण (म त न य य य) के योग से १८ वर्ण होते हैं तथा ५-६-७ पर यति होती है।

कुसुमी—[< सं० कुसुम] *वि०* कुसुम-सम्बन्धी। कुसुम का।

कुसुमेषु—[सं० कुसुम ~ इषु] *पु०* कामदेव। मदन।

कुसुमोद्गम—[सं० कुसुम ~ उद्गम] *पु०* फूल निकलना।

कुसुम्ब (कुसुंब[2] **)**—[देशज] *पु०* एक वृक्ष जिसकी लकड़ी बैलगाड़ियाँ आदि बनाने में प्रयुक्त होती है। ∴ **कुसुम्बिया (कुसुंबिया)**—*स्त्री०* = कुसुम्ब। *वि०* १. कुसुम्ब-सम्बन्धी। २. कुसुम्ब के रंग का। केसरिया।

कुसुम्भ (कुसुंभ)—[सं० √कुस् + उम्भ] *पु०* १. क्षुप जाति का एक पौधा जिसके पत्ते काँटेदार और फूल केसरिया लाल रंग के

होते हैं। कुसुम। बर्रे। [● **विशेष**—इसके केसरिया लाल रंग में वस्त्र रँगे जाते हैं।] २. केसर। ३. सुवर्ण। सोना। ✣ **कुसुम्भा (कुसुंभा)**—*पु॰* = कुसुम्भ का रंग। *स्त्री॰* आषाढ़ शुक्ल षष्ठी। ✣ **कुसुम्भी (कुसुंभी)**—*वि॰* = कुसुम्भ के रंग का। केसरिया।

***कुसेस/कुसेसय**—[< स॰ कुशेशय] *पु॰* कमल।

†**कुस्सा**—[देशज] *पु॰* कुदाल।

कुह—[अनु॰] *पु॰* पक्षियों की आवाज़। पक्षियों का मधुर स्वर।

कुहक[1]—[स॰ √कुह् + क्वुन्] *वि॰* १. वंचक। धूर्त। ठग। छलिया। जालसाज़। २. मायावी। ऐन्द्रजालिक। जादूगर। *पु॰* १. इन्द्रजाल। जादू। २. छल। जालसाज़ी। ३. मेंढक। ३. नागों का एक प्रकार।

कुहक[2]—[अनु॰] *स्त्री॰* १. ध्वनि। आवाज़। ***जैसे***—युद्ध में चलते बाणों की कुहक। २. मुर्गे की बाँग। ३. कोयल की कूक। ४. मोर की बोली। ५. पक्षियों का मधुर स्वर। कुह।

***कुहकि**—[< स॰ कुहक] *स्त्री॰* १. जादूगरनी। २. नदी।

†**कुहना**[1]—[< हि॰ कुहकना] *क्रिस॰* कुहकना। *पु॰* कोयल के मधुर स्वर/बोल।

†**कुहना**[2]—[< स॰ कु √हन्] *क्रिस॰* १. मारना-पीटना। २. हनन करना। मार डालना।

कुहप—[< स॰ कुहू] *पु॰* राक्षस। निशाचर।

कुहर—[स॰ कुह √रा + क] *पु॰* १. छिद्र। छेद। २. गुफ़ा। ३. बिल।

कुहराम—[< अरबी कुह्राम] *पु॰* हाहाकार। २. कोलाहल। शोर। ३. अनेक लोगों का मिलकर रोना। ***वा॰* कुहराम मचना**—रोना-पीटना।

कुहरित—[स॰ कुहर + णिच् + क्त] *वि॰* शब्दायमान। *पु॰* १. ध्वनि। आवाज़। २. कोयल की कूक।

***कुहँचा**—[< हि॰ पहुँचा] *पु॰* मणिबन्ध। कलाई। पहुँचा।

***कुहाई**—[< हि॰ कुहाना] *क्रिवि॰* १. क्रुद्ध होकर। २. रूठकर।

***कुहाना**—[< स॰ क्रोधन] *क्रिअ॰* १. क्रुद्ध होना। २. रूठना। *क्रिस॰* किसी को क्रुद्ध/नाराज़ कर देना।

***कुहारा**—*पु॰* ≤ *हि॰* कुल्हाड़ा। ✣ ***कुहारि/कुहारी**—*स्त्री॰* ≤ *हि॰* कुल्हाड़ी।

***कुहासा**—*पु॰* ≤ *हि॰* कुहरा। नीहार।

कुही[1]—[< हि॰ कोह < स॰ क्रोध] *वि॰* क्रोधी। ग़ुस्सैल।

कुही[2]—[देशज] *स्त्री॰* चील के आकार की एक शिकारी चिड़िया।

कुहु/कुहू—[स॰ √कुह् + कु/ऊङ्] *स्त्री॰* १. अमावस्या (तिथि)। २. अमावस्या तिथि का देवता। ३. मोर का स्वर। केका-ध्वनि। ४. कोयल का स्वर। कूक। ● **विशेष**—१. 'कोयल' को '**कुहुकंठ/कुहुमुख/कुहुरव/कुहुशब्द**' भी कहा जाता है। २. '**कुहु-कुहु**' या '**कुहू-कुहू**' से कोयल की निरन्तर कूक या मोर का निरन्तर स्वर व्यक्त होता है।

***कुहुकबान**—[< हि॰ कुहक + स॰ बाण] *पु॰* बाँस की पट्टियों को जोड़कर बनाया हुआ बाण जिसे चलाते समय कुछ शब्द होता है।

कुहुँचा—[< हि॰ पहुँचा] *पु॰* (हाथ की) कलाई। पहुँचा।

कुहेलिका—[स॰ कुहेलक + टाप्] *स्त्री॰* कुहरा। नीहार।

कुहेली—[स॰ कुहेलि + ङीप्] *स्त्री॰* कुहरा। नीहार।

कुँअर/कुँवर—[< स॰ कुमार] *पु॰* १. कुमार। पुत्र। बेटा। २. राजकुमार। ३. बालक। लड़का। ✣ **कुँअरि/कुँअरी/कुँवरि/कुँवरी**—*स्त्री॰* = १. कुमारी। पुत्री। बेटी। २. राजकुमारी। ३. बालिका। लड़की।

कुँआर-मग—[राजस्थ॰ < स॰ कुमार-मार्ग] *पु॰* आकाशगंगा।

कुँआरा/कुँवारा—[< स॰ कुमार] *वि॰* (पुरुष) जिसका अभी विवाह न हुआ हो। अविवाहित। कुमार। ✣ **कुँआरी (कुँवारी)**—*वि॰* (*स्त्री॰*) = अविवाहित (स्त्री)। अविवाहिता। कुमारी।

कुँजड़ा—[< स॰ कुञ्ज] *पु॰* १. एक उपजाति जो साग-सब्जी उपजाने और बेचने का काम करती है। २. उक्त उपजाति का पुरुष। ✣ **कुँजड़िन**—*स्त्री॰* = १. कुँजड़ा उपजाति की स्त्री। कुँजड़े की पत्नी। ***वा॰* कुँजड़े क़साई**—छोटी जातियों के लोग। **कुँजड़े का गल्ला**—अव्यवस्थित हिसाब वाली धन-राशि।

†**कुँड़रा**—[< स॰ कुण्डल] *पु॰* १. किसी वस्तु के चारों ओर खींची गयी वृत्ताकार रेखा। २. बोझ आदि सिर पर रखने से पहले सिर पर रखा जाने वाला लपेटा हुआ कपड़ा। गेंडुरी।

कुँदेरना—[< स॰ कुदलन] *क्रिस॰* १. खुरचना। छीलना। २. खरादना।

कुँदेरा—[< हि॰ कुँदेरना] *पु॰* लकड़ी खरादनेवाला। कुन्दकार। कुनेरा।

***कुँवर मनि**—[< स॰ कुमार ~ मणि] *पु॰* १. कुमारों में श्रेष्ठ। २. ज्येष्ठ राजकुमार।

कूकरचन्दी (कूकरचंदी)—[< हि॰ कूकर + स॰ चण्ड] *स्त्री॰* एक वनौषधि जिसकी पत्तियों को पीसकर कुत्ते द्वारा काटे गए स्थान पर लगाते हैं।

***कूकस**—[देशज] १. भुस। छिलका। कूड़ा-करकट। २. सारहीन वस्तु।

कूका—[< हि॰ कूकना] *पु॰* १. सिक्खों का एक सम्प्रदाय। नामधारी सम्प्रदाय। निहंग सम्प्रदाय। २. उक्त सम्प्रदाय का अनुयायी।

***कूख**—[< स॰ कुक्षि] *स्त्री॰* कोख।

कूच[1]—[फा॰] *पु॰* १. यात्रा का आरम्भ। प्रस्थान। २. सेना का प्रस्थान। ***वा॰* (दुनिया से) कूच कर जाना**—मर जाना। **कूच का डंका/नक़्क़ारा बजाना**—(सेना आदि को) प्रस्थान कराना। **कूच बोलना**—१. (अधीनस्थ सैनिकों आदि को) प्रस्थान की आज्ञा देना। २. प्रस्थान करना।

कूच[2]—[< स॰ कूर्च] *पु॰* महुए के वृक्ष का नयी कलियों का गुच्छा।

कूचा[1]—[< फा॰ कूचः] *पु॰* (मकानों के बीच की) गली। ● **विशेष**—(क) **कूचा-दर-कूचा** = गली-गली या स्थान-स्थान पर। (ख) गलियों में मारे-मारे फिरना या आवारागर्दी को '**कूचागर्दी**' कहते हैं। (ग) 'कूचा' को अज्ञानवश '**कूँचा**' भी बोला जाता है।

***कूचा**[2]—[< स॰ क्रौंच] *पु॰* क्रौंच पक्षी।

कूची[१]—[< सं॰ कूर्चिका] *स्त्री॰* १. दीवार पर चूना पोतने की कूँची। २. चित्रकार की तूलिका। ***वा॰* कूची फेरना/देना**—१. चूने से पोतना। सफ़ेदी करना। २. काम को बिगाड़ देना।

कूची[२]—[< फा॰ कूजा] *स्त्री॰* १. मिश्री जमाने की कुल्हिया। २. कोल्हू से निकलते रस को एकत्र करने का मिट्टी का पात्र।

कूज[१]—[< सं॰ कूजन] *स्त्री॰* १. ध्वनि। शब्द। २. मोर/कोयल आदि की कूक। ३. मधुर बोली।

कूजन—[< सं॰ √कूज् + ल्युट्] *स्त्री॰* पक्षियों का मधुर शब्द।

कूजा—[< सं॰ कुब्जक्] *पु॰* १. गुलाब जैसा परन्तु उससे बड़ा एक फूल जो गर्मियों में खिलता है। कुब्जक। २. उक्त फूलों का वृक्ष।

कूज़ा—[< फा॰ कूज़ः] *पु॰* मिट्टी का सकोरा/कसोरा।

कूजित—[सं॰ √कूज् + क्त] *वि॰* ध्वनित। गुंजित। ध्वनिपूर्ण। *पु॰* कूजन।

कूट[१]—[सं॰ √कूट् + अच्] *वि॰* १. मिथ्या। झूठ। २. अचल। दृढ़। ३. मिथ्यावादी। झूठा। ४. छली। कपटी। ५. कृत्रिम। बनावटी। जाली। ***जैसे***—कूट मुद्रा; कूट स्वर्ण। ६. प्रमुख। प्रधान। *पु॰* १. पहाड़ की चोटी। पर्वत-शिखर। २. नुकीला सिरा। नोक। ३. सींग। ४. राशि। ढेर। ***जैसे***—अन्न-कूट का दान। ५. छल। कपट। ६. माया। धोखा। ७. झूठ। ८. कलश। घड़ा। ९. हल की लकड़ी जिसमें फल लगा होता है। १०. कठिन या परेशान करने वाला प्रश्न। ११. ऊँचाई। उभार। १२. घन। हथौड़ा। १३. गृह। घर। १४. अगस्त्य (ऋषि)। १५. कोई रहस्यमय बात जो सरलता से न समझी जा सके। १६. ऐसी साहित्यिक रचना जिसमें श्लिष्ट शब्दों आदि के कारण अर्थ समझना कठिन हो। ***जैसे***—सूरदास के अनेक पद कूट हैं। (भाषा॰) भाषा से सम्बन्धित सम्प्रेषण-व्यवस्था। भाषा की किसी संकेत-व्यवस्था को दूसरी संकेत-व्यवस्था में रूपान्तरित करने के लिए प्रयुक्त संकेत-समूह (अं॰ कोड)। (कोश॰) संकेतों की व्यवस्था जिसके द्वारा शब्दों /वाक्यों आदि को प्रस्तुत किया जाए (अं॰ कोड)। (गणित॰) अभिकलित्र या सारणीयन यन्त्र आदि में प्रयुक्त किए जाने वाले प्रतीकों का समूह (अं॰ कोड)।

कूट[२]—[< हि॰ कूटना] कूटने की क्रिया/भाव। ***जैसे***—मार-कूट में सब घायल हो गए।

कूटक—[सं॰ कूट + कन्] *पु॰* १. छल। धोखा। २. हल की नोक। *वि॰* धोखा देने के लिए बनाया हुआ। ***जैसे***—कूटक वर्णन।

कूटनीति—[सं॰ कूट ~ नीति] *स्त्री॰* १. अन्तरराष्ट्रीय मामलों में निपुणता/कुशलता। राजनय। २. (निजी मामलों में) नीति-निपुणता या कुशलता/चतुराई/चालाकी। ✣ **कूटनीतिज्ञ**—*पु॰* = १. कूटनीति में निपुण व्यक्ति। २. अन्तरराष्ट्रीय व्यवहार/बातचीत में कुशल व्यक्ति।

कूट पद—[सं॰] *पु॰* (काव्य॰) ऐसी पद रचना जिसमें श्लिष्ट या सम्बन्ध-सूचक सांकेतिक शब्दों की प्रधानता हो और इस कारण जिसका अर्थ शीघ्र प्रकट न हो। ***जैसे***—सूरदास के अनेक कूट पद प्रसिद्ध हैं।

कूट परीक्षण—[सं॰] *पु॰* (मनो॰) गूढ़ संकेतों का यथाशीघ्र अर्थ स्पष्ट करने की मानसिक योग्यता की परीक्षा। (अं॰ कोड टेस्ट)

कूटपाश—[सं॰ कूट ~ पाश] *पु॰* १. पक्षियों को फँसाने का जाल। कूटबन्ध। २. जाल। फन्दा।

कूटप्रश्न—[सं॰ कूट ~ प्रश्न] १. ऐसा प्रश्न जिसका उत्तर सहज न दिया जा सके। २. रहस्यपूर्ण प्रश्न। ३. पहेली।

कूटबद्ध (कूटबद्ध)—[सं॰ कूट ~ बद्ध] *वि॰* कुछ संकेतों आदि के द्वारा व्यवस्थित। संहिताबद्ध। ✣ **कूटबद्धता**—*स्त्री॰* = (कोश॰) संकेतों (शब्दों, वाक्यों आदि) के नियमानुसार व्यवस्थित करना। संहिताबद्धता। कोडीकरण। (अं॰ कोडिफ़िकेशन)

कूटबन्ध (कूटबंध)—[सं॰ कूट ~ बन्ध] *पु॰* कूटपाश।

कूटमान—[सं॰ कूट ~ मान] *पु॰* मानक बाट से छोटा/बड़ा बाट या नाप।

कूटलिपि—[सं॰ कूट ~ लिपि] *स्त्री॰* संकेतलिपि। गूढ़। रहस्यपूर्ण लिपि।

कूटलेख—[सं॰ कूट ~ लेख] *स्त्री॰* जाली लेख/दस्तावेज़।

कूटशः—[सं॰ कूट + शस्] *क्रिवि॰* १. समूह/ढेर के अनुसार। समूहशः।

कूटशासन—[सं॰ कूट ~ शासन] *पु॰* जाली आज्ञापत्र/राजाज्ञापत्र।

कूटसङ्केत (कूटसंकेत)—[सं॰ कूट ~ सङ्केत] *पु॰* संकेत-भाषा या संकेत-लिपि। (अं॰ कोड)

कूटसङ्क्रान्ति (कूटसंक्रांति)—[सं॰ कूट ~ सङ्क्रान्ति] *स्त्री॰* मध्य रात्रि में सूर्य का दूसरी राशि में संक्रमण/प्रवेश।

कूटसाक्षी—[सं॰ कूट ~ साक्षी (साक्षिन्)] *पु॰* झूठा गवाह। ✣ **कूटसाक्ष्य**—*पु॰* = झूठी गवाही।

कूटस्थ—[सं॰ कूट √स्था + क] *वि॰* १. पहाड़ की चोटी पर खड़ा हुआ। पर्वत-शिखर पर स्थित। २. सबसे ऊँचे पद पर स्थित। ३. सर्वोपरि। ४. जो सदा एक रूप में स्थिर रहे। अपरिणामी। अटल। अचल। अविनाशी। *पु॰* १. परमात्मा। २. आकाश आदि तत्त्व।

कूटागार—[सं॰ कूट ~ आगार] *पु॰* १. सबसे ऊपर की छत पर का कमरा। अटारी। अटा। २. तहख़ाना।

कूटार्थ—[सं॰ कूट ~ अर्थ] *वि॰* तत्काल न समझी जा सकने वाली बात। *पु॰* किसी वाक्य/रचना आदि का गूढ़/रहस्यपूर्ण अर्थ।

***कूटि**—[< सं॰ कूट] *स्त्री॰* रहस्यपूर्ण और व्यंग्यपूर्ण बात। कूटोक्ति।

†कूटी—[< सं॰ कूट] *पु॰* १. जाली/नकली वस्तुएँ बनानेवाला।

कूटू—[देशज] *पु॰* एक पौधा जिसके बीजों का आटा व्रत आदि में खाया जाता है।

कूड़मग़ज़—[< हि॰ कूड़ा + फा॰ मग़ज़] *वि॰* मूर्ख।

कूढ़—[< पालि कूध] *वि॰* बुद्धिहीन। मूर्ख।

कूणिका—[सं॰ √कूण् + ण्वुल् + टाप्, इत्व] *स्त्री॰* वीणा/सितार आदि की खूँटी।

कूत—[< सं॰ आकूत] *पु॰* १. संख्या, माप, तौल आदि का अनुमान। कूतने का काम। आँक। २. मन ही मन सोचने की क्रिया/भाव।

कूतना—[< हि॰ कूत] *क्रिस॰* अनुमान से मूल्य/महत्त्व आदि को आँकना। क़ीमत आदि का अन्दाज़ा करना।

†**कूथना**—[< स॰ कुन्थन] *क्रिअ॰* १. कराहना। २. काँखना।

***कूना**—[< स॰ कुणप] *पु॰* १. शव। लाश। २. देह। शरीर।

कूपमण्डूक (कूपमंडूक)—[स॰ कूप ~ मण्डूक] *पु॰* १. कुएँ में रहनेवाला मेंढक। २. (कुएँ में रहने वाले मेंढक के समान) सीमित ज्ञान वाला व्यक्ति। संसार के विविध अनुभवों से शून्य व्यक्ति।

कूपार—[स॰ कु √पृ + अण्, पूर्वदीर्घ] *पु॰* समुद्र। सागर।

कूपिका—[स॰ कूपक + टाप्, इत्व] *स्त्री॰* (प्राणि॰) कोई सूक्ष्म गुहा/गुहिका या गर्त।

कूपी—[स॰ कूप + ङीष्] *स्त्री॰* १. छोटा कुआँ। २. नाभि का गड्ढा। ३. कुप्पी।

कूबड़—[< स॰ कूबर] *पु॰* १. पीठ की हड्डी का उभार लिए टेढ़ापन। ***जैसे***—ऊँट का कूबड़। २. किसी वस्तु का उभार लिए टेढ़ापन।

कूबर—[स॰ √कू + व + रच्] *पु॰* १. कूबड़। २. रथ/गाड़ी में रथी के बैठने का स्थान। *वि॰* कूबड़वाला। कुबड़ा।

कूबा—[< हि॰ कूबड़] *पु॰* कूबड़। *वि॰* कुबड़ा।

***कूर**[१]—[< हि॰ कूड़ा] *पु॰* कूड़ा। *वि॰* मूर्ख।

कूर[२]—[< स॰ क्रूर] *वि॰* १. क्रूर। निर्दय। २. पापी। ३. भयावना।

कूररी—[देशज] *स्त्री॰* 'गंगाचील' नामक पक्षी।

कूरेड़—[देशज] *स्त्री॰* एक नाटी और मोटी, बड़े आकार की, जलीय चिड़िया जो प्रायः धूसर और धूसर सफ़ेद होती है। हवासिल (पक्षी)।

कूर्च—[स॰ √कुट् + चट्, दीर्घ] *पु॰* १. पूला। मूठा। २. गट्ठा। ३. दाढ़ी। ४. कूँची। ५. मोरपंख।

कूर्चिका—[स॰ कूर्चक + टाप्, इत्व] *स्त्री॰* १. कूँची। २. चित्र बनाने की कूँची। तूलिका। ३. कुंजी। चाबी।

कूर्म—[स॰ कु ~ ऊर्मि, पृषो॰] *पु॰* १. कच्छप। कछुआ। २. विष्णु का कच्छप-अवतार।

कूर्मासन—[स॰ कूर्म ~ आसन] *पु॰* (हठयोग॰) कछुए के समान शरीर की स्थिति वाला एक योगासन।

कूल—[स॰ √कूल् + अच्] *पु॰* १. नदी/तालाब का किनारा। तट। २. किसी वस्तु का सिरा। ३. किसी कार्य या बात की सीमा। ४. वस्त्र। कपड़ा। ***जैसे***—दुकूल (दु + कूल) *क्रिवि॰* निकट। समीप।

कूलवती—[स॰ कूल + मतुप् + ङीप्] *स्त्री॰* नदी।

कूलिका—[स॰ कूलक + टाप्, इत्व] *स्त्री॰* वीणा/सितार आदि का निचला भाग।

कूलिनी—[स॰ कूल + इनि + ङीप्] *स्त्री॰* नदी।

कूष्माण्ड (कूष्मांड)—[स॰ कु + उष्मा ~ अण्ड] १. एक प्रकार का फलशाक। पेठा। कुम्हेड़ा। २. पिशाचों का एक प्रकार।

कूह—[अनु॰] *स्त्री॰* १. हाथी की चिंघाड़। २. चीख़। *पु॰* कोलाहल। शोर।

†**कूँ**—[< हि॰ को] परसर्ग॰ को। ***जैसे***—मीरा कूँ प्रभु ने दर्शन दिया।

कूँच—[< हि॰ कूँचा] *स्त्री॰* १. जुलाहों का एक उपकरण। खस या नारियल के रेशों का बना बुरुश जिससे ताने का सूत साफ़ किया जाता है। २. लुहारों की बड़ी सँड़सी।

कूँचा[१]—[< हि॰ कुचलना] *पु॰* भडभूँजे का कलछा।

†**कूँचा**[२]—*पु॰* ≤ हि॰ कूचा। गली। ***जैसे***—गली-कूँचा।

***कूँची**—*स्त्री॰* ≤ *हि॰* कूची।

***कूँज**[१]—[< स॰ क्रौञ्च] *स्त्री॰* क्रौंच पक्षी।

***कूँज**[२]—*पु॰* ≤ *स॰* कुब्ज। कुंज।

***कूँट**—[देशज] *पु॰* पैर का बन्धन।

कूँड—[< स॰ कुण्ड] *स्त्री॰* १. (सैनिकों की) लोहे की टोपी। २. लोहे आदि का बड़ा पात्र जिससे सिँचाई के लिए कुएँ में से पानी निकालते हैं। ३. हल जोतने से खेत में बनी गहरी लकीर। खूँड़।

कूँड़ी[१]—[< हि॰ कूँड़ा या < स॰ कुण्डिका] *स्त्री॰* मिट्टी/पत्थर की बड़ी कटोरी। छोटा कूँडा। २. छोटी नाँद।

†**कूँड़ी**[२]—[< स॰ कुण्डली] *स्त्री॰* (सिर पर बोझ रखने से पहले रखी जाने वाली) गेंडुरी। ईंडुरी।

***कूँण (कुँण)**—*सर्व॰, वि॰* ≤ *हि॰* कौन।

†**कूँथना**—[< स॰ कुन्थन] *क्रिस॰* १. दर्द से कराहना। २. कबूतरों का बोलना या गुटरगूँ करना।

कूँदना—[< हि॰ कुनना] *क्रिस॰* १. खरोंचना। खुरचना। छीलना। कुनना। २. लकड़ी को चिकना करना। खरादना।

***कूँपल**—*स्त्री॰* ≤ *हि॰* कोंपल।

***कूँबली**—[< स॰ कोमल] *वि॰* (*स्त्री॰*) कोमल अंगों वाली। कोमलांगी।

कृकर—[स॰ कृ ~ कर] *पु॰* पाँच प्राणों में से एक प्राण जिसके कारण छींक आती है।

कृच्छ्र—[स॰ √कृन्त् + रक्, छकार आदेश] *वि॰* १. कठिन। २. कष्टकर। पीड़ाकारी। ३. संकट में फँसा हुआ। *पु॰* १. कठिनाई। २. कष्ट। पीड़ा। ३. संकट। (आयुर्वेद॰) एक रोग जिसमें मूत्र कष्टपूर्वक और बूँद-बूँद आता है। मूत्रकृच्छ्र रोग।

कृच्छ्रप्राण—[स॰ कृच्छ्र ~ प्राण] *वि॰* १. जिसके प्राण संकट में हो। २. जो कष्टपूर्वक साँस ले रहा हो। ३. कठिनाई से जीवन-निर्वाह करनेवाला।

कृत्—[स॰ √कृत् + क्विप्] *पु॰* (व्या॰) धातु में जुड़ने पर 'संज्ञा' और 'विशेषण' बनानेवाले प्रत्ययों का वर्ग। ● **विशेष**—'कृत्' प्रत्यय लगने से बना शब्द **'कृदन्त'** कहलाता है।

कृत—[स॰ √कृ + क्त] *वि॰* १. पूरा या सम्पन्न किया हुआ। २. निर्मित। रचित। *पु॰* १. सत्ययुग। २. एक प्रकार का पाँसा। ३. (पद्य आदि में) चार की संख्या। उपकार। एहसान।

कृतकाम—[स॰ कृत + काम] *वि॰* जिसकी इच्छा पूरी हो गयी हो।

कृतकृत्य—[स॰ कृत ~ कृत्य] *वि॰* जो अपना कार्य/उद्देश्य/अभीष्ट

सिद्ध कर चुका हो। सफल। कृतार्थ। २. सन्तुष्ट तथा प्रसन्न। ३. जिसने अपना कर्तव्य पूरा कर दिया हो।

कृतघ्न—[सं॰ कृत √हन् + क] *वि॰* उपकार न माननेवाला। एहसानफ़रामोश। ∇ **विलोम**—कृतज्ञ।

कृतदण्ड (कृतदंड)—[सं॰ कृत ~ दण्ड] *पु॰* यमराज।

कृतनिन्दक (कृतनिंदक)—[सं॰ कृत ~ निन्दक] *वि॰* उपकारी की निन्दा करनेवाला।

कृतयुग—[सं॰ कृत ~ युग] *पु॰* (चारों युगों में से प्रथम) सत्ययुग।

कृतसङ्कल्प (कृतसंकल्प)—[सं॰ कृत ~ सङ्कल्प] *वि॰* जिसने किसी काम को पूरा करने का निश्चय कर लिया हो। जो संकल्प कर चुका हो।

कृताञ्जलि (कृतांजलि)—[सं॰ कृत ~ अञ्जलि] *वि॰* १. जो दोनों हाथ जोड़े हुए हो। अंजलिबद्ध। २. विनीत।

कृताकृत—[सं॰ कृत ~ अकृत] *वि॰* १. किया हुआ और न किया हुआ। २. अंशतः किया हुआ। अधूरा। *पु॰* अधूरा काम।

कृतान्त (कृतांत)—[सं॰ कृत ~ अन्त] *वि॰* १.अन्त करनेवाला। २. पूर्ण या समाप्त करनेवाला। *पु॰* १. यमराज। २. प्रारब्ध। ३. भाग्य। ४. शनि ग्रह।

कृतार्थ—[सं॰ कृत ~ अर्थ] *वि॰* १. जिसका उद्देश्य सिद्ध हो गया हो। सफल। कृतकृत्य। २. सन्तुष्ट और प्रसन्न। ३. जिसने अपना कर्तव्य पूरा कर दिया हो।

कृतावधि—[सं॰ कृता ~ अवधि] *वि॰* जिसकी अवधि या सीमा नियत हो।

कृति—[सं॰ √कृ + क्तिन्] *स्त्री॰* १. किया हुआ काम/कार्य। २. साहित्यिक/कलात्मक रचना। ३. प्रशंसनीय कार्य। ४. इन्द्रजाल। जादू। ५. (पद्य आदि में) बीस की संख्या।

***कृतिवास**—*पु॰* ≤ *सं॰* कृत्तिवास। शिव। महादेव।

कृती—[सं॰ कृतिन्] *वि॰* १. कृतार्थ। सन्तुष्ट। २. कृतकृत्य। धन्य। ३. भाग्यवान्। ४. प्रशंसनीय/महान् कार्य करनेवाला। ५. निपुण। चतुर। योग्य। ६. धर्मात्मा। ७. यशस्वी।

कृते—[सं॰] *अव्यय॰* के लिए। के निमित्त। वास्ते। ● **विशेष**—प्रायः किसी की ओर से (उसके स्थान पर) कृते प्राचार्य अन्य प्राधिकृत व्यक्ति द्वारा अपने हस्ताक्षर करते समय 'कृते' लिखा जाता है। *जैसे*—कृते प्राचार्य।

कृत्ति—[सं॰ √कृत् + क्तिन्] *स्त्री॰* १. चर्म। चमड़ा। *जैसे*—व्याघ्रकृत्ति (= बाघाम्बर)। २. मृगछाला। ३. भोजपत्र। ४. कृत्तिका नक्षत्र।

कृत्तिका—[सं॰ √कृत + तिकन् + टाप्] *स्त्री॰* १. २७ नक्षत्रों में से तीसरा। २. शकट। छकड़ा। ● **विशेष**—शिव-पार्वती के पुत्र स्कन्द/कुमार को **'कार्त्तिकेय'** तथा **'कृत्तिका-पुत्र'** भी कहा जाता है।

कृत्तिवास—[सं॰ कृत्ति √वस् + अण्] *पु॰* शिव। महादेव।

कृत्य—[सं॰ √कृ + क्यप्, तुक्→आगम] *पु॰* १. कार्य। २. कर्तव्यकर्म। *जैसे*—अपने-अपने कृत्यों का सम्पादन करते रहिए। ३. (लाक्षणिक) करतूत। ✣ **कृत्यविद्**—*वि॰* जिसे अपने कर्तव्यों का ज्ञान हो।

कृत्या—[कृत्य + टाप्] *स्त्री॰* १. किसी को मारने के लिए अपनी दिव्यशक्ति या तान्त्रिक क्रिया से उत्पन्न की गयी राक्षसी। २. जादू। टोना। ३. दुष्ट स्त्री। ४. (लाक्षणिक) सर्वनाश करनेवाली कोई वस्तु, व्यक्ति, या बात इत्यादि।

कृत्याकृत्य—[सं॰ कृत्य ~ अकृत्य] *वि॰* करने योग्य काम और न करने योग्य काम। कर्तव्य और अकर्तव्य।

कृत्रिम—[सं॰ √कृ + क्त्रि, मप्] *वि॰* १. जो प्राकृतिक न हो। मानव-निर्मित। २. बनावटी। दिखावटी। ∇ **विलोम**—अकृत्रिम/प्राकृतिक।

कृत्स्न—[सं॰ √कृत + क्स्न] *वि॰* सम्पूर्ण। सब। पूरा।

कृदन्त (कृदंत)—[सं॰ कृत् ~ अन्त] *पु॰* (व्या॰) धातु में किसी कृत् प्रत्यय को लगाने से बना हुआ शब्द। *जैसे*—हिन्दी की √कर् धातु से 'ता' प्रत्यय जुड़ने पर बना 'करता' शब्द कृदन्त है। ● **विशेष**—विशेषण की तरह प्रयुक्त होनेवाला पद **'कृदन्त विशेषण'** कहा जाता है। *जैसे*—'हिलता हाथ' में 'हिलता' कृदन्त विशेषण है।

कृन्तक (कृंतक)—[सं॰ √कृत + कन्] *पु॰* (चिकित्सा॰) प्रत्येक जबड़े के मध्य में स्थित सामने के चार दाँत।

कृन्तनी (कृंतनी)—[सं॰ कृन्तन + ङीप्] *स्त्री॰* १. काटने या कतरने का साधन। २. क़ैंची।

कृन्तन (कृंतन)—[सं॰ √कृत् + ल्युट्] *पु॰* काटने की क्रिया/भाव। कर्तन।

कृपण—[सं॰ √कृप् + क्वुन्] *वि॰* १. कंजूस। २. लोभी। लालची। ३. दीन। ग़रीब। ४. दुष्ट। *पु॰* कंजूस मनुष्य।

कृपया—[सं॰ कृपा] *क्रिवि॰* कृपा करके। अनुग्रहपूर्वक। कृपापूर्वक।

कृपा—[सं॰ √कृप् + अङ् + टाप्] *स्त्री॰* १. अनुग्रह। दया। २. उदारतापूर्वक किया गया उपकारक कार्य।

कृपाण—[सं॰ √कृप् + आनच्] *स्त्री॰, पु॰* १. तलवार। २. कटार। छुरी। *जैसे*—कृपाणें चमक उठीं। (छन्द॰) मुक्तक दंडक का एक प्रकार जिसके प्रत्येक चरण में ३२ वर्ण होते हैं तथा ८-८-८-८ पर यति होती है। ✣ **कृपाणक**—*पु॰* = कृपाण। ✣ **कृपाणिका/(कृपाणी)**—*स्त्री॰* = कटारी। छुरी।

कृपाणघनाक्षरी—[सं॰ कृपाण ~ घनाक्षरी] *स्त्री॰* (छन्द॰) एक दंडक छन्द जिसके प्रत्येक चरण में ३२ वर्ण होते हैं ८-८-८-८ पर यति होती है तथा अन्त में गुरु-लघु होते हैं।

कृपायतन—[सं॰ कृपा ~ आयतन] *पु॰* अति कृपालु मनुष्य। बहुत दयालु व्यक्ति।

कृपालु—[सं॰ कृपा √ला +डु] *वि॰* दया करनेवाला। दयालु। ✣ **कृपालुता**—*स्त्री॰* = दयालुता।

***कृपिण**—*वि॰, पु॰* ≤ *सं॰* कृपण। ✣ **कृपिणता/कृपिनता/**

कृपिनाई—*स्त्री॰* = कृपणता।

कृमि—[स॰ √क्रम् + इन्, सम्प्रसारण] *पु॰* (बहुत छोटा) कीड़ा। कीट। ***जैसे***—घाव में कृमि हो गए। (प्राणि॰) लम्बे और कोमल शरीर वाले अकशेरुकी जन्तुओं के अनेक समूहों में से प्रत्येक जिनमें से कुछ मनुष्यों या पौधों पर पलनेवाले परजीवी भी होते हैं। (अ॰ वर्म्) ✣ **कृमिक**—*वि॰* = (चिकित्सा॰) १. जो कृमि के सदृश हो। २. कृमि से सम्बन्धित। कृमि का। ✣ **कृमि-कोश**—*पु॰* = रेशम के कीड़ों के रहने का छोटा प्राकृतिक कोश। कोथा। ✣ **कृमिज**—*वि॰* = कृमियों/कीड़ों से उत्पन्न। *पु॰* १. रेशम। २. अगरु। ३. किरमिजी रंग। ✣ **कृमिता**—*स्त्री॰* = (चिकित्सा॰) कृमियों से प्राणी की होनेवाली बाधा। कृमि-रोग। ✣ **कृमिनाशी**—*वि॰* = कृमियों को नष्ट करनेवाला (औषध/कारक)। ✣ **कृमि-रोग**—*पु॰* पेट का रोग जिसमें आमाशय और पक्वाशय में कृमि/कीड़े हो जाते हैं।

कृमिल—[स॰ कृमि √ला + क] कीड़ों से भरा हुआ। कृमियुक्त।

कृमीय—[< स॰ कृमि] *वि॰* कृमि-सम्बन्धी। ***जैसे***—कृमीय रोग।

कृश—[स॰ √कृश् + क्त, नि॰] *वि॰* १. दुबला-पतला। क्षीणकाय। २. दुर्बल। कमज़ोर। ३. निर्धन। दरिद्र। ४. अल्प। थोड़ा। ✣ **कृशकाय/कृशतनु**—*वि॰* = क्षीण शरीर वाला। दुबला-पतला।

कृशर—[स॰ कृश √रा + क] *पु॰* १. तिल-चावल की खिचड़ी। २. खिचड़ी। ३. खेसारी अन्न। ● **विशेष**—खिचड़ी को '**कृशरान्न**' (कृशर ~ अन्न) भी कहते है।

कृशाङ्ग (कृशांग)—[स॰ कृश ~ अङ्ग] *वि॰* १. कृश अंगों वाला। दुबला। ***जैसे***—कृशांग तपस्वी। २. छरहरे शरीर वाला (पुरुष)। ✣ **कृशाङ्गी (कृशांगी)**—*वि॰* (*स्त्री॰*) = १. कृश अंगों वाली। दुबली। २. छरहरे शरीर की (स्त्री)। *स्त्री॰* = प्रियंगु लता।

कृशानु—[स॰ √कृश् + आनुक्] *पु॰* अग्नि। आग। ● **विशेष**—शिव/महादेव को '**कृशानुरेता**' भी कहते हैं। चिता को '**कृशानु-शय्या**' भी कहा जाता है।

कृषक—[स॰ √कृष् + क्वुन्] *पु॰* वह व्यक्ति जो पशुओं द्वारा या अन्य साधनों द्वारा खेती करता है। किसान। खेतिहर।

कृषाण—[स॰ √कृष् + आनक्] *पु॰* कृषक। किसान।

कृषि—[स॰ √कृष् + इन्, इत्] *स्त्री॰* १. भूमि को जोतने, फ़सल उपजाने, काटने तथा पशुपालन की कला। कृषक का काम। खेती। किसानी। २. भूमि की जुताई/बुआई। ३. फ़सल।

कृषिक—[स॰ √कृष् + किकन्] *पु॰* कृषक। किसान।

कृषिकर—[स॰ कृषि + कर] *पु॰* किसान।

कृषि-कर्म—[स॰] *पु॰* खेती का काम। किसानी।

कृषिकार—[स॰ कृषि + कार] *पु॰* कृषक। किसान।

कृषित—[< स॰ √कृष्] *वि॰* १. जोता-बोया हुआ। (खेत आदि)। २. जो अपने आप न उगा हो, बोकर उपजाया गया हो। (अ॰ कल्टिवेटेड)

कृषिप्रधान—[स॰ कृषि ~ प्रधान] *वि॰* जहाँ खेती प्रमुख धन्धा हो (उद्योग नहीं)। ***जैसे***—भारत कृषिप्रधान देश है। ∇ **विलोम**—उद्योगप्रधान।

कृषीवल—[स॰ कृषि + वलच्, दीर्घ] *पु॰* कृषक। किसान।

कृष्ट—[स॰ √कृष + क्त] *वि॰* १. किसी के द्वारा खींचा हुआ। खींचा गया। ***जैसे***—दुःशासन द्वारा द्रौपदी के कृष्ट केश। २. जोता और बोया हुआ। ***जैसे***—कृष्ट खेत। ✣ **कृष्टपच्य/कृष्टपाक्य**—*वि॰* खेत में पका हुआ। ✣ **कृष्ट भूमि**—*स्त्री॰* = जोती-बोयी हुई धरती।

कृष्टि—[स॰ √कृष् + क्तिन्] *स्त्री॰* (खेत की) जुताई।

कृष्टोप्त—[स॰ कृष्ट ~ उप्त] *वि॰* जोती और बोयी हुई (भूमि)।

कृष्ण—[स॰ √कृष् + नक् + अच्] *वि॰* १. काला। २. दुष्ट। बुरा। *पु॰* १. काला रंग। २. कालिख। ३. काला हिरन। ४. कौआ। ५. कोयल। ६. चान्द्र मास का। ७. अँधेरा पाख। ८. कलियुग। ९. काला अगरु या उसकी लकड़ी। १०. विष्णु। ११. वासुदेव कृष्ण। १२. (कुन्ती-पुत्र) अर्जुन। १३. वेदव्यास। १४. चन्द्रमा का कलंक/लांछन। १५. लोहा। (छन्द॰) एक समवर्णिक छन्द जिसके प्रत्येक चरण में एक तगण और एक लघु के योग से चार वर्ण होते हैं। ∇ **विलोम**—शुक्ल।

कृष्णकर्म—[स॰ कृष्ण ~ कर्म] *पु॰* पाप। दुष्कर्म।

कृष्णगङ्गा (कृष्णगंगा)—[स॰ कृष्ण ~ गङ्गा] *स्त्री॰* (दक्षिण भारत की) कृष्णा नदी।

कृष्णगिरि—[स॰ कृष्ण ~ गिरि] *पु॰* (दक्षिण भारत का) नीलगिरि नामक पर्वत।

कृष्णचूड़ा, कृष्णचूड़िका—[स॰ कृष्ण ~ चूड़ा/चूड़िका] *स्त्री॰* १. एक कँटीला वृक्ष जिसमें लाल फूल आते हैं। २. गुंजा। घुँघची।

कृष्णदोलोत्सव—[स॰ कृष्ण ~ दोला ~ उत्सव] चैत्र शुक्ल एकादशी को किया जाने वाला एक व्रत-उत्सव जिसमें भगवान् कृष्ण (विष्णु) और लक्ष्मी की प्रतिमा को, पूजन करके, झूले में झुलाया जाता है।

कृष्णपदी—[स॰ कृष्णपद + ङीष्] *पु॰, स्त्री॰* एक चिड़िया जिसके पैर काले होते हैं।

कृष्णपिङ्गल (कृष्ण पिंगल)—[स॰ कृष्ण ~ पिङ्गल] *वि॰* गहरे भूरे रंग का।

कृष्णसारथि—[स॰ कृष्ण ~ सारथि] *पु॰* (जिसका सारथि कृष्ण है) अर्जुन।

कृष्णवक्त्र/कृष्णवदन—[स॰ कृष्ण ~ वक्त्र/वदन] *वि॰, पु॰* कृष्णमुख।

कृष्णा—[स॰ कृष्ण + टाप्] *स्त्री॰* राजा द्रुपद की पुत्री द्रौपदी का वास्तविक नाम। २. अग्नि की सात ज़िह्वाओं में से एक। ३. दक्षिण भारत की एक नदी। ४. काली पत्तियों वाली तुलसी। कृष्णपर्णी।

कृष्णागुरु—[स॰ कृष्ण ~ अगुरु] *स्त्री॰* अगर। अगुरु।

कृष्णाचल—[स॰ कृष्णा ~ अचल] *पु॰* १. (दक्षिण भारत का)

नीलगिरि नामक पर्वत। २. (गुजरात का) रैवतक पर्वत।

कृष्णाजिन—[सं० कृष्ण ~ अजिन] *पुं०* काले हिरन का चर्म।

कृष्य—[सं० √कृष् + क्यप्] *वि०* खेती के योग्य (भूमि)। ***जैसे***—कृष्य भूमि।

केकय—[सं०] *पुं०* एक प्राचीन देश।

केकर—[< सं० के √कृ + अच्] *पुं०* १. भेंगा व्यक्ति। ऐंचाताना। २. भेंगी आँख।

केका—[सं० के √कै + ड + टाप्] *स्त्री०* मयूर। मोर की बोली। ✣ **केका-रव**—*पुं०* = मोरों के बोलने का मधुर शोर।

केकिनी—[सं० केकिन् + ङीप्] *स्त्री०* मयूरी। मोरनी।

केकी—[सं० केकिन्] *पुं०* मयूर। मोर।

केचित्—[सं० के + चित्] *सर्व०* १. कोई। २. कोई-कोई। ***जैसे***—केचित् तीरथ जाएँ।

केड़ा—[< सं० करीर (= बाँस का अंकुर)] १. अंकुर। कोंपल। कल्ला। २. नया पौधा। ३. कटी फ़सल का पूला/गट्ठा। ४. युवक। जवान।

***केत[१]**—[< सं० केतक] *पुं०* केतकी/केवड़ा का फूल या पौधा।

***केत[२]**—[< सं० कति] *वि०* कितने।

***केत[३]**—[< सं० केतु] *पुं०* १. केतु। (दे०) २. धूमकेतु।

केतक[१]—[सं० √कित् + ण्वुल्] *पुं०* केतकी/केवड़ा का पौधा/फूल। २. ध्वजा। पताका। झंडा।

***केतक[२]**—[< सं० कति ~ एक] *वि०* १. कई एक। अनेक। कितना। ३. कितने ही।

केतकी—[सं० केतक + ङीष्] *स्त्री०* १. वर्षा ऋतु में खिलनेवाला एक पौधा जिसकी पत्तियाँ लम्बी, नुकीली और कोमल होती हैं, किनारों और पीठ पर छोटे-छोटे काँटे होते हैं और फूल बहुत सुगन्धित होते हैं। केवड़ा। २. उक्त पौधे का पुष्प जो लम्बी पत्तियों से ढँका हुआ रहता है, सफ़ेद होता है और बहुत सुगन्धित होता है। केवड़ा। (छन्द०) एक समवर्णिक छन्द जिसके प्रत्येक चरण में क्रमशः ३ सगण, जगण, नगण और रगण (स स स ज न र) के योग से १८ वर्ण होते हैं तथा १०-८ पर यति होती है।

केतन—[सं० √कित् + ल्युट्] *पुं०* १. घर। मकान। २. स्थान। जगह। ३. ध्वजा। पताका। झंडा। ४. विशेष चिह्न। परिचायक चिह्न। ***जैसे***—वृषभकेतन शिव।

केतु—[सं० √चाय् + तु, 'कि' आदेश] *पुं०* १. ध्वजा। पताका। २. विशेष चिह्न। परिचायक चिह्न। ३. पुच्छलतारा। धूमकेतु। (ज्योतिष०) एक छायाग्रह। राहु से १८०° पर स्थित बिन्दु। ● **विशेष**—यह नवग्रह में से एक है।

केतुजा—[सं० केतु + जा] *स्त्री०* केतु की पुत्री। ताड़का राक्षसी (जिसका वध दशरथ-पुत्र राम ने किया था)।

केतुमती—[सं० केतुमत् + ङीप्] *स्त्री०* 'केतुमान्' का स्त्री०। (दे० केतुमान्) (छन्द०) एक अर्धसम वर्णिक छन्द जिसके विषम चरणों में क्रमशः सगण, जगण, तगण और एक गुरु (स ज त ग) होता है और सम चरणों में क्रमशः भगण, रगण, नगण और दो गुरु (भ र न ग ग) होते हैं।

केतु-यष्टि—[सं०] *स्त्री०* पताका का डंडा। ध्वजदंड।

केतु-रत्न—[सं०] *पुं०* एक रत्न जो केतु ग्रह की शान्ति के लिए पहना जाता है। वैदूर्यमणि। लहसुनिया।

केतु-वसन—[सं०] *पुं०* ध्वजा। पताका।

केदार—[सं० के ~ दार] *पुं०* १. पानी-भरा खेत या (खेत/बाग़ आदि की) क्यारी। २. (वृक्ष के नीचे बना) आलवाल। थाँवला। ३. पर्वत। ४. हिमालय पर्वत का एक शिखर।

केन्दु (केंदु)—[सं०] *पुं०* तेन्दू वृक्ष।

केन्दू (केंदू)—[< सं० केन्दु] *पुं०* तेन्दू वृक्ष।

केन्द्रग/केन्द्रगामी (केंद्रग/केंद्रगामी)—[सं० केन्द्र √गम् + ड, केन्द्रगामिन्] *वि०* १. केन्द्र की ओर जानेवाला। २. केन्द्र से होकर जानेवाला।

केन्द्रबिन्दु (केंद्रबिंदु)—[सं० केन्द्र ~ बिन्दु] *पुं०* केन्द्र।

केन्द्र-समीकार—[सं०] *पुं०* (खगोल०) किसी ग्रह के वास्तविक देशान्तर और माध्य देशान्तर के अन्तर को बतानेवाला कोण।

केन्द्रस्थ (केंद्रस्थ)—[सं० केन्द्र √स्था + क] *वि०* केन्द्र में स्थित।

केन्द्राभिग (केंद्राभिग)—[सं० केन्द्र + अभिग] *वि०* केन्द्राभिमुखी। (दे०)

केन्द्रिक (केंद्रिक)—[सं० केन्द्र +ठन्] *वि०* केन्द्र में बनने/रहने या होने वाला।

केन्द्रीभूत (केंद्रीभूत)—[सं० केन्द्र + च्वि + √भू + क्त] *वि०* केन्द्रित।

केन्द्रीय (केंद्रीय)—[सं० केन्द्र + छ] *वि०* १. केन्द्र-सम्बन्धी। केन्द्र का। २. किसी राज्य आदि के केन्द्रस्थान से सम्बन्ध रखनेवाला।

केन्द्रोन्मुख (केंद्रोन्मुख)—[सं० केन्द्र ~ उन्मुख] *वि०* १. जिसका मुख केन्द्र की ओर हो। २. केन्द्र की ओर जानेवाला।

केमा (कैमा)—[देशज] *पुं०* जलबोदरी नामक पक्षी। केंव।

***केमुक**—[< हिं० केउ] *सर्व०* कैसा या कौन।

केयूर—[सं० के √या + ऊर] *पुं०* भुजाओं में पहनने का एक आभूषण। बाजूबन्द।

केयूरी—[सं० केयूरिन्] *वि०* जो केयूर/बाजूबन्द पहने हुए हो। केयूरधारी।

†केर[१]—[अवधी] परसर्ग० (सम्बन्ध-सूचक) का।

***केर[२]**—[< प्रा० केल < सं० कदल] *पुं०* कदली। केला (वृक्ष या उसका फल)।

केरमोरो—[< हिं० मोर] *पुं०* एक पक्षी जो मोर जैसा परन्तु उससे छोटा होता है। ● **विशेष**—स्थान-भेद से इसे '**चरज/चरत/सोहन**' भी कहा जाता है।

केरली—[सं० केरल + अच् + ङीष्] *स्त्री०* केरल प्रदेश की स्त्री। केरलवासिनी। *वि०* केरल प्रदेश का। केरलीय।

†केराना—[< सं० किरण] *क्रिस०* सूप द्वारा अन्न के छोटे दानों को अलग करना।

†केराव—[सं॰ कलाभ] *पु॰* मटर (जो कच्ची होने पर सब्ज़ी के रूप में खायी जाती है और पकने पर अन्न के रूप में)।

***केरि[१]**—[अवधी] परसर्ग॰ (सम्बन्ध सूचक) की।

केरि[२]—[< सं॰ केलि] *स्त्री॰* केलि। क्रीड़ा।

केरी[१]**—[अवधी, केर/केरा का *स्त्री॰* रूप] *परसर्ग॰* (सम्बन्ध-सूचक) की। ***जैसे—राम केरी रानी सीता।

केरी[२]—[देशज] *स्त्री॰* कच्ची अमिया।

केरी[३]—[< सं॰ केलि] *स्त्री॰* केलि। क्रीड़ा।

***केरे (केरें)**—[< अवधी केर] परसर्ग॰ १. के प्रति। के लिए। २. के।

***केरोना**—[< सं॰ कर्तन या < हिं॰ किरोलना] *क्रिअ॰* १. कुरेदना। खुरचना। २. कोंचना।

केल—[देशज] *पु॰* एक पहाड़ी वृक्ष।

केलक—[सं॰ √केल् + ण्वुल्] *पु॰* १. नाचनेवाला। नर्तक। ३. तलवार की धार पर चलने या नाचने वाला व्यक्ति।

केलास—[सं॰ केला √सद् + ड] *पु॰* १. स्फटिक पत्थर। २. कण। रवा। (अ॰ क्रिस्टल) ✣ **केलासन**—*पु॰* (रसायन॰) किसी घुली/पिघली वस्तु या किसी द्रव/गैस से केलास/रवे बनने का प्रक्रम। क्रिस्टलीकरण। क्रिस्टलन। (अ॰ क्रिस्टलाइज़ेशन) ● **विशेष**—केलासन में बने केलास (अ॰ क्रिस्टल) निश्चित आकार और क्रम के होते हैं।

केलि—[सं॰ √केल् + इन्] *स्त्री॰* क्रीड़ा। खेल। २. कामक्रीड़ा। रति। मैथुन। ३. हँसी-मज़ाक़। दिल्लगी।

केलिक[१]—[सं॰ केलि + ठन्] अशोक वृक्ष।

केलिक[२]—[< सं॰ केलि] *वि॰* १. केलि/क्रीड़ा-सम्बन्धी। क्रीड़ा का। २. केलि/क्रीड़ा करनेवाला।

केलि-कला—[सं॰] *स्त्री॰* रति। सम्भोग। मैथुन।

केली—[< हिं॰ केला] *स्त्री॰* लगभग एक मीटर ऊँचा एक पौधा जिसके पत्ते केले के पत्तों की तरह परन्तु छोटे होते हैं और फूल सफ़ेद तथा पीले होते हैं।

केवड़ा—[< सं॰ केविका] *पु॰* सफ़ेद केतकी का पौधा या फूल। (दे॰ केतकी)

केवल[१]—[सं॰ √केव् + कलच् या के √वल् + अच्] *वि॰* १. एकमात्र। अकेला। २. जिसमें मिश्रण न हो। अमिश्रित। ***जैसे***—यह केवल दूध है और इसमें पानी की एक बूँद भी नहीं है। ३. वास्तविक और शुद्ध। ***जैसे***—केवल भक्ति; केवल ज्ञान। *क्रिवि॰* सिर्फ़। ***जैसे***—यहाँ केवल पढ़ो, खेलो नहीं।

केवल[२]—[< सं॰ केवली] १. शुद्ध आध्यात्मिक ज्ञान २. सम्यक् ज्ञान। ✣ **केवलज्ञान**—*पु॰* = (जैन॰) इन्द्रियों और मन की सहायता के बिना आत्मा के द्वारा सभी मूर्त और अमूर्त पदार्थों का साक्षात्कृत ज्ञान।

केवलात्मा—[सं॰ केवल ~ आत्मा (आत्मन्)] *पु॰* १. विशुद्ध आत्मा। २. ज्ञानी पुरुष। ३. परमात्मा।

केवली—[सं॰ केवलिन्] *वि॰* १. एकमात्र। अकेला। ३. अद्वैत वेदान्त के ब्रह्म और आत्मा की एकता पर श्रद्धावान्। *पु॰* (जैन॰) १. केवलज्ञान प्राप्त व्यक्ति। २. जीवनमुक्त व्यक्ति। ३. तीर्थंकर।

***केवा[१]**—[< सं॰ कुव (= कमल)] *पु॰* कमल का पौधा/फूल।

†केवा[२]—[< सं॰ किंवा] *स्त्री॰* आनाकानी। टालमटोल।

***केवार**—[< सं॰ कपाट] *पु॰* किवाड़। द्वार। फाटक।

***केवी[१]**—[< हिं॰ केवा < सं॰ कुव] *स्त्री॰* कमलिनी।

***केवी[२]**—[< सं॰ केऽपि] *वि॰* कोई अन्य। कोई दूसरा।

केश—[सं॰ √क्लिश् + अच्, 'ल' का लोप] *पु॰* १. सिर के बाल। २. सिंह और घोड़े की गर्दन पर होनेवाले बाल। अयाल।

केशकर्म—[सं॰ केश ~ कर्म (कर्मन्)] *पु॰* १. बालों को सँवारना/काढ़ना। कंघी-चोटी करने का काम। २. चूड़ाकर्म। मुंडन।

केशकल्प—[सं॰ केश ~ कल्प] *पु॰* १. सिर के बालों को मेंहदी आदि से रँगना। २. सिर के बालों को रँगने की वस्तुएँ।

केशर—*पु॰* ≤ *सं॰* केसर।

केशलुञ्च (केशलुंच)—[सं॰ केश √लुञ्च + अण्] *वि॰* केशों का लुंचन करना। बालों को नोचकर अलग करना। *पु॰* जैन मुनि/साधु (जो अपने सिर के बाल नोचकर अलग किया करता है)।

केशव—[सं॰ केश + व] *पु॰* १. विष्णु। २. परमात्मा। ३. कृष्ण। *वि॰* १. सुन्दर केशों/बालों वाला। २. बहुत केशों वाला।

केशवालय (केशवावास)—[सं॰ केशव ~ आलय/आवास] *पु॰* 'पीपल' नामक वृक्ष जिस पर भगवान् विष्णु का वास माना जाता है।

केशिका—[सं॰ केशिन् √कै + क + राष्] *स्त्री॰* १. केश के समान सूक्ष्म वस्तु। २. छोटे रोएँ जो किसी वस्तु के ऊपर हों। (चिकित्सा॰) १. धमनियों और शिराओं को जोड़नेवाली कोई सूक्ष्म वाहिका। ***जैसे***—रुधिर केशिकाएँ, पित्त-केशिकाएँ। २. लसिका तन्त्र की एक सूक्ष्म वाहिका। (अ॰ केपिलरि)

केशिनी—[सं॰ केशिन् + ङीष्] *स्त्री॰* १. सुन्दर वेणी वाली स्त्री। २. दुर्गा। पार्वती।

केशी—[सं॰ केशिन्] *वि॰* सुन्दर केशों वाला। *पु॰* १. (वासुदेव) कृष्ण। २. एक असुर जिसे कृष्ण ने मारा था। ३. सिंह। शेर।

केस**—[< सं॰ केश] *पु॰* १. सिर के बाल। केश। २. शरीर के रोम/रोएँ। ● **विशेष**—अँग्रेज़ी शब्द 'केस' भी कहीं-कहीं हिन्दीभाषी प्रयुक्त करते हैं जिसके अनेक अर्थों में एक अर्थ 'छोटा डिब्बा' है, ***जैसे—चश्मे का केस। तीन अन्य अर्थ 'मुक़दमा', 'मामला' व 'घटना' है।

केसर—[सं॰ के √सृ + अच्] १. फूलों के बीच में होने वाले सूत्र/सींकें/रेशे। २. कुंकुम। (दे॰) ३. सिंह और घोड़े की गर्दन पर होनेवाले बाल। अयाल। ४. आम (फल) का रेशा।

केसराचल—[सं॰ केसर ~ अचल] *पु॰* मेरु पर्वत।

केसरिया—[< सं॰ केसर] *वि॰* १. केसर के रंग में रंगा हुआ। २. उक्त रंग का। नारंगी रंग का। ३. जिसमें केसर पड़ा हो। जैसे-

केसरिया हलुवा। *पु॰* केसर जैसा रंग। नारंगी रंग।

केसरी—[सं॰ केसरिन्] *पु॰* १. सिंह। २. घोड़ा। ३. नागकेसर। ४. रंग। *वि॰* १. सिंह जैसा पराक्रमी। २. किसी क्षेत्र का बहुत पराक्रमी व्यक्ति। ***जैसे***—महाराष्ट्र-केसरी बाल गंगाधर तिलक। ३. केसरिया। (दे॰) *पु॰* केसरिया या नारंगी रंग।

केस-लुचाई—[< सं॰ केशलुञ्चन] *स्त्री॰* (जैन साधुओं की) हाथों से केश उखाड़ने की क्रिया। केश-लुंचन।

केसीन—[अं॰] *स्त्री॰* (रसायन॰) दूध की प्रोटीन। ● **विशेष**—इसे अँग्रेज़ी में 'फ़ास्फ़ो प्रोटीन' भी कहा जाता है। यह पनीर का मूलतत्त्व है।

***केसु, केसू**—[< सं॰ किंशुक] *पु॰* पलाश का पौधा/फूल। टेसू।

केहरि (केहरी)—*पु॰* ≤ *सं॰* केसरी। सिंह। ✣ **केहरिणी**—*स्त्री॰* = १. सिंहनी। शेरनी। २. (लाक्षणिक) प्रमुख।

***केहँ**—[< सं॰ कथम्] *क्रिवि॰* १. किसी तरह।

केहा—[देशज] *पु॰* मयूर। मोर। २. तीतर की जाति की एक चिड़िया।

कैंचुली (केंचुली)—[< सं॰ कञ्चुक] *स्त्री॰* सर्प आदि के शरीर का वह झिल्लीदार आवरण जो प्रतिवर्ष स्वयं उतर जाता है। ***वा॰*** **कैंचुली उतारना/बदलना**—१. पुराने रूप-रंग को छोड़कर नया रूप-रंग धारण कर लेना। २. वेष-भूषा बदलना। ३. अपना दल/पक्ष/ सिद्धान्त बदलना।

कैंड़ा (केंड़ा)—[< हि॰ कैंड़ा] उपाय। तरकीब।

***कैंव/कैंवा (केंव/केंवा)**—[देशज] *स्त्री॰* जलमुर्गी या जलबोदरी नामक पक्षी।

कैकान—[देशज] *पु॰* बलूचिस्तान के उत्तर-पूर्व, बोलन दर्रे के दक्षिण में मस्तुंग और क़लात के समीप का क्षेत्र जो प्राचीन काल से उत्तम नस्ल के घोड़ों के लिए प्रसिद्ध है। २. अश्व। घोड़ा।

कैक्टस—[अं॰] *पु॰* नागफनी (पौधा)। सेंहुड़।

कैङ्कर्य (कैंकर्य)—[< सं॰ किङ्कर + ष्यञ्] *पु॰* १. किंकर होने की अवस्था/भाव। २. किंकरता। सेवकत्व। सेवा।

कैच—[अं॰] *पु॰* (क्रिकेट के खेल में) गेंद की पकड़।

कैट—[अं॰] *पु॰* (चिकित्सा॰) कम्प्यूटर यन्त्र का उपयोग करते हुए शरीर के किसी भाग का क्ष-किरणों या पराध्वनि तरंगों द्वारा चित्रण। ● **विशेष**—**(क)** इसके द्वारा तैयार चित्र में किरणें/तरंगे किसी भी गहराई पर ऊतक के पृष्ठ का चित्रण करने में काम आती हैं। **(ख)** 'कैट' शब्द अँग्रेज़ी के 'कम्प्यूटराइज़्ड ऐक्सियल **टोमोग्राफ़ी**' के आद्यक्षरों से बना संक्षिप्त रूप है।

कैडेट—[अं॰] *पु॰* १. सैनिक विद्यालय का विद्यार्थी। सैनिक विद्यार्थी। २. प्रारम्भिक सैनिक (या पुलिस का) प्रशिक्षण लेनेवाला विद्यार्थी। प्रशिक्षार्थी।

कैतव—[सं॰ कितव + अण्] *पु॰* १. छल। कपट। धोखा। २. ठगी। ३. जुआ या जुआरी। ४. धतूरा। ५. वैदूर्यमणि/लहसुनिया नामक रत्न। *वि॰* १. धोखा देनेवाला। कपटी। २. जुआ खेलनेवाला। ✣ **कैतवक**—*पु॰* = जुए का छल।

कैतवापह्नुति (कैतवापह्नुति)—[सं॰ कैतव ~ अपह्नुति] *स्त्री॰* ('काक॰) अपह्नुति अलंकार का एक भेद जिसमें यथार्थ बात का निषेध 'कैतव/छल/मिस/व्याज' आदि शब्दों द्वारा किया जाता है।

कैतुक—[सं॰ केतु + कञ्] *वि॰* १. केतु-सम्बन्धी। केतु का। २. केतु से युक्त।

कैथ—[< प्रा॰ कइत्थ < सं॰ कपित्थ] *पु॰* १. एक बड़ा और कँटीला वृक्ष जिसमें बेल के समान परन्तु कुछ छोटे फल आते हैं, पत्ते छोटे तथा चिकने और फूल छोटे-छोटे तथा सफ़ेद होते हैं जो वर्षा के आरम्भ में खिलते हैं। २. उक्त वृक्ष का फूल/फल।

कैथी[1]—[< हि॰ कैथ] *स्त्री॰* छोटी जाति का कैथ/कैथा।

कैथी[2]—[< सं॰ कायस्थ] *स्त्री॰* बिहार की एक पुरानी लिपि जिसमें अक्षर नागरी लिपि के समान, परन्तु बिना शीर्ष-रेखा के होते हैं।

कैथेटर—[अं॰] *पु॰* रोगी की पेशाब निकालनेवाली रबड़ की नली। मूत्रनिस्सारक नली। नालशलाका।

कैधों/कैधौं (कैधों/कैधौं)**—१. अथवा। या तो। या। २. मानों। ***जैसे—कैधों स्वर्ण के कलश हैं।

कैना—[देशज] *पु॰* एक प्रकार का छोटा पौधा जिसकी पत्तियों से साग और पकौड़े बनाए जाते हैं।

कैफ़—[अरबी] *पु॰* १. मद। नशा। २. नशे की मस्ती। सुरूर। ३. आनन्द। ४. नशे में झूमने की स्थिति/क्रिया/भाव।

कैफ़ियत—[अरबी] *स्त्री॰* १. समाचार। हाल-चाल। २. दशा। हालत। ३. नशा। मस्ती। सुरूर। ४. विवरण या स्पष्टीकरण।

कैफ़ी—[अरबी] *वि॰* मदोन्मत्त। मत्त। मतवाला। *पु॰* शराबी।

कैफ़ीन—[अं॰] *स्त्री॰* (रसायन॰) काफ़ी/चाय आदि में पाया जाने वाला एक गन्धहीन और कड़वा क्षारीय पदार्थ। ● **विशेष**—यह तान्त्रिका-उद्दीपक और मूत्रवर्धक है तथा पीड़ा-निवारक के रूप में प्रयुक्त होती है।

***कैबर**—[देशज] *स्त्री॰* बाण का फल। तीर की गाँसी।

***कैबार**—*पु॰* ≤ *हि॰* किवाड़। कपाट।

कैमा—[< सं॰ कदम्ब] *पु॰* कदम्ब वृक्ष जैसा एक वृक्ष।

कैया—[देशज] *पु॰* लुहारों/कसेरों द्वारा प्रयुक्त एक उपकरण जिससे वे टूटे बर्तनों आदि को राँगा लगाकर जोड़ते हैं।

***कैयो (कैयों)**—[< हि॰ कई] *वि॰* कितने ही।

***कैर**[1]—[< हि॰ करील] *पु॰* १. करील वृक्ष। २. काँटा।

***कैर**[2]—[< हि॰ कै] *अव्यय॰* अथवा। या।

कैरट—[अं॰] *पु॰* १. सोने की शुद्धता को नापने की इकाई। २. रत्नों की तौल की इकाई। २०५ मिलीग्राम। ● **विशेष**—शुद्ध सोने का मानक २४ कैरट होता है। १२ कैरट सोने की शुद्धता ५०% होती है।

कैरव—[सं॰ केरव + अण्] *पु॰* सफ़ेद कमल जो चन्द्रमा की चाँदनी में खिलता है। कुमुद। कुईं। ✣ **कैरव-बन्धु (बंधु)**—पु॰ = चन्द्रमा। ● **विशेष**—कैरवों के समूह को अथवा उस जलाशय या स्थान को जहाँ अनेक कुमुद खिलें हों **'कैरवाली'** (कैरव + आली) कहा जाता है। कुमुदिनी को **'कैरविनी'** भी कहते हैं।

'कैरवी' (पु॰) = चन्द्रमा और 'कैरवी' (स्त्री॰) = चाँदनी रात।

कैरा—[< स॰ कैरव] *पु॰* १. लाली की झलक लिए सफ़ेदी। २. भूरा रंग। *वि॰* १. भूरे रंग का। भूरा। २. भूरी आँखों वाला। (नेत्रों का कंजा)।

कैरात—[स॰ किरात + अण्] *वि॰* १. किरात जाति/देश से सम्बन्धित। *पु॰* किरातों का राजा।

कैरी—[< हि॰ कैरा] *वि॰* (*स्त्री॰*) १. भूरे रंग की। २. भूरे नेत्रों वाली। कंजी। *स्त्री॰* आम के बौर लगने के बाद लगने वाली छोटी अमिया। ४. कृत्रिम/नक़ली फूल।

कैलास—[स॰ केलास + अण्] *पु॰* १. हिमालय का एक शिखर जो भगवान् शिव के निवासस्थान के रूप में महत्त्वपूर्ण तीर्थ है और वर्तमान तिब्बत में स्थित है। २. स्वर्ग। ३. अनेक शिखरों वाला षट्कोण देवमन्दिर। ४. तीन खंडों वाला विशाल भवन। ५. राजभवन। राजमहल। ⁘ **कैलास-नाथ/पति**—पु॰ = शिव। महादेव। ⁘ **कैलासनिकेतन**—पु॰ = (कैलास पर रहने वाला) शिव/महादेव या कुबेर (देवता)। ⁘ **कैलासवास**—पु॰ = स्वर्गवास। मृत्यु।

कैलासी—[< स॰ कैलास] *पु॰* (कैलास पर रहने वाला) शिव/महादेव या कुबेर (देवता)। *वि॰* कैलास-सम्बन्धी। कैलास का।

कैलोरी—[अ॰] *स्त्री॰* (भौतिकी॰) ऊष्मा की इकाई।

कैवर्त—[स॰, केवर्त + अण्] *पु॰* केवट। मल्लाह। मछुआ।

कैवल्य—[स॰ केवल + ष्यञ्] *पु॰* १. केवल होने की अवस्था/भाव। निर्लिप्तता। विशुद्धता। २. आत्मा की अलिप्तता/असंगता। ३. आत्मा का अपने स्वरूप में स्थित होना। आत्मा की स्वरूप-अवस्थिति। मुक्ति। मोक्ष। निर्वाण। अपवर्ग। ⁘ **कैवल्य-ज्ञान**—*पु॰* = शुद्ध ज्ञान। मोक्षप्रद ज्ञान।

कैशिक—[स॰ केश + ठञ्] *पु॰* १. बालों की लट या गुच्छा। केश-समूह। २. शृंगार। (नृत्य॰) एक प्रकार का नृत्य जिसमें किसी की नक़ल करते हुए हाव-भावों का प्रयोग किया जाता है। ⁘ **कैशिक निषाद**—निषाद स्वर का एक विकृत रूप।

कैशिकी—[स॰ कैशिक + ङीष्] *स्त्री॰* (नाट्य॰) एक नाट्य-वृत्ति जिसमें नृत्य, गीत और काम-उत्पादक कोमल चेष्टाएँ रहती हैं।

कैशोर्य—[स॰ किशोर + ष्यञ्] *पु॰* १. किशोर वय। किशोरावस्था। २. किशोरता।

क़ैसर—[अरबी] *पु॰* १. सम्राट्। बादशाह। २. जर्मनी, रूस आदि के पूर्व सम्राटों की उपाधि।

***कैहूँ**—[< हि॰ कैसे] *क्रिवि॰* कैसे भी। किसी प्रकार। किसी तरह।

कैंचा (कैंचा)—[< हि॰ कान + ऐंचा] *वि॰* जिसकी एक आँख की पुतली एक ओर खिंची रहती है। ऐंचा। भेंगा। *पु॰* १. ऐसा बैल जिसका एक सींग सीधा और दूसरा टेढ़ा हो।

कैंड़ा (कैंडा)—[< स॰ काण्ड] *पु॰* १. नाप। पैमाना। २. ढंग। तर्ज़। ३. परम्परा। रीति। चाल। ४. कुशलता। चतुराई। ***जैसे***—कैंड़े का आदमी।

को[१]—*परसर्ग॰* १. 'कर्म' कारक का सूचक शब्द। ***जैसे***—राम को पुकारो। २. 'सम्प्रदान' कारक का सूचक शब्द। के लिए। ***जैसे***—साधु को फल दिया। ३. (अवधी आदि में) 'सम्बन्ध' कारक का सूचक शब्द। का। ***जैसे***—राम को लड़का।

†**को**[२]—[< स॰ कः] *सर्व॰* (अवधी आदि में) कौन। ***जैसे***—यह को है?

कोआ—[< स॰ कोश] *पु॰* १. रेशम के कीड़ों का आवरण/ख़ोल। २. 'टसर' (रेशम) का कीड़ा। ३. आँख की पुतली के दोनों ओर के सफ़ेद भागों में से प्रत्येक। ४. आँख का कोना।

***कोइल**[१]—*स्त्री॰* ≤ *स॰* कोकिल। कोयल।

कोइल[२]—[< स॰ कुण्डली] *स्त्री॰* दही बिलोते समय मटके के ऊपर रखी जाने वाली गोल और छेदवाली लकड़ी।

कोई[१]—[< स॰ कोऽपि] *सर्व॰* अज्ञात और अनिर्दिष्ट व्यक्तियों या वस्तुओं में से चाहे जो एक। ***जैसे***—जो कोई जीतेगा, पुरस्कार पाएगा। *वि॰* न जाने कौन एक। बहुतों में से चाहे जो परन्तु एक। ***जैसे***—क्या कोई आएगा? *क्रिवि॰* क़रीब-क़रीब। लगभग। ***जैसे***—यह कोई दस बजे की बात है।

***कोई**[२]—[< हि॰ कोआ < स॰ कोश] *स्त्री॰* १. नेत्र का कोना। २. नेत्र की पुतली के दोनों ओर के सफ़ेद भागों में से प्रत्येक कोआ।

कोए—[हि॰ 'कोआ' का बहु॰] *पु॰* आँख के कोने।

कोक[१]—[स॰ √कुक् + अच्] *पु॰* १. चक्रवाक (पक्षी)। चकवा। सुर्ख़ाब। २. कोयल। ३. मेंढक। ४. विष्णु। ५. 'कामशास्त्र' पर 'कोकशास्त्र' ग्रन्थ का रचयिता 'कोकदेव'।

कोक[२]—[अ॰] *पु॰* (रसायन॰) कोयले के भंजक आसवन से प्राप्त कार्बन का एक रूप जिसमें ८०% कार्बन होता है।

कोकई—[< तुर्की कोक (= आसमानी नीला)] *वि॰* गुलाबी झलक लिए हुए नीला (रंग)। कौड़ियाला (रंग)। *पु॰* उक्त कौड़ियाला रंग।

कोक-कला—[स॰] *स्त्री॰* कामविद्या। (दे॰) कोकशास्त्र।

कोकट—[< स॰ कुक्कुटी (= सेमल)] *वि॰* १. मटमैले रंग का। २. अस्वच्छ। गन्दा। ३. मैल से भरा हुआ (वस्त्र)। ⁘ **कोकटी**—*स्त्री॰* = १. एक प्रकार की रुई जो कुछ लाली लिए सफ़ेद रंग की होती है। २. कुछ लाली लिए हल्का पीला रंग या उसका वस्त्र।

कोकनद—[स॰] *पु॰* लाल कमल।

***कोकना**—[< हि॰ कूकना] *क्रिअ॰* १. कूकना। २. पुकारना। बुलाना। चिल्लाना।

कोकनी[१]—[< स॰ कोक (= चकवा)] *पु॰* एक प्रकार का तीतर।

कोकनी[२]—[< तुर्की कोक = (आसमानी नीला)] *पु॰* एक प्रकार का नीला रंग जिसमें गुलाबी झलक हो।

कोकबन्धु—[स॰ कोक ~ बन्धु] *पु॰* सूर्य। रवि।

कोकम—[देशज] *पु॰* एक प्रकार का वृक्ष जिसके फल खट्टे होते हैं और अचार, चटनी आदि काम आते हैं। ⁘ ***कोकम्ब (कोकंब)**—*पु॰* = कोकम (वृक्ष)।

कोकशास्त्र—[स॰ कोक ~ शास्त्र] *पु॰* १. कोकदेव के द्वारा

रचित कामशास्त्रीय ग्रन्थ। कोकशास्त्र। २. कामशास्त्र।

कोकहर—[स॰ कोक √हृ + अच्] *पु॰* (चकवे का आनन्द हरनेवाला) चन्द्रमा।

कोका[1]—*पु॰* (वनस्पति॰) १. दक्षिणी अमरीका का एक वृक्ष जिसकी सूखी पत्तियों से 'कोकीन' बनायी जाती है।

कोका[2]—[तुर्की] *पु॰* एक ही धाय का दूध पीनेवाले बालक। दूध-भाई या दूध-बहन।

कोकाबेरी (कोकाबेली)—[हि॰ कोका + बेली] *स्त्री॰* नीले फूलों वाला कुमुद।

कोकाह—[स॰ कोक + आ √हन् + ड] *पु॰* सफ़ेद घोड़ा।

कोकिल—[स॰ √कुक् + इलच्] *स्त्री॰* कोयल। ● **विशेष**—संस्कृत में 'कोकिल' पुल्लिंग शब्द है, नारी (मादा) कोयल को 'कोकिला' कहते हैं।

कोकिला—[स॰ कोकिल + टाप्] *स्त्री॰* कोयल।

कोकिलाली—[स॰ कोकिला ~ आली] *स्त्री॰* कोकिलों/कोयलों की पंक्ति।

कोकिलोत्सव—[स॰ कोकिल ~ उत्सव] *पु॰* आम का वृक्ष।

कोकी—[स॰ कोक + ङीष्] *स्त्री॰* चकवी (चिड़िया)।

कोकीन/कोकेन—[< अ॰ ककेन] *स्त्री॰* कोका पौधे की पत्तियों से अथवा रासायनिक रीति से तैयार की जानेवाली एक उत्तेजक औषधि जो नशीली तथा स्थानीय संवेदन-हारी होती है।

कोको—[अ॰] *पु॰* १. ककाओ वृक्ष के बीजों का चूर्ण जिसका प्रयोग चाकलेट बनाने में या चाय की तरह किया जाता है। २. उक्त चूर्ण से बना शीतल पेय।

कोकोजम—[अ॰ कोको] *पु॰* जमाया हुआ नारियल का साफ़ तेल। वनस्पति घी।

कोख—[< स॰ कुक्षि] *स्त्री॰* १. पसलियों के नीचे पेट की दोनों ओर का भाग। कुक्षि। २. उदर। पेट। ३. गर्भाशय।

कोखजली—[हि॰ कोख + जलना] *वि॰* (*स्त्री॰*) *स्त्री॰* (वह स्त्री) जिसकी सन्तान जीवित न रहती हो। (शाप या गाली के रूप में प्रयुक्त)। ***जैसे***—वृद्धा ने चिढ़कर युवती से कहा—"कोखजली! तुझे ज़रा भी तमीज़ नहीं है।"

कोखबन्द (कोखबंद)—[हि॰ कोख + बन्द] *वि॰* (*स्त्री॰*) जिसे सन्तान न होती हो। बन्ध्या। बाँझ।

कोङ्कणस्थ (कोंकणस्थ)—[स॰ कोङ्कण + स्थ] *वि॰* कोंकण क्षेत्र में रहनेवाला। कोंकणी। २. महाराष्ट्रीय ब्राह्मणों का एक वर्ग।

कोङ्कणा (कोंकणा)—[स॰ कोङ्कण + टाप्] *स्त्री॰* (जमदग्नि की पत्नी और परशुराम की माता)। रेणुका। ● **विशेष**—परशुराम को 'कोंकणा-सुत' कहा जाता है। ⁘ **कोङ्कणी (कोंकणा)**—*स्त्री॰* = १. (वर्तमान महाराष्ट्र के एक भाग) कोंकण क्षेत्र की भाषा। *वि॰* = कोंकण-सम्बन्धी। कोंकण का। *पु॰* = कोंकण प्रदेश का निवासी। कोंकणस्थ।

कोच[1]—[< हि॰ कोचना] *पु॰* कोचने की क्रिया/भाव। ● **विशेष**—संस्कृत में 'कोच' का अर्थ 'संकोच' भी होता है।

कोच[2]—[अ॰] *पु॰* १. एक प्रकार की घोड़ागाड़ी जिसमें ४ पहिए और ४ घोड़े होते हैं। बग्घी। २. रेलगाड़ी का सवारी-डिब्बा। ३. घर पर पढ़ानेवाला शिक्षक। ४. खेल-कूद का प्रशिक्षत।

कोच[3]—[< अ॰ काउच] *पु॰* एक प्रकार की गद्देदार कुर्सी जिसपर तीन लोग सरलता से बैठ सकते हैं या एक व्यक्ति लेट/सो सकता है।

कोचना[1]—[< स॰ √कुच्] *क्रिस॰* १. कोई नुकीली वस्तु चुभाना। २. किसी को बार-बार तंग करना। *पु॰* बड़ी कोचनी।

कोचना[2]—[देशज] *पु॰* एक घनी लता जो बड़े वृक्षों पर चढ़ती है तथा जिसकी पत्तियाँ अंगुल-भर लम्बी और दोनों ओर नुकीली होती हैं।

कोचरी—[देशज] *स्त्री॰* एक पक्षी।

कोची—[देशज] *स्त्री॰* बबूल जैसा एक जंगली वृक्ष। बनरीठा। शिकाकाई। ● **विशेष**—इसकी सूखी फलियों का प्रयोग सिर के बालों को धोने में होता है।

***कोछिन**—[हि॰ कोई + छिन (< स॰ क्षण)] *क्रिवि॰* किसी भी क्षण। कभी भी।

कोजागर—[< स॰ 'कौमुदी-जागरण' का संक्षिप्त रूप] *पु॰* १. आश्विन मास की पूर्णिमा। शरदपूर्णिमा। २. शरदपूर्णिमा का उत्सव। कौमुदी महोत्सव। ⁘ **कोजागरी**—*स्त्री॰* = १. कोजागर से सम्बन्धित। कोजागर के उत्सव वाला। २. शरद पूर्णिमा की रात।

कोज्या—[< स॰ कोटिज्या] (गणित॰) एक त्रिकोणमितीय अनुपात। किसी समकोण त्रिभुज में आधार और कर्ण का अनुपात। कोटिज्या। (अ॰ कोसाइन)

कोट[1]—[स॰ √कुट् + घञ्] *पु॰* १. दुर्ग। गढ़। क़िला। २. नगर की सीमा पर बनी ऊँची दीवार। परकोटा। ३. राजप्रासाद। राजमहल।

***कोट**[2]—[< स॰ कोटि] *वि॰, पु॰* कोटि। करोड़। *पु॰* १. समूह। झुंड। २. विस्तार। लम्बाई।

कोट[3]—[अ॰] *पु॰* विदेशी वेशभूषा का मोटा या ऊनी वस्त्र जो कमीज़ के ऊपर पहना जाता है। ***जैसे***—कोट-पतलून पहननेवाले।

कोटपाल—[स॰ कोट √पाल् + णिच् + अच्] *पु॰* १. दुर्ग का प्रमुख अधिकारी। दुर्गपाल। क़िलेदार।

कोटपीस—[< अ॰ कोर्टपीस] *स्त्री॰* ताश का एक खेल जिसमें कुल चार खिलाड़ी और दो पक्ष होते हैं।

कोटर—[स॰ कोट √रा + क] *पु॰* पेड़ के तने का खोखला भाग/खोता। ***जैसे***—कोटरों में चिड़ियाँ रहती हैं। ⁘ **कोटरिका**—*स्त्री॰* = विवर। खोह।

कोटरी—[स॰ कोट √री + क्विप्] *स्त्री॰* १. बाल खोले नंगी स्त्री। २. दुर्गा (देवी)।

कोटवार—[< स॰ कोटपाल] *पु॰* दुर्ग-रक्षक। कोतवाल।

कोटवी—[स॰ कोट √वी + क्विप्] *स्त्री॰* १. बाल खोले नंगी स्त्री। २. दुर्गा (देवी)।

कोटि—[सं॰ √कुट् + इञ्] *स्त्री॰* १. (उत्कृष्टता या स्तर के अनुसार वस्तुओं या व्यक्तियों की) श्रेणी। वर्ग। दर्जा। *जैसे*—उच्च कोटि का नेता। २. सरकारी सेवाओं में क्रमिक उत्कृष्टता की दृष्टि से बनाई गई श्रेणी। संवर्ग। (अं॰ कैटिगरि) ३. धनुष की मुड़ी हुई नोक या सिरा। ४. अस्त्र की नोक या धार। ५. चरम बिन्दु। ६. सिरा। छोर। ७. करोड़ की संख्या। *वि॰* १. उत्तम प्रकार की। २. कितना भी। बहुत अधिक। (गणित॰) १. समकोण त्रिभुज की एक भुजा। आधार भुजा। २. निर्देशांक पद्धति में किसी बिन्दु की भुज-अक्ष से लाम्बिक दूरी। (अं॰ ऑर्डिनेट) (कोश॰) संवर्ग। वर्ग। समूह। *वि॰* सौ लाख। करोड़। ✣ **कोटि-अक्ष**—*पु॰* = (गणित॰) कोटि का अक्ष जो भुज-अक्ष पर लम्बवत् होता है।

कोटिक—*वि॰* = १. श्रेणीगत। वर्गपरक। कोटिगत। २. सरकारी सेवाओं में क्रमिक उत्कृष्टता की दृष्टि से बनायी गयी श्रेणियों या वर्गों से सम्बन्धित। संवर्गात्मक। कोटिगत। (अं॰ कैटिगोरिक) ३. करोड़ों। ४. असंख्य। अगणित। *जैसे*—कोटिक उपकार।

कोटिज्या—[सं॰ कोटि ~ ज्या] *स्त्री॰* (गणित॰) कोज्या।

कोटिबद्ध (कोटिबद्ध)—[सं॰ कोटि ~ बद्ध] *वि॰* १. विभिन्न कोटियों में बाँटा हुआ। २. क़ोटि विशेष में रखा हुआ।

कोटिशः—[सं॰ कोटि + शः (शस्)] *क्रिवि॰* १. करोड़ों बार। असंख्य बार। अनेक बार। २. करोड़ों प्रकार से। असंख्य प्रकार से। अनेक प्रकार से। *वि॰* करोड़ों। अगणित। असंख्य। बहुत अधिक।

कोटिशर—[सं॰ कोटि ~ शर] *पु॰* (खगोल॰) अक्षांश और ९० अंश का अन्तर। (अं॰ को-लैटिट्यूड)।

कोटि स्पर्शज्या—[सं॰] *स्त्री॰* (गणित॰) एक त्रिकोणमितीय फलन। किसी समकोण त्रिभुज में किसी कोण की संलग्न भुजा और सम्मुख भुजा का अनुपात। स्पर्शज्या का व्युत्क्रम। (अं॰ कोटैन्जेन्ट)

कोटी—[< अं॰ कोट] *स्त्री॰* स्त्रियों का एक परिधान जो सदरी/बास्कट जैसा होता है।

कोटीश्वर—[सं॰ कोटि + ईश्वर] *पु॰* करोड़पति।

कोट्ट—[सं॰ √कुट्ट + घञ्, नि॰ गुण] *पु॰* १. कोट। गढ़। क़िला। २. राजप्रासाद। राजमहल।

कोट्टवी—[सं॰ कोट्ट √वा + क + ङीष्] *स्त्री॰* १. बाल खोले नंगी स्त्री। २. दुर्गा (देवी)।

कोट्टार—[सं॰ √कुट्ट + आरक, पृषो॰] *पु॰* १. कोट। क़िला। २. कूप। कुआँ। ३. तालाब की सीढ़ियाँ। ४. दुराचारी पुरुष। लम्पट।

कोट्याँ—[< सं॰ कोटिक] *वि॰* १. करोड़ों। २. अगणित। असंख्य।

[1]**कोठ**—[< सं॰ √कुण्ठ्] *वि॰* १. (वस्तु) जिसे ख़ट्टेपन या कठोरता आदि के कारण चबाया न जा सके। २. (दाँत) (खट्टेपन या अन्य किसी कारण से) जो खाद्य वस्तु को चबा न सकते हों। कुंठित।

कोठरी—[< हिं॰ कोठा, या < कोठरा] *स्त्री॰* छोटा कमरा।

कोठा—[< प्रा॰ कोट्ठय < सं॰ कोष्ठ] *पु॰* १. मकान की ऊपरी मंज़िल। २. ऊपरी मंज़िल का बड़ा कमरा। ३. राजभवन के बीच का बड़ा भाग। ४. भंडार। कोठार। ५. पेट। ६. (लाक्षणिक) वेश्याघर।

कोठार—[< प्रा॰ कोट्ठार < सं॰ कोष्ठागार] *पु॰* अन्न, धन आदि रखने का स्थान। कोष्ठागार। भंडार। भांडागार।

कोठारी—[< सं॰ कोष्ठागारिक] *पु॰* कोठार/भंडार का अधिकारी। कोष्ठागारिक। भंडारी।

***कोठिला**—[< हिं॰ कोठार] *पु॰* १. (अनाज रखने का) स्थान। कोठार। बखारी। २. अनाज रखने का मिट्टी का बड़ा पात्र। मिट्टी का बना कोठार।

कोठी—[< सं॰ कोष्ठिका] १. विशाल भवन। २. किसी बड़े कारोबार का मकान। ३. कुएँ/पुल की रचना में वस्तु का वह अंश जो जल में बहुत गहराई तक धँसाया जाता है। ४. अनाज रखने का स्थान। कोठार। ५. किसी वस्तु का भंडार। ६. वह स्थान जहाँ बाँस सदा उगा करते है और बढ़ते हैं।

कोड[1]—[देशज कुड्ड] *पु॰* कौतुक। तमाशा। खेल।

कोड[2]—[अं॰] १. कूट। (दे॰) २. संकेत भाषा। ३. संकेत-लिपि। (गणित॰) किसी अभिकलित्र या सारणीय यन्त्र आदि में प्रयुक्त किए जाने वाले प्रतीकों का समूह। कूट।

***कोड़**—[< प्राकृत कुड्ड] *पु॰* १. कौतुक। तमाशा। खेल। २. आश्चर्य।

कोड़ना—[< सं॰ √कुण्ड] *क्रिसं॰* खेत आदि में मिट्टी को खोदकर उलट देना जिससे वह भुरभुरी हो जाए। गोड़ना। गुड़ाई करना।

***कोडा**—[< प्रा॰ < कवड्ड < सं॰ कपर्द] १. कौड़ी। २. धन।

***कोडी**—[< हिं॰ कोड < प्राकृत॰ कुड्ड] *स्त्री॰* कौतुक। तमाशा। खेल।

कोड़ी—[कोल भाषा] *स्त्री॰* १. बीस वस्तुओं का समूह। *जैसे*—पाँच कोड़ी अर्थात् सौ। *वि॰* बीस। *जैसे*—पाँच कोड़ी लाठियाँ।

कोडीकरण—[< अं॰ कोड + सं॰ करण] *पु॰* कूटबद्धता।

कोढ़ा—[देशज] *पु॰* खेत में गोबर आदि एकत्र करने के लिए पशुओं को बाँधने का स्थान।

कोढ़िला—[देशज] *पु॰* एक पौधा जिसके कोमल डंठलों से, विवाह में वर के पहनने का, मौर बनाया जाता है।

कोण—[सं॰ √कुण् + घञ्/अच्] *पु॰* १. कोना। २. सांरगी/बेला बजाने का उपकरण। (गणित॰) दो सरल या वक्र रेखाओं या समतलों या वक्र तलों के परस्पर झुकाव की माप। (ज्योतिष॰) लग्न से नवाँ और पाँचवाँ भाव/घर।

कोणाकोणि—[< सं॰ कोण] *क्रिवि॰* एक कोने से दूसरे कोने तक।

कोणिक—[सं॰ कोण + ठन्] वि॰ कोणीय।

कोणीय—[सं॰ कोण + छ] *वि॰* नुकीला। नोकदार। (गणित॰) कोण-सम्बन्धी। कोण का।

कोतल—[फा॰] *वि॰* रिक्त। ख़ाली। *पु॰* १. शोभायात्रा का सुसज्जित घोड़ा जिस पर कोई सवार नहीं होता है। जुलूसी घोड़ा। २. राजा

की यात्रा में विशेष सुसज्जित घोड़ा।

कोतवाल—[< स॰ कोटपाल] *पु॰* १. पुलिस का एक प्रमुख अधिकारी जो कोतवाली का सर्वोच्च अधिकारी होता है। २. (मध्ययुग में) क़िले का प्रमुख अधिकारी। कोटपाल। दुर्गपाल। क़िलेदार। ३. भुजंगा पक्षी। कलकलाची।

कोतह/कोताह—[फ़ा॰] *वि॰* १. छोटा। २. थोड़ा। कम। ● **विशेष**—उपसर्ग के रूप में भी 'कम' या 'छोटा' के अर्थ में 'कोताह' और 'कोतह' प्रयुक्त होते हैं। ✣ **कोताही**—*स्त्री॰* = न्यूनता। कमी। कोर-कसर। ***जैसे***—तुमने कोई कोताही नहीं की।

***कोति**—[< हि॰ कोत] *स्त्री॰* १. ओर। दिशा। तरफ़।

***कोतिग**—*वि॰* ≤ *स॰* कोटिक। करोड़ों।

कोथ—[स॰ √कुथ् + घञ्] *स्त्री॰* (चिकित्सा॰) १. ऊतक का रक्त मिलना बन्द होने के कारण नष्ट होने की स्थिति/विकृति। (अ॰ गेंग्रीन) २. एक नेत्र-रोग जिसमें आँख दुखती है और सूज जाती है।

***कोद (कोदह)**—[< हि॰ कोत] *स्त्री॰* १. कोण। कोना। २. दिशा। ओर। तरफ़।

कोदण्ड (कोदंड)—[स॰ √कु + विच् + दण्ड] *पु॰* धनुष। कमान।

कोदैली—[देशज] *स्त्री॰* मयूरी। मोरनी।

कोनिया—[< हि॰ कोना] *वि॰* कोने वाला। *स्त्री॰* १. (घर में) दीवारों, छतों आदि का कोना या किंनारा। २. दीवार के कोनों के बीच वस्तुएँ रखने के लिए लगाई गई पटिया। पटनी। ३. लोहा/लकड़ी का कोणाकार टुकड़ा जो दो वस्तुओं के जोड़ पर जड़ा होता है ताकि वे कसी या जकड़ी रहें।

कोप—*पु॰* क्रोध। ग़ुस्सा। २. सन्ताप। (आयुर्वेद॰) वात/पित्त आदि दोषों का, संचय होने के बाद, शरीर में फैलना।

कोपयिष्णु—[स॰ √कुप् + णिच् + इष्णुच्] *वि॰* क्रोधी स्वभाव वाला।

कोपर[१]/कोऽपर—[स॰ कः ~ अपर] कौन दूसरा।

***कोपर[२]**—[< स॰ कूर्पर] *पु॰* (भुजा की) कुहनी।

***कोपर[३]**—[< स॰ कपाल] *पु॰* बड़े थाल या परात जैसा एक पात्र जिसे उठाने के लिए एक ओर कुंडा लगा होता है।

कोपाकुल—[स॰ कोप ~ आकुल] *वि॰* क्रोध से व्याकुल। अति क्रुद्ध।

कोपानल—[स॰ कोप ~ अनल] *पु॰* १. क्रोध की अग्नि। ***जैसे***—शिव के कोपानल से कामदेव भस्म हो गया। २. क्रोधरूपी अग्नि।

कोपि (कोऽपि)—[स॰ कः + अपि] *सर्व॰* कोई भी।

कोपी[१]—[स॰ कोपिन्] *वि॰* कोप करनेवाला। क्रोधी। ***जैसे***—अति कोपी रावण।

कोफ़्त—[फ़ा॰] *स्त्री॰* मन ही मन होनेवाला दुःख। खेद।

कोफ़्ता—[< फ़ा॰ कोफ़्तः] *पु॰* १. दाल या सब्ज़ी आदि को पीसकर और तलकर बनाया जाने वाला छोटा गोल व्यंजन। २. कटे हुए माँस का कबाब।

कोमता—[देशज] *पु॰* सिन्ध और अजमेर की रेतीली भूमि में होनेवाला एक सुन्दर और सदाबहार विशाल वृक्ष जिसमें काँटे बहुत होते हैं।

कोमलचित्त—[स॰ कोमल ~ चित्त] *वि॰* १. कोमल हृदयवाला। दयालु। २. अति संवेदनशील।

कोमल स्वर—[स॰] *पु॰* (संगीत॰) स्वर सप्तक के सा, म और प को छोड़कर शेष चार स्वर (रे, ग, ध, नि) जब वे अपनी अधिष्ठित श्रुति के पूर्व की श्रुतियों पर उच्चरित हों। ● **विशेष**—जब उक्त चार स्वरों में से कोई एक से अधिक श्रुति नीचे उतरता है तब उसे **'अति कोमल स्वर'** कहते हैं।

कोमलाङ्ग (कोमलांग)—[स॰ कोमल ~ अङ्ग] *वि॰* मृदुल/सुकुमार अंगों वाला। ✣ **कोमलाङ्गी—(कोमलांगी)**—*वि॰* (स्त्री॰)।

कोमलाभ—[स॰ कोमल ~ आभा] *वि॰* कोमल आभा वाला। ***जैसे***—कोमलाभ उषाकाल।

कोमलालापिनी—[स॰ कोमल ~ आलापिनी] *स्त्री॰* (छन्द॰) मंजुभाषिणी छन्द।

कोमला वृत्ति—[स॰] *स्त्री॰* (काव्य॰) नाटकों की रचना-शैली जिसमें कोमल अक्षरों (य, व, स) कवर्ग आदि के तृतीय वर्णों तथा छोटे समासों का प्रयोग होता है।

कोमासिका—[स॰ कु + उमा ~ आसिका] *स्त्री॰* बढ़ते फल का आरम्भिक रूप। बतिया।

कोयता—[< प्रा॰ कत्त (= छोदना/काटना)] *पु॰* ताड़ी चुआने वालों का एक उपकरण जिससे वे वृक्ष को छेदते हैं।

कोयल[१]—[< प्रा॰ कोइल < स॰ कोकिल] पु॰, *स्त्री॰* कौवे के आकार का, लम्बी दुम वाला, चमकते काले रंग का एक पक्षी जिसकी चोंच हरी और आँखें गहरी लाल होती हैं तथा जो बसन्त ऋतु में **'कू-कू-कू'** की मधुर बोली बोलता है। कोकिल।

कोयल[२]—[देशज] *स्त्री॰* एक औषधीय लता जिसका फूल सफ़ेद या नीला होता है तथा पत्ते बहुत छोटे और महीन होते हैं। अपराजिता।

कोया—*पु॰* १. आँख का कोना। २. रेशम के कीड़े का घर। ३. पके कटहल की गुठली जिसमें बीज होता है।

कोर[१]—[< स॰ कोण] *स्त्री॰* १. तट। किनारा। २. सिरा। किनारा। हाशिया। ***वा॰*** कोर दबना—१. किसी प्रकार के दबाव में होना। २. तुलना में दुर्बल/हीन होना। ३. कोना। ४. द्वेष। वैर। ५. दोष। बुराई। ६. न्यूनता। कमी। कसर। ७. हथियार आदि की धार। ८. पंक्ति। कतार। ९. भाग। अंश। टुकड़ा।

***कोर[२]**—[< स॰ कोटि] *वि॰, पु॰* कोटि। करोड़। *स्त्री॰* १. वस्त्र का अंचल। छोर। २. नोक।

कोर[३]—*पु॰* ≤ *स॰* क्रोड़। गोद।

कोर[४]—[देशज] १. चैती फ़सल की पहली सिंचाई। २. मज़दूरों आदि को दी जाने वाली जलपान-सामग्री। छाक।

कोर[५]—[स० √कुल् + अच्, ल → र] शरीर की वह सन्धि/जोड़ जिस पर से अंग मुड़ सकता है। ● **विशेष**—कुहनी, कलाई, उँगली और घुटने की सन्धियाँ 'कोर' हैं।

कोर[६]—[< स० कोरक] पु० कली।

कोरक—[स० √कुल् + ण्वुल्, ल→र] *पु०* १. कली। २. फूल/कली का बाहरी आधार-भाग जिसमें पत्तियाँ रहती हैं। फूल की कटोरी। ३. कमल की नाल/डंडी। मृणाल।

***कोरना**—[< हि० कोर] *क्रिस०* १. (अनगढ़ रत्न की) नोकों और उभरे हुए भागों को घिसना। २. गढ़ना। बनाना। ३. कोर निकालना। ४. निकालना। ५. पत्थर/काठ पर खुदाई करना। ६. खोखला करना। ७. छेद करना। ✣ **कोरनी**—*स्त्री०* = किसी वस्तु में कोर/किनारा निकालने का उपकरण।

कोरम—[< अ० क्वोरम] *पु०* बैठक होने के लिए अनिवार्य मानी जाने वाली सदस्यों की न्यूनतम संख्या। गणपूर्ति।

कोरमा—[< तुर्की कोर्मः] *पु०* १. मसाला देकर भूना हुआ मांस जिसमें रसा/शोरबा न हो।

कोरस—[अ०] *पु०* (पा० नाट्य०) १. (नाटक में) वृन्दगान। समूहगान। २. (नाटक में) गायकों और नर्तकों का वृन्द। दल।

कोरा[१]—[< स० केवल] *वि०* १. जो अभी तक उपयोग में न लाया गया हो। बिल्कुल नया। ***जैसे***—कोरा कपड़ा। २. जो अभी तक जल से धोया न गया हो (वस्त्र या मिट्टी का बरतन)। ३. बिना चिरा हुआ (बाँस)। ***जैसे***—नया छप्पर छाने में कोरे बाँस प्रयुक्त होते हैं। ३. (काग़ज़) जिस पर अभी तक कुछ लिखा या चित्रित या अंकित न किया गया हो। अलिखित। अचित्रित। सादा। ५. (उत्तर) जो स्पष्ट नकारात्मक हो। साफ़ इनकार। ***जैसे***—कोरा उत्तर दे दिया। ६. वंचित। रहित। ख़ाली। ***जैसे***—उसे कुछ नहीं मिला, वह तो कोरा रह गया। ७. मूर्ख। ८. अशिक्षित। अपढ़। ✣ **कोरी**—*वि०* (*स्त्री०*)। ***जैसे***—कोरी धोती; कोरी बातचीत। ***वा०*** **कोरा काग़ज़**—१. वह व्यक्ति जिसके मन में किसी वस्तु/व्यक्ति के विषय में पहले से कोई धारणा/विचार/पूर्वाग्रह न हो। २. नया अनुभव पाने और नयी धारणा बनाने को तैयार व्यक्ति। **कोरा जबाब**—स्पष्ट इनकार।

कोरा[२]—[देशज] *पु०* एक पक्षी जो तीतर के आकार का होता है, प्रायः दलदल में रहता है, पीली चोंच और लाल पैरों वाला होता है और जिसकी बोली 'ऊटुम्ब-ऊटुम्ब' ध्वनि वाली होती है। काँगाड।

***कोरा**[३]—[< स० क्रोड] *पु०* क्रोड़। गोद।

***कोरि**—[< स० कोटि] *वि०* कोटि। करोड़।

कोरित—[स० कोर + इतच्] *वि०* १. अंकुरित। २. कूटा हुआ। चूर्ण किया हुआ।

कोरिया—[देशज] *पु०* एक पक्षी जो कबूतर से छोटा होता है, सुनहले रंग का होता है परन्तु चोंच और पंजे मटियाले होते हैं तथा 'तैंऊ-तैंऊ' की ध्वनि करता है।

कोरो—[< हि० कोर] *पु०* १. (खपरैल आदि की) छाजन में प्रयुक्त होनेवाली लम्बी लकड़ी। ● **विशेष**—इसे कहीं-कहीं **'काँड़ी'** भी कहते हैं। २. सूखा हुआ रेंड़ वृक्ष।

कोर्निश—[< तुर्की कुर्नुश] *क्रिस०* झुककर प्रणाम करना।

कोल[१]—[स० √कुल् + अच्] *पु०* १. शूकर। सुअर। २. काली मिर्च। ३. शनि ग्रह। (आयुर्वेद०) तोला-भर की एक पुरानी तौल।

कोल[२]—[देशज] *पु०* १. एक वनजाति जो छोटा नागपुर से मिरज़ापुर तक के जंगलों में रहती है।

कोलाहट—[स० कोल + आ √हट् + अच्] *पु०* नृत्य में निपुण व्यक्ति जो तलवार की धार पर नृत्य कर सकता हो और मुख से मोती पिरो सकता हो।

कोलाहल—[स० कोल + आ √हल् + अच्] *पु०* बहुत लोगों के एक साथ बोलने से उत्पन्न घोर शब्द। शोर।

ǀ**कोलिक**—[देशज] *पु०* कपड़े बुननेवाला। कोरी। जुलाहा।

ǀ**कोलिया**—[देशज] *स्त्री०* १.संकीर्ण/पतली गली। २. कम चौड़ा और अधिक लम्बा खेत।

ǀ**कोलियाना**[१]—[< हि० कोलिया] *क्रिअ०* तंग गली में चलना। तंग गली में से होकर जाना।

कोलियाना[२]—[< हि० कोली] *पु०* कोरी/कोलिक लोगों का मुहल्ला।

कोली[१]—[देशज] *पु०* कपड़ा बुननेवालों की 'कोरी' नामक उपजाति या उसका व्यक्ति।

***कोली**[२]—[< स० क्रोड] *स्त्री०* गोद।

कोविद—[स० √को √विद् + क] *वि०* बुद्धिमान्। चतुर। निपुण। कुशल। *पु०* महान् विद्वान्।

कोविदार—[स० कु+वि √दृ + अण्] *पु०* १. लाल कचनार का वृक्ष। २. कचनार का फूल।

कोश—[स० √कुश् + घञ्] *पु०* १. सामान रखने का पात्र। सन्दूक़/अलमारी/दराज़/ख़ाना या बाल्टी/कठौती आदि। २. आवरण/ख़ोल या ढक्कन। ३. तलवार की म्यान। ४. किसी वस्तु का भीतरी भाग। ५. धनागार। ख़ज़ाना। ६. धन। दौलत। ७. अधखिला फूल। मुकुल। कली। ८. फली। ९. रेशम का कोया। १० कटहल का कोया। ११. आम की गुठली। १२. किसी क्रम के अनुसार शब्दों और उनके अर्थों आदि के संग्रह की पुस्तक। अभिधान। (वेदान्त०) शरीर के पाँच प्रकार के स्थूल और सूक्ष्म आवरणों में से प्रत्येक। ● **विशेष**—ये ५ कोश हैं—**अन्नमय कोश, प्राणमय कोश, मनोमय कोश, विज्ञानमय कोश और आनन्दमय कोश।** ✣ **कोशकार**—*पु०* = १. कोश बनानेवाला। तलवार की म्यान, सन्दूक़ आदि बनानेवाला। २. शब्दकोश के लिए शब्दों का संग्रह और उनके अर्थों आदि का सम्पादक। ✣ **कोश-कीट**—*पु०* = रेशम का कीड़ा। ***जैसे***—कोश-कीट- पालन का उद्योग। ✣ **कोशज**—*वि०* = कोश से उत्पन्न होनेवाला। कोश से निकलनेवाला। *पु०* १. रेशम। २. मोती। ३. घोंघा/सीप आदि में रहनेवाले जन्तु। ✣ **कोश-पति**—*पु०* = कोषाध्यक्ष। ख़ज़ांची। ✣ **कोशपाल**—*पु०*

= १. कोषाध्यक्ष। ख़ज़ांची। २. कोष का रक्षक अधिकारी। ✣ **कोश सांख्यिकी**—*स्त्री॰* = विभिन्न भाषाओं की मूल शब्दावली की बोधगम्यता तथा भाषाओं के परस्पर सम्बन्ध का सांख्यिकी की सहायता से अध्ययन। ● **विशेष**—इसे '**शब्दसांख्यिकी**' भी कहा जाता है।

कोशस्थ—[स॰ कोश + स्थ] *वि॰* १. कोश में स्थित। २. आवरण/ख़ोल में रहनेवाला। *जैसे*—कोशस्थ जन्तु। (प्राणि॰) कोशित।

कोशा—[स॰ कोश + टाप्] *स्त्री॰* (जीव॰) कोशिका। (अ॰ सेल)।

कोशाधिप (कोशाध्यक्ष)—[स॰ कोश ~ अधिप/अध्यक्ष] *पु॰* १. ख़ज़ांची।

कोशा-भित्ति—[स॰] *स्त्री॰* कोशिका-भित्ति।

कोशिका—[स॰ कोश + कन् + टाप्] *स्त्री॰* जल इत्यादि द्रवों को रखने/पीने का पात्र। कटोरा, प्याला या गिलास। (जीव॰) जीवधारियों के शरीर की संरचनात्मक और कार्यात्मक इकाई। कोश। (अ॰ सेल) ✣ **कोशिका-कला**—*स्त्री* = (जीव॰) जीवधारियों (वनस्पतियों और जन्तुओं) की कोशिका के चारों ओर की पतली अर्धपारगम्य झिल्ली। ✣ **कोशिका जैविकी**—*स्त्री॰* जीवविज्ञान की वह शाखा जिसमें कोशिकाओं की संरचना तथा क्रियाओं का अध्ययन होता है। (अ॰ सेल बायोलॉजी) ✣ **कोशिकाद्रव्य**—*पु॰* = जीवधारियों की कोशिका में केन्द्र को छोड़कर शेष जीवद्रव्य। (अ॰ साइटोप्लाज़्म) ✣ **कोशिका-भित्ति**—स्त्री॰ = पादपों की कोशिकाओं के चारों ओर की कठोर और दृढ़ भित्ति/दीवार। (चिकित्सा॰) अधिकतर कोशिकाओं पर चढ़ी कला जो जीवद्रव्य के बाह्य भाग या बहिर्द्रव्य से विभेदित होती है। कोशाभित्ति। प्लाज़्मा-कला। ✣ **कोशिका रसायन**—*पु॰* = रसायन विज्ञान की वह शाखा जिसमें जीवित कोशिकाओं के रासायनिक संघटन तथा कोशिकाओं से बने पदार्थों के स्वरूप, गुणधर्म और अभिक्रियाओं का अध्ययन किया जाता है। (अ॰ साइटोकेमिस्ट्रि) ✣ **कोशिकावर्गिकी**—*स्त्री॰* = पादपों के वर्गीकरण की वह शाखा जिसमें कोशिका की संरचना से प्राप्त ज्ञान को वर्गीकरण का आधार बनाया जाता है।

कोशित—[स॰ कोश + इतच्] *पु॰* = डिम्भक अवस्था (अ॰ लारवा) और वयस्क अवस्था के बीच की अवस्था का कीट। (अ॰ प्यूपा) ● **विशेष**—इस अवस्था में संचलन और पोषण की क्रिया नहीं होती। डिम्भक अंगों का पुनर्गठन होकर वयस्क अंगों का परिवर्धन होता है।

कोशी—[स॰ √कुश् + अच् + ङीष्] *स्त्री॰* १. कली। २. फली। शिम्बी। छीमी। *वि॰* कोशयुक्त।

कोशी/कोषी—[स॰ कोशिन्/कोषिन्] *पु॰* आम का पेड़।

कोशीम—[< स॰ कोश] *स्त्री॰* (भाषा॰) मिलते-जुलते शब्दों के समूह की आधारभूत इकाई जो शब्दकोश में स्वतंत्र प्रविष्टि के रूप में स्थान पाती है। *जैसे*—'चलना' 'कोशीम' है और 'चला', 'चलेगा', 'चलो' आदि उस पर आधारित शब्द हैं जिन्हें प्रायः कोशीय प्रविष्टि नहीं बनाया जाता। (अ॰ लेक्सिम)

कोष—[स॰ √कृष् + घञ्] *पु॰* कोश। (दे॰) ✣ **कोषकार**—*पु॰* = कोशकार।

कोषाध्यक्ष—[स॰ कोष ~ अध्यक्ष] *पु॰* कोष का प्रमुख। ख़ज़ांची।

कोष्ठ—[स॰ √कुष् + थन्] *पु॰* १. चारों ओर से घिरा हुआ स्थान। कोठा। २. घेरे की दीवार। चारदीवारी। ३. शरीर के अन्दर का वह भाग जिसमें कोई विशेष क्रिया होती हो (हृदय, फेफड़े आदि)। ३. पेट का मध्य भाग। ४. अन्न-भंडार।

कोष्ठक—[स॰ कोष्ठ + कन्] *पु॰* १. चारों ओर से घिरा हुआ स्थान। कोष्ठ। कोठा। २. अन्न-भंडार। ३. तीन विशेष चिह्नों—( ), { }, [ ]—में से प्रत्येक। (अ॰ ब्रैकेट) ● **विशेष**—(क) इन तीनों कोष्ठकों को क्रमशः 'लघु कोष्ठक' 'मध्य कोष्ठक' तथा 'बड़ा कोष्ठक' कहते हैं। (ख) तीनों कोष्ठकों का उपयोग गणित में होता है। लघु और बड़े कोष्ठकों का उपयोग सम्यक् लेखन में भी होता है।

कोष्ठबद्ध (कोष्ठबद्ध)—[स॰ कोष्ठ ~ बद्ध] *वि॰* १. कोष्ठ में बन्द। २. पेट में रुका हुआ (मल)।

कोष्ठागार—[स॰ कोष्ठ ~ आगार] *पु॰* भंडार। २. कोषागार।

कोष्ठागारिक—[स॰ कोष्ठागार + ठन्] *पु॰* १. भंडार का प्रमुख। भंडारी। २. कोषाध्यक्ष। खज़ांची।

कोष्ठाग्नि—[स॰ कोष्ठ ~ अग्नि] *स्त्री॰* पेट की वह शक्ति या अग्नि जो खाया हुआ भोजन पचाती है। पाचनशक्ति। जठराग्नि।

क़ोष्ण—[स॰ कु + उष्ण, कु→का] *वि॰* हल्का गरम या गुनगुना (जल)।

कोसली—[< स॰ कोसल] *वि॰* कोसल प्रदेश से सम्बन्धित। कोसल का। *पु॰* कोसल प्रदेश का निवासी। *स्त्री॰* कोसल प्रदेश की भाषा या बोली।

कोसा[१]—[< स॰ कोश] *पु॰* (मध्य प्रदेश का) एक प्रकार का उत्तम रेशम।

कोसा[२]—*पु॰* मिट्टी का एक छोटा पात्र। सकोरा। कसोरा।

कोसा-काटी—[< हि॰ कोसना + काटना] *स्त्री॰* १. कोसने और काटने की क्रिया/भाव। २. शाप जैसी गाली।

***कोह[१]**—[प्रा॰ < स॰ क्रोध] *पु॰* क्रोध। ग़ुस्सा।

कोह[२]—[< स॰ ककुभ] *पु॰* 'अर्जुन' नामक वृक्ष।

कोह[३]—[फ़ा॰] *पु॰* पर्वत। पहाड़। *जैसे*—कोह काफ़ (काफ़/काकेशस पर्वत)।

***कोहना**—[< हि॰ कोह (क्रोध)] *क्रिअ॰* क्रोध करना। नाराज़ होना।

कोहबर—[< स॰ कोष्ठवर] *पु॰* घर में वह स्थान जिसमें कुल-देवता स्थापित रहता है या विवाह के अवसर पर किया जाता है और भाँवरों के बाद वर-वधू को वहाँ ले जाकर कुछ रीतियाँ की जाती हैं। कौतुकगृह।

***कोहर**—[< स॰ कुहर] *पु॰* कूप। कुआँ।

***कोहाना**—[< हिं॰ कोह] *क्रिअ॰* क्रुद्ध होना। नाराज़ होना। २. रूठना।

कोहिल—[देशज] *पु॰* शाही बाज़ नामक पक्षी।

कोहिस्तान—[फा॰] *पु॰* पर्वतीय प्रदेश। पहाड़ी इलाका। ✣ **कोहिस्तानी**—*वि॰* = पर्वतीय। पहाड़ी। *पु॰* = पर्वत निवासी।

***कोही[१]**—[< प्रा॰ कोह (= क्रोध)] *वि॰* क्रोधी।

कोही[२]—[< हिं॰ कोहिल] *स्त्री॰* शाहीबाज़ नामक नारी/मादा पक्षी। ● **विशेष**—इसका नरपक्षी '**कोहिल**' कहा जाता है।

कौंचफली (कोंचफली)—[< हिं॰ केवाँच + सं॰ फली] *स्त्री॰* केवाँच। कौंछ।

कौंचा (कोंचा)—[< हिं॰ कोंचना] *पु॰* १.कोंचने की क्रिया/भाव। २. कोंचने में प्रयुक्त वस्तु। ३. नुकीले हथियार का घाव। ४. बहेलियों की लग्गी जिसमें चिड़ियाँ फँसाने के लिए लासा लगा होता है। ५. (भड़भूँजे का) बालू निकालने का कलछा।

कौंछ (कोंछ)—[< हिं॰ खोंच] *पु॰* १. आँचल का कोना। २. गोद। ● **विशेष**—केवाँच/कौंछ को भी कहीं-कहीं '**कोंछ**' कहा जाता है।

कौंछना (कोंछना)—[< हिं॰ खोंसना] क्रिस॰ १. (किसी वस्तु को) आँचल के कोने में रख लेना। २. साड़ी का पेट का आगे खोंसा जाने वाला भाग चुनना।

†कौंछी (कोंछी)—[< हिं॰ काछा] *स्त्री॰* साड़ी का वह भाग जो चुनकर पेट के आगे खोसा जाए।

कौंड़री (कोंड़री)—[देशज] *स्त्री॰* हुडुक वाद्य की लकड़ी जिस पर चमड़ा मढ़ा रहता है।

कौंथना (कोंथना)—[< सं॰ कुन्थन] *क्रिअ॰* कूँथना। कराहना।

***कौंप/कौंपन (कोंप/कोंपन)**—*स्त्री॰ ≤ हिं॰* कोंपल। अंकुर। ✣ **कौंपना (कोंपना)**—*क्रिअ॰* = कोंपल निकलना।

कौंपर (कोंपर)—[देशज] *पु॰* परात के समान छिछला एक पात्र जो विवाह/प्रीतिभोज आदि के समय मान्य अतिथियों के हाथ धुलाने में काम आता है। ● **विशेष**—इसके किनारे भीतर की ओर मुड़े होते हैं।

कौंपल (कोंपल)—[< सं॰ कोमल पल्लव या < सं॰ कुड्मल] *स्त्री॰* पेड़ों/पौधों आदि की नयी कोमल पत्ती। अंकुर। कल्ला। ✣ **कौंपली (कोंपली)**—*पु॰* = कोंपल जैसा कुछ कालापन लिए लाल रंग। *वि॰* कोंपल के रंग का। कुछ कालापन लिए हुए लाली वाला।

कौंहर (कोंहर)—[देशज] *पु॰* एक फल जो लाल रंग का होता है। इन्द्रायन।

कौ**—[< हिं॰ का] *परसर्ग॰* १. का। २. 'को' या 'के लिए'। ***जैसे—राम कौ दो। ३. 'में' या 'पर'।

कौआठोड़ी—[< सं॰ काकतुण्डफला] स्त्री॰ क्षुप जाति की एक वनस्पति जिसके फल चिकने और कौए की चोंच के आकार के होते हैं तथा फूल गुच्छों में लगते हैं। संस्कृत में इसे '**काकनासा**' भी कहते हैं। स्थान-भेद से इसे '**काकतुंडी**', '**करवी**' आदि भी कहा जाता है।

***कौच**—*पु॰ ≤ सं॰* कवच।

कौटिल्य—[सं॰ कुटिल + ष्यञ्] *पु॰* १. कुटिलता। २. दुष्टता। ३. टेढ़ापन। ४. कपट।

कौड़ा[१]—[< प्रा॰ कवड्डअ < सं॰ कपर्द] *पु॰* बड़ी कौड़ी।

†कौड़ा[२]—[< सं॰ कुण्ड] *पु॰* तापने का गड्ढा। अलाव।

कौड़िया—[< हिं॰ कौड़ी] *वि॰* १. कौड़ी के रंग का या कौड़ी जैसा। २. कौड़ी-सम्बन्धी। कौड़ी का। *पु॰* १. कौड़ी जैसा रंग। कौड़ियाला। २. कौड़िल्ला (पक्षी)।

कौड़ियाला—[< हिं॰ कौड़ी] *पु॰* १. गुलाबीपन के साथ हल्का नीला रंग। *वि॰* उक्त रंग का। ३. कौड़ी के सदृश चित्तियोंवाला एक विषैला सर्प। ४. कंजूस धनी व्यक्ति।

कौड़िल्ला—[< हिं॰ कौड़ी] *पु॰* १. 'किलकिला' की जाति का एक पक्षी जिसके सिर पर काली मखमली टोपी होती है। २. शंखपुष्पी/शंखाहुली नामक पौधा।

कौड़ी—[< प्रा॰ कबड्डि < सं॰ कपर्दी] *स्त्री॰* १. शंख आदि की तरह का एक समुद्री कीड़ा जो अस्थिकोश में रहता है। २. उक्त अस्थिकोश जो पहले सबसे छोटे सिक्के के रूप में प्रचलित था। वराटिका। ३. छाती के नीचे बीचोंबीच, पसलियों के मिलने के स्थान की एक छोटी हड्डी। ४. आँख का डेला। नेत्रगोलक। ● **विशेष**—'कौड़ी' का प्रयोग १०० वर्ष पूर्व तक मुद्रा के समान ही होता था। तब एक पैसे में २० कौड़ियाँ मिलती थीं, अर्थात् एक रुपए में १२८०। ***वा॰*** **कौड़ियों के मोल**—बहुत सस्ता। **कौड़ी कफ़न को न होना**—अति निर्धन होना। **कौड़ी काम का नहीं**—किसी काम का नहीं। व्यर्थ। **कौड़ी के तीन (या तीन-तीन) होना**—१. बहुत सस्ता होना। २. अति तुच्छ/हीन होना। **कौड़ी-कौड़ी का हिसाब**—धन का पूरा-पूरा हिसाब। **कौड़ी-कौड़ी को मुहताज होना**—पास में धन बिल्कुल न होना। अति निर्धन होना। **कौड़ी-कौड़ी चुकाना**—ऋण को पूरी तरह चुका देना।

कौड़ीजूड़ा—[हिं॰ कौड़ी + जूड़ा] *पु॰* स्त्रियों का एक आभूषण जो सिर में पहना जाता है।

कौणप—[सं॰ कुणप + अण्] *पु॰* दैव्य, दानव या राक्षस। *वि॰* घोर अधर्मी। बड़ा पापी। ✣ **कौणपदन्त (कौणपदंत)**—*पु॰* = भीष्म (भीष्मपितामह)।

***कौतिक/कौतिग/कौतिगु**—*पु॰ ≤ सं॰* कौतुक। ✣ **कौतिकहार**—*वि॰* = दिखावा करनेवाला। पाखंडी। ढोंगी।

कौतुक—[सं॰ कुतुक + अण्] *पु॰* १. कुतूहल। उत्सुकता। २. आश्चर्य और उत्सुकता जगानेवाली वस्तु/घटना/बात। ३. विस्मयपूर्ण कार्य। अद्भुत/विलक्षण वस्तु या घटना आदि। ***जैसे***—इस कौतुक को देखकर सब अवाक् रह गए। ४. विस्मय। आश्चर्य। अचम्भा। ५. मनोविनोद। परिहास। हँसी-मज़ाक़। दिल्लगी। ६.

आमोद-प्रमोद। ७. खेल-तमाशा। स्वांग। ८. क्रीड़ा या लीला। ९. शुभ उत्सव। १० विवाह से पहले पहना जाने वाला कंगन। ✣ **कौतुकित**—*वि॰* = उत्सुक। ✣ **कौतुकिया**—*वि॰* = उत्सुक। *पु॰* १. कौतुक देखने का इच्छुक। २. खेल-तमाशे या हँसी-मज़ाक़ करनेवाला। ३. खिलाड़ी। ४. विवाह-सम्बन्ध निश्चित करनेवाला पुरोहित, नाई आदि।

कौन्तेय (कौंतेय)—[स॰ कुन्ती + ढक्] *पु॰* कुन्ती का पुत्र (युधिष्ठिर, भीम या अर्जुन अथवा कर्ण)।

कौपीन—[स॰ कूप + खञ्] *पु॰* ब्रह्मचारियों, सन्न्यासियों आदि के पहनने का एक वस्त्र। (बिना तनी वाली) लँगोटी। कफनी। चीर।

कौबेर—[स॰ कुबेर + अण्] *वि॰* कुबेर-सम्बन्धी। कुबेर का।

कौबेरी—[स॰ कौबेर + ङीप्] *स्त्री॰* १. कुबेर की पत्नी। २. कुबेर के अधीन दिशा। उत्तर दिशा।

क़ौम—[अरबी] *स्त्री॰* १. जाति। २. राष्ट्र या समाज। ✣ **क़ौमपरस्त**—*वि॰* = १. राष्ट्रवादी। २. अपनी जाति का सेवक। ३. जातिवादी।

कौमार—[स॰ कुमार + अञ्] *पु॰* ५ वर्ष तक की अवस्था का शिशु। २. अविवाहित होने की अवस्था। कुँवारापन। *वि॰* कुमार-सम्बन्धी। कौमारिक।

कौमारभृत्य—[स॰ कौमार ~ भृत्य] *पु॰* १. शिशु का पालन-पोषण और चिकित्सा। २. आयुर्वेदशास्त्र का एक अंग। शिशुओं के पालन-पोषण-सम्बन्धी तथा चिकित्सा-सम्बन्धी शास्त्र।

कौमारिकेय—[स॰ कुमारिका + ढक्] *पु॰* कुमारी/अनब्याही स्त्री की सन्तान।

कौमारी—[स॰ कौमार + ङीष्] *स्त्री॰* १. शिशु बालिका। २. पार्वती। ३. कुमार/कार्तिकेय की शक्ति।

कौमार्य—[स॰ कुमार] *पु॰* कुँवारापन।

कौमार्य-भङ्ग (भंग)—[स॰] *पु॰* १. किसी स्त्री का प्रथम समागम। २. (दुष्ट द्वारा) किसी स्त्री या युवती का शीलहरण।

क़ौमियत—[अरबी] *स्त्री॰* १. जातीयता। २. राष्ट्रीयता।

कौमुद—[स॰ कुमुद + अण्] *पु॰* कार्तिक महीना। ✣ **कौमुदिक**—*वि॰* = कुमुद-सम्बन्धी।

कौमुदी—[स॰ कौमुद] *स्त्री॰* १. चन्द्रमा की चाँदनी। ज्योत्स्ना। २.आश्विन मास की पूर्णिमा। शरद्पूर्णिमा। ३. कुमुदिनी (पुष्प)। ४. किसी ग्रन्थ की टीका या व्याख्या। ५. उत्सव जिसमें घरों और देवमन्दिरों में दीपमालिका की जाए।

कौमुदीमहोत्सव—[स॰ कौमुदी ~ महा ~ उत्सव] आश्विन पूर्णिमा (शरद् पूर्णिमा) की चाँदनी रात में किया जाने वाला विशेष उत्सव जिसमें परमात्मा या देवी-देवता का पूजन किया जाता है तथा मनोरंजनात्मक कार्यक्रम भी होते हैं। कोजागर।

कौमोदकी (कौमोदी)—[स॰ कुमोदक/कुमोद + अण् + ङीप्] *स्त्री॰* विष्णु की गदा का नाम।

कौर[१]—[< स॰ कवल] *पु॰* उतना भोजन जितना एक बार मुँह में डाला जाए। ग्रास। निवाला। कवल। ***वा॰* (किसी के) मुँह का कौर छीनना**—जीविका का साधन समाप्त करना।

कौर[२]—[< हि॰ कुँवरि < स॰ कुमारी] *स्त्री॰* १. कुमारी। २. कुँवरि।

कौरा[१]—[< स॰ कोल (= गोद, आलिंगन)] *पु॰* द्वार के दोनों ओर दीवार के वे भाग जिनसे खुले किवाड़ सटे रहते हैं। ***वा॰* कौरे लगना**—१. किन्हीं की बातचीत को चुपचाप सुनने या किसी की आहट लेने के उद्देश्य से किवाड़ के पीछे छिपकर खड़े होना। २. (किसी की) घात में छिपकर द्वार के पीछे खड़ा रहना। ३. रुष्ट होकर अलग/दूर रहना।

कौरा[२]—[< हि॰ कौर < स॰ कवल] *पु॰* कवल। ग्रास। कौर। ***वा॰* किसी के कौरे खाना**—किसी के आश्रित रहना। **दूसरों के कौरे खाना**—१. अति निर्धन होना। २. दूसरों के आश्रित होना।

कौरी[१]—[< स॰ क्रोड़] *स्त्री॰* १. आलिंगन। २. क्रोड़। गोद।

***कौरी**[२]—*स्त्री॰* ≤ *हि॰* कौड़ी। *स्त्री॰* कपर्दिका। कौड़ी।

***कौरी**[३]—*वि॰* ≤ *हि॰* करारी।

कौल[१]—[स॰ कुल + अण्] *वि॰* १. कुल-सम्बन्धी। २. पैतृक। मौरूसी। ३. उत्तम कुल/वंश का। कुलीन। *पु॰* १. कुलीन व्यक्ति। २. वाममार्गी कौल सम्प्रदाय का व्यक्ति या तान्त्रिक।

***कौल**[२]—[< स॰ कमल] १. कमल। २. कटोरा।

***कौल**[३]—*पु॰* ≤ *स॰* कवल। ग्रास। कौर।

क़ौल—[अरबी] *पु॰* वचन। प्रतिज्ञा। वायदा।

कौलई—[< हि॰ कौला] *वि॰* सन्तरे के रंग का। नारंगी। *पु॰* नारंगी रंग।

***कौलमुखी**—[< स॰ कमलमुखी] *वि॰* कमल के समान मुखवाली। कमलमुखी। सरोजमुखी।

कौला—[< स॰ कोल] *पु॰* १. द्वार की किवाड़ों के पीछे का दीवार का भाग। कौरा। २. द्वार के इधर-उधर का भाग।

कौलाचार—[स॰ कौल ~ आचार] *पु॰* कौल सम्प्रदाय के अनुसार आचार। वाममार्गी तान्त्रिक आचार।

***कौली**[१]—[< हि॰ कौला] *स्त्री॰* कटोरी। **जैसे**—कौली-भर दाल।

***कौली**[२]—[< स॰ कौल] *स्त्री॰* क्रोड़। गोद।

कौलीन्य—[स॰ कुलीन + ष्यञ्] *पु॰* कुलीनता।

कौवारी—[देशज] *स्त्री॰* १. एक पक्षी। २. एक वृक्ष जिसमें लाल फूलों के गुच्छे लगते हैं।

कौश—[स॰ कोश + अण्] *पु॰* रेशमी वस्त्र।

कौशल—[स॰ कुशल + अण्] *पु॰* १. कुशलता। दक्षता। निपुणता। २. ठीक प्रकार से काम करने की योग्यता। ३. युक्ति से अपना काम कराने/निकालने की चतुराई। ✣ **कौशल-बाध**—*पु॰* (प्रशासन॰) = दक्षता रोक। (दे॰) [अ॰ एफ़िश्येंसी बार] ✣ **कौशली**—*वि॰* = अनेक प्रकार के कौशल जानने/करने वाला। कौशलपूर्ण।

कौशिक—[स॰ कुशिक + अण्] *वि॰* १. कुशिक वंश का। २.उल्लू से सम्बन्धित। ३. कोश/म्यान में रखा हुआ। *पु॰* १. कुशिक का

वंशज। २. विश्वामित्र। ३. उल्लू। ४. इन्द्र। ५. सँपेरा। ६. (फल आदि का) गूदा।

कौशिकी—[सं॰ कौशिक + ङीप्] *वि॰* (*स्त्री॰*) १. कुशिक वंश की। २. कोष/म्यान में रखी हुई। १. दुर्गा (देवी)। २. कोसी नामक नदी।

कौशीधान्य (कौषीधान्य)—[सं॰ कौशी/कौषी ~ धान्य] *पु॰* पौधे में फूल के बाद लगने वाले कोश से उत्पन्न अनाज (अलसी, तिल आदि)।

कौशेय—[सं॰ कोश + ढक्] *पु॰* १. रेशम। २. रेशमी वस्त्र। *वि॰* रेशमी।

***कौसीस**—[< सं॰ कपिशीर्ष] *पु॰* (क़िले के प्राकार आदि के सिरे पर बना) कंगूरा।

कौसुम—[सं॰ कुसुम + अण्] *वि॰* १. फूल से सम्बन्धित। २. जिसमें फूल लगे हुए हों। पुष्पयुक्त। ३. फूलों से बना हुआ या फूलों से बननेवाला।

कौसुम्भ (कौसुंभ)—[सं॰ कुसुम्भ + अण्] *वि॰* १. कुसुम्भ के फूल के रंग से रँगा हुआ। २. कुसुम्भी रंग का।

कौस्तुभ—[सं॰ कुस्तुभ + अण्] *पु॰* (समुद्र-मन्थन से प्राप्त) एक दिव्य मणि जिसे विष्णु ने वक्षस्थल पर धारण किया हुआ है।

कौहा—[देशज] *पु॰* (छाजन में) बँड़ेरी के सहारे के लिए लगनेवाली लकड़ी।

***कौंकिर (कौंकिर)**—[< सं॰ कर्कर या < हिं॰ कंकर] *स्त्री॰* १. हीरे की छोटी टुकड़ी। हीरे की कनी। २. काँच की किरिच या नुकीला टुकड़ा।

***कौंड़ (कौंड़)**—[< हिं॰ कड़ा] *पु॰* अकड़। हेकड़ी।

कौंडल (कौंडल)—[देशज] *पु॰* एक पक्षी। बन-तीतर।

कौंध[१] (कौंध[१])—[< हिं॰ कौंधना] *स्त्री॰* १. कौंधने की क्रिया/भाव। २. आकाशीय बिजली की कुछ क्षणों के लिए चमक। ३. आँखों की चौंधिया देनेवाली क्षणिक तेज़ चमक। ***जैसे***—बिजली की कौंध।

***कौंध[२] (कौंध[२])**—[देशज] *पु॰* ओर। तरफ़।

कौंर[१] (कौंर[१])—*पु॰* ≤ *हिं॰* कुँवर। कुँअर।

†कौंर[२] (कौंर[२])—[देशज] *पु॰* बनखौर नामक वृक्ष जो पंजाब, नेपाल आदि में पाया जाता है।

कौंरई (कौंरई)—*स्त्री॰* ≤ *सं॰* कोमलता।

†कौंरो (कौंरो)—[बुन्देली, < सं॰ कोमल] *वि॰* कोमल।

कौंला[१] (कौंला[१])—[< सं॰ कमल] *पु॰* १. कमल। २. कमल की आकृति का कटोरा।

कौंला[२] (कौंला[२])—[< सं॰ कोमल] *वि॰* १. कोमल। २. कुरकुरा।

कौंहर (कौंहर)—[देशज] *पु॰* एक प्रकार का फल जो इन्दरायन की जाति का है। ⁘ **कौंहरी**—*स्त्री॰* = कौंहर।

क्रकच—[सं॰ क्र √कच् + अच्] *पु॰* १. (लकड़ी चीरने का) आरा। २. करील वृक्ष।

क्रकर—[सं॰ क्र √कृ + अच्] *पु॰* १. लकड़ी चीरने का आरा। २. करील वृक्ष। ३. किलकिला नामक पक्षी। ४. केकड़ा।

क्रतु—[सं॰ √कृ + कतु] *पु॰* १. यज्ञ। २. प्रतिभा/शक्ति/योग्यता/संकल्प/विवेक या प्रेरणा। ⁘ **क्रतुद्रोही/क्रतुद्वेषी**—*वि॰* = यज्ञ-विरोधी। *पु॰* = १. यज्ञ-विरोधी व्यक्ति। २. असुर/राक्षस/दानव या दैत्य।

***क्रतुध्वंसी**—[सं॰ क्रतु ~ ध्वंसी (ध्वंसिन्)] *वि॰* यज्ञ को नष्ट करनेवाला।

***क्रतु-पति**—*पु॰* १. यज्ञ करने वाला। यजमान। २. विष्णु।

***क्रतुपुरुष**—[सं॰ क्रतु ~ पुरुष] *पु॰* विष्णु।

क्रतुमय—[सं॰ क्रतु + मयट्] *पु॰* १. निरन्तर यज्ञ करते रहने वाला व्यक्ति। २. वह व्यक्ति जिसका जीवन यज्ञमय/त्यागमय हो। *वि॰* १. क्रतु से युक्त। २. यज्ञमय। त्यागमय। ***जैसे***—ऋषियों का क्रतुमय जीवन।

क्रतुराज (क्रतूत्तम)—[सं॰ क्रतु ~ राज/उत्तम] *पु॰* १. सर्वश्रेष्ठ यज्ञ। २. राजसूय यज्ञ। ३. अश्वमेध।

क्रन्दन (क्रंदन)—[सं॰ √क्रन्द् + ल्युट्] *पु॰* विलाप। रोदन।

क्रम[१]—[सं॰ √क्रम् + घञ्] *पु॰* १. पग। डग। क़दम। २. गमन। चलना। ३. पशु आदि की वह स्थिति जो उछल कर आक्रमण करने से ठीक पहले बनती है। दबकन। ४. व्यवस्था, नियम या मर्यादा। तरतीब। ***जैसे***—वर्णों का क्रम, आयु का क्रम, क्रम के अनुसार जाना। ५. कार्य या कर्म। ६. काम करने की विधि/ढंग। (काव्य॰) एक अर्थालंकार। यथासंख्य अलंकार। (छन्द॰) छन्दों में वर्ण-सम्बन्धी या मात्रा-सम्बन्धी व्यवस्था।

***क्रम[२]**—*पु॰* ≤ *सं॰* कर्म।

क्रमक—[सं॰ क्रम + कन्] *पु॰* एक जैसी या परस्पर सम्बन्धित वस्तुओं आदि का समुदाय/क्रम/शृंखला या माला। सिलसिला। ताँता। ***जैसे***—पुस्तकों का क्रमक, राजाओं का क्रमक। (अं॰ सीरीज़)

क्रमगुणित—[सं॰ क्रम ~ गुणित] *पु॰* (गणित॰) १ से किसी निर्दिष्ट पूर्ण संख्या तक के सभी पूर्णांकों का गुणनफल। (अं॰ फ़ैक्टोरिअल)। ● **विशेष**—इसका चिह्न 'L' या '!' होता है। ***जैसे***—L५ या ५! = १ × २ × ३ × ४ × ५।

क्रमण—[सं॰ √क्रम् + ल्युट्] *पु॰* १. पग। डग। क़दम। २. चल। चलना। ३. उल्लंघन। अतिक्रमण। भंग। ***जैसे***—नियम का क्रमण।

क्रमतः—[सं॰ क्रम + तस्] *क्रिवि॰* १. थोड़ा-थोड़ा करके। धीरे-धीरे। २. क्रम से। क्रमशः।

क्रमपाठ—[सं॰ क्रम ~ पाठ] *पु॰* वेद-पाठ की एक पद्धति।

क्रमवीक्षण—[सं॰ क्रम ~ वीक्षण] *पु॰* (भौतिकी॰) किसी आकाशीय क्षेत्र या किसी रेडियो स्पेक्ट्रम या किसी क्षेत्र के कुछ भाग पर इलेक्ट्रानीय किरणपुंज का विक्षेप करके देखना। [अं॰ स्कैनिंग]

क्रमशः—[सं॰ क्रम + शस] *क्रिवि॰* १. नियत क्रम से सिलसिलेवार।

क्रमानुसार। २. एक-एक करके। बारी-बारी से। ३. धीरे-धीरे। थोड़ा-थोड़ा करके।

क्रमागत—[सं॰ क्रम ~ आगत] *वि॰* १. क्रमानुसार आया हुआ। २. परम्परागत। ३. पैतृक। पुश्तैनी। ३. जो क्रम/परम्परा से होता आ रहा हो और आगे भी कुछ समय तक होनेवाला हो। सतत। सन्तत।

क्रमात्—[सं॰ 'क्रम' का एक रूप] *क्रिवि॰* क्रमपूर्वक। क्रमानुसार।

क्रमिक—[सं॰ क्रम + ठन्] *वि॰* १. किसी क्रम से चलने/होने वाला। क्रमयुक्त। क्रमानुसार। २. निश्चित क्रम के अनुसार एक-एक करके होनेवाला। ३. किसी एक के ठीक बाद आनेवाला। अनुपूर्व। अनुगामी। ***जैसे***—क्रमिक संख्याएँ १०, ११, १२...। ४. धीरे-धीरे होनेवाला। ५. जिसमें छोटे-बड़े होने या उतार-चढ़ाव आदि का क्रम हो। ***जैसे***—क्रमिक वेतन-वृद्धि। ✣ **क्रमिक प्रकाशन**—*पु॰* = ऐसा प्रकाशन जो नियमित अन्तराल से क्रमशः प्रकाशित किया जाए (***जैसे***—वार्षिक रिपोर्ट, किसी संस्था का कार्य-विवरण)। (अं॰ सीरियल)। ✣ **क्रमिक वर्णान्तरण (वर्णांतरण)**—**पु॰** = (कला॰) किसी एक रंग की अनेक कान्तियों का क्रमबद्ध स्थापन।

क्रमित—[सं॰ √क्रम् + क्त] *वि॰* क्रमबद्ध किया हुआ। व्यवस्थित। अं॰ (आर्डर्ड)

क्रमेल/क्रमेलक—[सं॰ क्रम √एल् + अच्, क्रमेल + कन्] *पु॰* उष्ट्र। ऊँट।

***क्रम्यना**—[< सं॰ क्रमण] *क्रिस॰* १. उल्लंघन करना। लाँघना। २. आक्रमण करना। *क्रिअ॰* चलना।

क्रय—[सं॰ √क्री + अच्] *पु॰* मोल लेने की क्रिया/भाव। ख़रीदना। ख़रीद। ∇ **विलोम**—विक्रय।

क्रयण—[सं॰ √क्री + ल्युट्] *पु॰* क्रय करने या ख़रीदने का काम। ख़रीद।

क्रय-पत्रिका—[सं॰] *स्त्री॰* (वाणिज्य॰) प्रतिदिन ख़रीदी गयी वस्तुओं का विवरण लिखने की बही। ख़रीद बही। (अं॰ पर्चेज़ जर्नल)।

क्रयिक—[सं॰ क्रय + ठन्] *वि॰* १. ख़रीदनेवाला। क्रेता। ग्राहक। *पु॰* व्यापारी।

क्रयी—[सं॰ क्रयिन्] *पु॰* १. ख़रीदनेवाला। क्रेता। ग्राहक। ख़रीदार। २. व्यापारी। सौदागर।

क्रव्य—[सं॰ √क्लव् + यत् र→ल] *पु॰* कच्चा मांस।

क्रव्याद—[सं॰ क्रव्य ~ अद] *वि॰* १. कच्चा मांस खानेवाला। २. मृत शरीर खानेवाला। *पु॰* १. राक्षस या पिशाच। २. मांस-भक्षी पशु या मनुष्य। ३. चिता की आग।

क्राकरी—[< अं॰ क्रॉकरि] *स्त्री॰* चीनी मिट्टी के बर्तन।

क्रान्त (क्रांत)—[सं॰ √क्रम् + क्त] *वि॰* १. लाँघा हुआ। उल्लंघित। २. गया/बीता हुआ। गत। ३. जिससे आगे कोई अन्य बढ़ गया हो। ४. दबा हुआ। ५. चढ़ा हुआ। ६. वश में किया हुआ।

क्रान्तदर्शी (क्रांतदर्शी)—[सं॰ क्रान्तदर्शिन्] *वि॰* सर्वज्ञ। त्रिकालज्ञ। *पु॰* परमात्मा। ईश्वर।

क्रान्ति (क्रांति)—[सं॰ √क्रम् + क्तिन्] *स्त्री॰* १. बहुत बड़ा परिवर्तन। २. सामाजिक जीवन में आकस्मिक, त्वरित और नया युग लानेवाला परिवर्तन जिसका प्रभाव चिरस्थायी हो। ***जैसे***—औद्योगिक क्रान्ति; वैज्ञानिक क्रान्ति; कलात्मक क्रान्ति। (राज॰) अचानक सत्ता-परिवर्तन। इन्क़िलाब। (खगोल॰) १. (पृथ्वी से देखने पर प्रतीत होनेवाला) सूर्य का भ्रमण-मार्ग। (वास्तव में) पृथ्वी का सूर्य की परिक्रमा में भ्रमण-मार्ग। २. किसी खगोलीय पिंड (ग्रह आदि) की खगोलीय विषुवद्वृत्त से कोणीय दूरी जो उत्तर या दक्षिण की ओर ०° से ९०° तक हो सकती है।

क्रान्तिवादी (क्रांतिवादी)—[सं॰ क्रांतिवादिन्] *वि॰, पु॰* क्रान्ति का समर्थक।

क्रिओल—[फ्रांसीसी॰] *स्त्री॰* अनेक भाषा-भाषी समुदायों के परस्पर सम्पर्क से उत्पन्न मिश्रित या अर्धसंकर भाषा जो किसी स्थान में अनेक पीढ़ियाँ बीतने पर वहाँ के निवासियों की मातृभाषा के रूप में विकसित हो गयी हो। ***जैसे***—मारीशस की फ्रांसीसी क्रिओल, वेस्ट इंडीज़ की अँग्रेज़ी क्रिओल।

क्रियमाण—[सं॰ √कृ + शानच्] *वि॰* १. जो किया जा रहा हो। होता हुआ। २. क्रियाशील। सक्रिय। ***जैसे***—मिट्टी के नीचे क्रियमाण बीज। *पु॰* (धर्म॰) तीन प्रकार के कर्मों में से एक। दे॰ क्रियमाण कर्म। ✣ **क्रियमाण कर्म**—*पु॰* (धर्म॰) वह कर्म जो वर्तमान में किया जा रहा है और जिसका फल अभी या भविष्य में भोगना है। ● **विशेष**—कर्म के अन्य दो प्रकार हैं—**प्रारब्ध** और **संचित**।

क्रिया—[सं॰ √कृ + श (रिङ् आदेश) + इयङ् + टाप्] *स्त्री॰* १. कोई कार्य चलने/होने की अवस्था/भाव। २. कुछ किया जाना या कर्म। ३. चेष्टा। ४. उद्योग। उद्यम। ५. परिश्रम। ६. कोई विशिष्ट कार्य या कर्म। ***जैसे***—यज्ञ-क्रिया; अन्त्येष्टि क्रिया। ७. नित्य या नैमित्तिक कर्म। ***जैसे***—स्नान-क्रिया। ८. नियम और विधि से होनेवाला कार्य। ९. अनुष्ठान, प्रायश्चित्त, पूजन, श्राद्ध-कर्म या चिकित्सा आदि। ***जैसे***—शल्यक्रिया। १०. अभ्यास। ११. संगीत आदि किसी कला की जानकारी। १२. साहित्यिक रचना। (व्या॰) वह शब्द जिससे कुछ करने या होने का बोध हो। ***जैसे***—पढ़ना, लिखना, हँसना आदि क्रियाएँ।

क्रियाकर्म—[सं॰ क्रिया ~ कर्म] *पु॰* मृत व्यक्ति का अन्तिम संस्कार। अन्त्येष्टि।

क्रिया-तन्त्र (तंत्र)—[सं॰] *पु॰* परमात्मा की कर्तृत्व-शक्ति। (वज्रयान बौद्ध॰) चार तन्त्रों या साधना-पद्धतियों में से एक जिसमें दस पारमिताओं (दान, शील, प्रज्ञा इत्यादि) की साधना होती है।

क्रियात्मक—[सं॰ क्रिया ~ आत्मक] *वि॰* १. क्रियारूप में किया हुआ। २. जिसका कार्य-रूप में उपयोग हो सकता हो। व्यावहारिक। प्रयोगात्मक। ✣ **क्रियात्मक आलोचना**—*स्त्री॰* = (काव्य॰)

शैली तथा वस्तु दोनों के समन्वय को महत्त्व देनेवाली एक प्रकार की आलोचना जिसमें रचनाकार के लक्ष्य और उसमें उसे मिली सफलता का अध्ययन किया जाता है। ✣ **क्रियात्मक चित्रण**—*पु॰* = (कला॰) १. बड़े आकार के पट को भूमि पर बिछा कर ऊपर से रंगों को धाराओं में गिराकर और धब्बों में लगाकर चित्रांकन की एक शैली (अ॰ ऐक्शन पेन्टिंग)। २. मानचित्र। क्रियाचित्र। ● **विशेष**—इस शैली का मुख्य प्रतिपादक अमरीकी चित्रकार जैकसन पोलक (१९१२-५६) था।

क्रिया-दोष—[सं॰] *पु॰* (काव्य॰) एक प्रकार का वाक्य-दोष जो अनुचित क्रिया के प्रयोग से होता है। क्रिया-सम्बन्धी वाक्य-दोष।

क्रिया-धारा—[सं॰] *स्त्री॰* (प्राणि॰) किसी तंत्रिका, पेशी या ग्रन्थि के उत्तेजित होने पर उसके साथ-साथ होने वाला विद्युत-प्रवाह। (अ॰ ऐक्शन-करेन्ट)।

क्रियान्वयन—[सं॰ क्रिया ~ अन्वयन] *पु॰* क्रिया रूप में परिवर्तन।

क्रियापद—[सं॰ क्रिया ~ पद] *पु॰* (व्या॰) १. क्रिया का वाचक शब्द। २. क्रिया के रूप में प्रयुक्त पद-समूह।

क्रियापरक—[सं॰ क्रिया ~ परक] *वि॰* क्रिया-सम्बन्धी। ✣ **क्रियापरक मनोविज्ञान**—*पु॰* = अनेक मनोवैज्ञानिकों का यह दृष्टिकोण कि मनोविज्ञान में प्रत्येक क्रिया को अभिप्राययुक्त और सप्रयोजन मानकर उसका अध्ययन करना चाहिए।

क्रियापाद—[सं॰ क्रिया ~ पाद] *पु॰* वैष्णव संहिताओं के चार भागों में से एक भाग जिसमें मन्दिरों और मूर्तियों के निर्माण की विधि आदि का वर्णन है। ● **विशेष**—अन्य तीन भाग हैं—ज्ञानपाद, योगपाद और चर्यापाद।

क्रियायोग—[सं॰ क्रिया ~ योग] *पु॰* (धर्म॰) देव-पूजा। (व्या॰) शब्द का क्रिया के साथ होनेवाला सम्बन्ध। देव-मन्दिर का निर्माण आदि पवित्र कर्म। (योग॰) १. तप, स्वाध्याय या ईश्वरप्रणिधान। २. कुछ योगियों द्वारा एक विशेष प्रकार की योग-क्रिया। ***जैसे***—स्वामी योगानन्द ने महात्मा गांधी को क्रियायोग सिखाया था।

क्रियार्थ—[सं॰ क्रिया ~ अर्थ] *पु॰* क्रिया का अर्थ या तात्पर्य। *क्रिवि॰* क्रिया के लिए।

क्रियावाद—[सं॰ क्रिया ~ वाद] *पु॰* (जैन॰) एक सिद्धान्त जिसके अनुसार नित्यकर्म करने से ही निर्वाण प्राप्त होता है।

क्रियावान्—[सं॰ क्रियावत्] *वि॰* १. सक्रिय। २. अपने नियम या सिद्धान्त के अनुसार कर्म भी करनेवाला। ३. कर्मनिष्ठ।

क्रिया-विदग्धा—[सं॰] *स्त्री॰* (काव्य॰) परकीया नायिका का एक प्रकार जो परपुरुष के प्रति अपने अनुराग का संकेत क्रिया से चतुरतापूर्वक देती है। ● **विशेष**—इससे भिन्न विदग्धा **'वचनविदग्धा'** होती है जो अनुराग का संकेत वचन से देती है।

क्रियाविशेषण—[सं॰ क्रिया ~ विशेषण] *पु॰* (व्या॰) १. वह शब्द/पद जो किसी क्रिया/विशेषण की विशेषता बताए। २. वह शब्द/पद जो उक्त की विशेषता बताए (किसी अन्य क्रियाविशेषण की विशेषता बताए)।

क्रियावृत्ति—[सं॰ क्रिया ~ वृत्ति] *स्त्री॰* (मनो॰) १. कार्य करने की चेतन-प्रवृत्ति। २. सप्रयोजन क्रिया का आरम्भिक रूप। ३. गति की ओर प्रवृत्तिवाली ऐच्छिक क्रिया, आवेश या इच्छा से सम्बद्ध मानसिक अवस्था।

क्रिया-साधना—[सं॰] *स्त्री॰* (वज्रयान बौद्ध॰) चार प्रकार की साधनाओं में से एक जिसमें दस पारमिताओं (दान, शील, प्रज्ञा इत्यादि) की साधना होती है। ● **विशेष**—इसे **'क्रिया-तन्त्र'** भी कहा जाता है।

क्रिस्टल—[अ॰] *पु॰* केलास। रवा। (रसायन॰) निश्चित ज्यामितीय आकार वाला एक ठोस जिसकी संरचना में परमाणु, अणु या आयन भाग लेते हैं। ✣ **क्रिस्टलन**—*पु॰* = (रसायन॰) केलासन। (दे॰)। ✣ **क्रिस्टलाभ**—*पु॰* = (रसायन॰) विलय में शीघ्रता से विसरित हो जानेवाले तथा छानने पर सुगमतापूर्वक छन जाने वाला पदार्थ (यूरिया, चीनी, नमक आदि)। ● **विशेष**—इसके विपरीत गुण वाले पदार्थ **'कोलाइड'** कहलाते हैं।

क्रिस्टलीय—[अ॰] *वि॰* (रसायन॰) १. केलास से युक्त। २. जो केलास अवस्था में हो। केलासीय।

क्रिस्तान—[< अ॰ क्रिश्चियन] *पु॰* ईसाई।

क्रीडन—[सं॰ √क्रीड् + ल्युट्] *पु॰* १. क्रीड़ा का भाव। खेलना। खेल। २. खेलने का साधन। खिलौना। ३. आमोद-प्रमोद।

***क्रीड़ना**—[< सं॰ क्रीडन] *क्रिअ॰* क्रीड़ा करना। खेल करना। खेलना।

क्रीडा—[सं॰ √क्रीड् + अ + टाप्] *स्त्री॰* क्रीड़ा।

क्रीड़ा—[< सं॰ क्रीडा] *स्त्री॰* १. खेल। २. कोई आमोद-प्रमोद का कार्य। ***जैसे***—जल-क्रीड़ा। (छन्द॰) एक वर्णवृत्त जिसके प्रत्येक चरण में क्रमशः एक यगण और एक गुरु वर्ण होता है। 'नगनिका' नामक वृत्त।

क्रीडाचक्र—[< सं॰ क्रीडा ~ चक्र] *पु॰* (छन्द॰) एक वर्णिक छन्द जिसके प्रत्येक चरण में ६ यगण होते हैं। महामोदकारी छन्द।

क्रीत—[सं॰ √क्री + क्त] *वि॰* क्रय किया हुआ। खरीदा हुआ। खरीदा गया।

क्रीम—[अं॰] *स्त्री॰* १. (दूध की) मलाई। २. त्वचा/चेहरे पर लगाने का विशेष लेप।

क्रुष्ट—[सं॰ √क्रुश् + क्त] *वि॰* जिसे पुकारा/बुलाया गया हो। आहूत।

क्रूज़र—[अं॰] *पु॰* एक प्रकार का शीघ्रगामी युद्धपोत।

क्रूर—[सं॰ √कृत् + रक्, क्रू आदेश] *वि॰* १. दयाहीन। निर्दय। निष्ठुर। २. हिंसापूर्ण कार्य करनेवाला। ३. भयानक। डरावना। ४. नीच। बुरा। ५. अशुभ। ✣ **क्रूरकर्मा**—*वि॰, पु॰* = क्रूर कर्म करनेवाला। ✣ **क्रूरता**—*स्त्री॰* = १. क्रूर होने की अवस्था/भाव। २. निर्दयता। निष्ठुरता। ३. दुष्टता। ✣ **क्रूरा**—*स्त्री॰* = क्रूर स्वभाव वाली स्त्री।

क्रूराकृति—[सं॰ क्रूर ~ आकृति] *वि॰* डरावनी शकल वाला। भयानक।

क्रूस—[< अ॰ क्रॉस] *पु॰* ईसाइयों का धार्मिक चिह्न 'क्रास' (✝)।

क्रेङ्कार (क्रेंकार)—[अनु॰] *स्त्री॰* सारस या क्रौंच पक्षी की आवाज़।

क्रेट—[अ॰] *पु॰* शीशे और चीनी के बर्तन, विशेषत: (दूध आदि की) बोतलें ले जाने की पेटी या खाँचा। ख़ानेदार पेटी।

क्रेटर—[अ॰] *पु॰* (भूविज्ञान॰) १. ज्वालामुखी के शीर्ष पर बना बड़ा गर्त/गड्ढा। २. भूपृष्ठ पर उल्कापिंड के गिरने से बना गर्त/गड्ढा।

क्रेता—[स॰ क्रेतृ] *पु॰* ख़रीदनेवाला। ग्राहक। ख़रीदार।

क्रेन—[अ॰] *पु॰* बहुत भारी वस्तुओं को ऊपर उठाने, हटाने आदि में प्रयुक्त एक विशाल यन्त्र। उत्तोलन-यन्त्र।

क्रेय—[स॰ क्री + यत्] *वि॰* १. क्रय किए जाने योग्य। ख़रीदे जाने योग्य। २. जो ख़रीदा जानेवाला हो।

क्रेप—[अ॰] *स्त्री॰* एक प्रकार का झीना रेशमी वस्त्र।

क्रैच—[< फ़्रांस॰ क्रेश] *पु॰* दिन में बच्चों की देखभाल करने वाली संस्था। शिशु-गृह।

क्रोड—[स॰ √क्रुड् + घञ्] *स्त्री॰* १. गोद। २. वक्ष-स्थल। सीना। छाती। २. आलिंगन करते समय दोनों भुजाओं के बीच का भाग। ३. किसी वस्तु का मध्य भाग। *पु॰* (भूविज्ञान॰) पृथ्वी का केन्द्रीय भाग जो लगभग २९०० कि॰मी॰ की गहराई पर आरम्भ होता है। (अ॰ कोर)।

क्रोडीकरण—[स॰ क्रोड ~ धि √कृ + ल्युट्] *पु॰* १. आलिंगन करना। सीने से लगाना। २. गोद में लेना।

क्रोध—[स॰ √क्रुध् + घञ्] *पु॰* १. एक तीक्ष्ण मनोविकार। किसी के अनुचित व्यवहार या काम से या उसके कर्ता के प्रति या किसी अन्यायपूर्ण/क्रूर/अपमानजनक स्थिति के प्रति उत्पन्न तीव्रभाव। कोप। ग़ुस्सा। २. साठ-वर्षीय संवत्सर चक्र में उनसठवें संवत्सर का नाम। ∇ **विलोम**—शान्ति।

क्रोनोमीटर—[अ॰] *पु॰* समयमापी यन्त्र विशेष।

क्रोमाइट—[अ॰] *पु॰* (रसायन॰) क्रोमियम का मुख्य खनिज जो काले रंग का होता है। ● **विशेष**—यह उच्चतापसह वस्तुएँ बनाने में काम आता है।

क्रोमियम—[अ॰] *पु॰* (रसायन॰) एक धात्विक तत्त्व। नीली आभावाली एक रजत श्वेत धातु। ● **विशेष**—प्रकृति में यह केवल संयुक्त रूप में पाया जाता है। इसका मुख्य खनिज क्रोमाइट है। यह विशेष प्रकार के संक्षारणरोधी और कठोर इस्पातों के निर्माण में प्रयुक्त होता है। ✣ **क्रोमियम इस्पात**—*पु॰* = (रसायन॰) कोई भी ज़ंगरोधी इस्पात जिसमें ८% से २५% तक क्रोमियम हो। (अ॰ स्टेनलेस स्टील)।

क्रोमोसोम—[अ॰] *पु॰* (प्राणि॰) गुणसूत्र।

क्रोश—[स॰ √क्रुश + धञ्] *पु॰* दूरी का एक प्राचीन माप जो लगभग २ मील (३ किलोमीटर) के बराबर होता है। कोस।

क्रोशन—[स॰ √क्रुश् + ल्युट्] *पु॰* १. चिल्लाने की क्रिया/भाव। चिल्लाना। २. चिल्लाहट।

क्रोश-शिला—[स॰] *स्त्री॰* (सड़क पर लगा) मील का पत्थर।

क्रोशिया—[< अ॰ क्रोशे] *स्त्री॰* लोहे आदि की बनी तीली या सलाई जो मोजे, रुमाल आदि बुनने और काढ़ने के काम आती है।

क्रौञ्च (क्रौंच)—[स॰ √क्रुञ्च् + अण्] *पु॰* १. स्लेटी रंग की एक बड़ी चिड़िया जो सारस की जाति की होती है और जलाशयों के निकट रहती है। २. असम प्रदेश में स्थित एक पर्वत जो हिमालय का एक भाग है। ३. पुराणों में वर्णित एक द्वीप/महाद्वीप। (छन्द॰) एक वर्णिक छन्द जिसके प्रत्येक चरण में क्रमश: भगण, मगण, सगण, भगण, ४ नगण और एक गुरु (भ म स भ न न न न ग) के योग से कुल २५ वर्ण होते हैं तथा ५-५-८-७ पर यति होती है।

क्लब—[अ॰] *पु॰* १. सामाजिक, राजनीतिक, मनोरंजनपरक, खेल-सम्बन्धी या किसी अन्य उद्देश्य से गठित संस्था। ***जैसे***—रोटरी क्लब; क्रिकेट क्लब। २. वह कमरा/भवन जिसमें उक्त संस्था के सदस्य नियमित रूप से एकत्र होते हैं।

क्लान्त (क्लांत)—[स॰ √क्लम् + क्त] *वि॰* थका हुआ। शिथिल।

क्लान्ति (क्लांति)—[स॰ √क्लम् + क्तिन्] *स्त्री॰* १. शिथिलता। थकावट। २. श्रम। परिश्रम।

क्लारनेट—[अ॰ क्लैरिअनेट] *पु॰* एक प्रकार का वाद्य जो बड़ी बाँसुरी जैसा होता है। शहनाई।

क्लासिक—[< अ॰ क्लैसिक] *वि॰* १. उच्च कोटि का। उत्कृष्ट। श्रेष्ठ। २. उच्चकोटि के प्राचीन (संस्कृत, यूनानी या लैटिन) साहित्य/साहित्यकारों का। ३. उत्कृष्ट कला/कलाकारों का। ३. श्रेष्ठ। *पु॰* गौरव-ग्रन्थ। ✣ **क्लासिक कृति**—*वि॰* = (पा॰ काव्य॰) वह उत्कृष्ट कृति जिसने अपने देश या युग को ही नहीं, विश्व तथा युग-युग को आनन्द दिया हो। ***जैसे***—कालिदास की क्लासिक कृति 'अभिज्ञानशाकुन्तलम्'।

क्लासिकल—*वि॰* १. उच्च कोटि का। उत्कृष्ट। २. उत्कृष्ट साहित्य (संस्कृत, यूनानी या लैटिन) का। ३. चिरप्रतिष्ठित। प्राचीन। ४. शास्त्रीय। ***जैसे***—क्लासीकल संगीत।

क्लिन्न—[स॰ √क्लिद् + क्त] *वि॰* आर्द्र। गीला। ***जैसे***—रक्त से क्लिन्न कवच।

क्लिप—[अ॰] *स्त्री॰* काग़ज़, कपड़े आदि को दबाने या जूड़ा बाँधने में उपयोगी कमानीदार चिमटी।

क्लिष्ट—[स॰ √क्लिश् + क्त] *वि॰* १. क्लेशयुक्त। पीड़ित। २. क्लेश देनेवाला। क्लेशकारी। ३. जिसका अर्थ कठिनता से समझ में आए। दुरूह। कठिन। ***जैसे***—क्लिष्ट शब्द; क्लिष्ट काव्य।

क्लीब/क्लीव—[स॰ √क्लीब्/√क्लीव् + क] *वि॰* १. नपुंसक। पुरुषत्वहीन। २. कायर। डरपोक। *पु॰* नपुंसक। हिजड़ा। ✣ **क्लीबता/क्लीवता**—*स्त्री॰* = १. नपुंसकता। पुरुषत्वहीनता। २. कायरता। ✣ **क्लीबत्व/क्लीवत्व**—*पु॰* = क्लीवता।

क्लेद—[स॰ √क्लिद् + घञ्] *पु॰* १. आर्द्रता। गीलापन। २. स्वेद।

पसीना। ३. दुःख। कष्ट। पीड़ा। ✣ **क्लेदक**—*वि०* = १. गीला करनेवाला। २. पसीना लानेवाला।

क्लेश—[सं० √क्लिश् + घञ्] *पु०* १. दुःख। पीड़ा। कष्ट। २. कष्टपूर्ण मानसिक स्थिति। ३. पारिवारिक कलह। ४. अविद्या। (योग०) राग, द्वेष और अभिनिवेश में से कोई वृत्ति।

क्लेशी—*वि०* = क्लेशकर।

क्लैब्य/क्लैव्य—[सं० क्लीब/क्लीव + ष्यञ्] *पु०* क्लीवता।

क्लोम—[सं० √क्लु + मनिन्] *पु०* दाहिना फेफड़ा।

क्व—[सं० किम् + अत्, कु आदेश] *क्रिवि०* कहाँ। किधर।

क्वचित्—[सं० क्व ~ चित्] *क्रिवि०* कहीं-कहीं। बहुत कम। कभी-कभी। ***जैसे***—यह प्रयोग क्वचित् मिलता है, प्रचलित नहीं है। *वि०* कहीं-कहीं या कभी-कभी का। ***जैसे***—क्वचित् प्रयोग।

क्वण/क्वणन—[सं० √क्वण् + अप्/ल्युट्] *पु०* १. वीणा आदि किसी वाद्य का मधुर शब्द। ***जैसे***—मधुर वीणा-क्वण। २. नूपुरों और कंकणों जैसे आभूषण का मधुर शब्द। ३. झंकार।

क्वणित—[सं० √क्वण + क्त] *वि०* १. गूँजता हुआ। ध्वनित। २. झंकृत। *पु०* ध्वनि। शब्द।

क्वथ—[सं० √क्वथ् + अच्] *पु०* (आयुर्वेद०) औषधियों को पानी में उबालकर निकाला गया उनका रस। काढ़ा।

क्वथन—[सं० √क्वथ् + ल्युट्] *पु०* १. किसी द्रव को औटाना। उबालना। २. उबलने की दशा। (आयुर्वेद०) औषधियों को पानी में उबालकर काढ़ा बनाने का काम।

क्वथनाङ्क (क्वथनांक)—[सं० क्वथन ~ अङ्क] *पु०* किसी द्रव के उबलने का तापांक।

क्वाक—[देशज] *स्त्री०* १. एक पक्षी जो ऊपर से भस्मी धूसर और नीचे से सफ़ेद होता है तथा पीठ चमचमाती काली होती है। कोकरई। वाक। २. बत्तख़ का शब्द। ✣ **क्वाक-क्वाक**—*स्त्री०* = बत्तखों के निरन्तर बोलने का शब्द।

क्वाथ—[सं० √क्वथ् + घञ्] *पु०* (आयुर्वेद०) क्वथ। काढ़ा।

***क्वान**—[< सं० क्वणन] *पु०* क्वणन। झंकार।

क्वान्टम (क्वांटम)—[अं०] *पु०* १. मात्रा। परिमाण। २. पर्याप्त मात्रा। (भौतिकी०) (क्वान्टम-सिद्धान्तवादी वैज्ञानिकों के मतानुसार) ऊर्जा आदि की वह अल्पतम मात्रा जो स्वतन्त्र रूप से स्थानान्तरित होती है। ✣ **क्वान्टम सिद्धान्त (क्वांटम सिद्धांत)**—*पु०* = (भौतिकी०) अणुओं और परमाणुओं की यान्त्रिकी का यह सिद्धान्त कि परमाणु या अणु ऊर्जा का उत्सर्जन या अवशोषण निरन्तर नहीं होता अपितु अनेक असतत परिमाणों में होता है।

क्वार—[< सं० कुमार] *पु०* आश्विन मास। क्वाँर का महीना। *वि०, पु०* कुमार।

क्वार्ट्ज़—[अं०] *पु०* एक कठोर पत्थर जो श्वेत अपारदर्शी या रंगहीन और चमकदार होता है। स्फटिक। बिल्लौर। ***जैसे***—क्वार्ट्ज़ घड़ी।

क्वासार—[अं० क्वासी स्टार का संक्षिप्त रूप] *पु०* ताराकल्प।

क्वाँरा/क्वारा—[< सं० कुमार] *वि०, पु०* कुमार। अविवाहित। ✣ **क्वाँरापन**—*पु०* = अविवाहित होने की अवस्था/भाव। कुमारत्व। कुमारता। कौमार्य।

क्विज़—[अं०] *पु०* किसी के ज्ञान की परीक्षा के लिए प्रश्न पूछने का खेल या प्रतियोगिता। प्रश्नोत्तरी। ***जैसे***—दूरदर्शन पर आनेवाले क्विज़ कार्यक्रम कभी-कभी रोचक होते हैं।

क्वैलहाई**—[< हि० क्वैला] *वि०* (*स्त्री०*) कोयले जैसे काले रंग वाली। ***जैसे—क्वैलहाई कोयल।

क्ष—[सं० √क्षि + ड] *पु०* १. विष्णु का नृसिंह अवतार। २. नाश। ३. अन्तर्धान। ४. क्षेत्र। ५. किसान। ६. विद्युत्। बिजली। ७. राक्षस।

क्षण—[सं० √क्षण् + अच्] *पु०* १. समय का बहुत छोटा भाग जो एक सेकन्ड से भी कम होता है। २. पल। निमेष। ● **विशेष**—'**एक क्षण**' या '**कुछ क्षण**' का लाक्षणिक अर्थ थोड़ी देर होता है। जैसे—एक क्षण तो रुको।

क्षणदा—[सं० क्षणद + टाप्] *स्त्री०* १. रात्रि। रात। २. हल्दी। ● **विशेष**—चन्द्रमा को '**क्षणदाकर**'/'**क्षणदापति**' कहा जाता है तथा राक्षस को '**क्षणदाचर**'।

क्षणदीप—[सं० क्षण ~ दीप] *पु०* फ़ोटो खींचने या संकेत देने के लिए एक दम कौंधनेवाली बिजली की बत्ती। कौंध-बत्ती। (अं० फ़्लैश लाइट)। ● **विशेष**—उक्त 'क्षणदीप' देनेवाला उपकरण '**क्षणदीप उपकरण**' या '**क्षणदीप्ति उपकरण**' (अं० फ़्लैशगन) कहा जाता है। ✣ **क्षणदीप्ति**—स्त्री० = क्षणिक दीप्ति। कौंध। (अं० फ़्लैश)

क्षणद्युति (क्षणद्युति), क्षणप्रभा—[सं० क्षण ~ द्युति/प्रभा] *स्त्री०* विद्युत्। बिजली।

क्षणभङ्गुर (क्षणभंगुर)—[सं० क्षण ~ भङ्गुर] *वि०* कुछ क्षणों में या थोड़ी ही देर में नष्ट/समाप्त हो जाने वाला। क्षणिक। २. नाशवान्। नश्वर। अस्थायी। ***जैसे***—क्षणभंगुर शरीर।

क्षणिक—[सं० क्षण + ठन्] *वि०* १. क्षण-भर ठहरने/रहने/होने वाला। क्षण भर का। २. नाशवान्। ✣ **क्षणिकता**—*स्त्री०* = क्षणिक होने की अवस्था/भाव। अनित्यता। नश्वरता।

क्षणिका—[सं० क्षणिक + टाप्] *स्त्री०* विद्युत्। बिजली।

क्षणी—[सं० क्षणिन] *वि०* क्षणिक।

क्षणेक—[< सं० क्षण + एक] *पु०* एक क्षण। क्षणमात्र।

क्षत—[सं० √क्षण् + क्त] *वि०* १. जिसे हानि पहुँची हो। २. घायल। ३. काटा/तोड़ा/चीरा/फाड़ा हुआ। खंडित। भग्न। *पु०* घाव। जख्म। ∇ **विलोम**—अक्षत।

क्षतज—[सं० क्षत + ज] *पु०* १. रक्त। ख़ून। २. घाव का पीब। *वि०* १. घाव से उत्पन्न। २. लाल रंग का। ***जैसे***—क्षतज नयन।

क्षतयोनि—[सं० क्षत ~ योनि] *स्त्री०* वह स्त्री जिसका किसी पुरुष से सम्भोग हो चुका है। उपभुक्त स्त्री। ∇ **विलोम**—अक्षतयोनि।

क्षत-विक्षत—[सं॰] *वि॰* १. जिसका शरीर घावों से भरा हुआ हो। २. जिसे बहुत चोट लगी हो। बहुत घायल। लहूलुहान। ३. (वस्तु) जो आघातों के कारण विकृत हो गयी हो।

क्षतव्रत—[सं॰ क्षत ~ व्रत] *वि॰* व्रत तोड़ देने वाला। जिसका व्रत खंडित हो गया हो।

क्षता—[सं॰ क्षत + टाप्] *स्त्री॰* उपभुक्त स्त्री। क्षतयोनि। *वि॰* (कन्या) जिसका कौमार्य/कुमारीपन सम्भोग द्वारा नष्ट हो चुका हो। ∇ **विलोम**—अक्षता।

क्षतारि—[सं॰ क्षत ~ अरि] *वि॰* जिसका शत्रु नष्ट हो चुका हो। विजयी।

क्षति—[सं॰ √क्षण् + क्तिन्] १. चोट लगने से हुआ घाव। २. हानि। घाटा। नुक़सान। ३. ह्रास। कमी। ४. नाश। बर्बादी।

क्षतिपूर्ति—[सं॰ क्षति ~ पूर्ति] *स्त्री॰* (वाणि॰) १. हानि/घाटे को पूरा करना। २. हानि के बदले में दी जाने वाली धनराशि। मुआवज़ा।

क्षत्र—[सं॰ क्षत् √त्रै + क] *पु॰* १. अधिकार। प्रभुता। २. क्षत्रिय जाति/व्यक्ति। सत्ता। ३. योद्धा। सैनिक। ३. शासित क्षेत्र। राज्य।

क्षत्रप—[सं॰ क्षत्र √पा + क] *पु॰* १. क्षत्रपति। राजा। २. प्रान्त का अधिकारी। ३. शक सम्राटों के मांडलिक राजाओं की उपाधि। ४. छत्रपति। राजा।

क्षत्रपति—[सं॰ क्षत्र ~ पति] *पु॰* क्षत्र/राज्य का स्वामी। राजा।

क्षत्रबन्धु (क्षत्रबंधु)—[सं॰ क्षत्र ~ बन्धु] *पु॰* १. क्षत्रिय जाति का व्यक्ति जो क्षत्रिय के गुणों से रहित और नाम मात्र का क्षत्रिय हो। २. पापी/दुष्ट क्षत्रिय।

क्षत्र-विद्या (विद्या)—[सं॰] *स्त्री॰* धनुर्विद्या। युद्धविद्या।

क्षत्र-वेद—[सं॰] *पु॰* धनुर्वेद।

क्षत्रिय—[सं॰ क्षत्र + घ] *पु॰* १. (वैदिक वर्ण-व्यवस्था में) एक वर्ण। २. योद्धा जाति या योद्धा। ३. राजपूत।

क्षन्तव्य (क्षंतव्य)—[सं॰ √क्षम् + तव्यत्] *वि॰* क्षमा किए जाने योग्य। क्षम्य।

क्षन्ता—[सं॰ क्षन्तृ] *वि॰* १. क्षमा करनेवाला। क्षमाशील। २. धैर्यवान्। सहनशील। ३. विनयी।

क्षपक—[सं॰ √क्षप् + ण्वुल्] *पु॰* (जैन॰) (सल्लेखना करनेवाला) जैन साधु।

क्षपण[१]—[सं॰ √क्षप् + ल्युट्] *पु॰* १. नाश। २. निर्वासन। ३. अशौच। सूतक।

क्षपण[२]—[सं॰ √क्षप् + णिच् + ल्यु] *पु॰* १. बौद्ध भिक्षु। २. मुनि।

क्षपणक—[सं॰ क्षपण + कन्] *पु॰* बौद्ध या जैन भिक्षु। *वि॰* १. नंगा। २. निर्लज्ज। ⁘ **क्षपणक-विहार**—*पु॰* = १. बौद्ध विहार/मठ। २. जैन-मन्दिर।

क्षपा—[सं॰ √क्षप् + अच् + टाप्] *स्त्री॰* १ रात्रि। रात। २. हल्दी। ⁘ **क्षपाकर**—*पु॰* १. चन्द्रमा। ⁘ **क्षपाचर**—*पु॰* = निशाचर। राक्षस। ⁘ **क्षपानाथ, क्षपापति**—*पु॰* = चन्द्रमा।

क्षपान्त (क्षपांत)—[सं॰ क्षपा ~ अन्त] *पु॰* १. रात्रि का अन्त। २. प्रभात। भोर।

क्षपान्धता (क्षपांधता)—[सं॰ क्षपा ~ अन्धता] *स्त्री॰* रात में देख न पाने का रोग। रतौंधी।

क्षपित—[सं॰ √क्षप् + णिच् + क्त] *वि॰* १. नष्ट किया हुआ। २. कुचला/दबाया हुआ।

क्षम—[सं॰ √क्षम् + अच्] *वि॰* १. समर्थ, योग्य या उपयुक्त। ***जैसे***—कार्यक्षम। २. क्षमा करनेवाला। सहनशील। विनयी। ३. सहन करने योग्य।

क्षमा—[सं॰ √क्षम् + अङ् + टाप्] *स्त्री॰* १. मन की यह भावना जिसमें मनुष्य दूसरे व्यक्ति का अपराध सह लेता है परन्तु उस पर क्रोध नहीं करता। सहनशीलता। २. क्रोधि होने के लिए कोई कारण होने पर भी क्रोध न करने का गुण। धैर्य। ३. अपराधी को बिना दंड दिए या बिना बदला लिए या बिना बदले की बात सोचे छोड़ देने की भावना/क्रिया। माफ़ी। ४. पृथ्वी। ५. दुर्गा/पार्वती (देवी)। (छन्द॰) एक समवर्णिक छन्द जिसके प्रत्येक चरण में क्रमशः दो नगण, जगण, तगण और गुरु (न न ज त ग) के योग से १३ वर्ण होते हैं।

क्षमाकरण—[सं॰ क्षमा ~ करण] *पु॰* क्षमा करना। ***जैसे***—क्षमाकरण अधिकार।

क्षमापति—[सं॰ क्षमा ~ पति] *पु॰* भूपति। राजा।

क्षमापन[१]—[सं॰ क्षमा + आपन] *पु॰* क्षमा माँगने की क्रिया। ***जैसे***—क्षमापन-स्तोत्र।

क्षमापन[२]—[< सं॰ क्षमा] *पु॰* क्षमा करने का भाव। माफ़ी।

क्षमामण्डल (क्षमामंडल)—[सं॰ क्षमा ~ मण्डल] *पु॰* भू-मंडल। पृथ्वी।

क्षमावणीव्रन्त (क्षमावणीव्रंत)—[< सं॰ क्षमापन-व्रत] *पु॰* (जैन॰) आश्विन कृष्ण प्रतिपदा को किया जानेवाला एक व्रत जिसमें सबसे क्षमा माँग कर कुछ फल बाँटना और उपवास रखना होता है।

***क्षमावना**—[< सं॰ क्षमापन] *क्रिस॰* क्षमा कराना। माफ़ कराना।

क्षमावन्त (क्षमावंत)—[< सं॰ क्षमावत्] *वि॰* क्षमाशील।

क्षमावान्—[सं॰ क्षमावत्] *वि॰* क्षमा करने वाला। *पु॰* अपराधी/दोषी को दयापूर्वक क्षमा कर देने वाला व्यक्ति।

क्षमाशील—[सं॰ क्षमा ~ शील] *वि॰* १. सबको प्रायः क्षमा करने के स्वभाव वाला। २. धैर्यवान्। सहनशील। ३. उदार और दयालु।

क्षमी[१]—[सं॰ क्षमिन्] *वि॰* क्षमतायुक्त। क्षम। समर्थ।

क्षमी[२]—[< सं॰ क्षमा] *वि॰* क्षमा करनेवाला। क्षमाशील।

क्षम्य—[सं॰ √क्षम् + ण्यत्] *वि॰* १. क्षमा के योग्य। क्षमितव्य। २. जो दंडनीय न हो। अदंडनीय। ∇ **विलोम**—अक्षम्य।

क्षय—[सं॰ √क्षि + अच्] *पु॰* १. हानि। ***जैसे***—धन-क्षय। २. ह्रास। कमी। ***जैसे***—आयु-क्षय। ३. अन्त। नाश। ***जैसे***—क्षय-योग। ४. समाप्ति। ५. क्रमशः हानि/कमी/नाश/छीजन। ६. यक्ष्मा/तपेदिक नामक रोग। ७. प्रलय। ८. साठ संवत्सरों के चक्र में अन्तिम। (जैन॰) कर्मों का अत्यन्त नाश। ∇ **विलोम**—वृद्धि। ⁘ **क्षय-काल**—*पु॰* = प्रलय का समय। ⁘ **क्षयङ्कर (क्षयंकर)**—*वि॰* =

क्षयकारी। ✣ **क्षयण**— *पु॰* = क्षय होने की अवस्था/क्रिया/भाव। ✣ **क्षय तिथि**— *स्त्री॰* = (खगोल॰) वह तिथि जो सूर्योदय के समय न रही हो। ✣ **क्षय-पक्ष**— *पु॰* = (चान्द्र मास का) कृष्ण पक्ष। अँधेरा पाख। ✣ **क्षयमाण**— *वि॰* = नाशशील। नाशवान। ✣ **क्षय मास**— *पु॰* = (खगोल॰) वह चान्द्र मास जिसमें सूर्य की दो संक्रान्तियाँ हों। ● **विशेष**—१४१ वें वर्ष में 'क्षयमास' होता है। ✣ **क्षय रोग**— *पु॰* = यक्ष्मा/तपेदिक़ नामक रोग।

क्षयिक—[स॰ क्षय + ठन्] *वि॰* १. जिसका क्षय हो रहा हो या होनेवाला हो। २. क्षय रोग/तपेदिक़ का रोगी। क्षयरोगी।

क्षयित—[स॰ क्षय + इतच्] *वि॰* १. जिसका क्षय हुआ हो। २. क्षय रोग/तपेदिक़ का रोगी। क्षयरोगी।

क्षयिष्णु—[स॰ √क्षि + इष्णुच्] *वि॰* १. नाश करने वाला। २. नष्ट होने वाला। नश्वर।

क्षयी—[स॰ क्षयिन्] *वि॰* १. नष्ट करने वाला/नाशक। ***जैसे***—क्षयी क्रोध। २. नाशवान्। नश्वर। ३. क्षय/तपेदिक नामक रोग का रोगी। क्षयरोगी। *पु॰* चन्द्रमा। ✣ **क्षयिणी**— *वि॰* (*स्त्री॰*)। ***जैसे***—क्षयिणी इच्छा। ✣ **क्षयी परिसम्पत्ति (परिसंपत्ति)**— *स्त्री॰* = (अर्थ॰) ऐसी सम्पत्ति जिसकी आयु सीमित हो परन्तु उसका प्रतिस्थापन सम्भव न हो। ***जैसे***—कोयले की खान।

क्षय्य—[स॰ √क्षि + यत्, नि॰ सिद्धि] *वि॰* क्षय होने योग्य। जिसका नाश हो सके।

क्षर—[स॰ √क्षर् + अच्] *वि॰* १. बहनेवाला। २. चलने-फिरनेवाला। चर। जंगम। ३. नश्वर। नाशवान्। *पु॰* १. शरीर। २. जीवात्मा। ३. जल। ४. बादल। ∇ **विलोम**—अक्षर।

क्षरण—[स॰ √क्षर् + ल्युट्] *पु॰* १. चूने/टपकने/रिसने/बहने की क्रिया/भाव। ***जैसे***—उसकी वाणी से मानो अमृत का क्षरण होता है। २. झड़ना। छूटना।

क्षरित—[स॰ √क्षर् + क्त] *वि॰* जिसका क्षरण हुआ हो।

क्षव—[स॰ √क्षु + अप्] *पु॰* १. छींक। २. खाँसी।

क्षात्र—[स॰ क्षत्र + अण्] *वि॰* १. क्षत्रिय-सम्बन्धी। क्षत्रिय का। २. क्षत्रियोचित। ✣ **क्षात्रधर्म**— *पु॰* = क्षत्रिय का धर्म। क्षत्रिय के कर्तव्य।

क्षान्त (क्षांत)—[स॰ √क्षम् + क्त] *वि॰* १. क्षमा करनेवाला। क्षमावान्। ***जैसे***—क्षान्त पिता। २. सहनशील। धैर्यवान्। ३. क्षमा किया हुआ। ४. सहा हुआ। ✣ **क्षान्ता (क्षांता)**— *वि॰* (*स्त्री॰*)। ***जैसे***—क्षान्ता माता। *स्त्री॰* = पृथ्वी।

क्षान्ति (क्षांति)—[स॰ √क्षम् + क्तिन्] *स्त्री॰* १. क्षमा। २. सहनशीलता। सहिष्णुता। धैर्य।

क्षाम—[स॰ √क्षै + क्त] *वि॰* १. झुलसा हुआ। २. क्षीण। पतला। ३. निर्बल। ४. नष्ट। *पु॰* १. क्षय। २. विष्णु।

क्षामा—[स॰ क्षाम + टाप्] *स्त्री॰* पृथ्वी।

क्षार—[स॰ √क्षर् + ण] *वि॰* १. खारा। २. रिसने/बहने वाला। क्षरणशील। *पु॰* १. खार। सज्जी। २. उक्त से बनी हुई कोई औषधि या तीक्ष्ण पदार्थ। ३. नमक। ४. काला नमक। ५. जवाखार। ६. सुहागा। ७. भस्म। राख। ८. दुष्ट व्यक्ति (ठग आदि)। (रसायन॰) वह पदार्थ जो किसी अम्ल के रूप में अभिक्रिया कर लवण बनाता है।

क्षारक[1]—[स॰ क्षार + कन्] १. क्षार। (दे॰) २. जलाने वाला। दाहक।

क्षारक[2]—[स॰ √क्षार् + ण्वुल्] *पु॰* धोबी।

क्षारण—[स॰ √क्षर् + णिच् + ल्युट्] *पु॰* १. खार बनाना। २. टपकाना। ३. कलंक लगाना, विशेषतः व्यभिचार या कामुकता का।

क्षारत्रय—[स॰ क्षार ~ त्रय] *पु॰* (आयुर्वेद॰) सज्जी, जवाखार और सुहागा का मिश्रण।

क्षारद्वय (क्षारद्वय)—[स॰ क्षार ~ द्वय] *पु॰* (आयुर्वेद॰) सज्जी और जवाखार का मिश्रण।

क्षार-रागी—[स॰] *वि॰* (प्राणि॰) जिस पर क्षारीय रंजक से गहरा रंग चढ़े। ***जैसे***—कुछ अम्ल क्षाररागी होते हैं। (अ॰ बेसोफ़िलिक)।

क्षारवर्ग—[स॰ क्षार ~ वर्ग] *पु॰* क्षार आदि तीन वस्तुओं का समूह—सज्जी (खार), सोहागा और शोरा।

क्षाराम्बु (क्षारांबु)—[स॰ क्षार ~ अम्बु] *पु॰* खारा पानी।

क्षाराष्टक—[स॰ क्षार ~ अष्टक] *पु॰* (आयुर्वेद॰) आठ विशेष क्षारों/खारों का समूह। पलाश (ढाक), आक, जवाखार, सज्जी इत्यादि का मिश्रण।

क्षारीय—[स॰ क्षार + छ] *वि॰* १. क्षार-सम्बन्धी। २. क्षारयुक्त। खारी। ३. क्षार से सम्बन्धित। ४. क्षार जैसा। ***जैसे***—क्षारीय स्वाद। (रसायन॰) क्षार के गुणों वाला। ✣ **क्षारीयता**— *स्त्री॰* = १. क्षारीय होने की अवस्था/गुण/भाव। २. (किसी वस्तु में) क्षार की उपस्थिति।

क्षालन—[स॰ √क्षल् + णिच् + ल्युट्] *पु॰* १. पानी से (कपड़े आदि) धोने की क्रिया/भाव। धुलाई। २. साफ़ करने का काम। सफ़ाई।

क्षिति—[स॰ √क्षि + क्तिन्] *स्त्री॰* १. निवास-स्थान। २. पृथ्वी। ३. क्षय। नाश। ४. प्रलय। ५. 'एक' की संख्या (पद्य आदि में)। ✣ **क्षिति-कण**— *पु॰* = रज। धूल। ✣ **क्षिति-कम्प**— *पु॰* = भूकम्प। भूचाल।

क्षितिज—[स॰ क्षिति + ज] *पु॰* १. पृथ्वी का पुत्र। भूमि-पुत्र। मनुष्य। २. मंगल (ग्रह)। ३. पृथ्वी से जन्मे वृक्ष इत्यादि। ४. केंचुआ। ५. वह वृत्ताकार रेखा जिस पर पृथ्वी और आकाश मिलते हुए प्रतीत होते हैं।

क्षितिज-नति—[स॰] *स्त्री॰* = (खगोल॰) किसी स्थान के वास्तविक खगोलीय क्षितिज और आभासी क्षितिज के बीच कोणीय अन्तर। ✣ **क्षितिजा**— *स्त्री॰* = १. पृथ्वी की पुत्री। २. सीता। जानकी। ✣ **क्षिति-तनय**— *पु॰* १. पृथ्वी का पुत्र। २. मंगल (ग्रह)। ✣ **क्षिति-तल**— *पु॰* पृथ्वी का तल। भूतल। धरातल। ✣ **क्षिति-देव**— *पु॰* = भूदेव। ब्राह्मण। ✣ **क्षिति-पति**— *पु॰* = भूपति। राजा। ● **विशेष**—**'क्षितिप/क्षितिपाल/क्षितिरक्षी'** का अर्थ 'राजा' होता है। ✣ **क्षितिरुह**— *पु॰* = वृक्ष। पेड़।

क्षितीन्द्र (क्षितींद्र)—[सं॰ क्षिति ~ इन्द्र] *पु॰* राजा।

क्षितीश/क्षितीश्वर—[सं॰ क्षिति~ ईश/ईश्वर] *पु॰* राजा।

क्षित्यधिप/क्षित्यधीश्वर—[सं॰ क्षिति ~ अधिप/अधीश्वर] *पु॰* राजा।

क्षिप्त—[सं॰ √क्षिप् + क्त] *वि॰* १. फेंका हुआ। ***जैसे***—क्षिप्त बाण। २. भागा हुआ। ३. बिखरा हुआ। ४. भेजा हुआ। ५. अपमानित या उपेक्षित। ६. पागल। ***जैसे***—क्षिप्त कुत्ता। ७. अस्थिर। चंचल। ● **विशेष**—योगदर्शन में चित्त की पाँच अवस्थाएँ वर्णित हैं, उनमें प्रथम 'क्षिप्त' है जो रजोगुणप्रधान और चंचल है।

क्षिप्तचित्त—[सं॰ क्षिप्त ~ चित्त] *वि॰* चंचल चित्तवाला। चंचलचित्त।

क्षिप्ति—[सं॰ √क्षिप् + क्तिन्] *स्त्री॰* फेंकने की क्रिया/भाव।

क्षिप्र—[सं॰ क्षिप् + रक्] *वि॰* १. शीघ्रगामी। तेज़। ***जैसे***—क्षिप्र बुद्धि। २. शीघ्र समझनेवाला। ३. चंचल। *पु॰* (शरीर में) अँगूठे और तर्जनी के बीच का स्थान। २. मुहूर्त का पन्द्रहवाँ भाग। *क्रिवि॰* १. शीघ्र। जल्दी। तत्काल। तुरन्त।

क्षिप्रकारी—[सं॰ क्षिप्रकारिन्] *वि॰* तेज़ी से काम करने वाला। मुस्तैद।

क्षिप्रहस्त—[सं॰ क्षिप्र ~ हस्त] *वि॰* जिसका हाथ तेज़ी से चले। जल्दी काम करनेवाला। कर्म-कुशल। मुस्तैद।

क्षीण—[सं॰ √क्षि + क्त, त→न, न→ण, दीर्घ] *वि॰* १. जिसका क्षय हुआ हो। क्षयप्राप्त। २. घटा हुआ या घटनेवाला। ३. दुबला-पतला। ४. दुर्बल। कमज़ोर। ५. समाप्त। ✣ **क्षीण चन्द्र (चंद्र)**—*पु॰* = कृष्ण पक्ष की अष्टमी से शुक्ल पक्ष की अष्टमी तक का चन्द्रमा जो क्षीण कलाओं वाला होता है। ✣ **क्षीणता**—*स्त्री॰* = १. क्षीण होने की अवस्था/भाव। २. दुर्बलता। ✣ **क्षीणत्व**—*पु॰* = क्षीणता। ✣ **क्षीणमध्य**—*वि॰* = १. ज़िसका मध्य भाग पतला हो। २. पतली कमर वाला। ✣ **क्षीणमनस्क**—*वि॰* = मानसिक दुर्बलता वाला। ✣ **क्षीणविक्रान्त**—*वि॰* = १. शक्तिरहित। २. साहसहीन। ✣ **क्षीणवृत्ति**—*वि॰* = आजीविका/रोज़ी से रहित।

क्षीणार्थ—[सं॰ क्षीण ~ अर्थ] *वि॰* १. जिसकी सम्पत्ति नष्ट हो गयी हो। २. निर्धन। ग़रीब।

क्षीब—[सं॰ √ क्षीब् + क्त् नि॰] *वि॰* नशे में चूर। मत्त। मतवाला।

क्षीयमाण—[सं॰ √क्षि + यक् + शानच्] *पु॰* १. जिसका क्षय हो रहा हो। जो घट रहा है। २. नाशवान्। नश्वर। ∇ **विलोम**—वर्धमान।

क्षीर—[सं॰ √ घस् + ईरन्, घ→क, षत्व] १. दूध। २. किसी वृक्ष (बरगद, गूलर आदि) का दूध के समान रस। ३. जल।

क्षीरकण्ठ (क्षीरकंठ)—[सं॰ क्षीर ~ कण्ठ] *पु॰* शिशु। बच्चा। *वि॰* दुधमुहाँ।

क्षीरकाण्डक (क्षीरकांडक)—[सं॰ क्षीर ~ काण्डक] १. थूहर (वृक्ष)। २. आक/मदार (वृक्ष)।

क्षीरज—[सं॰ क्षीर + ज] *वि॰* १. दूध से बननेवाला। २. जल से उत्पन्न होनेवाला। *पु॰* १. दही। २. मक्खन। ३. चन्द्रमा। ४. अमृत। ५. कमल। ✣ **क्षीरजा**—*वि॰* (*स्त्री॰*) = १. दूध से बननेवाली। २. जल से उत्पन्न होनेवाली। *स्त्री॰* लक्ष्मी। रमा।

क्षीरधेनु—[सं॰ क्षीर ~ धेनु] *स्त्री॰* १. वह गाय जो दूध देती हो। दूध देती गाय। दुधार गाय। २. दान के लिए स्थापित की हुई कल्पित गाय।

क्षीर-निधि—[सं॰] *पु॰* समुद्र। सागर।

क्षीरपर्णी—[सं॰ क्षीरपर्णिन्] *स्त्री॰* मदार। आक।

क्षीरपाक—[सं॰ क्षीर ~ पाक] *वि॰* दूध में पका हुआ। *पु॰* पानी मिले हुए दूध में औटकर तैयार की हुई औषधि।

क्षीरपुष्पी—[सं॰ क्षीरपुष्प + ङीष्] *स्त्री॰* शंखपुष्पी।

क्षीरवर्णी—[सं॰ क्षीरवर्णिन्] *वि॰* दूध के रंग का। दूधिया।

क्षीरवृक्ष—[सं॰ क्षीर ~ वृक्ष] *पु॰* बरगद, गूलर, पीपल और महुआ नामक वृक्ष जिनसे दूध जैसा द्रव निकलता है।

क्षीरव्रत—[सं॰ क्षीर ~ व्रत] *पु॰* वह व्रत जिसमें केवल दूध पिया जाता हो। दुग्धव्रत।

क्षीर-शर—[सं॰] *पु॰* १. दूध-दही आदि की मलाई। २. दूध का झाग/फेन।

क्षीरसागर—[सं॰ क्षीर ~ सागर] *पु॰* दूध का समुद्र।

क्षीराब्धि—[सं॰ क्षीर ~ अब्धि] *पु॰* क्षीरसागर।

क्षीरिका—[सं॰ क्षीर + ठन् + टा] *स्त्री॰* १. (दूध से बननेवाला एक व्यंजन) खीर। २. पिंडखजूर। ३. वंशलोचन।

क्षीरिणी—[सं॰ क्षीर + इनि + ङीप्] *वि॰* (*स्त्री॰*) दूध देनेवाली। दुधार। *स्त्री॰* १. खिरनी नामक फल। २. दुद्धी नामक लता।

क्षीरोद—[सं॰ क्षीर ~ उदक, उदकउद] *पु॰* क्षीरसागर। क्षीरोदधि।

क्षीरोदक—[सं॰ क्षीर ~ उदक] दूध और पानी।

क्षीरोदतनय—[सं॰ क्षीरोद ~ तनय] *पु॰* सागर का पुत्र। २. चन्द्रमा। ✣ **क्षीरोदतनया**—*स्त्री॰* = १. सागर की पुत्री। २. लक्ष्मी। रमा।

क्षीरोदधि—[सं॰ क्षीर ~ उदधि] *पु॰* क्षीरसागर।

क्षीरोदन—[सं॰ क्षीर ~ ओदन] *पु॰* दूध में पके हुए चावल।

क्षीव—[सं॰ √क्षीव् + अच्] *वि॰* नशे में चूर। मत्त। मतवाला।

क्षुण्ण—[सं॰ √क्षुद् + क्त] *वि॰* १. कुचला हुआ। रौंदा हुआ। २. चूर किया हुआ। ∇ **विलोम**—अक्षुण्ण।

क्षुण्णमना—[सं॰ क्षुण्णमनस्] *वि॰* पश्चात्ताप करनेवाला।

क्षुद्र—[सं॰ √क्षुद् + रक्] *वि॰* १. बहुत छोटा। २. थोड़ा। ३. अधम। नीच। ४. ओछा। ५. उद्दंड। ६. महत्त्वहीन। ७. मान-रहित। ∇ **विलोम**—महान्। ✣ **क्षुद्र ग्रह**—*पु॰* = (खगोल॰) सूर्य की परिक्रमा करनेवाले सहस्रों छोटे ग्रहों में से प्रत्येक जिनकी कक्षा मंगल और बृहस्पति की कक्षाओं के बीच होती है। ग्रहिका। (अं॰ ऐस्टीरॉइड)। ✣ **क्षुद्रघण्टिका (क्षुद्रघंटिका)**—*स्त्री॰* = १. छोटी घंटियों या घुँघरुओं वाली करधनी। २. घुँघरू। ✣ **क्षुद्र जन्तु (जंतु)**—*पु॰* = छोटे जन्तु (कीड़े-मकोड़े आदि)। ✣ **क्षुद्रता**—*स्त्री॰* = १. क्षुद्र होने की अवस्था या भाव। क्षुद्रपन। २. ओछापन। ३. तुच्छता। ४. नीचता। ओछापन। ५. अल्पता। ६. छोटापन। छोटाई। ✣ **क्षुद्रत्व**—*पु॰* = क्षुद्रता। ✣ **क्षुद्रधान्य**—*पु॰* = कोदों आदि कुधान्य।

क्षुद्रक—[सं॰ क्षुद्र + कन्] *वि॰* क्षुद्र। *पु॰* तुच्छ व्यक्ति।

क्षुद्रा—[सं॰ क्षुद्र + टाप्] *स्त्री॰* १. नीचे/ओछे विचारों वाली स्त्री। २. कुलटा। ३. वेश्या। ४. लड़ाकी स्त्री। कर्कशा। ५. मक्खी। ६. मधुमक्खी।

क्षुद्रात्मा—[सं॰ क्षुद्रात्मन्] *वि॰* क्षुद्र विचारों वाला।

क्षुद्राशय—[सं॰ क्षुद्र ~ आशय] *वि॰* क्षुद्र स्वभाव वाला। नीच।

क्षुधा—[सं॰ क्षुध + टाप्] *स्त्री॰* भूख। ∇ **विलोम**—तृप्ति।

क्षुधातुर/क्षुधार्त—[सं॰ क्षुधा ~ आतुर/आर्त] *वि॰* भूख से पीड़ित। बहुत भूखा।

क्षुधालु—[सं॰ क्षुधा + आलुच्] *वि॰* १. भूखा। २. जिसे प्राय: भूख लगी रहती हो। पेटू। भुक्खड़।

***क्षुधावन्त (क्षुधावंत)**—[< सं॰ क्षुधावत्] *वि॰* भूखा।

क्षुधित—[सं॰ क्षुधा + इतच्] *वि॰* भूखा।

क्षुप—[सं॰ √क्षु + पक्] *पु॰* झाड़। झाड़ी। (वनस्पति॰) आकार में छोटे तथा घनी शाखाओं वाले वृक्षों का वर्ग या उसका कोई सदस्य। ***जैसे***—करौंदे का क्षुप।

क्षुपक—[सं॰ क्षुप + क्यू] *पु॰* (वनस्पति॰) छोटा क्षुप। झाड़ी। ऐसा क्षुप जिसमें स्तम्भ/तना स्पष्ट नहीं होता।

क्षुब्ध—[सं॰ √क्षुभ् + क्त] १. क्षोभयुक्त। उत्तेजित। अशान्त। २. जिसमें ज़ोर की लहरें उठ रही हों। तूफ़ानी (समुद्र)। ३. क्रुद्ध। कुपित। ४. व्याकुल। ५. चंचल।

क्षुभित—[सं॰ √क्षुभ् + क्त] *वि॰* क्षुब्ध।

क्षुर—[सं॰ √क्षुर् + क] *पु॰* १. छुरा। २. (नाई का) उस्तरा। ३. बाणों की नोक पर लगायी जाने वाली धारदार छुरी। ४. (घोड़ा, बैल आदि के) खुर। ५. गोखरू। ६. तालमखाना।

क्षुरधार—[सं॰ क्षुर ~ धार] *वि॰* छुरे की धार के समान तीक्ष्ण धार वाला।

क्षुरप्र—[सं॰ क्षुर √ पृ + क] *पु॰* १. खुरपा। २. खुरपे जैसे फल वाला बाण।

क्षुरिका—[सं॰ क्षुर + ङीष् + कन् + टाप्] *स्त्री॰* १. छुरी। २. चाक़ू। ३. (नाई का) उस्तरा। ४. कटार।

क्षुरी[१]—[सं॰ क्षुर + ङीष्] क्षुरिका।

क्षुरी[२]—[सं॰ क्षुरिन्] *पु॰* १. नाई। २. खुरवाला पशु।

क्षुल्ल—[सं॰ क्षुद् √ला + क] *वि॰* १. छोटा। २. अल्प। थोड़ा। ३. तुच्छ।

क्षुल्लक—[सं॰ क्षुल्ल + कन्] *वि॰* १. क्षुद्र। छोटा। २. निर्धन। ३. दुष्ट। नीच। अधम। ५. तुच्छ। (जैन॰) छोटा जैन साधु। ● **विशेष**—'क्षुल्लक' की तुलना में बड़ा साधु '**ऐल्लक**' होता है।

क्षेत्र—[सं॰ √क्षि + त्रन्] १. भूमि का बोया जाने वाला खंड/भाग/खेत। २. देश/भूमि का कोई खंड/भाग या प्रदेश विशेष। स्थान। स्थल। ***जैसे***—रण-क्षेत्र। ३. किसी भौगोलिक/प्राकृतिक/सामाजिक/राजनीतिक आदि विशेषता से युक्त भू-भाग/प्रदेश। ४. सीमाओंवाला या रेखाओं से घिरा कोई स्थान। ५. तीर्थस्थान या कोई पवित्र स्थान। ६. ज्ञान आदि का कोई विशेष विभाग या कोई विद्या। ***जैसे***—काव्यशास्त्रीय क्षेत्र का विद्वान्। ७. पत्नी। (भा॰ दर्शन॰) शरीर। (गणित॰) किसी आकृति (त्रिभुज, वृत्त आदि) से घिरा स्थान। किसी आकृति का पृष्ठीय विस्तार। (भौतिकी॰) १. आकाश (अं॰ स्पेस) का वह भाग जिसमें कोई बल (चुम्बकीय या वैद्युत बल आदि) कार्यशील होता है। २. किसी ताल (अं॰ लेन्स) की दृष्टि में आनेवाला आकाश (अं॰ स्पेस) का भाग विशेष।

क्षेत्रगणित—[सं॰ क्षेत्र ~ गणित] *पु॰* खेतों के मापने और उसका क्षेत्रफल निकालने की विधियाँ बतानेवाला रेखागणित का भाग विशेष।

क्षेत्रज—[सं॰ क्षेत्र + ज] *वि॰* खेत में उपजा हुआ। (धर्म॰) किसी मृत या असमर्थ पुरुष की पत्नी से विधिवत् नियुक्त दूसरे पुरुष द्वारा उत्पन्न पुत्र। क्षेत्रजात।

क्षेत्रज्ञ—[सं॰ क्षेत्र + ज्ञ] *वि॰* १. क्षेत्र का ज्ञाता/जानकार। २. विभिन्न स्थानों/प्रदेशों/देशों का ज्ञाता/जानकार। ३. साहित्य आदि किसी विद्या/विषय का जानकार/ज्ञाता/विद्वान्। ४. दक्ष। चतुर। *पु॰* १. कृषक। किसान। २. आध्यात्मिक ज्ञान वाला विद्वान्/योगी आदि। ३. जीवात्मा। ४. परमात्मा।

क्षेत्रपति—[सं॰ क्षेत्र ~ पति] *पु॰* १. खेत/ज़मीन का मालिक। २. जीवात्मा। ३. परमात्मा।

क्षेत्रपाल—[सं॰ क्षेत्र ~ पाल] *पु॰* १. खेत की रखवाली करनेवाला। २. किसान। ३. किसी पवित्र क्षेत्र का रक्षक देवता।

क्षेत्रफल—[सं॰ क्षेत्र ~ फल] *पु॰* (गणित॰) किसी क्षेत्र या आकृति के पृष्ठीय विस्तार का माप। ***जैसे***—त्रिभुज का क्षेत्रफल ज्ञात करना।

क्षेत्रविद्—[सं॰ क्षेत्र ~ विद्] *वि॰* क्षेत्रज्ञ। (दे॰) *पु॰* १. कृषक। किसान। २. आध्यात्मिक ज्ञान वाला विद्वान्/योगी आदि। ३. जीवात्मा।

क्षेत्राजीव—[सं॰ क्षेत्र ~ आजीव] *वि॰* जिसकी जीविका खेती पर निर्भर है। *पु॰* कृषक। किसान।

क्षेत्राधिप—[सं॰ क्षेत्र ~ अधिप] *पु॰* खेत का स्वामी। (ज्योतिष॰) जन्मकुंडली में किसी भाव/घर की राशि का स्वामी। भावेश।

क्षेत्रिक—[सं॰ क्षेत्र + ठन्] *वि॰* क्षेत्रीय।

क्षेत्री—[सं॰ क्षेत्रिन्] *पु॰* १. कृषक। किसान। २. स्वामी। ३. पति। ४. जीवात्मा। ५. परमात्मा।

क्षेत्रीकरण—[< हिं॰ क्षेत्रीय + करण] *पु॰* (वाणिज्य॰) उत्पाद की वसूली और वितरण-व्यवस्था को अधिक कुशल और सुचारु बनाने के लिए देश का विभिन्न क्षेत्रीय इकाइयों में बाँट देना।

क्षेत्रीय—[< सं॰ क्षेत्रिय] *वि॰* १. क्षेत्र-सम्बन्धी। खेत सम्बन्धी। २. खेत में उपजनेवाला। ३. किसी विशेष भू-भाग या कार्यक्षेत्र से सम्बन्धित।

क्षेप—[सं॰ √क्षिप् + घञ्] *पु॰* १. फेंकना। २. उछालना। ३. डालना। ४. भेजना। ५. (समय) व्यतीत करना/बिताना। ***जैसे***—कालक्षेप।

क्षेपक[1]—[स॰ √ क्षिप् + ण्वुल्] *वि॰* १. फेंकनेवाला। २. भेजनेवाला।

क्षेपक[2]—[स॰ क्षेप + कन्] *पु॰* किसी रचना में बाद के किसी अन्य लेखक द्वारा, बिना सूचना दिए, जोड़ा गया शब्द या अंश। किसी रचना के मूल पाठ में जुड़ा हुआ मिलावटी भाग।

क्षेपण—[स॰ √क्षिप् + ल्युट्] *पु॰* १. कोई वस्तु फेंकने की क्रिया/भाव। फेंकना। २. गिराना। ३. मिलाना। ४. (समय) बिताना। गुज़ारना। ***जैसे***—काल-क्षेपण।

क्षेपणि/क्षेपणी—[स॰ √क्षिप् + अनि, क्षेपणि + ङीप्] *स्त्री॰* १. फेंककर चलाया जाने वाला हथियार। अस्त्र। २. (नाव चलाने में प्रयुक्त) डाँड़। ● **विशेष—क्षेपणिक**—नाविक। मल्लाह।

क्षेप्ता—[स॰ क्षेप्तृ] *वि॰* फेंकनेवाला। ***जैसे***—अस्त्र-क्षेप्ता।

क्षेम—[स॰ √क्षि + मन्] *पु॰* १. शान्ति। २. रक्षा। ३. प्राप्त वस्तु की रक्षा। ४. कुशल-मंगल। खै़रियत। ५. सुख। चैन। ६. महामारी, विप्लव आदि का अभाव। ७. मोक्ष। मुक्ति। ✣ **क्षेमकर**—*वि॰* = शुभ। मंगलकारी। ✣ **क्षेमकरी**—*वि॰* (*स्त्री॰*)= शुभ। मंगलकारिणी। *स्त्री॰* = दुर्गा (देवी)।

क्षेमङ्कर (क्षेमंकर)—[स॰ क्षेम √कृ + खच्] *वि॰* क्षेमकर।

क्षेमङ्करी—[स॰ क्षेमङ्कर + ङीष्] *वि॰* (*स्त्री॰*) १. शुभ करनेवाली। २. मंगलकारिणी। *स्त्री॰* १. एक प्रकार की सफ़ेद चील (पक्षी)। २. एक देवी।

क्षेमी—[स॰ क्षेमिन्] *वि॰* १. मंगलकारी। शुभ। २. शुभचिन्तक।

क्षैतिज—[स॰ क्षितिज + अण्] १. क्षितिज-सम्बन्धी। क्षितिज का। २. क्षितिज के तल के समान्तर।

क्षैरेय—[स॰ क्षीर + ढञ्] *वि॰* दूध-सम्बन्धी। दूध का। दूध से बना हुआ या तैयार किया हुआ। ***जैसे***—दही भी क्षैरेय पदार्थ है। ✣ **क्षैरेयी**—*वि॰* (*स्त्री॰*)। ***जैसे***—क्षैरेयी वस्तु।

क्षोणि—[स॰ √क्षै + डोनि] *स्त्री॰* १. पृथ्वी। भूमि। धरती। २. (पद्य आदि में) एक की संख्या। ✣ **क्षोणिप क्षोणिपति**—*पु॰* = राजा। ✣ **क्षोणिपाल**—पु॰ = राजा।

क्षोणी—[स॰ क्षोणि + ङीष्] *स्त्री॰* क्षोणि। (दे॰) ✣ **क्षोणी-पति, क्षोणी-पाल**—*पु॰* = राजा।

क्षोद—[स॰ √क्षुद् + घञ्] *पु॰* १. घुटाई या पिसाई। २. सिल या ओखली। ३. पिसी हुई वस्तु। चूर्ण। चूरा। ४. रज। धूल।

क्षोभ—[स॰ √क्षुभ् + घञ्] *पु॰* १. हिलाने/चलाने/उछालने/झटकने की क्रिया/भाव। २. उत्तेजना। ३. घबड़ाहट। ४. खलबली। हलचल। ५. किसी की अनुचित बात/व्यवहार से उत्पन्न मन की व्याकुलता। क्रोधपूर्ण असन्तोष। ६. क्रोध।

क्षोभकृत्—[स॰ क्षोभ √ कृ + क्विप्] *पु॰* (ज्योतिष॰) साठ संवत्सरों में से ३६वाँ संवत्सर।

क्षोभी—[स॰ क्षोभिन्] *वि॰* १. क्षुब्ध होनेवाला। क्षोभ करनेवाला। २. क्षुब्ध करनेवाला।

क्षौणि/क्षौणी—[स॰ √क्षु + नि, क्षौणि + ङीष्] *स्त्री॰* १. पृथ्वी। भूमि। २. पद्य आदि में एक की संख्या। ✣ **क्षौणिपति/क्षौणीपति**—*पु॰* = राजा।

क्षौम—[स॰ √क्षु + मन् + अण्] *वि॰* अलसी या रेशम आदि से बना हुआ। *पु॰* १. अलसी आदि के रेशों से बना हुआ कपड़ा। २. रेशमी कपड़ा।

क्षौर—[स॰ क्षुर + अण्] *वि॰* १. छुरे से सम्बन्धित। छुरे का। २. हजामत-सम्बन्धी। हजामत का। *पु॰* = हजामत। ✣ **क्षौरकर्म**—*पु॰* = हजामत।

क्षौरिक—[स॰ क्षौर + ठन्] *पु॰* नाई। हज्जाम।

ख

देवनागरी वर्णमाला में कवर्ग का दूसरा व्यंजन। (भाषाविज्ञान की दृष्टि से) 'ख्' कंठ्य, अघोष, महाप्राण और स्पर्श है। इसका अल्पप्राण रूप 'क्' है। ● **विशेष**—१. महाप्राण ध्वनि होने के कारण इसका उच्चारण/प्रयोग अघोष अल्पप्राण स्पर्श के बाद ही होता है (जैसे 'मख्खी' शब्द नहीं, 'मक्खी' ही सही है)। २. 'ख्' के संयुक्त रूपों में ख् + य का 'ख्य' (विख्यात, मुख्य, ख्याति आदि) र् + ख का 'र्ख' (चर्खा आदि) तथा ङ+ ख का ङ्ख/खं (पङ्ख/पंख, शङ्ख/शंख) रूप ध्यान देने योग्य हैं। ४. 'ख' से मिलती-जुलती फ़ारसी ध्वनि 'ख़' कंठ्य तथा अघोष है परन्तु स्पर्श नहीं, संघर्षी है और हिन्दी-भाषी सामान्य जन साधारणतया शब्दों के 'ख़' को 'ख' मानकर ही बोलते/लिखते हैं (जैसे 'ख़रीदना' को 'खरीदना', 'ख़ास' को 'खास', 'आख़िरी' को 'आखिरी' इत्यादि) परन्तु फ़ारसी भाषा आदि पढ़े हुए अथवा अपने पारिवारिक संस्कारों के कारण 'ख़' का सही उच्चारण करनेवाले भी बड़ी संख्या में हैं।

ख—[सं० √खर्व् + ड] *पु०* १. आकाश। २. शून्य। ३. स्वर्ग। ४. इन्द्रिय। ५. नगर। ६. खेत। ७. रन्ध्र। ८. छेद, सूराख़ या बिल। ९. शरीर का कोई छिद्र (मुख/कान/नेत्र, नथुने इत्यादि)। १०. घाव। ११. आनन्द। १२. ज्ञान। १३. क्रिया/कर्म। १४. गड्ढा। १५. सूर्य। १६. कुआँ। १७. शब्द।

***खई**—[< हिं० खयना < सं० क्षय] *स्त्री०* १. क्षय। नाश। २. नाशक क्रिया। ३. युद्ध। ४. कलह। झगड़ा। ५. किरकिरी।

***खए**[1]—[< हिं० खयना < सं० क्षय] *क्रिस०* क्षीण हो गए।

***खए**[2]—[< सं० स्कन्ध] *पु०* १. भुजा। भुजदंड। २. कन्धा।

†खकड़िया, खकरिया—[< हिं० खक्खट] *स्त्री०* आटे की छोटी और बहुत पतली पूड़ी।

खक्खट—[सं० √खक्ख् + अटन्] *वि०* १. कर्कश। २. कठोर। ३. ठोस।

खक्खा[1]—[< सं० √खक्ख्] *पु०* अट्टहास। ठहाका। क़हक़हा।

†खक्खा[2]—[देशज] *पु०* १. पंजाबी सैनिक। २. अनुभवी व्यक्ति। ३. बहुत ऊँचा हाथी। ४. खत्री। *वि०* खरा। ईमानदार। ***जैसे***—खक्खा आदमी। ✣ **खक्खा साहू**—*पु०* = १. खरा महाजन। २. ईमानदार व्यापारी। ३. खत्री व्यवसायी।

खखारना—[< हिं० खखार] *क्रिअ०* १. गले में चिपका हुआ कफ/खखार निकालना। २. संकेत रूप में खाँसना।

***खखेटना**—[< हिं० खदेड़ना] *क्रिस०* १. पीछा करके भगाना। खदेड़ना। २. घायल करना।

***खखेटा**—[< हिं० खटक] *पु०* शंका। चिन्ता। खटक।

खखेरा—[< सं० √खक्ख्] १. उपहास। हँसी। ***जैसे***—कहने से खखेरा होगा। २. निन्दा।

†खखोडर/खखोदर—[ब्रज० < सं० ख + कोटर] *पु०* वृक्ष के कोटर में बना हुआ घोंसला।

†खखोड़ना/खखोरना—[देशज] *क्रिस०* खोजना। ढूँढना।

खग—[सं० ख √गम् + ड] *पु०* १. आकाश में गमन करनेवाला। २. पक्षी। चिड़िया। ३. सूर्य, चन्द्र या कोई ग्रह। ४. पवन। हवा। ५. वायुयान। विमान। ६. मेघ। बादल। ७. देवता। ८. बाण। तीर।

***खगन**—[< हिं० खगना] *स्त्री०* चुभन। गड़ना या गड़न।

***खगना**—[< हिं० खाँग (=काँटा)] *क्रिअ०* १. गड़ना। चुभना। २. चित्त में बैठना। ३. लीन होना। ४. अंकित होना। ५. कसा जाना। ६. अड़ना। ७. उलझना। फँसना। अटकना। ८. अच्छा लगना। ९. अनुरक्त होना। १०. रुकना।

***खगमगी**—[< हिं० खगना] *स्त्री०* धँसन।

***खगरना**—[< सं० खग] *क्रिअ०* विचरण करना। विचरना। घूमना।

***खगराइ/खगराज**—[< सं० खग + हिं० राइ/सं० राज] पु० १. पक्षिराज। गरुड़। २. सूर्य।

***खगरार**—[सं० खग + हिं० रार] *पु०* चिड़ियों का शोर।

खगवार—[< स० खड्ग, या देशज] *पु०* (गले का) हँसुली नामक आभूषण।

खगवाहन—[सं० खग ~ वाहन] *वि०* जिसका वाहन गरुड़ हो। गरुड़वाहन। *पु०* विष्णु।

खगहा—[< प्रा० खग्गि < सं० खड्गिन्] *पु०* गेंडा (पशु)।

†खगाना—[< हिं० खगना] *क्रिस०* विवाद/झगड़ा कराना। लड़ाना।

खगारना—[< हिं० खँगालना < सं० क्षालन] *क्रिस०* पानी डालकर धोना। प्रक्षालन करना। खँगालना।

खगी—[< सं० खग] *स्त्री०* पक्षिणी। चिड़िया।

खगेन्द्र (खगेंद्र)/खगेश—[सं० खग ~ इन्द्र/ईश] *पु०* १. (पक्षिराज) गरुड़। २. (ग्रहों का स्वामी) सूर्य।

खगोल—[सं० ख ~ गोल] *पु०* आकाशमंडल। (गणित०) वह काल्पनिक गोला जिसका केन्द्र पृथ्वी का केन्द्र है और त्रिज्या अनन्त है। ✣ **खगोलभौतिकविज्ञानी**—*पु०* = खगोलभौतिकी का वैज्ञानिक।(अं० ऐस्ट्रोफ़िज़िसिस्ट) ✣ **खगोलभौतिकी**—

स्त्री° = भौतिकी की वह शाखा जिसमें खगोलीय पिंडों की आन्तरिक संरचना तथा भौतिक गुणों, (आकार, द्रव्यमान, घनत्व, तापक्रम, दीप्ति आदि) और उनके परस्पर सम्बन्धों का अध्ययन होता है। ताराभौतिकी। (अ° ऐस्ट्रोफ़िज़िक्स) ✣ **खगोलमिति**— *स्त्री°* = खगोलविज्ञान की वह शाखा जिसमें ग्रह-नक्षत्रों की नाप, गतिविधि, स्थिति आदि का विवेचन होता है। (अ° ऐस्ट्रोमीटरी)

खगोलीय—[स° खगोल + छ] *वि°* खगोल का। आकाशमंडल का। ✣ **खगोलीय अक्षांश**— *पु°* (गणित°) = क्रान्तिवृत्त (अ° इक्लिप्टिक) के उत्तर या दक्षिण में स्थित किसी आकाशीय पिंड की कोणीय दूरी। शर। ✣ **खगोलीय अपवर्तन**— *पु°* = पृथ्वी के वायुमंडल में प्रवेश करने पर प्रकाश-किरण का अपवर्तन। ✣ **खगोलीय उन्नतांश**— *पु°* = प्रेक्षक के क्षितिज से निर्दिष्ट बिन्दु की कोणीय दूरी। ✣ **खगोलीय क्षितिज**— *पु°* = खगोल का वह बृहत् वृत्त जिसका प्रत्येक बिन्दु प्रेक्षक के शिरोबिन्दु और अधोबिन्दु से समकोण पर हो। ✣ **खगोलीय त्रिभुज**— *पु°* = खगोलीय समस्याओं को हल करने में उपयोगी त्रिभुज जिसके शीर्ष प्रेक्षित आकाशीय पिंड, शिरोबिन्दु तथा क्षितिज के ऊपर स्थित ध्रुव होते हैं। ✣ **खगोलीय देशान्तर**— *पु°* = सूर्य-पथ (अ° इक्लिप्टिक) से किसी आकाशीय पिंड की कोणीय दूरी। भोगांश। ✣ **खगोलीय यान्त्रिकी (यांत्रिकी)**— *पु°* = खगोलविज्ञान की वह शाखा जिसमें गुरुत्वबलों के अधीन चलनेवाले खगोलीय पिंडों की गतियों के विषय में अध्ययन किया जाता है। गुरुत्वखगोलिकी। गणितीय खगोलिकी। ✣ **खगोलीय याम्योत्तर**— *पु°* = खगोल का बृहत् वृत्त जो खगोलीय ध्रुवों, अधोबिन्दु और शिरोबिन्दु से होकर जाता है तथा क्षितिज को ठीक उत्तर व दक्षिण में काटता है। ✣ **खगोलीय विषुवद्वृत्त**— *पु°* खगोल का वह बृहत् वृत्त जिसके सभी बिन्दु ध्रुवों से समकोण पर होते हैं। ✣ **खगोलीय वृत्त**— *पु°* = खगोल का कोई बृहत् या लघु वृत्त। खवृत्त।

***खग्ग**—[अप°, प्रा° < स° खड्ग] पु° १. खड्ग। तलवार। २. गेंडा नामक पशु।

खग्रास—[स° ख ~ ग्रास] *पु°* वह ग्रहण जिसमें सूर्य या चन्द्र का पूरा बिम्ब ढँक जाय। पूर्ण ग्रहण।

†**खङ्क (खंक)**—[< स° कङ्क] *वि°* १. दुर्बल। बलहीन। २. दरिद्र। खंख।

खङ्ख (खंख)—[< स° कङ्क] *वि°* १. रिक्त। ख़ाली। २. खोखला। ३. निर्जन। उजाड़। ४. निर्धन। दरिद्र।

खङ्खर[१] (खंखर[१])—[< हि° खंख] *वि°* १. खंख। (दे°) २. उजड़ा हुआ। ३. पत्रों और पुष्पों से रहित (वृक्ष)।

खङ्खर[२] (खंखर[२])—[स°] *वि°* (बालों की) लट। अलक।

***खङ्ग[१] (खंग[१])**—[< स° खड्ग] *पु°* खड्ग। तलवार।

***खङ्ग[२] (खंग[२])**—[< हि° खाँग] *पु°* गेंडा नामक पशु।

खङ्गड़ (खंगड़)—[देशज] *पु°* १. भट्ठे में जलकर काले हो गए (चूने आदि के) कंकड़। २. भट्ठे में बहुत पकी हुई और एक साथ चिपकी हुई ईंटें या भद्दी दिखनेवाली ईंटें या उनके टुकड़े।

खङ्गर (खंगर)—[< हि° खंगड़] *पु°* खंगड़। *वि°* १. शुष्क। सूखा। २. क्षीण। दुर्बल।

खचन—[< स° √खच् + ल्युट्] *पु°* १. कोई वस्तु जड़ने या बाँधने की क्रिया/भाव। २. अंकित करने की क्रिया/भाव। अंकन।

खचना—[< स° खचन] *क्रिस°* १. अंकित करना। २. जड़ना। *क्रिअ°* अंकित होना। २. जड़ा जाना। ३. पूरी तरह भरा जाना। ४. उलझना। फँसना। अटकना।

खचर—[स° ख ~ चर] *वि°* आकाश में चलनेवाला। *पु°* १. आकाश में चलनेवाला प्राणी/पदार्थ। २. पक्षी। चिड़िया। ३. सूर्य। ४. ग्रह। ५. नक्षत्र। ६. देवता। ७. मेघ। बादल। ८. पवन। हवा। ९. बाण। तीर। १०. राक्षस। ११. पतंग।

खचरा—[< हि° खच्चर] *वि°* १. वर्णसंकर। दोग़ला। २. दुष्ट।

खचरी[१]—[स° खचर + ङीप्] *वि°* (*स्त्री°*) आकाश में चलनेवाली। *स्त्री°* १. आकाश में चलने वाली वस्तु/प्राणी। १. अप्सरा। २. देवी। ३. राक्षसी।

खचरी[२]—[< हि° खचरा] *वि°* (*स्त्री°*) १. वर्णसंकर (स्त्री आदि)। दोग़ली। २. दुष्ट (स्त्री आदि)।

खचाक—[अनु°] *स्त्री°* १. किसी तीक्ष्ण वस्तु के किसी कोमल वस्तु में तेज़ी से घुसने की ध्वनि। २. वेगपूर्ण वाहन (बस/कार आदि) को अचानक रोकने पर उसके टायरों से होनेवाली ध्वनि।

खचाना—[< हि° खचना] *क्रिस°* १. अंकित करना। २. जड़ना। ३. खींचना। *क्रिअ°* खचाखच भरा जाना/होना।

खचावट—[< हि° खचाना] *स्त्री°* १. खचाव। २. (शरीर की) गठन।

खचित—[स° √खच् + क्त] *वि°* १. जड़ा हुआ। जटित। ***जैसे***—रत्नखचित; मणिखचित। २. अंकित। ***जैसे***—हृदय पर खचित बातें। ३. चित्रित। ***जैसे***—पुष्प-खचित वस्त्र। ४. युक्त। ५. खचाखच। ठसाठस।

ख-चित्र—[स°] *पु°* १. (आकाश पर अंकित चित्र के समान) अस्तित्वहीन/असम्भव वस्तु। अनहोनी बात।

†**खचिया/खँचिया**—[< हि° खाँची] *स्त्री°* टोकरी। ***जैसे***—खचिया-भर; खचियन भरे।

खचेड़ना/खचेरना—[देशज] *क्रिस°* १. खींचना। घसीटना। २. खदेड़ना।

***खचोहीं**—[< हि° खचना] *वि°* जटित। जड़ाऊ।

खजमज—[अनु°] *वि°* कुछ अस्वस्थ/शिथिल। ***जैसे***—खजमज शरीर/तबियत।

खजरा—[देशज] *वि°* मिला हुआ। मिलावटी। *पु°* छप्पर के बीच का उठा हुआ भाग। बँडेरी।

ख-जल—[स°] *पु°* ओस।

***खजहजा**—[< स° खाद्य] *पु°* खाने योग्य उत्तम मेवा/फल।

खजुआ—*पु°* ≤ *हि°* खाजा (पकवान)।

खजूरा[१]—[< अप॰ खज्जूरय < सं॰ खर्जूरक (कर्णखर्जूरक)] *पु॰* कनखजूरा नामक जन्तु।

खजूरा[२]—[देशज] *पु॰* (स्त्रियों की) चोटी गूँथने की डोरी जो तीन लड़ों की होती है।

खजूरी[१]—[< अप॰, प्रा॰ खज्जूरी < सं॰ खर्जूरी] *वि॰* १. खजूर का। २. खजूर जैसा।

खजूरी[२]—[< हि॰ खजूरा] *वि॰* (स्त्री॰) तीन लड़ों से गुँथी हुई (चोटी)।

खजोरी—[देशज] *स्त्री॰* खंजरी/डफ़ की तरह का एक वाद्य।

खजोहरा—[< हि॰ खाज] *पु॰* कीट विशेष जिसके छूने से खुजली मचने लगती है।

खञ्ज[१] **(खंज**[१] **)**—[सं॰ √खञ्ज् + अच्] *पु॰* १. पैरों को जकड़ लेने और चलने में असमर्थ करनेवाला एक रोग। २. पैरों की जकड़न। ३. लँगड़ापन। *वि॰* १. उक्त रोग से पीड़ित। २. पंगु। लँगड़ा।

***खञ्ज**[२] **(खंज**[२] **)**—[< सं॰ खञ्जन] *पु॰* खंजन पक्षी। खंजरीट।

खञ्जक (खंजक)—[सं॰ खञ्ज + कन्] *वि॰* १. खंज रोग का रोगी। २. पंगु। लँगड़ा।

खञ्जन (खंजन)—[< सं॰ √खञ्ज् + ल्युट्] *पु॰* १. गौरैया के आकार की एक सुन्दर चिड़िया जिसकी भौंहें सफ़ेद होती हैं और जो शीतकाल में ही मैदानी भागों में प्राय: जलाशयों के पास पायी जाती है। खंजरीट। २. लँगड़ाहट। (छन्द॰) एक समवर्णिक छन्द जिसके प्रत्येक चरण में ८ रगण के योग से २४ वर्ण होते हैं। गंगोदक छन्द। ✣ **खञ्जनक (खंजनक)**— *वि॰* पंगु। लँगड़ा।

खञ्जननयन (खंजननयन)—[सं॰ खञ्जन ~ नयन] *वि॰* खंजन के समान चंचल व सुन्दर नेत्रों वाला।

खञ्जना/खञ्जनिका (खंजना/खंजनिका)—[सं॰ खञ्जन + क्यच् + क्विप् + टाप्, खञ्जन + ठन् + टाप्] *स्त्री॰* खंजन की जाति की एक चिड़िया।

खञ्जर (खंजर)—[< अरबी ख़ंजर] *पु॰* १. बड़ा छुरा। २. भुजाली। ३. तलवार। ✣ **खंजरज़न**— *वि॰* = ख़ंजर मारने वाला।

ख़ञ्जरी[१] **(ख़ंजरी**[१] **)**—[< सं॰ खंजरीट या < अरबी ख़ंजरी] *स्त्री॰* (संगीत॰) डफली के घेरे में झाँझ लगाकर बनाया जाने वाला एक छोटा वाद्य।

खञ्जरी[२] **(खंजरी**[२] **)**—[< अरबी ख़ंजर] *स्त्री॰* छोटा खंजर। कटार।

खञ्जरीट (खंजरीट)—[सं॰ खञ्ज √ऋ + कीटन] *पु॰* खंजन (पक्षी)।

खञ्जा (खंजा)—[सं॰ √खञ्ज् + अच् + टाप्] *स्त्री॰* (छन्द॰) एक अर्धसम वर्णिक छन्द जिसके विषम चरणों में ३० लघु के बाद एक गुरु के योग से कुल ३१ वर्ण तथा सम चरणों में २८ लघु के बाद एक गुरु के योग से कुल २९ वर्ण होते हैं। *वि॰* पंगु। लँगड़ा।

खट[१]—[अनु॰] *स्त्री॰* दो कठोर वस्तुओं के परस्पर टकराने की ध्वनि। ***वा.* खट से**—१. तत्काल। तुरन्त। २. शीघ्रता से।

खट[२]—[< हि॰ खाट] *पु॰* 'खाट' का समस्त पद में प्रयुक्त संक्षिप्त रूप। ***जैसे***—खटपाटी; खटमल; खटबुना।

***खट**[३]—[< सं॰ षट्] *वि॰* छह। ✣ **खटगुन**— *वि॰* = छह गुना। ✣ **खट ताल**— *पु॰* = (संगीत॰) आठ मात्राओं की एक ताल जिसमें दो मात्राएँ ख़ाली होती हैं। ✣ **खट दस**— *वि॰* = सोलह। ✣ **खट दोष**— *पु॰* = काम, क्रोध, लोभ, मोह, मद और मत्सर नामक छह दुर्गुण। ✣ **खटरस**— *पु॰* = खाद्य वस्तुओं के माधुर्य आदि ६ रस। षट् रस। षड्रस। *वि॰* छह रसों वाला (पदार्थ)।

खट[४]—[< हि॰ खट्टा] वि॰ 'खट्टा' का समस्त पद में प्रयुक्त संक्षिप्त रूप। ✣ **खटमिट्ठा/खटमीठा**— *वि॰* = स्वाद में खट्टापन और मिठास से मिश्रित। खट्टा-मीठा।

खटक—[< हि॰ खट (ध्वनि)] १. खटकने की क्रिया/भाव। २. खटकने/खलने वाली बात। बुरी लगनेवाली या चिन्ताजनक बात। ३. आशंका। चिन्ता। ४. चुभन। कसक। टीस। ५. खटखटाने का शब्द। खटखटाहट। ***जैसे***—कुंडी की खटक सुनते ही द्वार खोल देना। ६. आहट।

खटका—[< सं॰ खटकार] *पु॰* १. 'खट-खट' ध्वनि। २. आशंका। चिन्ता। भय। ३. पेंच/कमानी आदि जिसके दबाने/घुमाने आदि से कोई वस्तु ध्वनिपूर्वक खुले या बन्द हो या कार्यशील हो। ***जैसे***—बन्दूक़ का खटका। (अं॰ स्विच) ४. (किवाड़ की) सिटकिनी। ५. चिड़ियों को उड़ाने के लिए पेड़ में या खेतों में बँधा हुआ बाँस (जो खड़खड़ाया जाता है)। खटखटा। (संगीत॰) एक प्रकार का अलंकार। किसी एक स्वर को एक स्वर-शब्द द्वारा अलंकृत करने की पद्धति। क्षुद्र गिटकारी। मुरकी।

खटकिन—[< हि॰ खटिक] *स्त्री॰* १. खटिक की पत्नी। २. खटिक उपजाति की स्त्री।

खटखटा—[< हि॰ खटखट] १. जिससे 'खट-खट' ध्वनि हो। २. पक्षी उड़ाने का बाँस। खटका।

खटना—[< सं॰ क्षय] *क्रिअ॰* १. क्षीण/कम होना। २. अधिक तथा कठिन परिश्रम करना। ३. काम-धन्धे में लगना। *क्रिस॰* निर्वाह होना।

खटपट—[< हि॰ खट + अनु॰ पट] *स्त्री॰* १. दो कठोर वस्तुओं की निरन्तर टकराहट से उत्पन्न अप्रिय ध्वनि। २. लड़ाई/झगड़ा या परस्पर सम्बन्धों का बिगाड़। ३. वैर। फूट। ***जैसे***—पड़ोसी से खटपट मत करो।

खटपटिया—[< हि॰ खटपट] *वि॰* १. खटपट करने या लड़ने-झगड़ने वाला। २. शोर-शराबा या कोलाहल करनेवाला। *स्त्री॰* काठ की बनी एक प्रकार की चप्पल। खटखटिया।

खटपद—[< सं॰ षट्पद] पु॰ भ्रमर। भौंरा।

***खटबाट**—स्त्री॰ ≤ हि॰ खटपाटी।

खटबुना—[< हि॰ खाट + बुनना] *पु॰* खाट बुनने का काम-धन्धा करनेवाला व्यक्ति।

खटमण्डल (खटमंडल)—[सं॰ षट् ~ मण्डल] *वि॰* अस्त-व्यस्त। गड़बड़।

खटराग—[< सं॰ षट् ~ राग] १. झंझट। झमेला। ***जैसे***—खटराग करना; खटराग में पड़ना। २. आडम्बर। ***जैसे***—खटराग फैलाना। ३. व्यर्थ और अनावश्यक वस्तुएँ।

†खटला—[देशज] *पु॰* कान में किया जाने वाला छेद जिसमें बुन्दा/बाली आदि पहने जाते हैं।

†खटाऊ—[बुन्देली, < हिं॰ खटना] *वि॰* टिकाऊ।

खटाचोपरी—[< हिं॰ खट्टा] एक प्रकार का घास का पीले फूलों वाला पौधा जो बहुत छोटा होता है और जिसमें मेथी के समान पत्ते आते हैं जो स्वाद में खट्टे होते हैं।

खटाना[१]—[< हिं॰ खट्टा] *क्रिअ॰* खट्टा होना। ***जैसे***—गर्मी के कारण दूध खटा गया।

खटाना[२]—[< हिं॰ खटना] *क्रिअ॰* १. निर्वाह होना। गुज़ारा होना। २. परखने में ठीक उतरना। ३. डटा रहना। *क्रिस॰* (किसी से) बहुत परिश्रम कराना।

खटापट—[< हिं॰ खट + पट] *क्रिवि॰* तत्काल। शीघ्र। तुरन्त। ***जैसे***—उसका काम खटापट हो गया।

खटारा—[< हिं॰ खट-खट] १. बहुत पुराना होने के कारण खट-खट या खड़-खड़ आदि अप्रिय ध्वनि करनेवाला (यन्त्र आदि)। ***जैसे***—खटारा मशीनें। २. जिसका अंजर-पंजर ढीला हो गया हो। ***जैसे***—खटारा गाड़ी।

खटाव—[< हिं॰ खटना/खटाना] *पु॰* १. खटने/खटाने की क्रिया/भाव। २. निर्वाह। गुज़ारा।

खटास—[< हिं॰ खट्टा] १. खट्टा होने का गुण/भाव। खट्टापन। २. किसी वस्तु को खट्टा करनेवाला तत्त्व। अम्लता या क्षारता।

खटिक[१]/खटीक[१]—[< सं॰ खट्टिक] *पु॰* १. बहेलिया। २. क़साई। ३. साग-सब्ज़ी बोकर और बेचकर जीविका चलानेवाली एक उपजाति। कुँजड़ा। मुराव।

खटिक[२]/खटीक[२]—[< हिं॰ खोटना] *पु॰* मुख्यत: चक्की के पाट को खोटने का काम करनेवाली एक उपजाति।

खट्टू—[< हिं॰ खटना] *वि॰* धन कमानेवाला। धनोपार्जक। कमाऊ। ∇ **विलोम**—निखट्टू।

खट्वाङ्ग (खट्वांग)—[सं॰ खट्वा ~ अङ्ग] *पु॰* १. चारपाई का कोई भाग (पाटी, पाया आदि)। २. (साधुओं की) अधारी। ३. (प्रायश्चित्त की अवधि में) एक प्रकार का भिक्षा-पात्र। ४. शिव/महादेव का एक अस्त्र जिसमें एक डंडे के सिरे पर मनुष्य की खोपड़ी होती है अथवा जो खाट के पाए की तरह प्रतीत होती है। ✣ **खट्वाङ्गधर / खट्वाङ्गी (खट्वांगधर / खट्वांगी)**—*पु॰* = शिव। महादेव।

खड़—[< सं॰ खर] *पु॰* रत्न का भद्दा और अनगढ़ रूप। जिसे खरादकर नगीना बनाया जाता है।

खड़ई—[< सं॰ खर] *स्त्री॰* शीतऋतु में उगनेवाला घास का एक पौधा जिसमें पीले फूल आते हैं और जो लगभग ३४ सें॰मी॰ ऊँचा होता है।

खड़क—[अनु॰] *स्त्री॰* १. (एक बार या लगातार होनेवाली) 'खड़-खड़' ध्वनि। २. खटक।

खड़कना—[< प्रा॰ खडखड] *क्रिअ॰* १. 'खड़-खड़' ध्वनि होना। ***जैसे***—हवा चलने से पत्तों का खड़कना। २. तलवारों के आघातों की आवाज़ होना। ३. परस्पर अनबन होना। खटकना।

खड़खड़ाना—[< हिं॰ खड़खड़] *क्रिअ॰* 'खड़-खड़' ध्वनि होना। ***जैसे***—पत्ते खड़खड़ाए। *क्रिस॰* १. 'खड़-खड़' ध्वनि करना। २. कुंडी आदि बजाना। खटखटाना। ३. हिलाना।

खडगी/खड़गी—[< सं॰ खड्गिन्] *वि॰* तलवार धारण करने वाला। खड्गधारी। *पु॰* गेंडा।

खड़ञ्जा/खरञ्जा (खड़ंजा/खरंजा)—[< हिं॰ खड़ा + सं॰ अङ्ग] *पु॰* १. ईंटों की खड़ी जुड़ाई। २. उक्त प्रकार से बनने वाला फ़र्श आदि।

खड़ताल—[< सं॰ काष्ठताल] *स्त्री॰* लकड़ी और लोहे से बना एक वाद्य जो गीत/भजन गाते समय प्राय: बजाया जाता है।

खड़बड़—[< हिं॰ खड़ + अनु॰ बड़] *स्त्री॰* १. वस्तुओं को उठाने-पटकने या उलटने-पलटने से होनेवाली ध्वनि। २. पशुओं के चलने पर खुरों से होनेवाली ध्वनि। ३. उलट-फेर। ४. हलचल। खलबली।

खड़बड़ाना—[< हिं॰ खड़बड़] *क्रिअ॰* १. 'खड़बड़' शब्द होना। २. घबड़ाना। ३. (व्यक्ति का) अशान्त होना या विचलित होना। ४. वस्तुओं का क्रम-रहित या तितर-बितर होना। ४. उलट-फेर होना। ५. हलचल होना। *क्रिस॰* १. 'खड़बड़' शब्द करना। २. किसी को घबरा देना। ३. (व्यक्ति को) विचलित करना। ४. (वस्तुओं को) क्रम-रहित या तितर-बितर करना। ५. उलट-फेर करना। ६. हलचल/खलबली करना।

खड़सिंगा—[< हिं॰ खड़ा + सींग] *वि॰* खड़े/नुकीले सींगों वाला (बैल)।

खड़ाका—[< हिं॰ खड़-खड़] *पु॰* 'खड़-खड़' ध्वनि।

खडानन/खड़ानन—[< सं॰ षडानन] *पु॰* षडानन। कार्तिकेय। स्कन्द।

खड़िक—[< प्रा॰ खड्डा] *पु॰* गर्त। गड्ढा।

खड़िया—[< प्रा॰ खडिआ < सं॰ खडिका] *स्त्री॰* १. एक प्रकार की चिकनी सफ़ेद मिट्टी जो कोमल होती है और श्यामपट आदि पर लिखने के काम आती है। २. 'सेतखड़ी' नामक बहुत चिकनी और सफ़ेद मिट्टी। ***वा॰* खड़िया में कोयला**—अच्छे के साथ बुरे की मिलावट।

खड़ुआ—[< सं॰ खटू] *पु॰* एक प्रकार का आभूषण जो वलयाकार होता है तथा कलाई में पहना जाता है। छोटा कड़ा।

खड्ग—[सं॰ √खड् + गन्] १. एक प्रकार की छोटी और चौड़ी तलवार। खाँड़ा। २. तलवार। ३. गेंडे का सींग। ४. गेंडा।

खड्गी—[सं॰ खड्गिन्] *पुं॰* १. खड्गधारी। २. गेंडा। ३. शिकारी। ४. क़सा़ई।

खड्डा—[< प्रा॰ खड्डा < सं॰ खात] *पुं॰* बहुत गहरा गड्ढा (जो प्राकृतिक बना हो या खोदकर बनाया गया हो)। खड्ड। ***जैसे***—खड्डे में बस गिरने की दुर्घटना।

खड्डी—[< प्रा॰ खड्डा (=गड्ढा)] *स्त्री॰* कोरियों और जुलाहों का वह यन्त्र जिस पर खादी का सूत बुना जाता है। ● **विशेष**—कपड़ा बुनने का काम करनेवाले हिन्दू '**कोरी**' कहे जाते हैं और मुसलमान '**जुलाहे**'। मिल के सूत को '**करघा**' पर बुना जाता है, खादी का सूत '**खड्डी**' पर। खड्डी एक गड्ढे के पास लगाई जाती है, बुनने वाला उस गड्ढे के पास बैठकर गड्ढे में दोनों पैर लटकाकर, दोनों हाथों से खड्डी पर कपड़ा बुनता रहता है। बुनने वाला '**बुनकर**' कहा जाता है। बुनकर के बैठने की जगह '**बैठनी**' कहलाती है और गड्ढे को ब्रजक्षेत्र में '**गाढ़**' कहते हैं।

खण्ड (खंड)—[सं॰ √खन् + ड] *पुं॰* १. भाग। टुकड़ा। ***जैसे***—पत्थर का खंड। २. (पुस्तक का) अध्याय/सर्ग या अनेक जिल्दों वाली पुस्तक की प्रत्येक जिल्द। ***जैसे***—यह उपन्यास तीन खंडों में पूरा हुआ। ३. (प्रशासन में कोई) भूखंड या विभाग। ४. (मकान आदि का) अंश। हिस्सा। ***जैसे***—भवन के एक खंड में अतिथि-कक्ष है। ५. (मकान आदि का) तल्ला। मंज़िल। ***जैसे***—भवन के ऊपर के खंडों में किराएदार रहते हैं। ६. पुराणों में वर्णित पृथ्वी के नौ विभागों में से प्रत्येक। ***जैसे***—नवखंड पृथ्वी; भरतखंड। ७. किसी प्रदेश का कोई भौगोलिक भाग। ***जैसे***—उत्तराखंड। ८. देशी शकर। खाँड़। बूरा। (गणित॰) १. किसी रेखा या समतल का कटा हुआ कोई भाग। ***जैसे***—इस बिन्दु पर रेखा के दो खंड हो गए। २. किसी आकृति/वस्तु का कोई कटा/टूटा हुआ भाग। ***जैसे***—टूटे पिरामिड का नीचे का खंड। *वि॰* खंडित। विभक्त। ***जैसे***—यह खंड भारत की आज़ादी है, अखंड भारत की नहीं। ∇ **विलोम**—अखंड। ✣ **खण्ड-खण्ड (खंड-खंड)**—*पुं॰* १. प्रत्येक खंड। ***जैसे***—इस हीरे के खंड-खंड का महत्त्व है। *वि॰* २. टुकड़े-टुकड़े। अनेक टुकड़ों में विभाजित। ***जैसे***—प्याला गिरते ही खंड-खंड हो गया।

खण्डक[१] (खंडक[१])—[सं॰ खण्ड + कन्] *पुं॰* भाग। टुकड़ा। खंड।

खण्डक[२] (खंडक[२])—[सं॰ खण्ड + क] *पुं॰* खाँड़। शकर।

खण्डक[३] (खंडक[३])—[सं॰ √खण्ड् + ण्वुल्] *वि॰* १. खंड या विभाग करनेवाला। २. खंडन करनेवाला। १. ख़ाँड़ या मिश्री। २. गँडासा।

खण्डकाव्य (खंडकाव्य)—[सं॰ खण्ड ~ काव्य] (काव्य॰) प्रबन्धकाव्य का एक भेद जो 'महाकाव्य' से और 'एकार्थकाव्य' से भिन्न होता है। ***जैसे***—मैथिलीशरण गुप्त का 'जयद्रथ-वध' सरस खंडकाव्य है।

खण्डन-मण्डन (खंडन-मंडन)—[सं॰] *पुं॰* १. किसी सिद्धान्त/मत/बात के पक्ष और विपक्ष में तर्क देने की क्रिया/भाव। खंडन और मंडन। २. विवाद। बहस।

खण्डना (खंडना)—[< सं॰ खण्डन] *क्रिस॰* १. टुकड़े करना। खंडित करना। ***जैसे***—धनुष खंडना। २. किसी मत/सिद्धान्त/बात को ग़लत सिद्ध करना। खंडन करना। *वि॰* १. खंडन करनेवाला। खंडक। २. नाश करने वाला। नाशक। ✣**खण्डनी (खंडनी)**—*वि॰* (*स्त्री॰*) = १. खंडन करनेवाली। ***जैसे***—पाखंडखंडनी पताका। २. नाश करनेवाली।

खण्डपरशु (खंडपरशु)—[सं॰ खण्ड ~ परशु] *पुं॰* १. शिव। महादेव। २. परशुराम।

खण्डपर्शु (खंडपर्शु)—[सं॰ खण्ड ~ पर्शु] *पुं॰* १. शिव। महादेव। २. परशुराम। ३. राहु। ४. टूटे हुए दाँत वाला हाथी।

खण्डपीठ (खंडपीठ)—[सं॰ खण्ड ~ पीठ] *पुं॰* उच्च न्यायालय की शाखा। (अं॰ बेंच)

खण्डप्रलय (खंडप्रलय)—[सं॰ खण्ड ~ प्रलय] *पुं॰, स्त्री॰* चतुर्युगी समाप्त होने पर होनेवाला प्रलय।

खण्डमय (खंडमय)—[सं॰ खण्ड + मयट्] *वि॰* खंडों/टुकड़ों से बना हुआ। ***जैसे***—खंडमय शैल।

खण्डल[१] (खंडल[१])—[सं॰ खण्ड + लच्] *पुं॰* १. खंड। टुकड़ा। २. अंश। भाग। ३. विभाग। ४. खेत।

खण्डल[२] (खंडल[२])—[सं॰ खण्ड √ला + क] *वि॰* खंड धारण करनेवाला।

खण्डशः (खंडशः)—[सं॰ खण्ड + शस्] *क्रिवि॰* १. खंडों के रूप में। ***जैसे***—खंडशः विचार। २. खंडों के क्रम से। ***जैसे***—महाभारत का खंडशः प्रकाशन।

खण्डशर्करा (खंडशर्करा)—[सं॰ खण्ड ~ शर्करा] खण्डिका *स्त्री॰* १. खँडसारी शकर। बूरा। २. मिश्री।

खण्डशीला (खंडशीला)—[सं॰ खण्ड ~ शील +टाप्] *स्त्री॰* दुश्चरित्र स्त्री।

खण्डहर (खंडहर)—[< सं॰ खण्ड + हि॰ घर] *पुं॰* किसी प्राचीन घर/भवन/नगर आदि के टूटे-फूटे परन्तु नष्ट न हुए भाग। ध्वंसावशेष। भग्नावशेष। खँडहर। ***जैसे***—खंडहर बता रहे हैं कि इमारत बुलन्द थी।

खण्डा[१] (खंडा[१])—[< सं॰ खण्ड] चावल के छोटे टुकड़े। किनकी।

***खण्डा[२] (खंडा[२])**—*पुं॰* ≤ *हि॰* खाँडा।

खण्डाभ्र (खंडाभ्र)—[सं॰ खण्ड ~ अभ्र] *पुं॰* बिखरे हुए बादल।

खण्डार (खंडार)—[देशज] *पुं॰* एक पौधा जो लगभग एक मीटर ऊँचा होता है, जिसमें वर्षा ऋतु में पीले फूल निकलते हैं और पत्ते कुछ लम्बे होते हैं।

खण्डिनी (खंडिनी)—[सं॰ खण्डिन् + ङीप्] *स्त्री॰* पृथ्वी।

खण्डी (खंडी)—[< सं॰ खण्ड] १. राज-कर। राजस्व। २. एक ही स्थान पर लगाए गए अनेक वृक्षों वाला स्थान। ***जैसे***—व्रज की कदम्बखंडियाँ।

खण्डेश्वर (खंडेश्वर)—[सं॰ खण्ड ~ ईश्वर] *पु॰* खंड/देश/प्रदेश का स्वामी या राजा।

***खत**—[< सं॰ क्षत] *पु॰* १. क्षत। घाव। २. आघात। प्रहार। *स्त्री॰* चोट।

ख़त—[अरबी] *पु॰* १. रेखा। लकीर। २. पत्र। चिट्ठी। ***जैसे***—ख़तोकिताबत (= पत्र-व्यवहार या लिखा-पढ़ी)। ३. कनपटी के बाल। ४. लेख। लिखावट। ***जैसे***—तक़दीर का ख़त (= भाग्य का लेख)।

खतखोट—[< सक्षत + खुड्ड] *स्त्री॰* १. चोट की गाँठ/गूथ। २. (घाव का) खुरंट।

***खतङ्ग (खतंग)**—[< फा॰ खडंग] १. एक प्रकार का बाण। खदंगी। २. तूणीर। तरकश।

***खतमा**—पु॰ ≤ हि॰ खुतबा। (मुसलमानों की) प्रार्थना विशेष।

ख़ता—[अरबी] *स्त्री॰* १. अपराध। दोष। २. त्रुटि। भूल। चूक। ३. धोखा। ४. पाप।

***खताना**—[< हि॰ खुटाना] *क्रिस॰* समाप्त होना।

खतियाना—[< हि॰ खाता] *क्रिस॰* रोज़नामचे में लिखी गयी मदों को यथास्थान खातों में लिखना।

खतौनी—[< हि॰ खाता] *स्त्री॰* १. वह पंजी या काग़ज़ जिसमें लेखपाल हर खेत का स्वामी, निश्चित लगान, प्राप्त लगान आदि लिखता है। २. बहीखाता। ३. खतियाने की क्रिया/भाव।

खत्ता—[< सं॰ खात] *पु॰* १. गड्ढा। २. भूमि में किसी उद्देश्य से खोदा गया गड्ढा। ***जैसे***—सामान रखने का खत्ता। ३. कोठा या बड़ा पात्र जिसमें अनाज रखा जाता है। बखार। ४. एक प्रकार की अनेक वस्तुओं का ढेर। ✣ **खत्ती**—*स्त्री॰* = खत्ता। ***जैसे***—खत्ती में अनाज रखना।

***खत्रवट/खत्रवाट**—[< सं॰ क्षत्र] *स्त्री॰* १. क्षत्रियत्व। २. क्षत्रिय का धर्म। क्षात्र-धर्म। ३. वीरता।

खत्री—[< सं॰ क्षत्रिय] *पु॰* १. पंजाब की एक उपजाति जो पहले क्षत्रिय थी परन्तु बाद में वैश्यकर्म (व्यापार आदि) करने लगी। २. उक्त उपजाति का कोई व्यक्ति। *क्षत्रिय।

खदङ्ग (खदंग)—[फा॰] *पु॰* १. सफ़ेद चिनार वृक्ष। २. उक्त वृक्ष से बना तीर। ✣ **खदङ्गी (खदंगी)**—१. खदंग से बना हुआ। २. खदंग का। ३. खदंग से बना बाण/तीर।

खदबद—[अनु॰] *स्त्री॰* खदाखद। खदका।

खदबदाना/खदखदाना—[अनु॰] *क्रिअ॰* १. उबलते/पकते समय 'खद-खद' शब्द करना। ***जैसे***—चूल्हे पर रखी दाल का खदबदाना। २. उबलना या पकना।

खदिर—[सं॰ √खद् + किरच्] *पु॰* १. खैर का पेड़। २. खैर। कत्था। ✣ **खदिर-सार**—*पु॰* = खैर। कत्था।

खद्दर—[< हि॰ खड्डी] *पु॰* हाथ से कते सूत/रेशम/ऊन आदि का हाथ से बुना कपड़ा। खादी।

खद्योत (खद्योत)—[सं॰ ख √द्युत् + घञ्] *पु॰* १. जुगनू। २. सूर्य।

***खन**—[< सं॰ क्षण] *पु॰* क्षण। समय। *क्रिवि॰* तत्काल। शीघ्र। तुरन्त। ✣ **खन"खन**—*क्रिवि॰* = क्षण-भर या क्षण-भर में। ✣ **खनहीं**—*क्रिवि॰* = क्षण-भर में ही। ✣ **खनहीं खन**—*क्रिवि॰* = प्रतिक्षण।

खनक[१]—[सं॰ √खन् + वुन्] *वि॰* भूमि आदि खोदने वाला। *पु॰* १. खाइयाँ खोदनेवाला या उनकी मरम्मत करनेवाला। २. सेंध लगानेवाला। चोर। ३. चूहा।

खनक[२]—[अनु॰] *स्त्री॰* १. 'खन' ध्वनि करते हुए बजने या टकराने की क्रिया/भाव। खनकने की क्रिया/भाव। २. धातुखंडों, चूड़ियों या आभूषणों आदि के बजने की मधुर ध्वनि। ३. वाणी का तीखापन। ४. संस्पर्श। ***जैसे***—उनकी वाणी में प्रेम की खनक थी। **खनकना**—[अनु॰] *क्रिअ॰* 'खन-खन' होना। खनखनाना। ***जैसे***—चूड़ियाँ खनक रही थीं।

†**खनता**—[< सं॰ खनित्र] *पु॰* भूमि खोदने का उपकरण (कुदाल/फावड़ा आदि) खन्ता। ✣ **खनती**—*स्त्री॰*।

खनयित्री—[सं॰ √खन् + णिच् + तृच् + ङीप्] *स्त्री॰* भूमि खोदने का उपकरण। खन्ती।

खनि—[सं॰ √खन् + इ] *स्त्री॰* आकर। खान।

खनिज—[सं॰ खनि √जन् + ड] *वि॰* खान से खोदकर निकाला हुआ। ***जैसे***—खनिज पदार्थ। *पु॰* खान से खोदकर निकाला हुआ पदार्थ। ***जैसे***—सोना, चाँदी आदि खनिजों से समृद्ध। ✣ **खनिज जल**—*पु॰* = वह जल जिसमें कुछ खनिज लवण रहते हैं जिससे उसका स्वाद बदल जाता है। **खनिज झरना**—*पु॰* = वह झरना जिसके जल में कुछ खनिज-लवण भारी मात्रा में रहते हैं। खनिज जल वाला झरना। ✣ **खनिज तेल**—*पु॰* = प्राकृतिक रूप में भूगर्भ से प्राप्त होनेवाला तेल। पेट्रोलियम (अं॰)। ✣ **खनिज नमक**—*पु॰* = खनिज रूप में पाया जाने वाला साधारण लवण। सेंधा नमक। ✣ **खनिजिकी**—*पु॰* = खनिज विज्ञान।

खनित्र—[सं॰ √खन् + इत्र] *पु॰* भूमि खोदने का उपकरण (कुदाल, बेलचा, फावड़ा, खन्ती इत्यादि)। ✣ **खनित्री**—*स्त्री॰*।

***खनियाना**—[< हि॰ खनना] *क्रिस॰* १. खान खोदना। २. गड्ढा खोदना।

खनी[१]—[सं॰ खनि + ङीष्] *स्त्री॰* आकर। खान। ✣ **खनीय**—*वि॰* = खान से सम्बन्धित। खान का।

खनी[२]—[< हि॰ खनना] *वि॰* १. खनिक। खोदनेवाला। २. खान में खुदाई आदि करने वाला। ३. खान से निकलनेवाला। खनिज।

खन्तरा (खंतरा)—[देशज] *पु॰* १. सन्धि। दरार। २. कोना।

खन्ता (खंता)—[< सं॰ खनित्र] १. ज़मीन खोदने का कोई उपकरण (कुदाल, फावड़ा इत्यादि)। २. (कुम्हार का बर्तन बनाने के लिए) मिट्टी निकालने का गड्ढा। ३. गड्ढा।

†**खन्ती**—[< हि॰ खन्ता] *पु॰* १. खनित्री। छोटा कुदाल। २. ज़मीन खोदने का काम करने वाली एक उपजाति या उसका कोई व्यक्ति।

†**खन्दा**[१] **(खंदा)**[१]—*पु॰* [< हि॰ खन्ता] *पु॰* खन्ता। (दे॰) *वि॰* खोदनेवाला।

खन्दा[२] (खंदा[२])—[< हि॰ खाना] *वि॰* खा जानेवाला। भक्षक।

खन्धार[१] (खंधार[१])—[< स॰ स्कन्धावार] १. छावनी। २. तम्बू। ३. राजा। ४. स्वामी। मालिक।

†खन्धार[२] (खन्धार[२])—[< स॰ गान्धार] *पु॰* १. गान्धार देश। २. कन्दहार/कन्धार देश।

ख़परिया[१]—[< स॰ खर्परी] *स्त्री॰* १. छोटा खपरा। २. सुनार की चाँदी सोना गलाने की घरिया। ३. (आयुर्वेद-चिकित्सा में प्रयुक्त) एक उपधातु जो भूरे रंग की होती है।

खपरिया[२]—[< हि॰ खप्पर] *पु॰* एक प्रकार के भिक्षुक।

खपरी—[< हि॰ खपरा] *स्त्री॰* घड़ा आदि का फूटा भाग।

खपाच—[< हि॰ खपाची] *पु॰* १. खपची (दे॰) २. रेशम बुननेवालों का एक उपकरण जो बाँस की दो खपचियों से बनता है।

खपिण्ड (खपिंड)—*पु॰* (गणित॰) खगोलीय पदार्थ (सूर्य, चन्द्र, ग्रह, उपग्रह, तारे इत्यादि)।

खपुआ/ *खपुवा—[< हि॰ खपना] *वि॰* कायर। डरपोक। *पु॰* छत छाने का खपड़ा।

ख-पुर—[स॰] *पु॰* (आकाश में बसा) गन्धर्व-नगर (जो केवल कहानियों में वर्णित होता है)।

ख-पुष्प—[स॰] १. आकाश में खिलनेवाला फूल। आकाशकुसुम। २. (उक्त के समान) असम्भव बात।

खप्पर—[प्रा॰ < स॰ खर्पर] १. कपाल। खोपड़ी। २. तसले के आकार का भिक्षा-पात्र। ३. काली देवी आदि के हाथ में स्थित एक पात्र जिसे भरकर देवी दुष्टों का रक्त पीती है।

ख़फ़गी—[फा॰] *स्त्री॰* क्रोध। अप्रसन्नता। नाराज़गी।

ख़फ़ीफ़—[अरबी] *वि॰* थोड़ा। कम ***जैसे***—ख़फ़ीफ़ बुखार होना।

ख़बीस—[अरबी] *वि॰* १. दुष्ट, नीच, या अधम। ***जैसे***—ख़बीस बुड्ढे के साथ युवती का विवाह। २. बड़ा धूर्त। ३. कृपण। कंजूस। ❖ **ख़बीसपन/ख़बीसी**—*स्त्री॰* = दुष्टता, नीचता, धूर्तता या कंजूसी।

ख़ब्त—[अरबी] *पु॰* १. बुद्धि-विकार। पागलपन। २. सनक। ***वा॰* ख़ब्त सवार होना**—सनक चढ़ना। ❖ **ख़ब्ती**—*वि॰* = १. पागल। २. सनकी।

†खब्बा[१] (खब्बू)—[< हि॰ खवैया] *वि॰* अधिक खाने वाला।

†खब्बा[२]—[पंजाबी < प्रा॰ खव्व] *वि॰* १. वाम। बायाँ। ***जैसे***—खब्बा हाथ। २. बाएँ हाथ से काम करनेवाला। ३. कुमार्गी।

खभरना—[< हि॰ खभार] *क्रिस॰* १. क्षुब्ध करना। खलबली मचाना। २. उथल-पुथल या उलट-पलट करना। ३. मिलाना।

खभार—[< स॰ क्षोभ] *पु॰* १. खलबली। हड़बड़ी। २. उथल-पुथल। उलट-पलट। ३. घबराहट। ४. भय। ५. चिन्ता। ❖ **खभारे**—*क्रिवि॰* = १. चिन्ता/घबराहट में। २. हड़बड़ी, भय या उथल-पुथल में।

ख़म—[अरबी] १. वक्रता। टेढ़ापन। २. झुकाव। ३. शक्ति। ***वा॰* ख़म खाना**—किसी के सामने झुकना या दबना। नीचा देखना। **ख़म ठोंककर**—१. ललकार कर। निडर होकर। चुनौतीपूर्वक। २. दृढ़तापूर्वक। निश्चयपूर्वक। **ख़म ठोंकना**—१. लड़ने के लिए ललकारना। २. चुनौती देना। ❖ **ख़म-दम**—*पु॰* = १. शक्ति और साहस। २. क्षमता।

खमकना—[अनु॰] *क्रिअ॰* १. 'खम-खम' शब्द होना। २. झपटना। ३. आवेश दिखाना। तमकना। ४. वीरतापूर्वक आगे बढ़ना।

खमण्डल (खमंडल)—[स॰ ख ~ मण्डल] *पु॰* आकाशमंडल।

ख-मध्य—(स॰) *पु॰* (खगोल॰) दर्शक के सिरे के ठीक ऊपर का आकाश का बिन्दु।

ख़माज—[अरबी] *पु॰* (संगीत॰) १. एक थाट। २. उक्त थाट का एक प्रमुख राग।

†खमारु—[देशज] *पु॰* ईर्ष्या। डाह। जलन।

ख़मियाज़ा—[< फा॰ ख़म्याज़ः] *पु॰* १. परिणाम। नतीजा। २. करनी का फल। प्रतिफल। ३. दंड। ४. हानि। ***वा॰* ख़मियाज़ा उठाना/भुगतना**—ग़लती/भूल का फल या दंड पाना।

ख़मीर—[अरबी] *पु॰* १. कवक/फफूँद जो किसी वस्तु के बासी होने पर और उसके थोड़ा सड़ने पर उत्पन्न होता है और जिससे वस्तु का स्वाद कुछ खट्टा हो जाता है। ***जैसे***—आटे में ख़मीर उठाना। २. (लाक्षणिक) किसी वस्तु/व्यक्ति का मूल स्वभाव। ❖ **ख़मीरा**—*वि॰* = १. जिसमें ख़मीर उठाया गया हो। ख़मीरवाला। ***जैसे***—ख़मीरा पेय/आटा। २. ख़मीर से बनी वस्तु। ३. ख़मीर-मिश्रित। ***जैसे***—ख़मीरा तम्बाकू। *पु॰* किसी औषधि का शीरा/चीनी में पका अवलेह। ❖ **ख़मीरी**—*वि॰* (*स्त्री॰*)। ***जैसे***—ख़मीरी रोटी।

ख-मूर्ति—[स॰] *पु॰* शिव। महादेव।

खम्भा (खंभा)—[< प्रा॰ खम्भ < स॰ स्तम्भ] *पु॰* १. स्तम्भ। खम्भ। २. (लाक्षणिक) आधार। ***जैसे***—महात्मा लोग समाज के खम्भे हैं।

खय—[प्रा॰ < स॰ क्षय] *पु॰* क्षय। नाश।

खयना—[< हि॰ खय] १. खीण होना। कम होना। २. नीचे की ओर हटना। जैसे-केश खयना।

ख़यानत—[< अरबी ख़ियानत] *स्त्री॰* १. किसी की धरोहर/अमानत को अनुचित रूप से अपने काम में लाना। २. धरोहर/अमानत को वापस न करने की बेईमानी। ***जैसे***—अमानत में ख़यानत मत करो। ३. (कार्यालय आदि के धन का) ग़बन। ४. विश्वासघात।

खये—[< स॰ ख] १. भुजमूल। भुजाएँ तथा कन्धे। २. पादमूल। जंघाएँ।

ख़य्याम/ख़ैयाम—[अरबी] *वि॰* ख़ेमे या डेरे-तम्बू सिलनेवाला। *पु॰* फ़ारसी का एक प्रसिद्ध कवि उमर ख़ैयाम।

खर[१]—[स॰ ख + र, अथवा ख √रा + क] *पु॰* १. गधा। २. खच्चर। ३. बगला। ४. कौआ। ५. क्रौंच/कुरर पक्षी। ६. साठ संवत्सरों के चक्र में से पच्चीसवाँ। १. कठोर। कड़ा। २. तीक्ष्ण। प्रखर। तेज़। ३. खट्टा। ४. सघन। घना। ५. हानिकारक। ६. तेज़

धार वाला। ७. तिरछा। ८. उष्ण। गर्म। *जैसे*—खर धूप। ९. निष्ठुर। १०. खरा/कुरकुरा या ख़स्ता। ११. जो खोटा न हो। निर्दोष। शुद्ध। *जैसे*—खर-खोट।

खर[२]—[< स॰ खड] तृण। घास।

खरक[१]—[< स॰ खड] *पु॰* १. पशुओं का बाड़ा। २. (पशुओं का) चरागाह।

***खरक**[२]—[< हि॰ खरकना] *स्त्री॰* खड़खड़ाहट।

खरकर—[स॰ खर ~ कर] *पु॰* सूर्य।

खरका—[हि॰ खर < स॰ खर] *पु॰* १. तृण। तिनका। २. दाँत खोदने का तिनका/तीली। ३. बाँस आदि की तीली का बहुत छोटा टुकड़ा जो पान के बीड़े आदि में खोंसा जाता है।

खरकोर—[देशज] *पु॰* तीतर पक्षी।

खरखरा—[< हि॰ खर-खर] *वि॰* १. जिसमें खर-खर हो। २. कर्कश। चिड़चिड़ा। *जैसे*—खरखरा स्वभाव। ३. जो चिकना न हो। खुरखुरा। ✣ **खरखरी**—*वि॰ (स्त्री॰)*। *जैसे*—खरखरी वाणी।

खर-खोट—*वि॰* ≤ *हि॰* खरा-खोटा। अच्छा और बुरा।

***खरखौकी**—[< हि॰ खर (=तृण) + हि॰ खाना] *स्त्री॰* (तृण-भक्षी) अग्नि।

खरतर—[स॰ खर + तरप्] *वि॰* किसी की तुलना में अधिक खर। अपेक्षाकृत अधिक उग्र/कठोर/तेज़/तीक्ष्ण।

खरतीर—[स॰ खर ~ तीर] *पु॰* १. सीधा खड़ा किनारा। २. विकट तट। ३. धतूरा।

खरतुआ/खरथुआ—[< हि॰ खर < स॰ खर] १. घास का एक पौधा जो बथुआ के समान ही गेहूँ और जौ के खेतों में उग आता है और बथुआ शाक के समान होता है।

खरदनी—[< हि॰ खराद] *स्त्री॰* = खरादने का उपकरण। खराद।

खरदम—[< स॰ कर्दम] *पु॰* कीचड़।

ख़रदिमाग़—[फा॰] *वि॰* १. गधे के समान बुद्धि वाला। मूर्ख। २. हठी। ज़िद्दी।

खरदूषण—[स॰ खर ~ दूषण] *वि॰* प्रखर दोषों वाला। अतिदोषपूर्ण। *पु॰* खर और दूषण नामक राक्षस जिन्हें राम ने दंडकारण्य में मारा था।

खरधार—[स॰ खर ~ धार] *वि॰* तीक्ष्ण धार वाला। *जैसे*—खरधार तलवार।

खरध्वंसी—[स॰ खर ~ ध्वंसी (ध्वंसिन्)] *पु॰* खर नामक राक्षस का नाशक। राम।

खरपी—[देशज] एक प्रकार की बेल जिसकी पत्तियाँ गोल होती हैं और जिसमें पीले फूल आते हैं।

खरभर—[अनु॰] *पु॰* १. वस्तुओं के आपस में टकराने से होनेवाला शब्द। खड़बड़। २. कोलाहल। शोर। ३. खलबली।

खरभरना—[< हि॰ खरभर] *क्रिअ॰* १. क्षुब्ध होना। २. व्याकुल होना। घबराना। ३. खलबली होना। *क्रिस॰* १. क्षुब्ध करना। २. व्याकुल करना।

***खरभरी**—[< हि॰ खरभर] *स्त्री॰* खलबली।

खर मास—[स॰] *पु॰* १. तीक्ष्ण महीना। २. ज्येष्ठ/जेठ नामक महीना।

खरल—[< स॰ खल्ल] *पु॰* पत्थर/लोहे का बना कूँड़ी जैसा छोटा/बड़ा पात्र जिसमें औषधोपयोगी वस्तुओं को घोटा जाता है। ● **विशेष**—खरल का उपयोग प्रायः जड़ी-बूटियों का महीन चूर्ण बनाने या वस्तुओं को घोटने में किया जाता है। इस प्रक्रिया को '**खरल करना**' कहा जाता है।

खरवट—[देशज] *स्त्री॰* काठ का एक तिकोना उपकरण जिसमें किसी वस्तु को रखकर रेता जाता है।

खरवा—[< स॰ खर] *पु॰* पैर के तलवे में खाल फट जाने से पड़ी दरारें। बिवाई।

खरशिला—[स॰] *पु॰* मन्दिर की कुर्सी का ऊपरी भाग जिस पर सम्पूर्ण मन्दिर खड़ा रहता है।

†खरसा[१]—[< स॰ षड्रस] *पु॰* एक प्रकार का पकवान।

†खरसा[२]—[< स॰ खर] *पु॰* १. ग्रीष्म ऋतु। २. अकाल।

†खरसा[३]—[< फा॰ ख़ारिश] *पु॰* खुजली।

खरसान—[< स॰ खर ~ शाण] *पु॰* वह पत्थर जिस पर रगड़कर हथियार को अधिक तेज़ धारवाला और चमकीला किया जाता है।

खरसैला—[< हि॰ खरसा] *वि॰* खुजली रोग वाला। *जैसे*—खरसैला कुत्ता।

खरांशु—[स॰ खर ~ अंशु] *पु॰* सूर्य।

***खराका**—[< हि॰ खटाक] *पु॰* तलवारें टकराने की ध्वनि।

खराद—[< फा॰ [ख़राद] *पु॰* १. लकड़ी/धातु की वस्तुओं को चिकना, चमकीला और सुन्दर करने का यन्त्र। *स्त्री॰* १. खरादने की क्रिया/भाव। २. खरादी गयी वस्तु का रूप। ३. बनावट का ढंग। ***वा॰*** **खराद पर उतारना**—१. खराद पर रखकर सुडौल बनाना। २. किसी वस्तु को अच्छा बनाना। **खराद पर चढ़ाना**—१. ठीक और सुन्दर बनाना। २. अनुभवी और कुशल बनाना।

***खराना**—[< हि॰ खर/खरा] *क्रिअ॰* प्रखर होना। *क्रिस॰* १.खरा करना। २. प्रखर बनाना।

खरारि—[स॰ खर ~ अरि] *पु॰* 'खर' नामक राक्षस का शत्रु। राम। (छन्द॰) एक मात्रिक छन्द जिसके प्रत्येक चरण में ३२ मात्राएँ होती हैं और ८-६-८-१० पर यति होती है।

ख़राश—[फा॰] *स्त्री॰* खाल के रगड़ जाने या छिलने से होनेवाला छोटा घाव। खरोंच। छिलन।

***खरि**[१]—[< हि॰ खली] *स्त्री॰* तिल आदि का तेल निकालने के बाद बचा हुआ अंश। खली।

***खरि**[२]—[< स॰ खडिका] *स्त्री॰* खड़िया।

***खरि**[३]—*वि॰, स्त्री॰* ≤ *हि॰* खरी।

***खरिक**—[< हि॰ खरक] पु॰ गायों को बाँधने का स्थान। गोशाला। गोठ। बाड़ा।

खरिका—[स॰ खर + कन् + टाप्, इत्व] *स्त्री॰* पिसी हुई कस्तूरी।

खरीता—[< अरबी ख़लीतः] *पु॰* १. थैला। २. जेब। खीसा।

२. बड़ा लिफ़ाफ़ा जिसमें राजा या ऊँचे अधिकारी का पत्र हो। ✣ **खरीती**— *स्त्री°* १. छोटा थैला। थैली। २. छोटी जेब।

ख़रीद-फ़रोख़्त—[फा°] *स्त्री°* ख़रीदना और बेचना। क्रय-विक्रय।

ख़रीफ़—[अरबी] आषाढ़ में बोई जानेवाली तथा कार्त्तिक मास में काटी जानेवाली फ़सल। ● **विशेष**—वर्ष की दो प्रमुख फ़सलों में से एक '**ख़रीफ़**' और दूसरी '**रबी**' कहलाती है।

खरील—[देशज] *पु°* सिर का एक आभूषण। एक प्रकार की बेंदी।

खरे—[< स° खर] *क्रिवि°* अत्यन्त। अधिक। बहुत।

खरैटिया/खरैटी—[देशज] *स्त्री°* एक प्रकार का पौधा जिसके पत्ते गोल और फूल सफ़ेद होते हैं तथा जो लगभग एक हाथ ऊँचा होता है।

खरोष्ठी—[< स° खरोष्ट्र + ङीप्] *स्त्री°* एक प्राचीन लिपि।

***खर्ज**—[< स° षड्ज] *पु°* (संगीत°) सप्तक का प्रथम स्वर। षड्ज।

खर्ब/खर्व—[< √खर्ब्/√खर्व् + अच्] *वि°* १. विकलांग। २. खंडित। ***जैसे***—शत्रु का गर्व खर्व करना। ३. कम या छोटा। ४. क्षुद्र। नीच। ५. छोटे क़द का। बौना। ठिंगना। नाटा। ६. सौ अरब। *पु°* सौ अरब की संख्या (१००,००,००,००,०००)।

खर्वट—[स° √खर्व् + अटन्] *पु°* १. हाट। बाज़ार। २. पहाड़ की तराई का ग्राम।

खर्वित—[स° √खर्व् + क्त] *वि°* छोटा/कम/तुच्छ या नष्ट किया हुआ। ***जैसे***—खर्वित शक्ति।

खर्वीकरण—[स° खर्व + च्वि √कृ + ल्युट्] *पु°* १. छोटा/कम/तुच्छ या नष्ट करने की क्रिया/भाव। २. नाश। ***जैसे***—शत्रु के गर्व का खर्वीकरण।

खल[१]—[स° √खल् + अच्] *वि°*, दुष्ट। अधम। नीच। *पु°* १. दुष्ट व्यक्ति। दुर्जन। २. खलिहान। ३. किसी तरल पदार्थ में नीचे बैठी हुई कीचड़। तलछट। ✣ **खला**—*वि°* (*स्त्री°*) = दुष्ट (*स्त्री*)। दुष्टा।

खल[२]—[< स° खलि] *स्त्री°* सरसों आदि के दानों का कोल्हू से तेल निकालने के बाद बचा खोखला अंश या फोक। खली।

खलकढ़ा—[< हि° खाल + काढ़ना] *वि°* खाल निकालने वाला।

ख़लक़त—[अरबी] *स्त्री°* १. संसार के सभी लोग। २. जनसमूह। भीड़।

खलड़ी—[< हि° खाल] *स्त्री°* त्वचा। खाल।

खलधान—[स° खल ~ धान (√धा + ल्युट्)] *पु°* खलियान। खलिहान।

***खलन्त (खलंत)**—[< हि° खलना] *वि°* १. स्खलित। २. गिरा हुआ। ३. हिला हुआ।

खलबली—[< हि° खलबलना] *स्त्री°* १. खलबल करने/होने की अवस्था/भाव। खलबलाहट। २. (भय आदि के कारण होनेवाली) हलचल। ३. क्षोभ। बेचैनी। घबराहट। ***वा° खलबली मचना/होना***—१. शोर मचना। २. भगदड़ मचना। ३. हलचल होना।

***खलभल**—[अप°] *स्त्री°* १. खलबली (दे°)। २. पानी आदि के उबलने/औटने की ध्वनि।

ख़लल—[अरबी] *पु°* १. विघ्न। बाधा। २. हस्तक्षेप। ३. विकार। ख़राबी। ***जैसे***—दिमाग़ी ख़लल ✣ **ख़ललअन्दाज़ (ख़ललअंदाज़)**—*वि°* = १. विघ्नकर। बाधक। २. हस्तक्षेप करने वाला। ✣ **ख़ललअन्दाज़ी (ख़ललअंदाज़ी)**—*स्त्री°* = १. बाधा डालना। गड़बड़ करना। २. हस्तक्षेप करना। ✣ **ख़ललदिमाग़**—*वि°* = १. पागल। २. सनकी।

खलास—[< अरबी ख़लास] *वि°* १. जो बन्धन में न हो। बन्धन-मुक्त। २. निर्धन। दरिद्र। ग़रीब। ३. समाप्त। ✣ **खलासी**—*स्त्री°* = मुक्ति। छुटकारा।

खलि—[स° √खल् + इन्] *स्त्री°* १. तेल की तलछट। कीट। २. तेल निकालने के बाद तिल आदि का बचा फोक। खली।

ख़लित[१]—[स° √खल् + क्त] *वि°* १. पतित। २. दुष्ट। अधम। नीच।

***खलित**[२]—[< स° स्खलित] *वि°* १. स्खलित। २. गिरा हुआ। ३. हिला हुआ। कम्पित। ३. चंचल। ४. अर्थहीन या टूटे-फूटे (शब्द)।

खलियान/खलिहान—[< स° खलाधान, या < खलधान्य] *पु°* वह मैदान या स्थान जहाँ गेहूँ आदि की कटी फ़सल के ढेर से अनाज के दाने और भुस प्राप्त किया जाता है।

खली[१]—[स० खलिन्] *वि°* जिसमें तेल की तलछट हो। *स्त्री°* तेल निकालने के बाद तिल आदि का बचा फोक। खली। *पु°* शिव। महादेव।

खली[२]—[< हि° खलना] *क्रिस°* 'खलना' क्रिया का एक भूतकालिक रूप। बुरी लगी। ***जैसे***—तुम्हारी बात मुझे बहुत खली। *वि°* खलनेवाली। अनुचित।

खलीता—*पु°* ≤ *हि°* खरीता।

ख़लीफ़ा—[< अरबी ख़लीफ़ः] *पु°* १. इस्लाम के प्रवर्तक के उत्तराधिकारी का पद। २. इस्लाम में सर्वोच्च मज़हबी प्रमुख और शासक का पद जिसे तुर्की के शासक 'कमाल पाशा' ने समाप्त कर दिया था। ३. किसी क्षेत्र का धुरन्धर व्यक्ति। ● **विशेष**—बोलचाल में (मुसलमान) पहलवान, दर्ज़ी, नाई आदि के लिए यह सम्बोधन/प्रचलित है।

खलु—[स° √खल् + उन्] *क्रिवि°* निश्चय ही। २. वास्तव में। वस्तुतः। तो।

खलेन्द्र (खलेंद्र)—[स° खल ~ इन्द्र] *वि°* दुष्टों में प्रमुख। अत्यन्त दुष्ट।

ख़ल्क़—[अरबी] *पु°* १. सृष्टि। जगत्। संसार। २. जगत् के प्राणी। ३. जनता।

खल्ल—[स° खल् √ला + क] *पु°* १. खरल। २. गड्ढा। ३. चमड़ा। खाल। ४. (चमड़े की बनी) मशक। ५. चातक पक्षी।

खल्वाट—[स° खल् √वट् + अण्] *पु°* सिर के बाल झड़ने का रोग।

गंज नामक रोग। *वि०* जिसके सिर के बाल झड़ गए हों। गंजा।

†खवा—[< सं० स्कन्ध] *पु०* कन्धा।

खवार/खवारा**—[< फा० ख़्वार] *वि०* १. दुर्दशाग्रस्त। २. खोटा। ख़राब। ***जैसे—खवार कर्म।

ख़वास—[अरबी] *पु०* १. मुख्य लोग। ख़ास लोग। २. (राजा आदि का) विशेष नौकर जो अंगरक्षक भी हो। ३. राजस्थानी राजाओं का विशेष सेवक-वर्ग। ४. उक्त वर्ग का कोई व्यक्ति। ५. विशेष गुण। ख़ासियत। ✣ **ख़वासी**—*स्त्री०* = १. ख़वास का पद/काम/भाव। २. नौकरी। ३. गाड़ी आदि में ख़वास के बैठने का स्थान।

ख-वृत्त—[सं०] *पु०* (खगोल०) खगोलीय वृत्त।

खशी—[सं० खशिन्] *वि०* पोस्ते के फूल के रंग का। *पु०* उक्त रंग।

खसखस—[< अरबी ख़शख़ाश, या < सं० खस्खस] *स्त्री०* १. पोस्त का पौधा। २. पोस्त का दाना/बीज (जो मटमैला सफ़ेद और बहुत छोटा होता है)। ✣ **खसखसा**—*वि०* = १. बहुत छोटा। २. मटमैला सफ़ेद। ✣ **खसखसी**—*वि०* (*स्त्री०*) = बहुत छोटी। २. मटमैली सफ़ेद। *पु०* = मटमैला सफ़ेद रंग। मोतिया रंग।

खसना—[< प्रा० खस] *क्रिअ०* १. खिसकना। २. गिर पड़ना। नीचे आना। ३. हटना।

खसबीजना—[< फा० ख़स + हि० बीजना < सं० व्यजन] *पु०* ख़स का पंखा। उशीर-व्यजन।

खसम[१]—[सं० ख ~ सम] *वि०* १. शून्य के समान। २. आकाश के समान। ३. निर्लिप्त।

खसम[२]—[< अरबी ख़स्म] *पु०* पति। ✣ **†खसमाना**—*क्रिस०* = (अपना) पति बनाना।

ख़सरा[१]—[< अरबी ख़सर:] *पु०* १. लेखपाल का वह काग़ज़ जिसमें ग्राम के हर खेत का क्रमांक, क्षेत्रफल इत्यादि लिखे होते हैं। २. हिसाब का कच्चा चिट्ठा। ✣ **ख़सरा आबादी**—*पु०* = लेखपाल का वह काग़ज़ जिसमें गाँव के हर मकान का क्रमांक, क्षेत्रफल, स्वामी का नाम इत्यादि लिखे होते हैं।

खसरा[२]—[देशज] *पु०* 'छोटी चेचक' नामक संक्रामक रोग (जिसमें तेज़ ज्वर, शरीर पर छोटे लाल दाने निकलना इत्यादि लक्षण होते हैं)। ● **विशेष**—आयुर्वेद में इसे '**मसूरिका**' कहते हैं।

खसाना—[< हि० खसना] *क्रिस०* नीचे की ओर गिराना। ढकेलना।

ख़सासत—[अरबी] *स्त्री०* १. कृपणता। कंजूसी। २. नीचता। अधमता।

खसिया[१]—[< प्रा० खस] *पु०* १. एक प्राचीन जाति या उसका व्यक्ति। २. खस जाति के निवास का बदरी-केदार क्षेत्र (उत्तरांचल में)।

खसिया[२]—[< अरबी खस्सी] *वि०* १. बधिया किया हुआ (पशु)। *पु०* १. बधिया किया हुआ पशु। २. बकरा। ३. नपुंसक। हिजड़ा।

ख़सीस—[अरबी] *वि०* १. कृपण। कंजूस। २. नीच।

ख़सूसियत—[अरबी] *स्त्री०* विशेषता।

ख़स्ता—[< फा० ख़स्त:] *वि०* १. घायल। ***जैसे***—ख़स्ता दिल। २. जीर्ण-शीर्ण। टूटा-फूटा। ***जैसे***—ख़स्ता मकान। ३. दुर्दशाग्रस्त। ४. करारा। कुरकुरा। ***जैसे***—ख़स्ता पापड़। ✣ **ख़स्ता कचौड़ी**—*स्त्री०* = अधिक मोयन वाली छोटी कचौड़ी।

ख-स्फटिक—[सं०] *पु०* सूर्यकान्त या चन्द्रकान्त मणि।

खस्सी—[अरबी] *वि०, पु०* खसिया[२]।

खहेला—[देशज] *पु०* सूत का रंगीन बाज़ूबन्द।

†खँखरा[१]—[< सं० कङ्काल] *वि०* १. खोखला। २. अति दुर्बल। *पु०* अस्थिपंजर। कंकाल।

†खँखरा[२]—[देशज] *पु०* १. (ताँबे का) बड़ा देग। २. (बाँस का) बड़ा टोकरा।

खँगना[१]—[< हि० खाँग] *क्रिअ०* १. चुभना। २. मोहित होना। ३. स्तब्ध रह जाना।

खँगना[२]—[देशज] *क्रिअ०* कम होना। छीजना। *पु०* न्यूनता। कमी।

***खँगवारा**—[देशज] *पु०* गले का एक आभूषण। हँसुली।

†खँगहा—[< हि० खाँग] *वि०* खाँग वाला (पशु)। *पु०* १. गेंडा। २. सुअर। ३. मुर्ग़ा।

†खँगार—[< हि० खंग] *वि०* तलवार चलाने में निपुण। ***जैसे***—खँगार योद्धा।

खँगी—[< हि० खँगना] *स्त्री०* कमी। छीज।

खँगैल—[< हि० खाँग] *वि०* लम्बे दाँतों वाला (हाथी आदि)। ● **विशेष**—खुर पकने के रोग से पीड़ित पशु को भी कहीं-कहीं 'खँगैल' कहते हैं।

***खँचना**—[< हि० खचना] *क्रिअ०* १. खचित होना। जड़ा जाना। २. अंकित होना। चिह्नित/चित्रित होना। निशान पड़ना। ३. लिखा जाना। ४. अड़ना। ५. अटक जाना। फँसना। ६. गड़ना/धँसना। *क्रिस०* १. खचित करना। २. जड़ना। ३. अंकित करना। ३. लिखना। ४. बनाना।

खँड़पुरी—[< हि० खाँड़ + पूरी] *स्त्री०* मेवा-युक्त मीठी पूरी।

खँडरना—[< सं० खण्ड] *क्रिस०* १. खंड-खंड करना। टुकड़े-टुकड़े करना। २. खंडन करना।

खँडरा[१]—[< सं० खण्डलक] *पु०* टुकड़ा।

खँडरा[२]/खँड़रा[२]—[< हि० खाँड/खाँड़] *पु०* शकरपारा।

खँडरा[३]/खँड़रा[३]—[< सं० खण्ड + हि० बरा] *पु०* बेसन और दालों को पीसकर बनाए जाने वाले नमकीन टुकड़े।

***खँडवानि/खँडवानी**—[< हि० खँड + पानी] *पु०* खाँड़ का पानी। शर्बत।

खँड़सार/खँड़साल—[< सं० खण्डशाला] *पु०* खाँड (देशी शक्कर) बनाने का पुराने ढंग का कारख़ाना। ✣ **खँड़सारी**—*स्त्री०* खँड़साल में बनी।

खँडुई—[देशज] *स्त्री०* बेसन को पानी में घोलकर, हलवे के समान गाढ़ा करके, बनाया जाने वाला नमकीन व्यंजन।

†खँडौरा—[< हि० खाँड़] *पु०* एक प्रकार का मीठा लड्डू। मिश्री का लड्डू।

¹खँडौरी—[< सं॰ खण्ड] *स्त्री॰* धान कूटने से प्राप्त चावल के छोटे कण।

खँदूला—दे॰ खँदोला।

¹**खँदैल**—[< सं॰ खण्ड] *स्त्री॰* वह गड्ढेदार लकड़ी जिस पर रखकर लकड़ी को काटते/छीलते हैं। ठीया।

खँदोला/खँदूला—[देशज] *पु॰* शिशु का बिछौना। ✣ **खँदोली**—*स्त्री॰* = खँदोला।

खँधवाना¹—[देशज] *क्रिस॰* (पात्र आदि को) ख़ाली कराना। ***जैसे***—कुआँ खँधवाना।

खँधवाना²—[< सं॰ खनन] *क्रिस॰* खुदाई कराना। खुदवाना।

***खँधार/खँधारू**—[< सं॰ स्कन्धावार] *पु॰* स्कन्धावार छावनी।

***खँभार/खँभारा**—[देशज] *पु॰* १. क्षोभ। २. घबराहट। खलबली। ३. चिन्ता। ४. भय। आशंका। ५. शोक। दुःख। खेद। रंज। अफ़सोस। ✣ **खँभारि**—*स्त्री॰* = खँभार।

***खँसना**—[< हि॰ खँसना] *क्रिअ॰* खोंसी होना। खुँसना।

ख़ाकसार—[फ़ा॰] *वि॰* १. मिट्टी/धूल में मिला हुआ। २. विनम्र। विनीत। *पु॰* (वक्ता द्वारा अपने लिए विनम्रता-सूचक प्रयोगार्थ) विनम्र सेवक। ***जैसे***—मैं तो आपका ख़ाकसार हूँ।

***ख़ाकसाही**—[< फ़ा॰ ख़ाक] *वि॰* भस्मीभूत।

ख़ाकी—[फ़ा॰] *वि॰* १. मिट्टी से सम्बन्धित। मिट्टी का। २. मिट्टी का बना हुआ। मृण्मय। ३. मिट्टी के रंग का। मटियाला। ***जैसे***—ख़ाकी कपड़ा।

***खाख**—[< फ़ा॰ ख़ाक] *स्त्री॰* मिट्टी। धूल। २. चूर्ण।

***खाखरा**—[देशज] *पु॰* १. झाँझ (वाद्य)। २. एक रणवाद्य। खाँखरा।

***खाग¹**—[< सं॰ खड्ग] *पु॰* खड्ग। तलवार।

खाग²—*पु॰* ≤ *हि॰* खाँग।

खागना—[देशज] *क्रिअ॰* १. आकर्षित होना। खिंचना। २. चुभना। गड़ना। छिदना। ३. गले में पड़ना। लिपटना।

खाज—[< सं॰ खर्जु] *स्त्री॰* एक प्रकार का त्वचा-रोग। खुजली। ***वा॰* कोढ़ में खाज होना**—एक विपत्ति में फँसे होने पर दूसरी विपत्ति आ जाना।

खाजा—*पु॰* (सं॰ खाद्य) १. खाने की उत्तम वस्तु। २. पक्षियों आदि का खाद्य पदार्थ। ३. मैदे की बनी एक मिठाई। ***जैसे***—टके सेर भाजी, टके सेर खाजा। ✣ **खाजी**—*स्त्री॰* = १. खाद्य पदार्थ। २. एक शाक।

खाट—[< सं॰ खट्वा] *स्त्री॰* बैठने, लेटने या बिछाने का एक चौकोर उपकरण जो बान/निवाड़ आदि से बुना हुआ होता है। चारपाई। खटिया। ***वा॰* खाट तोड़ना**—निष्क्रिय पड़े रहना। **खाट पर पड़ना**—अधिक बीमार होना। **खाट पर पड़े खाना**—(बिना धन कमाए) दूसरे पर अश्रित होकर जीना। **खाट से लगना**—१. अधिक बीमार होना। २. रोग से अधिक दुर्बल हो जाना।

खाटना—[देशज] संग्रह करना। जोड़ना।

खाटा**—[< हि॰ खट्टा] *वि॰* (स्वाद में) खट्टा। ***जैसे—खाटे बेर। ✣ **खाटी**—*वि॰* (*स्त्री॰*) = खट्टी। ***जैसे***—खाटी कढ़ी।

***खाटी**—[< हि॰ घाटा] *स्त्री॰* कमी। घाटा।

***खाड़**—[< सं॰ खात] *पु॰* गर्त। गड्ढा।

खाड़ी—[< सं॰ खात] *स्त्री॰* समुद्र का वह भाग जो तीन ओर से ज़मीन से घिरा हुआ हो। उपसागर। ***जैसे***—बंगाल की खाड़ी।

***खाढ़**—[< हि॰ खाड़] *पु॰* गर्त। गड्ढा।

खाण्डव (खांडव)—[खण्ड + अण् + √वा + क] १. खाँड़ की बनी हुई खाद्य वस्तु। मिठाई। २. मिश्री। ● **विशेष**—१. संस्कृत में मिठाई बनानेवाला '**खाण्डविक**' कहा जाता है। २. एक वन जिसे श्रीकृष्ण ने अर्जुन से भस्म कराके '**इन्द्रप्रस्थ**' बसवाया था।

खात—[सं॰ √खन् + क्त] *वि॰* १. खुदा हुआ। २. फटा हुआ। ३. टूटा-फूटा। *पु॰* १. खनन। खुदाई। २. खोदी हुई भूमि। गड्ढा। ३. तालाब (जो लम्बा अधिक और चौड़ा कम हो)। ५. कुआँ। (चिकित्सा॰) थोड़ा झुकाव या गर्त जो प्रायः हड्डियों में होता है। विवरक। गड्ढा।

खातक—[सं॰ खात + कन्] *पु॰* खाई। २. छोटा तालाब।

खाता¹—[< सं॰ खात] *पु॰* अन्न रखने की बड़ी खत्ती। बखार। ● **विशेष**—संस्कृत में कृत्रिम तालाब को '**खाता**' कहते हैं।

खाता²—[< अरबी ख़त] *पु॰* (किसी व्यक्ति/विभाग/कार्य आदि के लेन-देन या आय-व्यय का) दिनांक के अनुसार हिसाब-किताब। लेखा। २. विभाग। मद। ***जैसे***—धर्म-खाता। ३. खाता-बही। (दे॰) ***वा॰* खाता खोलना**—१. किसी से लेन-देन आरम्भ करना। २. कोई हिसाब आरम्भ करना। **खाते में पड़ना**—१. किसी के नाम या किसी के हिसाब में लिखा जाना। २. पक्की बही में लिखा जाना। ✣ **खाता-बही**—*स्त्री॰* = वह बही जिसमें अलग-अलग ग्राहक या आसामी का हिसाब लिखा हो। ✣ **खाता-मूल्य**—*पु॰* = किसी परिसम्पत्ति का लेखे में प्रदर्शित निवल मूल्य। अंकित मूल्य। ✣ **खातेदार**—*पु॰* = वह किसान जिसकी भूमि जोतने-बोने के लिए लेखपाल के खाते में अंकित हो।

खाता³—[< हि॰ खाना] *वि॰* जो खा रहा हो। ***जैसे***—खाता आदमी चुप रहता है। ✣ **खाता-कमाता**—*वि॰* = जो काम-धन्धा करते हुए सुखपूर्वक जीवन-निर्वाह कर रहा हो। ✣ **खाता-पीता**—*वि॰* = सुविधा-सम्पन्न।

खाति—[सं॰ √खन् + क्तिन्] *स्त्री॰* खुदाई।

खाती¹—[< सं॰ खात] *स्त्री॰* १. खत्ती। गड्ढा। २. तलैया। *पु॰* १. खुदाई करनेवाला। २. बढ़ई।

***खाती²**—[< सं॰ घात] *स्त्री॰* घात। वैर। शत्रुता।

ख़ातून—[तुर्की] *स्त्री॰* १. कुलीन स्त्री। महिला। २. श्रीमती। ✣ **ख़ातूने ख़ाना**—*स्त्री॰* = गृहिणी।

खात्र—[सं॰ √खन् + इष्ट्रन, कित्] *पु॰* १. फावड़ा। कुदाली। २. (अधिक लम्बा) तालाब। ३. वन। जंगल।

खादर—[< सं॰ खात] *पु॰* १. नदी के पास की भूमि जहाँ बाढ़ का पानी भर जाए। तराई। कछार। २. चरागाह।

ख़ादिम—[अरबी] *पु॰* सेवक। नौकर। ✣ **ख़ादिमा**—*स्त्री॰* = सेविका। नौकरानी।

खादी[१]—[स॰ खादिन्] *वि॰* खानेवाला। भक्षक।

खादी[२]—[< हि॰ खड्डी] *स्त्री॰* हाथ के काते सूत का हाथ-करघे पर बुना हुआ कपड़ा। खद्दर।

खाद्य (खाद्य)—[स॰ √खाद् + ण्यत्] *वि॰* १. खाने योग्य। भोज्य। भक्ष्य। २. जो खाया जाने वाला हो। भोज्य। भक्ष्य। *पु॰* १. खाने की वस्तु। २. भोजन। ∇ **विलोम**—अखाद्य।

खाद्यान्न (खाद्यान्न)—[स॰ खाद्य ~ अन्न] *पु॰* खाने में काम आने वाले अन्न। ***जैसे***—गेहूँ, चना, चावल आदि प्रमुख खाद्यान्न हैं।

खाद्योज (खाद्योज)—[< स॰ खाद्य] पोषक तत्त्व। जीवनतत्त्व। विटामिन (अ॰)।

***खाध/खाधु**—*पु॰ ≤ स॰* खाद्य। **खाधना**—क्रिस॰ = खाना। ✣ ***खाधुक/खाधू**—*वि॰* = (भोजन) खाने वाला।

खान[१]—[< स॰ खनि] *स्त्री॰* १. भूमि के भीतर का वह स्थान जहाँ से कोई धातु या कोयला आदि खोदकर निकाले जाते हैं। खदान। २. भंडार। ख़ज़ाना।

खान[२]—[< हि॰ खाना] *पु॰* खाने की क्रिया/भाव। ***जैसे***—खान-पान।

ख़ान—[फा॰] *पु॰* १. सरदार। अमीर। २. प्रतिष्ठित व्यक्ति। ३. 'स्वामी' अर्थ की एक मध्यकालीन उपाधि। ४. पठान व्यक्ति। ∇ पर्याय—खाँ।

खानक—[स॰ √खन् + ण्वुल्] *पु॰* १. खोदनेवाला। २. खोदनेवाला मज़दूर। बेलदार। ३. खान खोदनेवाला।

ख़ानकाह—[फा॰] *स्त्री॰* (मुस्लिम फ़क़ीरों) के रहने का स्थान। ख़ानगाह।

ख़ानख़ाना—[< फा॰ ख़ाने ख़ानान] *पु॰* १. सरदारों का सरदार। सरदार-शिरोमणि। २. एक उपाधि जो मुग़ल शासन में मुसलमान सरदारों को दी जाती थी। ***जैसे***—ख़ानख़ाना बैरमखाँ के पुत्र अब्दुर्रहीम ख़ानख़ाना ही प्रसिद्ध हिन्दी कवि 'रहीम' थे।

ख़ानगाह—*स्त्री॰* ≤ फा॰ ख़ानकाह।

ख़ानगी—[फा॰] *वि॰* १. निजी। २. घर-गृहस्थी से सम्बन्धित। घरेलू।

ख़ानज़ादा—[< फा॰ ख़ानज़ाद] किसी ख़ान/सरदार का पुत्र या वंशज।

ख़ानबहादुर—[फा॰ ख़ान + तुर्की बहादुर] *पु॰* १. वीर सरदार। २. पराधीन भारत में अँग्रेज़ सरकार द्वारा अपने भक्त मुसलमानों को दी जानेवाली एक उपाधि।

ख़ानसामा—[फा॰] *पु॰* रसोइया। बावर्ची।

ख़ानाआबादी—[< फा॰ ख़ान: आबादी] *स्त्री॰* घर बसना। विवाह। शादी।

ख़ानाख़राब—[< फा॰ ख़ान: + अरबी ख़राब] *वि॰* १. जिसका घर-बार, धन-सम्पत्ति आदि नष्ट हो गया हो। २. भाग्यहीन। अभागा। बदक़िस्मत।

ख़ानाजङ्गी (ख़ानाजंगी)—[< फा॰ ख़ान: जंगी] १. घर के लोगों की लड़ाई। २. देश के भीतर की आपसी लड़ाई। गृह-युद्ध।

खानाजाद/ख़ानाज़ाद—[< फा॰ ख़ान: ज़ाद] *वि॰* १. इसी घर में उत्पन्न हुआ। २. घर की दासी से उत्पन्न हुआ। दासीपुत्र। ३. घर में उत्पन्न और पाला हुआ। ४. दास या दासीपुत्र दास।

ख़ानातलाशी—[< फा॰ ख़ान: + तुर्की तलाशी] *स्त्री॰* चोरी की या क़ानून-विरोधी वस्तु को या किसी व्यक्ति आदि को खोज निकालने के लिए पुलिस द्वारा घर की छानबीन।

ख़ानादारी—[< फा॰ ख़ान: दारी] *स्त्री॰* १. गृहस्थी का प्रपंच/जंजाल। २. घरेलू जीवन। गृहस्थ जीवन। गृहस्थता।

ख़ानाबरबाद—[< फा॰ ख़ान: बरबाद] *वि॰* ख़ानाख़राब।

खानि**[१]—[< स॰ खनि] *स्त्री॰* १. (सोना/चाँदी आदि की) खान। आकर। २. किसी वस्तु की बहुत अधिकता से उपज या प्राप्ति का स्थान। आकर। भंडार। ख़जाना। ***जैसे—गुण-खानि सीता। ३. समूह। ***जैसे***—चित्रकूट में मुनियों की खानि। ४. (विशेष वंश-परम्परा से सम्बद्ध) जाति।

***खानि**[२]—[< फा॰ ख़ान:] *स्त्री॰* घर।

खानिक—[< हि॰ खान] *वि॰* १. खान से निकलनेवाला। खनिज। २. खान-सम्बन्धी। खान का।

***खानी**—[< हि॰ खानि] *स्त्री॰* १. आकर। खान। २. भंडार।

खाप—[< हि॰ खपना] *स्त्री॰* १. तलवार की म्यान। खड्ग-कोष। २. आघात। वार।

खापट—[देशज॰] *स्त्री॰* एक विशेष प्रकार की भूमि जिसमें लोहा अधिक होता है और केवल धान उपजता है।

खाम—[< स॰ √स्कम्भ्] *पु॰* १. स्तम्भ। खम्भा। २. सन्धि। जोड़। ३. जोड़ पर लगा टाँका। ४. पत्र का लिफ़ाफा।

ख़ाम—[फा॰] *वि॰* १. अपरिपक्व। कच्चा। २. अनुभवहीन। ३. अनुचित।

ख़ामख़याल—[फा॰] *वि॰* १. मूर्ख। बेवक़ूफ़। २. अपरिपक्व/ग़लत विचार वाला। ३. जिसकी विचारधारा ठीक न हो। ४. जो ठीक बात को ग़लत समझे।

ख़ामख़ाह—[< फा॰ ख्वाहमख़्वाह] *क्रिवि॰* कोई चाहे या न चाहे। बिना आवश्यकता। बिना कारण। व्यर्थ ही। ***जैसे***—ख़ामख़ाह क्यों बोलते हो?

खामना—[< हि॰ खाम] *क्रिस॰* १. आटे आदि से (घड़े आदि का) मुँह बन्द करना। २. पत्र को लिफ़ाफ़े में बन्द करना।

ख़ामी—[फा॰] *स्त्री॰* १. कच्चापन। अपरिपक्वता। २. अनुभवहीनता। ३. त्रुटि। ग़लती। ४. दोष। कमी।

ख़ामोश—[फा॰] *वि॰* १. मौन। चुप। २. शान्त। नीरव।

खार[१]—[प्रा॰ < स॰ क्षार] *पु॰* १. एक प्रकार का रासायनिक पदार्थ। क्षार। २. नोनी मिट्टी। रेह। ३. धूल। मिट्टी। ४. कूड़ा-करकट।

५. भस्म। राख। ६. एक झाड़ी जिससे क्षार प्राप्त किया जाता है।

***खार**[२]—[< हि॰ खाल = नीचा स्थान] *पु॰* १. बरसाती नाला। २. पानी भरा गड्ढा। डाबर। ३. खड्ड। गड्ढा।

ख़ार—[फ़ा॰] *पु॰* १. काँटा। २. चुभनेवाली या कष्ट देनेवाली बात। ३. द्वेष। डाह। ***वा॰* (किसी से) ख़ार खाना**—१. जलना। द्वेष करना। २. बदले की भावना रखना। **ख़ार निकालना**—१. मन में छिपे द्वेष के कारण किसी की हानि करके या कष्ट पहुँचा कर सन्तोष/सुख अनुभव करना। जलन मिटाना। २. बदला लेना।

†खारक—[< सं॰ क्षारक] *पु॰* छुआरा।

खारा[१]—[< सं॰ क्षार] *वि॰* १. जिसमें क्षार/खार का अंश हो। क्षारयुक्त। २. (स्वाद में) नमकीन। ***जैसे***—समुद्र का खारा जल। ३. अप्रिय। अरुचिकर। बुरा। ✣ **खारी**—*वि॰* (*स्त्री॰*)।

खारा[२]—[< सं॰ क्षारक] *पु॰* १. घास, पत्ते आदि बाँधने के लिए प्रयुक्त जालीदार वस्तु। २. जालीदार थैला। ३. बड़ा टोकरा। झाबा।

खारा[३]—[< फ़ा॰ ख़ार:] *पु॰* दूधिया रंग का सफ़ेद पत्थर।

†खारिक—[< सं॰ क्षारक] *पु॰* छुआरा।

खारी—[< हि॰ खारा] *वि॰* १. क्षारयुक्त। २. (स्वाद में) खारा। नमकीन। *स्त्री॰* खारी नमक। (*दे॰* नीचे) ✣ **खारी नमक**—*पु॰* = लोना मिट्टी से निकला हुआ नमक। (जो बैलों को खिलाया जाता है)।

†खारुआ/खारुआँ—[हि॰] *पु॰* १. एक प्रकार का गहरा लाल रंग जो आल से बनता है और मोटे कपड़ों को रँगने में प्रयुक्त होता है। २. पहले प्रचलित रहा एक प्रकार का मोटा और लाल रंग का कपड़ा। ● **विशेष**—इस कपड़े की थैलियाँ बनती थीं।

खारेजा—[< फ़ा॰ ख़ार] *पु॰* रंग-बिरंगे और सुन्दर पुष्पों वाला एक वृक्ष जो कँटीला होता है। कँटियारी। वनकुसुम।

ख़ालसा—[< अरबी ख़ालिस] *वि॰* १. जिस पर एक का ही अधिकार हो, साझेदार कोई न हो। २. वह सरकारी क्षेत्र/ज़मीन/सम्पत्ति जिसका प्रबन्ध सरकार करे। *पु॰* १. एक सिक्ख-सम्प्रदाय (ख़ालसा पन्थ)। २. सिक्ख। ***वा॰* खालसा करना**—नष्ट करना। ✣ **ख़ालसा-दीवान**—*पु॰* = सिक्खों की धर्मसभा। ✣ **ख़ालसा पन्थ (पंथ)**—*पु॰* सिक्खों के दशम गुरु गोविन्द सिंह द्वारा वैशाखी (१६९९ ई॰) के दिन स्थापित एक पन्थ। सिक्खों का एक सम्प्रदाय।

ख़ालिक़—[अरबी] *वि॰* १. पैदा करनेवाला। उत्पत्तिकर्ता। २. जगत् की रचना करनेवाला। स्रष्टा। ईश्वर।

ख़ालिस—[< अरबी] *वि॰* १. पूरी तरह शुद्ध। विशुद्ध। जैसे ख़ालिस दूध। २. दोष-रहित। ***जैसे***—ख़ालिस चरित्र।

ख़ालू—[अरबी] *पु॰* ख़ाला/मौसी का पति। मौसा।

खाले—[< हि॰ खाला] *वि॰* ऊँचा-नीचा। ऊबड़-खाबड़। २. नीचे। ***जैसे***—ऊँचे-खाले। *क्रिवि॰* नीचे।

खावर—[< सं॰ ख] *वि॰* ऊँचा-नीचा। ऊबड़-खाबड़।

ख़ाविन्द (ख़ाविंद)—[फ़ा॰] *पु॰* पति। ● **विशेष**—फारसी में इसका अर्थ 'स्वामी/मालिक' भी होता है।

ख़ासगी—[फ़ा॰] *वि॰* १. अपना निजी। २. स्वामी या मालिक का। *पु॰* राजा का निकटस्थ व्यक्ति। *स्त्री॰* १. बादशाह की रखैल दासी। २. सुन्दर और अच्छी वस्तु।

ख़ासोआम—[अरबी] *पु॰* विशेष और सामान्य सभी प्रकार के व्यक्ति। सर्वसाधारण।

ख़ाहमख़ाह—[< फ़ा॰ ख़्वाहमख़्वाह] *क्रिवि॰* १. बिना आवश्यकता के। बिना कारण। व्यर्थ ही। २. चाहे आवश्यकता हो या न हो और चाहे इच्छा हो या न हो।

ख़ाँ—[फ़ा॰ 'ख़ान' का लघु रूप] *पु॰* ख़ान।

†खाँख—[< सं॰ ख] *स्त्री॰* छिद्र। छेद। सूराख़।

†खाँखर—[< सं॰ कङ्काल] *वि॰* १. जिसमें बहुत छेद हों। २. खोखला। *स्त्री॰* अस्थिपंजर। कंकाल।

खाँखरा (खाखरा)—[< हि॰ खाँख] *पु॰* १. झाँझ (वाद्य)। २. एक रणवाद्य। ***उदा॰*** खरे खाँखरे साजि बज्जे नगारे। —पद्माकर (प्रताप॰, १२)

†खाँग[१]—[< प्रा॰ खग्ग] *पु॰* १. काँटा। २. कुछ पक्षियों के पैरों में होने वाला काँटा। ***जैसे***—तीतर का खाँग। ३. कुछ पशुओं के मस्तक पर सींग जैसा अंग। ***जैसे***—गेंडे का खाँग। ४. खुरवाले पशुओं का एक रोग जिसमें खुरों में घाव हो जाते हैं। खुरपका।

†खाँग[२]—[< हि॰ खाँगना] *स्त्री॰* १. क्रमशः घिसने आदि से होनेवाली कमी। छीजन। २. अभाव। कमी। ***उदा॰*** बरिस बीस लहि खाँग न होई। —जायसी (पदमा॰, ५०४) ३. त्रुटि। कमी। *वि॰* खंडित। अधूरा।

खाँगड़/खाँगड़ा—[< हि॰ खाँग] *वि॰* १. जिसके मस्तक पर खाँग हो। २. पाँव में खाँग रोग वाला। ३. अस्त्र-शस्त्र वाला। हथियारबन्द। ४. बलवान्।

†खाँगी—[< हि॰ खाँगना] *स्त्री॰* १. अभाव। कमी। २. घाटा। ३. त्रुटि।

खाँच[१]—[< हि॰ खाँचना] *स्त्री॰* १. खाँचने की क्रिया/भाव। २. खाँचने से पड़ा निशान। ३. दो वस्तुओं के बीच का जोड़। सन्धि। ४. खींचने की क्रिया/भाव। खींच। ***जैसे***—खींच-खाँच। *पु॰* १. अन्तर। भेद। २. खाँचा।

खाँच[२]—[< हि॰ खाँचा] *पु॰* टोकरी। डलिया।

खाँचना—[< सं॰ खचन] *क्रिस॰* १. अंकित करने की क्रिया/भाव। अंकन। खचन। २. चिह्न/निशान बनाना। ३. खींचना। ४. दृढ़ प्रतिज्ञा करते हुए रेखा खींचना। *क्रिअ॰* १. खिंचना। २. कड़ा पड़ना। ३. अन्तर करना।

खाँचा—[< हि॰ खाँचना] *पु॰* १. किसी वस्तु में खोदकर बनाया गया गहरा और लम्बा चिह्न। २. बाँस की खपच्चियों से बनी गहरी बड़ी डलिया। खाँची। झल्ली। झाबा। ३. बड़ा पिंजरा। ✣ **खाँची**—*स्त्री॰* = खाँचा। ✣ **खाँचेदार**—*वि॰* = जिसमें खाँचा बना हो। खोदकर बनाए गए गहरे और लम्बे चिह्न से युक्त।

†खाँडर—[< सं॰ खण्ड] *पु॰* छोटा खंड। छोटा टुकड़ा।

†**खाँद**—[हि॰ < स॰ √स्कन्द्] *पु॰* पशुओं के पैरों के निशान।

†**खाँदना**—[< स॰ स्कन्दन] १. काटना। ***जैसे***—पशुओं के लिए कुट्टी खाँदना। २. दबाना। ३. खोदना।

†**खाँदी**—[बुन्देली॰ < हि॰ खाई] *स्त्री॰* दो पहाड़ों के बीच की गहराई।

***खाँधना/खाधना**—[< स॰ खादन] *क्रिस॰* खाना।

†**खाँधा**—[राजस्थ॰] *वि॰* टेढ़ा। तिरछा। आड़ा। ✣ **खाँधी**—*वि॰* (*स्त्री॰*) = टेढ़ी। तिरछी। आड़ी। ***जैसे***—खाँधी पगड़ी।

खाँप[1]—[देशज] *स्त्री॰* १. फाँक। ***जैसे***—खरबूज़े की चार खाँपें खाकर। २. टुकड़ा।

खाँप[2]—[< हि॰ खाँपने] *स्त्री॰* खाँपने की क्रिया/भाव।

†**खाँपना**—[< प्रा॰ खेपंन < स॰ क्षेपण] *क्रिस॰* १. खोंसना। ***जैसे***—पगड़ी में मोरपंख खाँपना। २. किसी वस्तु में जड़ना।

***खाँभ**—[< स॰ स्कम्भ] *पु॰* स्तम्भ। खम्भा।

खाँभना—[< हि॰ खाम (= लिफ़ाफ़ा)] *क्रिस॰* (पत्र आदि को) लिफ़ाफ़े में बन्द करना।

***खिखिन्द (खिखिन्द)**—[< स॰ किष्किन्धा] *पु॰* १. किष्किन्धा पर्वत। २. किष्किन्धा देश/नगर।

†**खिजना**—[< प्रा॰ खिज्ज < स॰ √खिद्] *क्रिअ॰* खीजना।

खिजलाना—[< हि॰ खीजना] *क्रिअ॰* खीजना। *क्रिस॰* विकल करना। ✣ **खिजही**—*वि॰* = खिजानेवाला। ✣ **खिजहू**—*वि॰* = खीजनेवाला। चिढ़ने वाला।

खिजावन—[< हि॰ खिजाना] *पु॰* खिजाने/चिढ़ाने की क्रिया/भाव। ✣ **खिजावना**—*वि॰* = खिजानेवाला। ✣ **खिजावनी**—*वि॰* (*स्त्री॰*) = खिजानेवाली।

ख़िज़ाँ—[फा॰] *स्त्री॰* १. पतझड़ की ऋतु। २. (लाक्षणिक) अवनति या कष्ट के दिन।

***खिडरिज**—[देशज] *पु॰* खंजन (पक्षी)।

***खिण**—[डिंगल < स॰ क्षण] *पु॰* क्षण।

***खित**—[< स॰ क्षिति] *स्त्री॰* पृथ्वी।

ख़ित्ता—[< अरबी ख़ित्तः] *पु॰* भूखंड। प्रदेश।

ख़िदमत—[अरबी] *स्त्री॰* १. सेवा। २. परिचर्या। ३. नौकरी। ***वा॰*** **ख़िदमत में**—*क्रिवि॰* १. सेवा में। २. सामने। ३. पास में। ✣ **ख़िदमतगार**—*पु॰* = १. सेवक। २. परिचारक। ३. नौकर। ✣ **ख़िदमतगुज़ार**—*वि॰* = १. हृदय से सेवा करने वाला। २. आज्ञापालक। ✣ **ख़िदमती**—*वि॰* = १. ख़िदमत करने वाला। २. ख़िदमत के कारण या बदले में प्राप्त (पुरस्कार/जागीर आदि)।

***खिन**[1]—*पु॰* ≤ *स॰* क्षण। ✣ **खिनौ**—*क्रिवि॰* = क्षण-भर भी।

***खिन**[2]—*वि॰* ≤ *स॰* खिन्न।

***खिनक**—[< स॰ क्षण + हि॰ एक] *क्रिवि॰* १. क्षण-भर। २. बहुत थोड़ी देर तक।

खिन्न—[स॰ √खिद् + क्त] *वि॰* १. उदास। दुःखी। क्षुब्ध। अप्रसन्न। ∇ **विलोम**—प्रसन्न। २. थका हुआ। श्रान्त। ३. पीड़ित। आर्त। दीन। दुःखी। ४. उद्विग्न। विकल। ✣ **खिन्नमनस्क/खिन्नमना**—*वि॰* खिन्न मन वाला। क्षुब्ध। दुःखी। उद्विग्न।

खिभिरना**—[देशज] *क्रिस॰* खदेड़ना। ***जैसे—शत्रु को खिभिरना।

***खिमा**—*स्त्री॰* ≤ *स॰* क्षमा।

खिरक—[देशज] *पु॰* १. पशुओं का बाड़ा। २. गोशाला। गोष्ठ।

खिरकिटी—[देशज] *स्त्री॰* एक घास जिसकी पत्तियाँ लम्बी और फूल पीले होते हैं। ● **विशेष**—उक्त घास मक्का-बाजरा के खेतों में भी उग आती है।

खिरनि—[देशज] *पु॰* दहकते हुए कोयले। अंगारे।

***खिरनी**—[< स॰ क्षीरिणी] *स्त्री॰* पीले रंग का एक छोटा और मीठा फल अथवा उसका वृक्ष।

†**खिरसा**[1]—[देशज] *पु॰* दूध फाड़कर बनाया जानेवाला पदार्थ। छेना।

खिरसा[2]**/खिरसादर**—[< हि॰ खीर] *स्त्री॰* एक प्रकार की घी-पड़ी खीर।

ख़िराज—[< अरबी ख़राज] *पु॰* १. सरकारी कर। राजस्व। २. अधीन राजाओं से प्राप्त धनराशि।

***खिरिरना**—[< स॰ कीर्णन] *क्रिस॰* १. अनाज को साफ करने के लिए सूराख़दार छाज में रखकर छानना या चलने से छानना। २. खुरचना।

खिरैंटी (खिरैंटी)—[देशज] *स्त्री॰* एक औषधीय पौधा जिसके पत्ते गोल और फूल सफ़ेद होते हैं। बरियारी। बरियाली। ● **विशेष**—संस्कृत में इसके नाम 'बला' भी है।

खिरोदक—[< स॰ क्षीरोदक] *पु॰* (पहले प्रचलित रहा) एक प्रकार का हल्का सफ़ेद रंग का वस्त्र (साड़ी आदि) जिसमें समुद्र की लहरों जैसी आभा झलकती थी।

खिरौरा[1]—[< स॰ खदिरवटक] *पु॰* खैर/कत्था की टिकिया। ✣ **खिरौरी**—*स्त्री॰*।

†**खिरौरा**[2]—[देशज] *पु॰* चावल के आटे के एक प्रकार के लड्डू।

खिल—[स॰ √खिल् + क्] *वि॰* शेष। ***जैसे***—खिल भाग। २. परिशिष्टात्मक। ***जैसे***—हरिवंशपुराण तो महाभारत का खिल पर्व है।

ख़िलअत—[< अरबी ख़िल्अत] *स्त्री॰* १. वस्त्र। पोशाक। २. पहनने के वस्त्र जो बादशाह या शासक किसी को सम्मानार्थ दे।

***खिलखाना**—[< अरबी ख़िल + फा॰ ख़ानः] *पु॰* मित्रों का घर।

खिल-खिल—[अनु॰] *स्त्री॰* १. ज़ोर से हँसने की क्रिया/भाव। २. ज़ोर से हँसने की ध्वनि। ३. उन्मुक्त हास।

***खिलत**—*स्त्री॰* ≤ *हि॰* ख़िलअत।

खिलन्दरा (खिलंदरा)—[< हि॰ खेल] *वि॰* जिसका मन खेल/खिलवाड़ में अधिक लगता हो। खिलवाड़ी।

***खिलवतखाना**—[< फा॰ ख़िलवतख़ानः] *पु॰* १. एकान्त/निर्जन स्थान। २. एकान्त में मंत्रणा का स्थान। ३. एकान्त में घनिष्ठ मित्रों के साथ बैठने का स्थान।

***खिलवती**—[< अरबी ख़िलवत] *पु॰* घनिष्ठ मित्र।

खिलवान—[अवधी < हि॰ खिलाना] *पु॰* धनिया, ख़रबूज़े आदि के तले बीज जो खाए जाते हैं। खिलारी।

खिलाल—[< हि॰ खेल] *पु॰* (ताश के 'शाहकट' खेल में एक पक्ष का कोई हाथ न बनने पर होनेवाली) पराजय।

खिलौरी—[< हि॰ खील] *स्त्री॰* ककड़ी, धनिया, ख़रबूज़ा आदि के भुने हुए बीज जो मुखशुद्धि के लिए भोजन के बाद खाए जाते हैं।

†**खिसलना**—*क्रिअ॰ ≤ हि॰* फिसलना।

खिसारा[१]—[< हि॰ खीस] *वि॰* खीसों वाला। *पु॰* जंगली सुअर।

†**खिसारा**[२]—[< हि॰ खिसियाना] *वि॰* १. खिसियाया हुआ। २. शीघ्र या बहुत छोटी बात पर भी नाराज़ हो जाने वाला। ✣ **खिसारी**[१]—*वि॰* (*स्त्री॰*)।

खिसारी[२]—*स्त्री॰ ≤ हि॰* खेसारी।

खिसियान—[< हि॰ खिसियाना] *स्त्री॰* खिसियाने की क्रिया/भाव। खिसियाहट। ✣ **खिसियानपन**—*पु॰* = खिसियान।

***खिसी**—[< हि॰ खिसी] *स्त्री॰* १. क्रोध। नाराज़गी। २. धृष्टता। ढिठाई। ३. लज्जा।

खिसौंहा (खिसौंहा)—[< हि॰ खिसियाना] *वि॰* १. खिसियाया हुआ। २. लज्जित-सा।

खिङ्गरी (खिंगरी)—[देशज] *स्त्री॰* मोयन पड़ी नमकीन पूरी। मठरी।

†**खिँडना (खिंडना)**—[< स॰ √क्षिप्] *क्रिअ॰* १. बिखर जाना। २. बह जाना।

†**खिँडाना (खिंडाना)**—[< स॰ √क्षिप्] *क्रिस॰* फैलाना। बिखेरना। ***जैसे***—चावल खिंडाना।

खीखर—[देशज] *पु॰* एक प्रकार का बनबिलाव।

†**खीडक/खीड़क**—[ब्रज॰, < प्रा॰ खड्डो] *पु॰* गर्त। गड्ढा।

खीप—[देशज] *पु॰* १. एक वृक्ष। २. लज्जालु/छुईमुई नामक पौधा। ३. एक वृक्ष-आश्रित वन-लता। गँधैली। *वि॰* लज्जालु। शर्मीला।

खीरखप्पर—[< स॰ क्षीर] *पु॰* घास का एक पौधा जिसके पत्ते अरहर के पत्ते जैसे और फूल सफ़ेद होते हैं तथा ऊँचाई दो हाथ होती है।

***खीरी**—[< स॰ क्षीरी] *स्त्री॰* १. खिरनी (फल)। २. गाय आदि का वह भाग जिसमें दूध बनता और रहता है। ● **विशेष**—(गाय आदि की) खीरी के ही एक भाग में थन होते हैं।

खील[१]—[< हि॰ खीलना] *स्त्री॰* १. भुना हुआ चावल। लावा। लैया। २. वस्तु का बहुत छोटा टुकड़ा। ***जैसे***—गिरते ही प्याली की खील-खील बिखर गयी। ***वा॰* खील-खील कर देना**—टुकड़े-टुकड़े कर देना।

खील[२]—[< स॰ कील] *स्त्री॰* १. पत्तों का दोना या पत्तल बनाने में अथवा पान के बीड़े को बन्द करने में प्रयुक्त पतली छोटी सींक। २. मांस की कील। ३. चाक की खूँटी। ४. चक्की के बीच की खूँटी।

खीलना—[< हि॰ खील[२]] *क्रिस॰* दोना/पत्तल बनाने में पत्तों को जोड़ने के लिए या पान का बीड़ा बन्द करने के लिए छोटी पतली सींक गोदना।

†**खीला**—[< स॰ कील] *पु॰* १. छोटी पतली सींक। २. मोटी और बड़ी कील। ३. खूँटा। ✣ **खीली**—*स्त्री॰* = छोटी और पतली सींक।

†**खीवन**—[< स॰ √क्षीवन] *स्त्री॰* मत्तता। मतवालापन। मस्ती। ✣ ***खीवनि**—*स्त्री॰* = खीवन।

***खीवर**—[< स॰ क्षीव] *वि॰* = १. मतवाला। २. मस्त।

खीस[१]—[< स॰ √क्षि + ष (= अन्त)] *वि॰* १. अस्त-व्यस्त। छिन्न-भिन्न। २. नष्ट। बरबाद। *क्रिवि॰* व्यर्थ।

खीस[२]—[फ़ा॰] *पु॰* १. हल में लगनेवाला फाल, कील या नुकीला शंकु। २. कुछ पशुओं के बाहर निकले हुए लम्बे और नुकीले दाँत। ***जैसे***—जंगली सुअर के खीस। २. (कुछ मनुष्यों में) मुख के बाहर कुछ-कुछ दिखायी देने वाले दाँत। ३. लाचारी में या लज्जापूर्वक कुछ हँसना जिसमें दाँत दिखें। ४. खिसियाहट। ५. नयी ब्याही गाय/भैंस का आरम्भ के कुछ दिनों का दूध जो पीने योग्य नहीं होता। पेवसी। २. उक्त पशु के थनों के अन्दर की मांस-कील जो गर्भ-काल में बन जाती है जिसे खींचकर निकालना (खीस निकालना) आवश्यक होता है। ***वा॰* खीस/खीसें काढ़ना/निकालना/निपोरना**—१. ऐसा हँसना कि दाँत दिखाई दें। २. बेढंगी हँसी हँसना। निर्लज्जतापूर्वक हँसना। ३. गिड़गिड़ाना। ४. दीनता दिखाना।

खीस[३]—[< फ़ा॰ खिसारा] *स्त्री॰* १. हानि। २. घाटा। ३. न्यूनता। कमी।

***खीस**[४]—[< हि॰ घींच] *स्त्री॰* गर्दन।

खीसना—[< हि॰ खीस] *क्रिअ॰* नष्ट होना। *क्रिस॰* नष्ट करना।

***खीहना**—*क्रिअ॰ ≤ हि॰* खीजना।

खीहा—[देशज] पु॰ एक पक्षी जिसे खाया नहीं जाता। सतबहिनी।

खुंस/खुनस—[< स॰ खिन्नमनस] *स्त्री॰* १. किसी के प्रति मन में छिपा हुआ क्रोध या वैर-भाव। २. क्रोध। ***जैसे***—मन में खुंस रखना। ३. ईर्ष्या। जलन।

***खुआरी**—[< फ़ा॰ ख़्वारी] *स्त्री॰* दुर्दशा। ख़्वारी।

†**खुक्ख**—[< स॰ शुष्क] *वि॰* १. खोखला। २. सारहीन। निस्सार। ३. धनहीन। निर्धन।

खुखरी—[< नेपाली॰ खुकुरी] *स्त्री॰* (नेपालियों का) छोटी कटार जैसा बड़ा छुरा।

खुचर—[< स॰ कुचर] *वि॰* किसी अच्छी बात में भी दोष खोजनेवाला। छिद्रान्वेषी।

खुझर/खुझरा—[< स॰ कु + हि॰ जड़] *पु॰* १. वृक्ष की वह जड़ जो भूमि के अन्दर नहीं, ऊपर ही फैलती है। २. किसी वस्तु के अनेक रेशे जो परस्पर गुँथे हुए होते हैं। ***जैसे***—रेशम का खुझरा।

***खुटक**—*स्त्री॰ ≤ हि॰* खुटका। खटका। खटक।

खुटकना—[< स॰ √खुण्ड्] *क्रिस॰* किसी पौधे आदि का ऊपर का भाग नोचना/तोड़ना।

***खुटका**—[< हि॰ खटका] *स्त्री॰* खटका। खटक।

***खुटचाल**—[< हि॰ खोटी + चाल] *स्त्री॰* १. खोटापन। दुष्टता। २. शरारत। ३. बुरा चरित्र। दुराचार। ✣ **खुटचाली**—*वि॰* = १.

खोटा। दुष्ट। २. शरारती। ३. दुराचारी।

खुटना—[< सं० √खुड्] *क्रिअ०* १. समाप्त होना। २. (कार्य) पूरा होना। २. घटना। ३. टूटकर अलग होना। ४. (किवाड़ आदि) खुलना।

खुटला—[देशज] *पु०* कान में पहनने का एक आभूषण।

***खुटाना**—[< हि० खुटना] *क्रिअ०* १. समाप्त होना। २. (जीवन का) समाप्ति पर आ पहुँचना। मृत्यु का आ पहुँचना। ३. (कार्य) पूरा होना। ४. कम पड़ना। घटना। ५. खोटा होना।

***खुटुकार**—[< हि० खटक] *स्त्री०* चिन्ता या ध्यान।

खुट्टी—[< हि० खुटना] *स्त्री०* दो बच्चों में परस्पर सम्बन्ध तोड़ने या मित्रता की समाप्ति की क्रिया विशेष।

†**खुड़ला**—[< हि० खोंड़ा] *पु०* मुर्गे-मुर्गियाँ बन्द करके रखने का लकड़ी का बना आधान। दरबा।

खुड्डी—[< हि० खड्ड] *स्त्री०* वह गड्ढा जिसमें मल-त्याग करते हैं। मल-त्याग करने का क़दमचा।

ख़ुतबा—[< अरबी ख़ुत्बः] *पु०* १. प्रशंसा। २. प्रशंसात्मक रचना (लेख या कविता)। ३. उपदेश। (इस्लाम०) नमाज़ के बाद का मज़हबी भाषण या वक्तव्य।

खुत्थ—[< प्रा० खुट्ट] *पु०* कटे हुए वृक्ष की या कटी हुई फ़सल के पौधे की जड़ और उसका ऊपर का भाग। ✣ **खुत्थी**[१]—*स्त्री०* = खुत्थ।

खुत्थी[२]/**ख़ुथी**[२]—[देशज] *स्त्री०* १. धरोहर। थाती। २. धन। दौलत। ३. रुपए रखकर कमर में बाँधने की थैली। ४. वस्तु का सार भाग।

ख़ुद—[फ़ा०] *सर्व०* स्वयं। आप। ***जैसे***—ख़ुद का नाम बताओ। *क्रिवि०* अपने आप। स्वत:। ***जैसे***—काम ख़ुद हो जाएगा।

ख़ुददार—[फ़ा०] *वि०* स्वाभिमानी। ✣ **ख़ुददारी**—*स्त्री०* = स्वाभिमान। आत्मसम्मान।

ख़ुदपरस्त—[फ़ा०] *वि०* १. हर बात में अपनी महत्ता जतानेवाला। आत्मपूजक। २. स्वार्थी। ✣ **ख़ुदपरस्ती**—*स्त्री०* = स्वार्थीपन।

ख़ुदमुख़्तार—[फ़ा०] *वि०* १. स्वाधीन। आज़ाद। २. मनमानी करने वाला। स्वेच्छाचारी। स्वच्छन्द। ✣ **ख़ुदमुख़्तारी**—*स्त्री०* = १. स्वाधीनता। आज़ादी। २. स्वेच्छाचारिता। स्वच्छन्दता।

खुदरा—[< फ़ा० ख़ुर्द:] *वि०* जो थोक में न हो, छोटे अंशों में हो। फुटकर। ***जैसे***—खुदरा बिक्री की दुकान। ∇ **विलोम**—थोक। *पु०* फुटकर सिक्के। रेज़गारी। ***जैसे***—एक रुपए के खुदरा चाहिए।

खुदाई[१]—[< हि० खोदना] *स्त्री०* खोदने/खुदने की क्रिया/भाव/ मज़दूरी।

ख़ुदाई[२]—[फ़ा०] *स्त्री०* १. परमेश्वरत्व। ख़ुदापन। २. ईश्वर का। ३. ईश्वर की कृति। विश्व। *वि०* ईश्वरीय। दैवी। ***जैसे***—ख़ुदाई चमत्कार।

खुदाव—[< हि० खोदना] *पु०* १. खुदाई। २. किसी वस्तु के ऊपर खोदी गई आकृति आदि का ढंग।

ख़ुदावन्द (ख़ुदावंद)—[फ़ा०] *पु०* १. परमेश्वर। २. प्रभु। स्वामी।

ख़ुदी—[फ़ा०] *पु०* १. अहंभाव। मैं-पन। (उदा० नीचे दे०)। २. अभिमान। घमंड। (उदा० नीचे दे०)। ३. स्वार्थ।

खुद्दी—[< सं० क्षुद्र] *स्त्री०* १. चावल, दाल आदि के छोटे-छोटे कण/टुकड़े। किनकी। २. (द्रव के नीचे की) तलछट।

***खुनिस**—[< सं० खिन्नमनस् या अरबी खन्स] *स्त्री०* १. खुंस। २. ईर्ष्या-द्वेष-पूर्ण क्रोध।

†**खुभना**—[< सं० √क्षुभ्] *क्रिअ०* चुभना, गड़ना या धँसना। ***जैसे***—अपमान हृदय में खुभता है।

†**खुभराना**—[< सं० √क्षुभ्] *क्रिअ०* उपद्रव करने के लिए इधर-उधर घूमना।

खुभाना—[< हि० खुभना] *क्रिस०* चुभाना, गड़ाना या धँसाना।

खुभी—[< हि० खुभना] *स्त्री०* १. कान का एक आभूषण जो भाले के फल के आकार का होता है। *क्रिअ०* 'खुभना' क्रिया का एक भूतकालिक रूप। चुभी, गड़ी या धँसी।

खुमान—[< सं० आयुष्मान्] *वि०* १. आयुष्मान्। दीर्घायु। *पु०* २. छत्रपति शिवाजी की एक उपाधि।

ख़ुमार—[अरबी] *पु०* १. नशा उतर जाने के बाद की आलस्यपूर्ण स्थिति या नशा उतरते समय की अवस्था। २. नशा। मद। उन्माद। ३. रात में सो पाने या बहुत थके होने के कारण होने वाली सुस्ती। ४. (लाक्षणिक) आध्यात्मिक प्रेम का मद। ✣ **ख़ुमारी**—*स्त्री०* = ख़ुमार।

खुमी—[< अरबी कुमा] *स्त्री०* कुकुरमुत्ता के वर्ग की वनस्पतियाँ जिनमें फूल/पत्ते नहीं होते, केवल एक छाता-सा होता है।

खुम्भी[१] **(खुंभी**[१]**)**—[< सं० कुम्भ] *स्त्री०* छेदे गए कान में पहनने का एक आभूषण। लौंग।

खुम्भी[२] **(खुंभी**[२]**)**—[< सं० स्कम्भ] *स्त्री०* खम्भे के नीचे का भाग जो खड़े भाग से कुछ बाहर निकला रहता है।

खुर—[सं० √खुर् + क] *पु०* १. सींगवाले पशुओं के पैरों का अगला सिरा। सुम। ***जैसे***—गाय खुरों से ज़मीन खूँद रही है। २. चारपाई के पाए का ज़मीन पर रहने वाला सिरा।

खुरक—[< हि० खुटका] १. आशंका। खटका। २. चिन्ता। फ़िक्र। ● **विशेष**—**'खुरक राँगा'** एक प्रकार का राँगा होता है जो कोमल होने के कारण जल्दी गल जाता है। वैद्य लोग भस्म बनाने के लिए इस राँगे को अच्छा मानते हैं।

खुरखुर—[अनु०] *स्त्री०* साँस लेते समय गले/नाक में कफ रहने के कारण होनेवाला शब्द। घरघराहट।

खुरखुरा—[< सं० √क्षुर्] *वि०* जिसका तल चिकना न हो। खुरदरा। ∇ **विलोम**—चिकना।

खुरचनी—[< हि० खुरचना] *स्त्री०* खुरचने का उपकरण।

***खुरचाल, खुरचाली**—दे० क्रमश: खुटचाल, खुटचाली।

खुरजी—[< फ़ा० खुरजीन] *स्त्री०* बोझा ढोनेवाले पशु की पीठ पर रखी जाने वाली सिली हुई दुतरफ़ा झोली इसमें दो गहरी थैलियाँ होती हैं जिनमें सामान भर कर दोनों ओर लटका देते हैं।

● **विशेष**—उक्त थैलियों को '**ख़लीता/खीसा**' (< फा॰ ख़रीता/कीस:) कहते हैं।

खुरट—[< स॰ खुर] *पु॰* पशुओं के ख़ुर पकने का रोग।

खुरण्ट (खुरंट), खुरण्ड (खुरंड)—[देशज] *पु॰* घाव सूखने पर उसके ऊपर जमनेवाली पपड़ी।

***खुरतार**—[< स॰ खुर ~ तार] *स्त्री॰* १. खुरवाले पशुओं के चलने से उत्पन्न शब्द। खुरों की ध्वनि। २. घोड़ों की टापों की ध्वनि।

खुरदरा—[< हि॰ खुरखुरा] *वि॰* (स्पर्श में) खुरखुरा। ∇ **विलोम**—चिकना।

†खुरदा—[< फा॰ ख़ुर्द:] *वि॰* १. लघु। छोटा। २. खुदरा।

खुरदाँतरी—[देशज] *स्त्री॰* चील के समान एक चिड़िया जिसकी चोंच लम्बी होती है। ● **विशेष**—खुरदाँतरी का बोलना अशुभ माना जाता है।

खुरमा—[< अरबी ख़ुर्म:] *पु॰* १. खजूर या छुहारा। २. आटे का एक व्यंजन जो मीठा/नमकीन बनता है।

खुरयाऊ—[देशज] *पु॰* बुन्देलखंड में गाया जाने वाला एक फाग।

खुरहर—[< स॰ खुर] *स्त्री॰* १. (पशु के चलने से बने) खुरों के निशान। २. वन में खुरों से बनी हुई राह। ३. पगडंडी।

खुरहुरी—[देशज] *स्त्री॰* छुहारा नामक मेवा।

खुरा—[< हि॰ खुर] *पु॰* खुरपका।

खुराई—[< हि॰ खुर] *स्त्री॰* चौपायों को भागने से रोकने के लिए उनके अगले/पिछले पैरों को बाँधने की रस्सी।

***खुराना**—[देशज] *क्रिअ॰* दूर रहना। अलग रहना।

ख़ुरासानी—[< फा॰ ख़ुरासान] *वि॰* १. (ईरान देश के) ख़ुरासान प्रदेश से सम्बन्धित। खुरासान का। २. ख़ुरासान प्रदेश का रहनेवाला। *पु॰* १. ख़ुरासान का निवासी। २. खुरासान की भाषा/बोली।

ख़ुराही—[< स॰ खुर + फा॰ राह] *स्त्री॰* पशुओं के खुरों के निशानों से बना हुआ मार्ग।

†खुरिया—[< फा॰ ख़ोरा < आबख़ोरा] *स्त्री॰* १. कटोरी। प्याली। २. घुटने के जोड़ पर की गोल हड्डी। कटोरी।

खुरी—[< स॰ खुर] *स्त्री॰* १. खुर या टाप का निशान। २. उपद्रव। ३. दुष्टता।

†खुरुक[१]—[< हि॰ खटक] *स्त्री॰* आशंका। खटका।

†खुरुक[२]—[देशज] *स्त्री॰* नारियल की गिरी।

ख़ुर्द—[फा॰] *वि॰* लघु। छोटा। ∇ **विलोम**—कलाँ।

ख़ुर्दबीन—[फा॰] *स्त्री॰* सूक्ष्मदर्शक यंत्र।

ख़ुर्दबुर्द—[फा॰] *वि॰* १. नष्ट। २. गया। गुज़रा। ३. (धरोहर आदि से) ग़बन किया हुआ। अपहृत।

ख़ुर्रम—[फा॰] *वि॰* प्रसन्न। आनन्दित। ***जैसे***—ख़ुश और ख़ुर्रम रहो।

खुरौंट (खुरांट)—[देशज] *वि॰* १. बहुत अनुभवी। २. बहुत वृद्ध। ३. बहुत चालाक/होशियार या धूर्त।

ख़ुलासा—[< अरबी ख़ुलास:] *पु॰* १. सारांश। सार-संक्षेप। २. परिणाम। नतीजा। ३. स्पष्टीकरण।

ख़ुश्क—[फारसी] *वि॰* १. जिसमें से जल का अंश सूखकर उड़ गया हो। शुष्क। ***जैसे***—शुष्क लकड़ी। २. चिकनाहट से रहित। ***जैसे***—ख़ुश्क रोटी। ३. ऐसा वेतन जिसमें केवल रुपए मिलें, भोजन आदि नहीं। ***जैसे***—नौकर का ख़ुश्क वेतन। ४. (स्वभाव का) रूखा। नीरस। ✣ **ख़ुश्कदिमाग़**—*वि॰* = १. जिसके मस्तिष्क में ख़ुश्की अधिक हो। २. दु:स्वभाव। बदमिज़ाज। ✣ **ख़ुश्कमिज़ाज**—*वि॰* = रूखे स्वभाव वाला। ✣ **ख़ुश्कमिज़ाजी**—*स्त्री॰* = स्वभाव का रूखापन।

ख़ुश्का—[< फा॰ ख़ुश्क] *वि॰* १. स्वभाव से शुष्क/नीरस। २. कृपण। कंजूस।

ख़ुश्की—[फा॰] *स्त्री॰* १. शुष्कता। सूखापन। २. पृथ्वी का जलरहित भाग। स्थल भाग। ३. (शरीर आदि की) रुक्षता। रूखापन। ४. स्वभाव की नीरसता। ५. स्नेहहीनता। ६. अनुदारता। ७. कृपणता। कंजूसी।

खुसरना—[< अरबी खुसिय (= अंडकोष) या खुस्र (= हानि पहुँचाना)] *क्रिस॰* (पशु को) बधिया करना।

ख़ुसूसन—[अरबी] *क्रिवि॰* ख़ास तौर पर। विशेषत:।

ख़ुसूसियत—[अरबी] *स्त्री॰* प्रमुख विशेषता/गुण।

†खुही—[देशज] *स्त्री॰* ठंड/धूप से बचने के लिए सिर और शरीर पर विशेष प्रकार से लपेटी चादर।

†खुँटाना—[< हि॰ खूँटना] *क्रिस॰* खूँटने का काम किसी अन्य से कराना। *क्रिअ॰* १. खूँटा/खोंटा जाना। २. फूल, पत्ती आदि का तोड़ा जाना।

खुँटिला—[देशज] *पु॰* कर्णफूल (आभूषण)।

खुँदवाना—[हि॰ 'खूँदना' का प्रेरणा॰] *क्रिस॰* १. खूँदने का काम किसी अन्य से कराना। खुँदाना। ***जैसे***—बादशाह ने सैनिकों से खेतों को बुरी तरह खुँदवाया।

खुँदाना—[हि॰ 'खूँदना' का प्रेरणा॰] *क्रिस॰* १. किसी को खूँदने में प्रवृत्त करना। २. घोड़ा कुदाना। ३. घोड़े को कुदाते हुए चलना।

खुँसना—[< हि॰ खोंसना] *क्रिअ॰* खोंसी होना। ***जैसे***—कमर में सुन्दर कटारियाँ खुँसी हुई हैं।

***खूआ**—[< हि॰ खोआ] *पु॰* (दूध से बना) खोआ।

खूझा[१]—[< प्रा॰ गुच्छ, या देशज] *पु॰* १. फल या तरकारी का रेशेदार भाग जो खाया नहीं जाता। २. सूत रेशम आदि के धागों का उलझा हुआ समूह। ३. गुच्छा।

***खूझा**[२]—[< स॰ क्षुद्र] *वि॰* क्षुद्र। ✣ **खूझा खाझ**—*पु॰* = १. तुच्छ खाद्य पदार्थ।

†खूझा[३]—[< फा॰ कूजा] *पु॰* १. (मिट्टी का) कुल्हड़। पुरवा। २. मिश्री की अर्धगोलाकार डली।

खूटना—[< स॰ √खुण्ड्] *क्रिअ॰* १. अवरुद्ध होना। रुकना। २. बाधा/रुकावट पड़ना। ३. बन्द होना। ४. समाप्त होना। ५. नष्ट होना। ६. कम होना। ***जैसे***—आयु खूटना। ७. खुलना। *क्रिस॰* १. रोकना। २. बन्द करना। ३. समाप्त करना। ४. छेड़ना। ५. चिढ़ाना। ६. परेशान करना।

खूटपन/खूटपना—[< हि॰ खोट] *पु॰* दुष्टता। खोटापन।

†खूटा—[< हि॰ खोटा] *वि॰* १. जिसमें कुछ कमी हो। २. दुष्ट। ३. खोटा। ४. नीरस।

†खूद—[< स॰ क्षुद्र] *पु॰* वस्तु को छानने या साफ़ करने पर निकला व्यर्थ अंश। ✣ **खूदड़**—*पु॰* = खूद।

†खूदौ—[बुन्देल॰ < हि॰ खूँदना] *पु॰* झगड़ा।

खूबड़-खाबड़—[< हि॰ ऊबड़-खाबड़] *वि॰* ऊँचा-नीचा। ऊबड़-खाबड़।

ख़ूबसूरत—[फा॰] *वि॰* सुन्दर। रूपवान्। ∇ **विलोम**—बदसूरत। ✣ **ख़ूबसूरती**—*स्त्री॰* = सुन्दरता। सौन्दर्य। ∇ **विलोम**—बदसूरती।

ख़ूबानी—[फा॰] *स्त्री॰* एक स्वादिष्ठ फल जो पीला होता है।

खूमरी—[देशज] *स्त्री॰* मधुर बोली वाली एक चिड़िया।

***खूली**—[< हि॰ खोली] *स्त्री॰* थैली।

खूसट—[देशज] *पु॰* 'उल्लू' नामक पक्षी। उलूक। *वि॰* १. अति मूर्ख। २. अशुभ। मनहूस। ३. अति वृद्ध। जरा-जीर्ण। ४. शुष्क हृदय वाला। अ-रसिक।

खूसर—[देशज] *पु॰* 'उल्लू' नामक पक्षी। उलूक। खूसट।

ख़ूँ—[फा॰] *पु॰* ख़ून। रुधिर। रक्त।

खूँख़ार—*वि॰* ≤ फा॰ ख़ूँख्वार।

ख़ूँख़्वार—[फा॰] *वि॰* १. ख़ून पीनेवाला। रक्तपायी। २. हिंसक। ३. क्रूर। निर्दय। अत्याचारी। ✣ **ख़ूँख़्वारी**—*स्त्री॰* = १. खूँख्वार होने की अवस्था/भाव। ख़ून पीना। रक्त-पान। २. हिंसा। ३. क्रूरता। निर्दयता। अत्याचार।

खूँट[1]—[< स॰ खुण्ट] *पु॰* १. खंड। भाग। २. (वस्त्र आदि का) सिरा। छोर। ३. दिशा। ओर। तरफ़। ४. मकान की दृढ़ता के लिए कोनों पर लगाया जाने वाला पत्थर। ५. पीछा।

खूँट[2]—[देशज] *पु॰* कान का एक आभूषण जो दीप के आकार का गोल होता था।

खूँट[3]—[< हि॰ खोट] *स्त्री॰* कान का मैल।

खूँट[4]—[< हि॰ खुटना] *स्त्री॰* ऐसी त्रुटि या कमी जिसे दूर करना ज़रूरी हो।

खूँटना/खूटना—[< स॰ √खुण्ड्] *क्रिस॰* १. तोड़ना। खौंटना। ***जैसे***—फूल खूँटना; तुलसी के पत्ते खूँटना। २. चिढ़ाने या परेशान करने के लिए छेड़ना। ***जैसे***—मज़ा लेने के लिए उसे खोंटते थे। ३. टोकना। *क्रिअ॰* समाप्त होना। चुकना। ***जैसे***—लिखते-लिखते स्याही खूँट गयी।

खूँड़ा—[< स॰ क्षोड] *पु॰* जुलाहों द्वारा ताना कसने में प्रयुक्त लोहे की पतली छड़। ✣ **खूँड़ी**—*स्त्री॰* = जुलाहों द्वारा ताना कसने में प्रयुक्त पतली लकड़ी।

खूँद—[< हि॰ खूँदना] *स्त्री॰* १. घोड़े आदि के खूँदने की क्रिया/भाव। २. उछल-कूद। ३. निरन्तर गति जो एक ही लक्ष्य की ओर हो।

खूँदना—[< स॰ √स्कुन्द्] १. उछल-कूद करना। कूदना। २. चंचल घोड़े का, खड़े रहने पर, उसी जगह पैर उठा-उठाकर पटकना। ३. घोड़े का टाप से ज़मीन खोदना। ४. पैरों से कुचलना। रौंदना। ५. तितर-बितर करना।

ख़ूँरेज़—[फा॰] *वि॰* १. ख़ून बहानेवाला। हत्यारा। २. क्रूर। निर्दय। बेरहम। ✣ **ख़ूँरेज़ी**—*स्त्री॰* = रक्तपात। मार-काट। ***जैसे***—नादिरशाह की ख़ूँरेज़ी।

खूँसना—[देशज] *क्रिस॰* निकालना।

खेखसा—[देशजा] *पु॰* परवल की जाति का एक फल जिसकी सब्ज़ी बनती है। पीले फूलों वाला एक शाक। ककोड़ा।

खेचर—[स॰ खे√चर् + ट] *वि॰* आकाश में चलने/उड़ने वाला। गगनचर। आकाशगामी। *पु॰* १. सूर्य। २. चन्द्र। ३. ग्रह। ४. नक्षत्र। ५. खग। पक्षी। ६. वायु। ७. बादल। ८. देवता। ९. राक्षस। १०. यक्ष। ११. भूत-प्रेत आदि।

खेट—[स॰ √खिट् + अच्] *पु॰* १. छोटा गाँव। खेड़ा। २. पर्वत और नदी से घिरा हुआ ग्राम/नगर। ३. किसानों का ग्राम। ४. मृगया। शिकार। आखेट।

खेटकी—[स॰ खेटकिन्] १. ज्योतिषी। २. शिकारी। ३. वधिक। जल्लाद।

खेड़—[< स॰ खेट] *पु॰* छोटा ग्राम। खेट।

खेड़ा—[< प्रा॰ खेडय < स॰ खेटक] १. छोटा ग्राम। २. किसानों का ग्राम। ३. कच्चा मकान।

खेड़ी—[देशज] १. जरायुज जीवों के नवजात शिशुओं की नाल के सिरे पर लगा मांस-खंड। ***जैसे***—गाय के नवजात बछड़े की खेड़ी; नवजात शिशु की खेड़ी। २. कच्ची धातु को गलाने से प्राप्त मैल। धातु-मल।

खेत—[< प्रा॰ खेत्त < स॰ क्षेत्र] *पु॰* १. भूमि का टुकड़ा जिसे जोता-बोया जाता है। २. खेत में खड़ी फसल। ***जैसे***—खेत काटना। ३. रणक्षेत्र। युद्धभूमि। ***जैसे***—शूर न छोड़े खेत। ४. राज्य। ५. (लाक्षणिक) कृषि। खेती। ६. (लाक्षणिक) युद्ध। ***वा॰* खेत काटना**—१. (खेत में) उपजी हुयी फ़सल काटना। २. (खेत में) खड़ी फ़सल की चोरी करना। **खेत छोड़ना**—युद्ध में पीठ दिखाना। **खेत माँडना**—युद्ध का आयोजन करना। **खेत रहना/होना**—युद्ध में मारा जाना।

खेद—[स॰ √खिद् + घञ्] *पु॰* १. (कोई ग़लत काम कर बैठने या अभीष्ट कार्य न कर पाने पर होनेवाला) मानसिक कष्ट। पश्चात्ताप। ग्लानि। अफ़सोस। २. किसी की अपेक्षा/आशा से भिन्न व्यवहार या उदासीनता को देखकर/जानकर होनेवाली मानसिक पीड़ा। अफ़सोस। ३. मानसिक शिथिलता। विषाद। ४. परिश्रम आदि के कारण होनेवाली शारीरिक शिथिलता। ५. श्रम। ६. शंका। ∆ **पर्याय**—खिन्नता। ∇ **विलोम**—प्रसन्नता/हर्ष। ✣ **खेदजनक**—*वि॰* खेद उत्पन्न करनेवाला। खिन्न करने वाला। ✣ **खेद-प्रकाश**—*पु॰* (भूल या कोई अनुचित/ग़लत काम हो जाने पर) खेद प्रकट करने का कार्य। क्षमा-याचना।

खेदा—[< हि० खेदना] *पु०* १. जंगली हाथियों को पकड़ने के लिए प्रयुक्त एक ढंग जिसमें उन्हें खदेड़कर एक घेरे में लाया जाता है जहाँ वे फँस जाते हैं। २. जंगली हिंसक पशुओं (शेर, चीता आदि) का शिकार करने में प्रयुक्त एक ढंग जिसमें उन्हें खदेड़कर शिकारी के स्थान के पास लाया जाता है। हाँका। *वि०* उक्त 'हाँका' करनेवाले। खदेड़नेवाले।

खेप[1]—[< स० क्षेप्य] *स्त्री०* १. उतनी वस्तुएँ आदि जितनी एक बार में ढोयी जाएँ। (एक बार का) बोझ। लदान। २. बोझ ढोनेवाले (मनुष्य, पशु, गाड़ी आदि) का एक बार आना-जाना। लदान का एक फेरा। *जैसे*—चार खेप रेता आया। ***वा०* खेप भरना**—कहीं ले जाने के लिए माल एकत्र करके लादना। **खेप लदाना**—सामान को बैलगाड़ी आदि से भरकर ढोने को देना।

†**खेप**[2]—[< स० आक्षेप] *स्त्री०* १. दोष। बुराई। ऐब। २. खोटा सिक्का।

†**ख़ेपड़ी**—[डिंगल < स० क्षेपणी] *स्त्री०* नौका खेने का डाँड़। पतवार।

खेपना—[< हि० खेप] *क्रिस०* १. कष्ट के साथ समय बिताना। २. सहन करना। ३. बिदा करना।

***खेम**—[< स० क्षेम] *पु०* क्षेम। कुशल। कल्याण।

ख़ेमा—[< अरबी खैमः] *पु०* तम्बू। डेरा। रावटी। ***वा०* ख़ेमा गाड़ना**—(यात्रा आदि में) पड़ाव डालना। **ख़ेमे डालना**—सेना का पड़ाव करना।

खेय—[स० √खन् + क्यप्] *वि०* जिसे खोदा जा सके। *पु०* १. खाई। २. पुल।

खेरवाड़ी—[देशज] *स्त्री०* (भाषा०) छोटा नागपुर की एक भाषा जिसमें सन्थाली, मुंडारी, भूमिज, बिरहार, कोड़ा, हो, तूरी, आसुरी, अगरिया और कोरवा बोलियाँ सम्मिलित हैं।

खेरा—[< हि० खेड़ा] *पु०* १. ग्राम। गाँव। २. किसानों का गाँव। ३. छोटा गाँव। ***वा०* खेरे की दूब**—१. दुर्बल। २. तुच्छ। **खेरे की पुतली**—निर्जन स्थान के देवी-देवता।

खेरी[1]—[देशज] *स्त्री०* १. एक प्रकार की घास। २. एक प्रकार का जल-पक्षी।

†**खेरी**[2]—*स्त्री०* ≤ *हि०* खेड़ी।

***खेलरि**—[< हि० खेलना] *पु०* खिलाड़ी।

***खेलवार**[1]—[< स० खेल] *पु०* १. खेलनेवाला। खिलाड़ी। २. शिकारी या बहेलिया।

खेलवार[2]—*स्त्री०* ≤ *हि०* खिलवाड़।

खेव—[< स० क्षेप] *पु०* १. नाव चलाने का काम या किराया। २. लदी हुई नाव। ४. खेप।

खेवक—[< स० क्षेपक] *वि०* १. डाँड़ चलाकर नाव खेने का काम करनेवाला। खिवैया। २. केवट। खिवैया ● **विशेष**—'खेवक' और 'करिया' दोनों मल्लाहों का काम भिन्न होता है। (दे० करिया)

खेवट—[< हि० केवट < स० कैवर्त] *पु०* केवट। मल्लाह। ✣ **खेवटिया**—*पु०* = खेवट।

खेवड़ा, खेवरा—[< प्रा० खवणऊ< स० क्षपणक] *पु०* १. जैन साधु। क्षपणक। २. बौद्ध भिक्षु।

खेवणी—[डिंगल < स० क्षेपणी] *स्त्री०* नौका का डाँड़।

खेवन—[< हि० खेवना] *पु०* नाव आदि को खेने की क्रिया/भाव। ✣ **खेवनहार**—*पु०* = १. नाव आदि खेनेवाला। केवट। २. (नदी आदि के) पार पहुँचानेवाला। ● **विशेष**—संस्कृत में नाव का दंड/डाँड़ '**क्षेपणी**' कहा जाता है और 'खेवनहार' को '**क्षेपणीधारक**'।

खेवना—[< प्रा० खेपण < स० क्षेपण] *क्रिस०* खेना।

†**खेवरना**—[< हि० खौर] *क्रिअ०* १. खौर/चन्दन का टीका लगाना। २. (स्त्रियों का अपने) मुख पर चन्दन आदि लगाना।

***खेवरा**—[< प्रा० खवड़ा < स० क्षपणक] १. क्षपणक/जैन साधु। २. बौद्ध भिक्षु।

***खेवरिया**—[< हि० खेवना] *पु०* केवट। मल्लाह।

खेवा—[< स० क्षेप्य] *पु०* १. खेप। (दे०) २. नाव खेने की मज़दूरी/भाड़ा। उतराई। ३. विभिन्न कालों में हुए एक परम्परा के व्यक्तियों का समूह। *जैसे*—पिछले खेवे के हिन्दी उपन्यासकार। ४. बोझ-लदी नाव।

***खेवैया**—[< हि० खेवना] *पु०* १. केवट। खिवैया। २. (किसी संकट आदि से) पार करनेवाला।

खेस—[< फा० ख़ेश] *पु०* एक प्रकार की मोटे सूत की चादर जो बिछाने/ओढ़ने के काम आती है।

खेसर—[स० खे√सृ + ट] *पु०* खच्चर।

खेसारी—[< स० खञ्जकारी] *स्त्री०* एक प्रकार की मटर जो कदन्न (बुरा/घटिया अन्न) है और जिसकी दाल खायी जाती है।

खेह—[< स० क्षार] *स्त्री०* १. भस्म। राख। २. धूल। ३. मिट्टी। ***वा०* खेह खाना**—१. दुर्दशाग्रस्त होना। २. व्यर्थ समय खोना। ३. कष्ट भोगना।

***खेहर**—*स्त्री०* ≤ *हि०* खेह। राख, धूल या मिट्टी।

***खेहा**[1]—*पु०* ≤ *हि०* खेह।

खेहा[2]—[< हि० केहा] *पु०* तीतर की जाति का एक पक्षी। केहा। ● **विशेष**—'खेहा' चिड़िया को लोग खाते भी हैं। यह 'खीहा' पक्षी से भिन्न है जिसे खाया नहीं जाता।

†**खैंच (खेंच)**—[< हि० खींचना] *स्त्री०* १. कमी। २. रुकावट। ३. तंगी।

खैन—[< हि० खाना] *स्त्री०* खाने की क्रिया। खादन।

खैमा—[देशज] *स्त्री०* एक जल-पक्षी।

ख़ैयाम—[अरबी] *वि०* तम्बू, शामियाना आदि बनाने वाला। *पु०* फ़ारसी का एक कवि उमर ख़ैयाम।

खैरसार—[< हि० खैर + स० सार] *पु०* कत्था। खैर।

खैरा—[< हि० खैर] *वि०* कत्थई रंग का। *पु०* १. कत्थई रंग। २. कत्थई रंग का कबूतर या घोड़ा। ३. धान की फसल का एक रोग। ✣ **खैरी**—*वि०* (*स्त्री०*) = कत्थई रंग की।

ख़ैल—[अरबी] *पु०* १. समुदाय। समूह। २. घोड़ों का समूह।

३. सवारों का समूह। *वि॰* अधिक। बहुत।

खैल-भैल—[अनु॰] *स्त्री॰* १. कोलाहल। शोर। ***जैसे***—चारों ओर खैल-भैल मच रही थी। २. हलचल। ख़लबली। ३. चहलपहल। रौनक।

खैला[१]—[< स॰ √क्ष्वेल्] *स्त्री॰* (दही मथने की) मथानी।

खैला[२]—[देशज] *पु॰* जवान बछड़ा जिसे अभी हल में जोता न गया हो।

खोखा—[< हि॰ खोखला] *पु॰* लकड़ी का बना हुआ सामान्य ढाँचा जिसे निर्धन व्यक्ति घर की तरह प्रयुक्त करते हैं।

खो-खो—[देशज] *पु॰/स्त्री॰* एक रोचक तथा बहुत फुर्ती का भारतीय खेल जिसमें 'खो' शब्द का प्रयोग होता है। ● **विशेष**—मूलत: यह महाराष्ट्र का खेल है परन्तु अब भारत-भर में खेला जाता है।

खोखी—[< हि॰ खोखला] *वि॰* ख़ाली।

खोचड़—[< स॰ कुचर] *वि॰* १. किसी के काम में बिना कारण दोष बताने के स्वभाव वाला। छिद्रान्वेषी। २. बहुत कंजूस। ३. क्षुद्र। ओछा।

†खोचन—[ब्रज॰ < स॰ क्षेपण] *पु॰* १. व्यंग्य। ताना। २. आक्षेप।

खोज—[< प्रा॰ खोज्ज] *स्त्री॰* १. किसी व्यक्ति/पशु/वाहन आदि के चलने से भूमि पर पड़े निशान। २. उक्त निशानों के आधार पर गए हुए व्यक्ति/पशु/वाहन आदि के विषय में पता लगाना कि कौन था और किधर गया है। ३. किसी खोयी वस्तु या खोए व्यक्ति का पता लगाने की क्रिया/भाव। ढूँढ। तलाश। ४. किसी छिपी/अज्ञात वस्तु या व्यक्ति का पता लगाने की क्रिया/भाव। गवेषणा। ***जैसे***—मकान में कहीं छिप गए चोर की खोज में लगे लोग। ५. किसी नयी बात/तथ्य/सिद्धान्त आदि का पता लगाने का काम। अनुसन्धान। गवेषणा। ***जैसे***—गुरुत्वाकर्षण के सिद्धान्त की खोज सबसे पहले भारत ने की। ६. छानबीन। जाँच। *पु॰* ७. रहस्य। भेद। ***जैसे***—तुम्हारी खोज लेकर तुम्हारे पड़ोसी ने ही विश्वासघात किया। ***वा॰*** **खोज मारना**—काम बिगाड़ देना। **खोज लेना**—रहस्य पता करना। ✣† **खोजक**—*वि॰, पु॰* = खोज करनेवाला। खोजी। ✣ **खोज-ख़बर**—*स्त्री॰* = १. समाचार। २. खोयी हुई वस्तु या खोए हुए व्यक्ति का पता। ***वा॰*** **खोज-ख़बर लेना**—१. समाचार पूछना। २. पता लगाना।

खोजबीन—[< हि॰ खोज] *स्त्री॰* गहराई से की जाने वाली खोज। ध्यान से ढूँढने का काम।

खोजा—[< फा॰ ख़्वाज:] *पु॰* १. हिजड़ा सेवक जो मध्यकालीन मुस्लिम राजाओं के अन्त:पुरों में रखा जाता था। २. सेवक। नौकर। ३. नपुंसक। हिजड़ा। ४. भारत की एक मुस्लिम जाति।

खोटतुरा—[< हि॰ खोट + स॰ तुरङ्ग] *पु॰* अड़ियल घोड़ा। ✣ **खोटतुरी**—*स्त्री॰* = अड़ियल घोड़ी।

खोटना—*क्रिस॰* चक्की के पाट में गड्ढे करने की क्रिया/भाव। ● **विशेष**—खोटने के कार्य को 'खटिक' उपजाति के लोग करते हैं।

खोटा—[< स॰ कूट] *वि॰* १. नक़ली। झूठा। बनावटी। २. मिलावटी। ३. कपटी। धोखेबाज़। ४. अनुचित और बुरा। ५. निकृष्ट। ∇ **विलोम**—खरा। ✣ **खोटी**—*वि॰* (*स्त्री॰*)। ***जैसे***—खोटी चाँदी; खोटी सखी; खोटी बात। ***वा॰*** **खोटा खाना**—१. बुरे कामों से कमाकर खाना। २. बेईमानी की कमाई खाना। **खोटा पैसा**—ऐसा धन जो बुरे कामों से या बेईमानी से कमाया गया हो। **(किसी के साथ) खोटी करना**—दुष्टता करना। **(किसी को) खोटी-खरी सुनाना**—किसी के सामने ही उसकी कटु आलोचना करना। भला-बुरा कहना। **खोटी घड़ी**—बुरा समय।

खोटी[१]—[< हि॰ खोटा] *वि॰* (*स्त्री॰*) 'खोटा' का *स्त्री॰*। (दे॰ खोटा)

***खोटी[२]**—[< हि॰ खोट] *स्त्री॰* त्रुटि, कमी या बुराई।

खोड़[१]—[< स॰ खोड] *वि॰* १. लँगड़ा। २. लूला। ३. जिसके सामने के एक-दो दाँत टूट गए हों।

खोड़[२]—[< हि॰ खोट] *स्त्री॰* १. दोष। बुराई। २. देवता या भूत-प्रेत आदि का आवेश। भूत-बाधा। ३. न्यूनता। कमी।

***खोड़ो-खोड़ो**—[< हि॰ खोड़[२]] *क्रिवि॰* धीरे-धीरे।

खोतर—[< स॰ कोटर] *पु॰* पेड़ के तने में या किसी मोटी शाखा में बना खोखला भाग। कोटर।

ख़ोन्चा (खोंचा)—[< फा॰ ख़्वान्चा] *पु॰* वह बड़ा थाल जिसमें फेरी लगाकर बेचनेवाले मिठाइयाँ आदि रखकर बेचते हैं।

खोपा—[< हि॰ खोपड़ा] *पु॰* १. छप्पर का कोना। २. मकान का बाहरी कोना। ३. स्त्रियों की गुँथी चोटी की तिकोनी रचना।

खोभ—[< हि॰ खोभना] *स्त्री॰* खोभने की क्रिया/भाव।

†खोभरना—[< हि॰ खुभना] *क्रिअ॰* बीच में आकर आड़ा/तिरछा पड़ना। *क्रिस॰* खोभना। चुभना। गड़ना।

***खोभरा**—[< हि॰ खुभाना] *पु॰* १. मार्ग में पड़ी कोई चुभनेवाली या ठोकर लगनेवाली वस्तु। २. कंटक। काँटा।

खोम—[< अरबी क़ौम] *पु॰* जाति। क़ौम।

खोर[१]—[< स॰ खोर/√खोर्] *स्त्री॰* १. गली। २. अपराध। दोष। ३. जिसका कोई अंग टूट गया हो या काम न करता हो। विकलांग। लँगड़ा। ४. वृक्ष की लकड़ी के सड़ जाने से हुआ छेद। ● **विशेष**—कहीं-कहीं चौपायों की नाँद को भी 'खोर' कहा जाता है।

खोर[२]—[< फा॰ ख़ोल] *पु॰* १. आवरण। ख़ोल। गिलाफ़। २. चादर।

खोर[३]—[< स॰ क्षौर] १. सिर के बाल कटाना। क्षौर-कर्म। २. स्नान। ३. चन्दन आदि की शरीर पर लगी रेखा।

***खोरड़ा**—[राजस्थ॰] *वि॰* सफ़ेद केशों वाला। ✣ **खोरड़ी**—*वि॰* (*स्त्री॰*) = सफ़ेद केशों वाली।

***खोरना**—[< हि॰ खोर < स॰ क्षौर] *क्रिअ॰* १. स्नान करना। नहाना। २. चन्दन आदि का तिलक लगाना या त्रिपुण्ड आदि की रेखाएँ खींचना। ३. उलटना-पलटना।

खोरा[१]—[< प्रा॰ खोर, खोरय < स॰ खोलक] *पु॰* कटोरा।

†ख़ोरा[२]—[< स॰ खोर] *वि॰* जिसका कोई अंग कटा हुआ हो या अशक्त हो। विकलांग।

खोरि[१]—[< हि॰ खोर] *स्त्री॰* १. गली। २. अपराध। दोष।

खोरि[२]—[< हि॰ खोरी < प्रा॰ खोल्ल = कोटर] *स्त्री॰* १. (वृक्ष का) कोटर। खोंतर। २. छोटी कोठरी। खोरी। खोली।

***खोरि**[३]—[< हि॰ खोरना] *क्रिवि॰* १. स्नान करके। नहाकर। २. शरीर पर चन्दन आदि लगाकर। ३. उलट-पलटकर।

खोरि[४]—[< हि॰ खोर < फा॰ खोल] *स्त्री॰* १. आवरण या गिलाफ़। ख़ोल। २. चादर।

खोरिया[१]—[देशज] *पु॰* बरात जाने के बाद रात्रि को स्त्रियों द्वारा किया जाने वाला गाने-बजाने, नाचने और अभिनय करने का आनन्दपूर्ण उत्सव। खोइया।

खोरिया[२]—[< हि॰ खोरी] *स्त्री॰* कटोरी।

खोरी[१]—[< हि॰ खोर] *स्त्री॰* १. गली। २. अपराध। दोष। *क्रिवि॰* ओर। तरफ़।

खोरी[२]—[< प्रा॰ खोल्ल = कोटर] १. वृक्ष का कोटर। खोंतर। २. छोटी कोठरी। खोली।

खोरी[३]—[< हि॰ खोरना] *वि॰* (*स्त्री॰*) नहायी हुई। स्नाता।

खोरी[४]—[< हि॰ खोर < फा॰ ख़ोल] *स्त्री॰* १. आवरण या गिलाफ़। ख़ोल। २. चादर।

खोरी[५]—[< हि॰ खोरा < प्रा॰ खोर] *स्त्री॰* कटोरी।

†**खोरे**—[< हि॰ खोरी] *क्रिवि॰* ओर। तरफ़। नदी आदि के किनारे पर।

†**खोलि**—[< फा॰ ख़ोल] *स्त्री॰* युद्ध आदि में उपयोगी (सिर का) लोहे का टोप।

खोली[१]—[< फा॰ ख़ोल] *स्त्री॰* १. (तकिया आदि का) गिलाफ़। २. दुलाई जैसा कपड़ा जिसमें रुई न भरी हो। ३. रहने की छोटी कोठरी।

खोली[२]—[< हि॰ खोलना] *क्रिस॰* 'खोलना' क्रिया का एक भूतकालिक रूप। खोल दी। ***जैसे***—उसने सबके सामने थैली खोली।

***खोसना**—[< हि॰ खोंसना] *क्रिस॰* १. खोंसना। २. छीनना।

खोह[१]—[< स॰ गुहा] *स्त्री॰* १. गुहा। गुफ़ा। कन्दरा। २. (दो पर्वतों के बीच का) दर्रा। ३. गहरा गड्ढा। ४. खाई।

खोह[२]—[< स॰ कोटर] *स्त्री॰* पुराने वृक्ष का खोखला भाग। कोटर। खोंतर।

खोहना—[< प्रा॰ खोह < स॰ क्षोभण] *क्रिस॰* क्षोभ उपजाना। विचलित करना। धैर्य नष्ट करना।

***खोहिया**—[< हि॰ खोही] *स्त्री॰* पत्तों की छतरी। खोही।

***खोही**[१]—[< हि॰ खोह] *स्त्री॰* १. पत्तों से बनायी गयी छतरी। २. छोटी गुफ़ा/खोह। ३. वर्षा से बचने के लिए सिर ढँकने का लम्बा पटुका।

†**खोही**[२]—[< हि॰ खेह] *स्त्री॰* धूल। खेह।

†**खौं (खों)**—*परसर्ग॰ बुन्देली॰ ≤ हि॰* को।

खौंइचा (खोंइचा), खौंइछा (खोंइछा)—[< हि॰ खूँट] *पु॰* १. साड़ी आदि का अंचल। २. शकुन के रूप में किसी स्त्री के आँचल में भरी जाने वाली मिठाई, चावल आदि सामग्री। ३. कन्या की विदा के समय माता-पिता द्वारा उसे दिया जाने वाला धन।

खौंटर (खोंटर), खौंड़र (खोंड़र)—[< स॰ कोटर] *पु॰* पेड़ का भीतरी खोखला भाग। ***जैसे***—खोंटरों में अनेक पक्षी घोंसले बना लेते हैं।

खौंड़ा (खोंड़ा)—[< स॰ खण्ड] *वि॰* जिसका कोई अंग न हो या टूटा हुआ हो। *पु॰* अन्न रखने का बड़ा पात्र। कोठिला।

खौंता[१] **(खोंता**[१] **)**—[< स॰ कोटर] *पु॰* घोंसला।

खौंता[२] **(खोंता**[२] **)**—[< हि॰ खोंच] *पु॰* किसी नुकीली वस्तु से वस्त्र का थोड़ा-सा फटा हुआ अंश। खोंच।

खौंप (खोंप)—[< हि॰ खोंपना] *स्त्री॰* १. वस्तु में लगा खोंता। वस्त्र का विदीर्ण अंश। खोंच। २. सिलाई के दूर-दूर पर लगे टाँके। ✣

खौंपा (खोंपा)—*पु॰* = खोंप।

खौंपना (खोंपना)—[अनु॰] *क्रिस॰* १. किसी नुकीली वस्तु को किसी वस्तु में धँसाना/चुभाना। गड़ाना। घोंपना। भोंकना। २. (सिलाई में) दूर-दूर पर टाँके लगाना।

खौंपा[१] **(खोंपा**[१] **)**—[< हि॰ खोंपना] *पु॰* १. हल की लकड़ी जिसमें फाल लगा होता है। २. छाजन का कोना। ३. भूसा रखने का अच्छादित गोलाकार स्थान।

खौंपा[२] **(खोंपा**[२] **)**—दे॰ खोंप।

खौर—[< स॰ क्षौर] *पु॰* १. (माथे का) चन्दन का लहरदार आड़ा तिलक। २. उक्त तिलक लगाने का पीतल का छोटा टुकड़ा। ३. (स्त्रियों का) माथे का एक आभूषण।

खौरना[१]—[< हि॰ खौर] *क्रिस॰* १. चन्दन का तिलक लगाकर उस पर लहर बनाना। २. टीका/तिलक लगाना। ३. उलटना-पलटना। ४. छेड़छाड़ करना।

खौरा—[< स॰ क्षौर] १. (सिर के बाल झड़ने का) गंज रोग। २. कुत्ते, बिल्ली आदि को होनेवाला एक प्रकार का खुजली रोग जिसमें उनके पूरे शरीर के बाल झड़ जाते हैं।

†**खौरी**—[< स॰ क्षार] (सुनारों का) सोना/चाँदी भस्म करके राख बनाना। ● **विशेष**—इस कार्य को सुनार लोग '**खौरी करना**' कहते हैं।

***खौरी**—[< हि॰ खोर] *वि॰* (*स्त्री॰*) कष्टदायिनी। बुरी।

खौहा—[< हि॰ खाना] *वि॰* १. खौआ। (दे॰)। २. स्वयं धन न कमाकर दूसरों के धन से पेट भरनेवाला।

***खौहैं**—[< हि॰ खाहे] *पु॰* खान।

खौंचा (खौंचा)—[देशज] *पु॰* साढ़े छह का पहाड़ा।

***खौंट (खौंट)**—[< हि॰ खोंटना] *स्त्री॰* १. खोंटने की क्रिया। २. खरोंच। *पु॰* खुरंट।

खौंदना (खौंदना)—[< हि॰ खूँदना] १. खुरों से कुचलना। खूँदना। २. चूर-चूर करना।

ख्यापक—[स॰ √ख्या + णिच् + ण्वुल्] *वि॰* १. घोषणा करनेवाला। २. अपनी भूल या अपराध को स्वीकार करनेवाला।

ख्यापन—[सं॰ √ख्या + णिच् + ल्युट्] *पु॰* १. घोषणा करना। २. अपनी भूल/अपराध को स्वीकार करना। ३. वर्णन। ४. प्रकट करना। प्रकाशन। ५. प्रसिद्ध करना। यश फैलाना। ✣ **ख्यापिनी**—*वि॰* (*स्त्री॰*) = बताने वाली। ***जैसे***—गीता का माहात्म्य-ख्यापिनी उक्ति। ✣ **ख्यापी**—*वि॰* = बतानेवाला। ***जैसे***—कर्तव्य-ख्यापी भाषण।

***ख्याला**—[‹ हिं॰ ख्याल] *पु॰* १. खेल। २. कौतुक। विनोद। मज़ाक़। ३. करनी। करतूत।

ख्रिष्टान—[‹ अं॰ क्रिश्चियन] *पु॰* ईसाई।

ख्रिष्टीय—[‹ हिं॰ ख्रीष्ट] *वि॰* ईसा-सम्बन्धी। ईसा का।

ख्रीष्ट—[‹ अं॰ क्राइस्ट] *पु॰* ईसा।

ख्रीष्टाब्द—[‹ हिं॰ ख्रीष्ट + सं॰ अब्द] *पु॰* ईसा का वर्ष। ईसवी संवत्/सन्।

***ख्वाना**—[‹ हिं॰ खाना का प्रेरणार्थक रूप] *क्रिस॰* खिलाना। ✣ **ख्वाय**—*क्रिवि॰* = खिलाकर।

ख़्वार—[फ़ा॰] *वि॰* १. अपमानित। तिरस्कृत। २. दुर्दशाग्रस्त। ३. नष्ट। बर्बाद। *क्रिवि॰* बुरी तरह। ✣ **ख़्वारी**—*स्त्री॰* = १. अपमान। तिरस्कार। २. दुर्दशा। ३. नाश। बर्बादी।

ख़्वाह—[फ़ा॰] *अव्यय॰* १. चाहे। २. अथवा। या। ● **विशेष**—'ख़्वाह' प्रत्यय भी है और 'चाहने वाला' या 'अच्छा लगनेवाला' अर्थ जोड़ता है ('ख़ैरख़्वाह' इत्यादि)।

ग

देवनागरी वर्णमाला में कवर्ग का तीसरा व्यंजन। (भाषाविज्ञान की दृष्टि से) यह कंठ्य, घोष, अल्पप्राण और स्पर्श है। इसका महाप्राण रूप 'घ' है। ● **विशेष—१.** 'ग' व्यंजन अपने बाद आनेवाले व्यंजनों से मिलने पर प्राय: अपनी खड़ी रेखा छोड़कर संयुक्त रूप बनाता है [ग्ण (रुग्ण), ग्ध (दुग्ध), ग्न (भग्न), ग्म (युग्म), ग्य (आरोग्य)] परन्तु 'र' के साथ उसका संयुक्त रूप 'ग्र' (समग्र, अग्र, ग्राम, ग्रीवा) ध्यान देने योग्य है। **२.** 'ग' के पहले आए 'ङ्' का संयुक्त रूप ङ्ग बनता है (अङ्ग, भङ्गी) जिसे मुद्रण आदि की सुविधा के लिए 'ङ्' के स्थान पर शिरोरेखा के ऊपर बिन्दी लगाकर लिखना अधिक प्रचलित है (अंग, तंगी) परन्तु 'ग' के पहले आए 'र्' का संयुक्त रूप 'र्ग' ध्यान देने योग्य है (वर्ग, सर्ग)।

ग—[सं॰ √गै + क] *पुं॰* १. गणेश। २. गन्धर्व। ३. गीत। (छन्द॰) गुरु वर्ण का संकेताक्षर। (संगीत॰) गान्धार स्वर का संक्षिप्त रूप। ● **विशेष**—कुछ शब्दों के अन्त में प्रत्यय की तरह जुड़कर समस्त (समासयुक्त) शब्द बनाने के लिए भी 'ग' प्रयुक्त होता है। ***जैसे***—आशु + गामी→आशुग।

***गइनाही**—[< सं॰ ग्रहण] *स्त्री॰* ज्ञान। जानकारी।

***गइया/गैया**—*स्त्री॰* ≤ *हिं॰* गाय।

गईबहोर (गयीबहोर)—[< हिं॰ गई (गयी) + बहुरि] *वि॰* १. बिगड़ा काम या बिगड़ी बात बनानेवाला। २. खोयी हुई वस्तु ला देनेवाला।

गक्खर—[देशज] *पुं॰* मध्यकालीन पश्चिमी पंजाब के पश्चिमोत्तर भाग में रहनेवाली एक जाति।

गगन—[√सं॰ गम् + ल्युट्, ग आदेश] *पुं॰* आकाश। नभ। (छन्द॰) एक वर्णिक छन्द जिसके प्रत्येक चरण में ११ वर्ण होते हैं तथा जो क्रमशः ३ सगण और २ गुरु (स स स ग ग) के योग से बनता है।

गगनगिरा—[सं॰ गगन ~ गिरा] *स्त्री॰* आकाशवाणी।

गगनचुम्बी (गगनचुंबी)—[सं॰ गगन ~ चुम्बी (चुम्बिन)] *वि॰* इतना ऊँचा कि आकाश को चूमता/छूता हुआ प्रतीत हो। बहुत ऊँचा। आकाशचुम्बी।

गगनध्वज—[सं॰ गगन ~ ध्वज] *पुं॰* १. सूर्य। २. बादल।

गगनपति—[सं॰ गगन ~ पति] *पुं॰* इन्द्र।

गगनभेदी—[सं॰ गगन ~ भेदी (भेदिन्)] *वि॰* १. आकाश को मानो भेदनेवाला या फोड़नेवाला। ***जैसे***—गगनभेदी ध्वनि। २. बहुत ऊँचा। ***जैसे***—गगनभेदी हिमालय।

***गगनवटी**—[डिंगल < सं॰ गगनवर्ती] *पुं॰* सूर्य।

गगनवाटिका—[गगन ~ वाटिका] *स्त्री॰* १. आकाश का उपवन। २. असम्भव बात।

गगनसिन्धु (गगनसिंधु)—[सं॰ गगन ~ सिन्धु] *स्त्री॰* आकाशगंगा।

गगनाक्रीडित—[सं॰ गगन ~ आक्रीडित] *वि॰* १. आकाश की गोद में खेलता हुआ। २. बहुत ऊँचा। गगनस्पर्शी।

गगनाङ्गना (गगनांगना)—[सं॰ गगन ~ अङ्गना] *स्त्री॰* अप्सरा। (छन्द॰) एक मात्रिक छन्द जिसके प्रत्येक चरण में २५ मात्राएँ होती हैं, १६-९ पर यति होती है और अन्त में रगण होता है।

गगनापगा—[सं॰ गगन ~ आपगा] *स्त्री॰* आकाशगंगा।

गङ्ग (गंग)—[< सं॰ √गङ्ग] *स्त्री॰* गंगा नदी। (छन्द॰) एक मात्रिक छन्द जिसके प्रत्येक चरण में ९ मात्राएँ होती हैं, अन्त में दो गुरु होते हैं।

गङ्गई (गंगई)—[देशज] *स्त्री॰* मैना की तरह भूरे रंग की एक चिड़िया। गलगल।

गङ्गतिरिया (गंगतिरिया)—[< सं॰ गङ्गा + हिं॰ तिरिया] *स्त्री॰* एक प्रकार का क्षुप। जलपीपल।

गङ्गबरार (गंगबरार)—[सं॰ गङ्गा + फा॰ बरार] नदी की धारा के पीछे हटने से निकल आने वाली भूमि।

गङ्गलोढ़ा (गंगलोढ़ा)—[सं॰ गङ्ग + हिं॰ लोढ़ा] गंगा नदी में पाए जाने वाले छोटे, गोल और सुन्दर पत्थर। ***जैसे***—गंगा अपने अन्दर पड़े टेढ़े-मेढ़े पत्थरों को गोल गंगलोढ़ों में बदल देती है।

गङ्गाचील (गंगाचील)—[सं॰ गङ्गा + हिं॰ चील] *स्त्री॰* कबूतर के आकार की एक दुबली-पतली और भूरे तथा सफ़ेद रंग की सुन्दर चिड़िया जिसकी दुम लम्बी और बीच से फटी हुई तथा चोंच गहरी पीली और टाँगें छोटी तथा लाल होती हैं। टिहरी। कुररी।

गङ्गा-गति (गंगा-गति)—[सं॰] *स्त्री॰* मोक्ष। मुक्ति।

गङ्गाधर (गंगाधर)—[सं॰ गङ्गा + धर] *पुं॰* १. शिव। महादेव। २. समुद्र। (छन्द॰) एक वर्णिक छन्द जिसके प्रत्येक चरण में आठ रगण के योग से २४ वर्ण होते हैं। खंजन छन्द। गंगोदक छन्द।

गङ्गा-पुत्र (गंगा-पुत्र)—[सं॰] *पुं॰* १. गंगा का पुत्र। २. (महाभारतकालीन) भीष्म। २. (गंगा आदि पवित्र नदियों के घाट पर या तीर्थस्थानों में दान लेने आदि का काम करनेवाला) ब्राह्मण। गंगा जी का पंडा।

गङ्गामैना (गंगामैना)—[सं॰ गङ्गा + हिं॰ मैना] *स्त्री॰* मैना के

समान एक चिड़िया जिसका रंग पीला-नीला धूसर होता है। ● **विशेष**—उक्त चिड़िया रेल-स्टेशनों तथा कूड़ा-करकटवाले स्थानों पर प्रायः देखी जाती है।

गङ्गाल (गंगाल)—[< सं० गङ्गालय] पु० एक बड़ा जलपात्र। कंडाल।

गङ्गेरन (गंगेरन)—[< सं० गाङ्गेरुकी] *स्त्री०* एक औषधोपयोगी क्षुप। गुलसकरी। ● **विशेष**—आयुर्वेद में इसका एक नाम '**नागबला**' भी है और यह '**बलाचतुष्टय**' की एक बला है।

गङ्गेश (गंगेश)—[सं० गङ्गा ~ ईश] *पु०* शिव। महादेव।

गङ्गोत्तरी (गंगोत्तरी)—[< सं० गङ्गावतार] *स्त्री०* हिमालय का वह शिखर जहाँ से गंगा का उद्‌गम है।

गङ्गोल (गंगोल)—[सं०] *पु०* एक रत्न। गोमेद।

गच[1]—[अनु०] *स्त्री०* कड़ी वस्तु में किसी नुकीली/पैनी वस्तु के घुसने/धँसने से होनेवाला शब्द। ✣ †**गचकना**—*क्रिअ०* = धँसना। ✣ **गचना**—*क्रिस०* = १. कड़ी वस्तु में कोई नुकीली वस्तु को घुसाना/गड़ाना। २. बहुत कसकर भरना। ठूँसकर भरना। ३. बहुत कसकर मारना।

गच[2]—[फा०] *पु०* १. चूना और सुर्खी को कूटकर/पीटकर बनाया गया मसाला। पक्के फ़र्श पर या दीवारों पर लगाने के लिए या छत बनाने में प्रयुक्त मसाला। गारा। २. उक्त मसाले/गारे से तैयार किया गया पक्का फ़र्श। ३. उक्त मसाले/गारे से तैयार की गयी पक्की छत। ४. उक्त मसाले/गारे से दीवारों पर किया गया लेप। ५. स्वच्छ तल। ६. सेलखड़ी को भस्म करके तैयार किया हुआ चूना। ✣ **गचकारी**—*स्त्री०* = १. गच से पक्का फ़र्श आदि बनाने का काम। २. उक्त कार्य के लिए गच कूटने-पीटने का काम। ● **विशेष**—गचकारी करनेवाले कारीगर/राज को '**गचगर**' कहते हैं और गचकारी को '**गचगीरी**' भी कहते हैं। ✣ **गच-काँच**—पक्के फ़र्श में जड़ा हुआ शीशा।

गचकारी, गच कॉच, गचगर, गचगीरी—दे० गच[2]।

†**गच्चा**—[देशज] *पु०* १. गर्त। गड्ढा। २. वंचना। धोखा। ***वा०* गच्चा खाना**—१. धोखे में आकर अपनी हानि कर लेना। २. धोखे में आना।

गच्छ[1]—[सं० गत् √छो + क (गत् = √गम् + क्विप्, तुक)] *पु०* वृक्ष। गाछ।

गच्छ[2]—[प्रा०] *पु०* समूह। (जैन०) १. एक आचार्य का परिवार। गुरु-परिवार। २. जैन साधुओं का संघ। ● **विशेष**—जैन सम्प्रदाय के गच्छों की कुल संख्या १७३ तक है परन्तु उनमें ८४ मुख्य हैं।

***गच्छना**—[< सं० √गम्] *क्रिअ०* जाना।

गछना—[< हि० गाछ] *क्रिअ०* (माला में) फूल गूँथना। (माला) बनाना।

गज—[सं० √गज् + अच्] *पु०* १. हाथी। २. (पद्य आदि में) आठ की संख्या। ३. लम्बाई का एक पुराना माप जो ३० अंगुल (दो हाथ) का होता था।

गज़—[फा०] *पु०* १. लम्बाई का एक माप जो १६ गिरह (= ३ फ़ुट या ३६ इंच) का होता है। २. उक्त माप को नापने की लोहे की छड़ जिस पर इंच आदि के निशान लगे होते हैं। ३. सारंगी बजाने की कमानी। ***वा०* गज़-भर की छाती होना**—साहस होना। **गज़-भर की जीभ होना**—बहुत बड़ी बातें करना।

***गजअसन**—[< सं० गजाशन] *पु०* १. पीपल का वृक्ष। २. कमल की जड़।

गज़क—[फा०] *पु०* १. शकर व तिल से बनी एक मिठाई। २. शराब पीते समय खाने की चटपटी वस्तु।

गजकरनआलू—[< सं० गजकर्णालु] *पु०* अरुआ नामक लता जिसका कन्द हाथी के कान के समान लम्बा होता है।

गजकुम्भ (गजकुंभ)—[सं० गज ~ कुम्भ] *पु०* हाथी के माथे पर दोनों ओर उभरे हुए भाग।

गज-गञ्ज (गज-गंज)—दे० गञ्ज[1]।

गजगामी—[सं० गजगामिन्] *वि०* हाथी की तरह धीरे-धीरे मस्ती से चलनेवाला। झूमते हुए चलनेवाला। ✣ **गजगामिनी**—*वि०* (*स्त्री०*) = मदमाती चाल चलनेवाली। मस्त चाल चलनेवाली।

***गजगाह**—[< सं० गज ~ ग्राह] *पु०* हाथी या घोड़े पर पड़नेवाली झूल।

गजगौहर—[सं० गज + फा० गौहर] *पु०* गजमुक्ता।

गजघण्ट (गजघंट)—[< सं० गज ~ घण्टा] *पु०* हाथी की पीठ से लटकनेवाला घंटा।

गज-ढक्का—[सं० गज + हि० ढक्का] *स्त्री०* हाथी पर रखकर बजाया जानेवाला नगाड़ा।

गजता—[सं० गज + तल् + टाप्] *स्त्री०* १.हाथी होने की अवस्था/भाव। हाथीपन। २. हाथियों का समूह।

गजत्व—[सं० गज + त्व] *पु०* गजता। हाथीपन।

गजदन्त (गजदंत)—[सं० गज ~ दन्त] *पु०* १. हाथी का दाँत। हाथीदाँत। २. गणेश। ३. दाँत पर निकला हुआ दाँत। ४. छज्जे के नीचे लगा पत्थर जो उसका बोझ सँभालता है। ✣ **गजदन्ती (गजदंती)**—*वि०* = हाथीदाँत का बना हुआ।

गजदान—[सं० गज ~ दान] *पु०* १. (किसी को) हाथी का दान। २. हाथी के गंडस्थल से बहनेवाला मद।

***गजना**—[< सं० गर्जन] *क्रिअ०* गर्जन करना। गरजना।

गजनाल—*स्त्री०* मध्य युग की एक प्रकार की भारी तोप जिसे हाथी खींचते थे।

गज-नासा—[सं०] *स्त्री०* हाथी की सूँड।

गज-निमीलिका—[सं०] *स्त्री०* १. आँखें मूँद लेना। २. जानबूझकर अनदेखा करना। जानकर भी अनजान बनना। ३. न देखने का बहाना। ४. लापरवाही।

***गजन्द (गजंद)**—*पु०* ≤ *सं०* गजेन्द्र। गजराज।

गजपति—[सं० गज ~ पति] *पु०* १. हाथी रखनेवाला। २. वह राजा जिसके पास बहुत हाथी हों। २. विजयनगर के राजाओं की उपाधि।

३. श्रेष्ठ हाथी। गजराज। गजेन्द्र।

गजपाल—[स॰ गज ~ पाल] *पु॰* (हाथी का) महावत।

गजपीपल—[< स॰ गजपिप्पली] *स्त्री॰* चई/चव्य/चाभ नामक लता का औषधोपयोगी फल जो पीपल से बड़ा होता है।

गजपुर—[स॰ गज ~ पुर] *पु॰* 'हस्तिनापुर' नगर।

ग़ज़ब—[अरबी] *पु॰* १. अति क्रोध। प्रकोप। ***जैसे***—भूकम्प का ग़ज़ब। २. उक्त प्रकोप से होनेवाली भारी विपत्ति। ३. विशेष हानि या आश्चर्य की बात। ***जैसे***—आज तो ग़ज़ब हो गया। *वि॰* बहुत अधिक। ***जैसे***—ग़ज़ब कमाल दिखाया। २. बहुत श्रेष्ठ। ***जैसे***—ग़ज़ब आदमी था। ***वा॰ ग़ज़ब का***—१. अत्यधिक। बेहद। २. बहुत बड़ा। ३. अद्भुत। असाधारण। **ग़ज़ब ख़ुदा का**—ईश्वरीय कोप। दैवी प्रकोप। **ग़ज़ब टूटना/पड़ना**—अचानक भारी विपत्ति आ जाना। **(किसी पर) ग़ज़ब ढाना**—१. बहुत बड़ी विपत्ति या संकट उत्पन्न करना। २. अत्याचार या भारी अनर्थ करना।

***गजबदन**—[< स॰ गजवदन] *पु॰* गणेश (देवता)।

गजबन्ध (गजबंध)—[स॰ गज ~ बन्ध] *पु॰* (काव्य॰) चित्रकाव्य का एक भेद।

गजबन्धन (गजबंधन)—[स॰ गज ~ बन्धन] *पु॰* हाथी बाँधने का खूँटा।

गज-बाग—[स॰ गज + फा॰ बाग] *स्त्री॰* हाथी चलाने का अंकुश।

गजबेल—[< स॰ गज + हि॰ बेड़ी] तपाया हुआ एक प्रकार का उत्तम लोहा जिससे पहले हाथी बाँधने की ज़ंजीरें और तलवारें बनती थीं।

गजमद—[स॰ गज ~ मद] *पु॰* मस्त हाथी के मस्तक से बहनेवाला मद। गजदान।

गजमुक्ता—[स॰ गज ~ मुक्ता] *स्त्री॰* (कविसमय में मान्य) एक प्रकार का कल्पित मोती जो श्रेष्ठ हाथी के मस्तक में होता है। गजमणि। गजमोती।

गजमुख—[स॰ गज ~ मुख] *पु॰* गणेश (देवता)।

गजयोधी—[स॰ गज ~ योधिन्] *वि॰* हाथी की पीठ पर बैठकर युद्ध करनेवाला (योद्धा)।

गजर—[< हि॰ गरज < स॰ गर्जन] *पु॰* (मध्यकाल में) प्रत्येक प्रहर के बाद प्रहरी द्वारा बजाया जानेवाला घंटा। ✣ **गजरदम/गजर बजे**—*क्रिवि॰* = अतिप्रातः। बहुत सबेरे।

†गजर-बजर—[अनु॰] *वि॰* १. बिना समझे ही मिलाया हुआ। २. बेमेल मिश्रण वाला। *पु॰* १. बेमेल मिश्रण। २. उचित और अनुचित का मिश्रण। ३. भक्ष्य और अभक्ष्य का मिश्रण।

गजराज—[स॰ गज ~ राज] *पु॰* अतिविशाल या श्रेष्ठ गज। गजेन्द्र।

गजरी[१]—[< हि॰ गजरा[१]] *स्त्री॰* कलाई में आभूषण के रूप में पहनी जाने वाली छोटी माला।

†गजरी[२]—[< हि॰ गाजर] *स्त्री॰* छोटी गाजर।

†गजरौट—[< हि॰ गाजर] *पु॰* गाजर के पत्ते। गजरा।

ग़ज़ल—[फा॰] *पु॰* मुक्तक काव्य का एक प्रकार जिसमें गीतात्मकता, प्रतीकात्मकता और अनुभूति की तीक्ष्णता की प्रधानता है और जिसमें सामान्यतः ७ से २१ 'शेर' (द्विपदी) होते हैं जो स्वतंत्र इकाई होते हुए भी 'रदीफ़' और 'क़ाफ़िये' में बँधे होने से परस्पर सम्बद्ध रहते हैं। ✣ ***ग़ज़लगो***—वि = अच्छी ग़ज़ल कहनेवाला। उत्तम ग़ज़ल-रचयिता। ✣ ***ग़ज़लगोई***—*स्त्री॰* = ग़ज़ल कहना।

गजवक्त्र—[स॰ गज ~ वक्त्र] *पु॰* गणेश (देवता)।

गजवदन—[स॰ गज ~ वदन] *पु॰* गणेश (देवता)।

गज-स्नान—[स॰] *पु॰* १. हाथी का स्नान/नहाना। २. (लाक्षणिक) व्यर्थ कार्य/या व्यर्थ परिश्रम। ● **विशेष**—हाथी स्नान करने के बाद अपने ऊपर मिट्टी-धूल डाल लेता है और शरीर को फिर गन्दा कर लेता है। इस प्रकार उसका स्नान व्यर्थ होता है। इसी से इसका उक्त लाक्षणिक अर्थ विकसित हुआ है।

गजहस्ति—[स॰ गज़ ~ हस्ति] *पु॰* नर हाथी।

†गजही—[< हि॰ गाज (= फेन)] *स्त्री॰* कच्चा दूध मथकर मक्खन निकालने में प्रयुक्त मथानी।

***गजा**—[< फा॰ गज़] *पु॰* नगाड़ा बजाने का डंडा। २. नगाड़े की चोट।

गजानन—[स॰ गज ~ आनन] *पु॰* गजवदन। गणेश (देवता)।

***गजाना**—[< स॰ गञ्जन] *क्रिस॰* गंजन करना। नष्ट करना।

†गजाल—[देशज] *पु॰* खूँटा। खूँटी।

गजाली—[स॰ गज ~ आली] *स्त्री॰* हाथियों की पंक्ति। गज-समूह।

गजाशन—[स॰ गज ~ अशन] *पु॰* पीपल का वृक्ष।

गजास्य—[गज ~ आस्य] *पु॰* गणेश (देवता)।

गज़ी[१]—[< फा॰ गज़] *पु॰* हाथ का बुना मोटा सूती कपड़ा। गाढ़ा।

गजी[२]—[स॰ गज + ङीष्] *स्त्री॰* नारी/मादा गज। हथिनी।

गजी[३]—[स॰ गजिन्] *वि॰, पु॰* हाथी पर सवार व्यक्ति। गजारोही।

गजेन्द्र (गजेंद्र)—[स॰ गज ~ इन्द्र] *पु॰* १. श्रेष्ठ हाथी। गजराज। २. ऐरावत।

***गज्ज**—[प्रा॰ < स॰ √गर्ज्] *स्त्री॰* गर्जना।

***गज्जन**—[< प्रा॰ गज्जण < स॰ गर्जन] *पु॰* गर्जन। गर्जना। गरज। ✣ **गज्जना**—*क्रिअ॰* गरजना।

***गज्जूह**—[< स॰ गजयूथ] *पु॰* हाथियों का झुंड। गजयूथ।

†गज्झा—[देशज] *पु॰* १. राशि। ढेर। २. समूह। ३. धन-सम्पत्ति। जल आदि के छोटे बुदबुदों का समूह। (जल आदि)। फेन। झाग।

गञ्ज[१] (गंज[१])—[स॰ √गञ्ज् + घञ्, या फा॰] *पु॰* १. (रत्न आदि की) खान। २. कोष। ख़ज़ाना। ३. अनाज की मंडी। ● **विशेष—गज-गञ्ज (गज-गंज)**—*पु॰* = हाथियों का समूह।

गञ्ज[२] (गंज[२])—[देशज] *पु॰* एक रोग जिसमें सिर के सब बाल झड़ जाते हैं और फिर प्रायः नहीं निकलते।

गञ्जन (गंजन)—[स॰ √गञ्ज् + ल्युट्] *पु॰* १. नाश। २. तिरस्कार। अवज्ञा। ३. दुर्दशा। *वि॰* १. नाश करनेवाला। नाशक। २. तिरस्कार करनेवाला। ३. पराजित करनेवाला।

गञ्जी (गंजी)—[< फा॰ गंज] *स्त्री॰* १. राशि। ढेर। *जैसे*—गेहूँ की गंजी। २. शकरकन्दी।

गञ्जीफ़ा (गंजीफ़ा)—[< फा॰ गंजीफ़:] १. ताश के समान एक पुराना खेल जो ८ रंगों के ९६ पत्तों से खेला जाता था। २. उक्त खेल के पत्ते।

गट[१]—[< सं॰ गण] *पु॰* १. राशि। ढेर। २. दल। समूह।

गट[२]—[अनु॰] *स्त्री॰* पानी/दूध आदि को पीते समय गले से होनेवाली आवाज़। ● **विशेष—गट-से** = १. तत्काल। शीघ्र। २. सहसा। अचानक। ३. एकदम से। एकबारगी।

***गटना**—[< प्रा॰ गंठन < सं॰ ग्रन्थन] *क्रिअ॰* (किसी से) युक्त। बँधा/लगा होना। *क्रिस॰* १. कस कर पकड़ना। २. (किसी से) युक्त करना। मिलाना। लगाना।

गटपट—[अनु॰] *स्त्री॰* १. घनिष्ठ मैत्री। २. (विभिन्न वस्तुओं की) मिलावट।

गटरमाला—[देशज] *स्त्री॰* एक आभूषण। बड़े दानों वाली माला/हार।

†गटा—[< हि॰ गट्टा] *पु॰* कमलगट्टा। बीज।

गटी[१]—[< प्रा॰ गंठि < सं॰ ग्रन्थि] *स्त्री॰* १. ग्रन्थि। गाँठ। २. गठरी।

गटी[२]—[< हि॰ गट < सं॰ गण] *स्त्री॰* समूह या ढेर।

गट्टा—[< सं॰ ग्रन्थि] *पु॰* १. गाँठ। २. हथेली और पहुँचे का जोड़। (हाथ की) कलाई। ३. टाँग और पैर का जोड़। टख़ना। ४. किसी वस्तु का मोटा और कड़ा बीज जो गाँठ जैसा लगता है। *जैसे*—कमलगट्टा। ५. ईंटों के बहुत छोटे-छोटे टुकड़ों का ढेर जो फ़र्श/छत बनाने में काम आता है। *वि॰* हृष्ट-पुष्ट। गठीले शरीर वाला।

गट्टा पारचा—[< अं॰ गट-पर्च < मलायी भाषा] *पु॰* रबर जैसा एक लचीला पदार्थ जो मलाया देश के एक प्रकार के वृक्षों के दूध/रस/गोंद से बनता है और स्लेटी रंग का होता है। ● **विशेष**—इसका उपयोग खिलौनों, बिजली के तारों, समुद्री केबिलों आदि को बनाने में होता है।

गट्ठर—[< हि॰ गाँठ] *पु॰* १. (कपड़े में बँधी वस्तुओं की) बड़ी गठरी। *जैसे*—कपड़ों का गट्ठर। २. रस्सी आदि से बँधा सामान। *जैसे*—पुस्तकों का गट्ठर।

गठना—[< हि॰ गाँठना] *क्रिअ॰* १. (दो वस्तुओं का) जुड़ना। सटना। २. बड़े-बड़े टाँके लगाकर सिला जाना। ३. मित्रता होना। ४. किसी विचार-विमर्श, गुप्त मन्त्रणा, षड्यन्त्र आदि में सम्मिलित होना। ५. अच्छी तरह बनना।

गठरी—[< हि॰ गट्ठर] *स्त्री॰* १. छोटा गट्ठर। २. अर्जित धनराशि। कमाई। ३. धनराशि। ***वा॰* गठरी कटना**—भारी धनराशि हाथ से निकल जाना। **(किसी की) गठरी कर देना**—मारपीटकर या बाँधकर मृतप्राय/निष्क्रिय कर देना। **गठरी बनना**—मृतप्राय हो जाना। पैरों को छाती से लगाकर गठरी-सा बन जाना। **गठरी बाँधना**—सामान बाँधकर जाने की तैयारी करना। **गठरी मारना**—दूसरे की धन-सम्पत्ति पर अधिकार कर लेना।

गठवाई—[< हि॰ गाँठना] *स्त्री॰* (जूता आदि) गाँठने की क्रिया/भाव/मज़दूरी।

गठा[१]—[< हि॰ गठना] *वि॰* १. सुगठित। २. हृष्ट-पुष्ट। *जैसे*—भीष्म का गठा शरीर।

†गठा[२]—[< हि॰ गट्ठा] *पु॰* १. गट्ठा। गट्ठर। *जैसे*—घास का गठा लादे हुए। २. ढेर।

गठाना—[< हि॰ गाँठना का प्रेरणा॰] *क्रिस॰* गँठवाना।

गठित—[< हि॰ गठना] *वि॰* गठा हुआ।

गठिवन/गठौना—[< सं॰ ग्रन्थिपर्ण] *पु॰* एक प्रकार का बहुत गाँठों वाला और सुगन्धित क्षुप जो एक मीटर से कुछ अधिक ऊँचा होता है और जिसमें नीले पुष्प निकलते हैं। ● **विशेष**—गटिवन की तेज़ गन्ध को सहन न कर पाने के कारण छुछूँदर और साँप इससे बहुत दूर चले जाते हैं।

गठीला—[< हि॰ गाँठ] *वि॰* गठे हुए शरीर वाला। हृष्ट-पुष्ट। सुदृढ़। *जैसे*—गठीले जवानों का ग्राम।

†गठौत—[< हि॰ गठना] *स्त्री॰* १. गठबन्धन। २. परस्पर विचार-विमर्श पूर्वक निश्चित की गयी गुप्त बात।

†गठौना—[< सं॰ गठन] *पु॰* गड्डमड्ड। घालमेल।

†गठौंद/गठौंध (गठौंद/गठौंध)—[< हि॰ गाँठ + सं॰ बन्ध] *स्त्री॰* १. गाँठ बाधने की क्रिया/भाव। २. धरोहर। थाती।

गड—[सं॰ √गड् + अच्] *पु॰* १. ओट। आड़। पर्दा। २. मंडल। घेरा। ३. प्राचीर। चारदीवारी। ४. गर्त। गड्ढा। ५. परिखा। खाई। ६. रोकथाम। अटकाव।

गड़—[< हि॰ गड़ना] *पु॰* लोहे का छोटा बर्छा जिसमें सिरे पर नोक के स्थान पर दो शूल निकले होते हैं। ● **विशेष**—मतवाले/शरारती हाथी को वश में करने के लिए इसका प्रयोग करने के कारण महावत को '**गड़दार**' (= गड़वाला) कहा जाता है।

***गड़कना[१]**—[अनु॰] *क्रिअ॰* १. 'गड़-गड़' शब्द करना/होना। २. गरजना।

गड़कना[२]—[< अरबी ग़र्क़] *क्रिअ॰* १. ग़र्क़ होना। डूबना। २. नष्ट होना।

***गड़काना[१]**—[< हि॰ गड़कना[१]] *क्रिस॰* 'गड़-गड़' शब्द करना। गड़गड़ाना।

गड़काना[२]—[< हि॰ ग़ड़कना[२]] *क्रिस॰* १. डुबाना। २. नष्ट करना।

गड़दार—[< हि॰ गड़] *पु॰* (हाथी का) महावत। (दे॰ गड़) २. मस्त हाथी के साथ भाला लेकर चलनेवाला व्यक्ति।

गडङ्ग[१] (गडंग[१])—[< हि॰ गढ़ + सं॰ अङ्ग] *पु॰* अस्त्र-शस्त्र इत्यादि रखने की जगह।

गडङ्ग[२] (गडंग[२])—[< सं॰ गर्व] १. गर्व। घमंड। २. डींग। शेख़ी। २. आत्मप्रशंसा। **✣† गडङ्गिया (गडंगिया)**—*वि॰* = १. डींगें मारनेवाला। शेख़ीबाज़। २. आत्मप्रशंसक।

***गडन्त (गडन्त)**—[< हि॰ गाड़ना] *पु॰* १. गड्ढा। २. क़ब्र।

गड़प—[अनु॰] *स्त्री॰* १. पानी में गिरने या डूबने का शब्द। २. निगल जाने की क्रिया/भाव। ***वा॰* गड़प से**—तत्काल। तुरन्त। **गड़प होना**—१. डूब जाना। २. धँस जाना।

गड़प्पा—[< हि॰ गाड़/गड़प] *पु॰* १. बड़ा गड्ढा। २. पशुओं को फाँसने के लिए बनाया गया गड्ढा। ३. भारी धोखे का स्थान।

गड़री—[< स॰ कण्डरा] *स्त्री॰* मनुष्य के शरीर की कंडराओं (मोटी नसों) के सदृश सरसों के पौधों के मोटे डंठल। ● **विशेष**—उक्त डंठल का शाक तरकारी के रूप में खाया जाता है और उसे 'गड़री का साग' कहते हैं।

†गड़वात—[< हि॰ गाड़ी + स॰ वाट] *पु॰* कच्ची सड़क पर बैलगाड़ी/गाड़ी चलने से बने पहियों के निशान। लीक।

गड़ा[१]—[< हि॰ गाड़ना] *क्रिअ॰* 'गाड़ना' क्रिया का एक भूतकालिक रूप। ***जैसे***—यहीं पर मेरा धन गड़ा था। *वि॰* जो गाड़ा गया हो। ***जैसे***—गड़ा खम्भा।

गड़ा[२]—[< हि॰ गण] *पु॰* १. राशि। ढेर। २. कटी हुई फ़सल के डंठलों का ढेर। ✣ **गड़ा-बँटाई**—काटकर रखी हुई फ़सल की डंठलों सहित बँटाई।

गड़ांगड़ी—[< हि॰ गड़गड़] *स्त्री॰* गड़गड़ाहट।

गड़ापा—[< हि॰ गाड़] *पु॰* गड़प्पा।

गड़ारी—[< स॰ गण्ड (= चिह्न)] १. गोल रेखा। वृत्त। २. मंडल। घेरा। ***जैसे***—गड़ारियोंवाला पाजामा। ३. गोल चिह्न या धारी। ***जैसे***—रुपए के सिक्के पर बनी गड़ारियाँ। ४. घिरनी। घिर्री। ***जैसे***—कुएँ की गड़ारी से पानी भरना। ५. उक्त घिर्री के दोनों किनारों के बीच का स्थान जिस पर रस्सी डाली जाती है। ✣ **गड़ारीदार**—*वि॰* = जिसमें गड़ारियाँ हों। ***जैसे***—गड़ारीदार पाजामा; गड़ारीदार रुपया।

गड़ुआ—[< प्रा॰ गड्डुक < स॰ गडुक या < वैदिक स॰ कद्रुक (= सोमपात्र)] *पु॰* टोंटीवाला लोटा।

†गड़ैता—[< हि॰ गड़ारी] *पु॰* कत्थई रंग का लम्बा साँप जिसकी पीठ पर गड़रियाँ/धारियाँ बनी होती हैं।

†गड़ुन्ना—[< हि॰ गाड़ी] शिशुओं की गाड़ी जिससे वे खड़े होने और चलने का अभ्यास करते हैं।

गड्डर—[स॰ √गड् + डर] *पु॰* मेष। भेड़।

गड्डरिक—[स॰ गड्डर + ठन्] *पु॰* गड़रिया। *वि॰* भेड़-सम्बन्धी। भेड़ का।

गड्डरिका/गड्डलिका—[स॰ गड्डरिक + टाप्] *स्त्री॰* भेड़ों की पंक्ति। मेष-पंक्ति। ✣ **गड्डरिका/गड्डलिका-प्रवाह**—*पु॰* = (भेड़ों जैसा) अन्धानुकरण। भेड़ियाधसान।

***गढ़कांध**—[< हि॰ गढ़ + कन्धा] *पु॰* गढ़ का कन्धा। परकोटे का कंगूरेवाला सिरा।

गढ़त—[< हि॰ गढ़ना] *स्त्री॰* गढ़न्त।

गढ़न—[< हि॰ गढ़ना] *स्त्री॰* १. गढ़ने या गढ़े जाने की क्रिया/विधि/भाव। गढ़ाई। २. रचना। गठन। बनावट। ***जैसे***—भीम के शरीर की गढ़न बहुत सुन्दर थी। ✣ **गढ़नहार**—*वि॰* = गढ़नेवाला। बनानेवाला। निर्माता। शिल्पी। कारीगर। ***जैसे***—विश्व का गढ़नहार परमात्मा।

गढ़न्त (गढ़ंत)—[< हि॰ गढ़ना] *स्त्री॰* १. गढ़न। २. वास्तविक नहीं, अपने मन से गढ़कर कही हुई बात। कपोलकल्पित बात। *वि॰* जो वास्तविक नहीं, अपने मन से गढ़कर कही हुई हो। कल्पित।

गढ़पति/गढ़पाल—[हि॰ गढ़ + स॰ पति/पाल] १. गढ़ का स्वामी। राजा। २. गढ़ का प्रधान अधिकारी। दुर्ग-अधिकारी। क़िलेदार। ✣ **गढ़-मढ़**—*पु॰* = गढ़ के मकान।

***गढ़वार**—*पु॰* [< हि॰ गढ़वाल] *पु॰* गढ़पति।

गढ़वै[१]—[< हि॰ गढ़पति] *पु॰* गढ़पति। क़िलेदार।

***गढ़वै[२]**—[< स॰ गढ़वर्ती (गढ़वर्तिन्)] वि॰ १. जो शरण पाने के लिए किसी गढ़ या सुरक्षित स्थान में छिप गया हो। २. (लाक्षणिक) भयभीत।

गढ़ा[१]—[< हि॰ गड्ढा] *पु॰* गर्त। गड्ढा।

गढ़ा[२]—[< स॰ गढ़] *पु॰* छोटा दुर्ग/क़िला।

गढ़ा[३]—[< हि॰ गढ़ना] *क्रिअ॰* 'गढ़ना' का एक भूतकालिक रूप। रचा। बनाया। ***जैसे***—एक क़िस्सा गढ़ा।

***गढ़ासी**—[< हि॰ गढ़] *वि॰, पु॰* विद्रोही। विप्लवी।

गढ़ि**—[< हि॰ गढ़ना] *क्रिवि॰* = १. गढ़कर। बनाकर। २. काट छाँटकर। ✣ ****गढ़ि-गुढ़ि—*क्रिवि॰* = १. काट-छाँटकर। २. भली भाँति बनाकर।

गढ़िया[१]—[< हि॰ गढ़ना] *वि॰* गढ़नेवाला। ***जैसे***—और सब गढ़िया, नन्ददास जड़िया।

†गढ़िया[२]—[< हि॰ गढ़ा] *स्त्री॰* छोटा गड्ढा।

गढ़ी—[< हि॰ गढ़] *स्त्री॰* १. छोटा गढ़। छोटा क़िला। २. ऊँचाई पर बना हुआ विशाल और सुदृढ़ निवास-स्थान।

गढ़ीश—[< हि॰ गढ़ी + स॰ ईश] *पु॰* गढ़ी का स्वामी। गढ़पति। क़िलेदार।

गढ़ैया[१]—[< हि॰ गढ़ना] *वि॰* गढ़नेवाला। गढ़िया।

गढ़ैया[२]—[< हि॰ गढ़ा] *स्त्री॰* छोटा ताल। तलैया। पोखरी।

***गढ़ोई**—*पु॰* ≤ *हि॰* गढ़पति। क़िलेदार।

गण—[स॰ √गण् + अच्] *पु॰* १. मनुष्यों का समूह। दल। झुंड। गिरोह। टोली। २. वर्ग। श्रेणी। ***जैसे***—शिक्षक-गण। ३. अनुचरों का समूह। ४. शिव/महादेव का अनुचर। ***जैसे***—शिव के एक गण ने देवता को द्वार पर रोक दिया। ५. प्राचीन सैन्य-रचना में तीन गुल्मों का समूह। [छन्द॰] (क.) लघु व गुरु होने के आधार पर तीन वर्णों का समूह। ***जैसे***—यगण, मगण आदि ८ 'वर्णिक गण' हैं। (ख.) २, ६, ५, ४, ३ और २ मात्राओं का नियत समूह जो क्रमशः टगण, रगण, डगण, ढगण और णगण नामक 'मात्रिक गण' कहे जाते हैं। (ग.) लघु और गुरु के क्रम के अनुसार चार मात्राओं का समूह जो 'मात्रा गण' कहे जाते हैं।

गणक—[स॰ √गण् + णिच् + ण्वुल्] *वि॰* गणना करनेवाला।

गिननेवाला। *पु॰* ज्योतिषी।

गणकार—[सं॰ गण + कार] *वि॰* १. गणों में बाँटनेवाला। २. श्रेणीबद्ध करनेवाला। ३. वर्गीकरण करनेवाला।

गणगौर—[< सं॰ गणेश~गौरी] *स्त्री॰* चैत्र शुक्ल तृतीया को होनेवाला उत्सव जिसमें स्त्रियाँ गणेश और पार्वती देवी की पूजा करती हैं। गनगौर।

गणचिह्न—[सं॰ गण ~ चिह्न] *पु॰* कुल-चिह्न।

गणतन्त्र (गणतंत्र)—[सं॰ गण ~ तन्त्र] *पु॰* शासन का एक प्रकार जिसमें शासन का कार्य चुने हुए प्रतिनिधि करते हैं। ∇ **विलोम**—राजतन्त्र।

गणदीक्षा—[सं॰ गण ~ दीक्षा] *स्त्री॰* अनेक लोगों की एक साथ दीक्षा।

गणदेवता—[सं॰ गण ~ देवता] *पु॰* १. देवताओं का समूह। देव-गण। २. आदित्य, विश्वेदेव, वसु, रुद्र इत्यादि वे देवता जिनके गण हैं।

गणधर—[सं॰ गण + धर] *पु॰* गण का प्रमुख। (जैन॰) शिक्षा-व्यवस्था आदि के लिए बनाए गए सात प्राचीन पदों में से एक अधिकारी।

गणन—[√गण् + ल्युट्] *पु॰* १. गिनना। २. हिसाब करना। ✣ **गणनक**—*पु॰* = तथ्यों संख्याओं आदि की सारणी बनाने वाला। (अं॰ टेबुलेटर)

गणन सङ्ख्या (संख्या)—[सं॰] *पु॰* 'कितने' को सूचित करनेवाली संख्या। ***जैसे***—९, ४, ३ इत्यादि। गणना सूचक संख्या।

गणनाथ/गणनायक—[सं॰ गण ~ नाथनायक] *पु॰* १. गण/गणों का स्वामी। गणेश। गणनायक। २. गणेश (देवता)। ३. शिव। महादेव।

गणपति—[सं॰ गण ~ पति] *पु॰* १. गण/गणों का स्वामी। २. गणेश (देवता)। ✣ **गणपति-वाहन**—*पु॰* = गणेश का वाहन। चूहा। मूषक।

गणपाठ—[सं॰ गण ~ पाठ] *पु॰* (सं॰ व्या॰) एक ही नियम के अधीन शब्दों का समूह।

गणपूर्ति—[सं॰ गण ~ पूर्ति] *स्त्री॰* समिति आदि की बैठक में उपस्थित सदस्यों की न्यूनतम अनिवार्य संख्या। कोरम (अं॰)।

गण-मुख्य—[सं॰] *पु॰* १. गण का मुखिया। २. जाति का प्रधान/प्रमुख।

गणराज्य—[सं॰ गण ~ राज्य] *पु॰* वह राज्य जिसमें गणतन्त्र हो।

गणवेश—[सं॰ गण ~ वेश] *पु॰* (विद्यालय/सेना/पुलिस आदि का) निश्चित परिधान। वर्दी। (अं॰ यूनिफ़ार्म)।

गणिका—[सं॰ √गण् + ठन् + टाप्] *स्त्री॰* वेश्या।

गणिका-दारिका—[सं॰] *स्त्री॰* वह लड़की जिसे कोई वेश्या गायन और नृत्य की कलाएँ सिखाकर वेश्यावृत्ति के लिए तैयार करती है।

गणित—[सं॰ √गण् + क्त] *पु॰* राशियों, आकृतियों, विन्यासों और परिमाणों का विज्ञान।

गणितज्ञ—[सं॰ गणित + ज्ञ] *वि॰, पु॰* गणितशास्त्र का विद्वान्। *पु॰* ज्योतिषी।

गणी—[सं॰ गणिन्] *पु॰* (जैन मत के) सभी अंगों का ज्ञाता विद्वान्। अध्यापक। शिक्षक।

गणेशकुसुम—[सं॰ गणेश ~ कुसुम] *पु॰* लाल कनेर का फूल।

गणेश क्रिया—[सं॰] *स्त्री॰* गुदा का मल उँगली से साफ़ करके निकालने की क्रिया।

गणेश-चतुर्थी—[सं॰] *स्त्री॰* प्रत्येक मास के कृष्ण पक्ष की चतुर्थी, विशेषत: भाद्र कृष्ण चतुर्थी अथवा माघ कृष्ण चतुर्थी।

गण्ड/गंड—[सं॰ √गण्ड् + अच्] *पु॰* १. गाल। २. हाथी की कनपटी। ३. गेंडा नामक पशु। ४.चिह्न। निशान। ५. गाँठ। ६. गोल रेखा।

गण्डक (गंडक)—[सं॰ गण्ड + कन्] *पु॰* १. (गले में पहनने का अभिमंत्रित) गंडा। २. (पहले प्रचलित रहा) चार कौड़ियों के मूल्य का एक सिक्का। *स्त्री॰* गंगा की एक सहायक नदी 'गंडकी'।

गण्डक (गंडका)—[सं॰ गण्डक + टाप्] *स्त्री॰* डला। डली। ढेला। (छन्द॰) एक वर्णिक छन्द जिसके प्रत्येक चरण में २० वर्ण होते हैं।

गण्डकी (गंडकी)—[सं॰ गण्डक + ङीष्] *स्त्री॰* १. नारी/मादा गेंडा। २. गंडक नदी। ✣ **गण्डकी (गंडकी) शिला/नन्दम**—*स्त्री॰* = गंडकी नदी में मिलनेवाली छोटी और गोल पत्थर की बटिया। शालग्राम की बटिया। ● **विशेष**—उक्त बटिया को वैष्णव भक्त भगवान विष्णु की मूर्ति के समान मानते और पूजते हैं।

गण्ड (गंड) दूर्वा—[सं॰] १. गाँडर नामक घास जिसकी जड़ 'खस' कही जाती है। २. दूब नामक घास।

गण्डमाल (गंडमाल)—[सं॰ गण्ड ~ माल] *पु॰* 'कंठमाला' नामक रोग। ✣ **गण्डमाला (गंडमाला)**—*स्त्री॰* = गण्डमाल।

गण्डयोग (गंडयोग)—[सं॰ ~ गण्ड ~ योग] *पु॰* (ज्योतिष॰) पंचांग में लिखित २७ योगों में से दसवाँ।

***गण्डल (गंडल)**—[< सं॰ गण्डस्थल] *पु॰* कनपटी।

गण्डशैल (गंडशैल)—[सं॰ गण्ड ~ शैल] *पु॰* १. पर्वत से टूटा हुआ बड़ा पत्थर। २. छोटा पर्वत।

गण्डस्थल (गंडस्थल)—[सं॰ गण्ड ~ स्थल] *पु॰* कनपटी।

गण्डा[१] (गंडा[१])—[< सं॰ गण्ड] *पु॰* गोल/तिरछी रेखा या धारी। ***जैसे***—तोते के गले का गंडा।

गण्डा[२]/गंडा[२]—[< सं॰ गण्डक] *पु॰* १. गाँठ। २. विविध विपत्तियों/बाधाओं से रक्षा के लिए गले या भुजा आदि में बाँधा जाने वाला अभिमंत्रित धागा आदि। ***जैसे***—गंडा-तावीज़ पहनना। ३. घोड़ा आदि पशुओं के गले में बाँधने का पट्टा। ४. (वस्तुओं की गिनती में) चार का समूह। ***जैसे***—तीन गंडे पैसे (बारह पैसे)। ***वा॰*** **(किसी का) गंडा बाँधना**—शिष्य बनना। **(किसी के) गंडा बाँधना**—शिष्य बनाना।

गण्डान्त (गंडान्त)—[सं॰ गण्ड ~ अन्त] *पु॰* (ज्योतिष॰) कर्क

और सिंह राशियों का सन्धि-काल, वृश्चिक और धनु राशियों का सन्धि-काल तथा मीन और मेष राशियों का सन्धि-काल।

गण्डिका (गंडिका)—[< सं॰ गण्ड] स्त्री॰ (चिकित्सा॰) १. तंत्रिका कोशिकाओं और तन्तुओं का एकत्रीकरण जो एक स्वतन्त्र तन्त्रिका-केन्द्र बनाता है। २. किसी स्नायु पर एकपुटीय सूजन। कंडरापुटी। (अ॰ गेंग्लिया)।

***गण्डुक/गण्डूक (गंडुक/गंडूक)**—[≤ सं॰ गण्डूष] १. (हथेली का) चुल्लू। २. (पानी आदि का) कुल्ला। ३. हाथी की सूँड़ की नोक।

***गण्डुलि (गंडुलि)**—[< सं॰ गण्डूष] *स्त्री॰* हथेली का गड्ढा। चुल्लू।

गण्डूष (गंडूष)—[सं॰ √गण्ड् + ऊषन्] *पु॰* १. हथेली का गड्ढा। चुल्लू। २. (पानी आदि से किया जाने वाला) कुल्ला। ३. हाथी की सूँड़ की नोक।

गण्य—[सं॰ √गण् + यत्] *वि॰* गिनने योग्य। गणनीय। ∇ **विलोम**—अगण्य।

गण्य-मान्य, गण्यमान्य—[सं॰] *वि॰* गण्य और मान्य। प्रतिष्ठित। सम्मानित।

गत[१]—[सं॰ √गम् + क्त] *वि॰* १. गया हुआ। ***जैसे***—गत अतिथि और आगत अतिथि। २. बीता हुआ (समय)। ***जैसे***—गत वर्ष। ३. नष्ट। लुप्त। ***जैसे***—गत यौवन। ४. समाप्त। ५. रहित। विहीन। ***जैसे***—गतप्राण; गतक्रोध । ६. मरा हुआ। मृत। ***जैसे***—गत महापुरुषों के लिए शोक नहीं करना चाहिए। ७. अस्त। ● **विशेष**—'गत' प्रत्यय की तरह भी प्रयुक्त होता है। ***जैसे***—धर्मगत। ∇ **विलोम**—आगत।

गत[२]—[< सं॰ गति] *स्त्री॰* १. दशा। अवस्था। गति। २. बुरी दशा। दुर्दशा। ३. रूप। वेश। (संगीत॰) १. गति। लय। ***जैसे***—द्रुत गत। २. स्वर-लय-बद्ध रचना जो सितार पर बजायी जाती है। ३. नृत्य में विशेष प्रकार की गति या उससे युक्त नृत्य का कोई टुकड़ा। ***वा॰* (किसी की) गत बनाना**—दुर्दशा करना। २. रूपाकृति बिगाड़ देना। ३. बहुत मारना-पीटना। **गत लेना**—नृत्य में विशेष प्रकार की गति प्रदर्शित करना।

गतकल्मष—[सं॰ गत ~ कल्मष] *वि॰* पाप/दोष से रहित। निष्पाप। पवित्र।

गतका—[< सं॰ गदा] *पु॰* १. लकड़ी का लगभग दो हाथ लम्बा चमड़ा-मढ़ा डंडा जिससे, लाठी से लड़ाई के समान, 'गतका-फरी' का खेल खेला जाता है। २. उक्त खेल।

†गतकारी—[< हि॰ गद्कारी] स्त्री॰ गुदगुदापन। २. मांसलता।

गत-प्रत्यागत—[सं॰] *वि॰* गया हुआ और वापस आया हुआ। जाकर लौटा हुआ।

गतभर्तृका—[सं॰ गत ~ भर्तृका] *स्त्री॰* १. जिसका पति विदेश गया हुआ हो। २. विधवा। राँड।

गतभेद—[सं॰ गत ~ भेद] *वि॰* १. भेद-रहित। २. भेद-भावना से रहित।

गतलाज—[< सं॰ गतलज्ज] *वि॰* १. लज्जारहित। संकोचहीन। २. निर्लज्ज। बेशर्म।

गतवय/गतवयस्—[< सं॰ गत ~ वयस्] *वि॰* अधिक अवस्था का। वृद्ध। बूढ़ा।

गतव्यलीक—[सं॰ गत ~ व्यलीक] *वि॰* व्यलीकरहित। कपटरहित। निश्छल।

गतस्पृह—[सं॰ गत ~ स्पृहा] *वि॰* १. इच्छारहित। २. जिसे सांसारिक अनुराग न रहा हो। रागरहित।

गतागत—[सं॰ गत ~ आगत] *वि॰* १. गत और आगत। गया हुआ और आया हुआ। २. जाने-आने वाले।

गतागति—[सं॰ गत ~ आगति] *स्त्री॰* १. गए हुए का आगमन। २. मृत्यु और पुनर्जन्म।

गताघ्राण—[सं॰ गत ~ आघ्राण] *वि॰* सूँघा हुआ (पुष्प या कली)।

गताचार—[सं॰ गत ~ आचार] *वि॰* आचारहीन। अनाचारी। दुराचारी। ***जैसे***—गताचार रावण।

गतानुगत—[सं॰ गत ~ अनुगत] *पु॰* १. (किसी) प्रथा का अनुसरण। २. अन्धानुकरण।

***गतानुगतिक**—[सं॰ गतानुगत + ठक्] *वि॰* १. (बिना विचार किए) दूसरों के पीछे चलनेवाला। अन्धानुकरण करनेवाला। २. प्रथा के अनुसार चलनेवाला।। ✣ **गतानुगतिकता**—*स्त्री॰* = अन्धानुकरण की प्रवृत्ति। अन्धानुकरणशीलता।

गतायु—[सं॰ गत ~ आयुस्] *वि॰* १. जिसकी आयु समाप्त हो चली हो। २. वृद्ध। ३. अति दुर्बल।

गतार्थ—[सं॰ गत ~ अर्थ] *वि॰* १. पद का वह अर्थ जो किसी अन्य पद में आ चुका हो। २. अर्थहीन। अर्थरहित शब्द पद। ३. निरर्थक। व्यर्थ (वस्तु)। ४. जिसका अर्थ/धन नष्ट हो गया हो। निर्धन।

गतावधि/गतावधिक—[सं॰ गत ~ अवधि/अवधिक] *वि॰* १. जिसकी अवधि समाप्त हो गयी हो। २. जो अब प्रचलित या मान्य न रहा हो। ***जैसे***—गतावधि फ़ैशन। (अ॰ आउट आफ़ डेट) **गतिक चेक**—*पु॰* = ऐसा चेक जो बैंक-प्रणाली में निर्दिष्ट समय बीत जाने के बाद भुगतान के लिए प्रस्तुत किया जाए।

गतिक—[सं॰ गति + कन्] *पु॰* चलने की क्रिया/भाव। चाल। *वि॰* गति-सम्बन्धी। गति का। गत्यात्मक।

गतिकी—[< सं॰ गतिक] *स्त्री॰* (गणित॰) गति-विज्ञान।

गतिज—[सं॰ गति + ज] *वि॰* गति से या गति के कारण उत्पन्न होनेवाला। ✣ **गतिज ऊर्जा**—*स्त्री॰* (गणित॰) = किसी पिंड की गति के कारण उत्पन्न ऊर्जा। (अ॰ काइनेटिक एनर्जी)।

गतिमान्—[सं॰ गति + मतुप्] *वि॰* जिसमें गति हो। जो चल रहा हो। गतिशील।

†गतिया—[< हि॰ गत] *पु॰* १. (संगीत में) गत/लय ठीक रखनेवाला वादक। २. तबला/ढोलक/मृदंग बजानेवाला व्यक्ति।

***गतिवन्त (गतिवंत), *गतिवान**—*वि॰* ≤ *सं॰* गतिमान्।

गतिविज्ञान—[सं॰ गति ~ विज्ञान] *पु॰* (गणित॰) यांत्रिकी की वह

शाखा जिसमें गतिशील पिंडों पर प्रयुक्त बलों की क्रियाओं का अध्ययन किया जाता है। गतिकी।

गतिविधि—[गति ~ विधि] *स्त्री०* १. आचरण और रहने-सहने का रंग-ढंग। २. चेष्टा। कार्यवाही। ***जैसे***—शत्रुतापूर्ण गतिविधियाँ। ३. कार्यकलाप। ***जैसे***—ऋषियों की गतिविधियों पर राक्षसों की क्रूर दृष्टि रहती थी।

गतिविभ्रम—[सं० गति ~ विभ्रम] *पु०* गति में विभ्रम या भूल।

गतिशील—[सं० गति ~ शील] *वि०* १. चलनेवाला या चलता हुआ। गतिमान। २. उन्नतिशील। ३. दूसरों को भी सक्रिय करनेवाला। ∇ **विलोम**—गतिहीन।

गत्ता—[< सं० गात्रक] *पु०* काग़ज़ की कई परतों को परस्पर चिपकाने से बनी वस्तु। दफ़्ती। पट्ठा।

†**गत्थ**—[प्रा०] *स्त्री०* १. धन-सम्पत्ति। २. पूँजी। ३. झुंड। गिरोह। ४. समूह।

गत्यवरोध—[सं० गति ~ अवरोध] *पु०* १. बाधा आ जाने के कारण किसी चलते हुए काम का रुक जाना। २. ऐसी स्थिति जिसमें दोनों पक्ष अपनी-अपनी बात पर हठ करें और वार्ता रुक जाए। ***जैसे***—सन्धि-वार्ता में गत्यवरोध आ गया। Δ **पर्याय**—गतिरोध।

गत्यात्मक—[सं० गति ~ आत्मक] *वि०* गतिपूर्ण। गतिशील। ***जैसे***—गतिशील साहित्य की गत्यात्मक आलोचना ही ठीक हो सकती है।

गत्वर—[सं० √गम् + क्वरप्, म-लोप, तुक्] *वि०* गतिशील। ***जैसे***—पूर्णगति से गत्वर। ✣ **गत्वरी**—*वि०* (*स्त्री०*) गतिशील।

गथ—[< वैदिक सं० ग्रथ, या < प्रा० गत्थ] १. (अपने पास का) धन। २. (व्यापार आदि में लगायी गयी) पूँजी। ३. धन-सम्पत्ति। ४. सामग्री। माल। ५. झुंड। गिरोह। ६. समूह।

गथना—[< सं० ग्रथन] *क्रिस०* १. गूँथना। २. जोड़ना। मिलाना। *क्रिअ०* १. गुँथना। २. एक साथ मिलाया जाना। ३. घुसना।

***गथ्थ**—*पु०* ≤ *हि०* गथ।

गद[1]—[सं० √गद् + अच्] *पु०* १. विष। ज़हर। २. रोग।

गद[2]—[अनु०] *पु०* १. किसी कोमल वस्तु पर किसी कड़ी वस्तु के गिरने से होनेवाला शब्द। २. स्थूलता। मोटापन।

गदका—*पु०* ≤ *हि०* गतका। (दे०)

गदकाना—[अनु०] *क्रिस०* हल्के-हल्के आघात करना।

गदकार—[< हि० गद[2]] *वि०* १. गुदगुदा। मुलायम २. मांसल।

गदकारा—[अनु०] *पु०* 'गद' की ध्वनि होने की क्रिया/भाव। *वि०* गुदगुदा। मांसल। कोमल। ✣ **गदकारी**—*स्त्री०* = १. गुदगुदी। कोमल। २. मांसल।

***गदना**—[< सं० गदन] *क्रिस०* १. कहना। बोलना। २. वर्णन करना।

गदपुरना—[देशज] *पु०* पुनर्नवा। विषखपरा।

गदबदा—[< हि० गद + अनु०] *वि०* १. मांसल या भरे हुए शरीर वाला। २. कोमल।

गदर—[< हि० गदकारा] *पु०* (पुष्टिमार्गी वैष्णवों के मन्दिरों में) ठाकुरजी को शीतऋतु में पहनाने की रुईदार बग़लबन्दी।

ग़दर—[अरबी] *पु०* १. शासन के विरुद्ध विद्रोह। २. विप्लव। क्रान्ति। ३. अव्यवस्था। अराजकता।

गदराना—[< हि० गद्दर] *क्रिअ०* १. यौवन में अंगों का भरना और खिलना। २. फलों आदि का अधपका होना। ३. आँख में कीचड़ आना। ४. बहुत अधिक होना या उपलब्ध होना। *वि०* गदराया हुआ।

गदह—[< हि० गदहा] *पु०* 'गदहा' का समस्त संक्षिप्त रूप। गधा। ✣ **गदहपचीसी**—*स्त्री०* गधा-पचीसी।

***गदहरा**—*पु०* ≤ *हि०* गधा। गर्दभ।

गदहा[1]—*पु०* ≤ *हि०* गधा। गर्दभ।

गदहा[2]—[सं० गद + हा] *पु०* रोग हरनेवाला। वैद्य।

गदा[1]—[सं० गद + टाप्] *स्त्री०* १. लोहे का बना एक प्राचीन हथियार जिसमें लम्बे डंडे के आगे मोटा गोला लगा होता था। २. व्यायाम करने का एक उपकरण।

गदा[2]—[फा०] १. सन्त। फ़क़ीर। २. भिक्षुक। फ़क़ीर। ✣ **गदाई**—*स्त्री०* = फ़क़ीरी।

गदाका[1]—[अनु०] *पु०* किसी को उठाकर पटकना जिससे 'गद' की ध्वनि हो।

गदाका[2]—[< हि० गदराना] *वि०* गदराए हुए शरीर वाला।

गदाधर—[सं० गदा ~ धर] *वि०* गदा धारण करने वाला। गदाधारी। *पु०* विष्णु (देवता)।

गदान्तक (गदांतक)—[< सं० गद + अन्तक] *वि०* रोगनाशक। *पु०* १. वैद्य। चिकित्सक। २. (देवों के वैद्य) अश्विनीकुमार।

गदित—[सं० √गद् + क्त] *वि०* कहा हुआ। कथित। वर्णित। उक्त।

गदेला—[< हि० गद्दा] *पु०* १. रुई आदि का बना बहुत मोटा गद्दा। २. तकिया। ३. हाथी की पीठ पर बिछाने का टाट का मोटा गद्दा। ✣ **गदेली**—*स्त्री०* = १. रुई आदि का बना छोटा गद्दा। २. तकिया। ३. हाथी की पीठ पर बिछाने का टाट का मोटा गद्दा।

†**गदेली**—[< हि० गद्दी] स्त्री० हथेली। करतल।

गद्गद—[सं० गद् √गद् + अच्] *वि०* १. हर्ष, प्रेम आदि की अधिकता से जिसका गला भर आया हो। २. उक्त, स्थिति में अवरुद्ध (वाणी/कंठ)। ***जैसे***—गद्गद कंठ। ३. आनन्दित। पुलकित।

गद्यगीत (गद्यगीत)—[सं० गद्य ~ गीत] *पु०* १. भावुकता, वैयक्तिकता तथा कोमलकान्त पदावली से युक्त और गीतों जैसी पंक्तियों वाला गद्यकाव्य। ***जैसे***—रवीन्द्रनाथ ठाकुर की 'साधना' के गद्यगीत बहुत सुन्दर हैं। २. गद्यकाव्य।

गद्यात्मक (गद्यात्मक)—[सं० गद्य ~ आत्मक] *वि०* गद्य में लिखा हुआ। ∇ **विलोम**—पद्यात्मक।

गधापचीसी—[< हि० गधा + पचीस] *स्त्री०* १६ से २५ वर्ष तक की अवस्था जिसमें अनुभवहीनता और नासमझी के कारण अनेक मूर्खतापूर्ण काम हो जाते हैं।

गधालोटन—[< हि० गधा + लोटना] *पु०* १. गधे का ज़मीन पर

लोटना। २. वह ज़मीन/जगह जहाँ पर गधा लोटा हो।

ꜝगधेरा—[< हि॰ गधा] *पु॰* गधेवाला।

गधेला—[< हि॰ गधा] *पु॰* गधी का बच्चा।

ꜝगनगौर—[< स॰ गणेश ~ गौरी] *स्त्री॰* १. चैत्र शुक्ल तृतीया को मनाया जाने वाला गणेश और पार्वती के पूजन का उत्सव। २. गणेशसहित पार्वती या गणेश-माता पार्वती।

***गनप**—*पु॰ ≤ स॰* गणप। गणपति। गणेश या शिव।

***गनाल**—[< स॰ घननाल] *स्त्री॰* (पहले प्रचलित रही) एक प्रकार की बड़ी तोप।

ग़नी—[अरबी] *वि॰* धनी।

***ग़नी-ग़रीब**—[< अरबी ग़नी + ग़रीब] *वि॰* धनी और निर्धन।

ग़नीम—[अरबी] *वि॰* १. प्रतिद्वन्द्वी या शत्रु। २. आक्रमण करने वाला (राजा)।

ग़नीमत—[अरबी] *स्त्री॰* युद्ध में शत्रु-सेना आदि से छीनी या लूटी गयी वस्तुएँ। लूट। सन्तोष की बात ***वा॰* ग़नीमत समझना**—बहुत सन्तोष की बात मानना।

गन्तव्य (गंतव्य)—[स॰ गम् + तव्यत्] *वि॰* १. जहाँ किसी को जाना या पहुँचना हो। २. जाने योग्य। *पु॰* लक्ष्यस्थान। मन्ज़िल।

गन्ता (गंता)—[स॰ गन्तृ] *पु॰* जानेवाला व्यक्ति।

गन्तु (गंतु)—[स॰ √गम् + तुन्] *पु॰* १. मार्ग। रास्ता। २. पथिक। यात्री।

गन्त्रिका (गंत्रिका)—[स॰ गन्त्री + कन् + टाप्] *स्त्री॰* १. छोटी गाड़ी। २. बैलगाड़ी।

गन्त्री (गंत्री)—[स॰ √गम् + ष्ट्रन् + ङीष्] *स्त्री॰* १. गाड़ी। २. घोड़ागाड़ी। ३. बैलगाड़ी।

गन्दम—[देशज] पु॰ पीले रंग की एक छोटी चिड़िया जिसकी दुम लम्बी और बीच से कटी होती है तथा जिसका सिर लाल या काला होता है।

गन्दुम (गंदुम)—[फा॰] *पु॰* गेहूँ। ❖ **गन्दुमी (गंदुमी)**—*वि॰* = १. गेहूँ से सम्बन्धित। गेहूँ का। २. गेहूँ के रंग का। गेहुँआ। ४. गेहूँ का या उसके आटे का बना हुआ।

गन्धक (गंधक)—[स॰ √गन्ध् + अच् + कन्] *पु॰* १. तीक्ष्ण गन्ध वाला और पीले रंग का एक खनिज पदार्थ जो दवाओं में तथा बारूद आदि बनाने में काम आता है। (रसायन॰) एक पीला अधात्विक तत्त्व। (अ॰ सल्फ़र)।

गन्धकी (गंधकी)—[< स॰ गन्धक] *वि॰* १. गन्धक के रंग का। हल्का पीला। २. गन्धक से बना हुआ। *पु॰* उक्त रंग। हल्का पीला रंग।

गन्धकुटी (गंधकुटी)—[स॰ गन्ध ~ कुटी] *स्त्री॰* १. एक गन्धद्रव्य। मुरा। २. मन्दिर से लगी कोठरी/दालान जिसमें अनेक मूर्तियाँ रखी रहती हैं।

गन्धगज (गंधगज)—[स॰ गन्ध ~ गज] *पु॰* वह हाथी जिसके कुम्भस्थल से मद झरता हो। विशेष शक्तिशाली, मस्त और बड़ा हाथी।

गन्धजल (गंधजल)—[स॰ गन्ध ~ जल] *पु॰* कोई सुगन्धित जल (*जैसे*—गुलाबजल, केवड़ाजल)।

गन्धचूर्ण (गंधचूर्ण)—[स॰ गन्ध ~ चूर्ण] *पु॰* = मुख पर लगाया जाने वाला सुगन्धित चूर्ण।

गन्धज्ञ (गंधज्ञ)—[स॰ गन्ध + ज्ञ] *पु॰* वस्तुओं की गन्धों को जानने/पहचानने वाला।

गन्धद (गंधद)—[स॰ गन्ध + द] *वि॰* सुगन्ध देनेवाला। सुगन्धप्रद। *पु॰* चन्दन।

गन्धदारु (गंधदारु)—[स॰ गन्ध ~ दारु] *पु॰* अगरु। अगर।

गन्धनाल (गंधनाल)—[स॰ गन्ध ~ नाल] *पु॰* नाक।

गन्धफली (गंधफली)—[स॰ गन्धफल + ङीष्] १. प्रियंगु लता। २. चम्पा के वृक्ष की फली।

गन्धबन्धु (गंधबंधु)—[स॰ गन्ध ~ बन्धु] *पु॰* आम का वृक्ष अथवा उसका फल।

गन्धबिलाव (गंधबिलाव)—[स॰ गन्ध + हि॰ बिलाव] *पु॰* बिल्ली जैसा एक जंगली पशु जिसके अंडकोश से एक सुगन्धित द्रव प्राप्त होता है। गन्धमार्जार।

गन्धमादन (गंधमादन)—[स॰ गन्ध ~ मादन] *पु॰* १. एक प्राचीन पर्वत। २. उक्त पर्वत के सुगन्धित वृक्षों का वन। ३. भ्रमर। भौंरा।

गन्धमार्जार (गंधमार्जार)—[स॰ गन्ध ~ मार्जार] *पु॰* गन्धबिलाव। (दे॰)।

गन्धमूल (गंधमूल)—[स॰ गन्ध ~ मूल] *पु॰* पान की जड़। कुलंजन।

गन्धमृग (गंधमृग)—[स॰ गन्ध ~ मृग] *पु॰* कस्तूरी मृग।

गन्धराज (गंधराज)—[स॰ गन्ध ~ राज] *पु॰* १. चन्दन। २. चमेली। ३. मोगरा/बेला का पौधा या उसका फूल।

गन्धर्व (गंधर्व)—[स॰ गन्ध √अर्व् + गच्, अथवा गो √धृ + व, पृषो॰] *पु॰* १. एक देवयोनि जिसके लोग स्वर्ग में गाने-बजाने का काम करते हैं। २. बालिकाओं के यौवन-आरम्भ की अवस्था जब उनके स्वर में मधुरता आती है। ३. प्राचीन गन्धार देश में रहनेवाली एक जाति। ❖ **गन्धर्वग्रह (गंधर्वग्रह)**—*पु॰* = गन्धर्व रोग।

गंन्धर्वग्राम (गंधर्वग्राम)—[स॰ गन्धर्व ~ ग्राम] *पु॰* १. गन्धर्वों की बस्ती। २. रात्रि में पथिकों को दिखनेवाली परन्तु बाद में अदृश्य हो जाने वाली बस्ती। मिथ्या बस्ती। कल्पित नगर या मिथ्या दर्शन।

गन्धर्वरोग (गंधर्वरोग)—[स॰ गन्धर्व ~ रोग] *पु॰* (आयुर्वेद॰) एक प्रकार का उन्माद रोग।

गन्धर्व-विद्या (गंधर्व-विद्या)—[स॰] *स्त्री॰* गाने-बजाने की विद्या। संगीत-कला।

गन्धर्ववेद (गंधर्ववेद)—[स॰ गन्धर्व ~ वेद] *पु॰* संगीतशास्त्र। ● **विशेष**—यह चार उपवेदों में से एक है और सामवेद का उपवेद है।

गन्धवती (गंधवती)—[स॰ गन्धव् + ङीष्] *स्त्री॰* १. पृथ्वी। माता।

२. मदिरा। शराब। *वि०* गन्धवाली।

गन्धवह (गंधवह)—[सं० गन्ध ~ वह] *वि०* गन्ध वहन करने वाला। गन्ध ले जाने वाला। ***जैसे***—गन्धवह हवा। *पु०* वायु। हवा।

गन्धवाह (गंधवाह)—[सं० गन्ध ~ वाह] *पु०* १. वायु। २. कस्तूरी मृग। ✣ **गन्धवाहक**—*पु०* = गन्धवाह। ✣ **गन्धवाही**—*स्त्री०* = नासिका। नाक।

गन्धसार (गंधसार)—[सं० गन्ध ~ सार] *पु०* १. चन्दन। ३. मोगरा। बेला। ३. कपूर।

गन्धा (गंधा)—[सं० गन्ध + टाप्] *वि०* (*स्त्री०*) गन्ध से युक्त। गन्धवाली। ● **विशेष**—'गन्धा' का प्रयोग संस्कृत के तत्सम शब्दों के साथ समस्त पदों में मिलता है। ***जैसे***—कमलगन्धा, रजनीगन्धा, मत्स्यगन्धा।

गन्धाजीव (गंधाजीव)—[सं० गन्ध + आजीव] *पु०* इत्र, तेल आदि बेचनेवाला। गन्धी। इत्रफ़रोश।

गन्धानुवासन (गंधानुवासन)—[सं० गन्ध ~ अनुवासन] *पु०* (किसी वस्तु को) सुगन्धित करना। सुवासन।

गन्धाबिरोज़ा—[< सं० गन्धविरजी] *पु०* 'सरल' नामक वृक्ष का गोंद। ● **विशेष**—उक्त लकड़ी का तेल '**तारपीन का तेल**' कहा जाता है।

गन्धार (गंधार)—[सं० गन्ध √ऋ + अण्] *पु०* अफ़ग़ानिस्तान देश का प्राचीन नाम। (संगीत०) सप्तक का तीसरा स्वर।

गन्धाशन (गंधाशन)—[सं० गन्ध ~ अशन] *पु०* वायु। हवा।

गन्धाष्टक (गंधाष्टक)—[सं० गन्ध ~ अष्टक] *पु०* आठ गन्धद्रव्यों का मिश्रण। अष्टगन्ध।

गन्धिक (गंधिक)—[सं० गन्ध + ठन्] *वि०* अच्छी गन्ध वाला। सुगन्धयुक्त। *पु०* गन्धी। इत्रफ़रोश।

गन्धिनी (गंधिनी)—[सं० गन्धिन् + ङीष्] *स्त्री०* शराब। *वि०* (*स्त्री०*) गन्धवाली।

गन्धी (गंधी)—[सं० गन्ध] *पु०* सुगन्धित तेल, इत्र आदि को बनाने अथवा बेचने वाला। *स्त्री०* १. धान की बालियों में लगनेवाला एक प्रकार का कीड़ा। ३. एक प्रकार की घास।

गन्धेज—[< सं० गन्ध] एक सुगन्धित घास जिसके क्षुप उद्यानों में लगाए जाते हैं और जो अधिकतर रेतीली और कुछ कंकरीली भूमि में उपजती है।

गन्धेन्द्रिय (गंधेंद्रिय)—[सं० गन्ध ~ इन्दिय] *स्त्री०* घ्राणेन्द्रिय। नासिका। नाक।

गन्धेल (गंधेल)—[< सं० गन्ध] *पु०* एक प्रकार का छोटा वृक्ष।

गन्धैला (गंधैला)—[< सं० गन्ध] *वि०* दुर्गन्धवाला। बदबूदार। *पु०* गन्धप्रसारिणी लता। पसरन।

गन्धोच्छल (गंधोच्छल)—[सं० गन्ध ~ उच्छल] *वि०* गन्ध से भरा हुआ। गन्धपूर्ण।

गन्धोत्कट (गंधोत्कट)—[सं० गन्ध ~ उत्कट] *वि०* तीव्र गन्ध वाला। *पु०* दमनक/दौना नामक पौधा।

गन्धोपजीवी (गंधोपजीवी)—[सं० गन्ध ~ उपजीवी] *पु०* इत्र आदि बेचनेवाला। गन्धी। इत्रफ़रोश।

गन्धोपल (गंधोपल)—[सं० गन्ध ~ उपल] *पु०* गन्धक।

गपचना—[< हि० गपकना] *क्रिस०* फेंकी गयी वस्तु (गेंद आदि) को दोनों हथेलियाँ जोड़कर या एक हाथ से दृढ़तापूर्वक पकड़ना। ***जैसे***—गेंद ऊँची उछालकर स्वयं गपचो।

गपड़चौथ—[< हि० गड़बड़ + चौथ] *स्त्री०* १. व्यर्थ बातचीत। बकवास। २. गड़बड़ी।

गप्प मछली—[हि०] *स्त्री०* एक मछली जो अंडे न देकर बच्चे देती है।

गप्फा—[< हि० गप] *पु०* बहुत बड़ा ग्रास/कौर।

गफ़—[< सं० गुफित] *वि०* (कपड़ा) जिसकी बनावट बहुत घनी हो। ठस।

ग़फ़लत—[अरबी] *स्त्री०* १. असावधानी। लापरवाही। २. भूल। Δ **पर्याय**—प्रमाद। ✣ ***गफिलाई**—*स्त्री०* = ग़फ़लत।

ग़बन—[अरबी] *पु०* किसी कम्पनी/संस्था या सरकार के धन का उसके कर्मचारी या अधिकारी द्वारा अवैध ग्रहण या निजी कामों के लिए उपयोग। ● **विशेष**—प्रेमचन्द के एक प्रसिद्ध उपन्यास का नाम भी 'ग़बन' है जिसमें कथा का आधार धन के गबन की घटना है।

†गबरगण्ड (गबरगंड)—[< हि० गोबर + सं० गण्ड] *वि०* मूर्ख। जड़बुद्धि।

गबरू—[< फा० ख़ूबरू] *वि०* १. युवा। नवयुवक। २. सरल। भोला-भाला। *पु०* पति। दूल्हा।

गबरून—[< फा० गम्बरुन] *पु०* (पहले प्रचलित रहा) एक प्रकार का मोटा कपड़ा जो धारीदार होता था।

गब्बर—[< सं० गर्व] *वि०* १. अभिमानी। गर्वीला। घमंडी। २. धृष्ट। ढीठ। ३. दुराग्रही। हठी। ज़िद्दी। ४. धनी। ५. बहुमूल्य। क़ीमती।

गभस्ति—[सं० ग √भस् + क्तिच्] *पु०* रश्मि। किरण।

गभीर—[सं० √गम् + ईरन्, भ आदेश] *वि०* १. गहन। गहरा। २. रहस्यमय। गुप्त। ३. दुर्बोध। ४. सघन। घना। गाढ़ा। Δ **पर्याय**—गम्भीर।

***गभुआर/गभुवार**—[< सं० गर्भ] *वि०* १. गर्भ या जन्म के समय के बाल (शिशु के केश)। २. गर्भ के बालों वाला। जिसका मुंडन न हुआ हो। ३. अबोध। नासमझ। ✣ **गभुआरा**—*वि०* = गर्भकाल का। ✣ **गभुवारा**—*पु०* = शिशु।

†गभुराना—[< सं० गहवर] *क्रिअ०* (क्रोध आदि से) बड़बड़ाना।

गभुवार, गभुवारा—*दे०* गभुआर।

***गम**—[सं० √गम् + अप्] *पु०* १. गमन। प्रस्थान। २. गति। प्रवेश पहुँच। ३. ज्ञान। पता।

गमक—[सं० √गम् + णिच् + ण्वुल्] *वि०* सूचक। बोधक। *स्त्री०* १. सुगन्ध। महक। २. गूँजने-जैसी ध्वनि या मधुर ध्वनि। *पु०* (संगीत०) किसी स्वर को उसके पूर्ववर्ती या परवर्ती स्वर के

आश्रय से एक या अधिक बार उच्चारण करने की विशेष पद्धति। स्वरों में कम्पन उत्पन्न करना।

ग़मख़्वार—[अरबी ग़म + फ़ा॰ ख़्वार] *वि॰* सहानुभूति रखनेवाला। हमदर्द।

†गमत—[< स॰ गमन] *पु॰* १.मार्ग। रास्ता। २. व्यवसाय।

गमन—[स॰ √गम् + ल्युट्] *पु॰* १. जाने की क्रिया/भाव। २. प्रस्थान। जाना। ३. सम्भोग। ***जैसे***—परस्त्री-गमन। ∇ **विलोम**—आगमन।

गमनीय—[स॰ √गम् + अनीयर] *वि॰* १. जिसके पास जाया जा सके या जाना चाहिए। गम्य।

गमागम—[स॰ गम ~ आगम] *पु॰* १. आवागमन। आना-जाना। २. चराचर। संसार।

ग़मोरञ्ज (ग़मोरंज)—[< अरबी ग़म + फ़ा॰ व + रंज] *पु॰* ग़म और रंज। कष्ट-समूह। विपत्तियाँ।

गम्भार (गंभार)—*पु॰* ≤ स॰ गम्भारी।

गम्भारी (गंभारी)—[स॰ गम् √भृ + अण् + ङीष्] *पु॰* एक बहुत ऊँचा, विशाल, छायावाला औषधोपयोगी वृक्ष जिसका फल पकने पर पीला होता है। गम्भार।

गम्भीर (गंभीर)—[स॰ गम् + ईरन्, निपात॰, भुक्-आगम] *वि॰* १. अथाह गहरा। अगाध। ***जैसे***—गम्भीर समुद्र। २. ऊँची और भारी ध्वनि वाला। ***जैसे***—ढोल की गम्भीर ध्वनि। ३. घोर। विकट। ***जैसे***—गम्भीर विपत्ति। ४. जो कठिनाई से समझा जा सके। जटिल। दुरूह। ***जैसे***—वेदान्त का गम्भीर ग्रन्थ। ५. चिन्ताजनक। ***जैसे***—गम्भीर बीमारी। ७. रहस्यमय। ***जैसे***—गम्भीर साधना। ८. घना। गहन। ● **विशेष**—संस्कृत में 'गम्भीर' (पु॰) भी है और उसके प्रमुख अर्थ हैं—१. शिव। महादेव। २. कमल। ३. जम्बीरी नीबू।

***गम्म**—[< स॰ गम्य] *वि॰* गम्य।

†गम्मत—[देशज] *स्त्री॰* १. विनोद। हँसी-दिल्लगी। २. रोचक बात/घटना। ३. आनन्द/मौज की स्थिति।

गम्य—[स॰ √गम् + यत्] *वि॰* १. जाने योग्य। पहुँचने योग्य। २. जिसमें प्रवेश किया जा सके। ३. जिसे समझा जा सके। बोध्य। गम्य। ४. लभ्य। ५.धर्मशास्त्र में विहित सम्भोग के योग्य। सम्भोग्य। ६. साधन के योग्य। साध्य। ✣ **गम्यता**—*स्त्री॰* = गम्य होने की अवस्था/भाव। ✣ **गम्या**—*वि॰* (*स्त्री॰*) = (धर्मशास्त्र में विहित स्त्री) जिसके साथ सम्भोग किया जा सके। सभ्भोग्या।

गयनाल—[< स॰ गजनाल] *पु॰* (पहले प्रचलित रही) एक बड़ी तोप।

गर¹—[स॰ √गृ + अच्] *पु॰* १. विष। ज़हर। २. रोग। बीमारी।

***गर²**—[< हि॰ गला] *पु॰* कंठ। गला।

गर³—[फ़ा॰ 'अगर' का संक्षिप्त रूप] *अव्यय॰* यदि। अगर।

***गरक**—[< अरबी ग़र्क़] *वि॰* १. डूबा हुआ। निमग्न। २. लीन। मग्न। ३. नष्ट।

***गरकाब**—[< फ़ा॰ ग़र्क़े आब] पु॰ डूबने की क्रिया/भाव। *वि॰* १. जल में डूबा हुआ। जल-निमग्न। २. लीन। मग्न।

ग़रक़ी—[< अरबी ग़र्क़ी] *स्त्री॰* १. डूबने की क्रिया/भाव। डुबाव। २. अति वृष्टि। ३.पानी में डूबी या प्रायः डूब जाने वाली भूमि।

***गरगज**—[< हि॰ गढ़ + स॰ गज] *पु॰* (मध्ययुग में) ऊँचा कृत्रिम बुर्ज़ जिसे शत्रु के क़िले के बाहर बनाया जाता था ताकि उस पर तोपें चढ़ाकर क़िले पर गोलाबारी की जा सके।

***गरगदा**—[देशज] *पु॰* कमर का फेंटा।

गरचे—[< फ़ा॰ अगरचे] *अव्यय॰* यद्यपि। हालाँकि।

गरघ्न—[स॰ गर + घ्न] *वि॰* १. विष-नाशक। २.स्वास्थ्यकर।

ग़रज़मन्द (ग़रज़मंद)—[फ़ा॰] *वि॰* १. ग़रज़वाला। स्वार्थपूर्ण इच्छा वाला। २. अपना काम/मतलब निकालनेवाला। स्वार्थी। मतलबी। ३. ज़रूरतमन्द।

ग़रज़ी—[< अरबी ग़रज़] *वि॰* गरज़मन्द।

गरजुआ—[< हि॰ गरजना] *पु॰* कुकुरमुत्ता।

***गरट्ट¹**—[< स॰ गरिष्ठ] *वि॰* १. गरिष्ठ। (दे॰) २. भारी और पुष्ट।

गरट्ट²—[< स॰ ग्रथ्न] पु॰ समूह। झुंड।

***गरथ**—[< हि॰ गथ] *स्त्री॰* धन। पूँजी।

***गरथ्थ**—[< हि॰ गरथ] *स्त्री॰* धन। पूँजी।

गरद¹—[स॰ गर √दा + क] *वि॰* विष देनेवाला। *पु॰* विष। ज़हर।

गरद²—[< फ़ा॰ गर्द] *स्त्री॰* धूल। गर्द।

गरदा—*पु॰* ≤ फ़ा॰ गर्द। धूल।

गरदान—[फ़ा॰] *वि॰* एक ही स्थान के चारों ओर घूमनेवाला। *स्त्री॰* चक्कर। (फ़ा॰ व्या॰) शब्दों और क्रियाओं का रूप-साधन। ✣ **गरदानना**—*क्रिस॰* = विस्तारपूर्वक और बार-बार समझाना। (फ़ा॰ व्या॰) शब्दों और क्रियाओं के भिन्न-भिन्न रूप बनाना/सुनाना/बताना।

गरदी—[< हि॰ गरद] *वि॰* मटमैले रंग का। पीला। *पु॰* मटमैला रंग।

***गरधरन**—[< स॰ गर + हि॰ धरन < स॰ धारण] *वि॰* विष को धारण करनेवाला। गरलधर। *पु॰* शिव। महादेव।

***गरना¹**—[< हि॰ गारना] *क्रिअ॰* १. गारा जाना। निचुड़ना। २. किसी वस्तु के निकल जाने पर उससे रहित हो जाना।

***गरना²**—*क्रिअ॰* ≤ *हि॰* गड़ना।

***गरना³**—*क्रिअ॰* ≤ *हि॰* गलना।

गरप्रिय—[स॰ गर ~ प्रिय] *पु॰* शिव। महादेव।

***गरब-गहेला**—[< स॰ गर्व + प्रा॰ गहिल्ल] *वि॰* गर्वीला। घमंडी। ✣ **गरब-गहेली**—*वि॰* (*स्त्री॰*) गर्वीली। *स्त्री॰* = गर्वीली स्त्री।

गरबा—[गुजराती] *पु॰* १. गुजरात के लोकगीतों का एक प्रकार। २. उक्त के साथ किया जाने वाला लोकनृत्य। ● **विशेष**—गुजराती 'गरबा' का मूल अर्थ 'मिट्टी का कलश' है। कलश को देवी-पूजा के लिए सजाकर ले जाते हैं और देवी के सामने नृत्य तथा गायन किया जाता है।

***गररा**—[< हि॰ गर्रा] *पु॰* लाख के रंग का घोड़ा। गर्रा।

***गरराना**—[अनु॰] *क्रिअ॰* १. भीषण ध्वनि होना/करना। २. गरजना।

गररी—[अनु॰ < गलल-गलल] *स्त्री॰* 'गलगलिया' नामक चिड़िया।

गरल—[स॰ √गृ + अलच्] *पु॰* विष/ज़हर या हालाहल विष। ✣ **गरलधर**—*पु॰* = १. विषधर। साँप। २. शिव। महादेव। ✣ **गरलव्रत**—*पु॰* = मयूर। मोर। ✣ **गरलामृत (गरल-अमृत)**—*पु॰* = विष और अमृत। ✣ **गरलारि (गरल-अरि)**—*पु॰* = पन्ना नामक रत्न। ✣ **गरली**—*वि॰* = ज़हरीला।

***गरवा**—[< स॰ गुरु] *वि॰* १. गुरुत्वयुक्त। भारी। २. गुरुत्वपूर्ण। गम्भीर। ३. महान्। बड़ा। ✣ **गरवातन**—*पु॰* = गुरुत्व। गौरव। ✣ **गरवी**—*वि॰ (स्त्री॰)* = १. भारी। २. गम्भीर। ३. महान्।

गरहर—[< हि॰ गला] *पु॰* नटखट चौपायों के गले में बाँधी जानेवाली लकड़ी (जिसके कारण वे तेज़ भाग नहीं सकते) कुन्दा।

गरामी—[फ़ा॰] प्रतिष्ठित या प्रसिद्ध। **जैसे**—नामी-गरामी।

गरारा—[< हि॰ घेरा] १. ढीली मोरी का पाजामा। २. पाजामे की ढीली मोरी। **जैसे**—गरारेवाला पाजामा।

गरारा—[< फ़ा॰ ग़रार:] *पु॰* मुख में पानी भरकर 'गर-गर' शब्द करते हुए चलाना।

गरारी—*स्त्री॰ ≤ हि॰* गड़ारी। चरखी। घिरनी। (अ॰ पुली)

गराँ—[फ़ा॰] *वि॰* १. महँगा। २. भारी। ३. अप्रिय। ✣ **गराँडील**—*वि॰* = जो लम्बा, मोटा तथा शक्तिशाली हो। बहुत बड़े डील-डौल वाला।

गरित—[स॰ गर + इतच्] *वि॰* जिसमें विष मिला हो। विष-युक्त।

गरिमा—[स॰ गुरु + इमनिच्, गर आदेश] *स्त्री॰* १. गुरुत्व। भारीपन। २. घमंड। ३. एक सिद्धि जिससे शरीर का भार इच्छानुसार बढ़ाया जा सकता है।

गरियार—[< स॰ गुरु] १. सुस्त। ***जैसे***—गरियार बैल। २. काम करने में आलसी/सुस्त। ***जैसे***—गरियार नौकर।

गरिष्ठ—[स॰ गुरु + इष्ठन्, गर् आदेश] १. सबसे भारी या बहुत भारी। २. (खाने की वस्तु) जो बहुत देर में पचती हो। दुष्पाच्य।

गरी—[स॰ √गृ] *स्त्री॰* १. फलों के बीजों के भीतर का गूदा। मींग। मग़ज़। २. नारियल का मग़ज़। खोपरा। ● **विशेष**—'गरी' को **'गिरि'** भी बोला जाता है।

ग़रीबनिवाज़—*वि॰* = दीनदयाल। दयालु। ✣ **ग़रीबनी**—*वि॰ (स्त्री॰)* = १. निर्धन/ग़रीब (स्त्री)। २. असहाय। बेचारी। *स्त्री॰* = १. निर्धन स्त्री। २. असहाय/लाचार स्त्री। ***जैसे***—मुझ ग़रीबनी पर दया करो। ✣ **ग़रीबपरवर**—*वि॰* = ग़रीबों का पालन करनेवाला।

गरीय—[स॰ गरीयस् (गुरु √ईयसुन्, गर् आदेश)] *वि॰* १. अधिक भारी। गुरुतर। २. अधिक महान्। महत्तर।

गरीयसी—[स॰ गरीयस् + डीष्] वि॰ *(स्त्री॰)* १. महत्त्वपूर्ण। २. भारी।

***गरीसा**—*वि॰ ≤ स॰* गरीयस्। गरीय।

गरुआ[२]—*वि॰ ≤ स॰* गर्वित। गर्वयुक्त। घमंडी।

गरुड़—[< स॰ गरुड] *पु॰* एक बड़े आकार का पक्षी जिसकी दुम गोल और लम्बी तथा पंख लम्बे और बहुत चौड़े होते हैं। ● **विशेष**—१. गरुड़ की ध्वनि ऊँची और कर्कश होती है। २. गरुड़ मछलियों का शिकारी पक्षी है। ३. गरुड़ का नागों/सर्पों से वैर पुराण कथाओं में वर्णित है। ४. गरुड़ विष्णु-भक्त और विष्णु-वाहन के रूप में प्रसिद्ध है। ✣ **गरुड़केतु**—*पु॰* = विष्णु (देवता)। ✣ **गरुडगामी (गरुड़गामिन्)**—*पु॰* = (गरुड पर बैठकर जानेवाला) विष्णु (देवता)। ✣ **गरुड़ध्वज**—*पु॰* = १. विष्णु (देवता)। २. वह स्तम्भ/खम्भा जिस पर गरुड़ की मूर्ति हो। ३. गुप्तवंशीय सम्राट् (समुद्रगुप्त आदि) जिसकी ध्वजा पर गरुड़ बना होता था। ✣ **गरुड़पञ्चमी (गरुड़पंचमी)**—*स्त्री॰* = श्रावण शुक्ल पंचमी। ✣ **गरुड़पुराण**—*पु॰* = अठारह पुराणों में से एक। ✣ **गरुड़मन्त्र (गरुड़मंत्र)**—*पु॰* = विष का प्रभाव नष्ट करनेवाला एक मन्त्र जिसका देवता 'गरुड़' है। **गरुड़यान**—*पु॰* =विष्णु (देवता)।

गरुड़रुत—[< स॰ गरुडरुत] *पु॰* (छन्द॰) एक वर्णिक छन्द जिसके प्रत्येक चरण में क्रमशः नगण, जगण, भगण, जगण, तगण तथा गुरु (न ज भ ज त ग) के योग से १६ वर्ण होते हैं।

गरुड़व्यूह—[< स॰ गरुड ~ व्यूह] *पु॰* (प्राचीन भारत में) युद्ध की एक व्यूह-रचना जिसमें सेना का मध्य चौड़ा भाग और अगले तथा पिछले भाग पतले होते थे।

गरुड़ाग्रज—[< स॰ गरुड ~ अग्रज] *पु॰* गरुड़ का बड़ा भाई। अरुण (जो सूर्य का सारथि है)।

गरुड़ाश्म—[स॰ गरुडाश्मन्] *पु॰* 'पन्ना' नामक रत्न। मरकतमणि।

गरुत्—[स॰ √गृ + डति] *पु॰* पक्षी के पर या पंख।

गरुत्मान्—[स॰ गरुत्मत्] *पु॰* १. पक्षी। २. गरुड़।

***गरुरवा**—[< स॰ गारुडिक] *पु॰* १. मन्त्र से साँप का विष उतारनेवाला। गारुड़िक। विष-वैद्य। २. सँपेरा।

***गरुरु**—*पु॰ ≤ स॰* गरुड़।

***गरुवा**—[< स॰ गुरु] *वि॰* गुरु। भारी। ✣ ***गरुवाई**—*स्त्री॰* = गुरुता। भारीपन।

†**गरेठा**—[देशज] वि॰ टेढ़ा।

गरेबान—[फ़ा॰] *पु॰* कुर्ता, कमीज़ आदि वस्त्रों का गला। ***वा॰* गरेबान फाड़ना**—पागल होना। **(अपने) गरेबान में मुँह/सिर डालना**—१. लज्जित होना। २. अपना अपराध स्वीकार करना।

†**गरेरना**—[अवधी < हि॰ घेरना] *क्रिस॰* १. घेरना। २. रोकना। ✣ **गरेरी**—*क्रिवि॰* = घेर कर।

गरेरा—[< हि॰ गरेरना] *पु॰* घेरा। *वि॰* घुमावदार।

गरेरी**—[< हि॰ गरेरा] *वि॰ (स्त्री॰)* घुमावदार। चक्करदार। ***जैसे—गरेरी सीढ़ियाँ। *स्त्री॰* चरख़ी। घिरनी।

***गरैठा**—[< हि॰ गरेठा] *वि॰* टेढ़ा। ✣ **गरैठी/ *गरैंठी**—*वि॰ (स्त्री॰)* = टेढ़ी।

गरैयाँ—[< हि॰ गरा (= गला)] *स्त्री॰* पशुओं के गले में बाँधने की रस्सी। गराँव।

ग़र्क़—[अरबी] *वि॰* डूबा हुआ। निमग्न। ***वा॰* ग़र्क़ होना**—१. डूबना। २. नष्ट होना। ३. तल्लीन होना।

गर्ग—[सं० √गृ + ग] पु० १. ब्रह्मा का एक पुत्र। २. ब्राह्मणों में एक कुल-नाम या गोत्र। ● **विशेष**—'गर्ग' की व्युत्पत्ति में प्रयुक्त गृ में **दीर्घ ऋकार** है।

गर्गर—[< सं० गर्ग √रा + क] पु० १. भँवर। २. कलश। गागर।

गर्गरी—[< सं० गर्गर + ङीष्] स्त्री० १. गगरी। कलसी। २. दही जमाने की मटकी। दहँड़ी। ३. मथानी।

गर्ज—[< सं० √गर्ज्] स्त्री० गर्जन। गरज।

गर्जन—[सं० √गर्ज् + ल्युट्] पु० घोर/भीषण ध्वनि करने की क्रिया/भाव। गर्जना। गरज। ✣ **गर्जन-तर्जन**—पु० = क्रोध के आवेश में ज़ोर से बोलना और डाँटना।

गर्डर—[अं०] पु० छतों और पुलों में प्रयुक्त होनेवाली लोहे की मोटी और लम्बी छड़। लोहे की बनी धरन।

गर्त—[सं० √ गृ + तन्] पु० १. गड्ढा। खड्ड। २. छेद। ३. बिल। ४. दरार।

गर्तघर—[सं० गर्त + हिं० घर] पु० (नृविज्ञान०) आदिम घर का एक रूप जो गड्ढ़ा खोदकर बनाया जाता था। गर्तवास।

गर्ताश्रय—[सं० गर्त ~ आश्रय] वि०, पु० भूमि में बिल बनाकर रहनेवाला (जन्तु)। *जैसे*—चूहा गर्ताश्रय है।

गर्तिका—[सं० गर्त + ठन् + टाप्] स्त्री० १. गड्ढा। २. जुलाहे का कारख़ाना। तन्तुशाला।

गर्द—[फा०] स्त्री० धूल। मिट्टी। ***वा० गर्द झड़ना***—१. थोड़ी पिटाई होना। २. ऐसा पीटना जिसका अनुभव भी न हो। **(इधर-उधर) गर्द फाँकना**—मारे-मारे फिरना। इधर-उधर भटकना। **जगह-जगह की गर्द फाँकना**—जगह-जगह भटकते फिरना।

गर्दख़ोर—[फा०] वि० कपड़ा या उसका रंग जो धूल/मिट्टी आदि पड़ने से जल्दी मैला न लगे। *जैसे*—गर्दख़ोर रंग के कपड़े। पु० पैर पोंछने के लिए फर्श पर रखा जाने वाला टाट आदि। पायदान। ✣ **गर्दख़ोरा**—वि०, पु० = गर्दख़ोर।

गर्द-गुबार—[फा०] पु० हवा में उड़नेवाली धूल और मिट्टी। *जैसे*—कमरे में गर्द-गुबार का ढेर देखा।

गर्दभ—[सं० √गर्द् + अभच्] पु० गधा।

गर्दभाश्व—[सं० गर्दभ ~ अश्व] पु० एक पशु जो घोड़े और गधी की सन्तान होता है। खच्चर।

गर्दभी—[सं० गर्दभ + ङीष्] स्त्री० गधी।

गर्दिश—[फा०] स्त्री० १. घुमाव। चक्कर। परिभ्रमण। २. भाग्यचक्र से आया विपत्ति का समय। दुर्भाग्य।

गर्दोगुबार—[फा०] पु० गर्द और गुबार। धूल-मिट्टी।

गर्थ—[< सं० ग्रन्थ] पु० धन।

गर्भ—[सं० √गृ + भन्] पु० १. अंडे या गर्भाशय में भ्रूण की वह अवस्था जिसमें अंग स्पष्ट रूप से बन चुके होते हैं। २. जन्म लेने से पहले की अवस्था में प्राणी। भ्रूण। ३. किसी वस्तु का भीतरी भाग। *जैसे*—गर्भगृह। ४. कमल-कोष। पद्मकोष। *जैसे*—गर्भ-व्यूह में खड़ी सेना। ५. (स्त्री की) बच्चेदानी। गर्भाशय।

गर्भक—[सं० गर्भ + कन्] पु० १. एक रात्रि के आरम्भ से दूसरी रात्रि की समाप्ति तक का समय। २. स्त्रियों द्वारा केशों में खोंपा जाने वाला फूलों का गुच्छा।

गर्भकथा—[सं० गर्भ ~ कथा] स्त्री० (काव्य) किसी कहानी के अन्दर की अन्य कहानी।

गर्भ-केसर—[सं०] पु० फूलों में पाया जाने वाला स्त्री केसर।

गर्भकोष—[सं० गर्भ ~ कोष] पु० गर्भाशय।

गर्भगृह—[सं० गर्भ ~ गृह] पु० १. मन्दिर का वह मंडप या छोटा कक्ष जिसमें मुख्य मूर्ति स्थापित हो। गर्भमन्दिर। २. भवन के ठीक बीच का कमरा। ३. प्रसूति का कमरा। सौर।

गर्भ-च्युति—[सं०] १. जन्म। उत्पत्ति। प्रसव। २. कच्चा गर्भ गिर जाना। गर्भपात।

गर्भज—[सं० गर्भ + ज] वि०, पु० गर्भ से उत्पन्न (प्राणी)।

गर्भजात—[सं० गर्भ ~ जात] वि० १. जन्म का। पैदाइशी। २. गर्भज।

गर्भद—[सं० गर्भ ~ द] वि० गर्भ देनेवाला (व्यक्ति)। गर्भकार। गर्भदाता। गर्भ धारण करने योग्य बनानेवाली (औषध आदि वस्तु)।

गर्भदा—[सं० गर्भद + टाप्] वि० (स्त्री०) गर्भ धारण करने योग्य बनानेवाली (औषध, जड़ी-बूटी आदि) गर्भदात्री। स्त्री० सफ़ेद भटकटैया।

गर्भदात्री—[सं० गर्भ ~ दात्री] वि० (स्त्री०) गर्भदा।

गर्भ-दास—[सं०] पु० १. दासी का पुत्र। २. जन्म से दास। ✣ **गर्भ-दासी**—स्त्री० = १. दासी की पुत्री। २. जन्म से दासी।

गर्भवास—[सं० गर्भ ~ वास] पु० १. (बच्चे का) गर्भ के भीतर रहना। २. गर्भाशय। बच्चेदानी।

गर्भ-व्यूह—[सं०] पु० सैन्य-रचना जिसमें सेना को कमल के आकार में खड़ा किया जाता है।

गर्भसन्धि (गर्भसंधि)—[सं० गर्भ ~ सन्धि] (नाट्य०) रूपक की पंच सन्धियों में से तीसरी जिसमें अर्थप्रकृति और प्राप्त्याशा अवस्था का मिश्रण अवश्य रहता है। नाटक का प्रधान फल गर्भित रखनेवाली सन्धि।

गर्भस्थ—[सं० गर्भ + स्थ] वि० १. गर्भ में स्थित। २. आन्तरिक। भीतरी।

गर्भाङ्क (गर्भांक)—[सं० गर्भ ~ अङ्क] पु० (नाट्य०) नाटक के किसी दृश्य में स्थित दूसरा दृश्य।

गर्भायु—[सं० गर्भआयु] पु० गर्भधारण से तत्काल पहले हुए ऋतुस्राव के अन्तिम दिन से गिनी जाने वाली भ्रूण की उम्र।

गर्भाशय—[सं० गर्भ ~ आशय] पु० स्तनियों और अन्य जरायुज प्राणियों में भ्रूण के रहने और विकसित होने का स्थान। बच्चेदानी।

गर्भिणी—[सं० गर्भ + इनि + ङीप्] वि० (स्त्री०) गर्भवती।

गर्भित—[सं० गर्भ + इतच्] वि० १. जिसने गर्भ धारण किया हो। गर्भिणी। २. जिसके अन्दर कुछ छिपा हो। ३. भरा हुआ। पूरित। *जैसे*—अर्थगर्भित कहानी।

गर्भी—[सं॰ गर्भिन्] *वि॰* गर्भित। (दे॰) ***जैसे***—नीतिगर्भी कहानी।

गर्भीला—[< सं॰ गर्भ] *वि॰* १. जिसके भीतरी भाग में कोई वस्तु हो। २. (रत्न) जिसके अन्दर से चमक निकलती हो। ***जैसे***—गर्भीला हीरा।

गर्भोपघात—[सं॰ गर्भ ~ उपघात] *पु॰* गर्भपात या गर्भस्राव द्वारा गर्भ-नाश।

गर्मजोशी—[< फा॰ गर्म + जोश] *स्त्री॰* १. उत्साह। २. उत्साहपूर्ण सक्रियता।

गर्ममिज़ाज—[फा॰] *वि॰* उग्र स्वभाव का। क्रोधी स्वभाव वाला।

गर्रा[1]—[देशज] *पु॰* १. सफ़ेद और लाल रंग के मिले-जुले बालों वाला घोड़ा। २. लाख के रंग का घोड़ा। लाखी घोड़ा। ३. एक प्रकार का मटमैला सफ़ेद पत्थर जो चक्की के पाट इत्यादि को बनाने में काम आता है।

गर्रा[2]—[< हि॰ गरेरना] *पु॰* घिरनी। घिर्री। ✣ **गर्री**—*स्त्री॰* = तागा लपेटने का एक उपकरण।

गर्व—[सं॰ √गर्व् + घञ्] *पु॰* १. अपनी किसी श्रेष्ठता या किसी श्रेष्ठ व्यक्ति, वस्तु/बात आदि पर अभिमान। गौरव। ***जैसे***—गर्व से कहो—'हम हिन्दू हैं'। २. अभिमान। घमंड। (काव्य॰) एक संचारी भाव। वैभव, उच्चकुल, सौन्दर्य, यौवन, विद्वत्ता, बल या धन-सम्पन्नता के अभिमान से किसी को अपने समान न गिनने की भावना जो दूसरों के प्रति अनादर/अवज्ञा/उपेक्षा आदि से प्रकट होती है।

गर्वगहीली—[सं॰ गर्व + हि॰ गहीली] *वि॰* (*स्त्री॰*) अभिमानिनी। गर्वीली।

गर्वघ्न—[सं॰ गर्व + घ्न] *वि॰* गर्व नष्ट करनेवाला। गर्वनाशक। गर्वहारी।

***गर्ववन्त (गर्ववंत)**—*वि॰* ≤ *सं॰* गर्ववान्।

गर्ववान्—[सं॰ गर्व + मतुप्] *वि॰* जिसे गर्व हो। गर्वयुक्त। गर्वित।

गर्वस्फीत—[सं॰ गर्व ~ स्फीत] *वि॰* गर्वयुक्त। गर्वित। जैसे—गर्वस्फीत मस्तक।

गर्वहर/गर्वहारी—[सं॰ गर्व ~ हर/हारिन्] *वि॰* गर्वघ्न।

***गर्वाना**—[< सं॰ गर्व] *क्रिअ॰* गर्व करना। *क्रिस॰* किसी को गर्वयुक्त होने में प्रवृत्त करना। गर्वित करना/कराना।

गर्वापहारी—[सं॰ गर्व ~ अपहारिन्] *वि॰* गर्व नष्ट करनेवाला। गर्वनाशक।

गर्विणी—[सं॰ गर्विन् + ङीप्] *वि॰* (*स्त्री॰*) गर्व/घमंड करनेवाली (स्त्री)। गर्वीली।

गर्वित—[सं॰ √गर्व् + क्त] *वि॰* गर्वयुक्त। घमंडी। ✣ **गर्विता**—*वि॰* (*स्त्री॰*) = गर्वयुक्त (स्त्री)। *स्त्री॰* = गर्व करनेवाली स्त्री। (काव्य॰) अपने रूप और गुणों पर गर्व करनेवाली नायिका।

गर्विष्ठ—[सं॰ गर्व + इष्ठन्] *वि॰* जिसे गर्व हो। गर्वयुक्त। घमंडी।

गर्वी—[सं॰ गर्विन्] *वि॰* १. गर्व करनेवाला। २. अभिमानी। घमंडी।

गर्वीला—[< सं॰ गर्व] *वि॰* गर्वी। ✣ **गर्वीली**—*वि॰* (स्त्री॰) = गर्विणी।

गर्हण—[सं॰ √गर्ह् + ल्युट्] *पु॰* १. बुरा समझकर निन्दा करना। २. दोष लगाना। ३. भर्त्सना करना। धिक्कारना। ✣ **गर्हणा**—*स्त्री॰* = गर्हण। ✣ **गर्हणीय**—*वि॰* = १. निन्दा करने योग्य। निन्द्य। २. दोषारोपण के योग्य। ३. भर्त्सना का पात्र।

गर्हा—[सं॰ √गर्ह् + अ + टाप्] *स्त्री॰* १. निन्दा। २. भर्त्सना।

गर्हित—[सं॰ √गर्ह् + क्त] *वि॰* १. जिसकी निन्दा की गयी हो। निन्दित। २. जिसे धिक्कारा गया हो। ३. इतना बुरा कि देखने पर घृणा उत्पन्न हो।

गर्ह्य (गर्ह्य)—[सं॰ √गर्ह् + ण्यत्] *वि॰* गर्हणीय। ✣ **गर्ह्यवादी (गर्ह्यवादी)**—*वि॰* = १. निन्दक। २. धिक्कारनेवाला। ३. अपशब्द कहनेवाला।

गल[1]—[सं॰ √गल् + अप्] *पु॰* १. कंठ। गला। २. गर्दन।

गल[2]—[प्रा॰] *पु॰* मछली फँसाने का काँटा। बंसी।

गल[3]—[< हि॰ गलना] *क्रिअ॰* 'गलना' क्रिया का रूप। ***जैसे***—जल्दी गल।

गलकम्बल (गलकंबल)—[सं॰ गल ~ कम्बल] *पु॰* गाय-बैल के गले के नीचे का लटका रहता भाग।

गलगञ्जन (गलगंजन)—[< हि॰ गलगाजना] १. कोलाहल। शोर। २.डींग। शोर। ✣ **गलगञ्जना (गलगंजना)**—*क्रिअ॰* = १. ज़ोर से चिल्लाना। कोलाहल करना। २. डींग मारना। शेख़ी बघारना।

गलगण्ड (गलगंड)—[सं॰ गल ~ गण्ड] *पु॰* एक रोग जिसमें गला सूज जाता है।

गलगल—[अनु॰] १. 'गलगलिया' नामक पक्षी। २. लकड़ी को जोड़ने या उसके छेद बन्द करने में प्रयुक्त एक मसाला जो चूना और अलसी का तेल मिलाकर बनता है। ३. एक प्रकार का बड़ा और बहुत खट्टा नीबू जिसका अचार पड़ता है।

***गलगला**—[< हि॰ 'गलना' या 'गीला'] *वि॰* १. भीगा हुआ। गीला। तर। २. कोमल। मुलायम। ३. आँसुओं से भरा हुआ। अश्रु-पूर्ण। ✣ **गलगली**—वि॰ (स्त्री॰)।

गलगलाना—[< हि॰ गलगला] *क्रिअ॰* १. गीला होना। भीगना। २. (हृदय का) दया से आर्द्र होना। ३. गद्-गद् कंठ से बोलना। ४. हर्षित होना।

गलगाजना—[< सं॰ गलगर्जन] *क्रिअ॰* १. प्रसन्नता से गाल बजाना। २. ज़ोर-ज़ोर से बोलना। ३. शोर करना। ४. डींगें मारना।

गल-ग्रह—[सं॰] *पु॰* १. गला पकड़ना। गला घोंटना। २. गले में कफ अटकने का एक रोग। ३. वह वस्तु जिससे शीघ्र जान न छूटे। कष्टप्रद बन्धन। ४. वह संकट जो सरलता से दूर न हो।

गलजोत—[< हि॰ गला + जोत] *स्त्री॰* १. वह रस्सी जिससे दो बैलों के गले एक साथ बाँधे जाएँ। २. कष्टप्रद दायित्व/भार का बन्धन।

गलझम्प (गलझंप)—[< हि॰ गला + झाँपना] *पु॰* हाथी के गले में बाँधने की ज़ंजीर।

***गलतंस**—[< सं॰ गलित ~ वंश] *पु॰* १. उत्तराधिकारी-हीन मृत

व्यक्ति। निर्वंश व्यक्ति। २. वह सम्पत्ति जिसका कोई उत्तराधिकारी न हो। लावारिस सम्पत्ति।

गलतकिया—[< हि॰ गाल + तकिया] *पु॰* गाल के नीचे लगाने का एक प्रकार का गोल और छोटा तकिया।

गलतनी—[< हि॰ गला + तनना] *स्त्री॰* बैल के गले में बाँधी जाने वाली रस्सी। पगहा।

गलता—[< फा॰ गलतान] *पु॰* (दीवार में बनी) कार्निश। कँगनी।

***गलतान**—[देशज] *वि॰* तल्लीन। निमग्न।

गलती—[< स॰ गलन्ती] *स्त्री॰* शिव-मन्दिर का अभिषेक-घट जिसके छिद्र से बूँद-बूँद पानी गिरता रहता है।

ग़लती—[< अरबी ग़लत] *स्त्री॰* १. विधिपूर्वक काम न करने की अवस्था/भाव। २. त्रुटि। भूल-चूक। ३. नियम/सिद्धान्त आदि की दृष्टि से हुई अशुद्धि।

गलथन—[< स॰ गलस्तन] *पु॰* कुछ बकरियों के गले में लटकनेवाला मांस-पिंड। गलस्तन।

गलथैली—[< हि॰ गाल + थैली] *स्त्री॰* बन्दरों के गले के अन्दर की थैली जैसा अंग जिसमें वे खाया हुआ जल्दी-जल्दी भर लेते हैं और बाद में निकालकर खाते रहते हैं।

गलदश्रु—[स॰ गलत् ~ अश्रु] *वि॰* आँसू बहाता हुआ। रोता हुआ।

गलनशाला—[स॰ गलन ~ शाला] *स्त्री॰* (किसी उद्योग में) गलन-कार्य करने का स्थान। ***जैसे***—इस्पात गलनशाला।

गलनाङ्क (गलनांक)—[स॰ गलन ~ अङ्क] *पु॰* (विज्ञान॰) वह ताप जिस पर कोई ठोस पदार्थ बिना अपघटित हुए द्रव में बदल जाता है। पिघलने का ताप।

गलनीय—[स॰ √गल् + अनीयर] *वि॰* (पदार्थ) जो गर्म करने पर पिघल जाए। ✣ **गलनीयता**—*स्त्री॰* = गलनीय होने की अवस्था/भाव।

गलन्तिका/गलन्ती (गलंतिका/गलंती)—[स॰ √गल् + शतृ + ङीप् +नुम् + कन् + टाप्, √गल् + शतृ + ङीप्, नुम्] *स्त्री॰* १. छोटा कलश/घड़ा। कलसी। २. शिव-मन्दिर का अभिषेक-घट जिससे बूँद-बूँद पानी गिरता रहता है।

गलफड़ा—[< हि॰ गला + फेफड़ा] *पु॰* जलचरों का, पानी में साँस लेने का, अंग विशेष।

गलफाँसी—[< हि॰ गला + फाँसी] *स्त्री॰* १. गले में पड़ी फाँसी या फाँसी का फन्दा। २. (लाक्षणिक) बड़ा संकट जिससे मुक्त होना बहुत कठिन हो। जंजाल।

गलफूला—[< हि॰ गल + फूलना] *वि॰* १. रुष्ट होने के कारण जिसके गाल फूले हुए हों। २. जो ज़रा-ज़रा-सी बात पर रुष्ट हो जाता हो। ✣ **गलफूली**—*वि॰* (*स्त्री॰*)।

गलबदरी—[< हि॰ गलना + बादल] *स्त्री॰* शीतकाल में बादलों के छाए रहने का दिन जिसमें हाथ-पैरों में गलन अनुभव होती है।

गलबल—[< स॰ गल्ल ~ वल्ल] *पु॰* १. कोलाहल। शोर। २. खलबली। ३. गड़बड़। गड़बड़ी।

गलमँदरी—*स्त्री॰* ≤ *स॰* गलमुद्रा।

गलमुच्छा—[< हि॰ गाल + मूँछ] *पु॰* गालों पर मूँछ की सीध में रखे हुए दाढ़ी के बढ़ाए हुए बाल।

गलमुद्रा—[स॰ गल ~ मुद्रा] *स्त्री॰* शिव-पूजन में गाल बजाने की क्रिया/भाव। गलमँदरी।

गलशुण्डिका (गलशुंडिका)—[स॰ गल ~ शुण्डिका] *स्त्री॰* जीभ की जड़ के समीप स्थित कौआ। उपजिह्वा। घंटी।

गल-शोथ—[स॰] *पु॰* (जुकाम आदि रोगों में) गले के भीतरी भाग में होनेवाली सूजन।

गलसिरी—[स॰ गल-श्री] *स्त्री॰* गले का एक आभूषण। कंठश्री।

गलसुआ—[< हि॰ गला +सूजन] *पु॰* एक रोग जिसमें गाल के नीचे के भाग में सूजन हो जाती है।

गलसुई—[< स॰ गल्लचातुरी] *स्त्री॰* गाल के नीचे रखने का छोटा और कोमल तकिया। गलतकिया।

गलस्तन—[स॰ गल ~ स्तन] पु॰ गलथन। (दे॰) ✣ **गलस्तनी**—*स्त्री॰* = गलथनवाली बकरी।

†गलार—[< हि॰ गाल] *वि॰* १. गाल बजानेवाला। बकवादी। २. झगड़ालू। ● **विशेष**—गलगलिया (पक्षी) को भी कहीं-कहीं 'गलार' कहा जाता है।

गलारी—*स्त्री॰* ≤ हि॰ गलगलिया (पक्षी)।

गलासी—[< हि॰ गला] *स्त्री॰* चौपायों के गले में बाँधने की रस्सी।

गलिया—[< स॰ गल] *स्त्री॰* चक्की के ऊपर के पाट का वह छेद जिसमें अनाज पड़ता है।

ग़लीज़—[अरबी] *वि॰* गन्दा।

***गलीत/गलीतु**—[< स॰ गलित] *वि॰* १. गलित। २. गन्दा। ३. अनुचित। बुरा। ४. दुर्दशा को प्राप्त। दुर्दशाग्रस्त।

गलेबाज़—[< हि॰ गला + फा॰ प्रत्यय बाज़] *वि॰* १. अधिक तानें और पलटे लेनेवाला कुशल गायक। २. बहुत ज़ोर से बोलनेवाला। ३. शेख़ी मारनेवाला। ✣ **गलेबाज़ी**—*स्त्री॰* = १. गायन में अधिक तानें और पलटे लेकर अपनी निपुणता दिखाना। २. बहुत ज़ोर से बोलना। ३. शेख़ी मारना।

***गलौ**—[< स॰ ग्लौ] *पु॰* चन्द्रमा। शशि।

***गलेलना**—[< हि॰ गला] *क्रि॰स॰* ज़बरदस्ती गले के नीचे उतारना।

गलौआ—[< हि॰ गाल] *पु॰* बन्दर के गालों के अन्दर होने वाली एक प्रकार की थैली। ● **विशेष**—बन्दर 'गलौओं' में खाने की वस्तुएँ जल्दी-जल्दी भर लेता है और बाद में अपनी सुविधा से उसे निकाल-निकाल कर खाता रहता है।

गल्प—[< स॰ जल्प] *पु॰* १. छोटी घटनात्मक कहानी। २. डींग। शेख़ी। ३. गप्प।

गल्ल[१]—[< स॰ √गल् + ल] *पु॰* १. कपोल। गाल। *स्त्री॰* १. बात। २. कोलाहल। शोर।

गल्लई—[< स॰ ग़ल्ल] *स्त्री॰* कोलाहल। शोर।

ग़ल्लई—[< हि॰ ग़ल्ला] ग़ल्ला/अनाज से सम्बन्धित। अनाज का।

जैसे—ग़ल्लई व्यापार।

***गल्लह**—[< सं॰ गल्ल] *पु॰* प्रसिद्धि। यश।

गल्ला—[< फा॰ ग़ल्ल:] *पु॰* बकरियों आदि का झुंड। *जैसे*—भेड़ों का गल्ला। २. दुकानदार की थैली आदि जिसमें वह बिक्री से प्राप्त धन रखता है।

ग़ल्ला—[< अरबी ग़ल्ल:] *पु॰* अन्न। अनाज। *जैसे*—ग़ल्ला-व्यापारी। ✣ **ग़ल्लाफ़रोश**—*पु॰* = अनाज बेचनेवाला दुकानदार। अनाज-विक्रेता।

***गल्ह**—[< सं॰ गल्भ] *वि॰* धृष्ट। ढीठ।

गवय—[सं॰ गव √या + क] *पु॰* नीलगाय। (छन्द॰) एक मात्रिक छन्द जिसके प्रथम चरण में १९ मात्राएँ होती हैं जिनमें ११-१३ पर यति होती हैं और द्वितीय चरण में २४ मात्राएँ होती हैं जिनमें १३-११ पर यति होती है।

गवर्नर—[अं॰] *पु॰* १. शासक। २. अँग्रेज़ी शासन-काल के भारत में किसी प्रान्त का सर्वोच्च अधिकारी। ३. (वर्तमान भारत में केन्द्र द्वारा नियुक्त) राज्यपाल।

गवर्नर-जनरल—[अं॰] *पु॰* १. प्रधान शासक। २. अँग्रेज़ी शासन-काल में भारत का सर्वोच्च अधिकारी।

गवहिं—[< हिं॰ गौं] *पु॰* स्वार्थ। प्रयोजन। मतलब।

गवँ, गौं—[प्रा॰ गवँ < सं॰ √गम्] पु॰ १. उपाय। २. ताक। दाँव। ३. लक्ष्य। ४. बहाना।

गवाक्ष—[सं॰ गव ~ अक्ष] १. गाय की आँख। २. घर का रोशनदान या झरोखा। ३. खिड़की।

गवादि—[सं॰ गो ~ आदि] *पु॰* गाय-बैल इत्यादि।

गवारा—[फा॰] *वि॰* १. सहने योग्य। २. रुचिकर। पसन्द। ३. स्वीकार करने योग्य।

गवास[1]—[प्रा॰ < सं॰ गवाश] *पु॰* १. गो-भक्षी। २. क़साई।

गवास[2]—[< हिं॰ जाना] *स्त्री॰* गाने की रुचि। *जैसे*—उसे गवास है अतः हर जगह गाने लगता है।

गवेषण—[सं॰ √गवेष् + ा ल्युट्] *पु॰* अनुसन्धान। खोज।

***गवेंझ (गवेंझ)**—(देशज) *स्त्री॰* आकुलता। बेचैनी।

गव्य—[सं॰ गो + यत्] *वि॰* गाय से प्राप्त (दूध आदि) *पु॰* १. गायों का झुंड। गो-समूह। २. गाय का दूध। गो-दुग्ध। ३. चरागाह। ४. गाय से प्राप्त दूध आदि पदार्थ ('पंचगव्य' में से प्रत्येक) ● **विशेष**—दूध, दही, घी, गोबर और गोमूत्र को **'पंचगव्य'** कहते हैं।

गव्यूति—[सं॰ गो ~ यूति, अव् आदेश] *स्त्री॰* दो कोस (= चार मील) की प्राचीन माप।

ग़श—[अरबी] *पु॰* मूर्छा। बेहोशी। ***वा॰* ग़श खाना**—मूर्छित होना। ✣ **†ग़शी**—*स्त्री॰* = ग़श।

गश्त—[फा॰] *पु॰* १. भ्रमण। चक्कर। २. पर्यटन। दौरा। ३. पुलिस के लोगों द्वारा किसी क्षेत्र में या उसके चारों ओर सुरक्षा या देखभाल आदि के उद्देश्य से घूमना-फिरना। समय-समय पर घूमना। ✣ **गश्ती**—*वि॰* = गश्त लगानेवाला। २. एक वर्ग के सभी लोगों के पास में जानेवाला। *जैसे*—गश्ती पुलिस। ✣ **गश्ती चिट्ठी**—*स्त्री॰* = वह पत्र जो सभी अधीन कर्मचारियों या अधिकारियों के पास भेजा जाए। परिपत्र। (अं॰ सर्क्यूलर)

†गस—*स्त्री॰* ≤ *हिं॰* गाँस।

***गसना[1]**—[< सं॰ कषण] *क्रिस॰* १. कसकर बाँधना। कसना। २. पकड़ना। (गसिगौ = पकड़ लिया गया) *जैसे*—गसिगौ कसि प्रीति के फंदनि मैं। *क्रिअ॰* १. फँसना। २. अनुरक्त होना।

***गसना[2]**—[< सं॰ ग्रसन] *क्रिस॰* १. ग्रसना। २. ग्रस्त होना। ✣ **गसौंहा**—*वि॰* पकड़े हुये। जकड़े हुये।

***गस्त**—*स्त्री॰* ≤ फा॰ गश्त। (दे॰) ✣ **गस्ती**—*वि॰* = गश्ती।

गस्सा—[< सं॰ ग्रास] *पु॰* ग्रास। कौर। *जैसे*—बड़े-बड़े गस्से मत खाया करो। ***वा॰* गस्सा मारना**—जल्दी-जल्दी खाने के लिए मुँह में बड़े-बड़े ग्रास रखना।

***गह**—[< सं॰ √ग्रह] *स्त्री॰* मूठ। हत्था।

गहक—[< हिं॰ गहकना] *स्त्री॰* १. गहकने की क्रिया/भाव। २. लालसा। ललक। ३. आवेश। ४. उमंग।

†गहगच—[अनु॰] *पु॰* १. दलदल। कीचड़। २. झंझट। जंजाल।

***गहगड/गहगड़**—[< हिं॰ गहरा + गड] *वि॰* गम्भीर। घोर। गहरा। *पु॰* १. कोलाहल। शोर। २. धूमधाम। ३. उत्सव।

†गहगड्ड—[< हिं॰ गहरा + गड्ड] *वि॰* १. बहुत अधिक। घोर। *जैसे*—गहगड्ड नशा। २. बहुत अधिक और इकट्ठा। *जैसे*—गहगड्ड सामान।

***गहगहट**—[< हिं॰ गहगहाना] प्रफुल्लता। हर्षयुक्तता।

गहगह/गहगहा—[प्रा॰ < सं॰ गद्गद] *वि॰* १. आनन्द और उल्लास से पूर्ण। प्रफुल्लित। उल्लसित। २. उत्साहपूर्ण। ३. धूमधामवाला। *जैसे*—गहगहे बाजे। ३. परिपूर्ण। समृद्ध। भरा-पूरा। ४. घोर। *जैसे*—गहगहे काले बादल। ५. लहलहाता हुआ। बहारदार। *जैसे*—गहगहा वृक्ष। ✣ **गहगहे**—*क्रिवि॰* १. आनन्दपूर्वक। २. धूमधाम से। ● **विशेष**—कहीं-कहीं 'गहगहे' (*वि॰*) का अर्थ 'बन्धन में पड़ा हुआ' [< सं॰ गृह ~ गृहीत] भी होता है।

***गहगोरा**—[< हिं॰ गहरा + गोरा] *वि॰* बहुत अधिक गोरे रंग वाला।

गहडोरना—[< सं॰ गाह ~ दोलन] *क्रिस॰* १. मथ कर उथल-पुथल कर डालना। २. (पानी को) अवगाहन करके गन्दा करना।

†गहथा—[< सं॰ ग्रस्त] *वि॰* (सूर्य/चन्द्र आदि) जिसे ग्रहण लगा हुआ हो। *जैसे*—गहथा चन्द्रमा उगना।

गहन[1]—[सं॰ √गह् + ल्यु] *वि॰* १. गहरा। *जैसे*—गहन तालाब। २. सघन। विषम। घोर। ३. दुर्गम/अप्रवेश्य/अगम्य (स्थान)। *जैसे*—गहन पर्वत। ४. (समझने में) दुरूह। क्लिष्ट। कठिन। *जैसे*—गणित तो गहन विषय है। ५. पीड़ा देनेवाला। पीड़क।

गहन[2]—[सं॰ √गह् + ल्युट्] *पु॰* १. घना जंगल। २. गहराई। ३. गुफ़ा। ४. पीड़ा। कष्ट। *वि॰* दुष्कर। कठिन।

गहन**[3]—[< सं० ग्रहण] *पु०* १. ग्रहण करने की क्रिया/भाव। ग्रहण। २. धारण करने की क्रिया/भाव। धारण। ३. सूर्य/चन्द्र का राहु/केतु के द्वारा ग्रास। ग्रहण। ***जैसे—चन्द्र गहन आरम्भ हो गया। ४. विपत्ति। ५. बन्धक। गिरवी। *स्त्री०* १. हठ। टेक। २. पकड़। *क्रिवि०* ग्रहण करने के लिए। ग्रहणार्थ। ✣ **गहन खेती**—*स्त्री०* (अर्थ०) = नए उपायों द्वारा कृषि में उत्पादन बढ़ाने का प्रयत्न।

***गहनि**—[< हि० गहन[3]] *स्त्री०* १. सूर्य/चन्द्र का राहु/केतु के द्वारा ग्रास। २. ग्रहण करने की क्रिया। पकड़। ३. हठ। ज़िद।

गहनी—[< हि० गहना] *स्त्री०* १. कुम्हारों का एक उपकरण। गहना। २. खेतों की घास निकालने का एक उपकरण।

***गहने**—[< हि० गहना (= बन्धक)] *क्रिवि०* बन्धक/गिरवी के तौर पर। *वि०* बन्धक रखा हुआ।

***गहब**—[< सं० गह्वर] *वि०* गम्भीर। गहरा। २. मोटा। *क्रिस०* ग्रहण करना। पकड़ना।

गहबर**—[< सं० गह्वर] *वि०* १. गम्भीर। गहरा। २. दुर्गम। विषम। विकट। घोर। ३. व्याकुल। विकल। बेचैन। ४. गहन। घना। ५. गहरा/चमकदार/चटकीला (रंग)। ***जैसे—गहबर पीला रंग। ६. भावों से भरा हुआ। गद्गद।

***गहबरन**—[< हि० गहबरना] *स्त्री०* व्याकुलता। घबराहट।

***गहभरा**—[< सं० गहबर] *वि०* व्याकुल।

गहमह**—[अनु०] *स्त्री०* १.चहल-पहल। धूमधाम। २. जगमगाहट। ✣ **गहमहई**—*स्त्री०* = १. चहल-पहल। २. जगमगाहट। 3. प्रचुरता। ***जैसे—गोधन की गहमहई।

गहर—[< प्रा० गहिर/गहीर < सं० गभीर] *वि०* १. गम्भीरतायुक्त। २. गहरा। ३. (नदी आदि का जल) जिसकी थाह बहुत नीचे हो। ४. गहन। दुर्गम। ५. बहुत ज़्यादा। अत्यधिक। ***जैसे***—सीतल छाया गहर फल। *स्त्री०* १. गहराई। २. विलम्ब। देर।

गहरना[1]—[< हि० गहर] *क्रिअ०* विलम्ब करना। देर लगाना।

गहरना[2]—[< अरबी कह्र] *क्रिअ०* १. लड़ना। झगड़ना। २. कुढ़ना। ३. क्रोध करना।

गहराना[1]—[< हि० गहरा] *क्रिअ०* गहरा होना।

गहराना[2]—[< हि० गहरना[2]] क्रुद्ध होना। नाराज़ होना।

गहरु/गहरू—[< हि० गहर] *स्त्री०* विलम्ब। देर। *वि०* १. गहन। दुर्गम। २. गहरा।

गहरे—[< हि० गहरा] *वि०* 'गहरा' को बहुवचन। ***जैसे***—बहुत गहरे लोग। *क्रिवि०* बहुत भीतर। ***जैसे***—गहरे जाकर। ***वा०*** दे० गहरा।

गहवाना—[हि० 'गहना' का प्रेरणा०] *क्रिस०* किसी से पकड़ने का काम कराना। पकड़वाना। गहाना।

***गहव्वर (गहव्वर)**—*पु०* ≤ गह्वर।

***गहाई**—[< हि० गहना/गहाना] *स्त्री०* पकड़।

गहागह—[< हि० गभुआना] *वि०* आनन्दपूर्ण।

गहाना—[< हि० गहना] पकड़वाना।

***गहासना**—[< सं० ग्रसना] *क्रिस०* १. ग्रसना। निगलना। २. पकड़ना।

गहि**—[< हि० गहना] *क्रिवि०* १. गहकर। पकड़कर। २. ग्रहण कर। ३. कस कर। ***जैसे—गाँठि गहि दीन्ही।

***गहिगहि**[1]—[< हि० गहि-गहि] *क्रिवि०* बार-बार पकड़ कर, कसकर या ग्रहण कर।

***गहिगहि**[2]—[< हि० गहगहना] *क्रिवि०* गहगहे भाव से। आन्दमग्न होकर। प्रफुल्लतापूर्वक।

***गहिर**—[< सं० गम्भीर] *वि०* १. गम्भीर। २. गहरा।

†गहिला—[< हि० गहेला] *वि०* १. भूत-प्रेत-बाधा से ग्रस्त। २. उन्माद रोग से ग्रस्त। पागल। ✣ **गहिली**—*वि०* (*स्त्री०*)

गहिलाना—[देशज] *क्रिस०* १. प्रवाहित करना। बहा देना। २. धोकर हटाना।

***गहीर**—[< सं० गम्भीर] *वि०* १. गम्भीर। २. गहरा।

गहीला—[< हि० गहेला] *वि०* १. भूत-प्रेत-बाधा से ग्रस्त। २. उन्माद रोग से ग्रस्त। उन्मत्त। पागल। २. गर्वीला। घमंडी। ३. ग्रहण/धारण करनेवाला। ४. किसी के द्वारा पकड़ा हुआ। गृहीत। ५. हठी। ✣ **गहीली**—*वि०* (*स्त्री०*)। ***जैसे***—गर्व-गहीली गोपी; गहीली चिमटी।

†गहु—[देशज] *स्त्री०* १. गली। २. सँकरा रास्ता।

गहेजुआ—[देशज] *पु०* छछूँदर।

***गहेलड़ी**—*वि०* (*स्त्री०*) ≤ *हि०* गहेली।

गहेला—[< हि० गहेला] *वि०* १. ग्रहण/धारण करनेवाला। ***जैसे***—गर्व-गहेला। २. गर्वीला। अभिमानी। ३. उन्मादग्रस्त। उन्मत्त। पागल। ४. गँवार। ५. हठी। ✣ **गहेली**—*वि०* (*स्त्री०*) = १. ग्रहण/धारण करने वाली। २. गर्वीली। अभिमानिनी। ३. नख़रोंवाली। नख़रीली। ३. उन्मादग्रस्त। उन्मत्त। पागल। ४. हठी। ***जैसे***—गर्व-गहेली गोपी।

गहैया—[< हि० गहना] १. गहने/पकड़ने वाला। २. ग्रहण/स्वीकार करनेवाला।

गह्वर (गह्वर)—[सं० √गह् + वरच्, पृषो०] *पु०* १. अप्रवेश्य स्थान। अगम्य स्थान। २. बहुत गहरा गड्ढा। ३. (सघन) वन। घना जंगल। ४. गुफ़ा। ५. छिपने का स्थान। ६. लता-मंडप। निकुंज।

गह्वरी (गह्वरी)—[सं० गह्वर + ङीष्] *स्त्री०* १. कन्दरा। गुफ़ा। २. पृथ्वी। धरती।

गँजना—[< हि० गाँज < फा० गंज] *क्रिअ०* १. ढेर लगना। इकट्ठा होना। २. भरा जाना।

गँजाना[1]—[< सं० गञ्जन] *क्रिस०* तोड़-फोड़ करना।

गँजाना[2]—[हि० 'गँजना' का प्रेरणा०] १. ढेर लगवाना। २. भरवाना।

गँजिया—[< सं० गञ्जिका] १. घास बाँधने का जाल। २. रुपए-पैसे रखने की एक प्रकार की जालीदार थैली।

गँठ—[हि० गाँठ] *स्त्री०* 'गाँठ' का संक्षिप्त रूप जो अनेक यौगिक शब्दों के आरम्भ में प्रयुक्त होता है। गाँठ। ***जैसे***—गँठजोड़।

गँठकटा—[< हि॰ गाँठ + काटना] *पु॰* जेबकतरा। गिरहकट।

गँठीला—[< हि॰ गाँठ] *वि॰* गाँठवाला। गाँठदार।

गँठीली—*वि॰* (*स्त्री॰*)

गँड़दार/गड़दार—[< स॰ गण्ड] *पु॰* १. (हाथी का) महावत। २. मस्त हाथी के साथ भाला लेकर चलने वाला व्यक्ति गड़दार।

गँडरा—[< स॰ गण्डाली] *पु॰* एक घास जो मूँज की जाति की होती है। ✣ **गँडरी**—*स्त्री॰*।

गँड़ारी—[< हि॰ गड़ारी] *स्त्री॰* १. गिर्री। घिरनी। २. मंडलाकार रेखा। घेरा। ३. एक प्रकार की घास।

गँड़ासा—[< स॰ गण्डासि] *पु॰* १. (पशुओं के चारे के लिए) कुट्टी/कुटी काटने अथवा गन्नों के छोटे टुकड़े करने आदि के लिए प्रयुक्त तेज़ धार वाला एक औज़ार जो हँसिया के समान होता है। २. एक शस्त्र। परशु/गँड़ासा को गड़ासा/गँड़सा भी कहते हैं। छोटे गँड़ासे को गँड़सी/गंड़सी/गँड़ासी आदि कहा जाता है।

गँडेरी—[< प्रा॰ गंडीरी < स॰ गण्डिका] *स्त्री॰* गन्ने के छील कर किए गए छोटे टुकड़े जो चूसे जाते हैं।

गँधिया—[< स॰ गन्ध] *पु॰, स्त्री॰* गन्धी।

गँधीला—[< स॰ गन्ध] *वि॰* १. गन्धवाला। २. बुरी गन्धवाला। दुर्गन्धित। बदबूदार। ३. गन्दा। मैला। जैसे—बँधा पानी गँधीला होता है और बहता पानी निर्मल।

गँवई—[< हि॰ गाँव तथा < स॰ ग्रामेयिक] *स्त्री॰* १. छोटा गाँव। २. ग्राम। गाँव। *वि॰* १. ग्राम-वासी। ग्रामीण। २. गँवार। *पु॰* देहाती। ग्रामीण। ✣ **गँवई-गाँव**—*पु॰* = छोटा गाँव।

गँवर—[< हि॰ गँवार] *पु॰* 'गँवार' का समासगत संक्षिप्त रूप। गँवार। ✣ **गँवरदल**—*पु॰* = १. गँवारों का समूह। २. गँवारों जैसे लोग।

***गँस/गंस**—[< स॰ ग्रन्थि] *पु॰* १. मन में छिपा हुआ द्वेष/वैर। २. खोटे काम। करतूत।

गँसना—[< स॰ ग्रन्थन] *क्रिस॰* १. कसकर जकड़ना। गाँठना। २. कसकर भरना। ठूँसना। *क्रिअ॰* कसा जाना।

***गँसि**—[< हि॰ गँसना] *स्त्री॰* क्रोध।

गँसी—[< हि॰ गँसना] *वि॰* १. कसी हुई। सुदृढ़। मज़बूत।

†गाऊघप्प—[< हि॰ खाऊ + गड़प] १. सब कुछ खा जाने वाला। २. दूसरों का माल या धन-सम्पत्ति को हड़प जाने वाला।

गाङ्ग (गांग)—[स॰ गङ्गा + अण्] *वि॰* १. गंगा-सम्बन्धी। गंगा नदी का। *जैसे*—गांग जल। *पु॰* भीष्म।

गाङ्गेय (गांगेय)—[गङ्गा + ढक्] *वि॰* १. गंगा-सम्बन्धी। गंगा का। २. गंगा से उत्पन्न। *पु॰* भीष्म।

गाछ—[< स॰ गच्छ] *पु॰* वृक्ष। पौधा।

गाछना—[देशज] *क्रिस॰* १. गूँथना। २. पिरोना।

गाछी—[< हि॰ गाछ] *स्त्री॰* १. छोटा वृक्ष। २. उद्यान। बाग़। बग़ीचा।

गाज—[< स॰ गर्ज] *स्त्री॰* १. गरजने की क्रिया/भाव। गर्जन। गर्जना। २. बिजली। *जैसे*—शत्रु पर गाज गिरी। ३. प्रकोप। ***वा॰* किसी वस्तु पर गाज गिरना/पड़ना**—पूरी तरह नष्ट होना। **(किसी व्यक्ति पर) गाज गिरना/पड़ना**—भारी विपत्ति आना।

गाजना—[< हि॰ गाज] *क्रिअ॰* १. गर्जन करना। गरजना। २. बिजली का कड़कना। ३. ज़ोर-ज़ोर से बोलना। ४. कोलाहल करना। ५. अति प्रसन्न होना।

गाजा—[< हि॰ गाजना] पु॰ १. कोलाहल। शोर। २. अति प्रसन्नता। ✣ **गाजा-बाजा**—*पु॰* = कई तरह के ज़ोर-ज़ोर से बजनेवाले बाजे। ***वा॰* गाजे-बाजे के साथ, गाजे-बाजे से**—धूमधाम से।

ग़ाज़ी—[अरबी] *पु॰* (इस्लाम॰) अपने मज़हब के लिए युद्ध में लड़ने वाला मुसलमान।

गाड़िया लुहार—[< हि॰ गाड़ी + लुहार] *पु॰* एक यायावर क़बीला जिसमें लोग गाड़ियों पर अपना पूरा घरबार रखते हैं और स्थान-स्थान पर अपनी गाड़ी रोककर कुछ दिन रहते हैं तथा लोहे की चीज़ें बनाते और बेचते हैं।

***गाडर**[1]**/गाड़र**—[<स॰ गड्डर] *स्त्री॰* भेड़।

गाडर[2]—[< स॰ गण्डदूर्वा] स्त्री॰ एक घास जिसकी जड़ 'खस' कहलाती है। गंडदूर्वा। गाँडर।

***गाड़ा**—[< हि॰ गाड़ी] *पु॰* १. बड़ी गाड़ी। बड़ी बैलगाड़ी। २. छकड़ा। ● **विशेष**—'गाड़ना' क्रिया का एक भूतकालिक रूप भी 'गाड़ा' होता है। *जैसे*—हमने यह खम्भा गाड़ा।

गाढ़[1]—[< स॰ गाढ (√गाह् + क्त)] *वि॰* १. गम्भीर। गहरा। २. सघन। घना। *जैसे*—गाढ़ रंग। ३. बहुत अधिक। अत्यन्त। ४. दृढ़। मज़बूत। ५. तीव्र। प्रबल। तेज़। ६. उग्र। प्रचंड। ७. कठिन। विकट। ८. दुर्गम। दुरूह। ९. कठोर। कड़ा। *स्त्री॰* विपत्ति का समय। कठिन समय। *पु॰* विपत्ति। संकट।

गाढ़[2]—[< हि॰ गड्ढा < स॰ गर्त] *पु॰* १. गड्ढा। २. खड्डी से सूत बुनने के लिए बैठे बुनकर/जुलाहे के पाँव लटकाने का गड्ढा। खड्डी के समीप का गड्ढा।

गाढ़ता—[< स॰ गाढता] *स्त्री॰* १. गाढ़ापन। २. अधिकता। ३. दृढ़ता। *जैसे*—सम्बन्धों की गाढ़ता। ४. सघनता। *जैसे*—मित्रता की गाढ़ता। ५. कठिनता। विकटता। *जैसे*—परिस्थिति की गाढ़ता।

गाणपत्य—[< स॰ गणपति] *वि॰* गणपति-सम्बन्धी। गणेश का। *पु॰* १. गणेश का उपासक। २. गणेश-भक्त धर्म-सम्प्रदाय।

***गात**—*पु॰* ≤ *स॰* गात्र। १. शरीर। देह। २. अंग।

गाता—[स॰ ग्रातृ] *पु॰* गानेवाला। गायक। गवैया।

गाती—[< स॰ गात्री] *स्त्री॰* १. शरीर के चारों ओर लपेटने की विधि विशेष। २. ऊनी वस्त्र विशेष। पट्टू।

गात्र—[स॰ √गम् + त्रन्, आकार आदेश] *पु॰* १. देह। शरीर। २. अंग। ✣ **गात्रयष्टि**—*स्त्री॰* = देह। शरीर। ✣ **गात्ररुह**—*पु॰* = शरीर के रोएँ। रोम। ✣ **गात्रलता**—*स्त्री॰* = देह। शरीर।

***गाथ**—[स॰ √गा + थन्] *स्त्री॰* १. गाथा। (दे॰) २. बात। ३. गान या स्तोत्र। ४. गान।

गाथक—[स॰ √गा + थकन्] *पु॰* १. गाथा कहने/लिखने वाला। २. गायक।

गाथना—[< हि॰ गथना] *क्रिस॰* १. कसकर पकड़ना। कसना। २. गूँथना। पिरोना। ३. बाँधना। पहनना।

गाथा—[स॰ गाथ + टाप्] *स्त्री॰* १. वृत्तान्त। २. छोटे पद्य में सरल और प्रभावी कथात्मक वर्णन। [● **विशेष**—महाभारत, पुराणों, बौद्ध ग्रन्थों आदि में अनेक प्राचीन गाथाएँ हैं।] ३. कथा। ***जैसे***—राजस्थान की वीर-गाथाएँ। ४. लोकप्रचलित छोटा गीतात्मक आख्यान। ५. प्रशंसात्मक वर्णन। (छन्द॰) प्राकृत भाषा का एक छन्द जिसमें उक्त पद्य लिखे जाते थे। आर्या छन्द का एक प्रकार।

गाद—[< स॰ गाध] *पु॰* तरल पदार्थों के नीचे बैठी हुई गाढ़ी वस्तु। तलछट। मैल। ● **विशेष**—बुन्देली में 'गोंद' को 'गाद' कहा जाता है।

गादर[१]—[< हि॰ गदराना] *वि॰* गदराया हुआ। २. पका हुआ (फल)।

गादर[२]—[< हि॰ कादर] *पु॰* वह बैल जो चलते-चलते बैठ जाए।

गादी—[< हि॰ गद्दी] *स्त्री॰* गद्दी।

गादुर—[देशज] *पु॰* चमगादड़ (पक्षी)।

गाध—[स॰ √गाध् + घञ्] *वि॰* १. (नदी/जलाशय) जो पार होने योग्य हो। उथला। २. गम्य। ३. थोड़ा। *पु॰* १. नदी/जलाशय का उथला स्थान जिसे पैदल ही पार किया जा सके। २. जल के नीचे की भूमि। तल। तली।

गाधना—[< स॰ √गाध्] *क्रिअ॰* लपकना। ✣ ***गाधि**—*क्रिवि॰* = लपककर।

***गाधा[१]**—[< हि॰ गधा] *पु॰* गर्दभ। गधा।

***गाधा[२]**—[< स॰ अगाध] *वि॰* बहुत अधिक। अगाध।

गाधिपुर—[स॰ गाधि ~ पुर] *पु॰* राजा गाधि की राजधानी। कान्यकुब्ज नगर। (वर्तमान) कन्नौज। ● **विशेष**—विश्वामित्र (ऋषि) उक्त राजा गाधि के पुत्र थे अतः उन्हें **'गाधिनन्दन'**, **'गाधिसुत'** तथा **'गाधेय'** भी कहा जाता है।

गान—[स॰ √गै + ल्युट्] *पु॰* १. गाने की क्रिया/भाव। गायन। गाना। ***जैसे***—गान-विद्या। २. गीत। ***जैसे***—देशभक्ति के गान। ३. वर्णन। बखान। ***जैसे***—गुण-गान। ✣ **गान-धनी**—*पु॰* = उत्तम गायक। *वि॰* गायन-कला-मर्मज्ञ।

गानी—[स॰ गानिन्] *वि॰* गानेवाला। गायक।

गान्धर्व (गांधर्व)—[स॰ गन्धर्व + अण्] *वि॰* १. गन्धर्व-सम्बन्धी। गन्धर्व का। २. गन्धर्व जाति या देश का। ३. गन्धर्वों जैसा। ***जैसे***—गान्धर्व विवाह। १. गन्धर्वों की कला। संगीत। २. गायक। गवैया। ✣ **गान्धर्ववेद (गांधर्ववेद)**—*पु॰* = संगीतशास्त्र। ✣ **गान्धर्व (गांधर्व) विवाह**—*पु॰* = विवाह के आठ प्रकारों में से एक जिसमें वर और कन्या माता-पिता की अनुमति लिए बिना ही अग्नि को साक्षी करके स्वेच्छापूर्वक परस्पर विवाह कर लेते हैं। प्रेम-विवाह। ✣ **गान्धर्वशास्त्र (गांधर्वशास्त्र)**—*पु॰* = १. गान-विद्या। २. संगीतशास्त्र।

गान्धर्विक (गांधर्विक)—[स॰ गन्धर्व + ठक्] *वि॰* १. गन्धर्व-सम्बन्धी। गन्धर्व का। *पु॰* १. संगीतशास्त्र का ज्ञाता। संगीतज्ञ। २. गवैया।

गान्धर्वी (गांधर्वी)—[स॰ गान्धर्व + ङीष्] *स्त्री॰* १. वीणा। २. दुर्गा। पार्वती।

गान्धार (गांधार)—[स॰ गान्ध + ऋ + अण्] *वि॰* १. गन्धार देश से सम्बन्धित। गन्धार देश का। २. गन्धार देश में उत्पन्न या वहाँ रहनेवाला। *पु॰* प्राचीन गन्धार देश या उसका निवासी। (संगीत॰) भारतीय संगीत के सात स्वरों में से तीसरा। स्वरसप्तक का तीसरा स्वर। ✣ **गान्धार (गांधार) कला**—*स्त्री॰* = (मूर्ति॰) गान्धार देश (उत्तर-पश्चिमी भारत तथा अफ़गानिस्तान) में प्रथम से छठी शती ई॰ में विकसित मूर्तिकला की यूनानी-बौद्ध शैली।

गान्धारेय (गांधारेय)—[स॰ गान्धारी + ढक्] *पु॰* गान्धारी का पुत्र (दुर्योधन आदि)। सौ कौरवों में से प्रत्येक।

गान्धिक (गांधिक)—[स॰ गन्ध + ठक्] *पु॰* १. गन्धी। इत्रफ़रोश। २. गन्धद्रव्य। सुगन्धित पदार्थ (इत्र आदि)।

गान्धी (गांधी)—[< स॰ गन्धी] *पु॰* गुजराती वैश्यों की एक उपजाति। ● **विशेष**—'महात्मा गान्धी' का जन्म इसी उपजाति में हुआ था। **'गान्धी' को 'गाँधी' लिखना ग़लत है।** ✣ **गान्धी (गांधी) टोपी**—*स्त्री॰* = स्वतन्त्रता-संग्राम के गान्धी-युग में प्रचलित हुई सफ़ेद खादी की बनी एक प्रकार की टोपी जो 'काँग्रेसी' होने की पहचान बन गयी। ✣ **गान्धी (गांधी)-दर्शन**—*पु॰* = महात्मा गांधी की विचारधारा। ✣ **गान्धीवाद (गांधीवाद)**—*पु॰* = महात्मा गान्धी का विचारदर्शन जिसमें सत्य, अहिंसा आदि प्रमुख हैं।

ग़ाफ़िल—[अरबी] *वि॰* ग़फ़लत करनेवाला। असावधान। लापरवाह।

गाब—[देशज] *पु॰* एक वृक्ष जिसका गोंद नाव के पेंदे की लकड़ियों पर लगाया जाता है।

गाभ—[< स॰ गर्भ] *पु॰* १. गर्भ, विशेषतः पशु का गर्भ। २. गाभा।

गाभा—[< स॰ गर्भ] *पु॰* १. किसी वस्तु का भीतरी भाग। २. पौधों/वृक्षों के डंठलों/शाखाओं के अन्दर का कोमल भाग। ३. नया कल्ला। अंकुर। कोंपल। ४. कच्चा अनाज।

गामा[१]—[यूनानी] पु॰ ग्रीक वर्णमाला में तीसरा अक्षर (γ)। ✣ **गामा किरणें**—*स्त्री॰* (*बहु॰*) [भौतिकी॰] क्ष-किरणों से कम तरंगदैर्घ्य और अधिक वेधनक्षमता वाली विद्युत् चुम्बकीय किरणें।

गामा[२]—[देशज] *पु॰* आधुनिक भारत में हुआ एक विश्व- विजेता पहलवान। ***वा॰* गामा बनना**—पहलवान बनना।

गामिनी—[स॰ गामिन् + ङीप्] *वि॰* (*स्त्री॰*) (समायुक्त पद के अन्त में प्रयुक्त) गमन करनेवाली। चलनेवाली। ***जैसे***—गजगामिनी।

गामी—[स॰ गामिन्] *वि॰* (प्रायः समायुक्त पद के अन्त में प्रयुक्त) गमन करनेवाला। चलनेवाला। ***जैसे***—शीघ्रगामी।

गाम्भीर्य—[स॰ गम्भीर + ष्यञ्] *पु॰* गम्भीरता।

गायत्री—[स॰ गायत् √त्रा + क] *स्त्री॰* १. एक देवी जो ब्रह्मा की पत्नी है। २. एक प्रसिद्ध वैदिक मन्त्र (गायत्री मन्त्र)। (छन्द॰) २४ वर्णों का एक वैदिक छन्द। ● **विशेष**—वेद का प्रसिद्ध **'गायत्री मन्त्र' (तत्सवितुर्वरेण्यम्। भर्गो देवस्य धीमहि। धियो यो नः प्रचोदयात्)** 'गायत्री' छन्द में ही है।

***गार**—[< सं॰ गालि] *स्त्री॰* गाली। अपशब्द।

ग़ार—[अरबी] *पु॰* १. गड्ढा। २. पर्वत की गुफ़ा। ३. जंगली पशुओं के रहने की गुफ़ा। माँद।

***गारड़ू**—*पु॰* ≤ *हि॰* गारुड़ी। साँप का विष उतारनेवाला।

ग़ारत—[अरबी] *वि॰* नष्ट। बरबाद।

गारद—[< अं॰ गार्ड] *स्त्री॰* १. सैनिकों/सिपाहियों की रक्षार्थ नियुक्त टुकड़ी। २. पहरा।

***गारहस्थ**—[< सं॰ गार्हस्थ्य] *पु॰* गृहस्थाश्रम में रहना। गृहस्थता।

गारा[१]—[< सं॰ ग्रावन] *पु॰* मिट्टी या चूने-सुर्ख़ी का लेप जो ईंटें जोड़ने में काम आता है।

गारा[२]—[देशज] शिकार के लिए किया जाने वाला जंगली पशुओं का हाँका।

***गारि**[१]—[< सं॰ गालि] *स्त्री॰* १. अपशब्द। दुर्वचन। गाली। २. विवाह में गाए जाने वाले एक प्रकार के लोकगीत। ३. निन्दा।

***गारि**[२]—[< हि॰ गारना] *क्रिवि॰* १. गारने की क्रिया करके। गारकर। २. चन्दन आदि घिसकर, चोवा बनाकर। ३. गलाकर। नष्ट कर। ४. (शरीर को) क्षीण कर।

***गारी**[१]—[< हि॰ गाली] *स्त्री॰* दे॰ गारि[१]।

गारी[२]—[< हि॰ गारना] *क्रिस॰* 'गारना' क्रिया का एक भूतकालिक रूप। गारने की क्रिया की।

***गारु**—[< सं॰ गुरु] *वि॰* भारी।

***गारो**[१]**/गारौ**[१]—[< सं॰ गर्व] *पु॰* गर्व। अभिमान।

गारो[२]**/गारौ**[२]—[< प्रा॰ गारव < सं॰ गौरव] *पु॰* १. गौरव। गुरुता। २. महत्त्व या यश। ३. प्रतिष्ठा। सम्मान। इज्ज़त। ५. साहस। हिम्मत। दम। ६. अभिमान। गर्व।

***गारौ**[३]—[< हि॰ गारा] *पु॰* १. (फर्श आदि बनाने में प्रयुक्त होनेवाला) गारा। २. कीचड़। ३. झगड़ा। झंझट। ४. निन्दा।

***गारौ**[४]—[< हि॰ गारना] *क्रिस॰* १. 'गारना' क्रिया का एक भूतकालिक रूप। गला दिया। २. 'गारना' क्रिया का एक आज्ञार्थक रूप। गलाओ। क्षीण/नष्ट करो। *जैसे*—शरीर को मत गारौ।

गार्हपत्य—[सं॰ गृहपति + ञ्य] *वि॰* घर के स्वामी का। गृहपति-सम्बन्धी। *पु॰* गृहपति होने का भाव। गृहपतित्व।

गार्हस्थ्य—[सं॰ गृहस्थ + ष्यञ्] *पु॰* १. गृहस्थ होने की अवस्था/भाव। गृहस्थता। २. गृहस्थाश्रम।

***गाल-गूल**—[हि॰ गाल + अनु॰] *पु॰* व्यर्थ बात। मिथ्यालाप।

***गालना**—[< हि॰ गाल] *क्रिअ॰* १. बातचीत करना। २. बोलना। *क्रिस॰* गाल में रखकर खाना।

गाला[१]—[< फ़ा॰ गाल:] *पु॰* १. चरखे से सूत कातने के लिए बनाया गया, धुनी हुई रुई का गोला। पूनी। २. रुई का छोटा टुकड़ा। जो सरलता से हवा में उड़ जाता है। ३. पुंज। ढेर। ***वा॰* रुई के गाला जैसा**—१. अति उज्ज्वल। २. अति कोमल।

***गाला**[२]—[< हि॰ गाल] *पु॰* मुँहजोरी। *जैसे*—बड़ों से गाला करना बुरी बात है।

ग़ालिब—[अरबी] *वि॰* १. शक्तिशाली। २. जो किसी पर अधिकार जमा ले। ३. जो किसी को अभिभूत कर ले। ४. विजयी।

ग़ालिबन—[अरबी] *क्रिवि॰* सम्भवतः। कदाचित्। शायद।

***गालू**—[< हि॰ गाल] *वि॰* १. गाल बजानेवाला। शेख़ी बघारनेवाला। २. बकवास करनेवाला।

***गाल्हना**—*क्रिस॰, क्रिअ॰* ≤ *हि॰* गालना।

गावकशी—[< फ़ा॰ गावकुशी] *स्त्री॰* गो-हत्या।

गावज़बाँ—[फ़ा॰] *स्त्री॰* एक क्षुपजातीय औषधोपयोगी वनस्पति जिसके पत्ते खरखरे तथा हरा-पीलापन लिए, बीज सफ़ेद और छोटे तथा फूल अनार के फूलों की तरह परन्तु उनसे छोटे होते हैं। ● **विशेष**—संस्कृत में '**गोजिह्वा**' नाम से उक्त की एक जाति का वर्णन मिलता है।

गावतकिया—[फ़ा॰] *पु॰* एक प्रकार का मोटा, लम्बा और गोल तकिया। मसनद।

गावदी—[फ़ा॰] *वि॰* १. मूर्ख। नासमझ। २. मन्दबुद्धि। बुद्धू। ३.सीधा-सादा।

गावदुम—[फ़ा॰] *वि॰* १. जो ऊपर से नीचे की ओर क्रमशः पतला होता जाए। २. ढालू।

***गास**—[< सं॰ ग्रास] *पु॰* १. कष्ट। दुःख। २. संकट। विपत्ति। मुसीबत।

गासना—[< सं॰ ग्रसन] *क्रिस॰* १.नुकीली वस्तु गड़ाना/धँसाना। २. बाँधकर/रोककर अपने नियन्त्रण में रखना। ३. किसी अप्रिय बात को मन में जमाकर रखना।

***गासिया**—[< अरबी ग़ाशिय:] *पु॰* घोड़े की जीन पर बिछाने का वस्त्र। जीनपोश।

***गाह**[१]—[< सं॰ ग्राह] *पु॰* ग्राह। मगर। २. ग्राहक। ३. पकड़। ४. शिविर। सिंहासन।

***गाह**[२]—[< सं॰ गाह] *पु॰* १. डुबकी। ग़ोता। २. स्नान। ३. गहराई।

***गाह**[३]**/गाहा**—[< सं॰ गाथा] *स्त्री॰* गाथा।

गाहन[१]—[< सं॰ ग्रहण] *पु॰* १. पकड़ने की क्रिया/भाव। पकड़। २. स्वीकार करने की क्रिया/भाव। स्वीकृति।

गाहन[२]—[सं॰ √गाह + ल्युट्] *पु॰* (पानी में) ग़ोता/ डुबकी लगाने की क्रिया। स्नान।

गाहना—[< सं॰ अवगाहन] *क्रिस॰* १. पानी में पैठना/घुसना। २. पानी में डुबकी लगाकर थाह लेना। अवगाहन करना। ३. आलोड़न करना। मथना। ४. फ़सल कटने के बाद अनाज के डंठलों से दाने निकालने के लिए खलिहान पर दाँय चलने से ढेर का कुचला जाना। [● **विशेष**—अनाज को गाहने से अन्न के दाने मिलते हैं, शेष पयार (= भूसा, पुआल) रह जाता है, जिसे गाहना व्यर्थ होता है।] ५. चलते हुए दूर तक जाना। ६. कुछ खोजने के लिए यहाँ-वहाँ जाना और परेशान होना। ७. (व्यवस्था को) गड़बड़ कर देना। अव्यवस्थित करना।

गाहा—[< सं॰ गाथ] *स्त्री॰* गाथा। (दे॰) [छन्द॰] गाथा नामक

छन्द। आर्या छन्द का एक प्रकार।

गाहिनी—[सं॰ गाहिन् + डीप्] *स्त्री॰* (छन्द॰) एक विषम मात्रिक छन्द जिसके चरणों में क्रमशः १२, १८, १२ और २० मात्राएँ होती हैं, दो दलों (पंक्तियों) में लिखा जाता है (पहले दल में १२ + १८ और दूसरे दल में १२ + २० मात्राएँ), हर दल के अन्त में गुरु होता है और दोनों दलों में २० मात्राओं के बाद जगण (।ऽ।) होता है।

†**गाही**—[< हिं॰ गहना < सं॰ ग्रहण] *स्त्री॰* १. पाँच वस्तुओं का समूह। २. (फल आदि गिनने की एक रीति) वस्तुओं के पाँच-पाँच के समूह बनाकर ही गिनना। ***जैसे***—बीस गाही सेब (= १०० सेब)। ✣ **गाही के गाही**—*वि॰* = बहुत अधिक।

†**गाँछना**—[देशज] *क्रिस॰* गूँथना।

गाँज—[< फा॰ गंज] *पु॰* १. राशि। ढेर। २. ढेर लगाने की क्रिया/भाव।

गाँजना[1]—[< फा॰ गंज] *क्रिस॰* १. (एक के ऊपर एक रखकर) ढेर लगाना। ***जैसे***—लकड़ी गाँजना। २. एकत्रित करना। बटोरना।

गाँजना[2]—[< सं॰ गञ्जन] *क्रिस॰* नष्ट करना। तोड़-फोड़ करना।

गाँठ-गँठीला—*वि॰* = जिसमें जगह-जगह पर गाँठें पड़ी हों।

***गाँठरी**—[< हिं॰ गाँठ] *स्त्री॰* गठरी। पोटली।

गाँडर—[< सं॰ गण्डालिका] *स्त्री॰* एक प्रकार की घास जिसकी जड़ सुगन्धित होती है और '**खस**' कहलाती है। ● **विशेष**—उक्त जड़ को संस्कृत में '**उशीर**' कहते हैं।

गाँडर दूब—[< सं॰ गण्डदूर्वा] *स्त्री॰* जलाशयों के पास होनेवाली एक प्रकार की घास/ दूब जिसका क्षुप लगभग ९० से.मी. ऊँचा होता है।

†**गाँड़ा**—[ब्रज॰ < सं॰ काण्ड] गन्ना।

गाँथना—[< प्रा॰ गंथ < सं॰ √ग्रन्थ्] *क्रिस॰* गूँथना, पिरोना या जोड़ना।

गाँस[1]—[< हिं॰ गँसना] *स्त्री॰* १. किसी नुकीले हथियार (तीर, भाला, बर्छा आदि) का फल। २. किसी नुकीली वस्तु का वह टुकड़ा जो टूटकर घाव के अन्दर होने से अति कष्ट देता हो। ३. फाँस या काँटा। ४. मानसिक द्वेष/वैर जो बदला लेने को प्रेरित करता हो। ५. ईर्ष्या। ६. मन में चुभनेवाली घटना/बात। ७. पीड़ा देनेवाली वस्तु/बात। ८. बाधा। रुकावट। ९. प्रतिरोध। १०. गाँठ। ११. रहस्य। १२. चाल।

†**गाँस**[2]—[देशज] *स्त्री॰* (शरीर में) हड्डियों का जोड़। ***वा॰* (मन की) गाँस निकालना**—शत्रु से बदला लेकर अपने मन की चुभन दूर करना।

गाँसना—[< हिं॰ गँसना] *क्रिस॰* १. गूँथना। २. किसी वस्तु में नुकीली वस्तु गड़ाना/धँसाना। छेदना। ३. बाँधकर/रोककर अपने वश या नियन्त्रण में रखना। ४. ठूँसकर या भरकर रखना। ***वा॰* (कोई बात) मन में गाँस कर रखना**—कोई खटकनेवाली बात मन में अच्छी तरह जमाकर रखना।

गाँसी—[< हिं॰ गाँस] *वि॰* गाँस से युक्त। **उदा॰** विष बांसी, ये गाँसी, सिखा सी हिये लगै, बाँसी बिसासी के बाजत ही। —अवधेश चरखारी के (शिवसिंह सरोज, पृ॰ १४ पर उद्धृत) *स्त्री॰* १. गाँस। (दे॰) २. तीर का फल। ३. बन्धन। फन्दा। ४. छल। कपट। ५. काँटा या फाँस।

***गाँसु**—[< हिं॰ गाँस] *स्त्री॰* १. गाँस[1]। (दे॰) २. वक्रता। चतुराई। बाँकापन।

***गिउ**—*स्त्री॰* ≤ *सं॰* ग्रीवा। गर्दन।

ग़िज़ा—[अरबी] *स्त्री॰* १. भोजन। खाद्य पदार्थ। २. अनाज। अन्न। ३. खाना। ख़ुराक। आहार। ***जैसे***—रोगी की ग़िज़ा।

†**गिजाई**—[< हिं॰ गिजगिजा] *स्त्री॰* एक छोटा और लाल रंग का बरसाती कीड़ा जो प्रायः वर्षा ऋतु में या नमीवाले स्थानों पर देखा जाता है।

गिटकारी/गिटकिरी—[< हिं॰ गिट्टा] *स्त्री॰* ईंट/पत्थर का बहुत छोटा टुकड़ा। गिट्टी। (संगीत॰) एक प्रकार का अलंकार। गायन में किसी एक स्वर को एक स्वर-शब्द द्वारा अलंकृत करने की पद्धति। तान लेने में किया जाने वाला एक विशेष प्रकार का मधुर स्वर-कम्पन। खटका। मुरकी।

गिट-पिट—[अनु॰] *स्त्री॰* १. अस्पष्ट शब्दावली। २. अस्पष्ट होने के कारण समझ में न आनेवाली बातें। ३. (हिन्दी भाषियों आदि के बीच में) अँग्रेज़ी में कही गयी बात। जैसे—तुम्हारी गिट-पिट ये ग्रामीण लोग पसन्द नहीं करते। ***वा॰* गिटपिट करना**—१. अँग्रेज़ी में बात करना। २. शुद्ध-अशुद्ध-मिश्रित अँग्रेज़ी बोलना। ३. ठीक प्रकार से बात न कह पाना।

†**गिटिर-पिटिर**—[अनु॰] *स्त्री॰* गिट-पिट।

गिट्टक—[< हिं॰ गिट्टा] *पु॰* १. ईंट/पत्थर आदि का छोटा टुकड़ा। गिट्टा। २. चिलम के छेद पर रख़ने का ईंट/पत्थर आदि का छोटा टुकड़ा। गिट्टा।

गिट्टा—[< सं॰ गिरिज] *पु॰* गिट्टाक। (दे॰) २. (पैर का) टख़ना। गुल्फ़।

†**गिठुरना**—[< हिं॰ गठरी] *क्रिअ॰* गठरी की तरह सिकुड़कर बैठना।

***गितहार**—[< सं॰ गीतकार] *पु॰* गायक। —दाऊद (चन्दा॰, ७२)।

गिदरा—[सन्थाली] *पु॰* बालक।

गिद्दा—[< सं॰ गीत] *पु॰* स्त्रियों द्वारा, विशेषतः पंजाब और हरियाणा में गाए जाने वाले एक प्रकार के गीत।

***गिधना**—*क्रिअ॰* ≤ *हिं॰* गीधना।

***गिन्दुक (गिंदुक)**—*पु॰* [< सं॰ गेन्दुक] *पु॰* १. छोटी गेंद। २. तकिया।

गिन्नी[1]—[< अं॰ गिनी] *स्त्री॰* सोने का एक अँग्रेज़ी सिक्का जो २१ शिलिंग के बराबर होता है। ● **विशेष**—आभूषण बनाने के लिए ऐसा सोना जिसमें ताँबा मिला हो '**गिन्नी गोल्ड**' कहा जाता है।

†**गिन्नी**[2]—[< हिं॰ घिरनी] *स्त्री॰* १. चक्कर। २. चक्कर में घुमाने की क्रिया। ***जैसे***—गिन्नी कटवाना।

गिब्बन—[अं॰] *पु॰* पूर्वी द्वीप समूह (जावा, सुमात्रा आदि) में पाया जानेवाला एक प्रकार का बन्दर।

***गिम/गिय**—[< सं॰ ग्रीवा] *स्त्री॰* ग्रीवा। गर्दन।

***गिर**[१] — *पु॰* ≤ *सं॰* गिरि।

***गिर**[२] — *स्त्री॰* ≤ *सं॰* गिरा। वाणी।

***गिरआनो**—[< सं॰ गीर्वाण] *पु॰* देवता।

गिरजा—[< पुर्त॰ गिर्जः] गिरजाघर। ✣ **गिरजाघर**—*पु॰* = ईसाइयों का पूजा-घर। चर्च (अं॰)।

***गिरद**—[< फ़ा॰ गिर्द] *क्रिवि॰* चारों ओर। इर्द-गिर्द।

गिरदा—[< फ़ा॰ गिर्दः] *पु॰* १. घेरा। २. चक्कर।

***गिरदान**—*पु॰* ≤ *फ़ा॰* गर्दान। गरदान।

***गिरदीह**—[< फ़ा॰ गिर्द] *क्रिवि॰* चारों ओर। इर्द-गिर्द।

***गिरधर**—*वि॰, पु॰* ≤ *सं॰* गिरिधर।

गिरधारी—[< सं॰ गिरिधारी] *पु॰* गिरिधर। कृष्ण। (छन्द॰) एक समवर्णिक छन्द जिसके प्रत्येक चरण में क्रमशः सगण, २ नगण, यगण, सगण (स, न, न, य, स) के योग से १५ वर्ण होते हैं।

गिरनारी—[< हि॰ गिरनार] *वि॰* १. गिरनार पर्वत का। २. गिरनार पर्वत पर रहनेवाला। *पु॰* गिरनार का निवासी।

***गिरन्दा (गिरंदा)**—[< फ़ा॰ गीर (= पकड़नेवाला)] *वि॰* फन्दा डालनेवाला। फन्दे में फाँसनेवाला। पकड़कर रखनेवाला।

गिरफ़्तार—[फ़ा॰] *वि॰* १. बन्दी। क़ैद। २. (कष्ट आदि में) फँसा हुआ या बँधा हुआ। ✣ **गिरफ़्तारी**—*स्त्री॰* = १. गिरफ़्तार होने की क्रिया, अवस्था या भाव। २. शासन द्वारा विचारार्थ बन्दी बनाने की क्रिया/अवस्था/भाव।

गिरमिट—[< अं॰ एग्रीमेन्ट] *पु॰* संविदा-पत्र। इक़रारनामा। ***जैसे***—बेईमान अँग्रेज़ी सरकार ने गिरमिट-प्रणाली में फाँसकर हजारों भारतीयों को फ़ीजी, मारीशस आदि देशों में भेज दिया। ✣ **गिरमिटिया**—*पु॰* = अँग्रेज़ों द्वारा अपने किसी उपनिवेश में गिरमिट-प्रणाली द्वारा धोखे से भेजा गया भारतीय (मज़दूर)।

***गिरवर**—*पु॰* ≤ *सं॰* गिरिवर।

***गिरवान**[१]—*पु॰* ≤ *सं॰* गीर्वाण।

†**गिरवान**[२]—*पु॰* ≤ *फ़ा॰* गरेबान।

गिरवाना—*क्रिस॰* १. किसी को किसी व्यक्ति/वस्तु आदि को गिराने में प्रवृत्त करना। २. किसी से तोड़-फोड़ का काम कराना। ***जैसे***—बालकों से दीवार गिरवाना।

गिरह—[फ़ा॰] *पु॰* १. कपड़ों, धागों इत्यादि को जोड़नेवाली गाँठ। २. धोती में धन आदि रखकर लगायी जानेवाली गाँठ। टेंट। ३. जेब। ४. समस्या। उलझन। ५. लम्बाई का एक माप। गज़ का सोलहवाँ अंश या सवा दो इंच की लम्बाई। ६. (कबूतर की) कलाबाज़ी। ***जैसे***—कबूतर का गिरह लेना। ***वा॰* गिरह कटना**—१. जेब कटना और उसका धन आदि चोरी चला जाना। २. ठगा जाना। **गिरह काटना**—१. जेब काटना। २. ठगना। ✣ **गिरहकट**—*पु॰* = १. धोती के पल्ले में लपेटकर अंटी में रखी गयी धनराशि को काटनेवाला व्यक्ति। अंटीमार। २. जेब काटनेवाला व्यक्ति।

गिरहदार—[< फ़ा॰ गिरह] *वि॰* १. गाँठ/गाँठों वाला। गँठीला। २. जेबदार (कुरता आदि)।

गिरहबाज़—[फ़ा॰] *पु॰* विशेष प्रकार का कबूतर जो आकाश में उड़ते समय उलटता-पुलटता या गिरह लगाता है। ● **विशेष**—१. इससे भिन्न कबूतर '**गोला**' कहलाते हैं। लोकोक्ति है—क्या गोला क्या गिरहबाज़। २. उक्त गिरह लगाने की क्रिया/भाव को '**गिरहबाज़ी**' कहते हैं। '**गिरह लगाना**' और '**कलैया खाना**' एक ही बात है।

***गिरही**—[< सं॰ गृही] *वि॰, पु॰* गृहस्थ।

गिरा—[सं॰ √गृ + क्विप् + टाप्] *स्त्री॰* १. वाक् शक्ति। वाक् इन्द्रिय। वाणी। २. वाणी की देवी। सरस्वती। ३. भाषा। बोली। ज़बान। ४. शब्द।

***गिराधौ**—[< सं॰ गिरा-धव] *पु॰* वाणी का स्वामी। ब्रह्मा।

गिरानी—[< फ़ा॰ गराँ] *स्त्री॰* क़ीमत/भाव अधिक होने की स्थिति। महँगाई।

गिरा-पति—[सं॰] *पु॰* वाणी का स्वामी। ब्रह्मा।

गिरा-पितु—[< सं॰ गिरा + पिता] *पु॰* वाणी का पिता। ब्रह्मा।

गिरामी—[< फ़ा॰ गरामी] १. प्रसिद्ध। ***जैसे***—नामी-गिरामी। २. सम्मानित।

गिरा-मुक्त—[सं॰] वाणी से मुक्त। मौन।

गिराँ—[< फ़ा॰ गराँ] *वि॰* अधिक मूल्य वाला। महँगा।

गिरि—[सं॰ √गृ + कि] *पु॰* = पर्वत। पहाड़।

गिरिका—[सं॰ गिरि + क + टाप्] *स्त्री॰* १. छोटी पहाड़ी। उपगिरि। २. नारी/मादा चूहा। मूषिका। ३. छोटा चूहा। चुहिया।

गिरिकूट—[सं॰ गिरि + कूट] *पु॰* पर्वत की चोटी। पर्वत-शिखर।

गिरिचर—[सं॰ गिरि ~ चर] *वि॰* १. पर्वत पर रहनेवाला। पर्वतवासी। २. पर्वत पर विचरण करनेवाला।

गिरिज—[सं॰ गिरि + ज] *वि॰* १. पहाड़ से उत्पन्न। २. पहाड़ में या पहाड़ पर उत्पन्न होनेवाला। *पु॰* १. शिलाजीत। २. गेरू। ३. लोहा। ४. अभ्रक।

गिरिजा—[सं॰ गिरिन + टाप्] *वि॰* (*स्त्री॰*) १. पहाड़ से उत्पन्न होनेवाली। २. पहाड़ में या पहाड़ पर उत्पन्न होनेवाली। *स्त्री॰* १. पार्वती। २. गंगा। (छन्द॰) एक समवर्णिक छन्द जिसके प्रत्येक चरण में क्रमशः मगण, सगण, मगण, २ सगण, मगण और लघु (म स म स स म ल) के योग से १९ वर्ण होते हैं तथा २-७-१० पर यति होती है। ✣ **गिरिजा-कुमार**—*पु॰* = पार्वती का पुत्र। गणेश या कार्त्तिकेय। ✣ **गिरिजा-पति**—*पु॰* = पार्वती का पति। शिव। महादेव।

गिरिजाल—[सं॰ गिरि ~ जाल] *पु॰* पर्वत-श्रेणी। पर्वत-माला।

गिरिधर—[सं॰ गिरि ~ धर] *वि॰* पर्वत धारण करनेवाला। *पु॰* (गोवर्धन पर्वत को धारण करनेवाला) कृष्ण।

***गिरिधरन**—[< सं॰ गिरि + धारण] *पु॰* गि[illegible]धर।

गिरि-धातु—[सं॰] *पु॰* गेरू।

***गिरिधारन**—*पु॰* ≤ *सं॰* गिरिधारी। गिरिधर। कृष्ण।

गिरिधारी—[सं॰ गिरिधारिन्] *वि॰, पु॰* गिरिधर।

गिरिनन्दिनी (गिरिनंदिनी)—[सं॰ गिरि ~ नन्दिनी] *स्त्री॰* १. पर्वत की पुत्री। २. पार्वती। ३. गंगा। ४. पहाड़ी नदी।

गिरि-नाथ—[सं॰] *पु॰* १. पर्वतों का राजा। हिमालय। २. गोवर्धन पर्वत। ३. शिव। महादेव। Δ **पर्याय**—गिरिपति, गिरीश।

गिरि-नितम्ब (नितंब)—[सं॰] *पु॰* पहाड़ का ढाल।

***गिरिन्द (गिरिंद)**—*पु॰* ≤ *सं॰* गिरीन्द्र।

गिरि-पति—[सं॰] *पु॰* गिरि-नाथ।

गिरि-पथ—[सं॰] *पु॰* दो पहाड़ों के बीच का तंग मार्ग। दर्रा।

गिरिपाद—[सं॰ गिरि ~ पाद] *पु॰* (पर्वत की) तलहटी। (भूविज्ञान॰) वे नीची पहाड़ियाँ जो ऊँची पहाड़ियों या पर्वतों की तलहटी में स्थित हों।

गिरि-प्रस्थ—[सं॰] *पु॰* पहाड़ के ऊपर का समतल मैदान।

गिरिराज—[सं॰ गिरि ~ राज] *पु॰* विशाल/श्रेष्ठ/पर्वत। १. हिमालय। २. गोवर्धन पर्वत।

गिरिव्रज—[सं॰ गिरि ~ व्रज] *पु॰* (गगधराज जरासन्ध की राजधानी) राजगृह।

गिरि-सुत—[सं॰] *पु॰* मैनाक पर्वत।

गिरि-सुता—[सं॰] *स्त्री॰* पार्वती। उमा।

गिरी—[< हिं॰ गरी] *स्त्री॰* कुछ फलों के बीजों के अन्दर का कोमल गूदा। गरी। ***जैसे***—नारियल की गिरी; बादाम की गिरी। ● **विशेष**—'गिरना' क्रिया का एक भूतकालिक रूप भी 'गिरी' होता है। ***जैसे***—कुएँ में रस्सी गिरी।

गिरीन्द्र (गिरींद्र)—[सं॰ गिरि ~ इन्द्र] *पु॰* १. श्रेष्ठ/बड़ा पर्वत। २. हिमालय। ३. शिव। महादेव। ४. (आठ बड़े पर्वत होने के कारण) आठ की संख्या।

गिरीश—[सं॰ गिरि ~ ईश] *पु॰* १. विशाल/श्रेष्ठ पर्वत। २. हिमालय। ३. सुमेरु पर्वत। ४. शिव। महादेव।

***गिरीस/गिरीसा**—[< सं॰ गिरीश] गिरीश।

गिरेबान—*पु॰* ≤ *फा॰* गरेबान।

†गिरेवा—[< सं॰ गिरि] *पु॰* १. छोटी पहाड़ी या टीला। २. पर्वत/पहाड़ी पर की चढ़ाई।

गिरेश—[सं॰ गिरा ~ ईश] *पु॰* ब्रह्मा (देवता)।

गिरैया—[< हिं॰ गिरना/गिराना] १. गिरानेवाला। २. गिरनेवाला। ३. जल्दी ही गिरने/पतित/नष्ट होनेवाला। पतनोन्मुख।

†गिरैयाँ—[< हिं॰ गिराना] *स्त्री॰* बैंलों आदि के गले में डाली जाने वाली रस्सी। पगहा।

†गिरों—[< फा॰ गिरौ] *पु॰* बन्धक। गिरवी। रेहन।

गिर्द—[फा॰] *क्रिवि॰* १. आसपास। २. चारों ओर। ***जैसे***—सूर्य के गिर्द। ● **विशेष**—'गिर्द' के अर्थ में ही '**इर्द-गिर्द**' का प्रयोग होता है। ✣ **गिर्दागिर्द**—*क्रिवि॰* = गिर्द।

गिल[1]—[सं॰ √गृ + क, इत्व, लकार] *वि॰* निगलने/खाने वाला। भक्षक। *पु॰* १. मगर। घड़ियाल। २. जँबीरी नीबू।

†गिल[2]—[फा॰] *स्त्री॰* १. मिट्टी। २. गारा। ● **विशेष**—भवन बनाने में गारे और चूने से काम करने के कारण कारीगर/राज को कहीं-कहीं '**गिलकार**' कहा जाता है और उसके काम को '**गिलकारी**'।

गिलगिला—[< हिं॰ गीला-गीला] *वि॰* १. (स्पर्श में) कोमल और गीला-सा। २. अति कोमलता के कारण जिसे स्पर्श करना विचित्र-सा या अच्छा न लगे।

गिलगिलिया—[देशज] *स्त्री॰* एक प्रकार की चिड़िया जिसे **सिरोही/गिलगिली** भी कहते हैं।

गिलगिली[1]—[< हिं॰ गिलगिली] *वि॰* (*स्त्री॰*) 'गिलगिला' का स्त्री॰। (दे॰ गिलगिला)

गिलगिली[2]—[देशज] *स्त्री॰* एक चिड़िया। गिलगिलिया।

गिलट—[< अं॰ गिल्ड (= स्वर्ण का पानी/पत्तर चढ़ाना, मुलम्मा करना)] *पु॰* १. पीतल/लोहा आदि की बनी वस्तु जिस पर सुनहला या चाँदी का मुलम्मा किया गया हो। २. स्वर्ण/चाँदी का पानी चढ़ाने की क्रिया/भाव। मुलम्मा।

गिलन—[सं॰ √गिल् + ल्युट्] *पु॰* निगलने की क्रिया/भाव।

***गिलना**—[< सं॰ √गिल्] *क्रिस॰* १. निगलना। खाना। २. मन में छिपाकर रखना। ३. ऐसे छिपाना कि किसी को पता न चले। ४. पकड़ना। ✣ **गिलत-गिलत**—*क्रिवि॰* = खाते-खाते।

†गिलबिला—[अनु॰] १. (स्पर्श में) कोमल और गीला। गिलगिला। २. पिलपिला।

गिलबिलाना—[अनु॰] अस्पष्ट उच्चारण करना। बोलने में गड़बड़ाना।

गिलम—[फा॰] *स्त्री॰* १. कोमल और चिकना ऊनी क़ालीन। २. कोमल और बड़ा गद्दा। *वि॰* कोमल। मुलायम।

गिला—[< फा॰ गिलः] *पु॰* उपालम्भ। उलाहना। ✣ **गिला-शिकवा**—*पु॰* = उलाहना और शिकायत। ● **विशेष**—'गिलना' क्रिया का एक भूतकालिक रूप भी 'गिला' (= निगला इत्यादि) होता है। ***जैसे***—मोर ने साँप गिला।

ग़िलाज़त—[अरबी] *स्त्री॰* १. गन्दगी। २. गन्दी वस्तु।

***गिलान**—*स्त्री॰* ≤ *सं॰* ग्लानि।

गिलारि—[सं॰ गिल ~ अरि] *पु॰* (ग्राह का शत्रु) विष्णु।

गिलित—[सं॰ √गिल् + क्त] निगला हुआ। खाया हुआ।

†गिलियर—[देशज] *वि॰* १. आलसी। २. शिथिल। ढीला।

***गिलोल**—*स्त्री॰* ≤ *हिं॰* गुलेल।

***गिलोला**—[< हिं॰ गुलेला] *पु॰* गुलेल से फेंकी जानेवाली मिट्टी की गोली। गुलेला।

गिल्टी—[< सं॰ ग्रन्थि] *स्त्री॰* १. शरीर में कहीं भी निकल आयी गाँठ। २. गाँठ जैसी सूजन।

गिल्ली—*स्त्री॰* ≤ *हिं॰* गुल्ली।

***गिव**—*स्त्री॰* ≤ *सं॰* ग्रीवा। गर्दन।

गिँजना (गिंजना)—[< हिं॰ गींजना] *क्रिअ॰* किसी कोमल वस्तु

को हाथ से दबाकर/मलकर/मसलकर बिगाड़ दिया जाना। मलगीजना। **जैसे**—ऐसे तो कपड़ा गिंज जाएगा।

गिँजाई (गिंजाई)—[< हि॰ गींजना] *स्त्री॰* गिंजने या गींजे जाने की क्रिया/भाव।

†गिँडुआ/गिँडुवा (गिंडुआ/गिंडुवा)—[< हि॰ गेंडुआ] *पु॰* गोल तकिया।

गिँडुरी (गिंडुरी)—[< हि॰ गेंडुरी] *स्त्री॰* १. कपड़े की बनी छोटी गोल गद्दी जिसे बोझ के नीचे सिर पर रखा जाता है। गेंडरी। इँडुवा। बिड़ई।

गिँदौड़ा/गिँदौरा (गिंदौड़ा/गिंदौरा)—[< फा॰ क़न्द] *पु॰* मोटी रोटी के आकार में जमायी हुई चीनी/मिश्री।

***गिँय (गिंय)**—[< स॰ ग्रीवा] *पु॰* गर्दन।

गीजना—[< स॰ √गृज्] *क्रिस॰* १. मर्दन करना। मसलना। मलना। **जैसे**—राक्षसों को जल्दी से गीज डालने वाले हनुमान् जी। २. किसी फूल/वस्त्र आदि कोमल वस्तु को हाथ से दबाकर, मोड़कर या मसलकर ख़राब करना। **जैसे**—बच्चे ने रेशमी कुर्ते को गीज दिया।

गीज़र—[अ॰] *पु॰* १. गर्म पानी का प्राकृतिक स्रोत। २. नहाने के लिए पानी गर्म करनेवाला बिजली का यन्त्र विशेष।

†गीडर—[देशज] *पु॰* आँख का मैल। कींचड़।

गीत—[स॰ √गै + क्त] *पु॰* १. गायी जा सकनेवाली रचना। गान। २. यश। कीर्ति। (काव्य॰) गायी जा सकने वाली ऐसी छोटी रचना जो आत्म-संवेदनात्मक हो या कथा-आश्रित। (संगीत॰) स्वर, ताल और लय में बँधी शब्द-रचना। **वा॰ अपना ही गीत गाना**—अपनी ही बात कहते जाना और दूसरे की न सुनना। **(किसी के) गीत गाना**—१. प्रशंसा करना। २. हर्ष मनाना। ३. बड़ाई का वर्णन करना।

गीतक—[स॰ गीत + कन्] *पु॰* १. गीत। गान। २. प्रशंसा। (वर्णिक) गीतिका। *वि॰* १. गीत गानेवाला। गीत-गायक। २. गीत बनानेवाला। गीतकार।

गीत-भार—[स॰] *पु॰* गीत की टेक।

गीतातीत—(स॰ गीत ~ अतीत) *वि॰* १. जो गाया न जा सके। अगेय। २. जो कहा या लिखा नहीं जा सकता। जो वर्णन से परे है। अवर्णनीय।

गीति—[स॰ √गै + क्तिन्] *स्त्री॰* गीत। गान। (छन्द॰) एक मात्रिक छन्द जिसके चरणों में क्रमशः १२, १८, १२, १८ मात्राएँ होती हैं तथा प्रथम और तृतीय चरणों में जगण नहीं होता। (संगीत॰) गीत-गायन की पद्धति/रीति।

गीतिका—[स॰ गीति √कै + क + टाप्] *स्त्री॰* छोटा गीत। (छन्द॰) १. २० वर्णों का एक समवर्णिक छन्द जिसके प्रत्येक चरण में क्रमशः सगण, २ जगण, भगण, रगण, सगण, लघु और गुरु (स ज ज भ र स ल ग) के योग से २० वर्ण होते हैं तथा १२-८ पर यति होती है। ● **विशेष**—इस छन्द का एक अन्य नाम 'मुनिशेखर' है। २. एक मात्रिक छन्द जिसके प्रत्येक चरण में २६ मात्राएँ होती हैं, अन्त में क्रमशः लघु-गुरु होते हैं और १४-१२ पर यति होती है।

गीतिकाव्य—[स॰ गीति ~ काव्य] *पु॰* भावानुकूल लयों में अपनी वैयक्तिक भावना व्यक्त करनेवाली रचनाओं की विधा। प्रगीतकाव्य। गीतकाव्य।

गीध—[< स॰ गृध्र] *पु॰* १. चील से बड़े आकार का एक मांस-लोभी पक्षी। गिद्ध। २. (लाक्षणिक) चतुर और लालची व्यक्ति।

गीधना—[< हि॰ गीध] १. (बहुत अधिक) लोभ करना। ललचाना। २. एक बार कुछ लाभ मिल जाने पर बाद में भी उसकी ताक में लगे रहना। गिध जाना। ३. अनुरक्त होना। रीझना।

***गीरबान/गीरवाण/गीरवान**—[स॰ गीर्वाण] *पु॰* देवता।

गीर्देवी—[स॰ गिर् ~ देवी] *स्त्री॰* सरस्वती (देवी)।

गीर्पति—[स॰ गिर् ~ पति] *पु॰* १. बृहस्पति (देवता)। २. विद्वान्।

गीर्भाषा—[स॰ गिर् ~ भाषा] *स्त्री॰* देवों की भाषा। गीर्वाणी। संस्कृत भाषा।

गीर्वाण—[स॰ गिर् ~ वाण] *पु॰* देवता। सुर।

गीर्वाणी—[स॰ गिर् ~ वाणी] *स्त्री॰* देवों की वाणी। देवभाषा। संस्कृत भाषा।

गीला—[< हि॰ गलना] *वि॰* (पानी आदि से) भीगा हुआ। आर्द्र। नम। तर। **जैसे**—गीला वस्त्र; आँसुओं से गीले नेत्र। ✣ **गीलापन**—*पु॰* = नमी। तरी। ✣ **गीली**—*वि॰* (*स्त्री॰*)। **जैसे**—गीली लकड़ी; गीली आँखें।

***गीव/गीवा**—*स्त्री॰* ≤ *स॰* ग्रीवा। गर्दन।

***गुआ**—[< स॰ गुवाक] *पु॰* सुपारी।

***गुआर**—[< हि॰ ग्वाल] *पु॰* ग्वाला। ✣ **गुआरि**—*स्त्री॰* = ग्वालिन।

गुइयाँ—[< हि॰ गोहन] *पु॰* (खेल में) साथी। *स्त्री॰* सखी।

गुग्गुल—[स॰ गुक् √गुड् + क, ड→ल] *पु॰* १. एक औषधोपयोगी वृक्ष जिसके पत्ते नोकरहित छोटे-छोटे (नीम के पत्तों के समान) होते हैं, फूल लाल रंग के होते हैं तथा फल छोटे बेर के समान होते हैं। गूगल। २. उक्त वृक्ष का गोंद जो गन्धद्रव्य है और औषध भी है। गूगल।

गुच्छार्ध—[स॰ गुच्छ ~ अर्ध] *पु॰* १६ या २४ लड़ियोंवाला मोतियों का हार।

***गुजरान**—[< फा॰ गुज़रान] *स्त्री॰* जीवन-निर्वाह और जीवन-यापन। *वि॰* व्यतीत। गत। ✣ **गुज़रानी**—*वि॰* (*स्त्री॰*) = जो हो चुकी हों। व्यतीत। गत। **जैसे**—गुजरानी बातें।

†गुजरिया/गुजरी—*स्त्री॰* ≤ *हि॰* गूजरी।

गुज़श्ता—[< फा॰ गुज़श्तः] *वि॰* बीत चुके काल का। गत। **जैसे**—गुज़श्ता साल।

***गुज्जरवै**—[< स॰ गुर्जर] *पु॰* गुजरात का राजा।

गुज्जरी—*स्त्री॰* ≤ *हि॰* गूजरी।

***गुज्झ**—*वि॰* ≤ *स॰* गुह्य।

***गुज्झना**—[< हि॰ गुज्झ] *क्रिअ॰* छिपना।

गुज्झा[१]—[< सं॰ गुह्यक] *पु॰* १. रेशों वाला गूदा। २. रेशों का गुच्छा।

***गुज्झा[२]**—[< सं॰ गुह्य] *वि॰* छिपा हुआ। गुप्त।

***गुझबाती**—[< हिं॰ गुज्झा + बात] *स्त्री॰* गुप्त/रहस्यपूर्ण बात।

***गुझरौट**—[< हिं॰ गुज्झा] *स्त्री॰* आँचल का वह सिमटन पड़ा हुआ भाग जो हाथ को ढँके रहता है। २. साड़ी का चुन्नट किया हुआ भाग जो नाभि के पास खोंसा जाता है। ३. (स्त्रियों का) नाभि के समीप का भाग। *पु॰* वस्त्र की सिकुड़न/सिमटन।

गुञ्ज (गुंज)—[सं॰ √गुञ्ज् + घञ्] *स्त्री॰* १. गुंजा। घुँघची। २. गले में पहनने का एक स्वर्ण-आभूषण। *पु॰* १. (भौंरों का) गुंजन। गुंजार। २. पक्षियों का शोर। कलरव। ३. हर्ष-ध्वनि।

गुञ्जन (गुंजन)—[सं॰ √गुञ्ज् + ल्युट्] *पु॰* १. भौंरों के गूँजने की क्रिया। २. गूँजने का शब्द। गुंजार। ३. धीरे-धीरे बोलना। गुनगुनाहट।

गुञ्जलक (गुंजलक)—[< सं॰ गुञ्जल्क] *पु॰* (साँप आदि की) कुंडली। ⁘ **गुञ्जलिका**—*स्त्री॰* = १. फेंट। २. शिकंजा। ३. कुंडली।

गुञ्जल्क[१] (गुंजल्क[१])—[देशज] १. उलझन। गुत्थी। २. वस्त्र की सिकुड़न। सिलवट। शिकन। ३. ग्रन्थि। गाँठ।

गुञ्जल्क[२] (गुंजल्क[२])—[< सं॰ गुञ्जा] *स्त्री॰* १. गुंजा। घुँघची। २. घुँघची की लता।

गुञ्जा (गुंजा)—[सं॰ √गुञ्ज् + अच् + टाप्] *स्त्री॰* घुँघची।

ꜝगुञ्जान (गुंजान)—[देशज] *वि॰* १. घना। २. सटा हुआ।

गुञ्जाफल (गुंजाफल)—[सं॰ गञ्जा ~ फल] *पु॰* गुंजा के बीज। घुँघची।

गुञ्जामणि (गुंजामणि)—[सं॰ गुञ्जा ~ मणि] *स्त्री॰* घुँघची।

गुञ्जार (गुंजार)—[< सं॰ गुञ्ज] *पु॰* १. भौंरे की मधुर ध्वनि। गुंजन। २. गूँज।

गुञ्जिका (गुंजिका)—[सं॰ गुञ्जा + कन् + टाप्, इत्व] *स्त्री॰* गुंजा। घुँघची।

गुञ्जिया (गुंजिया)—[< हिं॰ गूँज (= नथ/बाली में लपेटा हुआ तार)] *स्त्री॰* कान का एक आभूषण।

गुटका—[< सं॰ गुटिका] *पु॰* १. बहुत छोटे आकार में छपी हुई पुस्तक। २. सूखे कत्थे, इलायची, लौंग, सुपारी आदि का मिश्रण जो पान के साथ या यों ही खाया जाता है। पानमसाला जैसा एक मिश्रण। ३. लकड़ी का छोटा टुकड़ा/गोला। ४. बन्द होने से रोकने के लिए चौखट और किवाड़ के बीच लगाया जाने वाला लकड़ी का टुकड़ा। ५. (व्यंग्य में) बहुत छोटे क़द का व्यक्ति।

गुटिका—[सं॰ गुटिक + टाप्] *स्त्री॰* छोटी गोली। वटिका। टिकिया।

गुट्टा—[< हिं॰ गोटी] *पु॰* बालिकाओं के एक खेल में प्रयुक्त छोटी गोटी जो ईंट तोड़कर या लाख आदि से बनायी जाती हैं। *वि॰* (व्यंग्य में) छोटे क़द का। ठिगना। नाटा।

गुट्ठल[१]—[< हिं॰ गुठला < हिं॰ गुठली] १. बड़ी गुठली वाला (फल)। २. गुठली जैसा कठोर। ३. जटिल/कठिन बात।

गुट्ठल[२]—[< हिं॰ गुठला < सं॰ कुण्ठ] *वि॰* १. कुंठित (धारवाला)। ***जैसे***—गुट्ठल चाक़ू। २. मन्दबुद्धि। ***जैसे***—गुट्ठल दिमाग़।

गुठला[१]—[< हिं॰ गुठली] *पु॰* १. बड़ी गुठली। २. गुठली जैसी कड़ी वस्तु।

गुठला[२]—[< सं॰ कुण्ठ] जिसकी धार कुंठित हो गयी हो। भोथरा। ***जैसे***—गुठला चाक़ू।

गुठला[३]—[< प्रा॰ अंगुट्ठल < सं॰ अङ्गुष्ठल] *पु॰* अँगूठे का एक आभूषण।

गुठली—[सं॰ गुठली] *स्त्री॰* गूदेदार फलों के बीच से निकलनेवाला कड़ा तथा बड़ा बीज। ***जैसे***—आम की गुठली; जामुन की गुठली।

***गुठाना**—[< हिं॰ गुठलाना] *वि॰* कुंठित। मन्द। गुट्ठल।

***गुठी**—[< सं॰ ग्रन्थि] *स्त्री॰* १. ग्रन्थि। गाँठ। २. भेद। रहस्य।

गुड़—[< सं॰ गुड] *पु॰* गन्ने के रस को गाढ़ा करके बनाया हुआ मीठा पदार्थ। ***वा॰* गुड़ गोबर करना**—१. काम बिगाड़ देना। २. नष्ट करना। **गुड़ गोबर होना**—१. काम बिगड़ना। २. नष्ट होना। **गुड़-भरा हँसिया**—हानि-लाभ की उलझन में डालनेवाला काम। ऐसा काम जो प्रिय हो परन्तु संकटपूर्ण हो। **गूँगे का गुड़ खाना**—आनन्दप्रद परन्तु अवर्णनीय अनुभव होना।

गुड़-धनिया—[हिं॰] *पु॰* गुड़ और धनिया के बीजों का मिश्रण जो विशेष अवसरों पर खाया-खिलाया जाता है।

गुड़धानी—[< हिं॰ गुड़-धनिया] *स्त्री॰* १. गुड़-धनिया। २. भुने हुए गेहूँ का गुड़ मिलाकर बनाया गया लड्डू।

गुड़ना—[< सं॰ लगुड] डंडे को इस प्रकार वेगपूर्वक फेंकना कि वह पलटे खाते हुए दूर तक जाए।

गुड़फूल—[हिं॰ गुड़ + फूल] *पु॰* महुआ।

गुडरू/गुडुरी/गुडुरू—[< सं॰ गरुड] एक प्रकार का बटेर पक्षी। ● **विशेष**—इसे कहीं-कहीं '**गुडरूँ/गुडलू/गुलू/गुँडरू**' भी कहते हैं।

गुड़हल/गुड़हुल/गुलहुल—[< फा॰ गुल + हिं॰ फूल] *पु॰* लाल रंग का एक फूल या उसका पेड़। अड़हुल। जपापुष्प। जवाकुसुम।

गुडाकेश—[सं॰ गुडाका ~ ईश] *पु॰* १. निद्रा जीतनेवाला व्यक्ति। २. (पांडव) अर्जुन। ३. शिव। महादेव।

गुड़ियल—[देशज] *स्त्री॰* कबूतर के आकार की एक चिड़िया जिसका सिर भूरा होता है और चोंच बड़ी और लाल तथा बोली 'की-की-की-की' जैसी कर्कश या 'पीर-पीर' जैसी मधुर होती है। ● **विशेष**—यह चिड़िया पानी पर झुकी डालियों की पत्तियों में छिपकर बैठती है या छायादार वृक्ष पर।

गुड़िया[१]—[< सं॰ गुड (= खेलने की गोली)] *स्त्री॰* १. कपड़ा/रबड़/प्लास्टिक आदि का बना हुआ छोटा खिलौना जो बालिका के रूप का होता है। २. (लाक्षणिक) सजी हुई सुन्दर बालिका/स्त्री। ***वा॰* गुड़ियों का खेल**—छोटा और सरल काम। ⁘ **गुड़िया-सी**—*वि॰* (*स्त्री॰*) = बहुत सुन्दर और सजी हुई (बालिका आदि)।

***गुड़िया[२]**—[देशज] *पु॰* (हाथी का) हौदा।

†गुड़ी[1]—[< स॰ गुटिका] *स्त्री॰* १. कोई गोल कड़ी वस्तु। गाँठ। २. मन में छिपा द्वेष। गाँठ।

***गुड़ी[2]**—[< स॰ गुडिका] *स्त्री॰* पतंग।

†गुड़ीला—[< हि॰ गुड़] *वि॰* १. जिसमें गुड़ मिला/पड़ा हो। गुड़-मिश्रित। २. गुड़ के समान स्वाद वाला।

गुडुप/गुडुप—[अनु॰] *स्त्री॰* नदी आदि में घड़ा भरते समय होनेवाला शब्द। गड़प।

गुडुरू—[< स॰ गरुड] *पु॰* १. गुडरी नामक पक्षी। २. गुडरू नामक एक प्रकार का बटेर पक्षी।

गुडूची—[स॰ √गुड् + ऊचट् + ङीप्] *स्त्री॰* एक औषधोपयोगी लता। गिलोय। गुडुच। गुरुच।

गुडेरा—[देशज] *पु॰* तीतर से कुछ बड़े आकार का एक पक्षी जिसका सिर, गर्दन और सीना लाल रंग के होते हैं। ● **विशेष**—स्थान-भेद से इसे '**जंगराल/गौरिया/खग/मालगुझा**' भी कहा जाता है।

गुड्डी[1]—[< प्रा॰ गुड्डिआ < स॰ गुडिका] *स्त्री॰* पतंग। कनकौवा।

गुड्डी[2]—[< हि॰ गुड्डा] *स्त्री॰* = गुड़िया।

गुढ़ना[1]—[< स॰ गूढ़] क्रिअ॰ छिपना।

***गुढ़ना[2]**—[< स॰ √घुट्] *क्रिस॰* १. घोटना। २. सँवारना।

†गुढ़ा—[< स॰ गूढ़] *पु॰* १. छिपने का स्थान। २. जंगल में डाकुओं आदि के छिपने का स्थान।

***गुढ़ाना**—[< स॰ गूढ़] *क्रिस॰* छिपने/छिपाने का प्रयत्न करना।

***गुढी**—[< स॰ गूढ़] *स्त्री॰* १. उलझन। गुत्थी। २. गाँठ। गुत्थी।

***गुढ़ौ**—[< हि॰ गुढ़ा] *पु॰* छिपकर रहने का स्थान।

गुण—[स॰ √गुण् + अच्] *पु॰* १. वस्तु की निजी विशेषता, धर्म या लक्षण। ***जैसे***—पृथ्वी का गुण गन्ध है। २. (वस्तु का) प्रभाव या परिणाम। ***जैसे***—इस औषध के अनेक गुणों का मुझे ज्ञान है। ३. किसी वस्तु का लाभ या लाभप्रद तत्त्व। ४. किसी वस्तु की प्रशंसनीय या अच्छी विशेषता। ***जैसे***—भगवान् कृष्ण के गुणों का कीर्तन। ५. धागा। डोरा। ६. रस्सी। ७. धनुष की डोरी। प्रत्यंचा। ८. कला या विद्या। ९. तीन की संख्या। १०. आवृत्ति। गुणन। गुना। ***जैसे***—पंचगुण (= पाँच गुना)। (काव्य॰) काव्य का शोभाकारक धर्म। ओज, प्रसाद, माधुर्य आदि में से प्रत्येक। (सांख्य॰) सत्त्व, रज और तम में से प्रत्येक। [● **विशेष**—ये तीनों सामूहिक रूप में '**त्रिगुण**' कहे जाते हैं।](योग॰) शम, दम और तितिक्षा में से प्रत्येक। (राजनीति॰) सन्धि, विग्रह, यान, स्थान, आसन और संश्रय द्वैधीभाव में से प्रत्येक। ● **विशेष**—इनका समूह '**षड्गुण**' कहा जाता है। प्राचीन भारतीय राजनीति के ग्रन्थों में राजा के 'षड्गुण' का विवेचन किया गया है। ∇ **विलोम**—अवगुण/दोष। ***वा॰* (किसी का) गुण गाना**—किसी के उपकारों और सत्कार्यों की प्रशंसा करना। **गुण मानना**—कृतज्ञता प्रकट करना। **(किसी के) गुणों की माला जपना**—१. गुणों का स्मरण करना। २. गुणों को कहते फिरना। प्रशंसा करते रहना।

गुणक—[स॰ √गुण् + ण्वुल्] *पु॰* (गणित॰) वह राशि जिससे गुणा करें।

गुणकर—[स॰ गुण ~ कर] *वि॰* गुणकारी। लाभकारी। गुणकारक।

गुणग्राम—[स॰ गुण ~ ग्राम] *पु॰* १. सद्गुणों का समूह। २. गुणों का समूह। गुणराशि।

गुणग्राही—[स॰ गुणग्राहिन्] *वि॰* गुण/गुणी का आदर करनेवाला। गुण/गुणी की क़द्र करनेवाला। ✣ **गुणग्राहिणी**—*वि॰* (*स्त्री॰*)।

गुणघाती—[स॰ गुण ~ घाती (घातिन्)] *वि॰* गुण/उपकार न मानकर अपकार करनेवाला। कृतघ्न। ✣ **गुणघातिनी**—*वि॰* (*स्त्री॰*)।

गुणज—[स॰ गुण + ज] *वि॰* (गणित॰) किसी पूर्णांक की किसी भी पूर्णांक से गुणन करने पर प्राप्त संख्या। ***जैसे***—४ का एक गुणज १२ है।

गुणज्ञ—[स॰ गुण + ज्ञ] *वि॰* १. गुण को जाननेवाला। गुण का पारखी। २. गुणी।

गुणता—[स॰ गुण + तल् + टाप्] *स्त्री॰* १. गुण होने का भाव। गुणत्व। २. गुण या गुणवत्ता की कोटि/प्रकार/ किस्म। उत्तमता की कोटि (उच्चता, विनम्रता आदि)। ***जैसे***—परिमाण से अधिक गुणता पर ध्यान दो। (अ॰ क्वालिटी)

गुणदोष—[स॰ गुण ~ दोष] *पु॰* गुण अथवा दोष। अच्छाई-बुराई।

गुणधर्म—[स॰ गुण ~ धर्म] *पु॰* स्वाभाविक गुण। स्वभाव-धर्म। वस्तुगत विशेषता। ***जैसे***—रसायनविज्ञान में तत्त्वों और यौगिकों के गुणधर्मों का अध्ययन होता है।

गुणन—[स॰ √गुण् + णिच् + ल्युट्] *पु॰* १. गुणा करने का क्रिया/भाव। (गणित॰) गुणा करने की क्रिया/भाव। २. दो संख्याओं को इस प्रकार परस्पर युक्त करना कि एक संख्या को स्वयं से उतनी बार जोड़ें जितनी दूसरी संख्या है। ***जैसे***—५ से ३ के गुणन का अर्थ है—५ में ५ को ३ बार जोड़ना अर्थात् ५ + ५ + ५।

गुणनखण्ड (गणनखंड)—[स॰ गुणन ~ खण्ड] *पु॰* (गणित॰) १. किसी विशेष संख्या/राशि के लिए दो या अधिक संख्याओं/राशियों में से प्रत्येक जिनकी परस्पर गुणा का गुणनफल वही संख्या/राशि विशेष होती है। वह धन पूर्णांक जो दूसरे धन पूर्णांक को भाग दे तो शून्य शेष रहे। ***जैसे***—२ और ३ दोनों ही ६ के गुणनखंड हैं। २. वह बीजीय व्यंजक या संख्या जो दूसरे बीजीय व्यंजक या संख्या को भाग दे, तो शून्य शेष रहे। (अ॰ फ़ैक्टर)

गुणनखण्डन (गुणनखंडन)—[स॰ गुणन ~ खण्डन] *पु॰* (गणित॰) किसी संख्या/व्यंजक के गुणनखंड करने की प्रक्रिया।

गुणना—[< स॰ गुणन] *क्रिस॰* १. गुणन/गुणा करना। २. (मन में) विचार करना। गुनना।

गुणनिधि—[स॰ गुण ~ निधि] *वि॰* १. गुणों का भंडार। बहुगुणसम्पन्न। २. सर्वगुणसम्पन्न।

गुणनीय—[स॰ √गुण् + अनीयर्] *वि॰* (गणित॰) १. गुणा करने योग्य। २. जिसका गुणन किया जाने वाला हो।

गुणवत्ता—[स॰ गुणवत् + ता] *स्त्री॰* १. उत्तम गुणों से युक्त होना।

गुणशीलता। गुणयुक्तता। २. गुणों की दृष्टि से कोटि/प्रकार (उत्तम/मध्यम/अधम)। गुणता। ***जैसे***—गुणवत्तायुक्त उत्पादन से उद्योग में सफलता मिलती है।

गुणवन्त (गुणवंत)—[< सं॰ गुणवत्] *वि॰* १. गुण/गुणों वाला। गुणवान्। गुणी। २. कला-निपुण। *पु॰* कलाकार।

गुणवान्—[सं॰ गुणवत्] *वि॰* गुण/गुणों से युक्त (व्यक्ति)। गुणी। ***जैसे***—गुणवान् बालक। ✣ **गुणवती**—*वि॰* (*स्त्री॰*)। ***जैसे***—गुणवती बालिका।

गुण-सम्प्रदाय (संप्रदाय)—[सं॰] *पु॰* (काव्य॰) काव्य-गुणों को काव्य की आत्मा माननेवाले आचार्य दण्डी आदि का सम्प्रदाय। रीति-सम्प्रदाय।

गुण-सागर—[सं॰] *वि॰* गुणनिधि।

गुणसूत्र—[सं॰ गुण ~ सूत्र] *पु॰* (जीव॰) केन्द्रक की एक संरचनात्मक इकाई। सूत्र जैसी सूक्ष्म रचनाएँ जिनकी संख्या प्रत्येक जाति की कायिक कोशिकाओं में निश्चित रहती है और जो पिता से सन्तान में पारम्परिक लक्षणों अर्थात् पैतृक गुणों को पहुँचाती हैं। (अ॰ क्रोमोसोम) ● **विशेष**—प्रत्येक मानव कोशिका में १६ गुणसूत्र होते हैं। ✣ **गुणसूत्रीय परिवर्तन**—*पु॰* (जीव॰) = उत्परिवर्तन का एक प्रकार जिसमें कोशिका के आनुवंशिक पदार्थ में गुणसूत्रीय विभिन्नता आती है।

गुणाङ्क (गुणांक)—[सं॰ गुण + अङ्क] *पु॰* (बीज॰) १. किसी पद का संख्यात्मक भाग। ***जैसे***—२ य में य का गुणांक २ है। २. किसी पद के गुणनखंडों में से एक के अतिरिक्त शेष सबका गुणनफल। ***जैसे***—३ य र ल में ३ य र को ल का गुणांक, ३ य ल को र का गुणांक, ३ र ल को य का गुणांक तथा ३ को य र ल का गुणांक कहा जाता है। अ॰ (कोइफ़िशेन्ट)।

गुणा—[< सं॰ गुणन] *पु॰* (गणित॰) गुणन।

गुणाकर—[सं॰ गुण ~ आकर] *वि॰* जो गुणों की खान हो। गुणराशि।

गुणागार—[सं॰ गुण ~ आगार] *वि॰* जो गुणों का भंडार हो। गुणनिधि।

गुणाढ्य—[सं॰ गुण ~ आढ्य] *वि॰* १. बहुत गुणों वाला। २. उत्तम गुणों वाला। सद्गुणी।

गुणातीत—[सं॰ गुण ~ अतीत] *वि॰* प्रकृति के तीनों गुणों (सत्त्व, रज, तम) से परे। ***जैसे***—परमात्मा गुणातीत है। *पु॰* परमात्मा। ब्रह्म।

गुणाधार—*वि॰* गुणों को धारण करने वाला। *पु॰* परमात्मा।

गुणाधिक—[सं॰ गुण ~ अधिक] *पु॰* (जैन॰) सम्यक् ज्ञान आदि गुणों में बढ़ा-चढ़ा मनुष्य।

गुणानुवाद—[सं॰ गुण ~ अनुवाद] *पु॰* (जीवित व्यक्ति के) गुणों का वर्णन। गुण-कथन। प्रशंसा।

गुणान्वित—[सं॰ गुण ~ अन्वित] *वि॰* गुणों से युक्त। गुणवान्। गुणी।

गुणालय—[सं॰ गुण ~ आलय] *वि॰* गुणों का घर। बहुत गुणों वाला। बहुगुणसम्पन्न।

गुणित—[सं॰ √गुण + क्त] *वि॰* जिसका गुणन किया गया हो। गुणा किया हुआ। ***जैसे***—५ से गुणित ४ = २०। ✣ **गुणित स्वरक**—*पु॰* (संगीत॰) = अति तान (अ॰ ओवरटोन)।

गुणी—[सं॰ गुणिन्] *वि॰* गुणों से युक्त। गुणवान्। *पु॰* १. कलाकार। संगीतज्ञ। गायक। २. शिल्पी व्यक्ति। ३. अलौकिक शक्ति वाला व्यक्ति। ४. (झाड़ने-फूँकने वाला) ओझा।

गुणीभूत—[सं॰ गुण + च्वि ~ भूत] *वि॰* १. प्रधान अर्थ से रहित। २. जो गौण हो गया हो या गौण बनाया गया हो।

गुणेश/गुणेश्वर—[सं॰ गुण ~ ईश/ईश्वर] *पु॰* गुणों (सत्त्व आदि तीन गुणों) का स्वामी। परमात्मा। ईश्वर।

गुणोत्तर—[सं॰ गुणा ~ उत्तर] *वि॰* गुणा के बाद का। गुणा से प्राप्त होनेवाला। ✣ **गुणोत्तर माध्य**—*पु॰* = (गणित॰) *पु॰* १. किन्हीं दो राशियों की गुणा का वर्गमूल। ***जैसे***—३ और २७ का गुणोत्तर माध्य √(३ × २७) अर्थात् ९ है। २. किन्हीं दो राशियों के सन्दर्भ में ऐसी राशियाँ जो इन दोनों के मध्य में रखने से गुणोत्तर श्रेढ़ी बनाएँ। ***जैसे***—५ और ८० के गुणोत्तर माध्य १०, २०, ४० हैं। ✣ **गुणोत्तर श्रेढ़ी**—*स्त्री॰* = (गणित॰) वह श्रेढ़ी जिसमें क्रमशः पदों के प्रत्येक जोड़े में, अगले पद और पूर्व पद का अनुपात सदा अचर रहता है। ***जैसे***—४, १२, ३६, १०८,... एक गुणोत्तर श्रेढ़ी है जिसमें हर अगला पद पूर्व पद का तीन गुना है। ● **विशेष**—इस अचर अनुपात को '**सार्व अनुपात**' (अ॰ कामन रेश्यो) कहते हैं; उपर्युक्त उदाहरण में ३ सार्व अनुपात है।

गुणोपेत—[सं॰ गुण ~ उपेत] *वि॰* १. (वस्तु) जो गुणों से युक्त हो। गुणयुक्त। २. (व्यक्ति) जिसमें विशेष गुण हो। गुणी। गुणवान्।

गुण्ठन (गुंठन)—[सं॰ √गुण्ठ् + ल्युट्] ढँकने/छिपाने की क्रिया/भाव। ढँकना या छिपाव।

***गुण्ठा (गुंठा)**—[< हि॰ गठा] *वि॰* १. गठा हुआ। २. छोटे आकार का और गठा हुआ। ३. नाटा। ठिगना।

गुण्ठित (गुंठित)—[सं॰ √गुण्ठ् + क्त] *वि॰* १. ढँका हुआ। २. छिपाया हुआ। ३. पीसकर चूर किया हुआ।

गुण्ड (गुंड)—[देशज] *पु॰* १. धीमा मधुर स्वर। २. मधुर ध्वनि का संगीत।

गुण्डा (गुंडा)—[< सं॰ गण्डक (= गेंडा)] *वि॰, पु॰* उद्दंड और दुश्चरित्र। बदमाश। ✣ **गुण्डागर्दी (गुंडागर्दी)**—*स्त्री॰* = गुंडई।

गुण्य—[सं॰ गुण + यत्] *वि॰* १. गुणी (व्यक्ति)। २. प्रशंसनीय। ३. गुणा करने योग्य। *पु॰* (गणित॰) वह संख्या जिसमें गुणा किया जाए। ● **विशेष**—गुणा करनेवाली संख्या को '**गुणक**' कहते हैं।

गुत्थी—[< हि॰ गुथना] *स्त्री॰* १. धागा/रस्सी का उलझा हुआ रूप या उलझने से पड़ी हुई गाँठ। २. उलझन। ३. कठिनाई। समस्या। ***वा॰* गुत्थी सुलझाना**—१. कठिन समस्या हल करना। २. किसी घटना के रहस्यों का पता लगाना।

गुथना/गुँथना—[< प्रा॰ गुत्थ] *क्रिअ॰* १. गुम्फित होना। पिरोया

जाना। गूँथा जाना। २. धागा/रस्सी आदि का उलझ जाना। ३. लड़ते समय परस्पर दबाना आदि।

†**गुदकार/गुदकारा**—[< हि॰ गूदा] *वि॰* १. (फल आदि) जिसमें गूदा हो। गूदेवाला। २. गुदगुदा।

गुदड़िया—[< हि॰ गूदड़] *वि॰* १. गूदड़-सम्बन्धी। २. गुदड़ी-सम्बन्धी। ***जैसे***—गुदड़िया फ़कीर। *पु॰* १. गुदड़ी पहनने वाला। २. गूदड़ ख़रीदकर बेचनेवाला। कबाड़ी। ● **विशेष**—पुरानी या टूटी-फूटी वस्तुओं को खरीदने-बेचने का बाज़ार (कबाड़ी बाज़ार) '**गुदड़िया बाज़ार**' कहा जाता है।

गुदड़ी—[< स॰ √गुध्] *स्त्री॰* फटे-पुराने वस्त्रों के टुकड़ों को सिलकर बनाया हुआ ओढ़ने/बिछाने का वस्त्र। ***वा॰* गुदड़ी का लाल**—१. साधारण परिवार में उत्पन्न असाधारण गुणी व्यक्ति। २. साधारण वेशभूषा में असाधारण व्यक्ति। **गुदड़ी में लाल**—साधारण वेशभूषा या तुच्छ स्थान में छिपी उत्तम वस्तु। ✣ **गुदड़ी बाज़ार**—*पु॰* = गुदड़िया बाज़ार।

गुदनहारी—[< हि॰ गोदनेवाली] *वि॰* (*स्त्री॰*), *स्त्री॰* गोदनेवाली।

गुदना—[< हि॰ गोदना] *क्रिअ॰* गोदा जाना। ***जैसे***—गोदना गुदना। *पु॰* गोदना। शरीर के किसी अंग पर नील/कोयले के पानी में डूबी हुई सुइयों से बनाए जाने वाले अक्षर/चिह्न/आकृति।

गुदभ्रंश—[स॰ गुद ~ भ्रंश] *पु॰* (गुदा से) काँच निकलने का रोग।

***गुदर**—[< फा॰ गुज़र] *पु॰* १. निर्वाह। गुज़र। २. राजदरबार में उपस्थिति। ३. निवेदन।

***गुदरना**[1]—[< फा॰ गुज़र] *क्रिअ॰* १. गुज़रना। २. राजदरबार में उपस्थित होना। ३. निवेदन आदि के लिए उपस्थित होना।

***गुदरना**[2]—[< अरबी गुदर (= निष्ठाहीन)] *क्रिअ॰* १. कृतघ्न होना। २. उपेक्षा/अवज्ञा करना। ✣ **गुदरि**—*क्रिवि॰* = १. कृतघ्नता करके। २. उपेक्षा/अवज्ञा करके।

***गुदरानना/गुदराना**—[< हि॰ गुदरना] *क्रिस॰* १. किसी के सामने रखना। प्रस्तुत करना। २. भेंट करना। ३. निवेदन करना।

†**गुदरारा**—[< हि॰ गूदा] *वि॰* १. गूदेवाला। २. मांसल। मोटा।

***गुदरि**—*दे॰* गुदरना[2]।

†**गुदरैन**—[ब्रज॰, < हि॰ गुदारना] *स्त्री॰* १. याद किया हुआ पाठ दोहराना या सुनाना। २. परीक्षा।

गुदा—[स॰ गुद + टाप्] *स्त्री॰* १. मलत्याग की इन्द्रिय। २. मलद्वार।

†**गुदार**—[< हि॰ गूदा] *वि॰* १. जिसमें अधिक गूदा हो। गूदेदार। २. मांसल। ३. कोमल।

गुदारना**—[< हि॰ गुदरना] *क्रिस॰* १. गुज़ारना। २. सेवा में उपस्थित करना। ३. सुनाना। ४. पढ़ना। ***जैसे—नमाज़ गुदारना।

†**गुदारा**—[< फा॰ गुज़ारा] *पु॰* १. नाव से नदी पार करने की प्रक्रिया। २. नदी पार करानेवाली नौका। ३. वह स्थान जहाँ से नदी पार की जाती है। ४. (प्रातःकाल नावों का) प्रथम खेवा। ***वा॰* गुदारे लगना**—१. किनारे लगना। २. काम पूरा होना। ३. (नाव खेने आदि का) आजीविका का काम आरम्भ होना।

***गुदी**—[देशज] *स्त्री॰* ग्रीवा। गर्दन।

†**गुद्दी**—[< हि॰ गूदा] *स्त्री॰* १. (फल आदि का) भीतर का गूदा। गिरी। मग़ज़। मींग। २. वृक्ष की मोटी शाखा। ३. हथेली का गुदगुदा अंश। हथेली की गद्दी। ४. सिर का पीछे का भाग।

***गुनखानि/गुनखानी**—[< स॰ गुण + खानि] *स्त्री॰* १. गुणों का उत्पत्ति-स्थान। २. गुणरूपी रत्नों की खान।

***गुनगन**—[< स॰ गुण ~ गण] *पु॰* गुणों का समूह। गुण-समूह।

***गुनद**—[< स॰ गुणद] *वि॰* गुणकारी। लाभकारी। हितकर।

***गुनधाम**—[< स॰ गुण ~ धामन्/धाम] *वि॰* जो गुणों का धाम हो। सभी गुणों वाला। सर्वगुणसम्पन्न। ✣ **गुनधामा**—*वि॰* = गुनधाम।

गुनना—[< हि॰ गुणना] *क्रिअ॰* बात को समझने के लिए मन में विचार या तर्क-वितर्क करना। ***जैसे***—पढ़ने के बाद गुनना भी चाहिए। २. विचार करना। *क्रिस॰* १. किसी को कुछ महत्त्वपूर्ण समझना। २. वर्णन करना। कहना। ***जैसे***—एक मीत हम से यह गुन्यो। ३. गुणन/गुणा करना।

***गुनमनि**—[< स॰ गुणमणि] *वि॰* १. गुणियों में मणि के समान श्रेष्ठ। २. गुणों में श्रेष्ठ। सर्वश्रेष्ठ गुण।

***गुनमन्त (गुनमंत)**—*वि॰* ≤ *हि॰* गुनवन्त। गुणवान्।

***गुनमन्दिर (गुनमंदिर)**—[< स॰ गुण ~ मन्दिर] *वि॰* सभी गुणों वाला। सर्वगुणसम्पन्न।

***गुनमय**—[< स॰ गुणमय] *वि॰* १. जो गुणों का साकार रूप हो। गुणमय। २. सत्त्व, रज और तम नामक गुणों से युक्त। त्रिगुणात्मक। ३. धागों या रस्सी से बना हुआ। सूत्ररूप। काव्य-गुणों से युक्त।

गुनरखा—[< स॰ गुणरक्षक] *पु॰* वह दंड जिसमें नाव की गून (रस्सी) बाँधी जाती है। मस्तूल।

***गुनवन्त (गुनवंत)**—*वि॰* ≤ *स॰* गुणवान्।

***गुनवारि/गुनवारी**—[< स॰ गुण + हि॰ वाली] *वि॰* (*स्त्री॰*) १. गुणोंवाली। गुणमयी। २. सत्त्व आदि त्रिगुण वाली। त्रिगुणात्मक। ३. धागोंवाली या रस्सीवाली। डोरीदार।

गुनह, गुनहगार, गुनहगारी, गुनही—*दे॰* क्रमशः गुनाह, गुनाहगार, गुनाहगारी, गुनाही।

†**गुनहारा**—[< स॰ गुण + हि॰ वाला] *वि॰* १. गुणवाला। गुणी। ***जैसे***—गुनहारा बालक। २. सत्त्व आदि गुणों से युक्त। त्रिगुणात्मक। ✣ **गुनहारी**—*वि॰* (*स्त्री॰*) = गुणवती। ***जैसे***—गुनहारी राधा।

गुना[1]—[देशज] *पु॰* गेहूँ के आटे को मीठा करके बनाया गया और घी में सेंका गया गोल-गोल छल्लों की तरह का एक पकवान।

गुना[2]—[< हि॰ गुणा] *पु॰* (गणित॰) गुणन की क्रिया। गुणा। गुणन। ● **विशेष**—संख्यावाचक शब्दों से 'गुना' के समासयुक्त रूप बनते हैं—दोगुना (दुगना), तीनगुना, पाँचगुना, (पँचगुना) इत्यादि।

***गुनानी**—[< स॰ गुणानि] *पु॰* गुण-समूह। अनेक गुण।

†**गुनावन**—[< हि॰ गुनना] *पु॰* १. मन में विचार या तर्क-वितर्क करने की क्रिया/भाव। समझना। २. पारस्परिक परामर्श।

गुनाह/गुनह—[फा॰] *पु॰* १. पाप। २. अपराध। दोष। ***वा॰* गुनाह**

बेलज़्ज़त होना—बिना कोई लाभ उठाए बदनाम होना। ✣ **गुनाहगार/गुनहगार**—*वि॰* = १. पापी। २. अपराधी। दोषी। ∇ **विलोम**—बेगुनाह। ✣ **गुनाहगारी/गुनहगारी**—*स्त्री॰* = १. पाप। २. अपराध। दोष।

***गुनि**[१]—[< हि॰ गुनना] १. सोच-विचार करके। समझकर। २. गुणा करके।

गुनि**[२]—≤ *स॰* गुणी। ***जैसे—गुनि-गन = (गुणी लोग)।

***गुनित**—*वि॰* ≤ *स॰* गुणित।

***गुनियाला**—[< स॰ गुण] *वि॰* गुणोंवाला। गुणी।

गुनी—*वि॰, पु॰* ≤ *स॰* गुणी। ● **विशेष**—हिन्दी क्रिया 'गुनना' का एक भूतकालिक रूप भी 'गुनी' होता है। ***जैसे***—तुमने मेरी बात सुनी परन्तु गुनी नहीं (गुनी = विचार किया)।

†**गुनीला**—[< हि॰ गुन] *वि॰* १. गुणोंवाला। गुणी। २. लाभदायक। हितकर। ✣ **गुनीली**—*वि॰* (*स्त्री॰*) १. गुणोंवाली। गुणी। २. लाभदायक। हितकर।

ग़ुन्चा (ग़ुंचा)—[< अरबी ग़ुन्चः] *पु॰* (फूल की) कली।

***गुपन्ति (गुपंति)**—[< स॰ √गुप्] *वि॰* गुप्त। (दे॰) *स्त्री॰* गुप्ति।

***गुपाल**—[< *स॰* गोपाल] *पु॰* गोपाल। कृष्ण। (छन्द॰) एक सममात्रिक छन्द जिसके प्रत्येक चरण में १५ मात्राएँ होती हैं, दो दलों में लिखा जाता है, दूसरे और चौथे चरणों के अन्त में जगण (।ऽ।) होता है। ● **विशेष**—उक्त छन्द को '**भुजंगिनी**' भी कहा जाता है।

***गुपुत**—[< स॰ गुप्त] *वि॰* गुप्त।

गुप्तक—[स॰ गुप्त + कन्] *वि॰* १. गुप्त। २. रक्षक।

गुप्तचर—[स॰ गुप्त ~ चर] *पु॰* जासूस। भेदिया।

गुप्तदान—[स॰ गुप्त ~ दान] *पु॰* अपना नाम आदि प्रकट किए बिना किया गया दान।

गुप्तवेश—[स॰ गुप्त + वेश] *वि॰* जो अपना वेश बदले हुए हो। ● **विशेष—गुप्त वेश** = बनावटी वेश।

गुप्ता—[स॰ गुप्त + टाप्] *स्त्री॰* १. वैश्य स्त्री का सूचक कुल-नाम या उपाधि। ***जैसे***—प्रभावती गुप्ता।

गुप्ताङ्ग (गुप्तांग)—[स॰ गुप्त ~ अङ्ग] *पु॰* (स्त्री/पुरुष की) जननेन्द्रिय। लिंग या योनि।

गुप्ति—[स॰ √गुप् + क्तिन्] *स्त्री॰* १. छिपाने या ढँकने की क्रिया या भाव। गोपन। छिपाव। २. रक्षा। रक्षण। ३. रहने की गुफ़ा या बिल। ४. कारागार। ५. क़िलाबन्दी या परकोटा। (जैन॰) मन, वाणी व शरीर की क्रमशः राग, द्वेष आदि, असत्य आदि तथा चोरी आदि पाप कर्मों की ओर प्रवृत्ति का निरोध।

गुप्ती—[< स॰ गुप्त] *स्त्री॰* १. एक प्रकार की छड़ी (जिसे 'गुप्तीदार छड़ी' कहते हैं) या डंडा जिसके अन्दर छिपे रूप में तलवार जैसा धारदार शस्त्र रहता है जो आवश्यकता पड़ने पर दबाकर निकाला जा सकता है। २. कुछ शस्त्रों में रहनेवाली उक्त प्रकार की व्यवस्था। ✣ **गुप्तीदार**—*वि॰* = गुप्तीवाला। ***जैसे***—गुप्तीदार छड़ी।

गुप्तोत्प्रेक्षा—[स॰ गुप्ता ~ उत्प्रेक्षा] *स॰* उत्प्रेक्षा अलंकार का एक भेद जिसमें वाचक शब्द (मानो/जानो इत्यादि) का प्रयोग नहीं होता।

†**गुप्फा**—[< स॰ गुम्फ] *पु॰* गुच्छा।

गुफा/गुफ़ा—[< स॰ गुहा] *स्त्री॰* = पर्वत की कन्दरा। ✣ **गुफ़ा-मन्दिर (गुफा-मंदिर)**—*स्त्री॰* = पर्वतों की गुफ़ाओं को काट-छाँटकर बनाया गया देवमन्दिर। गुहा-मन्दिर। ✣ **गुफ़ा-मानव**—*पु॰* = वह आदिम मानव जो गुफ़ा में वास करता था, घर बनाकर नहीं रहता था। गुफ़ावासी मनुष्य। ● **विशेष**—प्रागैतिहासिक मानव के अवशेष और उपकरण प्राचीन गुफ़ाओं में पाए गए हैं।

गुफ़्तगू—[फ़ा॰] *स्त्री॰* वार्तालाप। बातचीत।

गुफ़्तार—[फ़ा॰] *पु॰* बोलचाल।

गुबरीला/गुबरैला—[< हि॰ गोबर] *पु॰* एक कीड़ा जो गोबर से उत्पन्न होता है और गोबर में पाया जाता है।

ग़ुबार—[अरबी] *पु॰* १. धूल। २. (मन का) दुर्भाव। ***वा॰* मन का ग़ुबार निकालना**—क्रुद्ध या दुःखी होने पर अप्रिय या कटु बातें कहकर अपना क्रोध या दुःख कम करना।

***गुबिन्द (गुबिंद)**—*पु॰* ≤ *स॰* गोविन्द। १. विष्णु या कृष्ण २. परमात्मा।

***गुभी**—[< हि॰ गाभा] *स्त्री॰* अंकुर।

गुम—[फ़ा॰] *वि॰* १. खोया हुआ। गायब। २. जिसका पता न लग रहा हो। ३. अप्रसिद्ध। *पु॰* वातावरण की वह स्थिति जिसमें हवा न महसूस हो रही हो।

गुमक**—[< हि॰ गमक] *स्त्री॰* १. गम्भीर ध्वनि। गमक। ***जैसे—ढोल की गुमक। २. उमंग।

***गुमकना**—[< हि॰ गमकना] १. (शब्द का) गूँजना। २. उमंग से भरना।

गुमटा—[< स॰ गुम्बा] *पु॰* १. माथे या सिर पर चोट लगने से होनेवाली सूजन या गुमड़ा। २. बड़ा फोड़ा। ३. कपास के डोडों को नष्ट करनेवाला एक कीड़ा। ४. कोई अर्धगोलाकार उभार।

गुमटी[१]—[< हि॰ गुमटा] *स्त्री॰* १. छोटा गुमड़ा। २. छोटा फोड़ा। ३. छोटा अर्धगोलाकार उभार।

गुमटी[२]—[< फ़ा॰ गुम्बद] *स्त्री॰* रेल पटरियों की सुरक्षा आदि करने वाले कर्मचारी के रहने के लिए रेल पटरी के पास बनी छोटी कोठरी।

गुमड़ा/गूमड़ा—[< हि॰ गुमटा] *पु॰* १. माथे पर चोट लगने से आई सूजन। गूमड़ा। २. बड़ा फोड़ा। गुमटा। ✣ **गुमड़ी/गूमड़ी**—*स्त्री॰* = माथे पर चोट लगने से आनेवाली थोड़ी सूजन। २. गाँठ।

***गुमर**—[< फ़ा॰ ग़ुबार] *पु॰* १. अभिमान। २. (मन में छिपा हुआ) दुर्भाव। द्वेष।

गुमराह—[फ़ा॰] *वि॰* १. जो मार्ग भूल गया हो। भटका हुआ। पथभ्रष्ट। २. कुमार्गगामी। अनैतिक आचरण करनेवाला। ✣ **गुमराही**—*स्त्री॰* = १. मार्ग भूलना। पथभ्रष्टता। २. अनैतिक

आचरण करने की प्रवृत्ति। कुमार्गगमन।

गुमशुदा—[< फा॰ गुमशुदः] *वि॰* १. खोया हुआ। ***जैसे***—प्रेमचन्द की गुमशुदा कहानियों का संग्रह 'गुप्तधन'। २. जिसका पता न लग रहा हो। लापता।

गुमसुम—[फा॰ गुम + अनु॰ सुम] *वि॰* चुप और चेष्टारहित। ***जैसे***—गुमसुम बालकों को प्रसन्न करो। *क्रिवि॰* चुप और चेष्टारहित होकर। ***जैसे***—वह गुमसुम बैठा है।

गुमान—[फा॰] *पु॰* १. अनुमान। २. कल्पना। *३. सन्देह। शक। ४. अहंकार। अभिमान। घमंड। ***जैसे***—धन-वैभव का गुमान करना तो मूर्खता है।

गुमाना[२]—[< फा॰ गुम] *क्रिस॰* १. गुम करना। खो देना। गँवाना। *क्रिअ॰* गुम होना। खो जाना या लापता होना।

गुमानी—[< फा॰ गुमान] *वि॰* अभिमानी। घमंडी।

गुमाश्ता—[< फा॰ गुमाश्तः] *पु॰* १. प्रतिनिधि। २. अभिकर्ता। एजेन्ट (अं॰)। ३. किसी बड़े व्यापारी द्वारा अपने बहीखाते लिखने या माल को ख़रीदने-बेचने के लिए नियुक्त कर्मचारी। ✣ **गुमाश्तागीरी**—*स्त्री॰* = गुमाश्ता का काम या पद। २. किसी व्यापारी या कम्पनी की ओर से माल ख़रीदने-बेचने का काम।

†**गुमिटना**—[< सं॰ गुम्फित] *क्रिअ॰* लपेटा जाना। लिपटना। *क्रिस॰* लपेटना।

†**गुमेटना**—[< हिं॰ गुमिटना] *क्रिस॰* लपेटना।

गुम्फ (गुंफ)—[सं॰ √गुम्फ् + घञ्] *पु॰* १. वस्तुओं के परस्पर गुँथने की क्रिया/भाव। गूँथना। २. वस्तुओं के परस्पर उलझ जाने की क्रिया/भाव। ३. संयुक्त करना। मिलाना या जोड़ना। ४. (फूलों का) गुच्छा।

गुम्फन (गुंफन)—[सं॰ √गुम्फ् + ल्युट्] *पु॰* १. गूँथना। २. पिरोना। ३. जोड़ना। मिलाना। ***जैसे***—शब्दों का गुम्फन।

गुम्फाक्षर (गुंफाक्षर)—[सं॰] *पु॰* किसी व्यक्ति/संस्था/कम्पनी के नाम के आद्यक्षरों के मेल से बनाया गया रूपांकन। नामचिह्न। (अं॰ मोनोग्राम) ● **विशेष**—गुम्फाक्षर को उत्पादित या बिकने योग्य वस्तुओं (पुस्तकों, कपड़ों इत्यादि) पर छापा/काढ़ा/सिला जाता है।

गुम्बद (गुंबद)—[फा॰] *पु॰* भवनों के ऊपर का अर्धगोलाकार शिखर जो अन्दर से खोखला होता है। ✣ **गुम्बदी (गुंबदी)**—*वि॰* = गुम्बद के आकार का। गुम्बद जैसा।

गुम्बा (गुंबा)—[< फा॰ गुम्बद] माथे या सिर में चोट लगने से आयी सूजन या गाँठ। गुमटा। गुमड़ा।

***गुम्भी (गुंभ)**—[< हिं॰ गुभी] *स्त्री॰* अंकुर। गुभी।

***गुम्मट**—*पु॰* ≤ *फा॰* गुम्बद।

***गुम्मा**[१]—[देशज] *पु॰* बड़ी और मोटी ईंट।

गुम्मा[२]—[< हिं॰ गुमसुम] *वि॰* गुमसुम रहनेवाला। चुप्पा।

गुर**[१]—*पु॰* ≤ *सं॰* गुरु। ***जैसे—गुरजन; गुरकुल।

गुर[२]—[< सं॰ गुरु ~ मन्त्र] *पु॰* १. किसी कठिन कार्य को करने की संक्षिप्त और सरल युक्ति। सूत्र। ***जैसे***—गणित के गुर। २. चतुराईवाला उपाय। ***जैसे***—चिकित्सा के गुर। ३. सारपूर्ण बात। तत्त्व की बात। मूल मन्त्र। ४. उपाय। इलाज। ***जैसे***—मूरख का गुर सोंटा।

***गुर**[३]— *पु॰* < हिं॰ गुड़।

गुरगा—[सं॰ गुरुग] *पु॰* १. गुरु का अनुगामी। शिष्य। २. अनुचर। नौकर। ३. जासूस। भेदिया।

गुरगुराहट—[< हिं॰ गुरगुराना] *स्त्री॰* गुर्राहट।

गुरच—[< हिं॰ गुरुच < सं॰ गुड्ची] *स्त्री॰* गिलोय नामक औषधोपयोगी लता।

गुरचियाना—[< हिं॰ गुरच] *क्रिअ॰* गिलोय की लता के समान टेढ़ा-मेढ़ा होना और अपने में ही उलझ जाना।

***गुरज**—[< फा॰ गुर्ज़] *पु॰* १. (भवन आदि का) गुम्बद। २. गुर्ज़ नामक हथियार। गदा।

***गुरझ/गुरझन**—[< हिं॰ उरझन] *स्त्री॰* १. उलझन। गुत्थी। २. गाँठ।

***गुरझना**—[< हिं॰ गुरझन] *क्रिअ॰* १. उलझना। २. गाँठ पड़ना।

***गुरझियाना**—[< हिं॰ गुरचियाना] *क्रिअ॰* १. उलझना। २. गाँठ पड़ना। *क्रिस॰* १. उलझाना। २. गाँठ डालना।

***गुरब**—[< हिं॰ गुर] *पु॰* आम के टुकड़े या अमचूर को गुड़ की चाशनी में डालकर, पकाकर, बना व्यंजन। गुराँव। गुलम्बा। ● **विशेष**—इसे अवध आदि क्षेत्रों में पूड़ी इत्यादि से खाया जाता है।

***गुरबिनी**—[< सं॰ गुर्विणी] *स्त्री॰* १. गुरु-पत्नी। २. गर्भिणी।

†**गुरमुख**—[< सं॰ गुरु ~ मुख] *वि॰* जो गुरु से मन्त्र प्राप्त कर चुका हो। दीक्षित।

गुरमुखी—*स्त्री॰* ≤ *हिं॰* गुरुमुखी।

***गुरवी**—[<सं॰ गर्वी] *वि॰* अभिमानी। घमंडी।

†**गुरसी**—[< हिं॰ गोरसी] *स्त्री॰* १. दूध गर्म करने की छोटी अँगीठी। गोरसी। २. (छोटी) अँगीठी।

***गुराइसु**—[< सं॰ गुरु ~ आदेश] *स्त्री॰* गुरुजनों की आज्ञा।

गुराई**—[< हिं॰ गोरा] *स्त्री॰* गौरवर्णता। गोरापन। ***जैसे—सीता की गुराई और राम का साँवलापन।

***गुरायसु**—[< सं॰ गुरु ~ आदेश] *स्त्री॰* १. गुरु का आदेश/आज्ञा। २. बड़े लोगों की आज्ञा।

***गुरि**—[देशज] *स्त्री॰* (साँप की) केंचुली।

***गुरिय**—[< हिं॰ गोरी] *स्त्री॰* गोरी स्त्री।

गुरिया—[< सं॰ गुटिका] *वि॰* १. छोटी गोली। २. माला का दाना। मनका। ३. (किसी वस्तु का) छोटा टुकड़ा।

गुरिल्ला—[< अफ़्रीकी गरिला] १. एक प्रकार का वनमानुष जो अफ़्रीका में होता है। २. समय-समय पर आक्रमण करनेवाले सैनिक दल का सदस्य। ✣ **गुरिल्ला युदध् (युद्ध)**—*पु॰* = छोटी-छोटी सैनिक टुकड़ियों द्वारा अवसर देखकर किया जाने वाला अनियमित युद्ध। छापामार युद्ध।

***गुरीरा/गुरीला**—[< हिं॰ गुर (= गुड़)] *वि॰* १. गुड़ जैसा मीठा। २. उत्तम। श्रेष्ठ। बढ़िया। ३. सुन्दर।

गुरु[१]—[सं॰ √गृ + कु, उत्व] *वि॰* १. भारी। बोझिल। वज़नी। २. दीर्घ आकार का। अधिक लम्बा-चौड़ा। ३. महत्त्वपूर्ण/महान्/पूज्य या बड़ा (व्यक्ति)। ४. क्लिष्ट। कठिन। असह्य। मुश्किल। ५. प्रचंड। ६. प्रतिष्ठित। सम्मानित। आदरणीय। ७. जो शीघ्र न पचे। गरिष्ठ। ८. गर्वयुक्त। अहंकारी। (छन्द॰) (स्वर/अक्षर/मात्रा/वर्ण) जिसके उच्चारण में सामान्य की अपेक्षा दुगना समय लगता हो। *जैसे*—'राम' शब्द में 'रा' गुरु है और 'म' लघु है। [● **विशेष—छन्दशास्त्र में 'आ/ई/ऊ/ए/ऐ/ओ/औ तथा अं/अः' गुरु मात्रा वाले स्वर होते हैं।**] *पु॰* १. अध्यापक। शिक्षक। आचार्य। २. मन्त्र/दीक्षा देनेवाला व्यक्ति। मन्त्रदाता। ३. पूज्य/महान् या बड़ा व्यक्ति। ३. उम्र में बड़ा। वयोवृद्ध। बुजुर्ग। ४. प्रभु। स्वामी। राजा। शासक। ५. पिता या माता या बड़े सम्बन्धी लोग। ६. बृहस्पति (देवता/ग्रह)। *जैसे*—गुरुवार को मिलना। ७. मीमांसक आचार्य प्रभाकर। (जैन॰) आचार्य, उपाध्याय, साधु तथा विरक्त चित्त वाला और सम्यक् दृष्टि वाला, श्रावक। (छन्द॰) दो मात्राओं वाला वर्ण/स्वर (जिसका चिह्न 'ऽ' है)। (संगीत॰) विविध तालों को लिखने में प्रयुक्त एक पद्धति में एक चिह्न (ऽ)। ***वा॰* गुरु करना**—किसी को अपना गुरु बनाना। दीक्षा लेना। **बड़ा गुरु होना**—(व्यंग्य में) धूर्त/चालबाज़ होना।

***गुरु[२]**—[< हिं॰ गुर (= गुड़)] *पु॰* गुड़।

***गुरुइ**—[< सं॰ गुर्वी] *स्त्री॰* गर्भिणी। *वि॰* गुरु। भारी।

गुरुकल्प—[सं॰ गुरु ~ कल्प] *पु॰* वह व्यक्ति जो गुरु के समान हो। गुरु के तुल्य व्यक्ति।

गुरुकुल—[सं॰ गुरु ~ कुल] *पु॰* १. गुरु का परिवार/वंश। २. (प्राचीन भारत में) गुरु का आश्रम जहाँ अनेक वर्ष रहकर शिष्य विविध विद्याओं का अध्ययन करते थे। ३. (आधुनिक काल में) उक्त पद्धति के अनुकरण पर बना विद्या-केन्द्र। *जैसे*—स्वामी श्रद्धानन्द का गुरुकुल।

गुरुगृह—[सं॰ गुरु ~ गृह] *पु॰* १. गुरु का घर। २. (प्राचीन या आधुनिक) गुरुकुल।

गुरुघण्टाल (गुरुघंटाल)—[< सं॰ गुरु + हिं॰ घंटा] *वि॰, पु॰* १. गुरु होने का आडम्बर करनेवाला या ढोंगी। २. धूर्त। मक्कार।

गुरुघ्न—[सं॰ गुरु + घ्न] *वि॰, पु॰* १. अपने गुरु अथवा किसी आदरणीय/पूज्य व्यक्ति की हत्या करनेवाला। २. घोर पापी।

गुरुच—[< सं॰ गुडूची] *स्त्री॰* 'गिलोय' नामक लता।

***गुरुज**—*पु॰* ≤ *फ़ा॰* गुर्ज़। गदा।

गुरुजन—[सं॰ गुरु ~ जन] *पु॰* माता, पिता, शिक्षक, मन्त्रदाता गुरु, वयोवृद्ध आदि आदरणीय/पूज्य लोग।

गुरुडम—[सं॰ गुरु + अं॰ प्रत्यय 'डम'] *पु॰* गुरु और उसकी हर आज्ञा को (चाहे वह धर्मानुकूल हो या अधर्मपूर्ण) सबसे बड़ा मानने का सिद्धान्त/वाद। ● **विशेष**—ढोंगी गुरुओं द्वारा शिष्यों को मूर्ख बनाकर अपने स्वार्थ पूरा करने की प्रवृत्ति पर प्रहार करनेवाले सुधारकों द्वारा 'गुरुडम' शब्द का प्रयोग आरम्भ किया गया था।

गुरु-तल्प—[सं॰ गुरु ~ तल्प] *पु॰* १. गुरु की शय्या। २. गुरु के समान किसी आदरणीय व्यक्ति की शय्या। ✣ **गुरुतल्पग/गुरुतल्पी**—*वि॰* = १. गुरु-पत्नी या किसी आदरणीय स्त्री (सौतेली माता, चाची, ताई, मौसी, बहिन आदि) के साथ व्यभिचार करनेवाला। २. घोर पापी।

गुरुता—[सं॰ गुरु + तल् + टाप्] *स्त्री॰* गुरुत्व। (दे॰) ✣ **गुरुताई**—*स्त्री॰* = गुरुता।

गुरुत्व—[सं॰ गुरु + त्व (त्वल्)] *पु॰* १. गुरु होने की अवस्था/भाव। २. भारीपन। ३. महत्त्व। बड़प्पन। ४. हर पदार्थ को अपने केन्द्र की ओर खींचनेवाला पृथ्वी का आकर्षण बल। (भौतिकी॰) जो पिंडों को किसी आकर्षण केन्द्र, विशेषतः पृथ्वी के केन्द्र की ओर प्रवृत्त करता है। (अं॰ ग्रेविटी) ✣**गुरुत्व केन्द्र**—*पु॰* = (भौतिकी॰) वह बिन्दु जिससे होकर किसी पिंड की प्रत्येक स्थिति में उस पर लग रहे गुरुत्व बलों का परिणामी बल गुज़रता है। ✣ **गुरुत्व खगोलिकी**—*स्त्री॰* = खगोलीय यान्त्रिकी। (दे॰)

गुरुत्वांक—[सं॰ गुरुत्व ~ अङ्क] *पु॰* (भौतिकी॰) इकाई दूरी के दो एकक पिंडों का गुरुत्वाकर्षण बल।

गुरुत्वाकर्षण—[सं॰ गुरुत्व + आकर्षण] *पु॰* (भौतिकी॰) पिंडों के परस्पर प्राकृतिक आकर्षण का गुण। ✣ **गुरुत्वाकर्षण-बल**—*पु॰* = वह बल जिससे दो पिंड परस्पर आकर्षित होते हैं।

गुरुत्वीय—[सं॰ गुरुत्व + छ] *वि॰* गुरुत्व-सम्बन्धी। गुरुत्व का। ✣ **गुरुत्वीय त्वरण**—*पु॰* = (गणित॰) शून्य में गुरुत्व के कारण स्वतन्त्रतापूर्वक गिरते हुए किसी पिंड का त्वरण। ● **विशेष**—पृथ्वी पर गुरुत्वीय त्वरण पृथ्वी केन्द्र की ओर ९८१ सेंटीमीटर प्रति सेकंड प्रति सेकंड है।

गुरुदत्त—[सं॰ गुरु ~ दत्त] *वि॰* गुरु द्वारा दिया हुआ।

गुरु-पर्व—[सं॰] *पु॰* सिक्ख गुरुओं के जन्म-दिन पर, विशेषतः गुरुनानक जयन्ती पर, मनाया जाने वाला पर्व।

गुरु-पूर्णिमा—[सं॰] *स्त्री॰* आषाढ़ मास की पूर्णिमा। आषाढ़ी। व्यासपूर्णिमा।

गुरुपाक—[सं॰ गुरु ~ पाक] *वि॰* १. जिसको पचाना कठिन हो। देर में पचनेवाला। गरिष्ठ। भारी। २. जो सरलता से न पकता हो। देर से पकनेवाला।

गुरुमुख—[सं॰ गुरु ~ मुख] *वि॰* (गुरु से) दीक्षाप्राप्त। दीक्षित। ✣ **गुरुमुखी**—*स्त्री॰* = पंजाबी भाषा की एक लिपि।

गुरुरत्न—[सं॰ गुरु ~ रत्न] *पु॰* १. पुखराज नामक रत्न। २. गोमेद रत्न।

गुरु वर्ण—[सं॰] (छन्द॰) दीर्घस्वर या किसी दीर्घ स्वर की मात्रा वाला व्यंजन वर्ण या अनुस्वार अथवा विसर्गवाला व्यंजन वर्ण। दो मात्राओं के उच्चारण-काल वाला वर्ण। इसका चिह्न 'ग' या 'ऽ' है।

†गुरू—[< सं॰ गुरु] *वि॰* गुरु। २. (व्यंग्य में) धूर्त या चालाक। *पु॰* गुरु।

गुरूपदिष्ट—[सं॰ गुरु ~ उपदिष्ट] *वि॰* जिसने गुरु से उपदेश/शिक्षा प्राप्त की हो।

गुरेज़—[अरबी] *पु॰* १. बचाव। २. घृणा। ३. टालमटोल।

†गुरेरना—[सं॰ गुरु + हेरना] *क्रिस॰* क्रोध से देखना। २. कड़ी दृष्टि जमाकर देखना। घूरना।

†गुरेरा—[< हिं॰ गुरेरा] *पु॰* १. घूरने की क्रिया। २. आमना-सामना। देखा-देखी। ✣ **गुरेरा-गुरेरी**—*स्त्री॰* = परस्पर क्रोधपूर्वक देखने की क्रिया।

गुर्ज़—[फ़ा॰] *पु॰* गदा नामक प्राचीन हथियार।

गुर्जर—[सं॰ गुरु √जृ + णिच् + अण्] *पु॰* १. गुजरात। २. गुजराती व्यक्ति। ३. गूजर जाति या उसका व्यक्ति।

गुर्जराट—[< सं॰ गुर्जर ~ राष्ट्र] *पु॰* गुजरात देश।

गुर्दा—[< फ़ा॰ गुर्दः] *पु॰* रीढ़दार प्राणियों के पेट के भीतर का एक अवयव जो रक्त को छानकर पेशाब बनाता हैं। वृक्क। ● **विशेष**—शरीर में समान प्रकार के दो गुर्दे होते हैं—दाहिनी और बायीं ओर। २. (लाक्षणिक) साहस। हिम्मत। ***वा॰*** **गुर्दा होना**—साहस होना। **बड़े गुर्दे वाला होना**—बहुत साहसी होना।

ग़ुर्बत—[अरबी] *स्त्री॰* १. विदेश में वास। प्रवास। २. दरिद्रता। निर्धनता। कंगाली। ३. असहाय अवस्था।

***गुर्वि**—[< सं॰ गुर्वी] *वि॰* (*स्त्री॰*) १. भारी। २. गौरवशालिनी। ३. गुर्विणी।

गुर्विणी—[सं॰ गुरु + इनि + ङीष्] *स्त्री॰* १. गर्भवती स्त्री। २. गुरु की पत्नी। ३. गौरवशालिनी स्त्री। *वि॰* (*स्त्री॰*) १. भारी। २. गौरवमयी।

गुर्वी—[सं॰ गुरु + ङीष्] *स्त्री॰* गुर्विणी। (दे॰) *वि॰* १. भारी। २. गौरवमयी।

गुल—[फ़ा॰] *पु॰* १. पुष्प। फूल। २. गुलाब का फूल। ३. दीपक की बत्ती का जला हुआ अंश जो फूल की तरह लगता है। ***वा॰*** **गुल खिलना/खिलाना**—१. कोई नई अनोखी, रोचक या अद्भुत घटना घटित होना/करना। २. रहस्य प्रकट होना/करना। ३. झगड़ा या बखेड़ा उठना/उठाना। **चिराग़ गुल करना**—दीपक बुझाना। **चिराग़ गुल होना**—दीपक बुझना।

ग़ुल—[अरबी] *पु॰* कोलाहल। शोर। ***जैसे***—दिन-भर बच्चे ग़ुल करते रहे।

गुलक़न्द (गुलक़ंद)—[फ़ा॰] *पु॰* शहद या शकर में गुलाब के फूल डालकर धूप में पकाकर तैयार किया जाने वाला एक पौष्टिक, दस्तावर और मस्तिष्क की शक्ति बढ़ानेवाला व्यंजन।

गुलकेश—[फ़ा॰ गुल + सं॰ केश] *पु॰* १. 'मरसा' नामक शाक की जाति का एक पौधा। २. उक्त पौधे का फूल जो लाल रंग का होता है।

गुलखैरा—[< फ़ा॰ गुल + देशज खैरा] *पु॰* १. लगभग १ मीटर ऊँचा एक पौधा जिसकी पत्तियाँ गोल होती हैं और माघ-फाल्गुन में फूल आते हैं। २. उक्त पौधे का फूल जो गुलाबी होता है।

गुलगपाड़ा—[< अरबी ग़ुल + हिं॰ गप्प] *पु॰* कोलाहल। शोर।

गुलगुला[१]—[अनु॰] *वि॰* १. कोमल। मुलायम। ***जैसे***—गुलगुला शरीर। २. गुदगुदा।

गुलगुला[२]—[< सं॰ गुल (= गुड़)] *पु॰* (गेहूँ का) आटा और चीनी या गुड़ के घोल को घी/तेल में तलकर बनाया हुआ एक पकवान। पुआ।

गुलगुलाना—[< हिं॰ गुलगुला] *क्रिस॰* गुदगुदाना। ***जैसे***—तलवे में गुलगुलाना। ✣ **गुलगुली**—*स्त्री॰* = गुदगुदी। *वि॰* (*स्त्री॰*) = कोमल। मुलायम।

गुलचा—[< हिं॰ गाल] *पु॰* हास-परिहास में किसी के गाल पर बँधी मुट्ठी की उँगलियों के पोरों से हल्के से दबा देने की क्रिया।

***गुलचाना**—[< हिं॰ गुलचा] किसी के गाल पर गुलचा लगाना।

गुलचाँदनी—[फ़ा॰ गुल + हिं॰ चाँदनी] १. रात में खिलनेवाले सफ़ेद फूलों वाला एक पौधा। २.उक्त फूल।

गुलचियाना—*क्रिस॰ ≤ हिं॰* गुलचाना।

गुलचीन—[< फ़ा॰ गुल + हिं॰ चीनी] *पु॰* १. एक ऊँचा फूलदार पेड़ जिसमें माघ मास में फूल आते हैं। २. उक्त पेड़ का फूल जो झब्बावाला होता है और ऊपर पीला तथा नीचे सफ़ेद होता है।

गुलचीं (गुलचीं)—[फ़ा॰] १. फूलों को तोड़नेवाला। फूल चुनने वाला। २. माली।

गुलज़ार—[फ़ा॰] *पु॰* १. वाटिका। बाग़। २. बहुत चहल-पहलवाला और शोभावाला स्थान। *वि॰* फला-फूला।

गुलता—[< हिं॰ गोली] *पु॰* मिट्टी की छोटी गोली जो गुलेल से छोड़ी जाती है। ● **विशेष**—गुलेल को **'गुलती'** भी कहा जाता है।

गुल-दाऊदी—[< फ़ा॰ गुल + अरबी दाऊद] *पु॰* एक पौधा जो लगभग ५० सें॰मी॰ ऊँचा होता है और जिसमें शीत ऋतु में लाल/पीले/सफ़ेद फूल आते हैं।

गुलदान—[फ़ा॰] *पु॰* गुलदस्ता सजाने का पात्र। फूलदान।

गुलदार—[फ़ा॰] *वि॰* १. जिसमें फूल लगे हों। ***जैसे***—गुलदार पेड़। २. जिस पर फूल बने हों। ***जैसे***—गुलदार कपड़ा। *पु॰* एक प्रकार का सफ़ेद कबूतर जिस पर लाल या काले दाग़ होते हैं।

गुलदुपहरिया—[< फ़ा॰ गुल + हिं॰ दुपहर] *स्त्री॰* १. एक पौधा जिसमें फूल दुपहर के समय खिलते हैं। २. उक्त पौधे के फूल जो गहरे लाल रंग के होते हैं।

गुलनार—[फ़ा॰] १. अनार का फूल। २. अनार की एक जाति जिसमें फल नहीं आते और जिसके फूल औषधोपयोगी होते हैं।

गुलफ़ानूस—[फ़ा॰] *पु॰* १. एक बड़ा फूलदार वृक्ष जिसकी पत्ती गोल और कुछ लम्बी होती है और जिसमें वैशाख मास में फूल आते हैं। २. उक्त वृक्ष के फूल जो गुलाबी और सफ़ेद होते हैं।

गुलफ़ाम—[फ़ा॰] *वि॰* १. फूल जैसा कोमल और सुगन्धित शरीर वाला। २. सुन्दर।

गुल-बकावली—[फा॰ गुल + स॰ बकावली] १. हल्दी की जाति का एक फूलदार पौधा। २. उक्त पौधे का फूल जो सफ़ेद और सुगन्धित होता है।

गुलबदन—[फा॰] *वि॰* १. फूल के समान कोमल और आकर्षक शरीर वाला। २. सुन्दर। *पु॰, स्त्री॰* व्यक्ति (पुरुष या स्त्री)।

गुलबर्ग—[फा॰] *पु॰* फूल का पत्ता। पुष्प-दल।

गुल-बूटा—[फा॰ गुल + हि॰ बूटा] *पु॰* १. फूल-पत्ती। २. चित्रित या काढ़े हुए फूल-पत्ती।

गुल-मेंहदी (मेंहदी)—[फा॰ गुल + हि॰ मेंहदी] *स्त्री॰* १. एक छोटा फूलदार पौधा जिसकी पत्ती कटावदार होती है। २. उक्त पौधे का फूल जो पीला/लाल/गुलाबी होता है।

गुलमौर—[फा॰ गुल + हि॰ मौर] *पु॰* १. एक ऊँचा पेड़ जिसके पत्ते पतले होते हैं। २. उक्त पेड़ का लाल रंग का फूल।

गुलरोग़न—[फा॰ गुल + अरबी रोग़न] *पु॰* गुलाब की पत्तियों को मिलाकर बनाया जाने वाला तेल।

गुल-लाला, गुलेलाला—[< फा॰ गुलेलालः] *पु॰* १. लगभग १ मीटर ऊँचा फूलदार पौधा जिसके पत्ते गोलाई लिए हुए होते हैं। पोस्ते का पौधा। २. उक्त पौधे का फूल जो लाल रंग इत्यादि अनेक रंगों का होता है। पोस्ते का फूल।

गुलशन—[फा॰] *पु॰* उद्यान। वाटिका। बाग़।

गुलसुम—[< फा॰ गुल + हि॰ सुमन] *पु॰* स्वर्णकारों का एक उपकरण जिससे आभूषणों पर बेल-बूटे बनते हैं।

गुलसौसन—[फा॰] *पु॰* १. एक फूलदार पौधा। २. उक्त पौधे का फूल जो नीलाभ होता है और जिसकी पंखड़ी जीभ की तरह होती है। ● **विशेष**—*फा॰* सौसन = जीभ/जुबान।

गुलहज़ारा—[< फा॰ गुलहज़ारः] *पु॰* हज़ारा/गेंदा का फूल या उसका पौधा।

गुलहार—[फा॰ गुल + स॰ हार] *पु॰* फूलों का हार। पुष्पहार।

गुलाबपाश—[फा॰] *पु॰* सभा, विवाह आदि में गुलाबजल छिड़कने का एक बहुत छिद्रों वाला उपकरण।

गुलाबबाड़ी—[फा॰ गुलाब + हि॰ बाड़ी] *स्त्री॰* गुलाब के फूलों की वाटिका।

गुलाबाँस—[< फा॰ गुल + अरबी अब्बास] *पु॰* १. लगभग एक मीटर ऊँचा एक फूलदार पौधा जो वर्षा ऋतु में पत्तों से भर जाता है और तभी उसमें फूल आते हैं। २. उक्त पौधे का फूल जो लाल रंग का होता है और जिस का बीज काली मिर्च जैसा आता है।

ग़ुलामज़ादा—[< अरबी ग़ुलाम + फा॰ ज़ाद:] *पु॰* ग़ुलाम की सन्तान। दास-पुत्र।

ग़ुलामाना—[< अरबी ग़ुलाम] *वि॰* दासों/ग़ुलामों के समान। दासोचित।

गुलाल—[< फा॰ गुल्लालः] *पु॰* एक प्रकार का लाल चूर्ण जिसे होली के उत्सव पर लोगों के मुँह पर मलते हैं।

गुलिक—[स॰ गुड + ठन्, ड → ल] *पु॰* मुक्ता। मोती।

गुलिका—[स॰ गुलिक + टाप्] *स्त्री॰* १. (खेलने की) छोटी गेंद। २. गोली। ३. गिल्ली। गुल्ली। (वनस्पति॰) १. फलियों वाले पौधों की जड़ों की ग्रन्थियाँ जिनमें जीवाणु होते हैं जो नाइट्रोजन (अ॰) को स्थायी करते हैं। २. छोटा कन्द। ३. कन्द के समान प्रतीत होने वाली जड़ जिसमें से जड़ें निकलती रहती हैं। (अ॰ ट्यूबर्किल)

†**गुलियाना**[१]—[< हि॰ गोली] *क्रिस॰* किसी वस्तु की गोली बनाना।

***गुलियाना**[२]—[< हि॰ गुड़] *क्रिस॰* पशु को ज़बरदस्ती दवा पिलाना या गुड़ में मिलाकर खिलाना।

***गुलीबन्द (गुलीबंद), गुलीबँद**—*पु॰* ≤ *फा॰* गुलूबन्द।

गुलूबन्द (गुलूबंद)—[फा॰] *पु॰* १. गले में लपेटने का एक ऊनी वस्त्र जो लम्बी पट्टी के आकार का होता है। मफ़्लर (अ॰)। २. (स्त्रियों का) एक आभूषण जो गले में पहना जाता है।

गुलेराना—[< फा॰ गुल + अरबी रअनः] *पु॰* एक पौधा या उसका फूल जो अन्दर की तरफ लाल और बाहर पीला होता है।

गुलेल—[< फा॰ गिलूलः] *पु॰* रबड़ के फीते और लकड़ी से बना एक छोटा उपकरण जिससे मिट्टी की छोटी गोलियाँ, कंकड़ आदि दूर तक फेंके जाते हैं। ✣ **गुलेलची**—*पु॰* = १. गुलेल चलानेवाला शिकारी। २. गुलेल चलाने में निपुण व्यक्ति। ✣ **गुलेलबाज़ी**—*स्त्री॰* = गुलेल चलाने का व्यसन। ✣ **गुलेला**—*पु॰* = ग़ुलेल से फेंकी जाने वाली मिट्टी की गोली।

गुल्फ—[स॰ √गल् + फक्, उत्व] *पु॰* टाँग और पैर की सन्धि। टख़ना। एड़ी के ऊपर की गाँठ। ✣ **गुल्फास्थि (गुल्फ-अस्थि)**—*स्त्री॰* = टख़ने की हड्डी।

गुल्म—[स॰ √गुड् + मक्, ड् → ल्] *पु॰* १. (प्राचीन भारत में) सेना की वह टुकड़ी जिसमें ९ रथ, ९ हाथी, २७ घोड़े और ४५ पैदल हों। २. सेना। ३. बिना प्रकांड (तने) की वनस्पति (बाँस, ईख आदि)। ४. ग्रन्थि। गाँठ। ५. प्लीहा-वृद्धि का रोग। तिल्ली बढ़ने की बीमारी। ६. हृदय और वस्ति के बीच में वात/पित्त/कफ/रक्त के कुपित होने से बनी गाँठ।

गुल्मी—[स॰ गुल्मिन्] *वि॰* १. जो गुल्म/गाँठ के रूप में हो। २. गुल्म रोग का रोगी।

***गुल्ला**[१]—[< फा॰ गुल] *पु॰* कोलाहल। शोर। गुल। ● **विशेष**—इस शब्द का प्रयोग 'हल्ला-गुल्ला' रूप में ही होता है।

†**गुल्ला**[२]—[< हि॰ गोला] *पु॰* गोला। *जैसे*—सुतली का गुल्ला; रस-गुल्ला।

***गुल्लाल/गुल्लाला**—[< फा॰ गुले लालः] *पु॰* गुललाला/गुलेलाला नामक पौधा या उसका फूल।

गुल्ली—[< स॰ गुलिका (= गुठली)] *स्त्री॰* १. धातु/लकड़ी आदि का छोटा, लम्बाई लिए गोलाकार टुकड़ा। *जैसे*—चाँदी की गुल्ली। २. लकड़ी का छोटा, लम्बाई लिए गोलाकार टुकड़ा जिसके दोनों सिरे नुकीले होते हैं और जिसे खुली बड़ी जगह में डंडे से खेलते हैं। २. केवड़े का फूल। ३. (फल की) गुठली। ४. गंगा-मैना नामक पक्षी।

*गुवा—पु॰ ≤ सं॰ गुवाक।

गुवाक—[सं॰ गु + आक, नि॰ सिद्धि] पु॰ सुपारी।

*गुवार/गुवाल—पु॰ ≤ हिं॰ ग्वाल।

*गुवालि—स्त्री॰ ≤ हिं॰ ग्वालिन।

गुविन्द (गुविंद)—पु॰ ≤ सं॰ गोविन्द।

*गुष्टि—[< सं॰ गोष्ठी] स्त्री॰ १. गोष्ठी। बातचीत। २. (पारिवारिक) सम्बन्ध।

ग़ुसल—[< अरबी ग़ुस्ल] पु॰ स्नान।

ग़ुसलखाना—[< अरबी ग़ुस्ल + फ़ा॰ ख़ानः] पु॰ नहाने का कमरा। स्नानागार।

गुसाइन—[< हिं॰ गोसाई] स्त्री॰ १. गोस्वामी/महन्त की पत्नी। २. स्वामिनी।

गुसाईं/गुसाँई/*गुसैयाँ—पु॰ ≤ हिं॰ गोसाईं।

गुस्ताख़—[फ़ा॰] वि॰ १. धृष्ट। ढीठ। २. अशिष्ट। उद्दंड। बदतमीज़। ✣ गुस्ताख़ाना—वि॰ = १.धृष्टतापूर्ण। २. उद्दंडतापूर्ण। ✣ गुस्ताख़ी—स्त्री॰ = १. धृष्टता। २. उद्दंडता।

गुह[१]—[< सं॰ √गुह् + क] पु॰ १. पर्वत आदि का गह्वर। गुहा। गुफ़ा। २. परमात्मा। ३. विष्णु (देवता)। ४. कार्त्तिकेय। स्कन्द। ५. गौतम बुद्ध। ६. हृदय। ७. बंगाली कायस्थों की एक उपजाति।

गुह[२]—[< सं॰ गूथ] पु॰ (गुदामार्ग से निकलनेवाला) मल। विष्ठा। पाख़ाना। गू।

*गुह[३]—[< सं॰ गुह्य] वि॰ गुह्य। रहस्यमय।

*गुहज्य—वि॰ ≤ सं॰ गुह्य।

गुहना—[< हिं॰ गूँथना] क्रिस॰ (माला आदि में) गूँथना। पिरोना। जैसे—माँग में गुहे हुए मोती। ✣ गुहि—क्रिवि॰ = गुहकर। गूँथकर।

गुहषष्ठी—[सं॰ गुह ~ षष्ठी] स्त्री॰ कार्तिकेय/स्कन्द की जन्मतिथि। मार्गशीर्ष शुक्ल षष्ठी।

गुहा—[सं॰ √गुह् + क + टाप्] स्त्री॰ १. पर्वत आदि का विवर। कन्दरा। गुफ़ा। २. हृदय। ३. (जंगली पशुओं की) माँद। ४. चोर-डाकुओं के छिपकर रहने का स्थान। ● विशेष—'गुहना' क्रिया का एक भूतकालिक रूप भी 'गुहा' (= गूँथा/पिरोया) होता है। ✣ गुहा मन्दिर (मंदिर)—दे॰ गुफ़ा-मन्दिर। ✣ गुहा मानव—दे॰ गुफ़ा-मानव। ✣ गुहा-मुख—पु॰ = गुफ़ा का अगला भाग जहाँ से उसमें प्रवेश किया जाता है। गुफ़ा-मुख। ✣ गुहा-विद्या—स्त्री॰ = गुफ़ाओं की रचना, उनके प्रकार, विकास आदि का अध्ययन।

गुहाई[१]—[< हिं॰ गुहना] स्त्री॰ गुहने/गूँथने/पिरोने की क्रिया/भाव/ मज़दूरी।

गुहाई[२]—[< हिं॰ गुहाँजनी] स्त्री॰ आँख के पक्ष्म में निकलनेवाली एक बहुत छोटी कष्टप्रद फुंसी। गुहेरी। गुहाँजनी। । बिलनी।

गुहार—[< हिं॰ गोहार] स्त्री॰ रक्षा/सहायता के लिए की जाने वाली पुकार। जैसे—चोरों के आने पर घर के लोगों ने गुहार लगायी।

गुहाशय—[सं॰ गुहा √शो + अच्] पु॰ १. बिल/माँद में रहनेवाला जन्तु (चूहा, सर्प आदि) २. (हृदय में रहने वाला) परमात्मा।

गुहाँजनी—[< सं॰ गुह्य ~ अञ्जननामिका] गुहाई[२]। गुहेरी।

गुहेरा[१]—[< हिं॰ गुहना] पु॰ गुहने का काम करनेवाला व्यक्ति। पटवा।

गुहेरा[२]—[< सं॰ गोध] पु॰ गोध नामक जन्तु। गोह।

गुहेरी—[< सं॰ गौधेरिका] स्त्री॰ गुहाई[२]।

गुह्य (गुह्य)—[सं॰ √गुह् + यत्] वि॰ १. छिपने के योग्य। २. छिपाए जाने योग्य। ३. कठिनता से समझ में आने वाला। गूढ़। दुर्बोध। ४. छिपा हुआ। गुप्त। जैसे—गुह्य अंग; गुह्य मार्ग। ५. रहस्यमय। पु॰ १. रहस्य। भेद। २. शरीर के गुप्त अंग (गुदा आदि)। ३. विष्णु। परमात्मा। ४. कछुआ।

गुह्यक—[सं॰ √गुह्य + क] पु॰ किन्नर आदि के समान एक देवयोनि यक्ष (जाति या उसका व्यक्ति)

गुह्यकेश्वर—[सं॰ गुह्यक ~ ईश्वर] पु॰ गुह्यकों का स्वामी। कुबेर (देवता)।

गुह्यद्वार (गुह्यद्वार)—[सं॰ गुह्य ~ द्वार] पु॰ १. (भवन का) गुप्त द्वार। चोर-दरवाज़ा। २. मल-द्वार। गुदा।

गुँगाटा—दे॰ गुँगुआना।

*गुँगुआना—[< हिं॰ गूँगा] क्रिअ॰ १. गूँगे की तरह बोलना। २. लकड़ी का ठीक प्रकार से न जलना और बहुत धुआँ करना। ✣ गुँगाटा—पु॰ = धूम-राशि।

गुँदीला—[< हिं॰ गोंद] वि॰ गोंदवाला (वृक्ष)।

गुँधना[१]—[< हिं॰ गूँधना] क्रिअ॰ १. गूँथा/गूँधा जाना। जैसे—आटा गुँधना। २. गूँथा/पिरोया जाना। जैसे—फूल गुँधना।

†गुँधना[२]—क्रिअ॰ ≤ हिं॰ गुँथना। ✣ गुँधवाना—क्रिस॰ = गूँधने का कार्य किसी अन्य से कराना। जैसे—पुत्री से आटा गुँधवाना। ✣ गुँधाई—स्त्री॰ = गूँधने की विधि/क्रिया/भाव/मज़दूरी। ✣ गुँधावट—स्त्री॰ = गूँधने की क्रिया/विधि।

गू—[< सं॰ √गु/गूथ] पु॰ मल। विष्ठा। वा॰ (किसी पर) गू उछालना—१. बदनामी करना। २. (किसी को) कलंकित करना। (किसी का) गू उठाना—तुच्छ से तुच्छ सेवा भी करना। गू का कीड़ा—१. घृणायोग्य व्यक्ति। २. बहुत गन्दा रहनेवाला। गू खाना—बहुत बुरा काम करना। गू-मूत करना—(शिशु का) पालन पोषण करना। (किसी को) गू में घसीटना—१. दुर्दशा करना। २. लज्जित या अपमानित करना। गू में ढेला फेंकना—१. नीच के साथ ऐसा व्यवहार करना जिसमें अपना ही अहित हो। २. नीच व्यक्ति के साथ विवाद में उलझना। ३. किसी के निन्दनीय कामों की चर्चा करना।

गूगल, गूगुल—पु॰ ≤ सं॰ गुग्गुल।

गूगा नवमी—[देशज गूगा + सं॰ नवमी] स्त्री॰ भाद्र, शुक्ल नवमी को सिद्ध पुरुष गूगा (गाहर पीर गूगा) की जन्मतिथि पर होनेवाला त्योहार।

*गूज—[देशज] स्त्री॰ लपेट।

गूजर—[< स॰ गुर्जर] १. गुर्जर देश (गुजरात) में रहनेवाली एक प्राचीन जाति। २. अहीरों का एक भेद।

गूजरी—[< हि॰ गूजर या < स॰ गुर्जरी] *स्त्री॰* १. गूजर स्त्री। २. गूजर की पत्नी। ३. पैर का एक आभूषण।

†गूझना—[< स॰ √गुह्] *क्रिअ॰* छिपना। *क्रिस॰* छिपाना।

***गूझा**—[< प्रा॰ गुज्झा < स॰ गुह्यक] *वि॰* गुप्त। *पु॰* एक मीठा पकवान। बड़ी गुझिया।

***गूड़ी**—[< प्रा॰ गुड्डिआ < स॰ गुडिका] ध्वजा। पताका।

गूढ़—[< स॰ गूढ (√गुह् + क्त)] *वि॰* १. गुप्त। २. छिपा हुआ। ढँका हुआ। ३. जिसमें कोई अर्थ/व्यंग्य छिपा हुआ हो। गहन। गम्भीर। ४. समझने में कठिन। दुर्बोध। *पु॰* (काव्य॰) एक (कम प्रसिद्ध) शब्दालंकार। क्रिया, कारक, सम्बन्ध, पाद, अभिप्राय अथवा वस्तु के गोपन से होनेवाला अलंकार। ✣ ***गूढ़उ**—*वि॰* = गुप्त भी। ✣ **गूढ़ खनिज**—*पु॰* = (भूविज्ञान॰) क्रिस्टलीय आग्नेय शैल के वे खनिज जो उसके रासायनिक विश्लेषण में मिलें परंतु उसमें उपलब्ध न हों। ✣ ***गूढ़गेह**—*पु॰* = यज्ञशाला। ✣ **गूढ़ चर**—*पु॰* = गुप्तचर। जासूस।

गूढ़पद/गूढ़पाद—[< स॰ गूढ ~ पद/पाद] *पु॰* सर्प। साँप। ✣ ***गूढ़पा**—*पु॰* = सर्प।

गूढ़पुष्प/गूढ़पुष्पक—[< स॰ गूढ ~पुष्प/पुष्पक] *पु॰* १. वे वृक्ष जिनमें फूल नहीं होते या दिखायी नहीं देते (पीपल, बरगद इत्यादि)। २. मौलसिरी वृक्ष। बकुल वृक्ष।

गूढ़व्यंग्या लक्षणा—[स॰] *स्त्री॰* (काव्य॰) लक्षणा का एक भेद जिसमें व्यंग्य अस्पष्ट या गम्भीर होता है और मार्मिक सहृदय ही समझ सकते हैं, जल्दी सबकी समझ में नहीं आता।

गूढ़-संहिता—[स॰] *स्त्री॰* गूढ़-लेख के नियम, संकेत आदि बतानेवाली पुस्तक। (अ॰ साइफ़र कोड)

†गूढ़ा—[< स॰ गूढा] *स्त्री॰* १. गम्भीर या रहस्यमय बात। २. पहेली।

गूढ़ार्थ—[< स॰ गूढ ~ अर्थ] रहस्यपूर्ण अर्थ। ✣ **गूढ़ार्थविद्**—*वि॰* = गूढ/गुप्त पदार्थों का ज्ञाता।

गूढ़ोक्ति—[< स॰ गूढ ~ उक्ति] *स्त्री॰* एक अर्थालंकार। किसी व्यक्ति के प्रति कहने की बात को अन्य व्यक्तियों के सामने लोकलाजवश उससे न कहकर किसी अन्य व्यक्ति से ऐसे शब्दों में कहना कि उद्दिष्ट व्यक्ति समझ जाए।

गूढ़ोत्तर—[< स॰ गूढ ~ उत्तर] *पु॰* (काव्य॰) चित्रालंकार का एक भेद। किसी छन्द में गुप्त रूप से उत्तर रख दिया जाना।

†गूथ—[< हि॰ गूथना] *पु॰* सूत की लड़ी।

गूथना—[< स॰ ग्रन्थन] *क्रिस॰* १. धागे में पिरोना। गुम्फन। ***जैसे***—हार बनाने के लिए फूलों को गूथना। २. धागों/केशों आदि को आपस में सुन्दर रीति से बाँधना। ***जैसे***—केश गूथना। ३. मोटी सिलाई करना। ***जैसे***—फटा कपड़ा गूथना।

गूदड़—[< स॰ √गुध्] *पु॰* फटे-पुराने कपड़े जो काम में आने योग्य न रहे हों। ✣ **गूदड़शाह/गूदड़साँई**—*पु॰* फटे-पुराने कपड़ों को सीकर पहनने वाला साधु।

***गून**—[< स॰ गुण] *स्त्री॰* १. रस्सी। डोरी। २. वह पतली और लम्बी रस्सी जिससे नाव को बहाव की दिशा के विरुद्ध खींचते हैं। *वि॰* गुणित। गुना। **उदा॰** अंक गएँ कछु हाथ नहिं अंक रहे दस गून। —तुलसी (दोहा॰, १०)

***गूनी**—[< स॰ गुण] *स्त्री॰* रस्सी।

†गूमड़ा—*पु॰* ≤ *हि॰* गुमड़ा।

गूहन—[< स॰ √गूह् + ल्युट्] *पु॰* छिपाने का कार्य। गोपन।

गूहा-छीछी—[< हि॰ गू + छी-छी] *स्त्री॰* झगड़े में हो जाने वाली गन्दी कहा-सुनी। घृणित आक्षेप-प्रत्याक्षेप।

गूँज—[< स॰ √गुञ्ज्] *स्त्री॰* १. धीरे-धीरे बोलने का शब्द। गुनगुनाहट। २. भौरों की गुनगुनाहट। गुंजन। ३. टकराकर लौटनेवाली ध्वनि। प्रतिध्वनि। ४. किसी बात की बहुत चर्चा। धूम। ५. नथ आदि में लिपटा हुआ छोटा और पतला तार जो सौन्दर्य बढ़ाने के लिए लगा होता है।

गूँथना—[< स॰ ग्रन्थन] *क्रिस॰* गूथना।

गूँदना—*क्रिस॰* ≤ *हि॰* गूँधना।

गूँधना[१]—[< स॰ √गुध्] *क्रिस॰* आटा आदि को पानी मिलाकर माँड़ना।

गूँधना[२]—*क्रिस॰* ≤ *हि॰* गूथना।

***गृद्ध (गृद्ध)**—[< स॰ गृध्र] *पु॰* गृध्र। गिद्ध (पक्षी)।

गृध्र—[स॰ √गृध् + क्रन्] *पु॰* गिद्ध (पक्षी)।

गृध्रसी—[स॰ गृध् √सो + क + ङीष्] स्त्री॰ एक वातरोग जिसमें कमर से एड़ी तक भीषण दर्द होता है। (अ॰ साइटिका)

गृह-किङ्करी (किंकरी)—[स॰] *स्त्री॰* १. घरेलू काम करनेवाली सेविका। दासी। २. पत्नी।

गृहज—[स॰ गृह + ज] *वि॰* गृहजात।

गृहजन—[स॰ गृह ~ जन] *पु॰* घर के सब लोग। कुटुम्बी।

गृहजात—[स॰ गृह ~ जात] *वि॰* जो घर में उत्पन्न हो। गृहज। जैसे—गृहजात उलझनें।

गृहपाल—[स॰ गृह ~ पाल] *वि॰* घर का रक्षक। चौकीदार। *पु॰* कुत्ता।

गृह-बलि—[स॰] *स्त्री॰* घर में पके अन्न के शेष बचे अंश से नित्य पशु, पक्षी आदि प्राणियों को दिया जाने वाला आहार।

गृह-मन्त्रालय (मंत्रालय)—[स॰] *पु॰* राष्ट्र/राज्य के आन्तरिक कार्यों की देखभाल करनेवाला कार्यालय। गृहमन्त्री का कार्यालय।

गृह-मृग—[स॰] *पु॰* कुत्ता।

गृहमेध—[स॰ गृह ~ मेध] *पु॰* गृहस्थ के करने योग्य पाँच यज्ञ।

गृहमेधी—[स॰ गृहमेधिन्] १. पंचयज्ञ करने वाला। २. गृहस्थ।

गृह-सचिव—[स॰] *पु॰* गृह-मंत्रालय का प्रमुख प्रशासनिक अधिकारी।

गृहस्थ—[स॰ गृह √स्था + क] *पु॰* विवाहित पुरुष। पत्नी और बच्चों वाला आदमी।

गृहस्थी—[< सं० गृहस्थ] *स्त्री०* १. परिवार और घर की सब जीवनोपयोगी सामग्री। २. घर का सब सामान। ***जैसे***—गृहस्थी उठाकर ले जाना। ***वा०* गृहस्थी का चरख़ा, गृहस्थी की चक्की**—गृहस्थी का झंझट। **गृहस्थी चलाना**—१. गृहस्थी का व्यय चलाना। २. गृहस्थी का प्रबन्ध करना। **गृहस्थी जोड़ना**—धन कमाकर गृहस्थी की आवश्यक सामग्री जुटाना।

गृहागत—[सं० गृह ~ आगत] *वि०* घर आया हुआ। *पु०* अतिथि। मेहमान।

गृहाश्रम—[सं० गृह ~ आश्रम] *पु०* गृहस्थाश्रम। ✣ **गृहाश्रमी**—*पु०* = गृहस्थाश्रमी।

गृहासक्त—[सं० गृह ~ आसक्त] *वि०* १. घर-परिवार से बहुत अनुराग रखनेवाला। २. हर समय पत्नी, बच्चों आदि की चिन्ता में डूबा रहनेवाला।

गृहिणी—[सं० गृहिन् + ङीप्] *स्त्री०* गृहस्वामिनी।

गृही—[सं० गृहिन्] *पु०* १. गृहस्वामी। २. गृहस्थ व्यक्ति।

गृहीत—[सं० √ग्रह् + क्त] *वि०* १. ग्रहण या प्राप्त किया हुआ। २. लिया या पकड़ा हुआ।

गृहीता—[< सं० गृहीतृ] *वि०, पु०* ग्रहण करनेवाला। ग्राहक। (पुस्तक०) पुस्तकालय से पुस्तकें ऋण-रूप में पानेवाला व्यक्ति।

गृहीतार्थ—[सं० गृहीत ~ अर्थ] *वि०* जिसने अर्थ समझ लिया है। अर्थ-ज्ञाता। *पु०* किसी पद/वाक्य का प्रचलित अर्थ।

गृहोपकरण—[सं० गृह ~ उपकरण] *पु०* घर में आवश्यक सामान (वस्त्र, बर्तन आदि)।

गृह्य[१]—[सं० गृह + यत्] *वि०* १. गृह-सम्बन्धी। २. घर में किया जाने वाला (कर्म)। ३. पालतू।

गृह्य[२]—[सं० √ग्रह् + क्यप्] १. ग्रहण करने योग्य। २. जिसे ग्रहण किया जा सके।

***गे[१]**—[< सं० √गम्] *क्रिअ०* गए।

†**गे[२]**—[देशज] *अव्यय०* हे।

***गेउ**—[< हि० गैल] *पु०* १. गली। २. मार्ग।

गेज—[अं०] *पु०* १. माप। नाप। पैमाना। २. रेल की दोनों पटरियों के बीच का अन्तर। ३. धातु की चादर या तार की मोटाई।

गेटिस—[अं० गार्टर] *पु०* मोज़ा बाँधने का फ़ीता।

†**गेड़ना**—[देशज] *क्रिस०* रेखा से घेरना। *क्रिअ०* किसी वस्तु आदि के चारों ओर चक्कर काटना।

†**गेड़ी**—[< हि० गेड़ना] *स्त्री०* किसी वस्तु के चारों ओर खींची जाने वाली मंडलाकार रेखा।

गेय—[सं० √गै + यत्] *पु०* १. गाने योग्य। २. जो गाया जा सके। ∇ **विलोम**—अगेय। ✣ **गेय काव्य**—*पु०* (काव्य०) = जो कविता गायी जा सके। राग-रागिनियों में बँधी कविता।

गेयता—[सं० गेय + तल् + टाप्] *स्त्री०* गाए जाने की योग्यता। गेयत्व।

***गेर**—[देशज] *स्त्री०* ओर। ✣ **गेर-गेर**—*क्रिवि०* = चारों ओर।

***गेरना**—[हि० 'गिराना' का पुराना रूप] *क्रिस०* १. गिराना। २. डालना। ३. फेंकना। ४. पहनना। ५. मूँदना।

†**गेराँव**—[< हि० गर (= गला)] *पु०* १. चौपायों के गले में बाँधने की रस्सी। पगहा। २. उक्त रस्सी का वह भाग जो गले में रहता है।

गेरुआ—[< हि० गेरू] *वि०* १. गेरू के रंग का। भगवा। २. गेरू में रँगा हुआ। ✣ **गेरुआ झंडा**—*पु०* = भगवा ध्वज। ✣ **गेरुआ बाना**—*पु०* = भगवा रंग का वस्त्र जिसे साधु-सन्यासी पहनते हैं।

गेरू—[< सं० गवेरुक] *पु०* एक प्रकार की लाल और कड़ी मिट्टी जो कपड़ों, दीवारों आदि को रँगने में काम आती है।

***गेल**—[< सं० √गम्] *क्रिअ०* गया।

गेला**—[< हि० गे < सं० √गम्] *क्रिअ०* गया। ***जैसे—राम गेला। *वि०* १. गया-बीता। मूर्ख। २. गया-बीता। तुच्छ। ३. पागल। ✣ **गेली**—*क्रिअ०* = गयी। ***जैसे***—सीता गेली। १. गयी-बीती। मूर्ख। २. गयी बीती। तुच्छ।

†**गेवड़ा**—[बुन्देली < हि० गाँव] *पु०* गाँव के बाहर का मैदान।

गेसू—[फ़ा०] *पु०* केशों की लट। अलक। जुल्फ।

गेह—[सं० ग ~ ईह] *पु०* गृह। घर। मकान। ● **विशेष**—***गेह्यो** = घर भी।

***गेहनी**—[< सं० गृहिणी] *स्त्री०* गृहिणी। पत्नी।

***गेहरा**—[< सं० गेह] *पु०* गृह। घर।

गेह-शूर—[सं०] *वि०* १. जो घर में वीर हो, बाहर नहीं। ***जैसे***—कुत्ता गेह-शूर होता है। २. कायर। ✣ **गेहशूरोन्माद (गेह-शूर-उन्माद)**—*पु०* = (मनो०) घर के लोगों पर आतंक जमाने और बाहर के बड़े लोगों या अधिकारियों के सामने डरे रहने की प्रबल प्रवृत्ति।

गेही—[सं० गेहिन्] *वि०* घर में रहनेवाला। परिवारवाला। *पु०* गृहस्थ।

गेहुअँन—[< हि० गेहूँ] *पु०* १. एक प्रकार का सर्प जो गेहूँ के रंग का फनवाला और बहुत विषैला होता है। २. विषैला साँप। ✣ **गेहुवन**—*पु०* = गेहुअँन।

गेहुआँ—[< हि० गेहूँ] *वि०* गेहूँ जैसे रंग का। गन्दुमी। *पु०* गेहूँ जैसा रंग।

गैंड[१] (गेंड[१])—[< हि० गेंड़ली < सं० कुण्डली] *पु०* १. डंठलों आदि से किसान द्वारा बनाया हुआ वह घेरा जिसमें वह अपनी फ़सल काटकर अनाज रखता है। २. मंडलाकार रेखा। मंडल या घेरा।

गैंड़[२] (गेंड[२])—[< सं० काण्ड] *पु०* ईख/ऊख के ऊपर के पत्ते। अगौरा। गैड़ा।

गैंड़ना (गेंड़ना)—[< हि० गेंड] *क्रिस०* १. गेंड बनाना। २. खेतों की सीमा पर चारों ओर मेंड़ बनाना। ३. खेत आदि को तार आदि लगाकर चारों ओर से घेरना। ४. मंडलाकार रोक बनाना।

†**गैंड़ली (गेंड़ली)**—[< सं० कुण्डली] *स्त्री०* कुंडली। २. मंडलाकार रेखा या घेरा।

गैंड़ा (गेंड़ा)—[< हि॰ गेंड़ < स॰ काण्ड] *पु॰* १. ईख/ऊख के ऊपर के पत्ते। अगौरा। २. गन्ने के छोटे टुकड़े। गँड़ेरी।

गैंडुआ (गेंडुआ)—[< स॰ गेन्दुक] *पु॰* १. सिर के नीचे रखने का तकिया। २. लम्बा और गोल तकिया। मसनद।

गैंडुरी/गैंडुली (गेंडुरी/गेंडुली)—[< स॰ कुण्डली] *स्त्री॰* १.कुंडली। २. सिर पर घड़ा या कोई बोझा रखने से पहले रखी जाने वाली कपड़े की गोल गद्दी आदि। ईंडुरी। ● **विशेष**—'गेंडुरी' को कहीं-कहीं **'गेंडुरि'** भी बोला जाता है।

गैंती (गेंती)—*स्त्री॰* ≤ *हि॰* गैंती।

गैंदतड़ी (गेंदतड़ी)—[< हि॰ गेंद + स॰ ताडन] *स्त्री॰* एक खेल जिसमें खिलाड़ी एक दूसरे को गेंद मारते हैं।

गै[१]—[< प्रा॰ गय < स॰ गज] *पु॰* हाथी।

गै[२]—[< स॰ √गम्] *क्रिअ॰* १. गया। गयी। २. व्यतीत हो गया/गयी। बीता/बीती। ३. समाप्त हुआ/हुई।

गैगई—[देशज] *स्त्री॰* मैना के आकार की एक चिड़िया जिसका रंग फीका धूसर-भूरा होता है तथा आवाज़ 'केए-केए' जैसी होती है। ● **विशेष**—यह आम, बबूल और इमली के पेड़ों के पासवाले मैदानी क्षेत्रों में अधिकतर रहती है। इसे कहीं-कहीं **'घुघोई'** या **'भैन'** भी कहा जाता है।

***गैगहण/गैगहन**—[डिंगल < हि॰ गहगहाना] *वि॰* आकाश गुँजानेवाला। *पु॰* आकाश गुँजानेवाला शब्द।

गैंग्रीन (गैंग्रीन)—[अं॰] *स्त्री॰* (चिकित्सा॰) ऊतकों को रक्त मिलना बन्द होने के कारण अंग के नष्ट होने की स्थिति।

***गैति**—[< प्रा॰ गय + स॰ इति] *स्त्री॰* हाथियों का समूह/झुंड।

***गैन**[१]—[< स॰ गमन] *पु॰* १. गमन। जाना। २. मार्ग। गैल। ३. पग। क़दम।

***गैन**[२]—[< स॰ गगन] *पु॰* गगन। आकाश।

गैन**[३]—[< हि॰ गयन्द < स॰ गजेन्द्र] १. श्रेष्ठ हाथी। गजेन्द्र। गजराज। ***जैसे—मत्त जिमि गैन। २. हाथी।

***गैन**[४]—[< हि॰ गैना < गाय] *वि॰* छोटे क़द का नाटा। *पु॰* नाटा बैल।

†**गैना**[१]—[< हि॰ गहना] *पु॰* आभूषण/गहना।

गैना[२]—[< हि॰ गाय] *वि॰* छोटे क़द का/नाटा। *पु॰* नाटा बैल।

गैडोलीनियम—[अं॰] *पु॰* एक धातु (रसायन॰) एक धात्विक तत्व। ● **विशेष**—उक्त धातु न्यूट्रानों की शोषक है अत: नाभिकीय तकनीक में उपयोगी है।

गैनी**[१]—[< स॰ गामिनी] *वि॰* (समासयुक्त शब्द के अन्त में प्रयुक्त) चलनेवाली। गामिनी। ***जैसे—गजगैनी। (= गजगामिनी)

गैनी[२]—[< हि॰ गैना] *वि॰* छोटे क़द की। नाटी। *स्त्री॰* नाटी गाय।

***गैन्द (गैंद)**—[< हि॰ गयन्द < स॰ गजेन्द्र] *पु॰* गजेन्द्र।

ग़ैब—[अरबी] *पु॰* १. परोक्ष। २. अदृश्य लोक। परलोक। ३. भाग्य।

गैबर्डीन—[अं॰] *पु॰* (पहले प्रचलित रहा) एक विशेष प्रकार का कुछ मोटा कपड़ा जो सूती/ऊनी दोनों प्रकार का होता है।

***गैबर**[१]—[< स॰ गजवर] *पु॰* श्रेष्ठ हाथी। गजवर। गजेन्द्र।

गैबर[२]—[देशज] *पु॰* एक चिड़िया जिसकी चोंच और पैर लाल होते हैं तथा दुम काली होती है।

गैयर[१]—[< स॰ गजवर] *पु॰* गजवर। गजेन्द्र।

†**गैयर**[२]—[< हि॰ गैया] *वि॰* गाय जैसा। सरल स्वभाव का। ***जैसे***—गैयर आदमी।

†**गैया**—[< प्रा॰ गविका] *स्त्री॰* गाय। गऊ।

***गैर**[१]—[< हि॰ गैल] *स्त्री॰* १. गली। २. मार्ग।

***गैर**[२]—[< हि॰ घर] *पु॰* १. स्थान। ठौर। २. आश्रय।

ग़ैरत—[अरबी] *स्त्री॰* १. लज्जा। शर्म। २. स्वाभिमान। ⁘ **ग़ैरतदार/ग़ैरतमन्द**—*वि॰* = १. लज्जाशील। २. स्वाभिमानी। ∇ **विलोम**—बेग़ैरत।

गैरिक—[स॰ गिरि + ठञ्] *पु॰* १. गेरू। २. स्वर्ण। सोना। *वि॰* १. पहाड़ से उत्पन्न। २. गेरुए रंग का। ***जैसे***—गैरिक मृद्‌भांड (= गेरुए रंग के मिट्टी के बर्तन) ३. गेरू से रँगा हुआ।

ग़ैरियत—[अरबी] *स्त्री॰* १. ग़ैर होने की अवस्था/भाव। परायापन। २. आत्मीयता का अभाव।

†**गैल**—[< हि॰ गली] *स्त्री॰* १. मार्ग। रास्ता। २. गली।

†**गैला**[१]—[< हि॰ गैल] *पु॰* १. बैलगाड़ी आदि के पहियों की लीक। २. बैलगाड़ी आदि के चलने का मार्ग। ३. यात्री। पथिक।

***गैला**[२]—[< स॰ √गम्] *क्रिअ॰* गया। *वि॰* गया-बीता। तुच्छ।

गैलियम—[अं॰] *पु॰* एक धातु। (रसायन॰) एक धात्विक तत्त्व।

†**गैली**[१]—[< हि॰ गैला] *क्रिअ॰* गयी। ***जैसे***—लड़की गैली। *वि॰* (*स्त्री॰*) गयी-बीती। तुच्छ। ***जैसे***—गैली दुनिया।

गैली[२]—[अं॰] *स्त्री॰* (मुद्रण॰) १. धातु की एक लम्बी आयताकार रकाबी जो ऊपर से खुली होती है तथा जिसमें यष्टिक (अं॰ स्टिक) से अक्षरसंयोजित की गयी सामग्री लाकर रखी जाती है। २. उक्त में लगभग २० इंच सामग्री आ सकने के कारण सामग्री के माप के रूप में प्रयुक्त इकाई। ***जैसे***—एक गैली सामग्री (अं॰ मैटर) का अर्थ २० इंच अक्षरसंयोजित (अं॰ कम्पोज़्ड) सामग्री। ⁘ **गैली** = गैली में रखी अक्षरसंयोजित सामग्री का कच्चा प्रूफ़। ⁘ **गैली प्रेस**—*पु॰* = वह मशीन जिस पर गैली में रखी हुई अक्षरसंयोजित सामग्री का प्रूफ़ उठाया जाता है।

गैलेक्सी—[अं॰] *स्त्री॰* (खगोल॰) एक तारामंडल जो अन्य तारामंडलों से आकाशगंगा जैसे विस्तृत आकाशीय क्षेत्रों द्वारा अलग रहता है परन्तु स्वयं गुरुत्वाकर्षण द्वारा संघटित बना रहता है।

गैस—[अं॰] *पु॰* किसी भी पदार्थ का वायवीय (हवा जैसा) रूप। ***जैसे***—हाइड्रोजन गैस।

***गैसा**—[< हि॰ गया-सा] *वि॰* १. गया-सा। गया-गुज़रा। बुरा। २. मलिन। कपटी।

†**गैंडा (गैंडा)**—[ब्रज॰ < स॰ गण्डक] *पु॰* 'गेंडा' नामक जंगली पशु।

गैंता (गैंता)—[देशज] *पु॰* कुदाल। मिट्टी खोदने का एक उपकरण

जिसका लोहे का बना भाग आगे से चौड़ा तथा धारदार होता है। कुदाल। ✣ **गैंती (गैंती)**— *स्त्री॰* = कुदाल। कुदाली।

गो[1]—[स॰ √गम् + डो] *स्त्री॰* १. गौ। गाय। जैसे गोशाला। २. इन्द्रिय। ३. वाणी। ४. सरस्वती। ५. पृथ्वी। ६. किरण। ७. दिशा। ८. जल। ९. नेत्र। १०. जिह्वा। जीभ। *पु॰* १. वृषभ। बैल। २. पशु। ३. शब्द। ४. आकाश। ५. बाण। तीर। ६. नक्षत्र। ७. स्वर्ग। ८. नौ की संख्या।

गो[2]—[फा॰] *वि॰* जानने/कहने/बोलने/समझानेवाला या व्याख्या करनेवाला। ***जैसे***—क़ानूनगो; क़िस्सागो। [● **विशेष**—'गो' का प्रयोग प्रत्यय की तरह ही होता है।]

***गोअर**[1]—[< प्रा॰ गामार] *पु॰* गँवार।

†गोअर[2]—[< हि॰ ग्वार] *पु॰* गोप। ग्वाल।

***गोइ**[1]—[< स॰ गोल] *पु॰* गेंद।

***गोइ**[2]**/गोय**—[< हि॰ गोना < स॰ गोपन] *क्रिवि॰* छिपाकर।

†गोइना—[< स॰ गोपन] *क्रिस॰* छिपाना।

†गोइयाँ—[< हि॰ गोहन] *पु॰* पक्ष में खेलने वाला साथी। सखा। गुइयाँ।

गोईंड़/गोइँड़ा/गोएँड़ा/गौंइड़ां (गोंइड़ा)/गौंएड़ा (गोंएड़ा)—[< स॰ गोमुण्ड] *पु॰* ग्राम के निकट के खेत। ग्वैंड़ा। *वि॰* गाँव के समीप का (स्थान)। ग्वैंड़ा।

***गोई**—[< हि॰ गोहन] *स्त्री॰* सखी। गोइयाँ।

गोईं (गोईं)—[प्रा॰ < स॰ गो] पु॰ बैलों की जोड़ी।

***गोऊ**—[ब्रज॰ < गोइना] *वि॰* १. छिपानेवाला। २. छीनने/चुराने वाला। हरण करनेवाला।

गोकर्ण—[स॰ गो ~ कर्ण] *वि॰* गाय के कानों की तरह लम्बे कानों वाला। *पु॰* १. गाय के कान। २. खच्चर। ३. एक प्रकार का साँप। ✣ **गोकर्णी**—*वि॰* = १. जिसका आकार गाय के कान के समान हो। २. गोकर्ण से सम्बन्धित। गोकर्ण का।

गोकि—[फा॰ गो + कि] *अव्यय॰* यद्यपि। हालाँकि। ***जैसे***—गोकि उन्होंने बात नहीं कही थी।

गोक्षुर—[स॰ गो-क्षुर] *पु॰* १. गाय का खुर। २. 'गोखरू' नामक औषधोपयोगी वनस्पति।

***गोख**—[< प्रा॰ गवक्ख < स॰ गवाक्ष] *पु॰* गवाक्ष। झरोखा। ✣ **गोखन**—*स्त्री॰* = छोटा झरोखा।

***गो-खग**—[स॰] *पु॰* पशु और पक्षी।

†गोखा—[< हि॰ गोख] *पु॰* गवाक्ष। झरोखा।

गो-खुर—[< स॰ गो ~ क्षुर] *पु॰* १. गाय का खुर। २. गाय के खुर का निशान।

***गोगन**—[< स॰ गो ~ गण] *पु॰* १. गौएँ। २. इन्द्रियों का समूह। इन्द्रियगण।

गो-गृह—[स॰] *पु॰* गोशाला। गोठ।

गो-ग्रास—[स॰] *पु॰* परिवार के भोजन आरम्भ करने से पहले गाय के लिए दिया जाने वाला या अलग निकाला गया भोजन।

गो-घोष—[स॰] *पु॰* गोशाला।

गोघ्न—[स॰ गो + घ्न] *वि॰* १. गाय, बैल आदि की हत्या करनेवाला। गो-हत्यारा। गो-घाती। २. (वैदिक काल में) जिसे गाय, बैल आदि दान में दिया जाए। *पु॰* १.. कसाई। २. अतिथि। मेहमान।

गोचना—[< स॰ गोधूम + हि॰ चना] *पु॰* चना मिला हुआ गेहूँ। ✣ **गोचनी**—*स्त्री॰* = गोचना।

गोचर—[स॰ गो √चर् + अच्] *वि॰* १. जिसे इन्द्रिय द्वारा ग्रहण किया जा सके। इन्द्रियग्राह्य। २. पृथ्वी पर घूमनेवाला। ३. प्रत्यक्ष। *पु॰* १. इन्द्रिय का विषय (शब्द/स्पर्श/रूप/रस/गन्ध)। २. इन्द्रियग्राह्य वस्तु। ३. प्रदेश। ४. चरागाह। ∇ **विलोम**—अगोचर। ✣ **गोचर भूमि**—*स्त्री॰* = १. गाय, बैल आदि के चरने के लिए ग्राम आदि में सरकारी तौर पर छोड़ी गयी भूमि। २. चरागाह।

गोचरी—[< स॰ गोचर] *स्त्री॰* १. भिक्षावृत्ति। २. गोचर-भूमि।

†गोजई—[अवधी, < स॰ गोधूम + हि॰ जई] *स्त्री॰* गेहूँ और जौ का मिश्रण।

***गोजन**—[< स॰ गोपी ~ जन] *पु॰* गोपियों का समूह। गोपियाँ। ✣ **गोजनवल्लभ**—*पु॰* = कृष्ण।

गोजिह्वा (गोजिह्वा)—[स॰ गो-जिह्वा] *स्त्री॰* १. वनगोभी/गोभी नामक वनस्पति जिसके मूल से ५-७ पत्ते निकलकर भूमि पर फैल जाते हैं, पत्तों का आकार गाय की जीभ की तरह होता है तथा फूल पीले रंग के आते हैं। २. गोजिया नामक लता जो उपर्युक्त वनगोभी से बहुत बातों में समान होती है परन्तु लताओं के समान फैलती है।

गोजीत—[< स॰ गोजित्] *वि॰* अपनी इन्द्रियों को जीत लेनेवाला। जितेन्द्रिय।

गोझा—[< स॰ गुह्यक] *पु॰* १. गुझिया नामक पकवान। २. जेब। ३. गुज्झा।

गोट[1]—[< स॰ गोष्ठ] *स्त्री॰* धोती, चुनरी, लिहाफ़ आदि के किनारों पर शोभा बढ़ाने के लिए लगायी जाने वाली कपड़े की पट्टी/किनारी।

गोट[2]—*स्त्री॰* ≤ *हि॰* गोठ।

गोट[3]—[< स॰ गुटक] *स्त्री॰* चौपड़, शतरंज आदि खेलों में प्रयुक्त लकड़ी आदि के बने छोटे टुकड़ों में से प्रत्येक। ***जैसे***—गोटें पीटने और पिटवाने का खेल मज़ेदार होता है। ✣ **गोट-गोट**—*क्रिवि॰* = एक-एक करके। ✣ **गोटिया चाल**—*स्त्री॰* = (शतरंज आदि खेलों में)दाँव-पेँच भरी युक्ति/चाल।

गोटा—[< हि॰ गोट] *पु॰* सुनहले या रुपहले तारों से बनी लम्बी पट्टी जिसकी गोट वस्त्रों पर लगाते हैं।

गोटी—[< स॰ गुटिका] *स्त्री॰* चौपड़ आदि खेलों में प्रयुक्त गोट। (दे॰ गोट[3]) ***वा॰*** **गोटी जमना (बैठना)**—१. युक्ति-उपाय सफल हो जाना। २. (किसी वस्तु की) प्राप्ति का उपाय हो जाना। ३. कार्य-सिद्धि हो जाना। **गोटी चित्त पड़ना**—उपाय सफल होना। **गोटी जमाना/बिठाना**—१. उपाय सफल करना। २.

जीतना। **गोटी बैठना**—१. उपाय सफल होना। २. जीतना। **गोटी मारना**—विजय प्राप्त करना। हराना। **गोटी लाल करना**—१. उपाय सफल करना। २. जीतना। **गोटी लाल होना**—१. काम बनना। २. लाभ होना। **गोटी हाथ से जाना**—१. प्रयत्न विफल होना। २. अच्छा अवसर निकल जाना।

गोटेवाला—[< हि॰ गोटा] *वि॰* जिसमें गोटा लगा हो। ***जैसे***—गोटेवाला कपड़ा। *पु॰* गोटा बेचनेवाला। ✣ **गोटेवाली**—*वि॰* (*स्त्री॰*)। *स्त्री॰* = गोटा बेचनेवाली।

गोठ—[< प्रा॰ गोट्ठ < सं॰ गोष्ठ] *पु॰* गायों या बैलों को बाँधकर रखने का स्थान।

***गोठड़ी**—[< सं॰ गोष्ठी] *स्त्री॰* गोष्ठी। बातचीत।

गोठना—[< हि॰ गोठ] *क्रिस॰* चारों ओर से घेरना।

***गोठा**—[< सं॰ गोष्ठ] *पु॰* १. परामर्श। २. बातचीत।

†गोठिल—[< हि॰ गुठला] *वि॰* जिसकी धार या नोक बेकार हो गयी हो। भोथरा। कुन्द। गुट्ठल। ***जैसे***—गोठिल चाकू।

गोड़हरा—[< हि॰ गोड़] *पु॰* पैर का कोई आभूषण।

गोड़ा—[< हि॰ गोड़[१]] *पु॰* १. पैर, पिंडली या टाँग। २. घुटना। ३. (कोली/जुलाहा द्वारा) तानी को मांड़ने के लिए प्रयुक्त खूँटा। ***वा॰* गोड़े थकना**—(परिश्रम आदि के कारण) पैर शिथिल होना। **गोड़े दुखना**—१. पिंडलियों/घुटनों में कष्ट होना। २. चलने में कष्ट होना।

†गोड़ारी—[< हि॰ गोड़] *स्त्री॰* १. पलंग आदि का पैर की ओर का भाग। सिरहाने से विपरीत भाग। २. जूता। ३. गोड़ने से प्राप्त ताज़ी घास।

†गोड़िया—[< हि॰ गोड़] *स्त्री॰* १. छोटा गोड़। छोटा चरण/पैर। ***जैसे***—शिशु की छोटी-छोटी गोड़ियाँ। २. कहाँर जाति या उसका व्यक्ति।

†गोणी—[सं॰ गोण + ङीप्] *स्त्री॰* १. दोहरे टाट का बोरा/थैला। २. छानने के लिए प्रयुक्त महीन कपड़ा।

***गोत/गोतु**—[< सं॰ गोत्र] *पु॰* १. गोत्र । कुल। वंश। २. समूह।

***गोता**—[< सं॰ गोत्र] *पु॰* १. गोत्र। कुल। वंश।

ग़ोता—[< अरबी ग़ोत:] *पु॰* (नदी आदि के) पानी में डुबकी। ***वा॰* ग़ोता खाना**—१. डूबना। २. धोखा खाना। छल में फँसना। ३. कोई बहुत बड़ी भूल कर बैठना। **ग़ोता देना**—१. (जल में) डुबा देना या डुबकी देना। २. धोखा देना। **ग़ोता मारना**—१. डुबकी लगाना। २. अनुपस्थित रहना। नाग़ा करना।

ग़ोताख़ोर—[अरबी ग़ोत: + फा॰ ख़ोर] *वि॰* पानी में डुबकी लगानेवाला। *पु॰* गहरे पानी में डुबकी लगाकर नीचे की वस्तुएँ निकालने का व्यवसाय करनेवाला मनुष्य। निमज्जक। ✣ **ग़ोताख़ोरी**—*स्त्री॰* = १. डुबकी लगाने की क्रिया/भाव। २. गोताख़ोर का पद/कार्य।

†ग़ोतामार—[< अरबी ग़ोता + मारना] *पु॰* १. डुबकी लगानेवाला। ग़ोताख़ोर। २. पनडुब्बी।

गोतिया—[< सं॰ गोत्रीय] *वि॰* १. गोत्र-सम्बन्धी। गोत्र का। २. अपने ही गोत्र का। गोती। ३. समान गोत्र के (लोग)।

गोती—[< सं॰ गोत्रीय] *वि॰* जो अपने ही गोत्र का हो गोत्रीय। ✣ **गोतिन/गोतिनी**—*वि॰* (*स्त्री॰*)।

गोतीत—[सं॰ गो ~ अतीत] *वि॰* जिसे इन्द्रियों से न जाना जा सके। जो इन्द्रियग्राह्य न हो। अगोचर। अतीन्द्रिय। ***जैसे***—गोतीत आत्मा और परमात्मा।

गोत्र—[सं॰ गो √त्रै + क] *पु॰* १. सन्तान-परम्परा अथवा शिष्य-परम्परा में होनेवाले लोगों के वंश का नाम। ***जैसे***—कश्यप ऋषि से सम्बन्धित 'कश्यप' गोत्र; वत्स ऋषि से सम्बन्धित 'वत्स' या 'वात्स्यायन' गोत्र। २. किसी पूर्वज की सन्तान-परम्परा में होनेवाले लोगों का वंश-नाम। ३. वंश। कुल। ४. नाम। ५. समूह या वर्ग। ६. जाति। ७.पर्वत। पहाड़। ***जैसे***—गोत्र-सुता (= पार्वती)। (समाज॰) उन पितृपक्षीय-मातृपक्षीय परिवारों का समूह जिनके सदस्य अपने को एक वास्तविक या काल्पनिक पूर्वज् का वंशज मानते हैं। ● **विशेष**—समान गोत्र के लोग परस्पर '**सगोत्र**' या '**सगोत्रीय**' कहे जाते हैं। ✣ **गोत्रकार/गोत्रकारी**—*वि, पु॰* = गोत्र चलानेवाला। गोत्र-प्रवर्तक। ✣ **गोत्रज**—*वि॰* एक ही वंश में उत्पन्न। समान गोत्र का। सगोत्र। सगोती। ✣ **गोत्र-प्रवर्तक**—*वि॰, पु॰* = गोत्रकार। ✣ **गोत्र-स्खलन**—*पु॰* = ग़लत नाम पुकारने की क्रिया/भाव। ग़लत नाम से सम्बोधन।

गोत्रिणी—[सं॰ गोत्रिन् + ङीप्] *स्त्री॰* उत्तम वंश की स्त्री।

गोत्री—[सं॰ गोत्रिन्] *वि॰* समान गोत्र का। सगोत्रि।

गोत्रीय—[< सं॰ गोत्र] *वि॰* १. गोत्रवाला। ***जैसे***—भरद्वाजगोत्रीय। २. अपने गोत्र/वंश में उत्पन्न।

गोदन्ती—[सं॰ गोदन्त + ङीष्] *पु॰* हरताल नामक खनिज जो संखिया और गन्धक का मिश्रण होता है।

***गोदर**—[< हि॰ गदराना] *वि॰* १. गदराया हुआ। २. यौवन के कारण भरा हुआ।

गोदा[१]—[सं॰ गो √दा + क + टाप्] *स्त्री॰* गोदावरी नदी।

गोदा[२]—[< हि॰ गोदना] *पु॰* शरीर पर गोदे जाने वाले चिह्न आदि। गोदना। गुदना।

गोदान—[सं॰ गो ~ दान] *पु॰* विधिपूर्वक संकल्प करके ब्राह्मण को गाय का दान करने की धार्मिक क्रिया। ***जैसे***—मरते समय गोदान करने की इच्छा।

गोदाम—[< मलय॰ गोदोंग = भंडार] *पु॰* वह बड़ा कमरा या भवन जिसमें माल जमाकरके बिक्री के लिए रखा जाता है। भंडार। मालगोदाम। ***जैसे***—व्यापारी का गोदाम; रेलविभाग का गोदाम।

गोध—[< सं॰ गोधा] *स्त्री॰* गोह नामक जन्तु।

गो-धन[१]—[सं॰] *पु॰* १. गाय-बैल आदि का समूह। २. गो-वंश के रूप में होनेवाली सम्पत्ति। ✣ **गोधन-पूजा[१]**—*स्त्री॰* = दीपावली के अगले दिन की जाने वाली एक पूजा जिसमें गाय के गोबर से बनी आकृतियों का पूजन होता है।

***गो-धन**[2]—*पु॰ ≤ स॰* गोवर्धन (पर्वत)। ✣**†गोधन-पूजा**[2]—*पु॰* = गोवर्धन-पूजा।

गोधनी—[देशज] *स्त्री॰* एक प्रकार का गीत।

गोधर—[स॰ गो √धृ + अच्] *पु॰* भूधर। पर्वत। पहाड़।

गो-धर्म—[स॰] *पु॰* १. पशुधर्म। २. (पशुओं के समान) परपुरुषों/परस्त्रियों से सम्भोग।

गोधा—[< स॰ √गुध् + घञ् + टाप्] *स्त्री॰* गोह नामक जन्तु।

गोधूम—[< स॰ √गुध् + ऊम्] *पु॰* गेहूँ। ✣ **गोधूमक**—*पु॰* = गेहुँअन साँप।

गोधूलि—[स॰ गो ~ धूलि] *स्त्री॰* १. गायों के चलने-फिरने आदि से उड़ी धूलि। २. वन या गाँव के बाहर से चरकर अपनी बस्ती को लौटती हुई गायों के खुरों से उड़नेवाली। ✣ **गोधूलि-वेला**—*स्त्री॰* = गोधूलि का समय।

†गोन[1]—[< स॰ गोणी] *स्त्री॰* १. बैल पर अनाज आदि लादने का दोनों ओर लटकनेवाला थैला। २. अनाज भरने का बोरा। ३. बड़ा थैला।

†गोन[2]—*पु॰ ≤ स॰* गमन।

†गोन[3]—[< स॰ गुण] *स्त्री॰* रस्सी।

गोनरा—[देशज] *पु॰* एक प्रकार की लम्बी घास जिससे चटाइयाँ बनती हैं और जिसे पशु भी खाते हैं।

गोनर्द—[स॰ गो √नर्द् + अच्] *पु॰* १. शिव। महादेव। २. सारस। ३. एक प्राचीन जनपद जो संस्कृत के प्रसिद्ध वैयाकरण पतंजलि का जन्मस्थान भी था। ✣ **गोनर्दीय**—*वि॰* = गोनर्द-सम्बन्धी। गोनर्द का। *पु॰* = (गोनर्द देश के निवासी) 'पतंजलि' नामक प्राचीन महाभाष्यकार।

†गोना—[ब्रज॰ < स॰ गोपन] १. छिपाना। २. चुराना। ३. रखवाली करना। ✣ **गोइ**—*क्रिवि॰* = छिपाकर।

गोनाथ—[< स॰ गो-नाथ] *पु॰* कृष्ण। गोपाल।

गोनिया[1]—[< हि॰ गोन < स॰ गोणी] १. बैलों पर गोन में सामान लादनेवाला। २. बोरे ढोनेवाला।

गोनिया[2]—[< हि॰ गोन < स॰ गुण] *पु॰* नाव को गोन (रस्सी) बाँधकर खींचनेवाला।

गोनी[1]—[< स॰ गमन] *वि॰* (स्त्री॰) गौना होने के बाद आयी वधू।

गोनी[2]—[< हि॰ गोन < स॰ गोणी] *स्त्री॰* टाट का थैला। बोरा।

गोप[1]—[स॰ √गुप् + अच्] *पु॰* रक्षक।

गोप[2]—[स॰ गो √पा + क] *पु॰* १. गायों को पालनेवाला या गायों का स्वामी। २. ग्वाला। अहीर। ३. (प्राचीन भारत में) गोशाला का प्रमुख। गोष्ठक का अध्यक्ष। ४. (प्राचीन भारत में) रक्षक या राजा।

गोपक[1]—[स॰ गोप + कन्] *पु॰* (गायों का पालन करनेवाला) गोप या ग्वाला। अहीर।

गोपक[2]—[स॰ √गुप् + ण्वुल्] *वि॰* १. रक्षा करनेवाला। रक्षक। २. छिपानेवाला।

गोप-खरिक—[स॰ गोप + हि॰ खरिक] *पु॰* गायों का बाड़ा।

गोपच—[स॰ गो ~ पच] *पु॰* १. गाय खानेवाला। गोभक्षी। २. मुसलमान आदि कोई गोभक्षी।

गोपज—[स॰ गोप + ज] *पु॰* गोप-वंशी व्यक्ति।

गोपजा—[स॰ गोपज + टाप्] *स्त्री॰* गोप स्त्री। गोपी।

गो-पद—[स॰] *पु॰* १. गौओं के रहने का स्थान। २. गाय के खुर का चिह्न। ३. गाय के खुर से बना गड्ढा (जिसमें वर्षा का पानी भर जाता है)। ४. चरागाह। ✣ **गोपद-रज**—*स्त्री॰* गायों के खुरों से उठी धूल।

गोपदी—[स॰ गोपदिन्] *वि॰* गो-पद के बराबर छोटा।

गोप-धनी—[स॰] *स्त्री॰* गोपांगना। गोपी।

गोपन—[स॰ √गुप् + ल्युट्] *पु॰* १. छिपाने या रक्षा करने की क्रिया/भाव। २. छिपाव। दुराव। ३.रक्षण। रक्षा। ४. छिपा हुआ स्थान। ***जैसे***—गोपन में किया गया निवेदन। *वि॰* छिपा हुआ। गुप्त। ***जैसे***—गोपन सम्बन्ध। ● **विशेष**—ब्रजभाषा आदि में 'गोपें' या 'गोपें को' के अर्थ में भी 'गोपन' (< स॰ गोप) प्रयुक्त होता है। ***जैसे***—गोपन के साथ गए; गोपन देखि हँसे। ∇ **विलोम**—प्रकाशन।

गोपयिता—[स॰ गोपयितृ] *वि॰* १. (वस्तु/व्यक्ति आदि को) छिपानेवाला। २. संरक्षण करनेवाला। संरक्षक।

गोपर—[स॰ गो + हि॰ परे] *वि॰* इन्द्रियों से परे। अतीन्द्रिय। ***जैसे***—गोपर ज्ञान।

गोपा—[< स॰ गोपक] *स्त्री॰* गोपी। ग्वालिन।

गोपाङ्गना (गोपांगना)—[स॰ गोप ~ अङ्गना] *स्त्री॰* १. गोपी। ग्वालिन। २. गोप-वधू।

गोपायन—[स॰ √गुप् + आय् + ल्युट्] *पु॰* १. रक्षण। बचाव। २. गोपन। छिपाव।

गोपाल—[स॰ गो ~ पाल] *पु॰* १. गायों को पालनेवाला व्यक्ति। २. गोप। ग्वाला। ३. कृष्ण या विष्णु। (छन्द॰) एक मात्रिक छन्द। गुपाल (छन्द)।

गोपिनी[1]—[< स॰ गोप] *स्त्री॰* गोप जाति की स्त्री। गोपी। अहीरिन। ग्वालिन।

गोपिनी[2]—[स॰ गोपिन् + ङीप्] *वि॰* (*स्त्री॰*) गोपन का कार्य करनेवाली। रक्षा करनेवाली, छिपानेवाली या गुप्त रखनेवाली।

गोपी—[स॰ गोप + ङीष्] *स्त्री॰* गोप जाति की स्त्री। ग्वालिन। अहीरिन।

गोपीचन्दन (गोपीचंदन)—[स॰ गोपी ~ चन्दन] *पु॰* द्वारिका के एक सरोवर की पीली मिट्टी जिसे वैष्णव भक्त अपने शरीर पर लगाते हैं या उसका तिलक लगाते हैं।

गोपीयन्त्र (गोपीयंत्र)—[स॰ गोपी ~ यन्त्र] *पु॰* (नाथ पन्थ॰) सारंगी नामक वाद्य। ● **विशेष**—गोपीचन्द्र द्वारा प्रवर्तित होने से इस वाद्य का यह नाम पड़ा था।

गो-पुच्छ—[स॰] *स्त्री॰* गाय की पूँछ। *पु॰* एक प्राचीन वाद्य।

गोपुर—[सं॰ गो ~ पुर] *पुं॰* १. नगर का मुख्य द्वार। तोरण। २. दक्षिण भारतीय मन्दिरों के बाहर बने विशाल द्वार जिन पर मूर्तियाँ और अलंकरणात्मक आकृतियाँ बनी होती हैं।

गोपेन्द्र (गोपेंद्र)—[सं॰ गोप ~ इन्द्र] *पुं॰* १. गोपों/ग्वालों का राजा या प्रमुख। २. श्रेष्ठ गोप। ३. कृष्ण। ४. विष्णु।

गोप्ता—[सं॰ गोप्तृ] *वि॰* गोपनकर्ता। रक्षा करनेवाला या छिपानेवाला।

गोप्य—[सं॰ √गुप् + ण्यत्] *वि॰* १. रक्षा करने योग्य। रक्षणीय। २. छिपाए रखने योग्य। गोपनीय।

गोफ—[देशज] *पुं॰* (पहले प्रचलित रहा) गले का एक स्वर्ण-आभूषण।

गोफना (गोफणा)—[< सं॰ गोफण] *पुं॰* एक डोरी के सिरे पर बनी जाली से ढेला या पत्थर फेंकने के लिए बनाया जाने वाला एक यंत्र। ढेलवाँस। फन्नी।

***गोभना**—[देशज] *क्रिस॰* छेदना। ✣ गोभ—*पुं॰* = छेद।

गोभा—[देशज] *स्त्री॰* १. तरंग। लहर। ***जैसे***— आनन्द की गोभा। २. सौन्दर्य। छटा। ३. अंकुर।

गोभृत्—[सं॰ गो ~ भृत्] *पुं॰* पर्वत। पहाड़।

***गोम**—[< सं॰ गो] *पुं॰* १. स्थान। जगह। २. पृथ्वी।

गोमाय—[< सं॰ गोमायु] *पुं॰* सियार।

गोमय—[< सं॰ गो ~ मल] *पुं॰* (गाय का) गोबर।

***गोमर**—[< सं॰ गो + हिं॰ मारना] *पुं॰* १. गाय मारनेवाला। २. क़साई।

***गोमी**—[< सं॰ गो] *स्त्री॰* पृथ्वी।

गोमुख—[सं॰ गो ~ मुख] *पुं॰, वि॰* गाय जैसे मुख वाला। *पुं॰* १. गाय का मुख। २. नाका। घड़ियाल। ३. एक प्रकार का शंख या नरसिंहा नामक वाद्य। ४. जपमाला रखने की थैली। गोमुखी। ५. गंगा नदी के उद्‌गम की गुहा जो गाय के मुख जैसी लगती है। ● **विशेष—गोमुख व्याघ्र** = १. देखने पर सीधा-सादा और भला लगनेवाला परन्तु अतिक्रूर व्यक्ति। २. अति जटिल/कठिन शास्त्र (व्याकरण इत्यादि)।

गोमुखी—[सं॰ गोमुख + ङीष्] *स्त्री॰* जपमाला रखने की थैली जिसमें (दाहिना) हाथ डाले हुए जप करते हैं।

गोमूत्रिका—[< सं॰ गोमूत्र + ठन् + टाप्] *स्त्री॰* १. एक मणि जिसका रंग रक्ताभ पीत होता है। पीतमणि। (काव्य॰) चित्रकाव्य का एक भेद।

गोमेद—[< सं॰ गो ~ मेद] *पुं॰* एक रत्न जो पीताभ गहरे लाल रंग का होता है।

गोमेदक—[< सं॰ गोमेद + कन्] *पुं॰* १. गोमेद नामक रत्न। २. काकोल नामक विष।

गोमेध—[सं॰ गो ~ मेध] *पुं॰* एक वैदिक यज्ञ।

***गोय**—[फा॰] *पुं॰* (खेलने की) गेंद।

***गोयना**—[< सं॰ गोपन] *क्रिस॰* छिपाना।

गोया—[फा॰] *अव्यय* १. मानो। २. जैसे।

ग़ोर—[फा॰] *स्त्री॰* क़ब्र।

गोरखधन्धा (गोरखधंधा)—[हिं॰ गोरख + धन्धा] *पुं॰* १. जटिल समस्या। २. झंझट। बखेड़ा। ३. पहेली। ४. उलझन। ५. अनेक धागों/तारों आदि की रचना जिसे किसी विशेष युक्ति से ही बनाया या सुलझाया जा सकता है।

गोरख़र—[फ़ा॰] *पुं॰* गधे की जाति का एक जंगली पशु जो गधे से कुछ बड़ा होता है।

गोरखा—[< सं॰ गोरक्ष] *पुं॰* नेपाल देश में रहनेवाली एक प्रमुख जाति या उसका व्यक्ति। ✣ **गोरखाली**—*स्त्री॰* = गोरखाओं की भाषा/बोली।

गो-रज—[< सं॰ गो ~ रजस्] *पुं॰* १. गाय के पैर की धूल। २. गायों के झुंड के चलने से उड़ी धूल।

***गोरटा**—[< हिं॰ गोरा] *वि॰* गोरे शरीर वाला। गोरा। *पुं॰* गोरा किशोर/युवक/पुरुष।

गोरटी—[< हिं॰ गोरी] *वि॰* (*स्त्री॰*) = गोरे शरीर वाली। गोरी। *स्त्री॰* गोरी किशोरी/युवती/स्त्री।

†**गोर-मदाइन**—[बुन्देली॰] *पुं॰* इन्द्रधनुष।

†**गोरल**[1]—[< हिं॰ गोरा] *पुं॰* गोरे रंग वाला।

†**गोरल**[2]—[राजस्थ॰ < सं॰ गौर] *स्त्री॰* गौरी। पार्वती।

गोरस—[सं॰ गो ~ रस] *पुं॰* १. वाणी का आनन्द। वाक्य-विनोद। बतरस। २. इन्द्रियों का आनन्द। ३. गाय से प्राप्त होने वाले पदार्थ (दूध, दही आदि)। ✣ ***गोरसु**—पुं॰ = गोरस।

†**गोरसा**—[< सं॰ गोरस] *पुं॰* गाय का दूध पीकर पला हुआ बालक।

गोरोचन—*पुं॰* ≤ *सं॰* गोरोचना।

गोरोचना—[सं॰ गोरोचन + टाप्] *स्त्री॰* गाय/बैल के पित्ताशय से प्राप्त होनेवाला पीले रंग का एक सुगन्धित द्रव्य। गोरोचन। ● **विशेष**—गोरोचना का तिलक लगाया जाता है और औषध के रूप में भी प्रयोग होता है। तान्त्रिक लोग इसका प्रयोग सम्मोहन और वशीकरण में करते हैं।

गोलक—[सं॰ गोल + कन्] *पुं॰* १. गोल पिंड। गोला। ***जैसे***— सूर्यगोलक। २. मिट्टी/धातु आदि का पात्र जिसमें किसी विशेष कार्य के लिए या अपने संग्रह के लिए (नित्य या कभी-कभी) थोड़ा-थोड़ा धन डाला जाए। ३. गुम्बद या उसके सदृश गोल रचना। ४. आँख की पुतली।

गोल-गप्पा—[सं॰ गोल + देशज गप्पा] *पुं॰* तेल/घी में तली हुई और बहुत छोटी तथा फूली हुई, करारी पूड़ी/पूरी। जिसे ज़ीरे के अर्क या सोंठ आदि के साथ खाया जाता है। पानी का बताशा।

गोलन्दाज़ (गोलंदाज़)—[फा॰] *वि॰, पुं॰* तोप से गोले चलाने/छोड़ने/दागने वाला (व्यक्ति)। तोपची। ✣ **गोलन्दाज़ी (गोलंदाज़ी)**—*स्त्री॰* = तोप से गोले चलाने का काम। तोपची का काम।

गोला-कबूतर—[हिं॰] *पुं॰* कबूतरों का एक प्रकार।

गोलाकार—[सं॰ गोल ~ आकार] *वि॰* गोल आकारवाला। गोल।

जैसे—गोलाकार सूर्य। ✣ **गोलाकार तारा-गुच्छ**— *पु॰* = तारा-गुच्छों का एक प्रकार जिसमें तारे एक दूसरे से अधिक सटे हुए होते हैं।

गोलाभ—[स॰ गोल ~ आभा] *पु॰* (गणित॰) किसी दीर्घवृत्त को उसके किसी एक अक्ष के चारों ओर घुमाने से बनी ठोस आकृति। (अ॰ स्फ़िअराइड)

गोलार्ध—[स॰ गोल ~ अर्ध] *पु॰* १. गोले का आधा भाग। आधा गोला। २. पृथ्वी के गोले का आधा भाग। *जैसे*—उत्तरी या दक्षिणी गोलार्ध।

गोलाश्म—[स॰ गोल ~ अश्म (अश्मन्)] *पु॰* १. गोल बड़ा पत्थर। २. चट्टान का बहुत बड़ा टुकड़ा जो घिसकर गोल हो गया हो। गोल शिलाखंड।

गोलिका—[स॰ गोलक + टाप्] *स्त्री॰* गोली। ✣ **गोलिकामय**—*वि॰* जिसमें छोटी-छोटी गोलियाँ हों। (अ॰ ग्लोब्यूलर)

गोली[१]—[< हि॰ गोला] *स्त्री॰* १. छोटी गोलाकार वस्तु। *जैसे*—खेलने की काँच की गोलियाँ; दवा की गोली। २. उक्त प्रकार की परन्तु कुछ लम्बोतरी और सीसे की बनी वस्तु जो बन्दूक, पिस्तौल आदि से छोड़ी जाती है।

गोली[२]—[< स॰ गोला] *स्त्री॰* १. सखी। सहेली। २. सेविका। दासी।

गोलीय—[स॰ गोल + छ] *वि॰* १. गोल-सम्बन्धी। २. खगोल-सम्बन्धी। खगोलीय। ३. भूगोल-सम्बन्धी। भूगोलीय।

गोलोक—[स॰ गो ~ लोक] *पु॰* १. ब्रह्मांड में सबसे ऊपर का और सबसे श्रेष्ठ लोक जहाँ भगवान् कृष्ण/विष्णु का नित्य निवास है। २. ब्रजमण्डल। ✣ **गोलोकवास**—*पु॰* = मृत्यु।

गोलोकेश—[स॰ गोलोक ~ ईश] *पु॰* १. गोलोक का स्वामी। भगवान् विष्णु/कृष्ण। २. ब्रज का स्वामी। कृष्ण।

***गोल्ल**—[स॰ गौल्य] *पु॰* गोदावरी नदी के क्षेत्र का निवासी। ● **विशेष**—गोदावरी नदी का एक प्राचीन नाम 'गोला' है।

***गोवना**—[< स॰ गोपन] *क्रिस॰* १. छिपाना। २. ढँकना।

गोवर्धन—[< स॰ गो॰ ~ वर्धन] *पु॰* १. गो-संवर्धन। गोवंश-वृद्धि। २. वृन्दावन का एक पर्वत। ✣ **गोवर्धन-धारी**—*पु॰* = गोवर्धन पर्वत को धारण करनेवाला। कृष्ण।

***गोवल**—[< स॰ गोबल] *पु॰* गोप। ग्वाला।

***गोवा**—[< स॰ गुवाक] *पु॰* सुपारी।

गोविन्द (गोविंद)—[स॰ गो √विद् + श, नुम्] *पु॰* १. कृष्ण। २. गोशाला का अध्यक्ष। मुख्य ग्वाला। ३. अहीरों का मुखिया। ✣ ***गोविन्द द्वादशी (गोविंद द्वादशी)**—*स्त्री॰* = फाल्गुन शुक्ल द्वादशी। ✣ **गोविन्द (गोविंद)- पद**—[स॰] *पु॰* = १. भगवान् विष्णु या कृष्ण के चरण। २. विष्णुलोक। ३. गोलोक। ४. मुक्ति। मोक्ष।

गो-वीथी—[स॰] *स्त्री॰* (खगोल॰) चन्द्रमा के भ्रमण-मार्ग का एक अंश।

गोवृन्द (गोवृंद)—[स॰ गो ~ वृन्द] *पु॰* गायों का समूह।

गो-व्रज—[स॰] *पु॰* १. गोशाला। गोठ। २. गायों का समूह। ३. चरागाह।

गो-व्रत—[स॰] गो-हत्या के प्रायश्चित्त के लिए किया जाने वाला एकव्रत।

गोश—[फा॰] *पु॰* कान। कर्ण। ✣ **गोश-पैंच (पेंच)**—*पु॰* = कान का एक आभूषण।

गोशवारा—[फा॰] *पु॰* १. कान में पहनने का कुंडल। २. सीप का अकेला बड़ा मोती।

गोशा—[< फा॰ गोशः] *पु॰* १. घर या कमरे का कोना। २. एकान्त।

गोश्त—[फा॰] *पु॰* १. मांस। २. मारे हुए पशु का मांस।

गोष्ठ—[स॰ गो √स्था + क] *पु॰* गोशाला। गोठ।

गोष्ठशाला/गोष्ठागार—[स॰ गोष्ठ ~ शाला/आगार] *स्त्री॰* सभा-भवन। सभागृह। सभागार।

गोष्ठी—[स॰ गोष्ठ + ङीष्] *स्त्री॰* १. छोटा गोष्ठ। २. एक स्थान पर एकत्र होकर कुछ व्यक्तियों द्वारा किया जाने वाला विचार-विमर्श का कार्यक्रम। ३. परिचितों/मित्रों की मंडली।

गोष्पद—[स॰ गो √पद् + अच्, नि॰, सुट्, षत्व] *पु॰* १. गाय का खुर। २. धूल में गाय के खुर का निशान। ३. गाय के खुर से बना गड्ढा। ४. गाय के खुर के निशान में समा जाने वाला जल। ५. वह स्थान जहाँ गौएँ प्रायः आएँ-जाएँ।

***गोस**[१]—[< फा॰ गोश] *पु॰* कान। कर्ण।

गोस[२]—[देशज] *पु॰* प्रभात। प्रातःकाल। तड़का।

गोस[३]—[देशज] *पु॰* धनुष की नोक। धनुष-कोटि।

***गोसठ**—*स्त्री॰* ≤ *स॰* गोष्ठी।

†गोसपैंच (गोसपेंच)—[फा॰ गोश-पेंच] *पु॰* कान का एक आभूषण। गोशपेंच।

***गोसमायल**—[< फा॰ गोश + स॰ मुक्तावली] *पु॰* १. पगड़ी पर लगी मोतियों की लड़ी जो कानों के पास लटकती रहती है। २. मोतियों की लड़ी। मुक्तामाल।

गो-सर्ग—[स॰] *पु॰* गायों को चरने के लिए छोड़ने का समय। प्रातःकाल। प्रभात।

***गोसल्ल**—[< अरबी ग़ुस्ल] *पु॰* स्नान।

†गोसा[१]—[< हि॰ गोशा] *पु॰* गोशा।

गोसा[२]—[देशज] *पु॰* १. धनुष की नोक। २. एक धनुषाकार आभूषण/गहना। ३. दिशा। ओर। ४. किनारा।

गोसा[३]—[< स॰ गो] *पु॰* गोबर से बनाया गया उपला। कंडा।

गोसाईं (गोसाईं)—[< स॰ गोस्वामी] *पु॰* १. गोस्वामी। (दे॰) २. एक प्रकार की उपजाति जिसके लोग गृहस्थ होते हैं परन्तु गेरुए वस्त्र पहनते हैं। ३. प्रभु। स्वामी। ४. ईश्वर। ५. साधुओं और सन्यासियों के लिए एक आदरपूर्ण सम्बोधन।

गोसुत—[स॰ गो ~ सुत] *पु॰* गाय का बच्चा। बछड़ा या वृष।

†गोसैयाँ—*पु॰* ≤ *हि॰* गोसाईं।

गोस्वामी—[स॰ गोस्वामिन्] *पु॰* १. गायों का स्वामी। २. इन्द्रियों

का स्वामी। जितेन्द्रिय। ३. वल्लभाचार्य, निम्बार्काचार्य और मध्वाचार्य तथा उनके सम्प्रदायों के आचार्यों की उपाधि। ४. एक उपजाति। गोसाईं।

गोह—[प्रा॰ गोहा < स॰ गोधा] *स्त्री॰* नेवला से मिलता-जुलता एक जंगली जन्तु। ● **विशेष**—१. गोह का बच्चा '**गोहटा**' कहा जाता है। २. एक प्रकार की गोह को '**चन्दनगोह**' कहते हैं उसकी दीवार पर पकड़ बहुत पक्की होती है और चोर उसमें रस्सी बाँधकर ऊपर फेंक देते हैं तथा मकान की छतों या ऊँची दीवारों पर चढ़ जाते हैं।

गोहत्या—[स॰ गो ~ हत्या] *स्त्री॰* १. गाय/गायों को मार डालना। २. गो-वंश के पशु/पशुओं की हत्या। Δ **पर्याय**—गोवध।

†गोहन—[< स॰ गोधान < हि॰ गोहान (= गाँव के पास की भूमि या खेत)] *पु॰* १. साथ/पास में रहने वाला। संगी। साथी। २. संग। साथ। समीपता। *स्त्री॰* संगिनी। साथिन। सखी। सहेली। ***जैसे***—मोहन-गोहन राधा। *क्रिवि॰* १. संग में। साथ में। साथ-साथ। २. समीप। पास। ✣ **गोहना**[1]—*पु॰* = १. साथी। *वि॰* समीप। पास। ✣ **गोहनी**—*स्त्री॰* = संगी। साथी। ✣ **गोहने**—*क्रिवि॰* = संग में। साथ-साथ।

गोहना[2]—[< हि॰ गुहना] *क्रिस॰* गुहना। गूँथना। ✣ **गोहनौ**—*क्रिस॰* = गुँथे हुए हैं।

गोहर—[< स॰ गोधिका] *पु॰* एक विषैला जन्तु। बिसखोपरा।

गोहरा—[< स॰ गो] *पु॰* उपला। कंडा।

गोहानी—[< स॰ गोधान] *स्त्री॰* ग्राम के समीप की भूमि/खेत।

गोहार/गुहार—[स॰ गो + हार (=हरण)] *स्त्री॰* १. संकट के समय अपनी सहायता के लिए की जाने वाली पुकार। २. पुकार। चिल्लाहट। ३. कोलाहल। शोर।

गोही[1]—[< स॰ √गुह्] *स्त्री॰* १. छिपाव। दुराव। २. गुप्त बातचीत। ३. घात।

गोही[2]—[देशज] *स्त्री॰* १. गाँठ। २. गुठली।

***गोहूँ**—[< पु॰ गोहूम] *पु॰* गेहूँ।

†गोँइ (गोंइ)—[< स॰ ग्राम] *पु॰* ग्राम की सीमा।

गोँइठा (गोंइठा)—*पु॰* ≤ *हि॰* गोइँठा। गाय के गोबर का सूखा हुआ कंडा/उपला।

गोँइड़/गोँइड़ा (गोंइड़/गोंइड़ा)—*दे॰* गोइँड़।

†गोँईं (गोंईं)—[< हि॰ गोहन] *स्त्री॰* बैलों की जोड़ी।

गोँजना (गोंजना)—[देशज] *क्रिस॰* १. मिला-जुलाकर गन्दा करना। २. (पानी में) घँघोलना। ३. खोंसना।

गोँठना[1] **(गोंठना**[1] **)**—[< स॰ कुण्ठन] *क्रिस॰* (अस्त्र-शस्त्र आदि की) धार या नोक कुंठित करना।

गोँठना[2] **(गोंठना**[2] **)**—[< स॰ गोष्ठ] १. रेखा बनाकर घेरना। २. गुजिया आदि पकवानों की कोरें मोड़ कर बन्द करना ताकि अन्दर भरे मावा आदि बाहर न गिरें। ● **विशेष**—कोर मोड़ने का उपकरण '**गोंठनी**' कहा जाता है। यह लोहा/पीतल का बना होता है।

†गोँड़ा (गोंड़ा)—[< स॰ गोष्ठ] १. (पशुओं का) बाड़ा। २. मोहल्ला। ३. ग्राम के पास का स्थान। गोंइड़ा।

गोँड़ी (गोंड़ी)—[< प्रा॰ गोंड] *वि॰* (*स्त्री॰*) (गोंड़ों के क्षेत्र की)। गोड़ जाति की। *स्त्री॰* गोंड जाति की बोली। गोंडवानी।

गोँद (गोंद)—[देशज] *पु॰* १. कुछ पौधों या वृक्षों से निकलनेवाला चिपचिपा पदार्थ। चिपचिपा तरल निर्यास। २. उक्त निर्यास का पानी में घुला रूप। ✣ **गोँददानी (गोंददानी)**—*स्त्री॰* = गोंद रखने का पात्र।

गोँदपटेर (गोंदपटेर)—[देशज] *पु॰* चटाई बनाने में काम आनेवाला एक पौधा जो पानी में होता है तथा जिसके पत्ते बड़े-बड़े होते है। पटेर।

गोँदीला (गोंदीला)—[< हि॰ गोंद] *वि॰* जिसमें गोंद लगा हो। गोंद से युक्त।

गौ—[< स॰ गो] *स्त्री॰* गऊ। गाय।

***गौख**—[< प्रा॰ गवक्ख < स॰ गवाक्ष] *पु॰* गवाक्ष। झरोखा।

***गौखा**[1]—[< हि॰ गौख] *पु॰* १. गवाक्ष। झरोखा। २. आला। ताक़। ३. ग्रामीण घरों में द्वार के समीप की बैठक या छोटा दालान।

†गौखा[2]—[< हि॰ गौ + खाल] *पु॰* १. गाय/बैल का चमड़ा। गो-चर्म। २. मूर्ख।

गौड़—[< स॰ गौड (= √गुड् + घञ्)] *पु॰* १. बंगाल का एक प्राचीन नाम। २. गौड़ देश का रहनेवाला। ३. ब्राह्मणों की एक उपजाति। ४. कायस्थों की एक उपजाति।

गौड़िक—[< स॰ गौडिक] *वि॰* १. गुड़ सम्बन्धी। गुड़ का। २. गुड़-मिश्रित। *पु॰* १. ईख। २. गुड़ से बनी शराब।

गौड़ी—[< स॰ गौडी] *स्त्री॰* गुड़ से बनायी जाने वाली शराब। (काव्य॰) एक वृत्ति। परुषवृत्ति।

गौड़ीय—[< हि॰ गौड़] *वि॰* गौड़ देश या जाति का। गौड़ देश या जाति से सम्बन्धित। (काव्य॰) गौड़ी वृत्ति वाला (काव्य आदि)। *पु॰* गौड़ देश का निवासी। ✣ **गौड़ीय भाषा**—*स्त्री॰* = गौड़ देश की भाषा। बँगला भाषा।

गौड़ी रीति—*स्त्री॰* (काव्य॰) गौड़ देश में प्रचलित साहित्य-रचना की रीति। ओजगुण के प्रकाशक वर्णों से युक्त, अधिक समासों वाली तथा विद्वत्तापूर्ण पदों से युक्त रीति।

गौड़ेश्वर—[< हि॰ गौड़ + स॰ ईश्वर] *पु॰* १. गौड़ देश का राजा। २. चैतन्य महाप्रभु। गौरांग महाप्रभु।

गौण—[स॰ गुण + अण्] *वि॰* १. जो प्रधान/मुख्य न हो। अ-प्रधान। अ-मुख्य। २. गुण बतलानेवाला। गुणवाचक। ३. जो मुख्य अर्थ से भिन्न हो। ∇ **विलोम**—प्रधान/मुख्य।

गौणिक—[स॰ गुण + ठक्] *वि॰* १. गुण/गुणों से सम्बन्धित। गुण/गुणों का। २. सत्त्वगुण, रजोगुण अथवा तमोगुण से सम्बन्धित।

गौणी—[स॰ गौण + ङीष्] *स्त्री॰* (काव्य॰) लक्षणा शक्ति का एक भेद।

गौञ्जिक (गौंजिक)—[स॰ गुञ्जा + ठक्] *वि॰* गुंजा/घुँघची से

सम्बन्धित। घुँघची का। पु० १. जौहरी। २. सुनार।

गौतमी[1]—[सं० गौतम + ङीप्] स्त्री० १. (गौतम ऋषि की पत्नी) अहल्या। २. (द्रोणाचार्य की पत्नी) कृपी। ३. गोदावरी (नदी)। ४. पार्वती/दुर्गा (देवी)।

गौतमी[2]—[< सं० गौतम] वि० गौतम से सम्बन्धित।

†गौन[1]—[< सं० गो ~ स्थान] पु० खेत में बैल बाँधने के लिए छायावाला स्थान।

***गौन**[2]—[< सं० गमन] पु० १. गमन। जाना। **जैसे**—मोहन गौन कियौ। २. गति। **जैसे**—हंस का गौन। ३. प्रवेश।

गौन[3]—[< प्रा० गोण (= बैल)] पु० पटसन या काली ऊन इत्यादि का बना हुआ दो पल्लू वाली और दोनों ओर थैलों वाला बोरा जिसमें प्रायः अनाज भरकर बैल या गधे पर लादा जाता है।

गौन[4]—[देशज] पु० एक प्रकार का बारहसिंगा।

गौनहारी—[< हि० गावना (= गाना)] स्त्री० १. गाने का पेशा करनेवाली स्त्री। २. उक्त स्त्रियों का वर्ग।

गौना—[< सं० गमन] पु० विवाह के कुछ समय बाद की एक प्रथा। वधू का प्रथम बार पितृ-गृह से ससुराल के लिए पति के साथ गमन की प्रथा। **जैसे**—गौना कराने के लिए पति और देवर आए हुए हैं। क्रिअ० गमन करना। जाना।

गौर—[सं० गु + र, नि० साधु०] वि० १. गोरे रंग का। गोरा। २. श्वेत। सफ़ेद। २. दीप्तियुक्त। चमकीला। ४. उज्ज्वल। पु० १. सफ़ेद/गोरा रंग। २. चन्द्रमा। ३. चैतन्य महाप्रभु।

ग़ौर—[अरबी] पु० १. ध्यान। २. चिन्तन। मनन। सोच-विचार।

गौरई—[< हि० गौर] स्त्री० गौरवर्णता। गोरापन।

गौरक्ष्य—[सं० गोरक्ष + ष्यञ्] पु० गायों का पालन और रक्षा करने का काम। गोपालन। गोरक्षण।

गौरण्ड (गौरंड)—[< सं० गुरुण्ड] पु० अँग्रेज़। ✣ **गौरंड देस**—पु० = अँग्रेज़ों का देश। इँग्लैंड या ब्रिटेन।

† *गौरमदाइन—[बुन्देल०] पु० इन्द्रधनुष।

ग़ौरतलब—[अरबी] वि० १. ध्यान देने योग्य। २. विचारणीय। ३. जिस पर ध्यान दिया जा रहा हो। ४. जिस पर विचार किया जा रहा हो।

गौरता—[सं० गौर + तल + टाप्] स्त्री० गोराई। गोरापन। सफ़ेदी।

गौरत्व—[सं० गौर + त्व] पु० गौरता।

गौरव—[सं० गुरु + अण्] पु० १. गुरुता। भारीपन। २. महत्त्व। बड़प्पन। ३. आदर। सम्मान। प्रतिष्ठा। मान। ४. (अर्थ की) गम्भीरता। गहराई। **जैसे**—तुलसी-काव्य का अर्थ-गौरव। ▽ **विलोम**—लाघव। ✣ **गौरव-ग्रन्थ (ग्रंथ)**—पु० = १. उत्कृष्ट और कालजयी पुस्तक। २. वे ग्रन्थ जिन पर देश/समाज या विद्वानों को गर्व होता है। ३.सम्मानित ग्रन्थ। (दे०) २. श्रेण्य ग्रन्थ (अ० क्लासिक)।

***गौरवा**—[< सं० गौर] पु० नर गौरैया पक्षी। चिड़ा।

गौरवान्वित—[सं० गौरव ~ अन्वित] वि० गौरव से युक्त। महिमामय। सम्मानित।

गौरवासन—[सं० गौरव ~ आसन] पु० गौरव का आसन। सम्मानित पद।

गौरवित—[सं० गौरव + इतच्] वि० गौरवयुक्त। सम्मानयुक्त।

गौरा—[सं० गौर + टाप्] स्त्री० १. गोरी स्त्री। २. पार्वती। गौरी। पु० नर गौरैया चिड़िया। चिड़ा। चिरौटा।

गौराङ्ग (गौरांग)—[सं० गौर ~ अङ्ग] वि० १. गोरे अंगों वाला। गोरे शरीर वाला। गोरा। २. गोरे रंग वाला। गोरा। ३. उज्ज्वल/चमकीले रंग वाला। पु० १. विष्णु (देवता)। २. कृष्ण। वासुदेव। ३. चैतन्य महाप्रभु। ४. अँग्रेज़ इत्यादि गोरे रंग के लोग। ✣ **गौराङ्गी (गौरांगी)**—वि० (स्त्री०) = गोरी। स्त्री० अँग्रेज़ स्त्री इत्यादि कोई स्त्री जो गोरे रंग की हो।

***गौरि**—[< सं० गौरी] स्त्री० १. गौरी। पार्वती। २. गोरे रंग की स्त्री।

गौरिक—[सं० गौरी + ठन्] वि० गोरा।

गौरी[1]—[सं० गौर + ङीष्] स्त्री० १. गोरी स्त्री। २. पार्वती। ३. अविवाहित कन्या जो आठ वर्ष की हो। ४. सफ़ेद दूब। ५. तुलसी। (छन्द०)एक वर्णिक छन्द जिसके प्रत्येक चरण में क्रमशः तगण, २ जगण और यगण (त ज ज य) के योग से १२ वर्ण होते हैं। ✣ **गौरीचन्दन (गौरीचंदन)**—पु० = लाल चन्दन। ✣ **गौरी चतुर्थी**—स्त्री० = माघ शुक्ल चतुर्थी।

गौरी-नाथ/पति—[सं०] पु० पार्वती का पति। शिव। महादेव।

***गौरी**[2]—स्त्री० ≤ हि० गौड़ी।

गौरीश—[सं० गौरी ~ ईश] पु० गौरी का पति। शिव। महादेव।

***गौरीस/गौरीसा**—पु० ≤ सं० गौरीश।

गौलनी—[मराठी] स्त्री० महाराष्ट्र के लोक-नृत्य 'तमाशा' के प्रमुख ६ अंगों में से एक जिसमें कृष्ण के द्वारा गोपियों की दही की मटकियों का छीना जाना इत्यादि दिखाया जाता है।

***गौहन**—[< हि० गोहन] क्रिवि० साथ में।

गौल्मिक—[सं० गुल्म + ठक्] पु० १. सैनिकों की टुकड़ी का नायक। गुल्म-नायक। २. सैनिक। सिपाही।

गौहर—[फ़ा०] पु० मोती।

†गौँ (गौं)—[< प्रा० गवँ < सं० √गम्] स्त्री० १. प्रयोजन। मतलब। ग़रज़। २. अवसर। घात। दाँव। मौक़ा। ३. गति। पहुँच। ४. ढंग। चाल। ५. लक्ष्य। ६. प्रकार। तरह। ७. पक्ष। **वा० गौं का**—स्वार्थी। **गौं का यार**—१. स्वार्थी मित्र। २. स्वार्थी व्यक्ति। **गौं गाँठना**—स्वार्थ पूरा करना। **गौं ताकना**—अपने हित या स्वार्थ को पूरा करने के लिए अवसर की खोज में रहना। **गौं निकलना**—स्वार्थ/प्रयोजन/मतलब पूरा होना। **गौं निकालना**—स्वार्थ/मतलब पूरा करना। **गौं पड़ना**—स्वार्थ होना। **गौं से**—चुपके से। ✣ **गौं-गवेला**—वि० = अपनी घात से चलनेवाला।

†गौँटा (गौंटा)—[< हि० गाँव] १. ग्राम। २. गाँव की गली। ३. पगडंडी। ४. बरात वापस आने पर ग्राम के लोगों को दिया जाने वाला दान। ✣ **गौँटिया (गोंटिया)**—स्त्री० = छोटा ग्राम।

गौहैं (गौहें)—[< हि० गौं] स्त्री० १. 'गौं' का बहुवचन रूप।

२. घातें। ***जैसे***—दुष्टों की गौंहैं।

[1]ग्रंस—[८ सं॰ ग्रन्थि] *पु॰* १. कुटिलता। २. छल। ३. द्वेष। ४. गाँस।

***ग्रंसना**—[८ हिं॰ ग्रसना] *क्रिस॰* पकड़ना या लपेटना।

ग्रथन—[८ सं॰ ग्रन्थन] *पु॰* १. ग्रथने का कार्य/भाव। २. गूँथने/पिरोने की क्रिया/भाव। ३. पुस्तक की रचना। ४. जमने या ठोस होने की क्रिया/भाव।

ग्रन्थ (ग्रंथ)—[सं॰ √ग्रन्थ् + घञ्] *पु॰* १. पुस्तक। २. गम्भीर या महत्त्वपूर्ण पुस्तक। ३. धन। सम्पत्ति।

ग्रन्थन (ग्रंथन)—[सं॰ √ग्रन्थ् + ल्युट्] *पु॰* १. गाँठ देकर बाँधना। २. गूँथना। ३. ग्रन्थ की रचना करना।

ग्रन्थना (ग्रंथना)—[८ सं॰ ग्रन्थन] *क्रिस॰* ग्रंथन।

***ग्रन्थनि (ग्रंथनि) ग्रन्थन्हि (ग्रंथन्हि)**—[८ सं॰ ग्रन्थ] *पु॰* 'ग्रन्थ' का बहुवचन। ग्रन्थों (ने/में इत्यादि)

ग्रन्थपाल (ग्रंथपाल)—[सं॰ ग्रन्थ ~ पाल] पुस्तकालयाध्यक्ष।

ग्रन्थमाला (ग्रंथमाला)—[सं॰ ग्रन्थ ~ माला] *स्त्री॰* एक ही स्थान से क्रमपूर्वक प्रकाशित होनेवाली परस्पर सम्बन्धित पुस्तकों की शृंखला/माला/समुदाय।

ग्रन्थलिपि (ग्रंथलिपि)—[सं॰] *स्त्री॰* तमिल लिपि का एक परिवर्धित रूप जिसकी रचना संस्कृत के ग्रन्थों को लिखने के लिए की गयी थी।

ग्रन्थ (ग्रंथ) साहब/साहिब—[सं॰ ग्रन्थ + हिं॰ साहब/साहिब] *पु॰* पूज्य धर्मग्रन्थ। (सिक्ख॰) सिक्खों का पूज्य धर्मग्रन्थ जिसमें सिख गुरुओं तथा अन्य सन्तों की वाणियाँ संगृहीत हैं। आदिग्रन्थ।

ग्रन्थागार (ग्रंथागार)—[सं॰ ग्रन्थ ~ आगार] *पु॰* पुस्तकालय। ✣ **ग्रन्थागारिक (ग्रंथागारिक)**—*पु॰* = पुस्तकालयाध्यक्ष।

ग्रन्थावलि/ग्रन्थावली (ग्रंथावलि/ग्रंथावली)—[सं॰ ग्रन्थ~ आवलि/आवली] *स्त्री॰* एक ही लेखक की अनेक पुस्तकों का, एक ही प्रकाशन से क्रमबद्ध प्रकाशित रूप। ***जैसे***—प्रभात प्रकाशन ने वृन्दावनलाल वर्मा की ग्रन्थावली प्रकाशित की है।

ग्रन्थि (ग्रंथि)—[सं॰ √ग्रन्थ् + इन्] *स्त्री॰* १. गाँठ। २. गिल्टी। समस्या। गुत्थी। ३. गन्ना, बाँस आदि की गाँठ। ४. मानसिक उलझन। भाव-ग्रन्थि। ४. कुटिलता। टेढ़ापन। ५. बन्धन। मायाजाल। (प्राणि॰) पौधे या पशु में विशेष रासायनिक यौगिकों (एन्ज़ाइम, हार्मोन आदि) को स्रवित करनेवाला अंग। ***जैसे***—पीयूषग्रन्थि। (अं॰ ग्लैन्ड)

ग्रन्थिबन्धन (ग्रंथिबंधन)—[सं॰ ग्रन्थि ~ बन्धन] *पु॰* १. भाँवर पड़ने से ठीक पहले वर-वधू के या कुछ मांगलिक अवसरों पर पति-पत्नी के कपड़ों में गाँठ लगाकर उन्हें जोड़ने की रीति विशेष। २. अटूट सम्बन्ध। ३. साँठगाँठ।

ग्रन्थिल (ग्रंथिल)—[सं॰ ग्रन्थि + लच्] *वि॰* गाँठदार। *पु॰* अदरक।

ग्रन्थिलपर्णी (ग्रंथिलपर्णी)—[सं॰ ग्रन्थिलपर्णिन्] *वि॰* (वनस्पति॰) जिसकी पत्तियाँ ग्रन्थिवाली हों।

ग्रन्थिलवृन्ती (ग्रंथिलवृंती)—*वि॰* (वनस्पति॰) वृन्त में ग्रन्थि/गाँठ वाला।

ग्रन्थी (ग्रंथी)—[सं॰ ग्रन्थिन्] *वि॰* जिसने बहुत ग्रन्थ पढ़े हों। विद्वान्। *पु॰* १. ग्रन्थकर्ता। २. ग्रन्थ विशेष का पाठ करनेवाला। ३. सिक्ख धर्मग्रन्थ 'गुरुग्रन्थ साहब' का पाठ करनेवाला तथा सिक्खों में पुरोहिताई करनेवाला।

***ग्रब्बहन**—[८ सं॰ गर्वघ्न] *वि॰* गर्व का नाश करनेवाला। गर्वनाशक।

ग्रसन—[सं॰ √ग्रस् + ल्युट्] *पु॰* १. भक्षण। निगलना। २. पकड़ना। ३. ग्रहण। ***जैसे***—राहु द्वारा चन्द्र का ग्रसन।

ग्रसनी—[८ हिं॰ ग्रसना] *स्त्री॰* (शरीर॰) मुँह और नाक के पीछे की पेशीय नली जो आगे जाकर भोजन-नली और श्वास-नली में विभक्त हो जाती है। कंठनली का ऊर्ध्वभाग। गला।

ग्रसिष्णु—[सं॰ √ग्रस् + इष्णुच्] *वि॰* १. ग्रसनशील। निगलने के स्वभाव वाला। २. ग्रसने को तैयार।

ग्रस्त—[सं॰ √ग्रस् + क्त] *वि॰* १. पकड़ा हुआ। २. पीड़ित। ***जैसे***—रोग-ग्रस्त। ३. खाया हुआ। निगला हुआ। ४. ग्रहण लगा हुआ। ***जैसे***—ग्रस्त सूर्य को मत देखो।

ग्रस्तास्त—[सं॰ ग्रस्त ~ अस्त] *पु॰* ग्रहण लगे हुए ही सूर्य/चन्द्रमा का अस्त हो जाना।

ग्रस्तोदय—[सं॰ ग्रस्त ~ उदय] *पु॰* ग्रहण लगे हुए ही सूर्य या चन्द्रमा का उदय।

ग्रहग्रस्त—[सं॰ ग्रह ~ ग्रस्त] *वि॰* भूत-प्रेत से आविष्ट। (ज्योतिष॰) पापग्रह से प्रभावित।

ग्रह-चिन्तक (ग्रह-चिंतक)—[सं॰] *पु॰* १. खगोलवेत्ता। २. ज्योतिषी।

ग्रहण—[सं॰ √ग्रह् + ल्युट्] *पु॰* १. पकड़ने या लेने की क्रिया/भाव। २. स्वीकार/अंगीकार करना। ३. प्राप्ति। ४. किसी अमावस्या को सूर्य के प्रकाश के चन्द्रमा की छाया के कारण पृथ्वी तक आने में रुक जाने की स्थिति विशेष, अथवा किसी पूर्णिमा को चन्द्रमा के प्रकाश के पृथ्वी की छाया के कारण पृथ्वी तक आने में रुक जाने की स्थिति विशेष। ५. लांछन/आरोप आदि जिससे सम्मान में कमी हो। (गणित॰) किसी खगोलीय पिंड का, अन्य किसी खगोलीय पिंड की छाया के क्षेत्र में आ जाने के कारण, पृथ्वी से पूर्णत: या अंशत: न दिख पाना। ***जैसे***—चन्द्र-ग्रहण। (वैभाषिक बौद्ध॰) अनुभव के दो प्रकारों में से एक। ज्ञान-प्राप्ति की अवस्था में इन्द्रियों के द्वारा निराकार की प्रतीति। निर्विकल्पक ज्ञान। ● **विशेष**—अनुभव का दूसरा प्रकार **'अध्यवसाय'** है। ∇ **विलोम**—त्याग।

ग्रहणाधिकार—[सं॰ ग्रहण ~अधिकार] *पु॰* ग्रहण करने का अधिकार। (विधि॰) १. गिरवी रखी गई किसी सम्पत्ति पर ऋण या शुल्क का भुगतान किए जाने तक उसे रोके रखने का क़ानूनी अधिकार। २. सरकारी नौकरी में किसी पद को छोड़ देने के बाद उस पर वापस आने का अधिकार। पुनर्ग्रहणाधिकार। (अं॰ लियन)।

ग्रहणी—[सं॰ √ग्रह् + अनि + ङीष्] *स्त्री॰* १. छोटी आँत का आरम्भिक २०–२५ सें॰मी॰ लम्बा भाग। २. संग्रहणी नामक रोग।

ग्रहणीय—[सं॰ √ग्रह् + अनीयर्] *वि॰* १. ग्रहण किए जाने योग्य। अंगीकार्य। स्वीकार्य। २. विधि/नियम/रीति के रूप में माने जाने योग्य। स्वीकार्य।

ग्रहदशा—[सं॰ ग्रह ~ दशा] *स्त्री॰* (ज्योतिष॰) १. ग्रहों की विशिष्ट स्थिति। २. उक्त का व्यक्ति/विश्व आदि पर होनेवाला प्रभाव।

ग्रह-दृष्टि—[सं॰] *स्त्री॰* (ज्योतिष॰) जन्मकुंडली आदि में किसी ग्रह का किसी भाव/ग्रह को देखना।

ग्रहदोष—[सं॰ ग्रह ~ दोष] *पु॰* (ज्योतिष॰) जन्मकुंडली आदि के अनुसार किसी ग्रह की अनिष्टकारक स्थिति/दशा/दृष्टि।

ग्रहनायक/ग्रहपति—[सं॰ ग्रह ~ नायक/पति] *पु॰* सूर्य।

ग्रह-पीड़ा—[< सं॰ ग्रह ~ पीडा] *स्त्री॰* १. सूर्य-ग्रहण। २. चन्द्र-ग्रहण। ३. ग्रह-बाधा।

ग्रह-बाधा—[सं॰] *स्त्री॰* (ज्योतिष॰) जन्मकुंडली आदि के अनुसार किसी ग्रह की स्थिति/दशा/दृष्टि के अशुभ प्रभाव के कारण होनेवाला कष्ट, संकट आदि।

ग्रह-मैत्री—[सं॰] *पु॰* (ज्योतिष॰) वर और कन्या के ग्रहों की परस्पर अनुकूनता।

ग्रह-युति, ग्रह-योग—[सं॰] *स्त्री॰* (खगोल॰) दो या अधिक ग्रहों का किसी एक ही राशि के समान अंशों पर होना।

ग्रहराज—[सं॰ ग्रह ~ राजन्] *पु॰* (ज्योतिष॰) १. ग्रहों का राजा। ग्रहों में श्रेष्ठ। २. सूर्य। ३.चन्द्रमा। ४. बृहस्पति।

ग्रह-वर्ष—[सं॰] *पु॰* किसी ग्रह द्वारा सूर्य की परिक्रमा में लगनेवाला समय।

ग्रह-वेध—[सं॰] *पु॰* दूरदर्शक यन्त्र के प्रयोग से ग्रहों की स्थिति का ज्ञान प्राप्त करना।

ग्रहशान्ति (ग्रहशांति)—[सं॰ ग्रह ~ शान्ति] *स्त्री॰* (जन्मकुंडली आदि से ज्ञात) किसी ग्रह या कुछ ग्रहों के अशुभ फल को जप, दान आदि से दूर करना। पूजा, दान आदि करके ग्रह-दोष की समाप्ति।

ग्रह स्वर—[सं॰] *पु॰* (संगीत॰) वह स्वर जिससे राग का गायन आरम्भ हो। *जैसे*—यमन राग का ग्रह स्वर 'नि' है।

ग्रहाग्रेसर—[सं॰ ग्रह ~ अग्रेसर] *पु॰* (नवग्रहों में सबसे तेज़ चलनेवाला) चन्द्रमा।

ग्रहाचार्य—[सं॰ ग्रह ~ आचार्य] *पु॰* १. खगोलवेत्ता। ज्योतिषी। २. दैवज्ञ। ज्योतिषी।

ग्रहाधीश—[सं॰ ग्रह ~ अधीश] *पु॰* (ग्रहों का स्वामी) सूर्य।

ग्रहिका—[< सं॰ ग्रह] *स्त्री॰* (खगोल॰) उन हज़ारों छोटे ग्रहों में से प्रत्येक जो सूर्य से औसतन २.८ खगोलीय मात्रकों की दूरी पर परिक्रमा करते हैं और जिनमें से अनेक का व्यास एक मील से भी कम है। क्षुद्र ग्रह। (अं॰ ऐस्टरॉइड)

ग्रहिल—[सं॰ ग्रह + इलच्] १. जो किसी भूत/प्रेत आदि से ग्रस्त हो। प्रेताविष्ट। भूताविष्ट। भूतबाधाग्रस्त।

***ग्रहीत**—*वि॰* ≤ *सं॰* गृहीत।

ग्रहीता—[सं॰ ग्रहीतृ] *वि॰* १. प्राप्त करनेवाला। २. ग्रहण/स्वीकार करनेवाला। ३. जान लेनेवाला। पहचान लेनेवाला। ४. देखनेवाला। ५. ऋणी। क़र्ज़दार।

ग्रहोपराग—[सं॰ ग्रह ~ उपराग] *पु॰* ग्रह (सूर्य या चन्द्र) को लगनेवाला ग्रहण। सूर्यग्रहण या चन्द्रग्रहण।

ग्राफ़—[अं॰] *पु॰* लेखाचित्र। आलेख। ✣ **ग्राफ़ पेपर**—*पु॰* = बहुत छोटे-छोटे वर्गों वाला काग़ज़ जिस पर आलेख बनाया जाता है।

ग्रामकण्टक (ग्रामकंटक)—[सं॰ ग्राम ~ कण्टक] *पु॰* १. पिशुन। चुगलख़ोर। २. गाँव में झगड़े उत्पन्न करानेवाला व्यक्ति। गाँववालों के लिए कष्टकर व्यक्ति।

ग्रामचर—[सं॰ ग्राम ~ चर] *वि॰, पु॰* गाँव में रहनेवाला। ग्रामवासी। ग्रामीण।

ग्रामज/ग्रामजात—[सं॰ ग्राम + ज √जात] *वि॰* १. ग्राम में उत्पन्न। २. खेत में उत्पन्न।

ग्रामजाल—[सं॰ ग्राम ~ जाल] *पु॰* ग्रामों का समूह।

ग्रामणी—[सं॰ ग्राम √नी + क्विप्] *पु॰* (प्राचीन भारत में) ग्राम का मुखिया।

ग्राम-धर्म—[सं॰] *पु॰* स्त्री-पुरुष-सम्भोग। मैथुन।

ग्रामनर—[सं॰ ग्राम ~ नर] *पु॰* ग्रामीण व्यक्ति। देहाती मनुष्य।

ग्राम-मृग—[सं॰] *पु॰* कुत्ता। श्वान।

ग्राम-वधू—[सं॰] *स्त्री॰* ग्रामीण युवती/स्त्री।

ग्राम-सिंह—[सं॰] *पु॰* कुत्ता। श्वान।

ग्रामाचार—[सं॰ ग्राम ~ आचार] *पु॰* गाँव की रीति या प्रथा।

ग्रामान्त (ग्रामांत)—[सं॰ ग्राम ~ अन्त] *पु॰* १. गाँव की सीमा। सिवाना। २. गाँव के समीप का स्थान।

ग्रामान्तर (ग्रामांतर)—[सं॰ ग्राम ~ अन्तर] *पु॰* अन्य ग्राम। दूसरा गाँव।

ग्रामिक—[सं॰ ग्राम + ठञ्] *वि॰* १. ग्राम-सम्बन्धी। गाँव का। २. असभ्य। गँवार। ३. गाँव में उपजने या होनेवाला। *पु॰* १. ग्राम का रक्षक/मुखिया। २. ग्रामवासी। ग्रामीण। ✣ **ग्रामिकी**—*वि॰* (*स्त्री॰*), *स्त्री॰*।

***ग्रामिनि**—[< सं॰ ग्रामिन्] *वि॰* (*स्त्री॰*) समूहवाती।

ग्रामी—[सं॰ ग्रामिन्] *वि॰* १. गाँव का। २. असभ्य। गँवार। देहाती। ३. कामी। ग्राम्य। *पु॰* ग्रामवासी। ग्रामीण।

ग्रामीण—[सं॰ ग्राम + खञ्] *वि॰* ग्राम से सम्बन्धित। गाँव का। *जैसे*—ग्रामीण जीवन; ग्रामीण व्यक्ति। *पु॰* ग्रामवासी व्यक्ति। ✣ **ग्रामीणा**—*स्त्री॰* = ग्रामीण स्त्री।

ग्रामेय—[सं॰ ग्राम + ढक्] *पु॰* ग्रामवासी व्यक्ति। ग्रामीण। *वि॰* १. गाँव में जन्मा हुआ। २. गँवार। ३. ग्राम्य।

ग्रामोफ़ोन—[अं॰] *पु॰* एक यन्त्र जिसमें घूमते हुये रिकार्ड (अं॰) पर सुई चलती है जिससे रिकार्ड में भरी आवाज़ निकलती है।

ग्राम्य—[सं॰ ग्राम + ॰यत्] *वि॰* १. ग्राम से सम्बन्धित। ग्राम का। ***जैसे***—ग्राम्य साहित्य। २. गाँव में निवास करनेवाला। ग्रामवासी। ३. ग्रामवासियों के स्वभाव, आचार, व्यवहार आदि से सम्बन्धित। ***जैसे***—ग्राम्य गुण-दोष। ४. अशिष्ट। असभ्य। गँवार। ५. ग्रामीण। गँवारू। ६. अश्लील। ७. अनपढ़। ८. पालतू। ***जैसे***—ग्राम्य पशु। *पु॰* १. मूर्ख। बेवकूफ। २. अशिष्ट/अश्लील बात। ३. सम्भोग। (काव्य॰) एक काव्य-दोष। रचना में गँवारू शब्दों का प्रयोग या गँवारू विषयों का वर्णन। ग्राम्यत्व। ✣ **ग्राम्यकर्म**—*पु॰* = १. ग्रामवासी का पेशा। २. सम्भोग। ✣ **ग्राम्यत्व**—*पु॰* = १. गँवारूपन। २. ग्राम्य दोष। ✣ **ग्राम्यदोष**—*पु॰* = (काव्य॰) काव्य-रचना में गँवारू शब्द अधिक आना या गँवारू विषयों का वर्णन होना। ✣ **ग्राम्यधर्म**—*पु॰* = सम्भोग। ✣ **ग्राम्य पशु**—*पु॰* = पालतू जानवर। ✣ **ग्राम्य सुख**—*पु॰* = सम्भोग।

ग्राम्या—[सं॰ ग्राम्य + टाप्] *वि॰* (*स्त्री॰*), *स्त्री॰* १. ग्राम में रहनेवाली। २. गँवार स्त्री।

***ग्राव**—*पु॰* ≤ *सं॰* ग्रावा।

ग्रावा—[सं॰ ग्रावन्] *पु॰* १. पत्थर। चट्टान। २. पर्वत। पहाड़। ३. मेघ। बादल। ४. ओला। *वि॰* कठोर। कड़ा। सख़्त।

ग्रास—[सं॰ √ग्रस् + घञ्] *पु॰* १. ग्रसने की क्रिया/भाव। ग्रसन। २. कौर खाने की क्रिया/भाव। ३. एक बार मुँह में डाला जाने वाला भोजन। कौर। निवाला। ४. चन्द्रमा या सूर्य का ग्रहण में ग्रसा हुआ भाग। ***जैसे***—सर्वग्रास।

ग्राह—[सं॰ √ग्रह् + ण] *वि॰* १. पकड़नेवाला। २. ग्रहण/प्राप्त करनेवाला। *पु॰* घड़ियाल। मगर।

ग्राहक—[सं॰ √ग्रह् + ण्वुल्] *वि॰* ग्रहण करनेवाला। प्राप्त करनेवाला। लेनेवाला। ***जैसे***—प्राणों का ग्राहक डाकू। *पु॰* १. ग्रहण करनेवाला व्यक्ति। लेनेवाला व्यक्ति। २. मूल्य देकर वस्तु लेनेवाला। ख़रीददार। ख़रीदार। (पत्र॰) किसी पत्र-पत्रिका के अंकों को किसी अवधि में खरीदनेवाला या उसके लिए चन्दा भेजनेवाला।

ग्राहित्र—[< हि॰ ग्राहना] पु॰ १. प्रेषक यन्त्र द्वारा भेजे गए सन्देशों को ग्रहण करनेवाला उपकरण। २. दूरभाष का चोंगा। (अं॰ रिसीवर)।

ग्राही—[सं॰ ग्राहिन्] *वि॰* ग्रहण/स्वीकार करनेवाला। पाने/लेने वाला। ***जैसे***—गुणग्राही; पुरस्कारग्राही। पु॰ पाने/लेनेवाला व्यक्ति। प्राप्तिकर्ता। (विधि॰) किसी सम्पत्ति/जायदाद का प्रबन्ध करने के लिए न्यायालय द्वारा नियुक्त व्यक्ति। (भौतिकी॰) कहीं से भेजी गयी विद्युत्तरंगों, संकेतों आदि को ग्रहण करने और उन्हें ध्वनि/प्रकाश में परिवर्तित कर देने वाला यंत्र। (अं॰ रिसीवर) ✣ **ग्राहीद्रव्य**—*पु॰* = (आयुर्वेद॰) वह पदार्थ जो शरीर में अधपके को पकाए, जठराग्नि को बढ़ाए तथा उष्ण गुण होने के कारण शरीरस्थ मल को सुखा दे। ***जैसे***—सोंठ, जीरा आदि ग्राही द्रव्य हैं।

ग्राह्य (ग्राह्य)—[सं॰ √ग्रह् + ण्यत्] *वि॰* १. जिसे ग्रहण किया जाना हो। २. ग्रहण किए जाने योग्य। ३. जिसे प्राप्त किया जा सकता हो। जिसे लिया जा सकता हो। ४. जो प्राप्त करने या लेने योग्य हो। ५. मानने योग्य। स्वीकार्य। मान्य। ६. जिसे इन्द्रियों द्वारा ग्रहण किया जा सकता हो। जिसे देखा, सुना आदि जा सकता हो। ∇ **विलोम**—अग्राह्य/त्याज्य।

ग्रिनेड—[अं॰] *पु॰* हाथ से फेंका जानेवाला बारूदी गोला। हथगोला।

***ग्रिहम**—[< सं॰ ग्रीष्म] *पु॰* ग्रीष्म (ऋतु)।

***ग्रिही**—*वि॰, पु॰* ≤ *सं॰* गृही। गृहस्थ।

ग्रीक—[अं॰] *वि॰* १. यूनान देश का। यूनानी। *पु॰* १. यूनान देश का निवासी। यूनानी व्यक्ति। २. यूनान देश की भाषा। यूनानी।

***ग्रीक चर्च**—[अं॰] *पु॰* ईसाई सम्प्रदाय की यूनानी शाखा जो नवीं शती में रोम के कैथोलिक सम्प्रदाय से अलग हो गयी थी।

ग्रीज़—[अं॰] *स्त्री॰* १. चिकनाई। २. तेल। ३. चर्बी। ४. चिकनी वस्तु।

ग्रीव—*स्त्री॰* ≤ *सं॰* ग्रीवा।

ग्रीवा—[सं॰ √गृ + वन्, नि॰] *स्त्री॰* १. शरीर का वह भाग जो सिर और धड़ को जोड़ता है। गर्दन। २. गर्दन का निचला भाग। गला।

ग्रीवाहर—[सं॰ ग्रीवा ~ हर] *वि॰* गर्दन काटनेवाला। ***जैसे***—ग्रीवाहर तलवार।

ग्रीवी—[सं॰ ग्रीविन्] *वि॰* १. गर्दनवाला। २. लम्बी गर्दन वाला। *पु॰* उष्ट्र। ऊँट।

ग्रीष्म—[सं॰ √ग्रस् + मक्, नि॰] *पु॰* १. वह ऋतु जिसमें गर्मी अधिक पड़ती है। ज्येष्ठ और आषाढ़ महीनों के दिन। २. ताप। गर्मी।

ग्रीष्मार्त—[सं॰ ग्रीष्म ~ आर्त] *वि॰* गरमी से पीड़ित। ***जैसे***—ग्रीष्मार्त पशु।

ग्रीस—[अं॰] *पु॰* यूनान देश।

ग्रे—[अं॰] *वि॰* स्लेटी रंग का। राख के रंग का। धूसर। *पु॰* स्लेटी रंग। धूसर वर्ण।

ग्रेड—[अं॰] *पु॰* स्तर/कोटि अथवा वर्ग/श्रेणी। ***जैसे***—परीक्षा में प्रथम ग्रेड प्राप्त विद्यार्थी।

ग्रेन—[अं॰] *पु॰* मात्रा की एक पाश्चात्य तौल जो लगभग आधी रत्ती के बराबर होती है।

ग्रेनाइट—[अं॰] *पु॰* एक तरह की खुरदरी, कड़ी और भूरी चट्टान।

ग्रैवेय—[सं॰ ग्रीवा + अण्] *वि॰* गर्दन-सम्बन्धी। गर्दन का। *पु॰* गले में पहनने की वस्तु (पट्टा, हार इत्यादि)।

ग्रैवेयक—[सं॰ ग्रीवा + ढकञ्] *पु॰* १. गले में पहनने की वस्तु। २. (हार, माला, इत्यादि) गले का आभूषण। ३. हाथी के गले की ज़ंजीर।

ग्रैष्म—[ग्रीष्म + अण्] *वि॰* १. ग्रीष्म-सम्बन्धी। ग्रीष्म का। २. गर्मी की ऋतु में होनेवाला। ***जैसे***—ग्रैष्म रोग। ३. गर्मी की ऋतु में बोया जाने वाला। ४. गर्मी की ऋतु में चुकाया जाने योग्य। ***जैसे***—ग्रैष्म ऋण।

ग्रैष्मक/ग्रैष्मिक—[सं॰ ग्रीष्म + वुञ्/ठञ्] *वि॰* ग्रैष्म।

ग्लाइडर—[अं॰] *पु॰* बिना इंजन का हवाई जहाज़।

ग्लान—[सं॰ ग्लै + क्त] *वि॰* १. ग्लानियुक्त। खिन्न। २. थका हुआ। श्रान्त। ३. रोगी। बीमार।

ग्लानि—[सं॰ √ग्लै + क्तिन्] *स्त्री॰* १. दु:ख और मनस्ताप से उत्पन्न शारीरिक या मानसिक शिथिलता। हर्ष के अभाव और अवसाद के कारण उत्साहहीनता की अवस्था। २. अरुचि। ३. ह्रास। कमी। ४. लज्जा। ५. मानसिक खेद। (काव्य॰) एक संचारी भाव जिसके अनुभाव शिथिलता, निर्बलता आदि हैं। ***वा॰* ग्लानि से गलना**—अति ग्लानि अनुभव करना। ✣ ***ग्लानी**—*स्त्री॰* = ग्लानि।

ग्लिसरीन—[अं॰] *स्त्री॰* एक रंगहीन मधुर गाढ़ा द्रव जो औषधोपयोगी होता है तथा विस्फोटक बनाने में काम आता है। ● **विशेष**—यह वसा और कुछ तेलों से प्राप्त होता है। इसे '**ग्लिसराल**' भी कहते हैं।

ग्लूकोज़—[अं॰] *पु॰* अंगूर की शकर। द्राक्षा-शर्करा।

ग्लेज़्ड—[अं॰] *वि॰* १. चिकना और चमकदार (काग़ज़) २. चमकीला और मुद्रण-उपयोगी (काग़ज़)। ३. चमकदार (छपाई)।

ग्लेशियर—[अं॰] *पु॰* धीरे-धीरे सरकनेवाला हिम-समूह। हिमनदी। हिमानी।

ग्लोब—[अं॰] *पु॰* पृथ्वी का गोलाकार मानचित्र। भूमंडल की आकृति और मानचित्र वाला एक उपकरण।

***ग्वाड़ा**—[< सं॰ गोष्ठ] *पु॰* १. गाय बाँधने का स्थान। गोष्ठ। गोशाला। २. घेरा। बाड़ा।

***ग्वार**—*पु॰* ≤ *हि॰* ग्वाल। ग्वाला। अहीर।

ग्वारपाठा—[देशज] *पु॰* एक औषधोपयोगी वनस्पति जिसके क्षुपों में मोटे और लम्बे पत्ते ही होते हैं जिनका गूदा सफ़ेद रंग का और घी की तरह चिकना होता है। घीकुवार। घीगुवार। ● **विशेष**—इसमें लाल फूल आते हैं। आयुर्वेद में इसके नाम 'घृतकुमारी', 'कुमारी' आदि हैं।

***ग्वारी**—[< हि॰ ग्वार] *स्त्री॰* ग्वालिन। अहीरनी।

ग्वाल—[< प्रा॰ गोवाल < सं॰ गोपाल] *पु॰* गोप। अहीर। ग्वाला।

ग्वैड़े—दे॰ ग्वैंड़े।

***ग्वैंठना (ग्वैंठना)**—[< हि॰ ऐंठना] *क्रिस॰* १. ऐंठना। मरोड़ना। २. टेढ़ा करना। ✣**ग्वैंठा (ग्वैंठा)**—*वि॰* = ऐंठा हुआ। टेढ़ा। ✣ **ग्वैंठी (ग्वैंठी)**—*वि॰* (*स्त्री॰*) १. ऐंठी हुई। २. टेढ़ी।

ग्वैंड़ा (ग्वैंड़ा)—[< सं॰ गोमुण्ड] *पु॰* १. ग्राम के निकट के खेत। गोइँड़ा। २. ग्राम की सीमा। ३. सीमा या आसपास। *वि॰* गाँव के समीपस्थ (स्थान)। ✣ **ग्वैंड़े (ग्वैंड़े)**—*क्रिवि॰* = १. ग्राम के आसपास। २. समीप। निकट।

घ

देवनागरी वर्णमाला में कवर्ग का चौथा व्यंजन। (भाषा विज्ञान की दृष्टि से) 'घ्' व्यंजन स्पर्श, कंठ्य, घोष और महाप्राण है। इसका अल्पप्राण रूप 'ग्' है। ● **विशेष—१.** 'घ्' के बाद आनेवाले व्यंजनों 'न, य, र' से बननेवाले संयुक्त रूप ध्यान देने योग्य हैं—क्रमशः 'घ्न', 'घ्य', 'घ्र' (विघ्न, शत्रुघ्न, श्लाघ्य, व्याघ्र, शीघ्र)। **२.** 'घ' से पहले आनेवाले 'र्' का संयुक्त रूप, शिरोरेखा के ऊपर, 'रेफ' के रूप में होता है (दीर्घ, दीर्घा, दीर्घिका)। **३.** कवर्ग का पंचम वर्ण अर्थात् नासिक्य व्यंजन 'ङ्', बाद में आनेवाले 'घ' से मिलकर, **'ङ्घ'** रूप ग्रहण करता है (सङ्घ, कङ्घा, कङ्घी) परन्तु मुद्रण आदि की सुविधा के लिए 'ङ्' के स्थान पर शिरोरेखा के ऊपर अनुनासिक की बिन्दी के समान बिन्दी लगाकर लिखना अधिक प्रचलित है (संघ, कंघा, कंघी); परन्तु, 'बिन्दी' से अनुनासिक-चिह्न का भ्रम हो सकता है।

घ—[सं॰ √घट् + ड] *पु॰* १. घंटा। २. घर्घर (शब्द)। ३. बादलों का समूह। मेघमाला। घटा। ● **विशेष**—संस्कृत में 'घ' प्रत्यय के रूप में भी प्रयुक्त होता है। संज्ञा शब्द के अन्त में जुड़ने पर उसका विशेषण रूप बनता है जो 'हत्या करनेवाला' या 'मारनेवाला' अर्थ देता है। ***जैसे***—राजघ (= राजा को मारनेवाला)।

†घइया—[ब्रज॰] *पु॰* ताज़े दूध से निकाला गया मक्खन।

***घई**—[ब्रज॰] *स्त्री॰* १. (गहरे जल का) भँवर। आवर्त। २. टेक। थूनी। *वि॰* बहुत गहरा। अथाह।

†घउकना—[अवधी, ‹ सं॰ घोष] *क्रिस॰* १. ज़ोर से डाँटना। २. डराना।

घकार—[सं॰ √घट् + कार] *स्त्री॰* घ वर्ण या उसकी ध्वनि ***जैसे***—'विघ्न', 'घोड़ा' और 'सघन' में घकार है, 'विराग' में नहीं।

†घग्घर—[अनु॰] १. भय आदि के कारण गले से निकली 'घि-घि' जैसी आवाज़। २. उक्त आवाज़ निकलते समय व्यक्ति की स्थिति। घिग्घी बँधने की स्थिति।

घघरबेल—[सं॰ गरागरी] *स्त्री॰* वर्षा ऋतु के आरम्भ में होनेवाली एक लता जिसके फूल सफ़ेद और लाल रंग के होते हैं तथा पाँच पंखुड़ियों वाले होते हैं। ● **विशेष**—'घघरबेल' विषनाशक होने से संस्कृत में 'गरागरी' (गर = विष) कही जाती है।

†घघरा—[ब्रज॰ ‹ हि॰ घन + घेरा] *पु॰* स्त्रियों का कमर से पहनने का एक वस्त्र जो चुन्नटोंवाला, बड़े घेरे का और एड़ी से कुछ ऊपर तक की लम्बाई वाला होता है। लहँगा। घाघरा। ✣ **घघरिया/घघरी**—*स्त्री॰* = छोटा घाघरा।

घट[1]—[सं॰ √घट् + अच्] *पु॰* १. पानी रखने का मिट्टी का पात्र। कलश। घड़ा। २. (लाक्षणिक) देह। शरीर। ३. (लाक्षणिक) मन। हृदय। ● **विशेष**—मांगलिक अवसरों पर जल से भरे कलश या घड़े को **'मंगलघट'** कहा जाता है।

घट[2]—[‹ हि॰ घाट] *पु॰* (नदी का) घाट। ***जैसे***—औघट घट।

घट[3]—[‹ हि॰ घटना (= कम होना)] *स्त्री॰* कमी। घाटा। ***जैसे***—हिसाब में घट-बढ़ हो, तो बताना। ***वा॰* घट-घट में बसना/समाना**—सर्वत्र व्याप्त होना। सर्वव्यापी होना। **घट-पट करना**—दार्शनिक (न्याय, वेदान्त आदि की) चर्चा या शास्त्रार्थ करना। **घट में बसना/बैठना**—१. मन में जमना। २. शरीर में रहना।

घटक—[सं॰ √घट् + णिच् + ण्वुल्] *वि॰* १. प्रयत्न करनेवाला। प्रयत्नशील। २. सम्पन्न करनेवाला। ३. मौलिक। ४. प्रमुख। प्रधान। ५. वास्तविक। ६. किसी घटना को प्रस्तुत करनेवाला या किसी बात को घटित करनेवाला (व्यक्ति/वस्तु)। *पु॰* १. विवाह-सम्बन्ध या सगाई करानेवाला। मध्यस्थ व्यक्ति। बिचौलिया। २. वंशावली जाननेवाला व्यक्ति। ३. अंग या इकाई। ***जैसे***—राष्ट्र के हर घटक को देशभक्त होना चाहिए। ४. ब्राह्मणों का एक प्रकार। (कोश॰) किसी संरचना के निर्माता अंगों में से प्रत्येक। ✣ **घटक विश्लेषण**—*पु॰* (कोश॰) अर्थ-घटकों के आधार पर शब्दों का विश्लेषण जिसमें विशिष्ट अर्थ-घटकों के आधार पर शब्दों की परस्पर अर्थगत भिन्नता प्रदर्शित की जाए।

***घटकना**—[‹ हि॰ घुटकना] *क्रिस॰* गटकना। निगलना।

***घटकर्ण**—[सं॰ घट ~ कर्ण] *पु॰* (रावण का भाई) कुम्भकर्ण।

घटकर्पर/घटखर्पर—[सं॰ घट ~ कर्पर/खर्पर] *पु॰* टूटे घड़े का नीचे का भाग। ठीकरा। ● **विशेष**—सम्राट् विक्रमादित्य की सभा के नवरत्नों में से एक जो श्रेष्ठ कवि थे।

घटका[1]—[‹ सं॰ घटक (= शरीर)] *पु॰* साँस की वह स्थिति जिसमें वह रुक-रुककर और घर्र-घर्र ध्वनि करती हुई चले। कंठावरोध। ***जैसे***—मरने से पहले कुछ देर घटका चला।

†घटका[2]—*स्त्री॰* ≤ *सं॰* घटिका। (समय-सूचक यन्त्र) घड़ी।

घटकार—[सं॰ घट + कार] *पु॰* कुम्भकार। कुम्हार।

***घट-घाट**—[‹ हि॰ घटना (= कम होना) + घाटा] *वि॰* (किसी की अपेक्षा) थोड़ा कम या घटकर।

घटज/घटजात—[सं॰ घट + ज/जात] *वि॰* घट से उत्पन्न। *पु॰* अगस्त्य (ऋषि)।

घटत—[< हि॰ घटना (= कम होना)] *स्त्री॰* १. कमी। ***जैसे***—दुकानदारी में बढ़त अच्छी, घटत बुरी। २. अवनति। **विलोम**—बढ़त।

घटन—[स॰ √घट् + ल्युट्] *पु॰* १. होना। २. बनाए या गढ़े जाने की क्रिया/भाव। बनत। गढ़त। गढ़न। गठन। ३. मिलाना। जोड़ना। ४. किसी घटना के होने की क्रिया/भाव। ५. बनाने/गढ़नेवाला व्यक्ति।

***घटनि**—[< स॰ घटा] *स्त्री॰* बादलों की घटाएँ। मेघमालाएँ।

घटयोनि—[स॰ घट ~ योनि] *पु॰* (घट/कुम्भ से उत्पन्न) अगस्त्य (ऋषि)।

घटवाई[१]—[< स॰ घट] *पु॰* (नदी के) घाट का कर/महसूल लेनेवाला अधिकारी। घटवार। २. घाट का कर/महसूल। ३. बाधा/रुकावट डालनेवाला।

घटवाई[२]—[< हि॰ घटवाना] *स्त्री॰* कम कराने की क्रिया/भाव/परिश्रमिक।

घट-वादन—[स॰] *पु॰* (संगीत॰) मिट्टी के घड़े को औंधा कर तबले की तरह बजाने की क्रिया या कला।

†घटवार—[< हि॰ घाट वाला] *पु॰* १. (नदी के) घाट वाला। घाट का स्वामी। घाटिया। २. घाट पर बैठकर स्नान करनेवालों से दान लेनेवाला ब्राह्मण। घाट का पंडा। घाटिया। ३. घाट का कर/महसूल लेनेवाला अधिकारी। ४. (घाट का) केवट। मल्लाह। ५. घाट का देवता। ✣ **घटवारिया/घटवाल/घटवालिया**—*पु॰* घटवार।

घटवाह—[< स॰ घाट + हि॰ वाह] *पु॰* (नदी के) घाट का ठेकेदार। घटवाई। घटवार। ✣ **घटवाही**—*स्त्री॰* नदी के घाट का ठेकेदार द्वारा लिया जानेवाला कर। महसूल।

घटसम्भव (घटसंभव)—[स॰ घट ~ सम्भव] *पु॰* (घट से उत्पन्न) अगस्त्य (ऋषि)।

घटस्थापन—[स॰ घट ~ स्थापन] *पु॰* मांगलिक कार्य या पूजन आदि से पहले जल से भरा घड़ा स्थापित करना। कलश-स्थापन।

†घटहा—[< स॰ घाट] *पु॰* १. (नदी के) घाट का ठेकेदार। घटवार। २. घाट का स्वामी/मालिक। ✣ **घटही**—*स्त्री॰* = घाट की ठेकेदार स्त्री या मालकिन।

घटा[१]—[स॰ √घट् + अङ् + टाप्] *स्त्री॰* १. (घने काले) बादलों का समूह। छाए हुए या उमड़ते हुए बादल। मेघमाला। २. राशि। ढेर। ३. समूह। झुंड। ***जैसे***—गज-घटा। ४. नगर के सब मन्दिरों में एक ही प्रकार के रंग के वस्त्रों और फूलों वाली विशेष सजावट।

घटाकाश—[स॰ घट ~ आकाश] *पु॰* (भा॰ दर्शन) आकाश का वह अंश जो घड़े के अन्दर होता है। घड़े के भीतर का ख़ाली भाग।

घटाटोप—[स॰ घट ~ आटोप] १. बादलों का घना समूह जो चारों ओर से घेरे हो। घोर घटाएँ। २. चारों ओर से घेर लेनेवाला समूह। *वि॰* चारों ओर से पूर्णत: घिरा हुआ। ✣ **घटाटोप अन्धकार (अंधकार)**—*पु॰* = १. घटाएँ घिरने के कारण होनेवाला गहरा अँधेरा। २. उक्त के अतिरिक्त किसी अन्य कारण से चारों तरफ़ छाया हुआ गहरा अँधेरा। ***जैसे***—घने जंगल में घटाटोप अन्धकार था।

घटाडम्बर (घटाडंबर)—[स॰ घटा ~ आडम्बर] १. काले बादलों का गर्जन। २. (बादलों की) घटाओं का समूह। ३. विशाल समूह।

***घटारोह**—[< स॰ घाट ~ रोध] *पु॰* घाटबन्दी।

***घटि**—[< हि॰ घटना] *वि॰* १. कम। *क्रिवि॰* २. घटकर। तुलनात्मक रूप से हीन। घटिया। ३. कम होकर। ४. तुच्छ। नीच। *स्त्री॰* घटी। कमी। ● **विशेष**—रात्रि घटि गयी (= रात्रि ढल गयी)।

घटिका—[स॰ घटी + कन् + टाप्, ह्रस्व] *स्त्री॰* १. छोटा घट/घड़ा। गगरी। २. समय मापने का एक प्राचीन उपकरण। ३. समय की एक प्राचीन इकाई। घटी। (दे॰) ● **विशेष**—अवधान (स्मरण-शक्ति की विद्या/कला) में कुशल व्यक्ति को, जो एक घटिका/घड़ी (२४ मिनट) में बहुत प्रकार के स्मृति-सम्बन्धी काम कर सकता है, **'घटिकावधानी'** कहा जाता है। जो एक घड़ी-भर में १०० पद्य/श्लोक बना सकता है, उसे **'घटिकाशतक'** कहा जाता है।

घटिया—*वि॰* १. निम्नस्तरीय। ख़राब। ***जैसे***—घटिया मकान। २. तुलना में सस्ता। ३. तुच्छ। नीच। ***जैसे***—घटिया आदमी। ∇ **विलोम**—बढ़िया। ✣ **घटिया माल**—*पु॰* = घटिया स्तर की वस्तुएँ। निम्नस्तरीय वस्तुएँ।

घटी[१]—[स॰ घट + ङीष्] *स्त्री॰* १. छोटा घट/घड़ा। गगरी। २. प्राचीनकाल में समय मापने का एक जल-यन्त्र। जलघड़ी। ३. भारतीय कालगणना में समय की एक प्राचीन इकाई। दिन-रात के समय का साठवाँ भाग। २४ मिनट का समय। घड़ी। Δ **पर्याय**—घटिका/घड़ी। ● **विशेष**—एक घटी/घड़ी के साठवें भाग को **'पल'** कहते हैं और एक पल के साठवें भाग को **'विपल'**। **१ पल = २४ सेकंड। १ विपल = २/५ सेकंड।**

घटी[२]—[< हि॰ घटना[३]] *स्त्री॰* १. हानि। घाटा। २. कमी।

घटोद्भव—[स॰ घट ~ उद्भव] *वि॰* घट से उत्पन्न। *पु॰* अगस्त्य (ऋषि)।

घट्ट—[स॰ √घट्ट + घञ्] *पु॰* १. नदी/तालाब पर स्नान करने का स्थान/घाट। २. नदी/तालाब का तट। ३. जमाव। ४. समूह। जत्था। ***जैसे***—गज-घटा।

घट्टन—[स॰ √घट्ट + ल्युट्] *पु॰* १. चलाना। हिलाना-डुलाना। २. घोटने का भाव/क्रिया। घुटाई। ३. संघटन।

घट्टना[१]—[< स॰ घट्टन] *क्रिस॰* १. हिलाना-डुलाना। चलाना। २. रगड़ना। मलना।

घट्टना[२]—[स॰ √घट्ट + युच् + टाप्] *स्त्री॰* १. चालन। हिलाना-डुलाना। २. रगड़।

घट्टा—[< स॰ घट्ट] १. घट्टा। (दे॰)। २. नदी आदि का घाट। ३. जमाव। ४. समूह। जत्था। ***जैसे***—हय-घट्टा।

घट्टित—[स॰ √घट्ट + क्त] *वि॰* रगड़ा हुआ। घिसा हुआ। घृष्ट। ***जैसे***—घट्टित होने पर चन्दन अधिक सुगन्ध देता है।

†घट्ठ—[राजस्थ॰ < स॰ घट्ट] *पु॰* परामर्श आदि के लिए होनेवाला

एकत्रीकरण। गोष्ठी।

घट्ठा—[< सं॰ घट्ट] *पु॰* रगड़ लगने से शरीर के किसी भाग पर बननेवाला कड़ा निशान। घट्टा।

***घड़**[1]—[राजस्थ॰, < सं॰ घटा] *स्त्री॰* १. सेना। २. मेघ/बादल या घटा। ३. समूह।

***घड़**[2]—[राजस्थ॰ < सं॰ घट] *पु॰* १. घड़ा। २. शरीर। देह।

घड़न—[< सं॰ घटन] *स्त्री॰* गढ़ने की क्रिया/भाव या विधि/प्रकार। गढ़न।

घड़नई—[< हि॰ घड़ा + नैया (= नाव)] *स्त्री॰* बाँस के ढाँचे में घड़ों को बाँधकर बनायी हुई एक प्रकार की कामचलाऊ नाव। ● **विशेष**—घड़नई से प्राय: छोटे नदी-नाले पार किए जाते हैं।

घड़ना—[< हि॰ घड़न] *क्रिस॰* बनाना। गढ़ना।

घड़ा—[< सं॰ घट] *पु॰* पानी भरने के काम आने वाला मिट्टी का एक पात्र। कलश। गागर। ● **विशेष**—बड़ा घड़ा '**मटका**' कहलाता है। छोटे घड़े को '**गगरी/कलसी/ठिलिया**' कहा जाता है। ***वा॰*** **घड़ों नशा चढ़ना**—गहरा प्रभाव होना। **घड़ों पानी पड़ जाना**—बहुत लज्जित होना। **चिकना घड़ा होना**—ऐसा व्यक्ति होना जिसपर कहने-सुनने का कोई प्रभाव न हो। बहुत निर्लज्ज होना।

घड़ाना—[< हि॰ 'घड़ना' का प्रेरणा॰] *क्रिस॰* गढ़ाना।

घड़ियाल[1]—[< सं॰ ग्राह] *पु॰* एक भीषण और बड़े आकार का जल-जन्तु। ग्राह। मकर। मगर। मगरमच्छ।

घड़ियाल[2]—[< प्रा॰ घडीआलय < सं॰ घटिकालय] १. घंटा बजाने का स्थान। मन्दिर। २. बड़ा घंटा। ३. (प्राचीन काल में) समय की सूचना के लिए बजाया जाने वाला बड़ा घंटा।

घड़ी—[< सं॰ घटी] *स्त्री॰* १. प्राचीन भारतीय कालगणना में समय की एक इकाई। एक दिन-रात का साठवाँ भाग। ६० पल या २४ मिनट का समय। घटी। २. (आधुनिक काल में) समय-सूचक यंत्र जो घंटे, मिनट आदि में समय बताता है। ३. (लाक्षणिक) समय। काल। वक़्त। ***वा॰*** **घड़ी/घड़ियाँ गिनना**—१. उत्कंठापूर्वक प्रतीक्षा करना। २. मृत्यु के बहुत समीप होना। मरणासन्न होना। **घड़ी टलना**—निश्चित किया गया समय बीत जाना। **घड़ी तोला घड़ी माशा करना**—थोड़ी-थोड़ी देर में विचार बदलना। **घड़ी में घड़ियाल होना**—परिस्थिति बदलने में देर न लगना। **कुछ घड़ी का मेहमान होना**—मरणासन्न अवस्था में होना। ✣ **घड़ी-घड़ी**—*क्रिवि॰* = १. थोड़ी-थोड़ी देर बाद। २. बार-बार। ✣ **घड़ी-पहर**—*पु॰* = थोड़ी देर। ✣ **घड़ी-भर**—*क्रिवि॰* = १. एक घड़ी बीतने तक। २. थोड़ी देर।

घड़ीसाज़—[हि॰ घड़ी + फा॰ साज़] *पु॰* घड़ी की मरम्मत करनेवाला। ✣ **घड़ीसाज़ी**—*स्त्री॰* = घड़ी की मरम्मत करने का व्यवसाय।

घड़ौंचा (घडौंचा)—[< हि॰ घड़ा] *पु॰* १. तिपाई जिस पर पानी का घड़ा आदि रखा जाता है। २. जल से भरे घड़े/घड़ों को रखने की तिपाई या स्थान विशेष। ✣ **घड़ौंची (घडौंची)**—*स्त्री॰*।

***घण**—[< सं॰ घन] *पु॰* घन। *वि॰* घना।

***घणा/घणो**—[< हि॰ घना] *वि॰* १. सघन। घना। २. बहुत। ✣ **घणी**—*वि॰ (स्त्री॰)* = १. घनी। (दे॰ सघना)। २. बहुत।

घणेरा**—[< हि॰ घणा] *वि॰* घना। ***जैसे—घणेरा ताप। ✣ **घणेरी**—*वि॰ (स्त्री॰)*।

†**घण्ट (घंट)**—[< सं॰ घट] *पु॰* किसी के मरने पर बाहर किसी वृक्ष पर लटकाया जाने वाला घड़ा जिसमें प्रतिदिन पानी भरते हैं और दसवें दिन फोड़ते हैं।

घण्टाघर (घंटाघर)—[सं॰ घण्टा + हि॰ घर] *पु॰* वह ऊँची मीनार जिस पर लगी घड़ी बहुत दूर से दिखती है और घड़ी के घंटे बजने पर दूर तक सुने जाते हैं। ● **विशेष**—कुछ घण्टाघरों में चारों ओर घड़ियाँ लगी होती हैं, कुछ में दो ओर और कुछ में एक ओर।

घण्टानाद/घण्टारव (घंटानाद/घंटारव)—[सं॰ घण्टा ~ नाद/रव] *पु॰* घंटा बजने की ध्वनि।

घण्टाशीर्ष (घंटाशीर्ष)—[सं॰ घण्टा ~ शीर्ष] *पु॰* (स्था॰) स्तम्भ का वह ऊपरी कलात्मक भाग जो घंटे के आकार का होता है।

घण्टिका (घंटिका)—[सं॰ घण्टा + कन् + टाप्, इत्व] *स्त्री॰* १. छोटी घंटी। २. घुँघरू। ३. (गले की) घाँटी। कौआ। अलिजिह्वा। ४. पीतल आदि की बनी लुटिया (छोटा लोटा)।

घण्टियार (घंटियार)—[< हि॰ घण्टी] *पु॰* एक पशु-रोग जिसमें गले में हो जानेवाले काँटों के कारण पशु कुछ खा नहीं पाता।

घतिया—[< सं॰ घाती] *वि॰* १. धोखा देनेवाला। विश्वासघाती। धोखेबाज़। २. घाती।

घत्ता—[अप॰] *पु॰* (छन्द॰) एक मात्रिक अर्धसम छन्द जो दो पंक्तियों में लिखा जाता है और जिसके चार चरणों में क्रमश: १८, १३, १८, १३ मात्राएँ होती हैं और द्वितीय तथा चतुर्थ चरणों के ३ वर्ण लघु होते हैं।

घत्तानन्द (घत्तानंद)—[सं॰ घत्ता ~ सं॰ आनन्द] *पु॰* (छन्द॰) एक मात्रिक छन्द जो दो पंक्तियों में लिखा जाता है और प्रत्येक पंक्ति में ३१ मात्राएँ होती हैं तथा क्रमश: ११, ७, १३ मात्राओं पर यति होती है।

घन—[सं॰ √हन् + अप्, ह→घ] *पु॰* १. मेघ। बादल। ***जैसे***—घनों में भरा जल। २. वर्षा। ३. लोहा। ४. (लुहार का) बड़ा हथौड़ा (जिससे वह लोहा पीटता है)। ५. समूह। झुंड। ६. कपूर या अभ्रक। ७. श्लेष्मा। कफ। ८. झाँझ। मजीरा। ९. बड़ा घंटा। घड़ियाल। १०. पदार्थ का एक रूप जो द्रव और गैस से भिन्न होता है। ठोस। ११. मार डालने वाला (व्यक्ति)। डाकू। ***जैसे***—घनघेरा। (गणित॰) १. किसी संख्या या राशि को उसी से दो बार गुणा करने पर प्राप्त संख्या। ***जैसे***—४ का घन = ४ × ४ × ४ [● **विशेष**—घन को घातांक ३ से व्यक्त कर सकते हैं। ***जैसे***—४ का घन या $४^३$ कहना एक ही बात है।] २. त्रिआयामी या ठोस पदार्थ जिसके ६ समतल फलक समान आकार वाले वर्ग होते हैं। समान लम्बाई, चौड़ाई और ऊँचाई/मोटाई का पदार्थ। *वि॰* १. अभेद्य। घना। ***जैसे***—घन नीहार घन वन। २. गाढ़ा। ३. ठस। ठोस। ४. पुंजीभूत। ५.

मूर्त। साकार। ६. दृढ़। पक्का। ७. पूर्ण। ८. अधिक। बहुत। ९. जो द्रव या गैस हो। ठोस। (गणित॰) आयतनात्मक माप का सूचक। *जैसे*—४० घन मीटर। ***वा॰* घन की चोट**—भीषण आघात। ✣ ***घनक**—*स्त्री॰* = १. गर्जन। गड़गड़ाहट। *जैसे*—बादलों की घनक। २. प्रहार। आघात। चोट। ✣ **घनकना**—*क्रिअ॰* = १. ज़ोर की आवाज़ करना। २. गरजना। *क्रिस॰* प्रहार करना। चोट करना। ✣ ***घनकारा**—*वि॰* = ऊँची आवाज़ करनेवाला। गरजनेवाला।

घनकोण—[स॰ घन ~ कोण] *पु॰* (गणित॰) शंकु या उसके समान किसी ठोस आकृति के शीर्ष पर बना हुआ सम्पूर्ण कोण। (अ॰ सालिड ऐंगल)।

घनकोदण्ड (घनकोदंड)—[स॰ घन ~ को दण्ड] *पु॰* इन्द्रधनुष।

घनघटा—[स॰ घन ~ घटा] *स्त्री॰* १. बादलों का समूह। २. गहरी काली घटा।

घनगरज—[स॰ घन ~ गर्जन] *पु॰* १. बादल के गरजने की आवाज़। २. एक छोटा पौधा जो कुकुरमुत्ता की तरह होता है और सब्ज़ी के रूप में खाया जाता है।

घन-घेरा—[< स॰ घन + हि॰ घेरना] *पु॰* १. बादलों का घेरा। २. डाकुओं आदि मार डालने वालों का घेरा।

घनघोर—[स॰ घन + घोर] *वि॰* १. बहुत अधिक। *जैसे*—घनघोर वर्षा। २. बहुत घना। सघन। *जैसे*—घनघोर जंगल। ३. काला और घना (बादल)। ४. भीषण। *जैसे*—घनघोर युद्ध।

घनता—[स॰ घन + तल् + टाप्] *स्त्री॰* १. घना होने की अवस्था/भाव। घनत्व। घनापन। २. पदार्थ की वह अवस्था जिसमें वह द्रव या गैस न हो। ३. दृढ़ता। मज़बूती। [गणित॰] (किसी वस्तु का) त्रिविम (तीन विमों वाला) होने का गुण/अवस्था/भाव। त्रिविमत्व।

घनताल—[स॰ घन ~ ताल] *पु॰* करताल के समान एक बड़ा वाद्य। ● **विशेष**—चातक पक्षी को संस्कृत में '**घनताल/घनतोल**' भी कहते हैं और सारंग पक्षी को भी 'घनताल' कहा जाता है।

घनत्व—[स॰ घन + त्व] *पु॰* घनता। घनापन। *जैसे*—जनसंख्या का घनत्व। (भौतिकी॰) इकाई आयतन की संहति। किसी पदार्थ की संहति और आयतन का अनुपात। (अ॰ डेन्सिटी) ● **विशेष**—किसी पुस्तक आदि के घनत्व का अर्थ है—'समाविष्ट विचारों और जानकारी की अधिकता'।

घनन-घनन—[अनु॰] *पु॰* युद्ध के समय बजाए जाने वाले बाजों की ध्वनि। *जैसे*—रणभेरी घनन-घनन बज उठी।

***घननाना**—[< हि॰ घनन-घनन] *क्रिअ॰* (घंटा) घनघनाना। (घंटा) बजना।

घनपति—[स॰ घन ~ पति] *पु॰* बादलों का स्वामी। मेघराज। इन्द्र (देवता)।

घनप्रिय—[स॰ घन ~ प्रिय] *वि॰* १. जिसे बादल प्रिय हों (मोर आदि)। २. जो बादलों को प्रिय हो। *पु॰* १. मयूर। मोर। २. मोरशिखा नामक घास।

घनफल—[स॰ घन ~ फल] *पु॰* (गणित॰) १. किसी संख्या को उसी संख्या से दो बार गुणा करने से प्राप्त गुणनफल। *जैसे*—५ का घनफल ५ × ५ × ५ अर्थात् १२५ है। २. (किसी वस्तु का) आयतन।

***घनबान**—[< स॰ घन ~ बाण] *पु॰* एक तरह का बाण जो धुँआ फैलाकर अँधेरा कर देता है।

घनमूल—[स॰] *पु॰* (गणित॰] किसी संख्या/राशि के लिए वह संख्या या राशि जिसका वह घन है। *जैसे*—८ का घनमूल २ है।

घन-रव—[स॰] *पु॰* बादलों की आवाज़। मेघ-गर्जन।

घनवर्धन—[स॰ घन ~ वर्धन] *पु॰* धातुओं आदि को घन/हथौड़े से पीटकर बढ़ाना। ✣ **घनवर्धनीय**—*वि॰* = १. जिसे घन/हथौड़े से पीटकर बढ़ाया जा सकता हो। २. जिसे घन/हथौड़े से पीटकर बढ़ाया जाना है। ✣ **घनवर्धनीयता**—*स्त्री॰* = घनवर्धन होने का गुण/भाव।

घनवल्लभा—[स॰ घन ~ वल्लभा] *स्त्री॰* बिजली।

घनवाद—[स॰ घन ~ वाद] *पु॰* (कला॰) एक आधुनिक चित्रांकन-शैली जिसमें अंकित वस्तुएँ ज्यामितीय आकृतियों से बनी प्रतीत होती है और वस्तु को तीन विमों/आयामों से बना जैसा प्रस्तुत किया जाता है।

घनवाद्य (घनवाद्य)—[स॰] *पु॰* (संगीत॰) एक दूसरे से टकरा कर बजाए जाने वाले धातु-निर्मित वाद्य (*जैसे*—मजीरा)।

घनवाह—[स॰ घन ~ वाह] *पु॰* पवन। हवा।

घनवाहन—[स॰ घन ~ वाहन] *पु॰* इन्द्र।

घनवाही—[स॰ घन + हि॰ वाही] *स्त्री॰* धातु आदि को घन से पीटने का काम। घन/हथौड़ा चलाने का काम।

घनश्याम—[स॰ घन ~ श्याम] *वि॰* अत्यन्त काला। *पु॰* १. काला बादल। २. विष्णु। ३. राम। ४. कृष्ण। (छन्द॰) एक समवर्णिक छन्द जिसके प्रत्येक चरण में २ जगण, ३ भगण और गुरु (ज ज भ भ भ ग) के योग से १६ वर्ण होते हैं तथा ६-१० पर यति होती है।

घन-श्रेणी—[स॰] *स्त्री॰* बादलों का समूह। मेघमाला।

घनसार—[स॰ घन ~ सार] *पु॰* १. कपूर। २. चन्दन। ३. पारद। पारा। ४. जल। पानी। ५. सुन्दर बादल।

घन-स्वन—[स॰] *पु॰* बादलों की आवाज़। मेघ-गर्जन।

***घनहर**—[< स॰ घन] *पु॰* जलधर। बादल। *जैसे*—अंबर घनहर छाइया, बरसि भरे सब ताल।

घनहस्त—[स॰ घन ~ हस्त] *वि॰* उस घन के आयतन के समान जिसकी हर भुजा एक हाथ लम्बी हो। *पु॰* उक्त आयतन का एक प्राचीन माप। खारिका। खारी।

घना—[< स॰ घन] *वि॰* १. (वस्तु) जिसके अंश/कण आदि परस्पर सटे हुए हों जिससे वह समूह न लगकर एक ही प्रतीत हो। सघन। *जैसे*—घना कुहरा; घना धुआँ। २. (स्थान) जिसमें अनेक वस्तुएँ परस्पर बहुत सटी हों। सघन। गहन। *जैसे*—घना शहर; घना जंगल। ३. (वस्त्र) जिसकी बुनावट के धागे परस्पर बहुत सटे हुए

हों। संहत। गफ़। ***जैसे***—घना कपड़ा। ४. जिसमें गाढ़ापन अधिक हो। ***जैसे***—घना अँधेरा; घना हरापन। ५. जिसमें समीपता/घनिष्ठता अधिक हो। ***जैसे***—घना सम्बन्ध। ६. बहुत अधिक। अत्यन्त। ७. दृढ़। ८. गहन। गम्भीर। ९. अनन्त। १०. अनेक या अनेक प्रकार के। ***जैसे***—उन्होंने घने काम कर दिखाए। Δ **पर्याय**—सघन/संहत/अविरल। ∇ **विलोम**—छितरा। ❖ **घनी**—*वि॰ (स्त्री॰)*। ***जैसे***—घनी बस्ती; घनी बुनाई; घनी दोस्ती।

घनाकर—[सं॰ घन ~ आकर] *पु॰* वर्षा ऋतु।

घनाका—[अनु॰] *पु॰* ज़ोर की आवाज़। शोर। ***जैसे***—घुँघुरुओं का घनाका।

घनाक्षरी—[सं॰ घन ~ अक्षर + ङीष्] *स्त्री॰* (छन्द॰) एक वर्णवृत्त दंडक जिसके चारों तुकान्त चरणों में से प्रत्येक में ३१ वर्ण होते हैं, १६ - १५ पर यति होती है तथा अन्तिम वर्ण गुरु होता है। कवित्त। मनहर। मनहरण।

घनागम—[सं॰ घन ~ आगम] *पु॰* १. वर्षा ऋतु का आरम्भ। २. वर्षा ऋतु।

घनाघन[१]—[< सं॰ घन] *पु॰* १. पानी बरसानेवाले काले बादल। २. बादल ही बादल। ३. मस्त हाथी।

घनाघन[२]—[अनु॰] *क्रिवि॰* 'घन-घन' की आवाज़ करते हुए। *पु॰* पैर में पड़ी ज़ंजीर।

घना-घनी—[हि॰] *स्त्री॰* घनिष्ठता।

घनाञ्जनी (घनांजनी)—[सं॰ घनाञ्जन + ङीष्] *वि॰ (स्त्री॰)* घनों के समान काली। *स्त्री॰* कालिका/काली देवी।

घनात्मक—[सं॰ घन ~ आत्मक] *वि॰* जिसकी लम्बाई, चौड़ाई और मोटाई तीनों बराबर हों। घनाकार।

घनात्यय—[सं॰ घन ~ अत्यय] घनान्त।

घनानन्द (घनानंद)—[सं॰ घन ~ आनन्द] *पु॰* १. अनन्त आनन्द।

घनान्त (घनांत)—[सं॰ घन ~ अन्त] *पु॰* १. बादलों की समाप्ति। वर्षा का अन्त। २. बर्षा ऋतु के बाद आनेवाली ऋतु। शरद् ऋतु। Δ **पर्याय**—घनात्यय।

घनाली—[सं॰ घन ~ आली] *स्त्री॰* बादलों का समूह। मेघावली।

घनिष्ठ—[सं॰ घन + इष्ठन्] *वि॰* १. अति निकट का। २. अतिप्रिय। ❖ **घनिष्ठता**—*स्त्री॰* = घनिष्ठ होने की क्रिया/भाव/अवस्था।

घनी—[हि॰ 'घना' का स्त्री॰] *वि॰* (स्त्री॰) घना। (दे॰)

घनीकरण—[सं॰ घनी ~ करण] *पु॰* १. किसी द्रव को गाढ़ा या ठोस करना। २. किसी वस्तु/स्थान को सघन बनाना। ***जैसे***—दिल्ली में मनुष्यों का घनीकरण पिछले २० वर्षों में बहुत बढ़ा है।

घनीभवन/घनीभाव—[सं॰ घना + च्वि √भू + ल्युट्/घञ्] १. किसी द्रव के गाढ़े या ठोस हो जाने की क्रिया/भाव। २. किसी स्थान/वस्तु का सघन हो जाना।

घनीभूत—[सं॰ घन + च्वि √भू + क्त] *वि॰* १. जो गाढ़ा हो गया हो या ठोस हो गया हो। २. जो एक स्थान पर केन्द्रित/पुंजीभूत हो गया हो। ***जैसे***—घनीभूत पीड़ा। ३. सघन। ***जैसे***—जनसंख्या वहीं घनीभूत होती है, जहाँ सुख-सुविधाएँ हों।

घने—[< सं॰ घन] *वि॰* अनेक या अधिकतर।

घनेतर—[सं॰ घन] *वि॰* १. जो घन न हो। घन से भिन्न। २. तरल। द्रव या गैस। ३. जो सघन न हो।

घनेरा—[< हि॰ घना] *वि॰* १. घना। २. बहुत अधिक। अतिशय। ❖ **घनेरी**—*वि॰ (स्त्री॰)* = १. घनी। २. बहुत।

घनोदय—[सं॰ घन ~ उदय] *पु॰* बादलों का उदय। वर्षा ऋतु का आगमन/आरम्भ।

घनोपल—[सं॰ घन ~ उपल] *पु॰* ओला।

घन्नई—*स्त्री॰* ≤ *हि॰* घड़नई।

घपचियाना—[देशज] *क्रिअ॰* १. घबराना। २. घबराहट में 'क्या करे' यह न समझ पाना। असमंजस में होना। ३. चकराना। *क्रिस॰* १. दूसरे व्यक्ति में घबराहट उत्पन्न करना। असमंजस/चक्कर में डालना।

घपची—[< सं॰ घन + पञ्च] *स्त्री॰* वस्तु को पकड़ने के लिए दोनों हाथों के पंजों को दृढ़तापूर्वक जोड़ने की स्थिति। ***जैसे***—घपची बाँधकर वस्तु पकड़ना।

घम—[अनु॰] *स्त्री॰* धमाका। ***जैसे***—मेज पर घूँसा लगने की घम-घम।

घमक—[< हि॰ घम] *स्त्री॰* १. 'घम' ध्वनि। २. 'घम' ध्वनि होने का भाव।

घमका[१]—[< हि॰ घमाका] *पु॰* आघात से होनेवाला 'घम-घम' शब्द। घमाका।

घमका[२]—[< हि॰ घाम] *पु॰* घमस। उमस।

†**घमछाहीं**—[< हि॰ घाम + छाँह] *स्त्री॰* १. आकाश में कभी बादल छा जाएँ और कुछ देर बाद ही धूप निकल आए—यही क्रम चलते रहने की स्थिति। २. ऐसा स्थान जहाँ धूप और छाया दोनों हों। धूप-छाँव। ❖ **घमछैयाँ**—*स्त्री॰* = धूपछाँव।

घमर—[अनु॰] *पु॰* १. नगाड़े, ढोल आदि का भारी शब्द। २. गम्भीर आवाज।

†**घमरौल**—[< हि॰ घमघम] *स्त्री॰* १. कोलाहल। २. भीड़-भाड़। ३. अव्यवस्था। गड़बड़ी।

†**घमस**[१]—[< सं॰ घर्मोष्म] *स्त्री॰* घमसा[१]।

†**घमस**[२]—[राजस्थ॰] *स्त्री॰* १. घोड़े की टाप की ध्वनि। २. पैरों की ध्वनि। पदचाप। ३. ध्वनि। आवाज़।

†**घमसा**[१]—[< सं॰ घर्मोष्मा] *पु॰* १. वर्षा ऋतु में हवा न चलने पर विशेष प्रकार की गर्मी। उमस। २. धूप की गर्मी।

†**घमसा**[२]—[< सं॰ घन] *पु॰* सघनता। घनापन।

घमाका—[< हि॰ घम] *पु॰* १. 'घम' की आवाज़। २. मुक्का/घूँसा लगने का शब्द।

***घमाघम/घमाघम्म**—[< हि॰ घम-घम] *क्रिवि॰* १. 'घम-घम' ध्वनि के साथ। २. भारी आघात करते हुए। ३. घमाघमी।

घमाघमी—[< हि॰ घमाघम] *स्त्री॰* १. 'घम-घम' की निरन्तर ध्वनि।

२. मार-पीट। ३. भारी भीड़-भाड़। ४. (समारोह की) धूम-धाम।

घमाना—[< हि० घाम] *क्रि०अ०* शरीर को गर्मी देने के लिए धूप में बैठना। धूप खाना। *क्रि०स०* (सुखाने आदि के उद्देश्य से) वस्तु को धूप में रखना। धूप दिखाना।

†**घमायल**—[< हि० घाम] *वि०* १. धूप की गर्मी से पका हुआ। ***जैसे***—घमायल केले। २. धूप में देर तक रहा हुआ। ३. धूप लगने से पीड़ित (व्यक्ति)।

घमासान—[< हि० घम] *वि०* भीषण। घोर। भयंकर। ***जैसे***—घमासान लड़ाई। *पु०* घोर युद्ध। भीषण मार-काट।

घमिरा—[< स० भृङ्गराज] *पु०* भृंगराज/भँगरा नामक क्षुपजातीय वनस्पति जो भूमि पर फैलती है तथा औषधोपयोगी है। घमरा।

घमीला—[< हि० घाम] *वि०* १. धूप में काफ़ी देर रहा हुआ। धूप खाया हुआ। २. धूप से मुर्झाया हुआ।

घमूह—[देशज] *स्त्री०* चारे के काम आनेवाली एक प्रकार की घास।

घमोई—[< प्रा० घामोडी, घम्मोई, < स० गर्मुत्] *स्त्री०* १. एक काँटेदार घास जो प्राय: कंकरीली भूमि में उगती है और बाँसों की जड़ों को नष्ट कर देती है। २. (लाक्षणिक) वंश-नाशक।

घमौरी—[< हि० घाम या < स० घर्मराजिका] *स्त्री०* गर्म प्रदेशों में धूप आदि की तीव्रता से शरीर पर हो जाने वाले छोटे-छोटे दाने जिनमें तीव्र खुजली पड़ती है। घर्मराजिका।

घर—[प्रा० घर < स० गृह] १. रहने का स्थान। निवास-स्थान। ***जैसे***—जहाँ पैर फैलाकर बैठ गए, वहाँ घर समझा। २. मिट्टी, ईंट, पत्थर, लकड़ी आदि की वास्तु-रचना जिसमें मनुष्य रहा करते हैं। मकान। ***जैसे***—यह घर बनने में १० महीने लगे। ३. मकान या इमारत का कोई भाग जो किसी परिवार का निवासस्थान है। ***जैसे***—इस मकान में चार घर हैं। ४. उक्त में रहनेवाला परिवार। ***जैसे***—इस मकान में चार घर हैं। ५. एक ही मकान में रहनेवाले लोगों का समूह। ***जैसे***—सारा घर पूजा करने के लिए गया हुआ है। ६. कुल, वंश या परिवार। ***जैसे***—अच्छे घर में ही पुती का विवाह करना चाहिए। ७. गृहस्थी का सब सामान। ***जैसे***—घर फूँककर तमाशा देखना बुरा है। ८. जन्मभूमि या अपना देश। ***जैसे***—हमारा घर भारत है और तुम्हारा जर्मनी। ९. पशु-पक्षियों, कीटों और जन्तुओं के रहने का स्थान। ***जैसे***—सर्प ने चूहे के घर पर अधिकार कर लिया। १०. वस्तु आदि की उत्पत्ति या अधिक उपज का स्थान। ***जैसे***—कश्मीर 'केसर' का घर है। ११. किसी वस्तु/व्यक्ति आदि की अधिकता/प्रचुरता का स्थान। ***जैसे***—महाराष्ट्र वीरों और महात्माओं का घर है। १२. किसी विशेष उद्देश्य के लिए निश्चित किया गया मकान/भवन का कोई कमरा/भाग/स्थान। ***जैसे***—तुम्हारे मकान में पूजा-घर ही नहीं है। १३. (किसी उद्योग में) उत्पादन का निश्चित स्थान। ***जैसे***—बिजली-घर। १४. सरकारी कार्यालय जहाँ से सार्वजनिक उपयोग की वस्तुएँ/जानकारी/सेवा आदि को लोग ख़रीदते या प्राप्त करते हैं। ***जैसे***—डाक-घर, तार-घर। १५. डिब्बा। ख़ाना। ***जैसे***—आभूषणों का घर। १६. रेखाओं के कटने से बनी चौकोर आकृति। ख़ाना। ***जैसे***—शतरंज की बिसात में चौंसठ घर होते हैं। १७. किसी वस्तु को जमाकर रखने/बैठाने/लगाने के लिए बना हुआ स्थान/छेद आदि। ***जैसे***—अँगूठी में नग के लिए घर बना हुआ है। १८. किसी व्यक्ति/बात/वस्तु का नियत स्थान या कुछ समय के लिए स्थित रहने का स्थान। ***जैसे***—आजकल उनका घर गोरखपुर है। १९. (कुश्ती में) दाँव-पेंच। ***जैसे***—कुश्ती के घरों की जानकारी। (ज्योतिष०) (जन्मकुंडली आदि में) भाव। ***जैसे***—प्रथम घर को 'लग्न' कहते हैं और बारहवें घर को 'व्यय'। (संगीत०) तान/बोल/स्वर की नियत सीमा। ***जैसे***—ठीक घर से गाना।

घर-घराना—[हि०] *पु०* परिवार और कुटुम्ब।

घरघराना/घर्घराना—[अनु०] *क्रि०अ०* कफ आदि के कारण गले से 'घर्र-घर्र' या 'घर-घर' ध्वनि निकलना। २. वाहनों या विभिन्न इंजनों के चलने से 'घर-घर' ध्वनि होना। *क्रि०स०* 'घर-घर' या 'घर्र-घर्र' ध्वनि उत्पन्न करना। ⁘ **घरघराहट (घर्घराहट)**—*स्त्री०* = १. 'घर-घर' या 'घर्र-घर्र' ध्वनि होने की क्रिया/भाव। २. गला रुँध जाने पर या कफ बढ़ जाने पर साँस की आवाज़।

घर-घाट—[हि०] *पु०* १. घर और बाहर। २. रंग-ढंग। ***जैसे***—मुझे तो तुम्हारे घर-घाट का पता है। ३. ठौर-ठिकाना। ४. किसी काम/बात के महत्त्वपूर्ण अंग/पक्ष जिनकी जानकारी उपयोगी होती है।

घर-घालन—[हि०] *वि०* गृह-नाशक। *पु०* घर/परिवार का नाश।

घर-घुसना, घर-घुसा, घर-घुसू, घर-घुस्सू—[<हि० घर + घुसना] *वि०* १. प्राय: घर में ही घुसा रहने वाला। २. प्राय: घर में स्त्रियों के पास ही बैठा रहने वाला। ३. बाहर का कोई काम-काज न करनेवाला और बाहर न घूमनेवाला।

घर-जमाई—[हि०] *पु०* ऐसा जामाता/दामाद जो विवाह के बाद ससुर के घर में ही रहने लगा हो।

घरजाया—[हि० घर + जाया < स० जात] *पु०* (घर में ही उत्पन्न हुआ) पुश्तैनी (सेवक)।

घर-जुगत—[<हि० घर + स० युक्ति] *स्त्री०* १. गृहस्थी का प्रबन्ध कम व्यय में करने की योग्यता। २. गृह-प्रबन्ध।

घरजोत—[< हि० घर + जोतना] *स्त्री०* स्वयं की जाने वाली खेती। निज की खेती।

घरट्ट—[स० घर् √अट्ट + अण्] *पु०* (आटा पीसने की) चक्की। जाँता।

घरदारी—[हि०] *स्त्री०* गृहस्थी के विभिन्न काम जो घर में रहकर होते हैं।

घर-द्वार (द्वार)—[हि० घर + स० द्वार] *पु०* १. घर। २. घर के सब काम-काज और वस्तुएँ। ३. गृहस्थी। ⁘ **घरद्वारी (घरद्वारी)**—*पु०* = गृहस्थ व्यक्ति।

घरनाल—[स० घर ~ नाल] *स्त्री०* पुराने काल की एक प्रकार की तोप।

***घरनि**[1]—[< हि॰ घरनी] *स्त्री॰* गृहिणी। पत्नी।

***घरनि**[2]—[< हि॰ घर] *पु॰* घरों में।

घरनी—[< स॰ गृहिणी] *स्त्री॰* गृहिणी। पत्नी।

घरफोड़/घरफोड़ा/घरफोड़ू—[< हि॰ घर + फोड़ना] *वि॰,पु॰* घर में फूट डालनेवाला। परिवार के लोगों का आपस में झगड़ा करानेवाला। ❖ **घरफोड़नी/घरफोड़ी/*घरफोरी**—*वि॰ (स्त्री॰), स्त्री॰* = घरफोड़ (स्त्री)।

घरबन्द (घरबंद)—[हि॰ घर + बन्द] १. घर में बन्द किया हुआ। २. पूरी तरह अधिकार में किया हुआ। ❖ **घरबन्दी (घरबंदी)**—*स्त्री॰* = किसी अपराधी को उसके घर में ही रहने को बाध्य रखना। नज़रबन्दी।

घरबसा—[< हि॰ घर + बसना] *पु॰* १. जिस व्यक्ति से घर बसा हुआ हो। पति। २. उपपति। जार।

***घरबसी**—*वि॰* (स्त्री॰) १. सौभाग्यवती। २. (व्यंग्य या गाली के रूप में) दुष्ट। नीच। *स्त्री॰* उपपत्नी।

***घरम**—[< स॰ घर्म] *पु॰* धूप। घाम।

***घरयार**—*पु॰ ≤ हि॰* घड़ियाल।

घरर-घरर—[अनु॰] *स्त्री॰* दो कड़ी वस्तुओं को परस्पर रगड़ने से उत्पन्न ध्वनि।

घरर-घर्घर—[अनु॰] *स्त्री॰* रँहट चलने की ध्वनि।

घररना—[< हि॰ घरर-घरर] *क्रिस॰* १. रगड़ खाना। २. पिसना।

***घरवा**—[< हि॰ घर] *पु॰* घरौंदा।

***घरवात**—[< हि॰ घर] *स्त्री॰* घर-गृहस्थी का सामान।

***घरहाई**—[< हि॰ घरहाया] *स्त्री॰* १. दूसरे के घर में कलह करानेवाली। घर बिगाड़नेवाली नारी। २. किसी घर का अपयश फैलानेवाली स्त्री। निन्दक स्त्री।

घरहाया—[< हि॰ घर + स॰ + घातक] *वि॰, पु॰* परिवार में झगड़ा करानेवाला (व्यक्ति)।

***घरिक/घरीक**—[< हि॰ घड़ी + इक] *क्रिवि॰* १. एक घड़ी-भर। २. बहुत थोड़े समय के लिए। थोड़ी देर।

***घरिनी**—[< स॰ गृहिणी] *स्त्री॰* गृहिणी। पत्नी।

***घरियक**—[< हि॰ घड़ी + एक] *क्रिवि॰* घरिक।

घरिया—[< स॰ घटिका] *स्त्री॰* १. मिट्टी का बना एक छोटी कटोरी जिसमें सुनार सोना-चाँदी गलाते हैं। कुठाली। २. छोटा घड़ा। **जैसे**—रँहट की घरिया।

घरियाना—[< हि॰ घरी (= तह)] *क्रिस॰* १. तह या परत करना/लगाना। ***जैसे***—कपड़े घरियाना। २. समेटना।

घरी[1]—[देशज] *स्त्री॰* १. (वस्त्रों की) तह। परत।

घरी[2]—*स्त्री॰ ≤ हि॰* घड़ी।

[1]घरू—[< हि॰ घर] *वि॰* १. घर जैसा। २. घर का। ***जैसे***—घरू बातचीत। ३. निजी। आत्मीयतापूर्ण। मैत्रीपूर्ण।

घरेर—[< स॰ घर्षण] *स्त्री॰* १. रगड़। २. कष्टप्रदता। ***जैसे***—घाम की घरेर।

घरैत—[< हि॰ घर] *पु॰* १. घर का मालिक। २. वधू के घरवाले। घराती।

घरौंदा (घरौंदा)—[< हि॰ घर] *पु॰* १. बच्चों द्वारा क़ाग़ज़, मिट्टी आदि का बना हुआ छोटा घर। २. छोटा घर। ३. खिलवाड़ का घर।

घर्घरा—[स॰ घर्घर + टाप्] *स्त्री॰* १. घुँघरुओंवाली करधनी। २. गंगा (नदी)। ३. एक प्रकार की वीणा। ४. घाघरा (नदी)।

घर्घरी—[स॰ घर्घर + ङीष] *स्त्री॰* घर्घरा।

घर्म—[स॰ √ घृ + मक्, नि॰] *पु॰* १. उष्णता। गरमी। २. स्वेद। पसीना।

घर्माम्बु (घर्मांबु)—[स॰ घर्म ~ अम्बु] *पु॰* स्वेद। पसीना।

घर्मोदक—[स॰ घर्म ~ उदक] *पु॰* स्वेद। पसीना।

घर्ष—[स॰ √घृष् + घञ्+] *पु॰* घर्षण।

घर्षण—[स॰ √घृष् ~ ल्युट्] *पु॰* १. रगड़। घिसन।

घलना—[< हि॰ घाना] *क्रिअ॰* १. फेंका जाना। २. (अस्त्र का) प्रहार होना। ३. धँसना। *क्रिस॰* नष्ट करना।

***घलाघल/घलाघली**—[< हि॰ घालना] *स्त्री॰* १. गहरा आघात और प्रतिघात। २. टक्कर।

घलुआ—[< हि॰ घाल] *पु॰* १. दुकानदार से सौदे के साथ बिना मूल्य मिलनेवाली वस्तु। रूँक। २. उपहार। घाला।

[1]घल्ला—[ब्रज॰, < हि॰ घड़ा] *पु॰* (मिट्टी का) घड़ा।

***घवरि**—[< हि॰ घौर] *स्त्री॰* फलों के गुच्छे।

घसखुदा—[< हि॰ घास + खोदना] *वि॰* १. घास खोदने का काम करने वाला। २. (लाक्षणिक) मूर्ख। अनाड़ी।

***घहनना/घहनाना**—[अनु॰] *क्रिअ॰* १. शंख/घंटा आदि बजने की आवाज़ होना। २. गरजना। ३. ज़ोर की आवाज़ होना।

घहर-घहर—[< हि॰ घहरना] *क्रिवि॰* गरज-गरज कर।

घहरान—[< हि॰ घहराना] *स्त्री॰* १. घंटा आदि बजने का शब्द। २. गर्जना। **जैसे**—बादलों की घहरान। ३. गम्भीर ध्वनि।

घँघोलना—[< हि॰ घना + घोलना] *क्रिस॰* १. किसी बर्तन में रखे पानी में हाथ या डंडा आदि डालकर इस प्रकार चलाना कि पानी के नीचे बैठा मैल, मिट्टी आदि सारे पानी में फैल जाए और अलग दिखने लगे। २. किसी नदी आदि में हाथ, पैर, डंडा आदि को डालकर इस प्रकार चलाना कि वह नीचे की मिट्टी आदि को ऊपर उठकर पानी गँदला कर दे।

***घाइ**—[< स॰ घात] *पु॰* घाव। *वि॰* घायल।

***घाइक**—*वि॰ ≤ स॰* घातक।

घाई[1]—[< स॰ गभस्ति (= उँगली)] १. दो उँगलियों के बीच का स्थान। अंटी। २. दो रेखाओं के मिलने से बना कोना।

घाई[2]—[< स॰ घात] १. आघात। प्रहार। २. (आघात/चोट से होनेवाला) घाव। ३. हत्या या दुर्दशा। ४. धोखे/ चालाकी की चाल।

घाइँ (घाईं)**—[< हि॰ घाँईं] *क्रिवि॰* १. ओर। तरफ़। ***जैसे—

हमारी घाईं देखो। २. पक्ष में।

***घाउ/घाऊ**—[< सं॰ घात] १. आघात। चोट। २. घाव।

घाऊघप—[< हि॰ खाऊ + गपकना] *वि॰* १. दूसरे की सम्पत्ति/माल चुपचाप हड़प जाने वाला। २. खा-पीकर घर की सम्पत्ति नष्ट कर देने वाला। ३. अति धूर्त। ४. जिसका भेद शीघ्र न खुले।

घाघ—[देशज] *पु॰* १. अनुभवी, चतुर और नीतिज्ञ विद्वान्। २. बहुत चालाक व्यक्ति। ३. उल्लू की जाति का एक पक्षी। घाघस।

घाघर—[< देशज घग्घर] *स्त्री॰* घाघरा। लहँगा।

घाघरा[१]—[< हि॰ घन + घेरा] *पु॰* स्त्रियों का कमर से पहनने का एक वस्त्र जो चुन्नटों वाला, बड़े घेरे का और एड़ी से कुछ ऊपर तक की लम्बाई वाला होता है। लहँगा।

घाघरा[२]—[< सं॰ घर्घर] *स्त्री॰* सरयू नदी।

घाघस—[देशज] *पु॰* १. भूरे रंग का एक पक्षी जो बटेर की तरह का होता है। २. उल्लू की जाति का एक बड़ा पक्षी। घाघ।

घाटारोह—[हि॰ घाट + सं॰ आरोह] *पु॰* (नदी के) घाटों को रोकने के लिए की गयी चारों ओर की घेराबन्दी।

घाटिया—[< हि॰ घाट] *पु॰* १. नदी तट का घाटवाला। २. गंगा-तट पर दान लेनेवाला ब्राह्मण। गंगापुत्र।

घाटी—[< हि॰ घाट] *स्त्री॰* दो पर्वतों के बीच का मैदान। (भूविज्ञान॰) पर्वतों से घिरी हुई नीची भूमि जिसमें से होकर प्रायः कोई नदी बहती है। ⁘ **घाटी हिमनद**—*पु॰* = (भू॰विज्ञान॰) वह हिमनद जो किसी घाटी में स्थित हो।

घात—[सं॰ √हन् + घञ्] *पु॰* १. प्रहार। २. चोट। ३. वध। हत्या। ४. अहित। हानि। ५. टक्कर। *स्त्री॰* १. अपना स्वार्थ पूरा करने का ठीक अवसर। सुयोग। २. दाँव-पेंच। छल। (गणित॰) यह बतानेवाली संख्या कि किसी संख्या को स्वयं से कितनी बार गुणित होना है। ***जैसे***—'$३^४$ संख्या' ३ की चौथी घात है और ४ घातांक है। *वि॰* हानिकारक। अशुभ। ***जैसे***—घात नक्षत्र। ∇ **विलोम**—प्रतिघात। ***वा॰* घात पर चढ़ना, घात में आना**—१. वश में आना। २. दाँव पर चढ़ना। **घात/घातें बताना**—चालाकी की चाल सिखाना। चालबाज़ी करना। **घात लगाना**—अपना स्वार्थ/काम पूरा करने की युक्ति निकालना।

घातक—[सं॰ √हन् + ण्वुल्] *वि॰* १. घात/प्रहार करनेवाला। २. मार डालने वाला। नाशक। ३. हानिप्रद या कष्टप्रद। ***जैसे***—घातक पुस्तकें; घातक विचार। ४. (वह रोग) जो प्राण लेता है। ***जैसे***—हैज़ा की घातक बीमारी। *पु॰* १. हिंसक। हत्यारा। २. शत्रु। ∇ **विलोम**—रक्षक।

घातघट्ट—[सं॰ घात + देशज घट्ट] *वि॰* १. घात लगाकर प्रहार करनेवाला। २. घात लगाने में चतुर। छलपूर्वक प्रहार, हत्या या अहित करने में निपुण।

घाता—[देशज] *पु॰* १. अनुकूलता। २. किसी वस्तु का सस्ते भाव में मिलना। ३. तौल, माला या संख्या में भाव की अपेक्षा अधिक मिलना। ४. अनायास लाभ।

घाताङ्क (घातांक)—[सं॰ घात ~ अङ्क] *पु॰* (गणित॰) किसी संख्या/राशि के ऊपर दाहिनी ओर लिखी हुई कोई संख्या/राशि। जो घात की सूचक होती है। ***जैसे***—$३^५$ में ५ घातांक है और $६^२$ में २ घातांक है।

***घातिक**—*वि॰ ≤ सं॰* घातक।

घातिनी—[सं॰ घातिन् + ङीप्] *वि॰* मार डालने वाली। विनाशिनी।

घातिया—*वि॰ ≤ सं॰* घाती।

घाती—[सं॰ घातिन्] *वि॰* १. प्रहार करनेवाला। २. वध करनेवाला। वधिक। ३. नाश करनेवाला। Δ **पर्याय**—घातक।

घान[१]—[< देशज घाण] *पु॰* १. कोल्हू/चक्की/ कड़ाही आदि में पेरने/पीसने/तलने के लिए डाली जाने वाली वस्तु की एक बार डालने योग्य माला। २. वह मात्रा जो कोल्हू आदि में उपर्युक्त रीति से पहली, दूसरी इत्यादि बार डाली जाती है। ***जैसे***—तीसरी घान। ३. उतनी वस्तु जितनी एक बार में भाड़ में भूनी जाए या भट्ठी पर पकायी जाए।

†**घान[२]**—[< सं॰ घन = बड़ा हथौड़ा] *पु॰* भारी आघात/प्रहार।

***घान[३]/घानि**—[< प्रा॰ घाण < सं॰ घ्राण] १. सूँघने की क्रिया/भाव। २. गन्ध।

***घाना[१]**—[< प्रा॰ घाय < सं॰ घात] *क्रिस॰* १. प्रहार करना। २. नष्ट करना। *पु॰* १. प्रहार। २. युद्ध।

घाना[२]—[< हि॰ गहना] *क्रिस॰* पकड़ना।

***घानि[१]**—[< सं॰ घ्राण] *स्त्री॰* दे॰ घान[३]।

***घानि[२]**—*स्त्री॰ ≤ हि॰* घरनी।

घानी—[< हि॰ घान[१]] *स्त्री॰* १. घान डालने का स्थान। २. तेल आदि पेरने का कोल्हू या उसका स्थान। ३. राशि। ढेर। ४. घान।

घाम—[< सं॰ घर्म] १. धूप। ***जैसे***—शीत ऋतु में घाम में बैठना चाहिए। २. गरमी।

घामड़—[< हि॰ गामड़ (= गाँव का)] *वि॰* १. मूर्ख। गँवार। नासमझ। २. सीधा। भोंदू।

घामरी—[< हि॰ घाम] *स्त्री॰* धूप में अधिक रहने के कारण होनेवाली व्याकुलता/विकलता।

***घाय**—[प्रा॰ < सं॰ घात] *पु॰* १. व्रण। घाव। २. प्रहार। वार।

घायक—[< हि॰ घातक] *वि॰* १. घाव करनेवाला। २. मारनेवाला। घातक।

घायल—[< हि॰ घाय] *वि॰* १. जिसके घाव लगा हो। ज़ख़्मी। २. (लाक्षणिक) दूसरे के व्यवहार आदि से आहत।

†**घारी**—[देशज] *स्त्री॰* घास-फूँस से छाया हुआ वह स्थान जहाँ पशु बाँधे जाते हैं। बाड़ा। खरक।

घार्षणिक—[सं॰ घर्षण + ठक्] *वि॰* घर्षण-सम्बन्धी। घर्षण का।

घाल—[< हि॰ घालना (= डालना)] *पु॰* १. घलुआ। (दे॰) २. हानि। बुराई। बिगाड़। २. आघात। प्रहार। *क्रिवि॰* व्यर्थ।

घालक—[< हि॰ घालना] *वि॰* नाशक। २. हत्यारा। ३. बहुत

अधिक हानिकारक/अपकारक। ✣ **घालकता**— *स्त्री॰* = घालक होने की स्थिति, गुण या भाव।

घालना—[< अप॰ घल्ल] *क्रिस॰* १. किसी वस्तु केअन्दर डालना/रखना। ***जैसे***—झूले में घालकर झुलाना। २. पहनाना/रखना या लगाना। ***जैसे***—वरमाला घालना; घोड़े पर ज़ीन घालना। ३. फेंकना। ***जैसे***—शत्रुओं पर वृक्ष घालना। ४. प्रहार करना। ५. आघात करना। ६. नष्ट करना। बिगाड़ना। ***जैसे***—किसी का घर घालना। ७. वध/हत्या करना। मारना। ८. छोड़ना। ९. मिश्रण करना। १०. पासंग के बराबर करना। ११. उत्पन्न करना। डालना।

†घाला—[< हि॰ घाल] *पु॰* दुकानदार द्वारा सौदे के साथ अन्त में दी हुई अतिरिक्त और बिना मूल्य की वस्तु। घाल। घलुआ। रूँक।

***घालि**—[< हि॰ घालना] *क्रिवि॰* नष्ट करके। *स्त्री॰* बुराई। अपकार।

घालिका, घालिनी—[< हि॰ घालक] *वि॰ (स्त्री॰)* १. नाश करनेवाली। २. घातिनी। हत्यारी। ३. बहुत अधिक हानि/अपकार करनेवाली।

घाली—[< हि॰ घालना] *वि॰* १. मारनेवाला। घातक। २. नाशक। ३. बहुत अधिक हानि/अपकार करनेवाला।

घावरा—[देशज] *पु॰* एक सुगन्धित वृक्ष जिसकी छाल चिकनी और लकड़ी मज़बूत तथा चमकीली होती है।

***घावरिया**—[< हि॰ घाव] *पु॰* घावों का चिकित्सक। शल्य-चिकित्सक। जर्राह।

घासलेट—(< अ॰ गैस लाइट) *पु॰* १. मिट्टी का तेल। २. घटिया वस्तु। तुच्छ वस्तु। ✣ **घासलेटी**— *वि॰* = १. निकृष्ट। गन्दा। २. अश्लील (साहित्य)। ✣ **घासलेटी साहित्य**— *पु॰* = १. अश्लील पुस्तकें। २. निकृष्ट पुस्तकें।

†घासी—[< हि॰ घास] *स्त्री॰* तृण। घास। चारा। *पु॰* घसियारा।

†घाँ—[< हि॰ घाट] *स्त्री॰* १. दिशा। ओर। तरफ़। ***जैसे***—अपनी घाँ देखो। २. प्रकार। तरह। ३. स्थान। जगह।

***घाँघल**—[देशज] *स्त्री॰* बखेड़ा। कठिनाई।

घाँटी—[< स॰ घण्टिका] *स्त्री॰* १. मुख में स्वर-रज्जुओं के बीच का स्थान। कण्ठ-द्वार। २. (गले का) कौआ। काग।

†घाँटौ—[देशज] *पु॰* एक प्रकार का लोकगीत जो चैत्र-वैशाख में गाया जाता है और 'चैती' लोकगीत के सदृश होता है।

***घाँही/घाँहीं**— *स्त्री॰* ≤ घाँईं।

घिग्घी—[अनु॰] *स्त्री॰* घिघियाने की क्रिया/भाव/स्थिति। (भय आदि के कारण) स्पष्ट वाणी न निकलना। 'घि-घि' जैसी ध्वनि करना। ***वा॰* घिग्घी बँधना**—१. अधिक भय के कारण स्पष्ट न बोल पाना। भयवश मुँह से हल्की चीख़ का निरन्तर निकलना। २. बहुत डर जाना।

घिनौना—[< हि॰ घिन] *वि॰* घृणित। ***जैसे***—उनके खाने-पीने का ढंग घिनौना था। ✣ **घिनौनापन**— *पु॰* = घृणित होने का भाव/गुण।

***घिय**— *पु॰* ≤ *हि॰* घी।

घिया/घियातुरई/घियातोरई—[< हि॰ घी + तोरी] *स्त्री॰* १. एक बेल जिसके फलों की सब्ज़ी खायी जाती है। २. उक्त का फल। लौकी। ● **विशेष**—'घिया' को 'घीया' भी कहा जाता है।

घियार—[< हि॰ घी] *वि॰* (वह गाय/भैंस) जिसके दूध से अधिक घी निकलता है।

घिरगुली/घिरोली—[देशज] *स्त्री॰* एक उड़नेवाला कीड़ा जो बर्र से छोटा और काले रंग का होता है।

घिरनी—[< अप॰ घुरनी < स॰ घूर्णन] *स्त्री॰* १. गरारी। चरखी। २. चक्कर। ***वा॰* घिरनी खाना**—चारों ओर चक्कर लगाना।

घिराई—[< हि॰ घेरना] *स्त्री॰* १. घेरने की क्रिया/भाव। २. पशु चराने का काम। ३. पशु चराने का पारिश्रमिक।

घिरिया—[< हि॰ घेरना] *स्त्री॰* शिकार को घेरने के लिए बनाया जाने वाला मनुष्यों का घेरा।

घिर्री— *स्त्री॰* ≤ *हि॰* घिरनी। (दे॰) ***वा॰* घिर्री खाना**—१. एक ही घेरे में बार-बार चक्कर काटना। २. (किसी स्थान पर या किसी के पास) बार-बार आना-जाना।

घिसघिस—[< हि॰ घिसना] *स्त्री॰* १. किसी काम में जानबूझकर अधिक समय लगाने और उसे धीरे-धीरे करने की क्रिया/भाव। २. किसी वस्तु को बेचते समय मोल-भाव में बहुत धीरे-धीरे क्रमशः कम करना। ***जैसे***—बहुत देर की घिसघिस के बाद कबाड़ी ने ३० रुपए की यह पुरानी पुस्तक १० रुपए में दी। ***वा॰* घिसघिस करना**—१. जानबूझकर धीमी गति से काम करना। ठीक से काम न करना। २. स्पष्ट न कहना।

घिसटना—[< प्रा॰ घस्सर < स॰ √घृष्] *क्रिअ॰* १. घसीटा जाना। २. इच्छा न होने पर भी, किसी के साथ जाना ही पड़े तो बहुत धीरे-धीरे चलना। ३. अस्वस्थता के कारण प्रयत्न करने पर भी बहुत धीरे-धीरे चल पाना।

घिसन—[< हि॰ घिसना] *स्त्री॰* १. घिसने की क्रिया/भाव। २. किसी वस्तु को घिसने से उसमें होनेवाली कमी। छीज।

घिसना—[< प्रा॰ घस < स॰ √घृष्] *क्रिस॰* १. घर्षण करना। रगड़ना। ***जैसे***—शिला पर चन्दन घिसना। २. बर्तन को राख आदि लगाकर रगड़कर माँजना। ***जैसे***—लोटा घिसना। ***वा॰* घिसा हुआ होना**—१. अनुभवी होना। २. चालाक होना।

घिसिर-घिसिर—[अनु॰] *स्त्री॰* १. किसी चीज़ को घिसने/रगड़ने/घसीटने आदि से उत्पन्न ध्वनि। २. घिसघिस।

घिस्सम-घिस्सा—[< हि॰ घिसना] *पु॰* १. अधिक घिसाई। २. (भीड़ में होनेवाली) धक्कम-धक्का। रेल-पेल।

घिस्सा—[< हि॰ घिसना] *पु॰* १. रगड़। २. टक्कर। ३. धोखा। ४. अधिक घिसाई।

***घीसा**—[< हि॰ घिसना] *पु॰* घिस्सा। रगड़।

***घींच (घींच)**—[< स॰ ग्रीवा] *स्त्री॰* ग्रीवा। गर्दन।

घुआ—[< हि॰ घूआ] *पु॰* घूआ।

घुगुरी—[देशज] *स्त्री॰* आटे का एक प्रकार का व्यंजन।

घुघुआना—[< हि॰ घुग्घू] *क्रिअ॰* १. उल्लू का बोलना। २. अस्पष्ट स्वर में बोलना।

घुघुरी—[देशज] भिगोकर तले हुए चने, मटर आदि। घुँघनी।

घुघोई—[देशज] *स्त्री॰* 'गैगई' नामक चिड़िया।

***घुग्घरना**—[अनु॰] *क्रिअ॰* बादलों का गरजना।

घुग्घी—[देशज] *स्त्री॰* पंडुक/पड़ुकिया नामक पक्षी। फ़ाख़्ता।

घुग्घू—[< प्रा॰ घुघुय] *पु॰* ('घू-घू' ध्वनि करनेवाला पक्षी) उल्लू। २. मूर्ख। ✣ **घुघुआ**—*पु॰* = उल्लू।

घुटकना—[< हि॰ घूँट] *क्रिस॰* १. घूँट-घूँट कर पीना। २. पीना। ३. गटकना।

घुटकी—[< हि॰ घुटकना] *स्त्री॰* १. कंठ की नली जिसके द्वारा खाया-पिया पदार्थ पेट में जाता है। ● **विशेष—घुटकी लगना** = कंठगत प्राण होना = मृत्यु का समय होना।

घुटन—[< हि॰ घुटना < हि॰ घोटना] *स्त्री॰* १. साँस घुटने जैसी अवस्था/भाव। साँस रुकने जैसी स्थिति। २. किसी गम्भीर समस्या का उपाय न मिलने पर या कर्तव्य समझ में न आने की विषम स्थिति में होनेवाली घबराहट। मानसिक छटपटाहट।

घुटना[1]—[< स॰ घुण्टक (= एड़ी)] १. टाँग और जंघा के बीच के जोड़ की गाँठ। २. उक्त के समीप का स्थान। ***वा॰* घुटने टेकना**—१. घुटनों को पृथ्वी से लगाना। २. किसी के सामने अपनी पराजय स्वीकार करना। ३. अधीनता स्वीकार करना। **घुटनों में सिर देना**—१. चिन्तित या उदास होना। २. लज्जित होना। **घुटनों से लगकर बैठना**—सदा समीप रहना।

घुटना[2]—[< हि॰ घोटना] *क्रिअ॰* १. किसी वस्तु को घोटा जाना। २. अच्छी तरह पिसना और मिलना। ***जैसे***—भंग घुट गयी। ३. दाल आदि का उबलकर अधिक गल जाना। ***जैसे***—दाल अधिक घुटी तो स्वाद बदल जाएगा। ४. बहुत कसकर फँसना या बँधना। ***जैसे***—रस्सी की गाँठ घुटना। ५. घिसा जाकर चिकना/चमकीला/बारीक होना। ***जैसे***—फ़र्श तीन दिन तक घुटेगा। ६. बहुत घनिष्ठता होना। ***जैसे***—तुम दोनों में बहुत घुटती है। ७. आपस में प्रेमपूर्ण या गुप्त बातचीत होना। ***जैसे***—दोनों सहेलियों में घंटों घुटती रहती है। ८. हजामत में बालों को अच्छी तरह काट कर मूँड दिया जाना। ***जैसे***—सिर के बाल घुट गए, दाढ़ी घुटेगी। *क्रिस॰* बाँधने के उद्देश्य से अच्छी तरह कसना। कड़ेपन से बाँधना। ९. साँस का अधिक देर में रुक-रुक कर आना। ***जैसे***—दम घुट रही थी। १०. गला घोटा जाना। ***जैसे***—गला घुटने से उसकी मृत्यु हुई। ***वा॰* घुट-घुट कर जान देना (मरना)**—बहुत मानसिक/शारीरिक कष्ट भोगते हुए कठिनता से मरना। **घुटा हुआ**—१. सिर के बालों को मुँड़ाए हुए। २. बहुत अनुभवी और चालाक। काइयाँ। **घुटा हुआ होना**—बहुत अनुभवी और चतुर होना। ✣ **घुटना-डुबाऊ**—*वि॰* = अपने घुटनों तक ही गहरा (पानी)।

घुटरुअन/घुटरुन/घुटरून/घुटुरूअन/घुटुरुन—[< हि॰ घुटरू] *क्रिवि॰* घुटनों के बल (चलना)। घुटरूँ।

घुटरू—[< हि॰ घुटना] *पु॰* (बच्चे का) छोटा घुटना।

घुटरूँ—[< हि॰ घुटरू] *क्रिवि॰* (छोटे-छोटे) घुटनों के बल।

घुटा-मँजा—[< हि॰ घोटना + माँजना] *वि॰* १. जिसे घोटा और माँजा गया हो। २. (लाक्षणिक) अनुभवी। ***जैसे***—घुटे-मँजे राजनीतिज्ञों के आपसी दाँव-पेंच। ३. (लाक्षणिक) बहुत चालाक।

घुटी[1]**/घुट्टी**—[< हि॰ घूँट] *स्त्री॰* १. शिशुओं की पाचन-शक्ति ठीक करने की एक दवा। २. घूँट।

घुटी[2]—[< हि॰ घोटना] *वि॰ (स्त्री॰)* १. पिसी हुई। रगड़ी हुई। २. (लाक्षणिक) चालाक। ***जैसे***—बहुत घुटी/मँजी स्त्री।

घुटुरुआँ—[< हि॰ घुटरू] *क्रिवि॰* घुटनों के बल (चलना)।

घुट्टी—[< हि॰ घुटी] *स्त्री॰* घुटी[1]। (दे॰)। ***वा॰* कोई वस्तु/बात घुट्टी में पड़ना**—स्वभाव का अंग होना।

घुड़—[< हि॰ घोड़ा] *पु॰* 'घोड़ा' का लघुरूप जो समासयुक्त शब्द में प्रयुक्त होता है। घोड़ा। ***जैसे***—घुड़दौड़।

घुड़की—[अनु॰] *स्त्री॰* १. क्रोध से डराने के लिए ज़ोर से कही गयी बात। २. डाँट-डपट। ३. (बन्दर द्वारा) डराने के लिए की गयी खों-खों। ***जैसे***—बन्दर-घुड़की। ***वा॰* घुड़की देना, घुड़कियाँ जमाना**—१. डाँटना। २. डराना। धमकाना।

घुड़चढ़ी—*स्त्री॰* = १. घुड़सवार स्त्री। २. विवाह में एक प्रथा। वर द्वारा घोड़े पर चढ़कर कन्या के घर जाते समय माता इत्यादि घर की स्त्रियों द्वारा पूजा, मंगलगान इत्यादि की प्रथा।

घुड़नस—[< हि॰ गोड़ + नस] *स्त्री॰* एड़ी के ऊपर की एक नस।

घुड़नाल—[< हि॰ घोड़ा + नाल] *स्त्री॰* (मध्ययुग में) घोड़े की पीठ पर लादी जाने वाली एक प्रकार की तोप।

घुड़मक्खी—[< हि॰ घोड़ा + मक्खी] *स्त्री॰* घोड़ों को काटनेवाली मक्खी जो भूरे रंग की होती है।

घुड़मुँहा—[< हि॰ घोड़ा + मुँह] *वि॰* १. घोड़े के समान मुखवाला। २. किन्नर नामक एक प्राचीन जाति या उसका व्यक्ति।

घुड़िया—[< हि॰ घोड़ी] *स्त्री॰* घोड़ी। नारी/मादा घोड़ा।

घुणाक्षर—[स॰ घुण ~ अक्षर] लकड़ी आदि में घुन लगने से बन गए अक्षरों जैसे चिह्न। ***जैसे***—घुणाक्षर न्याय।

घुण्ट (घुंट)—[देशज] *पु॰* एक वन-वृक्ष जिसकी छाल आदि का उपयोग चमड़ा सिझाने में होता है।

घुण्डी (घुंडी)—[< स॰ गुण्ठ] *स्त्री॰* १. कोई गोलाकार और छोटी आकृति/रचना। २. उक्त आकार के पीले-फूलों वाला एक पौधा। ३. कपड़े का गोल बटन। ४. सूत/रेशम या कपड़े आदि का बना कोई गोलाकार छोटा फुँदना जो शोभा के लिए किसी वस्तु में लगाया जाता है। ५. मानसिक दुर्भाव की ग्रन्थि। मन की गाँठ। ६. कोई पेंचदार बात। ✣ **घुण्डीदार (घुंडीदार)**—*वि॰* = १. घुण्डीवाला। २. पेंचदार। पेंचीला।

घुत्कार—[स॰ घुत् ~ कार] *स्त्री॰* उल्लू की बोली। 'घु-घु' ध्वनि।

घुन्ना—[अनु॰] *वि॰* जो अपने क्रोध, द्वेष इत्यादि भावों को मन में छिपाए रखे और कभी बदला लेने के लिए उन्हें प्रकट करे। मन ही

मन में घुननेवाला। चुप्पा। ✣ **घुन्नी**—*वि० (स्त्री०)*। ✣ **घुन्नाना**—*क्रिअ०* = मन में छिपे हुए क्रोध/द्वेष आदि से भरी वाणी बोलना। क्रोध और झल्लाहट से बोलना। ***जैसे***—हर समय घुन्नाता रहता है। ✣ **घुन्नी**—*वि० (स्त्री०)*। दे० घुन्ना।

घुप—[अनु०] *वि०* १. गहरा (अँधेरा)। **जैसे**—घुप अँधेरा। २. मौन। चुप।

***घुम**—[< हि० घूम] १. नशा। २. सिर में चक्कर आने का रोग। घुमरी।

घुमड़—[< हि० घुमड़ना] *स्त्री०* (बरसाती बादलों की) चारों ओर से घुमड़ने की क्रिया/भाव।

घुमड़ी—[< हि० घूमना] *स्त्री०* १. किसी केन्द्र के चारों ओर चक्कर लगाना। २. सिर में चक्कर आने का रोग। घुमरी। ३. जल का भँवर। ४. पशुओं का एक रोग जिसमें वे चक्कर खाकर गिर जाते हैं। घुमनी।

***घुमण्ड (घुमंड)**—[< हि० घुमड़ना] *स्त्री०* (बादलों का) घुमड़ना। घुमड़।

***घुमना**—[< हि० घूमना] *वि०* १. निरन्तर घूमनेवाला। २. घुमक्कड़ (व्यक्ति)।

घुमनी—[< हि० घूमना] *स्त्री०* १. किसी केन्द्र के चारों ओर घूमते रहने के कारण सिर में आनेवाला चक्कर। २. पशुओं का एक रोग जिसमें वे चक्कर खाकर गिर जाते हैं।

***घुमरना**—[< हि० घुमड़ना] *क्रिअ०* १. चारों ओर छा जाना। २. गूँजना (दे०)। ३. घोर शब्द करना। ४. भ्रम में पड़ना। ✣ **घुमरि**—*क्रिवि०* = १. घुमड़कर। चारो ओर से आकर/छाकर। २. घोर शब्द करके। ३. गूँजकर। ४. भ्रमित होकर।

घुमाऊ[1]—[< हि० घुमाना] *वि०* घुमानेवाला।

घुमारा[1]—[< हि० घूम] *वि०* मत्त। मतवाला।

घुमारा[2]—[< हि० घूमना] *वि०* १. घूमनेवाला। २. घूमता हुआ।

†**घुमाला**—[< हि० घूमना] *वि०* अधिक घूमने-फिरने वाला। भ्रमणशील। ✣ **घुमाली**—*वि० (स्त्री०)* = अधिक घूमने-फिरनेवाली। भ्रमणशीला।

***घुमेरी**—*स्त्री०* बेसुध होने की स्थिति। बेहोशी।

***घुम्मरना**—*क्रिअ०* ≤ *हि०* घुमरना। घुमड़ना।

***घुरड़ना**—[< सं० घूर्णन] *क्रिस०* (सिर के बालों को) उस्तरे से घुटाना। ✣ ***घुरड़ि**—*क्रिवि०* = उस्तरे से घुटाकर।

घुरण—[सं० √घुर् + ल्युट्] *पु०* घुरघुराहट।

घुरबिनिया—[< हि० घूरा + बीनना] *स्त्री०* घूरे (कूड़े-करकट के ढेर) से कुछ वस्तुएँ (बेचने के लिए) बीनने की क्रिया/भाव। *पु०* १. घूरे से कुछ वस्तुएँ बीनकर और बेचकर अपनी जीविका कमानेवाला व्यक्ति। २. अति निर्धन व्यक्ति।

***घुरमना**—[< सं० घूर्णन] *क्रिअ०* घूर्णित होना। चक्कर खाना।

***घुरला**—[< हि० घुरना] *स्त्री०* लोगों के घूमने-फिरने से बना कच्चा पतला मार्ग। पगडंडी।

घुराना[1]—[< हि० घुरना] *क्रिअ०* चारों ओर छा जाना। *क्रिस०* १. घुमाना। २. (नेत्रों को) झपकाना। ३. (ध्वजा आदि को) फहराना। ४. बजाना।

घुराना[2]—*क्रिस०* ≤ *हि०* घुलाना।

***घुराना**[3]—[देशज] *क्रिस०* (गाँठ को) कसकर लगाना।

***घुरे**—[देशज] *पु०* समूह।

***घुर्मरना**—[< सं० घूर्णन] १. चक्कर खाना। २. घुमड़ना। ३. घूमना। ४. बजाना। ✣ ***घुर्मि**—*क्रिवि०* = १. चक्कर खाकर। २. घुमड़कर। ३. घूमकर। ४. बजाकर।

***घुर्मित**—[< सं० घूर्णित] *वि०* १. चकराया हुआ। २. चक्कर खाता हुआ।

घुसपैठ—[< हि० घुसना + हि० पैठना] *स्त्री०* १. घुसने और बैठने की क्रिया/भाव। २. प्रवेश। पहुँच। ३. चोरी-छिपे धीरे-धीरे (जासूसों या अवांछनीय तत्त्वों का) किसी शत्रु या मित्र देश में घुस जाना और वहाँ अपनी गतिविधियों के लिए गुंजायश निकाल लेना। ३. (विदेशियों का) चोरी-छिपे आकर बस जाना। ***जैसे***—बंगाल, असम आदि में घुसपैठ से उत्पन्न खतरे।

घुसपैठिया—[< हि० घुसपैठ] *पु०* घुसपैठ करनेवाला (व्यक्ति)।

घुँघची/घुँघुची—[< सं० गुञ्जा चिञ्चा] *स्त्री०* १. एक औषधीय लता जिसकी फलियाँ गुच्छों के रूप में लगती हैं और उनके छोटे-छोटे बीज होते हैं। गुंजा। २. उक्त छोटे-छोटे बीज जो पकने पर सफ़ेद या लाल रंग के और मुख पर काले होते हैं। गुंजा।

***घुँघरारा**—*वि०* ≤ *हि०* घुँघराला।

घुँघराला—[< हि० घूँघर] *वि०* कुंचित। छल्लेदार। ***जैसे***—घुँघराले बाल।

***घुँघरि/घूँघरि**—[< हि० घुमरना < हि० घूमना] *स्त्री०* १. बादलों की घटा। मेघ-समूह। २. (घुँघराले) केशों का घूँघर या छल्ला।

घुँघरू—[अनु०] *पु०* १. पैरों का एक आभूषण। चाँदी/पीतल आदि से बना एक प्रकार का खोखला दाना जिसमें छोटी गोलियाँ पड़ी होने के कारण वह हिलने पर 'घन-घन' या 'घुन-घुन' ध्वनि करते हुए बजता है। नूपुर। २. उक्त दानों की लड़ी। मंजीर। ३. चने के ऊपर का ख़ोल। ४. मरते समय होनेवाला गले का 'घुर-घुर' शब्द। घुटका। ***वा०* घुँघरू बाँधना**—१. नृत्य करने के लिए तैयार होना। २. नृत्य-कला में शिष्य बनाना। ✣ **घुँघरूदार**—*वि०* = जिसमें घुँघरू लगे हों।

घूआ—[देशज] *पु०* १. काँस, सरकंडे आदि का रुई-जैसा फूल। २. (दरवाज़े के समीप) किवाड़ की चूल। ३. कीचड़ आदि में रहनेवाला एक कीड़ा।

घूका—[< हि० घूआ] *पु०* १. बाँस। २. बैंत। ३. मूँज। ४. मूँज आदि की बनी संकीर्ण मुख वाली टोकरी।

घूघ[1]—[< हि० घोघी] *स्त्री०* एक प्रकार का शिरस्त्राण।

घूघ[2]—[< सं० घूक] *पु०* उल्लु (पक्षी)। घुग्घू।

***घूघू**—[< हि० घूघ < सं० घूक] *पु०* उल्लू (पक्षी)। घुग्घू।

***घूनी**—[< हि॰ घुनना] *स्त्री॰* छिपकर किया गया (आघात)। गुप्त (घात)।

घूम—[< हि॰ घूमना] *स्त्री॰* १. घुमाव। २. मोड़। ३. चक्कर। ४. निद्रा। नींद। ५. नशा। ६. मस्ती।

घूम-घुमारा—[< हि॰ घूमना] *वि॰* १. घूमता हुआ। २. आलस्य/मद से युक्त। ३. बड़े घेरे का।

घूमट—[देशज] *पु॰* (स्थापत्य॰) मन्दिर में महामंडप के ऊपर का कम ऊँचाई और अधिक चौड़ाई का शिखर। घंटी।

***घूमनि**—[< हि॰ घूमना] *स्त्री॰* घेरा।

घूमर—[< हि॰ घूमना] *पु॰* एक राजस्थानी लोकनृत्य।

***घूमरा**—[< हि॰ घूम] *वि॰* मत्त करनेवाला। नशा लानेवाला।

***घूर**—[< हि॰ घूरा] *पु॰* घूरा।

***घूरन**—[ब्रज॰] *पु॰* पैंतरेबाज़।

घूरना—[< स॰ घूर्णन] *क्रिस॰* १. क्रोधित होकर किसी को टकटकी लगाकर देखना। ***जैसे***—घूरो मत, खा नहीं जाओगे। २. दृष्टि गड़ाकर बुरे भाव से देखना। ***जैसे***—युवतियों को घूरने की आदत बुरी है।

घूरा—[< स॰ कूट] *पु॰* १. कूड़ा-करकट और गन्दी या अनावश्यक वस्तुओं को फेंकने का स्थान। २. कूड़े-करकट का ढेर। ***वा॰* घूरे के दिन फिरना**—बुरी वस्तु या तुच्छ व्यक्ति की दशा में भी परिवर्तन होना।

घूर्ण—[स॰ √घूर्ण् + घञ्] *पु॰* घूमना। चक्कर लगाना। *वि॰* घूमता हुआ।

घूर्णन—[स॰] *पु॰* भ्रमण। घूमना। घूमने की क्रिया या भाव। (गणित॰) किसी पिंड द्वारा अपने ही किसी भाग के चारों ओर चक्कर लगाना। (अ॰ रोटेशन)।

घूर्णाक्ष—[स॰ घूर्ण ~ अक्ष] *पु॰* वह कीली जिसके चारों ओर कोई वस्तु घूमे।

घूर्णाक्षस्थापी—[स॰ घूर्णाक्ष + हि॰ स्थापी] *पु॰* (भौतिकी॰) एक उपकरण जिसके चक्र के सब दिशाओं में घूमने पर भी उसकी धुरी एक ही दिशा सूचित करती है। जाइरोदर्शी। (अ॰ जाइरोस्कोप।)

घूर्णावर्त—[स॰ घूर्ण ~ आवर्त] *पु॰* चक्कर खाता हुआ भँवर।

घूर्णी—[स॰ घूर्णिन्] *वि॰* घूमनेवाला।

घूर्मित—[< प्रा॰ घुम्म] *वि॰* चंचल।

घूस[1]—[< स॰ गुहाशय] *स्त्री॰* १. चूहे के समान एक जन्तु। २. (लाक्षणिक) शत्रु या अपकारी।

घूस[2]—[< हि॰ घुसना] *स्त्री॰* उत्कोच। रिश्वत। ✣ **घूसख़ोर**—*वि॰* = घूस खानेवाला। रिश्वत लेने वाला।

†घूहड़—[< स॰ घूक] *पु॰* उल्लू (पक्षी)।

घूँघर—[< प्रा॰ घुम्मइ, या < हि॰ घूमना] *पु॰* केशों का छल्ला। बालों की मरोड़/घुमाव। ✣ **घूँघरवारी**—*वि॰ (स्त्री॰)* = घुँघराली। ✣ **घूँघरवारे/घूँघरवाले**—*वि॰* (बह॰)= घुँघराले।

घूँट—[< प्रा॰ घुंट] *पु॰* एक बार मुँह में भरकर गले के नीचे उतारी जाने वाली पानी/दूध/दवा आदि की मात्रा। ***वा॰* घूँट-घूँट पीना**—धीरे-धीरे पीना। **एक घूँट**—बहुत थोड़ा।

***घूँबना**—*क्रिअ॰ ≤ हि॰* घूमना।

†घूँसन—[< स॰ घोषण] *पु॰* (कुत्ते का) भूँसना।

घूँसा—[< हि॰ घिस्सा] *पु॰* १. मारने के लिए बँधी मुट्ठी। मुष्टि। २. बँधी मुट्ठी का प्रहार। मुष्टि-प्रहार। मुक्का।

घृणा—[स॰ √घृ + नक् + टाप्] *स्त्री॰* किसी व्यक्ति या किसी कार्य, किसी वर्ग/दल, किसी विचार या किसी वस्तु के प्रति तीव्र अरुचि। घिन। नफ़रत। (काव्य॰) बीभत्स रस का स्थायी भाव। ∇ **विलोम**—प्रेम। ✣ **घृणालु**—*वि॰* = घृणायुक्त। घृणा करनेवाला।

घृणास्पद—[स॰ घृणा ~ आस्पद] *वि॰* घृणा के योग्य। गर्हित।

घृत—[स॰ √घृ + क्त] *पु॰* घी।

घृतकुमारी—[स॰] *स्त्री॰* 'ग्वारपाठा' नामक औषधोपयोगी वनस्पति। घीक्वार।

घृतान्न—[स॰ घृत ~ अन्न] *पु॰* घृत-युक्त अन्न।

घृताहुति—[स॰ घृत ~ आहुति] *स्त्री॰* घी की आहुति।

घृष्ट—[स॰ √घृष् + क्त] *वि॰* घिसा या पिसा हुआ। घर्षित।

घृष्टि—[स॰ √घृष् + क्तिन्] *स्त्री॰* घिसने की क्रिया या भाव। घिसाई। रगड़ाई।

घेघा—[देशज] *पु॰* १. कंठ-नली जिससे भोजन और पानी पेट में जाता है। २. एक रोग जिसमें गले में सूजन होकर फूला गला बाहर बढ़ा दिखायी देता है। गलगंड रोग।

घेर—[< हि॰ घेरना] *पु॰* १. घेरने की क्रिया/भाव। २. चारों ओर से घेरनेवाली वस्तु का विस्तार। घेरा। फैलाव। ३. परिधि। घेरा। ४. किसान के पशुओं के रहने का स्थान। बाड़ा।

घेरघार—[< हि॰ घेरना] *स्त्री॰* १. चारों ओर से घेरने की क्रिया/भाव। २. फैलाव। घेरा। ***वा॰* घेरघार कर**—आग्रह या दबाव आदि से किसी प्रकार।

घेरा—[< हि॰ घेरना] *पु॰* १. घेरने की क्रिया/भाव। २. किसी वस्तु/स्थान आदि को चारों ओर से घेरने वाली वस्तुओं का मंडलाकार रूप। ३. परिधि/सीमा से घिरा स्थान। ४. दीवार/बाड़ आदि से घिरा हुआ स्थान। अहाता। बाड़ा। ५. सेना या पुलिस आदि के द्वारा व्यक्ति/समूह/भवन/दुर्ग आदि का घिराव। ६. पहनने के वस्त्र का चौड़ाई में विस्तार ***जैसे***—कुर्ते का घेरा। ७. किसी ठोस पदार्थ का गोलाई में विस्तार। ***जैसे***—इस वृक्ष का घेरा ३ मीटर है।

घेराबन्दी (घेराबंदी)—[< हि॰ घेरा + फा॰ बन्दी] *स्त्री॰* (किसी के) चारों ओर घेरा डालने की क्रिया/भाव।

घेवर—[< प्रा॰ घेउर] *पु॰* मैदा से बनी एक मिठाई जिसमें घी बहुत होता है।

***घेवरना**—[देशज] *क्रिस॰* (शरीर में) लेपना, पोतना या लगाना।

घेंघा (घेंघा)—[देशज] *पु॰* घेघा।

घेंट (घेंट)—[< हि॰ घाँटी] *पु॰* कंठ। गला। गर्दन।

†**घैंटा (घेंटा)**—[< हि॰ घें-घें] *पु॰* सुअर का बच्चा। ✣ **घैंटुला (घेंटुला)**—[< हि॰ घैंटा] *पु॰* = सुअर का छोटा बच्चा।

***घैया**[1]—[देशज] *स्त्री॰* १. ताजे दूध की धार। २. कच्चे दूध को मथने से प्राप्त फेन।

घैया[2]—[देशज] *स्त्री॰* १. गर्त। २. कन्दरा। ३. पेटरूपी गुफ़ा। उदर-गुहा। ४. गाय आदि का स्तनमण्डल।

घैर—[देशज] *पु॰* १. निन्दापूर्ण चर्चा। २. निन्दा। अपयश। बदनामी। ✣ ***घैरवारी**—*वि॰ (स्त्री॰)* = १. निन्दा करने के स्वभाव वाली। ✣ ***घैरा**—*पु॰* = घैर। ✣ **घैरी**—*वि॰* = अपयश के योग्य। अपयशी।

***घैरु**—[< हि॰ घैर] *पु॰* १. निन्दापूर्ण चर्चा। अपयशपूर्ण चर्चा। बदनामी की चर्चा। २. अपयश। बदनामी। ३. चुग़ली। ४. उलाहना। ५. गुपचुप चर्चा।

***घैहा**—[< हि॰ घाव] *वि॰* आहत। घायल।

†**घोकना**—[बुन्देली] *क्रिअ॰* गम्भीर विचार करना।

***घोख**—[< स॰ घोष] *पु॰* १. घोष। अहीर। २. (वासुदेव) कृष्ण। ३. घोष। शब्द। आवाज़।

घोखना—[< स॰ घोष] *क्रिस॰* रटना। ***जैसे***—पाठ घोखना।

घोखवाना—[हि॰ घोखना का प्रेरणा॰] *क्रिस॰* घोखने का कार्य किसी से कराना। रटवाना।

घोट[1]—*पु॰* ≤ *स॰* घोटक। घोड़ा।

घोट[2]—[< हि॰ घोटना] *स्त्री॰* घोटने की क्रिया/भाव।

घोटक—[स॰ √घुट् + ण्वुल्] *पु॰* घोड़ा।

घोटना—[< स॰ घृष्ट] *क्रिस॰* १. चिकना/चमकीला करने के लिए या बारीक पीसने के लिए बार-बार रगड़ना। २. (गले को) कसकर दबाना जिससे साँस रुक जाए और व्यक्ति मर जाए। ***जैसे***—गला घोट देने से हुई मृत्यु। ३. पुस्तक आदि को बहुत देर तक और ध्यान से पढ़ना। ४. (पुस्तक/पाठ आदि को) रटना।

घोटा—[< हि॰ घोटना] *पु॰* १. घोटने की क्रिया/भाव। घुटाई। २. घोटने का साधन/उपकरण। ३. केशों और दाढ़ी-मूँछ को पूरी तरह कटवा देने की क्रिया/भाव। *वि॰* घुटा हुआ। ***वा॰* घोटा लगाना**—पाठ आदि को बार-बार रटने का काम।

घोटा-घोबा—[देशज] *पु॰* एक पेड़ जिसमें से राल निकलती है जो रँगाई में काम आती है तथा औषधोपयोगी होती है।

घोटू—[< हि॰ घोटना] *वि॰* १. घोटनेवाला। २. कसकर दबाने वाला। ३. (पाठ/पुस्तक आदि को) रटनेवाला। ***जैसे***—घोटू विद्यार्थी प्राय: बिना समझे रटते रहते हैं।

घोड़खर—[< हि॰ घोड़ा + स॰ खर] *पु॰* जंगली गधा।

***घोड़ला**—[< हि॰ घोड़ा] *पु॰* अश्विनी नक्षत्र।

घोड़ा नस—[< हि॰ गोड़ (= पैर) + नस] *स्त्री॰* एड़ी के ऊपर की मोटी नस।

घोपना—[देशज] *क्रिस॰* (शरीर में) भोंकना। धँसाना या चुभाना। घोंपना। ***जैसे***—पेट में छुरा घोपना।

घोर[1]—[स॰ हन् + अच्; घुर् आदेश] *वि॰* १. भयानक। डरावना। २. बहुत कठोर/कर्कश (स्वर)। ***जैसे***—घोर ध्वनि। ३. दुर्गम/घना/सघन। ***जैसे***—घोर जंगल। ४. तीव्र। असह्य। ५. बहुत बुरा। ***जैसे***—घोर पाप। ६. अति। अधिक। बहुत। ***जैसे***—घोर असावधानी। *पु॰* शिव। महादेव।

***घोर**[2]—*पु॰* ≤ *हि॰* घोड़ा। अश्व।

घोरदंष्ट्र—[स॰ घोर ~ दंष्ट्र] *वि॰* डरावने दाँतों वाला।

घोरदर्शन—[स॰ घोर ~ दर्शन] *वि॰* भयंकर। डरावना।

घोरना—[< स॰ घोर, तथा < हि॰ घोर] *क्रिअ॰* १. (बादलों का) घुमड़ना। २. घोर शब्द करना। ३. घोलना। *क्रिअ॰* घोर शब्द करना। गर्जन करना।

घोररूप—[स॰ घोर ~ रूप] *वि॰* भीषण रूप वाला। *पु॰* शिव। महादेव।

***घोरसार**—[< हि॰ घोड़ा + स॰ शाला] *पु॰* अश्वशाला। घुड़साल।

***घोरा**[1]—*पु॰* ≤ *हि॰* घोड़ा। अश्व।

***घोरा**[2]—[< हि॰ घोरना] *क्रिस॰* घोल दिया। घोला।

घोराघोरी[1]—[< स॰ घोर] *क्रिवि॰* घोर रूप से। ज़ोरों से। *स्त्री॰* अधिक तीव्रता या विकटता।

***घोराघोरी**[2]—[< हि॰ घोड़ा-घोड़ी] *पु॰* घोड़ा और घोड़ी अथवा बहुत घोड़े-घोड़ियाँ।

***घोरि**[1]—*स्त्री॰* ≤ *हि॰* घोड़ी।

***घोरि**[2]—[< स॰ घोर, तथा < हि॰ घोरना] *क्रिवि॰* १. घोर शब्द करके। २. घोलकर।

***घोरिला**—[बुन्देल॰] *पु॰* १. घोड़ा। २. (दीवार में गड़ी) खूँटी।

घोल—[< हि॰ घुलना] *पु॰* पानी या किसी अन्य द्रव में किसी वस्तु को घोलकर बनाया गया मिश्रण। ***जैसे***—नमक का घोल।

†**घोला**—[< हि॰ घोलना] *पु॰* किसी वस्तु को जल में घोलने से बना मिश्रण। जलीय घोल। ***जैसे***—भाँग का घोला।

घोलुआ—[< हि॰ घोलना] *वि॰* घोला हुआ। *पु॰* १. सब्ज़ी आदि का शोरबा। झोर। २. (पानी आदि में बना) घोल। ३. (मिट्टी का) कुल्हड़।

घोष[1]—[स॰ √घुष् + घञ्] *पु॰* १. ध्वनि, नाद या शब्द। २. ज़ोर की पुकार। घोर शब्द। गर्जन। ३. अहीर। ४. अहीरों की बस्ती। ***जैसे***—गोकुल, वृन्दावन इत्यादि घोष। ५. छोटी बस्ती। ६. गोशाला। ७. राजनीतिक दलों आदि के द्वारा प्रयुक्त वाक्य विशेष। नारा। ८. घोषणा। *वि॰, पु॰* (व्या॰, भाषा॰) कम्पनयुक्त ध्वनि। वे ध्वनियाँ जिनके उच्चारण में स्वर-तन्त्रियों में कम्पन होता है। ● **विशेष**—हिन्दी के सभी स्वर 'घोष' हैं। व्यंजनों में कवर्ग आदि पाँचों वर्गों के अन्तिम तीन व्यंजन तथा य्, र्, ल्, व्, ह् 'घोष' हैं। कुछ लोग 'घोष ध्वनि' को **'सघोष ध्वनि'** कहते हैं।

घोषणा—[स॰ √घुष् + णिच् + युच् + टाप्] *स्त्री॰* १. उच्च स्वर से किसी बात की सार्वजनिक सूचना। २. जनता को दी जाने वाली सरकारी आज्ञा/सूचना। ३. मुनादी। डौंड़ी।

घोषवती—[सं॰ घोषवत् + ङीप्] *स्त्री॰* वीणा (वाद्य)।

घोषीकरण—[सं॰ घोष ~ करण] *पु॰* (भाषा॰) ध्वनि-परिवर्तन का एक प्रकार जिसमें किसी शब्द में कोई 'अघोष' ध्वनि 'घोष' हो जाती है। ● **विशेष**—संस्कृत के अनेक कंठ्य अघोष व्यंजन हिन्दी में घोष बन गए और दोनों रूप प्रचलित हैं। 'भक्त' से बोलचाल की हिन्दी में बने शब्द 'भगत' में 'क्' का 'ग्' हो जाना 'क' का घोषीकरण है और इसी प्रकार काक→काग, प्रकट→प्रगट, लोक→लोग तथा शाक→साग में घोषीकरण हुआ है। ∇ **विलोम**—अघोषीकरण।

घोसी—[< सं॰ घोष] *पु॰* अहीर। ग्वाला।

घोँघा (घोंघा)—[अनु॰] *पु॰* शंख के समान एक समुद्री जन्तु। ***वा॰*** **घोंघा होना**—अत्यन्त मूर्ख होना। **निरा/निरे घोंघाबसन्त**—अत्यन्त मूर्ख।

घोँचा (घोंचा)—[< हिं॰ गुच्छा] *पु॰* फलों/फूलों का गुच्छा। स्तबक। ✣ **घोँची (घोंची)**—*स्त्री॰*।

घोँचू (घोंचू)—[देशज] *वि॰* मूर्ख।

घोँट (घोंट)—[< हिं॰ घोंटना] *पु॰* घोटने की क्रिया या भाव।

घोँटना (घोंटना)—*क्रिस॰* ≤ *हिं॰* घोटना।

***घोँटि¹ (घोंटि¹)**—[< हिं॰ घोंटना] *क्रिवि॰* घोटकर।

***घोँटि² (घोंटि²)**—[< हिं॰ घूँट] *स्त्री॰* (शिशुओं की) घुट्टी।

घोँटू (घोंटू)—[< हिं॰ घोटू] *वि॰* वह जो साँस या गला अवरुद्ध करे। गला घोटनेवाला।

घोँसला (घोंसला)—[< सं॰ घास ~ कुलाय] *पु॰* १. तिनकों, पत्तों आदि से पक्षियों द्वारा अपने रहने और अंडे देने आदि के लिए बनाया हुआ स्थान। नीड़। ***जैसे***—कुछ चिड़ियों के घोंसले बहुत कलात्मक होते हैं। २. (व्यंग्य॰) बहुत छोटा मकान। कमरा।

†घौद—[देशज] *पु॰* फलों का गुच्छा। ***जैसे***—केलों का घौद।

†घौर/घौरा—[< हिं॰ घौद] *पु॰* १. फलों का गुच्छा। २. समूह। ✣ **घौरी¹**—*स्त्री॰*।

घौरी²—[< फा॰ घूरी] *स्त्री॰* १. कूड़े की ढेरी। २. राशि। ढेर। ढेरी।

***घौरी³**—[< सं॰ घोर] *वि॰* घोर। अधिक।

†घौहा—[< हिं॰ घाव] *वि॰* (वह फल) जिसमें किसी आघात से घाव/धब्बा पड़ गया हो। चुटैल। दाग़ी। ***जैसे***—घौहा आम मत लेना।

घ्याल-घप्पा—[< हिं॰ घालना] *पु॰* एक शिकारी चिड़िया जो बाज़ से कुछ छोटी तथा लाल चोंच और काले पंजों वाली होती है।

घ्राण—[सं॰ √घ्रा + ल्युट्] *स्त्री॰* १. सूँघने की इन्द्रिय। नाक। २. सूँघने की शक्ति। ३. सुगन्ध।

घ्राणीय—[सं॰ घ्राण + छ] *वि॰* सूँघने से सम्बन्धित।

घ्राणेन्द्रिय (घ्राणेंद्रिय)—[सं॰ घ्राण ~ इन्द्रिय] *स्त्री॰* सूँघने की इन्द्रिय। नाक।

घ्रात—[सं॰ √घ्रा + क्त] *वि॰* सूँघा हुआ (पुष्प आदि)।

घ्राता—[सं॰ घ्रातृ] *वि॰* सूँघनेवाला।

***घ्रान**—[< सं॰ घ्राण] *पु॰* १. घ्राणेन्द्रिय। नाक। २. सूँघने की शक्ति। ३. सुगन्ध।

देवनागरी वर्णमाला में कवर्ग का पाँचवा व्यंजन। (भाषाविज्ञान की दृष्टि से) 'ङ' व्यंजन स्पर्श, नासिक्य, घोष तथा अल्पप्राण है। १. 'ङ्' का प्रयोग शब्द के आरम्भ या अन्त में नहीं, मध्य में ही होता है। २. (संस्कृत के) तत्सम और तद्भव शब्दों में केवल क, ख, ग और घ व्यंजनों से ही, पहले आए हुए 'ङ्' का, संयोग होता है (जैसे—पङ्क, पङ्ख, गङ्गा, जङ्घा इत्यादि में)। 'ङ्' के स्थान पर अनुस्वार की बिन्दी का प्रयोग करने की रीति मुद्रण आदि की सुविधा के नाम पर अधिक प्रचलित है और 'पंक, पंख, गंगा, जंघा' इत्यादि प्राय: लिखा जाता है। फिर भी, अनुस्वार की बिन्दी का यह प्रयोग दोषपूर्ण है क्योंकि अनुस्वार की यह बिन्दी इस नीति में ञ्, ण्, न्, म् के लिए भी प्रयुक्त होती है जबकि व्याकरण की परम्परा में अनुस्वार केवल अन्त:स्थ (य्, र्, ल्, व्) और ऊष्म (श्, ष्, स्, ह) अक्षरों से पहले होता है या पदान्त 'म्' के स्थान पर (जैसे—'धनं देहि' के 'धनं' (धनम्) में) ३. संस्कृत तत्सम शब्द 'वाङ्मय' को इसी रूप में लिखा जाएगा क्योंकि जहाँ भी सन्धि-नियम से 'वाक्' का 'वाङ्' में परिवर्तन होता है, वहाँ 'वाङ्' ही लिखा जाना सही है, 'वाङ्ग' (जैसे—'वाङ्गमय') लिखना ग़लत है।

ङ—[स॰ √ङ्+ ड] *पु॰* १. इन्द्रियों के विषय। शब्द, स्पर्श, रूप, रस और गन्ध। २. विषयों के प्रति इच्छा। विषयेच्छा। ३. भैरव।

ङकार—[स॰ ङ+ कार] *स्त्री॰* 'ङ' वर्ण या उसकी ध्वनि। जैसे—गंगा (गङ्गा) और कंघा (कङ्घा) में ङकार है, कंठ (कण्ठ) में नहीं।

च

देवनागरी वर्णमाला में चवर्ग का प्रथम व्यंजन। (भाषाविज्ञान की दृष्टि से) यह तालव्य, स्पर्श-संघर्षी, अघोष तथा अल्पप्राण वर्ण है। ● **विशेष—१.** 'च्' वर्ण अपने बाद आनेवाले व्यंजन से मिलने के लिए अपनी खड़ी रेखा छोड़कर संयुक्त रूप बनाता है, ***जैसे***—च्च, च्छ, च्य, च्व। [(उच्च, कच्चा, अच्छा, च्यवन, प्राच्य, च्वाइस (अं०)]। **२.** 'च' से पहले आनेवाले व्यंजनों में ञ्, र् और श् जो संयुक्त रूप बनाते हैं, वे ध्यान देने योग्य हैं—ञ्च, र्च, श्च (पञ्च, सञ्चय; अर्चन, ख़र्चा; पश्च, आश्चर्य)। 'ञ्च' के 'ञ्' के स्थान पर अनुस्वार के समान बिन्दी लगाकर लिखना भी मुद्रण आदि की सुविधा के लिए, प्रचलित है (पञ्च/पंच, सञ्चय/संचय)। **३.** प्रायः 'च' वर्ण हिन्दी-शब्दों के आदि और मध्य में आता है (चपल, प्राचीन, नाच, च्युत, वाच्य) परन्तु अन्त में उसका प्रयोग बहुत कम होता है, और प्रायः तत्सम शब्दों में ही।

च—[√चण्/√चि + ड] *पु०* १. शिव। महादेव २. चन्द्रमा। ३. कछुआ। ४. चोर।

चउथा—*वि०* = चतुर्थ। चौथा।

चउपैया—[< सं० चतुष्पदी] *पु०* (छन्द०) एक सममात्रिक छन्द जिसके प्रत्येक चरण में १०, ८, १२ पर यति के साथ कुल ३० मात्राएँ होती हैं, अन्त में गुरु।

***चउहट्ट**—[< सं० चतुर्हट्ट] *पु०* बाज़ार का चौक/चौराहा।

चक[1]—[< सं० चक्र] *पु०* १. चक्र नामक अस्त्र। २. चक्रवाक नामक पक्षी। चकवा। ३. पहिया। चाक। ४. चकई नामक खिलौना। ५. किसान के खेतों का समूह जिनकी मेंड़ें परस्पर मिली हुई हों और उन खेतों के बीच में किसी अन्य व्यक्ति का खेत न हो। चकता। ६. बड़ा भूखंड। ७. गुलचाँदनी का फूल। ८. अधिकार। ***जैसे***—पूरी तरह से चक बैठना। ९. नेत्र। *वि०* बहुत अधिक।

***चक[2]**—[< सं० √चक] *वि०* चकित। भौंचक।

चक[3]—[< फा०] *पु०* १. सीमा। हद। क्षेत्र। २. (अनेक छोटे-छोटे बिखरे खेतों के स्थान पर) एक बड़ा खेत/भूखंड। (दे० चकबन्दी)

चकई—[< सं० चक्रिका] *स्त्री०* १. नारी/मादा चकवा पक्षी। २. काठ का एक खिलौना जिसमें डोर लपेटकर उसे नचाया जाता है। *वि०* चक्राकार। गोल। ***जैसे***—चकई आड़ू।

†चकचकाना—[देशज] *क्रिअ०* भीग जाना। गीला होना।

***चकचकी[1]**—[अनु०] *वि०* अच्छी तरह प्रकाशित।

†चकचकी[2]—[< फा० चक़चक़] *स्त्री०* एक वाद्य। करताल।

†चकचाना—[< सं० चक्षु ~ अन्ध] *क्रिअ०* (नेत्रों का) चौंधियाना।

चकचाल**—[सं० चक्र + हि० चाल] *स्त्री०* १. चक्कर- वाली चाल। चक्रीय गति। २. भटकने की स्थिति। ***जैसे—जन्म-मरण की चकचाल। ३. चक्कर।

***चकचाव**—[< हि० चकचाना] *पु०* चकाचौंध।

चकचून—[< सं० चक्र ~ चूर्ण] *वि०* अच्छी तरह चूर-चूर किया हुआ। चूर-चूर। चकनाचूर।

***चकचूर**—[< हि० चक + चूर] *वि०* १. अच्छी तरह पिसा हुआ चूर्णित। चूर-चूर। २. चकनाचूर।

चकचोहा[1]—[< हि० चक + चोआ (= रस)] *वि०* १. रस से परिपूर्ण। २. चिकना-चुपड़ा। ✣ **चकचोही**—*वि० (स्त्री०)* = चिकनी-चुपड़ी।

चकचोहा[2]—[अनु०] हास्य-विनोद। हँसी-मज़ाक़।

***चकचौहना**—[< हि० चक] *क्रिस०* प्रेमपूर्ण दृष्टि से देखना।

चकचौहाँ—[< हि० चकचाहा] *वि०* १. जो आँखों में चकाचौंध उत्पन्न करता हो। २. बहुत चमकीला। ३. सुन्दर।

चकचौंध—[हि० चख < सं० चक्षु + हि० चौंध] *स्त्री०* चकाचौंध।

***चकचौंधना (चकचौंधना)**—[< हि० चकचौंध] *क्रिअ०* चकाचौंध होना। चौंधियाना। *क्रिस०* चकाचौंध करना। ✣ **चकचौंधनी (चकचौंधनी)**—*वि० स्त्री०* = चकाचौंध करनेवाली। जैसे—चकचौंधनी चपला।

चकचौंधी (चकचौंधी)—[< हि० चकचौंध] *स्त्री०* १. चकाचौंध २. नेत्रों का झपकना। ३. आश्चर्य। हैरानी।

***चकचौंह**—*स्त्री०* ≤ *हि०* चकाचौंध।

चकडोर/चकडोरी—[< हि० चक + डोर/डोरी] *स्त्री०* वह डोरी जिससे चकई आती-जाती है। चकई की डोरी।

चकडोल—[< सं० चक्र ~ दोला] *स्त्री०* (मध्ययुग में प्रचलित) एक प्रकार की पालकी।

चकती[1]—[< सं० चक्रपत्री] *स्त्री०* कपड़ा, चमड़ा या धातु का गोल टुकड़ा जो किसी दूसरी वस्तु में पैबन्द की तरह लगाया जाए।

चकती[2]—[< सं० चक्रिका] *स्त्री०* चकई नामक काठ का खिलौना।

चकत्ता[1]—[< सं० चक्रवत्] *पु०* त्वचा पर पड़ा गोल ददोरा। ***जैसे***—दाद के चकत्ते।

***चकत्ता[2]**—[< तुर्की चग़ताई] *पु०* १. चग़ताई वंश का। २. औरंगज़ेब।

चकदिल—[हि० चुक + दिल] *स्त्री०* धुँधले भूरे रंग की एक चिड़िया

जो लगभग गौरैया के आकार की होती है, 'चुक-चुक' जैसा कर्कश स्वर निकालती है तथा मक्खियों और मच्छरों का तेज़ी से शिकार करती है।

***चकना**—[< हि॰ चक] *क्रिअ॰* १. चकित होना। चकपकाना। चौंकना। २. शंकित होना। ✣ **चकि**—*क्रिवि॰* = चकित होकर।

चकनाचूर—[हि॰ चक + चूर] *वि॰* १. चूर-चूर। चूर्णित। २. (थककर) शिथिल शरीरवाला। ३. बहुत थका हुआ। ***वा॰* चकनाचूर करना**—१. नष्ट करना। २. बहुत थका देना। **चकनाचूर होना**—१. नष्ट होना। २. बहुत थक जाना।

चकपक—[< हि॰ चक + अनु॰] *वि॰* चकित। भौंचक्का। *स्त्री॰* चकित होने की अवस्था/भाव। विस्मय। चकपकाहट।

चकफेरी—[हि॰ चक + फेरी] *स्त्री॰* मंडलाकार/गोलाकार घूमने की क्रिया/भाव। परिक्रमा। ***जैसे***—देवता की चकफेरी करना/लेना।

चकबन्दी (चकबंदी)—[हि॰ या फा॰ चक + हि॰ बन्दी] *स्त्री॰* कृषि-सम्बन्धी एक प्रशासनिक व्यवस्था जिसमें किसानों के इधर-उधर बिखरे खेतों को कुछ परिवर्तन करके बड़े चक/खंड का स्वामी बनाना।

चकबस्त—[फा॰] *वि॰* चकों में बँटा हुआ।

चकमक—[< तुर्की चकमाक़] *पु॰* एक कठोर पत्थर जिसे रगड़ने पर आग निकलती है।

***चकर**—[< स॰ चक्र] *पु॰* १. चक्रवाक पक्षी। चकवा। २. चक्कर।

चकर-मकर—[< स॰ चकार ~ मकार] *पु॰* १. बातचीत जो आवश्यकता से अधिक देर चले (उपेक्षा के साथ प्रयुक्त शब्द)। २. बच्चों की बातचीत आदि का अप्रिय शोर।

चकराना—[< स॰ चक्र] *क्रिअ॰* १. सिर घूमना। सिर में चक्कर आना। २. चकित होना। *क्रिस॰* १. चक्कर देना। घुमाना। २. चकित करना।

***चकरी**—[< स॰ चक्र] *स्त्री॰* १. कोई चक्राकार/मंडलाकार वस्तु। २. चक्की या उसका पाट। ३. काठ का बना एक छोटा खिलौना। चकई। ४. भ्रम। भ्रान्ति। चक्कर। ५. घेरा।

†चकल—[देशज] *पु॰* १. किसी पौधे को खोदकर निकालने की क्रिया/भाव। पौधा उखाड़ना। २. किसी पौधे को उखाड़कर अन्यत्र लगाने की क्रिया/भाव। ३. किसी पौधे को उखाड़कर अन्यत्र ले जाते समय उसकी जड़ में लगी मिट्टी।

चकला[१]—[< प्रा॰ चक्कल] *वि॰* १. चक्राकार। मंडलाकार। वर्तुल। २. चौड़ा। *पु॰* १. लकड़ी/पत्थर का चिकना पटल जिस पर रोटी बेली जाती है और जो गोल अथवा चौकोर होता है। ***जैसे***—अच्छा चकला-बेलन ख़रीदना। २. (घर में काम आनेवाली) चक्की। चकिया। ***जैसे***—चकले से चने पीसने पर बेसन बनता है और चने दलने पर चने की दाल। ३. अनेक ग्रामों आदि का बड़ा भूखंड। इलाक़ा।

चकला[२]—[< तुर्की चक्लः] *पु॰* वेश्याओं का मुहल्ला/बस्ती।

चकलाना[१]—[< हि॰ चकल] *क्रिस॰* पौधे को एक स्थान से दूसरे स्थान पर लगाने के लिए आसपास की मिट्टी के साथ जड़ से उखाड़ना। चकल उठाना।

चकलाना[२]—[< हि॰ चकला < प्रा॰ चक्कल] *क्रिस॰* चकला करना। विस्तृत/चौड़ा करना।

चकली—[< हि॰ चकला] छोटा चकला जिस पर चन्दन आदि घिसा जाता है। हिरसा।

चकल्लस—[< तुर्की चपक़लश] *स्त्री॰* १. मित्रों का परस्पर हँसी-मज़ाक़। हास-परिहास। ***जैसे***—तुम्हें हर समय चकल्लस सूझती है। २. किसी बात पर ज़ोरदार चर्चा। ***जैसे***—ज़रा-ज़रा सी बात पर चकल्लस करना तुम्हारा स्वभाव है। ३. झंझट। बखेड़ा। ***जैसे***—शादी करने में बड़ी चकल्लस है।

चकवड़—[< स॰ चक्रमर्द] *पु॰* (आयुर्वेद॰) एक औषधोपयोगी छोटा पौधा जो वर्षा ऋतु में बहुत उगता है तथा चर्मरोगों में बहुत काम आता हैं।

चकवा—[< प्रा॰ चक्कवाय < स॰ चक्रवाक] *पु॰* चकवा नामक पक्षी जो प्राय: ७० से.मी. का होता है, जिसका बदन सुनहरा या नारंगी भूरा होता है, सिर और गर्दन बादामी रंग के होते हैं तथा गले पर काली कंठी होती है जो चकवी के नहीं होती। चक्रवाक। सुर्ख़ाब। ● **विशेष**— कवि-प्रसिद्धि है कि चकवा-चकवी का जोड़ा रात्रि में साथ नहीं रहता, बिछुड़ जाता है।

***चकवाक**—[< स॰ चक्रवाक] *पु॰* चक्रवाक (पक्षी)। चकवा।

***चकवाना**—[ब्रज॰, < हि॰ चकना] *क्रिअ॰* चकित होना। चकपकाना।

चकवी—[< प्रा॰ चक्कवाई < स॰ चक्रवाकी अथवा < हि॰ चकवा] *स्त्री॰* नारी /मादा चकवा पक्षी। चक्रवाकी। चकई। ● **विशेष**—चकवी पक्षी के गले पर काली कंठी नहीं होती है। (दे॰ 'चकवा')

***चकवै**—*पु॰* ≤ *स॰* चक्रवाक। चकोर (पक्षी)।

†चकहा/चका—[< स॰ चक्र] *पु॰* १. चक्र। पहिया। २. चक्रवाक पक्षी। चकवा।

चकहेरा—[< हि॰ चाकी] *पु॰* एक नुकीले औज़ार से चक्की के पाट में गड्ढे करने (चक्की खोटने) का काम करनेवाली एक जाति या उसका व्यक्ति। खटिक/खटीक जाति का व्यक्ति।

चकाचक[१]—[< स॰ √चक्] *वि॰* १. तृप्तिकारक। मज़ेदार। २. चटकीला। ३. सराबोर। तर। *क्रिवि॰* तृप्त होकर। अघाकर। भरपूर। ख़ूब।

चकाचक[२]—[< फा॰ चक्रचाक़] *स्त्री॰* तलवार के शरीर पर बार-बार आघात का शब्द।

चकाचक[३]—[अनु॰] *क्रिवि॰* भरपूर।

चकाचकी—[< फा॰ चख़] *स्त्री॰* १. क्रोधपूर्ण बातचीत। कहा-सुनी। चख़चख़। २. कलह। झगड़ा।

चकाना—[< हि॰ चकना] *क्रिअ॰* १. चकित/विस्मित करना। चकपकाना। २. भ्रमित करना।

चकार—[सं० च + कार] पुं० 'च' वर्ण या उसकी ध्वनि।।

***चकासना**—[< सं० √चकास्] *क्रिअ०* चमकना। प्रकाशित होना।

चकित—[< सं० √चक् + क्त] *वि०* १. विस्मित। भौंचक्का। हैरान। २. चौंका हुआ। ***जैसे***—आश्चर्यचकित। ३. शंकित। *पुं०* (काव्य०) एक स्वभावज अलंकार। कभी-कभी प्रिय के सामने नायिका के द्वारा अकारण भय/विभ्रम दिखाया जाना। ✣ **चकितनयना**—*वि० (स्त्री०)* = १. चकित नेत्रों वाली। २. विस्मित होकर देखनेवाली।

***चकितवन्त (चकितवंत)**—*वि०* ≤ *सं०* चकित।

चकिता—[सं० चकित + टाप्] *वि० (स्त्री०)* १. चकित। २. विस्मित। भौंचक्की। २. चौंकी हुई। *स्त्री०* (छन्द०) एक वर्णिक छन्द जिसके प्रत्येक चरण में क्रमशः भगण, सगण, मगण, तगण, नगण तथा गुरु (भ स म त न ग) के योग से १६ वर्ण होते हैं, ८-८ पर यति होती है।

***चकिताई**—[< सं० चकित] *स्त्री०* चकित होने की अवस्था/भाव। आश्चर्य। अचम्भा। विस्मय।

†**चकिया**—[< सं० चक्रिका] १. पत्थर आदि का कोई गोल छोटा टुकड़ा। २. (घर में आटा पीसने की) पत्थर के दो पाटों वाली छोटी चक्की।

***चकी**—[< हिं० चकना] *क्रिअ०* चकित हुई। *वि०* चकित। चकराई हुई।

***चकुआ**—[< सं० चक्र] *पुं०* चक्र। पहिया।

***चकुला**—[देशज] *पुं०* चिड़िया का बच्चा।

***चकृत**—[< सं० चकित] *वि०* १. चकित। विस्मित। भौंचक्का। २. व्याकुल। ३. चौकन्ना।

***चकेठ**—[सं० चक्र ~ यष्टि] *पुं०* (कुम्हार का) घुमाने का डंडा।

***चकेव**—[< सं० चक्रवाक] *पुं०* चक्रवाक (पक्षी)। चकवा।

चकैया**—[< हिं० चकई] *स्त्री०* चकई। *वि०* चपटापन लिए हुए गोल। ***जैसे—चकैया आड़ू।

चकैंडी (चकैंडी)—[< सं० चक्रभाण्डिका] स्त्री० कुम्हार के द्वारा अपने चक्र/चाक के पास पानी भरकर रखने की हाँडी।

***चकोट**[१]—[< हिं० चुटकी] *पुं०* चुटकी भरना। नोचना। चिकोटी।

चकोट[२]—[< हिं० चक] *पुं०* गाड़ी के पहिए से भूमि पर पड़नेवाली लकीर।

चकोतरा—[देशज] *पुं०* एक गोल फल जो बिजौरा नीबू जैसा होता है और जिसके भीतर प्रायः दस फाँकें होती हैं।

चकोर—[सं० √चक् + ओरन्] *पुं०* तीतर के समान कुछ-कुछ सफ़ेद चित्तियों वाली काले रंग की एक चिड़िया जिसकी चोंच और आँखें लाल होती हैं परन्तु पेट कुछ सफ़ेद-सा होता है। (छन्द०) एक समवर्णिक छन्द। सवैया का एक प्रकार जिसके प्रत्येक चरण में क्रमशः ७ भगण, गुरु और लघु के योग से २३ वर्ण होते हैं। ***वा०* चकोर होना**—प्रेमी/आसक्त होना। ✣ **चकोर-कुमारी**—*स्त्री०* = चकोरी। ✣ **चकोरी**—*स्त्री०* = नारी/मादा चकोर पक्षी।

चक्क[१]—[< सं० √चक्] *वि०* तृप्तिकारक और भरपूर। ***जैसे***—चक्क भोजन।

चक्क[२]—[< सं० चक्र] १. चक्र। २. पहिया। ३. (कुम्हार का) चाक। ४. चक्रवाक पक्षी। चकवा।

***चक्कवइ**[१]—*वि०, पुं०* ≤ *सं०* चक्रवर्ती (राजा)।

***चक्कवइ**[२]—*पुं०* ≤ *सं०* चक्रवाक (पक्षी)। चकवाना।

***चक्कवा**—[< सं० चक्रवाक] *पुं०* चक्रवाक पक्षी। चकवा।

***चक्कवै**[१]—*वि०, पुं०* ≤ सं० चक्रवर्ती। (राजा)।

***चक्कवै**—*पुं०* ≤ *सं०* चक्रवाक (पक्षी)। चकवा।

चक्कस—[< फा० चकस] *पुं०* (लोहे आदि की छड़ का बना हुआ) पक्षियों के बैठने का अड्डा।

***चक्कि**—[< सं० चक्रवाकी] *स्त्री०* चक्रवाकी। चकवी।

†**चक्कू**-[< तुर्की चाक़ू] *पुं०* चाक़ू।

†**चक्खी**-[< हिं० चखना] १. स्वाद जानने या स्वाद लेने के लिए चखने की क्रिया/भाव। २. चखी जाने योग्य स्वादिष्ठ वस्तु।

चक्र—[सं० √कृ + क, नि० द्वित्व] *पुं०* १. (मंडलाकार) पहिया। ***जैसे***—रथ/गाड़ी का चक्र; चक्र-यान। २. कोई मंडलाकार/वृत्ताकार/वर्तुल वस्तु। ३. एक (प्राचीन) अस्त्र जो मंडलाकार तथा बहुत तेज़ धारवाला होता है। ४. मंडलाकार घेरा। ५. कुम्हार का चाक या तेली का कोल्हू। ६. राज्य। ***जैसे***—चक्र-गोप्ता अधिकारी। ७. शासन-तन्त्र। ८. प्रान्त, ज़िला या ग्राम-समूह। ९. सेना। १०. नदी आदि का भँवर। ११. धोखा। ११. षड्यन्त्र। ***जैसे***—सेनापति का राजा के विरुद्ध कुटिल चक्र। १२. दल या समूह। ***जैसे***—विपत्तियों का चक्र। १३. किसी नियम के अनुसार क्रमशः बार-बार होनेवाले परिवर्तनों का ऐसा क्रम जिसके अन्त में आरम्भिक अवस्था फिर-फिर आती रहे। आवर्तन। ***जैसे***—जन्म-मरण का चक्र; ऋतु-चक्र। १४. (शरीर में फैला हुआ नाड़ियों का) जाल। ***जैसे***—नाड़ी-चक्र। १५. चक्कर। ***जैसे***—राजनीति का चक्र। १६. (ग्रन्थ के पाठ की) आवृत्ति। ***जैसे***—प्रतिदिन गीता-पाठ के तीन चक्र करना। १७. चक्रवाक पक्षी। चकवा। १८. (योद्धाओं आदि को पुरस्कार में दिया जाने वाला) विशेष पदक/तमग़ा। ***जैसे***—परमवीर चक्र। १९. वैष्णवों द्वारा शरीर पर दाग़कर बनवाया गया सुदर्शन चक्र जैसा चिह्न या मुद्रा। २०. (पिस्तौल आदि) अलग-अलग शस्त्रों से एक बार की गोलियों की बौछार। ***जैसे***—पुलिस ने चार चक्र गोलियाँ चलायीं। (हठयोग०) मेरुदंड में स्थित नाड़ियों के मिलन के कुछ विशेष संवेदनशील स्थान। ***जैसे***—मूलाधार चक्र से सहस्रार चक्र तक सात चक्र प्रमुख हैं। (हस्तसामुद्रिक०) उँगलियों के पोरों में प्राप्त वे सूक्ष्म रेखाएँ जो अनेक बार वर्तुलाकार बनी हों। ***जैसे***—उँगलियों में चक्र और शंख गिनो। (छन्द०) एक समवर्णिक छन्द जिसके प्रत्येक चरण में क्रमशः भगण, तीन नगण, लघु, गुरु (भ न न न ल ग) के योग से कुल १४ वर्ण होते हैं तथा ७-७ वर्णों पर यति होती है। चक्रविरति छन्द। ● **विशेष**—उक्त छन्द में मात्राओं का क्रम (गुरु, ९ लघु, गुरु) दोनों ओर से वही रहता है।

चक्रक—[सं० चक्र √कै + क] *वि०* मंडलाकार। वृत्ताकार। *पुं०* चक्राकार कथन। (न्याय०) तर्क-दोष का एक प्रकार। अनेक पदार्थों

का चक्राकार भाव से एक दूसरे की सहायता पर अवलम्बित होना। (जैन॰) तर्क करने में एक दोष। वादी का बात करते-करते पुनः पुनः घूमकर एक ही बात पर आ जाना।

चक्रगति—[सं॰ चक ~ गति] *स्त्री॰* मंडलाकार गति। गोलाई में घूमना।

चक्रगोप्ता—[सं॰ चक्र ~ गोप्ता] *पु॰* १. राज्य का रक्षक अधिकारी। २. सेनापति। ३. रथ के चक्र का रक्षक योद्धा।

चक्रचारी—*पु॰* रथ। *वि॰* मंडलाकार घूमनेवाला।

चक्रजीवक, चक्रजीवी—[चक्र ~ जीवक/जीविन्] *पु॰* कुम्हार।

चक्रधर—[सं॰ चक्र + धर] *वि॰* चक्र धारण करनेवाला। चक्रधारी। *पु॰* १. विष्णु २. कृष्ण।

चक्रनाभि—[सं॰ चक्र ~ नाभि] *स्त्री॰* १. चक्र का मध्यबिन्दु। २. (गाड़ी के) पहिए का केन्द्र जिसमें से अक्ष/धुरा जाता है।

चक्रनेमि—[सं॰ चक्र ~ नेमि] स्त्री॰ चक्र/पहिए की परिधि।

चक्रपाणि—[सं॰ चक्र ~ पाणि] *वि॰* जिसके हाथ में चक्र हो। *पु॰* १. विष्णु। २. कृष्ण।

चक्रपूजा—[सं॰ चक्र ~ पूजा] (तन्त्र॰) तान्त्रिकों की पूजा-विधि जिसमें अनेक साधक मंडलाकार बैठकर कुछ क्रियाएँ करते हैं।

चक्रबन्ध (चक्रबंध)—[सं॰ चक्र ~ बन्ध] *पु॰* चित्रकाव्य का एक भेद।

***चक्रबाक**—*पु॰* ≤ सं॰ चक्रवाक। चकवा (पक्षी)।

चक्रमुद्रा—[सं॰ चक्र ~ मुद्रा] *स्त्री॰* चक्र, शंख आदि के चिह्न जिन्हें वैष्णव अपने शरीर पर दगवाते हैं।

चक्रयान—[सं॰ चक्र ~ यान] *पु॰* पहियों वाली गाड़ी।

चक्रलेखित्र—[सं॰ चक्र ~ लेखित्र] *पु॰* लोहे की नुकीली लेखनी से या टंकणयन्त्र से कटी हुई सामग्री की छपाई करने का यन्त्र। (अं॰ साइक्लोस्टाइल मशीन)।

चक्रवर्ती—[सं॰ चक्रवर्तिन्] *वि॰* १. विशाल राज्य वाला। २. सार्वभौम। ३. श्रेष्ठ। *पु॰* १. समुद्र तक फैले हुए विशाल राज्य का स्वामी। २. सम्राट्।

चक्रवाक—[सं॰ चक्र ~ वाक] *पु॰* चकवा (पक्षी)। ✣ **चक्रवाकी**—*स्त्री॰* = चकवी।

चक्रवात—[सं॰ चक्र ~ वात] *पु॰* चक्कर खाती हुई तेज़ हवा। बवंडर। तूफ़ान। (भूगोल॰) एक वायुमंडलीय दाब क्षेत्र जिसके केन्द्र में दाब कम और आगे की ओर बढ़ता हुआ होता है तथा बाहर से हवाएँ उसके केन्द्र की ओर चलती हैं। (अं॰ साइक्लोन) ✣ **चक्रवातीय वर्षा**—*स्त्री॰* = चक्रवात के चलने से होनेवाली बारिश।

चक्रवान्—[सं॰ चक्र ~ वत्] *वि॰* १. पहिएवाला। २. चक्रधारी। *पु॰* १. चक्रवर्ती। सम्राट्। २. कुम्हार। तेली।

चक्रवाल—[सं॰ चक्र √वाड् + अच्, ड्→ल्] *पु॰* १. लोकालोक नामक पुराण-वर्णित पर्वत। २. मंडल। घेरा। ३. मंडलाकार समूह। *जैसे*—गोपियों के चक्रवाल से अलंकृत कृष्ण। ४. चक्राकार भ्रमण।

चक्रविरति—[सं॰ चक्र ~ विरति] *पु॰* (छन्द॰) 'चक्र' छन्द। (दे॰)

चक्रवृद्धि (चक्रवृद्धि)—[सं॰ चक्र ~ वृद्धि] *स्त्री॰* ऋण में साधारण ब्याज से भिन्न ब्याज की एक रीति। प्रत्येक अवधि (प्रायः एक वर्ष) का साधारण ब्याज मूलधन में जोड़कर अगली अवधि के लिए नया मूलधन बनाने की रीति से कुल अवधि में प्राप्त ब्याज की विधि वाला ऋण।। सूद-दर-सूद की रीति।

चक्रव्यूह—[सं॰ चक्र ~ व्यूह] *पु॰* १. युद्धक्षेत्र में चक्र के आकार में सजायी गयी सेना। एक प्राचीन व्यूह जिसकी जटिल रचना में प्रवेश कर पाना कठिन होता है और बाहर निकल पाना और भी कठिन। *जैसे*—कौरवों के चक्रव्यूह में फँसा अभिमन्यु। २. (लाक्षणिक) निर्दोष व्यक्ति को फाँसनेवाली जटिल रचना। *जैसे*—आर्थिक चक्रव्यूह।

चक्रांश—[सं॰ चक्र ~ अंश] *पु॰* किसी चक्र का कोई अंश/भाग।

चक्राकार/चक्राकृति—[सं॰ चक्र ~ आकार/आकृति] *वि॰* जो चक्र/पहिए के आकार का हो। मंडलाकार। वृत्ताकार। चक्रिल। *जैसे*—चक्राकार गति।

चक्राङ्क (चक्रांक)—[सं॰ चक्र ~ अङ्क] *पु॰* भगवान् विष्णु के चक्र का चिह्न जो वैष्णव अपने अंगों पर अंकित कराते हैं। ✣ **चक्राङ्कपुच्छ (चक्रांकपुच्छ)**—*पु॰* १. मयूर। मोर। २. मोरपंख।

चक्राङ्कित (चक्रांकित)—[सं॰ चक्र ~ अङ्कित] *वि॰* १. चक्र/पहिया के निशान से युक्त। २. भगवान् विष्णु के चक्र के चिह्न से युक्त शरीर वाला। *पु॰* १. शरीर पर चक्र-चिह्न अंकित करानेवाले वैष्णवों का सम्प्रदाय। २. उक्त सम्प्रदाय का सदस्य।

चक्राङ्ग (चक्रांग)—[सं॰ चक्र ~ अङ्ग] *पु॰* १. रथ। गाड़ी। २. चकवा पक्षी। ४. राजहंस या हंस।

चक्राङ्गी (चक्रांगी)—[सं॰ चक्राङ्ग + ङीष] *स्त्री॰* १. चकवी (पक्षिणी) २. हंसिनी (पक्षिणी)।

चक्राभ—[सं॰ चक्र + आभ] *वि॰* चपटी और गोलाकार। चक्रवत्। *जैसे*—तश्तरी।

चक्रायुध—[सं॰ चक्र ~ आयुध] *पु॰* विष्णु।

चक्रिका—[सं॰ चक्रिक + टाप्] *स्त्री॰* छोटा चक्र। (चिकित्सा॰) १. एक चपटी गोलाकार संरचना। *जैसे*—कटि चक्रिका; ग्रैव चक्रिका इत्यादि। २. घुटने की गोल हड्डी।

***चक्रित**—[< सं॰ चकित] *वि॰* १. चकित। विस्मित। २. भयभीत। ३. परेशान।

चक्रिल—[< सं॰ चक्र] *वि॰* चक्राकार।

चक्री—[सं॰ चक्रिन्] *वि॰* १. (गाड़ी/रथ आदि) जिसमें पहिया लगा हो। २. मंडलाकार (वस्तु)। ३. चक्र धारण करनेवाला। ४. चक्रवर्ती। ५. षड्यन्त्रकारी। *पु॰* १. वह जिसके पास चक्र हो। चक्रयुक्त। चक्रधारी। २. (भगवान्) विष्णु। ३. चकवा पक्षी। चक्रवाक। ४. कुम्हार। ५. तेली। ६. साँप। ७. चक्रवर्ती राजा। सम्राट्।

चक्रेश्वर—[सं॰ चक्र ~ ईश्वर] *पु॰*१. चक्र का स्वामी। २. चक्रवर्ती। सम्राट्। ३. भगवान् विष्णु। ४. कृष्ण। ✣ **चक्रेश्वरी**—*स्त्री॰* = १. लक्ष्मी (देवी)। २. कृष्ण-पत्नी (रुक्मिणी आदि)। (जैन) एक देवी।

चक्षण—[सं॰ √चक्ष् + ल्युट्] *पु॰*१. चखने की क्रिया/भाव। चखना। २. चखने की वस्तु। ३. कथन। बातचीत।

चक्षु/चक्षुः—[सं॰ √चक्ष् + उस्] *पु॰* १. नेत्र। आँख। २. (लाक्षणिक) दृष्टि।

चक्षुःपथ—[सं॰ चक्षुः ~ पथ] *पु॰* १. दृष्टि/नज़र की पहुँच। २. अन्तरिक्ष।

चक्षुःश्रवा—[सं॰ चक्षुः ~ श्रवा] *वि॰* नेत्रों से सुननेवाला। *पु॰* सर्प। साँप।

चक्षुष्मान्—[सं॰ चक्षुस् + मतुप्] *वि॰* १. आँखवाला। नेत्रवान्। २. सुन्दर आँखों वाला। ३. अच्छी दृष्टि वाला।

***चख**[१]—[< सं॰ चक्षु] *पु॰* चक्षु। नेत्र। आँख। ✣ **चखकोर**—*स्त्री॰* = १. आँख की कोर। २. कृपा-दृष्टि।

***चख**[२]—[< फा॰ चख़] *पु॰* लड़ाई-झगड़ा।

चख़-चख़—[< फा॰ चख़] *स्त्री॰* १. (दो व्यक्तियों या पक्षों की आपस में) किसी बात पर कहा-सुनी। तू-तू मैं-मै। २. विवाद। तकरार। ३. कलह। लड़ाई-झगड़ा।

चखचोट—[< हि॰ चख < सं॰ चक्षु+ चोट] *स्त्री॰* नेत्रों द्वारा चोट। कटाक्षपात।

†**चखचौंध**— [हि॰ चख < सं॰ चक्षु + हि॰ चौंध] *स्त्री॰* चकाचौंध।

***चखपति**—[< सं॰ चक्षुष्पति] *पु॰* सूर्य।

चखिया[१]—[< हि॰ चखना] *वि॰, पु॰*१. चखनेवाला। २. रसास्वादक। रसिक। ३. प्रेमी।

चखिया[२]—[< फा॰ चख़] *वि॰* झगड़ालू।

***चखोड़ा**—[< हि॰ चख] *पु॰* कुदृष्टि से बचाने के उद्देश्य से लगाया जाने वाला काला टीका। डिठौना।

चखौती—[< हि॰ चखना] *स्त्री॰* १. चखने का भाव या क्रिया। २. स्वादिष्ठ खाद्य वस्तुएँ।

***चखौंड़ा (चखौंड़ा)**—[< हि॰ चखोड़ा] *पु॰* तिलक।

चग़ताई—[तुर्की] *पु॰*१. चग़ताई ख़ाँ नामक एक सम्राट् जो चंगेज़ ख़ाँ का पुत्र था। २. चग़ताई वंश की एक पुत्री का पुत्र बाबर तथा बाबर के वंशज (औरंगज़ेब आदि)। ✣ **चगत्ता**—*वि॰* = चग़ताई।

***चङ्क (चंक)**—[< सं॰ चक्र] *वि॰* १. समस्त। पूर्ण। सारा। २. पूरा-पूरा। *पु॰* एक उत्सव जो फ़सल कटने पर कृषक मनाते हैं।

चङ्क्रमण (चंक्रमण)—[सं॰ क्रम + यङ् द्वित्वादि + ल्युट्] १. धीरे-धीरे चलना। २. घूमना। टहलना।

चङ्ग[१] **(चंग**[१] **)**—[सं॰ √चक् + अच्, नि॰] १. स्वस्थ। तन्दुरुस्त। चंगा। २. सुन्दर।

चङ्ग[२] **(चंग**[२] **)**—[फा॰] *स्त्री॰* डफ़ जैसा एक अवनद्ध वाद्य। २. पतंग। ३. वीणा, सितार आदि का ऊँचा स्वर या चढ़ा हुआ स्वर। ***वा॰* चंग चढ़ना**—१. किसी बात की अधिकता या ज़ोर होना। २. (किसी व्यक्ति का) प्रताप/वैभव बढ़ना। **(किसी की) चंग पर चढ़ना**—१. अनुकूल या वश में होना। २. आपे से बाहर होना। **(किसी को) चंग पर चढ़ाना**—१. कोई कार्य करने के लिए उत्साह बढ़ाना। हौसला बढ़ाना। २. व्यक्ति के झूठे अहंकार को मतलब सिद्ध करने के लिये, बढ़ावा देना।

चङ्गा (चंगा)—[< सं॰ चङ्ग] *वि॰*१. स्वस्थ। तन्दुरुस्त। ***जैसे***—रोगियों को चंगा करनेवाले महात्मा। २. उत्तम। श्रेष्ठ। ३. विकार-रहित। शुद्ध। ✣ **चङ्गी (चंगी)**—*वि॰* (*स्त्री॰*)। ***जैसे***—चंगी लड़की।

***चङ्गिम (चंगिम)**—[< सं॰ चङ्ग] *स्त्री॰*१. सौन्दर्य। २. चन्द्रिका। चाँदनी।

***चङ्गु (चंगु)**—[< फा॰ चंग] *पु॰* हाथ की पकड़। चंगुल।

चंगेर/चँगेर—[< सं॰ चङ्गेरिका] *स्त्री॰*१. बाँस की खपच्चियों की बनी छोटी डलिया/टोकरी जिसमें फूल, फल, मिठाई आदि रखते हैं। २. धातु आदि का बना उक्त जैसा पात्र। ३. शिशुओं को लिटाकर झुलाने और सुलाने के लिए बनी पालने जैसी टोकरी। ४. पानी भरने की मशक।

चचर—[देशज] *स्त्री॰* वह भूमि जो बहुत समय तक परती रहने के बाद पहली बार जोती और बोयी गयी हो।

चचैंड़ा (चचेंड़ा)—[सं॰ चिचिण्ड] *पु॰* एक प्रकार की लता तथा उससे प्राप्त फलशाक।

चचोड़ना—[देशज] *क्रिस॰* दाँतों से दबाकर रस चूसना या खाना।

चञ्च[१] **(चंच**[१] **)**—[सं॰ √चञ्च् + अच्] *पु॰* पाँच अंगुल की एक प्राचीन माप।

***चञ्च**[२] **(चंच**[२] **)**—[< सं॰ चञ्चु] *स्त्री॰* (पक्षियों की) चंचु। चाँच। ✣ **चञ्चपुटी (चंचपुटी)**—*स्त्री॰* = चाँच।

***चञ्चरि (चंचरि)**—[< सं॰ चञ्चरी] *स्त्री॰* १. चाँचरि नृत्य। लकुट रास। २. चाँचरि गीत जो वसन्त ऋतु में गाया जाता है (जिसमें होली, फाग आदि हैं)।

चञ्चरी (चंचरी)—[सं॰ √चर् + यङ् द्वित्वादि + टक् + ङीप्] *स्त्री॰* १. भ्रमरी। भौंरी। २. चाँचरि/चाँचरी नामक नृत्य। (छन्द॰) १. एक वर्णिक छन्द जिसके प्रत्येक चरण में क्रमशः रगण, सगण, २ जगण, भगण, रगण (र स ज ज भ र)के योग से १८ वर्ण होते हैं तथा ८-१० पर यति होती है। चर्चरी छन्द। विबुधप्रिया छन्द। २. मात्रिक दंडक का एक प्रकार जिसके प्रत्येक चरण में ४६ मात्राएँ होती हैं, अन्त में गुरु होता है तथा १२-१२-१२-१० पर यति होती है। हरिप्रिया छन्द।

चञ्चरीक (चंचरीक)—[सं॰ √चर् + ईकन्, निपात॰] *पु॰* भ्रमर। भौंरा। ✣ **चञ्चरीकी (चंचरीकी)**—*स्त्री॰* = भ्रमरी। भौंरी।

चञ्चरीकावली (चंचरीकावली)—[सं॰ चञ्चरीक + आवली] *स्त्री॰* भ्रमरों का समूह। भ्रमरगण। (छन्द॰) एक वर्णिक छन्द जिसके प्रत्येक चरण में क्रमशः यगण, मगण, २ रगण और गुरु के योग से

१३ वर्ण होते हैं तथा ६-७ पर यति होती है।

चञ्चल (चंचल)—[सं॰ √चञ्च् + अलच्] *वि॰* १. जो कम्पनशील या गतिशील या हिलता-डुलता हुआ हो। जो एक स्थान पर ही स्थित या स्थिर न रहे। अस्थिर। ***जैसे***—चंचल मन; रथ के चंचल घोड़े; चंचल नेत्र; हवा से चंचल हुए पत्ते। २. चपल। चुलबुला। ***जैसे***—चंचल लड़की। ३. जो एकाग्र न हो। अस्थिर मन वाला। ***जैसे***—चंचल विद्यार्थी को पढ़ाना। ४. उपद्रवी। नटखट। शरारती। ५. अशान्त। व्याकुल। उद्विग्न। ❖ **चञ्चलचित्त (चंचलचित्त)**—*वि॰* = अस्थिर मन वाला। अस्थिरचित्त।

चञ्चला (चंचला)—[सं॰ चञ्चल + टाप्] *वि॰ (स्त्री॰)* चंचल स्वभाव वाली (स्त्री)। *स्त्री॰* १. लक्ष्मी। २. तड़ित्। बिजली। (छन्द॰) एक वर्णिक छन्द जिसके प्रत्येक चरण में क्रमश: रगण, जगण, रगण, जगण, रगण और लघु (र ज र ज र ल) के योग से १६ वर्ण होते हैं। आठ बार क्रमश: गुरु-लघु का वर्णवृत्त। चित्र छन्द। ❖ **चंचलाई/चंचलाहट**—*स्त्री॰* = चंचलता।

चञ्चलाक्षिका (चंचलाक्षिका)—[सं॰ चञ्चलाक्षिक + टाप्] *वि॰ (स्त्री॰)* चंचल नेत्रों वाली। *स्त्री॰* (छन्द॰) 'मंदाकिनी' नामक वर्णिक छन्द का अन्य नाम। एक समवर्णिक छन्द् जिसके प्रत्येक चरण में क्रमश: २ नगण और २ रगण (न न र र) के योग से १२ वर्ण होते हैं तथा ८-४ पर यति होती है।

चंचा—[सं॰ चञ्च + टाप्] *स्त्री॰* १. घास-फूस का बना हुआ आदमी का पुतला जो खेतों में फ़सल उजाड़ने वाले पशुओं, पक्षियों आदि को डराने के लिए खड़ा किया जाता है। तृणमय पुरुष। बिजूका। २. बाँस/बेंत आदि की टोकरी, चटाई आदि।

चञ्चु (चंचु)—[सं॰ √चञ्च् + उन्] *स्त्री॰* (पक्षी की) चोंच। *पु॰* १. चेंच नामक साग। २. रेंड़ नामक वृक्ष। ❖ **चञ्चुका (चंचुका)**—*स्त्री॰* = चोंच। ❖ **चञ्चु-पुट (चंचु-पुट)**—*पु॰* = चोंच। ❖ **चञ्चु-प्रवेश (चंचु-प्रवेश)**—*पु॰* = १. चोंच का प्रवेश। २. किसी विषय का अति अल्प ज्ञान। ***जैसे***—(लाक्षणिक) अभी आपका वेद-ज्ञान चंचु-प्रवेश मात्र है। ❖ **चञ्चु-प्रहार (चंचु-प्रहार)**—*पु॰* = चोंच से आघात।

चञ्चुमान् (चंचुमान)—[सं॰ चञ्चु + मतुप्] *पु॰* पक्षी।

चट[१]—[सं॰ √चट् + अच्] *स्त्री॰* १. धूप आदि के कारण लकड़ी फटने की ध्वनि। २.कली के पुष्पित होने की ध्वनि। कली का चटकना। ३. उँगलियों को मोड़ने पर होनेवाली आवाज़। *क्रिवि॰* शीघ्र ही। तत्क्षण। झट। ***जैसे***—चट मँगनी, पट ब्याह। —लोकोक्ति ❖ **चट से**—क्रिवि॰ = शीघ्र ही। तत्क्षण। तुरन्त।

चट[२]—[< हिं॰ चाटना < प्रा॰ चट्ट < सं॰ चष्ट] *स्त्री॰* चाटने की क्रिया/भाव। खाना। *वि॰* चाट कर खाया हुआ। ***वा॰* चट करना**—खा जाना। **चट कर जाना/डालना**—बहुत अधिक व्यय करके समाप्त कर देना।

***चट[३]**—[< हिं॰ चित्ती < सं॰ चित्र] *पु॰* १. दाग़। धब्बा। २. घाव का निशान। ३. दोष। ४. कलंक। लांछन।

चटक[१]—[सं॰ √चट् + क्वुन्] *पु॰* १. गौरैया पक्षी। चिड़ा। २. 'चट' की ध्वनि।

चटक[२]—[< सं॰ चटुल] *वि॰* १. चमकीला। चटकीला। ***जैसे***—चटक रंग। २. फुर्तीला। तेज़। ३. चटपटा। *स्त्री॰* कान्ति। चमक-दमक। चटकीलापन। ***जैसे***—कृष्ण के पीताम्बर की चटक। *क्रिवि॰* शीघ्र ही। तत्काल। झट। ***जैसे***—चटक तैयारी करो। ***वा॰* चटक होना**—(किसी की तुलना में) रंग अधिक तेज़ होना।

†चटकई—[< हिं॰ चटक] *स्त्री॰* १. चटकपन। चमकीलापन। २. तेजी। तीखापन। ३. फुर्ती। ४. शीघ्रता। जल्दी।

चटकन—[< हिं॰ चटकना] *स्त्री॰* १. चटकने की क्रिया या भाव। चटकना। ***जैसे***—कलियों की चटकन। २. चपत। थप्पड़।

चटकनी—[< हिं॰ चट/चटक] *स्त्री॰* (दरवाज़े या खिड़की को बन्द करने की) सिटकनी। चटख़नी।

चटक-मटक—[हिं॰] *स्त्री॰* १. (किसी को आकर्षित करने के लिए) शरीर के कुछ अंगों को चलाने की क्रिया/भाव। २. चंचलतापूर्वक तथा मटकते हुए चलने की क्रिया/भाव। इठलाहटभरी चाल। ठसकदार चाल। ३. ठसक। ४. सजधज।

चटका[१]—[< हिं॰ चटकना] *पु॰* १. चटकने की क्रिया/भाव। चटकना। २. मन के उचटने की स्थिति। उचाट। ३. थप्पड़। चटाका।

चटका[२]—[< हिं॰ चाट] *पु॰* १. तीक्ष्ण/चरपरा स्वाद। २. (सुख आदि की) तीव्र इच्छा। लालसा। ३. तेज़ प्यास।

चटका[३]—[< हिं॰ चट < हिं॰ चित्ती] *पु॰* १. निशान। दाग़। धब्बा।

चटकाई—[< हिं॰ चटक] *स्त्री॰* चटकीलापन। ***जैसे***—रंगों की चटकाई।

चटकारा[१]—[हिं॰ चट] *पु॰* १. किसी चटपटी वस्तु को खाते या चाटते समय जीभ चटकाने का शब्द। चटख़ारा। २. कोई स्वादिष्ठ वस्तु खाने-पीने के बाद उसके स्वाद की याद जो उसे फिर से खाने-पीने की लालसा जगाए। ***वा॰* चटकारे भरना/लेना**—१. स्वाद लेते हुए खाना या पीना। २. स्वादिष्ठ वस्तुएँ खाने की लालसा होना।

चटकारा[२]—[< सं॰ चटुल] *वि॰* १. चटकीला। चमकीला। २. चपल। चंचल। तेज़।

***चटकारी**—[< हिं॰ चट] *स्त्री॰* चुटकी।

चटकाली—[< सं॰ चटक + आलि] *स्त्री॰* १. गौरैया पक्षियों का झुंड। २. चिड़ियों का समूह।

चटकीला—[< हिं॰ चटक] *वि॰* १. चमकीला। ***जैसे***—चटकीला लाल रंग चटकीले वस्त्र। २. कान्तियुक्त। ***जैसे***—चटकीली छबि। ३. अधिक नमक/मिर्च/मसाले वाला। ***जैसे***—मिर्च की अधिकता के कारण चटकीला हो गया भोजन। ४. सुन्दर और आकर्षक। ***जैसे***—चटकीला व्यक्तित्व। ❖ **चटकीली**—*वि॰ (स्त्री॰)*। ***जैसे***—चटकीली साड़ी; चटकीली दाल।

***चटप**—[देशज] *स्त्री॰* आक्रमण। *वि॰* १. अभिभूत। २. व्याकुल।

चटर-पटर—[अनु॰] *स्त्री॰* ध्वनि विशेष। *क्रिवि॰* २. जल्दी-जल्दी। ***जैसे***—चटर-पटर बोलना।

ꜝचटरी—[देशज] *स्त्री॰* एक अन्न। खेसारी।

चटशाला—[< प्रा॰ चट्ट (< स॰ छात्र) + स॰ शाला] *स्त्री॰* (छोटे बच्चों की) पाठशाला। विद्यालय। ✣ **चटा**—*पु॰* = चटशाला में पढ़नेवाला। विद्यार्थी।

चटाका—[< हि॰ चटाक] *पु॰* १. चटाक। (दे॰) २. चाँटा। थप्पड़। तमाचा। ३. तीव्रता। प्रबलता। ज़ोर। *क्रिवि॰* तत्काल। तुरन्त। ***वा॰* चटाके का जाड़ा**—कठोर शीत। कड़ाके का जाड़ा।

चटापट—[< हि॰ चटपट] *क्रिवि॰* १. जल्दी-जल्दी। २. निरन्तर। लगातार। ✣ **चटापटी**—*स्त्री॰* = १. चटपट होने की क्रिया/भाव। २. शीघ्रता। जल्दी। *क्रिवि॰* = चटपट।

चटावन—[< हि॰ चटाना] *पु॰* १. चटाने की क्रिया/भाव। २. शिशु को पहली बार अन्न चटाने की प्रथा। अन्नप्राशन संस्कार।

***चटिक**—[< हि॰ चट] *क्रिवि॰* चटपट। तत्काल।

चटिका—[स॰ चटक + टाप्, इत्व] *स्त्री॰* चटक पक्षिणी। गौरैया।

चटियल—[देशज] *वि॰* (मैदान) जो पेड़-पौधों से रहित हो। उजाड़।

ꜝचटिया—[< प्रा॰ चट्ट] *पु॰* १. विद्यार्थी। २. शिष्य। चेला।

चटु—[स॰ √चट् + कु] *पु॰* १. चाटुकारिता। चापलूसी। २. उदर। पेट। २. यतियों/योगियों का आसन।

चटुल—[स॰ चटु + लच्] १. चंचल। अस्थिर। २. चपल। ३. सुन्दर। मनोहर।

चटुला—[स॰ चटुल + टाप्] *स्त्री॰* चंचला। बिजली।

चटोर—[< स॰ चटु] *वि॰* चटोरा। ✣ **चटोरपन**—*पु॰* = चटोरापन।

चटोरा—[< स॰ चटु या < हि॰ चटोर] *वि॰* १. चटपटी वस्तुएँ खाने में बहुत रुचि वाला। २. अधिक खाने का लोभी। ३. जो अपनी धन-सम्पत्ति को उपभोग में नष्ट कर चुका हो।

चट्टा[१]—[< हि॰ चटशाला] *पु॰* शिष्य। चेला।

चट्टा[२]—[देशज] *पु॰* १. ईंटों, रेत, मिट्टी आदि को गिनने/नापने के उद्देश्य से लगाया गया व्यवस्थित ढेर। २. वस्तुओं का बड़ा ढेर।

चट्टा[३]—[< हि॰ चाटना] *पु॰* शिशुओं का एक खिलौना जिसे वे चाटते/चूसते रहते हैं। चट्टू। चुसनी।

चट्टान—[< हि॰ चट्टा] *स्त्री॰* १. बहुत बड़ी शिला। विशाल पत्थर। २. पत्थर के अतिरिक्त किसी वस्तु का बड़ा और ठोस टुकड़ा। ३. (लाक्षणिक) बहुत दृढ़ व्यक्ति आदि।

चट्टी[१]—[< हि॰ चट्टान] *स्त्री॰* (पर्वतीय तीर्थ आदि की यात्रा में) टिकने का स्थान। पड़ाव। ***जैसे***—तीसरी चट्टी पर मेरा कुली बीमार पड़ गया।

चट्टी[२]—[< अनु॰ चट-चट] १. (पैर में पहनने की) खड़ाऊँ। २. चप्पल।

चट्टे-बट्टे—[< हि॰ चट्टा + बट्टा (= गोला)] *पु॰* शिशुओं के चट्टा, गोले आदि खिलौने। ***वा॰* चट्टे-बट्टे लड़ाना**—चुग़ली या शिकायत कर-करके लोगों का आपस में वैर/विरोध/झगड़ा कराना। **एक ही थैली के चट्टे-बट्टे**—१. एक ही दल/पक्ष/गुट के मनुष्य। २. समान स्वभाव/प्रकार के मनुष्य।

चड़-चड़—[अनु॰, या < स॰ चडचड] *पु॰* सूखी लकड़ी के टूटने/फटने/जलने का शब्द।

चड्डा—[देशज] *पु॰* जाँघ के ऊपर का जोड़।

चड्डी[१]—[< हि॰ चड्डा] *स्त्री॰* एक प्रकार का अधोवस्त्र। जाँघिया।

चड्डी[२]/चड्ढी—[< हि॰ चढ़ना] *स्त्री॰* पीठ पर चढ़ना। पीठ की सवारी।

चढ़त—[< हि॰ चढ़ना] *स्त्री॰* १. देवता की मूर्ति आदि को अर्पित वस्तु। २. चढ़ावा। नैवेद्य। (किसी की) उन्नति या वृद्धि। ***जैसे***—यह तुम्हारी चढ़त-बढ़त का समय है।

चढ़ाई[१]—[< हि॰ चढ़ना] *स्त्री॰* १. चढ़ने की क्रिया या भाव। चढ़न। २. ऊँचाई की ओर जाती भूमि। चढ़ान। ३. आक्रमण। (दे॰) ∇ **विलोम**—उतराई/उतार।

***चढ़ाई[२]**—[< हि॰ चढ़ाना] *स्त्री॰* १. चढ़ावा। २. आरूढ़ करने की क्रिया/भाव।

चढ़ा-ऊपरी—[< हि॰ चढ़ना + ऊपर] *स्त्री॰* प्रतिस्पर्धा। होड़।

चढ़ाव—[< हि॰ चढ़ना] *पु॰* १. चढ़ने/चढ़ाने की क्रिया/भाव। २. (सड़क आदि का) क्रमश: अधिक ऊँचा होता जाने का गुण। ***जैसे***—सड़क का चढ़ाव। ३. नदी या धारा के प्रवाह के प्रतिकूल। ***जैसे***—यहाँ पर गंगा जी के चढ़ाव की ओर मत तैरना। ४. आरोहण। चढ़ाई। ***जैसे***—इस पर्वत पर चढ़ाव बहुत कठिन है। ५. वृद्धि। ६. (संगीत या बातचीत में) स्वर का ऊँचा होना। स्वर का आरोह। ७. (विवाह, पूजा आदि का) चढ़ावा। ∇ **विलोम**—उतार। ✣ **चढ़ाव-उतार, उतार-चढ़ाव**—*पु॰* = १. स्थान या पथ का ऊँचा-नीचापन। २. उन्नति और अवनति। ३. एक ओर मोटे होने और दूसरी ओर पतले होने की भाव।

चढ़ावन—[< प्रा॰ चडावण] *पु॰* १. चढ़ाने की क्रिया/भाव। २. (देवता आदि पर) चढ़ावा। अर्पण। ३. धनुष को चढ़ाना/खींचना/तानना।

चढ़ावा—[< हि॰ चढ़ाना] *पु॰* १. अर्पण। २. (विवाह में) वर-पक्ष द्वारा कन्या को पहनने के लिए दिए जाने वाले आभूषण। ३. उक्त आभूषणों को पहनाने की रीति। ४. देवी-देवता आदि को श्रद्धापूर्वक अर्पित की जाने वाली सामग्री। ***जैसे***—भगवान शिव को बेलपत्र और धतूरे का चढ़ावा प्रिय है। ५. देवी-देवता की कोई मनौती पूरी होने पर किया जाने वाला सन्तान का प्रतीकात्मक अर्पण। ***वा॰* चढ़ावा देना**—१. विवाह में कन्या/वधू को वस्त्र-आभूषण देना। २. उत्तेजना/बढ़ावा देना। उकसाना। ३. पूजा-आरती में धन चढ़ाना।

चढ़ैत—[< हि॰ चढ़ना] *वि॰* १. चढ़नेवाला। २. सवार।

चणक—[स॰ √चण् + क्वुन्] *पु॰* एक अनाज। चना। ● **विशेष**—नीतिज्ञ चाणक्य के पिता का नाम 'चणक' था इसीलिए मूल नाम 'विष्णुगुप्त' होते हुए भी वे 'चाणक्य' नाम से प्रसिद्ध हुए। ✣ **चणकात्मज**—*पु॰* = चणक का आत्मज/पुत्र। चाणक्य।

चण्ट (चंट)—[< सं॰ चण्ड] *वि॰* धूर्त। चालाक। ✣ **चण्टपन (चंटपन)**—पु॰ = धूर्तता। चालाकी। **चण्टई (चंटई)**—*स्त्री॰* = धूर्तता। चालाकी।

चण्ड (चंड)—[सं॰ √चण्ड् + अच्] *वि॰* १. तीक्ष्ण। तीव्र। तेज़। २. उग्र। भयानक। ३. उष्ण। गर्म। ***जैसे***—चंड सूर्य-किरणें। ४. क्रुद्ध। *पु॰* १. उष्णता। ताप। गर्मी। २. शिव। महादेव।

चण्डकर (चंडकर)—[सं॰ चण्ड ~ कर] *वि॰* तेज़ किरणों वाला। *पु॰* सूर्य।

चण्डघण्टा (चंडघंटा)—[सं॰ चण्ड ~ घण्टा] *स्त्री॰* दुर्गा देवी का एक रूप। चन्द्रघंटा।

चण्डनायिका (चंडनायिका)—[सं॰ चण्ड ~ नायिका] *स्त्री॰* दुर्गा देवी।

चण्डभानु (चंडभानु)—[सं॰ चण्ड ~ भानु] *पु॰* १.प्रचंड सूर्य। २. सूर्य।

चण्डरसा (चंडरसा)—[सं॰ चण्डरस + टाप्] *वि॰* (*स्त्री॰*) तीक्ष्ण रस वाली। *स्त्री॰* (छन्द॰) एक वर्णिक छन्द जिसके प्रत्येक चरण में क्रमशः नगण और यगण के योग से कुल ६ वर्ण होते हैं। शशिवदना छन्द।

चण्डवती (चंडवती)—[सं॰ चण्ड + मतुप् + ङीप्] *स्त्री॰* दुर्गा (देवी)।

चण्डविक्रम (चंडविक्रम)—[सं॰ चण्ड ~ विक्रम] *वि॰* अति पराक्रमी। प्रतापी।

चण्डवृष्टिप्रयात (चंडवृष्टिप्रयात)—[सं॰ चण्ड ~ वृष्टि ~ प्रयात] *पु॰* (छन्द॰) एक वर्णिक छन्द। दंडक का एक प्रकार जिसके प्रत्येक चरण में क्रमशः २ नगण, और ७ रगण के योग से कुल २७ वर्ण होते हैं।

चण्डशक्ति (चंडशक्ति)—[सं॰ चण्ड ~ शक्ति] *वि॰* १. प्रचंड शक्ति वाला। २. अति पराक्रमी।

चण्डा (चंडा)—[सं॰ चण्ड + टाप्] *स्त्री॰* १. उग्र/तीक्ष्ण स्वभाव की स्त्री। क्रोधी स्वभाव की स्त्री। २. दुर्गा (देवी)।

चण्डांशु (चंडांशु)—[सं॰ चण्ड ~ अंशु] *वि॰* तेज़ किरणों वाला। *पु॰* सूर्य।

चण्डाग्नि (चंडाग्नि)—[सं॰ चण्ड ~ अग्नि] *स्त्री॰* तेज़ आग। (वज्रयानी बौद्ध तन्त्र में) पवन-निरोध के बाद अवधूती मार्ग में जल उठने वाली एक अग्नि जो सब क्लेशों और वासनाओं को भस्म कर देती है। ● **विशेष**—शैव साधक इसे '**ब्रह्माग्नि**' कहते हैं।

चण्डाल (चंडाल)—[सं॰ चण्ड + आलञ्] *वि॰, पु॰* चांडाल। (दे॰) ✣ **चंडालचौकड़ी**—*स्त्री॰* = दुष्टों की चौकड़ी। दुष्ट-समूह। ✣ **चंडालता**—*स्त्री॰* = चांडालता (दे॰) **चंडालत्व**—*पु॰* = चांडालता। (दे॰) ✣ **चंडालपक्षी**—*पु॰* = कौआ। ✣ **चंडालवल्लकी/चंडालवीणा**—*स्त्री॰* = एक प्रकार का तम्बूरा वाद्य। चिकारा।

चण्डालिका (चंडालिका)—[सं॰ चण्डाल + ठन् + टाप्] *स्त्री॰* १. दुर्गा (देवी)। २. चंडालवीणा नामक वाद्य।

चण्डालिनी (चंडालिनी)—[सं॰ चण्डाल + इति + ङीप्] *पु॰* १. चंडाल/चांडाल जाति की स्त्री। २. चंडाल/चांडाल व्यक्ति की पत्नी। ३. (लाक्षणिक) बहुत दुष्ट स्त्री।

चण्डावल (चंडावल)—[< सं॰ चण्डावलि] *पु॰* १. सेना का पीछे का भाग। २. महान् योद्धा। अति वीर। ∇ **विलोम**—हरावल।

चण्डिका (चंडिका)—[सं॰ चण्डिक + टाप्] *स्त्री॰* १. चंडी (देवी)। दुर्गा। २. निर्दय या दुष्ट और झगड़ालू स्त्री। कर्कशा स्त्री। (छन्द॰) एक मात्रिक छन्द जिसके प्रत्येक चरण में १३ मात्राएँ होती हैं तथा अन्त में रगण होता है। *वि॰* (स्त्री॰) १. निर्दय या दुष्ट और झगड़ा करनेवाली। २. क्रोधी स्वभाववाली या क्रुद्ध (स्त्री)। ✣ **चण्डिकाव्रत (चंडिकाव्रत)**—*पु॰* = चंडी देवी की उपासना का एक व्रत जो एक वर्ष तक सब नवमी तिथियों पर किया जाता है।

चण्डिमा (चंडिमा)—[सं॰ चण्ड + इमनिच्] *स्त्री॰* १. चण्डता। उग्रता। तीव्रता। २. उष्णता। गर्मी। ३. क्रोध। ४. निष्ठुरता। ५. किसी मनोवेग का आवेश/जोश।

चण्डी (चंडी)—[सं॰ चण्ड + ङीष्] *स्त्री॰* १. दुर्गा (देवी)। २. निर्दय या दुष्ट और झगड़ालू स्त्री। कर्कश स्त्री। ३. क्रोधी स्वभाववाली या क्रुद्ध स्त्री। (छन्द॰) एक वर्णिक छन्द जिसके प्रत्येक चरण में क्रमशः २ नगण, २ सगण और गुरु (न न स स ग) के योग से १३ वर्ण होते हैं। ✣ **चण्डी-पति, चण्डीश (चंडीपति/चंडीश)**—*पु॰* = शिव। महादेव।

चण्डू (चंडू)—[देशज] *पु॰* अफ़ीम से तैयार किया जाने वाला एक नशीला पदार्थ जिसे तम्बाकू की तरह पिया जाता है। ✣ **चण्डूख़ाना (चंडूख़ाना)**—*पु॰* = चंडू पीने का स्थान। ***वा॰* चंडूख़ाने की गप**—१. असत्य बात। २. अविश्वसनीय बात/समाचार। कोरी गप। ३. बकवास। **चंडूख़ाने की गप हाँकना**—१. असत्य या अविश्वसनीय बात/समाचार कहना। २. बकवास करना। ✣ **चण्डूबाज़ (चंडूबाज़)**—*पु॰* = चंडू पीने का अभ्यस्त। प्रायः चंडू पीनेवाला।

चण्डूल (चंडूल)—[देशज] *पु॰* १. स्पष्ट नुकीली कलग़ीवाली एक छोटी चिड़िया जो ख़ाकी रंग की होती है, मधुर गीत गाती है और घास के गुच्छों के नीचे या मिट्टी के ढेलों में घास का, उथले प्याले जैसा, घोंसला ग्रीष्म ऋतु में बनाती है। २. मूर्ख व्यक्ति। ३. कुरूप व्यक्ति।

चण्डेश्वर (चंडेश्वर)—[सं॰ चण्ड ~ ईश्वर] *पु॰* भगवान् शिव का एक रूप जो लाल रंग का है।

चण्डोल (चंडोल)—[< सं॰ चतुर्दोल] *पु॰* (पहले प्रचलित रही) चार कहारों वाली एक प्रकार की पालकी जो हाथी के हौदे के समान होती थी। चतुर्दोल। चौडोल।

***चतरिआ**—[< सं॰ चमत्कारी] *पु॰* १. चमत्कारी व्यक्ति। २. जादूगर। बाजीगर।

चतुः—[सं॰ 'चतुर्' का एक समासगत रूप] *वि॰* चार। ***जैसे***—चतुः पथ। ✣ **चतुःपथ**—*पु॰* = चतुष्पथ। चौराहा। ✣ **चतुःपाद**—*वि॰* = चतुष्पाद। चौपाया ✣ **चतुःपुरुषार्थ**—*पु॰* = चार पुरुषार्थ (धर्म, अर्थ, काम और मोक्ष)। ✣ **चतुःशफ**—*वि॰* = चार खुरों वाला। ✣ **चतुःशाख**—*वि॰* = चार शाखाओं वाला। *पु॰* = शरीर। देह। ✣ **चतुःसम**—*दे॰* चतुस्सम। ✣ **चतुःसम्प्रदाय (चतुःसंप्रदाय)**—*पु॰* = वैष्णवों के चार मुख्य सम्प्रदाय—श्रीवैष्णव सम्प्रदाय (विशिष्टाद्वैतवादी रामानुजाचार्य का), माध्वसम्प्रदाय (द्वैतवादी मध्वाचार्य का), रुद्रसम्प्रदाय (शुद्धाद्वैतवादी विष्णुस्वामी का) और सनक सम्प्रदाय (भेदाभेदवादी निम्बार्काचार्य का)। ✣ **चतुःसीमा**—*स्त्री॰* = किसी क्षेत्र आदि के चारों ओर की सीमा। चौहद्दी।

चतुर्—[√चत् + उरन्] *वि॰* (समास के पूर्वपद के रूप में प्रयुक्त) चार। ***जैसे***—चतुर्युग। ● **विशेष**—'चतुर्' स्थान-स्थान पर व्याकरण-नियमों के अनुसार '**चतुः/चतुष्/चतुस्**' भी बन जाता है। ***जैसे***—चतुःपाद, चतुष्पाद, चतुस्सम।

चतुर—[सं॰ √चत् + उरच्] *वि॰* १. तेज़ बुद्धि वाला। २. व्यवहार-कुशल। होशियार। ३. निपुण। दक्ष। ४. बातें बनाने में निपुण। ५. धूर्त। चालाक। ∇ **विलोम**—अनाड़ी।

चतुरङ्ग (चतुरंग)—[सं॰ चतुर् ~ अङ्ग] *वि॰* चार अंगों या विभागों वाला। *पु॰* १. (किसी वस्तु के) चार अंग। २. चतुरंगिणी सेना। ३. शतरंज नामक खेल। (संगीत॰) ख़्यालअंगीय गायन में यथाक्रम उच्चरित सार्थक शब्द या वाक्य, निरर्थक शब्द या तराना, सरगम या पखावज के बोल। ✣ **चतुरङ्गिणी (चतुरंगिणी)**—*वि॰ (स्त्री॰)* = चार अंगों वाली। *स्त्री॰* हाथी, घोड़ा, रथ और पैदल—इन चार अंगों से युक्त सेना। ✣†**चतुरङ्गिनी (चतुरंगिनी)** = चतुरंगिणी।

चतुरङ्गी (चतुरंगी)—[सं॰ चतुरङ्गिन्] *वि॰* १. चार अंगों या विभागों वाला। २. चतुरंग खेल (शतरंज) का खिलाड़ी। ३. चार रंगों वाला या अनेक प्रकार का। ४. चतुर, धूर्त या अविश्वसनीय।

चतुरन्ता (चतुरंता)—[सं॰ चतुर् ~ अन्त + टाप्] *स्त्री॰* पृथ्वी।

चतुरम्ल—[सं॰ चतुर् ~ अम्ल] *पु॰* (आयुर्वेद॰) चार खट्टे पदार्थों—अमलबेत, इमली, जंबीरी नीबू और काग़ज़ी नीबू—का मिश्रण।

चतुरवस्था—[सं॰ चतुर् ~ अवस्था] *स्त्री॰* १. चार अवस्थाएँ। २. जाग्रत, स्वप्न, सुषुप्ति और तुरीय नामक चार अवस्थाएँ। ३. बाल्यावस्था, युवावस्था, प्रौढ़ावस्था और वृद्धावस्था नामक चार अवस्थाएँ।

चतुरस्र—[सं॰ चतुर् ~ अस्र] *वि॰* १. चार कोनों वाला। चतुष्कोण। २. सब प्रकार से सुन्दर। सुडौल। *पु॰* वृत्त या गोल का चतुर्थांश। (अं॰ क्वाड्रेन्ट)

चतुरानन—[सं॰ चतुर् ~ आनन] *वि॰* चार मुखों वाला। *पु॰* ब्रह्मा।

चतुरायुध—[सं॰ चतुर् ~ आयुध] *पु॰* चार प्रकार के आयुध/हथियार।

***चतुराशी**—[< सं॰ चतुरशीति] *वि॰, पु॰* चौरासी। *पु॰* चौरासी (लाख) योनियों में जन्म। जन्म-मरण का चक्र।

चतुराश्रम—[सं॰ चतुर् ~ आश्रम] *पु॰* (जीवन के) चार आश्रम—ब्रह्मचर्य, गृहस्थ, वानप्रस्थ और सन्न्यास।

चतुरुष्ण—[सं॰ चतुर् ~ उष्ण] *पु॰* (आयुर्वेद॰) चार उष्ण पदार्थों सोंठ, काली मिर्च, पीपल और पीपलामूल—का मिश्रण।

चतुर्गुण—[सं॰ चतुर् ~ गुण] *वि॰* १. चौगुना। २. चार गुणों वाला।

चतुर्गुणित—[सं॰ चतुर् ~ गुणित] *वि॰* चौगुना किया हुआ। (जीव॰) गुणसूत्रों के चार समूहों से युक्त।

चतुर्घात—[सं॰ चतुर्घात] *वि॰* (गणित॰) चार घातांक वाला। ***जैसे***—(बीजगणित में) $य^४$ चतुर्घात पद है। ● **विशेष**—अधिकतम चार घातांक वाला समीकरण '**चतुर्घात समीकरण**' कहलाता है, ***जैसे***—$य^४ + य^२ - २० = ०$ चतुर्घात समीकरण है।

चतुर्जात—[सं॰ चतुर् ~ जात] *पु॰* (आयुर्वेद॰) छोटी इलायची, दालचीनी, तेजपात और नागकेसर नामक चार वस्तुओं का मिश्रण।

चतुर्थ—[सं॰ चतुर् + डट्, थुक् आगम] *वि॰* चौथा। ***जैसे***—चतुर्थ कक्षा। ✣ चतुर्थ अंग—*पु॰* = १. चौथा अंग। (राजनीति पर प्रभाव डालनेवाली शक्ति के रूप में) २. समाचारपत्र। (अं॰ फ़ोर्थ इस्टेट)

चतुर्थक—[सं॰ चतुर्थ + कन्] *पु॰* चौथे-चौथे दिन आनेवाला ज्वर। चौथिया बुख़ार।

चतुर्थाश्रम—[सं॰ चतुर्थाश्रम] *पु॰* सन्न्यास आश्रम।

चतुर्थी—[सं॰ चतुर्थ + ङीप्] *वि॰ (स्त्री॰)* (क्रम में) चौथी। ***जैसे***—चतुर्थी तिथि। *स्त्री॰* चान्द्रमास के किसी पक्ष की चौथी तिथि। ***जैसे***—चतुर्थी के देवता गणेश हैं। (संस्कृत व्याकरण में) सम्प्रदान कारक की विभक्ति। ● **विशेष**—विवाह के चौथे दिन किए जाने वाले पूजन आदि के कार्य '**चतुर्थी-कर्म**' कहे जाते हैं। किसी की मृत्यु के चौथे दिन किए जाने वाले कृत्य '**चतुर्थी-क्रिया**' या '**चौथा**' कहे जाते हैं। तत्पुरुष समास में चतुर्थी विभक्ति का लोप होने पर उसे '**चतुर्थी तत्पुरुष**' कहा जाता है।

चतुर्दण्ड (चतुर्दंड)—[सं॰ चतुर् ~ दण्ड] *पु॰* चार प्रकार की सज़ा—वाक्-दंड, अर्थ-दंड, शारीरिक दंड, प्राण-दंड।

चतुर्दन्त (चतुर्दंत)—[सं॰ चतुर् ~ दन्त] *वि॰* चार दाँतों वाला। *पु॰* ऐरावत हाथी।

चतुर्दश—[सं॰ चतुर ~ दश] *वि॰* १. चौदह। २. (क्रम में) चौदहवाँ। *पु॰* चौदह की संख्या। (१४)।

चतुर्दशपदी—[< सं॰ चतुर्दशपद + ङीप्] *स्त्री॰* १. चौदह चरणों वाला छन्द। २. (यूरोप का) 'सानेट' छन्द। ***जैसे***—शेक्सपियर की चर्तुदशपदियाँ।

चतुर्दिक्/चतुर्दिश्—[सं॰ चतुर् ~ दिक्/दिश्] *पु॰* चारों दिशाएँ। *क्रिवि॰* चारों ओर।

चतुर्दोल—[सं॰ चतुर् ~ दोल] *पु॰* १. चार डंडों वाला पालना या हिंडोला। २. 'चंडोल' नामक पालकी।

चतुर्द्वार (चतुर्द्वार)—[सं॰ चतुर् ~ द्वार] *वि॰* जिसमें चारों ओर द्वार/दरवाज़े हों। *पु॰* १. चार द्वार/दरवाज़े। २. वह भवन/घर

जिसमें चारों ओर द्वार/दरवाज़े हों।

चतुर्धा—[सं॰ चतुर् + धा] *क्रिवि॰* १. चार प्रकार से। चतुर्विध। २. चार खंडों/भागों में।

चतुर्धाम—[सं॰ चतुर् ~ धाम] *पु॰* (भारत की चार दिशाओं के) चार तीर्थस्थान—बदरिकाश्रम, द्वारिकापुरी, रामेश्वरम्, जगन्नाथपुरी।

चतुर्बाहु—[सं॰ चतुर् ~ बाहु] *वि॰* चार भुजाओं वाला। चतुर्भुज। *पु॰* विष्णु।

चतुर्बीज—[सं॰ चतुर् ~ बीज] *पु॰* (आयुर्वेद॰) मेथी, काला ज़ीरा, हालों (चनसुर) और अजवाइन का मिश्रण।

चतुर्भुज—[सं॰ चतुर ~ भुज] *वि॰* १. चार भुजाओं वाला चतुर्बाहु। (वह क्षेत्र) जिसकी चार भुजाएँ हों। *पु॰* (गणित॰) चार सरल रेखाओं से घिरा समक्षेत्र। चतुष्कोण क्षेत्र।

चतुर्भुजा—[सं॰ चतुर्भुज + टाप्] *वि॰ (स्त्री॰)* चार भुजाओं वाली। *स्त्री॰* (चार भुजाओं वाली देवी। गायत्री, लक्ष्मी या दुर्गा)।

चतुर्भुजी—[< सं॰ चतुर्भुज] *वि॰* चार भुजाओं वाला।

चतुर्मास—[सं॰ चतुर् ~ मास] *पु॰* १. चार मास की अवधि। २. आषाढ़ शुक्ल एकादशी से कार्तिक शुक्ल दशमी तक के चार मास की अवधि। वर्षा ऋतु का चौमासा।

चतुर्मुख—[सं॰ चतुर् ~ मुख] *वि॰* चार मुखों वाला। *पु॰* ब्रह्मा (देवता)। ✣ **चतुर्मुखी**—*वि॰* = चतुर्मुख।

चतुर्मूर्ति—[सं॰ चतुर् ~ मूर्ति] *पु॰* परमेश्वर। ईश्वर। ● **विशेष**—विराट्, सूत्रात्मा, अव्याकृत और तुरीय नामक चारों अवस्थाओं में रहनेवाला होने से ईश्वर को 'चतुर्मूर्ति' कहा जाता है।

चतुर्युग—[सं॰ चतुर् ~ युग] *पु॰* १. चार युग। २. चारों युगों—सत्ययुग, त्रेतायुग, द्वापरयुग और कलियुग—का समूह। कल्प का हज़ारवाँ भाग। ● **विशेष**—**सत्ययुग** १७,२८,००० वर्ष का होता है, **त्रेतायुग** १२,९६,००० वर्ष का, **द्वापरयुग** ८,६४,००० वर्ष का और **कलियुग** ४,३२,००० वर्ष का। चारों युगों का अर्थात् चतुर्युग का कुल समय ४३,२०,००० वर्ष होता है।

चतुर्युगी—[सं॰ चतुर्युग + ङीप्] *स्त्री॰* चतुर्युग।

चतुर्योग—[सं॰ चतुर् ~ योग] *पु॰* चार प्रकार के योग—राजयोग, हठयोग, लययोग और मन्त्रयोग। चतुर्विध योग।

चतुर्वर्ग—[सं॰ चतुर् ~ वर्ग] *पु॰* धर्म, अर्थ, काम और मोक्ष का समूह। चारों पुरुषार्थ।

चतुर्वर्ण—[सं॰ चतुर् ~ वर्ण] *पु॰* चार वर्ण। ब्राह्मण, क्षत्रिय, वैश्य और शूद्र।

चतुर्वाणी—[सं॰ चतुर् ~ वाणी] *स्त्री॰* चार प्रकार की वाणी—परा, पश्यन्ती, मध्यमा और वैखरी।

चतुर्विध—[सं॰ चतुर् ~ विध] *वि॰* १. जो चार प्रकार का हो। चार प्रकार का। २. चार गुना। *क्रिवि॰* चार प्रकार से। चार रूपों में। ✣ **चतुर्विध उपधा**—*स्त्री॰* = (राज॰) (प्राचीनभारत में) धार्मिक, आर्थिक, काम-सम्बन्धी तथा भय-सम्बन्धी गुप्त उपायों द्वारा अमात्यों की परीक्षा। ✣ **चतुर्विध भक्त**—*पु॰* = चार प्रकार के ईश्वर-भक्त—आर्त, जिज्ञासु, अर्थार्थी और ज्ञानी। ✣ **चतुर्विध योग**—*पु॰* = चार प्रकार के योग—राजयोग, हठयोग, लययोग और मंत्रयोग। चतुर्योग। ✣ **चतुर्विध व्यञ्जन (व्यंजन)**—*पु॰* = चार प्रकार के भोज्य पदार्थ—चर्व्य (चबाने के), चोष्य (चूसने के), लेह्य (चाटने के) और पेय (पीने के)।

चतुर्वेद—[सं॰ चतुर् ~ वेद] *पु॰* चारों वेद—ऋक्, यजुः, साम और अथर्व।

चतुर्वेदी—[सं॰ चतुर्वेदिन्] *वि॰* चारों वेदों का ज्ञाता। *पु॰* ब्राह्मणों का एक कुल-नाम। चौबे। ***जैसे***— माखनलाल चतुर्वेदी।

चतुर्व्यूह—[सं॰ चतुर ~ व्यूह] *पु॰* चार व्यक्तियों/पदार्थों का समूह। ● **विशेष**—(वैष्णवदर्शन में) वासुदेव, संकर्षण (बलराम), प्रद्युम्न और अनिरुद्ध। ३. (योगदर्शन में) हेय, हेयहेतु, हान और हानोपाय। ४. (आयुर्वेद में) रोग, रोग-निदान, हान (आरोग्य) और हानोपाय (औषधि)। ५. योगशास्त्र। ६. आयुर्वेदशास्त्र। ७. विष्णु।

चतुश्चरण—[सं॰ चतुर् ~ चरण] *वि॰* १. चार पैरों वाला। ***जैसे***—चतुश्चरण प्राणी। २. चार भागों या स्थितियों वाला। ***जैसे***—चतुश्चरण योजना। *पु॰* पशु। चौपाया।

चतुश्शती—[सं॰ चतर् ~ शती] *स्त्री॰* चारसौवीं जयन्ती।

चतुश्शाल—[सं॰ चतुर् ~ शाल] *पु॰* चार कोनों वाला कमरा जो चारों ओर से खुला होता है।

चतुश्शृङ्ग (चतुश्शृंग)—[सं॰ चतुर् ~ शृङ्ग] *वि॰* चार सींगों वाला (पशु आदि)।

चतुष्क—[सं॰ चतुर् + कन्] *वि॰* जिसके चार पार्श्व/पहलू हों। चौपहला। *पु॰* १. चार का समूह। २. चार कोनों वाला आँगन। ३. चार खम्भों पर टिका बड़ा कमरा। ४. चौराहा। ५. चार वाद्यों/गायकों का संगीत। (अं॰ क्वार्टेट)

चतुष्कर्ण—[सं॰ चतुर् ~ कर्ण] *वि॰* (बात) जो चार कानों में ही पड़ी हो, जो दो मनुष्यों को ही ज्ञात हो।

चतुष्कल—[सं॰ चतुर् ~ कला] *वि॰* चार कलाओं वाला। (छन्द॰, संगीत॰) चार मात्राओं वाला। ***जैसे***—चतुष्कल गण, चतुष्कल ताल।

चतुष्कोण—[सं॰ चतुर् ~ कोण] *वि॰* चार कोणों/कोनों वाला। चौकोर। (गणित॰) चार कोणों वाली ज्यामितीय आकृति। चतुर्भुज।

चतुष्कोटि—[सं॰ चतुर् ~ कोटि] *वि॰* चार कोटियों वाला। *पु॰* चार कोटियाँ। ✣ **चतुष्कोटि-विनिर्मुक्त**—*वि॰* (भा॰ दर्शन॰) = जो चार कोटियों (१. सत्, २. असत्, ३. सत्-असत् तथा ४. न सत् और न असत्) से भिन्न हो।

चतुष्टय—[सं॰ चतुर् + तयप्] *पु॰* १. चार की संख्या। ४। २. चार वस्तुओं/व्यक्तियों का समूह। (ज्योतिष॰) लग्नकुंडली में लग्न का भाव तथा लग्न से चौथा, सातवाँ तथा दसवाँ भाव।

चतुष्पथ—[सं॰ चतुर् ~ पथ] *पु॰* चार मार्गों/पथों के मिलने का स्थान। चौराहा। चौमुहानी।

चतुष्पद—[सं॰ चतुर् ~ पद] *वि॰* चार पैरों वाला (प्राणी) (छन्द॰)

चार चरणों/पदों वाला। *पु॰* चार पैरों वाला पशु। चौपाया।

चतुष्पदी—[सं॰ चतुष्पद + डीप्] *स्त्री॰* (छन्द॰) १. चार चरणों वाला पद्य। २. चार पंक्तियों का पद्य जिसमें प्रायः पहली और तीसरी की तुक मिलती है तथा दूसरी और चौथी की। अँग्रेज़ी का 'क्वाट्रेन' छन्द। ३. चार पंक्तियों का पद्य जिसमें पहली, दूसरी और चौथी पंक्तियाँ समान तुक वाली होती हैं। (फ़ारसी की) रुबाई। ४. चार चरणों का पद्य जिसमें दूसरी और चौथी पंक्तियाँ तुकान्त होती हैं।

चतुष्पाणि—[सं॰ चतुर् ~ पाणि] *वि॰, पु॰* चतुर्बाहु।

चतुष्पाद—[सं॰ चतुर् ~ पाद] *वि॰, पु॰* चतुष्पद।

चतुष्पार्श्व—[सं॰ चतुर् ~ पार्श्व] *वि॰* जिसमें चार पार्श्व/पहलू हों। चौपहला।

चतुष्फल—[सं॰ चतुर् ~ फल] *वि॰* १. चार फलों वाला। २. चार पार्श्वों वाला। चौपहला।

चतुष्फलक—[सं॰ चतुष्फल + कप्] *पु॰* (गणित॰) चार समतल त्रिभुजाकार फलकों से बनी ठोस आकृति। (अं॰ टेट्राहेड्रन)

चतुस्ताल—[सं॰ चतुर् ~ ताल] *पु॰* (संगीत॰) चौताला ताल।

चतुस्तनी—[सं॰ चतुस्तन + डीष्] *वि॰* (स्त्री॰) चार स्तनों वाली (गाय, भैंस आदि)। *स्त्री॰* गाय।

चतुस्सम—[सं॰ चतुर् ~ सम] *वि॰* १. जिसमें चार वस्तुएँ सम/बराबर मिश्रित हों। २. चारों ओर से समान/बराबर। *पु॰* एक सुगन्धित पदार्थ जिसमें कस्तूरी, केसर, चन्दन और कपूर का मिश्रण (क्रमशः २, ४, ३, ३ के अनुपात में) होता है। (आयुर्वेद॰) समान मात्रा में हरड़, लौंग, जीरा और अजवाइन के मिश्रण से बनी औषधि विशेष जो पेट के अनेक रोगों में लाभ करती है।

चतुस्समुद्र—[सं॰ चतुर् ~ समुद्र] *पु॰* चार समुद्र।

चतुस्सम्प्रदाय (चतुस्संप्रदाय)—[सं॰ चतुर् ~ सम्प्रदाय] *पु॰* चतुःसम्प्रदाय।

चतुस्सीमा—[सं॰ चतुर् ~ सीमन्] *स्त्री॰* चतुःसीमा।

चतुस्सूत्री—[सं॰ चतुर् ~ सूत्र + डीष्] *स्त्री॰* १. चार सूत्रों का समूह। २. ब्रह्मसूत्र के आरम्भिक चार सूत्र।

चत्वर—[√चत् + ष्वरच्] *पु॰* १. चबूतरा। २. यज्ञ/हवन के लिए बनी हुई वेदी। ३. चौकोर समतल स्थान। ४. आँगन। ५. चौराहा।

†चदरा/चदरिया/चद्दर—[< फा॰ चादर] *स्त्री॰* १. (ओढ़ने या बिछाने को) चादर। २. किसी धातु का बहुत बड़ा आयताकार टुकड़ा या पत्तर। ***जैसे***—लोहे की चद्दर।

***चनक[१]**—[< सं॰ चणक] *पु॰* चना नामक अनाज। *स्त्री॰* आँख की पुतली।

†चनक[२]—[< हि॰ चनकना] *स्त्री॰* १. चटकन। ***जैसे***—शीशी की चनक। २. शरीर के किसी भाग में किन्हीं नसों के एक-दूसरे पर चढ़ने की स्थिति। चटक। ***जैसे***—कमर में चनक से दर्द। ३. अप्रसन्नता। रुष्टता। रूठना। ❖ **चनक-मनक**—*स्त्री॰* = रूठना और मनना। ***जैसे***—आज न कोई बातचीत हुई, न चनक-मनक।

***चनकट/चनकटा**—[देशज] *पु॰* थप्पड़। चाँटा। तमाचा।

†चनखना—[< हि॰ चनकना] *क्रि॰अ॰* क्रुद्ध होना। चिढ़ना।

***चनदारी**—[< हि॰ चना ~ दाल] *स्त्री॰* चने की दाल।

चनसुर—*पु॰* ≤ *हि॰* चन्द्रसूर। एक क्षुपजातीय वनस्पति।

***चनार**—[< हि॰ कचनार] *पु॰* कचनार वृक्ष।

चनियारी—[देशज] *स्त्री॰* साँभर झील के समीप पाया जाने वाला एक जलपक्षी जिसके पर सुन्दर होते हैं।

चन्द[१] (चंद[१])—[< सं॰ चन्द्र] *पु॰* १. चन्द्रमा। चाँद। २. कपूर। ३. 'पृथ्वीराजरासो' का रचयिता कवि 'चन्दबरदाई'।

चन्द[२] (चंद[२])—[फा॰] *वि॰* १. थोड़े। कुछ। ***जैसे***—चन्द लोग। २. (समासान्त में) गुना। ***जैसे***—दोचन्द (= दुगुना)। ❖ **चन्द (चंद) रोज़**—*पु॰* = कुछ दिन। ❖ **चन्दरोज़ा (चन्दरोज़ा)**—*वि॰* = १. कुछ दिन ही रहनेवाला। अस्थायी। २. नाशवान्। नश्वर। ❖ **चन्दसाला (चंदसाला)**—*वि॰* = १. कुछ वर्षों तक ही रहनेवाला। २. केवल कुछ वर्षों का। अल्पकालिक।

चन्दक (चंदक)—[सं॰ √चन्द् + णिच् + ण्वुल्] *पु॰* १. चन्द्रमा। चाँद। २. चन्द्रिका। चाँदनी। ३. एक छोटी मछली। चाँद। चाँदा। ४. (नारियों का) सिर का एक आभूषण जो अर्धचन्द्र के आकार का होता है।

चन्दकपुष्प (चंदकपुष्प)—[सं॰ चन्दक ~ पुष्प] *पु॰* १. चन्द्रकला। (दे॰) २. लवंग। लौंग।

†चन्दण (चंदण)—*पु॰* ≤ *सं॰* चन्दन।

चन्दनगिरि (चंदनगिरि)—[सं॰ चन्दन ~ गिरि] *पु॰* (केरल का) मलय पर्वत। मलयाचल।

चन्दनसार (चंदनसार)—[सं॰ चन्दन ~ सार] *पु॰* १. घिसा हुआ चन्दन। २. नौसादर।

चन्दनी (चंदनी)—[< सं॰ चन्दन] *वि॰* १. चन्दन-सम्बन्धी। चन्दन का। २. चन्दन से लिप्त। चन्दन-चर्चित। ३. चन्दन की सुगन्ध वाला।

चन्दनीया (चंदनीया)—[सं॰ √चन्द् + अनीयर् + टाप्] *स्त्री॰* गोरोचन।

चन्दनोदक (चंदनोदक)—[सं॰ चन्दन ~ उदक] *पु॰* चन्दन-मिश्रित जल।

***चन्दबधू (चंदबधू)**—[< सं॰ चन्द्र ~ वधू] *स्त्री॰* एक प्रकार का बरसाती लाल कीड़ा। बीरबहूटी।

चन्दरोज़ा (चंदरोज़ा), चन्दसाला (चंदसाला)—दे॰ चन्द।

***चन्दसिरी (चंदसिरी)**—[< सं॰ चन्द्रश्री] *स्त्री॰* एक प्रकार का आभूषण जो हाथी के मस्तक पर पहनाया जाता है।

चन्दा[१] (चंदा[१])—[< सं॰ चन्द्रक] *पु॰* चन्द्रमा। ❖ **चन्दा मामा**—*पु॰* = चन्द्रमा जो हमारी माता लक्ष्मी (देवी) का भाई होने के कारण हमारा मामा है। ***जैसे***—चन्दा मामा आएँगे, दूध-जलेबी लाएँगे।

चन्दा[२] (चंदा[२])—[< फा॰ चन्द:] *पु॰* १. वह धन जो अनेक लोगों द्वारा सहायता के लिए किसी संस्था आदि को कार्य विशेष में व्यय करने के लिए दिया जाता है। ***जैसे***—उड़ीसा के तूफ़ान-पीड़ितों के लिए हम सबने लाखों रुपया चन्दा एकत्र करके भेज दिया। २. संस्था का सदस्यता-शुल्क। ***जैसे***—परिषद् का वार्षिक चन्दा। ३. पत्र-पत्रिका आदि का ग्राहक-शुल्क। ***जैसे***—'साहित्य अमृत' मासिक का वार्षिक चन्दा।

चन्दाणा (चंदाणा)—[देशज] *पु॰* (छन्द॰) 'स्रग्विणी' नामक वर्णिक छन्द जिसके प्रत्येक चरण में चार रगण के योग से १२ वर्ण होते हैं।

चन्दावत (चंदावत)—[< सं॰ चन्द्र] *पु॰* क्षत्रियों का एक कुल-नाम।

***चन्दावल (चंदावल)**—[< तु॰ चिन्दाकुल] *पु॰* सेना की रक्षा के लिए पीछे चलनेवाले सैनिक। ∇ **विलोम**—हरावल।

चन्देल (चंदेल)—[< सं॰ चेदि] *पु॰* १. क्षत्रियों का एक वंश या कुल-नाम। २. उक्त वंश का व्यक्ति। ✣ **चन्देलिन (चंदेलिन)**—*स्त्री॰* = १. उक्त वंश की स्त्री। २. चन्देल पुरुष की पत्नी। ✣ **चन्देली (चंदेली)**—*वि॰* = चन्देल राज्य के राजा का या चन्देल वंश का। ***जैसे***—चन्देली सिक्का।

***चन्दिरा (चंदिरा)**—[< सं॰ चन्द्रिका] *स्त्री॰* चन्द्रिका। चाँदनी।

चन्द्र (चंद्र)—[सं॰ √चन्द्र + रक्] *पु॰* १. (पृथ्वी का उपग्रह) चन्द्रमा। चाँद। २. आह्लादजनक वस्तु/व्यक्ति। ***जैसे***—रामचन्द्र, कृष्णचन्द्र। ३. कपूर। ४. मोर के पंखों पर होनेवाले चन्द्रमा जैसे चिह्न। मोर-पंख की चन्द्रिका। ५. अर्धचन्द्राकार चिह्न। ***जैसे***—नख-चन्द्र (= हाथ के नाखूनों के निचले भागों में छोटे, सफ़ेद और चन्द्राकार चिह्न)। ६. मृगशिरा नक्षत्र। ७. एक की संख्या। (छन्द॰) एक मात्रिक छन्द जिसके प्रत्येक चरण में १७ मात्राएँ होती हैं तथा १०-७ पर यति होती है।

चन्द्रक[१] (चंद्रक[१])—[सं॰ चन्द्र + कन्] *पु॰* १. चन्द्रमा। २. कपूर। ३. चन्दन।

चन्द्रक[२] (चंद्रक)—[सं॰ चन्द्र √कै + क] *पु॰* १. मोर के पंखों पर होने वाले चन्द्रमा जैसे चिह्न मोरपंखों की चन्द्रिका। २. चन्द्र जैसे गोल चिह्न। ३. नख। नाख़ून।

चन्द्रकर (चंद्रकर)—[सं॰ चन्द्र ~ कर] *पु॰* १. चन्द्रमा की किरण। २. चन्द्रिका। चाँदनी।

चन्द्रकला (चंद्रकला)—[सं॰ चन्द्र ~ कला] *स्त्री॰* १. चन्द्रमंडल का सोलहवाँ भाग। चन्द्रमा की सोलह कलाओं में से प्रत्येक। २. चन्द्रमा की किरण। ३. (नारियों का) माथे पर पहनने का एक आभूषण। ४. मोर के पंख की चन्द्रिका। (छन्द॰) एक वर्णिक छन्द। 'दुर्मिल' सवैया जिसके प्रत्येक चरण में ८ सगण होते हैं। ● **विशेष**—चन्द्रमा की सोलह कलाओं के नाम—**पूषा, यशा, सुमनसा, रति, प्राप्ति, धृति, ऋद्धि, सौम्या, मरीचि, अंशुमालिनी, अंगिरा, शशिनी, छाया, सम्पूर्णमंडला, तुष्टि, अमृता।**

चन्द्रकलाधर (चंद्रकलाधर)—[सं॰ चन्द्रकला + धर] *पु॰* शिव। महादेव।

चन्द्रकान्ता (चंद्रकांता)—[सं॰ चन्द्र ~ कान्ता] *स्त्री॰* १. रात्रि। रात। २. चन्द्रिका। चाँदनी।

चन्द्रकान्ति (चंद्रकांति)—[सं॰ चन्द्र ~ कान्ति] *स्त्री॰* १. चन्द्रिका। चाँदनी। २. रजत। चाँदी।

चन्द्र-कुमार (चंद्र-कुमार)—[सं॰] *पु॰* चन्द्रमा का पुत्र। बुध (ग्रह/देवता)

चन्द्रक्षय (चंद्रक्षय)—[सं॰ चन्द्र ~ क्षय] *पु॰* १. चन्द्रमा का क्षय/ह्रास। २. जिस तिथि पर चन्द्रमा नहीं दिखता। अमावस्या।

चन्द्रग्रहण (चंद्रग्रहण)—[सं॰ चन्द्र ~ ग्रहण] *पु॰* सूर्य और चन्द्र के बीच पृथ्वी आ जाने से चन्द्रमंडल का पूरी तरह या अंशतः दिखायी न देना। ● **विशेष**—चन्द्रग्रहण पूर्णिमा तिथि पर ही होता है।

चन्द्रघण्टा (चंद्रघंटा)—[सं॰ चन्द्र ~ घण्टा] *स्त्री॰* नौ दुर्गाओं में से एक।

चन्द्रचूड़ (चंद्रचूड़)—[< सं॰ चन्द्रचूड] *वि॰* सिर पर चन्द्रमा को धारण करनेवाला। *पु॰* शिव।

चन्द्रचूड़ामणि (चंद्रचूड़ामणि)—[< सं॰ चन्द्र ~ चूडामणि] *पु॰* शिव। महादेव।

चन्द्रज (चंद्रज)—[सं॰ चन्द्र √जन् + ड] *वि॰* चन्द्रमा से उत्पन्न। *पु॰* चन्द्रमा का पुत्र। बुध (ग्रह/देवता)।

†**चन्द्रजोत (चंद्रजोत)**—[< सं॰ चन्द्र-ज्योति] *पु॰* चन्द्रमा का प्रकाश। चन्द्रिका। चाँदनी।

चन्द्रद्युति (चंद्रद्युति)—[सं॰ चन्द्र ~ द्युति] *स्त्री॰* १. चन्द्रमा का प्रकाश। ज्योत्स्ना। चाँदनी। २. चन्दन की लकड़ी। चन्दन-काष्ठ।

चन्द्रधर (चंद्रधर)—[सं॰ चन्द्र + धर] *वि॰* चन्द्रमा को धारण करनेवाला। *पु॰* शिव। महादेव।

चन्द्र-पुत्र (चंद्र-पुत्र)—[सं॰] *पु॰* चन्द्रमा का पुत्र। बुध (ग्रह/देवता)।

चन्द्रपुष्पा (चंद्रपुष्पा)—[सं॰ चन्द्र ~ पुष्प + टाप्] *स्त्री॰* १. चाँदनी। २. बकुची। ३. सफ़ेद भटकटैया।

चन्द्रप्रभ (चंद्रप्रभ)—[सं॰ चन्द्र ~ प्रभा] *वि॰* जिसमें चन्द्रमा जैसा प्रकाश/प्रभा हो।

चन्द्रप्रभा (चंद्रप्रभा)—[सं॰ चन्द्र ~ प्रभा] *वि॰ (स्त्री॰)* चन्द्रमा के तुल्य प्रकाश/प्रभा वाली। *स्त्री॰* १. चन्द्रमा की प्रभा/कान्ति/प्रकाश। चन्द्रिका। चाँदनी। २. गोरी स्त्री।

चन्द्रबन्धु (चंद्रबंधु)—[सं॰ चन्द्र ~ बन्धु] १. (चन्द्रमा के समान ही समुद्र से उत्पन्न होनेवाला) शंख। २. (चन्द्रमा के उदय के बाद खिलनेवाला) कुमुद पुष्प।

***चन्द्रबधू/चन्द्रबधूटी (चंद्रबधू/चंद्रबधूटी)**—*स्त्री॰* ≤ सं॰ चन्द्रवधू। (दे॰)

चन्द्रबाण (चंद्रबाण)—[सं॰ चन्द्र ~ बाण] *पु॰* (पहले के युगों में

बननेवाला) एक प्रकार का बाण जिसका फल अर्धचन्द्र के आकार का होता था।

चन्द्रबाला (चंद्रबाला)—[सं॰ चन्द्र ~ बाला] *स्त्री॰* १. चन्द्रमा की पत्नी। रात्रि। २. चन्द्रकिरण। ३. चाँदनी। ४. बड़ी इलायची।

चन्द्रबिन्दु (चंद्रबिंदु)—[सं॰ चन्द्र ~ बिन्दु] *पु॰* (देवनागरी लिपि में) अनुनासिक वर्ण की अनुनासिकता का सूचक चिह्न जिसमें अर्धचन्द्र के ऊपर बिन्दु (ँ) होता है और जो वर्ण के ऊपर लगता है। *जैसे*—'साँप', और 'हँसना' में चन्द्रबिन्दु है परन्तु 'सर्प' और 'हास' में नहीं हैं।

चन्द्रभा (चंद्रभा)—[सं॰ चन्द्र ~ भा] *स्त्री॰* चन्द्रप्रभा।

चन्द्रभाग (चंद्रभाग)—[सं॰ चन्द्र ~ भाग] *पु॰* १. चन्द्रमा की कला। २. (चन्द्रमा की सोलह कलाएँ होने के आधार पर) सोलह की संख्या। ३. हिमालय पर्वत का एक भाग जिससे चन्द्रभागा नदी (पंजाब की 'चिनाब') निकलती है। ✣ **चंद्रभागा**— *स्त्री॰* = (चन्द्रभाग पर्वत से निकली हुई) पंजाब की चिनाब नदी।

चन्द्रभाल (चंद्रभाल)—[सं॰ चन्द्र ~ भाल] *वि॰* जिसके मस्तक पर चन्द्रमा है। *पु॰* शिव। महादेव।

चन्द्रभूषण (चंद्रभूषण)—[सं॰ चन्द्र ~ भूषण] *पु॰* शिव। महादेव।

चन्द्रमणि (चंद्रमणि)—[सं॰ चन्द्र ~ मणि] *पु॰* चन्द्रकान्त मणि। (छन्द॰) 'उल्लाला' छन्द। (दे॰)

चन्द्रमण्डल (चंद्रमंडल)—[सं॰ चन्द्र ~ मण्डल] *पु॰* १. चन्द्रमा का बिम्ब। २. चन्द्रमा के चारों ओर कभी-कभी दिखने वाला वृत्त/घेरा।

चन्द्रमल्लिका (चंद्रमल्लिका)—[सं॰ चन्द्र ~ मल्लिका] *स्त्री॰* चमेली।

चन्द्रमाललाम (चंद्रमाललाम)—[सं॰ चन्द्रमा ~ ललाम] *पु॰* शिव। महादेव। **उदा॰** चपरि चढ़ायौ चापु चंद्रमा-ललाम को। —तुलसी (कविता॰, १/९)

चन्द्रमाला (चंद्रमाला)—[सं॰ चन्द्र ~ माला] *स्त्री॰* गले का एक आभूषण। चन्द्रहार।

चन्द्रमुकुट (चंद्रमुकुट)—[सं॰ चन्द्र ~ मुकुट] *पु॰* शिव। महादेव।

चन्द्रमुख (चंद्रमुख)—[सं॰ चन्द्र ~ मुख] *वि॰* १. चन्द्रमा जैसे मुख वाला। २. सुन्दर। *पु॰* चन्द्रमा जैसा (आकर्षक) मुख। ✣ **चन्द्रमुखी (चंद्रमुखी)**— *वि॰ (स्त्री॰)* १. चन्द्रमा जैसे (आकर्षक) मुख वाली। २. सुन्दरी। *स्त्री॰* सुन्दर नारी।

चन्द्रमौलि (चंद्रमौलि)—[सं॰ चन्द्र ~ मौलि] *पु॰* शिव। महादेव।

चन्द्ररत्न (चंद्ररत्न)—[सं॰ चन्द्र ~ रत्न] *पु॰* मोती।

चन्द्ररेखा (चंद्ररेखा)—[< सं॰ चन्द्र ~ रेखा] *स्त्री॰* १. चन्द्रमा की कला। चन्द्रकला। २. चन्द्रमा की किरण। चन्द्र-किरण। ३. द्वितीया का चन्द्रमा। (छन्द॰) एक समवर्णिक छन्द जिसके प्रत्येक चरण में क्रमशः नगण, सगण, २ रगण और गुरु (न स र र ग) के योग से १३ वर्ण होते हैं तथा ६-७ पर यति होती है।

चन्द्रललाम (चंद्रललाम)—[सं॰ चन्द्र ~ ललाम] *पु॰* शिव। महादेव।

चन्द्रलेखा (चंद्रलेखा)—[सं॰ चन्द्र ~ लेखा] *स्त्री॰* १. चन्द्ररेखा। (दे॰) २. (छन्द॰) एक समवर्णिक छन्द जिसके प्रत्येक चरण में क्रमशः मगण, रगण, मगण और २ यगण (म र म य य) के योग से १५ वर्ण होते हैं तथा ७-८ पर यति होती है।

चन्द्रलोक (चंद्रलोक)—[सं॰ चन्द्र ~ लोक] *पु॰* १. चन्द्रमा का लोक। चन्द्रमा में स्थित प्राणियों और पदार्थों का संसार। २. आकाशमंडल में स्थित चन्द्रमा का क्षेत्र।

चन्द्रवंश (चंद्रवंश)—[सं॰ चन्द्र ~ वंश] *पु॰* चन्द्रमा के पुत्र बुध के पुरूरवा से आरम्भ एक प्राचीन महत्त्वपूर्ण राजवंश। ✣ **चन्द्रवंशीय (चंद्रवंशीय)**— *वि॰* = १. चन्द्रमा से उत्पन्न। २. चन्द्रवंश से सम्बन्धित। चन्द्रवंश का।

चन्द्रवदन (चंद्रवदन)—[सं॰ चन्द्र ~ वदन] *वि॰* १. चन्द्रमुख। (दे॰) ✣ **चन्द्रवदना/चन्द्रवदनी**— *वि॰ (स्त्री॰), स्त्री॰* = चन्द्रमुखी।

चन्द्रवधू (चंद्रवधू)—[सं॰ चन्द्र ~ वधू] *स्त्री॰* एक प्रकार का बरसाती कीड़ा जो लाल रंग का होता है। बीरबहूटी। ✣ **चन्द्रवधूटी (चंद्रवधूटी)**— *स्त्री॰* = चन्द्रवधू।

चन्द्रवर्त्म (चंद्रवर्त्म)—[सं॰ चन्द्र ~ वर्त्म] *पु॰* (छन्द॰) एक वर्णिक छन्द जिसके प्रत्येक चरण में क्रमशः रगण, नगण, भगण और सगण (र, न, भ, स) के योग से १२ वर्ण होते हैं।

चन्द्रवल्लरी (चंद्रवल्लरी)—[सं॰ चन्द्र ~ वल्लरी] *स्त्री॰ स्त्री॰* सोमलता।

चन्द्रवल्ली (चंद्रवल्ली)—[सं॰ चन्द्र ~ वल्ली] *स्त्री॰* १. सोमलता। २. माधवीलता।

चन्द्रवार (चंद्रवार)—[सं॰ चन्द्र ~ वार] *पु॰* सोमवार।

चन्द्र-व्रत (चन्द्र ~ व्रत)—[सं॰] *पु॰* चान्द्रायण व्रत।

चन्द्रशाला/(चंद्रशाला), चन्द्रशालिका (चंद्रशालिका)—[सं॰ चन्द्र ~ शाला/शालिका] *(स्त्री॰)* १. (प्राचीन भारत में) राजमहल के धवलगृह के ऊपरी भाग में वह कमरा जिसमें बैठकर चाँदनी का पूरा आनन्द लिया जा सके। २. छत पर का कमरा जहाँ बैठकर चाँदनी का आनन्द लिया जा सके।

चन्द्रशिला (चंद्रशिला)—[सं॰ चन्द्र ~ शिला] *स्त्री॰* चन्द्रकान्त मणि।

चन्द्रशूर (चंद्रशूर)—[सं॰ चन्द्र ~ शूर] *पु॰* चन्द्रसूर।

चन्द्र-शृङ्ग (चंद्र-शृंग)—[सं॰] *पु॰* द्वितीया के चन्द्रमा के दोनों नुकीले सिरे।

चन्द्रशेखर (चंद्रशेखर)—[सं॰ चन्द्र ~ शेखर] *पु॰* शिव। महादेव।

चन्द्रषष्ठी (चंद्रषष्ठी)—[सं॰ चन्द्र ~ षष्ठी] *स्त्री॰* भाद्र कृष्ण षष्ठी।

चन्द्रसम्भव/चन्द्रसुत (चंद्रसंभव/चंद्रसुत)—[सं॰ चन्द्र ~ सम्भव/सुत] *पु॰* चन्द्रमा का पुत्र। बुध (ग्रह/देवता)।

चन्द्रसूर (चंद्रसूर)—[< सं॰ चन्द्रशूर] *पु॰* एक क्षुपजातीय वनस्पति जो औषधोपयोगी है। चनसुर। हालों। ● **विशेष**—इसके क्षुप १५

से ५० से.मी. ऊँचे होते हैं। यह धनिए की तरह पत्तियों वाला होता है, फूल छोटे और आसमानी रंग के या सफ़ेद होते हैं। यह मेथी के साथ मसाले के काम आता है। इसे बंगला में 'हालिम' और हिन्दी-क्षेत्रों में '**हालों**' भी कहते हैं।

चन्द्रहार (चंद्रहार)—[सं॰ चन्द्र ~ हार] *पु॰* (नारियों का) गले में पहनने का एक प्रकार का बहुमूल्य और सुन्दर हार।

चन्द्रहास (चंद्रहास)—[सं॰ चन्द्र ~ हास] *पु॰* १. चन्द्रिका। चाँदनी। २. चमकीली तलवार। ३. रावण की तलवार।

चन्द्रा (चंद्रा)—[सं॰ चन्द्र + टाप्] *स्त्री॰* १. वितान। चन्द्रातप। चँदोवा। २. छोटी इलायची। एला। ३. गुडूची। गिलोय।

चन्द्रांशु (चंद्रांशु)—[सं॰ चन्द्र ~ अंशु] *पु॰* चन्द्रमा की किरणं।

चन्द्राङ्कित/चंद्रांकित—[सं॰ चन्द्र ~ अङ्कित] *वि॰* चन्द्रमा या उसकी आकृति/चिह्न से युक्त। *पु॰* शिव। महादेव।

चन्द्रातप (चंद्रातप)—[सं॰ चन्द्र ~ आतप] *पु॰* १. चन्द्रिका। चाँदनी। २. वितान। चँदोवा।

चन्द्रात्मज (चंद्रात्मज)—[सं॰ चन्द्र ~ आत्मज] *पु॰* चन्द्रमा का पुत्र। बुध (ग्रह/देवता)।

चन्द्रापीड (चंद्रापीड)—[सं॰ चन्द्र ~ आपीड] *पु॰* १. शिव। महादेव। २. कश्मीर का एक प्रसिद्ध राजा।

चन्द्राभिसारिका (चंद्राभिसारिका)—[सं॰ चन्द्र ~ अभिसारिका] *स्त्री॰* (काव्य॰) चाँदनी रात में अभिसार करनेवाली नायिका। शुक्लाभिसारिका।

चन्द्रायतन (चंद्रायतन)—[सं॰ चन्द्र ~ आयतन] *पु॰* चन्द्रशाला।

चन्द्रार्क (चंद्रार्क) [सं॰ चन्द्र ~ अर्क] *पु॰* चन्द्रमा और सूर्य।

चन्द्रार्ध (चंद्रार्ध)—[सं॰ चन्द्र ~ अर्ध] *पु॰* १. अर्धचन्द्र। (दे॰) २. द्वितीया का चन्द्रमा। ✣ **चन्द्रार्धचूडामणि**—*पु॰* = शिव। महादेव।

चन्द्रालोक (चंद्रालोक)—[सं॰ चन्द्र ~ आलोक] *पु॰* चन्द्रमा का प्रकाश। चाँदनी।

चन्द्रावती (चंद्रावती)—[< सं॰ चन्द्र] *स्त्री॰* (छन्द॰) एक समवर्णिक छन्द जिसमें क्रमशः ४ नगण और एक सगण (न न न न स) के योग से १५ वर्ण होते हैं तथा ६-९ पर यति होती है।

चन्द्रिका (चंद्रिका)—[सं॰ चन्द्र + ठन् + टाप्] *स्त्री॰* १. ज्योत्स्ना। चाँदनी। २. प्रकाश। रोशनी। ३. बड़ी इलायची। ४. मोर की पूँछ पर बने अर्धचन्द्राकार चिह्न। ५. मल्लिका। चमेली। ६. (पंजाब की) चिनाब नदी। चन्द्रभागा। ७. (नारियों का) माथे पर पहनने का एक आभूषण। चन्द्रकला। बेना। बैंदी। ८. एक क्षुपजातीय वनस्पति। चन्द्रसूर। चनसुर। (छन्द॰) एक वर्णिक छन्द जिसके प्रत्येक चरण में क्रमशः २ नगण, २ तगण और गुरु (न न त त ग) के योग से १३ वर्ण होते हैं और ७-६ पर यति होती है। ● **विशेष**—समासयुक्त जैसे सूर्य की धूप 'आतप' है, वैसे ही चन्द्र का आतप चन्द्रिका/चाँदनी है। अतः चन्द्रिका/चाँदनी को '**चन्द्रिकातप**' भी कहा जाता है। चन्द्रिका से द्रवित होनेवाली चन्द्रकान्त मणि को '**चन्द्रिकाद्राव**' भी कहा जाता है। चन्द्रिका को पीनेवाला चन्द्र-प्रेमी चकोर पक्षी '**चन्द्रिकापायी**' कहा जाता है। शुक्लाभिसारिका नायिका जैसे 'चन्द्राभिसारिका' कही जाती है, वैसे ही '**चन्द्रिकाभिसारिका**' भी। शरद्पूर्णिमा को होनेवाला कौमुदी-उत्सव '**चन्द्रिकोत्सव**' भी कहा जाता है।

चन्द्रेष्टा (चंद्रेष्टा)—[सं॰ चन्द्र ~ इष्टा] *स्त्री॰* कुमुदिनी (पुष्प)।

चन्द्रोदय (चंद्रोदय)—[सं॰ चन्द्र ~ उदय] *पु॰* चन्द्रमा का उदय।

चन्द्रोपराग (चंद्रोपराग)—[सं॰ चन्द्र ~ उपराग] *पु॰* चन्द्रग्रहण।

चन्द्रोपल (चंद्रोपल)—[सं॰ चन्द्र ~ उपल] *पु॰* चन्द्रकान्त मणि।

***चप** —[< सं॰ चाप] *स्त्री॰* चाप। दबाव।

चपकन—[फा॰] *स्त्री॰* १. अँगरखा नामक वस्त्र (जो अचकन के समान होता है)। २. सन्दूक़, किवाड़ आदि में लगी लोहे आदि की बनी वह वस्तु जिसमें ताला लगाया जाता है।

चपकलश—[< तुर्की चपक़ुलश] *स्त्री॰* चकल्लस।

चपड़-चपड़—[अनु॰] *स्त्री॰* १. कुत्ते, बिल्ली आदि द्वारा पानी पीने की ध्वनि। २. बक-बक।

चपड़ा—[देशज] *पु॰* (लाख के कीटों द्वारा निकाली गयी) प्राकृतिक लाख का साफ़ किया हुआ रूप। ● **विशेष**—'चपड़ा' पीले रंग का होता है तथा वार्निश आदि में काम आता है।

चपत—[< सं॰ चपट अथवा फा॰] *स्त्री॰* थप्पड़। चाँटा। झापड़। दे॰ तमाचा। ***वा॰* चपत पड़ना/बैठना/लगना**—हानि होना।

चपना—[< सं॰ चाप या < हिं॰ चप] *क्रिअ॰* १. दाब में पड़ना। दबना। २. दबाव पड़ने के कारण कुचला जाना। ३. (किसी के सामने) लज्जा से दबना। लज्जित होना। ✣ ***चपि**—*क्रिवि॰* = १. चपकर। दबकर। ***जैसे***—पैरन चपि भयो चूर। २. लज्जित होकर।

चपर—[< प्रा॰ चप्पिय, या < देशज चप्पर] *वि॰* १. तिरस्कृत। अपमानित। २. दबाया हुआ। ३. तुच्छ।

चपरक़नाती—[< हिं॰ चपर + अरबी क़नाअत] *वि॰* १. चाटुकार। चापलूस। २. ख़ुशामदी और तुच्छ व्यक्ति।

चपरगट्टू—[< हिं॰ चपर + देशज गट्टू] *वि॰* १. चारों ओर से दबाया हुआ। २. विपत्तियों का सताया हुआ। अभागा।

†चपरना[१]—[< हिं॰ चुपड़ना] *क्रिअ॰* परस्पर अच्छी तरह घुलना-मिलना। ओत-प्रोत होना। *क्रिस॰* (तेल आदि को) चुपड़ना।

†चपरना[२]—[< सं॰ चपल] *क्रिअ॰* शीघ्रता करना।

†चपरा—[< हिं॰ चपर] *वि॰* जो कही हुई बात से या किए हुए काम से मुकर जाता हो। झूठा।

†चपराना—[< हिं॰ चपरा] *क्रिस॰* बहकाना। झुठलाना। ***जैसे***—चोरी करने के बाद सौगन्धें खाकर चपराना।

चपरास—[फा॰] *स्त्री॰* (चपरासी, चौकीदार आदि की) कमर में बाँधने की विशेष पेटी (जिस पर कार्यालय आदि के नाम अंकित होते हैं)।

चपरासी—[फा॰] १. वह नौकर जो चपरास पहन कर सेवा के

लिए उपस्थित रहता है। चपरास बाँधनेवाला। २. कार्यालय के काग़ज़ आदि लाने और ले जाने के लिए नियुक्त नौकर।

***चपरि**—[< हिं॰ चपरना] *क्रिवि॰* १. चपल होकर। चपलतापूर्वक। २. उत्साहपूर्वक। उल्लासपूर्वक। ३. शीघ्रता से। तेज़ी से। वेगपूर्वक। ४. सहसा। ५. बढ़कर।

चपल—[सं॰ √चुप् + कल, उ→अ] *वि॰* १. काँपता हुआ। २. अस्थिर। चंचल। ***जैसे***—चपल। ३. फुर्तीला। ***जैसे***—चपल खिलाड़ी। ४. चुलबुला। *पुं॰* १. पारद। पारा। २. मछली। ३. चातक पक्षी। ✣ **चपलता**—*स्त्री॰* = १. अस्थिरता। चंचलता। ***जैसे***—मन की चपलता। २. फुर्तीलापन। ***जैसे***—खिलाड़ियों की चपलता। ३. चुलबुलापन। ४. शीघ्रता। ५. तेज़ी। (काव्य॰) एक संचारी भाव। मत्सर, राग, द्वेष आदि के कारण मन का स्थिर न रहना जिससे व्यक्ति, भर्त्सना, कठोरता, स्वच्छन्दता आदि का आचरण करता है। ✣ **चपलत्व**—*पुं॰* = चपलता।

चपला—[सं॰ चपल + टाप्] *वि॰ (स्त्री॰)* चपल। ***जैसे***—चपला बालिका। *स्त्री॰* १. लक्ष्मी। २. विद्युत्। बिजली। ***जैसे***—वर्षा में चपला का चमकना। ३. दुश्चरित्र स्त्री। ४. जिह्वा। जीभ। (छन्द॰) एक वर्णिक छन्द जिसके प्रत्येक चरण में क्रमशः तगण, भगण, जगण, लघु और गुरु (त भ ज ल ग) के योग से ११ वर्ण होते हैं। ✣ **चपलाई**—*स्त्री॰* = चपलता। चंचलता। ***जैसे***—बालकों की चपलाई।

***चपलाना**—[< सं॰ चपल] *क्रिअ॰* १. चपलता करना। २. धीरे-धीरे हिलना या चलना। *क्रिस॰* १. किसी को चपल बनाना। २. धीरे-धीरे हिलाना या चलाना।

चपवाना—[हिं॰ 'चपना' का प्रेरणा॰] *क्रिस॰* चपने या चापने का काम किसी अन्य से कराना।

चपाती—[< सं॰ चर्पटी, या फा॰] *स्त्री॰* हाथ के चपेटों से बढ़ा-बढ़ा कर तैयार की जानेवाली पतली और हल्की रोटी।

चपाना—[< हिं॰ चपना] *क्रिस॰* किसी को चपने/दबने में प्रवृत्त करना। दबाना या दबवाना। ***जैसे***—ग़रीब को ग़रीबी बार-बार चपाती है।

चपनी—[< हिं॰ चपना] *स्त्री॰* १. छिछली कटोरी। २. पतीली आदि का ढक्कन। ३. घुटने की हड्डी।

चपेट—[सं॰ चप √इट् + अच्] १. चपेटने की क्रिया/भाव। २. थप्पड़। चाँटा। तमाचा। ३. किसी चल रहे वाहन/यन्त्र/मशीन या हथियार के आघात की सीमा। ***जैसे***—मशीन की चपेट में आने से उसका हाथ कट गया। ४. वाहन आदि से दुर्घटना में फँसाव, धक्का या रगड़। ५. निर्धनता/दुर्भाग्य आदि का प्रहार। ***जैसे***—ग़रीबी की चपेट सहनेवाले मनुष्य। ***वा॰* चपेट में आना**—कठिनाई/संकट की स्थिति में आना। २. (किसी के) प्रभाव में फँसना। ३. चोट लगना। ४. हानि होना। ५. दुर्घटनाग्रस्त होना।

***चपेरना**—*क्रिस॰* ≤ *हिं॰* चपेटना।

†**चप्पन**—[< हिं॰ चपना] *पुं॰* १. छोटा और उथला कटोरा। २. पतीली आदि का ढक्कन।

चप्पा—[देशज] *पुं॰* १. चार अंगुल के बराबर नाप। २. ज़मीन का बहुत छोटा खंड। ✣ †**चप्पा-चप्पा**—*पुं॰* = १. (भूमि का) प्रत्येक भाग। २. कोना-कोना। ***वा॰* चप्पा-चप्पा खोजना (छान डालना/मारना)**—किसी को खोजने के लिए सब स्थान देख लेना।

चप्पू—< फा॰ चप:] *पुं॰* नाव खेने में प्रयुक्त चपटा डंडा। पतवार। डाँड़।

†**चफाल**—[देशज] *पुं॰* भूमि का ऐसा भाग जिसके चारों ओर कीचड़/दलदल हो।

***चबइया**—[< हिं॰ चवाई] *वि॰* निन्दा करनेवाला। निन्दक।

चबक—[अनु॰] *स्त्री॰* १. पीड़ा। टीस। कसक। २. चुभन।

†**चबकना**—[< हिं॰ चबक] १. पीड़ा होना। टीसना। कसकना। २. चुभना।

चबाई[१]—[< हिं॰ चबाना] *स्त्री॰* चबाने की क्रिया/भाव/ढंग। चर्वण।

***चबाई**[२]—[< हिं॰ चवाई] *स्त्री॰* निन्दा। बदनामी।

चबाव—[< हिं॰ चवाव] *पुं॰* १. चारों ओर फैली चर्चा। प्रवाद। २. उक्त प्रकार की निन्दा। बदनामी। ✣ **चबाववारा**—*वि॰* = निन्दापूर्ण चर्चा करनेवाला। निन्दक। बदनाम करनेवाली। ✣ **चबाववारी**—*वि॰ (स्त्री॰)*।

चबूतरा—[< फा॰ चबूतर:] *पुं॰* बैठने के लिए मिट्टी, ईंटों आदि से बनाया गया थोड़ा ऊँचा, समतल और चौकोर स्थान जो चारों ओर से खुला हो।

चबेना—[< हिं॰ चबाना] *पुं॰* १. चबाकर खाने की वस्तु। २. भुना हुआ चना, चावल, खीलें आदि कोई अनाज। ३. सस्ती जलपान-सामग्री।

चब्बू—[< हिं॰ चबाना] *वि॰* १. बहुत चबानेवाला। बहुत खानेवाला। २. खाने आदि में अधिक व्यय द्वारा अपना धन नष्ट करनेवाला।

***चभक**—[अनु॰] *स्त्री॰* १. किसी वस्तु के पानी में डूबने का शब्द। २. काटने या डंक मारने की क्रिया/भाव।

चभड़-चभड़—[अनु॰] *स्त्री॰* १. किसी वस्तु को जल्दी-जल्दी खाते या पीते समय होनेवाली अप्रिय ध्वनि। ***जैसे***—कुत्ते का चभड़-चभड़ पानी पीना; इस आदमी का चभड़-चभड़ खाना।

†**चभना**—[< हिं॰ चबना] *क्रिअ॰* १. चाब जाना। खाया जाना। ***जैसे***—चने चभना। २. दबना। पिसना। कुचला जाना। ✣ **चभि**—*क्रिवि॰* = दबकर या पिसकर। कुचला जाकर।

†**चभाना**—[< हिं॰ चबाना] *क्रिस॰* १. खिलाना। ***जैसे***—बन्दरों को चने चभाना। २. कुचलवाना। रौंदवाना। ३. किसी को चखने/खाने में प्रवृत्त करना।

***चभोट**— [< हिं॰ चोट] *पुं॰* चोट। मार।

***चमकनि**—[< हिं॰ चमकना] *स्त्री॰* चमक।

चमकारा—[< हिं॰ चमक] *पुं॰* १. तेज़ चमक। २. चकाचौंध कर देने वाली चमक। *वि॰* चमकीला। ✣ **चमकारी**—स्त्री॰। *वि॰ (स्त्री॰)* = चमकीली।

चमकी—[< हि॰ चमक] *स्त्री॰* १. नक़ली रेशम का कपड़ा। २. ज़री के काम आने वाले चमकीले, छोटे, टुकड़े।

†**चमकुल**—[< हि॰ चमकना] १. चमकीला। २. चटक-मटकवाला।

चमक्को—[< हि॰ चमकना] *वि॰ (स्त्री॰)* १. बहुत सजधजकर रहनेवाली। २. बहुत चमकने-मटकने के स्वभाव वाली। ३. झगड़ालू।

चमचबाज़—[< हि॰ चमचा] *पु॰* (प्राणि॰) बत्तख़ के आकार का एक दलदल-पसन्द पक्षी जिसकी गर्दन लम्बी, टाँगें काली तथा लम्बी, और चोंच बड़ी, चपटी, काली-पीली तथा चमचा के आकार की होती है। चमचा। दाबिल।

चमचा—[< स॰ चमस, या < तुर्की चम्च:] *पु॰* कलछी के समान एक प्रकार का पात्र विशेष जिसमें एक लम्बे हत्थे के सिरे पर छोटी उथली कटोरी जैसा आकार होता है। (लाक्षणिक) किसी महत्त्वपूर्ण व्यक्ति का ऐसा चाटुकार/चापलूस सहायक जो उसके संकेत पर कुछ भी करने को सदा तैयार रहता है और अपने स्वाभिमान, नैतिकता आदि की तनिक भी चिन्ता नहीं करता।

चमची—[< हि॰ चमचा] *स्त्री॰* १. बहुत छोटा चमचा। छोटा चम्मच। २. पान पर कत्था-चूना लगाने का बहुत छोटा चमचा।

चमड़ा—[< स॰ चर्म] *पु॰* शरीर का प्राकृतिक आवरण। चर्म। त्वचा। खाल। ❖ **चमड़ी**—*स्त्री॰*। ● **विशेष**—शरीर की त्वचा को शरीर से अलग करना '**चमड़ा (या चमड़ी) उधेड़ना**' कहलाता है। मृत पशुओं का चमड़ा उधेड़ा जाता है। मृत पशु के उधेड़े हुए चमड़े को कोमल बनाने के लिए बबूल की छाल आदि के पानी में डाला जाता है। इसे '**चमड़ा (या चमड़ी) सिझाना**' कहा जाता है। ***वा॰*** **(किसी की) चमड़ी उधेड़ना/खींचना**—१. इतना अधिक मारना-पीटना कि शरीर की खाल उधड़कर रक्त निकलने लगे। २. बहुत अधिक मारना-पीटना।

चमत्करण—[स॰ चमत् √कृ + ल्युट्] *पु॰* चमत्कार करने या होने की क्रिया/भाव।

चमत्कार—[स॰ चमत् √कृ + घञ्] *पु॰* १. आश्चर्य। विस्मय। अचम्भा। २. अद्‌भुत/अनोखी वस्तु या काम जिसे देखकर स्वाभाविक रूप से आश्चर्य हो। आश्चर्यजनक वस्तु या काम। ***जैसे***—परमाणु-शक्ति से होने वाले चमत्कार। ३. अलौकिक घटना। करामात। ***जैसे***—सन्तों या योगियों के चमत्कार। ४. अलौकिक जैसी लगनेवाली घटना। ***जैसे***—जादूगरों के चमत्कार। ५. अद्‌भुत प्रभाव। ***जैसे***—शंकराचार्य के चमत्कार से ही मीमांसक मंडन मिश्र उनके शिष्य हो गए। (काव्य॰) पाठक/दर्शक के मन को आश्चर्यचकित, प्रभावित और आह्लादित करनेवाला तत्त्व/वर्णन/घटना/बात। ❖ **चमत्कारक**—*वि॰* = चमत्कार करनेवाला।

चमत्कृति—[स॰ चमत् √कृ + क्तिन्] *स्त्री॰* १. चमत्कृत होने की अवस्था/भाव। २. विस्मय। आश्चर्य। ३. चमत्कार।

चमन/चमनिस्तान—[फा॰] *पु॰* १. वाटिका। फुलवारी। बग़ीचा। २. हरा-भरा स्थान।

चमर—[स॰ √चम् + अरच्] *पु॰* १. एक जंगली पशु। सुरा गाय। २. उक्त पशु की पूँछ का बना पंखा। चामर। मोरछल। चँवर।

चमरगिद्‌ध (चमरगिद्ध)—[< हि॰ चमर + गिद्ध] *पु॰* एक प्रकार का बड़ा गीध/गिद्‌ध।

चमरपुच्छ—[स॰ चमर ~ पुच्छ] *वि॰* जिसकी पूँछ चँवर के समान हो अथवा चँवर बनाने में काम आती हो। *पु॰* १. चमर। २. गिलहरी। ३. लोमड़ी।

चमरबगली—[< हि॰ चमर ~ बगली] *स्त्री॰* एक प्रकार की काली चिड़िया जो बगले की जाति की होती है।

चमरी—[स॰ चमर + ङीष्] *स्त्री॰* १. सुरा गाय। २. चँवर।

चमला—[देशज] *पु॰* भिक्षा-पात्र। ❖ **चमली**—*स्त्री॰*।

चमस—[< स॰ √चम् + असच्] *पु॰* १. वैदिककालीन एक यज्ञ-पात्र। लकड़ी का चमचा विशेष।

चमसा—[< स॰ चमस] *पु॰* चमचा। चम्मच। ❖ **चमसी**—*पु॰* = चमचा। *स्त्री॰* = छोटा चमस।

चमार—[< स॰ चर्मार या चर्मकार] *पु॰* १. चमड़े का धन्धा करनेवाली एक हिन्दू उपजाति। चर्मकार। मोची। २. उक्त उपजाति का पुरुष।

चमीकर—[स॰] *पु॰* प्राचीन भारत में प्रसिद्‌ध रहा स्वर्ण की खान का एक स्थान। ● **विशेष**—'चमीकर' से प्राप्त होने के कारण 'स्वर्ण' को '**चामीकर**' कहा जाने लगा।

चमू—[स॰ √चम् + ऊ] *स्त्री॰* १. (प्राचीन काल में) चतुरंगिणी सेना का वह स्वरूप जिसमें ७२९ हाथी, ७२९ रथ, २१८७ घोड़े और ३६४५ पैदल होते हैं। २. सेना। फ़ौज। ❖ **चमूचर**—*पु॰* = १. योद्‌धा। २. सैनिक। ❖ **चमू-नाथ, चमू-नायक, चमूपति**—*पु॰* = १. चमू का सबसे बड़ा अधिकारी। २. सेनापति।

चमेली—[< स॰ चम्पकवल्ली] *स्त्री॰* सुगन्धित पुष्पों वाला एक पौधा जिसकी पत्तियाँ और पुष्प औषधोपयोगी होते हैं।

चमोई—[देशज] *पु॰* भूटान आदि में होनेवाला एक वृक्ष जिसकी छाल से काग़ज़ बनाया जाता है।

चमोटा—[< स॰ चर्मपट्ट] *पु॰* १. चमड़े का वह टुकड़ा जिस पर नाई अपना उस्तरा बार-बार रगड़कर धार तेज़ करता है। २. कोड़ा। चाबुक। ❖ **चमोटी**—*स्त्री॰* = १. चमोटा। २. पतली छड़ी।

चम्पई (चंपई)—[< हि॰ चम्पा] *वि॰* चम्पा के फूल जैसे पीले रंग का। *पु॰* उक्त रंग।

चम्पक (चंपक)—[स॰ √चम्प् + ण्वुल्] *पु॰* चम्पा (दे॰) का वृक्ष/फूल। (*संगीत॰*) एक राग जो रात के दूसरे प्रहर में गाया जाता है।

चम्पकारण्य (चंपकारण्य)—[स॰ चम्पक ~ अरण्य] *पु॰* बिहार प्रदेश के 'चम्पारन' का पुराना नाम।

चम्पकावती (चंपकावती)—[स॰ चम्पक + मतुप् + ङीप्] *स्त्री॰* (प्राचीन काल की) चम्पा नगरी।

चम्पा—[स॰ चम्प + टाप्] *स्त्री॰* १. एक प्रकार का फूलोंवाला वृक्ष। चम्पक। २. उक्त वृक्ष का फूल। चम्पक। ३. प्राचीन 'अंग'

देश की राजधानी। चम्पानगरी। (दे॰)। ● **विशेष**—चम्पा के वृक्ष बड़े-बड़े होते हैं। इसके पत्ते पीले तथा कोमल होते हैं। फूल पीले, ४-५ पंखड़ी वाले तथा तीव्र गन्ध वाले होते हैं। भौंरे इनके पास नहीं जाते।

चम्पाकली—[स॰ चम्पा + हि॰ कली] *स्त्री॰* (नारियों का) गले में पहनने का एक तरह का हार जिसमें चम्पा की कली के आकार के स्वर्ण के दाने होते हैं।

चम्पानगरी/चम्पापुरी (चंपानगरी/चंपापुरी)—[स॰ चम्पा ~ नगरी/पुरी] *स्त्री॰* प्राचीन 'अंग' देश की राजधानी 'चम्पा' नामक नगरी। वर्तमान बिहार प्रदेश का भागलपुर नगर।

चम्पारण्य (चंपारण्य)—[स॰ चम्पा ~ अरण्य] *पु॰* चम्पकारण्य।

चम्पावती—दे॰ चम्पानगरी।

चम्पू (चंपू)—[स॰ √चम्प् + ऊ] *पु॰* गद्य-पद्य की मिश्रित शैली का काव्य।

†चम्मल—[< फा॰ चम्बल] *पु॰* भिक्षा-पात्र। चमला।

चय—[स॰ √चि + अच्] *पु॰* १. समूह। राशि। ढेर। २. चुनने/बीनने/छाँटने की क्रिया/भाव। (आयुर्वेद॰) वात, पित्त तथा कफ दोषों की वृद्धि होकर स्थान में ही संचित रहना।

चयन[१]—[स॰ √चि+ ल्युट्] *पु॰* १. अनेक वस्तुओं में से किसी एक या अनेक को छाँटकर अलग निकालने की क्रिया/भाव। चुनना। चुनाव। ***जैसे***—अच्छी पुस्तकों का चयन करो। २. चुनी हुई वस्तुओं का संग्रह/संकलन। ३. (फूलों आदि को) बीनकर एकत्र करने की क्रिया। ***जैसे***—वाटिका में पुष्प-चयन। ४. (यज्ञ में) अग्नि की यथाविधि स्थापना। अग्नि-आधान।

***चयन[२]**—[< हि॰ चैन] *पु॰* आनन्द। सुख। चैन।

चयनशील—[स॰ चयन ~ शील] *वि॰* १. चयन करने में लगा हुआ। २. चयन करने में लगा रहने वाला।

चयना—[< स॰ चय] *क्रिस॰* चयन करना।

चयनात्मक—[स॰ चयन ~ आत्मक] *वि॰* चयन का। चयनपरक। वरणात्मक। ***जैसे***—चयनात्मक स्मृति।

चयनिका—[स॰ चयन + कन् + टाप, इत्व] *स्त्री॰* १. चुनी हुई कविताओं, कहानियों, सूक्तियों या निबन्धों आदि का संग्रह/संकलन। २. पत्र-पत्रिकाओं का वह स्तम्भ आदि जिसमें अन्य पत्र-पत्रिकाओं के चुने हुए अंश या लेख आदि के सारांश दिए जाते हैं।

चया[१]—[< स॰ चय] *पु॰* तह। (दे॰ 'चये' में 'विशेष')

चया[२]—*स्त्री॰* ≤ *हि॰* चहा (पक्षी)। (दे॰)

चयावचय—[स॰ चय ~ उपचय] *पु॰* (चिकित्सा॰) चय और अपचय। ⁘ **चयापचयज**—*पु॰* (चिकित्सा॰) = चय-अपचय में भाग लेनेवाला पदार्थ। (अं॰ मेटाबोलाइट)

***चये**—[< स॰ चय] *पु॰* १. चय। समूह। **उदा॰** बरषत निज तरु-कुसुम-चये। —तुलसी (गीता॰, १/४५) २. चिनाई। ● **विशेष**—कुम्हारों की बोली में '**चय**' और '**चये**' का प्रयोग होता है। कुम्हार बर्तन पकाने के लिए '**आवा**' तैयार करता है। पहले एक गड्ढे (आवा) में कंडों को गोलाई में चिनता है। इस चये के ऊपर बर्तनों को चिनता है। फिर कंडों के दूसरे 'चये' पर बर्तनों का दूसरा 'चया' लगाता है। **चया** = तह; **चये** = चिनाई।

चर—[स॰ √चर् + अच्] *वि॰* १. चलनेवाला। विचरण करनेवाला। जंगम। ***जैसे***—जलचर प्राणी। २. चलायमान। चंचल। ३. जीवधारी। जानदार। ४. घटने-बढ़नेवाला। परिवर्तनशील। ∇ **विलोम**—अचर। *पु॰* १. जासूस। भेदिया। २. दूत। ३. खंजन पक्षी। ४. मंगल (ग्रह या वार)। ५. पवन। वायु। हवा। (गणित॰) वह प्रतीक जिसके संख्यात्मक मान बदलते रहते हैं। (अं॰ वेरिएबिल) ⁘ **चरकान्ति (चरकांति) तारा**—*पु॰* (खगोल॰) = ऐसा तारा जिसकी चमक घटती-बढ़ती रहती है। (अं॰ वेरियबिल स्टार)

चरक—[स॰ चर + कन्] *पु॰* १. पथिक। यात्री। २. गुप्तचर। जासूस। ३. भिक्षुक।

चरकट/चरकटा—[< हि॰ चारा + काटना] *पु॰* १. चारा काटने वाला व्यक्ति। २. बुद्धिधहीन व्यक्ति। मूर्ख। ३. उपेक्षणीय व्यक्ति। तुच्छ व्यक्ति। ***जैसे***—चरकटों की तरह घूमना।

***चरकना**—[< हि॰ चर < अनु॰] *क्रिअ॰* १. कपड़े आदि का फटना। विदीर्ण होना। २. टूटना। फूटना।

चरका—[< फा॰ चरकः] *पु॰* १. वंचना। धोखा। चकमा। २. हानि। नुक़्सान। ***वा॰* चरका खाना/लगना**—धोखा मिलना। **चरका देना**—धोखा देना।

चरख—[< फा॰ चर्ख़] *पु॰* १. घूमनेवाला गोल चक्कर। २. खराद।

चर-खण्ड (चर खंड)—[स॰] *पु॰* (खगोल॰) खगोलीय विषुवद् वृत्त पर किन्हीं दो ताराओं के उदयकाल का अन्तर। ● **विशेष**—चर-खंड को ही प्राचीन ज्योतिषी 'लंकोदयान्तर' कहते थे।

चरखा/चर्ख़ा—[< फा॰ चर्ख़ः] *पु॰* १. घूमनेवाला कोई गोल चक्कर। ***जैसे***—चरख़ा चलाकर कुएँ से पानी निकालना। २ सूत, ऊन आदि कातने का लकड़ी का यन्त्र विशेष। ***जैसे***—महात्मा गाँधी प्रतिदिन चरख़ा चलाते थे। ⁘ **चरख़ी/चर्ख़ी**—*स्त्री॰* = १. छोटा चरख़ा। २. गोलाई में घूमनेवाला कोई छोटा उपकरण। ***जैसे***—सूत लपेटने का चरख़ा। ३. एक प्रकार की आतिशबाज़ी जो छूटते समय घूमती रहती है। ४. पतंग की डोर लपेटने का उपकरण। हुचका। ५. एक मटमैले रंग की चिड़िया जिसके चोंच और पाँव प्याज़ी रंग की होती है।

चरग—[< फा॰ चरग़] *पु॰* १. शिकरा के सदृश एक शिकारी चिड़िया। चरख। २. एक जंगली पशु। लकड़बग्घा।

चरगन—[< हि॰ चरग + स॰ घ्न] *पु॰* पक्षियों का शिकार करनेवाला। बहेलिया। चिड़ीमार।

चरचन—[< स॰ चर्चन] *पु॰* अंगों पर चन्दन आदि का लेपन।

चरचना[१]—[< स॰ चर्चन] *क्रिस॰* १. अंगों पर चन्दन आदि लगाना। २. किसी वस्तु पर लेप लगाना। ३. अनुमान कर लेना या ताड़ना/भाँपना। ४. पहचानना।

चरचना[२]—[< स॰ अर्चन] *क्रिस॰* अर्चना। पूजा करना।

†चरचरा—[अनु॰] *वि॰* १. मिर्च आदि की अधिकता वाला। चरपरा। २. चिड़चिड़ा। ३. अधिक और बेकार बोलनेवाला। भूरे रंग की गानेवाली एक छोटी चिड़िया जिसकी दुम नुकीली और काली, कंठ सफ़ेद और चोंच मोटी होती है।

चरचराटा—[अनु॰] *पु॰* आतंक। दबदबा। रोब। ***जैसे***—सब ओर क्रान्तिकारियों का चरचराटा था।

चरचराना—[< हि॰ चर-चर] *क्रिअ॰* १. 'चर-चर' शब्द करना। २. गिरने, टूटने या जलने से 'चर-चर' शब्द करना। ३. घाव के समीप की खाल कुछ सूखने पर तनने से पीड़ा होना। तर्राना। चर्राना। ४. क्रुद्ध होना या चिड़चिड़ाना। *क्रिस॰* १. 'चर-चर' शब्द करना। २. 'चर-चर' शब्द करते हुए कोई वस्तु गिराना/तोड़ना।

चरचरी—[< हि॰ चरचरा] *वि॰ (स्त्री॰)* १. चरपरी। २. चिड़चिड़ी। ३. छोटे आकार की और दुबली-पतली एक चिड़िया जिसके ऊपर गहरा हरा रंग (बीच-बीच में गेहुआँ भी), नीचे पीला गेहुआँ और वक्ष में भूरे रंग की धारियाँ होती हैं तथा चोंच बहुत कोमल होती है। ● **विशेष**—चरचरी पक्षी को '**रूगेल**' भी कहा जाता है।

***चरचारी**—[< सं॰ चर्चा] *वि॰* १. चर्चा करनेवाला। २. निन्दक।

चरचि**—[< सं॰ चर्चन] *स्त्री॰* चर्चन। लेप। ***जैसे—चंदन चरचि।

चरजना—[< सं॰ चर्चन] *क्रिअ॰* १. भुलावे में आना। बहकना। २. अनुमान करना। *क्रिस॰* भुलावा देना। बहकाना।

चरट—[सं॰ √चर् + अटच्] *पु॰* खंजन पक्षी।

चरण-जुहारी—[< सं॰ चरण + हि॰ जुहारना] १. चरण-स्पर्श। २. प्रणाम।

चरणदास—[सं॰ चरण ~ दास] *पु॰* चरणों का सेवक। २. एक सन्त।

चरण-न्यास—[सं॰] *पु॰* पग। क़दम।

चरणाक्ष—[सं॰ चरण ~ अक्ष] *वि॰* जिसके नेत्र चरण में हों। अक्षपाद। गौतम। *पु॰* (न्यायदर्शन के सूत्रकार) ● **विशेष**—गौतम का एक नाम '**अक्षपाद**' प्रसिद्ध है। उसी का पर्यायवाची 'चरणाक्ष' है।

चरणाद्रि—[सं॰ चरण ~ अद्रि] *पु॰* १. उत्तर प्रदेश का चुनार नामक नगर। २. चुनार नगर के समीप विन्ध्य पर्वत की शिला जिस पर भगवान् बुद्ध के चरण-चिह्न अंकित हैं।

चरणानुग—[सं॰ चरण ~ अनुग] *वि॰* चरणों का अनुगमन करनेवाला। पीछे चलनेवाला। अनुगामी।

चरणामृत/चरणोदक—[सं॰ चरण ~ अमृत/उदक] *पु॰* १. वह जल जिसमें किसी देव-मूर्ति या पूज्य पुरुष के चरण धोए गए हों। २. किसी देव-मूर्ति का स्नान कराया हुआ जल। ३. दूध, दही, घी, शहद, तुलसीदल आदि का वह तरल मिश्रण जिसमें किसी देवमूर्ति के चरण धोए गए हों।

चरणायुध—[सं॰ चरण ~ आयुध] *पु॰* कुक्कुट। मुर्ग़ा।

चरणार्ध—[सं॰ चरण ~ अर्ध] *वि॰* १. (किसी वस्तु के) चौथाई भाग का आधा (भाग)। *पु॰* १. किसी वस्तु का आठवाँ भाग। २. किसी पद्य के चरण का आधा भाग।

चरणोदक— दे॰ चरणामृत।

चरणोपधान—[सं॰ चरण ~ उपधान] *पु॰* १. पैर रखने की वस्तु। २. पाँवदान।

†चरत—[< हि॰ चरना] १. (जन्माष्टमी आदि किसी) व्रत-उपवास के दिन भी सामान्य रूप से खाना-पीना। ***जैसे***—इनका बरत (=व्रत) नहीं है, चरत है। २. वह दिन जो उपवास का न हो, खाने-पीने का सामान्य दिन हो। ✣ **चरती**—*वि॰* = व्रत-उपवास के दिन भी सामान्य रूप से खाने-पीनेवाला।

चरत्व—[सं॰ चर + त्व] *पु॰* चर होने की अवस्था/भाव। चरता।

चर द्रव्य—[सं॰] *पु॰* वह पदार्थ या सम्पत्ति जिसका स्थान बदल सकता हो। चल पदार्थ या चल सम्पत्ति। ***जैसे***—पशु, आभूषण आदि चर द्रव्य हैं परन्तु भूमि अचर द्रव्य है।

***चरन-धरन**—[< सं॰ चरण + हि॰ धरना] खड़ाऊँ।

चरनामिरती—[< सं॰ चरणामृत] *स्त्री॰* कुछ सफ़ेद खुरों वाली गाय।

***चरनि**—[< हि॰ चरना] *स्त्री॰* १. चलने की क्रिया या ढंग। २. चाल। ३. पशुओं का घास आदि चरना/खाना।

***चरनी**—[< हि॰ चरना] *स्त्री॰* १.घास। चारा। २. चरागाह। ३. चरने की क्रिया। ४. पशुओं को चारा खिलाने की नाँद या बड़ा पात्र।

चरपट—[< सं॰ चर्पट] *पु॰* १. चपेटा। थप्पड़। तमाचा। २. उचक्का।

चरपरा—[अनु॰] *वि॰* अधिक मिर्च, खटाई आदि के कारण तीखे स्वाद वाला (खाद्य पदार्थ)।

चरपराना[1]—[< हि॰ चरचराना] *क्रिअ॰* (घाव का) चरचराना या तर्राना। ✣ **चरपराहट**[1]—*स्त्री॰* = घाव की चरचराहट।

चरपराना[2]—[< हि॰ चरपरा] *क्रिअ॰* १. चरपरी वस्तु खाने से मुख में जलन होना। २. चरपरा लगना। ✣ **चरपराहट**[2]—*स्त्री॰* = १. चरपरा होने की अवस्था/स्वाद/भाव। १. स्वाद का तीखापन। चरपरापन। २. ईर्ष्या-द्वेष।

चरफराना—[अनु॰] *क्रिअ॰* १. एक ही स्थान पर गति करना और तिलमिलाना। व्याकुल होना। छटपटाना।

चरबा—[< फ़ा॰ चर्बः] *पु॰* १. लेखा, हिसाब आदि का प्रारूप/ख़ाक़ा। लिथो-मुद्रण में प्रयुक्त एक काग़ज़ जिस पर रासायनिक लेप होता है। (अं॰ स्टोन पेपर) २. चित्र, मानचित्र आदि का अनुरेखन करने में प्रयुक्त पतला (झिल्ली) काग़ज़। (अं॰ ट्रेसिंग पेपर)

चरबाना—[< सं॰ चर्म] *क्रिस॰* ढोल का चमड़ा मढ़ाना।

चरम[1]—[सं॰ √चर् + अमच्] *वि॰* १. अन्तिम। आख़िरी। जैसे—चरम लक्ष्य। २. अन्तिम सीमा या पराकाष्ठा तक पहुँचा हुआ। हद दर्जे का। ***जैसे***—चरम मार्ग। ३. बहुत अधिक। अतिशय। ***जैसे***—चरम दुर्बलता। ४. सबसे अधिक। परम। ***जैसे***—चरम वेग।

५. असीम। अनन्त। *जैसे*—परमात्मा की चरम शक्ति।

***चरम**[२]—[< स॰ चर्म] *पु॰* चर्म। चमड़ा।

चरमावस्था—[स॰ चरम + अवस्था] *स्त्री॰* १. अन्तिम स्थिति। २. वृद्धावस्था। (काव्य॰) चरमोत्कर्ष।

चर मूर्ति—[स॰] *स्त्री॰* = देवी/देवता की वह मूर्ति जो स्थापित नहीं होती है और समय-समय पर सवारी निकालने में काम आती है।

चरमोत्कर्ष—[स॰ चरम ~ उत्कर्ष] *पु॰* अधिकतम उत्कर्ष/उन्नति। (काव्य॰) किसी कथात्मक कृति (उपन्यास, नाटक आदि) में कार्य की वह अवस्था या क्षण जहाँ से घटनाएँ विपरीत दिशा की ओर बढ़ती हैं। चरमावस्था। (अं॰ क्लाइमैक्स)

चरर-चर्मर—[अनु॰] *स्त्री॰* रहँट चलने की ध्वनि।

†**चरवा**—[< हि॰ चारा] *पु॰* पशुओं को दिया जाने वाला एक प्रकार का उत्तम और कोमल चारा जो गाय-भैंसों का दूध भी बढ़ाता है।

चरवाहा—[< हि॰ चरना] *पु॰* पशुओं को चराकर अपनी जीविका चलानेवाला। ✣ **चरवाही**—*स्त्री॰* = चरवाई।

चरवैया—[< हि॰ चरना] *वि॰* १. चरनेवाला (पशु)। २. चराने वाला (मनुष्य)। *पु॰* चरवाहा। चरैया।

चरस—[फा॰] *पु॰* गाँजे के पेड़ से निकला हुआ गोंद जो नशीला होता है और गाँजे के समान नशे के लिए पिया जाता है। ● **विशेष**— चरस पीनेवाले नशेबाज़ को '**चरसिया**' या '**चरसी**' कहा जाता है।

चरसा (चर्सा)—[< स॰ चर्म] *पु॰* १. चमड़े का बना बड़ा थैला जिससे कुएँ का पानी खींचकर सिंचाई की जाती है। पुर। मोट। २. चमड़े का बना हुआ बड़ा थैला।

चरसिया/चरसी—[< हि॰ चरसा] *पु॰* चरसा/पुर से कुएँ का पानी खींचकर खेत सींचने वाला। मोट खींचने वाला।

चरागाह—[फा॰] *पु॰* १. पशुओं के चरने की भूमि। गोचर-भूमि। २. घास का मैदान।

चराचर—[स॰ चर ~ अचर] *वि॰* चर और अचर। चलनेवाला और न चलनेवाला। स्थावर और जंगम। *जैसे*—चराचर का स्वामी। परमात्मा। ✣ **चराचर-गुरु**—*पु॰* = १. चर और अचर का गुरु। विश्व में सबसे महान्। २. ब्रह्मा, विष्णु या शिव। ३. परमात्मा।

चरित—[स॰ √चर् + क्त] *वि॰* पूरा किया हुआ। *जैसे*—चरितार्थ (चरितअर्थ)। *पु॰* १. चरित्र। (दे॰) २. जीवनचरित्र। जीवनी। ३. इतिहास। ४. (व्यंग्य) किसी के किए हुए बुरे काम। *जैसे*—अपने लड़के के चरित तो देखते नहीं। ✣ **चरितकार**—*पु॰* = १. जीवन-चरित्र का लेखक। २. किसी चरितकाव्य का कवि।

चरितकाव्य—[स॰ चरित ~ काव्य] *पु॰* (काव्य॰) काव्य की एक विधा जो शास्त्रीय प्रबन्धकाव्य से भिन्न और जीवन-चरित्र की शैली में होता है। ● **विशेष**—हिन्दी के चरितकाव्य धार्मिक, प्रतीकात्मक, वीरगाथात्मक, प्रेमाख्यात्मक, प्रशस्तिमूलक तथा लोकगाथात्मक होते हैं, *जैसे*—रामचरितमानस, मृगावती, पृथ्वीराजरासो, बीसलदेवरासो, छत्रप्रकाश, ढोला मारू रा दूहा इत्यादि।

चरितव्य—[स॰ √चर् + तव्यत्] *वि॰* आचरण में लाने योग्य। करने योग्य।

चरितार्थ—[स॰ चरित ~ अर्थ] *वि॰* १. (व्यक्ति) जिसका अर्थ/उद्देश्य/कार्य/प्रयोजन पूरा हो चुका हो। कृतकृत्य। कृतार्थ। *जैसे*—रामचरितमानस की रचना कर तुलसी चरितार्थ हो गए। २. (वस्तु/विषय/बात) जिसके अस्तित्व का अभिप्राय या उद्देश्य/सिद्ध/पूरा हो चुका हो। *जैसे*—जीवन चरितार्थ होना। ३. (कथन) जो यथार्थ सिद्ध हो गया हो। जो समय बीतने पर सही घटित हो। *जैसे*—श्री अरविन्द की भविष्यवाणी भारत की स्वतन्त्रता मिलने से चरितार्थ हो गयी। ✣ **चरितार्थता**—*स्त्री॰* = १. चरितार्थ होने की अवस्था/भाव। २. कृतकृत्यता। *जैसे*—जीवन की चरितार्थता। ३. सही सिद्ध होना। *जैसे*—भविष्यवाणी की चरितार्थता।

चरितावली—[स॰ चरित ~ आवली] *स्त्री॰* वह पुस्तक जिसमें अनेक जीवन-चरित्र वर्णित हों। चरितमाला।

चरित्र—[स॰ √चद् + इत्र] १. स्वभाव, व्यवहार और शील का समन्वित रूप २. अच्छा आचरण। सदाचार। *जैसे*—उत्तम मनुष्य बनने के लिए चरित्र आवश्यक है। ३. चाल-चलन। किए हुए काम। कर्म-समूह। *जैसे*—चरित्र बिगड़ा तो जीवन व्यर्थ हो जाएगा। ४. शील। स्वभाव। ५. जीवन में किए कार्यों का विवरण। ६. कथात्मक कृति (कहानी, उपन्यास, महाकाव्य इत्यादि) का पात्र। *जैसे*—इस उपन्यास के अनेक चरित्र आपको आस-पास मिल जाएँगे। ७. श्रेष्ठ व्यक्ति। *जैसे*—राम और कृष्ण महान् चरित्र हैं। ८. जीवन-चरित्र। जीवनी। ९. (व्यंग्य) अनुचित आचरण। छलकपटपूर्ण व्यवहार।

चरित्राङ्कन (चरित्रांकन)—[स॰ चरित्र ~ अङ्कन] *पु॰* १. जीवनी का लेखन। २. (कथाकृति आदि में किसी पात्र या पात्रों के) चरित्र का चित्रण। ३. (कथाकृति आदि में) पात्रों का प्रयोग। *जैसे*—पात्रों का चरित्रांकन पात्रों के कार्यों, संवादों या प्रत्यक्ष लेखक के कथन द्वारा।

चरिन्द/चरिन्दा/ (चरिंद/चरिंदा)—[< फा॰ चरिन्दः] *पु॰* १. चरनेवाला पशु (गाय, घोड़ा आदि)। २. पशु। मवेशी। ● **विशेष**—'चरिन्द' को '**चरन्द/चरन्दा**' भी बोला जाता है।

चरिष्णु—[स॰ √चर्+ इष्णुच्] *वि॰* चलने-फिरनेवाला। चर। जंगम।

चरी[१]—[< हिं॰ चरना, तथा < स॰ चारि] *स्त्री॰* १. (पशुओं के लिए छोड़ी गयी) चरने की हरी-भरी भूमि। गो-चारण-भूमि। चरागाह। २. पशुओं को खिलाने के उद्देश्य से बोयी गयी ज्वार के हरे पौधे। *जैसे*—चरी काटकर लाना।

चरी[२]—[< स॰ चर + ङीप्] *स्त्री॰* १. (सन्देश ले जाने वाली) दूती। २. नारी जासूस। ● **विशेष**—'अनुचरी' के संक्षिप्त रूप में, चरी = दासी। सेविका।

चरु—[स॰ √चर् + उ] *पु॰* १. यज्ञ/हवन में आहुति देने के लिए

पकाया हुआ अन्न। हव्य अन्न। हविष्यान्न। २. उक्त को पकाने का मिट्टी का बर्तन। ३. दूध, चावल और घी के मिश्रण से बनी खीर। ४. चरागाह। ५. यज्ञ। ६. मेघ। बादल। ❖ **चरुआ**—*पु॰* = मिट्टी का बर्तन जिसमें प्रसूता के पीने के लिए औषध-मिला जल पकाया जाता है। ❖ **चरु-पात्र**—*पु॰* = चरु पकाने का बर्तन।

†**चरेर/चरेरा**—[अनु॰] *वि॰* १. कड़ा और रुक्ष। खुरदरा। जो कोमल और चिकना न हो। २. कर्कश। ❖ **चरेरी**—*वि॰ (स्त्री॰)*।

†**चरोखर**—[< हि॰ चारा] *स्त्री॰* १. पशुओं के चरने की भूमि। चरागाह। २. मिट्टी आदि की वह आधानी जिसमें पशुओं के चारे की नाँद रखी जाती है।

चर्च—[अ॰] *पु॰* १. ईसाइयों का पूजाघर। गिरजाघर। २. ईसाई धर्मसंघ। ३. ईसाई सम्प्रदाय का कोई उपसम्प्रदाय या शाखा।

चर्चक—[स॰ √चर्च् + ण्वुल्] *वि॰, पु॰* चर्चा करनेवाला।

चर्चन—[स॰ √चर्च् + ल्यूट्] *पु॰* १. चर्चा। २. अध्ययन। २. आवृत्ति। पुनरावृत्ति। ३. शरीर में या किसी अंग पर चन्दन आदि का लेपन।

चर्चरिका—[स॰ चर्चरी + कन् + टाप्, ह्रस्व] *स्त्री॰* (नाट्य॰) संस्कृत के नाटकों में दो अंकों के बीच में दर्शकों के मनोरंजन के लिए गाया जाने वाला गीत।

चर्चरी—[स॰ चर्चर + ङीप्] *स्त्री॰* १. चर्चरिका। (दे॰) २. होली के दिनों में गाया जाने वाला 'चाँचर' गीत। फाग। ३. (होली के दिनों की) मस्ती। आमोद-प्रमोद। ४. मनोरंजनार्थ की जाने वाली क्रीड़ा। ५. नृत्य और गान। नाच-गाना। ६. ताली बजने का शब्द। करतलध्वनि। (काव्य॰) अपभ्रंश का एक काव्यरूप। नाचते हुए गाया जाने वाला एक गीत। (छन्द॰) एक वर्णिक छन्द जिसके प्रत्येक चरण में क्रमशः रगण, सगण, दो जगण, भगण और रगण (र स ज ज भ र) के योग से १८ वर्ण होते हैं। चंचरी। विबुधप्रिया।

चर्चिका—[स॰ चर्चा + कन् + टाप्] *स्त्री॰* १. चर्चा। २. शरीर में चन्दन आदि का लेप। ३. पाठ। ४. अध्ययन। ५. पुनरावृत्ति।

चर्पट—[स॰ √चृप् + अटन्] *पु॰* १. हाथ की खुली हथेली। २. चपेट। चपत। थप्पड़।

चर्पटी—[स॰ चर्पट + ङीष्] *स्त्री॰* हथेली से बढ़ा-बढ़ाकर बनायी जाने वाली रोटी। चपाती।

चर्बी/चरबी—[फा॰] *स्त्री॰* १. मांस के ऊपर और त्वचा के नीचे रहनेवाला सफ़ेद या हल्के पीले रंग का चिकना पदार्थ। वसा। २. मांस को पिघलाकर अलग की हुई चिकनाई। ***वा॰*** **(शरीर पर) चर्बी चढ़ना/छाना**—मोटा होना। **(आँखों में) चर्बी छाना**—बहुत अभिमान हो जाना। मदान्ध होना।

चर्म—[स॰ चर्मन्] *पु॰* १. त्वचा। चमड़ा। खाल। ***जैसे***—मृग-चर्म, चर्म-रोग। २. (चमड़े की बनी या कोई भी) ढाल। ***जैसे***—चर्म-कृपाण लेकर युद्ध करना।

चर्मकार—[स॰ चर्मन् + कार] *पु॰* १. चमड़े का काम करनेवाला। चमार। ***जैसे***—भक्त रैदास चर्मकार थे परन्तु सबके श्रद्धेय हुए। २. उक्त व्यक्तियों की उपजाति। **चर्मकारी**—*स्त्री॰* = चमड़े का काम या व्यवसाय।

चर्मचक्षु/चर्मदृष्टि—[स॰ चर्म ~ चक्षु/दृष्टि] *पु॰* १. चमड़े की आँखें। (साधारण) नेत्र। २. स्थूल दृष्टि। ***जैसे***—परमात्मा को चर्मचक्षुओं से नहीं, ज्ञानचक्षुओं या दिव्य नेत्रों से ही देख सकते हो। ∇ **विलोम**—ज्ञानचक्षु/ज्ञानदृष्टि।

चर्मज—[स॰ चर्मन् + ज] *वि॰* त्वचा/चमड़े से उत्पन्न। ***जैसे***—चर्मज रोग। *पु॰* १. लोम। रोम। रोआँ। २. केश। बाल। ३. रक्त। ख़ून।

चर्मण्य—[स॰ चर्मन् + यत्] *वि॰* चमड़े का बना।

चर्मण्वती—[स॰ चर्मन् + मतुप् + ङीप्] *स्त्री॰* (मध्यप्रदेश की) चम्बल नदी।

चर्मतरङ्ग (चर्मतरंग)—[स॰ चर्म ~ तरङ्ग] *स्त्री॰* त्वचा की सिकुड़न। झुर्री।

चर्म-दण्ड (चर्म-दंड)—[स॰] *पु॰* चाबुक। कोड़ा।

चर्म-पत्र—[स॰] *पु॰* (पुस्तक॰) परिशोधित और पालिश की गयी (भेड़ या बकरी आदि की) खाल जो स्थायी महत्त्व के प्रलेख लिखने या मज़बूत जिल्द बाँधने के काम आती है। (अ॰ पार्चमेन्ट)

चर्मबन्ध (चर्मबंध)—[स॰ चर्मन् ~ बन्ध] *पु॰* चमड़े की पट्टी। तस्मा।

चर्ममय—[स॰ चर्मन् + मयट्] *वि॰* १. चमड़े का बना हुआ। २.चमड़े से युक्त।

चर्मवसन—[स॰ चर्म ~ वसन] *वि॰* चमड़े का वस्त्र पहनने वाला। *पु॰* शिव। महादेव।

चर्मवाद्य (चर्मवाद्य)—[स॰ चर्म ~ वाद्य] *पु॰* ऐसे वाद्य/बाजे जिन पर चमड़ा मढ़ा जाता है (ढोल, नगाड़ा आदि)।

चर्मासि—[स॰ चर्मन् ~ असि] *पु॰* ढाल और तलवार।

चर्य—[स॰ √चर् + यत्] *वि॰* १. करने योग्य। आचरणीय। करणीय। २. गमन करने योग्य (स्थान)। गम्य।

चर्या—[स॰ चर्य + टाप्] *स्त्री॰* १. कर्तव्य। २. (प्रतिदिन की) धार्मिक क्रियाएँ। ***जैसे***—बौद्धों की चर्या। ३. आचरण। व्यवहार। ४. नित्य का कार्य। ***जैसे***—दिनचर्या; रात्रिचर्या। ५. जीविका। वृत्ति। काम-धन्धा। ६. अनुष्ठान। ***जैसे***—व्रतचर्या। ७. धर्मशास्त्र के विधि-निषेध का पालन। ८. भोजन करना। भक्षण। ९. सेवा। १०. गति। चाल।

चर्वण—[स॰ √चर्व् + ल्युट्] *स्त्री॰* १. भोजन को कुछ देर तक दाँतों से कुचलना। चबाने की क्रिया। चबाना। २. चबाकर खाने की वस्तु। ३. भुना हुआ चना इत्यादि अन्न। चबेना।

चर्वणक—[स॰ चर्वण + कन्] *पु॰* चबाने वाले दाँत। दाढ़ें। ● **विशेष**—प्रत्येक जबड़े के दोनों ओर तीन दाढ़ें होती हैं। इस तरह वयस्कों में १२ चर्वणक होते हैं, परन्तु बालकों में केवल आठ।

चर्वणा—[स॰ चर्वण + टाप्] *स्त्री॰* चर्वण। (दे॰) (काव्य॰) रसास्वादन।

चर्वित—[स॰ √चर्व् + क्त] *वि॰* १. चबाया हुआ। २. जिसका रसास्वादन हुआ हो। आस्वादित। ✣ **चर्वित-चर्वण**—*पु॰* = १. चबायी हुई वस्तु को पुन: चबाना। २. एक ही विषय की भिन्न शब्दों में पुनरुक्ति। ३. किये हुए काम को व्यर्थ ही/दुबारा करना। Δ **पर्याय**—पिष्टपेषण।

चर्व्य—[स॰ √चर्व् + ण्यत्] *वि॰* चबाने योग्य। *पु॰* चबाकर खाने की वस्तु। ✣ **चर्व्यमाण**—*वि॰* = चबाया जाता हुआ।

चल[1]—[स॰ √चल् + अच्] *वि॰* १. जो चलता हो या चल रहा हो। गतिमान्। २. जो एक ही जगह स्थिर न हो, आवश्यकतानुसार इधर-उधर जा सकता हो। ***जैसे***—चल औषधालय; चल पुस्तकालय; चल डाकघर; चल पूँजी। ३. काँपता हुआ ***जैसे***—चल दल। ४. चंचल। अस्थिर। ***जैसे***—चल मन। ५. नाशवान्। नश्वर। ∇ **विलोम**—अचल।

चल[2]—[स॰ √चल् + ण्िच् + अप्] *पु॰* १. चलने या काँपने की क्रिया/भाव। कम्पन या गति। २. पारद। पारा। ३. भूल। चूक। ४. दोष। ५. विष्णु। ६. शिव।

चल-चलाव—[< हि॰ चलना + चलाव] *पु॰* १. चलने की तैयारी। २. चल पड़ने की क्रिया। ३. प्रस्थान। यात्रा। चला-चली। ४. मृत्यु।

चल-चूक—[हि॰] *स्त्री॰* १. छल। कपट। धोखा। २. दोष। बुराई।

चलता[1]—[स॰ चल + तल् + टाप्] *स्त्री॰* १. गतिशीलता। २. अस्थिरता। ***जैसे***—मन की चलता ही 'चंचलता' है।

चलता[2]—[< हि॰ चलना] *वि॰* १. जो चल रहा हो। गतिमान्। गतिशील। ***जैसे***—चलता घोड़ा। २. जिसका प्रचलन हो। प्रचलित। ***जैसे***—चलता सिक्का। ३. उपकरण या यन्त्र आदि जो काम दे रहा हो, बिगड़ा नहीं। ***जैसे***—चलता यन्त्र। ४. बढ़ा हुआ तथा प्रतिष्ठित या समृद्ध। ***जैसे***—चलता काम-धन्धा। ***वा॰* चलता आदमी, चलता पुर्ज़ा**—*पु॰* = १. व्यवहार-कुशल व्यक्ति। २. धूर्त या चालाक व्यक्ति। **(किसी को) चलता करना**—१. पीछा छुड़ाने के लिए किसी को हटाना। २. भेजना। रवाना करना। **(कोई काम) चलता करना**—किसी काम को जैसे-तैसे पूरा करना। जैसे-तैसे निपटाना। **चलता बनना**—चुपचाप चले जाना। खिसक जाना। ✣ **चलता खाता**—*पु॰* (वाणिज्य॰) = बैंक का वह खाता जिसमें जब चाहे धन को जमा किया जा सके या निकाला जा सके। ✣ **चलता शब्द**—*पु॰* = लोक-प्रचलित शब्द। ✣ **चलताऊ**—*वि॰* = १. जो काम में आने योग्य हो, काम दे सकता हो। २. जो टिकाऊ न हो। अस्थायी। ३. जो अभी प्रस्थान करने ही वाला हो। ४. (काम) जो लापरवाही से किया गया हो। ✣ **चलती**—*वि॰ (स्त्री॰)*। ***जैसे***—चलती गाड़ी; चलती घड़ी। ***वा॰* चलती चक्की**—जगत्। संसार।

चलतू—[< हि॰ चलना] *वि॰* १. जो बहुत अधिक प्रचलन में हो या रहा हो। ***जैसे***—चलतू रीति। २. घिसा-पिटा। महत्त्वहीन। ***जैसे***—चलतू बात।

चलदल—[स॰ चल ~ दल] *पु॰* (चंचल पत्तों वाला) पीपल वृक्ष।

चलन—[< स॰ चल् + ल्युट्, तथा < हि॰ चलना] *पु॰* १. चलने की अवस्था/क्रिया/भाव/गति/चाल। २. प्रस्थान करना। चलना। ३. हिलना-डुलना। कम्पन। ४. व्यवहार में होना। प्रचलन। ***जैसे***—सिनेमा के प्रभाव से नए प्रकार के वस्त्रों का चलन। ५. प्रथा। रीति। रिवाज। ***जैसे***—यह तुम्हारे घर का चलन है, हमारे घर का नहीं। ६. आचरण। चरित्र। ***जैसे***—अपने लड़के का चलन सुधारो।

चलन-कलन—[स॰] *पु॰* (गणित॰) गणित की एक शाखा।

चलनहार—[< हि॰ चलना] *वि॰* १. जो चलने को तैयार हो, चलने ही वाला हो। २. जो अभी चल रहा हो। चलनेवाला। ३. जो बहुत दिनों तक काम आ सके। टिकाऊ। ***जैसे***—प्लास्टिक के खिलौने चलनहार होते हैं।

चलना[1]—[< स॰ चलन] *क्रिअ॰* १. घूमना-फिरना या एक स्थान से दूसरे स्थान की ओर जाना। ***जैसे***—मनुष्य सड़क पर चले; नाव पानी में चली। २. प्रवाहित होना। बहना। ***जैसे***—तेज़ हवा चल रही है। ३. गति में होना। सक्रिय होना। ***जैसे***—मशीन चलना, हाथ-पैर चलना। ४. (हथियार, उपकरण आदि का) काम में लाया जाना। ***जैसे***—क़लम चलना; छुरी चलना; लाठी चलना। ५. उन्नति करना। बढ़ना। ***जैसे***—काम-धन्धा चलना। ६. आचरण/व्यवहार करना। ***जैसे***—भाइयों से मिलकर चलना। ७. ठीक प्रकार से उपयोग में आते रहना। काम देते रहना। ***जैसे***—अभी यह साड़ी पाँच वर्ष और चलेगी। ८. रीति के रूप में बना रहना। ***जैसे***—सत्य-पालन की रीति चलना। ९. किसी क्रम का जारी रहना। ***जैसे***—मेला कल तक चलेगा। १०. (बातचीत आदि का) आरम्भ होना। ***जैसे***—चर्चा चलना। ११. (अधिकार, शक्ति, उपाय आदि का) प्रभावी या सफल होना। ***जैसे***—जादू चलना; वश न चलना। १२. किसी काम/वस्तु में दोष आना या विकृत होना। ***जैसे***—पुत्र की मृत्यु के शोक से उसका मस्तिष्क चल गया; फाड़ने में असावधानी से कपड़े का थान चल गया। १३. निर्वाह होना। गुज़ारा होना। ***जैसे***—ईश्वर की कृपा से सब ठीक चल रहा है। १४. स्थिति के अनुसार कार्य होता रहना। निभना। ***जैसे***—ऐसे पड़ोसी से एक सीमा तक ही चलेगी। १५. मरना। ***जैसे***—सब जानते हैं कि एक दिन चलना ही पड़ेगा। १६. प्रयोग में आना। ***जैसे***—खोटे सिक्के यहाँ नहीं चलते। *क्रिस॰* १. युक्ति/उपाय/चाल का प्रयोग करना। ***जैसे***—राजा को वश में करने के लिए रानी ने एक चाल चली। २. (ताश, शतरंज आदि खेलों में) अपनी बारी आने पर कुछ क्रिया करना (पत्ता सामने लाना या मोहरा कहीं रखना आदि) ***जैसे***—अब तुम पान का नहला चलो। ∇ **विलोम**—ठहरना/रुकना।

चलना[2]—[< हि॰ चलनी] *पु॰* छानने का छेदोंवाला बड़ा उपकरण। बड़ी चलनी। ***जैसे***—गेहूँ आदि छानने का चलना।

चलनी—[< स॰ चालनी] *स्त्री॰* छानने का छेदों वाला उपकरण। ***जैसे***—आटा छानने की चलनी। छलनी। ***वा॰* चलनी/छलनी कर डालना/देना**—१. बहुत छेदों वाला कर देना। २. जर्जर कर

देना। **चलनी/छलनी में डालकर छाज उड़ाना**—१. किसी छोटी बात को बढ़ाकर कहना। २. किसी के छोटे-से दोष को बढ़ा-चढ़ाकर कहने के द्वारा बहुत कलंकित/बदनाम करना। **चलनी/छलनी हो जाना**—१. बहुत छेदों वाला हो जाना। २. जर्जर हो जाना।

चल रेखा—[स॰] *स्त्री॰* १. चंचल रेखा। २. तरंग। लहर।

चल-विचल—[स॰] *वि॰* १. अपने स्थान से चला हुआ। २. अस्थिर। चंचल। ३. अव्यवस्थित। अस्त-व्यस्त।

†चलवैया—[< हि॰ चलना] *वि॰* १. चलनेवाला। २. चलानेवाला।

चल-सम्पत्ति (चल-संपत्ति)—[स॰] *स्त्री॰* (धन, स्वर्ण, आभूषण आदि) ऐसी सम्पत्ति जो एक स्थान से दूसरे स्थान पर ले जायी जा सके। ∇ **विलोम**—अचल सम्पत्ति।

चला[१]—[स॰ √चल् + अच् + टाप्] *वि॰* १. चलायमान। २. चंचल। *स्त्री॰* १. लक्ष्मी। २. पृथ्वी। ३. विद्युत्। तड़ित्। बिजली।

चला[२]—[< हि॰ चाल] *स्त्री॰* रीति। चाल।

चलाऊ—[< हि॰ चलना] *वि॰* १. अधिक दिन चलनेवाला। टिकाऊ। २. (काम को) जैसे-तैसे चलाने वाला। ***जैसे***—काम-चलाऊ नौकर।

***चलाक**—[< हि॰ चालाक] *वि॰* १. चतुर। चालाक। २. चंचल।

***चलाका**—[< स॰ चला] *स्त्री॰* विद्युत्। तड़ित्। बिजली।

चलाक्ष—[स॰ चल ~ अक्ष] *पु॰* चंचल नेत्र। *वि॰* चंचल नेत्रों वाला। ⁘ **चलाक्षी**—*वि॰ (स्त्री॰)* = चंचल नेत्रों वाली।

चलाचल[१]—[स॰ चल ~ अचल] *वि॰* १. चल और अचल। २.. चंचल।

चलाचल[२]—[< हि॰ चलना] *क्रिवि॰* चलने पर उद्यत। चलने के लिए उतारू।

चलान—[< हि॰ चलना] *स्त्री॰* १. चलना या चलाना। २. माल को व्यापार के लिए कहीं भेजना। ***जैसे***—चावल का चलान। ३. किसी के द्वारा भेजा हुआ आगत माल। ४. अभियुक्त को न्यायालय में विचारार्थ भेजने की क्रिया/भाव। चालान। ५. भेजी गई वस्तुओं की सूची, विवरण इत्यादि का काग़ज़। बीजक।

चलेन्द्रिय (चलेंद्रिय)—[स॰ चल ~ इन्द्रिय] *वि॰* चंचल इन्द्रियों वाला। जिसकी इन्द्रियाँ नियन्त्रित न हों। अजितेन्द्रिय। लम्पट।

चलैया—[< हि॰ चलना] *वि॰* चलनेवाला। ***जैसे***—तेज़ चलैया।

चलोर्मि—[स॰ चल ~ उर्मि] *स्त्री॰* १. चलती हुई लहर। गतिशील तरंग। २. चंचल लहर।

चलौना—[< हि॰ चलाना] १. लकड़ी का एक उपकरण जिससे उबलते दूध, रँधती सब्जी इत्यादि को चलाया जाता है। २. चरख़ा चलानेवाला लकड़ी का टुकड़ा।

***चल्ला**—[< स॰ चल] *वि॰* चंचल। चलायमान।

***चवदसु**—[< हि॰ चौदस] *स्त्री॰* चतुर्दशी (तिथि)। चौदस। *वि॰* चतुर्दश। चौदह।

***चवना**—[< स॰ च्यवन] *क्रिअ॰* स्रवित होना। चूना। टपकना। *क्रिस॰* स्रवित करना। चुआना। टपकाना।

†चववारा—[< हि॰ चार + स॰ द्वार] खुली हुई बैठक। चौबारा।

***चवा**—[< हि॰ चौ + स॰ वात] *स्त्री॰* एक साथ चारों दिशाओं से बहती जान पड़ने वाली हवा।

†चवाइन—[हि॰ 'चवाई' का स्त्री॰] *वि॰* (स्त्री॰) १. झूठे कलंक या अपयश फैलानेवाली। २. निन्दा करनेवाली। *स्त्री॰* १. सर्वत्र होनेवाली निन्दा। २. मिथ्या ख़बर। झूठी बात।

†चवाई—[< हि॰ चौवाई] *वि॰* १. झूठे कलंक या अपयश की चर्चा करनेवाला। २. निन्दा का। *स्त्री॰* १. अपयश। बदनामी। २. मिथ्या ख़बर। झूठी बात।

***चवाउ/चवाव**—[< हि॰ चौवाई] *पु॰* १. अपयश। निन्दा। प्रवाद। २. चुग़ली। ३. झूठा कलंक।

चव्य—[स॰ √चर्व् + ण्यत्, पृषो॰] *पु॰* पूर्वी बंगाल में होने वाली एक औषधोपयोगी वृक्षाश्रयी लता जिसके पत्ते पान की तरह होते हैं, और जिसका फल 'गजपीपल' कहा जाता है। चाभ।

चश्म—[फा॰] *पु॰* नेत्र। आँख। ⁘ **चश्मदीद**—*वि॰* = १. आँखों से देखा हुआ। आँखों के सामने घटित। २. प्रत्यक्षदर्शी। ***जैसे***—चश्मदीद गवाह।

चश्मा—[< फा॰ चश्म:] *पु॰* १. जल का स्रोत। सोता। ***जैसे***—ठंडे पानी का चश्मा। २. छोटी नदी। सरिता। ३. उपनेत्र। ऐनक। ***जैसे***—वृद्धों के लिए विशेष चश्मा। ● **विशेष**—जनक पौधे से निकाली गयी कलिकाओं के मूल कंड पर रोपण द्वारा पौधों के कायिक प्रवर्धन की विधि को '**चश्मा लगाना**' कहते हैं।

***चष/चख**—[< स॰ चक्षु] *पु॰* नेत्र। आँख।

चषक—[स॰ √चष् + क्वुन्] १. ऊपर की ओर उठे किनारों वाला प्याला। २. शराब पीने का पात्र या प्याला।

†चस—[देशज] *स्त्री॰* कलाबत्तू या गोटे की किनारी।

चसक—[अनु॰] *स्त्री॰* हल्का मीठा दर्द।

चसकना—[< हिं॰ चसक] *क्रिअ॰* रह-रहकर हल्की मीठी पीड़ा होना। हल्की कसक होना।

चसकौहाँ**—[< हि॰ चसक] *वि॰* लालसा जगानेवाला। ***जैसे—चसकौहें नेत्र।

†चसना[१]—[< स॰ चषण] *क्रिअ॰* १. प्राण त्यागना। मरना। २. छला/ठगा जाना।

चसना[२]—[< हि॰ चासनी] *क्रिम॰* १. दो वस्तुओं का परस्पर चिपक जाना या सट जाना। २. खिंचने पर कपड़ा मसक जाना।

चस्का—[< स॰ चषण] *पु॰* किसी वस्तु से या किसी कार्य में सुख मिलने के कारण उसे पुनः पाने या करने की इच्छा होना। आसक्ति। चाट। लत। ***जैसे***—शराब पीने का चस्का; चुनाव लड़ने का चस्का।

चस्पाँ—[फा॰] *वि॰* चिपका हुआ। ● **विशेष**—**'चस्पाँ करना'** = १. (गोंद आदि से) चिपकाना। २. (पिन आदि से) लगाना।

चह[१]—[< स॰ चय] *पु॰* १. नदी-तट का चबूतरा जिस पर चढ़कर

नाव पर जाते हैं। २. नदी पार करने का अस्थायी पुल।

चह[२]—[फा॰ चाह (= कुआँ) का संक्षिप्त रूप)] *स्त्री॰* गड्ढा। ***जैसे***—चह-बच्चा।

चहक—[< हि॰ चहकना] *स्त्री॰* १. चहकने की क्रिया/भाव। २. पक्षियों के चहकने की ध्वनि। पक्षियों का कलरव। चह-चह शब्द। ✣ चहकन—*पु॰* = चहक।

चहका[१]—[देशज] *पु॰* जलती हुई लकड़ी। लूका। लुकाठी। ***जैसे***—माता ने बालक को डराया कि झूठ बोलने पर जीभ में चहका लगा देगी।

†**चहका**[२]—[< हि॰ चहकना] *पु॰* १. चहकने की क्रिया/भाव। चहक। २. एक प्रकार के लोकगीत जो होली के अवसर पर गाए जाते हैं।

चहकार—[< हि॰ चहकना] *स्त्री॰* चिड़ियों की चहक।

†**चहटा**—[देशज] *पु॰* १. कीचड़। २. दलदल।

चहबच्चा—[< फा॰ चाह (= कुआँ) + बच्चा] *पु॰* १. छोटा गड्ढा। २. गन्दा पानी भरने का छोटा गड्ढा। ३. दो मकानों की समीपस्थ दीवारों के बीच में छोड़ा गया ख़ाली स्थान जिसमें प्रायः दोनों मकानों का कूड़ा आदि जमा होता रहता है।

†**चहर**[१]—[< हि॰ चाहना] *वि॰* इच्छित। वांछनीय। श्रेष्ठ।

***चहर**[२]—[< हि॰ चहचह] *स्त्री॰* १. (चहचहानेवाली) चिड़िया। पक्षी। २. कोलाहल। शोर-गुल। ३. आनन्दोत्सव। धूमधाम। चहल-पहल। ४. उत्पात। *वि॰* १. चपल। चंचल। चुलबुला। २. तीखा। तेज़। ✣ **चहरि**—*स्त्री॰* = १. उपद्रव। २. कोलाहल। *क्रिवि॰* = प्रसन्न होकर।

***चहर**[३]—[< हि॰ चौसर] *पु॰* चौसर का खेल।

†**चहरना**—[< हि॰ चहर] *क्रिअ॰* १. चहचहाना। २. आनन्दित/प्रसन्न होना।

†**चहराना**—[< हि॰ चहरना] *क्रिस॰* (किसी को) चहरने में प्रवृत्त करना। *क्रिअ॰* १. चहकना। चहचहाना। २. प्रसन्नतापूर्वक बहुत बोलना।

चहल[१]—[< हि॰ चहर] *स्त्री॰* आनन्दोत्सव। धूम-धाम। *वि॰* १. चपल। चंचल। चुलबुला। २. तीखा। तेज़।

चहल[२]—[< स॰ चिकिल] *स्त्री॰* १. कीचड़। २. दलदल।

चहलक़दमी—[< हि॰ चहलना + फा॰ क़दम] *स्त्री॰* सुखपूर्वक धीरे-धीरे चलना। टहलना।

चहलना—[देशज] *क्रिअ॰* सुखपूर्वक धीरे-धीरे चलना। सैर करना। टहलना।

***चहला**—[< स॰ चिकिल] *पु॰* १. कीचड़। २. दलदल।

चहा—[< हि॰ चहला] *स्त्री॰* पानी के किनारे रहनेवाली एक छोटी काली चिड़िया जिसकी पीठ पर सफ़ेद धारियाँ होती हैं तथा जो बहुत शर्मीली होती है।

चहार—[फा॰] *पु॰* चार की संख्या। *वि॰* चार। ✣ **चहार-जानिब**—*क्रिवि॰* = चारों ओर। ✣ **चहारदीवारी**—*स्त्री॰* = किसी स्थान को चारों ओर से घेरती दीवार। प्राचीर। परकोटा। ✣ **चहारशम्बा (चहारशंबा)**—*पु॰* = बुधवार।

चहु/चहुँ/चहूँ**—[अप॰ चहु] *वि॰* चारों। ***जैसे—चहुँ ओर।

***चहुँकोद**—[हि॰ चहुँ + कोद] *क्रिवि॰* चारों ओर। सबओर।

***चहुँटना**[१]—[देशज] *क्रिअ॰* १. चिहुँकना। २. लिपटना।

***चहुँटना**[२]—[< हि॰ चोट] *क्रिस॰* चोट पहुँचाना।

†**चहुँटना**[३]—[< प्रा॰ चहुट्ट] *क्रिअ॰* लिपटना। लगना। चिपटना।

***चहुँटि**—[< प्रा॰ चहुंतिया] *स्त्री॰* चुटकी।

***चहुँदिस/चहुँदिसि**—[< स॰ चतुर्दिश] *क्रिवि॰* १. चारों दिशाओं में। २. सब ओर। सब तरफ़।

†**चहुँधा**—[< स॰ चतुर्धा] *क्रिवि॰* १. चारों ओर। २. सब ओर।

***चहूटना/चहूँटना**—[< हि॰ चिमटना] *क्रिम॰* चिपटना। सटना।

***चहूँक**—[< हि॰ चहूँ] चारों ओर होने वाली अपयश-पूर्ण चर्चा। निन्दा।

चहेल—[< स॰ चिकिल] *स्त्री॰* १. कीचड़। २. दलदल।

चहोडना/चहोड़ना/चहोरना—[< हि॰ चहु] *क्रिस॰* १. चारों ओर से दबाकर मारना-पीटना। २. पौधों को कहीं ले जाकर रोपना। ३. सँभाल लेना। सहेजना। ४. उपस्थित करना।

चँगेर/चँगेरी/चँगेली—[< प्रा॰ चंगेर] *स्त्री॰* (फूल आदि रखने में प्रयुक्त) बाँस की खपच्चियों आदि की बनी छोटी डलिया। टोकरी। ✣ **चँगेरा/चंगेरिका**—*पु॰* = बड़ी चँगेर।

चँचरी—[देशज] *स्त्री॰* १. चाँचरि नामक नृत्य। २. एक पक्षी जो भूमि पर घास के नीचे घोंसला बनाता है। ३. अनाज को कूटने-पीटने पर भी बाल में लगा रह गया दाना।

***चँड़ाइ/चँड़ाई**—[< हि॰ चंडाई] *स्त्री॰* १. उतावली। जल्दबाज़ी। २. शीघ्रता। *क्रिवि॰* शीघ्रता से।

चँदनौटा[१]—[< स॰ चन्दनपट्ट] *पु॰* चन्दन के रंग का कपड़ा। ***जैसे***—चँदनौटा का लहँगा।

†**चँदनौटा**[२]—[< स॰ चन्दन] *पु॰* चन्दन घिसने का पटल/पटा।

चँदला—[< हि॰ चाँद] *वि॰* (व्यक्ति) जिसकी चाँद के बाल झड़ गए हों। खल्वाट। गंजा।

चँदवा—[< हि॰ चाँद, या < स॰ चन्द्रक] *पु॰* १. वितान। चँदोवा। २. छाया आदि के लिए ताना गया बड़ा कपड़ा। ३. मोरपंख की चन्द्रिका। ४. टोपी के ऊपर का गोल भाग। ५. किसी वस्त्र पर लगी गोल थिगली।

चँदिया—[< हि॰ चाँद] १. सिर का मध्य भाग। चाँद। २. रोटी बनाते समय अन्त में बचे हुए आटे और परोथन से बनायी जाने वाली बहुत छोटी रोटी।

चँपना—[< स॰ √चप्] *क्रिअ॰* १. भार से दबना। २. उपकार के बोझ से या लज्जा आदि के कारण दबना। ३. व्याकुल होना। *क्रिस॰* १. चाँपना। दबाना।

चँवर—[< स॰ चामर या चमर] *पु॰* १. सुरागाय/चमरगाय आदि पशुओं की पूँछ के लम्बे बालों से बनाया गया एक उपकरण जो

मक्खियों आदि को हटाने के लिए इधर-उधर चलाया/डुलाया जाता है। *जैसे*—राजाओं के ऊपर तो चँवर डुलते ही हैं, पूजा की मूर्तियों तथा धर्मग्रन्थों पर भी चँवर डुलाए जाते हैं। ✣ **चँवरदार**—*पु॰* = चँवर डुलानेवाला सेवक/नौकर। ✣ **चँवरी**—*स्त्री॰* = १. छोटा चँवर। २. विवाह-मंडप। ३. सफ़ेद पूँछ वाली गाय।

***चाइ/चाई**—[< हि॰ चाव/चाह] *पु॰* १. अभिलाषा। लालसा। चारु। २. उत्साह। उमंग। चाव। ३. प्रेम। *क्रिवि॰* १. उत्साहपूर्वक। २. प्रेमपूर्वक।

***चाउ/चाऊ**—[< हि॰ चाव] *पु॰* १. अभिलाषा। लालसा। चाह। २. उत्साह। उमंग। ३. उमंग और आनन्द। ४. प्रेम। अनुराग।

***चाउर**—[< प्रा॰ चाउल] *पु॰* चावल। तडुल।

चाक[1]—[< प्रा॰ चक्क < स॰ चक्र] *पु॰* १. घूमनेवाली गोल वस्तु या चक्र। २. कुम्हार का चक्र/पहिया। ३. खलिहान में एकत्र अनाज के चारों ओर लगाए जाने वाले निशान। थापा। ४. किसी प्रकार का मंडलाकर निशान।

चाक[2]—[फा॰] *पु॰* आस्तीन का खुला हुआ भाग। *वि॰* फटा/फाड़ा हुआ। विदीर्ण। *जैसे*—कपड़ा चाक करना।

चाक[3]—[< तुर्की चाक़] *वि॰* १. सतर्क। सचेत। चौकस। *जैसे*—चाक-चौबन्द।

चाक[4]—[अ॰] *स्त्री॰* खड़िया। *जैसे*—अध्यापक ने चाक से श्यामपट पर लिखा।

चाकचक्य—[स॰ चकचक + ष्यञ्] *पु॰* १. उज्ज्वलता। २. चमक-दमक। ऊपरी तड़क-भड़क। ३. शोभा। ४. सुन्दरता। ५. चकाचौंध।

चाक-चाक—[फा॰] *वि॰* टुकड़े-टुकड़े। *जैसे*—दिल चाक-चाक होना।

चाकचिक्य—[स॰ चाकचक्य, पृषो॰] *पु॰* १. चमक-दमक। ऊपरी तड़क-भड़क। २. चमक। ३. चकाचौंध।

चाक-चौबन्द (चाक-चौबंद)—[< तुर्की चाक़ + हि॰ चौबन्द] *वि॰* १. सचेत। चौकस। २. फुर्तीला। चुस्त। ३. काम के लिए सब प्रकार से ठीक।

चाकना—[< हि॰ चाक[1]] *क्रिस॰* चाँकना।

***चाकर[1]**—[फा॰] *पु॰* नौकर। ✣ **चाकरनी/*चाकरानी**—*स्त्री॰* = नौकरानी।

***चाकर[2]**—[देशज] *वि॰* चौड़ा।

चाकसू—[< स॰ चक्षुष्या] *पु॰* एक औषधोपयोगी पौधा जिसके बीज कुछ नेत्र-रोगों में लाभ करते हैं। निर्मली/बनकुलथी।

***चाका**—[< हि॰ चाक] *पु॰* १. चक्र। पहिया। २. पत्थर की गोल पटिया जिस पर चाकू आदि में धार रखी जाती है।

***चाकी**—*पु॰* ≤ *हि॰* चक्की।

चाक्रिक—[स॰ चक्र + ठक्] *वि॰* १. चक्र-सम्बन्धी। चक्र का। २. चक्र के आकार का। मंडलाकार। ३. जो चक्र के आकार में या चक्राकार चलता हो। *जैसे*—शरीर की चाक्रिक गति। *पु॰* किसी प्रकार का चक्र/पहिया चलाकर जीविका कमानेवाला व्यक्ति। कुम्हार, तेली या गाड़ीवाला इत्यादि।

चाक्षुष—[स॰ चक्षुस् + अण्] *वि॰* नेत्र-सम्बन्धी। नेत्र का। *जैसे*—चाक्षुष दोष। *पु॰* (प्राणि॰) नेत्रों से सम्बन्धित कोई संरचना। ✣ **चाक्षुष प्रत्यक्ष**—*पु॰* (भा॰ दर्शन॰) = देखने से प्राप्त ज्ञान। ✣ **चाक्षुषीकरण**—*पु॰* = १. प्रत्यक्ष देखना। प्रत्यक्षीकरण। २. अदृश्य को दृश्य बनाना। प्रत्यक्ष कर लेना। ✣ **चाख[1]**—*पु॰* = चक्षु।

चाख[2]—[< स॰ चाष] *पु॰* नीलकंठ पक्षी।

†चाखूर—[< स॰ चिकुर] *स्त्री॰* गिलहरी।

†चाचर[1]—[राजस्थ॰ < स॰ √चर्च्] *पु॰* युद्धभूमि। रण-स्थल।

चाचर[2]—[< हि॰ चाँचर] *स्त्री॰* वसन्त या होली के गीत। चाँचर। ✣ **चाचरि**—*स्त्री॰* = चाँचर।

चाञ्चल्य (चांचल्य)—[स॰ चञ्चल + ष्यञ्] *पु॰* चंचलता।

चाट—[< हि॰ चाटना] १. चाटने की क्रिया/भाव। २. नमकीन और चटपटा व्यंजन। *जैसे*—आलू की चाट। ३. अभिरुचि। शौक। चस्का। *जैसे*—सिनेमा देखने की चाट। ४. प्रबल इच्छा। लोलुपता। *जैसे*—धन की चाट। ५. व्यसन। लत।

†चाटा—[देशज] *पु॰* मिट्टी का मटका। ✣ **चाटी**—*स्त्री॰* = मिट्टी की मटकी।

चाटु—[स॰ √चट् + ञुण्] *पु॰* (ठगने वाली) प्रियभाषिता। चापलूसी। ठकुरसुहाती। ख़ुशामद। ✣ **चाटुकार**—*वि॰* = ख़ुशामद करनेवाला। चापलूस। ✣ **चाटुकारी/चाटुता**—*स्त्री॰* = चाटु। (दे॰) ✣ **चाटु-पटु**—*वि॰* = चाटुकार। *पु॰* = १. विदूषक। मसख़रा। २. भाँड़।

चाटूक्ति—[स॰ चाटु ~ उक्ति] *स्त्री॰* चाटुता/ख़ुशामद की बात। चापलूसी-भरा कथन।

***चाड़**—[< हि॰ चाट] *स्त्री॰* १. लोभ। लालच। २. इच्छा। चाह। ३. प्रेम। ४. उत्कंठा।

***चाडू/चाडू/चाड़ू[1]**—[< प्रा॰ चाडु/ चाडुअ < स॰ चाटु/चाटुक] *पु॰* १. ख़ुशामद। चापलूसी। २. (प्रिय वचन कहनेवाला) प्रियतम या पति। *वि॰* प्रियभाषी।

चाड़ू[2]—[< स॰ चण्ड] *वि॰* १. प्रचंड। प्रखर।

चाढ़—[< हि॰ चाह] *स्त्री॰* १. इच्छा। अभिलाषा। चाह। २. वासना। ३. प्रेम।

***चाढ़ा**—[< हि॰ चाँड़] *पु॰* १. प्रेमपात्र। प्यारा। २. प्रेमी। ३. तड़प। *वि॰* आसक्त। मुग्ध। अनुरक्त। प्रेमी। ✣ **चाढ़ी**—*वि॰* = आसक्त। मुग्ध।

***चाणक**—[< स॰ चाणक्य] *पु॰* १. चतुराई। चालाकी। २. धूर्तता।

चाण्डाल (चांडाल)—[स॰ चण्डाल + अण्] *पु॰* एक उपजाति। श्वपच। २. नीच कर्म करनेवाला व्यक्ति। ३. (गाली के रूप में) नीच/दुष्ट/पतित मनुष्य। ✣ **चाण्डालता (चांडालता)**— = *स्त्री॰* = चांडाल होने की अवस्था/गुण/भाव। चांडालपन। **चाण्डालत्व (चांडालत्व), चाण्डालपन (चांडालपन)**—*पु॰* = चांडालता। ✣ **चाण्डालिका (चांडालिका)**—*स्त्री॰* = १.

चंडाल वीणा। २. दुर्गा (देवी)। ✣ **चाण्डालिनी (चांडालिनी)**—*स्त्री*॰ = चांडाली।

चातक—[स॰ चत् + ण्वुल्] *पु*॰ पपीहा की जाति का एक पक्षी जिसके सिर पर चोटी होती है, पर काले होते हैं, नेत्र लाल, चोंच काली और पैर नीले होते हैं तथा क्षीण स्वर में 'पिउ-पिउ' तथा 'पी-पी' जैसी मधुर ध्वनि वर्षा में करता है। सारंग। स्तोक। ✣ **चातक-आनन्दन, चातकानन्दन (चातकानंदन)**—*पु*॰ = १. वर्षा-काल। बरसात। २. मेघ। बादल। ✣ **चातकी**—*स्त्री*॰ = चातक पक्षिणी।

चातुरी—[स॰ चतुर + ष्यञ् + ङीप्, य-लोप] *स्त्री*॰ १. चतुरता। होशियारी। २. चालाकी। ३. दक्षता। निपुणता।

चातुर्जात/चातुर्जातक—[स॰ चातुर् ~ जात/जातक] *पु*॰ (आयुर्वेद॰) दालचीनी, इलायची, तेजपात और नागकेशर का मिश्रण।

चातुर्बीज—[स॰] *पु*॰ (आयुर्वेद॰) मेथी, अजवायन, काला ज़ीरा और हालों (चन्द्रसूर/चनसुर)—इन चार वस्तुओं के बीजों का मिश्रण।

चातुर्भद्र—[स॰ चतुर्भद्र + अण्] *पु*॰ चारों पदार्थ—धर्म, अर्थ, काम और मोक्ष। (आयुर्वेद॰) सोंठ, अतीस, मोथा तथा गिलोय का मिश्रण।

चातुर्मास—[स॰ चतुर्मास + अण्] *पु*॰ १. चार महीनों का समय। २. सन्यासी और वानप्रस्थी लोगों तथा साधु-सन्तों द्वारा वर्षा-ऋतु के चार महीनों (प्रायः आषाढ़ पूर्णिमा से कार्तिक पूर्णिमा) में एक ही स्थान पर निवास। चौमासा।

चातुर्य—[स॰ चतुर + ष्यञ्] *पु*॰ चतुरता।

चातुर्वर्ण्य—[स॰ चतुर्वर्ण + ष्यञ्] *पु*॰ १. चारों वर्ण—ब्राह्मण, क्षत्रिय, वैश्य और शूद्र। २. चारों वर्णों के धर्म। *वि*॰ चारों वर्णों से सम्बन्ध रखनेवाला। चारों वर्णों का।

***चातृंगि**—[राजस्थ॰ < प्रा॰ चातगी < स॰ चातकी] *स्त्री*॰ चातक पक्षिणी। चातकी।

***चात्रग/चात्रिक/चात्रिग**—[< स॰ चातक] *पु*॰ चातक पक्षी।

***चानन**—*पु*॰ ≤ *स*॰ चन्दन।

***चानु**—[देशज] *पु*॰ घोड़े के माथे की भँवरी।

चान्दनिक (चांदनिक)—[चन्दन + ठक्] *वि*॰ १. चन्दन-सम्बन्धी। चन्दन का। २. चन्दन से बना। ३. चन्दन के तेल/लेप से सुगन्धित।

चान्द्र (चांद्र)—[स॰ चन्द्र + अण्] *वि*॰ १. चन्द्रमा-सम्बन्धी। चन्द्रमा का। ***जैसे***—चान्द्र मास। २. चन्द्रमा के समान शीतल। *पु*॰ (छन्द॰) एक माला के मात्रिक छन्दों की जाति। ✣ **चान्द्रमास**—*पु*॰ = (खगोल॰) चन्द्रमा द्वारा पृथ्वी की एक परिक्रमा करने में लगने वाला समय जो ३० तिथियों का या लगभग २९.५ दिन का होता है। ✣ **चान्द्र वत्सर/वर्ष**—*पु*॰ (खगोल॰) = चन्द्रमा की पृथ्वी-परिक्रमा के १२ मास का समय जो ३६० तिथियों (या ३४५ दिन) का होता है। ✣ **चान्द्रव्रतिक**—*पु*॰ = चान्द्रायण व्रत धारण करनेवाला।

चान्द्रायण (चांद्रायण)—[स॰ चान्द्र √अय् + ल्युट्] *पु*॰ (किसी बड़े पाप के प्रायश्चित्त के रूप में किया जाने वाला) एक कठिन व्रत जिसमें एक महीने तक चन्द्रमा के घटने-बढ़ने के साथ भोजन के ग्रास (१ से १५ ग्रास तक) घटाए-बढ़ाए जाते हैं। (छन्द॰) एक मात्रिक छन्द जिसके प्रत्येक चरण में ११-१० पर यति के साथ २१ मात्राएँ होती हैं तथा प्रथम यति का अन्त जगण से और दूसरी यति का अन्त रगण से होता है। ✣ **चान्द्रायणिक**—*वि*॰ = चान्द्रायण व्रत करनेवाला।

चान्द्रिकी (चांद्रिकी)—[स॰ चान्द्रिक + ङीप्] *स्त्री*॰ चन्द्रमा से सम्बन्धित विज्ञान।

चान्द्री (चांद्री)—[स॰ चान्द्र + ङीप्] *स्त्री*॰ १. चन्द्रमा की पत्नी। २. चन्द्रिका। चाँदनी। *वि*॰ चान्द्र। (दे॰)

चान्सरी (चांसरी)—[अ॰] *स्त्री*॰ १. विदेशी राजदूत का कार्यालय। २. चान्सलर का कार्यालय।

चाप[1]—[स॰ चप + अण्] *पु*॰ १. धनुष। कमान। ***जैसे***—श्री राम के हाथ में शर और चाप। २. इन्द्रधनुष। (गणित॰) वृत्त की परिधि का कोई भाग। वृत्तांश।

चाप[2]—[< हि॰ चापना] *स्त्री*॰ १. चापने की क्रिया/भाव। दबाव। २. पैरों की आहट। ***जैसे***—पद-चाप।

†चापड़—[< हि॰ चपटा] *वि*॰ १. चपटा। २. पूर्णतः नष्ट। चौपट। *पु*॰ कड़ी भूमि जो अच्छी प्रकार से न जुती हो। ***जैसे***—मत बो चापड़, उजड़ेगा टापर (टापर = झोपड़ा/मकान)—लोकोक्ति

चापना—[< स॰ √चप्] *क्रिस*॰ १. दबाना। २. अधिकार में करना। ***जैसे***—किसी की भूमि चापना। ✣ ***चापि**—*क्रिवि*॰ = १. दबाकर। २. अधिकार मे करके।

***चापमख**—[स॰ चाप ~ मख] *पु*॰ धनुष-यज्ञ।

***चापल**—[स॰ चपल + अण्] *पु*॰ चपलता। चापल्य। चंचलता। चलप। *वि*॰ चपल। चंचल।

चापल्य—[स॰ चपल + ष्यञ्] *पु*॰ चपलता। चंचलता।

चापाकार—[स॰ चाप ~ आकार] *वि*॰ [स्थापत्य॰] (भवन में) चाप के आकार की या मेहराब की पद्धति पर निर्मित। धनुषाकार।

चापी—[स॰ चापिन्] *वि*॰ धनुर्धर। *पु*॰ शिव। महादेव।

चाब—[< हि॰ चाबना] *स्त्री*॰ १. चाबने की क्रिया/भाव। २. चबेना।

चाबना—[< प्रा॰ चब्बण < स॰ चर्वण] *क्रिस*॰ चबाना। ***जैसे***—चने चाबना।

चाभ—[< स॰ चव्य] *पु*॰ एक औषधोपयोगी लता। चव्य।

चामर—[स॰ चमरी + अण्] *पु*॰ चँवर। मोरछल। (छन्द॰) एक समवर्णिक छन्द जिसके प्रत्येक चरण में क्रमशः रगण, जगण, रगण, जगण और रगण (र ज र ज र) के योग से १५ वर्ण होते हैं तथा ८-७ पर यति होती है।

चामरी—[स॰ चामरिन्] *पु*॰ अश्व। घोड़ा।

चामीकर—[स॰ चमीकर + अण्] *पु*॰ १. स्वर्ण। सोना। २. धतूरा। ✣ **चामीकर प्रख्य**—*वि*॰ = स्वर्ण जैसा। ● **विशेष**—सुमेरु

पर्वत को '**चामीकराचल**' भी कहा जाता है।

चामुण्डा (चामुंडा)—[सं॰ चमू √ला + क, पृषो॰] *स्त्री॰* दुर्गा देवी का एक रूप।

चाम्पेय (चांपेय)—[सं॰ चम्पा + ढक्] १. चम्पा का वृक्ष/फूल। २. केसर। ३. स्वर्ण। ४. धतूरे का पौधा। ५. नागकेसर वृक्ष।

चायक[१]—[सं॰ √चि + ण्वुल्] *वि॰, पु॰* चयन/चुनाव करनेवाला। चुननेवाला।

***चायक[२]**—[< हिं॰ चाय (= चाह)] *वि॰* चाहनेवाला। प्रेमी।

चारक[१]—[सं॰ √चर् + णिच् + ण्वुल्] *पु॰* १. चरवाहा। ***जैसे***—पशुओं का चारक। २. संचार करानेवाला। संचारक। ३. सेवक। नौकर।

चारक[२]—[सं॰ चार + कन्] १. गुप्तचर। जासूस। २. भ्रमण करनेवाला (ब्रह्मचारी या ब्राह्मण)

चारकर्म—[सं॰ चार ~ कर्म] *पु॰* गुप्तचरी। जासूसी।

चारदाना—[हिं॰ चार + फा॰ दाना] *पु॰* (आयुर्वेद॰) चतुर्बीज।

चारदीवारी—[< फा॰] *स्त्री॰* भवन आदि के चारों ओर की दीवार। प्राचीर। परकोटा।

***चारना**—[< सं॰ चारण] *क्रिस॰* १. (पशुओं को) चराना। २. (पक्षियों को) चुगाना।

चारपुरुष—[सं॰ चार ~ पुरुष] *पु॰* गुप्तचर। जासूस।

चारख़ाना—[< फा॰ चारख़ान:] *पु॰* १. चौकोर ख़ानों वाला कपड़ा। २. चार ख़ानों वाली कोई वस्तु।

चारचक्षु—[सं॰ चार ~ चक्षु] *पु॰* (गुप्तचररूपी नेत्रोंवाला) राजा।

चारण—[सं॰ √चर् + णिच् + ल्यु] *पु॰* १. राजस्थान की एक हिन्दू उपजाति। २. बन्दीजन। भाट। ३. (पशु को) चराने का काम। ***जैसे***—गो-चारण।

चारबाग़—[फा॰] *पु॰* चौकोर उद्यान। विशाल और सुन्दर उद्यान। ***जैसे***—लखनऊ का चारबाग़ प्रसिद्ध है। फल-फूलवाले वृक्षों की विविधता वाला उद्यान/बाग़।

चारिका—[सं॰ √चर् + णिच् + टाप्, इत्व] *स्त्री॰* सेविका। परिचारिका। नौकरानी। पद-क्षेप। ***जैसे***—नृत्य में हर चारिका का महत्त्व है। (नृत्य॰)।

चारिणी[१]—[सं॰ चारिन् + ङीप्] *वि॰ (स्त्री॰)* (पदों के अन्त में लगने पर) आचरण विशेष करनेवाली। ***जैसे***—ब्रह्मचारिणी, सदाचारिणी, व्रतचारिणी। *स्त्री॰* (पदों के अन्त में लगने पर) चलनेवाली। **जैसे**—आकाशचारिणी, वनचारिणी।

चारिणी[२]—[सं॰ चारण + ङीप्, इत्व] *स्त्री॰* १. 'चारण' नामक उपजाति की नारी। २. चारण की पत्नी।

चारित—[सं॰ √चर् + णिच् + क्त] *वि॰* जो चलाया गया हो। चलाया हुआ। चालित। *पु॰* लकड़ी चीरने का एक उपकरण। आरा।

चारित्र्य—[सं॰ चरित्र + ष्यञ्] *पु॰* = १. चरित्र। २. आचरण।

चारी[१]— [सं॰ चारिन्] *वि॰* (पदों के अन्त में लगने पर) चलनेवाला। ***जैसे***—आकाशचारी; वनचारी। *पु॰* आचरण विशेष करनेवाला। ***जैसे***—ब्रह्मचारी; कर्मचारी। (काव्य॰) संचारी (भाव)। *स्त्री॰* गुप्तचरी। जासूसी।

***चारी[२]**— *स्त्री॰* चुग़ली।

चारु—[सं॰ √चर् + ञुण्] *वि॰* १. प्रिय २. अनुकूल। ३. मनोहर। सुन्दर। ✣ **चारुता**—*स्त्री॰* = १. प्रियता। २. अनुकूलता। ३. मनोहरता। सुन्दरता। ✣ **चारुत्व**—*पु॰* = चारुता।

चारु शैली—[सं॰] *स्त्री॰* (पा॰ काव्य॰) सुन्दर शब्द-चयन और उचित शब्द-योजना वाली शैली। (अं॰ एलिगन्ट स्टाइल)

चारुहासी—[सं॰ चारु ~ हासी (हासिन्)] *वि॰* सुन्दर हँसी वाला। ***जैसे***—चारुहासी युवक। *पु॰* वैताली छन्द का एक भेद। (दे॰ वैताली) ✣ **चारुहासिनी**— *वि॰* = सुन्दर हँसी वाली। ***जैसे***—चारुहासिनी युवती।

चार्चिक्य—[सं॰ चर्चिका + ष्यञ्] *पु॰* १. शरीर को सुगन्धित करना। २. शरीर में उबटन आदि लगाना। अंगराग का लेपन। ३. अंगराग/उबटन आदि।

चार्टर—[अं॰] *पु॰* (राज॰) १. घोषणापत्र। २. शासन/संसद द्वारा किसी कम्पनी आदि को दिया गया अधिकार-पत्र।

चार्टरित— [< अं॰ चार्टर] *वि॰* (वाणि॰) किसी निश्चित मार्ग या अवधि के लिए किसी व्यक्ति, संस्था आदि को किराए पर दिया गया (वाहन)। भाटकित। ***जैसे***—चार्टरित जहाज़। (अं॰ चार्टर्ड)

चार्मिक—[सं॰ चर्मन् + ठक्] *वि॰* १. चमड़े से सम्बन्धित। चमड़े का। २. चमड़े से बना हुआ। चर्म-निर्मित।

***चार्‍याँ**—[< हिं॰ चार] *वि॰* चारों।

चार्वङ्गी (चार्वंगी)—[< सं॰ चारु + अङ्गी] *स्त्री॰* सुन्दर अंगों वाली स्त्री। लावण्यवाली स्त्री। सुन्दरी।

चार्वाक—[< सं॰ चारु ~ वाक्] *पु॰* नास्तिक मत का प्रवर्तक एक प्राचीन विद्वान्।

चार्वी—[सं॰ चारु + ङीप्] *स्त्री॰* १. सुन्दर स्त्री। २. चन्द्रिका। चाँदनी। ३. प्रतिभा। ४. दीप्ति। चमक। ५. कुबेर की पत्नी का नाम।

चाल[१]— [<हिं॰ चलना] *स्त्री॰* १. चलने की क्रिया/भाव। गति। ***जैसे***—घड़ी की चाल; भूचाल (= भूकम्प)। २. गति का प्रकार/रूप। चलने का ढंग। ***जैसे***—लड़खड़ाती चाल। ३. गति का वेग। ***जैसे***—मंगल की चाल शनि से बहुत अधिक है। ४. किसी काम/बात या गति-विधि में तत्परता की अवस्था। ***जैसे***—छपाई बहुत धीमी चाल से हो रही है। ५. चरित्र या आचरण। ***जैसे***—चाल-चलन; अपने बिगड़ रहे लड़के की चाल सँभालो। ६. आचरण। व्यवहार। ७. रीति। रिवाज। चलन। ***जैसे***—हमारे कुल में दान लेने की चाल नहीं है। ८. रचना आदि का प्रकार। ढंग। तर्ज़। ***जैसे***—नयी चाल के वस्त्र। ९. युक्ति। उपाय। तरकीब। ***जैसे***—तब क्रान्तिकारियों ने एक नयी चाल निकाली। १०. छलपूर्ण। धूर्ततापूर्ण उपाय/छल-कपट। ***जैसे***—राजनीतिज्ञों की चालें। ११. (ताश, शतरंज आदि) खेलों में अपना पत्ता/मोहरा आदि को चलना

या चला हुआ पत्ता/मोहरा आदि या चलने की बारी। **वा॰ चाल चल जाना**—चाल सफल होना। **(किसी से) चाल चलना**—धोखा देने या ठगने का उपाय करना। छल-कपट करना। **चाल चूकना**—ग़लत चाल चलना। **(किसी की) चाल में आना/फँसना**—(किसी के) धोखे/बहकावे में आना।

†चाल[२]—[< हि॰ चाला] *स्त्री॰* गौना। चाला।

चाल[३]—[मराठी, < सं॰ शाला] *पु॰* इमारत या (मुम्बई महानगर आदि में) वह बड़ा परन्तु कम चौड़ा मकान जिसके छोटे-छोटे कमरों में अनेक निर्धन या कमज़ोर आय-वर्ग के परिवार किराए पर रहते हैं।

चालबाज़—[हि॰ चाल + फा॰ बाज़] *वि॰* धूर्त। छली। ✣ **चालबाज़ी**—*स्त्री॰* = धूर्तता। छल।

चाला—[< हि॰ चाल] *पु॰* १. प्रस्थान। गमन। चलना। २. नववधू का गौना। ३. प्रस्थान के लिए शुभ माना जाने वाला दिन। ***जैसे***—सोमवार को पूर्व दिशा का चाला नहीं है।

चालाक—[फ़ा॰] *वि॰* १. चतुर। निपुण। होशियार। २. व्यवहार-कुशल। ३. धूर्त। छली। ∇ **विलोम**—बुद्धू।

चालान—[< हि॰ चलाना] *पु॰* १. व्यापारी/विक्रेता आदि के द्वारा भेजी गयी वस्तुओं की सूची, विवरण आदि का काग़ज़। बीजक। २. अभियुक्त को न्यायालय में विचारार्थ भेजने की क्रिया/भाव।

चालिया—[< हि॰ चाल] *वि॰* धूर्त। चालबाज़।

***चाली**—[< हि॰ चाल] *वि॰* चालबाज़। छली। *स्त्री॰* गति। चाल।

चाव—[< हि॰ चाह] *पु॰* १. लालसा। इच्छा। चाह। २. अनुराग। ३. उमंग। उत्साह। ४. उत्कंठा। ५. दुलार। ६. रुचि। शौक़। जैसे—मिठाई खाने का चाव। **वा॰ चाव निकालना**—लालसा/रुचि/शौक़ को मन भर कर पूरा करना। इच्छा को पूर्णतः पूरी करना। ✣ **चाव-चोचले**—*पु॰* = नाज-नखरे।

चावड़ी—[देशज] *स्त्री॰* यात्रियों के ठहरने का स्थान। पड़ाव।

***चावन**—[< हि॰ चावना] *वि॰* प्रिय/सुन्दर लगनेवाला।

***चावना**—[< हि॰ चाव] *क्रिस॰* चाहना।

चाष[१]—[सं॰ √चष् + णिच् + अच्] *पु॰* नीलकंठ पक्षी।

***चाष[२]**—*पु॰* ≤ *सं॰* चक्षु। नेत्र। आँख।

***चास[१]**—[< सं॰ चाष[१]] *पु॰* नीलकंठ पक्षी।

†चास[२]—[देशज] *स्त्री॰* खेत की जुताई/जोत। ● **विशेष**—खेत की जुताई अनके बार की जाती है और उसे 'एक, दो, या पहला, दूसरा,...चास' कहा जाता है।

चास[३]—[< हि॰ चासनी] *स्त्री॰* किसी वस्तु को परखने के लिए उसमें से निकाला हुआ थोड़ा-सा अंश।

चासना— [< हि॰ चास[२]] *क्रिअ॰* जोतना।

†चासा—[देशज] *पु॰* १. किसान। २. हल चलानेवाला। हलवाहा।

चाह[१]—[प्रा॰] *स्त्री॰* १. इच्छा। लालसा। २. अनुराग। प्रेम। ३. आदर। ४. आवश्यकता। ज़रूरत। ग़रज़। ***जैसे***—जहाँ चाह, वहाँ राह।

चाह[२]—[< हि॰ चाल = आहट] *स्त्री॰* १. समाचार। खबर। २. गुप्त भेद। रहस्य। ३. खोज। टोह।

चाह[३]—[फा॰] *पु॰* १. कूप। कुआँ। २. गड्ढा।

***चाहक**—[< हि॰ चाहना] *वि॰* १. चाहनेवाला। २. प्रेमी। **जैसे**—सुन्दर राजकुमारी के सैकड़ों चाहक थे।

***चाहत**— [< हि॰ चाहना] *स्त्री॰* १. चाह। २. प्रेम।

चाहता—[< हि॰ चाहना] *वि॰* १. प्रिय। २. प्रेमी।

चाहा[१]—[< हि॰ चाहना] *वि॰* अभिलषित। इच्छित। *पु॰* प्रिय। चहेता। ∇ **विलोम**—अनचाहा। ✣ **चाही**— *वि॰ (स्त्री॰), स्त्री॰*।

चाहा[२]—[< सं॰ चाष] *पु॰* एक जलपक्षी जो बगुले के सदृश होता है।

***चाहि[१]**—[देशज] *प्रवि॰* से भी अधिक। अपेक्षाकृत अधिक।

***चाहि[२]**—[< हि॰ चाहना] *क्रिवि॰* १. चाहकर। २. देखकर।

चाँइया—[हि॰ चाँई] *वि॰* १. वस्तुएँ चुरा ले जाने वाला। चोर-उचक्का। २. बहुत चालाक। धूर्त।

चाँई—[देशज] *पु॰* नेपाल की एक वनवासी जाति। *स्त्री॰* १. सिर का एक रोग जिसमें फुंसियाँ निकलने से बाल झड़ जाते है। *वि॰* जिसके सिर के बाल झड़ गए हों। खल्वाट। गंजा।

चाँक—[< हि॰ चाक < सं॰ चक्र] *पु॰* १. खलिहान के चारों और निशान लगाने में प्रयुक्त काठ की बनी एक थाप जिस पर कुछ चिह्न खुदे होते हैं। २. उक्त से लगाए गए निशान।

चाँकना—[< हि॰ चाँक] १. *क्रिस॰* खलिहान में रखे अनाज के चारों ओर मिट्टी/राख आदि से निशान लगाना। २. पहचान के लिए निशान लगाना। ३. रेखा खींच कर सीमा बनाना। घेरना।

चाँगला [मराठी] *वि॰* १. अच्छा। २. स्वस्थ। हृष्ट-पुष्ट। ३. चतुर। चालाक। ✣ **चाँगली**—*वि॰ (स्त्री॰)*।

***चाँच**—[राजस्थ॰ < सं॰ चञ्चु] *स्त्री॰* चौंच।

चाँचर/चाँचरि—[< सं॰ चर्चरी] *स्त्री॰* १. हाथों में दो छोटे डंडे लिए लड़के-लड़कियों की टोली का मंडलाकार नृत्य। लकुट रास। २. बसन्त ऋतु में गाए जाने वाले विशेष प्रकार के गीत (होली, फाग इत्यादि) जिन्हें होली में स्त्री-पुरुषों की रंगबाज़ी की प्रतियोगिता के समय विशेषतः गाया जाता है।। ३. (लाक्षणिक) होली का हुडदंग, ४. (लाक्षणिक) स्वाँग ५. परती छोड़ी गयी ज़मीन। ६. एक प्रकार की मटियार भूमि। कच्चे मकानों में किवाड़ों के स्थान पर लगाया जाने वाला पर्दा आदि। *वि॰* बिथराया हुआ। खुला हुआ। (काव्य॰) हिन्दी का एक काव्य-रूप। ***जैसे***—कबीर की चाँचर रचनाओं में आध्यात्मिकता का रंग है। ● **विशेष**—**चाँचरि करना** = नाचते फिरना। इधर-उधर डोलना/घूमना।

चाँचिया—[देशज] *पु॰* १. चोरी, डाके आदि से पेट पालनेवाली एक जाति। २. चोर ३. लुटेरा। ४. बहुत धूर्त व्यक्ति।

***चाँट**—[< हि॰ चिमटना] *पु॰* चींटा। *स्त्री॰* चींटी।

चाँटी—[< हि॰ चाँटा] *स्त्री॰* चींटी। (संगीत॰) तबले के काले भाग पर तर्जनी उँगली से किया गया आघात अथवा उस आघात से उत्पन्न मधुर ध्वनि।

†चाँड़—[< सं॰ चण्ड] *वि॰* १. उग्र। तीव्र। २. शक्तिशाली। ३. अधिक श्रेष्ठ। ४. तृप्त। सन्तुष्ट। ५. चतुर। चालाक। *स्त्री॰* १. प्रेम। २. तीव्र इच्छा। ३. तीव्र आवश्यकता। ४. तीव्र इच्छा या आवश्यकता को पूरा करने की व्याकुलता। बेचैनी। ५. तीव्रता। ६. किसी काम को कराने के लिए डाला जाने वाला दबाव। ७. छत या दीवार को गिरने से रोकने के लिए लगायी जाने वाली वस्तु। टेक। थूनी। ८. लत। ९. अवरोध। ● **विशेष—चाँड़ सरना** = काम होना।

चाँड़ना—[< हि॰ चाँड़] *क्रिस॰* १. दबाना या कसना। २. नष्ट करना। उजाड़ना। रौंदना। ३. टेक लगाना। ४. खोदकर गहरा करना या उखाड़ना/गिराना। ५. चाकू आदि पर धार धरना। पैनाना। ***जैसे***—किसानों के मोथरे उपकरणों को लुहार चाँड़ते हैं। ६. स्वादिष्ट वस्तु को जल्दी से खाना। ● **विशेष—*'चाँड़े'*** का प्रयोग *क्रिवि॰* रूप में 'अवरोध करते हुए' तथा 'उग्रतापूर्वक' (या 'हड़बड़ाकर') के अर्थ में भी होता है।

*चाँड़ा—[< सं॰ चण्ड] वि॰ प्रचंड। भयंकर।

***चाँड़िला**—[< सं॰ चण्ड] *वि॰* १. प्रचंड। उग्र। २. प्रबल। ३. उद्‌धत। ४. बहुत बढ़ा हुआ। अत्यधिक। ५. सब कुछ चाहनेवाला। ✣ **चाँड़िली**—*वि॰ (स्त्री॰)*।

***चाँणक**-[< सं॰ चाणक्य] *पु॰* चतुराई।

चाँदना—[< हि॰ चाँद] *पु॰* १. चन्द्रमा का प्रकाश। चन्द्रिका। चाँदनी। २. प्रकाश। उजाला।

चाँदनी[1]—[< हि॰ चाँदना] *स्त्री॰* १. चन्द्रमा का प्रकाश। चन्द्रिका। ***जैसे***—खिलती चाँदनी में। २. सफ़ेद रंग के फूलों वाला एक बड़ा पौधा या उसका फूल। ३. छत में लगने का सफ़ेद कपड़ा। वितान। चँदोवा। ४. (लाक्षणिक) सुख-वैभव या सुख-वैभव का काल। *वि॰* (रात) जिसमें चन्द्रिका छिटकी हुई हो। ***जैसे***—चाँदनी रात। ***वा॰* चार दिन की चाँदनी**—थोड़े दिनों का या अस्थायी वैभव/सुख। ✣ **चाँदनी-धुला, चाँदनी-धौत**—*वि॰* = चाँदनी से धुला हुआ। बहुत सफ़ेद। ***जैसे***—चाँदनी-धौत ताजमहल।

चाँदनी[2]—[< हि॰ चन्दनी] *स्त्री॰* (चन्दन के रंग की) बिछाने की बड़ी और बहुत सफ़ेद चादर।

चाँदमारी—[< हि॰ चाँद + मारना] *स्त्री॰* १. किसी दीवार या कपड़े आदि पर बने हुए चन्द्रमा जैसे काले गोल निशानों पर बन्दूक का निशाना लगाने का अभ्यास करने की क्रिया। २. उक्त का स्थान/मैदान।

चाँदा—[< हि॰ चाँद] *पु॰* (गणित॰ ज्यामिति॰) कोण मापने का एक छोटा उपकरण जो अर्धचन्द्राकार होता है।

चाँप[1]—[< हि॰ चाप] *पु॰* १. दबाव। दाब। २. पैरों की आहट।

***चाँप**[2]—[< सं॰ चम्पा] *पु॰* चम्पा का फूल।

चाँपना—[*क्रिस॰* ≤ हि॰ चापना] १. दबाना। अधिकार में करना। ***जैसे***—दाँतों से जीभ चाँपना।

चिआ/चिया—[< सं॰ चिञ्चा] *पु॰* इमली का बीज। चिंचा।

चिउली[1]—[देशज] *स्त्री॰* एक वन-वृक्ष जो महुए की जाति का होता है और जिसका तेल मक्खन की तरह जम जाता है।

चिउली[2]—[< प्रा॰ चिविल] *स्त्री॰* चिकनी सुपारी।

चिक—[देशज] कमर या पीठ में झटका आ जाने आदि के कारण सहसा हो जाने वाला दर्द।

चिक़—[तुर्की] *स्त्री॰* दरवाज़ा या खिड़की पर टाँगने के लिए बाँस आदि की तीलियों से बनाया जाने वाला पर्दा। चिलमन। ✣ **चिक़साज़**—*पु॰* = चिक़ें बनाने वाला कारीगर।

चिकटना—[< हि॰ चीकट] *क्रिअ॰* १. चिकनाहट और मैल से भर जाना। २. बहुत गन्दा और मैला होना।

चिकटा—[< हि॰ चीकट] *वि॰* चिक्कट। चीकट।

चिकड़ी—[देशज] *स्त्री॰* मज़बूत लकड़ी वाला एक छोटा वृक्ष जिसकी लकड़ी से कंघियाँ बनायी जाती हैं।

चिकन—[< फा॰ चिकिन] *पु॰* १. महीन सूती या रेशमी कपड़ों पर बेल-बूटों की कढ़ाई का काम। २. उक्त कढ़ाईवाला कपड़ा। ✣ **चिकनकारी**—*स्त्री॰* सूती कपड़े पर सुई-डोरे से बेल-बूटे काढ़ने की कला।

चिकनिया—[< हि॰ चिकना] *वि॰* सदा बना-ठना, सजा-सँवरा रहने वाला। छैल-छबीला।

***चिकार**—[< सं॰ चीत्कार] *पु॰* १. चीत्कार। चीख़। २. कोलाहल। शोर। ३. (हाथी की) चिंघाड़।

***चिकारना**—[< हि॰ चिकार] *क्रिअ॰* १. कोलाहल करना। शोर करना। २. चिल्लाना। ३. चिंघाड़ना।

चिकारा—[< हि॰ चिकार] *पु॰* १. चिकार। (दे॰) २. हिरन की जाति का एक पशु जिसके नेत्र सुन्दर होते हैं।

चिकारी—[< हि॰ चिकार] *स्त्री॰* १. चीत्कार। चीख़। २. चिकारा हिरनी। (संगीत॰) तत वाद्य में झाला बजाने के लिए उपयोगी दो तार।

चिकीर्षा—[सं॰ √कृ + सन् + अ + टाप्] *स्त्री॰* (किसी कार्य को करने या जानने की) इच्छा। कामना। अभिलाषा। ● **विशेष**—करने की इच्छा रखनेवाला **'चिकीर्षक/चिकीर्षु'** कहा जाता है। जिसे करने की इच्छा की गयी हो, उसे **'चिकीर्षित/चिकीर्ष्य'** कहते हैं।

†चिकुटी—*स्त्री॰* = ≤ *हि॰* चिकोटी।

चिकुर—[सं॰ चि √कुर् + क] *पु॰* १. सिर के बाल। केश। ***जैसे***—चिकने चिकुर। २. बालों की लट। अलक। ज़ुल्फ़। ३. रेंगने वाले जन्तु। सरीसृप। *वि॰* चंचल। अस्थिर।

चिकुर-कलाप—[सं॰] *पु॰* १. बालों की चोटी या जूड़ा। २. सिर के सँवारे और सजाए हुए बाल। ३. अलकों/लटों का समूह।

चिकुर-निकर—[सं॰] *पु॰* १. केशों का समूह। २. अलकों/लटों का समूह।

चिकुर-पक्ष—[सं॰] *पु॰* १. सँवारे और सजाए हुए केश। २. बालों की लट। अलक। ज़ुल्फ़।

चिकुरावली—[सं॰ चिकुर ~ आवली] *स्त्री॰* केशकलाप।

चिकुला—[< सं॰ चिकुर] *पु॰* पक्षी का बच्चा। पक्षि-शावक।

चिक्कण—[स॰ चित् √कण् + क] *वि॰* चिकना। *पु॰* १. सुपारी का वृक्ष या सुपारी। २. हरीतकी। हरड़। हर्र। ✣ **चिक्कणी**—*वि॰ (स्त्री॰)* = चिकनी।

***चिक्कन**—[‹ स॰ चिक्कण] *वि॰* चिकना।

चिक्करना**—[‹ प्रा॰ चिक्कार ‹ स॰ चीत्कार] *क्रिअ॰* १. चीत्कार करना। २. (हाथी का) चिंघाड़ना। ***जैसे—चिक्करहिं गज।

चिक्कस[1]—[स॰ √चिक्क् + असच्] *पु॰* १. जौ का आटा या उससे बनी रोटी आदि। २. जौ के आटे का उबटन।

चिक्कस[2]—[देशज] *पु॰* पालतू पक्षियों को बैठाने के लिए लोहा/पीतल आदि की छड़ का बना अड्डा।

चिक्कार—[प्रा॰ ‹ स॰ चीत्कार] *पु॰* हाथी का भयंकर शब्द। चिंघाड़।

चिखुरन—[‹ स॰ चिकुर] *स्त्री॰* पौधों के आस-पास उग आने वाली घास। खेत निराने पर निकली हुई घास।

†**चिखुरना**—[‹ हिं॰ चिखुरन] *क्रिस॰* जोते हुए खेत से बेकार घास उखाड़ फेंकना। निराना।

चिखुरा—[‹ स॰ चिकुर] *पु॰* नर गिलहरी (पु॰)। गिलहरा। ✣ **चिखुरी**—*स्त्री॰* = गिलहरी।

चिखुराई[1]—[‹ हिं॰ चिखुरना] *स्त्री॰* पौधों आदि के समीप की, अपने आप उग आयी, बेकार घास को उखाड़ना और फेंकना या उसकी मज़दूरी। निराने की क्रिया या भाव या उसका पारिश्रमिक।

चिखुराई[2]—[‹ हिं॰ चीखना = चखना] *स्त्री॰* चखने की क्रिया या भाव। चखाई।

†**चिखौना**—[‹ हिं॰ चीखना = चखना] *पु॰* शराब आदि के साथ चखने/खाने में प्रयुक्त वस्तु। चिखौनी। ✣ **चिखौनी**—*स्त्री॰* = १. स्वाद देखना/चखना। २. शराब आदि के साथ चखने/खाने में प्रयुक्त वस्तु। चिखौना।

***चिगवा**—[देशज] *स्त्री॰* नलिका। नली।

†**चिगाना**—[देशज] *क्रि॰* तैयार करना। बनाना।

चिङ्गना (चिंगना)—[‹ स॰ चिङ्गट] *पु॰* मुर्गी या पक्षी आदि का छोटा बच्चा।

†**चिङ्गुला (चिंगुला)**—[‹ हिं॰ चिञ्जा] *पु॰* १. किसी पक्षी या कीट आदि का बच्चा। २. बालक। बच्चा।

चिचड़ा[1]—[‹ स॰ चिचिण्ड] *पु॰* १. एक छोटा बरसाती पौधा जो औषधोपयोगी है तथा जिसके (ककड़ी के समान) फलों की तरकारी बनायी जाती है। २. अपामार्ग। चिरचिटा।

चिचड़ा[2]—[देशज] *पु॰* नर किलनी। ✣ **चिचड़ी**—*स्त्री॰* = पशुओं के शरीर में चिपटकर उनका रक्त पीने वाला एक कीड़ा। किलनी।

***चिचान**—[‹ स॰ श्येन] *पु॰* श्येन। बाज़ पक्षी।

***चिचाना**—[अनु॰ हिं॰ ची-ची] *क्रिअ॰* चिचियाना।

चिच्छक्ति—[स॰ चित् ~ शक्ति] *स्त्री॰* १. ब्रह्म की शक्ति। पराशक्ति। २. आत्मशक्ति। ३. पराशक्ति का सर्जनोन्मुख रूप। ४. चेतनाशक्ति। चिति। (भा॰ दर्शन) सृष्टि के आरम्भ में पराशक्ति से सर्वप्रथम प्रकट चैतन्य-शक्ति जिससे आनन्द का उन्मीलन होता है (जो इच्छाशक्ति को उत्पन्न करता है, इच्छाशक्ति ज्ञानशक्ति को और ज्ञानशक्ति, क्रियाशक्ति को)।

चिज्जड़—[‹ स॰ चित् ~ जड] *वि॰* जो अंशतः चेतन और अंशतः जड़ हो। ✣ **चिज्जड़ग्रन्थि (चिज्जड़-ग्रन्थि)**—*स्त्री॰* (भा॰ दर्शन) = चित्/चेतना और जड़ प्रकृति की गाँठ जिसके कारण जीवात्मा स्वयं को शरीर से एकरूप समझ जन्म-मरण के चक्र में घूमता रहता है।

चिञ्चा (चिंचा)—[प्रा॰, अथवा स॰ चिम् √चि ‡ ड + टाप्] *स्त्री॰* १. इमली। २. इमली का बीज। चिया। ३. इमली का वृक्ष। ४. घुँघची का पौधा।

चिट—[‹ हिं॰ चिट्‌ठी] *स्त्री॰* काग़ज़ का छोटा टुकड़ा। पुर्ज़ा। रुक़्क़ा।

चिटकनी—[अनु॰] *स्त्री॰* चटकनी। सिटकनी।

चिटनवीस—[हिं॰ चिट + फा॰ नवीस] पु॰ पत्र-व्यवहार करने के लिए नियुक्त लिपिक/मुहर्रिर।

चिट्टा—[‹ स॰ सित] *वि॰* गोरा। सफ़ेद। ***जैसे***—चिट्टा लड़का; चिट्टा कपड़ा। ✣ **चिट्टी**—*वि॰* (स्त्री॰)। ***जैसे***—चिट्टी लड़की।

***चिड़**—[‹ स॰ चटक] *स्त्री॰* पक्षी। चिड़िया।

†**चिड़क्का**—[‹ स॰ चटिका] *स्त्री॰* चरचरा (पक्षी)।

चिड़ा—[‹ स॰ चटक] *पु॰* १. चिड़िया (नर)। २. गौरैया पक्षी (नर)।

चिड़ारा—[देशज] *पु॰* नीची भूमि वाला खेत जिसमें जड़हन (वह धान जो एकबार उखाड़कर अन्यत्र रोपा जाता है) बोया जाता है। डबरी।

चिड़ियानोचन—[‹ हिं॰ चिड़िया + नोचना] *स्त्री॰* ऐसी स्थिति जिसमें अनेक लोग इस प्रकार परेशान करें जैसे चिड़िया को पर नोचकर परेशान किया जाता है।

***चिड़िहार**—[‹ हिं॰ चिड़िया] *पु॰* चिड़ीमार।

***चिड़ी**—[‹ हिं॰ चिड़ा] *स्त्री॰* पक्षी। चिड़िया। २. ताश के पत्तों के चार रंगों में से एक।

चित्—[स॰ √चित् + क्विप्] *स्त्री॰* १. चेतना। चैतन्य। २. ज्ञान। ३. बुद्धि। ४. विवेक। ५. हृदय। मन। ६. जीवात्मा। ७. आत्मा। ८. ब्रह्म। परमात्मा। (दे॰ 'चित्‌तत्त्व' भी) ✣ **चित् तत्त्व**—[स॰] *पु॰* (विशिष्टाद्वैत दर्शन॰) तीन मूल तत्त्वों (ईश्वर, चित् और अचित्) में से एक जो स्वयंप्रकाश चैतन्य है और ज्ञान का आश्रय है। ● **विशेष**—१. 'ईश्वर' अंगी है, 'चित्' और 'अचित्' उसके अंग हैं। 'अचित् तत्त्व' जड़ और विकारी है, वही प्रकृति है। 'चित् तत्त्व' चैतन्य है, आत्मा है। २. 'चित्' अन्य साधन के बिना ही प्रकाशमान तत्व है जो अन्य पदार्थों को प्रकाशित करता है।

चित[1]—[‹ स॰ चित्र] *वि॰* पीठ के बल सीधा पड़ा हुआ। ∇ **विलोम**—पट। ***जैसे***—कुश्ती में चित पहलवान हारा माना जाता है। *पु॰* रुपए आदि सिक्कों पर राजा आदि के चित्र वाला पृष्ठ/तल। ***जैसे***—रुपया उछाला, मैंने 'चित' माँगा और रुपया चित

गिरा अत: मैं जीता। *क्रिवि॰* पीठ के बल। ***जैसे***—चित पड़े रहना; चित गिरना, कुश्ती में चित हो जाना। ***वा॰* चित कर देना**—१. (कुश्ती में) प्रतिद्वन्द्वी पहलवान को भूमि पर पीठ के बल गिरा कर हरा देना। २. हरा देना। **चित होना**—१. कुश्ती में हार जाना। २. हार जाना। **कौड़ी चित पड़ना या पट पड़ना**—(घटना/बात) अनुकूल होना या प्रतिकूल होना।

***चित**[२]—[< स॰ चित्त] *पु॰* चित्त। मन।

चित[३]—[स॰ √चि + क्त] *वि॰* १. चुनकर एकत्र किया हुआ। ढेर लगाया हुआ। संचित। २. जिसका चयन किया गया हो।

***चितउर**—*पु॰ ≤ हि॰* चित्तौड। राजस्थान का चित्तौड़ गढ़।

चितकबरा—[< स॰ चित्र ~ कर्बुर] *वि॰* रंग-बिरंगा। शबल। कबरा। ***जैसे***—चितकबरा कुत्ता। ✣ **चितकबरी**—*वि॰ (स्त्री॰)*। ***जैसे***—चितकबरी घोड़ी।

***चितकूट**—*पु॰ ≤ स॰* चित्रकूट।

***चितगुपति**—*पु॰ ≤ स॰* चित्रगुप्त। कायस्थों के आदिपुरुष।

***चित-चाय**—[< स॰ चित्त + हि॰ चाव] *पु॰* (हार्दिक) चाव/शौक़।

चितचाहा—[< स॰ चित्र + हि॰ चाहना] *वि॰* इच्छित। मनचाहा। ***जैसे***—चितचाहा काम मिला। ✣ **चितचाही**—*वि॰ (स्त्री॰)*। ***जैसे***—चितचाही बात हुई।

***चितचीता**—[< स॰ चित + चीता] *वि॰* १. मन में विचारा या सोचा हुआ। मनचीता। २. इच्छित। मनचाहा।

चित-पट—[< स॰ चित्रपट] *पु॰* १. कपड़ा जिस पर चित्र बना हुआ हो। २. चित्रित कपड़ा। किसी सिक्के के दोनों तल—जिस पर राजा आदि का रूप है और जिस पर सन्/संवत् है। ३. ज़मीन पर पूरी तरह पीठ के बल पड़े होने की स्थिति अथवा उसके ठीक विपरीत पेट आदि के बल पड़े होने की स्थिति। चित अथवा पट। ***वा॰* चित-पट करना**—दुविधा में न रहकर, अन्तत: कुछ निश्चित कर डालना। **चित-पट होना**—अन्तत: कुछ निश्चित होना। आख़िर कोई निर्णय होना।

***चित-भङ्ग (चित-भंग)**—[स॰ चित्तभङ्ग] *पु॰* १. उत्साह में कमी या उत्साह-नाश। २. बदरीनाथ-यात्रा में आनेवाली एक कठिन पर्वतमाला।

चितरनहारा—[< स॰ चित्रण] *पु॰* १. चित्रकार। २. रचयिता।

चितरना—[< स॰ चित्रण] *क्रिअ॰* १. चित्र बनाना। २. फूल-पत्तियों आदि की चित्रकारी करना। *क्रिस॰* ठीक प्रकार से लगाना। ***जैसे***—आँखों में काजल चितरना।

चितराला—[स॰ चित्र] *पु॰* एक प्रकार का छोटा जन्तु जो वृक्षों पर चढ़ कर गिलहरियों और चिड़ियों को खाता है।

†**चितरोख**—[< स॰ चित्रपक्ष] *पु॰* पंडुक/फ़ाख़्ता की एक उपजाति। एक छोटी चिड़िया जिसकी चोंच और पीठ काली होती है, पैर कुछ लाल होते हैं और डैनों पर सफ़ेद बिन्दु होते हैं।

चितला—[< प्रा॰ चित्तल < स॰ चित्रल] *वि॰* शबल। रंग-बिरंगा। चितकबरा।

चितवन—[< हि॰ चितवना] *स्त्री॰* १. किसी की ओर प्रेम/अनुराग के साथ देखने की अवस्था/ढंग/भाव। २. दृष्टि। निगाह। नज़र। ३. कटाक्ष। ***वा॰* चितवन का बाण**—तिरछी मोहक दृष्टि। कटाक्ष। **चितवन का बाण चलाना**—१. (स्त्री द्वारा पुरुष को) कटाक्ष करना। **चितवन का बाण लगना**—(स्त्री के) कटाक्ष से मोहित होना।

***चितवना**[१]—[< स॰ चित्] *क्रिस॰* १. देखना। २. अनुराग के साथ देखना। प्रेमपूर्वक देखना। ३. कटाक्ष करना।

***चितवना**[२]—[< स॰ √चिन्त्] *क्रिअ॰* १. चिन्तन करना। २. स्मरण करना।

***चितसारि**—[< हि॰ चित्रसारी] *स्त्री॰* चित्रशाला या रंगमहल।

चिताना[१]—[< स॰ चित्रण] *क्रिस॰* चित्रित करना।

चिताना[२]—[< हि॰ चेताना] *क्रिस॰* १. स्मरण दिलाना। २. चेतावनी देना। ३. उपदेश देना।

***चितारना**—[< हि॰ चित] *क्रिस॰* १. मन में लाना। ध्यान देना। २. ध्यान करना। स्मरण करना।

चितारोहण—[स॰ चिता ~ आरोहण] *पु॰* सती होने के लिए चिता पर चढ़ने की क्रिया/भाव।

चिता-साधन—[स॰] *पु॰* (तन्त्र॰) [श्मशान में] चिता के पास बैठकर सिद्धि के लिए साधना करना।

चिति—[स॰ √चि + क्तिन्] *स्त्री॰* १. चयन। एकत्रीकरण। २. चेतना। ३. बुद्धि। ४. ईंटों आदि से चिनाई। ५. चिता। ६. शुद्धि चेतन-स्वरूप परमात्म-शक्ति। आदिशक्ति। ७. पार्वती। दुर्गा।

चितिया—[< हि॰ चित्ती] *वि॰* जिस पर चित्तियाँ पड़ी हों। धब्बोंवाला। ***जैसे***—चितिया साँप।

चितियाना—[< हि॰ चितिया] *क्रिअ॰* (वृक्ष के) पक्के पत्तों पर चित्तियाँ पड़ जाना।

चितेरा—[< स॰ चित्रकार] *पु॰* चित्रकारी करनेवाला। चित्रकार। ✣ **चितेरिन/चितेरी**—*स्त्री॰* नारी चित्रकार।

***चितौनि/चितौनी**—[< हि॰ चितवनि] *स्त्री॰* चितवन।

चित्-कला (चित्कला)—[स॰] *स्त्री॰* चैतन्य का अंश। (शैव॰) परम शिव की चैतन्यपूर्ण शक्ति।

चित्त[१]—[स॰ √चित् + क्त] १. अन्त:करण जिसके द्वारा भावना, धारणा आदि क्रियाएँ होती हैं। स्मरण कराने वाला अन्त:करण। २. मन। हृदय। जी। दिल। ***वा॰* चित्त अटकना**—१. मन का कहीं लग जाना। २. किसी के प्रति अनुराग/प्रेम हो जाना। **चित्त उचटना (उचाट होना)**—१. मन उदास होना। २. किसी काम में मन न लगना।

†**चित्त**[२]—[< हि॰ चित[१]] *वि॰* जो पट्ट/पट न पड़ा हो। चित। (दे॰ चित[१])

चित्तजन्मा—[स॰ चित्तजन्मन्] *पु॰* कामदेव। मनोभव।

चित्तज्ञ—[स॰ चित्त √ज्ञा + क] *वि॰* १. दूसरों के मन का ज्ञाता।

२. दूसरों की इच्छा जाननेवाला।

चित्त-निवृत्ति—[स॰] *स्त्री॰* १. चित्त की संसार से विरक्ति। २. चित्त की सुख-दुःख आदि भावों से मुक्ति। चित्त-शान्ति।

चित्त-प्रसादन—[स॰] *पु॰* चित्त की प्रसन्नता।

चित्तभूमिका—[स॰ चित्त ~ भूमिका] चित्त की पाँच स्वाभाविक अवस्थाओं में से प्रत्येक। चित्त-भूमि। ● **विशेष**—उक्त पाँच स्वाभाविक अवस्थाएँ हैं—क्षिप्त, मूढ़, विक्षिप्त, एकाग्र, निरुद्ध।

चित्त-भेद—[स॰] *पु॰* १. चित्त की चंचलता। २. परस्पर विचारों में भिन्नता।

चित्त-भ्रान्ति (भ्रांति)—[स॰] *स्त्री॰* मानसिक भ्रम।

चित्त-मारण—[स॰] *पु॰* (बौद्ध॰) चित्त-विशोधन।

चित्त-विक्षेप—[स॰] *पु॰* चित्त की अस्थिरता/चंचलता।

चित्त-विक्षोभ—[स॰] *पु॰* चित्त-विक्षेप।

चित्तविद्—[स॰ चित्त √विद् + क्विप्] *पु॰* दूसरों के चित्त की बात जानने वाला। चित्तज्ञ। (दे॰)

चित्त-विपर्यय—[स॰] *पु॰* (चिकित्सा॰) अधिक तेज़ ज्वर आदि में प्रलाप और विभ्रम की स्थिति। प्रलाप। (अ॰ डीलिरिअम)

चित्त-विप्लव—[स॰] *पु॰* १. उन्माद। पागलपन। २. मन की चंचलता।

चित्त-विभ्रंश/विभ्रम—[स॰] *पु॰* चित्त-भ्रम। भ्रान्ति। २. उन्माद।

चित्त-विशोधन—*पु॰* चित्त को शुद्ध करना। *पु॰* (बौद्ध॰) महायान में साधना-पद्धति में प्रवृत्त होने की वह प्रक्रिया जिसमें उसकी चंचलता नष्ट कर दी जाती है **जैसे**—पारद/पारा की चंचलता का आयुर्वेदिक रसायनशास्त्र में मारण या विशोधन होता है। चित्त-मारण।

चित्त-वृत्ति—[स॰] *स्त्री॰* १. प्रवृत्ति। झुकाव। २. हार्दिक अभिप्राय। ३. चित्त का संकल्प- विकल्प, अहंकार और बुद्धि। (योग॰) चित्त की स्वाभाविक प्रवृत्ति।

चित्तवृत्ति-निरोध—[स॰] *पु॰* (योग॰) मन को बाह्य विषयों से हटाकर अन्तर्मुख करना।

चित्त-शुद्धि (शुद्धि)—[स॰] *स्त्री॰* मन निर्मल/शुद्ध होना। मन कुवासनाओं से रहित होना।

*__चित्तरसारी__—[हि॰ चित्रसारी] *स्त्री॰* चित्रशाला। चित्रसारी।

चित्तहारी—[स॰ चित्तहारिन्] *वि॰* मन हरण करनेवाला। मनोहर। सुन्दर।

चित्तापहारक—[स॰ चित्त ~ अपहारक] *वि॰* चित्तहारी। मनोहर। सुन्दर।

चित्ताभोग—[स॰ चित्त ~ आभोग] *पु॰* (किसी विषय के प्रति) मन की आसक्ति। २. (किसी वस्तु आदि के प्रति) अनन्य अनुराग।

चित्तामोदी—[स॰ चित्त ~ आमोदी (आमोदिन्)] *वि॰* मन प्रसन्न करनेवाला। **जैसे**—चित्तामोदी सुगन्ध।

चित्तासङ्ग (चित्तासंग)—[स॰ चित्त ~ आसङ्ग] *पु॰* १. प्रेम। अनुराग। २. आसक्ति।

चित्ती—[< स॰ चित्र] *स्त्री॰* १. किसी एक रंग वाली वस्तु पर भिन्न रंग का चिह्न, बुँदकी या छोटा धब्बा। **जैसे**—त्वचा पर पड़ी चित्तियाँ; सिँकी रोटी पर पड़ी चित्तियाँ। २. उक्त प्रकार के चिह्न आदि जो वस्त्रों पर छापे या काढ़े जाते हैं। ३. चित्तियों वाला एक साँप। चीतल साँप। ४. मुनिया नामक चिड़िया।

चित्य—[स॰ चि + क्यप्] *वि॰* १. चुनने योग्य। (जैसे—चिता)। २. चिता-सम्बन्धी। चिता का। *पु॰* १. अग्नि। २. चिता। ✣ चित्या—*स्त्री॰* = चिता।

चित्रकण्ठ (चित्रकंठ)—[स॰ चित्र ~ कण्ठ] *पु॰* कपोत। कबूतर।

चित्रकाव्य—[स॰ चित्र ~ काव्य] *पु॰* काव्य का एक भेद जिसमें अलंकारों का चमत्कार ही प्रमुख होता है और रसात्मकता अथवा व्यंग्यार्थ का अभाव होता है। चित्र के आकार में लिखित काव्य।

चित्रकुट्टिम—[स॰ चित्र ~ कुट्टिम] *पु॰* १. सुन्दर पत्थरों से जड़ा हुआ फ़र्श। २. पच्चीकारी।

चित्रगत—[स॰ चित्र ~ गत] *वि॰* १. चित्रित। २. चित्र-सम्बन्धी

चित्रगति—[स॰ चित्र ~ गति] *स्त्री॰* १. चित्र के समान गति। स्थिरता। २. मौन।

चित्र-जल्प—[स॰] *पु॰* (काव्य॰) रूठी हुई नायिका या रूठे हुए नायक द्वारा नायक/नायिका से कही जाने वाली बातें।

चित्रण—[स॰ √चित्र् + ल्युट्] १. चित्र बनाने की क्रिया या भाव। २. किसी घटना, व्यक्ति आदि का सजीव रूप में अंकन/वर्णन।

चित्रदीर्घा—[स॰ चित्र ~ दीर्घा] *स्त्री॰* चित्रशाला।

*__चित्रना__—[< स॰ चित्रण] *क्रिस॰* १. चित्र बनाना। २. चित्रकारी। ३. चित्र में रंग भरना।

चित्रनेत्रा—[स॰ चित्र ~ नेत्र + टाप्] *स्त्री॰* मैना (पक्षी)। सारिका।

चित्रपट—[स॰ चित्र ~ पट] *पु॰* १. चित्र। २. वह कपड़ा/चमड़ा/काग़ज़ आदि जिस पर चित्र बना हो या बनाया जाए। चित्राधार। ३. चलचित्र। (अ॰ सिनेमा-फ़िल्म)। ✣ **चित्रपटी**—*स्त्री॰* = छोटा चित्रपट।

चित्रपतङ्ग (चित्रपतंग)—[स॰ चित्र ~ पतङ्ग] तितली।

चित्रपदा—[स॰ चित्र ~ पद + टाप्] *स्त्री॰* लाजवन्ती या छुई-मुई का पौधा। (छन्द॰) एक समवर्णिक छन्द जिसके प्रत्येक चरण में क्रमशः दो भगण और दो गुरु (भ भ ग ग) होते हैं।

चित्रपादा—[स॰ चित्र ~ पाद + टाप्] *स्त्री॰* मैना (पक्षी)। सारिका।

चित्रपिच्छक—[स॰ चित्र~ पिच्छक] *पु॰* मयूर। मोर।

चित्रपुङ्ख (चित्रपुंख)—[स॰ चित्र ~ पुङ्ख] *पु॰* १. एक प्रकार का बाण। २. बाण। तीर।

चित्रफलक—[स॰ चित्र ~ फलक] *पु॰* लकड़ी/पत्थर आदि का पटल जिस पर चित्र बनाया जाए या बना हो।

चित्रबन्ध (चित्रबंध)—[स॰ चित्र ~ बन्ध] *पु॰* (काव्य॰) वह पद्य रचना जिसमें कुछ अक्षरों की योजना इस प्रकार की जाती है कि उसे चक्र, कमल, खड्ग आदि के रूप में लिखा जा सकता है।

चित्रबर्ह—[स॰ चित्र-बर्ह] *पु॰* मयूर। मोर।

चित्रभानु—[सं॰ चित्र ~ भानु] *पु॰* १. सूर्य। २. अग्नि। ३. शिव। ४. साठ संवत्सरों के चक्र में से सोलहवाँ।

चित्रमृग—[सं॰ चित्र ~ मृग] एक प्रकार का सफ़ेद चित्तीदार हिरन। चीतल।

चित्रयोधी—[सं॰ चित्रयोधिन्] *वि॰* अद्‌भुत योद्‌धा।

चित्ररथ—[सं॰ चित्र ~ रथ] *पु॰* सूर्य।

चित्रल—[सं॰ चित्र √ला + क] *वि॰* शबल। चितकबरा। चितला।

चित्रलेखा—[सं॰ चित्र ~ लेखा] *स्त्री॰* चित्र बनाने की कूँची। तूलिका। (छन्द॰) एक समवर्णिक छन्द जिसके प्रत्येक चरण में क्रमशः भगण, मगण, नगण और तीन यगण (म भ न य य य) के योग से १८ वर्ण होते हैं तथा ४-७-७ पर यति होती है।

चित्रलोचना—[सं॰ चित्र ~ लोचन + टाप्] *स्त्री॰* मैना (पक्ष)। सारिका।

चित्रवत्—[सं॰ चित्र + मतुप्] *वि॰* १. चित्र के समान। चित्रलिखित। २. गतिरहित। स्तब्ध। ❖ चित्रवती—*वि॰ (स्त्री॰) स्त्री॰* = (संगीत॰) गान्धार स्वर की एक मूर्च्छना।

चित्रविचित्र—[सं॰ चित्र ~ विचित्र] *वि॰* १. रंग-बिरंगा। २. अनेक प्रकार का। अनेक रूप। ३. अद्‌भुत। विलक्षण। ४. अनेक प्रकार की चित्रकारी वाला।

चित्रवीथी—[सं॰ चित्र ~ वीथी] *स्त्री॰* चित्रशाला।

चित्रशिखण्डी (चित्राशिखंडी)—[सं॰ चित्रशिखण्डिन्] *पु॰* सप्तर्षि नामक सात तारे।

चित्रसारी—[< सं॰ चित्रशाला] *स्त्री॰* चित्रशाला।

चित्रस्थ—[सं॰ चित्र √स्था + क] *वि॰* १. चित्र में अंकित। चित्रांकित। २. चित्रलिखित।

चित्रा—[सं॰ चित्र + टाप्] *स्त्री॰* अश्विनी आदि २७ नक्षत्रों में से चौदहवाँ।

चित्राक्ष—[सं॰ चित्र ~ अक्ष] *वि॰* १. सुन्दर नेत्रों वाला। २. सुन्दर।

चित्राक्षर—[सं॰ चित्र ~ अक्षर] *पु॰* चित्र-लिपि के अक्षर।

चित्राक्षी—[सं॰ चित्राक्ष + ङीप्] वि॰ *(स्त्री॰)* १. सुन्दर नेत्रों वाली। २. सुन्दर। *स्त्री॰* सारिका। मैना।

चित्राङ्कन (चित्रांकन)—[चित्र ~ अङ्कन] *पु॰* चित्र के रूप में अंकित करने का कार्य। चित्रण।

चित्राङ्ग (चित्रांग)—[सं॰ चित्र ~ अङ्ग] *वि॰* १. धारियोंवाला। धारीदार। २. धब्बोंवाला। धब्बेदार। *पु॰* १. चीतल साँप। २. सिंदूर। ईंगुर।

चित्राचार्य—[सं॰ चित्र ~ आचार्य] *पु॰* १. रंगसाज़ी में निपुण व्यक्ति। २. उत्तम चित्रकार। (अं॰ पेन्टर)।

चित्रात्मक—[सं॰ चित्र ~ आत्मक] *वि॰* १. चित्रमय। २. चित्रयुक्त। जब समाचार पत्र आदि में लेख के साथ कुछ चित्र या रेखाचित्र दिए जाएँ या कुछ चित्र आदि देकर शीर्षक दिए जाएँ या कुछ वाक्यों में चित्रों का परिचय दिया गया हो, तो ऐसी रचना को **चित्रात्मक रूपक/फ़ीचर** कहा जाता है।

चित्राधार—[सं॰ चित्र ~ आधार] *पु॰* १. चित्रपट। २. चित्र, फ़ोटो आदि रखने की पुस्तक। एलबम (अं॰)

चित्रायुध—[सं॰ चित्र ~ आयुध] *पु॰* विचित्र हथियार।

चित्रिणी—[सं॰ चित्र + इनि + ङीप्] *स्त्री॰* १. सुन्दर स्त्री। २. (कामशास्त्र, काव्य॰) चार प्रकार की स्त्रियों—पद्मिनी, चित्रिणी, शंखिनी, हस्तिनी—में से एक जो कलाओं में तथा शृंगार-रचना में निपुण होती है।

चित्री—[सं॰ चित्रिन्] *वि॰* १. चित्रयुक्त। २. चितकबरा।

चित्रोत्तर—[सं॰ चित्र ~ उत्तर] *पु॰* (काव्य॰) एक शब्दालंकार जिसमें प्रश्न के शब्दों में ही उसका उत्तर होता है।

चित्रोपम—[सं॰ चित्र ~ उपमा] *वि॰* चित्र के समान। (काव्य॰) [ऐसा वर्णन] जो पाठक या श्रोता के मन में वर्णित दृश्य या स्थान का चित्र-सा बना दे। शब्दों में प्रस्तुत चित्र-सा। (अं॰ ग्राफ़िक)

चित्स्वरूप—[सं॰ चित् ~ स्वरूप] *पु॰* (शुद्‌ध चैतन्य) परमात्मा।

चिद्—[< सं॰ चित्] *स्त्री॰* (यौगिक शब्दों में प्रयुक्त) 'चित्' का सन्धि-नियमों से एक रूप। ***जैसे***—चिद्‌रूप, चिदानन्द आदि।

चिदंश—[सं॰ चित् ~ अंश] १. चैतन्य अंश। २. चेतना का अंश।

चिदाकाश—[सं॰ चित् ~ आकाश] *पु॰* शुद्‌ध ज्ञानस्वरूप ब्रह्म।

चिदात्मक—[सं॰ चित् ~ आत्मक] *वि॰* चित् से युक्त। चेतना-युक्त। चेतन।

चिदात्मा—[सं॰ चिदात्मन्] *पु॰* चैतन्यस्वरूप परब्रह्म। चिन्मय ब्रह्म।

चिदानन्द (चिदानंद)—[सं॰ चित् ~ आनन्द] *पु॰* चैतन्यमय और आनन्दमय ब्रह्म।

चिदाभास—[सं॰ चित् ~ आभास] *पु॰* जीवात्मा। जीव।

चिदालोक—[सं॰ चित् ~ आलोक] *पु॰* चैतन्य का प्रकाश।

चिद्‌घन—[सं॰ चित् ~ घन] *वि॰* ज्ञानमय। ज्ञानरूप। *पु॰* ब्रह्म/परमात्मा।

चिद्‌रूप—[सं॰ चित् ~ रूप] *वि॰* १. चैतन्यस्वरूप। चिन्मय। २. परम ज्ञानी। २. ब्रह्म। परमात्मा। ❖ **चिद्‌रूपा**—*वि॰ (स्त्री॰)*।

चिद्‌विलास (चिद्विलास)—[सं॰ चित् ~ विलास] *पु॰* १. चित् का विलास। २. चिन्मय ब्रह्म की माया। चित्तस्वरूप। परमात्मा की माया।

चिन—[देशज] *पु॰* एक प्रकार का सदाबहार वृक्ष जिसकी लकड़ी भवन-निर्माण में प्रयुक्त होती हैं।

चिनक—[< हिं॰ चिनगी] *स्त्री॰* १. खुजली। चुनचुनाहट। २. जलन के साथ दर्द। ३. मूत्रनली की जलन और पीड़ा।

चिनना—[< सं॰ √चि] *क्रि॰स॰* दीवार उठाना। दीवार बनाते हुए ईंट आदि लगाना।

***चिनमय**—*वि॰* ≤ *सं॰* चिन्मय।

चिनार—[देशज] *पु॰* कटावदार पत्तोंवाला एक ऊँचा और सुन्दर वृक्ष जो कश्मीर आदि में पाया जाता है।

चिनिया—[< हिं॰ चीनी] *वि॰* १. चीनी के रंग का। सफ़ेद। २. चीनी जैसे स्वाद का। ३. चीन देश का।

***चिनियाहट**—[< हि॰ चीनी] *स्त्री॰* (चीनी मिट्टी के बर्तन के समान) चिकनाहट।

चिनौटिया—[< हि॰ चिनना] *वि॰* चुन्नटदार। ● **विशेष**—चुन्नट (चिनवट) देकर रँगे जाने के कारण विशेष प्रकार की रँगावट वाला चीर '**चिनौटिया चीर**' या '**चूनरी**' कहा जाता है।

***चिन्त**[1] **(चिंत**[1] **)**—*स्त्री॰* ≤ *स॰* चिन्तन।

***चिन्त**[2] **(चिंत**[2] **)**—≤ *स॰* चिन्ता।

चिन्तन (चिंतन)—[स॰ √चिन्त् + णिच् + ल्युट्] *पु॰* १.मन ही मन किया जाने वाला बार-बार विचार और विवेचन। ***जैसे***—विद्वानों के चिन्तन का लाभ लेना। २. किसी बात पर ध्यान देकर विचार करने या सोचने-समझने की क्रिया/भाव। ***जैसे***—गीता के श्लोकों का चिन्तन करिए। ३. किसी वस्तु या तत्त्व आदि का विचारपूर्वक ध्यान और स्मरण। ***जैसे***—राष्ट्र-चिन्तन और ईश्वर-चिन्तन से जीवन सफल करना। ⁘ **चिन्तनशील**—*वि॰* = चिन्तन करने के स्वभाव वाला। किसी बात का अधिक चिन्तन करनेवाला। विचारशील।

चिन्तना[1] **(चिंतना**[1] **)**—[स॰ चिन्तन + टाप्] *स्त्री॰* १. चिन्तन। २. चिन्ता। ३. सोच-विचार।

चिन्तना[2] **(चिंतना**[2] **)**—[< स॰ चिन्तन] *क्रिस॰* चिन्तन/ध्यान करना। २. चिन्ता करना। ३. ध्यान या स्मरण करना। विचार करना। सोचना-समझना।

चिन्तनीय (चिंतनीय)—[स॰ √चिन्त् + णिच् + अनीयर्] *वि॰* १. चिन्तन के योग्य। मननीय। ***जैसे***—उपनिषदों की चिन्तनीय सामग्री। २. चिन्ता के योग्य। फ़िक्र करने लायक़। ***जैसे***—उसकी आर्थिक दशा चिन्तनीय है। ३. विचारणीय। ४. शोचनीय।

***चिंतवन**—[< स॰ चिन्तन] *पु॰* चिन्तन।

चिन्ताकुल (चिंताकुल)—[स॰ चिन्ता ~ आकुल] *वि॰* चिन्ता से उद्विग्न/परेशान। चिन्तातुर।

चिन्तातुर (चिंतातुर)—[स॰ चिन्ता ~ आतुर] *वि॰* चिन्ता से परेशान। चिन्ताकुल।

चिन्तामग्न (चिंतामग्न)—[स॰ चिन्ता ~ मग्न] *वि॰* चिन्ता में डूबा हुआ। अति चिन्तित।

चिन्तापर (चिन्तापर)—[स॰ चिन्ता ~ पर] *वि॰* चिन्ता में डूबा हुआ। फ़िक्रमन्द।

चिन्तापहारी (चिंतापहारी)—[स॰ चिन्तापहारिन्] *वि॰* चिन्ता को दूर करनेवाला।

चिन्तामणि (चिंतामणि)—[स॰ चिन्ता ~ मणि] *स्त्री॰* १. एक दिव्य मणि जिसके प्रभाव से इच्छित वस्तु तत्काल प्राप्त हो जाती है। २. ऐसी वस्तु, समर्थ व्यक्ति, देवता या तत्त्व जो किसी की सब आवश्यकताओं/ इच्छाओं को तत्काल पूरा कर दे। ३. परमात्मा। ⁘ ***चिन्तामनि**—*स्त्री॰* = चिन्तामणि।

चिन्त्य (चिंत्य)—[स॰ √चिन्त् + ण्यत्] *वि॰* १. चिन्ता करने योग्य। फ़िक्र करने लायक़। २. चिन्तन करने योग्य। चिन्तनीय। विचारणीय। ३. प्रामाणिकता, औचित्य आदि की दृष्टि से सन्दिग्ध। ***जैसे***—चिन्त्य घटनाएँ।

चिन्दी (चिंदी)—[देशज] *स्त्री॰* किसी वस्तु का बहुत ही छोटा टुकड़ा। धज्जी। ⁘ **चिन्दी-चिन्दी**—*स्त्री॰* = (काग़ज़ आदि के) छोटे-छोटे टुकड़े। ***वा॰*** **चिन्दी-चिन्दी करना**—(किसी वस्तु को तोड़ा/काटकर) टुकड़े-टुकड़े करना।

चिन्मय—[स॰ चित् + मयट्] *वि॰* शुद्धज्ञानमय। ज्ञानस्वरूप। *पु॰* (शुद्धज्ञानमय) परब्रह्म। ⁘ **चिन्मयता**—*स्त्री॰* = चिन्मय होने की अवस्था। पूर्ण ज्ञानमय या ज्ञानस्वरूप होने की अवस्था। ⁘ **चिन्मयी**—*वि॰ (स्त्री॰)* = ज्ञानस्वरूपिणी। ***जैसे***—चिन्मयी भारतमाता का साक्षात्कार अरविन्द घोष ने किया था। *स्त्री॰* = महाशक्ति। आदिशक्ति। पराशक्ति।

चिन्मात्र—[स॰ चित् + मात्र] *पु॰* १. शुद्ध चैतन्य। २. आत्मा। ३. ब्रह्म। *वि॰* शुद्ध ज्ञानस्वरूप।

***चिन्ह**—*पु॰* ≤ *स॰* चिह्न। **चिन्हाना** = १. परिचय/पहचान कराना। २. पहचानने में प्रवृत्त करना। ३. पहचान के लिए लगाया जाने वाला निशान। चिन्हानी = १. पहचान। २. यादगार। निशानी। **चिन्हार** = परिचित। **चिन्हारना** = चित्रित करना। निशान लगाना। **चिन्हारी** = परिचय-चिह्न। पहचान। **चिन्हित** = चिह्नित।

चिपटा—[< प्रा॰ चिप्पड या < स॰ चिपिटक] *वि॰* १. जो उभरा हुआ न हो। जिसका तल बराबर फैला हो। २. जो चिपटा हुआ हो। सटा हुआ। ⁘ **चिपटी**—*वि॰* (स्त्री॰) । ***जैसे***—चिपटी नाक।

[1]**चिपड़ा**—[< हि॰ चीपड़] *वि॰* जिसकी आँखों में अधिक कीचड़ रहते हों। *पु॰* (गोबर का बना) उपला। कंडा। ⁘ **चिपड़ी**—*स्त्री॰* = छोटा कंडा। उपली। कंडी।

चिप्पक—[देशज] *पु॰* एक पक्षी जो संध्या-काल से उड़ना और मधुर ध्वनि से बोलना आरम्भ करता है तथा जिसकी चोंच नहीं होती बल्कि चौड़ा मुँह होता है।

चिप्पड़—[< स॰ चिपिट] *पु॰* लकड़ी, पत्थर आदि का एक छोटा, पतला और चपटा टुकड़ा जो किसी आघात या प्राकृतिक कारण से उचड़ गया हो। अपखंड।

***चिबिड़-चिबिड़**—[अनु॰] *स्त्री॰* बहुत ज़्यादा बोलने का भाव। चबड़-चबड़।

चिबिल्ला—[< हि॰ चिलबिला] *वि॰* चंचल। चिलबिला।

चिबुक—[< स॰ चिवुक] *पु॰* ठुड्डी। ठोड़ी।

चिमटना—[< प्रा॰ चिमिट्ठ] *क्रिअ॰* १. चिपकना। २. लिपटना। ३. आलिंगन करना।

चिमटा—[< *हि॰* चिमटना] *पु॰* १. (हाथ की सुरक्षा के लिए) जलता कोयला या गर्म रोटी आदि उठाते समय हाथ में लिया जाने वाला लोहा आदि से बना दो लम्बी पत्तियों का एक उपकरण। २. उक्त से मिलता-जुलता परन्तु अधिक लम्बा एक उपकरण जिसे साधु रखते हैं। ३. उक्त से मिलता-जुलता एक वाद्य जो भजन-कीर्तन आदि में बजाया जाता है और जिसमें स्थान-स्थान

पर गोल-गोल झाँझें लगी होती हैं। ***वा॰* चिमटा बजाना**—१. साधु-जीवन या भिक्षावृत्ति अपनाना। २. झगड़ा करना।

चिमटी—[< हि॰ चिमटा] *स्त्री॰* किसी बहुत छोटी वस्तु को पकड़ने, उठाने, रखने, जमाने इत्यादि के लिए प्रयुक्त एक बहुत छोटा उपकरण जिसमें लोहा आदि से बनी दो पत्तियाँ होती हैं। ***जैसे***—घड़ीसाज़ों, सुनारों इत्यादि के काम में चिमटियों का बहुत उपयोग होता है।

चिमनी—[अ॰] *स्त्री॰* १. मकान या कारखाने आदि का धुआँ या भाप निकलने का एक चौड़ी और खड़ी नली वाला मार्ग। धुआँकश। २. लालटैन या लैम्प के लिए शीशे का बना उपकरण विशेष।

चिया, चियाँ—[< स॰ चिञ्चा] *पु॰* १. इमली का बीज। २. अंडी का बीज।

चिर—[< स॰ √चि + रक्] *क्रिवि॰* १. बहुत समय तक। बहुत दिनों तक। ***जैसे***—चिरायु (= चिर + आयु) हो। २. सदा। ***जैसे***—भारत चिरजीवी हो। ∇ **विलोम**—अचिर।

चिरक—[< हि॰ चिरकना] *स्त्री॰* बहुत ज़ोर लगाने पर निकलनेवाला थोड़ा-थोड़ा मल।

चिरकटा—[देशज] *पु॰* रथ या गाड़ी की देखभाल करने के लिए उसके पीछे-पीछे चलनेवाला मनुष्य।

चिरकना—[< फा॰ चिरकीन] *क्रिअ॰* १. कष्टपूर्वक थोड़ा-थोड़ा मल-त्याग करना। २. चिर-चिर ध्वनि के साथ। कई बार थोड़ा-थोड़ा मल-त्याग करना। *वि॰* कई बार थोड़ी-थोड़ी विष्ठा करनेवाला।

चिरकाङ्क्षित (चिरकांक्षित)—[स॰ चिर ~ काङ्क्षित] *वि॰* जिसकी कामना बहुत दिनों से रही हो। चिरअभिलषित।

चिरकाल—[स॰] *पु॰* बहुत समय। दीर्घकाल।

चिरकीन—[फा॰] *वि॰* १. अजीर्ण के कारण थोड़ा-थोड़ा मल त्यागनेवाला (शिशु)। २. अधिक गन्दा/मैला।

चिरकुट—[अवधी, < स॰ चीर + कुट्ट (काटना/छेदना)] १. फटा-पुराना वस्त्र। फटा चिथड़ा। २. निम्न स्तर का। क्षुद्र।

चिरकुमार—[स॰ चिर ~ कुमार] *वि॰* आजीवन अविवाहित रहनेवाला।

***चिरचना**—[< हि॰ चिड़चिड़ाना] *क्रिअ॰* क्रुद्ध होना। चिड़चिड़ाना।

चिरचिटा—[देशज] एक क्षुपजातीय पौधा जिसका औषधीय उपयोग होता है। अपामार्ग।

चिर-चिर—[अनु॰] स्त्री॰ लकड़ी के जलने का शब्द।

†**चिरचिरा**—[< हि॰ चिर-चिर] *वि॰* छोटी-छोटी बातों पर प्राय: नाराज़ होने वाला। चिड़चिड़ा।

चिरजीवन—[स॰ चिर ~ जीवन] *वि॰* चिरजीवी। अमर। ● **विशेष**— 'चिरजीवन' और 'चिर जीवन' में अन्तर है। **चिर जीवन** = सदा रहनेवाला जीवन।

चिरजीवी—[स॰ चिरजीविन्] *वि॰* १. बहुत समय जीनेवाला। दीर्घजीवी। २. सदा जीनेवाला। अमर। ३. सदा बना रहने वाला। शाश्वत।

चिरञ्जीव (चिरंजीव)—[स॰ चिरम् ~ जीव] अव्यय॰ (आशीर्वाद) चिरजीवी/दीर्घायु बनो। *पु॰* पुत्र। ***जैसे***—यह मेरे मित्र का छोटा चिरंजीव है।

चिरण्टी/चिरिण्टी (चिरंटी/चिरिंटी)—[स॰ चिर √अट् + अच् + ङीप्] *स्त्री॰* १. पिता के घर दीर्घकाल तक रहने वाली विवाहित या अविवाहित स्त्री। २. युवती।

चिरता—[स॰ चिर + तल् + टाप्] *स्त्री॰* अमरता।

चिरतुषार—(बर्फ़ीले क्षेत्रों में) सदा बना रहने वाला हिम/बर्फ़ का संचय। ✣ **चिरतुषार रेखा**—*स्त्री॰* = पर्वतों की वह ऊँचाई जहाँ हिम/बर्फ़ सदा बना रहता है।

चिरनिद्रा—[स॰ चिर ~ निद्रा] *स्त्री॰* कभी समाप्त न होने वाली नींद। मृत्यु।

चिरनूतन—[स॰ चिर ~ नूतन] *वि॰* जो सदा नया बना रहे।

चिरन्तन (चिरंतन)—[स॰ चिरम् + ट्युल्, तुट्] *वि॰* बहुत समय से चला आ रहा। पुरातन। प्राचीन।

चिरपाकी—[स॰ चिरपाकिन्] *वि॰* देर में पकनेवाला।

चिरप्रतीक्षित—[स॰ चिर ~ प्रतीक्षित] *वि॰* जिसकी बहुत समय से प्रतीक्षा हो।

चिरप्रसिद्ध (चिरप्रसिद्ध)—[स॰ चिर ~ प्रसिद्ध] *वि॰* जो बहुत समय से प्रसिद्ध हो।

चिरम—[< स॰ चिर्मरी] *स्त्री॰* गुंजा। घुँघची।

चिरमिटी—[देशज] *स्त्री॰* गुंजा। घुँघची।

चिरवल—[< स॰ चिरविल्व] *पु॰* एक वृक्ष जिसकी जड़ और छाल से, कपड़े रँगने में उपयोगी, लाल रंग प्राप्त किया जाता है। करंज/करंजा का वृक्ष।

चिरवाई—[< हि॰ चीरना] *स्त्री॰* चिरवाने का काम या मज़दूरी।

चिरवाना—[< हि॰ चीरना का प्रेरणार्थक रूप] *क्रिस॰* (किसी अन्य से) चीरने का काम कराना। ***जैसे***—नौकर से लकड़ी चिरवाना।

चिरविधवा—[स॰ चिर ~ विधवा] *वि॰* (स्त्री॰), *स्त्री॰* १. बहुत समय से वैधव्य भोग रही स्त्री। २. सदा शोभारहित रहने वाली (वस्तु)।

चिरवियोग/चिरविरह—[स॰ चिर ~ वियोग/विरह] *पु॰* दीर्घकालीन वियोग। लम्बा बिछोह।

चिरविस्मृत—[स॰ चिर ~ विस्मृत] *वि॰* जो बहुत दिनों से भुला दिया गया हो।

चिरवैर—[स॰ चिर ~ वैर] *पु॰* पुरानी या सदा की शत्रुता।

चिरशत्रु—[स॰ चिर ~ शत्रु] *पु॰* पुराना या सदा का दुश्मन। ✣ **चिरशत्रुता**—*स्त्री॰* = पुरानी शत्रुता।

चिरसङ्गी (चिरसंगी)—[स॰ चिरसङ्गिन्] *वि॰* पुराना साथी।

चिरसञ्चित (चिरसंचित)—[स॰ चिर ~ सञ्चित] *वि॰* जो बहुत समय से संचित/एकत्र किया गया हो। ***जैसे***—चिरसंचित अभिलाषा पूरी होना।

चिरसमाधि—[स॰ चिर ~ समाधि] *स्त्री॰* कभी समाप्त न होनेवाली समाधि। मृत्यु। ***जैसे***—योगी अरविन्द ने १९५० ई. में चिरसमाधि ली।

चिरस्थ—[सं॰ चिर √स्था + क] *वि॰* चिरस्थायी।

चिरस्थायी—[सं॰ चिरस्थायिन्] *वि॰* बहुत दिनों तक बना रहने वाला। टिकाऊ। ❖ **चिरस्थायी गैस**—*पु॰* = (भौतिकी॰) ऐसी गैस जिसे सामान्य ताप पर केवल दाब के द्वारा द्रवीभूत न किया जा सके। (अ॰ परमानेन्ट गैस)

चिरस्मरणीय—[सं॰ चिर ~ स्मरणीय] *वि॰* बहुत दिनों तक या सदा स्मरण रखने योग्य। सदा स्मरणीय।

***चिरहँटा**—[< हि॰ चिड़ी + सं॰ हन्ता] *पु॰* चिड़ीमार। बहेलिया।

†**चिरहुला**—[< हि॰ चिड़ी] *पु॰* (नर) पक्षी। चिड़ा। ❖ **चिरहुली**—*स्त्री॰* = नारी/मादा पक्षी। चिड़िया।

†**चिराँदा**—[< हि॰ चिर-चिर] *वि॰* चिड़चिड़ा (व्यक्ति)।

चिरायँध—[< सं॰ चर्म ~ गन्ध] चमड़ा, चरबी, या रबड़ आदि के जलने से होनेवाली दुर्गन्ध। बदबू

***चिराक**—[< फा॰ चिराग़] *पु॰* दीपक। चिराग़।

***चिराना**[१]—[< अप॰ चिराणय < सं॰ चिरन्तन] *वि॰* १. जो पुराना हो चुका हो। २. जीर्ण-शीर्ण। फटा-पुराना।

चिराना[२]—[< हि॰ चीरना] *क्रिअ॰* १. चीरने का काम किसी अन्य से कराना। चिरवाना। ***जैसे***—लकड़ी चिराना। २. चीरा लगवाना। ***जैसे***—फोड़ा चिराना।

चिलक—[< प्रा॰ चिल्लअ (= प्रकाशमान)] *स्त्री॰* १. कान्ति। चमक। २. सहसा प्रकट होनेवाली क्षणिक चमक। झलक। ३. रह-रहकर होनेवाली पीड़ा।

†**चिलकी**—[< हि॰ चिलकना] *स्त्री॰* १. चाँदी का रुपया। २. (पहले प्रचलित रहा) एक प्रकार का रेशमी वस्त्र।

चिलगोज़ा—[फा॰] *पु॰* एक मेवा जिसकी गिरी खायी जाती है।

चिलचिल—[देशज] *स्त्री॰* बुलबुल के आकार की एक चिड़िया जो मटीले भूरे रंग की होती है।

चिलचिलाना—[< हि॰ चिलकना] *क्रिअ॰* १. चमकना। २. तीखे प्रकाश से युक्त होना। ***जैसे***—चिलचिलाती धूप। ३. अत्यन्त गर्म होना। ४. रह-रहकर पीड़ा होना। ❖ **चिलचिली**—*वि॰* = चमक मारनेवाली (धूप आदि)।

***चिलता**—[< फा॰ चिलतः] *पु॰* एक प्रकार का कवच।

चिलबिला/चिलबिल्ला—[< सं॰ चल + अनु॰] *वि॰* चंचल/नटखट/शरारती या चिबिल्ला। ❖ चिलबिलापन/चिलबिल्लापन—*पु॰* = नटखटपन। चंचलता। शरारत।

चिलमची—[फा॰] *स्त्री॰* एक पात्र जो हाथ-मुँह धोने और कुल्ला करने के काम आता है।

चिलमन—[फा॰] *पु॰* बाँस की तीलियों से बना पर्दा। चिक।

चिलमिलिका—[सं॰ चिर √मिल् + ण्वुल् + टाप्, इत्व] *स्त्री॰* १. (गले की) एक प्रकार की माला। २. खद्योत। जुगनू। ३. बिजली।

चिलमिली—[देशज] *स्त्री॰* एक प्रकार की घास या उसका पौधा जो लगभग ८५ से.मी. ऊँचा होता है और जिसकी बालियों में काले बीज निकलते हैं जो आग में पड़ने पर 'चट-चट' ध्वनि करते हैं।

चिलवाँस/चिलबाँस—[< देशज चिल्ला (= पक्षी) + सं॰ पाश] *पु॰* चिड़िया पकड़ने का जाल।

चिली शोरा—[हि॰ चिली + फा॰ शोरा] (रसायन॰) चिली देश (दक्षिण अमरीका) का एक व्यावसायिक खनिज। ● **विशेष**—इसमें २०% से ३०% तक सोडियम नाइट्रेट होता है।

चिल्ल—[सं॰ √चिल्ल् + अच्] *पु॰* चील (पक्षी)।

चिल्लका—[सं॰ चिल्ल √का + क + टाप्] *स्त्री॰* झींगुर।

चिल्लर—[देशज] *पु॰* रुपए से छोटे सिक्के। रेज़गारी।

चिल्ला[१]—[< फा॰ चिल्लः] *पु॰* १. धनुष की डोरी। प्रत्यंचा। २. पगड़ी का सिरा जिसमें कलाबत्तू का काम रहता है।

चिल्ला[२]—[< फा॰ चिल्लः] *पु॰* १. चालीस दिन में होनेवाला काम। २. चालीस दिन का समय। ***वा॰*** ❖ **चिल्ला जाड़े**—*पु॰* कठोर शीत के दिन। **चिल्ला खींचना/बाँधना**—चालीस दिन का अनुष्ठान/पूजा आदि करना। **चिल्ले का जाड़ा**—बहुत कड़ी ठंड। २. कठोर शीत का काल।

चिल्लि/चिल्लिका[१]—[सं॰ चिल्ल + इनि, चिल्ल + इनि + कन् + टाप्] *स्त्री॰* १. भ्रू-मध्य का स्थान। दोनों भौंहों के बीच की जगह। २. 'झिल्ली' नाम का कीड़ा।

चिल्लिका[२]—[< सं॰ चिरिका] *स्त्री॰* १. एक प्रकार का अस्त्र। २. बिजली।

चिवुक—[सं॰ √चीव् + उ + कन्] १. चिबुक। ठोढ़ी। ठुड्डी। २. मुचकुन्द वृक्ष।

चिश्ती—[फा॰] १. सूफ़ी सम्प्रदाय की एक शाखा जिसका प्रमुख केन्द्र 'अजमेर' (राजस्थान) है। २. उक्त सम्प्रदाय का अनुयायी।

***चिहकार**[१]—*पु॰* ≤ *सं॰* चीत्कार।

***चिहकार**[२]—[< हि॰ चहकना] *पु॰* (पक्षियों की) चहचहाहट।

चिहार—[< सं॰ चीत्कार] *स्त्री॰* (हाथी की) चिंघाड़।

***चिहुर**—[< सं॰ चिकुर] *पु॰* चिकुर। केश।

***चिहुरार**—[< सं॰ चिकुरावली] *स्त्री॰* चिकुरावली। केश-समूह।

चिहुँक[१]—[अनु॰] *स्त्री॰* चिड़ियों का कोलाहल।

†**चिहुँक**[२]—[< हि॰ चिहुँकना] *स्त्री॰* १. चौंकने की क्रिया/अवस्था/भाव। २. कोई बात/आशंका जिससे व्यक्ति चौंके।

***चिहुँटना**—[< सं॰ चिपिट, या < *हि॰* चिमटना] *क्रिस॰* १. लिपटना। चिमटना। चिपटना। २. चिपकना। लगना। ३. चुटकी काटना। ४. पकड़कर दबाना। ❖ **चिहुँटि**—*क्रिवि॰* =चुटकी काटकर। ❖ **चिहुँटनी**[१]—*स्त्री॰* = चिकोटी काटने की क्रिया/भाव। २. चिकोटी। चुटकी।

†**चिहुँटनी**[२]—[देशज] *स्त्री॰* घुँघची। गुंजा।

***चिहुँटी**—[< हि॰ चिहुँटना] *स्त्री॰* चिकोटी।

चिह्न (चिह्न)—[सं॰ √चिह्न् + अच्] *पु॰* १. लक्षण। पहचान। ***जैसे***—गुरुकुल के विद्यार्थियों के चिह्न चोटी और जनेऊ हैं। २. निशान या छाप। ***जैसे***—चरणों के चिह्न। ३. निशानी। यादगार। ***जैसे***—आधी रात में झगड़े के बाद हत्या होने का चिह्न। (गणित॰)

१. राशियों के आपसी सम्बन्धों तथा उन पर होने वाली क्रियाओं को सूचित करनेवाली विशेष आकृतियाँ (+, −, ×, ÷) (अ॰ साइन) २. संक्षिप्तता या संकेत के लिए प्रयुक्त विशेष संकेत। *जैसे*—'विशेषण' का चिह्न 'वि॰' है।

†**चिंगना**—[< हि॰ चिढ़ना] *क्रिअ॰* चिढ़ना। ✣ **चिँगाना**—*क्रिस॰* = चिढ़ाना।

†**चिँगुड़ना (चिंगुड़ना)**—[< हि॰ सिकुड़ना] *क्रिअ॰* १. संकुचित होना। सिकुड़ना। ***जैसे***—कपड़ा चिँगुड़ना। २. (सूखने आदि के कारण) झुर्रियाँ पड़ना। ***जैसे***—खाल चिँगुड़ना। ३. देर तक एक ही स्थिति में रहने से शरीर के किसी अंग का ऐसा तन जाना कि शीघ्र उठाया या फैलाया न जा सके। ***जैसे***—हाथ चिंगुड़ना।

चिँगुड़ा (चिंगुड़ा)—[< हि॰ चिँगुड़ना] *पु॰* (देर तक एक ही स्थिति में रहने से) शरीर के किसी अंग में होनेवाला ऐसा तनाव जिससे उसे शीघ्र उठाना या फैलाना सम्भव न हो सके। ***जैसे***—पैर का चिँगुड़ा।

चीआ—[< हि॰ चिया < स॰ चिञ्चा] *पु॰* इमली/अंडी का बीज। चिया।

चीकट—[< स॰ चिक्कण] *पु॰* तेल का मैल। गाद। तलछट। *वि॰* १. जिस पर चिकनाई के साथ मैल जमा हो। २. बहुत मैला/गन्दा। ***जैसे***—चीकट कपड़ा।

चीकर—[देशज] कुएँ के ऊपर का वह स्थान जहाँ खेत आदि में जाने के लिए निकाला हुआ पानी गिराया जाता है।

***चीखर/चीखल**—[<प्रा॰ चिखल्ल] *पु॰* कीचड़।

चीखुर—[< स॰ चिकुर] *पु॰* गिलहरी।

***चीठ**—[देशज] *स्त्री॰* मैल। गन्दगी।

***चीत**[१]—*पु॰* ≤ *स॰* चित्त।

***चीत**[२]—[< स॰ चित्रा] *पु॰* चित्रा (नक्षत्र)।

***चीतना**[१]—[< स॰ √चिन्त्] *क्रिस॰* १. इच्छा करना। चाहना। २. विचारना। सोचना।

***चीतना**[२]—[< स॰ चित्रण] *क्रिस॰* चित्रण करना। चित्र बनाना।

चीतल—[< स॰ चित्रल] *पु॰* एक प्रकार का हिरन जिस पर सफ़ेद चित्तियाँ होती हैं।

***चीतोड़ाह**—[< हि॰ चित्तौड़ + स॰ नाथ] *पु॰* (राजस्थान के ऐतिहासिक गढ़) चित्तौड़ का स्वामी।

चीत्कार—[स॰ चीत √कृ + अण्] *पु॰* १. बहुत ज़ोर से पुकारने की आवाज़/क्रिया/भाव। *पु॰* पीड़ा, भय आदि के कारण मुख से अचानक निकला शब्द। चिल्लाहट। चीख़।

चीथना—[< स॰ चीर्ण] १. चिथड़े करना। टुकड़े-टुकड़े करना। २. फाड़ना। ३. खरोंचना। ४. दाँतों से कुचलना।

चीनज—[स॰ चीन √जन् + ड] *वि॰* चीन में उत्पन्न होनेवाला/बननेवाला। *पु॰* इस्पात का एक प्राचीन नाम।

चीन सारङ्ग (चीन सारंग)—[स॰] *पु॰* रेशमी वस्त्र। चीनांशुक।

चीनांशुक—[स॰ चीन ~ अंशुक] *पु॰* (मध्ययुग में) चीन से आनेवाला एक प्रकार का उत्तम रेशमी कपड़ा।

चीना—[< स॰ चीन] *वि॰* चीन देश का। चीनी। *पु॰* चीन देश का निवासी। चीनी।

चीना/चिनिया बादाम—[< हि॰ चीन + फा॰ बादाम] *पु॰* मूँगफली।

चीनाचन्दन (चीनाचंदन)—[देशज] *पु॰* मधुर स्वर वाला एक पक्षी जिसका शरीर पीला तथा काली धारियों वाला होता है।

चीनिया—[< स॰ चीन] *वि॰* चीन देश से सम्बन्धित। चीन देश का।

***चीन्ह**—*पु॰* ≤ *स॰* चिह्न।

†**चीपड़**—[< हि॰ चिपकना] *पु॰* आँख का कीचड़।

चीमड़—[< हि॰ चमड़ा] *वि॰* १. चमड़े की तरह कड़ा जो खींचने, मोड़ने आदि से टूटे या फटे नहीं। २. (व्यक्ति) जो किसी बात या मनुष्य आदि के पीछे पड़ा रहता हो, कभी उसे छोड़ता न हो। ३. (व्यक्ति) जिससे पैसा वसूल कर पाना सम्भव न हो।

चीया/चिया—[< स॰ चिञ्चा] *पु॰* १. इमली का बीज। २. अंडी का बीज।

चीर[१]—[स॰ √चि + क्रन्] १. वस्त्र। कपड़ा। २. स्वर्ण के काम वाला वस्त्र। ३. कपड़े आदि का ऐसा टुकड़ा जो बहुत कम चौड़ा परन्तु अधिक लम्बा हो। ४. पुराना वस्त्रखंड। लत्ता। ५. बौद्ध भिक्षुओं, योगियों आदि के पहनने का वस्त्र। ६. लम्बी दुम वाला एक सुन्दर पक्षी जो 'चीर-चीर' ध्वनि करता है।

चीर[२]—[< हि॰ चीरना] *पु॰* १. चीरने की क्रिया/भाव। ***जैसे***—चीर-फाड़। २. रेखा। लकीर। ३. चीरकर बनायी हुई सन्धि/दरार।

चीर-चर्म—[स॰] *पु॰* १. किसी पशु की खाल जो वस्त्र के समान प्रयुक्त हो। २. मृगछाला। ३. बाघाम्बर। सिंह-चर्म।

***चीरी**—[स॰ चीरिन्] *वि॰* चिथड़े पहननेवाला। २. वल्कल-वस्त्र पहननेवाला। *पु॰* झिल्ली। झींगुर।

चीर्ण—[स॰ √चर् + नक्, पृषो॰ ईत्व] *वि॰* १. चीरा हुआ। २. चिरा हुआ। ३. विभाजित।

चीलर—[< स॰ चिल (= वस्त्र)] *पु॰* जूँ-जैसा एक बहुत छोटा जन्तु जो गन्दे वस्त्रों या पशुओं के शरीर में हो जाता है।

चीवर—[स॰ √चि + ष्वरच्, नि॰ सिद्धि] *पु॰* १. वस्त्र। २. बौद्ध या जैन भिक्षुओं के पहनने का वस्त्र। ✣ **चीवरी**—*पु॰* = १. चीवर पहननेवाला। बौद्ध भिक्षु। २. भिक्षुक। भिखारी।

†**चीस**—[< हि॰ टीस] (चोट, घाव आदि की) टीस। दर्द। ***जैसे***—कान में चीस उठना।

चीस-चीस—[अनु॰] *स्त्री॰* तेलिया मैना की बोली।

***चीसा**—[< स॰ चीत्कार] *पु॰* चीत्कार। चीख़। **उदा॰** भाग्यौ हस्ती चीसा मारी। —कबीर (पद ४२)

***चीहाना**—[< हि॰ चीसा] *क्रिअ॰* ज़ोर से चिल्लाना। चीख़ना।

***चुआ**—[< हि॰ चौआ (= चौपाया)] *पु॰* चौपाया। पशु।

†**चुआर**—[सन्थाली] *पु॰* वनवासी।

चुकचुहिया—[देशज] *स्त्री॰* एक छोटी चिड़िया जो उषा-काल होते ही बोलने लगती है।

†**चुकौता**—[< हि॰ चुकाना] *पु॰* १. चुकाने का क्रिया/भाव। २. धन

की वापसी/अदायगी। २. रुपया चुकता पाने की पावती/रसीद। ३. किसी विक्रेता की किसी एक राशि या सम्पूर्ण की पूरी खरीद या उसके लिए (बिना तोले-नापे) किया गया मोल-भाव। *जैसे*—चुकौते में सेब का पूरा टोकरा ले लिया। ✣ **चुकौती**—*स्त्री॰* = चुकौता।

**चुक्क*—[< हि॰ चूका] *वि॰* अति खट्टा। *पु॰* १. 'चूका' या 'चूक' नामक साग। २. खटाई।

चुक्राम्ल—[स॰ चुक्र ~ अम्ल] *पु॰* १.चूक नामक खटाई। २. चूका नामक साग।

चुक्रिमा—[स॰ चुक्र + इमनिच्] *स्त्री॰* अम्लता। खट्टापन।

चुखाना—[< स॰ चूषण] *क्रिस॰* १. गाय आदि दुहने से पहले उसके बछड़े आदि को थोड़ा-सा दूध थन से चुसाना। २. (किसी वस्तु को) चखाना। ३. चुसाना।

चुगड़ वसरा—[देशज] *पु॰* एक पक्षी जो कबूतर के आकार का तथा बाज़ के सदृश होता है, सन्ध्याकाल व रात्रि में उड़ता है तथा कोमल और स्वरबद्ध 'ऊ ऊ···' बोलता है।

चुग़द—[फा॰] *पु॰* १. उलूक। उल्लू (पक्षी)। २. उल्लू की जाति का एक पक्षी। डुंडुल। ३. (लाक्षणिक) महामूर्ख।

चुग़ली—[< तुर्की चुग़ुली] *स्त्री॰* किसी की अनुपस्थिति में उसे हानि पहुँचाने के लिए की जाने वाली निन्दा/शिकायत। किसी के पीठ पीछे की जाने वाली उसकी बुराई। पिशुनता। **वा॰ (किसी की) चुग़ली खाना**—किसी की हानि करने के लिए उसकी अनुपस्थिति में दूसरों से उसकी निन्दा/शिकायत करना।

चुगा—[< हि॰ चुगना] *पु॰* चिड़ियों के चुगने के लिए डाले गए अन्न के दाने आदि। चिड़ियों का चारा। चुग्गा।

चुग्घी—[देशज, या < हि॰ चुगना] *स्त्री॰* १. चखने के लिए ली गयी थोड़ी सी वस्तु। २. चस्का।

चुङ्ग*[१] **(चुंग[१] **)**—[देशज] *स्त्री॰* चर्चा।

चुङ्ग*[२] **(चुंग[२] **)**—[< हि॰ चुगना] *स्त्री॰* चुगने की वस्तु। चुग्गा।

चुङ्गी (चुंगी)—[< हि॰ चुंगल] १. चंगुल-भर वस्तु। थोड़ी-सी वस्तु। २. प्राचीन बाज़ारों में अन्न, फल आदि बेचनेवालों से लिया जाने वाला थोड़ा-सा कर। ३. नगर में बाहर से आने वाले पदार्थों पर लगने वाला कर।

चुङ्गीघर (चुंगीघर)—[हि॰ चुंगी + घर] १. नगर की सीमा का वह स्थान जहाँ नगरपालिका आदि के द्वारा चुंगी ली जाती है। २. नगरपालिका का प्रधान कार्यालय।

।चुचकना—[< स॰ शुष्क] *क्रिअ॰* (फल आदि का) ऐसा सूख जाना कि झुर्रियाँ पड़ जाएँ या रस उड़ जाए। २. मुरझा जाना।

चुचकार—[अनु॰] *पु॰* १. 'चु-चु' ध्वनि। २. पुचकार। चुमकार।

चुचाना—[< हि॰ चूना] *क्रिअ॰* १.टपकना। चूना। २. छलकना। ३.स्रवित होना। धारा-सी बहना। ✣ **चुचान**—*पु॰* = टपकने/चूने का भाव/स्थिति।

**चुचुहाना*—[अनु॰] *क्रिअ॰* चहचहाना।

चुटक—[< हि॰ चुटकना] *स्त्री॰* १. चुटकी से पकड़कर उखाड़ने/तोड़ने की क्रिया। चुटकने की क्रिया/भाव। २. एक प्रकार का चाबुक/कोड़ा जो घोड़ों के प्रशिक्षण में काम आता है।

चुटका—[हि॰ चुटकी] *पु॰* बड़ी चुटकी। २. चुटकी-भर वस्तु। ● **विशेष**—कुमाऊँ क्षेत्र में विशेष प्रकार का ऊनी कम्बल बनता है जो 'चुटका' कहलाता है।

चुटकारी—[< हि॰ चुटकना] *स्त्री॰* घोड़े को कूदते हुए चलना सिखाते समय 'चुटकी' को घोड़े के पीछे 'तड़ाक-तड़ाक' बजाने की क्रिया।

चुटला—[< हि॰ चोटी] *पु॰* १. (स्त्रियों के) केशों की वेणी या जूड़ा। २. (स्त्रियों का) सिर पर, वेणी या चोटी पर पहनने का एक आभूषण।

।चुटाना—[< हि॰ चोट] *क्रिअ॰* चोट खाना। घायल होना।

।चुट्टा—[< हि॰ चोटी] *पु॰* बड़ी भारी चोटी या उसका जूड़ा।

चुड़ला—[< स॰ चूड़ा] *पु॰* हाथ का एक आभूषण। चूड़ा। ✣ **चुड़ली**—*स्त्री॰*।

चुड़िया—[< हि॰ चूड़ी] *स्त्री॰* चूड़ी।

चुड़िहारा—[< हि॰ चूड़ी] *पु॰* १. चूड़ियाँ बनानेवाला। २. चूड़ियाँ पहनाने/बेचनेवाला। मनिहार। ✣ **चुड़िहारिन**—*स्त्री॰* = चूड़ियाँ पहनाने/बेचने वाली स्त्री। मनिहारिन।

चुड़ुक्का—[< हि॰ चिड़िया] *पु॰* काली चोंच और काले पैरों वाली एक छोटी चिड़िया।

चुण्टली (चुंटली)—[देशज] *स्त्री॰* गुंजा। घुँघची।

चुण्डित (चुंडित)—[< स॰ चुण्डी (= शिखा)] *वि॰* जिसके सिर पर चोटी हो। शिखाधारी।

चुनन—[< हि॰ चुनना] *स्त्री॰* १. चुनने की क्रिया/भाव। २. अनाज में से चुनकर अलग किया गया रद्दी अंश। ३. वस्त्र की शोभा बढ़ाने के लिए डाली गयी चुन्नट, शिकन या परत। ✣ **चुननदार**—*वि॰* = जिसमें चुनन पड़ी हो।

चुनरी—[< हि॰ चुनना] १.साड़ी या ओढ़नी के रूप में पहना जाने वाला लाल रंग का कपड़ा जिस पर सफ़ेद या किसी अन्य रंग की बुँदकियाँ कुछ-कुछ दूर पर बनी हों। २. माणिक्य रत्न का छोटा टुकड़ा। चुन्नी।

चुनवाँ—[< हि॰ चुनना] *वि॰* १.चुना हुआ। चयित। २. उत्तम/बढ़िया। *पु॰* उत्तम बालक।

चुनाव—[< हि॰ चुनना] *पु॰* १. चुनने की क्रिया या भाव। २. अपनी पसन्द या विवेक से अनेक वस्तुओं या व्यक्तियों में से किसी एक को लेने का काम। ३. किसी पद के लिए अनेक प्रत्याशियों में से किसी एक को, मत-दान के द्वारा, अपना प्रतिनिधि चुनने की क्रिया। निर्वाचन। ✣ **चुनाव-याचिका**—*स्त्री॰* = (विधि॰) चुनाव में विजेता उम्मीदवार के चुनाव को अवैध घोषित कराने के लिए विशिष्ट न्यायालय में दिया गया प्रार्थना-पत्र। (अ॰ इलेक्शन-पिटिशन)।

चुनावट—[< हि॰ चुनना] *स्त्री॰* चुन्नट।

चुनाँ-चुनीं (चुनीं)—[फा॰] *स्त्री॰* १. तर्क-वितर्क। २. निरर्थक आपत्ति या विरोध। ३. इधर-उधर की बात। ४. टालमटोल।

चुनाँचे—[फा॰] *क्रिवि॰* १. अतः। इसलिए। २. फलस्वरूप।

चुनिन्दा (चुनिंदा)—[< हि॰ चुनना] *वि॰* १. चुना हुआ। छाँटा हुआ। २. उत्तम। श्रेष्ठ। ३. प्रतिष्ठित।

चुनी—[< सं॰ चूर्णी] *स्त्री॰* १. मोटे अन्न का पिसा हुआ आटा। २. अनाज को दलकर बनी दाल को छाँट-फटक कर अलग किए गए छोटे-छोटे कण या छोटे टुकड़े। ✣ **चुनी-भूसी**—*स्त्री॰* अन्न का पीसा हुआ चूर्ण, चोकर आदि।

***चुनौ**—*पु॰* ≤ *हि॰* चूना।

चुनौटिया—[देशज, या < हि॰ चुनौटी] *पु॰* एक प्रकार का कत्थई रंग। *वि॰* उक्त रंग का।

चुनौटी—[< सं॰ चूर्णपात्र < हि॰ चूना] *स्त्री॰* (पान आदि के साथ खाने के लिए) गीला चूना रखने की डिबिया जैसा छोटा पात्र।

चुनौती—[< हि॰ चुनना] १. (युद्ध, शास्त्रार्थ, खेल आदि के लिए) आह्वान। ललकार। २. आपत्ति। एतराज़। ३. कठिन परन्तु करने योग्य काम। ***जैसे***—पर्वतारोहण युवकों के लिए चुनौती है।

चुन्दी[१] (चुंदी[१])—[सं॰ √चुद् + अच् + ङीप्] *स्त्री॰* कुटनी या दूती।

†चुन्दी[२] (चुंदी[२])—[< सं॰ चूड़ा] *स्त्री॰* (हिंदू पुरुषों के सिर की) शिखा। चोटी।

चुन्नट—[< हि॰ चुनना] *स्त्री॰* हाथ की उंगलियों की सहायता से वस्त्र (धोती आदि) की तीन-चार अंगुल चौड़ी तहें लगाना।

चुपका[१]—[< हि॰ चुप] *वि॰*, १. मौन। २. चुप्पा। (दे॰)। ✣ **चुपकी**—*वि॰ (स्त्री॰)*। ***वा॰* (स्वयं) चुपका करना**—चुप रहना। **(किसी को) चुपका कराना**—चुप कराना। **चुपके से**—१. बिल्कुल चुपचाप। २. ऐसे छिपे-छिपे या धीरे से जिसमें किसी को कुछ पता न चले।

चुपका[२]—[देशज] *पु॰* बटेर के आकार की एक चिड़िया जो ऊपर से भूरे रंग की और नीचे से हल्की सफ़ेद चित्तियों वाली होती है और प्रायः अकेली रहती है। चोबाहा। टुटवरी।

†चुपचुपाते—[हि॰ चुपचुप] *क्रिवि॰* चुपचाप।

***चुपरी**—[< हि॰ चुपड़ी] *वि॰ (स्त्री॰)* १. जिस पर कोई पदार्थ लगा हो। २. चोवा/माँड़ लगी हुई।

चुप्पा—[< हि॰ चुप] *वि॰* १. बहुत कम बोलने वाला। २. शीघ्र उत्तर न देने के स्वभाव वाला। ३. अपने मन का भाव प्रकट न करने के स्वभाव वाला। ✣ **चुप्पी**—वि॰ *(स्त्री॰)*। *स्त्री॰* = पूरी तरह चुप रहने की अवस्था/भाव। मौन। ***जैसे***—कभी-कभी तुम चुप्पी साध लेते हो।

†चुबकी—[< हि॰ चुभकी] *स्त्री॰* चुभकी। डुबकी। ग़ोता।

चुभकी—[< हि॰ चुभकना] *स्त्री॰* (पानी में ली जाने वाली) डुबकी। ग़ोता।

चुमकार—[< हि॰ चूमना] *स्त्री॰* १. चूमने के समय मुँह से निकलनेवाला 'चुम' शब्द। २. पुचकार।

चुर[१]—[देशज] *पु॰* १. सिंह आदि जंगली पशुओं की गुफ़ा। माँद। २. कुछ लोगों के साथ-साथ बैठने का स्थान।

चुर[२]—[अनु॰] *स्त्री॰* काग़ज़ या सूखे पत्तों के मुड़ने या टूटने का शब्द।

चुरकट—*वि॰* ≤ *हि॰* चुरकुट। चकनाचूर। चूर-चूर।

चुरकना—[< हि॰ चूर-चूर] १. चूर-चूर होना। २. चटकना या फटना।

चुरकुट—[< हि॰ चूर + कूटना] *वि॰* १. चकनाचूर। चूर-चूर।

†चुरकुस—[< हि॰ चुरकुट] *वि॰* चुरकुट। *पु॰* चूर्ण।

***चुरि/चुरी**—*स्त्री॰* ≤ *हि॰* चूड़ी।

***चुरु/चुरू**—[< सं॰ चुलुक] *पु॰* चुल्लू।

***चुरुआ**—[< सं॰ चुलुक] *वि॰* चुल्लू-भर।

चुरुट—[< अं॰ शरूट] *पु॰* तम्बाकू के पत्तों के चूरे से बना सिगार जिसके दोनों सिरे खुले होते हैं।

चुल—[प्रा॰] *स्त्री॰* १. खुजलाहट। २. तीव्र काम-वासना। ३. प्रबल इच्छा।

चुलचुलाना—[< प्रा॰ चुलचुल] *क्रिअ॰* १. किसी अंग में हलकी खुजली होना। २. काम-वासनापूर्ति की तीव्र इच्छा होना। ३. चुलबुलाना। (दे॰)। ✣ **चुलचुलापन/चुलचुलाहट**—*स्त्री॰* = चुलचुलाने की क्रिया/भाव। ✣ **चुलचुली**—*स्त्री॰* = चुल।

चुलबुल—[< सं॰ चल (= चंचल) + अनु॰] *स्त्री॰* १. चुलबुलाहट। चुलबुलापन।

चुलबुला—[< हि॰ चुलबुलाना] *वि॰* १. चंचल। चपल। २. नटखट। ✣ **चुलबुली**—*वि॰ (स्त्री॰)*।

†चुलहाया—[< हि॰ चुल] *वि॰* जिसमें काम-वासना अधिक हो। कामातुर। कामी। व्यभिचारी। ✣ **चुलहायी/चुलहाई**—*वि॰ (स्त्री॰)*।

चुलाना—[< हि॰ चुआना] *क्रिस॰* चुआना। टपकाना। ✣ **चुलाव**—*पु॰* = चुआने की क्रिया/भाव। टपकाव।

चुलियाला—[देशज] *पु॰* (छन्द॰) एक सममात्रिक छन्द जिसके प्रत्येक चरण में १३ और १६ पर यति, २९ मात्राएँ तथा अन्त में एक जगण और लघु होते हैं।

चुल्ल[१]—[सं॰ क्लिन्न + लच्, चुल् आदेश] कीचड़-भरे नेत्रों वाला।

†चुल्ल[२]—*स्त्री॰* ≤ *हि॰* चुल।

चुल्ली[१]—[< हि॰ चुल] *वि॰* १. चंचल। चुलबुला। २. नटखट।

चुल्ली[२]—[सं॰ चुल्लि + ङीप्] *स्त्री॰* १. चूल्हा। २. चिता।

***चुवना**—[< सं॰ च्यवन] *क्रिअ॰* चूना। टपकना। *क्रिस॰* चुआना। टपकाना। *वि॰* चूने/टपकने वाला। ✣ **चुवाना**—*क्रिस॰* चुआना। टपकाना।

***चुवा**—*पु॰* ≤ *हि॰* चोवा।

चुस्की—[< हि॰ चूसना] १. किसी द्रव को थोड़ा-थोड़ा सुड़कने ('सुड़-सुड़' करते हुए धीरे-धीरे पीना) की क्रिया या भाव। ***जैसे***—चाय की चुस्कियाँ। २. किसी द्रव का वह अंश जो एक बार में सुड़का जाए।

चुस्त—[फा॰] *वि॰* १. फुर्तीला। २. निपुण। दक्ष। होशियार। ३. कसा

हुआ (वस्त्र)। ४. दृढ़। मज़बूत। ✣ **चुस्त-चालाक**— *वि॰* कुशल, तेज़ और सावधान। ***जैसे***—चुस्त-चालाक युवक जीवन में सफल होते हैं।

चुहचुह—[अनु॰ चुह-चुह] *स्त्री॰* चिड़ियों की मधुर ध्वनि। पक्षियों का कलरव।

चुहचुहा—[< हि॰ चुहचुहाना] *वि॰* चुहचुहाता।

चुहचुहाता—[< हि॰ चुहचुहाना] *वि॰* १. रसिक। रसीला। रँगीला। २.रसमय। रसीला। ***जैसे***—सूरदास के चुहचुहाते पद।

चुहचुहाना—[< हि॰ चूना (= टपकना) या अनु॰] *क्रिअ॰* १. इतना रस-पूर्ण होना मानो रस चू रहा हो। २. चिड़ियों का चहचहाना।

चुहचुही—[< हि॰ चुहचुहाना] *वि॰ (स्त्री॰)* १. जिसमें रक्त छलक-सा रहा हो। २. रसिक। रसीली। रँगीली। ३. चमकदार नीले तथा जामुनी रंग का एक छोटा पक्षी जो प्रातःकाल होते ही बोलने लगता है। फुलसुँघनी। शकरख़ोरा।

चुहट—[< हि॰ चुहटना] *स्त्री॰* १. चुहटने की क्रिया/भाव। २. पीड़ा। कसक। *वि॰* मौन। चुपचाप।

चुहटना—[अनु॰] *क्रिस॰* १. कुचलना। २. रौंदना। ३.चिकोटी काटना। चुटकी लेना।

†चुहटनी—[देशज] *स्त्री॰* गुंजा। घुँघची।

***चुहटी**—[देशज] *स्त्री॰* १. चुटकी। २. चिकोटी। ● **विशेष**—इसके विविध रूप '**चुहँटी/चुहुटी/चुहुँटी/चुहूटी/चुँहूटी**' भी मिलते हैं।

चुहल—[< हि॰ चुहचुह] *स्त्री॰* विनोदपूर्ण बातचीत। हँसी-मज़ाक़। दिल्लगी। ठिठोली। ***जैसे***—ससुराल में साले-सालियों की चुहल। ✣ **चुहलपन**— *पु॰* = चुहल करने की क्रिया/भाव। चुहलबाज़ी। ✣ **चुहलबाज़**— *वि॰* = चुहल करने के स्वभाव वाला। विनोदशील। मज़ाक़िया (व्यक्ति)। ✣ **चुहलबाज़ी**— *स्त्री॰* = बार-बार कुछ-कुछ समय बात चुहल करने की क्रिया/भाव। चुहल।

***चुहँक**—[देशज] *स्त्री॰* उत्साह। उमंग। ✣ **चुहँकि**— *क्रिवि॰* = उत्साह/उमंग से।

***चुहि-चुहि**—[< हि॰ चुहचुहाना] *वि॰* चटकदार। भड़कीली।

चुहिया—[< हि॰ चूहा] *स्त्री॰* १. नारी/मादा चूहा। ***जैसे***—चूहा-चुहिया का जोड़ा। २. छोटा चूहा। ***जैसे***—इस घर में चूहे नहीं दिखे परन्तु चुहियाँ घूमती रहती हैं।

***चुहिल**—[< हि॰ चुहचुहाना] *वि॰* १. सुन्दर। २. रमणीक। ३. सरस। ४. चहल-पहलवाला। रौनक़वाला। २. चहचहानेवाला।

चुहुटना—[अनु॰] *क्रिस॰* १. चुटकी लेना/चिकोटी काटना। २. तोड़ने/पकड़ने/दबाने के उद्देश्य से चुटकी से दृढ़ता से पकड़ना। *वि॰* १. चिकोटी काटनेवाला या चिकोटी काटने के स्वभाव वाला। २. कसकर पकड़ने/दबाने वाला।

चुहुटनी/चुहुटिनी—[< हि॰ चुहुटना] *वि॰ (स्त्री॰)* कसकर पकड़ने वाली। *स्त्री॰* गुंजा। घुँघची।

चुहुटी—[देशज] *स्त्री॰* चुटकी।

***चुहुँटनी/चुहुँटिनी**— *वि॰ (स्त्री॰), स्त्री॰* ≤ चुहुंटनी/चुहुटिनी।

***चुहुटी**— *दे॰* चुहटी।

चुहुँटना—क्रिस॰, *वि॰* ≤ *हि॰* चुहुटना।

†चुँगना— *क्रिस॰* ≤ *हि॰* चुगना। ✣**†चुँगवाना**— *क्रिस॰* = *हि॰* चुगवाना। ✣**†चुँगाना**— *क्रिस॰* = *हि॰* चुगाना।

चुँदरी—[< हि॰चुनरी] *स्त्री॰* चुनरी। ✣ **चुँदरीगर**— *पु॰* = चुनरी तैयार करनेवाला रँगरेज़।

चुँधियाना—[< हि॰ चौंध] *क्रिअ॰* चौंधियाना।

***चुँहुटना**—[< हि॰ चुहटना] *क्रिस॰* १. कुचलना। रौंदना। २. चिकोटी काटना।

चूक[1]—[< प्रा॰ चुक्क < स॰ च्युत √कृ] *स्त्री॰* १. चूकने की क्रिया/भाव। २. (अनजाने होनेवाली) भूल। ग़लती। ३. पढ़ने, लिखने, बोलने आदि में अनजाने (शब्द/अक्षर आदि) छूट जाना। छूट। ४. दोष या अपराध। ५. छल। कपट। ***वा॰* चूक पड़ना/होना**—भूल होना।

चूक[2]—[< स॰ चुक्र] *पु॰* १. अनार, आम, नीबू इत्यादि खट्टे पदार्थों के रस को निकालकर गाढ़ा करने से प्राप्त पदार्थ (जो अनेक उदर-रोगों की औषध है)। २. 'चूका' नामक खट्टा साग। *वि॰* बहुत खट्टा।

चूका—[< स॰ चुक्रिका] *पु॰* एक प्रकार का बहुत खट्टा शाक (जो वातनाशक है)। चूक।

चूचुक—[स॰ √चूष् + उक्, ष् → च्] *पु॰* (नर-नारी के) स्तन के ऊपर की काली घुंडी। स्तनाग्र।

***चूठना**—[देशज] *क्रिस॰* चयन करना। चुनना।

चूड़—[< स॰ चूडा] *पु॰* १. चूड़ा। (दे॰) २. समासयुक्त पद में 'चूड़ा' का संक्षिप्त रूप। किसी वस्तु का सबसे ऊपरी भाग। ***जैसे***—चन्द्रचूड़ शिव।

चूड़ा—[< स॰ चूडा = √चुल् — अङ्, ल् → ड् तथा उ → ऊ] *स्त्री॰* १. शिखा। चोटी। २. मुर्ग़ा या मोर के सिर की कलग़ी। ३. मस्तक। सिर। ४. शिखर। चोटी। ५. किसी वस्तु का सबसे ऊँचा और ऊपरी भाग। ६. कलाई का एक आभूषण। कंगन या कड़ा। वलय। ७. हाथ में पहनने की हाथीदाँत आदि की बनी विशेष चूड़ियाँ जिन्हें विवाह के समय कन्या को पहनाते हैं।

चूड़ाकरण/चूड़ाकर्म—[< स॰ चूडा-करण/कर्म] *पु॰* (बच्चे का) मुंडन-संस्कार। ✣ ***चूड़ाकरन/ *चूडाकरम**— *पु॰* = (बच्चे का) मुंडन-संस्कार।

चूड़ामणि—[< स॰ चूडामणि] *स्त्री॰* (स्त्रियों का) सिर का एक आभूषण। शीशफूल। सीसफूल। *पु॰* किसी वंश/वर्ग आदि का सर्वश्रेष्ठ व्यक्ति। शिरोमणि। ***जैसे***—कवि-कुल-चूड़ामणि कालिदास। ✣ ***चूड़ामनि**— *स्त्री॰* = चूड़ामणि।

चूड़ा-रत्न—[< स॰ चूडा-रत्न] *स्त्री॰* शीशफूल। चूड़ामणि।

चूनी—[< स॰ चूर्णी] *स्त्री॰* १. चुनी। (दे॰) २. चुन्नी। (दे॰) ३. (स्त्रियों द्वारा) माथे की बिन्दी पर लगाए जाने वाले सितारे।

चमकी। ✣ **चूनी-भूसी**—*स्त्री॰* = चुनी-भूसी। (दे॰)

***चूप**—[< हि॰ चोप] उमंगभरी रुचि। चाव।

***चूपरी**—[< हि॰ चुपड़ी] *वि॰ (स्त्री॰)* घी आदि से चुपड़ी हुई (रोटी आदि)।

चूर[1]—[< स॰ चूर्ण] *वि॰* १. (तोड़ने, काटने, कूटने या पीसने आदि से) जो चूर्ण/चूरा हो गया हो। *जैसे*—शीशा गिरने से चूर हो गया। २. थकावट आदि से शिथिल। *जैसे*—परिश्रम के कारण चूर शरीर। ३. तन्मय। तल्लीन। निमग्न। *जैसे*—चिन्ता में चूर। ४. आवेश आदि के कारण बेसुध। *जैसे*—अभिमान में चूर। ५. नशे आदि के कारण बेसुध। मद-विह्वल। *जैसे*—नशे में चूर। ***वा॰* चूर करना (कर देना)**—१. तोड़-फोड़ कर टुकड़े-टुकड़े कर देना। २. नष्ट कर देना। ३. साहस तोड़ देना। ४. थका देना। **चूर-चूर करना**—१. तोड़-फोड़ कर टुकड़े-टुकड़े कर देना। २. नष्ट कर देना। **चूर-चूर हो जाना, चूर रहना/होना**—१. नष्ट होना। २. बहुत थक जाना।

चूर[2]—[< हि॰ चूल < स॰ चूड] *स्त्री॰* खाट के पायों के छिद्रों में घुसा हुआ चारों पाटियों का भाग। चूल। *जैसे*—चूरें ढीली हो जाना।

चूरमूर—[अनु॰ चूर + मूर < स॰ मूल] *पु॰* फ़सल कट जाने के बाद खेत में बचे रहे गेहूँ/जौ आदि के डंठल।

चूरा[1]—[< स॰ चूर्ण] १. पत्थर, शीशे आदि की किसी वस्तु की टूट-फूट से प्राप्त होनेवाले बहुत छोटे टुकड़े या कण। *जैसे*—शीशे का चूरा। २. लकड़ी या धातु आदि के चीरने, रेतने आदि से प्राप्त छोटे-छोटे कण। बुरादा। *जैसे*—तख़्ते चीरने से मिला चूना। ३. किसी सूखी मिठाई के छोटे टुकड़े या कण। *जैसे*—लड्डुओं का चूरा।

***चूरा**[2]—[< स॰ चूडा] *पु॰* एक आभूषण। वलय। कड़ा।

चूरी[1]—[< हि॰ चूरा < स॰ चूर्ण] *स्त्री॰* १. बहुत महीन चूरा। बारीक चूर्ण। बुकनी। २. चूरमा।

चूरी[2]—[< हि॰ चूरा < स॰ चूड़ा] *स्त्री॰* (हाथ में पहनने की) चूड़ी।

चूर्णि—[स॰ √चूर्ण् + इन्] *स्त्री॰* १. कौड़ी। २. सौ कौड़ियों का समूह। (जैन॰) जैन आगमों की संस्कृत-मिश्रित प्राकृत व्याख्या।

चूर्णिका—[स॰ + चूर्ण + ठन् + टाप्] *स्त्री॰* १.चूर्णक। २. (संस्कृत-साहित्य में) किसी कठिन ग्रन्थ का ऐसा भाष्य जिससे उसके कठिन स्थल स्पष्ट हो जाएँ।

चूर्णी—[स॰ चूर्णि + ङीप्] *स्त्री॰* १. चूर्णि। (दे॰) २. कार्षापण नामक प्राचीन सिक्का।

चूल[1]—[स॰ √चुल् + क, पृषो॰ दीर्घ] *पु॰* १. (सिर की) शिखा। चोटी। २. सिर के बाल। ३. (पशुओं आदि के) शरीर के बाल।

चूल[2]—[< स॰ चूड] *स्त्री॰* १. किसी वस्तु का वह पतला सिरा जो किसी वस्तु के छेद में उसे जोड़ने के लिए फँसाया जाए। *जैसे*—खाट की चूल। २. खाट की चूर। (दे॰ चुर[2]) ३. मुख्य आधार जिसके सहारे कोई काम ठीक प्रकार चलता हो। ***वा॰* चूल-चूल ढीली पड़ जाना**—१. हर पुर्ज़ा ढीला हो जाना। २. पूरी तरह थक जाना। ३. साहस न रह जाना। पस्त हो जाना। **चूल न बैठना**—१. ठीक हिसाब न बैठना। सामंजस्य न होना। २. ठीक से बात न बनना। ३. काम न चलना। पार न पड़ना। **चूल से चूल मिलना**—ठीक हिसाब बैठाना। **(किसी की) चूलें ढीली करना**—१. बहुत थका देना। शिथिल कर देना। २. साहसहीन/पस्त कर देना। **चूलें ढीली होना**—१. बहुत थक जाना। २. साहस न रहना। पस्त हो जाना।

चूलिका—[स॰ चूलक + टाप्, इत्व] *स्त्री॰* १. कान का मूल भाग। कर्ण-मूल। २. हाथी का कर्ण-मूल। ३. मुर्ग़े की कलग़ी। ४. (प्राचीन भारत में) मणिमुकुट का वह भाग जो कानों के पीछे नीचे तक आता है। (काव्य॰) १. किसी ग्रन्थ की विशेष व्याख्या। २. किसी ग्रन्थ के उक्त और अनुक्त अर्थ का सारांश। (नाट्य॰) अर्थोपक्षेपक का एक भेद। नेपथ्य से नाटकीय वस्तुओं की सूचना जो अंक के मध्य में दी जाती है।

चूल्हा-न्योता—[< स॰ चुल्लि ~ निमन्त्रण] *पु॰* किसी घर के सब सदस्यों को दिया गया भोज-निमन्त्रण।

चूषण—[स॰ √चूष् + ल्युट्] *पु॰* चूसने की क्रिया या भाव। चूसना। ✣ **चूषणीय**—*वि॰* = चूसे जाने योग्य। ✣ **चूष्य**—*वि॰* = १. चूसे जाने योग्य। २. जिसे चूसा जाना हो।

चूहरी—[< हि॰ चुड़िहारिन] *स्त्री॰* चूड़ी बेचनेवाली स्त्री। मनिहारिन।

चूहादन्ती (चूहादंती)—[< हि॰ चूहा + स॰ दन्त] *स्त्री॰* (स्त्रियों का) एक आभूषण। हाथों में पहनने की चाँदी या सोने की पहुँची जिसके दाँत लम्बे और नुकीले होते हैं।

चूँकि—[< फा॰] *अव्यय॰* कारण यह है। क्योंकि। *जैसे*—वह नहीं आ पाएगा चूँकि बीमार है।

†**चूँटी**—[सन्थाली] *स्त्री॰* सखुए पत्ते में तम्बाकू भरी बीड़ी।

चैउरी—[< हि॰ जेवरी = रस्सी] *स्त्री॰* कुम्हार का सूत्र/डोरा जिससे वह चाक पर बनी वस्तु को काटता है।

***चेजा**—[देशज] *पु॰* छेद। सुराख़।

चेजारा—[< स॰ √चि अथवा < फा॰ चीदन] *पु॰* १. चिनाई करनेवाला। चुननेवाला। राज। कारीगर।

चेट—[स॰ चिट् + अच्] *पु॰* १. सेवक। नौकर। २. पति या उपपति। ३. भाँड़। ✣ **चेटी**—*स्त्री॰* = सेविका। नौकरानी। दासी।

चेटक—[स॰ √चिट् + ण्वुल्] *पु॰* १. सेवक। नौकर। दास। २. उपपति। जार। ३. धोखे का चमत्कार। इन्द्रजाल। बाजीगरी। जादू। ✣ **चेटकनी**—*स्त्री॰* = सेविका। नौकरानी। दासी।

***चेटका**—[< स॰ चिता] *स्त्री॰* चिता।

***चेटकिनि**—[< स॰ चेटक] *स्त्री॰* जादूगरनी।

चेटकी—[स॰ चेटकिन्] *स्त्री॰* इन्द्रजाल। बाजीगरी। जादू। *पु॰* बाजीगर। जादूगर।

चेटिका—[स॰ चेटक + टाप्, इत्व] *स्त्री॰* सेविका। नौकरानी।

चेटिकी—[स॰ चेटी + कन् + ङीष्, ह्रस्व] *स्त्री॰* चेटिका।

***चेटिया**—[< स॰ चेटक] *पु॰* सेवक। नौकर।

चेटी—[स॰ चेट + ङीष्] *स्त्री॰* सेविका। नौकरानी।

चेटुआ—[< स॰ चेटक] *पु॰* विद्यार्थी। शिष्य।

***चेटुवा**—[< हिं॰ चेंटुआ] *पु॰* चिड़िया का नवजात शिशु।

चेतन—[सं॰ √चित् + ल्यु] *वि॰* जो जड़ पदार्थ न हो। चैतन्ययुक्त। ∇ **विलोम**—जड़/अचेतन। *पु॰* १.परमात्मा। २. आत्मा। ३. प्राणी। (शैव॰) शुद्ध चेतनस्वरूप परम शिव। ✣ **चेतन जीवाश्म**—*पु॰* = (भूविज्ञान॰) वे जीवधारी जो प्राचीन काल से अब तक परिवर्तित नहीं हुए तथा जिनके निकट सम्बन्धी लुप्त हो चुके हैं।

चेतनोर्मि—[सं॰ चेतना ~ ऊर्मि] *स्त्री॰* चेतना की लहर।

चेता[1]—[< सं॰ चेतस्] *वि॰* (समासयुक्त पदों के अन्त में) चित्त वाला। ***जैसे***—धर्मचेता।

चेता[2]—[< हिं॰ चीता < सं॰ चित्त] चाहा हुआ। वांछित।

चेता[3]—[< हिं॰ चेतना (क्रिया)] *क्रिअ॰* 'चेतना' का एक भूतकालिक रूप। चेत गया। ***जैसे***—वह देर से चेता।

***चेतिका**—[< सं॰ चिति] *स्त्री॰* चिता।

चेतोहर—[सं॰ चेतस् √हृ + अच्] *वि॰* चेतना को हरनेवाला। चेतना-नाशक।

चेदिराज—[सं॰ चेदि ~ राज (राजन्)] *पु॰* चेदि देश का राजा। चन्देरी। ***जैसे***—श्रीकृष्ण ने चेदिराज शिशुपाल का वध किया था।

चेना—[< सं॰ चीनाक] १. एक क्षुद्र अनाज। चैना। (दे॰) २. चीन देशों में होने वाला कपूर। चीना कपूर।

चेप—[< हिं॰ चिप-चिप] *पु॰* १. चिपचिपा/लसीला पदार्थ। २. अमिया/आम की टोपी के नीचे से निकलनेवाला चिपचिपा द्रव। ३. बहेलियों द्वारा चिड़ियों को फँसाने/पकड़ने के लिए प्रयुक्त लसीला पदार्थ जो बाँस की तीलियों आदि से बने अड्डे ('काँपा'/'कम्पा') पर चिड़ियों के पर और पंजे चिपकाने के लिए प्रयुक्त किया जाता है। ✣ **चेपदार**—*वि॰* = जिसमें चेप हो। चेपवाला।

चेय—[सं॰ चि + यत्] *वि॰* १. चुने जाने योग्य। २. जिसका चयन होने को हो। ३. जमा करने योग्य। संग्रहणीय।

***चेरा**—[< प्रा॰ चेड < सं॰ चेटक] *पु॰* १. शिष्य। चेला। सेवक। नौकर। दास। ✣ **चेराई**—*स्त्री॰* = १. सेवक-भाव। दासता। २.नौकरी। ३. शिष्यता। चेलापन। शागिर्दी।

***चेरि**—*स्त्री॰* ≤ *हिं॰* चेरी।

चेरी—[< प्रा॰ चेडी < सं॰ चेटी] *स्त्री॰* १. सेविका। नौकरानी। २. शिष्या। चेली।

†चेलहाई—[< हिं॰ चेला] *स्त्री॰* १. चेलों का समूह। शिष्यगण। २. धार्मिक गुरुओं की शिष्य बनाने की विधि/पद्धति। ३. धार्मिक गुरुओं द्वारा जा-जाकर अपने शिष्यों से भेंट आदि लेने की रीति/प्रथा।

चेलान—[< हिं॰ चेला] *पु॰* चेलों का वर्ग या समूह। ***जैसे***—दिल्ली में 'दरियागंज' की एक गली 'कूचा चेलान' है।

चेष्टक—[सं॰ √चेष्ट् + ण्वुल्] *वि॰* चेष्टा करनेवाला। ✣ **चेष्टन**—*पु॰* = चेष्टा करने की क्रिया/भाव। चेष्टा।

चेष्टा—[सं॰ √चेष्ट् + अङ् + टाप्] *स्त्री॰* १. हित या अहित की प्राप्ति या त्याग के लिए की जाने वाली क्रिया। प्रयत्न। कोशिश। २. शरीर के अंग या अंगों द्वारा विशेष क्रिया। ३. हाव-भाव। ४. कार्य या व्यवहार।

चेष्टा-बल—[सं॰] *पु॰* (ज्योतिष॰) ग्रह-बल का एक प्रकार।

चेष्टित—[सं॰ √चेष्ट् + क्त] *वि॰* (वस्तु, काम या बात आदि) जिसके लिए प्रयत्न किया गया हो।

चेस—[अं॰] *पु॰* शतरंज नामक खेल। (मुद्रण॰) लोहे का आयताकार फ़्रेम जिसमें तैयार सामग्री को (पृष्ठ पर छापने के लिए) कसा जाता है।

चेहलुम—[< फा॰ चिह्लुम] *पु॰* (इस्लाम॰) कर्बला के शहीदों का चालीसवाँ दिन।

चैंचड़/चैंचर (चेंचड़/चेंचर)—[< हिं॰ चें-चें] *वि॰* १. चें-चें करनेवाला। २. सरलता से बात न मानने वाला। अड़ियल स्वभाव का।

चैंचुआ (चेंचुआ)—[< हिं॰ चें-चें] *पु॰* चातक पक्षी का बच्चा।

***चैंटुआ (चेंटुआ)**—[अनु॰] चिड़िया का बच्चा।

†चैंथरी (चेंथरी)—[देशज] १. सिर का ऊपरी भाग। २. खोपड़ी। दिमाग़।

चैंप/चैंपा (चेंप/चेंपा)—[< हिं॰.चेप] पु॰ आम/अमिया की टोपी के नीचे से निकलनेवाला चिपचिपा द्रव। ✣ **चैंपी (चेंपी)**—*स्त्री॰* = चेप। चेंपा।

चैतन्य—[सं॰ चेतन + ष्यञ्] *पु॰* १. चेतना। २. चेतन होने का भाव। चेतनता। सजीव। ३. परमात्मा। ब्रह्म। ४. आत्मा। ५ प्राण। **उदा॰** वह एक अबोध अकिंचन बेसुध चैतन्य हमारा। —प्रसाद (आँसू) *वि॰* १. जिसमें चेतना हो। चेतनायुक्त। २. जिसमें ज्ञान और सुध-बुध हो। जो अचेत न हो। सचेत।

चैता—[< हिं॰ चैत] *पु॰* चैत्र मास में गाए जाने वाले विशेष प्रकार के लोकगीत (जिनका आरम्भ 'रामा' से और अन्त 'हो रामा' से होता है)।

चैती[1]—[< हिं॰ चैत] *वि॰* १.चैत्र मास-सम्बन्धी। चैत का। ***जैसे***—चैती वर्णन। २. चैत्र मास में होनेवाला। ***जैसे***—चैती फ़सल। *स्त्री॰* चैत्र मास में होनेवाली फ़सल। रबी।

चैती[2]—[देशज] स्त्री॰ एक तालाबी चिड़िया जिसका सिर ओर गर्दन कत्थई रंग के होते हैं। छोटी मुर्ग़ाबी।

***चैतुआ**—[< हिं॰ चैत] *पु॰* चैती फ़सल (रबी) को काटनेवाला मजदूर। ✣ ***चैतुवा**—*वि॰* = स्वार्थी।

चैत्त/चैत्तिक—[सं॰ चित्त + अण्/ठक्] *वि॰* चित्त-सम्बन्धी। चित्त का। मानसिक।

चैत्य—[सं॰ चित्या + अण्] *वि॰* चिता-सम्बन्धी। चिता का। *पु॰* १. घर। २. देवमन्दिर। देवालय। ३. बौद्ध मन्दिर या जैनमन्दिर। ४. किसी की मृत्यु या चिता के स्थान पर बना चबूतरा आदि या समाधि-मन्दिर। ५. यज्ञशाला। ६. बौद्ध मठ/विहार। ७. ग्राम आदि की सीमा पर का वृक्ष-समूह। ८. पीपल/बेल/गूलर का वृक्ष।

चैत्र—[सं॰ √चि + ष्ट्रन् + अण्] *पुं॰* चान्द्र वर्ष का प्रथम मास। *वि॰* चित्रा नक्षत्र-सम्बन्धी। चित्रा नक्षत्र का।

चैत्ररथ—[सं॰ चित्ररथ + अण्] *पुं॰* कुबेर (देवता) का उपवन।

चैत्रसखा—[सं॰ चैत्र ~ सखा] *पुं॰* कामदेव।

चैत्री—[सं॰ चित्रा + अण् + ङीप्] *स्त्री॰* चैत्रमास की पूर्णिमा। चित्रा नक्षत्र से युक्त पूर्णिमा।

चैन—[< सं॰ शयन] *पुं॰* १. व्यस्तता/थकावट/कष्ट/पीड़ा/चिन्ता आदि के बाद मिलनेवाला सुख। २. व्यस्तता/थकावट/कष्टपीड़ा/दर्द/चिन्ता आदि से छुटकारा। राहत। ३. विश्राम। आराम। ३.मानसिक शान्ति। ***वा॰* चैन उड़ाना**—आराम से रहना। सुख भोगना। **चैन की बंसी बजाना**—१. आराम से रहना। सुख भोगना।

चैनल—[अं॰] १.जलधारा। २. महाजलडमरूमध्य। ३. मार्ग। रास्ता। ४. साधन। ***जैसे***—संचार या सम्पर्क का चैनल। (भौतिकी॰) वाहिका।

चैना—[< सं॰ चीनाक] *पुं॰* एक प्रकार का क्षुद्र अनाज जो कंगुनी का एक भेद है।

***चैयना**—[देशज] *क्रिस॰* भोजन करना। खाना।

चैल—[सं॰ चेल + अण्] *पुं॰* १. वस्त्र। कपड़ा। २. पहनने का वस्त्र। वेश। ३. कपड़े का टुकड़ा।

चैला—[< हिं॰ चीरना] *पुं॰* (जलाने में प्रयुक्त) चीरी हुई लकड़ी का बड़ा टुकड़ा। ✣ **चैली**—*स्त्री॰* = रन्दने या चीरने से प्राप्त लकड़ी का छोटा टुकड़ा।

चोआ—[< हिं॰ चुआना] *पुं॰* १. चुआने/टपकाने से प्राप्त की गयी वस्तु। २. अनेक प्रकार की सुगन्धित वस्तुओं को मिलाकर पकाने के द्‌वारा उनका रस टपकाने से प्राप्त एक सुगन्धित द्रव। चोवा। ३. नदी के किनारे पर गीली धरती में खोदा गया गड्ढा जिसमें कम गहराई पर ही पानी मिल जाता है।

†चोइँ, चोई—[देशज] *स्त्री॰* १. धोने पर प्राप्त दाल आदि का छिलका। २. मछली आदि कुछ जल-जन्तुओं की त्वचा पर का गोल और चमकीला छिलका।

चोक—[सं॰ √कुच् + क्विप्, क → च, पृषो॰, चुक् + अच्] *पुं॰* 'सत्यानासी' नामक पेड़ की जड़ (जो औषधोपयोगी होती है)।

चोकर—[< हिं॰ चून (= आटा) + कर (= का)] *पुं॰* गेहूँ आदि के आटे को छानने पर प्राप्त होने वाली भूसी।

***चोका**—[< हिं॰ चोखना < सं॰ चूषण] *पुं॰* चूसने की क्रिया/भाव।

***चोख**—[< हिं॰ चोखा] *स्त्री॰* प्रखरता। चोखापन। २. तेज़ी। फुर्ती।

चोखना—[< सं॰ चूषण] *क्रिस॰* बछड़े आदि का (गाय आदि के) थन में मुँह लगाकर दूध पीना।

चोखनि/चोखनी—[< हिं॰ चोखना] *स्त्री॰* = चोखने की क्रिया/भाव। (बछड़े आदि का) स्तन-पान।

चोखा—[< प्रा॰ चोक्ख < सं॰ चोक्ष] *वि॰* १. उत्तम या विलक्षण। २. तीखा। नुकीला। ३. तेज़ धार वाला। ***जैसे***—चोखा हथियार। ४. जिसमें मिलावट न हो। शुद्ध। ***जैसे***—चोखा दूध/घी। ५. व्यवहार में ईमानदार/सच्चा। ***जैसे***—चोखा व्यापारी। ६. अन्यों से अच्छा/बढ़कर। ***जैसे***—इस काम में सबसे चोखा तो मैं रहा। ७. चतुर। निपुण। ८. (रंग) जो अच्छा और गहरा चढ़ा हुआ हो। ∇ **विलोम**—फोक। ✣ **चोखी**—वि॰ *(स्त्री॰)*।

चोखाई—[< हिं॰ चोखना/चोखाना] *स्त्री॰* चोखने/चोखाने की क्रिया/भाव/मज़दूरी।

चोग़ा—[< तुर्की॰ चुग़] *पुं॰* घुटनों तक लम्बा और ढीला-ढाला एक वस्त्र। लबादा। अंगरखा।

***चोघना**—[< सं॰ √चि या < हिं॰ चुगना] *क्रिस॰* (पक्षियों का अन्न के कणों को) खाना। चुगना।

चोचला—[अनु॰] *पुं॰* १. यौवन की उमंग में किसी को रिझाने या खिझाने के लिए की गयी शारीरिक चेष्टा। हाव-भाव। नख़रा। २. अपना वैभव या शान दिखाने के लिए किए जाने वाले काम। ***जैसे***—अमीरों के चोचले। ***वा॰* चोचले दिखाना**—१. नख़रे करना। २. इतराना।

चोज—[< प्रा॰ चोज्ज < सं॰ चोद्य] *पुं॰* १. चकित करनेवाला या चुटीला कथन। चमत्कारपूर्ण उक्ति। २. किसी उक्ति का चमत्कारी तत्त्व। ३. रमणीय भाव। ४. उत्साह। उमंग। ५. व्यंग्यपूर्ण उपहास। हँसी-मज़ाक़। विनोद-वृत्ति। ६. पदचिह्न। ७. आनन्द। मौज। मस्ती। ८. कान्ति। आभा। ९. छल। कपट। धोखा।

†चोटा—[< हिं॰ चोआ] *पुं॰* गुड़ से चीनी बनाने की प्रक्रिया में राब के ऊपर उठ आने वाला शीरा।

†चोटा-पोटा—[< हिं॰ चोटना-पोटना] *वि॰* ख़ुशामद करनेवाला। चिकना-चुपड़ा या चापलूसीवाला (कथन)। *पुं॰* चुमकार। पुचकार।

***चोटार**—[< हिं॰ चोट] *वि॰* १. चोट करनेवाला। २. जो चोट कर सकता हो। ३. चोट खाया हुआ। चुटैल।

†चोटियाला—[< हिं॰ चोटी] *वि॰* सिर पर बड़े-बड़े बालों वाला। *पुं॰* भूत। पिशाच। ✣ **चोटियाला**—वि॰ (स्त्री॰) = बड़े-बड़े बालों वाली। (स्त्री॰) भूतनी। पिशाचिनी।

***चोटी-पोटी**—[< हिं॰ चोटा-पोटा] *वि॰ (स्त्री॰)* ख़ुशामदवाली (बात)। चापलूसीवाली (बात)।

†चोड़—[< सं॰ चोड] *पुं॰* उत्तरीय वस्त्र।

***चोप**[1]—[< हिं॰ चाव] *पुं॰* १. तीव्र इच्छा। कामना। चाह। २. उत्साह। उल्लास। उमंग। ३. रुचि। ४. उत्साहवर्धक वस्तु/बात/काम। ५. आवेश। जोश।

चोप[2]—[< हिं॰ चूना = टपकना] *पुं॰* आम आदि की टोपी उतारने से पहले उसके ऊपरी भाग पर बहने वाला रस।

चोपचीनी—[< हिं॰ चोबचीनी] *स्त्री॰* चीन में होने वाली एक वनस्पति की कन्द-आकृति वाली जड़। चोबचीनी। ● **विशेष**—गठिया, सूजन, अपस्मार आदि में चोपचीनी औषध के रूप में काम आती है। आयुर्वेदज्ञ इसे '**वचा**' का एक भेद मानते हैं और '**द्वीपान्तर वचा**' कहते हैं।

***चोपी**—[< हिं॰ चोप] *वि॰* चोपवाला। चाव/इच्छा/रुचि/उत्साह/उमंग से युक्त।

चोब—[फा॰] *स्त्री॰* १. लकड़ी। २. तम्बू को साधने के लिए लगायी जाने वाली बल्ली। ***जैसे***—इकचोबिया छोलदारी; दुचोबिया छोलदारी। ३. मोटा डंडा जिस पर सोने/चाँदी का पत्तर लगा हो। ४. नगाड़ा आदि बजाने का डंडा।

चोबचीनी—[फा॰ चोब (= लकड़ी) + *हि॰* चीनी (= चीन की)] *स्त्री॰* चोपचीनी।

चोबदार—[फा॰] *पु॰* द्वारपाल। दरबान। ✣ **चोबदारी**—*स्त्री॰* = चोबदार का काम/पद। दरबानी।

चोबाहा—[देशज] *पु॰* चुपका (पक्षी)। (दे॰ चुपका[२])

चोभ—[< हि॰ चुभना] *स्त्री॰* १.चुभने की क्रिया/भाव। चुभन। २. चुभनेवाली वस्तु आदि।

चोभा—[< हि॰ चुभना] *पु॰* १. चुभने/चुभाने की क्रिया/भाव। चोभ। २. लोहे की छोटी कील। ३. मुरब्बा बनाने से पहले फलों (आम/आँवला आदि) को कोंचने में प्रयुक्त कोंचनी। ४. पीड़ित अंग को सेंकने में प्रयुक्त औषधियों वाली पोटली। ५. सेंकने की उक्त क्रिया/भाव।

***चोरटा**—[< हि॰ चोर] *पु॰, वि॰* = चोर। ✣ **चोरटी**—*स्त्री॰, वि॰ (स्त्री॰)* = चोर (स्त्री)।

चोरपुष्पी—[स॰ चोर ~ पुष्प + ङीप्] *स्त्री॰* नीले फूलों वाला एक क्षुप। अन्धाहुली। शंखाहुली।

***चोरमिहीचनी**—[< हि॰ चोर + हि॰ मीचना] *स्त्री॰* (बच्चों का) 'आँख मिचौनी' नामक खेल।

***चोराबोर**—[< हि॰ सराबोर] *वि॰* (पानी आदि से) पूरी तरह तर। सराबोर।

चोल—[स॰ √चुल् + घञ्] *पु॰* १. दक्षिण भारत का प्राचीन राज्य/प्रदेश या उसका निवासी। २. (वृक्ष की) छाल। वल्कल। ३. कवच। ४. एक प्रकार की लता जिसकी जड़ और डंठलों को उबालकर लाल रंग निकालते हैं। मजीठ। *वि॰* लाल रंग।

***चोलना[१]**—[देशज] *क्रिस॰* बहुत थोड़ा-सा कुछ खा लेना।

***चोलना[२]**—[< हि॰ चोला] *पु॰* १. एक परिधान। अंगरखा। २.साधुओं आदि का एक लम्बा और ढीला कुर्ता। चोला।

†**चोलर**—[< हि॰ चौ + लड़ी] *वि॰* चार लड़ों वाला (हार)। चौलड़ी।

चोला[१]—[< प्रा॰ चोलअ < स॰ चोलक] *पु॰* १. साधुओं आदि का एक लम्बा और ढीला कुर्ता। २. (धार्मिक रीति के साथ) शिशुओं को प्रथम बार पहनाया जाने वाला नया सिला वस्त्र। ३. (धार्मिक रीति से) मन्दिर में देवी-देवता को अर्पित किए जाने वाले वस्त्र। ***जैसे***—हनुमान् जी को चोला चढ़ाना। ४. रूप या वेष। ५. (लाक्षणिक) शरीर। देह। ***जैसे***—चोला सुखी रहना। ***वा॰*** **चोला छोड़ना**—मरना। **चोला बदलना**—१. एक वेष छोड़कर दूसरा वेष धारण करना। २. मरकर नया जन्म लेना। ३. विचारों में बड़ा परिवर्तन करना। **चोला मज़े में होना**—सुखी/आनन्दित होना।

चोला[२]—[< स॰ चोल] *पु॰* चोल रंग। मंजीठी रंग।

चोली[१]—[स॰ चोल + ङीष्] *स्त्री॰* १. स्त्रियों का एक मध्ययुगीन परिधान जिससे वे अपना वक्ष ढँकती थीं और जिसकी तनियाँ पीठ की ओर बँधी होती थीं। अँगिया। २.स्त्रियों का एक आधुनिक परिधान जो वक्ष पर स्तनों को कसे रखने के लिए अन्दर पहना जाता है। ३. अँगरखे का ऊपरी भाग जिसमें बन्द (तनियाँ) लगे होते हैं। ***वा॰*** **चोली दामन का साथ**—१. घनिष्ठ सम्बन्ध। २. कभी न छूटनेवाला साथ। नित्य साथ। ● **विशेष**—'अंगरखा' का निचला भाग '**दामन**' कहा जाता है।

चोली[२]—[देशज] *स्त्री॰* (तमोलियों की) पान रखने की टोकरी/डलिया।

***चोषना**—[< स॰ चोषण] *क्रिस॰* चूसना।

चोष्य—[स॰ √चूष् + ण्यत्] *वि॰* १. चूसने योग्य। २. जो चूसा जाने वाला हो। ३. जो चूस कर ही खाया जाता हो।

†**चौंक (चोंक)**—[< हि॰ चौक (=सामने के चार दाँत)] *स्त्री॰* चुम्बन से पड़ा दाँत लगने का चिह्न।

†**चौंकना (चोंकना)**—[< हि॰ चोका < स॰ चूषण] *क्रिस॰* १. स्तन से मुँह लगाकर दूध पीना। २. पानी पीना।

चौंगा (चोंगा)—[देशज] *पु॰* १. बाँस का खोखला टुकड़ा जो केवल एक ओर खुला हो। २. बाँस या टीन आदि की बनी कोई वस्तु रखने के लिए खोखली नली। ✣ **चौंगी (चोंगी)**—*स्त्री॰* = १. उक्त खोखली नली। २. धौंकनी की वह नली जिसके द्वारा हवा निकलती है।

†**चौंघना (चोंघना)**—[< हि॰ चुगना] *क्रिस॰* १. पक्षियों का दाने चुगना। २. पक्षियों को दाने चुगाना।

चौंटना (चोंटना)—[< स॰ √चुण्ट्] *क्रिस॰* १. चुटकी से तोड़ना। ***जैसे***—फूल चोंटना। २. नोचना। *वि॰* तोड़ता हुआ।

†**चौंड़ा (चोंड़ा)**—[< हि॰ चूड़ा] *पु॰* १. स्त्रियों के केश। झोंटा। २. मस्तक। सर। ***जैसे***—चोंड़े पर चढ़कर अपना काम कराना।

चौंथ (चोंथ)—[देशज] *पु॰* गाय का उतना गोबर जो एक बार में गिरा हो। *स्त्री॰* चोंथने की क्रिया या भाव।

†**चौंथना (चोंथना)**—[< हि॰ चोंथ] *क्रिस॰* १. किसी वस्तु में से उसका कुछ अंश नोच/काट कर निकालना। २. (लाक्षणिक) किसी का धन बुरी तरह और बलात् छीन लेना। ३. (लाक्षणिक) परेशान करना। ✣ **चौंथा (चोंथा)**—*वि॰* = १. नोचा हुआ या काटा हुआ। ***जैसे***—बाज़ का चौंथा कबूतर। २. परेशान किया हुआ।

चौंधर (चोंधर)—[< स॰ चक्षुरन्ध्र] *वि॰* १. बहुत छोटी आँखों वाला (प्राणी)। २. जिसे कम दिखता हो। ३. (व्यंग्य॰) मूर्ख।

चौंप (चोंप)—[< हि॰ चूना = टपकना, बहना] *पु॰* १. चेंप। (दे॰)। २. बहुत थोड़ा रस। स्वल्प रस।

†**चौंहका (चोंहका)**—[< स॰ चूषण] *पु॰* १. गाय आदि का दूध थन से चुसाने की क्रिया/भाव। २. गाय आदि के दुहने से पहले उनके बच्चे को चुसाया जाने वाला दूध। ३. होंठों से किसी प्रकार का रस चूसने की क्रिया/भाव। होंठों से रस-चूषण।

चौ—[< प्रा॰ चउ < स॰ चतुर्] *वि॰, पु॰* चार।

चौअर/चौभर—[< सं॰ चर्वक] *पु॰* चबानेवाले दाँत। चर्वक दन्त। दाढ़ें।

चौआ—[< हिं॰ चौ = चार] *वि॰* चार से युक्त। जो चार का समूह हो। *पु॰* १. हाथ की चार उँगलियों का समूह। २. हाथ की चार उँगुलियों को सटाकर उनपर लपेटा हुआ धागा। ३. ताश का पत्ता जिस पर चार बुँदकियाँ हों। चौकी। *जैसे*—चिड़ी का चौआ।

चौकड़ा—[< हिं॰ चौ + घर] *पु॰* वह पात्र (या डिब्बा आदि) जिसमें चार अलग-अलग वस्तुएँ रखने के लिए ख़ाने या कटोरे बने हों। चौघड़ा। *जैसे*—सब्ज़ियाँ परोसने का चौकड़ा; मिर्च, मसाले आदि का चौकड़ा।

चौकड़ी—[< हिं॰ चौकड़ा] *स्त्री॰* १. छोटा चौकड़ा। १. एक ही प्रकार की चार वस्तुओं का समूह। *जैसे*—घोड़ों की चौकड़ी। २. बैठने की एक विधि। पालथी। ३. हिरन की वह चाल जिसमें वह चारों पैरों से एक साथ कूदता या छलाँग मारता है। *जैसे*—हिरन चौकड़ी भर रहा है। ४. चारख़ानों वाला वस्त्र।

चौकन्ना—[< सं॰ चतुष्कर्ण] १. जो चारों ओर की आहट ले रहा हो। *जैसे*—चौकन्ना घोड़ा। २. जो अपने अनुकूल/प्रतिकूल सब ओर के कार्यों/घटनाओं/बातों आदि का ध्यान रखता हो। ३. सब प्रकार के संकटों या परिस्थितियों का सामना करने को तैयार। ४. सतर्क। सावधान। होशियार। ५.सशंक। शंकित।

चौकल—[< सं॰ चतुष्कल] *पु॰* (छन्द॰) चार मात्राओं का समूह। ● **विशेष**—चौकल के ५ भेद—ऽऽ, ।ऽ।, ।।।।, ॥ऽ, ऽ॥—हैं।

चौकस—[< हिं॰ चौ + कसना] *वि॰* १. चारों ओर से कसा हुआ। २. पूर्ण सचेत। ३. ठीक। ४. तत्पर।

चौका—[< हिं॰ चौक] *पु॰* १. एक ही प्रकार की चार वस्तुओं का समूह। *जैसे*—रत्नों का चौका। २. सामने के चार दाँतों का समूह। ३. हिरन की चौकड़ी। ४. पूजा आदि के लिए किसी स्थान को स्वच्छ करके धोना, पोतना, लीपना आदि। ५. वह पात्र जिसमें चार अलग-अलग वस्तुएँ रखने के लिए ख़ाने या कटोरे बने हों। चौकड़ा। चौघड़ा। ६. रसोईघर (जो पहले चौकोर होता था)। ७. रसोईघर में भोजन करने का स्थान। ८. भोजन करने के बाद रसोईघर की झाड़ू, पानी आदि से सफाई। [(● **विशेष**—उक्त सफ़ाई करने को **'चौका करना/लगाना'** कहा जाता है।)] ***वा॰* चौका देना/फेरना/लगाना**—१. (किसी काम/बात को) नष्ट करना। २. चौकसी करना।

चौकिया—[< हिं॰ चौकी] *वि॰* चौकोर खंडों वाला। ✣ **चौकिया सुहागा**—*पु॰* = छोटे-छोटे चौकोर खंडों में कटा हुआ सुहागा। ● **विशेष**—चौकिया सुहागा दवा के रूप में काम आता है।

चौकी-दौड़—[हिं॰] *पु॰* विविध दलों की ऐसी दौड़-प्रतियोगिता जिसमें प्रत्येक दल के प्रत्येक धावक को पूरी दूरी का एक अंश ही—अपनी चौकी/स्थान से अगली चौकी/स्थान तक—दौड़ना पड़ता है। (अं॰ रिले रेस)

चौखट—[< प्रा॰ चउकट्ठ < सं॰ चतुर्काष्ठ] *स्त्री॰* १. दीवार में लगा चार मज़बूत लकड़ियों का वह ढाँचा जिसमें किवाड़ के पल्ले जड़े रहते हैं। २. उक्त ढाँचे की नीचेवाली लकड़ी। देहली। देहरी। *जैसे*—चौखट फलाँगना। ***वा॰* (किसी की) चौखट (पर भी) न झाँकना**—(क्रोधवश) व्यक्ति विशेष के घर कभी न जाना।

चौखटा—[< प्रा॰ चउकट्ठ < सं॰ चतुर्काष्ठ] *पु॰* १. चार छोटी लकड़ियों का वह ढाँचा जिसमें दर्पण या चित्र आदि जड़ा जाता है। २. धातु आदि का बना आयताकार या वृत्ताकार उक्त प्रकार का ढाँचा।

चौखण्ड (चौखंड)/चौखण्डा (चौखंडा)—[< हिं॰ चौ + सं॰ खण्ड] *वि॰* जिसके चार खंड हों। चार मंज़िलों वाला। चौतल्ला। चौमंज़िला। *जैसे*—चौखंडा मकान। *पु॰* चार मंज़िलों वाला मकान। ✣ **चौखण्डी (चौखंडी)**—वि॰, *पु॰* = चौखंडा/चौमंज़िला (मकान)। *वि॰ (स्त्री॰)* = चार खंडों वाली (इमारत)।

†**चौखरिया**—[बुन्देली॰] *स्त्री॰* चुहिया।

†**चौखरी**—[बुन्देली॰] *पु॰* चूहा।

चौखा—[< हिं॰ चौ + प्रा॰ खाअ < सं॰ खात (= परिखा/खाई)] *पु॰* चार ग्रामों की सीमाएँ मिलने का स्थान। चौहद्दी।

†**चौखाना**—[< हिं॰ चौ + फा॰ ख़ाना] *वि॰, पु॰* चारख़ाना (कपड़ा आदि)।

***चौखानि**—[< हिं॰ चौ + खानि (= प्रकार)] *स्त्री॰* चार प्रकार के जीव (अंडज, पिंडज, स्वेदज और उद्भिज)।

चौखूँट—[< सं॰ चतुर्काष्ठा] *पु॰* १. चारों दिशाएँ। २. सम्पूर्ण पृथ्वी। *क्रिवि॰* १. चारों ओर। २. सब ओर। *वि॰* चौखूँटा। चौकोर।

चौखूँटा—[< हिं॰ चौखूँट] *वि॰* १. जिसमें चार कोने हों। चतुष्कोण। २. चौकोर।

†**चौगड़ा**—[< हिं॰ चौ + गोड़ (= पैर)] *वि॰* चार पैरों वाला। चौपाया। *पु॰* १. पशु। चौपाया। २. ख़रगोश।

†**चौगड्डा**—[< सं॰ चतुर्गण] १. चार वस्तुओं का समूह। २. चौराहा। चौहट्टा। ३. चार ग्रामों की सीमाएँ मिलने का स्थान। चौहद्दी।

चौगान—[फा॰] *पु॰* १. एक खेल जिसमें घोड़े पर चढ़कर गेंद से खेला जाता है। ✣ **चौगानी**—*वि॰* = चौगान-सम्बन्धी।

चौगिर्द—[हिं॰ चौ + फा॰ गिर्द] *क्रिवि॰* (किसी व्यक्ति/वस्तु/स्थान के) चारों ओर।

चौघड़—[< सं॰ चतुर्गण] *पु॰* दोनों जबड़ों के चारों सिरों की चार दाढ़ों का समूह।

चौघड़ा—[< हिं॰ चौ + घर] १. चौकड़ा। (दे॰)। २. वह दीवट जिसमें चारों ओर चार दीपक रखे जाते हैं। ३. पान के चार बीड़ों का समूह।

चौघड़िया—[< सं॰ चतुर्घटी] *वि॰* चार घटी/घड़ी का। ✣ **चौघड़िया विचार**—*पु॰* = (ज्योतिष॰) दिन या रात के समय को आठ भागों में बाँटकर यात्रा के लिए शुभ-अशुभ समय का निर्णय।

†**चौघड़ी/चौघरी**—[< हिं॰ चौ + घेरा] *स्त्री॰* चार तहें/परतें। *जैसे*—

गद्दे की चौघड़ी करना। *वि॰* चार तहों/परतों वाला।

चौचन्द (चौचंद), * चौचँद**—[< हि॰ चौ + स॰ चन्द्र] *पु॰* १. (चारों ओर की जाने वाली) किसी के कलंक की चर्चा। निन्दापरक चर्चा। २. अपयश। बदनामी। ३. कोलाहल। शोर। ४. कौतुक। क्रीड़ा। ५. झगड़ा। दंगा। ***जैसे—चौचन्द मचाना। ❖ **चौचन्दहाई (चौचंदहाई), * चौचँदहाई**—*वि॰ (स्त्री॰)* = १. पर-निन्दा करने कें स्वभाव वाली। २. बदनामी करनेवाली।

***चौज**—[< हि॰ चोज] *पु॰* १. चोज। (दे॰) २. रस का आस्वाद। आनन्द।

†चौड़े—[< हि॰ चौड़ा] *क्रिवि॰* स्पष्ट रूप से। ***जैसे***—मीरा ने छिपाकर नहीं कहा, चौड़े कहा था। ❖ **चौड़े में खड़े**—*क्रिवि॰* = सबके सामने। खुले आम।

***चौड़ै**—[< स॰ चुण्डा] *पु॰* १. अनाज रखने का गड्ढा। २ गड्ढा।

चौतनी—[हि॰ चौ + तनी] *स्त्री॰* (छोटे बालकों के पहनने की) चौकोर टोपी (जिसमें चार तनीं होती हैं)।

†चौतरा—*पु॰* ≤ हि॰ चबूतरा। (दे॰) ❖ **चौतरिया**—*स्त्री॰* = छोटा चबूतरा।

†चौतही—[< हि॰ चौ + तह] *वि॰* चार तहों/परतों वाला। *स्त्री॰* मोटा और लम्बा खेस जिसे तहें करके ओढ़ते-बिछाते हैं।

चौताल—[हि॰ चौ + स॰ ताल] *स्त्री॰* (संगीत॰) १. मृदंग के वादन में प्रयुक्त बारह मात्राओं की एक ताल। २. उक्त ताल पर गाया जाने वाला गीत। ❖ **चौताला**—पु॰ = चौताल।

चौथ[1]—[< प्रा॰ चउत्थ < स॰ चतुर्थ] *वि॰* चतुर्थ। चौथा। ❖ **चौथपन**—*पु॰* = १. मनुष्य-जीवन की चौथी अवस्था। वृद्धावस्था। बुढ़ापा। ● **विशेष**—प्रथम तीन अवस्थाएँ **बाल्यावस्था, किशोरावस्था** और **युवावस्था** हैं।

चौथ[2]—[< प्रा॰ चउत्थी < स॰ चतुर्थी] *स्त्री॰* १. चान्द्र मास (के किसी पक्ष) की चतुर्थी तिथि। २. चौथाई भाग। चतुर्थांश। ३. किसी क्षेत्र पर लगाया जाने वाला कर जो वहाँ की राजस्व आय का चौथाई भाग हो। ***जैसे***—छत्रपति शिवाजी अनेक शत्रु-राज्यों से चौथ लेते थे। ❖ **चौथ का चाँद**—भाद्र शुक्ल चतुर्थी का चन्द्रमा जिसे देखने से झूठा कलंक लगेगा ऐसा विश्वास प्रचलित है। ***वा॰* चौथ का चाँद देखा होना**—झूठा कलंक लगना।

चौथा—[< प्रा॰ चउत्थ < स॰ चतुर्थ] *वि॰* क्रम में चार के स्थान पर आने वाला। चतुर्थ। ***जैसे***—चौथा वर्ष। ❖ **चौथाई**—*वि॰* = चौथा भाग। चतुर्थांश। ❖ **चौथिया**—*वि॰* = हर चौथे दिन होने वाला। ***जैसे***—चौथिया ज्वर। ❖ **चौथी**—*वि॰ (स्त्री॰)*। ***जैसे***—चौथी तिथि। *स्त्री॰* विवाह के चौथे दिन की रीति विशेष जिसमें वर और वधू परस्पर कंगन खोलते हैं।

चौदन्ता (चौदंता)—[< स॰ चतुर्दन्त] *वि॰* १. (बछड़ा) जिसके अभी चार दाँत ही निकले हों। चार दाँतों वाला (बछड़ा)। २. (व्यक्ति) जिसकी युवावस्था का अभी आरम्भ हो रहा हो। ३.अनुभवहीन। अल्हड़। ४. धृष्ट। ढीठ अथवा उद्दंड।

चौधरी—[< स॰ चतु:धर] *पु॰* १. किसी सम्प्रदाय/उपजाति/वर्ग आदि का प्रमुख व्यक्ति। २. एक उपाधि या वंश नाम। ३. एक सम्मानसूचक सम्बोधन या विशेषण। ***जैसे***—सुनो चौधरी। ४. (लाक्षणिक) हर काम में अगुआ बननेवाला या बनने का प्रयत्न करनेवाला व्यक्ति। ***जैसे***—जानते कुछ भी नहीं, चौधरी बने फिरते हो।

***चौधारी**—[हि॰ चौ + धारी] *स्त्री॰* ऐसा वस्त्र जिस पर अनेक रंगों की धारियाँ/रेखाएँ बनी हों।

चौपई—[< प्रा॰ चउप्पई < स॰ चतुष्पदी] *स्त्री॰* होली के दिनों में कुछ लोगों की नाच-गाने की मनोरंजक मंडली जो अनेक घरों पर जाती है। (छन्द॰) एक सममात्रिक छन्द जिसके प्रत्येक चरण में १५ मात्राएँ होती हैं तथा अन्त में क्रमश: गुरु और लघु होते हैं।

चौपट—[< प्रा॰ चउप्पट < स॰ चतुष्पट] १.चारों ओर से खुला हुआ। २. नष्ट। ***जैसे***—सब काम चौपट हुआ। ३. भ्रष्ट या मूर्ख। ***जैसे***—अन्धेर नगरी का चौपट राजा।

†चौपटहा—[< हि॰ चौपट] *वि॰* किसी के किए हुए काम को बिगाड़ देने या नष्ट कर देने वाला। २. कार्य या वस्तु को नष्ट-भ्रष्ट कर देने वाला।

†चौपटा/चौपट्टा—[< हि॰ चौपट] *वि॰* चौपटहा। *पु॰* सर्वनाश। ***जैसे***—शराबियों के घर का चौपट्टा जल्दी ही हो जाता है।

चौपड़—[< प्रा॰ चउप्पुड < स॰ चतुष्पुट] *स्त्री॰* १. 'चौसर' नामक खेल। २. उक्त खेल में प्रयुक्त विशेष कपड़ा बिसात।

चौपतिया—[< हि॰ चौ + पत्ती] *वि॰* चार पत्तियों वाला। ***जैसे***—चौपतिया फूल। *स्त्री॰* १. ऐसी कलात्मक कृति (चित्रकला या कढाई आदि की) जिसमें चार पत्तियाँ बनी हों। २. ताश का एक खेल। ३. गेहूँ के खेत की एक घास जो फ़सल को हानि पहुँचाती है।

चौपदा—[< हि॰ चौ + पद, < स॰ चतुष्पद] *पु॰* चार पैरों वाला पशु। चौपाया। (छन्द॰) चार चरणों वाला छन्द। चतुष्पद। ***जैसे***—महाकवि हरिऔध के चौपदे।

चौपला—[< हि॰ चौपथ] *पु॰* चतुष्पथ। चौराहा।

चौपहरा—[< हि॰ चौ + पहर] *वि॰* १. चार पहर या बारह घंटों का। २. चार-चार पहरों बाद होनेवाला। बारह-बारह घंटे बाद होनेवाला। ३. चारों पहर (चौबीसों घंटे) होता रहने वाला। ***जैसे***—इस सड़क पर चौपहरा शोर रहता है। ❖ **चौपहरी**—*वि॰ (स्त्री॰)*। ***जैसे***—चौपहरी शहनाई बजना।

चौपहल—[< हि॰ चौ + फा॰ पहलू] *वि॰* चार पार्श्वों/पहलुओं वाला।

चौपहला—[< हि॰ चौ + फा॰ पहलू] *वि॰* चौपहल। (दे॰) *पु॰* एक प्रकार की खुली पालकी। चौपाल।

***चौपार/चौपारि**—[< प्रा॰ चउपालि/< स॰ चतु:पालि] *स्त्री॰* चौपाल।

चौपाल—[< प्रा॰ चउपालि] *स्त्री॰* १. ग्राम में पुरुषों की बैठक, बातचीत आदि का स्थान। २. एक प्रकार की पालकी जो चारों ओर से खुली होती है परन्तु छायादार होती है।

†चौपुरा/चौपेरा—[< हि॰ चौ + पुर/पैर] *वि॰, पु॰* (कृषि॰) जिस

पर दो पुरों/चरसों से पानी बाहर निकाला जाता है (वह कुआँ)। ● **विशेष**—पुर/चरस की सहायता से कुएँ से पानी बाहर निकालने की विधि को **'पैर'** कहते हैं।

चौपैया/चवपैया—[८ हि॰ चौ + पाय] *स्त्री॰* (छन्द॰) एक सममात्रिक छन्द जिसके प्रत्येक चरण में ३० मात्राएँ होती हैं, १०-८-१२ पर यति होती है, अनन्त में गुरु होता है।

चौ-फला—[८ हि॰ चौ + फल] कोई धारदार अस्त्र (चाकू आदि) जिसमें चार फल (धारदार भाग) लगे हों।

चौफुलिया—[८ हि॰ चौ + फूल] *वि॰* १. चार फूलों के समूह वाला। २. (पौधा) जिसमें चार फूल एक साथ निकलते हों। ३. (कलात्मक रचना) जिसमें चार फूल साथ बनाए गए हों।

चौफेर—[हि॰ चौ + फेर] *क्रिवि॰* चारों ओर।

चौफेरी—[८ हि॰ चौ + फेरा/फेरी] *स्त्री॰* चारों ओर की गयी फेरी। परिक्रमा। *क्रिवि॰* चारों ओर।

चौबंसा—[देशज] *पु॰* (छन्द॰) एक समवर्णिक छन्द जिसके प्रत्येक चरण में क्रमशः नगण और यगण के योग से छः वर्ण होते हैं।

चौबग़ला—[८ हि॰ चौ + अरबी बग़ल] *पु॰* कुर्ता इत्यादि में दोनों ओर बगल के और कली के ऊपर और नीचे के भाग। *वि॰* १. चारों ओर का। २. (वस्त्र) जिसमें चार पार्श्व/बग़लें हों। *क्रिवि॰* चारों ओर। ✣ **चौबग़ली**—*वि॰* (स्त्री॰) = चौबग़ला। *स्त्री॰* 'बग़लबन्दी' नामक परिधान।

चौबन्दी (चौबंदी)—[हि॰ चौ + बन्दी] *स्त्री॰* १. चारों ओर से बाँधना। २. एक प्रकार का वस्त्र जिसे पहनने में चार बन्द लगते हैं। बग़लबन्दी। ३. घोड़े के चारों सुमों में नाल ठोंके जाने की क्रिया/भाव।

चौबरसी—[हि॰ चौ + बरसी] *स्त्री॰* १. किसी घटना के चौथे वर्ष होनेवाला धार्मिक कृत्य, उत्सव आदि। २. मृत्यु के चतुर्थ वर्ष होनेवाला श्राद्ध-कर्म।

चौबारा[१]—[८ प्रा॰ चउवार ८ सं॰ चतुर्द्वारक] *पु॰* घर के ऊपर छत पर चार दरवाज़ों वाला कमरा।

†**चौबारा**[२]—[८ प्रा॰ चउव्वार ८ सं॰ चतुर्वार या, ८ हि॰ चौ + बार] *क्रिवि॰* चौथी बार। ***जैसे***—पुस्तक लेने हम चौबारा गए, तब मिली।

चौबे—[८ सं॰ चतुर्वेदी] *पु॰* ब्राह्मणों का एक कुलनाम। (मथुरा आदि के) चतुर्वेदी।

चौबोला—[८ हि॰ चौ + बोल] *पु॰* (छन्द॰) एक सममात्रिक छन्द जिसके प्रत्येक चरण में १५ मात्राएँ होती हैं तथा अन्त में क्रमशः लघु, गुरु होते हैं।

†**चौमसिया**—[८ हि॰ चौमासा] *वि॰* १. चौमासे से सम्बन्धित। चौमासे का। २. चौमासे में होनेवाला।

चौमास—[८ सं॰ चतुर्मास] *पु॰* चौमासा। ✣ **चौमासा**—*पु॰* = वर्षा ऋतु के चार महीने (आषाढ़, श्रावण, भाद्र और आश्विन)। *वि॰* = १. वर्षा ऋतु के उक्त चार महीनों में होनेवाला। २. चार महीनों के लिए होनेवाला। ***जैसे***—चौमासा ठेका। ✣ **चौमासी**—*वि॰* = चौमासा। *स्त्री॰* = वर्षा-काल में गाया जाने वाला एक प्रकार का शृंगारिक गीत।

चौर[१]—[सं॰ √चुर् + णिच् + अच्] *पु॰* चोर। ***जैसे***—चौर-कर्म के लिए कड़ा दंड मिलेगा।

*__चौर__[२]—[ब्रज॰ ८ सं॰ चत्वर] *पु॰* चबूतरा। *वि॰* उजाड़। चौपट।

चौरङ्ग (चौरंग)—[हि॰ चौ + सं॰ रङ्ग] *वि॰* १. चार रंगों वाला। चौरंगा। २. तलवार के एक ही वार से पूरा कटा हुआ। *पु॰* तलवार चलाने का ऐसा ढंग जिससे एक ही वार में वस्तु आदि पूरी कट जाए।

चौरङ्गा (चौरंगा)—[८ हि॰ चौ + रंग] *वि॰* १. चार रंगों वाला। ***जैसे***—चौरंगा काग़ज़। २. चार दरवाज़ों वाला। ३. चौराहा। ✣ **चौरङ्गी (चौरंगी)**—*वि॰* १. चार रंगों वाली *(स्त्री॰)*। ***जैसे***—चौरंगी छपाई। २. चार दरवाज़ों वाली। *स्त्री॰* = चौराहा।

†**चौर-चार**—[बुन्देल] *स्त्री॰* चहल-पहल।

चौरस—[८ प्रा॰ चउरस्स ८ सं॰ चतुरस्त्र] *वि॰* समतल (भूमि आदि)। ***जैसे***—चौरस स्थान। *पु॰* समतल स्थान। ***जैसे***—चौरस मैदान। (छन्द॰) एक समवर्णिक छन्द जिसके प्रत्येक चरण में क्रमशः तगण और यगण के योग से ६ वर्ण होते हैं। तनुमध्या (छन्द)। ✣ **चौरसपन**—*पु॰* = भूमि आदि चौरस होने की अवस्था/भाव। चौरसाई।

चौरसा—[८ हि॰ चौ + रस] *वि॰* (भोजन के) चार रसों वाला। ***जैसे***—चौरसा भोजन।

चौरसाई—[८ हि॰ चौरसाना] *स्त्री॰* भूमि आदि चौरस करने या होने की अवस्था/भाव/पारिश्रमिक।

चौरसाना—[८ हि॰ चौरस] *क्रिस॰* चौरस करना। समतल बनाना।

चौरस्ता—[८ हि॰ चौ + फा॰ रास्ता] *पु॰* चौराहा।

चौरा[१]—[८ प्रा॰ चउरअ ८ सं॰ चत्वरक] *पु॰* १. चबूतरा। २. सती की चिता के स्थान पर बनायी गयी वेदी आदि जिसकी पूजा की जाती है। ३. किसी देवी-देवता या मृत महापुरुष की आत्मा का निवास मानी जाने वाली वेदी आदि जिसकी पूजा की जाती है।

†**चौरा**[२]—[ब्रज॰ ८ सं॰ चचर] जंगली पशुओं और जीव-जन्तुओं द्वारा खेत की फ़सल का पूरा नाश। पूर्ण फ़सल-क्षति।

चौरी[१]—[८ हि॰ चौरा] *स्त्री॰* १. छोटा चौरा। वेदी। ***जैसे***—सती की चौरी। २. विवाह की वेदी। ***जैसे***—चौरी-पूजन की प्रथा।

चौरी[२]—[८ सं॰ चामर] छोटा चँवर।

†**चौरेठा**—[८ हि॰ चाउर + पीठा] *पु॰* १. चावल का आटा। २. पानी मिलाकर पीसा हुआ चावल।

चौर्य—[सं॰ चोर + ष्यञ्] अवैधानिक या अनैतिक रूप से किसी के धन आदि को उठा लेना। चोरी।

चौर्य-वृत्ति—[सं॰] १. चोरी करने का स्वभाव। २. चुराए हुए माल से जीविका चलाना।

चौर्योन्माद—[सं॰ चौर्य ~ उन्माद] *पु॰* (मनो॰) अनावश्यक वस्तुओं को भी चुराने की अदम्य आवेगात्मक अपप्रवृत्ति। (अं॰ क्लेप्टोमेनिया)

चौलकर्म—[स॰ चौल ~ कर्म] *पु॰* चूड़ाकर्म। मुंडन।

चौलड़ा—[हि॰ चौ + लड़] *वि॰* चार मालाओं/लड़ियों वाला। ***जैसे***—चौलड़ा हार। ✣ **चौलड़ी**—*वि॰* (*स्त्री॰*)। ***जैसे***—चौलड़ी माला।

***चौवर**—[< हि॰ चौ] *पु॰* हाथ के आघात से उभरनेवाली चार रेखाएँ।

चौवाई/ *चौबाई—[< स॰ चतुर्वात] *स्त्री॰* १. पौष और माघ मासों में चलनेवाली एक प्रकार की बहुत ठंडी हवा जो तेज़ होती है और कुछ-कुछ देर बाद अपनी दिशा बदल लेती है। २. उड़ती ख़बर। अफ़वाह। ३. चारों ओर फैली निन्दा। बदनामी।

†चौस—[< हि॰ चौ] *पु॰* १. चार बार जोता गया खेत। २. खेत की चौथी जुताई।

***चौसर, चौसरू**—[< हि॰ चौ + सर] *पु॰* १. (मोतियों या फूलों की) चार लड़ियों की माला। २. चौपड़ (नामक खेल)।

चौहट/चौहट्ट/चौहट्टा—[< प्रा॰ चउहट्ट < स॰ चतुर्हट्ट] *पु॰* १. वह स्थान जिसके चारों ओर दुकानें हों। चौक। २. चौक बाज़ार। ३. चौराहा।

चौहद्दी—[< हि॰ चौ + अरबी हद] *स्त्री॰* १. किसी स्थान/क्षेत्र की चारों दिशाओं की सीमा। २. चार दीवारी।

चौहरा—[< हि॰ चौ] *वि॰* १. चार तहों/परतों वाला। ***जैसे***—चौहरा कम्बल। २. चौगुना। ***जैसे***—चार का चौहरा सोलह। ✣ **चौहरी**—*वि॰ (स्त्री॰)*। ***जैसे***—चौहरी चादर।

चौंक[१] (चौंक[१])—[< हि॰ चौंकना] *स्त्री॰* १. चौंकने की क्रिया/भाव। २. विस्मय। *क्रिवि॰* चौंकने के बाद। विस्मित होकर। ***वा॰*** **चौंक उठना/पड़ना**—घबरा जाना। **चौंक जाना**—१. बहुत चकित हो जाना। अवाक् रह जाना। २. हतप्रभ हो जाना।

चौंक[२] (चौंक[२])—[< हि॰ चौक = सामने के चार दाँत] *स्त्री॰* चुम्बन से पड़ा दाँत का चिह्न।

चौंचा (चौंचा)—[< हि॰ चौ + फा॰ चह] *पु॰* सिंचाई के लिए पानी संचित करने का गड्ढा।

***चौंछोली (चौंछोली)**—[< हि॰ चोचला] *स्त्री॰* चोचले।

चौंड़ा (चौंड़ा)—[< स॰ चुण्डा] *पु॰* कुएँ से पानी भरकर खेत सींचने के लिए मोट का पानी गिराने का स्थान।

†चौंतरा (चौंतरा)—[< स॰ चत्वर] *पु॰* चबूतरा।

चौंध (चौंध)—[< हि॰ चौ +स॰ अन्ध] १.नेत्रों की वह स्थिति जिसमें वे तीव्र प्रकाश को सहन न कर पा रहे हों। तिलमिलाहट। ***जैसे***—चौंध के कारण वह तेज़ धूप में बाहर नहीं जाता। चकाचौंध। २. तेज़ प्रकाश की बहुत थोड़ी देर की चमक। कौंध।

चौंधना (चौंधना)—[< हि॰ चौंध] *क्रिअ॰* १. तीव्र प्रकाश बहुत थोड़ी देर होना। कौंधना। २. चमकना। ३. चौंध होना।

चौंधी (चौंधी)—[< हि॰ चौंध] *स्त्री॰* चौंध। चकाचौंध।

चौंर (चौंर)—[< स॰ चामर] *पु॰* चामर। चँवर। ***जैसे***—चौंर डुलाना।

चौंरगाय (चौंरगाय)—[हि॰ चौंर + गाय] *स्त्री॰* सुरा गाय नामक वन-पशु।

†चौंरा (चौंरा)—[< स॰ चुण्ड] *पु॰* १. अन्न सुरक्षित रखने के लिए बनाया गया गड्ढा। २. चौंडा।

***चौंराना (चौंराना)**—[< हि॰ चौंर] *क्रिस॰* १. चँवर डुलाना। २. झाड़ू लगाना। बुहारना।

†चौंरी (चौंरी)—[< हि॰ चौंर] *स्त्री॰* १. छोटा चँवर। चँवरी। २. चोटी। ३.लटकनेवाला फुँदना। ४. सफेद पूँछ वाली गाय। ५. सुरा गाय।

च्यन्त (च्यंत)**—[< स॰ चिन्ता/चिन्तन] १. चिन्ता। फ़िक्र। ***उदा॰ नीचे दे॰। २. चिन्तन। ज्ञान। ३. विचार। ध्यान।

***च्यन्तना (च्यंतना)**—[< स॰ √चिन्त्] १. चिन्ता करना। २. चिन्तन करना। ३. विचार/ध्यान करना।

च्यवन—[स॰ √च्यु + ल्युट्] *पु॰* बूँद-बूँद चूना या टपकना। टपकाव।

***च्यार/च्यारि/च्यारी**—[< हि॰ चार] *वि॰, पु॰* चार।

च्युत—[स॰ √च्यु + क्त] *वि॰* चुआ हुआ। टपका हुआ। २. अपने ऊँचे/उचित स्थान से नीचे आया हुआ या हटा हुआ। गिरा हुआ। ***जैसे***—पद-च्युत, धर्म-च्युत।

च्युतसंस्कृति—[स॰ च्युत ~ संस्कृति] *स्त्री॰* (काव्य॰) रचना का एक शब्द-दोष। च्युतसंस्कार।

च्युतात्मा—[स॰ च्युत ~ आत्मा (आत्मन्)] *वि॰* अति दुष्ट व्यक्ति। दुष्टात्मा।

***च्योना/च्यौना**—[< स॰ च्यवन] *स्त्री॰* (रसायनी की) घरिया।

***च्वै**—[< हि॰ चूना (= टपकना)] *क्रिवि॰* चू कर। टपक कर। ✣ **च्वैहैं (च्वैहैं)**—*क्रिस॰* = चुएँगे, चुआएँगे या बहाएँगे।

छ

देवनागरी वर्णमाला में चवर्ग का दूसरा व्यंजन। (भाषाविज्ञान की दृष्टि से) यह तालव्य, स्पर्श, अघोष और महाप्राण वर्ण है। ● **विशेष—१.** 'छ' का अल्पप्राण वर्ण 'च' है। **२.** 'छ' में सभी मात्राएँ सामान्य रूप से मिलती हैं, 'ऋ' की मात्रा भी (छृ, उच्छृंखल)। २ 'छ' के पहले आकर मिलनेवाले 'च' से संयुक्त रूप '**च्छ**' बनता है (अच्छा, स्वच्छ) और 'श' से '**श्छ**' (निश्छल)। **३.** अपने बाद आए 'र' और 'व' से 'छ' के संयुक्त रूप '**छ्र**' और '**छ्व**' बनते हैं। (उच्छ्रय, उच्छ्वास)। ३ संस्कृत-व्याकरण के अनुसार अन्त में स्वर वाले शब्द और बाद में आनेवाले शब्द की, जो 'छ' से आरम्भ हो, सन्धि या समास होने पर, 'छ' का परिवर्तन '**च्छ**' में हो जाता है (अनु + छेद = अनुच्छेद; स्व + छन्द = स्वच्छन्द, आ + छादन = आच्छादन) परन्तु हिन्दी में 'च्छ' वाले कुछ गृहीत शब्दों के अतिरिक्त प्रायः सामान्य 'छ' ही बना रहता है (वृक्ष + छाया = वृक्षच्छाया, परन्तु हिन्दी में वृक्ष-छाया; छत्र + छाया = छत्रच्छाया, परन्तु हिन्दी में छत्र-छाया)। **४.** संस्कृत के 'क्ष' वाले शब्दों के **तद्भव रूपों में प्रायः 'क्ष' का रूप 'च्छ' या 'छ'** हो जाता है (प्रतीक्षा→प्रतीच्छा, क्षोभ→छोभ, शिक्षा→सिच्छा, क्षिति→छिति)।

छ—[स॰ √छो + ड/क] *पु॰* १. छेदन। २. भाग। अंश। टुकड़ा। *वि॰* १. छेदक। २. स्वच्छ। ३. चंचल। ४. छह (६)।

†छइया—[< हि॰ छई] *पु॰* पुत्र। सन्तान।

†छई[१]—[< स॰ शाव] *पु॰* पुत्र। सन्तान।

†छई[२]—[< हि॰ छाना] *क्रिअ॰* 'छाना' क्रिया का एक भूतकालिक रूप। 'छा गयी' या 'फैल गयी'। ***जैसे***—चारों ओर चाँदनी छई। *वि॰* छायी हुई। ***जैसे***—सर्वत्र छई शान्ति। *पु॰* गधे की नंगी पीठ पर, सामान आदि रखने से पहले,डाला जाने वाला कपड़ा (जिसके ऊपर गद्दीदार ऊँची वस्तु रखी जाती है जो रस्से से कसी जाती है)।

छः—दे॰ मानक रूप 'छह'। ● **विशेष**— हिन्दी में विसर्ग (:) का प्रयोग केवल तत्सम शब्दों में होता है। 'छः' ग़लत शब्द है, 'छह' ही शुद्ध है जिससे 'छहों' शब्द बनता है।

छकड़ा[१]—[< स॰ शकट/शकटक] *पु॰* सामान ढोने की दुपहिया गाड़ी जिसे बैल या मनुष्य खींचते हैं। लढ़िया। *वि॰* (व्यंग्य में) अधिक पुरानी होने से जीर्ण-शीर्ण होने पर भी प्रयोग में लायी जा रही वस्तु। ***जैसे***—छकड़ा शरीर; छकड़ा साइकिल।

छकड़ा[२]—[< स॰ शकट्य] *पु॰* गाड़ी में जोते जाने योग्य बैल।

छकड़ी[१]—[< हि॰ छकड़ा] *स्त्री॰* बैलगाड़ी। छकड़ा।

छकड़ी[२]—[< स॰ षट्क] १. छह का समूह। ***जैसे***—लड़कों की छकड़ी। २. छह दाँतों वाली वयस्क बछिया। ३. छह कहारों द्वारा उठायी जाने वाली पालकी। ५. चारपाई की वह बुनावट जिसमें छह कड़ी (बान/सुतली/रस्सी) एक साथ काम में लायी जाती हैं।

छकना[१]—[< स॰ चकन] *क्रिअ॰* १. तृप्त होना। २. इतना खाना कि तृप्ति हो जाए। आनन्द से भरपेट खाना। ***जैसे***—भोजन से छकना। ३. अधिक नशा करना। ४. भाव-विभोर होना। ***वा॰* छका रहना**—तृप्त रहना।

छकना[२]—[< स॰ √चक्] *क्रिअ॰* १. चकित होना। २. भ्रमित होकर परेशान होना। ३. (किसी से चतुरता/छल आदि में) हारना। ४. विफल होना। ५. पीड़ित/दुःखी होना।

छकाछक—[< हि॰ छकना] *क्रिवि॰* (छकने तक) पूरी तरह से। पूर्णतः। ***जैसे***—छकाछक खाना। *वि॰* पूरी तरह तृप्त।

छकार—[स॰ छ + कार] *पु॰* 'छ' वर्ण या उसकी ध्वनि। ***जैसे***—'छाल' और 'रीछ' में छकार है।

†छकिहारी—[< हि॰ छाक] *स्त्री॰* छाक/कलेवा लेकर आनेवाली स्त्री।

छकीला—[< हि॰ छकना] *वि॰* १. (भोजन आदि से) छकनेवाला। २. छका हुआ। तृप्त। ३. नशे में प्रमत्त। नशे में चूर। ४. मस्त।

छकौहाँ—[< हि॰ छकना] *वि॰* १. छकनेवाला। २. छकानेवाला। मस्त कर देने वाला। ✣ **छकौहीं (छकौहीं)**—*वि॰ (स्त्री॰)*। ***जैसे***—छकौहीं गोपी।

***छक्कर/छक्करा**—[< हि॰ छक्का-पंजा] *पु॰* छल। दाँव-पेंच।

छक्का—[< प्रा॰ छक्क < स॰ षट्क] *पु॰* १. छह वस्तुओं का समूह। षट्क। २. छह अंगों वाली वस्तु। ३. चौसर के खेल में पाँसे का वह पार्श्व जिस पर छह बिन्दु होते हैं। ४. ताश का वह पत्ता जिस पर छह बुन्दकी/बिन्दी होती हैं। ५. क्रिकेट के खेल में छह धावनों/रनों (<अ॰ रन) का समूह। ***वा॰* (किसी के) छक्के छुड़ाना**—१. साहस तोड़ देना। २. परेशान कर देना। ३. पराजित करके भगा देना। ४. निरुपाय और हताश कर देना। **(किसी के) छक्के छूटना**—१. बुद्धि का चकराना। बुद्धि का काम न करना। २. साहस छूटना। हिम्मत हारना। ३. (प्रतियोगिता आदि में हारने या विफल होने पर) निरुपाय और हताश होना।

छक्केबाज़—[हि॰ छक्का + फा॰ बाज़] *वि॰* बहुत धूर्त।

छगन—[< स॰ शिशुगण] *पु॰* १. शिशु। बालक। २. शिशुगण।

छगन-मगन—[< हि॰ छगन + मग्न (या अनु॰)] *पु॰* १. क्रीड़ा में मग्न छोटा बालक। २. छोटे-छोटे हँसते-खेलते बालकों की जोड़ी।

छगरा—[< स॰ छागल] *पु॰* बकरा। ✣ **छगरी**—*स्त्री॰* = बकरी।

छगोड़ा—[< हि॰ छह + गोड़] *वि॰* छह पैरों वाला। षट्पद। *पु॰* मकड़ा। ✣ **छगोड़ी**—*वि॰ (स्त्री॰)*। *स्त्री॰* = मकड़ी।

***छङ्ग (छंग)**—[< हि॰ उछंग] *पु॰* अंक। गोद।

†**छङ्गला[१] (छंगला[१])**—[< हि॰ छन] *पु॰* नूपुरों की ध्वनि।

छङ्गला[२] (छंगला[२]), छङ्गा (छंगा), छङ्गू (छंगू)—[< हि॰ छ + उँगली] *वि॰* जिसके किसी हाथ या पैर में छह उँगलियाँ हों।

†**छछक**—[देशज] *क्रिवि॰* सहसा। अचानक।

***छछन्द (छछंद)**—[< सं॰ स्वच्छन्द] *वि॰* १. स्वच्छन्द। २. स्वतन्त्र। ३. छली।

छछार—[< हि॰ + उछाल] *पु॰* उछली हुई पानी की बूँदें। छींटा।

***छछिया**—[< हि॰ छाछ] *स्त्री॰* १. छाछ। मट्ठा। २. छाछ पीने, नापने या रखने का एक बर्तन।

छछेरु—[< हि॰ छाछ] *स्त्री॰* घी गर्म करने पर निकलनेवाला छाछ का अंश।

छजना—[< प्रा॰ छज्ज] *क्रिअ॰* शोभा देना। सुशोभित होना। फबना।

†**छजली**—[< हि॰ छज्जा] *स्त्री॰* १. छोटा और पतला छज्जा। २. दीवार में निकली हुई कारनिश।

***छञ्छाल (छंछाल)**—[< हि॰ उछाल] *पु॰* जल आदि की छोटी धारा। फ़ौवारा।

छटा—[स॰ √छो + अटन् + टाप्] *स्त्री॰* १. समूह। समुदाय। २. प्रकाश की किरणों का समूह। ३. दीप्ति। कान्ति। चमक। ४. छवि। शोभा। *जैसे*—हिमालय की छटा। ४. सौन्दर्य।

छटाँक—[< स॰ षट्-टङ्क] *स्त्री॰* १. एक पुरानी तौल। एक सेर का सोलहवाँ भाग। २. उक्त तौल का बाट। ✣ **छटाँक-भर**—*वि॰* = १. जो तोल में एक छटाँक हो। २. बहुत कम।

छठ—[< स॰ षष्ठ] *स्त्री॰* १. *स्त्री॰* चान्द्र मास के किसी पक्ष की छठी तिथि। षष्ठी। २. कार्त्तिक और वैशाख शुक्ल षष्ठी को होनेवाला देवी-पूजा का उत्सव। ३. शिशु के जन्म से छठे दिन का विशेष उत्सव। छठी। ४. उक्त उत्सवों में गाए जाने वाले गीत।

छड़—[< स॰ शर] *पु॰* बाँस/लकड़ी/धातु आदि का लम्बा और पतला डंडा। सलाख़।

†**छड़ना[१]**—[< प्रा॰ छड्डण < स॰ छर्दन] *क्रिस॰* त्यागना। छोड़ना।

छड़ना[२]—[< हि॰ छड़] *क्रिस॰* अनाज के दानों को कूटकर उनकी भूसी अलग करना। (अनाज को) छाँटना। २. मारना-पीटना।

छड़ा[१]—[< हि॰ छड़] *पु॰* १. (स्त्रियों का) पैरों का एक आभूषण। लच्छा। २.मोतियों की लड़ियों का गुच्छा।

†**छड़ा[२]**—[< हि॰ छाँड़ना] *वि॰* एकाकी। अकेला। *पु॰* अविवाहित युवक।

***छड़ाना**—[< प्रा॰ छड्ड] *क्रिस॰* १. छीनना। २. अलग/दूर करना। *जैसे*—अभिमान छड़ाना। ३. मुक्त कराना, छुड़ाना या छुड़वाना।

छड़िया—[< हि॰ छड़ी] *वि॰* जिसके हाथ में छड़ी हो। *पु॰* द्वारपाल। दरबान।

छड़ी[१]—[< हि॰ छड़] *स्त्री॰* १. सीधी पतली लकड़ी जिसे शोभा या सहारे के लिए हाथ में लेकर चलते हैं। २. फूल-पत्तियों से सजी, पतली तथा छोटी लकड़ी या डंडी जो शोभा के लिए पूजा आदि में रखी जाती है। ३. क़ब्र या मज़ार पर चढ़ाने की झंडी। ✣ **छड़ीदार**—*वि॰* = जो छड़ी लिए हो। छड़ीवाला। *पु॰* चोबदार। पहरेदार।

†**छड़ी[२]**—[< हि॰ छड़ा[२]] *वि॰ (स्त्री॰)* अकेली। *स्त्री॰* अविवाहित लड़की या स्त्री।

छण्ट (छंट)—[देशज] *क्रिवि॰* शीघ्र। जल्दी।

†**छण्डना[१] (छंडना[१])**—[< प्रा॰ छड्डण < स॰ छर्दन] *क्रिस॰* त्यागना। छोड़ना। ✣ **छण्डि (छंडि)**—*क्रिवि॰* = छोड़कर।

†**छण्डना[२] (छंडना[२])**—[< हि॰ छड़] *क्रिस॰* छड़ना[२]।

छतनार—[< हि॰ छतना < स॰ छत्र] *वि॰* दूर तक फैली हुई शाखाओं वाला। छायादार। सघन। *जैसे*—छतनार वृक्ष।

***छतवन्त**—[< स॰ क्षतवत्] *वि॰* जिसे घाव लगा हो। घायल।

***छताँ**—[< हि॰ छत < स॰ सत्] *क्रिवि॰* वर्तमान/विद्यमान होते हुए। रहते हुए।

छतिवन—[< प्रा॰ छत्तिवण्ण < स॰ सप्तपर्ण] *पु॰* एक औषधोपयोगी वृक्ष। सप्तपर्ण। सतवन। सतौना। ● **विशेष**—छतिवान के पेड़ ऊँचे होते हैं, पत्ते सात-सात की संख्या में छत्रवत् फैले रहते हैं ओर चिकने होते हैं।

***छतीसा**—[< हि॰ छत्तीस] *वि॰* १. धूर्त। चालाक। मक्कार। २. ढोंगी। ३. व्यभिचारी। *पु॰* (हजामत बनानेवाला) नापित। नाई। ✣ **छतीसी**—*वि॰ (स्त्री॰)*। ✣ **छतीसापन**—*पु॰* = १. धूर्तता। चालाकी। मक्कारी। २. ढोंग। ३. व्यभिचार।

***छत्त**—[< स॰ छत्र] *पु॰* छत्र। छाता।

छत्ता[१]—[< स॰ छत्र] *पु॰* १. छत्र। छाता। छतरी। २. मधुमक्खियों के रहने का तथा मधु-कोष का स्थान। ३. बरों/भिड़ों के रहने का स्थान। ४. कमल आदि का बीजकोष।

***छत्ता[२] /छता**—[< हि॰ छत्रसाल] *पु॰* (बुन्देला-वीर और पन्ना के राजा) छत्रसाल।

छत्तीसा—[< स॰ षट्त्रिंशत्] *वि॰* १. धूर्त। चालाक। मक्कार। २. ढोंगी। ३. व्यभिचारी। ✣ **छत्तीसापन**—*पु॰* = १. धूर्तता। चालाकी। मक्कारी। २. ढोंग। ३. व्यभिचारीपन। ✣ **छत्तीसी**—*वि॰* = छत्तीसा। *जैसे*—वह छत्तीसी आदमी है। *वि॰ (स्त्री॰)* = छत्तीसा (औरत) *जैसे*—छत्तीसी औरतों से बचकर रहना। *स्त्री॰* = १. धूर्तता। चालाकी। मक्कारी। *जैसे*—मित्रों से छत्तीसी मत करो। २. ढोंग। ३. ढोंगी स्त्री। ४. छल करने में निपुण स्त्री। ५. दुराचारी स्त्री। ***वा॰* छत्तीसी करना**—धूर्तता/धोखेबाज़ी करना। **छत्तीसी होना**—धूर्त/छली या ढोंगी होना।

छत्र—[सं॰ √छद् + णिच् + त्रन्, ह्रस्व] *पु॰* १. छाता। छतरी। २. राजचिह्न के रूप में प्रयुक्त छाता। ३. कुकुरमुत्ता।

छत्रक[1]—[सं॰ छत्र + कन्] *पु॰* १. छाता। छतरी। २. कुकुरमुत्ता। ३. (मधुमक्खियों का) शहद का छत्ता।

छत्रक[2]—[सं॰ छत्र √कै + क] *पु॰* शिव-मन्दिर। शिवालय।

छत्रच्छाया—[सं॰ छत्र ~ छाया] *स्त्री॰* छत्र-छाया।

छत्र-छाया—[< सं॰ छत्रच्छाया] *स्त्री॰* १. छाते की छाया। छतरी का आश्रय। २. सुरक्षित और सुखद आश्रय। संरक्षण। ३. संरक्षण और मार्गदर्शन। ***जैसे***—गुरुदेव की छत्र-छाया में शिष्य का विकास।

***छत्र-धनी**—[सं॰] *वि॰* १. छत्रधर। २. छत्रपति।

छत्रधर—[सं॰ छत्र ~ धर] *पु॰* १. (किसी के पीछे) छाता तान कर चलनेवाला सेवक। २. राजा के ऊपर छत्र लगाए रहने वाला सेवक।

छत्रधारी—[< सं॰ छत्र ~ धारिन्] *पु॰* १. छतरी लगाए हुए व्यक्ति। २. (छत्र धारण करने वाला) राजा।

छत्रपति—[सं॰ छत्र ~ पति] *पु॰* १. चक्रवर्ती राजा। सम्राट्। २. (छत्र धारण करने वाला) स्वतन्त्र राजा। २. स्वतन्त्र शासक के रूप में अपने राज्याभिषेक के समय संवत् १७३१ विक्रमी में शिवाजी द्वारा धारण की गई राजकीय उपाधि जो उनके वंशज राजा भी धारण करते रहे।

छत्रपन—[< सं॰ क्षत्रिय] *पु॰* १. क्षत्रियत्व। २. राजत्व या राजत्व का गौरव।

छत्रबन्ध (छत्रबंध)—[सं॰ छत्र ~ बन्ध] *पु॰* (काव्य॰) एक प्रकार का चित्रकाव्य जिसमें कविता के अक्षरों से छत्र/छतरी की आकृति बन जाती है।

छत्रबन्धु (छत्रबंधु)—[सं॰ क्षत्रियबन्धु] *पु॰* नीच क्षत्रिय। क्षत्रियाधम।

छत्रभङ्ग (छत्रभंग)—[सं॰ छत्र ~ भङ्ग] *पु॰* १. राज्य का नाश। २. राजसिंहासन से हटाया जाना। ३. पराधीनता। ४. वैधव्य। विधवापन।

छत्रिक—[सं॰ छत्र + ठन्] *पु॰* (छत्र धारण करने वाला) राजा। ● **विशेष**—अवलेह (अं॰ जेलि) जैसा एक समुद्री प्राणी (अं॰ जेलि-फ़िश) भी 'छत्रिक' कहा जाता है।

छद/छदन—[सं॰ √छद् + अच्/ल्युट्] *पु॰* १. आवरण या ढकने वाली वस्तु। २. त्वचा। खाल। ३. छाल। ४. गिलाफ़। ख़ोल। ५. पत्ता। ६. (पक्षी का) पंख। ७. घूँघट।

छदपत्र—[सं॰ छद ~ पत्र] *पु॰* १. भोजपत्र। २. तेजपात।

***छदस**—[< हिं॰ छह + दस] *वि॰, पु॰* सोलह।

छदाम—[< हिं॰ छह + दाम] *पु॰* पहले चलनेवाला एक छोटा सिक्का जो एक पैसे का चतुर्थ अंश होता था।

छद्म (छद्म)—[सं॰ √छद्मन्] *पु॰* १. छल। कपट। धोखा। २. गोपन। छिपाव। *वि॰* १. छलपूर्ण। कपटपूर्ण। धोखेवाला। ***जैसे***—छद्म पुरुष। २. मिथ्या। झूठा। ***जैसे***—छद्म द्वार। ३. छलने के लिए वास्तविक को छिपाकर कृत्रिम बनाया हुआ। जाली। ***जैसे***—छद्म वेश। ✣ **छद्म (छद्म) अभिलेख**—*पु॰* = झूठा/जाली अभिलेख। ✣ **छद्म (छद्म) तापस**—*पु॰* = ठगने के लिए तपस्वी का वेश धारण किया व्यक्ति। कपटी तपस्वी/साधु। ✣ **छद्मद्वार (छद्मद्वार)**—*पु॰* (पुरा॰) = ऐसी आकृति जो सादृश्य के कारण दरवाज़े का धोखा दे। मिथ्या दरवाज़ा। ● **विशेष**—अलंकरण के लिए बनी प्राचीन वास्तु-रचनाओं में छद्मद्वार मिलते हैं। ✣ **छद्मनाम (छद्मनाम)**—*पु॰* = किसी लेखक द्वारा धारण किया गया नक़ली नाम। ✣ **छद्मयुद्ध (छद्मयुद्ध)**—*पु॰* = नक़ली लड़ाई। ✣ **छद्मलेखक (छद्मलेखक)**—*पु॰* = अज्ञात या अल्पज्ञात लेखक जिसकी रचनाएँ प्रसिद्ध व्यक्तियों के नामों से प्रकाशित होती हैं। ✣ **छद्मवेश (छद्मवेश)**—*पु॰* = (धोखा देने के लिए या मनोरंजनार्थ बनाया गया) बनावटी वेश। कृत्रिम परिधान और रूप। कपटवेश। *वि॰* कपटवेशधारी।

छद्मी (छद्मी)—[सं॰ छद्मिन्] *वि॰* १. छद्मवेशी। ***जैसे***—छद्मी मारीच। २. कपटी। छली। ✣ **छद्मिनी (छद्मिनी)**—*वि॰ (स्त्री॰)*। ***जैसे***—छद्मिनी शूर्पणखा।

***छन**[1]—*पु॰* ≤ *सं॰* क्षण। ✣ **छन-भर**—*क्रिवि॰* = १. एक क्षण के लिए। २. कुछ देर। ज़रा देर।

छन[2]—[अनु॰] *पु॰* तीव्र और आकस्मिक ध्वनि विशेष। छन्न।

†**छन**[3]—[< हिं॰ छन्द] *पु॰* (स्त्रियों का) हाथों में पहनने का एक आभूषण। छन्द।

***छनइक/छनक**[1]—[< सं॰ क्षण ~ एक] *पु॰* एक क्षण।

छनक[2]—[अनु॰] *स्त्री॰* १. 'छन' ध्वनि होने या छनकने की क्रिया/भाव। (दे॰ छन[2]) २. पायल/घुँघरू का शब्द। ३. झनकार। झंकार।

छनक[3]—[अनु॰] *स्त्री॰* आशंका से चौंकने की क्रिया/भाव।

छनक[4]—[< सं॰ क्षणिक] *वि॰* १. क्षणिक। क्षणभंगुर। २. क्षण-क्षण में विचार बदलनेवाला (मनुष्य)। ✣ **छनकि**—*क्रिवि॰* = छनककर।

छनकना[1]—[< हिं॰ छनक[2]] *क्रिअ॰* 'छनछन' शब्द होना। ***जैसे***—कमरे में पायलें छनक रही थीं।

छनकना[2]—[< हिं॰ छनक[3]] *क्रिअ॰* १. आशंका से चौंकना/भड़कना। २. सहसा दूर हट जाना।

छनक-भनक—[हिं॰ छनक + अनु॰] *स्त्री॰* १. आभूषणों के आपस में टकराने से उत्पन्न शब्द। २. नख़रा। चोचला। ठसक। ३. सजधज।

छनकाना[1]—[< हिं॰ छनकना] *क्रिस॰* १. 'छन-छन' शब्द उत्पन्न करना। छनछनाना। २. किसी वस्तु को बजाकर छन-छन शब्द करना। ***जैसे***—खिलौना छनकाना। ३. पानी को देर तक उबालकर उसकी मात्रा कम करना। ४. पानी आदि को तप्त धातु-पात्र में डालकर गर्म करना।

छनकाना[2]—[< हिं॰ छनकना[2]] *क्रिस॰* चौंकाना। भड़काना।

छनकार—[हिं॰ छन + सं॰ कार] *स्त्री॰* १. 'छन' ध्वनि। २. झनकार। झंकार।

छनछन—[अनु॰] *स्त्री॰* १. 'छन' ध्वनि की आवृत्ति। २. नूपुरों

आदि के निरन्तर बजने की ध्वनि। झनकार। झंकार। झनझन। ३. वर्षा की बौछार की ध्वनि।

***छनछबि**—[< सं॰ क्षण ~ छवि] *स्त्री॰* (आकाशीय) विद्युत्। बिजली।

***छनदा**—[< सं॰ क्षणदा] *स्त्री॰* रात्रि। रात।

***छन-दुति**—[सं॰ क्षणद्युति] *स्त्री॰* क्षणप्रभा। (आकाशीय) बिजली।

छनन-मनन—[अनु॰] *पु॰* छनछनाहट। **छनन-मनन होना**—१.पूरी-मिठाई आदि पकवान बनना। २. नृत्य होना।

छनाका—[< हि॰ छन] *पु॰* 'छन' ध्वनि। छनकार।

छन्द[१] **(छंद**[१] **)**—[< सं॰ छन्दस्] *पु॰* १. इच्छा। कामना। अभिलाषा। २. उद्देश्य। ३. अभिप्राय। इरादा। ४. उपाय। ५. कौशल। चालाकी। ६. छल। कपट। धोखा। ***जैसे***—वह तो भाइयों से भी छल-छन्द करता है। ७. समूह। ८. वेद। ९. विवाह के समय वर द्वारा सुनायी जाने वाली छोटी कविता। (छन्द) १. मात्राओं और वर्णों की रचना, गति तथा यति के नियम जिनके अनुसार कविता/पद्य को लिखा जाता है। २. उक्त के अनुसार बनी रचना। पद्य। जैसे—दोहा, सोरठा, सवैया इत्यदि छन्द।

†छन्द[२]**(छंद)**—[< सं॰ छन्दक] *पु॰* (स्त्रियों का) कलाई में पहनने का एक आभूषण। छन।

छन्द-औचित्य (छंद-औचित्य)—[< सं॰ छन्दस् ~ औचित्य] *पु॰* (छन्दे॰) पद्य-रचना में विषय के अनुरूप छन्द चुनने का विवेक।

***छन्दना**[१] **(छंदना**[१] **)**—[< हि॰ छन्द] *क्रिअ॰* छन्द बनाना। कविता रचना।

†छन्दना (छंदना[२] **)**—[< हि॰ छाँदना] *क्रिअ॰* बाँधा जाना। ***जैसे***—बैल का पैर छन्दना।

छन्द-दोष (छंद-दोष)—[< सं॰ छन्दस् ~ दोष] *पु॰* (छन्दे॰) रचना में प्रयुक्त छन्द की निश्चित मात्राओं/वर्णों से अधिक या कम होने का दोष।

छन्दबद्ध (छन्दबद्ध)—[< सं॰ छन्दोबद्ध] *वि॰* जो छन्द/छन्दों में रचित हो। पद्यात्मक। पद्यबद्ध।

छन्द-बन्द (छंद-बंद)—[< हि॰ छन्द + अनु॰] पु॰ कपटाचार। छल। धोखाधड़ी।

छन्द-भङ्ग (छंदभंग)—[< सं॰ छन्दोभङ्ग] *पु॰* (छन्दे॰) पद्य-रचना का एक दोष। पद्य में प्रयुक्त छन्द के वर्णे और मात्राओं से सम्बन्धित नियम का पूर्ण पालन न होना। छन्दोभंग।

छन्द-मुक्त (छंद-मुक्त)—[हि॰ छन्द + सं॰ मुक्त] *स्त्री॰* (काव्य॰) छन्दों के परम्परागत बन्धन से मुक्त कविता। लयात्मक गद्य जिसका विन्यास अनियमित पंक्तियों वाले पद्य के रूप में किया गया हो।

छन्दानुवृत्ति (छंदानुवृत्ति)—[हि॰ छन्द + सं॰ अनुवृत्ति] *स्त्री॰* छल या बहाने से प्रसन्न करने की क्रिया/भाव।

छन्न[१]—[अनु॰] *स्त्री॰* एक ध्वनि विशेष। छन। ***जैसे***—तवे पर पानी की बूँद पड़ते ही छन्न हुई।

छन्न[२]—[सं॰ √छद् + क्त] *वि॰* १. ढँका हुआ। आच्छन्न। २. छिपा हुआ। ३. रहस्यमय।

छन्ना—[< हि॰ छानना] *पु॰* १. छाननेवाला कपड़ा। २. छानने का लौह आदि का एक उपकरण। चलनी/छलनी। चलना। ✣ **छन्नी**—*स्त्री॰*। ***जैसे***—चाय को छन्नी से छानना।

छपक—[अनु॰] *स्त्री॰* तलवार से मनुष्य आदि के कटने की ध्वनि। ✣ **छपक-छपक**—*स्त्री॰* = 'छपक' ध्वनि की आवृत्ति। *क्रिवि॰* = 'छपक' ध्वनि की आवृत्ति के साथ।

छपकना[१]—[< हि॰ छप] *क्रिअ॰* थोड़े पानी में हाथ पैर मारना।

छपकना[२]—[< हि॰ छपक] *क्रिअ॰* (हाथ, तलवार आदि से) आघात करना। मारना।

छपका[१]—[अनु॰] *पु॰* १. पानी में हाथ-पैर मारना। २. कोई वस्तु पानी/कीचड़ में फेंककर पानी आदि को उछलना। ३. पानी/कीचड़ के छींटे से कपड़ा आदि पर पड़नेवाला धब्बा। ४. नेत्रों पर डाला जाने वाला पानी का छींटा। ५. एक चिड़िया जो कबूतर से छोटे आकार की होती है, पूँछ लम्बी होती है और उसका अन्तिम भाग सफ़ेद होता है। (संगीत॰) आठ मात्राओं की एक ताल।

छपका[२]—[< हि॰ चमकना] *पु॰* (स्त्रियों का) सिर का एक आभूषण।

छपटना—[< हि॰ चपटना] *क्रिअ॰* १. चिपटना। चिपकना। २. चिपटकर मिलना। आलिंगित होना।

***छपद**—[< सं॰ षट्पद] *वि॰* छह पैरों वाला। *पु॰* भ्रमर। भौंरा।

***छपन**[१]—[< सं॰ क्षपण] *पु॰* नाश। *वि॰* नाशक। संहारक।

***छपन**[२]—[< हि॰ छिपना] *वि॰* छिपा हुआ।

छपनहार/ *छपनिहार—[< हि॰ छपन < सं॰ क्षपण] *वि॰* नाश करनेवाला। नाशक। संहारक।

छपना[१]—[< हि॰ छाप] *क्रिअ॰* १. अंकित/चिह्नित होना। २. मोहर/ठप्पा लगना। ३. मुद्रित होना। छापा जाना। छपाई होना। ***जैसे***—पुस्तक छपेगी; कहानी छप गयी। ४. प्रकाशित होना। ***जैसे***—यह उपन्यास 'प्रभात प्रकाशन' से छपा है। ✣ **छपते-छपते**—*क्रिवि॰* = १. छपने की क्रिया चलते हुए। २. छपने की अवधि में। ***जैसे***—पुस्तक छपते-छपते यह बात ध्यान में आयी। *पु॰* (पत्र॰) विलम्ब से प्राप्त अन्तिम विशेष समाचार जो समाचार पत्र के प्रथम पृष्ठ के पूर्वनिश्चित स्थान पर दिया जाता है, या महत्त्वपूर्ण होने के कारण पत्र में कहीं भी समायोजित किया जाता है।

***छपना**[२]—[< सं॰ क्षपण] *क्रिअ॰* नष्ट होना।

†छपना[३]—[< हि॰ छिपना] *क्रिअ॰* छिप जाना।

छपरबन्दी (छपरबंदी)—[< हि॰ छप्पर + फा॰ बन्दी] *स्त्री॰* छप्पर छाने का काम।

***छपा**—[< सं॰ क्षपा] *पु॰* १. रात्रि। रात। २. हल्दी।

छपाक—[अनु॰] *स्त्री॰* 'छप' ध्वनि। छपाका। ✣ **छपाक-छपाक**—*स्त्री॰* = छपाका। छप-छप।

***छपाकर**—[< सं॰ क्षपाकर] *पु॰* १. चन्द्रमा। २. कपूर।

***छपाचर**—[< सं॰ क्षपा ~ चर] *पु॰* निशाचर। राक्षस।

***छपानाथ**—[< सं॰ क्षपा ~ नाथ] *पु॰* निशा-पति। चन्द्रमा।

छप्पय—[प्रा॰ < सं॰ षट्पद] *पु॰* (छन्द॰) एक मात्रिक विषम छन्द

जिसमें छह चरण होते हैं और जो रोला छन्द के चार चरणों के अन्त में उल्लाल छन्द (२८ या २६ मात्राओं का) के दो दल जोड़ने से बनता है।

छप्पर—[देशी प्रा॰ छिप्पीर] *पु॰* कच्चे मकान या झोंपड़ी की छाजन जिसमें बाँस, लकड़ी, पत्तों तथा फूस का प्रयोग होता है। मकान आदि की छानी। ***वा॰* छप्पर टूट पड़ना**—विपत्ति आना। **छप्पर फाड़ कर देना**—बिना माँगें या अकस्मात् और बहुत अधिक देना।

छबड़ा—[< हिं॰ छबड़ी] *पु॰* टोकरा। झाबा।

छबड़ी—[< हिं॰ छाबड़ी] *स्त्री॰* १. टोकरी। डलिया। २. ख़ोंचा।

***छबता**—[< हिं॰ छब] *स्त्री॰* सौन्दर्य। शोभा। छबि।

***छबदार**—[< हिं॰ छब] *वि॰* सुन्दर।

छबना[१]—[< हिं॰ छबि] *क्रिअ॰* छवि से युक्त या सौन्दर्ययुक्त होना। शोभित होना।

छबना[२]—[< हिं॰ छवना] *क्रिस॰* (मकान आदि की) छाजन करना। छाना।

छबीना—[< प्रा॰ छायणिया] *पु॰* पड़ाव। छावनी। ***जैसे***—मराठी सेना का छबीना।

छबीला—[< प्रा॰ छबिल्ल] *वि॰* १. छवियुक्त। सुन्दर (व्यक्ति)। २. सज-धजकर रहनेवाला। छैला। ***जैसे***—छबीला कृष्ण और छबीली राधा। ✣ **छबीली**—*वि॰ (स्त्री॰)*।

छमक—[< हिं॰ छम॰] *स्त्री॰* १. छम-छम करने की क्रिया/भाव। २. आभूषणों की झंकार। ३. ठसक, इठलाहट या चटक-मटक।

***छमी[१]**—[< हिं॰ छम < सं॰ क्षम] *वि॰* क्षम। समर्थ। योग्य।

***छमी[२]**—[< हिं॰ छमा < सं॰ क्षमा] *वि॰* क्षमा करने के स्वभाव वाला। क्षमाशील।

छमुहा—[< प्रा॰ छम्मुह < सं॰ षण्मुख] वि॰ छह मुखों वाला। पु॰ (शिव का पुत्र) कार्त्तिकेय। स्कन्द।

***छयना[१]**—[< हिं॰ छय] *क्रिअ॰* १. क्षय होना। नष्ट या क्षीण होना। *क्रिस॰* क्षीण/नष्ट करना।

***छयना[२]**—[< प्रा॰ छय] *क्रिअ॰, क्रिस॰* आच्छादित या व्याप्त करना/होना। छाना।

***छयल/छयल्ल**—[< प्रा॰ छइल/छइल्ल] *वि॰* १. रसिक। छैल। छैला। २. चतुर। दक्ष। ✣ **छयलपन**—*पु॰* = रसिकता। छैलपन।

***छरकना**—[< हिं॰ छटकना] *क्रिअ॰* बिखरना। छिटकना।

†छरकीला—[< हिं॰ छड़ी] *वि॰* १. दुबला-पतला। छरहरा। २. (बहुत) लम्बा।

छर-छर—[अनु॰] *क्रिवि॰* बार-बार। सटासट।

छरछराहट—*पु॰* = छरछराने की क्रिया/अवस्था/भाव। (घाव में) विशेष प्रकार की जलन/कष्ट।

छरद—[< सं॰ छर्द] *पु॰* वमन। क़ै।

***छरन[१]**—[< हिं॰ छरना < हिं॰ छलना] *पु॰* छल। वंचना। *वि॰* छलनेवाला। छली।

†छरन[२]—[< सं॰ क्षरण] *पु॰* १. बहने, चूने/टपकने की क्रिया/भाव। क्षरण। २. क्षीणता। नाश। हानि।

छरना[१]—[< हिं॰ छलना] *क्रिअ॰* छल करना। छलना।

छरना[२]—[< सं॰ क्षरण] *क्रिअ॰* (किसी द्रव का) कहीं से निकलकर चूना/टपकना। ✣ ***छरनि[१]**—*स्त्री॰* = क्षरण। क्षरण होना।

छरना[३]—[< हिं॰ छड़ना < हिं॰ छड़] *क्रिस॰* धान आदि को ओखली में डालकर कूटना। अनाज को छाँटना या फटकना। *क्रिअ॰* अनाज का छाँटा या फटका जाना। ✣ ***छरनि[२]**—*स्त्री॰* = अनाज के दानों को कूटकर उनकी भूसी अलग करने की क्रिया/भाव। अनाज की कुटाई/छँटाई।

***छरनि[३]**—[< हिं॰ छरन < सं॰ छलना] *स्त्री॰* छल। कपट। धोखा। *वि॰ (स्त्री॰)* छलनेवाली।

***छरभार**—[< प्रा॰ छरु < सं॰ त्सरु + सं॰ भार] *पु॰* कठिन कार्य-भार। बड़ा उत्तरदायित्व।

***छरस**—[< सं॰ षड्रस] *पु॰* छह प्रकार के रसों का समुदाय। मधुर, लवण, तिक्त, कषाय, अम्ल और कटु रसों का समूह। षट्रस। *वि॰* छह रसों का।

***छरहटा**—[< सं॰ छल ~ हट्ट] *पु॰* ऐसा हाट/बाज़ार जिसमें बाजीगरों के खेल तथा अन्य तमाशे दिखाए जाते हैं।

छरहरा—[< हिं॰ छड़] *वि॰* पतले/इकहरे शरीर वाला। जो मोटा न हो। ✣ **छरहरी**—*वि॰ (स्त्री॰)*।

†छरा—[देशज] *पु॰* १. (पाजामा/लहँगा आदि का) नाड़ा। इज़ारबन्द। २. माला। लड़ी। ३. डोरी। रस्सी।

छरित—[< सं॰ क्षरित] *वि॰* नष्ट। ***जैसे***—पाप छरित होना।

***छरीदा**—[< अरबी जरीदः] *वि॰* १. एकाकी। अकेला। २. (यात्रा में) सामान-रहित (अकेला)। ३. ख़ाली हाथ। शून्यहस्त।

***छरु**—[प्रा॰ < सं॰ त्सरु] *पु॰* १. युद्ध-कार्य। २. कठिन कार्य। बड़ा उत्तरदायित्व।

छरे—[< हिं॰ छरना] *वि॰* अच्छे-अच्छे अलग किए हुए। चुने/छँटे हुए। बीने हुए।

छर्द/छर्दन—[सं॰ √छर्द् + घञ्/ल्युट्] *पु॰* वमन। क़ै।

छर्दि/छर्दिका—[सं॰ √छर्द् + इन्, छर्दि + कन् + टाप्] *स्त्री॰* वमन/क़ै।

छलकारी—[सं॰ छलकारिन्] *वि॰* छल करनेवाला। छली। कपटी।

***छलग्यानी**—[सं॰ छल ~ ज्ञानी] *वि॰* कपट से ज्ञानी बना हुआ। ढोंगी ज्ञानी। धूर्त।

छलरुग्णता—[सं॰ छल ~ रुग्णता] *स्त्री॰* (मनो॰) एक मानसिक विकृति जिसमें व्यक्ति रोग होने का बहाना करता है।

†छलहाया—[< सं॰ छल] *वि॰* छल-कपट करनेवाला। छली।

***छला[१]**—[< हिं॰ छल्ला] *पु॰* मुद्रिका/अँगूठी जिसमें नग न हो।

छला[२]—[< हिं॰ छलना] *वि॰* जो छला गया हो। ठगा गया। छलित। ***जैसे***—बार-बार छला व्यक्ति 'मूर्ख' कहा जाता है।

छलाछली—[< सं॰ छल] *स्त्री॰* छल-कपट।

छलिया—[< सं॰ छल] *वि॰* छलनेवाला। छली। कपटी। प्रपंची। *पु॰* (विश्व-प्रपंच का रचयिता) परमात्मा।

छली—[सं॰ छलिन्] *वि॰* छलने वाला। कपटी। ∇ **विलोम**—निश्छल।

छल्लो—[< सं॰ छल] *वि॰ (स्त्री॰)* छलनेवाली (स्त्री)।

†छवना—[< हिं॰ छाना] *क्रिस॰* छाना।

†छवनि—[देशज] *स्त्री॰* (पैर का) टख़ना। गुल्फ़।

***छवनी[1]**—[< हिं॰ छौनी] *स्त्री॰* बालिका। छौनी।

छवनी[2]—[< सं॰ छादन] *वि॰ (स्त्री॰)* छानेवाली। ढँकनेवाली।

***छवा[1]**—[< सं॰ शावक] *पु॰* पशु का बच्चा। शावक।

†छवा[2]—[देशज] *पु॰* (पैर की) एड़ी।

छवि—[सं॰ √छो + किन्] *स्त्री॰* १. शोभा। सुन्दरता। छबि। २. आभा। कान्ति। चमक।

†छवैया—[< हिं॰ छाना] *वि॰* छाने या छवाने का काम करनेवाला।

***छवौ**—[< हिं॰ छह] *वि॰* सभी छह। छहों।

छसातक—[< हिं॰ छह + हिं॰ सात + सं॰ एक] *वि॰* लगभग छह-सात।

छहर—[< हिं॰ छहरना] *स्त्री॰* १. बिखराव। २. छिटकाव। ३. प्रसार। फैलाव।

†छहियाँ—[< हिं॰ छाँह] *स्त्री॰* छाया। छाँह।

***छही**—[< सं॰ छवि] स्त्री॰ छबि। सौन्दर्य। शोभा।

***छहुँ/छहूँ**—[< हिं॰ छह] *वि॰* सभी छह। छहों।

†छँगुलिया/छँगुली—[< हिं॰ छोटी उँगली] *स्त्री॰* हाथ की सबसे छोटी उँगली। कनिष्ठिका। छगुनी।

छँटनी—[< हिं॰ छाँटना] *स्त्री॰* १. छँटने/छाँटने की क्रिया/भाव। छँटाई। ***जैसे***—पुस्तकों के ढेर में से अच्छी पुस्तकों की छँटनी होगी। २. आवश्यकता से अधिक व्यक्तियों को नौकरी से हटाने का काम। ***जैसे***—कर्मचारियों की छँटनी होनेवाली है। ३. (लेख आदि में) कुछ अंश कटना। ***जैसे***—छँटनी के बाद ही ये रचनाएँ छपेंगी। ४. (झाड़ी, वृक्ष आदि का) कुछ अंश कटना। काट-छाँट होना। ***जैसे***— माली झाड़ियों की छँटनी करेगा।

†छँटवा—[< हिं॰ छँटना] *वि॰* छाँट-छाँट कर ले जाने के बाद बचा-खुचा। घटिया। शेष। ***जैसे***—शाम को छँटवा फल ही बिकते हैं।

†छँटैल—[< हिं॰ छँटना] *वि॰* १. छँटवा। (दे॰) २. छँटा हुआ धूर्त। बहुत धूर्त।

†छँड़ाना—[< प्रा॰ छड्डण] *क्रिस॰* १. मुक्त कराना। छुड़ाना। २. छीन लेना।

***छाइ**—[< हिं॰ छाना] *क्रिवि॰* १. आच्छादित कर। छाकर। २. (छप्पर आदि) छाकर। ३. छाए हुए। ४. बिछाकर। *क्रिस॰* १. छा दे। छा। २. छाया हुआ है।

***छाई[1]**—[< सं॰ छाया] *स्त्री॰* छाया।

***छाई[2]**—[< सं॰ क्षार] राख।

छाई[3]—[< हिं॰ छाना] *क्रिअ॰* १. छा गयी। आवृत हो गयी। ढँक गयी। २. व्याप्त हुई। भर गयी। ३. सजाई। *वि॰* १. छायी हुई। छादित। २. सज्जित। शोभित।

†छाइँ (छाईं)—[< सं॰ छाया] स्त्री॰ छाया।

***छाउ**—[< हिं॰ छाना] *पु॰* आवरण। छिपाव दुराव।

***छाउर**—[< सं॰ क्षार] *पु॰* क्षार। राख।

***छाउँ**—*स्त्री॰* ≤ *सं॰* छाया।

छाऊ—[देशज] *पु॰* नृत्य विशेष जिसमें उछलकर युद्ध-जैसा अभिनय करना और फिर निश्चित स्थान पर ही आ गिरना विशेष आकर्षक होता है।

छाक—[< हिं॰ छकना] *स्त्री॰* १. छकने की क्रिया/भाव। तृप्ति। तुष्टि। २. (किसानों/मज़दूरों/चरवाहों आदि का) दोपहर का भोजन। ३. भोजन। ४. चटनी आदि चटपटी वस्तुएँ जो भूख उद्दीप्त करती हैं या शराब के साथ खायी जाती हैं। ५. मदिरा/शराब आदि नशीले पदार्थ। ६. मद्यपान। ७. मद। नशा। ८. मस्ती।

छाकना—[< हिं॰ छकना] *क्रिअ॰* १. तृप्त होना। छकना। २. (नशा आदि से) मस्त होना। ✣ **छाके**—*वि॰* = छके हुए।

छाग—[सं॰ √छो + गन्] *पु॰* १. बकरा। २. मेष राशि। ✣ **छागभोगी**—*वि॰* = बकरे का मांस खानेवाला। *पु॰* = भेड़िया।

***छागर**—[< सं॰ छागल] *पु॰* बकरा। *स्त्री॰* चमड़े की मशक।

छागरथ—[सं॰ छाग ~ रथ] *पु॰* अग्नि।

छागल—[सं॰ छागल + अण्] *पु॰* बकरा। *स्त्री॰* चमड़े की मशक।

छागवाहन—[सं॰ छाग ~ वाहन] *पु॰* अग्नि।

छागिका—[सं॰ छागी + कन् + टाप्, ह्रस्व] *स्त्री॰* बकरी।

छागी—[सं॰ छाग + ङीष्] *स्त्री॰* बकरी।

छाछ—[< प्रा॰ छासी] *स्त्री॰* तक्र। मठा। मट्ठा।

छाज[1]—[< सं॰ छाद] *पु॰* १. सींकों, सरकंडों आदि से बना हुआ अनाज फटकने का एक उपकरण। सूप। २. छप्पर। छाजन। ३. छज्जा।

छाज[2]—[< हिं॰ छजना] *पु॰* १. छजने की क्रिया/भाव। २. सजने का कार्य। सज्जा। सजावट। ३. वेश-भूषा। ४. स्वाँग। *स्त्री॰* शोभा।

छाजन—[< सं॰ छादन] *पु॰* १. आच्छादन। २. छप्पर छाने का काम। ३. छप्पर। ४. वस्त्र। कपड़ा। (चिकित्सा॰) एक रोग जिसमें त्वचा में तीव्र या दीर्घकालिक प्रदाह होता है। (अं॰ एक्ज़िमा)

***छाटी**—[< प्रा॰ छंट] *स्त्री॰* फुहार। छिड़काव।

***छाड़ना**—[< प्रा॰ छड्डण < सं॰ छर्दन] *क्रिस॰* छोड़ना।

***छात[1]**—[< सं॰ छत्र] १. छाता। छतरी। २. राजछत्र।

***छात[2]**—[< हिं॰ छाना] *स्त्री॰* छत।

छात्र—[सं॰ छत्र + ण] *पु॰* विद्यार्थी। २. शिष्य। ✣ **छात्र-अध्यापक**—*पु॰* (शिक्षा॰) अध्यापन का प्रशिक्षण प्राप्त करनेवाला विद्यार्थी।

छाद—[सं॰ √छद् + णिच् + घञ्] *पु॰* १. छप्पर। २. छत।

छादन—[सं॰ √छद् +णिच् + ल्युट्] *पु॰* आच्छादन करने या छाने

की क्रिया/भाव। ढँकाव। २. आवरण। ३. छिपाव। दुराव। ४. वस्त्र। ५. चादर या उत्तरीय/दुपट्टा।

छाद्मिक (छाद्मिक)—[सं॰ छद्मन् + ठक्] *वि॰* १. छद्मवेशधारी। २. कपटी। ३. ढोंगी।

छान-बीन—[< हिं॰ छानना + बीनना] *स्त्री॰* १. छानने और बीनने की क्रिया/भाव। ***जैसे***—छान-बीन के बाद ही गेहूँ पिसने भेजना। २. (लाक्षणिक) किसी व्यक्ति/घटना आदि की वास्तविकता का पता लगाना। खोज। जाँच-पड़ताल।

छाना[१]—[< सं॰ छादन] *क्रिस॰* १. किसी स्थान को स्थायी आवरण डालकर आच्छादित करना। छाजन द्वारा ढँकना। ***जैसे***—छप्पर छाना। २. छाया करने के लिए कुछ ऊपर वस्त्र आदि तानना/फैलाना। ३. (घर आदि) बनाना। ***जैसे***—झोंपड़ी छाना; घर छाना। *क्रिअ॰* १. किसी वस्तु/बात आदि का चारों ओर व्याप्त हो जाना। ***जैसे***—आकाश में बादल छाना; हृदय में हर्ष छाना। *२. कहीं रहने लगना। कहीं बस जाना।

***छाना[२]**—[< सं॰ छन्न] *वि॰* छिपा हुआ। प्रच्छन्न। गुप्त। ✣ **छानी**—*वि॰ (स्त्री॰)*।

***छानि/छाँनि**—[< हिं॰ छानी[२]] *स्त्री॰* छानी। छप्पर।

छानी—[< हिं॰ छानी[१]] *स्त्री॰* घास-फूस का आच्छादन। छाजन। छप्पर।

†**छाने-छाने**—[< हिं॰ छाना < सं॰ छन्न] *क्रिवि॰* छिपे-छिपे। चुपके-से।

छाबड़ा—[< हिं॰ छाबा] *पु॰* बड़ी छाबड़ी।

छाबड़ी—[< हिं॰ छाबड़ा] *स्त्री॰* १. टोकरी या थाल जिसमें रखकर मिठाई आदि बेची जाती हैं। ख़ोंचा। २. बड़ी डलिया।

†**छाबा**—[< हिं॰ झाबा] *पु॰* झाबा। डलिया। बड़ा टोकरा।

***छाम/छामु**[< सं॰ क्षाम] *वि॰* क्षीण। दुर्बल। दुबला-पतला। ✣ **छामी**—*वि॰ (स्त्री॰)*।

***छामला/छामलो**—[< सं॰ श्यामल] *वि॰* श्यामल। साँवला। *पु॰* कृष्ण।

***छामी, छामु**—दे॰ छाम।

छामोदर—[< सं॰ क्षामोदर] *वि॰* छोटे पेट वाला। कृशोदर। ✣ **छामोदरी**—*वि॰ (स्त्री॰)* १. = कृशोदरी। २. सुन्दरी।

छायाकर—[सं॰ छाया √कृ + अच्] *वि॰* छाया करने/देने वाला। ***जैसे***—छायाकर वृक्ष। *पु॰* किसी के पीछे छाता/छतरी लेकर चलनेवाला व्यक्ति।

छायाकार—[सं॰ छाया + कार] *पु॰* कैमरे से चित्र तैयार करनेवाला कलाकार। छायाचित्रकार। फ़ोटोग्राफ़र (अं॰)

छायागत[१]—[सं॰ छाया ~ गत] *वि॰* १. छाया-सम्बन्धी। २. छाया में गया हुआ। ३. समीप गया हुआ। पार्श्वगत।

छायागत[२]—[सं॰ छाया ~ आगत] *वि॰* छाया में आया हुआ।

छायाग्रह—[सं॰ छाया ~ ग्रह] *वि॰* छाया को ग्रहण करनेवाला। *पु॰* १. दर्पण। आईना। शीशा। २. राहु। ३. केतु।

छाया-ग्राहिणी—[सं॰] *वि॰ (स्त्री॰)* किसी वस्तु या व्यक्ति को छाया के आधार पर पकड़नेवाली (स्त्री)।

छायाङ्क (छायांक)—[सं॰ छाया ~ अङ्क] *पु॰* चन्द्रमा।

छायाङ्कन (छायांकन)—[सं॰ छाया ~ अङ्कन] *पु॰* रासायनिक प्रक्रिया से तैयार किए गए पटल पर प्रकाश की प्रतिक्रिया से किसी वस्तु का बिम्ब उतारने की क्रिया या कला। छायाचित्रण। (अं॰ फ़ोटोग्राफी)

छायाचित्र—[सं॰ छाया ~ चित्र] *पु॰* कैमरे से खींचा गया चित्र। फ़ोटो (अं॰)

छाया-तनय—[सं॰] *पु॰* (सूर्य की पत्नी छाया का पुत्र) शनि (ग्रह)।

छायातरु—[सं॰ छाया ~ तरु] *पु॰* वह वृक्ष जिसकी छाया दूर तक फैले। ***जैसे***—बरगद, अशोक, पीपल आदि छायातरु।

छायादान—[सं॰ छाया ~ दान] *पु॰* ग्रह-जनित पीड़ा को दूर करने के लिए काँसे की कटोरी में घी/तेल भरकर और उसमें अपनी छाया देखकर कटोरी में कुछ सिक्के डालकर किया जानेवाला दान।

छाया-नट—[सं॰] *पु॰* १. छिपकर अभिनय करनेवाला नट। २. (सृष्टि में छिपकर अभिनय करनेवाला) परमात्मा।

छायानाट्य—[सं॰ छाया ~ नाट्य] *पु॰* एक प्रकार की नाट्यकला जिसमें कठपुतलियों की गति से किसी प्रसिद्ध कथा का पर्दे पर छायात्मक प्रदर्शन होता। है। पुत्तलिका-नाट्य।

छाया-पथ—[सं॰ छाया ~ पथ] *पु॰* अन्तरिक्ष। आकाशमंडल।

छायाभ—[सं॰ छाया ~ आभा] *वि॰* १. छाया से युक्त। २. जिसमें अन्धकार और प्रकाश का मिला-जुला रूप हो।

छायालोक—[सं॰ छाया ~ लोक] *पु॰* १. स्वप्नलोक। २. परलोक। अदृश्य लोक।

छायावाद—[सं॰ छाया ~ वाद] *पु॰* आधुनिक हिन्दी काव्य की एक विशेष धारा जो द्विवेदीयुगीन काव्य की प्रवृत्तियों के विरुद्ध और अनेक साहित्यिक तथा सांस्कृतिक विशेषताओं के साथ १९१३ से १९४२ ई. तक प्रवाहित रही।

छायाशङ्कु (छायाशंकु)—[सं॰ छाया ~ शङ्कु] *पु॰* (खगोल॰) समय मापने के लिए प्रयुक्त दंड/लकड़ी जिसकी भूमि पर पड़ी छाया की दिशा को देखकर घटी, पल आदि का ज्ञान होता है।

छायासुत—[सं॰ छाया ~ सुत] *पु॰* (सूर्य पत्नी छाया का पुत्र) शनि (देवता/ग्रह)।

छार—[प्रा॰, < सं॰ क्षार] *पु॰* १. भस्म। राख। २. धूल। मिट्टी। *वि॰* खारा। **वा॰ छार-छार करना**—पूरी तरह नष्ट कर देना।

***छालक**—[< सं॰ क्षालक] *वि॰* धोनेवाला। धोकर साफ़ करनेवाला।

***छालना[१]**—[< सं॰ क्षालन] *क्रिस॰* १. प्रक्षालन। धोना। २. स्वच्छ करना। ✣ **छालि[१]**—*क्रिवि॰* = १. धोकर। २. स्वच्छ करके।

छालना[२]—[< हिं॰ छाल] १. छाल निकालना। २. छीलना। ✣ **छालि[२]**—*क्रिवि॰* = छीलकर।

***छालिका**—[< हिं॰ छालक] *वि॰ (स्त्री॰)* = धोनेवाली। स्वच्छ करनेवाली। प्रक्षालिका।

छालिक्य—[सं॰ छालिक् + ष्यञ्] *पु॰* रासनृत्य का एक प्रकार जिसमें स्त्री-पुरुषों का समूह भाग लेता है।

***छालित**—[< सं॰ क्षालित] *वि॰* १. धोया हुआ। २. स्वच्छ। निर्मल।

छाली[१]—[< सं॰ छल्ली] *स्त्री॰* १. (वृक्ष की) छाल। वल्कल। २. वल्कल-वस्त्र। ३. सुपारी का छोटा टुकड़ा। ***जैसे***—पान में छालियाँ कम रखना।

***छाली**[२]—[< सं॰ छागली] *स्त्री॰* बकरी।

†**छावनी**[१]—[< हिं॰ छानी] *स्त्री॰* छप्पर।

छावनी[२]—[< प्रा॰ छायणी] *स्त्री॰* १. डेरा। पड़ाव। २. वह स्थान जहाँ सेना रखी जाए। (सैनिकों का) शिविर/पड़ाव।

†**छावरा**—[< सं॰ शावक] *पु॰* पशु का बच्चा। छौना।

***छाहरो**—[< हिं॰ छाह < सं॰ छाया] *पु॰* १. छाया। २. आश्रय-स्थान।

***छाँ/छाँउँ**—[< हिं॰ छाँह] *स्त्री॰* (वृक्ष आदि की) छाया।

***छाँक**[१]—[< हिं॰ छाक] *स्त्री॰* (किसानो/चरवाहों आदि का) खेत पर या वन में दोपहर का भोजन। छाक।

छाँक[२]—[< फा॰ चाक] *पु॰* खंड। भाग। टुकड़ा।

†**छाँगना**—[< सं॰ छिन्न] १. अलग करना। २. काटना। ***जैसे***—कुल्हाड़ी से वृक्ष की शाखाएँ छाँगना।

***छाँड़ना**—*क्रिस॰* ≤ हिं॰ छोड़ना। ✣ **छाँड़ि**—*क्रिवि॰* = छोड़ कर।

छाँद—[< सं॰ सन्दान] *स्त्री॰* १. पशुओं के दो पैरों को बाँधने वाली रस्सी। २. सामान का बँधान।

छाँदना—[< हिं॰ छाँद] *क्रिस॰* १. पशुओं के दो पैरों को रस्सी से बाँधना। २. सामान बाँधना।

छाँनना—[< सं॰ छिन्न] *क्रिस॰* छेदना। ✣ ***छाँनि**—*क्रिवि॰* = छेदकर।

***छाँहगीर**—[< फा॰ सायागीर] १. राजाओं के सिंहासन पर लगनेवाला छोटा चँदोवा या छत्र। राजछत्र। २. वितान। चँदोवा। ३. दर्पण। शीशा।

***छिक**—[देशज] *पु॰* सुख। चैन। आराम।

छिगुना/छिगुनिया/छिगुनी—[< हिं॰ छँगुली] *स्त्री॰* छोटी उँगली। छँगुली। कनिष्ठा।

†**छिछकाना**—[< हिं॰ छिटकना/छिड़कना] क्रिस॰ छिड़कना। ✣ **छिछकारना**—क्रिस॰ = छिड़कना।

छिछड़ा—[< हिं॰ छीछड़ा] *पु॰* कटे हुए माँस का बेकार टुकड़ा। छीछड़ा।

†**छिछयाना**—[< हिं॰ छी-छी] *क्रिस॰* छी-छी करना। घृणा करना या धिक्कारना।

छिछोरपन—*पु॰* ≤ *हिं॰* छिछोरापन। ओछापन। क्षुद्रता।

छिछोरा—[< हिं॰ छिछला] *वि॰* क्षुद्र/ओछा। ✣ **छिछोरापन**—*वि॰* = क्षुद्रता। ओछापन। छिछोरपन।

छिजाना—[< हिं॰ छीजना] *क्रिअ॰* १. छीजने देना। २. ऐसा कार्य करना जिससे कोई वस्तु छीजे।

***छिञ्छ**[१] **(छिंछ**[१] **)**—[अनु॰] *पु॰* १. फुहारा। फ़व्वारा। धारा। २. छींटा।

†**छिञ्छ**[२] **(छूंछ**[२] **)**— *वि॰* ≤ *हिं॰* छूँछा। छूछा। रिक्त/ खाली या सारहीन/निस्सार।

***छिञ्छना (छिंछना)**—[< सं॰ √इच्छ्] *क्रिस॰* इच्छा करना। चाहना।

छिड़ियाना**—[< हिं॰ छेड़ना] *क्रिअ॰* मचलना। मचलते हुए। ***जैसे—छिड़ियाते घूमना।

***छित**—[< सं॰ सित] *वि॰* श्वेत। सफ़ेद।

छितभित—[< सं॰ √छिद् + < सं॰ √भिद्] *वि॰* छिन्न-भिन्न। तितर-बितर।

छितरना—*क्रिअ॰, क्रिस॰* ≤ छितराना। ***जैसे***—घर-भर में छितरे हुए काग़ज़।

छितरा—[< हिं॰ छितराना] *वि॰* छितराया हुआ। बिखरा।

छिताई—[< सं॰ तक्षित] *स्त्री॰* (पत्थर) तराशने का काम। ***जैसे***—पथरछिताई।

***छिति**—[< सं॰ क्षिति] *स्त्री॰* १. पृथ्वी। भूतल। २. पृथ्वीलोक। भूलोक। ३. (पाँच महाभूतों में से एक) पृथ्वी तत्त्व।

***छितिकन्त (छितिकंत), छितिनाथ**—[हिं॰ छिति + सं॰ कन्त/नाथ] *पु॰* भूपति। राजा।

छितिनाल—[देशज] *पु॰* एक प्रकार की बन्दूक़ जो मध्ययुग में प्रसिद्ध थी।

***छितिपाल**—[छिति + पाल] *पु॰* भूपाल। राजा।

***छितिमण्डल (छितिमंडल)**—[< सं॰ क्षितिमण्डल] *पु॰* सम्पूर्ण पृथ्वी। भूमंडल।

***छितिरुह**—[हिं॰ छिति + सं॰ रुह] *पु॰* वृक्ष। पेड़।

***छितीस**—[< सं॰ क्षितीश] *पु॰* पृथ्वीपति। राजा।

छित्ति—[सं॰ √छिद् + क्तिन्] *स्त्री॰* छेदने/काटने की क्रिया/भाव। छेदन।

छिद्रदर्शी—[सं॰ छिद्रदर्शिन्] *वि॰* दूसरे के दोष या त्रुटियाँ ढूँढने के स्वभाव वाला। परदोषदर्शी। छिद्रान्वेषी।

छिद्रवपित्र—[सं॰ छिद्र ~ वपित्र] *पु॰* (कृषि॰) बीजों या पौधों के लिए छेद करने के लिए प्रयोग में आने वाला हाथ का एक छोटा उपकरण।

छिद्रानुजीवी—[सं॰ छिद्र ~ अनुजीवी] *वि॰* छिद्रान्वेषी। छिद्रदर्शी।

छिद्रान्वेषण—[सं॰ छिद्र ~ अन्वेषण] *पु॰* दूसरे के दोष या त्रुटियाँ ही खोजना। ✣ **छिद्रान्वेषी**—*वि॰* = छिद्रान्वेषण करनेवाला।

छिद्रित—[सं॰ छिद्र + इतच्] *वि॰* १. जिसमें छेद हो या अनेक छेदोंवाला। सूराख़दार। ***जैसे***—छिद्रित चलनी। २. जिसमें छेद किए गए हों। सूराख़ किया हुआ। ***जैसे***—दीमकों द्वारा छिद्रित पुस्तक।

छिद्रिल—[सं॰ छिद्र + इलच्] *वि॰* जिसमें छेद हों। छिद्रयुक्त।

***छिन/छिनु**—[< सं॰ क्षण] *पु॰* क्षण। ✣ **छिन-छिन, छिनु-छिनु**—*क्रिवि॰* = क्षण-क्षण। प्रतिक्षण।

***छिनक/छिनकु/छिनुकु**—[< हि॰ छिन + एक] *पु॰* एक क्षण। क्षण मात्र। *क्रिवि॰* १. क्षण-भर। २. थोड़ी-सी देर।

***छिनदा**—[< स॰ क्षणदा] *स्त्री॰* रात्रि। रात।

***छिनभङ्ग (छिनभंग)**—[< स॰ क्षणभङ्गुर] *वि॰* १.क्षणिक। २. नाशवान्। नश्वर।

†छिनरा—[< प्रा॰ छिण्णाल] *वि॰* व्यभिचारी (पुरुष)। परस्त्रीगामी। लम्पट। ✣ **छिनरी**—*वि॰ (स्त्री॰)* = व्यभिचारिणी।

छिनार/छिनाल—[< प्रा॰ छिण्णाली] *स्त्री॰* व्यभिचारिणी। पुंश्चली। कुलटा। ✣ **छिनारा/छिनाला**—*पु॰* = व्यभिचार।

छिन्न[1]—[स॰ छिद् + क्त] *वि॰* १. कटा हुआ। चिरा हुआ। ***जैसे***—तलवार से सिर छिन्न कर देना। २. खंडित। ***जैसे***—मूर्ति का छिन्न हाथ। ३. अलग किया हुआ। अलगाया हुआ। अलग। ***जैसे***—परिवार से छिन्न बालक। ४. नष्ट। ***जैसे***—छिन्न वैभव।

***छिन्न**[2]—[< स॰ क्षीण] *वि॰* १. क्षीण। २. छोटा।

छिन्नक—[स॰ छिन्न + कन्] *वि॰* जिसका कुछ भाग कटा हुआ हो। छिन्न। *पु॰* (गणित॰) (घन ज्यामिति में) पिरामिड अथवा शंकु का वह भाग जो आधार तथा आधार के समान्तर समतल परिच्छेद के बीच स्थित हो। (अ॰ फ़्रस्टम)

छिन्नकेश—[स॰ छिन्न ~ केश] *वि॰* जिसके बाल काट दिए गए हों। कटे बालों वाला।

छिन्नद्वैध (छिन्नद्वैध)—[स॰ छिन्न ~ द्वैध] *वि॰* जिसका संशय नष्ट हो गया हो। समाप्त दुविधा वाला। छिन्नसंशय।

छिन्ननास/छिन्ननासिक—[स॰ छिन्न ~ नासा/नासिका] *वि॰* कटी नाक वाला। नकटा।

छिन्नपत्र—[स॰ छिन्न ~ पत्र] वि॰ जिसके पत्ते झड़ गए हो। पत्ररहित। उदा॰ छिन्नपत्र मकरन्द लुटी सी/ज्यों मुरझायी हुई कली। —प्रसाद (कामा॰, निर्वेद)

छिन्नमस्ता—[स॰ छिन्न ~ मस्त + टाप्] *वि॰ (स्त्री॰)* सिर कटी (स्त्री)। *स्त्री॰* दस महाविद्याओं में से एक देवी। ● **विशेष**—इस रूप में देवी अपना कटा सिर अपने बाएँ हाथ में लिए है, मुँह खुला है, जीभ निकली है, अपनी रक्तधारा के रक्त को पी रही है, दाहिने हाथ में खड्ग है और गले में मुंडमाला है।

छिन्नमूल—[स॰ छिन्न ~ मूल] *वि॰* जड़ से कटा हुआ। जड़ से उखड़ा/उखाड़ा हुआ।

छिन्नसंशय—[स॰ छिन्न ~ संशय] *वि॰* जिसका संशय मिट गया हो।

छिन्नाधार—[स॰ छिन्न ~ आधार] *वि॰* १. जिसका आधार कट गया हो या टूट गया हो। नष्ट आधार वाला। ***जैसे***—छिन्नाधार वृक्ष। २. असहाय। निस्सहाय। ***जैसे***—छिन्नाधार विधवा।

†छिपिया—[< हि॰ छीपा] *स्त्री॰* छोटा छीपा। डलिया।

छिपे-छिपे—[< हि॰ छिपना] *क्रिवि॰* छिपकर। गुप्त रूप से।

***छिप्र**—[< स॰ क्षिप्र] *क्रिवि॰* शीघ्र। जल्दी।

छियना**[1]—[< हि॰ छीजना] *क्रिअ॰* क्षीण होना। छीजना। ***जैसे—भक्ति से दम्भ छियता है।

***छियना**[2]—[< प्रा॰ छिव] *क्रिस॰* स्पर्श करना। छूना। ✣ **छिये**—*क्रिवि॰* = छूकर।

***छियरा**—[< हि॰ छोर] *पु॰* किनारा। छोर। सिरा।

छिया—[< हि॰ छी] *वि॰* १. मैला। गन्दा। २. घृणित। ३. तुच्छ। *क्रिवि॰* १. छी-छी। २. धिक्कार। *स्त्री॰* १. गन्दी/घृणित वस्तु। २. मल। विष्ठा।

छिरद—[देशज] *स्त्री॰* हठ। ज़िद।

***छिरना**[1]—[< हि॰ छिलना] *क्रिअ॰* छिलना। *क्रिस॰* छीलना।

***छिरना**[2]—*क्रिअ॰* ≤ *हि॰* छिड़ना।

***छिरिआना**—[< हि॰ छिरकना] *क्रिअ॰* छिटकना।

†छिरिया—[हि॰ छेरी] *स्त्री॰* बकरी।

छिरैटी—[< स॰ छिलिहिण्ट] *स्त्री॰* एक औषधोपयोगी लता जो बहुत मोटी और दृढ़ होती है। ***जैसे***—छिरैटी की बेल पहाड़ों पर पत्थरों पर फैलती है।

छिलछिल—*वि॰* ≤ *हि॰* छिछला।

***छिलवारा**—[< हि॰ छल्ला] *वि॰* छल्लेदार। घुँघराला।

†छिव—[प्राकृत] *वि॰* अति तुच्छ।

***छिवना**—[< प्राकृत छिव/छिवण] *क्रिस॰* स्पर्श करना। छूना।

छिँकना (छिंकना)—[< हि॰ छेंकना] *क्रिअ॰* १.छेंका जाना। २. (स्थान आदि का) घेरा जाना। ३. मार्ग अवरुद्ध किया जाना। मार्ग में रोक लिया जाना। ४. किसी व्यक्ति या वर्ग विशेष का अन्यों से अलग किया जाना। जाति से बहिष्कृत किया गया।

†छिँगुनिया (छिंगुनिया)—[< हि॰ छँगुली] *स्त्री॰* सबसे छोटी उँगली। कनिष्ठिका।

***छीअना**—[< हि॰ छियना] *क्रिस॰* स्पर्श करना। छूना।

†छीआ-बीआ—*वि॰* ≤ *स॰* छिन्न-भिन्न।

छीछना**[1]—[< स॰ क्षीण] *क्रिअ॰* क्षीण होना। दुर्बल होना। ***जैसे—प्रेम नहीं छीछेगा।

***छीछना**[2]—[< हि॰ छी-छी] *क्रिअ॰* छी-छी करना। २. घृणा/अपमान करना। ३. दुत्कारना। धिक्कारना।

छीछालेदर—[< हि॰ छी-छी] *स्त्री॰* दुर्दशा। दुर्गति। ***वा॰* छीछालेदर करना**—१. दुर्दशा करना। २. हँसी उड़ना। ३. कठोर आलोचना करना। ४. किसी का कोई रहस्य खोलकर उसकी प्रतिष्ठा नष्ट करना। ५. काम बिगाड़ना। **छीछालेदर होना**—१. दुर्दशा होना। २. हँसी उड़ाना। ३. कठोर आलोचना होना। ४. कोई रहस्य खोलकर प्रतिष्ठा नष्ट की जाना। ५. काम बिगड़ना।

छीज—[< हि॰ छीजना] *स्त्री॰* १. छीजन। (दे॰) २. हानि।

छीजन—[< हि॰ छीनना] *स्त्री॰* किसी वस्तु का वह अंश जो उसके प्रयोग करने से या पुराना होने से घिस जाता है या नष्ट हो जाता है। ***जैसे***—छीज के कारण मेरी करार की क़ीमत प्रतिवर्ष घटती जा रही है।

***छीट**—[< स॰ क्षिप्त या हि॰ छिटकना] *स्त्री॰* छींट/छींटा।

†छीड़—[< स॰ क्षीण, या हि॰ 'भीड़' का अनु॰] *स्त्री॰* भीड़ का अभाव। ∇ **विलोम**—भीड़।

छीण—[< प्रा॰ छिण्ण < स॰ छिन्न] *वि॰* टूटा हुआ।

***छीत/छीति**[१]—[< हि॰ छीवना/छियना] *स्त्री॰* १. छूने की क्रिया/भाव। स्पर्श। छुवन/छुअन। २. सम्बन्ध। सम्पर्क।

***छीत/छीति**[२]—[< हि॰ छीज] *स्त्री॰* १. छीज। २. हानि। घाटा। ३. बुराई। ४. लूट। ● **विशेष— छीति लीनी** = लूटी गयी।

***छीदा**—[< स॰ छिद्र] *वि॰* १. अनेक छिद्रों वाला। बहुछिद्रयुक्त। २. जो घना न हो। छितरा-छितरा।

***छीन**[१]—[< स॰ क्षीण] *वि॰* १. क्षीण। दुर्बल। २. दुबला-पतला। ३. शिथिल।

छीन**[२]—[< स॰ छिन्न] *वि॰* १. विच्छिन्न। २. व्याकुल चित्तवाला। व्यग्रचित्त। ***जैसे—छीनमन।

***छीना**[१]—[< हि॰ छिप] *क्रिस॰* स्पर्श करना। छूना।

***छीना**[२]—[हि॰ छीन < स॰ क्षीण] *वि॰* क्षीण।

छीना[३]—[< हि॰ छीनना] *क्रिस॰* 'छीनना' क्रिया का एक भूतकालिक रूप। छीन लिया। ***जैसे***—डाकू ने यात्री का धन छीना। *वि॰* जिसे छीन लिया गया हो। ***जैसे***—इसका छीना धन वापस करो।

छीप[१]—[< हि॰ छाप] *स्त्री॰* १. मुद्रण/छापने का चिह्न। छाप। २. चिह्न। निशान। ३. धब्बा। दाग़। ४. एक चर्म रोग जिसमें त्वचा पर एक प्रकार के छोटे-बड़े दाग़ पड़ जाते हैं।

***छीप**[२]—[< स॰ क्षिप्र] *वि॰* शीघ्र चलनेवाला। क्षिप्र। तेज़।

***छीप**[३]—[< हि॰ सीप] *स्त्री॰* सीप।

†छीपा[१]—[देशज] *पु॰* बाँस की खपच्चियों का बना टोकरा।

छीपा[२]—[< हि॰ छीपी < स॰ शिल्पी] *पु॰* दर्ज़ी।

छीपा[३]—[< हि॰ छीप] *पु॰* १. छींट छापनेवाला। छीपी। २. कपड़ों को रंगने का काम करनेवाला। रंगरेज़।

छीपाँ—[< प्रा॰ छिप्पिअ < स॰ क्षरित] *क्रिवि॰* टपकाकर।

छीपी[१]—[< हि॰ छीपा (= टोकरा)] *पु॰* बाँस की खपच्चियों की बनी टोकरी।

छीपी[२]—[< हि॰ छीप = छाप] *पु॰* कपड़ों पर बेलबूटे बनाने का काम करनेवाला। छींट छापने वाला।

***छीबना**—[< हि॰ छिवना] *क्रिस॰* स्पर्श करना। छूना।

छीबर**—[< स॰ चीवर] *स्त्री॰* १. छीवर। (दे॰) २. एक प्रकार की चुनरी। ***जैसे—छीबरवारी लड़की।

***छीरप**—[< स॰ क्षीरप] *वि॰* दूध पीनेवाला। *पु॰* दूध-पीता बच्चा/शिशु।

***छीर-फेन**—[हि॰] *पु॰* दूध पर की मलाई।

***छीरोदक**—[< स॰ क्षीरोदक] *पु॰* रेशमी वस्त्र।

***छीलक**—[< स॰ शल्क] *पु॰* छिलका।

छीलर—[< प्रा॰ छिल्लर] *वि॰* १. उथला। छिछला। २. क्षीण। *पु॰* थोड़े पानी और अधिक कीचड़ वाला उथला गड्ढा। २. तलैया। पोखर। ✣ **छीलरता**—*स्त्री॰* = १. क्षीणता। २. उथलापन। छिछलापन। ३. ओछापन।

***छीव**—[< स॰ क्षीव] *वि॰* उन्मत्त। पागल।

***छीवना**—[< प्रा॰ छिव] *क्रिस॰* स्पर्श करना। छूना।

***छीवर**—[< स॰ चीवर] *पु॰* छीवर। (दे॰) चुनरी।

छींका—[< स॰ शिक्यक] *पु॰* छत आदि से लटका तार या रस्सी का बना एक जाल जिस पर, बिल्ली आदि से बचाने के लिए, भोजन की वस्तुएँ रख दी जाती हैं। सिकहर। ***वा॰* बिल्ली के भाग्य से छींका टूटना**—बिना प्रयत्न किए कोई लाभ हो जाना या वांछित घटना हो जाना।

छींट (छींट)—[< प्रा॰ छंट] *स्त्री॰* १. किसी द्रव (जल आदि) के कहीं टकराने के बाद उसकी उछलनेवाली बूँद। छींटा। २. उक्त छोटे कण या बूँद से शरीर/वस्त्र आदि पर पड़नेवाला धब्बा। ३. वह कपड़ा जिस पर छापकर रंगबिरंगी बूटियाँ डाली गयी हों।

छींटाकशी—[छींटा + फा॰ कशी] *स्त्री॰* १. कटाक्षपूर्ण कथन। व्यंग्योक्ति। २. निन्दा। बुराई।

छुअना**—[< प्रा॰ छुअ] *क्रिस॰* स्पर्श करना। छूना। ✣ **छुआई**—[< हि॰ छुअना/छूना] *स्त्री॰* = छूने या छुआने की क्रिया/भाव। स्पर्श। ***जैसे—बहू द्वारा सास की पैर-छुआई की प्रथा।

†छुच्छी—[< हि॰ छूछी] *स्त्री॰* १. पतली और छोटी नली। २. नाक में पहनने की लौंग/फूल का पूरक अंश जो उसकी कील में बैठाया जाता है।

†छुछुआना—[< स॰ छुछुन्दर] *क्रिअ॰* १. छछूँदर के समान इधर-उधर घूमना। २. निरर्थक भटकना। बेकार घूमना।

छुट[१]—[< हि॰ छूटना] *क्रिवि॰* अतिरिक्त। छोड़कर। सिवाय। *वि॰* 'छूटना' का लघु रूप जो केवल कुछ समासयुक्त शब्दों में अन्त में आता है। ***जैसे***—हथछुट (= हाथ छूटने/छोड़ने के स्वभाव वाला)।

छुट[२]—[< हि॰ छोटा] *वि॰* 'छोटा' का लघु रूप जो केवल कुछ समस्त पदों के प्रथम पद के रूप में आता है। ***जैसे***— छुटभैया; छुटपन।

छुटौती—[< हि॰ छूटना] *स्त्री॰* १. छूट। २. सूद या लगान आदि जो छोड़ दिया जाए। ३. किसी अपहृत व्यक्ति आदि को छोड़ने के बदले लिया जाने वाला धन। फिरौती।

छुट्टा—[< हि॰ छूटना] *वि॰* १. जो बँधा न हो। स्वतन्त्र। २. स्वच्छन्द घूमनेवाला। ३. बन्धन/मर्यादा से रहित। २. (जीव-जन्तु) जो अपने वर्ग/दल से अलग हो गया हो। ३. एकाकी। अकेला। ४. फुटकर। *पु॰* १. छोटे सिक्के। रेज़गारी। २. साँड़ बनाने के लिए छोड़ा गया बछड़ा।

छुड़ौती—[< हि॰ छोड़ना] *स्त्री॰* बन्दी या अपहृत व्यक्ति को छुड़ाने के लिए (छोड़ने के बदले में) दिया जाने वाला धन। फिरौती।

छुतहा—[< हि॰ छूत] *वि॰* १. छूत से फैलनेवाला। संक्रामक। ***जैसे***—चेचक छुतहा रोग है। २. छूत लगने से अस्पृश्य हो जाने वाला। ३. जिसे छूना मना हो। ४. दूषित। ✣ **†छुतिया/छुतिहा**—*वि॰* = छुतहा।

***छुद्धित (छुद्धित)**—[< स॰ क्षुधित] *वि॰* भूखा।

***छुद्रघण्टिका (छुद्रघंटिका)**—[< स॰ क्षुद्रघण्टिका] *स्त्री॰* कमर

पर पहनने की करधनी जिसमें छोटी-छोटी घंटियाँ/घुँघरू लगे होते हैं। किंकिणी। बजती करधनी। *जैसे*—छुद्रघंटिका कटि-तट सोभित।—मीरा।

***छुद्रावल/छुद्रावलि/छुद्रावली**—[< सं॰ क्षुद्रावली] *स्त्री॰* क्षुद्रघंटिका। छुद्रघंटिका।

†छुपना—*क्रिअ॰* ≤ *हि॰* छिपना।

***छुभित**—[< सं॰ क्षुभित] *वि॰* क्षुभित। क्षुब्ध।

***छुभिराना**—[< सं॰ क्षोभ] *क्रिअ॰* क्षुब्ध होना।

†छुरधार—[< प्रा॰ छुर+ हि॰ धार] *स्त्री॰* छुरे की धार। *वि॰* तेज़ धार वाला (हथियार)।

छुरना**—[देशज] *क्रिअ॰* दूर हटना। ***जैसे—छुवत ही छुरत है।

छुरिका—[सं॰ √छुर् + क्वुन् + टाप्, इत्व] *स्त्री॰* छुरी। कटारी।

छुरित[१]—[सं॰ √छुर् + क्त] *वि॰* १. जड़ा हुआ। जटित। २. बिखरा हुआ या फैलाया हुआ। ३. लेप किया हुआ। ४. पुता हुआ। सना हुआ। *पु॰* लास्य नृत्य का एक भेद जिसमें नायक-नायिका आलिंगन आदि भी करते रहते हैं।

छुहना[१]—[< हि॰ छुहा = चूना/क़लई] *क्रिअ॰* १. चूने आदि से लीपा/पोता/रँगा जाना। *क्रिस॰* १. चूने आदि से लीपना/पोतना/रँगना।

***छुहना[२]**—[< हि॰ छूना] *क्रिअ॰* १. छुआ जाना। २. *क्रिस॰* छूना।

***छुहा[१]**—[प्रा॰ < सं॰ सुधा (= चूना)] *स्त्री॰* (पोतने में प्रयुक्त होनेवाला) चूना। *वि॰* चूने आदि से पुता/रँगा हुआ। ✣ **छुही[१]**—*वि॰ (स्त्री॰)* = १. चूना आदि से पुती/रँगी हुई। २. सिंची हुई। ३. भरी।

छुहा[२]—[< हि॰ छुहना] *वि॰* छुआ हुआ। ✣ **छुही[२]**—*वि॰ (स्त्री॰)* =छुई हुई।

छूछा—[< प्रा॰ छुच्छ < सं॰ तुच्छ] *वि॰* १. (पात्र आदि) जिसमें कुछ न हो। रीता। ख़ाली। ***जैसे***—छूछा घड़ा। २. (व्यक्ति) जिसके पास धन आदि आवश्यक साधनों में से कुछ न हो। ***जैसे***—छूछा राजा। ३. साररहित। निःसार। ***जैसे***—छूछा भाषण। ४. व्यर्थ। ५. विहीन। रहित। ***वा॰* छूछे हाथ**—१. धन या उपहार आदि बिना लिए ख़ाली हाथ। २. बिना चूड़ियों/कड़े वाला हाथ। ✣ **छूछी**—*वि॰ (स्त्री॰)*। ***जैसे***—छूछी थाली। (= ख़ाली थाली)।

छूत—[< प्रा॰ छुत्त] *स्त्री॰* १. छूने या छू जाने की क्रिया/भाव। स्पर्श। २. छूने से रोग का एक व्यक्ति से दूसरे में संक्रमण। संसर्ग से रोग-संक्रमण। ***जैसे***—चेचक छूत की बीमारी है। ३. गन्दी या अपवित्र वस्तु को छूने से होने वाला दोष। संदूषण। स्पर्श-दोष। ***जैसे***—रोगी या प्रसूता स्त्री की छूत। ४. किसी निषिद्ध प्रकार के व्यक्तियों या वस्तुओं के स्पर्श मात्र से अपवित्र/दूषित होने की धारणा। अस्पृश्यता का विचार/भावना। ***वा॰* छूत उतारना/झाड़ना**—भूत-प्रेत की बाधा दूर करना।

***छूम**—[< हि॰ छूमन्तर] *पु॰* जादू-टोना। टोटका।

***छेउ**—[देशज] *पु॰* रोना-धोना।

***छेऊ**—[< हि॰ छह] *वि॰* सभी छह। छहों।

छेक[१]—[सं॰ √छो + डेकन्] *वि॰* १. पालतू। २. नगर में रहनेवाला। ३. चतुर। ४. निपुण।

†छेक[२]—*पु॰* ≤ *हि॰* छेद।

†छेक[३]—[देशज] *पु॰* अन्तर। भेद। ***जैसे***—ब्रह्म और जीव का छेक।

छेकानुप्रास—[सं॰ छेक ~ अनुप्रास] *पु॰* (काव्य॰) अनुप्रास अलंकार का एक भेद। एक ही चरण में किसी वर्ण की स्वरूप से और क्रम से केवल एक बार आवृत्ति (***जैसे***—चारु चन्द्रमा)।

छेकापह्नुति (छेकापह्नुति)—[सं॰ छेक ~ अपह्नुति] *स्त्री॰* (काव्य॰) अपह्नुति अलंकार का एक भेद। अपने कथन से किसी गुप्त बात को प्रकट होते देखकर चतुर व्यक्ति द्वारा उसे छिपाने के लिए असत्य कहने के सरस वर्णन में होनेवाला अलंकार।

छेकोक्ति—[सं॰ छेक ~ उक्ति] *स्त्री॰* (काव्य॰) एक गौण अर्थालंकार। कथन में प्रयुक्त लोकोक्ति से किसी अन्य अर्थ की व्यंजना होने पर होनेवाला अलंकार।

छेज नृत्य—[सिन्धी छेज + सं॰ नृत्य] *पु॰* सिन्धियों का एक लोकनृत्य।

छेड़—[< हि॰ छेड़ना] *स्त्री॰* १. छेड़ने की क्रिया/भाव। २. खिजाने/चिढ़ाने का प्रयत्न। ३. खिजाने/चिढ़ाने वाली बात। नोक-झोंक। ४. (किसी कार्य या बात का) आरम्भ। ✣ **छेड़खानी**—*स्त्री॰* = १. छेड़नेवाली बात या काम। २. हँसी-ठिठोली। नोक-झोंक। ३. किसी लड़की/स्त्री आदि के प्रति अश्लील या अनुचित व्यवहार। ✣ **छेड़छाड़**—[< हि॰ छेड़नाअनु॰] *स्त्री॰* छेड़खानी। (दे॰)

†छेड़ी—[बुन्देली, < प्रा॰ छेंडी] *स्त्री॰* छोटी और पतली गली। छोटा मार्ग।

***छेत**—[< हि॰ छेद] *पु॰* १. अलग होने की क्रिया/मान। पृथक्ता। २. वियोग। ३. छेद।

†छेतना—[< हि॰ छेदना] *क्रिस॰* १. छेदना। २. मारना-पीटना। ३. ठोक-पीटकर कोई वस्तु बनाना। ***जैसे***—चाँदी का कड़ा छेतना।

***छेति**—[< सं॰ छेदन] *स्त्री॰* बाधा। रुकावट।

***छेती**—[< हि॰ छेत] *पु॰* १. अलगाव। दूरी। फ़ासला। २. अन्तर। भेद।

छेत्ता—[सं॰ √छिद् + तृच्] *वि॰* छेदन करनेवाला। छेदक।

छेदन—[सं॰ √छिद् + ल्युट्] *पु॰* १. टुकड़े करना। काटना। २. शरीर के कान, आदि अंगों को छेदना। ***जैसे***—कर्ण-छेदन। (चिकित्सा॰) चीरा लगाना। (जैन॰) मन और बुद्धि की निर्मलता बढ़ाने वाली संयम-सम्बन्धी बाह्य क्रियाएँ। ✣ **छेदन-द्रव्य**—*पु॰* (आयुर्वेद॰) = वह वस्तु जो शरीर में बढ़े हुए तथा शिलष्ट कफ़ आदि को बलपूर्वक तोड़कर अलग-अलग कर दे। ***जैसे***—लालमिर्च और कालीमिर्च प्रसिद्ध छेदन-द्रव्य हैं। ✣ **छेदनहार/*छेदनिहारा**—*वि॰* = १. छेदन करनेवाला। छेदनेवाला। २. काटनेवाला। ३. नष्ट करनेवाला। ✣ ***छेदनिहारी**—*वि॰ (स्त्री)*।

छेना—[< सं॰ छेदन] *पु॰* दूध फाड़कर पानी निकाल देने पर शेष

रहा गाढ़ा पदार्थ। पनीर। *क्रिस°* १. (कुल्हाड़ी आदि से) काटना। २. घाव करना।

छेनी—[< सं° छेदनिका] *स्त्री°* धातु, पत्थर आदि को काटने या उस पर खुदाई करने का लोहे का उपकरण। टाँकी।

***छेमकरी**—[< सं° क्षेमकरी] *स्त्री°* एक पक्षी। सफ़ेद चील।

छेरा—[< सं° छेलक] *पु°* = बकरा। ✣ **छेरी**—*स्त्री°* = बकरी।

***छेव**—[प्रा° छेअ < सं° छेद] *पु°* १. प्रहार। वार। २. घाव। ज़ख्म। ३. ताड़ आदि वृक्षों का रस निकालने के लिए उनका तना छीलना या उसका कुछ अंश काटना। ४. मृत्यु। ५. नाश। ६. संकट। ७. कपट। *स्त्री°* ताड़ वृक्ष का रस। ताड़ी।

†छेवला/छेलिया—[बुन्देली] *पु°* ढाक का पेड़। पलाश वृक्ष।

***छेवा**—[< हि° छेव] *पु°* १. छीलने-काटने का काम। २. प्रहार। वार। ३. घाव। चोट। ४. वध। हत्या। ५. रेखा। लकीर। ६. सीमा की पहचान के लिए कुदाली आदि से की गयी लकीर। ७. चिह्न। निशान।

***छेह**[1]—[< हि° छेव] *पु°* १. प्रहार। वार। २. घाव। ३. ध्वंस। नाश। ४. वियोग। ५. अन्त। समाप्ति। *वि°* खंडित

***छेह**[2]—*स्त्री°* ≤ *सं°* खेद।

***छेह**[3]—[< हि° खेह] *पु°* मिट्टी। धूल।

†छेह[4]—[राजस्थ°] *स्त्री°* १. अन्त। २. किनारा। छोर। ३. विश्वासघात। धोखा। ४. थाह। गहराई। ५. हानि।

छैंकन (छेंकन)—[< हि° छेंकना] *स्त्री°* १. छेंकने की क्रिया/भाव। छेंक। २. घेरा। ३. रोक। ४. अलगाव। ५. जाति आदि से अलग किया जाना। बहिष्कार।

छैन—[< प्रा° छेदण < सं° छेदन] *पु°* कुम्हार की वह डोरी जिससे वह चाक पर चढ़ा बर्तन काटकर अलग करता है। छोवन।

छैना[1]—[< सं° क्षयण] *क्रिअ°* क्षय होना। क्षीण होना। छीजना। *क्रिस°* १. क्षीण करना। २. नष्ट करना।

छैना[2]—[< हि° छाना] *क्रिअ°* व्याप्त होना। छा जाना।

छैला—[< प्रा° छइल्ल] *पु°* बहुत सजधजकर रहने वाला युवक। छैल। छैलचिकनिया। छैलछबीला। सजीला। बाँका।

***छैलाना**—[देशज] *क्रिअ°* (किसी वस्तु को पाने के लिए) बालकों का मचलना और हठ करना।

†छोई—[प्रा° छोइआ] १. रस निकाला हुआ गन्ने का टुकड़ा या ऊपर का छिलका। खोई। २. सारहीन वस्तु। ३. व्यर्थ/रद्दी वस्तु।

***छोकल**—[< सं° शल्क] *पु°* छिलका।

छोछक—[< सं° शावक] *पु°* शिशु के जन्म पर उसकी ननिहाल से भेजा जाने वाला उपहार का सामान।

छोड़—[< हि° छोड़ना] *स्त्री°* १. 'छोड़ना' की क्रिया/भाव। २. छुटकारा, छूट, परित्याग या शेष। *क्रिवि°* 'छोड़कर' का संक्षिप्त रूप। अतिरिक्त। सिवाय। ***जैसे***—मुझे छोड़ तुम्हारी रक्षा कोई नहीं करेगा। ✣ **छोड़-छाड़कर**—*क्रिवि°* = छोड़कर।

***छोना**—*पु°* ≤ *हि°* छौना। शावक या बालक।

***छोनिप**—[< सं° क्षोणिप] *पु°* पृथ्वीपति। राजा।

***छोनी**—[< सं° क्षोणी] *स्त्री°* पृथ्वी। भूमि। ✣ **छोनीपति**—*पु°* = राजा।

†छोपती नृत्य—[देशज] *पु°* गढ़वाल प्रदेश का एक लोकनृत्य।

***छोम**—[< सं° क्षौम] *वि°* १. क्षौम। (दे°) २. चिकना। ३. कोमल।

छोर—[हि° 'ओर' का अनु°] *पु°* १. सीमा। ***जैसे***—रस्सी का छोर। २. सिरे या किनारे पर का भाग। ***जैसे***—वस्त्र का छोर।

†छोरटा—*पु°* ≤ *हि°* छोरा। लड़की। ✣ **छोरटी**—*स्त्री°* = छोरी। लड़की।

छोरना—[< सं° छोरण] *क्रिस°* १. छोड़ना। (दे°) २. छीनना। ३. खोलना। ४. पहने हुए वस्त्र उतारना।

†छोरा—[प्रा° छोयर] *पु°* लड़का। ✣ **छोरी**—*स्त्री°* = लड़की। ✣ **छोरा-छोरी**[1]—[हि°] लड़का-लड़की।

†छोरा-छोरी[2]—[< हि° छोरना] *स्त्री°* छीना-झपटी।

छोल—[< हि° छोलना] *स्त्री°* खरोंच का चिह्न।

छोलदारी—[देशज] *स्त्री°* एक प्रकार का छोटा तम्बू/डेरा।

***छोलना**—[< प्रा° छोल्लण] *क्रिस°* छीलना। *पु°* वस्तुएँ छीलने का उपकरण। ✣ **छोलत**—*क्रिवि°* = छीलते हुए। छीलते समय। ✣ ***छोलि**—*क्रिवि°* = छीलकर। ✣ ***छोलि-छालि**—*क्रिवि°* = छील-छालकर।

छोलूजा नृत्य—[देशज] *पु°* राजस्थान का एक समूह-नृत्य जो विवाह के अवसर पर किया जाता है।

†छोवन—[< सं° छेन] *पु°* कुम्हार की वह डोरी जिससे वह चाक पर चढ़ा बर्तन काटकर अलग करता है। छैन।

***छोह/छोहु**—[< सं° क्षोभ] *पु°* १. प्रेम। स्नेह। वात्सल्य। २. ममता। ३. कृपा। दया। ४. लालसा। ५. कुढ़न। ६. क्रोध।

***छोहरा**—[प्रा° छोहर] *पु°* छोरा। लड़का। ✣ **छोहरिया/छोहरी**—*स्त्री°* = छोरी। लड़की।

†छौंकर (छोंकर)—[ब्रज°] *पु°* शमी वृक्ष।

†छौंड़ा[1] **(छोंड़ा**[1]**)**—[< हि° छोरा] *पु°* लड़का। बच्चा। छोरा। ✣ **छौंड़ी**[1] **(छोंड़ी**[1]**)**—*स्त्री°* = लड़की। छोरी।

छौंड़ा[2] **(छोंड़ा**[2]**)**—[देशज] *पु°* (दही मथने की) मथानी। ✣ **छौंड़ी**[2] **(छोंड़ी**[2]**)**—*स्त्री°* = मथानी।

छौना—[< प्रा° छाव < शावक] १. पशु का बच्चा। ***जैसे***—मृग-छौना, मराल-छौना। २. बालक। बच्चा। ***जैसे***—नन्द जी का छौना।

छ्वाना**—[< हि° छूना] *क्रिस°* किसी अन्य से स्पर्श कराना। छुआना। ***जैसे—पुत्र से साधु के पैर छ्वाना। ✣ **छ्वै**—*क्रिवि°* = छूकर।

ज

देवनागरी वर्णमाला में चवर्ग का तीसरा वर्ण। (भाषाविज्ञान की दृष्टि से) यह तालव्य, घोष, अल्पप्राण और स्पर्श-संघर्षी है। फ़ारसी आदि और अँग्रेज़ी से आए शब्दों की **'ज़'** ध्वनि, जो वर्त्स्य और संघर्षी तथा 'स' का घोष रूप है, हिन्दी-भाषियों द्वारा कहीं 'ज' और कहीं 'ज़' बोली जाती है। सामान्य बोलचाल में तथा हिन्दी की बोलियों में 'ज़' प्रायः 'ज' हो जाता है परन्तु 'ज' और 'ज़' दोनों ही लेखन और बातचीत में सहज रूप में अपनाए जाते हैं। ● **विशेष—१.** विदेशी ध्वनियों को भी देवनागरी लिपि में शुद्ध लिखने और बोलने में समर्थ हिन्दीभाषी 'ज़' और 'ज' को बोलने/लिखने में त्रुटि नहीं करना चाहते, क्योंकि **'जीना'** और **'ज़ीना'**, **'जरा'** और **'ज़रा'**, **'नाज'** और **'नाज़'** इत्यादि में **अर्थ का बहुत अन्तर** 'ज' के स्थान पर 'ज़' अथवा 'ज़' के स्थान पर 'ज' बोलने/लिखने से हो जाता है। **प्रस्तुत कोश में 'ज़' वाले शब्दों में 'ज़' का ही प्रयोग किया गया है। *जैसे*—'ज़मीन', 'बाज़ू' इत्यादि। सामान्यतः 'ज' के समान ही 'ज़' वाले शब्द यथास्थान रखे गए हैं, 'ज' के ठीक बाद ही 'ज़' है, *जैसे*—'जरा' के बाद 'ज़रा', 'साज' के बाद 'साज़' इत्यादि।** **२.** 'ज' वर्ण में स्वरों की मात्राएँ सामान्य रूप से जुड़ती हैं इनके अनुस्वार-युक्त रूप तथा अनुनासिक रूप (चन्द्रबिन्दु-युक्त रूप भी बनते हैं। शिरोरेखा के ऊपर मात्रा होने पर चन्द्रबिन्दु के स्थान पर मुद्रण आदि में सुविधा के लिए केवल बिन्दु (अनुस्वार जैसा) का प्रयोग भी प्रचलित है (जौंक→जोंक) परन्तु इसमें बिन्दी को पंचम वर्ण (ञ्) के स्थान पर लगी बिन्दी समझने का भ्रम हो सकता है। **३.** 'ज्' से 'ज' का संयोग अर्थात् 'ज्' का द्वित्व 'ज्ज' के रूप में होता है (लज्जा, सज्जित)। 'ज' वर्ण से पहले आकर मिलनेवाले व्यंजनों में 'ञ्' और 'र्' मुख्य हैं। 'ञ्' का संयुक्त रूप 'ञ्ज' होता है (कञ्ज, पुञ्ज) और 'र' का संयुक्त रूप 'र्ज' (वर्जन, तर्जनी)। 'ञ्' के संयुक्त रूप वाले शब्दों को शिरोरेखा के ऊपर बिन्दी लगाकर लिखना भी प्रचलित है (कञ्ज→कंज, पुञ्ज→पुंज)। **४.** 'ज' पहले आकर प्रायः 'झ', 'ञ', 'य' और 'र' से मिलता है। इन वर्णों से संयुक्त रूप क्रमशः 'ज्झ', 'ज्ञ', 'ज्य' और 'ज्र' होते हैं (तुज्झ, ज्ञान; राज्य, वज्र,)। इनमें से **'ज्' और 'ञ' का संयुक्त रूप 'ज्ञ' क्षेत्रीय बोलियों में शताब्दियों से 'ग्य' बोला जाता रहा है** (ज्ञान = ग्यान) **जबकि वास्तव में यह 'ज्ञ' है** (ज्ञान = ज्ञ्यान) और संस्कृतज्ञ इसका शुद्ध उच्चारण ही करते हैं। **५.** 'ज' के समान ही 'ज़' के भी संयुक्त रूप समझने चाहिए परन्तु 'ज' और 'ञ' से इसका संयोग नहीं होता।

ज[१]—[सं॰ √जन् + ड, अथवा √जि + ड] *पुं॰* १. पिता। जनक। २. उत्पत्ति। जन्म। ३. विष्णु। ४. मोक्ष। मुक्ति। ५. विष। ज़हर। ६. पिशाच। ७. कान्ति। आभा। ८. वेग। ● **विशेष**—समस्त (= समास वाले) पद के अन्त में जुड़कर 'ज' = '...से उत्पन्न'। ***जैसे***—वारिज = वारि से उत्पन्न, मलयज = मलय से उत्पन्न।

ज[२]—[< सं॰ जगण] *पुं॰* (छन्द॰) 'जगण' का संक्षिप्त रूप।

***ज[३]**—[< सं॰ यः] *सर्व॰, वि॰* जो।

***ज[४]**—[< सं॰ यदा] *क्रिवि॰* जब।

***जइ**—[< सं॰ यदि] *अव्यय॰* यदि। ✣ जइ...तउ = यदि...तो।

***जइसे**—[< अप॰ जइस < सं॰ यादृश] *क्रिवि॰* जिस प्रकार। जैसे।

जई[१]—[< सं॰ यविका] *स्त्री॰* १. एक मोटा अन्न जो 'जौ' की जाति का होता है। २. उक्त का पौधा या छोटा अंकुर। ३. अंकुर। ४. कुछ पौधों/लताओं में लगनेवाले बतिया और फूल जिनके मूल में फल का आरम्भिक रूप होता है। ***जैसे***—कुम्हड़े की जई।

जई[२]—[< सं॰ यदि] *क्रिवि॰* यद्यपि। हालाँकि।

***जई[३]**—[प्रा॰ < सं॰ जयी] *वि॰* जीतनेवाला। विजयी। ● **विशेष**—'जई' का प्रयोग 'जीतवा' क्रिया (< सं॰ √जि) तथा उत्पन्न होना, जन्मना (< सं॰ √जन्) के भूतकालिक रूप में भी मिलता है।

ज़ईफ़—[अरबी] *वि॰* वृद्ध। बूढ़ा। *पुं॰* वृद्ध पुरुष। बूढ़ा। ✣ **ज़ईफ़ी**—*स्त्री॰* = वृद्धावस्था। बुढ़ापा।

***जउ**—[< सं॰ यदि] *अव्यय॰* यदि। अगर।

***जऊ**—[< सं॰ यदि] *अव्यय॰* १. यदि। २. यद्यपि। हालाँकि।

***जओतुक**—[< सं॰ यौतुक] *पुं॰* यौतुक। दहेज।

जकन्दना (जकंदना)—[< फा॰ ज़कन्द] *क्रिअ॰* १. उछाल भरना। छलाँग लगाना। २. झपटना। ✣ **जकन्दनि (जकंदनि)** *स्त्री॰* = १. उछाल। छलाँग। २. उछल-कूद। ३. दौड़-धूप। ४. उलझन।

जक[1]—[< हि॰ झक] *स्त्री॰* १. हठ। ज़िद। ***वा॰* जक पकड़ना**—हठ करना। २. रटते रहना। रट। धुन। **जक बाँधना/लगाना**—रट लगाना। सदा एक ही बात कहते रहना। **जक लगना**—रट/धुन लगना।

जक[2]—[देशज] *स्त्री॰* १. सुख। आराम। २. मानसिक स्थिरता। शान्ति। चैन। कल। ***वा॰* जक न पड़ना**—चैन न मिल पाना।

***जक**[3]—[< स॰ यक्ष] *पु॰* १. यक्ष। २. कंजूस व्यक्ति। कृपण।

***जक**[4]—[< अरबी ज़क] *स्त्री॰* १. पराजय। हार। २. हानि। ३. लज्जा। ४. अपमान। ५. भय।

***जकना**—[< हि॰ जक[1]] *क्रिअ॰* १. चकित होना। चकपकाना। २. रटना। ३. व्यर्थ बोलना। बकना। ✣ **जकि/जकित**—*वि॰* आश्चर्य से स्तम्भित।

***जकाजक**—[अनु॰] *पु॰* घोर युद्ध। *क्रिवि॰* बहुत जोरों से। वेगपूर्वक।

ज़कात—[अरबी] १. दान। ख़ैरात। २. कर। महसूल। ✣ **ज़काती**—*वि॰* = ज़कात का। *पु॰* कर/महसूल उगाहने या वसूलने वाला।

जकी[1]—[< हि॰ जकना] *क्रिअ॰* 'जकना' का एक भूतकालिक रूप। चकित हो गयी। *वि॰* चकित।

ज़की[2]—[< हि॰ जक = हठ] *वि॰* हठी। ज़िद्दी।

जकी[3]—[< हि॰ जकड़ना] *वि॰* १. जकड़ी हुई। २. स्तम्भित। *क्रिअ॰* जकड़ गयी या जकड़ी गयी।

***जक्त**—*पु॰* ≤ स॰ जगत्।

†**जखन**—[< स॰ यत् ~ क्षण] *क्रिवि॰* जिस समय। जब।

जखीरा/ज़ख़ीरा—[< अरबी ज़ख़ीरः] *पु॰* १. राशि। संचय। ढेर। २. कोष। ३. (किसी वस्तु की) प्रचुरता का स्थान।

†**जखैया**—[< स॰ यक्ष] *पु॰* यक्ष या भूत-प्रेत।

***जख**—*पु॰* ≤ स॰ यक्ष। (दे॰) ✣ **जखनी**—*स्त्री॰* = यक्षिणी।

जग[1]—[< स॰ जगत्] *पु॰* संसार। जगत्। विश्व।

जग[2]—[अं॰] *पु॰* लम्बे बड़े लोटे जैसा एक पात्र।

जगच्चक्षु—[स॰ जगत् ~ चक्षु] *पु॰* सूर्य। रवि।

जगजग—[प्रा॰] *वि॰* जंगमगाता हुआ। चमकदार। जगमग।

जगजानी**—[< स॰ जग + जानी] *वि॰* जो सबको मालूम हो। सर्वविदित। ***जैसे—जगजानी बातें।

जगजामिनि—[< स॰ जगत् ~ यामिनी] *स्त्री॰* संसार रूपी रात्रि।

***जगजाल**—[< स॰ जगज्ज़ाल] *पु॰* विश्व का प्रपंच। विश्व-विस्तार।

***जगजोनि/जगजोनी**—[< स॰ जगद्योनि] *पु॰* विश्व की उत्पत्ति का मूल कारण। परमात्मा।

जगड्वाल—[< प्रा॰ जगड़ या < स॰ जगज्जाल] पु॰ बिना बात का झगड़ा/बखेड़ा या आडम्बर।

जगण—[स॰ ज ~ गण] *पु॰* (छन्द॰) लघु-गुरु-लघु मात्राओं के क्रम वाला वर्णिक गण।

जगत्—[स॰ √गम् + क्विप्, द्वित्व, तुगागम] *वि॰* जो गतिशील हो। *पु॰*—१. विश्व। संसार। जग। दुनिया। २. चेतन सृष्टि। ३. कोई विशेष कार्यक्षेत्र या उसके प्राणियों, वस्तुओं इत्यादि का समूह/वर्ग। ***जैसे***—पशु-जगत्, बाल-जगत्, विज्ञान-जगत्। (शैव॰) परम शिव की नित्य, सत्य और परिवर्तनशील सृष्टि।

जगत[1]—*पु॰* ≤ स॰ जगत्।

जगत[2]—[< स॰ जगती] *स्त्री॰* कुएँ के मुँह पर चारों ओर बना गोल चबूतरा जिस पर खड़े होकर पानी खींचा जाता है।

जगतसेठ—[< स॰ जगत् + हि॰ सेठ)] *पु॰* किसी नगर या राज्य का सबसे धनी सेठ जिसकी व्यापक साख हो। ***वा॰* जगतसेठ का साला**—ऐसा मनुष्य जिसका वैभव/महत्त्व किसी वैभवशाली/महत्त्वपूर्ण व्यक्ति की कृपा से हो।

***जगतारण**—[हि॰ जगत् + स॰ तारण] *वि॰* १. सबको तारनेवाला। सर्वोद्धारक। २. सबकी रक्षा करनेवाला। सर्वरक्षक। *पु॰* परमात्मा। ✣ **जग-तारन**—*वि॰, पु॰* = जग-तारण।

जगती—[स॰ √गम् + अति + ङीप्, नि॰] *स्त्री॰* १. पृथ्वी। २. विश्व। जगत्। ३. मानव जाति। लोग। (छन्द॰) १. चार चरणों का एक वैदिक छन्द जिसके प्रत्येक चरण में १२ वर्ण होते हैं। २. बारह वर्णों के छन्दों की संज्ञा।

जगती-तल—[स॰] *पु॰* पृथ्वी। धरती।

जगतीधर—[स॰ जगती ~ धर] *पु॰* भूधर। पर्वत।

जगत्प्राण (जगत्प्राण)—[स॰ जगत् ~ प्राण] *वि॰* जगत् के प्राणों के समान। जो विश्व-जीवन का आधार हो। *पु॰* १.वायु। २. परमात्मा।

जगत्साक्षी (जगत्साक्षी)—[स॰ जगत् ~ साक्षी (साक्षिन्)] *पु॰* परमात्मा। सूर्य।

जगद्—[स॰ जगत्] *पु॰* 'जगत्' का एक सन्धि-रूप। ***जैसे***—जगत् + गुरु = जगद्गुरु।

जगदघ—[स॰ जगत् ~ अघ] *पु॰* संसार के पाप।

जगदन्त (जगदंत)—[स॰ जगत् ~ अन्त] १. जगत् का अन्त। २. जगत् का अन्तस्वरूप परमात्मा।

जगदम्बा/जगदम्बिका (जगदंबा/जगदंबिका)—[स॰ जगत् ~ अम्बा/अम्बिका] *स्त्री॰* जगज्जननी।

जगदादि—[स॰ जगत् ~ आदि] *पु॰* १. जगत् का आदि/मूल। परमात्मा। २. ब्रह्मा। ३. जगत् इत्यादि।

जगदेक—[स॰ जगत् ~ एक] *वि॰* १. जो संसार में एकमात्र हो। २. अनुपम। ***जैसे***—जगदेक वीर।

जगद्धाता (जगद्धाता)—[स॰ जगत् + धाता] *वि॰* १. जगत् को धारण करनेवाला। विश्वधारक। २. जगत् को बनानेवाला। विश्वविधाता। *पु॰* १. परमात्मा। ब्रह्म। २. ब्रह्मा।

जगद्धात्री (जगद्धात्री)—[स॰ जगत्-धात्री] *वि॰* १. जगत् को धारण करनेवाली। विश्वधारिका। २. जगत् को बनानेवाली। विश्वविधात्री। *स्त्री॰* १. आदि महाशक्ति। ब्रह्म-शक्ति। २. देवी (सरस्वती या दुर्गा आदि)।

जगद्भासक (जगद्भासक)—[स॰ जगत् ~ भासक] *वि॰* विश्व

को प्रकाशित करनेवाला। *पु॰* १. सूर्य। २. परमात्मा।

जगद्योनि (जगद्योनि)—[सं॰ जगत् ~ योनि] *पु॰* १. विश्व का मूल कारण। परमात्मा। २. विष्णु। ३. शिव। महादेव। *स्त्री॰* १. महाशक्ति। मूल प्रकृति। २. पृथ्वी।

जगद्वन्द्य (जगद्वंद्य)—[सं॰ जगत् ~ वन्द्य] *वि॰* जिसकी वन्दना विश्व/संसार करे। सर्वप्रणम्य। विश्व-पूज्य। *पु॰* परमात्मा। ✣ **जगद्वन्द्या (जगद्वंद्या)**—*वि॰ (स्त्री॰)* = सर्वप्रणम्या। विश्व-पूज्या। *स्त्री॰* = परमात्मा की शक्ति। आदिशक्ति। महाशक्ति।

जगद्वहा (जगद्वहा)—[सं॰ जगत् ~ वह + टाप्] *स्त्री॰* १. विश्व को धारण करनेवाली। २. पृथ्वी।

जगन्नाटक/जगन्नाट्य—[सं॰ जगत् ~ नाटक/नाट्य] *पु॰* १. जगत्‌रूपी नाटक। विश्व-नाटक। २. जगत्-सम्बन्धी अभिनय या अभिनय जैसे कार्य।

जगन्नाथ—[सं॰ जगत् ~ नाथ] *पु॰* १. जगत् का नाथ। विश्व का स्वामी। परमात्मा। विष्णु। २. (वासुदेव) कृष्ण। ३. पुरी (जगन्नाथपुरी, उड़ीसा) में स्थापित भगवान् कृष्ण की मूर्ति (जिसके साथ बलराम और सुभद्रा की मूर्तियाँ भी हैं) का नाम।

जगन्निवास—[सं॰ जगत् ~ निवास] *पु॰* जगत् में व्याप्त परमात्मा। विष्णु।

जगन्निष्ठ—[सं॰ जगत् + निष्ठ] *वि॰* संसार में आसक्त। संसारी। ***जैसे***—कवि का मन जगन्निष्ठ मनुष्यों से दूर रहना चाहता है।

जगन्मय—[सं॰ जगत् + मयट्] *पु॰* जगत् में व्याप्त परमात्मा। विष्णु। ✣ **जगन्मयी**—*स्त्री॰* = १. जगत् में व्याप्त आदिशक्ति। महाशक्ति। २. पृथ्वी।

जगबीती—[< हि॰ जग + बीतना] *वि॰ (स्त्री॰)* जो संसार में किसी/किन्हीं के साथ घटित हुई हो या होती हो। *स्त्री॰* कथा। कहानी।

जगमग—[< प्रा॰ जगंजग] *वि॰* जगमगाता हुआ। चमकीला। ***जैसे***—जगमग दीवाली। *स्त्री॰* चमक।

जगमय—[< सं॰ जगन्मय] *वि॰* विश्वरूप। विश्वव्याप्त। ***जैसे***—जगमय परमात्मा। ✣ **जगमयी**—*वि॰ (स्त्री॰)*।

***जगमूल**—[< सं॰ जगत् ~ मूल] *वि॰, पु॰* जगद्योनि। (दे॰) ✣ **जगमूला**—*वि॰ (स्त्री॰), स्त्री॰* = जगद्योनि।

***जगरनाथ**—*पु॰* ≤ *सं॰* जगन्नाथ।

जगरमगर**—[< हि॰ जगमग]—*स्त्री॰* जगमगाहट। चमक। ***जैसे—उत्सव में सर्वत्र जगरमगर थी। *वि॰* जगमग। ज्योतिर्मय।

†जगरो—[बुन्देल॰, < सं॰ जगल = गोबर] *पु॰* (गोबर के) कंडों का ढेर।

***जगाजोत/जगाजोति**—[< हि॰ जगमग + सं॰ ज्योति] *स्त्री॰* जगमगाहट। चमक।

†जगात—*पु॰* ≤ अरबी॰ ज़कात। (दे॰) ✣ **जगाती**—*वि॰, पु॰* ≤ *हि॰* ज़काती।

***जगार**—[< हि॰ जागना] *स्त्री॰* जागरण।

जगी—[देशज] *स्त्री॰* मोर की जाति का एक बड़ा पक्षी।

†जगीला—[< हि॰ जागना] *वि॰* १. जागता हुआ। जागा हुआ। २. जागने के कारण थका हुआ तथा आलस्य अनुभव करता हुआ। ३. जिसकी आँखों में नींद भरी हो। उनींदा। ४. (अग्नि, दीपक की लौ आदि के सन्दर्भ में) जलता हुआ। जलनेवाला। प्रज्वलित।

***जगीस**—[< सं॰ जिगीषा] *स्त्री॰* १. जीतने की इच्छा। जिगीषा। २. इच्छा।

जगौहाँ[1]—[< हि॰ जागना] *वि॰* निरन्तर जागते रहने वाला।

जगौहाँ[2]—[< हि॰ जगाना] *वि॰* जो दूसरों को जगाने में निरन्तर प्रयत्नशील हो।

***जग्ग/जग्य**—*पु॰* ≤ *सं॰* यज्ञ। ✣ **जग्य उपबीत, जग्योपबीत**—*पु॰* ≤ *सं॰* यज्ञोपवीत।

जघन—[सं॰ √हन् + अच्, द्वित्व] *पु॰* १. कमर के नीचे का भाग। पेड़ू। २. कटि-देश। नितम्ब। ३. सेना का पिछला भाग। ✣ **जघन-गौरव**—*पु॰* = नितम्ब का भार।

जघनचपला—*स्त्री॰* १. दुश्चरित्र स्त्री। कुलटा। २. तेज़ी से नाचनेवाली स्त्री। (छन्द॰) आर्या छन्द का एक भेद जिसका प्रथम भाग 'आर्या' छन्द का ही होता है परन्तु द्वितीय भाग 'चपला' छन्द का होता है।

जघन्य—[सं॰ जघन + यत्] *वि॰* १. गर्हित। निन्दनीय। निकृष्ट। नीच।

जघ्नि (जघ्नि)—[सं॰ √हन् + कि, द्वित्व] *वि॰* मार डालने वाला। घातक। *पु॰* वध करने का एक प्राचीन अस्त्र।

जघ्न (जघ्न)—[सं॰ √हन् + कु, द्वित्व] *वि॰* मार डालने वाला। घातक।

जङ्खना (जंखना)—[< हि॰ झंखना] *क्रिअ॰* १. पश्चात्ताप करना। पछताना। २. झींकना।

जङ्ग (जंग)—[फा॰] *स्त्री॰* युद्ध।

ज़ङ्ग (ज़ंग)—[फा॰] *स्त्री॰* लोहा आदि धातुओं से वायु और नमी की रासायनिक प्रक्रिया से उन पर जमनेवाला विकार/मैल। मोर्चा। ***वा॰* ज़ंग लगना**—१. प्रयोग में न आने के कारण बेकार होता जाना। २. बेकार हो जाना।

जङ्गम (जंगम)—[सं॰ √गम् + यङ् + (लुक्) + यच्] *वि॰* १. चलने-फिरनेवाला। चर। २. चर प्राणियों का। ***जैसे***—जंगम विष। *पु॰* १. चर जीवधारी। २. (लिंगायत शैव सम्प्रदाय में) गुरु की उपाधि। ∇ **विलोम**—स्थावर। ✣ **जङ्गम विष (जंगम विष)**—*पु॰* = चर प्राणियों का विष।

जङ्गमेतर (जंगमेतर)—[सं॰ जङ्गम ~ इतर] *वि॰* जंगम से भिन्न। जो चल-फिर न सके। अचल। स्थावर।

जङ्गला (जंगला)—[< पुर्त॰ जेंगिला] *पु॰* बरामदे/छज्जे आदि के आगे किनारे पर लगी हुई सुरक्षात्मक बाड़ या शोभावर्धक रचना जो प्रायः ऊपर-नीचे लम्बी लोहे की पट्टियों में जड़ी लोहे की खड़ी छड़ों या जाली के रूप में होती है।

जङ्गारी (जंगारी)—[< फा॰ जंगार] *वि॰* जंगार/तूतिया के समान रंग वाला। नीला।

जड़्घार (जंघार)—[< स० जङ्घा] *वि०* जाँघ पर होनेवाला। *पुं०* जाँघ पर होनेवाला एक फोड़ा।

ज़च्चा—[< फा० ज़च्च:] *स्त्री०* १. वह स्त्री जिसने कुछ समय/दिन पहले ही शिशु को जन्म दिया हो। प्रसूता। २. शिशु-जन्म के अवसर पर गाए जाने वाले विशेष लोकगीत। ✣ **ज़च्चाख़ाना**—*पुं०* = प्रसूति-गृह। सौरी। ✣ **ज़च्चा-बच्चा**—*पुं०* = प्रसूता स्त्री तथा नवजात शिशु।

***जच्छपति/जच्छेस**—[स० यक्षपति/यक्षेश] *पुं०* यक्षों का स्वामी। यक्षपति। यक्षेश। कुबेर।

***जजना**—[< स० यजन] *क्रिस०* १. पूजा करना। पूजना। २. आदर/सत्कार करना।

जजमान—[< स० यजमान] *पुं०* यजमान। (दे०) ✣ **जजमानिनी**—*स्त्री०* = १. यजमान की पत्नी। २. वह स्त्री जो यजमान हो। ३. दान देनेवाली स्त्री। ✣ **जजमानी**—*स्त्री०* = यजमानी। (दे०) ✣ **जजमानी व्यवस्था**—*स्त्री०* = हिन्दू जाति-प्रथा में यह परम्परागत रीति कि एक ग्राम का प्रत्येक जाति-समूह दूसरी जातियों के परिवारों को कुछ निश्चित सेवाएँ पीढ़ी-दर-पीढ़ी प्रदान करे (***जैसे***—ब्राह्मण पुरोहित का काम करे, धोबी कपड़े धोए और नाई हजामत बनाए)। ● **विशेष**—जिसे सेवा दी जाती है, वह **'जजमान'** और जो सेवा देता है, वह **'प्रजा'** कहलाता है।

***जजाति**—[< स० ययाति] *पुं०* (चन्द्रवंशी राजा) ययाति।

जज़िया—[< अरबी जज़िय:] *पुं०* मुसलमान शासकों द्वारा हिन्दुओं आदि पर अ-मुस्लिम होने के कारण लगाया जाने वाला विशेष कर।

जजी—[< अ० जज] १. न्यायाधीश होने की अवस्था/पद/भाव। न्यायाधीशता। २. न्यायाधीश की कचहरी।

जज़ीरा—[< अरबी जज़ीर:] *पुं०* द्वीप। टापू।

जज़्ब—[अरबी] *पुं०* जो सोखा गया हो। शोषित। ***जैसे***—धूप के द्वारा जज़्ब पानी।

जज़्बा—[< अरबी जज़्ब:] *पुं०* १. भावना। मनोवृत्ति। २. उत्साह। जोश। ● **विशेष**—'जज़्बा' का बहुवचन **'जज़्बात'** या **'जज़्बे'** होता है। ✣ **जज़्बाती**—*वि०* = १. भावनापरक। २. भावनात्मक। ३. भावुक। ४. जोशीला।

***जञ्जर/जञ्जल (जंजर/जंजल)**—[< स० जर्जर] *वि०* जीर्ण-शीर्ण। जर्जर।

जञ्जाल (जंजाल)—[< स० जगत्‌जाल] *पुं०* १. संसार का बखेड़ा। माया। २. प्रपंच। ३. झंझट। बखेड़ा। झमेला। ४. उलझन।

जंजालिया/जंजाली—[< हि० जंजाल] *वि०* १. जंजाल में फँसा हुआ। माया, प्रपंच, झमेला या उलझन में ग्रस्त। २. झगड़ा/बखेड़ा करनेवाला।

ज़ञ्जीर (ज़ंजीर)—[फा०] *स्त्री०* १. धातु की बनी अनेक कड़ियों को लम्बी लड़ी। शृंखला। साँकल। २. उक्त प्रकार का गले का एक आभूषण। ३. क़ैदियों के पैरों को बाँधने की लोहे की शृंखला। बेड़ी। ४. दरवाज़े के किवाड़ों को बन्द करने की लौह-शृंखला। साँकल। कुंडी। ५. भूमि नापने की लौह-शृंखला। जरीब। ६. (लाक्षणिक) घटनाओं का क्रम/सिलसिला। शृंखला। ✣ **ज़ंजीरी**—*वि०* = १. ज़ंजीर में बँधा हुआ। बन्दी। २. जिसमें ज़ंजीर लगी हो। ज़ंजीरदार।

***जटना**[1]—[< स० √जट्] *क्रिस०* जड़ना।

जटना[2]—[देशज] *क्रिस०* ठगना।

जटा—[स० √जट् + अच् + टाप्] *स्त्री०* १. आपस में उलझे हुए और चिपके हुए, रूखे तथा लम्बे केशों का समूह। ***जैसे***—साधुओं की जटाएँ। २. पेड़-पौधों की जड़ों के आपस में उलझे हुए पतले-पतले रेशों का समूह। ३. (सिंह के) अयाल। ४. वेद-पाठ की एक जटिल रीति/विधि। ५. (वृक्ष की) जड़ या शाखा। ६. 'जटामांसी' नामक औषधोपयोगी वनस्पति। बाल्छड़। ७. शतावर। शतावरी।।

जटा-जूट, जटाजूट—[स०] *पुं०* १. जटाओं का समूह। २. जूड़े के रूप में बँधी जटाएँ।

जटाधर—[स० जटा~ धर] *वि०* जटाधारी। *पुं०* शिव। महादेव।

जटाना—[< हि० जटना] *क्रिस०* ठगा जाना।

जटा-पटल—[स०] *पुं०* जटाओं का समूह। जटा-जूट।

जटामांसी—[स० जटा ~ मांस + ङीष्] *स्त्री०* गुल्म जाति की एक वनस्पति जिसकी जड़ सुगन्धित होती है। बालछड़ नामक औषधोपयोगी वनस्पति।

जटामाली—[स० जटामालिन्] *पुं०* शिव। महादेव।

जटामुकुट—[स० जटा ~ मुकुट] *पुं०* जटाओं का जूड़ा रूपी मुकुट।

जटाल—[स० जटा + लच्] *वि०* जटाओंवाला। जटायुक्त। *पुं०* १. वट वृक्ष। बरगद। २. गुग्गुल। ३. कचूर।

जटाव—[< हि० जटना] *पुं०* ठगा जाने की क्रिया/भाव। ठगाई।

जटाशङ्करी (जटाशंकरी)—[स० जटाशङ्कर + ङीप्] *स्त्री०* (शिव की जटाओं में रहनेवाली) गंगा।

जटि—[स० √जट् + इन्] *स्त्री०* = १. जटा। २. समूह। ३. वट-वृक्ष। बरगद। ४. पाकड़ (वृक्ष)। ५. जटामांसी।

जटित—[स० √जट् + क्त + इतच्] *वि०* १. जड़ा हुआ। ***जैसे***—मणि-जटित। २. (किसी एक धातु पर दूसरी धातु का अंश) अलंकरण के लिए जड़ा हुआ। उद्‌भृत।

ज़टियल[1]—[< स० जटा] *वि०* जटाओंवाला। जटा-युक्त।

***जटियल**[2]—[< स० जटिल] *वि०* १. जटिल। २. निकम्मा।

जटिल—[स० जटा + इलच्] *वि०* १. (साधु आदि की) जटाओं की तरह उलझा हुआ। २. उलझा हुआ या पेचीदा (कार्य)। उलझनवाला (काम)। ***जैसे***—हत्या के जटिल मामलों को सुलझाने में पुलिस सफल रही है। ३. कठिन या दुर्बोध (बात)। ∇ **विलोम**—सरल। *पुं०* १. शिव। महादेव। २. सिंह। शेर। ३. साधु या ब्रह्मचारी। ४. जटामांसी। ✣ **जटिलता**—*स्त्री०* = जटिल होने की अवस्था/गुण/भाव। जटिलपन। ✣ **जटिलत्व/जटिलपन**—*पुं०* = जटिलता।

जटिला—[सं॰ जटिल + टाप्] *स्त्री॰* १. ब्रह्मचारिणी। २. जटामांसी। ३. पिप्पली। पीपल।

जटी—[सं॰ जटिन्] *वि॰* जटाधारी। *पु॰* १. शिव। महादेव। २. वट वृक्ष। बरगद। ४. पाकड़ वृक्ष। ✣ **जटिनी**—*वि॰ (स्त्री॰)* = जटाधारिणी।

जठर—[सं॰ √जन् + अर, ठ आदेश] *पु॰* १. पेट। २. गर्भाशय। ३. किसी वस्तु का भीतरी भाग। *वि॰* १. कठोर। कड़ा। २. वृद्ध। बूढ़ा। ३. पुराना। ***वा॰* जठर की आग**—१. भूख। २. भूख से होनेवाला कष्ट। **जठर में जलना**—गर्भ में कष्ट भोगना।

जठराग्नि—[सं॰ जठर ~ अग्नि] *स्त्री॰* खाए हुए अन्न को पचानेवाली पेट की अग्नि। जठरानल।

जठरान्त (जठरांत)—[सं॰ जठर ~ अन्त] *पु॰* (चिकित्सा॰) आमाशय का चौथा कक्ष। चतुर्थ आमाशय।

जठरान्त्र (जठरांत्र)—[सं॰ जठर ~ अन्त्र] *वि॰* (चिकित्सा॰) आमाशय और आँतों से सम्बन्धित। आमाशयान्त्रिक। (अं॰ गैस्टो-इन्टेस्टिनल)

***जठारि**—[देशज] पाला।

जठेरा**—[< हिं॰ जेठ] *वि॰* ज्येष्ठ। जेठा। बड़ा। ***जैसे—जठेरा पुत्र। ✣ **जठेरी**—*वि॰ (स्त्री॰)* = जेठी। बड़ी।

†जड़-काल—[< हिं॰ जाड़ा + सं॰ काल] *पु॰* जाड़े का समय। शीतकाल।

जड़-चेतन—[< सं॰ जड ~ चेतन] *पु॰* सृष्टि के लुप्त चेतना वाले तथा प्रकट चेतना वाले सब पदार्थ। चेतन और अचेतन।

जड़ जगत्—[हिं॰ जड़[1] + सं॰ जगत्] *पु॰* १. विश्व के अचेतन पदार्थों का समूह। २.पाँच भौतिक तत्त्वों से बना सम्पूर्ण संसार।

जड़त्व—[< सं॰ जडत्व] *पु॰* जड़ता। (दे॰) (भौतिकी॰) पदार्थ का वह गुण जिससे वह अपनी विराम अवस्था में रहता है या सीधी रेखा में समान गतिशील रहता है जब तक कोई बाहरी बल उसकी अवस्था में परिवर्तन लाने का कार्य न करे। (अं॰ इनर्श्या)

जड़ना—[< सं॰ जटन] *क्रिस॰* १. एक वस्तु को किसी दूसरी वस्तु के तल में ठोककर बैठाना/जमाना जिससे वह इधर-उधर न हो सके। ***जैसे***—अँगूठी में नीलम जड़ना। २. ठोंकना। ***जैसे***—दीवाल में कील जड़ना। ३. लगाना। ***जैसे***—थप्पड़ जड़ना। ४. दरवाज़े पर ताला जड़ना। ५. चुग़ली/शिकायत के रूप में कहना। ***जैसे***—पिता से घर की सब बातें जड़ना।

जड़बुद्धि (जड़बुद्धि)—[हिं॰ जड़ + सं॰ बुद्धि] *वि॰* मूर्ख। *पु॰* (मनो॰) क्षीणबुद्धिता का निम्नतम स्तर जिसमें व्यक्ति की बौद्धिक क्षमता दो वर्ष या उससे भी कम होती है। (अं॰ इडिअट)

जड़मति—[< हिं॰ जड़ + सं॰ मति] *वि॰* जड़बुद्धि।

जड़वाद—[हिं॰ जड़[2] + सं॰ वाद] *पु॰* कट्टरता। हठवाद। (दर्शन॰) भौतिकवाद। (दे॰) ✣ **जड़वादी**—*वि॰* = कट्टरतावादी। हठवादी। (दर्शन॰) जड़वाद का अनुयायी/समर्थक।

जड़हन—[< सं॰ जाड्यधान्य] *पु॰* (जाड़े के) मार्गशीर्ष (अगहन) महीने में कटनेवाला धान। अगहनी धान। शालि।

जड़ाई—[< हिं॰ जड़ना] *स्त्री॰* १. जड़ने की क्रिया या भाव २. जड़ने की मज़दूरी।

जड़ान—[< हिं॰ जड़ना] *स्त्री॰* जड़े जाने की क्रिया/ढंग/भाव। जड़ाव।

जड़िमा—[< सं॰ जडिमा] *स्त्री॰* १. जड़ता। जड़त्व। २. विवेकहीनता। मूर्खता। ३. अज्ञान। ४. आलस्य। सुस्ती।

जड़िया—[< हिं॰ जड़ना] *पु॰* सोने-चाँदी के आभूषणों में नगों को जड़नेवाला कारीगर।

जड़ी—[< हिं॰ जड़] *स्त्री॰* किसी वनस्पति की जड़ जो औषध के रूप में उपयोगी होती है। वनौषधि। बूटी।

जड़ीकृत—[< हिं॰ जड़ + सं॰ कृत] *वि॰* जिसे जड़ बना दिया गया हो। जिसकी गति या गतिशीलता अवरुद्ध या समाप्त कर दी गयी हो। ✣ **जड़ीकृत परिसम्पत् (परिसंपत्)**—*स्त्री॰* (विधि॰) वह परिसम्पत् (जायदाद) जिसके विक्रय, हस्तान्तरण आदि की मनाही कर दी गयी हो। अवरुद्ध परिसम्पत्ति।

जड़ीभूत—[< सं॰ जड़ीभूत] *वि॰* जिसमें हिलने-डुलने की शक्ति न रह गयी हो। जड़भाव को प्राप्त। चेष्टाहीन।

जड़ीला—[< हिं॰ जड़] *वि॰* जड़ से युक्त। *पु॰* वह पौधा जिसकी जड़ खायी जाती है।

†जड़ुआ—[< हिं॰ जड़ना] *पु॰* पैर के अँगूठे का एक आभूषण।

जडूले—[< सं॰ जट] वि॰ (बहु॰) जन्मते समय के। ✣ **जडूले बाल**—पु॰ (बहु॰) जन्मते समय के केश। पैदायशी बाल।

†जड्ड—[बुन्देल] *स्त्री॰* टक्कर।

जणि/जणु—[अप॰] *अव्यय॰* जानो। मानो।

जण्ड (जंड)—[देशज] *पु॰* एक जंगली वृक्ष जिसकी पत्तियों का अचार खाया जाता है।

***जत[1]**—[< सं॰ यत्] *वि॰* जितना। जितने। *अव्यय॰* जिस मात्रा में। यथा।

***जत[2]**—[< सं॰ यति] *स्त्री॰* (छन्द॰) विराम। यति। *पु॰* (संगीत॰) यति।

***जति[1]/जती**—[< सं॰ यति] *पु॰* योगी, सन्यासी या मुनि। *स्त्री॰* (छन्द॰) विराम। यति। (संगीत॰) यति।

***जति[2]**—[< सं॰ जित्] *वि॰* जीतनेवाला।

†जतिया—[बुन्देल/< हिं॰ जाँता] *स्त्री॰* पत्थर की छोटी चक्की।

†जातियाचार—[ब्रज॰, < सं॰ जातीय आचार] *पु॰* १. जातीय सम्बन्ध। भाईचारा। २. जाति-धर्म।

जतु—[सं॰ √जन् + उ, त आदेश] *पु॰* १. (वृक्ष का) गोंद। २. लाक्षा। लाख। ३. शिलाजीत।

जतुक—[सं॰ जतु √कै + क] *पु॰* १. हींग। २. लाक्षा। लाख। ३. त्वचा पर प्राकृतिक काला चिह्न। लच्छन।

जतु-गृह—[सं॰] *पु॰* लाक्षा/लाख से बना घर। लाक्षागृह।

जतुरस—[सं॰ जतु ~ रस] *पु॰* १. लाक्षा। लाख। २. अलक्तक। महावर।

***जतेक**—[हि॰ जत + एक] *वि॰* जितना। *क्रिवि॰* जिस मात्रा में।

जत्था—[< स॰ यूथ] *पु॰* वह संघटित छोटा दल जो किसी कार्य के लिए कहीं जाता है। *जैसे*—सत्याग्रहियों का जत्था। ✣ **जत्थेदार**—*पु॰* = जत्थे का प्रमुख/नायक।

***जत्र**—[< स॰ यत्र] *क्रिवि॰* जहाँ।

जत्रु—[स॰ √जन् + रु, त आदेश] *पु॰* कन्धे के नीचे की एक हड्डी। हँसुली।

जत्रुक—[स॰ जत्रु + क] *पु॰* = जत्रु। हँसुली।

***जथाजोग**—[< स॰ यथायोग्य] *क्रिवि॰* जैसा चाहिए, वैसा। यथायोग्य।

***जद[१]**—[< स॰ यदा] *क्रिवि॰* १. जिस समय। जब। २. जब कभी।

***जद[२]**—[< स॰ यदि] *अव्यय॰* यदि।

ज़द—[फ़ा॰] *स्त्री॰* १. आघात। चोट। मार। २. लक्ष्य। निशाना। ३. (लाक्षणिक) हानि।

***जदु**—[< स॰ यदु] *पु॰* (राजा ययाति और देवयानी का ज्येष्ठ पुत्र) यदु।

***जद्द**—[< स॰ यदि] *अव्यय॰* १. जब। २. जब कभी।

***जद्दपि**—[< स॰ यद्यपि] *अव्यय॰* यद्यपि। हालाँकि।

जद्दोजहद—[< अरबी जिद्दोजहद] *स्त्री॰* पराक्रम और प्रयत्न। दौड़-धूप।

जन—[स॰ √जन् + अच्] *पु॰* १. जीवधारी। प्राणी। २. व्यक्ति (स्त्री/पुरुष), मनुष्य। *जैसे*—पाँच जनों का परिवार। ३. लोग। *जैसे*—भक्त जन। ४. जाति। *जैसे*—यक्ष, गन्धर्व आदि जनों का इतिहास। ५. भक्त, सेवक या अनुयायी। ६. भूलोक से ऊपर के लोकों में 'महः' के ऊपर का और 'तपः' के नीचे का लोक।

ज़न—[फ़ा॰] *स्त्री॰* १. नारी। स्त्री। २. पत्नी।

जनकात्मजा—[स॰ जनक ~ आत्मजा] स्त्री॰ १. जनक की पुत्री। २. सीता।

***जनकौर**—[< स॰ जनक] *पु॰* १. (जनक की राजधानी) जनकपुर। २. जनक के वंशज।

ज़नखा—[< फ़ा॰ जन्ख़ः] *पु॰* १. औरतों के सदृश चेष्टाओं और हाव-भावों वाला व्यक्ति। स्त्रैण। २. नपुंसक। हिजड़ा।

जनतन्त्र (जनतंत्र)—[स॰ जन ~ तन्त्र] *पु॰* (राज॰) जनता के द्वारा चुने हुए प्रतिनिधियों के द्वारा देश का शासन करने की शासन-प्रणाली। लोकतन्त्र।

जनद—[स॰ जन + द] *पु॰* (प्राणि॰) लैंगिक अंग जो युग्मक उत्पन्न करते हैं (जैसे—वृषण और अंडाशय) जनन-ग्रन्थि)।

***जनन[१]**—[< स॰ जन] *पु॰* 'जन' का बहुवचन रूप। जनों।

जनन[२]—[स॰ √जन् + ल्युट्] *पु॰* १. जन्म देने की क्रिया/भाव। २. जीव के द्वारा अपने सदृश दूसरा जीव उत्पन्न करने की प्रक्रिया। जनना। ३. जन्म। उत्पत्ति। ✣ **जनन-तन्त्र (जनन-तंत्र)**—*पु॰* = (जीव॰) जनन में आवश्यक शारीरिक संरचनाओं का समूह। ✣ **जनन द्रव्य**—*पु॰* (जीव॰) = १. आनुवंशिकता का भौतिक आधार। २. किसी जाति में सम्भावित आनुवंशिक पदार्थ।

जननी—[स॰ √जन् + अनि + ङीष्] *स्त्री॰* जन्म देनेवाली। माता।

जननेन्द्रिय (जननेंद्रिय)—[स॰ जनन ~ इन्द्रिय] *स्त्री॰* सन्तान की उत्पत्ति करनेवाली (पुरुष या स्त्री की) इन्द्रिय।

जनपद—[स॰ जन ~ पद] *पु॰* १. राज्य। देश। २. किसी देश का वह भाग जिसमें एक भाषा या बोली प्रचलित हो। ३. ज़िला। ४. बस्ती। ✣ **जनपद-कल्याणी**—*स्त्री॰* वेश्या। ✣ **जनपदीय**—*वि॰* = जनपद-सम्बन्धी। जनपद का।

जन-प्रवाद—[स॰] *पु॰* जनता में फैली हुई कोई बात। किंवदन्ती। अफ़वाह।

जनप्रिय—[स॰] *वि॰* १. सब का प्यारा। लोकप्रिय। *जैसे*—जनप्रिय नेता सुभाष। २. (वस्तु/बात विचार आदि) जिसे सामान्य लोग पसन्द करते हों। । *जैसे*—जनप्रिय खेल कबड्डी।

जनभाषा—[स॰ जन-भाषा] स्त्री॰ विविध मातृभाषाभाषी समुदाय के सदस्यों की परस्पर बातचीत में प्रयुक्त बोलचाल की भाषा। *जैसे*—भारतीयों की जनभाषा हिन्दी है।

जनम-घुट्टी, जनम-घूँटी—[हि॰] *स्त्री॰* बच्चों को जन्म के बाद कुछ दिनों तक दी जाने वाली घुट्टी/घूँटी।

***जनयत्री**—*वि॰* (स्त्री॰), [< स॰ जनयित्रि] स्त्री॰ ।

जनयिता—[स॰ √जन् + णिच् + तृच्] *वि॰* उत्पन्न करनेवाला। जन्म देनेवाला। *पु॰* पिता। ✣ **जनयित्री**—*वि॰ (स्त्री॰)* = उत्पन्न करनेवाली। जन्म देनेवाली। *स्त्री॰* = माता।

जनरञ्जन (जनरंजन)—[स॰ जन ~ रञ्जन] *वि॰* जनता को सुख देनेवाला। *पु॰* जनता को प्रसन्न करना। लोकरंजन।

जनरव—[स॰ जन ~ रव] *पु॰* १. लोगों का कोलाहल। २. जनश्रुति। किंवदन्ती। अफ़वाह।

जनलोक—[स॰ जन ~ लोक] *पु॰* भूलोक के ऊपर के सात लोकों में से पाँचवाँ जो 'महः' लोक के ऊपर और 'तपः' लोक के नीचे स्थित है।

जन-वल्लभ—[स॰] *वि॰* लोगों का प्यारा। जन-प्रिय।

जनवाई—[< हि॰ जनवाना] *स्त्री॰* १. जनवाने या प्रसव कराने की क्रिया। २. प्रसव कराने का नेग या पारिश्रमिक।

जनवाद—[स॰ जन ~ वाद] *पु॰* जनता में फैली बात। किंवदन्ती। अफ़वाह। (राज॰) जनता की इच्छा को सर्वोपरि मानने का सिद्धान्त। ✣ **जनवादी**—*वि॰* = (रजि॰) जनवाद के सिद्धान्त को माननेवाला।

जनवासा—[< स॰ जन्यवास] *पु॰* बरातियों के ठहरने की जगह। ***वा॰* जनवासे की चाल**—(चलने की) मन्द गति। धीमी चाल।

जन-श्रुत—[स॰ जन ~ श्रुत] *वि॰* १. जिसके विषय में लोगों ने सुना हो। २. प्रसिद्ध।

जनश्रुति—[स॰ जन ~ श्रुति] *स्त्री॰* १. परम्परा से सुनी-सुनायी जा रही प्राचीन बात। किंवदन्ती। २. लोगों में फैली बात। अफ़वाह।

जनसङ्ख्यातिरेक (जनसंख्यातिरेक)—[स॰ जनसङ्ख्या ~ अतिरेक] *पु॰* आबादी का बहुत अधिक हो जाना।

जनसङ्घ (जनसंघ)—[सं॰ जन ~ सङ्घ] *पु॰* १. लोगों का समूह। जन-समूह। २. एक राजनीतिक दल 'भारतीय जनसंघ' जो बाद में 'भारतीय जनता पार्टी' में परिवर्तित हो गया।

जनसम्मर्द—[सं॰ जन ~ सम्मर्द] *पु॰* मनुष्यों की भीड़।

जनसाङ्ख्यिकी (जनसांख्यिकी)—[सं॰ जन ~ साङ्ख्यिकी] *स्त्री॰* जनता के विभिन्न वर्गों की आर्थिक और सामाजिक स्थिति पर प्रकाश डालनेवाले आँकड़ों (विशेषत: जन्म-दर, रोग, आयु, मृत्यु-दर इत्यादि) का संकलन और अध्ययन करने की विधा। मानव जनसंख्या की विशेषताओं का सांख्यिकीय अध्ययन। जनांकिकी। (अं॰ डेमोग्राफ़ी)

जनस्थान—[सं॰ जन ~ स्थान] *पु॰* (त्रेतायुग में सीता-हरण से सम्बन्धित घोर वन-क्षेत्र) दंडकारण्य। दंडकवन।

जनहरण—[सं॰ जन ~ हरण] *पु॰* (छन्द॰) एक वर्णिक दंडक जिसके प्रत्येक चरण में ३० लघु और १ गुरु के योग से ३१ वर्ण होते हैं।

†जना—*पु॰* ≤ सं॰ जन। मनुष्य। ***जैसे***—एक जना मरा और चार जने घायल हुए।

जनाई[१]—[< हिं॰ जनना] *स्त्री॰* जनाने या प्रसव कराने की क्रिया/भाव अथवा उसका पारिश्रमिक या नेग।

जनाई[२]—[< हिं॰ जनाना (=जताना) या जानना] *स्त्री॰* १. किसी बात का परिचय कराने की क्रिया या भाव। जताना। २. जानने में आना या प्रकट होना।

***जनाउ**—[< हिं॰ जनाना = जताना] *पु॰* सूचना।

जनाकीर्ण—[सं॰ जन + आकीर्ण] *वि॰* १. मनुष्यों से भरा हुआ स्थान। २. घनी आबादी वाला (क्षेत्र/प्रदेश)।

जनाङ्किकी (जनांकिकी)—[सं॰ जन ~ अङ्किकी] *स्त्री॰* जनसांख्यिकी।

जनाज़ा—[< अरबी जनाज़:] *पु॰* १. कफ़न में लपटा शव। २. ताबूत जिसमें रखकर शव को क़ब्रिस्तान ले जाते हैं और दफ़न करते हैं।

जनाधिनाथ/जनाधिप—[सं॰ जन ~ अधिनाथ/अधिप] *पु॰* १. राजा। २. विष्णु।

ज़नानख़ाना—[< फा॰ ज़नानखान:] *पु॰* घर का वह भाग जिसमें स्त्रियाँ रहती हैं। अन्त:पुर।

†जनाना[१]—[हिं॰ 'जानना' का प्रेरणा॰] *क्रिस॰* किसी बात की जानकारी दूसरे को कराना। अवगत कराना। जताना। बताना।

जनाना[२]—[हिं॰ 'जनना' का प्रेरणा॰] *क्रिस॰* प्रसव कराना।

ज़नाना—[< फा॰ ज़नान:] *वि॰* १. स्त्रियों से सम्बन्धित। स्त्रियों का। ***जैसे***—ज़नाना अस्पताल। २. (रूप आदि में) स्त्रियों की तरह। ***जैसे***—ज़नाना रूप। ३. केवल स्त्रियों द्वारा प्रयुक्त। ***जैसे***—ज़नाना वस्त्र। *पु॰* अन्त:पुर। ज़नानख़ाना। *स्त्री॰* पत्नी।

ज़नानी—[< हिं॰ ज़नानी] *स्त्री॰* १. स्त्री। २. पत्नी। *वि॰ (स्त्री॰)* = १. जिसमें ज़नानापन हो। स्त्रीत्ववाली स्त्रियोचित। ***जैसे***—ज़नानी आदतें। २. जो स्त्रियों के लिए ही हो। ***जैसे***—ज़नानी धोती।

जनान्त (जनांत)—[सं॰ जन ~ अन्त] *पु॰* १. ऐसा स्थान जहाँ मनुष्य न रहते हों। निर्जन स्थान। २. अंचल, प्रदेश या ज़िला। ३. यमराज। *वि॰* मनुष्यों का अन्त करनेवाला।

जनान्तिक (जनांतिक)—[सं॰ जन ~ अन्तिक] *पु॰* (नाट्य॰) 'नियतश्राव्य' के दो भेदों में से एक। 'त्रिपताकाकर' के द्वारा रंगमंच पर दूसरे पात्रों के होते हुए भी दो पात्रों का परस्पर इस प्रकार बातचीत करना कि उसे अन्य पात्र न सुनें।

जनाब—[अरबी] *पु॰* श्रीमान्। महोदय। हुज़ूर। ***जैसे***—जनाब की कृपा से। ✣ **जनाबा**—*स्त्री॰* = श्रीमती। महोदया।

जनार्दन—[सं॰ जन ~ अर्दन] *पु॰* परमात्मा। विष्णु।

***जनाव[१]**—[< हिं॰ जनाना < हिं॰ जानना] *पु॰* अवगत कराने, बताने या जताने का भाव। सूचना।

जनाव[२]—[< हिं॰ जनाना < हिं॰ जनना] *पु॰* प्रसव करने या कराने की क्रिया/भाव।

जनाश्रय—[सं॰ जन ~ आश्रय] *पु॰* १. मनुष्यों को आश्रय देनेवाला स्थान। २. घर। मकान। ३. धर्मशाला। ४. सराय। ५. लोगों के ठहरने या किसी विशेष काम के लिए बना मंडप। ६. जनता से मिला आश्रय।

जनि[१]—[सं॰ √जन् + इन्] *स्त्री॰* १. जन्म। उत्पत्ति। २. स्त्री। नारी। ३. माता, पत्नी या पुत्र-वधू।

***जनि[२]**—[अवधी] *क्रिवि॰* मत। नहीं। न।

जनिका—[सं॰ जनक + टाप्] *स्त्री॰* १. जन्म देनेवाली। उत्पन्न करनेवाली। २. स्त्री। नारी। ३. माता, पत्नी या पुत्र-वधू।

जनिता—[सं॰ जनितृ] *पु॰* वह जो जन्म दे। जनक। पिता।

जनित्र—[सं॰ जनि + त्रल्] *पु॰* १. जन्म-स्थान। २. स्रोत। (भौतिकी॰) एक प्रकार का यन्त्र/मशीन या युक्ति जो एक प्रकार की ऊर्जा को दूसरे प्रकार की ऊर्जा में बदलती है। ***जैसे***—बिजली का जनित्र। (अं॰ जेनरेटर)।

जनित्री—[सं॰ जनितृ + ङीप्] *स्त्री॰* जन्म देनेवाली। माता।

***जनिया/जनियाँ**—[< सं॰ जनी] *स्त्री॰* १. नारी। स्त्री। २. पत्नी। ३. प्राणप्रिय स्त्री। प्रिया।

जनी[१]—[सं॰ जनि + ङीष्] *स्त्री॰* १. स्त्री। नारी।

जनी[२]—[< हिं॰ जनना] *वि॰ (स्त्री॰)* उत्पन्न की हुई। *स्त्री॰* १. स्त्री। २. कन्या। ३. पत्नी। ४. दासी।

***जनु[१]**—[< सं॰ यत् + न] *अव्यय॰* मत। नहीं। न।

जनु[२]—[< अप॰ जणु (=जैसे)] *अव्यय॰* १. मानो। जानो। २. जैसे।

†जनुक—[< हिं॰ जनु] *अव्यय॰* १. जैसे। २. कि।

जनून—[< अरबी जुनून] *पु॰* उन्माद। पागलपन। ✣ **जनूनी**—*वि॰* = उन्मत्त। पागल।

जनेऊ—[< सं॰ यज्ञोपवीत] *पु॰* १. उपनयन संस्कार के समय गले

में पहनाया जाने वाला तीन धागों वाला सूत्र। यज्ञोपवीत। २. यज्ञोपवीत-संस्कार।

***जनेत**—[< सं॰ जन्य ~ यात्रा] *स्त्री॰* वरयात्रा। बरात।

†जनेता—[राजस्थ॰ < सं॰ जनयिता] *पु॰* जन्मदाता। पिता।

जनेरा—[देशज] पु॰ एक पौधा जो लगभग २ मीटर ऊँचा और सफ़ेद, गुलाबी, पीले अथवा लाल फूलों वाला होता है।

जनेवा—[< हि॰ जनेऊ] *पु॰* १. किसी वस्तु पर चारों ओर पड़ी हुई जनेऊ के समान रेखा। २. तलवार का एक वार जो कन्धे से कमर तक जनेऊ के समान तिरछा जाता है।

जनेश—[सं॰ जन ~ ईश] *पु॰* १. ईश्वर। २. राजा।

***जनैया**—[< हि॰ जानना] *वि॰* १. जाननेवाला। २. जतानेवाला।

जनोत्तेजक—[सं॰ जन ~ उत्तेजक] *वि॰* जनता में उत्तेजना फैलानेवाला। जनता को भड़कानेवाला (वक्ता/नेता/वाणी आदि) *जैसे*—जनोत्तेजक भाषा। ✣ **जनोत्तेजन**—*पु॰* = जनता को भड़काने का कार्य। लोगों का उत्तेजन। ✣ **जनोत्तेजना**—*स्त्री॰* = जनोत्तेजन।

जनोपघाती—[सं॰ जन ~ उपघाती] *वि॰* मनुष्यों को मारनेवाला। मनुष्यघाती। *जैसे*—जनोपघाती राक्षसों का अत्याचार।

***जनौ**—[< हि॰ जनु] *क्रिवि॰* जानो। मानो।

जनौघ—[सं॰ जन ~ ओघ] *पु॰* मनुष्यों का समूह। भीड़।

जन्तर (जंतर)—[सं॰ यन्त्र] *पु॰* १. यन्त्र। २. ताँबे-चाँदी आदि का तावीज़।

जन्तर-मन्तर (जंतर-मंतर)—[सं॰ यन्त्र ~ मन्त्र] *पु॰* १. यन्त्र-मन्त्र। जादू-टोना। २. (मध्यकालीन ज्योतिषीय) वेधशाला।

जन्तरी (जंतरी)—[< सं॰ यन्त्र] *स्त्री॰* (ज्योतिष का) पंचांग। तिथि-पत्र। पत्रा। *पु॰* जादू-टोना करनेवाला।

जन्ता[१] (जंता[१])—[< सं॰ यन्त्र] *पु॰* सुनारों का एक उपकरण जिससे वे तार खींचते हैं।

जन्ता[२] (जंता[२])—[< सं॰ यन्तृ] *वि॰* १. यन्त्रणा देनेवाला। २. (मध्यकाल में) दंड देनेवाला। ३. दबा रखनेवाला। ✣ **जन्ती (जंती)**—*स्त्री॰* = छोटा जन्ता।

जन्तु (जंतु)—[सं॰ √जन् + तुन्] १. प्राणी। २. छोटे आकार का पशु या कीट आदि। *जैसे*—जीव-जन्तु।

जन्तुक (जंतुक)—[सं॰ जन्तु + क] सूक्ष्म जन्तु जो सूक्ष्मदर्शक यंत्र की सहायता से ही देखा जा सकता है। (अमीबा आदि)

जन्तुघ्न (जंतुघ्न)—[सं॰ जन्तु + घ्न] *वि॰, पु॰* जन्तुओं का नाश करनेवाला (पदार्थ)। ✣ **जन्तुघ्नी(जंतुघ्नी)**—*वि॰ (स्त्री॰), स्त्री॰* = जन्तुघ्न।

जन्तु-फल (जंतु-फल)—[सं॰] *पु॰* गूलर।

जन्तुभीति (जंतुभीति)—[सं॰ जन्तु ~ भीति] *स्त्री॰* जन्तुओं से अकारण डरने का मानसिक रोग।

जन्तुमती (जंतुमती)—[सं॰ जन्तु + मतुप् + ङीष्] *स्त्री॰* पृथ्वी। धरती।

जन्तुशाला (जंतुशाला)—[सं॰ जन्तु ~ शाला] *स्त्री॰* वह स्थान जहाँ प्रदर्शन या अध्ययन के लिए जीवित प्राणी रखे जाते हैं। चिड़ियाघर।

जन्त्र (जंत्र)—*पु॰*≤*सं॰* यन्त्र। (दे॰) ✣ ***जन्त्र (जन्त्र) कमान**—*पु॰* = (मध्य युग में) लोहे के बना बड़ा धनुष जिसे चर्ख़ से खींचकर चलाया जाता था।

जन्त्रना[१] (जंत्रना[१])—[< हि॰ जन्त्र] *क्रिस॰* १. ताला लगाना। २. बाँध देना। ३. जकड़ देना। ४. रोक देना।

जन्त्रित (जंत्रित)—[< सं॰ यन्त्रित] *वि॰* १. यन्त्र द्वारा बँधा हुआ या रोका हुआ। यन्त्रित। २. पराधीन। परवश।

जन्त्री (जंत्री)—[< सं॰ यन्त्री] *पु॰* वीणा। *वि॰* वीणा-वादक। *स्त्री॰* (ज्येतिष का) पंचांग। जन्तरी।

जन्म-अभिघात—[सं॰] *पु॰* (मनो॰) जन्म लेते समय शिशु द्वारा अनुभूत आघात।

जन्मगत—[सं॰ जन्म ~ गत] *वि॰* १. जन्म से ही साथ/लगा/रहने या होनेवाला। जन्मजात। पैदाइशी। *जैसे*—जन्मगत अन्धा व्यक्ति। २. स्वाभाविक।

जन्मदा—[सं॰ जन्म + दा] *वि॰ (स्त्री॰)* जन्म देनेवाली। *जैसे*—जन्मदा भारत माता। *स्त्री॰* माता।

जन्मना—[सं॰ जन्मन्] *पु॰* जन्म से। *क्रिवि॰* जन्म के विचार से। *जैसे*—वह जन्मना ब्राह्मण है, कर्मों से नहीं।

जन्म-पञ्जी (जन्म-पंजी)—[सं॰] *स्त्री॰* (प्रशा॰) जन्म लेनेवाले शिशुओं के जन्म का दिनांक, समय, स्थान आदि का विवरण रखने की पंजी जो नगरपालिका, नगरनिगम आदि में रहती है।

जन्मपत्रिका/जन्मपत्री—[सं॰ जन्म ~ पत्रिका/पत्री] *स्त्री॰* वह काग़ज़ आदि जिसमें किसी के जन्म के समय की लग्नकुंडली तथा ग्रह-स्थिति आदि का विवरण हो और उनका फल भी वर्णित हो। जन्मपत्र।

जन्मसिद्ध (जन्मसिद्ध)—[सं॰ जन्म ~ सिद्ध] *वि॰* जन्म से प्राप्त। पैदाइशी। ✣ **जन्मसिद्ध (जन्मसिद्ध) अधिकार**—*पु॰* = ऐसा अधिकार जो मनुष्य को जन्म लेने के कारण ही प्राप्त हो और जिसे प्रमाणित करने की अनिवार्यता न हो। *जैसे*—स्वराज्य हमारा जन्मसिद्ध अधिकार है।

जन्माधिप—[सं॰ जन्म ~ अधिप] *पु॰* (ज्योतिष॰) १. जन्म-राशि का स्वामी। २. जन्म-लग्न का स्वामी।

जन्मान्तर (जन्मांतर)—[सं॰ जन्म + अन्तर] *पु॰* १. कोई दूसरा जन्म। २. पिछला जन्म। पूर्वजन्म। *जैसे*—जन्मान्तरकृत पाप का फल। ३. अगला जन्म। भावी जन्म। *जैसे*—जन्मान्तर में फिर मिलेंगे। ✣ **जन्मान्तरीय (जन्मांतरीय)**—*वि॰* = १. दूसरे जन्म का। २. जो किसी पूर्व जन्म में हो गया हो या किसी अगले जन्म में होनेवाला हो।

जन्मावधि—[सं॰ जन्म ~ अवधि] *क्रिवि॰* जीवन-भर। *जैसे*—वे जीवनावधि मित्र रहे।

जन्मास्पद—[सं॰ जन्म ~ आस्पद] *पु॰* जन्मभूमि। जन्मस्थान।

जन्मोत्तर—[सं॰ जन्म + उत्तर] *क्रिवि॰* जन्म के पश्चात्। *वि॰* जन्म के बाद का। ***जैसे***—जन्मोत्तर समारोह।

जन्य—[सं॰ √जनि + यत्] *वि॰* १. जो उत्पन्न हुआ हो। उद्‌भूत। उत्पन्न। २. जन-सम्बन्धी। मनुष्य-सम्बन्धी। ३. जातीय। ४. राष्ट्रीय। ४. (समासवाले शब्दों के अन्त में) से उत्पन्न। ***जैसे***—भावनाजन्य। *पु॰* १. बराती। २. वर-पक्ष के लोग। ३. वर। दूल्हा। ४. साधारण लोग। जनसाधारण। ❖ **जन्यता**—*स्त्री॰* = जन्य होने की अवस्था/भाव। ❖ **जन्यत्व**—*पु॰* = जन्यता।

जप—[सं॰ √जप् + अच्] *पु॰* १. जपने की क्रिया/भाव। जाप। २. ईश्वर के किसी नाम या किसी मन्त्र आदि को प्रकट रूप में या मन में बार-बार बोलना। ३. उक्त क्रिया को माला आदि की सहायता से संख्यापूर्वक करना।

***जपजाग**—*पु॰* ≤ *सं॰* जप-यज्ञ।

जप-तप—[सं॰] *पु॰* १. जप और तप। २. उपासना। पूजा।

जपता—[< हिं॰ जपना] *क्रिवि॰* = जपते हुए।

जपनी—[< हिं॰ जपना] *स्त्री॰* १. जप-माला। २. एक प्रकार की थैली जिसमें माला और हाथ डालकर जप किया जाता है। गोमुखी।

जप-परायण—[सं॰] *वि॰* जप में लगा हुआ। जप-निरत।

जपा[1]—[सं॰ √जप् + अच् + टाप्] *स्त्री॰* लाल या लाल-सफ़ेद फूलों वाला एक पौधा। जवा। अड़हुल। गुड़हल। जपाकुसुम।

***जपा**[2]—[< सं॰ जप] *पु॰* जप करनेवाला व्यक्ति।

जपाकुसुम/जपापुष्प—[सं॰ जपा ~ कुसुम/पुष्प] *पु॰* जपा/जवा के पेड़ का फूल। गुड़हल/अड़हुल का फूल।

जपालक्त—[सं॰ जप ~ अलक्त] *पु॰* गहरे लाल रंग का अलक्तक/महावर।

जपुजी—[< सं॰ जप + हिं॰ जी] *पु॰* (सिक्ख॰) गुरु नानक के भक्तों, सिक्खों आदि के द्वारा प्रयुक्त प्रात: की प्रार्थना वाला गुटका। ● **विशेष**—इसे श्रद्धापूर्वक '**जपुजी साहब**' भी कहा जाता है।

जप्य—[सं॰ √जप् + यत्] *वि॰* १. जपने योग्य। जप्तव्य। जपनीय। २. जो जपा जाने वाला हो। *पु॰* जपा जाने वाला मंत्र।

जफ़ा—[फा॰] *स्त्री॰* अत्याचार। जुल्म।

जफ़ाकश—[फा॰] *वि॰* १. कष्ट सहनेवाला। २. अत्याचार सहनेवाला। ३. कठिन परिश्रम करनेवाला।

जबकि—[हिं॰ जब + कि] *अव्यय॰* हालाँकि (= इसके विपरीत)। ***जैसे***—मैं दिन-भर पढ़ता रहा जबकि और लोग सोते रहे।

जबर[1]—[< अरबी ज़बर] *वि* १. ज़बर। (दे॰) २. विशाल।

जबर[2]—[< अरबी जब्र] *पु॰* १. अन्याय। अत्याचार। जुल्म। २. हठ।

ज़बर—[फा॰] *वि॰* १. शक्तिशाली। बलवान्। ताक़तवर। २. दृढ़। मज़बूत। ३. भारी। बोझिल।

जबरई—[< हिं॰ जबर < अरबी जब्र] *स्त्री॰* १. अन्याय। २. ज़्यादती। अत्याचार।

†जबरौं (जबरों)—[बुन्देली < सं॰ यव] *पु॰* जौ-चने का मिश्रण।

***जबह**—[< अरबी ज़ब्ह] *पु॰* हत्या।

जबादि—[< फा॰ जुबाद] *पु॰* बनविलाव के अंडकोश की कस्तूरी जो उबटन को सुगन्धित बनाने में प्रयुक्त होती है।

ज़बानदराज़—[फा॰] *वि॰* १. बहुत बोलने वाला। २. धृष्ट। गुस्ताख़। ३. अशिष्टतापूर्वक बात करनेवाला। बदज़बान। ❖ **ज़बानदराज़ी**—*स्त्री॰* = १. धृष्टता। गुस्ताख़ी। २. बदज़बानी।

ज़बानबन्दी (ज़बानबंदी)—[फा॰] *स्त्री॰* १. वचनबद्धता। २. साक्षी की गवाही का लिखित रूप। ३. मौन। चुप्पी। ४. मौन रहने या न बोलने की आज्ञा/निर्देश।

†जभी—[< हिं॰ जब + ही] *क्रिवि॰* १. जब भी। जब ही। ***जैसे***—जभी वह आएगा तभी उत्सव होगा। †२. तभी। ***जैसे***—वह जभी आ गया था।

जमकना**—[ब्रज॰ < हिं॰ चमकना] *क्रिअ॰* १. चमकना। २. एकत्र होना। ३. (युद्ध में) डटना। ४. फलना-फूलना। ***जैसे—मरहठे युद्ध में जमके।

***जमकात/ जमकातरि**—[सं॰ यमकर्तृका/यमकर्तरी] *स्त्री॰* १. यमराज की तलवार/कटारी। २. (मध्ययुग में) विशेष प्रकार की निरन्तर घूमनेवाली एक घातक वस्तु जो दुर्गों में बाहर रक्षार्थ लगी रहती थी।

***जमज**—[< सं॰ यमज] *वि॰* यमज। जुड़वाँ।

ज़मज़म—[अरबी] *पु॰* (इस्लाम॰) १. अरब के तीर्थस्थान मक्का का एक कुआँ जिसका जल पवित्र माना जाता है। २. उक्त कुएँ का जल।

ज़मज़मा—[< फा॰ ज़म्ज़म:] *पु॰* १. पक्षियों की चहचहाहट। कलरव। २. गीत। गान। (संगीत॰) वाद्य-संगीत में प्रयुक्त एक प्रकार की तान जिसमें साधारणत: कोई दो-दो स्वर क्रमश: एक से अधिक बार बजाएं जाते हैं। ***जैसे***—सारे सारे गम गम पध पध गम गम।

***जमजाई**—[< सं॰ यम ~ जाया] *स्त्री॰* मृत्यु। मौत।

जमजातना—[< सं॰ यम ~ यातना] *स्त्री॰* नरक में मिलनेवाली पीड़ा। नारकीय कष्ट।

जमजोहरा—[देशज] *पु॰* जाड़े के दिनों में अविभाजित भारत के उत्तर पश्चिमी भागों में देखा जाने वाला एक छोटा पक्षी जो गर्मी की ऋतु में ईरान इत्यादि को चला जाता है।

***जम-दिसा**—[< सं॰ यम ~ दिशा] *स्त्री॰* यमराज की दिशा। दक्षिण दिशा।

जमधर—[< सं॰ यम ~ धर] *पु॰* चौड़े फलक वाले ख़ंजर जैसा दुधारा हथियार विशेष। जमडाढ़।

***जमधार**—[< सं॰ यम ~ धारा] *स्त्री॰* यमराज की सैना। यमदूतों की धारा-प्रवाह पंक्ति।

***जमन**[1]—[< सं॰ यवन] *पु॰* १. यवन। २. मुसलमान।

***जमन**[2]—[< सं॰ यमुना] *स्त्री॰* यमुना (नदी)।

जमनिका—[< सं॰ जवनिका] *स्त्री॰* १. जवनिका। पर्दा। २. पर्दे की दीवार। क़नात।

जमपास[१]—[< सं॰ यमपाश] *पुं॰* यमराज का पाश। मृत्यु का जाल।

जमपास[२]—[< सं॰ यम + हिं॰ पास] *पुं॰* यमराज के पास। मृत्यु के समीप।

जमपुर—[< सं॰ यमपुर] *पुं॰* यमराज का स्थान। यमलोक। ✣ **जमपुरी**—*स्त्री॰* यमराज की नगरी/राजधानी/यमलोक।

***जमबार**—[< सं॰ यमद्वार] *पुं॰* यमराज का द्वार। यम-द्वार। *क्रिवि॰* मृत्युपर्यन्त। जीवन-भर।

***जमवट**—[< हिं॰ जमावट] *स्त्री॰* कुआँ बनाने में प्रयुक्त गूलर आदि की लकड़ी की बनी हुई बड़ी पहिया जैसी वस्तु जिसके ऊपर गोल चिनाई की जाती है। जाखिन।

जमाई[१]—[< हिं॰ जमाना] *स्त्री॰* १. जमाने की क्रिया/भाव/मज़दूरी। ***जैसे***—पौधों की जमाई ज़रूरी है। २. आभूषण में छेद करके उसमें नगीने को जमाने की क्रिया। जड़ाई। ***जैसे***—अँगूठी में नग की जमाई।

जमाई[२]—*पुं॰* ≤ सं॰ जामाता। दामाद।

जमा-ख़र्च—[हिं॰ जमा + फा॰ ख़र्च] *पुं॰* १. आय और व्यय। २. आय और व्यय का विवरण या हिसाब।

जमागथा/जमाजथा—[< हिं॰ जमा + गथ (= पूँजी)] *स्त्री॰* नक़द धन और माल। धन-सम्पत्ति।

जमात—[अरबी] *स्त्री॰* १. (विद्यार्थियों की) कक्षा। २. (व्यक्तियों का) समूह। समुदाय। ३. दल। गिरोह। ४. भीड़। ५. सभा। संस्था। समाज। ✣ **जमाती**—*वि॰* = १. जमात से सम्बन्धित। जमात का। २. समुदाय का। सामुदायिक।

जमादार—[< अरबी जमा + फा॰ दार] *पुं॰* १. किसी समूह के कार्य का निरीक्षण-अधिकारी। २. (सेवा में) सैनिकों की एक टुकड़ी का नायक। ३. (पुलिस में) सिपाही-प्रमुख। ४. छोटे कर्मचारियों का काम देखनेवाला कर्मचारी। ***जैसे***—मज़दूरों का जमादार। ✣ **जमादारी**—*स्त्री॰* = जमादार का कार्य/पद।

ज़मानत—[अरबी] *स्त्री॰* १. किसी के न्यायालय में निर्धारित समय पर उपस्थित होने, ऋण चुकाने, वचन का पालन करने इत्यादि की अन्य व्यक्ति द्वारा ली गयी ज़िम्मेदारी। २. उक्त ज़िम्मेदारी का विश्वास दिलाने के लिए किसी अधिकारी के पास जमा किया गया धन आदि। प्रतिभूति। गारंटी (अं॰)। ✣ **ज़मानतदार**—*पुं॰* = ज़मानत देनेवाला/प्रतिभू/ज़मानती। ✣ **ज़मानतनामा**—*पुं॰* = किसी की ज़मानत लेने का लेख-पत्र। प्रतिभूति-पत्र।

जमाबन्दी (जमाबंदी)—[हिं॰ जमा + फा॰ बन्दी] *स्त्री॰* लेखपाल का वह खाता जिसमें गाँव के हर किसान के लगान का विवरण लिखा जाता है।

जमा-मार—[< हिं॰ जमा + मारना] *वि॰* दूसरों की धन-सम्पत्ति को बेईमानी से हथिया लेने वाला।

***जमार**—[< हिं॰ जम + सं॰ द्वारा] *पुं॰* यम-द्वार।

जमाल—[अरबी] *पुं॰* १. सौन्दर्य। शोभा। छवि। ख़ूबसूरती। २. मुख की कान्ति/चमक।

जमालगोटा—[< सं॰ जयपाल] *पुं॰* 'जयपाल' अथवा 'दन्ती' नामक पेड़ के फल के बीज जो तीव्र विरेचक होते हैं। दन्तीफल। तिन्तिड़ी फल।

***जमालय**—[< सं॰ यमालय] *पुं॰* १. यमलोक। २. नरक।

जमाली—[< अरबी जमाल] *वि॰* १. सौन्दर्य/रूप से सम्बन्धित। रूप का। २. सुन्दर। रूपवान्। ३. प्रिय।

जमावड़ा—[< हिं॰ जमना = एकत्र होना] *पुं॰* (मनुष्यों आदि का) जमाव। एकत्रीकरण। भीड़।

जमा शेष—*पुं॰* (वाणि॰) खाते में नामे की अपेक्षा जमा की अधिकता। (अं॰ क्रेडिट बैलेन्स)

***जमी**—[< सं॰ यमी] *स्त्री॰* यमराज की बहिन। यमी।

ज़मीर—[अरबी] *पुं॰* अन्तरात्मा। अन्तःकरण। मन। हृदय।

ज़मींकन्द (ज़मींकन्द)—[< फा॰ ज़मीन + सं॰ कन्द] *पुं॰* एक कन्द जो शाक के रूप में खाया जाता है। सूरन।

†**जमुआ**—[< सं॰ जम्बु] *पुं॰* जामुन का वृक्ष/फल। ✣ **जमुआर**—*पुं॰* = वह स्थान जहाँ जामुन के अधिक वृक्ष हों।

***जमुकना**—[< प्रा॰ जुम्म < सं॰ युग्म] *क्रिअ॰* १. समीप आना। २. समीप होना। ३. आगे बढ़कर साथ होना।

***जमुण/**†**जमुन**—स्त्री॰ ≤ सं॰ यमुना (नदी)।

ज़मुर्रद—[अरबी] *पुं॰* 'पन्ना' (रत्न)। मरकतमणि। ✣ **ज़मुर्रदी**—*वि॰* = पन्ना के रंग का। नीलापन लिए हरे रंग का। *पुं॰* = नीलापन लिए हरा रंग।

जमुहाई—[< प्रा॰ जंभाइअ] *स्त्री॰* जँभाई। ✣ ***जमुहाना**—*क्रिअ॰* जम्हाई/जँभाई लेना। जँभाना।

जमूरक/जमूरा—[< तुर्की ज़न्बूरक, < फा॰ ज़न्बूरः] *पुं॰* एक प्रकार की छोटी और हल्की तोप। ● **विशेष**—यह मध्ययुगीन तोप थी जो ऊँट पर लादी जा सकती थी। इसके तोपची को **'ज़न्बूरची'** कहा जाता था।

जमैयतुल उलेमा—[अरबी] *स्त्री॰* विद्वानों की संस्था/परिषद्।

†**जमौआ**—[< हिं॰ जमाना] *वि॰* १. जमाकर बनाया हुआ। २. जमा हुआ।

***जम्पना (जंपना)**—[< प्रा॰ जम्पण < सं॰ जल्पन] *क्रिस॰* १. जल्पना। कहना। २. बकवास करना। बकना। *पुं॰* कथन।

जम्फर (जंफर)—[< अं॰ जम्पर] *पुं॰* स्त्रियों के पहनने का एक यूरोपीय वस्त्र।

जम्ब (जंब)—[सं॰ √जम्ब् + घञ्] *पुं॰* कीचड़।

जम्बाल (जंबाल)—[सं॰ जम्ब + आ √ला + क] १. कीचड़। २. काई। ३. सेवार। ४. केवड़ा।

जम्बालिनी (जम्बालिनी)—[सं॰ जम्बालिन् + ङीप्] *स्त्री॰* नदी।

जम्बीर (जंबीर)—[सं॰ √जम्भ् + ईरन्, ब आदेश] *पुं॰* नीबू से मिलता-जुलता एक फल या उसका पौधा। जम्बीरी नीबू।

जम्बु (जंबु)—[सं॰ √जम् + कु, पृषो॰ बुक् आगम] *स्त्री॰* जामुन का फल/वृक्ष। जम्बू।

जम्बुक (जंबुक)—[सं॰ जम्बु + √कै + क] *पु॰* १. गीदड़। सियार। २. नीच मनुष्य। ३. केवड़ा।

जम्बू (जंबू)—[सं॰ जम्बु + अङ्] *पु॰* = जम्बु।

जम्बूक—[सं॰ जम्बू √कै + क] १. गीदड़। सियार। २. नीच मनुष्य। ३. केवड़ा।

जम्भ[1]—[सं॰ √जम्भ् + घञ्] *पु॰* १. जँभाई। जमुहाई। २. जम्बीरी नीबू का पेड़/फल। ३. दंष्ट्रा। दाढ़। ४. दाँत। ५. तूणीर। तरकस।

जम्भ[2]—[सं॰ √जम्भ् + अच्] *पु॰* महिषासुर का पिता जिसे इन्द्र ने मारा था।

जम्भक (जंभक)—[सं॰ √जम्भ् + णिच् + ण्वुल्] *वि॰* १. जिसके सेवन से जँभाई आती हो। जँभाई लानेवाला। २. जँभाई लेने वाला व्यक्ति। *पु॰* १. शिव। महादेव। २. जम्बीरी नीबू।

जम्भका (जंभका)—[सं॰ जम्भ + कन् + टाप्] *स्त्री॰* जँभाई। जमुहाई।

जम्भन (जंभन)—[सं॰ √जम्भ् + ल्युट्] *स्त्री॰* १. जँभाई। जमुहाई। २. भक्षण।

जम्भरिपु/जम्भाराति/जम्भारि (जंभरिपु, जंभाराति, जंभारि)—[सं॰ जम्भ ~ रिपु/अराति/अरि] *पु॰* १. 'जम्भ' नामक असुर का शत्रु। इन्द्र। २. (इन्द्र का) वज्र।

जम्भा (जंभा)—[सं॰ √जम्भ् + णिच् + अ + टाप्] *स्त्री॰* जँभाई। जमुहाई।

जम्भिका (जंभिका)—[सं॰ जम्भ + कन् + टाप्, इत्व] *स्त्री॰* जँभाई। जमुहाई।

जम्भी/जम्भीर (जंभी/जंभीर)—[सं॰ जम्भिन् √जम्भ् + ईरन्] *पु॰* जम्बीरी/जँबीरी नीबू। ✣ **जम्भीरी (जंभीरी)**— *पु॰* = जम्भीरी नीबू।

जय-कङ्कण (जय-कंकण)—[सं॰] *पु॰* (प्राचीन काल में प्रतियोगिता आदि के) विजेता को पहनाया जाने वाला कंकण/कंगन।

जयकर—[सं॰ जय √कृ + ट] *वि॰* जीतनेवाला। विजेता।

जयचन्द (जयचंद)—[< सं॰ जयचन्द्र] *पु॰* १. कन्नौज का एक राजा। २. (लाक्षणिक) देशद्रोही। ***वा॰* जयचन्द होना**—देशद्रोही होना। ✣ **जयचन्दी (जयचंदी)**— *वि॰* = देशद्रोहितापूर्ण। *पु॰* = देशद्रोह।

जयजयवन्ती (जयजयवंती)—[सं॰ जय ~ जयवन्ती] *स्त्री॰* रात्रि के दूसरे प्रहर में गायी जाने वाली एक रागिनी जो शृंगाररसात्मक है।

जय जीव—[< सं॰ जयतु जीवतु] वाक्य॰ एक प्राचीन अभिवादन/आशीर्वाद के रूप में प्रयुक्त वाक्य। आपकी जय हो और आप जीते रहें।

जय-ढक्का—[सं॰] *स्त्री॰* युद्ध में विजयी होने पर बजाया जाने वाला बड़ा ढोल।

जयतु—[सं॰ √जि] *क्रिअ॰* जय हो।

जयदा सप्तमी—[सं॰ जयदा ~ सप्तमी] किसी मास के शुक्ल पक्ष की सप्तमी जो रविवार को हो। जय सप्तमी।

जय-दुन्दुभि (जय-दुंदुभि)—[सं॰] *स्त्री॰* जीत होने पर बजाया जाने वाला नगाड़ा। विजय का डंका। जय-भेरी।

जय-द्वादशी (जय-द्वादशी)—[सं॰] *स्त्री॰* पुष्य नक्षत्र से युक्त फाल्गुन शुक्ल द्वादशी तिथि।

***जयना[1]**—[< सं॰ जय] *क्रिस॰* १. जय प्राप्त करना। जीतना। २. पूर्ण करना।

***जयना[2]**—[< हिं॰ जीना] *क्रिस॰* पुनः जीवन देना। जिलाना।

जयन्त (जयंत)—[सं॰ √जि + इच्, 'अन्त' आदेश] *वि॰* जीतनेवाला। विजयी। *पु॰* १. इन्द्र के पुत्र का नाम। २. शिव। महादेव। ३. चन्द्रमा।

जयन्ती (जयंती)—[सं॰ √जि + शतृ + ङीप्] *स्त्री॰* १. इन्द्र की पुत्री का नाम। २. पार्वती। दुर्गा। ३. किसी स्वर्गीय महापुरुष की जन्मतिथि पर मनाया जाने वाला उत्सव। ***जैसे***—महावीर-जयन्ती। ४. किसी कार्य के आरम्भ-दिवस की वर्षगाँठ का उत्सव। ***जैसे***—स्वतन्त्रता-दिवस की जयन्ती। ५. एक वृक्ष। अरणी। अग्निमन्थ। (ज्योतिष॰) एक योग जो भाद्र कृष्ण अष्टमी की अर्धरात्रि में चन्द्रमा के रोहिणी नक्षत्र में होने पर होता है। ***जैसे***—श्रीकृष्ण का अवतार जयन्ती योग में हुआ था। ***वा॰* (किसी की) जय बोलना**—१. विजयी व्यक्ति का अभिनन्दन करना। जयजयकार करना। २. विजय या सफलता की कामना करना। **(किसी की) जय मनाना**—विजय या सफलता की कामना करना। ● **विशेष**—**जय हो**=(किसी की मंगल-कामना के लिए प्रयुक्त आशीर्वाद के रूप में)। विजय मिले, सफल बनो।

जयमय—[सं॰ जय + मयट्] *वि॰* १. विजयपूर्ण। २. सफलता और उन्नति का सूचक।

जय-माला—[सं॰ जय ~ माला] *स्त्री॰* १. विजेता को पहनायी जाने वाली माला। जय-सूचक माला। २. (विवाह के समय) कन्या के द्वारा वर के गले में डाली जाने वाली माला। ***वा॰* जयमाला डालना/पहनाना**—१. माला पहनाकर पति चुनना। पति-रूप में वरण करना। २. वरण करना।

जयवाहिनी—[सं॰ जय ~ वाहिनी] *स्त्री॰* इन्द्र की पत्नी शची देवी की एक उपाधि। इन्द्राणी। शची।

जयश्री—[सं॰ जय-श्री] *स्त्री॰* १. विजय की देवी। विजय-लक्ष्मी। २. विजय।

जयशृङ्ग (जयशृंग)—[सं॰ जय-शृंग] *पु॰* नरसिंघा नामक वाद्य।

जयस्तम्भ (जयस्तंभ)—[सं॰ जय ~ स्तम्भ] *पु॰* किसी देश आदि पर विजय के स्मारक रूप में स्थापित बहुत ऊँचा स्तम्भ।

जया—[सं॰ जय + टाप्] *स्त्री॰* १. पार्वती। दुर्गा। २. हरीतकी। हरड़। ३. माँग। ४. अरणी वृक्ष। ५. हरी दूब। ६. ध्वजा। पताका। ७. (चान्द्र मास के दोनों पक्षों की) तृतीया, अष्टमी और त्रयोदशी तिथियाँ।

जयावह—[सं॰ जय ~ आवह] *वि॰* विजय देनेवाला। जयप्रद।

जया सप्तमी (सप्तमी)—[सं॰] *स्त्री॰* १. किसी मास के शुक्ल पक्ष की वह सप्तमी जिसमें रोहिणी, आश्लेषा, मघा या हस्त नक्षत्र हो। २. शुक्ल पक्ष की सप्तमी जो रविवार को हो। जयदा सप्तमी।

जयिनी—[सं॰ जयिन् + ङीप्] *वि॰ (स्त्री॰)* विजयी।

जयिष्णु—[सं॰ √जि + इष्णुच्] *वि॰* सदा जीतनेवाला। जयशील। *पु॰* विजेता।

जयी—[सं॰ जयिन्] *वि॰* जीतने वाला। विजयी। *पु॰* विजेता।

जयोल्लास—[सं॰ जय ~ उल्लास] *पु॰* विजय का उल्लास। जीत का हर्ष।

जय्य—[सं॰ √जि + यत्] *वि॰* १. जीतने योग्य। २. जो जीता जा सकता हो। Δ **पर्याय**—जेय।

जर[1]—[सं॰ √जृ + अच्] *वि॰* १. वृद्ध। २. वृद्ध/क्षीण करनेवाला।

जर[2]—[< सं॰ जरा] *पु॰* जरा। वृद्धावस्था। बुढ़ापा।

ज़र—[फ़ा॰] *पु॰* १. धन। दौलत। २. स्वर्ण। सोना।

जरई—[< सं॰ जीरक] *स्त्री॰* १. बोए हुए बीज से निकला नया अंकुर। २. जौ या धान के छोटे अंकुर जो मांगलिक अवसरों पर भेंट किए जाते हैं।

ज़रकश—[फ़ा॰] *वि॰, पु॰* १. सोने-चाँदी के तारों से कलाबत्तू बनानेवाला। २. सोने-चाँदी के तारों से बना हुआ (वस्त्र)। ✣ **ज़रकशी**—*स्त्री॰* = सोने-चाँदी के तारों का काम। कलाबत्तू का काम।

ज़रकोन/जर्कोन—[अरबी] *पु॰* एक कठोर खनिज जिसके अल्पपारदर्शक भेदों से रत्न बनते हैं।

ज़रकोनियम/ज़र्कोनियम—[अं॰] *पु॰* (रसायन॰) एक धात्विक तत्त्व।

ज़रख़रीद—[फ़ा॰] *वि॰* धन से ख़रीदा हुआ। मोल लिया हुआ। क्रीत।

ज़रख़ेज़—[फ़ा॰] *वि॰* उर्वर/उपजाऊ (भूमि)। ✣ **ज़रख़ेज़ी**—*स्त्री॰* = उर्वरता। उपजाऊपन।

***जरछार**—[< हि॰ जरना + छार] *वि॰* १. जो जलकर राख हो गया है। २. नष्ट। (दे॰)

जरठ—[सं॰ √जृ + अठच्] *वि॰* १. वृद्ध। बूढ़ा। २. जीर्ण। जर्जर। ३. कठोर। ४. कर्कश। ५. पका हुआ। पक्का। ३. निष्ठुर। निर्दय। *पु॰* वृद्धावस्था। बुढ़ापा। ✣ **जरठता**—*स्त्री॰* = १. वृद्धावस्था। बुढ़ापा। २. जर्जरता। ✣ **जरठत्व**—*पु॰* = जरठता। ✣ **जरठपन**—*पु॰* = जरठता। ✣ ***जरठाई**—*स्त्री॰* = जरठता।

जरण—[सं॰ √जृ + णिच् + ल्यु] *वि॰* जीर्ण। पुराना। *पु॰* जरा। बुढ़ापा।

जरत्—[सं॰ √जृ + अतृन्] *वि॰* १. जीर्ण। पुराना। २. वृद्ध। बूढ़ा। ३. क्षीण। दुर्बल। *पु॰* वृद्ध व्यक्ति।

***जरत**—[< हि॰ जरना] *वि॰* जलता हुआ।

ज़रतार—[फ़ा॰ ज़र + हि॰ तार] ज़री। (दे॰) ✣ †**जरतारा/जरतारिया**—*वि॰* = ज़री के काम वाला (वस्त्र) ✣ ***जरतारी**—*स्त्री॰* = ज़री का काम।

जरती—[जरत् + ङीप्] *स्त्री॰* बूढ़ी स्त्री। वृद्धा।

†**जरतुआ**—[< हि॰ जलना (= ईर्ष्या करना)] *वि॰* (मन में) जलनेवाला। ईर्ष्यालु।

जरत्कुमारी—[सं॰ जरत् ~ कुमारी] *स्त्री॰* अविवाहित वृद्धा। बूढ़ी कुमारी।

ज़रदार—[फ़ा॰] *वि॰* धनी। अमीर। ✣ **ज़रदारी**—*स्त्री॰* = धन-सम्पन्नता। अमीरी।

ज़रदालू—[फ़ा॰ ज़र्द-आलू] ख़ूबानी नामक फल।

ज़रदोज़—[फ़ा॰] *पु॰* ज़री का काम करनेवाला। ✣ **ज़रदोज़ी**—*स्त्री॰* = ज़री का काम। *वि॰* = ज़री के काम वाला (वस्त्र)।

***जरना**—*क्रिअ॰* ≤ *हि॰* जलना।

†**जरनावा**—[देशज] *पु॰* ब्रजक्षेत्र की एक घास जिसकी बेल होती है तथा पत्ती लम्बी और नुकीली होती है।

***जरनि**[1]—[< हि॰ जलन < सं॰ ज्वलन] *स्त्री॰* १. जलने की अवस्था/क्रिया/भाव। ज्वलन। २. शरीर के किसी अंग में होनेवाली जलन। दाह। ३. मानसिक कष्ट। सन्ताप। ४. ईर्ष्या-द्वेष के कारण होनेवाला मानसिक कष्ट। जलन।

***जरनि**[2]—[< हि॰ जड़ना] *स्त्री॰* = जड़ाव।

†**जरनैल**—[< अं॰ जेनरल] *पु॰* सेनापति।

ज़रब—[< अरबी ज़र्ब] *स्त्री॰* आघात। प्रहार। चोट। (गणित॰) गुणा। **जैसे**—४ से ५ को ज़रब करने पर २० हुए। ● **विशेष**—ज़रब का निशान = गुणनचिह्न (×)। [संगीत॰] (तबला आदि) वाद्य पर आघात।

ज़रबफ़्त—[फ़ा॰] *पु॰* कलाबत्तू के काम वाला रेशमी कपड़ा। ✣ **ज़रबफ़्ती**—१. ज़रबफ़्त से सम्बन्धित। २. कलाबत्तू के काम वाला। ✣ **ज़रबाफ़**—*पु॰* = १. रेशमी कपड़े पर कलाबत्तू का काम करनेवाला। २. कलाबत्तू के काम वाला रेशमी कपड़ा।

***जरबीला**—[< फ़ा॰ ज़रब] *वि॰* चमक-दमक वाला। भड़कीला।

***जरम**—[< हि॰ जनम] *पु॰* जन्म।

जरमुआ—[< हि॰ जरना + मुअना] *वि॰, पु॰* ईर्ष्या, द्वेष आदि से जलने-मरने वाला। ईर्ष्या-द्वेष से पीड़ित।

जरा—[सं॰ √जृ + अङ् + टाप्] *स्त्री॰* १. वृद्धावस्था। बुढ़ापा। २. वृद्ध होने से उत्पन्न दुर्बलता।

ज़रा—[तुर्की] *वि॰* अल्प। थोड़ा। कम। *क्रिवि॰* = १. (किसी बात या काम की अल्पता, तुच्छता या सामान्यता पर बल देने के लिए) थोड़ी देर के लिए। तनिक।

ज़राअत—[< अरबी ज़िराअत] *स्त्री॰* = खेती-बारी। कृषि। ✣ **ज़राअतपेशा**—*पु॰* = कृषक। किसान। ✣ **ज़राअती**—*वि॰* = खेती-बारी से सम्बन्धित।

जराग्रस्त—[सं॰ जरा ~ ग्रस्त] *वि॰* १. वृद्ध। बूढ़ा। २. वृद्धावस्था से पीड़ित। बुढ़ापे के कारण दुर्बल। जरा-जीर्ण।

जराजित—[< सं॰ जरा ~ जित] *वि॰* वृद्धता के द्वारा जीता गया। *जैसे*—जराजित-जीवन-काल (= वृद्धावस्था)। —हरिऔध (प्रिय॰, २/३०)

जरा-जीर्ण—[स॰] *वि॰* जरा से जर्जर शरीर वाला। बुढ़ापे से दुर्बल शरीर और शिथिल इन्द्रियों वाला।

जरातुर—[स॰ जरा ~ आतुर] *वि॰* जराग्रस्त। वृद्ध। बूढ़ा।

जराधृत—[स॰ जरा ~ धृत] *वि॰* वृद्ध। बूढ़ा।

***जराना**—[< हि॰ जलाना] *क्रिस॰* १. जलाना। २. ईर्ष्या उत्पन्न करना।

***जराना[२]**—[< हि॰ जड़ाना] *क्रिस॰* जड़ाना। जड़वाना।

जराबधिरता—[स॰ जरा + बधिरता] *स्त्री॰* बुढ़ापे का बहरापन।

जराभीत—[स॰ जरा ~ भीत] *वि॰* वृद्धावस्था से डरा हुआ या डरनेवाला।

जरायम—[अरबी, 'जुर्म' का बहुवचन] *पु॰* अनेक अपराध। ✣ **जरायमपेशा**—*वि॰* १. अपराध करने के स्वभाव वाला (मनुष्य-वर्ग या जाति)। २. अपराधी जाति का। अपराधजीवी।

जरायु—[स॰ जरा √इ + ञुण्] *पु॰* १. गर्भाशय के ऊपर की झिल्ली। आँवल। खेड़ी। २. गर्भाशय।

जरायुज—[स॰ जरायु + ज] *पु॰* वह प्राणी जो जरायु में लिपटा हुआ जन्म ले। पिंडज। ***जैसे***—मनुष्य, मृग आदि जरायुज।

जराव—[< हि॰ जड़ावा] *वि॰* जड़ाऊ। *पु॰* जड़ाव।

जराविज्ञान—[स॰ जरा ~ विज्ञान] *पु॰* (चिकित्सा॰) वृद्धावस्था और उम्र बढ़ने की प्रक्रियाओं का अध्ययन। वृद्ध-रोग-विज्ञान। (अ॰ जेरॉन्टोलॉजि)

जरा-सुत—[स॰ जरा ~ सुत] *पु॰* (द्वापरयुग में मगध का राजा) जरासन्ध।

***जरि[१]**—[< हि॰ जड़] *स्त्री॰* १. मूल। जड़। २. जड़ी-बूटी।

***जरि[२]**—[< हि॰ जरना (= जलना)] *क्रिवि॰* १. जलकर। २. सन्तप्त होकर।

जरि[३]—[< स॰ जरा] *क्रिवि॰* जीर्ण होकर।

जरित[१]—[स॰ जरा + इतच्] *वि॰* जरा से युक्त। जराग्रस्त। वृद्ध। बूढ़ा।

***जरित[२]/जरितु**—[< स॰ जटित] *वि॰* जड़ा हुआ। जटित।

***जरिया[१]**—[< हि॰ जड़िया] *वि॰, पु॰* (रत्न आदि) जड़ने वाला। जड़िया।

†**जरिया[२]**—[< हि॰ जरना (= जलना)] *वि॰* १. जला हुआ। २. जलाने से बननेवाला। ***जैसे***—जरिया नमक।

ज़रिया—[< अरबी ज़रीआ] *पु॰* साधन। ***जैसे***—आय का ज़रिया। *अव्यय परसर्ग* माध्यम से। द्वारा। ***जैसे***—राम के ज़रिए उसे नौकरी मिली।

जरी[१]—[< हि॰ जड़ी] *स्त्री॰* जड़ी। बूटी।

जरी[२]**—[< हि॰ जरना] *क्रिअ॰* 'जरना' क्रिया का एक भूतकालिक रूप। जली। ***जैसे—पूँछ न जरी, लंका जरी।

जरी[३]—[< स॰ जटित] *वि॰* जड़ी हुई। जटित।

ज़री—[फा॰] *पु॰* मुलम्मे वाले सोने-चाँदी के तार जिनसे कपड़ों पर बेल-बूटे बनाए जाते हैं।

जरीब—[फा॰] *स्त्री॰* खेत नापने की ज़ंजीर विशेष जो लोहे की बनी होती है, ६६ फुट लम्बी होती है और जिसमें १०० कड़ियाँ होती हैं।

ज़र्क-बर्क़—[अरबी] *वि॰* चमक-दमकवाला। चमकीला। भड़कीला। *स्त्री॰* चमक-दमक। ठाठ-बाट।

जर्जर—[स॰ √जर्ज् + अरन्] *वि॰* १. जीर्ण। पुराना। ***जैसे***—जर्जर काग़ज़। २. वृद्ध। बूढ़ा। ***जैसे***—जर्जर शरीर। ३. टूटा-फूटा। खंडित। ***जैसे***—जीर्ण मकान। ४. (लाक्षणिक) जो पुराना होने के कारण महत्त्वहीन हो गया हो। ***जैसे***—समाज की जर्जर रूढ़ियाँ।

ज़र्द—[फा॰] *वि॰* पीले रंग वाला। पीला।

ज़र्दक—[फा॰] *पु॰* एक पक्षी जिसके पैर पीले होते हैं। पीलू।

ज़र्दा—[< फा॰ ज़र्द:] *पु॰* १. विशेष प्रकार के पकाए हुए मीठे और पीले चावल। २. सोनजुही (जिसके फूल पीले होते हैं)। ३. (पान के साथ खाने की) सुगन्धित पत्ती की तम्बाकू। सुरती। ४. पीले रंग का घोड़ा। ५. पीले नेत्रों वाला कबूतर।

ज़र्दी—[फा॰] *स्त्री॰* १. पीलापन। २. अंडे का पीला अंश।

जर्मन सिल्वर—[अ॰] *स्त्री॰* ताँबा, जस्ता और निकिल की मिश्र धातु जो देखने में चाँदी के समान होती है (मिश्रण में अनुपात क्रमशः ५ : २ : २)।

जर्मेनियम—[अ॰] *पु॰* (रसायन॰) एक तत्त्व जिसके गुण- धर्म धातु और अधातु के बीच के हैं।

ज़र्रा—[< अरबी ज़र्र:] *पु॰* १. बहुत छोटा टुकड़ा। कण। २. धूल आदि का उड़ता हुआ कण। रेणु। *वि॰* १. बहुत थोड़ा। २. तुच्छ। ✣ **ज़र्रानवाज़**—*वि॰* = छोटों पर दया करनेवाला। दीनदयालु। ✣ **ज़र्रानवाज़ी**—*स्त्री॰* = छोटों पर दया करना। दीनदयालुता।

जर्राह—[अरबी] *पु॰* शल्य-चिकित्सक। ✣ **जर्राही**—*स्त्री॰* = शल्य-चिकित्सा।

जर्सी—[< अ॰ जर्ज़ि] *स्त्री॰* एक प्रकार का चुस्त ऊनी स्वेटर। जरसी।

जल-अपघटन—[स॰] *पु॰* (रसायन॰) जल द्वारा किसी वस्तु का रासायनिक अपघटन। जलापघटन। (अ॰ हाइड्रोलिसिस)

जलक—[स॰ जल √कै + क] *पु॰* १. शंख। २. कौड़ी।

जलकपोत—[स॰ जल ~ कपोत] *पु॰* पानी के किनारे रहनेवाला एक पक्षी। जलकबूतर।

जल-कल्क—[स॰] *पु॰* १. कीचड़। २. सेवार। ३. काई।

जलकाग—[स॰ जल ~ काक] *पु॰* पनकौआ (पक्षी)।

जलकाङ्क्षी (जलकांक्षी)—[स॰ जल ~ काङ्क्षिन्] *वि॰* पानी का इच्छुक। *पु॰* हाथी।

जल-कुक्कुट—[स॰] *पु॰* एक पक्षी। जलमुर्ग़। मुर्ग़ाबी।

जलकौआ—[स॰ जल + हि॰ कौआ] *पु॰* जलकाग (पक्षी)।

जलक्रिया—[स॰ जल ~ क्रिया] *स्त्री॰* (पितरों आदि का) तर्पण।

जलखर—[< स॰ जाल + हि॰ खर (= घास)] १. बड़ी जालीदार थैली जिसमें फलों आदि को रखकर कहीं ले जा सकते हैं।

२. भूसा ढोने या रखने का रस्सी का बना जाल। ✣ **जलखरी**—स्त्री॰।

जलगर्भ—[सं॰ जल ~ गर्भ] *वि॰* १. जिसके अन्दर जल हो। २. पानी बरसानेवाला (बादल)।

जलघड़ी—[सं॰ जल + हि॰ घड़ी] *स्त्री॰* एक प्राचीन यन्त्र जिससे समय का ज्ञान होता था।

जलचर—[सं॰ जल ~ चर] *वि॰* जिल में रहनेवाला। *पु॰* जल में रहनेवाला प्राणी (मकर, मछली आदि) जल-जन्तु। ✣ **जलचरकेतु**—*पु॰* = (ध्वजा पर मकर के निशान वाला) कामदेव।

जलचरी—[सं॰ जलचर + ङीप्] *वि॰ (स्त्री॰)* जल में रहनेवाली (मछली आदि)। *स्त्री॰* मछली।

जलचादर—[सं॰ जल + हि॰ चादर] *पु॰* उद्यान में किसी ऊँचे स्थान से गिराया जाने वाला जल का झीना और विस्तृत प्रवाह।

जलचारिणी—[सं॰ जलचारिन् + ङीप्] *वि॰ (स्त्री॰), स्त्री॰* जलचरी।

जलचारी—[सं॰ जलचारिन्] *वि॰* जल में रहनेवाला। *पु॰* जल में रहनेवाला जीव/जन्तु। *स्त्री॰* मछली।

जल-चिह्न (जल-चिह्न)—[सं॰] *पु॰* १. काग़ज़ के निर्माता के द्वारा उसमें डाला गया वह विशेष चिह्न/निशान जो काग़ज़ को प्रकाश के सामने करने पर ही दिखता है। २. नदी के जल-स्तर की ऊँचाई का सूचक निशान। (अ॰ वाटरमार्क)

जलज—[सं॰ जल + ज] *वि॰* जल से या जल में उत्पन्न होनेवाला। *पु॰* १. कमल। २. चन्द्रमा। ३. शंख। ४. मोती। ५. मछली। ६. शैवाल। सिवार या काई।

जलजन्तुका (जलजंतुका)—[सं॰ जल ~ जन्तुका] *स्त्री॰* जलौका। जोंक।

ज़लज़ला—[< अरबी ज़लज़ल:] *पु॰* भूकम्प। भूचाल।

†जलजलाना—[< हि॰ झल्लाना] *क्रिअ॰* क्रुद्ध होना।

जलजा—[सं॰ जलज + टाप्] *वि॰* (स्त्री॰) जल में उत्पन्न होनेवाली। *स्त्री॰* लक्ष्मी। रमा।

जलजात—[सं॰ जल ~ जात] *वि॰* जल में या जल से उत्पन्न। *पु॰* कमल।

***जलजान**—[< सं॰ जलयान] *पु॰* नाव या जहाज़।

जलजाभ—[सं॰ जलज ~ आभा] *वि॰* कमल के समान आभा/चमक वाला।

***जलजाया**—[< सं॰ जलजात] *पु॰* कमल।

जलजारुण—[सं॰ जलज ~ अरुण] *पु॰* कमल के समान अरुण/लाल रंग। *वि॰* उक्त रंग का।

जलजासन—[सं॰ जलज ~ आसन] *वि॰* जिसका आसन कमल हो। कमल पर विराजमान। *पु॰* ब्रह्मा।

***जलठाउँ**—[सं॰ जल + हि॰ ठाउँ] १. जलवाला स्थान। २. जलाशय।

जलडमरूमध्य—[सं॰ जल ~ डमरू ~ मध्य] *पु॰* समुद्रों, खाड़ियों इत्यादि को जोड़नेवाली पतली जलधारा। (भूविज्ञान॰) समुद्र का वह संकीर्ण भाग जो दो महाद्वीपों या द्वीपों को अलग करता है या किसी द्वीप को मुख्य भूमि से अलग करता है। जलसंयोजी।

***जलण**—[< सं॰ ज्वलन] *स्त्री॰* अग्नि। आग।

जलतरङ्ग (जलतरंग)—[सं॰ जल ~ तरङ्ग] *स्त्री॰* पानी की लहर। *पु॰* (संगीत॰) एक घन वाद्य जो (सात से बाइस तक) प्यालों में जल भरकर एक बालिश्त लम्बी दो लकड़ियों से बजाया जाता है।

जलथम्भ (जलथंभ)—[< सं॰ जल ~ स्तम्भन] *पु॰* पानी की धारा को बाँधना/रोकना। जल-स्तम्भन।

जलद—[सं॰ जल + द] *वि॰* १. जल देनेवाला। २. पितरों को जल देनेवाला। *पु॰* १. बादल। २. (पितरों को जल देने वाला) वंशज। ✣ **जलद-काल**—*पु॰* = वर्षा का काल। वर्षा ऋतु। ✣ **जलदकेशिनी**—*वि॰ (स्त्री॰)* = (बादल जैसे) बहुत काले बालों वाली (स्त्री आदि)।

जलद-जाल—[सं॰] *पु॰* बादलों का समूह। मेघमाला।

जलदक्षय—[सं॰ जलद ~ क्षय] *पु॰* १. बादलों का नाश। २. शरद् ऋतु।

जलदतन—[सं॰ जलद ~ तन] *वि॰* (काले) बादलों के समान शरीर वाला। साँवले रंग वाला। जलदवपु। *जैसे*—जलदतन विष्णु।

जलदर्दुर—[सं॰ जल ~ दर्दुर] *पु॰* एक प्रकार का मध्ययुगीन वाद्य। जलमंडूक।

जलदमन्द्र (जलमंद्र)—[सं॰ जलद ~ मन्द्र] *वि॰* बादलों के गर्जन के समान गम्भीर (वाणी)।

जलद-स्वर—[सं॰] *पु॰* बादलों की आवाज़। मेघ-घोष। मेघ-गर्जन।

जलदान—[सं॰ जल ~ दान] *पु॰* मृत व्यक्ति या पूर्वज को जल देना। तर्पण।

जलदाभ—[सं॰ जलद ~ आभा] *वि॰, पु॰* बादल के समान रंग वाला (व्यक्ति आदि)।

जलदुर्ग—[सं॰ जल ~ दुर्ग] *पु॰* जल (नदी, झील आदि) से घिरा हुआ स्थान जो क़िले के समान सुरक्षित हो।

जलधर—[सं॰ जल ~ धर] *पु॰* १. बादल। २. समुद्र। ३. जलाशय। ४. वह कुआँ जिसमें सामान्य तल पर जल नहीं निकलता अपितु तल के नीचे या पार्श्व से पानी का सोता निकलता है। ५. कभी न सूखने वाला कुआँ।

जलधरमाला—[सं॰ जलधर ~ माला] *स्त्री॰* (छन्द॰) एक समवर्णिक छन्द जिसके प्रत्येक चरण में क्रमशः मगण, भगण, सगण और मगण (म भ स म) के योग से १२ वर्ण होते हैं तथा ४-८ पर यति होती है।

जलधरी—[< सं॰ जल + हि॰ धरना] *स्त्री॰* १. शिवलिंग स्थापित करने के लिए उसके चारों ओर की धातु, पत्थर आदि की बनी रचना। अर्घा। जलहरी। २. शिवलिंग के ऊपर एक-एक बूँद जल गिराने के लिए लटकाया गया छेदवाला घड़ा।

जलधि—[सं॰ जल + धि] *पु॰* १. समुद्र। ***जैसे***—जलधि-वेला (= समुद्र-तट)। २. (पद्य आदि में) चार की संख्या।

जलधिगा—[सं॰ जलधि √गम् + ड + टाप्] *स्त्री॰* नदी।

जलधिज—[सं॰ जलधि + ज] *वि॰* समुद्र से उत्पन्न होने वाला (शंख आदि) *पु॰* १. चन्द्रमा। २. मोती या शंख आदि।

जलनकुल—[सं॰ जल ~ नकुल] *पु॰* ऊदबिलाव।

जल-नाथ—[सं॰] *पु॰* १. समुद्र। २. वरुण (देवता)। ३. इन्द्र (देवता)।

जलनिधि—[सं॰ जल ~ निधि] *पु॰* १. समुद्र। जलधि। २. (पद्य आदि में)चार की संख्या।

जलन्धर (जलंधर)—[सं॰ जल √धृ + खच्, मुम्] *वि॰* जल को धारण करने वाला। *पु॰* १. बादल। २. समुद्र। (योग॰) हठयोग में एक बन्ध। (आयुर्वेद॰) जलोदर रोग।

जल-पक्षी—[सं॰] *पु॰* जलाशयों के समीप रहनेवाले पक्षी (बगुला आदि) जो प्रायः पानी से मछलियाँ पकड़ते-खाते हैं।

जल-पति—[सं॰] *पु॰* १. समुद्र। २. वरुण (देवता)। ३. इन्द्र। ४. पूर्वाषाढ़ा नक्षत्र।

†जलपना—[< सं॰ जल्पन] *क्रिअ॰* १. डींग मारना। २. प्रलाप करना। बकना। *क्रिस॰* डींग मारते हुए कहना। *स्त्री॰* १. डींग। २. व्यर्थ की बात। ३. प्रलाप।

जलपरी—[सं॰ जल + हिं॰ परी] *स्त्री॰* स्त्री के सिर और धड़ तथा मछली की पूँछ वाली कल्पित स्त्री। मत्स्य-कन्या। (अं॰ मर्मेड)

जलपात—[सं॰ जल ~ पात] *पु॰* वर्षा।

जलपीपरि/जलपीपल—[< सं॰ जल ~ पिप्पली] *स्त्री॰* १. एक प्रकार का औषधोपयोगी क्षुप जो नदियों के किनारे अधिक होता है और जिसके पत्ते हरे-पीले तथा फूल पीले होते हैं। २. उक्त की फली जो औषधोपयोगी होती है।

जल-पुष्प—[सं॰] *पु॰* जलाशयों (झीलों, तालाबों आदि) में होनेवाले फूल (कमल आदि)।

जलपूर—[< सं॰ जल + हिं॰ पूर] *पु॰* पानी की बाढ़।

जल-प्रदान—[सं॰] *पु॰* १. जल देने की क्रिया/भाव। २. पितरों आदि के लिए जल-दान। तर्पण।

जल-प्रपात—[सं॰] *पु॰* १. झरना। २. किसी नदी-नाले का पहाड़ के ऊपर से नीचे गिरना।

जल-प्रान्त (जल-प्रांत)—[सं॰] *पु॰* जलाशय (नदी, झील आदि) के पास की ज़मीन। तटीय प्रदेश।

जलप्राय—[सं॰ जल ~ प्रायः] *वि॰* अधिक जलाशयों (नदियों, नहरों, तालाबों आदि) वाला (भू-भाग)।

जलप्रिय—[सं॰ जल ~ प्रिय] *पु॰* १. जल का प्रेमी (व्यक्ति या पक्षी आदि)। जल-प्रेमी। २. चातक। ३. मत्स्य।

जलप्रेत—[सं॰ जल ~ प्रेत] *पु॰* वह मृत व्यक्ति जो जल में डूबकर मरा हो।

जलप्लावन—[सं॰ जल ~ प्लावन] *पु॰* १. सम्पूर्ण पृथ्वी का जल में डूब जाना। जल-प्रलय। २. बाढ़।

जलबन्धक (जलबंधक)—[सं॰ जल ~ बन्धक] *वि॰* जल को बाँधनेवाला। *पु॰* बाँध।

जलबन्धु (जलबंधु)—[< सं॰ जल ~ बन्धु] *पु॰* मत्स्य। मछली।

जलबलना—[< हिं॰ जलना + बलना] *क्रिअ॰* जलना।

जल-बाला, जल-बालिका—[सं॰] *स्त्री॰* विद्युत्। बिजली।

जलबिडाल—[सं॰ जल ~ बिडाल] *पु॰* ऊदबिलाव।

***जलबिहग**—[< सं॰ जल-विहग] *पु॰* जल-पक्षी।

जल-बुद्बुद—[सं॰] *पु॰* पानी का बुलबुला।

जलबैंत (जलबेंत)—[< सं॰ जलवेत्र] *पु॰* जलाशयों के समीप होनेवाला बेंत का पौधा जिसके छिलके से टोकरियाँ, कुर्सियाँ आदि बुनी जाती हैं।

जल-भालू—[सं॰ जल + हिं॰ भालू] *पु॰* एक समुद्री जीव जिसके विशाल शरीर पर रीछ जैसे बड़े-बड़े बाल होते हैं।

जलभीत/जलभीरु—[सं॰ जल ~ भीत/भीरु] *वि॰* १. (नहाने आदि में) जल से डरनेवाला। २. जलभीति रोग से ग्रस्त।

जलभीति—[सं॰ जल ~ भीति] *स्त्री॰* पागल कुत्ते के काटने से मनुष्य को होनेवाला एक तीव्र रोग जो पानी को देखने पर बहुत बढ़ जाता है। जलसंत्रास। ● **विशेष**—इसके लक्षण हैं—मानसिक विभ्रम, ज्वर और लार का बहुत बहना।

जलभू—[सं॰ जल ~ भू] *पु॰* १. मेघ। बादल। २. एक प्रकार का कपूर। *स्त्री॰* जलप्राय भूमि।

जलभूविज्ञान—[सं॰ जल ~ भू ~ विज्ञान] *पु॰* भूमि के जल से सम्बन्धित भूवैज्ञानिक तत्त्वों का अध्ययन।

जलभृत्—[सं॰ जल ~ भृत्] *वि॰* जिसमें जल भरा हुआ हो। जल-पूर्ण। *पु॰* १. जल धारण करने वाली वस्तु। जलधारी। २. मेघ। बादल। ३. जल-पात्र (घड़ा आदि)। ४. कपूर। (भूविज्ञान॰) पृथ्वी तल के नीचे दो अप्रवेश्य शैलों (चट्टानों) के बीच में स्थित अन्दर को झुका हुआ शैल (चट्टान) जिसमें से होकर जल अन्दर दूर तक प्रवेश कर जाता है। (अं॰ एक्विफ़र)। ✣ **जलभृत**—जलभृत्।

जल-भौंरा (जल-भौंरा), जल-भँवरा—[< सं॰ जल ~ भ्रमर] *पु॰* पानी पर तैरता रहनेवाला एक छोटा और काला कीड़ा।

जलमण्डल (जलमंडल)—[सं॰ जल ~ मण्डल] *पु॰* भूपृष्ठ की सब जलराशियों का सामूहिक नाम।

जलमण्डूक (जलमंडूक)—[सं॰ जल ~ मण्डूक] एक प्रकार का मध्ययुगीन वाद्य। जलदर्दुर।

जलमग्न—[सं॰ जल ~ मग्न] *वि॰* पानी में डूबा हुआ। ***जैसे***—प्रलय के समय पृथ्वी जलमग्न रहती है।

जल-मल—[सं॰ जल ~ मल] *पु॰* १. पंक। कीचड़। २. झाग। फेन।

जल-माया—[सं॰] *स्त्री॰* मृगतृष्णा। मृगमरीचिका।

जल-मार्जार—[सं॰] *पु॰* ऊदबिलाव।

जलमूर्ति—[सं॰ जल ~ मूर्ति] *पु॰* शिव। महादेव।

जलमुर्गी—[सं॰ जल + हिं॰ मुर्गी] *स्त्री॰* १. तीतर से छोटी, मोटी और छोटी दुमवाली तथा लम्बे पैरवाली स्लेटी धूसर रंग की एक चिड़िया। २. तीतर से छोटी, स्लेटी धूसर और भूरी दलदली चिड़िया जो हरी चौंचवाली होती है तथा जिसका आधार चमकीला लाल होता है।

जलयन्त्र (जलयंत्र)—[सं॰ जल ~ यन्त्र] *पु॰* १. कुएँ आदि से पानी निकालने का यन्त्र (रहट आदि)। २. फ़ौवारा। ३. जलघड़ी।

जल-योजन—[सं॰] पु॰ (रसायन॰) किसी पदार्थ को जल से युक्त करने की क्रिया/भाव। (अं॰ हाइड्रेशन) ∇ **विलोम**—निर्जलीकरण।

जलरङ्ग (जलरंग)—[सं॰ जल ~ रङ्ग] *पु॰* १. शुष्क रंगों और तैल रंगों से भिन्न पानी मिलाकर चित्रकला में प्रयुक्त होनेवाले रंग। २. उक्त रंगों से बने चित्र। (अं॰ वाटर कलर)

जलराशिकी—[सं॰ जल ~ राशिक + ड] *स्त्री॰* (भूगोल॰) समुद्रों, झीलों, नदियों आदि का वैज्ञानिक अध्ययन।

जल-रुद्‌ध (जल-रुद्ध)—[सं॰] *वि॰* १. जल से घिरा हुआ या जल के द्वारा रोका हुआ। २. जिसमें पानी न जा सके। जलरोधी। ***जैसे***—जल-रुद्ध जूते।

जल-लता—[सं॰] *स्त्री॰* तरंग। लहर।

जलवायवी—[< सं॰ जलवायवीय] *वि॰* १. जलवायु-सम्बन्धी। २. जलवायु से उत्पन्न। जलवायुजन्य।

जलवायु—[सं॰ जल ~ वायु] *स्त्री॰* १. किसी स्थान या प्रदेश की ऋतु-दशा की अनेक वर्षों की औसत प्राकृतिक स्थिति। किसी स्थान की गरमी, जाड़ा, वर्षा आदि सूचित करनेवाली वह प्राकृतिक स्थिति जिसका प्रभाव वहाँ के प्राणियों तथा वनस्पतियों पर पड़ता है। ***जैसे***—उष्ण जलवायु। २. उक्त ऋतु-दशाओं वाले स्थान या काल। ***जैसे***—ठंडी जलवायु में गरम कपड़ों की आवश्यकता। ३. (लाक्षणिक) स्थिति। वातावरण। ***जैसे***—महाराष्ट्र की राजनीतिक जलवायु का पता वहीं जाकर लगेगा। ✣ **जलवायु-जन्य**—*वि॰* = जलवायु से उत्पन्न। जलवायवी।

जलवाह—[सं॰ जल √वह् + अण्] *पु॰* मेघ। बादल।

जलवाहिका—[सं॰ जल ~ वाहिका] *स्त्री॰* १. पानी बहने का कृत्रिम, उथला और कम चौड़ा मार्ग। छोटी नहर। कुल्या। २. गन्दा पानी बहने का उथला और पतला मार्ग। नाली। मोरी।

जलवितरिका—[सं॰ जल ~ वितरिका] *स्त्री॰* (भूविज्ञान॰) मुख्य सरिता से निकलनेवाली शाखा-नदी जो उससे पुनः नहीं मिलती।

जलविलेय—[सं॰ जल ~ विलेय] *वि॰* जल में घुलनशील (पदार्थ)।

जलव्याल—[सं॰ जल ~ व्याल] *पु॰* पानी में रहनेवाला साँप। पनिया साँप। डेंड़हा।

जलशायी—[सं॰ जल ~ शायी (शायिन्)] *वि॰* पानी में या पानी पर सोनेवाला। *पु॰* विष्णु (देवता)।

जलशीर्ष—[सं॰ जल ~ शीर्ष] *पु॰* (चिकित्सा॰) मस्तिष्क में या आस-पास मेरुद्रव के एकत्रीकरण के कारण कपाल-वृद्धि। (अं॰ हाइड्रोसेफ़ैलस)

जलशुक्ति—[सं॰ जल-शुक्ति] *स्त्री॰* (पानी में रहनेवाली) सीप।

जलसंस्कार—[सं॰ जल ~ संस्कार] *पु॰* १. स्नान। २. प्रक्षालन। धोना। २. शव का जल-प्रवाह।

जलसह—[< सं॰ जल + हिं॰ सहना] *वि॰* जिसमें पानी न ज़ा सके। जिसे पानी भिगो न सके। ***जैसे***—जलसह कपड़े। (अं॰ वाटरप्रूफ़)

जलसा—दे॰ जल्सा।

जलसिक्त—[सं॰ जल ~ सिक्त] *वि॰* जल से सींचा हुआ।

जलसूर्य—[सं॰ जल ~ सूर्य] *पु॰* जल में दिखनेवाला सूर्य-बिम्ब।

जल-स्तम्भन (जल-स्तंभन)—[सं॰] *पु॰* पानी का प्रवाह रोकना। जलथम्भ। ***जैसे***—दुर्योधन जल-स्तम्भन की विद्या से सरोवर में छिप गया था।

जलस्थली—[< सं॰ जलस्थलीय] *वि॰* पानी और भूमि, दोनों, के वातरवरण में जीवन बितानेवाले प्राणियों/जन्तुओं का वर्ग। जलस्थलीय।

जलस्राव—[सं॰ जल ~ स्राव] *पु॰* १. पानी बहने की स्थिति। २. आँख से पानी बहने का रोग।

***जलहर/जलहल**—[< सं॰ जलधर] *पु॰* १. मेघ। बादल। २. समुद्र। ३. जलाशय।

जलहरण—[सं॰ जल ~ हरण] *पु॰* पानी ढोना (छन्द॰) दंडक का एक प्रकार जिसके प्रत्येक चरण में ३२ वर्ण होते हैं, १६-१६ पर यति होती है तथा अन्त में दो लघु होते हैं।

†जलहली—[देशज] (चन्द्रमा के चारों ओर का) सफ़ेद घेरा।

जलहार—[सं॰ जल √हृ + अण्] *पु॰* पानी ढोने/भरने वाला सेवक/ मज़दूर। पनिहार। जलहारी।

जलहास—[सं॰ जल ~ हास] *पु॰* समुद्र-फेन।

†जलाक—[< हिं॰ जलाना] *स्त्री॰* १. पेट का दाह। २. तेज़ धूप की लपट। ३. लू।

जलाकर—[सं॰ जल ~ आकर] *पु॰* १. बहुत जल वाला स्थान। २. समुद्र, नदी, कुआँ, झरना या सरोवर आदि जलाशय।

†जलाका—[< हिं॰ जलाना] *स्त्री॰* जलाक।

जलाकाश—[सं॰ जल ~ आकाश] *पु॰* १. जल में प्रतिबिम्बित आकाश। २. जल से अवच्छिन्न आकाश।

जलाङ्क (जलांक)—[सं॰ जल ~ अङ्क] *पु॰* जल-चिह्न।

जलाङ्कन (जलांकन)—[सं॰ जल ~ अङ्कन] *पु॰* जलांक को अंकित करने की क्रिया/भाव।

जलात्यय—[सं॰ जल ~ अत्यय] *पु॰* (वर्षा ऋतु की समाप्ति पर आनेवाली) शरद् ऋतु।

जलाधिप—[सं॰ जल ~ अधिप] *पु॰* वरुण (देवता)।

जलापघटन—[सं॰ जल ~ अपघटन] *पु॰* (रसायन॰) जल-अपघटन।

जलापा—[< हिं॰ जलना] *पु॰* मन में ईर्ष्या से जलते रहने या क्रोध से कुढ़ते रहने की अवस्था/भाव।

जलापात—[सं॰ जल ~ आपात] *पु॰* जल-प्रपात।

जलाभ—[सं॰ जल ~ आभा] *वि॰* पानी जैसा।

जलाभ्यन्तर (जलाभ्यंतर)—[सं॰ जल ~ अभ्यन्तर] *वि॰* जो (समुद्र आदि के) जल के अन्दर स्थित हो। ✣ **जलाभ्यन्तर (जलाभ्यंतर) वाहिनि/नौका**—*स्त्री॰* = पनडुब्बी। (दे॰)

जलार्क—[< सं॰ जल ~ अर्क] *पु॰* जल में प्रतिबिम्बित सूर्य।

जलार्णव—[सं॰ जल ~ अर्णव] *पु॰* १. (मीठे जल का) समुद्र। २. वर्षा ऋतु। बरसात।

जलार्थी—[सं॰ जलार्थिन्] *वि॰* पिपासु। प्यासा।

जलार्द्र—[सं॰ जल ~ आर्द्र] *वि॰* पानी से भीगा हुआ। गीला। ***जैसे***—जलार्द्र वस्त्र। ✣ **जलार्द्रा**—*वि॰ (स्त्री॰)* = पानी से भीगी हुई। गीली। ***जैसे***—जलार्द्रा धोती।

जलाल—[अरबी] *पु॰* १. तेज। २. गौरव। ३. रोब। ✣ **जलाली**—*वि॰* = १. जलाल से सम्बन्धित। जलाल का। २. जिसमें तेज, गौरव या शक्ति हो। ३. जिसका रोब हो। *पु॰* = मुसलमान फ़क़ीरों का एक सम्प्रदाय।

जलाव—[< हिं॰ जलना] *पु॰* १. जलने/जलाने की क्रिया/भाव। २. जलने के कारण कम होनेवाला अंश।

जलावतन—[अरबी] *वि॰* जो अपने देश/राज्य से निकाल दिया गया हो। निर्वासित। ✣ **जलावतनी**—*स्त्री॰* = निर्वासन। देश-निकाला।

जलावतरण—[सं॰ जल ~ अवतरण] *पु॰* १. जल में उतरना। २. नए बने जहाज़ आदि का समुद्र में उतारा जाना। पोत-सन्तरण। (अं॰ लान्च)

जलावतार—[सं॰ जल ~ अवतार] *पु॰* नदी का घाट।

जलावर्त—[सं॰ जल ~ आवर्त] पु॰ ज़ल का भँवर।

जलाशयोत्सर्ग—[सं॰ जलाशय ~ उत्सर्ग] *पु॰* किसी जलाशय (कुआँ, तालाब आदि) के निर्माण के बाद उसकी प्रतिष्ठा या लोक-समर्पण।

***जलाहल**—[< सं॰ जलस्थल] *वि॰* १. पानी से भरा हुआ। जलमय। २. पानी की बाढ़ वाला। बाढ़ में डूबा हुआ। *पु॰* बाढ़।

जलिका—[सं॰ जल + ठन् + इक + टाप्] *स्त्री॰* जोंक।

जलीय—[सं॰ जल + छ] *वि॰* १. जल-सम्बन्धी। जल का। २. जल में उत्पन्न होने या रहने वाला। ***जैसे***—जलीय अपतृण। ✣ **जलीय चक्र**—*पु॰* = प्रकृति में पाया जाने वाला जल-चक्र। नदियों का जल समुद्र में, समुद्र का जल वाष्प-रूप में आकाश में, उसका वर्षा के जल और बर्फ के रूप में पृथ्वी, पहाड़ों आदि पर गिरना तथा पिघली बर्फ़ और पानी का फिर नदियों आदि के माध्यम से समुद्र में जाने का चक्रीय क्रम। (अं॰ हाइड्रोलॉजिकल साइकिल)

जलील—[अरबी] *वि॰* १. प्रतिष्ठित। महान्। २. पूज्य। मान्य।

ज़लील—[अरबी] *वि॰* १. अपमानित। तिरस्कृत। २. नीच। पामर। कमीना।

जलूस—[< अं॰ जुलूस] *पु॰* गलियों, सड़कों आदि पर प्रचार, प्रदर्शन आदि के लिए धीरे-धीरे चलनेवाला जन-समूह। शोभा-यात्रा। ***जैसे***—जन्माष्टमी का जलूस निकलना। ✣ **जलूसी**—*वि॰* = जलूस से सम्बन्धित। जलूस का। शोभा-यात्रा का।

जलेतन—[< हिं॰ जलना] *वि॰* ज़रा-सी बात पर अत्यन्त क्रुद्ध हो जानेवाला। क्रोधी।

जलेन्द्र (जलेंद्र)—[सं॰ जल ~ इन्द्र] *पु॰* १. वरुण (देवता)। समुद्र या महासागर।

जलेन्धन (जलेंधन)—[सं॰ जल ~ इन्धन] *पु॰* (जल के लिए ईंधन जैसी) बाड़वाग्नि।

जलेबा—[< फा॰ ज़िलेबा] *पु॰* बड़ी जलेबी।

जलेबी—[देशज] *स्त्री॰* मैदा की बनी एक कुंडलाकार मिठाई जो घी में तलकर चाशनी में पागी जाती है।

जलेश—[सं॰ जल ~ ईश] *पु॰* १. वरुण (देवता)। २. समुद्र। ३. इन्द्र।

जलेशय—[सं॰ जले √शी + अच्] *पु॰* १. (जलशायी) विष्णु। २.मत्स्य। मछली।

जलेश्वर—[सं॰ जल ~ ईश्वर] *पु॰* १.वरुण (देवता)। २. समुद्र। ३. इन्द्र। ✣ ***जलेसर**—*पु॰* ≤ *सं॰* जलेश्वर।

जलोच्छ्वास—[सं॰ जल ~ उच्छ्वास] *पु॰* (नदी आदि के) १. जल का तट से ऊपर उठकर, छलक कर बहना। २. अतिरिक्त जल का निकास। ३. नदी की बाढ़।

जलोढ़—[< सं॰ जल ~ ऊढ] *वि॰* (भूविज्ञान॰) १. प्रवाही जल के द्वारा बहाए गए या निक्षेपित पदार्थ। २. जलोढक से सम्बन्धित या उससे बने हुए। ३. जलोढक में पाया जाने वाला। (अं॰ अलूवियल)।

जलोढक—[सं॰ जलोढ + कन्] *पु॰* (भूविज्ञान॰)नदी के तेज़ बहाव के कारण बहते चट्टानों के टुकड़ों के टूटने-फूटने, घिसने और चूर्ण होने से बने कंकड़, बजरी, रेत और मिट्टी का, नदी का बहाव मन्द हो जाने के कारण, नदी-तट पर होनेवाला निक्षेप या नदी-तल में जमाव। (अं॰ अलूवियम)

जलोत्सारण—[सं॰ जल ~ उत्सारण] *पु॰* (कहीं भर गए) जल को निकालना। जल-निकास।

जलोदर—[सं॰ जल ~ उदर] *पु॰* एक रोग जिसमें पेट में पानी इकट्ठा हो जाता है और पेट फूलने लगता है।

जलोद्भिद् (जलोद्भिद्)—[सं॰ जल ~ उद्भिद्] *पु॰* (वनस्पति॰) वे पौधे जो अधिक जल वाले स्थानों पर पाए जाते हैं।

जलौक—[सं॰ जल ~ ओक] *पु॰* जोंक। ✣ **जलौका**—*स्त्री॰* = जोंक।

जल्प—[सं॰ √जल्प् + अच्] १. कथन। २. बकवाद। ३. तर्क। २. केवल जीतने की इच्छा से किया जाने वाला शास्त्रार्थ। (न्याय॰) वाद-विवाद में वादी/प्रतिवादी द्वारा अपना पांडित्य दिखाने के लिए किया जाने वाला वार्तालाप।

जल्लाद—[अरबी] *पु॰* १. सरकार की आज्ञा से दंडित अपराधी को यातना देनेवाला या मारनेवाला। ***जैसे***—जल्लादों ने किसी अपराधी

को कोड़े मारे, किसी का सिर काटा और किसी को फाँसी दी। २. (लाक्षणिक) क्रूर और अत्याचारी व्यक्ति। ✣ **जल्लादी**—*स्त्री॰* = १. जल्लाद का काम। २. निर्दयता। क्रूरता। अत्याचार।

जल्वा—[< अरबी जल्व:] *पु॰* १. किसी विशेष प्रकार से अपने आपको दिखाना। प्रदर्शन। २. दर्शन। दीदार। ३. प्रकाश। तेज। ४. कान्ति। नूर। ५. सौन्दर्य। शोभा।

जल्सा/जलसा—[< अरबी जल्स:] *पु॰* १. अधिवेशन। २. सभा। ३. उत्सव या समारोह। ४. गोष्ठी। महफ़िल।

जव[1]—[स॰ √जु + अप्] *पु॰* १. वेग। तेज़ी। २. शीघ्रता। जल्दी।

जव[2]—[स॰ जु + अच्] *वि॰* १. वेगवान्। तेज़। २. शीघ्रता/जल्दी करनेवाला।

जव[3]—[< स॰ यव] *पु॰* एक अनाज। यव। जौ।

जवन[1]—[स॰ √जु + ल्यु] *वि॰* १. वेगवान्। तेज़। २. फुर्तीला। *पु॰* १. युद्ध की शिक्षा पाया हुआ घोड़ा। २. फुर्तीला घोड़ा।

जवन[2]—[स॰ √जु + ल्युट्] *पु॰* १. वेग। तेज़ी। २. फुर्ती।

***जवन[3]/जौन**—[< हि॰ जो] *सर्व॰, वि॰* जो।

जवनिका—[स॰ जवनी + कन् + टाप् ह्रस्व] *स्त्री॰* १. पर्दा। २. क़नात। ३. नाटक का अंक/दृश्य बदलने का पर्दा जो शीघ्रता से उठाया गिराया जा सकता है। यवनिका। ***जैसे***—अब जवनिका गिरने ही वाली है।

जवनी[1]—[स॰ जवन + ङीप्] *स्त्री॰* १. वेग। तेज़ी। २. अजवायन। *वि॰ (स्त्री॰)* १. वेगवती। तेज़। २. फुर्तीली।

***जवनी[2]**—[< स॰ यवनी] *स्त्री॰* यवन स्त्री। यवनी।

जवा[1]—[स॰ जव + टाप्] १. जपाकुसुम का वृक्ष। जपा वृक्ष। गुड़हल। अड़हुल।

जवा[2]—[< स॰ यव] *पु॰* १. जौ के आकार का कोई दाना। २. एक प्रकार का पकवान। सेंवई। सिमई।

जवाकुसुम—[स॰ जवा ~ कुसुम] *पु॰* जपाकुसुम। गुड़हल/अड़हुल का फूल।

जवाखार—[< स॰ यवक्षार] *पु॰* (आयुर्वेद॰) जौ के पौधे से तैयार किया जाने वाला क्षार जो अनेक रोगों की औषध के रूप में प्रयुक्त होता है। यवक्षार।

जवाड़ी—[< हि॰ जव < स॰ यव] *स्त्री॰* गेहूँ में मिले हुए जौ के दाने।

†जवादानी—[< हि॰ जव < स॰ यव] *स्त्री॰* गले का एक आभूषण। चम्पाकली।

जवाधिक—[स॰ जव ~ अधिक] *वि॰* बहुत वेग से चलनेवाला। तीव्रगामी। *पु॰* बहुत तेज़ चलनेवाला घोड़ा। तीव्रगामी अश्व।

जवारा—[< प्रा॰ जवरय] *पु॰* १. जौ के अंकुर। २. नवरात्र की नवमी को होनेवाला एक उत्सव जिसमें देवी के गीत गाते हुए भक्तों का समूह जौ के नए अंकुरों को नदी आदि में प्रवाहित करता है।

जवारी—[< हि॰ जवारा] *स्त्री॰* १. जवारा। (दे॰) २. जौ, छुहारे आदि को एक धागे में गूँथ कर बनाया हुआ हार।

***जवारु**—[< अरबी ज़वाल] *पु॰* १. अवनति। २. ह्रास। कमी। ३. विपत्ति। झंझट। जंजाल।

ज़वाल—[अरबी] १. अवनति। पतन। गिरावट। ३. ह्रास। कमी।

जवास/जवासा—[< स॰ यवास/यवासक] *पु॰* एक कँटीला जंगली पौधा जिस पर गर्मियों में गुलाबी फूल और सफ़ेद फली आती हैं परन्तु वर्षा ऋतु में जलकर, सूखकर, पत्रहीन हो जाता है और जाड़े की ऋतु में फिर हरा-भरा हो जाता है।

जवाहर—[< अरबी जवाहिर ('जौहर' का बहु॰)] *पु॰* १. रत्न। २. रत्न-समूह। ✣ **जवाहरात**—*पु॰* (बहु॰) १. रत्नों का समूह। रत्न-समूह। २. अनेक प्रकार के रत्नों का समूह। ● **विशेष**—हिन्दी में 'जवाहरात' को भी एकवचन उसका बहुवचन रूप प्रचलित है—जवाहरातों (= जवाहरात)।

जवाँमर्द—[फा॰] *वि॰* १. वीर। २. साहसी। ✣ **जवाँमर्दी**—*स्त्री॰* = १. वीरता। २. साहस।

जवीय—[स॰ जवीयस्] *वि॰* बहुत तेज़ चलने वाला। वेगवान्।

जश्न—[फा॰] *पु॰* उत्सव। समारोह।

जसद—*पु॰* ≤ स॰ यशद। जस्ता।

***जसना**—[< हि॰ जस < स॰ यश] *क्रिस॰* यश देना।

***जसवै**—[< स॰ यशोदा] *स्त्री॰* (कृष्ण की माता) यशोदा।

***जसि**—[< हि॰ जस] *वि॰ (स्त्री॰), क्रिवि॰* जैसी।

***जसी**—[< स॰ यशस्वी] *वि॰* यशस्वी। कीर्तिशाली।

***जसु**—[< स॰ यश] *पु॰* यश। कीर्ति।

***जसो/†जसोदा/*जसोमति/*जसोवा/*जसोवै**—[< स॰ यशोदा] *स्त्री॰* (कृष्ण की माता) यशोदा।

जस्तई—[< हि॰ जस्ता] *वि॰* १. जस्ते के रंग का। २. जस्ते का बना हुआ। *पु॰* जस्ते का रंग।

जहत्स्वार्था—[स॰ जहत् ~ स्वार्थ + टाप्] *स्त्री॰* (काव्य॰) लक्षणा शब्दशक्ति का एक भेद। वाक्य के अर्थ की सिद्धि के लिए मुख्य अर्थ को छोड़कर लक्ष्यार्थ का ग्रहण (जैसे—पेट में आग लगना = भूख लगना)। लक्षणलक्षणा।

जहदजहल्लक्षणा—[स॰ जहत् ~ अजहत् ~ लक्षणा] *स्त्री॰* (काव्य॰) लक्षणा शब्दशक्ति का एक भेद। वाक्य के अनेक अर्थों में से किसी एक का ग्रहण और शेष का त्याग।

***जहदा**—[देशज] *पु॰* १. कीचड़। २. दलदल।

***जहना**—[< स॰ जहन] *क्रिस॰* १. त्यागना। २. नष्ट करना।

***जहन्दम (जहंदम)**—[< अरबी जहन्नुम] *पु॰* १. नरक। २. (लाक्षणिक) अत्यन्त कष्टपूर्ण और दुःखप्रद स्थान।

ज़हरमोहरा—[< फा॰ ज़हर मुहरा] *पु॰* विष-प्रभाव नष्ट करने वाला, उन्माद और सूजन आदि रोगों को दूर करनेवाला एक प्रकार का पत्थर जो हरापन लिए सफ़ेद रंग का होता है तथा पच्चीकारी में काम आता है।

ज़हरी—[< हि॰ ज़हर] *वि॰* विषैला। ज़हरीला।

***जहल**—[अरबी] *स्त्री॰* अज्ञान। मूर्खता। जहालत।

***जहवाँ**—[< हिं॰ जहँ] *क्रिवि॰* जहाँ।

***जहँ**—[अप॰ < प्रा॰ जत्थ < सं॰ यत्र] *क्रिवि॰* जहाँ। ● **विशेष**—'जहँ' का नित्य सम्बन्धी 'तहँ' होता है। ✣ **जहँ-जहँ**—*क्रिवि॰* = जहाँ-जहाँ। *जैसे*—जहँ जहँ धर्म तहँ तहँ विजय।

***जहँड़ना**—[< सं॰ जहन] *क्रिअ॰* १. हानि उठाना। २. धोखे में पड़ना। ३. व्यर्थ होना।

जहाज़—[अरबी] *पु॰* समुद्र या बड़ी नदी में चलनेवाला एक यान जो बहुत बड़ी नाव के समान होता है। पोत। जलयान। **वा॰ जहाज़ का काग/कौवा/पंछी/पक्षी**—वह मनुष्य जो इधर-उधर जाने पर सहारा न मिलने पर विवशता के कारण फिर उसी स्थान पर आ जाए। एक ही आश्रय या ठिकाने वाला व्यक्ति।

जहाज़रानी—[अरबी जहाज़ + फा॰ रानी] *स्त्री॰* १. जहाज़ चलाना। २. जहाज़ चलाने का काम या पेशा।

जहान—[फा॰] *पु॰* विश्व। संसार। दुनिया।

जहालत—[अरबी] *स्त्री॰* १. अज्ञान। २. मूर्खता। ३. अशिक्षा। ४. असभ्यता। ५. उद्दंडता।

जहाँपनाह—[फ़ा॰] *वि॰* संसार को आश्रय देनेवाला। *पु॰* राजा/शासक के लिए प्रयुक्त एक सम्बोधन।

***जहिया**—[< सं॰ यद्] *क्रिवि॰* १. जब। २. जिस दिन।

ज़हीन—[अरबी] *वि॰* १. मेधावी। तीक्ष्ण बुद्धिवाला। २. बुद्धिमान। समझदार। ३. प्रतिभाशाली।

†जहीं—[< हिं॰ जहाँ + ही] *क्रिवि॰* जहाँ भी।

ज़हूर—[अरबी] *पु॰* ज़ाहिर होने या करने की अवस्था/क्रिया/भाव। प्रकट करना/होना। प्रकटीकरण।

जह्नु-कन्या/तनया—[सं॰] *स्त्री॰* गंगा (नदी)।

जह्नु-सप्तमी—[सं॰] *स्त्री॰* वैशाख शुक्ल सप्तमी। गंगा-सप्तमी।

†जँगरैत—[< हिं॰ जाँगर] *वि॰* (पूरी शक्ति से) परिश्रम करनेवाला। परिश्रमी। मेहनती। **जँगरैतिन**—*वि॰ (स्त्री॰)*।

जँतसर—[< हिं॰ जाँता] *पु॰* चक्की चलाते समय स्त्रियों के द्वारा गाए जाने वाले लोकगीत।

जँतसार—[< सं॰ यन्त्रशाला] *पु॰* जाँता/चक्की गाड़ने का स्थान।

जँताना—[< हिं॰ जाँता] *क्रिअ॰* १. जाँता/चक्की में पीसा जाना। २. भीड़ में दबना। कुचल जाना।

जँबीरी नीबू—[< सं॰ जम्बीर] *पु॰* जम्बीरी नीबू। ● **विशेष**—यह काग़ज़ी नीबू से भिन्न, बड़ा और अधिक खट्टा होता है।

जँभाई—[< सं॰ जृम्भिका] *स्त्री॰* आलस्य आदि की अवस्था में होनेवाली शरीर की एक क्रिया जिसमें मुँह खुल जाता है और साँस तेज़ी से अन्दर जाकर मुँह से ही धीरे-धीरे बाहर आती है। उबासी। जमुहाई।

***जा[१]**—[< सं॰ या] *सर्व॰, वि॰* जो। जिस। ● **विशेष**—**जाकी** = जिसकी। **जाके/जाकैं**—जिसके।

जा[२]—[फा॰] *स्त्री॰* स्थान। जगह। *वि॰* उचित। ठीक। ∇ **विलोम**—बेजा। ✣ **जा-बेजा**—*वि॰* = उचित और अनुचित।

जा[३]—[< हिं॰ जाना] *क्रिअ॰* 'जाना' क्रिया का एक आज्ञार्थक रूप। *जैसे*—जा, अपना काम कर।

†जाइ[१]—[< हिं॰ जा (= जो/जिस)] *सर्व॰* जिसे।

†जाइ[२]—[< हिं॰ जाना] *क्रिवि॰* जाकर। *क्रिअ॰* जाता है।

जाइरोदर्शी—[अं॰ जाइरो + सं॰ दर्शी] *पु॰* (भौतिकी॰) घूर्णाक्षस्थापी।

जाइरोस्कोप—[अं॰] *पु॰* (भौतिकी॰) घूर्णाक्षस्थापी। जाइरोदर्शी।

जाई—[हिं॰ 'जाया' का स्त्री॰] *स्त्री॰* पुत्री। बेटी। **विशेष**—*हिं॰* 'जाना' (= जन्म देना) का एक भूतकालिक रूप भी 'जाई' (= जन्म दिया) होता है और उसका विशेषण रूप में भी प्रयोग होता है (अर्थ—उत्पन्न की हुई)।

***जाउक**—[< सं॰ यावक] *पु॰* जावक। महावर।

जाक—[< हिं॰ जकना] *स्त्री॰* जकने की क्रिया/भाव।

जाकड़—[< हिं॰ जाकर] *पु॰* किसी वस्तु/माल की इस शर्त पर ख़रीद कि ले जाकर पसन्द न आने पर उसे वापस किया जा सकता है। २. उक्त शर्त पर खरीदी गयी वस्तु/माल।

†जाखन[१]—[< हिं॰ जा + सं॰ क्षण] *क्रिवि॰* जिस क्षण। जब।

जाखन[२]—[देशज] *स्त्री॰* गूलर आदि की लकड़ी का पहिया जो कुआँ बनाते समय भूमि की खुदाई के बाद निकली पक्की और कड़ी मिट्टी पर जमाया जाता है और जिसके ऊपर गोलाई में ईंटों की चिनाई होती है। जमवट।

जाग[१]—[< हिं॰ जागना] *स्त्री॰* जागते रहने की या जागने की अवस्था/क्रिया/भाव। जागरण।

जागतिक—[सं॰ जगत् + ठक्] *वि॰* १. जगत्-सम्बन्धी। संसार का। २.संसार में रहने/होने वाला। सांसारिक।

***जागन**—[< हिं॰ जागना] *पु॰* १. जगने की क्रिया/भाव। जागरण। २. देवी आदि की पूजा का रात्रि-जागरण।

***जागबलिक**—*पु॰* ≤ *सं॰* याज्ञवल्क्य। (ऋषि)।

जागर—*पु॰* [सं॰ √जागृ + घञ्] १. जागने की क्रिया। जागरण। २. जागरूकता। ✣ **जागरक**—*वि॰* = १. जागनेवाला। २. जागता हुआ।

जागरूक—[सं॰ √जागृ + ऊक] *वि॰* १. जागता हुआ। २. सावधान। सचेत। ३. उद्बुद्ध। ✣ **जागरूकता**—*स्त्री॰* = १. जागरूक होने की स्थिति/भाव। २. सावधानी। सचेतता। ३. उद्बुद्धता।

जागर्ति—[सं॰ √जागृ + क्तिन्] *स्त्री॰* १. जाग्रत होने की अवस्था/भाव। २. जागते रहना। जागरण। ३. चेतनता। ४. सावधानी। सतर्कता। जागरूकता।

***जागह/जागा**—[< हिं॰ जगह] *स्त्री॰* स्थान। जगह।

जागीर—[फा॰] *स्त्री॰* १. वह भूमि जो किसी को राज्य की ओर से पुरस्कार में दी गयी हो। २. (व्यंग्य॰) निजी सम्पत्ति। जैसे—यह सरकारी कार्यालय है, तुम्हारी जागीर नहीं है।

जागृति—*स्त्री॰* ≤ *सं॰* जागर्ति। ● **विशेष**—'जागृति' **संस्कृत शब्द 'जागर्ति' का तद्भव है।**

जाग्रत—[< सं॰ जागरित] *वि॰* १. जागता हुआ। २. सावधान। सचेत। ३. उद्बुद्ध। *पु॰* (दर्शन॰) जीव की चार अवस्थाओं में से एक (अन्य हैं—स्वप्न, सुषुप्ति और तुरीय)। ✣ **जाग्रत ज्वालामुखी**—*पु॰* (भूविज्ञान॰) = सदा क्रियाशील ज्वालामुखी, जिससे वाष्प, गैस और लावा बाहर निकलता रहता है। ***जैसे***—सिसली द्वीप का 'एटना ज्वालामुखी' जाग्रत ज्वालामुखी है।

जाङ्गल (जांगल)—[सं॰ जङ्गल + अण्] *वि॰* १. जंगल-सम्बन्धी। वन का। २. जंगली। ३. जंगली पशुओं का (मांस आदि)। *पु॰* १. जांगल देश। (दे॰) २. वन में रहने या होने वाला जीव/वस्तु। ३. जंगली पशुओं का मांस। ✣ **जाङ्गल (जांगल) देश**—*पु॰* = वह स्थान जो थोड़े जल वाला, कम वृक्षों वाला और पित्त-सम्बन्धी तथा रक्त-सम्बन्धी रोग उत्पन्न करनेवाला हो।

जाङ्गुल (जांगुल)—[सं॰ जङ्गुल + अण्] *पु॰* विष। ✣ **जाङ्गुलि/जाङ्गुलिक (जांगुलि/जांगुलिक)**—*पु॰* = साँप काटे का विष उतारनेवाला व्यक्ति। गारुड़ी। जांगलिक। ✣ **जाङ्गुली (जांगुली)**—*स्त्री॰* = विष का प्रभाव दूर करने की विद्या।

†**जाजरा**—[< सं॰ जर्जर] *वि॰* १. बहुत पुराना। जीर्ण-शीर्ण। जर्जर। ***जैसे***—जाजरा शरीर। २. टूटा-फूटा हुआ। ***जैसे***—जाजरा बर्तन। ३. बहुत छेदों वाला। ***जैसे***—जाजरा कपड़ा।

†**जाजरी**[1]—[< हि॰ जाजरा] *वि॰ (स्त्री॰)* बहुत पुरानी। जीर्ण-शीर्ण। जर्जर। ***जैसे***—भँवर में जाजरी नाव।

†**जाजरी**[2]—[देशज] *पु॰* बहेलिया। चिड़ीमार।

जाजिम—[< तुर्की जाजम] *स्त्री॰* दरी या क़ालीन के ऊपर बिछाने की छपी हुई मोटी दु-सूती चादर।

जाज्वल्यमान—[सं॰ √ज्वल् + यङ् ,(द्वित्व) + शानच्] *वि॰* १. बहुत चमकता हुआ। प्रकाशमान। २. तेजपूर्ण।

जाट[1]—[< प्रा॰ जट्ट < सं॰ जर्त] *पु॰* उत्तर भारत की एक उपजाति या उसका व्यक्ति। ***जैसे***—जाट राजा सूरजमल।

जाट[2]—[< सं॰ जाड्य] *वि॰* अति मन्द बुद्धि वाला या उजड्ड/गँवार।

जाटू—[< हि॰ जाट[1]] *स्त्री॰* हरियाणा के जाटों की बोली। बाँगरू। हरियाणवी।

***जाठ**—[< प्रा॰ जट्ठि < सं॰ यष्टि] *पु॰* १. तालाब के बीच में गाड़ा गया लकड़ी का खम्भा। २. ईख/तिलहन के कोल्हू के बीच घूमनेवाला लकड़ी का छोटा खम्भा जिसके घूमने और दबाव डालने से गन्ने से रस और तिलहन से तेल निकलता है।

जाठर—[< सं॰ जठर + अण्] *वि॰* १. पेट-सम्बन्धी। २. पेट से उत्पन्न। ३. पेट में स्थित। *पु॰* १. पाचन-शक्ति। जठराग्नि। २. सन्तान।

***जाडउ**—[देशज] *वि॰* चौड़ा।

जाड़ा—[< प्रा॰ जड्डा < सं॰ जाड्य] *पु॰* १. शीत। सरदी। ठंड। २. शीतकाल। हेमन्त और शिशिर ऋतुएँ। ***वा॰* जाड़ा खाना**—१. जाड़े का कष्ट सहन करना। २. ठंड के प्रभाव से अस्वस्थ हो जाना। **जाड़े की चाँदनी**—व्यर्थ वस्तु।

जाड्य—[सं॰ जड + ष्यञ्] *पु॰* १. जड़ता। २. निश्चेष्टता। ३. मूर्खता। ४. बुद्धि की मन्दता।

***जाणि**—[प्रा॰ जाणे < सं॰ जाने] *अव्यय॰* एक उत्प्रेक्षा- सूचक अव्यय। जानो। मानो।

जात[1]—[सं॰ √जन् + क्त] *वि॰* १. जन्मा हुआ। उत्पन्न। ***जैसे***—जात शिशु। २. (यौगिक के आरम्भ में) जिसने कुछ उत्पन्न किया हो या जिसमें उत्पन्न हुआ हो। ३. (यौगिक के आरम्भ में) युक्त। ***जैसे***—जातकलाप (= पूँछ वाला =मोर)। ३. (यौगिक के अन्त में) जन्मा हुआ। उत्पन्न। ***जैसे***—जलजात। ४. घटित। ५. प्रकट। व्यक्त। *पु॰* १. पुत्र। २. प्राणी। ३. वर्ग या समूह। ***जैसे***—जातुधान जात (= राक्षस-समूह)।

जात[2]—*स्त्री॰* ≤ *सं॰* जाति। ***जैसे***—ठाकुर जात और बनिया जात के लोग।

जात[3]—[< सं॰ यात्रा] *स्त्री॰* देवी-देवता आदि की प्रसन्नता के लिए, कोई मनौती मानने के लिए या कोई मनौती पूरी हो जाने पर की जाने वाली किसी स्थान विशेष की यात्रा। ***जैसे***—शीतला माता की मनौती के लिए गुड़गाँव की जात की जाती है।

जात[4]—[ब्रज॰ < हि॰ जाना] *क्रिअ॰* जाता। ● **विशेष**—इसका प्रयोग 'जाता है', 'जाते हो' तथा 'व्यतीत होता है' आदि अर्थों में होता है।

ज़ात—[अरबी] *स्त्री॰* १. जाति। क़ौम। २. कुल। वंश। नस्ल। ३. व्यक्तित्व। शख़्सियत। ४. अस्तित्व।

जातक—[सं॰ जात + कन्] *पु॰* १. नवजात शिशु। २. शिशु। ३. उत्पन्न व्यक्ति। (ज्योतिष॰) नवजात शिशु (या किसी भी उम्र के व्यक्ति) की जन्मकुंडली से उसका शुभ-अशुभ फल बतानेवाला फलित ज्योतिष का अंग।

जातकर्म—[सं॰ जात ~ कर्म] *पु॰* सन्तान के जन्म के समय किया जाने वाला संस्कार विशेष।

जातकलाप—[सं॰ जात ~ कलाप] *वि॰* पूँछवाला। *पु॰* मयूर। मोर।

जातकाम—[सं॰ जात ~ काम] *वि॰* १. काम-भाव से युक्त। २. मोहित।

जातक्रिया—[सं॰ जात ~ क्रिया] *स्त्री॰* जातकर्म।

जातदन्त (जातदंत)—[सं॰ जात ~ दन्त] *वि॰* जिसके दाँत निकल आए हों। ***जैसे***—जातदन्त शिशु।

जात-पाँत—[< सं॰ जाति ~ पङ्क्ति] *स्त्री॰* जातियों और उपजातियों से सम्बन्धित वर्गीकरण। ***जैसे***—जात-पाँत पूछै न कोई, हरि को भजै सो हरि को होई।

जातमृत—[सं॰ जात ~ मृत] *वि॰* जो जन्म लेते ही मर गया हो।

जातरूप—[सं॰ जात ~ रूप] *वि॰* उत्तम रूप वाला। सुन्दर। *पु॰* १. स्वर्ण। सोना। २. धतूरा।

जातवेद—[सं॰ जात ~ वेदस्] पु॰ १. अग्नि। २. सूर्य। २. परमेश्वर। ✣ **जातवेदसी**—स्त्री॰ = दुर्गा (देवी)।

जाता[1]—[सं॰ जात + टाप्] स्त्री॰ पुत्री। बेटी।

†**जाता**[2]—[< हिं॰ जाँता] पु॰ बड़ी चक्की। जाँता।

जाति—[सं॰ जन् + क्तिन्] स्त्री॰ १. उत्पत्ति। जन्म। पैदाइश। २.योनि का भेद सूचित करनेवाला वर्ग। समान प्रसवात्मकों का वर्ग। ***जैसे***—मनुष्य जाति, सिंह जाति; हंस जाति। ३. नर वर्ग और नारी वर्ग। ***जैसे***—पुरुष जाति;स्त्री जाति। ४. जीविका-निर्वाह के काम-धन्धे के आधार पर बने समूह जो प्राय: वंशागत और अन्तर्विवाही होते हैं। ***जैसे***—धोबी जाति। ५. उक्त के विभाग और उपविभाग अथवा कुल/वंश। ***जैसे***—चौहान जाति; तोमर जाति। ६. विभिन्न देशों की संस्कृति, परम्परा आदि से एकात्म दिखनेवाला समाज। क़ौम। ***जैसे***—जर्मन जाति; हिन्दू जाति। ७. नस्ल। (जिसकी पहचान लोगों की शरीर-रचना, स्वभाव, रीति-रिवाज आदि की समानता से होती है)। ***जैसे***—मंगोल जाति। ८. सफ़ेद फूलों वाली चमेली। हब्शी जाति। (छन्द॰) मात्रिक छन्द। (काव्य॰) 'स्वभावोक्ति' नामक अर्थालंकार। (संगीत॰) राग के आरोह-अवरोह में सम्पूर्ण, षाडव और औड़व के भेद से रागों की श्रेणी विशेष। भिन्न-भिन्न व्यक्तियों में व्याप्त एक तत्त्व। जैसे-भिन्न-भिन्न गौ व्यक्तियों (गौओं) की गोत्व जाति। (जीव॰) प्राणियों के वर्गीकरण में एक इकाई जिसमें ऐसे प्राणी आते हैं जो संरचना और कार्य की दृष्टि से लगभग समान होते हैं और प्राकृतिक रूप से केवल आपस में प्रजनन करते हैं। (अं॰ स्पीशीज़)

जाति-च्युत—[सं॰] वि॰ अपनी जाति से अलग किया हुआ। जाति-बहिष्कृत। ✣ **जाति-च्युति**—स्त्री॰ = जाति-बहिष्कार।

जातिधर्म—[सं॰ जाति ~ धर्म] पु॰ १. किसी जाति के व्यक्तियों का विशेष कर्तव्य या आचार। २. जातीय गुण।

जातिपत्री—[सं॰ जाति ~ पत्री] स्त्री॰ जायफल का ऊपरी छिलका। जावित्री।

जाति-पाँति—[सं॰ जाति ~ पङ्क्ति] स्त्री॰ जाति और उपजाति।

जातिबन्धु (जातिबंधु)—[सं॰ जाति ~ बन्धु] पु॰ ऐसे सम्बन्धी जिनके पूर्वज एक ही हों। ज्ञाति। स्वजन।

जाति-भ्रंश—[सं॰] पु॰ जाति से बहिष्कार। जाति-च्युति।

जाति-भ्रष्ट—[सं॰] वि॰ जाति से बहिष्कृत। जाति-च्युत।

जातिमान्—[सं॰ जातिमान्] वि॰ अच्छे कुल में उत्पन्न। कुलीन।

जाति-लक्षण—[सं॰] पु॰ जाति-सूचक विशेषताएँ। जातीय विशेषताएँ। जातीय पहचान।

जातिवाचक—[सं॰ जाति ~ वाचक] वि॰ १.जाति बतानेवाला। २. किसी व्यक्ति विशेष को नहीं, जाति के हर सदस्य के लिए समान रूप से प्रयुक्त होने वाला (शब्द)।

जातिवाचक सञ्ज्ञा (संज्ञा)—पु॰ (व्या॰) = संज्ञा का एक भेद (अन्य दो भेद—व्यक्तिवाचक संज्ञा और भाववाचक संज्ञा)। किसी व्यक्ति, वस्तु या स्थान की जाति को (न कि किसी विशेष को) बताने वाला संज्ञा शब्द।

जातिवृत्त—[सं॰ जाति ~ वृत्त] पु॰ (किसी) जाति का इतिहास।

जातिस्मर—[सं॰ जाति ~ स्मर] वि॰ जिसे पिछले जन्म/जन्मों का वृत्तान्त याद हो।

†**जाती**[1]—[< सं॰ यात्री] पु॰ १. यात्री। २. देवी-देवताओं की जात देने को किसी स्थान की यात्रा करनेवाला व्यक्ति। ***जैसे***—देवी-देवता के जाती अपनी जात पूरी होने तक शराब आदि का सेवन नहीं करते।

जाती[2]—[सं॰ जाति + ङीष्] स्त्री॰ मालती। चमेली।

ज़ाती—[अरबी] वि॰ व्यक्तिगत। वैयक्तिक। निजी। (अं॰ पर्सनल)

जातीफल—[सं॰ जाती ~ फल] पु॰ जायफल।

जातीय—[सं॰ जाति + छ] वि॰ १. जाति-सम्बन्धी। जाति का। जातिगत। २. जाति में होनेवाला। ३. सारी जाति/समाज/राष्ट्र का। राष्ट्रीय।

***जातुधान**—[सं॰ जातु ~ धान] पु॰ राक्षस, दैत्य या पिशाच। यातुधान। ✣ **जातुधानी**—स्त्री॰ = राक्षसी, दैत्य स्त्री या पिशाचिनी।

जातुधानप—[सं॰ जातुधान + प] पु॰ जातुधान-पति। राक्षसराज, दैत्यराज या पिशाचों का स्वामी।

जातुधानावली—[सं॰ जातुधान ~ आवली] पु॰ राक्षसों का समूह।

जातुधानेश—[सं॰ जातुधान ~ ईश] पु॰ राक्षसों का राजा। राक्षसराज। ✣ **जातुधानेस**—पु॰ = राक्षसों का राजा।

जातेष्टि—[सं॰ जात ~ इष्टि] स्त्री॰ सन्तान के जन्म के समय किया जाने वाला एक संस्कार। जातकर्म।

जात्यन्ध (जात्यंध)—[सं॰ जाति + अन्ध] वि॰ जन्म से अन्धा।

जात्य—[सं॰ जाति + यत्] वि॰ १. उसी जाति का। सजातीय। ***जैसे***—ज्ञात्य बन्धु। २. कुलीन। ३. सुन्दर। ४. श्रेष्ठ।

जात्रा—[< सं॰] स्त्री॰ १. तीर्थयात्रा। २. भ्रमण। पर्यटन। ✣ **जात्री**—पु॰ ≤ सं॰ यात्री।

***जादव**—पु॰ ≤ सं॰ यादव। ✣ **जादवपति**—पु॰ = १. यादवपति। यादवों का राजा। २. कृष्ण। ✣ **यादवराइ/यादवराई/यादवराउ**—पु॰ = १. यादवराज। यादवों का राजा। २. कृष्ण।

***जादसपति**—[< सं॰ यादसाम्पति] पु॰ वरुण (देवता)।

जादू—[फा॰, या < सं॰ यातु] पु॰ १. इन्द्रजाल। बाजीगरी। २. टोना। जन्तर-मन्तर। ३. नज़र बाँधना। दृष्टिबन्ध। ४. वशीकरण। ५. हाथ की सफ़ाई और चतुराई का खेल। ६. भूत-प्रेत, देवता आदि को सिद्ध कर लेने वाले व्यक्ति के द्वारा दिखाए जाने वाले अलौकिक/चमत्कारी कार्य। ७. किसी व्यक्ति/वस्तु का विशेष गुण/शक्ति जिसके कारण वह अन्यों को आकर्षित करे। ***जैसे***—वाणी का जादू; नेत्रों का जादू। ८. उक्त गुण/शक्ति का प्रभाव। ***जैसे***—कृष्ण ने वंशी बजाकर गोप-गोपियों पर जादू कर दिया था।

***जादौ**—पु॰ ≤ सं॰ यादव। ✣ **जादौपति/जादौराइ/जादौराउ/जादौराय**—पु॰ = १. यादव-पति। यादव-राज। २. कृष्ण।

***जान**[1]—[< सं॰ ज्ञान] स्त्री॰ १. जानने का भाव। ज्ञान। बोध। समझ। पु॰ जादू-टोना। ● **विशेष**—जान में = १. जानकारी में या

ध्यान में। २. समझ से। दृष्टि से। **जैसे**—अपनी जान में तो मैंने तुम्हें सही सलाह दी थी।

***जान**[2]—*वि॰ ≤ स॰* ज्ञानी।

***जान**[3]—[‹ स॰ यान] *पु॰* यान। वाहन।

जान[4]—[फा॰] *स्त्री॰* १. प्राण। जीवन। २. **जैसे**—जान बची लाखों पाए।—लोकोक्ति। (लाक्षणिक) शक्ति या साहस। ३. (लाक्षणिक) किसी वस्तु का सारभूत/आधारभूत तत्त्व। ४. (लाक्षणिक) अति प्रिय व्यक्ति या वस्तु।

जानकी—[स॰ जनक + अण् + ङीप्] *स्त्री॰* जनक की पुत्री। सीता।

***जानकीजान**—*पु॰ ≤ स॰* जानकीजानि।

जानकीजानि—[स॰ जानकी ~ जानि] *पु॰* दशरथ-पुत्र राम।

जानकी-जीवन—[स॰] *पु॰* सीता के प्राणों का आधार या सीता का जीवन। राम।

जानकी-प्राण—[स॰] *पु॰* (सीता को प्राणों के समान प्रिय) राम।

जानकीरमण—[स॰ जानकी ~ रमण] *पु॰* सीता-पति। राम।

जानकी-वल्लभ—[स॰] *पु॰* सीता-पति। राम।

जानकीश—[स॰ जानकी ~ ईश] *पु॰* सीता-पति। राम।

***जानकीस**—*पु॰ ≤ स॰* जानकीश। राम।

जान-जोखिम—[फा॰ जान + हि॰ जोखिम] *स्त्री॰* जान की जोखिम। प्राण-संकट।

***जानन**—[‹ हि॰ जानना] *पु॰* ज्ञान। बोध।

जानपद—[स॰ जनपद + अण्] *पु॰* १. जनपदवासी। ग्रामवासी। २. जन। लोग। *वि॰* १. जनपद-सम्बन्धी। जनपद का। ✣ **जानपदिक रोग**—*पु॰* = महामारी।

***जानपन/जानपना**—[‹ अप॰ जाणप्पण] *पु॰* १. समझदारी। २. विवेकशीलता। ✣ **जानपनी**—*स्त्री॰* = समझदारी। २. विवेकशीलता।

जानबख़्शी—[फा॰] १. प्राण-दंड न देकर कृपा करके छोड़ देने की क्रिया/भाव। २. प्राण-दंड न दिए जाने का वचन/आश्वासन। ३. वध/हत्या न करना।

***जानमनि**—[स॰ ज्ञानिमणि] *पु॰* श्रेष्ठ ज्ञानी। बड़ा ज्ञानी।

जान-माल—[फा॰ जान + अरबी माल] *पु॰* जान और माल। धन-जन।

***जानराय**—[‹ स॰ ज्ञानिराज] *पु॰* श्रेष्ठ ज्ञानी। बड़ा ज्ञानी।

जानशीन—[फा॰] *पु॰* १. जो किसी के स्थान या पद पर बैठा हो। २. उत्तराधिकारी। वारिस।

***जानहार**—[‹ हि॰ जाना] *वि॰* १. जानेवाला। २. नष्ट होनेवाला। ३. भविष्य में हाथ से निकल जानेवाला।

†**जानहार**—[‹ हि॰ जानना] *वि॰* जाननेवाला।

†**जानहु/जानहुँ**—[‹ हि॰ जानना] *अव्यय* मानों। जानो।

जानि[1]—[स॰ जाया] *स्त्री॰* (केवल समास में प्रयुक्त) पत्नी। भार्या। ***जैसे***—जानकीजानि।

जानि[2]—*वि॰ ≤ स॰* ज्ञानी।

***जानि**[3]—[‹ हि॰ जानना] *क्रिवि॰* जानकर।

जानिब—[अरबी] *स्त्री॰* ओर। तरफ़। ***जैसे***—आपकी जानिब मेरे १०० रुपए शेष रहे।

जानी—[फा॰] *वि॰* १. प्राणों का। जान का। २. परम प्रिय या घनिष्ठ (मित्र)। ३. कट्टर (शत्रु)।

जानु—[स॰ √जन् + ञुण्] *पु॰* घुटना।

जानुपद—[स॰ जानु ~ पद] *पु॰* पिंडली।

जानुपाणि—[स॰ जानु ~ पाणि] *क्रिवि॰* घुटनों और हाथों के पंजों के बल। घुटरुवाँ। ***जैसे***—जानुपाणि चलता शिशु।

ज़ानू—[फा॰] *पु॰* घुटना।

जान्तव (जांतव)—[स॰ जन्तु + अण्] *वि॰* १. जन्तु-सम्बन्धी। जन्तु का। ***जैसे***—जान्तव कोशिका। २. जन्तुओं से प्राप्त/उत्पन्न। ***जैसे***—जान्तव पदार्थ।

जान्तविक (जांतविक)—[स॰ जन्तु + ठक्] *वि॰* जान्तव।

***जापता**—[‹ अरबी ज़ाबित:] *पु॰* १. नियम। क़ायदा। २. प्रणाली। पद्धति। २. सरकार/राजसभा आदि की विधि। राजदरबार का क़ायदा।

जापन—[स॰ √जप् + णिच् + ल्युट्] *पु॰* जप करने की क्रिया/भाव। जप।

जाप्य—[स॰ √जप + ण्यत्] *वि॰* १. जप के योग्य। ***जैसे***—जाप्य मन्त्र। २. जो जपा जाने वाला हो।

जाफ़र—[अरबी] *पु॰* १. सिन्दूरी लाल रंग के फूलों वाला एक पौधा जिसके बीज भी लाल होते हैं। सिन्दूरिया। २. उक्त वृक्ष का फूल।

ज़ाफ़रान—[अरबी] *पु॰* कुंकुम। केसर। ✣ **ज़ाफ़रानी**—*वि॰* = १. केसर के रंग का। केसरिया। ***जैसे***—जाफ़रानी पगड़ी। २. केसर से युक्त। केसर पड़ा हुआ।

जाफ़री—[अरबी] *पु॰* १. पीला रंग। *वि॰* पीला।

***जाबक**—[‹ स॰ यावक] *पु॰* महावर। आलता।

जा-ब-जा—[फा॰] *वि॰* जगह-जगह। जहाँ-तहाँ।

जाबा—[देशज] *पु॰* पतली रस्सी की बनी जाली जो बैलों आदि के मुँह पर दौनी के समय लगायी जाती है ताकि वे खा न सकें। ✣ **जाबी**—*स्त्री॰* = उक्त प्रकार की छोटी जाली। ***जैसे***—बछिया के मुँह पर जाबी लगाकर उसका मिट्टी खाना रोक सकते हो।

जाबिर—[अरबी] *वि॰* ज़बरदस्ती करने वाला/अत्याचारी। ज़ालिम। २. अनुचित दबाव डालनेवाला।

ज़ाब्ता—[‹ अरबी ज़ाबित:] *पु॰* नियम। क़ायदा। ***जैसे***—ज़ाब्ता फ़ौजदारी = दंडनीय अपराधों का विधान।

***जाम**[1]—[‹ स॰ याम] *पु॰* याम। प्रहर।

जाम[2]—[फा॰] *पु॰* पान-पात्र। चषक। प्याला। ***वा॰* जाम चलना, जाम पर जाम चलना**—(शराबियों की मंडली में) शराब पीने का दौर आरम्भ होना।

जाम[3]—[‹ हि॰ जमना] पु॰ मनुष्यों, वाहनों आदि की अधिकता

और अव्यवस्थितता के कारण होनेवाला मार्ग-अवरोध। ***जैसे***—पुल पर हुए जाम में कई बसें फँसी हुई थीं।

***जामगि/जामगी**—[देशज] *पु॰* १. तोप दागने का पलीता। २. बन्दूक का तोड़ा।

जामदग्न्य—[स॰ जमदग्नि + यञ्] *वि॰* जमदग्नि (ऋषि) से सम्बन्धित। जमदग्नि का। *पु॰* जमदग्नि (ऋषि) का पुत्र। परशुराम।

जामन[1]—[< हि॰ जमाना] *पु॰* दूध जमाने के लिए प्रयुक्त थोड़ा-सा दही, दही का पानी या अन्य कोई वस्तु।

***जामन[2]**—[< स॰ यामिनी] *स्त्री॰* यामिनी। रात्रि।

***जामना**—*क्रिअ॰* ≤ *हि॰* जमना।

***जामनी**—*स्त्री॰* ≤ *स॰* यामिनी।

जामा—[< फा॰ जामः] १. कुर्ता या कमीज़ के सदृश ऊपर के भाग में पहनने का वस्त्र। २. बरात में वर के पहनने का एक विशेष वस्त्र जो घुटने तक लम्बा होता है। ***वा॰* जामा पहनाना**—रूप देना। ***जैसे***—उर्दू कहानियों को हिन्दी का जामा पहनाकर प्रकाशित करना। **जामे में फूला न समाना**—बहुत प्रसन्न होना। **जामे से बाहर होना**—बहुत क्रुद्ध होना। ✣ **जामातलाशी**—*स्त्री॰* = शरीर पर पहने हुए वस्त्रों की तलाशी।

जामाता—[स॰ जामातृ] *पु॰* पुत्री, भतीजी आदि का पति। दामाद।

जामि—[स॰ √जम् + इञ्] *स्त्री॰* १. बहिन। २. पुत्री। ३. पुत्र-वधू। ४. अपने परिवार या गोत्र की स्त्री। ५. कुलीन स्त्री।

जामिक—[< स॰ यामिक] *पु॰* १. प्रहरी। पहरेदार। २. चौकीदार। रखवाला।

जामित्र—[< स॰ 'जाया-मित्र' का संक्षिप्त] *पु॰* (ज्योतिष॰) जन्म-कुंडली में लग्न से सातवाँ भाव/घर।

ज़ामिन—[अरबी] *वि॰* ज़मानत करनेवाला। प्रतिभू।

***जामिनि/जामिनी**—[< स॰ यामिनी] *स्त्री॰* यामिनी। रात्रि।

जामिया—[< अरबी जांमियः] *स्त्री॰* विश्वविद्यालय।

जामी—[< प्रा॰ जम्मिआ < स॰ जाता] *क्रिअ॰* उत्पन्न हुई।

जामे-शराब—[फा॰] *पु॰* १. शराब पीने का प्याला। २. शराब से भरा हुआ प्याला।

जाम्बीर (जांबीर)—[स॰ जम्बीर + अण्] *पु॰* जँबीरी नीबू।

जाम्बूनद (जांबूनद)—[स॰ जम्बूनद + अण्] *पु॰* १. स्वर्ण। सोना। २. स्वर्ण का आभूषण। ३. धतूरे का पौधा।

***जाय[1]**—[< फा॰ जा] *वि॰* उचित।

***जाय[2]**—[< अरबी ज़ाये] *वि॰, क्रिवि॰* निष्फल। व्यर्थ। बेकार।

जाय[3]—[< हि॰ जाना] *क्रिअ॰* जाए। ***जैसे***—ऐसा हो जाय।

जायपत्री—[< स॰ जातिपत्री] *स्त्री॰* जायफल की आवरक छाल। जावित्री।

जायफल—[< स॰ जातिफल] *पु॰* एक वृक्ष का फल जिसके ऊपर ३ तहें होती हैं जिनमें सबसे ऊपर छिलका होता है, बीच में 'जावित्री' नामक आवरक छाल और सबसे नीचे कड़ा 'बीजावरण'।

जाया[1]—[स॰ जाय (= √जन् + यक्) + टाप्] *स्त्री॰* १. विवाहिता स्त्री। २. पत्नी।

जाया[2]—[< प्रा॰ जाय < स॰ जात] *वि॰* १. उत्पन्न किया हुआ। २. जो उत्पन्न हुआ हो। *पु॰* पुत्र।

ज़ाया—[< अरबी ज़ाये] *वि॰, क्रिवि॰* १. वृथा। व्यर्थ। बेकार। २. नष्ट। बरबाद।

***जाये**—[< अरबी ज़ाये] *क्रिवि॰* १. वृथा। व्यर्थ। बेकार। २. नष्ट। बरबाद।

जार[1]—[स॰ √जृ + घञ्] *पु॰* (किसी स्त्री का) उपपति। यार।

†जार[2]—[< हि॰ जलाना] *वि॰* १. जलाने वाला। २. नष्ट करने वाला। *पु॰* जलने की क्रिया/भाव। ज्वलन।

ज़ार—[रूसी] *पु॰* रूस के सम्राटों और बुलगारिया के राजाओं की उपाधि।

जारक[1]—[स॰ √जृ + ण्वुल्] *वि॰* जीर्ण/क्षीण करनेवाला। २. पाचन बढ़ानेवाला। पाचक।

जारक[2]—[< हि॰ जारना] *वि॰, पु॰* जलानेवाला। २. जारण करनेवाला।

जार-कर्म—[स॰] *पु॰* जार का काम। परस्त्री-गमन। जारी।

जारज—[स॰ जार + ज] *वि॰* उपपति से उत्पन्न।

जारजन्मा—[स॰ जारजन्मन्] *वि॰, पु॰* जारज।

जारजात—[स॰ जार ~ जात] *वि॰, पु॰* जारज।

ज़ार-ज़ार—[फा॰] *क्रिवि॰* बहुत अधिक। फूट-फूटकर। ***जैसे***—ज़ार-ज़ार रोना।

जारण[1]—[स॰ √जृ + णिच् + ल्युट्] *पु॰* १. जीर्ण करने की क्रिया/भाव। २. पचाना। (आयुर्वेद॰) पारद में अभ्रक आदि को जीर्ण करा देने की क्रिया।

जारण[2]—[< स॰ ज्वलन] *पु॰* १. जलाने की क्रिया/भाव। २. जलाने की वस्तु (लकड़ी आदि)। ईंधन। (आयुर्वेद॰) धातु आदि को जलाकर भस्म बनाने की क्रिया।

***जारन**—[< हि॰ जारण] *पु॰* १. जलाने या भस्म करने की क्रिया/भाव। २. ईंधन। *वि॰* जलानेवाला। ✣ **जारनहार**—*वि॰* = जलानेवाला।

जारिणी—[स॰ जार + इनि + ङीप्] *स्त्री॰* परपुरुष से प्रेम करनेवाली स्त्री। कुलटा। छिनाल।

जारित—[< हि॰ जारण] *वि॰* जिसे जलाया गया हो।

जारी[1]—[अरबी] *वि॰* १. जो लगातार चल रहा हो। चलता हुआ। गतिशील। चालू। ***जैसे***—उसकी पढ़ाई चार वर्ष तक जारी रहेगी। २. जो बह रहा हो। बहता हुआ। प्रवाहित। प्रवाहशील। ***जैसे***—नहर का पानी कल से जारी होगा। ३. प्रचलित। लागू। चालू। ***जैसे***—पहले से जारी नियम। ४. प्रकाशित या घोषित। ***जैसे***—अध्यक्ष ने नए नियम जारी कर दिए। ५. जिसका आदेश दिया गया हो। आदिष्ट। ***जैसे***—जारी वारन्ट।

जारी[2]—[< स॰ जार] *स्त्री॰* जार-कर्म। पर-स्त्री-गमन।

†जारी[3]—*स्त्री॰* ≤ *हि॰* जाली।

जार्जट—[< अ॰ जॉर्जेट] *स्त्री॰* महीन कपड़ा जो रेशम या कृत्रिम धागे से बनता है तथा जिसकी साड़ियाँ, दुपट्टे आदि प्रचलित हैं।

जालक—[सं॰ जाल + कन्॰ या जाल √कै + क] पु॰ १. पक्षियों/मछलियों को फँसाने का जाल। २. घास आदि बाँधने का जाल। ३. समूह। ४. खिड़की या झरोखा। ५. (पक्षियों का) घोंसला। ६. भ्रम। धोखा। (रसायन॰) किसी क्रिस्टलीय पदार्थ में परमाणुओं, अणुओं तथा अयनों की नियमित व्यवस्था। (अं॰ लैटिस) (प्राणि॰) रुधिर-वाहिकाओं या तन्त्रिकाओं का जाल। जालिका। (अं॰ प्लेक्ज़स)

जालकीट—[सं॰ जाल ~ कीट] पु॰ १. मकड़ी। २. मकड़ी के जाल में फँसा हुआ कीड़ा।

जालजीवी—[सं॰ जालजीविन्] पु॰ १. मछुआ। धीवर। २. बहेलिया।

***जालना**—[< हिं॰ जलाना] *क्रिस॰* जलाना।

जालन्धर (जालंधर)—[सं॰ जालम् ~ धर] *वि॰* जाल को धारण करने वाला। पु॰ हठयोग का एक बन्ध जिसमें कंठ को सिकोड़ कर ठोड़ी को दृढ़ता से कंठकूप में लगाया जाता है। ✣ **जालन्धरी विद्या (जालंधरी विद्या)**— *स्त्री॰* = इन्द्रजाल। जादू।

जालपाद—[सं॰ जाल ~ पाद] पु॰ हंस (पक्षी)। (प्राणि॰) जालीदार झिल्ली से युक्त पंजों वाले जलपक्षी।

जालरन्ध्र (जालरंध्र)—[सं॰ जाल ~ रन्ध्र] पु॰ झरोखा।

जालसाज़—[अरबी जाल + फा॰ साज़] *वि॰, पु॰* जाली काम करनेवाला। (*जैसे*—धोखा देने के लिए किसी वस्तु या किसी के हस्ताक्षर, लिखावट आदि की नक़ल करनेवाला)। कूटकर्म करनेवाला।

जाला—[< सं॰ जाल] पु॰ मकड़ी का बुना हुआ जाल। (चिकित्सा॰) नेत्र का एक रोग जिसमें पुतली पर सफ़ेद झिल्ली आ जाती है।

जालाक्ष—[सं॰ जाल ~ अक्ष] पु॰ गवाक्ष। झरोखा।

जालिक—[सं॰ जाल + ठन्] पु॰ १. मछुआ। २. बहेलिया। ३. मकड़ी। ४. जादूगर।

जालिका—[सं॰ जालिक + टाप्] *स्त्री॰* १. जाली। २. मकड़ी। ३. पाश। फन्दा। ४. समूह। ५. घूँघट।

जालिया[१]—[< सं॰ जाल] पु॰ जालिक।

जालिया[२]—[< अरबी जाल] *वि॰* जालसाज़।

***जाव**—[< सं॰ यावत्] *अव्यय॰* जो कुछ सम्भव था।

जावक[१]—[< सं॰ यावक] पु॰ १. अलक्तक। महावर। ***जैसे***—जावक-रचा (= महावर लगाने से सुशोभित)। २. मेहँदी।

जावक[२]—[< हिं॰ जाना] *वि॰* १. जानेवाला। २. बाहर जानेवाला (माल)। ३. बाहर की ओर जाता हुआ (वाहन)।

***जावत**[१]—[< सं॰ यावत्] *क्रिवि॰* १. जितना। २. सब। कुल। ३. जितने भी। ४. जहाँ तक।

†जावत[२]—[< हिं॰ जाना] *वि॰* जाता हुआ। ***जैसे***—आवत-जावत (= आता-जाता हुआ)।

†जावन[१]—[< हिं॰ जाना] *स्त्री॰* जाने की क्रिया/भाव। प्रस्थान।

†जावन/जावनु—[ब्रज॰, < हिं॰ जामन] पु॰ दूध को जमाने (दही बनाने) के लिए प्रयुक्त किया जाने वाला खट्टा दही आदि। जामन।

जावरमाला—[राजस्थ॰ जावर + सं॰ माला] *स्त्री॰* अरावली पर्वत-श्रेणी।.

***जावासा**—पु॰ ≤ *हिं॰* जवासा।

जावित्री—[< सं॰ जातिपत्री] *स्त्री॰* जायफल के बीजावरण के ऊपर की सुगन्धित छाल जो मसाले और औषध के रूप में काम आती है। (*दे॰* जायफल)।

***जासती**—[< फा॰ ज़्यादती] *स्त्री॰* अधिकता। *वि॰* अधिक। बढ़कर।

***जासु/जासू**—[< सं॰ यस्य] *सर्व॰* १. जिसका। २. जिसको। जिसे।

जासौं, जासौं (जासों,जासौं)**—[< हिं॰ जासु] *सर्व॰* जिससे। ***जैसे—जासों काम होय, तासों मिलो। *अव्यय॰* जिस ओर।

***जास्ती**—[< फा॰ ज़्यादती] *स्त्री॰* अधिकता। *वि॰* अधिक। बढ़कर। ज़्यादा।

***जाहि**—[< सं॰ या] *सर्व॰* जिसको। जिसे।

ज़ाहिरदार—[अरबी ज़ाहिर + फा॰ दार] *वि॰* १. दिखावे की बातें करनेवाला। २. अवसरवादी।

ज़ाहिरन, ज़ाहिरा—[अरबी] *क्रिवि॰* (ऊपर से) देखने में। प्रकट रूप में। प्रकटत:।

जाहिल—[अरबी] *वि॰* १. अज्ञानी। २. मूर्ख। ३. असभ्य। ४. अशिष्ट। ५. उद्दंड। ६. निरक्षर। अशिक्षित। अपढ़।

जाही—[< सं॰ जाती] *स्त्री॰* चमेली की जाति की एक लता और उसका पुष्प। मालती।

जाहू-ताहू—[< सं॰ या तत्] *सर्व॰* जिस-तिस।

जाह्नवी—[सं॰ जह्नु + अण् + ङीप्] *स्त्री॰* गंगा (नदी)।

***जाँ**[१]—*अव्यय॰* ≤ *हिं॰* जहाँ।

जाँ[२]—[फा॰ 'जान' का लघु रूप]। *स्त्री॰* जान।

जाँगड़ा—[देशज] पु॰ यशोगान करनेवाला। भाट।

जाँगर[१]—[देशज] अनाज का डंठल जिससे दाना निकाल लिया गया हो।

जाँगर[२]—[< हिं॰ जाँघ] पु॰ शरीरिक बल। पौरुष। ✣ **जाँगरचोर**—पु॰ = आलस्य आदि के कारण पूरी शक्ति से काम न करनेवाला व्यक्ति।

***जाँगरा**—[< हिं॰ जाँगड़ा] पु॰ यशोगान करनेवाला। भाट।

***जाँगरु**—[< हिं॰ जाँगर[१]] पु॰ भूसा।

†जाँघा—[देशज] पु॰ १. कुएँ पर गड़ारी रखने का खम्भा। २. उक्त गड़ारी का धुरा।

जाँघिल[१]—[< सं॰ जाङ्घिल] *वि॰* बहुत तेज़ दौड़नेवाला।

जाँघिल[२]—[देशज] *स्त्री॰* मटमैले रंग का एक शिकारी पक्षी।

जाँता—[< सं॰ यन्त्र] १. गेहूँ पीसने की पत्थर की चक्की जो हाथ से चलती है। २. सुनारों आदि का एक उपकरण।

जाँनिसार—[फा॰] *वि॰* १. आवश्यकता होने पर दूसरे के लिए प्राण न्योछावर कर देने वाला। २. आवश्यकता होने पर दूसरे के लिए जान की बाज़ी लगा देने वाला। ✣ **जाँनिसारी**— *स्त्री॰* = जाँनिसार होने की क्रिया/गुण/भाव। दूसरे के लिए प्राण देनेवाला या प्राण की बाज़ी लगानेवाला।

***जाँवत**—[< स॰ यावत्] *क्रिवि॰* जावत[१]।

***जाँवन**—[< हि॰ जामन] *पु॰* (दूध जमाने का) जामन। जावन।

***जाँवर**—[< हि॰ जाना] *पु॰* गमन। प्रस्थान। जाना।

***जि**—[< हि॰ 'जे' (= 'जो' का बहु॰)] *सर्व॰* (बहुवचन में) जो।

***जिअन**—[< स॰ जीवन] *पु॰* जीवन।

***जिअन-मूरि**—[< स॰ जीवन ~ मूल] *स्त्री॰* जीवन देने वाली जड़ी। संजीवनी बूटी।

***जिअना[१]**—[< स॰ जीवन] *पु॰* १. जीवन। २. जल।

***जिअना[२]**—[< हि॰ जीना (= जीवित रहना)] *क्रिअ॰* जीवित रहना। जीना।

***जिउ[१]**—[< स॰ जीव] *पु॰* १. जीव। प्राणी। जन्तु २. प्राण। जीवन। ३. मन। हृदय।

***जिउ[२]**—[< हि॰ जीना] *क्रिअ॰* (आशीर्वाद के अर्थ में) जियो। जीवित रहो।

जिउकिया—[< स॰ जीविका] *पु॰* वनों में और पर्वतों पर ही मिलनेवाली वस्तुएँ (कस्तूरी, शिलाजीत इत्यादि) लाकर बेचनेवाला। व्यापारी। २. व्यापारी।

जिउतिया—*स्त्री॰* ≤ जीवत्पुत्रिका (व्रत)। ● **विशेष**—यह व्रत पुत्रवती स्त्रियों के द्वारा आश्विन कृष्ण अष्टमी को रखा जाता है।

***जिउबधिक**—[< स॰ जीव ~ वधिक] *पु॰* जीवों का वधिक। जल्लाद या क़साई।

***जिउलेवा**—[< स॰ जीव + हि॰ लेना] *वि॰* प्राण/जीवन लेनेवाला।

†जिकड़ी—[देशज] *स्त्री॰* व्रज में होली पर गाए जाने वाले एक प्रकार के गीत जिनमें परस्पर प्रश्नोत्तर की स्पर्धा होती है।

जिगीषा—[स॰ √जि + सन् + अ + टाप्] *स्त्री॰* जीतने की इच्छा। विजिगीषा।

जिगीषु—[स॰ √जि + सन् + उ] *वि॰* जय की इच्छा रखनेवाला। विजिगीषु।

जिघांसा—[स॰ √हन् + सन् + अ + टाप्] *स्त्री॰* मार डालने की इच्छा। प्रतिहिंसा।

जिघांसु—[स॰ √हन् + सन् + उ] *वि॰* मार डालने की इच्छा रखनेवाला। वैरी। घातक।

जिङ्गिनी (जिंगिनी)—[स॰ √जिङ्ग + णिनि + ङीप्] एक प्रकार का औषधोपयोगी ऊँचा वृक्ष जिसमें काँटे नहीं होते, पत्ते चिकने और पतले होते हैं, पुष्प सफ़ेद होते हैं तथा फल बेर के समान गोल या लम्बे होते हैं।

ज़िच—[< फा॰ ज़िच्च] *स्त्री॰* १. गतिरोध। २. शतरंज के खेल में एक विशेष स्थिति जिसमें एक पक्ष के बादशाह को शह न लगी हो और बादशाह अथवा किसी अन्य मोहरे की कोई चाल भी सम्भव न हो। ● **विशेष**—ज़िच की स्थिति में बाज़ी वहीं रुक जाती है और हार-जीत नहीं होती।

जिजीविषा—[स॰ √जीव् + सन् + अ + टाप्] *स्त्री॰* (प्राणियों की) जीवित रहने की स्वाभाविक इच्छा। जीवन-इच्छा। जीवनेच्छा।

जिजीविषु—[स॰ √जीव् + सन् + उ] *वि॰* जीने की इच्छा करनेवाला।

जिज्ञास्य—[स॰ जिज्ञासा + यत्] *वि॰* जिज्ञासा के योग्य। जानने या पूछने के योग्य।

***जिठेरौ**—[देशज] *पु॰* = पुत्र।

जित्—[स॰ √जि + क्विप्] *वि॰* (समासयुक्त शब्द के अन्त में) जीतनेवाला। वश में करनेवाला। ***जैसे***—कामजित्, शिव; इन्द्रजित् मेघनाद।

जित[१]—[स॰ √जि + क्त] *वि॰* १. जो जीता गया हो। वश में किया हुआ। ***जैसे***—जितेन्द्रिय (= जित + इन्द्रिय)। २. जीत कर अधिकार में किया हुआ। जीत कर प्राप्त।

जित[२]—[< स॰ जित्] *वि॰* जीतनेवाला। वश में करनेवाला। ***जैसे***—बिकारजित।

जित[३]—[< प्रा॰ जत्तो < स॰ यत:] *क्रिवि॰* जिस ओर। जिधर। ✣ **जित-कित, जित-तित**—*क्रिवि॰* = इधर-उधर। यहाँ-वहाँ।

जितशत्रु—[स॰ जित ~शत्रु] *वि॰* जिसने शत्रु को जीत लिया हो। विजयी।

जितस्वर्ग—[स॰ जित ~ स्वर्ग] *वि॰* मरने के बाद अपने पुण्यों से स्वर्ग जानेवाला। पुण्यात्मा।

जितात्मा—[स॰ जित ~ आत्मा (आत्मन्)] *वि॰* जिसने अपनी इन्द्रियों को वश में कर लिया हो। जितेन्द्रिय।

जितारि—[स॰ जित ~ अरि] *वि॰* जिसने अपने शत्रुओं को जीत लिया।

जिताष्टमी—[स॰ जित ~ अष्टमी] *स्त्री॰* जीवत्पुत्रिका व्रत की तिथि। आश्विन कृष्ण अष्टमी।

जिति—[स॰ √जि + क्तिन्] *स्त्री॰* विजय। जीत।

***ज़िती**—[< हि॰ जितनी] *वि॰, क्रिवि॰* जितनी।

***जितु**—[< हि॰ जिस] *सर्व॰* जिससे।

***जिते[१]**—[< हि॰ जितने (= हि॰ 'जितना' का बहु॰)] *वि॰, क्रिवि॰* जितने।

***जिते[२]**—[< हि॰ जितना < जीतना] *क्रिस॰* जीत लिए। *क्रिअ॰* जीते। *क्रिवि॰* जीतने पर।

जितेन्द्रिय (जितेंद्रिय)—[स॰ जित ~ इन्द्रिय] *वि॰* जिसने अपनी इन्द्रियों को वश में कर लिया हो।

***जितै[१]**—[< प्रा॰ जत्थ < स॰ यत्र] *क्रिवि॰* जिस ओर। जहाँ। जिधर।

***जितै[२]**—[< हि॰ जीतना] *क्रिअ॰* जीत सके। जीते।

जितैया**—[< हि॰ जीतना] *वि॰* जीतनेवाला। जेता। ***जैसे—राक्षसों का जितैया राम।

†जितौहाँ—[< हि॰ जीतना] *वि॰* १. विजयोन्मुख। २. विजिगीषु।

जिनेन्द्र (जिनेंद्र)/जिनेश्वर—[स॰ जिन ~ इन्द्र/ईश्वर] *पु॰* जैन तीर्थंकर।

जिन्दाँ (जिंदाँ)—[फा॰] *पु॰* कारागार। क़ैदख़ाना।

जिन्न—[< अरबी जिन] *पु॰* भूत। प्रेत। ✣ **जिन्नात**—*पु॰* = भूतों/प्रेतों का समूह। अनेक भूत-प्रेत। ✣ **जिन्नाती**—*वि॰* = भूत-प्रेतों

से सम्बन्धित। भूतों/प्रेतों का। ✣ **जिन्नी**—*वि॰* = जिन्नाती। *पु॰* = किसी भूत/प्रेत को वश में रखनेवाला।

जिन्स (जिंस)—[अरबी] *स्त्री॰* १. वस्तु। चीज़। २. (गेहूँ, चावल, दाल आदि) अन्न। ३. जीवों, वस्तुओं आदि की जाति/प्रकार/वर्ग और उसके भेद-उपभेद। ४. ख़रीदी/बेची जानेवाली कोई भी स्थूल वस्तु।

***जिन्ह**—[< हि॰ जिन] *सर्व॰* १. जिन। २. जिन्होंने।

ज़िप—[अ॰] *स्त्री॰* कपड़े आदि के दो भागों को (आवश्यकता के अनुसार) आपस में मिलाने और अलग करनेवाला एक छोटा उपकरण। सरकबन्धनी।

जिप्सम—[अ॰] *पु॰* कैल्सियम का एक जलयोजित खनिज। ● **विशेष**—इसे १२०अंश सेल्सियस तक गर्म करने पर इसका क्रिस्टलन जल निकल जाता है और '**प्लास्टर आफ़ पेरिस**' नामक पदार्थ बन जाता है।

जिप्सी—[अ॰] *पु॰* १. भारतीय मूल की एक भ्रमणशील जाति जो यूरोप के कई देशों में पायी जाती है। २. उक्त जाति का व्यक्ति।

***ज़िबह**—[< अरबी ज़ब्ह] *पु॰* १. वध। २. हत्या। ३. गला काटने की क्रिया। *वि॰* जिसका गला काटा गया हो।

***जिब्हा**—[< स॰ जिह्वा] *स्त्री॰* जिह्वा। जीभ।

***जिभार**—[< हि॰ जीभ] *वि॰* जीभ पर जो आ जाए उसे बकने वाला। अविवेकपूर्वक बोलते रहने वाला।

जिमख़ाना—[< अ॰ जिमनास्टिक + फा॰ खान:] *पु॰* वह सार्वजनिक स्थान जहाँ व्यायाम करने और श्रमपूर्ण खेलों को खेलने की व्यवस्था रहती है।

जिमनेज़ियम—[अ॰] *पु॰* व्यायामशाला।

जिमाना—[< हि॰ 'जीमना' का सकर्मक रूप] *क्रिस॰* भोजन कराना। खिलाना।

जिमि—[< हि॰ जिस] *क्रिवि॰* सदृश। जैसा। ज्यौं।

जिमी/ज़िमी/ज़िमीं—[< फा॰ ज़मीन] *स्त्री॰* भूमि। ज़मीन। ***जैसे***—ज़िमीकन्द = सूरन/ओल नामक कन्द विशेष। ✣ ***जिमीदार**—*पु॰* = ज़मींदार।

ज़िम्मी—[अरबी] *पु॰* (इस्लाम॰) मुस्लिम राज्य में अ-मुस्लिम नागरिक।

†**जिय**—[< स॰ जीव] *पु॰* जीव। प्राणी। २. मन। चित्त। हृदय। ***जैसे***—जिय की पीड़ा।

†**जियन**—[< स॰ जीवन] *पु॰* जीवन। ज़िन्दगी। ***जैसे***—जियन की इच्छा।

†**जिया**[१]—[< हि॰ जी] *पु॰* मन। चित्त। हृदय।

†**जिया**[२]—[< हि॰ जीना] *स्त्री॰* १. बहिन। २. दूध पिलाने वाली दाई। धात्री।

जिया[३]—[< हि॰ जियाना] *स्त्री॰* जन्म देने वाली। माता। जननी।

ज़ियारत—[अरबी] *स्त्री॰* (इस्लाम॰) किसी सन्त, सन्त-समाधि आदि का दर्शन करने के लिए की जाने वाली यात्रा। ✣ **ज़ियारतगाह**—*पु॰* = ज़ियारत का स्थान। ✣ **ज़ियारती**—*वि॰* = ज़ियारत के लिए जाने वाला।

जियारा—[< हि॰ जियाना] *वि॰* १. जीवित रखनेवाला। २. पुनः जीवन देनेवाला। जिलाने वाला। ✣ **जियारी**—*वि॰ (स्त्री॰)*। ***जैसे***—जग की जियारी भारतीय संस्कृति।

जिरह—[अरबी] *स्त्री॰* बहस। (विधि॰) (न्यायालय में) वे प्रश्न जो प्रतिपक्षी या उसका वकील गवाहों से करता है। प्रतिपरीक्षण।

ज़िराअत—[अरबी] *स्त्री॰* कृषि। खेती। ✣ **ज़िराअत-पेशा**—*पु॰* = कृषक। किसान। खेतिहर। ✣ **ज़िराअती**—*वि॰* = कृषि-सम्बन्धी। खेती का।

†**जिला**—[ब्रज॰] *पु॰* खान से निकला हुआ पत्थर जो विशाल लट्ठे की तरह लम्बा और कुछ गोलाई लिए होता है। ● **विशेष**—इसमें से अनेक खम्भे आदि निकाले जाते हैं।

ज़िला—[अरबी] *पु॰* प्रदेश का वह भाग जो ज़िलाधीश (कलक्टर) के अधीन होता है। ✣ **ज़िला जज**—*पु॰* = जिले-भर के दीवानी और फौज़दारी मुक़दमों की अपीलें (= पुनर्विचार की प्रार्थनाएँ) सुनने का अधिकारी।

ज़िला परिषद्—[अरबी ज़िला + स॰ परिषद्] *पु॰* ज़िले के ग्रामों का स्थानीय प्रशासन करनेवाली, जनता के द्वारा निर्वाचित सदस्यों की संस्था।

***जिलाह**—[< अरबी जल्लाद] *वि॰* अत्याचारी। ज़ालिम।

जिलेटिन—[अ॰] *पु॰* एक रासायनिक पदार्थ जो संयोजी ऊतक या अस्थि को उबालकर प्राप्त किया जाता है। खालों, स्नायुओं, हड्डियों आदि को उबालने से प्राप्त सरेस।

ज़िलेदार—[अरबी ज़िला + फा॰ दार] *वि॰* पहले के छोटे राजाओं या बड़े ज़मींदारों का कर्मचारी विशेष जो किसानों से लगान वसूल करता था। ✣ **ज़िलेदारी**—*स्त्री॰* = ज़िलेदार का काम/पद।

जिल्द—[अरबी] *स्त्री॰* १. शरीर की खाल। त्वचा। २. पुस्तक की प्रति। ३. अनेक खंडों/भागों वाली पुस्तक का प्रत्येक खंड/भाग। ४. पुस्तक की रक्षा के लिए ऊपर चढ़ाया गया कपड़ा, चमड़ा या दफ़्ती आदि। जुज़बन्दी। ***जैसे***—जिल्द बँधने से पुस्तक सुरक्षित हो जाती है।

ज़िल्लत—[अरबी] *स्त्री॰* १. अपमान। तिरस्कार। २. अपमानित होने की अवस्था या भाव।

***जिव/जिवड़ा**—[< स॰ जीव] *पु॰* १. जीव। जीवात्मा। २. मन। चित्त। हृदय। ३. प्राण। ✣ ***जिवड़ी**—*स्त्री॰*

***जिवन**—*पु॰* ≤ *स॰* जीवन। बिन तोही। —तुलसी (मानस॰, ६/६१/५)

†**जिवाजिव**—[< स॰ जीवजीव] *पु॰* चकोर (पक्षी)।

***जिवाना**[१]—[< हि॰ जिआना/जियाना] *क्रिस॰* १. जीवन देना। २. जीवित रखना। जिलाना।

***जिवाना**[२]—[< हि॰ जिमाना] *क्रिस॰* भोजन कराना। खिलाना। जिमाना।

***जिवारा**—[< हि॰ जिआना/जियाना] *वि॰* जियारा। (दे॰) ✣ **जिवारी**—*वि॰ (स्त्री॰)*। जीवित रखनेवाला या पुन: जीवन देनेवाला। जिलानेवाला।

जिवाँना—[< हि॰ जिवाना] *क्रिस॰* जिवाना। जिलाना।

जिष्णु—[स॰ √जि + ग्स्नु] *वि॰* जीतनेवाला। विजयी। *पु॰*१. विष्णु। २. सूर्य। ३. इन्द्र। ४. अर्जुन।

***जिह[1]**—[< फा॰ ज़िह] *स्त्री॰* धनुष की डोरी। प्रत्यंचा। ज्या।

***जिह[2]**—[< हि॰ जिस] *वि॰, सर्व॰* जिस।

***जिह[3]**—[< स॰ जीव] *पु॰* मन। चित्त। हृदय। जी।

जिहाजी—[देशज] *स्त्री॰* तलवार विशेष।

जिहाद—[अरबी] *पु॰* (इस्लाम॰) मुसलमानों के द्वारा भिन्न धर्म के मत/मज़हब के लोगों से किया जाने वाला मज़हबी उद्देश्य वाला युद्ध। मज़हबी युद्ध। ✣ **जिहादी**—*वि॰* = १. जिहाद से सम्बन्धित। जिहाद का। २. जिहाद करनेवाला।

जिहीर्षा—[स॰ √हृ + सन् + अ + टाप्] *स्त्री॰* हरण करने की कामना। छीन लेने की इच्छा। ✣ **जिहीर्षु**—*वि॰* = जिहीर्षावाला।

जिह्म (जिह्म)—[स॰ √हा + मन्, द्वित्वादि नि॰] *वि॰* १. वक्र। टेढ़ा। २. दुष्ट। कुटिल। ३. छली। कपटी। ४. निर्दय। क्रूर। ५. मन्द। धीमा। *पु॰* अधर्म।

जिह्मग/जिह्मगति (जिह्मग/जिह्मगति)—[स॰ जिह्म + ग/गति] *वि॰* १. टेढ़ा-तिरछा चलनेवाला। २. मन्द गति से चलनेवाला। ३. धूर्त। छली। कपटी। *पु॰*१. सर्प। साँप। २. बाण। तीर।

जिह्माक्ष (जिह्माक्ष)—[स॰ जिह्म ~ अक्षि] *वि॰* टेढ़ी-तिरछी आँखों वाला। भेंगा।

जिह्वा (जिह्वा)—[स॰ √लिह् + वन् + टाप्, निदात॰] *स्त्री॰* रसना। जीभ।

जिह्वाप (जिह्वाप)—[स॰ जिह्वा + प] *वि॰* जीभ से पानी पीने वाला। ***जैसे***—कुत्ता, घोड़ा आदि जिह्वाप पशु हैं।

जिह्वामूलीय (जिह्वामूलीय)—[स॰ जिह्वामूल + छ] *वि॰* जिह्वामूल से सम्बन्धित। जीभ की जड़ का। *पु॰* (व्या॰) १. जिह्वामूल से (या उसके पास से) उच्चरित। ***जैसे***—क़ ध्वनि जिह्वामूलीय है। २. शब्द में स्वर तथा क/ख के बीच का विसर्ग जो अर्ध विसर्ग के रूप में बोला जाता है। ***जैसे***—'दु:ख' में जिह्वामूलीय ध्वनि 'उ' और 'ख' के बीच में है।

जिह्वालोलुप (जिह्वालोलुप)—[स॰ जिह्वा ~ लोलुप] *वि॰* जीभ का चटोरा। ✣ **जिह्वालोलुपता (जिह्वालोलुपता)**—*स्त्री॰* = जीभ का चटोरापन।

जिह्वालौल्य (जिह्वालौल्य)—[स॰ जिह्वा ~ लौल्य] *पु॰* १. जीभ की चंचलता। २. जीभ का चटोरापन।

***जीअ**—*पु॰* ≤ *स॰* जीव। जीव।

***जीगन**—*पु॰* ≤ *हि॰* जुगनू। खद्योत।

***जीजना**—[< हि॰ जीना] *क्रिअ॰* जीवित रहना। जीना।

जीन—[अ॰] *पु॰* (जीव॰) एक विशेष अम्ल का वह अंश जो गुणसूत्रों (अ॰ क्रोमोसोम्स) में स्थित होता है तथा जिसके द्वारा पैतृक विशेषताएँ सन्तानों में पहुँचती हैं। गुणसूत्रों में स्थित वंशागति की इकाई। ● **विशेष**—उक्त अम्ल का रासायनिक नाम (अँग्रेज़ी में) है—डिआक्सीरिबो न्यूलिक एसिड (डी॰ एन॰ ए॰)

ज़ीन—[फा॰] *पु॰* १. घोड़े की पीठ पर कसी जाने वाली काठी/गद्दी। २. एक प्रकार का सूती कपड़ा जो कड़ा और मोटा होता है। ***जैसे***—ख़ाकी ज़ीन के नेकर।

ज़ीनन—[अ॰] *स्त्री॰* (रसायन॰) एक गैसीय तत्त्व। ● **विशेष**—ज़ीनन निष्क्रिय गैस है जो वायुमंडल में $१ : १७ \times १०^७$ (आयतन-दृष्टि से) के अनुपात में प्राप्त है।

जीनस—[अ॰] *पु॰* (जीव॰) = समान लक्षणों वाले जीवधारियों का विशिष्ट समूह या वर्ग (अ॰ टैक्सन) जिसमें कई जातियाँ (अ॰ स्पीशीज़) होती हैं। वंश।

ज़ीना—[< फा॰ ज़ीन:] *पु॰* १. सोपान। सीढ़ी। २. (भवन की) पक्की सीढ़ियाँ।

जीनीय—[< अ॰ जीन] *वि॰* (जीव॰) जीन-सम्बन्धी। जीन का। आनुवंशिक। (अ॰ जिनेटिक)

जीभा—*पु॰* जीभ के आकार की कोई बड़ी वस्तु।

जीमना—[< स॰ जेमन] *क्रिस॰* अच्छी तरह बैठकर भोजन करना। ✣ **जीमत**—वि॰ = खाते हुए।

जीमूत—[√जि + क्त, मुट्, दीर्घ] *पु॰* १. पर्वत। पहाड़। २. मेघ। बादल। ३. इन्द्र। ४. सूर्य। (छन्द॰) एक वर्णिक दंडक जिसके प्रत्येक चरण में क्रमश: २ सगण और ११ रगण के योग से ३९ वर्ण होते हैं।

जीमूतवाहन—[स॰ जीमूत ~ वाहन] *पु॰* इन्द्र।

जीमूतवाही—[स॰ जीमूतवाहिन्] *पु॰* धूम। धुआँ।

***जीयरा**—[< स॰ जीव] १. जीव। प्राणी। २. मन। चित्त। हृदय।

ज़ीरोग्राफ़ी—[अ॰ ज़िअरोग्राफ़ि] *स्त्री॰* बिजली के द्वारा लेख/चित्र की प्रतिलिपि बनाने की एक विधि। विद्युत्प्रतिलेखन।

जीर्ण—[स॰ √जृ + क्त] *वि॰* १. जरायुक्त। बूढ़ा। पुराना। २. फटा-पुराना। ३. ढहता हुआ। ४. जर्जर। ५. क्षीण। ६. पचा हुआ। *पु॰* वृद्ध व्यक्ति। बूढ़ा। क्षीणता।

जीर्ण-शीर्ण—[स॰] *वि॰* अति पुराना और टूटा-फूटा।

जीर्णा—[स॰ जीर्ण + टाप्] *वि॰ (स्त्री॰)* वृद्ध और जर्जर शरीरवाली स्त्री।

जीर्णोद्धार (जीर्णोद्धार)—[स॰ जीर्ण ~ उद्धार] *पु॰* किसी प्राचीन मन्दिर, भवन, कुँआ, तालाब आदि की मरम्मत कर उसे यथासम्भव मूल रूप देना। पुनरुद्धार।

जीर्णोद्यान (जीर्णोद्यान)—[स॰ जीर्ण ~ उद्यान] *पु॰* उजड़ा हुआ बग़ीचा।

जीव—[स॰ जीव + घञ्] १. शरीरधारी आत्मा। २. माया के आवरण से ढँकी चेतन आत्मा। ३. प्राणी।

जीव आरेखण—[स॰] *पु॰* (कला॰) चित्रकार के द्वारा प्रत्यक्ष

मानव-शरीर का रेखांकन। (अ॰ लाइफ़ ड्राइँग) ● **विशेष**—इसे **'प्रत्यक्ष जीव आरेखण'** भी कहते हैं।

जीवक—[स॰ जीव + कन्] १. जीवधारी। प्राणी। २. बौद्ध भिक्षु। ३. भिक्षुक।

जीवगृह—[स॰ जीव ~ गृह] *पु॰* शरीर।

जीव-जन्तु (जीव-जंतु)—[स॰] *पु॰* छोटे-प्राणी। कीड़ा-मकोड़ा।

जीव-जगत्—[स॰] *पु॰* प्राणियों का संसार। प्राणियों की समष्टि।

जीवजीव—[स॰ जीव ~ जीव, पृषो॰] *पु॰* चकोर (पक्षी)।

जीवट—[< स॰ जीवन] *पु॰* १. मानसिक दृढ़ता। २. साहस। हिम्मत। ***जैसे***—जीवटवाला ही क्रान्तिकारी बन सकता है।

जीवता—[स॰ जीव + तल् + टाप्] *स्त्री॰* १. जीव होने का भाव। जीवपन। २. जीवित होने का भाव। जीवन। Δ **पर्याय**—जीवत्व।

***जीवति**—[< स॰ जीवन] *स्त्री॰* जीविका।

जीवत्पति—[स॰ जीवत् ~ पति] *स्त्री॰* वह स्त्री जिसका पति जीवित हो। सौभाग्यवती स्त्री। सधवा स्त्री।

जीवत्व—[स॰ जीव + त्व] *पु॰* जीवता।

जीवत्वारोपणवाद—[स॰ जीवत्व ~ आरोपण ~ वाद] (पा॰ दर्शन) यह सिद्धान्त कि जीवन का आधारतत्त्व आत्मा है, स्थूल शरीर नहीं।

जीवद—[स॰ जीव + द] *वि॰* जीवन देनेवाला। जीवनदाता। प्राणप्रद। *पु॰* वैद्य। चिकित्सक।

जीवद्रव्य—[स॰ जीव ~ द्रव्य] *पु॰* (जीव॰) प्रोटोप्लाज़्म। (दे॰) (प्राणि॰) प्लाज़्मा। (दे॰)

जीवधारी—[स॰ जीवधारिन्] *वि॰* जिसमें प्राण/जीवन हो। प्राणयुक्त। *पु॰* प्राणी।

जीवन-कण—[स॰] *पु॰* १. चैतन्य के सूक्ष्म अंश। २. बहुत छोटे भाग। ✣ **जीवन-कणिका**—*स्त्री॰* = जीवन-कण।

जीवनक्षेप—[स॰ जीवन ~ क्षेप] जीवन बिताना। जीवनयापन।

जीवनतरु—[स॰ जीवन ~ तरु] *पु॰* १. जीवनरूपी वृक्ष। २. (लोककथाओं के वर्णन के अनुसार) किसी के लिए वह वृक्ष जिसके जीवित रहने तक ही उसका जीवन बना रह सकता हो।

जीवनद—[स॰ जीवन + द] *वि॰* जीवन देनेवाला। जीवनप्रद। *पु॰* (जल देनेवाला) मेघ। बादल ✣ **जीवनदमाला**—*स्त्री॰* = बादलों का समूह। मेघमाला।

जीवन-धन—[स॰] *वि॰* १. जीवन का आधार या सर्वस्व। सबसे अधिक प्रिय। परम प्रिय। २. प्राणों का आधार। प्राण-प्रिय। प्राणाधार। ३. (स्त्री के लिए) पति या पुत्र।

जीवनधर—[स॰ जीवन ~ धर] *वि॰* १. जीवन-रक्षक। २. जीवन-दाता। ३. जीवन का आधार। प्राणाधार। ४. जलधर। बादल।

जीवन-प्रत्याशा—[स॰] *स्त्री॰* वह आयु जब तक कोई व्यक्ति जीने की आशा कर सकता हो। प्रत्याशित आयु।

जीवन-प्रवृत्ति—[स॰] *स्त्री॰* प्राणियों की जीवित रहने की स्वाभाविक इच्छा। जिजीविषा।

जीवनयापन—[स॰ जीवन ~ यापन] १. जीवन व्यतीत करना। २. जीवन-निर्वाह। ✣ **जीवनयापन-व्यय**—जीवन-निर्वाह के लिए भोजन, वस्त्र, निवास आदि से सम्बन्धित सामान्य व्यय।

जीवन-रस—[स॰] १. जीवन का आनन्द। २. जीवन का सारतत्त्व।

जीवन सारणी—[स॰ जीवन + हि॰ सारणी] *स्त्री॰* (सांख्यिकी॰) किसी समुदाय के विभिन्न उम्रों में मरने वाले व्यक्तियों की संख्या की सारणी। किसी समुदाय की आयु और मृत्यु के अनुभव की तालिका रूप में प्रस्तुति। (अ॰ लाइफ़ टेबल)

जीवनहार—[< स॰ जीवन ~ हार] *वि॰* १. जीवन हरण करनेवाला। २. पानी पीनेवाला।

जीवनाङ्कक (जीवनांकक)—[स॰ जीवन ~ अङ्कक] *पु॰* वह व्यक्ति जो बीमा कम्पनियों के लिए बीमा जोखिमों, क़िस्तों इत्यादि का हिसाब-किताब करता है तथा उनसे सम्बन्धित परामर्श देता है। बीमांकक। (अ॰ एक्चुअरी)

जीवनिकाय—[स॰ जीव ~ निकाय] *पु॰* जीवों का समूह। जीव-समूह।

जीवनी—[स॰ जीवन + ङीप्] *स्त्री॰* जीवनचरित।

जीवनीय—[स॰ √जीव् + अनीयर्] *वि॰* जो जीवित रखने/रहने के योग्य हो। *पु॰* जल। पानी।

जीवन्त (जीवंत)—[स॰ √जीव् + झच्] *पु॰* १. जीवन। ज़िन्दगी। २. जीवनी-शक्ति। प्राण। *वि॰* १. जीवित। २. जीवनी-शक्ति से पूर्ण (मनुष्य)। ३. प्राणवान् या सजीव (साहित्य आदि)। ✣ **जीवन्त (जीवंत) अतीत**—*पु॰* = जो प्राचीन परम्परा का होकर भी वर्तमान में प्रासंगिक और सार्थक हो।

जीवन्तिका (जीवंतिका)—[स॰ जीवन्त + कन् + टाप्] *स्त्री॰* १. अन्य वृक्षों पर फैलनेवाली लता। परजीवी लता। २. जीवन्ती (लता)।

जीवन्ती (जीवंती)—[स॰ जीवन्त + ङीष्] *स्त्री॰* १. एक औषधोपयोगी लता जो जामुन के वृक्ष के ऊपर फैलती है, जिसके पत्ते लाल रंग के और बड़े होते हैं तथा फल सफ़ेद और सुगन्धित होते हैं। २. गुडूची लता। गिलोय।

जीवन्मुक्त—[स॰ जीवत् ~ मुक्त] *वि॰* जो जीवित दशा में ही आत्मज्ञान प्राप्त करने के कारण जन्म-मरण के बन्धन से छूट गया हो। ● **विशेष**— 'जीवन्मुक्त' को 'जीवनमुक्त' लिखने की भीषण ग़लती बहुत लोग करते हैं। ✣ **जीवन्मुक्ति**—*स्त्री॰* = जीवन्मुक्त होने की अवस्था/भाव।

जीवन्मृत—[स॰ जीवत् ~ मृत] *वि॰* १. जो जीता हुआ भी मरे हुए जैसा हो। २. अधम मनुष्य जो किसी काम न आए।

जीव प्ररूप—[स॰] *पु॰* = (जीव॰) सामान्य वंशपरम्परावाले जीवों का ऐसा समूह जिनमें समान आनुवंशिक कारक हों। वह समष्टि जिसमें व्यष्टियों की जीनी रचना समान हो। (अ॰ बायोटाइप)

जीवमण्डल (जीवमंडल)—[स॰ जीव ~ मण्डल] *पु॰* (भौतिकी॰) पृथ्वी, जल और वायुमंडल का वह भाग जो वनस्पतियों और

प्राणियों के जीवन का पोषक है। (अ॰ बायोस्फ़ियर)

जीवमातृका—[स॰ जीव ~ मातृका] *स्त्री॰* सात देवियाँ जो जीवों का हित माता के समान करती हैं। सप्तमातृका। ● **विशेष**—इन देवियों के नाम इस प्रकार हैं—**कुमारी, धनदा, नन्दा, विमला, मंगला, बला और पद्मा।**

जीव-राशि—[स॰] *स्त्री॰* जीवों का समूह। जीव-समूह।

जीव-वृत्ति—[स॰] *स्त्री॰* पशु पालने का पेशा।

जीवशेष—[स॰ जीव ~ शेष] *वि॰* जिसके पास अपने प्राणों के अतिरिक्त कुछ भी न रह गया हो।

जीव-सङ्क्रमण (संक्रमण)—*पु॰* जीव/आत्मा का जन्म लेना और शरीर-त्याग। जीव/आत्मा का एक शरीर से दूसरे शरीर में जाना।

जीवसाङ्ख्यिकी (जीवसांख्यिकी)—[स॰ जीव + हि॰ साङ्ख्यिकी] *स्त्री॰* (प्राणि॰) जीवों और उनकी समानताओं तथा विविधताओं का सांख्यिकीय अध्ययन। (अ॰ बायोमेट्री)

जीव-स्थान—[स॰] *पु॰* शरीर में आत्मा का केन्द्रीय स्थान। हृदय।

जीवा—[स॰ √जीव् + णिच् + अच् + टाप्] *स्त्री॰* १. धनुष की डोरी। प्रत्यंचा। २. जीविका। ३. जीवन। ४. पृथ्वी। ५. जल। ६. जीवन्ती नामक लता। (गणित॰) चाप के दो बिन्दुओं को मिलानेवाली सरल रेखा।

जीवाणु—[स॰ जीव ~ अणु] *पु॰* (जीव॰) अतिसूक्ष्म, एककोशिकीय तथा विभिन्न आकृतियों वाले, असाधारण जीव जो जल, मिट्टी, वायु, प्राणियों और पादपों में पाए जाते हैं। (कृषि॰) एककोशिकीय सूक्ष्म पौधा जिसमें पर्णहरित (अ॰ क्लोरोफ़िल) का अभाव होता है] और जो विखंडन से बढ़ता है। (अ॰ बैक्टीरिया)

जीवाणुज—[स॰ जीवाणु + ज] *वि॰* जीवाणुओं के द्वारा उत्पन्न।

जीवाणुरक्तता—[स॰ जीवाणु ~ रक्तता] *स्त्री॰* रक्त में जीवाणुओं की उपस्थिति।

जीवाणुस्थायी—[स॰ जीवाणु ~ स्थायी] *पु॰* (रसायन॰) वह पदार्थ जो जीवाणुओं की वृद्धि की दर को रोकता या कम करता है। (अ॰ बैक्टीरियोस्टेट)

जीवाण्विक—[स॰ जीव + हि॰ आण्विक] *वि॰* जीवाणुओं से सम्बन्धित जीवाणुओं का। ✣ **जीवाण्विक-युद्ध (युद्ध)**—*पु॰* = युद्ध में शत्रु देश की जनता में रोग उत्पन्न करने के लिए हानिकारक जीवाणुओं का वातावरण में फैलाया जाना। युद्ध में जीवाणुओं का मारक रूप में प्रयोग। (अ॰ बैक्टीरियोलाजिकल वारफ़ेयर)

जीवात्मा—[स॰ जीव ~ आत्मा] *पु॰* देह में स्थित आत्मा। जीव।

जीवाधार—[स॰ जीव ~ आधार] *पु॰* शरीर में आत्मा/जीव का अधिष्ठान। हृदय।

जीवाश्म—[स॰ जीव ~ अश्म] *पु॰* (पुरा॰) प्राचीन युगों के विलुप्त प्राणियों/पादपों के शिलाओं में रह गए अवशेष या चिह्न। (अ॰ फ़ॉसिल) ✣ **जीवाश्म मानव**—*पु॰* वह लुप्त मानव जिसके विषय में जानकारी अश्मीभूत कंकालों के अवशेषों से ही प्राप्त होती है। (अ॰ फ़ासिल मैन) ✣ **जीवाश्मविज्ञान**—*पु॰* = जीवाश्मिकी। (दे॰) ✣ **जीवाश्म-साक्ष्य**—*पु॰* = किसी वस्तु की तिथि को निर्धारित करने में जीवाश्मों का आधार-ग्रहण।

जीवाश्मिकी—[स॰ जीवाश्म] *स्त्री॰* जीवविज्ञान की वह शाखा जिसमें जीवाश्मों के अध्ययन के आधार पर वनस्पतियों और पशुओं के प्राचीन स्वरूप का विवेचन होता है। जीवाश्मविज्ञान।

जीवास्तिकाय—[स॰ जीव ~ अस्तिकाय] *पु॰* (जैन॰) जीवों का समूह। जीव-राशि।

जीविका—[स॰ √जीव् + अ + कन् + टाप्] *स्त्री॰* जीवन के वे सभी काम-धन्धे, पेशे, व्यवसाय या वृत्तियाँ जिनसे जीवन का निर्वाह किया जाता है। **आजीविका**/ *वा.* जीविका चलाना—जीवन की नित्यप्रति की आवश्यकताएँ पूरी होना। **जीविका चलाना**—जीवन की नित्यप्रति की आवश्यकताएँ पूरी करना। जीवन निर्वाह करना।

जीविकोपार्जन—[स॰ जीविका ~ उपार्जन] *पु॰* जीविका कमाना। रोज़ी कमाना।

जीवितेश—[स॰ जीवित ~ ईश] *पु॰* १. जीवन/प्राणों का स्वामी। २. पति या प्रेमी। ३. यमराज। ४. सूर्य। ५. चन्द्रमा।

जीविष—[< स॰ जीव ~ विष] (प्राणी॰) कुछ प्राणियों (साँप, बिच्छू, मधुमक्खी आदि) के शरीर में उत्पन्न होने वाला विषैला पदार्थ। जीव-विष।

जीवी—[स॰ जीविन्] *पु॰* जीव। प्राणी। *वि॰* जीवित। जीनेवाला। ज़िन्दा। २. (समासान्त में) किसी विशेष प्रकार की जीविका वाला। ***जैसे***—शस्त्रजीवी।

जीवेतर—[स॰ जीव ~ इतर] *वि॰* १. जीवन के लक्षणों से रहित। अजैव। २. जो जीव से भिन्न हो। ***जैसे***—परमात्मा जीव नहीं है, जीवेतर है।

जीवेश—[स॰ जीव + ईश] *पु॰* १. जीवों का स्वामी। परमात्मा। २. (परम प्रिय व्यक्ति) पति। *स्त्री॰* पत्नी।

***जीह/जीहा**—[< स॰ जिह्वा] *स्त्री॰* जिह्वा। जीभ।

***जीहि/जीही**—[< हि॰ जीह] *स्त्री॰* जिह्वा। जीभ।

***जींगन (जींगन)**—*पु॰* ≤ *हि॰* जुगनू। खद्योत।

जुआ[1]—[< प्रा॰ जूअ < स॰ द्यूत] *पु॰* (रुपए आदि की) बाज़ी लगाकर खेला जाने वाला खेल। द्यूत। ***जैसे***—जुए की लत के भीषण परिणाम होते हैं। ***वा॰* जुआ हारना**—अपना अवसर/दाँव खोना।

जुआ[2]—[< प्रा॰ जुअ < स॰ युग] गाड़ी या हल खींचते समय बैलों के कन्धों पर रखी जाने वाली आगे की लकड़ी। ***वा॰* जुए को कन्धे से उतारना**—१. उत्तरदायित्व से मुक्त हो जाना। २. बन्धन में न रहना। आज़ाद हो जाना।

***जुआल**—[< स॰ ज्वाल] *स्त्री॰* आग की लपट। ज्वाला।

जुआँ—[< प्रा॰ जूआ < स॰ यूका] *स्त्री॰* (बालों या वस्त्रों में होने वाली) जूँ।

जुकिहारा—[< हिं॰ जोंक] *पुं॰* जोंक लगानेवाला। ❖ **जुकिहारी**—*स्त्री॰*।

जुगजुगी—[< हिं॰ जुगजुगाना] *स्त्री॰* १. खद्योत। जुगनू। २. गले का एक आभूषण जो पान के पत्ते के आकार का होता है। जुगनू।

जुगत/ *जुगति—[< सं॰ युक्ति] *स्त्री॰* १. युक्ति। उपाय। २. युक्ति। तर्क। ३. चतुराईवाला उपाय। तिकड़म। ***जैसे***—जुगत भिड़ाना।

***जुगम**—[< सं॰ युग्म] *पुं॰* युगल। जोड़ा।

†जुगयना[१]—[< सं॰ योग] *क्रिस॰* संचित करना। जोड़ना।

***जुगयना**[२]—[< सं॰ जुगोप] *क्रिस॰* रक्षा करना।

†जुगल—[< सं॰ युगल] *पुं॰* युगल। जोड़ा। ***जैसे***—जुगल वीर राम और लक्ष्मण।

जुगलबन्दी (जुगलबंदी)—[हिं॰ जुगल + फा॰ बन्दी] *स्त्री॰* (संगीत॰) दो संगीत-कलाकारों का साथ-साथ गायन-वादन।

†जुगवना[१]—[< सं॰ योग] *क्रिस॰* संचित करना। जोड़ना।

***जुगवना**[२]—[< सं॰ जुगोप] *क्रिस॰* १. रक्षा करना। २. सुरक्षित रखना।

***जुगषट**—[< सं॰ युग ~ षट्] *वि॰* बारह।

जुगाड़—[< सं॰ युक्ति] *पुं॰, स्त्री॰* १. किसी कठिन कार्य को पूरा करने का चतुरतापूर्ण उपाय/युक्ति। जुगत। ***जैसे***—काम बनाने के लिए जुगाड़ लगानी पड़ेगी। २. कोई आवश्यक वस्तु कहीं से लाना। ***जैसे***—तुमने रुपयों की जुगाड़ तो कर ली।

जुगादि**—[< सं॰ युगादि] *पुं॰* १. (सतयुग आदि) किसी युग का आरम्भ। युगादि। २. युग का आदि-काल। बहुत प्राचीन समय। ***जैसे—जुगादि से आ रही रीति।

जुगाना—[< सं॰ योग] *क्रिस॰* १. सँभाल कर रखना। संचित करना। ***जैसे***—हृदय में जुगाई हुई बातें मुझे सुनाओ। २. जुटाना।

जुगाली—[< सं॰ उद्‌गिलन] *स्त्री॰* गाय-बैल आदि सींगवाले पशुओं का निगले हुए चारे को थोड़ा-थोड़ा पेट से मुँह में लाकर फिर से चबाना। रोमन्थ। पागुर।

जुगुप्सा—[सं॰ √गुप् + सन् + अ + टाप्] *स्त्री॰* १. निन्दा। २. घृणा। अरुचि। (काव्य॰) बीभत्स रस का स्थायी भाव। (जैन॰) १. ग्लानि। २. ग्लानिकारक कर्म।

जुगुप्सु—[सं॰ √गुप् + सन् + उ] *वि॰* १. निन्दक। २. घृणा करने वाला।

***जुग्गनि-जुग्ग**—[< सं॰ युग ~ युग] *क्रिवि॰* युग-युगों तक।

***जुग्गिनवै**—[< सं॰ योगिनी ~ पति] *पुं॰* १. दिल्ली का स्वामी। दिल्लीपति। २. पृथ्वीराज चौहान।

***जुग्गिनी**—[< सं॰ योगिनी] *स्त्री॰* १. योगिनी। २. योगिनीपुर। दिल्ली।

जुज़—[अरबी] *पुं॰* १. भाग। खंड। अंश। टुकड़ा। २. जिल्द। (मुद्रण) (प्रायः ८ या १६ पृष्ठों वाला) फ़ार्म।

जुज़बन्दी (जुज़बंदी)—[अरबी जुज़ + फा॰ बन्दी] *स्त्री॰* १. पुस्तक की सिलाई जिसमें एक-एक जुज़ या फ़रमा (अ॰ फ़ार्म) पहले अलग-अलग सिला जाता है और फिर सब मिलाकर भी। २. जिल्दबन्दी।

जुझाऊ—[< हिं॰ जूझना] *वि॰* १. युद्ध-सम्बन्धी। युद्ध का। ***जैसे***—जुझाऊ बाजे। योद्धा। लड़ाका। ***जैसे***—जुझाऊ युवक। ३. (जीवन में) संघर्षशील।

जुझार—[< हिं॰ जूझना] *वि॰* योद्धा। लड़ाका। २. (जीवन में) संघर्षशील। ❖ ***जुझारा**—*पुं॰* = युद्ध। लड़ाई। *वि॰* = योद्धा। लड़ाका।

***जुझारू**—*पुं॰* ≤ *हिं॰* जुझारा।

जुट—[< सं॰ √जुट् (= एकत्र होना)] *पुं॰* समूह, दल या गुट। ***जैसे***—एक जुट होकर काम करना।

जुटला—[< सं॰ जूट] *वि॰* लम्बी-लम्बी लटाओं वाला। *पुं॰* लम्बे-लम्बे बालों की जटा या जूड़ा। ❖ **जुटली**—*वि॰ (स्त्री॰)* = लम्बी-लम्बी लटाओं वाली। *स्त्री॰* लम्बे-लम्बे केशों की जटा या जूड़ा।

†जुटैया[१]—[< हिं॰ जुटना] *वि॰* जुट जाने वाला।

†जुटिया[२]—[< हिं॰ जुटाना] *वि॰* जुटा देने वाला।

जुट्ट—[< हिं॰ जुट] *पुं॰* १. समूह। २. दो मिली हुई या साथ रखी हुई एक-सी वस्तुएँ। ***जैसे***—चौसर के खेल में गोटियों का जुट्ट।

जुट्टा—[< हिं॰ जुट्ट] *वि॰* परस्पर सटे हुए। ***जैसे***—जुट्टे मकान। *पुं॰* १. समूह। २. घास आदि का पूला। ❖ **जुट्टी**—*वि॰ (स्त्री॰)* = परस्पर सटी हुई। ***जैसे***—जुट्टी दीवारें। *स्त्री॰* = १. समूह। २. क्रमशः एक के ऊपर एक रखी हुई वस्तुओं की गड्डी। ३. घास आदि का पूला।

***जुठराना**—[< हिं॰ जुठारना का प्रेरणा॰] *क्रिस॰* (किसी से) जूठा कराना। ● **विशेष**—**'मुख जुठराना'** = मुख को जूठा कराना। मुख में कण-भर लगा देने से, थोड़ा-सा भी खिला देने से, मुख तो जूठा करा ही दिया जाता है। थोड़ा-सा खिलाने के लिए **'मुख जुठराना'** का प्रयोग होता है।

जुड़ाना[१]—[< हिं॰ जुड़ना] *क्रिस॰* १. जुड़ने में प्रवृत्त करना। ***जैसे***—भीड़ जुड़ाना। २. टूटी वस्तु के जुड़ने का काम कराना। ***जैसे***—मेज़ का टूटा पाया जुड़ाना। (गणित॰) संख्याओं आदि का योग/जोड़ कराना। ***जैसे***—दस में पाँच जुड़ाना।

जुड़ाना[२]—[< हिं॰ जूड़ (= ठंडा) < हिं॰ जाड़ा] *क्रिअ॰* १. शीतल/ठंडा होना। २. ठंड लग जाना। सरदी खा जाना। ३. (लाक्षणिक) शान्त/सन्तुष्ट/सुखी/तृप्त होना। *क्रिस॰* १. शीतल/ठंडा करना। २. सन्तुष्ट/सुखी/तृप्त करना।

जुत**—[< सं॰ युत] *वि॰* १. मिला/जुड़ा हुआ। युक्त। ***जैसे—श्रीजुत मुख। २. सहित। साथ। ***जैसे***—सीताजुत राम।

जुतना—[< प्रा॰ जुत्त < सं॰ युक्त] *क्रिअ॰* १. (घोड़े आदि का) गाड़ी में जोता जाना। २. खेत का जोता जाना। ३. किसी काम में परिश्रमपूर्वक लगा/जुटा रहना। जुटना।

†जुत्थ—[< सं॰ यूथ] *पुं॰* यूथ। झुंड।

जुदा—[फा॰] *वि॰* १. पृथक्। अलग। २. भिन्न। ३. अन्य। दूसरा।

जुदागाना—[< फा॰ जुदागानः] *वि॰* पृथक्-पृथक्। अलग-अलग।

***जुधवान**—[< सं० युध्यमान] *पु०* योद्धा। *वि०* युद्ध करता हुआ। युध्यमान।

***जुनाई/जुन्हाई/जुन्हैया**—[< प्रा० जोण्ह] स्त्री० ज्योत्स्ना। चन्द्रिका। चाँदनी।

जुनून—[अरबी] *पु०* उन्माद। पागलपन। ***जैसे***—प्रेम का जुनून।

†जुनेरी/जुन्हरी—[< सं० यवनाल] *स्त्री०* ज्वार नामक अनाज।

***जुन्हाई/जुन्हैया**—[< प्रा० जोण्ह/जोण्हा < सं० ज्योत्स्ना] *पु०* चन्द्रमा का प्रकाश। चन्द्रिका। चाँदनी।

जुबाद—[अरबी] *पु०* 'मुश्क बिलाव' नामक जन्तु से प्राप्त होनेवाला एक गन्धद्रव्य।

***जुमकना**—[देशज] १. दृढ़तापूर्वक जमे रहना। डटना। २. समीप आना। ३. एकत्र होना।

जुमला—[< अरबी जुम्ल:] *वि०* समस्त। सब। कुल। *पु०* वाक्य।

जुमेरात—[अरबी] *स्त्री०* बृहस्पतिवार।

जुम्बिश (जुंबिश)—[फा०] *स्त्री०* १. कम्पन। हिलना। २. गति।

जुम्मा/जुमा—[< अरबी जुमअ] *पु०* शुक्रवार। ***वा०* जुम्मा-जुम्मा आठ दिन**—थोड़े दिन। कुछ ही समय।

***जुर**—[< सं० ज्वर] *पु०* १. ज्वर। बुख़ार। २. (लाक्षणिक) सन्ताप। दाह। दुःख।

जुरना[१]**—[< हि० जुड़ना] *क्रिअ०* १. एकत्र होना। जुड़ना। २. टूटे हुए का जुड़ना। ***जैसे—टूटा हुआ धनुष नहीं जुरेगा। ३. जुटा पाना। ४. भिड़ना। लड़ना। ५. अँगड़ाई लेना।

***जुरा**—[< सं० जरा] *स्त्री०* जरा। बुढ़ापा।

जुराब—[< अरबी जुर्राब] *स्त्री०* (पैरों में पहनने का) मोज़ा।

जुल—[< सं० छल, या देशज] *पु०* १. धोखेवाली बात। २. धोखा। ✣ **जुलबाज़**—*वि०* = धोखेबाज़। ✣ **जुलबाज़ी**—*स्त्री०* = धोखेबाज़ी।

जुलना—[हि० 'मिलना' का अनुकरण०] *क्रिस०* मिलना। ***जैसे***—मिलना-जुलना। ● **विशेष**—इसका प्रयोग केवल 'मिलना' के साथ होता है। 'मेल-जोल' का 'जोल' 'जुलना' क्रिया से व्युत्पन्न है।

***जुलाई[१]**—[< हि० जुल] *पु०* १. जुल देनेवाला। धोखेबाज़। २. चुग़ली करनेवाला।

जुलाई[२]—[< अ० जुलाई] *स्त्री०* ईसवी वर्ष का सातवाँ महीना। जुलाई।

जुलाब—[फा०] *पु०* दस्त लानेवाली दवा। विरेचक औषधि।

जुलाहा—[< फा० जेलाह/जोलाह:] *पु०* करघे पर कपड़ा बुननेवाला शिल्पी। तन्तुवाय।

जुल्फ़—[फा०] *स्त्री०* १. केशों की लट। अलक। २. कनपटी के साथ वाले बाल। काकुल।

जुष्ट—[सं० √जुष् + क्त] *वि०* १. प्रसन्न। २. सेवित। ***जैसे***—अनार्यों के द्वारा जुष्ट मार्ग पर मत चलो। ३. जूठा। *पु०* जूठन।

जुस्तजू—[फा०] *स्त्री०* खोज। तलाश।

†जुहाना—[< प्रा० जूह < सं० यूथ] *क्रिस०* १. एकत्र करना। जुटाना। २. मकान आदि बनाने में किसी पत्थर/लड़की को दूसरे पत्थर/लकड़ी के साथ ठीक बैठाना।

जुहारना—[< प्रा० जोहार] *क्रिस०* अभिवादन करना। प्रणाम करना।

***जुहावना**—[< हि० जूह] *क्रिस०* एकत्र करना।

जू[१]—[< हि० जी] *अव्यय०* जी।

जू[२]—[< हि० जो] *अव्यय०* जो।

जूआ[१]—[< सं० द्यूत] *पु०* द्यूत। जुआ। ● **विशेष—अब 'जूआ' के स्थान पर 'जुआ' का प्रयोग किया जाता है।**

जूआ[२]—[< प्रा० जूआ < सं० युग] *पु०* गाड़ी में जोते जाने वाले पशु के कन्धों पर रखी जाने वाली लकड़ी।

जूजू—[सं० जू (= राक्षसी)] *पु०* बच्चों को डराने के लिए एक कल्पित भयानक हौआ। राक्षस।

जूझना—[< प्रा० जुज्झ या < हि० जूझ] *क्रिअ०* १. शारीरिक बल लगाते हुए कोई प्रयत्न करना या लड़ना। २. लड़ते हुए मर जाना। ३. व्यर्थ बहस करना। ४. (लाक्षणिक) किसी समस्या/विपत्ति से शारीरिक/मानसिक संघर्ष करना।

जूट[१]—[सं० √जूट् + अच्] *पु०* उलझे हुए और आपस में चिपटे हुए घने और बड़े बालों की जटा। ***जैसे***—जटा-जूट वाले साधु।

जूट[२]—[अ०] *पु०* पटसन। सन। पाट। ***जैसे***—बंगाल का जूट-उद्योग।

***जूटि**—[< अप० जोड] *स्त्री०* १. जोड़ी। २. मेल। ३. सन्धि।

जूठ—[< प्रा० जुट्‌ठ < सं० जुष्ट] *वि०* जूठा। *स्त्री०* जूठन।

जूड़—[< सं० जड] *वि०* शीतल। ठंडा।

जूड़ा—[< सं० जूट] *पु०* १. बड़े-बड़े केशों को लपेटकर बनाया गया गोलाकार रूप जिसे बाँधकर या गाँठ लगाकर धारण किया जाता है। २. मूँज आदि का पूला।

जूड़ि—*वि०* (*स्त्री०*) शीतल। ठंडी।

जूड़ी—[< हि० जूड़ + सं० जूर्ति] *स्त्री०* जाड़े और कँपकँपी के साथ आनेवाला ज्वर। शीत ज्वर।

जूतमपैज़ार/जूतापैज़ार—[< हि० जूता + फा० पैज़ार] *स्त्री०* १. जूतों से हुई लड़ाई/मार-पीट। २. नीच लोगों के समान परस्पर होनेवाली कहा-सुनी या लड़ाई-झगड़ा।

***जूथका/जूथिक/जूथिका**—[< सं० यूथिका] *स्त्री०* जूही (पौधा या फूल)।

जून[१]—[< सं० द्युवन् (= सूर्य)] *पु०* समय। वेला।

जून[२]—[< सं० जूर्ण] *पु०* तृण। तिनका।

जून[३]—[< प्रा० जुण्ण < सं० जीर्ण] *वि०* १. जीर्ण। बहुत पुराना। २. वृद्ध।

जून[४]—[अ०] *पु०* ईसवी वर्ष का छठा महीना।

जूना[१]—[< सं० जूर्ण] *पु०* १. घास आदि का पूला। २. घास आदि का बनी रस्सी जिससे कोई गठरी बाँधी जाती है। ३. बर्तनों को माँजने के लिए पुराने बानों का या नाइलोन आदि का बना मार्जक।

***जूना[२]**—[< हि० जून < सं० जीर्ण] *वि०* १. बहुत पुराना। २. वृद्ध।

जूना[३]—[देशज] *पु०* एक पौधा या उसका पीला फूल।

***जूप[१]**—[< सं० यूप] *पु०* १. स्तम्भ। खम्भा। २. यज्ञ-स्तम्भ जिससे बलि-पशु बाँधा जाता था। ३. विजय-स्तम्भ। कीर्ति-स्तम्भ।

***जूप**[२]—[< सं॰ द्यूत] *पु॰* द्यूत। जुआ।

***जूपी**—[< हिं॰ जूप] *पु॰* यज्ञ-स्तम्भ से बँधा हुआ पशु। बलि-पशु।

***जूमना**—[< हिं॰ जमा] *क्रिअ॰* एकत्र होना। जुटना। *क्रिस॰* एकत्र करना। जुटाना।

†जूर—[< हिं॰ जुटना] *पु॰* १. वस्तुओं का समूह। संचय। २. राशि। ढेर।

†जूरना—[< हिं॰ जुरना] *क्रिस॰* १. (वस्तुओं का) संग्रह करना। एकत्र करना। जोड़ना। २. एक पर एक रखकर गड्डियाँ लगाना। थाक लगाना। ३. युद्ध में जुड़ना। युद्ध में आ डटना।

जूरा[१]—[< हिं॰ जूड़ा] *पु॰* केशों का जूड़ा।

जूरा[२]—[< सं॰ जूर्ण] *पु॰* घास आदि का पूला/गट्ठर।

जूरी[१]—[< हिं॰ जूरा < सं॰ यून] *स्त्री॰* घास आदि की पूली/गट्ठर।

जूरी[२]—[अं॰ जुअरी] *स्त्री॰* (विधि॰) १. (फ़ौजदारी मुक़दमे में) अभियुक्त के अपराध होने या न होने के सम्बन्ध में व्यवस्था देने के लिए शपथसहित नियुक्त व्यक्तियों की समिति। न्यायसमिति। २. उक्त समिति का सदस्य।

***जूवा**—[< सं॰ युवा] *पु॰* युवा। तरुण।

जूह—[< सं॰ यूथ] *पु॰* यूथ। समूह। झुंड।

जूही—[< सं॰ यूथिका] *स्त्री॰* १. एक प्रकार का पाँच पंखुड़ियों वाला छोटा फूल जिसकी गन्ध बहुत तीव्र होती है तथा रंग सफ़ेद/पीला होता है। २. उक्त की लता जिसके पत्ते छोटे-छोटे और गोल होते हैं।

जूँ—[< प्रा॰ जूआ < सं॰ यूका] *स्त्री॰* केशों में पसीने से उत्पन्न हो जाने वाला एक छोटा कीट। ***वा॰* जूँ की चाल**—बहुत मन्द गति। **(किसी के) कान/कानों पर जूँ न रेंगना**—किसी के कुछ कहने-सुनने का कोई प्रभाव न होना।

जृम्भ (जृंभ)—[सं॰ √जृम्भ् + घञ्] *पु॰* १. जँभाई। जम्हाई। २. आलस्य। ३. (कली आदि का) प्रस्फुटन/खिलना। ४. फैलाव।

जृम्भा (जृंभा)—[सं॰ √जृम्भ् + अ + टाप्] *स्त्री॰* जृम्भ। (दे॰) (काव्य॰) आलस्य के कारण उत्पन्न एक सात्त्विक अनुभाव।

जृम्भी (जृंभी)—[सं॰ जृम्भिन्] *वि॰* १. जम्हाई लेनेवाला। २. प्रस्फुटित/विकसित होनेवाला। खिलनेवाला। ३. फैलनेवाला।

***जेज**—[देशज] *स्त्री॰* देर।

जेट[१]—[< सं॰ यूथ] *पु॰* १. राशि। ढेर। २. एक के ऊपर एक रखी हुई वस्तुओं की गड्डी। थाक।

जेट[२]—[देशज] *स्त्री॰* क्रोड़। गोद।

जेट[३]—[अं॰] *पु॰* तेज़ धारा या फौवारा। ✣ **जेट इंजन**—*पु॰* = गैस या द्रव की तेज़ धाराएँ पीछे की ओर छोड़ने से विमान को आगे की ओर धकेलनेवाला इंजन। ✣ **जेट विमान**—*पु॰* = जेट इंजन से चलनेवाला विमान।

जेठी—[< हिं॰ जेठ] *वि॰* १. जेठ-सम्बन्धी। ज्येष्ठ मास का। २. ज्येष्ठ मास में होनेवाला। ***जैसे***—जेठी धान। ३. *हिं॰* 'जेठा' का *स्त्री॰* रूप। ***जैसे***—जेठी पुत्री। *स्त्री॰* जेठ की पत्नी। जेठानी। जिठानी।

जेठौत—[< हिं॰ जेठ] *पु॰* जेठ का पुत्र। पति के बड़े भाई का पुत्र। ✣ **जेठौतिन**—स्त्री॰ = जेठ की पुत्री।

जेड—[अं॰] हरे, नीले या सफ़ेद रंग का एक कड़ा पत्थर।

जेतव्य—[सं॰ √जि + तव्यत्] *वि॰* १. जीतने योग्य। २. जो ज़ीता जा सके।

जेता[१]—[सं॰ जेतृ] *वि॰* जीतनेवाला। ∇ **विलोम**—जित।

***जेता**[२]—[< प्रा॰ जेत्तिअ < सं॰ यावत्] *वि॰, क्रिवि॰* जितना। ✣ **जेतिक**—*वि॰, क्रिवि॰* = जितना। ✣ **जेती**—*वि॰ (स्त्री॰), क्रिवि॰* = जितनी। ✣ **जेते**—*वि॰, क्रिवि॰* = जितने। ✣ **जेतो**—*क्रिवि॰* = जितना।

***जेतार**—[सं॰ जेतृ] *वि॰* जीतनेवाला। विजेता। जेता।

†जेथ/जेथि/जेथी/जेथे/जेथै—[राजस्थ॰ <सं॰ यत्र] *क्रिवि॰* जहाँ।

ज़ेन—[अं॰ < पा॰ झान < सं॰ ध्यान] *पु॰* जापान का बौद्ध 'ध्यान सम्प्रदाय' जो ध्यान और आत्मविषय को सत्य/ज्ञान की प्राप्ति का साधन मानता है।

ज़ेन्दावेस्ता (ज़ेंदावेस्ता)—[प्राचीन फारसी] *स्त्री॰* पारसी लोगों का अति प्राचीन धर्मग्रन्थ (टीका-सहित) जिसकी भाषा संस्कृत से बहुत समानता रखती है।

जेबकट/जेबकतरा—[< अरबी जेब + हिं॰ काटना/कतरना] *पु॰* चुपचाप जेब काटकर धन आदि की चोरी करनेवाला व्यक्ति। जेबतराश। गिरहकट।

जेबघड़ी—[फा॰ जेब + हिं॰ घड़ी] *स्त्री॰* जेब में रखने की घड़ी जिसका पहले प्रचलन था।

जेबतराश—[अरबी जेब + फा॰ तराश] *पु॰* जेब काटने वाला। गिरहकट। जेबकतरा। ✣ **जेबतराशी**—स्त्री॰ जेब काटने की क्रिया/भाव।

ज़ेबरा—[अफ़्रीकी] *पु॰* अफ़्रीका का एक पशु जो घोड़े से मिलता-जुलता और धारीदार होता है।

ज़ेबा—[फा॰] *वि॰* १. सुन्दर। मनोहर। २. शोभनीय। शोभाजनक। **विशेष**—ज़ेबा देना = शोभा देना। अच्छा होना या लगना।

जेबी—[< अरबी जेब] *वि॰* १. (कमीज़ आदि की) जेब में रखा जाने वाला। ***जैसे***—जेबी रुपए। २. इतना छोटा कि (कमीज़ आदि की) जेब में रख जा सके। ***जैसे***—गीता का जेबी संस्करण।

जेमन—[सं॰ √जिम् + ल्युट्] *पु॰* १. भोजन करना। जीमना। २. ज्योनार।

जेय—[सं॰ √नि + यत्] *वि॰* १. जीतने योग्य। २. जो ज़ीता जा सके। ∇ **विलोम**—अजेय।

जेर—[फा॰] *स्त्री॰* वह झिल्ली जिसमें गर्भ रहता है। आँवल।

ज़ेर—[फा॰] *वि॰* १. निर्बल। २. अधीन। ३. परास्त। पराजित। *अव्यय॰* नीचे। तले। ***जैसे***—ज़ेर-ए-निगरानी (= निरीक्षण/निगरानी में)।

***ज़ेरना**—[< फा॰ ज़ेर] *क्रिस॰* १. पराजित करना। २. वश में करना। ३. उत्पीड़ित/परेशान करना।

जेली—[अं॰] *स्त्री॰* मुरब्बे जैसा एक खाद्य पदार्थ।

जेवड़ा—[< सं॰ जीवा] *पु॰* बड़ी रस्सी। रस्सा। ✣ **जेवड़ी**—*स्त्री॰* = रस्सी।

जेवनार—[< हिं॰ जेवना] *स्त्री॰* प्रीतिभोज। दावत।

ज़ेवर—[फा॰] *पु॰* आभूषण। गहना।

†**जेवरा**—[< हिं॰ जेवरी] *पु॰* १. फन्दा। २. रस्सा।

†**जेवरी/जेवड़ा**—[< सं॰ जीवा] *स्त्री॰* रस्सी।

जेवाँ—[< हिं॰ जेवना] *पु॰* भोजन।

†**जेहड़**—[हिं॰ जेट + घट] *स्त्री॰* जल से भरे घड़ों का एक के ऊपर एक रखा हुआ ढेर।

***जेहड़ा**—[राजस्थ॰, < हिं॰ जैसा] *वि॰* जैसा।

ज़ेहन—[अरबी] *पु॰* १. बुद्धि। समझ। २. स्मरणशक्ति। ✣ **ज़ेहनदार**—*वि॰* = तीव्र बुद्धि वाला। ✣ **जेहनीयत**—*स्त्री॰* १. प्रकृति। स्वभाव। २. धारणा। विचार।

***जेहर**—[देशज] *पु॰* पैरों का एक आभूषण। पाजेब। ✣ **जेहरि/जेहरी**—*स्त्री॰* = पाजेब।

†**जेहवा/जेहा**—[< हिं॰ जैसा] *वि॰, क्रिवि॰* जैसा। ✣ **जेहवी/जेही**—*वि॰ (स्त्री॰), क्रिवि॰* = जैसी।

***जेहि**—[< हिं॰ जो] *सर्व॰* १. जिसे। २. जिसका/जिसके/जिसकी। ● **विशेष**—**जेहि लागि** = जिसके लिए।

†**जैंगना (जेंगना)**—[≤ सं॰ ज्योतिरिङ्गण] *पु॰* खद्योत। जुगनू। पटबीजना।

†**जैंवन (जेंवन)**—[< सं॰ जेमन] *पु॰* १. जीमने की क्रिया या भाव। २. भोजन के लिए परोसी गयी सामग्री। भोज्य पदार्थ।

†**जैंवना (जेंवना)**—[< सं॰ जेमन] *क्रिस॰* भोजन करना। खाना। जीमना। ✣ **जैंवनार (जेंवनार)**—*पु॰* = ज्योनार। ✣ **जैंवाना (जेंवाना)**—*क्रिस॰* = भोजन खिलाना। जिमाना।

†**जै**—[< हिं॰ जे] *वि॰* जितने। ***जैसे***—जै बार तुम मिलोगे, तुम्हें नया काम बताऊँगा।

जैजैवन्ती (जैजैवन्ती)—[< सं॰ जय ~ जयवन्ती] *स्त्री॰* भैरव राग की एक रागिनी।

***जैत**[१]—[< सं॰ जिति] *स्त्री॰* जय। जीत।

जैत[२]—[< सं॰ जयन्ती] *पु॰* जयन्ती वृक्ष।

†**जैतपत्र**—[< सं॰ जितिपत्र] *पु॰* जय-पत्र।

***जैतवार/जैतुवार**—[< सं॰ जित्वर] *वि॰* जीतनेवाला। विजयी।

जैत्र—[सं॰ जेतृ + अण्] *वि॰* १. जयशील। विजयी। २. श्रेष्ठ। उत्कृष्टता। *पु॰* १. विजय। २. श्रेष्ठता। उत्कृष्टता। ३. पारद। पारा।

जैन—[सं॰ जिन + अण्] *वि॰* 'जिन' से सम्बन्धित। जिन का। *पु॰* १. ऋषभदेव से महावीर स्वामी तक २४ तीर्थंकरों का उपासक एक धर्म-सम्प्रदाय। २. उक्त का अनुयायी व्यक्ति। ✣ **जैनी**—*वि॰* = १. जैन धर्म-सम्प्रदाय से सम्बन्धित। २. जैन व्यक्तियों का। *पु॰* = जैन धर्म का अनुयायी। जैन।

जैमिनीय—[सं॰ जैमिनि + छ] *वि॰* १. जैमिनि से सम्बन्धित। जैमिनि का। २. जैमिनि के द्वारा रचित। जैमिनिकृत।

जैव—[सं॰ जीव + अण्] *वि॰* १. जीव-सम्बन्धी। जीव का। (अ॰ बायो) २. बृहस्पति-सम्बन्धी। बृहस्पति का। *पु॰* पुष्य नक्षत्र। ✣ **जैव अर्धायु**—*स्त्री॰* = (भौतिकी॰) वह कालावधि जिसमें कोई सजीव ऊतक, अंग या व्यक्ति अपने में प्रविष्ट रेडियोधर्मी पदार्थ की आधी मात्रा का निरसन कर देता है।

जैवनिक—[< सं॰ जीव] *स्त्री॰* जैव भौतिकी की एक शाखा जिसमें जैव तकनीकों के आधार पर इलेक्ट्रानीय उपकरणों और तन्त्रों की अभिकल्पना होती है। जैव इलेक्ट्रानिकी। (अ॰ बायोनिक्स)

जैविक—[सं॰ जीव + ठञ्] *वि॰* जीव-सम्बन्धी। जीव/जीवों का। ✣ **जैविक कुटुम्ब**—दे॰ जैविक परिवार। ✣ **जैविक क्रियाएँ**—*स्त्री॰* = (जीव॰) जैव क्रियाएँ। (दे॰) ✣ **जैविक परिवार**—*पु॰* = (समाज॰) ऐसा परिवार जिसमें पति-पत्नी तथा उनकी अविवाहित सन्तानें सम्मिलित हों। दाम्पत्यमूलक परिवार। जैविक कुटुम्ब।

†**जैहै**—[< हिं॰ जाना] *क्रिअ॰* 'जाना' क्रिया का एक भविष्यकालिक रूप। जाएगा। ***जैसे***—वह आज शाम को जैहै।

***जैं (जैं)**—[< हिं॰ जिनि] *क्रिवि॰* मत। नहीं।

***जोअना/जोना**—[< प्रा॰ जोअ] *क्रिस॰* १. देखना। जोवना। २. प्रतीक्षा करना। ३. सँजोना। ✣ **जोइ**[१]—*क्रिवि॰* = १. देखकर। २. प्रतीक्षा कर। ३. सँजोकर।

***जोइ**[२]—[< हिं॰ जो] *सर्व॰* १. जो कुछ भी। जो भी। २. जो। जिस। जिसने।

***जोइ**[३]—[< प्रा॰ जुवइ < सं॰ युवति] *स्त्री॰* १. युवती। २. पत्नी। ३. नारी।

***जोइ**[४]—[< सं॰ योगिन्] *पु॰* योगी।

***जोइसी**—[< सं॰ ज्योतिषी] *पु॰* ज्योतिषी। दैवज्ञ।

***जोई**[१]—[< सं॰ योषिता] *स्त्री॰* पत्नी। भार्या।

जोई**[२]—[< हिं॰ जो] *सर्व॰* १. जो। जो लोग। २. जो भी। ***जैसे—जोई देखा वही चोर। ✣ **जोई जोई**—*सर्व॰* = जो-जो।

***जोई**[३]—[< हिं॰ जोहना] *क्रिस॰* देखी।

***जोउ**[१]—[< हिं॰ जोहना] *क्रिस॰* देख।

†**जोउ**[२]**/जोऊ**—[< हिं॰ जो] *सर्व॰* जो या जो भी।

***जोखता**—[< सं॰ योषिता] *स्त्री॰* १.नारी। स्त्री। २. पत्नी। भार्या।

जोखा[१]—[< हिं॰ जोखना] *पु॰* १. जोखने/तोलने की क्रिया/भाव। २. लेखा। हिसाब।

***जोखा**[२]—[< सं॰ जोषा] *स्त्री॰* नारी। स्त्री।

***जोखिता**—[< सं॰ योषिता] *स्त्री॰* १. नारी। स्त्री। २. पत्नी/भार्या।

जोग[१]—[< सं॰ योग] *पु॰* १. योग। ***जैसे***—मुनियों का जोग। २. संयोग। मिलाप। २. योगक्षेम। कुशल। ३. वशीकरण। ४. एक प्रकार के लोकगीत जो विवाह के अवसर पर गाए जाते हैं।

जोग**[२]—[< सं॰ योग्य] *वि॰* योग्य। ***जैसे—सीता जोग वर।

जोगड़ा—[< हि॰ जोगी < स॰ योगी] *पु॰* १. योगी। २. नक़ली योगी। ३. पाखंडी व्यक्ति।

†जोगता/जोगताई—*स्त्री॰* ≤ *स॰* योग्यता।

जोगना[1]—[< स॰ योग] *क्रिस॰* १. एकत्र करना। जोड़ना। **जैसे**—धन जोगना मेरा लक्ष्य नहीं है। ३. सावधानीपूर्वक/सुरक्षापूर्वक रखना। ४. योग-साधना करना।

जोगना[2]—[< हि॰ जोहना] *क्रिस॰* प्रतीक्षा में राह देखना। प्रतीक्षा करना।

जोगनैर—[< स॰ योगिनीपुर] *पु॰* योगिनीपुर। दिल्ली।

***जोगपट**—[< स॰ योगपट/योगपट्ट] १. वस्त्र का पट्टा जिसे योगी गले में डाले रहते हैं। योगपट्ट। २. साधुओं के भगवा वस्त्र। योगपट।

***जोगिन्द (जोगिंद)**—*पु॰* ≤ *स॰* योगीन्द्र। योगिराज।

जोगिया—[< हि॰ जोगी] *वि॰* १. योग का। २. योगी का। ३. गेरू के रंग का। भगवा। गेरुआ। *पु॰* गेरुआ रंग। २. योगी। ३. जोगीड़ा।

जोगी—[< स॰ योगी] *पु॰* १. योगी। २. नाथ-पन्थी शैव साधु। ३. भजन गाकर भिक्षा माँगनेवाले शैव गृहस्थ भिक्षुक। (संगीत॰) प्रातःकाल गाया जाने वाला एक राग।

***जोगी-जती**—[< स॰ योगी ~ यती] *पु॰* योगी और संन्यासी।

जोगीड़ा—[< हि॰ जोगी] *पु॰* १. होली के दिनों में गाए जाने वाले एक प्रकार के गीत। २. उक्त गीतों को गानेवालों का दल।

जोगीन्द्र (जोगींद्र)—*पु॰* ≤ *स॰* योगीन्द्र। योगिराज।

***जोगौटा**—[< स॰ योगपट्ट] *पु॰* १. जोगी। (दे॰) २. योगियों की चादर जिसे वे साधना करते समय ओढ़ते हैं। योगपट्ट। ३. जोगियों की झोली।

जोट—[< प्रा॰ जोड] *पु॰* १. जोड़। २. साथी। ३. समूह। झुंड। *वि॰* बराबरी का। समतुल्य।

†जोटा—[< प्रा॰ जोड] *पु॰* १. युगल। जोड़ा। २. समतुल्य साथी। जोड़ का साथी। ३. कोई व्यक्ति और उसका समान साथी, दोनों।

†जोटी—[< हि॰ जोटा] *स्त्री॰* १. जोड़ी। २. जोड़ की साथिन।

जोड़-तोड़—[< हि॰ जोड़ना + तोड़ना] *पु॰* दाव-पेंच। ***वा॰* जोड़-तोड़ करना/मिलाना/लगाना**—कोई न कोई युक्ति/उपाय करना जिससे प्रयोजन/कार्य पूरा हो।

जोड़दार—[हि॰ जोड़ + फा॰ दार] *वि॰* = जिसमें जोड़ हो। जोड़ वाला।

जोड़ू—[< हि॰ जोड़ना] *वि॰* जोड़नेवाला। संग्रही। संचयी।

जोत[1]—[< प्रा॰ जुत्त < स॰ युक्त] *स्त्री॰* १. जीतने की क्रिया/भाव। जुताई। २. उतनी भूमि जो किसी को कृषि के लिए मिली हो या अधिकार में हो।

जोत[2]—[प्रा॰ < स॰ योक्त्र] *स्त्री॰* १. रस्सी या चमड़े की बनी पट्टियाँ/तस्मे जिससे बैल/घोड़ा आदि को हल/गाड़ी आदि में जोता जाता है। २. तराजू की डंडी से पल्लों को जोड़नेवाली रस्सी।

जोत[3]—[स॰ ज्योति] *स्त्री॰* १. ज्योति। प्रकाश। २. आत्मा। ३. परमात्मा। ३. देवी/देवता की मूर्ति आदि के सामने जलनेवाला दीपक। ● **विशेष**—इस दीपक में घी होता है (तेल नहीं) और बत्ती खड़ी जलायी जाती है (पड़ी नहीं)। ***वा॰* जोत में जोत समाना**—आत्मा का परमात्मा में मिल जाना। ✣ **जोतदार**—*पु॰* = दूसरे की भूमि पर खेती करनेवाला व्यक्ति जो भू-स्वामी न हो।

जोतना—[< प्रा॰ जोत] *क्रिस॰* १. बैल आदि पर जुआ रखना ताकि वह खेत में हल चलाने में प्रयुक्त हो। ***जैसे***—हल में बैल जोतना। २. बीज बोने से पूर्व खेत में हल चलाकर भूमि की खुदाई करना। ***जैसे***—खेत जोतना। ३. गाड़ी/वाहन/यन्त्र आदि चलवाने के लिए घोड़ा/बैल आदि पर जुआ रखना। ***जैसे***—गाड़ी में घोड़ा जोतना; कोल्हू में बैल जोतना। ४. उक्त में प्रयुक्त वाहन को भारवाहक पशु से युक्त करना। ***जैसे***—गाड़ी जोतना। ५. (लाक्षणिक) किसी से अधिक काम लेना। ***जैसे***—सेठ लोग मुनीमों को दिन-रात हिसाब-किताब में जोतते हैं। ६. (लाक्षणिक) किसी को विवश करके किसी काम में नियुक्त कर देना। ***जैसे***—अनेक सरकारी अधिकारी अपने घरेलू कामों में भी बेचारे कर्मचारियों को जोतते हैं।

जोतनी—[< हि॰ जोतना] *स्त्री॰* जोतते समय पशु के गले में बाँधने की रस्सी जो जुए में लगी होती है।

जोतभूमि—[हि॰ जोत + स॰ भूमि] *स्त्री॰* वह ज़मीन जिसपर फ़सल उगायी गयी हो।

जोता—[< हि॰ जोतना] *वि॰* (समासान्त में प्रयुक्त) जोतने वाला। ***जैसे***—हलजोता। *पु॰* १. किसान। २. बैलों और जुए को जोड़नेवाली रस्सी।

***जोतिवन्त (जोतिवंत)**—[< स॰ ज्योतिर्वत्] *वि॰* १. प्रकाश से युक्त। ज्योतिर्मय। २. दीप्त। चमकदार।

जोतिहा—[< हि॰ जोतना] *पु॰* १. खेत जोतनेवाला। २. कृषक। खेतिहर। ३. खेती में नियुक्त मज़दूर।

जोन**—[< स॰ योनि] *स्त्री॰* १. योनि। (दे॰) २. विश्व के जीवों की जातियाँ (***जैसे—मनुष्य, सर्प, पीपल, बरगद इत्यादि)।

जोन्ह—[< प्रा॰ जोण्ह < स॰ ज्योत्स्ना] *स्त्री॰* ज्योत्स्ना। चाँदनी।

जोन्हरी—[< प्रा॰ जोण्णलिया] *स्त्री॰* 'ज्वार' नामक अन्न।

***जोबन**—[< प्रा॰ जोव्वण < स॰ यौवन] *पु॰* यौवन। जवानी। ***वा॰* जोबन पर आना**—१. पूर्ण यौवन की अवस्था प्राप्त होना। २. (वृक्षों आदि का) बहार पर आना। ३. सौन्दर्य निखर उठना।

***जोम**—[< अरबी ज़ोम] *पु॰* बल। शक्ति।

***जोय[1]**—[< स॰ जाया] *स्त्री॰* १. पत्नी। २. नारी। स्त्री।

***जोय[2]**—[< हि॰ जो] *सर्व॰* जो। जिस।

***जोय[3]**—[< हि॰ जोयना] *क्रिवि॰* १. देखकर। २. प्रतीक्षा करके।

जोयना[1]—[< प्रा॰ जोअ < स॰ द्योतयन] *क्रिस॰* (दीपक/अग्नि आदि को) जलाना।

ज़ोर आज़माई—[फा॰] *स्त्री॰* १. बल-परीक्षा। २. मुक़ाबला। ३. युद्ध।

ज़ोरआवर—[फा॰] *वि॰* शक्तिशाली। ताक़तवर। ज़बरदस्त। ✣ **ज़ोरआवरी**—*स्त्री॰* = शक्तिशालिता। शक्तिमत्ता। *क्रिवि॰* = बलपूर्वक।

***जोरना**—[< प्रा॰ जोड] *क्रिस॰* १. एकत्रित करना। जुटाना। जोड़ना। २. (हाथ) जोड़ना।

***जोरबजोर**—[< फा॰ ज़ोर-ब-ज़ोर] *क्रिवि॰* आमने-सामने। (हित॰, ९४)

***जोरा**[1]— [< हि॰ जोर] *पु॰* १. बल। २. प्रबलता। ज़ोर।

***जोरा**[2]— [< हि॰ जोड़ा] *पु॰* १. युगल। जोड़ा।

जोरा-जोरी— [< फा॰ ज़ोर] *स्त्री॰* १. बलपूर्वक छीनने का प्रयत्न। ज़बरदस्ती। २. अत्याचार। *क्रिवि॰* बलपूर्वक। बलात्। ज़बरदस्ती।

जोरावर/जोरावरी— दे॰ क्रमशः ज़ोरआवर। ज़ोरआवरी। ✣ **ज़ोरावर/ज़ोरावरी**—*स्त्री॰* दे॰ क्रमशः ज़ोरआवर, ज़ोरआवरी।

जोरी**— [< हि॰ जोड़ी] *स्त्री॰* युगल। जोड़ी। ***जैसे—सीता और राम की जोरी।

जोरू— [< हि॰ जोड़ा] *स्त्री॰* पत्नी। ✣ **जोरू जाता**—*पु॰* = पत्नी, सन्तान आदि। घर-गृहस्थी। ***वा॰* जोरू का ग़ुलाम**—प्रत्येक काम को पत्नी के कहे अनुसार ही करनेवाला।

ज़ोरो-जफ़ा—[फा॰ ज़ोर + जफ़ा] *पु॰* अन्याय और अत्याचार। सौगन्ध है तुझको तेरे उस ज़ोरो-जफ़ा की/ जी भर के हमें जितना सताना हो सता ले। —रामप्रसाद बिस्मिल (सरफ़रोशी॰, ११६)

***जोल**—[ब्रज॰, < हि॰ जुलना] पु॰ १. मेल। २. समूह। झुंड।

***जोलहा**—*पु॰* ≤ *हि॰* जुलाहा।

***जोली**—[< हि॰ जोड़ी] *वि॰* १. जिसके साथ मेल-जोल हो। साथी। २. जोड़ी/बराबरी का। समवयस्क। ३. प्रायः साथ-साथ रहनेवाला।

***जोलै/जोलो**—[देशज] *पु॰* अन्तर। फ़र्क़।

***जोवण/जोवन**[1]—[< प्रा॰ जोव्वण < स॰ यौवन] *पु॰* यौवन। जवानी।

***जोवन**[2]—[< हि॰ जोवना] *पु॰* १. जोवने की क्रिया/भाव। देखना। २. प्रतीक्षा। ३. खोज। तलाश।

†**जोवना**—[< प्रा॰ जोव] *क्रिस॰* १. ध्यान से देखना। २. प्रतीक्षा करना। बाट जोहना। ***जैसे***—इकटक मग जोवति। ३. खोजना। ढूँढना।

जोशन—[फा॰] *पु॰* १. कवच। २. भुजाओं पर पहनने का एक आभूषण।

जोशाँदा—[< फा॰ जोशाँद:] *पु॰* औटी हुई दवा का पानी। काढ़ा।

जोशी—[< स॰ ज्योतिषी] *पु॰* १. ज्योतिषी। २. महाराष्ट्र आदि में ब्राह्मणों की एक उपजाति।

जोशीला—[< फा॰ जोश] *वि॰* १. जिसमें जोश भरा हो। ओजस्वी। ***जैसे***—नेताजी सुभाष के जोशीले भाषण। २. उत्साही। ***जैसे***—जोशीले कार्यकर्ता। ✣ **जोशीली**—*वि॰ (स्त्री॰)* = १. जोश से भरी हुई। २. उत्साहवाली।

जोशोख़रोश (जोश-व-ख़रोश)—[फा॰] *पु॰* १. ज़ोर-शोर। धूमधाम। २. उत्साह। ३. आवेग।

जोषा—[स॰ √जुष् + घञ् + टाप्] *स्त्री॰* १. पत्नी। २. नारी। स्त्री।

जोषिका—[स॰ जोषक + टाप्, इत्व] *स्त्री॰* १. नारी। स्त्री। २. कलियों का गुच्छा।

जोषित—[< स॰ जोषित्] *स्त्री॰* नारी। स्त्री। ***जैसे***—दारु-जोषित (= कठपुतली)।

जोषिता—[< स॰ योषिता] *स्त्री॰* १. नारी। स्त्री। २. पत्नी।

***जोषी**—*पु॰* ≤ *स॰* ज्योतिषी।

***जोसीड़ा**—[< स॰ ज्योतिषी] *पु॰* १. ज्योतिषी। २. पुरोहित।

***जोह**—[< हि॰ जोहना] *स्त्री॰* १. खोज। २. प्रतीक्षा। ३. कृपा-पूर्ण दृष्टि।

जोहड़—[< स॰ होत्रा] *पु॰* १. छोटा पोखर।

जोहन—[< हि॰ जोहना] *स्त्री॰* जोहने की क्रिया या भाव।

जोहा—[< हि॰ जोहना] *पु॰* (छन्द॰) 'विमोहा' नामक प्रत्येक चरण में ६ वर्णों वाला एक छन्द समवर्णिक।

†**जोहार**—[प्रा॰] *पु॰* प्रणाम। जुहार।

***जोहि**—*अव्यय॰* ≤ *हि॰* ज्यों ही।

जौ[1]—[< स॰ यव] *पु॰* १. गेहूँ से मिलता-जुलता एक अनाज जिसका आटा खाया जाता है। २. उक्त का पौधा। ३. एक माप। ६ राई की तौल। २. वह। ✣ **जौ-भर**—*वि॰* = थोड़ा-सा। तनिक। ज़रा।

†**जौ**[2]—[< हि॰ जो] *सर्व॰* १. जो। २. वह। *अव्यय॰* १. यदि। अगर। ***जैसे***—जौ तुम न लौटे तौ का करैं? २. जब। ● **विशेष**—जौ लौं (लौं) = जब तक।

***जौतुक**—[< स॰ यौतुक] *पु॰* यौतुक। दहेज।

जौन**—[< हि॰ जो] *सर्व॰* 'जो' या 'जिस'। ***जैसे—जौन कहेगा; जौन से काम है। ✣ **जौन-सा**—*सर्व॰, वि॰* = जो। ***जैसे***—चाहे जौन सा काम।

†**जौन्ह**—[< हि॰ जोन्ह] *स्त्री॰* ज्योत्स्ना। चाँदनी।

जौपै—[< हि॰ जो पर] *अव्यय॰* यदि। अगर।

†**जौरा**[1]—[< हि॰ जूरा] *पु॰* गृहस्थों द्वारा नाई आदि को काम की मजदूरी स्वरूप दिया जाने वाला अन्न।

†**जौरा**[2]—[< हि॰ जमराज < स॰ यमराज] *पु॰* यमराज।

†**जौरा**[3]—[< हि॰ जेवरी] *पु॰* रस्सा।

†**जौरैं (जौरें)**—[< अरबी जवार] *क्रिवि॰* पास में। समीप।

***जौवन**—[< स॰ यौवन] *पु॰* यौवन। जवानी।

जौहर—[अरबी] *पु॰* १. रत्न। २. गुण। विशेषता। ३. राजस्थान की एक प्रथा जिसके अनुसार राजपूत स्त्रियाँ आक्रामक मुसलमान शत्रु की विजय निश्चित प्रतीत होने पर अपनी मर्यादा की रक्षा के

लिए जलती चिता में कूदकर सामूहिक रूप से प्राण-त्याग कर देती थी।

जौहरी—[अरबी] *पु॰* १. रत्न बेचनेवाला। रत्न-व्यवसायी। *वि॰* (लाक्षणिक) गुणों और दोषों को पहचाननेवाला। पारखी।

†**जौँ**[1] (**जौं**[1])—[< हि॰ जो] *सर्व॰* १. कोई। २. जो।

†**जौँ**[2] (**जौं**[2])—[< हि॰ जो] अव्यय॰ १. यदि। २. जब। ३. जिस प्रकार से। ज्यों।

†**जौँकना** (**जौंकना**)—[अनु॰] *क्रिस॰* १. क्रोधपूर्वक ज़ोर से बोलना। २. बहुत ज़ोर से चिल्लाना।

†**जौँरा**[2] (**जौंरा**)—*पु॰* ≤ *हि॰* जौरा[1]।

†**जौँरे** (**जौंरे**)—[< अरबी जवार] *क्रिवि॰* निकट। समीप। पास।

ज्ञ—[स॰ √ज्ञा + क] *पु॰* १. विद्वान् और बुद्धिमान् मनुष्य। ज्ञानी व्यक्ति। २. (ज्ञानस्वरूप) ब्रह्म। ३. आत्मा। ४. बुध (ग्रह) **जैसे**—बुधवार। *वि॰* (शब्द के अन्त में जुड़ने पर) जाननेवाला। ज्ञाता। ***जैसे***—धर्मज्ञ, शास्त्रज्ञ।

ज्ञप्त—[स॰ √ज्ञप् + णिच् + क्त] *वि॰* जताया हुआ। ज्ञापित। सूचित।

ज्ञप्ति—[स॰ √ज्ञप् + क्तिन्] *स्त्री॰* १. कोई बात जानने या जताने की क्रिया/भाव। २. ज्ञात/सूचित बात। ३. ज्ञान। ४. बुद्धि। ५. प्रकटीकरण। प्रकटन।

ज्ञात—[स॰ √ज्ञा + क्त] *वि॰* जाना हुआ। विदित।

ज्ञातयौवना—[स॰ ज्ञातयौवन + टाप्] *स्त्री॰* (काव्य॰) वह नायिका जिसे अपने युवती हो जाने का ज्ञान होने लगा हो।

ज्ञातव्य—[स॰ √ज्ञा + तव्यत्] *वि॰* १. जिसे जानना चाहिए। जानने के योग्य। ज्ञेय। २. जिसे जाना जा सके। ज्ञेय।

ज्ञाताज्ञात—[स॰ ज्ञात ~अज्ञात] *वि॰* ज्ञात और अज्ञात।

ज्ञाति—[स॰ √ज्ञा + क्तिच्] *पु॰* पितृवंश में उत्पन्न व्यक्ति। गोत्रज। जाति-बन्धु। स्वजन। भाई-बन्धु। बान्धव। (समाज॰) ऐसे सम्बन्धी जिनके प्राचीन पूर्वज एक ही हों।

ज्ञाति-पुत्र—[स॰] *पु॰* १. जाति-बन्धु का पुत्र। गोत्रज का पुत्र। २. जैन तीर्थंकर महावीर स्वामी की उपाधि।

ज्ञाति-भाव—[स॰] *पु॰* नातेदारी। रिश्तेदारी।

ज्ञाति-भेद—[स॰] *पु॰* वंश की भिन्नता। वंश-भेद।

ज्ञातृत्व—[स॰ ज्ञातृ + त्व] *पु॰* १. ज्ञाता होने का भाव। २. जानकारी।

ज्ञान—[स॰ √ज्ञा + ल्युट्] *पु॰* १. बोध। जानना। २. किसी विषय या बल की तथ्यपूर्ण सामान्य या विशेष जानकारी। ***जैसे***—चारों वेदों का ज्ञान। ३. सत्य की जानकारी। ४. पदार्थ का ग्रहण करनेवाली मन की वृत्ति। जानने, समझने आदि की प्राकृतिक शक्ति। ***जैसे***—जीव जन्तुओं और वनस्पतियों में पाया जाने वाला परिस्थिति-ज्ञान। ५. सम्यक् बोध। ६. आत्मसाक्षात्कार। आत्मतत्त्वदर्शन। आत्मबोध। ***जैसे***—ज्ञान प्राप्त करने के लिए तपस्या करना। ७. ब्रह्म। (न्याय॰) बुद्धि (अनुभूति और स्मृति)। (योग॰) बुद्धिवृत्तिनिरोध। (वेदान्त) १. आत्मसाक्षात्कार। आत्मतत्त्वदर्शन। २. 'मैं ब्रह्म हूँ' इस भाव से की गयी उपासना। (सांख्य॰) अर्थ के आकार में परिणत बुद्धिवृत्ति के चेतन में प्रतिबिम्बन से होनेवाला प्रकाशरूप बोध। (शैव॰) परम शिव की एक शक्ति।

ज्ञानकाण्ड (**ज्ञानकांड**)—[स॰ ज्ञान ~ काण्ड] *पु॰* वेद का वह विभाग जिसमें परमात्मा, प्रकृति, आत्मा इत्यादि पर विचार किया गया है।

ज्ञानगम्य—[स॰ ज्ञान ~ गम्य] *वि॰* १. ज्ञान से जानने योग्य। जिसका ज्ञान प्राप्त किया जा सकता है। ज्ञानगोचर। ज्ञेय। ***जैसे***—ब्रह्म ज्ञानगम्य नहीं है। २. जो केवल ज्ञान से जाना जा सकता हो, न कर्म से और न ज्ञान-कर्म के मिश्रण से। *पु॰* परमात्मा। ब्रह्म।

ज्ञानगोचर—[स॰ ज्ञान ~ गम्य] *वि॰* ज्ञानगम्य। ज्ञेय।

ज्ञानघन—[स॰ ज्ञान ~ घन] *वि॰* ज्ञानस्वरूप। ज्ञानमय। *पु॰* परमात्मा।

ज्ञानचक्षु—[स॰ ज्ञान ~ चक्षु] *पु॰* १. ज्ञानरूपी नेत्र। अन्तर्दृष्टि। २. ज्ञान-दृष्टि रखनेवाला। विद्वान्। ३. शास्त्ररूपी नेत्र।

ज्ञानज—[स॰ ज्ञान + ज] *वि॰* ज्ञान से उत्पन्न। ***जैसे***—ज्ञानज संस्कार।

ज्ञानतः—[स॰ ज्ञान + तस्] *क्रिवि॰* १. जानते हुए। जानबूझकर। ज्ञानपूर्वक। २. ज्ञान के द्वारा। ज्ञान से।

ज्ञानद—[स॰ ज्ञान + द] *वि॰* ज्ञान देनेवाला। ज्ञानदाता। *पु॰* शिक्षक। गुरु। २. आध्यात्मिक गुरु।

ज्ञानदग्धदेह—[स॰ ज्ञान ~ दग्ध ~ देह] *वि॰, पु॰* ज्ञान से भस्म हो गए शरीरवाला। जिसका मरण के बाद पिंडोदक कर्म आदि न करना हो (ऐसा ज्ञानी)।

ज्ञानदा—[स॰ ज्ञानद + टाप्] *वि॰* *स्त्री॰* ज्ञान देनेवाली (स्त्री)। *स्त्री॰* १. माता। २. शिक्षिका। ३. आध्यात्मिक गुरु (स्त्री)। ४. सरस्वती देवी।

ज्ञाननिष्ठ—[स॰ ज्ञान ~ निष्ठ] *वि॰* १. ज्ञान में निष्ठावाला। २. तत्त्वज्ञान या आध्यात्मिक ज्ञान प्राप्त करने में तत्पर। ज्ञान-प्राप्ति के साधनों (श्रवण, मनन, निदिध्यासन) से युक्त। ३. तत्त्वविद्। तत्त्वज्ञानी।

ज्ञानमार्ग—[स॰ ज्ञान ~ मार्ग] *पु॰* ब्रह्म-साक्षात्कार के लिए ज्ञानसाधना/तत्त्वसाधना का मार्ग। ज्ञानयोग।

ज्ञान-मीमांसा—[स॰] *स्त्री॰* (पा॰ दर्शन॰) दर्शनशास्त्र की एक शाखा जिसमें ज्ञान के उद्भव, स्वरूप, विधि और मान्यता का अध्ययन होता है। ज्ञान का सिद्धान्त। (अ॰ एपिस्टेमॉलोजि)

ज्ञानमूढ़—[स॰ ज्ञान ~ मूढ़] *वि॰* १. केवल पुस्तकीय ज्ञान वाला। २. ज्ञानी होने पर भी मूर्खों जैसा आचरण और व्यवहार करनेवाला। पठित मूर्ख।

ज्ञानयज्ञ—[स॰ ज्ञान ~ यज्ञ] *पु॰* १. ज्ञानरूपी यज्ञ। २. ब्रह्मरूपी अग्नि में आत्मारूपी आहुति देने की साधना। २. उत्तम ज्ञान के आदान-प्रदान का कार्य।

ज्ञानयोग—[सं॰ ज्ञान ~ योग] *पु॰* ब्रह्म-प्राप्ति के लिए ज्ञाननिष्ठावाली साधना।

ज्ञानवृद्ध (ज्ञानवृद्ध)—[सं॰ ज्ञान ~ वृद्ध] *वि॰* १. ज्ञान में बड़ा। २. बड़ा ज्ञानी। महाज्ञानी।

ज्ञानशून्य—[सं॰ ज्ञान ~ शून्य] *वि॰* ज्ञान से रहित। अज्ञानी। ज्ञानरहित।

ज्ञानाकर—[सं॰ ज्ञान ~ आकर] *वि॰, पु॰* ज्ञान का भंडार। महान् ज्ञानी।

ज्ञानाज्ञान—[सं॰ ज्ञान ~ अज्ञान] *पु॰* ज्ञान और अज्ञान।

ज्ञानाञ्जन (ज्ञानांजन)—[सं॰ ज्ञान ~ अञ्जन] *पु॰* ज्ञानरूपी अंजन। ब्रह्मभाव से देखने की शक्ति। तत्त्वदृष्टि।

ज्ञानापोह—[सं॰ ज्ञान ~ अपोह] *पु॰* (भा॰दर्शन) १. ज्ञान से उत्पन्न संस्कारों का नाश करनेवाला विस्मरण। २. विस्मरणशीलता।

ज्ञानाभास—[सं॰ ज्ञान ~ आभास] पु॰ मिथ्या ज्ञान। असत्यज्ञान।

ज्ञानावरण—[सं॰ ज्ञान ~ आवरण] *पु॰* १. ज्ञान पर पड़ा आवरण/पर्दा। २. ज्ञानप्राप्ति में पर्दे के समान बाधक वस्तु। ३. पाप।

ज्ञानाश्रयिणी—[सं॰ ज्ञानाश्रयिन् + ङीप्] *वि॰ (स्त्री॰)* ज्ञानाश्रयी। ***जैसे***—ज्ञानाश्रयिणी साधना।

ज्ञानाश्रयी—[सं॰ ज्ञानाश्रयिन्] *वि॰* १. जो ज्ञान पर आश्रित हो। २. ज्ञान-सम्बन्धी। ३. ज्ञान से परमात्मा को प्राप्त करने के सिद्धान्त पर बल देनेवाला (साधक/सम्प्रदाय/परम्परा)। ✣ **ज्ञानाश्रयी धारा/शाखा**—*स्त्री॰* = हिन्दी के भक्तिकालीन काव्य की एक धारा जिसके प्रतिनिधि कवि कबीर हैं।

ज्ञानेन्द्रिय (ज्ञानेंद्रिय)—[सं॰ ज्ञान ~ इन्द्रिय] *पु॰* ज्ञान का साधन इन्द्रियाँ। वे पाँच इन्द्रियाँ जिनके द्वारा मन को बाहरी पदार्थों का ज्ञान होता है—कान, त्वचा, नेत्र, जिह्वा और नासिका।

ज्ञानोदय—[सं॰ ज्ञान + उदय] *पु॰* (मन में होने वाला) ज्ञान का उदय। ज्ञानोन्मेष।

ज्ञानोद्धत (ज्ञानोद्धत)—[सं॰ ज्ञान ~ उद्धत] *वि॰* जो अपने ज्ञान के अभिमान से उद्दंड हो गया हो।

ज्ञापन—[सं॰ √ज्ञा + णिच् + ल्युट्] *पु॰* १. कोई बात किसी को बताने या सूचित करने की क्रिया/भाव। २. बोधन। ✣ **ज्ञापन-पत्र**—*पु॰* = १. किसी व्यक्ति/समिति को किसी विषय में जानकारी देने के लिए विशेष रूप से तैयार किया गया लिखित वक्तव्य। २. किसी अधिकारी के द्वारा किसी व्यक्ति या अनेक व्यक्तियों या अपने अधीन कर्मचारियों आदि के लिए लिखा गया छोटा और अधिकृत टिप्पण। (अं॰ मेमोरन्डम)

ज्ञाप्य—[सं॰ √ज्ञा + णिच् + यत्] *वि॰* १. जिसका ज्ञान प्राप्त किया जा सकता हो या कराया जा सकता हो। ज्ञेय। २. जिसका ज्ञान प्राप्त करने/कराने योग्य हो। ज्ञेय।

ज्ञेय—[सं॰ √ज्ञा + यत्] *वि॰* १. जानने के योग्य। २. जो जाना जा सके। ∇ **विलोम**—अज्ञेय।

ज्या—[सं॰ √ज्या + अङ् + टाप्] *स्त्री॰* धनुष की डोरी। प्रत्यंचा। २. जननी। माता। ३. पृथ्वी। (गणित॰) वृत्त या वृत्तांश के चाप के दो बिन्दुओं को मिलानेवाली सरल रेखा। २. एक त्रिकोणमितीय फलन जो किसी समकोण त्रिभुज में लम्ब और कर्ण का अनुपात होता है। (अं॰ साइन)

***ज्यान**[1]—[< सं॰ ज्ञान] *पु॰* ज्ञान।

***ज्यान**[2]—[< सं॰ ज्यानि] *पु॰* घाटा। हानि।

***ज्याना**—[< हिं॰ जियाना] *क्रिस॰* १. जीवित करना/रखना। जिलाना। २. पालन-पोषण करना। पालना-पोसना।

***ज्यानी**—[< सं॰ ज्यानि] *स्त्री॰* हानि। घाटा।

ज्यामिति—[सं॰ ज्या ~ मिति] *स्त्री॰* गणित की वह शाखा जिसमें वस्तुओं की आकृतियों, रेखाओं, कोणों आदि के गुणधर्मों और माप-सम्बन्धी नियमों का अध्ययन किया जाता है। रेखागणित। (अं॰ जिओमेट्री) ✣ **ज्यामितिक**—*वि॰* = ज्यामिति का। रेखागणितीय। ज्यामितीय। ✣ **ज्यामितिक अलङ्करण (अलंकरण)**—*पु॰* = (कला) रेखाओं, कोणों आदि के संयोजन से बनी आकृतियों से की गयी किसी वस्तु, चित्र या संरचना की सजावट। ✣ **ज्यामितिक कला**—*स्त्री॰* (कला) = रेखा, कोण इत्यादि ज्यामितीय अभिकल्पों की सहायता से कोई आकृति बनाने की कला।

***ज्यारा**—[< हिं॰ ज्यारना] *वि॰* १. जीवित करने या जीवित रखनेवाला। जीवन देनेवाला। २. पालने-पोसने वाला।

***ज्यारी**—[< हिं॰ जी (= मन)] *वि॰ (स्त्री॰)* १. दृढ़/कठोर मन वाला। २. साहसी। हिम्मती।

ज्येष्ठ—[सं॰ वृद्ध प्रशस्य ~ इष्ठन्, ज्या-आदेश] *वि॰* १. सबसे बड़ा। ***जैसे***—ज्येष्ठ भाई। पद, सम्बन्ध, आदि की दृष्टि से ऊँचा/बड़ा। ∇ **विलोम**—कनिष्ठ। *पु॰* १. बड़ा भाई। २. चान्द्र वर्ष का एक मास जो वैशाख के बाद और आषाढ़ से पहले होता है। ✣ **ज्येष्ठता**—*स्त्री॰* = १. ज्येष्ठ होने की अवस्था/भाव। ज्येष्ठत्व।

ज्येष्ठा—[सं॰ ज्येष्ठ + टाप्] *स्त्री॰* १. सबसे बड़ी बहिन। २. बीच की उँगली। मध्यमा। ३. गंगा (नदी) ४. अश्विनी आदि २७ नक्षत्रों में १८वाँ नक्षत्र। ५. (बहुपत्नी प्रथा में पति को) अन्य पत्नियों से अधिक प्रिय पत्नी।

ज्येष्ठाश्रम—[सं॰ ज्येष्ठ ~ आश्रम] *पु॰* आश्रम-व्यवस्था में दूसरा आश्रम जो अन्य आश्रमों का आधार है। गृहस्थाश्रम। ✣ **ज्येष्ठाश्रमी**—*पु॰* = गृहस्थ।

ज्योति—[सं॰ √द्युत् + इसुन्, द →ज] *स्त्री॰* १. प्रकाश। रोशनी। २. दीपक की लौ। ३. सूर्य। ४. नक्षत्र। ५. अग्नि। ६. नेत्र की पुतली का मध्यबिन्दु। तिल। ७. दृष्टि। ८. आत्मा। ९. ब्रह्म। १०. विष्णु। ११. ज्योतिष शास्त्र। ***वा॰* ज्योति जगाना**—१. प्रकाश करना। २. ज्ञान का प्रकाश करना। ३. देवी-देवता के सामने दीपक जलाना। **ज्योति में ज्योति समाना**—१. आत्मा का परमात्मा में

लीन होना। मोक्ष होना। २. दिवंगत होना। मरना। **नयी ज्योति देना**—१. नया ज्ञान देना। २. (किसी का) मार्गदर्शन करना। ३. उत्साह/प्रेरणा देना।

ज्योति: शास्त्र—[स॰] *पु॰* ज्योतिर्विद्या। ज्योतिष।

ज्योति:शिखा—[स॰] *स्त्री॰* अग्नि की लपट/लौ। (छन्द॰) एक वर्णिक छन्द जिसके प्रथम व द्वितीय चरणों में ३२ लघु वर्ण तथा तृतीय और चतुर्थ चरणों में १६ गुरु वर्ण होते हैं। अनंगक्रीड़ा छन्द।

ज्योति:सर—[स॰] *पु॰* प्रकाश का सरोवर। अनन्त प्रकाश का पुंज।

ज्योतित—[< स॰ द्योतित] *वि॰* द्युतिमान्। प्रकाशित।

ज्योतिरिङ्ग/ज्योतिरिङ्गण (ज्योतिरिंग/ज्योतिरिंगण)—[स॰ ज्योतिस् + इङ्ग/इङ्गण] *पु॰* खद्योत। जुगनू। पटबीजना।

ज्योतिर्मण्डल (ज्योतिर्मंडल)—[स॰ ज्योतिस् ~ मण्डल] *पु॰* नक्षत्रमंडल।

ज्योतिर्मय—[स॰ ज्योतिस् + मयट्] *वि॰* ज्योति से भरा हुआ। प्रकाशमान। दीप्त। ∇ **विलोम**—तमोमय।

ज्योतिर्लिङ्ग (ज्योतिर्लिंग)—[स॰ ज्योतिस् + लिङ्ग] *पु॰* १. शिव। महादेव। २. भारत में १२ स्थानों पर स्थापित शिवलिंगों में से प्रत्येक।

ज्योतिर्लोक—[स॰ ज्योतिस् ~ लोक] *पु॰* १. ध्रुवलोक। २. विष्णु। ३. परमात्मा।

ज्योतिर्विद्—[स॰ ज्योतिस् ~विद्] *वि॰* ज्योतिषशास्त्र जाननेवाला। ज्योतिषी।

ज्योतिर्विद्या (ज्योतिर्विद्या)—[स॰ ज्योतिस् ~ विद्या] *स्त्री॰* ज्योतिष शास्त्र।

ज्योतिवाह—[स॰ ज्योतिस् ~ वाह] *वि॰* ज्योति/प्रकाश को वहन करनेवाला।

ज्योतिश्चक्र—[स॰ ज्योति + चक्र] *पु॰* (खगोल॰) १. राशि-चक्र। २. नक्षत्रमंडल। ३.आकाशमंडल।

ज्योतिश्छाया—[स॰ ज्योतिस् ~ छाया] *स्त्री॰* १. प्रकाश और छाया। २. प्रकाश से युक्त छाया।

ज्योतिष—[स॰ ज्योतिस् + अच्] *पु॰, स्त्री॰* १. ग्रह-नक्षत्रों की गति, स्थिति आदि का विचार करनेवाला शास्त्र। खगोलशास्त्र। २. उक्त के आधार पर मनुष्यों आदि पर होनेवाले शुभ-अशुभ प्रभावों का अध्ययन करनेवाला शास्त्र। ● **विशेष**—उक्त दो प्रकार की ज्योतिष को क्रमश: **'गणितज्योतिष'** और **'फलित ज्योतिष'** कहते हैं।

ज्योतिषिक—[स॰ ज्योतिस् + ठक्] *वि॰* ज्योतिष सम्बन्धी। ज्योतिष का। *पु॰* ज्योतिषी।

ज्योतिषी—[स॰ ज्योतिषिन्] *पु॰* ज्योतिष-शास्त्र जाननेवाला। दैवज्ञ अथवा खगोलशास्त्री/खगोलविज्ञानी।

ज्योतिष्कान्त (ज्योतिष्कांत)—[स॰ ज्योतिस् ~ कान्त] *वि॰* चमकता हुआ। दीप्तिमान्। **जैसे**—ज्योतिष्कान्त रत्न।

ज्योतिष्टोम—[स॰ ज्योतिस् ~ स्तोम] *पु॰* एक वैदिक यज्ञ जिसमें १६ ऋत्विक होते हैं।

ज्योतिष्पथ—[स॰ ज्योतिस् ~ पथ] *पु॰* आकाश। अन्तरिक्ष।

ज्योतिष्पुञ्ज (ज्योतिष्पुंज)—[स॰ ज्योतिस् ~ पुञ्ज] *पु॰* ग्रहों, नक्षत्रों आदि का समूह।

ज्योतिष्पुलिन—[स॰ ज्योतिस् ~ पुलिन] *पु॰* प्रकाश रूपी नदी का तट।

ज्योतिष्मती—[स॰ ज्योतिष्मत् + ङीप्] *वि॰* ज्योतिर्मयी। *स्त्री॰* १. रात्रि। २. मालकंगनी नामक लता।

ज्योतिष्मान्—[स॰ ज्योतिष्मत्] *वि॰* जिसमें ज्योति हो। ज्योतिर्मय। २. अत्यन्त चमकदार। कान्तिमान्।

ज्योतिस्तरणा—[स॰ ज्योतिस्तरण + टाप्] *वि॰* ज्योतिर्मयी। *स्त्री॰* सरस्वती।

ज्योत्स्ना—[स॰ ज्योतिस् + न, इ-लोप, नि॰] *स्त्री॰* १. चन्द्रिका। चाँदनी। २. चाँदनी। रात। ३. दुर्गा (देवी)।

ज्योत्स्निका—[स॰ ज्योत्स्ना + कन् + टाप्, इत्व] *स्त्री॰* ज्योत्स्ना।

ज्योनार—[< स॰ जेमन] *स्त्री॰* १. पका हुआ भोजन। रसोई। प्रीतिभोज। दावत।

†ज्योरा—[< स॰ जीव (= जीविका)] *पु॰* (ग्रामों में) अपने काम करनेवाले (नाई, चमार, धोबी आदि को) नेग में दिया जाने वाला अनाज।

†ज्योरि—[< हि॰ जेवरी] *स्त्री॰* रस्सी। डोरी।

†ज्योहत—[< स॰ जीव + हत] *वि॰* जीव-हत्या करनेवाला। *पु॰* आत्महत्या।

ज्यौत्स्नी—[स॰ ज्योत्स्ना + अण् + ङीप्] *स्त्री॰* पूर्णिमा की रात्रि।

ज्वरघ्न—[स॰ ज्वर + घ्न] *वि॰* ज्वरनाशक। **जैसे**—ज्वरघ्न दवा।

ज्वराग्नि—[स॰ ज्वर ~ अग्नि] *पु॰* ज्वर की गर्मी।

ज्वरान्तक (ज्वरांतक)—[स॰ ज्वर ~ अन्तक] *वि॰, पु॰* ज्वर का नाश करनेवाला। बुख़ार को दूर करनेवाला। १. एक तरह का नीम (वृक्ष)। २. चिरायता। ३. अमलतास।

ज्वरांश—[स॰ ज्वर ~ अंश] *पु॰* हल्का ज्वर। हरारत।

ज्वरार्त—[स॰ ज्वर ~ आर्त] *वि॰* ज्वर से पीड़ित। ज्वरी।

ज्वरित—[स॰ ज्वर + इतच्] *वि॰* जिसे ज्वर हो। जिसे बुख़ार चढ़ा हो। ज्वरयुक्त।

ज्वरी—[स॰ ज्वर + इनि] *वि॰* ज्वर से पीड़ित। ज्वरार्त।

ज्वलदग्नि—[स॰ ज्वलत् ~ अग्नि] *स्त्री॰* धधकती आग।

ज्वलन[1]—[स॰ √ज्वल् + युच्] *पु॰* १. अग्नि। आग। २. अग्नि की लपट। लौ। २. 'चीता' नामक वृक्ष। चित्रक (वृक्ष)। *वि॰* १. दहकता हुआ। २. जल उठने वाला।

ज्वलन[2]—[स॰ √ज्वल् + ल्युट्] *पु॰* १. दहन। जलना। २. चमकना। *वि॰* १. जलता हुआ। २. चमकता हुआ। ✣ **ज्वलन-कण**—*पु॰* = स्फुलिंग। चिनगारी। ✣ **ज्वलन ताप**—*पु॰* = (भौतिकी॰) किसी

पदार्थ के लिए वह निम्नतम ताप जो स्फुलिंग या ज्वाला उत्पन्न किए बिना उसमें स्वपोषी दहन आरम्भ कर देता है।

ज्वलनशील—[सं॰ ज्वलन ~ शील] *वि॰* जो सरलता से या शीघ्र जल उठे या भड़क उड़े। दहनशील। ज्वलनीय।

ज्वलन्त (ज्वलंत)—[< सं॰ ज्वलत्] *वि॰* १. जलता हुआ। २. चमकता हुआ। प्रकाशमान। ३. स्पष्ट। ४. अपनी चमक और स्पष्टता से ध्यान आकर्षित करनेवाला। ***जैसे***—वीरता के ज्वलन्त उदाहरण।

ज्वल्य—[सं॰ √ज्वल् + यत्] *वि॰* जल उठने या भभक उठने योग्य। दाह्य।

ज्वार[१]—[< प्रा॰ जोवारि] *स्त्री॰* १. मोटा अनाज।

ज्वार[२]—[देशज] *पु॰* १. दे॰ ज्वार-भाटा। २. भावावेग आदि का चढ़ाव या तीव्रता। **जैसे**—सैनिकों में उत्साह का ज्वार आ गया और उन्होंने शत्रु-सेना पर भीषण आक्रमण कर दिया।

ज्वारनदमुख—[सं॰ ज्वार ~ नद ~ मुख] *पु॰* (भूविज्ञान॰) नदी का मुहाना जहाँ समुद्री ज्वार का प्रभाव पड़ता रहता है तथा नदी का जल और समुद्री जल परस्पर मिलते रहते हैं। (अं॰ एस्चुअरी)

ज्वार-भाटा—[देशज] *पु॰* १. ज्वार और भाटा। सागर या महासागर के जल का प्रमुखतः चन्द्रमा की आकर्षण-शक्ति के कारण नियमित ऊँचा चढ़ना (अर्थात् 'ज्वार') और नीचे गिरना (अर्थात् 'भाटा')। २. (लाक्षणिक) भाव या आवेग आदि का उतार-चढ़ाव।

ज्वारीय—[सं॰ ज्वार + छ] *वि॰* = ज्वार या ज्वार-भाटे से सम्बन्धित। ज्वार या ज्वार-भाटे का। ✣ **ज्वारीय धारा**—*स्त्री॰* = (भूविज्ञान॰) समुद्र के तटीय भागों में अथवा मुहाने पर ज्वार-भाटा से उत्पन्न जलधारा।

ज्वाल—[सं॰ ज्वल् + ण] *पु॰* ज्वाला। *वि॰* जलता हुआ।

ज्वालक—[सं॰ √ज्वल् + णिच् + ण्वुल्] *वि॰, पु॰* जलानेवाला।

ज्वालमाली—[सं॰ ज्वालमालिन्] *पु॰* सूर्य।

ज्वाला—[सं॰ ज्वाल् + टाप्] *स्त्री॰* १. आग की लपट। अग्नि-शिखा। २. दाह। ताप। गर्मी। ३. (लाक्षणिक) दुःख आदि से उत्पन्न मानसिक पीड़ा।

ज्वालाजिह्व (ज्वालाजिह्व)—[सं॰ ज्वाला ~ जिह्वा] *पु॰* अग्नि।

ज्वालावक्त्र—[सं॰ ज्वाला ~ वक्त्र] *पु॰* शिव। महादेव।

ज्वाली—[सं॰ ज्वालिन्] *वि॰* ज्वालायुक्त। *पु॰* शिव। महादेव।

***ज्वैना**—[< हिं॰ जोअना/जोवना] *क्रिस॰* १. देखना। २. प्रतीक्षा करना। ३. खोजना।

झ

देवनागरी वर्णमाला में चवर्ग का चौथा अक्षर। (भाषाविज्ञान की दृष्टि से) यह तालव्य, स्पर्श, घोष तथा महाप्राण व्यंजन है। ● **विशेष**—१. 'झ' वर्ण का अल्पप्राण वर्ण 'ज' है। २. 'झ' वर्ण का प्रयोग प्राय: शब्दों के आदि और मध्य में होता है (झगड़ा, सुझाव)। ३. 'झ' वर्ण में स्वरों की मात्राएँ सामान्य रूप से ही लगती हैं और उनके अनुनासिक रूप क्रमश: झँ, झाँ, झिँ, झीँ इत्यादि हैं परन्तु शिरोरेखा के ऊपर ई, ए, ऐ इत्यादि की मात्रा होने पर चन्द्रबिन्दु (ँ) के स्थान पर अनुनासिक चिह्न (बिन्दु) के समान ही बिन्दु का प्रयोग लेखन, टंकण या मुद्रण में सुविधा के लिए किया जाता है (झीँगुर→झींगुर, झेँपना →झेंपना, झोँक→झोंक) परन्तु उक्त बिन्दी को पंचम वर्ण 'ञ्' (अथवा 'न्' या 'म्') समझने का भ्रम हो सकता है। ४. 'झ' वर्ण के व्यंजनों से संयुक्त (व्यंजन-गुच्छ वाले) शब्द बहुत कम हैं। हिन्दी की क्षेत्रीय बोलियों में या पद्यगत प्रयोगों में 'ज्' का पहले आकर 'झ' से मिलना 'मुज्झ', 'तुज्झ' जैसे शब्दों में तथा 'ञ्' का संयुक्त रूप 'सञ्झा' जैसे शब्दों में अपनी खड़ी रेखा को त्यागने से बनता है। 'र' पहले आकर 'झ' के ऊपर रेफ़ का रूप ग्रहण करता है (झर्झर, निर्झर)। ५. 'झ' महाप्राण वर्ण है अत: 'झ' से पहले या बाद में कोई महाप्राण वर्ण नहीं आ सकता। 'झ' का द्वित्व भी नहीं हो सकता।

झ—[सं॰ √झट् + ड] *पु॰* १. 'झन-झन' ध्वनि। झनकार। झंकार। २. बृहस्पति। ३. झंझावात।

***झइ/झइँ/झइँ (झई)**—*स्त्री॰ ≤ हिं॰* झाँईं।

†झउआ/झउबा—[< हिं॰ झाबा] *पु॰* मिट्टी ढोने का टोकरा। झाबा।

झक[१]—[< सं॰ झगझग] *वि॰* १. चमकता हुआ। चमकदार। २. स्वच्छ। उजला।

झक[२]—[देशज] *स्त्री॰* १. तीव्र धुन। २. सनक। ख़ब्त। ***वा॰* झक चढ़ना (सवार होना)**—किसी बात की धुन/सनक/ज़िद्द हो जाना।

झकझक—[< सं॰ झगझग] *वि॰* चमकीला।

झक-झक—[अनु॰] पु॰ १. रेलगाड़ी के इंजन के चलने पर होनेवाला शब्द। २. फुलझड़ियाँ जलने की ध्वनि। ३. व्यर्थ की बहस। हुज्जत। तकरार। ४. बकवास। बकबक।

झकझकाहट—[< हिं॰ झकाझक] *स्त्री॰* चमक।

झकझोर—[< अनु॰] *स्त्री॰* १. झकझोरने की क्रिया या भाव। २. हवा का झोंका। ३. झटका। *वि॰* १. झकझोरा हुआ। २. तेज़ झोंके वाला या तीव्रगति वाला। झोंकेदार। तीव्र।

झकना—[< हिं॰ झक[२]] *क्रिअ॰* १. व्यर्थ की बातें करना। झगड़ा करना। बड़बड़ाना। २. क्रोध में अनुचित बातें कहना। ***जैसे***—बकना-झकना।

†झकुराना—[< हिं॰ झकोरना] *क्रिअ॰* १. हवा का झोंका लेना। झकोर लेना। २. झूमना।

†झकूटा—[< सं॰ झुण्टा, बुन्देल॰] *पु॰* छोटी झाड़ी।

झकोर—[< हिं॰ झकझोर] *स्त्री॰* १. झकोरने या झकझोरने की क्रिया या भाव। २. हवा का तेज़ झोंका। झकोरा। ३. झटका।

झक्कड़—[< हिं॰ झकोरना] *पु॰* १. तेज़ हवा। आँधी। २. (हवा का) तेज़ झोंका।

झक्की—[< हिं॰ झक] *पु॰* १. जो अपनी धुन के आगे किसी की न सुने। सनकी। २. हठी। ३. बहुत अधिक बोलनेवाला। झक लगानेवाला।

***झक्खना**—[< हिं॰ झख] *क्रिअ॰* झींकना।

***झख[१]**—[< सं॰ झष] *स्त्री॰* १. मछली। २. मकर। मगर। ३. (मछली जैसे चंचल/सुन्दर) नेत्र। आँख।

झख[२]—[प्रा॰] १. झीखने की क्रिया/भाव। ***वा॰* झख मारकर**—विवश/बाध्य/लाचार होकर। **झख मारना**—(उपेक्षा और तिरस्कार-सूचक भाषा में) १. व्यर्थ काम करना। २. व्यर्थ समय गँवाना। बेकार रहना। ३. विवश/बाध्य/लाचार होना।

***झखकेतु**—[< सं॰ झषकेतु] *पु॰* कामदेव।

***झखना**—[< हिं॰ झख] *क्रिअ॰* झींकना।

†झखिया/झखी—[< हिं॰ झख] *स्त्री॰* मछली।

झगला—[< हिं॰ झगा] *पु॰* छोटे बच्चों का ढीला-ढाला छोटा कुरता। झगा। ✣ **झगली**—*स्त्री॰*।

†झगा—[देशज] *पु॰* १. छोटे बच्चों के पहनने का ढीला कुर्ता। २. ढीला कुर्ता या अँगरखा। झबला। ✣ **झगी**—*स्त्री॰*।

†झङ्कना (झंकना)—[< हिं॰ झङ्खना] *क्रिअ॰* झीखना।

झङ्कृत (झंकृत)—[सं॰ झन् √कृ + क्त] *वि॰* जिसमें से झंकार निकली हो। झंकार करता हुआ। ध्वनित।

झङ्कृति (झंकृति)—[सं॰ झम् √कृ + क्तिन्] *स्त्री॰* झंकार। ***जैसे***—नूपुरों की मधुर झंकृति।

***झङ्खना**[१]—[< प्रा॰ झंख] *क्रिअ॰* झीखना।

†झङ्खना[२]—*क्रिअ॰* ≤ हिं॰ झाँकना।

झज्झर—[< हिं॰ झंझर] *पुं॰* जल रखने के लिए मिट्टी का एक छोटा पात्र। सुराही।

झञ्झी—[< हिं॰ झञ्झी] *स्त्री॰* फूटी कौड़ी। झंझी।

झझकार—[< हिं॰ झझकारना] *स्त्री॰* १. झझकारने की क्रिया/भाव। २. डाँट-डपट। दुत्कार।

***झञ्जार (झंजार)**—[< हिं॰ जंजाल] *पुं॰* जंजाल। झंझट।

झञ्झर (झंझर)—[< सं॰ अलिञ्जर] *पुं॰* मिट्टी का जलपात्र विशेष। झज्झर।

झञ्झा (झंझा)—[सं॰ √झट् + उ + टाप्] १. तेज़ आँधी जिसके साथ भारी वर्षा हो। आँधी-पानी। २. आँधी। तूफ़ान। ३. तेज़ हवा के चलने या भारी वर्षा का शब्द।

झञ्झानिल (झंझानिल)—[सं॰ झञ्झा ~ अनिल] *पुं॰* १. आँधी-पानी एक साथ होने पर चलनेवाली तेज़ हवा। २. (बहुत तेज़) आँधी। तूफ़ान। Δ **पर्याय**—झंझावात।

झञ्झावात (झंझावात)—[सं॰ झञ्झा ~ वात] *पुं॰* झञ्झानिल।

†झञ्झी (झंझी)—[देशज] *वि॰ (स्त्री॰)* १. जर्जर। २. फूटी (कौड़ी) *स्त्री॰* फूटी कौड़ी। कानी कौड़ी।

झटाक—[< हिं॰ झट] *क्रिवि॰* झट से। तेज़ी से।

झटाका—[< हिं॰ झट] *क्रिवि॰* झट से। जल्दी से। चटपट।

***झटिका**—[देशज] *स्त्री॰* तेज़ हवा।

झटिति—[सं॰ झट् ~ इति] *क्रिवि॰* झटपट। तुरन्त।

झड़—[< सं॰ झर] *पुं॰, स्त्री॰* १. धीमे-धीमे तथा लगातार होनेवाली वर्षा। झड़ी। २. तेज़ हवा के साथ होने वाली लगातार वर्षा।

झड़बेरी/झरबेरी—[< हिं॰ झाड़ + बेर] *स्त्री॰* १. जंगली बेर। २. जंगली बेर की झाड़ी। ***वा॰* झड़बेरी का काँटा**—१. वह व्यक्ति जिसका स्वभाव विवाद/झगड़ा करने का हो। २. वह व्यक्ति जो मिल जाए तो उससे पीछा छुड़ाना कठिन हो।

झड़ाक—[< प्रा॰ झडि, या < हिं॰ झटाक] *क्रिवि॰* शीघ्र। तत्काल।

झड़ाका[१]—[< हिं॰ झड़ाक] *पुं॰* शीघ्रता। जल्दी।

झड़ाका[२]—[< हिं॰ झड़प] *पुं॰* १. झड़प। २. हाथापाई। मुठभेड़।

झड़ाझड़—[< हिं॰ झड़-झड़] *क्रिवि॰* १. 'झड़-झड़' की ध्वनि करते हुए। २. बिना रुके। लगातार। ३. वेगपूर्वक। तेज़ी से। ***वा॰* झड़ाझड़/झराझर रुपए बरसना**—बहुत आय/लाभ होना।

झड़ी—[< प्रा॰ झडी] *स्त्री॰* १. निरन्तर वर्षा। २. निरन्तर होती रहने वाली कोई क्रिया । ***जैसे***—युद्धों की झड़ी लग गयी। ***वा॰* झड़ी बाँधना/लगाना**—किसी बात को बार-बार कहना। **झड़ी लगना**—१. लगातार वर्षा होना। २. अधिक संख्या में निरन्तर एकत्रित होना। **बातों की झड़ी लगना**—लगातार बातें होना।

झण्ड (झंड)—[< सं॰ जट] *पुं॰* मुंडन से पहले के जन्मजात बाल। झँडूला।

झण्डीदार (झंडीदार)—[हिं॰ झंडी + फा॰ दार] *वि॰* जिसमें झंडी लगी हो। ध्वजायुक्त।

झन—[अनु॰] *स्त्री॰* १. किसी धातु की वस्तु पर आघात होने से उत्पन्न ध्वनि। २. धातु-खंडों आदि के परस्पर टकराने का शब्द। ३. आभूषणों के बजने की ध्वनि। ***जैसे***—पायल की झन-झन ध्वनि।

झनक—[< हिं॰ झनक] *स्त्री॰* १. झंकार। झनकार। ***जैसे***—पायलों की झनक सुनते ही। २. झनझनाहट। ३. पैर को झटका देते हुए चलने की क्रिया/भाव।

झनक-मनक —[अनु॰] *स्त्री॰* पायल आदि आभूषणों की मधुर ध्वनि।

†झनकेरा—[ब्रज॰ < हिं॰ झनक] *वि॰* झनकनेवाला। झंकार करनेवाला। ✣ **झनकेरी**—*वि॰ (स्त्री॰)*। ***जैसे***—झनकेरी पायलें।

†झनिया—[ब्रज॰ < हिं॰ झीना] *वि॰* झीना। महीन।

झन्न—[अनु॰] *स्त्री॰* जोर से होनेवाली 'झन' की ध्वनि। ***जैसे***—थाली ज़ोर से गिरी तो सबने 'झन्न' सुनी।

†झन्ना—[< हिं॰ झरना] *पुं॰* छोटी-छोटी बूँदों की कुछ देर वर्षा।

झन्नाटा (झन्नाटा)—[< हिं॰ झन्न] *पुं॰* झन्न की ध्वनि होने की क्रिया/स्थिति/भाव।

झप[१]—[< सं॰ झम्प] *क्रिवि॰* शीघ्र। तुरन्त। झट। *स्त्री॰* (किसी के) पानी में डूबने/कूदने की ध्वनि।

झप[२]—[< प्रा॰ झंप] *स्त्री॰* किसी वस्तु को सहसा ढकने या बन्द करने की क्रिया/भाव। झाँपना।

झपक—[< हिं॰ झपना] *स्त्री॰* १. पलकों का गिरना। २. पलक गिरने में लगनेवाला समय। ३. बहुत कम समय। ४. हल्की नींद। झपकी।

झपकी—[< हिं॰ झपक] *स्त्री॰* १. आँख झपकने की क्रिया/भाव। २. हल्की नींद। ***वा॰* झपकी खाना**—बैठे-बैठे थोड़ी-थोड़ी देर के बाद हलकी नींद आ जाने की स्थिति होना। नींद का प्रभाव होना। ऊँघना।

झपकौहाँ**—[< हिं॰ झपकना] *वि॰* आलस्य या नींद आदि से बार-बार झपकनेवाली (आँखें)। ***जैसे—झपकौहें नेत्र। ✣ **झपकौहीं**—*वि॰ (स्त्री॰)*। ***जैसे***—झपकौहीं आँखें।

झपट्टा—[< हिं॰ झपटना] *पुं॰* १. झपटने की क्रिया/भाव। २. किसी से कुछ छीन लेने के लिए किया गया सहसा आक्रमण। ***जैसे***—चील बहुत तेज़ी से झपट्टा मारती है। ***वा॰* झपट्टा मारना**—१. झटके से ले लेना। २. (चील आदि का) किसी वस्तु पर झपटना। ✣ **झपट्टामार**—*वि॰* = झपटनेवाला। टूट पड़ने वाला।

झपताल—[हिं॰ झप + ताल] *पुं॰* (संगीत॰) दस मात्राओं की एक ताल।

झपना[१]—[< सं॰ झम्प] *क्रिअ॰* १. ऊपर से नीचे की ओर अचानक वेग से आकर झपटना। ***जैसे***—बाज का शिकार झपना। २. घिरना।

३. दबोचना।४. झुकना।५. पलक गिरना। *क्रिस०* १. झपकी लेना। ऊँघना। पलक झपकना।

झपना[2]—[< हि० झप < प्रा० झंप] *क्रिस०* १. ढँकना। २. (आँखों को) बन्द करना। मूँदना। *पु०* (किसी पात्र का) ढक्कन।

†झपनी—[< हि० झपना] *स्त्री०* १. (किसी पात्र का) ढक्कन। २. ढक्कन वाली टोकरी/पिटारी।

झपसट—[अनु०] *वि०* छली। धोखेबाज़।

***झपा**—[< हि० झपना] *पु०* पिटारी। ढक्कनवाली टोकरी।

झपाक—[< हि० झपकना] *वि०* झपकनेवाला (नेत्र)। [झखियाँ = आँखें; झुकाझुक = दिव्य सौन्दर्य]। *पु०* शीघ्रता। ***जैसे***—झपाक से जाना। *क्रिवि०* शीघ्रता से। ***जैसे***—झपाक जाना और झपाक आना।

झपाका—[< हि० झपाक] *क्रिवि०* शीघ्रता। *पु०* शीघ्रता से। तत्काल। तुरन्त।

***झपान**—[< हि० झपना] *स्त्री०* ढक्कन।

झपिया—[< हि० झाँपना] *स्त्री०* पिटारी। टोकरी।

झपेट—[< हि० झपेटना] *स्त्री०* १. झपेटने की क्रिया/भाव। २. झपेटा जाना। ३. तेज़ी से किया गया आक्रमण/वार/प्रहार। ४. पकड़, दबोच या छीन-झपट। ***वा०* झपेट में आना**—१. धक्का लगना। २. किसी रोग आदि से प्रभावित होना।

झपेटा—[< हि० झपेटना] *पु०* १. किसी की झपट में आना। किसी के आक्रमण/प्रहार/वार के अन्तर्गत आना। २. भूत-प्रेत की बाधा। ३. हवा का झोंका/झकोरा।

झपोला—[< हि० झँपोला] *पु०* ढक्कनदार छोटा टोकरा या पिटारा। पिटारी। झँपोला। ✣ **झपोली**—*स्त्री०* = पिटारी। झँपोली।

झप्प—[अनु०] *स्त्री०* १. 'झप' की तीव्र ध्वनि। २. (मेंढक आदि की) पानी में कूदने की ध्वनि।

†झप्पान—[< हि० झँपान] *पु०* पहाड़ी क्षेत्रों में प्रयुक्त एक प्रकार की पालकी। झँपान। ✣ **झप्पानी**—*पु०* = झप्पान ढोनेवाला मनुष्य।

***झब**—[अनु०] *पु०* १. धागों के टुकड़ों से बना गुच्छा जो वस्त्रों या आभूषणों में शोभा के लिए लगाया जाता है। फुँदना। लटकन। झब्बा। २. समूह। गुच्छा।

†झबकना—[< हि० झमकना] *क्रिअ०* चमकना। झलकना।

झबरा—[< हि० झब] *वि०* १. लम्बे और बिखरे बालों वाला मनुष्य। २. बड़े-बड़े बालों वाला (पशु)। ***जैसे***—झबरा कुत्ता। ✣ **झबरी**—*वि० (स्त्री०)*। ***जैसे***—झबरी बिल्ली।

झबरीला—[< हि० झबरा] *वि०* झबरा। (दे०) ✣ **†झबैरा/ झबैला**—*वि०* = झबरीला।

झबला—[देशज] *पु०* १. ढीला-ढाला कुर्ता। २. टोकरी।

झबिया—[< हि० झबा] *स्त्री०* १. छोटा झब्बा/फुँदना। २. स्त्रियों का एक आभूषण। बाजूबन्द आदि में लटकने वाले छोटे-छोटे टुकड़े जो बहुत छोटी कटोरियों के आकार के होते हैं।

***झबूँकना**[1]—[< हि० झबकना] *क्रिअ०* चमकना। झलकना।

***झबूँकना**[2]—[अनु०] *क्रिअ०* चौंकना।

झम—[अनु०] *स्त्री०* १. आघात होने पर किसी धातु-पात्र के देर तक झनझनाने की ध्वनि विशेष। २. तेज़ वर्षा की ध्वनि।

झमक—[< हि० झमकना] *स्त्री०* १. झमकने की क्रिया/भाव। २. 'झम-झम' शब्द होना। ३. रुक-रुककर होनेवाली तीव्र प्रकाश की चमक। ***जैसे***—बिजली की झमक। ४. अकड़/ऐंठ/ठसक की चाल।

***झमकोर**—[< हि० झमकना] *पु०* (हवा या झूले का) झकोरा।

झमना**—[अनु०] *क्रिअ०* १. झुकना। २. (पलकों का) झपकना। ३. झूमना। ***जैसे—भ्रमरों का कमलों पर झमना।

झमा**—[देशज] *पु०* (सिर का) चक्कर। ***जैसे—झमा खाकर गिरना।

झमाना[1]—[अनु०] *क्रिअ०* (पलकों को) झपकाना।

झमाना[2]—[< हि० झाम] *क्रिअ०* १. घेरना। छाना। २. एकत्र होना। इकट्ठा होना। *क्रिस०* एकत्र करना। इकट्ठा करना।

झम्प (झंप)—[स० झम् √पत् + ड] १. कुदान। कुलाँच। उछाल। २. बहुत जल्दी होनेवाली वृद्धि या उन्नति।

***झम्पना (झंपना)**—[< हि० झेंपना] *क्रिअ०* लज्जित होना। झेंपना।

झम्पा[1] (झंपा)[1]—[< हि० झाँपना] *स्त्री०* = झँपरी।

झम्पा[2] (झंपा)[2]—[देशज] *पु०* = १. झब्बा। (दे०) २. धान की बाल।

झम्पा[3] (झंपा)[3]—[≤ स० झम्प + टाप्] *स्त्री०* = झम्प।

झम्पापात (झंपापात)—[स० झम्पा ~ पात] किसी कामना की सिद्धि के लिए पर्वत-शिखर से कूद कर मरना।

***झम्ब (झंब)**—[< हि० झब] *पु०* समूह। गुच्छा।

***झम्भ (झंभ)**—[< हि० झम] *पु०* दीपकों की झमझमाहट या चमचमाहट।

झर[1]—[स० √झृ + अच्] *स्त्री०* १. निर्झर। झरना। २. वर्षा की झड़ी। २. समूह। झुंड। ३. बातचीत आदि का निरन्तर प्रवाह या झड़ी। ***जैसे***—वे दो घंटे तक बातों की झर लगाए रहे।

***झर**[2]—[< हि० झल, < स० ज्वाल] स्त्री० १. ज्वाला। लपट। २. ताप। दाह।

***झरकना**[1]—[< हि० झलकना] *क्रिअ०* झलकना। झिलमिलाना।

***झरकना**[2]—[< हि० झटकना] *क्रिस०* १. झटकना। २. झिड़कना। डपटना या तिरस्कार करना।

झरना[1]—[< स० झर] *पु०* १. प्राकृतिक रूप से बहनेवाली छोटी जल-धारा। स्रोत। सोता। २. ऊँचे स्थान से या पहाड़ आदि से नीचे गिरनेवाली जल-धारा। निर्झर। प्रपात। *क्रिअ०* १. ऊँचे स्थान से पानी आदि का नीचे गिरना। २. धीरे-धीरे टपकते रहना।

†झरना[1]—*क्रिअ०* ≤ *हि०* झड़ना। ***जैसे***—फूल झरना।

झरना[2]—[< हि० क्षरण] पु० १. बहने, चूने, टपकने या रिसने की क्रिया। क्षरण। २. अनाज छानने की बड़ी चलनी। चलना।

***झरनि**—[< हि० झरना] *स्त्री०* १. झरन। २. झड़ी।

†झरप[1]—[देशज] *स्त्री०* १. (पर्दे के लिए प्रयुक्त) चिक, या पर्दा।

२. (हवा का) झोंका। झकोरा। ३. वेग। तेज़ी।

झरप[२]—[< सं० झर] *पु०* किसी पदार्थ के स्पर्श का तीक्ष्ण प्रभाव जिसके कारण आँसू झरने लगते हैं। ***जैसे***—प्याज़ काटने पर उसकी झरपें लगती हैं; सरसों के शुद्ध तेल की झरपें बहुत तेज़ होती हैं।

†झरहरा—[< हि० झरना] *वि०* छोटे-छोटे छेदों वाला। जालीदार। झँझरा। ✣ **झरहरी**—*वि० (स्त्री०)*।

***झरहराना**[१]—[< हि० झरझराना] *क्रिअ०* शब्द करते हुए (खड़खड़ाते हुए) पत्तों का झरना/गिरना। *क्रिस०* पेड़ की शाखा हिलाकर पत्ते गिराना।

झरहराना[२]—[< सं० झल्ल] *क्रिअ०* क्रोध से जल उठना। झल्ला जाना।

***झरहरी**[१]—[< हि० झार, या < हि० झरहराना] *क्रिवि०* झल्लाकर।

†झरार—[< हि० झार] *वि०* (स्वाद में) चरपरा। ✣ **झरारी**[१]—*वि० (स्त्री०)* = चरपरी।

झरारी[२]—[< हि० झार] *स्त्री०* ज्वाला। लपट।

***झराहर**—[< सं० ज्वालाधर] *पु०* सूर्य।

झराँना—[< हि० झरना] *क्रिअ०* विलुप्त होना। अदृश्य/ग़ायब होना।

***झरिप/झरिफ**—*स्त्री० ≤ हि०* झरप[१]। चिक या पर्दा।

झरिया—[< हि० झरना] *वि०* झड़ी लगानेवाला। ***जैसे***—झरिया बादल।

***झरी**—[< हि० झरना] *स्त्री०* १. स्रोत। सोता। झरना। २. झड़ी। ३. दो वस्तुओं (पत्थरों आदि) के बीच में होनेवाला बहुत थोड़ा अवकाश। सन्धि। दरार।

झरोखा—[देशज] *पु०* १. दीवार में बनायी जाने वाली छोटी खिड़की। गवाक्ष। २. खिड़की।

झर्झर—[सं० √झर्झ् + अरन्] *पु०* १. झाँझ। मजीरा। २. ढोल। ३. पैर का एक आभूषण। झाँझन।

झर्झरिका—[सं० झर्झर + कन् + टाप्, इत्व] *स्त्री०* तारा नामक देवी। (प्राणि०) छलनी (चलनी) जैसी नासामूलीय अस्थि जो नासिका की गुहा को करोटि/खोपड़ी से अलग करती है और घ्राण तन्त्रिकाएँ इसके छिद्र में से जाती हैं। (अं० एथमॉइड)

झर्झरी—[सं० झर्झर + ङीष्] *स्त्री०* झाँझ/मजीरा।

झर्रा—[देशज] *पु०* बया (पक्षी)।

†झल—[< सं० ज्वाल] *पु०* १. ज्वाला। लपट। आग। २. ताप। दाह। जलन। ३. गन्ध या स्वाद की तीक्ष्णता। झाल। ४. प्रबल कामवासना। ५. प्रबल कामना। ६. क्रोध। ७. झक या सनक। ८. पागलपन। ९. समूह।

झलका—[< सं० √ज्वल्] *पु०* छाला। फफोला।

झलकी—[< हि० झलक] *स्त्री०* १. झलक। २. हास्य-व्यंग्य प्रधान बहुत छोटी नाटिका। ३. किसी कार्यक्रम आदि की कोई छोटी घटना जो उस कार्यक्रम के किसी पक्ष को प्रकट करती हो। ● **विशेष**—स्थिति या घटनाओं पर प्रकाश डालनेवाली छोटी-छोटी प्रमुख/मनोरंजक बातें '**झलकियाँ**' कहीं जाती हैं। ***जैसे***—हिन्दी सम्मेलन की झलकियाँ।

झलझल—[< सं० जाज्वल्य] *स्त्री०* (आभूषणों आदि की) चमचमाहट। चमक-दमक। *वि०* बहुत चमकता हुआ। जाज्वल्यमान। झलाझल। *क्रिवि०* १. चमकते हुए। झलाझल। २. तेज़ आभा से युक्त होकर। ***जैसे***—झलझल चमकते आभूषण।

झलना—[< हि० झलझल] *क्रिस०* १. पंखा आदि को हवा करने के लिए हिलाना-डुलाना। ***जैसे***—पंखा झलना। २. धातु आदि की चीज़ों का टाँके से जोड़ा जाना।

***झलनि**—[< हि० झिलम] *स्त्री०* कवच।

***झलमई**—[< सं० झल्लमयी] *वि०* ज्वालामय। अग्निमय।

झलमल—[< सं० √ज्वल्] *स्त्री०* १. दीप्ति। चमक। २. अँधेरे के बीच में अस्थिर हल्का प्रकाश। ***जैसे***—अँधेरी रात में तारों की झलमल। *वि०* १. झिलमिलाता हुआ। २. चमकीला।

***झलरना**—[देशज] *क्रिस०* झूलना।

†झलराना—[< झालर०] *क्रिअ०* १. बढ़ना। फैलना। २. हिलना। लहराना। *क्रिस०* १. झालर बनाना। २. झालर लगाना/टाँकना।

झलरी—[< सं० झल्लरी] *स्त्री०* १. हुडुक नामक वाद्य। २. झाँझ। मजीरा।

झलवाना—[< हि० झलना] *क्रिस०* (पंखा आदि) झलने या झलाने का काम दूसरे से करवाना।

झलहल—[< हि० झलाझल] *वि०* चमकीला। चमकदार। *क्रिवि०* झलझल।

***झलहलना**—[< हि० झलहल] *क्रिअ०* चमचमाना।

झलहाया—[< हि० झल] *वि०* १. ईर्ष्यालु। २. असहिष्णु। ३. झल/सनक वाला। सनकी। ✣ **झलहायी/झलहाई**—*वि० (स्त्री०)*।

झला[१]—[< सं० झर] *पु०* हल्की बर्षा।

†झला[२]—[< हि० झलना] *पु०* (झलने का) पंखा।

†झला[३]—[< हि० झार] १. राशि। ढेर। २. समूह। दल। झुंड।

झलाई—[< हि० झालना] *स्त्री०* १. धातुओं के दो टुकड़ों को तपाकर और पीटकर जोड़ना। झालना। (अं० वेल्डिंग) २. उक्त कार्य की मज़दूरी। ✣ **झलाईगर**—*पु०* = झलाई का काम करनेवाला।

झलाझली[१]—[< हि० झलना] *स्त्री०* हाथ के पंखे को झलना और झलवाना।

झलाझली[२]—[< हि० झलाझल] *स्त्री०* झलाझल होने की अवस्था/भाव। *वि०, क्रिवि०* झलाझल।

झल्ल—[सं० झर्झ् √ला + क] *पु०* १. ज्वाला। लपट। २. एक वाद्य। हुडुक। ३. भाँड़।

झल्लक—[सं० झल्ल + कन्] *पु०* १. करताल। २. झाँझ। मजीरा। ✣ **झल्लकी**—*स्त्री०*।

झल्लरा—[सं० √झर्च्छ् + अरन्, पृषो०] *स्त्री०* १. एक वाद्य। हुडुक। २. झाँझ। ३. स्वेद। पसीना। ४. घुँघराले बाल। ✣ **झल्लरी**[१]—*स्त्री०*। **झल्लरी**[२]—*स्त्री०* (संगीत) झालरी।

झल्ला[१]—[देशज] *पु०* १. बड़ा टोकरा। झाबा। २. तेज़ हवा के साथ

वर्षा। झंझा। ✣ **झल्ली**[१] — *स्त्री॰*। ● **विशेष**—झल्ली (बड़ा टोकरा) में बोझा रखकर ढोनेवाला पुरुष '**झल्लीवाला**' कहलाता है और स्त्री '**झल्लीवाली**'।

†**झल्ला**[२] —[< हि॰ झल] *वि॰* १. मन्दबुद्धि। २. पागल। ✣ **झल्ली**[२] — *वि॰* (स्त्री॰) = १. मन्दबुद्धि (स्त्री॰)। २. पागल (स्त्री॰)। ३. गप्पी (स्त्री॰)।

झल्ला[३] —[< हि॰ झाल] *वि॰* बहुत तरल या पतला। ***जैसे***—झल्ला आलू। ✣ **झल्ली**[३] — *वि॰ (स्त्री॰)*। ***जैसे***—झल्ली दाल।

*__झवर__—[< हि॰ झाँव-झाँव] *पु॰* झगड़ा। ✣ **झवारि**— *स्त्री॰* = झगड़ा।

झवा—[< हि॰ झबा] *पु॰* फुँदना। झबा। ✣ **झवेदार**— *वि॰* = झब्बेवाला। फुँदनेवाला।

झष—[स॰ √झष् + अच्] *पु॰* १. मीन। मछली। २. मकर। मगर। ३. मीन राशि। ४. मकर राशि। ✣ **झषनिकेत**— *पु॰* = जलाशय (सरोवर आदि)। ✣ **झषराज**— *पु॰* = १. मत्स्य। २. मकर। मगर।

झषकेतन, झषकेतु, झषध्वज—[स॰ झष ~ केतन/केतु/ध्वज] *पु॰* कामदेव।

झषांक—[स॰ झष ~ अङ्क] *पु॰* कामदेव।

झषोदरी—[स॰ झष ~ उदर + ङीष्] *स्त्री॰* (मछली के पेट से निकली) वेदव्यास की माता सत्यवती।

*__झहनना__—[< हि॰ झनझन] *क्रिअ॰* १. झंकार होना। झन्नाना। २. रोमांच होना। ३. स्तब्ध रह जाना। चकित होना। सकपकाना। *क्रिस॰* झहनाना।

*__झहनाना__—[< हि॰ झहनना] *क्रिस॰* १. झंकार करना। झनझन करना। २. ऐसा काम करना जिससे किसी के शरीर में रोमांच उत्पन्न हो। ३. ऐसा काम करना जिससे कोई स्तब्ध रह जाए या चकित हो जाए या सकपका जाए।

*__झहरना__—[देशज] *क्रिअ॰* १. 'झर-झर' शब्द होना। (***जैसे***—पत्तों का हवा से हिलने पर होने वाला या आग की लपट का शब्द होना)। २. शिथिल या दुःखी होना। ३. झल्लाना। ४. झुलसना।

*__झहराना__—[< हि॰ झहरना] *क्रिअ॰* १. पत्तों आदि का गिरना या झड़ना। २. झल्लाना। ३. अपमानित होना। *क्रिस॰* १. (किसी को) झहरने में प्रवृत्त करना। २. झकझोरना।

झँई—[< हि॰ झाँई] *स्त्री॰* १. धुँधलापन। २. छाया। ३. चमक। झिलमिलाहट।

†**झँकिया**—[< हि॰ झाँकना] *स्त्री॰* १. झरोखा। २. जाली। झँझरी।

*__झँगा, झँगुला__—[< हि॰ झगा] *पु॰* (छोटे बच्चों का) ढीला कुर्ता। झगा। झबला। ● **विशेष**—**'झँगा' को 'झँगुलिया/झँगुली/झँगूला/झँगूली/झँगोला/झिंगोला' भी कहते हैं।**

झँझरा—[< स॰ जर्जर] *वि॰* १. जिसमें अनेक छोटे-छोटे छेद हों। २. (कपड़ा) जो बहुत झीना हो। महीन। *पु॰* मिट्टी का बना ढक्कन जिससे उबलता हुआ दूध ढका जाता है ताकि उसके छेदों में से भाप निकलती रहे।

†**झँझरि**—[< स॰ जर्जर] *वि॰* १. जर्जर। पुराना या टूटा-फूटा। २. अनेक छेदों वाला। *स्त्री॰* १. छिद्र। छेद। सुराख़। २. जाली। ३. झरोखा। ४. झँझरी।

झँझरी—[< हि॰ झँझरा] *वि॰ (स्त्री॰)* १. झँझरा। (दे॰) २. जालीदार। *स्त्री॰* १. किसी वस्तु में पास-पास बने हुए बहुत से छोटे छिद्रों का समूह। जाली। २. जालीदार खिड़की/झरोखा। ३. छिद्र। छेद। ४. कटाव। ५.आटा छानने की चलनी।

*__झँझोटा__—[< हि॰ झँझोड़ना] *पु॰* झकझोरने की क्रिया।

*__झँझोटी__—[< हि॰ झँझोड़ना] *वि॰ (स्त्री॰)* झकझोरी हुई। झँझोड़ी हुई।

झँडूला—[< हि॰ झण्ड] *वि॰* १. (मुंडन न किए जाने से) जिस (शिशु) के सिर पर अभी गर्भ के बाल हों। २. (शिशु के सिर के बाल) जो मुंडन न होने के कारण गर्भ-काल के ही हों। ३. घनी शाखाओं और पत्तियों वाला (वृक्ष आदि)। ४. सघन। *पु॰* १. वह शिशु जिसके सिर पर अभी गर्भ-काल के बाल हों। २. शिशु के सिर के बाल जो गर्भ-काल से अभी तक हों। ३. सघन शाखाओं और पत्तियों वाला वृक्ष।

झँपरी—[< हि॰ झापना] *स्त्री॰* पालकी के ऊपर डाला जाने वाला कपड़ा। (पालकी का) ओहार।

झँपान—[< हि॰ झपना] *पु॰* पहाड़ों पर प्रयुक्त होनेवाली एक प्रकार की पालकी।

झँपोला—[< हि॰ झाँपा] *पु॰* १. छोटा झाँपा। २. छोटा और ढक्कनदार टोकरा। पिटारा। ✣ **झँपोलिया, झँपोली**— *स्त्री॰* = छोटा झँपोला।

झँवराना—[< हि॰ झाँवर] *क्रिअ॰* १. काला पड़ना। २. मुरझाना। कुम्हलाना। *क्रिस॰* १. कुछ-कुछ काला करना। २. मुरझाने में प्रवृत्त करना।

झँवाना—[< हि॰ झाँवा] *क्रिअ॰* १. कुछ कालापन आ जाना। २. मुरझाना। कुम्हलाना। ३. आग का धीमी होकर बुझने लगना। ४. घट जाना। ५. झाँवा से रगड़ा जाना। *क्रिस॰* १. (ताप आदि से) कुछ-कुछ काला कर देना। २. जलाकर या सुखाकर कुछ अंश कम कर देना। ३. आग को धीमा करके बुझने वाली कर देना। ४. झामा/झाँवा से रगड़ना। ५. ऐसा काम करना जिससे वस्तु कुम्हला जाए या मुरझा जाए। ६. (लाक्षणिक) लज्जित करना।

झाऊ—[< स॰ झावु] *पु॰* मोरपंखी की जाति का एक औषधोपयोगी पौधा जो रेतीले मैदानों में होता है।

*__झाझ__— *पु॰* ≤ *हि॰* जहाज़।

†**झाझा**—[< प्रा॰ झाय < स॰ हमात] *वि॰* जला हुआ। दग्ध।

झाट—[स॰ √झट् + घञ्] *पु॰* १. झाड़ी। २. लताओं आदि से घिरा स्थान। कुंज।

झाड़[१] —[< हि॰ झाड़ना] *स्त्री॰* १. झाड़ने की क्रिया/भाव। २. झाड़ने से निकली धूल आदि। झाड़न। २. मन्त्र से रोग, भूत-प्रेत-बाधा आदि दूर करने का काम। ३. डाँट। भर्त्सना। फटकार। ***जैसे***—देर से कार्यालय पहुँचने पर पड़ी झाड़। ***वा॰* (किसी को) झाड़**

डालना—डाँटना-फटकारना। **(किसी को) झाड़ देना**—१. क्रोध करना। २. डाँट देना। **झाड़ पड़ना**—डाँटा-फटकारा जाना। **(किसी की) झाड़ सहना**—(किसी का) क्रोध, डाँट या कठोर व्यवहार झेलना।

झाड़[२]—[< सं॰ झाट] *पु॰* १. पेड़ से छोटा तथा बहुत से तनों वाला, बहुशाखीय, काष्ठिल पौधा। ***जैसे***—करौंदे का झाड़। २. वृक्ष। पेड़। ३. किसी एक प्रकार की अनेक छोटी-बड़ी वस्तुओं का गुच्छा/लच्छा। ***वा॰* झाड़ का काँटा**—ऐसा झगड़ालू व्यक्ति जिससे उलझने पर पीछा छुड़ाना कठिन हो।

झाड़-झंखाड़—[हि॰] *पु॰* २. कँटीले पेड़ों/झाड़ियों का समूह। २. अनुपयोगी पेड़-पौधे। २. टूटी-फूटी और रद्दी वस्तुओं का ढेर।

झाड़-फ़ानूस—[हि॰ झाड़ + फा॰ फ़ानूस] *पु॰* शीशे का बना प्रकाश और सजावट का सामान जो छत से टाँगा जाता है और अनेक शाखाओं वाले दीपक आदि जलाने के लिए होता है।

झाड़ा—[< हि॰ झाड़ना] *पु॰* १. झाड़ने की क्रिया/भाव। २. (किसी के) पहने हुए वस्त्रों को झाड़कर या टटोलकर ली जाने वाली तलाशी। ३. मन्त्र आदि से की जाने वाली झाड़-फूँक।

झाड़ी—[< सं॰ झाट] *स्त्री॰* कँटिदार छोटा पौधा, जिसकी टहनियाँ परस्पर मिली हुई हों। झंखाड़। झाड़।

झाण—[< सं॰ ध्यान] *पु॰* (बौद्ध॰) ध्यान। ***जैसे***—झाण साधना।

झापना—[< प्रा॰ झंपण] *क्रिस॰* ढाँकना। ढँकना। झाँपना।

झाबर[१]—[देशज] *पु॰* कीचड़वाली या दलदली ज़मीन। खादर भूमि।

†झाबर[२]—[< हि॰ झाबा] *पु॰* बड़ा टोकरा। खाँचा।

झाबा—[< हि॰ झाँपना] *पु॰* १. बड़ा टोकरा। खाँचा। झाबर। २. चमड़े का कुप्पा जो पहले घी या तेल रखने या नापने के काम आता था। ३. छेदोंवाला बड़ा कलछा जिससे पूरियाँ या सेव कड़ाही से निकालते हैं। पौना। झार।

***झाम**—[देशज] *पु॰* १. छल। कपट। धोखेबाज़ी। २. समूह। गुच्छा। ३. झब्बा। ४. डाँट-फटकार। ५. घुड़की। ६. झलक।

झामक—[सं॰ √झम् + ण्वुल्] *पु॰* झामा। झाँवा।

झामर—[देशज] *पु॰* १. (स्त्रियों का) पैर में पहनने का एक आभूषण जो पायल की तरह का होता है। २. पतली झाँझन। एक प्रकार का पत्थर जिसपर शस्त्र तीखे किए जाते हैं। शाण। सिल्ली। ✣ **झामर-झूमर, झूमर-झामर**—*पु॰* = १. (स्त्रियों के) पैर का आभूषण झामर और सिर का आभूषण झूमर। २. नख से सिर तक का शृंगार। ३. आडम्बर। ढकोसला।

झामरा—[< सं॰ झामक] *वि॰* १. झामा के रंग का। झाँवला। साँवला। २. मलिन। ✣ **झामरी**—*वि॰ (स्त्री॰)* = साँवली या मलिन।

झामा—[< सं॰ झामक, तथा < प्रा॰ झाम] *पु॰* भट्ठे में अधिक पकने से जली हुई ईंट का टुकड़ा या छोटा खुरदरा पत्थर जो पैर आदि को रगड़कर साफ़ करने में काम आता है। झाँवा। *वि॰* झाँवला। साँवला या काला।

झामी—[< हि॰ झाम] *वि॰* धोखा देनेवाला। छली। कपटी। धोखेबाज़।

†झाय—[प्रा॰] *स्त्री॰* (गर्मी की ऋतु के ज्येष्ठ मास में) चलनेवाली तेज़ झोंकेदार गर्म हवा। झाँक। ● **विशेष**—झाय/झांक को प्रायः 'लू' कहा जाता है।

झार[१]—[< सं॰ ज्वाला] *स्त्री॰* १. अग्नि की लपट। ज्वाला। २. अग्नि-कण। चिनगारी। ३. ताप। जलन। ४. ईर्ष्या। डाह। ५. चरपरापन।

झार[२]—[< हि॰ सारा < सं॰ सर्व] *पु॰* समूह। झुंड। *वि॰* १. समस्त। सारा। २. जिसमें कुछ मिलावट न हो। शुद्ध। ख़ालिस। *क्रिवि॰* १. एकमात्र। केवल। २. पूरी तरह से। एकदम से।

झार[३]—[< हि॰ झरना] *पु॰* (सेव आदि) तलने का एक उपकरण जिसमें अनेक छेद होते हैं। पौना।

झार[४]—[< हि॰ झारि[२]] *स्त्री॰* वर्षा की झड़ी।

***झार**[५]—[< हि॰ झारि[१] < हि॰ झाड़ी] *स्त्री॰* झाड़ी।

***झारा**[१]—[< सं॰ ज्वाला] *पु॰* १. ईर्ष्या। जलन। डाह। २. दाह। ताप। जलन। ३. गर्मी।

†झारा[२]—[< हि॰ झारना < हि॰ झाड़ना] *पु॰* अनाज झाड़ने की क्रिया/भाव फटकने का एक उपकरण। सूप।

***झारि**[१]—[< हि॰ झाड़ी] *स्त्री॰* झाड़ी।

***झारि**[२]—[< हि॰ झरना] *स्त्री॰* १. सुराही। झारी। २. वर्षा की झड़ी या जलधारा। ३. अमचूर आदि से बना एक खट्टा और स्वादिष्ठ पेय।

***झारि**[३]—[< हि॰ झार] *वि॰* सम्पूर्ण। सब। *क्रिवि॰* निरन्तर। लगातार।

झारि[४]—[< हि॰ झारना] *क्रिवि॰* १. झाड़कर। पोंछकर। २. फेंककर। डालकर। ३. हिलाकर।

†झारी[१]—[< हि॰ झाड़ी] *स्त्री॰* झाड़ी।

झारी[२]—[< हि॰ झरना] *स्त्री॰* १. जल-पात्र। (सुराही आदि)। २. जलधारा।

***झारी**[३]—[< हि॰ झार] *स्त्री॰* समूह। *वि॰* सभी।

झाल[१]—[< सं॰ ज्वाल] *स्त्री॰* अग्नि की लपट। ज्वाला। लौ।

झाल[२]—[< सं॰ झालि] *स्त्री॰* १. स्वाद/गन्ध की तीव्रता। ***जैसे***—मिर्च की झाल। २. चरपरापन। ***जैसे***—आम के पने की झाल।

झाल[३]—[< हि॰ झालना] *स्त्री॰* १. दो धातु-खंडों को या धातु की वस्तुओं (बर्तन आदि) को टाँका लगाकर जोड़ना। २. टाँका लगा हुआ भाग।

झाल[४]—[< सं॰ झल्लक] *पु॰* एक वाद्य। बड़ी झाँझ।

झाल[५]—[< हि॰ झला] *स्त्री॰* १. (वर्षा की) झड़ी। २. बादलों के कारण होनेवाला अँधेरा।

झालरा—[< हि॰ झालर] *पु॰* गले में पहनने का हार। जो प्रायः चाँदी का बना होता है।

झालरी—[< हि॰ झालर] *वि॰ (स्त्री॰)* १. जिसमें झालर लगी हो। झालरदार। २. फूल-पत्तियों से युक्त। झलराई हुई।

झाला[१]—[देशज] *पु॰* १. मारवाड़, गुजरात इत्यादि में रहनेवाले क्षत्रियों का एक वंश। २. उक्त वंश का व्यक्ति।

झाला[२]—[देशज] *पु॰* बकवास। (संगीत॰) चिकारी के तार पर

निरन्तर आघात जिसकी गति बहुत तेज़ होती है। ● **विशेष**—'झाला' सितार-वादन के अन्त में बजाया जाता है।

झावट—[< हि॰ झार < झारि] *स्त्री॰* तेज़ हवा के साथ भारी वर्षा।

झावन—[देशज] *पु॰* एक प्रकार का बहुत ठोस इमारती पत्थर। ● **विशेष**—उक्त पत्थर अरावली पर्वत में अधिक मिलता है।

झाँई/झाँईं—[< प्रा॰ झाम < सं॰ ध्माम] *स्त्री॰* १. अंधकार। अँधेरा। २. प्रतिबिम्ब। छाया। परछाईं। ३. रक्त-दोष से मुँह पर पड़ने वाला काला धब्बा। ४. आभा। झलक। ५. मूर्छा। बेहोशी। ● **विशेष**—'झाँई' को कहीं-कहीं '**झाईं**' अथवा '**झाई**' भी कहते हैं। ***वा॰* झाँई आना**—आँखों के आगे अँधेरा छा जाना। **झाँई देना/बताना**—बातें बनाकर धोखा देना। **झाँई-माँई हो जाना**—१. छिप जाना। २. अदृश्य/लुप्त/ग़ायब/गुम हो जाना।

†झाँक[१]—[देशज] *स्त्री॰* १. अग्नि। आग। २. (गर्मी की ऋतु के) ज्येष्ठ मास में चलनेवाली तेज़ झोंकेदार और गर्म हवा। झाय। (दे॰ 'झाय' भी)

झाँक[२]—[< हि॰ झाँकना] *स्त्री॰* झाँकने की क्रिया/भाव। ***जैसे***—ताक-झाँक।

झाँकड़—[< प्रा॰ झंखर, या < हि॰ झंखाड़] *पु॰* १. कँटीली झाड़ी। २. करील के सूखे झाड़।

झाँख—[< सं॰ शम्बर] *पु॰* हिरन की एक जाति। साँभर। साबर मृग।

***झाँखना**—[देशज] *क्रिस॰* उपालम्भ देना। उलाहना देना। *क्रिअ॰* १. सन्ताप होना। २. साँस लेना। ३. झाँकना। ४. झींकना।

†झाँखर—[< हि॰ झाँकर] *पु॰* काँटेदार झाड़ियाँ। झंखाड़। *वि॰* १. झीनी बुनावट वाला। २. पेंदे में बहुत छेदों वाला। ✣ **झाँखर-झार**—*पु॰* = कँटीली झाड़ियाँ। झाड़-झंखाड़।

झाँगला—[< हि॰ झँगा] *वि॰* ढीला-ढाला। *पु॰* १. (बच्चे का) झगा। (दे॰) २. ढीला-ढाला कुर्ता। ✣ **†झाँगा**—*पु॰* = १. (बच्चों का) झगा २. ढीलाढाला कुर्ता।

***झाँचना**—*क्रिअ॰* झल्ला उठना।

झाँझ[१]—[< हि॰ झन-झन] *स्त्री॰* १. पीतल/काँसा के ढले हुए गोलाकार दो बड़े मँजीरे जिन्हें आपस में टकराकर बजाते हैं तो 'झन-झन' ध्वनि निकलती है। २. क्रोध। ३. नटखटपन। शरारत।

†झाँझ[२]—[< हि॰ झाँझन] *स्त्री॰* पैर में पहनने का एक आभूषण। झाँझन।

***झाँझड़ी**—[< हि॰ झँझरी] *स्त्री॰* छोटी झाँझी। (दे॰ झाँझी)

झाँझदार—[< हि॰ झाँझ] *वि॰* 'झन-झन' बजनेवाला।

झाँझन—[< हि॰ झन-झन] *स्त्री॰* (स्त्रियों का) पैरों में पहनने का एक आभूषण जो चलने पर 'झन-झन' बजता है। पैजनी। पायल।

झाँझर—[< सं॰ जर्जर] *वि॰* १. जर्जर। २. बहुत झीना/महीन(कपड़ा) ३. अनेक छोटे-छोटे छेदों वाला। ४. बहुत दुःखी। ✣ **झाँझरि**—*स्त्री॰*।

झाँझरी[१]—*स्त्री॰ ≤ हि॰* झाँझ (वाद्य)।

झाँझरी[२]—*स्त्री॰ ≤ हि॰* झाँझन (आभूषण)।

झाँझरी[३]—[< हि॰ झाँझर[२]] *वि॰ (स्त्री॰)* १. जर्जर। झाँझर। टूटा-फूटा।

झाँझरी[४]—[< हि॰ झरना] *स्त्री॰* निर्झर। झरना।

झाँझा[१]—[< हि॰ झाँझ] *पु॰* बड़ी झाँझ।

झाँझा[२]—[< हि॰ झाँय-झाँय] *पु॰* १. विवाद। तकरार। २. झंझट। बखेड़ा।

झाँझा[३]—[< हि॰ झँझरा] *पु॰* नमकीन सेव बनाने में प्रयुक्त एक उपकरण जिसमें बहुत छेद होते हैं। बड़ा पौना।

झाँझिया—[< हि॰ झाँझ] *पु॰* झाँझ बजानेवाला। झाँझवादक।

झाँझी—[< हि॰ झँझरी] *स्त्री॰* १. झँझरीवाली हाँडी में दीपक रखकर बालिकाओं का घर-घर गाते हुए जाने का उत्सव (जो आश्विन शुक्ला दशमी से पूर्णिमा तक होता है)। २. उक्त उत्सव के गीत। *वि॰* टूटी-फूटी। ***जैसे***—झाँझी कौड़ी। ✣ **झाँझी कौड़ी**—*स्त्री॰* = १. फूटी कौड़ी। २. व्यर्थ वस्तु।

***झाँवना**—[< हि॰ झामा] *क्रिस॰* झामा से रगड़ना (पैर आदि को स्वच्छ करने के लिए)।

झाँवर[१]/झाँवरा—[< हि॰ झामा] *वि॰* १. झाँव/झामा के रंग का। साँवला या काला। २. मलिन। मैला। धुँधला। ३. मुरझाया हुआ। कुम्हलाया हुआ। ४. शिथिल। मन्द। सुस्त। ✣ **झाँवरी**—*वि॰ (स्त्री॰)*

झाँवर[२]—[देशज] *पु॰* नीची भूमि जिसमें वर्षा का पानी अधिक जमा होता हो। ***जैसे***—धान के लिए झाँवर अच्छी होती है।

झाँवली—[< हि॰ साँई] *स्त्री॰* १. झलक २. (आँख की) कनखी। ***वा॰* झाँवली देना**—कनखी से संकेत करना। **झाँवली में आना**—छल-कपट या बहकावे में आना। धोखा खाना।

झाँवा/झाँवाँ—[< हि॰ झामा < सं॰ झामक] *पु॰* १. भट्ठे में अधिक पकने से जल गयी, काली पड़ी ईंट। २. उक्त ईंट का या पत्थर का खुरदरा टुकड़ा जिसे पैर आदि को रगड़कर साफ करने में प्रयुक्त किया जाता है। झामा।

झाँसा—[< प्रा॰ अज्झास < सं॰ अध्यास] *पु॰* १. किसी को छलपूर्ण या कपटपूर्ण बातों या युक्ति से बहकाकर दिया जाने वाला धोखा। छल। २. छलपूर्ण बात/युक्ति। ***वा॰* झाँसा देना**—१. बहकाना। २. धोखा देना। ३. बातचीत करके टाल देना। **झाँसे में आना**—छल-कपट या बहकावे में आना। धोखा खाना।

झिङ्गुला (झिंगुला)—[< हि॰ झगा, या देशज] *पु॰* = झगा। (दे॰) ✣ **झिङ्गुली (झिंगुली)**—*स्त्री॰*।

†झिञ्झरी (झिंझरी)—[< हि॰ झंझरी] *स्त्री॰* जालीदार खिड़की। झंझरी।

झिञ्झी (झिंझी)—[< प्रा॰ झिंगिर] *स्त्री॰* झींगुर। झिल्ली।

***झिन**—[< सं॰ क्षीण] *वि॰* १. क्षीण। जर्जर। २. सूक्ष्म। बारीक। झीना।

†झिनमिन—[हि॰ झिन + अनु॰ मिन] *स्त्री॰* छोटी-छोटी बूँदों की देर तक होनेवाली वर्षा। रिमझिम।

झिपझिप—[अनु॰] *वि॰* बार-बार बन्द होने वाली (आँखें)। *क्रिवि॰* बार-बार बन्द होकर।

झिपाना/झिँपाना (झिंपाना)—[हि॰ झेंपना] *क्रिस॰* लज्जित करना।

झिमिकना—[< हि॰ झिमझिम] *क्रिअ॰* (वर्षा आदि का) तेज़ होना। ✣ ***झिमिकि**—*क्रिवि॰* = तेज़ होकर।

झिरझिरा—[< हि॰ झिर-झिर] *वि॰* झीना। महीन। बारीक। ***जैसे***—झिरझिरा कपड़ा।

***झिरमिट**—[< हि॰ झुरमुट] *पु॰* घनी झाड़ियों का समूह।

†झिरी—[< हि॰ झरना] *स्त्री॰* १. बहुत छोटा छेद/सन्धि। दरार। २. वह गड्ढा जिसमें कहीं से पानी रिसकर आता हो या रिसकर कहीं जाता हो। ३. तुषार। पाला। ४. तुषार/पाला पड़ने से बिगड़ी फ़सल।

†झिरीं—[< हि॰ झिरी] *स्त्री॰* छोटा गड्ढा जिसे नाली का पानी रोकने के लिए बनाया जाता है।

झिलना[१]—[< हि॰ झेलना] *क्रिअ॰* १. झेला जाना। (विवशतापूर्वक) कष्ट सहन किया जाना। २. (बलपूर्वक) प्रवेश करना। घुस पड़ना। ३. तृप्त होना।

***झिलना[२]**—[देशज] *क्रिअ॰* १. हिलना। २. (किसी काम या बात में) लीन/तन्मय होना।

झिलम—[< हि॰ झिलमिला] *पु॰* युद्ध क्षेत्र में पहनने का लोहे का टोप। ● **विशेष**—'झिलम' को '**झिलमटोप**' भी कहते हैं।

झिलवाना—[हि॰ 'झेलना' का प्रेरणा॰] *क्रिस॰* झेलने का काम करवाना।

†झिली—[< हि॰ झिल्लि] *स्त्री॰* झींगुर।

†झिलँगा—[देशज] *वि॰* ढीली बुनावट वाला। ***जैसे***—झिलँगा खटिया। *पु॰* पुरानी और ढीली-ढाली बुनावट वाली खाट।

झिल्लि—[स॰ झिर् √लिश् + डि] *स्त्री॰* १. झींगुर। २. प्रकाश। ३. एक वाद्य।

झिल्लिका—[झिल्लि + कन् + टाप्] *स्त्री॰* १. झींगुर। झींगुर की झनकार। २. झिल्ली नामक कीड़ा। ३. झिल्ली की झनकार।

झिल्ली—[स॰ झिल्लि + ङीष्] *स्त्री॰* १. एक कीड़ा विशेष जो वर्षा-काल की रात्रियों में बहुत बोलता है। २. झींगुर नामक कीड़ा। ३. दीप्ति। ४. एक वाद्य। ५. किसी वस्तु के ऊपर लगा हुआ प्राकृतिक आवरण जो पतला और पारदर्शक होता है। ***जैसे***—फेफड़े के ऊपर की झिल्ली। फलों आदि के ऊपर का पतला छिलका। ६. एक प्रकार का बहुत पतला और पारदर्शक काग़ज़। ***जैसे***—पुस्तक पर झिल्ली का आवरण। ७. नेत्रों का एक रोग। जाला। ✣ **झिल्लीदार**—*वि॰* = जिस पर झिल्ली हो। झिल्लीवाला।

झिह्म—[< स॰ जिह्म] *पु॰* १. आलस्य। **उदा॰** (दे॰ नीचे) २. झूठ। **उदा॰** (दे॰ नीचे) ३. अज्ञानी। मूर्ख। ● **विशेष**—अर्थों का उदाहरण देखिए—झिह्म[१] भरे प्रति अंग पिय, झिह्म[२] सौंह कित खात। निपट झिह्म[३] का भोगिनी, प्रकट दुरैयत बात॥ —दयाराम सतसई (१८२)

†झीकना/झीखना— दे॰ झींकना/झींखना।

झिँपाना (झिंपाना)— दे॰ झिपाना।

***झीड़ना**—[< हि॰ झिलना] *क्रिअ॰* १. बलपूर्वक घुसना। २. धँसना।

***झीन**—[< फा॰ ज़ीन] *स्त्री॰* (घोड़े आदि की पीठ पर रखने की) ज़ीन।

झीना—[< हि॰ झीन[१]] *वि॰* १. दुबला-पतला। ***जैसे***—झीना शरीर। २. दुर्बल शरीर वाला। क्षीणकाय। ३. पतला। बारीक। महीन। ***जैसे***—झीना पर्दा। ४. (वस्त्र, ख़ाट आदि) जिसकी बुनावट घनी न होकर छितरी-छितरी हो। ***जैसे***—खाट की झीनी बुनाई मत करना। ५. छोटे-छोटे छिद्रों वाला। फटा-पुराना। ***जैसे***—झीना कम्बल। ६. मन्द। धीमा। कम। ***जैसे***—झीना दिमाग़।

झीनी—[< हि॰ झीन] *वि॰ (स्त्री॰)* 'झीना' का *स्त्री॰* रूप।

†झीम—[< हि॰ झूम] *स्त्री॰* नींद की झोंक में झूम जाना। झूम।

***झीमना**—[< हि॰ झूमना] *क्रिअ॰* १. झूमना। २. हवा के झोंके से इधर-उधर झुकना या झूमना। ३. ऊँघना।

झील—[< स॰ क्षीर] *स्त्री॰* एक बहुत बड़ी अन्तः स्थलीय और अप्रवाही जल-राशि। बहुत बड़ा तालाब। प्राकृतिक जलाशय।

†झीली[१]—[< हि॰ झिल्ली] *स्त्री॰* १. दूध, दही की मलाई। २. (आवरण जैसी) झिल्ली।

झीली[२]—[< हि॰ झील] *स्त्री॰* एक भारतीय चिड़िया जो बटेर के आकार की होती है तथा प्रायः दलदल में रहती है।

झींकना/झींखना (झींकना/झींखना)—[< प्रा॰ झंख] *क्रिअ॰* १. दुखड़ा रोना। दुःखी होना। २. कुढ़-कुढ़कर दुखड़ा रोना। *पु॰* उक्त प्रकार से कही गयी बात।

झींगा (झींगा)—[< स॰ चिङ्गट] *पु॰* एक प्रकार की छोटी मछली जिसके मुँह और पूँछ पर छोटे बाल होते हैं और जो नदियों तथा तालाबों पर पायी जाती है।

झींगुर—[< प्रा॰ झिंगिर] *पु॰* एक छोटा कीड़ा जो अँधेरे स्थान में, जहाँ नमी होती है, रहता है और उछलकर चलता है।

***झीं-झीं (झीं-झीं)**—[< हि॰ झीनी] *वि॰* १. अति क्षीण। २. अति सूक्ष्म।

झींसी (झींसी)—[< हि॰ झीनी] *स्त्री॰* फुहार। बूँदा-बाँदी।

झुकमुंक—[< हि॰ झुकामुकी] *वि॰* अस्पष्ट। धूमिल। धुँधला। *पु॰* झुटपुटा। ● **विशेष**—'झुकमुक' को कहीं-कहीं '**झुकमुख**' भी कहा जाता है।

***झुकरना**—[< हि॰ झोंक] *क्रिअ॰* १. झुँझलाना। २. क्रुद्ध होना।

†झुकरा[१]—[< हि॰ झोंक] *वि॰* झोंका लेता हुआ। इधर-उधर हिलता हुआ।

***झुकरा[२]**—[< हि॰ झुकना] *वि॰* झुका हुआ।

***झुकराना**—[< हि॰ झोंका] *क्रिअ॰* हवा से या वेग के कारण इधर-उधर झुकना या झोंके खाना।

झुकामुकी—[देशज] *स्त्री॰* अत्यन्त प्रातःकाल का समय जब कुछ अँधेरा और कुछ प्रकाश होता है। झुटपुटा। ● **विशेष**—'झुकामुकी' को कहीं-कहीं 'झुकामुखी' भी कहा जाता है।

झुकाव—[< हि॰ झुकना] १. झुकने की क्रिया/भाव। २. नति। ***जैसे***—सिर का झुकाव। ३. प्रवृत्ति। ***जैसे***—धर्म की ओर झुकाव।

झुग्गी—[देशज] *स्त्री॰* झोंपड़ी।

***झुझकना**—[देशज] *क्रिअ॰* झुँझलाना।

***झुझकाना**—[< हि॰ झुझकना] *क्रिस॰* १. भड़काना। २. झुझकावना।

***झुझकावना**—[< हि॰ झुझकना] *क्रिस॰* १. युद्ध करने में प्रवृत्त

करना। जुझाना। २. आक्रमण के लिए प्रेरित करना।

***झुझाऊ**—[< हि॰ जूझना] *वि॰* युद्ध-सम्बन्धी। युद्ध का। जुझारू। *जैसे*—झुझाऊ बाजा।

झुटपुटा—[अनु॰] *पु॰* सूर्योदय से पहले का और सूर्यास्त के बाद का वह समय जब कुछ अँधेरा होने के कारण प्रकाश धुँधला रहता है। झुकामुकी।

झुटुङ्ग (झुटुंग)—[< हि॰ झोंटा] *वि॰* झोंटेवाला/जटाधारी।

झुट्ठल—[< हि॰ झूठ] *वि॰* झूठा। *क्रिवि॰* १. झूठ ही। २. झूठ-मूठ।

***झुणि**—[प्रा॰, < स॰ ध्वनि] *स्त्री॰* ध्वनि। आवाज़।

***झुण्डल (झुंडल)**—[देशज] *वि॰* घुँघराले (बाल)।

झुनक—[< हि॰ झनक] *स्त्री॰* १. 'झन-झन' शब्द। २. नूपुरों/घुँघरुओं के बजने का शब्द। ✣ **झुनक-झुनक**—*स्त्री॰* = 'झुनक' ध्वनि की आवृत्ति। झनक-झनक। *क्रिवि॰* = 'झुन-झुन' या 'झुनक-झुनक' की ध्वनि उत्पन्न करते हुए।

झुनझुनियाँ—[< हि॰ झुनझुनाना] *स्त्री॰* १. (बच्चों का) पैरों में पहनने का एक आभूषण जो झुनझुन शब्द करता है। छोटी पायल। २. (अपराधियों के) पैरों में बाँधने की ज़ंजीर या बेड़ी।

झुबझुबी—[अनु॰] *स्त्री॰* (स्त्रियों का) कानों में पहनने का एक आभूषण। ● **विशेष**—कहीं-कहीं इसे '**झुपझुपी**' कहा जाता है।

झुमका—[< हि॰ झूमना] *पु॰* १. (स्त्रियों का) कान में पहनने का एक आभूषण जो छोटी-सी कटोरी के आकार का होता है और लटकता रहता है। २.एक पौधा जिसमें उक्त आकार के फूल होते हैं। ३. उक्त पौधे का फूल। ४. (उक्त फूल के आकार का) गुच्छा या झब्बा।

झुमाना—[हि॰ 'झूमना' का प्रेरणा॰] *क्रिस॰* (किसी को) झूमने में प्रवृत्त करना। *जैसे*—तुमने उसे शराब पिला-पिला कर बहुत झुमाया।

झुरकुट—[< प्रा॰ झूर (= सूखना)] *वि॰* सूखा हुआ। २. दुबला-पतला।

झुरझुरी—[अनु॰] *स्त्री॰* ज्वर या भय से होनेवाली हल्की कँपकँपी।

झुरना[१]—[< प्रा॰ झूर (= सूखना)] *क्रिअ॰* १. सूखना। २. मुरझाना। कुम्हलाना।

झुरना[२]—[< प्रा॰ झूर (= स्मरण करना)] *क्रिस॰* १. स्मरण करना। याद करना। २. चिन्तन करना। विचारना। *क्रिअ॰* १. चिन्तित रहना। २. चिन्ता से दुर्बल होना।

झुरमुट—[< स॰ झुण्ट] *पु॰* १. घनी झाड़ियों का समूह। २. पास-पास उगे हुए पेड़ जिनकी शाखाएँ मिलकर कुंज-सा बना रही हों।

†**झुरवन/झुरावन**—[< हि॰ झुरना/झुरवना] *स्त्री॰* १. झुरने की अवस्था/क्रिया/भाव। झुरावन। २. चिन्ता आदि के कारण सूख जाना या फूल आदि का मुरझा जाना। ३. किसी वस्तु के सूखने के कारण उसकी तौल में होनेवाली कमी।

***झुरवना**—[< हि॰ झुरना] *क्रिअ॰* १. स्मरण करना। याद करना। २. चिन्तन करना। विचारना। ३. सूखना। ४. मुरझाना। कुम्हलाना।

***झुरवाना**—[< हि॰ झुरवना] १. स्मरण कराना। २. चिन्तन करवाना। ३. सुखाना। ४. किसी को मुरझाने या कुम्हला देने वाला काम करना।

झुराना[१]—[< हि॰ झुरना[१]] *क्रिअ॰* १. किसी को सूखने में प्रवृत्त करना। ऐसी क्रिया करना जिससे कोई वस्तु आदि सूखने लगे। २. सूखना। ३. दुःख से घबड़ा जाना। *क्रिस॰* सुखाना।

झुराना[२]—[< हि॰ झुरना[२]] *क्रिस॰* १. किसी को चिन्तित कर देने वाला काम करना। २. किसी को चिन्ता से दुर्बल करनेवाला काम करना।

झुर्री—[< हि॰ झुरना] *स्त्री॰* १. वृद्धावस्था या दुर्बलता के कारण मनुष्य की त्वचा पर पड़नेवाली रेखा/सिकुड़न/सिलवट/शिकन। *जैसे*—वृद्ध के शरीर की झुर्रियाँ। २. किसी वस्तु के सूखने पर उसके ऊपरी तल पर पड़नेवाली रेखाएँ। *जैसे*—आम पर पड़ी झुर्रियाँ।

झुलझुली—[< देशज] *स्त्री॰* (स्त्रियों का) कान में पहनने का एक आभूषण जो पत्ता जैसे आकार का होता है।

***झुलमुला**—*वि॰*≤ *हि॰* झिलमिला। (दे॰) ✣ **झुलमुलाना**—*क्रिअ॰* = झिलमिलाना। (दे॰) ✣ **झुलमुली**—*वि॰* = झिलमिलानेवाली। *क्रिवि॰* = झिलमिलाती हुई। *स्त्री॰* १. झालर। २. (स्त्रियों का) एक आभूषण जो कान में पहना जाता है। झुमका।

झुलवाना—[हि॰ 'झुलाना' का प्रेरणा॰] *क्रिस॰* झुलाने का काम किसी से कराना। *जैसे*—बच्चे के झूले को नौकर से झुलवाया।

झुलसन—[< हि॰ झुलसना] *स्त्री॰* १. झुलसने की क्रिया/भाव। २. झुलसा हुआ होने की अवस्था/भाव। दग्धता। ३. शरीर को झुलसानेवाली गर्मी। दाहकता।

झुलैया—[< हि॰ झूलना] *वि॰, पु॰* झूलनेवाला। *जैसे*—झूलो कृष्ण झुलैया।

झुँकवाना—[हि॰ झोंकना का प्रेरणा॰] *क्रिअ॰* झोंकने का काम किसी अन्य से कराना। ✣ **झुँकाई/झुँकवाई**—*स्त्री॰* = झोंकने की क्रिया/भाव/मज़दूरी।

†**झुँझना**—[< हि॰, झुनझुना] *पु॰* घर में गाए जाने वाले गीत जिनमें नवजात शिशु के झुनझुना बजाने आदि का वर्णन होता है।

झुँझलाना—[अनु॰] *क्रिअ॰* १. खीजना। चिढ़ना। २. अप्रसन्नता/असहमति/असन्तोष प्रकट करते हुए कुछ क्रोध के साथ बोलना। चिड़चिड़ाना। ✣ **झुँझलाहट**—*स्त्री॰* = १. झुँझलाने की क्रिया/अवस्था/भाव। झूँझल। २. खीज। चिढ़। ३. चिड़चिड़ाहट।

झूखना—[देशज] *क्रिअ॰* दुःखी होना। सन्तप्त होना।

***झूना**[१]—[< स॰ जीर्ण] *वि॰* वृद्ध। अनुभवी।

***झूना**[२]—[< हि॰ झीना] *वि॰* महीन। झीना।

झूमक—[< हि॰ झूमना] *पु॰* १. ग्रामों में प्रचलित एक नृत्य जिसमें स्त्रियों के दल भाग लेते हैं। झूमर। २. उक्त झूमर नृत्य के साथ गाए जाने वाले गीत। ३. मांगलिक अवसरों पर गाए जाने वाले एक प्रकार के गीत। ४. साड़ी अथवा दुपट्टे के शिरोभाग पर टाँका हुआ मोतियों आदि का गुच्छा। ५. (स्त्रियों का) कान का एक आभूषण। झुमका। ✣ **झूमक साड़ी**—*स्त्री॰* = झूमक से युक्त साड़ी।

†झूमड़-झामड़—[< हि॰ झूमना + अनु॰] *पु॰* व्यर्थ की बात। आडम्बर। पाखंड।

झूमर—[< हि॰ झूमना] *पु॰* १. (स्त्रियों का) एक आभूषण जो माथे पर दायीं-बायीं ओर पहना जाता है। २. ग्रामीण स्त्रियों का एक प्रकार का नृत्य जिसमें उनके दल झूमते हुए नाचते हैं। ३. उक्त नृत्य के साथ गाए जाने वाले गीत। ४. विवाह आदि में गाए जाने वाले गीतों का एक प्रकार। ५. होली के अवसर पर गाए जाने वाले एक प्रकार के गीत। (संगीत॰) झूमरा नामक ताल।

झूमरा—[< हि॰ झूमर] *पु॰* चौदह मात्राओं की एक ताल।

†झूरना[1]—[< हि॰ झुरना] *क्रिअ॰* १. झुरना। (दे॰) २. सूखना। ३. दुर्बल होना। ४. पछताना। ५. दु:खी होना। *क्रिस॰* १. झाड़ना। २. कूटना।

झूरना[2]—[< प्रा॰ झूरइ] *क्रिस॰* स्मरण करना।

झूरा—[< हि॰ झूर] *पु॰* १. वर्षा न होना। अवर्षण। अकाल। सूखा। ***जैसे***—झूरा पड़ने से मनुष्यों और पशुओं का भूखा मरना। २. अभाव। कमी।

***झूरि**—[< हि॰ झूर] *स्त्री॰* दाह। जलन।

झूरी—[< हि॰ झूर] *वि॰* सूखी।

†झूरै—[< हि॰ झूर[1]] *क्रिवि॰* १. निष्प्रयोजन। व्यर्थ। २. बिना किसी सामग्री/साधन के। ख़ाली। झूठ-मूठ।

***झेकरैं (झेकरें)**—[देशज] सर्व॰ जिसके।

***झेतस**—[देशज] *स्त्री॰* शीघ्रता।

***झेर**—[देशज] *स्त्री॰* १. विलम्ब। देर। २. झंझट। बखेड़ा। ३. झगड़ा। ४. उलझन। ५. प्रेम की लहर। ✣ **झेरा**—*पु॰* = झेर।

झेल—[< हि॰ झेलना] *स्त्री॰* १. झेलने की क्रिया/भाव। २. हल्का आघात/धक्का। ३. बिलम्ब। देर।

झेलनी—[< हि॰ झेलना] *स्त्री॰* चाँदी/सोने की ज़ंजीर जिसका एक सिरा आभूषण का भार सँभालने के लिए उसमें लगा रहता है और दूसरा सिरा केशों आदि में अटकाया जाता है। ***जैसे***—नथ की झेलनी।

***झेला**—[देशज] *पु॰* छोटा हार। छोटी माला।

झोटिङ्ग (झोटिंग)—[< हि॰ झोंटा] *वि॰* १. जिसके सिर पर लम्बे केश हों। *पु॰* झोंटा।

झोपड़ा/झोपड़ी—*दे॰* क्रमशः झोंपड़ा, झोंपड़ी।

झोर—[देशज] *पु॰* झगड़ा।

***झोरा-झोरी**—[< हि॰ झोर + अनु॰] *स्त्री॰* झपटा-झपटी।

***झोरी**—[देशज] *स्त्री॰* = एक प्रकार की रोटी।

झोल[1]—[< हि॰ झूलना] *स्त्री॰* १. ताने गए कपड़े का ढीला-ढाला भाग। ***जैसे***—शामियाने की झोल। २. कटाई, सिलाई इत्यादि के दोष से पहनने के वस्त्र का ढीला-ढाला अंश। ***जैसे***—कोट की झोल। ३. साड़ी आदि का अंचल/पल्ला। सिरा। *पु॰* १. सब्ज़ी आदि का रसा/शोरबा। २. आम, इमली आदि से तैयार एक पेय। ३. (पके चावल का) माँड़। ४. दोष। कमी। ५. भूल। चूक। ६. धोखा या झंझट की बात। ✣ **झोल-झाल**—*पु॰* = १. वस्त्र की झोल। २. व्यर्थ वस्तु/बात। *वि॰* १. ढीला-ढाला। २. व्यर्थ। निस्सार। ३. बुरा। ✣ **झोलदार**—*वि॰* = १. जिसमें झोल पड़ती हो (ऐसा वस्त्र)। २. जिसमें रसा हो (ऐसी सब्जी)। रसयुक्त। रसेदार।

***झोल[2]**—[< हि॰ झाल < स॰ ज्वाल] १. दाह। जलन। २. भस्म। राख।

झौंकिया (झोंकिया)—[< हि॰ झोंकना] *पु॰* १. झोंकने के काम पर नियुक्त सेवक। २. भाड़ आदि में ईंधन झोंकनेवाला व्यक्ति।

†झौंखरी (झोंखरी)—[अवधी] *स्त्री॰* गन्दे बालों वाली स्त्री।

†झौंझ (झोंझ)—[देशज] *पु॰* १. (पक्षी का) घोंसला। २. कुछ पक्षियों के गले में लटकनेवाली मांस की थैली। ***जैसे***—गिद्ध पक्षी का झोंझ। ३. उदर। पेट।

झौंट (झोंट)—[< स॰ झुण्ट] *पु॰* १. झाड़ियों का समूह। २. समूह। झुंड।

झौंटा[1] (झोंटी)—[< स॰ जूट] *पु॰* सिर के लम्बे केशों का समूह। ✣ **झौंटी (झोंटी)**—*स्त्री॰*।

झौंटा[2] (झोंटा)—[< हि॰ झोंका] *पु॰* (झूले का) पेंग। ✣ **झौंटा-झौंटी (झोंटा-झोंटी)**—*स्त्री॰* = ऐसी लड़ाई जिसमें परस्पर केश पकड़कर खींचते हों। ✣ **झौंटी-झौंटा (झोंटी-झोंटा)**—*पु॰* = झोंटा-झोंटी।

झौंपड़ा (झोंपड़ा)—[< देशी प्रा॰ झुंपडा] *पु॰* घास-फूस से छाया हुआ छोटा कच्चा घर। तृणों से बना घर या कमरा। तृण-कुटीर। पर्णशाला। ∇ **विलोम**—महल।

झौंपा (झोंपा)—[< हि॰ झब्बा] *पु॰* १. झब्बा। फुँदना। २. गुच्छा।

***झौंसना (झोंसना)**—[< हि॰ झुलसना] *क्रिअ॰* झुलसाना। *क्रिस॰* झुलसना।

झौआ—[< हि॰ झावा] *पु॰* मिट्टी आदि ढोने का खाँचा।

†झौड़—[< हि॰ झगड़ा] *स्त्री॰* १. लड़ाई-झगड़ा। २. डाँट-फटकार। ३. बहस। ४. झंझट। बखेड़ा।

झौनी[1]—[देशज] *स्त्री॰* टोकरी। डलिया।

झौनी[2]—[< हि॰ झौआ] *स्त्री॰* छोटा झौआ। छोटा खाँचा।

†झौर[1]—[< हि॰ झूमर] *पु॰* स्त्रियों का सिर पर पहनने का एक अर्धचन्द्राकार आभूषण। झूमर।

†झौर[2]—[देशज] *पु॰* १. समूह। झुंड। २. (फलों आदि का) गुच्छा। ३. सूत आदि का झब्बा। ४. वृक्षों का समूह या कुंज।

†झौरना[1]—[< हि॰ झौर[2]] *क्रिस॰* समूह/झुंड बनाना।

***झौरना[2]**—[< प्रा॰ झोडण] *क्रिस॰* १. दबाने के लिए झपटकर पकड़ना। २. दबोचना।

†झौरना[3]—[देशज] *क्रिअ॰* हिलना।

झौरि[1]—[< हि॰ झौर] *स्त्री॰* १. समूह। झुंड। २. झौर[1]।

***झौरि[2]**—[< हि॰ झौर[2]] स्त्री॰ १. झौड़। झगड़ा। २. डाँट-फटकार। ३. बहस। झंझट। बखेड़ा।

***झौरे**—[ब्रज॰ < हि॰ धौरे] *क्रिवि॰* १. समीप। निकट। पास। २. संग। साथ।

झौंगी (झौंगी)—[देशज] *वि॰* बहुत ढीली और स्थान-स्थान पर टूटी बुनाई वाली (खाट)।

देवनागरी वर्णमाला में चवर्ग का पाँचवाँ (अन्तिम) वर्ण। (भाषाविज्ञान की दृष्टि से) यह तालव्य, स्पर्श, घोष, अल्पप्राण तथा नासिक्य व्यंजन है। ● **विशेष**—१. 'ञ' से हिन्दी शब्दों का आरम्भ या अन्त नहीं होता। परन्तु यह महत्त्वपूर्ण ध्वनि है और अनेक भाषाओं में इसका प्रचुर प्रयोग होता है और हिन्दी शब्दों में, बीच में, 'ञ्' प्रयुक्त होता है। २. चवर्ग के व्यंजनों से पूर्व आकर 'ञ्' उनसे संयुक्त अक्षर बनाता है (***जैसे***—चञ्चल, वाञ्छा, रञ्जन, सञ्ज्ञा इत्यादि)। 'ञ्ञ' व्यंजन-गुच्छ वाले शब्द नहीं हैं। ३. ज् और ञ का संयुक्त रूप '**ज्ञ**', '**ज्ञ**' (अज्ञ, ज्ञान, विज्ञापन) लिखा जाता है। ४. '**ज्ञ**' (**अर्थात्** '**ज्ञ**') का अशुद्ध उच्चारण हिन्दीभाषी प्राय: 'ग्य' करते हैं। उदाहरणार्थ, 'ज्ञान' का शुद्ध उच्चारण 'ज्ञान' होना चाहिए परन्तु शताब्दियों से इसे 'ग्यान' बोला जाता रहा है। ५. 'ञ' के स्थान पर प्राय: अनुस्वार जैसी बिन्दी का प्रयोग सुविधा के लिए प्रचलित है (***जैसे***—चंचल, वांछा, रंजन, संज्ञा इत्यादि में) परन्तु इसे अनुस्वार समझने का भ्रम हो सकता है।

ञ—*पु॰* १. शुक्र। २. वृष। बैल। ३. संगीत। गायन। ४. टेढ़ी-मेढ़ी चाल। ५. घर्घर शब्द।

ञकार—[स॰ ञ + कार] *पु॰* 'ञ' वर्ण या उसकी ध्वनि। ***जैसे***—'सञ्जय' तथा 'वाञ्छा' में ञकार है परन्तु 'रमण' और 'कण्ठ' में नहीं।

ट

देवनागरी वर्णमाला में टवर्ग का प्रथम वर्ण। (भाषाविज्ञान की दृष्टि से) यह मूर्धन्य, स्पर्श, अघोष तथा अल्पप्राण व्यंजन है। ● **विशेष—१.** 'ट' 'वर्ण' के बाद आकर गुच्छ बनाने वाले व्यंजनों में प्राय: 'ट्', 'ठ्', 'य', 'र' और 'स' ही आते हैं और उन्हें 'सट्टा, लट्ठा, नाट्य, राष्ट्र, नोट्स' के समान लिखा जाता है। 'ट्र' (ट् + र) विशेष ध्यान देने योग्य है। **२.** 'ट' से पहले आकर गुच्छ बनाने वाले व्यंजनों में प्राय: 'क', 'ट', 'ण', 'र', 'ल', 'ष' और 'स' आते हैं और उन्हें 'ऐक्ट, पट्ट, चण्ट/चंट, शर्ट, बेल्ट, कष्ट, पोस्ट' के समान लिखा जाता है। **३.** 'ट्' के बाद 'स' और 'ट्' से पहले 'क्', 'र्' और 'स्' अँग्रेज़ी आदि से आगत शब्दों में ही जुड़ते हैं। इनमें 'र' का शिरोरेखा के ऊपर **रेफ** के रूप में रहना ध्यान देने योग्य है (थर्ड, बर्ड)।

ट—[सं० √टल् + ड] *पु०* १. धनुष की टंकार। २. पृथ्वी। ३. शपथ। क़सम। ४. (किसी वस्तु का) चौथा भाग। चतुर्थांश। ५. नारियल का खोपड़ा। ६. वामन। बौना। ७. शब्द। ध्वनि। आवाज़।

***टई**[१]—[< सं० √तय्] *स्त्री०* १. चाल। २. चालाकी। २. बाधा।

†टई[२]—[< हिं० तही (= तह की हुई)] *स्त्री०* एक पर एक रखी वस्तुओं का ढेर। थाक। तह।

टक-टक[२]—[अनु०] *स्त्री०* १. घड़ी के चलने की आवाज़। टिक-टिक। २. (बन्दूक़ की) गोली चलने की आवाज़।

टकटकी—[< हिं० टक] *स्त्री०* ऐसी दृष्टि जिसमें देर तक पलक न गिरे। निर्निमेष दृष्टि। ***वा०* टकटकी बँधना/लगना**—दृष्टि स्थिर होना। निर्निमेष देखना। **टकटकी बाँधकर देखना, टकटकी बाँधना**—निर्निमेष देखना।

टकसाल—[< सं० टङ्कशाला] *स्त्री०* १. सिक्के ढालने और मुद्रांकित करने का स्थान। २. (लाक्षणिक) किसी प्रकार की मानक वस्तुएँ तैयार करने का स्थान। ***वा०* टकसाल का खोटा**—जन्म से ही बुरा व्यक्ति। **टकसाल चढ़ना**—किसी व्यक्ति/वस्तु का ऐसे स्थान पर पहुँचना जहाँ उसके अच्छे-बुरे होने की परीक्षा हो। **टकसाल बाहर**—१. खोटा सिक्का। २. (वस्तु/बात) जो प्रामाणिक/स्तरीय/मानक न हो। ✣ **टकसाली**—*वि०* = १. टकसाल-सम्बन्धी। टकसाल का। २. टकसाल में बना हुआ। ***जैसे***—टकसाली सिक्का। ३. निर्दोष, ठीक और मान्य। ४. प्रामाणिक। *पु०* = (मध्ययुगीन भारत में) टकसाल का प्रधान अधिकारी या सिक्के ढालने वाले विभाग का अध्यक्ष। ✣ **टकसाली बात**—*स्त्री०* = प्रामाणिक बात। पक्की बात। ✣ **टकसाली भाषा**—*स्त्री०* = किसी भाषा का मान्य/मानक रूप। परिनिष्ठित आदर्श भाषा।

टकहाया—[< हिं० टका] *वि०* १. एक टका मूल्य वाला। २. टके-टके पर बिकनेवाला। ३. बहुत तुच्छ। Δ **पर्याय**—टकाहा। ✣ **टकहायी**—*वि० (स्त्री०)*।

टका—[< सं० टङ्क] *पु०* १. (प्राचीन काल में प्रचलित) चाँदी का एक सिक्का। (प्राचीन काल का) चाँदी का रुपया। २. (अँग्रेजी शासन-काल में प्रचलित) ताँबे का एक सिक्का। दो पैसा। अधन्ना। ३. धन। रुपया-पैसा। ***जैसे***—टके की महिमा सर्वत्र देखिए। ४. तोल का एक माप। तीन तोला। ***वा०* टका पास न होना**—अति निर्धन होना। **टका-भर**—१. (भार/तोल में) बहुत थोड़ा। २. थोड़ा-सा। ज़रा-सा। **टका-सा**—तिरस्कारपूर्ण। **टका-सा जवाब देना**—तत्काल स्पष्ट मना कर देना। **टका-सा मुँह लेकर रह जाना**—१. लज्जित या उदास हो जाना। २. खिसिया कर रह जाना। **टका-सी ज़बान हिलाना**—१. स्पष्ट मना कर देना। २. तत्काल मना कर देना। **टका सीधा करना**—धन कमाना। **टके का आदमी**—बहुत साधारण/तुच्छ मनुष्य। **लाख टके की**—१. अति महत्त्वपूर्ण, अति उपयोगी या अति रहस्यपूर्ण (बात/वस्तु) २. अति मूल्यवान् (वस्तु आदि)।

टकार—[सं०] *पु०* 'ट' वर्ण या उसकी ध्वनि। ***जैसे***—'सम्राट्' शब्द के अन्त में टकार है और 'बाट' शब्द के अन्त में अकार।

टकी—[< हिं० टक] *स्त्री०* निर्निमेष दृष्टि। टकटकी।

टकुआ—[< सं० तर्कुक] *पु०* १. चरखे का तकुला। २. कोई छोटा और टेढ़ा उपकरण। ***जैसे***—चर्मकार का टकुआ। ✣ **टकुई/टकुली**—*स्त्री०* = १. छोटा तकुला। २. छोटा टकुआ। ३. पत्थर काटने की छेनी।

***टकोर**—[< सं० टङ्कार] *स्त्री०* १. (धनुष की) टंकार।

†टकोरना—[< हिं० टकोर] *क्रिस०* १. हल्का आघात करना। २. मन को आघात/ठेस पहुँचाना। ४. शरीर के सूजे हुए अंग पर पोटली से हलका सेंक करना।

***टकोरा**—*पु०* ≤ *हिं०* टकोर।

टकौरी—[< सं० टङ्क] *स्त्री०* सोना-चाँदी आदि तौलने की पुरानी रीति की एक तुला/तराजू/काँटा।

टक्क—[√टक् + कक्, पृषो०] *पु०* १. (प्राचीन काल में) पंजाब के एक प्रदेश का नाम। वाहीक देश। २. वाहीक जाति का मनुष्य। ३. कंजूस व्यक्ति। कृपण। ✣ **टक्कदेशीय**—*वि०* = १. टक्क देश से सम्बन्धित। टक्क देश का। २. टक्क देश में होनेवाला।

टगण—[सं॰ ट ~ गण] *पु॰* (छन्द॰) ६ मात्राओं के गण।

*__टगना__—[देशज] *क्रि॰अ॰* विचलित होना।

टङ्क[1] (टंक[1])—[सं॰ √टङ्क + घञ्/अच्] *पु॰* १. (प्राचीन भारत की) एक तोल जो लगभग ४ माशे के बराबर होती थी, अथवा चार माशे की माप का एक बाट। २. (प्राचीन भारत का) चाँदी का एक सिक्का। ३. पत्थर काटने और गढ़ने की छेनी। ४. कुल्हाड़ी। ५. कुदाल। फावड़ा। ६. तलवार या उसकी म्यान। ७. टाँग। ८. अहंकार या क्रोध।

टङ्क[2] (टंक[2])—[प्रा॰] *पु॰* १. पानी रखने का बड़ा बर्तन। गंगाल। २. बड़ा बर्तन। ३. (पानी का) हौज़।

टङ्कक[1] (टंकक[1])—[सं॰ टङ्क + कन्] *पु॰* चाँदी का सिक्का जिस पर ठप्पा लगा हो।

टङ्कक[2] (टंकक[2])—[< सं॰ टङ्कण] *पु॰* टंकित्र (अं॰ टाइपराइटर) से टंकण करनेवाला व्यक्ति। (अं॰ टाइपिस्ट)।

टङ्कण/टङ्कन (टंकण/टंकन)—[सं॰ √टङ्क् + ल्युट्] *पु॰* १. टाँकी से पत्थरों को काटने, गढ़ने आदि का काम। २. सिक्के ढालना। ३. टाँका या जोड़ लगाने का काम। ४. टंकित (अं॰ टाइपराइटर) से टाइप करना।

टङ्का (टंका)—[< सं॰ टङ्क] *पु॰* १. (प्राचीन भारत में) ताँबे का एक सिक्का। टका। २. (प्राचीन भारत में) एक तोल जो चार माशे के बराबर होती थी। टंक।

टङ्कारी[1] (टंकारी[1])—[< सं॰ टङ्करिन्] *वि॰* टंकार उत्पन्न करनेवाला। ✣ **टङ्कारिणी (टंकारिणी)**—*वि॰ (स्त्री॰)* = टंकरा उत्पन्न करनेवाली।

टङ्कारी[2] (टंकारी[2])—[सं॰ टङ्क + √ऋ + अण्] *स्त्री॰* एक वनस्पति जिसके क्षुप जंगली भूमि में अधिक होते हैं, पत्ते लम्बे गोलाई लिए होते हैं, फूल छोटे-छोटे झुमकेदार और गुलाबी आदि होते हैं।

टङ्किका (टंकिका)—[सं॰ टङ्कक + टाप्, इत्व] स्त्री॰ पत्थर काटने की छेनी। टाँकी। खल टंकिका। रुखान। (रुखान = बढई का एक औज़ार)।

टङ्कित (टंकित)—[सं॰ √टङ्क + क्त] *वि॰* टंकण से तैयार किया हुआ। टाइप किया हुआ। ***जैसे***—टंकित प्रति।

टङ्कित्र (टंकित्र)—[< सं॰ √टङ्क] *पु॰* टंकण करने की मशीन। टंकण-यन्त्र। टाइपराइटर (अं॰)।

टङ्ग (टंग)—[< सं॰ टङ्क] *पु॰* १. कुदाल। २. कुल्हाड़ी। ३. जंघा। ४. चार माशा की एक प्राचीन तौल। टंक।

टङ्गस्टेन (टंगसटेन)—[अं॰] *स्त्री॰* (रसायन॰) एक धात्विक तत्त्व जिसका उपयोग विद्युत् बल्बों के अन्दर के पतले तारों को बनाने इत्यादि में होता है।

टञ्च[1] (टंच[1])—[< हिं॰ चंट] *वि॰* १. धूर्त। चालाक। ***जैसे***—बहुत टंच लोग। २. बहुत कंजूस। ३. निष्ठुर।

टञ्च[2] (टंच[2])—[देशज] *वि॰* १. (काम के लिए) जो हर प्रकार से ठीक या तैयार हो। २. प्रस्तुत। तैयार। ***जैसे***—वह खा-पीकर चलने के लिए टंच हो गया। ***वा॰* टंच होना**—१. भर-पेट खा लेना। २. निश्चिन्त होना। ३. तैयार होना।

*__टञ्च[3] (टंच[3])__—[ब्रज॰] *स्त्री॰* सिलाई।

*__टट__—[< सं॰ तट] *पु॰* तट। किनारा। ● **विशेष**—'तट' के लिए 'टट' अवधी प्रयोग है।

टटका—[< सं॰ तत्काल] *वि॰* १. ताज़ा। ***जैसे***—टटका आम (= अभी तोड़कर लाया गया आम)। २. नवीन। नया। ***जैसे***—टटका समाचार (= अभी प्राप्त नया समाचार)। ३. कोरा। ***जैसे***—टटका वस्त्र (= अभी प्रयोग में न लाया गया वस्त्र)। ✣ **टटकाई**—*स्त्री॰* = १. ताज़ापन। २. नयापन। ३. कोरापन। ✣ **टटकापन**—*पु॰* = टटकाई। ✣ **टटकी**—*वि॰ (स्त्री॰)* = टटका।

टटके—[< सं॰ तत्काल] *क्रिवि॰* शीघ्र ही। तत्काल।

टटरूँ—[अनु॰] *पु॰* पेंडुकी (पक्षी)। फ़ाख़्ता।

†**टटाना**—[< हिं॰ ठाँठ] *क्रि॰अ॰* १. सूखना। २. भूख आदि से व्याकुल होना। ३. थकावट आदि से शरीर में पीड़ा होना। *क्रि॰स॰* १. सुखाना। २. भूखा रखकर पीड़ा देना।

टटाम्बरी (टटांबरी)—[< हिं॰ टाट + सं॰ अम्बर] *पु॰* टाट पहननेवाला साधु।

टटावली—[< सं॰ टिट्टिभ] *स्त्री॰* टिटिहरी (पक्षी)।

†**टटिया**—[हिं॰ टट्टी] *स्त्री॰* तिनकों, तीलियों आदि का बना पर्दा। टट्टी।

टटींगर (टटींगर)—[देशज] *पु॰* तुच्छ व्यक्ति/वस्तु।

†**टटोना, टटोरना**—*क्रि॰स॰* ≤ *हिं॰* टटोहना।

*__टटोहना__—[< हिं॰ टोहना] *क्रि॰स॰* टटोलना।

टट्टर—[< हिं॰ टट्टी < प्रा॰ तट्टी] *पु॰* १. (द्वार के स्थान पर लगाने का) बाँस की खपच्चियों का जालीदार ढाँचा। २. आँगन के ऊपर लगा (लोहे की) सरियों का जाल।

टट्टा—[< हिं॰ टट्टी] *पु॰* १. बड़ी टट्टी। २. टट्टर।

टट्टी—[< प्रा॰ टट्टइआ (= पर्दा), < प्रा॰ तट्टी (= बाड़) < सं॰ तटिका] *स्त्री॰* १. टट्टर। २. तीलियों आदि से बनाया गया पर्दा। ***जैसे***—खस की टट्टी से आती सुगन्ध। ३. चिक या पर्दा। ४. ओट/आड़ के लिए बनी दीवार। ६. शौच करने के लिए लगाया गया पर्दा (या की गयी आड़) अथवा दीवारों से घिरा शौच-स्थान। शौचालय। ७. मल। पाख़ाना। ***जैसे***—बच्चे की टट्टी से उसके रोग का अनुमान। ८. टट्टर के सदृश ढाँचा जिस पर लताएँ फैलती हैं। ***वा॰* टट्टी की आड़/ओट में**—छिपे रूप में। **टट्टी की आड़/ओट में शिकार खेलना**—छिपकर चाल चलना। छिपाकर विरुद्ध काम करना। **टट्टी की ओट बैठना**—छिपे रूप में कोई काम करना। **टट्टी की ओट होना**—किसी का आश्रय या आधार लेना। **धोखे की टट्टी**—१. धोखेवाली या दिखावटी वस्तु। २. लोगों को धोखे में रखकर अपना काम निकालने के लिए कोई आवरण/पर्दा। ३. ऐसी वस्तु जो अपने ऊपरी रूप से बहुत भिन्न प्रकार की हो।

टट्टू—[अनु॰] *पु॰* छोटे क़द का घोड़ा। ***वा॰* टट्टू पार होना**—१. स्वार्थ पूरा होना। २. रुका हुआ काम बन जाना। **भाड़े का टट्टू**—१. अपने पद, मर्यादा, सिद्धान्त, नैतिकता आदि का विचार छोड़कर धन के लोभ में दूसरों का काम/समर्थन करनेवाला।

***टठिया**—[ब्रज॰ < स॰ स्थाली] *स्त्री॰* थाली।

टण्ट-घण्ट (टंट-घंट)—[< हि॰ टनटनाना + स॰ घण्टा] *पु॰* १. पूजा की आडम्बरपूर्ण सामग्री। २. पूजा का भारी आडम्बर। ३. दिखावे की या आडम्बर की वस्तुएँ। ४. आडम्बरपूर्ण आयोजन/काम। ५. व्यर्थ की वस्तुएँ/क्रियाएँ। ***वा॰* टंट-घंट करना/फैलाना**—पूजा-पाठ का आडम्बर या ढोंग करना।

टण्टा (टंटा)—[< हि॰ टनटन] *पु॰* १. दिखावे के लिए घंटा/घंटी बजाने की पूजा का ढोंग। २. आडम्बर। दिखावा। ३. व्यर्थ का झगड़ा/बखेड़ा/वैर/विरोध। ४. उपद्रव या बाधा। ५. अनावश्यक/व्यर्थ विस्तार। ६. बेकार वस्तुओं का फैलाव। ***वा॰* टंटा खड़ा करना**—(काम में) बाधा डालना या झगड़ा खड़ा करना।

टन[१]—[अनु॰] *स्त्री॰* १. (धनुष की) टंकार। २. घंटे आदि की ध्वनि।

टन[२]/टन्न—[अनु॰] *वि॰* नशे में बेसुध। ***वा॰* टन/टन्न हो जाना**—तुरन्त मर जाना।

टन[३]—[अ॰] *पु॰* २२४० पाउंड की तौल।

टपका—[अनु॰] *पु॰* टप-टप करते हुए बूँदें गिरने की अवस्था/भाव। २. पककर या तेज़ हवा के कारण पेड़ से स्वयं गिरा हुआ फल। ३. उक्त प्रकार से टपका हुआ आम। ४. (गाय, भैंस आदि चौपायों के) खुरों में होनेवाला एक रोग जिसमें टीस होती है।

टपका-टपकी—[अनु॰] *स्त्री॰* १. रुक-रुक-कर इधर-उधर टपकने की क्रिया या भाव। फल का एक-एक करके गिरना। ***जैसे***—आम की टपका-टपकी। २. हल्की वर्षा। बूँदा-बाँदी। ३. (लाक्षणिक) मृत्यु। ***वा॰* टपका-टपकी लगना/होना**—१. फलों का वृक्षों से टूट कर गिरना। २. वर्षा होना। ३. किसी महामारी से छुटपुट मौतें होना।

टपना—[< हि॰ टापना] *क्रिअ॰* १. उछलना-कूदना। २. व्यर्थ किसी आशा में बैठे रहना। ***जैसे***—धनी बनने की आशा में टपते रहना। ३. (मार्ग) भूल जाना। ***जैसे***—रास्ते में वे टपते रहे। *क्रिस॰* किसी चीज़ को उछलकर या कूदकर पार करना। ***जैसे***—दीवार टपना।

†टपर—[< हि॰ टप्पर] *पु॰* १. छप्पर। २. झोंपड़ा। ***जैसे***—यहाँ दो चार टपरों के गाँव अधिक हैं।

टपर-टपर—[अनु॰] *स्त्री॰* १. बैल के चलने का शब्द। २. किसी द्रव के बिखरकर ऊँचे स्थान से बूँद-बूँद गिरने का शब्द। टप-टप।

टपरा—[< हि॰ टप्पर] *पु॰* १. छप्पर। २. घास-फूस आदि से छाया छोटा घर। कुटी या झोंपड़ी। ✣ **टपरिया/टपरी**—*स्त्री॰* = कुटी या झोंपड़ी।

टपाना—[< हि॰ टपना/टापना] *क्रिस॰* १. टपने में प्रवृत्त करना। २. (घोड़ा आदि) कुदाना या लँघाना। ***जैसे***—नहर पार करने के लिए घोड़ा टपाना। ३. झूठी आशा में रखना। व्यर्थ अपने भरोसे रखना। ४. व्यर्थ परेशान करना। ५. (मार्ग) भुलवा देना।

टपाल—[< तेलुगु; तप्पालु] *पु॰* भेजे जाने वाले पत्र आदि। डाक। ***जैसे***—टपाल-मार्ग।

टपेरा—[< हि॰ टापा] *पु॰* (बेचने के लिए) टापों/टोकरियों में मछलियों के ढेर रखनेवाला व्यक्ति।

†टप्पर—[< हि॰ छप्पर] *पु॰* १. छप्पर या झोंपड़ी। २. बैलगाड़ी पर बाँस की खपच्चियों आदि से बनाया गया छायादार घेरा। ३. खेत का टुकड़ा या पूरा खेत। ३. बिछाने का टाट। ***जैसे***—टप्पर उलटना। ३. सामग्री का साज़। ४. भार। बोझ।

टप्पा—[< फा॰ तप्पा] *पु॰* १. पटके जाने पर टकराकर लौटना। प्रतिक्षेप। टिप्पा। २. उछलती हुई गेंद आदि की बीच में भूमि/दीवार आदि से टकराहट जिसके बाद वह फिर उछले। ***जैसे***—गेंद का टप्पा खाना। (संगीत॰) शास्त्रीय संगीत की चार गायन-पद्धतियों में से एक। ***वा॰* (गेंद आदि का) टप्पा खाना**—(गेंद आदि का) ज़मीन से टकराकर उछलना। **टप्पा/टप्पे मारना/लगाना**—दूर-दूर सिलाई करना।

टर—[अनु॰] *स्त्री॰* १. मेंढक की आवाज़। २. टर्र-टर्र। तीव्र और कठोर ध्वनि। ३. हठ। ज़िद।

टरकाना—[< हि॰ टरकना] *क्रिस॰* १. टाल देना। २. बहाना करके लौटा देना। ३. खिसका देना।

टर्बाइन—[अ॰] *स्त्री॰* बिजली उत्पन्न करने का इंजिन जो तेज़ जलधारा, भाप या हवा से चलता है।

टर्म—[अ॰] १. पद। शब्द। २. अवधि। सत्र।

टर्मिनल—[अ॰] *वि॰* १. सीमावर्ती। २. अन्तिम। आख़िरी। ३. सत्र-सम्बन्धी। ४. सत्र के अन्त का। ५. सिरे का। *पु॰* १. (रेलों/बसों का) टर्मिनस। (दे॰) २. विमान-यात्रियों के लिए हवाई अड्डे पर बना आगमन और प्रस्थान का भवन।

टर्मिनस—[अ॰] *पु॰* १. (रेलों/बसों का) अन्तिम स्टेशन। (रेलों/बसों का) आरम्भ स्थान या प्रस्थान स्टेशन।

टर्रा—[< हि॰ टर-टर] *वि॰* १. उद्दंडतापूर्वक बातें करनेवाला। २. झगड़ा करने पर उतारू रहनेवाला। ३. उद्धत। ४. कटुभाषी। ५. कठोर तथा अप्रिय (शब्द) ***वा॰* टर्रा पूरना**—टर्राना। टरटराना।

टर्रू—[< हि॰ टर-टर] *वि॰* १. टर्रानेवाला। २. अनावश्यक बोलते रहने वाला। *पु॰* १. अनावश्यक बोलते रहने वाला मनुष्य। २. मेंढक। ३. कौवा। ✣ **†टर्रूटी**—*स्त्री॰* = मेंढक की बोली। टर्र-टर्र।

टलमल—[< हि॰ टलना + अनु॰] *वि॰* १. हिलता हुआ। कम्पित। चंचल। २. नदी के बहने की ध्वनि। कल-कल ध्वनि। ३. शीघ्र बुझनेवाला प्रकाश। ✣ **टलमल-टलमल**—*वि॰* = हिलता हुआ। कम्पित।

†टलवा—[बुन्देली] *पु॰* बूढ़ा बैल।

†टलहा—[देशज] *वि॰* १. बहुत घटिया। रद्दी। २. जिसमें घटिया

वस्तुओं की मिलावट हो। खोटा। ***जैसे***—टलहा रुपया। ✣ **टलही**—*वि० (स्त्री०)*। ***जैसे***—टलही चाँदी।

†**टलिया**—[बुन्देली०] *स्त्री०* बूढ़ी गाय।

टल्ला/टिल्ला—[< प्रा० टिरिटिल्ल] *पु०* १. टालमटोल। बहानेबाज़ी। ३. ठोकर। ४. धक्का। ५. घूमना-फिरना। *वि०* ठलुआ। निठल्ला। **वा० टल्ले मारना**—व्यर्थ इधर-उधर घूमते रहना। निठल्ले घूमना।

टल्लेनवीसी/टिल्लेनवीसी—[< हि० टल्ला + फा० नवीसी] *स्त्री०* १. टालमटोल। बहानेबाज़ी। २. व्यर्थ का काम। ३. निठलापन। Δ **पर्याय**—टल्लेबाज़ी।

टल्लेबाज़ी—[< हि० टल्ला + फा० बाज़ी] *स्त्री०* टल्लेनवीसी। (दे०)

टवर्ग—[स० ट ~ वर्ग] *पु०* देवनागरी वर्णमाला के व्यंजनों का तृतीय वर्ग। ट, ठ, ड, ढ और ण वर्णों का समूह।

***टवाई**—[< स० अटन] *स्त्री०* १. भ्रमण। २. व्यर्थ घूमना।

टस—[< स० √तस्] *स्त्री०* किसी भारी वस्तु के खिसकने की आवाज़। **वा० टस से मस न होना**—१. किसी भारी वस्तु के हटाने का प्रयत्न करने पर उसका ज़रा भी न खिसकना। २. (समझाए जाने पर भी) अपने विचार/कथन/हठ से तनिक भी न डिगना।

टसक—[< हि० टसकना] *स्त्री०* १. टसकने की अवस्था/क्रिया/भाव। २. रुक-रुककर होनेवाली पीड़ा। टीस।

टसकना[१]—[< स० √तस् + करण] *क्रिअ०* १. थोड़ा हटना। खिसकना। सरकना। २. अपने विचार/कथन/हठ से थोड़ा बदलना। ३. टीस उठना। ४. फलों का पककर गदराना।

टसकना[२]—[< हि० टसुआ] *क्रिअ०* धीरे-धीरे रोते हुए आँसू बहाना। बिसूरना। सुबकना।

टसकाना[१]—[< हि० टसकना[१]] *क्रिस०* १. थोड़ा हटाना। खिसकाना। सरकाना। २. विचलित करना। ३. टालना।

टसकाना[२]—[< हि० टसकना[२]] *क्रिस०* धीरे-धीरे रोते हुए आँसू बहाना। ***जैसे***—टिसुए टसकाना।

टसर—[< चीनी तइ-स्सेर] *पु०* एक प्रकार का रेशम या उससे बना हुआ कपड़ा। ● **विशेष**—प्राकृत शब्द 'टसर' (< स० त्रसर) एक प्रकार के सूत का बोधक है। ✣ **टसरी**—*वि०* = टसर के रंग का मटमैला और पीला। *पु०* = (टसर के समान) मटमैला और पीला रंग।

†**टसुआ**—[< हि० अँसुआ] *पु०* अश्रु। आँसू। **वा० टसुए बहाना**—१. धीरे-धीरे रोना। २. दिखाने के लिए रोना।

टहकना—[< हि० टसकना] *क्रिअ०* १. पिघलना। २. (शरीर के अंगों में) टीस होना। ✣ **टहकाना**—*क्रिस०* = पिघलाना।

†**टहटहा**—[< हि० डहडहा] *वि०* १. लहलहाता हुआ। हरा-भरा। २. टटका। ताज़ा। ✣ **टहटहाना**—*क्रिअ०* = हरा-भरा होना। लहलहाना।

†**टहर**—[देशज] *पु०* बाँस की बनी टटिया/पर्दा।

टहलनी—[< हि० टहल] *स्त्री०* टहल करनेवाली। सेविका। नौकरानी।

टहलुआ—[< हि० टहल] *पु०* १. टहल या सेवा करनेवाला व्यक्ति। सेवक। नौकर। ✣ **टहलुनी/टहलुई**—*स्त्री०* = सेविका। नौकरानी।

†**टही**—[< हि० तह] *स्त्री०* १. एक पर एक रखी वस्तुओं का ढेर। थाक। २. युक्ति। उपाय।

टहोका—[< हि० ठोकर] *पु०* १. हाथ/पैर से दिया गया हल्का धक्का। २. (लाक्षणिक) मन पर होनेवाला आघात। ठेस।

टँकना—[< स० टङ्कण] *क्रिअ०* १. टाँका जाना। २. सिलाई द्वारा बटन आदि का लगाया जाना। ३. धातुओं के पात्रों आदि का टाँके से जोड़ा जाना। ४. टाँकी द्वारा पत्थर की चक्की/सिल आदि पर दाँते बनाए जाना। ५. स्मरण रखने या हिसाब रखने के लिए पंजी/कापी आदि में किसी बात/धनराशि का लिखा जाना। ***जैसे***—आपकी दी हुई रकम टँक गयी।

***टंकावल**—[< स० टङ्क] *वि०* बहुमूल्य।

टँडीला—[< हि० टाँड] *पु०* (उपेक्षापूर्ण भाषा में) सामान। ***जैसे***—उसने अपना टँडीला फैला दिया।

टाउन-हाल—[अ०] *पु०* नगर का वह सार्वजनिक भवन जिसमें संस्थाओं के सार्वजनिक कार्यक्रम आयोजित किए जाते हैं। नगरपालिका-भवन।

***टाक**[१]—[< हि० टाँक] *पु०* १. पानी रखने का बड़ा बर्तन। गंगाल। कंडाल। २. बड़ा बर्तन।

टाक[२]—[< स० ट (= चतुर्थांश)] *पु०* चतुर्थांश। ***जैसे***—टूक-टाक।

टाकरी लिपि—[< स० टक्क] प्राचीन टक्क देश के वर्तमान क्षेत्र की लिपि जो डोगरी भाषा के लेखन में प्रयुक्त होती है।

टाट—[< प्रा० टट्टिया] *पु०* सन या पटसन का मोटा कपड़ा जो बिछाने या परदे बनाने के काम आता है। **वा० टाट उलटना, टाट उलट जाना**—१. बहुत घाटा होना। २. दिवालिया बनकर लेनदारों का भुगतान बन्द कर देना। **टाट बाहर होना**—अपनी बिरादरी से बहिष्कृत होना। **टाट में पाट की बखिया**—घटिया वस्तु में उत्तम वस्तु की सजावट। बेमेल सजावट।

***टाटाम्बरी (टाटांबरी)**—[< हि० टाट + स० अम्बर] *पु०* टाट पहननेवाला साधु।

टाटिका/टाटी—[< हि० टट्टी < प्रा० तट्टी < स० तटिका] *स्त्री०* १. छोटा टट्टर। टट्टी। पर्दा। २. छप्पर का ठाट जिस पर फूस आदि छाया जाता है।

टाठ—[< स० स्थाली] *पु०* १. बड़ी थाली। थाल। २. बटलोई/बटुआ नामक पात्र।

टाठा—[देशज या < स० स्थाणु] *वि०* १. हृष्ट-पुष्ट। २. विकट। भयंकर। ✣ **टाठी**[१]—*वि० (स्त्री०)* = १. मोटी-ताज़ी। हृष्ट-पुष्ट। २. विकट। भयंकर।

टाठी[२]—[< हि० टाठ] *स्त्री०* १. थाली। २. बटलोई या बटुआ।

टाड़—[देशज] *पु०* भुजा का एक आभूषण। बाजूबन्द।

टाप—[< स० स्थापन] *स्त्री०* १. घोड़े के पैर का कड़ा तलवा जिसमें खुर होता है। सुम। २. घोड़े के पैरों की आवाज़। ३. तालाबों आदि

से पकड़ी गयी मछलियों को बेचने के लिए पानी में रखने का खाँचा। ४. बाँस का टोकरा जिसके नीचे मुर्ग़ियाँ बन्द की जाती हैं। ५. खम्भे/पाए का भूमि से लगा रहनेवाला अंश।

टापना—[< सं॰ स्थापन] *क्रिअ॰* १. (बिना आगे बढ़े) घोड़ों पर पैर पटकना। खूँद करना। २. किसी वस्तु/काम के लिए इधर-उधर फिरना। परेशान होना। ३. उछलना। कूदना-फाँदना। ***वा॰* टापते रह जाना**—१. आश्चर्यचकित रह जाना। २. मार्ग खोजते रह जाना।

टापर[१]/टापरा[१]—[देशज] *पु॰* १. ओढ़ने का मोटा वस्त्र। चादर। २. तिरपाल। ३. टट्टू आदि की सवारी।

टापरा[२]/टापरा[२]—[< हि॰ टप्पर] *पु॰* छप्पर या झोंपड़ी।

टापा—[< हि॰ टापना] *पु॰* १. (चलते समय का) डग। २. ऊसर मैदान। ३. भूमि का विस्तार। टप्पा। ४. बेकार उछल-कूद। ५. तालाब आदि से पकड़ी मछलियों को रखने का खाँचा। ५. बाँस का टोकरा जिसके नीचे मुर्ग़ियाँ बन्द की जाती हैं। ***वा॰* टापा देना/भरना**—१. लम्बे डग रखते हुए आगे बढ़ना। २. चला जाना। ३. छलाँग मारना। **टापा बाँधना**—आँखों पर पट्टी बाँधना।

***टाबर**—[< पंजाबी टब्बर] *पु॰* १. सन्तान। २. परिवार।

***टामन/टामनि**—[देशज] *पु॰* टोटका।

टाला-माला—[हि॰ 'माला' का अनु॰ + सं॰ माला] *स्त्री॰* पूजा-पाठ। भजन-पूजन।

टाली[१]—[< प्रा॰ टलटल (= 'टल-टल' ध्वनि)] *स्त्री॰* १. पशुओं के गले में बाँधने की घंटी। २. चंचल बछिया।

टाली[२]—[देशज] *पु॰* १. शीशम का वृक्ष। २. शीशम की लकड़ी।

टाँक[१]—[< सं॰ टङ्क] *स्त्री॰* १. (प्राचीन भारत की) एक तोल जो लगभग चार माशे की होती थी अथवा चार माशे की माप का एक बाट। २. (हिस्सेदारों का) अंश। भाग। ३. बहुत थोड़ा। ४. पहले प्रचलित रही एक तौल जो २५ सेर की होती थी और धनुष की शक्ति-परीक्षा के लिए काम आती थी।

टाँक[२]—[< हि॰ टाँकना] *स्त्री॰* १. टाँकने/सिलने की क्रिया/भाव। सिलाई। २. लिखने की क्रिया/भाव। लिखावट या लेख। ३. क़लम। लेखनी का सिरा जिससे लिखते हैं। ***वा॰* टाँक रखना/लेना**—१. लिख लेना। २. याद रखना।

टाँक[३]—[< हि॰ आँक] *स्त्री॰* मूल्य आदि का अनुमान। आँक।

***टाँक[४]/टाँका**—[< अं॰ टैङ्क] *पु॰* १. पानी रखने का बड़ा बर्तन। गंगाल। २. बड़ा बर्तन। ३. (पानी का) हौज़।

टाँगन—[देशज] *पु॰* छोटे क़द का घोड़ा। टट्टू।

***टाँगरा**—[देशज] *स्त्री॰* विक्रय-वस्तु। सौदा।

टाँगा[१]—[< हि॰ टाँगन] *पु॰* दो पहियों और एक घोड़े वाली गाड़ी जिसमें आगे-पीछे बैठ सकते हैं।

टाँगा[२]—[< सं॰ टङ्क] *पु॰* कुल्हाड़ा। ✣ **टाँगी**—*स्त्री॰* कुल्हाड़ी।

टाँगुन—[देशज] *स्त्री॰* बाजरे की जाति का एक अनाज जो महीन दानों का होता है।

***टाँच[१]**—[< हि॰ टाँका] *स्त्री॰* १. टाँका। २. टाँकी गयी वस्तु।

टाँच[२]—[< हि॰ टाँकी] *स्त्री॰* १. किसी वस्तु का काटा हुआ अंश। २. काट-छाँट। ३. ऐसी बात/कथन जिससे दूसरे का बनता हुआ काम बिगड़ जाए।

†टाँच[३]—[< सं॰ √तञ्च्] *स्त्री॰* १. चतुराई। चालाकी। चंटपन। २. ठगी।

टाँची—[< सं॰ टङ्क (= रुपया)] *स्त्री॰* रुपए रखने की थैली जो कमर में बाँधी जाती है।

†टाँट—[देशज] *स्त्री॰* १. सिर या खोपड़ी। २. (लाक्षणिक) भाग्य। ***वा॰* टाँट के बाल तक उड़ जाना, टाँट गंजी होना**—१. बहुत दुर्दशा होना। २. बहुत पिटाई होना। **टाँट खुजलाना**—१. पिटने की इच्छा होना। २. (दुर्दशा होने के बाद) पश्चात्ताप करना।

टाँटा[१]—[< हि॰ टाठा] *वि॰* हृष्ट-पुष्ट। मोटा-ताज़ा। टाठा।

टाँठा—[< सं॰ स्थाणु] *वि॰* १. जो सूखकर कड़ा हो गया हो। २. उग्र। विकट। ३. कठोर। कठिन। ✣ **टाँठे**—*क्रिवि॰* = कठोर होकर। उग्रतापूर्वक।

टाँड[१]/टाँड़—[देशज] *स्त्री॰* १. वस्तुएँ रखने के लिए दो दीवारों के बीच में ऊँचाई पर लगा क्षैतिज पत्थर/तख़्ता। २. मचान आदि कोई छोटी रचना जो लकड़ी के खम्भों या बाँसों पर बनी हो। (कृषि॰) बीज बोने का हल जिसके पीछे बाँस की नली लगी रहती है। *पु॰* १. समूह। २. व्यापारियों आदि का माल से लदे पशुओं का समूह। सार्थवाह। कारवाँ। ३. उक्त माल। सामग्री। ४. राशि। ढेर।

टाँड[२]—[देशज] *स्त्री॰* (भुजा का आभूषण) बाजूबन्द।

टाँड़—[< सं॰ दण्ड] *पु॰* (गुल्ली-डंडे के खेल में) डंडा जिससे गुल्ली मारते हैं।

टाँडा—[< हि॰ टाँड (= समूह)] *पु॰* १. समूह। १. व्यापार की वस्तुओं से लदे पशुओं का समूह जिसे लेकर व्यापारी इधर-उधर जाते हैं। २. उक्त व्यापार की वस्तुएँ। ३. व्यापारियों, पैदल यात्रियों आदि का समूह। सार्थवाह। कारवाँ। ४. उक्त समूह का प्रस्थान। ५. वह स्थान जहाँ उक्त व्यापारी या यायावर/ख़ानाबदोश जातियों के समूह बीच में पड़ाव डालते हैं। ***जैसे***—व्यापारियों के टाँडे से उनके माल की जानकारी लो। ६. परिवार। कुटुम्ब।

टिकई—[< हि॰ टीका] *वि॰* १. जिसमें या जिसपर टीका लगा हो। टीका-युक्त। २. टीके के समान प्रतीत होने वाले चिह्न से युक्त। ***जैसे***—टिकई गाय के माथे पर अन्य रंग के बालों से टीका-सा प्रतीत होता है।

टिकटिकी—[अनु॰] *स्त्री॰* १. बढ़ई का एक पेंचदार और लोहे का औज़ार जिससे किवाड़ों/चौखटों की चूलें कसी जाती हैं। शिकंजा। २. एक चिड़िया जो भूरापन लिए लाल रंग की होती है।

टिकठी—[< सं॰ त्रिकाष्ठिका] *स्त्री॰* १. टिकटी। २. घड़ा रखने आदि के लिए प्रयुक्त तीन (या चार) पायों पर टिका एक गोल काठ जो बीच में खाली होता है। ● **विशेष**—उक्त गोल काठ के स्थान पर आयताकार काठ होने पर उसे **'तिपाई'** कहते हैं।

टिकड़ा—[< हि॰ टिकिया] *पु॰* १. किसी वस्तु का छोटा और गोल

टुकड़ा। २. गले के जड़ाऊ आभूषणों में लटकता गोल/चपटा टुकड़ा। ३. टिकड़ी। (दे०) ✣ **टिकड़ी**—*स्त्री०* = अंगारों पर सेंकी गयी छोटी-मोटी रोटी या बाटी। टिकड़ी।

टिकरी[1]—[< हि० टिकिया] *स्त्री०* १. टिकिया। २. बेसन आदि की बनी एक प्रकार की नमकीन टिकिया। ३. आटे की बड़ी और मोटी मोयनदार पूड़ी जो शकर में पागी गयी हो। सोहार या सुहार। ३. (स्त्रियों का) सिर का एक आभूषण।

टिकरी[2]—[< स० टीका] *स्त्री०* बतख़ के आकार की एक चिड़िया जिसके माथे पर सफ़ेद टीका-सा होता है और रंग सिलहटी होता है।

टिकान—[< हि० टिकना] *पु०* १. टिकने की क्रिया/भाव। अवस्था। २. वह स्थान जहाँ कोई ठहरे या प्राय: ठहरता हो।

टिंकाबली—[< स० टीका] *स्त्री०* (स्त्रियों का) माथे का एक आभूषण।

टिकावली—[< स० टीका] *स्त्री०* एक आभूषण टिकाबली।

टिकिया[1]—[< स० वटिका] *स्त्री०* १. किसी ठोस पदार्थ का गोलाई लिए चपटा और छोटा टुकड़ा। *जैसे*—दवा की टिकिया। २. बाजरे की बनी हुई और घी/तेल में सिंकी हुई छोटी गोल पूड़ी जैसी वस्तु। ३. साबुन की टिक्की या बट्टी।

टिकिया[2]—[< हि० टीका] *स्त्री०* माथे पर लगी बिन्दी।

टिकैत—[< हि० टीका] *पु०* १. टीका लगाए जाने का अधिकारी व्यक्ति। २. राजा का उत्तराधिकारी। युवराज। ३. प्रमुख। नेता। सरदार।

टिकोज़ी—[अ०] *स्त्री०* चायदानी का सूती/ऊनी आवरण या गिलाफ़।

टिक्कर—[< हि० टिकिया] *पु०* १. पराँवठा। पलटा। २. अंगारों पर सिँकी हुई मोटी और छोटी रोटी। बाटी।

टिङ्क्चर (टिंक्चर)—[अ०] *पु०* (रसायन०) औषध के लिए मद्यसार (अ० अल्कोहल) में बना घोल। *जैसे*—आयोडीन का टिंक्चर।

***टिट**—[< हि० टेक] हठ। ज़िद।

टिटकारना—[अनु०] *क्रिस०* 'टिक-टिक' शब्द करके घोड़े आदि को हाँकना।

टिट्टिभ—[स० टिट्टि √ भण् + ड] *पु०* टिटिहरी नर-पक्षी। टिटहरा। ✣ **टिट्टिभी (टिट्टिभी)**—*स्त्री०* = टिटिहरी। टिटहरी।

टिड्डा—[< स० टिट्टिभ] *पु०* टिड्डी के आकार का हरे रंग का एक बड़ा और उड़नेवाला कीड़ा। अकफुट्टा।

टिड्डी—[< प्रा० तेड्ड] *स्त्री०* लाल रंग का एक बड़ा और उड़नेवाला कीड़ा जो लाखों/करोड़ों की संख्या में दल बनाकर चलता है और पेड़-पौधों की पत्तियों तथा खड़ी फ़सलों को कुछ क्षणों में नष्ट कर डालता है। ✣ **टिड्डी-दल**—*पु०* = १. टिड्डियों का समूह। २. विशाल समूह। बड़ा झुंड। ३. सर्वनाशक विशाल समूह।

टिण्डी (टिंडी)—[देशज] *स्त्री०* १. हल की मूठ। २. चक्की के पाट घुमाने के लिए पकड़ा जाने वाला खूँटा।

टिपकारी/टीपकारी—[< हि० टीप] *स्त्री०* १. फ़र्श, दीवार आदि पर ईंटों के सन्धि-स्थल पर सीमेन्ट आदि का मसाला लगाना। टीपने का काम। टीप।

***टिपारा**—[< स० त्रि + फा० पार: (= टुकड़ा)] *पु०* १. मुकुट के आकार की एक पुरानी टोपी। २. तिकोनी टोपी।

टिप्पणी—[स० टिप्पण + ङीष्] *स्त्री०* १. स्मरणार्थ लिखने/टीपने की क्रिया। २. किसी विषय पर व्यक्त संक्षिप्त विचार/मत/राय/आलोचना। ३. पत्र-पत्रिकाओं या पुस्तकों में किसी विषय पर कुछ नए तथ्यों/तर्कों/विवेचन आदि को प्रस्तुत करने के लिए लिखा जाने वाला छोटा लेख। ४. (पुस्तक की) संक्षिप्त टीका जिसमें स्थान-स्थान पर अर्थ स्पष्ट किए गए हों। ५. जन्मपत्री। (प्रशासन०) ६. टिप्पण। (पत्र०) दैनिक समाचारपत्रों में सम्पादक द्वारा लिखा गया छोटा लेख जो 'अग्रलेख' से भिन्न होता है।

टिप्पस—[देशज] *स्त्री०* अपना काम बनाने की कोई छोटी युक्ति/तरकीब। जुगत। *जैसे*—वह कोई टिप्पस लगाकर कार्यालय से तुम्हारा काम जल्दी करा देगा। ***वा०* टिप्पस भिड़ना/लगना**—१. स्वार्थ सधने का साधन होना। २. अपना काम निकलने की युक्ति या उसका अवसर मिल जाना। **टिप्पस भिड़ाना/लगाना**—१. स्वार्थ सधने का साधन खोजना। २. अपना काम निकलने की युक्ति लगाना या उसका अवसर खोजना।

टिप्पा—[< हि० टप्पा] *पु०* १. पटके जाने पर टकराकर लौटना। प्रतिक्षेप। टप्पा। भूमि/२. उछलती हुई गेंद आदि की दीवार आदि से टकराहट जिसके बाद वह फिर उछले। *जैसे*—गेंद का टिप्पा खाना।

टिफ़िन—[अ०] १. अल्पाहार। नाश्ता। २. दोपहर का भोजन।

टिफ़िन-कैरियर—[अ०] *पु०* नाश्ते का सामान या दोपहर का भोजन आदि साथ में ले जाने का पात्र जिसमें अनेक छोटे पात्र एक के ऊपर एक रखे होते हैं।

टिब्बा—[देशज] *पु०* (भूविज्ञान०) वायु द्वारा संचित रेत आदि पदार्थों का पहाड़ी-जैसा दिखनेवाला ढेर। (रेगिस्तान में) बालू का टीला।

टिम्बर (टिंबर)—[अ०] १. इमारती लकड़ी। २. शहतीर।

टिहारी—[देशज] *स्त्री०* 'कुररी' नामक पक्षी। गंगाचील।

टीक[1]—[< प्रा० टिक्क] *स्त्री०* १. गले का एक आभूषण। २. माथे पर पहनने का एक आभूषण। तिलक।

टीक[2]—[अ०] *पु०* सागौन वृक्ष या उसकी लकड़ी।

टीकाकार—[स० टीका √कृ + अण्] *पु०* १. कठिन वाक्यों/पदों का अर्थ स्पष्ट करने वाला व्यक्ति। २. किसी कठिन ग्रन्थ का अर्थ स्पष्ट करने वाला व्यक्ति। ग्रन्थ की 'टीका' का लेखक। व्याख्याकार।

टीका-टिप्पणी—[स०] *स्त्री०* १. किसी बात या गतिविधि की आलोचना। २. किसी विषय/घटना आदि के गुणों और दोषों पर प्रकट किए जाने वाले विचार।

टीका-टीक, टीकम-टीक—[< हि० ठीक-ठीक] *क्रि०* १. पूर्णत:।

२. ठीक-ठीक। ३. बिल्कुल। ऐन। ***जैसे***—टीका-टीक दोपहर में बाहर मत घूमो।

टीकुला—[देशज] *पु॰* एक प्रकार की घास जिसका फूल सफ़ेद होता है।

***टीकी**—[< हि॰ टीका] *स्त्री॰* १. (माथे की) बिन्दी। टिकली। २. टिकिया। ३. शिखा। चोटी।

टीडरि—[देशज] *स्त्री॰* बाल्टी।

टीडू—[देशज] *स्त्री॰* एक चिड़िया जो 'बया' के आकार की होती है और 'चींअ-चींअ' बोलती है।

टीप—[< हि॰ टीपना] *स्त्री॰* १. दीवार/फ़र्श की ईंटों की सन्धियों/दराज़ों में मसाला भरने का काम। २. धीरे-धीरे ठोंकने/दबाने की क्रिया। हल्का आघात। ३. (सिर पर) हथेली का हल्का आघात। ***जैसे***—सिर पर टीप लगाना। ४. स्मरणार्थ संक्षेप में लिखी कोई बात/सूचना आदि। टिप्पण। ५. (किसी लिखी बात की) नक़ल। ६. पंजी आदि में स्मरणार्थ या हिसाब रखने के लिए की गयी प्रविष्टि। ७. लेन-देन का काग़ज़ जिसमें सम्बन्धित बातें लिखी हों। दस्तावेज़। ८. हुंडी। चेक (अ॰)। ९. जन्मपत्री। टीपन। (संगीत॰) १. तारसप्तक। २. तान। आलाप। ***जैसे***—टीप लड़ाना (= ऊँचे स्वर में गाना)।

टीप-टाप—[हि॰ टीप + अनु॰] *स्त्री॰* १. दीवार/फ़र्श पर टीप करने का काम। २. टीम-टाम। (दे॰) ***वा॰* टीप-टाप करना**—१. थोड़ा सुधार या मरम्मत करना। २. सजावट करना।

ǀटीपन—[< स॰ टिप्पण] *पु॰* जन्मपत्री।

टीबा—*पु॰* ≤ *हि॰* टीला।

टीम-टाम—[देशज] १. ऊपरी/बाहरी सजावट। २. तड़क-भड़क। ३. आडम्बर। दिखावा।

टील—[देशज] *स्त्री॰* उपवनों में पेड़ों के ऊपर रहनेवाली एक चिड़िया जो 'बया' के आकार की तथा पीले और लाल रंग की होती है।

टीसा—[देशज] *पु॰* चील के आकार की एक शिकारी चिड़िया जिसकी पीठ कत्थई रंग की होती है और पंख भूरे रंग के।

टुक—[< स॰ स्तोक] *वि॰* थोड़ा। ***जैसे***—बहुत खिचड़ी में भी टुक नमक ही पड़ता है। *क्रिवि॰* तनिक। ज़रा। ***जैसे***—टुक रुको। *पु॰* खंड। टुकड़ा। टूक।

टुकड़ख़ोर—[< हि॰ टुकड़ा + फा॰ ख़ोर] *वि॰* माँग-माँग कर टुकड़े खानेवाला। *पु॰* भिखारी।

टुकड़तोड़—[< हि॰ टुकड़ा + तोड़ना] *वि॰* दूसरे पर आश्रित होकर जीनेवाला। *पु॰* पराश्रित व्यक्ति।

टुकुर-टुकुर—[< हि॰ टक] *क्रिवि॰* १. लालच-भरी दृष्टि से एकटक (देखना)। २. विवशता की दशा में एकटक (देखना)। ***वा॰* टुकुर-टुकुर ताकना/देखना**—ललचाई दृष्टि से या विवशता की दशा में एकटक देखना।

टुक्का—[< हि॰ टूक] *पु॰* १. किसी वस्तु का चतुर्थ भाग। चतुर्थांश। २. बहुत छोटा टुकड़ा। टूक। ***वा॰* टुक्का-सा जवाद देना**—स्पष्ट इनकार करना। **टुक्का-सा मुँह लेकर रह जाना**—लज्जित होना।

टुगर-टुगर**—[< हि॰ टुकुर-टुकुर]। *क्रिवि॰* टकटकी लगाकर। ***जैसे—टुगर-टुगर देखता रहा।

ǀटुङ्ग (टुंग)—[< स॰ तुङ्ग] *वि॰* ऊँचा। *पु॰* पर्वत की गोल चोटी।

टुच्चा—[< स॰ तुच्छ] *वि॰* १. तुच्छ। हेय। क्षुद्र। ***जैसे***—टुच्चा व्यवहार। २. नीच। दुष्ट। ***जैसे***—टुच्चा आदमी। ३. अनुचित या ओछा। ***जैसे***—टुच्चा भाषण। ४. (वस्त्र आदि) जिसकी लम्बाई आदि साधारण से कम हो। ***जैसे***—टुच्चा कुरता पहनकर। ✣ **टुच्चापन**—*पु॰* = १. तुच्छता। २. नीचता। ***जैसे***—हर बात में टुच्चापन। ✣ **टुच्ची**—*वि॰ (स्त्री॰)*। ***जैसे***—टुच्ची औरत; टुच्ची राजनीति।

टुटनी—[< हि॰ टोंटी] *स्त्री॰* १. छोटी टोंटी। २. गडुवे की नली।

टुटपूँजिया—[< हि॰ टूटी + पूँजी] *वि॰, पु॰* बहुत थोड़ी पूँजी वाला (व्यक्ति)।

टुरबरी, टुरवरी—[देशज] *स्त्री॰* 'चुपका' नामक चिड़िया।

टुटरूँ—[< हि॰ टुटरूँ-टूँ] *स्त्री॰* फ़ाख़्ता (पक्षी)।

टुड़ी—[< स॰ तुण्डि] *स्त्री॰* नाभि। टुंडी।

टुण्डी[१] (टुंडी[१])—[< स॰ तुण्डि] *स्त्री॰* नाभि। टुड़ी।

ǀटुण्डी[२] (टुंडी)[२]—[देशज] *स्त्री॰* भुजा। मुश्क। ***जैसे***—टुंडियाँ बाँधना।

टुण्टा (टुंटा)—[< प्रा॰ टुंट] *वि॰* १. (मनुष्य) जिसका हाथ कट गया हो। छिन्नहस्त। २. (पशु) जिसका सींग नष्ट हो गया हो। छिन्नशृंग। ३. ठूँठ (वृक्ष)। *पु॰* १. लूला मनुष्य। २. छिन्नशृंग पशु। ✣ **टुण्टी (टुंटी)**—*वि॰ (स्त्री॰)*। ***जैसे***—टुंटी स्त्री; टुंटी भेड़।

टुण्डी (टुंडी)—[< स॰ तुण्डि] *स्त्री॰* नाभि। टुड़ी।

टुनगा—[< स॰ तनु ~ अग्र] *पु॰* पौधों/पेड़ों की टहनी का अग्र भाग। फुनगी। ✣ **टुनगी**—*स्त्री॰* = फुनगी।

ǀटुन्ना—[< स॰ तुण्ड] *पु॰* कमल या पौधों आदि का नाल जिसमें फल लटकते हैं।

ǀटुपकना—[देशज] *क्रिअ॰* १. जन्तुओं का धीरे-से काटना या डंक मारना। २. सीधे बनकर ऐसी बात कहना जो किसी को हानिकर हो या झगड़ा कराने वाली हो।

टुप-टुप—[< हि॰ टप-टप] *क्रिवि॰* (फल आदि का एक-एक कर) गिरने का शब्द। टप-टप।

ǀटुरा—[देशज] *पु॰* लड़का। बच्चा। टुर्रा। ✣ **टुरिन/टुरिया**—*स्त्री॰* = लड़की। बच्ची। टुरी।

टुरूमर्टी—[देशज] *स्त्री॰* छोटी सुन्दर बाज़ चिड़िया जिसका सिर लाल-भूरे रंग का होता है और जो ऊँचे स्वर में कूकती है।

टुँड़ी—[< स॰ तुण्डि] *स्त्री॰* नाभि। टुड़ी।

टूक—[< स॰ स्तोक] *पु॰* खंड। टुकड़ा। ✣ **टूक-टूक**—टुकड़े-

टुकड़े। **वा॰ टूक-टूक करना**—१. तोड़ देना। २. नष्ट कर देना। **दो टूक जवाब देना**—थोड़े शब्दों में और स्पष्ट रूप से मना कर देना।

टूकटाक—[हि॰ टूक + अनु॰] *पु॰* (उपेक्षापूर्वक कथन में) कुछ टुकड़े।

टूम[१]—[< हि॰ टुन-टुन] *स्त्री॰* १. आभूषण। गहना। २. शृंगार। सजावट। ✣ **†टूम-छुल्ला**—*पु॰* = छोटे-छोटे गहनों का सामूहिक नाम। ✣ **टूम-टाम**—*पु॰* = आभूषण और शृंगार की वस्तुएँ।

†टूम[२]—[देशज] १. बहुत चतुर/चालाक व्यक्ति। अति धूर्त व्यक्ति। २. संकेत के रूप में दिया जाने वाला हल्का आघात/झटका। ***जैसे***—कबूतर को उड़ाने से पहले टूम देना।

टूली—[देशज] *वि॰; पु॰* लाल (रंग)।

†टूँक—[< हि॰ टूक] *पु॰* १. कपड़े का छोटा टुकड़ा जो एक-दो बालिश्त का हो। टुकेला। २. रोटी का बहुत छोटा टुकड़ा जो चौथाई भाग से भी कम हो।

टूँगना—[< हि॰ टुनगा] *क्रिस॰* १. (पशु का) टहनी के सिरे की पत्तियों को कुतरना। २. अरुचिपूर्वक खाना। ३. (व्यंग्य॰) बहुत थोड़ा-थोड़ा और बहुत धीरे-धीरे खाना।

टूँड़/टूँड़ा—[< स॰ तुण्ड] *पु॰* १. फ़सल की बाल के ऊपर की सुई जैसी नुकीली पतली वस्तु। ***जैसे***—गेहूँ की बाल की टूँड़/टूँड़ा। २. कन्दों/फलों के अगले भाग की नोक। ३. किसी वस्तु की पतली लम्बी नोक। ४. नाभि।

टेक—[< हि॰ टेकना] *स्त्री॰* १. टेकने की क्रिया/भाव। २. किसी वस्तु को गिरने/लुढ़कने आदि से बचाने के लिए सहारा देने वाली वस्तु। ***जैसे***—घड़े के नीचे टेक लगा दी। २. थूनी। थम्भ। चाँड़। ३. उठने-बैठने में सहारा देने वाली वस्तु। ***जैसे***—दीवार की टेक लेकर बैठना। ४. आश्रय। आधार। सहारा। ५. निश्चय। संकल्प। ६. दृढ़ आग्रह। हठ। ज़िद। ७. स्वभाव। आदत। ९. (साधुओं की) अधारी। १०. उपाय। मार्ग। (संगीत॰) गीत की प्रथम पंक्ति जो शेष पंक्तियों से छोटी होती है और दुहरायी जाती है। ध्रुवपद। **वा॰ टेक छोड़ना**—१. प्रण छोड़ना। २. हठ छोड़ना। **टेक निबाहना/निभाना**—प्रतिज्ञा/संकल्प पूरा करना। **टेक पकड़ना/चलाना/गहना**—१. हठ करना। २. प्रतिज्ञा करना। **टेक रहना**—१. कही हुई बात या ज़िद पूरी होना। २. टेक का निर्वाह होना।

टेकड़ी—[< हि॰ टेकरी] *स्त्री॰* छोटी पहाड़ी या टीला। टेकरी।

टेकन—[< हि॰ टेकना] *स्त्री॰* टेक। थूनी। चाँड़।

टेकरा—[< प्रा॰ टेक्कर] *पु॰* छोटी पहाड़ी या टीला। ✣ **टेकरी**—*स्त्री॰* = टेकरा।

***टेकला**—[< हि॰ टेक] *स्त्री॰* १. दृढ़ निश्चय/संकल्प/टेक। २. धुन। रट।

***टेकी**—[< हि॰ टेक] *वि॰* हठी। ज़िद्दी।

टेना—[देशज] *क्रिस॰* १. धार तेज़ करने के लिए पत्थर पर रगड़ना। २. धार तेज़ करना। ***जैसे***—उसने छुरी टेई और बालिका को डराया। ३. मूँछें ऐंठना। ***जैसे***—वह मूँछें टे रहा था।

†टेनी—[देशज] *स्त्री॰* १. हाथ की सबसे छोटी उँगली। २. छोटे क़द का मनुष्य।

टेन्डर (टेंडर)—[अ॰] *पु॰* ठेकेदार द्वारा दिया जाने वाला वह पत्र जिसमें कार्य के लिए समय की अवधि, माँगी गयी धनराशि इत्यादि का उल्लेख होता है। निविदा।

टेरा—[देशज॰] *पु॰* १. वृक्ष का तना। २. वृक्ष की शाखा।

टेराकोटा—[इतालवी] *पु॰* १. पकी हुई मिट्टी जिससे मिट्टी के बर्तन, छोटी मूर्तियाँ, साँचे आदि बनाए जाते हैं। २. पकी हुई मिट्टी के बर्तन। पक्व मृद्भांड। ३. पकी हुई मिट्टी की छोटी मूर्ति। लघु मृण्मूर्ति।

टेलिलाइट—[अ॰] *स्त्री॰* (दूरदर्शन स्टूडियो आदि में) कैमरे के चित्रों का प्रसारण या आलेख में उपयोग होते समय जलती रहनेवाली एक लाल रंग की छोटी-सी रोशनी जो कैमरे के ऊपरी भाग पर रहती है। ● **विशेष**—'टेलिलाइट' कलाकार के सूचनार्थ होती है।

टेली—[< अ॰ टेलि] *उपसर्ग॰* दूर। ***जैसे***—टेलीफ़ोन। ● **विशेष—अँग्रेज़ी से आगत टेलिग्राफ़, टेलिग्राम इत्यादि शब्दों को हिन्दी में 'टेली' उपसर्ग के साथ प्रयुक्त किया जाता है (टेलीग्राफ़, टेलीग्राम इत्यादि)। इनके अर्थ के लिए दे॰ ऊपर दिए गए विविध शब्द।**

टेलेक्स—[अ॰] *पु॰* टेलिप्रिन्टर से सन्देश (या समाचार) भेजने की प्रणाली।

टेव—[< हि॰ टेक] *स्त्री॰* १. स्वभाव। प्रकृति। ***जैसे***—लड़ने की टेव। २. आदत। ***जैसे***—बुरी टेव पड़ जाना।

टेवा—[< स॰ टिप्पण] *पु॰* छोटी जन्मपत्री। जन्मकुंडली।

टेवैया—[देशज] *वि॰* १. (चाक़ू आदि की धार को) तेज़ करनेवाला। २. (मूँछें) ऐंठनेवाला।

टेसू—[< स॰ किंशुक] *पु॰* १. पलाश/ढाक का वृक्ष और उसका फूल। २. शारदीय नवरात्र के दिनों का लड़कों का एक उत्सव। ३. उक्त उत्सव के गीत विशेष।

टेहरी—[देशज] *स्त्री॰* कुररी (पक्षी)।

टैंट[१] **(टेंट**[१]**)**—[< स॰ तट + हि॰ ऐंठ] *स्त्री॰* (धोती पहनने में) धोती की कमर में लपेट। फेंट। ● **विशेष**—टेंट में रुपए-पैसे भी रखे जाते हैं। **वा॰ टेंट का दुर्बल**—निर्धन। **टेंट गरम होना**—धन प्राप्त होना। **टेंट ढीली कराना**—ख़र्च कराना। **टेंट में कुछ होना**—अपने पास धन होना।

टैंट[२] **(टेंट**[२]**)**—[< स॰ तुण्ड] *स्त्री॰* १. कपास का फल जिसमें कपास चमकने लगी हो। २. करील वृक्ष या उसका फल। टेंटी। ३. एक नेत्र-रोग। बड़ी और ऊपरी उठी हुई फुली। ४. घोड़े का एक नेत्र-रोग जिसमें आँख में मांस की गोली-सी उठी हुई होती है। नाख़ूना।

टैंट[३] **(टेंट**[३]**)**—[< हि॰ ऐंठ] *स्त्री॰* घमंड या अकड़। ***जैसे***—हर समय टेंट दिखाना।

टैंटा (टेंटा)—[देशज] *पु॰* बगुले-जैसा एक बड़ा पक्षी जो चितकबरा होता है।

टैंटी[१] (टेंटी[१])—[देशज] *स्त्री॰* करील वृक्ष का फल जो गोली-जैसा होता है।

टैंटी[२] (टेंटी[२])—[< हि॰ टेंट[३]] *वि॰* १. घमंडी या अकड़बाज़। २. हठी और झगड़ालू।

टैंटुआ (टेंटुआ)—[देशज] *पु॰* मुँह के नीचे गले का ऊपरी भाग। स्वरयन्त्र। **वा॰ टेंटुआ दबाना**—१. बोलने की स्वतन्त्रता न देना। २. गला घोंटकर मार देना।

***टैंटू[१] (टेंटू[१])**—[< स॰ टुण्डक] *स्त्री॰* सोनापाठा नामक वृक्ष।

***टैंटू[२] (टेंटू[२])**—[< हि॰ टैंट[३] (= घमंड या अकड़)] *वि॰* हठी और झगड़ालू।

टैग—[अ॰] *पु॰* काग़ज़ों को पिरो कर रखने की छोटी-सी डोरी या कड़ा नुकीला तार।

†टैना—[देशज] *पु॰* १. भेड़-बकरियों का झुंड। खेड़। ***जैसे***—भेड़ों के टैनों का जंगल में चरने जाना। २. बैलों का एक रोग। बैल की टाँग की कोई नस उतरे जाने का रोग। ३. खेतों/क्यारियों में पशु-पक्षियों को डराने के लिए खड़ी की जाने वाली आकृति। बिजूका।

टैनी—[देशज] *वि॰* छोटे क़द का। *पु॰* छोटे क़द का गोल कबूतर। *स्त्री॰* छोटे क़द की देशी नस्ल की मुर्ग़ी।

टैया—[देशज] *पु॰* १. बड़ी कौड़ी। २. अक्षिगोलक। *वि॰* नाटे क़द का और हृष्ट-पुष्ट (व्यक्ति)।

टोए—[< हि॰ टोहना] *क्रिवि॰* १. टोहने/खोजने पर। २. समझने पर।

टोक—[< स॰ स्तोक] *पु॰* बोला हुआ अक्षर/शब्द या छोटा वाक्य। ***जैसे***—मुँह से एक टोक भी न निकालना। *स्त्री॰* १. टोकने की क्रिया/भाव। २. बोलनेवाले को बीच में रोककर कही या पूछी जाने वाली छोटी-सी बात। ३. प्रश्न आदि के द्वारा किसी कार्य में बाधा। ४. किसी के काम में अनिष्ट/विघ्न करनेवाला कथन। ***जैसे***—कुछ लोगों की टोक बहुत बुरी होती है। ५. शिशु/बाल के लिए किसी का अनिष्टकारक कथन जो बुरी नज़र के समान बुरा प्रभाव डालता है। ***जैसे***—उसकी टोक से मेरा बच्चा बीमार पड़ गया है। ६. निषेध। मनाही। रोक। ***जैसे***—वहाँ जाने की टोक है। **वा॰ टोक में आना/पड़ना**—(बालक आदि का) अनिष्टकारक प्रभाव वाली बात कहनेवाले या बुरी नज़र वाले व्यक्ति के सामने पड़ जाना।

टोकनी—[< हि॰ टोकना[२]] *स्त्री॰* १. टोकरी। २.पानी रखने का छोटा पात्र। ३. पतीली। बटलोई। २. भिक्षा-पात्र।

†टोकारा—[< हि॰ टोक] *पु॰* १. सावधान करने के लिए टोककर कही गयी बात। २. उक्त उद्देश्य से किया जाने वाला संकेत। ***जैसे***—गाल पर टोकारा देना।

टोकिन—[< अ॰ टोकन] *पु॰* १. सिक्के जैसा धातु का टुकड़ा जो कुछ मशीनों में डालने के लिए या बैंकों में प्रयुक्त होता है। २. चिह्न, प्रतीक या संकेत। *वि॰* सांकेतिक। चिह्न-स्वरूप। ***जैसे***—टोकिन हड़ताल।

टोट**—[< स॰ √त्रुट्] *स्त्री॰* १. टोटा। कमी। २. हानि। घाटा। ***जैसे—व्यापार में टोट।

टोटका—[< स॰ त्रोटक] *पु॰* किसी बाधा के दूर होने, किसी इच्छा के पूर्ण होने, किसी को वश में करने या हानि पहुँचाने आदि के लिए किए जाने वाला तान्त्रिक प्रयोग। अभिचार। जादू-टोना। **वा॰ (किसी के घर) टोटका करने आना**—नाममात्र के लिए थोड़ी देर के लिए आना। **टोटका-सा होना**—१. किसी काम का बहुत शीघ्र हो जाना। २. जादू जैसा आश्चर्यजनक परिवर्तन/प्रभाव होना।

टोटम—[अ॰] *पु॰* किसी कबीले/वर्ग/समाज में प्रचलित पशु/पक्षी का चिह्न जिसे कुल-चिह्न, परिवार-चिह्न या गण-चिह्न माना जाता है।

टोड[१]—[< स॰ तुण्ड] *पु॰* उदर। पेट।

टोड[२]—[< अ॰] *पु॰* मेंढक-जैसा एक जीव जो कभी-कभी भूमि पर भी रहता है। भेक।

टोडर—[देशज] *पु॰* (स्त्रियों का) हाथ का एक आभूषण।

टोड़ा—[< स॰ तुण्ड] *पु॰* (पुरा॰) प्राचीन शैली के भवनों में विशेष प्रकार के पाषाणखंड/काष्ठखंड जो दीवार में गाड़े जाते हैं और आगे बढ़े छज्जे को साधते हैं।

टोडिक—[< हि॰ टोड < स॰ तुण्ड] *वि॰* सदा उदर-पूर्ति की चिन्ता में लगा रहने वाला। पेटू।

टोडी[२]/टोड़ी—[< स॰ त्रोटकी] *स्त्री॰* (संगीत॰) एक रागिनी जिसे गाने का समय प्रातःकाल है।

†टोडी[२]—[निमाड़ी] *स्त्री॰* (स्त्रियों का) गले में पहनने का एक फूलदार आभूषण।

†टोर—[देशज] *स्त्री॰* कटारी।

†टोरिया/टौरिया—[बुन्देल॰] *स्त्री॰* छोटी पहाड़ी।

†टोरी—[बुन्देल॰ < स॰ तोलिका] *स्त्री॰* मोहल्ला।

टोला—[< स॰ तोलिका] *पु॰* छोटी बस्ती। मुहल्ला।

टोली—[< स॰ टोलिका] *स्त्री॰* मंडली। समूह। टोली। टोला। झुंड। ***जैसे***—सखियों की टोली।

टोसा—[< फा॰ तोशः] *पु॰* यात्री के साथ रहनेवाला भोजन। पाथेय। सम्बल।

टोह—[देशज] *स्त्री॰* १. टोहने की क्रिया या भाव। टटोल। २. अनुसन्धान। खोज। ३. किसी अज्ञात बात की कुछ जानकारी। थाह। पता। **वा॰ टोह मिलना**—पता चलना। **टोह में रहना**—खोज में रहना। **टोह रखना**—ख़बर लेना। **टोह लगाना/लेना**—पता लगाना। खोज-ख़बर लेना।

टौंच (टोंच)—[< हि॰ टौंचना] *स्त्री॰* १. टौंचने की क्रिया/भाव। २. सिलाई का टाँका। सिलाई।

[1]टौर—[< हि॰ टौरना] *स्त्री॰* १. टौरने की क्रिया/भाव। २. किसी बात की खोज होने पर मिलनेवाली जानकारी। खोज से लगा पता। ३. ठीक अवसर। घात। दाँव।

टौरना—[देशज] *क्रिस॰* १. परीक्षण/जाँच करना। परखना। २. खोज करना। पता लगाना।

टौरिया—[बुन्देल॰] *स्त्री॰* छोटी पहाड़ी। टेकरी।

टौंस—[< स॰ तमसा] *स्त्री॰* तमसा (नदी)।

ट्रङ्क (ट्रंक)—[अ॰] *पु॰* लोहे या टीन का कपड़े आदि रखने का सन्दूक़। बक्सा।

ट्राफ़ी—[< अ॰ ट्रोफ़ि] *स्त्री॰* १. विजय की निशानी। २. वीरता/कौशल के प्रदर्शन पर दिया गया उपहार/पुरस्कार।

ट्राम—[अ॰] *स्त्री॰* (कुछ नगरों में) बिजली से सड़कों पर बिछी पटरी पर चलनेवाली छोटी यात्रा-गाड़ी।

ट्रिब्यूनल—[अ॰] *पु॰* (प्रशा॰) न्यायाधिकरण।

ट्रेज़री—[< अ॰ ट्रेज़रि] *स्त्री॰* १. कोषागार। ख़ज़ाना। २. राजकीय कोषागार। सरकारी ख़ज़ाना।

ट्रेड मार्क—[अ॰] *पु॰* (वाणि॰) माल की गुणवत्ता और उत्पादक के नाम का बोध कराने के लिए उत्पादक द्वारा माल पर छापा गया कोई विशेष चिह्न, चित्र, नाम आदि। व्यापारिक चिह्न। छाप। मार्का।

ट्रेलर—[अ॰] *पु॰* १. किसी गाड़ी के पीछे जोड़ी गयी बिना इंजन की छोटी गाड़ी। अनुयान। २. (सिनेमा में) झलक चलचित्र। मुख्य फिल्म के पहले दिखायी जाने वाली किसी आने वाली फ़िल्म की झलकियाँ। ट्रेलर। (अ॰)

ट्रेसिंग पेपर—[अ॰] *पु॰* = अनुरेखित करने का बहुत झीना काग़ज़।

ट्रैक्ट—[अ॰] *पु॰* (किसी सामाजिक, धार्मिक या राजनीतिक विषय पर लघु निबन्ध के रूप में लिखी गयी) पुस्तिका।

ठ

देवनागरी वर्णमाला में टवर्ग का दूसरा व्यंजन। (भाषाविज्ञान की दृष्टि से) यह मूर्धन्य, स्पर्श, अघोष तथा महाप्राण ध्वनि है। ● **विशेष**—१. 'ठ' के व्यंजन-गुच्छ बहुत कम बनते हैं। 'ठ' के बाद आए 'य' से बना संयुक्त रूप 'ठ्य' होता है (काष्ठ्य, पाठ्य)। २. 'ठ' का द्वित्व नहीं होता। ३. 'ठ' से पहले आकर उससे संयुक्त होनेवाले व्यंजन केवल 'ट' और 'ण' हैं। जिनके संयुक्त रूप '**ट्ठ**' और '**ण्ठ**' हैं ('लट्ठ', 'कण्ठ')। '**कण्ठ**' को '**कंठ**' लिखना भी प्रचलित है। 'कंठ' में शिरोरेखा के ऊपर लगी बिन्दी को अनुनासिक-चिह्न या 'न्' या 'म्' नहीं समझना चाहिए। यह बिन्दी 'ण' के स्थान पर मुद्रण आदि की सुविधा के लिए ही प्रयुक्त होती है।

ठ—[ट—पूषो॰] *पु॰* १. ध्वनि। रव। २. चन्द्रमंडल। ३. सूर्यमंडल। ४. वृत्त। ५. शून्य। ६. मूर्ति। ७. देव। ८. शिव। महादेव।

***ठई**—[< हि॰ ठयना] *क्रिस॰* ठयना क्रिया का एक भूतकालिक रूप। (दे॰ ठयना)। *जैसे*—मूर्ति ठई (= स्थापित की)।

ठए[2]—[< हि॰ ठगे] *क्रिअ॰* धोखा दिया। ठगे।

ठकठौआ[1]—[< हि॰ ठक + ठोंकना] *पु॰* १. एक वाद्य। करताल। २. करताल बजाकर भिक्षा माँगनेवाला।

ठकठौआ[2]—[देशज] *स्त्री॰* एक प्रकार की छोटी नाव। डोंगी। पनसुइया।

***ठकना**—[< हि॰ टिकना] *क्रिअ॰* सहारा लगाकर बैठना। टिकना। *क्रिअ॰* टेकना। टिकाना।

***ठका**—[< हि॰ ठक] *पु॰* धमाका। धड़ाका।

ठकुरसुहाती—[< हि॰ ठाकुर + सुहाना] *स्त्री॰* १. स्वामी या किसी व्यक्ति को पसन्द आनेवाली बात। मुँहदेखी बात। प्रसन्न करने वाली बात। २. चापलूसी-भरी बात। चाटुकारिता। लल्लो-चप्पो। ***वा॰* ठकुरसुहाती कहना**—चापलूसी करना।

†**ठकोरी**—[< हि॰ ठेकना] *स्त्री॰* वह लकड़ी जिसे टेकते हुए कोई चलता हो। चलते समय सहारा देनेवाली लकड़ी।

ठक्कुर—[प्रा॰, स॰] *पु॰* १. देवता। २. देव-प्रतिमा। ३. मैथिल ब्राह्मणों की एक उपाधि। *जैसे*—लेखक गोविन्द ठक्कुर।

ठगण—[स॰ ठ ~ गण] *पु॰* (छन्द॰) पाँच मात्राओं का एक गण।

***ठगमूरि/ठगमूरी**—[< हि॰ ठग + स॰ मूल] *स्त्री॰* कोई नशीली जड़ी जिसे यात्रियों को मूर्छित करने के लिए ठग प्रयुक्त करते हैं।

ठगिया—[< हि॰ ठगना] *पु॰* ठग।

***ठगोर**—[< हि॰ ठगोरी] *पु॰* १. जादू। टोना। २. ठगोरी।

ठगोरी/ठगौरी—[< स॰ ठक ~ पुटी/कवल] *स्त्री॰* १. ठग द्वारा यात्री आदि को मूर्छित करने के लिए प्रयुक्त विषैला खाद्य। २. ठगने की क्रिया/भाव। ठग-विद्या। ३. ठगाई। ठगी। छल। धोखा। ४. ऐसी वस्तु/बात/काम जिससे किसी को ठगा जाए। ५. अचेत करनेवाली बात/शक्ति। ६. जादू। टोना। ७. मोहिनी शक्ति। ८. माया। ***वा॰* (किसी पर) ठगौरी डालना/लाना**—१. ठगना। २. जादू करना। ३. बहकाकर अपने वश में करना। ४. सौन्दर्य आदि से मोहित/अनुरक्त करना।

ठट/ठट्ट—[< प्रा॰ थट्ट] *पु॰* १. समूह। झुंड। २. ठाठ। ✣ **ठट के ठट, ठट्ट के ठट्ट**—झुंड के झुंड। बहुत से। ***वा॰* ठट्ट लगना**—वस्तुओं/लोगों का जमा होना। ढेर/भीड़ लगना।

ठटगर—[< हि॰ ठटना] *वि॰* १. उपद्रवी। ऊधमी। नटखट। २. कुपात्र।

ठटा—[< हि॰ ठट] *पु॰* समूह। झुंड।

ठट्ठ—[< प्र॰ थट्ट] *पु॰* समूह। झुंड।

ठट्ठा[1]—[< प्रा॰ थट्ट] *पु॰* १. समूह। झुंड। २. भीड़।

ठट्ठा[2]—[< स॰ अट्टहास] *पु॰* १. बहुत जोर की हँसी/ठहाका। अट्टहास। २. उपहास। मज़ाक़। ***वा॰* ठट्ठा मारना/लगाना**—१. अट्टहास करना। २. (किसी का) उपहास करना। मज़ाक उड़ाना। **ठट्ठे में उड़ाना**—कुछ महत्त्व न देना।

ठठ—*पु॰* ≤ *हि॰* ठट्ठ। समूह। झुंड।

ठठना[1]/ठटना—[< हि॰ ठाठ] *क्रिअ॰* १. ठाठ से होना। सज्जित होना। २. स्थित/खड़ा रहना। ३. किसी वस्तु का अन्दर घुसकर रह जाना। ४. अड़ना। ५. निश्चित होना। एकचित्त होना। *क्रिस॰* १. सज्जित करना। सजाना। २. स्थित/खड़ा करना। ठहराना। ३. निश्चित करना। ४. बनाना।

ठठना[2]—[< हि॰ ठठ] *क्रिस॰* ठठ बनाना। दल या समूह बनाना।

ठठनि—[< हि॰ ठठना] *स्त्री॰* १. ठठने की क्रिया/भाव। २. सज्जा। सजावट। ठाठ। ३. रचना का प्रकार। ढंग। बनावट।

ठठाना[1]—[< हि॰ ठकठकाना] *क्रिस॰* १. आघात करना। पीटना। २. (किसी को) बहुत मारना-पीटना।

ठठाना[2]—[< हि॰ ठट्ठा] *क्रिअ॰* अट्टहास करना। ज़ोर से हँसना। ठहाका लगाना। ✣ **ठठाइ**—*क्रिवि॰* = ठहाका लगाकर।

ठठाना[3]—[< हि॰ ठाठ] *क्रिअ॰* बहुत ठाठ से होना। अधिक होना। *जैसे*—भ्रष्टाचार सर्वत्र ठठाया हुआ है।

ठठिया—[देशज] *स्त्री॰* (राजस्थान की) एक प्रकार की भाँग।

ठठुआ—[देशज] *पु॰* एक प्रकार का मोटा कपड़ा।

ठठेरा—[< प्रा॰ ठट्‌ठार] *पु॰* १. धातु के बर्तन बनाने वाला। कसेरा। २. एक चिड़िया जिसकी चोंच काली होती है, पंजे लाल होते हैं तथा पीठ और पंखों का रंग धानी होता है। ***वा॰* ठठेरे की बिल्ली**—बहुत निर्लज्ज व्यक्ति जिस पर किसी बात का प्रभाव ही न पड़े। **ठठेरे-ठठेरे बदलाई होना**—धूर्तता और शक्ति में समान प्रकार के दो व्यक्तियों का परस्पर समान प्रकार का व्यवहार होना। ⁘ **ठठेरिन**—*स्त्री॰* = १. ठठेरे की पत्नी। ठठेरी। कसेरिन। २. ठठेरे का व्यवसाय करनेवाली स्त्री।

ठनकार—[अनु॰] *स्त्री॰* १. ठनक। २. तबला या मृदंग आदि की सुरीली ध्वनि। ३. धातु के टुकड़े आदि को बजाने से उत्पन्न ध्वनि।

ठनगन—[< हि॰ ठन + अनु॰] *पु॰* १. (पति आदि के प्रति) हाव-भावों का प्रदर्शन। २. नख़रे। ३. यजमान आदि से पुरोहित या नेग लेनेवाले नाई का कुछ अधिक धन पाने के लिए आग्रह।

ठनना—[< हि॰ ठानना] *क्रिअ॰* १. (किसी कार्य का) उत्साहपूर्वक ज़ोर-शोर से या दृढ़तापूर्वक आरम्भ होना। ***जैसे***—युद्ध ठन गया। २. मन में किसी विचार का निश्चित होना। मन में कोई बात जमना। संकल्प होना। ३. (किसी काम को करने के लिए) उद्यत/तैयार होना। ४. होने लगना। होना। ***वा॰* ठन जाना**—झगड़ा/लड़ाई आरम्भ हो जाना।

ठना—[< हि॰ ठनना] *वि॰* १. उद्यत। तैयार। २. सज्जित। सजा हुआ। ***जैसे***—बना-ठना युवक। ⁘ **ठनी**—*वि॰ (स्त्री॰)*। ***जैसे***—बनी-ठनी युवती।

***ठबकना**—[अनु॰] *क्रिअ॰* ज़ोर से पाँव पटकना।

ठमक—[अनु॰] *स्त्री॰* १. चलते-चलते अचानक रुक जाने की क्रिया/अवस्था/भाव। २. चलने की ठसक। ठुमक।

ठमका—*पु॰* ध्वनि। झंकार।

ठमकाना[1]—[< हि॰ ठमकना[1]] *क्रिस॰* १. किसी चलते-चलते या काम करते व्यक्ति से कुछ कहना जिससे वह कुछ देर के लिए रुक जाए या काम रोक दे। २. ठसक के साथ अंग चलाना।

ठमकाना[2]—*क्रिस॰* १. 'ठम-ठम' शब्द/ध्वनि उत्पन्न करना। २. बजाना। ***जैसे***—ढोलक ठमकाना।

***ठमूकड़ा**—[< स॰ स्तम्भ] *वि॰* स्थिर। क्रिया-शून्य।

ठयना**—[< प्रा॰ ठव < स॰ स्थापन] *क्रिस॰* १. स्थापित/स्थित करना। ठहराना। २. प्रयोग में लाना। लगाना। ३. निश्चित करना। ठानना। ४. करना। ५. बनाना। *क्रिअ॰* १. स्थापित/स्थित होना। ठहरना। २. प्रयोग में आना। लगना। ३. निश्चित होना। ठनना। ३. निश्चित होना। ठनना। ४. होना। ***जैसे—हानि ठयना। ⁘ **ठई**—*क्रिस॰* = १. स्थिर की। ठहरायी। २. स्थापित की। रखी। ३. आरम्भ की या बनायी। ४. ठान लिया। १. *क्रिअ॰* = १. स्थित हुई। ठनी। २. पहुँची। *स्त्री॰* = दशा, अवस्था या स्थिति।

***ठये/ठए**—[< हि॰ ठयना] *क्रिस॰* = १. 'ठयना' क्रिया का एक भूतकालिक बहुवचन रूप। २. स्थिर किए। ठहराए। ३. स्थापित किए। रखे। ४. बनाए या आरम्भ किए। ५. किए। ६. ठान लिए। *क्रिअ॰* = १. स्थित हुए। ठने। २. पहुँचे। ३. स्थित थे। थे।

ठवन/*ठवनि—[अप॰ < प्रा॰ ठावण < स॰ स्थापन] *स्त्री॰* १. खड़े होने, बैठने आदि का ढंग जिससे अंगों का सौन्दर्य प्रकट हो। भंगिमा। २. कोई चित्र खिंचवाने के लिए खड़े होने, उठने/बैठने के लिए बनायी गयी मुद्रा विशेष। (अ॰ पोज़) ४. अंग-संचालन का ढंग। ५. साज-सँवार। बनाव।

ठसक—[< हि॰ ठस] *स्त्री॰* १. अभिमान/गर्व की सूचक शारीरिक चेष्टा। २. नख़रा। ३. अभिमान। गर्व। शान। घमंड। ४. ठाठ-बाट। तड़क-भड़क। ***वा॰* ठसक दिखाना**—१. अभिमानपूर्ण हाव-भाव दिखाना। २. गर्वीला होना।

ठहना[1]—[ब्रज॰ < स॰ संस्थापन] *क्रिस॰* १. बनाना। सँवारना। २. रक्षा करना। बचाना।

ठहना[2]—[अनु॰] *क्रिअ॰* १. (घोड़े का) हिनहिनाना। २. घंटे आदि का शब्द होना। ठनठनाना।

***ठहना[3]**—[ब्रज॰ < हि॰ ठहरना] *क्रिअ॰* १. स्थिर हो जाना। ठहरना। २. व्याप्त होना।

***ठहर**—[< हि॰ ठहरना] *पु॰* १. स्थान। जगह। २. रसोई-घर।

ठहरना—[< अप॰ ठाहरइ < प्रा॰ ठा < स॰ स्था] *क्रिअ॰* १. गतिशील व्यक्ति/वस्तु का कहीं रुकना। ***जैसे***—रेलगाड़ी इस स्टेशन पर दो मिनट ठहरती है, चलते-चलते तुम अचानक ठहर गए। २. चलने से रुका रहना। न चलना। न जाना। ***जैसे***—रेलगाड़ी अभी पाँच मिनट और ठहरेगी। ३. यात्रा में किसी स्थान पर विश्राम के लिए कुछ समय रुकना। टिकना। ***जैसे***—साधु लोग उपवन में ठहरेंगे। ४. किसी के घर पर कुछ समय रहना। टिकना। ***जैसे***—हम वहाँ सप्ताह-भर ठहरेंगे। ५. प्रतीक्षा में कहीं रुके रहना। ***जैसे***—हनुमान् के लंका से आने तक अंगद आदि समुद्र-तट पर ही ठहरे रहे। ६. एक ही अवस्था/स्थिति विशेष में रुका/बना रहना। ***जैसे***—ज्वर ठहर गया, बढ़ा नहीं; गर्मियों में दूध अधिक नहीं ठहरता, फट जाता है। ७. (वर्षा/आँधी आदि का) थमना/रुकना। ***जैसे***—आँधी ठहर गयी। ८. बिना गिरे या झुके हुए स्थिति विशेष में बना रहना। ***जैसे***—आकाश में पहुँचकर योगी कुछ देर तक ठहरा रहा। ९. किसी आधार पर स्थित होना या टिका होना। ***जैसे***—राज्य धर्म पर ठहरता है; छत खम्भों पर ठहरती है। १०. निश्चित/पक्का होना। ***जैसे***—पुत्री का विवाह ठहरना; किराया सौ रुपए प्रति मास ठहरा। ११. निश्चित रूप से होना। ***जैसे***—आप तो अपने भाई ठहरे इसलिए आपको सच-सच बता दिया। १२. शान्ति प्राप्त करना। ***जैसे***—मन परेशान है, पता नहीं कब ठहरेगा। १३. एक ही वस्तु को या एक ही ओर कुछ देर देखना। ***जैसे***—दृष्टि ठहरना।

ठहराई—[< हि॰ ठहराना] *स्त्री॰* ठहराने की क्रिया/भाव/मज़दूरी।

ठहरौनी—[< हि॰ ठहराना] *स्त्री॰* क्रय-विक्रय या विवाह आदि से

सम्बन्धित लेन-देन का निश्चय। ठहराव। ***जैसे***—दहेज की ठहरौनी; सौदे की ठहरौनी।

ठाक—[< हि॰ ठाकना] *स्त्री॰* रोकने या मना करने की क्रिया/भाव/रोक। मनाही। ***जैसे***—ठीक-ठाक।

†ठाकना—[< प्रा॰ ठा < स॰ √स्था] *क्रिअ॰* किसी काम से रोकना या मना करना। निषेध करना।

ठाकुरचिरइया/ठाकुरचिरैया—[< हि॰ ठाकुर + चिड़िया] *स्त्री॰* श्यामा पक्षी।

ठाट[1]—[< देशी प्रा॰ थट्ट] *पु॰* समूह। झुंड। भीड़।

ठाट[2]/ठाठ—[< देशी प्रा॰ थट्ट] *पु॰* १. (किसी रचना का) आधारभूत ढाँचा। २. बाँसों आदि से तैयार किया गया छप्पर/टट्टी का ढाँचा जिसे छाया जाता है। [● **विशेष**—छप्पर को नए सिरे से बाँधना '**नव ठाट**' कहलाता है।] ३. उक्त के समान नाव आदि का ढाँचा। ४. दुपलिया छप्पर का प्रत्येक पल्ला। ५. सुख-समृद्धि और ऐश्वर्य। ***जैसे***—ठाट से रहना। ६. सेना। ७. आयोजन। व्यवस्था। प्रबन्ध। ८. सज्जा। साज। बनाव। ९. तड़क-भड़क। आडम्बर। ***जैसे***—ठाट दिखाना। (संगीत॰) राग को उत्पन्न कर सकने वाली स्वर-रचना। अनेक रागों को श्रेणीबद्ध करने में सहायक स्वर-रचना। क्रम। थाट। ● **विशेष**—'ठाट' को संस्कृत में 'मेल'/'क्रम' कहा जाता है। ठाट सदा क्रमानुसार सात स्वरों से तैयार होता है। किसी स्वर के दोनों रूप किसी थाट में कभी प्रयुक्त नहीं होते। ठाट में केवल आरोही होता है, वादी आदि नहीं। ठाट से उत्पन्न किसी प्रसिद्ध राग के नाम पर ठाट का नाम रखा जाता है। ठाट के नाम वाले रागों को '**आश्रय राग**', '**जनक राग**' या '**शुद्ध राग**' कहा जाता है। 'हिन्दुस्तानी संगीत पद्धति' में १० ठाटों के नाम इस प्रकार हैं—१. बिलावल (जिसमें शुद्ध स्वर सप्तक है), २. यमन/कल्याण, ३. ख़माज, ४. भैरव, ५. पूर्वी, ६. मारवा, ७. काफी, ८. आशावरी, ९. भैरवी, १०. तोड़ी। ● **विशेष—'ठाट' शब्द का समानार्थक 'ठाठ' शब्द संगीत॰ में प्रयुक्त नहीं होता।**

ठाटना—[< हि॰ ठाट] *क्रिस॰* १. ठाट खड़ा करना। ठाट बनाना। २. साज-सज्जा करना। सजाना। सँवारना। ३. किसी बड़े या विशेष कार्य की तैयारी करना। ४. आयोजन/प्रबन्ध करना। ५. गूँथना। ६. जोतना। ***जैसे***—गाड़ी में घोड़े ठाटना। *क्रिअ॰* १. ठाट खड़ा होना। ठाट बनना। २. सजना। सँवरना। ३. किसी बड़े या विशेष कार्य की तैयारी होना। ४. आयोजन/प्रबन्ध होना।

ठाटबन्दी (ठाटबंदी)—[हि॰ ठाट + फा॰ बन्दी] *स्त्री॰* १. ढाँचा खड़ा करना। २. आयोजन। प्रबन्ध। तैयारी।

ठाठिनि—[< हि॰ ठाठी] *स्त्री॰* नटी। अभिनेत्री।

***ठाठी**—[< हि॰ ठाठ] *पु॰* नट। अभिनेता।

ठाढ़ेश्वरी—[< हि॰ ठाढ़ा + स॰ ईश्वर] *पु॰* दिन-रात खड़े रहने के व्रती साधुओं का वर्ग।

ठादर—[देशज] झगड़ा।

ठान—[< स॰ अनुष्ठान] *स्त्री॰* १. ठानने की क्रिया/भाव। २. किसी कार्य को करने का दृढ़ निश्चय। संकल्प। हठ। ***जैसे***—शत्रुओं से युद्ध की ठान। ३. संकल्पपूर्वक या हठपूर्वक आरम्भ किया गया कार्य।

ठाम**—[< स॰ स्थान] *पु॰* १. स्थान। ***जैसे—उस ठाम बहुत वृक्ष लगे हैं। २. (लाक्षणिक) सहारे का स्थान। सहारा। ३. (शरीर की) मुद्रा। अंग-विन्यास। ठवन। ✣ **ठामहि ठाम**—*क्रिवि॰* = स्थान-स्थान पर।

ठाला—[< प्रा॰ ठलिय] *पु॰* १. अवकाश। २. बेकारी। *वि॰* १. रिक्त। ख़ाली। ***जैसे***—आत्मा के चले जाने पर ठाला शरीर। २. उद्यमहीन। निठल्ला। बेकार। ठलुआ। ख़ाली। ***जैसे***—ठाला आदमी। ***वा॰* ठाला बताना**—वास्तविक काम को न करके बेकार बातें करना। ✣ **ठाली**—*वि॰* (स्त्री॰) = १. रिक्त। ख़ाली। ***जैसे***—ठाली थाली। २. उद्यमहीन। निठल्ली। बेकार। ***जैसे***—ठाली बैठी स्त्री। ***वा॰* ठाली देना**—*दे॰* ठाला बताना।

***ठावण**—[< स॰ स्थान] *पु॰* १. स्थान। जगह। २. निवास-स्थान। ठिकाना।

†ठाह—[< स॰ स्थान] *स्त्री॰* १. स्थान। जगह। २. निवास-स्थान या टिकने का स्थान। ठिया। ३. पता। ठिकाना। ***जैसे***—किसी का ठाह-ठौर पता करना। (संगीत॰) विलम्बित लय।

ठाहना—*क्रिस॰* ≤ *हि॰* ठानना।

ठाहर—[< हि॰ ठहरना] *पु॰* १. ठहराव। २. स्थान। ✣ ***ठाहरना**—*क्रिअ॰* = ठहरना। ✣ ***ठाहरु**—*पु॰* = १. ठहराव। २. स्थान। ३. आश्रय। अवलम्ब।

***ठाँई**—[< हि॰ ठाँव] *स्त्री॰* स्थान। जगह। *क्रिवि॰* निकट। समीप।

***ठाँउँ/ठाँऊँ**—[< अप॰ ठावुँ < प्रा॰ ठाण < स॰ स्थान] *पु॰, क्रिवि॰* ठाँव। (दे॰)

ठाँह/ठाँही—[< हि॰ ठाँव] *स्त्री॰* १. स्थान। जगह। २. ठहरने/टिकने का निश्चित स्थान। ठिकाना।

ठिआ—[< प्रा॰ ठिइ] *पु॰* १. स्थान। २. ठीआ।

***ठिक[1]**—[< हि॰ टिकना] *स्त्री॰* १. स्थान। २. स्थिरता। ✣ **ठिक-ठान**—*पु॰* = १. ठौर-ठिकाना। रहने/टिकने का स्थान। अता-पता। २. दृढ़ निश्चय।

***ठिक[2]**—[< हि॰ ठीक] *वि॰* ठीक। ✣ **ठिकठैन**—*वि॰* = १. ठीक। २. उत्तम। सुन्दर। *स्त्री॰* १. सुव्यवस्था। २. आयोजन। ३. ठाठबाट। ✣ **ठिकठौर**—*पु॰* = ठीक स्थान। ठीक ठिकाना।

ठिगना—[देशज] *वि॰* छोटे क़द वाला (मनुष्य)। नाटा। ✣ **ठिगनी**—*वि॰ (स्त्री॰)* = नाटी। ● **विशेष**—कहीं-कहीं '**ठिंगना, ठिंगनी**' भी बोला जाता है।

ठिठकना—[< हि॰ ठक] १. भय/आशंका/आश्चर्य से चलते-चलते अचानक रुक जाना। २. संकोच/लज्जा के कारण आगे बढ़ने या कोई कार्य करने से अचानक रुक जाना। *वि॰* डरी हुई। भयभीत। ✣ **ठिठकान**—*स्त्री॰* = ठिठक। ✣ ***ठिठुकना**—*क्रिअ॰* ≤ *हि॰* ठिठकना।

ठिठुरन—[< हि॰ ठिठुरना] *स्त्री॰* अधिक ठंड के कारण हाथ/पाँव का सुन्न होना या उनकी सिकुड़न।

ठिया—[< प्रा॰ ठिय < सं॰ स्थित] *पु॰* १. ठिकाना। २. ठीहा।

†ठिलिया—[< हि॰ ठिल्ला] *स्त्री॰* मिट्टी का छोटा घड़ा। गगरी। मटकी।

†ठिलुआ—[< हि॰ ठिलना] *वि॰* १. जिसे ठेला जाता है। ***जैसे***—ठिलुआ गाड़ी। २. ढकेलने से चलनेवाला। ***जैसे***—ठिलुआ आदमी। ३. उद्यमहीन। बेकार। निठल्ला। ठलुआ।

†ठिल्ला—[< प्रा॰ ठाली (= हाँडी)] *पु॰* (मिट्टी का) छोटा घड़ा। गागर। ❖ **ठिल्ली**—*स्त्री॰* = छोटी गागर।

***ठिव्व**—[< प्रा॰ ठिइ] *पु॰* स्थान। जगह।

†ठिहार—[< हि॰ ठहरना] *वि॰* १. ठहरा हुआ। २. निश्चित। पक्का। ३. विश्वसनीय। प्रामाणिक। ठीक।

ठिँगना, ठिँगनी (ठिंगना, ठिंगनी)—दे॰ क्रमश: ठिगना, ठिगनी।

ठीआ—[< प्रा॰ ठिक्क] *पु॰* १. टिकने/ठहरने/रहने का स्थान। २. सानगर (औज़ारों पर सान/धार रखने वाले) के बैठकर धार धरने का स्थान। ३. सोने-चाँदी के तार खींचनेवाले का काम के लिए बैठने का छोटे चबूतरे-सा स्थान।

ठीकरा—[< प्रा॰ ठिक्करिआ] *पु॰* १. टूटे घड़े का टुकड़ा या मिट्टी के टूटे बर्तन का टुकड़ा। २. भिक्षा माँगने का पात्र। ३. (लाक्षणिक) व्यर्थ वस्तु। तुच्छ वस्तु। ४. (लाक्षणिक) रुपया (एक तुच्छ वस्तु के रूप मे)। ***जैसे***—कुछ ठीकरों के लिए अपना देश या धर्म त्यागना बेशर्मी है। ***वा॰*** **(किसी के सिर पर) ठीकरा फोड़ना/फूटना**—(निर्दोष व्यक्ति पर) कलंक या दोष लगाना। **ठीकरा समझना**—१. मूल्यहीन समझना। २. तुच्छ समझना।

ठीका—[< प्रा॰ ठियक्का < सं॰ स्थितिका] *स्त्री॰* ठहराव। निश्चय। ठेका। (दे॰) ● **विशेष**—'ठेकेदार' और 'ठेकेदारी' को पहले क्रमश: **'ठीकेदार'** और **'ठीकेदारी'** कहा जाता था।

ठीबा—[< सं॰ स्थित] *पु॰* इमारती पत्थर का वह भाग जो दीवार में दबा रहता है।

ठीया—[< प्रा॰ ठिइ] *पु॰* १. टिकने/ठहरने/रहने का स्थान। २. लकड़ी की एक वस्तु जिसमें लगाकर लकड़ी की वस्तु को खरादकर चिकना, सुडौल और चमकदार बनाया जाता है। ३. बढ़ई द्वारा प्रयुक्त गड्ढेदार लकड़ी जिसपर रखकर किसी लकड़ी को काटा/चीरा/छीला जाता है। ठीहा। ४. लुहार की गड्ढेदार लकड़ी जिसपर रखकर लोहा पीटा जाता है। ठीहा।

***ठीवन**—[< सं॰ ष्ठीवन] *पु॰* थूक। खखार।

ठुनक/ *ठुनुक—[< हि॰ ठुनकना] *स्त्री॰* ठुनकने की क्रिया/भाव। (संगीत॰) ऊँचा स्वर। तान। *क्रिवि॰* १. 'ठुन-ठुन' की ध्वनि करते हुए। २. ठुनकते हुए।

ठुनकना—[< अनु॰ ठुन-ठुन] *क्रिस॰* १. 'ठुन-ठुन' ध्वनि उत्पन्न करना। २. ठोकना। *क्रिअ॰* १. (बच्चे का) मचलना। २. (तर्जनी/मध्यमा) उँगली से किसी वस्तु पर धीरे-धीरे आघात करना जिससे 'ठुन' ध्वनि उत्पन्न हो।

ठुनका/ *ठुनुका—[< हि॰ ठुनकना] *पु॰* (तर्जनी/मध्यमा) उँगली की नोक से किसी वस्तु पर किया जाने वाला आघात जिससे 'ठुन-ठुन' ध्वनि उत्पन्न हो।

ठुनकाना[१]—[< हि॰ ठुन-ठुन] *क्रिस॰* १. 'ठुन-ठुन' ध्वनि उत्पन्न करना। २. ठोकना। तबला आदि ठनकाना/बजाना। ३. (तर्जनी/मध्यमा) उँगली से किसी वस्तु पर आघात करना जिससे 'ठुन-ठुन' ध्वनि उत्पन्न हो। ४. (किसी को) ठुनकने में प्रवृत्त करना।

ठुमका—[अनु॰] *पु॰* १. हल्का आघात। झटका। ***जैसे***—उड़ती पतंग को ठुमका देना। २. (नृत्य॰) तबले के ठेके की ताल पर धड़ के ऊपरी भाग को स्थिर रखकर पाँवों की गति। कमर से दिया गया झटका।

ठुमकी[१]—[< हि॰ ठुमका] *स्त्री॰* १. ठुमककर चलने की अवस्था/क्रिया/भाव। २. हल्का आघात/झटका। (नृत्य॰) (कमर से दिया गया) छोटा ठुमका।

†ठुमकी[२]—[देशज] *स्त्री॰* छोटे क़द की। नाटी।

ठुमरी—[देशज] *स्त्री॰* (संगीत॰) शास्त्रीय संगीत की चार प्रमुख पद्धतियों में से एक। गायकी का एक प्रकार जिसमें अनेक रागों का मिश्रण होता है और लयकारी का विशेष महत्त्व भी।

ठुर्री—[< हि॰ ठुड्डी] *स्त्री॰* अनाज का वह दाना जो भुनने पर पूरा खिला न हो।

ठूँठी—[< हि॰ ठूँठ] *स्त्री॰* अरहर, बाजरा आदि की फ़सल कट जाने के बाद गड़े रह गए डंठल। खूँटी।

†ठूँसा—[< हि॰ घूँसा] *पु॰* घूँसा। मुक्का।

ठेक—[< हि॰ टेक] *स्त्री॰* १. किसी वस्तु को गिरने/लुढ़कने से रोकने के लिए उसके नीचे लगायी गयी वस्तु। टेक। २. (छप्पर की) थूनी। ३. पच्चड़। ४. टट्टियों आदि से घेरकर बनाया हुआ अनाज रखने का स्थान।

ठेका—[< प्रा॰ ठियक्का < सं॰ स्थितिका] *पु॰* १. वह वस्तु जिसकी ठेक लगे। २. ठहरने/ठहराने का स्थान। ३. (लहरों आदि का) हल्का आघात। (वाणि॰) दो व्यक्तियों/प्रतिष्ठानों आदि के बीच किसी काम को, निश्चित अवधि में और निश्चित धन-राशि आदि की शर्तों के साथ, पूरा करने का अनुबन्ध/इक़रार। ***जैसे***—पुल बनाने का ठेका। (संगीत॰) ताल, मात्रा और छन्द की विशेषता बतानेवाली और वादनोपयोगी बोलों से गठित रचना विशेष। एकताल के छन्द और लय को आनद्ध वाद्य के माध्यम से बजाने का बोल-समूह। ***जैसे***—तबले का ठेका। ● **विशेष**—पखावज और मृदंग के ठेके को **'थापिया'** कहते हैं। ***वा॰*** **ठेका लेना**—(किसी कार्य का) दायित्व लेना।

***ठेगा**—[देशज] *स्त्री॰* छोटी लाठी। डंडा।

ठेठ—[< सं॰ स्थेष्ठ] १. मूल रूप का। जिसमें मिलावट न हो। बिल्कुल शुद्ध। ***जैसे***—ठेठ ब्रजभाषा का प्रयोग; ठेठ देसी घी। २. बिल्कुल। निरा। ठीक। ***जैसे***—ठेठ गाँव का निवासी; ठेठ बाज़ार तक पहुँचना।

ठेपर—[देशज] *पु॰* (नृत्य॰) नर्तकी द्वारा एक पाँव का पंजा और एड़ी उठाते हुए धरती पर बार-बार मारने की क्रिया।

ठेपी—[देशज] *स्त्री॰* १. कान का मैल। २. बर्तन का छोटा ढक्कन। ३. शीशी/बोतल का मुँह बन्द करने के लिए प्रयुक्त डाट।

ठेला—[< हि॰ ठेलना] *पु॰* १. ठेलने की क्रिया/भाव। २. (हाथों से) ठेलकर चलाने की छोटी गाड़ी। ३. माल ढोने का एक मोटर-वाहन। ट्रक (अ॰) ४. धक्का। ५. भीड़।

ठेवा—[देशज] *पु॰* बहुत बड़ा डौल जिसमें से बड़ा खम्भा बन सकता है।

ठेस—[देशज] *स्त्री॰* १. ऐसा आधात जिससे व्यक्ति को हल्की चोट लगे या वस्तु को हानि पहुँचे। ***जैसे***—ठेस लगने से शीशा चटक गया। २. किसी दुर्व्यवहार/दुर्घटना आदि से होने वाला मानसिक आघात/कष्ट। ***जैसे***—आपके रूखे व्यवहार से उसे ठेस लगी। ३. प्रतिष्ठा, व्यवस्था आदि किसी अमूर्त पदार्थ पर होनेवाला आघात। ***जैसे***—श्रद्धा को ठेस पहुँचाना। ४. सहारा। टेक। ***वा॰* ठेस पहुँचना/लगना**—१. आघात पहुँचना। २. दुःख होना। ३. हानि होना। **ठेस पहुँचाना/लगाना**—१. आघात पहुँचाना। २. दुःख देना। ३. हानि करना।

†ठेसना—[< हि॰ ठेस] *क्रिअ॰* सहारा लेना। (तकिया आदि का) सहारा लेकर बैठना।

†ठेहल—[ब्रज॰] *वि॰* भारी, ठोस और मज़बूत (बर्तन)।

ठेँगा (ठेंगा)—[< हि॰ अँगूठा, या देशज] *पु॰* हाथ का अँगूठा। ***वा॰* ठेंगा दिखाना**—१. स्पष्ट मना कर देना। २. निराश करना। ३. विफलता आदि पर चिढ़ाना। **ठेँगे पर नचाना**—अपनी इच्छा के अनुसार हर काम करवाना। **(किसी को) ठेंगे पर रखना**—परवाह न करना। उपेक्षा करना। **ठेंगे से**—(इस बात की मुझे) कुछ चिन्ता नहीं। (मेरी) बला से।

ठेँगुर (ठेंगुर)—[< हि॰ ठेंगा] *पु॰* भगोड़े पशुओं के गले में बाँधा जाने वाला लकड़ी का टुकड़ा जिससे उनके भागने में बाधा आती है। ● **विशेष**—इसे कहीं कहीं **'ठेकर'**/ **'ठेका'** भी कहते हैं।

ठेँठ (ठेंठ)—[देशज] *पु॰* कान का मैल।

ठै—[< हि॰ ठयना] *क्रिस॰* रचाया जाए या रचाऊँगा।

***ठैन**[१]—[< हि॰ ठवन] *स्त्री॰* १. ठवन। (दे॰) २. ढंग।

ठैन[२]—[< हि॰ ठाँव] *स्त्री॰* १. स्थान। जगह। २. तट। किनारा।

***ठोट**—[< हि॰ ठोठ] *वि॰* १. निस्सार। थोथा। २. मूर्ख। अनाड़ी।

†ठोठरा—[< हि॰ ठोठ] *वि॰* १. किसी जमी/लगी हुई वस्तु के निकल जाने से रिक्त हुआ। खोखला। पोला। २. दन्त-विहीन। पोपला। ✣ **ठोठरी**—*वि॰ (स्त्री॰)* = १. खोखली। २. पोपली।

ठोड़ी—[देशज] *स्त्री॰* मुख का अधर से नीचे का भाग। चिबुक। हनु। ठुड्डी। ● **विशेष**—कहीं-कहीं इसे **'ठोढ़ी'** भी कहते हैं। ***वा॰* ठोड़ी पकड़ना**—विनती करना। ख़ुशामद करना। **ठोड़ी पर हाथ धर कर बैठना**—कुछ सोच-विचार में बैठना।

ठोर[१]—[< स॰ तुण्ड] *पु॰* (पक्षियों की) चोंच।

ठोर[२]—[देशज] *पु॰* रोटी के आकार का एक मीठा पकवान। मीठी पूड़ी।

ठोली[१]—[देशज] *क्रिवि॰* सरलतापूर्वक।

ठोली[२]—[< हि॰ ठिठोली] *क्रिवि॰* हँसी-मज़ाक़। ठिठोली।

ठोसना—[< हि॰ ठोस[२]] *क्रिस॰* १. धक्के के साथ आघात करना। २. किसी को कुढ़ाने/जलाने की बात कहना।

ठोसा—[< हि॰ ठोसना] *पु॰* १. धक्के के साथ किया जाने वाला आघात। २. किसी को कुढ़ाने या ईर्ष्या से जलाने के लिए कही जाने वाली व्यंग्यात्मक बात। ३. चिढ़ाने के लिए दिखाया गया हाथ का अँगूठा। ठेंगा। ***वा॰* ठोसा दिखाना**—स्पष्ट मना कर देना। **ठोसे से**—(मेरी) बला से। (इस बात की मुझे) कोई चिन्ता/मतलब नहीं।

***ठोहना**—[< हि॰ टोहना] *क्रिस॰* पता लगाना। खोजना। टोहना।

ठौँक (ठोंक)—[< हि॰ ठोक] *स्त्री॰* १. ठोक। २. चिड़िया की चोंच की चोट। ठोंग।

ठौँग (ठोंग)—[< हि॰ ठोंक] *स्त्री॰* १. (चिड़िया की) चोंच। २. चोंच की मार। ३. मुड़ी हुई उँगलियों की नोकों से की गयी मार/चोट।

ठौँगना (ठोंगना)—[< हि॰ ठोंग] *क्रिस॰* १. चोंच मारना। २. मुड़ी हुई उँगलियों की नोकों से मारना।

ठौर—[< हि॰ ठाँव] *पु॰* १. स्थान। जगह। २. अवसर। ***वा॰* ठौर कर देना, ठौर करना**—कोई व्यक्ति जिस स्थान पर हो, उसे वहीं मार डालना। **ठौर न आना**—१. ठिकाने पर न पहुँचना। २. पास न आना। **ठौर पाना**—आश्रय या शरण पाना। **ठौर होना**—१. मर जाना। २. मर जाना। ✣ **ठौर-कुठौर**—*पु॰* = १. अच्छा या बुरा स्थान। २. उचित अथवा अनुचित स्थान। ३. बुरा स्थान। *क्रिवि॰* = १. अच्छे या बुरे स्थान पर। ***जैसे***—ठौर-कुठौर सो जाता है। २. उचित अथवा अनुचित स्थान पर। ३. बुरे स्थान पर। **Δ पर्याय**—ठाँव-कुठाँव। ✣ **ठौर-ठाँव, ठौर-ठिकाना**—*पु॰* = १. रहने का स्थान। आश्रय। २. स्थान। जगह।

ड

देवनागरी वर्णमाला में टवर्ग का तीसरा व्यंजन। (भाषाविज्ञान की दृष्टि से) यह मूर्धन्य, स्पर्श, घोष तथा अल्पप्राण ध्वनि है। इसी का एक रूप 'ड़' उत्क्षिप्त ध्वनि है (स्पर्श ध्वनि नहीं)। ● **विशेष—१.** 'ड' शब्दों के आरम्भ और अन्त में ड, डा, डि आदि रूपों में आता है, हलन्त रूप में नहीं। **२.** '**ड़**' का हलन्त रूप में प्रयोग नहीं होता। शब्दों के आरम्भ में ड़, ड़ा आदि का प्रयोग नहीं होता, मध्य या अन्त में ही हो सकता है (पेड़, छोड़, लड़ाना, मोड़ो)। **३.** 'ड्' के बाद प्रायः 'ग', 'ड', 'य' और 'र' व्यंजन आते हैं (खड्ग, खड्ड, जाड्य, ओड्र) '**ड्**' और '**र**' का संयुक्त रूप '**ड्र**' ध्यान देने योग्य है। अँग्रेज़ी से आगत अनेक शब्दों में इसका प्रयोग होता है (ड्रम, ड्राइवर, ड्रामा)। **४.** 'ड' के पहले प्रायः 'ड्' और 'ण्' आते हैं, अँग्रेज़ी से आगत अनेक शब्दों में 'र्' और 'ल्' भी (खड्ड, ठण्ड, थर्ड, कोल्ड)। **५.** 'ण्' और 'ड' के व्यंजन-गुच्छ वाले शब्दों में मुद्रण आदि की सुविधा के लिए 'ण' के स्थान पर अनुस्वार की बिन्दी जैसी बिन्दी का प्रयोग भी प्रचलित है [ठण्ड (ठंड), प्रचण्ड (प्रचंड)]।

ड—[सं॰ √डी + ड] *पु॰* १. ध्वनि विशेष। २. शिव। महादेव। ३. समुद्र की अग्नि। वाडवाग्नि। ४. भय। डर।

डंस—[< सं॰ दंश] *पु॰* १. दंश। (दे॰) २. 'डाँस' नामक एक प्रकार का मच्छर।

डइया— दे॰ डैयरा (पक्षी)।

***डई**—[< हिं॰ डहना] *क्रिअ॰* तप्त हुई। जली। *वि॰* तप्त। दग्ध।

***डऊरू**—[< सं॰ डमरु] *पु॰* डमरू नामक की (वाद्य यंत्र)।

डकरना—[< सं॰ डकार] *क्रिअ॰* १. डकार लेना। २. भोजन करके तृप्त होना। ***जैसे***—युद्ध में काली देवी का डकरना। ३. गाय, भैंस आदि का बोलना। रँभाना।

डकराना—[< सं॰ डकार] *क्रिअ॰* गाय, भैंस आदि का बोलना। रँभाना।

डकोटा—[अं॰] *पु॰* एक प्रकार का विमान या हवाई जहाज़।

डकौत—[देशज] *पु॰* एक प्रकार के ब्राह्मण जो भविष्य बताकर आजीविका कमाते हैं तथा शनि आदि का दान लेते हैं। डकौतिया। भड्डर।

डक्क—[< सं॰ डक्कारी] *पु॰* वीणा। (वाद्य)

डग—[देशज] *पु॰* पग। क़दम। ***वा॰* डग देना**—क़दम रखना। चलना। **डग भरना/मारना**—लम्बे क़दमों से चलना।

***डगकु**—[< हिं॰ डग + सं॰ एक] *पु॰* एक-दो डग/क़दम।

***डगड़ी**—[< हिं॰ डगरी] *स्त्री॰* मार्ग। रास्ता। डगर।

***डगडोलना**—[< हिं॰ डगना + डोलना] *क्रिअ॰, क्रिस॰* डगमगाना।

***डगडौर**—[< हिं॰ डगडोलना] *वि॰* १. डगमगाता हुआ। डाँवाँडोल। २. छलकता हुआ।

डगण—[सं॰ ड ~ गण] *पु॰* (छन्द॰) एक मात्रिक गण जिसमें चार मात्राएँ होती हैं।

***डगना**[1]—[< हिं॰ डग] *क्रिअ॰* १. डग भरना। चलना। २. डगमगाना। लड़खड़ाना। ३. भूल/चूक करना।

***डगना**[2]—[< हिं॰ डिगना] *क्रिअ॰* १. अपने स्थान से कुछ चलना। विचलित होना। डिगना। २. हिलना। काँपना। *क्रिस॰* विचलित करना।

डगा—[< हिं॰ डागा] *पु॰* नगाड़ा आदि बजाने की लकड़ी। डाग। ***वा॰* डगा देना**—नगाड़ा बजाना।

डग्गर—[देशज] *पु॰* एक जंगली पशु जो भेड़िया जैसा होता है।

डग्गा—[< हिं॰ डग] *पु॰* १. लम्बी टाँगों वाला बहुत दुर्बल घोड़ा। २. अड़ियल घोड़ा।

डङ्क[1] **(डंक**[1]**)**—[प्रा॰] *पु॰* १. बिच्छू, बर्र, मधुमक्खी आदि जन्तुओं का विषैला काँटा जिसे वे मनुष्य के शरीर में चुभा देते हैं (जिससे व्यक्ति बहुत पीड़ित होता है)। दंश। २. लेखनी/क़लम का अगला नुकीला भाग। नोक। ३. टूटी चूड़ी का प्रत्येक टुकड़ा। ४. (लाक्षणिक) चुभने वाली द्वेषपूर्ण बात। ***वा॰* डंक मारना**—ईर्ष्या/द्वेष से चुभनेवाली बात कहना। ✣ **डंकदार**—*वि॰* डंकवाला (जंतु/कीड़ा)।

***डङ्क**[2] **(डंक**[2]**)**—*पु॰* ≤ हिं॰ डंका। नगाड़ा।

डङ्कना (डंकना)—[< हिं॰ डंका] *क्रिस॰* १. डंका बजाना। २. घोर/भारी शब्द करना। *क्रिअ॰* गरजना। ***जैसे***—तोप डंक रही है।

डङ्का (डंका)—[< प्रा॰ ढक्का] *पु॰* चमड़े से मढ़ा एक बड़ा वाद्य। नगाड़ा। धौंसा। ***वा॰* डंका देना**—१. सैनिकों को सावधान करना। २. कूच करने का आदेश देना। **डंका पीटना**—(कोई बात) घोषणा के रूप में कहना या कहते फिरना। **(किसी का) डंका बजना**—१. प्रभाव या धाक होना। २. राज्य आदि पर पूर्ण अधिकार होना। युद्ध आरम्भ होना। **डंका बजाना**—१. घोषित करना। २. एकत्र होने की सूचना देना। ३. राज्य आदि पर पूर्ण अधिकार होने की घोषणा करना। **डंके की चोट कहना**—१. निडर होकर और सबके

सामने कहना। २. सार्वजनिक घोषणा के रूप में कहना। **डंके की चोट पर**—१. निडर होकर और सबके सामने। २. सार्वजनिक घोषणा के रूप में।

डङ्किनी (डंकिनी)—*स्त्री०* ≤ *स०* डाकिनी।

डङ्गर (डंगर)—[< स० कडङ्गरीय] *पु०* १. पशु। चौपाया। २. मूर्ख।

डच—[अं०] *पु०* हालैंड देश का निवासी। *स्त्री०* हालैंड देश की भाषा। *वि०* हालैंड से सम्बन्धित। हालैंड का। ✣ **डच धातु**—*स्त्री०* (रसायन०) = पीतल का एक प्रकार जिसमें जस्ते से चार गुना ताँबा होता है। (अं० डच मेटल) ● **विशेष**—उक्त धातु-मिश्रण नक़ली स्वर्णपत्र बनाने में काम आता है।

डट्ठौन—[< स० दशोत्थान] *पु०* शिशु के दस दिन तक प्रसूति-गृह में रहने के बाद किया जाने वाला विशेष समारोह जिसमें उसे और प्रसूता को स्नान कराके हवन-पूजन आदि तथा नामकरण संस्कार होता है।

†डडकना—[अनु०] *क्रिअ०* १. ज़ोर से शब्द होना। २. बजना। *क्रिस०* १. ज़ोर से शब्द करना। २. बजाना।

डडा—[देशज] *पु०* कंगन।

डडूरा/ *डडूरो—[< स० धूलि] *पु०* धूल से भरी तेज़ हवा। आँधी। बवंडर।

डण्डाल (डंडाल)—[< हि० डंडा] *पु०* डंका। नगाड़ा।

डण्डीमार (डंडीमार)—[< हि० डंडी + मारना] *वि०* जो कम सौदा तौले। *पु०* (तुच्छता से) बनिया या दुकानदार।

डण्डूर (डंडूर), डण्डूल (डंडूल)—[< स० द्वन्द्व] १. द्वन्द्व। २. बवंडर। आँधी।

डण्डूरना (डंडूरना), डण्डूलना (डंडूलना)—[< हि० डंडूर/ डूंडल] *क्रिअ०* आँधी चलना। हवा का धूल से भर जाना।

***डँड़ोरना**—[< हि० ढूँढना] *क्रिस०* १. उलट-पुलटकर खोजना। २. हिलोरकर खोजना।

डपोर—[< स० लपोर] *वि०* १. आधारहीन। २. बकवास से भरा हुआ।

डपोरशङ्ख (डपोरशंख)—[< स० लपोरशङ्ख] *पु०* १. केवल बड़ी-बड़ी बातें करनेवाला। २. डींग मारने वाला। ३. मूर्ख।

डफ़—[< फा० दफ़] *पु०* पतली लकड़ी के घेरे को चमड़े से मढ़कर बनाया जाने वाला एक अवनद्ध वाद्य जो 'चंग' से बडा होता है। *जैसे*—डफ़ पर गाए जाते देवी के छन्द। ✣ **डफ़ताल/डफ़ला**—*पु०* (दे० डफ़)। **डफ़ली**—(स्त्री०)। (दे० डफ़)। ***वा०* जितनी डफ़ली उतने राग होना**—सबके अलग-अलग विचार होना। मत-भिन्नता होना।

डफारना—[< हि० डफार] *क्रिअ०* १. गला फाड़कर रोना। क्रन्दन करना। २. चिल्लाना।

***डफोरना**—[< हि० डफारना] *क्रिअ०* १. डफारना। २. गरजना या ललकारना।

डब—[< हि० डब्बा] *पु०* १. धोती आदि का पल्ला या सिरा जिसमें रुपये आदि लपेटकर रखे जाते हैं। २. जेब। ३. थैला। ४. कुप्पे बनाने का चमड़ा। ***वा०* (कोई वस्तु) डब करना**—अपने अधिकार में करना। **डब पकड़ कर (कुछ काम) कराना**—बलपूर्वक कराना।

डबकना[1]—[< हि० डब] *क्रिस०* बलपूर्वक दबाकर या पीटकर कटोरी/कटोरे के समान गहरा बनाना। *क्रिअ०* शरीर के किसी अंग में रुक-रुक कर पीड़ा होना। टीस होना।

डबकना[2]—[< स० द्रवक] *क्रिअ०* नेत्रों में आँसू भरना। (नेत्रों का) डबडबाना। ✣ ***डबकौंहा/डबकौंहाँ (डबकौंहा/ डबकौंहां)**—*वि०* = डबडबाया हुआ। अश्रुपूर्ण। ✣ **डबकौंही (डबकौंही)**—*वि० (स्त्री०)*।

डबरा—[< स० दभ्र] *पु०* १. गन्दे पानी से भरा छोटा गड्ढा। २. छोटा ताल। पोखर।

डबरी—[< हि० डबरा] *स्त्री०* १. नीची भूमि का खेत जिसमें जड़हन (वह धान जो एक बार उखाड़कर अन्यत्र रोपा जाता है) बोया जाता है। २. छोटा तालाब।

डबरू—[देशज] *स्त्री०* पालतू बत्तख़ के आकार की एक चिड़िया जो गहरे जल में गोता लगाकर शिकार करती है और जलाशयों के किनारे छोटी टोलियों में रहती है। इसे '**अबलक**' और '**रहबर**' भी कहते हैं।

डबुआ—(< हि० डुबाना) *पु०* (पीने के लिए) घड़ा आदि से पानी निकलाने के लिए प्रयुक्त लकड़ी का छोटा बड़ा या धातु की छड़ लगा हुआ खोखला पात्र।

डब्बू—[< हि० डब्बा] *पु०* १. लोहे या पीतल का बड़ा पात्र जिसमें बड़े भोजों में दाल आदि परोसते हैं। २. कटोरदान नामक पात्र।

डभकना—[< स० द्रवक] *क्रिअ०* १. नेत्रों में आँसू आना। (नेत्रों का) डबडबाना/छलकना। २. तृप्त होकर खाना। ३. डूबना-उतराना। ३. (पात्र भर जाने से) छलकना।

डभका—[देशज] *पु०* १. कुँए का ताज़ा पानी। २. कुछ भुनी हुई मटर आदि।

डभकौरी—[< हि० डुबकी + बड़ी] *स्त्री०* उड़द की पीठी की बड़ी।

डभकौंहा (डभकौंहा)—[< हि० डभकना] *वि०* १. 'डभ-डभ' शब्द करता हुआ। २. इतना भरा कि छलकने लगे। ३. आँसू-भरा। डबडबाता हुआ।

†डमरुआ—[< हि० डमरू] *पु०* एक प्रकार का गठिया रोग जिसमें गाँठें सूजकर डमरू जैसी हो जाती हैं।

डमरू—[< स० डमरु] *पु०* एक छोटा अवनद्ध वाद्य जो चमड़े से मढ़ा हुआ, दो मुँह वाला और बीच से पतला होता है। (छन्द०) एक वर्णिक छन्द। दंडक का एक भेद जिसके प्रत्येक चरण में ३२ लघु वर्ण होते हैं और ११-११-५-५ पर यति होती हैं।

डमी—[अं०] *पु०* (ताश के खेल में) कल्पित चौथा खिलाड़ी जिसकी ओर से उसका वास्तविक साथी खेलता है। *वि०* १. कृत्रिम। २. नाममात्र का। कठपुतली जैसा। *स्त्री०* (पत्र०) किसी पत्र-पत्रिका के पृष्ठों का प्रारूप या ख़ाका जिसमें समाचारों, चित्रों, विज्ञापनों आदि के कहाँ और कितने स्थान में छपना है, इसका संकेत दिया जाता है।

डम्बर (डंबर)—[स० √डम्ब् + अरन्] *पु०* १. आडम्बर। २. समूह। झुंड। ३. एक प्रकार का बड़ा चँदोवा/शामियाना। ४. छत्र। ● **विशेष—अम्बर-डम्बर** = सायंकालीन आकाश की लाली।

डरा**[1]—[< हि० डला] *पु०* (ठोस वस्तु का) टुकड़ा। डला। ***जैसे—गुड़ का डरा। २. बाँस आदि की बड़ी डलिया। डला। ✣ **डरी**[1]—*स्त्री०*। ***जैसे***—मिश्री की डरी। २. (बाँस आदि की) डलिया।

डरा[2]—[< हि० डरना] *वि०* = भयभीत। ✣ **डरी**[2]—*वि० (स्त्री०)*।

डरारी**—[< हि० डर] *वि० (स्त्री०)* भयानक। डरावनी। ***जैसे—डरारी राक्षसी।

डला[1]—[< प्रा० डल] *पु०* १. (ठोस वस्तु का) टुकड़ा। ***जैसे***—गुड़ का डला। २. ढेला। ***जैसे***—मिट्टी का डला। ✣ **डली**[1]—*स्त्री०*। ***जैसे***—गुड़ की डली।

डला[2]—[< स० डल्लक] *पु०* = बाँस आदि का बना बड़ा और गहरा पात्र। ✣ **डलिया**—*स्त्री०* छोटा डला। ✣ **डली**[2]—*स्त्री०* = डलिया।

***डवरा/डवा**—[देशज] *पु०* १. थैला। २. कटोरा।

डसन—[< प्रा० डसण < स० दंशन)] *स्त्री०* १. डसने की क्रिया/भाव। २. डसने का ढंग।

***डसौना**—[< हि० डासन] *पु०* बिछौना। बिस्तर।

डहकन—[< हि० डहकना] *स्त्री०* डहकने की क्रिया/भाव।

डहकना[1]—[< हि० डाका] *क्रिस०* १. छल करना। धोखा देना। ठगना। २. किसी वस्तु को दिखाकर लालच देना परन्तु फिर न देना। पहले ललचाकर फिर न देना।

डहकना[2]—[देशज] *क्रिअ०* बिखरना। छिटकना। ***जैसे***—चमकीली चाँदनी डहकत है।

डहकना[3]—[< हि० दहाड़/धाड़] *क्रिअ०* १. दहाड़ना। गरजना। २. विलाप करना। बिलखना।

डहकना[4]—[अनु०] *क्रिअ०* कलियों, फूलों आदि से युक्त होना।

***डहकनि**—[< हि० डहकना] *वि०* १. फैली हुई। २. ठगनेवाली।

डहकाना—[< हि० डहकना] *क्रिस०* १. नष्ट करना। खोना। गँवाना। २. ठगना। *क्रिअ०* १. धोखे में आकर हानि सहना। ठगा जाना। २. धोखा खाते हुए भटकना।

डहडहा—[< हि० डहडही] *वि०* १. हरा-भरा (पेड़-पौधा, फूल-पत्ती आदि)। लहलहाता हुआ। २. तुरन्त का ताज़ा। टटका। ३. (लाक्षणिक) प्रसन्न। प्रफुल्लित। ४. चमकीला।

डहडहाना—[< हि० डहडहा] *क्रिअ०* १. हरा-भरा होना। लहलहाना। २. प्रसन्न/प्रफुल्लित होना। *क्रिस०* १. हरा-भरा करना। २. प्रसन्न/प्रफुल्लित करना।

डहना—[< प्रा० डह < स० दहन] *क्रिअ०* १. जलना। दहना। २. दुःख पाना। ३. (सूर्य का) तपना या वियोग में तपना। ४. ईर्ष्या/डाह करना। *क्रिस०* १. जलाना। २. ईर्ष्या/डाह/कुढ़न उत्पन्न करना।

***डहार**—[< हि० डाह] *वि०* १. ईर्ष्या करनेवाला। ईर्ष्यालु। २. कष्ट देनेवाला। ३. सन्तप्त करनेवाला।

डँगरी—[< हि० डाँगर] *स्त्री०* डाँगर।

डँगवारा—[< हि० डंगर] *पु०* किसानों का पशुओं का आपस में लेन-देन।

।डंगोरी—[< हि० डाँग] *स्त्री०* लाठी।

।डँडवारा—[< हि० डाँड़ (= सीमा)] *पु०* किसी खुले स्थान की सीमा बनाने के लिए बनी चहारदीवारी। ✣ **डँडवारी**—*स्त्री०* = कम ऊँचा डँडवारा। छोटा डँडवारा।

डँडहरा—[< हि० डंडा] *पु०* १. द्वार की किवाड़ों को खुलने से रोकने के लिए अन्दर से लगाने की पतली और लम्बी लकड़ी। २. द्वार में लगनेवाला लोहे का कुंडायुक्त छोटा दंड आदि जिसमें ताला लगता है।

डँड़िया—[< हि० डाँड़] *स्त्री०* १. लम्बी रेखाओं या धारियों के रूप में टँके हुए गोटे वाली साड़ी। २. सीमा पर कर/शुल्क उगाहनेवाला। ३. (गेहूँ के पौधे की) बाल लगी सींक।

डँड़ियान—[< हि० डंडी] *पु०* हरसिंगार के फूलों की डंडी से बनाया जाने वाला हल्का लाल रंग।

डाक[1]—[< हि० डाँकना] *पु०* १. चिट्ठी-पत्री, पत्र-पत्रिका आदि को एक स्थान से दूसरे स्थान पर पहुँचाने का सरकारी प्रबन्ध। ***जैसे***—डाक-विभाग का अधिकारी। २. उक्त व्यवस्था में आने/जाने वाली वस्तु (चिट्ठी-पत्री, पत्र-पत्रिका, धनादेश, पार्सल इत्यादि) ***जैसे***—डाकिया दो बजे डाक लाता है। ३. शीघ्र यात्रा के लिए हर पड़ाव पर स्थान-स्थान पर सवारी का प्रबन्ध। ***जैसे***—डाक बैठना/लगना/लगाना। ✣ **डाकख़ाना/डाकघर**—*पु०* = वह सरकारी कार्यालय जहाँ डाक को लेने, भेजने और बाँटने की व्यवस्था की जाती है तथा टिकट, लिफाफे आदि बेचे जाते हैं। पोस्ट आफ़िस (अ०)। ✣ **डाक-बँगला**—*पु०* = दौरे पर जानेवाले सरकारी अधिकारियों के ठहरने के लिए बनाया गया सरकारी भवन जिसमें पर्यटक भी टिक सकते हैं।) ✣ **डाक संस्करण**—*पु०* (पत्र) दैनिक समाचारपत्र का वह संस्करण जो रेल-विमान से जानेवाली डाक से नगर से बाहर भेजा जाता है।

***डाक**[2]—[बँगला] *स्त्री०* पुकार।

***डाक**[3]—[< राजस्थ० डागो] *पु०* ऊँट।

***डाक**[4]—[< स० ढक्का] *पु०* नगाड़ा। डंका।

***डाक**[5]—[देशज] *स्त्री०* छाप।

डाक[6]—[अ०] *पु०* बन्दरगाह का वह बड़ा जलाशय जिसमें माल उतारने-चढ़ाने का काम अथवा जहाज़ों की मरम्मत का काम होता है। गोदी। ● **विशेष**—डाक में पानी भरने और निकालने के द्वार होते हैं। जहाज़ों की मरम्मत के समय पानी निकालकर डाक को सूखा कर लिया जाता है।

डाकिनी—[स० ड √अक् + णिनि + ङीप्] *स्त्री०* १. श्मशान आदि की देवी। २. भूत-प्रेतयोनि की स्त्री। ३. पिशाचिनी।

डाकोर—[< स० ठाकुर] *पु०* १. देवता। ठाकुर। २. (गुजरात में) भगवान् विष्णु का एक लोकप्रिय नाम।

डाग—[< हि० डाँग] *पु०* ढोल, नगाड़ा आदि बजाने की ७ लकड़ी। ***वा०* डाग देना**—नगाड़ा आदि बजाना।

***डागर**—[< हि॰ डगर] *पु॰* १. पहाड़ी मार्ग। २. (लाक्षणिक) थकानेवाला मार्ग। **वा॰ डागर/डागल/डागुल की दौड़**—थकानेवाले मार्ग की यात्रा।

***डाच**—[राजस्थ॰] *पु॰* मुख। मुँह।

***डाजना**—[< स॰ दहन] *क्रिअ॰* १. जलना। २. क्रुद्ध होना।

डाट—[< स॰ दान्ति] *स्त्री॰* १. दीवार आदि में लगी टेक। चाँड़। २. छेद बन्द करने की वस्तु। ***जैसे***—शीशी के मुँह में लगी डाट। ३. मेहराब के बीच के ईंट, पत्थर आदि। ४. मेहराब। *पु॰* १. डाँट। डपट। २. नियन्त्रण। ३. दबाव।

डाटना[1]—[< हि॰ डाट] *क्रिस॰* १. टेक लगाना। टेकना। २. छेद बन्द करना। ३. कसकर भरना/दबाना या ठूंसना। ४. (ठूँस-ठूँस कर) खाना। ***जैसे***—डाटकर भोजन करना। ५. आभूषणों या वस्त्रों को अच्छी तरह पहनना जिससे वैभव या सौन्दर्य प्रकट हो। ***जैसे***—कोट-पतलून डाटकर साहब बनना। ६. किसी वस्तु को धँसाने/घुसाने के लिए उस पर दबाव डालना। *क्रिअ॰* १. जमकर सामने बैठना। डटना। २. ठाठ बनाना।

डाटना[2]—*क्रिस॰* ≤ *हि॰* डाँटना।

†डाड़ौं—[देशज] *पु॰* गूजरों का एक विशेष नाच जो प्रायः होली के दिनों में होता है और इसमें स्त्री-मंडली तथा पुरुष-मंडली अलग-अलग नाचती हैं।

†डाढ़—[< स॰ दंष्ट्रा] *स्त्री॰* १. दाढ़। २. (ताले की) ताला/चाबी की डाँडी पर सिरे के पास उठा हुआ भाग।

***डाढ़ा[1]**—[< प्रा॰ डड्ढ < स॰ दग्ध] *पु॰* १. जंगल में लगनेवाली आग। दावानल। २. अग्नि। ३. दाह। ताप। जलन। *वि॰* जला हुआ। दग्ध।

***डाढ़ा[2]**—[पंजाबी] *वि॰* बहुत तेज़।

डाबर[1]—[< स॰ दभ्र] *पु॰* १. गड्ढा। २. मैला पानी। ३. छोटा तालाब। पोखरा। ४. नीची भूमि जिसमें बरसाती पानी जमा होता रहता है। सॉवर। *वि॰* १. मिट्टी मिला हुआ। गँदला। २. मटमैला।

डाबरा[2]—[< हि॰ डाँबर] *पु॰* १. पुत्र। २. लड़का। ✣ **डाबरी[2]**—*स्त्री॰* = १. पुत्री। २. लड़की।

डाभ—[< स॰ दर्भ] *पु॰* १. कुश। दर्भ। २. हरा नारियल। ३. आम के पेड़ का मौर। ४. आम की टोपी के नीचे से निकलनेवाला चिपकना द्रव। चेपचेंपा।

डाभर—[< हि॰ डाबर] *पु॰* गड्ढा जिसमें बरसाती पानी भरा हो।

डामर[1]—[स॰] *पु॰* १. एक काला लसदार द्रव या अर्धठोस पदार्थ जो कोयले के भंजक आसवन से प्राप्त होता है। तारकोल। कोलतार। २. राल। ३. भगवान् शिव द्वारा उपदिष्ट एक तन्त्र। ४. उपद्रव। ५. कोलाहल या चीत्कार। ६. उत्सव या लड़ाई-झगड़े का कोलाहल।

डामर[2]—[< हि॰ डाबर] *पु॰* बरसाती पानी से भरा गड्ढा।

डामरा—[< हि॰ डामर[2]] *पु॰* डामर (फ़तहपुर, उ॰प्र॰ के निकट) की पत्थर-खान से प्राप्त होनेवाला एक प्रकार का ठोस, कड़ा और गुलाबी पत्थर।

डायना मनोग्रन्थि—[अ॰ डायना + स॰ मनोग्रन्थि] *स्त्री॰* (मनो॰) स्त्री में पुरुष बनने या पुरुषोचित गुणधर्म विकसित करने की दमित अचेतन इच्छा।

***डारनि[1]**—[< हि॰ डार] *स्त्री॰* १. डालियों में। २. कलाइयों में। ✣ **डारनि-डारनि[2]**—*क्रिवि॰* = डाल-डाल पर। प्रत्येक डाल पर।

डाल[1]—[< प्रा॰ डाल] *स्त्री॰* १. वृक्ष की छोटी शाखा। टहनी। डाली। ***जैसे***—डाल का पका आम (= वृक्ष की शाखा पर ही पका आम)। २. किसी वस्तु में से निकला हुआ शाखा जैसा भाग। ***जैसे***—झाड़-फ़ानूस की डालें। **वा॰ डाल का टूटा** = १. तुरन्त का। २. नया आया हुआ। ३. अनुभवहीन।

डाल[2]—[< हि॰ डालना] *क्रिस॰* 'डालना' क्रिया का आज्ञार्थक रूप। डालो। गिराओ। फेंको।

डाल[3]—[< स॰ डलक] *स्त्री॰* १. फल, फूल आदि रखने का बाँस का बना पात्र। डलिया। चँगेरी। २. विवाह के समय वर के घर से कन्या के लिए डलिया में भेजे जाने वाले आभूषण, वस्त्र आदि।

†डाला—[< स॰ डलक] *पु॰* बड़ी डलिया। चँगेर। ✣ **डाला छठ**—स्त्री॰ = कार्तिकशुक्ला षष्ठी। ● **विशेष**—उक्त तिथि पर डाला में फल आदि अर्पित करे हुए सूर्य-पूजा की जाती है।

डाली[1]—[< हि॰ डाल] *स्त्री॰* (वृक्ष की) शाखा। डाल।

डाली[2]—[< हि॰ डाला] *स्त्री॰* १. डलिया। चँगेर। २. उपहार/भेंट के रूप में डलिया में सजाकर भेजे जाने वाले फूल, फल, मेवे आदि। ३. उपहार। भेंट। ***जैसे***—डालियाँ भेजकर अधिकारियों को प्रसन्न करना।

†डालौ—[ब्रज॰] *पु॰* लोकगीत विशेष जो वर/कन्या के विवाह के पूर्व मामा के भात लेकर आने के समय गाए जाते हैं।

***डाव**—[< स॰ प्रत्यय 'दा' (जैसे 'एकदा' में)] *पु॰* दाँव। बाज़ी।

***डावड़ा/डावर/डावरा**—[< हि॰ डाबर < स॰ डिम्ब] *पु॰* १. पुत्र। २. लड़का। ✣ **डावड़ी/डावरी**—*स्त्री॰* = १. पुत्री। २. लड़की।

***डावी**—[< प्रा॰ डाव] *पु॰* बायाँ हाथ।

डासन[1]—[< हि॰ डाभ (< प्रा॰ डब्भ < स॰ दर्भ) + स॰ आसन] *पु॰* १. बिछावन। बिछौना। २. बिस्तर। ३. शय्या। चारपाई। खाट।

डासन[2]—[< हि॰ डसना] *पु॰* (डसने वाला) सर्प। साँप।

डासना—[< हि॰ डासन] *क्रिस॰* बिछाना।

डासनी[1]—[< हि॰ डासन] *स्त्री॰* शय्या। खाट। चारपाई।

†डासनी[2]—[ब्रज॰ < स॰ ध्वंसनी] *स्त्री॰* धोबी का मोटा डंडा जिससे वह धोते समय भारी कपड़े पीटता है। मुगरा। मुगरी।

डाँक[1]—[< हि॰ दमक] *स्त्री॰* चाँदी या ताँबे का बहुत पतला पत्तर जिसे नगीनों की चमक-दमक बढ़ाने के लिए उनके नीचे लगाया जाता है।

†डाँक[2]—*पु॰* ≤ डंका। **डाँक[4]**—[देशज] *स्त्री॰* १. लाँघने/फँलागने की क्रिया/भाव। फलाँग या कुदान/कूद। २. वमन। कै। उलटी।

डाँग[1]—[< हि॰ डाँकरना] *पु॰* उछलकर की गयी कुदान। कूद। उछल-कूद। २. दौड़ कर की गयी फलाँग। छलाँग। ३. लाठी। डंडा। सोंटा।

डाँग[2]—[< स॰ टङ्क] *स्त्री॰* १. पर्वत की चोटी। २. पहाड़ी।

३. घना जंगल/वन। ४. (किसी उद्देश्य को पूरा करने के लिए) अवसर की प्रतीक्षा। ताक। ५. मृग। हिरन।

डाँगर[१]—[< प्रा॰ ढंखर] *वि॰* अति दुर्बल जिसकी हड्डियाँ दिखती हों।

डाँगर[२]—[< हि॰ डंगर] *पु॰* १. चौपाया। पशु। २. पशु का शव। मृत पशु। *वि॰* (पशुवत्) मूर्ख।

डाँगा—[< हि॰ डाँग[१]] *पु॰* १. लाठी। २. मोटी छड़। ***जैसे***—जहाज़ के लंगर का डाँगा।

डाँड़—[< स॰ दण्ड] *पु॰* १. दंड। डंडा। २. नाव खेने का बाँस। ३. छड़ी/छतरी आदि का दंडाकार भाग। डंडा। ४. किसी वस्तु को पकड़ने आदि में काम आने वाला दंडाकार भाग। हत्था। दस्ता। ५. ऊँचा स्थान। ६. सीमा। हद। ७. अर्थ-दंड। जुर्माना। ***वा॰* डाँड़ चलाना**—नाव खेना। **डाँड़ भरना/डाँड़ लेना**—जुर्माना लेना।

†डाँडा/डाँड़ा—[< हि॰ डंडा] *पु॰* १. डंडा। २. नाव खेने का डंडा। डाँड़। ३. सीमा। हद। ४. बड़े खेत को बाँटकर बनाए गए अनेक खेतों में से प्रत्येक। ❖ **डाँडा-मेंड़ा, डाँड़ा-मेंड़ा**— *पु॰* = १. खेत की वह सीमा जिस पर डाँड़ा/मेंड़ हो। २. ग्राम की सीमा जिस पर डाँड़ा लगा हो। ३. न लाभ और न हानि वाली स्थिति। ४. (खेतों की मेंड़ों से सम्बन्धित लड़ाई-झगड़ों के समान) झगड़ों का अवसर देने वाली व्यक्तियों की निकटता की स्थिति। ५. परस्पर की स्पर्धा। आपसी होड़। ❖ **डाँडा-मेंडी, डाँड़ा-मेंड़ी**— *स्त्री॰*।

डाँडी/डाँड़ी—[< प्रा॰ डंडिआ < स॰ दण्डिका] *स्त्री॰* १. छोटा डंडा। डंडी। २. वृक्ष की शाखा/टहनी। ३. किसी वस्तु को प्रयोग में लाने के लिए लगा छोटा दण्डाकार भाग। ४. तराजू की डंडी। ५. ऋजु/सीधी रेखा। ६. (पक्षियों के बैठने का) अड्डा। ७. हिंडोले में लगी चार लकड़ियाँ/डोरी की लड़ें जिनसे बँधी बैठने की पटली लटकती रहती है। ८. शिविका। पालकी। ***वा॰* डाँड़ी मारना**—बेईमानी करके कम तौलना।

***डाँड़े**—[< हि॰ डाँड़] *वि॰* सीमा के। बेहद।

†डाँढ़री—[< हि॰ डाढ़ा/स॰ दग्ध] *स्त्री॰* भुनी हुई मटर की फली। डाँठरी।

***डाँबरा**[१]**/डाँवरा**—[< स॰ डिम्ब] *पु॰* १. पुत्र। २. लड़का।

***डाँबरा**[२]—[देशज] *पु॰* छोटा तालाब। ❖ **डाँबरी/डाँवरी**— *स्त्री॰* = १. पुत्री। २. लड़की।

***डाँभ**—[< स॰ दाह] *पु॰* दाग़।

डाँवाँडोल—[< अनु॰ डाँवाँ + हि॰ डोलना] *वि॰* १. हिलता/डोलता/काँपता हुआ। कम्पित। ***जैसे***—भूकम्प से डाँवाँडोल धरती। २. विचलित। ३. अस्थिर। चंचल। जैसे—रिश्वत मिलते ही उसका मन डाँवाँडोल हो गया। ***वा॰* डाँवाडोल करना**—१. हिला देना। २. विचलित करना। **डाँवाडोल होना**—विचलित होना। अव्यवस्थित होना।

डाँस—[< स॰ दंश] *पु॰* १. एक तरह का बड़ा मच्छर। २. एक प्रकार की मक्खी जो पशुओं को काटती है।

डिगौंच (डिगोंच)—[देशज] *स्त्री॰* एक चिड़िया जो पालतू बत्तख के आकार की होती है और जिसकी दुम नुकीले सिरे वाली होती है।

डिग्गी—[< स॰ दीर्घिका] *स्त्री॰* छोटा तालाब। पोखर। ● **विशेष**—कार (अ॰) में सामान रखने के लिए बना विशेष स्थान भी 'डिग्गी' कहा जाता है।

डिङ्गर[१] **(डिंगर**[१] **)**—[स॰ डङ्गर, पृषो॰] *पु॰* १. दुष्ट व्यक्ति। २. (आकार में) नाटा मनुष्य। ३. नौकर। दास।

†डिङ्गर[२] **(डिंगर**[२] **)**—[< हि॰ डंगर] भाग जाने वाले चौपाए के गले में रस्सी से बाँधकर लटकायी जाने वाली लकड़ी जिससे वह भागने पर पैरों में लगती रहे।

डिङ्गल[१] **(डिंगल**[१] **)**—[राजस्थ॰] *स्त्री॰* राजस्थान की प्रमुख बोली 'मारवाड़ी' का सहित्यिक रूप।

डिङ्गल[२] **(डिंगल**[२] **)**—[< स॰ डङ्गर] *वि॰* नीच। दुष्ट।

डिठौना—[< हि॰ डीठ] *पु॰* बालक को नज़र लगने से बचाने के लिए लगाया जाने वाला काजल का टीका या माथे पर की बिन्दी।

†डिडकार—[अनु॰] *स्त्री॰* १. डकार। २. बड़े पशु के गले की ऊँची आवाज़।

***डिडकारी**—[< हि॰ ढाड़] *स्त्री॰* धाड़ मारकर रुदन।

***डिढ़ाना**—[< हि॰ डिढ़ < हि॰ दृढ़] *क्रिस॰* १. दृढ़ करना। २. पक्का निश्चय करना। ठानना। *क्रिअ॰* दृढ़ होना।

डिढ्या—[< स॰ तृष्णा] *स्त्री॰* १. तृष्णा। २. लालच-भरी दृष्टि। लोलुप दृष्टि।

***डिण्ड (डिंड)**—[< स॰ डिण्डिम] *स्त्री॰* १. डुगडुगी। डिमडिम। २. डुगडुगी पीटकर की जाने वाली घोषणा। मुनादी।

डिपो—[अ॰ डेपो] *पु॰* १. आगार। भंडार। गोदाम। ***जैसे***—फ़ौजी डिपो। २. वाहनों के एकत्र रखने का स्थान। ***जैसे***—बस-डिपो। ३. (सेना में) रेजिमेन्ट का प्रधान कार्यालय।

डिप्लोमा—[अ॰] *पु॰* १. उपाधि-पत्र। २. (किसी पद या उपाधि का) प्रमाण-पत्र।

डिप्लोमेसी—[अ॰] *स्त्री॰* १. राजनय। २. कूटनीति। चालाकी।

डिफ़्थीरिया—[अ॰] *पु॰* गले का एक घातक और संक्रामक रोग जो जीवाणुओं से होता है और तीव्र विषरक्तता उत्पन्न करता है। रोहिणी रोग। कंठरोहिणी।

डिबिया—[< हि॰ डिबिया] *स्त्री॰* छोटा डिब्बा।

डिबेन्चर (डिबेंचर)—[अ॰] *पु॰* (वाणि॰) पूँजी प्राप्त करने के लिए कम्पनियों द्वारा जारी किए जाने वाले विशेष कोटि के प्रतिभूति-पत्र।

डिम—[स॰ √डिम् + क] *पु॰* (नाट्य॰) रूपक के दस प्रकारों में से एक। चार अंकों का रौद्र रस-प्रधान रूपक जिसमें इन्द्रजाल, लड़ाई आदि का चित्रण होता है।

डिमाई—[अ॰] *स्त्री॰* छपाई के काग़ज़ की एक नाप जो अमरीका में २१ × १६ इंच है तथा इंग्लैंड आदि में २३.३९ × १६.५४ इंच (५९४ × ४२० मिलीमीटर)

डिम्ब (डिंब)—[स॰ √डिम्ब् + घञ्] *पु॰* १. स्त्री का वह कोषाणु

जिसमें शुक्राणु के प्रवेश कर गर्भाशय में पहुँचने पर गर्भाधान होता है। अंडाणु। २. आरम्भिक अवस्था का भ्रूण। अंडा। ३. बच्चा। ४. कन्दुक। गेंद। ५. कोलाहल। शोर। ५. झगड़ा। ● **विशेष**— '**डिम्बाहव**' और '**डिम्बयुद्ध**' का संस्कृत में अर्थ है—बिना हथियारों की लड़ाई, मार-पीट। ✣ **डिम्बाशय**— *पु॰* = गर्भाशय की वे दो ग्रन्थियाँ जिनमें डिम्ब रहते और बढ़ते हैं।

डिम्बिका (डिंबिका)—[स॰ √डिम्ब् + ण्वुल् + टाप्] *स्त्री॰* १. कामुक स्त्री। २. व्यभिचारिणी। २. अरलु/श्योनाक/सोनापाठा नामक औषधोपयोगी वृक्ष।

डिम्भ[१] (डिंभ[१])—[स॰ √डिम्भ् + अच्] *पु॰* १. छोटा बच्चा। शिशु। २. पशु का छोटा बच्चा। शावक। छौना। ३. मूर्ख व्यक्ति।

डिम्भ[२] (डिंभ[२])—≤ स॰ *पु॰* दम्भ। अभिमान।

डिम्भक (डिंभक)—[स॰ डिम्भ + कन्] *पु॰* मनुष्य या पशु का छोटा बच्चा। (प्राणि॰) अंडे से निकलने पर प्राणी का प्रारम्भिक रूप। (अ॰ लार्वा)

डिल्ला—[देशज] *पु॰* (छन्द॰) १. एक मात्रिक छन्द जिसके प्रत्येक चरण में १६ मात्राएँ होती हैं, ८-८ पर यति होती है तथा अन्त में भगण होता है। २. एक वर्णिक छन्द जिसके प्रत्येक चरण में दो सगण के योग से कुल ६ वर्ण होते हैं। तिल्ला। तिल्लाना। तिलका।

***डिल्ली**—[< प्रा॰, स॰ दिल्ली] *स्त्री॰* दिल्ली (नगरी)।

डिश—[अ॰] *स्त्री॰* १. रकाबी। प्लेट (अ॰)। २. पकवान। व्यंजन।

डिस्क—[अ॰] *स्त्री॰* (चिकित्सा॰) १. बिम्ब। २. थाली की तरह चपटी। गोलाकार वस्तु। चक्र। चक्रिका। मंडल।

डिस्टिङ्क्शन (डिस्टिंक्शन)—[अ॰] *स्त्री॰* १. भेद। अन्तर। २. सम्मान। गौरव। ३. (साहित्यिक) वैशिष्ट्य। श्रेष्ठता। ४. (परीक्षा में) किसी विषय में ७५ प्रतिशत अंक पाना।

†डिहुला—[< हि॰ डीह = ग्राम] १. ग्राम का साथी। २. मित्र। संगी। साथी।

***डिँढ़**—[देशज] *वि॰* भ्रष्ट।

***डीकरा**—[< स॰ डिम्भक] *पु॰* १. पुत्र। २. बालक। ✣ **डीकरी**— *स्त्री॰* = १. पुत्री। २. लड़की।

डीठ—[< प्रा॰ दिट्ठी < स॰ दृष्टि] *स्त्री॰* १. दृष्टि। निगाह। २. दूसरे पर अशुभ प्रभाव डालनेवाली दृष्टि। (बुरी) नज़र। ***वा॰* डीठ चुराना/छिपाना**—सामने न देखना। दृष्टि न मिलाना। **(किसी की) डीठ बाँधना**—जादू से दृष्टि में भ्रम उत्पन्न करना। दृष्टिबन्ध करना। **डीठ मारना**—१. नज़र लगाना। २. झटके से देख लेना। ३. आँख मारना। **डीठ लगना**—कुदृष्टि या नज़र लगना। **डीठ लगाना**—कुदृष्टि या नज़र लगाना।

***डीठि**— *स्त्री॰* ≤ हि॰ डीठ। दृष्टि। निगाह। अथवा कुदृष्टि या बुरी नज़र।

डीन[१]—[स॰ √डी + क्त] *पु॰* उड़ान।

डीन[२]—[अ॰] *पु॰* (विश्वविद्यालय आदि में) संकाय-प्रमुख।

डीलक्स—[< फ्रांस॰ डिलक्स] *वि॰* १. आराम देनेवाला। सुखद। ***जैसे***—डीलक्स बस। २. उत्कृष्ट। उत्तम। ***जैसे***—पुस्तक का डीलक्स संस्करण।

डीह—[देशज अथवा < फा॰ देह] *पु॰* १. बस्ती या छोटा ग्राम। २. उजड़े ग्राम का भग्नावशेष/खंडहर। ३. (ग्राम/बस्ती के समीप का) टीला या मिट्टी का ऊँचा ढेर। ४. ग्राम-देवता का पूजा-स्थान। ५. पूर्वजों के रहने का स्थान।

†डुक—[अनु॰] *पु॰* घूँसा। मुक्का।

डुकना—[< हि॰ दुकना] *क्रिस॰* छिपना।

†डुकरा—[< हि॰ डोकर] *पु॰* वृद्ध व्यक्ति। डोकर। ✣ **डुकरिया**— *स्त्री॰* = वृद्ध स्त्री। डोकरी।

डुकियाना—[< हि॰ डुक] *क्रिस॰* १. घूँसे जमाना। २. बहुत मारना-पीटना।

†डुक्का—[< हि॰ डुक] पु॰ घूँसा। मुक्का। ✣ **डुक्का-डुक्की**— स्त्री॰ परस्पर घूँसेबाज़ी।

डुगडुगी—[अनुकरण॰] *स्त्री॰* दोनों सिरों पर चमड़े से मढ़ा हुआ, चौड़े मुँह का एक छोटा वाद्य जिसे पीटकर घोषणा की जाती है। ***वा॰* डुगडुगी/पीटना/फेरना**—१. घोषणा करना। मुनादी करना। २. सार्वजनिक रूप से सूचना देना।

***डुगा**—[< हि॰ डुग-डुग] *पु॰* नगाड़ा बजाने का डंडा।

†डुङ्ग (डुंग)—[< स॰ तुङ्ग] *पु॰* १. राशि। ढेर। २. टीला। ढूह।

डुङ्गा (डुंगा)—[< हि॰ टुनगा] *पु॰* शाखा/डाली का अग्र भाग या सिरा। टुनगा। ✣ **डुङ्गी (डुंगी)**— *स्त्री॰* = टुनगी।

***डुण्डि (डुंडि)**—[स॰ द्वन्द] *पु॰* द्वन्द्व। झगड़ा। युद्ध।

डुण्डुभ (डुंडुभ)—[स॰ डुण्ड √भा + क] *पु॰* पानी का साँप।

डुबकौरी/डुभकौरी—[हि॰ डुबकी + बरी] *स्त्री॰* पीठी की बनी बरी।

डुभकौरी— *स्त्री॰* ≤ *हि॰* डुबकौरी।

डुमिला—[देशज] *पु॰* (छन्द॰) सवैया छन्द का एक प्रकार जिसके प्रत्येक चरण में ८ सगण के योग से २४ वर्ण होते हैं।

डुलि—[< स॰ दुलि, पृषो॰] *स्त्री॰* स्त्री/मादा कच्छप। कच्छपी। कछुई।

डूक—[< हिं॰ डूकना] *स्त्री॰* भूल। चूक।

डूकना—[< स॰ त्रुटिकरण] *क्रिअ॰* भूल करना। चूकना।

डूगर—[< हि॰ डूँगर] *वि॰* तुंग। ऊँचा।

डूमरी—[< हि॰ दुम] *स्त्री॰* बुलबुल के आकार की परन्तु अधिक लम्बी दुम वाली चिड़िया जो दुबली-पतली और मटमैले रंग की होती है। ● **विशेष**—'डूमरी' को '**चिलचिल**' भी कहते हैं।

डूम्भ—[देशज] *स्त्री॰* पालतू बत्तख के आकार की एक चिड़िया जो लाल सिर और लाल चोंच वाली होती है।

डूँगर—[< स॰ तुङ्ग] *पु॰* पहाड़ी। टीला। ढूह। ***वा॰* डूँगर की ओट में पहाड़ छिपना**—छोटी वस्तु की आड़ में बड़ी वस्तु का छिपना। ✣ ***डूँगरि**— *क्रिवि॰* = टीला/पहाड़ी पर। ✣ **डूँगरी** = छोटी पहाड़ी। टीला। ढूह।

डूँगा[१]—[< हि॰ डोंगा] *पु॰* १. डोंगा। २. चम्मच।

***डूँघै**—[< पंजाबी डूँगा] *वि॰* गहरा।

†डूँडा/डूँड़ा—[< हि॰ टुंडा] *वि॰* १. एक सींग का (बैल) २. चूड़ी या आभूषण से रहित (हाथ)।

***डूँमणी**—[< हि॰ डोमनी] *स्त्री॰* एक गाने-बजाने वाली जाति की स्त्री।

डेक—[अ॰] *पु॰* १. समुद्री जहाज़ की छत जिस पर यात्री आदि चल-फिर सकते हैं। २. 'रिकार्ड प्लेयर यन्त्र' का वह भाग जिसमें घूमनेवाली चक्रिका (अ॰ डिस्क) होती है जिसपर रिकार्ड लगाया जाता है।

डेगचा—*पु॰* ≤ फा॰ देगचः। = डेग। ✣ **डेगची**—*स्त्री॰* = छोटी डेग।

डेड़हा—[< स॰ डुण्डुभ] *पु॰* सभी प्रकार के पानी के साँपों का (जो कम विषैले होते हैं) सामान्य नाम। डुंडुभ।

डेढ़िया—[देशज] *पु॰* सिक्किम, भूटान आदि का एक प्रकार का ऊँचा वृक्ष जिसकी पत्तियाँ सुगन्धित होती हैं तथा लकड़ी मकान बनाने आदि में काम आती है।

डेपुटेशन—[< अ॰ डेप्युटेशन] *पु॰* १. शिष्टमंडल। प्रतिनिधिमंडल। २. प्रतिनियुक्ति।

डेरा[1]—[< हि॰ ठहरना] *पु॰* १. यात्रा आदि में अस्थायी रूप से बीच में ठहरने का स्थान। शिविर। पड़ाव। २. पड़ाव के लोग तथा सामान। ३. निवास-स्थान। आश्रय। ४. तम्बू। शामियाना। ५. झोंपड़ा या छोटा घर। ***वा॰* डेरा उठाना**—अस्थायी निवास छोड़कर आगे बढ़ना। **डेरा कूच होना**—मरना। **डेरा जमाना**—१. अस्थायी रूप से ठहरना २. पड़ाव डालना। ३. बस जाना। **डेरा डालना**—१. (किसी स्थान पर) अस्थायी रूप से ठहरने की व्यवस्था करना। पड़ाव डालना। २. किसी स्थान पर जाकर इस प्रकार बैठ जाना या ठहरना कि शीघ्र जाने का ध्यान ही न रहे। ३. सामानसहित टिकना। **डेरा पड़ना**—टिक जाना।

***डेरा**[2]—[< हि॰ डेराना] *क्रिअ॰* 'डेराना' क्रिया का एक भूतकालिक रूप। डरा।

डेल—[< हि॰ डला] *पु॰* ढेला। डला।

डेला—[< हि॰ डला] *पु॰* १. नेत्र का उभरा हुआ भाग जिस पर पुतली होती है। आँख का कोया। २. (मिट्टी का) ढेला।

डेलिया—[देशज] *पु॰* लाल, पीले, सफ़ेद और बैंगनी फूलों वाला एक पौधा।

डेल्टा—[< अ॰ < यूनानी भाषा का एक अक्षर जिससे अँग्रेज़ी का 'डी' अक्षर बना] *पु॰* समुद्र में गिरने के पहले नदी का कई छोटी धाराओं में बँट जाने के कारण बीच में बनी तिकोनी भूमि। (नदी का) मुहाना। ✣ **डेल्टा-झील**—*स्त्री॰* = (भूविज्ञान॰) किसी उथले जलीय क्षेत्र के चारों ओर नदियों द्वारा लाकर एकत्रित निक्षेपों से बनी झील। ✣ **डेल्टा धातु**—*स्त्री॰* = (रसायन॰) लौहयुक्त पीतल जिसमें ताम्र, जस्ता और लोहा का अनुपात क्रमशः ५५ : ४१ : ४ होता है। (अ॰ डेल्टा मेटल)

†डेवढ़ा, †डेवढ़ी—दे॰ क्रमशः ड्योढ़ा, ड्योढ़ी।

डेसिबेल/डेसीबेल—[अ॰ डेसिबेल] ध्वनियों की सापेक्ष उच्चता या तीव्रता को मापने की इकाई। ध्वनि-दबाव का वह अल्पतम अन्तर जिसे हमारा कान ग्रहण कर सकता है। ● **विशेष**—'डेसीबेल की ध्वनि' का अर्थ है घंटी की ध्वनि की दशमांश तीव्रतावाली ध्वनि।

†डेहरी—[< स॰ देहली] *स्त्री॰* १. द्वार। दरवाज़ा। २. द्वार की चौखट की नीचे की लकड़ी और उसके पास की भूमि। दहलीज़। ३. मूल निवास-स्थान।

डैंड़सी (डेंड़सी)—[< स॰ टिण्डिश] *स्त्री॰* १. टिंडा नामक फल जिसकी तरकारी बनती है। २. उक्त फल की लता।

डैम[1]—[अ॰] १. जल के प्रवाह को रोककर जलाशय बनाने के लिए या बाढ़ को रोकने के लिए खड़ी की गयी दीवार। बाँध। पुश्ता। २. उक्त प्रकार से बनाया गया जलाशय।

डैयरा—[देशज] *स्त्री॰* काले-सफ़ेद रंग की और बुलबुल के आकार की एक चिड़िया। डइया।

डैश—[अ॰] *पु॰* विरामादि चिह्नों में से एक जो लिखने में प्रयुक्त होता है और छोटी, सीधी और पड़ी लकीर (—) होता है। निर्देशक चिह्न। ● **विशेष**—योजक-चिह्न (अ॰ हाइफ़न) 'डैश' से छोटा होता है।

डोआ—[< प्रा॰ डोअ] *पु॰* काठ के डंडे में कील से ठोका गया कटोरा। लकड़ी का बड़ा चमचा या कलछा।

डोई—[< हि॰ डोआ] *स्त्री॰* छोटा डोआ।

डोकर/डोकरा—[< हि॰ डोकरी] *पु॰* वृद्ध पुरुष। बूढ़ा आदमी।

डोकरिया—*स्त्री॰* ≤ *हि॰* डोकरी।

डोकरी—[< प्रा॰ डोक्करी] *स्त्री॰* वृद्ध स्त्री। बूढ़ी।

डोका—[राजस्थ॰] *पु॰* १. डंठल। २. अनाज के सूखे डंठल जो पशु को चारे की तरह खिलाए जाते हैं।

डोख—[देशज] *स्त्री॰* एक चिड़िया जिसकी चोंच लम्बी, भारी और पीली होती है और सिरे पर नीचे की ओर कुछ मुड़ी होती है।

डोटियाल—[देशज] *पु॰* नेपाली, भूटानी आदि पहाड़ी भार-वाहकों का नाम जो उत्तरांचल में प्रचलित है।

डोडा—[देशज] *पु॰* पौधे की बड़ी कली जिसमें बीज होते हैं। बौंडी। ***जैसे***—पोस्ते का डोडा। ✣ **डोडी**—*स्त्री॰* = छोटा डोडा।

डोरिया—[< हि॰ डोरा] *पु॰* १. एक प्रकार का सूती कपड़ा। २. लम्बी धारियों वाला वस्त्र।

डोलची—[< हि॰ डोल] *स्त्री॰* १. छोटा डोल। २. डोल के आकार की टोकरी।

डोला—[< हि॰ डोलना] *क्रिअ॰* 'डोलना' क्रिया का एक भूतकालिक रूप। काँपा। हिला। ***जैसे***—हवा चलने से वृक्ष के पत्ते डोले। *पु॰* १. डोली। पालकी। २. झूला। हिंडोला। ***वा॰* डोला आना**—पत्नी का पति के घर लाया जाना। **(किसी को) डोला देना**—(मध्यकालीन रीति में) अपनी कन्या को वर के घर भेजना ताकि वहीं विवाह हो जाए। **डोला निकालना**—(विवाह के अन्त में) कन्या को विदा करना।

डोलाना—[हि॰ 'डोलना' का प्रेरणा॰] *क्रिस॰* १. (किसी को) डोलने में प्रवृत्त करना। ऐसा काम करना जिससे कोई व्यक्ति/वस्तु डोलने लगे। २. विचलित करना। ३. चँवर, पंखा आदि को निरन्तर चलाना। घुमाना। डुलाना। ***जैसे***—हवा के लिए पंखा डोलाना।

डोली—[< हि॰ डोलना] *क्रिअ॰* १. 'डोलना' क्रिया का एक भूतकालिक रूप। हिली। काँपी। ***जैसे***—ज़मीन डोली। २. विचलित हो गयी। ***जैसे***—बुद्धि डोली। *स्त्री॰* पालकी।

***डोल्लना**—*क्रिअ॰* ≤ *हि॰* डोलना।

डोसा—[तमिल] *पु॰* पिसी हुई उड़द की दाल आदि से बननेवाला एक व्यंजन। ● **विशेष**—यह दक्षिण भारतीय व्यंजन अब सम्पूर्ण भारत में बनाया जाने लगा है।

डौंगा (डोंगा)—[< हि॰ डोंगी < प्रा॰ दोणी < सं॰ द्रोणी] *पु॰* १. बिना पाल की नाव। २. बड़ी नाव या जहाज़। ***वा॰* डोंगा डुबाना**—१. काम बिगाड़ना। २. प्रतिष्ठा नष्ट करना। **डोंगा डूबना**—१. काम बिगड़ना। २. प्रतिष्ठा नष्ट होना। **डोंगा पार लगाना**—काम सिद्ध करना। **डोंगा पार होना**—काम सिद्ध होना। ✣ **डौंगी (डोंगी)**—*स्त्री॰* = एक प्रकार की छोटी नाव जो कभी छोटे चप्पू से और कभी पाल द्वारा चलायी जाती है।

†**डौंड़ा**[1] **(डोंड़ा**[1] **)**—[< सं॰ दण्ड] *पु॰* (नल आदि की) बड़ी टोटी। ✣ **डौंड़ी (डोंड़ी**[1] **)**—*स्त्री॰* = (नल आदि की) छोटी टोंटी।

डौंड़ा[2] **(डोंड़ा**[2] **)**—*पु॰* ≤ *हि॰* डोडा। (दे॰) ✣ **डौंड़ी**[2] **(डौंड़ी**[2] **)**—*स्त्री॰* = छोटा डोडा। डोडी।

डौक—[देशज] *स्त्री॰* स्लेटी धूसर रंग की और लम्बे पैरोंवाली, तीतर के आकार की, एक चिड़िया जो 'किर्र-क्वैक-क्वैक' या 'कूक-कूक' शब्द करती है।

डौल—[हि॰ 'डील' का अनु॰] *पु॰* १. (किसी वस्तु की) बनावट का ढंग। रचना का प्रकार। २. (किसी रचना का) ढाँचा। ठाठ। ३. (मनुष्य आदि का) आकार-प्रकार। ***जैसे***—डील-डौल। ४. काम करने का ठीक प्रकार। ढंग। सुविधि। ***जैसे***—अखबारों को डौल से रखना। ५. उपाय। युक्ति। तरकीब। ***जैसे***—भोजन का कोई डौल करना। ६. लक्षण। रंग-ढंग। ***जैसे***—रोगी के डौल अच्छे नहीं हैं। ७. सम्भावना। ***जैसे***—अभी तो युद्ध छिड़ने का डौल नहीं दिखायी देता। ८. खान से निकलनेवाला लम्बा और कुछ-कुछ गोलाई वाला पत्थर। ९. खेतों की मेंड़। डाँड़। ● **विशेष**—बहुत बड़े डौल को ब्रजभाषी '**ठेवा**' कहते हैं। ***वा॰*(किसी काम का) डौल डालना**—१. रूपरेखा बनाना। २. आरम्भ करना। **(किसी वस्तु को) डौल पर लाना**—सुन्दर या अच्छे रूप में लाना। **(किसी व्यक्ति को) डौल पर लाना**—युक्ति से अपने अनुकूल बनाना। **(किसी काम का) डौल बाँधना/लगाना**—उपाय करना। युक्ति लगाना। **डौल लगाना**—उपाय करना। **डौल से लगाना**—विधिपूर्वक लगाना। तरीक़े से लगाना। **डौल होना**—१. युक्ति/उपाय सफल होना। २. व्यवस्था होना।

डौल-डाल—[हि॰ डौल + अनु॰ डाल] *पु॰* उपाय। युक्ति। ***वा॰* डौल-डाल होना**—काम होने की कुछ आशा बँधना।

डौलदार—[< हि॰ डौल + फा॰ दार] *वि॰* सुन्दर ढाँचे वाला। सुगठित। सुडौल।

डौलियाना—*क्रिस॰* १. काट-छाँटकर या गढ़कर रूप या आकार ठीक करना। २. किसी व्यक्ति को मधुर बातचीत द्वारा अपने अनुकूल बनाना। पटाना।

डौसा—[देशज] *पु॰* एक प्रकार का श्यामलता युक्त सफ़ेद पत्थर जो पच्चीकारी में काम आता है।

डौंकना (डौंकना)—[देशज] *क्रिम॰* उछल-कूद करना। दौड़ना-भागना।

†**डौंकिला/डौंगला (डौंकिला/डौंगला)**—[देशज] *स्त्री॰* एक काली चिड़िया जो 'तेलिया मैना' से मिलती-जुलती होती है।

डौंगरा (डौंगरा)—[देशज] *पु॰* बौछार। फुहार।

डौंड़ी (डौंड़ी)—[< सं॰ डिण्डिम] *स्त्री॰* १. डुगडुगी। डुग्गी। २. डुगडुगी बजाकर की जाने वाली सार्वजनिक घोषणा। मुनादी। ***वा॰* डौंड़ी पीटना/बजाना/देना**—१. सबसे कहते फिरना। २. ढोल बजाकर सार्वजनिक रूप से घोषणा करना। **डौंड़ी बजना**—१. सार्वजनिक रूप से घोषणा होना। २. किसी की सत्ता या प्रताप सब पर प्रकट होना।

ड्योढ़ी[1]—*वि॰ (स्त्री॰)* = डेढ़ गुनी। ***जैसे***—दस की ड्योढ़ी राशि पन्द्रह होती है।

ड्योढ़ी[2]—[< सं॰ देहली] १. किसी मकान या भवन के मुख्य प्रवेश-द्वार के समीप की भूमि। २. उक्त प्रवेश-द्वार के समीप अन्दर का पटा हुआ (छत वाला) स्थान। पौरी। ***वा॰*(किसी की) ड्योढ़ी खुलना**—राज-दरबार में आने-जाने की अनुमति मिलना। **(किसी की) ड्योढ़ी बन्द होना**—राज-दरबार में आने-जाने की मनाही होना। ✣ **ड्योढ़ीदार/ड्योढ़ीवान**—*पु॰* = द्वारपाल। दरबान।

ड्रग—[अं॰] *स्त्री॰* १. औषधि। दवा। २. दवा के समान प्रयुक्त होनेवाला कोई पदार्थ। ३. अफ़ीम आदि नशीली वस्तु। मादक द्रव्य।

ड्रा—[अं॰] *पु॰* १. लाटरी टिकटों के परिणाम निकालने का कार्य/प्रक्रिया। २. बराबर की कुश्ती/मैच आदि। अनिर्णीत प्रतियोगिता/खेल। ***जैसे***—मैच में ड्रा रहा।

ड्राम—[अं॰] *पु॰* १. भार की एक इकाई जो प्रायः एक औन्स का सोलहवाँ भाग होती है परन्तु औषधियों के लिए आठवाँ भाग। २. प्राचीन यूनान की एक रजत मुद्रा। एक प्राचीन यूनानी सिक्का। दरहम।

ड्रिल—[अं॰] *स्त्री॰* विद्यार्थियों, सैनिकों आदि को सामूहिक रूप से कराया जाने वाला शारीरिक व्यायाम या संचलन आदि का अभ्यास। क़वायद।

ड्रुइड—[अं॰ < सं॰ द्रविड] *पु॰* प्राचीन ब्रिटेन, आयरलैंड आदि में रहनेवाली एक विशेष जाति के लोग जो विज्ञान, कला, धर्म आदि के विद्वान् होते थे और प्रायः शिक्षक, न्यायाधीश, पुरोहित आदि होते थे। ● **विशेष**—इन्हें '**केल्ट/सेल्ट**' भी कहा जाता है। ये प्राचीन भारतीय थे जो दूर देशों में जा बसे थे।

ढ

देवनागरी वर्णमाला में 'टवर्ग' का चौथा व्यंजन। (भाषाविज्ञान की दृष्टि से) यह मूर्धन्य, स्पर्श, घोष और महाप्राण ध्वनि है। ● **विशेष—१.** 'ढ' का ही एक रूप 'ढ़' है जो 'स्पर्श' नहीं, 'उत्क्षिप्त' वर्ण है। स्वरयुक्त 'ढ' का उच्चारण शब्द के आदि और मध्य में ही होता है (ढपली, ढीला, बेढंगा) परन्तु स्वरयुक्त 'ढ़' का उच्चारण शब्द के मध्य और अन्त में ही होता है (लुढ़कना, बूढ़ा)। **२.** ढ के व्यंजन-गुच्छ कम बनते हैं। 'ढ' महाप्राण व्यंजन है अत: उसका द्वित्व नहीं होता। 'ढ' से पहले आए 'ड्' का संयुक्त रूप 'ड्ढ' लिखा जाता है (जैसे—'गड्ढा')। 'ढ्' और उसके बाद आनेवाले 'य' का संयुक्त रूप 'ढ्य' लिखा जाता है (धनाढ्य)।

ढ—[सं° √ढौक् + ड] *पुं°* १. परमात्मा। २. ध्वनि। नाद। ३. सर्प। ४. कुत्ता। ५. कुत्ते की पूँछ/दुम। ६. बड़ा ढोल।

ढई[1]—[< हिं° ढहना] *स्त्री°* १. ढहने की अवस्था/भाव। २. (लाक्षणिक) किसी स्थान पर जम कर बैठना। ***जैसे***—किसी के घर ढई देना। ३. (लाक्षणिक) धरना देना। *क्रिस°* ढहाया। *क्रिअ°* ढह गयी। गिरी।

ढई[2]—[< हिं° ढहाना] *क्रिस°* 'ढहाना' क्रिया का भूतकालिक रूप (स्त्री°) गिरायी। ढहाई।

ढकोसला—[देशज] *पुं°* झूठा दिखावा। आडम्बर। पाखंड। पद्य विशेष जिसका उद्देश्य केवल हँसाना हो, जिसका कोई निश्चित अर्थ न हो और जिसमें बेमेल शब्दों का प्रयोग किया गया हो।

ढकोसना—[< हिं° ढोकना] *क्रिस°* १. अधिक मात्रा में पीना। २. जल्दी-जल्दी पीना।

ढक्का—[सं° ढक् √कै + क + टाप्] १. दो मुँह वाला एक अवनद्ध वाद्य। बड़ा ढोल। २. बड़ा धौंसा। नगाड़ा। डंका। ✣ **ढक्की**—*स्त्री°* = १. ढोल। २. छोटा नगाड़ा।

ढगण—[सं° ढ ~ गण] *पुं°* (छन्द°) (मात्रिक गणों में) तीन मात्राओं का गण।

ढङ्ख (ढंख)—[< हिं° ढाक] *पुं°* १. पलाश। ढाक। २. वह स्थान जहाँ ढाक के पौधे अधिक हों।

ढचर—[< हिं° ढाँचा] *पुं°* किसी वस्तु का ढाँचा। ***वा°* ढचर फैलाना**—आडम्बर करना। **ढचर बाँधना**—बहुत आडम्बर करना।

ढटींगड़/ढटींगर (ढटींगड़/ढटींगर)—[< सं° डिङ्गर] *वि°* १. बड़े डील-डौल का। ढींग। २. हृष्ट-पुष्ट। ३. केवल देखने में अच्छा परन्तु वास्तव में व्यर्थ/निरुपयोगी।

ढट्ठा[1]—*पुं°* ≤ *हिं°* ढाटा। (दे°) ✣ **ढट्ठी**[1]—*स्त्री°* = ढाटा।

†**ढट्ठा**[2]—[देशज] *पुं°* १. डंठल। २. ज्वार आदि का सूखा डंठल।

ढट्ठा[3]—*वि°* ≤ ढड्ढा। (दे°) ✣ **ढट्ठी**[2]—*(स्त्री°)* = ढड्ढी।

ढड्ढा—[< हिं° ठाठ] *वि°* १. जो व्यर्थ विस्तार के कारण बड़े आकार का हो गया हो। २. बेढंगा। *पुं°* १. बाँसों का वह ठाठ जिसपर खड़े होकर मिस्त्री, राज आदि ऊँची दीवारें इत्यादि बनाते हैं। २. वस्तु की रचना का ढाँचा। ठाठ। ३. कोई बड़े आकार की वस्तु जिसमें बहुत कुछ व्यर्थ हो। ४. व्यर्थ आडम्बर। व्यर्थ ठाठ-बाट।

ढपोरशङ्ख (ढपोरशंख)—*पुं°* ≤ *हिं°* ढपोलशंख। दिखावटी तौर पर बड़ी-बड़ी बातें करनेवाला परन्तु जो सहायक या उपयोगी न हो। गप्पी।

***ढप्पू**—[देशज] *वि°* जो बड़ा हो परन्तु व्यर्थ हो।

ढब—[देशज] १. कार्य करने की ठीक प्रणाली/रीति। २. रचना आदि का कोई विशेष प्रकार। ३. ठीक तरह से काम करने का गुण। ४. उपाय। युक्ति। तरकीब। ५. स्वभाव। प्रकृति। ६. आदत। ***वा°* ढब आना**—किसी काम को करने की विधि का ज्ञान होना। **ढब का आदमी**—ठीक प्रकार से काम करनेवाला व्यक्ति। **ढब की बात**—उचित बात। **(किसी में) ढब डालना**—आदत डालना। **ढब पर चढ़ना/लगना**—वश में आना। **(किसी को) ढब पर चढ़ाना/लगाना/लाना**—अपना काम निकालने के लिए किसी को युक्ति से अपने अनुकूल बनाना। फुसलाना।

†**ढबीला/ढबैला**—[< हिं° ढब] *वि°* १. ठीक ढंग से काम करनेवाला (व्यक्ति)। २. ढबवाला। चालाक। ३. ठीक रूप-रंग का। ✣ **ढबीली**—*वि° (स्त्री°)*।

ढम—[अनु°] *स्त्री°* १. ढोल की आवाज़। २. (नगाड़े आदि का) गम्भीर शब्द।

ढरकी—[< हिं° ढरकना] *स्त्री°* जुलाहों का एक उपकरण जिससे वे बाने का सूत ताने में भरते रहते हैं। भरनी।

***ढरकौंहा (ढरकौंहा)**—[< हिं° ढरकना] *वि°* १. नीचे की ओर बहनेवाला या ढुलक जाने वाला। २. अनुकूल। ✣ **ढरकौंही (ढरकौंही)**—*वि° (स्त्री°)*।

ढरना—*क्रिस°* ≤ *हिं°* ढलना। ✣ ***ढरनि**—*स्त्री°* = १. ढलने की क्रिया/भाव। २. गिरने का भाव/क्रिया। पतन। ३. किसी की दीन दशा देखकर मन का द्रवित होना। किसी की ओर झुकने की क्रिया।

प्रवृत्ति। झुकाव। ४. शैली। रीति। ५. ढर्रा। ६. प्रवाह। बहाव। ७. ढर्रा।

ढरहरा—[< हि॰ ढारा] *वि॰* १. ढलने/बहने/लुढ़कने वाला। २. किसी ओर प्रवृत्त या झुका हुआ। ३. अनुकूल। ४. द्रवीभूत।

ढराइन/†ढड़ियाइन—[देशज] *स्त्री॰* पीले फूलों वाला एक पौधा जो लगभग ३ से.मी. ऊँचा होता है, प्रायः ज्वार-बाजरा के खेतों में उगा पाया जाता है तथा जिसमें उर्द की फली जैसी फली आती है।

ढरारा—[< हि॰ ढार] *वि॰* १. किसी ओर ढलने या बहने वाला। २. ढालू। ३. शीघ्र इधर-उधर लुढ़क जाने वाला। ४. किसी की ओर प्रवृत्ति वाला। ५. किसी की ओर शीघ्र ही आकृष्ट होनेवाला या सहज ही प्रेम करनेवाला।

ढलन—[< हि॰ ढलना] *स्त्री॰* ढलने की क्रिया/भाव। ✣ **ढलनशीलता**—*स्त्री॰* = ढलनशील होने का गुण। ढलने की प्रवृत्ति।

ढलमल—[अनु॰] *वि॰* १. शिथिल। २. अस्थिर। ढुलमुल। ३. जो कभी इधर और कभी उधर लुढ़क रहा हो। ४. लहराता हुआ।

ढलवाँ[१]—[< हि॰ ढाल] *वि॰* ढालवाला। ढालू।

ढलवाँ[२]—[< हि॰ ढालना] *वि॰* साँचे में ढला हुआ। साँचे से बना। ***जैसे***—ढलवाँ खिलौना।

ढलुआ—[< हि॰ ढाल] *वि॰* ढाल वाला। ढालू।

ढलैया—[< हि॰ ढालना] *वि॰* ढालनेवाला। *पु॰* गलाई गयी धातुओं को ढालकर कोई वस्तु बनानेवाला कारीगर।

†ढवरी—[< हि॰ ढलना] १. किसी की ओर ढलने या किसी पर अनुरक्त होने की अवस्था या भाव। २. (किसी के प्रति) लगन। लौ।

ढँढोरची—[< हि॰ ढँढोरा] *पु॰* ढोल आदि बजाकर घोषणा करनेवाला। ढँढोरा पीटनेवाला। ढँढोरिया।

ढँढोरना—[< प्रा॰ ढँढोल, < स॰ √ढुण्ढ्] *क्रिस॰* १. ढूँढना। खोजना। २. ढँढोरा पीटना। घोषणा/मुनादी करना।

ढँढोरा—[< प्रा॰ ढंढोल] *पु॰* १. ढोल जो सार्वजनिक घोषणा करनेवाला बजाता है। २. ढोल बजाकर की जाने वाली सार्वजनिक घोषणा। मुनादी। ***वा॰* ढँढोरा पीटना/फेरना**—१. सार्वजनिक घोषणा करना। २. अनावश्यक रूप से किसी बात की सूचना सबको देना। ***जैसे***—अपनी पत्नी के लड़ाकू स्वभाव का ढँढोरा पीटना।

ढाक[१]—[< स॰ आषाढक] *पु॰* पलाश (वृक्ष)। टेसू। ***वा॰* ढाक के तीन पात होना**—१. सदा निर्धन रहना। २. सदा एक-सा रहना।

ढाक[२]—[< स॰ ढक्का] *पु॰* १. बड़ा ढोल। २. देवी-देवताओं तथा नागों के गीतों के साथ बजाया जाने वाला एक वाद्य जो डमरू जैसा होता है।

ढाटा—[< हि॰ दाढ़ी] *पु॰* कपड़े की पट्टी जिससे दाढ़ी बाँधी जाती है। ✣ **ढाटी**—*स्त्री॰* = ढाटा। ***वा॰* ढाटी चढ़ाना/देना/लगाना**—मुँह बन्द करना। बोलने से रोकना।

ढाड़/ढाढ़—[अनु॰] *स्त्री॰* १. चीत्कार। चीख़। २. दहाड़। ३. चिल्लाकर रोने का कार्य। ***वा॰* ढाड़/ढाढ़ मारना**—चिल्लाकर रोना।

†ढाढ़ना—[< हि॰ डाढ़ना < प्रा॰ डड्ढ < स॰ दग्ध] *क्रिस॰* दाहना। जलाना।

ढाढस/ढाढ़स—[< स॰ दार्ढ्य] *पु॰* सान्त्वना। तसल्ली। ***वा॰* ढाढ़स देना/बँधाना**—सांत्वना देना। धैर्य बँधाना। हिम्मत देना। **ढाढ़स बँधना**—धैर्य आना। हिम्मत बँधना।

ढाढ़िन—[< हि॰ ढाढ़ी] *स्त्री॰* १. ढाढ़ी जाति की स्त्री। मीरासिनी। २. ढाढ़ी की पत्नी। मीरासिन।

ढाढ़ी—[देशज] *पु॰* गाने-बजाने से जीविका चलानेवाली एक जाति या उसका पुरुष जो मांगलिक अवसरों पर बधाइयाँ आदि गाती है। मीरासी।

ढाढ़ौन—[< स॰ ढिण्ढिणी] *पु॰* जल-सिरिस नामक वृक्ष।

†ढाब—[< हि॰ डाबर] *पु॰* छोटा ताल। तलैया।

†ढाबर—[< हि॰ डाबर] *वि॰* मलिन। मटमैला। गँदला।

ढाबा—[देशज] *पु॰* (तन्दूरी रोटी, चावल आदि का) भोजनालय।

ढामक—[अनु॰] *पु॰* ढोल आदि बजने का शब्द।

ढार[१]—[< हि॰ ढाल] *पु॰* १. मार्ग। रास्ता। २. प्रकार। ढंग। ३. ढाँचा। ४. (वस्तुएँ ढालने का) साँचा। ५. साँचे में ढाली गई वस्तु। ६. रचना। बनावट। ७. ढाल। झुकाव।

***ढार**[२]—[< स॰ धार] *पु॰* १. ढालू ज़मीन। २. उतार। ३. मार्ग। *स्त्री॰* ४. कान का एक गहना।

***ढारना**—[ब्रज॰ < हि॰ ढालना] *क्रिस॰* १. साँचे की सहायता से प्रतिमा आदि बनाना। ढालना। २. उँड़ेलना। ३. (पंखा) झलना। ✣ **ढारि**—*क्रिवि॰* = १. उँडेलकर। २. (प्रतिमा) गढ़कर। ३. ढलकाकर।

ढाल[१]—[स॰ √ढौक् + अच्, पृषो॰] *स्त्री॰* युद्ध में तलवार आदि के आघात को रोकने के लिए लोहे या चमड़े का बना एक गोल उपकरण। ***वा॰* ढाल-तलवार बाँधना**—योद्धा-वेष धारण करना। **(किसी की) ढाल होना**—रक्षक होना।

ढाल[२]—[< प्रा॰ ढालइ] *पु॰* उतार। ***जैसे***—पहाड़ का ढाल।

ढाल[३]—[< हि॰ ढालना] *स्त्री॰* १. ढालने की अवस्था/क्रिया/भाव। २. ढली वस्तु का प्रकार/रूप। ३. तरीक़ा। रंग-ढंग। ***जैसे***—उसकी चाल-ढाल ठीक है।

ढाली—[स॰ ढालिन्] *पु॰* १. ढाल धारण करनेवाला योद्धा। २. सैनिक।

†ढासना—[< स॰ √धा + आसन] *पु॰* टेक लगाने की ऊँची खड़ी वस्तु (***जैसे***—दीवार, तकिया आदि)।

***ढाँख/ढाँखा**—[< हि॰ ढाक] *पु॰* ढाक का वन।

ढाँस—[अनु॰] *स्त्री॰* १. ढाँसने की क्रिया/भाव। २. एक प्रकार की सूखी खाँसी जिसमें रोगी 'ढाँ-ढाँ' करके खाँसता है। ढाँसी। ✣ **ढाँसना**—*क्रिअ॰* = उक्त प्रकार से खाँसना। ✣ **ढाँसी**—*स्त्री॰* = ढाँस।

***ढिग**—[< स॰ ढौक्] *स्त्री॰* १. समीपता। २. (नदी, सरोवर, समुद्र आदि का) तट/किनारा। ३. धोती, चादर आदि की किनारी। ४. सिरा। छोर। *क्रिवि॰* समीप। निकट। पास।

ढिठाई—[< हि॰ ढीठ] *स्त्री॰* १. धृष्टता। चपलता। गुस्ताखी। २. उद्दंड व्यवहार। ३. निर्लज्जता। बेशर्मी। ४. दुराग्रह। हठ।

ढिल्लड़—[< हि॰ ढीला] *वि॰* ढिलाई करनेवाला। सुस्त।

ढिल्लमुतान—[< प्रा॰ ढिल्ल + स॰ मूत्रस्थान] *वि॰* कमज़ोर मूत्रस्थान वाला। जल्दी-जल्दी पेशाब करनेवाला। *पु॰* उक्त प्रकार की जाति का बैल।

†**ढिँग (ढिंग)**—[< हि॰ ढिग] *क्रिवि॰* समीप। निकट। पास। ***जैसे***—माता के ढिंग बैठकर पढ़ना।

ढिँढोरची (ढिंढोरची)—[< हि॰ ढिंढोरा] *पु॰* १. ढिंढोरा पीटनेवाला। २. नगाड़ा/डुग्गी बजाकर घोषणा करनेवाला। मुनादी करनेवाला।

***ढिँढोरना**[1]—[< हि॰ ढिंढोरा] *क्रिअ॰* ढिंढोरा पीटना। डुग्गी आदि बजाकर घोषणा करना।

†**ढिँढोरना**[2]—[< हि॰ ढूँढना] *क्रिस॰* १. खोज करना। तलाशना। २. मथना। बिलोना।

ढिँढोरा (ढिंढोरा)—[< स॰ डिण्डिम] *पु॰* १. एक प्रकार का ढोल। डुग्गी। २. डुग्गी बजाकर की गयी घोषणा। मुनादी। ३. सार्वजनिक घोषणा करने के समय बजाने का ढोल। ***वा॰* (किसी बात का) ढिंढोरा पीटना/फेरना/बजाना**—१. सार्वजनिक रूप से (किसी बात की) सूचना ढोल बजाकर देना। घोषणा करना। २. अनुचित/अनावश्यक होने पर भी किसी बात की सूचना सबको देते फिरना।

ढीठ—[< प्रा॰ घिट्ठ < स॰ धृष्ट] १. बड़ों के सामने स्वच्छन्दतापूर्ण/उद्दंड व्यवहार करनेवाला। धृष्ट। अशिष्ट। ३. जान-बूझकर बड़ों की आज्ञा या निषेध को न माननेवाला। ४. निर्लज्ज। बेशर्म। ५. हठी। दुराग्रही। ⁘ **ढीठता**—*स्त्री॰* = ढिठाई। ⁘ **ढीठी**—*वि॰ (स्त्री॰)*। *स्त्री॰* = धृष्टता। ढिठाई। ⁘ **ढीठे**—*वि॰* = धृष्टतापूर्ण।

***ढीठ्यौ**—[< हि॰ ढीठना] *स्त्री॰* धृष्टता। ढिठाई।

†**ढीम**—[देशज] १. पत्थर का टुकड़ा या पत्थर। २. मिट्टी का बड़ा ढेला।

†**ढीँगर (ढींगर)**—[< स॰ डिङ्गर] *पु॰* १. अधिक लम्बा-चौड़ा व्यक्ति। बड़े डील-डौल का व्यक्ति। २. (स्त्री का) पति या उपपति।

ढीँढ़स (ढींढ़स)—[< स॰ टिण्डिश] *पु॰* टिंडा नामक लता या उसका फल जो सब्ज़ी के रूप में खाया जाता है।

ढुक्का—[< हि॰ ढुकना] *पु॰* १. ढुकने की क्रिया/भाव। प्रवेश। २. कुछ बात छिपकर देखने, सुनने या किसी को पकड़ने आदि के लिए आड़ में छिपने का कार्य। ⁘ **ढुक्का-ढुक्की**—*स्त्री॰* = तेज़ी से होनेवाली घुसपैठ।

ढुटौना—*पु॰* ≤ *हि॰* ढोटा। पुत्र या बालक।

***ढुण्ढ (ढुंढ)**—[< प्रा॰ ढुंढुल्ल] *पु॰* ठग। लुटेरा। **ढुण्ढा (ढुंढा)**—स्त्री॰।

ढुण्ढपाणि (ढुंढपाणि)—[< स॰ दण्डपाणि] १. (हाथ में दंड धारण करनेवाला) भैरव। २. शिव का एक गण।

ढुण्ढि (ढुंढि)—[स॰ √ढुण्ढ् + इन्] *पु॰* गणेश (देवता)। विनायक। ⁘ **ढुण्ढिराज (ढुंढिराज)**—*पु॰* = गणेश।

***ढुर**—[< हि॰ धुर] *वि॰* प्रमुख। *पु॰* प्रमुख स्थान। *क्रिवि॰* स्थान/ठिकाने तक।

***ढुरकना**—[< हि॰ ढार] *क्रिअ॰* १. ढुलकना। लुढ़कना। २. झुकना। ३. (किसी ओर) प्रवृत्त होना। ४. अनुकूल/प्रसन्न होना। ५. अनुरक्त होना। ६. चल देना। ७. तेज़ी से आगे बढ़ना।

†**ढुरन**—[< हि॰ ढुरना] *स्त्री॰* ढुरने की अवस्था/क्रिया/भाव।

†**ढुरना**—[< हि॰ ढार] १. गिरकर बहना। ढलकना। टपकना। ***जैसे***—आँसू ढुरना। २. इधर-उधर होना। डगमगाना। ३. (इधर-उधर हिलकर) लहराना। ४. लुढ़कना या फिसलना। ५. (किसी ओर) प्रवृत्त होना। झुकना। ६. अनुकूल/प्रसन्न होना। ७. (किसी पर) अनुरक्त होना। ***जैसे***—रुक्मिणी श्रीकृष्ण पर ढुर गयी।

ढुर्री—[< हि॰ ढुरहरी] *स्त्री॰* पगडंडी।

ढुलढुल—[< हि॰ ढुलकना] *वि॰* प्रायः लुढ़क जाने वाला। जो बार-बार लुढ़कता रहता हो। ***जैसे***—ढुलढुल लोटा।

ढुलना[1]—[< हि॰ ढोना] *क्रिअ॰* (सामान आदि का) ढोया जाना। ***जैसे***—बैलगाड़ी में गेहूँ ढुलना।

ढुलना[2]—*क्रिअ॰* ≤ *हि॰* ढुलकना।

ढूरी—[< हि॰ ढोरी] १. तीव्र अभिलाषा। २. धुन। लगन।

***ढूल**—*पु॰* ≤ *हि॰* ढोल।

ढूह—[< स॰ स्तूप] *पु॰* १. मिट्टी का छोटा और ऊँचा ढेर। २. ढेर। ३. टीला।

ढेबुआ—[< स॰ ढेब्बुका] *पु॰* ताँबे का एक सिक्का। पैसा।

ढेर—[< हि॰ धरना] *पु॰* (निर्जीव) वस्तुओं का बड़ा/ऊँचा समूह। राशि। ***जैसे***—मोतियों का ढेर; रुपयों का ढेर। *वि॰* अधिक। बहुत। ***जैसे***—ढेर रुपए। ***वा॰* ढेर करना**—मार डालना। **ढेर हो जाना**—१. मर जाना। २. (मकान आदि का) ध्वस्त होना। गिर पड़ना।

ढेरा—[देशज] *पु॰* १. अंकोल नामक वृक्ष। २. सिंहोर नामक वृक्ष।

ढेलवाँस—[< हि॰ ढेल + स॰ पाश] *पु॰* ढेला फेंकने की रस्सी जिसमें ढेले रखने के लिए जाली/फन्दा बना होता है। गोफना।

ढेला—[< हि॰ डेल] *पु॰* मिट्टी, पत्थर आदि का ठोस और छोटा टुकड़ा जो हाथ में उठाया जा सकता हो। डेला।

†**ढेला-चौथ**—[हि॰] *स्त्री॰* भाद्रशुक्ल चतुर्थी। ● **विशेष**—इस दिन का चन्द्रमा देख लेने पर (भावी जीवन में कभी) भारी कलंक लगता है, यह लोक-विश्वास है।

ढेँक (ढेंक)—[< स॰ ढेङ्क] *पु॰* पानी के किनारे रहने वाला एक जल-पक्षी जिसकी गर्दन और चोंच लम्बी होती हैं।

ढेँकली (ढेंकली)—[< हि॰ ढेंक] *स्त्री॰* १. सिंचाई के लिए कुएँ से पानी निकालने का एक यन्त्र जिसमें ऊँचे बँधे बाँस के सिरे पर पानी भरने का डोल रस्सी से लटका होता है। ढेंका। ढेंकी। २. धान कूटने का लकड़ी का यन्त्र जिसे पैर से दबाकर चलाते हैं। ढेंकी। **ढेँकला (ढेंकला)** = बड़ी ढेकली।

ढेँढ़स (ढेंढ़स)—[< स॰ टिण्डिश] *पु॰* टिंडा नामक लता अथवा उसका फल जो सब्ज़ी के रूप में खाया जाता है। टिंडा।

ढैचा—[देशज] *पु॰* एक वृक्ष जिसकी छाल से रस्सियाँ बनती हैं।

ढैया[१]—[< स्त्री॰ ढाई] *स्त्री॰* १. ढाई सेर का बाट या ढाई सेर का माप। २. ढाई का पहाड़ा। (ज्योतिष॰) शनि की साढ़े साती के ढाई-ढाई वर्ष के तीन भागों में से कोई एक भाग। ***जैसे***—शनि की पहली ढैया तुम्हारे लिए लाभदायक है।

ढैया[२]—[देशज] *स्त्री॰* बालकों के एक खेल में छूने के लिए निश्चित की गयी दीवार आदि कोई वस्तु या स्थान।

ढैहैं (ढैहैं)—[< हि॰ ढहना/ढहाना] *क्रिअ॰* ढह जाएँगे। ध्वस्त हो जाएँगे। गिर जाएँगे। *क्रिस॰* ढा देंगे। ध्वस्त कर देंगे। गिरा देंगे।

†ढोटा—[हि॰ 'ढोटी' का] *पु॰* १. बालक। लड़का। ***जैसे***—छोटे-बड़े ढोटे। २. पुत्र। ***जैसे***—नन्द का ढोटा कृष्ण।

†ढोटी—[< सं॰ दुहिता] *स्त्री॰* १. पुत्री। ***जैसे***—वृषभानु की ढोटी राधा। २. बालिका। लड़की।

†ढोर[१]—[< हि॰ ढुरना] *स्त्री॰* १. ढुरने की क्रिया/भाव। ढुरन। २. कोमलता के साथ आकर्षक अंग-संचालन। अदा।

†ढोर[२]—[देशज] *पु॰* गाय, भैंस आदि पालतू पशु। चौपाया। मवेशी।

***ढोरी**—[< हि॰ ढोरना] *स्त्री॰* १. ढोरने/ढरकने की क्रिया या भाव। २. तीव्र इच्छा। ३. धुन। लगन।

ढोल—[सं॰ ढक्का √ला + क, पृषो॰] *पु॰* कान का पर्दा/झिल्ली। (संगीत॰) दो मुँह वाला एक अवनद्ध वाद्य जिसे दाहिनी ओर लकड़ी तथा बाँयी ओर हथेली से बजाया जाता है। ***वा॰* (किसी बात का) ढोल पीटना (बजाना)/देना**—कोई बात खुले रूप में सबसे कहते फिरना। **ढोल की पोल**—१. ऊपर से दृढ़ और ठोस दिखनेवाले व्यक्ति, वस्तु या कार्य आदि का भीतर से खोखलापन। २. भीतरी पोल। ३. झूठ। **ढोल पीटकर/बजाकर**—सबकी जानकारी में। खुले आम। **ढोल बजना**—१. प्रशंसा होना। २. धूमधाम होना।

ढोलक—[सं॰ ढोल + कन्] *पु॰* एक वाद्य। एक प्रकार का छोटा ढोल। ढोलकी। ✣ **ढोलकिया**—*पु॰* = ढोल बजाने वाला। *स्त्री॰* ढोलक। ✣ **ढोलकी**—*स्त्री॰* = 'ढोलक' नामक वाद्य। ● **विशेष**—दो सौ पानों की गड्डी को **'ढोली'** कहते हैं परन्तु कहीं-कहीं **'ढोलकी'** भी कहते हैं।

ढोलन—[< हि॰ ढोला] *पु॰* १. पति। २. वर। दूल्हा।

***ढोलना**[१]—*क्रिस॰* ≤ *हि॰* ढालना। ढुलकाना। गिराना।

***ढोलना**[२]—[< हि॰ ढोना] धारण करना। ● **विशेष**—ब्रजक्षेत्र में (स्त्रियों का) गले का एक आभूषण जो ढोलक के आकार का होता है, 'ढोलना' कहलाता है। ढोलक के आकार का एक यन्त्र भी तागे में पिरोकर गले में पहना जाता है जिसे 'ढोलना' कहा जाता है।

ढोला—[राजस्थ॰ < सं॰ दुर्लभ] *स्त्री॰* १. पति। २. वीर। ४. राजस्थानी काक। ५. विवाह के समय गाया जाने वाला गीत। ६. बालक। ७. गाने का पेशा करनेवाली एक उपजाति। ८. उक्त उपजाति का पुरुष। ***वा॰* ढोला गाते रहना**—इधर-उधर मस्त होकर घूमना-फिरना, गाने आदि में समय व्यतीत करना।

ढोलिन[१]**/ढोलिनी**[१]—*स्त्री॰* = ढोला उपजाति की स्त्री।

ढोलिन[२]**/ढोलिनी**[२]—[< हि॰ ढोलिया] *स्त्री॰* = १. ढोल बजानेवाली स्त्री। २. ढोलिया की पत्नी।

ढोली[१]—[< हि॰ ढुलना] *वि॰ (स्त्री॰)* रीझी हुई। अनुरक्ता।

ढोली[२]—[देशज] *स्त्री॰* पान के पत्तों की गिनती में 'दो सौ' का वाचक शब्द। ***जैसे***—५ ढोली पान = १००० पान। ● **विशेष**—'ढोली' को कहीं-कहीं **'ढोलकी'** भी कहते हैं।

ढोव—[< हि॰ ढोना] *पु॰* १. ढोने की क्रिया/भार। २. ढोकर ले जायी गयी वस्तु। ३. भार। बोझ। ४. उपहार-सामग्री। भेंट।

ढोवा—[< हि॰ ढोना] *पु॰* १. ढोए जाने की क्रिया/भाव। ढुलाई। २. सामान ढोनेवाला व्यक्ति। ३. किसी की धन-सम्पत्ति को अनुचित रूप से ले जाना। ✣ **ढोवा-ढाई**—*स्त्री॰* = ढोने की क्रिया।

***ढोहना**—*क्रिस॰* ≤ *हि॰* ढूँढना। खोजना।

ढौकन—[सं॰ √ढौक् + ल्युट्] *पु॰* १. भेंट। चढ़ावा। २. उत्कोच। घूस। रिश्वत।

***ढौरी**[१]—[< हि॰ ढौरना] *स्त्री॰* १. धुन। लगन। रट। २. ईर्ष्या। जलन। डाह।

***ढौरी**[२]—[< हि॰ ढरना] *स्त्री॰* १. रीति। ढंग। तरीक़ा। २. आदत।

ढौंचा (ढौंचा)—[< प्रा॰ अड्ढचउ < सं॰ अर्धचतुर्] *पु॰* १. साढ़े चार। २. साढ़े चार गुना। ३. साढ़े चार का पहाड़ा।

ण

देवनागरी वर्णमाला में टवर्ग का पाँचवाँ वर्ण। (भाषाविज्ञान की दृष्टि से) यह मूर्धन्य, घोष, अल्पप्राण तथा नासिक्य व्यंजन है। ● **विशेष—१.** इस वर्ण को पहले '**रा**' के रूप में लिखा जाता था परन्तु अब '**ण**' को ही सरकारी मान्यता प्राप्त है। **२.** संस्कृत से आए शब्दों का 'ण' हिन्दी के तद्भव शब्दों में प्रायः 'न' बन जाता है (***जैसे***—रामायण > रामायन, कारण > कारन, मरण > मरन)। अरबी, फ़ारसी, अँग्रेज़ी इत्यादि विदेशी स्रोतों से आए हिन्दी शब्दों में 'ण' नहीं होता। **३.** 'ण्' को 'ण' लिखा जाता है। **४.** 'ण्' के बाद आकर व्यंजन-गुच्छ बनानेवाले व्यंजन प्रायः **ट, ठ, ड, ढ, ण, म, य** और **व** ही हैं और संयुक्त रूप में उन्हें क्रमशः घण्टा (घंटा), कण्ठ (कंठ), अण्ड (अंड), षण्ढ (षंढ), अक्षुण्ण, मृण्मय, गण्य, कण्व के समान लिखा जाता है। उक्त घंटा, कंठ आदि रूपों में 'ण्/ण' के स्थान पर अनुस्वार जैसी बिन्दी का प्रयोग केवल **सुविधार्थ प्रचलित** है और इसे अनुस्वार समझने की भूल नहीं करनी चाहिए। जिन शब्दों (कण्व, मृण्मय, पण्य, हिरण्य इत्यादि) में 'ण' स्पष्ट बोला/सुना जाता है, वहाँ बिन्दी का प्रयोग निषिद्ध है, 'ण' ही लिखा जाना चाहिए। **५.** 'ण' के पहले आकर उससे संयुक्त होनेवाले (अर्थात् व्यंजन-गुच्छ बनानेवाले) व्यंजन प्रायः **ग्, ण्, र्** और **ष्** ही हैं और संयुक्त रूप में इन्हें क्रमशः **ग्ण, ण्ण, र्ण, ष्ण** (रुग्ण, अक्षुण्ण, कर्ण, कृष्ण) लिखा जाता है। **६. र्ण** (र् + ण) विशेष ध्यान देने योग्य है, जो अनेक शब्दों में आता है (उत्तीर्ण, कर्ण, पर्ण, वर्ण)। **७.** 'र्', 'ष्' और 'ण' के संयुक्त रूप '**र्ष्ण**' वाले कुछ तत्सम शब्द ही मिलते हैं—कार्ष्ण, वार्ष्णेय इत्यादि। **८.** हिन्दी में 'ण' से आरम्भ होनेवाले शब्द बहुत थोड़े हैं और वे 'प्राकृत' भाषा या राजस्थानी आदि से ही प्राप्त हैं। शब्दों के मध्य में 'ण' प्रचुरता से आता है (गणना, वणिक, कण, हरण इत्यादि)। **९.** शब्दों के अन्त में 'स्वरयुक्त ण' ही प्रयुक्त होता है, 'ण्' नहीं।

ण[1]—[सं॰ नख् + ड्, पृषो॰] *पु॰* १. शिव। २. बुद्ध। ३. आभूषण। ४. दान। ५. ज्ञान। ६. पीने का जल रखने का स्थान। जल-घर। *वि॰* गुणरहित।

ण[2]—[प्राकृत < सं॰ न] *अव्यय॰* नहीं। न।

णगण—[सं॰ ण ~ गण] *पु॰* (छन्द॰) दो मात्राओं का एक मात्रिक गण।

णदी—[< सं॰ नदी] *स्त्री॰* नदी। ***जैसे***—रुहिर णदी (= रुधिर की नदी)।

णमोकार—[< सं॰ नमस्कार] *पु॰* नमस्कार। (जैन॰) नमस्कार का मन्त्र जिसमें अर्हतों, सिद्धों, आचार्यों, उपाध्यायों और विश्व के सभी साधुओं को नमस्कार किया जाता है। ● **विशेष—इसमें ५ वाक्य हैं—१. णमो अरहन्ताणं, २. णमो सिद्धाणं, ३. णमो आयरियाणं, ४. णमो उवज्झायाणं तथा ५. णमो लोए सव्वसाहूणं।**

***णवाँ**—[< सं॰ नव] *वि॰* नवीन। नए।

***णह**—[< सं॰ नभस्] *पु॰* आकाश। नभ।

***णहुँ**—[प्रा॰ णहि < सं॰ नहि] *क्रिवि॰* नहीं।

***णा**—[< हि॰ ना] *क्रिवि॰* ना। नहीं।

***णाता/णातो**—[< हि॰ नाता] *पु॰* सम्बन्ध। नाता।

***णारी**—[< सं॰ नालीक] *पु॰* एक प्रकार का भाला।

***णिभाना**—[< हि॰ निभाना] *क्रिस॰* निभाना।

***णिरखना**—[< हि॰ निरखना] *क्रिस॰* देखना। निरखना।

***णिरवाट**—[< सं॰ निर् + हि॰ वाट] *वि॰* निराश्रय। असहाय। बेसहारा।

***णेक**—[< हि॰ नैक] *वि॰, क्रिवि॰* तनिक। नैक। ज़रा।

***णेण/णेणा**—*पु॰* ≤ *सं॰* नयन। नेत्र। आँख।

***णिहारना**—*क्रिस॰* ≤ *हि॰* निहारना। देखना।

***णीर**—*पु॰* ≤ *सं॰* नीर। जल। पानी।

त

देवनागरी वर्णमाला में तवर्ग का पहला व्यंजन। (भाषाविज्ञानकी दृष्टि से) यह दन्त्य, स्पर्श, अघोष और अल्पप्राण है। इसका महाप्राण रूप 'थ' है। ● **विशेष—१.** 'त' वर्ण का अनेक व्यंजनों से संयोग होता है। त से पहले आकर मिलनेवाले व्यंजनों में क (उक्त), क़ (वक़्त), ख़ (सख़्त), त (सत्ता), न (शान्त), प (शप्त), ब (ज़ब्त), म (स्मित), र (आर्त), श (किश्ती) और स (अस्त), प्रमुख हैं। **२.** त से बाद में रहकर मिलनेवाले व्यंजनों में य (सत्य), र (सत्र) और स (कुत्सा) प्रमुख हैं। **३.** र् का त से संयोग होने पर 'र्त' रूप बनता है (आर्त, कर्ता, शर्त) और त् का र से संयोग होने पर 'त्र' रूप बनता है जिसे आजकल 'त्र' भी लिखा जाता है (मित्र)। **४.** त् का द्वित्व होने पर 'त्त/त्त' रूप लिखा जाता है। **इसका उचित ज्ञान न होने से महत् + त्व = 'महत्त्व' जैसे स्थलों पर 'महत्व' लिखने की भूल बहुत प्रचलित है।** सत्त्व (सत् + त्व) और गुरुत्व (गुरु + त्व) में क्रमशः त का द्वित्व क्यों है और क्यों नहीं है, इस पर ध्यान देना चाहिए। **५.** संस्कृत के अनेक तकारान्त (अन्त में त् ध्वनि वाले) शब्दों को हिन्दी में 'त्' के स्थान पर 'त' (अकारान्त) के प्रयोग के साथ लिखना प्रचलित है ***(जैसे***—विद्युत्→विद्युत) **६.** संस्कृत के सन्धि-नियमों के अनुसार तत्सम शब्दों में अनेक स्थानों पर तकार-सम्बन्धी कुछ परिवर्तन देखे जाते हैं। कुछ प्रमुख परिवर्तन इस प्रकार है—(१) त् का च् में परिवर्तन (सत् + चित् = सच्चित्)। (२) त् का ज् में परिवर्तन (सत् + जन = सज्जन)। (३) त् का द् में परिवर्तन (जगत् + बन्धु = जगद्बन्धु)। (४) त् का न् में परिवर्तन (जगत् + नाथ = जगन्नाथ)। (५) त् का ल् में परिवर्तन (तत् + लीन = तल्लीन)। (६) त् के परे श् हो तो दोनों का च्छ् में परिवर्तन (सत् + शास्त्र = सच्छास्त्र)। (७) त् के परे ह् हो तो दोनों का द्ध् में परिवर्तन (उत् + हार = उद्धार)। (८) द् का त् में परिवर्तन (उद् + कीर्ण = उत्कीर्ण)। **७.** त का विसर्गयुक्त रूप 'तः' एक प्रत्यय के रूप में अनेक तत्सम शब्दों में प्रयुक्त होता है (सर्वतः, कार्यतः, विशेषतः)।

त[1]—[स॰ √तक् + ड] *पु॰* १. रत्न। २. योद्धा, ३. अमृत। ४. गर्भाशय। ५. शठ। दुष्ट। ६. चोर। ७. पूँछ। दुम। ८. छाती। ९. बर्बर या म्लेच्छ। १०. नाव। (छन्द॰) तगण।

***त**[2]—[< प्रा॰ ता < स॰ तर्हि] *क्रिवि॰* तो। तब।

***त**[3]—[< प्रा॰ ता < स॰ तदा] *क्रिवि॰* उस समय। तब। तो।

***त**[4]—[प्रा॰ < स॰ तत्] सर्व॰ वह।

***तई**[1]—[< प्रा॰ तविअ < स॰ तप्त] *वि॰* १. तपी हुई। २. सन्तप्त हुई।

तई[2]—[हि॰ 'तया' का स्त्री॰ रूप] *स्त्री॰* जलेबी आदि बनाने में प्रयुक्त चपटी और छिछली कड़ाही।

†तई[3]—[< हि॰ त (< स॰ तदा) + हि॰ ही] *क्रिवि॰* उसी समय। तभी।

†तईं (†तईं)—[< स॰ तजु] *अव्यय॰* प्रति। लिए। वास्ते। ***जैसे***—अपने तईं रुपए माँगना।

तउ[1]—[< अप॰ तओ < स॰ ततः] *क्रिवि॰* १. उसी प्रकार। त्यों। २. प्रति। लिए। वास्ते।

***तउ**[2]—[< स॰ तदपि] *अव्यय॰* १. तब भी। तो भी। तथापि। २. उस समय। तब।

***तऊ**—[< स॰ तदपि] *अव्यय॰* तब भी। तो भी। तथापि।

तए—[< प्रा॰ तविअ < स॰ तापित] *वि* < (बहु॰) १. तपे हुए। तप्त। २. सन्तप्त।

तकड़ी—[< कन्नड़ तकडि] *स्त्री॰* तुला। तराजू।

तकमील—[< अरबी तक्मील] *स्त्री॰* (किसी काम की) पूर्ति। समाप्ति।

तकरार—[<अरबी तक्रार] *स्त्री॰* १. वाद-विवाद। बहस। २. कहा-सुनी। ✣ **तकरारी**—*वि॰* = १. तकरार-सम्बन्धी। २. तकरार करनेवाला। विवादी। झगड़ालू।

तक़रीब—[< अरबी तक़्रीब] *स्त्री॰* उत्सव, विवाह इत्यादि शुभ अवसर या उनसे सम्बन्धित समारोह।

तक़रीबन—[<अरबी तक़्रीबन] *क्रिवि॰* १. प्रायः। बहुधा। ३. अनुमानतः। लगभग। अन्दाज़न।

तक़रीर—[< अरबी तक़्रीर] *स्त्री॰* भाषण। ✣ **तक़रीरी**—*वि॰* = १. भाषण-सम्बन्धी। २. मौखिक।

तकला—[< स॰ तर्कु] *पु॰* १. चरखे में लगी लोहे की सलाई जो सूत कातने और लपेटने के काम आती है। तकुआ। २. सुनारों द्वारा प्रयुक्त एक सलाई। ३. रस्सी बटने की टेकुरी। ✣ **तकली**—

स्त्री॰ = सूत कातने का एक छोटा यन्त्र जिसमें तकुए के नीचे एक चक्र होता है।

तकल्लुफ़—[अरबी] *पु॰* १. संकोच। लिहाज़। २. शिष्टाचार का दिखावा। ज़ाहिरदारी। ***वा॰* तकल्लुफ़ करना**—औपचारिकता दिखाना/निभाना। ✣ **तकल्लुफ़ाना**—*वि॰* = तकल्लुफ़वाला।

तकवाहा—[< हि॰ तकना] पु॰ रक्षक। रखवाला।

तक़सीम—[अरबी] *स्त्री॰* विभाजन। बाँटना। (गणित॰) एक संख्या में दूसरी संख्या से भाग।

तकसीर—[अरबी] *स्त्री॰* अपराध/क़सूर या भूल-चूक।

तक़ाज़ा—[अरबी] *पु॰* १. दिए हुए रुपए या वस्तु की माँग। २. किसी काम को जल्दी करने के लिए किसी से समय-समय पर कहना। ३. आवश्यकता। ज़रूरत। माँग। ***जैसे***—वक़्त का यही तक़ाज़ा है।

तक़ावी—[अरबी] *स्त्री॰* वह सरकारी ऋण जो किसानों को उनकी भूमि की दशा सुधारने और अच्छे बैल, बीज इत्यादि के लिए दिया जाता है।

तकियाकलाम—[< अरबी तक्य: कलाम] *पु॰* (भाषा॰) वाक्य के भीतर वाक्य की पूर्ति के लिए प्रयुक्त परन्तु अर्थ की दृष्टि से बेकार शब्द जिनका प्रयोग कुछ लोग अपनी आदत के अनुसार बातचीत में करते हैं। ● **विशेष**—ये शब्द गाली भी हो सकते हैं और अन्य शब्द भी। ***जैसे***—साला, मेरी क़सम, गोया कि, यार इत्यादि। ***वा॰***

तकियादार—[फा॰] *पु॰* किसी पीर/फ़कीर की समाधि पर स्थित प्रधान अधिकारी।

तकुआ[1]—[< स॰ तर्कु] *पु॰* (चरखे का) तकला।

तकुआ[2]—[< हि॰ ताकना] *पु॰* ताकनेवाला व्यक्ति।

तक्र—[स॰ √तक् + रक्] *पु॰* छाछ। मठा।

तक्षक—[स॰ √तक्ष् + ण्वुल्] *पु॰* १. बढ़ई। २. सूत्रधार। ३. प्राचीन नाग जाति की एक उपजाति। *वि॰* तक्षण करनेवाला।

तक्षण—[स॰ √तक्ष् + ल्युट्] *पु॰* १. काटने/चीरने का काम। २. पतला करना। ३. रन्दा करने का काम। ४. बढ़ई का काम। ५. लकड़ी/पत्थर आदि में बेल-बूटे बनाने का काम। ६. लकड़ी/पत्थर आदि की मूर्तियाँ बनाने का काम।

तक्षित—[स॰ √तक्ष् + क्त] *वि॰* १. जिसका तक्षण किया गया हो। २. पत्थर इत्यादि में छेनी से काटकर बनायी गयी।

†तखड़ी—*स्त्री॰* ≤ *हि॰* तकड़ी। तराजू।

तखरी—[< हि॰ तकड़ी] *स्त्री॰* बड़ी तुला। तराजू।

तख़ल्लुस—[अरबी] *पु॰* कवि या लेखक का उपनाम।

***तखान**—[< स॰ तक्षण] *पु॰* १. बढ़ई। २. बढ़ईगिरी।

तख़्तनशीन—[फा॰] *वि॰* १. तख़्त पर बैठा हुआ। २. राजसिंहासन पर आरूढ़ (राजा)। ✣ **तख़्तनशीनी**—*स्त्री॰* =राज्याभिषेक। सिंहासनारोहण।

तख़्तेशाही—[फा॰] *पु॰* राजसिंहासन।

तख़्तेताऊस—[< फा॰ तख़्त + अरबी ताऊस] *पु॰* (मुग़ल-सम्राट् शाहजहाँ का) मयूर-सिंहासन।

तख़मीना—[<अरबी तख़्मीन:] *पु॰* अनुमान। अन्दाज़ा। ***जैसे***—शादी के ख़र्च का तख़मीना। ✣ **तख़्मीनन**—*क्रिवि॰* = अनुमानत:। अन्दाज़न।

तगण—[स॰ त ~ गण] *पु॰* (छन्द॰) तीन वर्णों का एक मात्रिक गण जिसमें गुरु, गुरु, लघु का क्रम होता है।

तगना—[< हि॰ तागना] *क्रिअ॰* = धागों से युक्त होना। तागा जाना। ***जैसे***—गद्दा तगना।

तगर—[स॰] *पु॰* एक वृक्ष जिसकी जड़ गन्धद्रव्य के रूप में काम आती है।

तगसा—[देशज] *पु॰* ऊन को पीटकर कोमल और साफ़ बनाने की लकड़ी।

तगार—[फा॰] *पु॰* १. मिट्टी की बड़ी नाँद। २. वह घेरा/गड्ढा जिसमें भवन बनाते समय ईंटें भिगोई जाती हैं अथवा गारा बनाया जाता है। ३. गारा भरकर राज-मिस्त्रियों के पास ले जाने का तसला या पीपा जैसा बर्तन।

तगारा—[< फा॰ तगार] *पु॰* १. तरकारी/दाल आदि पकाने का पीतल का बड़ा बर्तन। २. हलवाइयों द्वारा प्रयुक्त मिट्टी की बड़ी नाँद।

***तगीर/तगीरी**—[< अरबी तगय्युर] *पु॰* १. परिवर्तन। २. मृत्यु।

तङ्क (तंक)—[स॰ तङ्क् + अच्] *पु॰* १. भय। आतंक। डर। २. कष्टमय जीवन। ३. दु:ख।

तङ्ग (तंग)—[फा॰] *वि॰* १. संकीर्ण। ∇ **विलोम**—ढीला। २. थोड़ा। कम। ३. दरिद्र। ४. दु:खी। परेशान। ***जैसे***—बीमारी से तंग व्यक्ति। ५. अपर्याप्त। *पु॰* ज़ीन कसने का तस्मा। ***वा॰* तंग आना**—१. घबरा जाना। २. परेशान हो जाना। **तंग करना**—१. कष्ट देना। २. दु:ख पहुँचाना। ३. परेशान करना। **तंग रहना**—१. धन की कमी रहना। २. कष्ट में रहना। **तंग हाथ होना**—धन की कमी रहना। **तंग होना**—(वस्त्र, कमरा, खाद, जूता आदि का) छोटा होना।

तङ्गख़्याल (तंगख़्याल)—[फा॰ तंग + अरबी ख़्याल] *वि॰* १. संकीर्ण विचारों वाला। अनुदार। २. धर्मान्ध। ✣ **तङ्गख़्याली (तंगख़्याली)**—*स्त्री॰* = विचारों की संकीर्णता। अनुदारता। २. धर्मान्धता।

तङ्गदिल (तंगदिल)—[फा॰] *वि॰* १. संकीर्ण मन/विचारों वाला। अनुदार। २. कृपण। कंजूस। ३. ओछा। ४. कूपमंडूक। ५. धर्मान्ध। ✣ **तङ्गदिली (तंगदिली)**—*स्त्री॰* = १. हृदय की संकीर्णता। २. अनुदारता। ३. ओछापन। ४. धर्मान्धता।

तङ्गहाल (तंगहाल)—[फा॰ तंग + अरबी हाल] *वि॰* १. विपत्तिग्रस्त। दुर्दशाग्रस्त। २. निर्धन। दरिद्र। कंगाल। ***वा॰* तंगहाल होना**—१. धन की कमी रहना। २. बीमार होना। ३. विपत्तिग्रस्त होना। ✣ **तंगहाली**—*स्त्री॰* = १. विपत्तिग्रस्तता। २. निर्धनता।

तङ्गी (तंगी)—[फा॰] *स्त्री॰* १. संकीर्णता। २. अभाव। कमी।

जैसे—जगह की तंगी। ३. कष्ट। ४. दरिद्रता। ५. कृपणता। कंजूसी। ६. कठिनता। मुश्किल। ***वा॰*** **तंगी उठाना, तंगी में पड़ना, तंगी होना**—आवश्यक व्यय करने के लिए भी धन की कमी की परेशानी होना।

तचना—[< हि॰ तपना] *क्रिअ॰* १. तप्त होना। गर्म होना। तपना। २. सन्तप्त या दुःखी होना।

तची—[< हि॰ तचना] *क्रिअ॰* 'तचा' का *स्त्री॰*। ***जैसे***—धरती तची। *वि॰ (स्त्री॰)* तप्त। ***जैसे***—तची धरती पर पैर रखना।

***तच्छना**—[< स॰ तक्षण] *क्रिस॰* १. तक्षण करना। फाड़ना/काटना या काटकर टुकड़े करना। २. नष्ट करना।

तज—[< स॰ त्वच्] *पु॰* १. एक वृक्ष जिसकी छाल दवा के काम आती है। २. उक्त वृक्ष की छाल। दालचीनी। ● **विशेष**—इसके पत्ते को **'तेजपत्ता'/'तेजपत्र'** कहते हैं।

तज़किरा—[< अरबी तज़्किर:] *पु॰* १. चर्चा। ज़िक्र। २. वार्तालाप। बातचीत।

†तजन[1]—[< स॰ त्यजन] *पु॰* तजने की क्रिया/भाव।

तजन[2]—[< फा॰ ताज़ियान:] *पु॰* कोड़ा। चाबुक।

तजना—[< स॰ त्यजन] *क्रिस॰* छोड़ना। परित्याग करना। ● **विशेष**— **तजि** = छोड़कर। ***तजेहि** = छोड़ने पर ही, छोड़ने से या छोड़ने में।

तजर्बेकार—[अ॰ तज्रब: + फा॰ कार] *वि॰* अनुभवी।

तजल्ली—[अरबी] *स्त्री॰* १. प्रकाश। नूर। २. तेज। ३. आध्यात्मिक/दिव्य ज्योति।

तजवीज़—[< अरबी तज्वीज़] *स्त्री॰* १. विचार। २. सलाह। राय। ३. योजना। ४. निर्णय। फ़ैसला। ५. प्रस्ताव।

तज्जनित—[स॰ तत् ~ जनित] *वि॰* उससे उत्पन्न। तज्जन्य। ***जैसे***—तज्जनित सुख-दुःख।

तज्जन्य—[स॰ तत् ~ जन्य्] *वि॰* उससे उत्पन्न/तज्जनित।

तज्जातीय—[स॰ तत् ~ जातीय] *वि॰* उस जाति का।

तज्ञ—[स॰ त √ज्ञा + क] *वि॰* १. अच्छा जानकार। विशेषज्ञ। २. तत्त्वविद्। तत्त्वज्ञ। ३. ज्ञानी।

***तटङ्क (तटंक)**—[< स॰ ताटङ्क] *पु॰* कान का एक आभूषण। कर्णफूल। ताटंक।

तटबन्ध (तटबंध)—[स॰ तट ~ बन्ध] *पु॰* नदियों के कटाव से बचाने के लिए तट पर बनाया जाने वाला बाँध। मिट्टी या बिना चिनाई वाले पत्थरों से तैयार एक सीधी रचना। (अ॰ डाइक)।

तटवर्ती—[स॰ तटवर्तिन्] *वि॰* १. तट से सम्बन्धित। २. तट पर स्थित। ३. तट पर होने वाला।

तटस्थ—[स॰ तट √स्था + क] *वि॰* १. तट पर स्थित। किनारे पर रहनेवाला। ३. विरोध/विवाद/झगड़ा आदि से जुड़े दलों/पक्षों से अलग रहनेवाला। पक्ष-विपक्ष से अलग। गुट-निरपेक्ष। ४. जो मतलब न रखता हो। उदासीन। निरपेक्ष। *पु॰* उदासीन/निरपेक्ष व्यक्ति। ✣ **तटस्थता**—*स्त्री॰* = तटस्थ रहने की अवस्था/भाव। गुट-निरपेक्षता या उदासीनता। ***जैसे***—भाई-भाई की लड़ाई में तुम तटस्थता रखना।

तटाग्र—[स॰ तट ~ अग्र] *पु॰* ज्वार के पहुँचने की दूरतम और निकटतम सीमा के बीच की किनारे की ज़मीन। (अ॰ फ़ोर-शोर)

तटिनी—[स॰ तट + इनि + ङीप्] *स्त्री॰* नदी। ✣ **तटिनी-पति**—*पु॰* = समुद्र।

तटी—[स॰ तट + ङीष्] *स्त्री॰* १. (नदी आदि का) तट। किनारा। २. नदी। ३. घाटी।

तटीय—[स॰ तट + छ] १. तट का। किनारे का। ***जैसे***—तटीय दृश्य। २. तट पर स्थित। ***जैसे***—तटीय कृषि।

तड़—[अनु॰] *स्त्री॰* १. किसी वस्तु के गिरने/टूटने/फूटने/फटने/चटकने आदि से उत्पन्न ध्वनि। ***जैसे***—भूनते समय दानों की तड़-तड़ अच्छी लगती है। २. थप्पड़ मारने पर उत्पन्न ध्वनि।

तड़क—[अनु॰] *स्त्री॰* १. तड़कने की क्रिया/भाव। २. 'तड़' की ध्वनि विशेष। ३. तड़कने से पड़ा रेखाकार निशान/दरार।

तड़का—[< हि॰ तड़कना] *पु॰* १. प्रातःकाल। प्रभात। सबेरा। २. (दाल आदि में लगनेवाला) छौंक। बघार। ३. छौंकने का मसाला।

तड़ङ्ग (तड़ंग)—[< हि॰ ताड़ + अंग] *वि॰* १. ताड़ के समान अंगों वाला। बहुत लम्बा। २. हृष्ट-पुष्ट। तगड़ा। ***जैसे***—लम्ब-तड़ंग। ✣ **तड़ङ्गा (तड़ंगा)**—*वि॰* = तड़ंगा। ***जैसे***— (दे॰) लम्बा-तड़ंगा।

तड़पदार—[< हि॰ तड़प] *वि॰* १. भड़कीला। चमकीला। २. तड़पवाला। छटपटाहट-युक्त।

तडाग—[स॰ √तड् + आग] *पु॰* तालाब। ✣ **तड़ाग**—*पु॰* = तडाग।

तड़ातड़ी—[< हि॰ तड़-तड़] *स्त्री॰* १. (किसी काम के लिए) जल्दी मचाना। २. व्यग्रता। उतावलापन। हड़बड़ी।

***तड़ि**—*स्त्री॰* ≤ *स॰* तडित्। बिजली।

तडित्—[स॰ √ तड् + इति] *स्त्री॰* तड़ित्। (दे॰) ✣ **तड़ित्**—*स्त्री॰* = (आकाश में चमकनेवाली) विद्युत्। चपला। बिजली। ✣ **तड़ित/तड़िता**—*स्त्री॰* = तडित्। ✣ **तड़ित्-प्रभा**—*स्त्री॰* = बिजली की चमक। ✣ **तड़ित्वान्**—*पु॰* = १. मेघ। बादल। २. नागरमोथा। ✣ **तड़ित् समाचार**—*पु॰* = (पत्र॰) किसी बहुत महत्त्वपूर्ण समाचार की संक्षिप्त पूर्व-सूचना जिसका विस्तृत विवरण बाद के अंक में छपता है। कौंध समाचार। [अ॰ फ़्लैश]

तड़िद्दाम—[स॰ तडित् ~ दाम] *पु॰* कौंधती हुई बिजली की प्रकाश-रेखा। विद्युल्लता।

तड़िन्मय—[<स॰ तडित् + मय] *वि॰* १. बिजली से युक्त। २. बिजली जैसी कौंधवाला।

तडिल्लता—[<स॰ तडित् ~ लता] *स्त्री॰* (बादलों में) बिजली कौंधते समय दिखनेवाली वह विद्युत्-रेखा जो दो या अधिक शाखाओं में बँटी हो। विद्युल्लता।

तडिल्लेखा—[स॰ तडित् ~ लेखा] *स्त्री॰* (बादलों में चमकनेवाली) बिजली की रेखा/लकीर। विद्युत्रेखा।

तड़ी—[< सं॰ तडि (= आघात)] *स्त्री॰* १. चपत। थप्पड़। २. छल। धोखा। ***वा॰* तड़ी देना/लगाना/जड़ना**—१. धोखा देना। २. मूर्ख बनाना। **तड़ी बताना**—धोखा देना। टँगडी माराना। **तड़ी मारना**—१. शेख़ी बघारना। २. (कार्य में) बाधा डालना। ३. चलते व्यक्ति की टाँग में पैर अड़ाकर गिराना। **तड़ी में आना**—धोखा खाना। **तड़ी होना**—दबदबा होना।

तण्डुल (तंडुल)—[सं॰ √तण्ड् + उलच्] *पु॰* चावल। ● **विशेष**—हीरों की एक पुरानी तौल 'तंडुल' कही जाती थी।

तण्डुलाम्बु (तंडुलांबु)—[सं॰ तण्डुल ~ अम्बु] *पु॰* भात बनाने पर निकाला गया चावलों का पानी। माँड़।

तण्डुलोदक (तंडुलोदक)—[सं॰ तण्डुल ~ उदक] *पु॰* तंडुलाम्बु।

तत्—[सं॰ तद्] *सर्व॰*। वह। *वि॰* उस या उसी। ***जैसे***—तत्क्षण। *पु॰*। ब्रह्मा। परमात्मा।

तत[1]—[सं॰ तन् + तन्] *पु॰* तारोंवाला वाद्य। ***जैसे***—वीणा तत वाद्य है। (छन्द॰) एक समवर्णिक छन्द जिसमें क्रमशः २ नगण, मगण, रगण (न न म र) के योग से १२ वर्ण होते हैं। ललित छन्द।

तत[2]—[सं॰ √तन् + क्त] *वि॰* १. फैला हुआ। विस्तारित। २. बढ़ा हुआ। ३. ढँका हुआ।

***तत**[3]—[< सं॰ तत्त्व] *पु॰* १. तत्त्व। २. सारतत्त्व। ३. ब्रह्म। परमात्मा। ४. रहस्य या वास्तविकता। ५. सत्य।

तत[4]—[< सं॰ ततः] *क्रिवि॰* फिर।

***तत**[5]—[< सं॰ तत्] *सर्व॰*। वह। *वि॰* १. वह। २. उस या उसी।

ततकार—[हि॰ तत + सं॰ कार] *स्त्री॰* नृत्य के बोल। तत्ताथेई।

***ततबाउ/ततवाउ**—[< सं॰ तन्तुवाय] *पु॰* कोरी या जुलाहा।

ततवाद्य—[सं॰ तत ~ वाद्य] *पु॰* (संगीत॰) वे वाद्य/बाजे जिनमें बजाने के तार लगे होते हैं।

***ततसार**[1]—[<सं॰ तत्त्व ~ सार] *पु॰* सारतत्त्व। ***ततसार**[2]—[< सं॰ तप्तशाला] *स्त्री॰* लोहा आदि तपाने का स्थान।

तताई**—[< हि॰ तत्ता] *स्त्री॰* १. ताप। गर्मी। ***जैसे—गर्मी में धरती की तताई। २. प्रचंडता। उग्रता।

***ततारा**—[< फ़ा॰ तातार] तातार देश।

तति—[सं॰ √तन् + क्तिन्] *स्त्री॰* १. श्रेणी। पंक्ति। २. समूह। ३. विस्तार। फैलाव।

***ततिहर**—[हि॰ तत्ता + हाँडी] *पु॰* जल गरम करने का पात्र (हाँडी आदि)।

ततैया[1]—[देशज] *स्त्री॰* बर्र। भिड़।

†ततैया[2]—[< सं॰ तिक्त] *वि॰* १. तीक्ष्ण। तेज़। २. तीव्र बुद्धि वाला। बहुत चालाक।

***ततौ**—[< सं॰ ततः] *क्रिवि॰* तो फिर।

तत्कालीन—[सं॰ तत् ~ कालीन] *वि॰* १. उस समय का। २. उसी समय का। ३. उन दिनों का।

तत्-तत्, तत्तत्—[सं॰] सर्व॰ वह-वह। *वि॰* उस-उस या उन-उन। ***जैसे***—तत्तत् ग्रन्थों के आधार पर। ⁘ **तत्तत् कार्य**—*पु॰* वह-वह कार्य।

तत्ता**[< सं॰ तप्त] *वि॰* तप्त। गर्म। ***जैसे—तत्ता पानी। ⁘ **तत्ती**—*वि॰ (स्त्री॰)*। ***जैसे***—तत्ती धरती। ***वा॰* तत्ता तवा**—बात-बात पर लड़नेवाला या झगड़ालू व्यक्ति। क्रोधी स्वभाव का व्यक्ति।

तत्तुल्य—[सं॰ तत् ~ तुल्य] *वि॰* उसके समान। ***जैसे***—तत्तुल्य शासक के अभाव में जनता दुःखी है।

तत्तोथम्बो (तत्तोथंबो)—[< हि॰ तत्ता + थामना] *स्त्री॰* १. लड़ाई-झगड़ा रोकने के लिए समझाने-बुझाने की क्रिया/भाव। २. बार-बार आशा देकर क्रुद्ध होने से रोकने की क्रिया/भाव। बहलावा। ***जैसे***—महाजन की तत्तोथम्बो करना।

***तत्यो/तत्यौ/तत्यौं (तत्यौं)**—[< हि॰ त्यों-त्यों] *अव्यय॰* त्यों-त्यों। वैसे-वैसे।

तत्त्व—[सं॰ तत् + त्व] *पु॰* १. वास्तविक स्वरूप। २. सार वस्तु। ३. सृष्टि का मूल कारण। ४. परमात्मा। ब्रह्म। ५. यथार्थ सिद्धान्त। ६. यथार्थता। वास्तविकता। ७. पंचभूत (आकाश, वायु, अग्नि, जल और पृथ्वी) में से प्रत्येक। (रसायन॰) १. वह पदार्थ जिसे सामान्य रासायनिक विधियों से सरलतर पदार्थों में विभाजित नहीं किया जा सकता। सब दृष्टियों से समान नाभिकीय आवेश वाले परमाणुओं से बना पदार्थ। २. जिन मूल पदार्थों के रासायनिक संयोग से अन्य सब पदार्थ बनते हैं, उनकी सामान्य संज्ञा। ● **विशेष**—हाइड्रोजन, आक्सीजन आदि गैसीय तत्त्व हैं और ताँबा, लोहा आदि धात्विक तत्त्व हैं। (जैन॰) वस्तु का स्वरूप/स्वभाव। ● **विशेष**—जैन दर्शन में सात तत्त्व हैं—जीव, अजीव, आस्रव, बन्ध, संवर, निर्जरा और मोक्ष।

तत्त्वज्ञ—[सं॰ तत्त्व √ ज्ञा + क] *पु॰* १. तत्त्व को जाननेवाला। तत्त्वज्ञानी। २. ब्रह्म को जानने वाला। ब्रह्मज्ञानी। ३. अध्यात्मवेत्ता। ४. दार्शनिक।

तत्त्वज्ञान—[सं॰ तत्त्व ~ ज्ञान] *पु॰* १. ब्रह्म, आत्मा और जगत् सम्बन्धी यथार्थ ज्ञान। ब्रह्मज्ञान। २. उच्च आध्यात्मिक ज्ञान। ३. (किसी विषय का) यथार्थ ज्ञान। ⁘ **तत्त्वज्ञानी**—*पु॰* = तत्त्वज्ञ।

तत्त्वतः—[तत्त्व + तः (तस्)] *क्रिवि॰* यथार्थ रूप में। वास्तव में। यथार्थतः।

तत्त्वदृष्टि—[सं॰ तत्त्व ~ दृष्टि] *स्त्री॰* तत्त्वज्ञान प्राप्त करानेवाली दृष्टि। ज्ञानदृष्टि।

तत्त्वनिष्ठ—[सं॰ तत्त्व ~ निष्ठ] *वि॰* १. सिद्धान्त का पक्का। २. जो व्यक्तिनिष्ठ न हो, सिद्धान्त के प्रति निष्ठावान् हो।

तत्त्वभाषी—[सं॰ तत्त्वभाषिन्] *पु॰* यथार्थ या सत्य बात बोलनेवाला (व्यक्ति)। यथार्थभाषी (व्यक्ति)।

तत्त्वभूत—[सं॰ तत्त्व ~ भूत] *वि॰* जो सार के रूप में हो। सारभूत।

तत्त्वमीमांसा—[सं॰ तत्त्व ~ मीमांसा] *स्त्री॰* (दर्शन॰) दर्शन की वह शाखा जो सत्ता के वास्तविक रूप का, जो उसके प्रतीयमान रूप से भिन्न है, विवेचन करती है। अस्तित्व की मीमांसा। सत्तामीमांसा। (अ॰ मेटाफ़िज़िक्स/ओन्टोलॉजि)

तत्त्ववाद—[सं॰ तत्त्व ~ वाद] *पु॰* १. तत्त्व-सम्बन्धी चर्चा। २. कोई

दार्शनिक सिद्धान्त। ✣ **तत्त्ववादी**—*वि॰* १. तत्त्ववाद सम्बन्धी। तात्त्विक। २. सारपूर्ण और स्पष्ट बात कहनेवाला। *पु॰* १. तत्त्व-सम्बन्धी बात कहनेवाला। २. किसी दार्शनिक सिद्धान्त का अनुयायी या समर्थक।

तत्त्वविद्—[सं॰ तत्त्व ~ विद्] *पु॰* १. तत्त्वज्ञ। २. परमात्मा।

तत्त्वविद्या—[सं॰ तत्त्व ~ विद्या] *स्त्री॰* १. अध्यात्मविद्या। २. दर्शनशास्त्र।

तत्त्वविवेक—[सं॰ तत्त्व ~ विवेक] *पु॰* तत्त्व का ज्ञान। (वेदान्त॰) यह ज्ञान कि ब्रह्म सत्य है और उसके अतिरिक्त सब मिथ्या है।

तत्त्ववेत्ता—[सं॰ तत्त्व ~ वेत्ता] *पु॰* १. जो तत्त्व का ज्ञानी हो। तत्त्वज्ञ। तत्त्वविद्। २. दार्शनिक।

तत्त्वशास्त्र—[सं॰ तत्त्व ~ शास्त्र] *पु॰* १. अध्यात्मविद्या। २. दर्शनशास्त्र।

तत्त्वावधान—[सं॰ तत्त्व ~ अवधान] *पु॰* (किसी काम का) संरक्षण/निरीक्षण या देख-रेख।

तत्त्वावधायक—[सं॰ तत्त्व ~ अवधायक] *पु॰* (किसी काम की) देख-रेख करनेवाला। निरीक्षक।

तत्पद—[सं॰ तत् ~ पद] *पु॰* वह पद। (वेदान्त॰) मोक्ष। मुक्ति। निर्वाण। ✣ **तत्पदी अवस्था**—*स्त्री॰* (योग॰) = 'तत्त्वमसि' के अनुसार 'त्वम्' पद से भिन्न 'तत्' पद वाली अवस्था। समाधि में प्राप्त अद्वैतानुभूति की स्थिति।

तत्पर—[सं॰ तत् ~ पर] *वि॰* १. (किसी काम को करने के लिए) सन्नद्ध। उद्यत। तैयार। २. किसी कार्य में लगा हुआ। तल्लीन। ३. दक्ष। निपुण। ✣ **तत्परता**—*स्त्री॰* = १. तत्पर होने की अवस्था/गुण/भाव। सन्नद्धता। तैयारी। २. मन लगाकार काम करना। तल्लीनता। ३. दक्षता। निपुणता।

तत्परायण—[सं॰ तत् ~ परायण] *वि॰* १. जिसका मन उसमें (किसी विषय/वस्तु आदि में) लगा हो। २. उसमें अनुरक्त। ३. उसपर निर्भर। उसके अधीन। ४. उसमें डूबा हुआ।

तत्पश्चात्—[सं॰ तत् ~ पश्चात्] *क्रिवि॰* उसके बाद। तदुपरान्त। तदनन्तर।

तत्पुरुष—[सं॰ तत् ~ पुरुष] *पु॰* १. वह पुरुष। २. परमात्मा। (व्या॰) समास का एक भेद जिसमें द्वितीय शब्द प्रधान होता है। ***जैसे***—रामभक्त (= राम का भक्त)। ● **विशेष**—संस्कृत में इसके तीन भेद होते हैं—'द्विगु', 'कर्मधारय' और 'व्यधिकरण' तत्पुरुष। आजकल हिन्दी में इनमें से अन्तिम को ही प्राय: 'तत्पुरुष' कहा जाता है और 'द्विगु' तथा 'कर्मधारय' स्वतन्त्र रूप से समास के भेद माने जाते हैं।

तत्प्रतित—[सं॰ तत् ~ प्रतित] *पु॰* (विधि॰) १. मुआवजे के रूप में दी गयी वस्तु। क्षति-पूर्ति। हरजाना। २. एक वस्तु के बदले में ली/दी गयी वस्तु। बदला। (लैटिन क्विड् प्रो क्वो)

***तत्यौ, तत्यौं (तत्यौं)**—[ब्रज॰ < हि॰ त्यौं-त्यौं] *अव्यय॰* त्यों-त्यों। वैसे-वैसे। ● **विशेष**—इसका विलोम साथी अव्यय 'जज्यौ' (= ज्यों-ज्यों) है।

तत्र—[सं॰ तत् + त्रल्] *क्रिवि॰* उस स्थान पर। वहाँ। ● **विशेष**—१. संस्कृत-विद्वान् बातचीत में 'तत्र भवान्' का प्रयोग सम्मान्य व्यक्तियों के प्रति सम्बोधन के रूप में 'पूज्य/मान्य/प्रशंसनीय' के अर्थ में करते हैं। २. **तत्रापि** = तो भी। तथापि। **तत्रैव** = वहाँ ही। वहीं।

तत्त्वान्तरण (तत्त्वांतरण)—[सं॰ तत्त्व ~ अन्तरण] *पु॰* १. (वस्तु का) प्रकार बदलना। २. एक तत्त्व को दूसरे में बदलना। ***जैसे***—लोहे का सोने में तत्त्वान्तरण सम्भव है।

तत्सम्बन्धी (तत्संबंधी)—[सं॰ तत् ~ सम्बन्धी] *वि॰* उससे सम्बन्ध रखने वाला। उससे सम्बन्धित।

तत्सदृश—[सं॰ तत् ~ सदृश] *वि॰* उसके समान।

तत्सम—[सं॰ तत् ~ सम] *वि॰* उसके समान। *पु॰* (व्या॰) किसी भाषा का वह शब्द जो किसी दूसरी भाषा से आया हो और उसके मूल रूप में प्रचलित हो। ***जैसे***—हिन्दी में 'पत्र' संस्कृत तत्सम शब्द है और 'स्कूल' अँग्रेज़ी तत्सम शब्द। ● **विशेष**—दे॰ 'तद्भव' भी।

तत्समय—[सं॰ तत् ~ समय] *क्रिवि॰* १. उस समय या इस समय के लिए। २. फ़िलहाल।

तत्समान—[सं॰ तत् ~ समान] *वि॰* उसके समान। तत्तुल्य।

तत्सामयिक—[सं॰ तत् ~ सामयिक] *वि॰* उस समय का। तत्कालीन।

तथा—[सं॰ तद् + थाल्] *अव्यय॰* १. और। ***जैसे***—राम तथा लक्ष्मण आए। २. उसी प्रकार का। वैसा। ***जैसे***—यथा राजा तथा प्रजा। *पु॰* सत्य। ***जैसे***—तथागत।

तथाकथित—[सं॰ तथा ~ कथित] *वि॰* १. तथोक्त। २. जो किसी विशेष प्रकार का जाना जाता हो परन्तु वैसा होना विवादास्पद/सन्दिग्ध हो और वास्तव में वैसा न होना भी सम्भव हो। ***जैसे***—तथाकथित अपराधी का नाम 'अब्दुल्ला' है; इन तथाकथित कवियों की रचनाएँ।

तथागत—[सं॰ तथा ~ गत] *पु॰* १. सत्य का साक्षात्कारी व्यक्ति। २. गौतम बुद्ध।

तथापि—[सं॰ तथा ~ अपि) *अव्यय॰* वैसा होने पर भी। तब भी। फिर भी।

तथाविध—[सं॰ तथा ~ विधि] *वि॰* उस प्रकार का।

तथास्तु—[सं॰ तथा ~ अस्तु] *अव्यय॰* वैसा ही हो। ***जैसे***—जब भक्त ने स्वर्ग-प्राप्ति का वर माँगा, तब भगवान विष्णु ने कहा—"तथास्तु"।

तथैव—[सं॰ तथा ~ एव] *क्रिवि॰* उसी प्रकार का। वैसा ही। ***जैसे***—यथा सुन्दर रूप तथैव मधुर वाणी।

तथोक्त—[सं॰ तथा ~ उक्त] *वि॰* =१. जो वैसा कहा जाता हो परन्तु वैसा नहीं हो। तथाकथित। २. उस (पूर्वोक्त) प्रकार का।

तथ्य—[सं॰ तथा + यत्] *पु॰* १. अनुभव पर आश्रित और सत्य माना जा सकने योग्य अवलोकन। सच्ची बात। २. सत्य। वास्तविकता। यथार्थता। सचाई।

तथ्यवाद—[सं॰ तथ्य ~ वाद] *पु॰* १. तथ्य-कथन। वास्तविकता-

वर्णन। २. यथार्थवाद। ✣ **तथ्यवादी**—*वि॰* १. तथ्य कहने वाला। तथ्यभाषी। २. यथार्थवादी।

तथ्यतः—[सं॰ तथ्य + तस्] *क्रिवि॰* १. तथ्य के अनुसार देखने पर। २. (कानून के अनुसार न होने पर भी) वास्तव में। यथार्थ में। वस्तुतः। ***जैसे***—तथ्यतः मान्यता। (लैटिन-डी फ़ैक्टो)

तथ्यसम्मत—[सं॰ तथ्य ~ सम्मत] *वि॰* जो तथ्य के अनुसार हो। वास्तविकता के अनुसार। यथार्थ।

तद्—[सं॰ √तन् + अदि] *सर्व॰* (*वि॰*) वह। ***जैसे***—तद्वत्। *क्रिवि॰* उस समय। तब।

तदनन्तर (तदनंतर)—[सं॰ तद् ~ अनन्तर] *क्रिवि॰* उसके बाद। तत्पश्चात्।

तदनु—[सं॰ तद् ~ अनु] *क्रिवि॰* २. उसके पश्चात्। उसके बाद। २. उसके अनुसार। ३. उसी प्रकार।

तदनुकूल—[सं॰ तद् ~ अनुकूल] *वि॰* उसके अनुकूल। ✣ **तदनुकूलतः**—*क्रिवि॰* = उसके अनुकूल विचार/भाव से। ✣ **तदनुकूलता**—*स्त्री॰* = तदनुकूल होने की अवस्था/भाव।

तदनुभूति—[सं॰ तद् ~ अनुभूति] *स्त्री॰* १. वह अनुभूति। २. उसकी अनुभूति। (मनो॰) १. किसी प्राकृतिक वस्तु, घटना या कलाकृति में अपने भावों का मानसिक प्रक्षेपण। २. किसी अन्य व्यक्ति के भावों, आपदाओं और कष्टों की अनुभूति।

तदनुरूप—[सं॰ तद् ~ अनुरूप] *वि॰* उसी के रूप का। उसी के समान।

तदनुसार—[सं॰ तद् + अनुसार] *क्रिवि॰* उसके अनुसार। *वि॰* उसके अनुसार होने वाला।

तदपि—[सं॰ तद् ~ अपि] *अव्यय॰* वैसा होने पर भी। तब भी। तथापि। ***जैसे***—यद्यपि वह योग्य है, तदपि उसे नौकरी नहीं मिली। ● **विशेष**—वाक्यों में इसके साथ विलोम अव्यय 'यद्यपि' प्रयुक्त होता है (जैसे उक्त वाक्य में)।

तदबीर—[< अरबी तद्बीर] *स्त्री॰* १. युक्ति। उपाय। २. प्रयत्न। कोशिश।

तदर्थ—[सं॰ तद् ~ अर्थ] *क्रिवि॰* उसके लिए। विशेष रूप से किसी कार्य के लिए। केवल इस काम के लिए। एतदर्थ। (अं॰ ऐड् हॉक)। ✣ **तदर्थ नियुक्ति**—*स्त्री॰* = नियमित नियुक्ति होने तक के लिए की गयी (नियुक्ति)। ✣ **तदर्थ समिति**—*स्त्री॰* = स्थायी समिति से भिन्न वह समिति जो किसी विशेष उद्‌देश्य के लिए ही बनायी जाती है और अपना काम पूरा कर देने पर भंग हो जाती है। ✣ **तदर्थता**—*स्त्री॰* =(भाषा॰) दो भिन्न भाषाओं के शब्दों में अर्थ की पूर्ण समानता। (अं॰ आइसोमार्फ़िज्म)

तदर्थीय—[सं॰ तदर्थ + छ] *वि॰* उसके समान अर्थ वाला। समानार्थक।

तदा—[सं॰ तद् + दा] *क्रिवि॰* उस समय। तब।

तदाकार—[सं॰ तद् ~ आकार] *वि॰* १. उसी आकार का। उसी रूप का। तद्‌रूप। २. जो किसी से मिलकर उसी के समान या वही हो गया हो। ३. तन्मय। तल्लीन।

तदात्मतः—[सं॰ तदात्म + तः] *वि॰* बिल्कुल उसी तरह का। तद्‌रूपतः। समरूपतः। ***जैसे***—तदात्मतः सत्य या मिथ्या। *क्रिवि॰* बिल्कुल उसी तरह से। तादात्म्यतः।

तदीय—[सं॰ तद् + छ] *वि॰* उसका। ✣ **तदीयता**—*स्त्री॰* = आत्मीयता। प्रेम।

तदुपरान्त—[सं॰ तद् ~ उपरान्त] *क्रिवि॰* उसके उपरान्त। उसके बाद। तत्पश्चात्।

तदुपरि—[सं॰ तद् ~ उपरि] *क्रिवि॰* १. उसके ऊपर। २. उसके बाद। तत्पश्चात्।

तद्‌गत—[सं॰ तद् ~ गत] *वि॰* १. उस में गया हुआ। २. उसी भाव या विचार में लीन। ३. उसमें स्थित। तल्लीन। ✣ **तद्‌गता**—*वि॰* (*स्त्री॰*) = १. तद्‌गत। २. उसमें या वहाँ पहुँची हुई। ३. जो उसी भाव या विचार में लीन हो।

तद्‌गुण—[सं॰ तद् ~ गुण] *पु॰* उसका गुण। (काव्य॰) एक अर्थालंकार जो ऐसे वर्णन में होता है जिसमें कोई अल्पगुण वाली वस्तु अपना स्वाभाविक गुण त्याग कर समीप की किसी उत्कृष्ट गुण वाली वस्तु का गुण ग्रहण करती है।

तद्‌देशीय—[सं॰ तद्‌देश + छ] *वि॰* उस देश/स्थान का। ***जैसे***—तद्‌देशीय वातावरण।

तद्‌धर्मा—[सं॰ तद्‌धर्मन्] *वि॰* जिसका वह धर्म हो।

तद्‌धित (तद्धित)—[सं॰ तद् ~ हित] *पु॰* (*व्या॰*) १. संज्ञा/सर्वनाम/विशेषण शब्दों में लगनेवाले प्रत्ययों के समूह की एक संज्ञा। २. उक्त प्रत्यय के योग से बना शब्द।

तद्‌भव—[सं॰ तद् ~ भव] *वि॰* उससे उत्पन्न। *पु॰* (व्या॰) किसी भाषा में प्रचलित वह शब्द जो किसी दूसरी भाषा के किसी शब्द का कुछ विकृत रूप हो। ***जैसे***—हिन्दी शब्द '*पत्ता*' संस्कृत के '*पत्र*' का तद्‌भव है और '*लालटेन*' अँग्रेज़ी शब्द '*लैन्टर्न*' का। (दे॰ तत्सम)

तद्यपि—[< सं॰ तदापि] *क्रिवि॰* तो भी। तथापि।

तद्‌रूप—[सं॰ तद् ~ रूप] *वि॰* १. उसी प्रकार का। वैसा ही। २. उसी आकार का। तदाकार। *पु॰* (काव्य॰) एक अर्थालंकार। उपमेय को उपमान से अलग मानते हुए भी उसे उपमान का दूसरा रूप और उसके कार्य का कर्ता कहना।

तद्‌रूपता—[सं॰ तद्‌रूप + तल् + टाप्] *स्त्री॰* तद्‌रूप होने की अवस्था/भाव। वैसा ही होना। सादृश्य। समानता।

तद्‌वत् (तद्वत्)—[सं॰ तद् ~ वत्] *वि॰ वि॰* उसके समान। वैसा ही। ***जैसे***—तद्‌वत् रूप। *अव्यय॰* वैसे ही। उसी प्रकार।

तन[1]—[या फा॰] *पु॰* शरीर। देह। काया। जिस्म। ***वा॰* तन कसना**—तपस्या करके सहनशील बनना। **तन का ताप मिटाना, तन की तपन मिटाना**—१. अपनी इच्छा पूरी करना। २. शारीरिक कष्ट दूर करना। **तन की दशा भूल जाना, तन की सुध न होना**—देह-ज्ञान भूल जाना। आत्म-विस्मृत होना। **तन को लगना**—शरीर को लाभ पहुँचाना। **तन छूटना**—मर जाना। **तन तोड़ना**—१.

अँगड़ाई लेना। २. बहुत परिश्रम करना। ३. (किसी से) बहुत परिश्रम कराना। **तन त्यागना**—मरना। **तन देना**—१. प्राण देना। मरना। २. परिश्रम करना। ३. ध्यान देना। ४. मन लगाना। **तन-मन-धन से**—१. सभी साधनों से। २. पूरी शक्ति लगाकर। **तन में आग लग जाना**—बहुत क्रोध आना। **तन में फूले न समाना**—बहुत प्रसन्न होना।

तन[२]—[< अप॰ तनेन] *अव्यय॰* ओर। तरफ़।

तनक[१]—[< हि॰ तिनकना] *स्त्री॰* तिनकने की क्रिया/भाव/अवस्था।

तनक[२]—[< स॰ तनु] *वि॰* १. थोड़ा। २. बहुत थोड़ा। अत्यल्प। ३. तुच्छ। *क्रिवि॰* बहुत थोड़ा। ज़रा।

तनज़ेब—[फा॰] *पु॰* एक वस्त्र। महीन मलमल। ✣ **तनज़ेबी**—*वि॰* = तनज़ेब का बना हुआ।

तनतनाना—[< हि॰ तनतना] *क्रिअ॰* बहुत शान दिखाते हुए क्रोध करना।

***तनत्राण/तनत्रान**—[< स॰ तनुत्राण] *पु॰* तनुत्राण। कवच।

तन-पात—[< स॰ तनुपात] *पु॰* मृत्यु। देहान्त।

तनय—[स॰ √तन् + कयन्] *पु॰* पुत्र। बेटा। ✣ **तनया**—*स्त्री॰* = पुत्री। बेटी।

***तनरुह**—[< स॰ तनुरुह] *पु॰* रोम। रोआँ।

तनसल—[देशज] *पु॰* स्फटिक पत्थर। बिल्लौर।

तनसुख—[हि॰ तन + स॰ सुख] *पु॰* १. शरीर का सुख। २. बारीक मलमल का एक फूलदार उत्तम प्रकार।

तनहा—[फा॰] *वि॰* १. एकाकी। अकेला। २. एकमात्र। केवल। ३. रिक्त। खाली। ✣ **तनहाई**—*स्त्री॰* = १. एकान्त स्थान। २. एकाकीपन। अकेलापन।

तना[१]—[< स॰ तण्डक, या < फा॰ तनः] *पु॰* पेड़ का भूमि से ऊपर निकला हुआ मोटा भाग। वृक्ष का धड़।

***तना**[२]—[< स॰ तनु] *क्रिवि॰* ओर। तरफ़। *पु॰* तन। शरीर।

***तनाई**—[< हि॰ तानना] *स्त्री॰* तानने की क्रिया/भाव/मज़दूरी।

तनातनी—[< हि॰ तनना] *स्त्री॰* १. तनाव। खिंचाव। २. वैमनस्य। अनबन। ***वा॰* तनातनी होना**—१. (किसी बात पर) भारी विवाद होना। २. वैमनस्य/अनबन होना।

तनाय—[< अरबी तनाव] १. रस्सी या डोरी।

तनाव[१]—[< हि॰ तनना] *पु॰* १. तनने की अवस्था/क्रिया/भाव।

तनाव[२]—[अरबी] पु॰ १. रस्सी। २. वैमनस्य। अनबन।

***तनि**[१]—[< स॰ तनु] *पु॰* १. शरीर। देह। २. शरीर में।

तनि[२]—[< हि॰ तन] *अव्यय॰* ओर। तरफ़।

तनिमा—[स॰ तनिमन् (तनु + इमनिच्)] *स्त्री॰* १. सुकुमारता। नज़ाकत। २. शरीर की दुर्बलता। कृशता।

†तनिया—[< हि॰ तनी] *स्त्री॰* १. लँगोटी। कौपीन। २. जाँघिया। कच्छा। ३. तनीदार कुर्ता। ४. वस्त्र कसने वाली तनी।

†तनिस—[< स॰ तृण] *पु॰* १. तृण। तिनका। २. पुआल।

तनी[१]—[< स॰ तनिका] *स्त्री॰* १. वस्त्र (चोली, कुर्ती आदि) कसने/बाँधने की डोरी। २. वस्त्र (पाजामा आदि) कसने/बाँधने/पकड़ने आदि के लिए उसमें लगी डोरी आदि। ***जैसे***—तकिए की तनी; थैले की तनियाँ। ● **विशेष**—उस वस्तु को जिसमें तनी लगी हो, **'तनीदार'** कहा जाता है। ***जैसे***—तनीदार चोली/थैली।

तनी[२]—[< हि॰ तन] *स्त्री॰* १. शरीर पर की।

तनीं (तनीं)—[< अप॰ तपोण] *अव्यय॰* वास्ते।

तनु—[स॰ √तन् + उन] *वि॰* १. दुबला-पतला। कृश। २. कोमल। सुकुमार। मुलायम। ३. महीन। बारीक। ४. छोटा। ५. कम। थोड़ा। ६. तुच्छ। ७. छिछला। *पु॰* १. देह। शरीर। तन। २. बाहरी रूप। आकार। ३. स्वभाव। ४. त्वचा। चर्म। चमड़ा।

तनु-कूप—[स॰] *पु॰* रोमों के छेद। रोमकूप।

तनुकेशी—[स॰ तनु ~ केशी] *स्त्री॰* सुन्दर बालों वाली स्त्री।

तनुच्छद—[स॰ तनु √छद् + णिच् + घ, ह्रस्व] *पु॰* १. शरीर को ढँकनेवाली वस्तु। २. कवच। ३. वस्त्र।

तनुच्छाय—[स॰ तनु ~ छाया] *वि॰* कम छायावाला। *पु॰* बबूल वृक्ष।

तनुज—[स॰ तनु √न् + ज] *पु॰* १. पुत्र। बेटा। २. रोम। रोआँ। ✣ **तनुजा**—*स्त्री॰* = पुत्री। बेटी।

तनुता—[स॰ तनुज + तल् + टाप्] *स्त्री॰* १. तनु होने की अवस्था/भाव। दुबला-पतला होना। कृशता। २. सुकुमारता। कोमलता। ३. अल्पता या लघुता। ४. छोटाई। ५. थोड़ापन। ६. तुच्छता। ७. छिछलापन। (रसायन॰) विलयन के इकाई आयतन में विलेय की मात्रा की अधिकता या कमी से होनेवाला घोल का गाढ़ापन या पतलापन।

तनुत्र/तनुत्राण—[स॰ तनु √त्रै + क, तनु ~ त्राण] *पु॰* कवच। ***जैसे***—कर्ण का जन्मजात तनुत्र।

तनुपर्णी—[स॰ तनु ~ पर्णी] *स्त्री॰* (वनस्पति॰) पतली-पतली अंगुलियों-सी पत्तियों वाला वृक्ष।

तनुपात—[स॰ तनु ~ पात] *पु॰* मृत्यु। देहान्त।

तनुमध्य—[स॰ तनु ~ मध्य] *वि॰* पतली कमर वाला।

तनुमध्यमा—[स॰ तनु ~ मध्यमा] *स्त्री॰* पतली कमर वाली। सुमध्यमा। तनुमध्या।

तनुमध्या—[तनुमध्य + टाप्] *स्त्री॰* पतली कमर वाली स्त्री। सुमध्यमा। (छन्द॰) एक समवर्णिक छन्द जिसके प्रत्येक चरण में क्रमशः तगण और यगण के योग से ६ वर्ण होते हैं।

तनुरुह—[स॰ तनु ~ रुह] *पु॰* १. रोम। रोआँ। २. (पक्षी के) पंख। पर। ३. पुत्र। बेटा।

तनुलता—[स॰ तनु ~ लता] *स्त्री॰* लता जैसी सुकुमार देह। शरीररूपी लता।

तनू—[स॰ √तन् + ऊ] *पु॰* शरीर। देह।

तनूकरण—[स॰ √तनु + च्वि + करण, दीर्घ] *पु॰* (रसायन॰) किसी विलयन में विलेय की अपेक्षा विलायक की मात्रा बढ़ाने की क्रिया। द्रव को पतला करना (या गाढ़ापन कम करना)। (अ॰ डाइल्यूशन)

तनूज—[स॰ तनू √ जन् + ड] *पु॰* १. पुत्र। बेटा। २. (पक्षी के)

पंख। ३. (पक्षी के) पर। ✣ **तनूजा**—*स्त्री॰* =पुत्री। बेटी।

तनैया—[< हि॰ तानना] *वि॰* ताननेवाला।

तनैला—[देशज] *पु॰* सफ़ेद और सुगन्धित फूलोंवाला एक छोटा वृक्ष।

तनोवा—[< हि॰ तानना] *पु॰* वितान। चँदोवा। ***जैसे***—नीला आकाश तनोवा जैसा लगता है।

तन्त[1] (तंत[1])—[< सं॰ तन्तु] *पु॰* १. तन्तु। ताँत। २. निरन्तर चलनेवाला क्रम। ताँता। ३. सूत्र। धागा। ४. प्रबल इच्छा। ५. उतावली।

तन्त[2] (तंत[2])—[< सं॰ तन्त्र] *पु॰* १. तार से युक्त वाद्य (वीणा आदि)। २. क्रिया। ३. तन्त्रशास्त्र। ४. किसी के वशीभूत होना। अधीनता। ***वा॰* तन्त (तंत) निकालना**—१. वास्तविकता ज्ञात करना। २. तात्पर्य या आशय समझना।

तन्ति (तंति)—[सं॰ √तन् + क्तिच्] *स्त्री॰* १. रेखा। २. पंक्ति। ३. रस्सी या डोरी। ४. गाय।

तन्तिपाल (तंतिपाल)—[सं॰ तन्ति ~ पाल] *पु॰* १. गायों को पालनेवाला और उनका रक्षक। २. गायों का रखवाला।

तन्तु (तंतु)—[सं॰ √तन् + तुन्] *पु॰* १. सूत या तागा/धागा। २. वनस्पतियों, प्राणियों आदि के अंगों का सूत के समान सूक्ष्म अंश। रेशा। ३. ताँत। ४. निरन्तर चलनेवाला कोई क्रम। परम्परा। ***जैसे***—वंश-तन्तु। ५. सन्तान। औलाद। ६. (मकड़ी का) जाला। ७. तार। ८. बिजली के बल्ब आदि में प्रयुक्त सूक्ष्म तार।

तन्तुनाभ (तंतुनाभ)—[सं॰ तन्तु ~ नाभि] *वि॰* जिसके अन्दर से तन्तु निकलते हों। *पु॰* मकड़ा। *स्त्री॰* मकड़ी।

तन्तुवाद्य (तंतुवाद्य)—[सं॰ तन्तु ~ वाद्य] *पु॰* तारवाला वाद्य। ***जैसे***—वीणा और सितार प्रसिद्ध तन्तुवाद्य हैं।

तन्तुवाय (तंतुवाय)—[सं॰ तन्तु √वेञ् + अण्] *पु॰* १. कपड़ा बुननेवाला। बुनकर। कोरी या जुलाहा। २. मकड़ी। *स्त्री॰* मकड़ी।

तन्तूपास्थि (तंतूपास्थि)—[सं॰ तन्तु ~ उपास्थि] *स्त्री॰* (चिकित्सा॰) तन्तुमय ऊतकयुक्त एक कड़ी उपास्थि। सूत्रोपास्थि। (अं॰ फ़ाइब्रोकार्टिलेज)

तन्त्र (तंत्र)—[सं॰ √तन्त्र + अच्] *पु॰* १. करघा। २. सूत्र। सूत। धागा। ३. वंश। ४. वंश-परम्परा। ५. कर्मकांड-पद्धति। ६. मुख्य विषय। ७. सिद्धान्त, नियम या क़ायदा। ८. प्रबन्ध। ***जैसे***—दैव-तन्त्र में दु:ख भोगना। ९. वैज्ञानिक कृति। विज्ञान-शास्त्र। १०. शास्त्र। ११. देवी-देवताओं की पूजा, सिद्धियों की प्राप्ति या जादू-टोना आदि के लिए मन्त्रों तथा पूजा-विधि आदि का वर्णन करने वाला ग्रन्थ। ***जैसे***—भैरव-तन्त्र। १२. जादू-टोना या गंडा/ताबीज़ आदि। १३. समान या सम्बन्धित क्रिया करनेवाले शारीरिक अंग। जैसे—पाचन-तन्त्र; तन्त्रिका-तन्त्र। १४. औषधि। दवा। १५. शपथ। क़सम। १६. वेशभूषा। पोशाक। १७. कार्य करने की सही रीति। १८. राज्य। १९. प्रान्त। प्रदेश। २०. राजकीय अनुचर-वर्ग। २१. शासन। सरकार। हुकूमत। ***जैसे***—राज-तन्त्र। २२. सेना। २३. समूह। देर। २४. घर। २५. सजावट। २६. धन। दौलत। २७. प्रसन्नता। आह्लाद। २८. उपाय। युक्ति। तरकीब। २९. शासन करने की कोई निश्चित पद्धति/प्रणाली। ***जैसे***—लोकतन्त्र, प्रजातन्त्र। ३०. एक विशेष प्रकार के ग्रन्थ जो शैवों और शाक्तों में विशेष मान्य हैं। आगम ग्रन्थ। ***जैसे***—रुद्रयामल तन्त्र। ३१. वीणा आदि का तार।

तन्त्रकार (तंत्रकार)—[सं॰ तन्त्र + कार] *पु॰* बाजा बजानेवाला। वादक।

तन्त्रवाद्य (तंत्रवाद्य)—[सं॰ तन्त्र ~ वाद्य] *पु॰* वीणा, सितार इत्यादि तार वाले बाजे। तन्तुवाद्य।

तन्त्रवाय (तंत्रवाय)—[सं॰ तन्त्र √वेञ् + अण्] १. तन्तुवाय। बुनकर। कोरी या जुलाहा। २. मकड़ी।

तन्त्रि (तंत्रि)—[सं॰ √तन्त्र् + इ] १. ताँत। २. वीणा। ३. वीणा का तार। ४. नस।

तन्त्रिका (तंत्रिका)—[सं॰ तन्त्री + कन् + टाप्] *स्त्री॰* ताँत। (प्राणि॰) प्राणियों के शरीर में उद्दीपनों को प्राप्त करने व भेजने वाली धागे जैसी तन्तुमय संरचना जो मस्तिष्क व मेरुरज्जु से शरीर के विभिन्न भागों को जोड़ती है। स्नायु। ✣ **तन्त्रिका (तंत्रिका) ऊर्जा**—*स्त्री॰* = (प्राणि॰) १. तंत्रिका ऊतक का सबसे अधिक महत्त्वपूर्ण प्रोटीन घटक। २. तन्त्रिका-उत्तेजन और तन्त्रिका-चालन में निहित एक विशेष प्रकार की ऊर्जा। (अं॰ न्यूरीन)। ✣ **तन्त्रिका (तंत्रिका) गैस**—*स्त्री॰* = (चिकित्सा॰) ऐसी गैस जो साँस को नियंत्रित करनेवाली तंत्रिका पर आक्रमण करती है। (अं॰ नर्व गैस)। ✣ **तन्त्रिका-तन्त्र (तंत्रिका-तंत्र)**—*पु॰* = (प्राणि॰) १. प्राणियों के मस्तिष्क व मेरुरज्जु तथा तंत्रिकाओं का समूह। शरीर की नस-नाड़ियों का समूह। स्नायु-तंत्र। २. जीव की ऐसी सभी संरचनाओं का समूह जो शरीर में उद्दीपन ले जाने व संवेदों तथा गतिविधियों में तालमेल बैठाने के लिए आवेगों को शरीर के एक भाग से अन्य भागों में पहुँचाती है। तंत्रिका-संस्थान। (अं॰ नर्वस सिस्टम)।

तन्त्री[1] (तंत्री[1])—[सं॰ तन्त्रि + ङीष्] *स्त्री॰* १. तार वाला बाजा। २. वीणा। ३. वीणा का तार। ४. ताँत। ४. नस।

तन्त्री[2] (तंत्री[2])—[< सं॰ तन्त्र] *वि॰* १. तन्त्र-सम्बन्धी। २. तार से युक्त (वाद्य आदि)। ३. जो किसी तंत्र के अधीन हो। ४. तंत्र का नियामक। ५. पराधीन। परवश। *पु॰* १. किसी तार वाले बाजे (वीणा आदि) को बजानेवाला। *वि॰* तन्तु-वाद्य का वादक। २. गायक। गवैया।

तन्दूर (तंदूर)—[< फा॰ तनूर] *पु॰* एक तरह का ऊँचा और गोलाकार चूल्हा (या भट्‌ठी) जिसकी दीवार के भीतरी भाग पर लगाकर रोटियाँ पकायी जाती हैं। ***वा॰* तन्दूर झोंकना**—तुच्छ काम करना। ✣ **तन्दूरी (तंदूरी)**—*वि॰* = तन्दूर में पका हुआ। ***जैसे***—तन्दूरी रोटी।

तन्द्रा (तंद्रा)—[सं॰ √तन्द्र् + घञ् + टाप्] *स्त्री॰* १. शिथिलता। थकावट। २. नींद आने से पहले की शिथिलता की स्थिति। ३. ऊँघ।

तन्द्रालस (तंद्रालस)—[सं॰ तन्द्रा ~ अलस] *पु॰* तन्द्रा के कारण होनेवाला आलस्य/शिथिलता। *वि॰* तन्द्रा के कारण शिथिल।

तन्द्रालु (तंद्रालु)—[सं० तन्द्रा + आलुच्] *वि०* १. तन्द्रा-वाला। तन्द्रित। २. थका हुआ। क्लान्त। ३. शिथिल शरीर वाला। ४. निद्रा की इच्छा रखनेवाला। निद्रालु। ५. जिसे ऊँघ आ रही हो।

तन्द्रि/तन्द्री (तंद्रि/तंद्री)—[सं० √तन्द् + क्रिन्, तन्द्रि + ङीप्] *स्त्री०* तन्द्रा।

तन्द्रिक (तंद्रिक)—[सं० तन्द्रा + ठन्] *वि०* १. तन्द्रा-सम्बन्धी। २. (ऐसा रोग) जिसमें तन्द्रा आती हो। ***जैसे***—तन्द्रिक रोग। ✣ **तन्द्रिका (तंद्रिका)**—*स्त्री०* = तन्द्रा।

तन्द्रिता (तंद्रिता)—[सं० तन्द्रिन् + तल् + टाप्] *स्त्री०* तन्द्रा-युक्त होने की अवस्था/भाव।

तन्द्रिल (तंद्रिल)—[सं० तन्द्रा + इलच्] *वि०* १. तन्द्रा-सम्बन्धी। २. तन्द्रावाला। तन्द्रालु।

तन्ना—[< हि० तानना] *पु०* (बुनाई करने में) लम्बाई में ताना हुआ सूत। ताने का सूत।

तन्नाना—[< हि० तनना] *क्रिअ०* १. तनना। २. तानना। ३. तुनकना। ४. क्रोध में अकड़ना।

तन्नी—[< सं० तनिका] *स्त्री०* वह डोरी जिससे तराज़ू का पलड़ा लटकाया जाता है।

तन्मनस्क—[सं० तद् ~ मनस्क] *वि०* तन्मय। तल्लीन।

तन्मय—[सं० तद् + मयट्] *वि०* १. उससे बना हुआ। २. तल्लीन। मग्न। ✣ **तन्मयता**—*स्त्री०* = १. तन्मय होने की अवस्था/गुण/भाव। २. तल्लीनता।

तन्मयासक्ति—[< सं० तन्मय ~ आसक्ति] *स्त्री०* परमात्मा या इष्टदेव के प्रति भाव-विभोर होकर तल्लीन हो जाने की विधि वाली भक्ति।

तन्मात्र—[सं० तद् + मात्रच्] *वि०* केवल उतनी मात्रा वाला। उतना ही।

तन्मात्रा—[< सं० तन्मात्र + टाप्] *स्त्री०* तन्मात्र। (वेदान्त०) अपंचीकृत महाभूत का अलग-अलग स्वरूप। पंचभूत के मूल सूक्ष्म रूप।

तन्मूलक—[सं० तद् ~ मूलक] *वि०* उससे निकला हुआ। तज्जन्य।

तन्य—[सं० √तन् + यत्] *वि०* जो ताना/खींचा जा सके। लचीला। (रसायन०) वे धातुएँ जिनके बारीक तार बिना टूटे खींचे जा सकें। ***जैसे***—चाँदी, सोना आदि। ✣ **तन्यता**—*स्त्री०* (भौतिकी०) = (किसी ठोस पदार्थ का) लम्बे तार खींचे जा सकने योग्य होने का गुण।

तन्वङ्ग (तन्वंग)—[सं० तनु + अङ्ग] *वि०, पु०* सुकुमार शरीर/अंगों वाला (पुरुष)। ✣ **तन्वङ्गी (तन्वंगी)**—*वि० (स्त्री०)* = सुकुमार शरीर/अंगों वाली (स्त्री)।

तन्वी—[सं० तनु + ङीष्] *वि०* कोमल अंगों वाली। *स्त्री०* कोमल अंगों वाली स्त्री। (छन्द०) एक समवर्णिक छन्द जिसके प्रत्येक चरण में क्रमशः भगण, तगण, नगण, सगण, २ भगण, नगण, यगण (भ त न स भ भ न य) के योग से २४ वर्ण होते हैं।

तप[१]/तपः[१]—[सं० तपस्] *पु०* १. गर्मी। २. अग्नि। ३. धार्मिक अनुष्ठान। ४. किसी उद्देश्य के लिए शारीरिक कष्ट सहन करना। ५. धर्मों के क्षय के लिए आध्यात्मिक साधना में तपना। विषयों के प्रति इच्छा का विरोध करते हुए की जाने वाली कठोर साधना/तपस्या। ***जैसे***—तपःक्लेश। ६. ज्वर। बुख़ार। ७. ग्रीष्म ऋतु। ८. माघ मास। ९. एक श्रेष्ठ लोक। तपोलोक।

तप[२]—[सं० √तप् + अच्] *पु०* १. गर्मी। २. अग्नि। ३. सूर्य। ४. ग्रीष्म ऋतु। ***जैसे***—तपान्त (तप ~ अन्त)। ५. तपस्या। ६. तपः।

***तप[३]**—[< सं० तल्प] *पु०* बिछावन।

तपःपूत—[सं० तपस् ~ पूत] *वि०* जो तपस्या करके पवित्र हो गया है।

†तपकना—[देशज] *क्रिअ०* १. धड़कना। २. चमकना।

तपड़ी—[देशज] *स्त्री०* १. छोटा टीला। ढूह। २. एक वृक्ष जिसमें शीत ऋतु में लाल फल लगते हैं। ३. उक्त वृक्ष का फल।

तपन-तनय—[सं०] *पु०* सूर्य का पुत्र। यम/शनि/कर्ण या सुग्रीव। ✣ **तपन-तनया**—*स्त्री०* = सूर्य की पुत्री। यमुना नदी।

तपन-मणि—[सं०] *पु०* सूर्यकान्त मणि।

तपनांशु—[सं० तपन ~ अंशु] *पु०* सूर्य की किरण।

तपनाङ्गजा (तपनांगजा)—[सं० तपन ~ अङ्गजा] *स्त्री०* सूर्य की पुत्री यमुना (नदी)। २. गोदावरी (नदी)।

तपनाराधन—[सं० तपन ~ आराधन] *पु०* १. तप और आराधना। तपस्या और पूजा। २. तपस्या।

***तपनि**—[< हि० तपन] *स्त्री०* १. ताप। दाह। २. जलन। ३. सन्ताप।

†तपनी—[< हि० तपना] *स्त्री०* १. अग्नि जलाकर तापने का स्थान। अलाव। ***जैसे***—तपनी तापना। २. तपस्या।

तपश्चरण—[सं० तपः ~ चरण] *पु०* तपस्या। तप।

तपश्चर्या—[सं० तपः ~ चर्या] *स्त्री०* तपस्या। तप।

तपस[१]—[सं० √ तप् + असच्] *पु०* १. सूर्य। २. चन्द्रमा। ३. पक्षी। चिड़िया।

†तपस[२]—[< सं० तपस्] *पु०* तपस्वी। *स्त्री०* तपस्या।

***तपसालि/तपसाली**—[< सं० तपोशाली] *पु०* तपस्वी।

***तपसी**—*पु०* ≤ *सं०* तपस्वी।

तपस्त्याग—[सं० तपस् ~ त्याग] *पु०* तप और त्याग।

तपस्या—[सं० तपस् + क्यङ् + अ + टाप्] *स्त्री०* १. तप। २. शरीर को कष्टकारक नियमों का पालन। व्रतचर्या। ३. किसी उद्‌देश्य की सिद्धि के लिए उठाया जाने वाला कष्ट। ४. (लाक्षणिक) प्रतीक्षा। इन्तज़ार। ५. (लाक्षणिक) परिश्रम। ***वा०* तपस्या करना**—बहुत परिश्रम करना। **तपस्या कराना/करवाना**—बहुत देर प्रतीक्षा कराना।

तपस्वी—[सं० तपस्विन्] *वि०, पु०* तपस्या करने वाला।

तपाक—[फा०] *पु०* १. आदर। २. प्रेम। प्यार। ३. उत्साह। ✣ **तपाक से**—*क्रिवि०* = १ आदरपूर्वक। २. प्रेमपूर्वक। ३. उत्साहपूर्वक। जैसे—तपाक से मिलना।

तपात्यय—[सं० तप ~ अत्यय] *पु०* १. ग्रीष्म ऋतु का अन्त। २. वर्षा ऋतु।

तपानल—[स॰ तप ~ अनल] *पु॰* १. तप से उत्पन्न तेज या अग्नि। २. तपन।

तपाव—[< हि॰ तपना] *पु॰* १. तपने/तपाने या तपे हुए होने की क्रिया/भाव। २. ताप। गर्मी।

***तपावन्त (तपावंत)**—[< स॰ तापवत्] *पु॰* तपस्वी।

***तपित**—[< स॰ तप्त] *वि॰* १. तपाया हुआ। तप्त। २. तपा हुआ। तप्त।

***तपिया**—[< स॰ तप] *पु॰* तप करनेवाला। तपस्वी।

तपिश—[फा॰] *स्त्री॰* १. तपने से उत्पन्न गर्मी/ताप। २. अधिक ताप से उत्पन्न दाह/जलन। ३. धूप। ४. सन्तप्त होने से उत्पन्न व्याकुलता।

तपी—[< हि॰ तप] *पु॰* १. तपस्वी। २. सूर्य। (छन्द॰) एक समवर्णिक छन्द जिसके प्रत्येक चरण में २ भगण और गुरु (भ भ ग) के योग से ७ वर्ण होते हैं।

तपु—[< स॰ तपुः] *वि॰* १. तपा हुआ। गर्म। २. गर्म करनेवाला। *पु॰* १. अग्नि। २. सूर्य। ३. शत्रु।

तपेला—[< हि॰ तपाना] १. पानी गर्म करने का बड़ा पात्र। पतीला। २. बड़ी भट्ठी। भट्ठा। ❖ **तपेली**—*स्त्री॰* = १. पतीली। २. भट्ठी।

तपोनिधि—[तपः ~ निधि] *पु॰* १. तपस्या का भंडार। महान् तपस्वी। ***जैसे***—तपोनिधि ऋषि। २. सन्यासी।

तपोनिष्ठ—[स॰ तपः ~ निष्ठ] *वि॰* तप में निष्ठा वाला। प्रायः तपस्या करने वाला। *पु॰* तपस्वी।

तपोपूत—[स॰ तपः ~ पूत] *वि॰* जो तपस्या करके तन-मन से पवित्र हो गया हो।

तपोमूर्ति—[स॰ तपः ~ मूर्ति] *पु॰* १. तप का साकार रूप। महान् तपस्वी। २. सन्यासी। ३. परमात्मा।

तपोराशि—[स॰ तपः ~ राशि] *पु॰* बहुत तप वाला व्यक्ति। महान् तपस्वी।

तपोलभ्य—[स॰ तपः ~ लभ्य] *वि॰* तप से प्राप्त होनेवाला। ***जैसे***—तपोलभ्य सिद्धियाँ।

तपोलोक—[स॰ तपः ~ लोक] *पु॰* पृथ्वी के ऊपर का पाँचवा लोक। जनलोक और सत्यलोक के बीच का लोक।

तपोवन—[स॰ तपः ~ वन] *पु॰* वह वन या स्थान जहाँ अनेक तपस्वी तप करते हों या जहाँ अनेक तपस्वियों ने पहले तपस्या की हो।

तपोवारणी—[स॰ तपः ~ वारणी] *वि॰* (स्त्री॰) तपस्या से डिगानेवाली। ***जैसे***—तपोवारणी अप्सरा।

तपोव्रत—[स॰ तपः ~ व्रत] *पु॰* तपस्या का व्रत/संकल्प। *वि॰* जिसने तपस्या का व्रत लिया हो।

तपौनी—[< हि॰ तपाना] *स्त्री॰* १. तपाकर उपयुक्त बनाने की क्रिया/भाव। २. तपनी।

तप्त—[स॰ √तप् + क्त] *वि॰* १. तपा या तपाया हुआ। गर्म। २. जिसने बहुत तपस्या की हो। ३. बहुत दुःखी। सन्तप्त। ४. क्रुद्ध।

तप्तक—[स॰ तप्त + कन्] *पु॰* तपाने का पात्र। कड़ाही।

तप्त मुद्रा—[स॰] *स्त्री॰* धातु की तपायी हुई मुद्राओं द्वारा शरीर पर दागकर बनाए हुए विष्णु के शंख, चक्र आदि के चिह्न (जिन्हें वैष्णव लोग अंकित कराते हैं)।

तप्तरूप/तप्तरूपक—[स॰ (तप्त ~ रूप/रूपक)] *पु॰* तपायी हुई चाँदी। शुद्ध चाँदी।

तप्ता[१]—[स॰ तप्तृ] *वि॰* तप्त करनेवाला।

तप्ता[२]—[स॰ तप्त + टाप्] *वि॰ (स्त्री॰)* तप्त। ***जैसे***—तप्ता पृथ्वी।

तप्तायनी—[स॰ तप्त ~ अयनी] *स्त्री॰* (दुःखी प्राणियों का निवास-स्थान) पृथ्वी।

तप्ति—[स॰ √तप् + क्तिन्] *स्त्री॰* तप्त होने की अवस्था/गुण/भाव। ताप। गर्मी।

तप्य—[स॰ तप् + यत्] *वि॰* १. तपाने योग्य। २. जिसे तपाकर शुद्ध किया जा सके। ३. तप करनेवाला।

तफ़रीक़—[<अरबी] *स्त्री॰* १. अलगाव। पृथक्ता। २. फूट। (गणित॰) एक संख्या में से दूसरी संख्या घटाना। व्यवकलन।

तफ़रीह—[अरबी तफ़्रीह] *स्त्री॰* १. मनोविनोद। मनोरंजन। २. सैर-सपाटा। ३. आपस की हँसी-दिल्लगी। हास-परिहास। ❖ **तफ़रीहन**—*वि॰* = तफ़रीह के लिए।

तफ़्तीश—[अरबी] *स्त्री॰* १. खोज। तलाश। २. जाँच-पड़ताल। छान-बीन।

तफ़्सीर—[अरबी] *स्त्री॰* १. व्याख्या। २. (ग्रन्थ की) टीका।

तफ़्सील—[अरबी] *स्त्री॰* १. विस्तार। विवरण। ब्यौरा। २. स्पष्टता।

तबकिया—[< अरबी तबक़] *वि॰* १. तबक-सम्बन्धी। २. जिसमें परतें हों। ***जैसे***—तबकिया हरताल। *पु॰* सोने-चाँदी आदि के वर्क़ बनानेवाला। तबकगर।

तबर—[फा॰] *पु॰* १. कुल्हाड़ी। २. परशु। फरसा। ❖ **तबरदार**—*वि॰* = १. जिसके पासा तबर हो। २. जो तबर चलाना जानता हो। ❖ **तबरदारी**—*स्त्री॰* = तबर चलाने की क्रिया/भाव।

तबल—[फा॰] *पु॰* १. बड़ा ढोल। २. डंका। नक्कारा। नगाड़ा।

तबलची—[< हि॰ तबला] *पु॰* तबला बजाने का काम करने वाला व्यक्ति। तबलिया।

तबीब—[अरबी] *पु॰* चिकित्सक। वैद्य।

तबेला—[< अरबी तबेलः] *पु॰* १. अश्वशाला। घुड़साल। २. ताँबे का एक पात्र। तसला। ***वा॰* तबेले का बन्दर होना**—किसी की बला दूसरे पर थोपना। **तबेले में लत्ती चलना**—एक प्रकार का काम करनेवाले व्यक्तियों में परस्पर लड़ाई-झगड़ा होना।

***तबोरी**—[< स॰ ताम्बूल] *स्त्री॰* लगाया हुआ पान।

तब्दील—[अरबी] *वि॰* परिवर्तित। बदला हुआ। ❖ **तब्दीली**—*स्त्री॰* = १. परिवर्तन। बदल। २. स्थानान्तरण। तबादला। बदली। ३. वस्तुओं का विनिमय।

***तब्बर**—*पु॰* ≤ फा॰ तबर। कुल्हाड़ी या फरसा।

तम—[स॰ √तम् + घ और < स॰ तमस्] १. *पु॰* १. अन्धकार। अँधेरा। २. तमोगुण। ३. अज्ञान। अविद्या। ४. मोह। ५. पाप। ७. तमाल वृक्ष। ● **विशेष**—'तम' एक प्रत्यय भी है जो विशेषणों या

क्रियाविशेषणों में जुड़ता है। *जैसे*—(सुन्दर→सुन्दरतम, अधिक→अधिकतम)।

तमः/तमस्—[सं॰ √तम् + असच्] *पु॰* १. अन्धकार। अँधेरा। २. तमोगुण। ३. अज्ञान। अविद्या। ४. मोह। ५. पाप। ६. राहु। *वि॰* काले रंग का।

†तमई—[< सं॰ तममयी] *स्त्री॰* रात्रि। रात।

तमक—[अरबी] *पु॰* १. तमकने की क्रिया/भाव। २. आवेश। जोश। ३. क्रोध। ४. तीव्रता। तेज़ी। ५. झुँझलाहट।

तमकनत—[अरबी] *स्त्री॰* १. प्रतिष्ठा या गौरव का अनुचित प्रदर्शन। २. अभिमान। घमंड। ३. आडम्बर।

तमकूप—[< सं॰ तमः ~ कूप] *पु॰* १. इतना गहरा कुआँ कि उसके अन्दर कुछ भी दिखता न हो। २. अन्धा कुआँ। ३. अज्ञानरूपी कुआँ। *जैसे*—तम-कूप में पड़े संसारी लोग।

तमगेही—[< सं॰ तम + हिं॰ गेही] *वि॰* अँधेरे में रहनेवाला। *पु॰* पतंगा।

तमङ्गक (तमंगक)—[सं॰] *पु॰* (छत का) छज्जा।

तमचर—[< सं॰ तमीचर] *वि॰* अँधेरे में घूमनेवाला। *पु॰* १. निशाचर। राक्षस। २. उल्लू।

***तमचुर**—[< सं॰ ताम्रचूड] *पु॰* कुक्कुट। मुर्ग़ा।

तमजित्—[सं॰ तमस् ~ जित्] *वि॰* अन्धकार को जीतनेवाला। *जैसे*—तमजित् सूर्य।

तमता—[सं॰ तम + तल् + टाप्] *स्त्री॰* १. तम का भाव। तमत्व। २. अन्धकार। अँधेरा। ३. कालापन। ✣ **तमत्व**—*पु॰* = तमता।

तम-तोम—[< सं॰ तमस् + हिं॰ तोम < सं॰ स्तोम] *पु॰* अन्धकार का समूह। तिमिर-राशि।

तमद्दुन—[अरबी] *पु॰* संस्कृति या सभ्यता।

तमपर—[< हिं॰ तम ~ पर] *वि॰* १. अन्धकार से परे। २. अविद्या से परे। ३. तमोगुण से परे। ४. माया से परे। मायातीत।

तममय—[< सं॰ तमोमय] *वि॰* १. अँधेरे से युक्त। अन्धकारपूर्ण। *जैसे*—तममय अन्तरतम में। २. तमोगुणी। *पु॰* राहु।

***तमयी**—[< सं॰ तमोमयी] *स्त्री॰* रात्रि। रात।

***तमर**—[< सं॰ तिमिर] *पु॰* अन्धकार। अँधेरा।

तमश्चय—[सं॰ तमस् ~ चय] *पु॰* अन्धकार-समूह।

तमश्चरिता—[सं॰ तमस् ~ चरिता] *वि॰ (स्त्री॰)* अँधेरे में भ्रमण करने वाली।

तमस—[सं॰ √तम् + असच्] *पु॰* १. अन्धकार। अँधेरा। २. तमोगुण। ३. पाप। ४. क्लेश। दुःख।

तमस्क—[सं॰ तमस् + कन्] *पु॰* अन्धकार। अँधेरा।

तमस्काण्ड (तमस्कांड)—[सं॰ तमस् ~ काण्ड] *पु॰* घोर अन्धकार। गहरा अँधेरा।

तमस्वती—[सं॰ तमस् + वती] *वि॰ स्त्री॰* १. अँधेरी। २. काली। ३. तमोगुणी। *स्त्री॰* अन्धकारमयी रात्रि। अँधेरी रात।

तमस्विनी—[सं॰ तमस्विन् + ङीप्] *स्त्री॰* १. अँधेरी रात। २. रात्रि।

तमस्वी—[सं॰ तमस्विन्] *वि॰* अन्धकारपूर्ण।

***तमहर**—[< सं॰ तमोहर] *पु॰* तम को दूर करने वाला। अन्धकार-नाशक।

***तमहाया**—[< सं॰ तम] *वि॰* १. तमोगुण से युक्त। २. अन्धकारपूर्ण।

तमा—[सं॰ तम + टाप्] *स्त्री॰* रात्रि। रात।

***तमाइ**[1]—[< अरबी तमअ] *स्त्री॰* लोभ। लालच।

***तमाइ**[2]—[< सं॰ तमाई] *स्त्री॰* अन्धकार। अँधेरा।

तमाई[1]—[< सं॰ तम] *वि॰* तमोगुणकृत। *स्त्री॰* अन्धकार।

तमाई[2]—[< सं॰ ताम्र] *स्त्री॰* ताम्रता। ताँबापन।

तमाचारी—[सं॰ तमाचारिन्] *वि॰* रात में घूमनेवाला। तमीचर। *पु॰* राक्षस। निशाचर।

तमाच्छन्न—[सं॰ तमस् ~ आच्छन्न] *वि॰* जो अँधेरे से ढका हुआ हो। तिमिरावृत्त।

तमारि[1]—[सं॰ तमस् ~ अरि] *पु॰* १. अन्धकार-नाशक। २. सूर्य।

†तमारि[2]—[< हिं॰ तवारा] *स्त्री॰* १. (रोग आदि के कारण) सिर में आनेवाला चक्कर। घुमनी। २. थोड़ा ज्वर-ताप। हरारत।

***तमारो**—[< हिं॰ तवारा] *स्त्री॰* मूर्च्छा।

तमाल—[सं॰ √तम् + कालन्] *पु॰* एक बड़ा वृक्ष जो काले-नीले रंग का होता है, पत्ते गोल, फल छोटे और फूल लाल होते हैं। (छन्द॰) एक सममात्रिक छन्द जिसके प्रत्येक चरण में १९ मात्राएँ होती हैं, अन्त में क्रमशः गुरु-लघु होते हैं। ● **विशेष**—तिलक वृक्ष, तेजपात आदि को भी संस्कृत में 'तमाल' कहा जाता है। एक प्रकार का माथे का तिलक भी 'तमाल' कहा जाता है।

तमालिका—[तमाली + कन् + टाप, ह्रस्व] *स्त्री॰* १. ताम्रवल्ली नामक लता। २. भुँई आँवला। ३. काले खैर का वृक्ष।

तमिल[1]—[< सं॰ तम] *वि॰* १. तमोगुणी। २. क्रुद्ध। ३. अन्धकारपूर्ण।

तमिल[2]—[< तमिल तमिळ] *पु॰* १. भारत का एक दक्षिणी प्रदेश। तमिलनाडु। २. तमिलनाडु का निवासी। *स्त्री॰* तमिलनाडु की भाषा।

तमिस्र[1]—[सं॰ तमिस्रा + अच्] *वि॰* काला।

तमिस्र[2]—[सं॰ तमस् + र] *पु॰* १. अन्धकार। अँधेरा। २. अज्ञान। ३. क्रोध। ४. नरक विशेष। ✣ **तमिस्र-पक्ष**—*पु॰* = (चान्द्र मास का) कृष्ण-पक्ष। अँधेरा पाख। ✣ **तमिस्र-सङ्क्षर (संक्षर)**—*वि॰* = अँधेरे में मारनेवाला।

तमिस्रा—[सं॰ तमिस्र + टाप्] *स्त्री॰* १. (चान्द्रमास के) कृष्ण-पक्ष की रात। अँधेरी रात। २. घना अन्धकार।

तमी—[सं॰ तमि + ङीप्] *स्त्री॰* रात्रि। रात।

तमेरा—[< सं॰ ताम्र] *पु॰* ताँबे के बर्तन आदि बनाने का काम करनेवाला।

तमोघ्न—[सं॰ तमः + घ्न] *वि॰* १. अन्धकार नष्ट करनेवाला। २. भ्रम/अज्ञान/मोह आदि दोष दूर करनेवाला। *पु॰* १. सूर्य। २. चन्द्रमा। ३. अग्नि। ४. दीपक। ५. ज्ञान। ६. परमात्मा।

तमोज्योति—[सं॰ तमः ~ ज्योति] *पु॰* खद्योत। जुगनू।

***तमोपह**—[सं॰ तमः ~ अपह] *वि॰, पु॰* तमोघ्न।

तमोभिद्—[सं॰ तमस् √भिद् + क्विप्] *वि॰* अँधेरा भेदने वाला।

अन्धकार-नाशक। *पु॰* खद्योत। जुगनू।

तमोमणि—[सं॰ तमः ~ मणि] *पु॰* १. खद्योत। जुगनू। २. गोमेद नामक रत्न जो राहु के प्रकोप को नष्ट करता है।

***तमोर**—[< सं॰ ताम्बूल] *पु॰* ताम्बूल। पान।

तमोरि—[सं॰ तमः ~ अरि] *वि॰* जो अँधेरे का शत्रु हो। अन्धकार-नाशक। *पु॰* सूर्य।

†तमोल—[< सं॰ ताम्बूल] *पु॰* पान का बीड़ा। ताम्बूल।

तमोली—[< सं॰ ताम्बूलिक] *पु॰* १. पान बेचनेवाली उपजाति विशेष या उसका कोई पुरुष। २. पान बेचनेवाला पुरुष।

तम्बूर (तंबूर), तम्बूरा (तंबूरा)—[< फा॰ तम्बूर:] *पु॰* सितार की तरह का एक वाद्य यन्त्र जिसमें केवल एक तार होता है और नीचे की ओर तुम्बी होती है। तानपूरा। ● **विशेष**—तम्बूरा बजाने में निपुण या तम्बूरा बजानेवाला व्यक्ति '**तम्बूरची**' कहा जाता है।

***तयना**—[< सं॰ तपन] *क्रिस॰* १. गरम होना। तपना। २. सन्तप्त। दु:खी होना। *क्रिस॰* १. गरम करना। तपाना। २. सन्तप्त/दु:खी करना।

तयशुदा—[< अरबी तय + फा॰ शुद:] *वि॰* १. जिसे निश्चित किया जा चुका हो। निर्णीत। २. समाप्त। ३. निश्चित। यक़ीनी।

†तया¹/तयो—[< सं॰ तप्त] *वि॰* सन्तप्त। दु:खी।

†तया²—[< हि॰ तयना] *पु॰* (रोटी बनाने का लोहे का बना) तवा।

***तर¹**—[< सं॰ तल] *पु॰* नीचे का भाग। तल। *क्रिवि॰* तले। नीचे।

***तर²**—[< सं॰ तर्हि] *अव्यय॰* तो।

तर³—[< सं॰ तरु] *पु॰* तरु। वृक्ष।

तर⁴—[फा॰] *वि॰* १. पानी आदि में भीगा हुआ। आर्द्र। गीला। ***जैसे***—होली में रंग से तर कपड़े। २. जिसमें अधिक नमी हो। ***जैसे***—तर हवा। ३. घी आदि में डुबा हुआ या घी आदि चुपड़ा हुआ। ***जैसे***—तर रोटी। ४. शरीर में शीतलता/आर्द्रता/पुष्टता बढ़ानेवाला। ***जैसे***—तर माल खाना।

तर⁵—[< सं॰ तरप्] *प्रत्यय॰* (व्या॰) एक प्रत्यय जो गुणवाचक विशेषणों या क्रियाविशेषणों में जुड़कर 'तुलनात्मक अधिक' का भाव देता है। ***जैसे***—सुन्दर→सुन्दरतर। मधुरम→मधुरतर।

तर⁶—[< हि॰ तरना] *क्रिस॰* १. 'तरना' क्रिया का आज्ञार्थक रूप। पार कर। ***जैसे***—राम नाम जपकर भवसागर को जल्दी तर। *२. पार करता है। तरता है।

तरई**—[< सं॰ तारा] *स्त्री॰* नक्षत्र। तारा। ***जैसे—आधी रात के समय तरइयाँ देखना।

***तरक**—[< सं॰ तर्क] *पु॰* १. तर्क। २. सोच-विचार। ऊहापोह।

तरकश—[फा॰] *पु॰* (पीठ पर बँधा रहनेवाला) बाणों का थैला। तूणीर। निषंग। ⁘ **तरकशबन्द (तरकशबंद)**—*वि॰* = तूणीर धारण करनेवाला। तरकशधारी।

***तरकि¹**—[< हि॰ तरकना < सं॰ तर्क] *क्रिवि॰* १. तर्क करके। युक्ति लगाकर। २. अनुमान करके।

***तरकि²**—[< हि॰ तड़कना] *क्रिवि॰* तड़ककर। कूदकर/उछलकर/ फाँदकर या लाँघकर।

***तरकितराक**—[< हि॰ तड़कना + तड़ाक] *क्रिवि॰* तड़ाक से। चटपट। *उदा॰* मोहबस बैठो तोरि तरकितराक हौं।—तुलसी (हनु॰, ४०)।

तरकी¹—[< सं॰ ताटङ्क] *स्त्री॰* कान का एक आभूषण।

तरकी²**—[< हि॰ तरकना < सं॰ तर्क] *वि॰* तर्क या अनुमान से जानी हुई। ***जैसे—तरकी प्रीति।

तरकुला—[< हि॰ तरकी] *पु॰* कान में पहनने का एक आभूषण। बड़ी तरकी। ⁘ **तरकुली**—*स्त्री॰* = छोटा तरकुला। तरकी।

तरखान—[< सं॰ तक्षण] *पु॰* तक्षण करनेवाला। बढ़ई।

तरङ्ग (तरंग)—[सं॰ √तृ + अङ्गच्] *स्त्री॰* १. पानी की हिलोर। लहर। ***जैसे***—नदी में तरंगें उठ रही थीं। २. ध्वनि/प्रकाश आदि की लहर। ३. संगीत में स्वरों का आरोह-अवरोह। स्वर-लहरी। ४. मन की उमंग। भावना। ५. भंग आदि किसी मादक द्रव्य से उत्पन्न प्रभाव। ***जैसे***—भंग की तरंग। ६. किसी ग्रन्थ का अध्याय। ***जैसे***—'राजतरंगिणी' ग्रन्थ की द्वितीय तरंग। छन्द॰ एक समवर्णिक छन्द जिसके प्रत्येक चरण में सगण, मगण, सगण, २ मगण, भगण और २ गुरु (स म स म म ग ग) के योग से १७ वर्ण होते हैं तथा ५-५-७ पर यति होती है।

तरङ्गक (तरंगक)—[सं॰ तरङ्ग + कन्] १. पानी की लहर। २. (संगीत की) स्वर-लहरी।

तरङ्गदैर्घ्य (तरंगदैर्घ्य)—[सं॰ तरङ्ग ~ दैर्घ्य] *पु॰* (ध्वनि आदि की) तरंगों के दो निकटतम शिखरों के मध्य की दूरी। तरंगायाम।

तरङ्गमाली (तरंगमाली)—[सं॰ तरङ्गमालिन्] *पु॰* समुद्र। सागर।

तरङ्गवती (तरंगवती)—[सं॰ तरङ्ग + मतुप् + ङीप्] *वि॰ (स्त्री॰)* लहरोंवाली। *स्त्री॰* नदी।

तरङ्गायित (तरंगायित)—[< सं॰ तरङ्गित] *वि॰* १. जिसमें लहरें उठ रही हों। तरंगोंवाला। लहरदार। २. (वस्त्र आदि) जिसमें लहरें-जैसी बनी हों। लहरिया।

तरङ्गालि (तरंगालि)—[सं॰ तरङ्ग ~ अलि] *स्त्री॰* नदी।

तरङ्गिका (तरंगिका)—[सं॰ तरङ्ग + टाप्] *स्त्री॰* १. तरंग। लहर। २. छोटी लहर।

तरङ्गिणिनाथ/तरङ्गिणिपति (तरंगिणिनाथ/तरंगिणिपति)—[सं॰ तरङ्गिणी ~ नाथ/पति] *पु॰* (नदियों का स्वामी) समुद्र। सागर।

तरङ्गिणी (तरंगिणी)—[सं॰ तरङ्ग + इनि + ङीप्] *वि॰* तरंगोंवाली। *स्त्री॰* नदी।

तरङ्गिनी (तरंगिनी)—[< सं॰ तरङ्गिणी] *स्त्री॰* तरंगिणी। नदी।

तरङ्गी (तरंगी)—[सं॰ तरङ्गिन्] *वि॰* १. जिसमें लहरें उठ रही हों। तरंगयुक्त। २. अस्थिर। ३. उमंगयुक्त। ४. जो मन की मौज के अनुसार काम करता हो। ५. भावुक। रसिक। *पु॰* बड़ी नदी। नद।

***तरच्छ** [< सं॰ तरक्षु]—*पु॰* १. एक प्रकार का छोटा बाघ। लकड़बग्घा। २. सिंह। शेर।

***तरछना**—[< हि॰ तरसना] *क्रिअ॰* तरसना। छटपटाना।

***तरछाना**—[< हिं॰ तिरछा] *क्रिअ॰* १. (किसी को) तिरछी दृष्टि से देखना। २. नेत्रों से संकेत करना।

तरण[१]—[स॰√ तृ + ल्युट्] *पु॰* १. नदी आदि पार करने की क्रिया/भाव। तरना। २. नदी आदि पार करने का साधन। ३. नौका। नाव। ४. उद्धार। ५. निस्तार। छुटकारा।

तरण[२]—[< स॰ तरणि[२]] *पु॰* तरणी। नौका। नाव।

तरणि[१]—[स॰ √तृ + अनि] *पु॰* १. सूर्य। २. सूर्य की किरण। ३. आक। मदार। ४. तरणी। नौका। नाव।

तरणि[२]—स्त्री॰ ≤ स॰ तरणी। नौका। नाव।

तरणिजा—[स॰ तरणि + जा] *स्त्री॰* १. सूर्य की पुत्री। २. यमुना (नदी)। (छन्द॰) एक समवर्णिक छन्द जिसके प्रत्येक चरण में क्रमशः एक नगण और एक गुरु के योग से ४ वर्ण होते हैं। 'सती' छन्द।

तरणि-तनय, तरणि-सुत—[स॰] *पु॰* सूर्य का पुत्र। यम/शनि/सुग्रीव/कर्ण आदि। ✣ **तरणि-तनया, तरणि-सुता**—*स्त्री॰* = सूर्य की पुत्री। यमुना (नदी)।

तरणी—[स॰ तरण + ङीप्] *स्त्री॰* नौका। नाव।

तरतीब—[अरबी] *स्त्री॰* वस्तुओं को यथास्थान ठीक-ठीक रखने की व्यवस्था। क्रम। ***वा॰* तरतीब देना**—क्रम से रखना। व्यवस्थित करना। ✣ **तरतीबवार**—*वि॰* = १. क्रमपूर्वक रखा हुआ। २. व्यवस्थित। ∇ **विलोम**—बेतरतीब।

तरनि—[< स॰ तरणि] *पु॰* सूर्य। *स्त्री॰* नाव। छोटी नौका।

तरनिजा—[< स॰ तरणिजा] *स्त्री॰*। यमुना नदी।

तरनि-तनूजा—[< स॰ तरणि ~ तनूजा] *स्त्री॰*। यमुना (नदी)।

तरनी[१]—[< स॰ तरणी] *वि॰ (स्त्री॰)* पार लगानेवाली। *स्त्री॰* नौका। नाव।

तरनी[२]—[< स॰ तरणि] *पु॰* सूर्य।

तरनी[३]—[< हिं॰ तरे < तले] *स्त्री॰* डमरू के आकार का वह आधार जिसपर खोमचेवाले अपना थाल रखकर सामान बेचते हैं।

तरन्त (तरंत)—[स॰ √तृ + झच्] *पु॰* समुद्र। सागर।

तरन्ती (तरंती)—[< हिं॰ तरनी < स॰ तरणी] *स्त्री॰* नौका। नाव।

तरन्नुम—[अरबी] *पु॰* १. स्वर-माधुर्य। २. हलका गाना। ३. मधुर गान।

***तरबोरना**—[फा॰ तर + हिं॰ बोरना] *क्रिस॰* अच्छी तरह भिगोना। तर करना। सराबोर करना। *क्रिअ॰* अच्छी तरह से भीगना। तर होना। सराबोर होना।

तरमाची—[< हिं॰ तर + माचा] *स्त्री॰* बैलों के जुए में नीचे लगी हुई लकड़ी।

***तरमाना**[१]—[देशज] *क्रिअ॰* क्रुद्ध होना। *क्रिस॰* (किसी को) क्रुद्ध करना।

तरमाना[२]—[< फा॰ तर] *क्रिअ॰* १. (पानी आदि से) तर होना। २. गीला होना। *क्रिस॰* १. (पानी आदि से) तर करना। २. गीला करना।

तरमीम—[< अरबी तर्मीम] *स्त्री॰* १. संशोधन। २. काट-छाँट। ३. परिवर्तन। बदल।

तरल—[स॰ √तृ + अलच्] *वि॰* १. पानी या हवा की तरह बहनेवाला (पदार्थ)। जो ठोस न हो (द्रव या गैसें)। २. थरथराने/काँपने वाला। ३. चंचल। अस्थिर। ४. जो मज़बूत न हो। अदृढ़। ५. परिवर्तनशील या जल्दी नष्ट होनेवाला। ६. सुन्दर। ***जैसे***—तरल तिलक। सूरसागर (१०/२४४६)। ७. कान्तियुक्त। चमकीला। ८. चपल। ***जैसे***—तरल हँसी। ९. तेज़ दौड़ने वाला। (छन्द॰) एक समवर्णिक छन्द जिसके प्रत्येक चरण में सगण, नगण, यगण, नगण, मगण, नगण, गुरु (स न य न य न ग) के योग से १९ वर्ण होते हैं और ९-१० पर यति होती है।

तरलनयन—[स॰ तरल ~ नयन] *पु॰* १. वह व्यक्ति जिसके नेत्र चंचल हों। २. वह व्यक्ति जिसके नेत्रों में आँसू भरे हों। *पु॰* (छन्द॰) एक समवर्णिक छन्द जिसके प्रत्येक चरण में चार नगण के योग से १२ वर्ण होते हैं तथा ६-६ पर यति होती है। ✣ **तरलनयना**—*वि॰ (स्त्री॰)* = १. चपल नेत्रों वाली। २. अश्रु-भरे नेत्रों वाली।

तरला—[स॰ तरल + टाप्] *वि॰ (स्त्री॰)* तरल वस्तु। ● **विशेष**—संस्कृत में चावलों का माँड़, मदिरा/शराब तथा मधुमक्खी को 'तरला' कहा जाता है।

तरवन—[< हिं॰ तरौना] *पु॰* १. कान में पहनने का एक आभूषण। तरकी। तरौना। २. कर्णफूल।

तरवाना[१] —[हिं॰ तारना का प्रेरणा॰] *क्रिस॰* किसी से तारने का काम कराना।

तरवाना[२]—[< हिं॰ तलवा] *क्रिअ॰* पैर के तलवे का घिसना। ***जैसे***—बैल का तरवाना।

तरस—[< स॰ त्रस] *पु॰* करुणा। दया। ***वा॰* तरस खाना**—१. दया करना। २. किसी का कष्ट या दुःख दूर करने का प्रयत्न करना।

तरसना[१]—[< स॰ तर्षण] *क्रिअ॰* प्रिय वस्तु को देखने, पाने आदि के लिए या प्रिय कार्य को करने के लिए बेचैन या लालायित होना। ***वा॰* तरस जाना**—कोई वस्तु या व्यक्ति को पाने, देखने की उत्कट इच्छा होना।

***तरसना**[२]—[< फा॰ तराशना] *क्रिस॰* काटना।

तरहदार—[फा॰] *वि॰* १. सुन्दर रचना वाला। सजा-धजा। सजीला। बाँका। छबीला। २. हाव-भाव वाला। ✣ **तरहदारी**—*स्त्री॰* = १. बाँकापन। छबीलापन। हाव भाव। २. सौन्दर्य।

***तरहरना**—[< हिं॰ तर + हरना] *क्रिस॰* त्यागना। छोड़ना। ✣ **तरहरि**—*क्रिवि॰* = त्यागकर। छोड़कर।

तराइन/तराई[१]**/तराईं**—[< स॰ तारागण] *स्त्री॰* तारों का समूह। तारागण।

तराई[२]—[< हिं॰ तर] *स्त्री॰* १. नीची भूमि जहाँ सदा तरी बनी रहती है। २. तर या गीला करने की अवस्था/भाव। ३. पर्वत के नीचे की समतल मैदानी भूमि।

***तराकि**—[< हिं॰ तड़ाक] *स्त्री॰* तड़-तड़ की आवाज़। तड़ाक।

***तराटक**—[< सं० त्राटक] पु० (हठयोग०) किसी बिन्दु पर दृष्टि एकाग्र करने की क्रिया। त्राटक।

तराना[1]—[< हि० तर] क्रिस० नीचे करना।

***तराना**[2]—[< हि० तरना] क्रिस० तैराना।

तराना[3]—[< फा० तरानः] पु० (सुन्दर) गीत। गाना। (संगीत०) एक विशेष प्रकार का गाना।

तरारा—[देशज] पु० १. उछाल। छलाँग। **जैसे**—तरारे भरना। २. निरन्तर गिरने वाली पानी की पतली धार।

तराश-ख़राश—[फा०] स्त्री० (किसी रचना में) काट-छाँट। कतर-ब्योंत।

तरि[1]—[सं० √तृ + इ] स्त्री० १. नौका। नाव।

***तरि**[2]—[< हि० तरना] क्रिवि० (नदी आदि को) तैरकर। पार कर।

तरिक—[सं० तर + ठन्] पु० १. (नदी आदि पार करने का) बेड़ा। २. नदी आदि की उतराई वसूल करनेवाला माँझी। ३. केवट। मल्लाह।

तरिका[1]—[सं० तरिक + टाप्] स्त्री० नौका। नाव।

***तरिका**[2]—[< सं० तडित्] स्त्री० तड़ित्। बिजली।

तरिकी—[सं० तरिकिन्] पु० केवट। माँझी। मल्लाह।

***तरिको**—[< हि० तरकी] पु० कान का एक आभूषण। तरकी। तरौना।

तरिणी—[सं० तरिन् + ङीप्] स्त्री० नौका। नाव।

तरित्र—[सं० √तृ + ष्ट्रन्] पु० नौका। नाव। ✣ **तरित्री**—स्त्री० = छोटी नाव।

तरियाना[1]—[< हि० तरे < हि० तले] क्रिस० १. किसी वस्तु को नीचे/तले रखना। २. किसी वस्तु को झुकाकर कुछ नीचा कर देना। ३. (आग पर चढ़ाए जाने वाले बर्तन में) लेवा लगाना। ४. धन या कोई वस्तु छिपाकर रखते रहना।

तरियाना[2]—[< फा० तर] क्रिस० पानी से तर करना। गीला करना। **जैसे**—पहले ईंटें तरियाते हैं और तब दीवार में लगाते हैं।

तरी[1]—[सं० तरि + ङीष्] स्त्री० नौका। नाव।

तरी[2]—[फा०] स्त्री० १. आर्द्रता। गीलापन। २. सील। ३. शीतलता। ४. तलहटी। तराई। ५. सब्ज़ी/तरकारी का जलीय भाग। शोरबा। ६. (लाक्षणिक) समृद्धि। धनाढ्यता। **वा० तरी होना**—१. प्रसन्नता होना। २. पास में धन होना। ३. ठंडक होना। ४. पानी का छिड़काव आदि होना।

तरु—[सं० तृ + उन्] पु० वृक्ष। पेड़।

तरुण—[सं० √तृ + उनन्] वि० युवा। जवान। **जैसे**—तरुण क्रान्तिकारी। २. जो अधिक पुराना न हुआ हो। **जैसे**—तिलक की काँग्रेस तरुण संस्था थी, आज वृद्ध है। ३. शक्तिशाली। पुष्ट। **जैसे**—दुपहर का तरुण सूर्य। ४. पूर्ण विकसित। **जैसे**—तरुण अरुण कमल जैसे चरण। ५. जो अधिक छोटा न हो। **जैसे**—तरुण वृक्ष। ६. (युवकों जैसा) ओजस्वी। उत्साही। ज़िन्दादिल। **जैसे**—वे अस्सी वर्ष के हैं परन्तु तरुण हैं। ७. नवीन। नया। पु० युवा पुरुष। जवान आदमी। ✣ **तरुण तरणि**—पु० = दोपहर का प्रखर सूर्य। तरुण सूर्य।

तरुणास्थि—[सं० तरुण ~ अस्थि] स्त्री० वह हड्डी जो कड़ी न हो। पतली और लचीली हड्डी।

तरुणिमा—[सं० तरुणिमन्] स्त्री० यौवन। तरुणाई।

तरुणी—[सं० तरुण + ङीष्] वि० (स्त्री०) तरुण। जवान। स्त्री० जवान स्त्री। युवती। ∇ **विलोम**—वृद्धा।

***तरुबाँहीं**—[सं० तरु + हि० बाँह] स्त्री० वृक्ष की भुजा। शाखा। डाल।

तरु-मृग—[सं०] पु० वृक्षों पर रहनेवाला पशु। बन्दर।

तरु-राग—[सं०] पु० १. पुष्प। फूल। २. कलिका। कली। ३. नया कोमल पत्ता। किसलय।

तरु-राज—[सं०] पु० १. कल्पवृक्ष। २. ताड़ का पेड़। ताल वृक्ष।

तरुरुहा—[सं० तरु √रुह् + रु + टाप्] वि० (स्त्री०) जो वृक्ष पर जमे या फैले। स्त्री० लता।

तरुवर—[सं० तरु ~ वर] पु० १. श्रेष्ठ वृक्ष। २. वृक्ष।

तरुशायी—[सं० तरुशायिन्] पु० पक्षी। चिड़िया।

तरँदा (तरेंदा)—[< सं० तरण्ड] पु० (नदी आदि पार करने का) बेड़ा।

तरोता—[< सं० तरवर] पु० एक प्रकार का ऊँचा वृक्ष जिसकी छाल चमड़ा सिझाने में काम आती है।

तरौंडा (तरोंडा)—[देशज] पु० फ़सल का वह भाग जो मज़दूरों, हलवाहों आदि को देने के लिए अलग रख देते हैं।

तरौना—[< सं० तालपर्ण] पु० कानों में पहनने का एक आभूषण जो ताड़ के पत्ते की तरह गोल और फाँकवाला होता है। तरकी।

तर्क—[सं० √तर्क् + अच्] पु० १. किसी बात की सत्यता जाँचने के लिए अथवा उसके समर्थन या विरोध में किया गया कारण-युक्त कथन। युक्ति। दलील। २. वाद-विवाद। बहस।

तर्ककलन—[सं० तर्क ~ कलन] (तर्क०) आधुनिक प्रतीकात्मक तर्कशास्त्र जिसकी रचना गणित के अनुकरण पर हुई है। (अ० लॉजिकल केल्क्युलस)

तर्कण—[सं० √तर्क् + ल्युट्] पु० तर्क करने की क्रिया/भाव।

तर्कणा—[सं० √तर्क् + णिच् + युच् + टाप्] स्त्री० १. तर्क करने की क्रिया। २. किसी बात पर व्यापक विचार। विवेचन। ३. समर्थन या विरोध में कही जाने वाली युक्ति। तर्क। दलील।

तर्काभास—[सं० तर्क ~ आभास] पु० १. ऐसा दोषपूर्ण तर्क जो ऊपर से सही प्रतीत हो पर वास्तव में ग़लत हो। हेत्वाभास। २. ग़लत तर्क। भ्रान्तिपूर्ण तर्क।

तर्कु—[सं० √कृत + उ, निपात०] पु० (चर्खे का) तकुआ (जिसपर सूत लिपटता जाता है)।

तर्जन—[सं० √तर्ज् + ल्युट] पु० १. किसी काम से रोकने के लिए मना करना या संकेत करना। २. डराना। धमकाना।

तर्जनी[1]—[सं० √ तर्ज + णिच् + युच्] स्त्री० तर्जन।

तर्जनी[2]—[< सं० तर्जन] क्रिस० तर्जन करना।

तर्जनी[3]—[सं० तर्जन + ङीप्] स्त्री० १. हाथ की पहली उँगली।

अँगूठे के पास की उँगली।

तर्जनीय—[सं॰ √तर्ज् + अनीयर] *वि॰* तर्जन किए जाने योग्य। डाँटे जाने, धमकाए जाने या भयभीत किए जाने योग्य।

तर्जुमा—[अरबी] *पु॰* अनुवाद। भाषान्तर।

तर्पण—[सं॰ √तृप् + ल्युट्] *पु॰* १. तृप्त करने की क्रिया/भाव। २.ऋषियों, पितरों आदि को तृप्त करने के लिए अंजलि से जल देने का धार्मिक कृत्य।

तर्पी—[सं॰ तर्पिन्] *पु॰* १. तृप्त करनेवाला व्यक्ति। २. तर्पण करनेवाला व्यक्ति।

तर्राना—[अनु॰] *क्रिअ॰* ऐंठ दिखाना। *क्रिस॰* ऐंठना। मरोड़ना।

तर्रार—[अरबी] *वि॰* १. तेज़ बोलने वाला। २. कुशल। दक्ष। ***जैसे***—तेज़-तर्रार मनुष्य। ✣ **तर्रारी**—*स्त्री॰* = तर्रार होने का भाव। ***जैसे***—तेज़ी-तर्रारी।

तर्ष—[सं॰ √तृष् + घञ्] १. इच्छा। २. तृष्णा। ३. वासना। ४. सूर्य। ५. समुद्र।

तर्षित—[सं॰ तर्ष + इतच्] *वि॰* १. प्यासा। २. अभिलाषी। इच्छुक।

तलगृह—[सं॰ तल ~ गृह] *पु॰* नीचे का कमरा या घर। तलघर। तहख़ाना।

तलघर—[< सं॰ तल+ हि॰ घर] *पु॰* तलगृह।

तलचिह्न (तलचिह्न)—[सं॰ तल ~ चिह्न] *पु॰* (पुरा॰, भूविज्ञान॰) सर्वेक्षण और उत्खनन में प्रयुक्त ऊर्ध्वतामापी निशान। सन्दर्भचिह्न। (अं॰ बेन्च मार्क)।

तलछन्द (तलछंद)—[सं॰ तल ~ छन्द] पु॰ (स्था॰) मन्दिर के गर्भगृह (मूर्ति-स्थान) से प्रवेश-द्वार तक की लम्बाई।

तलछट—[< सं॰ तल + हि॰ छँटना] *स्त्री॰* १. पानी, तेल आदि द्रव पदार्थों में नीचे बैठा हुआ मैल। २. द्रवों में घुली या मिली वस्तुओं का, भारी होने के कारण, नीचे बैठ जाने वाला अंश। कल्क। ✣ **तलछटी**—*वि॰* = १. तलछट-सम्बन्धी। २. जिसमें तलछट हो। तलछट-युक्त।

तलतः—[सं॰ तल + तः (नस्)] *क्रिवि॰* १. तल से। २. तली/पेंदी से।

तलधाम—[सं॰ तल ~ धामन्] *पु॰* तलगृह। तहख़ाना।

तलपट—[सं॰ तल ~ पट] *पु॰* (वाणि॰) दोहरी लेखा प्रणाली में बनाए जाने वाले खातों की गणित-सम्बन्धी शुद्धता देखने के लिए किसी अवधि की बनायी जाने वाली जमा व नाम-बाक़ियों की सूची। शेष-परीक्षण पत्र। (अं॰ ट्रायल बैलेन्स)।

तल-प्रहार—[सं॰] *पु॰* थप्पड़ या चपत।

तलफ़ी—[फ़ा॰] *स्त्री॰* १. नाश। बर्बादी। २. हानि। ***जैसे***—हक़तलफ़ी (= अधिकार की हानि)।

तलफ़्फ़ुज़—[अरबी] *पु॰* उच्चारण।

तलब—[अरबी] *स्त्री॰* १. याचन। माँगना। २. वेतन। ३. इच्छा। ४. बुलावा। ५. किसी नशीली वस्तु आदि के व्यसन के कारण उसकी तीव्र इच्छा। ***वा॰* तलब करना**—१. बुलाना। २. अधिकारपूर्वक माँगना। ✣ **तलबगार**—*स्त्री॰* = १. तलब करनेवाला। २. चाहनेवाला। इच्छुक। ३. माँगनेवाला।

तलबाना—[< अरबी तलब] *पु॰* गवाहों को न्यायालयों में बुलाने के लिए न्यायालय में जमा किया जानेवाला यात्रा-व्यय आदि आदेशानुसार शुल्क।

तलबी—[अरबी] *स्त्री॰* १. बुलावा। २. न्यायालय में सम्मन द्वारा उपस्थित होने की आज्ञा। ३. माँग।

तलबेली**—[< देशी प्रा॰ तल्लोबिल्लि] *स्त्री॰* १. उत्कंठा। आतुरता। ***जैसे—कार्य को समाप्त करने की तलबेली। २. व्यग्रता। बेचैनी। ***जैसे***—प्रेमी की प्रिया के लिए तलबेली का वर्णन। ३. तीव्र लालसा। ***जैसे***—मन में तलबेली पड़ना।

तलमल—[सं॰ तल ~ मल] *पु॰* तलछट। तलौंछ।

तलवारिया—[< हि॰ तलवार] *पु॰* तलवार चलाने में निपुण व्यक्ति।

तलस्पर्शी—[सं॰ तल ~ स्पर्शी] *वि॰* अति गहराई वाला। अति गम्भीर या सूक्ष्म। ***जैसे***—तलस्पर्शी चिन्तन। ✣ **तलस्पर्शिनी**—*वि॰* (*स्त्री॰*) = अति गहरी या सूक्ष्म। ***जैसे***—तलस्पर्शिनी बुद्धि।

तलहटी—[< देशी प्रा॰ तलहट्टिया] *स्त्री॰* पहाड़ के नीचे की समतल मैदानी भूमि। (पहाड़ की) तराई।

तला—[< सं॰ तल] *पु॰* १. किसी वस्तु के नीचे का भाग। २. जूते का सबसे नीचे का भाग। ३. (पैर का) तलवा। ४. तल। पेंदा। ***जैसे***—बाल्टी का तला।

तलाई[1]—[< हि॰ तलना] *स्त्री॰* तलने की क्रिया/भाव/मज़दूरी।

तलाई[2]—[< हि॰ तलाना] *स्त्री॰* तलाने की क्रिया/भाव/मज़दूरी।

तलाङ्गुलि (तलांगुलि)—[सं॰ तल ~ अङ्गुलि] *स्त्री॰* पैर की उँगली।

तलातल—[सं॰ तल ~ अतल] *पु॰* पृथ्वी के नीचे स्थित सात लोकों में से एक।

तलाबेली—[< हि॰ तलबेली] *स्त्री॰* १. आतुरता। उत्कंठा। २. व्यग्रता। बेचैनी। छटपटाहट। ३. तीव्र लालसा।

तलाव[1]—[< हि॰ तलना] *पु॰* १. तलने की क्रिया/भाव। २. तलने का ढंग।

†तलाव[2]—[प्रा॰ < सं॰ तडाग] *पु॰* सरोवर। तालाब।

तलाश—[तुर्की] *स्त्री॰* अन्वेषण। खोज।

***तलि**—[< सं॰ तले] *क्रिवि॰* तले। नीचे।

तलित—[< हि॰ तलना] *वि॰* (तेल या घी में) तला हुआ।

तली—[< सं॰ तल] *स्त्री॰* १. पेंदी। २. हथेली। ३. (पैर का) तलवा। ***जैसे***—चरण-तली।

तले—[सं॰ तल] *पु॰* नीचे के भाग में। ***जैसे***—दीपक तले अँधेरा। *क्रिवि॰* १. (किसी ऊँची या रँगी वस्तु के) नीचे की ओर। नीचे। २. किसी के शासन या वश में। अधीन। ***जैसे***—उसके तले काम करनेवाले लोग। ✣ **तले-ऊपर**—*क्रिवि॰* = १. ऐसी स्थिति जिसमें एक के ऊपर दूसरा हो। २. उलट-पलट। ***वा॰* तले ऊपर जी होना**—१. (वमन से पहले) जी मतलाना। २. दिल घबड़ाना।

तले ऊपर होना—उथल-पुथल होना। **तले की दुनिया ऊपर होना**—बड़ा परिवर्तन होना। **तले की साँस तले और ऊपर की ऊपर रह जाना**—१. बहुत आश्चर्यचकित रह जाना। २. बहुत भयभीत हो जाना।

तलोच्चन—[< सं॰ तल + उच्च] *पु॰* तल को ऊँचा करना। (भूविज्ञान॰) धरती के ढाल में निक्षेपण द्वारा समानता लाने का प्रक्रम।

तलौंछ (तलौंछ)—[< सं॰ तल] *स्त्री॰* तलछट।

तल्ख़—[फ़ा॰] *वि॰* कटु। कड़ुआ। ***जैसे***—तल्ख़ आवाज़ में मत बोलो। ✣ **तल्ख़ी**—*स्त्री॰* = कटुता। कड़ुआपन। ***जैसे***—जीवन की तल्ख़ियाँ।

तल्प—[सं॰ √तल् + पक्] *पु॰* १. शय्या। सेज। चारपाई। पलंग। २. बिछौना।

तल्पक—[सं॰ तल्प + कन्] १. शय्या। पलंग। चारपाई। सेज। २. पलंग/चारपाई बिछानेवाला सेवक।

तल्ला[१]—[< सं॰ तल] *पु॰* १. तल। पेंदा। २. नीचे का अंश/भाग। ३. जूते में नीचे का तलवे के नीचे रहने वाला भाग जो भूमि पर पड़ता है। तला। ४. किसी दुहरी वस्तु में नीचेवाला भाग। ५. कपड़े में लगा अस्तर।

तल्ला[२]—[< सं॰ तल्प] *पु॰* मकान की कोई मंज़िल। ***जैसे***—इस मकान का दूसरा तल्ला।

तल्लीन—[सं॰ तत् ~ लीन] *वि॰* किसी काम में मन को पूरी तरह लगाए हुए। दत्तचित्त। मग्न। तन्मय। ✣ **तल्लीनता**—*स्त्री॰* = तन्मयता।

तव—[सं॰ युष्मद्] *सर्व॰* तुम्हारा या तुम्हारी।

तवक़्क़ो—[अरबी] *स्त्री॰* आशा। उम्मीद। भरोसा।

तवज्जह—[अरबी] *स्त्री॰* १. किसी बात को सुनने/समझने आदि के लिए दिया जाने वाला। ध्यान। ग़ौर। २. कृपापूर्ण दृष्टि और व्यवहार।

तवर्ग—[सं॰ त ~ वर्ग] *पु॰* देवनागरी वर्णमाला के 'त, थ, द, ध और न'—इन पाँच वर्णों का वर्ग/समूह।

***तवँचुर**—[< हिं॰ तमचुर < सं॰ ताम्रचूड] *पु॰* मुर्गा। कुक्कुर।

तवाज़ा—[< अरबी तवाज़:] *स्त्री॰* सत्कार। ख़ातिर। ***जैसे***—बरातियों की ख़ातिर-तवाज़ा बहुत हुई।

***तवाना**—[< हिं॰ ताव] *क्रिस॰* तप्त करना। तपाना। *क्रिअ॰* तप्त होना। तपना।

***तवारा**—[< हिं॰ ताव] *पु॰* १. तेज़ गर्मी। अति ताप। २. गर्मी से होने वाला कष्ट। ३. दाह। जलन।

तवारीख़—[अरबी, 'तारीख़' का बहु॰] *स्त्री॰* १. तिथियाँ। तारीखें। २. इतिहास। ✣ **तवारीख़ी**—*वि॰* = इतिहास-सम्बन्धी। ऐतिहासिक।

तवालत—[अरबी] *स्त्री॰* १. झंझट। बखेड़ा। ***जैसे***—यह तो बड़ी तवालत का काम है। २. परेशानी। ***जैसे***—तवालत उठाकर यहाँ पहुँच पाए।

तवी—[< हिं॰ तवा] *स्त्री॰* १. छोटा तवा। २. जलेबी आदि तलने का लोहे का पात्र जिसके किनारे ऊँचे होते हैं।

तशख़ीस—[< अरबी तशख़ीस] *स्त्री॰* १. जाँच/परख के बाद होनेवाला निश्चय। २. (रोग का) निदान।

तशरीफ़—[< अरबी तश्‌रीफ़] *स्त्री॰* १. पदार्पण। आगमन। २. शुभागमन।

तश्त—[फ़ा॰] *पु॰* थाली, थाल या परात।

तष्ट—[< सं॰ √तक्ष् + क्त] *वि॰* १. छीला हुआ। २. चिरा हुआ या कटा हुआ। ३. कूटा, दला या पीसा हुआ। ✣ **तष्टन**—*पु॰* = १. छीलन। २. टुकडा।

तष्टा[१]—[सं॰ तष्ट] *पु॰* १. छीलनेवाला। बढ़ई। २. काट-छाँटकर गढ़नेवाला व्यक्ति। ३. कूटने/दलने/पीसने वाला व्यक्ति।

तष्टा[२]—[< फ़ा॰ तश्त] *पु॰* तसला।

तस—[< सं॰ तादृश] *वि॰* वैसा। ***जैसे***—जस राजा तस प्रजा। *क्रिवि॰* वैसा ही।

तसला—[< फ़ा॰ तश्त] १. एक पात्र जो बिना कुंडों की कड़ाही के समान होता है और सब्ज़ी आदि बनाने में काम आता है। २. छोटी परात की आकृति का एक पात्र जो गारा/मसाला आदि रखने के लिए राज-मज़दूर आदि काम में लाते हैं। ३. घरों में आटा गूँधने का पात्र जो गहरा और थाली से बड़ा होता है।

तसलीम—[< अरबी तस्लीम] *पु॰* अभिवादन। प्रणाम। सलाम।

तसव्वुफ़—[अरबी] *पु॰* १. आध्यात्मिक ज्ञान या आध्यात्मिकता। २. सांसारिक विषयों से विरक्ति। ३. सूफ़ीपन।

तसव्वुर—[अरबी] *पु॰* १. किसी को ध्यान में प्रत्यक्ष करना। २. ध्यान। ३. कल्पना।

***तसि**—[< हिं॰ तस] *वि॰* वैसी।

***तसु**—[< सं॰ तस्य] *सर्व॰* उसका।

तस्कर—[सं॰ तद् √कृ + अच्, सुट्, द्-लोप] *पु॰* १. चोर। २. चोरी-छिपे प्रतिबन्धित माल को, सीमा-शुल्क दिए बिना या स्थान गुप्त और अवैध रूप से एक देश या स्थान का माल दूसरे देश में ले जाने वाला व्यक्ति। (अं॰ स्मगलर) ✣ **तस्करता**—*स्त्री॰* = १. तस्कर का कार्य/भाव। तस्करी। २. चोरी। ✣ **तस्कर-व्यापार**—*पु॰* = चोरी-छिपे प्रतिबन्धित माल को सीमा-शुल्क दिए बिना, लाने या ले जाने का कार्य। तस्करी। ✣ **तस्करी**—*स्त्री॰* = १. तस्करता। २. चोरी। ३. तस्कर/चोर की पत्नी या चोर स्त्री। ४. तस्कर-व्यापार। *वि॰* = तस्कर-सम्बन्धी। तस्कर का। ***जैसे***—तस्करी गतिविधियाँ।

तस्कीन—[अरबी] *स्त्री॰* १. सान्त्वना। धैर्य। तसल्ली। २. सन्तोष। ३. पीड़ा में कमी या आराम।

तस्दीक़—[अरबी] *स्त्री॰* १. सत्य प्रमाणित्त करना। सत्यापन। प्रमाणन। २. किसी बात की सचाई का समर्थन।

तस्नीफ़—[अरबी] *स्त्री॰* १. लिखी हुई पुस्तक। कृति। २. कविता आदि रचना।

तस्फ़िया—[अरबी तस्फ़िय:] *पु॰* १. निर्णय। फ़ैसला। २. समझौता।

✣ **तस्फ़ियानामा**—*पु॰* = वह काग़ज़ जिसमें आपस का समझौता लिखा हो।

तस्बीह—[अरबी] *स्त्री॰* (मुसलमानों में प्रचलित) जपमाला।

तस्मा—[< फा॰ तस्म:] *पु॰* १. चमड़े की कम चौड़ी और लम्बी पट्टी। २. जूते का फ़ीता। ३. चमड़े का कोड़ा।

तस्मात्—[स॰ तद्] *अव्यय॰* अत:। इसलिए।

तस्लीम—[अरबी] *स्त्री॰* १. अभिवादन। प्रणाम। सलाम। २. स्वीकृति। ३. सहमति।

तहक़ीक़—[<अरबी तह्क़ीक़] *स्त्री॰* १. जाँच-पड़ताल। २. अन्वेषण। खोज। तलाश। ✣ **तहक़ीक़ात**—*स्त्री॰* = सरकार द्वारा किसी घटना आदि की जाँच-पड़ताल। ***वा॰* तहक़ीक़ात आना**—मामले की जाँच के लिए सरकारी कर्मचारियों का आना। ✣ **तहक़ीक़ाते-ख़ुफ़िया**—*स्त्री॰* = गुप्त जाँच-पड़ताल/तलाश। ✣ **तहक़ीक़ाते-मौक़ा**—*स्त्री॰* = घटनास्थल पर की जाने वाली जाँच-पड़ताल।

तहज़ीब—[अरबी तह्ज़ीब] *स्त्री॰* १. सभ्यता। ***जैसे***—एशिया की तहज़ीब। २. शिष्टता। सुशीलता। ***जैसे***—बच्चों को तहज़ीब सिखाइए।

तहबाज़ारी—[फा॰] *स्त्री॰* राज्य की ओर से बाज़ार की भूमि का ठेका या किराए की वसूली।

तहमद—[फा॰] *पु॰* एक प्रकार का अधोवस्त्र जो कमर में लपेटा जाता है। लुंगी।

तहरी—[देशज] *स्त्री॰* आलू, मटर आदि के साथ चावलों को पकाकर तैयार किया जाने वाला एक व्यंजन जो हल्दी के कारण पीला होता है।

तहरीक—[< अरबी तह्रीक] *स्त्री॰* आन्दोलन।

तहरीर—[अरबी तह्रीर] *स्त्री॰* १. हस्तलिपि। लिखावट। २. लेखपत्र। ३. दस्तावेज़। ४. लिखित प्रमाण। ५. प्रमाणपत्र। ६. इक़रारनामा। ७. संविदापत्र। ✣ **तहरीरी**—*वि॰* = लिखित।

तहलका—[< अरबी तह्लक:] *पु॰* १. हलचल। खलबली। २. बड़ा उपद्रव। भारी उत्पात। ३. (लाक्षणिक) धूमधाम। ***वा॰* तहलका मचना**—हलचल/खलबली मचना।

***तहवाँ**—[< हि॰ तहँ] *क्रिवि॰* वहाँ।

तहवील—[अरबी] *स्त्री॰* (बही में लिखी जाने वाली) रोकड़। ✣ **तहवीलदार**—*पु॰* = रोकड़िया। ख़ज़ांची।

तहसील—[अरबी तह्सील] *स्त्री॰* १. प्रशासकीय दृष्टि से ज़िले का एक भाग। २. तहसीलदार का कार्यालय। ३. राजस्व। ४. प्राप्ति।

तहसीलना—[< अरबी तहसील] *क्रिस॰* (कर, लगान आदि) वसूल करना। उगाहना।

तही—[< हि॰ तह] *स्त्री॰* १. तह। परत। २. एक के ऊपर एक रखी वस्तुओं का समूह। थाक। ***जैसे***—साड़ियों की तही; कम्बलों की तही।

तँगिया[१]—[< हि॰ ताँगा] *स्त्री॰* १. छोटा ताँगा। २. खुली घोड़ा-गाड़ी।

तँगिया[२]—[< फा॰ तंग] *स्त्री॰* (वस्त्रों में लगी) तनी। बन्द। ***जैसे***—अँगिया की तँगिया।

ताँवार—[< हि॰ ताव] *पु॰* १. थकावट/रोग आदि के कारण आनेवाला सिर का चक्कर। घुमनी। २. थोड़ा बुख़ार। हरारत।

ताईद—[अरबी] *स्त्री॰* १. पक्षपात। हिमायत। २. पुष्टि। समर्थन।

ताऊस—[अरबी] *पु॰* मयूर। मोर। जैसे शाहजहाँ का तख़्ते-ताऊस। ✣ **ताऊसी**—*वि॰* = १. मोर-सम्बन्धी। मोर का। २. मोर के समान। ३. मोर के परों के रंग का। *पु॰* उक्त रंग जो नीला/बैंगनी या गहरा ऊदा होता है। मोरपंखी रंग।

ताक[१]—[< हि॰ ताकना] *स्त्री॰* १. ताकने की क्रिया/ढंग/भाव। २. अपना काम करने के लिए उपयुक्त अवसर की प्रतीक्षा। घात। ३. खोज। टोह। ४. दृष्टि। जैसे। ***जैसे***—इक ताक (एकाग्र दृष्टि। टकटकी)। ***वा॰* ताक बाँधना**—टकटकी लगाकर देखते रहना। **ताक में निकलना**—किसी को पाने के लिए कहीं जाना या निकलना। **ताक में बैठना/रहना/होना**—उचित अवसर की खोज में रहना। घात में रहना। मौक़ा देखना। **ताक रखना**—ध्यान रखना। उचित अवसर की खोज में रहना। **ताक लगाना**—अवसर देखना। घात में रहना।

***ताक**[२]—[< हि॰ ता के] *सर्व॰* उसके।

ताक[३]—[देशज] *वि॰* समान। ***जैसे***—इक-ताक = एक समान।

ताक़—[अरबी] *पु॰* दीवार में थोड़ा-सा ख़ाली छोड़ा स्थान जिसमें छोटी वस्तुएँ रखी जा सकती हैं। आला। ***वा॰* ताक़ पर धरना/रखना**—१. प्रयोग में न लाना। छोड़ देना। २. उपेक्षा करना। ३. काम में न लाना। ४. टालना। ५. हटाना।

ताकीद—[अरबी] *स्त्री॰* १. ज़ोर देकर कही जाने वाली बात। २. किसी बात को अवश्य करने या न करने की आज्ञा। ***वा॰* (किसी बात की) ताकीद कर देना**—१.याद दिलाना। २. बताना। ३. सावधान करना।

***ताकू**—[< हि॰ तकुआ] *पु॰* तकली।

***ताख/ताखा**—[< अरबी ताक़] *पु॰* (दीवाल में होने वाला) ताक़। आला।

***ताग**[१]—*पु॰* ≤ *हि॰* तागा।

ताग[२]—[< तागना] *स्त्री॰* तागने की क्रिया/भाव।

तागड़ी/तागरी—[< हि॰ तागा] *स्त्री॰* १. (कमर में बाँधने की) डोरी। कटि-सूत्र। करधनी। २. कमर का एक आभूषण। चाँदी या सोने की मेखला।

तागना—[< हि॰ तागा] *क्रिस॰* १. तागे से सिलना या बखिया करना। २. (रज़ाई आदि में) दूर-दूर पर सिलाई करना।

ताग-पाट—[< हि॰ तागा + पाट (= रेशम)] *पु॰* एक प्रकार का आभूषण जिसमें रेशम के धागे में सोने-चाँदी के टुकड़े पिरोए होते हैं और जिसे विवाह के समय वर का बड़ा भाई वधू को पहनाता है।

ताछन—[< स॰ तक्षण] *पु॰* १. शत्रु का वार बचाने के लिए उसके पार्श्व से बढ़ना। कावा। २. घोड़े द्वारा कावा काटने की क्रिया/भाव।

***ताछना**—[< स॰ तक्षण] *क्रिअ॰* वार बचाने के लिए शत्रु के पार्श्व से होकर आगे बढ़ना।

ताजदार—[फा॰] *वि॰* मुकुटधारी। *पु॰* राजा।

ताजन—[< फा॰ ताज़ियान:] *पु॰* कशा। चाबुक। कोड़ा।

ताजपोशी—[फा॰] *स्त्री॰* राजमुकुट पहनने का कृत्य। राज्याभिषेक।

***ताजिन**—[< फा॰ ताजियान:] *पु॰* कशा। चाबुक। कोड़ा।

ताज़िया—[< अरबी ताज़िय:] *पु॰* (इस्लाम॰) इमाम हुसेन के मक़बरे की अनुकृति जिसका जुलूस मुहर्रम में निकलता हैं। ***वा॰* ताज़िया ठंडा होना, ताज़िए ठंडे होना**—१. सब आशाओं का समाप्त होना। २. ताज़िया दफनाया जाना। ३. किसी का देहान्त होना। ४. असफल होने पर सारा आवेश, क्रोध या प्रयत्न नष्ट हो जाना।

ताजी—[फा॰] *वि॰* अरब-सम्बन्धी। अरब का। अरबी। *पु॰* अरब देश का घोड़ा। अरब देश का निवासी। २. अश्व। घोड़ा। *स्त्री॰* अरबी भाषा।

ताज़ीम—[अरबी] *स्त्री॰* बड़े व्यक्ति के प्रति सम्मान प्रदर्शित करते हुए खड़े होना और झुककर अभिवादन।

ताज़ीर—[अरबी] *स्त्री॰* दंड। सज़ा। ✣ **ताज़ीरात**—*स्त्री॰* = सज़ाओं से सम्बन्धित विधियों/क़ानूनों की पुस्तक। दंड-संहिता। ***जैसे***—ताज़ीरात-हिन्द (= भारतीय दंड-संहिता)।

ताटङ्क (तातंक)—[स॰ ताड् (ताड्यते) ~ अङ्क, पृषो॰ ड→ट] *पु॰* कान का एक आभूषण। (कान का बाला)। (छन्द॰) एक सममात्रिक छन्द जिसके प्रत्येक चरण में १६-१४ की यति से ३० मात्राएँ होती हैं और अन्त में मगण होता है।

ताड़न—[< स॰ ताडन] *पु॰* १. आघात या प्रहार करना। मारना-पीटना। २. डाँट-फटकार। ३. दंड। सज़ा। ✣ **ताड़ना**[१]—*स्त्री॰* १. पिटाई। मार। २. डाँट-फटकार। ३. प्रहार या आघात। ४. दंड। सज़ा। ५. किसी को दिया जाने वाला कष्ट। *क्रिस॰* १. पीटना। मारना। दंड देना। २. किसी के व्यवहार आदि से असन्तुष्ट होने पर उसे सावधान करने के लिए कड़ी बात कहना। ३. डाँटना-डपटना।

ताड़ना[२]—[देशज] *क्रिस॰* किसी बात/काम को बिना देखे ही बुद्धि/अनुमान से जान लेना। भाँप लेना।

ताड़ित—[< स॰ ताडित] *वि॰* १. जिसे ताड़ना दी गयी हो। २. जो मारा-पीटा गया हो। ३. जिसे डाँटा गया हो। ४. जिसे सज़ा दी गयी हो। दंडित।

ताड़ू—[< हि॰ ताड़ना] *वि॰* हर बात को बहुत जल्दी ताड़ने/भाँपने वाला।

ताण्डव (तांडव)—[स॰ तण्डु + अण्] *पु॰* १. शिव/महादेव का नृत्य विशेष जो अत्यन्त उग्र होता है। २. नृत्य-कला। ३. उग्र/उद्धत प्रकार का नृत्य। ४. भीषण विनाश। ५. उद्धत विधि से किया गया काम। (छन्द॰) एक समवर्णिक छन्द जिसके प्रत्येक चरण में १२ मात्राएँ होती हैं, आदि और अन्त में लघु वर्ण होता है। ✣ **ताण्डवप्रिय (तांडवप्रिय)**—*पु॰* = शिव। महादेव। ✣ **ताण्डवित (तांडवित)**—*वि॰* = तांडवयुक्त।

तात[१]—[स॰ √तन् + क्त, दीर्घ, न-लोप] *पु॰* १. पिता। २. पुत्र। ३. भाई। ४. आदरणीय व्यक्ति। ५. बराबर के लोगों या छोटों के लिए प्रयुक्त एक सम्बोधन।

***तात**[२]—[< स॰ तप्त] *वि॰* तपा/तपाया हुआ। बहुत गर्म। तत्ता।

***ताता**—[< प्रा॰ तत्त < स॰ तप्त] *वि॰* बहुत गर्म। तत्ता।

तातार— [फा॰] *पु॰* तुर्किस्तान के अर्न्तगत एक क्षेत्र या देश।

तातारी—*पु॰* (मध्य एशिया के) तातार देश/क्षेत्र का निवासी। *स्त्री॰* तातार देश/क्षेत्र की भाषा। *वि॰* तातार—सम्बन्धी। तातार का।

***ताति/ताती**—[< हि॰ ताता < स॰ तप्त] *स्त्री॰* तप्त। बहुत गर्म।

तातील—[अरबी] *स्त्री॰* १. अवकाश। छुट्टी। २. (कार्यालय/विद्यालय आदि का) छुट्टी का दिन। अवकाश-दिवस। ***जैसे***—होली की तातील मिलना।

ताते—[< हि॰ ता] *अव्यय॰* इसलिए। *सर्व॰* उसको।

तातैं/तातैं (तातें/तातैं)—[< हि॰ ता] *सर्व॰* उससे। *क्रिवि॰* १. उस कारण। २. इस कारण। इसलिए। अत:।

तात्कालिक—[स॰ तत्काल + ठञ्] *वि॰* १. तत्काल का। तुरन्त का। २. उस समय का। ३. उसी समय का।

तात्त्विक—[स॰ तत्त्व + ठक्] *वि॰* १. तत्त्व-सम्बन्धी। तत्त्व का। २. तत्त्व से युक्त। ३. मूल सिद्धान्त से सम्बन्धित। ४. वास्तविक। यथार्थ। ५. वस्तुपरक।

तात्पर्य—[स॰ तत्पर + ष्यञ्] *पु॰* १. आशय। २. अभिप्राय।

तात्पर्यार्थ—[स॰ तात्पर्य-अर्थ] *पु॰* वाक्य के अर्थ से और शब्द के अर्थ से कुछ भिन्न अर्थ जो वक्ता का अभिप्राय होता है।

***ताथैं (ताथैं)**—[< हि॰ तातैं] *अव्यय॰* इस कारण।

तादर्थ्य—[स॰ तदर्थ + ष्यञ्] *पु॰* तदर्थता। २. अर्थ की समानता। ३. उद्देश्य की समानता। ४. उद्देश्य। प्रयोजन।

तादात्म्य—[स॰ तदात्मन् + ष्यञ्] *पु॰* अभिन्नता। एकरूपता।

तादाद—[अरबी] *स्त्री॰* (वस्तुओं/व्यक्तियों की) कुल संख्या।

तादृश—[स॰ तद् √दृश् + कञ्] *वि॰* उसके समान। वैसा। ✣ **तादृशी**—*वि॰ (स्त्री॰)* = वैसी।

***ताधा**—[अनु॰] *स्त्री॰* (संगीत॰) नृत्य का एक बोल। नाचने में पैर के भूमि पर पड़ने का शब्द।

तानपूरा—[< हि॰ तम्बूरा] *पु॰* (संगीत॰) एकतारा जाति का एक अनुगामी वाद्य। तम्बूरा।

तानव—[स॰ √तनु + अण्] *पु॰* दुबलापन। कृशता। तनुता।

तानाज़नी—[अरबी तान: + फा॰ ज़नी] ताना देना। व्यंग्य-वर्षा।

तानापाई—[हि॰ ताना + पाई] *स्त्री॰* १. पाइयों पर ताना फैलाने की क्रिया/भाव। २. उक्त ताने पर कूची को बार-बार फिराना। ३. घूम-फिरकर आते रहना। ✣ **ताना-बाना**—*पु॰* बुनाई के समय लम्बाई के बल फैलाए जाने वाले तथा चौड़ाई के बल बुने जाने वाले धागे। ताना और बाना। ***वा॰* ताना-बाना उधेड़ देना**—बात को व्यर्थ कर देना। **ताना-बाना करना**—१. बार-बार इधर-उधर आना-जाना। २. व्यर्थ दौड़-धूप करना।

तानाशाह—[< हि॰ तानना + फा॰ शाह] *पु॰* १. स्वेच्छाचारी शासक। अधिनायक। २. कोई नियम न माननेवाला और मनमानी करनेवाला अधिकारी आदि। ✣ **तानाशाही**—*स्त्री॰* = १. स्वेच्छाचारी शासन

करने की वृत्ति। अधिनायकत्व। २. स्वेच्छाचारिता।

तानिका—[सं॰] *स्त्री॰* (चिकित्सा॰) मस्तिष्क और मेरुरज्जु को ढाँकनेवाली तीन झिल्लियाँ—दृढ़ तानिका, मृदु तानिका और मध्यतानिका। मस्तिष्कावरण। ❖ **तानिका**-शोथ—*पु॰* (चिकित्सा॰) मस्तिष्क का एक भीषण रोग। तानिका में सूजन आने की विकृत दशा। मस्तिष्कावरण शोथ। (अं॰ मेनिन्‌जाइटिस)

तानी[१]—[< हि॰ ताना] कपड़ा बुनते समय कोरी/जुलाहे द्वारा लम्बाई के बल लगाए गए तागों का समूह।

तानी[२]—*स्त्री॰* ≤ *हि॰* तनी। बन्द।

तान्त[१] **(तांत**[१] **)**—[सं॰ त ~ अन्त] *वि॰* (वह शब्द) जिसके अन्त में तकार हो। ***जैसे***—'जगत्' शब्द तान्त है परन्तु 'व्रत' शब्द अकारान्त है।

तान्तव (तांतव)—[सं॰ तन्तु + अञ्] *वि॰* १. तन्तु-सम्बन्धी। २. तन्तुओं से बना हुआ। ३. जिससे तन्तु निकलें या बन सकें। *पु॰* बुनकर तैयार किया हुआ कपड़ा।

तान्त्रिक (तांत्रिक)—[सं॰ तन्त्र + ठक्] *पु॰* १. तन्त्र का ज्ञाता। २. तन्त्र-मन्त्र का प्रयोग करनेवाला। *वि॰* तन्त्र या तन्त्रशास्त्र से सम्बन्धित।

तापक—[सं॰ √तप् + णिच् + ण्वुल्] *पु॰* बिजली का एक उपकरण जो वस्तुओं या वातावरण को गरम करता है। (अं॰ हीटर) *वि॰* १. गर्मी उत्पन्न करनेवाला। २. कष्ट देनेवाला।

तापकी—[< सं॰ तापक] *वि॰* ताप उत्पन्न करनेवाला। ***जैसे***—तापकी सूर्य बहुत कष्ट दे रहा हैं।

तापत्रय—[सं॰ ताप ~ त्रय] *पु॰* तीन प्रकार के दुःख—आध्यात्मिक, आधिदैविक आधिभौतिक। दुःखत्रय।

तापदीप्ति—[सं॰ ताप ~ दीप्ति] *स्त्री॰* उच्च ताप के कारण किसी पदार्थ का दीप्त होकर प्रकाश देना। तप्त पदार्थ से प्रकाश का उत्सर्जन। (अं॰ इन्कैन्डिसेन्स)

तापन—[सं॰ √तप् + णिच् + ल्यु/ल्युट्] *वि॰* १. ताप/गर्मी देनेवाला। २. कष्टदायक। *पु॰* १. तपाने या जलाने की क्रिया/भाव। २. सूर्य। ३. सूर्यकान्तमणि। ४. ग्रीष्म ऋतु। ५. कामदेव के पाँच बाणों में से एक बाण का नाम। ६. कष्ट। ७. दंड।

तापनिक—[सं॰ तापन + ठक्] *वि॰* तापने/तपाने से सम्बन्धित।

ताप-सन्दीप्ति (संदीप्ति)—[सं॰] *स्त्री॰* ताप बढ़ाने पर ठोस पदार्थ में से सन्दीप्ति की उत्पत्ति। (अं॰ थर्मोल्यूमिनेसेन्स) ● **विशेष**—प्राचीन वस्तुओं की उम्र का पता लगाने के लिए इसका उपयोग किया जा सकता है।

तापस—[सं॰ तपस् + ण] *पु॰* तपस्या करनेवाला। तपस्वी। *वि॰* १. तपस्या-सम्बन्धी। २. तपस्वी-सम्बन्धी।

तापसी[१]—[सं॰ तापस + ङीष्] *स्त्री॰* १. तपस्विनी। ***जैसे***—तापसी पार्वती। २. तपस्वी की पत्नी।

तापसी[२]—[< सं॰ तापस] *वि॰ (स्त्री॰)* तपस्या/तपस्वी से सम्बन्धित। ***जैसे***—तापसी दिनचर्या।

ताप-स्वेद—[सं॰] *पु॰* (आयुर्वेद॰) रोगी के शरीर को गर्मी देने से निकला पसीना।

तापानुशीतन—[सं॰ ताप ~ अनुशीतन] *पु॰* तपाने के बाद (धातु या शीशा आदि को) धीरे-धीरे ठंडा करना ताकि वस्तु कड़ी हो जाए। (अं॰ अनील)

तापिक—[सं॰ ताप + ठक्] *वि॰* ताप-सम्बन्धी। उष्मा का। ऊष्मिक। (अं॰ थर्मिक)

तापिच्छ—[सं॰ तापिन् √छद् + ड, पृषो॰] *पु॰* १. तमाल वृक्ष। २. तमाल वृक्ष का फूल।

तापोपचार—[सं॰ ताप ~ उपचार] *पु॰* १. किसी वस्तु को गर्म करना। २. ऊष्मा ऊर्जा के प्रयोग द्वारा की जाने वाली चिकित्सा।

ताफता/ताफ़ता/ताफ़्ता—[< फा॰ ताफ़्तः] *पु॰* एक प्रकार का चमकदार रेशमी कपड़ा जिसमें, ताने-बाने के तागे भिन्न रंगों के होने के कारण, दो रंग झलकते हैं। धूपछाँह नामक वस्त्र। **विशेष**—**ताफ़ता (रंग)** ताफ़्ते के रंगवाली या ताफ़्ते के सदृश वस्तु।

ताब—[फा॰] *स्त्री॰* १. शक्ति। सामर्थ्य। २. ज्योति। आभा। चमक। ३. सामर्थ्य। शक्ति। ***वा॰* ताब न रहना**—१. सहन न होना। २. घबड़ा जाना। **ताब लाना**—सहने या सामना करने का साहस करना।

ताबेदार—[< अरबी ताबअ + फा॰ दार] *वि॰* १. आज्ञाकारी। आज्ञापालक। २. अधीन। मातहत। ३. अनुगामी। ❖ **ताबेदारी**—*स्त्री॰* = १. आज्ञाकारिता। २. अधीनत्व। मातहती। ३. नौकरी। चाकरी। ४. सेवा। टहल।

ताम[१]—[सं॰ √तम् + घञ्] *पु॰* १. भयप्रद वस्तु। २. अपराध। क़सूर। ३. चिन्ता। ४. अभिलाषा। ५. ग्लानि। ६. क्लान्ति। थकावट।

***ताम**[२]—[< सं॰ तम] *पु॰* १. अन्धकार। अँधेरा। २. क्रोध। ३. भय। डर। ४. उद्वेग। ५. आतंक। रोब।

तामचीनी—[देशज] *स्त्री॰* धातु के पात्रों आदि पर चढ़ाया जाने वाला एक प्रकार का मसाला या लेप। (अं॰ इनेमल)

तामझाम—[देशज] *पु॰* १. एक तरह की खुली पालकी। २. ठाठ-बाट। ३. सामग्री। सामान। ४. आडम्बर।

तामड़ा—[< सं॰ ताम्र] *वि॰* ताँबे के रंग का। लाली लिए हुए भूरे रंग का। *पु॰* १. कत्थई रंग का एक नग। २. ताँबे के से रंग का साफ़ आकाश। ३. गंजी खोपड़ी। ४. भट्ठे में अधिक पकी ईंट जो कुछ काली पड़ गयी हो।

तामरस—[सं॰ तामर √सस् + ड] *पु॰* १. लाल कमल। २. सुवर्ण। सोना। ३. ताँबा। ४. धतूरा। (छन्द॰) एक समवर्णिक छन्द जिसके प्रत्येक चरण में क्रमशः नगण, २ जगण और यगण (न ज ज य) के योग से कुल १२ वर्ण होते हैं।

तामरसी—[सं॰ तामरस + ङीष्] *स्त्री॰* १. कमलिनी। २. कमलोंवाला तालाब।

तामलोट—[< अं॰ टम्बलर] *पु॰* टीन का एक प्रकार का लोटा जिस पर चमकदार पालिश होती है।

तामस—[सं॰ तमस् + अण्] *पु॰* १. अज्ञान। २. तमोगुण। ३. अन्धकार। अँधेरा। ४. दुष्ट लोग। ५. क्रोध। *वि॰* १. जिसमें तमोगुण अधिक हो। तमोगुणी। ***जैसे***—तामस भोजन। २. काला। ३. ज्ञानहीन। अज्ञानी। ४. कुटिल। दुष्ट। ५. पापी।

तामसी[1]—[सं॰ तामस + ङीष्] *स्त्री॰* १. अँधेरे पक्ष (पाख) की रात। २. निद्रा। नींद।

तामसी[2]—[< सं॰ तामस] *वि॰ (स्त्री॰)* १. तमोगुणी। ***जैसे***—तामसी बुद्धि। २. काली। जैसे —तामसी रात। ३. अज्ञानी। ४. दुष्ट। कुटिल।

तामँह—[< हि॰ ता + सं॰ मध्य] *सर्व॰* उसमें।

तामिस्र—[सं॰ तमिस्रा + अण्] *पु॰* १. (चान्द्र मास का) कृष्ण पक्ष। अँधेरा पाख। २. द्वेष। ३. क्रोध। ४. घृणा। ५. एक नरक।

तामीर—[अरबी] *स्त्री॰* १. (भवन आदि का) निर्माण। ***जैसे***—मकान की तामीर। २. रचना। ३. भवन। इमारत।

तामील—[अरबी] *स्त्री॰* १. (आज्ञा का) पालन। ***जैसे***—हुक्म की तामील। २. किसी शासकीय पत्र या आज्ञा का निर्वाह।

***ताम्बोल**—*पु॰* ≤ *सं॰* ताम्बूल। पान का पत्ता या बीड़ा।

ताम्बूल (तांबूल)—[सं॰ √तम् + उलच्, बुक् आगम, दीर्घ] *पु॰* पान का पत्ता। २. (पान का) बीड़ा।

ताम्बूल-करङ्क (तांबूल-करंक)—[सं॰] *पु॰* १. पान रखने का पात्र। पानदान। २. पान के बीड़े रखने की डिबिया।

ताम्बूलिक (तांबूलिक)—[सं॰ ताम्बूल + ठन्] *पु॰* पान बेचने वाला। तमोली। पनवाड़ी।

ताम्बूली (तांबूली)—[सं॰ ताम्बूलिन्] *पु॰* पान बेचनेवाला। तमोली। पनवाड़ी।

ताम्र—[सं॰ √तम् + रक्, दीर्घ] *पु॰* ताँबा नामक धातु। (रसायन॰) ताँबा नामक धात्विक तत्त्व।

ताम्रकार—[सं॰ ताम्र √कृ + अण्] पु॰ ताँबे के बर्तन आदि बनानेवाला शिल्पी। कसेरा। ठठेरा।

ताम्रचूड़—[< सं॰ ताम्रचूड] *पु॰* कुक्कुट। मुर्ग़ा।

ताम्रपट्ट /ताम्रपत्र—[सं॰ ताम्र ~ पट्ट/पत्र] *पु॰* १. ताँबे की चादर का एक अंश। २. ताँबे का पत्र/पत्तर जिस पर दान देनेवाले व्यक्ति का नाम, दान पानेवाले व्यक्ति का नाम तथा दान का विवरण उत्कीर्ण हो।

ताम्रपाषाण-युग—[सं॰ ताम्र ~ पाषाण ~ युग] *पु॰* (नृविज्ञान॰) मानव-सभ्यता के विकास-क्रम में वह काल जिसमें ताँबे और पत्थर के उपकरणों का साथ-साथ प्रयोग होता था। ताम्राश्म-युग।

ताम्रपुष्प—[सं॰ ताम्र ~ पुष्प] *वि॰* लाल फूलों वाला। *पु॰* कचनार वृक्ष।

ताम्रपुष्पी—[ताम्रपुष्प + ङीष्] *पु॰* लाल रंग के फूलों वाला वृक्ष विशेष। धातकी/धाय का वृक्ष।

ताम्र-युग—[सं॰] *पु॰* (नृविज्ञान॰) मानव-सभ्यता के विकास-क्रम में पाषाण युग और लौह युग के बीच का वह काल जिसमें ताँबा आदि धातुओं का प्रयोग होने लगा था।

ताम्रलेख—[सं॰ ताम्र ~ लेख] *पु॰* ताँबे के पत्र/पत्तर पर उत्कीर्ण लेख।

ताम्रशासन—[सं॰ ताम्र ~ शासन] *पु॰* ताम्रपट्ट पर उत्कीर्ण धर्म-लेख आदि।

ताम्रशिखी—[सं॰ ताम्रशिखिन्] *पु॰* कुक्कुट। मुर्ग़ा।

ताम्रसार—[सं॰ ताम्र ~ सार] *पु॰* लाल चन्दन का वृक्ष।

ताम्रसारक[1]—[सं॰ ताम्रसार + कन्] *पु॰* लाल चन्दन का वृक्ष।

ताम्रसारक[2]—[सं॰ ताम्रसार + कप्] *पु॰* कत्था। खैर।

ताम्राक्ष—[सं॰ ताम्र ~ अक्ष] *वि॰* जिसकी आँखें लाल हों। *पु॰* कोकिल। कोयल।

ताम्राभ—[सं॰ ताम्र ~ आभा] *वि॰* लाल आभावाला। *पु॰* लाल चन्दन।

ताम्राश्म—[सं॰ ताम्रश्मन्] *पु* पद्मराग मणि।

ताम्रिक—[सं॰ ताम्र + ठन्] *पु॰* ताँबे के बर्तन आदि बनानेवाला। ठठेरा। कसेरा।

ताम्रोपजीवी—[सं॰ ताम्र ~ उपजीवी (उपजीविन्)] *पु॰* ताम्रिक।

***ताय**[1]—[< प्रा॰ ताव < सं॰ ताप] *पु॰* १. ताप। २. आँच। ३. दाह। जलन। ४. सन्ताप। ५. अभिमान-युक्त क्रोध का आवेश। ताव।

***ताय**[2]—[< हि॰ ताहि] *सर्व॰* उसे। उसको।

***तायना**—[< हि॰ ताय] *क्रिस॰* बहुत गर्म करना। तपाना।

***तायनि**—[< हि॰ तायना] *स्त्री॰* १. तपाने/तपने की क्रिया या भाव। २. दुःख। कष्ट।

तार[1]—[सं॰ √तृ (दीर्घ ॠ से युक्त धात)+ णिच् + अच्] *वि॰* १. ऊँचा (स्वर)। ***जैसे***—तार स्वर में गाना। २. चमकीला। ३. उत्तम। ४. स्वादिष्ठ। ५. स्वच्छ। साफ़। *पु॰* १. ऊँचा स्वर। २. मोती की कान्ति/आब। ३. सुन्दर/बड़ा मोती। ४. आँख की पुतली। ५. नक्षत्र। तारा। ६. तट। किनारा। ***वा॰* तार उतरना**—(संगीत में) मुख्य स्वर से नीचे के स्वर में बजना।

तार[2]—[< सं॰ ताल] *पु॰* १. ताल। *पु॰* १. एक वाद्य। करताल। २. मँजीरा।

***तार**[3]—[< सं॰ ताडन] *पु॰* १. ताड़ना। डाँट-फटकार। २. भय। डर।

तार[4]—[फा॰] *पु॰* १. तागा। सूत। २. उक्त के समान किसी वस्तु के महीन तन्तु। ***जैसे***—चाशनी में तार उठ रहे हैं। २. तपाई धातुओं को पीटकर/खींचकर तैयार किया गया पतला और लम्बा सूत्र/सूत। ***जैसे***—चाँदी के तार। ३. उक्त माध्यम से बिजली की सहायता से भेजा जाने वाला समाचार। ***जैसे***—उन्हें तार भेज दिया। ४. वह काग़ज़ जिस पर उक्त समाचार लिखा रहता है। ***जैसे***—उसे बधाई का तार मिल गया। ५. किसी बात/काम का कुछ समय तक चलता रहने वाला क्रम। अनवरत क्रम। ताँता। ***जैसे***—घर-गृहस्थी में काम का तार लगा रहता है। ६. किसी बात के गुप्त सूत्र। रहस्य। भेद।

तारक[1]—[सं॰ √तृ + णिच् + ण्वुल्] *वि॰* १. (नदी आदि को) पार करानेवाला। २. उद्धार करनेवाला। उद्धारक। ३. बचानेवाला। रक्षक।

पु॰ १. शिव। महादेव। २. (नदी पार करने का) बेड़ा।

तारक[2]—[स॰ पु॰ तार + कन्] पु॰ १. नक्षत्र। तारा। २. आँख की पुतली। (छन्द॰) एक समवर्णिक छन्द जिसके प्रत्येक चरण में क्रमशः चार सगण तथा गुरु (स स स स ग) के योग से १३ वर्ण होते हैं। ✣ **तारकचिह्न (तारकचिह्न)**—पु॰ = पुस्तकों और लेखों में विशेष उद्देश्य से ध्यान आकर्षित करने के लिए प्रयुक्त तारे का निशान (*)। ✣ **तारकजित्**—पु॰ = (तारकासुर को जीतने वाला शिव-पुत्र) कार्तिकेय। ✣ **तारक तीर्थ**—पु॰ = पितरों का उद्धारक तीर्थ। 'गया' नामक तीर्थ। ✣ **तारक मन्त्र**—पु॰ = १. भवसागर से तारनेवाला मन्त्र। उद्धारक मन्त्र। २. राम का षडक्षर मन्त्र। (ॐ रामाय नमः)।

तारकश—[फा॰] पु॰ सोने-चाँदी आदि के तार बनानेवाला व्यक्ति। ✣ **तारकशी**—स्त्री॰ = सोने-चाँदी के तार बनाने का काम।

तारका—[स॰ तारक + टाप्] स्त्री॰ १. नक्षत्र। तारा। २. धूमकेतु। ३. आँख की पुतली।

तारकारि—[पु॰ तारक ~ अरि] पु॰ १. तारकासुर का शत्रु। २. शिव-पुत्र कार्त्तिकेय। स्कन्द।

तारकिणी—[स॰ तारकिन् + ङीप्] वि॰ (स्त्री॰) तारोंवाली। ***जैसे***—तारकिणी रात्रि। स्त्री॰ रात्रि। रात।

तारकित—[स॰ तारक + इतच्] वि॰ तारों से भरा हुआ। तारोंवाला। ***जैसे***—तारकित आकाश।

तारकी—[स॰ तारकिन्] वि॰ तारोंवाला। तारकित।

तारकीय—[स॰ तारक + छ] वि॰ तारों का। नक्षत्रीय।

***तारकूट**—[स॰ तार ~ कूट] पु॰ चाँदी, पीतल आदि की एक मिश्र धातु।

तारकेश—[स॰ तारक ~ ईश] पु॰ तारों का स्वामी। चन्द्रमा।

तारकेश्वर—[स॰ तारक ~ ईश्वर] पु॰ शिव। महादेव।

तारकोल—[< अ॰ टार कोल] पु॰ एक काला अर्ध ठोस द्रव जो कोयले के भंजक-आसवन से प्राप्त होता है। डामर। कोलतार। अलक़तरा।

तारघर—[हि॰ तार + घर] पु॰ तार द्वारा सन्देश/समाचार भेजने का सरकारी कार्यालय।

तारण[1]—[स॰ तृ + णिच् + ल्युट्] पु॰ १. तारने की क्रिया/भाव। उद्धार। २. किसी जलाशय (नदी आदि), संकट या भवसागर से पार उतारने की क्रिया/भाव। उद्धार। ३. विपत्ति/कष्ट से उद्धार। वि॰ १. तारनेवाला। पार करानेवाला। २. उद्धार करनेवाला। उद्धारक। ३. संकट/विपत्ति/कष्ट को दूर करनेवाला। मोक्ष-दाता।

तारण[2]—[स॰ √तृ + णिच् + ल्यु] पु॰ १. विष्णु, शिव या परमात्मा। २. नौका या बेड़ा। ३. साठ संवत्सरों के चक्र में से एक संवत्सर।

तारण-तरणी—[स॰] पु॰ पार ले जाने की नौका।

तारतम्य—[स॰ तरतम + ष्यञ्] पु॰ 'तर' और 'तम' का भाव। थोड़ा या बहुत होना। २. न्यूनता या अधिकता। न्यूनाधिक्य। ३. कमी-बेशी की दृष्टि से की जाने वाली तुलना। ४. न्यूनता-अधिकता के अनुसार लगाया जाने वाला क्रम। ५. सापेक्ष सम्बन्ध। ✣ **तारतम्य-बोध**—पु॰ = तारतम्य का ज्ञान। सापेक्ष सम्बन्ध का ज्ञान। ✣ **तारतम्यिक**—वि॰ = १. तारतम्य के अनुसार। २. जिसमें तारतम्य हो। तारतम्यवाला।

तार-तार—[हि॰] वि॰ १. जिसके तार या सूत अलग हो गए हों, इस प्रकार से फटा हुआ या फाड़ा हुआ। २. पूर्वतः छिन्न-भिन्न। जिसकी धज्जियाँ हो गयी हों।

तारत्व—[स॰ तार + त्व] पु॰ स्वर की तीव्रता/ऊँचाई। (अ॰ पिच)

तारपीडो—[अ॰ टारपीडो] पु॰ नौका या जहाज़ को डुबा देने के लिए पनडुब्बी से छोड़ा जाने वाला एक विस्फोटक प्रक्षेपास्त्र। ● **विशेष**—विमान से छोड़े जाने वाले तारपीडो को '**हवाई तारपीडो**' कहा जाता है।

तारपीन—[< अ॰ टर्पेन्टाइन] पु॰ चीड़ आदि पेड़ों की राल। गन्धबिरोज़ा।

तारमाक्षिक—[स॰ तार ~ माक्षिक] पु॰ (आयुर्वेद॰) एक उपधातु जो चिकित्सा में काम आती है। रूपामाखी।

तारलेखी—[स॰ तार + हि॰ लेखी] पु॰ समाचारों को तीव्र गति से दूर भेजने वाला एक यन्त्र। दूरमुद्रक। (अ॰ टेलिप्रिन्टर)

तारल्य—[स॰ तरल + ष्यञ्] १. तरल होने का भाव। तरलता। २. चंचलता। ३. कामुकता। लम्पटता।

तारसप्तक—[स॰ तार ~ सप्तक] पु॰ (संगीत॰) सबसे ऊँचा स्वर सप्तक।

तारसेवा—[हि॰ तार + स॰ सेवा] (पत्र॰) तार से सन्देश/समाचार भेजने की व्यवस्था।

तारस्वर—[स॰ तार ~ स्वर] पु॰ उच्च स्वर।

तारहार—[स॰ तार ~ हार] पु॰ १. मोतियों का हार। २. चमकदार हार।

ताराकल्प—[स॰ तारा ~ कल्प] पु॰ (खगोल॰) दूरदर्शक से दिखायी पड़ने वाला अत्यन्त दूरस्थ आकाशीय पिंड जो बड़े परिमाण में रेडियो तरंगों का उत्सर्जन करता है और आकाश में प्रायः अर्ध प्रकाश-वेग से पीछे हटता जाता है। (अ॰ क्वासार) ● **विशेष**—सैकड़ों ताराकल्पों को खोजा जा चुका है।

ताराङ्कित (तारांकित)—[स॰ तारा ~ अङ्कित] वि॰ (वह शब्द/वाक्य आदि) जिसके साथ तारे का निशान लगा हो गया हो। तारक-चिह्न से युक्त। तारकांकित।

ताराधिप/ताराधीश/तारानाथ—[स॰ तारा ~ अधिप/अधीश/नाथ] पु॰ (नक्षत्रों का स्वामी) चन्द्रमा।

तारानीच—[स॰ तारा ~ नीच] पु॰ (खगोल॰) युग्म तारों में से किसी एक तारे की कक्षा में वह स्थान जहाँ वह तारा दूसरे तारे से कम से कम दूरी पर हो। उपतारक।

तारा-पति—[स॰] पु॰ १. (तारों/नक्षत्रों का स्वामी) चन्द्रमा। २. (तारा का पति, वानरराज) बालि।

तारापथ—[स॰ तारा ~ पथ] पु॰ १. आकाशमंडल। खगोल। २. आकाश।

तारापीड—[सं॰ तारा ~ आपीड] *पु॰* चन्द्रमा।

तारामण्डल (तारामंडल)—[सं॰ तारा ~ मण्डल] *पु॰* १. एक कल्पित सीमा के अन्दर विद्यमान तारों का समूह। तारों का वह समूह जिसे एक निश्चित नाम दे दिया गया है। नक्षत्र। ***जैसे***—अश्विनी तारामंडल, आर्द्रा तारामंडल। (अं॰ कोन्स्टलेशन)। २. खगोल। आकाशमंडल। ३. आँख की पुतली।

तारा-मृग—[सं॰] *पु॰* मृगशिरा/मृगशीर्ष नामक नक्षत्र।

तारायण—[सं॰ तारा ~अयन] *पु॰* आकाश।

तारावलि/तारावली—[सं॰ तारा ~ आवलि/आवली] *स्त्री॰* १. तारों की पंक्ति। २. तारों का समूह।

ताराहर—[सं॰ तारा ~ हर] *पु॰* १. सूर्य। २. दिन।

तारिका—[सं॰ तारक + टाप्] *स्त्री॰* १. तारा। नक्षत्र। २. आँख की पुतली। ३. (चलचित्र/सिनेमा आदि की) अभिनेत्री। *वि॰* १. पार करनेवाली। २. उद्धार करनेवाली। उद्धारकर्त्री। ३. रक्षा करनेवाली। रक्षिका। पार्वती। दुर्गा। ⁘ **तारिका-धूलि**—*स्त्री॰* (खगोल॰) = अन्तरिक्ष में तारों के बीच में सर्वत्र व्याप्त अति सूक्ष्म धूल।

***तारिछ**—[< सं॰ तार्क्ष्य] *पु॰* गरुड़।

तारिणी—[सं॰ √तृ + णिच् + णिनि + ङीप्] *वि॰* १. तारनेवाली। उद्धार करनेवाली। २. भवसागर से पार करनेवाली। सद्गति देनेवाली। *स्त्री॰* १. नौका। नाव। २. पार्वती/दुर्गा (देवी)। ३. तारा (देवी)। (छन्द॰) एक समवर्णिक छन्द जिसके प्रत्येक चरण में क्रमशः नगण, सगण, यगण, सगण (न स य स) के योग से १२ वर्ण होते हैं।

तारिणीश—[सं॰ तारिणी ~ ईश] *पु॰* शिव। महादेव।

***तारी[१]**—[≤ हिं॰ ताली] *स्त्री॰* १. हथेलियों से बजनेवाली ताली। करतल-ध्वनि। २. ताली। कुंजी। चाबी।

तारी[२]**—[देशज] *स्त्री॰* १. एकाग्रता। ध्यान या समाधि। २. तीव्र इच्छा। लगन। ***जैसे—भगवान् के दर्शन की तारी लगना।

तारी[३]**—[< हिं॰ तारना] *क्रिस॰* तार दिया। उद्धार कर दिया। ***जैसे—राम ने अहल्या तारी।

तारीक—[फा॰] *वि॰* १. अन्धकारमय। २. काला।

तारीकी—[फा॰] *स्त्री॰* १. अन्धकार। अँधेरा। २. कालिमा। कालापन। स्याही।

तारुण्य—[सं॰ तरुण + ष्यञ्] *पु॰* यौवन। जवानी।

तारेय—[सं॰ तारा + ढक्] *पु॰* १. तारा का पुत्र। २. (तारा और बृहस्पति का पुत्र) बुध। ३. (तारा और बालि का पुत्र) अंगद।

तारेश—[सं॰ तारा + ईश] *पु॰* १. तारों का स्वामी। चन्द्रमा। २. (किष्किन्धा की) तारा का पति। (वानरराज) बालि।

तार्किक—[सं॰ तर्क + ठक्] *पु॰* तर्कशास्त्र का ज्ञाता। न्यायदर्शन का विद्वान। नैयायिक। *वि॰* १. तर्क-सम्बन्धी। तर्क का। २. तर्कपूर्ण। ***जैसे***—तार्किक बातें। २. तर्क के आधार पर ही सत्य को स्वीकार करने वाला। ३. हर बात में तर्क/बहस करने वाला। विवादी।

तार्क्ष्य—[सं॰ तृक्ष +अण् = तार्क्ष, तार्क्ष + यञ्] *पु॰* १. गरुड़। २. (गरुड़ का भाई) अरुण। ३. पक्षी। ४. घोड़ा। सर्प।

ताल—[सं॰ तल + अण्] १. ताड़ वृक्ष या उसका फल। २. करतल। हथेली। ३. करतल-ध्वनि। ताली। ४. (कुश्ती में) जंघा या भुजा पर हथेली से ठोंककर किया गया शब्द। ***जैसे***—ताल ठोंकना। ५. सरोवर। तालाब। ६. बाण। तीर। ७. हाथी के कानों की फड़फड़ाहट। ८. करताल/मँजीरा नामक वाद्य। ९. प्रकाश की किरणों का अभिसरण/अपसरण करने वाला शीशा। चश्मा, सूक्ष्मदर्शी या दूरबीन में लगने वाला शीशा। (अं॰ लेन्स) *स्त्री॰* (संगीत॰) १. द्रुत, लघु, गुरु, प्लुत इत्यादि क्रिया के द्वारा परिमित काल जो गीत, वाद्य और नृत्य को नियमित करता है। २. विशेष लय और मात्राओं वाली छन्द-रचना। कई मात्राओं की समष्टि विशेष। ***जैसे***—त्रिताल में १६ मात्राएँ होती हैं। ***वा॰* ताल ठोंककर खड़ा होना**—१. साहसपूर्वक किसी कार्य को करना। २. आक्षेप सहने को प्रस्तुत होना। ३. ठानकर लड़ने के लिए तैयार होना। **ताल ठोंकना**—लड़ने के लिए ललकारना। **ताल देना**—गाने-बजाने के समय राग-रागिनी के अनुसार हथेलियों से विशेष प्रकार के आघात करना। **ताल पर नाचना**—इशारों पर नाचना। **ताल बेताल**—१. बिना ताल के (गाना)। २. अनवसर। बेमौक़े। **ताल बेताल होना**—गाने-बजाने में नियम-भंग होने से गड़बड़ होना। **ताल मिलाकर चलना**—साथ-साथ आगे बढ़ना।

तालक—[सं॰ ताल + कन्] *पु॰* १. ताला या चटख़नी। २. कान का एक आभूषण। ३. हरताल।

तालकाभ—[सं॰ तालक ~ आभा] *वि॰* हरा। *पु॰* हरा रंग।

तालकूटा—[< हिं॰ ताल + कूटना] *पु॰* १. ताल देने के लिए झाँझ/मँजीरा आदि बजानेवाला। २. भजन गाते समय झाँझ आदि बजानेवाला गायक।

तालकेतु/तालध्वज—[सं॰ ताल ~केतु/ध्वज] *पु॰* १. ताड़ वृक्ष के चिह्न वाली पताका। २. वह जिसकी पताका पर ताड़ वृक्ष का चिह्न हो। ३. भीष्म। ४. बलराम।

तालचट्ट—[< सं॰ ताल] *पु॰, स्त्री॰* एक दुबली-पतली, काजली धूसर रंग की छोटी चिड़िया जो ताड़ के पेड़ों पर रहती है। ताड़ी बतासी।

तालनवमी—[सं॰ ताल ~ नवमी] *स्त्री॰* भाद्र मास के शुक्लपक्ष की नवमी।

तालपत्र—[सं॰ ताल ~ पत्र] *पु॰* ताड़ के वृक्ष का पत्ता। ताड़पत्र।

तालबक—[सं॰] *पु॰* 'अन्धा बगला' नामक चमकीले सफ़ेद पंखों वाली चिड़ियाँ।

तालमखाना—[सं॰ ताल + हिं॰ मखाना] १. आर्द्र स्थानों या सूखे सरोवरों में उत्पन्न एक छोटा क्षुप। २. उक्त की गाँठों में से निकले बीज।

तालमय—[सं॰ ताल + मयट्] *वि॰* ताल से युक्त। तालवाला।

ताल-वन—[सं॰] *पु॰* १. ताड़ वृक्षों का जंगल। २. गोवर्धन के पास यमुना तट पर स्थित एक वन।

ताल-वृन्त (वृंत)—[सं॰] *पु॰* १. ताड़ के पत्तों का बना हुआ पंखा या सामान्य पंखा।

तालव्य—[सं॰ तालु + यत्] *वि॰* १. तालु से सम्बन्ध रखने वाला। तालु की सहायता से बोला जाने वाला (वर्ण)। ✣ **तालव्य वर्ण**—*पु॰* = वे स्वर या व्यंजन जो तालु की सहायता से बोले जाएँ। ● **विशेष**—देवनागरी वर्णमाला के तालव्य वर्ण हैं—इ, ई, च छ, ज, झ, ञ, य और श।

तालषष्ठी—[सं॰] *स्त्री* भाद्र मास के कृष्ण पक्ष की षष्ठी (तिथि)।

तालाङ्क (तालांक)—[सं॰ ताल ~ अङ्क] *पु॰* १. वह जिसका चिह्न/निशान ताड़ वृक्ष हो। २. भीष्म। ३. बलराम। ४. शिव। महादेव। ५. ताड़ का पत्ता जो लिखने में प्रयुक्त होता है।

तालिका[१]—[सं॰ तालिक + टाप्] *स्त्री॰* १. हथेली। २. थप्पड़। चपत। ३. (करतल-ध्वनि करनेवाली) ताली।

तालिका[२]—[सं॰ ताली + कन् + टाप्, ह्रस्व] *स्त्री॰* १. ताली। चाबी। कुंजी। २. नामों आदि की सूची। फ़ेहरिस्त। ३. सारणी।

तालिब—[अरबी] *वि॰* १. चाहने वाला। इच्छुक। अभिलाषी। लालायित। २. माँगनेवाला। याचक। ३. खोजने/ढूँढने वाला।

तालिबे इल्म—[अरबी] *पु॰* विद्यार्थी।

ताली[१]—[<सं॰ तालिकी] *स्त्री॰* १. दोनों हथेलियों को परस्पर मारने की क्रिया। २. उक्त क्रिया से उत्पन्न शब्द जो अपने हर्ष या किसी की प्रशंसा को प्रकट करने के लिए किया जाता है। करतल-ध्वनि।

ताली[२]—[सं॰ √तल् + णिच् + अच् + ङीष्] *स्त्री॰* १. पहाड़ी ताड़ वृक्ष। २. ताड़ वृक्ष। ***जैसे***—ताली-वन। ३. मुसली नामक जड़ी। ४. मेहराब के मध्य में स्थित पत्थर/ईंट जो दोनों ओर के पत्थरों/ईंटों को गिरने से रोके।

ताली[३]—[< सं॰ ताल] *स्त्री॰* ताड़ वृक्ष का नशीला द्रव। ताड़ी।

ताली[४]—[< सं॰ तल्लिका, या < हि॰ ताला] *स्त्री॰* १. ताला लगाने या खोलने का उपकरण। कुंजी। चाबी। २. (लाक्षणिक) वह उपकरण/साधन/विधि जिससे किसी प्रकार की गति का मार्ग खोला या बन्द किया जा सकता है। ***जैसे***—शिक्षा में विकास की ताली सरकार के पास है।

तालीम—[अरबी] *स्त्री॰* १. शिक्षा। २. उपदेश। ३. दीक्षा। ✣ **तालीमयाफ़्ता**—*वि॰* = शिक्षाप्राप्त। शिक्षित।

तालीसपत्र—[सं॰ तालीस ~ पत्र] *पु॰* एक प्रकार का औषधोपयोगी वृक्ष जो बहुत बड़ा और ऊँचा होता है तथा जिसके पत्ते सदा हरे रहते हैं तथा चिकने होते हैं।

ताल्लुक़—[अरबी] *पु॰* सम्बन्ध। सम्पर्क। २. रिश्तेदारी। ३. प्रेम-व्यवहार। ४. सम्बन्ध। वास्ता। ५. अनुचित या अवैध सम्बन्ध।

ताल्लुक़ा—[< हि॰ ताल्लुक़] *पु॰* १. आसपास के कई ग्रामों का समूह जो एक ही स्वामी की ज़मींदारी हों। बड़ी ज़मींदारी। इलाक़ा। २. जायदाद। ✣ **ताल्लुक़ेदार**—*पु॰* ताल्लुक़े का स्वामी। बड़ा ज़मींदार। ✣ **ताल्लुक़ेदारी**—*स्त्री॰* बहुत बड़ा ज़मींदार होना। ताल्लुक़े का स्वामित्व।

ताव—[प्रा॰ < सं॰ ताप] *पु॰* १. ताप। गर्मी। आँच। २. अभिमानयुक्त क्रोध का आवेश। ***जैसे***—बातचीत में ताव नहीं चाहिए। ***वा॰* ताव आना**—१. क्रोध आना। २. जोश आना। ३. अँगीठी आदि को जलाते समय कोयलों का आँच पकड़ना। **ताव खा जाना**—१. क्रोधित होना। २. गरमी पहुँचाना। ३. जोश आना। ४. अधिक आँच से जल जाना। **ताव खाना**—क्रोध करना। **ताव चढ़ना**—१. कार्य-सिद्धि की उत्कट इच्छा होना। २. कुछ करने का जोश होना। ३. क्रोध आना। **ताव चढ़ाना**—उत्तेजित करना। **ताव दिखाना**—१. अहंकार के साथ क्रोध करना। २. रोब दिखाना। ३. आवेश में आकर क्रोधपूर्ण शब्दों का प्रयोग करना। **मूँछों पर ताव देना**—१. मूँछों को उमेठना/मरोड़ना। २. उक्त क्रिया करते हुए अपना पराक्रम/बल/प्रताप/वैभव आदि का अभिमान प्रकट करना। ३. सत्ता/अधिकार प्राप्त होने से अभिमान-युक्त क्रोध प्रकट करना। ४. मौज/मस्ती करना।

तावत्—[सं॰ तत् + डावतु] *अव्यय॰* १. तब तक। २. वहाँ तक। ३. उतने परिमाण/मात्रा तक। ● **विशेष**—'यावत्…तावत्…' का नित्य सम्बन्ध है (= जब तक…, तब तक; जहाँ तक…वहाँ तक)।

***तावना[१]**—[देशज] *क्रिस॰* ढँक देना। मूँद देना।

***तावना[२]**—[< हि॰ ताव या < सं॰ तापन] *क्रिस॰* १. तपाना। जलाना। २. सन्तप्त करना। दुःख देना।

***तावरा**—[< हि॰ ताव] *पु॰* १. ताप/गर्मी। २. धूप/अग्नि आदि से होनेवाली गर्मी। ३. गर्मी से आने वाला सिर में चक्कर। ४. मूर्छा। बेहोशी। ५. गर्मी की तेज़ हवा। लू। ✣ **तावरी**—*स्त्री॰, वि॰ (स्त्री॰)* = १. गर्मी से पीड़ित। २. मूर्छित।

†तावल—[< हि॰ ताव] *पु॰* उतावलापन। हड़बडाहट। ✣ **तावला**—*वि॰* = उतावला।

तावीज़—[अरबी] *पु॰* वह काग़ज़ या भोजपत्र जिस पर कोई यन्त्र-मन्त्र आदि लिखकर गले में डालते हैं या भुजा पर बाँधते हैं।

ताशा—[< फ़ा॰ तासः] *पु॰* चमड़े से मढ़ा और चौड़े मुँह का एक वाद्य जिसे गले में लटकाकर लकड़ी से बजाया जाता है।

तास—[देशज] *स्त्री॰* मध्ययुग में प्रचलित रहा एक प्रकार का कपड़ा जो रेशम के ताने और सोने-चाँदी के तार के बाने से बुना जाता था।

तासन**—[< हि॰ ता] *सर्व॰* उससे। ***जैसे—तासन दोस्ती मत कर।

तासीर—[अरबी] *स्त्री॰* प्रभाव। असर। ● **विशेष**—किसी वस्तु के सेवन के प्रभाव से शरीर में ठंडक या गर्मी बढ़ने पर उस वस्तु की तासीर क्रमशः ठंडी या गर्म कही जाती है। ***जैसे***—केसर की तासीर गर्म है।

***तासु**—[अप॰ < सं॰ तस्य] *सर्व॰* १. उसका। २. उसको।

तास्कर्य—[सं॰ तस्कर + ष्यञ्] *पु॰* तस्करता। तस्करी।

तास्सुब—[अरबी] *पु॰* १. मज़हबी पक्षपात। २. अनुचित पक्षपात।

***ताह**—[< हि॰ ता] *सर्व॰* उसे। उसको।

***ताहि**—[< हि॰ ता] *सर्व॰* उसे। उसको।

***ताहिँ (ताहिं)**—[< हि॰ तनु] *अव्यय॰* के लिए।

ताही[१]—[< हि॰ ताहि] *सर्व॰* उसे। उसको।

ताही[२]—[< हि॰ ता] *सर्व॰, वि॰* उसी। ***जैसे***—ये सब ताही के काम हैं।

ताहु/ताहू**—[< हि॰ ता] *सर्व॰* उसे भी। ***जैसे—ताहू को खेलने दो।

***ताँण**—[देशज] *पु॰* तनाव। खिंचाव।

ताँत[१]—[< स॰ तन्तु] *स्त्री॰* १. पशुओं के चमड़े या नसों को बटकर बनायी गयी पतली डोरी। तन्त्री। २. धनुष की डोरी। ३. डोरी या पतली रस्सी। ***वा॰*** **ताँत-सा होना**—दुबला-पतला या दुर्बल होना।

ताँत[२]—[< स॰ तन्त्र] *स्त्री॰* वीणा/सारंगी आदि वाद्यों में लगा हुआ ताँत।

ताँतिया—[< हि॰ ताँत] *वि॰* १. ताँत-सम्बन्धी। २. ताँत जैसा दुबला-पतला और लम्बा। ***वा॰*** **ताँतिया (टाँटिया) जवान**—दुर्बल शरीर वाला।

ताँवरना—[< हि॰ ताँवर] *क्रिअ॰* १. ताप से युक्त होना। २. ज्वर/बुख़ार होना। ३. अधिक ताप के कारण मूर्छित होना। ४. क्रुद्ध/नाराज़ होना।

†ताँवरा/ताँवर—[< हि॰ ताप < स॰ ताप] *पु॰* १. ज्वर। बुख़ार। २. जाड़ा देकर आनेवाला बुख़ार। जूड़ी। ३. बहुत अधिक गर्मी। ४. मूर्छा। या सिर में आनेवाला चक्कर। ✣ **ताँवरी**—*स्त्री॰*।

***तिआ**—[< हि॰ तिया < स॰ स्त्री] *स्त्री॰* १. स्त्री। २. पत्नी।

†तिआह[१]—[हि॰ ति + स॰ विवाह] *पु॰* १. विधवा/विधुर का तीसरी बार होनेवाला विवाह। २. विधवा/विधुर जिसका तीसरी बार विवाह हुआ हो।

तिआह[२]—[< स॰ त्रि ~ पक्ष] *पु॰* किसी की मृत्यु के तीन पक्ष पूरे होने पर ४५ वें दिन किया जाने वाला श्राद्ध। त्रिपक्ष श्राद्ध।

तिकुट—[< स॰ त्रिकण्ट] *पु॰* १. गोखरू। (दे॰) २. दुष्ट स्वभाव वाले तीन लोगों का समूह। तिकड़ी। ३. दुष्ट व्यक्ति।

तिकड़म—[< स॰ त्रि ~ क्रम] *पु॰* १. छलमय चातुर्य। २. कोई युक्ति जिससे कठिन काम सरलता से हो जाए। ***वा॰*** **तिकड़म भिड़ना/लड़ना**—युक्ति सफल होना। **तिकड़म भिड़ाना/लड़ाना**—चतुरतापूर्ण युक्ति करना। ✣ **तिकड़मी**—*वि॰* = तिकड़म से काम करनेवाला।

तिकड़ा—[< स॰ त्रिक्] *पु॰* समान तीन वस्तुओं का समूह। ***जैसे***—अब धोतियों के जोड़े बनते हैं, पहले तिकड़े बनते थे। ✣ **तिकड़ी**—*स्त्री॰* = १. तिकड़ा। ***जैसे***—लड़कों की तिकड़ी। २. (ताश का) तिक्की नामक पत्ता।

तिक-तिक—[अनु॰] १. घड़ी चलने में होनेवाली आवाज़। टिक-टिक। २. पशु को हाँकते समय बोला जाने वाला शब्द। टिक-टिक।

तिकतिकाना—[< हि॰ तिक-तिक] *क्रिस॰* १. 'तिक-तिक' (या 'टिक-टिक') शब्द करते हुए बैलों आदि को हाँकना। २. शीघ्रता करने के लिए बार-बार कहना। ३. शीघ्रता कराना।

तिक्त—[स॰ √तिज् + क्त] *वि॰* (नीम/चिरायता के स्वाद के समान) तीता। कड़ुआ। *पु॰* छह रसों में से एक।

तिक्तक—[स॰ तिक्त + कन्] *वि॰* तिक्त। तीता। *पु॰* १. चिरायता। २. नीम।

तिखूँटा—[हि॰ ति + खूँटा] *वि॰* तीन कोनों वाला। तिकोना।

तिगुना—[< प्रा॰ तिगुण < स॰ त्रिगुण] *वि॰* तीन गुना।

तिग्म—[स॰ √तिज् + मक्] *वि॰* १. तीक्ष्ण। तेज़। २. तीव्र। पैना। ३. नोकदार (शस्त्र)। ४. उग्र। प्रचंड। ५. जलता हुआ। ६. क्रोधी। ७. तीता। *पु॰* गर्मी।

तिग्मकर/तिग्मदीधिति—[स॰ तिग्म ~ कर/दीधिति] *पु॰* सूर्य।

तिजरा—[< हि॰ ति + स॰ ज्वर] *पु॰* तिजारा। तिजारी।

तिजारत—[अरबी] *स्त्री॰* व्यापार। व्यवसाय। वाणिज्य। ✣ **तिजारती**—*वि॰* = व्यापार-सम्बन्धी। व्यावसायिक। वाणिज्यिक।

तिजारा—[< हि॰ ति + स॰ ज्वर] *पु॰* हर तीसरे दिन आनेवाला एक प्रकार का ज्वर। ✣ **तिजारी**—*स्त्री॰* = तिजारा।

तिजोरी/तिजौरी—[< अ॰ ट्रेज़री] *स्त्री॰* लोहे की मज़बूत अलमारी जिसमें रुपये, आभूषण आदि सुरक्षा की दृष्टि से रखे जाते हैं।

†तिड़ी[१]—[< स॰ त्रि] *स्त्री॰* ताश का तिक्का/तिक्की नामक पत्ता।

†तिड़ी[२]—[देशज] *वि॰* जो इधर-उधर चला जाए या ग़ायब हो जाए। ***वा॰*** **(किसी वस्तु को) तिड़ी करना**—ग़ायब करना। **तिड़ी भूल जाना**—१. होश में न रहना। २. गर्व नष्ट हो जाना। ✣ **तिड़ी-बिड़ी**—*वि॰* = तितर-बितर। अव्यवस्थित। २. इधर-उधर बिखरा हुआ।

तित**—[< स॰ तत्र] *क्रिवि॰* उस ओर। उधर। वहाँ। ✣ **तित-तित**—*क्रिवि॰* = उधर-उधर। ***जैसे—जित-जित श्याम तित-तित राधा। (जित-जित = जिधर-जिधर)। ✣ ***तितना**—*वि॰* = उतना।

तितर-बितर—[< स॰ तित + अनु॰] *वि॰* १. अपने क्रम/स्थान से हटकर इधर-उधर फैला हुआ। अव्यवस्थित। अस्त-व्यस्त। २. बिखरा हुआ। ३. विघटित।

***तितहिँ (तितहिं), तितहीँ (तितहीं)**—[< हि॰ तित] *क्रिवि॰* उधर ही। ✣ **तितहीं तित**—*क्रिवि॰* = वहाँ ही वहाँ।

तितारा—[< हि॰ ति + तार] *वि॰* तीन तारों वाला। *पु॰* १. तीन तारों वाला एक वाद्य। २. फ़सल की तीसरी बार होनेवाली सिंचाई।

तितिक्षा—[स॰ √तिज् + सन् + अ + टाप्] *स्त्री॰* १. सर्दी-गर्मी, सुख-दुःख आदि द्वन्द्वों को सहने की क्रिया/शक्ति। २. प्रतिकार/विकलता के बिना सभी दुःखों को सहना। धैर्यपूर्वक सहन करने का भाव। ३. क्षमाशीलता।

तितिक्षु—[स॰ √तिज् + सन् + उ] *वि॰* १. तितिक्षायुक्त। २. धैर्ययुक्त। सहनशील। ३. क्षमावान्। क्षमाशील।

तितीर्षा—[स॰ √तृ + सन् + अ + टाप्] *स्त्री॰* १. तैरने की इच्छा। २. तरने या पार करने की इच्छा। ३. भव-सागर पार करने की इच्छा। मोक्ष पाने की इच्छा।

तितीर्षु—[स॰ √तृ + सन् + उ] *वि॰* १. तैरने का इच्छुक। २. तरने या पार होने का इच्छुक। ३. भवसागर तरने का इच्छुक। मुमुक्षु।

तिथ्यर्ध—[सं॰ तिथि ~ अर्ध] *पुं॰* तिथि का पूर्वार्ध या उत्तरार्ध। ● **विशेष**—सभी तिथियों के तिथ्यर्धों के नाम निश्चित हैं और उन्हें '**करण**' कहते हैं।

तिदरा—[< हिं॰ तीन + फा॰ दर] *पुं॰* तीन द्वारों वाला कमरा। ✣ **तिदरी**—*स्त्री॰*।

तिदारी—[देशज] *स्त्री॰* एक चिड़िया जो बत्तख़ की तरह की होती है परन्तु चोंच अधिक लम्बी तथा चपटी होती है।

तिनकना—[अनु॰] *क्रिअ॰* १. रूठना। २. क्रुद्ध होना। ३. झुँझलाना। ✣ †**तिनखना**—*क्रिअ॰* = तिनकना।

तिनपहला—[< हिं॰ तीन + पहल] *वि॰* १. तीन परतों वाला। २. जिसमें तीन पार्श्व/पहलू हों।

तिनस/तिनिस—[< सं॰ तिनिश] *पुं॰* एक बड़ा वृक्ष जिसकी आकृति बबूल या खैर के सदृश होती है। तिरिच्छ।

***तिनुवर**—[< सं॰ तृणपूर] *वि॰* तिनकों के ढेर के समान दुर्बल। क्षीणकाय।

तिन्तिड़ी (तिंतिड़ी)—[< सं॰ तिन्तिडी] *स्त्री॰* = इमली।

तिन्ना—[< सं॰ तृणान्न] *पुं॰* १. बिना जोते-बोए जलीय/नम भूमि में होने वाला अनाज। २. तिन्नी नामक पौधा जो तालाब में होता है। नीवार। ३. उक्त पौधे के चावल। ✣ **तिन्नी**—*स्त्री॰* = तिन्ना/नीवार या उसके चावल।

†**तिन्ह**—[< हिं॰ तिन] *सर्व॰* उन। ✣ **तिन्हें/तिन्हैं**—*सर्व॰* = उन्हें।

तिपल्ला—[< हिं॰ तीन + पल्ला] *वि॰* जिसमें तीन परतें या पल्ले हों। ✣ **तिपल्ली**—*वि॰ (स्त्री॰)*।

तिपहला—[< हिं॰ तीन + पहल] *वि॰* १. तीन पार्श्वों/पहलों वाला। २. तीन परतों वाला।

तिपाड़**—[< हिं॰ तीन + पाट] *पुं॰* तीन पाटों को जोड़कर बनाया गया वस्त्र। ***जैसे—तिपाड़ चादर। *स्त्री॰* चौड़े किनारों वाली धोती/साड़ी।

तिपेची—[< हिं॰ तीन + पेच/पेंच] *वि॰* तीन पेंच वाला।

तिफ़र्क़ा—[< अरबी तिफ़र्क़ः] *पुं॰* भेद-भाव। फूट।

तिफ़सला—[< हिं॰ तीन + फ़सल] *वि॰* तीन फ़सलें देनेवाला (खेत, भूमि आदि)। ✣ **तिफ़सली**—*वि॰ (स्त्री॰)*।

तिफ़्ल—[अरबी] *पुं॰* छोटा बालक। बच्चा। ✣ **तिफ़्ली**—*स्त्री॰* = बचपन।

तिबाचा—[< सं॰ त्रिवाचा] *पुं॰* (एक ही बात का) तीन बार कथन। त्रिवाचा। ***जैसे***—मेरा काम करने का उसने तिबाचा भरा है।

तिबासी—[< हिं॰ तीन + बासी] *वि॰* (खाद्य वस्तु) जो तीन दिन का बासी हो।

तिब्ब—[अरबी] *स्त्री॰* यूनानी चिकित्साशास्त्र। हकीमी।

तिब्बिया—[अरबी] *वि॰* यूनानी चिकित्साशास्त्र से सम्बन्धित। हकीमी। ***जैसे***—दिल्ली का तिब्बिया कालिज।

तिमि[१]—[सं॰ √तिम् + इन्] *पुं॰* एक बड़ी समुद्री मछली।

***तिमि**[२]—[< हिं॰ ति + इमि] *अव्यय॰* उस प्रकार।

तिमिज—[सं॰ तिमि + ज] *पुं॰* 'तिमि' मछली से प्राप्त होने वाला मोती।

तिमिङ्गिल (तिमिंगिल)—[सं॰ तिमि √गिल् + खश्, मुम्] *पुं॰* एक बहुत विशाल मत्स्य जो 'तिमि' नामक विशाल मछली को भी निगल जाता है।

तिमित—[सं॰ √तिम् + क्त] *वि॰* १. स्थिर। अचल। २. भीगा हुआ। गीला। नम।

तिमिर[१]—[सं॰ √तिम् + किरच्] *पुं॰* अन्धकार। अँधेरा। ∇ **विलोम**—प्रकाश।

तिमिरण—[< सं॰ तिमिर] *पुं॰* (युद्ध आदि के समय) दीपक आदि न जलाने या उनका प्रकाश बाहर न आने देने की स्थिति। पूर्णत: प्रकाश का अभाव या छिपाव। (अं॰ ब्लैक आउट)

तिमिरदारण—[सं॰ तिमिर ~ दारण] *वि॰* अँधेरे को नष्ट करनेवाला। अन्धकारनाशक।

तिमिरभिद्—[सं॰ तिमिर √भिद् + क्विप्] *वि॰* अन्धकार का भेदन करने वाला। *पुं॰* सूर्य।

***तिय**—[< सं॰ स्त्री] *स्त्री॰* १. स्त्री। नारी। २. पत्नी।

***तियमनि**—[< हिं॰ तिय + सं॰ मणि] *स्त्री॰* स्त्रियों में शिरोमणि। श्रेष्ठ (स्त्री)।

***तिया**[१]—[< हिं॰ तिय] *स्त्री॰* १. स्त्री। नारी। २. पत्नी।

तिया**[२]—[< प्रा॰ तिअय < सं॰ त्रितय] *वि॰* तीन का समूह। *पुं॰* चौपड़ आदि के खेल में तीन पाँसों का एक ही प्रकार से पड़ना (***जैसे—२+२+२ या ३+३+३ इत्यादि)। ***वा॰* तिया-पाँचा करना**—१. निपटारा करना। २. समाप्त करना। ३. नष्ट करना।

तिया[३]—[देशज] *वि॰* पतला।

तिर—[< सं॰ त्रि] *वि॰* समास-युक्त पदों के आरम्भ में में 'त्रि' का एक रूप। तीन। ***जैसे***—तिरलोक।

तिरक—[< सं॰ त्रिक] *पुं॰* १. रीढ़ के नीचे का भाग जहाँ कूल्हे की हड्डियाँ मिलती हैं। २. उक्त स्थान पर पहनने का आभूषण। ३. हाथी के शरीर का वह भाग जहाँ से पूँछ निकलती है।

तिरखूँटा—[< सं॰ त्रि + हिं॰ खूँट] *वि॰* तीन कोनों वाला। तिकोना। ✣ **तिरखूँटी**—*वि॰* (स्त्री॰) = तिकोनी।

तिरना—[< सं॰ तरण] *क्रिअ॰* १. तैरना। २. पार उतरना। तरना।

तिरनी—[< सं॰ स्थिर] *स्त्री॰* १. लहँगा आदि का नाड़ा। नीवी। २. धोती/लहँगा आदि का नाभि के ठीक नीचे रहनेवाला भाग।

तिरप—[< सं॰ त्रिसम] *स्त्री॰* (नृत्य॰) नृत्य की एक ताल विशेष। त्रिसम। तिहाई।

तिरपाल[१]—[< सं॰ तृण + हिं॰ पालना] *पुं॰* चारों कोनों पर बाँधकर और बिना बाँसों के ताना जाने वाला बड़ा मोमजामा या कड़ा वस्त्र आदि।

तिरपाल[२]—[< अं॰ टार्पोलिन] *पुं॰* १. राल इत्यादि चढ़ाया हुआ एक प्रकार का मोटा कपड़ा। २. छाजन के नीचे बिछाने के सरकंडे आदि का लम्बा पूला। मुट्ठा।

तिरपौलिया—[< सं॰ त्रि + हि॰ पोल (= द्वार या फाटक)] *वि॰* (बाज़ार, मकान आदि) जिसमें तीन बड़े द्वार या मार्ग हों।

तिरमिर/तिरमिरा—[< सं॰ तिमिर] *पु॰* १. एक नेत्र-रोग जिसमें प्रकाश में नेत्र चौंधिया जाते हैं। २. चकाचौंध। ✣ **तिरमिराना**[1]—*क्रिअ॰* तिरमिरा के रोगी के नेत्रों का प्रकाश में चैंधियाना।

†**तिरमिराना**[2]—[< हि॰ तिलमिलाना] *क्रिअ॰* तिलमिलाना।

तिरमुहानी—[< सं॰ त्रि + फा॰ मुहाना] *स्त्री॰* १. तीन मार्गों के मिलने का स्थान। तिराहा। २. तीन नदियों का संगम-स्थान।

***तिरलोक**—*पु॰* ≤ *सं॰* त्रिलोक। (दे॰) ✣ तिरलोकी—*स्त्री॰* = त्रिलोक।

तिरसठ—[< प्रा॰ तिसट्ठि < सं॰ त्रिषष्टि] *वि॰* जो गिनती में साठ से तीन अधिक हो। *पु॰* उक्त की संख्या (६३)।

तिरस्करिणी—[सं॰ तिरस्करिन् + ङीप्] *स्त्री॰* १. आड़। ओट। २. पर्दा। क़नात।

तिरस्कार—[सं॰ तिरस् + कार] *पु॰* १. अवहेलना। २. अपमान। अनादर। ३. अवज्ञा। ∇ **विलोम**—सत्कार।

तिरस्क्रिया—१. अवहेलना। २. अपमान। ३. वस्त्र।

तिरहेल—[< सं॰ त्रि + हेला] *पु॰* १.चौपड़ आदि में खेल की तीन बाजी। २. ताश के एक खेल में प्राप्त तीनों पत्तों का एक प्रकार का होना। ***जैसे***—इक्के की तिरहेल/तिरेल।

***तिरारोइ**—[< हि॰ तिहारोई] *सर्व॰* तुम्हारा ही।

***तिरासना**—[< सं॰ त्रासन] *क्रिअ॰* त्रस्त/भयभीत होना। *क्रिस॰* त्रस्त/भयभीत करना।

तिरिच्छ—[< हि॰ तिनिस] *पु॰* तिनिस (वृक्ष)।

तिरोधान—[सं॰ तिरस्√धा + ल्युट्] *पु॰* छिपने या अदृश्य होने की अवस्था/भाव। अन्तर्धान/लुप्त होना।

तिरोभूत—[सं॰ तिरस् ~ भूत] *वि॰* १. जो अदृश्य/लुप्त/अन्तर्धान हो गया हो। अन्तर्हित। ओझल। २. छिपा हुआ। ३. ओझल।

तिरोहित—[सं॰ तिरस् √धा + क्त, हि आदेश] *वि॰* तिरोभूत।

तिर्यक्—[सं॰ तिर्यच्] *वि॰* १. तिरछा। टेढ़ा। २. मुड़ा/झुका हुआ। *क्रिवि॰* वक्रतापूर्वक। तिरछे। *पु॰* पशु। पक्षी। ✣ **तिर्यक् छेदी रेखा**—*स्त्री॰* = (गणित॰) वह रेखा जो दो या अधिक रेखाओं को काटे। ✣ **तिर्यक्ता**—*स्त्री॰* तिरछापन। आड़ापन। ✣ **तिर्यक्त्व**—*पु॰* = तिर्यक्ता। ✣ **तिर्यक्पाती**—*वि॰* तिरछा गिरने वाला। ✣ **तिर्यक् प्रेक्षण**—*पु॰* तिरछी चितवन। ✣ **तिर्यक् रूप**—*पु॰* (व्या॰) मूल शब्द का वाक्य में प्रयुक्त होने वाला वचन/लिंग आदि की दृष्टि से परिवर्तित रूप। विकारी रूप। ***जैसे***—'घोड़े चरते हैं' वाक्य में 'घोड़ा' का तिर्यक् रूप 'घोड़े' प्रयुक्त है।

तिर्यग्गति—[सं॰ तिर्यक् ~ गति] *स्त्री॰* १. तिरछी चाल। टेढ़ी चाल। २. पशुयोनि में जन्म लेना या होना। ✣ **तिर्यग्गामी**—*वि॰* = तिरछा चलनेवाला। ✣ **तिर्यग्जाति**—*स्त्री॰* = पशु-पक्षी की जाति।

तिर्यग्योनि—[सं॰ तिर्यक ~ योनि] *स्त्री॰* पशु-पक्षी की योनि। ***जैसे***—तिर्यग्योनि में जन्म।

तिर्यञ्च (तिर्यंच)—[< सं॰ तिर्यच्] *पु॰* १. जलचर, परिसर्प (गोह, नकुल आदि) सर्प, पक्षी, चौपाए, जूँ, मच्छर आदि। २. पक्षी। ✣ **तिर्यञ्ची (तिर्यंची)**—*स्त्री॰* नारी (मादा) पक्षी।

तिलक—[सं॰ तिल √कै + क, या तिल + कन्] *पु॰* १. धार्मिकता/लोकरीति/शोभा की दृष्टि से रोली/चन्दन आदि से माथे पर बनाया हुआ विशेष आकार का चिह्न/निशान। टीका। २. बसन्त में खिलनेवाले सफ़ेद फूलों वाला एक मध्यम आकार का वृक्ष। ३. किसी कुल/समुदाय का सर्वश्रेष्ठ व्यक्ति। ***जैसे***—रघुकुल-तिलक राम। ४. स्त्रियों का एक आभूषण जो सिर पर पहना जाता है। ५. किसी ग्रन्थ पर लिखी हुई बड़ी टीका। ६. राज्याभिषेक। ७. विवाह की एक रीति। वर का कन्या-पक्ष द्वारा टीका। ***वा॰*** **तिलक चढ़ना या चढ़ाना**—(विवाह से पूर्व की एक रीति में) कन्या-पक्ष की ओर से वर का तिलक करने का समारोह करना/होना है।

तिलकना—[< हि॰ तड़कना] *क्रिअ॰* गीली मिट्टी या गीली भूमि का सूखकर कहीं-कहीं फटना। ● **विशेष**—कहीं-कहीं 'तिलकना' का अर्थ 'फ़िसलना' भी प्रचलित है।

तिलक-मुद्रा—[सं॰] *स्त्री॰* वैष्णव आदि धार्मिक व्यक्तियों द्वारा माथे पर लगाया जाने वाला तिलक और शरीर पर अंकित की जाने वाली अपने सम्प्रदाय की मुद्रा।

तिलका—[सं॰ तिलक + टाप्] *स्त्री॰* एक प्रकार का हार। (छन्द॰) एक समवर्णिक छन्द जिसके प्रत्येक चरण में दो सगण के योग से ३वर्ण होते हैं।

तिलकावलि—[सं॰ तिलक ~ आवलि] *स्त्री॰* १. तिलक वृक्षों की पंक्ति। २. स्त्रियों द्वारा अपने मुख पर सितारों आदि से की जाने वाली रचना।

तिलकिट्ट—[सं॰ तिल ~ किट्ट] *पु॰* तिल की खली।

तिलचतुर्थी—[सं॰ तिल ~ चतुर्थी] *स्त्री॰* माघ कृष्ण चतुर्थी।

तिल-चावला—[< सं॰ तिल + हि॰ चावल] *वि॰* (काले तिलों और सफेद चावलों के मिश्रण जैसा) कुछ काला और कुछ सफ़ेद। ***जैसे***—तिल-चावले केश। ✣ **तिल-चावली**—*वि॰ (स्त्री॰)*। ***जैसे***—तिल-चावली दाढ़ी। *स्त्री॰* = तिलों और चावलों की खिचड़ी।

***तिलछना**—[< सं॰ त्रसन] *क्रिअ॰* १. व्याकुल होना। २. छटपटाना।

तिलड़ा—[< हि॰ तीन लड़] *वि॰* तीन लड़ों का। ***जैसे***—तिलड़ा हार। ✣ **तिलड़ी**—*वि॰ (स्त्री॰)* = तीन लड़ों की। ***जैसे***—तिलड़ी करधनी। *स्त्री॰* = तीन लड़ियों की एक माला।

तिल-धेनु—[सं॰] *स्त्री॰* दान करने के लिए तिलों की राशि से बनायी गयी गाय की आकृति।

तिलभाविनी—[सं॰ तिल ~ भाविनी] *स्त्री॰* चमेली।

तिलभुग्गा—[सं॰ तिल ~ भुक्त] *पु॰* तिल, खोया आदि के योग से बनी एक मिठाई।

तिलमिल—[< हि॰ तिरमिरा] *स्त्री॰* १. तिलमिलाहट। २. चकाचौंध।

तिलवाड़ा—[देशज] *पु॰* (संगीत॰) विलम्बित लय की सोलह मात्राओं की ताल।

तिलहन—[< स॰ तिलधान्य] *पु॰* १. तिल, सरसों आदि अनेक धान्यों के बीज/दाने जिन्हें पेरने से तेल प्राप्त किया जाता है। २. उक्त बीजों के पौधे।

तिला—[फा॰] *स्त्री॰* पुरुषत्व की कमी को दूर करने में उपयोगी एक प्रकार का औषधीय तेल।

तिलाञ्जलि (तिलांजलि)—[स॰ तिल ~ अञ्जलि] *स्त्री॰* १. तिलों की अंजलि। २. मृत व्यक्ति के लिए उसके पुत्र आदि के द्वारा किया जाने वाला एक कृत्य जिसमें मृतक को तिल मिले हुए जल की अंजलि अर्पित की जाती है। ३. (लाक्षणिक) सदा के लिए त्याग। ***जैसे***—राजनीति को तिलांजलि देना। ***वा॰* तिलांजलि देना**—१. मृतक के नाम से हाथ की अंजलि में तिल और जल लेकर छोड़ना। २. सदा के लिये किसी का संग या साथ छोड़ना। ३. किसी वस्तु को छोड़ देना। किसी से अपना सम्बन्ध पूरी तरह तोड़ लेना।

तिलान्न—[स॰ तिल ~ अन्न] *पु॰* तिल की खिचड़ी।

***तिलाम**—[अरबी 'ग़ुलाम' का अनु॰] *पु॰* ग़ुलाम का ग़ुलाम। दास का दास। दासानुदास।

तिलिस्म—[अरबी] *पु॰* १. इन्द्रजाल। माया। जादू। २. नज़र बँधना। दृष्टिबन्ध। ***वा॰* तिलिस्म तोड़ना**—जादू/करामात का रहस्य खोल देना।

तिली—[< स॰ तिल] १. तिल। *२. तेली।

तिलेती—[< हि॰ तिलहन] *स्त्री॰* तिलहन की फ़सल काटने पर खेत में शेष खूँटी।

तिलोना—[< स॰ तिल] *वि॰* तेल-युक्त। स्निग्ध। ✣ **तिलोनी**—*वि॰ (स्त्री॰)* = फुलेल से सुगन्धित। ***जैसे***—तिलोनी साड़ी।

***तिलोरि/तिलोरी**—[देशज] *स्त्री॰* एक पक्षी। तेलिया मैना। तिलौरी।

***तिलौ**—[< स॰ तिल]१. तिल भी। २. तिल-भर भी। थोड़ा-सा भी।

तिलौना—[< हि॰ तेल] *वि॰* १. तिलहन। २. तेल से बना हुआ या तेल में पका हुआ। ३. जिस पर तेल लगा हो। ४. तेल के समान गन्ध/स्वाद वाला। ५. चिकना। तेलिया। ✣ **तिलौनी**—*वि॰ (स्त्री॰)*।

तिलौरी—[< स॰ तिल] *स्त्री॰* तिल मिलाकर बनायी जाने वाली उर्द या मूँग की बरी/बड़ी।

तिलौंछ (तिलौंछ)—[< स॰ तिल] तेल की गन्ध जो उससे युक्त पदार्थों में रहती है।

तिल्यर—[देशज] *स्त्री॰* आकार में मैना जैसी एक प्रवासी गुलाबी चिड़िया जिसके सिर, गर्दन, पंख, दुम आदि चमकीले काले होते हैं।

तिल्ला—[< अरबी तिला (=सुवर्ण)] *पु॰* १. कलाबन्तू आदि का काम। २. पगड़ी, साड़ी आदि का वह भाग जिस पर कलाबन्तू आदि का काम हो।

तिल्ली—[< स॰ तिलक] *स्त्री॰* १. एक नलिका-विहीन लाल-बैगनी रंग का अवयव जो बायीं ओर आमाशय के किनारे के नीचे स्थित होता है। २. उक्त अंग में सूजन का रोग।

तिल्लेदार—[< हि॰ तिल्ला] *वि॰* जिसमें कलाबत्तू, बादले आदि के तार भी बुने या लगे हों।

तिवास**—[< स॰ त्रिवासर] *पु॰* तीन दिन। *वि॰* तीन दिन का बासी। ***जैसे—तिवास दूध। ✣ **तिवासा/तिवासी**—*वि॰* = तीन दिनों का रखा हुआ।

***तिष्ट**—[< स॰ तिष्ठ] *वि॰* १. बनाया हुआ। रचित। २. ठहरा हुआ। स्थित।

तिष्य—[स॰ √तुष् + क्यप् + निपात॰ अथवा तिष्य + अच् अथवा त्विष् + यक्, निपात॰] *पु॰* १. 'पुष्य' नामक नक्षत्र। २. पौष मास। ३. कलियुग। *वि॰* शुभ। कल्याणकारी।

तिस[1]—[< स॰ तस्य] *सर्व॰* उस। ***जैसे***—तिस ने, तिस को। ***वा॰* तिस पर**—१. उसके बाद। २. ऐसी स्थिति में। **तिस पर भी**—१. इतना होने पर भी। इसके बावजूद। तथापि। २. उसके बाद भी। ३. ऐसी स्थिति में भी। ४. उस/वैसी दशा में भी।

***तिस**[2]—[< स॰ तृषा] *स्त्री॰* तृषा। प्यास।

†तिसरैत—[< हि॰ तीसरा] *पु॰* १. जो दो पक्षों में से किसी पक्ष का भी व्यक्ति न हो। २. तीसरा व्यक्ति। ३. मध्यस्थ। ४. धन-सम्पत्ति या लाभ आदि में तीसरे भाग का अधिकारी।

तिसा—[< प्रा॰ तीसा < स॰ तृषा] *स्त्री॰* तृषा। प्यास। ✣ **तिसाना**—*क्रिअ॰* = तृषित/प्यासा होना।

तिसूती—[< हि॰ तीन + सूत] *वि॰* तीन-तीन सूतों वाले ताने और बाने से बुना हुआ (कपड़ा)। *पु॰* उक्त प्रकार का कपड़ा।

***तिह**—[< हि॰ तिस] *सर्व॰, वि॰* उस।

***तिहारा**—[< हि॰ तिह] *सर्व॰, वि॰* तुम्हारा। तेरा। ✣ **तिहारी**—*सर्व॰, वि॰ (स्त्री॰)* = तुम्हारी। तेरी। ✣ **तिहारे** *सर्व, वि॰* = तुम्हारे।

***तिहाव**—[< हि॰ तेह + ताव] *पु॰* १. क्रोध। २. परस्पर अनबन।

तिहुँ/तिहूँ—[< हि॰ तीन] *वि॰* तीनों।

ती—[< स॰ स्त्री] *स्त्री॰* १. स्त्री। नारी। २. पत्नी।

तीक्ष्ण—[स॰ √तिज् + क्स्न, दीर्घ] *वि॰* १. तीखा। चरपरा। २. तेज़ नोक वाला या तेज़ धार वाला। ३. उग्र ४. कटु। अप्रिय। तीखा। ५. तेज़ (बुद्धिवाला)। निपुण। ६. अति वेगशील। तीव्र। ७. चुभनेवाला। मर्मभेदी। ८. प्रखर। तीव्र। ✣ **तीक्ष्णकर्मा**—*वि॰*=१. उत्साही। २. क्रियाशील। ३. स्पर्धा करनेवाला। स्पर्धावान्।

तीक्ष्णांशु—[स॰ तीक्ष्ण ~ अंशु] *वि॰* तीखी किरणों वाला। *पु॰* सूर्य। ३. जोंक।

तीक्ष्णाग्र—[स॰ तीक्ष्ण ~ अग्र] *वि॰* (वह अस्त्र) जिसका अगला भाग बहुत तेज़ धार वाला या नुकीला हो।

तीक्ष्णोपाय—[स॰ तीक्ष्ण ~ उपाय] *पु॰* तीव्र उपाय। उग्र साधन।

तीखुर (तीखुल)—[< स॰ तवक्षी] *पु॰* एक कन्द जिसका सत्त मिठाई, खीर आदि बनाने में काम आता है। अरारोट।

तीजा—[< स॰ तृतीय] *वि॰* तीसरा। *पु॰* (मुसलमानों में) मृत्यु के बाद तीसरे दिन का विशेष कार्यक्रम जिसमें सम्बन्धी एकत्रित होते हैं और ग़रीबों को भोजन आदि दान देते हैं।

तीतर—[< स॰ तितिर/तित्तिर] *पु॰* कबूतर के आकार का एक रंगीन चित्तीदार-धारीदार पक्षी। ***वा॰* तीतर-बटेर सा लड़ना**—आपस में बुरी तरह लड़ना। ✣ **तीतरपङ्खी (तीतरपंखी)**—*वि॰* =तीतर के पंखों जैसे रंग का। बहुरंगी।

तीतरबानी—[< हि॰ तीतरवर्णी] *वि॰* तीतर पक्षी के रंग वाला। मिश्रित रंगोंवाला। तीतरवर्णी। बहुरंगी।

तीतरवर्णी—[हि॰ तीतर+ स॰ वर्णी (वर्णिन्)] *वि॰* तीतरबानी।

तीता[1]—[< स॰ तिक्त] *वि॰* १. तिक्त। चरपरा। २. कटु। कड़ुआ।

तीता[2]—[< प्रा॰ तिंत < स॰ तीमित] *वि॰* भीगा हुआ। आर्द्र। तर।

***तीतुरी**—*स्त्री॰* ≤ *हि॰* तितली।

तीमार—[फा॰] *स्त्री॰* रोगी की देखभाल और शुश्रूषा। ✣ **तीमारदार**—*वि॰* = रोगी की शुश्रूषा करनेवाला। परिचारक।

तीय/तीया—[< स॰ स्त्री] १. स्त्री। औरत। २. पत्नी।

तीर[1]—[स॰ √तीर् + अच्] १. नदी का किनारा। तट। ***वा॰* तीर पकड़ना**—किनारे पर पहुँचना।

तीर[2]—[फा॰] *पु॰* १. बाण। शर। २. (लाक्षणिक) नीतिपूर्ण या चतुराई से भरा उपाय। युक्ति। ***वा॰* तीर की तरह**—१. बहुत तीव्र गति से। २. अत्यन्त कटु या अप्रिय। **तीर की तरह चुभना या लगना**—१. अत्यन्त दुःखदायी होना। २. अच्छा न लगना। ३. कष्ट देना। **तीर खाना**—तीर का आघात सहना। **तीर चलाना/फेंकना**—१. काम बनाने के लिए कोई युक्ति प्रयोग में लाना। २. कोई कटु बात कहना जिससे किसी को कष्ट पहुँचे। **तीर छोड़ना**—१. युक्ति प्रयोग में लाना। २. व्यंग्य करना। **तीर निशाने पर लगना**—बात का सही और वांछित प्रभाव होना। **तीर मारना**—१. सफलता प्राप्त करना। २. बहुत महत्त्वपूर्ण कार्य करना।

तीरंगर—[फा॰] *पु॰* तीर बनानेवाला कारीगर।

तीरन्दाज़ (तीरंदाज़)—[फा॰] *वि॰* १. तीर चलानेवाला। तीर मारनेवाला। २. तीर से निशाना लगाने वाला। ✣ **तीरन्दाज़ी (तीरंदाज़ी)**—*स्त्री॰* =तीर से निशाना लगाने की निपुणता/कला/विद्या।

तीर-भुक्ति—[स॰] *स्त्री॰* गंगा, गण्डकी और कौशिकी नदियों से घिरा हुआ प्रदेश। तिरहुत क्षेत्र।

तीरवर्ती—[स॰ तीरवर्तिन्] *वि॰* १. (नदी आदि के) तट पर स्थित। तटीय। २. जो किनारे पर रहता हो।

तीरस्थ—[स॰ तीर √स्था + क] *वि॰* नदी आदि के तट पर स्थित। तटीय। तटवर्ती। *पु॰* १. नदी के तट पर स्थित व्यक्ति। २. नदी के तट पर ले जाया गया मरणासन्न व्यक्ति।

तीर्ण—[स॰ √तृ + क्त] *वि॰* १. जो पार कर चुका हो। उत्तीर्ण। २. जिसे पार किया जा चुका हो। उत्तीर्ण। ३. फैला हुआ। विस्तीर्ण।

तीर्णा—[स॰ तीर्ण + टाप्] *वि॰ (स्त्री॰)* तीर्ण। (छन्द॰) एक समवर्णिक छन्द जिसके प्रत्येक चरण में क्रमशः मगण और गुरु के योग से ४ वर्ण होते हैं। 'कन्या' छन्द।

तीर्थ—[स॰ √तृ + थक्] १. पवित्र स्थान जहाँ की यात्रा या जहाँ कुछ समय रहने को लोग पुण्य प्राप्ति या मनोकामना की पूर्ति का साधन मानते हों। पुण्यक्षेत्र। २. सन्न्यासियों की एक उपाधि। ***वा॰* तीर्थ करना**—धर्म के लिए तीर्थ की यात्रा करना।

तीर्थकर—[स॰ तीर्थ √कृ + ट] *पु॰* १. जैन तीर्थंकर। २. विष्णु। ३. सन्न्यासी।

तीर्थ-काक—[स॰] १. तीर्थ का कौआ। २. लोलुप। लोभी। २. (लाक्षणिक) तीर्थयात्रियों को ठगनेवाला।

तीर्थङ्कर (तीर्थंकर)—[स॰ तीर्थ √कृ + ख] *पु॰* १. विष्णु। २. सन्न्यासी। (जैन॰) जैन सम्प्रदाय में पूज्य २४ विशेष महापुरुष।

तीर्थयात्री—*पु॰* = तीर्थयात्रा करने वाला व्यक्ति।

तीर्थराज—[स॰ तीर्थ ~ राज] *वि॰* तीर्थों में प्रमुख। *पु॰* प्रयाग।

तीर्थ-शिला—[स॰] *स्त्री॰* घाट तक जानेवाली सीढ़ियाँ।

तीर्थसेवी—[स॰ तीर्थसेविन्] *वि॰* १. तीर्थयात्री। २. जो धार्मिक श्रद्धा से तीर्थ में रहने लगा हो।

तीर्थाटक—[स॰ तीर्थ ~ अटक] *वि॰* तीर्थाटन करनेवाला। तीर्थयात्रा करनेवाला। तीर्थयात्री।

तीर्थाटन—[स॰ तीर्थ ~ अटन] *पु॰* तीर्थयात्रा।

तीर्थोदक—[स॰ तीर्थ ~ उदक] *पु॰* १. तीर्थ का जल। २. पवित्र जल।

तीर्थ्य—[स॰ तीर्थ + यत्] *पु॰* सहपाठी।

***तीवई**—*स्त्री॰* ≤ *स॰* स्त्री।

तीवट—[< स॰ त्रिवण] *पु॰* (संगीत॰) १. दोपहर में गाया जाने वाला एक राग। २. चौदह मात्राओं की एक ताल।

तीवर—[स॰ √तीर् + त्वरच्] *पु॰* १. व्याध। शिकारी। २. मछुआ।

तीव्र—[स॰ √तीव् + रक्] *वि॰* १. तेज। तीक्ष्ण। [**∇ विलोम**—मन्द।] २. अत्यन्त। अत्यधिक। बहुत ज्यादा। ३. कटु। चरपरा। ४. बहुत गरम। अति उष्ण। ५. उग्र। प्रचण्ड। विकट। ६. ऊँचा (स्वर)। ७. द्रुत। (छन्द॰) एक समवर्णिक छन्द जिसके प्रत्येक चरण में १८ वर्ण होते हैं, और जो क्रमशः ५ भगण व १ सगण के योग से बनता है। 'अश्वगति' छन्द।

तीव्रानुराग—[स॰ तीव्र ~ अनुराग] *पु॰* उत्कट प्रेम।

†तीसर—[< हि॰ तीसरा] *वि॰* तीसरा। *स्त्री॰* खेत की तीसरी जुताई।

तीसा—[देशज] *पु॰* एक प्रकार का छोटा धूसर बाज़ पक्षी जो झाड़-झंखाड़ वाले और खुले क्षेत्रों में रहना पसन्द करता है।

तीसी—[< स॰ अतसी] अलसी का पौधा या उसके बीज।

तीहा[1]—[देशज] *पु॰* धैर्य। धीरज। तसल्ली।

†तीहा[2]—*वि॰* ≤ *हि॰* तिहाई। **जैसे**—आधा-तीहा धन तो तुमने नष्ट कर दिया।

तु—[स॰ √तुद् + डु] *अव्यय* १. किन्तु। परन्तु। २. तो।

***तुअ**—[< स॰ तव] सर्व॰, *वि॰* तुम्हारा।

तुअर—[< सं॰ तुवर] *पु॰* एक अनाज। अरहर।

तुइ—*सर्व॰* ≤ *हि॰* तू। ✣ **तुई**[१]—*सर्व॰* १. तू ही। २. तू।

†**तुई**[२]—*स्त्री॰* < *हि॰* तुरई।

तुक—[देशज] *स्त्री॰* १. दो कार्यों/बातों का परस्पर सामंजस्य। ***जैसे***—उसके आने पर तुम्हारे जाने की तुक मैं जानता हूँ। २. औचित्य। ***जैसे***—बिना बुलाए जाने की कोई तुक नहीं है। ३. शब्दों के अन्तिम अक्षरों (स्वर या व्यंजन) का परस्पर मेल। ***जैसे***—'मेल' और 'रेल' में तुक मिलती है। (छन्द॰) किसी छन्द के दो चरणों के अन्त में स्वर या स्वरयुक्त व्यंजनों का परस्पर मेल। अन्त्यानुप्रास। ***जैसे***—चौपाई, दोहा आदि छन्दों में तुक अनिवार्य है। ***वा॰*** **तुक जोड़ना/मिलाना**—१. तुकान्त पद्य बनाना। कविता की पंक्तियों के अन्त में प्रयत्नपूर्वक ध्वनि-साम्य लाना। तुकबन्दी करना। **तुक बैठाना**—पद्य के अन्त में ऐसे शब्दों की योजना करना कि तुक हो जाए। तुकबन्दी करना।

***तुकङ्ग (तुकंग)**—[तुर्की] *पु॰* बन्दूक।

तुकबन्दी (तुकबंद)—[हि॰ तुक + फा॰ बन्दी] *स्त्री॰* १. तुक मिलाने की क्रिया। २. साधारण कविता या पद्य।

तुकमा—[< तुर्की तुक्मः] *पु॰* पहनने के वस्त्रों के बटन/घुण्डी आदि को फँसाने की रचना (कमीज़ आदि के) काज।

***तुका**—[< फा॰ तुकः] *पु॰* १. वह तीर जिसमें गाँसी न हो। *पु॰* तुक्का। २. व्यर्थ दिखने वाला उपाय।

तुकान्त (तुकांत)—[< हि॰ तुक + सं॰ अन्त] *वि॰* [छन्द॰] (वह पद्य कविता) जिसके चरणों के अन्त में तुक हो। अन्त्यानुप्रासवाला। ∇ **विलोम**—अतुकान्त।

तुकार—[हि॰ तु + कार] *पु॰* १. 'तू-तू' करके सम्बोधन करने की क्रिया। २. 'तू-तू' सम्बोधन।

तुक्कड़—[< हि॰ तुक] १. तुक जोड़कर कविता करनेवाला। तुकबन्दी करनेवाला। २. सामान्य पद्य रचने वाला।

तुक्का—[< फा॰ तुकः] *पु॰* १. बिना फल/गाँसी का बाण। २. (लाक्षणिक) ऐसा प्रयत्न जिसकी सफलता में सन्देह हो। व्यर्थ दिखने वाला प्रयत्न।

***तुख**—[< सं॰ तुष] *पु॰* तुष। भूसी। छिलका।

तुखारा—[< सं॰ तुषार] *पु॰* १. प्राचीन तुषार देश जो वर्तमान मध्य एशिया में शक जाति के एक कबीले का मूल स्थान था। २. उक्त देश का घोड़ा। ३. उक्त देश का निवासी। ✣ **तुखारी**—*वि॰* १. तुख़ार देश का। २. तुखार-सम्बन्धी। *पु॰* तुख़ार देश का घोड़ा।

***तुखी**—[< सं॰ तुष्ट] *वि॰* सन्तुष्ट।

तुख़्म—[फा॰] *पु॰* १. (वृक्षों, फलों आदि के) बीज। २. दाना। ३. गुठली।

तुगदर—[देशज] *पु॰* गिद्ध के आकार की एक बड़ी चिड़िया जिसके सिर पर काली कलगी होती है और पंखों के किनारों पर सफ़ेद बड़ा धब्बा होता है। हुकना।

तुङ्ग (तुंग)—[सं॰ √तुञ्ज् + घञ्, कुत्व] *वि॰* १. ऊँचा। उन्नत। २. उग्र। ३. लम्बा। ४. दृढ़। *पु॰* १. पर्वत। पहाड़। २. शिव। महादेव। (छन्द॰) एक समवर्णिक छन्द जिसके प्रत्येक चरण में क्रमशः २ नगण और २ गुरु (न न ग ग) के योग से ८ वर्ण होते हैं।

तुङ्गारण्य (तुंगारण्य)—[सं॰ तुङ्ग ~ अरण्य] *पु॰* बुन्देलखण्ड में झाँसी आदि के पास के वनों का पुराना नाम।

तुङ्गिमा (तुंगिमा)—[सं॰ तुङ्ग + इमनिच्] *स्त्री॰* ऊँचाई।

तुङ्गी (/तुंगी)(—[सं॰ तुङ्गिन्] *वि॰* ऊँचा।

तुच्छ—[सं॰ तुद् √छो + क] *वि॰* १. महत्त्वहीन या मूल्यहीन। क्षुद्र। २. नगण्य। ३. सारहीन। ४. अल्प। थोड़ा। ५. छोटा। ६. अभागा। ७. निर्धन। ग़रीब। ∇ **विलोम**—महान्। ✣ **तुच्छता**—*स्त्री॰* = तुच्छ होने की अवस्था/भाव। ✣ **तुच्छत्व**—*पु॰* = तुच्छता।

तुच्छार्थक—[सं॰ तुच्छ ~ अर्थक] *वि॰* किसी शब्द का विकृत रूप जो मूल शब्द की तुलना में तुच्छता सूचित करे। तुच्छता के भाव से युक्त अर्थवाला। ***जैसे***—'बूढ़े' का तुच्छार्थक 'बुढ़ऊ' है।

तुजक/तुजुक**—[< तुर्की तुजुक] *पु॰* १. वैभव। ऐश्वर्य। २. सज्जा। सजावट। ३. प्रबन्ध। व्यवस्था। ४. आत्मकथा। आत्मचरित। ***जैसे—तुजुकेबाबरी (= बाबर का आत्मचरित्र)

***तुट**—[< सं॰ त्रुटि] *वि॰* थोड़ा-सा। अत्यल्प।

तुट्टिय**—[< प्रा॰ तुट्टिट < सं॰ त्रुटित] *वि॰* टूटा हुआ। खंडित। छिन्न। ***जैसे—तुट्टिय पिनाक।

***तुट्ठना/तुठना**—[< प्रा॰ तुट्ठ < सं॰ तुष्ट] *क्रि॰अ॰* तुष्ट/प्रसन्न होना। *क्रि॰स॰* तुष्ट/प्रसन्न करना।

तुण्ड (तुंड)—[सं॰ √तुण्ड् + अच्] *पु॰* १. मुख। चेहरा। २. हाथी की सूँड़। ३. (सुअर का) थूथन। ४. चोंच। ५. (कारीगर का) उपकरण। औज़ार। ६. तलवार का अगला भाग।

तुण्डिक (तुंडिक)—[सं॰ तुण्डि √कै + क] *वि॰* थूथनवाला।

तुण्डिका (तुंडिका)—[सं॰ तुण्ड + कन् + टाप्] *स्त्री॰* १. बिम्बाफल। कुन्दरू। २. चोंच। ● **विशेष**—जिह्वामूल के दोनों ओर स्थित मांसखंडों को **'गलतुंडिका'** (अ॰ टान्सिल्स) कहा जाता है।

तुण्डिभ (तुंडिभ)—[सं॰ तुण्डि + भ] जिसकी नाभि/टुंड़ी आगे निकली हुई हो। तोंदवाला। तुन्दिल।

तुण्डिल (तुंडिल)—[सं॰ तुण्ड + इलच्] *वि॰* १. बहुत बोलने वाला। बातूनी। गप्पी। २. तोंदवाला। तुन्दिल।

तुण्डी[१] **(तुंडी)**—*वि॰* तुंड से युक्त। मुँह, सूँड़, चोंच या थूथन वाला। *पु॰* गणेश।

तुण्डी[२] **(तुंडी**[२] **)**—[सं॰ तुण्डि + ङीप्] *स्त्री॰* नाभि। टुँड़ी।

***तुतरा**—*वि॰* ≤ *हि॰* तुतला। तोतला।

तुतलाना—[अनु॰] *क्रि॰अ॰* प्राकृतिक रूप से, उच्चारण अवयवों में दोष के कारण, या शिशु अवस्था में/अस्पष्ट बोलना तथा तवर्ण का ही उच्चारण अन्य अनेक वर्णों के लिए भी करना।

तुतली—[< हि॰ तुतला] *वि॰ (स्त्री॰)* जो तुतलाकर बोलती हो। तोतली।

*तुद—[< सं॰ √तुद्] पु॰ पीड़ा। कष्ट। व्यथा।

तुन[1]—[अनु॰] पु॰ 'तुन' की ध्वनि। जैसे—तुन-तुन करना। वा॰ तुन-फुन करना—१. कुछ क्रोध के साथ परन्तु स्पष्टतः असहमति प्रकट न करते हुए आनाकानी करना। २. उलटा-सीधा बोलना।

तुन[2]—[देशज] एक प्रकार का बड़ा वृक्ष जिसकी लकड़ी हल्की, मज़बूत और लाल रंग की होती है।

तुनक[1]—[< फा॰ तुनुक] वि॰ १. थोड़ा। तनिक। २. कोमल। ३. क्षीणकाय। दुबला-पतला।

तुनक[2]—[< हि॰ तुनकना] स्त्री॰ १. तुनकने की क्रिया/भाव। झुँझलाहट। २. पतंग उड़ाते समय डोर को दिया जाने वाला झटका।

तुनतुनी—[< हि॰ तुन-तुन] स्त्री॰ एक छोटा वाद्य जिससे 'तुन-तुन' ध्वनि निकलती है।

तुन्द (तुंद)—[सं॰ √ तुद् + दन्, पृषो॰] स्त्री॰ पेट। तौंद। ✣ तुन्दवान्—वि॰ = जिसका पेट बड़ा हो। तोंदवाला।

तुन्दिक (तुंदिक)—[सं॰ तुन्द + ठन्] वि॰ बढ़े हुए पेट वाला। तोंदवाला। तुन्दिल।

तुन्दिका (तुंदिका)—[सं॰ तुन्दिक + टाप्] स्त्री॰ नाभि। ढुँड़ी।

तुन्दिल (तुंदिल)—[सं॰ तुन्द + इलच्] वि॰ जिसकी तोंद निकली हुई हो। तोंदवाला।

तुन्दी[1] (तुंदी[1])—[सं॰ तुन्दिन] वि॰ तोंदवाला। तुन्दिल।

तुन्दी[2] (तुंदी[2])—[सं॰ तुन्द + ङीप्] स्त्री॰ नाभि। ढुँड़ी।

तुपक—[तुर्की] स्त्री॰ १. छोटी तोप। २. कड़ाबीन नामक बन्दूक़ जी पहले काम में आती थी। ✣ तुपकची—पु॰ = १. छोटी तोप चलानेवाला। २. कड़ाबीन बन्दूक़ चलानेवाला। ✣ तुपकदार—वि॰ = तुपकवाला।

तुफ़ैल—[अरबी] पु॰ १. कारण। द्वारा। २. अनुग्रह। कृपा। जैसे—उसे यह नौकरी आपके तुफ़ैल से मिली।

*तुबक—स्त्री॰ ≤ हि॰ तुपक।

*तुम्भना—[< सं॰ स्तम्भन] क्रिअ॰ १.आश्चर्यचकित हो जाना। स्तब्ध हो जाना। २. थक जाना। ३. मुग्ध होकर अचल हो जाना।

तुम—[< सं॰ त्वम्] सर्व॰ किसी व्यक्ति को सम्बोधित करने के लिए प्रयुक्त शब्द। 'आप' से कम शिष्ट शब्द परन्तु 'तू' का शिष्ट रूप। वा॰ तुम-ताम करना—अशिष्टता से बात करना। गाली देना।

तुमड़ी—[< सं॰ तुम्बक] स्त्री॰ १. सूखा कद्दू। २. उक्त का गूदा आदि निकालकर बनाया हुआ पात्र जो प्रायः साधु-सन्यासी रखते हैं।

तुमरी[1]—[< हि॰ तुम] सर्व॰ वि॰ (स्त्री॰) तुम्हारी। जैसे—तुमरी कृपा से।

†तुमरी[2]—[< सं॰ तुम्बक] स्त्री॰ तुमड़ी। तूँबी।

तुमाना—[हि॰ 'तूमना' का प्रेरणा॰] क्रिस॰ रुई धुनवाना।

तुमुल—[सं॰ √तु + मुलक्] वि॰ १. शोर मचानेवाला। २. तीव्र। प्रचंड। घोर। जैसे—तुमुल युद्ध। पु॰ कई ध्वनियों से मिलकर उत्पन्न हुई ध्वनि। कोलाहल। शोर। २. सेना का कोलाहल। युद्ध का शोर।

तुम्ब (तुंब)—[सं॰ √तुम्ब् + अच्] १. लौकी। घीया। २. आँवला। ३. (सुखायी हुई लौकी का) तूँबा।

तुम्बड़ी[1] (तुंबड़ी[1])—स्त्री॰ ≤ हि॰ तूँबड़ी।

तुम्बड़ी[2] (तुंबड़ी[2])—[देशज] स्त्री॰ एक वृक्ष जिसकी लकड़ी अन्दर से सफ़ेद होती है तथा मकानों में लगायी जाती है।

तुम्बर (तुंबर)—[< सं॰ तुम्बुस] पु॰ (संगीत॰) वीणा का एक भेद। तानपूरा।

तुम्बा (तुंबा)—[सं॰ तुम्ब + टाप्] स्त्री॰ कड़वी लौकी/घीया। पु॰ (उक्त से बना) तूँबा।

तुम्बिका/तुम्बी (तुंबिका/तुंबी)—[सं॰ तुम्बक + टाप्, इत्व, तुम्बिन्] स्त्री॰ १. कड़वी लौकी/घीया। २. उक्त को सुखाकर बनाया गया छोटा पात्र। तूँबी।

तुर—[सं॰ √तुर् + क] वि॰ तेज़ चलनेवाला। शीघ्रगामी। क्रिवि॰ तत्काल। तुरन्त। शीघ्र। जल्दी।

तुरई[1]—[< हि॰ तुरही] स्त्री॰ १. तुरही नामक वाद्य। तूर्य। २. लौकी/घीया। तोरी की बेल। ३. लौकी। घीया। तोरी। वा॰ तुरई का फूल होना—शीघ्र समाप्त हो जाने वाली वस्तु होना। तुरई के फूल-सा—१. बहुत कोमल और हल्का। २. जिसका कोई विशेष महत्त्व, मान या मूल्य न हो।

तुरग—[सं॰ तुर √गम् + ड] वि॰ तेज़ चलनेवाला। पु॰ अश्व। घोड़ा। ✣ तुरगी[1]—वि॰ (स्त्री॰) स्त्री = घोडी।

तुरगी[2]—[सं॰ तुर्रगन्] पु॰ अश्वारोही। घुड़सवार।

तुरङ्ग (तुरंग)—[सं॰ तुर √गम् + खच्] पु॰ १. घोड़ा। २. मन। चित्त। ३. (पद्य आदि में) सात की संख्या।

तुरङ्गम (तुरंगम)—[सं॰ तुर √गम् + खच्, मुम्] पु॰ १. अश्व। घोड़ा। २. मन। ✣ तुरङ्गमी (तुरंगमी)—पु॰ = अश्वारोही। घुड़सवार। ✣ तुरंङ्गी[1] (तुरंगी[1])—पु॰ = अश्वारोही। घुड़सवार। स्त्री॰ = घोड़ी।

*तुरञ्ज (तुरंज)—[< फा॰ तुरुंज] पु॰ १. बिजौरा नीबू। २. चकोतरा नीबू।

तुरतुरा—[< सं॰ तुर ~ त्वरा] वि॰ १. वेगवान्। तेज़। २. जल्दबाज़। ३. जल्दी-जल्दी बोलनेवाला। ✣ तुरतुरिया—वि॰ = तुरतुरा।

तुरपन—[< हि॰ तुरपना] स्त्री॰ १. सिलाई में तुरपने की क्रिया/भाव। २. सुई-धागे से लगाए गए कच्चे टाँके या बखिया। ३. सिलाई।

*तुरय—[< सं॰ तुरग] पु॰ घोड़ा।

तुरसावा—[देशज] पु॰ एक खनिज जिसके अल्पपारदर्शक भेदों से रत्न बनते हैं। (अं॰ ज़र्कन)।

*तुरसी[1]—स्त्री॰ ≤ सं॰ तुलसी। तुलसी का पौधा। जैसे— तुरसी का बिरवा।

*तुरसी[2]—[< फा॰ तुर्शी] स्त्री॰ १. खटाई। २. अम्लता। खट्टापन। ✣ तुरसीला—वि॰ १. कुछ खट्टा। २. तीखा। पैना।

तुरही—[< सं॰ तूर] फूँककर बजाया जानेवाला धातु-निर्मित एक वाद्य।

तुरा[१]—[< हि॰ तुर्रा] १. अलक। लट। ज़ुल्फ़। २. पक्षियों की शिखा/ कलग़ी। ३. पगड़ी आदि में लगा हुआ फूलों का गुच्छा या कलग़ी।

तुरा[२]—[< स॰ त्वरा] *स्त्री॰* शीघ्रता। जल्दी।

***तुरा**[३]—[< स॰ तुरग] *पु॰* अश्व। घोड़ा।

तुराई[१]—[< हि॰ तुराना] *स्त्री॰* १. जल्दी। २. आतुरता। ३. उतावली। *क्रिवि॰* १. जल्दी से। तत्काल। तुरन्त। २. उतावली से। आतुरतापूर्वक।

†**तुराई**[२]—[< स॰ तूल (=रुई)] १. (बिछाने का) रुई का गद्दा। । २. (ओढ़ने की) रुई की रज़ाई। दुलाई।

***तुराट**—[< स॰ तुरग] *पु॰* अश्व। घोड़ा।

***तुराना**—[< स॰ तुर] *क्रिअ॰* १. जल्दी मचाना। शीघ्रता करना। २. आतुर होना। उतावली करना। ✣ **तुराय**—*क्रिवि॰* = आतुर/ उतावले होकर। आतुरतापूर्वक।

***तुरास**—[स॰ त्वरा] *क्रिवि॰* १. वेग से। वेगपूर्वक। २. जल्दी से। शीघ्रतापूर्वक। *पु॰* वेग।

***तुरिअ**—[स॰ तुरग] *पु॰* अश्व। घोड़ा।

***तुरिय**[१]/**तुरिया**—[< स॰ तुरीय] *पु॰* जाग्रत, स्वप्न और सुषुप्ति से भिन्न चौथी अवस्था। तुरीय अवस्था।

***तुरिय**[२]—[< हि॰ तुरा] *पु॰* अश्व। घोड़ा।

तुरी[१]—[< स॰ तुरगी] *स्त्री॰* १. घोड़ी। २. घोड़े की लगाम। *पु॰* अश्वारोही। घुड़सवार।

तुरी[२]—[< स॰ त्वरा] *स्त्री॰* १. शीघ्रता। जल्दी। २. जल्दबाज़ी। *वि॰ (स्त्री॰)* तेज़ चलने वाली। शीघ्रगामिनी। वेगवती।

तुरी[३]—[स॰ √तुर् + इन् + ङीप्] *स्त्री॰* बुनकरों का एक उपकरण जिससे बाने का सूत भरा जाता है।

तुरी[४]—[< अरबी तुर्रा] *स्त्री॰* १. फूलों की लड़ियों का गुच्छा। २. मोतियाँ आदि का झब्बा जो पगड़ी पर लगाते हैं।

तुरीय—[स॰ चतुर् + छ, च -लोप] *वि॰* १. चतुर्थ। चौथा। २. चौथा भाग। चौथाई। ३. गतिशील। *पु॰* (योग॰) मनुष्य की जाग्रत, स्वप्न और सुषुप्ति से भिन्न चौथी अवस्था। तुर्यावस्था।

तुरुष्क—[स॰ तुरुष् + कन्] *पु॰* १. तुर्क जाति। २. उक्त जाति का मनुष्य। तुर्क व्यक्ति। ✣ **तुरुष्कपति**—*पु॰*= तुर्कों का राजा/सरदार।

***तुरै**—[< प्रा॰ तुरय < स॰ तुरग] *पु॰*=अश्व। घोड़ा।

तुर्य—[स॰ चतुर् + यत्, चु-लोप] *वि॰* चतुर्थ। चौथा। *पु॰* चौथा भाग। चौथाई। ✣ **तुर्या**—*वि॰ (स्त्री॰)* = चौथी।

तुर्रा—[< अरबी तुर्रः] *पु॰* १. अलक। लट। ज़ुल्फ़। २. पगड़ी पर लगाया जाने वाला सुनहले तारों का गुच्छा। ३. टोपी/पगड़ी में लगा हुआ फूलों का गुच्छा, मोतियों आदि का लच्छा या पक्षी का पर इत्यादि। कलग़ी। ४. (पक्षियों के सिर पर की) कलग़ी। ५. अद्‌भुतता। विलक्षणता। ६. किसी वस्तु में लगा हुआ अच्छा हाशिया। ७. मकान का छज्जा। ८. एक भूरी चिड़िया जिसकी दुम सफ़ेद-काली होती है। **वा॰ तुर्रा यह कि**—१. इस पर भी। २. इतना और। ३. विचित्र बात यह भी है कि।

तुर्श—[फा॰] *वि॰* खट्टा। ✣ †**तुर्शाई**—*स्त्री॰* तुर्शी। (दे॰)। ✣ **तुर्शाना**—*क्रिअ॰* खट्टा हो जाना। ✣ **तुर्शी**—*स्त्री॰* = १. अम्लता। खट्टापन। खटास। २. (लाक्षणिक) क्रोध। रुष्टता।

तुलनात्मक—[स॰ तुलना ~ आत्मक] *वि॰* जिसमें दो या अधिक व्यक्तियों/वस्तुओं में समानता और अन्तर दिखाया/किया जाए। तुलनायुक्त। २. तुलना-सम्बन्धी। तुलनापरक।

तुलनित्र—[< स॰ तुलना] *पु॰* तुलना करनेवाला उपकरण। (भौतिकी॰) १. एक इलेक्ट्रानिक परिपथ जो दो संकेतों (अ॰ सिग्नल) की तुलना करता है। २. एक इलेक्ट्रानिक उपकरण जो किसी राशि की माप कर परिशुद्ध मानक से उसकी तुलना करता है।

तुलनीय—[स॰ √तुल् + अनीयर्] *वि॰* तुलना किए जाने योग्य। जिससे तुलना की जा सके।

तुलबा—[अरबी 'तालिब' का बहु॰] *पु॰* विद्यार्थीगण।

***तुलसीस**—[< स॰ तुलसीश] *पु॰* गोस्वामी तुलसीदास के स्वामी/ आराध्य। राम।

***तुलसीस्वरी**—[< स॰ तुलसीश्वरी] *स्त्री॰* (राम-भक्त कवि) गोस्वामी तुलसीदास की स्वामिनी/आराध्या। सीता।

तुला—[स॰ √तुल् + अङ् + टाप्] १. तराज़ू। २. तौल। माप। (ज्योतिष॰) मेष आदि राशियों में सातवीं राशि।

तुलाई[१]—[< हि॰ तौलना] *स्त्री॰* तौलने की क्रिया/भाव/मज़दूरी।

***तुलाई**[२]—[< स॰ तूल (= रुई)] *स्त्री॰* रज़ाई। लिहाफ़।

तुलाई[३]—[< हि॰ तूलना] *स्त्री॰* गाड़ी के पहिए में तेल देना। औंगाने की क्रिया/भाव।

तुलादान—[स॰ तुला ~ दान] *पु॰* अपने शरीर के भार के बराबर तौल कर दिया जाने वाला अन्न/चाँदी/सोना/सिक्कों आदि का दान।

तुलादिबिन्दु (तुलादिबिंदु)—[स॰ तुला ~ आदि ~ बिन्दु] *पु॰* (खगोल॰) आकाश में तुला राशि के आरम्भ का बिन्दु। वह बिन्दु जिसपर सूर्य शरद्-विषुव के दिन होता है।

तुलाधार—[स॰ तुला √धृ + अण्] *पु॰* १. वणिक्। बनिया। २. व्यवसायी। सौदागर। ३. तराज़ू की डोरियाँ जिनमें पलड़े बँधे होते हैं। ४. (आकाश की) तुला राशि।

तुला-मान—[स॰] *पु॰* १. तराज़ू की डंडी। २. तौलने से ज्ञात भार/ वज़न। ३. तराज़ू के बाट। बटखरा।

तुला-यष्टि—[स॰] *स्त्री॰* तराज़ू की डंडी।

तुल्य—[स॰ तुला + यत्] *वि॰* १. जो किसी की तुलनाा में समान हो। समान। बराबर। २. सदृश। अनुरूप। ३. एक-सा। अभिन्न। ✣ **तुल्यकक्ष**—*पु॰* = समान स्तर का। ✣ **तुल्यकालन**—*पु॰* = १. दो बातों/कामों को एक ही समय करना। २. (दो या अधिक घड़ियों का) समय मिलाना। ३. विभिन्न घटनाओं को एक ही समय घटित बताना या सिद्ध करना। ✣ **तुल्यगुण**—*वि॰* = समान गुणों वाले। ✣ **तुल्यजातीय**—*वि॰* = १. एक ही जाति का। २. किसी की जाति के समान स्तर की जाति का। ३. समान स्तर की जातियों के (व्यक्ति)।

तुल्ययोगिता—[सं॰ तुल्ययोगिन् + तल् + टाप्] *स्त्री॰* (काव्य॰) एक अर्थालंकार जो अनेक उपमेयों/उपमानों का एक ही धर्म कहा जाने पर होता है।

तुल्ययोगी—[सं॰ तुल्ययोगिन्] *वि॰* समान सम्बन्ध वाला।

तुल्यवृत्ति—[सं॰ तुल्य ~ वृत्ति] *वि॰* समान वृत्ति/व्यवसाय वाला।

तुवर—[सं॰ √तु + स्वरच्] *वि॰* १. कसैला। २. बिना दाढ़ी-मूँछ का। *पु॰* १. अरहर। २. कषाय/कसैला रस।

तुवरिका—[सं॰ तुवर + ठन् + टाप्] *स्त्री॰* १. गोपीचन्दन। २. अरहर।

तुवरी—[सं॰ तुवर + ङीष्] *स्त्री॰* गोपीचन्दन। २. अरहर। ३. तोरी। घीया। लौकी।

तुष—[सं॰ √तुष् + क] *पु॰* १. अन्न पर का छिलका। भूसी। २. अंडे के ऊपर का छिलका।

तुषधान्य—[सं॰ तुष ~ धान्य] *पु॰* छिलकेवाला अन्न।

तुषाग्नि/तुषानल—[सं॰ तुष ~ अग्नि/अनल] *पु॰* भूसी की आग। तुषाग्नि।

तुषाभ—[सं॰ तुष ~ आभा] *पु॰* (वनस्पति॰) घासों में पाए जानेवाले तुष के आकार वाले पादप-अंग। (अ॰ ग्लमोसिअस)

तुषार—[सं॰ √तुष् + आरक्] *पु॰* १. शीतकाल में हवा में मिली भाप जो जमकर श्वेत कणों के रूप में पृथ्वी पर गिरती है। हिम। पाला। २. चीनिया कपूर। ३. हिमालय के उत्तर का एक प्राचीन देश जहाँ के घोड़े काभी प्रसिद्ध थे। *वि॰* १. बर्फ़ की तरह ठंडा। २. कुहरे/ओस/पाले का। तुख़ार। ✣ **तुषार-कण**—*पु॰* = १. हिम-कण। बर्फ का कण। बर्फ़ का बहुत थोड़ा अंश। २. ओस की बूँद। ओस। ✣ **तुषारकर**—*पु॰* = १. चन्द्रमा। २. कपूर।

तुषार-गिरि—[सं॰] *पु॰* बर्फ़ से सदा ढँका रहनेवाला पर्वत हिमालय।

तुषारगौर—[सं॰ तुषार ~ गौर] *वि॰* जो बर्फ़ के समान सफ़ेद रंग वाला हो। *पु॰* कपूर।

तुषार-दव—[सं॰] *पु॰* पाले की आग।

तुषारद्युति, (तुषारद्युति)—[सं॰ तुषार ~ द्युति] *वि॰* बर्फ़ के समान चमकवाला। *पु॰* चन्द्रमा।

तुषारमूर्ति/तुषाररश्मि—[सं॰ तुषार ~ मूर्ति/रश्मि] *पु॰* चन्द्रमा।

तुषारर्तु—[सं॰ तुषार ~ ऋतु] *स्त्री॰* तुषार ऋतु। जाड़े की ऋतु।

तुषारांशु—[सं॰ तुषार ~ अंशु] *पु॰* चन्द्रमा।

तुषाराद्रि—[सं॰ तुषार ~ अद्रि] *पु॰* तुषार-गिरि। हिमालय पर्वत।

तुष्ट—[सं॰ √तुष् + क्त] *वि॰* सन्तुष्ट। प्रसन्न। तृप्त। ✣ **तुष्टता**—*स्त्री॰*= १. तुष्ट होने की अवस्था/भाव। २. सन्तोष। प्रसन्नता। तृप्ति।

तुष्टि—[सं॰ √तुष् + क्तिन्] *स्त्री॰* तुष्ट होने की अवस्था/भाव। सन्तोष। तृप्ति। प्रसन्नता। ✣ **तुष्टिकर**—*वि॰* = तुष्टि करने/देने वाला। प्रसन्न करनेवाला।

तुष्टीकरण—[सं॰ तुष्टि + च्वि + करण] *पु॰* किसी को तुष्ट रखने की क्रिया/भाव। सन्तुष्ट करना। (राज॰) अन्यायियों आक्रमणकारियों/शत्रुओं/अत्याचारियों की अनुचित माँगें स्वीकार करके उन्हें प्रसन्न करने की प्रवृत्ति। शत्रु के आगे झुक जाना।

***तुस**—[< सं॰ तुष] *पु॰* भूसी। ✣ **तुस कन**—*पु॰* = भूसी के कण। तुष-कण।

***तुसी**—[< हि॰ तुस] *स्त्री॰* तुष। भूसी।

तुहिन—[सं॰ √तुह् + इनन्] *पु॰* १. हिम। बर्फ़। २. चाँदनी। ३. पाला। (भूविज्ञान॰) जमे हुए जल के छोटे-छोटे श्वेत केलास जो वायु के जल-वाष्प से (शून्य अंश सेल्सियस से कम तापमान पर) बनते हैं। हिम। (अ॰ स्नो)। ✣**तुहिनकण**—पु॰=ओस की बूँदें। ओस-कण। तुहिन बिन्दु।

तुहिनकर/तुहिनकिरण—[सं॰ तुहिन कर/किरण] *पु॰* चन्द्रमा।

तुहिनांशु—[सं॰ तुहिन ~ अंशु] *पु॰* चन्द्रमा।

तुहिनाभिभूत—[सं॰ तुहिन ~ अभिभूत] *वि॰* जिसपर पाला पड़ गया हो। ***जैसे***—तुहिनाभिभूत कमल।

तूअर—[< सं॰ तूवर] *पु॰* १. अरहर का पौधा। २. अरहर के दाने।

***तूखना**—[< सं॰ तोषण] *क्रिअ॰* तुष्ट/सन्तुष्ट होना। *क्रिस॰* तुष्ट/सन्तुष्ट करना।

***तूठना**—[< प्रा॰ तुट्ठ < सं॰ तुष्ट] *क्रिअ॰* १. तुष्ट/सन्तुष्ट होना। २. तृप्त होना। अघाना। ३. प्रसन्न होना।

तूण—[सं॰ √तूण् + घञ्] *पु॰* तूणीर। तरकस। (छन्द॰) चामर नामक वर्णिक छन्द।

तूणी[१]—[सं॰ तूण + ङीष्] *स्त्री॰* तूणीर। तरकश।

तूणी[२]—[< सं॰ तूणिन्] *स्त्री॰* तूणीर/तरकश धारण करनेवाला। तूणीरधारी।

†तूणी[३]—[< सं॰ तूणीक] *पु॰* तुन वृक्ष।

तूणीक—[सं॰ तूणी √कै + क] *पु॰* तुन वृक्ष।

तूणीर—[सं॰ √तूण् + ईरन्] *पु॰* बाण रखने का आधान। निषंग। तरकश।

तूतिया—[< सं॰ तुत्थ] *पु॰* नीला थोथा।

तूती—[फा॰] *स्त्री॰* १. बाँसुरी के आकार का एक पतला लम्बा सुषिर वाद्य। २. एक छोटी चिड़िया जो मटमैले रंग की होती है तथा मधुर ध्वनि वाली होती है।

तूदा—[< फा॰ तूदः] १. मिट्टी के ढेर से बनाया गया सीमा-चिह्न।

तून[१]—[< सं॰ तूणी] *पु॰* १. एक बड़ा वृक्ष जिसकी लकड़ी उत्तम, हल्की और लाल होती है और पहले जिसके फूलों के रंग से कपड़े रंगे जाते थे। तुन का वृक्ष। २. एक प्रकार का चटकीले लाल रंग का कपड़ा। ● **विशेष**—तून के फूलों के रंग से रंगे जाने के कारण इस कपड़े का यह नाम पड़ा था।

***तून[२]**—[< सं॰ तूण] *पु॰* तूणीर। तरकश।

†तूना—[< हि॰ चूना] *क्रिअ॰* १. पानी आदि का बूँद-बूँद गिरना। चूना। टपकना। २. खड़ा न रह पाना। गिरना। ३. गर्भ गिरना। गर्भस्राव। गर्भपात होना।

तूनी—[< सं॰ तूणी] *पु॰* तून वृक्ष।

तूबर—[सं॰ तु √वृ, पृषो॰] *पु॰* १. बिना सींग का बैल। २. बिना दाढ़ी का पुरुष। ३. नपुंसक। हिजड़ा।

तूबरी—[स॰ तूबर + ङीष्] *स्त्री॰* १. गोपीचन्दन। २. अरहर।

तूम—[< स॰ स्तोम] *पु॰* १. एकत्रीकरण। २. राशि। ढेर।

तूमड़ी—[< हि॰ तूँबा] *स्त्री॰* १. तूँबी। २. तूँबी से बना एक वाद्य जिसे सँपेरे बजाते हैं।

तूम-तड़ाक—[< हि॰ धूम-धड़ाका] *स्त्री॰* १. तड़क-भड़क। २. आडम्बर। दिखावा। ३. ऐश्वर्य/गर्व का दिखावा। ठसक।

तूमना—[< हि॰ तूम < स॰ स्तोम] *क्रिस॰* १. एकत्र करना। ढेर लगाना। २. किसी वस्तु (रुई आदि) के रेशे नोच-नोचकर अलग करना या रुई आदि धुनना।

†**तूमरा**—[< हि॰ तूँबा] *पु॰* तूमड़ी। तूँबा। ✣ **तूमरी**—*स्त्री॰* = तूमड़ी।

तूमार—[अरबी] *पु॰* १. लम्बा-चौड़ा विवरण या वृत्तान्त। २. झूठी बातों की अधिकता। ३. बड़ा ढेर। ४. साधारण बात को व्यर्थ ही बढ़ा देना। अनावश्यक विस्तार।

तूमी—*स्त्री॰* ≤ हि॰ तूँबी। तूमड़ी।

तूया—[देशज] *स्त्री॰* काली सरसों।

तूर[१]—[स॰ √तूर् + घञ्] *पु॰* तुरही नामक वाद्य। तूर्य।

तूर[२]—[अरबी] *पु॰* १. एक पर्वत जिस पर सन्त मूसा ने दिव्य प्रकाश देखा था। २. (लाक्षणिक) दिव्य प्रकाश। अलौकिक ज्ञान का प्रकाश।

तूर[४]—[< फा॰ तूल] *स्त्री॰* बुनकरों द्वारा प्रयुक्त ताना लपेटने की लकड़ी।

***तूर**[५]—[< स॰ तूल] *स्त्री॰* १. कपास। २. रुई।

***तूर**[६]—[< स॰ तुल्य] *वि॰* तुल्य। समान।

***तूरज**—[< स॰ तूर्य] *पु॰* तुरही नामक वाद्य। तूर्य।

***तूरण**—[< स॰ तूर्ण] *क्रिवि॰* १. तत्काल। तुरन्त। २. शीघ्र।

***तूरना**[१]—*क्रिस॰* ≤ *हि॰* तोड़ना।

***तूरना**[२]—[< स॰ तूर्ण] *पु॰* तुरही नामक वाद्य। तूर्य।

तूरा—[< स॰ तूर] *पु॰* तुरही नामक वाद्य।

तूरान—[फा॰] *पु॰* तुर्किस्तान देश। तातार देश। मध्य एशिया का क्षेत्र।

तूरानी—[फा॰] *वि॰* तूरान-सम्बन्धी। तूरान का। *पु॰* तूरान का निवासी। तातारी। *स्त्री॰* १. तूरान की भाषा। २. उक्त भाषा की लिपि।

***तूरि**—[< स॰ तूर्य] एक वाद्य। तूर्य। तुरही।

तूरी—[स॰ √तूर् + अच् + ङीष्] *स्त्री॰* धतूरे का वृक्ष।

तूर्ण—[स॰ √त्वर् + क्त, ऊठत, →न] *वि॰* वेगवान्। क्षिप्र। तेज़। *क्रिवि॰* शीघ्र। तेज़ी से।

***तूर्य**[१]—[< स॰ तुरीय] *वि॰* १. चौथा। २. तुरीय (अवस्था)।

तूर्य[२]—[स॰ √तूर् + ण्यत्] *पु॰* तुरही (वाद्य)। नरसिंहा (बाजा)।

तूल[१]—[स॰ √तूल् + क] *पु॰* १. आकाश। २. वायुमंडल। ३. रुई। ४. शहतूत का वृक्ष। ५. धतूरा। ६. तृण की नोक।

तूल[२]—[< स॰ तुल्य] *वि॰* तुल्य। बराबर।

तूल[३]—[< हि॰ तून] *पु॰* १. एक वृक्ष जिसके पुष्पों से वस्त्र चटकीले लाल रंग में रँगे जाते हैं। तून का वृक्ष। २. गहरा और चटकीला लाल रंग। ३. उक्त रंग का सूती वस्त्र।

तूल[४]—[अरबी] पु॰=१. लम्बाई। लम्बाई की दिशा में विस्तार। २. ढेर। ***वा॰* तूल खींचना**—किसी छोटी-सी बात को बहुत बढ़ाना। **तूल देना**—१. बढ़ाना। २. व्यर्थ का विस्तार करना। **तूल पकड़ना**—किसी बात का उग्र रूप धारण करना।

तूलक—[स॰ तूल + कन्] *पु॰* १. कपास। २. रुई।

तूल-धनुष—[स॰] *पु॰* रुई धुनने का उपकरण। धुनकी। धुनही।

तूल-तवील—[अरबी] *वि॰* बहुत लम्बा-चौड़ा। विशाल। विस्तृत।

तूला[१]—[स॰ √तूल् + अच् + टाप्] *स्त्री॰* १. कपास या उसका पेड़। २. रुई। ३. दीपक की बत्ती।

तूलिका—[स॰ तूलि + कन् + टाप्] *स्त्री॰* १. चित्रकार की कूची। लेखनी। २. रुई की बत्ती। ३. रुई-भरा हल्का गद्दा। रज़ाई। ४. बढ़ई का एक उपकरण जिससे वह लकड़ी में छेद करता है। बर्मा।

तूली—[स॰ तूलि + ङीप्] *स्त्री॰* १. रुई। २. रुई की बनी दीपक की बत्ती। २. चित्रकार की कूची। ३. जुलाहे की कूची।

तूवर/तूवरक—[स॰ तु + वरच् दीर्घ, स॰ तूवर + कन्] *पु॰* १. बिना सींग का बैल। २. बिना दाढ़ी-मूँछों का पुरुष। ३. कसैला स्वाद। ४. नपुंसक। हिजड़ा। ५. अरहर।

तूस—[< तिब्बती थोश] *पु॰* कश्मीर आदि पर्वतीय प्रदेशों की भेड़ों/बकरियों से प्राप्त कोमल और उत्तम ऊन। पश्म। २. उक्त ऊन का बना हुआ कम्बल। ३. उक्त ऊन की बनी चादर। पश्मीना। ✣ **तूसी**—*वि॰* = तूस की बनी (वस्तु)। पश्म की।

तूसी—[< स॰ तुष्] *वि॰* धान की भूसी के रंग का। *पु॰* उक्त प्रकार का रंग।

तूँबा—[< स॰ तुम्बक] *पु॰* १. कड़ुआ गोल कद्दू। २. उक्त का सूखा रूप जिसके सहारे नदी आदि को पार करते हैं। ३.कद्दू को खोखला करके बनाया गया पात्र जो साधु-महात्मा रखते हैं। (संगीत॰) तानपूरे या सितार आदि का निचला हिस्सा। ✣ **तूँबी**—*स्त्री॰* = छोटा तूँबा।

तृण—[स॰ √तृण् + घञ्] *पु॰* १. तिनका। २. घास। ३. खर-पात। ३. नरकुल। सरपत। ● **विशेष**—'तृण' के ***वा॰*** (वाग्बन्ध/मुहावरों) के साथ ही 'तिनका' के ***वा॰*** (वाग्बन्ध/मुहावरे) भी द्रष्टव्य हैं। ***वा॰* तृण को वज्र और वज्र को तृण बनाना**—निर्बल को बलवान् और बलवान् को निर्बल बनाना। **तृण तोड़ना**—१. किसी सुन्दर वस्तु को नज़र लगाने से बचाने के लिए तिनका तोड़ना। २. सम्बन्ध तोड़ना। **तृण बराबर**—अति तुच्छ। नगण्य। ✣ **तृण-जल**—*पु॰* = १. खाना-पीना। भोजन। २. जीविका। ✣ **तृणमात्र**—*पु॰* = केवल तृण। *क्रिवि॰* तनिक भी।

तृणकीय—[स॰ तृण + छ, कुक्] *पु॰* ऐसी भूमि जिस पर घास उगी हुई हो।

तृणचय—[स॰ तृण ~ चय] *पु॰* तृणों का समूह। घास का ढेर। तृण-समूह।

तृणचर—[स॰ तृण √चर् + अच्] *वि॰* घास चरनेवाला। *पु॰* १. पशु। जानवर। २. गोमेद (रत्न)।

तृणधान्य—[स॰ तृण ~ धान्य] १. तिन्नी नामक धान या उसका चावल। नीवार। २. सावाँ नामक एक क्षुद्र अन्न।

तृणपञ्चमूल (तृणपंचमूल)—[सं॰ तृण ~ पञ्चमूल] *पुं॰* (आयुर्वेद॰) कुश, काँस, सरकंडा, काश (डाभ) और गन्ने के मूल का मिश्रण।

तृणपर्णी—[सं॰ तृणपर्णिन्] *वि॰* [वनस्पति॰] (वे पादप) जिनकी पत्तियाँ घास की पत्तियों के सदृश होती हैं।

तृणमणि—[सं॰ तृण ~ मणि] *स्त्री॰* एक प्रकार का सफ़ेद पत्थर जो हाथ पर घिसने से तिनकों को खींचने लगता है। कर्पूरमणि।

तृणाटवी—[सं॰ तृण ~ अटवी] *स्त्री॰* ऐसा वन जिसमें घास बहुत हो।

तृणावर्त—[सं॰ तृण ~ आवर्त] *पुं॰* १. हवा का बवंडर। चक्रवात। २. एक दैत्य जिसे कृष्ण ने बाल्यावस्था में मारा था।

तृणाशन—[सं॰ तृण ~ अशन] *पुं॰* घास का भोजन। शाक-पत्र। साग-पात।

तृणासन—[सं॰ तृण-आसन] *पुं॰* तिनकों का या घास का बना हुआ आसन।

तृतीया—[सं॰ तृतीय + टाप्] *वि॰* तीसरी। *स्त्री॰* १. किसी चन्द्र पक्ष की तीसरी तिथि। तीज। २. (व्या॰) करण कारक की विभक्ति। ✣ **तृतीया प्रकृति**—*पुं॰, स्त्री॰* = पुरुष और स्त्री से भिन्न तृतीय प्रकृति का व्यक्ति। नपुंसक। हिजड़ा। तृतीयप्रकृति।

तृतीयाश्रम—[सं॰ तृतीय ~ आश्रम] *पुं॰* (चार आश्रमों में से) तीसरा आश्रम। वानप्रस्थ आश्रम।

तृप्त—[सं॰ √तृप् + क्त] *वि॰* १. तुष्ट। सन्तुष्ट। २. अघाया हुआ। ∇ **विलोम**—अतृप्त।

तृप्ति—[सं॰ √तृप् + क्तिन्] *स्त्री॰* १. तृप्त होने का भाव। २. इच्छा-पूर्ति या आवश्यकता-पूर्ति हो जाने से मिलनेवाला आन्तरिक आनन्द। ३. छकाई। अघाई। ४. प्रसन्नता। ख़ुशी।

तृषा—[सं॰ √तृष् + क्विप् + टाप्] *स्त्री॰* १. पिपासा। प्यास। २. (लाक्षणिक) तीव्र इच्छा। अभिलाषा। ३. (लाक्षणिक) लोभ। लालच।

तृषा-द्रुम—[सं॰] *पुं॰* वह वृक्ष जिससे प्यास बुझानेवाला द्रव/रस मिलता हो। ***जैसे***—नारियल उत्तम तृषा-द्रुम है।

तृष्णा—[सं॰ √ तृष् + न + टाप्] *स्त्री॰* १. पिपासा। प्यास। २. कोई प्रबल वासना या भोग की इच्छा। ३. बहुत समय से मन में रहनेवाली कामना। ४. लोभ। ∇ **विलोम**—तृप्ति। ***वा॰* तृष्णा मरना**—इच्छाओं का अन्त होना।

तेखना**—[< सं॰ त्वेष] *क्रिअ॰* १. क्रुद्ध होना। नाराज़ होना। २. अकड़ना। ***जैसे—इतना न तेखिए।

तेग़—[फ़ा॰] *स्त्री॰* खड्ग। तलवार।

तेग़बरदार—[फ़ा॰] *वि॰* १. तलवार उठानेवाला। तलवार धारण करने वाला।

तेगा—[< फ़ा॰ तेग़] *पुं॰* खड्ग। तलवार।

तेज—[< सं॰ तेजस्] १. अग्नि नामक तत्त्व या महाभूत। २. अग्नि। आग। ३. ताप। गर्मी। ४. आतप। धूप। ५. कान्ति/चमक या ओज। ***जैसे***—उसके मुख पर विशेष तेज है। ६. पराक्रम। ७. आध्यात्मिक शक्ति। ***जैसे***—महात्मा बुद्ध के तेज से अंगुलिमाल डाकू परास्त हो गया। ८. सुवर्ण। सोना। (आयुर्वेद॰) पित्त। ● **विशेष**—संस्कृत के योगिक शब्दों में 'तेज' के प्रातिपदिक रूप 'तेजस्' का ही प्रयोग ध्यान देने योग्य है। (दे॰ तेजस्)

तेज़—[फ़ा॰] *वि॰* १. उग्र, प्रचंड या प्रबल। तीव्र। ***जैसे***—तेज़ आक्रमण। २. जिसे सहना कठिन हो। ***जैसे***—तेज़ धूप। ३. जिसकी धार पैनी हो या जिसमें पैनापन हो। ***जैसे***—तेज़ चाक़ू। ४. जिसका स्वाद तीक्ष्ण हो। ***जैसे***—तेज़ मिर्च। ५. जो अधिक वेग से गतिशील हो। ***जैसे***—तेज़ हवा। ६. दक्ष, होशियार, प्रतिभाशाली या बुद्धिमान्। ***जैसे***—पढ़ने में तेज़ लड़कियाँ। ७. अधिक चंचल/चपल। ***जैसे***—तेज़ शिशु। ८. बहुत अधिक या बहुत चतुराई से बोलनेवाला या स्वभाव में तीखा। ***जैसे***—तेज़ नौकर; तेज़ पत्नी। ९. दूर तक प्रभावी। ***जैसे***—तेज़ दृष्टि। १०. सामान्य से अधिक भाव का। महँगा। ***जैसे***—सोना तेज़ हो गया। ***वा॰* तेज़ निगाह से देखना**—क्रोधपूर्ण दृष्टि से देखना। **तेज़ पड़ना/होना**—क्रोध से ऊँची आवाज़ में बोलना।

तेजड़िया—[< फ़ा॰ तेज़] *पुं॰* (वाणि॰) वह सटोरिया जो इस आशा में वस्तुएँ या शेयर ख़रीदता है कि जब आगे भाव बढ़ेंगे, तब वह बेचकर लाभ कमा लेगा। ∇ **विलोम**—मन्दड़िया।

तेजपात—[< सं॰ तेजस् ~ पत्र] *पुं॰* मसाले में काम आने वाला एक सुगन्धित पत्ता। तेजपत्र। तेजपत्ता।

तेजबल—[< सं॰ तेजवती] *पुं॰* लता जाति की एक वनस्पति जिसकी छाल सुगन्धित तथा लाल होती है और फल काली मिर्च के समान होते हैं।

***तेजरौहाल**—[< फ़ा॰ तेज़ + रहवार] *वि॰* तेज़ चलने वाला। शीघ्रगामी।

तेजवन्त (तेजवंत)—[< सं॰ तेजवत्] *वि॰* तेजवान्।

तेजवान्—[< सं॰ तेजोवान्] *वि॰* तेजस्वी।

तेजस्—[सं॰ √तिज् + असुन्] *पुं॰* (प्रायः समास बनाने में ही प्रयुक्त) तेज। *(दे॰)*। ✣ **तेजस्कर**—*वि॰* = १. तेज बढ़ानेवाला। २. कान्तिवर्धक।

तेजस्विता—[सं॰ तेजस्विन् + तल् + टाप्] *स्त्री॰* तेजस्वी होने की अवस्था/गुण/भाव।

तेजस्विनी—[सं॰ तेजस्विन् + ङीप्] *वि॰ (स्त्री॰)* तेजवाली। *स्त्री॰* १. तेजवाली स्त्री। २. मालकंगनी।

तेजस्वी—[सं॰ तेजस्विन्] *वि॰* १. तेजवान्। तेजवाला। २. कान्तियुक्त। चमकीला। ३. शक्तिशाली। पराक्रमी। वीर। ४. प्रतापी। ५. प्रभावशाली। ६. कुलीन। ७. प्रसिद्ध। ८. प्रचंड। ९. क्रोधी। ∇ **विलोम**—निस्तेज।

तेज़ा—[< फ़ा॰ तेज़] *पुं॰* वह काला रंग जिसे रंगरेज़ मोरपंखी रंग बनाने में काम लाते हैं।

तेजायतन—[हिं॰ तेज + सं॰ आयतन] *वि॰* १. अति तेजस्वी। २. प्रतापी। ३. प्रभावशाली।

तेजित—[सं° √तिज् + णिच् + क्त] *वि°* १. तेज़ किया हुआ। पैनाया हुआ। २. तेज-युक्त किया हुआ। ३. भड़काया हुआ। उत्तेजित।

तेजोबल—[सं° तेजस् ~ बल] *पु°* १. तेज और बल। २. तेजबल/तेजवती नामक लता जिसकी छाल लाल होती है।

तेजोभङ्ग (तेजोभंग)—[सं° तेजस् ~ भङ्ग] *पु°* १. अपमान। २. उत्साहहीनता। अनुत्साह।

तेजोमय—[सं° तेजस् + मयट्] *वि°* १. तेज से पूर्ण। २. शक्तिमय। ३. तेजस्वी। ४. जिससे तेज निकले। ज्योतिर्मय।

तेजोमूर्ति—[सं° तेजस् + मूर्ति] *वि°* १. तेजस्वी। २. जिसमें तेज की अधिकता हो। तेजस्वरूप। *पु°* १. तेज की मूर्ति। तेजोरूप। २. सूर्य।

***तेनि**—[< सं° तेन] *सर्व°* उसके द्वारा।

तेन्द/तेन्दू (तेंद/तेंदु)—[< सं° तिन्दुक] एक प्रकार का बहुत ऊँचा वृक्ष जिसकी छाल काली होती है तथा भीतर की लकड़ी काली और भारी होती है। आबनूस का वृक्ष।

***तेम**—[< हि° तिमि] *क्रिवि°* १. उस ओर। २. उस प्रकार। वैसे। ✣ **तेमनी**—*क्रिवि°* = १. उस ओर। २. वैसे ही।

***तेवन**—[सं° √तेव् + ल्युट्] *पु°* १. क्रीड़ा। आमोद-प्रमोद। खेल। २. क्रीड़ोद्यान या क्रीड़ास्थल। ३. महल के सामने का छोटा बाग। नज़रबाग़।

***तेवान**—[देशज] *पु°* चिन्ता। सोच। ✣ **तेवानना/तेवाना**—*क्रिअ°* =चिन्तामग्न होना। सोच में पड़ना।

तेह**—[< प्रा° तेअ < सं° तेजस्] *पु°* १. क्रोध। ***जैसे—तेह से भरे तेवर। २. अभिमान। घमंड। ३. प्रचंडता। ४. तीव्रता। तेज़ी।

तेहर—[सं° त्रि ~ हार] *स्त्री°* तीन लड़ों की करधनी जो स्त्रियों का (कमर का) आभूषण है।

तेहा—[< प्रा° तेअ < सं° तेजस्] *पु°* १. क्रोध। ***जैसे***—पत्नी के तेहे पर वह हँसता रहा। २. अभिमान। घमंड। ३. स्वाभिमान या ऐंठ। ***जैसे***—ज़रा-सा लड़का और इतना तेहा। ४. तेज़ी।

***तेही**—[< हि° तेह] *वि°* १. तेहा दिखानेवाला। तेहावाला। २. क्रोधी। गुस्सैल। ३. अभिमानी। घमंडी। ४. ऐंठ दिखानेवाला।

तेहेदार/तेहेबाज़—[< हि° तेहा] *वि°* तेही।

तैं (तें)**—[< सं° तः (प्रत्यय)] *अव्यय°* १. द्वारा। से। २. से अधिक। ***जैसे—राम तें लक्ष्मण तीखा है। ३. किसी स्थान/समय से। ***जैसे***—यहाँ से वहाँ तक।

ꜝतै—[< सं° तत्] *वि°* उतना। उतने। ***जैसे***—जै लोग आए तै खाय गए (जै = जितने)।

तै—[अरबी] *पु°* १. निश्चित। तय। ***जैसे***—शादी में लेन-देन तै करना। २. (झगड़े आदि का) निर्णय/फ़ैसला या निपटारा। ***जैसे***—झगड़ा तै करना।

तैक्ष्ण्य—[सं° तीक्ष्ण + ष्यञ्] *पु°* तीक्ष्णता। तीखापन।

तैजस—[सं° तेजस् + अण्] *वि°* १. तेज से उत्पन्न। २. जिसमें तेज हो। तेजोमय। ज्योतिर्मय। ३. तेज-सम्बन्धी। तेज का। ४. कान्तिमान्। चमकीला। ५. साहसी, उत्साही या शक्तिशाली। *पु°* १. तेज से बनी वस्तु। ***जैसे***—तैजस शरीर। २. बल/शक्ति या पराक्रम। ३. चमकदार पदार्थ। ४. परमात्मा। (वेदान्त°) सूक्ष्म शरीर का अभिमानी देवता। ✣ **तैजस शरीर**—*पु°* = प्रत्येक जीव के स्थूल शरीर में तेज या दीप्ति विशेष का कारणभूत सूक्ष्म शरीर।

तैथिक—[सं° तिथि + ठक्] *पु°* (छन्द°) १५ मात्राओं के छन्दों की जाति। ● **विशेष**—तिथि का एक अर्थ १५ होने के कारण 'तैथिक' का उक्त अर्थ प्रसिद्ध हुआ। ✣ **तैथिकी**—*स्त्री°* = वर्ष, मास और तिथि के क्रम से घटनाओं, कार्यों आदि की व्यवस्था। कालानुक्रम।

***तैना**—[< सं° तपन] *क्रिस°* १. तपाना। २. दुःखी करना। *क्रिअ°* १. तप्त होना। तपना। २. दुःखी होना।

तैनात—[< अरबी तएयुन] *वि°* (किसी काम के लिए) नियुक्त। मुक़र्रर। ✣ **तैनाती**—स्त्री° = तैनात करने की क्रिया/अवस्था/भाव। नियुक्ति। मुक़र्ररी।

तैयार—[< अरबी तय्यार] *वि°* १. तत्पर। २. कटिबद्ध। ३. सम्पूर्ण। ४. हृष्ट-पुष्ट। ५. उपयोग या प्रयोग के योग्य। ६. जो पककर खाए जाने के योग्य हो गया हो। ७. प्रस्तुत। ८. जो बिल्कुल ठीक हो गया हो। ✣ **तैयारी**—*स्त्री°*= १. तैयार होने की अवस्था, क्रिया या भाव। २. तत्परता। ३. समाप्ति। ४. पूर्ति। ५. सज्जा। ६. रचना। निर्माण।

***तैयो**—[< सं° तदापि] *क्रिवि°* तो भी। फिर भी।

तैर्थिक—*वि°* १. तीर्थ-सम्बन्धी। तीर्थ का। २. तीर्थ का दर्शन करनेवाला। ३. पवित्र। शुद्ध। *पु°* १. सन्यासी। २. तीर्थस्थान का जल। ३. नदी आदि का पवित्र जल। ४. नया दार्शनिक या धार्मिक मत चलाने वाला। सम्प्रदाय-प्रवर्तक या शास्त्रकार।

तैलङ्ग(तैलंग)—[< सं° त्रिकलिंग] *पु°* = १. आन्ध्र देश का प्राचीन नाम। २. तैलंग देश (आन्ध्र) का रहनेवाला। ✣ **तैलङ्गा (तैलंगा)**—*पु°* = आन्ध्र देश का निवासी। ✣ **तैलङ्गी (तैलंगी)**—*वि°* = तैलंग देश (आन्ध्र) का या उससे सम्बन्धित। *पु°* = तैलंग देश का निवासी। *स्त्री°* तैलंग देश (आंध्र) की भाषा। तेलुगु।

तैलकिट्ट—[सं° तैल ~ किट्ट] *पु°* १. तेल के नीचे बैठा मैल। २. खली।

तैलचित्र—[सं° तैल ~ चित्र] *पु°* (कला°) तेल के योग से बने रंगों के द्वारा बनाया गया चित्र। **जैसे**—तैलचित्र अधिक स्थायी होते हैं। (अं° ऑयल पेन्टिंग)

तैलत्व—[सं° तैल + त्व] *पु°* तेल का भाव/गुण।

तैल-धान्य—[सं°] वे अनाज जिनसे तेल निकलता है। तिलहन।

तैलरङ्ग (तैलरंग)—[सं° तैल ~ रङ्ग] *पु°* (कला°) तेल में घुलनशील रंग जिन्हें अलसी के तेल और तारपीन के तेल के मिश्रण के साथ चित्रण करने में प्रयुक्त किया जाता है। (अं° ऑयल कलर)

तैलाक्त—[सं° तैल ~ अक्त] *वि°* तेल से सना हुआ। जिसमें तेल

लगा हो। ***जैसे***—तैलाक्त कपड़े में आग लगाना।

तैलाभ्यङ्ग (तैलाभ्यंग)—[स॰ तैल ~ अभ्यङ्ग] *पु॰* शरीर में तेल की मालिश।

तैलिक[1]—[स॰ तैल + ठन्] *पु॰* तेली।

तैलिक[2]—[स॰ तैल + ठक्] *वि॰* तेल-सम्बन्धी।

तैसा—[< अप॰ तइस स॰ तादृश] *वि॰* उस जैसा। वैसा। ∇ **विलोम**—जैसा। ✣ **तैसी**— *वि॰ (स्त्री॰)* = वैसी। ✣ **तैसे**— *क्रिवि॰* = उस प्रकार से। वैसे। ✣ **!तैसेइ**— *क्रिवि॰* =१. वैसे ही। २. वैसा ही।

तैं[1] **(तैं**[1] **)**—[< हि॰ ते] *अव्यय॰* से।

तैं[2] **(तैं**[2] **)**—[< स॰ त्वम्] *सर्व॰* तू।

***तोक**—[स॰ √तु + क] *पु॰* शिशु। बच्चा।

तोटक—[< स॰ त्रोट] *पु॰* (छन्द॰) एक समवर्णिक छन्द जिसके प्रत्येक चरण में ४ सगण के योग से १२ वर्ण होते हैं।

तोड़दार—[< हि॰ तोड़ा[2]] *वि॰* तोड़ा/पलीता वाला। ✣ **तोड़दार बन्दूक़ (बंदूक़)**— *पु॰* = पहले प्रचलित रही एक प्रकार की बन्दूक़ जो तोड़ा/पलीता दागकर छोड़ी जाती थी।

!तोड़र/तोड़ल—[< हि॰ तोड़ा] *पु॰* १. हाथ में पहनने का एक आभूषण। कड़ा या कंकण। २. गले/पैर में पहनने की ज़ंजीर जैसा एक आभूषण जो चाँदी आदि का बना होता है।

तोड़ा[1]—[< हि॰ तोड़ना] *पु॰* १. तोड़ने/टूटने की क्रिया/भाव। तोड़। टूट। २. किसी वस्तु का अलग हुआ भाग। टुकड़ा। ३. कमी। टोटा। ***जैसे***—यहाँ भी उसे रोटियों का तोड़ा नहीं है। ४. नदी द्वारा अलग मार्ग बना लेने के कारण कटकर अलग हो गया स्थान। ५. नदियों के साथ बहकर आयी बालू-मिट्टी से नदियों के संगम पर बना स्थान। ६. (नदी का) तट। किनारा। ७. कलाई में पहनने का एक आभूषण। कंकण। कड़ा। ८. गले में पहनने का जंजीर जैसा एक आभूषण। ९. पैर का एक आभूषण जिसमें चाँदी की घुमावदार कड़ियाँ होती हैं। १०. सोने-चाँदी की लच्छेदार ज़ंजीरें जिन्हें पहले सिपाही अपनी पगड़ी के चारों ओर शोभा के लिए लपेटते थे। ११. पहले प्रचलित रही टाट की बनी एक थैली जिसमें चाँदी के १००० रुपए रखे जाते थे। (संगीत॰) १. वाद्य-संगीत की तान। २. तबले में तिहाई से युक्त गत जो सदा द्विगुण या चतुर्गुण लय में बजती है। ३. नृत्य में बोलों का एक विशेष समूह।

तोड़ा[2]—[< स॰ तुण्ड] *पु॰* १. नारियल की जटाओं से बनी रस्सी जिस पर सूत बुना रहता है। २. पलीता। ***जैसे***—तोड़ावाली या तोड़दार बन्दूक़। ३. तोड़ेदार बन्दूक। ४. बन्दूक़।

तोतई—[< हि॰ तोता] *वि॰* तोते के रंग का। हरे रंग का। *पु॰* तोते जैसा रंग। हरा रंग।

***तोतक**—[< स॰ तोकक] *पु॰* चातक या पपीहा।

तोताचश्म—[फा॰] *वि॰* १. जो तोते की भाँति आँखें फेर ले। जो स्वार्थ पूरा हो जाने पर स्नेह या सम्बन्ध न रखे। स्नेहहीन। बेमुरौवत। २. दूसरों का अपने पर किया उपकार भूल जाने वाला। ३. निष्ठाहीन। बेवफ़ा। ✣ **तोताचश्मी**— *स्त्री॰* = १. स्नेहहीनता। बेमुरौवती। २. दूसरों का उपकार भूलने की प्रवृत्ति। ३. निष्ठाहीनता। बेवफ़ाई।

***तोदन**—[स॰ √तुद् + ल्युट्] *पु॰* पीड़न। २. चाबुक। कोड़ा। ३. अंकुश।

तोदा—[< फा॰ तूद:] *पु॰* १. मिट्टी का ढेर। ढूह। टीला। २. मिट्टी का टीला/दीवार जिस पर निशानेबाज़ी का अभ्यास किया जाता है। ३. राशि। ढेर।

***तोन्दी (तोंदी)**—[< स॰ तुण्डि] *स्त्री॰* नाभि। टुंडी। ✣ **तोन्दीला (तोंदीला)**— *वि॰* = तोंदवाला। तोंदल।

***तोन**—[< स॰ तूण] *पु॰* तूणीर। तरकश।

तोपची—[तुर्की] *पु॰* तोप चलानेवाला। तोप से गोले दाग़नेवाला।

तोबड़ा—[< फा॰ तोबर:] *पु॰* घोड़े को दाना खिलाने का थैला जो प्राय: चमड़े या टाट का होता है। ***जैसे***—तोबड़े में चने भरकर घोड़े के मुँह पर चढ़ा (बाँध/लगा) दो। ***वा॰* तोबड़ा चढ़ाना/लगाना**— १. बोलने से बलपूर्वक रोकना। २. क्रुद्ध होकर न बोलना।

तोबा—[< अरबी तौब:] *स्त्री॰* १. किसी बुरे काम से बाज़ रहने की दृढ़ प्रतिज्ञा। २. अधर्म या अहंकार की बात सुनकर बोला जाने वाला शब्द जिससे घृणा प्रकट होती है। ***जैसे***—तोबा, तोबा, ऐसा मत सोचो। ***वा॰* तोबा करके कहना**—अभिमान छोड़कर या ईश्वर से डरकर कहना। **तोबा करना**—किसी कार्य को भविष्य में न करने की प्रतिज्ञा करना। **तोबा कराना/बुलवाना**—पूर्ण रूप से परास्त करना। **हाय-तोबा मचाना**—१. चीख़ना-चिल्लाना। २. हानि हो जाने पर 'हाय-हाय' करना।

तोम—[< स॰ स्तोम] *पु॰* समूह। राशि। ***जैसे***—तम-तोम (= अँधेरे का ढेर, घोर अँधेरा)।

तोमर—[स॰ √तुम्प् + अर, नि॰] *पु॰* १. प्राचीन काल का एक अस्त्र। लोहे का डंडा। २. बर्छी। साँग। ३. राजपूतों का एक राजवंश। (छन्द॰) १. एक सममात्रिक छन्द जिसके प्रत्येक चरण में १२ मात्राएँ होती हैं, अन्त में क्रमश: गुरु-लघु होते हैं। २. एक समवर्णिक छन्द जिसके प्रत्येक चरण में क्रमश: सगण और दो जगण (स ज ज) के योग से ९ वर्ण होते हैं।

***तोमरी**—[< हि॰ तुमड़ी] *स्त्री॰* १. सूखे हुए कड़ुए कद्दू से बना तुम्बा। तुमड़ी। २. कड़ुआ कद्दू।

!तोय[1]—[< हि॰ तू] *सर्व॰* तुझे।

तोय[2]—[स॰ √तु + यत्, नितात॰] *पु॰* जल। पानी। ✣ **तोयगर्भ**— *पु॰* = नारियल। ✣ **तोयद**— *पु॰* = जलद। मेघ। बादल। ✣ **तोयधर/तोयधार**— *पु॰* = जलधर। मेघ। बादल। ✣ **तोयधि/तोयनिधि**— *पु॰* = १. जलधि। जलनिधि। समुद्र। २. (पद्य आदि में) चार की संख्या। ✣ **तोयराज**— *पु॰* = १. समुद्र। २. वरुण (देवता)। ✣ **तोयराशि**— *पु॰* = १. समुद्र। २. बड़ा तालाब या झील।

तोयाधार—[स॰ तोय ~ आधार] *पु॰* १. जलाशय। सरोवर। तालाब। २. कूप। कुआँ।

तोयालय—[सं॰ तोय ~ आलय] *पु॰* समुद्र।

†तोर[१]—[< सं॰ तुवर] *पु॰* एक अन्न। अरहर।

***तोर**[२]—[< हि॰ तू] *सर्व॰* तेरा। तुम्हारा। ✣ **तोर-मोर**—*सर्व॰* = १. तेरा-मेरा। २. अपने और पराएपन का भाव। ***वा॰* तोर-मोर करना**—१. आपस में कहा-सुनी करना। २. अपने और पराए का भेद-भाव वाला व्यवहार करना।

तोरण—[सं॰ √तुर् + ल्युट्] *पु॰* १. किसी नगर या दुर्ग या विशाल भवन का बाहरी फाटक। प्रमुख द्वार। २. बन्दनवार। ३. ऐसी वास्तु-रचना जिसका ऊपरी भाग अर्धगोलाकार और बेलबूटेवाला हो। मेहराब।

तोरणमाला—[सं॰ तोरण ~ माला] *स्त्री॰* बन्दनवार।

***तोरा**[१]—[< हि॰ तुर्रा] *पु॰* तुर्रा। कलग़ी।

***तोरा**[२]—[< हि॰ तोर] *सर्व॰* तेरा। तुम्हारा।

तोरी[१]—[< सं॰ तुवरी] *स्त्री॰* धान्य वर्ग की एक वनस्पति जिसके फूल बड़े, श्वेताभ/पीताभ और बैंगनी शिराओं वाले होते हैं। लाही।

***तोरी**[२]—[< हि॰ तोरना (= तोड़ना)] *क्रिस॰* तोड़ दी। तोड़ी।

***तोरी**[३]—[< हि॰ तोरा (= तुम्हारा)] *सर्व॰* तेरी। तुम्हारी।

तोल्य—[सं॰ √तुल् + ण्यत्] *वि॰* १. तोले जाने के योग्य। २. जिसे तौला जाना है।

तोशक—[फा॰] *स्त्री॰* १. पलंग पर बिछाने का रुईदार गद्दा। २. खाने-पीने की सामग्री। भोजन-सामग्री।

तोशा—[< फा॰ तोश:] *पु॰* १. यात्री द्वारा मार्ग में खाने के लिए अपने साथ रखी गयी खाने की वस्तु। पाथेय। २. खाने-पीने का सामान। ३. भुजा का एक आभूषण।

तोष—[सं॰ √तुष् + घञ्] *पु॰* १. तुष्टि। सन्तोष। २. लिप्सा का अभाव। तृप्ति। ३. प्रसन्नता।

तोषी—[सं॰ तोषिन्] *वि॰* (प्राय: समास के अन्त में) १. सन्तुष्ट/प्रसन्न/तृप्त होनेवाला। ***जैसे***—अल्पतोषी; भक्तितोषी। २. सन्तुष्ट/प्रसन्न/तृप्त करनेवाला। ***जैसे***—पितृतोषी, सर्वतोषी।

तौक़—[अरबी] *पु॰* १. गले में पहनने का एक आभूषण। हँसुली। २. बन्दियों, पागलों आदि के गले में पहनाया जानेवाला हँसुली जैसा लोहे का घेरा। ३. कोई मंडलाकार रेखा/वस्तु।

तौतातिक—[सं॰ तुतात + ठञ्] (भा॰ दर्शन) मीमांसा दर्शन के आचार्य कुमारिल भट्ट का । ***जैसे***—तौतातिक सिद्धान्त।

तौर—[अरबी] *पु॰* १. शैली। पद्धति। ढंग। तरीक़ा। २. आचरण। व्यवहार। ३. चाल-ढाल। रंग-ढंग। ***वा॰* तौर-बेतौर होना**—१. रंग-ढंग ख़राब होना। २. लक्षण ख़राब जान पड़ना। ३. (रोगी आदि की) दशा का चिन्ताजनक होना। ✣ **तौर-तरीक़ा**—*पु॰* = १. चाल-ढाल। २. आचार-व्यवहार।

***तौरि**—[< हि॰ ताँवरि] *स्त्री॰* सिर में आनेवाला चक्कर। घुमनी।

तौरेत—[हिब्रू] *पु॰* यहूदियों का प्रमुख धर्मग्रन्थ।

तौर्य—[सं॰ तूर्य + अण्] *पु॰* १. तुरही की ध्वनि। २. ढोल, मँजीरा आदि वाद्य। ३. उक्त वाद्यों को बजाने की क्रिया।

तौर्यत्रिक—[सं॰ तौर्य ~ त्रिक] *पु॰* नृत्य, गायन और वाद्य की संगति। नाचना, गाना और बजाना।

तौल[२]—[< हि॰ तोलना/तौलना] १. तौलने की क्रिया/भाव। २. (तौलने से ज्ञात) वस्तु का भार/वज़न। ३. तौलने की नियत प्रणाली। ४. जाँच की मानक कसौटी। ५. (लाक्षणिक) किसी बात आदि के महत्त्व का अनुमान। थाह।

तौलनिक—[< सं॰ तुलन] *वि॰* तुलनात्मक।

तौला—[< हि॰ तौलना] *पु॰* (अनाज आदि को) तोलने का काम करनेवाला व्यक्ति। तौलैया।

तौल्य—[सं॰ तुला + ष्यञ्] *पु॰* १. तौल। भार। वजन। २. तुल्यता। समानता। सदृशता।

तौषार—[सं॰ तुषार + अण्] *वि॰* तुषार/पाले का। ✣ **तौषार जल**—*पु॰* तुषार /ओस का जल।

तौहीद—[अरबी] *स्त्री॰* (सूफ़ी॰) एकेश्वरवाद।

तौंसना (तौंसना)—[< हि॰ तौंस] *क्रिस॰* १. धूप में तप जाना। २. गर्मी से झुलस जाना।

तौंसा (तौंसा)—[< हि॰ ताव (< सं॰ ताप) + सं॰ उष्म] *पु॰* भीषण ताप। कड़ी गर्मी।

त्यक्त—[सं॰ √त्यज् + क्त] *वि॰* जिसका त्याग कर दिया गया हो। त्यागा हुआ। छोड़ा हुआ। ✣ **त्यक्तजीवित/त्यक्तप्राण**—*वि॰* = प्राण त्यागने को तैयार। मरने को तैयार। ✣ **त्यक्तलज्ज**—*वि॰* = १. लज्जारहित। नि:संकोच। बेझिझक। २. निर्लज्ज। बेशर्म। ✣ **त्यक्तविधि**—*वि॰* =१. जिसने विधि छोड़ दी है। २. नियम को भंग करनेवाला। ३. अमर्यादित।

त्यक्तश्री—[सं॰ त्यक्त ~ श्री] १. लक्ष्मी द्वारा त्यागा हुआ। श्रीहीन। २. भाग्यहीन। ३. निर्धन।

त्यक्ता[१]—[सं॰ त्यक्तृ] *वि॰* =त्यागनेवाला।

त्यक्ता[२]—[सं॰ त्यक्त + टाप्] *वि॰ (स्त्री॰)* त्यागी हुई। *स्त्री॰* त्यागी हुई स्त्री।

त्यजन—[सं॰ √त्यज् + ल्युट्] *पु॰* त्यागने की क्रिया/भाव। त्याग। छोड़ना।

त्याग—[सं॰ त्यज् + घञ्] १. किसी वस्तु पर से अपना अधिकार या उसके प्रति अपनी आसक्ति और दायित्व समाप्त करने की क्रिया/भाव। 'ग्रहण' के विपरीत कर्म। ***जैसे***—माया का त्याग; सरकारी उपाधि का त्याग। २. सम्बन्ध तोड़ने की क्रिया/भाव। ***जैसे***—गृह-त्याग। ३. सांसारिक भोगों में लिप्त न रहने की क्रिया/भाव। वैराग्य। विराग। ४. ऊँचे उद्देश्य के लिए अपना सुख-वैभव तथा स्वार्थ छोड़ देना। ***जैसे***—भारत की स्वतन्त्रता के लिए क्रान्तिकारियों का अनुपम त्याग। ५. किसी पद/नौकरी से सम्बन्ध का विच्छेद। ***जैसे***—त्याग-पत्र। ६. 'संग्रह' के विपरीत कर्म। धन तथा वस्तुओं आदि का दान। ∇ **विलोम**—ग्रहण/संग्रह।

त्याज्य—[सं॰ √त्यज् + ण्यत्] *वि॰* त्यागने योग्य। छोड़ने योग्य। ∇ **विलोम**—भोज्य। ग्राह्य।

***त्याँह**—[< सं॰ तेषाम्] *सर्व॰* उसका या उनका। उसके या उनके।

***त्यो**—[देशज] *पु॰* तनाव। खिंचाव।

त्योनार—[देशज] *पु॰* ढंग। तरीक़ा।

त्योरस—[< हिं॰ ति (< सं॰ त्रि) + बरस (< सं॰ वर्ष)] *पु॰* १. बीता हुआ तीसरा वर्ष। २. आनेवाला तीसरा वर्ष।

त्योरी—[< हिं॰ तेवर] *स्त्री॰* १. क्रोध से पड़ी माथे की सिलवटें या बल। २. क्रोध से भृकुटी ऊपर खिंचने की स्थिति। भ्रू-भंग। ३. क्रोध-भरी दृष्टि। ४. भौंह। ***वा॰* त्योरी/त्योरियाँ चढ़ना**—असन्तुष्ट/क्रुद्ध दिखना। **त्योरी/त्योरियाँ चढ़ाना**—असन्तोष/क्रोध प्रकट करना। क्रुद्ध होना। **त्योरी/त्योरियों में (पर) बल पड़ना**—असन्तुष्ट/क्रुद्ध दिखना। **त्योरी मैली होना**—१. क्रुद्ध होना। २. खिन्न होना।

त्यौनार—*पु॰* ≤ *हिं॰* त्योनार। ✣ **त्यौनारी**—*वि॰ (स्त्री॰)* = उत्तम रीति से काम करनेवाली।

***त्यौर/त्यौरु**—[< हिं॰ तेवर] *पु॰* तेवर। त्योरी।

त्र—[सं॰ त् + र्, एक संयुक्त वर्ण] *वि॰* (समास के अन्त में प्रयुक्त) त्राण/रक्षा करने वाला। ***जैसे***—आतपत्र (=आतप/धूप से रक्षा करने वाला)। *प्रत्यय॰* १. उपकरण/यन्त्र/साधन विशेष। ***जैसे***—खनित्र। २. स्थान विशेष पर आया/लाया हुआ। ***जैसे***—एकत्र; सर्वत्र।

त्रपा—[< सं॰ √त्रप् + अङ् + टाप्] *स्त्री॰* १. लज्जा। शर्म। २. प्रसिद्धि। ख्याति। ✣ **त्रपा-त्रस्त**—*वि॰* = लज्जा से पीड़ित। लज्जित। ✣ **त्रपा-हीन**—*वि॰* = लज्जाहीन। निर्लज्ज। बेशर्म। ✣ **त्रपा-हास**—*पु॰* = निर्लज्जतापूर्ण हँसी।

त्रयी—[सं॰ त्रय + ङीप्] *स्त्री॰* १. एक वर्ग की तीन वस्तुओं का समूह। ***जैसे***—बौद्धों की रत्नत्रयी; छायावादी कवियों की बृहत्त्रयी। २. ऋचा, यजुष् और साम—इन तीन प्रकार के मन्त्रों का समूह वेद।

त्रयोदशाह—[सं॰ त्रयोदश ~ अह] *पु॰* किसी की मृत्यु के तेरहवें दिन किया जाने वाला धार्मिक कृत्य। तेरहीं।

त्रसन—[सं॰ √त्रस् + ल्युट्] *पु॰* १. किसी के मन में भय/चिन्ता उत्पन्न करने की क्रिया/भाव। २. भय। डर। ३. चिन्ता। फ़िक्र। ४. व्याकुलता।

त्रसना—[< सं॰ √त्रस्] *क्रिअ॰* डरना। *क्रिवि॰* १. भयभीत करना। डराना। २. चिन्तित करना।

त्रसरेणु—[सं॰ त्रस ~ रेणु] *पु॰* १. धूल का कण जो सूर्य की किरण के मार्ग में दिखता है। २. सूक्ष्म कण।

त्रसाना[१]—[हिं॰ 'त्रसना' का प्रेरणा॰] *क्रिस॰* भय दिखाना। डराना।

***त्रसाना**[२]—[< हिं॰ तरसाना] *क्रिस॰* लालायित करना। तरसाना।

***त्रसित**—[< हिं॰ त्रसना] *वि॰* १. त्रस्त। भयभीत। २. दुःखी।

त्रस्त—[सं॰ √त्रस् + क्त] १. डरा हुआ। भयभीत। २. दुःखी। पीड़ित।

त्राटक—[सं॰] *पु॰* (योग॰) दृष्टि को तीव्र बनाने के लिए या एकाग्रता बढ़ाने के लिए एक क्रिया जिसमें दृष्टि को किसी एक बिन्दु पर अधिक समय तक स्थिर किया जाता है। ✣ **त्राटिका**—*स्त्री॰* = त्राटक।

त्राण—[सं॰ √ त्रै + ल्युट्] *पु॰* १. रक्षा। बचाव। २. शरण। ३. (समासयुक्त शब्द के अन्त में) रक्षा का साधन। ***जैसे***—पादत्राण, शिरस्त्राण।

त्रात—[सं॰ √त्रै + क्त] *वि॰* (विपत्ति/संकट से) बचाया हुआ। रक्षित।

त्राता—[सं॰ त्रातृ] *वि॰* त्रायक। रक्षक। (छन्द॰) एक समवर्णिक छन्द जिसके प्रत्येक चरण में क्रमशः तगण, २ यगण, मगण और गुरु (त य य म ग) के योग से १३ वर्ण होते हैं और ६-७ पर यति होती है।

त्रायक—[सं॰ √त्रै + ण्वुल्] *वि॰* विपत्ति से रक्षा करनेवाला। रक्षक। त्राता।

त्रास—[सं॰ √त्रस् + घञ्] *पु॰* १. भय। डर। २. दुःख। पीड़ा। कष्ट। ३. चिन्ता।

त्रासद—[सं॰ त्रास + द] *वि॰* त्रास देनेवाला। ✣ **त्रासदी**—*स्त्री॰* = १. शोकान्त/दुःखान्त नाटक। २. कोई बड़ी दुःखद घटना या भारी मुसीबत। (अं॰ ट्रैजिडी)।

त्रासन—[सं॰ √त्रस् + णिच् + ल्यु/ल्युट्] *पु॰* १. त्रास देने (डराने) की क्रिया/भाव। डराने का कार्य। *वि॰* (समासयुक्त शब्द के अन्त में) त्रास देनेवाला। डरानेवाला। ***जैसे***—दंडत्रासन।

त्रासिक—[सं॰ त्रास] *वि॰* त्रासपूर्ण। ✣ **त्रासिक कामदी**—*स्त्री॰* (पा॰ काव्य॰) = ऐसी नाट्यकृति जिसमें त्रासदी और कामदी का मिश्रण हो। दुःखसुखमय नाटक। (अं॰ ट्रैजि-कॉमिडी)।

त्रासित—[< सं॰ त्रास] *वि॰* १. डराया हुआ। त्रस्त। २. धमकाया हुआ। ३. जिसे कष्ट पहुँचाया गया हो। पीड़ित।

त्रासी—[सं॰ त्रासिन्] *वि॰* त्रासक।

त्राहि—[सं॰ √त्रै का लोट् लकार का एक रूप] *क्रिस॰* रक्षा करो। बचाओ। ✣ **त्राहि-त्राहि**—*क्रिस॰* = रक्षा करो, रक्षा करो। *स्त्री॰* संकट आने पर रक्षार्थ होने वाली चीख़-पुकार। ***वा॰* त्राहि-त्राहि करना**—१. दया या रक्षा के लिए प्रार्थना करना। २. विवश होकर सहायता के लिए किसी को पुकारना। ३. हाहाकार करना। चिल्ला उठना। ४. हार मान लेना। ५. परेशान हो जाना। **त्राहि त्राहि मचना/होना**—हाहाकार होना।

त्रि—[सं॰ √तृ + ड्रि] *वि॰* (समासयुक्त शब्दों के आरम्भ में प्रयुक्त) तीन। ***जैसे***—त्रिलोक।

त्रिक—[सं॰ त्रि + कन्] *वि॰* १. तीन अंगों/रूपों वाला। २. तीसरी बार होनेवाला। *पु॰* १. एक प्रकार की तीन वस्तुओं का समूह। २. रीढ़ और कूल्हे की हड्डियों का सन्धि-स्थान। ३. कन्धों की हड्डियों और रीढ़ का सन्धि-स्थान। ४. कटि। कमर। ५. तीन मार्गों के मिलने का स्थान। तिराहा। (ज्योतिष॰) कुंडली में लग्न से छठे, आठवें और बारहवें भावों का सामूहिक नाम। ● **विशेष**—आयुर्वेदज्ञ त्रिकटु/त्रिफला/त्रिमद के लिए भी 'त्रिक' शब्द का प्रयोग करते हैं।

त्रिककुद—[सं॰ त्रि ~ ककुद्] *वि॰* १. विष्णु। २. (लंका का) त्रिकूट पर्वत। ३. तीन चोटियों वाला (पर्वत)। ४. जिसके तीन सींग हों।

त्रिककुभ्—[सं॰ त्रि ~ ककुभ्] *पु॰* (देवताओं का राजा) इन्द्र।

त्रिकटु/त्रिकटुक—[सं॰ त्रि ~ कटु/कटुक] तीन कटु पदार्थों का समूह। (आयुर्वेद॰) सोंठ, पीपल और काली मिर्च का मिश्रण। त्रिकुटा।

त्रिकण्टक (त्रिकंटक)—[सं॰ त्रि ~ कण्टक] *वि॰* जिसमें तीन काँटे/नोक हों। *पु॰* १. त्रिशूल। २. गोखरू। ३. थूहर। (आयुर्वेद॰) कटेली, धमासा और गोखरू का मिश्रण।

त्रिकत्रय—[सं॰ त्रिक ~ त्रय] *पु॰* त्रिफला (हरड़, बहेड़ा, आँवला), त्रिमद (मोथा, चीता, बायबिडंग) और त्रिकटु (सोंठ, मिर्च, पीपल) नामक तीन त्रिकों का समूह।

त्रिकर्म—[सं॰ त्रिकर्मन्] *पु॰* १. तीन कर्मों का समूह। तीन कर्म। २. ब्राह्मण के तीन प्रमुख कर्तव्य। यज्ञ करना, वेद का अध्ययन और दान देना। ३. उक्त तीन कामों को प्रमुख कर्तव्य के रूप में करनेवाला व्यक्ति। ब्राह्मण।

त्रिकल—[सं॰ त्रि ~ कला] *पु॰* (छन्द॰)१. तीन मात्राओं का समूह। [● **विशेष**—इसके तीन भेद हैं— ।ऽ, ऽ।, ।।।]। २. तीन मात्राओं वाला शब्द। ३. दोहे का एक प्रकार जिसमें कुल ९ गुरु और १० लघु वर्ण होते हैं।

त्रिक-वेदना—[सं॰] *स्त्री॰* १. त्रिक की पीड़ा। २. कूल्हे और रीढ़ की हड्डी के सन्धिस्थान की पीड़ा। त्रिक-शूल।

त्रिकाण्ड (त्रिकांड)—[सं॰ त्रि ~ काण्ड] *वि॰* तीन कांडों वाला। *पु॰* १. बाण। तीर। २. तीन कांडों वाला ग्रन्थ। ३. (यास्क कृत) 'निरुक्त' ग्रन्थ। ४. (अमरसिंह कृत) 'अमरकोश' ग्रन्थ।

त्रिकाण्डी (त्रिकांडी)—*वि॰* ≤ *सं॰* त्रिकाण्डीय।

त्रिकाण्डीय (त्रिकांडीय)—[सं॰ त्रिकाण्ड + छ] *वि॰* १. तीन कांडों वाला। त्रिकांड। २. तीन कांडों का। ***जैसे***—त्रिकांडीय विवेचन। *पु॰* (ज्ञानकांड, कर्मकांड और उपसनाकांड—इन तीन कांडों का निरूपक ग्रन्थ) वेद।

त्रिकाय—[सं॰ त्रि ~ काय] *पु॰* महात्मा बुद्ध।

त्रिकार्षिक—[सं॰ त्रि ~ कार्षिक] *पु॰* तीन वस्तुओं—सोंठ, अतीस और मोथा का समूह।

त्रिकाल—[सं॰ त्रि ~ काल] *पु॰* प्रातः, मध्याह्न और सायं नामक तीनों काल/समय। २. भूत, वर्तमान और भविष्य नामक तीनों काल/समय।

त्रिकालज्ञ—[सं॰ त्रिकाल √ज्ञा + क] *वि॰, पु॰* (भूत, वर्तमान और भविष्य नामक) तीनों कालों की बातें जाननेवाला। ***जैसे***—त्रिकालज्ञ योगी। ✣ **त्रिकालज्ञता**—*स्त्री॰* = त्रिकालज्ञ होने का गुण/भाव। भूत, वर्तमान और भविष्य का ज्ञान होना।

त्रिकालदर्शी—[सं॰ त्रिकालदर्शिन्] *वि॰* १. तीनों कालों की बातें देखने/बताने वाला। त्रिकालज्ञ। ***जैसे***—त्रिकालदर्शी ऋषि। *पु॰* १. ऋषि। २. योगी। ३. सिद्ध पुरुष। ✣ **त्रिकालदर्शिता**—*स्त्री॰* = त्रिकालदर्शी होने का भाव/गुण।

त्रिकुटा—[< सं॰ त्रिकटु] *पु॰* (आयुर्वेद॰) सोंठ, पीपल और काली मिर्च का मिश्रण/चूर्ण। त्रिकटु।

त्रिकुटी—[< सं॰ त्रिकूट] *स्त्री॰* (योग॰) दोनों भौंहों के बीच में कुछ ऊपर का स्थान। इड़ा, पिंगला और सुषुम्ना नाड़ियों का संगम-स्थान। ✣ **त्रिकुटी-संगम**—*पु॰* = त्रिकुटी। त्रिकूट। आज्ञाचक्र।

त्रिकुल—[सं॰ त्रि ~ कुल] *पु॰* (विशेषतः स्त्रियों के) तीनों कुल—पितृकुल, मातृकुल व श्वसुरकुल।

त्रिकूट—[सं॰ त्रि ~ कूट] *वि॰* तीन चोटियों वाला पर्वत। *पु॰* १. वह पर्वत जिस पर लंका बसी थी। २. त्रिकुटी में स्थित चक्र। आज्ञाचक्र। ✣ **त्रिकूट-गढ़**—*पु॰* = त्रिकूट पर्वत पर स्थित लंका।

त्रि-क्षार—[सं॰] *पु॰* तीन क्षारों का समूह—जवाखार, सज्जी और सुहागा।

***त्रिखावन्त (त्रिखावंत)**—[< सं॰ तृषावान्] *वि॰* तृषित। प्यासा।

त्रिगन्ध (त्रिगंध)—[सं॰ त्रि ~ गन्ध] *पु॰* (आयुर्वेद॰) गन्धक, हरताल और मैनसिल का मिश्रण।

त्रिगन्धक (त्रिगंधक)—[सं॰ त्रि ~ गन्धक] *पु॰* इलायची, दालचीनी और तेजपत्ता नामक तीनों सुगन्धित पदार्थ या इनका समूह।

त्रिगण—[सं॰ त्रि ~ गण] *पु॰* १. तीन का समूह। २. धर्म, अर्थ और काम नामक तीन। पुरुषार्थों का समूह।

त्रिगुण—[सं॰ त्रि ~ गुण] *पु॰* सत्त्व, रज और तम—इन तीन गुणों का समूह। *वि॰* १. तिगुना। तीन गुना। २. तीन धागों वाला। ३. सत्त्व, रज और तम—इन तीन गुणों वाला। ✣ **त्रिगुणा**—*स्त्री॰* = १. माया। २. (महाशक्ति) पार्वती। दुर्गा।

त्रिगुणातीत—[सं॰ त्रिगुण ~ अतीत] *वि॰* जो सत्त्व आदि तीनों गुणों से परे हो। *पु॰* परमात्मा।

त्रिगुणात्मक—[सं॰ त्रिगुण ~ आत्मक] *वि॰* सत्त्व, रज और तम नामक तीन गुणों से युक्त। त्रिगुणमय। ***जैसे***—त्रिगुणात्मक विश्व। ✣ **त्रिगुणात्मिका**—*वि॰ (स्त्री॰)* ***जैसे***—त्रिगुणात्मिका प्रकृति।

त्रिगुणित—[सं॰ त्रि ~ गुणित] *वि॰* तिगुना किया हुआ। (जीव॰) गुणसूत्रों के तीन समूहों/जीनों से युक्त।

त्रिगुणी—[< सं॰ त्रिगुण] *वि॰* तीन गुणों वाला। त्रिगुणमय। त्रिगुणात्मक। ***जैसे***—त्रिगुणी विश्व। *स्त्री॰* बेल का वृक्ष। बिल्ववृक्ष।

त्रिचक्षु—[सं॰ त्रि ~ चक्षु] *वि॰* तीन आँखों वाला। *पु॰* शिव। महादेव।

***त्रिजग**—[< सं॰ तिर्यक् (तिर्यच्)] पु॰ पशु-पक्षी आदि। तिर्यक्। ✣ ***त्रिजगजोनि**—*स्त्री॰* = पशु-पक्षी आदि की योनि। तिर्यग्योनि।

त्रिजगत्—[सं॰ त्रि ~ जगत्] *पु॰* १. त्रिभुवन। त्रिलोक। २. स्वर्ग, अन्तरिक्ष और पृथ्वी।

त्रिजट—[सं॰ त्रि ~ जटा] *वि॰* तीन जटाओं वाला। *पु॰* शिव। महादेव।

त्रिजटा—[सं॰ त्रिजट + टाप्] *स्त्री॰* १. बेल का पेड़। बिल्ववृक्ष। २. लंका की एक राक्षसी।

त्रिजटी—[सं॰ त्रिजटिन्] *पु॰* शिव। महादेव।

त्रिजात/त्रिजातक—[सं॰ त्रि ~ जात/जातक] (आयुर्वेद॰) दालचीनी, तेजपात और इलायची का मिश्रण। ● **विशेष**—त्रिजातक में नागकेशर मिलाने पर मिश्रण को '**चातुर्जातक**' कहा जाता है।

***त्रिजाम/त्रिजामा**—[< सं॰ त्रियामा] *स्त्री॰* रात्रि। रात।

त्रिज्यखण्ड (त्रिज्यखंड)—[स॰ त्रिज्या ~ खण्ड] *पु॰* (गणित॰, ज्यामिति) वृत्त का वह भाग जो उस वृत्त की किन्ही दो त्रिज्याओं और उनके बीच के चाप से घिरा हो। (अ॰ सेक्टर)

त्रिज्या—[स॰] *स्त्री॰* (गणित॰) किसी वृत्त या गोले के केन्द्र से परिधि तक की दूरी। अर्धव्यास।

त्रितन्त्रिका/त्रितन्त्री (त्रितंत्रिका/त्रितंत्री)—[स॰ त्रि ~ तन्त्रिका/तन्त्री] *स्त्री॰* एक प्रकार की वीणा जो तीन तारों वाली होती है।

त्रिताप—[स॰ त्रि ~ ताप] *पु॰* तीन प्रकार के दु:ख। दैहिक, दैविक और भौतिक दु:ख।

त्रिताल—[स॰ त्रि ~ ताल] (संगीत॰) सोलह मात्रा की मध्य और द्रुत लय में बजायी जानेवाली ताल। तीन ताल।

त्रिदण्ड (त्रिदंड)—[स॰ त्रि ~ दण्ड] *पु॰* १. वह दंड जिसे सन्न्यासी धारण करते हैं। २. वाणी, मन और शरीर—इन तीनों का संयम।

त्रिदण्डी (त्रिदंडी)—[स॰ त्रिदण्डि] *पु॰* वह मनुष्य जिसने वाणी, मन और शरीर का संयम कर लिया हो।

त्रिदल—[स॰ त्रि ~ दल] *पु॰* बेल का पेड़। बिल्ववृक्ष।

त्रिदश—[स॰ त्रि ~ दश] *वि॰* १.तीस। *पु॰* २. जो तीनों दशाओं (भूत, भविष्य और वर्तमान) में एक-सा बना रहे। देवता। ३. स्वर्ग। ✣ **त्रिदशगुरु**—*पु॰* = देवताओं का गुरु। बृहस्पति। ✣ **त्रिदश-पति**—*पु॰* देवताओं का राजा। इन्द्र। ✣ **त्रिदश-वधू**—*स्त्री॰* = अप्सरा।

त्रिदशाचार्य—[स॰ त्रिदश ~ आचार्य] *पु॰* देव-गुरु। बृहस्पति (देवता)।

त्रिदशाधिप—[स॰ त्रिदश ~ अधिप] *पु॰* इन्द्र।

त्रिदशारि—[स॰ त्रिदश ~ अरि] *पु॰* देव-शत्रु। दानव, असुर या राक्षस।

त्रिदशालय—[स॰ त्रिदश ~ आलय] *पु॰* १. स्वर्ग। २. सुमेरु (पर्वत)।

त्रिदशाहार—[स॰ त्रिदश ~ आहार] *पु॰* अमृत। सुधा।

त्रिदशेश्वर—[स॰ त्रिदश ~ ईश्वर] *पु॰* इन्द्र। ✣ **त्रिदशेश्वरी**—*स्त्री॰* = पार्वती। दुर्गा।

त्रिदिव—[स॰ त्रि ~ दिव] *पु॰* १. स्वर्ग। २. आकाश।

त्रिदृक्—[स॰ त्रि ~ दृक्] *पु॰* शिव। महादेव।

त्रिदेव—[स॰ त्रि ~ देव] *पु॰* ब्रह्मा, विष्णु और शिव देवों का समूह।

त्रिदोष—[स॰ त्रि ~ दोष] पु॰ १. तीन दोष। २. तीन दोषों का समूह। ३. काम, क्रोध और लोभ का समूह। (आयुर्वेद॰) तीन दोष—वात, पित्त और कफ। ✣ **त्रिदोषज**—*वि॰* = वात आदि तीन दोषों से उत्पन्न। *पु॰* वात, पित्त और कफ, तीनों दोषों, से उत्पन्न रोग। सन्निपात। ✣ ***त्रिदोषना**—*क्रिअ॰* = १. तीनों दोषों (वात, पित्त, कफ) से ग्रस्त होना। २. काम, क्रोध और लोभ के वश में होना।

त्रिधा—[स॰ त्रि + धाच्] *क्रिवि॰* १. तीन तरह से। २. तीन भागों में। *वि॰* १. तीन प्रकार का। २. तीन रूपों वाला। ✣ **त्रिधा विभाजन**—पु॰= तीन भागों में विभाजन।

त्रिधातु—[स॰ त्रि ~ धातु] *स्त्री॰* सोना, चाँदी और ताँबा नामक तीन धातुएँ।

त्रिधाम—[स॰ त्रिधामन्] *पु॰* १. शिव। महादेव। २. विष्णु। ३. अग्नि। ४. मृत्यु।

त्रिधामूर्ति—[स॰ त्रिधा ~ मूर्ति] *पु॰* परमात्मा (जिसके तीन रूप ब्रह्मा, विष्णु और शिव हैं)।

त्रिधारा—[स॰ त्रि ~ धारा] *स्त्री॰* १. (स्वर्ग, पृथ्वी और पाताल में धाराओं वाली) गंगा (नदी)। २. (तीन धाराओं वाला) सेंहुड़ नामक काँटोंवाली वनस्पति।

त्रिधा-सर्ग—[स॰] *पु॰* तीन प्रकार की सृष्टि। दैव, तिर्यक् और मानुष सृष्टि।

त्रिनयन/त्रिनेत्र/त्रिलोचन—[स॰ त्रि ~ नयन/नेत्र/लोचन] *वि॰* तीन नेत्रों वाला। *पु॰* शिव। महादेव। ✣ **त्रिनयना**—*वि॰* (*स्त्री॰*) = तीन नेत्रों वाली। *स्त्री॰* = पार्वती। दुर्गा।

त्रिनाड़ी—[< स॰ त्रि ~ नाड़ी] *स्त्री॰* (हठयोग॰) इड़ा, पिंगला और सुषुम्ना नामक तीन सूक्ष्म नाड़ियों का समूह।

त्रिपत—[< स॰ त्रिपत्र] *वि॰* १. तीन पत्तों वाला। २. तीन-तीन पत्तों के समूह वाला। *पु॰* बेल का वृक्ष। बिल्ववृक्ष।

त्रिपत्रक—[स॰ त्रिपत्र + कन्] *पु॰* १. तुलसी, कन्द और बेल के पत्तों का समूह। २. ढाक का पेड़। पलाश।

त्रिपथ—[स॰ त्रि ~ पथ] *पु॰* १. तीन मार्ग। २. वह स्थान जहाँ तीन मार्ग मिलते हैं। तिराहा। २. ज्ञान, कर्म और उपासना—ये तीन मार्ग। ३. भूमि, अन्तरिक्ष और आकाश। ४. आकाश, पृथ्वी और पाताल।

त्रिपथगा/त्रिपथगामिनी—[स॰ त्रिपथ + गा/त्रिपथ ~ गामिनी] *वि॰* (*स्त्री॰*) १. तीन मार्गों पर जानेवाली। २. स्वर्ग, पृथ्वी और पाताल—तीनों लोकों में बहनेवाली। *स्त्री॰* गंगा (नदी)।

त्रिपद—[स॰ त्रि ~ पद] *वि॰* १. तीन पैरों वाला। २. तीन पदों वाला। *पु॰* तीन पायों वाली वस्तु। तिपाई। (छन्द॰) तीन चरणों वाला (छन्द)।

त्रिपदा—[स॰ त्रिपद + टाप्] *वि॰* (*स्त्री॰*) (तीन चरणों वाली) *स्त्री॰* गायत्री (छन्द)।

त्रिपदी—[स॰ त्रिपद + ङीप्] *स्त्री॰* १. तिपाई। २. गायत्री नामक छन्द।

त्रिपरमाणुक—[स॰ त्रि ~ परमाणुक] *वि॰* (वह अणु या मूलक या आयन) जिसमें तीन परमाणु हों। (अ॰ ट्राइएटामिक)

त्रिपर्ण—[स॰ त्रि ~ पर्ण] *वि॰* तीन पत्तों वाला। *पु॰* पलाश/ढाक का वृक्ष। ✣ **त्रिपर्णा**—*वि॰* (*स्त्री॰*)।

त्रिपाठी—[स॰ त्रिपाठिन्] *वि॰* तीन वेदों का ज्ञाता। *पु॰* ब्राह्मणों का एक कुलनाम। त्रिवेदी।

त्रिपाद—[स॰ त्रि ~ पाद] *वि॰* तीन पैरों वाला।

त्रिपादिका—[स॰ त्रिपाद + कन् + टाप्, इत्व] *स्त्री॰* तिपाई।

त्रिपिटक—[स॰ त्रि ~ पिटक] *पु॰* तीन पिटारों का समूह। (बौद्ध॰) बौद्धों के मूल धर्मग्रन्थों का समूह जिसमें तीन बड़े संकलन हैं—

विनयपिटक, सुत्तपिटक और अभिधम्मपिटक।

त्रिपुटी—[सं॰ त्रि ~ पुटी] *स्त्री॰* तीन वस्तुओं या भावों/अवस्थाओं/शब्दों आदि का समूह। ***जैसे***—ज्ञाता, ज्ञेय और ज्ञान की त्रिपुटी; ज्ञान, भक्ति और कर्म की त्रिपुटी।

त्रिपुण्ड/त्रिपुण्ड्र (त्रिपुंड/त्रिपुंड्र)—[सं॰ त्रि ~ पुण्ड/पुण्ड्र] *पु॰* (माथे पर का) तीन पड़ी रेखाओं का तिलक/टीका। ***जैसे***—शैव धर्म के अनुयायी भस्म का त्रिपुंड लगाते हैं।

त्रिपुर—[सं॰ त्रि ~ पुर] *पु॰* १. तीन नगरों का समूह। २. मय नामक असुर द्वारा निर्मित स्वर्ग, अन्तरिक्ष और पृथ्वी पर स्थित एक-एक नगर की त्रयी। ३. भावलोक, कर्मलोक और ज्ञानलोक का सामूहिक नाम।

त्रिपुरघ्न/त्रिपुरदहन/त्रिपुरहर—[त्रिपुर + घ्न, त्रिपुर ~ दहन/हर] *पु॰* त्रिपुर का नाशक। शिव। महादेव। त्रिपुरारि।

त्रिपुरभैरवी—[सं॰ त्रिपुर ~ भैरवी] *स्त्री॰* (तन्त्र॰) एक देवी। त्रिपुरा।

त्रिपुरसुन्दरी (त्रिपुरसुंदरी)—[सं॰ त्रिपुर ~ सुन्दरी] *स्त्री॰* दुर्गा। पार्वती।

त्रिपुरा—[सं॰ त्रिपुर + टाप्] (तन्त्र॰) १. एक देवी। २. असम में पूजित कामाख्या देवी की एक मूर्ति।

त्रिपुरान्तक (त्रिपुरांतक)—[सं॰ त्रिपुर ~ अन्तक] *पु॰* शिव। महादेव। त्रिपुरारि।

त्रिपुरारि—[सं॰ त्रिपुर ~ अरि] *पु॰* त्रिपुर का नाशक। शिव। महादेव। त्रिपुरघ्न।

त्रिपुरुष—[सं॰ त्रि ~ पुरुष] *पु॰* पिता, पितामह (दादा) और प्रपितामह (परदादा) का समूह। *वि॰* जो तीन पुरुषों की ऊँचाई के बराबर लम्बा हो।

त्रिपौलिया/(तिरपौलिया)—[< सं॰ त्रिन + हिं॰ पोल (=फाटक)] *वि॰* बड़े फाटकों वाला (स्थान)। *स्त्री॰* वह भवन/बाज़ार आदि जिसमें जाने के तीन बड़े फाटक हों।

त्रिफला—[सं॰ त्रिफल + टाप्] *पु॰* (आयुर्वेद॰) हरड़, बहेड़ा और आँवला के फलों के समान भागों का या क्रमशः १, २, ३ के अनुपात में मिश्रण या १ हरड़, २ बहेड़ा और चार आँवला के अनुपात में मिश्रण।

त्रिबली—[सं॰ त्रि ~ बली] *स्त्री॰* पेट पर पड़नेवाली तीन रेखाएँ।

त्रिबाहु—[सं॰ त्रि ~ बाहु] *वि॰* जिसकी तीन भुजाएँ/बाँहें हों।

त्रिभङ्ग (त्रिभंग)—[सं॰ त्रि ~ भङ्ग] *वि॰* १. तीन स्थानों से झुका हुआ। २. तीन स्थानों से टेढ़ेपन वाला। *पु॰* खड़े होने की एक मुद्रा। (दे॰ त्रिभंगमुद्रा) ✣ **त्रिभङ्ग मुद्रा (त्रिभंग-मुद्रा)**—*स्त्री॰* = खड़े होने की एक मुद्रा जिसमें पैर, कमर और गरदन में बल पड़ता है।

त्रिभङ्गी (त्रिभंगी)—[सं॰ त्रिभङ्गिन्] *स्त्री॰* त्रिभंगामुडा। *वि॰* १. जो त्रिभंग मुद्रा में खड़ा हुआ हो। २. जिसमें तीन बल पड़े हों। (छन्द॰) १. मात्रिक त्रिभंगी। एक सममात्रिक छन्द जिसके प्रत्येक चरण में ३२ मात्राएँ होती है, १०-८-८-६ पर यति होती है, अन्त में गुरु होता है। २. वर्णिक त्रिभंगी। दंडक का एक प्रकार जिसके प्रत्येक चरण में ३४ वर्ण होते हैं और जो ६ नगण, २ सगण, भगण, मगण, सगण और गुरु (६ न + २ स + भ, म, स, ग) के योग से बनता है।

त्रिभुक्ति—[सं॰ त्रि ~ भुक्ति] *पु॰* वर्तमान बिहार का तिरहुत क्षेत्र। मिथिला।

त्रिभुवन—[सं॰ त्रि ~ भुवन] *पु॰* स्वर्ग, पृथ्वी और पाताल—इन तीन लोकों का समूह। त्रिलोक। ✣ **त्रिभुवन-गुरु**—*पु॰* १. त्रिलोक का पूज्य व्यक्ति। २. शिव। महादेव। ३. परमात्मा। ✣ **त्रिभुवननाथ/त्रिभुवनपति**—*पु॰* परमात्मा। ✣ **त्रिभुवन-सुन्दरी (सुंदरी)**—*स्त्री॰* पार्वती। दुर्गा।

त्रिभूम—[< सं॰ त्रि ~ भूमि] *पु॰* तिमंज़िला मकान।

त्रिमद—[सं॰ त्रि ~ मद] *पु॰* तीन बातों का (विद्या, धन और वंश-सम्बन्धी) मद या नशा। (आयुर्वेद॰) बायबिडंग, नागरमोथा और चित्रक का मिश्रण।

त्रिमधु/त्रिमधुर—[सं॰ त्रि ~ मधु/मधुर] *पु॰* दूध, चीनी और मधु—इन तीनों का मिश्रण।

त्रिमात्र—[सं॰ त्रि ~ मात्रा] *वि॰* १. (शब्द) जिसमें तीन मात्राएँ हों। २. प्लुत उच्चारणवाला (स्वर)।

त्रिमार्ग—[सं॰ त्रि ~ मार्ग] *पु॰* १. तीन मार्ग। २. तिराहा। ✣ **त्रिमार्गगामिनी**—*स्त्री॰* = गंगा। त्रिपथगा।

त्रिमुनि—[सं॰ त्रि ~ मुनि] *पु॰* संस्कृत के तीन वैयाकरण-पाणिनि, कात्यायन और पतंजलि।

त्रिमूर्ति—[सं॰ त्रि ~ मूर्ति] *पु॰* १. तीन मूर्तियाँ। २. ब्रह्मा, विष्णु और शिव—ये तीन महान देव। ३. परमात्मा जिसके तीन रूप ब्रह्मा, विष्णु और शिव हैं।

त्रियज्ञाग्नि—[सं॰ त्रि ~ यज्ञ ~ अग्नि] *स्त्री॰* तीन प्रकार की यज्ञ-अग्नियाँ—गार्हपत्य, आहवनीय, दाक्षिणात्य।

***त्रिया**—[< सं॰ स्त्री] *स्त्री॰* १. स्त्री। नारी। औरत। २. पत्नी। ✣ **त्रिया-चरित्र**—*पु॰* आचरण स्त्रियों का आचरण। चरित्र या उसका रहस्य। ***वा॰* त्रिया-चरित्र खेलना**—चालाकी/धोखे से काम लेना।

त्रियान—[सं॰ त्रि ~ यान] *पु॰* (बौद्ध॰) महायान, हीनयान तथा मध्यमयान नामक तीन बौद्ध सम्प्रदाय।

त्रियामा—[सं॰ त्रियाम + टाप्] *स्त्री॰* रात्रि। रात।

त्रियामी—[सं॰ त्रि ~ यामिन्] *वि॰* तीन आयामों/विमों वाला। लम्बाई, चौड़ाई और ऊँचाई/मोटाई वाला।

***त्रियोचित**—[< सं॰ स्त्रियोचित] *वि॰* स्त्रियों के योग्य। स्त्रियोचित।

त्रिरत्न—[सं॰ त्रि ~ रत्न] *पु॰* तीन रत्नों का समूह। (बौद्ध॰) बुद्ध, संघ और धर्म।

त्रिरथी—[सं॰ त्रि ~ रथी] *पु॰* रथी योद्धाओं के तीन प्रकार—रथी, महारथी, अतिरथी।

त्रिराम—[सं॰ त्रि ~ राम] *पु॰* 'राम' नामधारी तीन महापुरुष—परशुराम, (दाशरथि) राम, बलराम।

त्रिरूप—[सं॰ त्रि ~ रूप] *वि॰* तीन रूपों/आकृतियों का।

त्रिरेख—[स॰ त्रि ~ रेखा] *वि॰* जिसमें तीन रेखाएँ हों। *पु॰* १. तीन रेखाओं का समूह। २. शंख।

त्रिलघु—[स॰ त्रि ~ लघु] *पु॰* जिसमें तीन लघु हों। (छन्द॰) नगण।

त्रिलवण—[स॰ त्रि ~ लवण] *पु॰* १. तीन प्रकार के लवणों का समूह। २. सेंधा, साँभर और काला नमक।

त्रिलिङ्ग (त्रिलिंग)—[स॰ त्रि ~ लिङ्ग] *पु॰* (व्या॰) तीनों लिंग—पुल्लिंग, स्त्रीलिंग और नपुंसकलिंग।

त्रिलोक—[स॰ त्रि ~ लोक] *पु॰* तीन लोक। त्रिभुवन। स्वर्ग, पृथ्वी और पाताल।

त्रिलोकनाथ/त्रिलोकपति—[स॰ त्रिलोक ~ नाथ/पति] *पु॰* १. त्रिलोक का स्वामी। २. परमात्मा। ३. सूर्य।

त्रिलोकी—[स॰ त्रिलोक + ङीष्] *स्त्री॰* त्रिलोक। (दे॰) ✣ **त्रिलोकीनाथ**—*पु॰* = त्रिलोकनाथ।

त्रिलोकेश—[स॰ त्रिलोक ~ ईश] *पु॰* १. त्रिलोक का स्वामी। २. परमात्मा। ३. सूर्य।

त्रिलोचन—[स॰ त्रि ~ लोचन] *वि॰* तीन नेत्रों वाला। *पु॰* शिव। महादेव। ✣ **त्रिलोचना (त्रिलोचनी)**—*वि॰ (स्त्री॰)* = तीन नेत्रों वाली। *स्त्री॰* दुर्गा। पार्वती।

त्रिलौह—[स॰ त्रि ~ लौह] *पु॰* तीन धातुएँ—सोना, चाँदी और ताँबा।

त्रिवर्ग—[स॰ त्रि ~ वर्ग] *पु॰* १. तीन वस्तुओं का समूह। २. तीन पुरुषार्थों का समूह। धर्म, अर्थ और काम। ३. प्रकृति के तीन गुण। सत्त्व, रज और तम। ४. त्रिफला। ५. त्रिकुट।

त्रिवर्णक—[स॰ त्रि ~ वर्णक] *वि॰* तीन रंगों वाला। *पु॰* तीन वर्ण—ब्राह्मण, क्षत्रिय और वैश्य।

त्रिवाचा—[स॰ त्रि ~ वाचा] *पु॰* १. किसी बात पर बल देने के लिए या वचन देने के लिए उसका तीन बार कथन। २.तीन बार करायी गयी प्रतिज्ञा।

त्रिविक्रम—[स॰ त्रि ~ विक्रम] *पु॰* १. विष्णु का वामन (अवतार) । २. विष्णु।

त्रिविधार्ति—[स॰ त्रिविध ~ आर्ति] *स्त्री॰* तीन प्रकार के दुःख—दैहिक, दैविक और भौतिक।

त्रिविम—[स॰ त्रि ~ विम] *पु॰* तीन आयाम। त्रि-आयाम। *वि॰* तीन आयामों वाला। त्रिआयामी।

त्रिविष्टप—[स॰ त्रि ~ विष्टप] *पु॰* १. स्वर्ग। २. तिब्बत।

त्रिवेणी—[स॰ त्रि ~ वेणी] *स्त्री॰* १. तीन धाराएँ। दो नदियों का संगम जिनसे तीन धाराएँ बनती है। संगम। ***जैसे***—प्रयाग में बहती त्रिवेणी। २. गंगा और यमुना के मिलने का स्थान या संगम जो प्रयाग में है। ३. किन्हीं भी तीन उत्तम गुणों या बातों का मिलन-स्थल। ***जैसे***—धर्म, संस्कृति और विज्ञान की त्रिवेणी।

त्रिवेद—[स॰ त्रि ~ वेद] *पु॰* १. तीनों वेद—ऋग्वेद, यजुर्वेद, और सामवेद। (दे॰ 'वेदत्रयी' भी) २. वेदज्ञ। त्रिवेदी।

त्रिवेदी—[स॰ त्रिवेदिन्] *पु॰* १. तीन वेदों का ज्ञाता। २. ब्राह्मणों का एक कुलनाम। त्रिपाठी।

त्रिशः—[पु॰ त्रि ~ शः (शस्)] *क्रिवि॰* तीन-तीन करके।

त्रिशङ्कु (त्रिशंकु)—[स॰ त्रि ~ शङ्कु] १. एक नक्षत्र/तारा। २. अयोध्या का एक सूर्यवंशी राजा। ***वा॰* त्रिशंकु होना**—बीच में लटका होना। ✣ **त्रिशङ्कुज (त्रिशंकुज)**—*पु॰* = राजा त्रिशंकु का पुत्र। अयोध्या का राजा हरिश्चन्द्र (जो सत्यवादी के रूप मे प्रसिद्ध है)।

त्रिशत—[स॰ त्रि ~ शत] *वि॰* तीन सौ। *पु॰* तीन सौ की संख्या (३००)

त्रिशरीर—[स॰ त्रि ~ शरीर] तीन प्रकार के शरीर—स्थूल शरीर, सूक्ष्म शरीर और कारण शरीर।

त्रिशर्करा—[स॰ त्रि ~ शर्करा] *स्त्री॰* तीन प्रकार की शर्करा—गुड़, चीनी और मिश्री।

त्रिशाख—[स॰ त्रि ~ शाखा] *वि॰* जिसमें तीन शाखाएँ हों।

त्रिशिख—[स॰ त्रि ~ शिखा] *वि॰* तीन शाखाओं/चोटियों वाला। *पु॰* तीन कलग़ियों वाला मुकुट/किरीट। २. त्रिशूल।

त्रिशिखर—[स॰ त्रि ~ शिखर] *पु॰* १. तीन चोटियों वाला पर्वत। त्रिकूट। २. (लंका का) 'त्रिकूट' नामक पर्वत।

त्रिशिर—[स॰ त्रिशिरस्] *वि॰* तीन सिर वाला। *पु॰* १. खर-दूषण की सेना का एक राक्षस जिसका वध राम ने किया था। त्रिशिरा। २. कुबेर। ✣ **त्रिशिरा**—*पु॰* = त्रिशिर।

त्रिशिरारि—[त्रिशिर ~ अरि] *पु॰* (त्रिशिरा नाशक) राम। (भगवान्) रामचन्द्र।

त्रिशीर्ष—[स॰ त्रि ~ शीर्ष] *वि॰* १. तीन चोटियों वाला (पर्वत)। २. तीन शीर्षों/सिरों वाला। *पु॰* त्रिभुज।

त्रिशूल—[स॰ त्रि ~ शूल] *पु॰* १. तीन शूलों/नोकों/फलों वाला एक अस्त्र। ***जैसे***—भगवान् शिव के हाथ में त्रिशूल है। २. दैहिक, दैविक और भौतिक नामक तीन ताप। ३. हिमालय की एक चोटी जो बहुत ऊँची है। ✣ **त्रिशूलधारी**—*वि॰* = त्रिशूल धारण करने वाला। *पु॰* = शिव। महादेव। ✣ **त्रिशूल-मुद्रा**—*स्त्री॰* = (तन्त्र॰) हाथ की एक मुद्रा जिसमें अँगूठा छोटी उँगली से मिला रहता है और शेष तीन उँगलियाँ फैली रहती हैं।

त्रिशूली—[स॰ त्रिशूलिन्] *पु॰* (१. त्रिशूल को धारण करने वाला)। २. शिव। महादेव।

त्रिशोक—[स॰ त्रि ~ शोक] *वि॰* दैहिक, दैविक और भौतिक तापों से ग्रस्त रहनेवाला। *पु॰* जीव।

त्रिशृङ्ग (त्रिशृंग)—[स॰ त्रि ~ शृङ्ग] *पु॰* १. त्रिकोण। त्रिभुज। २. त्रिकूट पर्वत।

*__त्रिषा__—*स्त्री॰* ≤ स॰ तृषा। प्यास। ✣ **त्रिषावन्त (त्रिषावंत)**—*वि॰* = तृषित। पिपासु। प्यासा।

त्रिष्टुभ्—[स॰ त्रि √स्तुभ् + क्विप्, षत्व] *पु॰* (छन्द॰) एक वैदिक छन्द जिसके प्रत्येक चरण में ११ अक्षर होते हैं।

त्रि-सङ्गम (त्रि-संगम)—[स॰] *पु॰* १. तीन का मिलन/मिश्रण। २. तीन धाराओं के मिलने का स्थान। ३. तीन नदियों के मिलने का स्थान।

त्रिसन्ध्य (त्रिसंध्य)—[स॰ त्रि ~ सन्ध्या] *पु॰* दिन के तीन सन्धि काल। प्रातः, मध्याह्न और अपराह्न। ✣ **त्रिसन्ध्यव्यापिनी (त्रिसंध्यव्यापिनी)**—*स्त्री॰* = वह तिथि जो सूर्योदय के पहले से सूर्यास्त के बाद तक रहे।

त्रिसन्ध्या (त्रिसंध्या)—[स॰ त्रि ~ सन्ध्या] *स्त्री॰* तीन कालों की सन्ध्याएँ—प्रातः, मध्याह्न और सायंकाल।

त्रिसप्तक—[स॰ त्रि ~ सप्तक] *पु॰* (संगीत॰) तीन सप्तक—मन्द, मध्य और तार।

त्रिसम—[स॰ त्रि ~ सम] *पु॰* (गणित॰, ज्यामिति) जिसकी तीनों भुजाएँ बराबर हों। समबाहु त्रिकोण। (आयुर्वेद॰) सोंठ, गुड़ और हरड़ का समूह।

त्रिसर्ग—[स॰ त्रि ~ सर्ग] *पु॰* तीनों गुणों (सत्त्व, रज और तम) से बनी सृष्टि। विश्व।

त्रिसुगन्धि (त्रिसुगंधि)—[स॰ त्रि ~ सुगन्धि] *पु॰* तीन सुगन्धित वस्तुओं का समूह/मिश्रण। (आयुर्वेद॰) छोटी इलायची, दालचीनी और तेजपात का समूह या मिश्रण।

त्रिस्कन्ध (त्रिस्कंध)—[स॰ त्रि ~ स्कन्ध] *पु॰* संहिता, तन्त्र और होरा—इन तीन विभागों वाला शास्त्र। ज्योतिषशास्त्र।

त्रिस्नान—[स॰ त्रि ~ स्नान] *पु॰* १. तीन बार स्नान। तीन स्नान। २. प्रातः, मध्याह्न और सायं किए जाने वाले स्नान। त्रिकालस्नान।

त्रिहठ—[स॰ त्रि ~ हठ] *पु॰* तीन हठ—राज-हठ, स्त्री-हठ, बाल-हठ।

त्रुटि—[स॰ √त्रुट् + इन्] १. तोड़ने फोड़ने की क्रिया/भाव। २. कमी। ३. भूल। चूक। ४. ग़लती। ५. प्रतिज्ञा टूटना। वचन-भंग। (गणित॰) किसी राशि के सैद्धान्तिक मान और प्रेक्षित आँकड़ों से प्राप्त मान का अन्तर।

त्रैकण्टक (त्रैकंटक)—[स॰ त्रिकण्टक + अण्] *वि॰* जिसमें तीन काँटे हों। *पु॰* त्रिकंटक।

त्रैकालज्ञ—[स॰ त्रिकालज्ञ + अण्] *पु॰* त्रिकाल की बातें जानने वाला। त्रिकालज्ञ।

त्रैकालिक—[स॰ त्रिकाल + ठञ] *वि॰* १. त्रिकाल-सम्बन्धी। २. तीनों कालों में होनेवाला या रहनेवाला।

त्रैकोणिक—[स॰ त्रिकोण + ठञ्] *वि॰* १. तीन कोणों वाला। त्रिकोणीय। २. तीन पार्श्वों वाला। तिपहला।

त्रैगुणिक—[स॰ त्रिगुण + ठक्] *वि॰* १. त्रिगुण-सम्बन्धी। २. तीन बार किया हुआ।

त्रैगुण्य—[स॰ त्रिगुण + ष्यञ्] *पु॰* १. तीनों गुणों (सत्त्व, रज, तप) का धर्म/भाव।

त्रैराशिक—[स॰ त्रिराशि + ठञ्] *पु॰* (गणित॰) तीन ज्ञात राशियों के द्वारा चौथी अज्ञात राशि ज्ञात करने की रीति।

त्रैलोक्य—[स॰ त्रिलोकी + ष्यञ्] *पु॰* त्रिलोक। त्रिभुवन। ***वा॰*** **त्रैलोक्य छानना**—सर्वत्र खोजना। बहुत खोजना। ✣ **त्रैलोक्य-सुन्दरी (त्रैलोक्य-सुंदरी)**—*स्त्री॰* १. त्रिलोक में सबसे श्रेष्ठ सुन्दरी। २. दुर्गा का एक रूप।

त्रैवर्गिक—[स॰ त्रिवर्ग + ठञ्] *पु॰* धर्म, अर्थ और काम नामक तीन पुरुषार्थों को प्राप्त करनेवाला कर्म। *वि॰* १. त्रिवर्ग-सम्बन्धी। २. तीन वर्गों में होने वाला।

त्रैवर्णिक—[स॰ त्रिवर्ण + ठञ्] *वि॰* त्रिवर्ण-सम्बन्धी। ब्राह्मण, क्षत्रिय और वैश्य वर्णों का।

त्रैवर्षिक/त्रैवार्षिक—[स॰ त्रिवर्ष + ठञ्] *वि॰* १. तीन वर्षों का। २. तीन वर्षों में होनेवाला। ३. तीन-तीन वर्ष के बाद होनेवाला।

त्रैविक्रम—[स॰ त्रिविक्रम + अण्] *वि॰* १.वामन (अवतार)-सम्बन्धी। २. विष्णु का।

त्रोटक[१]—[स॰ √त्रुट् + णिच् + ण्वुल्] *पु॰* (काव्य॰) प्राचीन संस्कृत नाट्यशास्त्र में वर्णित एक शृंगार-प्रधान नाटक।

***त्रोटक**[२]—[< हि॰ तोटक] *पु॰* (छन्द॰) प्रत्येक चरण में चार सगण वाला १२ वर्णों का वर्णिक छन्द। तोटक छन्द। अर्ध सवैया छन्द।

***त्रोन**—[< स॰ त्रोण] तूणीर। तरकस।

त्र्यक्ष—[स॰ त्रि ~ अक्ष] *वि॰* तीन नेत्रों वाला। *पु॰* शिव। महादेव।

त्र्यक्षर—[स॰ त्रि ~ अक्षर] *वि॰* तीन अक्षरों वाला। तीन अक्षरों से बना हुआ। *पु॰* १. ओम्। प्रणव। २. परमात्मा।

त्र्यधिपति—[स॰ त्रि ~ अधिपति] *पु॰* १. तीनों लोकों का स्वामी। त्रिलोकपति। २. विष्णु। ३. परमात्मा।

त्र्यम्बक (त्र्यंबक)—[स॰ त्रि ~ अम्बक] *वि॰* तीन नेत्रों वाला। त्रिनेत्र। *पु॰* शिव। महादेव। ✣ **त्र्यम्बका (त्र्यंबका)**—*स्त्री॰* दुर्गा। पार्वती।

त्र्युषण/त्र्यूषण—[स॰ त्रि ~ उषण/ऊषण] *पु॰* (आयुर्वेद॰) सोंठ, पीपल (=पिप्पली) और मिर्च का समूह। त्रिकटु। त्रिकुटा।

त्र्युष्ण—[स॰ त्रि ~ ऊष्ण] *पु॰* (आयुर्वेद॰) त्र्युषण।

त्वक्—[स॰ त्वच्] *पु॰* १. (वृक्ष की) छाल। वल्कल। २. छिलका। ३. चर्म। खाल। ४. एक ज्ञानेन्द्रिय। त्वचा। ✣ **त्वक्पंचक**—*पु॰* (आयुर्वेद॰) = बरगद, गूलर, पीपल, शिरीष, और पाकड़ इन पाँचों वृक्षों की छालों का समूह। ✣ **त्वक्पत्र**—*पु॰* =१. तेजपत्ता। २. दारचीनी। ✣ **त्वक्पथी**—*स्त्री॰* = केले का पेड़। ✣ **त्वक्शोथ**—*स्त्री॰* = त्वचा की सूजन।

त्वगिन्द्रिय (त्वगिंद्रिय)—[स॰ त्वच् ~ इन्द्रिय] *स्त्री॰* स्पर्श की इन्द्रिय। स्पर्शेन्द्रिय। त्वचा।

त्वग्रक्तिमा—[स॰ त्वच् ~ रक्तिमा] *स्त्री॰* (प्राणि॰) त्वचा की लालिमा/लाली। ● **विशेष**—त्वचा की तापजन्य लाली को '**तापज त्वग्रक्तिमा**' और विषजन्य लाली को '**विषज त्वग्रक्तिमा**' कहते हैं।

त्वदीय—[स॰ युष्मद् + छ] *सर्व॰* तुम्हारा।

त्वम् (त्वं)—[स॰ युष्मद] *सर्व॰* तुम।

त्वरक—[स॰ √त्वर् + ण्वुल्] *पु॰* वेगवर्धक (व्यक्ति/वस्तु/यन्त्र)। (रसायन॰) वह पदार्थ जो रासायनिक अभिक्रिया की दर को बढ़ा दे। (भौतिकी॰) वह पदार्थ/वस्तु/यन्त्र जो भौतिक अभिक्रिया की

दर में वृद्धि करें। ***जैसे***—कार में लगे त्वरक को 'कार त्वरित्र' कहते हैं। (अ॰ अक्सेलरेटर)

त्वरण—[स॰ √त्वर् + ल्युट्] *पु॰* १. शीघ्रतापूर्वक करना। २. किसी कार्य को पूरा करने में शीघ्रता। ३. वेग के बढ़ने की दर (प्रति समय इकाई)। ***जैसे***—५ से॰मी॰ प्रति सेकंड प्रति सेकंड त्वरण। शीघ्रता। (गणित॰) वेग के परिवर्तन की दर। (अ॰ अक्सेलरेशन) ✣ **त्वरणशील**—*वि॰* = क्रमिक वृद्धि वाला। ***जैसे***—उत्पादन में वृद्धि के साथ-साथ मज़दूरी की दर में भी क्रमिक वृद्धि की त्वरण शील विधि। ✣ **त्वरणीय**—*वि॰* = जिसे शीघ्रता से करना हो। शीघ्रकरणीय।

त्वरा—[स॰ √त्वर् + अङ् + राप] *स्त्री॰* १. शीघ्रता। जल्दी। २. वेग। तेज़ी। ✣ **त्वरावान्**—*वि॰* = १. शीघ्रता करनेवाला। २. वेगपूर्वक चलनेवाला। द्रुतगामी।

त्वरित—[स॰ √त्वर् + क्त] *वि॰* वेग से चलता हुआ। *क्रिवि॰* १. जल्दी से। २. तेज़ी से। ✣ **त्वरितगति**—*वि॰* = तेज़ गति वाला। *पु॰* (छन्द॰) = एक समवर्णिक छन्द जिसके प्रत्येक चरण में नगण, जगण, नगण और गुरु (न ज न ग) के योग से कुल १० वर्ण होते हैं तथा ५-५ पर यति होती है। अमृतगति छन्द। ✣ **त्वरित मूल्यह्रास (मूल्यह्रास)**—*पु॰* = (अर्थ॰) १. सामान्य की अपेक्षा अधिक दर पर मूल्य गिरना। २. (आयकर के सम्बन्ध में) ज्यों-ज्यों कोई मशीन पुरानी होती जाए, त्यों-त्यों उस पर आयकर के अन्तर्गत मूल्य में ज़्यादा तेज़ी से कमी। (अ॰ अक्सेलरेटिड डिप्रीशियेशन)

त्वरित्र—[स॰] *पु॰* (भौतिकी॰) आवेशित कणों को विद्युत्चुम्बकीय या स्थिरवैद्युत साधनों से उच्च वेग देनेवाला उपकरण। (अ॰ अक्सीलरेटर)

त्वष्टा—[स॰ √त्वक्ष + तृच्] *पु॰* १. (देवताओं का शिल्पी) विश्वकर्मा। २. प्रजापति। ३. शिव। महादेव। ४. बढ़ई। ५. चित्रा नक्षत्र का स्वामी देवता।

त्वाचिक—[< स॰ त्वचा] *वि॰* त्वचा-सम्बन्धी। त्वचा का। ✣ **त्वाचिक प्रत्यक्ष**—*पु॰* = त्वचा और पदार्थ के संयोग से उत्पन्न ज्ञान। स्पर्श से प्राप्त ज्ञान।

त्वेष—[स॰ √त्विष् + अच्] *स्त्री॰* १. द्युतिमय। दीप्त। २. प्रकाशित। *पु॰* क्रोध।

थ

देवनागरी वर्णमाला में तवर्ग का दूसरा व्यंजन। (भाषाविज्ञान की दृष्टि से) यह दन्त्य, अघोष, महाप्राण और स्पर्श है। इसका अल्पप्राण 'त्' है। ● **विशेष—१.** व्यंजन-गुच्छों की दृष्टि से देखने पर जब थ पहले आकर किसी व्यंजन से मिलता है तब 'थ्' के रूप में (कथ्य, तथ्य)बनते हैं। क, ख, ग आदि 'थ' से पहले आकर मिलने पर 'क्थ' (रिक्थ ख्थ, ग्थ आदि) गुच्छ रूप बनते हैं। इनमें न् + थ = 'न्थ' (पन्थ, मन्थन), र् + थ = र्थ (अर्थ, व्यर्थ), स् + थ = 'स्थ' (स्वस्थ, स्थान) ध्यान देने योग्य हैं। थ् + र = 'थ्र' और ल् + थ = 'ल्थ' अँग्रेज़ी आदि के शब्दों (थ्री, थ्रो हेल्थ, वेल्थ) को लिखने में काम आते हैं, हिन्दी के अपने शब्दों में ऐसे व्यंजन-गुच्छ प्रायः नहीं होते। **४. 'थ' का द्वित्व नहीं होता क्योंकि यह महाप्राण व्यंजन है।**

थ—[स॰ √थूड् + ड] *पु॰* १. पर्वत। पहाड़। २. रक्षा। ३. भय। डर। ४. मंगल। कल्याण। ५. आहार। भोजन।

थकन—*स्त्री॰* ≤ *हि॰* थकान।

थकान—[< हि॰ थकना] *स्त्री॰* १. थकने की अवस्था/भाव। श्रान्ति। थकावट। २. थकने से हुई शारीरिक शक्ति की कमी जो विश्राम से दूर हो जाती है। ***जैसे***—थकान दूर करने के लिए विश्राम करो।

थका-माँदा—[< हि॰ थकना + फा॰ माँद:] *वि॰* १. थकित। थका-हारा। २. अधिक थकने के कारण शिथिल और अशक्त।

थकार—[स॰ थ + कार] *पु॰* 'थ' वर्ण या उसकी ध्वनि। **जैसे**—'रथी' और 'कथ्य' में थकार है परन्तु 'जीवन' में नहीं है।

***थकाँ**—[< हि० थका] *क्रिवि॰* बीतते-बीतते।

†थकिया—[< हि॰ थक्का] *स्त्री॰* १. (किसी गाढ़ी वस्तु का) छोटा थक्का। २. पिघली हुई धातु ठंडी होने पर बना पिंड।

थकौहाँ—[< हि॰ थकना] *वि॰* थका हुआ। शिथिल। ✣ **थकौहाँढार**—*वि॰* = बहुत थका हुआ लगने वाला।

***थट्ठ[1]**—[< हि॰ ठट्ठ] *पु॰* समूह। ठट्ठ। भीड़। झुंड।

***थट्ठ[2]**—[< हि॰ ठाट] *पु॰* तड़क-भड़क। सजधज।

थड़ा—[< स॰ स्थल] *पु॰* १. बैठने की जगह। अड्डा। २. वह स्थान जहाँ बैठकर दुकानदार सामान बेचता है।

थण्डिल (थंडिल)—[< स॰ स्थण्डिल] *पु॰* यज्ञ की वेदी या उसके लिए चौरस की हुई चौकोर भूमि। चत्वर।

थत्ती—[हि॰ थाती] *स्त्री॰* राशि। ढेर।

थन—[< प्रा० थण < स॰ स्तन] *पु॰* १. गाय, भैंस, बकरी आदि नारी/मादा चौपायों का स्तन। *२. नारी का स्तन। पयोधर।

†थनगन—[≤ हि॰ ठन-गन] *पु॰* १. नख़रा। ***जैसे***—स्त्रियों के थन-गन। २. हठ। ***जैसे***—यजमान से नेग माँगनेवालों के थनगन। ३. बहाना। ***जैसे***—न देने वालों के सौ थन-गन।

***थनहर**—[< स॰ स्तन] *पु॰* स्तन।

***थनुसुत**—[< स॰ स्थाणु ~ सुत] *पु॰* शिव का पुत्र। गणेश या कार्तिकेय। स्थाणु-सुत।

थनेला—[< हि॰ थन] *पु॰* १. स्तन पर होनेवाला एक फोड़ा। २. एक कीड़ा जो गाय आदि के थन पर काटता है जिससे दूध सूख जाता है।

थनैत—[< हि॰ थान < स॰ स्थान] *पु॰* १. किसी 'थान' (स्थान) का अधिकारी देवता। २. ग्राम का मुखिया।

थपक—[हि॰ थपकना] *स्त्री॰* १. थपकने की क्रिया/भाव। 'थप' ध्वनि के साथ किया गया आघात। २. थपकने के लिए किया जाने वाला आघात। थाप।

थपड़ी—[< हि॰ थप-थप] *स्त्री॰* १. करतल-ध्वनि। ताली। थपोड़ी। २. बेसन की फीकी पूड़ी/पूरी।

थपति—[< स॰ स्थपति] *पु॰* स्थपति। वास्तु-कलाकार। थवई।

***थपन**—[< स॰ स्थापन] *पु॰* स्थापित करनेवाला व्यक्ति। स्थापक। प्रतिष्ठापक। *स्त्री॰* स्थापना। *क्रिस॰* स्थापना। ✣ ***थपनथिर**—*वि॰* = बसानेवाला।

थपना—[स॰ स्थापन] *क्रिस॰* १. स्थापित करना। २. धीरे-धीरे ठोकना-पीटना। ३. स्थिर करना। जमाना। बैठाना। ४. ठोकना। *क्रिअ॰* १. स्थापित होना। बैठना। २. ठोका-पीटा जाना। *पु॰* (राज-मज़दूरों का) फ़र्श/छत कूटने का एक उपकरण। थापी।

†थपा[1]—[< हि॰ थपना] *पु॰* १. साँचा। २. ठप्पा।

***थपा[2]**—[< हि॰ थपना] *क्रिस॰* १. 'थपना' क्रिया का एक भूतकालिक रूप। स्थापित/प्रतिष्ठापित किया या बसाया। २. पदासीन किया।

थपुआ—[< हि॰ थपना] *पु॰* मिट्टी से बना चपटा खपड़ा जो मकान की छाजन पर रखने के काम आता है।

थप्पन—[< हि॰ थपना] *वि॰* स्थापित करनेवाला। *पु॰* स्थापन।

थमकना—[< प्रा॰ थमण < स॰ स्तम्भन] *क्रिअ॰* १. सहसा रुक जाना। थम जाना। २. चौंकना। ✣ **थमकारी**—*वि॰* = १. थामनेवाला। २. रोकनेवाला।

थमना[1]—[< स॰ स्तम्भन] *क्रिअ॰* १. किसी वस्तु की हो रही क्रिया/गति/प्रवाह का रुक जाना। ***जैसे***—वर्षा थमना, कोल्हू थमना, युद्ध

थमना। २. किसी काम में लगने से कुछ समय के लिए प्रतीक्षापूर्वक/धैर्यपूर्वक रुका रहना। *जैसे*—दो दिन पूजा के लिए थम जाओ, फिर बाहर जाना। ३. किसी आधार पर ठहरा रहना और नीचे न आना। *जैसे*—छप्पर का थमना।

थमना[२]—[< हि॰ थामना] *क्रिअ॰* थामा/पकड़ा जाना।

थमुआ—[< हि॰ थामना] *पु॰* नाव खेते समय पकड़ा जाने वाला चप्पू का भाग।

थम्ब (थंब)—[< सं॰ स्तम्भ] *पु॰* १. स्तम्भ। खम्भा। २. टेक। सहारा। ✣ **थम्बी (थंबी)**—*स्त्री॰* = छोटा थम्ब।

थम्बकथैया (थंबकथैया)—[*अनु॰*] *वि॰* थम्ब-थम्ब ध्वनि करनेवाले (भारी पैर आदि)। *जैसे*—मोटे-मोटे थम्बकथैया पैर।

थम्भ (थंभ)—[प्रा॰ < सं॰ स्तम्भ] *पु॰* १. स्तम्भ। खम्भा। २. सहारा। टेक। ३. थूनी। ✣ **थम्भी (थंभी)**—*स्त्री॰* = छोटा थम्भ।

थम्भन (थंभन)—[< प्रा॰ थंमण सं॰ स्तम्भन] *पु॰* रोकने की अवस्था/क्रिया/भाव। (तन्त्र॰) 'स्तम्भन' नामक अभिचार।

थम्भना (थंभना)—[< सं॰ स्तम्भन] *क्रिअ॰* थमना। रुकना।

थय्यक-थय्या—[अनु॰] *स्त्री॰* नृत्य। नाच। *जैसे*—कमरे में थय्यक-थय्या हो रही है।

***थर**[१]—[< सं॰ स्तर] *पु॰* १. परत। तह। २. दीवार में लगी ईंटों की प्रत्येक पंक्ति।

***थर**[२]—[< सं॰ स्थल] *पु॰* १. स्थल। थल। २. स्थान। जगह। ३. वन्य पशुओं की गुफ़ा/माँद/बिल/खोह।

***थरसना**—[< सं॰ त्रसन] *क्रिअ॰* त्रस्त होना। थर्राना। काँपना। *क्रिस॰* त्रस्त करना। ✣ **थरसल**—*वि॰* = १. त्रस्त। पीड़ित। २. स्तब्ध। अवाक्। ✣ **थरसलना**—*क्रिअ॰* = काँप जाना। हिल जाना।

***थरहर**—[< हि॰ थर-थर] *स्त्री॰* थरथरी। (दे॰) ✣ **थरहराना**—*क्रिअ॰, क्रिस॰* = थरथराना। ✣ **थरहरी**—*स्त्री॰* = थरथराहट।

†थरहाई/थराई—[देशज] *स्त्री॰* निहोरा। एहसान।

***थरि/थरी**—[< सं॰ स्थली] *स्त्री॰* बाघ, सिंह आदि की गुफ़ा/माँद/बिल/खोह।

थलचर—[< सं॰ स्थलचर] *पु॰* १. पृथ्वी पर रहनेवाला प्राणी। २. उक्त प्रकार के प्राणियों का वर्ग।

थलपति—[< सं॰ स्थलपति] *पु॰* भूपति। राजा।

थल-बेड़ा—[हि॰] *पु॰* जहाज़/नाव के ठहरने का स्थान। ***वा॰* थल-बेड़ा लगना**—ठिकाना लगना/मिलना। **थल-बेड़ा लगाना**—आश्रय/शरण देना।

***थलरुह**—[< सं॰ स्थलरुह] *पु॰* १. भूमि पर जन्म लेनेवाला पदार्थ। २. भूमि पर उत्पन्न होनेवाले जन्तु तथा वृक्षादि।

थलिया—[< प्रा॰ थल्लिया < देशज प्राकत स्थालिका] स्त्री॰ छोटा थाल। (भोजन करने की) थाली।

थली—[प्रा॰ < सं॰ स्थली] *स्त्री॰* १. जल-रहित भूमि/स्थल। २. ऊँची भूमि। ३. वनस्थली। ४. रेतीली भूमि। ५. नदी आदि का नीचे का भूमि-तल।

***थवई**—[प्रा॰ < सं॰ स्थपति] *पु॰* भवन बनानेवाला कारीगर। स्थपति।

***थह**[१]—[< सं॰ स्थल] *पु॰* वन्य पशु की गुफ़ा/माँद/बिल/खोह।

†थह[२]—*स्त्री॰* ≤ *हि॰* थाह। (दे॰)

थहना—[< हि॰ थाह] *क्रिस॰* १. नदी आदि की गहराई में जाना। २. थाह लेना। ३. वास्तविक बात का पता लगाना। ४. किसी के अभिप्राय को खोजना।

***थहरना**—[< हि॰ थर-थर] *क्रिअ॰* थर्राना। हिलना। काँपना।

थहराना—[अनु॰] *क्रिअ॰* १. काँपना। थरथराना। २. दहलना।

थहाना—[हि॰ थाह] *क्रिस॰* १. पानी की गहराई का पता लगाना। थाह लेना। २. किसी के मन, बुद्धि, ज्ञान आदि की गहराई की थाह लेना या अभिप्राय/विचारों/भावों आदि का पता लगाना।

†थँभना—[< सं॰ स्तम्भन] *क्रिअ॰* थमना। रुकना। ✣ **थँभवाना**—*क्रिस॰* = थमवाना।

थाइमस ग्रन्थि (ग्रंथि)—[अं॰ थाइमस + सं॰ ग्रन्थि] *स्त्री॰* (प्राणि॰) गर्दन के निचले अग्रभाग में या हृदय के ठीक आगे स्थित एक अप्रणाल अन्तःस्रावी ग्रन्थि (अं॰ ग्लैन्ड) जो युवा होने पर बहुत छोटी रह जाती है।

थाइराइड ग्रन्थि (ग्रंथि)—[अं॰ थाइराइड + सं॰ ग्रन्थि] *स्त्री॰* (प्राणि॰) गले के अगले भाग में स्थित एक ग्रन्थि (अं॰ ग्लैन्ड) जिससे निकलनेवाला रस शरीर की वृद्धि को नियमित करता है। अवटु ग्रन्थि।

थाक[१]—[सं॰ स्था] *पु॰* एक के ऊपर एक करके रखी वस्तुओं का संग्रह/ढेर। राशि। समूह।

थाक[२]—[< हि॰ थकना] *स्त्री॰* थकावट।

***थाका**[१]—[< सं॰ स्तबक] *पु॰* स्तबक। गुच्छा।

***थाका**[२]—[< हि॰ थकना] *वि॰* थका हुआ।

***थाकि**—[< हि॰ थकना] *स्त्री॰* श्रान्ति। थकावट।

थाघी—[देशज] *स्त्री॰* १. सहारे की लकड़ी। २. आधार। सहारा।

थाट[१]—[< हि॰ ठाठ] *पु॰* (संगीत॰) वह राग जो कई रागों का आधार हो। ठाठ।

***थाट**[२]—[< हि॰ ठट्ठ] *पु॰* समूह। ठट्ठ।

†थाण—[< प्रा॰ < सं॰ स्थान] *पु॰* थाला। आलवाल।

***थात**—[< सं॰ स्थात] *वि॰* १. बैठा हुआ। स्थित। २. ठहरा हुआ। स्थिर।

***थाति**—[< हि॰ थात] *स्त्री॰* १. ठहरने की क्रिया। स्थिरता। ठहराव। २. रहने की क्रिया/स्थिति। ३. थाती।

थाती—[< हि॰ थात] *स्त्री॰* १. संचित निधि/धन/जमा/पूँजी। २. संचित करके रखी हुई वस्तु। ३. (किसी के पास रखी गयी) धरोहर। अमानत।

थान—[< सं॰ स्थान] *पु॰* १. स्थान। जगह। *जैसे*—काली देवी का थान। २. निवास या ठहरने का स्थान। ३. पशुओं को (विशेषतः घोड़ों को) बाँधकर रखने का स्थान। घुड़साल आदि। *जैसे*—थान

का सच्चा। ४. किसी विशेष लम्बाई का कपड़े आदि का खंड। *जैसे*—मलमल के चालीस मीटर वाले दस थान। ५. कुछ वस्तुओं के लिए संख्यावाची शब्द के बाद लगाया जाने वाला शब्द। *जैसे*—पाँच थान गहने चाहिए।

थानक—[< प्रा० थाणय < स० स्थानक] *पु०* १. स्थान। २. नगर। ३. (वृक्ष का) थाला। आलवाल।

थाना—[< देशज थाणय, तथा < हि० थान < स० स्थान] १. ठहरने या बैठने का स्थान। अड्डा। २. पुलिस-कार्यालय। नाका। *जैसे*—इस नगर में बीस थाने हैं। ३. चौकी। पड़ाव। ***वा०* किसी स्थान पर थाना बैठाना**—१. उपद्रवी स्थानों पर शान्ति बनाये रखने के लिए पुलिस नियत करना। २. अल्पकाल हेतु पुलिस-थाना बनाना। **थाना चढ़ आना**—अधिक संख्या में पुलिस का आना। **थाने चढ़ना**—थाने जाकर रपट लिखाना।

थानापति—[< स० स्थानपति] *पु०* ग्राम-देवता।

***थानी**—[< स० स्थानिन्] *पु०* किसी स्थान का स्वामी या प्रमुख अधिकारी। *वि०* जो थान या ठिकाने पर पहुँच गया हो।

***थानु**[1]—*पु०* ≤ *हि०* थान।

***थानु**[2]—[< स० स्थाणु] *पु०* शिव। महादेव।

थानैत—[< हि० थान] *पु०* १. (किसी) स्थान का स्वामी। २. किसी अड्डे का प्रमुख या स्वामी। ३. (किसी) स्थान का देवता। ग्राम-देवता।

थापन—[< स० स्थापन] *पु०* १. स्थापन। २. उखड़ी हुई जड़ या वस्तु को जमाने की क्रिया।

***थापना**—[< स० स्थापन] *क्रिस०* १. स्थापित करना। २. किसी वस्तु को कहीं स्थित करना, लगाना। ३. हाथ का पंजा अंकित करना। छापना। हाथ की छाप/थापा लगाना। ४. निश्चित करना। ५. देवी-देवता की मूर्ति आदि की स्थापना/प्रतिष्ठापन करना। ६. गोबर को हाथ से थपक कर कंडे/उपले बनाना। *जैसे*—उपले थापना। ७. मिट्टी को पीटकर ईंटें बनाना। *जैसे*—ईंटें थापना। *स्त्री०* १. स्थापित करने की क्रिया/भाव। स्थापना। २. देवी-देवता की स्थापना। मूर्ति आदि का प्रतिष्ठापन। ३. मंगल-कलश की स्थापना।

थापा—[< हि० थाप] *पु०* १. थापने की क्रिया/भाव। २. मांगलिक अवसरों पर हल्दी आदि से दीवारों आदि पर लगाया जाने वाला हाथ के पंजे का चिह्न/छापा। ३. गोबर/मिट्टी से खलिहान में अनाज की राशि पर लगाया जाने वाला हाथ के पंजे का चिह्न। ४. (आभूषण, ईंट आदि बनाने का) साँचा या ठप्पा। *जैसे*—ईंट का थापा। ५ राशि। ढेर। ● **विशेष**—नेपाल देश की एक क्षत्रिय उपजाति भी 'थापा' कहलाती है।

***थापि**—[< हि० थापना] *क्रिवि०* १. स्थापित कर। *जैसे*—शिवलिंग थापि विधिवत् पूजा की। २. थापकर।

थापिया—[< हि० थाप] *पु०* (संगीत०) १. पखावज और मृदंग का ठेका। २. वाद्यसंगीत में तार परण के वादन के समय बजाया गया ताल का छन्द।

थापी—[< हि० थापना] *स्त्री०* १. थापने की क्रिया/भाव। २. कुम्हारों का लकड़ी से बना एक छोटा उपकरण जो घड़े को पीटकर, सुडौल बनाने में काम आता है। ३. छत या फ़र्श की मिट्टी आदि को कूटने में प्रयुक्त लकड़ी से बना एक छोटा उपकरण। ४. (प्रशंसा आदि के रूप में) पीठ पर दी जाने वाली थपकी।

थाम[1]—[प्रा० थंभ < स० स्तम्भ] *स्त्री०* थामने की क्रिया/भाव। *जैसे*—रोक-थाम। *पु०* स्तम्भ। खम्भा। थमला।

***थाम**[2]—[< प्रा० थम्भ] *पु०* स्तम्भ। थमला। खम्भा।

†थायी—*वि०* ≤ स० स्थायी। (दे०) *जैसे*—थायी भाव।

†थारा—[< हि० तिहारा] *सर्व०* तुम्हारा। तेरा। आपका। ✣ **थारे**—*सर्व०* = तुम्हारे। आपके। *जैसे*—थारे माथे। ✣ **थारो/थारौ**—*सर्व०* = थारा। ✣ **थारोई**—*सर्व०* = तुम्हारा ही। तेरा ही। आपका ही।

†थारी—*सर्व०* (*स्त्री०*) तुम्हारी। तेरी। आपकी।

थारू—[देशज] *पु०* हिमालय की तराई (उत्तर प्रदेश उत्तराखंड, बिहार, नेपाल इत्यादि) में रहनेवाली एक हिन्दू जनजाति।

थाला—*पु०* १. वृक्ष आदि के चारों ओर बना एक गोल गड्ढा जिसमें पानी डालते हैं। २. आलवाल। ३. किसी चीज़ को घेरे हुये उभरा हुआ गोलाकार भाग।

***थालिका**—[< स० स्थालिक] *स्त्री०* (वृक्ष का) थाला/आलवाल।

***थावर**—[प्रा० < स० स्थावर] *वि०* १. अचल। २. शान्त। ३. स्थिर। ४. जड़। ५. वृक्ष आदि स्थावर पदार्थ।

***थावरा**—[< स० स्थावर] *पु०* (वृक्ष का) थाला/आलबाल।

थाह—[प्रा० < स० स्थाघ] *स्त्री०* १. किसी वस्तु/गुण (ज्ञान/धन/महानता आदि) की गहराई की सीमा। गहराई का अन्त/सिरा। २. कुआँ, समुद्र, नदी आदि में पानी के नीचे का भूमि-तल। ३. किसी वस्तु की वास्तविकता का अनुमान। ४. किसी घटना/वस्तु आदि की गम्भीर वास्तविकता का पता। ***वा०* थाह पाना**—स्थिति का ठीक अनुमान करना। **थाह मिलना**—गहराई का पता चलना। **(डूबते को) थाह मिलना**—विपत्ति में पड़े निराश व्यक्ति को कहीं से कुछ सहारा मिलना या मिलने की आशा होना। **थाह लगाना या लेना**—१. गहराई का अनुमान या पता लगाना। २. रहस्य की परीक्षा करना। ३. किसी व्यक्ति के विचारों, योग्यता आदि की गहराई जानने का प्रयत्न करना।

***थाहर**—[< हि० थर] *पु०* वन्य पशु की गुफा/माँद/बिल/खोह। *जैसे*—सिंह के थाहर में जाना।

***थाहरा**—[< हि० थाह] *वि०* जिसकी थाह का पता आसानी से लग सके। कम गहरा। उथला।

†थाँग—[< हि० थान] *स्त्री०* १. चोरों का गुप्त घर। २. खोज। ३. पता। ४. रहस्य।

†थाँगी—[< हि० थाँग] *पु०* १. चोरों का भेदिया। २. चोरों का सरदार। ३. चोरी के माल का पता लगाने वाला व्यक्ति। ४. रक्षक या आश्रयदाता। ✣ **थाँगीदारी**—*स्त्री०* = थाँगी का कार्य या पद।

***थाँवरा/थाँवला**—[< सं॰ स्थण्डिल] *पु॰* (वृक्ष का) आलवाल। थाला।

थाँवाँ—[< सं॰ स्तम्भ] *पु॰* सन्त दादूदयाल द्वारा चलाया हुआ एक धार्मिक उप-सम्प्रदाय।

***थिगरी**—*स्त्री॰ ≤ हि॰* थिगली।

थिगली—[< देशज थिग्गल] *स्त्री॰* वह टुकड़ा (कपड़े आदि का) जो फटे भाग पर सिला जाता है। पेबन्द। ***वा॰* आसमान (या बादल) में थिगली लगाना**—१. बहुत कठिन काम पूरा करना। २. अनहोनी और असम्भव बात।

***थिरजीह**—[< सं॰ स्थिरजिह्व] *पु॰* मछली।

***थिरता**—[< सं॰ स्थिरता] *स्त्री॰* १. स्थिरता। २. धीरता।

***थिरथानी**—[< सं॰ स्थिर ~ स्थान] *वि॰* अचल स्थान वाला। *पु॰* दिक्पाल। लोकपाल।

थिरथिरा—[देशज] *पु॰* काली और नारंगी लाल-भूरे रंग की एक कोमल और सक्रिय छोटी चिड़िया जो घरों की छतों पर, खेतों में अथवा वृक्षों की शाखाओं पर प्रायः फुदकती रहती है तथा 'विट-विट-विट' जैसी तीखी ध्वनि करती है।

थिरना—[< हि॰ थिर] *क्रिअ॰* १. पानी/द्रव के ऊपरी तल का स्थिर/शान्त होना। २. उक्त स्थिति में तल का पानी निर्मल होना। ३. निथरना।

***थिरा**—[< सं॰ स्थिरा] *स्त्री॰* पृथ्वी।

थी—[< हि॰ था] *क्रिअ॰* 'था' का *स्त्री॰* रूप। ● **विशेष**—*राजस्थानी* भाषा में 'से' के अर्थ में 'थी' का प्रयोग होता है। ***जैसे***—जब थी (= जब से)।

***थीकरा**—[< सं॰ स्थिति ~ कर] *पु॰* उत्तरदायित्व। ज़िम्मेदारी।

***थीता**—[< हि॰ थित < सं॰ स्थित] *पु॰* १. स्थिरता। २. शान्ति। सुख-चैन। *वि॰* १. स्थिर। २. स्थित।

***थीती/थीथी**—[< सं॰ स्थिति] *स्त्री॰* १. स्थिरता। २. शान्ति। ३. स्थिति। ४. मर्यादा, टेक या धैर्य। ५. सुख।

थुक्का-फ़ज़ीहत—[< हि॰ थूकना + अरबी फ़ज़ीहत] *स्त्री॰* १. ऐसा झगड़ा या ऐसी कहा-सुनी जिसमें दोनों पक्ष एक दूसरे पर 'थू-थू' करें या परस्पर धिक्कारें। २. घोर अपमान, दुर्दशा और निन्दा।

थुड़ी—[< हि॰ थू-थू] *स्त्री॰* धिक्कार। थू-थू। ***वा॰* थुड़ी-थुड़ी करना**—१. निन्दा करना। २. धिक्कारना। **थुड़ी-थुड़ी होना**—१. निन्दा या अपयश होना। २. अपमान होना। **थुड़ी होना**—सबकी दृष्टि में गिर जाना।

थुत्कार—[सं॰ थूत्कार] *स्त्री॰* १. थूकने की क्रिया/भाव। २. थूकते समय किया जाने वाला शब्द। 'थुत्/थू' ध्वनि। थू-थू। ४. निन्दा। धिक्कार।

†थुथाना—[< हि॰ थूथन] *क्रिअ॰* (व्यंग्य में कथित) क्रुद्ध होकर, उदासीनता दिखाते हुए, चुप बैठ जाना।

थुनेर—[< हि॰ थून < सं॰ स्थूण] *पु॰* गठिवन (सं॰ ग्रन्थिपर्ण) नामक सुगन्धित और गाँठोंवाले क्षुप का एक प्रकार जो औषधोपयोगी है।

थुपरना—[< हि॰ थूप < सं॰ स्तूप] *क्रिस॰* महुए की बालों का ढेर लगाना ताकि वे इस प्रकार गर्मी पाकर कुछ पक जाएँ।

थुरना[१]—[< हि॰ थूरना < सं॰ थुर्वण] *क्रिअ॰* मारा-पीटा जाना।

†थुरना[२]—[< हि॰ थोड़ा] *क्रिअ॰* कम पड़ना।

***थुरहथा**—[< हि॰ थोड़ा + हाथ] *वि॰* १. छोटे हाथों वाला। २. मितव्ययी। कमख़र्च। ३. कंजूस। ✣ **थुरहथी**—*वि॰* (*स्त्री॰*)।

थुलमा—[< सं॰ उल्वण] एक प्रकार का पहाड़ी कम्बल जिसमें ऊपर से बाल जमाए हुए होते हैं और जो बहुत कोमल व गर्म होता है।

थुलियम—[अं॰] *पु॰* (रसायन॰) एक दुष्प्राप्य धात्विक तत्त्व।

थुली—[< हि॰ थूली] *स्त्री॰* (गेहूँ आदि का) दलिया।

†थूआ/थूवा—[प्रा॰ थूभ/थूव < सं॰ स्तूप] *पु॰* १. मिट्टी का ऊँचा टीला। ढूह। २. मिट्टी की वह मेंड़ जो सीमांकन करती हो। ३. पिंडोल या चिकनी मिट्टी या किसी गीली वस्तु का गोल ढेर। ४. गीली मिट्टी का लोंदा।

थूत्कार—[सं॰ थूत् + कार] *स्त्री॰* १. थूकने की क्रिया/भाव। २. थूकते समय होनेवाला शब्द। 'थूत्' या 'थू' ध्वनि। ३. थू-थू। निन्दा।

थूनी—[< सं॰ स्थूण] *स्त्री॰* १. गड़ा हुआ लकड़ी आदि का खम्भा। २. छप्पर आदि को गिरने से रोकने के लिए उसके नीचे लगी लकड़ी। ३. रस्सी के फन्दे से मथानी का डण्डा खड़ा करने के लिए प्रयुक्त गड़ी हुई लकड़ी। ४. आश्रय/शरण/रक्षा का स्थान।

थूबी—[देशज] *स्त्री॰* गरम लोहे से दागकर सर्प-विष दूर करने की क्रिया।

†थूमा—[< सं॰ स्तम्भ] *पु॰* लकड़ी का खम्भा जो टेक का काम देता है। टेक। ✣ **थूमी**—*स्त्री॰*।

थूर[१]—[< सं॰ तूवर] *पु॰* एक अन्न। अरहर।

थूर[२]—[< हि॰ थूरना] *स्त्री॰* थूरने की क्रिया/भाव।

थूरना—[< सं॰ थूर्वण] *स॰* १. ढंग से कूटना। २. ख़ूब पीटना। ३. ख़ूब दबाकर भरना। ४. बहुत भोजन करना।

***थूल**—[< सं॰ स्थूल] *वि॰* १. स्थूल। २. मोटा। ३. भद्दा। ✣ **थूला**—*वि॰* = १. स्थूलकाय। मोटा। २. हृष्ट-पुष्ट। मोटा-ताजा। ✣ **थूली**—*वि॰* (*स्त्री॰*) = १. मोटी। २. हृष्ट-पुष्ट। मोटी-ताज़ी। *स्त्री॰* १. मोटे (बारीक नहीं) दले हुए अनाज के दाने। (गेहूँ आदि का) दलिया। २. पका हुआ दलिया। ३. सूजी।

थूहर—[< प्रा॰ थोहर] *पु॰* १. बहुत काँटों वाला एक छोटा पौधा जिसकी जड़, पत्ते और दूध औषधोपयोगी होते हैं। सेंहुड़। २. नागफनी।

थूहा—[< प्रा॰ थूव < सं॰ स्तूप] *पु॰* १. मिट्टी का ढूह। छोटा टीला। २. मिट्टी का खम्भा जो गड़ारी की लकड़ी रखने के लिए कुएँ पर बना होता है। ३. राशि। ढेर। ✣ **थूही**—*स्त्री॰*।

थेई-थेई—[अनु॰] *स्त्री॰* (संगीत॰) थिरक कर नाचने और मुख से ताल देने की क्रिया। ***वा॰* थेई-थेई करना**—नृत्य करना। नाचना। **थेई-थेई होना**—नृत्य होना। नाच होना।

†थेथर—[< सं॰ शिथिल] *वि॰* १. बहुत थका हुआ। २. जो विपत्ति,

कष्ट आदि से बहुत परेशान हो। ✣ **थेथरई**—*स्त्री॰* = १. निर्लज्जतापूर्ण दुराग्रह। २. निर्लज्जतापूर्वक और उद्दंडतापूर्ण की गयी बात।

थेर—[< स० स्थविर] *पु०* १. वृद्ध व्यक्ति। २. जैन साधु। ३. बौद्ध भिक्षु। ✣ **थेरी**—*स्त्री०*।

थेवा—[देशज] *पु॰* १. अँगूठी में जड़ा हुआ नगीना। २. उक्त के लिए अँगूठी में बना हुआ घर।

†**थैं (थें)**—[राजस्थ॰ < हि॰ तैं] *सर्व॰* १. तुम। तू। ***जैसे***—थें कहाँ गया। २. तुम्हारा।

थैचा—[देशज] *पु॰* खेत में बने मचान का छप्पर।

थै-थै—[अनु॰] *स्त्री॰* वाद्य/नृत्य का अनुकरणात्मक शब्द।

थैलियम—[अं॰] पु (रसायन॰) एक दुष्प्राप्य धात्विक तत्त्व। ● **विशेष**—यह सफ़ेद होता है तथा चश्मों के लिए उत्तम शीशे बनाने में उपयोगी है।

थैलेसीमिया—[अं॰] *पु॰* एक घातक आनुवंशिक रोग जिसमें शरीर में हीमोग्लोबीन कम हो जाता है क्योंकि लाल रक्त कणों की उम्र १२० दिन से घटकर केवल २० दिन रह जाती है।

थोथ—[< देशज थोथा] *स्त्री॰* सारहीनता। खोखलापन।

थोथरा—[< हि॰ थोथा] *वि॰* थोथा। (दे॰) ✣ **थोथरी**—*वि॰* (*स्त्री॰*)।

थोथा—[देशज] *वि॰* १. सारहीन। निस्सार। तत्त्वरहित। ***जैसे***—थोथा भाषण। २. खोखला। ख़ाली। ३. भोथरी धार वाला। कुंठित। ✣ **थोथी**[१]—*वि॰* (*स्त्री॰*)। ***जैसे***—थोथी बात।

थोथी[२]—[< हि॰ थूथन] *स्त्री॰* थूथन का नुकीला अग्र भाग।

†**थोपड़ी**—[< हि॰ थोपना] *स्त्री॰* खोपड़ी के मध्य भाग पर लगनेवाली चपत/धौल।

थोबड़ा—[< फा॰ तोबरः] *पु॰* १. थूथन। (दे॰) २. (क्रोध से) फूला हुआ मुख। ३. विकृत मुख। ***वा॰* थोबड़ा सुजाना**—१. (रुष्ट होकर) मुँह फुलाना। क्रुद्ध होना। २. मार-पीटकर मुँह को चुटैल बना देना।

थोभ—[< स॰ स्तोभ] *स्त्री॰* बाधा। रुकावट।

थोरियम—[अं॰] (रसायन॰) एक विकिरणशील धात्विक तत्त्व।

द

देवनागरी वर्णमाला में तवर्ग का तीसरा व्यंजन। (भाषाविज्ञान की दृष्टि से) यह दन्त्य, स्पर्श, घोष और अल्पप्राण ध्वनि है। इसकी महाप्राण ध्वनि 'ध' है। ● **विशेष—१.** व्यंजन-गुच्छ के रूप में 'द' जिन व्यंजनों से पहले आता है, उनमें प्रायः द् के बाद वह व्यंजन लिखा जाता है। परन्तु, परम्परागत रीति में अनेक व्यंजन नीचे लगाकर भी लिखे जाते हैं (जैसे—उद्गार/उद्गार, उद्घाटन/उद्घाटन, उद्धार/उद्धार, उद्भूत/उद्भूत)। द्, म्, य् और व से मिलने पर कुछ विशेष रूप में भी संयुक्त वर्ण लिखा जाता है (जैसे—उद्दीप्त/उद्दीप्त, सद्म/सद्म, वाद्य/वाद्य, द्वार/द्वार)। इनमें से द् का द्वित्व रूप 'द्द' अब अधिक पसन्द किया जाता है (द्द नहीं)। **२.** जब द् पहले आकर 'र' से मिलता है, तब संयुक्त रूप 'द्र' होता है (जैसे—द्रव्य, द्राक्षा, द्रोणाचार्य)। **३.** जो व्यंजन 'द' से पहले आकर संयुक्त होते हैं, वे प्रायः अपनी खड़ी रेखा को छोड़कर मिलते हैं जैसे—क्द, ख्द, ग्द, घ्द, च्द, ज्द, झ्द, प्द, फ्द, ब्द, भ्द, म्द इत्यादि (जो वाग्दंड, शताब्दी, उम्दा इत्यादि में देखे जा सकते हैं); परन्तु, 'र्', 'द' से पहले आने पर शिरोरेखा के ऊपर 'रेफ' रूप में विराजता है (जैसे—मर्द, गर्द)। **४.** 'द्' और 'र' के संयुक्त रूप '**द्र**' तथा 'र्' और 'द' के संयुक्त रूप '**र्द**' का अन्तर ध्यान देने योग्य है (सर्द—सद्र, मर्द-मद्र)। **५.** 'द' के कुछ संयुक्त रूप हिन्दी के सहस्रों शब्दों में प्रयुक्त होने के कारण **विशेष स्मरणीय** है—**द्ग (= द्ग), द्घ (= द्घ), द्ध (= द्ध), द्भ (= द्भ), द्म (द्म), द्य (= द्य), द्र = (द्र), द्व = (द्व)।**

द—[सं० √दा + क] *पुं०* १. दाँत। २. पहाड़। ३. देनेवाला मनुष्य। दाता। *प्रत्यय०* (समासान्त प्रयोग में) देनेवाला। ***जैसे***—धनद (= धन देनेवाला); वारिद (= जल देनेवाला)।

***दइ/दइअ/दइउ**—[< सं० दैव] *पुं०* १. ईश्वर। २. भाग्य।

†दइमार/दइमारा—[< हिं० दईमारा] *वि०* दैव का मारा हुआ। दईमारा। अभागा।

†दईजार/दईजारा—[< हिं० दई + जलाना] *वि०* दैव द्वारा जलाया हुआ। अभागा। शैतान। (स्त्रियों द्वारा गाली के रूप में प्रयुक्त) ***जैसे***—सबेरे-सबेरे ही दईजार दिख गया।

दंश—[< सं० √दंश् + घञ्/अच्)] *पुं०* १. दाँत से किसी को काटने की क्रिया/भाव। २. दाँत से काटने पर होनेवाला घाव। ३. डसने या डंक मारने की क्रिया/भाव। ४. सर्प या कीड़े आदि के काटने से होनेवाला घाव। ***जैसे***—बिच्छू का दंश। ५. डाँस नामक एक विषैली मक्खी। ६. चुभनेवाली बात। ७. आक्षेप।

दंष्ट्रा—[सं० √दंष्ट्रन्] *पुं०* १. मोटा और बड़ा दाँत। दाढ़। २. हाथी का दाँत। ३. डंक। ४. विषदन्त। ● **विशेष**—१. जंगली सुअर को '**दंष्ट्रास्त्र**' (दंष्ट्रा-अस्त्र) तथा '**दंष्ट्रायुध**' (दंष्ट्रा-आयुध) भी कहा जाता है। २. **दंष्ट्राकराल** = भयानक दाँतों वाला। ३. वह जन्तु जिसके दाँतों और नखों में विष हो, '**दंष्ट्रानखशिख**' कहा जाता है। ४. दाढ़ों से युक्त को '**दंष्ट्रिक**' कहते हैं।

दंष्ट्री—[सं० दंष्ट्रिन्] *वि०* बड़े दाँतों वाला। *पुं०* १. जंगली सुअर। २. सर्प। साँप।

दकन—[< सं० दक्षिण] *पुं०* १. दक्षिण। २. दक्षिण भारत। ✣ **दकनी**—*वि०* = दक्षिणी। दक्खिनी।

दकार—[सं० द + कार] *पुं०* १. 'द' वर्ण या उसकी ध्वनि। *२. दुःख। कष्ट। पीड़ा।

दक़ियानूस—[< अरबी दक़्यानूस] *वि०, पुं०* १. नवीनता का विरोधी तथा घोर रूढ़िवादी (व्यक्ति)। कठमुल्ला। २. संकीर्ण मनोवृत्ति वाला। ✣ **दक़ियानूसी**—*वि०* = १. बहुत पुराना। २. दक़ियानूस।

दक्ष—[सं० √दक्ष् + अच्] *वि०* कुशल। निपुण। प्रवीण। होशियार। *पुं०* एक प्राचीन प्रजापति। ∇ **विलोम**—अदक्ष। ✣ **दक्ष-कन्या**—*स्त्री०* प्रजापति दक्ष की पुत्री (सती इत्यादि)। ✣ **दक्षजा**—*स्त्री०* = दक्ष-कन्या। ✣ **दक्ष-तनया**—*स्त्री०* = दक्ष-कन्या।

दक्षिणपन्थ (दक्षिणपंथ)—[सं० दक्षिण ~ पन्थ] *पुं०* १. दाहिनी ओर का मार्ग। २. प्रचलित व्यवस्था के समर्थन का व्यवहार। (राज०) वैधानिक और शान्तिपूर्ण उपायों से ही, न कि उग्र उपायों से, उन्नति या सत्ता-परिवर्तन का मार्ग। ∇ **विलोम**—वामपन्थी।

दक्षिणपवन—[सं० दक्षिण ~ पवन] *पुं०* दक्षिण (केरल प्रदेश) में स्थित मलय नामक पर्वत की ओर से आनेवाली हवा जो वहाँ के चन्दन-वृक्षों से सुगन्धित और शीतल होती है।

दक्षिण-मार्ग—[सं० दक्षिण ~ मार्ग] *पुं०* १. वैदिक धर्म। २. तान्त्रिक साधना के दो प्रमुख आचारों में से एक। दक्षिणाचार। ३. मरणोत्तर गति में एक मार्ग। पितृयान। (राज०) दक्षिणपन्थ।

दक्षिणस्थ—[सं० दक्षिण + स्थ] *वि०* दक्षिण दिशा में या दाहिनी ओर स्थित।

दक्षिणा—[सं॰ दक्षिण + टाप्] *स्त्री॰* १. दक्षिण दिशा। २. यज्ञ आदि के अन्त में पुरोहितों/ब्राह्मणों आदि को दिया जाने वाला धन। ३. सम्मान प्रकट करने के लिए किसी को भेंट किया जाने वाला धन।

दक्षिणाचल—[सं॰ दक्षिण ~ अचल] *पु॰* दक्षिण भारत में स्थित (केरल प्रदेश का) 'मलय' नामक पर्वत।

दक्षिणाचार—[सं॰ दक्षिण ~ आचार] *पु॰* १. शुद्ध आचार। सदाचार। २. तान्त्रिक साधना का एक प्रमुख भेद जो 'वामाचार' से भिन्न है और पंच मकार का उपयोग नहीं करता। ✣ **दक्षिणाचारी**—*वि॰, पु॰* = शुद्ध आचरणवाला। सदाचारी। (तन्त्र॰) दक्षिणाचार के अनुसार साधना करने वाला।

दक्षिणामूर्ति—[सं॰ दक्षिणा + मूर्ति] *पु॰* शिव। महादेव।

दक्षिणायन—[सं॰ दक्षिण ~ अयन] *वि॰* १. जो दक्षिण की ओर हो। २. भूमध्यरेखा से दक्षिण दिशा की ओर का। *पु॰* १. सूर्य की कर्क रेखा से मकर रेखा की ओर गति। २. उक्त गति के समय का ६ महीनों का समय। ∇ **विलोम**—उत्तरायण।

दक्षिणार्ह—[सं॰ दक्षिणा ~ अर्ह] *वि॰* १. दक्षिणा पाने के योग्य। २. (सम्मान के लिए) धन भेंट किए जाने के योग्य। ३. दान दिए जाने के योग्य।

दक्षिणावर्त—[सं॰ दक्षिणा ~ आवर्त] *वि॰* १. दाहिनी ओर मुड़ा हुआ। २. दक्षिण दिशा की ओर मुड़ा हुआ। ३. घड़ी की सुई की गति के अनुरूप दाहिनी ओर से गति/घुमाव वाला। ∇ **विलोम**—वामावर्त।

दक्षिणावह—[सं॰ दक्षिणा ~ आवह] *पु॰* दक्षिण दिशा से आनेवाली हवा। दक्खिनी हवा।

दक्षिणाशा—[सं॰ दक्षिण + आशा] *स्त्री॰* दक्षिण दिशा। ✣ **दक्षिणाशा-पति**—*पु॰* १. यमराज। २. मंगल (ग्रह)।

दखमा—[< फा॰ दख्मः] *पु॰* पारसियों का शव-गृह।

दखील—[< अ॰ दख़ील] *वि॰* १. हस्तक्षेप करने वाला। दख़ल देनेवाला। २. जिसके अधिकार/क़ब्ज़े में हो।

***दगड़**—[राजस्थ॰] *पु॰* युद्ध में बजाने का बड़ा ढोल। युद्ध का डंका।

दगदग़ा—[< अरबी दग़दग़ः] *पु॰* १. भय। आतंक। डर। २. अप्रिय घटना। ३. आशंका। खटका। अन्देशा।

***दगरा**[१]—[देशज] *पु॰* विलम्ब। देर।

दगरा[२]—[< हि॰ डगर] मार्ग। डगर। रास्ता। ● **विशेष**—बुन्देलखंडी बोली में ६ महीने से बड़ा सुअर का बच्चा 'दगरा' कहा जाता है।

दग़लना—[< अरबी दग़ल] *क्रिअ॰* छल करना। धोखा देना।

†**दगल-फसल**—[< अरबी दग़ल + हि॰ फँसाना] *पु॰* छल। कपट। धोखा।

***दगला**—[< हि॰ गदला (= गद्दा)] *पु॰* १. मोटे वस्त्र का बना रुईदार अँगरखा। २. (वैष्णव मन्दिरों में) ठाकुर जी की शय्या पर बिछाया जाने वाला बहुत छोटा गद्दा।

†**दगहा**[१]—[< सं॰ दाह] *वि॰* जिसने किसी मृतक के अन्तिम संस्कार में आग लगायी हो और इस कारण अभी अशौच-अवस्था में हो।

†**दगहा**[२]—[< फा॰ दाग़] *वि॰* १. दाग़ वाला। दग़ीला। २. जो दाग़ा हुआ हो।

दगार्गल—[< सं॰ दकार्गल] *पु॰* यह जानने की विद्या कि भूमि के ऊपरी लक्षणों को देखकर उसके नीचे जल मिल सकता है या नहीं।

दगैल—[< सं॰ दग्ध] *वि॰* जो दग्ध करके चिह्नित किया गया हो।

दग़ैल[१]—[< अरबी दाग़] *वि॰* १. जिसमें किसी प्रकार के दाग़/धब्बे हों। दाग़दार। २. जिसमें कोई दाग़/कलंक लगा हो। कलंकित। ३. दूषित।

†**दग़ैल**[२]—[< अरबी दग़ा] *वि॰* दग़ाबाज़। कपटी या विश्वासघाती।

दग्ध—[सं॰ √दह् + क्त] *वि॰* १. जला हुआ या जलाया हुआ। २. शरीर पर दागे जाने के निशान वाला। ३. अति पीड़ित/दुःखी। ४. अशुभ।

दग्धमल—[सं॰ दग्ध ~ मल] *वि॰* नष्ट कलुष वाला। निष्पाप।

दग्ध-व्रण—[सं॰] *पु॰* जलने का घाव।

दग्धा—[सं॰ दग्ध + टाप्] *वि॰* (*स्त्री॰*) दग्ध। *स्त्री॰* (ज्योतिष॰) कुछ विशेष तिथियाँ जो कुछ राशियों से युक्त होने पर अशुभ मानी जाती हैं।

दग्धाक्षर—[सं॰ दग्ध ~ अक्षर] *पु॰* (छन्द॰) कविता के आरम्भ में अवांछनीय माने जाने वाले वर्ण। अति अशुभ अक्षर। ● **विशेष**—१. कविता के आरम्भ में ङ, झ, ञ, ट, ठ, ढ, ण, त, थ, प, फ, ब, भ, म, र, ल, व, ष, ह (१९ अक्षर) अशुभ माने जाते हैं। इनमें से झ, भ, र, ष, ह अति अशुभ या दग्धाक्षर हैं। २. क, ख, ग, घ, च, छ, ज, ड, द, ध, न, य, श और स (१४ वर्ण) शुभ अक्षर कहे जाते हैं।

***दङ्कना (दंकना)**—[< फा॰ दंग] *क्रिस॰* दंग होना।

दङ्ग (दंग)—[फा॰] *वि॰* कोई आकस्मिक या विचित्र बात देखकर स्तब्ध जैसा हो जाने वाला। आश्चर्यचकित। हैरान। ***वा॰* दंग रह जाना**—आश्चर्यचकित रह जाना। **दंग होना**—आश्चर्यचकित होना।

दङ्गल (दंगल)—[फा॰] *पु॰* १. पहलवानों की कुश्ती-प्रतियोगिता। २. उक्त का अखाड़ा। ३. अनेक प्रतियोगियों वाली कोई प्रतियोगिता। *जैसे*—गवैयों का दंगल। ***वा॰* दंगल मारना**—कुश्ती जीतना। **दंगल में उतरना**—कुश्ती लड़ने के लिए अखाड़े में आना। **दंगल लड़ना**—कुश्ती लड़ना।

†**दङ्गवारा (दंगवारा)**—[< हि॰ डंगर] *पु॰* किसानों की हल-बैल आदि से पारस्परिक सहायता।

***दङ्गह (दंगह)**—[< हि॰ दंग] *वि॰* दंग करनेवाला। अद्भुत।

दचक—[< हि॰ दचकना] *स्त्री॰* १. ठोकर। धक्का। २. दबाव। ३. झटके या दबाव से लगी चोट।

***दढ़ना**—[< सं॰ दग्ध] *क्रिअ॰* जलना।

***दढ़्ढ**—[< सं॰ दग्ध] *वि॰* जला हुआ। दग्ध।

दण्डक¹ (दंडक¹)—[सं॰ √दण्ड् + णिच् + ण्वुल्] *वि॰* १. दंड देनेवाला। दंडित करनेवाला। २. शासन करनेवाला। *पु॰* १. दंड/सज़ा देनेवाला व्यक्ति। २. शासक। ३. दंडकारण्य नामक जंगल। *पु॰* (आयुर्वेद॰) एक प्रकार के विशेष मच्छरों के काटने से उत्पन्न बुख़ार जिसमें शरीर और नेत्र लाल हो जाते हैं तथा सारे शरीर में पीड़ा होती है। (अं॰ डेंगि/डेंग्यू फ़ीवर)

दण्डक² (दंडक²)—[सं॰ दण्ड √कै + क] *पु॰* (छन्द॰) वे सभी सममात्रिक छन्द जिनके प्रत्येक चरण में ३२ मात्राओं से अधिक हों और वे सभी समवर्णिक छन्द जिनके प्रत्येक चरण में २६ वर्णों से अधिक हों।

दण्ड (दंड) कर्म—[सं॰] *पु॰* १. सज़ा देने का काम। दंड-विधान। २. सज़ा।

दण्डकला (दंडकला)—[सं॰ दंड ~ कला] *स्त्री॰* (छंद॰) ३२ मात्राओं का एक सममात्रिक छन्द जिसके प्रत्येक चरण में १०-८-१४ पर यति होती है, अन्त में सगण होता है तथा किसी चौकल में जगण नहीं होता।

दण्डग्रहण (दंडग्रहण)—[सं॰ दण्ड ~ ग्रहण] *पु॰* सन्न्यास लेना।

दण्ड (दंड)-ढक्का—[सं॰] *पु॰* दमामा। नगाड़ा। पटह।

दण्ड (दंड)-ताडन—[सं॰ दण्डताडन] *पु॰* १. (अभियुक्त को) डंडे से पीटने की सज़ा। २. बेंत लगाए जाने की सज़ा।

दण्ड (दंड) ताम्र—[सं॰] *स्त्री॰* 'जलतरंग' नामक वाद्य।

दण्डधर (दंडधर)—[सं॰ दण्ड ~ धर] *वि॰* दंड धारण करनेवाला। हाथ में लाठी/डंडा रखनेवाला। *पु॰* १. राजा। २. न्यायाधीश। ३. सन्न्यासी। ४. यमराज। ५. लाठी से लड़ाई-झगड़ा करनेवाला व्यक्ति। लठैत।

दण्डनायक (दंडनायक)—[सं॰ दण्ड ~ नायक] *पु॰* १. प्राचीन भारत का प्रशासनिक अधिकारी जो दंड भी दे सकता था। २. न्यायाधीश। ३. सेनापति।

दण्डनीति (दंडनीति)—[सं॰ दण्ड ~ नीति] *स्त्री॰* १. अपराधियों या शत्रुओं को दंड देकर नियन्त्रित करने की नीति। २. दंड देकर वश में रखने की नीति। ३. (प्राचीन भारत में) राजनीति, प्रशासन और न्याय-व्यवस्था की विद्या।

दण्डपाणि (दंडपाणि)—[सं॰ दण्ड ~ पाणि] *पु॰* १. जिसके हाथ में डंडा हो। दंडधारी। २. (दंडी) सन्न्यासी। ३. राजा। ४. यमराज। ५. दंडनायक। ६. दंडाधिकारी।

दण्डपाल (दंडपाल), दण्डपालक (दंडपालक)—[सं॰ दण्ड ~ पाल/पालक] *पु॰* १. दंड/डंडे से अनुशासित करनेवाला व्यक्ति। न्यायाधीश। २. पहरेदार। ३. द्वारपाल।

दण्डपाशक (दंडपाशक), दण्डपाशिक (दंडपाशिक)—[सं॰ दण्ड ~ पाशक/पाशिक] *पु॰* (प्राचीन काल में) १. पुलिस का प्रधान कर्मचारी। २. फाँसी देनेवाला सरकारी कर्मचारी। जल्लाद।

दण्डपुष्पी (दंडपुष्पी)—*पु॰* (वनस्पति॰) ऐसे पौधे जिनकी डंडी पर फूल या फल लगता है और पत्ते नहीं लगते।

दण्डवाही (दंडवाही)—[सं॰ दण्डवाहिन्] *पु॰* (प्राचीन भारत में) शान्ति-व्यवस्था करनेवाला दंडधारी राजपुरुष। पुलिस का सिपाही।

दण्डव्यूह (दंडव्यूह)—[सं॰ दण्ड-व्यूह] *पु॰* (प्राचीन भारत में प्रचलित) सेना की एक व्यूहरचना जिसमें सेना के विविध अंग पास-पास पंक्तियों में खड़े किए जाते थे।

दण्डसंहिता (दंडसंहिता)—[सं॰ दण्ड ~ संहिता] *स्त्री॰* अपराध और सज़ा के क़ानूनों का संग्रह। दंड-विधि। (अं॰ पीनल कोड)

दण्डहस्त (दंडहस्त)—[सं॰ दण्ड ~ हस्त] *वि॰* दंडपाणि।

दण्डाजिन (दंडाजिन)—[सं॰ दण्ड ~ अजिन] *पु॰* १. (सन्न्यासी आदि का) दंड और मृगचर्म। डंडा और मृगछाला। २. (लाक्षणिक) आडम्बर। दिखावा।

दण्डादण्डि (दंडादंडि)—[सं॰ दण्ड ~ दण्ड] *स्त्री॰* वह मार-पीट जिसमें दोनों ओर से लाठी-डंडे चलें। लट्ठबाज़ी।

दण्डादिष्ट (दंडादिष्ट)—[सं॰ दण्ड ~ आदिष्ट] *वि॰* = जिसे किसी अपराध के कारण न्यायालय ने सज़ा की आज्ञा दी हो।

दण्डार्ह (दंडार्ह)—[सं॰ दण्ड ~ अर्ह] *वि॰* सज़ा पाने के योग्य। दंडनीय।

दण्डाश्रमी (दंडाश्रमी)—[सं॰ दण्डाश्रमिन्] *पु॰* सन्न्यासी।

दण्डिका (दंडिका)—[सं॰ दण्डक + टाप्] (दे॰) *स्त्री॰* १. छोटा डंडा या छड़ी। २. पंक्ति। ३. रस्सी। (छन्द॰) एक वर्णिक छन्द जिसके प्रत्येक चरण में क्रमशः रगण, जगण, रगण, जगण, रगण, जगण, गुरु और लघु (र ज र ज र ज ग ल)के योग से २० वर्ण होते हैं। 'वृत्त' छन्द।

दण्डी (दंडी)—[सं॰ दण्डिन्] *पु॰* १. दंड को धारण करने वाला व्यक्ति। २. दंडधारी सन्न्यासी। ३. राजा। ४. द्वारपाल। दरबान। ५. यमराज। ✣ **दण्डी-मुण्डी (दंडी-मुंडी)**—*पु॰* दंड धारण करनेवाला और मुँडे हुए सिर वाला। सन्न्यासी।

दण्ड्य (दंड्य)—[सं॰ √दण्ड् + ण्यत्] *वि॰* दंड पाने के योग्य। दंडनीय। ∇ **विलोम**—अदण्ड्य।

***दतार/दतारा**—[< हिं॰ दँतार < हिं॰ दाँत] *वि॰* बड़े दाँतो वाला। *पु॰* बड़े दाँतों वाला हाथी।

दत्त—[सं॰ √दा + क्त] *वि॰* १. जो दिया गया हो। २. जो चुकता कर दिया गया हो। *पु॰* १. दान। २. दत्तक सन्तान। ३. दत्तात्रेय नामक अवधूत महापुरुष। ४. बंगाली कायस्थों की एक उपाधि। ***जैसे***—नरेन्द्रनाथ दत्त ही बड़े होने पर 'स्वामी विवेकानन्द' बने।

दत्तक—[सं॰ दत्त + कन्] *पु॰* (वह सन्तान) जिसे उत्तराधिकारी बनाने के उद्देश्य से गोद लिया गया हो। ✣ **दत्तक-ग्रहण**—*पु॰* = दत्तक बनाने या गोद लेने की क्रिया/विधि। ✣ **दत्तक-ग्राहिणी**—*वि॰* (*स्त्री॰*) = दत्तक बनानेवाली गोद लेनेवाली। ✣ **दत्तक-ग्राही**—*वि॰* = दत्तक बनाने वाला। गोद लेनेवाला।

दत्तचित्त—[सं॰ दत्त ~ चित्त] *वि॰* जो किसी कार्य में पूरा मन लगाए हो। मनोयोग से लगा हुआ।

दत्तमत—[सं॰ दत्त ~ मत] *वि॰* १. जिसके पक्ष में मत दिया गया

हो। २. संसद् आदि में जिसे बहुमत से स्वीकार किया गया हो। *जैसे*—दत्तमत अनुदान। (अ॰ वोटेड)

दत्तात्मा—[स॰ दत्त ~ आत्मा (आत्मन्)] पु॰ वह जो माता-पिता की मृत्यु हो जाने के कारण या उनके द्वारा त्यागे जाने पर स्वयं किसी के पास जाकर उसका दत्तक पुत्र बने।

†**ददरी**—[देशज] स्त्री॰ १. नवान्न-समारोह के लिए फ़सल में से प्रथम बार काटकर लाया गया। बोझ। २. बारीक पिसा चूर्ण छानने का महीन कपड़ा।

ददियाल—[< हि॰ दादा + स॰ आलय] पु॰ पितामह/दादा/बाबा का कुल/घर/नगर/ग्राम। ददिहाल।

ददोरा—[< हि॰ दाद] पु॰ शरीर में स्थान-स्थान पर होनेवाली फूलन (जो मच्छर आदि के काटने से या किसी शरीर-दोष से होती है)। चकत्ता। *जैसे*—पीठ पर पड़े ददोरे।

दद्रु—[स॰ √दद् + रु] पु॰ दाद नामक रोग।

दधि[१]—[स॰ दध + इन्] पु॰ दही।

***दधि**[२]—[< स॰ उदधि] पु॰ १. उदधि। समुद्र। २. तालाब।

दधि कादौं (दधिकादौं)—[< स॰ दधि + हि॰ कादौं] पु॰ १. दही गिरने से हो गयी कीचड़। २. (ब्रजक्षेत्र में) जन्माष्टमी के समय होनेवाला एक ऐसा उत्सव जिसमें लोग हल्दी मिला दही एक-दूसरे पर फेंकते हैं।

दधिज/दधिजात[१]—[स॰ दधि + ज/जात] वि॰ दही से बना हुआ। दही से उत्पन्न। पु॰ ताज़ा मक्खन।

***दधिजात**[२]—[< स॰ उदधि-जात] पु॰ चन्द्रमा।

***दधि-तिया**—[< स॰ उदधि + हि॰ तिया] स्त्री॰ १. समुद्र की पत्नी। २. समुद्र में मिलनेवाली नदी। ३. गंगा नदी।

***दधि-रिपु**—[< स॰ उदधि ~ रिपु] पु॰ (समुद्र पी जाने वाला) अगस्त्य (ऋषि)।

दधि-वारि—[स॰] पु॰ दही से छूटा हुआ पानी। दही का तोड़।

दधि-सार—[स॰ दधि-सार] पु॰ नवनीत। मक्खन।

दधि-सुत[१]—[स॰] पु॰ (दही से उत्पन्न) नवनीत। मक्खन।

***दधि-सुत**[२]—[< स॰ उदधि-सुत] पु॰ १. समुद्र का पुत्र। समुद्र से उत्पन्न वस्तु। २. चन्द्रमा। ३. कमल। ४. मोती। ५. विष। ६. हलाहल विष।

***दधि-सुता**—[< स॰ उदधि-सुता] स्त्री॰ १. सागर की पुत्री। सागर से उत्पन्न वस्तु। २. लक्ष्मी। ३. सीपी।

दधि-स्नेह—[स॰] पु॰ १. नवनीत। मक्खन। २. दही की मलाई।

दनादन—[अनु॰] क्रिवि॰ १. दन-दन शब्द करते हुए। २. निरन्तर और तेज़ी से। *जैसे*—दनादन बढ़ते जाना। ३. शीघ्र। तुरन्त। जल्दी-जल्दी। *जैसे*—उसने घंटे भर में दनादन सब काम कर डाला। ४. निःसंकोच। ५. निर्भयता से।

दनुज—[स॰ दनु + ज] वि॰ १. दनु की सन्तान। दानव। २. असुर। ✣ **दनुज-दलन**—पु॰ = दनुजों/दानवों का नाश। वि॰ दनुजों/दानवों का नाश करनेवाला। ✣ **दनुजदलनी**—वि॰ (स्त्री॰) = दानवों का नाश करनेवाली (दुर्गा/काली/पार्वती देवी)। ✣ **दनुजारि**—पु॰ = १. दानवों का शत्रु। २. देवता। सुर।

दनुजेन्द्र (दनुजेंद्र), दनुजेश—[स॰ दनुज ~ इन्द्र/ईश] पु॰ दानवों का राजा। दानवराज।

दनु-पुत्र—[स॰] पु॰ दनुज। दानव।

दन्तक (दंतक)—[स॰ दन्त + कन्] पु॰ १. दाँत। २. पर्वत की चोटी। ३. (दीवार में लगी हुई) खूँटी।

दन्तकथा (दंतकथा)—[स॰ दन्त ~ कथा] स्त्री॰ वह घटना/कथा जो परम्परा से कही-सुनी जाती रही हो।

दन्तच्छद (दंतच्छद)—[स॰ दन्त ~ छद] पु॰ ओष्ठ। ओंठ।

दन्तच्छदोपमा (दंतच्छदोपमा)—[स॰ दन्तच्छद-उपमा] स्त्री॰ (जिससे होंठों की उपमा दी जाती है) बिम्बाफल। कुँदरू।

***दन्तछद (दंतछद)**—[< स॰ दन्तछद] पु॰ ओष्ठ। औंठ।

दन्तजात (दंतजात)—[स॰ दन्त ~ जात] पु॰ वह बच्चा जिसके दाँत निकल आए हों।

दन्त (दंत)-टेवैया—[< स॰ दन्त + हि॰ टेवना] वि॰ पैने दाँतोंवाला।

दन्तपुष्प (दंतपुष्प)—[स॰ दन्त ~ पुष्प] पु॰ कुन्द का फूल।

दन्तबीज/दन्तबीजक (दंतबीज/दंतबीजक)—[स॰ दन्त ~ बीज/बीजक] पु॰ अनार।

दन्तवल्क (दंतवल्क)—[स॰ दन्त ~ वल्क] पु॰ (प्राणि॰) त्वचा की ऊपरी परत (अधिचर्म) से उत्पन्न दाँत की ऊपरी कठोर परत। दाँतों का ऊपरी कड़ा ख़ोल। (अ॰ इनैमल)

दन्तवीज/दन्तवीजक (दंतवीज/दंतवीजक)—[स॰ दन्त ~ वीज/वीजक] पु॰ अनार।

दन्त-वीणा (दंत-वीणा)—[स॰] स्त्री॰ दाँत कटकटाना।

दन्ताघात (दंताघात)—[स॰ दन्त ~ आघात] पु॰ दाँत से किया गया आघात।

दन्तान्तर (दंतांतर)—[स॰ दन्त ~ अन्तर] पु॰ १. दाँतों के बीच का भाग। २. दो दाँतों के बीच की दूरी।

दन्तायुध (दंतायुध)—[स॰ दन्त ~ आयुध] पु॰ जंगली सुअर।

दन्ताल (दंताल)—[< हि॰ दँतार] पु॰ हाथी।

दन्ताली (दंताली)—[स॰ दन्त ~ आली] स्त्री॰ दाँतों की पंक्ति। दन्त-पंक्ति।

दन्तिवक्त्र (दंतिवक्त्र)—[स॰ दन्तिन् ~ वक्त्र] पु॰ (हाथी के मुखवाला) गणेश।

दन्ती[१] **(दंती**[१]**)**—[स॰ दन्तिन्] पु॰ गज। हाथी।

दन्ती[२] **(दंती**[२]**)**—[स॰ दन्त + ङीष्] स्त्री॰ एरंड/अरंड की जाति का एक वृक्ष।

दन्तुर (दंतुर)—[स॰ दन्त + उरच्] वि॰ जिसके दाँत आगे की ओर निकले हुए हों। बड़े-बड़े दाँतोंवाला। पु॰ १. हाथी। २. सुअर। ✣ **दन्तुरित (दंतुरित)**—वि॰ = १. दन्तुर। (दे॰) 2. दाँतों वाला। *जैसे*—शिशु की दन्तुरित मुस्कान (= शिशु के आरम्भिक दाँतों वाली)।

दन्तुल (दंतुल)—[< सं॰ दन्तुर] *वि॰* दाँतोंवाला।

दन्तोष्ठ्य (दंतोष्ठ्य)—[सं॰ दन्तोष्ठ + यत्] *वि॰* (वह वर्ण) जो दाँतों और ओंठों की सहायता से उच्चरित हो। ***जैसे***—'व' दन्तोष्ठ्य वर्ण है।

दन्त्य (दंत्य)—[सं॰ दन्त + यत्] *वि॰* १. जिसका उच्चारण-स्थान दाँत हों। ***जैसे***—तवर्ग दन्त्य है। २. दाँत-सम्बन्धी। दाँत/दाँतों का। ३. दाँतों के लिए लाभप्रद। ***जैसे***—दन्त्य औषध।

दन्द[१] (दंद[१])—[< सं॰ द्वन्द्व] *पु॰* १. द्वन्द्व। उत्पात। २. लड़ाई-झगड़ा। ३. कोलाहल। शोर। २. ताप। कष्ट। दु:ख।

दन्द[२] (दंद[२])—[< सं॰ दन्दह्यमान] *स्त्री॰* १. (गर्म भूमि, खान इत्यादि) गर्म वस्तु में से निकलनेवाली गर्मी। ***जैसे***—तपी भूमि पर पानी छिड़कने से बड़ी दन्द निकलती है।

दन्दशूक (दंदशूक)—[सं॰ √दंश + यङ् + ऊक] *वि॰* १. विषैला। ज़हरीला। २. डँसने/काटने वाला। दंशक। ३. उत्पाती। *पु॰* १. सर्प। साँप। २. राक्षस।

दन्दान/दन्दाँ (दंदान/दंदाँ)—[फा॰ दन्दाँ] *पु॰* (बहु॰) दाँत। ***जैसे***—दन्दानसाज़ (= कृत्रिम दाँत बनानेवाला)।

दन्दाना[१] (दंदाना[१])—[< हि॰ दन्द < सं॰ दन्त] *पु॰* दाँतों के सदृश नोकों की पंक्ति। ***जैसे***—आरी के दन्दाने।

दन्दाना[२] (दंदाना[२])—[< हि॰ दन्द < सं॰ दन्दह्यमान] *क्रिअ॰* धूप आदि से गर्म हो जाना। *क्रिस॰* आग के पास बैठकर या कम्बल आदि ओढ़कर शरीर गर्म करना। ✣ **दन्दानेदार (दंदानेदार)**—*वि॰* जिसमें दन्दाने हों। दाँतों के सदृश नोकों की पंक्ति वाली वस्तु। ***जैसे***—आरी दन्दानेदार उपकरण है।

दन्दारु (दंदारु)—[< हि॰ दन्द < सं॰ द्वन्द्व] *पु॰* छाला। फफोला।

***दन्दु (दंदु)**—[< हि॰ दन्द < सं॰ द्वन्द्व] *पु॰* कष्ट। दु:ख। पीड़ा।

***दपटना**—[< सं॰ दर्प] *क्रिस॰* डपटना। डाँटना। ✣ ***दपटि**—*क्रिवि॰* = १. डपटकर। डाँटकर। २. लपककर।

दफ़ीना—[< अरबी दफ़ीन:] *पु॰* भूमि में गाड़ा हुआ धन।

***दब[१]**—[< सं॰ दव] *पु॰* १. अग्नि। आग। २. वन। जंगल। ३. जंगल की आग। दावाग्नि।

***दब[२]**—*स्त्री॰* ≤ हि॰ दबाव।

दबक[१]—[हि॰ दबकना] *स्त्री॰* १. दबकने की क्रिया/भाव। छिपना। २. सिकुड़न। शिकन।

दबक[२]—[< फा॰ तबक] *स्त्री॰* धातु को पीटकर लम्बा पत्तर या तार बनाने की क्रिया। ✣ **दबकगर**—*पु॰* = धातु को पीटकर उसका पत्तर/तार बनानेवाला कारीगर।

दबकनी—[< हि॰ दबना] *स्त्री॰* धौंकनी का मुँह जिससे हवा उसके अन्दर जाती है।

दबका—[< हि॰ दबकाना] *पु॰* कामदानी का सुनहला या रुपहला तार।

†दबकी[१]—[< हि॰ दबकना] *स्त्री॰* दबकने की क्रिया/भाव। दबकना। छिपना। १. ***वा॰* दबकी मारना**—१. छिप जाना। कहीं दिखायी न पड़ना। २. चुप/शान्त रहना। ३. उक्त काम की मज़दूरी।

दबकी[२]—[< हि॰ दबकना[२]] धातु को पीट-पीटकर तार/पत्तर आदि बनाना।

†दबकैया—[< हि॰ दबकना/दबकाना] *वि॰* १. दबकनेवाला। छिपनेवाला। २. दबकानेवाला। छिपानेवाला।

दबगर—[देशज] *पु॰* १. ढाल बनानेवाला कारीगर। २. चमड़े के कुप्पे बनानेवाला कारीगर।

दबङ्ग (दबंग)—[< हि॰ दबाना] *वि॰* १. निडर होकर दृढ़तापूर्वक काम करनेवाला। २. प्रभावशाली। ३. रोबीला। ४. अन्य लोगों पर आतंक/दबाव रखनेवाला।

दबड़ू-घुसड़ू—[< हि॰ दबना + घुसना] *वि॰* प्राय: दूसरों से दबकर कहीं घुस जाने या छिप जाने वाला। कायर।

दबन—[< हि॰ दबना] *स्त्री॰* दबने की क्रिया/अवस्था/भाव। ***जैसे***—लज्जा के कारण हुई दबन।

दबिला—[< सं॰ दव] *पु॰* हलवाई का एक उपकरण जिससे खोवा, बेसन आदि को भूनते समय पलटते/चलाते जाते हैं।

दबीर—[अरबी] *पु॰* लिपिक। मुंशी। क्लर्क (अं॰)

दबैल—[< हि॰ दबना] *वि॰* १. जिस पर दबाव हो। दबा हुआ। २. (किसी से) दबनेवाला। भयभीत। कायर। दब्बू। ३. दुर्बल। कमज़ोर।

***दबोरना**—[< हि॰ दबाना] *क्रिस॰* १. दबाना। २. दबोचना।

***दब्ब**—[< सं॰ द्रव्य] *पु॰* द्रव्य। धन।

दब्बू—[< हि॰ दबना] *वि॰* १. दूसरों से डरनेवाला और दबकर रहनेवाला। भीरु। कायर। २. सत्य बात को भी कहने का साहस न रखनेवाला।

दम[१]—[सं॰ √दम् + घञ्] *पु॰* १. दमन। २. इन्द्रियों को उनके विषयों से हटाना। बाह्य वृत्तियों का निग्रह। ३. बुरे कामों से मन को हटाना। ४. मन की दृढ़ता।

दम[२]—[फा॰] *पु॰, स्त्री॰* १. साँस। ***जैसे***—दम रुकना। २. प्राण। ***जैसे***—दम निकल गया/गयी। *पु॰* १. क्षण। ***जैसे***—हर दम परमात्मा का ध्यान रहना। २. बल। शक्ति। ***जैसे***—उसमें बड़ी दम है। ३. जीवन। ४. गाँजा/चरस/तम्बाकू आदि पीने की क्रिया। ५. चावल/आलू आदि को पकाने की एक प्रक्रिया जिसमें बर्तन का मुँह बन्द करके भाप से पकाने के लिए रख दिया जाता है। ***जैसे***—दम आलू बनाना। ६. कपट। धोखा। (संगीत॰) किसी स्वर का लम्बा उच्चारण जो एक ही साँस में पूरा किया जाए। ***वा॰* दम अटकना**—साँस रुकना। **दम आना**—१. शरीर में शक्ति आना। २. मन में साहस आना। **दम उखड़ना**—१. रुक-रुककर साँस आना। २. मृत्यु के समीप की स्थिति होना। **दम उलटना**—जी घबराना। साँस रुकना। **दम के दम में**—बहुत शीघ्र। क्षण-भर में। **दम खींचना**—१. साँस ऊपर चढ़ाना। २. गाँजा या चरस का दम लगाना। ३. चुप रहना।

दमक—[हि॰ 'चमक' का अनु॰] *स्त्री॰* दीप्ति। कान्ति। चमक।

जैसे—दुकान की चमक-दमक। ✣ **दमक अङ्क (अंक)**—*पु॰* (रसायन॰) = वह निम्नतम ताप जिसपर किसी वाष्पशील द्रव के ऊपर की वाष्प वायु के साथ ज्वलनशील मिश्रण बनाती है। स्फुर अंक। प्रज्वलन ताप। (अं॰ फ़्लैश प्वाइन्ट)

दमकल—[हि॰ दमक + कल] *स्त्री॰* भवन आदि में लगी आग को बुझानेवाला यन्त्र। अग्निशामक यंत्र। ✣ **दमकल दल**—*पु॰* = आग बुझानेवालों को दस्ता। अग्निशामक दल। फ़ायर ब्रिगेड (अं॰)

दमख़म—[फ़ा॰ दम + ख़म] *पु॰* १. शक्ति अथवा साहस। २. दृढ़ता। मज़बूती।

दमघोटू—[< फ़ा॰ दम + हि॰ घोटना] *वि॰* १. जिसमें साँस रुकने-सी लगे। २. जिसमें हृदय घबराए या परेशान हो। *जैसे*—दमघोटू कमरा।

दमड़ी—[< सं॰ द्रम] *स्त्री॰* १. एक पुराना सिक्का जो एक पैसे का आठवाँ भाग होता था।

दम-दमड़ी—[फ़ा॰ दम + हि॰ द्रमड़ी] *स्त्री॰* शक्ति और धन।

दमदमा—[< फ़ा॰ दमदम] *पु॰* १. ढोल। नगाड़ा। दमामा। २. क़िले का परकोटा/चारदीवारी।

दमदमाना—[< हि॰ दमकना] *क्रिअ॰* चमकना। दमकना। *जैसे*—उसके तेज से कमरा दमदमा उठा।

दमन—[सं॰ √दम् + ल्युट्/ल्यु] *वि॰* (समासान्त में) दमन करनेवाला या पराजित करनेवाला। *जैसे*—शत्रुदमन राम। *पु॰* १. कठोरतापूर्वक दबाने का काम। कुचलना। नाश। २. इन्द्रियों की बाह्य वृत्तियों को रोकना। ✣ **दमन-चक्र**—*पु॰* = किसी प्रकार के कार्य/वर्ग आदि को कठोरतापूर्वक दबाने या कुचलने की कुछ समय तक चलनेवाली प्रक्रिया।

दमनक—[सं॰ दमन + कन्] *वि॰* दमन करनेवाला। *पु॰* तीव्र गन्धवाला एक क्षुपजातीय छोटा पौधा। दौना (छन्द॰) एक समवर्णिक छन्द जिसके प्रत्येक चरण में क्रमशः तीन नगण, लघु और गुरु (न न न ल ग) के योग से ११ वर्ण होते हैं। ✣ **दमनशील**—*वि॰* = १. दमन करने के स्वभाव वाला। जो निरन्तर दमन करता रहता हो। २. आत्मसंयमी।

***दमना**[१]—[< सं॰ दमन] *क्रिस॰* दमन करना।

***दमना**[२]—[< फ़ा॰ दम] *क्रिअ॰* काम करते-करते जल्दी थक जाना और साँस फूलने लगना।

***दमनी**—[< सं॰ दमन] *वि॰* दमन करनेवाला।

दमनीय—[सं॰ √दम् + अनीयर्] *वि॰* १. जिसका दमन किया जा सके। २. दबाने योग्य। ३. दंडनीय।

†दमपट्टी—[फ़ा॰ दम + हि॰ पट्टी] *स्त्री॰* १. स्वार्थ साधने के लिए की जाने वाली मीठी बातें। २. धोखा-धड़ी।

दम-ब-दम—[फ़ा॰] *वि॰* १. क्षण-प्रतिक्षण। हरदम। २. निरन्तर। लगातार।

दमबाज़—[फ़ा॰] *वि॰* १. झूठा आश्वासन देनेवाला। धोखेबाज़। २. चरस/गाँजे आदि का दम लगानेवाला। ✣ **दमबाज़ी**—*स्त्री॰* = १. झूठा आश्वासन देना। धोखा। २. चरस/गाँजे आदि का दम लगाना। ✣ **दम-मार**—*पु॰* चरस/गाँजे आदि का दम लगानेवाला।

दमयिता—[सं॰ दमयितृ] *पु॰* १. दमन करनेवाला। २. दंड देनेवाला।

दमसाज़—[फ़ा॰] *पु॰* साथ में रहकर सहानुभूति रखनेवाला और सहायक व्यक्ति। (संगीत॰) गाते हुए गायक के स्वर को दुहरानेवाला व्यक्ति।

***दमा**[१]—[< सं॰ दव] *पु॰* वन की आग। दावानल।

दमा[२]—[फ़ा॰] *पु॰* एक श्वास-रोग जिसमें साँस लेने में बहुत कष्ट और कठिनाई होती है।

दमादम—[< फ़ा॰ दम-ब-दम] *क्रिवि॰* निरन्तर। लगातार। हरदम।

दमानक—[< फ़ा॰ दमान] *स्त्री॰* तीरों, गोलियों अथवा तोपों के गोलों की निरन्तर मार। गोलीबारी।

दमामा—[< फ़ा॰ दमामः] *पु॰* बड़ा नगाड़ा। धौंसा। ***वा॰* दमामा पीटना**—प्रचार करना। **दमामा बजना**—युद्ध की घोषणा होना।

दमी[१]—[सं॰ दमिन्] *वि॰* दमनशील। जितेन्द्रिय।

दमी[२]—[< फ़ा॰ दम] *वि॰* १. दमवाला। २. दम लगानेवाला। गाँजा/चरस आदि का व्यसनी।

***दमैया**—[< सं॰ दमन] *पु॰* दमन करनेवाला। मिटानेवाला।

दम्पति (दंपति)—[< सं॰ दम्पती] *पु॰* पति-पत्नी का जोड़ा।

***दम्पा (दंपा)**—[< हि॰ दमकना] *स्त्री॰* विद्युत्। बिजली।

दम्भ (दंभ)—[सं॰ √दम्भ् + घञ्] *पु॰* १. पाखंड। आडम्बर। २. मिथ्या अभिमान।

दम्भोलि (दंभोलि)—[सं॰ √दम्भ् + असुन् = दम्भस्, दम्भस् √अल् + इन्] *पु॰* १. वज्र। २. हीरा।

दयनीय—[सं॰ दय् + अनीयर्] *वि॰* १. दया करने योग्य। २. घोर विपत्ति में फँसा हुआ।

दया—[सं॰ √दय् + अङ् + टाप्] *स्त्री॰* १. दुःखी व्यक्ति के कष्ट दूर करने के लिए मन की सात्त्विक भावना। करुणा। रहम। २. अपने आत्मीय व्यक्ति या अपने से दुर्बल या निर्धन व्यक्ति के साथ किया जाने वाला कोमल व्यवहार। कृपा। मेहरबानी।

दयानत—[अरबी] *स्त्री॰* सत्यनिष्ठा। ईमानदारी। ✣ **दयानतदार**—*वि॰* = ईमानदार। ✣ **दयानतदारी**—*स्त्री॰* = ईमानदारी।

***दयाना**—[< सं॰ दया] *क्रिअ॰* दया करना। दयालु होना।

दया-निकेत/निधान/निधि—[सं॰] *पु॰* अत्यन्त दयालु व्यक्ति।

***दयार्द्र**—[सं॰ दया ~ आर्द्र] *वि॰* दया से द्रवित हृदय वाला। दयालु।

दयालु—[सं॰ √दय् + आलुच्] *वि॰* कृपा करनेवाला। दयावान। ∇ **विलोम**—निर्दय/क्रूर। ✣ **दयालुता**—*स्त्री॰* = दयालु होने का गुण/भाव। कृपाशीलता। ∇ **विलोम**—निर्दयता/क्रूरता।

***दयावन्त (दयावंत)**—[< सं॰ दयावत्] *वि॰* दयावान्। दयालु। ✣ **दयावन्ती (दयावंती)**—*वि॰* (*स्त्री॰*) = दयावती। दयालु।

***दयावना**—[< सं॰ दया] *वि॰* दयनीय। दया-पात्र।

दयित—[सं॰ √दय् + क्त] *वि॰* १. प्रिय। प्यारा। २. चाहा हुआ। अभिलषित। *पु॰* १. प्रिय व्यक्ति। २. पति। ✣ **दयिता**—*स्त्री॰* = १. प्रिय स्त्री। २. पत्नी।

दर[1]—[सं॰ √दॄ + अप्] *पु॰* १. भय। डर। २. चीरने/फाड़ने की क्रिया। विदारण। ३. शंख। ४. गुफ़ा। ५. गड्ढा। ६. दरार। ७. स्थान। जगह। ठौर-ठिकाना। पता। *वि॰* (समासयुक्त पद के अन्त में) चीरने/फाड़ने वाला। ***जैसे***—पुरन्दर (= इन्द्र)।

दर[2]—[देशज] *स्त्री॰* वस्तु को ख़रीदने/बेचने का भाव। ***जैसे***—एक रुपए के पाँच की दर से बेचो।

दर[3]—[फ़ा॰] *पु॰* १. द्वार। दरवाज़ा। ***जैसे***—चन्दा माँगने दर-दर जाना पड़ेगा। २. किसी वस्तु के विभाग। ख़ाने। ***जैसे***—अलमारी के दर। *क्रिवि॰* ऊपर। ***जैसे***—सूद दर सूद लगे तो उसे 'चक्रवृद्धि ब्याज' कहते हैं। ✣ **दर-दर**—*क्रिवि॰* = १. दरवाज़े-दरवाज़े। घर-घर। २. स्थान-स्थान पर।

दरअस्ल—[< फ़ा॰ दर + अरबी अस्ल] *अव्यय॰* वास्तव में। वस्तुतः।

दरआमद (दरामद)—[फ़ा॰] *स्त्री॰* १. आयात। २. प्राप्ति। आय।

दरक—[< हि॰ दरकना] *स्त्री॰* १. दरकने की क्रिया/भाव। २. दरार।

दरकच—[< हि॰ दरकचना] *स्त्री॰* १. दरकचने की क्रिया या भाव। २. दरकचने के कारण वस्तु पर पड़नेवाला निशान।

दरका—[अनु॰] *पु॰* १. दरकने की क्रिया/भाव। २. दरकने के कारण पड़ा चिह्न/लकीर। दरार। ३. ऐसा आघात जिससे कोई चीज़ दरक या फट जाए।

दरकार—[फ़ा॰] *वि॰* जिसकी आवश्यकता प्रतीत हो। वांछित। ✣ **दरकारी**—*वि॰* = आवश्यक। ज़रूरी।

दरख़्त—[फ़ा॰] *पु॰* वृक्ष। पेड़।

दरगाह—[फ़ा॰] *स्त्री॰* राजसभा। दरबार। (इस्लाम॰) किसी पीर/फ़क़ीर की समाधि या मज़ार।

दरगुज़र—[फ़ा॰] *वि॰* १. जो बीत चुका हो। व्यतीत। *क्रिवि॰* अलग। *स्त्री॰* १. दोष देखकर भी उसे अनदेखा कर देना। दोष पर ध्यान न देना। २. क्षमा।

†दरङ्ग (दरंग)—[राजस्थ॰] *पु॰* टीला।

दरज[1]—[< फ़ा॰ दर्ज़] *स्त्री॰* १. दो सटी हुई वस्तुओं के बीच की जगह। दरार। २. किसी ठोस वस्तु के बीच में थोड़ा-सा फटने के कारण बनी रेखा। ***जैसे***—दीवार/घड़े की दरज।

†दरज[2]—[< फ़ा॰ दर्ज] *वि॰* पंजी/बही आदि में जिसकी प्रविष्टि हो चुकी हो। लिखा हुआ। लिखित।

दरण—[सं॰ √दॄ + ल्युट्] *पु॰* १. चीरने की क्रिया। विदारण। २. तोड़ना। ३. ध्वंस। नाश।

दरद[1]—[सं॰ दर √दा + क] *वि॰* भय देनेवाला। भयंकर। *पु॰* १. एक प्राचीन प्रदेश जो कश्मीर का सीमावर्ती था। २. उक्त में रहनेवाली एक जाति।

***दरद[2]**—[< फ़ा॰ दर्द] *पु॰* (शारीरिक या मानसिक) कष्ट। पीड़ा। दर्द।

दरदरी[1]—*वि॰* (*स्त्री॰*) जो मोटी पीसी गयी हो या दली हुई।

***दरदरी[2]**—[डिंगल, < सं॰ धरित्री] *स्त्री॰* पृथ्वी। भूमि।

***दरदवन्त (दरदवंत) दरदवन्द (दरदवंद)**—[< हि॰ दरद] *वि॰* १. करुणायुक्त। दयालु। २. पीड़ित।

***दरन**—[< सं॰ दरण] *वि॰* १. विदीर्ण करनेवाला। २. दलन करनेवाला। दलन। ✣ ***दरनि**—*वि॰* (*स्त्री॰*)।

***दरना**—[< सं॰ दरण] *क्रिस॰* १. दलना। २. नष्ट करना। ३. पीसना। ४. मलना।

***दरपक**—[< सं॰ दर्पक] *पु॰* कामदेव।

दरपना—[< हि॰ दरप < सं॰ दर्प] *क्रिअ॰* दर्प करना। अभिमान/गर्व करना।

दरपर्दा—[< फ़ा॰ दर + पर्दः] *क्रिवि॰* १. परदे की आड़ में। गुप्त रीति से। *वि॰* जो पर्दे के अन्दर हो।

दरपेश—[फ़ा॰] *क्रिवि॰* १. (किसी के) सामने। ***जैसे***—शिकायत दरपेश करना। २. उपस्थित। ***जैसे***—मामला दरपेश है।

***दरब**—[< सं॰ द्रव्य] *पु॰* १. द्रव्य। धन। २. वस्तु। चीज़। ३. एक प्रकार की किनारीदार मोटी चादर। ✣ **दरबखाना**—*पु॰* = कोष। ख़ज़ाना।

दरबन्दी (दरबंदी)—[फ़ा॰] *स्त्री॰* १. वस्तुओं का भाव, दर निश्चित करने की क्रिया। २. भूमि के लगान की दर निश्चित करने की क्रिया। ३. अलग-अलग विभाग/ख़ाने/दर बनाने या निश्चित करने की क्रिया/भाव।

दरबर[1]—[< हि॰ दरना] *वि॰* दरदरा।

†दरबर[2]—[अव॰] *क्रिवि॰* शीघ्र। *स्त्री॰* उतावली।

***दरबर[3]**—[< सं॰ दल ~ बल] *पु॰* १. सेना। २. सैन्य-शक्ति।

दरबा—[< फ़ा॰ दर] *पु॰* १. काठ की खानेदार अल्मारी या सन्दूक़ जिसमें पालतू कबूतर/मुर्ग़ी आदि को रखते हैं। २. वृक्षों/दीवारों में खोखला भाग जिसमें प्रायः पक्षी रहते हैं। कोटर।

दरबान—[फ़ा॰] *पु॰* द्वारपाल। ✣ **दरबानी**—*स्त्री॰* = दरबान का काम/पद।

दरबार—[फ़ा॰] *पु॰* १. राजा की सभा। राजसभा। २. किसी सन्त का आश्रम। ३. (लाक्षणिक) राजा।

दरबार साहब—[फ़ा॰ दरबार + अरबी साहब] *पु॰* १. माननीय दरबार। २. अमृतसर का प्रधान सिख गुरुद्वारा।

दरबारेआम—[फ़ा॰ दरबार + अरबी आम] *पु॰* वह राजसभा/दरबार जिसमें सामान्य लोग भी भाग लेते हैं। ∇ **विलोम**—दरबारेख़ास।

दरबारेख़ास—[फ़ा॰ दरबार + अरबी ख़ास] *पु॰* वह राजसभा/दरबार जिसमें केवल राज्याधिकारी और बड़े-बड़े लोग ही सम्मिलित हो सकें, सर्वसाधारण लोग नहीं। ∇ **विलोम**— दरबारेआम।

***दरबी**—[< सं॰ दर्वी] *स्त्री॰* १. कलछी। करछुली। दर्वी। २. सँड़सी। ३. साँप का फन।

***दरमादा**—[< फ़ा॰ दरमाँदा] *वि॰* दरमाँदा। (दे॰) *पु॰* फ़क़ीर।

दरमाँदा—[फ़ा॰] *वि॰* १. जो बहुत थकने के कारण किसी के द्वार पर पड़ा हो। निराश्रय। २. दीन-हीन। ३. विवश। लाचार।

दरमियान—[फ़ा॰] *पु॰* बीच। मध्य। *अव्यय॰* बीच में। मध्य में।

***दरया**—[< अरबी दर्या] *पु॰* १. नदी। २. समुद्र।

दरयाफ़्त—[< फा॰ दर्याफ़्त] *वि॰* जिसके विषय में जानकारी प्राप्त कर ली गयी हो। जिसका पता आदि जान लिया गया हो।

दररा—[< हि॰ दरना] *पु॰* चूर्ण-विचूर्ण। ✣ **दररी**—*स्त्री॰*।

***दरराना**—[अनु॰] *क्रिअ॰* १. तेज़ी से आना। २. ऐसे आगे बढ़ना कि और लोगों को धक्का लगे या उन्हें दबना पड़े। ३. भीषण शब्द करना।

दरवी—[< सं॰ दर्वी] *स्त्री॰* १. कलछी। २. सँड़सी। ३. साँप का फन।

दरवेश—[फा॰] *पु॰* १. भिक्षुक। फ़कीर। २. सिद्ध। ३. सन्न्यासी। ४. साधु। ✣ **दरवेशान/दरवेशी**—*वि॰* = दरवेशों जैसा। फ़कीरी। *जैसे*—दरवेशी जीवन।

***दरश**—[< सं॰ दर्श] *पु॰* १. दर्शन। साक्षात्कार। २. भेंट। ३. दर्शनीय रूप। ४. सुन्दरता। रूप-सौन्दर्य। ५. शोभा। छवि। ६. दृश्य।

दरसनी—[< सं॰ दर्शन] *स्त्री॰* १. दर्पण। आईना। २. नाथपन्थी/गोरखनाथी योगियों का एक प्रकार जो कान फाड़कर मुद्रा पहनते हैं।

दरस-परस—[< सं॰ दर्शन ~ स्पर्श] *पु॰* १. दर्शन और स्पर्श। २. भेंट-समागम। संग-साथ।

दर हक़ीक़त—[फा॰ दर + अरबी हक़ीक़त] *क्रिवि॰* वास्तव में। वस्तुतः।

दरहम-बरहम—[फा॰] *वि॰* अस्त-व्यस्त। तितर-बितर।

†**दराई**—[< हि॰ दरना < सं॰ दलन] *स्त्री॰* १. दलने की क्रिया। २. दलने की मज़दूरी।

दराज़[1]—[< अं॰ ड्राअर] *स्त्री॰* काग़ज़ आदि रखने के लिए मेज़/अलमारी में लगा बक्स जैसा ढाँचा।

दराज़[2]—[फा॰] *वि॰* १. बहुत बड़ा। दीर्घ। विशाल। लम्बा। *जैसे*—दराज उम्र। २. दूर तक फैला हुआ। विस्तृत। २. अधिक। बहुत। **दराज़ी**—*स्त्री॰* = दीर्घता। लम्बाई। *जैसे*—ज़बानदराज़ी (= बदज़बानी)

दरारा[1]—[< हि॰ दरण] *पु॰* १.धक्का। २. दरेरा।

दरारा[2]—[< हि॰ दरार] *वि॰* दरारवाला। फटा हुआ। *पु॰* दरार।

दरारोद्भिद—[हि॰ दरार + सं॰ उद्भिद] *पु॰* (वनस्पति) चट्टानों की दरारों में उगनेवाले पादप।

†**दरावी**—[देशज] *स्त्री॰* तुला। तराज़ू।

दराँती—[< सं॰ दात्री] *स्त्री॰* घास काटने का दाँतोंवाला उपकरण जो हँसिया जैसा होता है और जिसका फलक लम्बा, टेढ़ा और तेज़ धारवाला होता हो। ***वा॰* खेत में दराँती पड़ना/लगना**—फ़सल की कटाई आरम्भ होना।

दरि—[सं॰ √दृ + इन्] *स्त्री॰* कन्दरा। गुफ़ा। खोह।

दरित—[सं॰ दर+ इतच्] *वि॰* १. डरा हुआ। भयभीत। २. फटा हुआ। विदारित। विदीर्ण।

दरिन्दा (दरिंदा)—[< फा॰ दरिन्दः] *पु॰* फाड़ खाने वाला जंगली जानवर। व्यक्ति।

दरिया[1]—[हि॰ दरना] *वि॰* १. दलनेवाला। २. नाश करनेवाला। *पु॰* दलिया।

दरिया[2]—[< अरबी॰ दर्या] *पु॰* १. सागर। समुद्र। २. नदी। ***वा॰* दरिया को कूज़े में बन्द करना**—थोड़े में बहुत कह जाना। **दरिया पर जाना और प्यासा लौट आना**—जिस व्यक्ति या स्थान से कुछ मिलना सहज हो, वहाँ से बिना कुछ प्राप्त किए आ जाना।

दरियाई[1]**/दरयाई**[1]—[फा॰ दाराई] *स्त्री॰* धारीदार रेशमी और पतली साटन।

दरियाई[2]—[< हि॰ दरिया] *वि॰* १. नदी में उत्पन्न होने वाला। २. नदी सम्बन्धी। ३. समुद्र-सम्बन्धी। ✣ **दरियाई घोड़ा**—[हि॰] *पु॰* अफ्रीका में होनेवाला मोटे चमड़ेवाला एक पशु।

दरियादासी—[< हि॰ दरियादास] *पु॰* सन्त दरियादास द्वारा प्रवर्तित निर्गुणमार्गी सम्प्रदाय।

दरी[1]—[सं॰ दरि + ङीष्] *स्त्री॰* १. कन्दरा। गुफ़ा। खोह। २. खड्ड जिसमें नदी गिरती हो।

दरी[2]—[< सं॰ दर] *स्त्री॰* १. मोटे सूतों का बना हुआ एक प्रकार का बिछौना। २. चटाई।

दरीख़ाना—[< फा॰ दर + ख़ाना] *पु॰* १. ऐसा भवन या कमरा जिसके चारों ओर बहुत से द्वार हों। २. बारहदरी।

दरीचा—[< फा॰ दरीचः] *पु॰* १. छोटा द्वार। २. खिड़की। झरोखा।

दरीबा—[< हि॰ दर] *पु॰* १. वह स्थान जहाँ एक ही तरह की अनेक वस्तुएँ थोक में बिकती हों। *जैसे*—दरीबा से पान ख़रीदना। २. बाज़ार।

दरी-मुख—[सं॰] *पु॰* गुफ़ा का मुख। कंदरा का प्रवेश-स्थान।

दरेर—[< हि॰ दरेरना] *स्त्री॰* १. दरेरने की क्रिया/भाव। २. दरेरने से होनेवाली हानि। ३. नाश।

दरेरना—[< सं॰ दरण] *क्रिस॰* १. रगड़ के साथ धक्का देना। २. रगड़ना। घिसना। ३. नष्ट करना।

दरेरा—[< सं॰ दरण] *पु॰* १. रगड़ने या नष्ट करने के लिए दिया गया धक्का। २. संघर्षण। रगड़। ३. दबाव। ४. नाश। तोड़। ६. बहाव। ७. धावा। ***वा॰* दरेरा देना**—ज़बरदस्ती करना।

†**दरैंती**[1] **(दरेती**[1]**)**—*स्त्री॰* ≤ *हि॰* दराँती।

दरैंती[2] **(दरेंती**[2]**)**—[< सं॰ दरण ~ यन्त्र] *स्त्री॰* छोटी चक्की।

†**दरैया**—[सं॰ दरण] *पु॰* १. दरने/पीसने वाला। २. रगड़ने/कुचलने वाला। ३. दलन करनेवाला। ४. नाशक।

दरोग़—[< अरबी दुरोग़] *वि॰* असत्य। झूठ। *पु॰* झूठा कथन।

दर्ज—[अरबी] *वि॰* ध्यान में रखने या हिसाब-किताब के लिए (बही/पंजी आदि में) लिखा हुआ।

दर्जा/दरजा—[< अरबी दरजः] *पु॰* १. पद। स्थान। ओहदा। *जैसे*—दरबार में ऊँचे दर्जे पर नियुक्त। २. श्रेणी। वर्ग। *जैसे*—ऊँचे दर्जे के लोग। ३. (विद्यार्थियों की) कक्षा। *जैसे*—दर्जा ५ का विद्यार्थी। ***वा॰* दर्जा चढ़ाना**—१. पद ऊँचा करना। २. पदोन्नति करना।

३. (विद्यार्थी को) अगली कक्षा में भेजना। कक्षोन्नति करना।

दर्ज़िन—[फा॰] *स्त्री॰* १. कपड़े सिलने/सीने का काम करनेवाली स्त्री। २. दर्ज़ी की पत्नी। ३. दर्ज़ी जाति की स्त्री। ३. एक पक्षी।

दर्दर—[स॰ √दृ + यङ् + अच्, पृषो॰] *वि॰* फटा हुआ। *पु॰* पर्वत। पहाड़।

दर्दरीक—[स॰ √दृ + णिच् + ईकन्] *पु॰* १. बादल। २. मेंढक। (संगीत॰) एक प्रकार का वाद्य।

दर्दुर—[स॰ √दृ + यङ् + उरच्] *पु॰* १. बादल। २. मेंढक। ३. पर्वत। ४. शहनाई।

दर्दोग़म—[< फा॰ दर्द + व + अरबी ग़म] *पु॰* बहुत विपत्तियाँ। कष्ट-समूह।

दर्प—[स॰ √दृप् + घञ्] *पु॰* १. अहंकार। अभिमान। घमंड। २. गर्व। ३. उद्दंडता। अक्खड़पन। ४. वैभव/बल आदि का आतंक। रोब। ***वा॰* दर्प-मर्दन करना**—घमंड तोड़ना।

दर्पक—[स॰ √दृप् + णिच् + ण्वुल्] *वि॰* दर्प उत्पन्न करनेवाला। *पु॰* कामदेव।

दर्पण[1]—[स॰ √दृप् + णिच् + ल्यु/ल्युट्] *पु॰* मुँह देखने का शीशा। मुकुर। आरसी। आईना। २. उत्तेजित करने की क्रिया/भाव। उत्तेजन। ३. गर्वयुक्त करना।

दर्परूरा—[स॰ दर्प + हि॰ रूरा] *वि॰* मदमत्त।

दर्पहर—[स॰ दर्प + हर] *वि॰* दर्प नष्ट करने वाला।

दर्पित—[स॰ √दृप् + क्त] *वि॰* १. दर्पयुक्त। अहंकारी। अभिमानी। २. गर्वशील। घमंडी।

दर्पोक्ति—[स॰ दर्प ~ उक्ति] *स्त्री॰* दर्पयुक्त कथन।

***दर्ब**—[< स॰ द्रव्य] *पु॰* १. धन। २. वस्तु। चीज़।

दर्भ—[सं॰ √दृभ् + घञ्] *पु॰* १. एक प्रकार का कुश। डाभ। २. कुश का आसन। कुशासन। ✣ **दर्भचीर**—*पु॰* = कुश का बना हुआ वस्त्र। ✣ **दर्भ-पत्र**—*पु॰* = काँस नामक घास। ✣ **दर्भ-सूची**—*स्त्री॰* = कुश की नोक।

दर्भाङ्कुर (दर्भांकुर)—[स॰ दर्भ ~ अङ्कुर] *पु॰* कुश का नोकदार भाग।

दर्भासन—[दर्भ ~ आसन] *पु॰* १. कुश से बना आसन। २. बिछावन।

***दर्या**—*दे॰* दरया।

दर्याफ़्त—[फा॰] *वि॰* ज्ञात किया हुआ। जिसका पता लगा लिया गया हो।

दर्रा[1]—[हि॰ दलना] *पु॰* १. मोटा पिसा चूर्ण। २. ऐसी मिट्टी जिसमें छोटे-छोटे कंकड़-पत्थर अधिक हों।

दर्रा[2]—[< फा॰ दर्र:] *पु॰* पर्वतों के बीच का तंग मार्ग।

दर्राज़—[< फा॰ दराज] *स्त्री॰* एक उपकरण जिससे बढ़ई लकड़ी सीधी करते हैं।

दर्राना—[अनु॰] *क्रिअ॰* १. 'दर-दर' या 'धड़-धड़' की ध्वनि करना। २. धड़धड़ाते हुए चले जाना। निःसंकोच और तेज़ी से प्रवेश करना।

दर्विक—[स॰ √दृ + विन् + कन्] *पु॰* करछुल। कलछा।

दर्विका—[स॰ दर्विक + टाप्] *स्त्री॰* करछुली। कलछी। २. घी की बत्ती का काजल।

दर्वी—[स॰ दर्वि + ङीष्] *स्त्री॰* १. करछुल। कलछी। २. साँप का फन।

दर्श—[स॰ √दृश् + घञ्] *पु॰* १. दर्शन। अवलोकन। २. दृश्य। ३. अमावस्या। ४. एक वैदिक यज्ञ जो अमावस्या के दिन होता है।

दर्शकोपयोगी—[स॰ दर्शक ~ उपयोगी] *वि॰* दर्शक के उपयोग में आनेवाला। दर्शक के लिए लाभप्रद।

दर्शनाशा—[स॰ दर्शन ~ आशा] *स्त्री॰* दर्शन की आशा।

दर्शयामिनी—[स॰ दर्श ~ यामिनी] *स्त्री॰* १. अमावस्या की रात्रि। २. अँधेरी रात।

दर्शी—[स॰ दर्शिन्] *वि॰* (समासयुक्त शब्दों के अन्त में प्रयुक्त होने पर) १. देखनेवाला। ***जैसे***—नाटकदर्शी। २. विचार करनेवाला या जाननेवाला। ***जैसे***—धर्मदर्शी; तत्त्वदर्शी।

दल—[स॰ √दल् + अच्] *पु॰* १. समूह। गुट। टोली। झुंड। गिरोह। २. सेना। ३. सेना का दस्ता। ४. (अनाज के) दाने का आधा भाग। ***जैसे***—अरहर की दाल। ५. पत्ता या पंखुड़ी। ***जैसे***—तुलसी-दल और कमल-दल लाना। ६. फुंसी/फोड़े के आसपास की सूजन। (छन्द॰) चार चरणों को दो पंक्तियों में लिखने की रीति वाले दोहा, सोरठा इत्यादि छन्दों की प्रत्येक पंक्ति। ***वा॰* दल जोड़ना**—१. अपना दल/पक्ष बनाना। २. अपने पक्ष के लोगों को एकत्र करना।

दलक—[< हि॰ दलकना] *स्त्री॰* १. दलकने की क्रिया/भाव। कुछ देर तक होते रहने वाला हल्का कम्पन। थरथराहट। २. झिलमिलाहट। चमक। ३. रह-रहकर उठनेवाला दर्द। टीस। ***वा॰* दलक उठना**—१. कम्पित हो उठना। २. क्षुब्ध हो जाना। ✣ **†दलकन**—*स्त्री॰* = दलक।

दल-कपाट—[स॰] *पु॰* हरी पँखड़ियों का कोष जिसमें कली बन्द रहती है।

***दलकार**—*स्त्री॰* ≤ *हि॰* ललकार। *स्त्री॰* ✣ **दलकारना**—*क्रिस॰* = ललकारना। ✣ ***दलकारि**—*क्रिवि॰* = ललकारकर।

दलगञ्जन (दलगंजन)—[स॰ दल ~ गञ्जन] *वि॰* १. अनेक दलों या समूहों को नष्ट करनेवाला। महावीर।

***दलथम्भ (दलथंभ)**—[< स॰ दल + स्तम्भ] *पु॰* सेनापति।

†दलदार—[ब्रज॰, < स॰ दल] *पु॰* सेनापति। *वि॰* मोटी परत वाला। ***जैसे***—दलदार फल।

दलन—[स॰ √दल् + ल्युट्] *पु॰* १. तोड़ना। खंडन। २. काटना। ३. चीरना। विदारण। ४. भाग करना। ५. कुचलना। ६. पीसना। ७. पीसकर छोटे-छोठे टुकड़े करना। चूर-चूर करना। चूर्ण बना देने वाली पिसाई। ८. ध्वंस। नाश। संहार। *वि॰* (समासयुक्त पद के अन्त में) नाश करनेवाला। ध्वंसक। ***जैसे***—शत्रुदलन शिवाजी; दुष्टदलन राम।

दलना—[< सं॰ दलन] *क्रिस॰* १. (चक्की से) पीसना। २. मोटा/दरदरा पीसना। ३. नष्ट करने के लिए कुचलना या मसलना। ४. दमन करना। ५. तोड़ना। ६. नष्ट करना। ७. बहुत अधिक कष्ट देना। ८. दमन करना।

दलनि**—[< सं॰ दलन] *स्त्री॰* दलन। (दे॰) *वि॰* १. नाशकारक। विध्वंसक। ***जैसे—राक्षस-दलनि। २. दमन करने वाली। ✣ **दलनिहार**—*वि॰* = १. विनाशक। २. दमन करनेवाला। नाशकारी। विनाशक।

दलप/दल-पति—[सं॰ दल ~ प/पति] *पु॰* सेनानायक। सेनापति।

दलपुञ्ज (दलपुंज)—[सं॰ दल ~ पुञ्ज] *पु॰* फूलों के दलों का समूह। पंखुड़ियों का समूह।

दलपुट—[सं॰ दल ~ पुट] *पु॰* (वनस्पति॰) दलपुंज या बाह्य-दलपुंज का बढ़ा हुआ, नलिका के आकार का, भाग। मकरन्द-कोष।

दलबा—[< हि॰ दलना] *पु॰* वह दुर्बल पक्षी जिसे उसका स्वामी दूसरे पक्षियों से लड़ाकर दूसरे पक्षियों का साहस बढ़ाता है।

दल-बादल—[सं॰ दल + हि॰ बादल] *पु॰* १. बादलों का समूह। २. विशाल सेना। ३. संगी-साथियों या नौकरों आदि का बड़ा समूह। **दल-बादल से चढ़ आना**—१. विशाल सेना लेकर आक्रमण करना। २. बहुत मनुष्यों के साथ चढ़ाई करना।

दलमलना—[< हि॰ दलना + मलना] *क्रिस॰* १. दलना। कुचलना। रौंदना। २. मसलना। ३. छिन्न-भिन्न करना। ४. ध्वस्त करना। ✣ ***दलमलि/दलिमलि**—*क्रिवि॰* = नष्ट करके। मर्दन करके।

दलराय—[सं॰ दल + हि॰ राय] *पु॰* सेनापति। सरदार।

***दलवाल**—[< सं॰ दल + पाल] *पु॰* १. दल का प्रमुख/सरदार। २. सेनापति।

दलशः—[सं॰ दल + शस्] *क्रिवि॰* १. एक-एक दल/टुकड़ी के अनुसार। २. खंड-खंड करके।

दलहन—[हि॰ दाल + अन्न] *पु॰* अरहर, चना आदि अन्न जिनकी दालें बनती हैं।

†**दलहरा**—[< हि॰ दाल] *पु॰* १. जो दालें बनाता हो। २. केवल दालें बेचनेवाला।

†**दलादली**—[< सं॰ दल] *स्त्री॰* आपस की दलबन्दी और उससे उत्पन्न तनाव, झगड़े आदि।

दलाना—[हि॰ 'दलना' का प्रेरणा॰] *क्रिस॰* दलने में किसी को प्रवृत्त करना। ***जैसे***—वृद्धा से गेहूँ दलाना।

दलाल—[< अरबी दल्लाल] *पु॰* १. ख़रीदने और बेचने वाले के बीच का व्यक्ति या अभिकर्ता जो उनकी ओर से माल, अंश (अ॰ शेयर) आदि ख़रीदता/बेचता है और इस सेवा के बदले में एक पक्ष से या दोनों पक्षों से दलाली (दे॰) लेता है। आढ़ती। (अ॰ ब्रोकर) २. उक्त के समान किसी काम/धन्धे में बिचौलिया बनकर धन कमानेवाला। ***जैसे***—वेश्याओं का दलाल। ✣ **दलाली**—*स्त्री॰* = १. ख़रीदार और बेचने वाले के बीच सौदा तय कराने का काम। दलाल का काम। आढ़त का काम। २. दलाल को सौदे पर मिलनेवाला धन। कमीशन (अ॰)।

दलित—[सं॰ √दल + क्त] *वि॰* १. जिसका दलन हुआ हो। २. त्रस्त। सताया हुआ। ३. कुचला हुआ। रौंदा हुआ। ४. ध्वस्त। ५. हीन। पतित। नीच। ६. अति निर्धन। ७. सामाजिक प्रतिष्ठा से रहित। ८. सामाजिक, आर्थिक, शैक्षिक आदि क्षेत्रों में शताब्दियों से अविकसित (वर्ग)। ✣ **दलित वर्ग**—*पु॰* = समाज का वह निम्नतम वर्ग जो सामाजिक, आर्थिक, शैक्षिक आदि क्षेत्रों में शताब्दियों से अविकसित रहा हो।

दलिद्दर—[< सं॰दारिद्र्य] *वि॰* १. दरिद्र। निर्धन। ग़रीब। २. अति नीच क़ोटि का। अति निकृष्ट। *पु॰* १. दरिद्रता। ग़रीबी। २. कूड़ा आदि रद्दी और व्यर्थ वस्तुएँ।

दली—[सं॰ दलिन्] *वि॰* १. पत्तोंवाला। २. मोटाईवाला। ३. जो किसी दल से सम्बन्धित हो। *पु॰* वृक्ष। पेड़।

दलील—[अरबी] *स्त्री॰* १. युक्ति। तर्क। २. प्रमाण। (विधि॰) १. विधिसम्मत उद्धरण। २. वाद-विवाद। बहस। ***वा॰*** **दलील करना**—तर्क करना। बहस करना। **दलील चलना**—तर्क का सफल होना।

दलैया—[हि॰ दलना] *वि॰* १. नाश करने वाला। नाशक। २. दलने वाला। पीसने वाला।

दव—[सं॰] *पु॰* १. वन। जंगल। २. वन में स्वयं लग जाने वाली आग। दावाग्नि। दावानल।

***दवन**[1]—[< सं॰ दवाग्नि] वन की आग। दावानल। दावाग्नि।

दवन[2]—[< सं॰ दमन] *पु॰* दमन। *वि॰* दमन करनेवाला।

***दवना**—[< सं॰ दव] *क्रिस॰* १. जलाना। २. झुलसाना। *क्रिअ॰* १. जलना। २. झुलसना।

दवनी—[< सं॰ दमन] *स्त्री॰* अनाज निकालने के लिए सूखे डंठलों पर बैलों को चलाने की क्रिया। दायँ चलाना। दँवरी।

दवँगरा/दौंगरा (दौंगरा)—[< सं॰ दव] *पु॰* वर्षा ऋतु की पहली वर्षा।

दवाग्नि—[सं॰ दव ~ अग्नि] *स्त्री॰* जंगल की आग। दावानल। (दे॰)

दवात—[अरबी] *स्त्री॰* स्याही रखने का छोटा पात्र। मसि-पात्र।

दवानल—[सं॰ दव ~ अनल] *पु॰* वन की अग्नि। दावाग्नि।

दवाफ़रोश—[अरबी दवा + फ़ा॰ फ़रोश] *पु॰* दवा बेचनेवाला। औषधि-विक्रेता।

दवामी—[अरबी] *वि॰* स्थायी। ***जैसे***—दवामी काश्तकार = स्थायी रूप से खेती का अधिकारप्राप्त व्यक्ति।

***दवार**—*स्त्री॰* ≤ *हि॰* दवारि। दावानल।

***दवारि**—[< हि॰ दवागि] *स्त्री॰* दावानल।

दशकन्धर (दशकंधर)—[सं॰ दश ~ कन्धर] *पु॰* रावण।

दशकर्म—[सं॰ दशन् ~ कर्मन्] *पु॰* गर्भाधान से विवाह तक के दस कर्म या संस्कार ● **विशेष**—उक्त दस संस्कार हैं—**गर्भाधान,**

पुंसवन, सीमन्तोन्नयन, जातकर्म, निष्क्रमण, नामकरण, अन्नप्राशन, चूड़ाकरण, उपनयन और विवाह।

दशगुण—[सं॰ दशन् ~ गुण] *वि॰* दस गुना।

दशग्रीव—[सं॰ दशन् ~ ग्रीव] *पु॰* रावण।

दशधा—[सं॰ दशन् + धा] *वि॰* १. दस प्रकार का। २. दस रूपों वाला। *क्रिवि॰* दस प्रकार से। ✣ **दशधा भक्ति**—*स्त्री॰* = (नवधा भक्ति के साथ प्रेमलक्षणा भक्ति मिलाकर) दस प्रकार की ईश्वर-भक्ति।

दशन—[सं॰ √दंश् + ल्युट्, न-लोप्] *पु॰* १. दाँत। २. पर्वत की चोटी। शिखर।

दशनच्छद—[सं॰ दशन √छद् + णिच् + घ] *पु॰* ओष्ठ। होंठ।

***दशनछत**—[< सं॰ दशन ~ क्षत] *पु॰* दाँत से किया हुआ घाव। दन्तक्षत।

दशना—[< सं॰ दशन] *वि॰* (समासयुक्त शब्दों में अन्त में प्रयुक्त) दाँतोंवाली। ***जैसे***—श्वेतदशना (= सफ़ेद दाँतों वाली)।

दशनाम—[सं॰ दर्शन् ~ नामन्] *पु॰* आदिशंकराचार्य के अनुयायी सन्यासियों के दस प्रकार—तीर्थ, आश्रम, वन, अरण्य, गिरि, पर्वत, सागर, सरस्वती, भारती और पुरी।

दश-नवमी—*वि॰* = दस नामों वाला। *वि॰* दशनाम वर्ग के अन्तर्गत किसी शाखा से सम्बन्ध रखनेवाला। दश भेद (नाम) हैं। *पु॰* आदि शंकराचार्य के सन्यासी शिष्यों का वर्ग जिसके दस भेद हैं—तीर्थ आदि।

दशनावलि/दशनावली—[सं॰ दशन ~ आवलि/आवली] *स्त्री॰* दाँतों की पंक्ति।

दशमास्य—[सं॰ दशमास + यत्] *वि॰* दस महीनों की अवस्था वाला। दस मास का। *पु॰* बालक जो दस मास तक गर्भ में रहता है।

दशमिक—[< सं॰ दशम] *वि॰* दशम से सम्बन्धित। ✣ **दशमिक प्रणाली**—*स्त्री॰* नाप, तौल, मान आदि की वह गणितीय पद्धति जिसमें हर मान अपने से निकटस्थ बड़े मान का दसवाँ भाग होता है। (अ॰ डेसिमल सिस्टम) ✣ **दशमिकीकरण**—पु॰ = दशमिकरना।

***दशमुख**—[सं॰ दशन् ~ मुख] *पु॰* १. (दस मुखों वाला) रावण। २. चार मुखों वाला ब्रह्मा, एक मुख वाला विष्णु और पाँच मुख वाल शिव—इन तीनों देवों का सामूहिक रूप। त्रिदेव।

दशमूल—[सं॰ दशन् ~ मूल] *पु॰* (आयुर्वेद॰) शालिपर्णी आदि दस वस्तुओं की जड़ों का समूह।

दशमौलि—[सं॰ दशन् ~ मौलि] *पु॰* दशशीश। रावण।

दशलक्षणव्रत—[सं॰ दश ~ लक्षण ~ व्रत](जैन॰) धर्म के दस लक्षणों के लिए प्रतिवर्ष माघ मास, चैत्र मास और भाद्र मास की शुक्ल पंचमी से चतुर्दशी तक १०. दिन किया जाने वाला व्रत।

दशा—[सं॰ √दंश् + अङ्, निपात॰ + टाप्] *स्त्री॰* १. कुछ समय तक बराबर रहनेवाली अवस्था। २. अवस्था। स्थिति। ३. जीवन की उम्र की दृष्टि से (शैशव, यौवन) आदि विविध अवस्थाओ में से प्रत्येक। ४. दीपक की बत्ती। ५. (ज्योतिष॰) जन्म-समय की चन्द्रमा की स्थिति के अनुसार आनेवाला विविध ग्रहों का शासन-काल। ***जैसे***—विंशोत्तरी दशा। ***वा॰*** **दशा फिरना**—अच्छे दिन आना।

दशाङ्ग (दशांग)—[सं॰ दशन् ~ अङ्ग] *वि॰* दस प्रकार की वस्तुओं के योग से बनने वाला। ***जैसे***—दशांग-क्वाथ = काढ़ा। *पु॰* किसी वस्तु के दस अंग।

दशाधिपति[1]—[सं॰ दशन् ~ अधिपति] *पु॰* दस सैनिकों का अधिकारी।

दशाधिपति[2]—[सं॰ दशा ~ अधिपति] *पु॰* (ज्योतिष॰) (विंशोत्तरी पद्धति आदि में) दशा का स्वामी ग्रह।

दशानन—[सं॰ दशन् ~ आनन] *पु॰* (दस मुखों वाला) रावण।

दशान्त (दशांत)—[सं॰ दशा ~ अन्त] *पु॰* १. अन्तिम दशा। २. वृद्धावस्था। बुढ़ापा। ३. जीवन का अन्त। ४. दीपक की बत्ती का सिरा।

दशान्तर (दशांतर)—[सं॰ दशा ~ अन्तर] *पु॰* १. जीवन की विभिन्न दशाएँ। २. अन्य/दूसरी दशा।

दशाब्द—[सं॰ दशन्-अब्द] *पु॰* दस वर्षों का समूह। दशक। ✣ **दशाब्दी**—*स्त्री॰* = दशाब्द।

दशार्ध—[सं॰ दश ~ अर्ध] *वि॰* दस का आधा। पाँच। *पु॰* पाँच की संख्या। ५।

दशावतार—[सं॰ दशन् ~ अवतार] *पु॰* भगवान् विष्णु के मत्स्य आदि दस अवतार। ● **विशेष**—उक्त १० अवतार हैं—मत्स्य, कूर्म, वराह, नृसिंह, वामन, परशुराम, राम, कृष्ण, बुद्ध और कल्कि।

दशाश्वमेध—[सं॰ दशन् ~ अश्वमेध] *पु॰* १. दस अश्वमेध। २. वाराणसी में गंगा-तट का एक प्रसिद्ध घाट और तीर्थ।

दशाह—[सं॰ दशन् ~ अहन्] *पु॰* १. दस दिनों का समूह। २. मृत व्यक्ति की मृत्यु के दसवें दिन होनेवाले कृत्य। दसवाँ।

दशेश[1]—[सं॰ दशा ~ ईश] *पु॰* (ज्योतिष॰) दशा का स्वामी।

दशेश[2]—[सं॰ दशन् ~ ईश] *पु॰* दशाधिपति। (दे॰) (दस दिशाओं का स्वामी) सूर्य।

दष्ट—[सं॰ √दंश् + क्त, षत्व] *वि॰* (बिच्छू, सर्प आदि के द्वारा) काटा हुआ। दंशित।

***दसगात**—[< सं॰ दशगात्र] *पु॰* पिता आदि की मृत्यु होने पर किए जाने वाले कर्मकांड में दस दिनों के पिंड-दान आदि का विधान।

दसठौन—[< सं॰ दश] *पु॰* शिशु-जन्म के दसवें दिन (या उसके लगभग) किसी शुभ दिन होनेवाला एक विशेष कार्यक्रम जिसमें प्रसूता स्त्री और शिशु को स्नान कराने के बाद अशौच समाप्त हो जाता है तथा पूजा के बाद शिशु का नाम रखा जाता है। नामकरण-संस्कार।

दसतपा—[< हिं॰ दस + तपना] *पु॰* ज्येष्ठ मास के अन्तिम दस दिन जब बहुत गर्मी पड़ती है।

दसन—[< सं॰ दर्शन] *पु॰* नेत्र।

†दसना[1]—[< हि॰ दसाना] *क्रिअ॰* बिछाया जाना या फैलाया जाना। बिछना या फैलना। *क्रिस॰* बिछाना। फैलाना।

***दसना**[2]—[< हि॰ डासन] *पु॰* बिछौना। बिस्तर।

दस प्राण—[हि॰ दस + सं॰ प्राण] *पु॰* प्राणवायु के स्थान-भेद से १० प्रकार। ● **विशेष**—इनके नाम इस प्रकार हैं—हृदय में '**प्राण**', गुदा में '**अपान**', नाभि में डकार छींक इत्यादि '**समान**', कंठ में '**उदान**', सम्पूर्ण शरीर में '**व्यान**', उद्‌गार करानेवाला '**नाग**', पलक झपकानेवाला '**कूर्म**', भूख लगानेवाला '**कृकल**', जम्हाई दिलानेवाला '**देवदत्त**' और पोषण करनेवाला '**धनंजय**'।

दस मुद्राएँ—[हि॰] (योग॰) मुद्राओं के १० भेद—महामुद्रा, महाबन्ध, महावेध, खेचरी, उड्डीयान, मूलबन्ध, जालन्धरबन्ध, विपरीतकरणी, वज्रौली और शक्तिचालन।

दसमौलि—[< सं॰ दशमौलि] *पु॰* दशशीश। रावण।

दसस्यन्दन (दसस्यंदन)—[< सं॰ दशस्यन्दन] *पु॰* (राजा) दशरथ।

***दसावन/दसाँवन**—[< हि॰ दसाना] *पु॰* बिछौना। बिस्तर।

***दसाना**—[< हि॰ डसाना] *क्रिस॰* बिछाना। फैलाना।

दसारी—[देशज] *स्त्री॰* एक छोटा जल-पक्षी।

दस्तक—[फा॰] *स्त्री॰* १. हाथ का हल्का आघात। २. हल्के हाथ से (द्वार) खटखटाने की क्रिया या आवाज़। ***वा॰* दस्तक देना**—द्वार खटखटाना।

दस्तकार—[फा॰] *पु॰* शिल्पी। कारीगर। ✣ **दस्तकारी**—*स्त्री॰* = १. शिल्प। २. हस्तशिल्प। हाथ की कारीगरी। ३. सजावट।

दस्तगीर—[फा॰] *पु॰* १. हाथ पकड़नेवाला। २. हाथ पकड़कर सहारा देनेवाला। ३. सहायक। ✣ **दस्तगीरी**—*स्त्री॰* = १. सहायक की अवस्था/क्रिया/भाव। २. सहायता।

दस्तन्दाज़ (दस्तंदाज़)—[< फा॰ दस्त अन्दाज़] *वि॰* काम में हस्तक्षेप करनेवाला। ✣ **दस्तन्दाज़ी (दस्तंदाज़ी)**—*स्त्री॰* = हस्तक्षेप। दख़ल।

दस्तयाब—[फा॰] *वि॰* हाथों में आया हुआ। हस्तगत। प्राप्त। ✣ **दस्तयाबी**—*स्त्री॰* = प्राप्ति।

दस्तरख़्वान—[फा॰] *पु॰* भोजन की थाली आदि रखने के लिए बिछाया जाने वाला वस्त्र।

दस्ता—[< फा॰ दस्तः] *पु॰* १. किसी वस्तु को पकड़ने के लिए उसका अंश विशेष। २. चाकू, छुरी आदि की मूठ। बेंत। ३. डोंगे आदि को पकड़ने का मुट्‌ठा। ४. (काग़ज़ के) एक रीम का बीसवाँ भाग। ५. कार्य विशेष में लगे सैनिकों/कर्मचारियों आदि का छोटा दल। टुकड़ी।

दस्ताना—[< फा॰ दस्तानः] *पु॰* १. कलाई तक पहनने का बुना हुआ एक ऊनी आवरण जिससे उँगलियाँ और हथेली ढँकी रहती हैं। २. उक्त के समान चमड़े और रबड़ का बना आवरण।

दस्तावेज़—[फा॰] *पु॰* १. प्रमाण के रूप में प्रस्तुत किया जाने वाला लिखित काग़ज़। प्रलेख। २. क्रय-विक्रय-सम्बन्धी अनुबन्ध वाला काग़ज़। (बैनामा, किरायानामा, दानपत्र)। (विधि॰) किसी संविदा के निबन्धनों को अभिव्यक्त करने वाला लेख जिसका उस संविदा के साक्ष्य के रूप में उपयोग किया जा सके। ***जैसे***—बैंक को दिया गया चेक दस्तावेज़ है। ✣ **दस्तावेज़ी**—*वि॰* = दस्तावेज़-सम्बन्धी। ***जैसे***—दस्तावेज़ी प्रमाण।

दस्ती—[< फा॰ दस्त (= हाथ)] *स्त्री॰* छोटा दस्ता। छोटी मूठ/बेंट। *क्रिवि॰* हाथ से। हस्ते। *वि॰* १. हाथ से सम्बन्धित। हाथ का। ***जैसे***—दस्ती कारीगरी। २. हाथ में रहनेवाला। ***जैसे***—दस्ती रुमाल। ३. जो हाथ से भेजा गया हो। ***जैसे***—दस्ती पत्र।

दह[1]—[< सं॰ द्रह, वर्ण] *पु॰* १. नदी-तल का वह भाग जहाँ पानी बहुत गहरा होता है। २. नदी के अन्दर का गहरा कुंड। ***जैसे***—कालीदह। ३. (पानी का) हौज़। (भूविज्ञान॰) महासागर के तल में बहुत गहरा (१८,००० फुट से अधिक) गर्त।

दह[2]—*स्त्री॰* ≤ *सं॰* दाह। जलन।

दहक—[< हि॰ दहकना] *स्त्री॰* १. (अग्नि का) दहकन। २. ज्वाला। लपट। ३. दाह। जलन। ४. पश्चात्ताप।

दहक़ानियत—[फा॰] *स्त्री॰* १. गँवारपन। देहातीपन। २. मूर्खता।

दहक़ानी—[अरबी] *पु॰* १. गँवार। देहाती। २. मूर्ख।

***दहड़-दहड़**—[अनु॰] *पु॰* अग्नि की लपटों का शब्द। *क्रिवि॰* १. धधक-धधक कर। २. जलने की आवाज़ करते हुए।

दहनोन्माद—[सं॰ दहन ~ उन्माद] *पु॰* (मनो॰) एक मानसिक विकृति जिसमें काम-तुष्टि के लिए आग लगा देने की इच्छा होती है। (अं॰ पायरोमेनिया)

†दहपट—[हि॰ दहन + पट] *वि॰* १. जिसे ढाया गया हो। ध्वस्त। २. नष्ट किया हुआ। बर्बाद। ३. जिसे कुचला या रौंदा गया हो। दलित।

†दहबाट—[हि॰ दह < दस + बाट] *वि॰* छिन्न-भिन्न। तितर-बितर।

दहर—[सं॰ √दह् + अर] *पु॰* १. चूहा। २. शिशु। ३. हृदय। ४. नरक। ५. वरुण। *वि॰* १. कम। थोड़ा। २. अति सूक्ष्म। बारीक। ३. जो कठिनता से समझ में आए। दुर्बोध। गहन।

***दहर-दहर**—[अनु॰] *पु॰, क्रिवि॰* दहड़-दहड़।

दहराकाश—[सं॰ दहर ~ आकाश] *पु॰* १. चिदाकाश। २. ईश्वर। ३. हृदय का आकाश/अवकाश जिसमें अनहद नाद होता रहता है। हृदयाकाश।

†दहरौरा—[< हि॰ दही + बड़ा] *पु॰* दही में पड़ा हुआ बड़ा। दही-बड़ा। ✣ **दहरौरी**—*स्त्री॰*।

दहल—[< हि॰ दहलना] *स्त्री॰* १. दहलने की क्रिया/भाव। २. भय। ३. भय से कम्पन/थरथराहट।

दहलीज़—[< हि॰ देहरी/देहली] *स्त्री॰* १. चौखट की नीचेवाली लकड़ी। देहरी। देहली। २. प्रवेश-द्वार के अन्दर का भाग। ***वा॰* दहलीज़ का कुत्ता**—१. मुफ़्त का भोजन खानेवाला। २. अकर्मण्य। निठल्ला। **दहलीज़ की मिट्टी ले जाना**—

१. किसी के घर के बहुत चक्कर लगाना। २. तक़ाज़े के लिए बार-बार किसी के घर पर जाना। **दहलीज़ झाँकना**—किसी के पास किसी काम के लिए जाना। **दहलीज़ न झाँकना**—हर समय पर्दे में रहना।

दहशत—[< अरबी दशहत] *स्त्री॰* भयंकर वस्तु या दृश्य को देखकर या उसकी आशंकामात्र या कल्पनामात्र से उत्पन्न डर।

दहा[१]—[< फ़ा॰ दह (दस)] *वि॰* दस। ● **विशेष**—मुसलमानों में मुहर्रम महीना, उसके आरम्भिक १० दिन और ताज़िया के लिए भी 'दहा' का प्रयोग होता है।

दहाई—[< फ़ा॰ दह] *स्त्री॰* किसी संख्या में दस गुने का मान बतानेवाला स्थान या उस स्थान पर रखा हुआ अंक। ***जैसे***—३४५ में ५ इकाई है, ४ दहाई और ३ सैकड़ा।

दहाड़—[< प्रा॰ धडहडिय] *स्त्री॰* १. सिंह आदि का गर्जन। २. ज़ोर से बोलना। ***जैसे***—धीरे बोलो, दहाड़ते क्यों हो? ३. (वीरों की) ललकार। ***जैसे***—शिवाजी की दहाड़ से शत्रु काँप उठे। ४. आर्तनाद। चीत्कार। ***जैसे***—दहाड़ मार कर रोना। ***वा॰* दहाड़ (दहाड़ें) मार कर रोना, दहाड़ मारना**—रोते समय ज़ोर-ज़ोर से चिल्लाना।

दहाना—[< फ़ा॰ दहान:] *पु॰* १. किसी चीज़ का बहुत बड़ा और चौड़ा मुँह। २. समुद्र में नदी के गिरने का स्थान।

दहिँगल (दहिंगल)—[देशज] *पु॰* एक छोटा पक्षी जिसके परों पर काली-सफ़ेद लकीरें होती हैं।

***दहीला**—[< सं॰ दाह] *वि॰* १. जला हुआ। २. जलाया हुआ। ३. सन्तप्त। दु:खी। पीड़ित। ✣ **दहीली**—*वि(स्त्री॰)*।

***दहुचाल**—[< सं॰ दुस् + हि॰ चाल] *पु॰* १. हलचल। २. उपद्रव।

दहेज—[< अरबी ज़हेज] *पु॰* विवाह के समय कन्या-पक्ष की ओर से उपहारस्वरूप दिए गए आभूषण, वस्त्र, धन, सम्पत्ति आदि का सामूहिक नाम।

***दहेला**[१]—[< हि॰ दहना] *वि॰* १. जला हुआ। दग्ध। २. दु:खी। पीड़ित। सन्तप्त। ✣ **दहेली**[१]—*वि॰ (स्त्री॰)*।

***दहेला**[२]—[देशज] *वि॰* १. भीगा हुआ। आर्द्र। २. ठिठुरा हुआ। ✣ **दहेली**[२]—*वि॰ (स्त्री॰)*।

दहेँड़ी (दहेंड़ी)—[< प्रा॰ दहि हांडिआ < सं॰ दधि-भाण्डिका] *स्त्री॰* दही रखने की हाँडी।

दहेँगर (दहेंगर)—[< हि॰ दही + घड़ा] *पु॰* दही रखने का घड़ा। एक बड़ा दधि-पात्र।

दह्य—[< सं॰ दाह्य] *वि॰* जो जलाया जा सकता हो। जो जल सकता हो। ज़लने योग्य।

***दह्यो**—[< अप॰ दहिउ < प्रा॰ दहिअं < सं॰ दधिकम्] दधि। दही। ● **विशेष**—'दहना' क्रिया का भी एक भूतकालिक रूप 'दह्यो' बनता है जिसका अर्थ है जला या जलाया।

दँतार/दँतारा—[< हि॰ दाँत] *वि॰* १. बड़े-बड़े दाँतों वाला। *पु॰* गणेश।

***दँतियाँ/दँतुरियाँ**—[< हि॰ दाँत < सं॰ दन्त] *स्त्री॰* (बहु॰) शिशु के दाँत।

दँतुला—[< सं॰ दन्तुर] *वि॰* जिसके दाँत बड़े हों या आगे की ओर निकले हुए हों। ✣ **दँतुली**—*वि॰ (स्त्री॰)*।

दँवरी—[< हि॰ दाँवना < सं॰ दमन] *स्त्री॰* (कृषि॰) अनाज निकालने के लिए कटी फ़सल के डंठलों को बैलों से रौंदवाने का काम। मँडनी।

दँहगल—[देशज] *स्त्री॰* एक छोटी चितकबरी चिड़िया।

***दाइज/दाइजा**—[< अप॰ दाइज्ज < सं॰ दातव्य] *पु॰* दहेज।

***दाइम**—[अरबी] *वि॰* नित्य।

दाई[१]—[< सं॰ धात्री] *स्त्री॰* १. गर्भवती/प्रसूता स्त्री की सेवा करने के लिए प्रशिक्षित स्त्री। प्रसूति-सहायक। धात्री। धाय। (अ॰ मिडवाइफ़) २. दूसरे के शिशु को अपना दूध पिलानेवाली स्त्री। धाय। ३. बच्चों की देख-रेख करने तथा उन्हें खिलाने के लिए नियुक्त नौकरानी। ***वा॰* दाई से पेट छिपाना**—सारा रहस्य जाननेवाले से कोई बात छिपाना।

दाई**[२]—[< सं॰ दायी] *वि॰* (समासयुक्त पद के अन्त में) देनेवाला। दायी। दायक। ***जैसे—धनदाई।

***दाउ**—*स्त्री॰* ≤ *सं॰* दाव। दावाग्नि। दावानल।

***दाउनी**—[< हि॰ दावनी < सं॰ दामिनी] *स्त्री॰* (स्त्रियों का) सिर का एक आभूषण। बेंदी। दावनी। दामिनी।

दाऊ—[< हि॰ < सं॰ तात] *पु॰* १. बड़ा भाई। २. पिता का बड़ा भाई। ताऊ। ३. (कृष्ण का बड़ा भाई) बलराम।

दाऊदी—[< अरबी दाऊद] एक प्रकार का फूल। ● **विशेष**—प्राय: इसे '**गुल दाऊदी**' कहा जाता है।

दाक्षायण—[सं॰ दाक्षि + फक्] *वि॰* १. दक्ष-सम्बन्धी। दक्ष का। ***जैसे***—दाक्षायण यज्ञ। २. दक्ष से उत्पन्न या उसके वंश/गोत्र का। *पु॰* १. स्वर्ण। २. स्वर्ण-मुद्रा। अशर्फ़ी। ✣ **दाक्षायणी**—*स्त्री॰* = १. दक्ष-पुत्री सती। २. दुर्गा (देवी)। अदिति आदि। ३. अश्विनी आदि २७ नक्षत्रों में से प्रत्येक। ✣ **दाक्षायणी-पति**—*पु॰* = १. (सती का पति) शिव। महादेव। २. चन्द्रमा।

दाक्षि—[सं॰ दक्ष + इञ्] *पु॰* दक्ष का पुत्र।

दाक्षिणात्य—[सं॰ दक्षिण + त्यक्] *वि॰* १. दक्षिण दिशा में होनेवाला। दक्षिणी। २. दक्षिण देश का। दक्षिणी। *पु॰* दक्षिण का निवासी।

दाक्षिण्य—[सं॰ दक्षिण + ष्यञ्] *वि॰* दक्षिण-सम्बन्धी। दक्षिणी। दक्खिनी। *पु॰* १. नम्रता। २. कृपालुता। ३. प्रतिभा। ४. चतुरता। (काव्य॰) १. प्रेमी का बनावटी शिष्टाचार या अति शिष्टाचार। २. दूसरे को प्रसन्न/अनुकूल करने की योग्यता।

दाक्षी-पुत्र—[सं॰] *पु॰* (वैयाकरण) पाणिनि। ● **विशेष**—'**दाक्षी**' का पुत्र होने के कारण पाणिनि को '**दाक्षेय**' भी क़हा जाता है।

दाख़िल—[अरबी] *वि॰* १. अन्दर पहुँचा हुआ। प्रविष्ट। २. सम्मिलित। शामिल। ∇ **विलोम**—ख़ारिज। ***वा॰* (काग़ज़ आदि) दाख़िल करना**—जमा करना। **(काग़ज़ आदि) दाख़िल होना**—जमा होना। पेश होना। **(अस्पताल आदि में) दाख़िल होना**—भरती होना।

दाख़िल-ख़ारिज—[अरबी] सरकारी काग़ज़ों में किसी वस्तु (ज़मीन/खेत आदि) पर उसके पुराने स्वामी का नाम काटकर नए स्वामी का नाम लिखा जाना।

दाख़िलदफ़्तर—[अरबी दाख़िल + फ़ा॰ दफ़्तर] *वि॰* (निवेदन आदि से सम्बन्धित) जो अस्वीकृत हो चुका हो या बिना विचार/निर्णय किए ही आगे कभी उपयोग के लिए कार्यालय के अन्य काग़ज़ों में रक्षित करने के लिए सम्मिलित किया गया हो।

दाखी—[< हि॰ दाख] *वि॰* अंगूरवाला। अंगूरी। ***जैसे***—दाखी शराब।

दाग—[< स॰ दाह] *पु॰* १. जलने की क्रिया/भाव। दहना। २. मृत व्यक्ति का शव जलाना। ३. दाह। ताप। जलन। ४. ईर्ष्या। डाह। ***वा॰* दाग देना**—मृत व्यक्ति का अन्तिम संस्कार करना।

दाग़—[फ़ा॰] *पु॰* १. चिह्न। धब्बा। २. कलंक। दोष। ३. दुःख। ४. (जलने, गलने, सड़ने आदि का या घाव आदि का) निशान। ***वा॰* दाग़ देना**—कलंकित करना। **दाग़ धोना**—कलंक मिटाना। **दाग़ लगना**—कलंक लगना। **दाग़ लगाना**—कलंकित करना। बदनाम करना।

दाग़-बेल—[फ़ा॰ दाग़ + हि॰ बेल] *स्त्री॰* रेखाएँ या निशान। ***वा॰* दाग़-बेल पड़ना**—आरम्भ करना।

***दागर**—[< फ़ा॰ दीगर] *वि॰* अन्य। पराया। ग़ैर।

†दागल/दागिल—[< फ़ा॰ दाग़] *वि॰* १. दाग़ वाला। धब्बेदार। दाग़दार। २. कलंकित। ३. अपराधी।

दाग़ी—[फ़ा॰] *वि॰* १. धब्बेवाला। दाग़दार। २. अंगविकार वाला। ३. कलंक या लांछन से युक्त। ४. अपराधी। ५. कारागार आदि का दंड भोगा हुआ। **∇ विलोम**—बेदाग़।

दाघ—[स॰ √दह् + घञ्] *पु॰* १. ताप। गरमी। २. दाह। जलन।

दाज—[< स॰ दाय] *पु॰* दहेज।

***दाजन**—[< हि॰ दाझन] *स्त्री॰* जलने या जलाने की क्रिया/भाव। दाझन।

†दाझ—[< स॰ दाह] *स्त्री॰* १. ताप। जलन। २. सन्ताप। ३. ईर्ष्या। डाह।

***दाटना**—[देशज] *क्रिस॰* १. काटना। २. डाँटना।

दाडिम—[√दल् + घञ् + इमप्, ल→ड] *पु॰* अनार का वृक्ष या उसका फल। ✣ **दाड़िम**—*पु॰* = दाडिम।

***दाढ़ना**—[< हि॰ दाहना] *क्रिअ॰* १. जलना। झुलसना। २. सन्तप्त होना। ३. गरजना। *क्रिस॰* १. जलाना। झुलसाना। २. सन्तप्त करना। कष्ट देना।

***दाढ़ा**—[< स॰ दाह] *पु॰* १. दावानल। २. अग्नि। ३. जलन। ४. बड़ी दाढ़ी। *वि॰* १. जला हुआ। २. सन्तप्त। दुःखी।

दाण्डिक (दांडिक)—[स॰ √दण्ड् + ठञ्] *वि॰* दंड/सज़ा देनेवाला। *पु॰* (विधि॰) अपराध के दंड से सम्बन्धित। फ़ौजदारी के मुक़दमे की। ***जैसे***—दांडिक अपील।

***दात**—[< स॰ दातव्य] *पु॰* १. मांगलिक अवसर पर दान के रूप में दी जाने वाली वस्तु। २. दान।

दातव्य—[स॰ √दा + तव्यत्] *वि॰* १. जो दिया जाने को हो। २. दान-सम्बन्धी। दान का। ३. दान के लिए। पुण्यार्थ। धर्मार्थ। ख़ैराती। ***जैसे***—दातव्य चिकित्सालय। *पु॰* १. दान। २. (शुल्क/चुंगी आदि) वह धन जो देना आवश्यक हो। देय धन। ✣ **दातव्य औषधालय**—*पु॰* = दानार्थ/धर्मार्थ चिकित्सालय। ✣ **दातव्य निगम**—*पु॰* =धर्मार्थ कार्यों में संलग्न निगम।

***दातार**—[< स॰ दातारः (दातृ)] *वि॰* १. देनेवाला। दाता।

***दाति**—[स॰ √ दा + क्तिच्] १. देने की क्रिया/भाव। दान। २. वितरण। बाँट।

***दाती**—[हि॰ 'दाता' का स्त्री॰, या < स॰ दात्री] *वि॰* (*स्त्री॰*) देनेवाली। दात्री।

***दातुरी**—[< हि॰ दातार] *स्त्री॰* दान की वृत्ति। दानशीलता।

***दात्र**—[स॰ √दो + ष्ट्रन्] *पु॰* फ़सल, घास आदि काटने का उपकरण। दराँती या हँसिया।

दात्री[१]—[स॰ दातृ + ङीप्] *स्त्री॰* देनेवाली।

दात्री[२]—[स॰ दात्र + ङीप्] *स्त्री॰* १. दराँती। २. हँसिया।

***दादर**—[देशज] *पु॰* उत्पात। उपद्रव।

दादरा—[देशज] *पु॰* (संगीत॰) लोक-संगीत या विशेषकर ग़ज़ल-गायकी के साथ बजायी जानेवाली छह मात्रा की ताल।

दादस—[हि॰ दादा + सास] *स्त्री॰* ससुर की माता। सास की सास। ददिया सास।

दादुर—[< स॰ दर्दु] *पु॰* दर्दुर। मेंढक।

†दादू—[< हि॰ दादा] १. पितामह (बाबा) या बड़े भाई के लिए एक स्नेहपूर्ण सम्बोधन। २. (बुन्देलखंड में) पुत्र आदि के लिए एक स्नेहपूर्ण सम्बोधन। ३. 'दादूदयाल' नामक सन्त। ✣ **दादूपन्थी (दादूपंथी)**—[< हि॰ दादू-पन्थ] *पु॰* सन्त दादूदयाल के पन्थ का अनुयायी।

***दाध**—[< स॰ दग्ध] *स्त्री॰* १. दाह। जलन। २. ताप।

***दाध्या**—[< हि॰ दाधना] *वि॰* जला हुआ। दग्ध।

दानव—[स॰ दनु + अण्] *पु॰* १. कश्यप ऋषि की पत्नी दनु के पुत्र। २. एक प्राचीन जाति जो दैत्यों, असुरों और राक्षसों के समान देवों की शत्रु थी और अपने दुर्गुणों के लिए कुख्यात हुई। ३. दैत्य, असुर या राक्षस। ✣ **दानव-गुरु**—*पु॰* = शुक्राचार्य। ✣ **दानव तारा**—*पु॰* (खगोल॰) = बृहत् तारा।

दान-वारि—[स॰] *पु॰* हाथी का मद।

दानवारि[१]—[स॰ दानव ~ अरि] *पु॰* १. दानवों का शत्रु। २. दैत्यों, असुरों, राक्षसों आदि का शत्रु। ३. देवता। ४. इन्द्र। ५. विष्णु।

***दानवारि[२]/दानवारी**—[< हि॰ दान वाली] *वि॰* (*स्त्री॰*) दान करनेवाली। दानी।

दानवेन्द्र (दानवेंद्र)—[स॰ दानव ~ इन्द्र] *पु॰* दानवों का राजा। ***जैसे***—दानवेन्द्र राजा बलि।

दाना[१]—[< फ़ा॰ दानः] *पु॰* १. अनाज का बीज/कण। ***जैसे***—गेहूँ के दाने। २. अन्न। अनाज। ३. वनस्पतियों के बीज। ***जैसे***—

सरसों के दाने। ४. बहुत छोटी गोलाकार वस्तु। *जैसे*—मोती का दाना। ५. गोलाकार कण। *जैसे*—चीनी के दाने। ६. फल/मेवा/रत्न आदि कुछ वस्तुओं की संख्या के साथ प्रयुक्त होनेवाला शब्द। नग। *जैसे*—चार दाना किशमिश; तीन दाना काली मिर्च। ७. किसी तल पर छोटे-छोटे गोलाकार उभार। *जैसे*—फलों के छिलकों पर के दाने। ८. रोग के कारण शरीर पर प्रकट बहुत छोटे-छोटे उभार। *जैसे*—चेचक के दाने। **वा॰ दाना बिखेरना**—बहलाने/फुसलाने के लिए उपाय करना। **दाने-दाने को तंग**—बहुत निर्धन। **दाने दाने को तरसना**—ग़रीबी के कारण खाने के लिए कुछ भी न मिलना। भूखों मरना। **दाने-दाने को मुहताज**—अति निर्धन। ✣ **दाना-दुनका**—*पु॰* = अनाज के दो-चार दाने।

दाना[2]—[फा॰] *वि॰* १. बुद्धिमान्। अक़्लमन्द। २. चतुर। होशियार। ✣ **दानाई**—*स्त्री॰* = १. बुद्धिमत्ता। अक़्लमन्दी। २. चतुरता। होशियारी।

दानादेश—[सं॰ दान ~ आदेश] *पु॰* दान दिए जाने की आज्ञा। दान देने की आज्ञा।

दानिशमन्द (दानिशमंद)—[फा॰] *वि॰* १. बुद्धिमान्। २. निपुण। कुशल। ३. विद्वान्। ✣ **दानिशमन्दी (दानिशमंदी)**—*स्त्री॰* = १. बुद्धिमत्ता। २. निपुणता। ३. विद्वत्ता।

दान्त[1] **(दांत**[1] **)**—[सं॰ √दम् + क्त] *वि॰* १. जिसका दमन किया गया हो। दमित। २. वश में लाया हुआ। ३. इन्द्रियों को वश में करनेवाला। जितेन्द्रिय।

दान्त[2] **(दांत**[2] **)**—[< सं॰ दन्त] *वि॰* १. दन्त-सम्बन्धी दाँत का। २.दाँत से बना हुआ। दन्तरचित।

दान्ति (दांति)—[सं॰ √दम् + क्तिन्] *स्त्री॰* १. अधीनता। २. विनयशीलता। ३. आत्मसंयम। ४. वश में करना। अधीन करना।

***दाप**—[< सं॰ दर्प] *पु॰* १. दर्प। घमंड। २. प्रताप। तेज। ३. शक्ति। ४. क्रोध। ५. दुःख। ६. जलन। ७. दबदबा। रोब।

दापक—[< हिं॰ दापना] *वि॰* १. दबानेवाला। २. रोकनेवाला।

दापना—[< हिं॰ दाप] *क्रिस॰* १. दबाना। २. मना करना। रोकना।

†**दाबा**—[< हिं॰ दाब] पौधों की शाखा को मिट्टी में दबाने/गाड़ने की क्रिया (जो क़लम लगाने में की जाती है)।

†**दाभ**—[< सं॰ दर्भ] दर्भ/कुश (घास) का एक प्रकार जिसकी पत्तियाँ नुकीली होती है।

दाम[1]—[सं॰ दामन्] १. रज्जु। रस्सी। २. कमरबन्द। ३. विद्युत् की रेखा। ४. बड़ी पट्टी। ५. माला। हार। ६. बन्धन। भुवन। लोक। (राज॰) राजनीति में प्रयुक्त चार प्रकार की नीतियों में से एक जिसमें शत्रु को धन देकर वश में किया जाता है। ● **विशेष**—(अन्य तीन हैं—**साम, दंड, भेद**)।

दाम[2]—[फा॰] *पु॰* १. पहले प्रचलित रहा एक छोटा सिक्का। दमड़ी। २. मूल्य। क़ीमत। *जैसे*—पुस्तक का दाम बताइए। ३. धन। ४. सिक्का। **वा॰ दाम उठना**—१. मूल्य मिलना। बिक्री होना। २. लागत मूल्य निकल आना। **दाम करना**—मोल-भाव करके दाम निश्चित करना। **चाम के दाम चलाना**—अपनी शक्ति या प्रभाव के कारण मनमाना आचरण करने लगना।

दामक—[सं॰ दाम + क] *पु॰* १. गाड़ी के जुए में लगी रस्सी। २. लगाम।

***दामणी**—[< सं॰ दामिनी] *स्त्री॰* दामिनी। तड़ित्। बिजली। **जैसे**—चहुँ दिस चमकै दामणी गरजै घन भारी।

दामन—[फा॰] *पु॰* १. कुर्ते या अँगरखे आदि का कमर से नीचे का भाग या पल्ला। २. पर्वत के नीचे का कुछ ढालू भाग। **वा॰ दामन छुड़ाना**—१. पीछा छुड़ाना। २. सम्बन्ध छोड़कर अलग होना। **दामन फैलाना**—१. विनती करना। २. माँगना। **दामन में दाग़ लगना**—कलंकित होना। **दामन से लगना**—१. भरोसे पर होना। २. शरण में आना।

दामनगीर—[फा॰] १. (न्याय/सहायता/शरण/रक्षा के लिए) किसी का पल्ला/दामन पकड़नेवाला। २. किसी से अपना काम कराने के लिए या उससे कुछ पाने के लिए पीछे पड़नेवाला। ३. साथी।

***दामनि**—[< सं॰ दामनी] *स्त्री॰* ≤ *सं॰* दामनी।

दामनी[1]—[सं॰ दामन् + अण् + ङीप्] *स्त्री॰* १. वह लम्बी रस्सी जिसमें छोटी रस्सियाँ जोड़कर अनेक बछड़े/पशु बाँधे जाते हैं। २. रस्सी। डोरी।

दामनी[2]—[< फा॰ दामन] *स्त्री॰* १. मुसलमान औरतों के जनाज़े पर डाली जाने वाली चादर। २. घोड़ों की पीठ पर डालने का कपड़ा।

***दामर/दामरि**—*स्त्री॰* ≤ *स्त्री॰* दामरी।

दामरी—[< सं॰ दाम] *स्त्री॰* १. रज्जु। रस्सी।

***दामा**[1]—*स्त्री॰* ≤ *सं॰* दाव। दावानल। दावाग्नि।

दामा[2]—[देशज] एक प्रकार का पक्षी जो काला या बादामी (नर पक्षी काला, नारी पक्षी बादामी) रंग का होता है। **कलचिरी**।

दामासाह—[< हिं॰ दाम + साहु (बनिया)] *पु॰* वह दिवालिया महाजन जिसकी धन-सम्पत्ति से लेनदारों को अपनी धन-राशियों के अनुपात में कुछ धन मिल गया हो। ✣ **दामासाही**—*स्त्री॰* = दामासाह की धन-सम्पत्ति का लेनदारों में बँटवारा या मिली धन-राशि।

दामिनी—[सं॰ दामन् + इनि + ङीप्] *स्त्री॰* १. विद्युत्। तड़ित्। बिजली। २. (स्त्रियों का) सिर का एक आभूषण। बेंदी। दावनी।

दामोदर—[*पु॰* दामन् ~ उदर] *पु॰* कृष्ण। २. विष्णु। *वि॰* इन्द्रियों को वश में रखनेवाला। संयमी। जितेन्द्रिय।

दाम्पत्य (दांपत्य)—[सं॰ दम्पती + यञ्] *वि॰* दम्पति-सम्बन्धी। दम्पति का। पति-पत्नी के जोड़े का। *जैसे*—दाम्पत्य प्रेम की विशेषता। *पु॰* दम्पति होने की अवस्था/भाव। ✣ **दाम्पत्य (दांपत्य)—अधिकार**-*पु॰* = पति पत्नी का एक साथ रहने का अधिकार। ✣ **दाम्पत्यमूलक (दांपत्यमूलक)**—*पु॰* पति, पत्नी तथा उनकी अविवाहित सन्तानों वाला परिवार।

दाम्भिक (दांभिक)—[सं॰ दम्भ + ठक्] *वि॰* १. दम्भ करनेवाला। दम्भी। २. अभिमानी। घमंडी। ३. पाखंडी। ढोंगी। ४. वंचक। ठग। ५. कपटी। धोखेबाज़।

दाय[१]—[सं॰ √दा √दी √दो + घञ्, युक्] *वि॰* (धन आदि) जो किसी को दिया जाने वाला हो, दिया जा सकता हो या जिसका दिया जाना आवश्यक हो। *पु॰* १. देने की क्रिया/भाव। दान। २. (कन्या को दिया जाने वाला) धन/सम्पत्ति। दहेज। ३. वह धन/सम्पत्ति जो उत्तराधिकारियों में विभाजित हो या विभाजित होनी चाहिए। ४. धन-सम्पत्ति के विभाजन में मिलनेवाला अंश। विरासत। ५. दुर्भाग्य। *६. पसन्द।

दाय[२]—*पु॰* ≤ *सं॰* दाव। दावाग्नि। दावानल।

दाय[३]—*पु॰* ≤ *हि॰* दाँव।

***दाय**[४]—[सं॰ दायित्व] *पु॰* उत्तरदायित्व। ज़िम्मेदारी।

***दायँ**—[< हि॰ दायाँ] *वि॰* दाहिना। दायाँ।

दायक—[सं॰ √दा + ण्वुल्] *वि॰* १. देनेवाला। ***जैसे***—धनदायक। २. लाभप्रद। ***जैसे***—दायक रोज़गार। ✣ **दायिका**—*वि॰* (*स्त्री॰*) १. देनेवाली। २. लाभप्रद। **जैसे**— धनदायिका लक्ष्मी देवी।

दायजा—[फा॰] *पु॰* (विवाह में कन्या को दिया जाने वाला धन) दहेज। ✣ ***दायजो**—*पु॰* = दहेज।

दाय-भाग—[सं॰] *पु॰* पैतृक सम्पत्ति का उत्तराधिकारी को मिलनेवाला भाग। विरासत।

दायम—[< अरबी दाइम] *क्रिवि॰* १. सदा। हमेशा। २. आजीवन। मृत्यु-पर्यन्त। ✣ **दायमी**—*वि॰* = नित्य। स्थायी। ***जैसे***—दायमी बन्दोबस्त।

दायर—[< अरबी दाइर] *वि॰* (वाद के) निर्णय के लिए न्यायालय में (मुक़दमा) चलाना। प्रस्तुति। ***जैसे***—मुक़दमा दायर करना (= मुक़दमा चलाना)।

दायरा—[< अरबी दाइरः] *पु॰* १. गोल घेरा। वृत्त। मंडल। २. कार्य-क्षेत्र। ३. अधिकार-क्षेत्र।

***दायल**—[< हि॰ दाय < दाँव] *वि॰* (अवसर पाकर) दाँव लेनेवाला। घात लगाकर बदला लेनेवाला।

***दाया**[१]—[< सं॰ दया] *स्त्री॰* दया। कृपा।

दाया[२]—[< फा॰ दायः] *स्त्री॰* १. धात्री। धाय। २. दाई। ३. नौकरानी। ✣ **दायागरी**—*स्त्री॰* = धाय या दाई का काम।

दायागत—[सं॰ दाय ~ आगत] *वि॰* जो पैतृक सम्पत्ति के विभाजन में मिला हो। प्राप्त मौरूसी भाग। *पु॰* पैतृक सम्पत्ति।

दायाद—[सं॰ दाय + आ √दा + क] *वि॰* जो दाय का अधिकारी हो। पैतृक सम्पत्ति में भाग पाने योग्य। उत्तराधिकारी। *पु॰* १. पैतृक सम्पत्ति में भाग पाने योग्य पुरुष। सपिंड कुटुम्बी। उत्तराधिकारी पुरुष। २.पुत्र। ✣ **दायादा**—*वि॰* (*स्त्री॰*) = १. (पैतृक सम्पत्ति में) उत्तराधिकारिणी स्त्री। २. पुत्री। ✣ **दायादी**—*पु॰* = दाय का अधिकारी कोई सम्बन्धी। *स्त्री॰* = १. उन लोगों का परस्पर सम्बन्ध जो दाय के अधिकारी हों। २. उत्तराधिकारिणी। ३. पुत्री। *वि॰* = दायाद से सम्बन्धित।

दायिता—[सं॰ दायिन् + तल् + टाप्] *स्त्री॰* दायित्व। (दे॰) ***जैसे***—उत्तरदायिता।

दायित्व—[सं॰ दायिन् + त्व] १. उत्तरदायी होने की अवस्था/भाव। जवाबदेही। ज़िम्मेदारी। **जैसे**—उत्तरदायित्व। २. देनदार होने की अवस्था/भाव।

दायी—[सं॰ दायिन्] *वि॰* १. देनेवाला। ***जैसे***—कष्टदायी। २. दायित्ववाला। जिम्मेदार। ***जैसे***—उत्तरदायी। ✣ **दायिनी**—*वि॰* (*स्त्री॰*) = देनेवाली। ***जैसे***—ज्ञानदायिनी।

दार[१]—[सं॰ √दृ + घञ्] *पु॰* १. विदारण। चीरना। २. छिद्र। ३. दरार।

***दार**[२]—[< सं॰ दारु] *पु॰* दारु। लकड़ी।

†**दार**[३]—*स्त्री॰* ≤ *हि॰* दाल। ***जैसे***—दार-भात खाना।

***दार**[४]—*पु॰* ≤ *सं॰* द्वार। दरवाज़ा।

दारक—[सं॰ √दृ + णिच् + ण्वुल्] *पु॰* १. पुत्र। बेटा। २. बालक। लड़का। *वि॰* विदीर्ण करनेवाला। फाड़नेवाला। चीरनेवाला।

दारचीनी—[सं॰ दारु + हि॰ चीनी (< चीन)] *स्त्री॰* 'तज' वृक्ष की जाति के एक वृक्ष की छाल जो अति सुगन्धित होती है तथा जिसका प्रयोग मसाले के रूप में और औषधि के रूप में किया जाता है। दालचीनी।

दारण—[सं॰ दृ + णिच् + ल्युट्] *पु॰* १. चीर-फाड़। विदारण। २. फोड़ों की चीर-फाड़। शल्य क्रिया। ३. चीरने-फाड़ने आदि का उपकरण। अस्त्र। ४. ऐसी वस्तु जिसके लगाने से फोड़ा फूट जाए। ५. 'निर्मली' का वृक्ष। *वि॰* नाश करनेवाला। ***जैसे***—विघ्नदारण।

दारद—[दरद + अण्] *पु॰* १. (कश्मीर के सीमावर्ती प्राचीन) दरद देश में बना विष। २. विष। ३. दरद देश का निवासी। ४. पारद। पारा। ५. ईंगुर। *वि॰* १. दरद देश का। २. दरद देश से सम्बन्धित।

***दारदी**—[< सं॰ दारिद्र्‌य] *वि॰* दरिद्रता से युक्त। निर्धन।

दारना—[< सं॰ दारण] *क्रिस॰* १. विदीर्ण करना। काटना या फाड़ना। २. नष्ट करना। मिटा देना। ३. मार डालना।

दारव—[सं॰ दारु + अञ्] *वि॰* १. दारु/लकड़ी से सम्बन्धित। लकड़ी का। २. लकड़ी का बना हुआ।

दारा—[सं॰ दार + टाप्] *स्त्री॰* पत्नी।

दारिका—[सं॰ दारक + टाप्, इत्व] *वि॰* (*स्त्री॰*) विदीर्ण करनेवाली। फाड़नेवाली। चीरनेवाली। *स्त्री॰* १. पुत्री। २. बालिका। लड़की। ३. अविवाहित युवती।

दारिका-सुन्दरी (सुंदरी)—[सं॰] *स्त्री॰* वेश्या की पुत्री जो अभी तक किसी पुरुष से सम्बन्धित न हुई हो। नथियाबन्द।

***दारिद**—[सं॰ दारिद्र्‌य] *पु॰* दरिद्रता। निर्धनता। ग़रीबी। ✣ **दारिदी**—*वि॰* = दरिद्र। निर्धन। ग़रीब।

दारित—[सं॰ √दृ + णिच् + क्त] *वि॰* १. जिसे चीरा-फाड़ा गया हो। विदीर्ण। २. जिसे विभाजित किया गया हो। विभक्त। ३. जिसे मारा गया हो। हत।

दारिद्र्‌य (दारिद्रय)—[सं॰ दरिद्र + ष्यञ्] *पु॰* १. दरिद्रता। निर्धनता। २. अभाव। ***जैसे***—ज्ञान का दारिद्र्‌य।

दारी[१]—[दार + ङीप्] *स्त्री॰* १. पैरों के तलवे में होने वाली फटन।

बिवाई। २. दरार। पु॰ अनेक पत्नियों वाला पुरुष।

दारी[२]—[< स॰ दारिका] १. दासी। २. युद्ध में जीतकर लायी गयी दासी। २. अति दुश्चरित्र स्त्री। पुंश्चली। छिनाल।

दारीजार—[हि॰ दारी + स॰ जार] पु॰ १. दासी का उपपति। २. अति व्यभिचारी स्त्री का जार/यार। अति व्यभिचारी व्यक्ति। ● **विशेष**—स्त्रियाँ इस शब्द को गाली के रूप में प्रयुक्त करती हैं और '**दाढ़ीजार**' शब्द इसी का परिवर्तित रूप है।

दारु—[स॰ √दृ + उण्] पु॰ १. काष्ठ। लकड़ी। २. देवदारु (वृक्ष)। ३. बढ़ई। ४. शिल्पी। कारीगर।

दारुक—[स॰ दारु + कन्] पु॰ १. देवदारु। २. काठ का पुतला।

दारुका—[स॰ दारु √कै + क + टाप्] स्त्री॰ १. कठपुतली। २. लकड़ी से बनी मूर्ति। काष्ठ-मूर्ति।

दारु-खण्ड (खंड)—[स॰] पु॰ लकड़ी का टुकड़ा।

दारुज़—[स॰ दारु + ज] वि॰ १. लकड़ी से उत्पन्न होनेवाला। २. लकड़ी का बना हुआ। पु॰ भ्रमर। भौंरा।

दारुजात—[स॰ दारु ~ जात] पु॰ भ्रमर। भौंरा।

दारुण—[स॰ √दृ + णिच् + उनन्] वि॰ १. कठोर। कड़ा। २. निष्ठुर। *जैसे*—दारुण हृदय। ३. भयानक। ४. तीक्ष्ण। ५. घोर। विकट। ६. प्रचंड। उग्र। असहनीय। पु॰ चित्रक/चीते का वृक्ष।

दारु-नटी—[स॰] स्त्री॰ कठपुतली।

दारु-नारी—[स॰] स्त्री॰ १. कठपुतली। २. लकड़ी की बनी नारी-मूर्ति।

दारुमय—[स॰ दारु + मयट्] वि॰ १. लकड़ी का। २. लकड़ी का बना हुआ। काष्ठरचित।

दारुलउलूम—[अरबी] पु॰ विश्वविद्यालय।

दारुलशफ़ा—[< अरबी दारुशिफ़ा] पु॰ चिकित्सालय।

दारुलसल्तनत/दारुलहुकूमत—[अरबी] पु॰ राजधानी।

दारुहल्दी—[< स॰ दारुहरिद्रा] स्त्री॰ गुल्म जाति की एक वनस्पति जिसकी छाल और लकड़ी औषधोपयोगी है।

दारू—[फा॰] स्त्री॰ १. चिकित्सा। इलाज। २. औषधि। दवा। ३. मदिरा। शराब। ४. बारूद। ✣ **दारूकार**—पु॰ = शराब बनानेवाला। कलवार। ✣ **दारूगञ्ज (दारूगंज)**—पु॰ = बारूद का ढेर।

***दारो**—[< हि॰ दार्‌यो] पु॰ १. दाड़िम। अनार। २. अनार का दाना।

दारोमदार—[फा॰] पु॰ किसी काम के होने, न होने या बनने-बिगड़ने का पूरी तरह निर्भर होना। निर्भरता।

दार्भ—[स॰ दर्भ + अण्] वि॰ १. दर्भ-सम्बन्धी। २. दर्भ/कुश से बना हुआ।

***दार्‌यो**—[< स॰ दाडिम] पु॰ १. दाडिम। अनार। २. अनार का दाना।

दार्शनिक—[स॰ दर्शन + ठञ्] पु॰, वि॰ १. दर्शन-शास्त्र-सम्बन्धी। दर्शनशास्त्र का। २. दर्शनशास्त्र के समान (नीरस/कठिन/गम्भीर)। पु॰ दर्शनशास्त्र का ज्ञाता। तत्त्ववेत्ता। ✣ **दार्शनिक नृविज्ञान**—पु॰ = नृविज्ञान की एक शाखा जिसमें मानव के विशिष्ट गुणों आदि और ब्रह्मांड में उसके स्थान के विषय में अध्ययन किया जाता है।

दार्शनीक—[< स॰ दर्शन] वि॰, पु॰ दर्शनार्थी।

दाल—[< स॰ दालि] स्त्री॰ १. दो दलों में विभक्त दानों वाला अनाज। **जैसे**—अरहर की दाल। २. उक्त का पानी में नमक, हल्दी आदि के साथ पकाया हुआ रूप जो रोटी आदि के साथ खाया जाता है। *जैसे*—दाल-रोटी खाना। ***वा॰* दाल गलना**—प्रयत्न/युक्ति सफल होना। **दाल न गलना**—प्रयत्न/युक्ति विफल होना। **दाल में काला होना, दाल में कुछ काला होना**—१. कुछ न कुछ ख़राबी अवश्य है, ऐसा प्रतीत होना। २. सन्देह करने योग्य स्थिति होना। ३. किसी प्रकार की आशंका/ख़टक होना। **दाल में नमक बराबर**—अल्प मात्रा में।

***दालना**—[< हि॰ दलना] क्रिस॰ १. दलना। २. नष्ट करना।

दाल-मोठ—[हि॰] स्त्री॰ दाल और मोठ मिलाकर बनायी जाने वाली एक चटपटी नमकीन।

दालान—[फा॰] पु॰ (मकान, भवन आदि का) बरामदा। ओसारा।

***दालित/दालिद**—[< स॰ दारिद्र्य] पु॰ दरिद्रता। निर्धनता। ग़रीबी।

दाव[१]—[स॰ √दु + ण घञ्] पु॰ १. वन। जंगल। २. जंगल में अपने आप लगनेवाली आग। ३. दाह। जलन।

***दाव[२]**—[< स॰ दर्भ] पु॰ दर्भ नामक घास। कुश।

***दावड़ी**—[देशज] स्त्री॰ लड़की। छोकरी।

***दावन[१]**—[< स॰ दमन] वि॰ १. दमन करनेवाला। २. नाश करनेवाला। नाशक। संहारक। पु॰ १. दमन। २. नाश। ध्वंस। ३. दराँती। हँसिया।

दावन[२]—[< स॰ दाम] स्त्री॰ (खाट के पैंताने की) रस्सी। अदवाइन।

†**दावन[३]**—[ब्रज॰ < फा॰ दामन] दामन। *जैसे*—दावनगीर =दामनगीर।

***दावन[४]**—[< स॰ द्रावण] वि॰ भगानेवाला। पु॰ भगदड़।

दावना[१]—[< हि॰ दाँवना] क्रिस॰ कटी फ़सल के डंठलों को बैलों से रौंदवाकर अनाज के दाने अलग कराना। दँवरी करना।

दावना[२]—[< हि॰ दावन < स॰ दमन] क्रिस॰ १. दमन करना। २. नाश करना। वि॰ १. दमन करने वाला। २. नाशक।

दावना[३]—[< स॰ दाव] क्रिस॰ १. आग लगाना। जलाना। २. चमकाना।

दावनी[१]—[< स॰ दामिनी] स्त्री॰ सिर का एक आभूषण बेंदी। दामिनी।

***दावनि/दावनी[२]**—[< हि॰ दवना] वि॰ (स्त्री॰) १. दमन करनेवाली। २. नष्ट करनेवाली। नाशिनी।

***दावरि/दावरी**—स्त्री॰ ≤ हि॰ दामरी। रस्सी। डोरी।

दावा—[अरबी] पु॰ १. (किसी वस्तु पर) अपना अधिकार/हक़ जताना। २. अधिकार। स्वत्व। हक़। ३. उक्त के लिए न्यायालय में दिया गया प्रार्थना-पत्र। ४. न्यायालय में प्रस्तुत अभियोग। ५. किसी वस्तु/व्यक्ति पर होने वाला अधिकार या ज़ोर। ६. अभिमान/

गर्व से कही गई बात। गर्वोक्ति। ***वा॰* दावा जमाना/ठोंकना (ठोंक देना)**—अधिकार पाने के लिए मुक़दमा चलाना।

दावागीर—[अरबी दावा + फा॰ गीर] *पु॰* दावा करनेवाला।

दावाग्नि—[सं॰ दाव ~ अग्नि] *स्त्री॰* दावानल।

दावानल—[सं॰ दाव ~ अनल] *पु॰* बाँसों या वृक्षों की टहनियों की परस्पर रगड़ से अपने आप लग जाने वाली वन की आग। दावाग्नि। वनाग्नि।

दाविल—[देशज] *पु॰* जल के किनारे समूह में रहने वाला बगुले जैसा एक पक्षी जिसकी चोंच सीधी और काली होती है, पाँव भी काले होते हैं और छोटी मछलियाँ, पानी के कीड़े इत्यादि इसका भोजन होते हैं।

दावी—*पु॰* ≤ सं॰ धव (वृक्ष)।

दाश—[सं॰ √दश् + ट, आत्व] *पुं॰* १. मछलियाँ मारने वाला। मछुआ। धीवर। २. केवट। मल्लाह। धीवर। ३. सेवक। नौकर। ⁘ **दाशग्राम/दाशपुर**—*पु॰* मछुओं/मल्लाहों का ग्राम/पुर। बस्ती।

दाशनन्दिनी (दाशनंदिनी)—[सं॰ दाश ~ नन्दिनी] *स्त्री॰* धीवर की पुत्री। ***जैसे***—वेदव्यास की माता सत्यवती दाशनन्दिनी थीं।

दाशमिक—[सं॰] *वि॰* १. दशम-सम्बन्धी। २. दशमलव सम्बन्धी।

दास[1]—[सं॰ √दास् + अच्] *पु॰* १. वह व्यक्ति जो किसी के अधीन उसकी सम्पत्ति के समान हो और जिसे उसके लिए काम करना पड़ता हो। ग़ुलाम। २. वह व्यक्ति जो पूर्णत: किसी व्यक्ति या किसी शक्तिशाली भावना/स्थिति/प्रभाव के अधीन हो। ***जैसे***—नशे का दास; परिस्थितियों का दास। ३. वेतन लेकर किसी की सेवा करनेवाला परिचारक। नौकर। सेवक। ४. परमात्मा को स्वामी और स्वयं को उसका ग़ुलाम माननेवाला व्यक्ति। दास्य-भाव से भक्ति करनेवाला व्यक्ति। पूर्णत: समर्पित भक्त। ***जैसे***—भगवान् राम के दास हनुमान जी।

***दास[2]**—[< हिं॰ डासन] *पु॰* बिछौना।

***दासन**—[< हिं॰ डासन] *पु॰* बिछौना।

दास्तान/दास्ताँ—[फा॰] *स्त्री॰* १. कहानी। कथा। २. विस्तृत वृत्तान्त। ३. विस्तृत वर्णन।

दास्य—[सं॰ दास + ष्यञ्] *पु॰* १. दासता। दासत्व। २. नौकरी। ३. बन्धन। ईश्वर को स्वामी और स्वयं को उसका दास समझना। ४. भक्ति के नौ भेदों में से एक।

दास्यासक्ति—[सं॰ दास्य ~ आसक्ति] *स्त्री॰* दास्य-भाव से भगवान् की भक्ति करने की क्रिया/अवस्था/भाव।

दाह—[सं॰ दह् + घञ्] *पु॰* १. जलाना। दहन। २. शव जलाने की क्रिया। मुर्दा जलाना। ३. ताप। जलन। ४. ईर्ष्या के कारण होने वाली मन की जलन। ५. शोक। सन्ताप।

दाह-कर्म—[सं॰] *पु॰* शव जलाने का कृत्य। अन्त्येष्टि। दाह-संस्कार।

दाह-दग्ध—[सं॰] १. अग्नि से जला हुआ। २. सन्तप्त। पीड़ित।

दाह-संस्कार—[सं॰] *पु॰* शव जलाने का धार्मिक कृत्य। अन्त्येष्टि संस्कार। दाह-कर्म।

दाही—[सं॰ दाहिन्] *वि॰* १. जलानेवाला। ***जैसे***—लंका-दाही हनुमान्। २. दु:ख/कष्ट देने वाला। ***जैसे***—हृदय-दाही घटना।

दाह्य (दाह्य)—[सं॰ √दह् + ण्यत्] *वि॰* १. जो आसानी से जल सकता हो। २. जलाए जाने के योग्य। ३. जिसे जलाया जाना हो।

***दाँक**—[देशज] *पु॰* सिंह आदि की भीषण आवाज़। भयंकर/घोर शब्द। गरज। दहाड़।

***दाँकना**—[< हिं॰ दाँक] *क्रिअ॰* गरजना। दहाड़ना।

दाँग[1]—[< हिं॰ डूँगर] *पु॰* १. टीला। २. पर्वत की चोटी।

दाँग[2]—[< हिं॰ डगा] *पु॰* नगाड़ा।

दाँग[3]—[फा॰] *स्त्री॰* १. (पहले प्रचलित रही) छह रत्ती की तोल। २. (किसी वस्तु का) छठा भाग। ३. दिशा। ओर। तरफ़।

†दाँज—[देशज] *स्त्री॰* १. बराबरी। २. स्पर्धा। होड़।

†दाँड़ना—[< सं॰ दण्डन] *क्रिस॰* १. दंड/सज़ा देना। २. जुर्माना लगाना।

दाँता—[< हिं॰ दाँत] दाँत-जैसा बड़ा और नोक वाला सिरा। ***जैसे***—आरी के दाँते; कंघी के दाँते।

दाँती[1]—[< सं॰ दात्री] *स्त्री॰* घास और फ़सल काटने का हँसिया।

†दाँती[2]—[< हिं॰ दाँत्] *स्त्री॰* दाँतों की बत्तीसी। दन्तावलि।

†दाँना—[< हिं॰ दायँ] *क्रिस॰* फ़सल कटने के बाद डंठलों से दाने अलग करने के लिए बैलों से रौंदवाना। दायँ चलाना।

***दायँ**—[< सं॰ दमन] *स्त्री॰* अनाज निकालने के लिए सूखे डंठलों को बैलों से रौंदवाने की क्रिया।

दाँव-पेंच—[हिं॰] *पु॰* १. खेलकूद या प्रतिद्वन्द्विता में प्रयुक्त युक्ति/उपाय। २. कपटपूर्ण युक्ति। छलने की चाल।

दाँवरी—[< सं॰ दाम] *स्त्री॰* रस्सी। डोरी।

***दिअटि**—[< हिं॰ दीवट] *स्त्री॰* दीपक रखने का आधान। दीपाधार। दीवट।

†दिअना—[< हिं॰ दिअ (दीपक)] *पु॰* दीपक। दिया। *क्रिस॰* दीप जलाना।

दिअली—[< हिं॰ दिआ (= दीपक)] *स्त्री॰* मिट्टी का बना छोटा दीपक।

दिक्—[सं॰ दिश्] *स्त्री॰* १. स्थान। देश। (अं॰ स्पेस) ***जैसे***—दिक् और काल की अवधारणाएँ। २. दिशा। ओर। तरफ़। ***जैसे***—पश्चिम दिक् में।

दिक़—[अरबी] *वि॰* १. जो त्रस्त/तंग हो गया हो। परेशान। २. हैरान। ३. अस्वस्थ। बीमार। *पु॰* क्षय रोग। तपेदिक़।

***दिक्क**—[< सं॰ दिक्] *स्त्री॰* दिशा।

दिक्काल—[सं॰ दिक् ~ काल] *पु॰* देश और काल। ⁘ **दिक्काल सातत्यक**—*पु॰* = देश-काल-सातत्यक (अं॰ स्पेस-टाइम-कन्टिनुअम)।

दिक्-चक्र—[सं॰] १. (आठ) दिशाओं का समूह। दिङ्मंडल। २. आकाशमंडल। ३. संपूर्ण संसार।

दिक्पति—[सं॰ दिक् ~ पति] *पु॰* दिक्पाल।

दिक्पात—[सं॰ दिक् ~ पात] *पुं॰* (खगोल॰) किसी खगोलीय पिंड (तारा आदि) की उस पिंड से जानेवाले होरा-वृत्त के अनुदिश उत्तर या दक्षिण की ओर मापी गयी कोणीय दूरी (जो ०° से ९०° तक होती है)। क्रान्ति अपक्रम। (अं॰ डेक्लिनेशन)

दिक्पाल—[सं॰ दिक् (दिश्) + पाल] *पुं॰* दिशाओं के स्वामी दस देवताओं में से प्रत्येक। ***जैसे***—पूर्व दिशा का दिक्पाल 'इन्द्र' है और पश्चिम का 'वरुण'। (छन्द॰) एक मात्रिक छन्द जिसके प्रत्येक चरण में २४ मात्राएँ होती है और १२-१२ पर यति होती है।

दिक्शूल—[सं॰ दिक् ~ शूल] *पुं॰* वह समय जिसे किसी विशेष दिशा में जाने के लिए अनिष्ट करनेवाला माना जाता है। दिशाशूल। ***जैसे***—सोमवार को पूर्व दिशा में जाने के लिए दिक्शूल होता है।

दिक्स्वामी—[सं॰ दिक् ~ स्वामी (स्वामिन्)] *पुं॰* दिक्पाल।

***दिखसाध**—[< हिं॰ देखना + साध] *स्त्री॰* देखते रहने की लालसा।

***दिखहार**—[< हिं॰ देखना] *वि॰* १. देखनेवाला। दर्शक। २. जो अन्धा न हो, देखनेवाला। नेत्रवान्।

दिखावट—[< हिं॰ देखना] *स्त्री॰* १.कुछ दिखाने की क्रिया/भाव। २. बाह्य आकार-प्रकार। ऊपरी रंग-रूप। ३. ऊपरी तड़क-भड़क। बाह्य चमक-दमक। ४. औपचारिक आचरण। कृत्रिम व्यवहार। बनावट। ✣ **दिखावटी**—*वि॰* = १. जो केवल देखने में अच्छा लगे परन्तु वास्तव में उसमें कुछ सार न हो। २. बनावटी। ३. आडम्बरपूर्ण। ४. मिथ्या। झूठा।

†**दिखौआ**—[< हिं॰ देखना] *वि॰* १. जो केवल देखने योग्य हो, उपयोग में न आ सके। ***जैसे***—दिखौआ मित्र। दिखावटी। २. जो केवल दिखाने के लिए हो परन्तु जिसमें सारतत्त्व या वास्तविकता न हो। ***जैसे***—दिखौआ वैभव।

दिगंश—[सं॰ दिक् ~ अंश] *पुं॰* (खगोल॰) किसी स्थान की याम्योत्तर रेखा और किसी तारा आदि खगोलीय पिंड से होकर जानेवाले ऊर्ध्वाधर के बीच का कोण। (अं॰ ऐज़ीमथ) ✣ **दिगंशीय**—*वि॰* दिगंश-सम्बन्धी। दिगंश का।

दिगङ्गना (दिगंगना)—[सं॰ दिक् ~ अङ्गना] *स्त्री॰* दिशा रूपी स्त्री।

***दिगञ्चल (दिगंचल)**—[< सं॰ दृक् ~ अञ्चल] *पुं॰* (नेत्रों के) पलक।

***दिग्दन्ति (दिग्दंति)**—[< सं॰ दिग्दन्तिन्] *पुं॰* दिग्गज।

दिगनाग—[सं॰ दिङ्नाग (दिक् ~ नाग)] *पुं॰* दिग्गज।

दिगन्त[1] (दिगंत[1])—[सं॰ दिक् ~ अन्त] *पुं॰* १. दिशा का अन्त। २. समस्त दिशाएँ। ३. क्षितिज। ४. दूरवर्ती स्थान।

दिगन्त[2] (दिगंत[2])—[< सं॰ दृक् ~ अन्त] *पुं॰* नेत्र का कोना।

दिगन्तर (दिगंतर)—[सं॰ दिक् ~ अन्तर] *पुं॰* १. दूसरी ओर। २. मध्यवर्ती स्थान। अन्तरिक्ष। ३. सुदूरवर्ती स्थान ४. दो दिशाओं के बीच का कोना।

दिगभामिनि—[< सं॰ दिग्भामिनी] *स्त्री॰* दिशारूपी स्त्री।

***दिगमण्डल (दिगमंडल)**—*पुं॰* ≤ *सं॰* दिङ्मण्डल।

दिगम्बर (दिगंबर)—[सं॰ दिक् ~ अम्बर] *वि॰* जिसके लिए दिशाएँ ही वस्तु रूप हों। बिल्कुल नंगा। नग्न। *पुं॰* १. शिव। महादेव। २. नग्न साधु या भिक्षुक (नागा, जैन या बौद्ध आदि)। ३. श्वेताम्बर से भिन्न एक जैन सम्प्रदाय जिनकी उपास्य तीर्थंकर-मूर्तिया नग्न रहती हैं। ✣ **दिगम्बरता (दिगंबरता)**—*स्त्री॰* = नग्नता। नंगापन। ✣ **दिगम्बरत्व (दिगंबरत्व)**—*पुं॰* = दिगम्बरता। ✣ **दिगम्बरी (दिगंबरी)**—*स्त्री॰* = (शिव-पत्नी) पार्वती। दुर्गा।

दिगरगूँ—[फा॰] *वि॰* अस्त-व्यस्त। ***जैसे***—तुम्हारा मामला तो दिगरगूँ हो गया। *पुं॰* उथल-पुथल। उलट-पलट।

दिगसिन्धुर (दिगसिंधुर)—*पुं॰* ≤ *सं॰* दिग्सिन्धुर। दिग्गज।

दिगधिप—[सं॰ दिक् ~ अधिप] *पुं॰* दिक्पति। दिक्पाल।

दिगायाम—[सं॰ दिक् ~ आयाम] *पुं॰* दिशाओं का विस्तार।

दिगीश/दिगीश्वर—[सं॰ दिक् ~ ईश/ईश्वर] *पुं॰* दिक्पाल।

दिग्गज—[सं॰ दिक् ~ गज] *पुं॰* १. आठों दिशाओं में स्थित पृथ्वी के रक्षक देवताओं (दिक्पतियों/लोकपालों) के आठ हाथी। २. ज्ञान की किसी शाखा का या राजनीति आदि किसी क्षेत्र का अधिकारी विद्वान् या प्रभुत्वशाली व्यक्ति। ३. बहुत विषयों का विद्वान्। दिग्गज पंडित। *वि॰* (लाक्षणिक) शक्तिशाली।

***दिग्घ**—*वि॰* ≤ *सं॰* दीर्घ।

दिग्जय—[सं॰ दिक् ~ जय] *पुं॰* दिग्विजय।

दिग्दन्त (दिग्दंत)—[< सं॰ दिग्दन्ती] *पुं॰* दिग्गज।

दिग्दन्ती (दिग्दंती)—[सं॰ दिक् ~ दन्तिन्] *पुं॰* दिग्गज।

दिग्दर्शन—[सं॰ दिक् ~ दर्शन] *पुं॰* १. दिशा दिखाना। दिशा-दर्शन। २. यह बताना कि किस ओर क्या है या क्या हो रहा है। ३. यह समझाना कि किस कार्य में अथवा किस प्रकार आगे बढ़ना चाहिए। मार्गदर्शन। दिशा-निर्देश। ४. जानकारी।

दिग्दाह—[सं॰ दिक् ~ दाह] *पुं॰* अशुभ माना जाने वाला एक उत्पात जिसमें असमय में दिशाओं में लाली छा जाती है और ऐसा लगता है मानो आग लगी हो।

दिग्दिगन्त (दिग्दिगंत)—[सं॰ दिक् ~ दिक् ~ अन्त] *क्रिवि॰* सब दिशाओं में। दूर-दूर तक। सर्वत्र।

दिग्दीप—[सं॰ दिक् ~ दीप] *पुं॰* पथ-प्रदर्शक।

दिग्ध—[सं॰ √दिह् + क्त] *वि॰* १. विष में बुझाया हुआ। विषाक्त। २. लिपा हुआ। लिप्त। ***जैसे***—रक्तदिग्ध पृथ्वी। *पुं॰* १. विष में बुझा बाण/तीर। २. तेल। ३. अग्नि।

***दिग्नाग**—[< सं॰ दिङ्नाग] *पुं॰* दिग्गज।

दिग्पट—[सं॰ दिक् ~ पट] *पुं॰* १. दिशारूपी वस्त्र। २. दिगम्बर।

दिग्पति—[सं॰ दिक् ~ पति] *पुं॰* दिक्पाल/दिग्पाल।

***दिग्पाल**—[< सं॰ दिक्पाल] *पुं॰* दिक्पाल। (दे॰) (छन्द॰) एक सममात्रिक छन्द जिसके प्रत्येक चरण में २४ मात्राएँ होती हैं और १२-१२ पर यति होती है। ● **विशेष**—इसें 'दिक्पाल' (छन्द) भी कहते हैं।

दिग्बल—[सं॰ दिक् ~ बल] *पुं॰* (ज्योतिष॰) ग्रहों को विशिष्ट दिशा

में होने के कारण प्राप्त होनेवाला बल। ✣ **दिग्बली**—*पु०* = (ज्योतिष०) वह ग्रह जो दिशा विशेष में होने के कारण शक्तिशाली हो।

दिग्भामिनी—[स० दिक् ~ भामिनी] दिशारूपी स्त्री।

दिग्भू—[स० दिक् ~ भू] *स्त्री०* दिशाएँ और पृथ्वी। ***जैसे***—कम्पित दिग्भू।

दिग्भेद (दिग्‌भेद)—[स० दिक् ~ भेद] *पु०* जो विभिन्न स्थानों से देखने पर दृश्य वस्तु का अपने स्थान से कुछ हटकर दिखना। (भौतिकी०) विस्थापनाभास। (अ० पैरलैक्स)

दिग्राज—[स० दिक् ~ राज] *पु०* दिक्‌पाल। दिग्पाल।

दिग्वसन/दिग्वस्त्र—[स० दिक् ~ वसन/वस्त्र] *वि०, पु०* दिगम्बर।

दिग्वारण—[स० दिक् ~ वारण] *पु०* दिग्गज।

दिग्विजय—[स० दिक् ~ विजय] *स्त्री०* संसार पर विजय। विश्व-विजय। ● **विशेष**—अन्य देशों/राज्यों पर विजय प्राप्त करना भी 'दिग्विजय' है और स्थान-स्थान के अन्य विद्वानों/गुणियों को अपनी विद्वत्ता या गुण-प्रदर्शन से हराना भी 'दिग्विजय' है।

दिग्विभाग—[स० दिक् ~ विभाग] *पु०* दिशा। ओर।

दिग्व्यापी—[स० दिक् ~ व्यापी] *वि०* सब दिशाओं में व्याप्त। विश्वव्यापी।

दिग्व्याप्त—[स० दिक् ~ व्याप्त] *वि०* सब दिशाओं में व्याप्त। विश्वव्याप्त।

दिग्व्रत—[स० दिक् ~ व्रत] *पु०* (जैन०) सभी दिशाओं में कुछ दूरी निश्चित करके उससे आगे नहीं जाने का व्रत।

दिङ्मण्डल (दिङ्मंडल)—[स० दिक् ~ मण्डल] *पु०* १. समस्त दिशाएँ। दिशा-समूह। २. आकाशमंडल।

दिङ्मात्र—[स० दिक् + मात्र] *पु०* केवल संकेत/उदाहरण। संकेतमात्र। उदाहरणमात्र।

दिङ्मूढ़—[< स० दिक् ~ मूढ] *वि०* १. जिसे दिशा-भ्रम हो गया हो। दिग्भ्रमित। २. मूर्ख।

***दिठहुल**—[स० दृष्टि + फुल्ल] पु० दृष्टिरूपी पुष्प।

†**दिठाना**—[ब्रज० < हि० दीठ] *क्रिस०* १. देखना। २. नज़र लगाना। *क्रिअ०* नज़र लगना।

***दिठियार**—[< हि० दीठ] *वि०* दृष्टिवाला। दृष्टि-सम्पन्न (व्यक्ति)। नेत्रोंवाला।

दिठौना—[< हि० दीठ < स० दृष्टि] *पु०* काजल इत्यादि की काली बिन्दी जो बालकों के गाल या माथे पर इसलिए लगा दी जाती है कि किसी की कुदृष्टि (बुरी नज़र) न लगे।

***दिणयर**—[< स० दिनकर] *पु०* दिनकर। सूर्य।

दिति—[स० √दो + क्तिन्] *स्त्री०* किसी वस्तु के दो या अधिक टुकड़े करने की क्रिया। खंडन। ✣ **दिति-कुल**—*पु०* = दैत्यों का कुल/वंश। ✣ **दितिज**—*वि०* = दिति से उत्पन्न। *पु०* दिति का पुत्र/वंशज। दैत्य। ✣ **दितिजा**—*स्त्री०* = १. दिति की पुत्री/वंशज। २. दैत्य वंश/जाति की स्त्री। ✣ **दिति-सुत**—*पु०* = १. दिति का पुत्र। २. दैत्य।

***दित्त**—[< स० दीप्त] *वि०* दीप्त। कांतियुक्त। चमकीला।

दित्सा—[स० √दा + सन् + अ + टाप्] *स्त्री०* १. दान करने की इच्छा। देने की इच्छा। २. वसीयतनामा में व्यक्त इच्छा। ✣ **दित्सा-पत्र**—*पु०* = अपनी सम्पत्ति के उत्तराधिकारियों में विभाजन के सम्बन्ध में लिखा विधि-सम्मत लेख। इच्छा-पत्र। वसीयतनामा।

दित्सु—[स० √दा + सन् + उ] *वि०* १. जिसे दान करने की इच्छा हो। देने की इच्छा वाला। २. वसीयत करनेवाला।

***दिनक**—[< स० दिन] *क्रिवि०* दिन-भर।

दिनकन्त (दिनकंत)—[< स० दिन + हि० कन्त] *पु०* दिन-पति। सूर्य।

दिनकर—[स० दिन √कृ + अच्] *पु०* १. सूर्य। ***जैसे***—यमुना दिनकर-कन्या है। २. आक/मदार वृक्ष।

दिन-कर्ता—[स०] *पु०* सूर्य। दिनकर।

***दिनकार**—[< स० दिनकर] *पु०* सूर्य।

दिनचर्या—[स०] *स्त्री०* १. नित्य किए जाने वाले सब काम या उनका क्रमिक रूप। २. दिन-भर का काम।

दिनचारी—[स० दिन ~ चारी (चारिन्)] *पु०* सूर्य।

***दिनछिनदा**—[< स० दिन ~ क्षणदा] *पु०* दिन-रात।

दिन-ज्योति—[स०] *स्त्री०* १. दिन का प्रकाश। २. धूप।

दिन-दीप—[स०] *पु०* (दिन का दीपक) सूर्य।

दिन-दुःखित—[स०] *पु०* (दिन में परस्पर अलग रहने को बाध्य) चकई-चकवा (पक्षी)।

दिन-नाथ/नायक—[स०] *पु०* सूर्य।

***दिन-नाह**—[< स० दिन-नाथ] *पु०* सूर्य।

दिनप—[स० दिन √पा + क] *पु०* दिन-पति। सूर्य।

दिनमणि—[स० दिन ~ मणि] *पु०* सूर्य।

दिनमान—[स० दिन ~ मान] *पु०* १. सूर्योदय से सूर्यास्त के समय का मान या नाप। २. सूर्य। ***जैसे***—डूब रहा दिनमान।

दिनमुख—[स० दिन ~ मुख] *पु०* प्रभात। सबेरा।

***दिनयर**—[< स० दिनकर] *पु०* सूर्य।

दिनरी—[देशज] *स्त्री०* बुन्देलखंड के लोकगीतों का एक प्रकार।

दिनांश—[स० दिन ~ अंश] *पु०* दिन का कोई अंश या विभाग (जैसे—प्रातः, दोपहर और सायंकाल)।

दिनाई—[< स० दिन + हि० आना] *स्त्री०* १. मृत्यु का दिन लानेवाली वस्तु। प्राणघातक वस्तु। २. विषैली चीज़।

दिनाङ्कित (दिनांकित)—[स० दिनाङ्क + इतच्] *वि०* जिस पर तारीख़ या तिथि लिखी हुई हो। तारीख़वाला। तारीख़ी। ***जैसे***—आपका पत्र दिनांकित ५ मई, २००० मिला।

दिनातीत—[स० दिन ~ अतीत] *वि०* १. पुराने युग का। २. जिसका प्रचलन न रहा हो। अप्रचलित। ३. (शैली, फ़ैशन आदि के विचार से) पुराना या पिछड़ा हुआ। ४. जिसकी अवधि बीच चुकी हो। गतावधिक। (अ० आउट आफ़ डेट)।

दिनानुदिन—[स० दिन ~ अनुदिन] *क्रिवि०* प्रतिदिन। नित्य प्रति। रोज़।

दिनान्त (दिनांत)—[सं॰ दिन ~ अन्त] *पु॰* १. दिन का अन्त। २. सूर्यास्त का समय। सायंकाल। शाम।

दिनान्ध (दिनांध)—[सं॰] *वि॰* जिसे दिन में कुछ दिखाई न देता हो। दिवान्ध। *पु॰* उल्लू (पक्षी)।

दिनाय—[देशज] *पु॰* दद्रु (रोग)। दाद।

†दिनारु, दिनारू—[< सं॰ दिनालु] *वि॰* बहुत दिनों का रखा हुआ, ताज़ा नहीं। दिनी।

दिनास्त—[सं॰ दिन ~ अस्त] *पु॰* सूर्यास्त।

***दिनिआ**—[< सं॰ दिनकर] *पु॰* सूर्य।

दिनिका—[सं॰ दिन + ठन् + टाप्] *स्त्री॰* एक दिन की मज़दूरी। दिहाड़ी।

***दिनियर**—[< सं॰ दिनकर] *पु॰* सूर्य।

†दिनेर[१]—[< हिं॰ दिन] *वि॰* बहुत दिनों का रखा हुआ। पुराना। दिनैला। दिनी।

***दिनेर[२]**—[< सं॰ दिनकर] *पु॰* सूर्य।

दिनौंधी (दिनौंधी)—[< सं॰ दिन + अन्ध] *स्त्री॰* एक रोग जिसमें रोगी को दिन में कुछ भी दिखाई नहीं देता। दिवान्धता।

***दिपति**—*स्त्री॰* ≤ *सं॰* दीप्ति। चमक।

दिपना—[< सं॰ दीपन] *क्रिअ॰* १. दीप्त होना। चमकना। २. दिखाई देना। ३. शामिल होना।

***दिपाना**—[< हिं॰ दिपना] *क्रिअ॰* १. चमकना। २. शोभिल होना। *क्रिअ॰* १. चमकाना। २. शोभित करना।

***दिब[१]**—[< सं॰ दिव्य] *वि॰* दिव्य। *पु॰* दिव्य परीक्षा।

***दिब[२]**—[< सं॰ दिवस] *पु॰* दिवस। दिन।

***दिबि**—[< सं॰ दिवि] *पु॰* स्वर्ग।

***दिबि-बीथी**—[< सं॰ दिवि ~ वीथी] *स्त्री॰* आकाशमार्ग।

दिमाग़चर—[< अरबी दिमाग़ + हिं॰ चरना] *वि॰* बहुत अधिक और व्यर्थ बोलनेवाला। अति बकवादी।

***दिमात[१]**—[< सं॰ द्विमातृ] *वि॰* दो माताओं वाला।

***दिमात[२]**—*वि॰* ≤ *सं॰* द्विमात्र। दो मात्राओं वाला।

†दियना[१]—[< हिं॰ दिया (दीप)] *पु॰* दीप। दिया।

†दियना[२]—[< सं॰ दीपन] *क्रिअ॰* दीप्त होना। *क्रिस॰* दीप्त करना।

†दियरा/दियला/दियवा—[< हिं॰ दिया] *पु॰* दीपक। दिया। ✣ **दिवरी/दियली**—*स्त्री॰* = दीपक। दिया।

दियानत—[अरबी] *स्त्री॰* ईमानदारी। ✣ **दियानतदार**—*वि॰* = ईमानदार।

दिया-बत्ती—*स्त्री॰* दीपक और (उसकी) बत्ती।

†दियारा—[< फा॰ दयार] १. नदी के तट की भूमि। कछार। खादर। २. प्रदेश।

दियासलाई—[हिं॰ दिया + सलाई] *स्त्री॰* १. चीड़ आदि की तीलियाँ जिनके एक सिरे पर कुछ रासायनिक पदार्थ लगाकर किसी रासायनिक वस्तुओं वाले तल पर रगड़कर अग्नि उत्पन्न की जाती है। २. उक्त तीलियाँ रखने की डिब्बी। ***वा॰* दियासलाई लगाना**—१. आग लगाना। जलाना। २. दूर करना।

***दिरद**—[< सं॰ द्विरद] *पु॰* द्विरद। हाथी।

दिरम—[फा॰] *पु॰* १. साढ़े तीन माशे की एक तौल। २. मिस्र देश का चाँदी का एक छोटा सिक्का।

***दिरमानी**—[< फा॰ दरमानः] *पु॰* चिकित्सक। वैद्य।

दिलकश—[फा॰] *वि॰* चित्ताकर्षक। मनोहर। सुन्दर। ✣ **दिलकशी**—*वि॰* (*स्त्री॰*) = मनोहरता। सुन्दरता।

दिलचला—[< फा॰ दिल + हिं॰ चलना] *वि॰* १. रसिक (व्यक्ति)। २. मनमौजी। ३. साहसी। ४. वीर।

दिलचस्प—[फा॰] *वि॰* मनोरंजक। रोचक। ✣ **दिलचस्पी**—*स्त्री॰* = १. रोचकता। २. रुचि।

दिलजला—[< फा॰ दिल + हिं॰ जलना] *वि॰* अतिदु:खी (पुरुष)। ✣ **दिलजली**—*वि॰* (*स्त्री॰*) = अति दु:खी (स्त्री)।

दिलजोई—[फा॰] *स्त्री॰* सान्त्वना। तसल्ली। दिलासा।

***दिलदौर**—[< फा॰ दिलदार] *वि॰* सहृदय।

दिलबर—[फा॰] *वि॰* प्रिय। प्यारा। *पु॰* प्रेमपात्र। ✣ **दिलबरी**—*स्त्री॰* = प्रेमपात्रता।

दिलरुबा—[फा॰] *वि॰* १. मनोरंजक। रमणीय। २.प्रिय। *पु॰* १. प्रेमपात्र। प्रिय। २. एक प्रकार का तारोंवाला वाद्य।

दिलरुबाई—[फा॰] *स्त्री॰* १. मनोरंजकता। रमणीयता। २. प्रेमपात्रता।

दिलशाद—[फा॰] *वि॰* १. प्रसन्नचित्त। खुश। २. चित्त को प्रसन्न करने या रखने वाला।

दिलशिकन—[फा॰] *वि॰* १. मन को आघात/चोट पहुँचाने वाला। दिल तोड़नेवाला। २. साहस तोड़नेवाला। ✣ **दिलशिकनी**—*स्त्री॰* = १. दिल तोड़ना। २. साहस तोड़ना।

***दिलसूर**—[फा॰ दिल + हिं॰ सूर (< सं॰ शूर)] *वि॰* वीर हृदय वाला। साहसी और वीर।

***दिलहर**—[< फा॰ दिल + हिं॰ हरना] *वि॰* मनोहर। सुन्दर।

दिलावर—[फा॰] *वि॰* १. वीर। साहसी। ✣ **दिलावरी**—*स्त्री॰* = १. वीरता। २. साहस।

दिलासा—[< फा॰ दिल + हिं॰ आसा < सं॰ आशा] *पु॰* सान्त्वना। धैर्य। तसल्ली।

दिली—[फा॰] *वि॰* १. दिल से सम्बन्धित। हृदय का। हार्दिक। ***जैसे***—दिली बातचीत करना। २. घनिष्ठ। ***जैसे***—दिली दोस्त।

दिलेर—[फा॰] *वि॰* १. वीर। २. साहसी। ३.उत्साही। ४. निर्भय। ४. दानशील। ✣ **दिलेराना**—*क्रिवि॰, वि॰* = वीरतापूर्वक। वीरोचित। ✣ **दिलेरी**—*स्त्री॰* = १. वीरता। २. साहस। ३. उत्साह ४. निर्भयता। ५. दानशीलता।

दिल्लगी—[< फा॰ दिल + हिं॰ लगना] *स्त्री॰* १. हास-परिहास। हँसी। मज़ाक़। २. मनोविनोद। ***वा॰* दिल्लगी करना**—हँसी-मज़ाक़ करना। **दिल्लगी समझना**—(किसी काम, बात या विषय आदि को) सरल समझना। **दिल्लगी में**—गम्भीरता से नहीं, हँसी में। यों ही। ✣ **दिल्लगीबाज़**—*वि॰* = १. हास-परिहास

करनेवाला। हँसोड़। २. मसख़रा। ✣ **दिल्लगीबाज़ी**—*स्त्री॰* १. दिल्लगी करने की क्रिया/भाव। दिल्लगी।

दिल्ला—[देशज] *पु॰* द्वार के पल्ले के ढाँचे में जड़ा हुआ लकड़ी का एक चौकोर टुकड़ा।

दिल्लेदार—[< हि॰ दिल्ला](दरवाज़े का पल्ला) जिसमें दिल्ले लगे हों।

दिव—[स॰ √दिव् + क] *पु॰* १. स्वर्ग। २. आकाश। ३. दिन। दिवस। ४. वन। जंगल।

***दिवक**—[< स॰ दिव्यक] *पु॰* शेषनाग।

दिवङ्गत (दिवंगत)—[स॰ दिवम् ~ गत] *वि॰* जो स्वर्ग चला गया हो। स्वर्गीय। मृत।

***दिवना**—[< स॰ √दिव्] *क्रि॰अ॰* जलना।

***दिवपति**—[< स॰ दिव ~ पति] *पु॰* सूर्य।

दिवराज—[स॰ दिव ~ राज] *पु॰* (स्वर्ग का स्वामी) इन्द्र।

†दिवरानी[1]—[< स॰ देवर] *स्त्री॰* देवर की पत्नी। देवरानी।

दिवरानी[2]—[स॰ दिव + हि॰ रानी] *स्त्री॰* इन्द्राणी। शची।

†दिवला—[< स॰ √दिव्] *पु॰* दीपक। दिया।

दिवसेश/दिवसेश्वर—[स॰ दिवस ~ ईश/ईश्वर] *पु॰* सूर्य।

दिवा—[स॰ √दिव् + का] *पु॰* दिन। दिवस। *क्रिवि॰* दिन के समय में। ∇ **विलोम**—रात्रि। (छन्द॰) एक समवर्णिक छन्द। मदिरा सवैया।

दिवाकर—[स॰ दिवा ~ कर] *पु॰* सूर्य।

दिवाचर—[स॰ दिवा ~ चर] *वि॰* दिन में (ही) विचरण करनेवाला। *पु॰* पक्षी। चिड़िया।

दिवाचारी—[स॰ दिवाचारिन्] *वि॰* दिन में (ही) चलने-फिरनेवाला। *पु॰* पक्षी। चिड़िया।

दिवानायक—[स॰] *पु॰* सूर्य।

दिवान्ध (दिवांध)—[स॰ दिवा ~ अन्ध] *वि॰* जिसे दिन में दिखाई न देता हो। *पु॰* १. उल्लू। २. नेत्रों का एक रोग जिसमें मनुष्य दिन में देख नहीं पाता।

दिवाभय—[स॰ दिवा ~ भय] *पु॰* (मनो॰) दिन में व्यक्ति को दुश्चिन्ताग्रस्तता और तीव्र भय की अनुभूति की अवस्था।

दिवाभिसारिका—[स॰ दिवा ~ अभिसारिका] *स्त्री॰* (अभिसारिका नायिका का एक प्रकार) दिन में अभिसार करनेवाली नायिका।

दिवाभीत—[स॰] *वि॰* दिन के प्रकाश से डरनेवाला। पु॰ १. चोर। उल्लू।

दिवा-मणि—[स॰] सूर्य।

दिवाला—[< हि॰ दिया + बालना (जलाना)] *पु॰* १. धन के अभाव की वह स्थिति जिसमें कोई व्यक्ति या संस्था अपना ऋण न चुका पाने की घोषणा कर दे। २. किसी वस्तु का पूरी तरह समाप्त हो जाना। पूर्ण अभाव की स्थिति होना। ***वा॰* दिवाला निकलना**—१. बहुत घाटा होना। २. दिवालिया होना। **दिवाला निकालना**—बहुत घाटा कर देना।

दिवास्वप्न—[स॰] *पु॰* १. दिन में सोना। २. दिन में देखा जाने वाला स्वप्न। २. मधुर रचनाओं में खोए रहने की स्थिति। ***वा॰* दिवास्वप्न देखना**—ख़ाली बैठे भविष्य के विषय में मनोहर कल्पनाएँ करना।

दिवि—[स॰ √दिव् + इन्, कित्त्व] *पु॰* नीलकंठ (पक्षी)।

***दिवोक/दिवोका**—[< स॰ दिवौका] *पु॰* देवता।

दिवोल्का—[स॰ दिवा ~ उल्का] *स्त्री॰* दिन में गिरनेवाली उल्का।

दिवौका—[स॰ दिव ~ ओकस्] *पु॰* देवता।

दिव्य—[स॰ दिव् + यत्] *वि॰* १. स्वर्ग-सम्बन्धी। स्वर्गीय। २. आकाश-सम्बन्धी। आकाशीय। ३. दैवी। ४. अलौकिक। लोकातीत। ४. अतिसुन्दर। भव्य। ५. प्रकाशमान। चमकीला। *पु॰* १. अलौकिक पुरुष। २. तत्त्वज्ञ। तत्त्ववेत्ता। ३. यम। ४. (प्राचीन काल में प्रचलित) अग्नि, जल आदि से की जाने वाली कठिन परीक्षा जिससे किसी अभियुक्त की संदोषता या निर्दोषता का निर्णय किया जाता था।

दिव्यचक्षु—[स॰ दिव्य ~ चक्षु] *वि॰* दिव्य नेत्रों वाला। जिसे दिव्य दृष्टि प्राप्त हो। अलौकिक दृष्टि वाला। *पु॰* दिव्य दृष्टि वाला व्यक्ति।

दिव्य पञ्चामृत (पंचामृत)—[स॰] *पु॰* पाँच वस्तुओं—गाय का दूध, दही, घी, शहद और शकर को मिलाकर बनाया हुआ स्वादिष्ट पेय जो पूजा में प्रयुक्त होता है और प्रसाद के रूप में दिया जाता है।

दिव्यरत्न—[स॰ दिव्य ~ रत्न] *पु॰* १. अलौकिक रत्न। २. चिन्तामणि जो सब इच्छाओं को पूर्ण करती है।

दिव्यरथ—[स॰ दिव्य ~ रथ] *पु॰* देवताओं का रथ जो आकाश में चलता है। देव-विमान।

दिव्य रस—[स॰] *पु॰* पारद। पारा।

दिव्यवाक्य—[स॰ दिव्य ~ वाक्य] *पु॰* १. देव-वाणी। आकाशवाणी। २. सन्त/महात्मा/योगी/अवतार आदि के अलौकिक वचन।

दिव्य श्रोत्र—[स॰] *पु॰* दूर-दूर तक की सब बातें सुन सकने में समर्थ अलौकिक कान।

दिव्य सरिता—[स॰] *स्त्री॰* आकाशगंगा।

दिव्यांशु—[स॰ दिव्य ~ अंशु] *पु॰* सूर्य।

दिव्या—[स॰ दिव्य + टाप्] *स्त्री॰* (काव्य॰) नायिकाओं का एक प्रकार। अलौकिक गुणों से युक्त नायिका (पार्वती, सीता आदि)।

दिव्याङ्गना (दिव्यांगना)—[स॰ दिव्य ~ अङ्गना] *स्त्री॰* अप्सरा।

दिव्यादिव्या—[स॰ दिव्या ~ अदिव्या] *स्त्री॰* (काव्य॰) नायिकाओं का एक भेद। (सीता या दमयन्ती आदि) वह लौकिक नायिका जिसमें लोकोत्तर गुण भी हों।

दिव्यास्त्र—[स॰ दिव्य ~ अस्त्र] *पु॰* १. देवता से प्राप्त अस्त्र/हथियार। २. मन्त्र की शक्ति से चलनेवाला अस्त्र। ३. असाधारण/अलौकिक हथियार।

दिव्योदक—[स॰ दिव्य ~ उदक] *पु॰* वर्षा का जल।

दिष्ट—[स॰ √दिश् + क्त] *वि॰* १. दिखलाया/बतलाया हुआ। निर्दिष्ट। २. वर्णित। ३. निश्चित। ४. जिसकी आज्ञा दी गयी हो।

आदिष्ट। *पु॰* १. भाग्य। क़िस्मत। २. उद्देश्य। ३. आज्ञा। ४. निर्देश।

दिष्टि—[सं॰ √दिश् + क्तिन्] *स्त्री॰* १. भाग्य। क़िस्मत। २. प्रसन्नता। ३. आदेश। आज्ञा। ४. निर्देश।

दिसावर—[< सं॰ देशान्तर] *पु॰* १. दूसरा देश। विदेश। २. वह स्थान जहाँ से माल मँगवाया जाता हो। ✣ **दिसावरी**—*वि॰* = १. दिसावर-सम्बन्धी। २. दिसावर से आया हुआ। ३. बाहर से लाया या आया हुआ। दूसरे स्थान का। बाहरी।

***दिसिकुञ्जर (दिसिकुंजर)**—[हि॰ दिसि + सं॰ कुञ्जर] *पु॰* दिग्गज।

दिसिदुरद—[< हि॰ दिसि + सं॰ द्विरद] *पु॰* दिग्गज।

दिसिपति/दिसिपाल/दिसिराज—[हि॰ दिसि + सं॰ पति/पाल/राज] *पु॰* दिक्पाल।

***दिसैया**—[< हि॰ दिसना (देखना)] *पु॰* १. देखनेवाला। २. दिखानेवाला।

दिहक़ानियत—[< अरबी दिहक़ानीयत] *स्त्री॰* गँवारपन।

दिहक़ानी—[अरबी] *वि॰* १. देहाती। गँवार। २. उजड्ड।

***दिहरा**—[< सं॰ देव + हि॰ घर] *पु॰* १. देवालय। देव-मन्दिर। २. ग्राम-देवता आदि का पूजा-स्थान।

दिहाड़ा—[< प्रा॰ दिअहड़ा < सं॰ दिवस] *पु॰* दिवस। दिन। ✣ **दिहाड़ी**—*स्त्री॰* = १. दिवस। दिन। २. एक दिन की मज़दूरी के लिए काम का कुल समय। ३. एक व्यक्ति का एक दिन का काम। ४. मज़दूरों आदि की दैनिक मज़दूरी की राशि।

***दीकरी**—[< हि॰ धिय] *स्त्री॰* पुत्री। कन्या।

दीक्षक—[सं॰ √दीक्ष् + ण्वुल्] *पु॰* दीक्षा देनेवाला। गुरु।

दीक्षण—[सं॰ √दीक्ष् + ल्यु] *पु॰* दीक्षा देने की क्रिया/भाव। २. दीक्षा।

दीक्षा—[सं॰ √दीक्ष् + अ + टाप] *स्त्री॰* १. यज्ञ आदि करने का संकल्पपूर्वक अनुष्ठान। २. गुरु से किसी देवता का मन्त्र लेने की विधिवत् क्रिया। ३. किसी देवता के मन्त्र का उपदेश। ४. उद्देश्य की सिद्धि के लिए आत्मसमर्पण। ✣ **दीक्षा-गुरु**—*पु॰* = मन्त्र देने वाला गुरु। मन्त्रोपदेशक। ✣ **दीक्षा-संस्कार**—*पु॰* = किसी धर्म-सम्प्रदाय की शिक्षा ग्रहण आदि का सदस्य बनते समय होनेवाला विशेष अनुष्ठान। दीक्षा लेते समय का विशेष अनुष्ठान।

दीक्षान्त (दीक्षांत)—[सं॰ दीक्षा ~ अन्त] *पु॰* दीक्षा का अन्त। अध्ययन-काल की विधिवत् समाप्ति। *वि॰* दीक्षा के अन्त में होनेवाला। ***जैसे***—दीक्षान्त कार्यक्रम।

दीगर—[फ़ा॰] *वि॰* १. अन्य। दूसरा। ***जैसे***—दीगर लोग। २. भिन्न। ***जैसे***—दीगर बातें मत करिए, काम की बात करिए।

दीघी—[< सं॰ दीर्घिका] *स्त्री॰* १. बड़ा तालाब। २. बावड़ी।

दीठ—[< सं॰ दृष्टि] *स्त्री॰* १. दृष्टि। २. किसी सुन्दर व्यक्ति या अच्छी वस्तु पर बुरा प्रभाव डालनेवाली दृष्टि। बुरी नज़र। ३. नेत्र। आँख। ४. प्रेम/कृपा आदि से युक्त दृष्टि। ***वा॰* दीठ उठना**—नेत्रों को ऊँचा किया जाना। सामने देखना। **दीठ उठाना**—(किसी की ओर) नेत्रों को ऊँचा करके देखना। सामने देखना। **दीठ उतरना**—पहले जैसा आदर-भाव न रह जाना। **दीठ उतारना**—बच्चे को लगी बुरी नज़र का प्रभाव दूर करना।

***दीठना**—[< हि॰ दीठ] *क्रिअ॰* दिखायी देना। *क्रिस॰* देखना।

दीठबन्द/दीठबन्दी (दीठबंद/दीठबंदी)—[< हि॰ दीठ + सं॰ बन्ध] इन्द्रजाल/जादू आदि से किसी की दृष्टि/नज़र बाँध देना जिससे व्यक्ति को प्रभाव रहने तक वास्तविक वस्तु किसी अन्य रूप में दिखायी पड़ने लगती है।

दीठवन्त (दीठवंत)—[< हि॰ दीठ] *वि॰* १. जिससे दिखायी पड़ता हो। दृष्टिवाला। २. समझदार। ३. जिसे दिव्य दृष्टि प्राप्त हो।

दीठा—[< सं॰ दृष्ट] *वि॰* देखा गया। दृष्ट।

दीद**—[फ़ा॰] (समासयुक्त शब्द के अन्त में) *वि॰* देखा हुआ। ***जैसे—चश्मदीद गवाह। *पु॰* १. नेत्र। २. दर्शन। दीदार।

†दीदा—[< फ़ा॰ दीद:] *पु॰* नेत्र। आँख। ***वा॰* दीदा फाड़कर देखना**—एकटक देखना। ध्यान से देखना। **दीदा फोड़ना**—१. आँखों को कष्ट देनेवाला बारीक काम करना। २. आँखें फोड़कर अन्धा करना।

दीदाबाज़—[फ़ा॰ दीद:बाज़] *वि॰* (सुन्दरियों आदि से) आँखें लड़ाने वाला। घूरने वाला।

दीदार—[फ़ा॰] १. (प्रिय या बड़े के लिए प्रयुक्त) दर्शन। साक्षात्कार। २. सौन्दर्य। छवि। ✣ **दीदारबाज़ी**—*स्त्री॰* = (प्रिय/प्रिया से) आँखें लड़ाना। प्रेम करना।

दीदेबाज़ी—[< फ़ा॰ दीद:बाज़ी] *स्त्री॰* दीदाबाज़ी।

दीदी—[हि॰ 'दादा' का स्त्री॰] *स्त्री॰* बड़ी बहन।

दीधिति—[सं॰ √दीधी + क्तिन्, इट्, ईकार-लोप] *स्त्री॰* सूर्य/चन्द्रमा इत्यादि की किरण।

दीन[१]—[सं॰ √दी + क्त, त→न] *पु॰, वि॰* १. दरिद्र। २. दुर्दशाग्रस्त। ३. दुःखपूर्ण। करुण। ∇ **विलोम**—अदीन/समृद्ध। ***वा॰* दीन की हाय लगना**—ग़रीब को कष्ट देने का बुरा फल मिलना।

दीन[२]—[अरबी] *पु॰* १. धर्म। २. पन्थ। मज़हब।

दीन-इलाही—[अरबी] *पु॰* १. ईश्वरीय धर्म। २. मुग़ल शासक अकबर द्वारा प्रवर्तित एक मज़हब जो उसकी मृत्यु के साथ ही समाप्त हो गया।

दीनदार—[फ़ा॰] *वि॰* अपने मज़हब या पन्थ में विश्वास वाला और उसके नियमों का पालन करनेवाला। धार्मिक। ✣ **दीनदारी**—*स्त्री॰* = धार्मिकता।

दीन-दुनिया—[अरबी दीन + हि॰ दुनिया] *स्त्री॰* १. धर्म और संसार। २. लोक-परलोक। ***वा॰* दीन-दुनिया कहीं का न होना, दीन-दुनिया दोनों से जाना**—न इस लोक में सफल होना और न परलोक सुधार कर पाना। दुविधा के कारण हानि होना। **दीन-दुनिया की ख़बर न होना**—१. संसार के बारे में कुछ भी पता न होना। २. अज्ञानी होना। **दीन-दुनिया बिगड़ना**—लोक और परलोक

दोनों में विफल होना। **दीन-दुनिया भूल जाना**—सुध-बुध भूल जाना।

दीन-बन्धु (दीन-बंधु)—[स॰] *वि॰* दीनों का साथी। ग़रीबों और दु:खियों का सहायक। *पु॰* ईश्वर। परमात्मा।

दीन-वत्सल—[स॰] *वि॰* दीनों को सन्तान के समान प्रेम करनेवाला। ग़रीबों और दु:खियों का प्रेमी। दीन-दयालु। *पु॰* परमात्मा। ईश्वर।

दीनानाथ—[स॰ दीन ~ नाथ, दीर्घत्व] *पु॰* १. दीनों का नाथ। ग़रीब और दु:खी व्यक्तियों का रक्षक, पालक और सहायक। २. ईश्वर। परमात्मा।

दीनार—[फा॰, या स॰ √दी + आरक्, नुट्] *पु॰* १. स्वर्ण का एक सिक्का जो प्राचीन समय में (एशिया और यूरोप में) चलता था। स्वर्णमुद्रा। अशरफ़ी। २. स्वर्ण का आभूषण/गहना।

दीनी—[अरबी] *वि॰* १. धर्म-सम्बन्धी। धर्म का। २. धार्मिक। मज़हबी।

दीप[१]—[स॰ √दीप् + क] *पु॰* १. दीपक। दीया। दिया। चिराग़। (छन्द॰) एक सममात्रिक छन्द जिसके प्रत्येक चरण में १० मात्राएँ होती है तथा अन्त में क्रमश: नगण, गुरु, लघु होते हैं।

***दीप[२]**—[< स॰ द्वीप] *पु॰* १. द्वीप। टापू। *जैसे*—लंका दीप। २. महाद्वीप।

दीपक[१]—[स॰ √दीप् + णिच् + ण्वुल्] *वि॰* १. दीप्त करनेवाला। २. आलोकित/प्रकाशित करनेवाला। ३. (लाक्षणिक) यश/कीर्ति बढ़ाने वाला। *जैसे*—रघुकुल-दीपक। ४. शरीर में तेज बढ़ानेवाला। (आयुर्वेद॰) पाचन-शक्ति बढ़ानेवाला। अग्निवर्धक।

दीपक[२]—[स॰ √दीप् + ण्वुल्, या स॰ दीप + कन्] *पु॰* दीप। दीया। दिया। चिराग़। (काव्य॰) एक अर्थालंकार जिसमें उपमेय और उपमान (प्रस्तुत और अप्रस्तुत) का एक ही धर्म कहा जाता है या अनेक क्रियाओं का एक ही कारक होता है। (छन्द॰) एक समवर्णिक छन्द जिसके प्रत्येक चरण में भगण, तगण, नगण, तगण, यगण (भ त न त य) के योग से १५ वर्ग होते हैं तथा १०-५ पर यति होती है। (संगीत॰) १. एक प्रमुख राग। २. एक प्रकार की ताल।

दीप-कलिका, दीप-कली—[स॰] *स्त्री॰* दीपक की लौ। दीपशिखा।

दीपतन—[स॰ दीप + हि॰ तन] *पु॰* दीपक जैसा कान्तिमान शरीर।

दीपत लौह—[< स॰ दीप्त ~ लौह] *पु॰* काँसा (धातु)।

दीपदण्ड (दीपदंड)—[स॰ दीप ~ दंड] *पु॰* मशाल। *जैसे*—दीपदंडधारियों का जुलूस निकला।

दीपदान—[स॰ दीप ~ दान] *पु॰* १. पूजा के अन्तर्गत देवता के सामने दीप जलाने का कार्य। २. विदेश गए हुए पति आदि के दीर्घ जीवन की कामना करते हुए नदी आदि में जलता दीप प्रवाहित करना। ३. गंगा आदि नदियों की पूजा के रूप में जलते दीप प्रवाहित करना।

दीपन—[√दीप् + णिच् + ल्यु] *वि॰* १. जलानेवाला। २. प्रकाश करनेवाला। *पु॰* (आयुर्वेद॰) जठराग्नि को बढ़ानेवाला पदार्थ। पाचन-शक्ति बढ़ानेवाली वस्तु। *जैसे*—सौंफ उत्तम दीपन है। ✣ **दीपन-पाचन**—*पु॰* (आयुर्वेद॰) = वह पदार्थ जो आम रस को भी पचाता है और जठराग्नि को भी तेज़ करता है।

दीपपादप—[स॰ दीप ~ पादप] *पु॰* १. दीपाधार। दीवट। २. दीपक-वृक्ष। (दे॰) ३. झाड़। शमादान।

***दीपबृच्छ**—[< स॰ दीपवृक्ष] *पु॰* दीपवृक्ष। दीवट।

दीपवर्ति—[स॰] *स्त्री॰* दीपक की बत्ती।

दीप-वृक्ष—[स॰] *पु॰* दीवट। चिराग़दान।

दीपशिखा—[स॰ दीप ~ शिखा] *स्त्री॰* दीपक की लौ।

दीप-शृङ्खला (शृंखला)—[स॰] *स्त्री॰* दीपकों की पंक्ति।

दीपाङ्कुर (दीपांकुर)—[स॰ दीप ~ अङ्कुर] *पु॰* दीपक की लौ।

दीपाराधन—[स॰ दीप ~ आराधन] *पु॰* दीपक से पूजन। आरती। नीराजन। ✣ **दीपाराधना**—*स्त्री॰*।

दीपालि/दीपाली—[स॰ दीप ~ आलि/आली] *स्त्री॰* १. दीपकों की पंक्ति/माला। दीप-माला। २. (कार्तिक अमावस्या को होनेवाला) दीपावली उत्सव। दीवाली। ३. (लाक्षणिक) हर्षपूर्ण उत्सव।

दीपालोक—[स॰ दीप ~ आलोक] *पु॰* दीपक का प्रकाश।

दीपावलि/दीपावली—[स॰ दीप ~ आवलि/आवली] *स्त्री॰* १. दीपकों की पंक्ति या माला। दीप-पंक्ति। दीपमाला। २. (कार्तिक अमावस्या को होनेवाला) दीपमालिका उत्सव। दीवाली। ३. कोई हर्षपूर्ण अवसर जब रात्रि में दीपकों को जलाकर प्रसन्नता प्रकट की जाए। दीपोत्सव।

दीपिका[१]—[स॰ दीप + कन् + टाप्, इत्व] *स्त्री॰* छोटा दीपक।

दीपिका[२]—[स॰ √दीप् + णिच् + ण्वुल् + टाप्, इत्व] *स्त्री॰* १. चाँदनी। २. (समासयुक्त पद के अन्त में प्रयुक्त होने पर) किसी विषय को स्पष्ट करनेवाली किसी ग्रन्थ की टीका, व्याख्या आदि। *जैसे*—सांख्यदीपिका।

दीपोत्सव—[स॰ दीप ~ उत्सव] *पु॰* १. जलते दीपकों की पंक्ति या माला वाला उत्सव। २. दीपावली।

दीप्त—[स॰ √दीप् + क्त] *वि॰* १. धधकता हुआ। २. चमकता हुआ। चमकीला। ३. प्रभासित। प्रकाशित। ४. प्रज्वलित। ५. उत्तेजित।

दीप्तप्रलेप—[स॰] *पु॰* (विज्ञान॰) वे वर्णक जो अपने कुछ रेडियो सक्रिय पदार्थों के कारण कुछ समय प्रकाश में खुले रखे जाने पर अँधेरे में चमकते हैं। दीप्त पेन्ट। (अ॰ ल्युमिनस पेन्ट)

दीप्तमूर्ति—[स॰ दीप्त ~ मूर्ति] *वि॰* जिसका शरीर चमकदार हो।

दीप्तवर्ण—[स॰ दीप्त ~ वर्ण] *वि॰* चमकते हुए रंगवाला। ● **विशेष**—(शिव-पुत्र) '**कार्त्तिकेय**' को '**दीप्तवर्ण**' कहा जाता है।

दीप्तांशु—[स॰ दीप्त ~ अंशु] *वि॰* चमकीली किरणों वाला। *पु॰* सूर्य।

दीप्ता—[सं॰ दीप्त + टाप्] *वि॰* (*स्त्री॰*) द्युतिमती। चमकवाली। प्रभायुक्ता। *स्त्री॰* १. ज्योतिष्मती। मालकंगनी। २. थूहर।

दीप्ताक्ष—[सं॰ दीप्त ~ अक्ष/ (अक्षि)] *वि॰* जिसकी आँखें चमकती हों। *पु॰* बिडाल। बिलौटा।

दीप्ताङ्ग (दीप्तांग)—[सं॰ दीप्त ~ अङ्ग] *वि॰* चमकदार शरीर वाला। *पु॰* मयूर। मोर।

दीप्ति—[सं॰ √दीप् + क्तिन्] *स्त्री॰* १. दीप्त होने की अवस्था/भाव। २. आभा। कान्ति। चमक। ३. प्रकाश। उजाला। ४. सौन्दर्य। छवि। शोभा। ५. थूहर। (काव्य॰) नायिका के अयत्नज अलंकारों में से एक। नायिका की कान्ति का अति विस्तृत रूप। ✣ **दीप्ति-प्रसारण**—*पु॰* = प्रकाश की किरणें चारों ओर फैलाना।

दीप्य—[सं॰ √दीप् + यत्] *वि॰* १. जिसे दीपित/प्रज्वलित करना हो। जो जलाया जाने को हो। २. जिसे प्रकाशित करना हो। ३. जो प्रकाशित किया जा सके। ३. जठराग्नि को तीव्र करनेवाला। भूख बढ़ानेवाला। अग्निवर्धक।

दीबाचा—[< फा॰ दीबाच:] *पु॰* भूमिका। प्रस्तावना।

दीयमान[1]—[सं॰ √दा + शानच्] *वि॰* १. देने योग्य। २. जो दिया जाने के लिए हो। देय। ३. जो दिया जा रहा हो।

***दीयमान[2]**—[< सं॰ दीप्यमान] *वि॰* दीप्यमान। प्रकाशमान।

दीया—[< सं॰ दीप] *पु॰* दीपक। दिया। चिराग़।

दीर्घ—[सं॰ √दॄ + घञ्] *वि॰* १. बड़ा। २. ऊँचा। ३. गहरा। ***जैसे***—दीर्घ श्वास। ४. लम्बी अवधि वाला। ***जैसे***—दीर्घ निद्रा। (छन्द॰) दो मात्राओं का (वर्ण)। गुरु ('ह्रस्व' का विलोम)। ***जैसे***—'उ' का दीर्घ 'ऊ' है। ✣ **दीर्घ अक्ष**—*पु॰* (गणित॰) दीर्घवृत्त का बड़ा अक्ष। (अं॰ मेजर ऐक्सिस)

दीर्घकण्टक (दीर्घकंटक)—[सं॰ दीर्घ ~ कण्टक] *पु॰* बबूल का पेड़।

दीर्घकण्ठ (दीर्घकंठ)—[सं॰ दीर्घ ~ कण्ठ] *वि॰* लम्बी गर्दन वाला। *पु॰* बगला पक्षी।

दीर्घच्छद—[सं॰ दीर्घ ~ छद] *वि॰* जिसके पत्ते लम्बे हों। *पु॰* गन्ना।

दीर्घतपा—[सं॰ दीर्घतपस्] *वि॰* जिसने दीर्घकाल तक तपस्या की हो।

दीर्घ तरङ्ग (तरंग)—[सं॰] *स्त्री॰* (भौतिकी॰) विद्युत् चुम्बकीय तरंग जिसका तरंगदैर्घ्य ३० सें॰मी॰ से अधिक होता है। (अं॰ लाँग वेव) ∇ **विलोम**—सूक्ष्म तरंग।

दीर्घत्व—[सं॰ दीर्घ + त्व] *पु॰* दीर्घता।

दीर्घपत्र—[सं॰ दीर्घ ~ पत्र] *वि॰* लम्बे पत्तों वाला। *पु॰* ताड़ (वृक्ष)।

दीर्घपर्ण—[सं॰ दीर्घ ~ पर्ण] *वि॰* लम्बे/बड़े पत्तोंवाला। ✣ **दीर्घपर्णी**—*स्त्री॰* = पृश्निपर्णी। पिठवन।

दीर्घपाद—*वि॰* लम्बी टाँगों वाला। *पु॰* १. सारस (पक्षी)। २. बगला (पक्षी)।

दीर्घपादप—[सं॰ दीर्घ ~ पादप] *पु॰* १. ऊँचा/लम्बा पेड़। २. ताड़ वृक्ष। ३. सुपारी का वृक्ष। ४. नारियल का वृक्ष।

दीर्घमुख—[सं॰ दीर्घ ~ मुख] *वि॰* बड़े मुँह वाला। *पु॰* हाथी।

दीर्घरद—[सं॰ दीर्घ ~ रद] *वि॰* जिसके दाँत लम्बे और बाहर निकले हुए हों। *पु॰* शूकर। सुअर।

दीर्घवृत्त—[सं॰ दीर्घ ~ वृत्त] *पु॰* (गणित॰) अंडाकार वृत्त। (अं॰ इलिप्स) ✣ **दीर्घवृत्तज**—*पु॰* (गणित॰) किसी दीर्घवृत्त को उसके किसी एक अक्ष के चारों ओर घुमाने से बना पृष्ठ। वह पृष्ठ जिसका समतल परिच्छेद दीर्घवृत्त या वृत्त ही होता है। (अं॰ इलिप्सॉइड)

दीर्घसत्र—[सं॰ दीर्घ ~ सत्र] *पु॰* १. बहुत दिनों तक चलनेवाला यज्ञ। २. बहुत दिनों तक चलनेवाले यज्ञ को करनेवाला व्यक्ति।

दीर्घसूत्र—[सं॰ दीर्घ ~ सूत्र] *वि॰* दीर्घसूत्री। (दे॰) ✣ **दीर्घसूत्रता**—*स्त्री॰* = प्रत्येक काम में देर करने का स्वभाव। ✣ **दीर्घसूत्रत्व**—*पु॰* = दीर्घसूत्रता।

दीर्घसूत्री—[सं॰ दीर्घसूत्रिन्] *वि॰* जो हर क़ाम में बहुत देर लगाता हो। धीरे-धीरे काम करनेवाला। धीमा। सुस्त।

दीर्घा—[सं॰ दीर्घ + टाप्] *स्त्री॰* १. लम्बा तालाब। २. आने-जाने के लिए ऊपर से छाया हुआ मार्ग। ३. भवन में कुछ ऊँचाई पर दर्शकों के बैठने के लिए बना हुआ स्थान। गैलरी (अं॰) जैसे—दर्शक-दीर्घा से लोकसभा का दृश्य देखना। ४. पृश्निपर्णी। पिठवन।

दीर्घायुष्य—[सं॰ दीर्घ ~ आयुष्य] *वि॰* दीर्घायु। *पु॰* लम्बी उम्र।

दीर्घाह—[< सं॰ दीर्घाहन्] *वि॰* बड़े दिन वाला। *पु॰* १. बड़ा दिन। २. ग्रीष्म ऋतु।

दीर्घिका—[सं॰ दीर्घ + कन् + टाप्, इत्व] *स्त्री॰* १. छोटा तालाब। २. जलाशय। तालाब। ३. बावड़ी। ४. (पहले बननेवाली) एक प्रकार की बड़ी नाव।

दीर्घीकरण—[सं॰ दीर्घ + च्वि √कृ + ल्युट्] *पु॰* (किसी वस्तु आदि का) दीर्घ करना। विस्तार बढ़ाना। (व्या॰) मात्रा का दीर्घ हो जाना। ***जैसे***—'इ' का दीर्घीकरण होने से 'ई' बनती है। ✣ **दीर्घीकृत/दीर्घित**—स्त्री॰ = जिसे दीर्घ किया गया हो।

दीर्ण—[सं॰ √दॄ + क्त] *वि॰* १. विदारित। फटा या चिरा हुआ। २. डरा हुआ। भयभीत।

दीवट—[< सं॰ दीपपट्ट] *स्त्री॰* दीपक रखने के लिए लकड़ी/लोहे/पीतल आदि का बना आधार। दीपाधार।

***दीवला/दीवा**—[< हि॰ दिवला] *पु॰* दीपक। दीप।

दीवान—[फा॰] *पु॰* १. मन्त्री। २. न्यायालय। कचहरी। ३. ग़ज़लों की पुस्तक। ४. एक प्रकार का तख़्त जिसमें सामान रखने का स्थान भी होता है और बैठने-लेटने के काम भी आता है।

दीवान-आम—[फा॰ दीवान + अरबी आम] *पु॰* १. सभी लोगों के लिए होनेवाला दरबार। २. उक्त दरबार लगने का स्थान।

दीवानख़ाना—[< फा॰ दीवानख़ान:] *पु॰* १. बैठक। २. कचहरी का दफ़्तर। ३. राजदरबार लगने का स्थान।

दीवान-ख़ास—[फा॰ दीवान + अरबी ख़ास] *पु॰* १. मुख्य लोगों के लिए होनेवाला दरबार। २. उक्त दरबार लगने का स्थान।

दीवाना—[< फा॰ दीवानः] *पु॰* १. पागल। २. प्रेमी। ३. किसी कार्य या विचार में तन्मय। ***वा॰* (किसी के लिए) दीवाना होना**—१. अति प्रेमासक्त होना। २. अधिक मुग्ध होने के कारण वियोग में व्यग्र होना। **(किसी कार्य/लक्ष्य आदि का) दीवाना होना**—हर समय एक ही धुन रहना।

दीवानी—[फा॰] *स्त्री॰* जायदाद तथा रुपये-पैसे के झगड़ों का निर्णय करनेवाला न्यायालय।

दीवारगीर—[फा॰] *स्त्री॰* दीपक आदि रखने के लिए दीवार में जड़ा गया लकड़ी आदि का आधार।

दीवारगीरी—[फ़ा॰] *स्त्री॰* १. सुन्दरता के लिए दीवारों पर लगाया जाने वाला कपड़ा। २. दीवार में लगाने का दीप आदि।

दीवाली—[< स॰ दीपावली] *स्त्री॰* कार्तिक अमावस्या की रात्रि में जलते दीपों की मालाएँ/पंक्तियाँ सजाने और लक्ष्मी-पूजा करने का लोकप्रिय भारतीय उत्सव। दीपावली। दीपमालिका।

***दीसना**—[< स॰ √दृश्] *क्रिस॰* दिखायी देना। दिखना।

***दीह[१]**—[< स॰ दीर्घ] *वि॰* दीर्घ। बड़ा।

***दीह[२]**—[< स॰ दिवस] *पु॰* दिवस। दिन।

दु—[< हि॰ दो] *वि॰* (समासयुक्त पदों में पूर्वपद) 'दो' का संक्षिप्त रूप। ***जैसे***—दुभाषिया; दुपहरी।

दुअन्नी—[< हि॰ दो + आना] *स्त्री॰* पहले प्रचलित रहा दो आने का सिक्का जो रुपये के आठवें भाग (८ पैसे) के बराबर मूल्य का होता था।

दुआ—[अरबी] *स्त्री॰* १. ईश्वर से किसी वस्तु या बात के लिए करी जानेवाली प्रार्थना। २. किसी के कल्याण के लिए ईश्वर से करी जानेवाली प्रार्थना। ३. (किसी बड़े व्यक्ति का) आशीर्वाद। आशीष। ∇ **विलोम**—बददुआ। ***वा॰* दुआ करना**—ईश्वर से किसी की भलाई की प्रार्थना करना। **दुआ कहना**—आशीर्वाद देना। **दुआ माँगना**—ईश्वर से किसी की भलाई की प्रार्थना करना। **दुआ लगना**—ईश्वर से किसी की भलाई के लिए की गयी प्रार्थना का सफल होना।

दुआबा—[< फा॰ दुआबः] *पु॰* १. दो नदियों के बीच की भूमि। २. गंगा और यमुना के बीच का प्रदेश।

***दुआर/दुआरा**—*पु॰* ≤ *स॰* द्वार। दरवाज़ा।

***दुआरामती**—[< स॰ द्वारावती] *स्त्री॰* द्वारावती नगरी। द्वारिका।

दुई—[< हि॰ दुइ] *वि॰* १. दो। २. दोनों। *स्त्री॰* १. द्वैत। दो-पन। २. अलगाव। भेद-भाव। पराएपन की भावना। ***वा॰* दुई का परदा**—द्वैत से उत्पन्न अज्ञान-रूपी आवरण।

दुःख—[स॰ √दुःख् + अच्] *पु॰* १. मन की अप्रिय अनुभूति जिससे मनुष्य बचना चाहता है। अनिष्ट की प्राप्ति या इष्ट का वियोग होने से उत्पन्न वेदना। २. जो बुरा या प्रतिकूल लगे और जिससे पीड़ा का अनुभव हो। ३. विपत्ति। संकट। ४. कष्ट। ∇ **विलोम**—सुख। ***वा॰* दुःख उठाना**—दुःख झेलना, पाना, भोगना, कष्ट सहना। **दुःख का पहाड़ टूट पड़ना**—घोर दुःख पड़ना। **दुःख का मारा**—दुःखी व्यक्ति।

दुःख-छिन्न—[स॰] *वि॰* पीड़ित। दुःखी।

दुःखत्रय—[स॰ दुःख ~ त्रय] *पु॰* (दर्शन॰) तीन प्रकार के दुःख—आध्यात्मिक, आधिभौतिक और आधिदैविक।

दुःखदन्द/दुःखदुन्द (दुःखदंद/दुःखदुंद)—[< स॰ दुःख ~ द्वन्द्व] *पु॰* अनेक प्रकार के दुःख।

दुःखद—[स॰ दुःख + द] *वि॰* १. दुःख देनेवाला। (व्यक्ति) दुःख पहुँचाने वाला। कष्टकर। २. मन को दुःख पहुँचानेवाला (घटना/समाचार आदि)। ∇ **विलोम**—सुखद।

दुःख-दग्ध—[स॰] *वि॰* अति दुःखी।

दुःखप्राय/दुःखबहुल—[स॰ दुःख ~ प्रायः/बहुल] *वि॰* जिसमें दुःख की अधिकता हो। दुःखपूर्ण। दुःसमय।

दुःख-लभ्य—[स॰] *वि॰* १. जो कष्ट से प्राप्त हो। २. जो कठिनाई से मिले।

दुःखवाद—[स॰ दुःख ~ वाद] *पु॰* (भा॰ दर्शन॰) यह सिद्धान्त/मत कि संसार दुःखमय है। ✣ **दुःखवादी**—*वि॰* १. दुःखवाद-सम्बन्धी। दुःखवाद का। २. जो दुःखवाद का समर्थक हो। *पु॰* दुःखवाद का अनुयायी या समर्थक व्यक्ति।

दुःखान्वित—[स॰ दुःख ~ अन्वित] *वि॰* १. दुःखी। २. दुःख से युक्त। दुःखमय।

दुःखायतन—[स॰ दुःख ~ आयतन] *पु॰* १. दुःखमय स्थान। २. संसार (जो दुःखमय है)। दुनिया।

दुःखार्त—[स॰ दुःख ~ आर्त] *वि॰* दुःखी।

दुःखोच्छेद—[स॰ दुःख ~ उच्छेद] दुःख का नाश। दुःख-विनाश। दुःखोन्मूलन।

दुःखौघ—[स॰ दुःख ~ ओघ] *पु॰* दुःखों का समूह।

दुःशकुन—[स॰ दुः + शकुन] *पु॰* बुरा शकुन। अपशकुन।

दुःशासन—[स॰ दुः + शासन] *वि॰* जिस पर शासन करना कठिन हो। *पु॰* १. बुरा शासन। २. (महाभारत में) दुर्योधन का एक भाई।

दुःशील—[स॰ दुः + शील] *वि॰* बुरे स्वभाव वाला। दुष्ट। दुर्विनीत। उद्धत। ✣ **दुःशीलता**—*स्त्री॰* = १. दुष्टता। २. दुर्विनीतता। उद्धतता। ✣ **दुःशीलत्व**—*पु॰* = दुःशीलता।

दुःशोध—[स॰ दुः + शोध] *वि॰* १. जिसका सुधार कठिन हो। २. (धातु) जिसका शोधन कठिन हो।

दुःश्रव—[स॰ दुः + श्रव] *पु॰* (काव्य॰) काव्य में कर्ण-कटु (सुनने में अप्रिय) वर्णों के प्रयोग से होनेवाला दोष। श्रुति-कटुत्व दोष।

दुःश्रुति—[स॰ दुः + श्रुति] *स्त्री॰* (जैन॰) ऐसी कथा जिसे सुनना पापकारक है। अधर्मपूर्ण कथा। स्त्री-कथा, भोग-कथा, चोर-कथा और राज-कथा।

दुःश्रेय—[स॰ दुस् + श्रेय] *पु॰* अपयश।

दुःश्वास—[स॰ दुः + श्वास] *पु॰* (चिकित्सा॰) साँस लेने में कठिनाई। कष्टश्वास।

दुःसन्धेय (दुःसंधेय)—[स॰ दुः + सन्धेय] *वि॰* कठिनाई से

आपस में सन्धि करनेवाले। कठिनाई से परस्पर मेल करनेवाले।

दु:सह—[सं॰ दु: + सह] *वि॰* जिसे सहना कठिन हो। जो सहन-शक्ति से बाहर हो। असह्य।

दु:साध/दु:साध्य—[सं॰ दु: + हिं॰ साध/सं॰ साध्य] *वि॰* १. कठिनाई से पूरा या व्यवस्थित होनेवाला। जिसको करना कठिन हो। दुष्कर। २. कठिनाई से वश में होनेवाला। ३. असाध्य (रोग)।

दु:स्पर्श—[सं॰ दु: + स्पर्श] *वि॰* १. जिसे छूना कठिन हो। २. जिसे पाना कठिन हो। दुष्प्राप्य।

दुकड़ा—[< सं॰ द्विक] *पुं॰* १. एक साथ लगी दो वस्तुओं का जोड़ा। युग्म। ***जैसे***—धोतियाँ का दुकड़ा। २. एक पैसे का चतुर्थ भाग। ✣ **दुकड़ी**—*वि॰* (*स्त्री॰*) = १. जोड़ी। युग्म। २. ताश की वह पत्ती जिसपर किसी रंग की दो बूटियाँ हो। दुग्गी। ३. वह गाड़ी जिसमें दो घोड़े साथ-साथ जुतते हों।

दुकाल—[< सं॰ दुष्काल] *पुं॰* १. बुरा समय। २. दुर्भिक्ष। अकाल।

दुकूल—[सं॰ √दु + ऊलच्, कुक्] *पुं॰* १. रेशमी वस्त्र। २. महीन कपड़ा। ३. (पहनने का) वस्त्र।

***दुकूलिनी**—[< हिं॰ दु + कूल] *स्त्री॰* (दो तटों वाली) नदी।

दुकेला—[< सं॰ द्विक] *वि॰* जिसके साथ एक और व्यक्ति भी हो। जो अकेला न हो। ***जैसे***—अकेला-दुकेला। ✣ **दुकेले**—*क्रिवि॰* = अकेले नहीं, किसी एक के साथ। दूसरे को साथ लिए हुए। ***जैसे***—दुकेले जाना, अकेले नहीं।

दुक्कड़—[< हिं॰ दो + कूँड़] *पुं॰* १. वाद्य विशेष जो तबले के समान होता है और शहनाई के साथ बजाया जाता है। २. एक प्रकार का छोटा नगाड़ा।

दुक्का—[< सं॰ द्विक] *वि॰* १. दुकेला। (दे॰) ***जैसे***—इक्का-दुक्का। २. युग्म। जोड़ा। *पुं॰* ताश का वह पत्ता जिस पर किसी रंग की दो बुँदकियाँ बनी होती हैं। दुग्गी। ✣ **दुक्की**—*स्त्री॰* = दुग्गी।

दुख—*पुं॰* ≤ *सं॰* दु:ख। (दे॰) ***वा॰*** *दे॰* 'दु:ख' में।

दुखड़ा—[< हिं॰ दुख] दु:खों से भरा अपना वृत्तान्त। दु:ख-गाथा। २. दु:खों का उल्लेख करनेवाली बातें। ***वा॰*** **दुखड़ा पीटना/भरना**—बहुत कष्टों से भरा जीवन व्यतीत करना। **दुखड़ा रोना**—दूसरे को अपने कष्टों का हाल सुनाना।

दुखण्डा (दुखंडा)—[< हिं॰ दो + सं॰ खण्ड] १. जिसमें दो खंड/भाग हों। २. (भवन) जिसमें दो तल्ले हों। दुतल्ला।

***दुखदन्दन (दुखदंदन)**—[< सं॰ दु:ख ~ निकन्दन] *वि॰* दु:खों को नष्ट करनेवाला।

दुखिनी—[हिं॰ 'दुखिया' का स्त्री॰] *वि॰* (*स्त्री॰*) १. दु:खित (स्त्री)। विपत्तिग्रस्त (स्त्री)। दुखिता। २. व्यथित (स्त्री)। व्यथिता। ३. रोगिणी। बीमार (स्त्री)।

दुखीला—[< हिं॰ दुख] *वि॰* १. दु:खी। २. दु:ख के प्रति अधिक संवेदनशील। शीघ्र और अधिक दु:ख अनुभव करनेवाला। ३. मन में प्राय: दु:ख अनुभव करनेवाला।

दुख़्तर—[फा॰] *स्त्री॰* पुत्री। बेटी।

ꜛदुगई—[बुन्देल॰, देशज] *स्त्री॰* (घर का) बरामदा। दालान।

दुगदुगी—[< हिं॰ धुक-धुक] १. गले के नीचे का छोटा गड्ढा। २. गले का एक आभूषण। धुकधुकी।

***दुगध**—*पुं॰* ≤ *सं॰* दुग्ध। दूध। ✣ **दुगधा**—*स्त्री॰* = दूध देनेवाली गाय।

***दुगासरा**—[< सं॰ दुर्ग ~ आश्रय] *पुं॰* किसी दुर्ग के समीप का ग्राम।

दुगून—[< सं॰ द्विगुण] *वि॰* दुगना। दूना। *स्त्री॰* (संगीत॰) आरम्भिक लय से दुगनी गतिवाली लय।

***दुगँची (दुगेंची)**—[< सं॰ द्विगुण] *वि॰* दोहरी।

दुग्ध—[सं॰ √दुह् + क्त] *पुं॰* १. दूध। २. पौधों का दूध जैसा रस। *वि॰* दुहा हुआ।

दुग्धकल्प—[सं॰ दुग्ध ~ कल्प] *वि॰* जो दुग्ध के समान हो। *पुं॰* (आयुर्वेद॰) पूर्ण स्वस्थ करनेवाली एक प्रकार की चिकित्सा जिसमें रोगी को औषधि के अतिरिक्त केवल दूध पीना होता है, अन्य कुछ खाना-पीना निषिद्ध होता है।

दुग्ध-चूर्ण—[सं॰] *पुं॰* रासायनिक विधियों से तैयार किया गया दूध का सारतत्त्व जो चूर्ण के रूप में बिकता है। (अं॰ मिल्क पाउडर)

दुग्धजन—[< सं॰ दुग्ध ~ जनक] *वि॰* दुग्ध उत्पन्न करनेवाला। दुग्ध-जनक। *पुं॰* (प्राणि॰) १. दुग्ध उत्पन्न करनेवाली वस्तु। २. गाय, स्त्री आदि का दूध बढ़ानेवाली वस्तु/औषध आदि। (अं॰ लैक्टोजीनिक)

दुग्धदा—[सं॰ दुग्ध + दा] *वि॰* (*स्त्री॰*) दूध देनेवाली।

दुग्धधवल—[सं॰ दुग्ध ~ धवल] *वि॰* दुग्धश्वेत। दूध की तरह स्वच्छ व श्वेत। दूध जैसा सफ़ेद।

दुग्ध-पोष्य—[सं॰] *वि॰* १. दूध पर पलनेवाला। २. दुधमुँहा।

दुग्धफेन—[सं॰ दुग्ध ~ फेन] *पुं॰* दूध का फेन/झाग।

दुग्ध बन्ध, दुग्ध बन्धक (दुग्ध बंध, दुग्ध बंधक)—*पुं॰* दुहने के समय गाय को बाँधने का खूँटा।

दुग्धस्रवण—[सं॰ दुग्ध ~ स्रवण] *पुं॰* (स्त्री आदि के) स्तनों से दूध निकलना। स्तन्यस्रवण।

दुग्धाग्र—[सं॰ दुग्ध ~ अग्र] *पुं॰* (दूध की) मलाई।

दुग्धाब्धि—[सं॰ दुग्ध ~ अब्धि] *पुं॰* क्षीरसागर। ✣ **दुग्धाब्धि-तनया**—*स्त्री॰* = लक्ष्मी।

दुग्धी[१]—[सं॰ दुग्धिन्] *वि॰* १. जिसमें दूध हो। दूधवाला। दुग्धयुक्त। २. (वट वृक्ष आदि) क्षीर-वृक्ष।

दुग्धी[२]—[सं॰ दुग्ध + अच् + ङीष्] *स्त्री॰* दुद्धी नामक क्षुप।

दुघड़िया—[< हिं॰ दो + घड़ी, या < सं॰ द्विघटिका] *वि॰* दो घटी/घड़ी का। ✣ **दुघड़िया मुहूर्त**—*पुं॰* (ज्योतिष॰) = प्रस्थान आदि की आवश्यकता के समय उपयोगी एक मुहूर्त या दो घटी का समय जिसमें वार आदि का विचार नहीं किया जाता है।

***दुघरी**—[< अप॰ दुघड़ी < प्रा॰ दुघडिया < सं॰ द्विघटिका] *स्त्री॰*

१. दो घड़ी (का समय)। २. ज्योतिष का दुघड़िया मुहूर्त।

दुचल्ला—[< हि० दो + चाल] *पु०* दोनों ओर ढाल वाली छत।

दुचित—[< स० द्वि ~ चित्त] *वि०* १. जिसका चित्त दो बातों में से किसी एक पर स्थिर न हो पा रहा हो। असमंजस या दुविधा की स्थिति वाला। दुविधाग्रस्त। २. संशय में पड़ा हुआ। संशयग्रस्त। ३. चिन्ताग्रस्त। अशान्त।

दुचिता—[< हि० दुचित] *वि०* १. असमंजस या दुविधा में पड़ा हुआ। दुविधाग्रस्त। २. संशयग्रस्त। ३. अस्थिर चित्तवाला। अशान्त। ४. चिन्तित। ✣ **दुचिताई**—*स्त्री०* १. दो चित्त होना। द्विचित्तता। २. असमंजस या दुविधा। ३. संशयग्रस्तता। ४. अस्थिरचित्तता। ५. चिन्ताग्रस्तता।

दुचित्तता—[< स० द्वि ~ चित्तता] १. असमंजस या दुविधा की अवस्था या भाव। २. संशय। ३. अस्थिरचित्तता। मानसिक अशान्ति। ४. चिन्ता।

दुचित्ता—[< हि० दो + स० चित्त] *वि०* दुचिता।

दुचित्ती—[< हि० दुचित्ता] *स्त्री०* दुचित्तता। (दे०) *वि०* (स्त्री०) दुचित्ततावाली स्त्री।

***दुजड़**—[डिंगल] *पु०* तलवार। कटार। ✣ **दुजड़ी**—*स्त्री०* कटारी।

दुज़ानू—[फा०] *क्रिवि०* दोनों घुटनों के बल।

***दुजेश**—[< स० द्विजेश] *पु०* द्विजेश। द्विजेन्द्र।

†**दुड़ि/दुड़ी**—[< हि० दु] *स्त्री०* १. (ताश के खेल में) दुग्गी। २. (कौड़ियों के खेल में) दो खुली कौड़ियाँ।

दुण्डुभ (दुंडुभ)—[स० √द्रुड् + उभ्, नुभ्, र-लोप] *पु०* एक प्रकार का विषरहित सर्प। डुंडुभ।

दुत्—[अनु०] *अव्यय०* १. घृणा, उपेक्षा, तिरस्कार आदि का सूचक शब्द। २. बालकों, मित्रों आदि से बातचीत में स्नेहपूर्वक कहा गया निषेध-सूचक शब्द। चल हट, ऐसा नहीं। धत्। दुत।

दुतकार—[< हि० दुत्कार] *स्त्री०* दुत्कार। (दे०) **वा० दतकार बताना**—डाँटना। फटकारना।

दुतरणि—[< स० दुस्तरण] *वि०* कठिन।

दुताबी—[< हि० दो + फा० ताब] *वि०* दोनों ओर धार वाली। दुधारी। *स्त्री०* (पहले प्रचलित रही) एक प्रकार की दुधारी तलवार।

दुतारा—[< हि० दो + तार] *पु०* (तर्जनी उँगली से बजाया जानेवाला) दो तारों वाला एक वाद्य यन्त्र।

***दुतिया**[१]—[< स० द्वितीय] *वि०* द्वितीय।

***दुतिया**[२]—[< स० द्वितीया] *वि०* (स्त्री०) दूसरी। *स्त्री०* द्वितीया (तिथि)।

दुत्कार—[< हि० दुत् + स० कार] *स्त्री०* १. दुत्कारने की क्रिया या भाव। २. 'दुत्' शब्द। 'दुत्' कहना। ३. घृणा, उपेक्षा, तिरस्कार आदि के साथ किसी को अपने पास से हटाने के लिए कही जाने वाली बात।

दुदल—*वि०* ≤ *स०* द्विदल। (दे०) *पु०* द्विदल कहे जानेवाले अन्नों (अरहर, उर्द, चना आदि) का वर्ग या उस वर्ग का कोई अन्न।

दुद्धी[१] **(दुद्धी**[१]**)**—[< स० दुग्धी] *स्त्री०* एक औषधोपयोगी वनस्पति जिसके क्षुप लगभग डेढ़ फ़ुट ऊँचे होते हैं जिसके पत्तों को तोड़ने पर दूध निकलता है। दूधिया।

दुद्धी[२] **(दुद्धी**[२]**)**—[< हि० दूध] *स्त्री०* दूधिया मिट्टी। खड़िया।

दुध—[< हि० दूध] *पु०* समासयुक्त पदों के आरम्भ में प्रयुक्त 'दूध' का संक्षिप्त रूप। दूध। ***जैसे***—दुधमुँहा।

दुधमुख/दुधमुँहा—[< हि० दूध + मुख/मुँह] *वि०* १. केवल दूध पीकर पलनेवाला (शिशु)। २. (छोटा बालक) जिसके दूध के दाँत अभी टूटे न हों। अबोध। अज्ञानी। **वा० दुधमुँहाँ बच्चा**—१. अबोध शिशु या बालक। २. निरपराध व्यक्ति। ३. अज्ञानी व्यक्ति।

दुधहँड़ी/दुधाँड़ी—[< हि० दूध + हाँडी] *स्त्री०* दूध गरम करने की हाँडी/हँड़िया।

दुधारा—[< हि० दो + धार] *वि०* दोनों ओर धारवाला। ***जैसे***—दुधारा छुरा। *पु०* एक प्रकार का चौड़ा खड्ग जिसमें दोनों ओर धार होती है। ✣ **दुधारी**—*वि०* (*स्त्री०*) = दोनों ओर धारवाली। ***जैसे***—दुधारी तलवार। *स्त्री०* = एक प्रकार की कटार जिसमें दोनों ओर धार होती है। **वा० दुधारी तलवार**—हर स्थिति में बुरा करने वाली वस्तु/बात आदि।

***दुधाही**—[< स० द्विधा] *क्रिवि०* दोनों ओर।

†**दुनवना**—[< हि० दो + नवना (= झुकना)] *क्रिअ०* किसी लोचदार वस्तु का इतना लचकना कि उसके दोनों सिरे मिल जाएँ। लचकर दोहरा होना। *क्रिस०* १. लचाकर दोहरा करना। २. नष्ट-भ्रष्ट करना। ३. धुनना।

***दुनिया**[१]—[< हि० दोना] *स्त्री०* छोटा दोना।

दुनिया[२]—[< अरबी दुन्या] *स्त्री०* १. संसार। विश्व। २. संसार के लोग। जनता। ३. सांसारिक बखेड़े/झंझट। **वा० दुनिया उजड़ना**—सर्वस्व नष्ट हो जाना। **दुनिया की हवा लगना**—१. सांसारिक बातों का ज्ञान होना। २. सांसारिकता में पड़ना।

दुनियादार—[< अरबी दुन्या + फा० दार] *वि०* १. संसार के मोह में लिप्त। २. घर-गृहस्थीवाला। गृहस्थ। ३. लौकिक व्यवहार आदि में निपुण कुशल/दक्ष। **वा० दुनियादार होना**—१. सांसारिकता में लिप्त होना। २. व्यवहारकुशल होना। ✣ **दुनियादारी**—*स्त्री०* = १. दुनियादार होने का गुण। २. संसार का जाल। ३. बनावटी व्यवहार। **वा० दुनियादारी की बात**—१. व्यावहारिक बात। २. बनावटी बात। छल-भरी बात या कपट से।

दुनियावी—[< अरबी दुन्यवी] *वि०* दुनिया का। संसार-सम्बन्धी। सांसारिक।

दुनियासाज़—[< अरबी दुन्या + फा० साज़] *वि०* १. लोगों को देखकर उनके अनुकूल व्यवहार करके अपना काम निकालनेवाला। २. दिखावटी व्यवहार करनेवाला। ३. स्वार्थ के लिए झूठी बातें और चाटुकारिता करनेवाला। ✣ **दुनियासाज़ी**—*स्त्री०* =

१. दुनियासाज़ होने की अवस्था या भाव। २. अपना स्वार्थ पूरा करने की कला।

दुन्द (दुंद)—[< सं॰ द्वन्द्व] *पु॰* १. द्वंद्व। (दे॰) २. उत्पात। ऊधम। ३. कोलाहल। शोर।

***दुन्दर (दुंदर)**—[< सं॰ द्वन्द्वालु] *वि॰* झगड़ा करनेवाला। द्वन्द्वशील। झगड़ालू।

दुन्दुभि (दुंदुभि)—[सं॰ दुन्दु √भा + कि] *स्त्री॰* एक आनद्ध वाद्य। बड़ा ढोल। नगाड़ा। **वा॰ दुन्दुभि बजाना**—१. हर्ष प्रकट होना। २. प्रचार होना। ३. जय-घोषणा होना। **दुन्दुभि बजाना**—१. हर्ष प्रकट करना। २. प्रचार करना। ३. जय-घोषणा करना।

दुन्दुमा (दुंदुमा)—[सं॰ दुन्दुमा] *स्त्री॰* दुन्दुभि पर चोट पड़ने से होनेवाली ध्वनि।

†दुन्दुह (दुंदुह)—[< सं॰ डुण्डुभ] *पु॰* एक प्रकार का विषहीन सर्प। पानी का साँप। डुंडुभ।

दुपट्टा (दुपट्टा)—[< हि॰ दो + पाट] *पु॰* १. दो पाटों को जोड़कर बनायी जानेवाली ओढ़ने की चादर। २. (स्त्रियों के) सिर पर ओढ़ने का एक वस्त्र जो दो पाटों को जोड़ने से बना होता है। ३. कन्धे या गरदन पर डालने का लम्बा कपड़ा। **वा॰ दुपट्टा तान कर सोना**—१. अच्छी तरह दिन बिताना। २. निश्चिन्त होकर रहना।

दुपतिया—[< हि॰ दो + पत्ती] *वि॰* दो पत्तों वाला।

दुपरता—[< हि॰ दो + परत] *वि॰* दो परतों वाला (वस्त्र आदि)। ✣ **दुपरती**—*स्त्री॰* दो परतों वाली।

दुपलिया—[< हि॰ दो + पल्ला] *वि॰* जिसमें दो पल्ले हों। दुपल्ला। दुपल्ली टोपी।

दुपल्ला—[< हि॰ दो + पल्ला] *वि॰* जिसमें दो पल्ले हों। जो दो टुकड़े जोड़कर बनाया गया हो। ***जैसे***—दुपल्ली दरवाज़ा। ✣ **दुपल्ली**—*वि॰ (स्त्री॰)* = दो पल्लों वाली। ***जैसे***—दुपल्ली टोपी।

†दुपी—[डिंगल < सं॰ द्विप] *पु॰* गज। हाथी।

दुफ़सला/दुफ़सली—[हि॰ दो +अरबी फ़स्ली] *वि॰* १. दोनों फ़सलों (रबी और खरीफ़) में उत्पन्न होनेवाला (अनाज)। २. (वह वृक्ष) जो वर्ष में दो बार फले। ३. (वह भूमि) जो वर्ष में दो बार बोयी और काटी जाए। दो फ़सलों वाली।

दुबला—[< सं॰ दुर्बल] *वि॰* १. जिसका शरीर क्षीण और कमज़ोर हो। कृश। ***जैसे***—दुबला लड़का। २. कम बल वाला। निर्बल।

दुबीचा—[< हि॰ दो + बीच] *पु॰* १. असमंजस। दुविधा। २. हानि की आशंका। खटका।

दुमचा—[फ़ा॰] *स्त्री॰* १. (घोड़े के साज का)तस्मा जो दुम के नीचे दबा रहता है। २. पुट्ठो के बीच की हड्डी। ३. झूले पर खड़े होकर, कमर लचकाकर, पेंग बढ़ाने के लिए झोंका देने की क्रिया।

दुमट—[< हि॰ दु + मिट्टी] *स्त्री॰* चिकनी रेतीली मिट्टी। ✣ **दुमटी मृदा**—*स्त्री॰* = दुमट।

दुमाला—[< हि॰ दो + सं॰ माला] *पु॰* १. फन्दा। २. मस्तक का एक शृंगार जिसे पगड़ी के ऊपर लगाते हैं।

दुमाहा/दुमाही—[< हि॰ दो + माह] *वि॰* १. हर दो महीनों पर होनेवाला। २. दो मास की अवस्था वाला।

दुमुँहा—[< हि॰ दो + मुँह] *वि॰* १. जिसके दो मुँह हों। २. जिसके दोनों ओर मुँह हों। ३. दो विरोधी बाते अलग-अलग समय पर कहनेवाला। झूठा।

दुम्बा (दुंबा)—[< फा॰ दुम्ब:] *पु॰* मेष। मेढ़ा।

†दुर[१]—[< सं॰ दूर] *अव्यय॰* दूर हो। दूर हट। **वा॰ दुर-दुर करना**—तिरस्कार के साथ हटाना/भगाना।

दुर[२]—[फा॰] *पु॰* १. मोती। २. कान में पहनने की छोटी बाली।

दुरक्ष[१]—[< सं॰ दुरक्षि] *वि॰* १. जिसके नेत्र दुर्बल हों। जिसे कम दिखता हो। २. बुरी दृष्टि वाला।

दुरक्ष[२]—[सं॰ दुर् + अक्ष] *पु॰* १. (जुए में) बेईमानी का पासा। २. उक्त पासे से खेला जानेवाला बेईमानी का जुआ।

दुरग्नि—[सं॰ दुर् + अग्नि] *स्त्री॰* वैर की आग। शत्रुतारूपी अग्नि।

दुरङ्ग (दुरंग)—[< हि॰ दो + सं॰ रङ्ग] *वि॰* दो रंगों वाला। दुरंगा। ✣ **दुरङ्गा (दुरंगा)**—*वि॰* = १. दो रंगौं वाला। जिसमें दो रंग हों। २. जिसमें एकरूपता न हो। दो प्रकार का। ३. दो प्रकार की चाल चलनेवाला। ढोंगी। कपटी। ४. जो कभी कुछ कहे और कभी कुछ। दो प्रकार की बातें करनेवाला। ✣ **दुरङ्गी (दुरंगी)**—*वि॰ (स्त्री॰)* = 'दुरंगा' का स्त्री॰। ***जैसे***—दुरंगी साड़ी; दुरंगी स्त्री। **वा॰ दुरंगी चाल**—१. कहना कुछ और करना कुछ। २. परस्पर विरोधी दोनों पक्षों से मिले रहना।

दुरति—[हि॰ दु + सं॰ रति] १. दो भिन्न या विरोधी बातों के प्रति होनेवाला अनुराग। २. निश्चय का अभाव। दुविधा।

दुरतिक्रम—[सं॰ दुर् + अतिक्रम] *वि॰* १. जिसको लाँघना या पार करना कठिन हो। दुस्तर। २. जिससे पार पाना कठिन हो। अजेय। ३. अनिवार्य।

दुरधिगम—[सं॰ दुर् + अधिगम] *वि॰* १. जिसे प्राप्त करना कठिन हो। दुष्प्राप्य। २. जिसे समझना कठिन हो। दुर्बोध। दुर्ज्ञेय।

दुरधिष्ठित—[सं॰ दुर् + अधिष्ठित] *वि॰* १. बुरी तरह किया हुआ। दुर्व्यवस्थित। २. अव्यवस्थित।

दुरधीत—[सं॰ दुर् + अधीत] *वि॰* १. बुरी तरह से पढ़ा हुआ। २. अशुद्ध पढ़ा हुआ। *पु॰* अशुद्ध उच्चारण से किया जानेवाला पाठ।

दुरध्यवसाय—[सं॰ दुर् + अध्यवसाय] *पु॰* मूर्खतापूर्ण कार्य।

दुरध्व—[सं॰ दुर् + अध्व] *वि॰* जिस पर चलना कठिन हो। *पु॰* १. बुरा मार्ग। कुमार्ग। २. विकट/बीहड़ मार्ग।

दुरना—[< हि॰ दूर] *क्रि॰स॰* १. आँखों से ओझल होना। ओट/आड़ में होना। २. छिपना। ✣ ***दुरनि**—*स्त्री॰* = १. आँखों से ओझल होने की क्रिया या भाव। ओट/आड़ में होने की क्रिया। २. छिपने की क्रिया। गोपन।

***दुरनाम/दुरनामा**—[< स० दुर्नाम] *वि०* बुरे नाम वाला। बदनाम।

दुरन्त (दुरंत)—[स० दुर् + अन्त] *वि०* १. जिसका अन्त पाना कठिन हो। अनन्त। अपार। २. बहुत कठिन। ३. भयंकर। घोर। ४. जिसका अन्त बुरा हो। परिणाम में दुःखदायी। ५. प्रबल। प्रचंड। ६. अति गम्भीर। दुर्गम। दुस्तर। ७. दुष्ट। नीच। ८. अशुभ।

दुरन्तक (दुरंतक)—[स० दुरन्त + कन्] *पु०* शिव महादेव। ✣ **दुरन्तता (दुरंतता)**—*स्त्री०* = १. दुरन्त होने का भाव/स्थिति। २. अपारता। ३. कठोरता। ४. भयंकरता। प्रचंडता। प्रबलता। ५. अति गंभीरता। ६. दुर्गमता। ७. दुष्टता। ८. अशुभता।

दुरन्तर (दुरंतर)—[< स० दुरन्त] *वि०* १. कठिन। २. दुर्गम।

दुरन्धा (दुरंधा)—[< स० द्विरन्ध्र] *वि०* १. जिसमें दो रन्ध्र/छेद हों। २. जिसमें आर-पार छेद हों। ३. जिसके दोनों ओर छेद हों।

दुरन्वय—[स० दुर् + अन्वय] *वि०* १. कठिनाई से प्राप्त होनेवाला। दुष्प्राप्य। २. कठिनाई से समझ में आनेवाला। दुर्बोध। *पु०* १. भ्रमपूर्ण परिणाम/फल। २. अपने परिवेश या परिस्थितियों के प्रति घटिया या अपर्याप्त समायोजन। (काव्य०) रचना के विविध अंगों और भागों में परस्पर संगति और समन्वय का अभाव।

दुरपवाद—[स० दुर् + अपवाद] *पु०* १. निन्दा। २. अपयश। बदनामी।

***दुरबार**—[< स० दुर्वार] *वि०* जिसका निवारण न किया जा सके। कठिनाई से रोकने या बचाने योग्य। दुर्निवार्य। दुर्निवार।

दुरभिग्रह—[स० दुर् ~ अभिग्रह] *वि०* जो कठिनाई से पकड़ा जा सके।

दुरभिमान—[स० दुर् + अभिमान] *पु०* अनुचित घमंड। ✣ **दुरभिमानी**—*वि०* = अनुचित अभिमान करनेवाला।

दुरभियोजन—[स० दुर् ~ अभियोजन] *पु०* षड्यन्त्र।

दुरभिसन्धि (दुरभिसंधि)—[स० दुर् + अभि + सन्धि] *स्त्री०* १. बुरे उद्देश्य से की गयी गुप्त मंत्रणा। कुचक्र। षड्यंत्र। २. किसी को धोखा देने या ठगने के लिए किया गया समझौता। कपट समझौता। ***जैसे***—चोरों और पुलिस की दुरभिसन्धि की बहुत चर्चा है।

दुरमुट/दुर्मुट—[< स० दुर् + मुसल] *पु०* सड़क आदि पर बिछाए गए कंकड़ों, मिट्टी आदि को पीट-पीटकर समतल करने का एक उपकरण।

दुरवग्रह—[स० दुर् + अवग्रह] *वि०* जिसे रोकना या वश में करना कठिन हो।

दुरवधार्य—[स० दुर् ~ अवधार्य] *वि०* १. जो सरलता से सँभाला न जा सके। ***जैसे***—दुरवधार्य बोझ। २. जो ठीक तरह से स्थिर/बना न रह सके।

दुरवस्थ—[स० दुर् + अवस्थ] *वि०* जो बुरी/हीन दशा में हो। दुर्दशाग्रस्त।

दुरवस्था—[स० दुर् + अवस्था] *स्त्री०* १. बुरी दशा। दुर्दशा। २. दरिद्रता आदि के कारण होनेवाली हीन दशा।

दुरवार—[< स० दुर्वार] *वि०* दुर्निवार। दुर्वार।

दुराकृति—[स० दुर् + आकृति] *वि०* कुरूप। बदसूरत।

दुरागम—[स० दुर् + आगम] *पु०* अनुचित/अवैध रूप से आना/मिलना या प्राप्त होना।

दुराक्रान्त (दुराक्रांत)—[स० दुर् + आक्रान्त] *वि०* जिस पर कभी आक्रमण न हुआ हो। ***जैसे***—दुराक्रान्त देश।

दुराख्यात—[स० दुर् + आख्यात] *वि०* जिसका ग़लत अर्थ बताया या समझा गया हो।

दुराग्रह—[स० दुर् + आग्रह] *पु०* अनुचित/मूर्खतापूर्ण हठ। ज़िद।

दुराचरण/दुराचार—[स० दुर् + आचरण/आचार] *पु०* १. अनुचित आचरण। निन्दनीय आचरण। २. अनैतिकता। दुष्टता। ३. बुरा चाल-चलन। दुश्चरित्रता। ∇ **विलोम**—सदाचरण/सदाचार।

दुराज[१]—[< स० दुर् + राज्य] *पु०* १. दुष्ट राज्य। २. दोषयुक्त शासन। बुरा शासन।

दुराज[२]—[< स० द्विराज्य] *पु०* १. वह राज्य या शासन जिसमें दो राजा मिलकर राज्य करते हैं। २. उक्त प्रकार के शासन वाला देश/स्थान। ✣ **दुराजी**—*वि०* = जिस पर दो राजा राज्य करते हों। *पु०* दुराज।

दुरादुरी—[< हि० दुरना] *स्त्री०* गोपन। छिपाव। दुराव।

दुराधर्ष—[स० दुर् + आ + धर्ष] *पु०* जिस पर आक्रमण न किया जा सके। २. जिसे हराया न जा सके। अजेय। ३. प्रचंड। विकट। ✣ **दुराधर्षता**—*स्त्री०* = १. दुराधर्ष होने की अवस्था या भाव। २. अजेयता। ३. प्रचंडता।

दुराना—[< हि० दूर] *क्रिअ०* १. दूर होना। हटना। २. ओट में होना। छिपना। *क्रिस०* १. दूर करना। हटाना। २. ओट में करना। छिपाना। ३. त्यागना। छोड़ना।

दुराराध्य—[स० दुर् + आराध्य] *वि०* १. जिसे प्रसन्न करना बहुत कठिन हो। २. जिसकी पूजा कष्टसाध्य हो।

दुरारोह—[स० दुर् + आरोह] *वि०* जिस पर चढ़ना कठिन हो। ***जैसे***—नारियल और ताड़ के वृक्ष दुरारोह होते हैं।

दुरालाप—[स० दुर् + आलाप] *पु०* = १. बुरी बातचीत। २. दुर्वचन। गाली। ✣ **दुरालापी**—*वि०* १. बुरी बातचीत करनेवाला। २. गाली देनेवाला।

दुरालोक—[स० दुर् + आलोक] *वि०* जो कठिनाई से देखा जा सके। *पु०* चकाचौंध करनेवाला प्रकाश/चमक।

दुराव—[< हि० दुराना] *पु०* १. दुराने की क्रिया। छिपाव। २. कपट की भावना से कोई बात छिपाना। ✣ **दुराव-छिपाव**—*पु०* = १. दुराव। छिपाव। २. छल-कपट।

दुराश—[स० दुर् + आशा] *वि०* १. जिसे झूठी आशा हो। २. बुरी इच्छा वाला।

दुरासद—[स० दुर् + आ √सद् + खल्] *वि०* १. दुर्गम। दुस्साध्य। कठिन। २. दुर्लभ। दुष्प्राप्य। ३. अद्वितीय। ४. अजेय।

दुरित[१]—[स० दुर् + इत] *वि०* १. पाप-पूर्ण। २. पापी। ३. कठिन। *पु०* १. पाप। २. भय। डर। ३. विपत्ति। मुसीबत। ४. दुष्टता। ५. बुरा मार्ग। कुमार्ग।

दुरित[2]—[< हि॰ दुरना] छिपा हुआ।

दुरिष्टि—[स॰ दुर् + इष्टि] १. दूसरों को हानि पहुँचाने के लिए किया जाने वाला यज्ञ। २. तान्त्रिक अभिचारों (मारण, मोहन आदि) के लिए किया जाने वाला यज्ञ।

***दुरीदुरा**—[< हि॰ दुरना] *क्रिवि॰* अपने को छिपाकर। छिपे रहकर।

दुरीश—[स॰ दुर् + ईश] *पु॰* दुष्ट स्वामी। बुरा मालिक।

दुरुक्त—[स॰ दुर् + उक्त] *वि॰* बुरी तरह से कहा हुआ। *पु॰* दुरुक्ति।

दुरुक्ति—[स॰ दुर् + उक्ति] *स्त्री॰* १. बुरा कथन। २. ऐसा कथन जो बुरा लगे। दुर्वचन। गाली, धिक्कार या डाँट-फटकार।

†**दुरुखा**—[< फा॰ दुरुख़:] *वि॰* १. दो प्रवृत्तियों वाला। ***जैसे***—दुरुख़ी आदमी। २. (वस्त्र आदि) जिसमें दोनों ओर अंकन, चिह्न या छपाई आदि हो। ***जैसे***—दुरुख़ा कपड़ा। ✣ **दुरुखी**—*वि॰* (*स्त्री॰*)। ***जैसे***—दुरुख़ी छपाई।

दुरुत्तर—[स॰ दुर् + उत्तर] *पु॰* बुरा उत्तर। *वि॰* १. जो उत्तर देने योग्य न हो। २. दुस्तर।

दुरूह—[स॰ दुर् + ऊह] *वि॰* जल्दी समझ में न आने वाला। कठिनता से समझा जा सकने वाला। दुर्बोध।

दुरोज़ा—[< फा॰ दुरोज़:] *वि॰* १. दो दिन का। २. थोड़े दिन का। ३. अस्थायी।

दुरोदर—[देशज] *पु॰* द्वार-रक्षक।

दुरौंधा (दुरौंधा)—[स॰ द्वारोर्द्ध] *पु॰* द्वार के ऊपर की लकड़ी। भरेठा।

दुर्ग—[स॰ दुर् √गम् + ड] *पु॰* गढ़। क़िला। *वि॰* १. दुर्गम। २. कठोर।

दुर्गत—[स॰ दुर् + गत] *वि॰* १. बुरी दशा में पड़ा हुआ। विपन्न। २. दरिद्र।

दुर्गति—[स॰ दुर् + गति] *वि॰* १. दुर्दशा। २. दरिद्रता। ∇ **विलोम**—सुगति/सद्गति।

दुर्गम—[स॰ दुर् √गम् + खल्] *वि॰* १. जहाँ पहुँचना कठिन हो। २. जो शीघ्र समझ में न आए। दुर्बोध। ∇ **विलोम**—सुगम।

दुर्गलनीय—[स॰ दुर् + गलनीय] *वि॰* (रसायन॰) (ऐसा पदार्थ) जिसे उच्च ताप तक गरम करने पर भी क्षति नहीं होती। ***जैसे***—दुर्गलनीय पदार्थ की ईंटें।

दुर्गाष्टमी—[स॰ दुर्गा ~ अष्टमी] *स्त्री॰* १. चैत्र शुक्ल अष्टमी (तिथि)। २. आश्विन शुक्ल अष्टमी (तिथि)।

दुर्गाह्य (दुर्गाह्य)—[स॰ दुर् + गाह्य] *वि॰* १. जिसकी थाह जल्दी न मिल सके। अगाध। अथाह। २. जिसका अनुसन्धान न हो सके।

दुर्गेश—[स॰ दुर्ग ~ ईश] *पु॰* दुर्ग का स्वामी या प्रमुख अधिकारी। दुर्गपति।

दुर्गोत्सव—[स॰ दुर्गा ~ उत्सव] *पु॰* दुर्गा (पार्वती) देवी की पूजा का उत्सव जो चैत्र और आश्विन मास के शुक्ल पक्ष के आरम्भ में नवमी तक नवरात्र में होता है।

दुर्ग्रह[1]—[स॰ दुर् √ग्रह् + खल्] *वि॰* १. जिसे पकड़ना कठिन हो। २. दुष्प्राप्य। ३. दुर्ज्ञेय। ४. जिसे जीतना कठिन हो। *पु॰* दुराग्रह।

दुर्ग्रह[2]—[स॰ दुर् + ग्रह] *पु॰* (ज्योतिष॰) हानिकारक ग्रह।

दुर्ग्राह्य (दुर्ग्राह्य)—[स॰ दुर् + ग्राह्य] *वि॰* १. जिसे कठिनता से पकड़ा, जीता या वश में किया जा सके। २. जिसे कठिनाई से प्राप्त किया जा सके। दुष्प्राप्य। ३. जिसे कठिनाई से समझा जा सके। दुर्बोध।

दुर्घट—[स॰ दुर् √घट् + खल्] *वि॰* १. जिसका घटित होना कठिन हो। दुःसाध्य। २. असम्भव जैसा।

दुर्घोष—[स॰ दुर् + घोष] *पु॰* कर्णकटु शब्द। *वि॰* जो कर्णकटु ध्वनि उत्पन्न करे। अप्रिय शब्द करनेवाला।

दुर्जय—[स॰ दुर् + जय] *वि॰* जिसे जीतना कठिन हो। अजेय। ***जैसे***—मृत्यु दुर्जय है। ✣ **दुर्जयता**—*स्त्री॰* = अजेयता।

दुर्जर—[स॰ दुर् √जॄ + अच्] *वि॰* १. (अन्न) जो देर में या कठिनता से पचे। २. सदा तरुण/युवा रहनेवाला।

दुर्जात—[स॰ दुर् + जात] *वि॰* १. जिसने व्यर्थ जन्म लिया हो। २. जो नीच कुल में जन्मा हो। ३. दुष्ट स्वभाव का। ४. दुःखी। विपत्ति-ग्रस्त। ५. भाग्यहीन। अभागा। *पु॰* १. विपत्ति। २. दुर्भाग्य।

दुर्जीव—[स॰ दुर् + जीव] *वि॰* १. दूसरे के दिए हुए अन्न से पलनेवाला। २. बुरी रीति से जीविका कमाने वाला। *पु॰* बुरा जीवन।

दुर्जेय—[स॰ दुर् + जेय] *वि॰* दुर्जय। अजय। ✣ **दुर्जेयता**—*स्त्री॰* = दुर्जयता। अजेयता।

दुर्ज्ञेय—[स॰ दुर् + ज्ञेय] *वि॰* जो कठिनता से जाना/समझा जा सके। दुर्बोध।

दुर्दम/दुर्दमन/दुर्दमनीय/दुर्दम्य—[स॰ दुर् + दम/दमन/दमनीय/दम्य] *वि॰* १. जिसे दबाना या वश में करना कठिन हो। जिसका दमन करना कठिन हो। २. प्रबल।

दुर्दर्श/दुर्दर्शन—[स॰ दुर् + दर्श/दर्शन] *वि॰* १. कठिनता से देखा जा सकने वाला। २. चकाचौंध करने वाला। ३. जिसे देखने से भय लगे या घृणा हो। ४. कुरूप। ५. जिसे देखना अशुभ होता है।

दुर्दान्त (दुर्दांत)—[स॰ दुर् √दम् + क्त] *वि॰* दुर्दम्य।

दुर्दृष्ट—[स॰ दुर् + दृष्ट] १. जो देखने में भयंकर हो। २. जिस पर पर्याप्त ध्यान न दिया गया हो। ३. जिसका ठीक प्रकार से न्याय/निर्णय न हुआ हो। अनुचित रीति से निर्णीत।

दुर्दैव—[स॰ दुर् + दैव] *पु॰* दुर्भाग्य। अभाग्य।

दुर्धर—[स॰ दुर् √धृ + खल्] *वि॰* १. जो जल्दी न पकड़ा जा सके। २. प्रचंड। प्रबल। ३. जल्दी समझ में न आनेवाला। दुर्बोध।

दुर्धर्ष—[स॰ दुर् √धृष् + खल्] *वि॰* १. जिसे हराया न जा सके। ***जैसे***—दुर्धर्ष शत्रु। २. जिसे वश में करना कठिन हो। ३. प्रबल। ***जैसे***—दुर्धर्ष प्रकृति।

दुर्नय—[स॰ दुर् + नय] *पु॰* १. बुरी नीति। २. बुरा आचरण। ३. अनीति। अनैतिकता। ४. अनौचित्य। ५. अन्याय।

***दुर्नाद**—[स॰ दुर् + नाद] *वि॰* बुरी या कर्कश ध्वनि वाला। *पु॰* राक्षस।

दुर्निग्रह—[सं॰ दुर् + निग्रह] *वि॰* जिसका निग्रह करना कठिन हो। जिसे वश में लाना कठिन हो।

दुर्निमित्त—[सं॰ दुर् + निमित्त] *पुं॰* १. अनुचित/बुरा बहाना। २. अपशकुन।

दुर्निरीक्ष—[सं॰ दुर् + निर् √ईक्ष् + खल्] *वि॰* १. जिसे देखते रहना बहुत कठिन हो। २. भयंकर। ३. कुरूप।

दुर्निवार/दुर्निवार्य—[सं॰ दुर् + निवार/निवार्य] *वि॰* १. जिसका निवारण करना कठिन हो। जिसे रोकना या जिससे बचना कठिन हो। २. जो सरलता से दूर न किया जा सके। जिसे हटाना कठिन हो। ३. जिसका घटित होना निश्चित-सा हो।

दुर्नीत—[सं॰ दूर् + नीत] *वि॰* नीति-विरुद्ध आचरण करनेवाला। *पुं॰* अनैतिक आचरण। बुरा चरित्र।

दुर्नीति—[सं॰ दुर् + नीति] *स्त्री॰* १. नीति-विरुद्ध आचरण। अनैतिक आचरण। २. बुरी नीति। अनुचित नीति।

दुर्बोध—[सं॰ दुर् + बोध] *वि॰* १. जो शीघ्र समझ में न आए। २. गूढ़। ३. क्लिष्ट। कठिन। ∇ **विलोम**—सुबोध।

दुर्भक्ष—[सं॰ दुर् √भक्ष् + खल्] *वि॰* १. जिसे खाना कठिन हो। जो शीघ्र न खाया जा सके। २. जो खाने में बुरा लगे।

दुर्भग—[सं॰ दुर् + भग] *वि॰* जिसका भाग्य बुरा हो। दुर्भाग्यशील। अभागा। ✣ **दुर्भगा**—*स्त्री॰* = वह स्त्री जिसे उसका पति पसन्द न करता हो। *वि॰* (*स्त्री॰*) दुर्भाग्यशालिनी। अभागिनी।

दुर्भर—[सं॰ दुर् + भर] *वि॰* १. जिसे धारण करना, ढोना या निभाना कठिन हो। २. भारी। वज़नी।

दुर्भाव—[सं॰ दुर् + भाव] *पुं॰* १. बुरा भाव। २. द्वेष। ३. दुर्भावना।

दुर्भिक्ष—[सं॰ दुर् + भिक्षा] *पुं॰* १. ऐसा समय जिसमें भिक्षा मिल पाना कठिन हो। २. अकाल।

दुर्भिद—[सं॰ दुर् √भिद् + क] *वि॰* जिसका भेदन कठिन हो। अभेद्य।

दुर्भीति—[सं॰ दुर् + भीति] *स्त्री॰* (मनो॰) एक प्रकार का मानसिक रोग जिसमें किसी भी वस्तु का स्थायी, तीव्र और अदम्य, परन्तु अकारण, भय लगता है।

दुर्भृत्य—[सं॰ दुर् + भृत्य] *पुं॰* दुष्ट/बुरा नौकर।

दुर्भेद/दुर्भेद्य—[सं॰ दुर् + भेद/भेद्य] *वि॰* १. जो कठिनाई से वेधा/छेदा जा सके। जो शीघ्र वेधा न जा सके। अति दृढ़। २. जिसको तोड़ना बहुत कठिन हो। ३. जो बहुत कठिनाई से जीता जा सके। *जैसे*—भरतपुर का दुर्भेद्य दुर्ग।

दुर्मति—[सं॰ दुर् + मति] *वि॰* १. बुरी बुद्धि वाला। २. दुष्ट। ३. मूर्ख। *स्त्री॰* दुष्ट/बुरी बुद्धि। *पुं॰* (ज्योतिष॰) साठ संवत्सरों में से एक।

दुर्मद—[सं॰ दुर् + मद] *वि॰* १. नशे में बुरी तरह मस्त। मत्त। प्रमत्त। २. गर्व से भरा हुआ। अभिमानी। घमंडी। *जैसे*—दुर्मद दुर्योधन। ३. उन्मत्त। पागल।

दुर्मना—[सं॰ दुर्मनस्] *वि॰* १. दुष्ट हृदय वाला। २. दुष्ट। ३. मन में दुःखी। ४. उत्साहरहित। ५. उदास।

दुर्मन्त्र (दुर्मंत्र)—[सं॰ दुर् + मन्त्र] *पुं॰* बुरा परामर्श। बुरी सलाह।

दुर्मर्याद—[सं॰ दुर् + मर्यादा] *वि॰* १. बुरे शील/चरित्र वाला। २. दुष्ट।

दुर्मर्ष—[सं॰ दुर् √मृष् + खल्] *वि॰* जिसे सहन करना कठिन हो। दुःसह।

दुर्मल्लिका/दुर्मल्ली—[सं॰ दुर् + मल्लिका/मल्ली] *स्त्री॰* (सं॰ नाटय॰) एक प्रकार का हास्यप्रधान उपरूपक जिसमें चार अंक होते हैं।

दुर्मिल—[सं॰ दुर् + मिल] *वि॰* जो कठिनाई से ही मिल सके। दुष्प्राप्य। *पुं॰* (छन्द॰) एक सममात्रिक छन्द जिसके प्रत्येक चरण में ३१ मात्राएँ होती हैं और १०-८-१४ मात्राओं पर यति होती है। अन्त में सगण और २ गुरु होते हैं तथा किसी भी चौकल में जगण नहीं होता। ✣ **दुर्मिल सवैया**—*पुं॰* = (छन्द॰) एक समवर्णिक छन्द। सवैया का एक प्रकार जिसके प्रत्येक चरण में २४ वर्ण होते है तथा जो ८ सगण के योग से बनता है। चन्द्रकला छन्द।

दुर्मेध—[सं॰ दुर्मेधस्] *वि॰* कम बुद्धि वाला। बेसमझ।

दुर्योध—[सं॰ दुर् + योध] *वि॰* १. जो भीषण युद्ध में भी डटकर लड़ता रहे। २. अजेय।

दुर्योनि—[सं॰ दुर् + योनि] *वि॰* नीच जाति/कुल में उत्पन्न।

दुर्रा[१]—[< अरबी दुर्रः] *पुं॰* १. बड़ा मोती। २. कानों में पहनने का एक आभूषण।

दुर्रा[२]—[फा॰] *पुं॰* चमड़े का चाबुक। कोड़ा।

दुर्रानी—[फा॰] *पुं॰* १. अफ़ग़ानों की एक जाति। २. उक्त जाति का व्यक्ति।

दुर्लङ्घ्य (दुर्लंघ्य)—[सं॰ दुर् ~ लङ्घ्य] *वि॰* जिसे लांघ कर पार करना कठिन हो।

दुर्लक्ष्य—[सं॰ दुर् + लक्ष्य] *वि॰* जो कठिनाई से देखा जा सके। *पुं॰* १. बुरा लक्ष्य। बुरा ध्येय। २. उपेक्षा। ✣ **दुर्लक्ष्यी**—*वि॰* = कठिनाई से दिखनेवाले लक्ष्य को भी बेधनेवाला।

दुर्लभ—[सं॰ दुर् √लभ् + खल्] *वि॰* जो कठिनाई से प्राप्त होता हो। दुष्प्राप्य। ∇ **विलोम**—सुलभ।

दुर्ललित—[सं॰ दूर् + ललित] *वि॰* १. अधिक लाड़-प्यार से बिगड़ा हुआ। २. नटखट। ३. दूषित। बुरी।

दुर्लेख्य—[सं॰ दुर् + लेख्य] *वि॰* जिसकी लिखावट पढ़ी न जा सके।

दुर्वह—[सं॰ दुर् √वह् + खल्] *वि॰* १. जिसे वहन करना या ढोना अति कठिन हो। २. असह्य। दुःसह।

दुर्वाक्—[सं॰ दुर्वाच्] *वि॰* अप्रिय बोलनेवाला। कटुभाषी।

दुर्वाच्य—[सं॰ दुर् + वाच्य] *वि॰* कहने/बोलने में कठिन। २. दुर्वचन-युक्त। ३. निष्ठुर। कठोर। *पुं॰* १. गाली। २. धिक्कार। ३. अपयश। बदनामी।

दुर्वाद—[सं॰ दुर् + वाद] *पुं॰* १. अपयश। २. दुर्वचन। ३. स्तुति के

रूप में कहा गया दुर्वचन।

दुर्वादी—[सं॰ दुर्वादिन्] *वि॰* १. दुर्वचन कहनेवाला। २. दूसरों की बदनामी करनेवाला। ३. तर्क/तकरार करने वाला। हुज्जती।

दुर्वार/दुर्वारण—[सं॰ दुर् + वार/वारण] *वि॰* कठिनाई से रोकने/बचाने के योग्य। दुर्निवार। ***जैसे***—दुर्वार प्रहार।

दुर्वार्य—[सं॰ दुर् + वार्य] *वि॰* दुर्वार। दुर्निवार।

दुर्वासा—[सं॰ दुर् + वासस्] *वि॰* १. जो बुरी तरह वस्त्र पहने हुए हो। २. नंगा। ३. एक बहुत क्रोधी ऋषि। ***वा॰*** **दुर्वासा का रूप**—बहुत क्रोधी व्यक्ति।

दुर्विकसन—[सं॰ दुर् + विकसन] १. बुरा विकास। (चिकित्सा॰) ऊतक का असामान्य विकास। (अं॰ डिस्प्लाज़िआ)

दुर्विगाह/दुर्विगाह्य—[सं॰ दुर् + विगाह/विगाह्य] *वि॰* १. जिसकी थाह जल्दी न मिल सके। जिसकी थाह पाना बहुत कठिन हो। २. बहुत गहरा।

दुर्विचिन्त्य—[सं॰ दुर् + वि + चिन्त्य] *वि॰* १. जो समझ में न आ सके। २. जो बहुत कठिनाई से समझा जा सके।

दुर्विज्ञेय—[सं॰ दुर् + विज्ञेय] *वि॰* १. जिसका ज्ञान पाना बहुत कठिन हो। २. जिसे जल्दी जाना न जा सके।

दुर्विदग्ध—[सं॰ दुर् + विद्ग्ध] *वि॰* १. अति अज्ञानी। २. अ-निपुण। अपटु। ३. मूर्ख और अभिमानी। वृथाभिमानी।

दुर्विनय—[सं॰ दुर् + विनय] *वि॰* १. जिसमें विनय न हो। २. उद्दंड। *स्त्री॰* १. विनय का अभाव। अविनय। २. उद्दंडता। *पु॰* बुरा चरित्र। बुरा चाल-चलन।

दुर्विनियुक्त—[सं॰ दुर् + विनियुक्त] *वि॰* (धन आदि) जिसका दुर्विनियोग/दुरुपयोग हुआ हो या किया गया हो। ***जैसे***—दुर्विनियुक्त धन।

दुर्विनियोग—[सं॰ दुर् + विनियोग] *पु॰* धन आदि को किसी ग़लत काम में लगाना। दुरुपयोग। दुविर्नियोजन। ***जैसे***—सरकारी धन के दुर्विनियोग का अपराध।

दुर्विनीत—[सं॰ दुर् + विनीत] *वि॰* १. जो विनीत न हो। उद्दण्ड। उद्धत। २. धृष्ट। ढीठ। ३. हठी। ज़िद्दी।

दुर्विपाक—[सं॰ दुर् + विपाक] *पु॰* १. बुरा परिणाम। कुफल। २. पहले किए हुए कर्मों का बुरा फल। ***जैसे***—दैव-दुर्विपाक से पुत्र की मृत्यु।

दुर्विवाह—[सं॰ दुर् + विवाह] *पु॰* निन्दनीय/बुरा विवाह।

दुर्वृत्त—[सं॰ दुर् + वृत्त] *वि॰* १. जिसका आचरण/चरित्र बुरा हो। दुराचारी। दुश्चरित्र। २. जो बुरे उपायों से जीविका कमाता हो। बुरे काम-धन्धे या बुरी वृत्ति वाला। *पु॰* बुरा चाल-चलन। असदाचरण।

दुर्वृत्ति—[सं॰ दुर् + वृत्ति] *स्त्री॰* १. बुरी वृत्ति। ख़राब पेशा। २. बुरा आचरण/स्वभाव। ३. बुरी मनोवृत्ति।

दुर्वृष्टि—[सं॰ दुर् + वृष्टि] *स्त्री॰* उचित से कम वर्षा। अनावृष्टि। सूखा।

दुर्व्यवस्था—[सं॰ दुर् + व्यवस्था] *स्त्री॰* बुरी व्यवस्था। ख़राब प्रबन्ध। अव्यवस्था।

दुर्व्यवहार—[सं॰ दुर् + व्यवहार] *पु॰* १. अनुचित व्यवहार। बुरा सलूक। २. अनुचित/बुरा आचरण। ∇ **विलोम**—सद्व्यवहार।

दुर्व्यसन—[सं॰ दुर् + व्यसन] *पु॰* कोई बुरा व्यसन/चस्का जो बहुत कठिनता से छूट सके। ✣ **दुर्व्यसनी**—*वि॰* = दुर्व्यसन से ग्रस्त। किसी बुरी लत या अनेक बुरी लतों वाला। ***जैसे***—शराब पीने का दुर्व्यसनी व्यक्ति।

दुर्व्रत—[सं॰ दुर् + व्रत] *वि॰* १.बुरे व्रत/आचरण/आशय वाला। २. नियम/आज्ञा का पालन न करने वाला।

दुर्हृद्—[सं॰ दुर् + हृद्] *वि॰* १. कुटिल/बुरे हृदय वाला। कपटी। दुष्टहृदय। २. तुच्छ/नीच विचारों वाला। ३. बुरा इरादा रखनेवाला। नीचाशय। *पु॰* १. शत्रु। २. विरोधी। ∇ **विलोम**—सुहृद्।

दुलकन—[< हिं॰ दुलकना] *स्त्री॰* दुलकने की क्रिया/भाव। दुलकी। *वि॰* दुलकनेवाला।

दुलकना—[अनु॰] *क्रिअ॰* प्रत्येक पाँव अलग-अलग उठाकर उछल-उछलकर चलना। ***जैसे***—घोड़ों का दुलकना।

†दुलखना—[< हिं॰ दो + लखना] *क्रिस॰* १. बार-बार कहना/बतलाना। २. किसी की ठीक बात पर भी आपत्ति करना और उसका तिरस्कार करना। *क्रिअ॰* कही हुई बात से मुकर जाना।

दुलड़ा—[< हिं॰ दो + लड़] *वि॰* जिसमें दो लड़ी हों। दो लड़ों वाला (हार आदि)। *पु॰* दो लड़ों वाला हार। ✣ **दुलड़ी**—*वि॰* (*स्त्री॰*), स्त्री।

***दुलना**—[< हिं॰ डुलना/डोलना] *क्रिअ॰* हिलना।

दुलाई—[< सं॰ तूल] *स्त्री॰* (रुई से बननेवाली) हल्की रज़ाई।

***दुलाना**—[< हिं॰ डुलाना] *क्रिस॰* हिलाना। डुलाना।

दुलार—[< हिं॰ दुलारना] *पु॰* लाड़-प्यार। ***वा॰*** **(किसी का) दुलार रखना**—१. अपने से छोटे का आग्रह या हठ मानना। २. स्नेह/आदर करना।

†दुवादसबानी—[< सं॰ द्वादशवर्णी] *वि॰* सूर्य के समान चमकता हुआ (सुवर्ण)। बारहबानी/खरा (सोना)।

दुविधा—[< सं॰ द्विविधता] *स्त्री॰* १. मन की वह अवस्था जिसमें वह अनेक बातों में से किसी एक बात का निश्चय न कर पा रहा हो। २. निश्चय का अभाव। असमंजस। ३. संशय। ४. संकल्प-विकल्प।

दुशाला—[< फ़ा॰ दुशाल:] १. ऐसी ऊनी चादर जिसमें दो शाल एक साथ जुड़े हों। ऊन की कामदार दोहरी चादर। २. पश्मीने की दोहरी चादर जिस पर बेल-बूटे का काम होता है। ***वा॰*** **दुशाले में लपेट कर मारना**—मधुर शब्दों में व्यंग्य या कटाक्ष करना।

दुश्चक्र—[सं॰ दुस् + चक्र] *पु॰* १. ऐसा चक्कर जिसमें से बाहर निकल पाना कठिन हो। २. ऐसी समस्या जिसका कोई हल नहीं मिलता क्योंकि वह दूसरी समस्या को जन्म देती है जो उसे बढ़ा देती है।

दुश्चेष्टा—[सं॰ दुस् + चेष्टा] *स्त्री॰* अनुचित/बुरी चेष्टा। कुचेष्टा।

दुष्कर—[सं॰ दुस् + कर] *वि॰* जिसे करना कठिन हो। कष्टसाध्य। दुःसाध्य।

दुष्काल—[सं॰ दुस् + काल] *पु॰* १. बुरा समय। कुसमय। २. दुर्भिक्ष। अकाल।

दुष्काव्य—[सं॰ दुस् + काव्य] *पु॰* १. कठिन काव्य। २. बुरा काव्य। घटिया काव्य।

दुष्कुल—[सं॰ दुस् + कुल] *पु॰* नीच/बुरा कुल। ख़राब वंश। ✣ **दुष्कुलीन**—*वि॰* = नीच कुल का। अकुलीन।

दुष्कृति—[सं॰ दुस् + कृति] *स्त्री॰* पापकर्म। कुकर्म। दुष्कर्म।

दुष्कृती—[सं॰ दुष्कृतिन्] *वि॰* दुष्कर्म करनेवाला। कुकर्मी।

दुष्क्रम—[सं॰ दुस् + क्रम] *वि॰* क्रमरहित। अस्त-व्यस्त। गड़बड़। *पु॰* (काव्य॰) एक अर्थदोष जो लोक या शास्त्र के विरुद्ध क्रम रखने से होता है। ***जैसे***—'मारुत नन्दन मारुत को, मन को, खगराज को वेग लजायो' उक्ति में परम वेगवान् मन को कहने के बाद खगराज (गरुड़) के वेग का उल्लेख करने से दुष्क्रम दोष है। ✣ **दुष्क्रमत्व**—*पु॰* = दुष्क्रम होने का भाव। क्रमरहितता। (काव्य॰) 'दुष्क्रम' नामक अर्थदोष।

दुष्टचेता—[सं॰ दुष्टचेतस्] *वि॰* १. कुटिल। खोटे चित्त वाला। मलिनचित्त। २. दूसरों का बुरा चाहने वाला। ३. कपटी। धोखेबाज़।

दुष्टव्रण—[सं॰ दुष्ट ~ व्रण] १. असाध्य घाव। २. दुर्गन्धवाला घाव।

दुष्टान्न—[सं॰ दुष्ट ~ अन्न] *पु॰* १. दोषयुक्त अन्न। २. बासी या सड़ा हुआ या किसी प्रकार ख़राब हो गया अन्न/भोजन। ३. पाप की कमाई का या पापी व्यक्ति का अन्न/भोजन।

दुष्परिमेय—[सं॰ दुस् + परिमेय] *वि॰* १. जिसे नापना कठिन हो। २. अपरिमित। असीम।

दुष्पार—[सं॰ दुस् ~ पार] *वि॰* १. जिसके पार जाना कठिन हो। २. बहुत कठिन। ३. दुःसाध्य।

दुष्पूर—[सं॰ दुस् + पूर] *वि॰* १. कठिनाई से पूरा भरा जाने वाला। २. कठिनाई से पूरा होनेवाला। ३. कठिनता से तृप्त होनेवाला। ***जैसे***—दुष्पूर पेट; दुष्पूर इच्छाएँ।

दुष्प्राप्य—[सं॰ दुस् + प्राप्य] *वि॰* जो कठिनता से प्राप्त हो सके। दुर्लभ।

दुष्प्रेक्ष्य—[सं॰ दुस् + प्रेक्ष्य] १. जो कठिनता से देखा जा सके। दुर्दर्श। २. कुरूप। भद्दा। ३. भीषण। भयंकर। विकराल।

दुष्प्रेरक—[सं॰ दुस् + प्रेरक] *वि॰* बुरी प्रेरणा देनेवाला। *पु॰* बुरी प्रेरणा देनेवाला व्यक्ति। (समाज॰) किसी को अनुचित कार्य या अपराध करने के लिए उकसानेवाला या भड़कानेवाला व्यक्ति। (विधि॰) अपराध करने या उसे करने को प्रोत्साहित करने की प्रेरणा देनेवाला व्यक्ति।

दुष्प्रेरणा—[सं॰ दुस् + प्रेरणा] *पु॰* १. बुरी प्रेरणा देने की क्रिया/भाव। २. किसी अनुचित कार्य या अपराध करने के लिए उकसाना/भड़काना। दुष्प्रेरण। (विधि॰) अपराध करने की प्रेरणा देना।

†दुसराइत—[< हिं॰ दूसरा] *वि॰* दूसरा। *स्त्री॰* दूसरी बार।

दुसराना—[< हिं॰ दूसरा] *क्रिस॰* १. दूसरी बार करना। २. दूसरी बार कहना।

†दुसरिहा—[< हिं॰ दूसरा] *वि॰* १. अन्य। दूसरा। २. दूसरी बार होने वाला। ३. साथी। संगी।

दुसह—*वि॰* ≤ सं॰ दुःसह। जिसे सहना कठिन हो। असह्य। ✣ **दुसही**—*वि॰* = १. जिसे सहना बहुत कठिन हो। असह्य। २. जो दूसरों की उन्नति आदि या किसी शुभ को असह्य माने। ईर्ष्यालु।

दुसाध—[< सं॰ दुःसाध] *पु॰* १. जो कठिनता से पूरा/व्यवस्थित हो सके। २. असाध्य (रोग)। ३. कठिनाई से वश में होनेवाला।

***दुसार[१]/दुसाल[१]**—[< हिं॰ दो + सालना] पु॰, *वि॰* एक ओर से दूसरी ओर तक (आर-पार) जाने वाला छेद। (आर-पार होने से हुए) दो टुकड़ों वाला। २. दोनों ओर छिद्रवाला।

***दुसार[२]/दुसाल[२]**—[< सं॰ दुःशल्य] *वि॰* बहुत कष्ट देनेवाला।

दुस्तर—[सं॰ दुस् + तर] *वि॰* १. जिसे तैर कर पार करना कठिन हो। २. कठिनाई से पार किया जाने वाला। ***जैसे***—दुस्तर मार्ग। २. कठिनाई से वश में किया जाने वाला।

दुस्तर्क्य—[सं॰ दुस् + तर्क्य] *वि॰* जिसे तर्क या तर्क-शक्ति से न जाना जा सके।

दुस्त्यज—[सं॰ दुस् + त्यज] *वि॰* जिसे छोड़ना कठिन हो।

दुस्थित—[सं॰ दुःस्थित] *वि॰* १. जो कठिन/बुरी स्थिति में हो। २. निर्धन। दरिद्र। ३. दुर्दशाग्रस्त। ४. अभागा। ५. पीड़ित। ६. अस्वस्थ। ७. चंचल। ८. मूर्ख।

दुस्थिति—[< सं॰ दुःस्थिति] *स्त्री॰* १. बुरी दशा। २. निर्धनता। ३. दुर्दशाग्रस्तता। ४. दुर्भाग्य। ५. अस्वस्थता।

दुस्सह—[< सं॰ दुःसह] *वि॰* जिसे सहन कर पाना बहुत कठिन हो। दुःसह।

दुहत्थड़—[< प्रा॰ द्विहत्थ < सं॰ द्विहस्त] *वि॰* जो दोनों हाथों से किया जाए या हो। ***जैसे***—दुहत्थड़ पिटाई। *पु॰* दोनों हथेलियों से साथ-साथ किया जाने वाला आघात/प्रहार। *क्रिवि॰* दो हथेलियों से एक साथ आघात/प्रहार करते हुए। ***जैसे***—दुहत्थड़ छाती पीटना। ✣ **दुहत्था**—*वि॰* = १. दो मूठों/हत्थों/दस्तों वाला। २. जिसमें दोनों हाथ काम में लाए जाएँ। ***जैसे***—**दुहत्था** आघात। *क्रिवि॰* दोनों हाथों से।

दुहनी—[< सं॰ दोहन] *स्त्री॰* दूध दुहने का पात्र/बर्तन। २. दूध दुहने की क्रिया/भाव। दोहन।

दुहरना—[< हिं॰ दोहरा] *क्रिअ॰* दुहराया जाना। *क्रिस॰* दुहराना।

दुहरा—[< हिं॰ दोहरा] *वि॰* १. दो परतों का। २. दुगना।

दुहराई—[< हिं॰ दुहरा] *स्त्री॰* दोहरा होने का भाव। दो परतों का होना या दुगना होना।

दुहराना—[< हिं॰ दोहराना] *क्रिस॰* १. किसी बात को बार-बार कहना। पुनरावृत्ति करना। २. ग़लती दूर करने के लिए अपनी रचना आदि को एक बार और देखना। ३. पुनः पढ़ना। ४. दुगना करना।

दुहरी—[< हिं॰ दुहरा का स्त्री॰] *वि॰* (*स्त्री॰*) १. दो परतों वाली। ***जैसे***—दुहरी चादर। २. दुगुनी। ***जैसे***—दुहरी मेहनत है तो दुहरा वेतन भी तो मिलता है।

दुहाई[१]—[< हि॰ दुहना] *स्त्री॰* (दूध) दुहने की क्रिया/भाव/मज़दूरी।

दुहाई[२]**/दोहाई**[२]—[< सं॰ द्वि ~ आह्वान] *स्त्री॰* १. सहायता/रक्षा के लिए किसी व्यक्ति/देवता आदि के लिए की जाने वाली पुकार। गुहार। २. पुकार। ३. किसी के राज्याधिकार या विजय आदि की घोषणा। ४. किसी के प्रताप/यश आदि की बहुत चर्चा। जयजयकार। ५. उच्च स्वर से घोषित सार्वजनिक सूचना। मुनादी। ६. शपथ। सौगन्ध। क़सम। ***वा॰*** **दुहाई-तिहाई करना**—१. उलाहना देना। २. किसी बात के लिए दो-तीन बार रोकना। **दुहाई देना**—अपनी रक्षा के लिए प्रार्थना करना। **दुहाई फिरना**—१. प्रताप छाया होना। २. राजा के सिंहासन पर नए अधिकारी के नाम की घोषणा होना। **दुहाई मचना**—विपत्ति पड़ना। त्राहि-त्राहि होना।

***दुहाग**—[हि॰ 'सुहाग' का अनु॰] *पु॰* वैधव्य। विधवापन। ∇ **विलोम**—सुहाग।

दुहागिन[१]—[< हि॰ दुहाग < सं॰ दुर्भाग्य] *वि॰* (*स्त्री॰*) दुर्भाग्यवती। अभागिन।

***दुहागिन**[२]—[हि॰ 'सुहागिन' का अनु॰] *स्त्री॰* विधवा स्त्री। ∇ **विलोम**—सुहागिन।

***दुहागिनि**—*वि॰* (स्त्री॰) ≤ *हि॰* दुहागिन। विधवा स्त्री।

दुहिता—[सं॰ दुहितृ] *स्त्री॰* पुत्री। बेटी। ● **विशेष**—(भौतिकी॰ में) किसी तत्त्व के रेडियोधर्मी क्षय के फलस्वरूप बननेवाला अन्य तत्त्व '**दुहिता तत्त्व**' कहा जाता है और मूल तत्त्व को '**जनक तत्त्व**' कहते हैं।

***दुहिन**—[< सं॰ द्रुहिण] *पु॰* ब्रह्मा।

दुहुधा/दुहुधाँ/दुहँधा—[< सं॰ द्विधा] *क्रिवि॰* १. दोनों ओर। २. दोनों ओर से या दोनों प्रकार से।

***दुहुप**—[< हि॰ दुहु] *वि॰* दोनों।

***दुहुधाँ/दुहूँधा**—[< हि॰ दुहुधा] *क्रिवि॰* १. दोनों ओर। २. दोनों ओर से या दोनों प्रकार से।

दुहूँ—[< हि॰ दुहू] *वि॰* दोनों।

***दुहूँठा**—[< हि॰ दुहूँ + ठाँव] *क्रिवि॰* दोनों स्थानों पर।

***दुहृदय**—[< सं॰ दुस् + हृदय] *पु॰* १. दुष्ट हृदय। २. शत्रु।

***†दुहेल**—[< सं॰ दुर्हेल] *पु॰* विपत्ति। आफ़त। मुसीबत।

***दुहेला**—[< सं॰ दुर्हेला] *वि॰* १. दुःसाध्य। कठिन। ३. दुःखी। ४. दुर्गम। विकट। ५. कठिन खेल। ✣ **दुहेली**—*वि॰* (*स्त्री॰*)।

दुह्य (दुह्य)—[सं॰ √दुह् + यत्] *वि॰* १. जो दुहने योग्य हो। २. जिसे दुहा जाना हो।

दूआ[१]—[< हि॰ दो] *पु॰* १. ताश के खेल में वह पत्ता जिस पर दो बिन्दियाँ हों। २. कौड़ियों के खेल में दो कौड़ियाँ खुलनेवाला दाँव। ३. पासे आदि के खेल में वह दाँव जिसमें दो बिन्दियाँ आए। *वि॰* दूसरा।

दूआ[२]—[देशज] *पु॰* हाथ का एक आभूषण जो सब आभूषणों के पीछे की ओर पहना जाता है।

***दूइ/दूई**—[< सं॰ द्वि] *वि॰* १. दो। २. दोनों। *स्त्री॰* १. द्वैत-भाव। २. भेद-भाव।

†दूखना[१]—[< सं॰ दूषण] *क्रिस॰* किसी को दोष लगाना।

†दूखना[२]—[देशज] *क्रिस॰* नष्ट करना। *क्रिअ॰* नष्ट होना।

दूखना**[३]—[< हि॰ दुखन] *क्रिअ॰* दुख/पीड़ा से ग्रस्त होना। दुखन होना। ***जैसे—दूखन लागे नैन।

दूतावास—[सं॰ दूत ~ आवास] *पु॰* किसी दूसरे देश में अपने देश का प्रतिनिधित्व करने वाले, राजदूत से नीचे के स्तर वाले राजनयिक अधिकारी का आवास तथा कार्यालय।

दूधराज—[देशज] *पु॰* १. एक प्रकार की बुलबुल। शाह बुलबुल। २. एक प्रकार का साँप जिसका फन बड़ा होता है।

दूधाधारी—[हि॰ दूध + सं॰ आधारी] *वि॰* दूधाहारी।

दूधिया—[< हि॰ दूध] *वि॰* १. दूध के रंग का। दुग्धाभ। २. जिसमें दूध मिला हो। ३. जो दूध के प्रयोग से बना हो। ४. कच्चा होने के कारण जिसमें दूध हो। ***जैसे***—मक्का का दूधिया दाना। ५. जिसमें दूध सामान्य से अधिक मात्रा में हो। ***जैसे***—दूधिया चाय। *पु॰* बिल्कुल सफ़ेद और कोमल पत्थर। ✣ **दूधिया गन्धक (गंधक)**—*पु॰* (रसायन॰) = एक रंगहीन और गन्धहीन चूर्ण जो गन्धक के अम्ल से गन्धक के कुछ विलयनों से गन्धक के अवक्षेपण से बनता है तथा औषधियों में काम आता है। (अ॰ मिल्क आफ़ सल्फ़र) ✣ **दूधिया पत्थर**—*पु॰* (रसायन॰) एक खनिज जो रंगहीन सफ़ेद, पीला, लाल, हरा आदि अनेक रंगों में पाया जाता है। (अ॰ ओपल) ✣ **दूधियापन**—*पु॰* = १. दूधिया रंग होने का गुण। दुग्धाभता। २. कुछ अन्नों के दानों में कच्चेपन के कारण दूध होने का गुण। ✣ **दूधिया विष**—*पु॰* = हिमालय और कश्मीर में पाया जाने वाला एक पदार्थ जो देखने में सुन्दर होता है परन्तु जिसका तेल विषैला होता है।

दून[१]—[< हि॰ दूना] *स्त्री॰* दुगना/दूना होने की अवस्था/भाव। (संगीत॰) मध्य लय से दुगनी द्रुत लय। ***वा॰*** **दून की सूझना**—सामर्थ्य से बाहर की बात सोचना। **दून की हाँकना**—बढ़-चढ़कर बातें करना। डींग मारना। *वि॰* दुगना। दूना। **जैसे**—चार दून आठ हुए।

दून[२]—[< हि॰ दो] *पु॰* दो पर्वतों के बीच का मैदान। तराई। घाटी। ***जैसे***—देहरादून में दून का सौन्दर्य आकर्षक है।

***दूनर**—*वि॰* १. लचकर दोहरा हो जाने वाला। दोहरी। २. दो गुना। दुगना।

दू-ब-दू—[फ़ा॰] *क्रिवि॰* १. आमने-सामने। २. उद्दंडतापूर्वक सामने ही।

दूबिया—[< हि॰ दूब] *वि॰* हरी घास जैसा (रंग)।

दूभर**—[< सं॰ दुर्भर] *वि॰* १. जिसे वहन करना या सहन करना कठिन हो। २. भारी। बोझिल। ३. कठिन। मुश्किल। ***जैसे—महँगाई के कारण बहुतों का जीना दूभर हो गया है।

***दूमना**—[देशज] *क्रिअ॰* हिलना-डोलना।

दूरगामी—[सं॰ दूरगामिन्] *वि॰* दूर जानेवाला।

दूरचित्र—[सं॰ दूर ~ चित्र] *पु॰* (समाचारपत्रों आदि को) दूर स्थान

से बिजली के माध्यम से भेजे गए छायाचित्र (अ० फोटो)। ✣ **दूरचित्रक**—*पु०* = दूरचित्र प्रस्तुत करने का यंत्र। ✣ **दूरचित्रण**—*पु०* = दूरचित्र प्रस्तुत करने की क्रिया/विधि।

दूरटङ्कन (दूरटंकन)—[स० दूर + हि० टङ्कन] *पु०* एक स्थान पर टंकित सामग्री का बिजली से दूरस्थित काग़ज़ पर टंकित हो जाना। (अ० टेलिटाइप)

दूरता—[स० दूर + तल् + टाप्] *स्त्री०* दूरत्व। दूरी।

दूरत्व—[स० दूर + त्व] *पु०* दूरी।

दूरदर्शी—[स० दूरदर्शिन्] *वि०* १. जो बहुत दूर तक की वस्तुओं को देख सकता हो। २. दूर की बात सोचनेवाला। ३. भविष्य के सम्बन्ध में सोचने-विचारने वाला। ४. किसी काम को करने से पहले उसके परिणाम का विचार करनेवाला। परिणामदर्शी। *पु०* १. विद्वान् व्यक्ति। २. गृध्र। गीध। ∇ **विलोम**—अदूरदर्शी।

दूरन्देश (दूरंदेश)—[फा०] *वि०* दूरदर्शी। ✣ **दूरन्देशी (दूरंदेशी)**—*स्त्री०* = दूरदर्शिता।

दूर-प्रसर—[स०] *वि०* दूर तक फैलनेवाला।

दूरप्रहारी—[स० दूर ~ प्रहारी (प्रहारिन्)] *वि०* १. दूर तक प्रहार करनेवाला। २. दूर तक मार करनेवाला (तोप/बन्दूक़ आदि)।

दूरप्रेषण—[स० दूर ~ प्रेषण] एक स्थान पर उत्पन्न ध्वनि आदि को दूर-दूर तक फैलाने/पहुँचाने की क्रिया। (अ० ट्रान्समिशन)।

दूरबीन—[फ़ा०] *वि०* दूर तक देखनेवाला। *स्त्री०* दूरदर्शक यन्त्र।

दूरमुद्रक—[< स० दूर ~ मुद्रक] *पु०* बिजली के माध्यम से टंकक द्वारा अंकित सूचना को तीव्रगति से दूर भेजनेवाला एक यन्त्र। तार से आए सन्देश को काग़ज़ पर छापने का यन्त्र। (अ० टेलिप्रिन्टर)।

दूरमुद्रण—[स० दूर ~ मुद्रण] *पु०* दूर मुद्रक यन्त्र (अ० टेलिप्रिन्टर) से सन्देश छापने की प्रक्रिया या प्रणाली।

दूरलेख—[स० दूर ~ लेख] *पु०* दूरलेखक यन्त्र प्राप्त समाचार/सन्देश।

दूरलेखक—[स० दूर ~ लेखक] *पु०* वह यन्त्र जिससे बिजली के माध्यम से समाचारों /सन्देशों को दूर के स्थानों पर भेजा जा सकता है। (अ० टेलिग्राफ़)

दूरलेखी—[स० दूरलेखिन्] *वि०* दूर-लेख से सम्बन्ध रखने वाला। तार से भेजा जाने वाला। ***जैसे***—दूर-लेखी धनादेश (अ० टेलिग्राफ़िक)

दूरवर्ती—[स० दूरवर्तिन्] *वि०* जो दूरी पर स्थित हो। दूर का। ***जैसे***—दूरवर्ती मित्र।

दूरसञ्चार (दूरसंचार)—[स० दूर ~ सञ्चार] ऐसी संचार व्यवस्था जिसमें संकेत, लेखन, प्रतिबिम्ब, ध्वनि इत्यादि रूप में सूचना का संचरण और अभिग्रहण करने के लिए इलेक्ट्रानीय संचरित तरंगों का प्रयोग किया जाता है। (जैसे—रेडियो, दूरदर्शन, रेडार, टेलीफ़ोन, दूरदर्शन इत्यादि में)। (अ० टेलिकाम्युनिकेशन)

दूरस्थ—[स० दूर √ स्था + क] *वि०* १. दूरी पर स्थित। २. (घटना) जो वर्तमान काल में सम्भावित न हो। ∇ **विलोम**—निकटस्थ।

दूरागत—[स० दूर ~ आगत] *वि०* दूर से आया हुआ। ***जैसे***—दूरागत पथिक।

दूरान्तरित (दूरांतरित)—[स० दूर ~ अन्तरित] *वि०* १. दूरस्थ। २. दूर किया हुआ। ३. जो दूर होने के कारण अलग हो गया हो।

दूरान्वय—[स० दूर ~ अन्वय] *पु०* किसी रचना का वह दोष जो विशेष्य और विशेषण या कर्ता और क्रिया के परस्पर दूर रहने से होता है। ✣ **दूरान्वित**—*वि०* = दूरान्वय से युक्त।

दूरारूढ़—[स० दूर ~ आरूढ़] *वि०* १. ऊँचा चढ़ा हुआ। २. बहुत आगे बढ़ा हुआ। ✣ **दूरारूढ़ कल्पना**—*स्त्री०* कष्ट-कल्पना। ऊहा।

दूरार्थ—[स० दूर ~ अर्थ] *पु०* स्थान/काल की दृष्टि से दूर की वस्तु।

दूर्वा—[स० √दूर्व् + अच् + टाप्] *स्त्री०* एक प्रकार की घास। दूब।

दूलह—[< प्रा० दुल्लह < स० दुर्लभ] *पु०* १. विचार करने के लिए कन्या के घर जाने को तैयार या पहुँचा हुआ सुसज्जित व्यक्ति या नवविवाहित व्यक्ति। दूल्हा। २. पति। ३. (लाक्षणिक) दूलह के समान बना-ठना व्यक्ति।

दूषण—[स० √ दूष् + णिच् + ल्युट्] *पु०* १. दोष। दुर्गुण। २. दूषित करने की क्रिया/भाव। ३. गाली। ४. अपयश। बदनामी। *वि०* नाशक। संहारक। ***जैसे***—दानवदल-दूषण।

दूषणापह—[स० दूषण ~ अपह] *वि०* १. दोषनाशक। २. 'दूषण' नामक राक्षस का नाशक। राम।

दूषिका—[स० दूषि + कन् + टाप्] *स्त्री०* १. आँख का कीचड़। २. चित्रकार की तूलिका/कूची।

†दूँगड़ा/दूँगरा—[< हि० दवँगरा] *पु०* वर्षा ऋतु की पहली वर्षा/बारिश। दौंगरा।

***दूँद**—[< स० द्वन्द्व] *स्त्री०* १. उपद्रव। ऊधम। २. झगड़ा। ✣ **दूँदना**—*क्रिअ०* = १. उपद्रव करना। ऊधम करना। २. झगड़ा करना। ३. ज़ोर की ध्वनि करना।

दृक्कर्ण—[स० दृक् ~ कर्ण] *पु०* सर्प। साँप।

दृक्पथ—[स० दृक् ~ पथ] निगाह/नज़र का मार्ग। दृष्टि-पथ। ***जैसे***—दृक्पथ में आना (= दिखाई देना, सामने आना)।

दृक्पात—[स० दृक् ~ पात] *पु०* १. नज़र डालना। दृष्टिपात। अवलोकन। २. दृष्टि। निगाह। नजर।

दृक्शक्ति—[स० दृक् + शक्ति] *स्त्री०* १. देखने की शक्ति। २. आत्मा।

दृक्श्रुति—[स० दृक् ~ श्रुति] *पु०* सर्प। साँप।

***दृखत**—[< स० दृषत्] *पु०* शिला। पाषाण। पत्थर।

दृग—[< स० दृक्] *पु०* १. नेत्र। आँख। २. दृष्टि। नज़र। ३. (पद्य आदि में) दो की संख्या।

दृग्गणित—[स० दृक् ~ गणित] *पु०* (खगोल०) ग्रह-वेध से ग्रहों की यथार्थ स्थिति के आधार पर की जाने वाली गणित।

दृग्गति—[स० दृक् ~ गति] *स्त्री०* दृष्टि की गति। नज़र की पहुँच।

दृग्गोचर—[सं॰ दृक् ~ गोचर] *वि॰* जो आँखों से दिख रहा हो। दृष्टिगोचर। प्रत्यक्ष।

दृग्जल (दृग्‌जल)—[सं॰ दृक् ~ जल] *पु॰* अश्रु। आँसू।

दृगञ्चल (दृगंचल)—[सं॰ दृक् ~ अञ्चल] *पु॰* १. (नेत्रों के) पलक। ***जैसे***—दृगंचल में आँसू। २. चितवर। ***जैसे***—चंचल दृगंचलों का सौन्दर्य।

दृगब्ज—[सं॰ दृक् ~ अब्ज] १. नेत्ररूपी कमल। २. नेत्र। ***जैसे***—अन्तर्दृगब्ज (= अन्दर के नेत्र)।

दृगम्बु (दृगंबु)—[सं॰ दृक् ~ अम्बु] *पु॰* अश्रु। आँसू।

दृग-वारि—*पु॰* अश्रु। आँसू।

दृग्विष (दृग्विष)—[सं॰ दृक् ~ विष] *पु॰* ऐसा साँप इत्यादि जिसकी दृष्टि में विष रहता है अतः जिसकी नज़र पड़ते ही छोटे जीव मर जाते हैं या मूर्छित हो जाते हैं।

दृग्वृत्त (दृग्वृत्त)—[सं॰ दृक् ~ वृत्त] *पु॰* क्षितिज।

दृङ्मण्डल (दृङ्मंडल)—[सं॰ दृक् ~ मण्डल] *पु॰* (खगोल॰) (किसी तारा के लिए) खगोल का वह परम वृत्त जो पृथ्वी पर दर्शक के शिरोबिन्दु और तारा विशेष से होकर खींचा जाए तथा जिसका धरातल क्षितिज के धरातल पर लम्ब हो।

दृढ़—[< सं॰ दृढ] *वि॰* १. जो न डिगे। अविचलित। ***जैसे***—दृढ़ विश्वास। २. हृष्ट-पुष्ट। शक्तिशाली। ***जैसे***—दृढ़ शरीर। ३. जिसमें कोई हेर-फेर या बदल न हो सके। ध्रुव। अटल। पक्का। ***जैसे***—दृढ़ निश्चय। ४. कस कर बँधा हुआ। ***जैसे***—दृढ़ आलिंगन। ५. जो शिथिल न हो। ***जैसे***—दृढ़ हृदय। ६. स्थायी।

दृढ़कर्मा—[< सं॰ दृढकर्मन्] *वि॰* दृढ़तापूर्वक काम करनेवाला।

दृढ़कारिता—[< सं॰ दृढकारिन् + तल् + टाप्] *स्त्री॰* १. दृढ़ करने की क्रिया/भाव। किसी वस्तु या बात को दृढ़ करना। २. दृढ़ता से काम करने का गुण।

दृढ़ग्रन्थि (दृढ़ग्रंथि)—[< सं॰ दृढ~ग्रन्थि] *वि॰* जिसकी गाँठें दृढ़/मज़बूत हों। *पु॰* बाँस।

दृढ़ग्राही—[< सं॰ दृढग्राहिन्] *वि॰* दृढ़ता/मज़बूती से पकड़नेवाला।

दृढ़चेता—[< सं॰ दृढचेतस्] *वि॰* दृढ़ संकल्प वाला। पक्के इरादे वाला।

दृढ़तानिका—[हिं॰ दृढ़ + सं॰ तानिका] *स्त्री॰* मस्तिष्क और मेरुरज्जु को ढँकनेवाली झिल्ली जो मोटी-सी होती है।

दृढ़त्वक्—[< सं॰ दृढत्वक्] *वि॰* जिसकी त्वचा/खाल/छाल कड़ी हो।

दृढ़नेमि—[< सं॰ दृढनेमि] *वि॰* दृढ़ धुरी वाला।

दृढ़भूमि—[< सं॰ दृढभूमि] *पु॰* (योग॰) योग-साधना में एकाग्र मन वाला साधक।

दृढ़मति—[< सं॰ दृढमति] *वि॰* अपने विचार का पक्का। दृढ़ विचार वाला।

दृढ़मुष्टि—[< सं॰ दृढमुष्टि] १. जिसकी मुट्ठी शीघ्र न खोली जा सके। मजबूत मुट्ठी वाला। २. कृपण। कंजूस।

दृढ़व्रत—[< सं॰ दृढव्रत] *वि॰* १. अपने व्रत/संकल्प/प्रतिज्ञा/वचन का पक्का। दृढ़संकल्प। दृढ़प्रतिज्ञ। दृढ़निश्चय। २. अटल निष्ठावाला। ३. धर्म-कार्यों में दृढ़। ४. अध्यवसायी। ५. लिए हुए व्रतों का कड़ाई से पालने करनेवाला।

दृढ़सन्धि—[< सं॰ दृढसन्धि] *वि॰* १. दृढ़ता/मज़बूती से मिले हुए। २. अच्छी तरह से जुड़े हुए।

दृढ़हस्त—[< सं॰ दृढहस्त] *वि॰* १. दृढ़ हाथों वाला। २. जो हर वस्तु दृढ़ता/मजबूती से पकड़ता हो। ३. अस्त्र को मज़बूती से पकड़ने में निपुण।

दृढ़ायुध—[< सं॰ दृढायुध] *वि॰* १. अस्त्र-शस्त्र ग्रहण करने में दृढ़/पक्का। २. मज़बूत अस्त्र-शस्त्रों वाला। ३. युद्ध में तत्पर।

दृढ़ोक्ति—[< सं॰ दृढोक्ति] *स्त्री॰* दृढ़ निश्चय के साथ कही गयी बात। दृढ़ कथन।

दृप्त—[सं॰ √दृप् + क्त] *वि॰* १. दर्पयुक्त। अभिमानी। अहंकारी। गर्वित। २. उग्र। प्रचंड। ३. हर्षयुक्त। ४. तेज से युक्त। ५. दीप्त। ६. उन्मत्त।

दृश्यमान—[सं॰ √दृश् + शानच्, यक्, मुक्] *वि॰* १. जो दिखाई पड़ रहा हो। जो देखा जा रहा हो। २. प्रकट। प्रत्यक्ष। व्यक्त।

दृश्यलेख—[सं॰ दृश्य ~ लेख] *पु॰* (काव्य॰) १. नाटक की रूपरेखा। नाटक के विभिन्न दृश्यों और पात्रों का क्रम। २. चलचित्र का दृश्य-विवरण या कथानक। (अं॰ सिनारिओ) ✣ **दृश्य-लेखक**—*पु॰* (काव्य॰) = (चलचित्र के) दृश्यलेख का लेखक। (अं॰ सिनारिस्ट) ✣ **दृश्य शिक्षा**—*स्त्री॰* (शिक्षा॰) = पुस्तकों के अतिरिक्त चित्र, मानचित्र, चलचित्र, दूरदर्शन इत्यादि चाक्षुष साधनों पर आधारित शिक्षा। (अं॰ विजुअल एजुकेशन)

दृश्य-श्रव्य—[सं॰] *वि॰* जो साथ ही साथ देखा और सुना जा सके। ***जैसे***—रेडियो श्रव्य कार्यक्रम ही प्रस्तुत कर सकता है, परन्तु, दूरदर्शन के सभी कार्यक्रम दृश्य-श्रव्य होते हैं।

दृश्यान्तर (दृश्यांतर)—[सं॰] *पु॰* १. परिवर्तित दृश्य। २. दृश्य-परिवर्तन। ***जैसे***—नाटक में दृश्यान्तर की आवश्यकता।

दृश्याभास—[सं॰ दृश्य ~ आभास] *पु॰* किसी वस्तु को देखने के बाद आँखें बन्द कर लेने पर भी कुछ क्षणों तक दिखनेवाला उसका रूप।

दृषद्वान्—[सं॰ दृषद्वत] *वि॰* चट्टानी। पथरीला।

दृष्ट—[सं॰ √दृश् + क्त] *वि॰* १. देखा हुआ। २. जाना/समझा हुआ। २. प्रत्यक्ष। प्रकट। व्यक्त। ३. निश्चित किया हुआ। निर्णीत। ∇ **विलोम**—अदृष्ट।

दृष्टकूट—[सं॰ दृष्ट ~ कूट] *पु॰* कठिन प्रश्न। पहेली। बुझौअल। (काव्य॰) वह कविता जिसका अर्थ शब्दों के वाच्यार्थ से न जाना जा सके अपितु प्रसंग और रूढ़ अर्थों की सहायता से जाना जाए। कूट-काव्य।

दृष्ट दोष—[सं॰ दृष्ट ~ दोष] *वि॰* १. दोषयुक्त देखा हुआ। २. दोषयुक्त पकड़ा हुआ। रँगे हाथों पकड़ा हुआ। ३. दुष्ट।

दृष्ट-नष्ट—[सं॰] *वि॰* जो थोड़ा सा दिखायी देकर ही नष्ट हो जाए।

दृष्टफल—[सं॰] *पु॰* किसी कर्म का वह परिणाम/फल जो स्पष्ट दिखायी देता है या मिलता है। ***जैसे***—परमात्मा की पूजा करने से मन को शान्ति मिलना पूजा का दृष्ट फल है, स्वर्ग आदि मिलना अदृष्ट फल है।

दृष्टवत्—[सं॰ दृष्ट + वति] *वि॰* १. जो प्रत्यक्ष के समान हो। प्रत्यक्षवत्। २. सांसारिक। लौकिक।

दृष्टवाद—[सं॰ दृष्ट ~ वाद] *पु॰* प्रत्यक्ष वस्तुओं आदि की ही सत्ता मानने और परमात्मा, स्वर्ग, पुण्य, पाप आदि अप्रत्यक्ष वस्तुओं की सत्ता न मानने का मत। प्रत्यक्षवाद।

दृष्टान्त (दृष्टांत)—[सं॰ दृष्ट ~ अन्त] *पु॰* १. प्रस्तुत विषय को समझाने के लिए कही जाने वाली उसी तात्पर्य वाली कोई पुरानी वास्तविक घटना या कथा। मिसाल। ***जैसे***—उपनिषदों में नचिकेता आदि के सुन्दर दृष्टान्त हैं। २. ऐसी कथा जिसे सुनकर सदाचार-सम्बन्धी प्रश्न का उत्तर स्वयं मिल जाए। शिक्षाप्रद उदाहरण-कथा। ***जैसे***—स्वामी रामतीर्थ के भाषणों में दृष्टान्तों की रोचक सामग्री मिलती है। (काव्य॰) एक अर्थालंकार जो उपमेय वाक्य और उपमान वाक्य तथा उनके साधारण धर्मों में, बिना वाचक शब्द का प्रयोग किए, बिम्ब-प्रतिबिम्ब भाव होने पर, होता है।

दृष्टार्थ—[सं॰ दृष्ट ~ अर्थ] *वि॰* १. जिसका अर्थ विषय स्पष्ट हो। २. व्यावहारिक। *पु॰* १. शब्द का वह अर्थ जो स्पष्ट हो। २. ऐसा शब्द जिसका अर्थ स्पष्ट हो। ३. वह शब्द जिससे व्यक्त पदार्थ संसार में हो और प्रत्यक्ष देखा जा सकता हो। (न्याय॰) शब्द-प्रमाण का एक प्रकार जिसमें प्रमाणरूप वचन का अर्थ इस संसार में प्रत्यक्ष दिखाई देता है। ∇ **विलोम**—अदृष्टार्थ।

दृष्टिकोण—[सं॰ दृष्टि ~ कोण] *पु॰* देखने या सोचने समझने की विशेष दिशा/वृत्ति/ढंग। ***जैसे***—प्रेमचन्द की कहानियों का महत्त्व सामाजिक दृष्टिकोण से भी है और राजनीतिक दृष्टिकोण से भी।

दृष्टिगत—[सं॰ दृष्टि ~ गत] *वि॰* जो देखने में आया हो। जो दीख पड़ा हो। *पु॰* वह जो देखने का विषय हो। वह जिसे देख सकें।

दृष्टिगोचर—[सं॰ दृष्टि ~ गोचर] *वि॰* १. जो नेत्रों से देखा जा सके। २. दिखायी पड़नेवाला। जो दिखायी दे रहा हो।

दृष्टिपटल—[सं॰ दृष्टि ~ पटल] *पु॰* आँख के ढेले का पिछला पर्दा जिस पर वस्तु का प्रतिबिम्ब पड़ता है। (अं॰ रेटिना)

दृष्टि-पथ—[सं॰] *पु॰* वह सब स्थान जो दिखा रहा हो। दृष्टि/नज़र की पहुँच। दृष्टि-क्षेत्र।

दृष्टि-पूत—[सं॰] *वि॰* १. जो देखने में शुद्ध हो। २. जिसे देखने से नेत्र पवित्र या सफल हों। ***जैसे***—महात्माओं के दृष्टिपूत चरणों का दर्शन।

दृष्टि-बन्ध (दृष्टि-बंध)—[सं॰] *पु॰* सम्मोहन, जादू आदि से किया जानेवाला विशेष अभिचार/प्रयोग जिससे दर्शकों को वस्तुएँ भिन्न रूप में दिखती हैं। नज़र बाँधना।

दृष्टिमान्—[सं॰ दृष्टि + मतुप्] *वि॰* १. आँखवाला। नेत्रवान्। २. बुद्धिमान्। समझदार। ३. ज्ञानी।

दृष्टि-रोध—[सं॰] *पु॰* १. देखने के कार्य में होनेवाली बाधा/रुकावट। २. व्यवधान। ओट/आड़।

दृष्टिविष—[सं॰ दृष्टि ~ विष] *पु॰* १. वह साँप जिसकी नज़र ज़हरीली होती है और जिसके देखने से ही कुछ छोटे जीव-जन्तु मर जाते हैं या बेहोश हो जाते हैं। २. सर्प। साँप।

देई**—[< हि॰ देना] *क्रिस॰* १. देता/देती है। देते हैं। *क्रिवि॰* १. दीजिए। २. देकर। ***जैसे—बताइ देइ।

देई—*स्त्री॰* ≤ *सं॰* देवी। ***जैसे***—उसका नाम सीतादेई है।

†देउ[1]—[< हि॰ देना] *क्रिसी॰* दीजिए। दो। ***जैसे***—हमैं सिखाइ देउ।

†देउ[2]—[< सं॰ देव] *पु॰* देव। देवता।

देख-भाल—[< हि॰ देखना-भालना] *स्त्री॰* अच्छी तरह देखने की क्रिया या भाव।

देख-रेख—[< हि॰ देखना + सं॰ प्रेक्षण] *स्त्री॰* निरीक्षण। निगरानी।

देग—[फा॰] *पु॰* छोटे मुँह और बड़े पेट का धातु का एक बहुत बड़ा बर्तन जो दाल, चावल आदि पकाने के काम आता है। बहुत बड़ा पतीला।

देगचा—[< फा॰ देगच:] *पु॰* छोटा देग। ✣ **देगची**—*स्त्री॰* = छोटा देगचा।

देदीप्यमान—[सं॰ √दीप् + यङ् + शानच्] *वि॰* १. बहुत चमकता हुआ। २. दमकता हुआ। प्रकाशपूर्ण।

देय—[सं॰ √दा + यत्] *वि॰* १. देने योग्य। दातव्य। २. जो दिए जाने को हो। ३. लौटाने या वापसी का। ***जैसे***—पुस्तक का देय दिनांक। ∇ **विलोम**—अदेय। ✣ **देयता**—*स्त्री॰* = देय होने का भाव। कुछ देने/चुकाने का भाव। देनदारी। (वाणि॰) = ऐसा वायदा जिसे पूरा करना अनिवार्य है। ∇ **विलोम**—पावना।

देयक—[सं॰ देय + कन्] *पु॰* बीजक। (दे॰) बिल (अं॰)।

देयादेय—[सं॰ देय ~ अदेय] *वि॰* १. देने योग्य और न देने योग्य। २. जो दिया जाने वाला हो और जो न दिया जाने वाला हो। ३. देने योग्य या न देने योग्य।

देर-सबेर—[फा॰ देर + हि॰ सबेर] *क्रिवि॰* १. कम या अधिक समय में। देर से या जल्दी।

***देरा**—[< हि॰ डेरा] *पु॰* आवास। डेरा।

देव[1]—[सं॰ √दिव् + अच्] *वि॰* सम्मान्य। पूज्य। *पु॰* १. देवता। सुर। २. राजा। ३. परमात्मा। ४. इन्द्रिय। ५. मेघ। बादल। ६. अत्यन्त प्राचीन एक जाति जिसके वंशज वर्तमान हिन्दू हैं। ***जैसे***—देवों के वंशज मनु। ∇ **विलोम**—असुर/राक्षस/दानव/दैत्य।

देव[2]—[फा॰] *पु॰* १. राक्षस। दैत्य। २. भूत-प्रेत। ३. (कहानियों आदि में) परी का पति। ● **विशेष**—इसका उच्चारण '**देउ**' होता है।

†देव[3]—[< हि॰ देना] *क्रिस॰* 'देवा' क्रिया का आज्ञार्थक रूप। दे।

दो। *जैसे*—देखन देव, मुझे रुपए देव। ● **विशेष**—इसका उच्चारण 'देउ' होता है।

देव-ऋण—[स॰] वैदिक संस्कृति में प्रत्येक मनुष्य पर मान्य तीन ऋणों में से एक। परमात्मा तथा देवताओं का मनुष्य पर ऋण। ● **विशेष**—अन्य दो ऋण हैं—ऋषि-ऋण, पितृ-ऋण।

देव-कन्या—[स॰] *स्त्री॰* १. देवता की पुत्री। २. देवी। ३. अप्सरा।

देवकी-नन्दन (नंदन), देवकी-पुत्र—[स॰] *पु॰* (वसुदेव-पत्नी) देवकी का पुत्र। कृष्ण।

देव-कुण्ड (कुंड)—[स॰] *पु॰* १. प्राकृतिक जलाशय/झील। २. किसी तीर्थ-स्थान या देव-मन्दिर के समीप का पवित्र जलाशय/तालाब/कुंड।

देव-गायक—[स॰] *पु॰* गन्धर्व।

देव-गिरा—[स॰] *स्त्री॰* देववाणी। संस्कृत भाषा।

देवघनाक्षरी—[स॰ देव ~ घनाक्षरी] *स्त्री॰* (छन्द॰) एक प्रकार का वर्णिक दंडक जिसके प्रत्येक चरण में ३३ वर्ण होते हैं और अन्तिम ३ वर्ण लघु होते हैं।

देवज—[स॰ देव + ज] *वि॰* देवता से उत्पन्न। देवोद्भूत।

देवतरु—१. स्वर्ग के वृक्ष। देवताओं के पेड़। २. अश्वत्थ वृक्ष। पीपल का पेड़।

देव-तर्पण—[स॰] *पु॰* देवता के उद्देश्य से किया जाने वाला तर्पण।

देवता—[स॰ देव + तल् + टाप्] *पु॰* १. परमात्मा की किसी विशेष शक्ति का स्वामी। *जैसे*—अग्नि देवता। २. स्वर्ग में रहने वाले इन्द्र आदि देवों में से प्रत्येक। ३. देव-मूर्ति। देव-प्रतिमा। ४. इन्द्रिय। ५. (लाक्षणिक) बहुत सीधा-सच्चा व्यक्ति। *स्त्री॰* देव-शक्ति। देवत्व। ***वा॰* देवता कूच कर जाना**—बहुत डर जाना।

देवताधिप—[स॰ देवता ~ अधिप] *पु॰* देवताओं का राजा। इन्द्र।

देव-तीर्थ—[स॰] *पु॰* १. देव-पूजा का स्थान। २. दाहिने हाथ की चारों उँगलियों को मिलाने पर उनका अगला भाग (अग्र भाग) जिससे देव-तर्पण करते समय जल छोड़ा जाता है।

देव-त्रयी—[स॰] *स्त्री॰* ब्रह्मा, विष्णु और शिव—इन तीन देवताओं का समूह।

देवत्व—[स॰ देव + त्व] *पु॰* देव/देवता होने की अवस्था/गुण/पद/भाव। देवतापन।

देवदत्त—[स॰ देव ~ दत्त] *वि॰* परमात्मा/देवता द्वारा दिया हुआ। *पु॰* १. एक प्राण जो जम्हाई आने का कारण है। २. (कुन्ती-पुत्र) अर्जुन के शंख का नाम।

देव-दर्शन—[स॰] *पु॰* १. देवता का दर्शन। २. देवमन्दिर में देवता की मूर्ति का दर्शन। ३. पूज्य व्यक्ति या राजा का दर्शन।

देवदासी—[स॰ देव ~ दासी] *स्त्री॰* जीवन-भर अविवाहित रहकर देव-मन्दिर में सेवा करने के लिए समर्पित कन्या जो बाद में मन्दिर की नर्तकी ही कही जाने लगी।

देव-दीप—[स॰] *पु॰* १. देवता के लिए जलाया जाने वाला दीपक। २. नेत्र। आँख।

देव-देव—[स॰] *पु॰* १. ब्रह्मा। २. विष्णु। ३. शिव।

देवद्रुम—[स॰ देव ~ द्रुम] *पु॰* १. देव-तरु। (दे॰) २. देवदारु/देवदार नामक वृक्ष।

देवधुनी—[स॰ देव ~ धुनी] *स्त्री॰* १. गंगा नदी। २. कोई पवित्र नदी।

देव-नदी—[स॰] *स्त्री॰* १. गंगा नदी। २. कोई पवित्र नदी।

देवनागरी—[स॰ देव ~ नागरी] *स्त्री॰* भारत की प्रमुख लिपि जिसमें संस्कृत, हिन्दी, मराठी आदि भाषाएँ लिखी जाती हैं। ● **विशेष—देवनागरी संसार की सबसे अधिक वैज्ञानिक लिपि है।**

देव-निलय—[स॰] *पु॰* स्वर्ग।

देव-पथ—[स॰] *पु॰* १. आकाशमार्ग। २. आकाशगंगा। ३. देवमन्दिर की ओर जाने का मार्ग।

देवपरक—[स॰ देव ~ परक] *वि॰* १. देवता-सम्बन्धी। देवताविषयक। २. परमात्मा-सम्बन्धी। परमात्मा-विषयक।

देव-पालित—[स॰] *वि॰* (वह क्षेत्र) जिसमें सिंचाई के अन्य साधन नहीं, केवल वर्षा के जल से अन्न उत्पन्न होता हो।

देव-पुत्र—[स॰] *पु॰* १. देवता का पुत्र। २. कुछ प्राचीन राजाओं की उपाधि।

देव-पुर—[स॰] *पु॰* इन्द्र की राजधानी। अमरावती। ✣ **देव-पुरी**—*स्त्री॰* = अमरावती।

देवबाँस—[स॰ देव + हि॰ बाँस] *पु॰* एक प्रकार का बाँस का पेड़ जिसके कोमल तथा हरे कल्लों का अचार पड़ता है।

देव-भू—[स॰] *पु॰* स्वर्ग।

देवभूति—[स॰] *स्त्री॰* १. देवताओं का ऐश्वर्य। २. आकाशगंगा। मन्दाकिनी।

देव-मणि—[स॰] *पु॰* १. कौस्तुभमणि। २. सूर्य।

देव-माता—[स॰ देव ~ माता (मातृ)] *स्त्री॰* देवताओं की माता। अदिति।

देवमातृक—[स॰ देव ~ मातृक] *वि॰* देव-पालित।

देव-मान—[स॰] *पु॰* कालगणना का दिव्य मान (दिव्यदिन, दिव्यवर्ष, दिव्ययुग आदि)।

देव-माया—[स॰] *स्त्री॰* १. परमात्मा की माया-शक्ति। २. देवताओं द्वारा प्रयुक्त भ्रमकारक शक्ति।

देव-मुनि—[स॰] *पु॰* देवर्षि। नारद ऋषि।

देव-मूर्ति—[स] *पु॰* मन्दिर आदि में प्रतिष्ठित परमात्मा/देवता की मूर्ति।

देव-यजन—[स॰] *पु॰* परमात्मा या देवता की पूजा।

देवयज्ञ—[स॰ देव ~ यज्ञ] *पु॰* प्रतिदिन विधिपूर्वक किया जाने वाला हवन।

देवयात्रा—[स॰ देव ~ यात्रा] *स्त्री॰* किसी देवता की सवारी निकालने का उत्सव।

देवयान—[स॰ देव-यान] *पु॰* १. वह मार्ग जिससे शरीर से निकल कर जीवात्मा ब्रह्मलोक को जाती है। देव-मार्ग २. देवता का विमान।

देवयुग—[स॰ देव ~ युग] *पु॰* सत्ययुग। कृतयुग।

देवयोनि—[सं॰ देव ~ योनि] पु॰ देवताओं से भिन्न विशेष शक्तिशाली योनियाँ। ● **विशेष—'देवयोनि' के ये १० भेद प्रसिद्ध हैं—विद्याधर, अप्सरा, यक्ष, राक्षस, गन्धर्व, किन्नर, पिशाच, गुह्यक, सिद्ध और भूत।**

देवर—[सं॰ √दिव् + अर] पु॰ पति का छोटा भाई। ***जैसे***—सीता के देवर भरत, लक्ष्मण और शत्रुघ्न थे।

†**देवरा**—[< सं॰ देव] पु॰ १. कम मान्यता प्राप्त देवता। २. उक्त देवता का मन्दिर। ३. ऊँचे शिखर वाला देव-मन्दिर। ४. किसी योगी, सन्त आदि की समाधि।

देवराज—[सं॰ देव ~ राज] पु॰ इन्द्र।

देवरानी—[< सं॰ देवर] स्त्री॰ देवर की पत्नी।

***देवराय**—पु॰ ≤ सं॰ देवराज। इन्द्र।

†**देवरी**—[< हिं॰ देवरा] स्त्री॰ कम मान्यता प्राप्त देवी।

देवर्षि—[सं॰ देव ~ ऋषि] पु॰ ऋषियों का एक उच्च प्रकार। ***जैसे***—देवर्षि नारद। ● **विशेष**—अत्रि, भृगु, पुलस्त्य, अंगिरस, नारद आदि अनेक देवर्षि हुए हैं।

देवल[1]—[सं॰ देव √ला +क] पु॰ १. देवता पर आए चढ़ावे से अपनी जीविका चलानेवाला ब्राह्मण। २. पुजारी।

देवल[2]—[सं॰ √दिव् + कलच्] पु॰ १. धार्मिक व्यक्ति। २. नारद ऋषि।

†**देवल**[3]—[< प्रा॰ देउल < सं॰ देवकुल] पु॰ देव-मन्दिर।

देवलता—[सं॰ देव ~ लता] स्त्री॰ नवमालिका। नेवारी। वासन्ती या वसन्ती। ● **विशेष**—यह गर्मी की ऋतु में फूल देने वाला एक वृक्ष है।

†**देवला**—[< हिं॰ दीवा] पु॰ मिट्टी का छोटा दीपक। ✣ **देवली**—स्त्री॰ = देवला।

देववल्लभ—[सं॰ देव ~ वल्लभ] वि॰ देवताओं को प्रिय लगने वाला। पु॰ केसर।

देववाणी—[सं॰ देव ~ वाणी] स्त्री॰ १. संस्कृत-भाषा। २. देवता की वाणी। आकाशवाणी।

देवव्रत—[सं॰ देव ~ व्रत] पु॰ १. धार्मिक व्रत। धार्मिक संकल्प। २. भीष्मपितामह का मूल नाम।

देव-शत्रु—[सं॰] पु॰ १. देवताओं का शत्रु। असुर, दैत्य, राक्षस या दानव। २. नास्तिक व्यक्ति।

देव-शयन—[सं॰] पु॰ १. देवता का शयन। २. विष्णु का शयन।

देवशयनी एकादशी दे॰ **हरिशयनी एकादशी।**

देवशयनोत्थान—[देव ~ शयन ~ उत्थान] पु॰ देवता का सोना और जागना।

देव-शिल्पी—[सं॰ देवशिल्पिन्] पु॰ विश्वकर्मा।

देवस्व—[सं॰ देव ~ स्व] पु॰ १. देवता की धन-सम्पत्ति। २. वह धन-सम्पत्ति जो केवल धार्मिक कार्यों/कृत्यों में लगायी जा सके।

देवहा—[< सं॰ देववहा] स्त्री॰ सरयू नदी।

देवांश—[सं॰ देव ~ अंश] पु॰ १. किसी वस्तु का वह अंश जो देवता को समर्पित किया गया हो, किया जाने वाला हो या किया जाना चाहिए। २. देवता के अंश से उत्पन्न व्यक्ति। ३. परमात्मा/विष्णु का अंशावतार।

***देवा**[1]—[< हिं॰ देना] वि॰ देनेवाला। दिवैया।

***देवा**[2]—[< सं॰ देव] पु॰ देवता।

देवाक्रीड—[सं॰ देव ~ आक्रीड] पु॰ (इन्द्र/देवताओं का उपवन) नन्दनवन।

देवागार—[सं॰ देव ~ आगार] पु॰ १. देवमन्दिर। देवालय। २. स्वर्ग।

देवाङ्गना (देवांगना)—[सं॰ देव ~ अङ्गना] स्त्री॰ १. देवता की पत्नी। देवी। २. अप्सरा। ३. देव जाति की स्त्री।

देवाजीव/देवाजीवी—[सं॰ देव ~ आजीव/आजीविन्] पु॰ १. वह ब्राह्मण आदि जिसकी जीविका देवता के चढ़ावे आदि से चलती हो। २. पुरोहित। ३. पंडा।

देवातिदेव—[सं॰ देव ~ अतिदेव] पु॰ १. सर्वोच्च देवता। २. महादेव। शिव।

देवाधिदेव—[सं॰ देव ~ अधिदेव] पु॰ १. सर्वोच्च देवता। २. महादेव। शिव।

देवाधिप—[सं॰ देव ~ अधिप] पु॰ देवताओं का राजा। इन्द्र।

देवानीक—[सं॰ देव ~ अनीक] पु॰ देवताओं की सेना।

देवानुग/देवानुचर/देवानुयायी—[सं॰ देव ~ अनुग/अनुचर/अनुयायी (अनुयायिन्)] पु॰ देवता का सेवक/भक्त/अनुयायी।

देवान्न—[सं॰ देव ~ अन्न] पु॰ यज्ञ में देवताओं के उद्देश्य से बना हवि।

देवापगा—[सं॰ देव ~ आपगा] स्त्री॰ गंगा (नदी)।

देवायतन—[सं॰ देव ~ आयतन] पु॰ १. स्वर्ग। २. देव-मन्दिर। देवालय।

देवायुध—[सं॰ देव ~ आयुध] पु॰ १. दिव्य हथियार। २. इन्द्रधनुष।

देवाराधना—[सं॰ देव ~ आराधना] स्त्री॰ परमात्मा/देवता की पूजा। देव-पूजन।

देवारि—[सं॰ देव ~ अरि] वि॰, पु॰ देव-शत्रु।

***देवारी**[1]—[< हिं॰ दीवाली] स्त्री॰ दीपावली (पर्व)। दीवाली।

***देवारी**[2]—[< सं॰ दाव] स्त्री॰ जंगल की आग। दावाग्नि।

देवार्चन—[सं॰ देव ~ अर्चन] पु॰ परमात्मा/देवता का पूजन। देव-पूजा।

देवालय—[सं॰ देव ~ आलय] पु॰ १. देवताओं के रहने का स्थान। स्वर्ग। २. देवमन्दिर।

देवावास—[सं॰ देव ~ आवास] पु॰ १. देव-मन्दिर। देवालय। २. स्वर्ग। ३. पीपल (वृक्ष)। ४. सुमेरु पर्वत।

देवासुर—[सं॰ देव ~ असुर] पु॰ देवता और असुर।

देवासुर-सङ्ग्राम (संग्राम)—पु॰ १. देवों और असुरों का युद्ध। २. सत्प्रवृत्तियों और दुष्प्रवृत्तियों में चलने वाला युद्ध।

देवाहार—[सं॰ देव ~ आहार] पु॰ १. देवता/देवताओं का भोजन। २. अमृत। ३. नैवेद्य या भोग। ४. हवि।

देवी-गृह—[सं॰] *पु॰* १. देवी का मन्दिर। २. राजमहल में पटरानी/राजमहिषी का अपना भवन/कक्ष।

देवी-दह—[सं॰] *पु॰* १. देवी का कुंड। २. देवी का मन्दिर या स्थान।

देवेन्द्र (देवेंद्र)—[सं॰ देव ~ इन्द्र] *पु॰* देवताओं का राजा। इन्द्र।

देवेश—[सं॰ देव ~ ईश] *वि॰* १. देवताओं का स्वामी। २. देवताओं में श्रेष्ठ। *पु॰* १. इन्द्र। २. शिव। ३. विष्णु।

देवोत्थान—[सं॰ देव ~ उत्थान] *पु॰* १. देवता का उठना/जागरण। २. छह माह की योग-निद्रा के बाद विष्णु का कार्तिक शुक्ल एकादशी का जागरण।

देवोद्यान—[सं॰ देव ~ उद्यान] *पु॰* १. राजा का उद्यान। २. देवताओं के उद्यान या उनमें से कोई (नन्दनवन, चैत्ररथ इत्यादि)।

देवोन्माद—[सं॰ देव ~ उन्माद] *पु॰* १. देवता का उन्माद। २. देवता के कोप से मनुष्यों में उत्पन्न होनेवाला उन्माद।

देवौक—[सं॰ देव ~ ओकस्] *पु॰* १. देवताओं का निवासस्थान। २. स्वर्ग। ३. सुमेरु पर्वत।

देश-काल-सातत्यक—[सं॰] *पु॰* देश और काल की चार विमाओं वाली अविच्छिन्नता। दिक्-काल-सातत्यक। (अं॰ स्पेस-टाइम कन्टिनुअम)

देशज—[सं॰ देश + ज] *वि॰* देश में उत्पन्न। (भाषा॰) १. देश में उत्पन्न वह शब्द जिसकी व्युत्पत्ति अज्ञात हो। २. (हिन्दी में) जो शब्द न संस्कृत तत्सम हो, न तद्भव और न विदेशी। ❖ **देशज संस्कृति**—*स्त्री॰* = किसी देश की अपनी संस्कृति जिस पर विदेशी प्रभाव न पड़ा हो।

देशज्ञ—[सं॰ देश + ज्ञ] *वि॰* किसी देश की सब बातें जाननेवाला। देश विशेष का ज्ञाता।

देश-धर्म—[सं॰] *पु॰* १. स्थान विशेष या किसी देश के अनुरूप धर्म। २. देश विशेष में प्रचलित आचार-विचार।

देशव्रत—[सं॰ देश ~ व्रत] *पु॰* (जैन॰) जैन श्रावक द्वारा किसी ग्राम, नगर आदि की निश्चित मर्यादा बाँधकर उससे बाहर न जाने का नियतकालिक व्रत।

देशस्थ—[सं॰ देश + स्थ] *वि॰* देश में स्थित। *पु॰* महाराष्ट्रीय ब्राह्मणों का एक भेद।

देशाचार—[सं॰ देश ~ आचार] *पु॰* किसी देश/प्रदेश/क्षेत्र/स्थान में प्रचलित आचार (रीति-रिवाज इत्यादि)।

देशाटन—[सं॰ देश ~ अटन] *पु॰* विभिन्न देशों की यात्रा। विविध देशों में पर्यटन।

देशाधिपति—[सं॰ देश ~ अधिपति] *पु॰* देश या क्षेत्र का राजा/शासक।

देशान्तर (देशांतर)—[सं॰ देश ~ अन्तर] *पु॰* दूसरा देश। विदेश। परदेश। (भूगोल॰) उत्तर और दक्षिण ध्रुव को मिलाने वाले वृत्त से पूर्व या पश्चिम में स्थित किसी स्थान की कोणीय दूरी [जो ०° (अंश) से १८०° (अंश) तक होती है]।

देशान्तरण (देशांतरण)—[सं॰ देश ~ अन्तरण] *पु॰* १. एक देश से दूसरे देश में जाकर बसना। २. (शासन के द्वारा) निर्वासन-दंड।

देशान्तरी (देशांतरी)—[सं॰ देशान्तरिन्] *वि॰, पु॰* १. दूसरे देश का। विदेशी। २. किसी दूरस्थ स्थान का। दूरस्थानीय।

देशिक—[सं॰ देश + ठन्] *वि॰* १. देश-सम्बन्धी। २. देश के अन्दर होनेवाला। *पु॰* १. गुरु, शिक्षक या उपदेशक। २. पथिक। यात्री। ३. मार्गदर्शक। ४. विविध देशों या स्थानों से परिचित।

देशीय—[सं॰ देश + छ] *वि॰* १. देशी। (दे॰) २. देश के अन्दर होनेवाला। *जैसे*—देशीय घटनाएँ। ❖ **देशीयकरण**—*पु॰* = विदेशी व्यक्ति को नागरिक अधिकार देना या नागरिक बनाने की क्रिया/भाव।

देश्य—[सं॰ देश + यत्] *वि॰* १. देश में उत्पन्न। देशी। २. प्रान्तीय या स्थानीय।

देसावर—[< सं॰ देश + अपर] *पु॰* अपने देश से भिन्न कोई देश। कोई अन्य देश। ❖ **देसावरी**—*वि॰* = देसावर का। किसी अन्य देश का।

देसी—[< हिं॰ देशी] *वि॰* देशी। स्थानीय। *जैसे*—देसी आम।

देहधारी—[सं॰ देहधारिन्] *वि॰* शरीरधारी। शरीरी। *पु॰* जीव। जीवात्मा।

देहपात—[सं॰ देह ~ पात] *पु॰* मृत्यु। मरण।

देहम्भर (देहंभर)—[सं॰ देह √भृ + खच्, मुम्] *वि॰* १. (किसी अन्य की चिन्ता न करते हुए) केवल अपने शरीर का पोषण करने के स्वभाव वाला। २. पेटू। ३. अति स्वार्थी।

देह-यात्रा—[सं॰] *स्त्री॰* १. शरीर की रक्षा का साधन। शरीर बना रहने के लिए आवश्यक भरण-पोषण आदि। २. आजीविका। ३. जीवन। जैसे—देह-यात्रा का अन्त।

†**देहर**—[< सं॰ देवह्रद] *स्त्री॰* नदी तट के समीप की नीची भूमि जो बाढ़ आने पर पानी में डूबी रहती है।

देहरा[1]—[< हिं॰ देव + घर] *पु॰* देव-मन्दिर। देवालय।

†**देहरा**[2]—[< सं॰ देह] *पु॰* देह। शरीर।

देहली—[सं॰ देह √ला + कि + ङीष्] *स्त्री॰* १. घर के दरवाज़े की चौखट में नीचे की लकड़ी। देहरी। २. उक्त लकड़ी का स्थान या उसके समीप का स्थान। देहरी।

देहातीत—[सं॰ देह ~ अतीत] *वि॰* १. जो शरीर से परे हो। २. जिसे शरीर का अभिमान या उससे ममत्व न हो। ३. जो देह-बोध से परे हो।

देहात्म—[सं॰ देह ~ आत्मन्] *पु॰* देह और आत्मा।

देहात्मज्ञान—[सं॰ देह ~ आत्म ~ ज्ञान] *पु॰* यह ज्ञान कि शरीर ही आत्मा है।

देहात्मवाद—[सं॰ देहात्म ~ वाद] *पु॰* यह दार्शनिक मत कि देह ही आत्मा है। चार्वाक-मत। नास्तिकवाद। ❖ **देहात्मवादी**—*वि॰* = १. देहात्मवाद का अनुयायी या समर्थक। २. नास्तिक।

देहाध्यास—[सं॰ देह ~अध्यास] *पु॰* देह को आत्मा समझने का भ्रम।

देहावरण—[सं॰ देह ~ आवरण] *पु॰* १. शरीर पर पहनने के वस्त्र। परिधान। पोशाक। २. कवच।

देही—[सं॰ देहिन्] *वि॰* देह धारण करने वाला। शरीरी। *पु॰* १. जीवात्मा। २. आत्मा।

देहोद्भूत—[सं॰ देह ~ उद्भूत] *वि॰* १. शरीर से उत्पन्न। २. जन्मगत। जन्मजात।

***दैअ/दैउ**—[< सं॰ दैव] *पु॰* दैव। परमात्मा या भाग्य।

दैत्य—[सं॰ दिति + ण्य] *पु॰* १. कश्यप (ऋषि) और दिति के पुत्र। २. विशाल शरीरवाला व्यक्ति। ३. अत्यन्त शक्तिशाली व्यक्ति। ४. भयानक प्रतीत होनेवाला व्यक्ति। ५. क्रूर/निर्दय व्यक्ति। ६. दुष्ट व्यक्ति। ✣ **दैत्य-गुरु**—*पु॰* = १. दैत्यों का गुरु। २. शुक्राचार्य।

दैत्यज—[सं॰ दैत्य + ज] *वि॰* दैत्य से उत्पन्न। *पु॰* दैत्य से उत्पन्न व्यक्ति। दैत्य का वंशज। ✣ **दैत्यजा**—*वि॰* (*स्त्री॰*)।

दैनन्दिन (दैनंदिन)—[सं॰ दिनन्दिन + अण्, निपात॰] *वि॰* प्रतिदिन का। नित्य होनेवाला। *क्रिवि॰* १. प्रतिदिन। नित्य। २. दिन-प्रतिदिन। निरन्तर। लगातार। ✣ **दैनन्दिनी (दैनंदिनी)**—*वि॰* (*स्त्री॰*) प्रतिदिन की। नित्य होनेवाली। *स्त्री॰* दैनिकी।

दैनिकी—[सं॰ दैनिक + ङीष्] *स्त्री॰* १. दिन-भर की मज़दूरी। २. वह छोटी पुस्तिका जिसमें नित्य प्रति के कार्यों, घटनाओं, विचारों आदि को लिखा जाता है। दैनन्दिनी। डायरी (अं॰)।

दैन्य—[सं॰ दीन + अण्] *पु॰* १. दीनता। निर्धनता। ग़रीबी। २. नम्रता। ३. निर्बलता। कमज़ोरी। (काव्य॰) एक संचारी भाव जिसमें दुःख आदि के कारण दीनता होती है।

दैया[१]—[< सं॰ दैव] *पु॰* दैव। परमात्मा या भाग्य। *वि॰* देवता-सम्बन्धी। देवता का।

†दैया[२]—[< हिं॰ दाई] *स्त्री॰* १. माता। २. धाय। दाई। ३. आश्चर्य, दुःख, भय आदि का सूचक शब्द।

दैर्घ्य—[सं॰ दीर्घ + ष्यञ्] *पु॰* = दीर्घता। लम्बाई।

दैव—[सं॰ देव + अण्] *वि॰* १. देवता-सम्बन्धी। देवता का। ***जैसे***—दैव कार्य। २. स्वर्गीय। २. देवता को अर्पित किया हुआ। ३. प्राकृतिक। ४. भाग्य-सम्बन्धी। *पु॰* १. परमात्मा। ईश्वर। २. प्रारब्ध। भाग्य।

दैव-गति—[सं॰] *स्त्री॰* भाग्य का परिवर्तन/फेर। २. प्रारब्ध। भाग्य। २. दैवी घटना।

दैवज्ञ—[सं॰ दैव + ज्ञ] *पु॰* ज्योतिषी।

दैवत—[सं॰ देवता + अण्] *वि॰* देवता-सम्बन्धी। देवता का। *पु॰* १. देवता। २. सम्पूर्ण देव-समूह। देवतामात्र। ३. देव-प्रतिमा। देव-मूर्ति। विग्रह।

दैव-दुर्विपाक—[सं॰] *पु॰* १. भाग्य की निष्ठुरता। २. भाग्य की ख़राबी। भाग्य-दोष। ३. दुर्भाग्य।

दैवयोगात्—[सं॰ दैव ~ योगात्] *क्रिवि॰* १. दैववश। संयोग से। संयोगवश। २. अकस्मात्।

दैव वर्ष—[सं॰] *पु॰* देवताओं का वर्ष। दिव्य वर्ष। ● **विशेष**—यह मनुष्यों के ३६० वर्षों के बराबर होता है।

दैववशात्—[सं॰ दैव ~ वशात्] *क्रिवि॰* दैवयोग से। संयोगवश।

दैव वाणी—[सं॰] *स्त्री॰* १. संस्कृत-भाषा। २. देवता की वाणी। आकाशवाणी।

दैववादी—[सं॰ दैववादिन्] *वि॰* १. भाग्य के भरोसे रहनेवाला। (पुरुषार्थवादी नहीं) भाग्यवादी। २. आलसी।

दैव विवाह—[सं॰] *पु॰* प्राचीन स्मृतियों में वर्णित ८ प्रकार के विवाहों में से एक।

दैव श्राद्ध (श्राद्ध)—[सं॰] *पु॰* देवताओं के उद्देश्य से किया जाने वाला श्राद्ध।

दैवागत—[सं॰ दैव ~ आगत] *वि॰* १. भाग्य से आया हुआ। २. अचानक आया हुआ। *क्रिवि॰* १. संयोगवश/भाग्यवश होनेवाला। २. अकस्मात्। अचानक।

दैवात्—[सं॰ दैव] *क्रिवि॰* १. दैवयोग से। ईश्वरकृत संयोग से। संयोगवश। २. अकस्मात्। अचानक।

दैवात्यय—[सं॰ दैव ~ अत्यय] *पु॰* असाधारण प्राकृतिक घटना से होने वाला उपद्रव। दैवी उपद्रव। (जैसे—प्रलय या भूकम्प)।

दैवाहोरात्र—[सं॰ दैव ~ अहोरात्र] *पु॰* देवताओं का एक दिन-रात जो मनुष्यों के १ वर्ष के बराबर होता है।

दैविक—[सं॰ देव + ठक्] *वि॰* १. देवता-सम्बन्धी। देवता का। २. देवता के निमित्त किया हुआ या किया जाने वाला। ३. देवता/देवताओं का किया हुआ। देवकृत।

दैवी—[सं॰ दैव + ङीप्] *वि॰* १. देवता-सम्बन्धी। देवता/देवताओं का। २. देवता/देवताओं द्वारा होनेवाला। ३. दिव्य। ४. संयोगवश या भाग्यवश होनेवाला। आकस्मिक। ४. दिव्य। ५. धार्मिक। ६. दैवी। आकस्मिक। ∇ **विलोम**—आसुरी।

दैवोपहत—[दैव ~ उपहत] *वि॰* दैव/भाग्य का मारा हुआ। भाग्यहीन। अभागा।

दैव्य—[सं॰ देव + यञ्] *पु॰* १. प्रारब्ध। भाग्य। २. दैवी शक्ति। २. दिव्यता। *वि॰* १. देवता-सम्बन्धी। २. भाग्य-सम्बन्धी।

दैशिक—[सं॰ देश + ठञ्] *वि॰* १. देश/स्थान-सम्बन्धी। देश का। २. स्थानीय। ३. देश में होने वाला। ४. देश/स्थान से परिचित। *पु॰* १. गुरु, शिक्षक या उपदेशक। २. पथ-प्रदर्शक। मार्गदर्शक।

दैहिक—[सं॰ देह + ठञ्] *वि॰* शरीर-सम्बन्धी। शारीरिक।

दैह्य (दैह्य)—[सं॰ देह + ष्यञ्] *वि॰* शरीर-सम्बन्धी। शारीरिक। *पु॰* जीवात्मा।

दोआब/दोआबा—[< फा॰ दुआब:] *पु॰* दो नदियों के बीच का क्षेत्र। दुआबा।

दोग़ला—[< फा॰ दोग़ल:] *पु॰* दो भिन्न जातियों/नस्लों के माता-पिता की सन्तान। वर्णसंकर।

दोगाना—[हि॰ दो + गाना] *पु॰* एक प्रकार का गीत जिसमें एक व्यक्ति का प्रश्न और दूसरे का उत्तर होता है।

दोग्धा—[स॰ दोग्धृ] *वि॰* दुहनेवाला। *पु॰* १. दुहनेवाला व्यक्ति। ***जैसे***—दोग्धा कृष्ण। २. ग्वाला। अहीर। ३. बछड़ा।

दोघरा—[< हि॰ दो + घर] *वि॰* १. जिसमें दो घर/खाने हों। २. दो घरों से सम्बन्धित। ***जैसे***—दोघरा नौकर।

दोज़ख़—[फा॰] नरक। ✣ **दोज़ख़ी**—*वि॰* = नरक का। नारकीय। नरक में जाने के काम करनेवाला। नरक के योग्य। पापी। दुष्ट।

†दोजीवा—[< हि॰ दो + स॰ जीव] *स्त्री॰* गर्भवती स्त्री।

***दोत**—[< अरबी दवात] *स्त्री॰* मसिपात्र। दवात।

दोतारा—[< हि॰ दो + तार] *पु॰* १. एक प्रकार का दुशाला (वस्त्र)। २. दो तार वाला एक वाद्य जो सितार की तरह होता है।

दोदा—[देशज] *पु॰* एक प्रकार का लम्बा कौआ।

दोध—[स॰ दुह् + अच्, नि॰] *पु॰* १. बछड़ा। २. ग्वाला। अहीर। ✣ **दोधक**—*वि॰* = (गाय आदि को) दुहनेवाला। *पु॰* (छन्द॰) एक समवर्णिक छन्द जिसके प्रत्येक चरण में ११ वर्ण होते हैं तथा जो ३ भगण और २ गुरु (भ भ भ ग ग) के योग से बनता है।

दोन—[< हि॰ दो] *पु॰* १. दो पर्वतों के बीच की नीची भूमि या घाटी। दून। २. दो नदियों के बीच का प्रदेश। दुआबा। दोआबा। ३. दो नदियों के संगम का स्थान।

दोना—[< स॰ द्रोण] *पु॰* १. ढाक/महुए आदि के पत्तों में सींकें लगाकर बनाया गया कटोरे जैसा पात्र।२. किसी वस्तु से भरा हुआ उक्त पात्र। ***जैसे***—जन्माष्टमी पर प्रसाद के दोने बँट रहे थे। ***वा॰*** **दोने चाटना**—बाजार की वस्तुएँ खाने का अधिक शौक़ होना। ✣ **दोनिया/दोनी**—*स्त्री॰* = छोटा दोना।

दोपदे—[< हि॰ दोपदा < द्विपदी (स॰) का बहुवचन] (छन्द॰) दो चरणों वाले छन्द। ***जैसे***—कवि हरिऔध के दोपदे।

दोमट/दुमट—[< हि॰ दो + मिट्टी] *स्त्री॰* ऐसी भूमि जिसकी चिकनी मिट्टी में बालू/रेत मिली हुई हो। बलुई ज़मीन।

दोयम—[फा॰] *वि॰* १. जो क्रम के अनुसार दूसरा हो। द्वितीय। २. (महत्त्व आदि की दृष्टि से) द्वितीय श्रेणी का।

दोयरी—[देशज] *स्त्री॰* एक प्रकार का जंगली वृक्ष जिसकी लकड़ी का कोयला बनाते हैं।

दोयल—[देशज] *पु॰* 'बया' नामक पक्षी।

***दोर[1]**—[< हि॰ दौड़] *स्त्री॰* १. पहुँच। २. स्थान।

***दोर[2]**—*पु॰* ≤ *हि॰* द्वार। दरवाज़ा।

***दोर[3]**—*स्त्री॰* ≤ *हि॰* डोर। डोरी। ✣ **दोरक**—*पु॰* = १. डोर। डोरी। २. वीणा के तारों को बाँधनेवाली ताँत।

दोरसा—[< हि॰ दो + स॰ रस] *वि॰* दो प्रकार के स्वाद वाला। ***जैसे***—दोरसा व्यंजन।

दोरा—[देशज] *पु॰* हल में लगी बाँस की वह नली जिसमें बोने के लिए बीज डालते हैं।

दोरुख़ा—[फा॰] *वि॰* १. जिसके दोनों ओर समान रंग या कलाकारी हो। २. जिसके एक ओर एक रंग और दूसरी ओर दूसरा रंग हो। ***जैसे***—दोनों ओर से ओढ़ी जाने वाली चादर। ३. (आचरण या व्यवहार) जो कभी एक तरह का हो और कभी दूसरी तरह का हो। ४. (आचरण या व्यवहार) ऐसा हो कि दो विरोधी पक्षों में से प्रत्येक के अनुकूल प्रतीत हो।

दोर्दण्ड (दोर्दंड)—[स॰ दोस् ~ दण्ड] *पु॰* १. भुजदंड। २. मज़बूत भुजा।

दोल—[स॰ √दुल् + घञ्] *पु॰* १. झूला। हिंडोला। २. डोली।

दोलन—[स॰ √दुल् + ल्युट्] *पु॰* झूलने की क्रिया/भाव। (भौतिकी॰) १. किसी यान्त्रिक/वैद्युत तन्त्र में किसी चर का आवर्ती परिवर्तन। २. लोलक।

दोला—[स॰ √दुल् + अ + टाप्] *स्त्री॰* १. झूला। हिंडोला। २. डोली। पालकी। ३. उतार-चढ़ाव। घट-बढ़। अस्थिरता। ४. सन्देह। अनिश्चय।

दोलायमान—[स॰ दोला + क्यङ् + शानच्] *वि॰* १. झूलता हुआ। २. हिलता-डुलता।

दोलायित—[स॰ दोला + क्यङ् + क्त] *वि॰* १. झूलता हुआ। दोलित। २. हिलाया-डुलाया जाता हुआ।

दोलिका—[स॰ दोल + कन् + टाप्] *स्त्री॰* १. झूला। हिंडोला। २. डोली। पालकी।

दोलित्र—[< स॰ दोलक] *पु॰* दिष्ट धाराशक्ति (अ॰ डाइरेक्ट करेन्ट) को प्रत्यावर्ती धाराशक्ति (आल्टरनेटिंग करेन्ट) में बदलनेवाली एक युक्ति जिसमें दोलनों का प्रयोग होता है। (अ॰ ओसिलेटर)

दोली—[स॰ √दुल् + णिच् + इन् + ङीष्] *स्त्री॰* १. दोला। झूला। २. डोली। पालकी। ३. पालना।

दोलोत्सव—[स॰ दोल ~ उत्सव] *पु॰* १. झूलने का समारोह। २. भगवान् राम, भगवान् कृष्ण या पार्वती (गौरी) देवी को झूले में झुलाने का धार्मिक समारोह।

†दोवटी/दोवड़ी—[< स॰ द्विपट्ट] *स्त्री॰* १. साधारण मोटा कपड़ा (जिसे 'गाढ़ा' भी कहा जाता है)। २. चादर। दुपट्टा। ३. दो पाट वाली चादर।

दोषघ्न (दोषघ्न)—[स॰ दोष + घ्न] *वि॰* दोष नष्ट करनेवाला। *पु॰* (आयुर्वेद॰) वह औषध जिससे कुपित दोष (वात/पित्त/कफ) शान्त हो।

दोषज्ञ—[स॰ दोष + ज्ञ] *वि॰* दोष जाननेवाला। *पु॰* बुद्धिमान् व्यक्ति।

दोषण—[स॰ √दुष् + णिच् + ल्युट्] *पु॰* १. दोष लगाना। दोषारोपण। २. आरोप।

दोषत्व—*पु॰* = दोषता।

दोषल—[स॰ दोष + लच्] *वि॰* दोषपूर्ण। दूषित।

दोषवेचन—[स॰ दोष √विच् + ल्युट्] (नियुक्त शासकीय अधिकारी के द्वारा) पत्र, पुस्तक, फ़िल्म आदि के उत्तेजक या आपत्तिजनक अंशों का हटा दिया जाना। (अ॰ सेन्सरशिप)

दोषा—[स॰ √दुष् + घञ् + टाप्] १. रात्रि। निशा। रात। २. सायंकाल।

दोषाकर[१]—[सं॰ दोष ~ कर] *पु॰* निशाकर। चन्द्रमा।

दोषाकर[२]—[सं॰ दोष ~ आकर] *पु॰* दोषों का भंडार। अति दोषी व्यक्ति।

दोषावह—[सं॰ दोष ~ आवह] *वि॰* दोषपूर्ण।

दोषिता—[सं॰ दोषिन् + तल् + टाप्] *स्त्री॰* दोषी होने की आवस्था/भाव। सदोषता।

दोषिन—[< सं॰ दोषी] *स्त्री॰* १. दोषी स्त्री। २. अपराध करनेवाली स्त्री। अपराधिनी। ३. पाप करनेवाली स्त्री। पापिन। ४. दूसरों पर दोषारोपण करनेवाली स्त्री। ५. परपुरुष से सम्बन्ध स्थापित करनेवाली स्त्री।

दोषी—[सं॰ दोषिन्] *पु॰* १. जिसने दोष/अपराध किया हो। २. जिस पर दोष/आरोप लगा हो। ३. दोषयुक्त। दोषपूर्ण। ४. पापी। ५. दुष्ट। ∇ **विलोम**—निर्दोष।

दोसरी—[< हि॰ दो] *स्त्री॰* दो बार जोती गई भूमि।

दोसा[१]—[< सं॰ दोषा] *स्त्री॰* रात्रि। रात।

दोसा[२]—[तमिल] *पु॰* एक दक्षिण भारतीय नमकीन व्यंजन जो अब सारे भारत में लोकप्रिय है।

ǀदोसाही—[< हि॰ दोसरी] *वि॰* (ऐसी भूमि) जिसमें प्रति वर्ष दो फ़सलें हों। दुफ़सली।

दोह[१]—[सं॰ √दुह् + घञ्] *पु॰* १. दुहने की क्रिया। दोहन। २. दूध। ३. दूध दुहने का पात्र।

***दोह**[२]—[< सं॰ द्रोह] *पु॰* १. द्रोह। २. द्रोही।

ǀदोहता—[< सं॰ दौहित्र] *पु॰* पुत्री का पुत्र। धेवता। नाती। ✣ **दोहती**—*स्त्री॰* = पुत्री की पुत्री। धेवती। नातिन।

दोहद—[सं॰ दोह √दा + क] १. गर्भवती स्त्री की इच्छा/रुचि। २. गर्भ। ३. (लाक्षणिक) प्रबल अभिलाषा। [काव्य॰] (कवि-समय के अनुसार) वृक्षों की इच्छा विशेष (जैसे—अशोक वृक्ष चाहता है कि युवतियाँ उसे पैरों से ठोकर मारें या वकुल वृक्ष चाहता है कि सुन्दरियाँ उस पर शराब के कुल्ले करें)।

दोहदवती/दोहदान्विता—[सं॰ दोहद + वती/अन्विता] *स्त्री॰* १. गर्भवती स्त्री जो किसी वस्तु/कर्म के लिए तीव्र इच्छा करे। २. गर्भवती स्त्री। गर्भिणी।

दोहदी—[< सं॰ दोहद] *वि॰* (*स्त्री॰*) ऐसी गर्भवती जो किसी वस्तु/कर्म के लिए तीव्र अभिलाषा/इच्छा करे। *स्त्री॰* दोहदवती ।

दोहना—[< सं॰ दोष] *क्रिस॰* १. दोष लगाना। २. तुच्छ मानना।

दोहनी—[सं॰ दोहन + ङीप्] *स्त्री॰* १. दूध दुहने का पात्र। २. दूध दुहने की क्रिया/भाव। दोहन।

दोहर—[< हि॰ दो + घरी (= तह)] *स्त्री॰* दो पाटों वाली सिली हुई चादर। दोहरी सिली हुई चादर।

दोहली—[सं॰ दोहल + ङीष्] *स्त्री॰* १. अशोक वृक्ष। २. आक/मदार का पेड़। अर्क वृक्ष।

दोहा—[< हि॰ दो] *पु॰* (छन्द॰) एक तुकान्त अर्धसममात्रिक छन्द जो दो दलों के रूप में लिखा जाता है तथा जिसके चरणों में क्रमशः १३, ११, १३, ११ मात्राएँ होती हैं।

ǀदोहाग—[< सं॰ दौर्भाग्य] *पु॰* दुर्भाग्य। बदक़िस्मती।

दोही[१]—[सं॰ दोहिन्] *वि॰* दुहनेवाला। *पु॰* ग्वाला। अहीर।

***दोही**[२]—*स्त्री॰* ≤ हि॰ दुहाई।

दोही[३]—[< हि॰ दोहा] *स्त्री॰* (छन्द॰) एक अर्धसममात्रिक छन्द जिसके चरणों में क्रमशः १५, ११, १५, ११ मात्राएँ होती हैं, अन्त में लघु होता है।

ǀदोहुर—[देशज] *स्त्री॰* अधिक बालू/रेत वाली भूमि। दोमट।

दोह्य (दोह्य)—[सं॰ √दुह् + ण्यत्] *वि॰* १. दुहने के योग्य। जिसे दुहा जा सके। २. जिसे दुहा जाना हो। *पु॰* दूध। २. दुहे जाने योग्य पशु। ✣ **दोह्या (दोह्या)**—*वि॰* (स्त्री॰)। *स्त्री॰* गाय।

***दौ**—[< सं॰ दव] *स्त्री॰* जंगल की आग। दावाग्नि।

दौड़ा-दौड़—[< हि॰ दौड़ना] *क्रिवि॰* बिना रुके और बहुत तेज़ी से। बेतहाशा। *स्त्री॰* दौड़ा-दौड़ी।

दौड़ा-दौड़ी—[< हि॰ दौड़ना] *स्त्री॰* १. अनेक लोगों की एक साथ दौड़। २. आतुरता। जल्दबाज़ी। हड़बड़ी।

दौत्य—[सं॰ दूत + ष्यञ्] *वि॰* दूत-सम्बन्धी। दूत का। *जैसे*—दौत्य कर्म। *पु॰* दूत का पद/काम/भाव। दूतत्व।

***दौन**—[< सं॰ दमन] *पु॰* दमन। *वि॰* दमन करनेवाला। दमनकारी।

***दौना**[१]—[< सं॰ दमन] *क्रिअ॰* १. दमन करना। दबाना। २. तपाना।

***दौना**[२]—[< सं॰ नाग-दमनक] *पु॰* एक सर्प-विष-नाशक पौधा। नागदौना। दमनक। ● **विशेष**—दौना के क्षुप छोटे-छोटे और झाड़ीदार होते हैं। पत्ते बहुत सुगन्धित होते हैं। इसे '**दवना**' भी लिखते हैं।

***दौनागिरि/दौनाचल**—[< सं॰ द्रोण + गिरि/अचल] *पु॰* (हिमालय का) द्रोणगिरि।

दौर—[अरबी] *पु॰* १. चक्कर। २. बारी। ३. परिवर्तन। ४. शराब या चाय आदि का एक चक्र जो सभी बैठने वालों के लिए हो। ५. मुशायरे या मजलिस में रचनाएँ पढ़ने का चक्र जो एक-एक बार सबके पढ़ लेने पर समाप्त हो। ***वा॰* दौर चलना**—शराब का खूब पिया जाना।

दौर-दौरा—[फा॰] *पु॰* प्रभाव की अधिकता और प्रबलता। *जैसे*—आजकल साहित्य में कविता की उपेक्षा है, गद्य रचनाओं का दौर-दौरा है।

दौरात्म्य—[सं॰ दुरात्मन् + ष्यञ्] *पु॰* १. दुरात्मा होने की अवस्था, भाव या वृत्ति। २. दुर्जनता। *जैसे*—दौरात्म्य छोड़ो, सज्जन बनो।

दौरान—[अरबी] *पु॰* १. चक्र। चक्कर। २. दिनों का फेर। काल-चक्र। ३. संचार। चक्कर। *जैसे*—ख़ून का दौरान। ४. मध्य। बीच। *जैसे*—इसी दौरान वह बीमार पड़ गया।

ǀदौरी—[< हि॰ दौरा < सं॰ द्रोण] *स्त्री॰* १. बाँस/बेंत/मूँज आदि से बनी हुई छोटी टोकरी। छोटा टोकरा। २. खेतों को सींचने में पानी डालने के काम आनेवाली टोकरी। ३. खेतों की उक्त प्रकार से सिंचाई।

दौर्मनस्य—[सं॰ दुर्मनस् + ष्यञ्] *पु॰* १. मानसिक पीड़ा। २. दुर्जनता।

दौवारिक—[सं॰ द्वार + ठक्, औ-आगम] *पु॰* द्वारपाल। दरबान। ✣ **दौवारिकी**—*स्त्री॰*।

दौहित्र—[सं॰ दुहितृ + अञ्] *पु॰* पुत्री का पुत्र। धेवता। नाती। नवासा। ✣ **दौहित्रक**—*वि॰* दौहित्र-सम्बन्धी। दौहित्र का। ✣ **दौहित्री**—*स्त्री॰* = पुत्री की पुत्री। धेवती। नातिन।

†**दौं**[१] (**दौं**[१])—[< हिं॰ धौं] *अव्यय॰* अथवा। या।

†**दौं**[२] (**दौं**[२])—[< सं॰ दव] *पु॰* १. जंगल की अग्नि। दावानल। दवाग्नि। २. अग्नि। आग।

***दौंकना** (**दौंकना**)—*क्रिअ॰* ≤ *हिं॰* दमकना।

दौंगरा (**दौंगरा**)—[< सं॰ दव + हिं॰ गिरना] *पु॰* वर्षा ऋतु की पहली वर्षा।

†**दौंचना** (**दौंचना**)—[< हिं॰ दबोचना] *क्रिस॰* १. दबाव डालकर लेना। २. ज़ोर से पकड़ना। दबोचना। *क्रिअ॰* हठ करके लेना।

दौंदू (**दौंदू**)—[< हिं॰ दोदा] *पु॰* १. 'दोदा' नामक लम्बा कौवा। २. कौवे की तरह चाल वाला या विषयासक्त व्यक्ति।

दौंरी[१]—[देशज] *स्त्री॰* समूह। झुंड।

दौंरी[२]—[< हिं॰ दँवरी] *स्त्री॰* कटी हुई फ़सल के कणों को डंठलों से अलग करने के लिए बैलों से रौंदवाने की क्रिया। दँवरी।

दयु (**द्यु**)—[सं॰ √दिव् + उन्, कित्] *पु॰* १. दिवस। दिन। २. आकाश। ३. स्वर्ग। ४. अग्नि। आग। ५. दीप्ति। चमक।

दयुचर (**द्युचर**)—[सं॰ द्यु ~ चर] *वि॰* आकाश में चलनेवाला। *पु॰* १. पक्षी। चिड़िया। २. चन्द्र, मंगल आदि ग्रह।

दयु-जय (**द्यु-जय**)—[सं॰] *पु॰* स्वर्ग-प्राप्ति।

दयुत (**द्युत**)—[सं॰ √द्युत् + क] *वि॰* जिसमें प्रकाश हो। चमकीला। *पु॰* रश्मि। किरण।

दयुति (**द्युति**)—[सं॰ √द्युत् + इनि] *स्त्री॰* १. शरीर की स्वाभाविक कान्ति। आभा। छवि। २. दीप्ति। चमक। (भौतिकी॰) किसी वस्तु के तल द्वारा परावर्तित प्रकाश की चमक।

दयुतिमा (**द्युतिमा**)—[< सं॰ द्युतिमन्] *स्त्री॰* १. द्युति। चमक। २. प्रकाश। ३. तेज।

दयु (**द्यु**)**-पथ**—[सं॰] *पु॰* आकाश-मार्ग।

दयु (**द्यु**)**-मणि**—[सं॰] *पु॰* सूर्य।

दयु (**द्यु**)**-लोक**—[सं॰] *पु॰* स्वर्ग।

दयूत (**द्यूत**)—[सं॰ √दिव् + क्त, ऊठ्] *पु॰* जुआ।

दयोतक (**द्योतक**)—[सं॰ √द्युत् + ण्वुल्] *वि॰* १. प्रकाश करनेवाला। प्रकाशक। २. प्रकट/व्यक्त करनेवाला। ३. सूचक।

दयोतन (**द्योतन**)—[सं॰ √द्युत् + णिच् + ल्युट्] *पु॰* १. प्रकाश युक्त करने की क्रिया/भाव। २. दिखाना। ३. प्रकटन। व्यक्त करना।

***द्यौहड़ा द्योहड़ा**—[< सं॰ देवगृह] *पु॰* देवालय। मन्दिर।

द्रव—[सं॰ √द्रु + अप्] *वि॰* १. चूने/टपकने वाला। २. बहनेवाला। ३. तरल। पनीला। ४. पिघलता हुआ प्रदार्थ। *पु॰* १. तरल पदार्थ। २. रस।

द्रवक—[सं॰ √द्रु + ण्वुल्] *वि॰* १. चूने/टपकनेवाला। २. बहनेवाला। ३. द्रवित करने/होने वाला। ✣ **द्रवगतिकी**—*स्त्री॰* (गणित॰) = गणित की एक शाखा जिसमें किसी पूर्णतः या अंशतः तरल द्रव्यात्मक निकाय की गतियों और सन्तुलन का अध्ययन किया जाता है। द्रवगतिविज्ञान। (अं॰ हाइड्रोडाइनैमिक्स) ✣ **द्रवबलगतिकी**—*स्त्री॰* = गणित की वह शाखा जिसमें किसी पूर्णतः या अंशतः तरल द्रव्यात्मक निकाय की गतियों का अध्ययन किया जाता है। (अं॰ हाइड्रोकाइनैटिक्स) ✣ **द्रवस्थैतिक दाब**—*पु॰* = (भौतिकी॰) किसी स्थिर जलराशि में एक विशिष्ट स्थल पर जल द्वारा पड़नेवाला दाब। (अं॰ हाइड्रोस्टैटिक प्रेशर) ✣ **द्रवस्थैतिकी**—*स्त्री॰* = (गणित॰) गणित की वह शाखा जिसमें किसी पूर्णतः या अंशतः तरल द्रव्यात्मक निकाय के सन्तुलन का अध्ययन किया जाता है। द्रवस्थितिविज्ञान। (अं॰ हाइड्रोस्टैटिक्स)

द्रवण—[सं॰ √द्रु + ल्युट्] *पु॰* १. बहना। रसना। २. पिघलना। ३. पसीजना। ४. भाप का द्रवरूप में परिवर्तित ५. मन की दयापूर्ण होने की वृत्ति। ६. कामदेव का एक बाण। (भूविज्ञान॰) द्रव बनने या होने की क्रिया या प्रक्रम। ✣ **द्रवणशील**—*वि॰* = १. पिघलनेवाला। २. पसीजनेवाला। ३. कोमल हृदय वाला। सहृदय।

द्रवणाङ्क (**द्रवणांक**)—[सं॰ द्रवण ~ अङ्क] ताप का वह माप जिसपर कोई वस्तु पिघलने लगती है।

द्रविड़—[< सं॰ द्रविड] *पु॰* १. दक्षिण भारत के तमिलनाडु, कर्नाटक, केरल और आन्ध्र के क्षेत्र का सामूहिक नाम। २. उक्त क्षेत्र का निवासी। ***वा॰* द्रविड़ प्राणायाम**—सीधे और सरल विधि से हो सकने वाले काम को टेढ़े और कठिन विधि से करने का प्रयत्न। **द्रविड़ प्राणायाम करना**—सीधी बात को घुमा-फिराकर कहना।

द्रविण—[सं॰ √द्रु + इनन्] *पु॰* १. धन-सम्पत्ति। २. सुवर्ण। सोना।

द्रवीकरण—[सं॰ द्रव + च्वि + करण] *पु॰* (ठोस या गैस को) द्रव रूप में बदलना।

द्रवीभूत—[सं॰ द्रव + च्वि √भू + क्त] *वि॰* १. जो द्रव रूप में आया हो या लाया गया हो। तरलीकृत। द्रवित। २. पिघला/पिघलाया हुआ। ३. जो दया-भाव से पसीज गया हो। ४. दया-भाव से विह्वल।

द्रव्य—[सं॰ √द्रु + यत्, या द्रु + यत्] *पु॰* १. वस्तु। पदार्थ। चीज़। २. वह उपादान सामग्री या उपयुक्त वस्तु जिससे अन्य वस्तुएँ बनती हैं। ***जैसे***—चाँदी वह द्रव्य है जिससे आभूषण और बर्तन आदि बनते हैं। ३. वह पदार्थ जो गुण का आश्रय हो। ४. धन, सम्पत्ति, सामान आदि। ५. मदिरा। शराब। ● **विशेष**—भारतीय दर्शन के विविध प्रकारों में 'द्रव्य' के विषय में विविध प्रकार के विवेचन मिलते हैं। ***जैसे***—जैन दर्शन में ६ द्रव्य माने गए हैं—धर्म, अधर्म, आकाश, पुद्गल, काल और जीव तथा वैशेषिक दर्शन में ९ द्रव्य—पृथ्वी, जल, अग्नि, वायु आकाश, काल, दिक्, आत्मा और बुद्धि (मन)।

द्रव्यता—[सं॰ द्रव्य + तल् + टाप्] *स्त्री॰* द्रव्य होने की अवस्था/

गुण/भाव। द्रव्यत्व। ✣ **द्रव्यत्व**— *पु०* = द्रव्यता।

द्रव्यमान—[सं० द्रव्य ~ मान] (भौतिकी; गणित) किसी वस्तु में विद्यमान पदार्थ की मात्रा। संहत पदार्थ। संहति। ✣ **द्रव्यमान संख्या**— *स्त्री०* (रसायन०) = किसी तत्त्व के परमाणु के नाभिक में स्थित प्रोटोनों और न्यूट्रोनों की संख्याओं का योग।

द्रव्यवाद—[सं० द्रव्य ~ वाद] *पु०* (पा० दर्शन) यह सिद्धान्त कि दृश्य जगत् के पीछे कोई वास्तविक सत्ता है।

द्रव्यान्तर (द्रव्यांतर)—[सं० द्रव्य ~ अन्तर] *पु०* प्रस्तुत द्रव्य से भिन्न कोई अन्य द्रव्य।

द्राव—[सं० √द्रु + घञ्] *पु०* १. चूना। बहना। ४. बहाव। ५. पिघलाव।

द्रुघण—[सं० द्रु √ हन् + अच्, घदेश, णत्व] *पु०* १. काठ की हथौड़ी। २. कुल्हाड़ी। ३. ब्रह्मा। ✣ **द्रुघ्नी**— *स्त्री०* = कुल्हाड़ी।

द्रुत—[सं० √द्रु + क्त] *वि०* १. वेगवान्। तेज़। २. बहा हुआ। ३. पिघला हुआ। ३. जो तरल हुआ हो। (संगीत०) जिसकी गति साधारण से अधिक हो। *जैसे*—द्रुत लय। *क्रिवि०* शीघ्र। जल्दी। *जैसे*—द्रुत गमन। ✣ **द्रुतगति**— *वि०* तेज़ चलनेवाला। शीघ्रगामी। ✣ **द्रुतगामी**— *वि०* = तेज़ चलनेवाला। शीघ्रगामी। ✣ **द्रुतगामिनी**— *वि०* (*स्त्री०*)। = द्रुतगामी (स्त्री)। ✣ **द्रुतपद**— *पु०* तेज़ चलने वाला। शीघ्रगामी चरण। (छन्द०) एक समवर्णिक छन्द जिसके प्रत्येक चरण में नगण, भगण, नगण, यगण (न भ न य) के योग से १२ वर्ण होते हैं। ✣ **द्रुतमध्या**— *स्त्री०* (छन्द०) = एक अर्धसमवर्णिक छन्द जिसके विषम चरणों में क्रमशः ३ भगण और २ गुरु के योग से ११ वर्ण होते हैं तथा सम चरणों में क्रमशः नगण, २ जगण और यगण के योग से १२ वर्ण होते हैं। ✣ **द्रुतलय**— *स्त्री०* = (संगीत०) मध्यलय की द्विगुण द्रुत लय। ✣ **द्रुतविलम्बित (द्रुतविलंबित)**— *पु०* = (छन्द०) एक समवर्णिक छन्द 'सुन्दरी' छन्द। (दे०) ✣ **द्रुता**— *वि०* (*स्त्री०*) = द्रुत। (छन्द०) = एक समवर्णिक छन्द जिसके (र ज स ल ग) प्रत्येक चरण में क्रमशः रगण, जगण, सगण और लघु-गुरु के योग से ११ वर्ण होते हैं तथा ५-६ पर यति होती है।

द्रुति—[सं० द्रु + क्तिन्] *स्त्री०* १. तरल पदार्थ। द्रव। २. द्रवित होने की अवस्था/भाव। द्रवण। पिघलाव। ३. गति। चाल।

द्रुतोच्चारिता—[सं० द्रुत ~ उच्चारित + टाप्] *स्त्री०* (मनो०) एक प्रकार का मानसिक रोग जिसमें रोगी जल्दी-जल्दी और अस्पष्ट बोलता है तथा बीच-बीच के शब्द छूटे होते हैं।

द्रुपदात्मज—[सं० द्रुपद ~ आत्मज] *पु०* १. द्रुपद का पुत्र (धृष्टद्युम्न) शिखंडी आदि। ✣ **द्रुपदात्मजा**— *स्त्री०* = द्रुपद की पुत्री। द्रौपदी।

द्रुम—[सं० द्रु + म] *पु०* १. वृक्ष। पेड़। २. पारिजात वृक्ष। ३. कुबेर। ✣ **द्रुम-दण्ड (दंड)**— *पु०* = वृक्ष का तना।

द्रुमविज्ञ—[सं० द्रुम ~ विज्ञ] *पु०* वह वनस्पतिवेत्ता जो वृक्षों का अध्ययन करता है। द्रुमविज्ञानवेत्ता।

द्रुमालय—[सं० द्रुम ~ आलय] *पु०* वन। जंगल।

द्रुमाली—[सं० द्रुम ~ आली] *स्त्री०* १. वृक्षों की पंक्ति। *जैसे*—फूलों से लदी द्रुमाली। २. वृक्षों का समूह।

द्रुमाश्रय—[सं० द्रुम ~ आश्रय] *वि०* वृक्षों पर रहने वाला। *पु०* गिरगिट।

द्रेष्काण—[सं०] *पु०* (ज्योतिष०) आकाशमंडल में प्रत्येक राशि के १०° के ३६ अंशों में से प्रत्येक। राशि का तृतीय भाग। *जैसे*—इस समय सूर्य मेष के द्वितीय द्रेष्काण में है।

द्रोण—[सं० √द्रु + न] *पु०* १. लकड़ी का एक बड़ा पात्र। कठौता। २. जल से भरा बादल। ३. वृक्ष। ४. एक प्राचीन तोल/माप जो चार प्रस्थ/आढ़क या १६ सेर के तुल्य होती थी। ५. धनुर्विद्या के एक आचार्य। द्रोणाचार्य। ६. एक पर्वत। द्रोणाचल। द्रोणगिरि।

द्रोणकाक—[सं० द्रोण ~ काक] *पु०* जंगली कौआ।

द्रोणिका—[सं० द्रोणि √कै + क + टाप्] *स्त्री०* नील का पौधा। (भूविज्ञान०) दो पर्वतों के बीच की भूमि। द्रोणी। दून।

द्रोणी—[सं० द्रोणि + ङीष्] *स्त्री०* १. जल रखने का एक पात्र। कठौता। २. *स्त्री०* छोटी नाव। डोंगी। ३. पत्तों का छोटा दोना। दोनिया। ४. लकड़ी की प्याली। ५. दो पर्वतों के बीच की भूमि। दून। ६. दो पर्वतों के बीच का संकीर्ण मार्ग। दर्रा। ७. नील का पौधा। ८. नाँद। ९. १२८ सेर की एक प्राचीन तोल/माप। १०. केला। (भूविज्ञान०) १. भूपटल में तश्तरी जैसा गर्त जो तली के धँसने से बना होता है। २. किसी बड़ी नदी और उसकी सहायक नदियों का अपवाह क्षेत्र। ३. वह अवनमित भू-क्षेत्र जिसमें सभी स्तर चारों ओर से भीतर की ओर झुके हुए हों। (अं०) बेसिन। (भौतिक०) तरंगों के बीच का गर्त।

द्रोह—[सं० √द्रुह् + घञ्] १. प्रतिहिंसा का भाव। २. द्वेष। ३. विश्वासघात। ४. विद्रोह। ✣ **द्रोहपर**— *वि०* द्रोही।

द्रोही—[सं० √द्रुह् + घिनुण्] *वि०* द्रोह करने वाला। द्रोह में तत्पर। *पु०* शत्रु। वैरी।

द्रौणायन/द्रौणायनि/द्रौणि—[सं० द्रोण + फक्/फिञ्/इञ्] *पु०* (आचार्य) द्रोण का पुत्र। अश्वत्थामा।

द्रौपद—[सं० द्रुपद + अण्] *वि०* (राजा) द्रुपद सम्बन्धी। द्रुपद का। *पु०* द्रुपद का पुत्र (धृष्टद्युम्न आदि)।

द्वन्द्व (द्वंद्व)—[सं० द्वौ + द्वौ, *निपात०*] *पु०* १. दो वस्तुओं का जोड़ा। युगल। २. दो परस्पर विरोधी वस्तुओं/भावों का जोड़ा। *जैसे*—सुख-दुःख, शीत-उष्ण, हर्ष-विषाद का द्वन्द्व। ३. संघर्ष। टकराव। टक्कर। ४. उत्पात। उपद्रव। ५. कलह। झगड़ा। ६. उलझन। झंझट। ७. दो मनुष्यों का परस्पर युद्ध। (व्या०) समास का एक भेद (द्वन्द्व समास)। (मनो०) विरोधी या परस्पर अपवर्जक आवेगों, इच्छाओं और प्रवृत्तियों का एक साथ क्रियाशील होना।

द्वन्द्वचर (द्वंद्वचर)—[सं० द्वन्द्व ~ चर] *वि०* युगल रूप में या जोड़े से रहनेवाला (पशु-पक्षी)। *जैसे*—चकवा पक्षी और सारस पक्षी द्वन्द्वचर हैं।

द्वन्द्वचारी (द्वंद्वचारी)—[सं० द्वन्द्वचारिन्] *पु०* चक्रवाक/चकवा पक्षी। ✣ **द्वन्द्वचारिणी (द्वंद्वचारिणी)**— *स्त्री०* = चक्रवाकी/चकवी पक्षिणी।

द्वन्द्वज (द्वंद्वज)—[सं० द्वन्द्व + ज] *वि०* किसी द्वन्द्व से उत्पन्न। ***जैसे***—वात और पित्त के द्वन्द्वज रोग।

द्वन्द्वशः (द्वंद्वशः)—[सं० द्वन्द्व + शः (शस्)] *क्रिवि०* दो-दो करके। जोड़े में।

द्वादश (द्वादश) भाव—[सं०] *पु०* (ज्योतिष०) जन्मकुंडली, चन्द्रकुंडली इत्यादि के १२ भाव/घर।

द्वादशांश (द्वादशांश)—[सं० द्वादश ~ अंश] *पु०* (किसी वस्तु का) बारहवाँ भाग। ***जैसे***—२४ का द्वादशांश २ है।

द्वादशाक्षर (द्वादशाक्षर)—[सं० द्वादश ~ अक्षर] *पु०* बारह अक्षर। *वि०* बारह अक्षरों वाला। ● **विशेष**—**द्वादशाक्षर मन्त्र** भगवान् विष्णु का बारह अक्षरों वाला मन्त्र—ॐ नमो भगवते वासुदेवाय।

द्वादशाङ्गुल (द्वादशांगुल)—[सं० द्वादश ~ अङ्गुल] *वि०* १. जो नाप/माप में १२ अंगुल हो। २. जिसकी १२ उँगलियाँ हों।

द्वादशाभरण (द्वादशाभरण)—[सं० द्वादश ~ आभरण] (मध्य काल में प्रचलित) स्त्रियों के बारह विशेष आभूषण—सीसफूल, टीका, बाली, बेसर, कंठश्री, हार, करधनी, नूपुर, बाजूबन्द, चूड़ी, कंकण और अँगूठी।

द्वादशाह (द्वादशाह)—[द्वादश ~ अहन्] १. बारह दिनों का समूह। २. बारह दिन चलनेवाला एक यज्ञ। ३. मृत व्यक्ति की मृत्यु के १२वें दिन किया जाने वाला श्राद्ध।

द्वादशी (द्वादशी)—[सं० द्वादश + ङीष्] *स्त्री०* चान्द्र मास के शुक्ल/कृष्ण पक्ष की १२वीं तिथि।

द्वाभा (द्वाभा)—[< सं० द्वि ~ आभा] *स्त्री०* १. प्रातः और सन्ध्या के समय का धीमा प्रकाश। २. मन्द प्रकाश।

द्वारकाधीश/द्वारकानाथ/द्वारकेश (द्वारकाधीश/द्वारकानाथ/द्वारकेश)—[सं० द्वारका ~ अधीश/नाथ/ईश] *पु०* १. द्वारका का स्वामी। कृष्ण। २. द्वारका में स्थित भगवान् कृष्ण की मूर्ति।

द्वारचार (द्वारचार)—[< सं० द्वार + आचार] *पु०* द्वार-पूजा। (दे०)

द्वारपण्डित (द्वारपंडित)—[सं० द्वार ~ पण्डित] *पु०* (मध्य युग में) किसी भवन/विश्वविद्यालय आदि में द्वार पर स्थित विद्वान् जो प्रवेश चाहनेवाले व्यक्ति के ज्ञान की परीक्षा ले तथा सन्तुष्ट होने पर ही प्रवेश करने दे।

द्वार (द्वार)-पटी—[सं०] दरवाज़े पर टाँगने का पर्दा।

द्वारपाल (द्वारपाल)—[सं० द्वार ~ पाल] *पु०* दो आधारों वाली। द्वार पर नियुक्त रक्षक। ड्योढ़ीदार। दरबान।

द्वार (द्वार)-पूजा—[सं०] *स्त्री०* विवाह में कन्या के घर पर बरात पहुँचने के समय द्वार पर स्वागत के बाद होनेवाले पूजन आदि धार्मिक कृत्य। द्वाराचार।

द्वारस्थ (द्वारस्थ)—[सं० द्वार + स्थ] *वि०* १. दरवाज़े पर स्थित या बैठा हुआ। २. दरवाज़े पर लगा हुआ। *पु०* द्वारपाल।

द्वाराचार (द्वाराचार)—[सं० द्वार ~ आचार] *पु०* बरात का कन्या के द्वार पर प्रथम आगमन और उसका स्वागत तथा द्वार पर की पूजा।

द्वारावती (द्वारावती)—[सं० द्वार + मतुप, निपात०, दीर्घ] *स्त्री०* द्वारका/द्वारिका नगरी। द्वारिकापुरी।

द्वारिका (द्वारिका)—[सं० द्वारिक + टाप्] *स्त्री०* द्वारका (नगरी)। द्वारावती। ⁘ **द्वारिकाधीश/द्वारिकानाथ/द्वारिकाकेश (द्वारिकाधीश/द्वारिकानाथ/द्वारिकेश)**—*पु०* = द्वारकाधीश।

द्विआधारी (द्विआधारी)—[सं० द्वि ~ आधारी (आधारिन्)] *वि०* ● **विशेष**—इस शब्द का शुद्ध संस्कृत रूप है—दो आधार वाली। (गणित०) (वह अंकन-पद्धति) जिसमें संख्याओं को अभिव्यक्त करने के लिए केवल दो अंकों ० और १ का प्रयोग होता है। [जैसे—संगणक (अं० कम्प्यूटर) में]।

द्विककार (द्विककार)—[सं० द्वि ~ ककार] *वि०* १. जिसके नाम में दो ककार हों। २. जिस शब्द में दो ककार हों। *पु०* १. काक (= कौआ)। २. चक्रवाक (= चकवा)।

द्विकर्मक (द्विकर्मक)—[सं० द्विकर्मन् + कप्] *वि०* (व्या०) दो कर्मों वाला। ***जैसे***—द्विकर्मक क्रिया। ⁘ **द्विकर्मक क्रिया**—*स्त्री०* = (व्या०) १. ऐसी क्रिया जिसके साथ दो 'कर्म' हो (जैसे—'बच्चे को दूध दो' में 'बच्चा' और 'दूध' दो कर्म हैं)। २. ऐसी क्रिया जो 'अकर्मक' और 'सकर्मक' दोनों प्रकार से चलती हो।

द्विकल (द्विकल)—[सं० द्वि ~ कला] (छन्द०) दो मात्राओं का समूह। ● **विशेष**—इसके केवल दो रूप सम्भव हैं—लघु, लघु या एक गुरु (जैसे क्रमशः 'जय', 'जा' में)।

द्विगु (द्विगु)—[सं० द्वि ~ गु] *वि०* दो गायों का समूह। *पु०* (व्या०) एक प्रकार का समास जिसमें प्रथम शब्द संख्यावाचक होता है और दूसरा संज्ञा होता है तथा प्रधान भी, और समस्त (समासयुक्त) पद से 'समूह' का बोध होता है (जैसे—त्रिलोक, नवग्रह, चौराहा)।

द्विगुण (द्विगुण)—[सं० द्वि ~ गुण] *वि०* दोगुना। दुगना। दूना। ***जैसे***—४ का द्विगुण ८ है।

द्विगुणित (द्विगुणित)—[सं० द्वि ~ गुणित] *वि०* १. दो से गुणा किया हुआ। २. दो गुना। दुगना। दूना। (जीव०) दो गुणसूत्र समूहों (जीनों) से युक्त।

द्विघात (द्विघात)—[सं० द्वि ~ घात] *पु०* (गणित०) वह पद (अंक-गणितीय या बीजगणितीय आदि) जिसका घातांक २ हो। ***जैसे***—$४^२$, $क^२$ और $(य + र)^२$ द्विघात पद हैं। ● **विशेष**—**द्विघात समीकरण** = वह समीकरण जिसमें अधिकतम घात वाला पद दो घात का हो। ***जैसे***—$२य^२-३य-९=०$ द्विघात समीकरण है।

द्विचरण (द्विचरण)—[सं० द्वि ~ चरण] *वि०* दो पैरों वाला।

द्विज (द्विज)—[सं० द्वि + ज] *वि०* दो बार जन्मा हुआ। *पु०* १. (पक्षी, सर्प, मछली आदि) अंडज जन्तु। २. जिसने यज्ञोपवीत धारण कर गुरु से वेद आदि का अध्ययन किया हो। चार वर्णों में से ब्राह्मण, क्षत्रिय और वैश्य वर्ण का व्यक्ति। ३. दाँत। (छन्द०) एक उपजाति-रूप वर्णिक छन्द जो 'शालिनी' और 'वातोर्मि'

नामक वर्णिक छन्दों के संयोग से बनता है।

द्विजपति/द्विजराज (द्विवजपति/द्विजराज)—[सं॰ द्विज ~ पति/राज] *पु॰* १. ब्राह्मण। २. चन्द्रमा। ३. (पक्षिराज) गरुड़।

द्विजेन्द्र (द्विजेंद्र), द्विजोत्तम (द्विजोत्तम)—[सं॰ द्विज ~ इन्द्र/उत्तम] *पु॰* (द्विजों में श्रेष्ठ) ब्राह्मण।

द्वित्व (द्वित्व)—[सं॰ द्वि + त्व] *पु॰* १. एक साथ दो होने की अवस्था/भाव। २. दोहरा होना। (व्या॰) किसी वर्ण या वर्ण-समूह को निरन्तर दो बार लिखा या पढ़ा जाना। ***जैसे***—'चक्कर' में 'क' व्यंजन का द्वित्व है।

द्विदिवसीय (द्विदिवसीय) पत्र—*पु॰* (पत्र॰) हर सप्ताह में दो-दो दिनों के बाद (तीन बार) प्रकाशित होनेवाला पत्र।

द्विदृष्टिता (द्विदृष्टिता)—[सं॰ द्विदृष्टि + तल् + टाप्] *स्त्री॰* (चिकित्सा॰) नेत्रों का एक रोग जिसमें पेशियों के असन्तुलन के कारण व्यक्ति को किसी एक बाह्य वस्तु के दो रूप दिखते हैं।

द्विधा[१] (द्विधा[१])—१. [सं॰ द्वि + धाच्] दो प्रकार से। ***जैसे***—द्विधा करने योग्य काम। २. दो भागों/टुकड़ों में। ***जैसे***—फल का द्विधा विभाजन। ३. दोनों ओर। ✣ **द्विधाकरण**—*पु॰* = दो भागों/खंडों में विभाजित करना।

***द्विधा[२] (द्विधा[२])**—[< हिं॰ दुविधा] *स्त्री॰* असमंजस। दुविधा। उलझन। ✣ **द्विधा-ग्रस्त**—*वि॰* = ऊहापोह में पड़ा हुआ। दुविधा-ग्रस्त।

द्विधातविक (द्विधातविक)—[सं॰ द्विधातु + ठन्] *वि॰* दो धातुओं से सम्बन्धित।

द्विधातुमान (द्विधातुमान)—[सं॰ द्वि ~ धातु ~ मान] *पु॰* (वाणिज्य॰) वह मुद्रा-प्रणाली जिसमें सोना और चाँदी के सिक्के ढालने तथा उनका वैध मुद्रा के रूप में प्रयोग करने में दोनों धातुओं की समान प्रतिष्ठा होती है। (अं॰ बाइमेटलिज़्म)

द्विधामूढ़ (द्विधामूढ़)—[सं॰ द्विधा ~ मूढ] *वि॰* दुविधागस्त या दो प्रकार से मूर्ख/अज्ञानी।

द्विनाराचिका (द्विनाराचिका)—[सं॰ द्वि ~ नाराचिका] *स्त्री॰* (छन्द॰) अनंगशेखर नामक समवर्णिक छन्द।

द्विप (द्विप)—[सं॰ द्वि √पा + क] *पु॰* गज। हाथी।

द्विपद (द्विपद)—[सं॰ द्वि ~ पद] *वि॰* १. जिसके दो पैर हों। ***जैसे***—मनुष्य द्विपद प्राणी है। २. जिसमें दो पद/शब्द हों (ऐसे समासयुक्त या यौगिक पद/शब्द)। (गणित॰) दो पदों वाला बहुपद। (अं॰ बाइनॉमियल) *पु॰* १. मनुष्य। २. दो पैरों वालाा प्राणी। (ज्योतिष॰) मिथुन, तुला, कुम्भ और कन्या राशियों में से प्रत्येक तथा धनु राशि का पूर्व भाग। ✣ **द्विपदा**—*वि॰* (*स्त्री॰*) = दो पदों वाली। ✣ **द्विपदी**—*स्त्री॰* = (काव्य॰) १. दो चरणों की कविता। २. किसी तुकान्त छन्द के दो पदों का जोड़ा। ३. अर्धाली।

***द्विपनाह (द्विपनाह)**—[< सं॰ द्विप ~ नाथ] *पु॰* (द्विप/हाथी से श्रेष्ठ) सिंह। शेर।

द्विपायी (द्विपायी)—[< सं॰ द्विपायिन्] *पु॰* गज। हाथी। ✣ **द्विपायिनी**—*स्त्री॰* = हथिनी।

द्विपार्श्वघात (द्विपार्श्वघात)—[सं॰ द्विपार्श्व ~ घात] *पु॰* (चिकित्सा॰) शरीर के दोनों पार्श्वों को प्रभावित करनेवाला पक्षाघात।

द्विभाजक (द्विभाजक)—[सं॰ द्वि ~ भाजक] *वि॰, पु॰* (गणित॰) किसी कोण या सरल रेखा आदि के दो समान भाग करनेवाला। अर्धक। समद्विभाजक।

द्विभाजन (द्विभाजन)—[सं॰ द्वि ~ भाजन] *पु॰* दो भागों में विभाजन। (गणित॰) दो समान भाग करने की क्रिया/भाव। जैसे किसी कोण या सरल रेखा का द्विभाजन।

द्विभाजी (द्विभाजी)—[सं॰ द्विभाजिन्] *वि॰* दो भागों वाला। (जीव॰) जिसका दो भागों में विभाजन होता हो।

द्विभाषा (द्विभाषा) कोश—*पु॰* = वह शब्दकोश जिसमें शब्दों की प्रविष्टियाँ एक भाषा में हों तथा उनका अर्थ आदि दूसरी भाषा में हो। ✣ **द्विभाषिक (द्विभाषिक)**—*वि॰* = दो भाषाओं का। ***जैसे***—द्विभाषिक अभिलेख। ✣ **द्विभाषिकता**—*स्त्री॰* = दो भाषाएँ बोलने और समझ सकने का गुण/स्थिति।

द्विभाषी (द्विभाषी)—[सं॰ द्विभाषिन्] *पु॰* १. दो भाषाएँ जानने और बोलने वाला व्यक्ति। २. दुभाषिया। ३. दो विरुद्ध/भिन्न प्रकार की बातें कहनेवाला व्यक्ति।

द्विभुज (द्विभुज)—[सं॰ द्वि ~ भुज] *वि॰* दो हाथों वाला। *पु॰* १. कोण। २. दो हाथों वाला प्राणी। ३. मनुष्य।

द्विरद (द्विरद)—[सं॰ द्वि ~ रद] *पु॰* गज। हाथी।

द्विरदान्तक (द्विरदांतक)—[सं॰ द्विरद ~ अन्तक] *पु॰* सिंह। शेर।

द्विरागमन (द्विरागमन)—[सं॰ द्विर् ~ आगमन] *पु॰* १. दूसरी बार आना। पुनः आगमन। २. वधू का दूसरी बार ससुराल आना। गौना।

द्विरुक्त (द्विरुक्त)—[सं॰ द्विस् + उक्त] *वि॰* १. दो बार कहा हुआ। दुहराया हुआ। २. अनावश्यक। निरर्थक (कथन)। *पु॰* पुनर्कथन।

द्विरुक्ति (द्विरुक्ति)—[सं॰ द्विस् + उक्ति] *स्त्री॰* (कोई बात) दुबारा कहना। पुनरुक्ति। (व्या॰) किसी शब्द-रूप या क्रिया-रूप को दो बार पढ़ना। ***जैसे***—पढ़-पढ़, समय-समय। द्वित्व।

द्विरूप (द्विरूप)—[सं॰ द्वि ~ रूप] *वि॰* १. दो रूपों वाला। २. दो रंगों वाला। ✣ **द्विरूपता (द्विरूपता)**—*स्त्री॰* = द्विरूप होने की स्थिति/भाव। (रसायन॰) एक ही रासायनिक यौगिक की दो क्रिस्टलीय रूपों में स्थिति।

द्विरेफ (द्विरेफ)—[सं॰ द्वि ~ रेफ] *पु॰* १. दो रकार। २. भ्रमर। भौंरा।

द्विलिङ्गिता (द्विलिंगिता)—[सं॰ द्विलिङ्गिन् + तल् + टाप्] *स्त्री॰* द्विलिंगी/उभयलिंगी होने की स्थिति/भाव। (मनो॰) किसी व्यक्ति में स्त्री-पुरुष दोनों की शारीरिक या मानसिक विशेषताओं का होना। उभयलिंगिता।

द्‌विवर्णदृष्टि (द्विवर्णदृष्टि)—[सं॰ द्विवर्ण ~ दृष्टि] *स्त्री॰* (चिकित्सा॰) प्राथमिक रंगों में से केवल दो को देख पाने की शक्ति। द्विवर्णिक रंगान्धता।

द्‌विशः (द्विशः)—[सं॰ द्वि ~ शस्] *क्रिवि॰* दो-दो करके। ***जैसे***—भवन में द्विशः प्रवेश करना।

द्‌विशत (द्विशत)—[सं॰ द्वि ~ शत] *वि॰* १. दो सौ। २. एक सौ दो। *पु॰* १. द्रो सौ की संख्या। २. एक सौ दो की संख्या। ✣ **द्‌विशतवार्षिक (द्विशतवार्षिक)**—*वि॰* = १. प्रति दो सौ वर्ष के बाद होनेवाला। २. दो सौ वर्षों तक रहनेवाला। ✣ **द्‌विशतवार्षिकी (द्विशतवार्षिकी)**—*स्त्री॰* = द्विशती।

द्‌विशती (द्विशती)—[सं॰ द्वि ~ शती] *स्त्री॰* दो सौ वर्ष पूर्ण होने पर किया जाने वाला उत्सव। द्विशतवार्षिक जयन्ती या समारोह।

द्‌विशफ (द्विशफ)—[सं॰ द्वि ~ शफ] *वि॰* १. दो खुरों वाला पशु। २. (हिरन इत्यादि) ऐसा पशु जिसके खुर चिरे/फटे हों। *पु॰* चिरा हुआ खुर/सुम।

द्‌विशाखी (द्विशाखी)—[सं॰ द्विशाखिन्] (वनस्पति॰) (शाखाएँ और पुष्पाक्ष) जो दो-दो में विभाजित होते जाएँ (जैसे—धतूरा और करौंदें की शाखाएँ)।

द्‌विशिर/द्‌विशिरस्क (द्विशिर/द्विशिरस्क)—[सं॰ द्वि ~ शिरस्, द्विशिरस् + कन्] *वि॰* जिसके दो सिर हों।

द्‌विष्ट (द्विष्ट)—[सं॰ √द्विष् + क्त] *वि॰* जिससे द्वेष हो या किया गया हो।

द्‌विसदनवाद (द्विसदनवाद)—[सं॰ द्वि ~ सदन ~ वाद] *पु॰* (राज॰) विधान-सभा या संसद् में दो सदन रखने की पद्धति या उसकी पक्षधरता का मत।

द्‌विसदनी (द्विसदनी)—[< सं॰ द्विसदनीय] *वि॰* दो सदनों वाला। (विधानमंडल)।

द्‌विसमत्रिभुज (द्विसमत्रिभुज)—[सं॰ द्वि ~ सम ~ त्रिभुज] *पु॰* (गणित॰) ऐसा त्रिभुज जिसकी दो भुजाएँ समान हों।

द्‌विसहस्र (द्विसहस्र)—[सं॰ द्वि ~ सहस्र] *वि॰* दो हज़ार। *पु॰* दो हज़ार की संख्या (२०००)।

द्‌विसहस्राक्ष (द्विसहस्राक्ष)—[सं॰ द्विसहस्र ~ अक्षि] *वि॰* दो हज़ार नेत्रों वाला। *पु॰* = शेषनाग।

द्‌वीप (द्वीप)—[सं॰ द्वि ~ अप्] *पु॰* नदी के बहाव से घिरा हुआ स्थान। टापू। ***जैसे***—बंगाल का नवद्वीप नौ छोटे-छोटे द्वीपों को मिलाकर बसा था।

द्‌वीपवती (द्वीपवती)—[सं॰ द्वीपवत् + ङीप्] *स्त्री॰* भूमि। ज़मीन।

द्‌वीपवान् (द्वीपवान्)—[सं॰ द्वीपवत्] *वि॰* द्वीपोंवाला। *पु॰* समुद्र।

द्‌वीपान्तर (द्वीपांतर)—[सं॰ द्वीप ~ अन्तर] *पु॰* अन्य द्वीप। भिन्न द्वीप।

द्‌वीपी (द्वीपी)—[सं॰ द्वीपिन्] *वि॰* १. द्वीप-सम्बन्धी। द्वीप का। २. द्वीप में रहनेवाला। *पु॰* १. चीता। २. लकड़बग्घा। ४. चित्रक नामक वृक्ष।

द्‌वेष (द्वेष)—[सं॰ √द्विष् + घञ्] *पु॰* विरोध या शत्रुता के कारण किसी व्यक्ति को हानि पहुँचाने का भाव। वैर-भाव।

द्‌वेषान्ध (द्वेषांध)—[सं॰ द्वेष ~ अन्ध] *वि॰* द्वेष से अन्धा बना हुआ।

द्‌वेषी (द्वेषी)—[सं॰ द्वेषिन्] *वि॰* द्वेष करनेवाला। वैर रखनेवाला। शत्रुता रखनेवाला।

द्‌वेष्य (द्वेष्य)—[सं॰ √द्विष् + ण्यत्] *वि॰* द्वेष के योग्य। *पु॰* शत्रु।

द्‌वैगुण्य (द्वैगुण्य)—[सं॰ द्विगुण + ष्यञ्] *पु॰* १. द्विगुणता। दुगनापन। दूनापन। २. तीनों गुणों (सत्त्व, रज और तम) में से दो की प्रधानता से युक्त होने की अवस्था/भाव। ३. दुगना धन/मूल्य/भाव। ४. द्वैध।

द्‌वैत (द्वैत)—[सं॰ द्वीत + अण्] *पु॰* १. दो होने की अवस्था/भाव। २. युगल। जोड़ा। ३. भेद-भावना। परायापन। ४. अज्ञान। मोह। ब्रह्म और आत्मा/जीवात्मा में अन्तर। ∇ **विलोम**—अद्वैत।

द्‌वैतवाद (द्वैतवाद)—[सं॰ द्वैत ~ वाद] *पु॰* (भा॰ दर्शन॰) भेदभाव। परायापन। ब्रह्म और आत्मा/जीवात्मा में अन्तर मानने का सिद्धान्त। ✣ **द्वैतवादी**—*वि॰* = द्वैतवाद का अनुयायी/समर्थक। ∇ **विलोम**—अद्वैतवादी।

द्‌वैत्रिज्य (द्वैत्रिज्य)—[सं॰ द्वि ~ त्रिज्या] *पु॰* (गणित॰) किसी वृत्त का वह भाग जो दो त्रिज्याओं और उनके बीच के चाप से घिरा हो।

द्‌वैध (द्वैध)—[सं॰ द्वि + धमुञ्, या, द्विधा + अण्] *पु॰* १. दो प्रकार के होने की अवस्था/भाव। द्विप्रकारता। २. भेद-भाव। ३. दो प्रकार का स्वभाव। ४. दो प्रकार का व्यवहार। दो प्रकार की नीतियों का व्यवहार करने की अवस्था/गुण/भाव। ५. अन्तर। फ़र्क़। ६. सन्देह। शक। ✣ **द्‌वैध (द्वैध) व्यक्तित्व**—*पु॰* = (मनो॰) वह मानसिक अवस्था जिसमें वही व्यक्ति विभिन्न अवसरों पर दो बहुत भिन्न प्रकार के आचरण/व्यवहार करता है। ✣ **द्‌वैध (द्वैध) शासन**—*पु॰* = (राज॰) एक ही राज्य में दो स्वतन्त्र सत्ताओं द्वारा शासन। द्वि-तन्त्र। द्वि-राज।

द्‌वैधीभाव (द्वैधीभाव)—[सं॰ द्वैध + च्वि + भाव] *पु॰* १. निश्चय का अभाव। अनिश्चय। दुविधा। २. दो प्रकार का व्यवहार करने की अवस्था/भाव। मन में जो भाव है, उससे भिन्न भाव व्यवहार में प्रकट करना। ३. परस्पर विरोधी दोनों पक्षों से मिलकर चलने की अवस्था/भाव।

द्‌वैमातृक (द्वैमातृक)—[सं॰ द्विमातृ + कप् + अण्] *पु॰* वह क्षेत्र जहाँ खेती वर्षा के जल और नदी आदि के जल से भी होती है।

द्‌वैविध्य (द्वैविध्य)—[सं॰ द्विविध + ष्यञ्] *पु॰* १. असमंजस। दुविधा। २. भिन्नता। अन्तर। फ़र्क़। ३. दो प्रकार का होनेवाला भाव/गुण। द्विविधता।

द्‌वङ्गी (द्‌वंगी)—[सं॰ द्‌व्यङ्गिन्/द्वयङ्गिन्] *वि॰* १. दो अंगों वाला। द्वि-अंगी। २. दो भागों का बना हुआ। द्वि-अंगी।

द्‌वयात्मक (द्व्यात्मक)—[सं॰ द्वि ~ आत्मक] *वि॰* दो स्वभावों वाला। ***जैसे***—ज्योतिष में मिथुन राशि को 'द्व्यात्मक' कहा गया है।

ध

देवनागरी वर्णमाला के तवर्ग का चौथा व्यंजन। (भाषाविज्ञान की दृष्टि से) यह दन्त्य, स्पर्श, घोष तथा महाप्राण ध्वनि है। ● **विशेष—** १. 'ध' का अल्पप्राण वर्ण 'द' है। **२.** 'ध्' पहले आकर अनेक व्यंजनों के साथ गुच्छ बनाता है—विशेषत: म, य, र और व के साथ जिनसे मिलने पर क्रमश: **'ध्म, ध्य, ध्र और ध्व'** लिखे जाते हैं (इध्म, साध्य, ध्रुव, ध्वनि)। 'ध' से पहले आकर मिलनेवाली ध्वनियों में ग्, द्, न्, ब् और र् महत्त्वपूर्ण हैं जिनसे मिलने पर 'ग्ध, द्ध, न्ध, ब्ध और र्ध' रूप लिखे जाते हैं (दग्ध, उद्धत, बन्धन, प्रारब्ध, अर्ध); 'द्ध' को 'द्ध' भी लिखा जाता है (उद्धत, वृद्ध, समृद्ध)। 'ध' महाप्राण ध्वनि है अत: 'ध' का द्वित्व नहीं हो सकता।

ध—[स॰ √धा + ड] *वि॰* १. धारण करनेवाला। २. पकड़नेवाला। *पु॰* १. ब्रह्मा। २. कुबेर। ३. धर्म। ४. धन-सम्पत्ति। ● **विशेष**— संगीत के सप्त स्वरों में से धैवत स्वर के सूचक चिह्न या प्रतीकाक्षर के रूप में 'ध' का प्रयोग होता है। ***जैसे***—प ध नि।

***धई**—[< *हि॰* धयना] *क्रिअ॰ (स्त्री॰)* जल गयी। जली। (*दे॰* धयना)

धक—[अनु॰] *स्त्री॰* १. हृदय धड़कने की ध्वनि। २. आघात। ३. सहसा होनेवाला भय। ***वा॰* धक से**—१. सहसा। अचानक। २. वेगपूर्वक। ३. आशंका। घबराहट।

***धकना**—[< हि॰ दहकना] *क्रिअ॰* १. सुलगना। जलना। २. तप्त होना। तपना।

धकपक—[हि॰ धक + अनु॰] *स्त्री॰* १. हृदय की धड़कन। धकधकी। २. भय से होनेवाली हृदय की धड़कन। ३. भय। आशंका। खटका।

***धका**—[< हि॰ धक्का] *पु॰* १. धक्का। २. आघात। ✣ **धकान**— *पु॰* (बहु॰) = धक्कों से।

***धकाना**—[< हि॰ दहकाना] *क्रिस॰* जलाना। दहकाना।

धकार—[स॰ ध ~ कार] *पु॰* 'ध' वर्ण या उसकी ध्वनि।

धकैत—[< हि॰ धका] *वि॰* धक्कम-धक्का करनेवाला। धक्के देनेवाला।

धक्क—[< हि॰ धक] *स्त्री॰* धक। *वि॰* हक्का-बक्का। स्तब्ध। ***जैसे***—बुरी ख़बर सुनते ही वह धक्क रह गया।

धगड़/धगड़ा/धगर/धगरा—[देशज] *पु॰* (किसी स्त्री का) उपपति। जार। ✣ **धगड़बाज़/धगड़ी/धगरी**—*वि॰ (स्त्री॰)* = उपपति रखनेवाली। व्यभिचारिणी।

धगरिन—[< हि॰ धाँगर] *स्त्री॰* धाँगर जाति की स्त्री। ● **विशेष**— धगरिनें नवजात शिशु का नाल काटने का काम करती हैं।

धङ्गर (धंगर)—[देशज] *पु॰* १. चरवाहा। २. गोप। अहीर। ग्वाला।

धचका—[अनु॰] *पु॰* १. धचकने की क्रिया/भाव। २. आघात। धक्का। झटका। ३. (लाक्षणिक) हानि। नुक़सान।

***धचना**—[< हि॰ धजना] *क्रिअ॰* शोभा पाना।

***धच्छना**—[देशज] *क्रिस॰* मारना।

धज—[देशज] *स्त्री॰* १. सजावट। साज-सिंगार। २. मोहक चाल। सुन्दर रंग-ढंग। ३. ठसक। नख़रा। ४. शोभा। सौन्दर्य।

***धजा**—[< स॰ ध्वजा] *स्त्री॰* १. ध्वजा। पताका। २. कपड़े की कतरन। धज्जी। ३. धज।

धजी—[< हि॰ धज] *वि॰* धज-युक्त। ***जैसे***—सजी-धजी।

धजीला—[< हि॰ धज] *वि॰* १. आकर्षक। ***जैसे***—धजीला वेश। २. सुन्दर। ***जैसे***—धजीला कृष्ण। ३. सुसज्जित। बना-ठना। ✣ **धजीली**—*वि॰ (स्त्री॰)*। ***जैसे***—धजीली राधा।

धज्जियाँ—[< हि॰ 'धज्जी' का बहु॰] *पु॰* (बहु॰) कपड़ा, काग़ज़, धातु आदि के पतले और लम्बे टुकड़े जो उन्हें काटने, चीरने, फाड़ने आदि पर प्राप्त होते हैं। ***जैसे***—कपड़ों की धज्जियाँ। ***वा॰* धज्जियाँ उड़ना**—१. दुर्दशा होना। २. अपमानित होना। ३. टुकड़े-टुकड़े हो जाना। **धज्जियाँ उड़ाना**—१. निन्दा करना। २. अपमानित करना। ३. टुकड़े-टुकड़े कर देना। ४. पूरी तरह ध्वस्त कर देना। ५. उग्र खंडन करना। ६. बहुत दोष निकालना।

धटिका/धटी[1]—[स॰ धटी + कन् + टाप्, √धन् + अच् (न → ट) + ङीष्] *स्त्री॰* १. कपड़े की कतरने/धज्जी। २. कौपीन या लँगोटी।

धटी[2]—[स॰ धटिन्] *पु॰* १. व्यापारी। २. शिव। (खगोल॰) तुला राशि। ✣ **धटिनी**—*स्त्री॰* १. स्त्री व्यापारी या व्यापारी की पत्नी। २. पार्वती (देवी)।

धड़[1]—[< प्रा॰ धड] *पु॰* १. शरीर का सिर के अतिरिक्त भाग। २. पेड़ का सबसे मोटा और कड़ा भाग जो पृथ्वी से ऊपर रहता है। तना। ***वा॰* धड़ रह जाना**—पक्षाघात आदि के कारण शरीर सुन्न रहना। २. हाथ-पैर सूख जाना।

धड़[2]—[अनु॰] *स्त्री॰* १. किसी व्यक्ति/भवन/वस्तु के ज़ोर से गिरने की ध्वनि। धड़ाम। ***जैसे***—उसके गिरने की धड़ सुनते ही हम सब ने दौड़कर उसे उठाया। २. हृदय-स्पन्दन की ध्वनि। धड़कन। ***वा॰* धड़ से**—तत्काल। तुरन्त। झटपट। ***जैसे***—वह धड़ से तलवार निकाल लाया।

धड़क—[< हि॰ धड़कना] *स्त्री॰* १. धड़कने की अवस्था/क्रिया/भाव। २. भय/संकोच आदि के कारण किसी काम को करने में करते समय मन में होनेवाली आशंका। *जैसे*—बिना धड़क सत्य बोलो। ***वा॰* धड़क खुलना**—पहले जैसा भय आदि न रह जाना। भय या संकोच दूर होना। बेधड़क हो जाना।

धड़का—[< हि॰ धड़] *पु॰* १. 'धड़-धड़' की ध्वनि। २. हृदय के धड़कने की आवाज। ३. भय। आशंका। खटका। ४. खेतों में पक्षियों को भगाने के लिए खड़ा किया गया दिखावटी पुतला जिसे खटखटाने से शब्द होता है। खटखटा। धोखा।

धड़काना—[< हि॰ धड़कना] *क्रिस॰* १. धड़क उत्पन्न करना। *जैसे*—शिशु की हृदय-गति रुकने पर उसका हृदय फिर धड़काने में चिकित्सक सफल हो गए। २. किसी के मन में आशंका उत्पन्न करना। ३. डराना।

धड़क्का—[< हि॰ धड़[२]] *पु॰* १. धड़का। २. धड़ाका। ● **विशेष**—धूम-धड़क्का = धूम-धाम। *जैसे*—विवाह धूम-धड़क्के से हो गया।

धड़ङ्ग/धड़ङ्गा (धड़ंग/धडंगा)—[< हि॰ धड़[१]+ नंगा] *वि॰* नंगा। *जैसे*—नंग-धड़ंग, नंगा-धड़ंगा।

***धड़फड़**—[हि॰ धड़[२] + अनु॰ फड़] 'धड़-धड़' की ध्वनि विशेष। शीघ्रता आदि की सूचक ध्वनि।

धड़ल्ला—[< हि॰ धड़[२]] *पु॰* १. वेग से गिरने की 'धड़/धड़ाम' की आवाज़। धड़ाका। २. वेग/तेज़ी या शीघ्रता। ३. निःसंकोच या निर्भय होकर काम करने की तीव्र प्रवृत्ति। ***वा॰* धड़ल्ले का आदमी**—१. निर्भीक/दबंग/बेधड़क व्यक्ति। २. उत्साही व्यक्ति। **धड़ल्ले से**—१. बिना झिझक किए और तेज़ी से। निःसंकोच और वेगपूर्वक। २. एक ही बार में।

धड़ा—[< स॰ धट] १. एक प्रकार की पुरानी माप जो पाँच सेर की होती थी। पंसेरी। घड़ी। २. तुला। तराजू। *पु॰* १. दल। जत्था। २. पक्ष। *जैसे*—किस धड़े के आदमी हो? ***वा॰* धड़ा उठाना**—तोलना। **धड़ा करना**—तौलने से पहले तराजू उठाकर यह देखना कि दोनों पलड़े बराबर हैं या नहीं और यदि अन्तर हो तो एक ओर आवश्यक भार रखकर वह अन्तर दूर करना। **धड़ा बाँधना**—अपना अलग दल बनाना। दलबन्दी करना।

धड़ाबन्दी (धड़ाबंदी)—[हि॰ धड़ा + फा॰ बन्दी] *स्त्री॰* १. तराज़ू का धड़ा करना। तौलने से पहले तराजू का पासंग आदि ठीक करना। २. युद्ध के समय अपना सैन्य-बल शत्रु के सैन्य-बल के बराबर करना। ३. दलबन्दी। ● **विशेष**—**धड़ेबन्दी** = धड़ाबन्दी।

धड़ी—[< स॰ धटी] *स्त्री॰* १. पाँच सेर की एक पुरानी तोल। पंसेरी। धड़ा। २. राशि। ढेर। ३. मोटी रेखा। *जैसे*—पान खानेवालों के होठों पर जमी धड़ी। ***वा॰* धड़ी-धड़ी करके**—१. बहुत तेज़ी से। २. ख़ूब। बहुत।

***धण**—[राजस्थ॰ < स॰ धन्या/धन्य] *स्त्री॰* १. नारी। औरत। २. पत्नी। २. पुत्री। *पु॰* १. पति। २. प्रिय।

***धणी**—[प्रा॰] *स्त्री॰* पत्नी। भार्या।

धता—[< हि॰ धत] *वि॰* १. दूर हटाया हुआ। २. जो दूर हो गया हो। हटा हुआ। ***वा॰* धता करना**—दूर करना। हटाना। **धता देना/बताना**—छल-कपट का व्यवहार करके किसी को दूर हटाना। अपना पीछा छुड़ाने के लिए बातें बनाकर अपने पास से दूर कर देना।

धती—[< हि॰ धत] *वि॰* धतवाला। बुरी लत वाला। व्यसनी।

धतींगड़/धतींगड़ा (धतींगड़/धतींगड़ा)—[देशज] *पु॰* १. भीमकाय मनुष्य। विशाल शरीर वाला। २. बेडौल व्यक्ति। ३. जारज। दोग़ला।

***धतूर**—[< स॰ धुस्तूर] *पु॰* १. एक वाद्य। नरसिंहा। २. धतूरा।

धत्ता[१]—[देशज] *पु॰* (छन्द॰) एक मात्रिक छन्द जिसके चरणों में क्रमशः १८, १३, १८, १३ मात्राएँ होती हैं, अन्त में एक नगण होता है और जो दो पंक्तियों में लिखा जाता है।

***धत्ता[२]/धत्ताँ**—[राजस्थ॰ < हि॰ धत] *वि॰* १. उन्मत्त। मस्त। २. हठी। ज़िद्दी। *क्रिवि॰* बहुत अधिक। खूब।

धत्तानन्द (धत्तानंद)—[स॰] *पु॰* (छन्द॰) एक मात्रिक छन्द जिसके प्रत्येक चरण में ११-७-१३ की यति के साथ ३१ मात्राएँ होती हैं, अन्त में एक नगण होता है और जो दो पंक्तियों में लिखा जाता है।

धन[१]—[स॰ √धन् + अच्] *पु॰* सम्पत्ति। दौलत। ● **विशेष**—'धन' में रुपया-पैसा, ज़मीन-जायदाद, सोना-चाँदी, मकान, पशु आदि सम्मिलित है। २. ऐसा विनिमय-माध्यम जो मूल्यवान् तथा मूल्यमापक के व्यापक रूप में स्वीकार किया जाए (जैसे—सरकार द्वारा जारी किए जाने वाले सोने, चाँदी आदि के चालू सिक्के, नोट इत्यादि द्रव्य।) मुद्रा। ३. वह मूल्यवान् वस्तु जिसे ख़रीदा/बेचा जा सके या जिसका पूँजी रूप में विनिवेश किया जा सके। ४. पूँजी। रक़म। *जैसे*—धन हो तो दुकान खुले। ५. उधार दी गयी रक़म। मूलधन। ६. (लाक्षणिक) अत्यन्त प्रिय वस्तु/व्यक्ति। *जैसे*—पत्नी के लिए पति या सन्तान उसका अमूल्य धन है। ७. जोड़ का चिह्न (+)। ∇ **विलोम**—ऋण। *वि॰* जो किसी गुण/तत्त्व/तथ्य/वस्तु की सत्ता से युक्त या भावात्मक हो, ऋणात्मक/अभावात्मक न हो। *जैसे*—धन विद्युत्। ∇ **विलोम**—ऋण। (वाणिज्य॰) लेखे आदि में जो राशि जमा-पक्ष में हो। ***वा॰* धन उड़ाना**—१. धन व्यर्थ तथा शीघ्र खर्च करना। २. धन चुरा लेना। **धन पानी करना**—बहुत व्यय करना।

***धन[२]**—[< स॰ धन्य] *वि॰* धन्य। *जैसे*—धन धन भारत माता।

धन[३]—[< हि॰ धान या < स॰ धान्य] *पु॰* समासयुक्त शब्द के प्रथम पद के रूप में प्रयुक्त 'धान्य/धान' का संक्षिप्त रूप। *जैसे*—धनकटी (= धान-कटाई), धनसार (= धान्यशाला)।

***धन[४]**—[< हि॰ धनि] *स्त्री॰* पत्नी, स्त्री या नायिका।

†धनकटी—[< हि॰ धान + काटना] *स्त्री॰* १. धान की कटाई। २. धान की कटाई का समय।

†धनकर—[< हि॰ धान] *पु॰* वह खेत जिसमें धान होता हो।

धन-जन[१]—[स॰] *पु॰* धन-सम्पत्ति और व्यक्ति। दौलत और

आदमी। *जैसे*—भूकम्पों से धन-जन की भीषण हानि होती है।

***धन-जन**[२]—[< सं॰ धनी ~ जन] *पु॰* धनी व्यक्ति। *जैसे*— धन-जन के चरणों की ग़ुलामी।

धनञ्जय (धनंजय)—[सं॰ धन √जि + खच्, मुम्] *पु॰* १. अर्जुन। २. विष्णु। ३. अग्नि। ३. शरीर के पाँच उपप्राणों में से एक जिससे जम्हाई आती है।

धनद—[सं॰ धन √दा + क] *वि॰* १. धन देनेवाला। २. दानी (व्यक्ति)। *पु॰* १. कुबेर। २. उदार या दानी व्यक्ति। ३. अग्नि। ✣ **धनद-दिशा**—*स्त्री॰* = पूर्व दिशा।

धन-दण्ड (धन-दंड)—[सं॰] *पु॰* अर्थदंड। जुर्माना।

धनदा—[सं॰ धनद + टाप्] *वि॰ (स्त्री॰)* धन देनेवाली। *स्त्री॰* आश्विन कृष्ण एकादशी (तिथि)।

धन-देव—[सं॰] *पु॰* १. धन का स्वामी। २. कुबेर (देवता)।

धन-धानी—[सं॰] *स्त्री॰* कोष। ख़ज़ाना।

धन-धान्य—[सं॰] *पु॰* १. धन और अंन्न। २. समृद्धि। वैभव।

धन-धाम—[सं॰] *पु॰* धन-सम्पत्ति और घर।

धनधारी—[सं॰ धनधारिन्] *पु॰* १. धनपति। २. कुबेर (देवता)।

धन-नाथ—[सं॰] *पु॰* १. धन का स्वामी। २. कुबेर (देवता)।

धनपाल—[सं॰ धन ~ पाल] *वि॰* धन का रक्षक। *पु॰* कुबेर (देवता)।

धनबहेड़ा—[देशज] *पु॰* कर्णिकार/अमलतास नामक वृक्ष।

धनपिशाची—[सं॰ धन ~ पिशाची] *स्त्री॰* १. धनरूपी, पिशाची। २. धन का लोभ। धन-लिप्सा।

धन-भाव—[सं॰] *पु॰* (ज्योतिष॰) जन्मकुंडली में लग्न से दूसरा भाव/घर।

धन-मान—[सं॰] *पु॰* १. धन और सम्मान। रुपया-पैसा और प्रतिष्ठा। २. धन के कारण होनेवाला सम्मान/प्रतिष्ठा।

***धनवन्त (धनवंत)**—[< सं॰ धनवत्] *वि॰* धनवान्। धनी। ✣ **धनवन्ती (धनवंती)**—*वि॰ (स्त्री॰)* = धनवती। धनी (स्त्री)।

धन-विद्युदणु—[सं॰] *पु॰* (भौतिकी॰) परमाणु में पाया जाने वाला धन-विद्युत् से आवेशित सबसे छोटा कण। प्रोटोन।

धनशालिनी—[सं॰ धन ~ शालिनी] *वि॰ (स्त्री॰)* धनी (स्त्री)।

†धनसार—[< सं॰ धान्य + शाला] *पु॰* अनाज रखने का कमरा।

***धना**[१]—[< सं॰ धन्या] *स्त्री॰* १. युवती। २. पत्नी।

***धना**[२]—[< सं॰ धान्यक] *पु॰* धनिया।

धनात्मक—[धन ~ आत्मक] *वि॰* सकारात्मक। विध्यात्मक। भावात्मक। *जैसे*—धनात्मक दृष्टिकोण। (गणित॰) शून्य से अधिक। जो ऋणात्मक न हो। [भौतिकी॰] (विद्युत् या चुम्बकत्व) जो ऋणात्मक न हो। (अं॰ पाज़िटिव) ∇ **विलोम**—ऋणात्मक।

धनादेश—[सं॰ धन ~ आदेश] *पु॰* किसी अन्य स्थान पर रहनेवाले व्यक्ति को डाकखाने के माध्यम से भेजा जानेवाला धन। (अं॰ मनी-आर्डर)।

धनाध्यक्ष—[सं॰ धन ~ अध्यक्ष] *पु॰* १. कोषाध्यक्ष। खज़ांची। २. कुबेर (देवता)।

धनाना—[< सं॰ आधान] *क्रिअ॰* गाय, भैंस इत्यादि का गाभिन (गर्भवती) होना। *क्रिस॰* गाय, भैंस आदि को गाभिन (गर्भवती) कराना।

धनापहार—[सं॰ धन ~ अपहार] *पु॰* १. अर्थदंड। जुर्माना। २. धन छीन लेना। लूट।

धनायन—[सं॰ धन ~ आयन] *पु॰* (भौतिकी॰) धन आवेश से युक्त आयन। ∇ **विलोम**—ऋणायन।

धनार्चित—[सं॰ धन ~ अर्चित] *वि॰* धन की भेंट देकर सम्मानित किया हुआ।

***धनासी**—[< सं॰ धन्या ~ श्री] *स्त्री॰* १. पत्नी। २. प्रेमिका।

***धनि**[१]—[< सं॰ धन्या] *स्त्री॰* १. युवती। २. पत्नी।

***धनि**[२]—[< सं॰ धन्य] *वि॰* १. धन्य। २. पुण्यवान्। ३. प्रशंसनीय।

धनिक—[धन + ठन्] *वि॰* धनी। *पु॰* १. धनी व्यक्ति। २. ऋण देनेवाला व्यक्ति। महाजन। ३. पति। ✣ **धनिक-तन्त्र (तंत्र)**—*पु॰* = धनिक वर्ग की प्रधानता वाली शासन-व्यवस्था। (अं॰ प्लूटोक्रेसी)।

धनिका—[सं॰ धनिक + टाप्] *स्त्री॰* १. धनी स्त्री। २. वणिक् की पत्नी। ३. पत्नी। ३. युवती।

धनिता—[सं॰ धनिन् + तल् + टाप्] *स्त्री॰* धनी होने की अवस्था/भाव। धनीपन।

धनिष्ठ—[सं॰ धनिन् + इष्ठन्, इन् का लोप] *वि॰* बड़ा धनी। धनाढ्य।

धनिष्ठा—[< सं॰ धनिष्ठ + टाप्] *वि॰ (स्त्री॰)* अति धनी स्त्री। *स्त्री॰* (खगोल॰) एक नक्षत्र। अश्विनी आदि नक्षत्रों में तेइसवाँ।

धनी[१]—[सं॰ धनिन्] *वि॰* अधिक धन वाला। धनवान्। मालदार। ∇ **विलोम**—निर्धन। *पु॰* १. स्वामी। अधिकारी। मालिक। २. पति। ३. प्रियतम। ४. किसी प्रकार से गुण/कौशल आदि में श्रेष्ठ/समर्थ। *जैसे*—तलवार का धनी। Δ **पर्याय—दे॰ परिशिष्ट के 'पर्यायवाची कोश' में**—धनी।

धनी[२]—[सं॰ धन + अच् + ङीष्] *स्त्री॰* १. युवती। २. पत्नी। ३. प्रेम-पात्री। प्रेमिका। नायिका।

धनी-धोरी—[< सं॰ धनी ~ धौरेय] *वि॰* धन और मर्यादा वाला (व्यक्ति)। *पु॰* स्वामी। अधिकारी। मालिक।

धनुआ—[< सं॰ धन्वा] *पु॰* १. धनुष। कमान। २. (रुई धुनने की) धुनकी जो धनुष के आकार की होती है। ✣ **धनुई**—*स्त्री॰* = १. छोटा धनुष। २. धुनकी।

***धनुक**—[< सं॰ धनुष] *पु॰* [illegible] धनुष। कमान। २. इन्द्रधनुष।

धनुकार—[< सं॰ धनु + कार] *वि॰* धनुषधारी। धनुर्धर। तीरन्दाज़।

धनु-गुण—[सं॰] *पु॰* धनुष की डोरी। प्रत्यंचा।

धनुर्गुण—[< सं॰ धनुस् ~ गुण] *पु॰* धनुष की डोरी। प्रत्यंचा।

धनुर्ज्या—[सं॰ धनुस् ~ ज्या] *स्त्री॰* धनुष की डोरी। प्रत्यंचा।

धनुर्धर—[सं॰ धनुस् √धृ + अच्] *वि॰* १. धनुष धारण करने वाला। *जैसे*—धनुर्धर राम। २. जिसने हाथ में धनुष लिया हुआ हो। ३. धनुर्विद्या जाननेवाला। *पु॰* १. वह व्यक्ति जो धनुर्विद्या जानता

हो। तीरन्दाज़। २. युद्धविद्या में निपुण व्यक्ति। योद्धा।

धनुर्द्रुम—[सं॰ धनुस् ~ द्रुम] *पुं॰* बाँस का वृक्ष (जिससे धनुष बनाए जाते हैं)।

धनुर्यज्ञ—[सं॰ धनुस् ~ यज्ञ] *पुं॰* प्राचीन भारत में होनेवाली एक प्रकार की धनुष-सम्बन्धी प्रतियोगिता वाला यज्ञ या सम्मेलन। ***जैसे***—राजा जनक के धनुर्यज्ञ को देखने के लिए श्री राम और लक्ष्मण भी मिथिलापुरी पहुँचे।

धनुर्वात—[सं॰ धनुस् ~ वात] *पुं॰* (चिकित्सा॰) एक भीषण रोग। धनुषटंकार नामक रोग (अं॰ टेटैनस)

धनुर्वृक्ष—[सं॰ धनुस् ~ वृक्ष] *पुं॰* १. धनुष बनाने का वृक्ष। २. बाँस, पीपल या भिलावाँ का वृक्ष।

धनुर्वेद—[सं॰] *पुं॰* १. धनुर्विद्या का शास्त्र जो यजुर्वेद का उपवेद है। ● **विशेष**—उपवेद 'धनुर्वेद' में 'धनुष' के अन्तर्गत सभी प्रकार के अस्त्र-शस्त्र आते हैं।

धनुषटङ्कार (धनुषटंकार)—[< सं॰ धनुष् ~ टङ्कार] *पुं॰* धनुष की कसी हुई डोरी पर आघात करने से होने वाला शब्द। (चिकित्सा॰)टिटनिस (दे॰) नामक भीषण रोग। (अं॰ टेटैनस)

धनुस्तम्भ (धनुस्तम्भ)—[सं॰ धनु ~ स्तम्भ] *पुं॰* (आयु॰) धनुषटंकार/धनुर्वात नामक रोग। टिटनिस। (अं॰ टेटैनस)

धनुस्स्वन—[सं॰ धनुस् ~स्वन] *पुं॰* धनुष की टंकार।

धनेश—[सं॰ धन ~ ईश] *पुं॰* १. धन का देवता। कुबेर। २. एक पक्षी जो लगभग ६० सें॰मी॰ लम्बा, गाढ़े भूरे रंग का तथा लम्बी पूँछ वाला होता है और जिसकी चोंच सींग की तरह होती है तथा डैनों के नीचे कोमल पर होते हैं। (अं॰ हार्न बिल) ● **विशेष**—धनेश पक्षी की बहुत क़िस्में हैं—१६ तो भारत में ही प्राप्त हैं।

धनेश्वर—[सं॰ धन ~ ईश्वर] *पुं॰* १. कुबेर (देवता)। २. धनी व्यक्ति। ३. कोषाध्यक्ष। खजांची। (ज्योतिष॰) कुंडली में दूसरे भाव/घर का स्वामी। द्वितीयेश।

***धन्ध (धंध)**—[< सं॰ द्वन्द्व] *पुं॰* झंझट। बखेड़ा। मायाजाल। प्रपंच। जंजाल।

***धन्धक**—[< हि॰ धन्ध] *पुं॰* प्रपंच। झंझट। बखेड़ा। जंजाल।

धन्धक (धंधक)-धोरी—[< हि॰ धन्धक + सं॰ धोरणी] *पुं॰* सांसारिक झंझटों में फँसा रहने वाला व्यक्ति।

धन्य—[सं॰ √धन् + यत्] *वि॰* १. किसी विशेषता, गुण या बड़ी सफलता के कारण अभिनन्दनीय। २. साधुवाद/प्रशंसा के योग्य। प्रशंसनीय। ३. श्रेष्ठ कार्य करनेवाला। पुण्यवान्। सुकृती। ४. भाग्यवान्। सौभाग्यशाली। ५. सबसे श्रेष्ठ। सर्वोत्कृष्ट। ६. जिसका मनोरथ पूर्ण हो गया हो या जो पूर्ण तृप्त हो गया हो। कृतार्थ। ***जैसे***—महात्मा जी के दर्शन से हम सब धन्य हो गए। *अव्यय* शाबाश। ∇ **विलोम**—धिक्कार्य। ✣ **धन्यता**—*स्त्री॰* = धन्य होने की अवस्था/भाव। ***जैसे***—राष्ट्र के लिए मरने में जीवन की धन्यता है। ✣ **धन्यत्व**—*पुं॰* = धन्यता।

धन्यम्मन्य—[सं॰ धन्य + मन् + खश्, मुम्] *वि॰* स्वयं को धन्य/भाग्यशाली माननेवाला।

धन्या—[सं॰ धन्य + टाप्] *वि॰* (*स्त्री॰*) धन्य (स्त्री) ***जैसे***—धन्या सीता। *स्त्री॰* १. वन-देवी। २. सौतेली माता। विमाता। ३. धनिया। ४. छोटा आँवला।

धन्वदुर्ग—[सं॰ धन्वन् ~ दुर्ग] *पुं॰* वह क़िला जिसके चारों ओर बहुत दूर तक रेगिस्तान ही हो और इस कारण वह अजेय हो। मरुभूमि में स्थित गढ़।

धन्वन्तर (धन्वंतर)—[सं॰ धनु ~ अन्तर] *पुं॰* लम्बाई की एक प्राचीन नाप जो चार हाथ (दो गज़) के बराबर होती थी। एक धनुष के बराबर दूरी।

धन्वा—[सं॰ धन्वन्] *पुं॰* १. मरुस्थल। रेगिस्तान। २. धनुष।

धन्वाकार—[सं॰ धन्वा ~ आकार] *वि॰* धनुष के आकार का। धनुषाकार। अर्धचन्द्राकार।

धन्वी—[सं॰ धन्विन्] *वि॰* १. धनुष धारण करनेवाला। धनुर्धर। २. चतुर। *पुं॰* १. अर्जुन। २. विष्णु। ३. शिव।

धप—[अनु॰] *स्त्री॰* किसी भारी वस्तु के कोमल वस्तु पर गिरने से उत्पन्न आवाज़। भारी पद-चाप की ध्वनि। *पुं॰* सिर पर हथेली से किया जाने वाला आघात। धौल। ✣ **धपधप**—*स्त्री॰* निरन्तर होनेवाला 'धप' शब्द। ***जैसे***—तेज़ी से धप-धप करते सीढ़ियाँ-चढ़ना।

धपना[1]—[< सं॰ धावन] *क्रिअ॰* १. तेज़ चलना। २. झपटना।

धपना[2]—[< हि॰ धप] *क्रिस॰* १. (सिर पर) धौल मारना। २. मारना। पीटना।

धपाना—[< हि॰ धपना < सं॰ धावन] *क्रिस॰* १. किसी को तेज़ चलाना। २. किसी को झपटने में प्रवृत्त करना।

धप्पा—[अनु॰] *पुं॰* १. हल्का थप्पड़। ***जैसे***—धौल-धप्पा कर रहे बच्चे। २. हानि। घाटा। ***वा॰* धप्पा मारना**—धोखा देकर (धन आदि) प्राप्त करना।

***धबकना**—[अनु॰] *क्रिअ॰* चमकना। *क्रिस॰* (थप्पड़ आदि) मारना या लगाना।

धबला—[देशज] *स्त्री॰* १. कमर के नीचे पहनने का कोई ढीला वस्त्र। २. लुंगी।

धबीला—[< हि॰ धब्बा] *वि॰* धब्बोंवाला।

धम—[अनु॰] *स्त्री॰* भारी वस्तु के गिरने या किसी के ज़ोर से कूदने/गिरने की आवाज़। धमाका। ***वा॰* धम से**—'धम' शब्द करते हुए। धड़ाम से।

धमगजर—[< हि॰ धम + सं॰ गर्जन] १. उत्पात। ऊधम। २. मार-पीट के साथ लड़ाई-झगड़ा।

***धमङ्कना (धमंकना)**—[< सं॰ धमन] *क्रिस॰* १. धौंकना। २. नष्ट करना।

धमधूसर—[हि॰ धम + सं॰ धूसर] *पुं॰* मोटा और बेडौल व्यक्ति। मुस्तंडा।

धमन—[सं॰ √धम् + ल्युट्] *पुं॰* १. किसी वस्तु में फूँककर हवा भरने की क्रिया/भाव। २. धौंकनी से हवा करना। धौंकना। ३. धौंकने

के लिए बनी पोली नली। ४. धौंकनी। ● **विशेष**—संस्कृत में 'धमन' (√धम् + ल्यु) का एक अर्थ पिघलानेवाला भी होता है जो हिन्दी में नए पारिभाषिक शब्द 'धमन-भट्ठी' में प्रयुक्त है।

✣ **धमन-भट्ठी**—[सं॰ धमन + हि॰ भट्ठी] *स्त्री॰* धातुएँ आदि गलाने के लिए एक विशेष प्रकार की भट्ठी जिसमें हवा तेज़ी से प्रवेश करती है। (अं॰ ब्लास्ट फ़र्नेस)।

***धमना**—[< सं॰ धमन] *क्रिस॰* धौंकना।

धमनी—[सं॰ √धम् + अनि + ङीष्] *स्त्री॰* (चिकित्सा॰) रक्त को हृदय से शरीर के विभिन्न भागों में ले जाने वाली नलिकाओं में से प्रत्येक।

धमनी-काठिन्य—[सं॰] *पु॰* (चिकित्सा॰) धमनी की भित्ति के लचीलेपन में धीरे-धीरे होनेवाली कमी जो धमनी में चूना आदि के जमा हो जाने आदि के कारण होती है। ● **विशेष**—इसके कारण उच्च रक्त दाब, वृद्धावस्था और दीर्घकालिक रोग हो जाते हैं। (अं॰ आर्टेरिस्लेरोसिस)।

धमनी-चित्रण—[सं॰] *पु॰* (चिकित्सा॰) धमनियों का क्ष-किरणों द्वारा चित्रण। (अं॰ आर्टीरियोग्राफ़ी)।

धमार—[अनु॰] *स्त्री॰* १. उछल-कूद। धमा-चौकड़ी। २. उत्पात। उपद्रव। ३. नटों की कलाबाज़ी। ४. होली का उत्सव। *पु॰* १. फागुन मास में गाए जाने वाले एक प्रकार के लोकगीत। २. एक गायन-शैली जो प्राय: 'होली' गाने के काम आती है। ***वा॰* धमार खेलना**—१. आनन्द-मंगल करना। २. मस्ती के साथ खेल-तमाशे करना। **धमार गाकर उधम मचाना**—गाकर, खेलकर या हँस-बोलकर बहुत ऊधम मचाना।

धमारिया—[< हि॰ धमार] *पु॰* १. नट। २. उत्पाती/ऊधमी व्यक्ति। ३. धमार गाने में कुशल व्यक्ति।

धमारी—[< हि॰ धमार] *वि॰* धमारिया। *स्त्री॰* १. उछल-कूद। धमा-चौकड़ी। २. छेड़-छाड़। ३. होली की क्रीड़ा या ऊधमबाज़ी।

धमाली[१]—[< हि॰ धमार] *स्त्री॰* एक प्रकार के अश्लील लोकगीत।

धमाली[२]—*स्त्री॰* ≤ *हि॰* धमाला।

धमासा—[देशज] *पु॰* जलाशय के समीप और रेतीली भूमि में उत्पन्न होनेवाला एक औषधीय पौधा जो जवासा के समान होता है परन्तु काँटे कम और क्षुप ऊँचे होते हैं।

†**धमूका**—[< हि॰ धमाका] *पु॰* १. आघात। धमाका। २. घूँसा।

धमेख—[< सं॰ धर्मचक्र] *पु॰* सारनाथ (वाराणसी) में बुद्ध के धर्मचक्र-प्रवर्तन (प्रथम उपदेश) के स्थान पर बना हुआ स्तूप।

धम्मिल[१]**/धम्मिल्ल**—[सं॰ √धम् + विच् + मिल] *पु॰* स्त्री के सिर के बालों का जूड़ा जिसमें मोती, फूल आदि गुथे हों। ***उदा॰*** मंगल बिनु मल्लारि-नारि धम्मिल नहिँ बंधहिं (मलारि = मलबार प्रदेश, केरल)। —भूषण ग्र॰ (४३५)।

***धम्मिल**[२]—[< सं॰ धवल] धवल। श्वेत या उज्ज्वल।

धय—[सं॰ √धे + श] *वि॰* पीने या चूसने वाला। ***जैसे***—स्तन्धय।

***धयना**—[< सं॰ दहन] *क्रिअ॰* दहन होना। दहना। जलना।

धर[१]—[सं॰ √धृ + अच्] *वि॰* (समासयुक्त शब्दों के अन्त में) धारण करनेवाला। ***जैसे***—गिरिधर कृष्ण।

***धर**[२]—[राजस्थ॰ < सं॰ धरा] *स्त्री॰* धरा। भूमि। पृथ्वी।

***धर**[३]—[< हि॰ धड़] *पु॰* १. धड़। २. (लाक्षणिक) शरीर।

***धर-अम्बर (अंबर)**—[< सं॰ धरा ~ अम्बर] *पु॰* पृथ्वी और आकाश। *क्रिवि॰* पृथ्वी से आकाश तक।

***धरक**—[< हि॰ धड़क] *स्त्री॰* भय। धड़क।

†**धरका/धरको**—[< हि॰ धड़का] *पु॰* आशंका। धड़का। खटका।

धरकार—[देशज] *पु॰* बाँस आदि की टोकरियाँ बनाने का काम करनेवाली एक उपजाति।

धरण—[सं॰ √धृ + ल्युट्] *पु॰* १. धारण करने की क्रिया/भाव। २. बाँध। ३. सेतु। पुल। ४. सूर्य। ५. खम्भा। ६. स्त्री के स्तन/कुच। *वि॰* धारण करनेवाला। २. वहन करनेवाला।

धरणी—[सं॰ धरणि + ङीष्] *स्त्री॰* १. पृथ्वी। २. नाड़ी। नस। ३. शहतीर। (छन्द॰) एक समवर्णिक छन्द जिसके प्रत्येक चरण में क्रमश: तगण, रगण, सगण और गुरु (त र स ग) के योग से १० वर्ण होते हैं तथा ४-६ पर यति होती है।

धरणीश्वर—[सं॰ धरणि/धरणी ~ ईश्वर] *पु॰* १. विष्णु। २. शिव/महादेव। ३. राजा।

धरता—[< सं॰ धर्ता] *वि॰* १. धारण करनेवाला। ***जैसे***—विवाह में उसका पुत्र ही करता-धरता था। २. किसी कार्य-भार को लेनेवाला। *पु॰* १. ऋणी। क़र्ज़दार। ● **विशेष**—**करता-धरता** = सब कुछ करने-धरने वाला। कर्ता-धर्ता।

***धरधर**[१]—[< सं॰ धराधर] *पु॰* पर्वत। पहाड़।

†**धरधर**[२]—*स्त्री॰* ≤ *हि॰* धड़-धड़।

***धरधरा**—[< हि॰ धड़-धड़] *स्त्री॰* १. धड़धड़ाहट। २. हृदय का कम्पन। दिल की धड़धड़ाहट।

धरन[१]—[< हि॰ धरना] १. धरने की क्रिया/ढंग/भाव। पकड़। २. हठ। ज़िद।

धरन[२]—[< सं॰ धरणी] *स्त्री॰* १. धरणी। शहतीर। कड़ी। २. पृथ्वी। ३. गर्भाशय की एक नस जो गर्भाशय को खिसकने से रोकती है। ***जैसे***—धरन खिसकने से हो रही पीड़ा।

धरन[३]—[< सं॰ धरण] *वि॰* (समास-युक्त शब्द के अन्त में) धारण करनेवाला। ***जैसे***—गिरिवर धरन।

†**धरन**[४]—*पु॰* ≤ *हि॰* धरना। ***जैसे***—उठान-धरन के काम।

धरना—[< सं॰ धारण] *क्रिस॰* १. किसी वस्तु को दृढ़ता से पकड़ना। थामना। २. धारण करना। ग्रहण करना। ***जैसे***—बहुत से रूप धरे। ३. अधिकार या रक्षा या देख-रेख में लेना या देना। ***जैसे***—ये पुस्तकें राम के पास धर दो। ४. बन्दी बनाना। ***जैसे***—पुलिस ने चार ठगों को आज धर लिया। ५. बन्धक/गिरवी रखना। ***जैसे***—जब आभूषण धरे, तब रुपए मिले। ६. (वस्त्र आदि को) पहनना। ***जैसे***—सिर पर मुकुट धरना। ७. पत्नी या पति के रूप में किसी को रख लेना। *पु॰* अपनी बात मनवाने के लिए हठपूर्वक/अड़कर बैठना। ***जैसे***—

कारख़ाने के मज़दूरों का आज से धरना होगा। (अ॰ पिकेटिंग)

धरन्ता[१] (धरंता[१])—[< हि॰ धारना] *वि॰, पु॰* धारण करने वाला। *जैसे*—गिरिधर नाम धरंता।

धरन्ता[२] (धरंता[२])—[< हि॰ धरना] *वि॰, पु॰* पकड़नेवाला।

धरनैत—[< हि॰ धरना] *पु॰* (किसी बात के लिए) धरना देनेवाला।

धरषना/धरसना—[< स॰ धर्षण] *क्रिस॰* १. कुचलते हुए जाना। रौंदना। २. मर्दन करना। मसलना। ३. दमन करना। ४. अपमानित करना। ५. दुर्दशा करना। ६. डराना। *क्रिअ॰* १. कुचला जाना। रौंदा जाना। २. मर्दित होना। मसला जाना। ३. दमित होना। ५. दुर्दशाग्रस्त होना। ६. डर जाना।

धरहर—[< हि॰ धरना] *स्त्री॰* १. लड़नेवालों को रोककर या पकड़कर लड़ाई बन्द कराने का कार्य। बीच-बचाव। २. किसी पिटते हुए व्यक्ति की रक्षा। बचाव। ३. धैर्य। ४. दृढ़ निश्चय। ५. धर-पकड़। ६. अवलम्ब। आश्रय। सहारा। *वि॰* रक्षक।

धरहरा—[< हि॰ धुर (= ऊपर) + धर] *पु॰* अन्दर से सीढ़ियों वाली मीनार।

धरहरिया—[< हि॰ धरहर] *वि॰* १. बीच-बचाव करनेवाला। २. रक्षक।

धरा—[स॰ √धृ + अप् + टाप्] *स्त्री॰* १. पृथ्वी। भूमि। धरती। ज़मीन। (छन्द॰) एक समवर्णिक छन्द जिसके प्रत्येक चरण में क्रमशः तगण और गुरु (त ग) के योग से चार वर्ण होते हैं।

धराऊ—[< हि॰ धरना] *वि॰* १. (दुकान आदि में रखा हुआ) पुराना (माल)। २. जो दुर्लभ होने के कारण विशेष अवसरों के लिए रखा गया हो।

धरा-ढँका—[< हि॰ धरना + ढँकना] *वि॰* समय आने पर उपयोग के लिए सुरक्षित तथा छिपाकर रखा हुआ।

धरातल—[स॰ धरा ~ तल] *पु॰* १. पृथ्वी का ऊपरी तल। सतह। (अ॰ सर्फ़ेस)। २. पृथ्वी। भूमि। ज़मीन। ३. तल। पृष्ठ। सतह।

धरात्मज—[स॰ धरा ~ आत्मज] *पु॰* १. पृथ्वी का पुत्र। २. मंगल (ग्रह)। ३. नरकासुर।

धरात्मजा—[स॰ धरा ~ आत्मजा] *वि॰* पृथ्वी की पुत्री। *स्त्री॰* सीता। जानकी।

धराधर—[स॰ धरा ~ धर] *वि॰* पृथ्वी को धारण करने वाला। *पु॰* १. शेषनाग। २. पर्वत। ३. विष्णु। ४. राजा।

धराधार—[स॰ धरा ~ आधार] *पु॰* १. पृथ्वी का आधार। २. शेषनाग।

धराधिप/धराधिपति—[स॰ धरा ~ अधिप/अधिपति] *पु॰* पृथ्वीपति। राजा। *जैसे*—मगध-धराधिप। जरासन्ध।

धराधीश—[स॰ धरा ~ अधीश] *पु॰* पृथ्वीपति। राजा।

धराशायी—[स॰ धराशायिन्] *वि॰* १. गिरकर भूमि पर पड़ा हुआ (व्यक्ति)। २. गिरकर या टूटकर भूमि-तल पर पड़ा हुआ। ध्वस्त। टूटा-फूटा। ३. युद्ध में घायल होकर गिरा हुआ या मारा गया।

धरासुर—[स॰ धरा ~ सुर] *पु॰* (पृथ्वी का देवता)। २. ब्राह्मण।

धरित्री—[स॰ √धृ + इत्र + ङीष्] *स्त्री॰* पृथ्वी। धरती।

धरी[१]—[< हि॰ धरना] *स्त्री॰* बिना विवाह किए रखी हुई स्त्री।

धरी[२]—[< हि॰ दार] *स्त्री॰* कान का एक आभूषण। ढार।

†धरेचा—[< हि॰ धरना] *पु॰* बिना विवाह किए पति-रूप में स्वीकार किया हुआ पुरुष। उपपति। *वि॰* जिसे पकड़कर अपने अधिकार में किया गया हो या अपने पास रखा गया हो।

†धरेजा—[< हि॰ धरना] *पु॰* विधवा स्त्री को उपपत्नी के रूप में रखने की क्रिया। २. उक्त प्रकार से रखने की प्रथा। *स्त्री॰* उक्त प्रकार से रखी हुई स्त्री।

धरेन्द्र (धरेंद्र)—[स॰ धरा ~ इन्द्र] *पु॰* पृथ्वी का स्वामी। राजा।

†धरेला—[< हि॰ धरना] *पु॰* १. धरेचा। २. धरेजा। ✣ **धरेली**—*स्त्री॰* = उपपत्नी। रखैल।

धरेश—[स॰ धरा ~ ईश] *पु॰* पृथ्वीपति। राजा।

धरोहर—[< हि॰ धरना] १. किसी विश्वसनीय व्यक्ति या संस्था के पास कुछ समय के लिए सुरक्षित रखने के उद्देश्य से जमा करायी गयी धन-राशि या वस्तु आदि। थाती। अमानत। २. (लाक्षणिक) पूर्वजों से या परम्परा से प्राप्त संस्कृति, धर्म, गुण आदि जिसे अगली पीढ़ी तक पहुँचाने का दायित्व हो।

धरौली—[देशज] *स्त्री॰* हिमालय की तराई इत्यादि में होनेवाला एक छोटा वृक्ष जिसमें लाल, पीले या सफ़ेद फूल आते हैं।

धर्ता—[स॰ धर्तृ] *वि॰* १. धारण करनेवाला। धारक। *जैसे*—विश्व का धर्ता परमात्मा। २. अपने ऊपर किसी काम या बात का दायित्व लेनेवाला। ज़िम्मेदार। *जैसे*—विवाह के सब कर्मों के कर्ता-धर्ता तुम रहोगे। ● **विशेष**—'धर्ता' का तद्भव 'धरता' भी प्रचलित है। (दे॰ धरता)

धर्म—[स॰ √धृ + मन्] *पु॰* १. प्रत्येक पदार्थ का मूल स्वाभाविक गुण जो उसका सनातन तत्त्व तथा प्रमुख लक्षण है। *जैसे*—अग्नि का धर्म दाहकता है। २. वह सनातन तत्त्व जिससे मनुष्य को जीवन में अभ्युदय और मृत्यु के बाद निःश्रेयस/कल्याण की प्राप्ति हो। ३. आत्मा और परमात्मा की शाश्वतता, शाश्वत जीवन और शाश्वत मूल्यों में विश्वास, नैतिक व्यवस्था को भौतिक व्यवस्था से उच्चतर मानने में विश्वास तथा इन विश्वासों के अनुसार आचार-व्यवहार। ४. उक्त के अनुसार बाह्य आध्यात्मिक कर्म प्रार्थना, पूजा, परोपकार, सत्यभाषण, अहिंसा, इन्द्रियनिग्रह, क्षमाशीलता, यज्ञ, दान, तप इत्यादि। ५. सदाचार। सत्कर्म। पुण्य-कर्म। ६. न्याय। ७. कर्तव्य। *जैसे*—राजधर्म, पति-धर्म, पत्नी-धर्म। ८. नियम, विधि, लोक-रीति आदि का पालन। ९. आध्यात्मिक आचार्यों आदि की शिक्षाओं या उनके ग्रन्थों के अनुसार आचार-व्यवहार। (छन्द॰) एक समवर्णिक छन्द जिसके प्रत्येक चरण में क्रमशः भगण, सगण, नगण, जगण, नगण, भगण, सगण (भ स न ज न भ स) के योग से 21 वर्ण होते हैं और १०-५-६ पर यति होती है। ● **विशेष**—प्रायः धार्मिक सम्प्रदायों/पन्थों/मतों को भी 'धर्म' कहा जाता है। *जैसे*—वैष्णव धर्म-सम्प्रदाय को '**वैष्णव धर्म**', बौद्ध सम्प्रदाय को '**बौद्ध धर्म**', ईसाई सम्प्रदाय को '**ईसाई धर्म**' कहा जाता है। धर्म सनातन

तत्त्व है। अनादि काल से भारत में सनातन तत्त्व 'धर्म' के प्रतिनिधि अपौरुषेय ग्रन्थ 'वेद' माने गए हैं और उसके माननेवाले 'वैदिक धर्म' के किसी सम्प्रदाय के अनुयायी कहे जाते हैं। वेद को न मानने वाले और किसी अध्यात्मिक महापुरुष के अनुयायियों के भी अपने-अपने धर्म-सम्प्रदाय हैं, ***जैसे***—जैन सम्प्रदाय और बौद्ध सम्प्रदाय जो प्राचीन श्रमण-परम्परा की देन हैं। इनसे भिन्न अनेक सन्त-सम्प्रदाय या पन्थ हैं, ***जैसे***—कबीरपन्थ, दादूपन्थ इत्यादि। **सब भारतीय सम्प्रदायों का सामूहिक नाम 'हिन्दू धर्म' है। *वा॰* धर्म कमाना**—पुण्य का काम करना। **धर्म-संकट में पड़ना**—दुविधा की स्थिति में होना। **धर्म से कहना**—१. न्यायसंगत बात कहना। २. सत्य बात कहना। **धर्म से राज करना**—न्यायपूर्वक शासन करना।

धर्मकाय—[स॰ धर्म ~ काया] *पु॰* [बौद्ध॰] [बुद्ध के भौतिक शरीर से भिन्न] बुद्ध का धर्मरूपी अविनाशी शरीर।

धर्मक्षेत्र—[स॰ धर्म ~ क्षेत्र] *पु॰* १. धर्म-सम्बन्धी स्थान। धर्मस्थान। २. तीर्थस्थान। ३. धर्म-कार्य करने के लिए विशेष रूप से उपयुक्त देश या भूमि-खंड। धर्म-भूमि। ∇ **विलोम**—भोगभूमि। ● **विशेष**—'कुरुक्षेत्र' और 'भारतवर्ष' को भी 'धर्मक्षेत्र' कहा जाता है।

धर्म-घट—[स॰] *पु॰* १. वैशाख मास में कुछ भोज्य वस्तुओं के साथ दान किया जाने वाला सुगन्धित जल से भरा घड़ा। २. घरों में रखा जाने वाला वह घड़ा जिसमें दान के लिए नित्य थोड़ा अनाज डालते हैं।

धर्म-चक्र—१. धर्मरूपी रथ का पहिया। २. धर्म-सम्बन्धी समस्त सिद्धान्त और व्यवहार। ✣ **धर्म-चक्र-प्रवर्तन**—*पु॰* = धर्मरूपी रथ के रुके हुए पहिए को तत्त्वज्ञान के उत्तम उपदेश तथा व्यवहार में उसके प्रयोग द्वारा पुनः चला देना। ***जैसे***—महात्मा बुद्ध ने सारनाथ में धर्म-चक्र-प्रवर्तन किया था।

धर्मचर्या—[स॰ धर्म ~ चर्या] *स्त्री॰* धार्मिक सिद्धान्तों और नियमों का पालन। धर्मानुकूल आचरण।

धर्मचारी—[स॰ धर्मचारिन्] *पु॰* धर्म के सिद्धान्तों और नियमों के अनुसार आचरण वाला।

धर्मच्युत—[स॰ धर्म ~ च्युत] *वि॰* अपने धर्म से गिरा हुआ। जिसने अपना धर्म या सम्प्रदाय छोड़ दिया हो। धर्मपतित। धर्मभ्रष्ट।

धर्मज/धर्मजन्य—[स॰ धर्म + ज, धर्म ~ जन्य] *वि॰* धर्म से उत्पन्न। *पु॰* धर्म-पुत्र। युधिष्ठिर।

धर्मज्ञ—[स॰ धर्म + ज्ञ] *वि॰* १. धर्म-सम्बन्धी सिद्धान्तों, नियमों और उनके अनुसार व्यवहार की रीति का ज्ञाता। धर्म के स्वरूप का जानकार। धर्म को जाननेवाला। २. धर्मात्मा। ✣ **धर्मज्ञता**—*स्त्री॰* = धर्मज्ञ होने का भाव। ✣ **धर्मज्ञत्व**—*पु॰* = धर्मज्ञता।

धर्मतः—[स॰ धर्म + तः] *क्रिवि॰* १. धर्म की दृष्टि से। धर्म के अनुसार। २. धर्म के आधार पर।

धर्मतन्त्र (धर्मतंत्र)—[स॰ धर्म ~ तन्त्र] *पु॰* १. किसी धर्म-सम्प्रदाय की प्रधानता वाली या मज़हबी शासन-प्रणाली। (अ॰ थिओक्रेसी)।

धर्मतरु—[स॰ धर्म~ तरु] *पु॰* धर्मरूपी वृक्ष।

धर्म-दान—[स॰] *पु॰* केवल परोपकार या कर्तव्य की भावना से किया गया दान। निष्काम धार्मिक दान।

धर्म-देशक—[स॰] *पु॰* धर्म का उपदेश करनेवाला। धर्मोपदेशक।

धर्मध्वज—[स॰ धर्म ~ ध्वज] *वि॰* धर्म का आडम्बर खड़ा करके स्वार्थ साधनेवाला। धार्मिक ढोंगी। पाखंडी। ✣ **धर्मध्वजता**—*स्त्री॰* = १. धर्म के नाम पर किए जाने वाले ढोंग या पाखंड करने की क्रिया/भाव। पाखंडीपन। २. धर्म के नाम पर किया जाने वाला पाखंड। ढोंग। ✣ **धर्मध्वजत्व**—*पु॰* = धर्मध्वजता।

धर्मनिरपेक्ष—[स॰ धर्म ~ निरपेक्ष] *वि॰* १. धर्म के प्रति उदासीन। २. अधर्मी। ३. पन्थों, सम्प्रदायों या मज़हबों के प्रति समान उपेक्षा-दृष्टि वाला (राज्य आदि)। ४. आध्यात्मिकतारहित। भौतिकवादी ✣ **धर्मनिरपेक्षता**—*स्त्री॰* = धर्मनिरपेक्ष होने की अवस्था/भाव।

धर्मनिष्ठ—[स॰ धर्म ~ निष्ठ] *वि॰* १. धर्म के सिद्धान्तों और नियमों में दृढ़ विश्वास और श्रद्धा रखनेवाला। धर्मपरायण। २. धर्म के नियमों के अनुसार उत्तम आचरण करनेवाला।

धर्मनिष्ठा—[स॰ धर्म ~ निष्ठा] *स्त्री॰* धर्म में दृढ़ विश्वास और श्रद्धा।

धर्मपत्नी—[स॰ धर्म ~ पत्नी] *स्त्री॰* विधिवत् विवाहित पत्नी।

धर्मपर/धर्मपरायण—[स॰ धर्म ~ पर/परायण] *वि॰* धर्म में सदा तत्पर। धर्मनिष्ठ। (दे॰) ✣ **धर्मपरायणता**—*स्त्री॰* = धर्मनिष्ठा।

धर्मपरिषद्—[स॰] *स्त्री॰* (प्राचीन भारत में) न्याय करनेवाली सभा। धर्मसभा।

धर्मपाल—[स॰ धर्म √पाल् + णिच् + अण्] *वि॰, पु॰* १. धर्म की रक्षा करनेवाला। धर्मत्राता। २. धर्म का पालन करनेवाला। ३. धर्मशास्त्र का रक्षक। ४. धार्मिक व्यक्तियों का पालन तथा धार्मिक स्थानों की रक्षा करनेवाला। ५. राजदंड।

धर्मपिता—[स॰ धर्म ~ पिता] *पु॰* १. वह व्यक्ति जो धार्मिक भाव से किसी का पिता या संरक्षक बन गया हो। २. पितृतुल्य व्यक्ति। (ईसाई॰) वह व्यक्ति जो किसी के द्वारा ईसाई दीक्षा लेते समय उसकी (विशेषतः बालक की) धार्मिक और नैतिक विषयों में मार्गदर्शन की ज़िम्मेदारी ले।

धर्मपीठ—[स॰ धर्म ~ पीठ] १. धार्मिक दृष्टि से प्रमुख और पवित्र स्थान। २. धार्मिक प्रश्नों, विवादों या समस्याओं पर व्यवस्था देनेवाला धार्मिक स्थान।

धर्मपुत्र—[स॰ धर्म ~ पुत्र] *पु॰* धर्मराज/यमराज का पुत्र। २. (पांडव) युधिष्ठिर। ३. (लाक्षणिक) बहुत धर्मात्मा व्यक्ति। ४. धार्मिक विधि से या आत्मीयतापूर्वक अपना पुत्र बना लिया गया कोई बालक। ✣ **धर्मपुत्री**—*स्त्री॰* = धार्मिक विधि से या आत्मीयतापूर्वक अपनी पुत्री बना ली गयी कोई बालिका।

धर्मपुरी, धर्म-पुरी—[स॰] *स्त्री॰* १. यमपुरी। २. न्यायालय। ३. धार्मिक (तीर्थ आदि) स्थान।

धर्मबन्धु (धर्मबंधु)—[स॰] अपने ही धर्म-सम्प्रदाय का व्यक्ति।

धर्म-भगिनी—[सं॰] *स्त्री॰* १. जो धर्म के नाते बहन हो (जैसे—गुरु की पुत्री, मित्र की बहन आदि)। २. जो पारिवारिक सम्बन्ध से बहन न हो परन्तु जिसे आत्मीयतापूर्वक बहन के रूप में व्यावहारिक मान्यता दी गयी हो। धर्म-बहिन।

धर्मभीरु—[सं॰ धर्म ~ भीरु] *वि॰* जो धर्म का भय मानकर अधर्म न करता हो। धर्मात्मा।

धर्म-मत—[सं॰] *पु॰* धर्म-सम्प्रदाय। पन्थ। ***जैसे***—शैव धर्म-मत के अनुयायी। २. मज़हब। ***जैसे***—ईसाई या यहूदी धर्म-मत।

धर्ममति—[सं॰ धर्म - मति] *वि॰* धार्मिक बुद्धि वाला। ***जैसे***—धर्ममति लक्ष्मण।

धर्ममहामात्र—[सं॰ धर्म ~ महामात्र] *पु॰* (प्राचीन भारत में) राजा का वह मन्त्री जो धर्म-विभाग का प्रमुख होता था।

धर्म-मूल—[सं॰] *पु॰* धर्म का प्रामाणिक आधार। ***जैसे***—वेद ही वास्तविक धर्म-मूल है।

धर्ममेघ—[सं॰ धर्म ~ मेघ] *पु॰* धर्म का मेघ/बादल। धर्मरूपी मेघ/बादल। (योग॰) आत्मदर्शनरूपी वर्षा करके साधक के चित्त को सींच देने वाला कैवल्य-रूपी मेघ।

धर्मरति—[सं॰ धर्म ~ रति] *स्त्री॰* धर्म से प्रेम। धर्मानुराग।

धर्मराज—[सं॰ धर्म √राज् + अच्] *पु॰* १. अपने धर्म के पालन में पूर्णतः तत्पर व्यक्ति। २. कभी झूठ न बोलनेवाला व्यक्ति। ३. न्यायी राजा। ४. न्यायाधीश। ५. यमराज (देवता)। ६. युधिष्ठिर।

धर्म-लिपि—[सं॰] *स्त्री॰* १. वह लिपि जिसमें किसी धर्म-सम्प्रदाय के प्रमुख ग्रन्थ लिखे गए हों या लिखे जाते हों। ***जैसे***—धर्म-लिपि गुरुमुखी। २. अलग-अलग स्थानों पर उत्कीर्ण या अंकित धार्मिक लेख। ***जैसे***—सम्राट अशोक की धर्मलिपि।

धर्मलुप्तोपमा—[सं॰ धर्मलुप्ता ~ उपमा] *स्त्री॰* (काव्य॰) (उपमा अलंकार का एक भेद) लुप्तोपमा का एक उपभेद जिसमें वाक्य में 'धर्म' का कथन नहीं होता। ● **विशेष**—उपमा का अन्य भेद **'पूर्णोपमा'** है।

धर्मवर्ती—[सं॰ धर्म ~ वर्ती (वर्तिन्)] *वि॰* धर्म के अनुकूल आचरण करने वाला। पुण्यात्मा। सुकृती।

धर्मवाहन—[सं॰ धर्म ~ वाहन] *पु॰* धर्मराज/यमराज का वाहन। भैंसा।

धर्मविद्—[सं॰ धर्म ~ विद्] *वि॰, पु॰* १. धर्म का स्वरूप जाननेवाला। २. धर्मशास्त्र का विद्वान्।

धर्मविवाह—[सं॰ धर्म ~ विवाह] *पु॰* धार्मिक रीति से होनेवाला विवाह।

धर्म-विवेचन—[सं॰] १. धर्म-सम्बन्धी चिन्तन। धर्म-मीमांसा। २. धर्म और अधर्म का विचार।

धर्मवीर—[सं॰ धर्म ~ वीर] *पु॰* धर्मपालन में सदा उत्साहपूर्वक तत्पर रहनेवाला व्यक्ति। (काव्य॰) वीर रस के चार प्रमुख भेदों में से एक भेद जिसमें धर्म के अनुकूल आचरण का उत्साह स्थायी भाव होता है। ● **विशेष**—अन्य तीन प्रमुख भेद हैं—युद्धवीर, दानवीर, दयावीर।

धर्मशाला—[सं॰ धर्म ~ शाला] *स्त्री॰* १. परोपकार की दृष्टि से बनवाया गया भवन जिसमें यात्री कुछ दिनों तक निःशुल्क या थोड़ा शुल्क देकर ठहर सकते हैं। २. धर्मार्थ भोजन बँटने का स्थान। अन्नसत्र। सदावर्त।

धर्मशास्त्र—[सं॰ धर्म ~ शास्त्र] *पु॰* १. व्यक्ति और समाज के मार्गदर्शन के लिए 'धर्म' तत्त्व का और सभी प्रकार के व्यक्तियों के विविध परिस्थितियों में धर्म के अनुकूल करने योग्य और न करने योग्य आचरण का तथा सामाजिक संस्थाओं (परिवार, राज्य इत्यादि) के भी धर्म के अनुकूल आचरण का निर्देशन करनेवाला शास्त्र। २. धर्मसूत्र, स्मृतिग्रन्थ अथवा धर्म-सम्बन्धी 'निबन्ध' ग्रन्थ।

धर्मशास्त्री—[सं॰ धर्मशास्त्रिन्] *पु॰* धर्मशास्त्र का विद्वान्।

धर्म-संहिता—[सं॰] *स्त्री॰* (धर्मशास्त्रीय) स्मृति ग्रन्थ। ***जैसे***—मनुस्मृति आदि धर्म-संहिताएँ।

धर्म-सभा—[सं॰] *स्त्री॰* १. वह संस्था जो केवल धार्मिक विषयों पर विचार करती हो। २. (प्राचीन भारत में) न्यायालय। ३. धार्मिक सम्मेलन। ४. विचार-विमर्श के लिए अनेक धर्म-सम्प्रदायों का सम्मेलन।

धर्म-सम्प्रदाय (संप्रदाय)—[सं॰] *पु॰* १. धर्म के अन्तर्गत कोई सम्प्रदाय। **जैसे**—हिन्दू धर्म के अन्तर्गत वैष्णव सम्प्रदाय, शैव सम्प्रदाय, शाक्त सम्प्रदाय इत्यादि अनेक धर्म—सम्प्रदाय हैं। २. उड़ीसा, बंगाल आदि में प्रचलित एक धार्मिक सम्प्रदाय जिसमें धर्म नामक देवता की उपासना होती है।

धर्मस्व—[सं॰ धर्म ~ स्व] *वि॰* धार्मिक कार्यों में व्यय किया हुआ या समर्पित (धन आदि)। *पु॰* धर्मादा।

धर्मागम—[सं॰ धर्म ~ आगम] *पु॰* धर्मग्रन्थ।

धर्माङ्ग (धर्मांग)—[सं॰ धर्म ~ अङ्ग] *पु॰* धर्म के मूल तत्त्वों/लक्ष्णों में से प्रत्येक। जैसे—सत्य, अहिंसा आदि धर्मांग।

धर्मात्मज—[सं॰ धर्म ~ आत्मज] *पु॰* धर्म-पुत्र।

धर्मात्मा—[सं॰ धर्मात्मन्] *वि॰* १. धार्मिक आचरण करने वाला (व्यक्ति)। धर्मशील। धार्मिक। २. पवित्र (व्यक्ति)। ३. बहुत भला (व्यक्ति)।

धर्मादा—[< सं॰ धर्मदाय] *पु॰* १. व्यापार आदि की आय से धार्मिक कार्यों के लिए अलग निकाला गया धन। २. धार्मिक/परोपकारी कार्यों को चलाने के लिए स्थायी व्यवस्था करने हेतु दान में दी गयी धन-सम्पत्ति। धर्मस्व।

धर्माधर्म—[सं॰ धर्म ~ अधर्म] *पु॰* १. धर्म और अधर्म। २. (किसी बात/विषय में) धर्म और अधर्म का ज्ञान/विचार।

धर्माधिकरण—[सं॰ धर्म ~ अधिकरण] *पु॰* (प्राचीन भारत में) न्यायालय। ● **विशेष**—प्राचीन भारत में 'न्यायाधीश' को **'धर्माधिकरणिक/धर्माधिकरणी/धर्माधिकारी/धर्माधिकृत/धर्माध्यक्ष'** भी कहा जाता था और 'न्यायालय' को **'धर्माधिष्ठान'** भी।

धर्माधिकारी—[सं॰ धर्म ~ अधिकारी (अधिकारिन्)] *पु॰*

१. (प्राचीन भारत में) न्यायाधीश। २. (प्राचीन भारत में) धर्म के कामों में व्यय की जाने वाली राशियाँ निश्चित करनेवाला सरकारी अधिकारी। (**जैसे**—भारत की देशी रियासतों में भी धर्माधिकारी नियुक्त होता था)।

धर्मानुष्ठान—[सं॰ धर्म ~ अनुष्ठान] *पु॰* १. धार्मिक कार्य। धर्म के अनुसार व्यवहार। धर्माचरण। २. सदाचरण। ३. कोई बड़ा धार्मिक कार्य (यज्ञ, दान इत्यादि)।

धर्मान्तरण (धर्मांतरण)—[सं॰ धर्म ~ अन्तरण] *पु॰* अपना धर्म-सम्प्रदाय या मज़हब त्यागकर दूसरे धर्म-सम्प्रदाय या मज़हब का ग्रहण। धर्म-मत-परिवर्तन।

धर्मापेत—[सं॰ धर्म ~ अपेत] *वि॰* १. जो धर्म के अनुकूल न हो। अधार्मिक। २. अन्यायपूर्ण। *पु॰* १. पाप। २. अधर्म। ३. अन्याय।

धर्माभास—[सं॰ धर्म ~ आभास] *पु॰* जो ऊपर से देखने में धर्म प्रतीत होता हो परन्तु वास्तव में अधर्म हो। नाममात्र का धर्म परन्तु वास्तव में अधर्म।

धर्मारण्य—[सं॰ धर्म ~ अरण्य] *पु॰* १. तपोवन। २. ऋषि-आश्रम।

धर्मार्थ—[सं॰ धर्म ~ अर्थ] *वि॰* १. धर्म के लिए। २. धर्म या पुण्य के उद्देश्य से किया जाने वाला या होनेवाला। परोपकारार्थ। ३. ऐसी सेवा या व्यवस्था जो सेवा-कार्य के बदले धन नहीं लेती। ***जैसे***—धर्मार्थ चिकित्सालय। ✣ **धर्मार्थ प्रदर्शन**—*पु॰* = किसी नाटक, फिल्म आदि का ऐसा सार्वजनिक प्रदर्शन जिससे होनेवाली आय किसी विशेष सहायता-कार्य या धर्म-कार्य (जैसे—बाढ़-पीड़ितों, अकाल-पीड़ितों या चिकित्सालय आदि की सहायता) के लिए दिया जाना घोषित है। दानार्थ प्रदर्शन। (अं॰ चैरिटि शो)।

धर्मार्थी—[सं॰ धर्मार्थिन्] *पु॰* १. धर्मकार्य करने का इच्छुक व्यक्ति। २. धर्म और उसके फल का इच्छुक व्यक्ति।

धर्मासन—[सं॰ धर्म ~ आसन] *पु॰* (प्राचीन भारत में) न्यायाधीश का आसन।

धर्मिणी—[सं॰ धर्मिन् + ङीष्] *स्त्री॰* धर्मपत्नी। *वि॰ (स्त्री॰)* धर्म-सम्प्रदाय वाली। ***जैसे***—वैष्णवधर्मिणी।

धर्मिता—[सं॰ धर्मी (धर्मिन्)+ता] *स्त्री॰* १. किसी गुण-धर्म से युक्त होने का भाव। २. धर्मपरायणता। धार्मिकता।

धर्मिष्ठ—[सं॰ धर्म + इष्ठन्] *वि॰* १. धर्म पर स्थित। धर्मात्मा। २. पुण्यात्मा। पवित्रात्मा।

धर्मोत्तर—[सं॰ धर्म ~ उत्तर] *वि॰* न्याय करने और पक्षपातरहित होने के लिए प्रसिद्ध। अति न्यायी।

धर्मोन्माद—[सं॰ धर्म ~ उन्माद] *पु॰* अपने धर्म-सम्प्रदाय या मज़हब को लाभ पहुँचाने की प्रवृत्ति की ऐसी अधिकता जिसमें अच्छे-बुरे का विचार छूट जाए। ***जैसे***—महमूद ग़ज़नवी ने धर्मोन्माद में हज़ारों निरपराध हिन्दुओं की हत्या की। (आयुर्वेद॰) पागलपन का एक प्रकार जिसमें मनुष्य दिन-रात धार्मिक विषयों के चिन्तन में ही लगा रहता है।

धर्म्य—[सं॰ धर्म + यत्] *वि॰* १. धर्म-सम्बन्धी। धर्म का। ***जैसे***—धर्म्य विवाद। २. जो धर्म करने से प्राप्त हो। ***जैसे***—स्वर्ग धर्म्य है और नरक अधर्म्य। ३. धर्म-संगत। धर्मानुकूल। ***जैसे***—धर्म्य विवाह। ४. न्यायपूर्ण। ***जैसे***—धर्म्य निर्णय। ∇ **विलोम**—अधर्म्य।

धर्ष—[सं॰ √धृष् + घञ्] *पु॰* धृष्टता। अविनय। ढिठाई। गुस्ताख़ी। २. अभिमान। ३. अधीरता। ४. असंयम। ५. अपमान। ६. (किसी स्त्री का) सतीत्व नष्ट करना। शीलहरण। ७. अ-सहनशीलता।

धर्षणीय—[सं॰ √धृष् + अनीयर्] *वि॰* १. धर्षण किए जाने के योग्य। २. जिसका धर्षण सम्भव हो। ३. जिसका धर्षण किया जाने वाला हो।

धर्षित—[सं॰ √धृष् + क्त] *वि॰* १. जिसका धर्षण किया गया हो। २. जिसे हरा दिया गया हो। पराभूत। ३. अपमानित। ✣ **धर्षिता**—*वि॰ (स्त्री॰)* = १. धर्षित (स्त्री)। २. (स्त्री) जिसका शील-भंग किया गया हो।

धर्षी—[सं॰ धर्षिन्] *वि॰* १. धर्षण करनेवाला। २. धृष्ट। अविनीत। गुस्ताख़। ३. आक्रमण करनेवाला। ४. परास्त करनेवाला। हरानेवाला। ५. अपमानित करनेवाला। नीचा दिखानेवाला। ६. असहिष्णु। ७. स्त्री का शीलहरण करनेवाला। व्यभिचारी।

धव—[सं॰ √धु + अच्] *पु॰* १. पति। स्वामी। २. एक वन्य वृक्ष जो कुछ ऊँचाई वाले स्थानों पर होता है तथा जिसकी पत्तियाँ चमड़ा सिझाने के काम आती हैं। धाय (वृक्ष)।

धवई—[< सं॰ धातकी] *स्त्री॰* एक प्रकार का पर्वतीय वृक्ष जिसके फूल औषधीपयोगी होते हैं। धाय वृक्ष।

धवर—[देशज] *स्त्री॰* 'फ़ाख़्ता' पक्षी की जाति की एक चिड़िया।

धवरी—[< सं॰ धवली] *वि॰ (स्त्री॰) वि॰* धवल रंग की। सफ़ेद। *स्त्री॰* सफ़ेद गाय।

धवल—[सं॰ √धाव् + कल, ह्रस्व] *वि॰* १. उजला। सफ़ेद। २. निर्मल। स्वच्छ। साफ़। ३. शुद्ध। ४. सुन्दर। (चिकित्सा॰) त्वचा, केश और नेत्रों में रंगद्रव्य की जन्मजात अनुपस्थिति से प्रभावित (व्यक्ति)। (अं॰ एल्बिनो) *पु॰* १. सफ़ेद रंग। २. धव वृक्ष।

धवलगिरि—[सं॰ धवल ~ गिरि] *पु॰* हिमालय की एक ऊँची चोटी। धौलागिरि।

धवलगृह—[सं॰ धवल ~ गृह] *पु॰* १. शुभ्र/उज्ज्वल आवास-स्थान। सफ़ेद घर। २. चूने से पुता हुआ मकान। ३. (प्राचीन भारत में) राजा और रानियों का निजी आवास-स्थान जो स्कन्धाकर के अन्तर्गत 'राजभवन' के भीतर होता था ओर विशेष सुरक्षित रखा जाता था। धौराहर। धरहरा।

धवलसिरी—[सं॰ धवल ~ श्री] *स्त्री॰* खड़िया मिट्टी।

धवला—[सं॰ धवल + टाप्] *वि॰* (स्त्री॰) जो धवल/सफ़ेद हो। ***जैसे***—धवला चमेली। *स्त्री॰* सफ़ेद गाय।

धवलाङ्ग (धवलांग)—[सं॰ धवल ~ अङ्ग] *वि॰* उज्ज्वल/सफ़ेद अंगों वाला। *पु॰* हंस।

धवलिमा—[सं॰ धवलिमन्] *स्त्री॰* १. श्वेतता। सफ़ेदी। २. उज्ज्वलता। शुभ्रता।

धवली—[सं॰ धवल + ङीष्] *स्त्री॰* १. सफ़ेद गाय। २. सफ़ेद गोल मिर्च। ✣ **धवलीकरण**—*पु॰* = सफ़ेद करना। धवलन। श्वेतीकरण। ✣ **धवलीकृत**—*वि॰* = जिसे सफ़ेद किया गया हो। जिसे सफ़ेद बनाया गया हो। ***जैसे***—बर्फ़ गिरने से धवलीकृत मैदान। ✣ **धवलीभूत**—*वि॰* = जो सफ़ेद हो गया हो। ***जैसे***—बूढ़ों के धवलीभूत केश।

धवलोत्पल—[सं॰ धवल ~ उत्पल] *पु॰* १. सफ़ेद कमल। पुंडरीक। २. कुमुद पुष्प।

†धवाना[१]—[हिं॰ 'धाना' का प्रेरणा॰] *क्रिस॰* किसी को धाने/दौड़ने में प्रवृत्त करना। दौड़ाना।

***धवाना[२]**—[< सं॰ ध्वनि] *क्रिअ॰* १. ध्वनि/शब्द/आवाज़ होना। २. ध्वनित होना। *क्रिस॰* ध्वनि/शब्द/आवाज़ करना।

धस—[< हिं॰ धँसना] *स्त्री॰* १. धँसने की क्रिया/भाव। धँसान। धँसाव। २. भुरभुरी मिट्टी वाली भूमि।

धसक—[< हिं॰ धसकना] *स्त्री॰* १. नीचे की ओर धँसने या धसकने की क्रिया/भाव। २. ईर्ष्या/भय आदि के कारण मन में होने वाला दु:ख। ३. किसी काम को करने में होने वाली झिझक। ४. मिर्च आदि से उत्पन्न तीक्ष्ण गन्ध जिससे खाँसी/छींक आने लगती है। ***जैसे***—सब्ज़ी के छौंक से लगा धसका। ५. सूखी खाँसी। ६. भय। डर।

धसान[१]—[< हिं॰ धसना] *स्त्री॰* धँसाव।

धसान[२]—[< सं॰ दशार्ण] *स्त्री॰* 'दशार्ण' नामक प्राचीन नदी का वर्तमान नाम। ● **विशेष**—यह नदी वर्तमान छत्तीसगढ़ राज्य से होकर बहती है।

धँगार—[अनु॰] *पु॰* छौंक। बघार।

धँधला—[< हिं॰ धाँधल] *पु॰* १. छल-कपट। ***जैसे***—किसी के धँधले में आना। २. ढोंग। ३. धाँधली।

धँधलाना[१]—[< हिं॰ धँधला] *क्रिअ॰* १. छल करना। २. ढोंग रचना।

धँधलाना[२]—[< हिं॰ धाँधली] *क्रिअ॰* जल्दी मचाना।

धँधार[१]—[< हिं॰ धाँय-धाँय] *स्त्री॰* १. आग की तेज़ लपट। प्रचंड ज्वाला। *पु॰* एक प्रकार का लम्बा डंडा जिससे भारी लकड़ियाँ या पत्थर आदि उठाते हैं।

धँधार[२]—[देशज] *वि॰* एकाकी। अकेला।

***धँधारि[१]**—[< हिं॰ धँधार] *स्त्री॰* १. आग की तेज़ ज्वाला/लपट। २. बहुत मानसिक कष्ट।

***धँधारि[२]**—[< हिं॰ धन्धा (गोरखधन्धा)] *स्त्री॰* गोरखधन्धा। धँधारी।

***धँधारी[१]**—[< हिं॰ धन्धा (गोरखधन्धा)] *स्त्री॰* तार के छल्लों का बना हुआ 'गोरखधन्धा' जिसे योगी सुलझाते हैं।

***धँधारी[२]**—[देशज] *स्त्री॰* १. अकेलापन। २. एकान्त स्थान। ३. सन्नाटा।

धँधोर/धँधोरा/धँधौरा—[< हिं॰ धँधार] *पु॰* १. अग्नि लपट। ज्वाला। २. होलिका। होली।

धँसन—[< हिं॰ धँसना] *स्त्री॰* धँसने की क्रिया/भाव/ढंग। २. ऐसा स्थान जिसमें कोई धँस जाए। ३. दलदल।

धँसना[१]—[देशज] *क्रिअ॰* १. किसी वस्तु के अन्दर या तल से नीचे की ओर प्रविष्ट हो। २. किसी वस्तु का अपने भार/दबाव के कारण नीचे की ओर कोमल तल में प्रविष्ट हो जाना। ***जैसे***—कीचड़ में धँसना। ३. भूमि-तल की कमज़ोरी के कारण मकान/दीवार आदि का तल से नीचे जाना। ४. किसी नुकीली वस्तु का किसी तल के अन्दर प्रवेश करना। गड़ना। ***जैसे***—पैर में काँटा धँसना। ५. दुर्बलता के कारण नेत्रों का कुछ अन्दर घुसे हुए या कुछ दबे हुए प्रतीत होना। ६. भीड़ में प्रविष्ट होकर आगे की ओर दूर तक बढ़ जाना। ७. गोली/तीर आदि का वेगपूर्वक किसी के शरीर में प्रविष्ट होना। ***जैसे***—गले में तीर धँसना। ८. (बात आदि का) मस्तिष्क में प्रविष्ट होना। ***जैसे***—दिमाग़ में बात धँसना। ९. सेना आदि का किसी क्षेत्र में बलपूर्वक दूर तक प्रविष्ट होना। ***जैसे***—हमारी सेना शत्रु के राज्य में धँस गयी।

धँसना[२]—[< सं॰ ध्वंसन] *क्रिअ॰* ध्वस्त/नष्ट होना। मिटना। *क्रिस॰* ध्वस्त/नष्ट करना। मिटाना।

धँसान—[< हिं॰ धँसना] *स्त्री॰* १. धँसने की क्रिया, ढंग या भाव। धँसाव। २. ऐसी भूमि जिसमें पैर धँसे। दलदल। ३. भीड़ में घुसकर बलपूर्वक आगे बढ़ने की स्थिति।

धा[१]—[सं॰ √धा + क्विप्] *पु॰* १. ब्रह्मा। २. बृहस्पति।

धा[२]—[अनु॰] *पु॰* तबला/मृदंग आदि वाद्य की एक ध्वनि/बोल। (संगीत॰) धैवत स्वर का वाचक शब्द।

धाउ—[< सं॰ √धाव्] *पु॰* एक प्रकार का नृत्य जिसमें अन्तरिक्ष में उछलकर युद्ध-सा करता हुआ नर्तक फिर निश्चित स्थान पर आ गिरता है।

***धाऊ**—[< सं॰ √धाव्] *पु॰* १. आवश्यक कार्यों के लिए इधर-उधर जानेवाला व्यक्ति। दौड़कर या तेज़ी से जानेवाला व्यक्ति। २. हरकारा।

धाक—[< सं॰ √धा + क] *पु॰* १. स्तम्भ। खम्भा। २. किसी व्यक्ति की शक्ति/पद/गुण आदि का लोगों पर भयकारक प्रभाव। आतंक। दबदबा। ***जैसे***—नए पुलिस अधिकारी की चोरों और गुंडों पर धाक होने के कारण नगर में शान्ति है। ३. प्रसिद्धि। ***वा॰* धाक जमाना/छाना/बैठना**—लोगों पर प्रभाव/आतंक/दबदबा होना। **धाक जमाना**—प्रभाव/आतंक/दबदबा/रोब जमाना। **धाक बँधना (धाक बँध जाना)**—प्रभाव/आतंक/दबदबा/रोब स्थापित होना। **धाक बाँधना**—प्रभाव/आतंक/दबदबा/रोब जमाना।

धाकड़—[< हिं॰ धाक] *वि॰* १. धाकवाला। प्रभाव/दबदबा/रोबवाला। २. साहसी। उत्साही। ३. निर्भीक। निडर।

धागर—[देशज] *पु॰* एक उपजाति जिसकी स्त्रियाँ पहले शिशु-जन्म के अवसर पर नाल काटने का तथा सूतिका-गृह के अन्य काम करती थीं।

धाड़[१]—[अनु॰] *स्त्री॰* १. जोर-जोर से रोने की आवाज़। २. गिरने आदि की जोर की आवाज़। धड़ाम। ***जैसे***—धाड़ से गिरना। ३. थप्पड़ आदि लगने की ध्वनि। ***वा॰* धाड़ मारकर रोना**—जोर

से चिल्लाते हुए रोना। **धाड़ मारना**—चिल्ला-चिल्लाकर रोना।

धाड़[२]—[< प्रा॰ धाडी < सं॰ धाटी] *स्त्री॰* १. डाकुओं का आक्रमण। ***जैसे***—गाँव में धाड़ पड़ना। २. आक्रमण। हमला। ३. चींटियों, बन्दरों आदि का लम्बी पंक्ति के रूप में चलनेवाला दल। ***जैसे***—बन्दरों की धाड़ देखकर बच्चा डर गया। ***वा॰* धाड़ पड़ना**—१. डाका पड़ना। २. शीघ्रता होना।

धाड़ी—[< प्रा॰ धाडी < सं॰ धाटी] *स्त्री॰* डाकुओं का दल। *पु॰* डाकू या लुटेरा।

धाणक—[सं॰ √धन + आणक] *पु॰* एक प्राचीन स्वर्ण-मुद्रा।

धातकी—[सं॰ धातु + णिच् (टि-लोप) + ण्वुल् + ङीष्] *स्त्री॰* धवई (वृक्ष)।

धाता—[सं॰ धातृ] *वि॰* १. धारण करने वाला। २. पालन/रक्षा करने वाला। पालक या रक्षक। *पु॰* १. ब्रह्मा। २. साठ संवत्सरों में से एक।

धातु—[सं॰ √धा + तुन्] *स्त्री॰* १. सोना, चाँदी, लोहा, जस्ता, ताँबा आदि खनिज पदार्थ। २. वह मूल तत्त्व जिससे कोई स्थूल वस्तु बनी हो। ३. मृत महापुरुषों की अस्थि। ***जैसे***—महात्मा बुद्ध की धातुओं पर बना स्तूप। ४. (पद्य आदि में) सात की संख्या। (व्या॰) क्रियावाचक शब्द का मूल रूप। शब्द का वह आधार-रूप जो विश्लेष्य न हो। ***जैसे***—संस्कृत की पठ्, गम् इत्यादि धातुएँ। ● (आयुर्वेद॰) १. रस, रक्त, मांस, मेद, अस्थि, मज्जा और शुक्र/वीर्य नामक शरीरस्थ पदार्थों में से प्रत्येक। २. स्वेद/पसीना, मल और मूत्र नामक शरीरस्थ वस्तुओं में से प्रत्येक। ३. वात, पित्त और कफ नामक शरीर-धारक दोषों में से प्रत्येक। (रसायन॰) वे रासायनिक तत्त्व जिनमें चमक, तन्यता, सुघट्यता, आघात-वर्धनीयता और उच्च घनत्व हों तथा जो ऊष्मा और विद्युत् के सुचालक हों। ***जैसे***—सोना, चाँदी, लोहा आदि अनेक धातुएँ हैं।

धातुक्षय—[सं॰ धातु ~ क्षय] *पु॰* (आयुर्वेद॰) १. वीर्य का नाश। २. वीर्य के नाशक रोग (प्रमेह आदि)। ३. क्षय रोग। तपेदिक़।

धातुगर्भ—[सं॰ धातु ~ गर्भ] *पु॰* वह संरचना विशेष (डिब्बा/पात्र आदि) जिसमें किसी प्रसिद्ध व्यक्ति के शरीर के अस्थि, भस्म, दाँत, बाल आदि का अनुरक्षण किया गया हो।

धातुघ्न—[सं॰ धातु + घ्न] *वि॰* धातुओं को नष्ट करने वाला। *पु॰* शरीर की धातुओं को नष्ट करने वाला पदार्थ। ***जैसे***—पारा धातुघ्न है।

धातु-चिह्न (चिह्न)—[सं॰] *पु॰* (व्या॰) शब्द के धातु-रूप को अभिव्यक्त करने के लिए प्रयुक्त चिह्न/संकेत (√)। **जैसे**—√पठ् = 'पठ्' धातु। अ॰

धातुज—[सं॰ धातु + ज] *वि॰* १. धातु से बना हुआ। २. धातु से निकला हुआ।

धातुपाठ—[सं॰ धातु ~ पाठ] *पु॰* (व्या॰) संस्कृत की धातुओं के दस गणों में से प्रत्येक की धातुओं का संग्रह। **जैसे**—वैयाकरण पाणिनि का धातुपाठ प्रसिद्ध है।

धातुबैरी—[< सं॰ धातु ~ वैरी (वैरिन्)] *पु॰* गन्धक।

धातुमत्ता—[सं॰ धातुमत् + तल् ∴ टाप्] *स्त्री॰* धातु-युक्त होने की स्थिति/गुण/भाव।

धातुमय—[सं॰ धातु + मयट्] *वि॰* १. जिसमें धातु हो। धातुयुक्त। २. (स्थान) जिसमें धातु की खानें हों।

धातुमाक्षिक—[सं॰ धातु ~ माक्षिक] *पु॰* सोनामाखी नामक उपधातु।

धातुमान्—[सं॰ धातु + मतुप्] *वि॰* १. जिसमें धातु हो। धातुयुक्त। २. (वह) जिसके पास धातुएँ हों।

धातुमुद्रा—[सं॰ धातु ~ मुद्रा] *स्त्री॰* (धातु के बने) सिक्के। ***जैसे***—विश्व में रुपया, पौंड, डालर आदि अनेक प्रकार की धातुमुद्राएँ प्रचलित हैं।

धातुराग—[सं॰ धातु ~ राग] *पु॰* धातुओं में से निकलनेवाला या उनके मिश्रण से बनाया जाने वाला रंग। ***जैसे***—गेरू, ईंगुर आदि धातुरागों का प्रयोग।

धातुवर्धक—[सं॰ धातु ~ वर्धक] *वि॰* शरीर के वीर्य को बढ़ाने वाला।

धातुवाद—[सं॰ धातु ~ वाद] *पु॰* १. खान से निकली धातुओं को स्वच्छ करने और मिश्रित धातुओं को अलग-अलग करने की विद्या। २. धातुओं से सुवर्ण बनाने की विद्या। कीमियागरी। ✣ **धातुवादी**—*पु॰* = धातुवाद का ज्ञाता।

धातु-वैरी—[सं॰] *पु॰* गन्धक।

धातु-संसूचक—[सं॰] *पु॰* (भौतिकी॰) एक इलेक्ट्रानीय युक्ति जिसमें उच्च आवृत्ति के विद्युत-चुम्बकीय क्षेत्र का विकिरण करके छिपी हुई धातु की वस्तुओं का पता लगाया जाता है। धातु-स्थान-निर्धारक। इलेक्ट्रानीय स्थान-निर्धारक। (अ॰ मेटल डिटेक्टर)

धातु-साम्य—[सं॰] *पु॰* (आयुर्वेद॰) वात, पित्त और कफ की सम अवस्था। उत्तम स्वास्थ्य।

धातु-स्तूप—[सं॰] *पु॰* वह स्तूप जिसमें किसी धार्मिक महापुरुष के देहावशेष सुरक्षित रखे हों। ***जैसे***—साँची में भगवान् बुद्ध का धातु-स्तूप।

धातृपुत्र—[सं॰ धातृ ~ पुत्र] *पु॰* ब्रह्मा का पुत्र। ***जैसे***—सनक, सनन्दन, सनातन और सनत्कुमार धातृपुत्र हैं।

धातृ-पुष्पिका—[सं॰] *स्त्री॰* धव वृक्ष के फूल।

धात्रिका—[सं॰ धात्री + कन् + टाप्, ह्रस्व] *स्त्री॰* छोटा आँवला।

धात्री—[सं॰ धात्र + ङीष्] *स्त्री॰* १. (बच्चे की देख-रेख करनेवाली तथा उसे दूध पिलानेवाली) धाय। २. प्रसूता स्त्री की सेवा करने के लिए प्रशिक्षित स्त्री। प्रसूता-सहायक। दाई। ३. माता। ४. पृथ्वी। ५. आँवले का पेड़। ✣ **धात्री नवमी**—*स्त्री॰* = (धर्म॰) कार्तिक शुक्ल नवमी तिथि जिस दिन धात्री-फल (आँवला) के वृक्ष के नीचे बैठकर भोजन किया जाता है। ✣ **धात्रीफल**—*पु॰* = आमलक। आँवला।

धात्वर्थ—[सं॰ धातु ~ अर्थ] *पु॰* शब्द का वह अर्थ जो उसकी धातु से ही प्राप्त होता है। ● **विशेष**—शब्द का मूल अर्थ धातु के कारण ही होता है परन्तु उससे भिन्न अनेक अर्थ धीरे-धीरे शब्द से जुड़ते जाते हैं।

धात्विक—[< सं० धातविक] *वि०* १. धातु का। धात्वीय। ***जैसे***—धात्विक चमक। २. धातु का बना हुआ। ✣ **धात्विक साबुन**—*पु०* = (रसायन०) धातु तथा वसा अम्ल से बना अविलेय लवण।

धाना—[< सं० धावन] *क्रिअ०* १. वेग से चलना। २. दौड़ना। ३. किसी काम के लिए इधर-उधर जाना।

धानी[1]—[सं० √धा + ल्युट् + ङीप्] *स्त्री०* १. स्थान। ***जैसे***—सोने की लंका धूल की धानी हो गयी। २. रहने का स्थान। ***जैसे***—राजधानी। ३. कोई वस्तु रखने का आधार (अं० स्टैन्ड)। (प्राणि०) १. (कोशिका में) कोशिका द्रव्य के अन्दर झिल्ली से घिरा अवकाश। २. जनन-अंगों आदि को धारण करनेवाला अंग विशेष। (अं० रिसेप्टैक्युलम)। *वि०* धारण करनेवाला।

धानी[2]—[< सं० धाना] *स्त्री०* भुना हुआ गेहूँ/जौ। ***जैसे***—गुड़-धानी।

धानी[3]—[< हिं० धान] *वि०* धान की हरी पत्तियों के समान रंग का। हल्का हरा। ***जैसे***—धानी वस्त्र। *पु०* उक्त रंग। हल्का हरा रंग।

धानुक—[< सं० धानुष्क] *पु०* १. धनुष के प्रयोग में कुशल व्यक्ति। धनुर्धर। कमनैत। २. एक उपजाति जो सेवा-कार्य करती है। ३. उक्त जाति का व्यक्ति।

धान्य—[सं० धान + यत्] *पु०* १. अन्न। अनाज। ग़ल्ला। २. भूसी-सहित अन्न। ३. भूसीसहित चावल। धान। ४. चार तिलों के बराबर की एक प्राचीन तौल। ५. धनिया।

धान्यकूट/धान्यकोश/धान्यकोष्ठक—[सं० धान्य ~ कूट/कोश/कोष्ठक] *पु०* १. अनाज का भांडार। खत्ती। २. अनाज रखने का बड़ा पात्र। कोठिला।

धान्यचारी—[सं० धान्यचारिन्] *पु०* पक्षी। चिड़िया।

धान्यजीवी—[सं० धान्यजीविन्] *वि०* अनाज खाकर जीवन-निर्वाह करनेवाला। अन्नभोजी। *पु०* पक्षी। चिड़िया।

धान्यधारी—[सं० धान्यधारिन्] *वि०* अनाज को धारण करनेवाला। [वनस्पति०] (वे पादप) जिन पर अनाज उत्पन्न होता है।

धान्य-धेनु—[सं०] *स्त्री०* (धर्म०) अनाज का बड़ा ढेर जिसे गौ मानकर दान किया जाता है।

धान्याम्ल—[सं० धान्य ~ अम्ल] *पु०* माँड़ का बना हुआ एक खट्टा खाद्य पदार्थ। काँजी।

धान्यारि—[सं० धान्य ~ अरि] *पु०* १. अनाज का शत्रु। २. चूहा।

धान्यार्थ—[सं० धान्य ~ अर्थ] *पु०* अनाज के रूप में होनेवाली सम्पत्ति। अन्नरूपी सम्पत्ति।

धान्व—[सं० धन्व + अण्] *वि०* १. मरुस्थल-सम्बन्धी। २. मारवाड़ देश से सम्बन्धित। मारवाड़ का।

†धाप[1]—[< हिं० धापना] *पु०/स्त्री०* १. धापने की क्रिया/भाव। २. बड़ा मैदान। ३. एक साँस में दौड़कर पार की जाने वाली दूरी। ४. आधा कोस या लगभग डेढ़ कि०मी० दूरी।

***धाप**[2]—[देशज] *स्त्री०* तृप्ति। सन्तोष।

धापना[1]—[< सं० धावन] *क्रिअ०* १. दौड़ना। २. दूर तक चलना। ३. किसी कार्य के लिए इधर-उधर जाना। ४. परेशान होना।

***धापना**[2]—[देशज] *क्रिअ०* तृप्त होना। अघाना।

†धाबरी—[देशज] *स्त्री०* कबूतरों का दरबा।

धाबा—[देशज] *पु०* १. (छत के ऊपर की) अटारी। २. रोटी, चावल आदि का भोजनालय। बासा।

धा-भाई—[< हिं० धाय + भाई] *पु०* दो अलग स्त्रियों के बालक जिन्हें एक ही धाय ने दूध पिलाया हो। दूध-भाई।

धाम—[सं० धामन्] *पु०* १. गृह। घर। २. रहने का स्थान। ***जैसे***—नाम-धाम। ३. स्थान। ठौर। ठिकाना। ४. बहुत बड़ा तीर्थ/देवस्थान या अति पवित्र स्थान। ***जैसे***—बदरीनाथ धाम; चारों धामों की यात्रा। ५. (देवता का) लोक। ***जैसे***—भगवान् विष्णु का वैकुंठ धाम। ६. किरण। ७. तेज या प्रकाश। (छन्द०) एक समवर्णिक छन्द जिसके प्रत्येक चरण में क्रमशः मगण, तगण, जगण, तगण और नगण (म त ज त न) के योग से १५ वर्ण होते हैं। ● **विशेष**—१. सूर्य को 'धामकेशी/धामनिधि' भी कहा जाता है। २. 'सर्वोच्च लोक' के अर्थ में '**परम धाम**' का प्रयोग होता है। ***जैसे***—शैवों की भाषा में परमधाम 'कैलास' है, वैष्णवों की भाषा में वैकुंठ।

धामद—[सं० धाम + द] *वि०* १. (वैकुंठ आदि) धाम देनेवाला। २. स्वर्ग देनेवाला। ✣ **धामदा**—*वि० (स्त्री०)* ***जैसे***—वैकुंठ धामदा भक्ति।

धामिनी—[< सं० धामन्] *वि० (स्त्री०)* धामवाली। निवासिनी। ***जैसे***—गंगा शिव-सिर-धामिनी है।

धाय[1]—[< सं० धात्री] *स्त्री०* शिशु की देखभाल आदि करने के लिए नियुक्त स्त्री। धात्री। दाई।

धाय[2]—[≤ प्रा० धायई < सं० धातकी] *स्त्री०* धवई (वृक्ष)।

***धाय**[3]—[< हिं० धाना] *क्रिवि०* दौड़कर।

***धायल**—[< हिं० 'धाया', क्रिया का भूतकालिक भोजपुरी रूप] *क्रिअ०* धाया। दौड़ा।

धार[1]—[सं० √धृ + अण्] *वि०* १. ग्रहण/धारण/वहन करनेवाला। २. बहनेवाला। बहता हुआ।

धार[2]—[सं० धरा + अण्] *पु०* १. अचानक होने वाली भारी जल-वर्षा। २. ऋण। ३. सीमा।

***धार**[3]—[< सं० धारण] *पु०* द्वारपाल।

धार[4]—[< सं० धारा] *स्त्री०* १. जल का प्रवाह। धारा। ***जैसे***—नल की धार के नीचे नहाना, गंगा की धार का सौन्दर्य। २. जल का सोता। चश्मा। ३. गौ आदि के स्तन से निकलनेवाली दूध की धारा। ४. चाकू, तलवार आदि की तीक्ष्णता या उनका तेज़ किनारा जिससे वस्तुओं को काटा जाता है। ५. रेखा। लकीर। ६. किनारा। सिरा। ७. धोती की लम्बाई में किनारे-किनारे छापेवाली सीधी रेखा। किनारी। ८. बड़ा समूह/दल। ९. पर्वतों की पंक्ति। पर्वतमाला। १०. ओर। तरफ़। ***वा०*** **धार गिरना**—हथियार की धार तेज़ न रह जाना। **धार चढ़ाना**—१. शस्त्र आदि पर सान/धार धराना। २. उकसाना। ३. नदी, देवता आदि पर दूध चढ़ाना। **धार टूटना**—धार का प्रवाह बीच में रुकना। **धार निकालना**—गौ आदि का

दूध दुहना। **धार बँधना**—द्रव का इस प्रकार गिरना कि धार बन जाए। **धार रखना/धरना**—(चाकू, तलवार आदि की) धार तेज़ करना।

धार[२]—[< हि॰ धाड़ < स॰ धाटी] *पु॰* १. डाका। छापा। ***उदा॰*** चेतवा है तौ चेतहु, नहिं दिवस परतु है धार। —कबीर (रमैनी, ४४/५) २. आक्रमण। ३. सेना। फ़ौज। ***वा॰* धार पड़ना**—१. आक्रमण होना। २. डाका पड़ना।

धारक—[स॰ √धृ + ण्वुल्] *वि॰* १. धारण करनेवाला। २. उधार लेनेवाला। (वाणिज्य॰) चेक/ड्राफ़्ट/हुंडी आदि को लेकर जानेवाला (व्यक्ति)। वाहक। ***जैसे***—धारक को चेक में लिखी धन-राशि मिल जाएगी। *पु॰* कलश। घड़ा।

धारणा—[स॰ √धृ + णिच् + युच् + टाप्] *स्त्री॰* १. धारण करने की अवस्था/गुण/क्रिया/भाव। २. वह शक्ति जिससे किसी बात को मन में धारण किया जाता है। मेधा। बुद्धि। समझ। ३. स्मृति। ४. किसी विषय/व्यक्ति/कार्य आदि के विषय में बना हुआ निजी विचार। ***जैसे***—इस लड़की के विषय में उसकी धारणा अच्छी है। ५. दृढ़ निश्चय/विचार। ६. संकल्पना। (योग॰) चित्त को एकाग्र करने की प्रथम अवस्था जिसे सिद्ध करने के बाद 'ध्यान' और 'समाधि' की अवस्थाएँ आती हैं।

धारणी—[स॰ धारण + ङीष्] *स्त्री॰* १. पंक्ति। २. रेखा। लकीर। (बौद्ध॰) बौद्ध-तन्त्र का एक अंग।

†धार-धूरा—[< हि॰ धार + हि॰ धूल] नदी का जल उतर जाने पर निकलने वाली रेतीली भूमि। ● **विशेष**—इसे '**गंगबरार**' भी कहा जाता है।

धारयिता—[स॰ धारयितृ] *वि॰* १. धारण करनेवाला। २. ऋण लेनेवाला। ⁘ **धारयित्री**—*वि॰ (स्त्री॰)*। *स्त्री॰* = पृथ्वी।

धारयिष्णु—[स॰ √धृणिच् + इष्णुच्] *वि॰* जो धारण कर सकता है। धारण-समर्थ।

धाराग्र—[स॰ धारा ~ अग्र] *पु॰* बाण का आगेवाला चौड़ा भाग। बाण का चौड़ा फल।

धाराधर—[स॰ धारा ~ धर] *पु॰* १. मेघ। बादल। २. तलवार

धारा-पति—[स॰] *पु॰* १. धारा नगरी का राजा। २. (धारा नगरी का) राजा भोज।

धारा-पात—[स॰] *पु॰* १. जल-वर्षा। २. जल-प्रवाह।

धाराप्रवाह—[स॰ धारा-प्रवाह] *पु॰* धारा का बहाव। *वि॰* जो धारा के समान बिना रुके आगे चलता रहे। ***जैसे***—धाराप्रवाह भाषण। *क्रिवि॰* निरन्तर (भाषण)।

धारा-यन्त्र (यंत्र)—[स॰] *पु॰* वह यन्त्र जिससे धारा या फुहारा के रूप में जल निकलता है। फुहारा/फ़व्वारा, पिचकारी आदि।

***धाराली**—[< स॰ धाराल] *स्त्री॰* १. तलवार। २. कटार।

धारावर—[स॰ धारा √वृ + अच्] *पु॰* मेघ। बादल।

धारावर्ष—[स॰ धारा ~ वर्ष] *पु॰* लगातार होनेवाली तेज़ जल-वर्षा। मूसलाधार वर्षा। महावृष्टि।

धारा-सभा—[स॰] *स्त्री॰* [प्रशासन॰] (पूर्व-प्रचलित परन्तु अब अ-मानक शब्द) विधान- सभा।

धारासार—[स॰ धारा ~ आसार] *पु॰* मूसलाधार वर्षा। निरन्तर होनेवाली तेज़ वर्षा। महावृष्टि।

धारि[१]—[< हि॰ धारी < स॰ धारा] *स्त्री॰* १. समूह। झुंड। २. सेना। फ़ौज। (छन्द॰) एक समवर्णिक छन्द जिसके प्रत्येक चरण में क्रमशः एक रगण और लघु (र ल) के योग से चार वर्ण होते हैं।

धारि[२]**—[< हि॰ धारना] *क्रिवि॰* धारण करके। ***जैसे—धनुष धारि।

धारि[३]**—[< स॰ धारी (धारिन्)] *वि॰* धारण करनेवाला। धारी। ***जैसे—शस्त्रधारि (= शस्त्रधारी)।

धारिता—[स॰ धारिन् + तल् + टाप्] *वि॰* १. धारण करने की योग्यता/गुण/शक्ति/सामर्थ्य। २. धारण करने की अपनी पात्रता/समाई/गुंजाइश। ***जैसे***—इस कमरे की धारिता केवल ४० मनुष्यों की है।

धारी[१]—[स॰ √धृ + णिनि] *वि॰* १. (प्रायः समास-युक्त शब्दों के अन्त में प्रयुक्त) धारण करनेवाला या पहननेवाला। ***जैसे***—खड्गधारी। वस्त्रधारी। २. स्मरण रखनेवाला। जिसकी धारणा-शक्ति प्रबल हो। ३. ऋण लेनेवाला। *पु॰* पीलू वृक्ष। (छन्द॰) एक समवर्णिक छन्द जिसके प्रत्येक चरण में क्रमशः तीन जगण और एक यगण (ज ज ज य) के योग से १२ वर्ण होते हैं।

धारी[२]—[< स॰ धारा] *स्त्री॰* १. लम्बी रेखा/लकीर। २. रेखाकार चिह्न। ३. किसी आधार-तल पर बनी हुई किसी भिन्न रंग की या अलग दिखनेवाली रेखा। ***जैसे***—वस्त्र पर बनी रंग-बिरंगी धारियाँ। ४. वनस्पतियों, धातुओं आदि में नसों की तरह की लम्बी रेखा।

†धारी[३]—[< हि॰ धार] *वि॰* तेज़ धार वाला। ***जैसे***—धारी चाकू।

धारोष्ण—[स॰ धारा ~ उष्ण] *वि॰* (दूध) जो ताज़ा दुहा हुआ हो और इस कारण कुछ गरम भी हो। ***जैसे***—व्यायाम करने के बाद धारोष्ण दूध पीना।

धार्तराष्ट्र—[स॰ धृतराष्ट्र + अण्] *वि॰* १. धृतराष्ट्र-सम्बन्धी। धृतराष्ट्र का। २. धृतराष्ट्र के वंश का। *पु॰* धृतराष्ट्र का पुत्र (दुर्योधन आदि)।

धार्य—[स॰ √धृ + ण्यत्] *वि॰* १. धारण करने योग्य। ***जैसे***—धार्य वस्त्र। २. जिसे मानना या स्वीकार करना उचित या आवश्यक हो। ***जैसे***—धार्य आज्ञा। ३. जो अपनी धारणा-शक्ति से धारण/ग्रहण किया जा सकता हो। ***जैसे***—धार्य ज्ञान।

धाव—[< स० √ धाव्] *पु०* १. दौड़। भाग-दौड़ २. क्रिकेट के खेल में दोनों बल्लेबाज़ों का दौड़कर मैदान पार करना। ***जैसे***—आज क्रिकेट की प्रतियोगिता (अ० मैच) में भारत के खिलाड़ियों ने सबसे अधिक धाव बनाए। (अ० रन)

धावक—[स॰ √धाव् + ण्वुल्] *वि॰* दौड़नेवाला। *पु॰* १. दौड़ में भाग लेनेवाला। २. दूत। हरकारा।

***धावण**—[< स॰ धावन] *पु॰* दूत। हरकारा।

धावन—[स॰ √धाव् + ल्युट्] *पु॰* १. दौड़कर या बहुत तेज़ी से जाना। २. दूत। हरकारा। (क्रिकेट के खेल में) बल्लेबाज़ द्वारा दौड़कर एक विकेट से दूसरे विकेट तक की दौड़। रन (अ॰)।

†धावरा—[< सं॰ धवल, या < हि॰ धौरा] *वि॰* धवल। सफ़ेद। ***जैसे***—धावरा बैल। ✣ **धावरी**—*वि॰ (स्त्री॰)*। ***जैसे***—धावरी गाय।

धावल्य—[सं॰ धवल + ष्यञ्] *पु॰* धवलता। श्वेतता। सफ़ेदी।

†धाहना—[अनु॰] *क्रिस॰* चिल्लाकर पुकारना या कहना।

***धाह**—[अनु॰] *स्त्री॰* १. चीत्कार। चिल्लाहट। २. ज़ोर से चिल्लाकर रोना।

धाँगड़/धाँगर—[देशज] *पु॰* १. एक उपजाति जो कुएँ, तालाब इत्यादि खोदने का काम करती है। २. उक्त उपजाति का व्यक्ति।

धाँधना—[देशज] *क्रिस॰* १. (किवाड़ आदि) भिड़ाना या बन्द करना। २. बहुत खाना। ३. ध्वस्त/नष्ट करना। ४. परेशान करना।

धाँधली—[देशज] *स्त्री॰* १. अन्यायपूर्ण स्वेच्छाचारिता। २. अपनी ग़लत बात को भी दूसरों से हठपूर्वक मनवाने का प्रयत्न। ३. छल। धोखा। ४. शरारत। शैतानी। ५. उत्पात। उपद्रव।

धाँस—[अनु॰] *स्त्री॰* मिर्च, तम्बाकू, प्याज आदि या तीक्ष्ण वस्तुओं की तेज़ गन्ध जिससे नाक और आँखों पर तीव्र प्रभाव पड़ता है। ***जैसे***—मिर्च की धाँस के कारण नाक से पानी बहने लगा।

धाँसना—[अनु॰] *क्रिअ॰* १. घोड़ा आदि पशुओं का खाँसना। २. उक्त के समान मनुष्य का ज़ोर-ज़ोर से खाँसना। ● **विशेष**—इसे कहीं-कहीं '**ढाँसना**' भी कहते हैं। ✣ **धाँसी**—*स्त्री॰* = १. घोड़ों आदि पशुओं की खाँसी। २. उक्त के समान मनुष्य की ज़ोर-ज़ोर से खाँसी। ● **विशेष**—इसे कहीं-कहीं '**ढाँसी**' भी कहते हैं।

†धिकना—[< हि॰ दहकना] *क्रिअ॰* १. अग्नि का अच्छी तरह जलना। दहकना। २. (अग्नि से) तप्त हो जाना। बहुत गरम होकर लाल होना।

धिक्कार—[सं॰ धिक् + कार] *पु॰* १. 'धिक्' शब्द कहते हुए निन्दा या तिरस्कार की क्रिया/भाव। २. तिरस्कार। अपमान। ३. एक घृणा-व्यंजक शब्द। ***जैसे***—देशद्रोहियों को धिक्कार। ∆ **पर्याय**—धिक्क्रिया।

धिक्कृत—[सं॰ धिक् ~ कृत] *वि॰* जिसे धिक्कारा गया हो।

***धिग**—[< सं॰ धिक्] *अव्यय॰* धिक्। *पु॰* धिक्कार।

धिग्दण्ड (धिग्दंड)—[सं॰ धिक् ~ दण्ड] *पु॰* धिक्कार रूपी दंड। तिरस्काररूपी दंड।

धिङ्गा (धिंगा)—[< पश्तो धींगा या < सं॰ दृढाङ्ग] *वि॰* १. दुष्ट। २. उपद्रवी। ऊधमी। ३. निर्लज्ज। बेशर्म। ✣ **धिङ्गाई/(धिंगाई)/धिँगाई**—*स्त्री॰* १. दुष्टता। २. उपद्रव। शरारत। ३. निर्लज्जता। बेशर्मी। ४. मार-पीट वाला ऊधम। धींगामस्ती। उठा-पटक। ✣ **धिङ्गी (धिंगी)**—*स्त्री॰* = १. दुश्चरित्र स्त्री। २. निर्लज्ज/बेशर्म स्त्री। ३. धिंगाई।

धिधकी—[अनु॰] *स्त्री॰* लगातार ध्वनि।

***धिरना**—[< हि॰ धिक्कारना] *क्रिस॰* धिक्कारना या डाँटना।

***धिरयना/धिरवना**—[हि॰ धिराना] *क्रिस॰* १. डराना। २. धमकी देना। धमकाना।

†धिराना[१]—[< सं॰ धैर्य] *क्रिस॰* १. धैर्य देना। २. शान्त करना। *क्रिअ॰* १. धैर्य रखना। २. शान्त होना।

***धिराना[२]**—[< सं॰ धीर] *क्रिअ॰* १. मन्द/धीमा होना। २. शान्त होना। ३. स्थिर होना। ठहरना।

धिराना[३]—[< सं॰ धर्षण] *क्रिस॰* १. डराना। २. धमकी देना। धमकाना।

†धिँगाना (धिंगाना)—[< हि॰ धिङ्गा] *पु॰* ऊधम। *क्रिअ॰* धींगा-धींगी करना। *क्रिस॰* किसी को धींगा-धींगी के लिए प्रेरित करना।

धी[१]—[सं॰ √ध्यै + क्विप्] *स्त्री॰* बुद्धि। समझ। अक़्ल।

धी[२]—[< प्रा॰ धीआ] *स्त्री॰* पुत्री। बेटी।

***धीजना[१]**—[< सं॰ धैर्य] *क्रिअ॰* १. धैर्ययुक्त होना। धीर बनना। २. स्थिर/शान्त होना। ३. अति प्रसन्न होना।

***धीजना[२]**—[< सं॰ धार्य] *क्रिस॰* १. ग्रहण/स्वीकार करना। २. विश्वास करना।

धीत—[सं॰ √धे + क्त] *वि॰* १. जो पिया गया हो। २. प्यासा।

धीति—[सं॰ √धे + क्तिन्] *स्त्री॰* १. पान करने की क्रिया। पीना। २. पिपासा। प्यास। ३. विश्वास।

धीन्द्रिय (धींद्रिय)—[सं॰ धी ~ इन्द्रिय] *स्त्री॰* १. ज्ञानेन्द्रिय। २. बुद्धि।

***धीम**—[< हि॰ धीमा] *वि॰* मन्द। धीमा।

धीमर—*पु॰* ≤ *सं॰* धीवर। मछुआ या मल्लाह।

धीमान्—[सं॰ धीमत्] *वि॰* बुद्धिमान्।

†धीय/धीया—[< प्रा॰ धीया] पुत्री। ● **विशेष**—राजस्थानी में 'धीय' = दामाद और, '**धीयड़ी**' = पुत्री।

धीर[१]—[सं॰ धी √रा + क] *वि॰* १. जिसका चित्त विपरीत परिस्थितियों में भी विचलित न हो। धैर्ययुक्त। २. वीर। ३. साहसी। ४. दृढ़ मन वाला। ५. (निश्चय में) दृढ़। ६. शान्त। ७. गम्भीर। ८. बुद्धिमान्। चतुर। ९. सुन्दर। १०. शक्तिशाली। ११. शान्त। *पु॰* १. समुद्र। २. विद्वान्। ∇ **विलोम**—अधीर। (छन्द॰) एक समवर्णिक छन्द जिसके प्रत्येक चरण में क्रमशः ३ तगण और २ गुरु (त त त ग ग) के योग से ११ वर्ण होते हैं।

धीर[२]—[प्रा॰ < सं॰ धैर्य] *पु॰* १. धैर्य। ***जैसे***—धीर धरना। २. मानसिक शान्ति। ३. सन्तोष।

धीरचेता—[सं॰ धीरचेतस्] *वि॰* १. दृढ़ और शान्त चित्त वाला। २. साहसी। ३. (निश्चय में) दृढ़।

धीरललित—[सं॰ धीर ~ ललित] *वि॰* जो धीर हो और ललित कलाओं का प्रेमी हो। *पु॰* (काव्य॰) नाटक आदि के नायक का एक भेद। निश्चिन्त स्वभाव का, कोमल स्वभाव वाला, नृत्य, गीत इत्यादि कलाओं का प्रेमी तथा सुखी नायक। ***जैसे***—'मालविकाग्निमित्र' नाटक का नायक 'अग्निमित्र' धीरललित है। ✣ **धीरललिता**—*वि॰ (स्त्री॰)*। *स्त्री॰* = (छन्द॰) एक समवर्णिक छन्द जिसके प्रत्येक चरण में क्रमशः भगण, रगण, नगण रगण, नगण और गुरु (भ र न र न ग) के योग से १६ वर्ण होते हैं।

धीरा—[सं॰ धीर + टाप्] *वि॰ (स्त्री॰)* धैर्यशालिनी। *स्त्री॰* (काव्य॰) अपने पति का परस्त्री-प्रेम अपराध देखकर क्रुद्ध होने पर भी व्यंग्य-

कथन से ही अपना क्रोध प्रकट करनेवाली नायिका। ∇ **विलोम**—अधीरा।

धीराधीरा—[सं॰ धीरा ~ अधीरा] *वि॰ (स्त्री॰)* धीरा और अधीरा। *स्त्री॰* (काव्य॰) अपने पति का परस्त्री-प्रेम अपराध देखकर क्रुद्ध हुई नायिका जिसका क्रोध गुप्त और प्रकट दोनों प्रकार का रहता है।

धीरोदात्त—[सं॰ धीर ~ उदात्त] *वि॰* धीर और उदात्त। *पु॰* (काव्य॰) काव्य, नाटक आदि के नायक का एक भेद। अत्यन्त मनस्वी, क्षमाशील, अति गम्भीर, विनयी तथा दृढ़व्रती नायक। ***जैसे***—'महाभारत' का नायक युधिष्ठिर धीरोदात्त है।

धीरोद्धत (धीरोद्धत)—[सं॰ धीर ~ उद्धत] *वि॰* धीर और उद्धत। *पु॰* (काव्य॰) काव्य, नाटक आदि के नायक का एक भेद। अति ईर्ष्या और अति दर्प वाला, मायावी, छली, चंचल, क्रोधी और अपनी प्रशंसा करनेवाला नायक।

धीवर—[सं॰ √धा + ष्वरच्] *पु॰* मछुआ या मल्लाह। ✣ **धीवरी**—*स्त्री॰* = धीवर स्त्री। मछुआरी या मल्लाहिन।

धींग (धींग)—[पश्तो॰, या < सं॰ दृढाङ्ग] *वि॰* १. दुष्ट। २. उपद्रवी। ३. निर्लज्ज। बेशर्म। ४. गँवार। ५. हृष्ट-पुष्ट। हट्टा-कट्टा। ताक़तवर। ✣ **धींगड़/धींगड़ा/धींगा (धींगड़/धींगड़ा/धींगा)**—*वि॰* = धींग। (दे॰) *पु॰* गुंडा।

धींगा-धींगी (धींगा-धींगी)—[< हिं॰ धींग] *स्त्री॰* १. उपद्रव। ऊधम। २. उठा-पटक। लड़ाई-झगड़ा। ३. (शक्ति या चालाकी के साथ) अपनी स्वार्थ-पूर्ति के लिए की जाने वाली ज़बरदस्ती। ४. अन्याय। अत्याचार। **धींगा-धींगी चलना**—ज़बरदस्ती या अन्याय होना।

धींगामस्ती/धींगामुश्ती (धींगामस्ती/धींगामुश्ती)—[< हिं॰ धींगा + फा॰ मुश्त (= मुट्ठी)] *स्त्री॰* १. ऐसा उपद्रव जिसमें मार-पीट भी हो। हाथापाई। २. उपद्रव। अधम। ३. हाथापाईवाला झगड़ा।

धुआँदान—[हिं॰ धुआँ + फा॰ दान] *पु॰* रसोई का धुआँ बाहर निकलने के लिए बनाया गया छेद।

धुआँधार—[< हिं॰ धुआँ] *वि॰* १. धुएँ से भरा हुआ। ***जैसे***—धुआँधार कमरा। २. बहुत ज़ोर का। प्रचंड। ***जैसे***—धुआँधार भाषण। ३. चमक-दमक या तड़क-भड़क वाला। ***जैसे***—धुआँधार सजावट। ४. परिमाण या मात्रा में बहुत अधिक। ***जैसे***—गोलियों की धुआँधार वर्षा। *क्रिवि॰* निरन्तर और प्रचंडता से। लगातार और ज़ोर से। ***जैसे***—गोलियाँ धुआँधार बरसती रहीं।

धुआँयँध—[< हिं॰ धुआँ + सं॰ गन्ध] *वि॰* जिसमें धुएँ की गन्ध आ गयी हो। धुएँ के समान गन्ध वाला। *पु॰* धुएँ के कारण उत्पन्न गन्ध।

धुआँस—[< हिं॰ धुआँ] *स्त्री॰* धुएँ की या धुएँ जैसी गन्ध।

धुकधुक—[< प्रा॰ धुक्का-धुक्क] *स्त्री॰* १. धुकधुकी। २. कम्पन।

धुकना¹—[< हिं॰ धुक] *क्रिअ॰* १. हृदय का धुक-धुक करना। धड़कना। २. धुक-धुक शब्द होना। ३. काँपना।

धुकना²—[< हिं॰ झुकना] *क्रिअ॰* १. झुकना। २. गिरना। ३. तेज़ी से झपटना, लपकना या आक्रमण करना।

†**धुकना³**—[< सं॰ धूम + हिं॰ करना] *क्रिसं॰* (किसी को) धूनी का धुआँ देना। धूनी देना।

धुकना⁴—[< हिं॰ धू-धू] *क्रिअ॰* दहकना। धधकना।

धुकरना—[< हिं॰ धुक-धुक] *क्रिअ॰* धुक-धुक शब्द होना।

धुकान¹—[< हिं॰ धुकना¹] *स्त्री॰* १. (हृदय की) धड़कन। २. कम्पन।

धुकान²—[< हिं॰ धुकना²] *स्त्री॰* आक्रमण। चढ़ाई।

धुकाना¹—[< हिं॰ धुकना < हिं॰ झुकना] *क्रिसं॰* १. झुकाना। २. गिराना। ३. ढकेलना। ४. पछाड़ना। पटकना।

धुकाना²—[< हिं॰ धुआँ] १. धौंकना। २. सुलगाना। ३. धुआँ करना। ४. धुआँ देना। धूनी देना।

धुकार—[सं॰ √धु + कार] *पु॰, स्त्री॰* १. ध्वनि। २. ज़ोर का शब्द। गर्जन। (***जैसे***—बादलों आदि का शब्द)। ३. धौंसे/नगाड़े की ध्वनि। ✣ **धुकारना**—*क्रिअ॰* = गरजना। ✣ **धुकारी**—*स्त्री॰* = धुकार।

***धुकि**—[< हिं॰ धुकना] *क्रिवि॰* १. धड़ककर। २. काँपकर अथवा झुककर। २. गिरकर। ३. तेज़ी से झपट कर या लपट कर। ४. आक्रमण करके। ५. धूनी देकर। ६. धधककर।

धुड़ङ्गा (धुड़ंगा)—[< हिं॰ धूर + सं॰ अङ्ग] *वि॰* १. धूलभरे अंगों वाला। २. जिसके शरीर पर बहुत धूल लगी हो, और वस्त्र न हो। नंगा-धड़ंगा। ✣ **धुड़ङ्गी (धुड़ंगी)**—*वि॰ (स्त्री॰)* = धूलभरे अंगों वाली। नंगी-धड़ंगी।

***धुताई**—[< हिं॰ धूत < सं॰ धूर्त] *स्त्री॰* धूर्तता। ✣ **धुतारा**—*वि॰* = धूर्त। ✣ **धुतारी**—*वि॰ (स्त्री॰)*।

धुत्ता—[< सं॰ धूर्तता] *पु॰* १. धूर्तता। २. छल। कपट। धोखा। ***वा॰*** **धुत्ता देना/बताना**—(किसी को) छल/कपट/धोखे का व्यवहार करके दूर करना।

धुधकार/धुधुकार/धुधुकारी—[< हिं॰ धू-धू] *स्त्री॰* १. 'धू-धू' की ध्वनि (जैसी आग जलने पर होती है)। २. ज़ोर का शब्द। गर्जन। गड़गड़ाहट। ३. धौंसा आदि के बजने की ध्वनि।

धुन¹—[< सं॰ ध्वनि] *पु॰* १. शब्द या ध्वनि। २. कम्पन।

धुन²—[< हिं॰ धुनना] *स्त्री॰* १. धुनने की क्रिया/भाव। २. कोई कार्य विशेष करते रहने की लगन जिसमें अन्य बातों की ओर ध्यान ही न रहे। ***जैसे***—ईश्वर-भक्ति की धुन; पढ़ने की धुन। ३. मन की मौज। ***जैसे***—जब धुन आएगी; तभी तैरने चला जाएगा। (संगीत॰) राग-रचना के नियमों से नहीं, अपितु सौन्दर्य-बोध की प्रेरणा से की गयी सुर-रचना। गायन या वादन के लिए स्वर-सन्दर्भ से युक्त सरल रचना। ***जैसे***—यह गीत अनेक धुनों में गाया जा सकता है। ● **विशेष**—धुन में कई प्रकार के रागों का मिश्रण हो सकता है। ***वा॰*** **धुन का पक्का**—जिस काम में लगे उसे पूरा करनेवाला। लगन से काम करनेवाला। दृढ़ लगन वाला। **धुन बाँधना**—मन में बैठाना। **धुन समाना, धुन होना**—किसी काम को करने की गहरी लगन होना या हो जाना।

धुनक[१]—[< हि॰ धुनकना] *स्त्री॰* धुनकने/धुनने की क्रिया/भाव।

†धुनक[२]—*पु॰* ≤ *हि॰* धनुष। कमान।

धुनना[१]—[< स॰ धूनन] *क्रिस॰* १. रुई पर धुनकी या किसी यंत्र से बार-बार आघात करके बिनौले निकाल देना और रेशे अलग-अलग कर देना। २. लगातार आघात करना। बुरी तरह पीटना। ***जैसे***—सिर धुनना। ३. शरीर या उसके किसी अंग को अतिश्रम करके बहुत कष्ट देना। ***जैसे***—हाथ-पैर धुनना।

†धुनना[२]—[< हि॰ धुन] *क्रिस॰* १. धुन में अपनी ही बात कहते रहना, दूसरे की न सुनना। २. कोई काम निरन्तर करते रहना।

†धुनना[३]—[देशज] *क्रिस॰* १. बहुलता/अधिकता होना। २. सब ओर से घिर आना। छा जाना।

धुनि[१]—[स॰ √धु + नि] *स्त्री॰* नदी। ***जैसे***—देवधुनि। (= गंगा नदी)।

***धुनि**[२]—[< स॰ ध्वनि] *स्त्री॰* ध्वनि। नाद। शब्द। आवाज।

***धुनि**[३]—[< हि॰ धुनना] *क्रिवि॰* धुनकर। पीटकर।

धुनि-नाथ—[स॰] *पु॰* (नदियों का स्वामी) समुद्र। सागर।

धुनी[१]—[स॰ धुनि + ङीष्] *स्त्री॰* नदी। ***जैसे***—सुरधुनी (= गंगा नदी)।

†धुनी[२]—[< स॰ ध्वनि] *स्त्री॰* ध्वनि। नाद। शब्द। आवाज़।

धुनी-नाथ—[स॰] *पु॰* नदियों का स्वामी। समुद्र। सागर।

धुनेटी—[< हि॰ धुनना] *स्त्री॰* रुई धुनने का एक उपकरण। धुनकी।

धुन्धर (धुंधर)—[< हि॰ धुन्ध] *स्त्री॰* १. हवा के साथ उड़ती हुई धूल। गर्द। गुबार। २. उक्त धूल के कारण छा जाने वाला अँधेरा।

धुन्धुकार[१] **(धुंधुकार)**—[स॰ धुन्धु + कार] *पु॰* १. अन्धकार। तिमिर। अँधेरा। २. धुँधलापन।

धुन्धुकार[२] **(धुंधुकार)**—[< हि॰ धू-धू] *पु॰* १. 'धू-धू' ध्वनि/आवाज़। २. बजने का शब्द। ३. अग्नि के जलने की आवाज़। धू-धू।

धुपना—[< स॰ धूपन] *क्रिअ॰* धूप के धुएँ से सुगन्धित होना या किया जाना।

धुपाना[१]—[< स॰ धूप] *क्रिस॰* धूप के धुएँ से सुगन्धित करना। धूपित करना।

धुपाना[२]—[हि॰ 'धूपना' का प्रेरणा॰] किसी को धूपने में प्रवृत्त करना।

†धुपाना[३]—[< हि॰ धूप] *क्रिस॰* किसी वस्तु को धूप में रखना। धूप दिखाना।

धुप्पल—[< हि॰ धोपा] *स्त्री॰* १. झूठा रौब। गीदड़-भभकी। २. छल। झाँसा-पट्टी। धोखा। ⁜ **धुप्पलबाज़/धुप्पली**—*वि॰* धोखेबाज़। धोखा देनेवाला।

धुमई—[< स॰ धूम] *वि॰* धुएँ के रंग का। *स्त्री॰* धुएँ जैसा रंग। ***जैसे***—धुमई बैल।

धुमैला—[< स॰ धूम] *वि॰* १. धुएँ से युक्त। ***जैसे***—धुमैला चूल्हा। २. धुएँ के रंग का। ***जैसे***—धुमैला वस्त्र। ३. धुएँ जैसा। धुँधला। ***जैसे***—धुमैला दृश्य। ४. मलिन। गन्दा। ***जैसे***—धुमैला मकान। ⁜ **धुमैली**—*वि॰ (स्त्री॰)*। ***जैसे***—धुमैली अग्नि; धुमैली चिड़िया; धुमैली गन्ध।

***धुम्मर**[१]—[< स॰ धूमिल] *वि॰* धूमिल। धुमैला।

***धुम्मर**[२]—[< स॰ धूम्र] *पु॰* धुएँ जैसा रंग। धूम्र। *वि॰* धूम। धुआँ।

धुर[१]—[√धुर्व् + क्विप्] *पु॰* १. (रथ/गाड़ी आदि का) अक्ष। धुरा। २. बैलों आदि के कन्धे पर रखा जाने वाला जुआ। ३. भार। बोझ। ४. सबसे ऊँचा भाग। ५. श्रेष्ठ स्थान। ६. मूल। आरम्भ। ७. भूमि की एक नाप। धूर। बिस्वांसी। ***वा॰* धुर का**—हद दर्जे का। परम। **धुर से, धुर सिरे से।** पूर्णतः आरम्भ से।

धुर[२]—[< स॰ धुर्] *क्रिवि॰* १. स्थान विशेष की चरम सीमा या सिरा। २. ठेठ। एकदम। बिल्कुल। ३. सीधे। ***जैसे***—धुर सामने ही गाँव मिलेगा। ४. बहुत दूर पर।

धुर[३]—[< स॰ ध्रुव] *वि॰* १. दृढ़। २. ठीक।

धुर[४]—[देशज] *पु॰* मध्य। बीच।

धुर[५]—[< स॰ धुर्य] *वि॰* १. भार धारण करने में समर्थ। धुरीण। २. श्रेष्ठ।

धुरधारी—[स॰ धुरधारिन्] *वि॰* धुरीण। धुरन्धर। ⁜ **धुरधारिणी**—*वि॰ (स्त्री॰)*।

धुरन्धर (धुरंधर)—[स॰ धुरा √ धृ + खच्, मुम्, ह्रस्व] *वि॰* १. जुआ ढोनेवाला। २. (गाड़ी/हल में) जोतने योग्य। ३. आवश्यक कर्तव्यों के बोझ से लदा हुआ। ४. प्रधान। प्रमुख। मुख्य। ५. सद्‌गुण-सम्पन्न। ६. किसी विषय में अन्यों से अधिक विद्वान् या श्रेष्ठ। ***जैसे***—गणित का धुरन्धर प्राध्यापक। *पु॰* १. बोझ ढोनेवाला पशु/व्यक्ति आदि। २. काम-धन्धे में लगा हुआ व्यक्ति।

धुरवा—[< स॰ धूर् ~ वार्दल] *पु॰* आकाश के थोड़े-से स्थान में किसी एक दिशा से उठता हुआ बादल। ● **विशेष**—यदि काला धुरवा उठकर सारे आकाश में छा जाए तो उसे '**घटा**' या '**काली घटा**' कहते हैं। दो काले धुरवों के बीच में एक सफ़ेद बादल आ जाए तो ब्रजक्षेत्र में उसे '**थेगली**' कहा जाता है। सफ़ेद धुरवे को ब्रजक्षेत्र में '**रुगालौ**' (रुई का गाला) कहते हैं।

धुरा—[स॰ धुर् + टाप्] *पु॰* १. कीली या डंडा जिसके चारों ओर पहिया घूमता है। धुरी। २. गाड़ी के दो पहियों को जोड़ने वाला डंडा। अक्ष-दंड। धुरी। (गणित॰) किसी पिंड के मध्य की वह काल्पनिक रेखा जिसपर वह पिंड घूमता है या घूम सकता है। धुरी। ⁜ **धुरी**—*स्त्री॰* = धुरा।

धुरियाना—[< हि॰ धूर] *क्रिस॰* १. किसी वस्तु पर धूल डालना। २. गन्ने के खेत की पहली गुड़ाई करना। ३. कलंक/दोष आदि को छिपाना। *क्रिअ॰* १. किसी वस्तु पर धूल पड़ने के कारण उसका दबना या मैला होना। २. ईख के खेत की पहली गुड़ाई होना। ३. कलंक/दोष आदि को छिपाया जाना।

धुरीण—[स॰ धुर् + ख] *वि॰* १. भार उठाने योग्य। बोझ ढोने लायक़। २. (गाड़ी/हल में) जोतने योग्य। ३. उत्तरदायी कर्तव्यों वाला। ४. प्रधान। प्रमुख। मुख्य। *पु॰* १. बोझ ढोनेवाला पशु (बैल आदि)। २. काम-धन्धे में लगा मनुष्य।

धुर्य—[सं॰ धुर् + यत्] *वि॰* १. बोझ उठाने/ढोने योग्य। २. कर्तव्यों का भार सौंपने योग्य। उत्तरदायित्व लेने योग्य। *पु॰* १. भार ढोनेवाला जानवर। २. गाड़ी में जुता घोड़ा/बैल।

धुर्रा—[< हि॰ धूर < सं॰ धूल] *पु॰* १. धूल का कण। २. किसी वस्तु का छोटा कण/टुकड़ा। ***वा॰* धुर्रे उड़ना**—१. दुर्दशा होना। २. टुकड़े-टुकड़े हो जाना। **धुर्रे उड़ा देना, धुर्रे बखेरना**—१. छिन्न-भिन्न करना। २. नष्ट करना। **(किसी व्यक्ति के) धुर्रे उड़ाना (या उड़ा देना)**—१. बहुत मारना-पीटना। २. वाद-विवाद या शास्त्रार्थ में पूरी तरह पराजित करना।

धुर्वह—[सं॰ धुर् ~ वह] *वि॰* १. (किसी काम का) बोझ ढोनेवाला। २. व्यवस्थापक। *पु॰* बोझ ढोनेवाला पशु (बैल आदि)।

धुलैंडी (धुलेंडी)—[< प्रा॰ धूलिहडी] १. होली जलने के बाद दिन में मनाया जाने वाला अबीर, गुलाल आदि से मनाया जाने वाला होली-उत्सव। धूलि-वन्दन का उत्सव। २. उक्त होली-उत्सव का दिन।

***धुव**—[< सं॰ ध्रुव] *वि॰* १. ध्रुव। स्थिर। निश्चल। २. शाश्वत। नित्य। ३. निश्चित। नित। *पु॰* ध्रुव तारा।

***धुवाँधज**—[< सं॰ धूमध्वज] *पु॰* अग्नि। आग।

धुस्स—[< सं॰ ध्वंस] *पु॰* १. किसी गिरे हुए भवन/मकान की ईंटों, पत्थरों, मिट्टी आदि का ऊँचा ढेर या टीला। २. (मध्यकाल में) क़िले की दीवारों के सामने सुरक्षा के लिए होनेवाली मिट्टी की ऊँची और मोटी दीवार।

धुस्सा—[< प्रा॰ दुस्स (= कपड़ा)] *पु॰* १.ओढ़ने की ऊनी लोई। २. चमड़े का बना वस्त्र। जैसे—लड़ाकू भिक्षुओं को सफ़ेद धुस्से पहना कर बौद्ध संघ से निकाल दिया जाता था।

धुँआ—[< सं॰ धूम] *पु॰* धुआँ।

धुँआरा—[< हि॰ धुआँ] *वि॰* धुएँ के रंग का। धूमिल। *पु॰* धुआँ निकलने का झरोखा/छेद। धूम-पथ।

धुँकार—[अनु॰] *स्त्री॰* १. ज़ोर का शब्द। २. गड़गड़ाहट। ३. हुंकार। ✣ **धुँकारना**—*क्रिअ॰* = हुंकारना।

†धुँगार—[< हि॰ धुँकार] *स्त्री॰* (दाल इत्यादि भोज्य वस्तुओं में दिया जाने वाला) बघार। छौंक। तड़का। ✣ **धुँगारना**—*क्रिअ॰* = १. तड़का देना। छौंकना। बघारना। २. बहुत मारना-पीटना।

धुँधका—[< हि॰ धुआँ] *पु॰* रसोई का धुआँ बाहर निकलने के लिए बना हुआ दीवार आदि का छेद।

धुँधकार[1]—[< हि॰ धुङ्कार] *पु॰* गर्जन। गड़गड़ाहट।

धुँधकार[2]—[< हि॰ धुन्ध] *पु॰* १. अन्धकार। अँधेरा। २. धुँधलापन।

धुँधकी—[< हि॰ धुन्ध] *स्त्री॰* अँधेरी। अँधेरा।

धुँधरी—[< हि॰ धुन्धर] *वि॰* धुँधली। *स्त्री॰* १. धुँधलापन। २. हवा में उड़ती धूल से उत्पन्न अँधेरा।

धुँधला—[< हि॰ धुन्ध] *वि॰* १. धुन्ध से भरा हुआ। धुन्धवाला। २. धुएँ की तरह का। धुएँ जैसा। ३. (दर्पण/शीशा) जिसमें स्पष्ट प्रतिबिम्ब दिखायी न दे। (दृष्टि/नेत्र) जिससे वस्तुएँ साफ़ न दिखें। ***जैसे***—धुँधले नेत्र। ✣ **धुँधली**—*वि॰* (*स्त्री॰*)। ***जैसे***—धुँधली आँखें।

धुँधाना[1]—[< हि॰ धुन्ध] *क्रिअ॰* धुँधला पड़ना। धुँधला होना। *क्रिस॰* धुँधला करना।

धुँधाना[2]—[< हि॰ धुआँ] धुआँ देना। ***जैसे***—गीली लकड़ियाँ जलने पर बहुत धुँधाती हैं।

धुँधियारा—[< हि॰ धुन्ध] *वि॰* धुँधला।

धुँधुरित[?]—[< हि॰ धूम] *वि॰* १. धूमयुक्त। २. धूमिल।

धुँधेला—[< हि॰ धुन्ध] *वि॰* १. छली। कपटी। धोखेबाज़। २. दुष्ट। नीच। *पु॰* १. अँधेरा। २. धुँधलापन।

***धू**—[< सं॰ ध्रुव] *वि॰* १. स्थिर। अचल। २. शाश्वत। नित्य। ३. निश्चित। *पु॰* ध्रुव (तारा)।

धूकना—[< हि॰ ढुकना] *क्रिअ॰* १. (किसी तरफ़)बढ़ना या झुकना। २. ओट में छिपना। ३. किसी स्थान में घुसना। ४. धावा करना। टूट पड़ना। ५. ताक में रहना। ६. किसी वस्तु के लिए तत्पर होना।

***धूजट**—[< सं॰ धूर्जटि] *पु॰* शिव। महादेव।

धूजना—[< सं॰ √धू] *क्रिअ॰* १. काँपना। २. हिलना।

धूत[1]—[सं॰ √धू + क्त] *वि॰* १. हिला हुआ। कथित। २. छोड़ा हुआ। त्यक्त। ३. तिरस्कृत।

धूत[2]—[< हि॰ धौत] *वि॰* १. धुला हुआ। २. धोकर स्वच्छ किया हुआ। ३. उज्ज्वल। सफ़ेद।

धूत[3]—[< प्रा॰ धुत्त < सं॰ धूर्त] *वि॰* धूर्त। कपटी। ठग। धोखेबाज़।

धूतकल्मष—[सं॰ धूत ~ कल्मष] *वि॰* पापों से मुक्त। धूतपाप।

धूतपाप—[सं॰ धूत ~ पाप] *वि॰* जिसके पाप धुल गए हों। पापों से मुक्त। पाप-मुक्त।

धूतार/धूतारा—[< सं॰ धूर्त] *वि॰* धूर्त। छल।

धून—[सं॰ धूत, त→न] *वि॰* १. कम्पित। २. आन्दोलित। ✣ **धूनन**—*पु॰* = १. वायु। २. कम्पन। ३. क्षोभ।

धूनना—[< हि॰ धूनी] *क्रिस॰* १. अग्नि में धूप, गुग्गुल आदि वस्तुएँ डालना जिससे सुगन्धित धुआँ निकले। धूनी जलाना। २. उक्त धुएँ से कमरा आदि सुगन्धित करना। धूनी देना।

धूनि—[सं॰ √धू + क्तिन्, त्→न्] *स्त्री॰* कम्पन।

धूनी—*स्त्री॰* १. देवता की पूजा के लिए सुगन्धित धुआँ उठाने के उद्देश्य से गुग्गुल, लोबान, धूप आदि कुछ विशेष सुगन्धित पदार्थों को जलाने की क्रिया/भाव। २. साधुओं द्वारा ठंड से बचने के लिए, या शरीर को तपाकर कष्ट सहने के लिए, अपने सामने जलायी जानेवाली अग्नि। ३. (रोग दूर करने या भूत-बाधा आदि दूर करने के लिए) कोई वस्तु जलाकर धुआँ देने की क्रिया। ***जैसे***—बालक को गन्धक की धूनी देने से लाभ हुआ। ***वा॰* धूनी जगाना/रमाना**—१. साधुओं का अपने सामने धूनी जलाकर तपस्या करना। २. ईश्वर-साधना करना। **धूनी देना**—धुआँ देना।

धूपघड़ी—[< हि॰ धुप + घड़ी] *स्त्री॰* एक प्राचीन यन्त्र जिसमें सूर्य के कारण पड़ी एक कील सूचक की छाया से समय जाना जाता है।

धूपछाँही—[< हि॰ धूप + छाँह] *वि॰* १. (वह स्थान) जिसमें कहीं धूप और कहीं छाया हो। २. जो आधा सफ़ेद और आधा काले रंग का हो। ***जैसे***—धूपछाँही बादल, धूपछाँही कपड़ा।

धूपदान—[स॰ धूप ~ दान] *पु॰* धूप आदि सुगन्धित पदार्थ रखने का मिट्टी/लकड़ी/धातु आदि का बना पात्र। ✣ **धूपदानी**—*स्त्री॰* = छोटा धूपदान।

धूप-धूम—[स॰] *पु॰* (सुगन्धित द्रव्य) धूप का धुआँ।

धूपन—[स॰ √धूप् + ल्युट्] धूप आदि का धुआँ देकर सुगन्धित करने की क्रिया/भाव।

धूपना[१]—[< हि॰ धूप] *क्रिअ॰* किसी काम के लिए (धूप आदि में भी) इधर-उधर आने-जाने से कष्ट उठाना। ***जैसे***—दौड़ना-धूपना।

धूपना[२]—[< स॰ धूपन] *क्रिअ॰* (सुगन्धित द्रव्य) धूप आदि के धुएँ से सुगन्धित करना। **जैसे**—कमरा धूपता रहा।

धूपबत्ती—[< स॰ धूपवर्तिका] *स्त्री॰* सुगन्धित धुआँ देनेवाली मसाले की बनी बत्ती।

धूपवासित—[स॰ धूप ~ वासित] *वि॰* धूप आदि सुगन्धित पदार्थों के धुएँ से सुगन्धित किया हुआ।

धूप-वृक्ष, धूपसरल-वृक्ष—[स॰] *पु॰* गुग्गुल का पेड़ ● **विशेष**—इसके गोंद 'गुग्गुल' से धूप बनती है। इस वृक्ष को '**सरलकाष्ठ**' भी कहते हैं।

धूपायित/धूपित—[स॰ √धूप् ~ आयित, √धूप् + क्त] *वि॰* जो धूप के धुएँ से सुगन्धित हुआ हो या किया गया हो।

धूम[१]—[स॰ √धू + मक्] *पु॰* १. धुआँ। २. कुछ रोगों में सेवन कराया जाने वाला औषधियों आदि का धुआँ। ***वा॰*** दे॰ 'धुआँ' के वाग्बन्ध (मुहावरे)।

धूम[२]—[अनु॰] *स्त्री॰* १. उत्सवों/समारोहों आदि के समय लोगों की उत्साहपूर्वक चहल-पहल और कोलाहल। ***जैसे***—धूम-धड़ाका। २. उत्सवों/मेलों/समारोहों आदि से पहले की उत्साहपूर्वक तैयारी। ***जैसे***—दीवाली की धूम बहुत दिन पहले से होने लगती है। ३. उत्सवों/मेलों/समारोहों आदि के सम्बन्ध में होनेवाली जनता द्वारा व्यापक प्रशंसात्मक चर्चा। ***जैसे***—स्वामी दयानन्द के भाषणों की धूम मच गयी। ४. लड़कों आदि की उछल-कूद जिसमें कोलाहल भी हो। ५. कोलाहल। शोर। ६. (विजय आदि की) धाक। ***जैसे***—राम की विजय की धूम। ***वा॰* धूम मच जाना, धूम होना**—१. अधिक प्रसिद्धि होना। २. चारों ओर यश फैलना। **(किसी बात की) धूम मचना**—चारों ओर चर्चा होना।

धूमक[१]—[स॰ धूम + कन्] *पु॰* धूम। धुआँ। (कृषि॰) विषैली गैस या विषैला वाष्पशील पदार्थ जिसे फ़सल-नाशक जीवों के नाश के लिए प्रयोग किया जाता है।

***धूमक**[२]—[< हि॰ धूम] *स्त्री॰* धूम-धाम। धूम। ✣ **धूमक-धैया**—*स्त्री॰* = १. धूम-धाम। २. अशिष्टता पूर्ण ऊधम तथा शोर।

धूम-कुहरा—[स॰ धूम + हि॰ कुहरा] *पु॰* १. धुआँ और कुहरा। २. धुएँ से भरा कुहरा जो औद्योगिक नगरों के वायुमंडल को प्रदूषित करता है।

धूमकेतु—[स॰ धूम ~ केतु] *पु॰* १. अग्नि। आग। ***जैसे***—धूमकेतु की शिखा। २. सौरमंडल का ऐसा चमकीला तारा जो कभी-कभी दिखता है, जिसका मध्य भाग ठोस होता है और जिसकी एक लम्बी और मोटी पूँछ-सी होती है। पुच्छल तारा। ३. (लाक्षणिक) अशुभ व्यक्ति/घटना आदि। अपशकुन। ● **विशेष**—आकाश में धूमकेतु का उदय भावी अशुभ घटनाओं का सूचक या अपशकुन होता है। ***वा॰* धूमकेतु दिखायी देना**—संसार के लिए अपशकुन होना।

धूमज—[स॰ धूम + ज] *वि॰* धुएँ से उत्पन्न। *पु॰* मेघ। बादल।

धूम-धड़ाका—[हि॰] *पु॰* किसी समारोह (विवाह आदि) या उत्सव में होनेवाली हर्षपूर्ण और कोलाहलवाली चहल-पहल। ***वा॰* धूम-धड़ाका मचाना**—१. कोलाहल करना। २. भारी तैयारी करना।

धूमधाम—[हि॰ धूम + अनु॰ धाम] *स्त्री॰* १. सज-धज। ठाठ-बाट। ***जैसे***—विवाह बड़ी धूमधाम से हुआ। २. उत्साह और उमंग। ✣ **धूमधामी**—*वि॰* = १. धूमधामवाला। २. धूमधाम से काम करनेवाला।

धूम-धूसर—[स॰] *वि॰* धुएँ के रंग वाला धूसर (रंग)। (अ॰ स्मोकग्रे)

धूमध्वज—[स॰ धूम ~ ध्वज] *पु॰* अग्नि। आग।

धूमन—[< स॰ धूम] *पु॰* धूनी देकर कीटाणुरहित या शुद्ध करना। धूनी/धुआँ देना।

धूमपान—[स॰ धूम ~ पान] *पु॰* १. तम्बाकू, गाँजा आदि पीना। २. तम्बाकूवाली वस्तु (सिगरेट, बीड़ी आदि) के धुएँ का सेवन करना। (आयुर्वेद॰) रोग-चिकित्सा में कुछ विशेष औषधियों आदि को चिलम पर रखकर उनके धुएँ का सेवन करना।

धूमयोनि—[स॰ धूम ~ योनि] वि॰ जिसकी उत्पत्ति धूम से हो। *पु॰* मेघ। बादल।

धूमनेत्र—[स॰ धूम ~ नेत्र] *पु॰* रसोईघर /कमरे/छप्पर आदि का वह छेद जिसमें से धुआँ बाहर निकलता है।

†**धूमर/धूमरा**—[< स॰ धूमल] *वि॰* धुएँ के रंग का। मटमैला। धूमल।

धूमवर्णी—[स॰ धूमवर्णिन्] *वि॰* धुएँ के रंग का। धूमल। धूमिल।

धूमवान्—[स॰ धूमवत्] *वि॰* धुएँ से युक्त। धुएँवाला।

धूमाक्ष—[स॰ धूम ~ अक्ष] *वि॰* धुएँ के रंग के नेत्रों वाला। धूमल नेत्रों वाला। ✣ **धूमाक्षी**—*वि॰ (स्त्री॰)* = धुएँ के रंग के नेत्रों वाली।

धूमाग्नि—[स॰ धूम ~ अग्नि] *पु॰* ऐसी अग्नि जिसमें से धुआँ निकल रहा हो, लपट न उठ रही हो।

धूमाङ्ग (धूमांग)—[स॰ धूम ~ अङ्ग] *वि॰* धुएँ के रंग जैसे अंगों वाला। *पु॰* शीशम का वृक्ष।

धूमाभ—[स॰ धूम ~ आभा] *वि॰* धुएँ के रंग का। धुमैला।

धूमायन—[स॰ धूम + क्यङ् + ल्युट्] *पु॰* १. धुआँ करना। धुआँ उठाना। २. किसी वस्तु को भाप बनने योग्य रूप देना। ३. ताप। गर्मी।

धूमाली—[स॰ धूम ~ आली] *स्त्री॰* चारों ओर छाया हुआ धुआँ।

धूमावती—[स॰ धूमवत् + ङीप्, दीर्घ] *स्त्री॰* (तन्त्र॰) दस महाविद्याओं में से एक महाविद्या (देवी)।

धूमिका—[सं॰ धूम + ठन् + टाप्] *स्त्री॰* कुहरा। कुहासा।

धूमिल—[सं॰ धूम + इलच्] *वि॰* १. धुएँ के रंग का। धूमवर्णी। धूम्र। २. धुँधला। ३. मलिन। मैला। गन्दा।

धूमी—[सं॰ धूमिन्] *वि॰* धुएँ से भरा हुआ। धूममय। *स्त्री॰* अग्नि की सात जिह्वाओं में से एक का नाम।

धूमोत्थ—[सं॰ धूम + उत्थ] *वि॰* धुएँ से निकला हुआ। *पु॰* नौसादर।

धूमोपहत—[सं॰ धूम ~ उपहत] *वि॰* जिसका गला धुएँ के कारण घुट गया हो। धुएँ के कारण मृत।

धूम्र—[सं॰ धूम √रा + क, पृषो॰] *वि॰* धुएँ के रंग वाला। धुमैला। *पु॰* लाली लिए काला रंग। कृष्णलोहित वर्ण। ✣ **धूम्र-पान**—दे॰ धूम-पान।

धूम्रलोचन—[सं॰ धूम्र ~ लोचन] *वि॰* धुएँ के रंग के नेत्रों वाला। *पु॰* १. कपोत। कबूतर। २. (दुर्गासप्तशती आदि में) 'शुम्भ' दैत्य का एक सेनापति।

धूम्रलोहित—[सं॰ धूम्र ~ लोहित] *वि॰* गहरा बैंगनी (रंग)। *पु॰* १. गहरा बैंगनी रंग। २. शिव। महादेव।

धूम्रवर्ण—[सं॰ धूम्र ~ वर्ण] *वि॰* धुएँ के रंग का। कृष्णलोहित रंग का। लालिमा लिए काले रंग का। *पु॰* कृष्ण लोहितरंग। ✣ **धूम्रवर्णा**—*वि॰ (स्त्री॰)* = धुएँ के रंग की। *स्त्री॰* = अग्नि की सात जिह्वाओं में से एक का नाम।

धूम्राक्ष—[सं॰ धूम्र ~ अक्षि] *वि॰* जिसके नेत्र धुएँ के रंग के हों।

धूर[1]—[< सं॰ धुर] *पु॰* भूमि के क्षेत्रफल का एक पुराना नाप। बिस्वे का बीसवाँ भाग। बिस्वांसी। धुर।

***धूर[2]**—[< सं॰ धूलि] *स्त्री॰* धूल। ***वा॰* धूर-धूर बिकना**—सब कुछ बिक जाना।

धूर[3]—[देशज] *पु॰* मेघ। बादल।

***धूरजटी**—[< सं॰ धूर्जटि] *पु॰* शिव। महादेव।

धूर-सज्झा (संझा)—[< सं॰ गोधूलि ~ सन्ध्या] *स्त्री॰* सायंकाल का समय जब चरकर लौटती गायों के खुरों से धूल उड़ती दिखती है। गोधूलि-वेला।

धूरा—[< हिं॰ धूर < सं॰ धूलि] *पु॰* १. धूल। २. बारीक पिसा चूर्ण। बुकनी।

***धूरि-धौत**—[हिं॰ धूरि + सं॰ धौत] *वि॰* धूल से युक्त होने के कारण उज्ज्वल रंग वाला।

†धूरे—[< हिं॰ धोरे] *क्रिवि॰* १. समीप। निकट। पास। २. मन्द गति। धीरे।

धूर्जटि—[सं॰ धुर् ~ जटि] *पु॰* शिव। महादेव।

धूर्त—[सं॰ √धूर्व् + स्तन्, या √धूर् + क्त] *वि॰* १. बहुत चालाक। २. छल। कपटी। वंचक। धोखेबाज़। ठग। ३. दुष्ट। नीच। *पु॰* (काव्य॰) शठ नायक का एक भेद।

धूर्धर—[सं॰ धूर् + धर] *वि॰* १. बोझ ढोनेवाला। भारवाही। २. धुरन्धर।

धूर्वी—[सं॰ धूर् √अज् + √क्विप्, अज् → वी] *स्त्री॰* रथ/गाड़ी का अगला भाग।

धूलधानी—[हिं॰ धूल + सं॰ धानी] *स्त्री॰* १. धूल का ढेर। २. ध्वंस। विनाश। सर्वनाश।

†धूला—[< हिं॰ धूल] *पु॰* १. धूल। २. खंड। टुकड़ा।

धूलि—[सं॰ √धू + लि] *स्त्री॰* धूल। गर्द।

धूलिका—[सं॰ धूलि + कन् + टाप्] *स्त्री॰* १. नीहार। कुहरा। २. जल-कणों की झड़ी। फुहार।

धूलि-चित्र—[सं॰] *पु॰* भूमि पर रंगों के चूर्णों से बनायी जाने वाली विशेष प्रकार की कलात्मक कृतियाँ। साँझी।

धूलि-धूसर/धूसरित—[सं॰] *वि॰* १. जो धूल लगने से भूरे रंग का या मटमैला हो गया हो। २. धूल से भरा हुआ। धूलियुक्त।

***धूवत**—[< सं॰ ध्रुववत्] *क्रिवि॰* ध्रुव के समान।

***धूसना**—[< सं॰ ध्वंसन] *क्रिस॰* बिगाड़ने या ख़राब करने के लिए मर्दन करना या कुचलना/दबाना/दलना।

धूसर—[सं॰ धू + सरन्] *वि॰* १. भूरे रंग का। मटमैला। ख़ाकी। २. जिसमें धूल लगी हो। *पु॰* १. भूरा रंग। २. भूरे रंग की वस्तु। ✣ **धूसरा**—*वि॰* = धूसर।

धूँधना—[< हिं॰ धूँध] *क्रिस॰* धोखा देना।

धूँसना[1]—[< सं॰ ध्वंसन] *क्रिस॰* १. नष्ट करना। २. मारना-पीटना।

धूँसना[2]—[< सं॰ ध्वन] *क्रिअ॰* ज़ोर का शब्द करना।

धृत—[सं॰ √धृ + क्त] *वि॰* १. धारण/ग्रहण किया हुआ। धारण/ग्रहण किए हुए। २. पकड़ा हुआ। ३. बन्दी किया हुआ। ***जैसे***—पुलिस द्वारा धृत डाकू। ४. रखा हुआ। ५. गिरा हुआ। पतित। ६. अधिकृत किया हुआ। ***जैसे***—विदेशियों द्वारा धृत राष्ट्र।

धृतराष्ट्र—[सं॰ धृत ~ राष्ट्र] *पु॰* १. राज्य को पूर्णत: अपने वश में रखनेवाला राजा। २. नाग जाति का एक प्रकार। ३. काले पैरों और काली चोंच वाला हंस।

धृतात्मा—[सं॰ धृत ~ आत्मा (आत्मन्)] *वि॰* १. मन को अपने वश में रखनेवाला। दृढ़ मन वाला। २. धीर।

धृति—[सं॰ √धृ + क्तिन्] *स्त्री॰* १. धारण करने की क्रिया/भाव। २. धारण करने की शक्ति। धारणा-शक्ति। ३. मन की दृढ़ता। ४. धैर्य। धीरता। ५. ग्रहण। ६. पकड़। ७. स्थिरता। ८. तृप्ति। तुष्टि। ९. चन्द्रमा की १६ कलाओं में से एक। (छन्द॰) अठारह वर्णों वाले वृत्तों का सामान्य नाम।

धृष्ट—[सं॰ √धृष् + क्त] *वि॰* १. ढीठ। २. अशिष्ट। ३. निर्लज्ज। ४. बड़ों के सामने नि:संकोच तुच्छ काम करनेवाला। ५. अनुचित काम करने में भयभीत या संकुचित न होनेवाला। दुस्साहसी। ६. जो अपराधी होने पर भी न घबराए, न लज्जित हो, न अपराध स्वीकार करे। *पु॰* (काव्य॰) अपराध करके भी लज्जारहित और नि:शंक रहनेवाला नायक। ∇ **विलोम**—विनीत। ✣ **धृष्टता**—*स्त्री॰* = १. धृष्ट होने की अवस्था/भाव। २. शील-संकोच न होने से बड़ों के सामने की जाने वाली उद्दंडता। ढिठाई। ३. निर्लज्जतापूर्ण ओछा आचरण। गुस्ताख़ी। ✣ **धृष्टत्व**—*पु॰* = धृष्टता।

धृष्य—[सं॰ √धृष् + क्यप्] *वि॰* १. धर्षण किए जाने के योग्य।

धर्षणीय। २. जिस पर आक्रमण किया जा सके। आक्रमण किए जाने के योग्य। ३. जीते जाने के योग्य। जेय।

*__धेइ__—[< सं॰ √ध्या] *क्रिवि॰* ध्यान करके।

धेनु—[सं॰ √धे + नु] *स्त्री॰* १. नयी ब्यायी हुई गाय। सवत्सा गाय। २. दूध देनेवाली गाय। दुधार गाय। ३. गाय। ४. पृथ्वी।

धेनुक—[सं॰ धेनु + कन्] *पु॰* गाय की प्रतिकृति। ✣ **धेनुकसूदन**—*पु॰* = (धेनुक असुर को मारने वाला) बलराम। ✣ **धेनुका**—*स्त्री॰* = १. दुधार गाय। धेनु। २. कोई स्त्री पशु।

*__धेनुधूरि__—[< सं॰ धेनु ~ धूलि] *स्त्री॰* धेनु-धूलि।

धेनु-धूलि—[सं॰] *स्त्री॰* वह समय जब शाम को गाएँ चर कर लौटती हैं। सन्ध्या-काल। गोधूलि-वेला।

धेनुमक्षिका—[सं॰ धेनु ~ मक्षिका] *स्त्री॰* चौपायों को काटनेवाले बड़े मच्छर। डाँस।

धेनुमुख—[सं॰ धेनु ~ मुख] *पु॰* गोमुख नामक वाद्य। नरसिंहा।

धेय—[सं॰ √धा + यत्] *वि॰* १. धारण किए जाने योग्य। धारणीय। धार्य। २. पोषण किए जाने योग्य। पोष्य। ३. जो पिया जा सके। पेय। ● **विशेष**—संस्कृत में संज्ञाओं के अन्त में '**धेय**' का प्रयोग '**वाला/पात्र/अधिकारी**' अर्थ देता है, ***जैसे***—नामधेय = नामवाला।

धेला—[< हि॰ अधेला] *पु॰* आधा पैसा। अधेला।

धेली—[< हि॰ अधेली] *स्त्री॰* आधे रुपए के मूल्य का सिक्का। अठन्नी। अधेली।

धैनव—[सं॰ धेनु + अञ्] *वि॰* १. गाय से सम्बन्धित। गाय का। २. गाय से उत्पन्न। *पु॰* गाय का बछड़ा। गोवत्स।

†**धैना**[1]—[< हि॰ धरना (= पकड़ना)] *क्रिस॰* धरना। पकड़ना। *पु॰* १. ग्रहण किया हुआ काम। २. ग्रहण की हुई आदत। टेव। ३. हठ। ज़िद। ४. दुष्टता। शरारत। ***जैसे***—नैना धैना करत हैं। ४. रंग-ढंग। ***जैसे***—तुमने क्या धैना बना रखी है?

†**धैना**[2]—[< हि॰ धाना] *क्रिअ॰* १. धावा मारना। २. दौड़ना।

धैर्य—[सं॰ धीर + ष्यञ्] *पु॰* १. धीर होने का भाव। धीरता। धीरज। सब्र। २. (विघ्न होने पर भी) मन की दृढ़ता। चित्त की स्थिरता। ३. गम्भीरता। (काव्य॰) चंचलता से हीन और अहंकारशून्य सहज मानसिक स्थिति। ✣ **धैर्यवान्**—*वि॰* = धैर्यवाला। धैर्ययुक्त। ∇ **विलोम**—अधीर।

धैवत—[सं॰ धीमत् + अण्, पृषो॰, म—>व] *पु॰* (संगीत॰) स्वरसप्तक का छठा स्वर।

धोई—[< हि॰ धोना] *वि॰* जिसे धोया गया हो। *स्त्री॰* वह दाल जिसे भिगोकर और धोकर छिलके अलग कर दिए गए हों।

धोक—[देशज] *स्त्री॰* (सुख या सुविधा के लिए) जिस पर पीठ को टिकाकर बैठा जाए। ***जैसे***—दीवार या तकिए की धोक लगाकर बैठना।

*__धोप__—[देशज] *पु॰* खड्ग। तलवार।

†**धोपा**—[देशज] *पु॰* धोखा। ✣ **धोपेबाज़ी**—*स्त्री॰* = धोखेबाज़ी।

†**धोब**—[< हि॰ धोव < हि॰ धोना] *स्त्री॰* १. कपड़े धोए जाने की क्रिया। धुलाई। २. प्रत्येक बार की धुलाई। **जैसे**—चौथी धोब में रुपए मिलेंगे।

*__धोर__—[देशज] *पु॰* १. तट। किनारा। २. निकटता। *क्रिवि॰* समीप। निकट। पास।

धोरण—[सं॰ √धोर + ल्युट्] *पु॰* १. वाहन। सवारी। २. तीव्र गमन। ३. दौड़। ४. घोड़े की सरपट चाल।

धोरणि/धोरणी—[सं॰ √धोर् + अनि, धोरणि + ङीप्] *स्त्री॰* १. पंक्ति। श्रेणी। २. परम्परा। ३. शृंखला।

*__धोरा__[1]—[< हि॰ धोर] *पु॰* १. किनारा। २. निकटता।

*__धोरा__[2]—[< हि॰ धबल] *वि॰* धवल। सफ़ेद।

धोरित—[सं॰ √धोर् +क्त] १. गति। चाल। २. घोड़े की दुलकी चाल या घोड़ा कुदाते हुए आगे की ओर गति।

धोरी[1]—[< हि॰ धुरा] *वि॰* १. धुरा धारण करने वाला। २. जो धुरी के समान मूल आधार हो। ३. प्रधान। मुख्य। धुरीण। *पु॰* १. (धुरी के समान) महत्त्वपूर्ण या श्रेष्ठ व्यक्ति। २. धुरन्धर। ३. स्वामीके रूप में रक्षण या देखभाल करनेवाला। ***जैसे***—इस सम्पत्ति का धनी-धोरी कौन है? ४. बैल।

धोरी[2]—[< सं॰ धोरणी] *स्त्री॰* पंक्ति। श्रेणी।

धोरी[3]—[< हि॰ धौर < सं॰ धवल] *वि॰ (स्त्री॰)* धवल। सफ़ेद।

†**धोरे**—[< देशज धोर] *पु॰* किनारा। *क्रिवि॰* समीप। निकट। पास। **जैसे**—मेरे धोरे बैठ जा।

धोँडाल (धोंडाल)—[देशज] *वि॰* (ऐसी भूमि/मिट्टी) जिसमें कंकड़-पत्थर आदि मिले हुए हों।

धोँधा (धोंधा)—[अनु॰] *पु॰* १. मिट्टी का लोंदा। २. बेडौल शरीर या आकृति। *वि॰* १. बेडौल। २. मूर्ख।

धौत—[सं॰ √धाव् + क्त] *वि॰* १. धोया हुआ। धुला हुआ। साफ़ किया हुआ। प्रक्षालित। २. चमकाया हुआ। ३. चमकीला। ४. उज्ज्वल। सफ़ेद। उजला। ५. जो नहा चुका हो। स्नात। *पु॰* रजत। चाँदी। ● **विशेष**—संस्कृत में 'मिश्री' को '**धौतखंडी**' तथा 'स्फटिक/बिल्लौर' पत्थर को '**धौतशिला**' कहा जाता है।

धौतात्मा—[सं॰ धौत ~ आत्मा (आत्मन्)] *वि॰* पवित्रात्मा।

धौति—[सं॰ √धाव् + क्तिन्] *स्त्री॰* (हठयोग में) १. आँतों को स्वच्छ करने की एक क्रिया जिसमें कपड़े की एक पट्टी को जल पी-पीकर निगलते और फिर बाहर निकालते हैं। २. उक्त क्रिया में काम आनेवाली पट्टी।

*__धौर__[1]—[< सं॰ धवल] *वि॰* धवल। सफ़ेद। *पु॰* सफ़ेद कबूतर।

धौर[2]—[< सं॰ धौरेय] *वि॰* बड़ा या भारी।

धौरा—[< सं॰ धवल] *वि॰* १. धवल। श्वेत। सफ़ेद। ***जैसे***—धौरा घोड़ा। २. उज्ज्वल। स्वच्छ। *पु॰* १. धव वृक्ष। (दे॰ धव) २. सफ़ेद केश।

*__धौरि__—[< सं॰ धोरणि] *स्त्री॰* पंक्ति। श्रेणी।

*__धौरिय__—*पु॰* ≤ सं॰ धौरेय। बैल।

*__धौरी__—[< सं॰ धवली] *वि॰ (स्त्री॰)* धवल। सफ़ेद। *स्त्री॰* १. सफ़ेद

गाय। २. 'धवर' नामक चिड़िया जो फ़ाख़्ता की जाति की होती है।

†धौरे—[< हि॰ धोरे] *क्रिवि॰* समीप। निकट। धोरे। ***जैसे***—बड़ों के धौरे बैठा कर।

धौरेय—[स॰ धुरा + ढक्] *वि॰* १. गाड़ी में जोते जाने योग्य। २. बोझा ढोने योग्य। *पु॰* १. गाड़ी में जोता जाने वाला बैल। २. घोड़ा। ३. प्रमुख। नायक। प्रधान।

धौला—[< स॰ धवल] *वि॰* धवल। सफ़ेद। *पु॰* १. सफ़ेद बैल। २. धव वृक्ष।

धौलाई—[< हि॰ धौल < स॰ धवल] *स्त्री॰* धवलता। उज्ज्वलता। सफ़ेदी।

धौलागिरि—[< स॰ धवलगिरि] *पु॰* हिमालय की एक चोटी। धवलगिरि।

धौं (धौं)—[< प्रा॰ धुवं < स॰ ध्रुवम्] *क्रिवि॰* १. निश्चित रूप से। निश्चय ही। २. (संशयात्मक) न जाने। कौन जाने। पता नहीं। ३. तो। ४. (प्रश्नरूप सन्देहसूचक वाक्य के पहले लगने पर) अथवा। या। ***जैसे***—पहचानेंगे धौं नहीं? ५. (संयोजक अव्यय) कि। ***जैसे***—हमहुँ न जानें धौं वह कहाँ है। ६. (ऐसे प्रश्न के पहले जिसका उत्तर काकु से 'नहीं' हो, ज़ोर देने के लिए) भला, अथवा तो। ७. विधि/आदेश आदि के साथ, केवल ज़ोर देने के लिए, प्रयुक्त शब्द।

धौंक[1] (धौंक[1])—[< हि॰ धौंकना] *स्त्री॰* १. धौंकने की क्रिया/भाव। २. धौंकनी। भाथी। ३. गर्म हवा।

†धौंक[2] (धौंक[2])—[< हि॰ धधकना] *स्त्री॰* अग्नि की लपट। ज्वाला। लौ।

धौंकना (धौंकना)—[< स॰ धमन] *क्रिस॰* १. अग्नि को दहकाने/बढ़ाने के लिए पंखे आदि से हवा का झोंका पहुँचाना। २. (किसी पर) कठोरतापूर्वक कोई भार लादना। ३. (दंड/जुर्माना) लगाना। ***जैसे***—शैतान लड़कों पर जुर्माना धौंकना।

धौंकिया (धौंकिया)—[< हि॰ धौंकना] *पु॰* १. धौंकनेवाला व्यक्ति। २. धौंकनी आदि लेकर, गली-गली जाकर, बर्तनों की मरम्मत आदि करनेवाला कारीगर।

धौंकी (धौंकी)—[< हि॰ धौंकना] *पु॰* धौंकनेवाला। *स्त्री॰* धौंकनी।

†धौंज/धौंजन—[< हि॰ धावना (= दौड़ना)] *स्त्री॰* १. दौड़-धूप। २. दौड़-धूप के कारण होनेवाली परेशानी।

†धौंजना (धौंजना)—[< हि॰ धौंज] *क्रिस॰* १. पैरों से कुचलना। रौंदना। २. परेशान करना। *क्रिअ॰* बहुत प्रयत्न करना। दौड़-धूप करना।

†धौंताल/धौंताली (धौंताल/धौंताली)—[< हि॰ धुन + स॰ ताल] *वि॰* १. धुन में लगा हुआ। धुनी। २. चतुर। चालाक। ३. निपुण। पटु। तेज़। ४. साहसी। हिम्मती। ५. उपद्रवी। ऊधमी। शरारती। ६. चंचल। चपल। ७. उजड्ड। गँवार।

धौंस (धौंस)—[< स॰ दंश, या < स॰ ध्वंस] *स्त्री॰* १. धमकी। घुड़की। २. धाक। रोब। ३. धोखा। भुलावा। ***वा॰* (किसी पर) धौंस ग़ालिब करना, धौंस जमाना**—रोब जमाना। **(किसी की) धौंस सहना**—१. रोब मानना। २. दबाव मानना।

धौंसपट्टी—[< हि॰ धौंस + पट्टी] *स्त्री॰* १. धमकी के साथ-साथ बहकानेवाली बातचीत। २. झाँसा। बहकावा। ***वा॰* (किसी की) धौंसपट्टी में आना**—किसी की धमकी से डरकर, न चाहते हुए भी, कोई काम कर देना।

धौंसा (धौंसा)—[< हि धौंसना] *पु॰* बड़ा नगाड़ा। डंका। ***जैसे***—युद्ध का धौंसा बजने लगा। ***वा॰* धौंसा देना/बजाना**—सेना के आक्रमण या कूच करने के लिए नगाड़ा आदि बजाना।

धौंसिया[1] (धौंसिया[1])—[< हि॰ धौंस] *पु॰* १. धौंस देनेवाला। धमकानेवाला। २. झाँसा देनेवाला।

धौंसिया[2] (धौंसिया[2])—[< हि॰ धौंसा] *पु॰* धौंसा बजानेवाला।

ध्यात—[स॰ √ध्यै + क्त] *वि॰* १. जिसका ध्यान किया गया हो। २. विचारा/सोचा हुआ।

ध्यानगम्य—[स॰ ध्यान ~ गम्य] *वि॰* ध्यान से प्राप्त होनेवाला।

ध्यान-मुद्रा—[स॰] *स्त्री॰* (योग॰) ध्यान एकाग्र करने में उपयोगी योग की एक मुद्रा जिसमें पद्मासन में बैठकर बायीं हथेली पर दाहिनी हथेली रखी जाती है।

ध्यानयोग—[स॰ ध्यान ~ योग] *पु॰* (योग॰) योग का एक प्रकार जिसमें इष्टदेव या परमात्मा के ध्यान की प्रधानता होती है। ✣ **ध्यानयोगी**— *पु॰* = ध्यानयोग का अभ्यास करनेवाला।

ध्यानस्थ—[स॰ ध्यान ~ स्थ] *वि॰* १. जो ध्यान कर रहा हो। ध्यान में लीन। ध्यानमग्न। २. जो किसी बात के ध्यान में होने के कारण बाहरी संसार के प्रति बेसुध हो। आत्मविस्मृत।

ध्याना—[< स॰ ध्यान] *क्रिस॰* १. ध्यान करना। २. निरन्तर स्मरण करना। ३. ईश्वर का ध्यान/स्मरण/चिन्तन करना।

ध्यानिक—[स॰ ध्यान + ठक्] १. ध्यान-सम्बन्धी। ध्यान का। २. जो ध्यान से प्राप्त हो सके। ध्यानगम्य। ध्यानसाध्य।

ध्येय—[स॰ √ध्यै + यत्] *वि॰* १. ध्यान करने योग्य। २. जिसका ध्यान किया जा सके। ३. (वह विषय) जिसे लक्ष्य बनाकर प्रयत्न किया जाए। *पु॰* १. ध्यान का विषय। २. उद्देश्य। लक्ष्य।

ध्रुपद—[< स॰ ध्रुवपद] *पु॰* (संगीत॰) ध्रुवपद। (दे॰) ✣ **ध्रुपदिया**— *पु॰* = ध्रुपद गानेवाला। ध्रुपदगायक। (छन्द॰) बरवै छन्द। (दे॰)

ध्रुव—[स॰ √ध्रु + क] *वि॰* १. सदा एक ही स्थान पर रहनेवाला। इधर-उधर न हटनेवाला। अचल। स्थिर। अटल। २. सदा एक ही अवस्था में रहनेवाला। नित्य। शाश्वत। ३. निश्चित। ४. दृढ़। पक्का। *पु॰* १. ध्रुव तारा। २. परमात्मा। (छन्द॰) बरवै छन्द। (दे॰) (संगीत॰) १. ध्रुपद नामक गीत-शैली। २. गीत की टेक। (भूगोल॰, खगोल॰) आकाशमंडल या पृथ्वी की अक्ष-रेखा के दोनों शीर्ष-बिन्दु (उत्तरी ध्रुव और दक्षिणी ध्रुव)।

ध्रुवक—[स॰ ध्रुव + कन्] *पु॰* (ध्रुवपद के गायन में) टेक। *वि॰* ध्रुवण करने वाला।

ध्रुवण—[< सं॰ ध्रुव] *पु॰* किसी वस्तु में विपरीत गुणों वाले दो सिरों/छोरों का निर्माण। (लाक्षणिक) दो विपरीत विचारों/सिद्धान्तों की अभिव्यक्ति। गहरा मतभेद। अलगाव। (राज॰) किसी संस्था आदि का विपरीत विचारों वाले दो वर्गों या दलों में विभाजन। ***जैसे***—इस चुनाव से भारतीय राजनीति में राष्ट्रभक्तों तथा अन्यों में ध्रुवण बड़ी तेज़ी से होगा। (समाज॰) किसी समुदाय का विचारों/मान्यताओं/रीतियों के आधार पर दो समूहों में स्पष्ट विभाजन। (भौतिकी॰) किसी भौतिक गुणधर्म की दैशिक निर्भरता उत्पन्न होना। ***जैसे***—केलास (अ॰ क्रिस्टल) में आयनों का ध्रुवण। (अ॰ पोलराइजेशन)।

ध्रुवदर्शक—[सं॰ ध्रुव ~ दर्शक] *पु॰* एक दिशासूचक यन्त्र जिसकी सुई सदा उत्तर दिशा की ओर रहती है। क़ुतुबनुमा।

ध्रुवदर्शन—[सं॰ ध्रुव ~ दर्शन] *पु॰* १. विवाह के बाद वर-वधू द्वारा ध्रुवतारा का दर्शन। २. विवाह की उक्त रीति। ● **विशेष**—इस रीति का तात्पर्य वर-वधू का सम्बन्ध ध्रुवतारे के समान अटल प्रेम वाला होने की शिक्षा देना है।

ध्रुवपद—[सं॰ ध्रुव ~ पद] *पु॰* (संगीत॰) १. राग-रागिनियों को गाने की एक शैली जिसमें लय और स्वर निश्चित होते हैं। २. एक प्रकार के गीत जिनमें आरम्भिक अंश को गायन के बीच-बीच में बार-बार दुहराया जाता है। ● **विशेष**—उक्त आरम्भिक अंश को '**टेक**' (संस्कृत में '**ध्रुवक**') कहते हैं।

ध्रुवप्रदेश—[सं॰ ध्रुव ~ प्रदेश] *पु॰* उत्तरी ध्रुव या दक्षिणी ध्रुव के समीप का स्थान/क्षेत्र।

ध्रुवलोक—[सं॰ ध्रुव ~ लोक] *पु॰* १. (प्रसिद्ध भक्त ध्रुव का लोक है)। ध्रुव तारा का प्रदेश। २. अचल स्थान। ⁘ **ध्रुवसङ्कल्प (ध्रुवसंकल्प)**—*पु॰* = (बाल तपस्वी ध्रुव के समान या अचल ध्रुवतारा के समान) दृढ़ निश्चय जिससे विपत्तियाँ आने पर भी व्यक्ति कभी न डिगे। पक्का इरादा। ⁘ **ध्रुव सत्य**—*पु॰* = १. शाश्वत सत्य। अटल सच्चाई। २. पूरी तरह सत्य बात। प्रामाणिक बात।

ध्रुवसमीपक—[सं॰ ध्रुव ~ समीपक] *पु॰* (खगोल॰) वे तारे जो अपने खगोलीय उत्तर ध्रुव से पच्चीस अंश (२५°) से कम दूर रहते हैं और इस कारण पृथ्वी के उत्तरी गोलार्ध में कभी अस्त नहीं होते।

ध्रुवा—[सं॰ ध्रुव + टाप्] *वि॰ (स्त्री॰)* ध्रुव। अटल। ***जैसे***—ध्रुवा भक्ति। *स्त्री॰* १. एक यज्ञ-पात्र। २. सती स्त्री। साध्वी नारी। (संगीत॰) गीत का स्थायी अंश। टेक।

ध्रुवाक्षर—[सं॰ ध्रुव ~ अक्षर] *वि॰* जो ध्रुव और अक्षर हो। अपरिवर्तनशील और शाश्वत। *पु॰* परमात्मा। विष्णु।

ध्वंस—[सं॰ √ध्वंस् + घञ्] *पु॰* १. पूर्ण विनाश। २. गिरकर खंड-खंड हो जाना। ३. भवन आदि का गिरकर टुकड़े-टुकड़े हो जाना। ४. किसी मकान का सहसा बैठ जाना। ५. तोड़-फोड़। (न्याय॰) 'अभाव' का एक भेद।

ध्वंसावशेष—[सं॰ ध्वंस ~ अवशेष] *पु॰* १. किसी भवन आदि के ध्वंस के बाद बचे हुए अंश। भग्नावशेष। खंडहर। २. दुर्घटनाग्रस्त विमान/जहाज़/नौका आदि के टूटे-फूटे टुकड़े।

ध्वज—[सं॰ √ध्वज् + अच्] *पु॰* १. किसी डंडे के सिरे पर कपड़ा लगाकर बनाया जाने वाला विशेष चिह्न। झंडा। ***जैसे***—भगवा ध्वज; तिरंगा ध्वज। २. देवी/देवता के चिह्न के रूप में पताका-युक्त या पताका-रहित बाँस या पलाश आदि का लम्बा डंग। ३. (समासयुक्त शब्द के अन्त में) श्रेष्ठ व्यक्ति आदि। ***जैसे***—कुल-ध्वज। ४. पुरुष का लिंग। पुरुषेन्द्रिय।

ध्वजभङ्ग (ध्वजभंग)—[सं॰ ध्वज ~ भङ्ग] *पु॰* पुरुष में सम्भोग-शक्ति न रहने की स्थिति। नपुंसकता। ध्वजपतन। ध्वजपात।

ध्वज-यष्टि—[सं॰] *स्त्री॰* झंडे का डंडा। ध्वज-दंड।

ध्वजवान्—[सं॰ ध्वजवत्] *वि॰* १. जिसके हाथ में या जिसके पास ध्वज हो। ध्वजवाला। २. झंडों से सुसज्जित। *पु॰* ध्वज लेकर चलनेवाला। ध्वजवाहक।

ध्वजशीर्ष—[सं॰ ध्वज ~ शीर्ष] *पु॰* (पत्र॰) पत्रिका के प्रथम पृष्ठ पर सबसे ऊपर प्रकाशित पत्र-पत्रिका के नाम, स्वामित्व, प्रकाशन स्थान, मूल्य आदि का विवरण।

ध्वजारोहण—[सं॰ ध्वज ~ आरोहण] *पु॰* किसी विशेष अवसर पर झंडे को दंड की ऊँचाई तक चढ़ाकर फहराना। ध्वजोत्तोलन।

ध्वजिक—[सं॰ ध्वज + ठन्] *वि॰, पु॰* दम्भी। पाखंडी। ढोंगी।

ध्वजिनी—[सं॰ ध्वजिन् + ङीप्] *स्त्री॰* १. सेना। २. वह सीमा जिसपर वृक्षों आदि के रूप में कोई निशान लगाए गए हों।

ध्वजी—[सं॰ ध्वजिन्] *वि॰* १. जिसके पास या हाथ में ध्वज हो। ध्वजवाला। ध्वजवान्। २. जिसका कोई विशेष चिह्न/निशान हो। *पु॰* १. सेना के आगे-आगे ध्वज लेकर चलनेवाला। ध्वज। २. ब्राह्मण। ३. पर्वत। ४. रथ। ५. घोड़ा। ६. सर्प। साँप। ७. मयूर। मोर।

ध्वजोत्तोलन—[सं॰ ध्वज ~ उत्तोलन] *पु॰* ध्वजारोहण।

ध्वन—[सं॰ √ध्वन् + अप्] *पु॰* १. ध्वनि। शब्द। आवाज़। २. भिन-भिन की आवाज़। गुंजार।

ध्वनन—[सं॰ √ध्वन् + ल्युट्] *पु॰* १. ध्वनि करने की क्रिया/भाव। २. भिनभिनाहट। ३. अस्पष्ट शब्द। ४. संकेत करना। (काव्य॰) शब्द का वह व्यापार जिससे व्यंग्यार्थ प्राप्त होता है। व्यंग्यार्थ का बोध कराना।

ध्वनिक—[< सं॰ ध्वनि] *वि॰* ध्वनि-सम्बन्धी।

ध्वनिकार—[सं॰ ध्वनि + कार] *वि॰* ध्वनि/शब्द/ आवाज़ करनेवाला। *पु॰* (संस्कृत-ग्रन्थ 'ध्वन्यालोक' का लेखक) 'आनन्दवर्धन' नामक काव्यशास्त्र-आचार्य।

ध्वनिकाव्य—[सं॰] *पु॰* (काव्य॰) ऐसा काव्य जिसमें वाच्यार्थ की अपेक्षा व्यंग्यार्थ अधिक चमत्कारपूर्ण या सुन्दर हो।

ध्वनिग्रह—[सं॰ ध्वनि ~ ग्रह] *पु॰* जिससे ध्वनि का ग्रहण हो। कान।

ध्वनि-ग्राम—[स०] *पु०* (भाषा०) किसी भाषा की विभिन्न ध्वनियों में से किसी एक का सूचक अक्षर या लिपि-चिह्न जिसके अन्तर्गत उसकी सभी संध्वनियाँ आती हैं। स्वनिम।

ध्वनित—[स० √ध्वन् + क्त] *वि०* जो ध्वनि के रूप में व्यक्त हुआ हो। (व्या०) जिसकी व्यंजना हुई हो। व्यंजित।

ध्वनि-विकार—[स०] *पु०* (भय आदि के कारण होनेवाला) स्वर-परिवर्तन।

ध्वनिसिद्धान्त (ध्वनिसिद्धांत)—[स० ध्वनि ~ सिद्धान्त] (काव्य०) यह सिद्धान्त/मत कि काव्य की आत्मा ध्वनि है।

ध्वन्य—[स० √ध्वन् + यत्] *वि०* १. ध्वनित होने योग्य। २. ध्वनित होनेवाला। (काव्य०) व्यंग्य।

ध्वन्यङ्कन (ध्वन्यंकन)—[स० ध्वनि ~ अङ्कन] *पु०* १. रिकार्ड में ध्वनि का अभिलेखन। रिकार्ड भरना। २. ध्वनि-अंकित्र द्वारा ध्वनि अंकित करना। (अ० रिकार्डिंग)।

ध्वन्यभिलेख—[स० ध्वनि ~ अभिलेख] *पु०* वह उपकरण जिसमें किसी का भाषण/गीत आदि अभिलिखित होता है और यन्त्र विशेष (ग्रामोफ़ोन आदि) से उसी स्वर में फिर-फिर बजाया जा सकता है। रिकार्ड (अ०)।

ध्वन्यर्थ—[स० ध्वनि ~ अर्थ] *पु०* (काव्य०) व्यंजना से प्राप्त अर्थ। व्यंग्यार्थ।

ध्वन्यर्थव्यञ्जना (ध्वन्यर्थव्यंजना)—[स० ध्वन्यर्थ ~ व्यञ्जना] *स्त्री०* (काव्य०) एक शब्दालंकार जो ऐसे शब्दों के प्रयोग से होता है जिनकी ध्वनि अर्थ का उद्‌बोधन करके एक चित्र-सा उपस्थित कर देती है।

ध्वन्यात्मक—[स० ध्वनि ~ आत्मक] *वि०* १. ध्वनिरूप। ध्वनिमय। ध्वनि-युक्त। ✣ **ध्वन्यात्मक शब्द**—*पु०* = ध्वनि का अनुकरण करनेवाला शब्द। (जैसे—भोंपू, चहचहाना, गुर्राना)। (भाषा०) अनुकरणात्मक शब्द।

ध्वस्त—[< स० ध्वंस] *वि०* १. जिसका ध्वंस हुआ हो या किया गया हो। २. नष्ट। ३. ढहाया हुआ।

ध्वस्ति—[< स० √ध्वंस् + क्तिन्] *स्त्री०* ध्वंस। नाश।

ध्वान—[स० √ध्वन् + घञ्] *पु०* १. शब्द। नाद। आवाज़। २. गुंजन। गुंजार। गुनगुनाहट।

ध्वानिक—[स० ध्वनि + ठक्] *वि०* १ ध्वनि से सम्बन्धित/ध्वनिविषयक २. ध्वनि को यथावत् रखनेवाला (न बढ़ाने और न घटाने वाला)। (अ० अकूस्टिक)

ध्वान्त (ध्वांत)—[स० √ध्वन् + क्त] *पु०* अन्धकार। अँधेरा।

ध्वान्तचर (ध्वांतचर)—[स० ध्वान्त ~ चर] *वि०* अँधेरे में चलने-फिरने-वाला। *पु०* राक्षस।

ध्वान्ताराति (ध्वांताराति)—[स० ध्वान्त ~ अराति] *पु०* १. अन्धकार का शत्रु। २. सूर्य। ३. चन्द्रमा। ४. अग्नि।

ध्वान्तोन्मेष (ध्वांतोन्मेष)—[स० ध्वान्त ~ उन्मेष] *पु०* खद्योत। जुगनू।

न

देवनागरी वर्णमाला का एक व्यंजन जो तवर्ग का पाँचवा वर्ण है। (भाषाविज्ञान की दृष्टि से) यह दन्त्य (वर्त्स्य), नासिक्य, स्पर्श, घोष और अल्पप्राण और घोष है। ● **विशेष—१.** 'न' वर्ण शब्दों के आदि, मध्य और अन्त सभी जगह आ सकता है (नमी, शान्त, विद्वान्) परन्तु अन्त में कम और तत्सम शब्दों में ही। **२.** 'न्' के स्थान पर सुविधा के लिए अनुस्वार की बिन्दी का प्रयोग मुद्रण आदि में सुविधार्थ प्रचलित है परन्तु यह भ्रामक है क्योंकि कोशों आदि के अकारादि क्रम में दोष उत्पन्न करता है। 'न्' के स्थान पर 'ᅳ' का प्रयोग ही संयुक्त व्यंजन बनाने के लिए किया जाना चाहिए; उदाहरणार्थ 'सन्त' और 'सन्त' दोनों शुद्ध हैं परन्तु 'सन्त' लिखना वैज्ञानिक, प्रचलित और सुविधापूर्ण है तथा 'संत' केवल सुविधाजनक प्रयोग है, यह जानना उपयोगी और आवश्यक है। **३.** किसी व्यंजन से पहले आकर उसके साथ संयुक्त होनेवाले 'न्' के रूपों में ये प्रमुख हैं—न्त (कन्त), न्थ (पन्थ), न्द (वन्दना), न्ध (कन्धा), न्म (जन्म), न्य (जन्य) न्व (अन्वय) न्ह (कन्हैया) तथा 'न' का द्वित्व जिसके लिए 'न्न' लिखा जाता है (अन्न)। **४. 'वंश', 'कंस' इत्यादि शब्दों में आए अनुस्वार के स्थान पर 'न्' का प्रयोग त्रुटिपूर्ण है** और 'वन्श', 'कन्स' आदि अशुद्ध लेखन के उदाहरण हैं अन्यत्र विशेषतः विदेशी (अँग्रेज़ी आदि) शब्दों में 'न्' के पहले आने से जो संयुक्त रूप बनते हैं उन्हें अनुस्वार के बिन्दु के प्रयोग से सुविधा के लिए लिखना प्रचलित है परन्तु न् (ᅳ) के प्रयोग से ही लिखना वैज्ञानिक है। ('इंडिया' नहीं, इन्डिया 'इन्डिया', 'टेंट' नहीं 'टेन्ट' या 'टेन्ट')। **५.** हिन्दी शब्दों में किसी व्यंजन के 'न्' से पहले आकर उसके साथ बननेवाले संयुक्त रूपों में प्रमुखतः ये महत्त्वपूर्ण हैं—ग्न (लग्न), घ्न (विघ्न), त्न (रत्न), प्न (स्वप्न), म्न (निम्न), श्न (प्रश्न), स्न (स्नान, स्नेह), ह्न या ह्न (चिह्न या चिह्न)। र मिलने पर 'र्न' रूप लेता है (टर्न)। निस्सन्देह 'ह्न' की अपेक्षा 'ह्‌न' में अधिक स्पष्टता है। **६.** संयुक्त व्यंजनरूप बनाने में हल् से युक्त व्यंजन का आवश्यकता के अनुसार प्रयोग किया जा सकता है परन्तु सामान्यतः नहीं। ***जैसे***—'जन्म' को 'जन्‌म' और 'लग्न' को 'लग्‌न' भी लिखा जा सकता है। **७.** तत्सम शब्दों के अन्त के 'न्' को प्रायः 'न' ही लिखना, **अशुद्ध होने पर भी,** आजकल हिन्दी में अधिक प्रचलित है (विद्वान, महान, हनुमान)।

न—[स॰ √नश/√नह + ड] *वि॰* १. रिक्त। ख़ाली। २. अतिरिक्त। फ़ालतू। *पु॰* १. गणेश (देवता)। २. सुवर्ण। सोना। ३. मोती। ४. धन-सम्पत्ति। ५. युद्ध। ***जैसे***—उसने 'न' कह दी, अब उसे ले जाना कठिन है। [● **विशेष**—निषेधवाचक 'न' का विलोम 'हाँ' है।] *अव्यय॰* १. नकार का सूचक शब्द। नहीं। ***जैसे***—वह न पढ़ेगा। २. निषेध का सूचक शब्द। मत। ***जैसे***—उसे न बुलाओ। ● **विशेष**—१. **'न' के अनेक प्रयोग उक्ति में विशेष अर्थ उत्पन्न कर देते हैं।** ऐसे कुछ प्रयोग द्रष्टव्य हैं—**(क) पुनरुक्ति वाले कुछ प्रयोगों में 'न' आने से 'तो' का भाव जुड़ जाता है।** ***जैसे***—कहीं-न-कहीं वह अवश्य मिलेगा (कहीं न कहीं = कहीं तो); किसी न किसी दिन (किसी दिन तो)। **(ख) कुछ प्रश्नात्मक वाक्यों के अन्त में 'न' का प्रयोग** पुष्टि के लिए हो सकता है। ***जैसे***—तुम आज तो बाज़ार जाओगे न? **(ग)** वि-धि (प्रार्थना, आज्ञा आदि) के शब्द के साथ 'न' का प्रयोग **विधि की प्रबलता के लिए** होता है। ***जैसे***—जाओ न ('जाओ' कहने में प्रबलता नहीं है); मान जाइए न। २. 'न' का अर्थहीन प्रयोग **तकियाकलाम के रूप में** कुछ व्यक्ति स्वभाववश करते हैं। ***जैसे***—वह जब आया था न⋯तब उसने न⋯यह बताया कि उसकी जो बहन है न⋯उसने एक मकान ख़रीद लिया है। ३. 'न' का प्रयोग प्रायः वाक्य के अन्त में नहीं होता, निषेध को बाद में रखना हो तो 'नहीं' का प्रयोग होता है। ***जैसे***—'न जाना, जाना नहीं'। **४.** 'न' का **योजक रूप में भी** अनेक प्रकार से प्रयोग होता है। ***जैसे***—(क) 'न⋯न'। ***जैसे***—न पढ़ना, न लिखना। (ख) 'न केवल⋯अपितु/बल्कि। ***जैसे***—यह रहस्य न केवल मैं जानता हूँ अपितु तुम्हारी माता जी भी जानती हैं। (ग) चाहे⋯न। ***जैसे***—चाहे पढ़ो या न पढ़ो। ५. **'न कि' का भी एक योजक के रूप में प्रयोग होता है।** ***जैसे***—तुम्हारी सहायता मैंने की थी, न कि किसी और ने। ६. 'न कुछ⋯न कुछ' एक **नकारात्मक पदबन्ध** है। ***जैसे***—वह न कुछ हँसती है, न कुछ बोलती है। ७. 'न⋯और न' भी योजक पद-समूह है। ***जैसे***—तब न राम वन जाते और न रावण मारा

जाता। ८. 'न ही…न ही' पद-समूह का प्रयोग **अधिक बल देने के लिए** होता है। ***जैसे***—न ही तुम पढ़ोगे और न ही वह पढ़ाएगा। ***वा॰* न जाने**—मैं नहीं जानता। **कुछ न कुछ तो**—कोई बात/घटना/चीज़/काम तो। कुछ तो। ***जैसे***—कुछ न कुछ तो पढ़ते ही होगे।

†नउरा—[ब्रज॰ < स॰ नूपुर] *पु॰* पैरों का एक आभूषण। नूपुर।

†नओढ़—*वि॰, पु॰* ≤ *स॰* नवोढ़। (दे॰) ✣ **नओढ़ा**—*वि॰ (स्त्री॰)*, *स्त्री॰* = नवोढ़ा।

***नंस**—[< स॰ √नश्] *पु॰* नाश। *वि॰* नष्ट।

***नंसना**—[< हि॰ नंस] *क्रिस॰* नष्ट करना। *क्रिअ॰* नाश होना।

नकचढ़ा—[हि॰ नाक + चढ़ना] *वि॰* १. जो हर समय अपनी नाक चढ़ाए रहता हो या बात-बात में चढ़ा लेता हो। २. जो शीघ्र नाराज़ हो जाता हो। जो बात-बात में उपेक्षा या घृणा का भाव प्रकट करता हो। ३. चिड़चिड़ा। ✣ **नकचढ़ी**—*वि॰ (स्त्री॰)*।

नकटा—[हि॰ नाक + कटना] *वि॰* १. जिसकी नाक कटी हो या कट गयी हो। २. बहुत अपमानित। ३. निर्लज्ज। ✣ **नकटी**—*वि॰ (स्त्री॰)*।

†नकना—[< हि॰ नाकना < स॰ लङ्घन] *क्रिस॰* १. उल्लंघन करना। लाँघना। २. त्यागना। छोड़ना। *क्रिअ॰* चलना। जाना।

नकफूल—[< हि॰ नाक + फूल] *पु॰* नाक में पहनने का एक आभूषण। लौंग।

नक़ब—[< अरबी नक़्ब] *स्त्री॰* चोरी करने के लिए मकान आदि की दीवार में किया जाने वाला बड़ा छेद। सेंध।

नकबानी/नकवानी—[< हि॰ नाक] *स्त्री॰* नाक में दम हो जाना। बहुत परेशान हो जाने की क्रिया/भाव।

नकबेसर—[हि॰ नाक + बेसर] *स्त्री॰* नाक का एक आभूषण। छोटी नथ। नथुनी। बेसर।

नकमोती—[< हि॰ नाक + मोती] *पु॰* नाक में पहनने का मोती। लटकन।

नकसुरा—[< हि॰ नाक + सुर (= स्वर)] *वि॰* १. शब्दों को नाक के सुर से बोलनेवाला। (व्यक्ति)। जिसके स्वर में अनुनासिकता का मिश्रण रहता हो। २. (स्वर) जिसमें अनुस्वार की भी कुछ छाया रहती हो।

नक़ाब—[< अरबी निक़ाब] *स्त्री॰* १. मुख के आवरण का वस्त्र। २. बुर्क़ा। ***वा॰*** नक़ाब उलटना—वास्तविक रूप दिखलाना।

नकारात्मक—[स॰ नकार ~ आत्मक] *वि॰* १. निषेधात्मक (कथन आदि)। २. अस्वीकारात्मक (कथन आदि)। ३. निषेध-पक्ष को ध्यान में रखकर किया जाने वाला। ***जैसे***—नकारात्मक उपदेश। ∇ **विलोम**—सकारात्मक।

नकाशना—[< अरबी नक़्श] *क्रिस॰* नक़्क़ाशी करना।

नकियाना—[< हि॰ नाक] *क्रिअ॰* १. नाक से बोलना। २. नाक में दम होना। बहुत परेशान होना। *क्रिस॰* नाक में दम करना। बहुत परेशान करना।

नक़ीब—[< अरबी नक़ीब] *पु॰* (मध्यकाल में) वह व्यक्ति जो राजाओं आदि की सवारी के आगे-आगे उनके आगमन की घोषणा करता जाता था।

नकुल—[स॰ न ~ कुल] *वि॰* जिसका कोई कुल न हो। *पु॰* १. शिव। महादेव। २. नेवला। ✣ **नकुला**—*वि॰ (स्त्री॰)* = (ऐसी स्त्री) जिसका कोई कुल न हो। *स्त्री॰* = पार्वती। भवानी। ✣ **नकुली**—*स्त्री॰* = नारी/मादा नेवला। नेवली।

नकुलीश, नकुलेश—[स॰ नकुली ~ ईशु, नकुल ~ ईश] (तन्त्र॰) एक भैरव का नाम।

नकेल—[< हि॰ नाक] *स्त्री॰* १. ऊँट, भालू या बैल आदि के नथनों में आर-पार डाली जानेवाली रस्सी जिससे पशु को नियन्त्रित कर इच्छानुसार चलाया जाता है। २. किसी को अपने वश में करने/रखने का उपाय। ***वा॰* नकेल हाथ में रखना/होना**—पूर्णतया अपने अधिकार या नियन्त्रण में रखना/होना।

†नक्कना—[< हि॰ नकना] *क्रिस॰* लाँघना।

नक्का[१]—[< प्रा॰ णक्क] *पु॰* १. सुई का छेद जिसमें धागा डाला जाता है। २. ताश का इक्का। ३. कौड़ी।

नक़्क़ाल—[अरबी] *पु॰* १. नक़लें करनेवाला। भाँड़। २. बहुरूपिया।

नक़्क़ाश—[अरबी] *पु॰* १. धातु आदि पर खोदकर बेल-बूटे बनानेवाला या लिखनेवाला। उत्कीर्णक।

नक़्क़ाशी—[अरबी] *स्त्री॰* धातु, लकड़ी आदि पर खोदकर की जाने वाली चित्रकारी (बेल-बूटे आदि) उत्कीर्णन।

नक्की[१]—[< हि॰ नक्का] *स्त्री॰* १. 'एक' का चिह्न। २. कौड़ी के खेल का वह दाँव जो 'एक' के चिह्न से जीता जाए।

नक्की[२]—[< हि॰ नाक] *स्त्री॰* ऐसा उच्चारण जो नाक से साँस निकलने के कारण अनुनासिक जैसा हो।

नक्कीमूठ—[हि॰ नक्की + मूठ] *स्त्री॰* एक प्रकार का कौड़ी का खेल/जुआ, जिसमें खिलाड़ी मुट्ठी में कौड़ियाँ लेकर दाँव फेंकते हैं और जिसमें 'एक' का दाँव आने को 'नक्की', 'दो' आने को 'दुआ' इत्यादि कहते हैं।

नक्कू—[हि॰ नाक] *वि॰* १. जिसकी नाक बड़ी हो। २. स्वयं को दूसरों से बड़ा समझनेवाला। ३. सबसे भिन्न और असाधारण आचरण करनेवाला जिसके कारण लोग उसकी आलोचना करें या बदनाम करें। ***वा॰* नक्कू बनना**—१. अगुआ होना। २. बदनाम होना।

नक्त—[स॰ √नज् + क्त] *पु॰* १. सायंकाल का वह समय जब दिन केवल एक मुहूर्त (४८ मिनट) शेष रह गया हो। २. रात्रि। रात। ३. शिव। महादेव। *वि॰* लज्जित। रात्रि। रात।

नक्तचर/नक्तचारी—[स॰ नक्तञ्चर/नक्तञ्चारिन्] *वि॰* रात्रि में घूमने-फिरने वाला। *पु॰* १. शिव। महादेव। २. राक्षस। निशाचर। ३. उल्लू। ४. बिल्ली।

नक्तभीति—[स॰ नक्तम् ~ भीति] *स्त्री॰* (मनो॰) रात्रि से डरना (एक रोग)। निशा-भीति। (अ॰ नोक्ट-फ़ोबिया)

नक्तान्ध (नक्तांध)—[स० नक्तम् ~ अन्ध] *वि०* जिसे रात्रि में दिखाई न पड़ता हो। रतौंधी का रोगी।

नक्ता/नक्ति—[< स० नक्तम्] *स्त्री०* रात्रि। रात।

नक्र—[स० न √क्रम् + ड] *पु०* मगर/घड़ियाल नामक जल-जन्तु। नाका।

नक़्श—[अरबी] *पु०* नक़ल। लकड़ी, पत्थर आदि पर खोदकर किया गया कलात्मक अंकन। २. मोहर या छाप जिस पर कोई अंक, नाम, चित्र आदि हों। ३. चित्र। ४. मुख की आकृति। *जैसे*—युवती के नाक-नक़्श आकर्षक थे। ***वा०* नक़्श होना**—अंकित हो जाना।

नक़्शबन्द (नक़्शबंद)—[अरबी नक़्श + फा० बंद] *पु०* चित्रकार। *वि०* १. अंकित। लिखित। २. चित्रित। ✣ **नक़्शबन्दी (नक़्शबंदी)**—*स्त्री०* = १. चित्रकारी। २. अंकन। लेखन।

नक़्शानवीस—[< अरबी नक़्श: नवीस] *पु०* १. नक़्शा बनानेवाला। २. वह व्यक्ति जो पृथ्वी, मकान आदि का नक़्शा बनाता हो। ३. नगरों, भवनों आदि के मानचित्र बनाने के लिए नियुक्त सरकारी कर्मचारी। ✣ **नक़्शानवीसी**—*स्त्री०* =१. नक़्शा बनाने की विधि। २. नक़्शानवीस का काम या पद।

नक्षत्र—[स० √नक्ष् + अत्रन्] *पु०* तारा। (खगोल०) आकाशमंडल के २७ समान भागों में से प्रत्येक। ● **विशेष**—उक्त २७ नक्षत्रों का नामकरण। उक्त का प्रत्येक भाग के [जो १३ अंश २० कला (१३°२०') का होता है] किसी प्रमुख तारा या तारा समूह के नाम पर किया गया है। **२७ नक्षत्रों के नाम क्रमश: इस प्रकार हैं— १. अश्विनी, २. भरणी, ३. कृत्तिका, ४. रोहिणी, ५. मृगशिरा, ६. आर्द्रा, ७. पुनर्वसु, ८. पुष्य ९. आश्लेषा, १०. मघा, ११. पूर्वा फाल्गुनी, १२. उत्तरा फाल्गुनी, १३. हस्त, १४. चित्रा, १५. स्वाति, १६. विशाखा, १७. अनुराधा, १८. ज्येष्ठा, १९. मूल, २०. पूर्वाषाढ़ा, २१. उत्तराषाढ़ा, २२. श्रवण, २३. धनिष्ठा, २४. शतभिषा, २५. पूर्व भाद्रपद, २६. उत्तर भाद्रपद, २७. रेवती।** ✣ **नक्षत्र-गण**—*पु०* = नक्षत्रों का समूह। ✣ **नक्षत्र-चक्र**—*पु०* = २७ नक्षत्रों का वह आकाशीय चक्र जिसमें से होकर चन्द्रमा पृथ्वी की परिक्रमा प्रतिमास पूरी करता है। राशिचक्र। नक्षत्र-मंडल। ✣ **नक्षत्र-दान**—*पु०* = नक्षत्र विशेष में दिया जाने वाला दान। *जैसे*—'महाभारत' में २७ नक्षत्र-दानों का उल्लेख है। ✣ **नक्षत्र-नाथ**—*पु०* = चन्द्रमा। ✣ **नक्षत्र-पति**—*पु०* = चन्द्रमा। ✣ **नक्षत्र-पथ**—*पु०* = आकाश।

नक्षत्र-माला—[स०] *स्त्री०* १. तारा-समूह। २.सत्ताईस मोतियाँ वाला हार।

नक्षत्र-व्रत—[स०] (ज्योतिष०) किसी नक्षत्र विशेष को अनुकूल बनाने के लिए किया जाने वाला व्रत जिसमें उस नक्षत्र के स्वामी की विधिवत् पूजा की जाती है।

नक्षत्री[1]—[< स० नक्षत्रिन्] *पु०* १. चन्द्रमा। २. विष्णु।

नक्षत्री[2]—[< स० नक्षत्र] *वि०* १. जो किसी अच्छे नक्षत्र में जन्मा हो और जिसके विविध ग्रह भी अनुकूल नक्षत्रों में हों। २. भाग्यशाली। ३. नक्षत्र-सम्बन्धी। नक्षत्रीय।

नक्षत्रेश/नक्षत्रेश्वर—[स० नक्षत्र ~ ईश/ईश्वर] *पु०* चन्द्रमा।

नख—[स० √नह् + ख, ह्-लोप] *पु०* १. पैर या हाथ की प्रत्येक उँगली के पीछे के सिरे पर की कठोर रचना। नाख़ून। २. (पद्य आदि में) बीस की संख्या।

नख-क्षत—[स०] नाख़ून की खरोंच से या नाख़ून गड़ने से होनेवाला घाव या चिह्न। नखरौट। (काव्य०) स्त्री के स्तन आदि किसी अंग पर उसके पति/प्रेमी के नाखूनों से बननेवाला चिह्न।

नखचारी—[स० नखचारिन्] *वि०* पंजों के बल चलनेवाला (प्राणी)।

नखना—[< स० लङ्घन] *क्रिस०* १. उल्लंघन करना। लाँघना। २. पार करना। पार जाना। *क्रिअ०* १. उल्लंघन होना। लाँघा जाना। २. पार होना।

***नखबान**—[< स० नख ~ बाण] *पु०* नख। नाख़ून।

नखर—[स० नख √रा + क] *पु०* १. नख। नाख़ून। २. प्राचीन काल का एक नुकीला हथियार। ३. चिमटी, सँड़सी आदि जैसी पकड़नेवाली वस्तु।

नखरञ्जक (नखरंजक)—[स० नख ~ रञ्जक] *पु०* मेंहदी।

नखरञ्जनी (नखरंजनी)—[नखरञ्जन + ङीप्] *स्त्री०* १. मेंहदी।

नखरायुध—[स० नखर ~ आयुध] *पु०* १. नुकीले पंजों से अस्त्र की तरह काम लेकर शिकार करनेवाला पशु। २. सिंह। ३. चीता। ४. कुत्ता।

नख-रेखा, नखरौट—[स०, < स० नख + हि० खरोंट] *स्त्री०* नख-क्षत।

नख़लिस्तान—[< अरबी नख़्ल + फा० स्तान] *पु०* रेगिस्तानी क्षेत्र में हरियालीवाला भू-भाग। मरु-उद्यान।

नखविष—[स० नख ~ विष] *वि०* (प्राणि०) जिसके नाख़ूनों में ज़हर हो।

नख-शिख—[< स० आ + नख ~ शिखा] *पु०* १. पैर के नाखूनों से लेकर शिखा/सिर तक शरीर के क्रमश: सभी अंग। २. काव्य में नायिका आदि के नख से शिखा/सिर तक के क्रमश: सभी अंगों का सौन्दर्य। *जैसे*—पद्मिनी का नख-शिख वर्णन। ***वा०* नख शिख से**—१. शरीर के सब अंगों से, सब शरीर से। २. पूरी तरह। **नख शिख से ठीक/दुरुस्त**—१. सब अंगों में ठीक। २. आदि से अन्त तक सब बातों में ठीक। **नख से शिख तक**—ऊपर से नीचे तक।

नखाङ्क (नखांक)—[स० नख ~ अङ्क] *पु०* किसी अंग पर नाख़ून लगने का चिह्न। नखचिह्न। खरोंच।

नखाधार—[स० नख ~ आधार] *पु०* नाख़ून के नीचे की त्वचा।

नखायुध—[स० नख ~ आयुध] *वि०* (सिंह आदि) जिसके नख ही उसके आयुध हैं। *पु०* १. सिंह। शेर। २. चीता। ३. (विष्णु-अवतार) नृसिंह।

नख़ास/नख़ासा—[< अरबी नख़्ख़ास] *पु०* पशुओं आदि को खरीदने-बेचने का बाज़ार।

नखियाना—[< सं॰ नख] *क्रिस॰* नाख़ून चुभाकर घाव करना।

***नखियाँ**—[< सं॰ नख] *स्त्री॰* (बहु॰) नख। नाख़ून।

नखी—[सं॰ नखिन्] *वि॰* १. (पशु) जिसके नाख़ून बड़े-बड़े हों। २. कँटीला (पौधा इत्यादि)। *पु॰* १. सिंह। २. चीता।

नखीला—[< सं॰ नख] *वि॰* बड़े-बड़े नाख़ूनों वाला। ***जैसे***—नखीला जानवर ख़तरनाक होता है।

नखोटना—[< सं॰ नख] *क्रिस॰* १. नाख़ून से खरोंचना। २. नोचना।

नग[१]—[सं॰ न + √गम् + ड] *वि॰* १. जो गमन न करे। २. अचल। स्थिर। *पु॰* १. पर्वत। पहाड़। २. वृक्ष। पेड़। ३. सूर्य। ४. साँप। ५. (पद्य आदि में) सात की संख्या।

नग[२]—[फा॰ 'नगीना' का संक्षिप्त रूप] *पु॰* १. रत्न। नग़ीना। २. मोती। ३. सामान की अलग-अलग वस्तुओं में से प्रत्येक। अदद। ***जैसे***—३ सन्दूक़ और २ पेटियाँ मिलाकर कुल ५ नग हैं।

नगज[१]—[सं॰ नग + ज] *वि॰* जो नग से उत्पन्न हुआ हो। पर्वत से उत्पन्न। पर्वतोत्पन्न। ***जैसे***—शिलाजीत नगज पदार्थ है। *पु॰* हाथी।

नगजा—[सं॰ नगज + टाप्] *स्त्री॰* १. (हिमालय की पुत्री) पार्वती। २. पाषाणभेदी नामक लता। पखानभेद।

नगण—[सं॰ न ~ गण] *पु॰* (छन्द॰) तीन लघु वर्णों वाला गण।

नगण्य—[< सं॰ न ~ गण्य] *वि॰* १. जो गिने जाने के योग्य न हो। २. जो मात्रा में बहुत कम हो। अपर्याप्त। ३. अति तुच्छ। अत्यन्त हीन। ४. महत्त्वहीन।

नगधर—[सं॰ नग √धृ + अच्] *वि॰* पर्वत को धारण करने वाला। *पु॰* कृष्ण। गिरिधर।

नग-नन्दिनी (नद-नंदिनी)—[सं॰] *स्त्री॰* १. पर्वत की पुत्री। २. पार्वती। ३. गंगा (नदी)।

नग-नदी—[सं॰] *स्त्री॰* पहाड़ी नदी।

नग-पति—[सं॰] *पु॰* १. पर्वतों का राजा। पर्वतराज। २. हिमालय। ३. सुमेरु पर्वत। ४. (पर्वतीय वनस्पतियों का स्वामी) चन्द्रमा।

नगफनिया—[< सं॰ नाग + हि॰ फन] *स्त्री॰* मध्यकाल में प्रचलित रहा कान का एक आभूषण जो साँप के फन के आकार का होता था।

नगभिद्—[सं॰ नग √भिद् + क्विप्] *पु॰* १. पाषाण-भेदी लता। पखानभेद। २. पत्थर तोड़ने का एक प्राचीन उपकरण। अस्त्र। ३. कुल्हाड़ी। ४. इन्द्र।

***नगभीर**—[< सं॰ नग + हि॰ भीड़] *पु॰* पर्वतों का समूह। पर्वत-पुंज।

नग-भू—[सं॰] *वि॰* पर्वत से उत्पन्न। *पु॰* पर्वतीय भूमि।

नग़मा—[< अरबी॰ नग़्म:] *पु॰* गीत। गान।

नगरपाल—[सं॰ नगर-पाल] *पु॰* (प्राचीन भारत में) नगर की शान्ति और सुरक्षा की व्यवस्था करनेवाला अधिकारी।

नगरभत्ता—[सं॰ नगर + हि॰ भत्ता] *पु॰* (प्रशासन॰) नगरों और महानगरों में अधिकारियों/कर्मचारियों को वेतन के साथ ही दिया जाने वाला एक विशेष भत्ता।

नगरसेठ—[< सं॰ नगरश्रेष्ठिन्] *पु॰* नगर का सबसे बड़ा सेठ। नगरश्रेष्ठी।

नगरहा—[< सं॰ नगर] *वि॰* नगर में रहने/होने वाला। *पु॰* नगर-निवासी। नागरिक। शहरी।

नगराज—[सं॰ नग ~राज] *पु॰* सबसे ऊँचा या सबसे श्रेष्ठ पर्वत। पर्वतराज।

नगराधिप/नगराध्यक्ष—[सं॰ नगर ~ अधिप/अध्यक्ष] *पु॰* नगर का प्रधान प्रशासक। नगर-प्रमुख।

नगरी—[सं॰ नगर + ङीष्] *स्त्री॰* १. छोटा नगर। ***जैसे***—नगरों और नगरियों का अध्ययन। २. नगर। पुरी। ***जैसे***—मिथिला नगरी।

नगस्वरूपिणी—[सं॰ नग ~ स्वरूपिणी] *वि॰ (स्त्री॰)* पर्वत के स्वरूप वाली। पर्वतरूपिणी। ***जैसे***—नगस्वरूपिणी देवी दुर्गा। *स्त्री॰* (छन्द॰) एक समवर्णिक छन्द जिसके प्रत्येक चरण में क्रमशः जगण, रगण, लघु और गुरु (ज र ल ग) के योग से ८ वर्ण होते हैं। 'प्रमाणी' या प्रमाणिका छन्द। ✣ **नगस्वरूपी**—*वि॰* = पर्वतरूपी।

नगाधिप/नगाधिपति—[सं॰ नग ~ अधिप/अधिपति] *पु॰* नगराज।

नगारि—[सं॰ नग ~ अरि] *पु॰* १. पर्वतों का शत्रु। २. इन्द्र।

नगाश्रय—[सं॰ नग ~ आश्रय] *वि॰* पर्वत पर रहने वाला। *पु॰* पर्वत का आश्रय/सहारा।

नगी—[< सं॰ नग] *स्त्री॰* १. पर्वत की पुत्री। २. पार्वती। ३. गंगा (नदी)।

नगीना—[< फा॰ नगीन:] *पु॰* अँगूठी में जड़ा जाने वाला पत्थर। नग। रत्न। ***वा॰*** **नगीना जैसा, नगीना-सा, नगीने जैसा, नगीने-सा**—बहुत छोटा और सुन्दर। **अँगूठी का नगीना**—बहुमूल्य और आदरणीय वस्तु।

नगेन्द्र (नगेंद्र), नगेश—[सं॰ नग ~ इन्द्र/ईश] *पु॰* नगपति।

†नगेशर[१]/नगेसर[१]/नगेसरि[१]—[< सं॰ नागकेसर] *पु॰* नागकेसर।

***नगेशर[२]/नगेसर[२]/नगेसरि[२]**—*पु॰* ≤ *सं॰* नागेश्वर। नागेन्द्र। (दे॰)

नग्नक—[सं॰ नग्न + कन्] *वि॰, पु॰* नग्न। ✣ **नग्नका/नग्निका**—*वि॰* (स्त्री॰) = १. नग्न (स्त्री)। निर्लज्ज (स्त्री)। *स्त्री॰* १. नग्न स्त्री। २. निर्लज्ज स्त्री। ३. बालिका।

नग्ना—[सं॰ नग्न + टाप्] *स्त्री॰* १. नंगी स्त्री। २. निर्लज्ज स्त्री। ३. बालिका।

नग्नाट/नग्नाटक—[सं॰ नग्न ~ अट/अटक] १. नंगा घूमने-फिरने वाला व्यक्ति। २. दिगम्बर जैन।

***नग्रोध**—[< सं॰ न्यग्रोध] *पु॰* बरगद का पेड़। वट वृक्ष।

नघना—[< सं॰ लङ्घन] *क्रिस॰* १. उल्लंघन करना। लाँघना। २. फर्र जाना।

नङ्ग[१] (नंग[१])—[सं॰ न √ गम् + ड] *पु॰* उपपति। जार।

नङ्ग[२] (नंग[२])—[< हि॰ नंगा] *पु॰* १. नग्नता। नंगापन। २. दुराचारी। गुंडा। *वि॰* १. नंगा। २. दुष्ट। बदमाश। ३. निर्लज्ज। बेशर्म।

†नङ्गटा (नंगटा)—[< हि॰ नंग] *वि॰* १. नंगा। २. दुष्ट। बदमाश। *पु॰* शिव। महादेव। ✣ **नङ्ग-धड़ङ्ग (नंग-धड़ंग)**—*वि॰* =

पूरी तरह वस्त्रहीन। ● **विशेष**—इसे '**नंग-धड़ंगा**' भी कहते हैं।

नचिकेता—[सं॰ नचिकेतस्] *पुं॰* अग्नि। आग।

नचिर—[सं॰ न + चिर] *वि॰* अस्थायी।

***नचीन्त (नचींत)**—[< सं॰ निश्चिन्त] *वि॰* निश्चिन्त। चिन्तारहित।

नज़रअन्दाज़ (नज़रअंदाज़)—[अरबी नज़र + फ़ा॰ अन्दाज़] *वि॰* जिस पर ध्यान न दिया गया हो। उपेक्षित। ***वा॰* नज़रअन्दाज़ करना**—१. दृष्टि न डालना। २. ध्यान न देना। ३. उपेक्षा करना।

नज़रबन्द (नज़रबंद)—[अरबी नज़र + फ़ा॰ बन्द] *वि॰* सरकारी आज्ञा से, बिना मुक़दमा चले ही किसी एक स्थान (मकान आदि) की सीमा में रहने को बाध्य तथा सीमित स्वाधीनता वाला (व्यक्ति)। ***जैसे***—नेता जी सुभाष को कलकत्ता में उनके घर में ही नज़रबन्द रखा गया था। ***वा॰* नज़रबन्द करना**—कहीं आने-जाने पर प्रतिबन्ध लगाना। ✣ **नज़रबन्दी (नज़रबंदी)**—*स्त्री॰* = नज़रबन्द होने की क्रिया/भाव/स्थिति।

नज़रबाज़—[अरबी नज़र + फ़ा॰ बाज़] *वि॰* १. (किसी बात को) ताड़ने वाला। पारखी। २. ताक-झाँक करने वाला। ३. (युवतियों आदि से) आँखें लड़ाने वाला। ✣ **नज़रबाज़ी**—*स्त्री॰* = १. अच्छे-बुरे की जाँच। परख। जाँच। २. ताक-झाँक करना। ३. (युवतियों आदि को) कुदृष्टि से देखना।

नज़राना[१]—[< हिं॰ नज़र[१]] *पुं॰* १. नज़र के तौर पर भेंट में दी जाने वाली वस्तु। उपहार।

नज़राना[२]—[< हिं॰ नज़र[२]] *क्रिअ॰* नज़र/कुदृष्टि लग जाना। दीठ लगना। *क्रिस॰* नज़र/कुदृष्टि लगाना। दीठ लगाना।

नज़रिया—[< अरबी नज़रीय:] *पुं॰* दृष्टिकोण। ***जैसे***—सभी नेता अपने-अपने नज़रिए से बोलते रहे।

नज़ला—[< अरबी नज़्ल:] *पुं॰* १. जुकाम का एक रूप जिसमें कफ अधिक निकलता है। २. (लाक्षणिक) क्रोध। ***वा॰* नज़ला गिरना**—किसी के क्रोध आदि का पात्र होना।

नज़ाकत—[फ़ा॰] *स्त्री॰* १. सुकुमारता। कोमलता। २. स्वभाव की कोमलता। नाज़ुक-मिज़ाजी।

नज़ारा—[< अरबी नज़्ज़ार:] *पुं॰* दृश्य।

नज़ीर—[अरबी] *स्त्री॰* उदाहरण। मिसाल। (विधि॰) न्यायालय में किसी पूर्व-मुक़दमे में दिया गया निर्णय जिसे बाद के निर्णयों का आधार बनाया जाए। पूर्वनिर्णय। मिसाल। (अं॰ प्रिसिडेन्ट)

नजूमी—[< अरबी नुजूमी] *पुं॰* ज्योतिषी।

नज़्म—[अरबी] *स्त्री॰* कविता। पद्य।

नट—[सं॰ √नट् + अच्] *पुं॰* १. नाचनेवाला। नर्तक। नचैया। २. (नाटक आदि में) अभिनय करनेवाला। अभिनेता। ३. गाने-बजाने और अनेक प्रकार के शारीरिक कौशल दिखाकर जीवन-निर्वाह करनेवाली एक उपजाति या उसका व्यक्ति।

नटता—[सं॰ नट + तल् + टाप्] *स्त्री॰* १. नट होने की अवस्था/भाव। २. नट का काम/पद।

नटत्व—[सं॰ नट + त्व] *पुं॰* नटता।

नटन—[सं॰ √नट् + ल्युट्] *पुं॰* १. नर्तन। नृत्य। २. नाटकीय अभिनय। हाव-भाव का प्रदर्शन।

नटना[१]—[< सं॰ नटन] *क्रिअ॰* १. नाटकीय अभिनय करना। हाव-भाव का प्रदर्शन करना। २. (प्रतिज्ञा या कही हुई बात से) मुकरना।

नटना[२]—[< सं॰ नर्तन] *क्रिअ॰* नृत्य करना। नाचना।

नटना[३]—[< सं॰ नष्ट] *क्रिअ॰* नष्ट होना। *क्रिस॰* नष्ट करना।

नट-नागर—[सं॰] *पुं॰* कृष्ण।

***नटनि[१]**—[< सं॰ नटन] *स्त्री॰* १. नृत्य। नाच। २. अभिनय। २. मना करने की क्रिया। इनकार। मुकरना।

नटनि[२]/नटनी—[< हिं॰ नट] *स्त्री॰* १. नट जाति की स्त्री। २. नट की पत्नी। ३.अभिनेत्री। नटी।

नटरङ्ग (नटरंग)—[सं॰ नट ~ रङ्ग] *पुं॰* अभिनयशाला। नाट्यगृह।

नटराज—[सं॰ नट ~ राज] *पुं॰* १. प्रधान। श्रेष्ठ। निपुण नट। नटवर। २. शिव। महादेव। ३. कृष्ण।

नटराज्ञी—[सं॰ नट ~ राज्ञी] *स्त्री॰* पार्वती (देवी)।

***नटवत**—[< सं॰ नटवत्] *अव्यय॰* नट के समान।

नटवर—[सं॰ नट ~ वर] *पुं॰* १. नाट्यकला में निपुण व्यक्ति। २. (नाट्यकला में प्रवीण) व्यक्ति। *वि॰* बहुत चतुर/चालाक।

नटवा[१]—[< हिं॰ नट] *पुं॰* १. एक प्रकार के लोकगीत, जिन्हें नट लोग गाते हैं। २. नट।

नटवा[२]—[< हिं॰ नाटा] *पुं॰* छोटे क़द का बैल।

***नटसार/नटसारा**—*स्त्री॰* ≤ *सं॰* नाट्यशाला। रंगभवन।

नटसाल—[< सं॰ नष्ट शल्य] *पुं॰* १. काँटा/बर्छी/बाण की नोक जो टूटकर शरीर के भीतर रह जाती है और कष्ट देती है। नष्टशल्य। २. मानसिक पीड़ा। कसक।

नटी—[सं॰ नट + ङीप्] *स्त्री॰* १. नट-जाति की स्त्री या नट की पत्नी। २. नाटक में अभिनय करनेवाली स्त्री। अभिनेत्री। ३. सूत्रधार की पत्नी। ४. नाचनेवाली स्त्री। ५. वेश्या।

नटेश/नटेश्वर—[सं॰ नट ~ ईश/ईश्वर] *पुं॰* १. नृत्य करनेवालों में सर्वश्रेष्ठ। नटराज। २. शिव। महादेव। ✣ **नटेश्वरी**—*स्त्री॰* = पार्वती (देवी)।

नड—[सं॰ √नल् + अच्, 'ल' का डत्व] *पुं॰* एक प्रकार की घास। नरकट। नरसल। सरपत। सरकंडा।

नडिनी—[सं॰ नडिन् + ङीप्] *स्त्री॰* वह नदी जिसमें सरपत घास अधिक हो।

†नढ़ना—[< हिं॰ नाधना] *क्रिस॰* १. गूँथना। पिरोना। २. कसना।

नत[१]—[सं॰ √नम् + क्त] *वि॰* १. झुका हुआ। २. नम्रता दिखाने के लिए झुका हुआ। ३. नम्र। विनीत। ४. प्रणाम करता हुआ।

नतग्रीव—[सं॰ नत ~ ग्रीवा] *वि॰* १. गर्दन नीची किया हुआ। २. दीन। ३. लज्जित।

***नतन**—[सं॰ √नम् + ल्युट्] *पुं॰* नति। झुकाव।

नतपाल—[सं॰ नत ~ पाल] *पुं॰* विनीत/शरणागत हुए व्यक्तियों

का पालन करनेवाला। शरणागत-रक्षक।

नतभ्रू—[स० नत ~ भ्रू] *स्त्री०* टेढ़ी भौं वाली स्त्री।

नतर/नतरक/नतरु/नतरुक**—[< स० न तर्हि] *अव्यय०* नहीं तो। अन्यथा। ***जैसे—मेरी बात मान लो नतरु बहुत कष्ट होगा।

नताङ्ग (नतांग)—[स० नत ~ अङ्ग] *वि०* १. झुके हुए शरीर वाला। २. प्रणाम करनेवाला। प्रणाम करता हुआ। ✣ **नताङ्गी (नतांगी)**—*स्त्री०* नारी। स्त्री।

नति—[स० √नम् + क्तिन्] *स्त्री०* १. नत होने या झुकने की क्रिया/भाव। झुकाव। २. प्रणाम। नमस्कार। ३. किसी ओर मन का झुकाव। ४. उतार। ढाल। ५. नम्रता। ६. टेढ़ापन। (गणित०) क्षैतिज तल के साथ किसी ऊँची वस्तु द्वारा निर्मित कोण (अ० डिप)। (वनस्पति वि०) किसी वृक्ष की शाखा को झुकाकर बिना काटे ही कलम लगाना। (अ० एब्लैक्टेशन)

***नतु**—[स० न तु] *अव्यय०* नहीं तो। अन्यथा।

***नतुर**—[< हि० नतरु] *अव्यय०* नहीं तो। अन्यथा।

न तु वा—[स०] *अव्यय०* ऐसा नहीं तो।

¦नतैत—[< हि० नाता] *पु०* सम्बन्धी। नातेदार।

***नतैनी**—[< हि० नाता] *स्त्री०* १. सम्बन्धी। २. नाता। रिश्ता।

नतोदर—[स० नत ~ उदर] *वि०* जिसका ऊपरी भाग कुछ नीचे या अन्दर की ओर हो। अवतल। ***जैसे***—नतोदर शीशा। (अ० कॉन्केव) ∇ **विलोम**—उन्नतोदर।

नत्थी—[< स० नस्तित, या < हि० नाथना] *स्त्री०* १. नाथने की क्रिया/भाव। २. बहुत से काग़ज़ों, कपड़ों के टुकड़ों आदि को डोरे आदि में एक साथ पिरोने की क्रिया। एक सूत्र में बँधाव। ३. इस प्रकार एक सूत्र में बाँधे हुए काग़ज़ या कपड़े के टुकड़े।

नथ—[हि० नाथना] *स्त्री०* १. स्त्रियों द्वारा नाक में पहना जाने वाला एक वृत्ताकार आभूषण जो सोने-चाँदी आदि के तार का बना होता है। २. गाय आदि की (नाक में डालकर) नाथने की रस्सी।

नथनी—[< हि० नथ] *स्त्री०* १. स्त्रियों द्वारा नाक में पहनने का आभूषण। छोटी नथ। २. बुलाक/बेसर नामक नाक का आभूषण। ३. नथ के आकार की कोई छोटी वस्तु। ४. बैल नाथने की रस्सी। नाथ। ● **विशेष**—वेश्या बनायी जाने वाली लड़की का पहली बार किसी वेश्यागामी से सम्बन्ध होना **'नथनी उतारना'** कहा जाता है।

¦नथिया—*स्त्री०* ≤ *हि०* नथ। ● **विशेष**—वेश्या की पुत्री या संरक्षित लड़की जो किसी वेश्यागामी से सम्बन्धित होने से पहले **'नथियाबन्द'** कही जाती है।

***नथी**—[स० नास्ति] *अव्यय०* नहीं।

नद—[स० √नद् + अच्] *पु०* १. बहुत बड़ी नदी। ***जैसे***—सिन्धु नद; ब्रह्मपुत्र नद। २. जल-प्रवाह। नाला।

नदन—[स० √नद् + ल्युट्] *पु०* १. नाद/आवाज़ करना या होना। २. ज़ोर की आवाज़। नाद। ३. प्रतिध्वनि। ४. (बाजों के) बजने की ध्वनि। ५. (बादलों का) गर्जन। ६. (बैल का) डकराना। ७. (सिंह की) दहाड़।

नदना—[< स० नदन] *क्रिअ०* १. नाद/शब्द/आवाज़ होना। २. पशुओं का शब्द/आवाज़ करना। ३. बाजों का बजना। ४. बादलों का गरजना। ५. (बैल का) डकराना। ६. (सिंह का) दहाड़ना।

नदनु—[स० √नद् + अनुङ्] *वि०* ज़ोर की आवाज़ करनेवाला। *पु०* १. ज़ोर की आवाज़। नाद। २. सिंह। शेर। ३. मेघ। बादल।

नदराज—[स० नद ~ राज] *पु०* समुद्र। सागर।

नदी-कान्त (कांत)—[स०] *पु०* समुद्र। सागर।

नदी-गर्भ—[स०] *पु०* १. नदी के दोनों तटों के बीच का स्थान। २. नदी/धारा के अन्दर का स्थान।

नदीज—[स० नदी + ज] *वि०* जो नदी से उत्पन्न हुआ हो। *पु०* (गंगा-पुत्र) भीष्म।

नदी-तल—[स०] *पु०* नदी के प्रवाह की आधार-भूमि। नदी के नीचे की ज़मीन।

नदीदा—[< फा० नदीदः] *वि०* जो हर व्यक्ति के भोजन को लोलुप दृष्टि से देखे।

नदी-दुर्ग—[स०] *पु०* नदी के बीच में द्वीप पर या नदियों से घिरा हुआ क़िला।

नदी-पति—[स०] *पु०* १. समुद्र। सागर। २. वरुण (देवता)।

नदी-मुख—[स०] *पु०* वह स्थान जहाँ नदी समुद्र से मिले। नदी का मुहाना।

नदीश/नदीश्वर—[स० नदी ~ ईश/ईश्वर] *पु०* समुद्र। सागर। ✣ **नदीश-नन्दिनी (नंदिनी)**—*स्त्री०* = लक्ष्मी। (देवी)।

नद्‌ध (नद्ध)—[स० √नह् + क्त] *वि०* १. बँधा हुआ। २. बाँधा हुआ। ३. नथा हुआ। ४. नाथा हुआ। ५. जड़ा हुआ। ६. गुथा हुआ। ७. जुड़ा/मिला हुआ।

नद्‌धी (नद्धी)—[< स० नद्ध्री] *स्त्री०* १. चमड़े की डोरी। ताँत। २. चमड़े की पट्टी। *वि०* जो नद्ध किया गया हो। नत्थी।

नधना—[< स० नद्ध] *क्रिअ०* १. (पशु का) नाथा जाना। नथना। ***जैसे***—बैल या भैंसा नधना। २. न चाहते हुए भी किसी के साथ जोड़ा/बाँधा/लगाया जाना। ३. किसी काम में पूरी तरह लगना या लगाया जाना। ✣ **नधाव**—*पु०* = नाधा जाना।

ननदोई—[< हि० ननद] *पु०* ननद का पति।

ननसाल—*स्त्री०* ≤ हि० ननिहाल। नाना का घर।

ननिया—[< हि० नाना] *वि०* नाना या नानी के तुल्य स्तर का सम्बन्धी। ✣ **ननिया ससुर**—*पु०* = पति या पत्नी का नाना। ✣ **ननिया सास**—*स्त्री०* = पति या पत्नी की नानी।

ननिहाल—[< हि० नाना + स० आलय] *पु०* नाना का घर या परिवार।

ननु—[स० न √नुद् + डु] *अव्यय०* (संस्कृतज्ञ विद्वानों के वाद-विवाद या शास्त्रार्थ में कोई बात पूछने या सन्देह प्रकट करने के लिए प्राय: वाक्य के आरम्भ में प्रयुक्त शब्द) = नहीं, ऐसा नहीं।

ननु-नच—[स० ननु ~ न ~ च] *अव्यय०* नहीं, ऐसा नहीं और न ऐसा ही। *स्त्री०* किसी बात में छोटी-सी आपत्ति/सन्देह/शंका आदि।

वा॰ बिना ननुनच किए—निर्विरोध। निर्विवाद।

नन्द (नंद)—[स॰ √नन्द् + अच्] *वि॰* १. प्रसन्न या आनन्दित करनेवाला। सुख देनेवाला। २. श्रेष्ठ। ३. कल्याणकर। शुभ। *पु॰* १. आनन्द। प्रसन्नता। हर्ष। आह्लाद। २. विष्णु। ३. नन्दन। पुत्र। ४. नौ निधियों में से एक। ५. यशोदा का पति। ६. नन्द-वंश का प्रवर्तक मगध का राजा। *स्त्री॰* पति की बहन। ननद।

नन्दद (नंदद)—[स॰ नन्द + द] *वि॰* आनन्द देने वाला। *पु॰* पुत्र। बेटा।

नन्दन (नंदन)—[स॰ √नन्द् + णिच् + ल्यु] *वि॰* प्रसन्न करने वाला। आनन्द देने वाला। हर्षप्रद। *पु॰* १. पुत्र। २. राजा। ३. इन्द्र का उद्यान। ४. साठ संवत्सरों में से छब्बीसवें संवत्सर का नाम। (छन्द॰) एक समवर्णिक छन्द जिसके प्रत्येक चरण में क्रम से नगण, जगण, भगण, जगण और दो रगण (न ज भ ज र र) के योग से १८ वर्ण होते हैं और ११-७ पर यति होती है। ● **विशेष**—१. संस्कृत में 'नन्दन' (√नन्द + ल्युट्) का अर्थ 'आनन्द/हर्ष' है। २. इन्द्र के उद्यान को '**नन्दन-कानन**' अथवा '**नन्दन-वन**' भी कहा जाता है।

नन्दनक (नंदनक)—[स॰ नन्दन + कन्] *पु॰* पुत्र। बेटा।

नन्दना[1]—[स॰ नन्दन + टाप्] *स्त्री॰* १. पुत्री। बेटी। २. बालिका। लड़की।

नन्दना[2]—[स॰ √नन्द + णिच् + युच् + टाप्] *क्रिअ॰* प्रसन्न होना। *क्रिस॰* प्रसन्न करना।

नन्दनी (नंदनी)—[स॰ नन्दन + ङीष्] *स्त्री॰* १. पुत्री। बेटी। २. बालिका। लड़की। ३. कामधेनु। ४. पार्वती। उमा। ५. गंगा। ६. ननद। ७. पत्नी।

नन्द (नंद) रविवार—[स॰] *पु॰* माघ शुक्ल षष्ठी को होनेवाला रविवार।

नन्दरानी (नंदरानी)—[स॰ नन्द + हि॰ रानी] *स्त्री॰* नन्द की पत्नी। यशोदा।

नन्दा (नंदा)—[स॰ नन्द + टाप्] *वि॰ (स्त्री॰)* १. आनन्द देनेवाली। २. शुभ। *स्त्री॰* १. प्रसन्नता। हर्ष। २. धन-सम्पत्ति। ३. ननद। ४. पार्वती/दुर्गा (देवी) का एक रूप। ५. चान्द्र मास के शुक्ल पक्ष की प्रतिपदा/षष्ठी/एकादशी तिथि। (छन्द॰) बरवै छन्द। (दे॰) ● **विशेष**—भाद्र कृष्ण नवमी तथा भाद्र शुक्ल नवमी को '**नन्दा नवमी**' कहा जाता है।

नन्दात्मज (नंदात्मज)—[स॰ नन्द ~ आत्मज] *पु॰* नन्द-नन्दन। कृष्ण। ✣ **नन्दात्मजा**—*स्त्री॰* = नन्द की पुत्री। नन्द-नन्दिनी। योगमाया।

नन्दि (नंदि)—[स॰ √नन्द + इन्] *स्त्री॰* आनन्द/प्रसन्नता। हर्ष। *पु॰* १. परमानन्दस्वरूप परमात्मा। २. विष्णु। ३. शिव। ४. शिव के वाहन वृषभ का नाम। (नाट्य॰) नाटक में नान्दीपाठ करनेवाला व्यक्ति।

नन्दिक (नंदिक)—[स॰ नन्द + ठन्] *पु॰* १. आनन्द। हर्ष। २. शिव का एक गण। नन्दिकेश्वर।

नन्दिका (नंदिका)—[स॰ नन्दिक + टाप्] *स्त्री॰* १. नन्दा तिथि। (दे॰) २. हँसमुख स्त्री। ३. (इन्द्र का) नन्दन-वन। ४. (पानी रखने की) मिट्टी का नाँद।

नन्दिकेश/नन्दिकेश्वर (नंदिकेश/नंदिकेश्वर)—[स॰ नन्दिक ~ ईश/ईश्वर] *पु॰* १. शिव। महादेव। २. शिव के एक प्रधान गण का नाम।

नन्दिनी (नंदिनी)—[स॰ √नन्द् + णिनि + ङीप्] *स्त्री॰* १. पुत्री। बेटी। २. लड़की। ३. (देवताओं की गाय) कामधेनु। ४. पार्वती। उमा। ५. गंगा। ६. ननद। ७. पत्नी। ८. श्यामा। तुलसी। (छन्द॰) एक समवर्णिक छन्द जिसके प्रत्येक चरण में क्रमशः सगण, जगण, दो सगण और गुरु (स ज स स ग) के योग से १३ वर्ण होते हैं। छन्द।

नन्दि (नंदि)-मुख—[स॰] *पु॰* १. शिव। महादेव।

नन्दि (नंदि)-वर्धन—[स॰ नन्दि ~ वर्धन] *वि॰* आनन्द बढ़ानेवाला। हर्षवर्धक। *पु॰* १. शिव। २. पुत्री। ३. पुत्र। (वास्तु॰) एक प्रकार का विशाल मन्दिर।

नन्दी (नंदी)—[स॰ नन्दिन्] *वि॰* १. आनन्दित। प्रसन्न। आह्लादित। २. प्रसन्न करनेवाला। प्रसन्नताकारक। *पु॰* १. विष्णु। २. शिव का एक प्रमुख गण। ३. शिव का वाहन वृषभ। ४. दाग़कर छोड़ा गया साँड। ५. धव का वृक्ष। (नाट्य॰) नाटक में नान्दीपाठ करने वाला व्यक्ति। ✣ **नन्दी (नंदी)-पति**—*पु॰* शिव। महादेव। ✣ **नन्दी (नंदी) बैल**—*पु॰* १. भगवान् शिव के नाम पर दाग़कर छोड़ा हुआ साँड जो खेती आदि में काम नहीं आता। २. (लाक्षणिक) ऐसा मनुष्य जो काम-धन्धा न करे और दूसरों की कृपा पर आश्रित हो।

नन्दीश/नन्दीश्वर (नंदीश/नंदीश्वर)—[स॰ नन्दि ~ ईश/ईश्वर] *पु॰* १. शिव। महादेव। २. शिव का एक प्रमुख गण।

नन्हा—[< प्रा॰ लण्ह] *वि॰* १. अवस्था या आकार में बहुत छोटा। ***जैसे***—नन्हा फूल/बच्चा। २. बारीक। पतला। महीन। ***जैसे***—नन्हा कातना। ● **विशेष**—नन्हा-मुन्ना = बहुत छोटा बच्चा। **वा॰ नन्हा कातना**—बहुत कठिन काम करना।

नन्हाई—[< हि॰ नन्हा] *स्त्री॰* १. नन्हा होने की अवस्था/भाव। बहुत छोटापन। ***जैसे***—फूल की नन्हाई। २. बारीकी। पतलापन। ३. तुच्छता। **नन्हापन**— *पु॰* = नन्हाई।

नफ़र—[फा॰] *पु॰* १. मनुष्य। आदमी। ***जैसे***—काम करने की लिए पाँच नफ़र चाहिए। २. सेवक। नौकर।

नफ़री—[< फा॰ नफ़र] १. मज़दूर आदि का दिन-भर का काम। २. मज़दूर आदि के काम के कुल दिन। ३. मज़दूर आदि की दैनिक मज़दूरी।

नफ़ासत—[अरबी] *स्त्री॰* १. स्वच्छता। सफ़ाई। २. कोमलता। ३. सूक्ष्मता। नज़ाकत।

नफ़ी—[< अरबी] *स्त्री॰* नकार। नहीं।

नफ़ीरी—[फा॰] *स्त्री॰* १. शहनाई के साथ बजनेवाला बाँसुरी जैसा एक वाद्य। २. शहनाई।

नफ़ीस—[अरबी] *वि॰* १. उत्तम। बढ़िया। २. स्वच्छ। निर्मल। ३. कोमल।

नफ़्स—[अरबी] *पु॰* १. अस्तित्व। २. काम-वासना। विषय-वासना। ३. (सूफ़ी मत में) ऐसी मानव-चेतना जो मनुष्य को पतन की ओर ले जाए। वासना।

नफ़्सपरस्त—[सं॰ नफ़्स + फा॰ परस्त] *वि॰* विषय-लोलुप। ऐयाश। ✣ **नफ़्सपरस्ती**—*स्त्री॰* = विषयलोलुपता। ऐयाशी।

नबना—[< हिं॰ नमना] *क्रिअ॰* झुकना। नमना।

नबी—[अरबी] *पु॰* (इस्लाम॰) ईश्वर का दूत। पैग़म्बर।

†**नबेरना**—[< हिं॰ निबेड़ना] *क्रिस॰* १. निबेड़ना। (दे॰) २. छाँटना।

†**नबेरा**—[देशज] *पु॰* पशुओं का छोटा झुंड।

नभः/नभस्—[सं॰ √नह् + असुन्, भ आदेश] *पु॰* १. आकाश। आसमान। २. शून्य स्थान। ३. वायुमंडल। ४. मेघ। बादल। ५. सावन का महीना। श्रावण मास। ६. जल की वर्षा। ७. वर्षा ऋतु। ८. आधार। आश्रय। ९. शिव। महादेव। १०. शून्य (अंक)।

नभःकेतन—[सं॰ नभस् ~ केतन] *पु॰* सूर्य।

नभःसरित्—[सं॰ नभस् ~ सरित्] *स्त्री॰* आकाशगंगा।

नभःस्थल—[सं॰ नभस् ~ स्थल] *पु॰* आकाश। ✣ **नभःस्थली**—*स्त्री॰* = आकाश।

नभग—[सं॰ नभ + ग] *वि॰* १. आकाश में चलनेवाला। आकाशगामी। गगनचर। २. भाग्यहीन। अभागा। *पु॰* १. पक्षी। चिड़िया। २. वायु। हवा। ३. मेघ। बादल। ✣ **नभग-नाथ**—*पु॰* = पक्षियों का राजा गरुड़।

नभ-गिरा—[सं॰] *स्त्री॰* आकाशवाणी।

नभगेश—[सं॰ नभग ~ ईश] *पु॰* पक्षियों का राजा। खगेश। गरुड़। ✣ **नभगेस**—*पु॰* = नभगेश।

नभतल—[सं॰ नभ ~ तल] *पु॰* १. आकाशमंडल। २. आकाश। गगन।

नभध्वज—[< सं॰ नभोध्वज] *पु॰* मेघ। बादल। ✣ ***नभधुज**—*पु॰* = नभध्वज।

नभश्चक्षु—[सं॰ नभस् ~ चक्षु] *पु॰* सूर्य।

नभश्चरण—[सं॰ नभस् ~ चरण] *पु॰* आकाश में विचरण/गमन। आकाश में उड़ान।

नभश्चुम्बी (नभश्चुंबी)—[सं॰ नभस् ~ चुम्बी] *वि॰* १. आकाश को छूने वाला। गगनस्पर्शी। २. बहुत ऊँचा।

नभस्थल—[< सं॰ नभःस्थल] *पु॰* आकाश। गगन।

नभस्वान्—[सं॰ नभस्वत्] *वि॰* १. कुहरे से भरा हुआ। २. बादलों से भरा हुआ। *पु॰* वायु। हवा।

नभोगति—[सं॰ नभः ~ गति] *स्त्री॰* आकाश में गति। उड़ना। *वि॰, पु॰* नभग। (दे॰)

नभोधूम—[सं॰ नभः ~ धूम] *पु॰* मेघ। बादल।

नभोनदी—[सं॰ नभस् ~ नदी] *स्त्री॰* आकाशगंगा।

नभोमणि—[सं॰ नभः ~ मणि] *पु॰* सूर्य।

नभोरज—[सं॰ नभः ~ रजस्] *पु॰* अन्धकार। अँधेरा।

नभोरूप—[सं॰ नभः ~ रूप] *वि॰* आकाश के रंग का। हल्का नीला। आसमानी।

नभोरेणु—[सं॰ नभः ~ रेणु] *स्त्री॰* कुहरा। कुहासा।

नभोवीथी—[सं॰ नभ ~ वीथी] *स्त्री॰* छायापथ।

नभ्राट्—[सं॰ न √भ्राज् + क्विप् = न भ्राज्] *पु॰* काला बादल। काली घटा।

नम—[फा॰] *वि॰* भीगा हुआ। आर्द्र। गीला। तर।

नमः/नमस्—[सं॰ √नम् + असुन्] *अव्यय॰* प्रणाम के अवसर पर प्रयोग किया जाने वाला एकशब्द। ***जैसे***—नमो नमः (= नमः नमः)। *पु॰* नमस्कार। प्रणाम। नमन। ***जैसे***—नमः शिवाय।

नमक़ख़्वार—[फा॰] *वि॰* १. (व्यक्ति) जिसने किसी का नमक खाया हो। २. स्वामिभक्त। नमकहलाल। ३. जो किसी के द्वारा पाला गया हो। पालित। *पु॰* सेवक। नौकर।

नमकहराम—[फा॰ नमक + अरबी हराम] *वि॰* १. कृतघ्न। २. विश्वासघाती। ∇ **विलोम**—नमकहलाल।

नमकहलाल—[फा॰ नमक + अरबी हलाल] *वि॰* १. कृतज्ञ। २. स्वामिभक्त। स्वामिनिष्ठ। ∇ **विलोम**—नमकहराम।

नमदा—[< फा॰ नमद] *पु॰* कोमल ऊन या पश्म का मोटा गद्दा। ऊनी क़ालीन।

नमन—[सं॰ √नम् + ल्युट्] *पु॰* १. झुकने की क्रिया या भाव। २. झुककर किया गया अभिवादन। नमस्कार। प्रणाम। ३. नति। झुकाव।

नमस्कार—[सं॰ नमस् + कार] *पु॰* झुककर किया गया अभिवादन। प्रणाम। ***वा॰* नमस्कार कर लेना**—छोड़ देना। ***जैसे***—अब उसने राजनीति को नमस्कार कर लिया है।

नमस्कार्य—[सं॰ नमस् √कृ + ण्यत्] *वि॰* नमस्कार किए जाने योग्य। प्रणम्य। पूज्य। वन्दनीय।

नमस्क्रिया—[सं॰ नमस् ~ क्रिया] *स्त्री॰* नमन का कार्य। नमस्कार।

नमस्कृत—[सं॰ नमस् + कृत] *वि॰* १. जिसे नमस्कार/प्रणाम किया गया हो। २. पूजित। वन्दित।

नमस्ते—[सं॰ नमस् ~ ते] *स्त्री॰* नमस्कार। प्रणाम।

नमस्य—[सं॰ नमस् + यत्] *वि॰* १. नमस्कार/प्रणाम के योग्य। प्रणम्य। नमस्कार्य। २. सम्माननीय।

नमाना—[< सं॰ नमन] *क्रिस॰* १. झुकाना। २. वश में करना।

नमित—[सं॰ √नम् + णिच् + क्त] *वि॰* १. झुका हुआ। २. झुकाया हुआ।

नमुचिरिपु/नमुचिसूदन—[सं॰ नमुचि ~ रिपु/सूदन] *पु॰* (नमुचि का शत्रु/नाशक) इन्द्र।

नमूदार—[< फा॰ नुमूदार] *वि॰* प्रकट। व्यक्त। ज़ाहिर।

नम्य—[सं॰ √नम् + यत्] *वि॰* १. प्रणाम करने योग्य। पूज्य। वन्दनीय।

२. झुकाने योग्य। लचीला। *जैसे*—पौधे की नम्य शाखाएँ। (भौतिकी॰) नम्य गुण वाला (पदार्थ)। ✣ **नम्यता**—*स्त्री॰* = नम्य होने का गुण/भाव। (भौतिकी॰) किसी ठोस पदार्थ को मोड़ने पर उसका मुड़ जाना परन्तु स्वतन्त्र छोड़ देने पर फिर अपनी पूर्व अवस्था में आने का गुण। ● **विशेष**—इस गुण वाले पदार्थ 'नम्य' कहलाते हैं।

नम्र—[स॰ √नम् + र] *वि॰* १. जो झुका हुआ हो। नत। २. जिसमें विनय हो। विनत। विनीत। ३. विनय से नत। विनयावनत। ✣ **नम्रता**—*स्त्री॰* नम्र/विनीत होने की अवस्था/गुण/भाव। ∇ **विलोम**—उद्दंडता।

नम्रित—[< स॰ नम्र] *वि॰* नमित।

नय—[स॰ √नी + अप्] *पु॰* १. किसी को किसी ओर ले जाने या नेतृत्व करने की क्रिया या भाव। २. जीवन-यापन की विधि। आचरण। ३. व्यवहार। बरताव। ४. सदाचार। *जैसे*—नयशाली। ५. उचित ढंग से कार्य-संचालन का नियम या सिद्धान्त। नीति। *जैसे*—नय-नागर=नीति-निपुण। ६. शासन-व्यवस्था के लिए निर्धारित नियम और सिद्धान्त। राजनीति। ७. दार्शनिक सिद्धान्त। ८. सिद्धान्त। ९. विधि। १०. मत। राय। ११. नम्रता। विनय। (जैन॰) वक्ता का अभिप्राय विशेष। विरोधी धर्मो का निराकरण न करते हुए वस्तु के एक अंश/धर्म को ग्रहण करने वाला ज्ञाता का अभिप्राय।

ꜝ**नयकवा**—[< स॰ नयक] *पु॰* १. चतुर/कुशल व्यक्ति। २. नायक।

ꜝ**नयकारी**—[देशज] *पु॰* १. नाचनेवाला। नर्तक। २. नर्तकों की टोली का नायक।

नय-कोविद—[स॰] *वि॰, पु॰* नयज्ञ। नीतिज्ञ।

नयज्ञ—[स॰ नय + ज्ञ] *वि॰, पु॰* नीति। नीति-कुशल।

नयचक्षु—[स॰ नय ~ चक्षुः] *वि॰* दूरदर्शी। नीतिज्ञ।

नयन—[स॰ √ना + ल्युट्] *पु॰* १. ले जाना। २. व्यवस्था करना। ३. शासन करना। ४. समीप लाना। ५. नेत्र। आँख। ***वा॰* नयन अघाना**—देखकर तृप्त होना। **नयन चलाना**—१. आँखें मटकाना। २. मन का भाव संकेत से प्रकट करना। **नयन-बाण चलाना**—कटाक्ष करना। **नयनों का तारा**—अत्यन्त प्रिय व्यक्ति/वस्तु।

नयनगोचर—[स॰ नयन ~ गोचर] *वि॰* दिखने वाला। प्रत्यक्ष। समक्ष।

नयनच्छद—[स॰ नयन ~ छद] *पु॰* पलक। नयन-पट।

नयनता—[< स॰ नयन] *स्त्री॰* १. 'नयन' का भाव। २. दृष्टि। *जैसे*—युवती की नयनता पर मुग्ध युवक।

नयन-पुट—[स॰] *पु॰* वह गड्ढा जिसमें आँख रहती है। नेत्र के गड्ढे का गोलक। नेत्र-कोटर।

नयनफल—[स॰ नयन ~ फल] *पु॰* नेत्रों की सार्थकता। दृष्टि होने का लाभ।

नयना—[< स॰ नमन] *क्रिअ॰* १. झुकना। २. किसी के सामने नम्र/विनीत होना। ३. नमस्कार करना। *क्रिस॰* १. झुकाना। २. कम करना या समाप्त करना।

नय-नागर—[स॰] *पु॰* नीति-कुशल। नीतिज्ञ।

नयनानन्द (नयनानंद)—[स॰ नयन ~ आनन्द] *पु॰* नेत्रों का सुख। देखने का आनन्द। *वि॰* सुन्दर।

नयनाभिराम—[स॰ नयन ~ अभिराम] *वि॰* नेत्रों को सुन्दर लगने वाला। आकर्षक। मनोहर। *जैसे*—नयनाभिराम चित्र।

नयनिमा—[< स॰ नयन] *स्त्री॰* १. दृष्टि। २. चितवन।

नयनी—[< स॰ नयन] *स्त्री॰* (नेत्र की) पुतली। *वि॰ (स्त्री॰)* [समास के अन्त में प्रयुक्त] के समान नेत्रों वाली। जैसे—कमलनयनी; मृगनयनी।

नयनोत्सव—[स॰ नयन ~ उत्सव] *पु॰* १. नेत्रों को अत्यन्त सुख देने वाली वस्तु। बहुत प्रिय/सुन्दर वस्तु। २. दीपक।

नयनोन्मीलक—[स॰ नयन ~ उन्मीलक] *वि॰* आँख खोलनेवाला। *जैसे*—आपके नयनोन्मीलक प्रमाणों से उसे अपनी ग़लती समझ में आ गयी।

नयनोपान्त (नयनोपांत)—[स॰ नयन ~ उपान्त] *पु॰* आँख का कोना। नेत्र की कोर।

नयपाल—[स॰ नय ~ पाल] *वि॰, पु॰* नीति का पालक। नीति-रक्षक।

*__नयर__—*पु॰* ≤ *स॰* नगर।

नयवादी—[स॰ नयवादिन्] *वि॰, पु॰* नीतिज्ञ। राजनीतिज्ञ।

नयवान्—[स॰ नय + मतुप्] *वि॰* नयशाली।

नयशाली—[स॰ नयशालिन्] *वि॰* १. नीतिपूर्ण। २. सदाचारी। ३. विवेकशील। बुद्धिमान्। ४. विनयी। विनम्र।

नयशास्त्र—[स॰ नय ~ शास्त्र] *पु॰* १. राजनीतिशास्त्र। २. नीति-सम्बन्धी शास्त्र।

नयाचार—[स॰ नय ~ आचार] *पु॰* १. नीति के अनुरूप आचरण के नियम आचार-संहिता। २. राजनीतिक/राजनयिक शिष्टाचार। ३. उक्त शिष्टाचार का पालन।

नयार्जित—[स॰ नय ~ अर्जित] *वि॰* १. नीति से प्राप्त। २. राजनीति से प्राप्त। ३. धर्म से अर्जित। *जैसे*—नयार्जित सम्पत्ति और अधर्म से प्राप्त सम्पत्ति का अन्तर।

नर—[स॰ √नृ + अच्] *वि॰* १. पुरुषजातीय। *जैसे*—नर पक्षी; नर हाथी। २. पुरुषोचित। मर्दाना। ३. वीर। बहादुर। ४. अपने वर्ग में सबसे उत्तम। *जैसे*—नर हीरा। *पु॰* १. मनुष्य। २. पुरुष। मर्द। ३. एक प्राचीन ऋषि जिन्होंने 'नारायण' ऋषि के साथ तपस्या की थी। ४. (उक्त नर ऋषि का अवतार) अर्जुन। *जैसे*—नर की नारी द्रौपदी। (छन्द॰) १. छप्पय का एक प्रकार। २. दोहा का एक प्रकार जिसके चारों चरणों में मिलाकर १५ गुरु और १८ लघु होते हैं। ∇ **विलोम**—नारी/मादा।

नरक-चतुर्दशी—[स॰] *स्त्री॰* कार्तिक मास के कृष्ण पक्ष की चतुर्दशी तिथि। नरक-चौदस। ● **विशेष**—कृष्ण द्वारा नरकासुर-वध इसी तिथि पर होने से तिथि का यह नाम प्रसिद्ध हुआ।

नरक-चौदस—*स्त्री॰* ≤ *स॰* नरक-चतुर्दशी।

नरकस्थ—[स॰ नरक + स्थ] *वि॰* जो नरक में स्थित हो। ✣

नरकस्था—*वि॰ (स्त्री॰)* = नरकस्थ (स्त्री आदि)। *स्त्री॰* = (नरक की) वैतरणी नदी।

नरकान्तक (नरकांतक)—[स॰ नरक ~ अन्तक] *पु॰* १. नरकासुर को मारनेवाला। कृष्ण। २. विष्णु।

नरकामय—[स॰ नरक ~ आमय] *पु॰* १. भूत-प्रेत। २. नरक के कष्ट।

नरकारि—[स॰ नरक ~ अरि] *पु॰* १. नरकासुर का शत्रु। कृष्ण। २. विष्णु।

***नरकी**—[< स॰ नरक] *पु॰* नरक में रहने वाला जीव। *वि॰* १. नरक का। २. नरक जैसा गन्दा/कष्टप्रद। ३. अति पापी।

नरकुल—[हि॰] *पु॰* बेंत की जाति का एक पौधा जिसकी पत्तियाँ पतली और लम्बी होती हैं तथा जिसके डंठल गाँठदार और खोखले होते हैं।

नरकेशरी—[स॰ नर ~ केशरी (केशरिन्)] *पु॰* १. (विष्णु का अवतार) नृसिंह। २. सिंह जैसा पराक्रमी मनुष्य। नरसिंह। ***जैसे***—नरकेशरी शिवाजी महाराज।

नरकेसरी—[< स॰ नरकेशरी] *पु॰* नरकेशरी।

नरगिस—[फा॰] *स्त्री॰* कटोरी के आकार का सफ़ेद पुष्प जिसमें गोल काला निशान होता है और जो बहुत सुन्दर तथा सुगन्धित होता है। ✣ **नरगिसी**—*पु॰* = नरगिस के फूल-पत्तियों जैसे बेल-बूटे वाला कपड़ा। *वि॰* नरगिस के रूप तथा रंग का। नरगिस के सदृश। ✣ **नरगिसी आँखें**—*स्त्री॰* = नरगिस के फूल जैसी सुन्दर और बड़ी आँखें।

नरजाना—[< अरबी नज़र (= जाँच/परख)] *क्रिस॰* (किसी वस्तु को) नापना/तोलना। ✣ **नरजा**—*पु॰* = तराज़ू का पलड़ा। ✣ **नरजी**—*पु॰* = अनाज तोलने का काम करनेवाला व्यक्ति। नाप-तौल करनेवाला।

नरत्व—[स॰ नर + त्व] *पु॰* १. नर होने की अवस्था, गुण या भाव। नरता। मनुष्यत्व। २. पुरुषत्व।

नरद—[< फा॰ नर्द] *स्त्री॰* चौसर का खेल या उसकी गोटी।

नरदन—[< स॰ नर्दन] *पु॰* १. गर्जन। २. शब्द/आवाज़ करने की क्रिया/भाव। २. ऊँचे स्वर में गुण-गान।

***नरदारा**—[स॰ नर ~ दारा] *पु॰* १. नपुंसक। हिजड़ा। २. स्त्रियों जैसे रूप-रंग या स्वभाव वाला। ज़नाना। ३. कायर व्यक्ति।

नरदेव—[स॰ नर ~ देव] *पु॰* राजा। २. ब्राह्मण।

नरनाथ/नरनायक—[स॰ नर ~ नाथ/नायक] *पु॰* राजा।

***नरनाह**—[< स॰ नरनाथ] *पु॰* राजा।

नर-नाहर—[स॰ नर + हि॰ नाहर] *पु॰* १. सिंह जैसा पराक्रमी मनुष्य। नरकेशरी। (विष्णु का) नृसिंह अवतार।

नरपति—[स॰ नर ~ पति] *पु॰* राजा।

नरपशु—[स॰ नर ~ पशु] *पु॰* १. पशु के समान आचरण करनेवाला मनुष्य। पशु-तुल्य मनुष्य। पापी/दुष्ट/नीच मनुष्य। २. (विष्णु का) नृसिंह अवतार।

नरपाल—[स॰ नर + पाल] *पु॰* राजा।

नरपिशाच—[स॰ नर ~ पिशाच] *पु॰* मनुष्य होकर भी पिशाचों की तरह क्रूर स्वभाव वाला व्यक्ति। अत्यन्त क्रूर और नीच कर्म करनेवाला मनुष्य।

नरपुङ्गव, नर-पुङ्गव (पुंगव)—[स॰] *पु॰* अति श्रेष्ठ मनुष्य। पुरुषश्रेष्ठ।

नरमट—[< हि॰ नरम + मिट्टी] *स्त्री॰* कोमल/नरम मिट्टी वाली भूमि।

नरमानिका/नरमानिनी—[स॰ नर ~ मानिका/मानिनी] *स्त्री॰* ऐसी स्त्री जिसके दाढ़ी और मूँछ के कुछ बाल हों।

नरमेध—[स॰ नर ~ मेध] *पु॰* १. यज्ञ का एक प्रकार जिसमें मनुष्य की बलि दी जाती थी। २. एक प्रकार का वैदिक यज्ञ। ३. मनुष्यों का सामूहिक संहार। ४. (लाक्षणिक) भीषण युद्ध जिसमें बहुत मनुष्य मरें।

नर-यान, नर-रथ—[स॰] *पु॰* कोई सवारी जिसे चला कर ले जाने या ढोने का काम मनुष्य करें। ***जैसे***—डोली, पालकी, रिक्शा आदि प्रसिद्ध नर-यान है।

नरराज—[स॰ नर ~ राज] *पु॰* १. श्रेष्ठ मनुष्य। २. राजा।

नरर्षभ—[स॰ नर ~ ऋषभ] *पु॰* राजा।

नरलोक—[स॰ नर ~ लोक] *पु॰* मृत्युलोक। भूलोक। पृथ्वी।

***नरवइ**—[< स॰ नरपति] *पु॰* राजा।

नरवर—[स॰ नर ~ वर] *पु॰* १. मनुष्यों में श्रेष्ठ व्यक्ति। नरश्रेष्ठ। २. राजा।

नरवाई—[< हि॰ नरई] *स्त्री॰* १. गेहूँ, जौ आदि की बाल का डंठल। २. नरई। (दे॰)

नरवाहन—[स॰ नर ~ वाहन] *पु॰* १. कुबेर (देवता)। २. (पालकी आदि) ऐसी सवारी जिसे मनुष्य ढोता या खींचता हो।

नरवीर—[स॰ नर ~ वीर] *पु॰* वीर पुरुष। २. योद्धा।

***नरवै**—[< स॰ नरपति] *पु॰* राजा।

नरव्याघ्र—[स॰ नर ~ व्याघ्र] *पु॰* १. वीर और साहसी पुरुष। नरकेशरी। नरशार्दूल। २. श्रेष्ठ पुरुष।

नर-व्याल—[स॰] *पु॰* (पुरा॰) मिस्र आदि में उत्कीर्ण एक काल्पनिक पशु जिसका मुख स्त्री का तथा शरीर सिंह का होता है।

नरशृङ्ग (नरशृंग)—[स॰ नर ~ शृङ्ग] *पु॰* १. मनुष्य का सींग। २. एक काल्पनिक/मिथ्या/असत्य कथन क्योंकि 'मनुष्य का सींग' होना असम्भव है। मनगढ़न्त और झूठा कथन।

नरसिङ्गा/नरसिङ्घा (नरसिंगा/नरसिंघा)—[< हि॰ नर + सींग (स॰ शृङ्ग)] *पु॰* फूँककर बजाया जानेवाला ताँबे का एक बाजा जो तुरही के आकार का होता है।

नरसिंह—[स॰ नर ~ सिंह] *पु॰* विष्णु का एक अवतार। नृसिंह। ✣ **नरसिंह चतुर्दशी**—दे॰ नृसिंह चतुर्दशी।

नरसिंहा—[< हि॰ नर + स॰ शृङ्ग] *पु॰* नरसिंघा (बाना)।

नरसी—[< स॰ नलश्री] *स्त्री॰* कमल की शोभा।

नरहरि—[सं॰ नर ~ हरि] *पु॰* विष्णु का एक अवतार। नृसिंह।

नरहरी—[< सं॰ नरहरि] *पु॰* नरहरि। नृसिंह। (छन्द॰) एक सममात्रिक छन्द जिसके प्रत्येक चरण में १९ मात्राएँ होती हैं, १४-५ पर यति होती है अन्त में क्रमश: तीन लघु और एक गुरु होते है।

†**नरहा**[१]—[देशज] *पु॰* १. चरवाहा। २. एक जंगली वृक्ष। चिल्ला।

नरा[१]—[< हिं॰ नल] *पु॰* नरकट की बनी छोटी नली जिसपर सूत लपेटते हैं।

नरा[२]—[< सं॰ नारा (= जल)] *पु॰* खेत का गड्ढा जिसमें पानी भरा हो।

***नराच**—[< सं॰ नाराच] *पु॰* नाराच बाण। तीर। ✣ नराचिका—स्त्री॰ = बाण। तीर। (छन्द॰) एक समवर्णिक छन्द जिसके प्रत्येक चरण में क्रमशः तगण,रगण, लघु, गुरु के योग से ८ वर्ण होते हैं।

नराधम—[सं॰ नर ~ अधम] *पु॰* नीच मनुष्य।

नराधिप—[सं॰ नर ~ अधिप] *पु॰* नर-पति। राजा।

नराना/निराना—[देशज] *क्रिस॰* खुरपी से खेत की अनावश्यक घास आदि को हटा देना और खोदकर खेत की मिट्टी को नरम बनाना।

नराश/नराशन—[सं॰ नर √अश् + अण्, नर ~ अशन] *वि॰* मनुष्यों को खानेवाला। नर-भक्षी। *पु॰* राक्षस।

नराश्म—[नर ~ अश्म] *पु॰* मानव-कंकाल या मनुष्य की हड्डी का चट्टान बन गया रूप।

***नरि**—[< सं॰ नार] *स्त्री॰* नदी।

†**नरिया**[१]—[< सं॰ नार (= जल)] *स्त्री॰* एक प्रकार की मछली।

†**नरिया**[२]—[देशज] *पु॰* छोटा जवान बैल।

नरिया[३]—[< हिं॰ नली] *पु॰* मकान की छाजन पर रखने का खपड़ों जो अर्धगोलाकार और नली के समान लम्बा होता है तथा खपड़ो की सन्धियों पर रखा जाता है ताकि पानी नीचे न चुए।

†**नरियाना**—[< हिं॰ नर्राना] *क्रिअ॰* गला फाड़कर चिल्लाना। नर्राना।

नरी[१]—[सं॰ नर + ङीष्] *स्त्री॰* नारी। स्त्री। औरत।

नरी[२]—[< हिं॰ नली] *स्त्री॰* १. नलिका। नली। २. जुलाहों की ढरकी की नली जिसपर सूत लिपटता जाता है। नार।

†**नरी**[३]—[देशज] *स्त्री॰* १. बकरी या बकरे का रँगा हुआ चमड़ा। २. लाल रंग का या सिझाया हुआ कोमल चमड़ा। *पु॰* 'कबुद' नामक पक्षी।

***नरु**—*पु॰* ≤ *सं॰* नर। मनुष्य।

†**नरुआ**—[< हिं॰ नल] *पु॰* अनाज के पौधौं का पतला और खोखला डंठल।

नरेन्द्र (नरेंद्र)—[सं॰ नर ~ इन्द्र] *पु॰* १. राजा। २. श्योनाक वृक्ष। सोनापाढ़ा। (छन्द॰) एक समवर्णिक छन्द जिसके प्रत्येक चरण में क्रमशः भगण, रगण, २ नगण, २ जगण और यगण (म र न न ज ज य) के योग से २१ वर्ण होते हैं तथा १३-८ पर यति होती है।

नरेतर—[सं॰ नर ~ इतर] *पु॰* मनुष्य से भिन्न प्राणी। *जैसे*—हाथी नरेतर प्राणी है।

†**नरेली**—[< हिं॰ नारियल] *स्त्री॰* १. छोटा नारियल। २. नारियल की खोपड़ी। ३. उक्त से बना हुक्का।

नरेश/नरेश्वर —[सं॰ नर ~ ईश/ईश्वर] *पु॰* मनुष्यों का स्वामी। राजा। ✣ ***नरेस/नरेस्वर**—*पु॰* = राजा।

†**नरौं (नरों)**—[< हिं॰ नरसों] *क्रिवि॰* १. बीते हुए परसों के पहलेवाला दिन। २. आनेवाले परसों का अगला दिन।

नर्द[१]—[सं॰ √नर्द् + अच्] *वि॰* गरजनेवाला।

नर्द[२]—[फा॰] *स्त्री॰* चौसर का खेल या उसकी गोटी। ✣ **नर्दबाज़**—*पु॰* = चौसर का खिलाड़ी। ✣ **नर्दबाज़ी**—*स्त्री॰* = १. चौसर का खेल। २. चौसर खेलने का व्यसन।

नर्दन—[सं॰ √नर्द् + ल्युट्] *पु॰* १. गर्जन। २. ऊँचे स्वर में गुण-गान। ✣ **नर्दित**—*वि॰* = १. गरजा हुआ। २. गरजता हुआ।

नर्मठ—[सं॰ नर्मन् + अठन्] *वि॰* १. परिहास में कुशल। दिल्लगीबाज़। २. विदूषक। ३. भाँड़। ४. कामुक। लम्पट। ५. (स्त्री का) उपपति। जार।

नर्ममय—[सं॰ नर्मन् + मयट्] *वि॰* उपहासपूर्ण।

नर्मसचिव/नर्मसुहृद—[सं॰ नर्मन् ~ सचिव/सुहृद्] *पु॰* (काव्य॰) राजा का वह सखा जो उसे हँसाता और प्रसन्न रखता है। विदूषक।

नर्मद—[सं॰ नर्मन् + द] *वि॰* हँसानेवाला। सुख/आनन्द देनेवाला। आह्लादक। *पु॰* १. परिहासप्रिय मनुष्य। मसख़रा। २. नर्मसचिव। विदूषक। ✣ **नर्मदा**—*वि॰* (*स्त्री॰*) = आनन्द देनेवाली। *स्त्री॰* = भारत की एक प्रसिद्ध नदी।

नर्मदेश्वर—[सं॰ नर्मदा ~ ईश्वर] *पु॰* नर्मदा नदी से निकलनेवाले विशेष प्रकार के शिवलिंग जो प्राय: अंडाकार होते हैं।

नर्राना—[< सं॰ नर्दन या < हिं॰ नला (= गला)] *क्रिअ॰* ज़ोर से बोलना। गला फाड़कर चिल्लाना।

नर्री—[देशज] *स्त्री॰* एक प्रकार की घास जो ऊसर भूमि में भी होती है।

नर्सरी—[अं॰] *स्त्री॰* १. पौधशाला। २. नर्सरी विद्यालय या उसकी कक्षाएँ या उसकी शिक्षा।

नल[१]—[सं॰ √नल् + अच्] *पु॰* १. कमल। २. एक प्रकार का नरकुल।

नल[२]—[< सं॰ नाल] *पु॰* धातु आदि की बनी एक बेलनाकार, लम्बी, कुछ मोटी और खोखली रचना जिसके अन्दर से पानी आदि जा सके। *जैसे*—भूमि में से पानी खींचने का नल।

नल[३]—[< सं॰ नर] *पु॰* मनुष्य। नर।

***नलनी**—*स्त्री॰* ≤ *सं॰* नलिनी। कमलिनी।

नलिका—[सं॰ नल + ठन् + टाप्] *स्त्री॰* नली।

नलिन—[सं॰ √नल् + इनच्] *पु॰* १.कमल। २. सारस पक्षी।

नलिनी—[सं॰ नल + इनि + ङीप्] *स्त्री॰* १. कमलिनी। कमल। २. वह स्थान/सरोवर जहाँ कमल अधिक उत्पन्न होते हैं। ३. कमलों का ढेर। ४. नदी। (छन्द॰) एक समवर्णिक छन्द जिसके प्रत्येक चरण में ५ सगण होते हैं। ● **विशेष**—इसे '**भ्रमरावली**' (छन्द) अथवा '**मनहरण**' (छन्द) भी कहा गया है।

नलिनीश—[सं॰ नलिनी ~ ईश] *पु॰* सूर्य।

नली—[< हि॰ नल] *स्त्री॰* नल के सदृश बेलनाकार लम्बी रचना जिसके अन्दर से पानी आदि जो बह सके या गोली आदि वस्तु जा सके परन्तु नल की अपेक्षा घेरे में छोटी हो। नलिका। ***जैसे***—बन्दूक़ की नली; पेशाब की नली।

नलोपाख्यान—[सं॰ नल + उपाख्यान] *पु॰* १. निषध देश के राजा नल की कथा। २. महाभारत के वनपर्व का एक अंश जिसमें उक्त कथा है।

नव[1]—[सं॰ √नु + अप्] *वि॰* १. नवीन। नूतन। नया। २. ताज़ा। टटका। ***जैसे***—नव पल्लव। ३. आधुनिक। ***जैसे***—नव युग।

***नव**[2]—[< हि॰ नवना] *क्रिअ॰* 'नवइ' का संक्षिप्त रूप। १. झुकता है। २. नम्र होता है।

नव[3]—[< सं॰ नवन्] *वि॰* १. जो गिनती में नौ हों। ***जैसे***—पृथ्वी के नव खंड। २. नौ प्रकार का। ***जैसे***—नवरत्न। *पु॰* नौ की सूचक संख्या (९)।

नवउपनिवेशवाद—[सं॰ नव ~ उपनिवेश ~ वाद] *पु॰* किसी विदेशी क्षेत्र पर राजनैतिक अधिकार न करते हुए उसे वित्तीय, आर्थिक और प्रौद्योगिक दृष्टि से अपना आश्रित बनाने और शोषण करने की नीति। ***जैसे***—बड़े पूँजीवादी राष्ट्र नव-उपनिवेशवाद की विधि से अनेक राष्ट्रों का शोषण कर रहे हैं।

नव उपविष—[सं॰] *पु॰* (आयुर्वेद॰) नौ प्रकार के उपविष—थूहर का दूध, आक का दूध, कलिहारी, कनेर, गुंजा (घुँघची), जमालगोटा, कुचला, धतूरा और अफ़ीम।

नवक—[सं॰ नवन् + कन्] *वि॰* जिसमें नौ हों। *पु॰* नौ सजातीय वस्तुओं का समूह। ***जैसे***—रत्नों का नवक; श्लोकों का नवक।

नवकुमारी—[सं॰ नवन् ~ कुमारी] *स्त्री॰* (नवरात्र में पूजी जाने वाली) नौ कुमारियाँ/देवियाँ जो पार्वती का रूप हैं—कुमारिका, त्रिमूर्ति, कल्याणी, रोहिणी, काली, चंडिका, शाम्भवी, दुर्गा और सुभद्रा।

नवखण्ड (नवखंड)—[सं॰ नवन् ~ खण्ड] *पु॰* प्राचीन भारतीय भूगोल में वर्णित पृथ्वी के नौ विभाग/वर्ष।

नवग्रह—[सं॰ नवन् ~ ग्रह] *पु॰* (ज्योतिष॰) नौ ग्रह—सूर्य, चन्द्र, मंगल, बुध, बृहस्पति, शुक्र, शनि, राहु व केतु। ⁘ **नवग्रही**—*वि॰* = १. नवग्रह-सम्बन्धी। २. नौ ग्रहों के प्रतीक रत्नों से जड़ा कोई आभूषण। ***जैसे***—नवग्रही माला।

नवचन्द्र (नवचंद्र)—[सं॰ नव ~ चन्द्र] *पु॰* नया चाँद। शुक्ल प्रतिपदा का चन्द्रमा।

नवजागरण—[सं॰ नव ~ जागरण] *पु॰* १. नयी जागर्ति/जागृति। २. पुनरुत्थान। पुनर्जागरण। साहित्य/कला आदि में पुनर्जागरण का काल **'नवजागरण-युग'** कहा जाता है। यूरोप का नवजागरण-युग (चौदहवीं से सोलहवीं शती तक) और भारतीय नवजागरण-युग (१८वीं-१९वीं शती) प्रसिद्ध है। **भारतीय नवजागरण-युग के महापुरुषों में राजा राममोहन राय, स्वामी रामकृष्ण परमहंस, स्वामी दयानन्द सरस्वती और स्वामी विवेकानंद अग्रगण्य हैं।**

नवजात—[सं॰ नव ~ जात] *वि॰* नया जन्मा। जो अभी हाल में ही उत्पन्न हुआ हो। नवप्रसूत। ***जैसे***—नवजात शिशु। (रसायन॰) (तत्त्व या यौगिक) जो संयुक्तावस्था से तुरन्त मुक्त हुआ हो। ***जैसे***—नवजात हाइड्रोजन।

नव-डार्विनवाद—[सं॰ नव + अं॰ डार्विन + सं॰ वाद] *पु॰* डार्विन के विकासवाद का नया रूप जिसमें विकास-प्रक्रिया को उत्परिवर्तन तथा वरण पर आधारित माना जाता है।

नवत—[सं॰ √नु + अतच्] *पु॰* १. कम्बल। २. रेशमी कपड़ा। ३. हाथी की झूल जिस पर चित्रकारी हो। ४. आवरण। पर्दा।

नवता—[सं॰ नव + तल् + टाप्] *स्त्री॰* १. नवीनता। नयापन। २. ताज़ापन। टटकापन।

नवतारा—[सं॰ नव ~ तारा] *पु॰* (खगोल॰) ऐसा तारा जो अकस्मात् बहुत चमकीला हो जाता है और फिर धीरे-धीरे (अधिकतम तीस वर्षों में) घटकर पहले जैसा ही हो जाता है। (अं॰ नोवा)

नवति—[सं॰ नवन् + डति] *वि॰* नब्बे। *स्त्री॰* नब्बे की सूचक संख्या। ९०।

नवतिका—[सं॰ नव √तिक् + क + टाप्] *स्त्री॰* चित्रकार की कूँची। तूलिका।

नव दल—[सं॰] *पु॰* १. नया पत्ता। कल्ला। २. (राजनीतिक आदि) नया दल। नयी पार्टी। ३. नौ दल/पत्ते। ४. नौ पंखुड़ियाँ।

नवदली—[सं॰ नवदलिन्] *वि॰* (वनस्पति॰) (वे फूल) जिनमें नौ पंखुड़ियाँ होती हैं।

नव दुर्गा—[सं॰] *स्त्री॰* दुर्गा (देवी) के नौ रूप। ● **विशेष**—दुर्गा के नौ रूपों के नाम इस प्रकार हैं—**शैलपुत्री, ब्रह्मचारिणी, चन्द्रघंटा, कूष्मांडा, स्कन्दमाता, कात्यायनी, कालरात्रि, महागौरी, सिद्धिदात्री।**

नवद्वार—[< सं॰ नवन् ~ द्वार] *पु॰* शरीर के नौ द्वार या रन्ध्र। ● **विशेष**—ये नौ द्वार हैं—मुख, दो नेत्र, दो कान, दो नथुने, मूत्रेंद्रिय और गुदा।

नवधा—[सं॰ नवन् + धा] *क्रिवि॰* १. नौ प्रकार से। २. नौ खंडों/भागों में। *वि॰* नौ प्रकार का। ⁘ **नवधा भक्ति**—*स्त्री॰* = नौ प्रकार की ईश्वर-भक्ति। ● **विशेष**—भक्ति के ये नौ प्रकार प्रसिद्ध हैं—**श्रवण, कीर्तन, स्मरण, पादसेवन, अर्चन, वन्दन, सख्य, दास्य और आत्मनिवेदन।**

***नवना**—[< हि॰ नमना] *क्रिअ॰* १. नत होना। झुकना। २. प्रणाम के लिए झुकना। २. नम्र/विनीत होना।

नवनिधि—[सं॰ नव ~ निधि] *स्त्री॰* नौ निधियाँ—महापद्म, पद्म, शंख, मकर, कच्छप, मुकुन्द, कुन्द, नील और खर्व।

नवनी—[सं॰ नव √नी + ड + ङीष्] *स्त्री॰* ताज़ा मक्खन। नवनीत। नोनी।

नवनीत—[सं॰ नव √नी + क्त] *पु॰* ताज़ा मक्खन। नोनी।

नव पत्रिका—[सं॰] *पु॰* केला, अनार, अशोक, बेल इत्यादि। नौ प्रकार के वृक्षों के पत्ते।

नवपर्णी—[सं॰ नवपर्णिन्] *वि॰* (वनस्पति॰) [वे वृक्ष] जिनमें नौ पर्ण/पत्ते होते हैं।

नवप्रवर्तन—[सं॰ नव ~ प्रवर्तन] *पु॰* नया आरम्भ। (समाज॰) किसी संस्कृति में नए तत्त्वों या प्रतिरूपों का विकास या समावेश होने की क्रिया।

नवप्रसूत—[सं॰ नव ~ प्रसूत] *वि॰* नवजात।

नवप्राशन—[सं॰ नव ~ प्राशन] *पु॰* नयी फ़सल के अन्न/फल आदि को पहली बार खाना।

नवब्रह्मा (नवब्रह्मा)—[सं॰ नव ~ ब्रह्मा] *पु॰* ब्रह्मा कहे जाने वाले ९ प्राचीन महापुरुष—भृगु, पुलस्त्य, पुलह, क्रतु, अंगिरा, मरीचि, दक्ष, अत्रि और वसिष्ठ।

नवमल्लिका—[सं॰ नव ~ मल्लिका] *स्त्री॰* १. चमेली का पौधा/फूल। २. नेवारी का पौधा/फूल।

नवमालिका—[सं॰ नव ~ मालिका] *स्त्री॰* १. नयी माला। २. चमेली का एक प्रकार। (छन्द॰) नवमालिनी (छन्द)।

नवमालिनी—[सं॰ नव ~ मालिनी] *स्त्री॰* नवदुर्गा। (छन्द॰) एक समवर्णिक छन्द जिसके प्रत्येक चरण में क्रमशः नगण, जगण, भगण और यगण (न ज भ य) के योग से १२ वर्ण होते हैं और ८-४ पर यति होती है।

नवयौवन—[सं॰ नव ~ यौवन] *पु॰* तरुणावस्था का आरम्भ। नयी जवानी।

नवयौवना—[सं॰ नवयौवना + टाप्] *स्त्री॰* नवयुवती। तरुणी। (काव्य॰) मुग्धा नायिका का एक भेद वह नायिका जिसे अपने यौवन का आना न ज्ञात हो। अज्ञातयौवना।

नवरङ्ग[1] (नवरंग[1])—[सं॰ नव ~ रङ्ग] *वि॰* १. नयी शोभा वाला। २. खिलते सौन्दर्य वाला। ३. नए रंग-ढंग का। नवेला।

नवरङ्ग[2] (नवरंग[2])—[< हिं॰ नवरंगी (= नारंगी)] *पु॰* नारंगी (फल)।

नवरङ्गी[1] (नवरंगी[1])—[< हिं॰ नवरंग[1]] *वि॰* १. नवरंग।[1] (दे॰) २. रँगीला।

नवरङ्गी[2] (नवरंगी[2])—[< हिं॰ नवरंगी[2]] *स्त्री॰* नारंगी (फल)।

नवरत्न—[सं॰ नवन् ~ रत्न] *पु॰* १. प्रसिद्ध और श्रेष्ठ नौ रत्नों (हीरा, मोती, पन्ना, प्रवाल (= मूँगा), लहसुनिया, गोमेद, माणिक्य (= मानिक), नीलम और पुखराज/पद्मराग) का समूह। २. नौ उत्कृष्ट विद्वानों/व्यक्तियों का समूह। *जैसे*—**राजा विक्रमादित्य की सभा के नवरत्न थे—कालिदास, धन्वन्तरि, क्षपणक, अमरसिंह, शंकु, वेतालभट्ट, वराहमिहिर, घटकर्पर और वररुचि।**

नवरस—[सं॰ नवन् ~ रस] *पु॰* (काव्य॰) साहित्य में नौ प्रकार के रस-शृंगार, हास्य, करुण, रौद्र, वीर, भयानक, बीभत्स, अद्भुत और शान्त रस।

नवल—[सं॰ नव + लच्] *वि॰* १. नवीन। नया। २. उज्ज्वल। स्वच्छ। शान्त। ३. तरुण। नवयुवक। जवान। ४. कोई नयी विशेषता वाला। ✣ **नवलकिशोर**—*पु॰* = (वासुदेव) कृष्ण। ✣ **नवलकिशोरी**—*स्त्री॰* = राधा। ✣ **नवलवयसिका**—*स्त्री॰* = नवयुवती। ✣ **नवला**—*स्त्री॰* = जवान स्त्री। नवयुवती। तरुणी।

नववधू—[सं॰ नव ~ वधू] *स्त्री॰* नवविवाहिता स्त्री। नयी दुलहिन। नयी बहू।

***नववरि/नववरी**—[देशज] *स्त्री॰* निछावर। (दे॰)

नवविष—[सं॰] *पु॰* (आयुर्वेद॰) नौ प्रकार के विष। ● **विशेष**—इनके नाम हैं—**वत्सनाभ, हारिद्रक, सक्तुक, प्रदीपन, सौराष्ट्रिक, शृंगक, कालकूट, हलाहल (हालाहल), ब्रह्मपुत्र।**

नवशक्ति—[सं॰ नव ~ शक्ति] *स्त्री॰* पुराणों में वर्णित नौ देवियाँ। ● **विशेष**—इनके नाम हैं—प्रभा, माया, जया, सूक्ष्मा, विशुद्धा, नन्दिनी, सुप्रभा, विजया और सर्वसिद्धिदा।

नवशत—[सं॰ नवन् ~ शत] *वि॰* गिनती में एक सौ नौ (१०९)। गिनती में नौ सौ (९००)। *पु॰* १. एक सौ नौ की संख्या (१०९)। २. नौ सौ की संख्या (९००)।

नवसर—[< सं॰ नव + हिं॰ सर (= लड़ी)] *वि॰* नौ लड़ियों वाला। *पु॰* नौ लड़ियों वाला हार।

***नवससि**—[< सं॰ नव ~ शशि] *पु॰* नया चन्द्रमा। शुक्ल पक्ष की द्वितीया का चन्द्रमा।

***नवसिखा**—[< सं॰ नव + हिं॰ सीखना] *वि॰* नया-नया सीखा हुआ (व्यक्ति)। नौसिखा। नौसिखिया।

नवाई[1]—[< हिं॰ नवना] *स्त्री॰* १. नबने/झुकने की क्रिया/भाव। नमन। २. (किसी के सामने) नम्र/विनीत होना नम्रता। विनीतता।

***नवाई[2]**—[< सं॰ नव (= नया)] *स्त्री॰* नवीनता। नयापन।

नवांश—[सं॰ नवन् ~ अंश] *पु॰* (किसी वस्तु का) नवाँ भाग। नवमांश।

नवागत—[सं॰ नव + आगत] *वि॰* नया/अभी आया हुआ (व्यक्ति)। *जैसे*—नवागत अतिथि; नवागत अध्यापक।

नवागन्तुक (नवागंतुक)—[सं॰ नव ~ आगन्तुक] *वि॰* नया/अभी आया हुआ (व्यक्ति)। *पु॰* १. अभी आया हुआ व्यक्ति। २. नया या अभी आया हुआ अतिथि/मेहमान।

नवाङ्ग (नवांग)—[सं॰ नव ~ अङ्ग] *वि॰* नौ अंगों वाला। *पु॰* (आयुर्वेद॰) सोंठ, पीपल, मिर्च, हरड़, बहेड़ा, आँवला, चाब, चीता और बायबिडंग—इन नौ पदार्थों का समूह।

नवाचार—[सं॰ नव ~ आचार] *पु॰* नयी प्रथा। नवीन रीति।

नवाज़ना—[< फा॰ नवाज़] *क्रिस॰* कृपा करना। ✣ **नवाज़िश**—*स्त्री॰* = कृपा। दया। मेहरबानी।

नवाना—[< हिं॰ नवना] *क्रिस॰* १. झुकाना। *जैसे*—सिर नवाना। २. (किसी को) नम्र/विनीत बनाना। ● **विशेष**—'नवाना' का एक भूतकालिक रूप 'नवाया' (= नाया) है। (दे॰ नाया)

नवान्न—[सं॰ नव ~ अन्न] *पु॰* १. घर में आया हुआ नयी फ़सल का अनाज या पाल आदि। २. ताज़ा पका हुआ नया अन्न। ३. एक श्राद्ध जिसमें पितरों के नाम पर नयी फ़सल का अन्न दान किया जाता है।

नवाब—[< अरबी नव्वाब] *वि॰* १. किसी राज्य/प्रदेश/रियासत का मुसलमान शासक। २. अँग्रेज़ी शासनकाल में मुसलमानों को दी जानेवाली एक उपाधि। ३. (लाक्षणिक) सुख-वैभव से रहनेवाला व्यक्ति।

नवाभ्युत्थान—[सं॰ नव ~ अभ्युत्थान] *पु॰* १. नया उत्थान। पुनरुत्थान। २. नवजागरण।

नवारना—[< सं॰ निवारण] *क्रिस॰* निवारण करना। निवारना।

नवासा—[< फा॰ नवास:] *पु॰* पुत्री का पुत्र। दौहित्र। धेवता। ✣ **नवाह**—[सं॰ नव ~ अह (अहम्)] *पु॰* १. नौ दिनों का समूह। २. चान्द्र मास के किसी पक्ष/सप्ताह का प्रथम दिन। *वि॰* नौ दिनों में समाप्त होने वाला। ***जैसे***—नवाह यज्ञ। पाठ।

नवीकरण—[< सं॰ नव + च्वि + करण] *पु॰* किसी पुरानी वस्तु को यथा सम्भव मूल रूप देना ताकि वह नवीन प्रतीत हो। नया कर देना। नवीयन। नवीनीकरण। (पुस्तक॰) तिथि की समाप्ति पर उसी पाठक के माँगने पर तत्काल पुन: वह पुस्तक देना।

नवीन—[सं॰ नव + ख] *वि॰* १. नया। नूतन। २. जो पहले-पहल अस्तित्व में आया हो। मौलिक। ३. अपूर्व। अनोखा। ∇ **विलोम**—प्राचीन। ✣ **नवीनतम**—*वि॰* = १. सबसे नया। २. आधुनिकतम। अद्यतन। ✣ **नवीनतर**—*वि॰* = तुलना में अधिक नया। ✣ **नवीनता**—*स्त्री॰* = नवीन होने की अवस्था/भाव। नूतनता। नयापन।

नवीना—[नवीन + टाप्] *वि॰ (स्त्री॰)* नयी। ***जैसे***—नवीन मित्र और नवीना सहेली।

नवीनीकरण—[सं॰ नवीन + च्वि + करण] *पु॰* १. नया रूप देने की क्रिया या भाव। २. किसी सन्धि, अनुज्ञापत्र (अं॰ लाइसेन्स) आदि की अवधि समाप्त होने पर उसे पुन: वैध कर देना।

नवीस—[फा॰] *वि॰* (समास-युक्त पद के अन्त में) लिखनेवाला। ***जैसे***—नक़लनवीस; अर्ज़ीनवीस। ✣ **नवीसी**—*स्त्री॰* = (समास-युक्त शब्द के अन्त में) लिखने की क्रिया/भाव। लेखन। लिखाई। ***जैसे***—अर्ज़ीनवीसी।

नवेला—[सं॰ नव] *वि॰* १. नया और सुन्दर। २. नयी उम्र वाला। युवा। ३. अन्यों से अधिक आकर्षक या कुछ विशेषता वाला। ✣ **नवेली**—*वि॰ (स्त्री॰)*। *स्त्री॰* = नवयुवती। तरुणी।

नवोढ़—[सं॰ नव ~ ऊढ़] *वि॰* नव-विवाहित। *पु॰* १. विवाहित पुरुष। २. नवयुवक। ✣ **नवोढ़ा**—*वि॰ (स्त्री॰)* = नयी विवाहिता। *स्त्री॰* १. नवविवाहित स्त्री। २. युवती। (काव्य॰) नवविवाहित और लज्जाशील नायिका।

नवोदक—[सं॰ नव ~ उदक] *पु॰* १. नया जल। २. पहली वर्षा का पानी। ३. कुआँ खोदने पर उसमें से पहली बार निकलने वाला पानी।

नवोदित—[सं॰ नव ~ उदित] *वि॰* जिसका उदय कुछ समय पहले ही हुआ है। ***जैसे***—नवोदित कवि; नवोदित राज्य।

नवोद्धृत—[सं॰ नव ~ उद्धृत] *वि॰* १.नया उद्धृत। २. नया निकाला हुआ।

नवोद्भिद्—[सं॰ नव ~ उद्भिद्] *पु॰* (वनस्पति॰) बीज के अंकुरण के बाद बननेवाला नया पौधा।

नवोन्मेष—[सं॰ नव + उन्मेष] *पु॰* १. जागरण। २. पुनर्जागरण। ***जैसे***—स्वामी विवेकानन्द के कारण भारत का नवोन्मेष हुआ। ३. नवस्फुरण। ४. नया प्रकाश।

नव्य[1]—[सं॰ नव + यत्] *वि॰* १. नूतन। नवीन। नया। २. आधुनिक। ✣ **नव्य-आभिजात्यवाद**—*पु॰* (पा॰ काव्य॰) = प्राचीन यूनानी तथा रोमीय लेखकों की परम्पराओं का पालन करते हुए भी, अपने युग की परिवर्तित परिस्थितियों के अनुरूप साहित्य-रचना को लक्ष्य बनानेवाले यूरोपीय लेखकों का लेखन। ✣ **नव्य प्रयोग**—*पु॰* = १. नए शब्द का प्रयोग। २. (शब्द के) परम्परा से प्राप्त अर्थ से भिन्न किसी नए अर्थ में प्रयोग। ✣ **नव्य-मानवतावाद**—*पु॰* एक आधुनिक वाद जिसमें मानवीय गौरव, प्रकृति और रुचियों को अधिक महत्त्व दिया जाता है। ✣ **नव्य-रहस्यवाद**—*पु॰* (दर्शन॰) रहस्यवाद का वह आधुनिक प्रकार जिसमें रहस्यवादी साधना का लोकमंगल से समन्वित रूप मिलता है। ✣ **नव्य-वेदान्त (वेदांत)**—*पु॰* = (भा॰ दर्शन॰) वेदान्त का वह रूप जो स्वामी विवेकानन्द, स्वामी रामतीर्थ, महर्षि रमण, श्री अरविन्द आदि के चिन्तन में दिखता है। ● **विशेष**—इसकी विशेषता ज्ञान, कर्म और भक्ति के मार्गों को महत्त्व देते हुए, विश्व को ब्रह्म का व्यक्त रूप मानना और विचार तथा व्यवहार की एकता पर बल देना है।

नव्य[2]—[< हिं॰ नवना] *वि॰* १. जिसके आगे नमन करना उचित हो। २. आदरणीय।

नव्याङ्कुर (नव्यांकुर)—[सं॰ नव्य ~ अङ्कुर] *पु॰* नया अंकुर।

नशन—[सं॰ √नश् + ल्युट्] *पु॰* नाश। विनाश।

नशना—[< सं॰ नशन] *क्रिअ॰* नष्ट होना। *क्रिस॰* नष्ट करना। नाशना।

नशाख़ोर—[हिं॰ नशा + फा॰ ख़ोर] *वि॰, पु॰* नशा करनेवाला। मादक द्रव्य-सेवी। ✣ **नशाख़ोरी**—*स्त्री॰* = नशा करने की प्रवृत्ति/व्यसन।

नशाना—[< सं॰ नाशन] *क्रिस॰* नष्ट करना। बर्बाद करना। *क्रिअ॰* १. नष्ट होना। बरबाद होना। २. ख़राब होना।

नशावन—[< सं॰ नाश] *वि॰* नष्ट करनेवाला। नाशक।

नशीन/नशीं (नशीं)—[फा॰] *वि॰* (समासयुक्त शब्दों के अन्त में) बैठनेवाला। स्थित। आसीन। ***जैसे***—तख़्तनशीन/तख़्तनशीं। ✣ **नशीनी**—*स्त्री॰* = बैठना। स्थित होना। आसीनता। ***जैसे***—तख़्तनशीनी।

नश्तर—[< फा॰ निश्तर] *पु॰* चीड़-फाड़ करने का उपकरण।

नश्यत्प्रसूतिका—[सं॰ नश्यत् ~ प्रसूतिका] *स्त्री॰* वह प्रसूता स्त्री जिसका नवजात शिशु मर गया हो।

नश्वर—[सं॰ √नश् + क्वरप्] *वि॰* नाशवान्। नाशशील। ∇ **विलोम**—अनश्वर/शाश्वत।

***नषना**—[< सं॰ √नक्ष्] *क्रिस॰* १. फेंकना/डालना। २. रोकना।

नष्ट—[सं॰ √नश् + क्त] *वि॰* १. जो न दिखे। अदृश्य। २. जो इतना बिगड़ गया हो कि उपयोग में न आ सके। बर्बाद। ३. जो मर या मिट चुका हो। ४. जो पूर्णत: व्यर्थ हो गया हो। ***जैसे***—मेरा सारा

परिश्रम नष्ट हो गया। *पु॰* नाश। क्षय। ✣ **नष्टचित्त**—*वि॰* = १. विवेकहीन। २. उन्मत्त। ३. बेसुध। ४. अचेत। मूर्छित। बेहोश। ✣ **नष्टचेत**—*वि॰* = अचेत। मूर्छित। बेहोश। ✣ **नष्टचेष्ट**—*वि॰* = १. अचेत। मूर्छित। बेहोश। २. चेष्टाहीन। निश्चेष्ट। ✣ **नष्टचेष्टता**—*स्त्री॰* = १. नष्टचेष्ट होने की अवस्था/भाव। २. मूर्छा। बेहोशी। ३. चेष्टाहीनता। निश्चेष्टता। (काव्य॰) एक सात्त्विक भाव जिसमें व्यक्ति प्रेम/ध्यान में तन्मय होकर चेष्टाहीन हो जाता है।

नष्टप्रभ—[सं॰ नष्ट ~प्रभा] *वि॰* जिसकी प्रभा नष्ट हो चुकी हो। कान्तिहीन। निस्तेज।

नष्टप्राय—[सं॰ नष्ट ~ प्राय:] *वि॰* जो बहुत अधिक नष्ट हो चुका हो। (परन्तु अभी पूरी तरह नष्ट न हुआ हो)। लगभग नष्ट। ***जैसे***—नष्टप्राय जीवन।

नष्ट-भ्रष्ट—[सं॰] *वि॰* १. जो सब प्रकार से नष्ट हो चुका हो। बरबाद। चौपट। २. जो टूट-फूटकर उपयोग के योग्य न रह गया हो। जैसे—बमों से नष्ट-भ्रष्ट भवन।

नष्टात्मा—[सं॰ नष्टात्मन्] *वि॰* १. जिसकी अन्तरात्मा मर चुकी हो। २. अति दुष्ट तथा नीच।

नष्टाशङ्क (नष्टाशंक)—[सं॰ नष्ट ~ आशङ्क] *वि॰* १. आशंकारहित। २. भयरहित। ३. विपत्तिरहित। निरापद।

नष्टार्थ—[सं॰ नष्ट ~ अर्थ] *वि॰* १. जिसकी धन-सम्पत्ति नष्ट हो चुकी हो। २. जो ग़रीब बना दिया गया हो। ३. (शब्द आदि) जिसका अर्थ नष्ट हो चुका हो। ४. (व्यक्ति) जिसका उद्देश्य नष्ट हो गया हो।

नष्टेन्दुकला (नष्टेंदुकला)—[सं॰ नष्ट ~ इन्दुकला] *स्त्री॰* १. प्रतिपदा तिथि। २. अमावस्या की रात्रि जिसमें चन्द्रमा ज़रा भी नहीं दिखता।

नष्टेन्द्रिय (नष्टेंद्रिय)—[सं॰ नष्ट ~ इन्द्रिय] *वि॰* जिसकी इन्द्रियाँ नष्ट हो चुकी हों। चेष्टारहित इन्द्रियों वाला।

नस—[< सं॰ स्नायु] *स्त्री॰* १. शरीर-भर में फैले हुए सूक्ष्म तन्तु जिनके द्वारा किसी अंग में होनेवाली संवेदना मस्तिष्क को जाती है। स्नायुतन्त्रिका। २. शरीर के अन्दर की रक्तवाहिनी सूक्ष्म नलिकाएँ जो हृदय से रक्त लेकर शरीर के सभी अंगों तक पहुँचाती हैं। शिरा। रग। ३. वृक्ष के पत्तों में चारों ओर फैले हुए मोटे तन्तु जो तल पर उभरे दिखाते हैं। ***वा॰* नस चढ़ना**—तनाव आदि के कारण किसी नस का अपने स्थान से थोड़ा सा हट जाना जिससे बहुत पीड़ा हो। **नस-नस फड़क उठना**—बहुत प्रसन्नता होना। **(किसी की) नस-नस का पता होना**—१. बहुत अच्छी तरह परिचित होना। २. गुण-दोष आदि को पूरी तरह जानना।

नस-तरङ्ग (तरंग)—[हिं॰ नस + सं॰ तरङ्ग] *पु॰* शहनाई-जैसा एक पुराना वाद्य।

***नसना**—[< सं॰ नशन] *क्रिअ॰* १. नष्ट होना। विनाश होना। २. विकृत/ख़राब होना। बिगड़ना।

नसवार—[< सं॰ नासा] *स्त्री॰* तम्बाकू के पत्तों का चूर्ण जो सूँघा जाता है ताकि छींकें आएँ। सुँघनी।

नसहा—[< हिं॰ नस] *वि॰* नसोंवाला। जैसे—नसहा रोग।

***नसाना**—[< सं॰ नाशन] *क्रिस॰* १. नष्ट करना। २. विकृत/ख़राब करना। बिगाड़ना। *क्रिअ॰* नष्ट होना। ✣ **†नसावन/नसावना[१]**—*वि॰* = नाशक।

***नसावनि/नसावनी**—*वि॰ (स्त्री॰)* नष्ट करनेवाली।

नसी—[देशज] *स्त्री॰* १. हल या उसके फल की नोक। ● **विशेष**—खेत में बीज बोने के बाद हल की पूजा की जाती है जो '**नसी-पूजा**' कहलाती है।

†नसीठ—[< सं॰ नेष्ट (= अनिष्ट)] *पु॰* बुरा शकुन। अशकुन।

नसूड़िया—[< हिं॰ नासूर या < सं॰ नाश] *वि॰* १. नासूर-सम्बन्धी। नासूर का। २. उग्र और भीषण। २. (व्यक्ति) जिसकी उपस्थिति/सम्पर्क से काम बिगड़ जाता हो। अमांगलिक। मनहूस। ***जैसे***—नसूड़िए लोगों से दूर रहो।

†नसेनी—[< हिं॰ निसेनी] *स्त्री॰* सीढ़ी। निसेनी।

नस्त—[सं॰ √नस् + क्त] *पु॰* १. नासिका। नाक। २. नसवार। सुँघनी।

नस्तक/नस्ता—[सं॰ नस्त + कन्/ टाप्] *पु॰* पशु की नाक में किया हुआ छेद जिसमें नाथ/रस्सी डालते हैं। नस्या। ✣ **नस्तिक**—*वि॰* नाथा हुआ (पशु)।

नस्य—[सं॰ नासिका + यत्, नस् आदेश] *पु॰* १. सुँघनी। नसवार। २. नाक के माध्यम से दिमाग़ में चढ़ाई जाने वाली औषधि। ३. नाक के भीतर के बाल। ४. पशुओं की नाक में डाली जाने वाली रस्सी। नाथ।

नस्या—[सं॰ नस्य + टाप्] *स्त्री॰* १. नासिका। नाक। २. पशु की नाक में किया हुआ छेद जिसमें नाथ/रस्सी डालते हैं। नस्तक। नस्ता।

नस्ल—[अरबी] *स्त्री॰* वंश। सन्तान। सन्तति।

नह—[< सं॰ नख] *पु॰* नख। नाख़ून।

नहछू—[< सं॰ नखसुधित] *पु॰* विवाह की एक प्रथा जिसमें बरात की 'निकरौसी' (वर के घर से प्रस्थान) के पहले नाई द्वारा वर के नाख़ून काटे और रंगे जाते हैं तथा कन्या के नाख़ून भाँवरों से पहले एक विशेष स्नान के बाद काटे और रँगे जाते हैं।

नहन—[< हिं॰ नाँधना] *पु॰* चरस/मोट खींचने की मोटी रस्सी।

नहना—[< हिं॰ नाँधना] *क्रिस॰* १. नाधना। २. (बैलों आदि को) हल में जोतना। ३. (घोड़ों आदि को) तस्मे से वाहन में बाँधना। जोतना। ३. किसी को काम में जुटाना/लगाना।

नहर—[फ़ा॰] *स्त्री॰* नदी/झील आदि से निकाली गयी जल-धारा जो सिंचाई में काम आती है। कुल्या।

नहरनी/नहन्नी—[< सं॰ नखहरणी] *स्त्री॰* (नाइयों द्वारा प्रयुक्त) नाख़ून काटने का एक लोहे का उपकरण।

†नहरुआ/नहरू—[< हिं॰ नारू] *पु॰* नारू नामक रोग।

नहला[१]—[< हिं॰ नौ] *पु॰* १. ताश का वह पत्ता जिसमें नौ बुँदकियाँ होती है। ***वा॰* नहले पर दहला**—१. परास्त करने वाली युक्ति/उपाय। नीति। २. विरोधी पक्ष की चाल से बड़ी चाल।

नहला[2]—[< हि॰ नह (= नाख़ून)] *पु॰* १. दीवारों पर बेल-बूटे, चित्र आदि बनाने की राजगीरों की छोटी कन्नी।

***नहँ**[1]—[< स॰ नख] *पु॰* नख। नाख़ून।

***नहँ**[2]—[< स॰ नहि] *क्रिवि॰* नहीं।

नहार—[< हि॰ निहार < स॰ निराहार] *वि॰* निराहार।

नहारू—[< स॰ स्नायुरूप] *पु॰* ताँत।

नहिअन—[< हि॰ नह (= नख)] *पु॰* पैर की छोटी उँगली का बिछुए-जैसा एक आभूषण।

नहिक—[< स॰ नहि] *वि॰* १. 'नहीं' के भाव से युक्त। नकारात्मक। २. अस्वीकृति-सूचक। ३. किसी वस्तु/बात आदि से रहित। ४. जिसमें किसी तत्त्व आदि का अभाव हो। ∇ **विलोम**—सहिक।

नहियाँ—[< स॰ नहि] *स्त्री॰* नहीं। *क्रिवि॰* नहीं।

नहूसत—[अरबी] *स्त्री॰* मनहूस होने की अवस्था/भाव। अमांगलिकता। मनहूसियत। २. दुर्भाग्यशीलता। बदक़िस्मती। ३. अमांगलिक। अकल्याणप्रद। ४. जिससे बरकत न हो। बेबरकती।

***नँग-फँग**—[< हि॰ नंग + अनु॰] *पु॰* नंगेपन का फन्दा। धूर्तता का जाल।

नँदोला—[< हि॰ नाँद] *पु॰* मिट्टी की बनी छोटी नाँद जिसमें गाय-बैल आदि को चारा खिलाया जाता है।

नँधना—[< स॰ नद्ध] *क्रिअ॰* जुड़ना। फँसना।

ना[1]—[< स॰ न] *क्रिवि॰* अस्वीकृति/असहमति/निषेध का सूचक शब्द। नहीं। न। ***जैसे***—वहाँ ना जाना। *अव्यय॰* आग्रह करने या बल देने के लिए प्रयुक्त एक शब्द। ***जैसे***—सुनो ना, कहानी सुनो। जाओ ना, देर क्यों कर रहे हो? ● **विशेष**—उपसर्ग के रूप में फ़ारसी स्रोत के हिन्दी शब्दों में भी 'ना' का प्रयोग अभाव, विरोधी भाव, 'नहीं-भाव,' रहितता आदि के अर्थों में होता है (***जैसे***—नासमझ, नाख़ुश, नालायक़)।

***ना**[2]—*पु॰* ≤ *स॰* नाभि।

***ना**[3]—*पु॰* ≤ *स॰* नर।

ना[4]—प्रत्यय। ● **विशेष**—'ना' का प्रयोग 'प्रत्यय' के रूप में धातुओं के साथ करने से क्रिया का मूल रूप बनता है जो भाववाचक संज्ञा भी होता है (***जैसे***—√पढ़ →पढ़ना; √जा →जाना)।

नाअना**—[< हि॰ नवाना < स॰ नमन] *क्रिस॰* १. झुकाना। नवाना। २. उँड़ेलना। डालना। ✣ ***नाइ**[1]—*क्रिवि॰* = १. नवाकर। झुकाकर। ***जैसे—सिर नाइ। २. उँड़ेलकर।

***नाइ**[2]—[< स॰ नाम] *पु॰* = नाम।

नाइत्तिफ़ाक़ी—[फ़ा॰ ना + अरबी इत्तिफ़ाकी] *स्त्री॰* फूट। रंजिश।

नाक[1]—[< प्रा॰ णक्क < स॰ नासिका] *स्त्री॰* १. शरीर का वह अंग जो साँस लेने और सूँघने का काम करता है। नासिका। ● **विशेष**—१. (क) इसमें दो छेद होते हैं जिन्हें **'नथुना'** (दायाँ नथुना और बायाँ नथुना) कहते हैं। (ख) बैठी हुई नाक को **'चपटी नाक'** कहा जाता है। २. उक्त अंग से निकलनेवाला कफ। रेंट। ३. (लाक्षणिक) प्रतिष्ठा। सम्मान। इज़्ज़त। ४. (लाक्षणिक) किसी समुदाय का सबसे श्रेष्ठ या प्रमुख व्यक्ति। ***वा॰*** **नाक उड़ना**—प्रतिष्ठा नष्ट होना। इज़्ज़त जाना। **नाक उड़ा देना**—अपमान करना। **नाक ऊँची रखना**—सम्मान या प्रतिष्ठा रखना। **नाक ऊँची रहना/होना**—१. सम्मान बना रहना। २. प्रतिष्ठा बढ़ना। **नाक कटना**—१. बदनाम होना। २. अपमानित होना। ३. मान-मर्यादा नष्ट होना। **नाक के बाल होना**—१. बहुत घनिष्ठ या प्रिय होना। २. महत्त्व पाना। **नाकों चने चबाना**—बहुत परेशान होना।

नाक[2]—[फ़ा॰] *प्रत्यय॰* शब्द के अन्त में प्रयुक्त प्रत्यय जिसका अर्थ है—भरा हुआ। ***जैसे***—ख़तरनाक, दर्दनाक।

नाक[3]—[< फ़ा॰ नाख़] *पु॰* नासपाती की तरह का एक फल जो उससे अधिक कोमल होता है।

नाक[4]—[स॰ न ~ अक] *पु॰* स्वर्ग।

नाक़द्र—[फ़ा॰ ना + अरबी क़द्र] *वि॰* १. जो क़द्र न जानता हो। २. जो क़द्र न करता हो। ✣ **नाक़द्रदान**—*वि॰* = क़द्र न करनेवाला। ***जैसे***—लेखक का अपने नाक़द्रदान समाज पर व्यंग्य। ✣ **नाक़द्री**—*स्त्री॰* = १. क़द्र न जानना। २. क़द्र न करना। अनादर।

नाक-नक़्श, नाक-नक़्शा—[< हि॰ नाक + अरबी नक़्श:] *पु॰* १. आँख, नाक, ओंठ आदि की बनावट। मुखाकृति। २. चेहरा। ३. रूप। ४. छवि।

नाकना[1]—[< हि॰ नाँधना (= लाँघना)] *क्रिस॰* १. उल्लंघन करना। उलाँघना। लाँघना। २. दौड़ आदि में आगे निकल जाना। ३. बाधा को पार करना।

नाकना[2]—[< हि॰ नाका] *क्रिस॰* १. चारों ओर के मार्ग को रोकना। नाकाबन्दी करना। २. आने-जाने के मार्ग रोककर घेरना।

नाकनाथ/नाकनायक/नाकप/नाकपति/नाकपाल—[< स॰ नाक ~ नाथ/नायक/प/पति/पाल] *पु॰* स्वर्ग का स्वामी। इन्द्र।

नाक-वनिता—[स॰] *स्त्री॰* (स्वर्ग की स्त्री) अप्सरा।

नाक-वास[1]—[स॰] *पु॰* स्वर्ग में निवास।

नाक-वास[2]—[हि॰ नाक + स॰ वास] *पु॰* = नाक/नासिका में निवास।

नाका[1]—[< हि॰ नाकना] *पु॰* १. दुर्ग/नगर आदि का प्रवेश-द्वार। २. मार्ग का मोड़। ३. जुलाहों का एक उपकरण जिससे ताने का तागा बाँधते हैं। ४. सुई का छेद।

नाका[2]—[< स॰ नक्र] *पु॰* एक जलचर जो घड़ियाल/मगर के समान होता है। नक्र।

नाका-मुंशी—[हि॰ नाका + अरबी मुंशी] नगर आदि के प्रवेश-द्वार या नाका पर बैठनेवाला लिपिक जो चुंगी लेने आदि का काम करता है।

नाकारा—[< फ़ा॰ नाकार:] *वि॰* १. निकम्मा। २. व्यर्थ। बेकार। ३. निरुपयोगी। ४. निष्प्रयोजन। बेमतलब। *पु॰* १. निकम्मा व्यक्ति। २. निरुपयोगी या व्यर्थ वस्तु।

नाकी—[स॰ नाकिन्] *वि॰* स्वर्ग में रहनेवाला। *पु॰* देवता।

नाकेदार—[< हि॰ नाका + फ़ा॰ दार] *वि॰* छेदवाला। *पु॰* १. प्रवेश-द्वार या मुहाने पर नियुक्त रक्षक। २. आने-जाने के प्रमुख स्थानों

पर किसी कर या शुल्क को वसूल करने के लिए नियुक्त अधिकारी या कर्मचारी।

नाकेश—[सं॰ नाक ~ ईश] *पु॰* स्वर्ग का स्वामी। इन्द्र।

नाक्षत्र—[सं॰ नक्षत्र + अण्] *वि॰* १. नक्षत्र-सम्बन्धी। नक्षत्र या नक्षत्रों का। २. नक्षत्रयुक्त। ३. जिसका मान नक्षत्र के सापेक्ष हो। ***जैसे***—नाक्षत्र वर्ष। (अं॰ साइडिअ-रिअल)। ❖ **नाक्षत्र दिन**—*पु॰* = (खगोल॰) नाक्षत्र मास का एक दिन (२३ घंटे ५६ मिनट ४.०९ सेकंड)। चन्द्रमा का एक नक्षत्र में रहने का काल। पृथ्वी के एक पूर्ण घूर्णन का समय। ❖ **नाक्षत्र मध्याह्न (मध्याह्न)**—*पु॰* = वह क्षण जब कि वसन्त विषुव बिन्दु (अर्थात् मेष राशि का आरम्भ-बिन्दु) किसी स्थान के याम्योत्तर के ऊपरी भाग को पार करता हो। ❖ **नाक्षत्र मास**—*पु॰* = (खगोल॰) चन्द्रमा द्वारा पृथ्वी की परिक्रमा में लगने वाला समय। उतना काल जितने में चन्द्रमा सभी नक्षत्रों में एक बार घूम आता है। ● **विशेष**—यह अवधि २७ दिन ७ घंटे ४३ मिनट ११.५ सेकंड होती है। ❖ **नाक्षत्र वर्ष**—*पु॰* = (खगोल॰) तारों के सापेक्ष सूर्य की एक सम्पूर्ण परिक्रमा में पृथ्वी द्वारा लगा औसत समय। ● **विशेष**—नाक्षत्र वर्ष = ३६५ दिन ६ घंटे ९ मिनट ९.५ सेकंड।

नाख—[फ़ा॰ नाख़] *पु॰* नासपाती की तरह का एक फल जो नासपाती से अधिक कोमल होता है।

नाखना[१]**—[< सं॰ नाशन] *क्रि॰स॰* १. नष्ट करना। २. फेंकना। डालना। ***जैसे—घास-पत्तों के ऊपर मिट्टी नाखी। ३. रखना।

***नाखना[२]**—[< हिं॰ नाकना] *क्रि॰स॰* लाँघना।

नाख़ुदा—[फ़ा॰] *वि॰* ईश्वर को न मानने वाला। नास्तिक। *पु॰* नाविक। मल्लाह। ❖ **नाख़ुदाई**—*स्त्री॰* = नाव चलाना। मल्लाहगीरी।

नाख़ुशगवार—[फ़ा॰] *वि॰* जो मन को अच्छा न लगे। अरुचिकर। अप्रिय। ❖ **नाख़ुशगवारी**—*स्त्री॰* = १. अप्रसन्नता। नाख़ुशी। २. अरुचि।

नाग—[सं॰ नग + अण्] *पु॰* = १. बड़ा और फन वाला साँप। २. सर्प। साँप। ३. प्राचीन काल की एक मानव-जाति। ४. बादल। ५. हाथी। ६. नागकेसर। ७. नागरमोथा। ८. राँगा। ९. सीसा। १०. आश्लेषा नक्षत्र। ११. (लाक्षणिक) क्रूर मनुष्य। (छन्द॰) एक सममात्रिक छन्द जिसके प्रत्येक चरण में २५ मात्राएँ होती है अन्त में गुरु-लघु होता है और १०-८-७ पर यति होती है। ***वा॰* नाग खेलाना**—ऐसा कठिन काम करना जिसमें प्राण जाने का भय हो। **सोए हुए नाग को जगाना**—ख़तरनाक व्यक्ति या स्थिति को छेड़ना।

नागकन्या—[सं॰ नाग ~ कन्या] *स्त्री॰* १. (मानवों की) नागजाति की कन्या। २. नागिन या सर्पिणी।

नागकेशर/नागकेसर—[सं॰ नाग ~ केशर, सं॰ नाग + हिं॰ केसर] *पु॰* एक वृक्ष जिसकी लकड़ी कड़ी होती है तथा जो सुगन्धित फूलोंवाला, सदाबहार और सफ़ेद होता है। ● **विशेष**—इसे **'नागचम्पा'** भी कहते हैं।

नागगर्भ—[सं॰ नाग ~ गर्भ] *पु॰* सिन्दूर।

नागचूड़—[सं॰ नागचूड] *पु॰* शिव। महादेव।

नागज—[सं॰ नाग + ज] *पु॰* १. सिन्दूर। २. राँगा।

नाग-झाग—[सं॰] *पु॰* १. अहिफेन। २. अफ़ीम।

नागदन्त (नागदंत)—[सं॰ नाग ~ दन्त] *पु॰* १. हाथीदाँत। २. दीवार की खूँटी।

नागदौन—[< सं॰ नागदमनी] *पु॰* एक औषधोपयोगी क्षुप जो साँप काटे की प्रसिद्ध औषधि है।

नागधर—[सं॰ नाग + धर] *वि॰* नाग को धारण करने वाला। *पु॰* शिव। महादेव।

नाग-नग—[सं॰ नाग + हिं॰ नग] *पु॰* गज-मुक्ता।

नागपति—[सं॰ नाग ~ पति] *पु॰* १. सर्पों का राजा। वासुकि। २. नागों का राजा। शेषनाग। ३. हाथियों में श्रेष्ठ हाथी। ऐरावत।

नागपर्णी—[सं॰ नागपर्ण + ङीष्] *स्त्री॰* ताम्बूल। पान।

नागपाश—[सं॰ नाग ~ पाश] *पु॰* १. प्राचीन काल में शत्रु को फँसाने के लिए प्रयुक्त एक प्रकार का पाश/ फन्दा। २. वरुण (देवता) के उक्त प्रकार के फन्दे का नाम। ३. (लाक्षणिक) ऐसा फन्दा या बन्धन जिससे निकल पाना बहुत कठिन है।

नाग-पुर—[सं॰] *पु॰* नागों का स्थान। पाताल।

नागपुष्प—[सं॰ नाग ~ पुष्प] *पु॰* १. चम्पा का पेड़। २. पुन्नाग वृक्ष। ३. नागकेसर। ❖ **नागपुष्पि**—*स्त्री॰* १. सफेद फूलों वाली एक औषधोपयोगी लता। २. नागदौन।

नागफेन—[सं॰ नाग ~ फेन] *पु॰* अफ़ीम।

नागबन्ध (नागबंध)—[सं॰ नाग ~ बन्ध] *पु॰* बाँधने का एक प्रकार। नाग की तरह लपेटकर बाँधना।

नागबल—[सं॰ नाग ~ बल] *वि॰* हाथी के समान बल वाला। ***जैसे***—भीम नागबल थे।

नागबेल—[< सं॰ नाग + हिं॰ बेल] *स्त्री॰* १. पान की बेल। नागवल्लरी। २. सजावट की लहरदार बेल जो साँप की तरह प्रतीत होती है।

नागभूषण—[सं॰ नाग ~ भूषण] *वि॰* सर्पों को अलंकार की तरह धारण करने वाला। *पु॰* शिव। महादेव।

नागमुख—[सं॰ नाग ~ मुख] *वि॰* नाग (सर्प/हाथी) के मुख वाला। *पु॰* गणेश (देवता)।

नागर—[सं॰ नगर + अण्] *वि॰* १. नगर-सम्बन्धी। शहर का। शहरी। ***जैसे***—नागर सभ्यता। २. नगर/शहर में रहनेवाला। ३. नगरवासियों से सम्बन्धित ***जैसे***—नागर कर्तव्य और अधिकार। ४. नगरपालिका-सम्बन्धी। ५. नागरिकों से सम्बन्धित। ६. शिष्ट। सुसंस्कृत। सभ्य। ७. कला-कुशल। ८. दक्ष। निपुण। चतुर। ९. विवेकशील। बुद्धिमान्। (काव्य॰) वचन/काव्य की कोमल गुणों से युक्त रीति में निपुण। *पु॰* १. नगर-निवासी। पुरवासी। पौर। शहरी व्यक्ति। २. शिष्ट मनुष्य। ३. चतुर मनुष्य। ४. वह व्यक्ति जिसमें नगर-जीवन दोष आ गए

हों। ५. गुजराती ब्राह्मणों की एक उपजाति। ✣ **नागर अपभ्रंश**—*पु॰* = (भाषा॰) अपभ्रंश भाषा का एक भेद जो अपभ्रंश काल में गुजरात और पश्चिमी राजस्थान में प्रचलित था।

नागरबेल—[< स॰ नागरवल्ली] *स्त्री॰* पान की बेल। नागवल्ली।

नागर-मणि—[स॰] *वि॰, पु॰* नागरों में श्रेष्ठ (व्यक्ति)।

नागरमोथा—[< स॰ नागरमुस्तक] *पु॰* १. तृण जाति का एक क्षुप जो जलीय भूमि में या जलाशयों के समीप की भूमि में उत्पन्न होता है। २. उक्त क्षुप की जड़ का कन्द।

नागरवल्ली—[स॰ नागर ~ वल्ली] *स्त्री॰* पान की बेल। नागवल्ली।

नागराज—[स॰ नाग ~ राज] *पु॰* १. बहुत बड़ा नाग। २. शेषनाग। ३. ऐरावत (हाथी)। (छन्द॰) नराच/पंचचामर छन्द।

***नागरि**—*वि॰, स्त्री॰ ≤ स॰* नागरी। (दे॰)। ✣ **नागरि-तन**—*पु॰* सुन्दर शरीर।

नागरिक—[स॰ नगर + ठञ्] *वि॰* १. नगर में रहने वाला। २. नगर से सम्बन्धित। ३. अ-सैनिक। *पु॰* (राज॰) किसी राज्य का निष्ठावान् सदस्य जिसके अधिकार और कर्तव्य उस राज्य के क़ानून से निर्धारित होते हैं।

नाग-रिपु—[स॰] *पु॰* १. हाथी का शत्रु। २. सिंह। शेर। ***जैसे***—नाग-रिपु-छाला (= व्याघ्रचर्म/बाघाम्बर)।

नागरी—[स॰ नागर + ङीप्] *वि॰ (स्त्री॰)* १. नगर-सम्बन्धी। शहरी। ***जैसे***—नागरी सभ्यता। २. नगर में रहनेवाली। ३. नगरवासियों से सम्बन्धित। ***जैसे***—नागरी समस्या। ४. शिष्ट/सुसंस्कृत या सभ्य (स्त्री)। ५. कला-कुशल (स्त्री)। ६. दक्ष या निपुण (स्त्री)। ७. विवेकवाला। बुद्धिमती। (काव्य॰) वचन/काव्य की कोमल गुणों से युक्त रीति में निपुण (स्त्री)। *स्त्री॰* १. नगर में रहनेवाली स्त्री। २. चतुर युवती/स्त्री (राधा आदि)। ३. स्त्री/मादा पशु। ***जैसे***—नाग-नागरी (= हथिनी)। ४. देवनागरी लिपि।

†**नागल**—[देशज] *पु॰* १. हल। २. बैलों को जूए से बाँधनेवाली रस्सी।

नाग-लता—[स॰] *स्त्री॰* = पान की बेल।

नागलोक—[स॰ नाग ~ लोक] *पु॰* नागों का लोक/देश। पाताल।

नागवल्लरी/नागवल्ली—[स॰ नाग ~ वल्लरी/वल्ली] *स्त्री॰* पान की बेल।

नागवार—[फा॰] *वि॰* १. जो अच्छा न लगे। अरुचिकर। नापसन्द। ✣ **नागवारी**—*स्त्री॰* = अच्छा न लगना। पसन्द न होना। नापसन्दी।

नागा[१]—[< स॰ नग्न] *वि॰* वस्त्रहीन। दिगम्बर। नंगा। *पु॰* १. एक शैव सम्प्रदाय। २. उक्त सम्प्रदाय के साधु जो नंगे रहते हैं।

नागा[२]—[< स॰ नागा] *पु॰* १. असम प्रदेश का एक पर्वत। २. उक्त पर्वत के क्षेत्र में रहनेवाली एक जाति या उसका व्यक्ति। ***जैसे***—नागाओं के सरदार से भेंट।

***नागा**[३]—[< स॰ नाग] *पु॰* नाग। हाथी या सर्प इत्यादि।

नाग़ा—[< तुर्की नाग़:] *पु॰* १. लगातार चलने वाले काम में काम करनेवाले की किसी दिन की अनुपस्थिति। ***जैसे***—यह नौकर बहुत बार नाग़ा करता है। २. वह दिन जब नित्य किया जाने वाला काम छूट जाए। ***जैसे***—अपनी पढ़ाई के नाग़े लिखते रहना।

नागाङ्गना (नागांगना)—[स॰ नाग ~ अङ्गना] *स्त्री॰* १. हथिनी। २. सर्पिणी। नागिन। ३. नाग-वंश की स्त्री/कन्या/युवती।

नागानन—[स॰ नाग ~ आनन] *पु॰* गजानन। गणेश (देवता)।

नागान्तक (नागांतक)—[स॰ नाग ~ अन्तक] *पु॰* १. नाग (सर्प या हाथी) को नष्ट करने वाला। २. गरुड़। ३. मोर। ४. सिंह।

नागाशन—[स॰ नाग ~ अशन] *पु॰* १. सर्पों को खानेवाला। २. गरुड़। ३. मयूर। मोर।

नागी[१]—[स॰ नागिन्] *पु॰* शिव। महादेव।

नागी[२]—[< स॰ नाग] *स्त्री॰* १. नागिन। सर्पिणी। २. हथिनी।

नागेन्द्र—[स॰ नाग ~ इन्द्र] *पु॰* १. नागों का राजा। नागराज। २. प्रमुख/बड़ा नाग या सर्प। ३. (नागराज) वासुकि। ४. (नागों में श्रेष्ठ) शेषनाग। ५. उत्कृष्ट हाथी ऐरावत।

नागेसर—[< स॰ नागकेशर] *पु॰* १. नागकेशर। (दे॰) २. वसन्त में फूलनेवाला एक लाल फूल जिसमें पाँच पंखुड़ियाँ होती हैं। ✣ **नागेसरी**—*वि॰* = नागकेसर के समान रंग का। *पु॰* = उक्त प्रकार का रंग।

नागौरी—[< हि॰ नागौर] *वि॰* १. (मारवाड़ के) नागौर नगर से सम्बन्धित। २. अच्छी नस्ल का (गाय/बैल)। ✣ **नागौरी**—*वि॰* = नागौर का या नागौर की। जैसे—नागौरी गाय-बैल को श्रेष्ठ माना जाता है।

***नाघना**—*क्रिस॰ ≤ हि॰* लाँघना। ✣ **नाघत**—*क्रिस॰* = लाँघता है। *क्रिवि॰* लाँघते हुए या लाँघने पर। ✣ **नाघि**—*क्रिवि॰* = लाँघकर।

नाच-रङ्ग (रंग)—[हि॰ नाच स॰ + रङ्ग] *पु॰* १. वह कार्यक्रम आदि जिसमें नाच-गाना हो। २. आमोद-प्रमोद।

नाचाक़ी—[फा॰ ना + तुर्की चाक़ी] १. वैमनस्य। अनबन। २. शत्रुता। विरोध।

नाचार—[फा॰] *वि॰* १. विवश। बेबस। लाचार। २. असहाय। ३. दुःखी। *क्रिवि॰* विवश/लाचार होकर। ✣ **नाचारी**—*स्त्री॰* १. विवशता। बेबसी। लाचारी। २. दुःख। कष्ट। ३.असहायता।

नाज—[< हि॰ अनाज] *पु॰* अन्न। अनाज।

नाज़—[फा॰] *पु॰* १. हाव-भाव। ठसक। नख़रा। २. अभिमान। घमंड। ३. गर्व। फ़ख़्र। ४. लाड़-प्यार और सम्मानपूर्वक पालन-पोषण। ***वा॰* नाज़ उठाना**—नख़रे सहना। **नाज़ों से पालना**—बहुत लाड़-प्यार से पालन-पोषण करना।

नाज़नीं (नाज़नीं)—[फा॰] *स्त्री॰* १. सुकुमार स्त्री। सुकुमारी। २. सुन्दर स्त्री। सुन्दरी।

नाज़बरदार—[फा॰] *वि॰* नाज़-नखरे सहन करने वाला। नाज़ उठानेवाला। *पु॰* प्रेमी। ✣ **नाज़बरदारी**—*स्त्री॰* = किसी के नाज़-नख़रे सहन करना।

नाज-मण्डी (मंडी)—[हि॰] *स्त्री॰* अनाज की मंडी। अनाज का बाज़ार।

नाज़िम—[अरबी] *पु॰* १. व्यवस्थापक। २. सचिव। मन्त्री।

नाज़िर—[अरबी] *पु॰* निरीक्षक। (प्रशासन॰) किसी विभाग के लिपिकों आदि का प्रधान अधिकारी। ***जैसे***—तहसील का नाज़िर।

नाज़ी—[< जर्मन नात्सी] *पु॰* १. द्वितीय विश्वयुद्ध के पहले बना जर्मनी का एक राजनीतिक दल जो स्वयं को 'राष्ट्रीय समाजवादी' कहता था। २. उक्त दल का सदस्य। ✣ **नाज़ीवाद**—*पु॰* = नाज़ियों की विचारधारा जिसके अनुसार शक्तिशाली व्यक्ति/दल/राष्ट्र को शासनतन्त्र अपने हाथ में लेना चाहिए। ● **विशेष**—यह विचारधारा जनतन्त्र की विरोधी और तानाशाही को जन्म देनेवाली सिद्ध हुई।

नाज़ो—[< फा॰ नाज़] *स्त्री॰* १. नख़रोंवाली स्त्री २. सुकुमारी और लाड़ली स्त्री आदि। ✣ **नाज़ोअदा**—*स्त्री॰* = १. नाज़-नख़रे और अदाएँ। २. अंग-भंगी।

नाट[1]—[सं॰ √नट् + घञ्] *पु॰* १. नृत्य। नाच। २. नाटक। स्वाँग। नक़ल।

***नाट**[2]—[< सं॰ नष्ट] *पु॰* काँटे, कील आदि की नोक जो चुभने पर शरीर के अन्दर रह जाए।

नाटक—[सं॰ नाट + कन्] *पु॰* १. दृश्य काव्य या रूपक के दस भेदों में से एक। २. रूपक। ३. अभिनय। ४. दृश्यकाव्य। ५. अभिनेय ग्रन्थ। ***जैसे***—प्रसाद का 'ध्रुवस्वामिनी' नाटक। ६. तमाशा। ७. (लाक्षणिक) कपट-पूर्ण या दिखावटी प्रदर्शन। ***जैसे***—प्राय: अदालतों में न्याय नहीं, न्याय का नाटक होता है। ✣ **नाटककार**—*पु॰* = १. नाटक लिखनेवाला। २. नाटक करनेवाला। ✣ **नाटकशाला**—*स्त्री॰* = वह स्थान जहाँ नाटक खेले जाते हैं। नाट्यशाला। नाट्यगृह।

नाटकावतार—[सं॰ नाटक ~ अवतार] *पु॰* (नाट्य॰) एक नाटक के अन्तर्गत दूसरा नाटक।

नाटकिया—[< सं॰ नाटक] *पु॰* १. नाटक का अभिनेता। नट। २. बहुरूपिया।

नाटकी—[< सं॰ नाटक] *पु॰* नाटक करके जीविका कमानेवाला व्यक्ति।

नाटकीय—[सं॰ नाटक + छ] *वि॰* १. नाटक-सम्बन्धी। नाटक का। ***जैसे***—नाटकीय समीक्षा। २. नाटक जैसा। ***जैसे***—नाटकीय बातचीत मत करो। ३. आकस्मिक रूप से तथा कुशलता और चतुरता से किया जाने वाला या होनेवाला। ***जैसे***—कहानी में नाटकीय मोड़। ✣ **नाटकीय प्रभाव**—*पु॰* = (पा॰ काव्य॰) किसी कथात्मक कृति में घटनाओं का असाधारण रीति से और अप्रत्याशित विकास। ✣ **नाटकीय विडम्बना (विडंबना)**—*स्त्री॰* (काव्य॰) = भाग्य के द्वारा मनुष्यों के कार्य-व्यापारों अथवा योजनाओं की विफलता।

नाटना—*क्रिअ॰* ≤ *हि॰* नटना। (प्रतिज्ञा या कही हुई बात से) मुकरना।

नाटा—[< सं॰ नत] *वि॰* छोटे क़द का। कम ऊँचा। कम लम्बा। ***जैसे***—नाटा मनुष्य। ✣ **नाटी**—*वि॰ (स्त्री॰)*। ***जैसे***—नाटी स्त्री।

नाटिका—[सं॰ नाटक + टाप्, इत्व] *स्त्री॰* १. उपरूपक का एक भेद। जिसके लक्षण हैं—कल्पित कथा, स्त्री पात्रों की अधिकता, चार अंक और छोटा आकार। छोटा नाटक।

नाट्य—[सं॰ नट + ज्य] *पु॰* १. नट का काम/भाव। नृत्य, गीत और वाद्य। २. नाटक का अभिनय। ३. नृत्यगान और वाद्य के साथ अभिनय। अभिनय कला। ४.स्वाँग करने की क्रिया/भाव। ✣ **नाट्यकार**—*पु॰* = नाटक में अभिनय करने वाला। नट। अभिनेता।

नाट्यागार—[सं॰ नाट्य ~ आगार] *पु॰* नाट्यशाला।

नाट्याचार्य—[सं॰ नाट्य ~ आचार्य] *पु॰* १. नाट्यशास्त्र का विद्वान्। २. अभिनय, नृत्य आदि का शिक्षक।

नाट्यालङ्कार (नाट्यालंकार)—[सं॰ नाट्य ~ अलङ्कार] *पु॰* (नाट्य॰) अभिनय का सौन्दर्य बढ़ानेवाली विशेष बातें (आशीर्वाद, गर्व, अभिमान, निवेदन आदि)।

नाट्योक्ति—[सं॰ नाट्य ~ उक्ति] *स्त्री॰* (नाट्य॰) १. नाटकीय वाक्य-विन्यास। २. नाटकों में प्रचलित विशेष सम्बोधन-सूचक शब्द। (जैसे—पति को 'आर्यपुत्र' कहना, राजा को 'देव' कहना)। ३. नाटक में पात्र का चरित्र और अभिप्राय प्रकट करने के लिए प्रयुक्त किया जाने वाला संवाद।

नाठ—[< सं॰ नष्ट] *पु॰* १. नाश। ध्वंस। २. अभाव। कमी। ३. बिना स्वामी वाली सम्पत्ति। लावारिस सम्पत्ति।

नाठना—[< हि॰ नाठ] *क्रिस॰* नष्ट करना। ध्वस्त करना। *क्रिअ॰* नष्ट होना। ध्वस्त होना। ✣ **नाठि**—[< सं॰ नष्ट] *क्रिवि॰* = १. नष्ट करके। २. नष्ट हो जाने पर।

नाठा—[< हि॰ नाठ] *पु॰* उत्तराधिकारी से रहित व्यक्ति। बिना वारिस का आदमी।

***नाठि**—*दे॰* नाठना[1]।

***†नाठी**—[ब्रज॰ < हि॰ नाठना] *वि॰* १. नष्ट। २. (क्रोध में गाली के रूप में प्रयुक्त)। सर्वनाशिनी। मरी।

***नाड**—[< हि॰ नाला] *पु॰* १. छोटा नाला।

नाड़ा—[< सं॰ नाड] *पु॰* पाजामा आदि वस्त्रों को कमर पर बाँधने की सूत आदि की डोरी। नीवी। कमरबन्द।

नाडिका—[सं॰ नाडि + कन् + टाप्] *स्त्री॰* १. नाड़ी। धमनी। २. समय की एक प्राचीन इकाई। घटी। घड़ी। ● **विशेष**—एक नाडिका/घटी = २४ मिनिट।

नाड़िया—[< हि॰ नाड़ी] *पु॰* नाड़ी देखकर रोग का पता लगाने वाला वैद्य।

नाड़ी[1]—[< सं॰ नाडी] *स्त्री॰* १. (शरीर की) शुद्धरक्तवाहिनी। धमनी। २. समय की एक प्राचीन इकाई। घटी (१ घटी = २४ मिनिट)। ३. (कलाई पर की) नब्ज़। ***वा॰* नाड़ी चलना/बोलना**—१. नब्ज़ में गति होना। २. मनुष्य का जीवित अवस्था में होना। **नाड़ी छूटना, नाड़ी छूट जाना**—१. मर जाना। २. मरने के समीप होना। **नाड़ी देखना**—कलाई के पास नाड़ी पर हाथ रखकर उसकी गति देखना। ✣ **नाड़ी-चक्र**—*पु॰* = (हठयोग॰) नाभि-प्रदेश में स्थित चक्र विशेष जिसमें से सभी नाड़ियाँ निकली हैं। ✣ **नाड़ी-परीक्षा**—*स्त्री॰* = नब्ज़ देखना। ✣ **नाड़ी-संस्थान**—*पु॰* = शरीर की नाड़ियों

का जाल। शरीर का नाड़ी-तन्त्र।

नाड़ी[२]—[< सं॰ नाडिका] *स्त्री॰* एक प्रकार का शाक। पटुआ साग।

नाणक—[सं॰ न ~ आणक] *पु॰* १. सिक्का। २. एक प्राचीन सिक्का।

नातक़ा—[< अरबी नातिक़:] *पु॰* १. बोलने की शक्ति। वाक्‌शक्ति। २. वाणी। ***जैसे***—किसी का नातक़ा बन्द करना (= निरुत्तर करना)।

नातजर्बेकार—[< फा॰ ना + अरबी तज्रिब:कार] *वि॰* अनुभवहीन। अनाड़ी। ✣ **नातजर्बेकारी**—*स्त्री॰* = अनुभवहीनता। अनाड़ीपन।

नातर/नातरि—[< हि॰ नातरु] *अव्यय॰* नहीं तो। अन्यथा।

नातरु—[< सं॰ ना ~ तार्हे] *अव्यय॰* नहीं तो। अन्यथा।

नाताक़त—[फा॰ ना + अरबी ताक़त] *वि॰* शक्तिहीन। निर्बल। कमज़ोर। ✣ **नाताक़ती**—*स्त्री॰* = शक्तिहीनता। निर्बलता। कमज़ोरी।

नाता-गोता—[< हि॰ नाता + सं॰ गोत्र] *पु॰* वंश और गोत्र के कारण होनेवाला आपस का सम्बन्ध।

नातिक़ा—[< अरबी नातिक़:] *पु॰* १. बोलने की शक्ति। वाक्‌शक्ति। २. वाणी।

नाथना—[< प्रा॰ नत्थण] *क्रिस॰* १. बैल आदि की नाक को छेदकर उसमें नाथ पहनाना। नत्थी करना। पशुओं को नाथ से नियन्त्रित करना। २. एक सूत्र में बाँधना। ३. वश में रखना।

नाथोक्त—[सं॰ नाथ ~ उक्त] *वि॰* नाथ/शिव द्वारा कथित। ***जैसे***—नाथपन्थी साधु योग-मार्ग को नाथोक्त मानते हैं।

नाद—[सं॰ √नद् + घञ्] *पु॰* १. शब्द। ध्वनि। आवाज़। २. अव्यक्त शब्द। ३. वर्णों का अव्यक्त मूलरूप। ४. संगीत में उपयोगी ध्वनि। ✣ **नादना**—*क्रिस॰* = बजाना। *क्रिअ॰* १. बजना। २. गरजना। ✣ **नाद-मुद्रा**—*स्त्री॰* = (तन्त्र॰) एक तान्त्रिक मुद्रा जिसमें दाहिनी मुट्ठी बँधी रहती है परन्तु अँगूठे को अलग रखते हैं। ✣ **नादविद्या (नादविद्या)**—*स्त्री॰* = संगीतशास्त्र। ✣ **नाद-सौन्दर्य (सौन्दर्य)**—*पु॰* = ध्वनि/शब्दों की मधुरता। (काव्य॰) शब्दों के उचित चयन और उचित योजना से उत्पन्न माधुर्य।

नादानुप्राणित—[सं॰ नाद ~ अनुप्राणित] *वि॰* नाद से अनुप्राणित। नाद-सौन्दर्य से युक्त। ***जैसे***—नादानुप्राणित शब्दों की मधुरता।

नादित—[सं॰ नाद + इतच्] *वि॰* १. जो नाद-युक्त किया गया हो या हुआ हो। २. बजाया हुआ। ३. बजता हुआ। शब्द करता हुआ। ४. गूँजता हुआ।

नादिनी—[सं॰ नादिन् + ङीप्] *वि॰* (स्त्री॰) १. नाद-सम्बन्धी। शब्द की। २. नाद/शब्द करनेवाली। ३. बजनेवाली। ४. गरजनेवाली।

नादिम—[अरबी] *वि॰* १. लज्जित। शर्मिन्दा। २. पछतानेवाला। पश्चात्ताप-युक्त।

नादिहन्द (नादिहंद)—[फा॰] *वि॰* १. न देनेवाला। २. किसी की वस्तु/धन लेकर वापस करने में टाल-मटोल करनेवाला। ✣ **नादिहन्दी (नादिहंदी)**—*स्त्री॰* = १. न देने की अवस्था/भाव। २. किसी की वस्तु/धन लेकर वापस न करना या देने में टाल-मटोल करना।

नादी—[सं॰ नादिन्] *वि॰* १. नाद-सम्बन्धी। नाद का। २. नाद करनेवाला। ३. बजनेवाला। ४. गरजनेवाला।

नादेय[१]—[सं॰ न ~ अदेय] *वि॰* जो अ-देय न हो। देय।

नादेय[२]—[सं॰ नदी + ढक्] *वि॰* १. नदी-सम्बन्धी। नदी का। ***जैसे***—नादेय जल। २. नदी में होनेवाला। *पु॰* १. जलबेंत। २. काँस नामक घास। ✣ **नादेयी**—*स्त्री॰* = जलबेंत।

नाधन—[< हि॰ नाधना] *स्त्री॰* १. नाधने की क्रिया/भाव। २. चरखे के तकुए में लगा गत्ते या चमड़े आदि का गोल टुकड़ा जिससे तागा इधर-उधर नहीं हो पाता।

नाधा—[< हि॰ नाधना] *पु॰* हल, कोल्हू आदि की हरिस से जूए को बाँधने या फँसाने की रस्सी या चमड़े की पट्टी।

नान—[फा॰] *स्त्री॰* १. ख़मीरी रोटी। २. रोटी।

नानखताई—[< फा॰ नान + खता (एक प्रदेश का नाम)] *स्त्री॰* १. एक प्रकार की मीठी खस्ता रोटी। २. सूजी/मैदा आदि का बना एक प्रकार का खस्ता मीठा बिस्कुट।

नानबाई—[< फा॰ नान + बा (= बेचनेवाला)] *पु॰* रोटियाँ बेचने का व्यवसाय करनेवाला।

नानस—[< हि॰ ननिया सास] *स्त्री॰* ननिया सास।

नानार्थ—[सं॰ नाना ~ अर्थ] *वि॰* १. अनेक अर्थों वाला। २. जिससे अनेक अर्थ सिद्ध हों। जिससे अनेक काम बन सकें।

नानाविध—[< सं॰ नाना ~ विधि] *वि॰* अनेक प्रकार के। ***जैसे***—नानाविध घोड़े।

नान्त (नांत)—[सं॰ न ~ अन्त] *वि॰* अन्तरहित। असीम। अनन्त।

नान्दी (नांदी)—[सं॰ √ नन्द् + घञ्, पृषो॰ वृद्धि + ङीष्] *स्त्री॰* १. देव-स्तुति। २. प्रसन्नता। हर्ष। ३. समृद्धि। (नाट्य॰) नाटक के आरम्भ से पहले होने वाली आशीर्वादात्मक देव-स्तुति।

नान्दीकर (नांदीकर)—[सं॰ नान्दी + कर] *पु॰* (नाट्य॰) १. नान्दी-पाठ करनेवाला। २. नाटक के आरम्भ में मंगल के रूप में भेरी आदि बजानेवाला व्यक्ति।

नान्दी (नांदी)-घोष—[सं॰] *पु॰* भेरी आदि की ध्वनि।

नान्दी (नांदी)-नाद/निनाद—[सं॰] *पु॰* अधिक हर्ष के कारण चिल्लाना। हर्षनाद।

नान्दी (नांदी) पट—[सं॰] *पु॰* कुएँ के ऊपर का ढक्कन जो लकड़ी का बना होता है। कुएँ का ढँकना। नान्दी-मुख।

नान्दीपाठ (नांदीपाठ)—[सं॰ नान्दी ~ पाठ] *पु॰* (नाट्य॰) नाटक के पूर्व आशीर्वादात्मक स्तुति वाले मांगलिक पद्य का सूत्रधार द्वारा पाठ।

नान्दीमुख (नांदीमुख)—[सं॰ नान्दी ~ मुख] *पु॰* १. कुएँ के ऊपर का ढक्कन। नान्दीपट। २. जन्म, विवाह आदि शुभ कार्यों को आरम्भ करने से पहले किया जाने वाला एक श्राद्ध। *वि॰* (वे पितर) जिनके लिए उक्त श्राद्ध किया जाता है। ✣ **नान्दीमुखी (नांदीमुखी)**—*स्त्री॰* = नान्दीमुख श्राद्ध में भाग प्राप्त करने वाली स्त्री। (छन्द॰) एक समवर्णिक छन्द जिसके प्रत्येक चरण में क्रमशः दो नगण, दो

तगण और दो गुरु (न न त त ग ग) के योग से १४ वर्ण होते हैं और ७-७ पर यति होती हैं।

†**नान्ह**—[< प्रा॰ लान्हा] *वि॰* १. छोटा। नन्हा। २. तुच्छ। हीन। ३. सूक्ष्म। बारीक। महीन।

***नान्हरिया**—[< हि॰ नन्हा] *वि॰* छोटा। नन्हा।

***नान्हा/नान्हाँ**—[< हि॰ नन्हा] *वि॰* १. नन्हा। छोटा। २. नन्हा बच्चा। शिशु।

नाप-जोख—[< हि॰ नापना + जोखना] *स्त्री॰* १. नापने, तौलने आदि की क्रिया/भाव। नापकर या तौलकर ज्ञात की गयी मात्रा/परिमाण। नाप-जोख। ***जैसे***—इस ज़मीन की नाप-जोख कर लो। २. किसी की शक्ति, साधनों आदि का अनुमान। ***जैसे***—युद्ध छेड़ने से पहले शत्रु के बल की नाप-जोख कर लेनी चाहिए।

नाप-तौल—[< हि॰ नापना + तौलना] *स्त्री॰* १. नापने और तौलने की क्रिया/भाव। २. माप और वज़न। ३. आँकने या अनुमान करने की क्रिया/भाव।

नापायदार—[फा॰] *वि॰* १. अस्थिर। नाशवान। २. जो मज़बूत न हो। अदृढ़। ३. अनिश्चित। ✣ **नापायदारी**—*(स्त्री॰)* = १. अस्थिरता। २. अदृढ़ता। ३. अनिश्चितता।

नापित—[स॰ न √आप् + तन्, इट्] *पु॰* नाई।

नापितशाला—[स॰ नापित ~ शाला] *स्त्री॰* नाई की दुकान।

नापित्य—[स॰ नापित + ष्यञ्] *पु॰* १. नापित होने की अवस्था/भाव। नाईपन। २. नाई का काम/पेशा।

नापैद—[फा॰] *वि॰* १. जो कभी पैदा न हुआ हो। अनुत्पन्न। २. जो अब पैदा न होता हो। ***जैसे***—अब काला गन्ना नापैद हो गया है। ३. अप्राप्य। दुर्लभ। ४. लुप्त। ग़ायब। ***जैसे***—कल तुम कहाँ नापैद हो गए थे?

नाफ़—[फा॰] *स्त्री॰* १. (पेट की) नाभि। २. (किसी वस्तु का) मध्य भाग या केन्द्रस्थान। ● **विशेष**—मृग की नाभि की थैली जिसमें कस्तूरी होती है, '**नाफ़ए मुश्क**' या '**नाफ़ा**' कही जाती है।

नाफ़रमान—[फा॰] *वि॰* १. आज्ञा न माननेवाला। अवज्ञाकारी। २. उद्दंड। धृष्ट। सरकश। ✣ **नाफ़रमानी**—*स्त्री॰* = १. अवज्ञा। २. उद्दंडता।

नाफ़हम—[फा॰ ना + अरबी फ़हम] *वि॰* १. जो बात को न समझ सके। २. मूर्ख। ३. अज्ञानी। ✣ **नाफ़हमी**—*(स्त्री॰)* = १. बात न समझ पाना। २. मूर्खता। ३. अज्ञान।

नाफ़ा—[< फा॰ नाफ़:] *पु॰* १. नाभि। २. कस्तूरी मृग की नाभि के भीतर की थैली जिसमें कस्तूरी होती है।

नाबदान—[फा॰] *पु॰* १. मकान की नाली। २. गन्दा पानी डालने का गड्ढा।

नाभिक—[स॰ नाभि + कन्] *पु॰* (भौतिकी॰) परमाणु का केन्द्रीय, सघनतम तथा घनात्मक आवेशयुक्त भाग जिसमें प्रोटान और न्यूट्रान होते हैं और इलेक्ट्रान जिसकी परिक्रमा करते रहते हैं। (अ॰ न्युक्लियस)

नाभिछेदन—[< स॰ नाभिच्छेदन] *पु॰* (नवजात शिशु का) नाल काटने की क्रिया।

नाभिज—[स॰ नाभि + ज] *वि॰* नाभि से उत्पन्न। *पु॰* (विष्णु की नाभि से उत्पन्न) ब्रह्मा।

नाभिल—[स॰ नाभि + लच्] *वि॰* १. नाभि से युक्त। नाभिवाला। २. उभरी हुई नाभि वाला (प्राणी)। ३. नाभि-सम्बन्धी। नाभि का।

नाभीय—[स॰ नाभि + छ] *वि॰* नाभि-सम्बन्धी। नाभि का।

नामआवर—[फा॰] *वि॰* १. प्रसिद्ध। मशहूर। २. यशस्वी। ✣ **नामआवरी**—*स्त्री॰* = यश। प्रसिद्धि। शोहरत।

नामक—[< स॰ नामिक] *वि॰*··· नाम का।··· नामवाला। ***जैसे***—रामायण नामक ग्रन्थ।

नामकरण—[स॰ नाम (नामन्) ~ करण] *पु॰* १. किसी का नाम रखने की क्रिया या भाव। २. शिशु आदि का नाम रखने का संस्कार विशेष।

नाम-ग्राम—[स॰] *पु॰* नाम और निवास-स्थान। नामधाम।

नामचार—[< स॰ नाम (नामन्)] *पु॰* = नाम मात्र। ***जैसे***—नामचार के लिए उनके घर जाना ही पड़ेगा।

नामज़द—[फा॰] *वि॰* १. (किसी काम या चुनाव के लिए) मनोनीत। ✣ **नामज़दगी**—*स्त्री॰* = नामज़द करना/होना। मनोनयन। २. नामांकित।

नामतः—[स॰ नामन् + तः] *वि॰* नाम से। ***जैसे***—नामतः वह हिन्दू प्रतीत होता है।

नामदार—[फा॰] *वि॰* १. प्रसिद्ध। मशहूर। २. प्रतिष्ठित। इज़्ज़तदार। ३. यशस्वी।

नाम-द्वादशी (नाम-द्वादशी)—[स॰] *स्त्री॰* मार्गशीर्ष शुक्ल द्वादशी। ● **विशेष**—इस दिन व्रत रखकर पार्वती, सरस्वती, लक्ष्मी इत्यादि १२ देवियों की पूजा की जाती है।

नामधातु—[स॰ नाम ~ धातु] *स्त्री॰* (व्याकरण॰) किसी संज्ञा शब्द से बननेवाली धातु। ✣ **नामधातुक क्रिया** = संज्ञा से बननेवाली क्रिया। [***जैसे***—हथियाना ('हाथ' से), लतियाना ('लात' से) इत्यादि]।

नाम-धाम—[स॰] *पु॰* (व्यक्ति के) नाम तथा निवासस्थान के बारे में कुछ जानकारी। नाम-ग्राम। नाम-पता।

नामधारक—[स॰ नाम ~ धारक] *वि॰* जो नाममात्र का अधिकारी हो, अधिकार-सम्पन्न या उपयोगी नहीं। ***जैसे***—वह नामधारक अध्यक्ष है, प्रभावी नहीं।

नामधारी—[स॰ नामधारिन्] *वि॰* १. नाम धारण करनेवाला। नामवाला। नामक। ***जैसे***—शिवाजी नामधारी राजा। २. नाम से प्रसिद्ध। ३. नाममात्र का अधिकारी (अध्यक्ष आदि) जिसे वास्तव में अधिकार प्राप्त न हो। नाममात्र का। *पु॰* सिक्ख सम्प्रदाय की एक शाखा।

नामधेय—[स॰ नाम ~ धेय] *वि॰* (अमुक) नाम वाला। नामक। ***जैसे***—राम नामधेय। (= 'राम' नाम वाला)। *पु॰* नाम।

नामनिर्दिष्ट—[स॰ नाम ~ निर्दिष्ट] *वि॰* नामांकित। नामित। *जैसे*—नामनिर्दिष्ट अधिकारी।

नाम-निर्देश—[स॰] *पु॰* नाम का उल्लेख। नाम लेकर कथन।

नामनिर्देशिती—[< स॰ नाम-निर्देशित] *पु॰* मनोनीत व्यक्ति। नामज़द व्यक्ति।

नामपद-प्रक्रिया—[स॰] *स्त्री॰* (कोश॰) नाम शब्दों (संज्ञा, सर्वनाम आदि) में प्रत्यय लगाकर पद बनाने की प्रक्रिया।

नाम-पद्धति (नाम-पद्धति)—[स॰] *स्त्री॰* किसी वर्गीकरण-पद्धति में प्राथमिक पदों के नामकरण की एक सुसंगत पद्धति।

नामबरदार—[फा॰] *वि॰* १. प्रतिष्ठित। २. प्रसिद्ध। नामी। ✣ **नामबरदारी**—*स्त्री॰* =१. प्रतिष्ठित होना। २. प्रतिष्ठा। ३. प्रसिद्धि।

नाममात्र—[< स॰ नाम ~ मात्र] *वि॰* कहने-भर के लिए। बहुत थोड़ा। अत्यल्प। *जैसे*—नाम-मात्र वर्षा होना। ***वा॰* नाममात्र का**—उचित मात्रा में नहीं अपितु केवल देखने या कहने के लिए बहुत थोड़ा-सा। ज़रा-सा।

नाम-माला—[स॰] *स्त्री॰* १. नामों की पंक्ति/तालिका/माला। नाम-संग्रह। नामावली। २. नाम-कोश।

नाम-मुद्रा—[स॰] *स्त्री॰* १. जिस अँगूठी पर किसी का नाम अंकित हो। २. किसी के नाम की मुहर।

नाम-यज्ञ—[स॰] *पु॰* ऐसा यज्ञ जो प्रसिद्धि पाने के लिए ही किया जाए, किसी धार्मिक उद्देश्य से नहीं।

नामरासी—[< स॰ नाम + राशि] *वि॰* १. एक ही नाम वाले या सदृश नामों वाले लोगों में से प्रत्येक। २. समान नाम वाला।

नाम-रूप—[स॰] *पु॰* (किसी व्यक्ति या वस्तु के) नाम और रूप। *जैसे*—श्रीराम के नाम-रूप का स्मरण।

नामरूपात्मक—[स॰ नाम ~ रूप ~ आत्मक] *स्त्री॰* १. अनेक नामों और रूपों वाला। *जैसे*—नामरूपात्मक जगत्। २. नाम और रूप से सम्बन्धित। *जैसे*—श्रीकृष्ण का नाम-रूपात्मक वर्णन।

नामवर—[फा॰] *वि॰* १. प्रसिद्ध। मशहूर। २. यशस्वी। ✣ **नामवरी**—*स्त्री॰* = १. प्रसिद्धि। शोहरत। २. यश।

नाम-वाचक—[स॰] *वि॰* नाम बतानेवाला। *पु॰* (व्या॰) व्यक्तिवाचक संज्ञा।

नामशेष—[स॰ नाम ~ शेष] *वि॰* जिसका नाम ही शेष रह गया हो। मरा हुआ। मृतक। स्मृतिशेष।

नाम-सङ्ग्रह (संग्रह)—[स॰] *पु॰* १. नामों की तालिका। नाम-माला। २. शब्दकोश।

नाम-हँसाई—[स॰ नाम + हि॰ हँसाई] *स्त्री॰* १. नाम लेकर उपहास होना। २. अपयश। बदनामी।

नामा—[< स॰ नाम] *वि॰* नामवाला। नामधारी। नामक। *जैसे*—बिहारीलाल नामा कवि। *पु॰* १. किसी के नाम पड़ी हुई धन-राशि। प्राप्य धन। पावना। २. धन। ३. रेज़गारी। *जैसे*—पाँच रुपए का नामा चाहिए।

नामाक़ूल—[अरबी] *वि॰* १. अनुचित। नामुनासिब। २. अनुपयुक्त। ३. अश्लील। ४. अशिष्ट। ५. अरुचिकर। नापसन्द।

नामान्तर (नामांतर)—[स॰ नाम ~ अन्तर] *पु॰* १. (किसी व्यक्ति का नाम के अतिरिक्त) दूसरा नाम। २. उपनाम। ३. पर्याय।

नामान्तरण (नामांतरण)—[स॰ नाम (नामन् ~ अन्तरण)] *पु॰* १. नाम बदलने की क्रिया या भाव। २. सरकारी काग़ज़ों में सम्पत्ति आदि के स्वामित्व से एक व्यक्ति का नाम हटाकर दूसरे का नाम चढ़ाया जाना। दाख़िल ख़ारिज। ✣ **नामान्तरित (नामांतरित)**—*वि॰* = जिसका नामान्तरण हुआ हो।

नामानिगार—[< फा॰ नाम:निगार] *पु॰* (पत्र-पत्रिका का) संवाददाता।

नामानुशासन—[स॰ नाम (नामन्) ~ अनुशासन] *पु॰* शब्दकोश।

नामाभिधान—[स॰ नाम ~ अभिधान] *पु॰* शब्दकोश। ✣ **नामालूम**—[फा॰] *वि॰* = जो मालूम न हो। अज्ञात।

नामिक—[स॰ नामन् + ठक्] *वि॰* १. नाम-सम्बन्धी। नाम का। २. (व्याकरण में) संज्ञा-सम्बन्धी। संज्ञा का। *जैसे*—व्याकरण में नामिक विवेचन। ३. नाममात्र का।

नामिका—[स॰ नामिक + टाप्] *स्त्री॰* किसी विशेष कार्य के लिए नियुक्त या चुने गए नामों की सूची/तालिका। *जैसे*—विद्यार्थियों की समस्याओं को सुनने और उत्तर देने के लिए बनी शिक्षक-नामिका। (अ॰ पैनल)

नामित[१]—[स॰ √नम् + णिच् + क्त] *वि॰* झुकाया हुआ।

नामित[२]—[< स॰ नाम] *वि॰* मनोनीत। नामज़द। ✣ **नामिती**—*वि॰* = जो नामित किया गया हो। मनोनीत। नामज़द।

नामिनी—[स॰ नामन् + ङीप्] *वि॰* नामवाली। *जैसे*—दुर्गा नामिनी बालिका।

नामी-गिरामी—[फा॰] *वि॰* १. प्रसिद्ध और पूज्य। २. प्रसिद्ध और महान्। ● **विशेष**—फ़ारसी शब्द 'गिरामी' = पूज्य/महान्।

नामुआफ़िक़—[फा॰] *वि॰* जो अनुकूल न हो। प्रतिकूल।

नामुकम्मल—[फा॰ ना + अरबी मुकम्मल] *वि॰* अपूर्ण। अधूरा। ✣ **नामुकम्मिल**—*वि॰* = नामुकम्मल।

नामुनासिब—[फा॰ ना + अरबी मुनासिब] *वि॰* अनुचित।

नामुराद—[फा॰] *वि॰* १. असफल मनोकामना वाला। विफलमनोरथ। नाकाम। २. दुर्भाग्यशाली। अभागा। बदनसीब। ✣ **नामुरादी**—*स्त्री॰* = १. मनोकामना पूरी न होना। नाकामी। २. दुर्भाग्य। बदनसीबी।

नामे—[< स॰ नाम (नामन्)] *पु॰* (वाणि॰) १. लेखे की बायीं ओर की गयी प्रविष्टि जो किसी व्यय आदि को दिखाती है। नाम खाता। उधार खाता। २. लेखे में उक्त प्रकार से प्रविष्ट राशि/रक़म। ३. बैंक के अपने खाते से निकाली गई राशि/रक़म। ∇ **विलोम**—जमा। ✣ **नामे अतिशेष**—*पु॰* = नामखाते और जमा राशियों का हिसाब करने पर शेष नामे राशि। (अ॰ डेबिट बैलेन्स) ✣ **नामे सञ्ज्ञापन (संज्ञापन)**—*पु॰* = नामखाते की धनराशि के सम्बन्ध में बैंक आदि से प्राप्त सूचना। (अ॰ डेबिट अड्वाइस)

नामौज़ूँ—[फा॰ ना + अरबी मौज़ूँ] *वि॰* अनुचित।

नाम्य—[सं॰ √नम् + णिच् + यत्] *वि॰* १. झुकाने योग्य। लचीला। २. जिसें झुकाना हो।

नायक—[सं॰ √नी + ण्वुल्] *पु॰* १. ले जाने या पहुँचाने वाला व्यक्ति। नेता। २. किसी समुदाय/वर्ग आदि का या जनता का किसी विशेष उद्देश्य को प्राप्त करने के लिए मार्गदर्शक व्यक्ति। प्रभावशाली अग्रेसर व्यक्ति। ३. सेना की एक टुकड़ी का प्रधान अधिकारी। ४. प्रधान। प्रमुख। स्वामी। ***जैसे***—गण-नायक, त्रिलोक का नायक। (काव्य॰) १. किसी नाटक/काव्य/उपन्यास/कहानी आदि का वह प्रमुख पात्र जिसे केन्द्र बनाकर ग्रन्थ रचा गया हो। (छन्द॰) एक समवर्णिक छन्द जिसके प्रत्येक चरण में क्रमशः सगण और दो लघु के योग से ५ वर्ण होते हैं। *पु॰* (संगीत॰) संगीत के सभी अंगों का पारंगत विद्वान् कलाकार। ***जैसे***—अमीर ख़ुसरू अपने समय के प्रसिद्ध नायक थे। ✣ **नायक-नायिका-भेद**—*पु॰* = (काव्य॰) शृंगार रस के आलम्बन नायक और नायिका के अनेक भेद (वियोगी, सम्भोगी, स्वकीया, परकीया आदि)।

नायका—[< सं॰ नायिका] *स्त्री॰* १. नायिका। (दे॰) २. वह स्त्री जो युवतियों को अपने अधीन रखकर उनसे वेश्यावृत्ति कराती हो। २. कुटनी।

नायकी—[< सं॰ नायक] *वि॰* नायक-सम्बन्धी। नायक का। *स्त्री॰* नायक होने की अवस्था/पद/भाव। नायकत्व।

***नायकु**—[< सं॰ नायक] *पु॰* नाचनेवाला उस्ताद।

नायब—[अरबी] *वि॰* जो किसी प्रधान अधिकारी का सहायक हो। ***जैसे***—नायब तहसीलदार। ✣ **नायबी**—*स्त्री॰* = १. नायब होने की अवस्था/भाव। २. नायब का पद/काम।

नाया**—[< हि॰ नवाना] *क्रिस॰* १. झुकाया। ***जैसे—सिर नाया। २. तिरस्कृत किया। ३. उँडेल दिया।

नायाब—[फा॰] *वि॰* १. अप्राप्य। २. दुर्लभ। ✣ **नायाबी**—*स्त्री॰* = १. अप्राप्ति। २. दुर्लभता।

नायिका—[सं॰ नायक + टाप्, इत्व] *स्त्री॰* १. स्वामिनी। मालकिन। २. पत्नी। ३. किसी समुदाय/वर्ग/दल आदि की या जनता की मार्गदर्शक नेता स्त्री। नेत्री। ४. प्रधान। प्रमुख। (काव्य॰) किसी नाटक/काव्य/उपन्यास/कहानी आदि की प्रमुख पात्र जो प्रायः नायक की पत्नी या प्रेमिका होती है परन्तु यह अनिवार्य नहीं हैं।

नायोबियम—[अ॰] (रसायन॰) एक धात्विक तत्त्व।

नार[१]—[सं॰ नर + अण्] *वि॰* नर-सम्बन्धी। मनुष्य का। *पु॰* १. जल। पानी। २. मनुष्यों का समूह।

***नार**[२]—[< सं॰ नाल] *स्त्री॰* १. कंठ। गला। २. ग्रीवा। गर्दन। ३. वह नली जिससे नवजात शिशु की नाभि माता के गर्भाशय से मिली होती है। नाल। ४. जुलाहों की ढरकी की नली जिस पर सूत लिपटता जाता है। ५. मैदानों में चरनेवाले पशुओं का समूह/झुंड।

***नार**[३]—≤ *हि॰* नाला।

***नार**[४]—≤ *हि॰* नारि। नारी।

नारसाई—[फा॰] *स्त्री॰* प्रवेश न पा सकना। पहुँच न होना।

नारसिंह—[सं॰ नरसिंह + अण्] *वि॰* नरसिंह-सम्बन्धी। नरसिंह का। *पु॰* नरसिंहरूपधारी विष्णु। ✣ **नारसिंही**—*वि॰* = १. नरसिंह या विष्णु-सम्बन्धी। २. बहुत उग्र या भीषण। ✣ **नारसिंहवपु**—*पु॰* = १. वह व्यक्ति जिसमें नर और सिंह दोनों के अवयव हो। २. (विष्णु का अवतार) नृसिंह।

नारा[१]—[सं॰ नार + टाप्] *पु॰* जल।

†**नारा**[२]—*पु॰* ≤ *हि॰* नाला।

नारा[३]—[< अरबी नारः] *पु॰* १. चुनौती देने वाली या ललकारने वाली ज़ोर की आवाज़। ***जैसे***—उनका नारा था—'जो हमसे टकराएगा, चूर-चूर हो जाएगा'। २. माँग/माँगों की थोड़े-से शब्दों में घोषणा। ***जैसे***—भ्रष्टाचार बन्द करो। ३. एक छोटा-सा वाक्यांश/वाक्य जो सरलता से याद हो सके, आकर्षक/प्रेरक हो और व्यक्ति/दल/संस्था/सरकार आदि के द्वारा बोले जाने या घोषित/विज्ञापित किए जाने पर सिद्धान्त-वाक्य या प्रचार-वाक्य के रूप में लोकप्रिय हो सके। ***जैसे***—नेता जी सुभाष का नारा था—'दिल्ली चलो'। ४. घोष-वाक्य के रूप में उच्चरित परमात्मा आदि की जय या वन्दना वाले वाक्यांश। Δ **पर्याय**—घोष-वाक्य। ***वा॰* नारा बुलन्द करना**—नारा लगाना।

नाराच—[सं॰ नार + आ √चम् + ड] *पु॰* १. लोहे का तीर। २. तीर। (छन्द॰) १. एक समवर्णिक छन्द जिसके प्रत्येक चरण में क्रमशः २ नगण और ४ रगण होते हैं और ९-९ पर यति होती है।

नाराशंस—[सं॰ नर + आ √शंस् + घञ् + अण्] *वि॰* मनुष्यों की प्रशंसा या स्तुति-सम्बन्धी। *पु॰* १. वेद के वे मन्त्र जिनमें मनुष्यों की प्रशंसा की गयी है। २. पितर।

नाराशंसी—[सं॰ नार ~ आशंसी] *स्त्री॰* १. मनुष्यों की प्रशंसा या स्तुति। २. वेदों के उन मंत्रों के समूह जिसमें अनेक राजाओं के दान आदि का प्रशंसात्मक वर्णन है।

***नारि**[१]—[< सं॰ नारी] *स्त्री॰* १. नारी। स्त्री। २. पत्नी। ३. युवती।

† ***नारि**[२]—[ब्रज] *स्त्री॰* १. ग्रीवा। गरदन। २. बड़ी तोप। ३. धनुष को बाँधने की डोरी। ज्या।

नारि**[३]—*स्त्री॰* ≤ हि॰ नाली। ***जैसे—नारिदार (= पनाला)।

***नारि**[४]—[< सं॰ नार] *पु॰* १. समूह। झुंड। २. आगार। भंडार।

नारिक—[सं॰ नार + ठक्] *वि॰* १. जल-सम्बन्धी। जल का। २. जल से युक्त। जलयुक्त।

नारिकेर/नारिकेल—[सं॰ नारी ~ केल, ह्रस्व, विकल्प से ल → र] *पु॰* नारियल का वृक्ष या उसका फल।

†**नारि-माला**—[< हि॰ नली + सं॰ माला] *स्त्री॰* हल के पीछे लगी नली और उसके ऊपर का पात्र जिसमें बोए जाने वाले बीज डाले जाते हैं।

***नारियरु**—*पु॰* ≤ *हि॰* नारियल।

नारी[१]—[सं॰ नृ + अञ् + ङीन्] *स्त्री॰* गर्भ धारण करनेवाली और प्राणियों की जन्म-दात्री। स्त्री। औरत। खींचने के लिए बैल या

भैंसे के गले में बाँधने की रस्सी।

नारी[२]—[< हि० नार] *स्त्री०* १. गाड़ी। २. हल का जुआ।

नारी[३]—[< हि० नारि < स० नाल] *स्त्री०* १. ग्रीवा। गरदन।

नारू—[देशज] १. एक रोग जिसमें शरीर में फुंसियाँ हो जाती हैं जिनसे लम्बे-लम्बे सफ़ेद कीड़े निकलते हैं।

नारेबाज़ी—*स्त्री०* = नारे लगाने का भाव/क्रिया। नारे लगाना।

नार्कोटिक—[अ०] *वि०* नींद/बेहोशी/संवेदनहीनता लानेवाला। स्वापक, मूर्च्छाकारी या संवेदहर (वस्तु)। ***जैसे***—नार्कोटिक औषधियों के व्यसन से होनेवाली दुर्दशा। *पु०* उक्त परिणामों वाली औषध।

नार्मद—[स० नर्मदा + अण्] *वि०* नर्मदा-सम्बन्धी। नर्मदा (नदी) का।

***नालम्बा (नालंबा)**—[< स० न + आलम्बा] *वि० (स्त्री०)* निरवलम्ब। बेसहारा।

नाल[१]—[स० √नल् + घञ्] *पु०* नहर। नाली।

नाल[२]—[स० √नल् + ण] *पु०* १. कमल आदि की डंडी। ***जैसे***—कमल-नाल। २. पौधे का पोला तना। कांड। ३. नाड़ी। धमनी। ४. गर्भस्थ बच्चे की नाभि को माता के गर्भाशय से जोड़ने वाली नली। ***वा०* (कहीं पर) नाल गड़ा होना**—स्थान विशेष से अधिक लगाव होना।

नाल[३]—[अरबी] *पु०* १. घोड़ा आदि के पैरों के तलवे में जड़ा जाने वाला लोहे का टुकड़ा। २. जूते के तले में जड़ा जाने वाला लोहे का टुकड़ा। ३. कर। टैक्स (अ०)

नालकी—[< स० नाल (= डंडा)] *स्त्री०* (पहले प्रचलित रही) एक प्रकार की बड़ी पालकी जिसमें विवाह के अवसर पर दूल्हा बैठकर जाता था।

नालबन्दी (नालबंदी)—[अरबी नाल + फा० बन्दी] *स्त्री०* १. घोड़ों के खुरों या जूतों की एड़ी में नाल जोड़ने का काम। २. नाल जड़ने का पेशा।

नालशलाका—[स० नाल ~ शलाका] *स्त्री०* देह-गुहा में से द्रव निकालने या उसे प्रवेश कराने के लिए प्रयुक्त एक पतली पोली नलिका जो प्राय: प्लास्टिक की बनी होती है। (अ० कैथेटर)

नाला[१]—[< स० नाल] *पु०* १. बरसाती पानी या अतिरिक्त जल बहने का गहरा लम्बा जलमार्ग। २. उक्त में बहनेवाली जल-धारा।

नाला[२]—[स० नाल + टाप्] *पु०* १. नरकट। २. कमलदंड। मृणाल। ३. पौधे का कोमल तना।

नाला[३]—[< फा० नाल:] *पु०* १. आर्तनाद। ***जैसे***—उसके दर्द भरे नाले सुनकर। २. चीत्कार। चीख़। ३. कोलाहल। शोर।

नालि—[स० √नल् + णिच् + इन्] १. नालिका। नली। २. बन्दूक।

नालिक—[स० नाल + ठन्] *पु०* १. कमल। बाँसुरी।

नालिका—[स० नाला + कन् + टाप्, इत्व] *स्त्री०* १. कमल-दंड। मृणाल। २. नाली। ३. घटी। (१ घटी = २४ मिनिट)। ४. जुलाहों की वह नली जिस पर सूत लपेटा जाता है। ५. पटुआ साग।

नालिश—[फा०] *स्त्री०* किसी के अत्याचार की शिकायत/फ़रियाद। (विधि०) किसी के विरुद्ध किया जाने वाला दावा/वाद/मुक़दमा। ***जैसे***—नालिश करना। ● **विशेष—नालिश दीवानी** = दीवानी का मुक़दमा। **नालिश फ़ौजदारी** = दांडिक/फ़ौजदारी मुक़दमा। ✣ **नालिशी**—*वि०, पु०* = नालिश करनेवाला।

नाली[१]—[< हि० 'नाला'] *स्त्री०* १. छोटा नाला। मोरी। २. नली। ३. पतली छेददार नली। ***जैसे***—दुनाली बन्दूक। ४. एक प्रकार की पुरानी बन्दूक। ***वा०* नाली का कीड़ा**—गन्दे वातावरण में ही प्रसन्न रहनेवाला तथा उसी में बने रहने का इच्छुक व्यक्ति।

नाली[२]—[स० नालि + ङीष्] *स्त्री०* १. कमल की डंडी। नाल। २. रक्तवाहिनी शिरा या धमनी। ३. नाड़ी।

नालीक—[स० नाली √कै + क] *पु०* १. प्राचीन काल में प्रयुक्त एक प्रकार का तीर जो बाँस की नली में रखकर चलाया जाता था। तुफंग। २. तीर। ३. भाला। ४. कमल। ५. कमल-नाल। ६. कमल के फूल का सूतदार डंठल। ७. कमल-समूह।

नालीकिनी—[स० नालीक + इनि + ङीप्] *स्त्री०* १. कमलों का समूह। २. कमलों से भरा सरोवर आदि।

नावक—[फा०] *पु०* (पहले प्रचलित रहा) एक प्रकार का छोटा तीर जिसका घाव भीषण होता है। ***जैसे***—बिहारी की सतसई के दोहों को नावक के समान छोटा परन्तु मर्मभेदी कहा जाता है।

नावना—[< स० नामन] *क्रिस०* १. किसी वस्तु के अन्दर कुछ गिराना/डालना/रखना। २. (किसी में कुछ) घुसाना।

नावर—[< हि० नाव] *स्त्री०* १. नौका। नाव। २. नदी के बीच में नाव को चक्कर कटवाने का खेल।

***नावरि**—[< हि० नाव] *स्त्री०* १. छोटी नौका। २. क्रीड़ा-नौका।

नावाधिकरण—[हि० नाव + स० अधिकरण] *पु०* नौसेना-विभाग।

नावाधिपति—[हि० नाव + स० अधिपति] १. नौ-सेनापति। नौसेनाध्यक्ष। ***जैसे***—नावाधिपति के अधिकार। (अ० ऐडमिरल)

नाविक—[स० नौ + ठन्] *पु०* १. माँझी। मल्लाह। २. नौका-यात्री।

नाव्य—[स० नौ + यत्] *वि०* १. जिसे नाव से पार किया जा सके। जिसमें नावें चल सकती हों। ***जैसे***—नाव्य जल-पथ। २. नाव से पार करने योग्य।

नाश—[स० √नश् + घञ्] *पु०* १. अस्तित्व न रहना। सत्ता-लोप। २. ध्वंस। बरबादी। तबाही। ३. लोप। अदर्शन। ४. अपव्यय। बरबादी। ***जैसे***—दिखावटी तड़क-भड़क में धन का नाश।

नाशुक्र—[फा० ना + अरबी शुक्र] *वि०* कृतघ्न। एहसानफ़रामोश। ✣ **नाशुक्रा**—*वि०* = नाशुक्र।

नाश्य—[स० √नश् + णिच् + यत्] १. जिसका नाश होना हो। नाशवान्। २. जिसे नष्ट किया जा सके। ३. जिसका नाश करना उचित हो। नाश के योग्य।

नासपीटा—[< स० नाश + हि० पीटना] *वि०* (गाली या शाप के रूप में प्रयुक्त) अत्यन्त नीच जिसका नाश हो जाए तो अच्छा। ✣ **नासपीटी**—*वि० (स्त्री०)*।

नासा[१]—[सं॰ √नास् + अ + टाप्] *स्त्री॰* १. चेहरे का भाग जो मुख के ऊपर है, सूँघने का अंग है और जो साँस आने-जाने का मार्ग है तथा साँस से आनेवाली वायु को गरम करता है, आर्द्र करता है और छानता है। नासिका। नाक। २. (नाक का) नथुना।

***नासा**[२]—[< सं॰ नाश] *पु॰* नाश।

***नासाखत**—[< सं॰ नासा-क्षत] *पु॰* भूमि पर नाक घिसना/रगड़ना। नकघिसनी।

नासाज़—[फा॰] *वि॰* १. जो दुरुस्त/ठीक न हो। २. प्रतिकूल। ✣ **नासाज़ी**—*स्त्री॰* = दुरुस्त या ठीक न होना। ख़राबी। २. प्रतिकूलता।

नासा-पुट—[सं॰] *पु॰* (नाक का) नथुना। नासा-विवर।

नासाबित—[फा॰ ना + अरबी साबित] *वि॰* जो प्रमाणित न हो। अप्रमाणित। असिद्ध। ***जैसे***—विरोधी के प्रमाणों को नासाबित करना।

नासारन्ध्र (नासारंध्र), नासाविवर—[सं॰ नासा ~ रन्ध्र/विवर] *पु॰* नासा-पुट। नथुना।

नासा-वेध—[सं॰] *पु॰* १. (नाक में आभूषण पहनने के लिए) नाक छेदकरने की प्रथा। २. उक्त काम के लिए नाक के अगले भाग में किया गया छेद।

नासा-स्राव—[सं॰] *पु॰* नाक में से कफ निकलना।

नासिका—[सं॰ √नास् + ण्वुल् + टाप्, इत्व] *स्त्री॰* नाक। नासा।

नासिक्य—[सं॰ नासिका + ष्यञ्] *वि॰* नासिका से उत्पन्न। *पु॰* १. अश्विनीकुमार। २. अनुनासिक स्वर।

नासीर—[सं॰ (नास √ईर् + क] *वि॰* आगे चलनेवाला। अग्रसर। *पु॰* १. सेना का अगला भाग। २. सेनापति के आगे चलनेवाला दल जो जयनाद करता चलता है।

नासूर—[अरबी] *पु॰* एक प्रकार का रिसनेवाला घाव जो प्रायः ठीक नहीं हो पाता।

नास्तिक—[सं॰ नास्ति + ठक्] *वि॰, पु॰* १. 'नास्ति' के मत वाला। [● **विशेष**—**नास्ति** = नहीं है।] २. आत्मा, परमात्मा, परलोक, पुनर्जन्म आदि को न माननेवाला। ***जैसे***—कम्युनिस्टों की नास्तिक विचारधारा। २. वेद की महत्ता को न माननेवाला। ***जैसे***—जैन और बौद्धों के नास्तिक दर्शन। ✣ **नास्तिकता**—*स्त्री॰* = नास्तिक होने की अवस्था या भाव। अनीश्वरवादिता। नास्तिकपन। ✣ **नास्तिकवाद**—*पु॰* = नास्तिकता।

नास्तिवाद—[सं॰ नास्ति ~ वाद] *पु॰* १. नास्तिकता। २. नास्तिकों का तर्क/विचार दर्शन।

नास्य—[सं॰ नासा + यत्] *वि॰* १. नासिका-सम्बन्धी। नाक का। २. नाक से उत्पन्न। *पु॰* बैल के नथुनों में बाँधी जाने वाली डोरी। नाथ।

नाह[१]—[सं॰ √नह् + घञ्] १. बन्धन। २. जाल। फन्दा। ३. अजीर्ण। क़ब्ज़।

***नाह**[२]—[< सं॰ नाथ] १. स्वामी। नाथ। २. पति। ३. प्रेमी।

†**नाह**[३]—[< सं॰ नाभि] *पु॰* (पहिए की) नाभि।

नाहक़—[फा॰ ना + अरबी हक़] *क्रिवि॰* १. अकारण और बेईमानी से। २. व्यर्थ। *पु॰* अन्याय।

नाह-नूँह—[< हिं॰ नाहीं] १. बार-बार कहा जाने वाला 'ना' या 'नहीं' शब्द। २. हल्का इन्कार।

नाहमवार—[फा॰] *वि॰* जो समतल न हो। ऊँचा-नीचा।

नाहर—[< सं॰ नरहरि] *पु॰* सिंह। शेर।

†**नाहरू**—[< हिं॰ नारू] *पु॰* नहरुवा या नारू रोग।

***नाहिं (नाहिं)**—[< हिं॰ नाहीं] *अव्यय॰* नहीं। ✣ **नाहिंन/नाहिंनै (नाहिंन/नाहिंनै)**—*क्रिवि॰* = नहीं।

नाहीं (नाहीं)—[< हिं॰ नहीं] *स्त्री॰* 'नहीं' कहने की क्रिया/भाव। इनकार। *अव्यय॰* नहीं।

नाहुष—[सं॰ नहुष + अण्] *वि॰* नहुष-सम्बन्धी। नहुष का। *पु॰* नहुष का पुत्र। ययाति।

***नाँखणा/नाँखना**—[राजस्थ॰ नँखणा < सं॰ निक्षिपण] १. गिराना। डालना। २. टपकाना। बहाना। गिराना। ३. पटकना। गिराना। पछाड़ना। ४. संहार करना। ५. परित्याग करना। छोड़ना। ✣ **नाँखी नाँख**—*क्रिवि॰* = गिरा-गिराकर।

नाँग—[देशज] *वि॰* अल्प। थोड़ा।

***नाँघना/नाघना**—[< हिं॰ लाँघना] *क्रिस॰* उल्लंघन करना। लाँघना।

नाँठना—[< सं॰ नष्ट] *क्रिअ॰* नष्ट/ख़राब होना। *क्रिस॰* नष्ट/ख़राब करना।

नाँद—[< सं॰ नन्दा] *स्त्री॰* मिट्टी का बना हुआ एक पात्र जो चौड़े मुँह वाला तथा गोल होता है। ● **विशेष**—इसमें गाय, भैंस आदि को चारा खिलाते हैं।

†**नाँदना**[१]—[< सं॰ नाद] *क्रिअ॰* १. नाद करना। शब्द/आवाज़ करना। २. शोर करना। चिल्लाना। ३. छींकना।

नाँदना[२]—[< सं॰ नन्दन] *क्रिअ॰* १. प्रसन्न/हर्षित होना। २. दीपक की लौ का अचानक भभककर तेज़ जलने लगना।

नाँदिया—[< सं॰ नन्दी] *पु॰* १. वह अधिक अंगों वाला साँड जिसे साथ लेकर जोगी आदि भिक्षा माँगते हैं। भगवान् शिव का वाहन। नन्दी।

नाँवाँ**—[< सं॰ नाम] *पु॰* १. नाम। २. नक़द रुपए और सिक्के। नामा। ***जैसे—सौ रुपए का नाँवाँ।

***नाँसी**—[< सं॰ नाश] *पु॰* १. नाश करने का स्वभाव। मरने का स्वभाव। २. बाण। तीर।

निअर—[< सं॰ निकट] *वि॰* निकट। समीप। पास।

***निअराना**—[< हिं॰ निअर] *क्रिअ॰* १. निकट आना। समीप पहुँचना। २. निकट होना। *क्रिस॰* १. निकट जाना। समीप पहुँचना/आना। २. निकट करना।

***निअरे**—[< हिं॰ निअर] *वि॰* निकट। समीप। *क्रिअ॰, क्रिस॰* 'निअराना' क्रिया का एक भूतकालिक रूप।

***निआथना**—[< हिं॰ नि + अथना < सं॰ नास्ति] *क्रिअ॰* अस्तित्व-रहित हो जाना। वर्तमान न रहना। ✣ **निआथि[१]/निआथी[१]**—*वि॰* = न रहनेवाला।

निआथि[२]/निआथी[२]—[< हिं॰ नि + आथी < सं॰ अर्थ] *वि॰* बिना

अर्थ/धनवाला। निर्धन। ग़रीब। स्त्री॰ निर्धनता। गरीबी।

***निआन**[1]—[< स॰ निदान] *अव्यय॰* अन्त में। अन्ततोगत्वा। अन्ततः।

निआन[2]—[< हि॰ नि + ज्ञान] *वि॰* अज्ञानी। अनजान।

निआमत/नियामत—[< अरबी नेअमत] *स्त्री॰* १. अति बहुमूल्य पदार्थ। २. अति दुर्लभ पदार्थ। ३. परमात्मा/प्रकृति द्वारा मनुष्य आदि को दिया गया दिव्य गुण/पदार्थ।

निॠति—*स्त्री॰* ≤ *स॰* निर्ॠति।

निओन—[अ॰ निऑन] *स्त्री॰* एक गैसीय तत्त्व। ● **विशेष**—यह रंगहीन और अक्रिय गैस है। इसका उपयोग लाल चमक उत्पन्न करने के लिए निऑन लैम्पों में होता है।

निःशक्तता—[स॰ निः (निस्) + शक्तता] *स्त्री॰* शक्ति/सामर्थ्य न होना। अशक्तता। असमर्थता। विधि॰ १. व्यक्ति को काम से रोकने या उसको अयोग्य बनाने वाली बात। २. विकलांगता। अपंगता।

निःशङ्क (निःशंक)—[स॰ निः (निस्) + शङ्का] *वि॰* १. जिसे किसी प्रकार की शंका न हो। २. निर्भय। निर्भीक। *क्रिवि॰* बिना किसी प्रकार की शंका या डर के। बेधड़क।

निःशब्द—[स॰ निः (निस्) + शब्द] १. शब्द-रहित (स्थान)। २. जो शब्द न करता हो। ***जैसे***—निःशब्द पक्षी। ✣ **निःशब्दता**—*स्त्री॰* = निःशब्द होने की क्रिया/भाव।

निःशल्य—[स॰ निः (निस्) + शल्य] *वि॰* १. शल्यरहित। कष्टरहित। २. जिसमें कोई खटकनेवाली बात न हो। ३. बाधारहित। अबाध।

निःशस्त्र—[स॰ निः (निस्) + शस्त्र] *वि॰* शस्त्ररहित। शस्त्रहीन। ∇ **विलोम**—सशस्त्र।

निःशस्त्रीकरण/निरस्त्रीकरण—[स॰ निःशस्त्र/निरस्त्र + च्वि + करण] *पु॰* (किसी को) अस्त्र-शस्त्र से रहित करना। हथियार रखवा लेना। (राज॰) (युद्ध करने की सम्भावना कम करने के लिए।) किसी देश का सैनिक बल कम कर देना।

निःशेष—[स॰ निः (निस्) + शेष] *वि॰* १. जिसका कुछ भी अंश बाक़ी न बचा हो। समग्र। पूरा। समूचा। २. जिसमें कुछ करने को न रह गया हो। पूर्णतः समाप्त। ३. पूर्णतः नष्ट। व्यतीत या ख़र्च किया हुआ। ✣ **निःशेषण**—*पु॰* = १. कम करना/होना। घटाना/घटना। ***जैसे***—दुकान के सब माल का निःशेषण। २. ख़ाली करना या होना।

निःशोध्य—[स॰ निः (निस्) + शोध्य] *वि॰* जिसे स्वच्छ करने की आवश्यकता न हो। स्वच्छ। साफ़।

निःश्रेणी—[< स॰ निः (निर्) + श्रेणी] *स्त्री॰* सीढ़ी। नसेनी।

निःश्रेयस—[स॰ निः (निस्) + श्रेयस् + अच्] *पु॰* १. मोक्ष। मुक्ति। २. कल्याण।

निःश्वसन—[स॰ निः (निस्) + श्वसन] *पु॰* साँस बाहर निकालने की क्रिया/भाव।

निःश्वास—[स॰ निः (निस्) + श्वास] *पु॰* नाक या मुँह से बाहर निकलने वाला श्वास। प्रश्वास।

निःसंशय—[स॰ निः (निस्) + संशय] *वि॰, क्रिवि॰* निःसन्देह।

निःसङ्ग (निःसंग)—[स॰ निः (निस्) + सङ्ग] *वि॰* १. संगरहित। विषयानुराग-शून्य। २. निर्लिप्त। ३. निष्काम। ४. एकाकी। अकेला।

निःसत्त्व—[स॰ निः (निस्) + सत्त्व] *वि॰* १. सार-हीन। निःसार। २. बलरहित। शक्तिहीन। ३. अस्तित्वहीन। ४. नीच। ओछा।

निःसम्बल (निःसंबल)—[स॰ निः (निस्) + सम्बल] *वि॰* जिसके पास कोई सम्बल/सहारा न हो। असहाय। *क्रिवि॰* बिना किसी सम्बल/सहारे के।

निःसरण—[स॰ निः (निर्) + सरण] *पु॰* १. बाहर निकलना। बाहर आना। २. बाहर निकलने का मार्ग। निकास। ३. मृत्यु। मरण। ४. मोक्ष। मुक्ति। (भू विज्ञान॰) ज्वालामुखी के मुख से द्रव लावा का बाहर निकलने का प्रक्रम। (प्राणि॰) वह प्रक्रिया जिसके द्वारा प्राणी के रक्त या वनस्पति के रस से अलग होकर कुछ द्रव बाहर निकलते हैं। स्रवण। रिसना।

***निःसरित**—[< स॰ निःसृत] *वि॰* १. जिसका निःसरण हुआ हो। २. उद्भूत। आविर्भूत।

निःसार—[स॰ निः (निस्) + सार] *वि॰* १. सारहीन। सत्त्वहीन। थोथा। २. महत्त्वहीन। ३. निरर्थक। व्यर्थ।

निःसारण—[स॰ निः (निस्) + सारण] *पु॰* १. (किसी वस्तु आदि को) बाहर निकालने की क्रिया/भाव। २. निकालने का मार्ग। निकास। (प्राणि॰) प्राणि के रक्त या वनस्पति के रस से अलग होकर निकलनेवाला पदार्थ। ✣ **निःसारित**—*वि॰* = १. निकला हुआ। २. निकाला हुआ। बाहर किया हुआ।

निःसीम—[स॰ निः (निस्) + सीम] *वि॰* १. असीमित। सीमारहित। २. बहुत अधिक।

निःसृत—[स॰ निः (निस्) + सृत] *वि॰* जिसका निःसरण हुआ हो। बाहर निकला हुआ।

निःस्तब्ध—[स॰ निः (निस्) + स्तब्ध] *वि॰* जो स्तब्ध हो गया हो। शान्त। ✣ **निःस्तब्धता**—*स्त्री॰* = निःस्तब्ध होने की अवस्था/भाव। ***जैसे***—तूफ़ान के बाद की निःस्तब्धता।

निःस्नेह—[स॰ निः (निस्) + स्नेह] *वि॰* १. स्नेहरहित। प्रेमरहित। २. जिससे कोई स्नेह न करता हो। ३. शुष्क। ४. तटस्थ। उदासीन। ५. तेल या घी या चिकनाई से रहित।

निःस्पन्द (निःस्पंद)—[स॰ निः (निस्) + स्पन्द] *वि॰* स्पन्दनहीन। निश्चल। गतिहीन।

निःस्पृह—[स॰ निः (निस्) + स्पृहा] *वि॰* १. इच्छा या आकांक्षा से रहित। २. निःस्वार्थी। कामनाशून्य। ३. लापरवाह। ४. सन्तुष्ट। ५. सांसारिक बन्धनों से मुक्त।

निःस्राव—[स॰ निः (निस्) + स्राव] *पु॰* बहकर निकला हुआ अंश। ✣ **निःस्रावण**—*पु॰* = १. स्राव। स्रवण। २. शरीर के किसी अंग या वनस्पति में से तरल अंश का बाहर आकर जमाव। स्राव। स्रवण। रिसाव।

निःस्व—[स॰ निः (निस्) + स्व] *वि॰* १. जो स्व/अपनापन छोड़

चुका हो। २. जिसे अपना होश/सुध-बुध न रहे। ३. जिसमें कुछ शेष न रहे। ४. निर्धन। दरिद्र।

निकटस्थ—[सं॰ निकट √स्थानक] *वि॰* १. जो निकट स्थित हो। समीपस्थ। २. सम्बन्ध आदि के विचार से पास का। नज़दीकी। Δ **पर्याय**—निकटवर्ती।

निकन्द (निकंद)—[सं॰ नि √कन्द्] *पु॰* १. नाश। संहार। *वि॰* १.नाशक। २. संहारक।

निकन्दन (निकंदन)—[सं॰ नि √कन्द् + णिच् + ल्युट्] *पु॰* १. नाश। २. संहार। *वि॰* १. नाशक। ✣ **निकन्दिनी (निकंदिनी)**—*वि॰ (स्त्री॰)* = १. नाश करनेवाली। २. संहार करनेवाली।

निकर[१]—[सं॰ नि √कृ + अच्/अप्] *पु॰* १. समूह। झुंड। ***जैसे***—राक्षस-निकर।

*__निकर__[२]—[< हिं॰ निकरना] *क्रिवि॰* निकलकर।

निकर्मा—[< सं॰ निष्कर्म] *वि॰* १. (व्यक्ति) जो कोई काम/धन्धा न करे। २. निकम्मा। ३. आलसी।

निकलङ्क (निकलंक)—[< सं॰ निष्कलङ्क] *वि॰* कलंकरहित। निष्कलंक। निर्दोष। ✣†**निकलंकी**—*वि॰* = निष्कलंक।

निकष—[सं॰ नि √कष् + घ/अच्] *पु॰* १. कसने/घिसने आदि की क्रिया/भाव। निकषण। २. कसौटी (जिस पर परखने के लिए सोना रगड़ा जाता है।) ३. हथियारों पर धार रखने का पत्थर। ४. कसौटी पर की सोने की रेखा। ५. (लाक्षणिक) मानदण्ड। मानक। ६. (लाक्षणिक) किसी ज्ञान की प्रामाणिकता का या किसी वस्तु की उत्तमता इत्यादि का निर्णय करने में उपयोगी लक्षण। कसौटी। (अं॰ क्राइटिअरिअन)

निकषण—[सं॰ नि √कष् + ल्युट्] १. कसने/घिसने आदि की क्रिया/भाव। २. हथियारों पर धार रखने के लिए उन्हें सान पर चढ़ाना। ३. परीक्षा के लिए कसौटी पर सुवर्ण रगड़ना। ४. (लाक्षणिक) गुण/योग्यता आदि परखने की क्रिया/भाव।

निकष-पाषाण—[सं॰] *पु॰* १. परखने के लिए सुवर्ण कसने का पत्थर। कसौटी। २. हथियारों पर धार रखने का पत्थर। कसौटी। ३. (लाक्षणिक) किसी व्यक्ति/बात को परखने का साधन। Δ **पर्याय**—निकष। निकषोपल।

निकाई[१]—[< हिं॰ नीका] *स्त्री॰* १. अच्छापन। अच्छाई। भलाई। कल्याणमयता। २. शोभा। सुन्दरता। मनोहरता। ३. स्वच्छता। ४. सज्जनता।

†**निकाई**[२]—[< हिं॰ निकाना] *स्त्री॰* (खेत की) निराई।

निकाज—[सं॰ नि + हिं॰ काज] *वि॰* व्यर्थ। बेकार। निकम्मा।

निकाना[१]—[< सं॰ नख] *क्रिस॰* नाख़ून गड़ाना/चुभाना।

निकाना[२]—[< हिं॰ निराना < सं॰ निराकरण] *क्रिस॰* (खेत को) निराना।

*__निकाना__[३]—[< हिं॰ नीका] *क्रिस॰* अच्छा या सुन्दर करना। नीका बनाना। *वि॰* सुशोभित।

निकाम[१]—[सं॰ नि √कम् + घञ्] *क्रिवि॰* १. अत्यधिक। बहुत। २. इच्छानुसार। मनचाहा। *वि॰* १. पर्याप्त। २. अभीष्ट। यथेष्ट। *पु॰* १. अभिलाषा। कामना। २. अधिकता।

निकाम[२]—[हिं॰ नि + काम्] *वि॰* जो काम का न हो। निरुपयोगी। व्यर्थ।

*__निकाम__—[< सं॰ निष्काम] *वि॰* निष्काम। कामना-रहित।

निकाय—[सं॰ नि √चि + घञ्, कुत्व] *पु॰* १. समिति। संस्था। २. समूह। ३. झुंड। ४. वर्ग। समुदाय। ५. राशि। ढेर। ६. रहने का स्थान। निवास-स्थान। ७. शरीर। ८. परमात्मा।

निकास—[< प्रा॰ णिक्कास] *पु॰* १. निकलने/निकालने की क्रिया/भाव। २. उद्गम-स्थान। स्रोत। ३. घर आदि से निकलने का द्वार। ४. वह मार्ग जिसमें होकर कोई वस्तु जाती हो। निर्गम मार्ग। ५. आय। आमदनी। आय का मार्ग। ७. विपत्ति आदि से बचने का उपाय/मार्ग। ∇ **विलोम**—प्रवेश।

निकियाई—[< हिं॰ निकियाना] *स्त्री॰* निकियाने की क्रिया/भाव/ मज़दूरी।

निकियाना—[देशज] अंश/अवयव को नोचकर अलग करना। ***जैसे***—पशु के बाल निकियाना।

निकुञ्चन (निकुंचन)—[सं॰ नि √कुञ्च् + ल्यु] *पु॰* १. संकुचन। ✣ **निकुञ्चित (निकुंचित)**—*वि॰* = संकुचित। ✣ **निकुंचित शवाधान**—*पु॰* = एक प्रकार का शवाधान जिसमें शव की भुजाओं या पैरों या इन दोनों को मोड़कर शव का आकार छोटा कर दिया जाता है।

निकुञ्ज (निकुंज)—[नि + कु √जन् + ड, पृषो॰] *पु॰* (वाटिका, उपवन या वन आदि का) घने वृक्षों और घनी लताओं से ढँका हुआ स्थान। कुंज। लता-गृह। लता-मण्डप। ***जैसे***—निकुंज-विहारी कृष्ण।

निकुटना—[< हिं॰ निकोटना] *क्रिअ॰* निकोटा जाना। *क्रिस॰* निकोटना।

निकृत—[सं॰ नि √कृ + क्त] *वि॰* १. अपमानित। तिरस्कृत। २. धोखा खाया हुआ। ठगा हुआ। प्रवंचित। ३. नीच। ४ दुष्ट। ५. दु:खी। ६. पापी।

निकृति—[सं॰ नि √कृ + क्तिन्] *स्त्री॰* १. अपमान। तिरस्कार। २. ठगी। धोखा। ३. नीचता। ४. दुष्टता। ५. कपट। ६. निर्धनता। ग़रीबी। ७. कुवाच्य। गाली।

निकृष्ट—[सं॰ नि √कृष् + क्त] *वि॰* १. अधम। नीच। ***जैसे***—निकृष्ट मनुष्य। २. निम्न कोटि का। घटिया। ***जैसे***—निकृष्ट विचार।

निकेत/निकेतन—[सं॰ नि √कित् + घञ्/ल्युट्] *पु॰* रहने का स्थान। घर।

*__निकैया__—[< हिं॰ निकाई] *स्त्री॰* सुन्दरता। शोभा।

निकौड़िया—[सं॰ नि + हिं॰ कौड़ी] *पु॰* एक व्यक्ति जिसके पास एक कौड़ी भी न हो। बहुत ग़रीब मनुष्य।

निक्षालन—[सं॰ नि + क्षालन] *पु॰* प्रक्षालन। धोना। (रसायन॰) पदार्थ को पानी में घोलकर और छानकर उसके घुलनशील और अघुलनशील

अंशों को अलग करने की क्रिया/भाव। निथारने की क्रिया/भाव। (अ॰ लिक्सिविएशन)

निक्षिप्त—[सं॰ नि √क्षिप् + क्त] *वि॰* १. फेंका हुआ। २. अमानत या धरोहर के रूप में रखा हुआ। ३. गिरवी रखा हुआ। ३. रखा हुआ। डाला हुआ। ४. त्यागा हुआ। त्यक्त।

निक्षेप—[सं॰ नि √क्षिप् + घञ्] *पु॰* १. फेंकने/डालने की क्रिया/भाव। १. सौंपना। २. धरोहर रखने की क्रिया/भाव। ३. धरोहर। ४. गिरवी। ५. जमा किया हुआ धन। (व्या॰) वाक्य के अन्दर निक्षिप्त शब्द या वाक्यांश। अवान्तर शब्दसमूह। [अ॰ परेन्थिसिस] (भूविज्ञान॰) प्राकृतिक कारकों द्वारा लाकर संचित की हुई रेत, मिट्टी आदि। (वाणिज्य) १. सुरक्षित रखने के लिए बैंक में रखी गयी वस्तु। २. धन या सम्पत्ति को सुरक्षा, निवेश या गिरवी रखने के उद्देश्य से किसी के अधिकार में देना। ३. वस्तु या जायदाद को अपने लिए आरक्षित करने के उद्देश्य से किया गया आंशिक भुगतान। [अ॰ डिपोज़िट]

निक्षेप-चिह्न (निक्षेप-चिह्न)—[सं॰] *पु॰* निक्षिप्त वाक्यांश को मुख्य वाक्य से पृथक करने के लिए प्रयुक्त निशान (कोष्ठक, निर्देशक-चिह्न आदि)।

निक्षेपण—[सं॰ नि √क्षिप् + ल्युट्] *पु॰* (भूविज्ञान॰) १. शैल बनानेवाले पदार्थों के किसी स्थान पर जमा होने का प्रक्रम। २. विलयन से खनिज पदार्थ का अवक्षेपण।

निक्षेपनिधि—[सं॰ निक्षेप ~ निधि] *स्त्री॰* (अर्थ॰) नियतकालिक रूप से धनराशियाँ डालकर बनायी गयी निधि जिससे प्राप्त ब्याज का उपयोग किसी ऋण के भुगतान के लिए या किसी परिसम्पत्ति या यन्त्र का प्रतिस्थापन आदि करने के लिए किया जाता है। शोधननिधि।

निक्षेप-निर्णय—[सं॰] *पु॰* सिक्का आदि उछालकर उसके चित या पट गिरने से किया जाने वाला निर्णय। (अ॰ टॉस)

निक्षेप पुस्तकालय—[सं॰] *पु॰* किसी राज्य द्वारा घोषित वह ग्रन्थालय जिसको राज्य में प्रकाशित सभी सामग्री को प्रकाशकों के द्वारा निःशुल्क भेजा जाना अनिवार्य होता है। निक्षेप-ग्रन्थालय। (अ॰ डिपोज़िटरी लाइब्रेरी)

निक्षेप सूची—[सं॰] *स्त्री॰* (पुस्तक॰) पुस्तक-सूची का वह पूर्ण संच जो किसी पुस्तकालय के द्वारा प्रकाशित होकर कुछ चुने हुए पुस्तकालयों में रखा जाता है। (अ॰ डिपोज़िटरी कैटेलॉग)

*__निखंग__—[< सं॰ निषङ्ग] *पु॰* निषंग। तूणीर। तरकश। ✣ **निखंगी**—*वि॰* = तरकश धारण करने वाला। निषंगी।

निखट्टू—[< हिं॰ नि + खटना (कमाना)] *वि॰* १. जो कुछ भी कमाई न करता हो। बेकार। बेरोज़गार। २. आलसी। आरामतलब। ३. आलसी या आरामतलब व्यक्ति। *पु॰* कुछ भी कमाई न करनेवाला। बेरोज़गार व्यक्ति। २. आलसी/आरामतलब व्यक्ति।

†**निखरचे**—[< हिं॰ नि + ख़र्च] *क्रिवि॰* बिना किसी अन्य व्यय की ज़िम्मेदारी के। ***जैसे***—आपको यह गेहूँ सौ रुपए प्रति क्विंटल निखरचे मिलेगा (अर्थात् ढुलाई, रेल-भाड़ा) आदि का दायित्व विक्रेता का रहेगा।

निखरना—[< सं॰ निक्षरण] *क्रिअ॰* १. मैल आदि छँटकर साफ़ होना। २. खरा या वास्तविक रूप प्रकट होना। ३. रंग, रूप आदि का खिलना या साफ़ होना। ४. किसी ग्रन्थ/पत्रिका/रचना आदि का आकर्षक/निर्दोष रूप में प्रस्तुत होना।

निखरा—[< हिं॰ निखरना] *पु॰* घी में पका हुआ भोजन। पक्का भोजन। (जैसे—पूड़ी, कचौड़ी)। ∇ **विलोम**—सखरा। ✣ **निखरी**—*स्त्री॰*। ∇ **विलोम**—सखरी।

निखर्व—[सं॰ नि + खर्व] *वि॰* गिनती में सौ खरब या दस हज़ार करोड़। *पु॰* उक्त की सूचक संख्या।

निखात—[सं॰ नि √खन् + क्त] *वि॰* १. खोदकर निकाला हुआ। २. खोदकर जमाया/लगाया/गाड़ा हुआ। ३. खोदा हुआ (गड्ढा आदि)। ✣ **निखात निधि**—*स्त्री॰* = कहीं गड़ा हुआ मिला ख़ज़ाना।

निखिल—[सं॰ नि + खिल] *वि॰* अखिल। सम्पूर्ण।

निखोट—[हिं॰ नि + खोट (= दोष)] *वि॰* १. निर्दोष। खरा। २. छल-कपट से रहित। ३. स्पष्ट/खुले रूप में। खुल्लमखुल्ला।

निगड—[सं॰ नि √गल् + अच्, ल→ड] *स्त्री॰* १. बेड़ी। ज़ंजीर। २. लोहे की ज़ंजीर जो हाथी के पैर में बाँधी जाती है। आँदू।

निगड़—*पु॰* ≤ *सं॰* निगड। ✣ **निगड़ता**—*स्त्री॰* = १. निगड़पन। २. बन्धनशीलता। ✣ **निगड़न**—*पु॰* = बन्धनग्रस्तता। बँधाव।

निगडित—[सं॰ निगड + इतच्] *वि॰* ज़ंजीर से बँधा/बाँधा हुआ।

निगति—[सं॰ नि + गति] *वि॰* १. जिसकी मुक्ति नहीं हो सकती। अति पापी। २. जिसकी गति/मुक्ति न हुई हो। (पा॰ नाट्य॰) नाटक में 'चरम' घटना और अन्तिम फल के बीच की अवस्था।

निगद—[सं॰ नि √गद् + अप्] *पु॰* १. कहना। बोलना। २. व्याख्यान। ३. संवाद। ४. वर्णन। ५. उक्ति। कथन। ६. ज़ोर से उच्चारण वाला जाप। ७. बिना अर्थ समझे हुए किया जाने वाला पाठ।

निगदन—[सं॰ नि √गद् + ल्युट्] *पु॰* १. कथन। कहना। २. कंठाग्र किया हुआ, सीखा हुआ या रटा हुआ पाठ दोहराना।

निगम—[सं॰ नि √गम् + घञ्] *पु॰* १. वेद या उसका कोई भाग। २. वेद-भाष्य। ३. आप्त वचन। ४. व्यापार। व्यवसाय। ५. बाज़ार। मंडी। ६. नगर। ७. मार्ग। ८. किसी महानगर का प्रबन्ध करनेवाली, स्थानीय तथा निर्वाचित सदस्योंवाली संस्था। महानगरपालिका। [● **विशेष**—इसे **'नगर-निगम'** भी कहते हैं।] (वाणि॰) संसद के विशेष अधिनियम से स्थापित सांविधानिक, व्यावसायिक या वित्तीय प्रतिष्ठान। (अ॰ कार्पोरेशन)

निगमन—[सं॰ नि √गम् + ल्युट्] *पु॰* १. निगम के रूप में स्थापना। २. निष्कर्ष। परिणाम। नतीजा। (दर्शन॰) सामान्य से विशेष का अनुमान या कारण से कार्य का अनुमान।

निगमपति—[सं॰ निगम ~ पति] *पु॰* निगम का प्रमुख अधिकारी। महानगर प्रमुख।

निगम-मुद्रा—[स०] *स्त्री०* (वाणि०) किसी कम्पनी द्वारा अपने दस्तावेजों, नोटिसों आदि पर लगाने के लिए तैयार करायी गयी मोहर।

निगमागम—[स० निगम ϑ आगम] *पु०* निगम और आगम। वेद और तन्त्र।

निगरण—[स० नि √ गृ + ल्युट] *पु०* निगलने या भक्षण करने की क्रिया/भाव। खा डालना। निगलन। लीलना।

निगरा[१]—[< स० निगर] *स्त्री०* ५५ मोतियों की लड़ी जो तौल में ३२ रत्ती हो।

निगरा[२]—[< स० निगरण] *वि०* (गन्ने का रस) जिसमें पानी न मिलाया गया हो।

***निगरु/निगरू**—[< स० निर् + गुरु] *वि०* जो गुरु/भारी न हो। हल्का। २. जिसका गुरु न हो। गुरु-हीन। निगुरा।

निगहबान—[फा०] *वि०, पु०* देख-रेख करनेवाला। संरक्षक। ✣ **निगहबानी**—*स्त्री०* = देख-रेख करना। संरक्षण।

***निगानाङ्ग (निगानांग)**—[< स० नग्नाङ्ग] *वि०* नग्न।

निगाली—[देशज] *स्त्री०* १. हुक्के की नली। २. बाँस की पतली नली।

निगीर्ण—[स० नि √गृ + क्त] *वि०* १. निगला हुआ। २. समाविष्ट। अन्तर्भूत।

निगीर्यमाण—[स० नि √गृ + शानच्] *वि०* निगला जाता हुआ।

निगुरा—[< स० नि + गुरु] *वि०* १. जिसने गुरु से दीक्षा न ली हो। २. बिना गुरु का। गुरु-रहित। ३. अशिक्षित।

निगुसाँवाँ—[< स० नि + हि० गोसाईं] *वि०* जिसका कोई स्वामी नहीं है। स्वामी-रहित।

निगूढ़—[< स० नि + गूढ] *वि०* १. छिपा हुआ। २. अति गुप्त। रहस्यपूर्ण। ३. जिसका अर्थ छिपा हुआ हो। ४. अव्यक्त। अप्रकट। ५. दुर्बोध। दुरूह।

निगूहन—[स० नि + गूहन] *पु०* गुप्त रखने या छिपाने की क्रिया/भाव। छिपाव। दुराव।

निगृहीत—[स० नि + गृहीत] *वि०* १. पकड़ा/रोका हुआ। २. वाद-विवाद में पराजित। ३. जिस पर आक्रमण हुआ हो। आक्रान्त। ५. दंडित। ६. पीड़ित।

निगोड़ा—[स० नि + हि० गोड़ (= पैर)] *वि०* १. जिसके पैर टूटे हुए हों या काम न करते हों। २. निष्क्रिय। आलसी। ३. (एक प्रकार की गाली) दुष्ट या अभागा। ✣ **निगोड़ी**—*वि० (स्त्री०)*।

निग्रह—[स० नि √ग्रह + अप्] *पु०* १. अवरोध। नियन्त्रण। रोक। २. स्वच्छन्द प्रवृत्ति का दमन। ***जैसे***—आत्मनिग्रह; मनोनिग्रह। ३. पकड़ना। गिरफ़्तारी। ४. पकड़कर बन्दी कर देना। क़ैद कर देना। ५. पराजय। हार। ६. नाश। विनाश। ७. रोग की रोकथाम। चिकित्सा। ८. दंड। सज़ा। ९. भर्त्सना। डाँट-फटकार। १०. बाँधने वाली वस्तु आदि। बन्धन। (न्याय०) तर्क-सम्बन्धी एक दोष।

निग्रहस्थान—[स० निग्रह ~ स्थान] *पु०* पराजय या अपमान का स्थान। (न्याय०) वाद-विवाद में पराजय की सूचक अवस्थाएँ या पराजय के कारण। (जैसे—अपने पक्ष को ठीक न समझ पाना, प्रतिवादी के पक्ष का खंडन न कर पाना, उत्तर न देकर चुप रह जाना।)

निग्रही—[स० निग्रहिन्] १. निग्रह करनेवाला। २. नियन्त्रण/बन्धन में रखनेवाला। नियन्त्रक। ३. दमन करनेवाला। ४. दंड देनेवाला।

निग्राहक—[स० नि + ग्राहक] *वि०* निग्रह करनेवाला।

निघ—[स० नि √हन् + क, पात०] *वि०* जिसकी लम्बाई और चौड़ाई बराबर हो। *पु०* पाप।

***निघटना**—[हि० नि + घटना] *क्रिअ०* कम होना। घटना। चुकना। *क्रिवि०* घटते ही। ✣ **निघटि**—*क्रिवि०* = १. घटकर। २. समाप्त होकर।

निघण्टु (निघंटु)—[स० नि √घण्ट् + कु] १. शब्दों की सूची। शब्द-संग्रह। २. वैदिक शब्दों का संग्रह। ३. यास्क मुनि द्वारा अपने निरुक्त में प्रयुक्त वैदिक शब्दों का संग्रह विशेष। ४. प्राचीन और अप्रचलित शब्दों के अर्थ और विवेचन का कोश। ***जैसे***—आयुर्वेद का निघंटु।

निघरघट/निघरघाट—[स० नि + हि० घर-घाट] *वि०* १. जिसका कोई घर-घाट या ठौर-ठिकाना न हो। निघरा। २. (लाक्षणिक) निर्लज्ज। बेशर्म। ✣ **निघरघटी**—*स्त्री०* = १. कोई ठौर-ठिकाना न होने की स्थिति। २. (लाक्षणिक) निर्लज्जता। बेशर्मी।

निघरा—[< हि० नि + घर] *वि०* १. जिसका कहीं घर न हो। २. जिसकी गृहस्थी न हो। ३. तुच्छ और हीन।

निघात—[स० नि √हन् + घञ्] *पु०* आघात। प्रहार। (संगीत०) अनुदात्त स्वर।

निघाति—[स० नि √हन् + इञ्, कुत्व] १. लोहे की गदा। २. लोहे का डंडा। ३. हथौड़ा। ४. पीटने के लिए धातु के टुकड़े रखने की निहाई।

निघृष्ट—[स० नि + घृष्ट] *वि०* १. जो घिसा गया हो। रगड़ा हुआ। रगड़ खाया हुआ। २. पराजित।

निङ्गारना (निंगारना)—[देशज] *क्रिस०* निचोड़ना।

निचय—[स० नि √चि + अच्] *पु०* राशि। ढेर। २. समूह। ३. संचय। संग्रह। ४. सार-संग्रह। ५. निश्चय। ६. किसी कार्य के लिए संगृहीत धन। निधि।

निचयन—[स० नि √चि + ल्युट्] *पु०* १. किसी काम के लिए धन का संग्रह करने की क्रिया/भाव। निधि-संग्रह। २. (बैंक आदि में) किसी के खाते में धन जमा करना।

निचाट[१]—[देशज] *वि०* १. निर्जन/सुनसान (स्थान)। २. नितान्त। निरा। *क्रिवि०* पूरी तरह से। पूर्णतया। ***जैसे***—मन का निचाट खालीपन।

निचाय—[स० नि √चि + घञ्] *पु०* राशि। ढेर।

निचुल—[स० नि √चुल् + क] *पु०* १. ऊपर से शरीर ढाँकने का वस्त्र। आच्छादन। २. बेंत या जलबेंत का पेड़। ३. एक प्रकार का सदा हरित मध्याकार पेड़ जो बेंत की तरह ही जलाशयों के समीप होता है। समुद्रफल वृक्ष। हिज्जल वृक्ष।

***निचोइ**—[हि॰ नोचना] *क्रिवि॰* १. निचोड़ कर। २. सार निकाल कर।

निचोड़—[< हि॰ निचोड़ना] *पु॰* १. निचोड़ने की क्रिया/भाव। २. सारांश। ३. निचोड़ने पर निकलनेवाला अंश। सारतत्त्व। रस। ४. किसी लम्बी बात/लेख आदि का सारांश।

निचोल—[स॰ नि √चुल् + घञ्] *पु॰* १. परिधान/वस्त्र/कपड़ा। २. उत्तरीय वस्त्र। चादर। ओढ़नी। ३. घूँघट।

निचोलक—[स॰ निचोल √कै + क] *पु॰* कंचुकी। चोली।

***निछनियाँ**—[< हि॰ निछान] *वि॰* १. विशुद्ध। ख़ालिस। २. एकमात्र। केवल। *क्रिवि॰* पूरी तरह से। पूर्णतया। बिल्कुल।

निछान—[< स॰ नि + हि॰ छान] *वि॰* १. विशुद्ध। ख़ालिस। २. एकमात्र। केवल। *क्रिवि॰* पूर्णतया। बिल्कुल।

निछावर—[< प्रा॰ पोवच्छ] *स्त्री॰* १. किसी के सौन्दर्य आदि की मंगल-कामना से उसके सिर के चारों ओर घुमाकर धनराशि आदि को किसी (नाई या महरी आदि) को दान करना। ***जैसे***—विवाह में वर की निछावर। २. उक्त प्रकार से निछावर की गया धनराशि/ वस्तु। ***जैसे***—मुंडन के बाद बालक की निछावर के सैकड़ों रुपए नाई और महरी को मिले। ३. (लाक्षणिक) उत्सर्ग करना। त्याग। ● **विशेष**—'निछाव' को कहीं-कहीं 'नेवछावर/न्योछावर' आदि भी बोला/लिखा जाता है। ***वा॰* निछावर होना**—किसी के लिए मर जाना या मरने तक के लिए तैयार होना। **प्राण निछावर करना**—१. किसी उद्देश्य या प्रिय व्यक्ति के लिए आत्मबलिदान करना।

†**निछोह/निछोही**—[स॰ नि + हि॰ छोह/छोही] *वि॰* १. जिसे प्रेम/ छोह न हो। २. निष्ठुर। निर्दय।

निज—[स॰ नि √जन् + ड] *वि॰* १. जो पराया न हो। स्वकीय। अपना। ***जैसे***—निज देश। २. प्रधान। मुख्य। *सर्व॰* स्व। स्वयं। ***जैसे***—निज का मकान।

***निजकाना**—[< फा॰ नज़दीक] *क्रिअ॰* १. समीप पहुँचाना। २. समीप आना/जाना।

निजतन्त्र (निजतंत्र)—[स॰ निज ~ तन्त्र] *वि॰* स्वतन्त्र।

निजता—[स॰ निज + तल् + टाप्] *स्त्री॰* 'निज' का भाव। निजत्व। अपनापन। ✣ **निजत्व**—*पु॰* =निजता।

निजस्व—[स॰ निज ~ स्व] *पु॰* अपना भाग। ✣ **निजस्वता**—*स्त्री॰* = अपनी विशेषता। निजीपन।

***निजाई**—[< स॰ निज] *स्त्री॰* निजत्व। स्वामित्व। अधिकार।

निजागार—[स॰ निज ~ आगार] *पु॰* अपना घर।

निजानन्द (निजानंद)—[स॰ निज ~ आनन्द] *पु॰* १. अपना आनन्द। २. आत्मसाक्षात्कार का सुख। *वि॰* आत्मानन्द के स्वरूप वाला।

निज़ाम—[अरबी] *पु॰* १. प्रबन्ध। ***जैसे***—देश का निज़ाम। २. पद्धति। ३. हैदराबाद राज्य/रियासत का शासक नवाब।

***निजु**[१]—[< स॰ निज] *सर्व॰* १. अपना। अपनी। २. आपका।

***निजु**[२]—[देशज] *क्रिवि॰* निश्चयपूर्वक।

निजूठा—[< स॰ नि + जूठा] *वि॰* १. (खाद्य पदार्थ) जिसे जूठा न किया गया हो। २. (विचार/कथन) जो पहले किसी के मुख से न निकला हो। मौलिक।

***निज्ज**—[< स॰ निज] *वि॰* निज। निजी।

***निझनक**—[स॰ नि + झनक] *वि॰* निर्जन। नीरव।

निझरना—[हि॰ नि + झरना] *क्रिअ॰* १. अच्छी तरह या अत्यधिक झड़ जाना। २. (किसी वस्तु से) रहित हो जाना। ख़ाली हो जाना। ३. अपने किसी अंग के झड़ जाने के कारण शोभा-रहित होना। ४. सार-भाग या सुखद वस्तुओं से रहित हो जाना। ५. समाप्त हो जाना।

निटोल[१]—[स॰ नि + हि॰ टोल] *वि॰* जो अपने समूह/झुंड से अलग हो गया हो।

***निटोल**[२]—*पु॰* ≤ *हि॰* टोला। मुहल्ला।

***निट्ठ**—[< हि॰ नीठि] *क्रिवि॰* जैसे-तैसे। कठिनाई से।

***निट्ठि**—[< हि॰ नीठि] *स्त्री॰* अरुचि। *क्रिवि॰* जैसे-तैसे। कठिनाई से।

***निठ/निठि**—[< हि॰ नीठि] *क्रिवि॰* जैसे-तैसे। कठिनाई से।

***निठोर/निठौर**—[< स॰ नि + हि॰ ठौर] *वि॰* जिसका रहने के लिए कोई ठौर/स्थान/ठिकाना न हो। *पु॰* १. बुरा स्थान। कुस्थान। २. संकट का स्थान। ख़तरनाक जगह। ३. बुरी दशा।

निडीन—[स॰ नि + डीन] *पु॰* = (पक्षियों की) नीचे की ओर उड़ान या झपट्टा।

नितन्त (नितंत)**—*क्रिवि॰* ≤ नितान्त। १. अत्यन्त। २. पूर्णतः। बिल्कुल। ***जैसे—नितान्त बेख़बर सोया हुआ।

नितम्ब (नितंब)—[स॰ नि √तम्ब् + अच्] *पु॰* जाँघों की हड्डियों के ऊपर कमर का पिछला उभरा हुआ मांसल भाग।

नितम्बिनी (नितंबिनी)—[स॰ नितम्ब + इति + ङीप्] *स्त्री॰* १. बड़े और सुन्दर नितम्बों वाली स्त्री। २. सुन्दर स्त्री। सुन्दरी। ३. स्त्री।

नितराम्—[स॰ नि+ तरप् + अमु] *क्रिवि॰* १. अत्यन्त। अत्यधिक। २. सर्वदा। हमेशा। ३. अवश्य। ४. पूर्णतः।

नितल—[स॰ नि + तल] *पु॰* (पृथ्वी के नीचे स्थित) सात पातालों में से एक। ✣ **नितल सागर**—*पु॰* = अथाह समुद्र। (भूविज्ञान॰) महासागरी द्रोणियों को घेरे रहने वाला समुद्री भाग। ✣ **नितलस्थ**—*वि॰* = (भूविज्ञान॰) महासागर की गहराइयों में या इन गहराइयों की तली में प्राप्त या उनसे सम्बन्धित। २. गहरे सागरों की तली में रहने वाले जीवों से सम्बन्धित। ✣ **नितलीय**—*वि॰* = (भूविज्ञान॰) १. महासागरों के नितलीय भाग से सम्बन्धित। २. उक्त लक्षणों से युक्त। ३. पृथ्वी के भीतर अत्यधिक गहराइयों से सम्बन्धित।

नितान्त (नितांत)—[स॰ नि √ तम् + क्त, दीर्घ] *क्रिवि॰* = १. बहुत अधिक। अत्यधिक। २. पूर्णतः। सर्वथा। बिलकुल। ***जैसे***—नितान्त मूर्ख। *वि॰* पूर्ण। पूरा।

***निति**[१]—[< स॰ नीति]

***निति²/नित्तह**—*क्रिवि०* ≤ सं० नित्य।

***निति³**—[< सं० निमित्त] *अव्यय०* के लिए। निमित्त। वास्ते।

***नितै**—[< सं० नित्य] *क्रिवि०* नित्य ही।

नित्य—[सं० नि + त्यप्] *वि०* १. जो सदा बना रहे। अविनाशी। ***जैसे***—नित्य परमात्मा। २. उत्पत्ति-रहित और विनाश-रहित। शाश्वत। ३. नियमित। ४. प्रतिदिन का। रोज़ का। ***जैसे***—नित्यकर्म। (जैन) १. सत् और कारण-रहित। २. ध्रुव। ३. जो स्वभाव से च्युत न हो। *क्रिवि०* १. प्रतिदिन। २. सदा। हमेशा। ∇ **विलोम**—अनित्य। ***वा०*** **नित्य खोदना नित्य पानी पीना**—प्रतिदिन काम करके धन कमाना और उसी से गुज़ारा करना। निश्चित काम-धन्धा या नौकरी आदि न होना।

नित्यगति—[सं० नित्य ~ गति] *वि०* जो सदा गतिशील रहता हो। ***जैसे***—नित्यगति जगत्। *पु०* वायु। हवा।

नित्यता—[सं० नित्य + तल् + टाप्] *स्त्री०* १. नित्य रहने की अवस्था/या भाव। २. निरन्तरता। शाश्वतता।

नित्य-नैमित्तिक-कर्म—[सं०] *पु०* नित्य कर्म और नैमित्तिक कर्म। प्रतिदिन करने योग्य कर्म (स्नान, पूजा आदि) तथा किसी विशेष उद्देश्य की प्राप्ति के लिए किए जाने वाले कर्म (पुत्रेष्टि आदि)।

नित्यप्रति—[सं० नित्य ~ प्रति] *क्रिवि०* प्रतिदिन।

नित्यप्रलय—[सं० नित्य ~ प्रलय] *पु०* (वेदान्त०) १. नित्य होता रहने वाला प्रलय। २. सुषुप्ति।

नित्यर्तु—[सं० नित्य ~ ऋतु] *वि०* १. हर ऋतु में बना रहनेवाला। २. अपनी ऋतु में निरन्तर होनेवाला।

नित्यशः—[सं० नित्य + शस्] *क्रिवि०* १. प्रतिदिन। रोज़। २. सदा। हमेशा।

नित्य सम्बन्ध (नित्य संबंध)—[सं०] दो वस्तुओं का स्थायी सम्बन्ध। (व्या०) दो शब्दों का वह पारस्परिक सम्बन्ध जिसमें एक वाक्य के दो वाक्यांशों में वे आगे-पीछे अवश्य आते हैं। (जब ··· तब, यदि ··· तो इत्यादि, (जैसे—जब तुम गए, तब वह आया)। २. दो वस्तुओं में होनेवाला स्थायी सम्बन्ध। ***जैसे***—शक्ति और शक्तिमान् का नित्य सम्बन्ध। ✣ **नित्य सम्बन्धी (संबंधी)**—*वि०* = नित्य सम्बन्ध वाला।

नित्या—[सं० नित्य + टाप्] *स्त्री०* महाशक्ति। पार्वती। दुर्गा।

नित्यानन्द (नित्यानंद)—[सं० नित्य ~ आनन्द] *पु०* १. (मन में) सर्वदा रहने वाला आनन्द। *वि०* (व्यक्ति) जिसके मन में सर्वदा आनन्द रहे।

नित्यानध्याय—[सं० नित्य ~ अनध्याय] *पु०* (धर्मशास्त्र) ऐसी स्थिति जिसके होने पर सर्वदा अध्ययन बन्द रखना आवश्यक है। ***जैसे***—प्राचीन भारत में वर्षा-काल नित्यानध्याय था।

नित्यानित्य—[सं० नित्य ~ अनित्य] वि० नित्य और अनित्य। नाशवान् और अविनाशी। नश्वर और अनश्वर।

नित्यानित्यवस्तुविवेक—[सं० नित्यानित्य ~ वस्तु ~ विवेक] *पु०* (वेदान्त०) यह ज्ञान कि ब्रह्म ही नित्य है, शेष सब अनित्य है।

***निथम्ब/निथम्भ(निथंब/निथंभ)**—[< सं० स्तम्भ] *पु०* स्तम्भ। खम्भा।

निथंबराजिका—[हिं० निथम्ब + सं० राजिका] *स्त्री०* स्तम्भों/खम्भों की पंक्ति।

निथरना—[< सं० निस्तरण] *क्रिअ०* किसी तरल पदार्थ में मिली भारी चीज़ों के तल में बैठ जाने से तरल पदार्थ का साफ़ जो जाना। ***जैसे***—कुछ देर में यह पानी निथर जाएगा।

निथार—[< हिं० निथारना] *पु०* १. निथरने या निथारने की क्रिया/भाव। तरल में घुली या मिली वस्तु का नीचे बैठना। २. उक्त प्रकार की नीचे या तल में बैठी हुई वस्तु (मिट्टी आदि)।

निदरना—[< सं० निरादर] *क्रिस०* १. निरादर करना। अपमान करना। २. उपेक्षा करना। ३. तुच्छ सिद्ध करना।

निदरसना—[सं० नि + हिं० दरसना] *क्रिअ०* अच्छी तरह दिखना। *क्रिस०* अच्छी तरह देखना।

निदर्श—[सं० नि + दर्श] *पु०* प्रतिदर्श। नमूना। (प्रशासन०) प्रपत्र का निर्धारित रूप। (अं० प्रोफ़ार्मा)

निदर्शन—[सं० नि + दर्शन] *पु०* १. प्रदर्शन। २. उदाहरण। दृष्टान्त। ***जैसे***—विचित्रताओं के निदर्शन प्रस्तुत करना। ३. (रेखागणित आदि में) किसी मूल कथन को सिद्ध करने के लिए बनायी जानेवाली आकृतियाँ/चित्र। ४. किसी बात/तथ्य आदि को निर्दिष्ट या संकेतित करने की क्रिया/भाव। [सांख्यिकी०] (व्यावसायिक या सांख्यिकीय उद्देश्य के लिए) किसी समग्र वस्तु की इकाइयों का एक भाग जो समग्र का उचित प्रतिनिधित्व कर सके। (अं० सैम्पलिंग)

निदर्शन-पत्र—[सं०] प्रपत्र के निर्धारित रूप का उदाहरण निदर्श। (अं० प्रोफ़ार्मा/फ़ार्म)

निदर्शना—[सं० निदर्शन + टाप्] *स्त्री०* (काव्य०) एक अर्थालंकार जिसमें दो वाक्यों में परस्पर सम्भव या असम्भव सम्बन्ध होने पर भी उपमा के द्वारा उनमें सादृश्य की कल्पना करने का चमत्कार होता है।

निदहना—[< सं० निदहन] *क्रिस०* जलाना। *क्रिअ०* जलना।

निदाघ—[नि√दह् + घञ्] *पु०* १. ताप। गरमी। २. गरमी की ऋतु मौसम। ३. धूप। ● **विशेष**—सूर्य को **'निदाघकार'** कहा जाता है और ग्रीष्म ऋतु को **'निदाघकाल'**।

निदान—[सं० नि + दान] *पु०* १. मूल कारण। आदि कारण। २. कारण। (आयुर्वेद०) १. (रोगी के) रोग का मूल कारण। २. (रोगी के) रोग का मूल कारण जानने के लिए प्रयुक्त पाँच लक्षण—हेतु, आदिरूप, आकृति, सात्म्य, जातिभेद। ३. रोग की पहचान। (जैन०) विषय-भोगों की लालसा। *क्रिवि०* १. अन्त में। २. परिणामतः। इसलिए। ३. अन्ततः। आख़िरकार। ✣ **निदान-विद्या**—*स्त्री०* (चिकित्सा०) = रोग की उत्पत्ति का हेतु बतानेवाला विज्ञान। ✣ **निदानशाला**—*स्त्री०* = (रोगियों के) रोगों के निदान का चिकित्सालय। उपचारशाला। (अं० क्लीनिक)

***निदारा**—[< सं० निर्दार] *वि०* पत्नीरहित। अविवाहित या विधुर।

निदारुण—[सं॰ नि + दारुण] *वि॰* १. भयानक। भीषण। २. असह्य। दु:सह्य। ३. निष्ठुर।

निदिध्यास/निदिध्यासन—[सं॰ नि √ध्यै + सन् + घञ्/ल्युट्] *पु॰* बार-बार ध्यान में लाना। बार-बार स्मरण। (वेदान्त॰, योग॰) अर्थ की अनवरत भावना करना। ***जैसे***—आत्मदर्शन के तीन साधन हैं—श्रुति-वाक्यों का श्रवण, मनन और निदिध्यासन।

निदेश—[सं॰ नि √दिश् + घञ्] *पु॰* १. यह कहना, बताना, समझाना या आदेश देना कि अमुक काम या बात इस प्रकार या इस रूप में होना चाहिए। निर्देश। २. उक्त प्रकार से कही या समझायी गयी बात या दिया गया आदेश। निर्दिष्ट बात। ३. पथ-प्रदर्शन के लिए दिए गए संकेत (अं॰ डाइरेक्शन)

निदेशक—[नि √दिश् + ण्वुल्] *पु॰* कोई काम कैसे, कहाँ और कब किया जाए—इस सम्बन्ध में दूसरों को सूचनाएँ या आदेश देनेवाला व्यक्ति। निर्देशक ● **विशेष**—शासकीय संस्थानों में '**निदेशक**' नामक पदाधिकारी होते हैं। अन्य संस्थानों में **निर्देशक** का पद होता है। अँग्रेज़ी में दोनों को '**डाइरेक्टर**' ही कहा जाता है।

निदेशन—[सं॰ नि √दिश् + ल्युट्] *पु॰* १. निदेशक का कार्य। २. निदेश।

निदेशालय—[सं॰ निदेश ~ आलय] *पु॰* निदेशक का कार्यालय। (अं॰ डाइरेक्टरेट)

निदेशी/निदेष्टा—[सं॰ निदेशिन्/निदेष्टृ] *पु॰* निर्देशक।

निद्राकलश—[सं॰ निद्रा ~ कलश] *पु॰* सोते समय पास में रखा जाने वाला पीने के पानी का पात्र।

निद्रा-चलन—[सं॰] *पु॰* नींद में चलना (जो एक रोग है)।

निद्रायमान—[सं॰ नि √द्रा + यक् + शानच्, मुक्] *वि॰* सोया हुआ। निद्रित।

निद्रालस—[सं॰ निद्रा ~ आलस] *वि॰* १. जो निद्रा आने के कारण शिथिल हो। २. जो गहरी निद्रा में हो।

निद्रालु—[सं॰ निद्रा + आलुच्] *वि॰* १. जो सो रहा हो। निद्राशील। २. जिसे बहुत नींद आ रही हो। ***जैसे***—तुम निद्रालु लग रहे हो, जाओ सो जाओ। ३. उनींदा। ***जैसे***—निद्रालु नेत्र।

निधड़क—[सं॰ नि + हिं॰ धड़क] *क्रिवि॰* बेधड़क। बेखटक।

निधान—[सं॰ नि √धा + ल्युट्] *पु॰* १. स्थापित करने या रखने की क्रिया/भाव। स्थापना। २. सुरक्षित रखने की क्रिया/भाव। ३. वह स्थान/पात्र/आधार जिसमें कुछ रखा जाए या रखा हुआ हो। आधार। ***जैसे***—गुण-निधान श्री राम। ४. कोष। ख़जाना। ५. भंडार। निधि।

निधानी—[< सं॰ निधान] *स्त्री॰* पुस्तकें आदि रखने के लिए दीवार में लगा हुआ या अलग से बना हुआ लकड़ी या लोहे आदि का तख़्ता/पट्टी या ख़ाना। (अं॰ शेल्फ़)

निधि—[सं॰ नि √धा + कि] *स्त्री॰* १. आधार, पात्र या स्थान जिसमें कुछ पदार्थ आदि स्थित हो। आश्रय-स्थान। ***जैसे***—जल-निधि, प्रेम-निधि। २. कोष। ख़जाना। ३. कार्य विशेष के लिए अलग रखा या जमा किया हुआ धन। ***जैसे***—स्मारक-निधि का संग्रह। ४. समुद्र। ५. (पद्य आदि में) नौ की संख्या। (छन्द॰) एक सममात्रिक छन्द जिसके प्रत्येक चरण में ९ मात्राएँ होती हैं, अन्त में लघु होता है। (पुरा॰) उत्खनन से प्राप्त सिक्के, रत्न धातु-सामग्री आदि बहुमूल्य वस्तुएँ या धन-राशि। ● **विशेष**—१. **कुबेर देवता की नव निधियाँ प्रसिद्ध हैं—पद्म, महापद्म, शंख, मकर, कच्छप, मुकुन्द, कुन्द, नील, खर्व**। २. संस्कृत में 'निधि' शब्द पुल्लिंग है। ✣ **निधिक ऋण**—*पु॰* (वाणिज्य॰) = बन्धपत्र या प्रतिभूतियाँ जारी करके लिया गया ऋण जो भविष्य में किसी निर्दिष्ट तिथि को चुकाया जाना हो। (अं॰ फ़ंडिड डेट)

निधीश/निधीश्वर—[सं॰ निधि ~ ईश/ईश्वर] *पु॰* कुबेर (देवता)।

निधेय—[सं॰ नि √धा + यत्] *वि॰* १. स्थापित किए जाने योग्य। २. धरोहर रूप में रखने योग्य।

निध्यात—[सं॰ नि √ध्या + क्त] *वि॰* जिस पर मनन किया गया हो।

निध्यान—[सं॰ नि √ध्यै + ल्युट्] *पु॰* १. दर्शन। देखना। २. निदर्शन।

***निनरा**—[< हिं॰ न्यारा] *वि॰* १. पृथक। अलग। न्यारा। २. विलक्षण। ३. भिन्न। ✣ **निनरी**—*वि॰* (स्त्री॰)।

निनाद/निनद—[सं॰ नि √नद् + घञ् /अप्] १. ध्वनि। आवाज़। २. गुंजार। ३. ज़ोर का शब्द। गर्जन, चिल्लाहट या शोर। ४. चलते हुए रथ के पहिए की आवाज।

निनादी—[सं॰ निनादिन्] *वि॰* १. जिसमें से ध्वनि/आवाज़ या गुंजार निकल रही हो। २. जो आवाज़ उत्पन्न कर रहा हो। ३. जो ज़ोर की आवाज़ कर रहा हो। ४. जो गरज रहा हो, चिल्ला रहा हो या शोर मचा रहा हो।

निनान**—[< सं॰ नमन] *क्रिस॰* नमन करना। झुकाना। ***जैसे—अपना मस्तक सद्गुरु चरण निनाऊँ।

***निनार**—[< हिं॰ निनारा] *वि॰* १. पृथक्। अलग। न्यारा। २. विलक्षण। ३. भिन्न।

निनारना—[< हिं॰ न्यारा] *क्रिस॰* अलग करना। निकालना।

***निनारा**—[< हिं॰ निनारना < हिं॰ न्यारा] *वि॰* १. अलग किया हुआ। ३. निकाला हुआ। ३. पृथक्/अलग या दूर। ४. विलक्षण। विशिष्ट। न्यारा। ✣ **निनारी**—*वि॰ (स्त्री॰)*।

†**निनावाँ**—[< सं॰ नि + नाम (नामन्)] *वि॰* १. नामरहित। अनाम। बेनाम। २. जिसके नाम को अशुभ या अमांगलिक मानने के कारण न बोला जाए। ***जैसे***—'साँप' को निनावाँ मानते हैं और उसे 'कीड़ा' कहते हैं।

निन्दक (निंदक)—[सं॰ √निन्द् + ण्वुल्] १. निन्दा करनेवाला। २. बदनाम करनेवाला।

निन्दा (निंदा)—[सं॰ √निन्द् + अ + टाप्] *स्त्री॰* १. किसी के सच्चे या मिथ्या दोषों का दूसरे व्यक्ति के सामने कथन/प्रकटन/वर्णन। बुराई। २. अपयश। बदनामी। ∇ **विलोम**—प्रशंसा/स्तुति।

निन्दोक्ति (निंदोक्ति)—[सं॰ निन्दा ~ उक्ति] *स्त्री॰* निन्दापूर्ण कथन।

निन्द्य (निंद्य)—[सं॰ √निन्द् + ण्यत्] *वि॰* निन्दनीय।

निपङ्ग (निपंग)—[< सं॰ नि + पङ्गु] *वि॰* १. पंगु। लँगड़ा। २. निकम्मा।

***निपजना**—[< सं॰ निष्पद्यते] *क्रिअ॰* उत्पन्न होना। उपजना।

निपजाना—[< हिं॰ निपजना] *क्रिस॰* १. उत्पादन करना। २. बोना।

निपट—[< सं॰ निवृत्त] *क्रिवि॰* १. पूरी तरह। नितान्त। निरा। बिल्कुल। सरासर। ***जैसे***—निपट वृद्ध; निपट मूर्ख। २. अधिक। बहुत।

निपटान—[< हिं॰ निपटाना] *स्त्री॰* निपटाने की क्रिया/भाव। ***जैसे***—नगरों में कूड़े-कचरे के निपटान के लिए उसे फेंकने या ढेर लगाने से प्रदूषण होता है।

निपतन—[सं॰ नि √पत् + ल्युट्] १. नीचे की ओर गिरना। पतन। निपात। २. नीचे उतरने की क्रिया।

निपात—[सं॰ नि √पत् + घञ्] १. नीचे गिरने की स्थिति/क्रिया/भाव। पतन। २. अधःपतन। ३. नाश। विनाश। ४. मृत्यु। (व्या॰) १. विविध अर्थों में प्रयुक्त शब्दों का एक वर्ग। ***जैसे***—तक, तो, न, भर, भला, भी, ही शब्द निपात के रूप में अधिक प्रयुक्त होते हैं।

निपातन—[सं॰ नि √पत् + णिच् + ल्युट्] *पु॰* १. गिराने की क्रिया/भाव। २. ध्वंस। नाश। ३. वध। हत्या।

†निपाँगुर—[< हिं॰ निपंङग] *वि॰* १. पंगु। लँगड़ा। २. विकलांग। अपाहिज।

निपीडक—[सं॰ नि + पीडक] *वि॰* १. बहुत पीड़ा देने वाला। सताने वाला। २. निचोड़ने वाला। ३. (कोल्हू आदि में) पेरनेवाला। ४. दबाने/मलने वाला। ✣ **निपीड़क**—*वि॰* = निपीडक।

निपीडन—[सं॰ नि + पीड़न] दे॰ निपीड़न।

निपीड़न—[< सं॰ निपीडन] *पु॰* १. बहुत पीड़ा देने/सताने की क्रिया/भाव। २. निचोड़ने की क्रिया/भाव। ३. (कोल्हू आदि में) पेरने की क्रिया/भाव। पेराई। ४. दबाने/मलने की क्रिया/भाव।

निपुण—[सं॰ नि √पुण् + क] *वि॰* प्रवीण। दक्ष। **निपुणता**—*स्त्री॰* = निपुण होने की अवस्था/गुण/भाव। प्रवीणता/दक्षता/निपुणत्व। ✣ **निपुणत्व**—*पु॰* = निपुणता। ✣ **निपुणाई**—*स्त्री॰* = निपुणता।

***निपुत्र/निपूत**—[< सं॰ निष्पुत्रक] *वि॰* निपूता। ✣ **निपुत्री**—*वि॰ (स्त्री॰)* = निपूती।

निपूता—[< सं॰ निष्पुत्रक] *वि॰* १. जिसके पुत्र न हुआ हो। पुत्रहीन। २. निःसन्तान। ✣ **निपूती**—*स्त्री॰* = १. पुत्रहीन स्त्री। २. निःसन्तान स्त्री। बन्ध्या।

निपेटा—[हिं॰ नि + पेट] *वि॰* १. भूखा। २. भुक्खड़। ✣ **निपेटी**—*वि॰ (स्त्री॰)*।

†निपोर—[< हिं॰ निपोरना] *स्त्री॰* झंझट। बखेड़ा।

निपोरना—[< हिं॰ निफारना] *क्रिस॰* खोलना। ***जैसे***—दाँत निपोरना।

***निफन**—[< सं॰ निष्पन्न] *वि॰* १. समाप्त किया हुआ। निष्पन्न। २. सम्पूर्ण। पूरा। *क्रिवि॰* पूरी तरह से। पूर्णतः।

निफरना[1]—[< सं॰ नि + स्फुट] *क्रिअ॰* १. खुलना। २. खुलकर स्पष्ट होना।

निफरना[2]—[< हिं॰ निफारना] *क्रिअ॰* चुभकर या छिदकर आर-पार होना।

निफ़ाक़—[अरबी] *पु॰* १. आपसी विरोध। फूट। २. शत्रुता। वैर।

†निफारना—[< हिं॰ फाड़ना] *क्रिस॰* १. छेदकर आरपार करना। वेधना। २. प्रकट करना। खोलना। ३. स्पष्ट करना।

निब—[अं॰] *स्त्री॰* (लेखनी की) लोहे आदि की बनी चोंच जैसी वस्तु जिसे लेखनी (अं॰ होल्डर/पेन) में लगाकर स्याही से लिखते हैं।

निबकौरी—[< सं॰ निम्ब] *स्त्री॰* नीम का फल। निबौरी।

निबद्ध (निबद्ध)—[सं॰ नि + बद्ध] *वि॰* १. बँधा हुआ। बन्धनग्रस्त। २. रुका/रोका हुआ। रुद्ध। ३. जड़ा हुआ। जटित। ४. गुँथा हुआ। गुम्फित। ५. (किसी व्यक्ति/वस्तु आदि पर) अच्छी तरह ठहरा/जमा/लगा हुआ। ***जैसे***—चित्र पर निबद्ध दृष्टि। ६. लिखा हुआ। लिखित। रचित। ***जैसे***—हिन्दी में निबद्ध रचनाएँ। (विधि॰) जिसका पंजीयन/निबन्धन हो चुका हो। (अं॰ रजिस्टर्ड) (संगीत॰) ताल और मात्रा से बद्ध गान या गत।

निबन्ध (निबंध)—[सं॰ नि + बन्ध] *पु॰* १. बन्धन। २. विद्यार्थी द्वारा किसी एक विषय पर केन्द्रित विचारपूर्ण वर्णनात्मक/मनोरंजनात्मक/विवेचनात्मक संक्षिप्त गद्य-रचना जो लेखन-अभ्यास के लिए लिखी जाती है। ***जैसे***—सब विद्यार्थी 'परोपकार' पर दो पृष्ठों का निबन्ध लिखेंगे। ३. किसी लेखक द्वारा किसी एक विषय पर केन्द्रित विचारपूर्ण विवेचनात्मक/वर्णनात्मक/मनोरंजनात्मक संक्षिप्त या विस्तृत गद्य-रचना जो प्रकाशनार्थ लिखी जाती है। ***जैसे***—'चिन्तामणि' आचार्य रामचन्द्र शुक्ल के विवेचनात्मक निबन्धों का संग्रह है।

निबन्धन (निबंधन)—[सं॰ नि √बन्ध् + ल्युट्] *पु॰* १. बाँधने की क्रिया/भाव। २. बाँधनेवाली वस्तु। बन्धन। ३. निबन्ध के रूप में लाने की क्रिया/भाव। व्यवस्थित लेखन।

निबरना—[< सं॰ निवृत्त] *क्रिअ॰* १. बन्धन से मुक्त होना। २. मुक्त होना। ३. अवकाश पाना। छुट्टी पाना। ४. निबटना। ५. सुलझना। ६. समाप्त होना। ७. मिट जाना। ***जैसे***—युद्ध में शत्रु के सब सैनिक निबर गए।

***निबसना**—[< सं॰ निवसन] *क्रिअ॰* निवास करना। रहना।

***निबह**—[< सं॰ निवह] *पु॰* समूह। झुंड।

निबहना—[< सं॰ निर्वहण] *क्रिअ॰* १. निर्वाह होना। निभना। २. परस्पर का सम्बन्ध ठीक बना रहना। पूरा होता रहना। पूरा पड़ना। ४. (कार्य) पूरा होना। ५. (नियम/वचन आदि का) पालन होना। ● **विशेष**—मानक हिन्दी में '**निबहना**' के स्थान पर '**निभना**' का प्रयोग होता है।

***निबहुर**—[< सं॰ नि + हिं॰ बहुरना] *वि॰* (ऐसा स्थान) जहाँ जाकर कोई वापस न आता हो। ✣ **निबहुरा**—*वि॰* = जो जाकर वापस न आया हो।

निबारना[1]—[< सं॰ निवारण] *क्रिस॰* १. निवारण करना। ***जैसे***—भक्त का कष्ट निवारना।

निबारना[२]—[< सं० निवृत्त] समाप्त करना। *जैसे*—थाली की सब चीजें निबारना।

निबाह—[< सं० निर्वाह] *पु०* १. निर्वाह। गुज़ारा। २. सहनशीलता से या जैसे-तैसे किया जाने वाला निर्वाह। ३. (प्रतिज्ञा आदि का) पालन। पूर्ति। ४. निभाव। ✣ **निबाहक**—*वि०* = निभानेवाला। निर्वाहक।

***निबाँणा**—[< सं० निम्न] *पु०* नीचा स्थान।

निबिड़—[< सं० निबिड] *वि०* = १. घना। गहरा। २. कठिन।

***निबुकना**—[देशज] *क्रिअ०* १. मुक्त होना। बच निकलना। २. बन्धन का ढीला होना। ३. (काम) पूरा होना।

निबेड़ना—[< सं० निवृत्त] *क्रिस०* १. निवृत्त करना। २. समाप्त करना। ३. आपस में मिली/फँसी हुई वस्तुओं को अलग-अलग करना। छाँटना। ४. मुक्त करना। ५. सुलझाना। ६. (काम को) निबटाना। ७. (झगड़ा आदि) निपटाना। ८. निर्णय करना। फ़ैसला करना। ९. (दु:ख संकट आदि) दूर करना। हटाना। १०. त्यागना।

निबेड़ा—[< हि० निबेड़ना] *पु०* १. निबेड़ने की क्रिया/भाव। २. मुक्तता। छुटकारा। ३. सुलझाने की क्रिया। सुलझाव। ४. निर्णय। निबटारा। ५. त्राण। उद्धार। बचाव। ६. दूर करने की क्रिया। हटाव। ७. छोड़ देना। त्याग।

निबेरना—[< सं० निवृत्त] *क्रिस०* १. त्यागना। छोड़ना। २. वसूल करना। उगाहना। ३. निबेड़ना।

***निबेही**—[< सं० निर्वेध] *वि०* १. जिसे वेधा न गया हो। २. बिना छेद किया हुआ। ३. अछूता।

निबोधन[१]—[सं० नि + बोधन] *पु०* १. (कोई काम/बात) समझने/सीखने की अवस्था/भाव। समझना-सीखना। २. (कोई काम/बात) समझाने/सिखाने की अवस्था/भाव। समझाना-सिखाना।

निबौरी/निबौली—[< सं० निम्ब] *स्त्री०* नीम का फल।

निभ—[सं० नि √भा + क] *वि०* १. बहुत चमकदार। २. (समस्त शब्द के अन्त में) समान। सदृश। *पु०* १. प्रकाश। २. प्रकट होने की क्रिया/भाव। प्रादुर्भाव। ३. धूर्तता। चालाकी।

निभृत—[सं० नि + भृत] *वि०* १. रखा हुआ। २. जमा किया हुआ। ३. छिपा हुआ। गुप्त। ४. परिपूर्ण। ५. शान्त। चुप। ६. अचल संकल्प का। दृढ़ विचार का। ७. एकान्त। अकेला। ८. निर्जन। सूना। ९. भरा हुआ। परिपूर्ण। १०. विनम्र। विनीत। ११. मुँदा हुआ। बन्द।

निमग्न—[सं० नि + मग्न] *वि०* १. (जल में) डूबा हुआ। मग्न। २. किसी कार्य/चिन्ता आदि में डूबा हुआ। तन्मय। तल्लीन।

निमज्जन—[सं० नि √मज्ज् + ल्युट्] *पु०* १. डुबकी/गोता लगाकर किया जाने वाला स्नान। अवगाहन। २. स्नान।

निमन्त्रण (निमंत्रण)—[सं० नि √मन्त्र् + ल्युट्] *पु०* किसी कार्य/उत्सव/श्राद्ध/भोज आदि में सम्मिलित होने के लिए आग्रहपूर्वक निवेदन। न्योता। बुलावा। ● **विशेष**—१. **'निमन्त्रण'** और **'आमन्त्रण'** में अन्तर है। २. 'निमन्त्रण' के साथ प्राय: भोजन या जलपान का सम्बन्ध भी रहता है।

निमाड़ी—[< हि० निमाड़] *वि०* मध्यप्रदेश के निमाड़ ज़िले से सम्बन्धित। निमाड़ का। *पु०* निमाड़ का निवासी। *स्त्री०* निमाड़ की बोली।

†**निमान**—[< सं० निम्न] *वि०* १. नीचा। २. ढाल वाला या ढालू (स्थान)। *पु०* नीचा या ढालू स्थान।

†**निमाना**—[< सं० निम्न] *वि०* १. जो नीचे की ओर हो। नीचा। २. जिसका झुकाव नीचे की ओर हो। ३. ढालू। ४. विनम्र। ५. डर के कारण दब कर रहने वाला। दब्बू। ✣ **निमानी**—*वि० (स्त्री०)*।

निमानिया—[< सं० नि + हि० मानना] *वि०* १. न माननेवाला। २. नियम आदि को न माननेवाला। मनमानी करनेवाला। स्वेच्छाचारी। निरंकुश।

निमानी—[< सं० नि + मानना] *वि०* निमानिया। (दे०) *स्त्री०* मनमाना आचरण। स्वेच्छाचार। निरंकुशता।

निमि—[सं०] *पु०* १. (नेत्रों के) पलकों का गिरना। निमेष। २. प्राचीन मिथिला का एक राजा।

निमित्त—[सं० नि √मिद् + क्त] *पु०* १. हेतु। कारण। २. उद्देश्य। ३. लक्षण। चिह्न। ४. शकुन। ५. मिस। बहाना। *क्रिवि०* उद्देश्य से। (किसी के) लिए। वास्ते। *जैसे*—पुत्र से मिलने के निमित्त जाना।

निमिष—[सं० नि √मिष् + क] *पु०* १. नेत्र/पलक झपकने की क्रिया। २. आँखें बन्द करने की क्रिया। आँखें मिचना। ३. पलक झपकने में लगनेवाला समय। निमेष। पल। (● विशेष—१ पल = ४ क्षण।) ५. फूलों के मुँदने की क्रिया। ६. विष्णु। ● **विशेष**—'नैमिषारण्य' को विष्णु-क्षेत्र होने के कारण **'निमिष-क्षेत्र'** कहा जाता है।

निमीलन—[सं० नि √मील् + ल्युट्] *पु०* १. आँखें बन्द करना। आँखें झपकाना। २. मृत्यु। मरण। ३. (सूर्य/चन्द्र का) सर्वग्रास ग्रहण। ४. बन्द करने की क्रिया/भाव। ∇ **विलोम**—उन्मीलन।

निमीलिका/निमीला—[सं० निमीला + कन् + टाप्, ह्रस्व, इत्व] १. नेत्रों का झपकना। २. छल। व्याज।

निमुँहा—[< सं० नि + हि० मुँह] *वि०* १. जिसका मुँह न हो। मुख-हीन। २. जो लज्जा/भय आदि के कारण बोलने के समय भी चुप रहता हो। ३. बिना कुछ प्रतिवाद किए कष्ट आदि सहन कर लेने वाला। ✣ **निमुँही**—*वि० (स्त्री०)*।

निमूँद—[< सं० नि + हि० मूँदना] *वि०* १. जो मुँदा हुआ या बन्द न हो। २. जो मुँदा हुआ हो। जो बन्द हो।

***निमेट**—[< हि० नि + मिटना] *वि०* जिसे मिटाया न जा सके। न मिटने वाला। अमिट। *जैसे*—निमेट दु:ख।

निमेषण—[सं० नि √मिष + ल्युट्] *पु०* नेत्रों के पलकों के गिरने या गिराने की क्रिया/भाव। पलकों की झपक।

निमेष प्रतिवर्त—[सं०] *पु०* (मनो०) तेज़ प्रकाश आदि होने पर पलकों का अपने आप बन्द होने का स्वाभाविक गुण।

***निमोना**—[< सं० नवान्न] *पु०* एक रसदार व्यंजन जो हरे चनों या

हरी मटर को पीसकर बनाया जाता है।

निमोनिया—[अ॰] *पु॰* फेफड़ों का एक रोग। फुप्फुसदाह। फुप्फुसशोथ।

निमौनी—[< स॰ नवान्न] *स्त्री॰* गन्ने की फ़सल की कटाई का प्रथम दिन।

निम्न—[स॰ नि √म्ना + क] *वि॰* १. नीचा। ***जैसे***—निम्न और उन्नत। २. जो सामान्य तल या धरातल से नीचे स्तर पर हो। ***जैसे***—यहाँ की निम्न भूमि। ३. जो पद/श्रेणी/स्थिति आदि की दृष्टि से साधारण से या तुलना में नीचे स्तर का हो। अवर। ***जैसे***—निम्न श्रेणी में यात्रा करना। ४. जिसमें तीव्रता/वेग साधारण से कम हो। ***जैसे***—निम्न रक्तचाप और उच्च रक्तचाप से होनेवाले कष्ट। ∇ **विलोम**—उच्च।

निम्नग—[स॰ निम्न + ग] *वि॰* १. जो नीचे की ओर जाता हो। २. जिसकी प्रवृत्ति नीचे की ओर जाने की हो। ✣ **निम्नगा**—*वि॰ (स्त्री॰)*। *स्त्री॰* = १. नदी। २. पहाड़ी सोता।

निम्नाङ्कक (निम्नांकक)—[स॰ निम्न ~ अङ्कक] *पु॰* = (विधि॰) १. जहाज़ी माल का बीमा करनेवाला। २. (बहुवचन में प्रयुक्त होने पर) कम्पनी के अंशों के ज़मानतदार। प्रतिभूति-मंडल। (अ॰ अन्डरराइटर)

निम्नाङ्कित (निम्नांकित)—[स॰ निम्न ~ अङ्कित] *वि॰* १. नीचे अंकित/चित्रित किया हुआ। २. निम्नलिखित।

निम्नोत्कीर्ण—[स॰ निम्न ~ उत्कीर्ण] *वि॰* (मूर्ति॰) तक्षण-कर्म द्वारा लकड़ी, धातु या पत्थर में आकृति या बेलबूटे आदि को खोदकर लाया गया उभार। कम उभरी नक़्क़ाशी। निम्नोद्भृत।

निम्नोद्भृत—[स॰ निम्न ~ उद्भृत] वि॰ (मूर्ति॰) निम्नोत्कीर्ण।

निम्नोन्नत—[स॰ निम्न ~ उन्नत] *वि॰* जो कहीं नीचा और कहीं ऊँचा हो। नीचा-ऊँचा। ऊँचा-नीचा। ऊबड़-खाबड़।

निम्ब (निंब)—[स॰ √निन्व् + अच्, व—>ब, न—>म] *स्त्री॰* नीम का वृक्ष।

***नियं**—[< स॰ निज] *वि॰* निज। निजी। अपना।

नियत—[स॰ नि√यम् + क्त] *वि॰* १. नियम आदि के द्वारा स्थिर। विहित। संयत। २. (व्यक्ति) जिसे किसी कार्य के लिए नियुक्त किया गया हो। काम पर लगाया हुआ। तैनात। ३. ठीक किया हुआ। ठहराया हुआ। निश्चित। ***जैसे***—नियत स्थान पर अवश्य जाना। ∇ **विलोम**—अनियत। ✣ **नियतकालिक**—*वि॰* = निश्चित समय पर दुबारा होनेवाला। आवधिक। आवर्ती। मियादी। ***जैसे***—बैंक में नियतकालिक निक्षेप। [वनस्पति॰] (कमल, कुमुदिनी आदि पुष्प) जो किसी नियत समय पर खिलते और बन्द होते हैं। ✣ **नियतकालिक पत्रिका**—*स्त्री॰* = (पत्र॰) नियत अन्तराल पर प्रकाशित होनेवाली पत्रिका (मासिक पत्रिका, त्रैमासिक पत्रिका आदि) आवधिक पत्रिका। ✣ **नियतता**—*स्त्री॰* = नियत होने की स्थिति/भाव। नियतत्व। ✣ **नियतत्व**—*पु॰* = नियतता।

नियतत्ववाद—[स॰ नियतत्व ~ वाद] *पु॰* (पा॰ दर्शन॰) एक दार्शनिक सिद्धान्त जिसके अनुसार विश्व की प्रत्येक घटना पूर्वनिर्धारित नियमों द्वारा नियन्त्रित है। (अ॰ डेटर्मिनिज्म)

नियतन—[स॰ नियत] *पु॰* १. नियत करने की क्रिया/भाव। २. निर्धारण।

नियतश्राव्य—[स॰ नियत ~ श्राव्य] *पु॰* (काव्य॰) नाट्योक्ति का एक भेद। किसी पात्र का वह संवाद जिसको रंगमंच पर स्थित कुछ चुने हुए पात्र ही सुन सकें।

नियता—[स॰ नियत + टाप्] *स्त्री॰* (गणित॰) १. किसी शांकव (अ॰ कोनिक) में वह रेखा जिससे शांकव के किसी भी बिन्दु की दूरी और उस बिन्दु से शांकव की नाभि की दूरी का अनुपात स्थिर रहता है। (अ॰ डाइरेक्ट्रिक्स)

नियतांश—[स॰ नियत ~ अंश] *पु॰* अधिकृत रूप से संख्या/राशि के रूप में निश्चित किया गया अंश। ***जैसे***—विद्यालय में छात्राओं का नियतांश बढ़ा दिया गया है।

नियतात्मा—[स॰ नियत ~ आत्मा] *वि॰* संयमी। जितेन्द्रिय।

नियताप्ति—[स॰ नियत ~ आप्ति] *स्त्री॰* (नाट्य॰) नाटक की पाँच अवस्थाओं में से चौथी अवस्था। विघ्नों और बाधाओं के हट जाने पर फल-प्राप्ति के पूर्ण निश्चय की स्थिति।

नियति—[स॰ नि√यम् + क्तिन्] *स्त्री॰* १. नियतता। बद्धता। निश्चितता। २. भाग्य। दैव। अदृष्ट। ३. अवश्य होनेवाली बात। नियत बात।

नियतेन्द्रिय (नियतेंद्रिय)—[स॰ नियत ~ इन्द्रिय] *वि॰* संयमी। जितेन्द्रिय।

नियन्तव्य (नियंतव्य)—[स॰ नि √यम् + तव्यत्] *वि॰* १. जिसे नियन्त्रित/नियमित किया जाना हो। २. नियन्त्रित/नियमित किए जाने के योग्य।

नियन्ता (नियंता)—[स॰ नियन्तृ] *पु॰* १. नियन्त्रण करने/रखने वाला। वश/क़ाबू में रखनेवाला। नियन्त्रक।

नियन्त्रण (नियंत्रण)—[स॰ नि √यन्त्र् + ल्युट्] *पु॰* १. नियमों में बाँध कर रखना। स्वच्छन्द न रहने देना। किसी को मनमाने काम करने से रोकने के लिए उस पर कड़े बन्धन लगाना। २. किसी को नियमों द्वारा ठीक मार्ग पर लाना। नियमित करना। (वाणिज्य॰) शासन द्वारा किसी वस्तु के मूल्य और वितरण को नियमित और सुनिश्चित करना। ∇ **विलोम**—अनियन्त्रण।

नियन्त्रित (नियंत्रित)—[स॰ नि√यन्त्र् + क्त] *वि॰* १. नियम से बँधा हुआ। २. जिस पर नियन्त्रण किया गया हो। ३. जिसे नियम आदि में बाँध कर व्यवस्थित किया गया हो। ४. वश और अधिकार में रखा हुआ। अधिकार या वश में किया/लाया हुआ। ∇ **विलोम**—अनियन्त्रित। ✣ **नियन्त्रित (नियंत्रित) अर्थव्यवस्था**—*स्त्री॰* = (वाणि॰) सरकार द्वारा आर्थिक कार्यों में पूर्णतया नियंत्रण में रखी जाने वाली स्थिति। ✣ **नियन्त्रित (नियंत्रित) क़ीमत**—*पु॰* = (वाणि॰) सरकार द्वारा निश्चित की गयी क़ीमत।

नियम—[स॰ नि √यम् + अप्] *पु॰* १. (शासन आदि का) नियन्त्रण

करनेवाला विधान या निश्चय। निश्चित की गयी रीति/विधि। *जैसे*—हर शासन के अपने नियम होते हैं। २. आचार-व्यवहार आदि के सम्बन्ध में निश्चित बातें जिनका पालन करना आवश्यक हो। क़ायदा। *जैसे*—बड़ों को प्रणाम करने का नियम। ३. बँधा हुआ क्रम। परम्परा। रीति-रिवाज। दस्तूर। *जैसे*—भोजन की पहली रोटी गाय को खिलाने का नियम। ४. कोई बात/काम किसी विशेष ढंग से करने का क्रम। *जैसे*—स्नान के बाद पूजा-पाठ करने का नियम। ५. निश्चित की गयी रीति/विधि। *जैसे*—'कबड्डी' खेल के नियम। ६. ठहराव। शर्त। *जैसे*—नियम यह कि दौड़ में हारने वाला सौ रुपए विजेता को देगा। ७. विधि। *जैसे*—घर की शिकायतें बाहर करके तुमने परिवार का नियम तोड़ा है। ८. सामान्य स्थिति। *जैसे*—करुणा मानव-जीवन का नियम है, हिंसा अपवाद है। ९. किसी काम को ठीक से करने के लिए या किसी लक्ष्य की प्राप्ति के लिए अपनाने योग्य कार्य का ढंग। *जैसे*—ईमानदारी और निष्ठा से काम करना शीघ्र उन्नति का नियम है। १०. किसी यन्त्र आदि से ठीक प्रकार से काम लेने की विधि। *जैसे*—मशीन से काम लेने में पहला नियम सावधानी रखना है। (योग॰) अष्टांग योग में दूसरा अंग/साधन। शुचिता, सन्तोष, तप, स्वाध्याय और ईश्वर-प्रणिधान का समूह। (विज्ञान॰) वह परिकल्पना जो प्रयोग के परिणामों से सिद्ध हो जाए। *जैसे*—गुरुत्वाकर्षण का नियम।

नियमन—[सं॰ नि √यम् + ल्युट्] *पु॰*१. उचित प्रकार से काम चलाने के लिए नियम आदि बनाना। नियन्त्रण। २. नियम आदि के द्वारा रोकना। निरोध। ३. दमन। निग्रह।

नियम-निष्ठा—[सं॰] *स्त्री॰*१. नियम/नियमों के अनुसार काम करने की तत्परता। २. परम्पराओं, प्रथाओं इत्यादि का पालन करने की क्रिया/अवस्था/गुण/भाव।

नियमपर—[सं॰ नियम ~ पर] *वि॰*१. नियम के अनुसार चलनेवाला या चलाया जाने वाला। २. नियम के अनुसार होनेवाला।

नियम-परिवृत्त दोष—[सं॰] *पु॰* (काव्य॰) अर्थ-दोष का एक प्रकार। नियमित रूप से वर्णनीय वस्तु आदि का अनियमित रूप से वर्णन करने पर होने वाला दोष।

नियमित—[सं॰ नि √यम् + णिच् + क्त] *वि॰*१. नियमों के अनुसार स्थिर किया हुआ। जो नियम, विधान आदि के अनुकूल हो। नियमानुकूल। नियमबद्ध। २. जो सदा किसी नियम के रूप में होता आ रहा हो। *जैसे*—नियमित रूप से दुकान खोलना। ३. जिसे सुचारु रूप दिया गया हो। व्यवस्थित। ∇ **विलोम**—अनियमित। (व्या॰, भाषा॰) जो भाषा के सामान्य नियमों के अनुरूप हो।

नियम्य—[सं॰ नि √यम् + यत्] *वि॰*१. जिसके लिए नियम बनाया जा सकता हो। नियमबद्ध किए जाने के योग्य। २. जो नियन्त्रण में रखा जा सकता हो या रखा जाने वाला हो।

नियर—[< सं॰ निकट] *क्रिवि॰* निकट। समीप। पास। नज़दीक। ✣ **नियरे**—*क्रिवि॰* ≤ *हि॰* नियर।

नियामक—[सं॰ नि √यम् + णिच् + ण्वुल्] *वि॰* नियमों के क्षेत्र या बन्धन में रखने या लाने वाला। नियमन करनेवाला। *पु॰*१. नियन्त्रित करनेवाला। नियन्त्रक। २. शासन। ३. व्यवस्थापक।

नियार—[< हि॰ नियारना] स्वर्णकारों आदि की दुकानों का वह कूड़ा-करकट जिसे नियारिए ले जाते हैं और उसमें से प्राप्त क़ीमती धातुओं और रत्नों के कण अलग कर लेते हैं।

नियारना—[< सं॰ निराकरण] *क्रिस॰*१. न्यारा करना। अलग-अलग करना। २. स्वर्णकारों आदि के द्वारा कूड़े-करकट में से क़ीमती धातुओं, रत्नों आदि के कणों को अलग किया जाना। *पु॰* उक्त की क्रिया।

नियारा—[< हि॰ नियारना] *वि॰* पृथक्। भिन्न। न्यारा।

नियारिया—[< हि॰ नियारना] *पु॰* १. अलग-अलग करने वाला। २. स्वर्णकारों आदि के कूड़े-करकट में से क़ीमती धातुओं, रत्नों आदि के कणों को अलग करने का धन्धा करनेवाला व्यक्ति। न्यारिया।

नियुक्त—[सं॰ नि √युज् + क्त] *वि॰*१. निर्दिष्ट। २. जिसे किसी नौकरी या काम पर लगाया गया हो। ३. (किसी स्थान पर या किसी कार्य के लिए) तैनात किया हुआ।

नियुत—[सं॰ नि + युत] *वि॰* दस लाख। *पु॰* दस लाख की संख्या (१०,००,०००)।

नियुद्ध (नियुद्ध)—[सं॰ नि + युद्ध] *पु॰* मल्लयुद्ध। कुश्ती।

नियोक्तव्य—[सं॰ नि √युज् + तव्यत्] *वि॰*१. नियुक्ति के योग्य। नियोजन के योग्य। जिसका नियोजन होने वाला हो। २. जिसकी नियुक्ति होने वाली हो।

नियोक्ता—[सं॰ नियोक्तृ] *पु॰*१. नियुक्त करने वाला व्यक्ति/संस्था। नियोजक। स्वामी। मालिक। *जैसे*—नियोक्ता और कर्मचारियों का सम्बन्ध। २. नियुक्तियाँ करने के दायित्व वाला अधिकारी। नियुक्ति-प्राधिकारी।

नियोग—[सं॰ नि + योग] *पु॰*१. नियुक्त करने की अवस्था/क्रिया/भाव। नियोजन। २. किसी काम में लगाना। तैनाती। ३. उपयोग में लाने की क्रिया/भाव। ४. संलग्नता। (धर्म॰) एक प्राचीन धर्मशास्त्रीय पद्धति जिसके अनुसार कोई निःसन्तान स्त्री पति के विशेष रोगी होने पर या मर जाने पर किसी परपुरुष (देवर या अन्य गोत्रज आदि) से केवल सन्तान-प्राप्ति के लिए सम्बन्ध कर सकती थी।

नियोजन—[सं॰ नि + योजन] *पु॰* १. नियोजित करने की क्रिया/भाव। नियमित वेतन, मज़दूरी आदि पर किसी को किसी काम के लिए नियुक्त करने की क्रिया। नियुक्ति। तैनाती। २. रोज़गार। *जैसे*—नियोजन की समस्या पर भी नयी सरकार ध्यान देगी। ३. किसी निश्चित योजना के अनुसार काम करने की क्रिया/भाव। योजना-निर्माण।

निरंश—[सं॰ निर् + अंश] *वि॰* १. सम्पूर्ण। समग्र। २. जो पैतृक सम्पत्ति में से कुछ भी भाग पाने का अधिकारी न हो। ३. (यज्ञ आदि में) पाने का अधिकारी न हो। भाग।

निरक्ष—[सं॰ निर् + अक्ष] *पु॰* पृथ्वी की भूमध्य रेखा। *वि॰* पृथ्वी

की भूमध्य रेखा पर स्थित। नगर, देश आदि।।

निरग्नि—[सं॰ निर् + अग्नि] *वि॰* अग्निहोत्र न करनेवाला।

निरघ—[सं॰ निर् + अघ] *वि॰* जिसने कोई पाप न किया हो। निष्पाप। अनघ।

***निरघात**—[< सं॰ निर्घात] *पु॰* १. नाश। २. आँधी। ३. बिजली कड़कने की ध्वनि। ४. वज्रपात।

निरङ्क (निरंक)—[सं॰ निर् ~ अङ्क] *वि॰* १. (काग़ज़ आदि) जिस पर कोई अंक/चिह्न न हो। २. जिस पर कुछ न लिखा हो। कोरा।

निरङ्कुश (निरंकुश)—[सं॰ निर् + अङ्कुश] *वि॰* १. अंकुशरहित हाथी के समान। स्वच्छन्द। बिना रोक-टोक का। २. वश में न रहनेवाला। बेक़ाबू। ३. किसी भी नियम को न माननेवाला तथा मनमानी करनेवाला। अनियन्त्रित। स्वेच्छाचारी। ***जैसे***—निरंकुश नेता। मनमाना और अत्याचारपूर्ण शासन करनेवाला। ***जैसे***—निरंकुश रावण।

निरङ्कुश (निरंकुश) शासन— *पु॰* निरंकुश

निरङ्ग[1] (निरंग[1])—[सं॰ निर् + अङ्ग] *वि॰* जिसमें अंग/भाग न हों। अंगहीन या भागरहित।

निरङ्ग[2] (निरंग[2])—[हिं॰ नि + सं॰ रङ्ग] *वि॰* १. जो एक ही रंग का न हो। बहुरंगा। २. शुद्ध। ख़ालिस। *क्रिवि॰* निरा। निपट।

निरचू—[< सं॰ निवृत्त] *वि॰* १. जिसे अपने काम से कुछ छुट्टी मिल गयी हो। सावकाश। जिसने फ़ुर्सत पा ली हों। २. (हाथ में कोई काम न होने से) ख़ाली।

***निरजोस/निरजोसु**—[< सं॰ नियूष] *पु॰* १. (किसी वस्तु का) स्वरस। २. निचोड़। सार। सारांश। ३. निष्कर्ष। ४. परिणाम।

निरञ्जन (निरंजन)—[सं॰ निर् + अञ्जन] *वि॰* १. जिसने अंजन/सुर्मा न लगाया हुआ हो। २. (नेत्र) जिसमें अंजन/सुर्मा न लगा हो। ३. दोष/कलंक से रहित। दोष-रहित। निष्कलंक। बेदाग। ४. माया आदि के दोषों से रहित या माया-रहित। ***जैसे***—निरंजन ब्रह्म। *पु॰* १. निर्गुण ब्रह्म। २. शिव। महादेव।

निरञ्जना (निरंजना)—[सं॰ निरञ्जन + टाप्] *स्त्री॰* १. दुर्गा (देवी)। २. पूर्णिमा।

निरत[1]—[सं॰ नि + रत] *वि॰* किसी कार्य में लगा हुआ। तत्पर। लीन। रत। ***जैसे***—पढ़ाई में निरत।

***निरत[2]**—[< सं॰ नृत्य] *पु॰* नृत्य। नाच। हरि मन्दिर मा निरत करावाँ। —मीरा (पद ३१)

निरति[1]—[सं॰ नि + रति] *स्त्री॰* १. (किसी कार्य या आदि में) रत/संलग्न होने की अवस्था/क्रिया/भाव। अत्यन्त रत। २. (किसी कार्य में) लिप्तता या लीनता।

***निरति[2]**—[< सं॰ नृत्य] *पु॰* नृत्य। नाच।

निरतिशय—[सं॰ निर् + अतिशय] *वि॰* जिससे बढ़कर और कुछ न हो सके। हद दर्जे का। परम। चरम। ***जैसे***—अर्जुन का कृष्ण के प्रति निरतिशय प्रेम था।

***निरदहना**—[< सं॰ निर्दहन] *क्रिस॰* पूरी तरह जला डालना।

निरदावा—[< सं॰ निर् + अरबी दावा] *वि॰* १. बिना दावे का। जो दावा न जताए। २. अधिकार-भावना से रहित। ३. कामना-रहित। निष्काम।

***निरधण**—[< सं॰ निर् + धनिका] *वि॰* पत्नी-रहित।

***निरधार[1]**—[< सं॰ निर्धार] *वि॰* निर्धारण करनेवाला। नियत करनेवाला। *पु॰* निश्चय। निर्णय। *क्रिवि॰* निश्चयपूर्वक।

***निरधार[2]**—[< सं॰ निराधार] *वि॰* १. आधार-रहित। निराधार। २. आश्रय-रहित। निराश्रय। निरवलम्ब। बेसहारा। *पु॰* निर्गुण ब्रह्म। परब्रह्म।

निरधिष्ठान—[सं॰ निर् + अधिष्ठान] *वि॰* १. जो अधिष्ठित न हो। २. जिसका कोई आधार/आश्रय/सहारा न हो। निरवलम्ब। निराश्रय। बेसहारा।

निरनुकूल—[सं॰ निर् + अनुकूल] *वि॰* जो अनुकूल न हो। प्रतिकूल या तटस्थ।

***निरनुग**—[सं॰ निर् + अनुग] *वि॰* जिसका कोई अनुगामी/अनुयायी न हो।

निरनुनासिक—[सं॰ निर् + अनुनासिक] *वि॰* (व्या॰) जिसका उच्चारण नाक से न हो। जो अनुनासिक न हो। अननुनासिक।

निरनुबन्ध (निरनुबंध)—[सं॰ निर् + अनुबन्ध] *वि॰* बिना अनुबन्ध का। अनुबन्ध-रहित।

निरनुरोध—[सं॰ निर् + अनुरोध] *वि॰* बिना अनुरोध का। अनुरोध-रहित।

निरन्तराल (निरंतराल)—[सं॰ निर् + अन्तराल] *वि॰* जिसमें अन्तराल/अवकाश न हो।

निरन्ध (निरंध)—[सं॰ निर् + अन्ध] *वि॰* १. पूरा/निरा अन्धा। पूर्णतः अन्धा। २. बुद्धि/ज्ञान से रहित। मूर्ख। अज्ञानी।

निरन्न—[< सं॰ निर् + अन्न] *वि॰* १. अन्न-रहित। २. निराहार।

निरन्ना—[< सं॰ निरन्न] *वि॰* १. जिसने (अभी तक) अन्न न खाया हो। २. जिसने (अभी तक) भोजन न किया हो। निराहार। ***जैसे***—यह दवा निरन्ने मुँह खाना।

निरन्वय—[सं॰ निर् + अन्वय] *वि॰* १. सम्बन्धरहित। २. सन्तानरहित। निस्सन्तान। ३. नौकरों आदि से रहित।

निरपना—[< सं॰ निर् + अपना] *वि॰* १. जो अपना न हो। अनात्मीय। पराया। ***जैसे***—यहाँ सभी निरपने हैं। २. सम्बन्धरहित। ∇ **विलोम**—अपना।

निरपवाद—[सं॰ निर् + अपवाद] *वि॰* १. बिना अपवाद का। अपवादरहित। ***जैसे***—निरपवाद नियम। २. जिसमें निन्दा के योग्य कोई बात न हो। अच्छा। भला। ***जैसे***—निरपवाद चरित्र।

निरपाय—[सं॰ निर् + अपाय] *वि॰* १. जिसमें दुष्टता/दोष न हो। निर्दोष। दुष्टतारहित। भला। २. जो नाशवान न हो। ३. भ्रान्ति-रहित। अभ्रान्त। ४. जो व्यर्थ न जाए। अमोघ।

निरपेक्ष—[सं॰ निर् + अपेक्षा] *वि॰* १. जिसे किसी बात की या किसी

वस्तु की अपेक्षा न हो। २. जिसे किसी बात की इच्छा/चाह न हो। कामना-रहित। ३. जिसे किसी बात की चिन्ता न हो। बेपरवाह। ४. जो किसी के आश्रय/सहारे पर न हो। ५. स्वार्थ-रहित। निःस्वार्थ। ***जैसे***—निरपेक्ष सेवा का महत्त्व। ६. जिसे किसी से राग/सम्बन्ध/लगाव न हो। तटस्थ। ७. (किसी से) अलग/दूर रहनेवाला। ***जैसे***—परिस्थिति-निरपेक्ष। ८. जिसकी अन्य वस्तुओं से सापेक्षता न हो। जो अन्य वस्तुओं से तुलना किए जाने से मुक्त हो। ✣ **निरपेक्ष आयु**—*पु*॰ = (भूविज्ञान॰) भूवैज्ञानिक घटनाओं की सौर वर्षों में आयु। ✣ **निरपेक्ष आर्द्रता**—*स्त्री*॰ = वायु के परिमाण की इकाई में विद्यमान जल-वाष्प की मात्रा। ● **विशेष**—यह साधारणतः ग्राम प्रति घन मीटर में लिखी जाती है। ✣ **निरपेक्ष कालानुक्रम**—*पु*॰ = (पुरा॰) काल-निर्धारण का वह प्रकार जिसमें किसी स्थान को या उसमें प्राप्त वस्तुओं की निश्चित तिथि जानने के लिए विशेष विधियों (***जैसे***—कार्बन १४ तिथिनिर्धारण, वृक्षकालानुक्रमिकी, कालनिर्धारण प्रविधि इत्यादि) से अध्ययन होता है। (अ॰ ऐब्सल्यूट क्रोनलोजि) ✣ **निरपेक्ष सङ्गीत (संगीत)**—*पु*॰ = किसी भाव-रूप या कथा-वर्णन से रहित संगीत। ∇ **विलोम**—वस्तु संगीत। ✣ **निरपेक्षवाद**—*पु*॰ = (पा॰ दर्शन॰) यह सिद्धान्त/मत कि सापेक्ष सत्य के अतिरिक्त निरपेक्ष व शाश्वत सत्य का ज्ञान प्राप्त करना भी मनुष्य के लिए सम्भव है।

निरपेक्षा—[सं॰ निर् + अपेक्षा] १. (किसी वस्तु आदि की) अपेक्षा का अभाव। २. सम्पर्क/सम्बन्ध/राग/लगाव का अभाव। ३. कामना का अभाव। ४. बेपरवाही। ५. निः स्वार्थता। ६. तटस्थता। ७. अवज्ञा। अवहेलना। ८. निराशा।

***निरबर्ती**—[< सं॰ निवृत्ति] १. निवृत्तिपूर्ण। त्यागी। २. वैराग्यपूर्ण। विरक्त।

***निरबहना**—[< सं॰ निर्वहन] *क्रिअ*॰ १. निर्वाह होना। काम चलना। निभना। २. (समय) समाप्त होना या बीत जाना।

***निरबालना**—[< सं॰ निवारण] *क्रिअ*॰ निस्तार/छुटकारा पाना।

†**निरबेरा**—[< सं॰ निवृत्ति] *पु*॰ निवृत्ति। निबेड़ा।

निरभिलाष—[सं॰ निर् + अभिलाष] *वि*॰ जिसे किसी वस्तु की इच्छा न हो। इच्छारहित। *क्रिवि*॰ बिना इच्छा किए।

***निरभूल**—[हिं॰ निर + भूल] *वि*॰ बेख़बर।

***निरभेद**—[< सं॰ निर्भेद] *वि*॰ भेद-भाव से रहित। भेद-भाव-शून्य।

निरभ्र—[सं॰ निर् + अभ्र] *वि*॰ बादलों से रहित। मेघरहित।

***निरमत्सर**—*वि*॰ ≤ *सं*॰ निर्मत्सर। ईर्ष्यारहित।

निरम्बर (निरंबर)—[सं॰ निर् + अम्बर] *वि*॰ वस्त्ररहित। दिगम्बर। नंगा।

निरम्बु (निरंबु)—[सं॰ निर् + अम्बु] *वि*॰ १. जिसमें पानी न हो। जलहीन। ***जैसे***—शरद् ऋतु के निरम्बु बादल। २. जो बिना पानी पिए रहता हो या रह सकता हो। ३. (चिकित्सा, व्रत आदि) जिसमें पानी न पिया जाता हो। निर्जल। ***जैसे***—निरम्बु एकादशी व्रत।

निरम्भ (निरंभ)—[< सं॰ निरम्भस्] *वि*॰ निरम्बु।

निरय—[सं॰ निर् √इ + अच्] *पु*॰ नरक।

निरयन—[सं॰ निर् + अयन] *वि*॰ अयन से रहित। (खगोल॰) (वह गणना) जिसमें ग्रहों आदि की वेध-सिद्ध (प्रत्यक्ष) स्थिति के देशान्तर मान में से अयनांश कम कर दिया जाए। ***जैसे***—निरयन गणना। ● **विशेष**—निरयन गणना से भिन्न गणना को '**सायन गणना**' कहते हैं।

निरर्गल—[सं॰ निर् + अर्गल] *वि*॰ १. जिसमें अर्गला न हो। सिटकनी या साँकल-कुंडे आदि से रहित। अर्गला-रहित। २. जिसमें या जिसके मार्ग में कोई बाधा न हो। निर्बाध। बेरोकटोक।

निरर्थ—[सं॰ निर् + अर्थ] *वि*॰ १. अर्थहीन। २. व्यर्थ। बेकार। ***जैसे***—निरर्थ चेष्टा।

निरर्थक—[सं॰ निर् + अर्थक] *वि*॰ १. (पद/शब्द) जिसका कोई अर्थ न हो। अर्थहीन। २. व्यर्थ। बेकार। *पु*॰ (काव्य॰) काव्य में पाद-पूरक शब्द। *क्रिवि*॰ बेकार में। बिना प्रयोजन के। ∇ **विलोम**—सार्थक।

निरर्हता—[सं॰ निर् + अर्हता] *स्त्री*॰ १. अयोग्यता। अपात्रता। २. अयोग्य ठहराया जाना। ३. वह त्रुटि/कमी/दोष जिसके कारण किसी को अयोग्य ठहराया जाए।

निरलङ्कार (निरलंकार)—[सं॰ निर् + अलङ्कार] *वि*॰ १. अलंकाररहित। आभूषणरहित। २. बिना सजावट का।

निरलस—[सं॰ निर् + हिं॰ अलस] *वि*॰ जिसमें आलस्य/शिथिलता न हो। शिथिलतारहित। आलस्यहीन। ✣ **निरलसता**—*स्त्री*॰ = आलस्यहीनता।

***निरवक**—['सर्व' से बने 'सर्वक' के अनुकरण पर बना 'निर' उपसर्ग वाला हिन्दी शब्द] *वि*॰ पूर्णतः। निरा।

निरवकाश—[सं॰ निर् + अवकाश] *वि*॰ १. वह स्थान जिसमें ख़ाली जगह न हो। २. वह व्यक्ति जिसे अवकाश/फ़ुर्सत न हो। व्यस्त।

निरवग्रह—[सं॰ निर् + अवग्रह] *वि*॰ १. स्वतन्त्र। २. स्वच्छन्द। मनमौजी। ३. जो दूसरे की इच्छा पर निर्भर न हो। ४. विघ्नरहित। निर्विघ्न। ५. हठी। ज़िद्दी।

निरवद्य—[सं॰ निर् + अवद्य] *वि*॰ १. जिसमें कोई दोष न हो। दोषरहित। कलंकरहित। अनिन्द्य। २. जो आपत्तिजनक न हो। ✣ **निरवद्या**—*वि*॰ (*स्त्री*॰)।

निरवशेष—[सं॰ निर् + अवशेष] *वि*॰ सम्पूर्ण। समग्र।

निरवसाद—[सं॰ निर् + अवसाद] *वि*॰ अवसादरहित।

निरवाना—[हिं॰ 'निराना' का प्रेरणा॰] *क्रिस*॰ निराने का काम किसी अन्य से कराना।

***निरवार, निरुवार**—[< सं॰ निवारण] *पु*॰ १. निस्तार। बचाव। २. निपटारा। ३. सुलझाव।

निरशन—[सं॰ निर् + अशन] *वि*॰ १. जिसने कुछ भी खाया न हो। भूखा। २. जो कुछ भी न खाए। *पु*॰ १. निराहार रहने की अवस्था/भाव। २. उपवास।

निरसन—[सं॰ निर् √अस् + ल्युट्] *पु*॰ १. दूर करना। हटाना।

२. निरस्त करना। रद्द करना। ३. निराकरण। ४. नाश। ५. वध। (राज॰, विधि॰) किसी प्रचलित क़ानून या व्यवस्था को विधिपूर्वक रद्द कर देना। (अ॰ एब्रोगेशन) (चिकित्सा॰) आन्तरिक अंगों को हटाना। ***जैसे***—नेत्र गुहा की सभी संरचनाओं का निरसन।

निरस्त—[स॰ निर् √अस् + क्त] *वि॰* १. जिसका निरसन हुआ हो। २. दूर हटाया हुआ। निवारित। ३. रद्द किया हुआ। ४. जिसका निराकरण किया गया हो। ५. नष्ट। ६. जिसका वध किया गया हो। ७. अलग किया हुआ। छोड़ा गया। त्यक्त। ✣ **निरस्तभेद**—*वि॰* = जिसकी भिन्नता दूर कर दी गई हो। अनुरूप। ✣ **निरस्तराग**—*वि॰* = राग-रहित। विरक्त।

निरस्त्र—[स॰ निर् ~ अस्त्र] १. जिस पर कोई अस्त्र/हथियार न हो। अस्त्ररहित। २. जिससे अस्त्र छीन/ले लिए गए हों।

निरस्त्रीकरण—[स॰ निर् + अस्त्रीकरण] *पु॰* निःशस्त्रीकरण। (दे॰) ✣ **निरस्त्रीकृत**—*वि॰* = निःशस्त्रीकृत।

निरस्थि—[स॰ निर् + अस्थि] १. (प्राणी) जिसमें हड्डी न हो। २. जिसमें से हड्डी निकाल ली गयी हो।

निरा—[< स॰ नितराम्] *वि॰* १. विशुद्ध। अमिश्र। ***जैसे***—नमकीन नहीं खायी, निरा मीठा खाया। २. अधिक। बहुत। ***जैसे***—निरा काम पड़ा हुआ है। *क्रिवि॰* १. पूरी तरह। ***जैसे***—निरा मूर्ख व्यक्ति। २. केवल। एकमात्र। सिर्फ़। ***जैसे***—निरे कह देने से काम नहीं होगा।

निराई—[< हि॰ निराना] *स्त्री॰* (खेत को) निराने की क्रिया/भाव/मज़दूरी।

निराकरण—[स॰ निर् + आ + करण] *पु॰* १. रद्द करने की क्रिया। निरसन। निराकृति। ***जैसे***—किसी अधिकार को निराकृत करना। २. उठाये हुए प्रश्न, आपत्ति आदि का तर्कपूर्वक खंडन। ३. निवारण। परिहार। शमन। ४. अलग करना। हटाना। दूर करना।

निराकाङ्क्ष (निराकांक्ष)—[स॰ निर् + आकाङ्क्षा] *वि॰* आकांक्षा-रहित। इच्छा-रहित।

निराकुल—[स॰ नि् + आकुल] *वि॰* जो विकल या घबराया हुआ न हो। धीर। शान्त।

निराकृत—[स॰ निर् + आ + कृत] *वि॰* १. जिसका निराकरण किया गया हो। २. अस्वीकृत। निरस्त। रद्द किया हुआ। ३. जिसका खंडन हो चुका हो। ४. दूर किया हुआ। अलग किया हुआ।

निराक्रन्द (निराक्रंद)—[स॰ निर् + आक्रन्द] *वि॰* १. जो चिल्लाता न हो। २. जो शिकायत न करे। ३. (स्थान) जहाँ कोई शब्द न सुनायी पड़ता हो।

निराग—[स॰ नि + राग] *वि॰* १. रागहीन। राग-रहित। २. विरक्त।

निराचार—[स॰ निर् + आचार] *वि॰* १. आचारहीन। अनाचारी। २. (आचार/रीति) जो समाज के द्वारा मान्य न हो।

***निराट**—[ब्रज॰ < हि॰ निराल] *वि॰* निराला। विलक्षण। अनोखा।

***निराटा**—[< हि॰ निराला] *वि॰* निराला। ✣ **निराटी**—*वि॰ (स्त्री॰)* निराली।

निरातङ्क (निरातंक)—[स॰ निर् + आतङ्क] १. जो आतंकित न हो। निर्भय। निडर। २. जो आतंक उत्पन्न न करे। ३. जो पीड़ारहित हो। स्वस्थ।

निरातप—[स॰ निर् + आतप] *वि॰* १. छायादार। २. जहाँ सूर्य की किरणें प्रवेश न कर सकें।

निरात्म—[स॰ निर् + आत्मन्] *वि॰* आत्मा-रहित।

निरादान—[स॰ निर् + आदान] *वि॰* जो कुछ भी प्राप्त न कर रहा हो। *पु॰* आदान का अभाव। न लेना।

***निराद्रित**—*वि॰* ≤ *स॰* निरादृत। अपमानित।

निराधि—[स॰ निर् + आधि] *वि॰* १. मानसिक कष्ट (चिन्ता आदि) से रहित। २. नीरोग। स्वस्थ।

निरानन्द (निरानंद)—[स॰ निर् + आनन्द] *वि॰* आनन्द- रहित।

निरापद—[स॰ निर् + आपद्] *वि॰* जिसके लिए या जिसमें या जिससे कोई आपदा/संकट न हो। आपदा-रहित। विपत्तिरहित। ***जैसे***—कोई भी परमाणु संयंत्र पूरी तरह निरापद नहीं है। *क्रिवि॰* बिना किसी आपदा/संकट के। ***जैसे***—निरापद घूमना। ✣ **निरापदता**—*स्त्री॰* = निरापद होने की स्थिति/भाव। विपत्तिरहितता। ✣ **निरापद दीप**—*पु॰* = (भौतिकी॰) ज्वलनशील गैस वाले वायुमंडल में ज्वाला से हो सकने वाले विस्फोट को रोकने के लिए बना खानिक दीप/लैम्प (अ॰ सेफ़्टी लैम्प)

***निरापन/निरापना**—[< हि॰ निर + अपना] *वि॰* जो अपना न हो। पराया।

निरामय—[स॰ निर् + आमय] *वि॰* १. रोग-रहित। नीरोग। स्वस्थ। २. दोष-रहित। निर्दोष। ३. निर्मल।

निरामिष—[स॰ निर् + आमिष] *वि॰* (खाद्य पदार्थ) जिसमें मांस न मिला हो। आमिष-रहित। ∇ **विलोम**—सामिष।

निरायास—[स॰ निर् + आयास] *वि॰* बिना प्रयास या परिश्रम के होने वाला। सरल। सहज। *क्रिवि॰* बिना परिश्रम किए। अनायास।

निरायुध—[स॰ निर् + आयुध] *वि॰* जिसके पास हथियार न हो। आयुधरहित। निःशस्त्र। निरस्त्र।

***निरारा**[1]—*वि॰* ≤ *हि॰* निराला। अनोखा। ✣ **निरारी**[1]—*वि॰ (स्त्री॰)* = निराली। अनोखी।

***निरारा**[2]—[< हि॰ न्यारा] *वि॰* पृथक्। अलग। ✣ **निरारी**[2]—*वि॰* (स्त्री॰) = पृथक्। अलग।

निरालप—[देशज] *वि॰* मलिन। दूषित।

निरालस्य—[स॰ निर् + आलस्य] *वि॰* जिसे आलस्य न हो। फुर्तीला। *पु॰* आलस्य का अभाव। आलस्यहीनता।

निराला—[< स॰ निरालय] *वि॰* विलक्षण। सबसे भिन्न। अनोखा। अनूठा।

निरालोक—[स॰ निर् + आलोक] *वि॰* १. प्रकाशरहित। अन्धकारपूर्ण। अँधेरा। २. जो देख न सके। दृष्टिहीन।

निरावरण—[स॰ निर् + आवरण] *वि॰* १. आवरण-रहित। २. आवरण/पर्दा हटाने की क्रिया/भाव। अनावरण।

निराश्रय—[स॰ निर् + आश्रय] *वि॰* १. जिसका कोई आश्रय/सहारा

न हो। असहाय। निरवलम्ब। बेसहारा। २. जिसका कोई आश्रयदाता या साथी न हो। एकाकी। अकेला।

निरास—[सं॰ निर् √अस् + घञ्] *पु॰* १. निराकरण। २. खंडन। ३. प्रतिवाद। विरोध।

निरास्वाद—[सं॰ निर् + आस्वाद] *वि॰* जिसमें कोई स्वाद न हो। स्वादरहित। सीठा।

निराहार—[सं॰ निर् + आहार] *वि॰* १. बिना भोजन का। २. भूखा। ३. (व्रत आदि) जिसके करने में भोजन न किया जाता हो। *पु॰* कुछ भी आहार न लेने की अवस्था/भाव। उपवास। लंघन। ✣ **निराहारता**—*स्त्री॰* = भोजन न करना। बिना खाए रहना। (मनो॰) न खाने की अपसामान्य प्रवृत्ति।

निरिच्छ—[सं॰ निर् + इच्छा] *वि॰* बिना इच्छा वाला। इच्छारहित।

निरिन्द्रिय (निरिंद्रिय)—[सं॰ निर् + इन्द्रिय] *वि॰* १. जो किसी इन्द्रिय से रहित हो। २. विकलांग। ३. निर्बल। कमज़ोर।

निरीक्षण—[सं॰ निर् + ईक्षण] *पु॰* १. ध्यान से देखना। २. देखना। ३. (किसी संस्था आदि में) सब काम ठीक तरह से होते रहने की जाँच और देखभाल। ४. परीक्षा में विद्यार्थियों पर रखी जाने वाली दृष्टि। निगरानी। ५. देखना। दर्शन।

निरीश—[सं॰ निर् + ईश] *वि॰* १. जो ईश्वर के अस्तित्व को न मानता हो। निरीश्वरवादी। नास्तिक। २. जिसका कोई स्वामी न हो। स्वामिरहित। ***जैसे***—निरीश देश। ३. किसी को अपना स्वामी न माननेवाला।

निरीह—[सं॰ निर् + ईहा] *वि॰* १. जिसे किसी तरह की इच्छा/वासना/चाह न हो। इच्छा-रहित। निरपेक्ष। उदासीन। २. सीधा-सादा। निर्दोष। ३. अति कोमल। ४. जो क्रियाशील न हो और न होना चाहता हो। ✣ **निरीहता**—*स्त्री॰* = १. इच्छा/वासना/चाह से रहित होने की स्थिति/भाव। उदासीनता। २. निर्दषिता। ३. क्रियाशीलता का अभाव।

निरीहा—[सं॰ निर् + ईहा] *स्त्री॰* इच्छा/चाह का अभाव। २. (इच्छारहित होने के कारण) चेष्टाहीनता। प्रयत्नहीनता। निष्क्रियता।

***निरुअरना**—[< हिं॰ निरुआरना] *क्रि॰अ॰* १. निवारण होना। २. (उलझन/गाँठ आदि) सुलझना। ३. (ग्रन्थि/गाँठ आदि) खुलना।

निरुक्त—[सं॰ निर् √वच् + क्त] *वि॰* जिसका निर्वचन किया गया हो। जिसकी व्युत्पत्तिपरक व्याख्या हुई हो। *पु॰* १. व्युत्पत्तिपरक व्याख्या। निर्वचन। २. वेद के ६ अंगों में से एक। एक वेदांग। ३. यास्क मुनि द्वारा निघंटु पर रचित निर्वचन-ग्रन्थ।

निरुक्ति—[सं॰ निर् + उक्ति] *स्त्री॰* (पद/वाक्य का) निरुक्त की पद्धति/रीति से निर्वचन। (काव्य) एक अर्थालंकार जिसमें किसी शब्द/पद के वास्तविक अर्थ को छोड़कर किसी काल्पनिक व्युत्पत्ति के द्वारा भिन्न अर्थ निकालकर चमत्कारपूर्ण वर्णन होता है।

निरुच्छ्वास—[सं॰ निर् + उच्छ्वास] *वि॰* १. श्वास-रहित। २. संकीर्ण/तंग (स्थान) जहाँ साँस लेने में भी कठिनाई हो। जहाँ बैठने से दम घुटने लगे। ३. जो साँस न ले रहा हो।

निरुत्सव—[सं॰ निर् + उत्सव] *वि॰* बिना उत्सवों का। उत्सवरहित।

निरुत्सुक—[सं॰ निर् + उत्सुक] *वि॰* जो उत्सुक न हो। ✣ **निरुत्सुकता**—*स्त्री॰* उत्सुकता का अभाव।

निरुदक—[सं॰ निर् + उदक] *वि॰* १. बिना जल का। जलरहित। ***जैसे***—निरुदक (स्थान)। २. (भोजन) जहाँ जल न हो। ***जैसे***—निरुदक रेगिस्तान।

निरुद्ध (निरुद्ध)—[सं॰ नि + रुद्ध] *वि॰* १. जिसका निरोध किया गया हो। २. रुका हुआ। ३. रोका हुआ। ४. बन्धन में पड़ा हुआ। ✣ **निरुद्ध (निरुद्ध) लेखा**—*पु॰* (वाणि॰) = ऐसा लेखा जिसमें जमा राशियों का प्रयोग करने पर सरकार ने रोक लगा दी हो।

निरुद्धकण्ठ (निरुद्धकंठ)—[सं॰ निरुद्ध ~ कण्ठ] *वि॰* १. जिसका गला रुँध गया हो और इस कारण स्पष्ट उच्चारण न कर रहा हो। २. जिसका दम घुट गया हो।

निरुद्यम (निरुद्यम)—[सं॰ निर् + उद्यम] *वि॰* १. जो उद्योग न करता हो। २. जो प्रयत्नशील न हो। ३. जिसके पास कोई काम-धन्धा न हो। बेरोज़गार। बेकार। ✣ **निरुद्यमी (निरुद्यमी)**—*वि॰* = १. जो कोई उद्यम/उद्योग/प्रयत्न या काम धन्धा न करता हो। २. अकर्मण्य। आलसी।

निरुद्योग (निरुद्योग)—[सं॰ निर् + उद्योग] *वि॰* निरुद्यम।

निरुद्वेग (निरुद्वेग)—[सं॰ निर् + उद्वेग] *वि॰* १. जिसमें उद्वेग न हो। उद्वेगरहित। २. उत्तेजना और क्षोभ से रहित। शान्त। ३. निश्चिन्त।

निरुपक्रम—[सं॰ निर् + उपक्रम] *वि॰* उपक्रम से रहित।

निरुपद्रव—[सं॰ निर् + उपद्रव] *वि॰* १. (वह स्थान) जहाँ उपद्रव न होता हो। २. (वह व्यक्ति) जो उपद्रवी न हो। ३. विपत्ति से रहित। ४. सुरक्षित। ५. शान्त। ✣ **निरुपद्रवता**—*स्त्री॰* = उपद्रवी न होने की अवस्था/भाव।

निरुपधि—[सं॰ निर् + उपधि] *वि॰* १. आवरणहीन। २. अहेतुक। अकारण। २. निश्छल। निष्कपट। ३. पवित्र।

निरुपभोग—[सं॰ निर् + उपभोग] पु॰ उपभोग का अभाव। वि॰ जिसका उपभोग न किया गया हो (वह पदार्थ)। २. (व्यक्ति) जिसने वस्तु। विशेष का उपभोग न किया हो।

निरुपम—[सं॰ निर् + उपमा] *वि॰* जिसकी कोई उपमा न हो। अनुपम। अनुपमेय। सर्वश्रेष्ठ। अद्वितीय। बेजोड़। ✣ **निरुपमा**—*वि॰ (स्त्री॰)*।

निरुपयोग—[सं॰ निर् + उपयोग] *वि॰* १. जिसका अभी तक उपयोग न किया गया हो। २. उपयोग के अयोग्य। निरुपयोगी।

निरुपाख्य—[सं॰ निर् + उपाख्य] *वि॰* १. जो वास्तविक न हो। बनावटी। २. जिसका अस्तित्व ही न हो। मिथ्या। ***जैसे***—'बन्ध्या-पुत्र' निरुपाख्य शब्द है। ३. जिसकी व्याख्या न हो सके। अनिर्वचनीय।

निरुपाधि—[सं॰ निर् + उपाधि] *वि॰* १. उपाधि-रहित। विशुद्ध। २. निरपेक्ष। ३. विघ्नरहित। निर्विघ्न। *पु॰* ब्रह्म। परमात्मा।

✣ *निरुपाधिक—वि॰ = निरुपाधि। (दे॰) ✣ निरुपाधी—वि॰ = निरुपाधि।

निरुपेक्ष—[स॰ निर् + उपेक्षा] वि॰ जिसकी उपेक्षा न की जा सकती हो। उपेक्षा-रहित।

***निरुवरना**—[< स॰ निवारण] क्रिअ॰ निवारण होना। दूर होना। क्रिस॰ निवारण करना।

***निरुवार**—[< स॰ निवारण] पु॰ १. निवारण करने/होने की स्थिति/क्रिया/भाव। २. (बन्धन आदि से) छुटकारा। ३. निराकरण। निपटारा। ४. निर्णय। ५. निश्चय। ६. सुलझाव।

निरूढ़—[< स॰ निरूढ] वि॰ १. जो रूढ़ हो। २. प्रसिद्ध। विख्यात। ३. जिसका अधिक व्यवहार होता हो। (काव्य॰) (वाच्यार्थ से भिन्न अर्थ) जो व्यवहार में प्रचलित हो। लाक्षणिक अर्थ जो रूढ़ हो गया हो।

निरूढ़लक्षणा/निरूढ़ा—[< स॰ निरूढलक्षणा] स्त्री॰ (काव्य॰) रूढ़िलक्षणा।

निरूढ़ि—[स॰ नि + रूढ़ि] स्त्री॰ १. प्रसिद्धि। ख्याति। २. दृढ़ीकरण। (काव्य॰) निरूढ़लक्षणा। निरूढ़ा।

निरूपण—[स॰ नि √रूप् + णिच् + ल्युट्] १. (किसी विषय आदि का) विचारपूर्वक स्वरूप-विवेचन। व्याख्यात्मक विवरण। २. (अपने विचारों का) प्रतिपादन। ३. वर्णन। चित्रण। निदर्शन। ४. प्रस्तुतीकरण। (विधि॰) (अपने मामले आदि को) विचारार्थ प्रस्तुत करना। प्रस्तुतीकरण। उपस्थापन।

निरैठा—[< स॰ निर् + इष्ट] वि॰ मस्त। मनमौजी। ✣ **निरैठी**—वि॰ (स्त्री॰)।

निरोद्धव्य (निरोद्धव्य)—[स॰ नि √रुध् + तव्यत्] वि॰ १. जिसका निरोध किया जा सकता हो। २. जिसका निरोध करना चाहिए। ३. जिसका निरोध किया जाना हो या होनेवाला हो।

निरोध—[स॰ नि + रोध] पु॰ १. रोकने की स्थिति/क्रिया/भाव। २. अवरोध। रुकावट। रोक। अटकाव। ३. निग्रह। नियन्त्रण। नियमन। ४. घेरा। ५. नाश। (प्रशासन॰) (व्यक्ति की) नज़रबन्दी।

निरोधक—[स॰ नि + रोधक] वि॰ १. निरोध करनेवाला। २. निवारक। ३. रोकनेवाला। ४. रुकावट उत्पन्न करनेवाला। बाधक। (प्रशासन॰) नज़रबन्द करनेवाला।

निरोधा—[स॰ निरोध + टाप्] स्त्री॰ १. बाहर से आने वाले जिन यात्रियों आदि से संक्रामक रोग फैलने की आशंका हो, उन्हें अन्य लोगों आदि से अलग रखना। संसर्ग-निरोध। संगरोध। २. उक्त संगरोध का स्थान। संगरोध-स्थल। ३. उक्त संगरोध की अवधि। संसर्ग-निषेध-काल।

निरोप—[स॰ नि + रोप] पु॰ आरोपण। निरोपण। (चिकित्सा॰) ऊतक या किसी अंग का वह भाग जो समान रचना वाले दूसरे अंग या भाग में उसके दोष को सुधारने के लिए प्रत्यारोपित किया जाता है। *जैसे*—अस्थि-निरोप।

निरोपण—[स॰ नि + रोपण] पु॰ निरोप करने की क्रिया। *जैसे*—अस्थि-निरोपण।

निर्ऋति—[स॰ नि√ऋ + क्तिन्] स्त्री॰ १. नाश। क्षय। २. मृत्यु। ३. भारी संकट/विपत्ति। ४. शाप। ५. दरिद्रता। ६. दरिद्रता की देवी। अलक्ष्मी। ७. पृथ्वी के नीचे का तल। ८. दक्षिण-पश्चिम दिशा की अधिष्ठात्री देवी।

निर्ख़—[फा॰] पु॰ (बेचने की) दर। भाव।

निर्गत—[स॰ निर् + गत] वि॰ १. बाहर गया या निकला हुआ। २. दूर गया हुआ। ३. निकाला/हटाया हुआ। ✣ **निर्गतरोष**—वि॰ = क्रोध-रहित।

निर्गम—[स॰ निर् √गम् + अप्] पु॰ १. बाहर निकलने की क्रिया/भाव/स्थिति। निर्गमन। निकासी। *जैसे*—धन का विदेश को निर्गम। २. वह मार्ग जिससे कोई वस्तु बाहर निकलती हो। निकास। *जैसे*—नाली द्वारा पानी का निर्गम। ३. दुकान/कारख़ाने आदि से माल का बाहर जाना और बिकना। निकासी। ४. आदेश आदि का निकलना। आज्ञा जारी होना। (भौतिकी॰) किसी परिपथ, युक्ति या संयन्त्र द्वारा संचय, रूपान्तरण या परिवर्तन के उद्देश्य से उत्पादित शक्ति, विद्युतधारा या विभव।

निर्गमन—[स॰ निर् + गमन] पु॰ निर्गम। (भूविज्ञान॰) भूमि-तल का समुद्र की अपेक्षा ऊपर उठ जाने का प्रक्रम जिससे जलीय क्षेत्र सूख जाते हैं। ✣ **निर्गमन गृह**—पु॰ = (अर्थ॰, वाणि॰) वह वित्तीय प्रतिष्ठान जो सार्वजनिक सीमित-देयता कम्पनियों की ओर से उनके अंशों /शेयरों को सर्वसाधारण जनता को बेचने के कार्य में विशेष दक्ष होता है। (अ॰ इशूइंग हाउस)

निर्गर्व—[स॰ निर् + गर्व] वि॰ जिसे गर्व न हो। गर्वरहित। निरभिमान।

निर्गवाक्ष—[स॰ निर् + गवाक्ष] वि॰ (वह कमरा या भवन) जिसमें कोई खिड़की न हो।

निर्गुण—[स॰ निर् + गुण] वि॰ १. जिसमें कोई गुण/अच्छाई न हो। गुणहीन। २. जिसमें सत्, रज और तम नामक तीनों गुण न हों। त्रिगुणरहित। त्रिगुणातीत। पु॰ त्रिगुण से रहित परमात्मा। निर्गुण ब्रह्म। ∇ **विलोम**—सगुण। ✣ **निर्गुणता**—स्त्री॰ = निर्गुण होने की अवस्था/भाव। त्रिगुणरहितता। निर्गुणत्व। ✣ **निर्गुणत्व**—पु॰ = निर्गुणता। ✣ **निर्गुणिया/निर्गुणी**—वि॰ = निर्गुण।

निर्गुण्डी (निर्गुंडी)—[स॰] स्त्री॰ एक औषधोपयोगी झाड़ीदार वृक्ष 'सम्हालू' का एक भेद जिसके पत्ते, जो एक डंडी पर तीन से पाँच तक लगते हैं, तीव्र गन्ध वाले होते हैं तथा फूल नीले होते हैं।

निर्ग्रन्थ (निर्ग्रंथ)—[स॰ निर् + ग्रन्थ] वि॰ १. विरक्त। २. वस्त्रहीन। दिगम्बर। नंगा। पु॰ १. दिगम्बर जैन साधु। क्षपणक। २. वह व्यक्ति जो किसी धार्मिक ग्रन्थ को श्रद्धेय मानकर भी उसका अनुयायी न हो।

निर्ग्रन्थक (निर्ग्रंथक)—[स॰ निर्ग्रन्थ + कन्] वि॰ १. एकाकी। अकेला। २. त्यागा हुआ। परित्यक्त। पु॰ दिगम्बर जैन साधु। क्षपणक।

निर्ग्रन्थिक (निर्ग्रंथिक)—[स॰ निर् + ग्रन्थि + कप्] पु॰ १. दिगम्बर जैन साधु/क्षपणक। २. निर्वस्त्र साधु।

निर्घात—[स॰ निर् √हन् + घञ्] पु॰ १. नाश। २. आघात। प्रहार।

३. आँधी। तूफ़ान। ४. तेज़ हवा चलने की ध्वनि। सनसनाहट। ५. बिजली की कड़क। ६. वज्रपात। ७. भूकम्प। भूचाल।

निर्घिन—[< सं॰ निर्घृण] वि॰ १. घृणित। २. निर्लज्ज। ३. निर्दय। निष्ठुर। ४. निन्दित। ५. अधम। नीच।

निर्घोष—[सं॰ निर् + घोष] पु॰ १. ध्वनि। आवाज़। २. ज़ोर का शोर। भारी कोलाहल।

निर्जन—[सं॰ निर् + जन] वि॰ १. जहाँ कोई मनुष्य न हो। एकान्त। सुनसान। २. उजड़ा हुआ (प्रदेश)। ग़ैर-आबाद। पु॰ १. एकान्त स्थान। २. मरुभूमि। रेगिस्तान।

निर्जर[1]—[सं॰ निर् + जरा] वि॰ जो कभी वृद्ध न हो। सदा युवा बना रहनेवाला। पु॰ १. देवता। २. अमृत।

†निर्जर[2]—*वि॰ ≤ सं॰* निर्जल। जल-रहित।

निर्जरा—[सं॰ निर्जर + टाप्] *स्त्री॰* १. पहले किए हुए कर्मों का तप के द्वारा क्षय/नाश। २. गुडूची। गिलोय।

निर्जलीकरण—[< सं॰ निर्जल + च्विव√कृ + ल्युट्] पु॰ जलीय अंश निकालकर बिना पानी का कर देना। (पदार्थ को) जलरहित कर देना। (रसायन॰) किसी पदार्थ में से जलीय अंश किसी विधि से निकाल देना। (चिकित्सा॰) लगातार वमन, दस्त या पसीना आने आदि के कारण शरीर में जल की कमी हो जाना। ✣ **निर्जलीय**—वि॰ = (पदार्थ) जिसमें जल न हो। जल- रहित। पु॰ (रसायन॰) वह यौगिक जिसमें से जल के अणु निकल चुके हों।

निर्जात—[सं॰ निर् + जात] वि॰ आविर्भूत। प्रकट।

निर्जित—[सं॰ निर् + जित] वि॰ १. जो पूरी तरह जीता गया हो। पूर्णत: विजित। २. वश में किया हुआ। वशीभूत। ✣ **निर्जिति**—*स्त्री॰* पूर्ण विजय। पूरी जीत।

निर्जिह्व (निर्जिह्व)—[सं॰ निर् + जिह्वा] वि॰ बिना जीभ वाला।

निर्जीवाणुक—[सं॰ निर् + जीवाणु + कन्] वि॰ १. जीवाणुओं से रहित। रोगाणुहीन। २. अनुर्वर या बन्ध्या। ✣ **निर्जीवाणुकता**—*स्त्री॰* = १. जीवाणुरहितता। रोगाणुहीनता। २. अनुर्वता या बन्ध्यता।

निर्झर—[सं॰ निर् √झ्र + अप्] पु॰ जल-प्रपात। झरना।

निर्झरिणी—[सं॰ निर्झरिन् + ङीप्] *स्त्री॰* झरने से निकलनेवाली नदी। निर्झरी।

निर्झरी—[सं॰ निर्झरिन्] वि॰ जिससे झरने झरते हों। पु॰ पर्वत। पहाड़।

निर्णयन—[सं॰ निर् √नी + ल्युट्] पु॰ १. निर्णय करने की क्रिया/भाव। २. निर्णय तक पहुँचने की प्रक्रिया।

***निर्त**—*पु॰ ≤ सं॰* नृत्य। (दे॰) ✣ **निर्तक**—पु॰ = नर्तक। ✣ **निर्तना**—*क्रिअ॰* = १. नृत्य करना। २. अभिनय करना।

निर्दग्ध—[सं॰ निर् √दह् + क्त] वि॰ जो जला हुआ न हो। अ-दग्ध।

निर्दन्त (निर्दंत)—[सं॰ निर् + दन्त] वि॰ बिना दाँत का। दन्तहीन। ***जैसे***—निर्दन्त मुख; निर्दन्त शिशु।

निर्दम्भ (निर्दंभ)—[सं॰ निर् + दम्भ] वि॰ जिसमें दम्भ न हो। दम्भहीन।

निर्दल—[सं॰ निर् + दल] वि॰ १. जिसमें दल या पत्ते न हों। दलरहित। पत्ररहित। २. जो किसी दल/पक्ष/वर्ग में न हो। निर्दलीय।

निर्दलन—[सं॰ निर् + दलन] पु॰ १. नाश करने की क्रिया। विनाश। २. पूर्ण ध्वंस। २. भंग करने की क्रिया/भाव। भंजन। वि॰ दलन करनेवाला।

निर्दलीय—[सं॰ निर्दल] वि॰ जो किसी दल/पक्ष/वर्ग में न हो। सब दलों से अलग। स्वतन्त्र। पु॰ विधान-सभा/लोकसभा/राज्यसभा आदि का वह सदस्य जो किसी दल का न हो। स्वतन्त्र सदस्य।

निर्दशन—[सं॰ निर् + दशन] वि॰ बिना दाँत का। दन्तहीन। पोपला।

निर्दहन—[सं॰ निर् + दहन] पु॰ (अच्छी तरह) जलाने की क्रिया। पूरी तरह दहन। वि॰ जलानेवाला।

***निर्दहना**—[< सं॰ निर्दहन] *क्रिस॰* (अच्छी तरह) दहन करना। (अच्छी तरह) जलाना।

निर्दिष्ट—[सं॰ निर् + दिष्ट] वि॰ १. जिसका निर्देश हो चुका हो। कहा हुआ। बतलाया हुआ। उल्लिखित। वर्णित। २. जिसके प्रति निर्देश हुआ हो। संकेतित। ३. निश्चित किया हुआ। ठहराया हुआ। नियत। ४. जिसको निर्देश/निदेश दिया गया हो। निदेशित। ***जैसे***—यह काम मेरे द्वारा निर्दिष्ट व्यक्ति ही करेगा।

निर्दूषण—[सं॰ निर् + दूषण] वि॰ दोषरहित। निर्दोष।

निर्देश—[सं॰ निर् √दिश् + घञ्] पु॰ १. किसी काम को करने के प्रकार या रूप को बताना/समझाना/दिखाना या उसका संकेत करने की क्रिया या भाव। २. आदेश। निदेश। आज्ञा। हिदायत। ३. कथन। ४. उल्लेख। ५. (पुस्तक के पृष्ठ आदि का) संकेत। सन्दर्भ।

निर्देशक—[सं॰ निर् √दिश् + ण्वुल्] वि॰ १. निर्देश करनेवाला। २. निदेश/आज्ञा/हिदायत देनेवाला। २. संकेत करनेवाला। दिखानेवाला। पु॰ १. वह व्यक्ति जिसका काम किसी प्रकार का निर्देश करना हो। ***जैसे***—चलचित्रों के निर्देशक। २. मार्गदर्शक। ***जैसे***—शोध-छात्रों का निर्देशक। ✣ **निर्देशक विराम- चिह्न (चिह्न)**—पु॰ = एक प्रमुख विराम-चिह्न (—)। (अ॰ डैश) ● **विशेष**—प्राय: निम्नलिखित स्थितियों में इसका प्रयोग होता है—१. किसी के वाक्यों को उद्धृत करने से पूर्व (नाटक आदि के संवादों में)। ***जैसे***—राम—मैं वन जा रहा हूँ।

लक्ष्मण—मैं भी आपके साथ चलूँगा।

२. कहना, बोलना, बताना, लिखना आदि क्रियाओं के बाद। ***जैसे***—सीता ने कहा—यह मेरा घर है। ✣ **निर्देश-ग्रन्थ (ग्रंथ)**—पु॰ = सन्दर्भ-ग्रन्थ। ✣ **निर्देश-चिह्न (चिह्न)**—पु॰ सन्दर्भ की दृष्टि से पुस्तक आदि का संकेत देने के लिए प्रयुक्त चिह्न (*, † इत्यादि)। (भूविज्ञान॰) = ज्वार-भाटे के अध्ययन के लिए सर्वेक्षण के द्वारा किसी स्थायी वस्तु पर बनाया गया सन्दर्भ की दृष्टि से उपयोगी चिह्न।

निर्देशन—[सं॰ निर् √दिश् + ल्युट्] पु॰ १. निर्देश करने की क्रिया/भाव। संकेत करना। २. यह बतलाना कि कार्य विशेष किस प्रकार से होना चाहिए। ३. मार्गदर्शन। ४. पुस्तक-रचना में प्रसंग/सन्दर्भ

के पृष्ठ आदि का संकेत/निर्देश।

निर्देशाङ्क (निर्देशांक)—[स॰ निर्देश ~ अङ्क] *पु॰* (गणित॰) वह संख्या-समूह जो किसी बिन्दु की स्थिति निर्धारित करता है। ✣ **निर्देशांक ज्यामिति**—*स्त्री॰* = (गणित॰) वह ज्यामिति जिसमें स्थिति का निर्धारण निर्देशांकों के द्वारा निरूपित किया जाता है और प्रायः बीजीय विधियों का प्रयोग किया जाता है। (अं॰ कोऑर्डिनिट जिऑमेट्रि)

निर्देशाक्ष—[स॰ निर्देश ~ अक्ष] (गणित॰) वह रेखा जिसकी दिशा में या उसके समान्तर कोई निर्देशांक मापा जाता है। (अं॰ कोऑर्डिनेट ऐक्सिस)

निर्देष्टा—[स॰ निर्देष्टृ] *वि॰, पु॰* निर्देशक।

निर्देहता—[स॰ निर्देह + तल + टाप्] *स्त्री॰* देहहीनता। शरीरहीनता।

निर्द्रव्य—[स॰ निर् + द्रव्य] *वि॰* निर्धन। ग़रीब।

निर्द्वन्द्व (निर्द्वन्द्व/निर्द्वंद्व)—[स॰ निर् + द्वन्द्व] *वि॰* १. जिसका कोई प्रतिद्वन्द्वी/विरोधी न हो। २. जो सुख-दुःख, राग-द्वेष, मान-अपमान आदि द्वन्द्वों से रहित हो। ३. सब प्रकार से स्वच्छन्द। *क्रिवि॰* १. बिना किसी विघ्न-बाधा के। २. स्वच्छन्दतापूर्वक। ३. मनमाने तरीक़े से।

निर्द्वेष (निर्द्वेष)—[स॰ निर् + द्वेष] *वि॰* द्वेषरहित।

निर्धर्म—[स॰ निर् + धा] *वि॰* १. धर्म से रहित। २. जो धर्म का पालन न करे।

निर्धातु—[स॰ निर् + धातु] *वि॰* १. जिसमें किसी धातु का मिश्रण न हो। २. धातुहीन। अल्पवीर्य।

निर्धार—[< स॰ निर्धारण] *पु॰* १. निर्धारण। निश्चय। २. किसी का मूल या महत्त्व निश्चित करना।

निर्धार—*पु॰* निर्धारण। निश्चय।

निर्धारण—[स॰ निर् √धृ + णिच् + ल्युट्] *पु॰ स॰* (निर् + धारण) १. दृढ़ धारणा बनाना। २. आँकने की क्रिया या भाव। (अर्थ॰) १. उत्पादित वस्तुओं का मूल्य निश्चित किया जाना। २. कर लगाने या अन्य उद्देश्य से आधिकारिक रूप से आय या सम्पत्ति का मूल्य आँकना। ३. वह राशि जो देय कर के रूप में निर्धारित की गई है। ४. नागरिक सुविधाएँ (***जैसे***—सड़कें, भूमिगत नालियाँ आदि) देने या उनके सुधार के लिए लगाए जाने वाले विशेष कर। (अं॰ असेस्मेंट)

निर्धारिती—[< स॰ निर्धारित] *पु॰* (अर्थ॰) वह व्यक्ति जिसकी आय सम्पत्ति आदि पर कर-निर्धारण किया गया हो।

निर्धार्य—[स॰ निर् √धृ + ण्यत्] *वि॰* १. जिसका निर्धारण करना हो। २. निर्धारण करने योग्य। ३. जिसका निर्धारण किया जाने वाला हो।

निर्धूत—[स॰ निर् √धू + क्त] *वि॰* १. निकाला/हटाया/त्यागा हुआ। २. नष्ट किया हुआ। ३. धुला/धोया हुआ। धौत।

निर्धूम—[स॰ निर् + धूम] *वि॰* १. बिना धूम/धुएँ का। २. जिसमें से धूम/धुआँ न निकलता हो।

निर्निमित्त—[स॰ निर् + निमित्त] *वि॰* जिसका कोई निमित्त/कारण न हो। कारणरहित। *क्रिवि॰* बिना किसी कारण के। अकारण।

निर्निमेष—[निर् + निमेष] *वि॰* जो पलक न गिराए। स्थिरदृष्टि। *क्रिवि॰* बिना पलक झपकाए। एकटक।

निर्बन्ध (निर्बंध)—[स॰ निर् + बन्ध] *वि॰* १. जो बन्धन से रहित हो। मुक्त। २. जो निषिद्ध न हो। *पु॰* निरोध। रोक। पाबन्दी। (काव्य॰) वह काव्य जिसमें कोई क्रमबद्ध कथा न हो।

निर्बाध—[स॰ निर् + बाधा] *वि॰* १. जिसमें किसी प्रकार की बाधा/बन्धन न हो। प्रतिबन्ध-रहित। मुक्त। २. जहाँ/जिसमें कोई उपद्रव न हो। निरुपद्रव। *क्रिवि॰* १. बिना किसी बाधा के। २. निरन्तर। लगातार। Δ **पर्याय**—अबाध। ✣

निर्बाधन—[स॰ निर् + बाधन] *क्रिस॰* बाधा/रुकावट दूर करना। (वाणि॰) सामान आदि लाने के पहले दिया जानेवाला शुल्क/कर आदि के चुका दिए जाने का प्रमाणपत्र। चालान। रवन्ना।

निर्बीज—[स॰ निर् + बीज] *वि॰* जिसकी बीज-शक्ति या उत्पादन-शक्ति नष्ट हो गयी हो। वंश-वृद्धि की शक्ति से हीन। ✣ **निर्बीज समाधि**—*स्त्री॰* (योग॰) = निर्विकल्प समाधि।

निर्बोध—[स॰ निर् + बोध] *वि॰* १. बोध-रहित। ज्ञान-रहित। अज्ञानी। २. अपरिचित। अनजान।

***निर्ब्यलीक**—[< स॰ निर्व्यलीक] *वि॰* छल-रहित। निष्कपट।

निर्भर—[स॰ निर् + भर] *वि॰* १. किसी दूसरे पर अवलम्बित/आश्रित। २. किसी दूसरे पर आधारित। ✣ **निर्भरता**—*स्त्री॰* = निर्भर होने की अवस्था/भाव। परावलम्बन। पराश्रय।

निर्भार—[स॰ निर् + भार] *वि॰* भार-हीन। हल्का।

निर्भास—[स॰ निर् + भास] *पु॰* भासित होना। प्रकटन।

निर्भिन्न—[स॰ निर् + भिन्न] *वि॰* १. छिदा हुआ। छिन्न। २. फाड़ा हुआ। विदारित।

निर्भीक—[स॰ निर् + भी + कप्] *वि॰* १. भय-रहित। निर्भय। निडर। २. जो निर्भयतापूर्वक किया गया हो। ***जैसे***—निर्भीक भाषण। ∇ **विलोम**—भीरु। ✣ **निर्भीकता**—*स्त्री॰* = निर्भयता। निडरता। ∇ **विलोम**—भीरुता।

निर्भीत—[स॰ निर् + भीत] *वि॰* निर्भीक। निडर। अशंक।

निर्भेद—[स॰ निर् √भिद् + घञ्] *पु॰* १. छेदन। भेदन। २. विदारण। फाड़ना। ३. रहस्य-प्रकटन। भेद खोलना। *वि॰* भेद-रहित।

निर्भ्रम—[स॰ निर् + भ्रम] *वि॰* १. भ्रम से रहित (व्यक्ति)। ***जैसे***—निर्भ्रम व्यक्ति। २. (बात) जिसके विषय में कोई भ्रम न हो। सुनिश्चित। स्पष्ट। ***जैसे***—निर्भ्रम विचार। *क्रिवि॰* १. बिना किसी भ्रम के। २. अशंक। बेखटके। बेधड़क। ***जैसे***—निर्भ्रम बोलना।

निर्भ्रान्त—[स॰ निर् + भ्रान्त] *वि॰* १. जो भ्रम-युक्त न हो। अभ्रान्त। २. जिसमें भ्रम न हो। निर्भ्रम। ३. जो भ्रम उत्पन्न न करे। सुनिश्चित। स्पष्ट। ***जैसे***—निर्भ्रान्त भाषा का प्रयोग।

निर्मक्षिक—[स॰ निर् + मक्षिक] *वि॰* १. जहाँ मक्खियाँ न हो। मक्खियों से रहित। २. निर्जन। एकान्त।

निर्मत्सर—[सं॰ निर् + मत्सर] *वि॰* मत्सर-रहित। ईर्ष्यारहित।

निर्मत्स्य—[सं॰ निर् + मत्स्य] *वि॰* मछलियों से रहित।

निर्मथन—[सं॰ निर् + मथन] *पु॰* अच्छी तरह मन्थन।

निर्मद—[सं॰ निर् + मद] *वि॰* जो नशे में न हो। २. अभिमान-रहित।

निर्मम—[सं॰ निर् + मम] *वि॰* १. ममता-रहित। २. निष्ठुर। निर्दय। हृदयहीन। ✣ **निर्ममता**—*स्त्री॰* = १. ममताहीनता। २. निष्ठुरता। निर्दयता। हृदयहीनता।

निर्मर्याद—[सं॰ निर् + मर्यादा] *वि॰* १. जिसने मर्यादा का उल्लंघन किया हो। अशिष्ट। उद्दंड। २. सीमा-रहित। असीम। ∆ **पर्याय**—अमर्याद।

निर्मली—[< सं॰ निर्मल] *स्त्री॰* एक प्रकार का लम्बा वृक्ष जिसके फ़ल सफ़ेद और सुगन्धित होते है तथा लकड़ी इमारत और खेती के औज़ार बनाने के काम में आती है।

निर्माणी—[< सं॰ निर्माण] *स्त्री॰* कारख़ाना। ● **विशेष**—अँग्रेज़ी शब्द 'फ़ैक्टरी/मिल' के लिए हिन्दी में 'निर्माणी' का प्रयोग होता है।

निर्मात्रिक—[सं॰ निर् + मात्रिक] *वि॰* बिना मात्रा का। जिसमें (स्वरों की) मात्राओं का प्रयोग न किया गया हो। ***जैसे***—निर्मात्रिक शब्दों का वाक्य लिखो।

***निर्मान**—[< सं॰ निर् + मान] *वि॰* १. परिमाण-रहित। अपार। असीम। २. प्रमाणरहित। अप्रमेय। ३. अभिमान- रहित।

***निर्माना**—[< सं॰ निर्माण] *क्रिस॰* १. निर्माण करना। रचना। बनाना। २. उत्पन्न करना।

निर्माल्य—[सं॰ निर् √मल् + ण्यत्] *पु॰* किसी देवता पर चढ़ चुकी वस्तु। देवार्पित वस्तु।

निर्मिति—[सं॰ निर् √मा + क्तिन्] *स्त्री॰* १. निर्माण करने की क्रिया/भाव। निर्माण। २. उत्पत्ति। ३. रचना। बनावट। ४. रचित वस्तु। कृति। ✣ **निर्मितिवाद**—*पु॰* = (कला॰) रचनावाद।

निर्मुक्त—[सं॰ निर् + मुक्त] *वि॰* १. मुक्त किया हुआ। २. स्वच्छन्द। मुक्त। ३. जो सांसारिक मोह-ममता से मुक्त हुआ हो। ४. अलग किया हुआ। ५. (सर्प) जिसने अभी निर्मोक/केंचुली को छोड़ा हो।

निर्मुक्त-पुनरुक्त—[सं॰] *पु॰* (काव्य॰) एक अर्थ-दोष जो छोड़ी हुई बात को फिर से उठाने पर होता है।

निर्मूल—[सं॰ निर् + मूल] *वि॰* १. बिना मूल/जड़ का। मूल-रहित। २. पूर्णतः नष्ट। विनष्ट। ३. (बात) जिसका कोई आधार न हो। निराधार। बेसिर-पैर का। बेबुनियाद। ✣ **निर्मूलक**—*वि॰* = निर्मूल।

निर्मूलन—[सं॰ निर् + मूलन] *पु॰* = १. जड़ से उखाड़ डालना। मूल-सहित नष्ट करना। २. पूर्ण रूप से नाश करना। ३. (किसी बात को) निराधार सिद्ध करना।

निर्मृष्ट—[सं॰ निर् √मृज् + क्त] *वि॰* १. धोया हुआ। पोंछा हुआ। २. रगड़कर साफ़ किया हुआ।

निर्मेघ—[सं॰ निर् + मेघ] *वि॰* बिना बादलों का। मेघरहित। ***जैसे***—निर्मेघ आकाश। निर्मेघ गगन।

निर्मेध—[सं॰ निर् + मेधा] *वि॰* जिसमें मेधा-शक्ति न हो। मूर्ख। बेवक़ूफ़।

निर्मेय—[सं॰ निर् √मा + यत्] *पु॰* वह वस्तु जिसका निर्माण करना हो। (गणित॰, ज्या॰) किसी प्रस्ताव/कथन के अनुसार निर्मित की जाने वाली ज्यामितीय आकृति। (अं॰ प्राब्लम)

निर्मोक—[सं॰ निर् √मुच् + घञ्] *पु॰* १. (साँप की) केंचुली। **उदा॰** पुरातनता का यह निर्मोक/सहन करती न प्रकृति पल एक। —प्रसाद (कामा॰, श्रद्धा) २. शरीर के ऊपर का चमड़ा। त्वचा। ३. त्यागने की क्रिया। त्यजन। छोड़ना। ४. आकाश। ५. वायुमंडल।

निर्मोचन—[सं॰ निर् + मोचन] *पु॰* १. मुक्ति। छुटकारा। २. छोड़ना या अधिकार त्यागना। ***जैसे***—ऋण-निर्मोचन। ३. सम्पत्ति हस्तान्तरित करना। किसी अन्य को जायदाद दे देना। ***जैसे***—पूँजी-निर्मोचन। (प्राणि॰) कुछ प्राणियों द्वारा त्वचा की बाहरी परतों को समय-समय पर उतार देने की क्रिया। ***जैसे***—साँप केंचुली का निर्मोचन करता है।

निर्मोल—[सं॰ निर् + हिं॰ मोल] *वि॰* अमूल्य।

निर्मोह—[सं॰ निर् + मोह] *वि॰* १. जिसे मोह न हो। मोह-रहित। २. किसी के प्रति प्रेम/ममता न रखने वाला। मोह-ममता-रहित।

निर्याण—[सं॰ निर् √या + ल्युट्] *पु॰* १. बाहर निकलना। प्रस्थान। प्रयाण। जाना। २. सेना का युद्धक्षेत्र की ओर प्रस्थान। कूच। ३. आत्मा का शरीर से निकलना। मृत्यु। ४. नगर से बाहर की ओर जानेवाली सड़क।

निर्यात—[सं॰ निर् √या + क्त] *पु॰* १. माल बाहर भेजने की क्रिया/भाव। २. विदेश में बिक्री के लिए भेजा जाने वाला माल। ***जैसे***—निर्यात-नीति। ∇ **विलोम**—आयात। ✣ **निर्यात-शुल्क**—*पु॰* = (वाणि॰) देश से माल भेजने पर लगनेवाला सरकारी कर। ✣ **निर्यात सहायिकी**—*स्त्री॰* = (वाणि॰) निर्यातकों को प्रोत्साहित करने के लिए सरकार द्वारा दी जाने वाली आर्थिक सहायता।

निर्यातक—[सं॰ निर् √यत् + णिच् + ण्वुल्] *वि॰* बिक्री के लिए माल को विदेश भेजनेवाला। निर्यात करनेवाला।

निर्याति—[सं॰ निर् √या + क्तिन्] *स्त्री॰* १. बाहर जाना। बहिर्गमन। प्रस्थान। २. मृत्यु।

निर्यास—[सं॰ निर् √यस् + घञ्] *पु॰* १. (वृक्षों का) गोंद। २. (जड़ी-बूटियों को उबालकर बनाया जाने वाला) काढ़ा। क्वाथ।

निर्युक्तिक—[सं॰ निर्युक्ति + कप्] *वि॰* युक्ति-रहित।

निर्लिप्त—[सं॰ निर् + लिप्त] *वि॰* १. जो लिप्त न हो। जिसका किसी से लगाव न हो। अलिप्त। २. सांसारिक विषयों से अलग रहनेवाला। निर्लेप। ∇ **विलोम**—लिप्त।

निर्लेप—[सं॰ निर् + लेप] *वि॰* १. निर्लिप्त। २. दोष- रहित। ३. जिस पर किसी प्रकार का लेप न हो।

निर्लोभ—[सं॰ निर् + लोभ] *वि॰* जिसे लोभ/लालच न हो। लोभ-रहित। ✣ †**निर्लोभी**—*वि॰* = निर्लोभ।

निर्वंश—[सं॰ निर् + वंश] *वि॰* १. जिसके वंश में अन्य कोई शेष न

रहा हो। २. जिसका कोई पुत्र न हो और इसलिए वंश आगे न बढ़ सके।

निर्वक्तव्य—[सं॰ निर् + वक्तव्य] *वि॰* १. जो कहा न जा सके। अकथनीय। २. जो कहने योग्य न हो। अवाच्य।

निर्वचन—[सं॰ निर् √वच् + ल्युट्] *वि॰* १. जो चुप हो। मौन। २. निरुत्तर। *पु॰* १. कथन। २. उच्चारण। ३. समझाकर किया गया कथन। निरूपण। ४. किसी शब्द/पद का अर्थ-विवेचन। ***जैसे***—यास्क द्वारा वैदिक शब्दों का निर्वचन। ५. (वाक्य आदि की) व्याख्या। ✣ **निर्वचनीय**—*वि॰* = १. (शब्द आदि) जिसका निर्वचन किया जाना हो। २. निर्वचन के योग्य। जिसका निर्वचन किया जा सकता हो। ∇ **विलोम**—अनिर्वचनीय।

निर्वर्ण—[सं॰ निर् + वर्ण] *वि॰* = १. (वर्ण-व्यवस्था में) वर्ण-हीन। ***जैसे***—सन्यासी निर्वर्ण होता है। २. रंगहीन।

निर्वर्तक—[सं॰ निर् + वर्तक] *वि॰, पु॰* काम को निष्पन्न/पूरा करने वाला।

निर्वर्तन—[सं॰ निर् √वृत् + णिच् + ल्युट] *पु॰* काम को पूर्ण करने की क्रिया/भाव। निष्पादन। ✣ **निर्वर्तित**—*वि॰* = निष्पन्न।

निर्वसन—[सं॰ निर् + वसन] *वि॰* वस्त्ररहित। नंगा। ***जैसे***—निर्वसन पुरुष। ✣ **निर्वसना**—*वि॰ (स्त्री॰)* = नंगी। ***जैसे***—निर्वसना मूर्ति।

निर्वसीयत—[< सं॰ निर् + अरबी, वसीयत] *वि॰* (व्यक्ति) जिसने वसीयत न की हो। ✣ **निर्वसीयती**—*वि॰* (सम्पत्ति) जिसकी वसीयत नहीं की गयी। ***जैसे***—निर्वसीयती सम्पत्ति।

निर्वहण—[सं॰ निर् + वहन, न→ण] *पु॰* १. समाप्ति। पूर्णता। २. समाप्त। पूर्ण करना। ३. नाश। ४. निर्वाह। गुज़ारा। (नाट्य॰) १. नाटक की प्रस्तुत कथा की समाप्ति। नाटक का अन्त। २. नाटक की कथा का दुर्भाग्यपूर्ण अन्त। विनाशान्त। (अं॰ कटैस्ट्रफ़ी) ✣ **निर्वहण-सन्धि (संधि)**—*स्त्री॰* = (नाट्य॰) नाटक की पाँच सन्धियों में से एक। एक ही प्रमुख प्रयोजन में कार्य और फलागम के साथ ही अन्य अर्थों की भी समाप्ति हो जाने की सन्धि।

निर्वहन—[< सं॰ निर्वहन] *पु॰* १. निर्वाह। निभाव। २. कर्तव्य-पालन। ✣ **निर्वहना**—*क्रिअ॰* = निर्वाह होना। निभना। *क्रिस॰* निर्वाह करना। निभाना।

निर्वाक्—[सं॰ निर्वाच्] *वि॰* मौन। चुप।

निर्वाचन—[सं॰ निर् + वाचन] *पु॰* = किसी काम के लिए बहुतों में से एक या अधिक को चुनना। (राज॰) जनतन्त्र में मतदाताओं का कुछ लोगों को अपना प्रतिनिधि चुनना। चुनाव। ✣ **निर्वाचन-अधिकारी**—*पु॰* = किसी निर्वाचन/चुनाव के लिए नियुक्त सर्वोच्च अधिकारी। ✣ **निर्वाचन-क्षेत्र**—*पु॰* = किसी चुनाव के लिए निश्चित वह क्षेत्र जिसके मतदाता मत/वोट देते हैं। चुनाव का हल्क़ा। ✣ **निर्वाचित**—*वि॰* = १. जिसका निर्वाचन हुआ हो। २. (प्रत्याशी) जो सबसे अधिक मत/वोट पाकर विजयी घोषित किया गया हो।

निर्वाण[१]—[सं॰ निर् √वा + क्त] *वि॰* १. बुझा हुआ (दीपक आदि)। २. अस्त (ग्रह/नक्षत्र)। ३. मृत, मन्द या शान्त।

निर्वाण[२]—[सं॰ निर् √वा + ल्युट्] *पु॰* १. (दीपक आदि) बुझने की क्रिया। निर्वापण। २. मृत्यु। ३. मोक्ष। मुक्ति। (बौद्ध॰) व्यक्ति के अस्तित्व का पूर्ण विनाश। शून्य स्थिति में पहुँचना। ✣ **निर्वाणी**—*वि॰* = निर्वाण-सम्बन्धी। निर्वाण का।

निर्वात—[सं॰ निर् + वात] *वि॰* १. पवन से रहित। बिना हवा का। वात-रहित। २. (वायु से सुरक्षित होने के कारण) शान्त। स्थिर। ३. जहाँ हवा न लग रही हो। *पु॰* (भौतिकी॰) १. ऐसा बन्द स्थान जिसमें से वायु, गैसों को निकाल दिया गया हो। (व्यवहार में असम्भव, परन्तु सिद्धान्ततः) पूर्णतः शून्य स्थान। २. वह अवस्था जिसमें वायुमंडलीय दाब इतना कम कर दिया गया हो कि शेष वायु आदि का तटस्थ प्रक्रियाओं पर कोई प्रभाव न पड़े।

निर्वाप—[सं॰ निर् √वप् + घञ्] *पु॰* १. नाश। २. (अग्नि/दीप) बुझाना।

निर्वास—[सं॰ निर् + वास] *वि॰* जिसके निवास के लिए कोई जगह न हो। *पु॰* निर्वासन।

निर्वासन—[सं॰ निर् + वासन] *पु॰* १. किसी को किसी स्थान से जबरदस्ती निकालना। घर आदि से निकाल देना। निष्कासन। २. विधि द्वारा व्यक्ति का देश या क्षेत्र से निकाला जाना। देश-निकाला। ३. किसी व्यक्ति को समूह से निकाले जाने की क्रिया/भाव। ✣ **निर्वासना**[१]—*क्रिस॰* = निर्वासित करना। ✣ **निर्वासना**[२]—[सं॰ निर् + वासना] *वि॰* वासना-रहित। आसक्ति रहित।

निर्वाह—[सं॰ निर् √वह् + घञ्] *पु॰* १.उत्तम रीति से वहन। २. निभाने की क्रिया/भाव। निभाव। ३.कर्तव्य/आज्ञा/निर्देश आदि का पालन। ४. सम्बन्धों या परम्परा आदि की रक्षा के लिए विपरीत परिस्थिति में भी अपने को ढालना या तदनुरूप आचरण। सामंजस्य।

निर्वाहण—[सं॰ निर् √वह् + णिच् + ल्युट्] *पु॰* १. निर्वाह करना। निर्वाहना। निभाव। २. कुछ समय के लिए किसी का कार्य-भार-ग्रहण।

निर्वाहिका—[सं॰ निवहिक + टाप्, इत्व] *स्त्री॰* १. भरण-पोषण के लिए आवश्यक धन-राशि। २. तलाक़ के बाद या तलाक़ के मुक़दमे की अवधि में पत्नी को पति की सम्पत्ति से मिलने वाला भरण-पोषण का ख़र्च।

निर्विकल्प/निर्विकल्पक—[सं॰ निर् + विकल्प/विकल्पक] *वि॰* विकल्प/परिवर्तन/भेदों से रहित। जो सदा एकरस और एकरूप रहे। स्थिर। ✣ **निर्विकल्प समाधि**—*स्त्री॰* = (योग॰) वह समाधि जिसमें ज्ञाता, ज्ञेय और ज्ञान का अभेद होता है। असम्प्रज्ञात समाधि।

निर्विकार—[सं॰ निर् + विकार] *वि॰* १. जिसमें परिवर्तन न हो। जो बदले नहीं। परिवर्तन-रहित। २. मनोविकार- रहित। विकार-रहित। ३. स्वार्थरहित।

निर्विण्ण—[सं॰ निर् √विद् + क्त] *वि॰* १. निर्वेद-युक्त। विरक्त। २. दुःखी। खिन्न।

निर्वितर्क—[सं॰ निर् + वितर्क] *वि॰* (योग॰) वितर्क-रहित। *पु॰* (योग॰) सम्प्रज्ञात समाधि का एक प्रकार।

निर्विनोद—[सं॰ निर् + विनोद] *वि॰* विनोद-रहित। आमोद-प्रमोद से रहित।

निर्विभक्तिक—[सं॰ निर् + विभक्तिक] *वि॰* (व्या॰) बिना विभक्ति वाला। जिसमें विभक्ति न लगी हो।

निर्विभाग—[सं॰ निर् + विभाग] *वि॰* १. जिसका कोई विभाग न हो। विभागरहित। २. जिसको किसी विभाग का दायित्व न मिला हो। विभागरहित। ✣ **निर्विभाग मन्त्री (मंत्री)**—*पु॰* = (राज॰) मन्त्रिमंडल का वह मन्त्री जिसे कोई विभाग न दिया गया हो और जो प्रधानमन्त्री/मुख्यमन्त्री द्वारा समय-समय पर सौंपे गए कार्यों को करता हो।

निर्विशङ्क (निर्विशंक)—[सं॰ निर् + विशङ्क] *वि॰* निर्भय। निडर।

निर्विशेष—[सं॰ निर् + विशेष] *वि॰* १. जो किसी में भेद-भाव न करे। २. सदा एकरूप रहनेवाला। *पु॰* परब्रह्म। परमात्मा।

निर्विशेषण—[सं॰ निर् + विशेषण] *वि॰* उपाधि-रहित।

निर्विष—[सं॰ निर्+ विष] *वि॰* जिसमें जहर न हो। विष-रहित। *जैसे*—निर्विष साँप। ✣ **निर्विषीकरण**—*पु॰* = (चिकित्सा॰) विषैले पदार्थों को विषरहित करने की क्रिया।

निर्विषाद—[सं॰ निर् + विषाद] *वि॰* विषाद-रहित।

निर्वीज—[सं॰ निर् + वीज] *वि॰* निर्बीज। (दे॰) ✣ **निर्वीजसमाधि**—*स्त्री॰* = निर्बीजसमाधि।

निर्वीर—[सं॰ निर् + वीर] *वि॰* वीरों से रहित। वीर-हीन।

निर्वीरा—[सं॰ निर्वीर + टाप्] *वि॰ (स्त्री॰)* वह स्त्री जिसके पति और पुत्र मर चुके हों।

निर्वीर्य—[सं॰ निर् + वीर्य] *वि॰* १. शक्ति-हीन। अशक्त। २. नपुंसक। ३. उर्वरता-रहित (भूमि)। अनुपजाऊ। ✣ **निर्वीर्यता**—*स्त्री॰* = १. निर्वीर्य होने की अवस्था/भाव। २. शक्तिहीनता। ३. नपुंसकता। ४. अनुर्वरता।

निर्वृत्त—[सं॰ निर् √वृत्+ क्त] *वि॰* पूरा किया हुआ। जो पूरा हो गया हो। समाप्त। निष्पन्न। ✣ **निर्वृत्ति**—*स्त्री॰* = समाप्ति। निष्पत्ति।

निर्वेग—[सं॰ निर् + वेग] *वि॰* १. वेग-हीन। वेग-रहित। २. मनोवेग-रहित। शान्त। ३. निश्चल। स्थिर।

निर्वेद—[सं॰ निर् √विद् + घञ्] *पु॰* १. सांसारिक विषयों के प्रति वैराग्य। २. विरक्ति। *जैसे*—याचना से निर्वेद। ३. दुःख। ४. अनुताप। ग्लानि। ५. खेदपूर्ण ग्लानि और निराशा। (काव्य॰) १. ३३ संचारी भावों में से एक। तत्त्वज्ञान या ईर्ष्या आदि के कारण अपने तिरस्कार का भाव। आत्मग्लानि।

निर्वेदन—[सं॰ निर् + वेदना] *वि॰* संवेदना-हीन। दया-हीन।

निर्वैयक्तिक—[सं॰ निर् + वैयक्तिक] *वि॰* जो वैयक्तिक न हो। *जैसे*—निर्वैयक्तिक संगठन; निर्वैयक्तिक पत्रकारिता आदि। ✣ **निर्वैयक्तिकता**—*स्त्री॰* = १. वैयक्तिक न होने की स्थिति/भाव। २. वस्तुगत दृष्टि। वस्तुनिष्ठता।

निर्वैर—[सं॰ निर् + वैर] *वि॰* वैरहीन। शत्रुता-रहित।

निर्व्यलीक—[सं॰ निर् + व्यलीक] *वि॰* १. छल-कपट से रहित। निष्कपट। निश्छल। २. जो किसी को कष्ट न दे। निरीह। ३. पीड़ा-रहित। ४. सुखी। प्रसन्न। ५. हर कार्य को मन लगाकर करनेवाला।

निर्व्याज—[सं॰ निर् + व्याज] *वि॰* १. छल-कपट से रहित। निष्कपट। निश्छल। २. ईमानदार।

निर्व्याधि—[सं॰ निर् + व्याधि] *वि॰* व्याधि-रहित। रोगमुक्त। नीरोग।

निर्व्यापार—[सं॰ निर् + व्यापार] *वि॰* = १. काम-धन्धे से रहित। व्यापारहीन। २. गतिहीन। निश्चेष्ट। निष्क्रिय।

निर्व्रण—[सं॰ निर् + व्रण] *वि॰* जिसके कोई घाव न हो। व्रणरहित।

निर्हेतु—[सं॰ निर् + हेतु] *वि॰* हेतु-रहित। कारणरहित। अकारण। *पु॰* (काव्य॰) एक अर्थ-दोष। बिना कारण के कोई बात कहना। बिना हेतु के किसी-किसी विवक्षित अर्थ का उपादान। ✣ **निर्हेतुक**—*वि॰* = निर्हेतु।

निलम्बन (निलंबन)—[सं॰ नि + लम्बन] *पु॰* १. लटकाने की क्रिया/भाव। लटकाव। २. कुछ समय के लिए रोक देने की क्रिया/भाव। स्थगन। ३. कुछ समय के लिए अधिकार/पद से वंचन। मुअत्तिली। (रसायन॰) ठोस या द्रव के छोटे-छोटे कणों का किसी द्रव या गैस में लटका रहना।

निलम्बी (निलंबी)—[सं॰ निलम्बिन्] *वि॰* लटकता हुआ। ✣ **निलम्बी (निलंबी) घाटी**—*स्त्री॰* = (भूविज्ञान॰) किसी पूर्वस्थित घाटी की वह सहायक घाटी जो संगम-स्थल पर पूर्वस्थित घाटी से अधिक ऊँचाई पर होती है और लटकती-सी दिखाई पड़ती है। ✣ **निलम्बी (निलंबी) हिमनद**—*पु॰* = (भूविज्ञान॰) छोटे आकार का एक हिमनद जो ऐसे बड़े ढाल पर स्थित होता है कि इसके निचले सिरे पर बर्फ टूटती और गिरती रहती है।

निलय—[सं॰ नि + लय √ली + अच्] *पु॰* १. छिपने का स्थान। २. रहने का स्थान। घर। ३. पक्षी का घोंसला। ४. पशु की माँद/बिल। ५. लीनता। तल्लीनता। (प्राणि॰) हृदय का वह कक्ष जिसके सिकुड़ने और फैलने से अलिन्द से आया हुआ रुधिर धमनियों में चला जाता है। (अं॰ वेन्ट्रिकल)

निलयन—[सं॰ नि √ली + ल्युट्] *पु॰* १. छिपना। २. रहने का स्थान। घर। ३. निवास।

निलहा—[< हि॰ नीला] *वि॰* १. नीले रंग वाला। २. नीले रंग में रँगा हुआ। ३. नीले से सम्बन्धित। नील का। ४. नील की खेती करनेवाला। *जैसे*—निलहा अँग्रेज़।

निलीन—[सं॰ नि + लीन] *वि॰* १. छिपा हुआ। २. नष्ट।

***निवछरा**—[< सं॰ निवृत्त] *वि॰* (समय) जिसमें करने के लिए कोई काम न हो। ख़ाली (समय)।

निवर्तक—[सं॰ नि + वर्तक] *वि॰* निवर्तन करनेवाला। लौटनेवाला।

निवर्तन—[सं॰ नि + वर्तन] *पु॰* १. वापसी। लौटना। २. निवृत्त होने की क्रिया/भाव। निवृत्ति। ३. सेवा/पद से निवृत्त होना। अधिवार्षिकता। सेवा-निवृत्ति। *वि॰* लौटनेवाला।

निवर्तमान—[सं॰ नि + वर्तमान] *वि॰* १. जो सेवा-निवृत्त हो रहा हो। २. जो पद छोड़ रहा हो।

निवर्ती—[सं॰ निवर्तिन्] *वि॰* १. निवर्तमान। (दे॰) २. निर्लिप्त। *पु॰* १. वह जो पीछे हट आया हो। २. वह जो रण-भूमि से भाग आया हो।

निवल—*वि॰* (वाणि॰) जो आवश्यक कटौती या छूट देने के बाद बचे। वास्तविक। शुद्ध। ***जैसे***—निवल आय। (अं॰ नेट) ✣ **निवल आय**—*पु॰* = (वाणि॰) सकल आय में से मूल्यह्रास तथा कर निकाल देने के बाद शेष आय। शुद्ध आय। ✣ **निवल लाभ**—*पु॰* = (वाणि॰) किसी व्यवसायी या कम्पनी की कुल आय में से उसके सब व्ययों को घटा देने के बाद शेष राशि। शुद्ध लाभ। ✣ **निवल वेतन**—*पु॰* = (प्रशासन॰) कुल वेतन में से भविष्य-निधि आदि की राशि कम करके दिया गया वेतन।

निवसन—[सं॰ नि √वस् + ल्युट्] *पु॰* १. निवास। २. निवास-स्थान। घर। मकान। ३. वस्त्र। कपड़ा।

***निवाई**—[< सं॰ नव] *वि॰* १. नवीन। नूतन। नया। २. अद्भुत। अनोखा। *स्त्री॰* नवीनता। नयापन।

निवाज[1]/निवाज़[1]**—[< फा॰ नवाज़] *पु॰* कृपा। अनुग्रह। *वि॰* (समासयुक्त पद के अन्त में) कृपालु। ***जैसे—ग़रीबनिवाज।

***निवाज[2]/निवाज़[2]**—*पु॰* ≤ *फा॰* नमाज़।

निवाड़/निवार—[< फा॰ नवार] *स्त्री॰* मोटे सूत की बनी कम चौड़ी पट्टी जिससे पलंग बुने जाते हैं। ✣ **निवाड़ी[1]/निवारी**—*वि॰* = १. निवाड़-सम्बन्धी। निवाड़ का। २. निवाड़ से बुना हुआ (पलंग आदि)।

निवाड़ी[2]—[< हि॰ नेवारी] *स्त्री॰* नेवारी वृक्ष/फूल।

***निवाण**—[< सं॰ निम्न] *स्त्री॰* १. नीची भूमि। २. ढालवाली भूमि। ढलुई ज़मीन।

निवात—[सं॰ नि + वात] *वि॰* १. जहाँ हवा न हो। पवन-रहित। निर्वात। २. जहाँ हवा न लगे। हवा से सुरक्षित (स्थान)। *पु॰* १. हवा से सुरक्षित स्थान। २. सुरक्षित/शान्त स्थान। ३. आश्रयस्थल। घर।

***निवान**—[< सं॰ निम्न] १. नीची भूमि जिसमें पानी/कीचड़ भरा रहता हो। २. जलाशय। तालाब। झील।

***निवाना[1]**—[< सं॰ निम्न] *वि॰* नम्र स्वभाव वाला। विनम्र। ✣ **निवानी**—*वि॰ (स्त्री॰)* = नम्र स्वभाव वाली। विनम्र।

***निवाना[2]**—[< हि॰ नवाना < सं॰ नमन] *क्रि॰स॰* नमन करना। झुकाना।

निवान्या—[सं॰ निवान्य + टाप्] *स्त्री॰* वह गाय जिसका बछड़ा/बछिया मर चुकी हो और इस कारण किसी अन्य बछड़ा/बछिया को लगाकर दुही जाती हो।

निवारण—[सं॰ नि + वारण] *पु॰* बढ़ने से रोकने की क्रिया/भाव। रोकथाम। २. दूर करना। हटाना। ३. निवृत्ति। छुटकारा। ४. निषेध। मनाही। (विधि॰) रोकथाम। निरोध।

निवारी[1]—[< सं॰ नेपाली] *स्त्री॰* नेपाली/वासन्ती नामक वृक्ष या उसका फूल। नेवारी का फूल।

निवारी[2]—[< हि॰ निवार] *वि॰* (पलंग आदि बुनने की) निवाड़ का। निवाड़-सम्बन्धी। २. निवाड़ से बुना हुआ।

निवाला—[< फा॰ निवाल:] *पु॰* ग्रास। कौर।

निवाँण—[< सं॰ निम्न] *पु॰* नीची भूमि जहाँ पानी या कीचड़ आदि भरा रहता हो।

निविड़—[< सं॰ निविड] *वि॰* १. सघन। घना। ***जैसे***—निविड़ जंगल। २. दृढ़। अभेद्य। ३. मोटा। बड़ा। ✣ **निविड़ता**—*स्त्री॰* = १. सघनता। घनापन। २. दृढ़ता। अभेद्यता। ३. मोटापन। ४. बड़ापन।

निविदा—[सं॰ नि √विद् + क्विप् + टाप्] *पु॰* आवश्यक धन लेकर निश्चित अवधि में और निश्चित शर्तों पर वांछित वस्तुएँ पहुँचा देने का या कोई निर्माण कार्य करने का या कोई सेवा करने का प्रस्ताव। लिखित क़रार। (अं॰ टेन्डर) ✣ **निविदा सूचना**—*स्त्री॰* = निविदा माँगने के लिए समाचारपत्र आदि के माध्यम से दी गयी सूचना। (अं॰ टेन्डर नोटिस)

निविष्ट—[सं॰ नि √विश् + क्त] *वि॰* १. प्रविष्ट। २. जिसकी पंजी/खाते आदि में प्रविष्टि की गयी हो। ३. स्थित। ४. किसी के अन्दर रखा हुआ। ५. क्रम में रखा हुआ। सुव्यवस्थित। ६. बाँधा/लपेटा हुआ।

निविष्टि—[सं॰ नि √विश् + क्तिन्] *स्त्री॰* १. प्रविष्टि। ***जैसे***—पंजी या खाते आदि में की गयी निप्रविष्टि। २. उक्त बात या धनराशि।

निवीत—[सं॰ नि √व्य + क्त] *पु॰* १. गले में माला की तरह पहना हुआ यज्ञोपवीत/जनेऊ। २. ओढ़ने की चादर या ओढ़नी।

निवीती—[सं॰ निवीतिन्] *वि॰* १. जो गले में माला की तरह यज्ञोपवीत/जनेऊ पहने हुए हो। २. जो चादर/ओढ़नी ओढ़े हो।

निवृत—[सं॰ नि √वृ + क्त] *वि॰* घिरा हुआ। लपेटा हुआ। *पु॰* उत्तरीय। दुपट्टा या ओढ़नी।

निवृत्त—[सं॰ नि √वृत् + क्त] *वि॰* १. वापस आया हुआ। २. सांसारिक विषयों में प्रवृत्ति-रहित। विरक्त। ***जैसे***—निवृत्त व्यक्ति ही सन्यासी बनें। ३. (किसी काम से) छुट्टी पाया हुआ। जो अपना काम कर चुका हो। कार्य-मुक्त। ***जैसे***—सेवा-निवृत्त। ४. समाप्त किया हुआ। *पु॰* लपेटने का वस्त्र। वेष्टन। बेठन। ∇ **विलोम**—प्रवृत्त। ✣ **निवृत्तकारण**—*वि॰* = बिना कारण/हेतु/उद्देश्य का। *पु॰* = सांसारिक वासनाओं से रहित व्यक्ति। धर्मात्मा मनुष्य। ✣ **निवृत्तराग**—*वि॰* = जितेन्द्रिय।

निवृत्ति—[सं॰ नि + वृत्ति] *स्त्री॰* १. वापसी। २. सांसारिक विषयों में उदासीनता। विराग। विरक्ति। ३. किसी काम की समाप्ति। कार्य से मुक्ति। छुटकारा। ४. कार्य की पूर्ति/समाप्ति। ५. नौकरी की अवधि पूरी हो जाने पर सदा के लिए हट जाना। ६. त्याग। छोड़ना।

७. सन्यास। ८. परम आनन्द। ∇ **विलोम**—प्रवृत्ति। ✣ **निवृत्तिक**—*वि॰* = निवृत्ति-सम्बन्धी। निवृत्ति का। ***जैसे***—निवृत्तिक उपदेश।

निवेदन—[सं॰ नि + वेदन] *पु॰* १. (किसी से) नम्रतापूर्वक कही गयी बात। २. प्रार्थना। विनती। ३. नम्रतापूर्वक दिया गया सुझाव। ४. (देवता आदि को) अर्पण। ५. समर्पण। भेंट। ६. सौंपने या प्रस्तुत करने की क्रिया/भाव। ✣ **निवेदन-पत्र**—*पु॰* = १. वह पत्र जिसमें किसी अधिकारी आदि से एक या अनेक व्यक्तियों या संस्था आदि के द्वारा निवेदन किया गया हो। २. नौकरी आदि के लिए लिखा हुआ प्रार्थना-पत्र।

निवेरना—[< हिं॰ निबेड़ना < सं॰ निवृत्त] *क्रिस॰* १. निबेड़ना। निपटाना। २. समाप्त करना।

निवेरा[1]—[< हिं॰ निबेड़ना] *पु॰* १. निबेड़ा। २. निपटारा।

निवेरा[2]—[< सं॰ नि + सं॰ वरण] *वि॰* चुना हुआ। छाँटा हुआ।

निवेरा[3]—[< हिं॰ नवेला] *वि॰* १. नया और सुन्दर। नवेला। २. विलक्षण। अद्भुत। अनोखा।

निवेश—[सं॰ नि √विश् + घञ्] *पु॰* १. प्रवेश। २. शिविर। डेरा। ३. सैनिक छावनी। ४. घर। मकान। ५. सजावट। ६. धरोहर। (वाणि॰) १. किसी व्यापार/उद्योग आदि में धन या पूँजी लगाने की क्रिया/भाव। २. उक्त में लगाया गया धन। पूँजी। ३. परिसम्पत्तियों की ख़रीद पर किया गया व्यय। विनियुक्त धन। Δ **पर्याय**—विनियोग। विनियोजन। (विधि॰) विश्वविद्यालय/महाविद्यालय का परिसर/अहाता। (अं॰ कैम्पस)

निवेष्टन—[सं॰ नि + वेष्टन] *पु॰* १. ढँकने/लपेटने की क्रिया/भाव। आच्छादन। लपेट। २. ढँकने/लपेटने वाली वस्तु। वेष्टन। बेठन।

निवेशिका—[सं॰ निवेशक + टाप्] *वि॰ (स्त्री॰), स्त्री॰* निवेश करनेवाली। (भूविज्ञान॰) १. नदी से छोटी कोई सरिता। २. किसी तटीय कच्छ में एक छोटा ज्वारीय प्रणाल। सँकरी खाड़ी। (अं॰ क्रीक)

निशङ्क (निशंक)—[< सं॰ निःशङ्क] *वि॰* १. शंकारहित। २. निर्भय। निडर।

निशब्द—[< सं॰ निःशब्द] *वि॰* १. शब्दरहित (स्थान)। २. मौन/चुप (व्यक्ति)।

निशल्कन—[सं॰ नि शल्क] पु॰ १. (फल आदि का) छिलका उतरने/उतराने की क्रिया/भाव। छीलना। २. (पेड़ की) छाल उतरना/उतारने की क्रिया/भाव।

निशा—[सं॰ निश् + टाप्] *स्त्री॰* रात्रि। रात।

निशाकर—[सं॰ निशा√कृ + ट] *वि॰* रात्रि करनेवाला। *पु॰* १. चन्द्रमा। २. कपूर।

निशाकेतु—[सं॰ निशा ~ केतु] *पु॰* चन्द्रमा।

निशाख़ातिर—[फा॰ निशा + अरबी ख़ातिर] *वि॰* १. किसी कार्य के सम्बन्ध में चिन्ता-रहित। निश्चिन्त। २. पूर्ण विश्वासयुक्त।

निशाचर—[सं॰ निशा ~ चर] *वि॰* रात के समय इधर-उधर घूमनेवाला। *पु॰* १. राक्षस। २. चोर। ३. भूत-पिशाच।

निशा-जल—[सं॰] *पु॰* १. ओस। २. हिम। पाला।

निशात—[सं॰ नि √शो + क्त] *वि॰* १. (शान/सान पर चढ़ाकर) तेज़ किया हुआ। तीक्ष्ण। २. चमकाया हुआ। ३. चमकीला। चमकदार।

निशातिक्रम/निशात्यय—[सं॰ निशा ~ अतिक्रम/अत्यय] *पु॰* १. रात का बीतना। रात्रि की समाप्ति। २. प्रभात। प्रातःकाल।

निशादि—[सं॰ निशा ~ आदि] *पु॰* सूर्यास्त के बाद का समय। सन्ध्या-काल। सायंकाल।

निशानेक़दम—[फा॰ निशान + अरबी क़दम] *पु॰* पद चिह्न। पैरों के निशान।

निशान्त (निशांत)—[सं॰ निशा ~ अन्त] *पु॰* १. रात्रि को समाप्ति। २. प्रभात। प्रातःकाल। ३. रात्रि का अन्तिम प्रहर।

निशान्ध (निशांध)—[सं॰ निशा ~ अन्ध] *वि॰* जो रात में न देख सकता हो। रतौंधी रोग वाला। नक्तान्ध। ✣ **निशान्धता (निशांधता)**—*स्त्री॰* = नक्तान्धता। रतौंधी।

निशा-भीति—[सं॰] *स्त्री॰* एक रोग जिसमें रोगी रात्रि से डरता है।

निशा-रत्न—[सं॰] *पु॰* चन्द्रमा।

निशावसान—[सं॰ निशा ~ अवसान] *पु॰* १. रात्रि का अन्त। २. रात्रि के समाप्त होने का समय। प्रभातकाल। प्रातःकाल।

निशास्ता—[< फा॰ नशास्तः] *पु॰* १. गेहूँ का सार। २. (चावल आदि का) माँड़।

निशाँ—[फा॰ 'निशान' का अनुनासिकान्त रूप] *पु॰* चिह्न। निशान।

निशि—[सं॰ निश्] *स्त्री॰* रात्रि। रात। ✣ **निशिकर**—*पु॰* =चन्द्रमा। ✣ **निशिचर**—*वि॰, पु॰* = निशाचर। (दे॰) ✣ **निशिचारी**—*वि॰, पु॰* = निशाचर। (दे॰) ✣ **निशिदिन**—*पु॰* = रात और दिन। *क्रिवि॰* १. रात-दिन। २. सर्वदा। सदा। हमेशा। Δ **पर्याय**—निशिवासर। ✣ **निशिनाथ/निशिपति**—*पु॰* = चन्द्रमा। ✣ **निशिपाल**—*पु॰* = चन्द्रमा। (छन्द॰) एक समवर्णिक छन्द जिसके प्रत्येक चरण में क्रमशः भगण, जगण, सगण, नगण और रगण (भ ज स न र) के योग से १५ वर्ण होते हैं। ✣ **निशि-वासर**—*क्रिवि॰* = १. रात-दिन या दिन-रात। २. सर्वदा। सदा। हमेशा ।

निशित—[सं॰ नि √शा + क्त] *वि॰* १. शाण/सान पर चढ़ाकर तेज़ किया हुआ। २. तीक्ष्ण। तेज। पैना। *पु॰* लोहा।

निशीथ—*पु॰* = १. अर्धरात्रि। आधी रात। २. रात्रि। रात। ✣ **निशीथ-नाथ**—*पु॰* = चन्द्रमा। ✣ **निशीथव्यापिनी**—*वि॰ (स्त्री॰)* = निशीथ काल में रहनेवाली (तिथि)। ✣ **निशीथिनी** *स्त्री॰* = रात्रि।

निशुम्भ (निशुंभ)—[सं॰ नि √शुम्भ् + घञ्] *पु॰* १. वध। हत्या। २. भग्नकरण। तोड़ना।

निशुम्भ (निशुंभ)-मर्दिनी—[सं॰] *स्त्री॰* दुर्गा (देवी)। पार्वती।

निशेश—[सं॰ निशा ~ ईश] *पु॰* चन्द्रमा।

निशोय—[< सं॰ निसृता] *पु॰* = एक प्रकार की लता का कन्द जो औषधोपयोगी होता है।

निश्चक्षु—[सं॰ निस् + चक्षु] *वि॰* नेत्रहीन। अन्धा।

निश्चन्द्र (निश्चंद्र)—[सं॰ निस् + चन्द्र] *वि॰* चन्द्रमा से रहित।

निश्चय—[सं॰ निर् √चि + अप्] *पु॰* १. सन्देहरहित ज्ञान। २. दृढ़ विचार। पक्का संकल्प। ३. विश्वास। ४. निर्णय। फ़ैसला। ५. निश्चितता। अवश्यम्भाविता। (काव्य॰) एक अर्थालंकार। किसी अप्रस्तुत का निषेध करके प्रस्तुत की स्थापना का चमत्कारी वर्णन। (*जैसे*—मेरे हृदय पर विलसित यह हार है, भुजंग नहीं)। *क्रिवि॰* निश्चित रूप से। अवश्य। ∇ **विलोम**—अनिश्चय।

निश्चयेन—[सं॰ निश्चय] *क्रिवि॰* निश्चित रूप से। निश्चयपूर्वक। निश्चय ही।

निश्चल—[सं॰ निर् √चल + अच्] *वि॰* १. अचल। स्थिर। अटल। २. जो तनिक भी न हिले-डुले। ३. अपरिवर्तनशील। (छन्द॰) १. एक समवर्णिक छन्द जिसके प्रत्येक चरण में भगण, तगण, नगण, मगण, तगण (भ त न म त) के योग से १५ वर्ण होते हैं और ५-६-४ पर यति होती है। २. एक सममात्रिक छन्द जिसके प्रत्येक चरण में २३ मात्राएँ होती हैं, अन्त में गुरु-लघु होता है और १६-७ पर यति होती है। ✣ **निश्चलता**—*स्त्री॰* = १. निश्चल होने की अवस्था/भाव। २. अचलता। स्थिरता। ३. अपरिवर्तनशीलता।

निश्चलत्प्राण—[सं॰ निश्चलत् ~ प्राण] *वि॰* प्राणहीन।

निश्चलाङ्ग (निश्चलांग)—[सं॰ निश्चल ~ अङ्ग] *वि॰* दृढ़ शरीर वाला। *पु॰* पर्वत।

निश्चित—[सं॰ निर् √चि + क्त] *वि॰* १. जिसके विषय में निश्चय किया जा चुका है। २. जिसमें परिवर्तन न हो सकता हो। पक्का। ३. जो सत्य हो। ∇ **विलोम**—अनिश्चित। ✣ **निश्चितप्राय**—*क्रिवि॰* = लगभग निश्चित।

निश्चेत—[< सं॰ निश्चेतस्] *वि॰* १. अचेत। बेहोश। २. चेतना-रहित। मृत। ३. जिसके होश-हवास ठीक न हों।

निश्चेतन—[सं॰ निस् + चेतन] *वि॰* चेतना-रहित। अचेत। बेहोश। **निश्चेतीकरण**—*पु॰* = निश्चेतन करने की क्रिया/भाव।

निश्चेष्ट—[सं॰ निस् + चेष्टा] *वि॰* १. चेष्टा-रहित। प्रयत्नरहित। २. अचेत। बेहोश। ३. अचल। स्थिर। ∇ **विलोम**—सचेष्ट। ✣ **निश्चेष्टीकरण**—*पु॰* = निश्चेष्ट करने की क्रिया/भाव।

निश्छाय—[सं॰ निस् + छाया] *वि॰* छाया-रहित।

निश्रेणी—[सं॰ नि √श्रि + नि + ङीष्] *स्त्री॰* सीढ़ी। नसेनी।

निश्वास—[सं॰ नि √श्वस् + घञ्] *पु॰* १. साँस जो बाहर निकलती है। २. गहरी या ठंडी साँस (जो शोक/पीड़ा आदि की सूचक होती है)।

निश्शरण—*वि॰* ≤ *सं॰* निःशरण।

निषङ्ग (निषंग)—[सं॰ नि √सञ्ज् + घञ्] *पु॰* १. तूणीर। तरकश। २. आलिंगन।

निषङ्गी/निषंगी—[सं॰ निषङ्गिन्] *वि॰* १. आलिंगन करनेवाला। २. तूणीर/तरकश रखनेवाला। ३. तलवार धारण करनेवाला। *पु॰* धनुर्धर। तीरन्दाज़।

निषध—[सं॰ नि √सद् + अच्, पृषो॰] *पु॰* (संगीत॰) 'निषाद' नामक स्वर। स्वर सप्तक का अन्तिम स्वर 'नि'। *वि॰* कठिन।

निषाद—[सं॰ नि √सद् + घञ्] *पु॰* १. एक प्राचीन जाति जिसके लोग मल्लाह आदि का काम करते हैं। २. उक्त उपजाति का व्यक्ति। (संगीत॰) स्वरसप्तक का अन्तिम स्वर 'नि'।

निषादी—[सं॰ निषादिन्] *पु॰* महावत। हाथीवान।

निषिक्त—[सं॰ नि √सिच् + क्त] *वि॰* १. जिस पर जल छिड़का गया हो। २. सींचा गया (खेत)। ३. भीतर पहुँचाया हुआ। ४. जिसके अन्दर कोई वस्तु पहुँचायी गयी हो।

निषिक्ताण्ड (निषिक्तांड)—[सं॰ निषिक्त ~ अण्ड] (वनस्पति॰) पौधों के नर युग्मक और नारी/मादा के संयुग्मन से निर्मित बीजाणु जिससे भ्रूण उत्पन्न होता है।

निषिद्ध (निषिद्ध)—[सं॰ नि √सिध् + क्त] *वि॰* १. जिसका निषेध किया गया हो। जिसे व्यवहार में लाना मना किया गया हो। वर्जित। *जैसे*—शास्त्रों में निषिद्ध कार्यों का वर्णन है। २. बुरा और त्याज्य। ३. जिस पर सरकार द्वारा रोक लगायी गयी हो। ४. जिसके आयात-निर्यात की मनाही हो।

निषूदन[1]—[सं॰ नि √सूद् + णिच् + ल्युट्] *पु॰* वध।

निषूदन[2]—*वि॰* (समासयुक्त शब्दों के अन्त में) वध करनेवाला। *जैसे*—राक्षसनिषूदन।

निषेक—[सं॰ नि √सिच् + घञ्] *पु॰* १. (जल आदि का) छिड़काव। २. सिंचन। सिंचाई। ३. टपकने/रिसने/चूने की क्रिया/भाव। टपकाव, रिसाव या चुआव। ४. गर्भ धारण कराना। गर्भाधान। ५. किसी के अन्दर कोई वस्तु भरना। ६. उक्त में भरी हुई वस्तु। ७. मैला पानी।

निषेचन—[सं॰ नि √सिच् + णिच् + ल्युट्] *पु॰* १. छिड़कना। २. सींचना। ३. बीज डालना। बीज रोपना। (जीव॰) १. गर्भधारण करना। गर्भाधान। २. नर और नारी/मादा जनन इकाइयों का संयुग्मन।

निषेच्य—[सं॰ नि √सिच् + यत्] *वि॰* = जिसका निषेचन हो सकता हो। प्रजननशक्ति से युक्त। (अं॰ फ़र्टाइल)

निषेध—[सं॰ नि √सिध् + घञ्] *पु॰* १. मना करने की क्रिया/भाव। वर्जन। मनाही। २. अस्वीकृति। इन्कार। ३. ऐसा नियम जिसमें किसी बात/वस्तु की मनाही हो। वर्जक नियम। ४. (किसी नियम का) अपवाद।

निषेधवाद—[सं॰ निषेध ~ वाद] *पु॰* (पा॰ दर्शन॰) १. सत्य की प्राप्ति को असम्भव मानने का मतवाद। २. सत्य की प्राप्ति मे संशय करने का मतवाद। ३. दृश्य जगत् का निषेध करनेवाला मतवाद।

निषेवक—[सं॰ नि √सेव् + ण्वुल्] *वि॰* १. निषेवण करनेवाला। २. सेवक। नौकर। चाकर। ३. उपासक। भक्त। ४. अनुरागी। ५. अभ्यास करनेवाला। ६. अनुसरण करनेवाला। ७. रहनेवाला। ८. प्रयोग/व्यवहार में लानेवाला।

निषेवण—[सं॰ नि √सेव् + ल्युट्] *पु॰* १. सेवा। नौकरी/चाकरी २. आराधना। उपासना। पूजा। ३. अनुराग। ४. आसक्ति। ५. निवास। रहना। बसना। ६. अभ्यास। ७. प्रयोग। व्यवहार। उपयोग। ✣

निषेवित—*वि॰* = जिसका सेवन हुआ हो। ✣ **निषेवी**—*वि॰* = सेवन करनेवाला। निषेवक। ✣ **निषेव्य**—*वि॰* = १. जिसका सेवन करना उचित हो। सेवन-योग्य। २. जिसका सेवन किया जाने वाला हो।

निष्क—[सं॰ √निष्क् + अच्] *पु॰* १. (प्राचीन काल का) एक सोने का सिक्का। २. उक्त सिक्के के बराबर की तौल। १ कर्ष या १६ माशा। ३. सुवर्ण। सोना। ४. सोने का बना हार।

निष्कण्टक (निष्कंटक)—[सं॰ निस् + कण्टक] *वि॰* १. जिसमें काँटे न हों। कंटकरहित। २. जिसमें कोई बाधा/आपत्ति/उपद्रव/संकट/झंझट आदि न हो। निर्बाध। विपत्तिरहित। ३. शत्रुओं से शून्य। शत्रुरहित। ४. जिसमें कोई डर न हो। भयरहित। *क्रिवि॰* १. बिना किसी प्रकार की बाधा/रुकावट के। २. बिना किसी प्रकार की शत्रुता की सम्भावना के। ***वा॰*** **निष्कंटक करना**—सब बाधाओं को दूर करना। **निष्कंटक होना**—बाधा/विपत्ति/विरोध/संकट/उपद्रव आदि से रहित होना।

निष्कम्प (निष्कंप)—[< सं॰ निस् + कम्प्] *वि॰* १. कम्पनरहित। स्थिर। दृढ़। अटल। २. गतिहीन।

निष्करुण—[सं॰ निस् + करुणा] *वि॰* जिसमें करुणा न हो। करुणाहीन। क्रूर।

निष्कर्म—[सं॰ निस् + कर्म (कर्मन्)] *वि॰* १. कोई काम न करनेवाला। निष्क्रिय। २. कर्म करने पर भी उसमें आसक्त न होनेवाला। ३. निष्काम भाव से कर्म करनेवाला।

निष्कर्ष—[सं॰ निस् √कृष् + घञ्] *पु॰* १. खींचकर निकालना। निकालकर बाहर करना। निःसारण। २. विचार-विमर्श या सोच-विचार के बाद निकलनेवाला परिणाम। ३. निश्चय। ४. (किसी बात/वक्तव्य का) सार। सारांश। निचोड़।

निष्कर्षण—[सं॰ निस् + कर्षण] *पु॰* १. खींचकर निकालना। ***जैसे***—दन्त-निष्कर्षण। २. दूर करना। ३. मिटाना। ४. निष्कर्ष निकालना। (रसायन॰) मिश्रण में से वांछित वस्तु को अलग निकालना। ***जैसे***—खनिज में से शुद्ध धातु का निष्कर्षण।

निष्कल—[सं॰ निस् + कला] *वि॰* कलाओं/अंशों से रहित। पूर्ण।

निष्कलुष—[सं॰ निस् + कलुष] *वि॰* १. कलुष-रहित। निर्मल। २. पापरहित। पवित्र।

निष्कषाय—[सं॰ निस् + कषाय] *वि॰* १. मल-रहित। निर्मल। साफ। २. बुरी वासनाओं से रहित। शुद्धहृदय।

निष्काम—[सं॰ निस् + काम] *वि॰* १. कामनाओं से रहित। इच्छा-रहित। २. सब सांसारिक वासनाओं से रहित। ३. (कर्म) जो फल की भावना की कामना से न किया जाए। ***जैसे***—गीता निष्काम कर्म करने की शिक्षा देती है। ∇ **विलोम**—सकाम। ✣ **निष्कामता**—*स्त्री॰* = निष्काम होने की क्रिया/भाव।

†**निष्कामी**—*वि॰* = निष्काम।

निष्कासन—[सं॰ निस् √कास् + ल्युट्] *पु॰* १. अपने निवास-स्थान से अधिकार-पूर्वक और बलपूर्वक तथा स्थायी रूप से बाहर करना। निकालना। ***जैसे***—घर से निष्कासन। २. पद/नौकरी आदि से निकाल देना। ३. दंड के रूप में देश/राज्य से बाहर निकाला जाना।

निष्किञ्चन (निष्किंचन)—[सं॰ निस् + किञ्चन] *वि॰* जिसके पास कुछ भी न हो। दरिद्र। निर्धन। अकिंचन।

निष्किल्विष—[सं॰ निस् + किल्विष] *वि॰* पाप से रहित। निष्पाप।

निष्कृत—[सं॰ निस् √कृष् + क्त] *वि॰* १. जिसे छुटकारा मिला हो। मुक्त। क्षमा किया हुआ।

निष्कृति—[सं॰ निस् √कृ + क्तिन्] *स्त्री॰* छुटकारा। मुक्ति।

निष्कृष्ट—[सं॰ निस् √कृष् + क्त] *वि॰* १. निचोड़ कर निकाला हुआ। २. सारभूत।

निष्केवल—[सं॰ निस् + केवल] *वि॰* = १. मिश्रण से पूर्णतः रहित। विशुद्ध। २. अनन्य।

निष्कोषण—[सं॰ निस् √कुष् + ल्युट्] *पु॰* १. छीलना। २. भूसी निकालना। ३. खींचकर, फाड़कर या कुरेदकर बाहर निकालना। ४. खुरचना।

निष्क्रम—[सं॰ निस् √क्रम + घञ्] *पु॰* १. बाहर निकालना। २. बाहर जाना। प्रस्थान। ३. एक वैदिक संस्कार जिसमें चार महीने के शिशु को पहली बार बाहर लाकर सूर्य का दर्शन कराते हैं। ४. जाति से बाहर निकालना। जाति-च्युत करना। Δ **पर्याय**—निष्क्रमण।

निष्क्रमण—[सं॰ निस् √क्रम् + ल्युट्] *पु॰* १. निष्क्रम। (दे॰) २. बहुत लोगों का, संघटित रूप में, विशेषतः सुरक्षा के लिए, अपने ग्राम/नगर/राज्य/देश से बाहर जाना। ***जैसे***—पंजाब, सिन्ध आदि के लाखों हिन्दुओं का पाकिस्तान से निष्क्रमण हुआ था।

निष्क्रान्त (निष्क्रांत)—[सं॰ निस् √क्रम् + क्त] *वि॰* १. जो निकल गया हो। निकला हुआ। २. जो निकाला गया हो। निकाला हुआ। ३. जिसने अपने ग्राम/नगर/राज्य/देश आदि से सुरक्षार्थ निष्क्रमण किया हो।

निष्क्रामित—[< सं॰ निष्क्रम] *वि॰* निष्क्रान्त।

निष्ठ—[नि √स्था + क] *वि॰* १. ठहरा हुआ। स्थित। २. (किसी कार्य आदि में) पूरी तरह मन से लगा हुआ। पूर्णतः तत्पर। ***जैसे***—अध्ययन-निष्ठ। ३. (किसी के प्रति) निष्ठा रखनेवाला। भक्ति/श्रद्धा वाला। निष्ठावान्। ***जैसे***—गुरु-निष्ठ। ४. विश्वासी। ● **विशेष—'निष्ठ' का प्रयोग समासयुक्त शब्दों के अन्त में ही होता है।**

निष्ठा—[सं॰ नि √स्था + अङ्ग + टाप्] *स्त्री॰* १. स्थिति। ठहराव। २. दृढ़तापूर्वक ठहरे रहना। ३. किसी बात का दृढ़ निश्चय। ४. भक्ति/श्रद्धा या विश्वास की मनोवृत्ति। गहरा अनुराग या विश्वास। ✣ **निष्ठावान्**—*वि॰* = (किसी के प्रति) निष्ठा रखनेवाला। निष्ठायुक्त।

निष्ठीवन—[सं॰ नि √ष्ठिव् + ल्युट्] *पु॰* १. थूक। २. मुँह से थूक निकालकर बाहर फेंकना।

निष्ठुर—[सं॰ नि √स्था + उरच्] *वि॰* १. दया/ममता/मोह से रहित।

निर्दय। हृदयहीन। *जैसे*—निष्ठुर मनुष्य। २. रुक्ष। रूखा। कठोर। *जैसे*—निष्ठुर व्यवहार। ३. कठिन। कठोर। कड़ा। सख्त। *जैसे*—निष्ठुर आज्ञा। ✣ **निष्ठुरता**—*स्त्री॰* = १. निष्ठुर होने की अवस्था/भाव। २. दयाहीनता। निर्दयता। क्रूरता। ३. निर्मोहता। निर्ममता। ४. व्यवहार का रूखापन। कठोरता। ✣ **निष्ठुरत्व**—*पु॰* = निष्ठुरता।

निष्णात—[स॰ नि √स्ना + क्त] *वि॰* १. किसी विषय/बात का उत्तम ज्ञान रखनेवाला। पारंगत। विशेषज्ञ। २. निपुण। प्रवीण। दक्ष।

निष्पङ्क (निष्पंक)—[स॰ निस् + पङ्क] *वि॰* १. कीचड़ से रहित (भूमि)। २. (वस्तु) जो कीचड़-युक्त न हो। २. स्वच्छ। साफ़।

निष्पत्ति—[स॰ निस् √पद् + क्तिन्] *स्त्री॰* १. उत्पत्ति। आविर्भाव। जन्म। २. पक्व अवस्था। परिपाक। ३. आज्ञा/निश्चय आदि के अनुसार किसी कार्य का किया जाना। कार्यान्वयन। निष्पादन। ४. उद्‌देश्य/कार्य की सिद्धि। ५. समाप्ति। अन्त। ६. निपटारा।

निष्पणयन—[स॰ निस् + पणयन] *पु॰* (अर्थ॰) किसी वस्तु की कीमत का इतना अधिक होना कि उसे ख़रीदना साधारण उपभोक्ता के लिए कठिन हो जाए।

निष्पत्र—[स॰ निस् + पत्र] *वि॰* जिसमें पत्र/पत्ते न हों। पत्ररहित। पत्रहीन। ✣ **निष्पत्रण**—*पु॰* = पतझड़।

निष्पद—[स॰ निस् + पद] *वि॰* जिसके पैर न हों। *पु॰* बिना पहियों का वाहन/सवारी।

निष्पन्द (निष्पंद)—[स॰ नि + स्पन्द] *वि॰* स्पन्दन-रहित।

निष्पन्न—[स॰ निस् √पद् + क्त] *वि॰* १. उत्पन्न। आविर्भूत। २. पूरा किया हुआ। कार्यान्वित। निष्पादित। ३. पूरी तरह विकसित। परिपक्व। पूर्ण। सिद्ध।

निष्परुष—[स॰ निस् + परुष] *वि॰* १. जो परुष/कर्कश /कठोर न हो। २. कोमल। ३. मधुर (वाणी/स्वर)।

निष्पलक—[स॰ निस् + पलक] *वि॰* बिना पलक झपकाए। निर्निमेष।

निष्पादन—[स॰ निस् √पद् + णिच् + ल्युट्] *पु॰* १. निष्पन्न करने की क्रिया। २. (आज्ञा आदि के अनुसार) किसी काम को पूरा करना। कार्यान्वयन। तामील। (कोश॰) शब्द-निर्माण की प्रक्रिया जिसमें प्रत्यय आदि की सहायता से एक शब्द से दूसरा शब्द बनाया जाता है। *जैसे*—'अच्छा' से 'अच्छाई' का निष्पादन।

निष्पीडन—[स॰ निस् √पीड् + ल्युट्] *पु॰* निचोड़ने की क्रिया/भाव। ✣ **निष्पीड़न**—*पु॰* = निष्पीडन।

निष्पुष्प—[स॰ निस् + पुष्प] *वि॰* पुष्पहीन। ✣ **निष्पुष्पा**— *वि॰* *(स्त्री॰)* = पुष्पहीन।

निष्पेषण—[स॰ निस् + पेषण] *पु॰* १. पेरना। *जैसे*—कोल्हू द्वारा गन्नों का निष्पेषण। २. पीसना। *जैसे*—दाल का निष्पेषण। ३. कूटना या चूर्ण करना। ✣ **निष्पेषित**—*वि॰* = १. पेरा हुआ। २. पीसा हुआ। ३. कूटा हुआ। चूर्ण किया हुआ।

निष्पौरुष—[स॰ निस् + पौरुष] *वि॰* पौरुषहीन। शक्तिहीन।

निष्प्रताप—[स॰ निस् + प्रताप] *वि॰* प्रताप से रहित। प्रतापहीन।

निष्प्रतिभ—[स॰ निस् + प्रतिभा] *वि॰* जिसमें प्रतिभा न हो। जिसमें प्रतिभा शेष न हो रही हो। प्रतिभाहीन।

निष्प्रभ—[स॰ निस् + प्रभा] *वि॰* १. प्रभाहीन। कान्तिरहित। २. घबराया हुआ। हतप्रभ।

***निसक**—[< स॰ निःशक्त] *वि॰* शक्तिहीन। दुर्बल। कमज़ोर।

***निसङ्ग (निसंग)**—[स॰ नि + सङ्ग] *वि॰* १. जो बिना किसी साथी का हो। एकांकी। अकेला। २. निर्जन। एकान्त। ३. वासना-रहित।

***निसत[1]**—[< स॰ नि + सत्य] *वि॰* असत्य। झूठा।

***निसत[2]**—[< स॰ निः सत्त्व] *वि॰* १. जिसमें सार न हो। सारहीन। सत्त्वहीन। २. निर्बल। कमज़ोर। ३. अस्तित्वहीन।

***निसतरना**—[< स॰ निस्तार] *क्रिअ॰* १. निस्तार पाना। मुक्ति/छुटकारा पाना। २. उद्धार होना। *क्रिस॰* १. मुक्त करना। निस्तार/उद्धार करना।

***निसतारना**—[< स॰ निस्तार] *क्रिस॰* १. मुक्त करना। छुटकारा देना। २. उद्धार करना।

***निसद्द**—[< स॰ निःशब्द] *वि॰* ≤ *स॰* निःशब्द। शब्दरहित।

***निसद्योस (निसद्योस)**—[< स॰ निशि ~ दिवस] *क्रिवि॰* रात-दिन। सदा।

***निसनेह**—[< स॰ निःस्नेह] *वि॰* स्नेहरहित।

***निसम्बल (निसंबल)**—[< स॰ निःसम्बल] *वि॰* १. सम्बल/पाथेय से रहित। २. साधनहीन।

***निसरना**—[< स॰ निःसरण] *क्रिअ॰* १. बाहर आना। निकलना। २. पलायन करना। भागना। *जैसे*—युद्धभूमि से निसरना।

***निसराना**—[< हि॰ निसरना] *क्रिस॰* १. बाहर करना। निकालना। २. निकलवाना।

निसर्ग—[स॰ नि + सर्ग] *पु॰* १. प्रकृति। क़ुदरत। २. भौतिक जगत्। सृष्टि। ३. स्वभाव। प्रकृति। ४. मल-मूत्र का त्याग।

निसर्गतः—[स॰ निसर्ग + तः (तस्)] *क्रिवि॰* १. प्राकृतिक दृष्टि से। २. स्वाभाविक रूप से। ३. स्वभावतः।

निसँसना/निसंसना—[< स॰ निःश्वास] *क्रिअ॰* १. साँस लेना। २. हाँफना।

***निसागम**—[< स॰ निशागम] *पु॰* = रात्रि का आरम्भ। सन्ध्याकाल। प्रदोष।

†निसाथा—[< स॰ नि + हि॰ साथ] *वि॰* जो साथी के बिना हो। अकेला।

***निसानन**—[< स॰ निशानन] *पु॰* रात्रि का आरम्भ। प्रदोष। सन्ध्याकाल।

निसारक—[< हि॰ निसारना] *वि॰* १. बाहर निकालनेवाला। २. खींचकर निकालनेवाला।

निसारना—[< स॰ निःसरण] *क्रिस॰* १. निकालना। २. खींचकर निकालना।

***निसाँक**—[< स॰ निःशङ्क] *वि॰* निःशंक। निर्भय। *क्रिवि॰* निःशंकता से। बेखटके।

***निसाँसा**—[< हि॰ नि + साँस] *वि॰* १. जिसकी साँस लेने या छोड़ने की क्रिया लगभग बन्द हो गयी हो। मृतप्राय। २. बेदम। ✣ **निसाँसी**—*वि॰ (स्त्री॰)* = १. बिना साँस की। श्वासहीन। २. मृतप्राय या मृतवत्।

निसि—[< स॰ निशि] *स्त्री॰* १. रात्रि में। निशा। रात्रि। (छन्द॰) एक समवर्णिक छन्द जिसके प्रत्येक चरण में क्रमश: एक भगण और लघु के योग से ४ वर्ण होते हैं।

निसित—[< स॰ निशित] *वि॰* तीखी धार वाला। निशित। तीक्ष्ण। पैना।

निसिदिन—[< स॰ निशिदिन] *पु॰* रात और दिन। *क्रिवि॰* १. रात-दिन। हर समय। सदा। २. निरन्तर। लगातार।

निसियर—[< स॰ निशिकर] *पु॰* चन्द्रमा।

निसीठा—[स॰ नि + सीठा] *वि॰* १. नीरस। फीका। २. सारहीन। ✣ **निसीठी**—*वि॰ (स्त्री॰)* = १. नीरस। फीकी।

***निसुका**—[< स॰ नि:स्वक] *वि॰* १. निज सम्पत्ति से रहित। निर्धन। दरिद्र। २. भाग्यहीन। अभागा।

।निसुर—[< स॰ नि:स्वर] *वि॰* १. शब्द-रहित। २. मौन।

निसूदन—[स॰ नि √सूद् + णिच् + ल्युट्] *पु॰* १. वध करना। मारना। २. नष्ट करना। *वि॰* १. वध करनेवाला। मारनेवाला। २. नष्ट करनेवाला।

निसृत—[< स॰ नि:सृत] *वि॰* १. निकला हुआ। बाहर आया हुआ। २. निकाला हुआ।

निसृष्ट—[स॰ नि + सृष्ट] *वि॰* १. दान/उपहार आदि के रूप में दिया हुआ। २. त्यागा हुआ। ३. निकाला हुआ। ४.. मध्यस्थ (व्यक्ति)।

निसृष्टार्थ—[स॰ निसृष्ट ~ अर्थ] *वि॰* (व्यक्ति) जिसे किसी विषय का प्रबन्ध सौंपा गया हो। *पु॰* १. (प्राचीन भारत में) तीन प्रकार के दूतों में से एक प्रकार का दूत जो दोनों पक्षों की बातों को समझकर स्वयं उत्तर दे, स्वयं प्रश्न करके उत्तर ले और कार्य सम्पन्न कर ले। ***जैसे***—पांडवों के निसृष्टार्थ के रूप में श्रीकृष्ण हस्तिनापुर की कौरव-सभा में गए थे। २. स्वामी के कार्य को निष्ठा व योग्यता से करने वाला बुद्धिमान् व्यक्ति। ३. (प्राचीन भारत में) धन के आय-व्यय तथा कृषि व व्यापार की देखभाल के लिए नियुक्त कर्मचारी। (काव्य॰) वह दूत/दूती जो नायक और नायिका के मनोरथ को समझकर अपनी बुद्धि से कार्य सिद्ध करे।

***निसेनिका**—[< स॰ नि:श्रेणिका] *स्त्री॰* सीढ़ी। नसेनी।

***निसेनी/निसैनी**—[< स॰ निश्रेणी] *स्त्री॰* सीढ़ी। नसेनी।

।निसोग—[< स॰ नि:शोक] *वि॰* १. शोकरहित। २. चिन्तारहित।

***निसोत/निसोता**—[< स॰ नि:संयुक्त] *वि॰* १. जिसमें मिलावट न हो। शुद्ध। ख़ालिस। ✣ **निसोती**—*वि॰ (स्त्री॰)*।

***निसोध/निसोधु**—[< स॰ नि + हि॰ सुध] *स्त्री॰* १. सुध। ख़बर। २. सन्देश।

निस्तन्तु (निस्तंतु)—[स॰ निस् + तन्तु] *वि॰* १. तन्तु-रहित। २. सन्तान-रहित। नि:सन्तान।

निस्तन्द्र (निस्तंद्र)—[स॰ निस् + तन्द्रा] *वि॰* १. तन्द्रारहित। २. आलस्य-रहित। निरालस्य। ३. शक्तिशाली।

निस्तब्ध—[नि॰ √स्तम्भ् + क्त] *वि॰* १. गतिहीन। स्तम्भित। २. चेष्टारहित। निश्चेष्ट। २. कोलाहल-रहित। शान्त। ✣ **निस्तब्धता**—*वि॰ (स्त्री॰)* शांन्ति। नीरवता। ख़ामोशी। सन्नाटा।

निस्तरङ्ग (निस्तरंग)—[स॰ निस् + तरङ्ग] *वि॰* लहरों से रहित। तरंगहीन।

निस्तरण—[स॰ निस् + तरण] *पु॰* १. तैरकर पार जाने की क्रिया। निस्तार। २. मुक्ति। छुटकारा। ३. मोक्ष। मुक्ति। ४. बाधाओं/झंझटों आदि से निस्तार/छुटकारा। ५. उद्धार।

निस्तल—[स॰ निस् + तल] *वि॰* १. जिसका तल न हो। तल-हीन। २. जिसके तल का पता न हो। बहुत गहरा। अतल।

निस्तापन—[स॰ निस् + तापन] *पु॰* बहुत तपाना। (रसायन॰) बिना गलाए ख़ूब तपाना। (अ॰ केल्सिनेशन) ● **विशेष**—इस प्रक्रिया से आक्साइडों को वायु में गर्म करके धातुओं में बदला जाता है।

निस्तार—[स॰ निस् √तृ + घञ्] *वि॰* १. तैरकर पार जाने की क्रिया। निस्तरण। २. मुक्ति। छुटकारा। ३. मोक्ष। मुक्ति। ४. बाधा/झंझट/संकट आदि से निस्तार/छुटकारा। ५. उद्धार। ६. उपाय। ७. ऋण से छुटकारा। ८. कोई काम निपटाने की क्रिया। ९. शौच आदि के लिए जाना। [वाणि॰] १. आग लगने या अन्य किसी दुर्घटना से सम्पत्ति को नष्ट होने से बचाने का कार्य। २. दुर्घटनाग्रस्त जहाज़ आदि से बचा हुआ या क्षतिग्रस्त माल निकालने का कार्य। ३. उक्त प्रकार से बचाया या निकाला हुआ अवशिष्ट माल। ४. अधिकारी द्वारा किसी आदेश की पुष्टि/अनुमोदन/स्वीकृति।

निस्तारण—[स॰ निस् + तारण] *पु॰* १. निस्तार करने की क्रिया/भाव। निस्तार। २. उद्धार करना। उबारना। ३. डूबने, जलने आदि से बचाना। ***जैसे***—जलयान द्वारा निस्तारण। ४. मुक्ति। छुटकारा। ***जैसे***—उद्योगों से प्राप्त कूड़े-करकट के निस्तारण की समस्या।

निस्तीर्ण—[स॰ निस् + तीर्ण] *वि॰* १. जिसका निस्तार हो चुका हो। २. जो पार उतर चुका हो। ३. जिसका संकट आदि से छुटकारा हो चुका हो। ४. छूटा हुआ। मुक्त।

निस्तेज—[स॰ निस् + तेज] *वि॰* १. जिसमें तेज न हो या आभा न हो। निष्प्रभ। २. उत्साहहीन। ३. साहसरहित।

निस्त्रप—[स॰ निस् + त्रपा] *वि॰* निर्लज्ज। बेशर्म।

निस्त्रैगुण्य—[स॰ निस् + त्रैगुण्य] *वि॰* जो तीनों गुणों से रहित हो। त्रिगुण-रहित। *पु॰* तीनों गुणों (सत्त्व, रज और तम) से रहित होने की अवस्था/भाव। त्रिगुणरहितता।

निस्नेह—[स॰ नि + स्नेह] *वि॰* १. स्नेहरहित। प्रेमरहित। रूखा। २. जिसमें तेल/घी आदि या चिकनाई न हो। रूखा।

निस्पन्द (निस्पंद)—[स॰ नि: + स्पन्द] *वि॰* स्पन्दन-रहित। गतिहीन। स्थिर। *पु॰* स्पन्दन। कम्पन। गति। धड़कन।

निस्पृह—*वि॰* ≤ स॰ नि:स्पृह। निर्लोभ।

निस्बत—[अरबी] *स्त्री॰* १. सम्बन्ध। लगाव। २. सम्पर्क। ३. तुलना।

४. अनुपात। *अव्यय॰* (के) विषय/सम्बन्ध में। ***जैसे***—उसकी निस्बत तुम्हारा क्या विचार है? ✣ **निस्बती**—*वि॰* = १. निस्बत का। सम्बन्ध/सम्पर्क का। ***जैसे***—'साला' भी 'निस्बती भाई' कहा जाता है और बहनोई भी। २. तुलनात्मक रूप से। ***जैसे***—निस्बती तौर पर कहें तो तुम्हारा भाई तुम से अधिक समझदार है। ३. अनुपातात्मक। ***जैसे***—यह निस्बती प्रश्न है।

निस्यन्द (निस्यंद)—[सं॰ नि + स्यन्द] *पु॰* १. क्षरण। चूना। रिसना। २. बहाव। ३. छाना हुआ द्रव। (रसायन॰) निस्यन्दक पत्र से छनकर प्राप्त हुआ द्रव। (अं॰ फ़िल्ट्रेट)

निस्यन्दक (निस्यंदक)—[सं॰ नि + स्यन्दक] *पु॰* (रसायन॰) किसी मिश्रण के एक या अधिक घटकों को छानकर अलग कर देने का उपकरण। (अं॰ फ़िल्टर) ✣ **निस्यन्दक (निस्यंदक) पत्र**—*पु॰* = (रसायन॰) निस्यन्दन के लिए प्रयोग में आनेवाला काग़ज़। (अं॰ फ़िल्टर पेपर)

निस्यन्दन (निस्यंदन)—*पु॰* (रसायन॰) = निस्यन्दक पत्र से छानने की प्रक्रिया/भाव।

निस्यन्दी (निस्यंदी)—[सं॰ निस्यन्दिन्] *वि॰* १. टपकनेवाला। २. चूने/रिसने/बहने वाला।

निस्रव/निस्राव—[सं॰ नि + स्रव/स्राव] *पु॰* १. टपकना। चूना। बहना। २. (चावल पकाने से प्राप्त) माँड़।

निस्व—[< सं॰ निःस्व] जिसके पास अपनी धन-सम्पत्ति कुछ भी न हो। दरिद्र। निर्धन। ग़रीब।

निस्वन—[सं॰ नि √स्वन् + अप्] *पु॰* १. ध्वनि। शब्द। २. कोलाहल। शोर। ३. बाण की सरसराहट।

निस्संशय—[सं॰ निस् + संशय] *वि॰* संशय-रहित। सन्देह-रहित। निस्सन्देह। निश्चित।

निस्सङ्कट (निस्संकट)—[सं॰ निस् + सङ्कट] *वि॰* संकट-रहित। विपत्तिहीन। ***जैसे***—अपना राज्य सदा निस्संकट रहना चाहिए।

निस्सङ्कोच (निस्संकोच)—[सं॰ निस् + सङ्कोच] *वि॰* संकोचरहित। लज्जारहित। *क्रिवि॰* बिना संकोच किए। बेझिझक। बेधड़क।

निस्सङ्ग (निस्संग)—[सं॰ निस् + सङ्ग] *वि॰* १. जो किसी से कोई सम्बन्ध न रखता हो। २. सांसारिक विषय-वासनाओं से रहित। उदासीन। ✣ **निस्सङ्गता (निस्संगता)**—*स्त्री॰* = निस्संग होने का गुण/अवस्था/भाव।

निस्सत्त्व—[< सं॰ निस् + सत्त्व] *वि॰* सत्त्वहीन। निःसत्त्व।

निस्सम्बल (निस्संबल)—[सं॰ निस् + सम्बल] *वि॰* १. सम्बल/पाथेय से रहित। २.साधन रहित। Δ **पर्याय**—निःसम्बल।

निस्सरण—[सं॰ निस् + सरण] *पु॰* निकलने की क्रिया/भाव। २. निकलने का स्थान/रास्ता। निर्गम।

निस्सहाय—[सं॰ निस् + सहाय] *वि॰* जिसकी कोई सहायता न हो। असहाय।

निस्सार—[सं॰ निस् + सार] *वि॰* १. सारहीन। २. व्यर्थ। निरर्थक।

निस्सारण—[सं॰ निस् √सृ + णिच् + ल्युट्] *पु॰* १. निकालने की क्रिया या भाव। २. रस/अर्क़ आदि निकालने की क्रिया/भाव। निष्कर्षण।

निस्सीम—[सं॰ निस् + सीम (सीमन्)] *वि॰* १. जिसकी कोई सीमा न हो। असीम। अनन्त। अपार। २. बहुत अधिक।

निस्सृत—[सं॰ निस् √सृ + क्त] *वि॰* बाहर निकला हुआ।

निस्स्नेह—*वि॰* [सं॰ निस् + स्नेह]। *वि॰* स्नेह-रहित।

निस्स्पन्द (निस्सपंद)—*पु॰* ≤ *सं॰* निष्पन्द।

निस्स्यन्दन (निस्स्यंदन)—[सं॰ निस् + स्यन्दन] *पु॰* छानने की क्रिया/भाव। (रसायन॰) किसी मिश्रण के एक या अधिक घटकों को अलग कर देने के लिए छानना।

निस्स्वन—[< सं॰ निस् + स्वन] *वि॰* स्वन-रहित। निःस्वन। स्वर-रहित। चुपचाप।

***निहकर्मा**—[< सं॰ निष्कर्म] *वि॰* १. काम न करने वाला। निकम्मा। २. निष्काम भाव से कर्म करनेवाला। निष्कर्म।

***निहगर्व**—[< सं॰ निस् + गर्व] *वि॰* गर्व-रहित।

निहङ्ग (निहंग)—[< सं॰ निःसङ्ग] *वि॰* १. एकाकी। अकेला। २. अविवाहित। ३. परिवार-रहित। ४. निर्लज्ज। बेशर्म। *पु॰* १. बैरागी। साधु। २. सिक्खों के 'कूका' सम्प्रदाय का व्यक्ति।

निहत—[सं॰ नि + हत] *वि॰* १. मारा हुआ। २. नष्ट किया हुआ।

निहनना—[< सं॰ निहनन] *क्रिस॰* मार डालना। वध करना।

***निहनामी**—[< सं॰ निस् + हिं॰ नामी] *वि॰* बिना नाम का। अनामी।

निहन्ता (निहंता)—[सं॰ निहन्तृ] *वि॰* १. मारने वाला। हत्यारा। २. नाश करने वाला। नाशक।

निहाई—[< सं॰ निघातिका] *स्त्री॰* लुहारों/सुनारों का एक उपकरण जो लोहे के भारी अड्डे के रूप में होता है और जिस पर धातु का टुकड़ा रखकर हथौड़े से हल्के-हल्के पीटकर, उसे बढ़ाया जाता है। ऐर।

निहाऊ—[< सं॰ निघाति] *पु॰* लोहे का घन।

निहाथ—[सं॰ नि + हिं॰ हाथ] *वि॰* बिना हाथों का। लुंज।

निहाना[1]—[< सं॰ नि + घात] *क्रिस॰* १. मारना। २. नष्ट करना। ३. दबाना।

निहाना[2]—[< सं॰ निखनित्र] *पु॰* बढ़ई का एक उपकरण जिससे वह लकड़ी में चौखूँटा सुराख़ करता है।

निहायत—[अरबी] *क्रिवि॰* बहुत अधिक। अत्यन्त।

***निहार**[1]—[< सं॰ नीहार] *पु॰* नीहार। पाला। कुहरा। धुन्ध।

***निहार**[2]—[< हिं॰ निहारना] *स्त्री॰* निहारने की क्रिया/भाव। अच्छी तरह और ध्यान से अवलोकन।

निहाल—[फा॰] *वि॰* १. प्रफुल्ल। प्रसन्न। २. जो धन आदि मिलने से समृद्ध हो गया हो। ३. सफलमनोरथ। ४. पूर्णकाम। ***वा॰* निहाल करना**—सन्तुष्ट कर देना। **निहाल होना**—बहुत/सन्तुष्ट प्रसन्न होना।

***निहालना[1]**—[< हि॰ निहारना] १. निहारना। देखना। २. खोजना।

***निहालना[2]**—[< फा॰ निहाल] *क्रिस॰* निहाल कर देना।

निहिंसन—[स॰ नि + हिंसन] *पु॰* हिंसा। हत्या।

निहित—[स॰ नि √धा + क्त] *वि॰* १. रखा हुआ। स्थापित। ***जैसे***—भूमि में निहित धन २. अन्दर छिपा/दबा हुआ। अन्तर्हित। प्रच्छन्न। ३. दिया या सौंपा हुआ। *जैसे*—निहित अधिकार। ४. विवक्षित या उपलक्षित (अर्थ)।

निहितार्थ—[स॰ निहित ~ अर्थ] *पु॰* अभिप्रेत अर्थ। उपलक्षित अर्थ। ***जैसे***—सन्देहशील लोग किसी के सीधे-सादे वाक्य में भी निहितार्थ खोजते हैं ताकि प्रश्न पूछने या आरोप लगाने का अवसर मिल सके।

निहुरना—[< हि॰ निहोरना] *क्रिअ॰* १. झुकना।

***निहुराई[1]**—[< हि॰ निठुराई] *स्त्री॰* निष्ठुरता। दयाहीनता। निर्दयता। क्रूरता।

निहुराई[2]—[< हि॰ निहुरना] *स्त्री॰* झुकने की क्रिया/भाव। नमन।

निहोरना—[< हि॰ निहोरा] *क्रिस॰* १. निहोरे करना। अनुनय-विनय करना। प्रार्थना करना। २. मनुहार करना। मनाना। ३. कृतज्ञता प्रकट करना।

***निहोरा**—[< हि॰ मनुहार] *पु॰* १. प्रार्थना। निवेदन। २. कृपा। ३. अनुरोध। मनुहार। ४. अबलम्ब। सहारा। ५. उपकार या आभार। ***वा॰* निहोरा लेना**—किसी के उपकार के बदले कृतज्ञ होना। ✣ **निहोरे[1]**—*वि॰* = १. किसी के उपकार के कारण से। २. के लिए। वास्ते। *पु॰* = निहोरा का बहुवचन। इन्कार। २. गोपन। छिपाव। दुराव।

निँदासा (निंदासा)—[< हि॰ नींद] *वि॰* १. (व्यक्ति) जिसे नींद आना आरम्भ हो गयी हो। २. (नेत्र) जिनमें नींद भरी हुई हो। ✣ **निँदासी (निंदासी)**—*वि॰ (स्त्री॰)*।

नीक—[< प्रा॰ णिक्क] *वि॰* नीका। (दे॰) *पु॰* १. निर्मलता। स्वच्छता। २. उत्तमता। श्रेष्ठता। भलाई। ३. सुन्दरता। ४. उचितता। संगतता।

नीका—[< हि॰ नीक] *वि॰* १. निर्मल। स्वच्छ। २. उत्तम। श्रेष्ठ। अच्छा। भला। ३. उचित। संगत। ✣ **नीकी**—*वि॰ (स्त्री॰)*। ✣ ***नीके**—*वि॰* = 'नीका' का बहुवचन। *क्रिवि॰* = अच्छी तरह। भली भाँति। ✣ ***नीकै**—*क्रिवि॰* = अच्छी प्रकार से।

†नीगना/नीगने—[< स॰ न + हि॰ गिनना] *वि॰* अगणित। असंख्य।

नीग्रो—[अ॰] *पु॰* हब्शी। *वि॰* हब्शी जाति का।

नीचग—[स॰ नीच √गम् + ड] *वि॰* १. नीचे की ओर जानेवाला। २. तुच्छ। अधम।

नीचगा—[स॰ नीचग + टाप्] *स्त्री॰* नदी।

नीचगामिनी—दे॰ नीचगामी।

नीचगामी—[स॰ नीचगामिन्] *वि॰* १. नीचे की ओर जानेवाला। २. तुच्छ। अधम। *पु॰* जल। पानी। ✣ **नीचगामिनी**—*वि॰ (स्त्री॰)* = १. नीचे की ओर जानेवाली। २. तुच्छ या अधम (स्त्री)।

नीचाशय—[स॰ नीच ~ आशय] *वि॰* १. नीच विचार वाला। २. तुच्छ। ओछा।

†नीज—[देशज] *पु॰* रस्सी। ✣ **नीजू**—*स्त्री॰* = रस्सी।

†नीझर—[< स॰ निर्झर] *पु॰* १. निर्झर। झरना। २. (आँसू आदि का) प्रवाह।

***नीठ**—[< स॰ अनिष्टि] *क्रिवि॰* कठिनाई से। जैसे-तैसे किसी तरह। ज्यों-त्यों करके।

***नीठा**—[< स॰ अनिष्ट] *वि॰* १. अरुचिकर। अप्रिय। २. अनिष्ट कारक। बुरा।

नीठि—[< स॰ अनिष्टि] *स्त्री॰* १. अरुचि। अनिच्छा। २. कठिनाई। *क्रिवि॰* अति कठिनता से। जैसे-तैसे। किसी तरह। ज्यों-त्यों करके। ✣ **नीठि-नीठि**—*क्रिवि॰* = किसी प्रकार बहुत कठिनाई से ही। अति कठिनता से।

नीड—[स॰ नि √ईड् + घञ्] *पु॰* १. बैठने/ठहरने का स्थान। २. विश्राम-स्थल। २. (पक्षी का) घोंसला। ✣ **नीड़**—*पु॰* = नीड।

नीडक—[स॰ नीड √कै + क] *पु॰* १. पक्षी। चिड़िया। २. (पक्षी का) घोंसला।

नीडज—[स॰ नीड √जन् + ड] *पु॰* पक्षी। चिड़िया।

नीडबद्ध (नीडबद्ध)—[स॰ नीड ~ बद्ध] *वि॰* (कोश॰) वे सभी शब्द जो प्रधान शब्द से सम्बन्धित होते हैं और इस कारण कोशों में प्राय: प्रधान शब्द से किसी चिह्न ('-' आदि के) द्वारा सम्बद्ध किए जाते हैं। ✣ **नीडबद्ध (नीडबद्ध) प्रविष्टि**—*स्त्री॰* = (कोश॰) प्रधान शब्द की प्रविष्टि के बाद उससे सम्बद्ध शब्दों की प्रविष्टि।

नीत—[स॰ √नी + क्त] *वि॰* १. लाया गया/हुआ। पहुँचाया हुआ। २. ग्रहण किया हुआ। गृहीत।

नीति—[स॰ √नी + क्तिन्] *स्त्री॰* १. ले जाने की क्रिया/भाव। २. उचित मार्ग पर ले जाने की क्रिया/भाव। ३. आचरण/व्यवहार आदि की रीति/ढंग। ४. सद्व्यवहार के नियम और रीतियाँ। ५. शील। चालचलन। ६. उद्देश्य की सिद्धि के लिए प्रयुक्त उपाय। युक्ति। ७. राज्य की रक्षा के लिए प्रयुक्त युक्ति। ८. कौशल। तरकीब। ९. नीतिशास्त्र। (दे॰) १०. राजनीति।

नीतिगत—[स॰ नीति ~ गत] *वि॰* नीति-सम्बन्धी। नीति का। ***जैसे***—नीतिगत प्रश्न।

नीति-नाट्य—[स॰] *पु॰* (पा॰ काव्य॰) मध्ययुगीन यूरोप में प्रचलित अन्योक्तिपरक धार्मिक नाटक जिनमें पुण्यों और पापों को पात्रों के रूप में प्रस्तुत किया जाता था। (अ॰ मॉरैलिटी प्ले)

नीति-निरपेक्ष—[स॰] *वि॰* (नीति॰) जिस के लिए नैतिक विशेषण 'अच्छा' या 'बुरा' प्रयुक्त न हो सकता हो। नीति-बाह्य।

नीति-पाटव—[स॰] *पु॰* १. नीतिकुशलता। नीतिज्ञता। २. नीतिशास्त्र-निपुणता। ३. चतुराई। ४. राजनीति-पटुता।

नीतिवाद—[स॰ नीति ~ वाद] *पु॰* नीति को प्रधानता देने का वाद/मत/सिद्धान्त।

नीति-व्यतिक्रम—[स॰] *पु॰* १. नीति का उल्लंघन। अनीतिपूर्ण आचरण। २. सामाजिक नीति या राजनीति के मान्य नियमों को

तोड़ना। ३. आचार-पद्धति में त्रुटि/भूल।

नीतिशास्त्र—[सं॰ नीति ~ शास्त्र] *पु॰* १. मनुष्य के नैतिक आदर्शों और तदनुकूल आचरण का अध्ययन करने वाला शास्त्र। २. वह शास्त्र जिसमें देश काल और पात्र के अनुसार व्यवहार करने के नियम वर्णित हों। ३. उक्त विषय पर लिखा हुआ उत्तम ग्रन्थ।

नीप—[सं॰ √नी + प] *पु॰* १. कदम्ब वृक्ष। २. अशोक वृक्ष। ३. पर्वत की तलहटी।

नीपमाल—[सं॰ नीप ~ माला] *स्त्री॰* कदम्ब पुष्पों की माला।

***नीपाना**—[< सं॰ निष्पन्न] *क्रिस॰* निष्पन्न करना।

नीम[1]—[< सं॰ निम्ब] *पु॰* औषधीय महत्त्व का एक बड़ा वृक्ष जिसके फूल छोटे और सफ़ेद होते हैं तथा फल कच्चे होने पर हरे और पकने पर पीले रंग के होते हैं।

नीम[2]—[फ़ा॰] *वि॰* १. आधा। ***जैसे***—नीम हकीम से जान को ख़तरा होता है। २. थोड़ा। ● **विशेष**—१. नीमगर्म = न अधिक गर्म, न अधिक ठंडा। गुनगुना। ***जैसे***—नीमगर्म पानी। २. नीम रज़ा = आधी स्वीकृति।

***नीमा**—[< सं॰ निम्न] *वि॰* नीचा। *पु॰* एक प्रकार का पाजामा।

***नीमाना**—[देशज] *वि॰* भोला-भाला।

नीमावत—[< सं॰ निम्ब] *पु॰* निम्बार्क सम्प्रदाय।

नीर—[सं॰ √नी + रक्] *पु॰* जल। पानी। ***जैसे***—नयन-नीर (= आँसू)। ***वा॰* नीर ढल जाना**—निर्लज्ज होना।

नीर-क्षीर—[सं॰] *पु॰* दूध और पानी। ✣ **नीर-क्षीर-विवेक**—*पु॰* = १. दूध और पानी के मिश्रण से उन्हें अलग करने का सामर्थ्य। ***जैसे***—हंस का नीर-क्षीर-विवेक। २. सत्-असत्, न्याय-अन्याय, हित-अहित आदि में भेद करने की शक्ति या ज्ञान।

नीरज—[सं॰ नीर + ज] *वि॰* जल से उत्पन्न। *पु॰* १. कमल। २. मोती।

नीरद[1]—[सं॰ नीर + द] *वि॰* जल देनेवाला। *पु॰* मेघ। बादल।

नीरद[2]—[सं॰ नि + रद] *वि॰* जिसके दाँत न हों। दन्तहीन।

नीरदकान्ति (नीरदकांति)—[सं॰ नीरद ~ कान्ति] *स्त्री॰* १. बादल की शोभा/चमक। २. बादलों जैसी शोभा/चमक। *वि॰* बादलों जैसी शोभा/चमक वाला। ✣ **नीरदकान्तिहारी (नीरदकांतिहारी)**—*वि॰* = बादलों की शोभा को लज्जित करनेवाला।

नीरधर—[सं॰ नीर √धृ + अच्] *पु॰* जलधर। मेघ। बादल।

नीरधि—[सं॰ नीर √धा + कि] *पु॰* जलधि। समुद्र।

नीरना—[< सं॰ नीर] *क्रिस॰* १. पानी छिड़कना। २. सींचना। ३. पालना-पोसना। ४. बिखेरना। छितराना।

नीरनिधि—[सं॰ नीर ~ निधि] *पु॰* जलनिधि। समुद्र।

नीर-पति—[सं॰] *पु॰* जल का स्वामी। वरुण (देवता)।

नीररुह—[सं॰ नीर ~ रुह] *पु॰* कमल।

नीरव—[सं॰ नि + दव] *वि॰* १. जिसमें से ध्वनि न निकलती हो। निःशब्द। २. मौन। चुप। ✣ **नीरवता**—*स्त्री॰* = १. निःशब्दता। सन्नाटा। २. चुप होने की अवस्था/भाव। मौन। शान्ति।

नीरा—[< सं॰ नीर] *स्त्री॰* ताड़ के वृक्ष का रस। ● **विशेष**—नीरा स्वादिष्ठ और लाभप्रद होती है तथा नशीली नहीं होती है। यह **ताड़ी** से भिन्न होती है जो नशीली होती है।

नीराजन—[सं॰ निर् √राज् + ल्युट्] *पु॰* १. देवी/देवता की दीपक से पूजा करने की विधि। आरती। २. हथियारों को साफ़ करने और चमकाने की क्रिया/भाव। ✣ **नीराजन द्वादशी (द्वादशी)**—*स्त्री॰* = कार्तिक शुक्ल द्वादशी। ✣ **नीराजन नवमी**—*स्त्री॰* = कार्तिक कृष्ण नवमी। ✣ **नीराजना**—*स्त्री॰* = नीराजन। आरती। ✣ **नीराजनी**—*स्त्री॰* = आरती करने का पात्र। आरती।

***नीराँत**—[देशज] *स्त्री॰* भरोसा।

नीरुज—[सं॰ निर् + रुज] *वि॰* जो रोगी न हो। निरोग।

नीरूप—[सं॰ निर् + रूप] जिसका कोई रूप न हो। रूप-रहित। आकृति-रहित।

नीरोग—[सं॰ निर् + रोग] *वि॰* (व्यक्ति) जिसे कोई रोग न हो। रोग-रहित। स्वस्थ। ∇ **विलोम**—रोगी।

नील—[सं॰ √नील् + अच्] *पु॰* १. नीला रंग। २. एक पौधा या उसके नीले फूलों से निकाला जाने वाला नीला रंग। ***जैसे***—नील की खेती। ३. कलंक। लांछन। ४. नीलम नामक रत्न। इन्द्रनील मणि। ५. शरीर पर चोट लगने या मार पड़ने के कारण पड़ा निशान/दाग़। ६. बरगद का पेड़। वट वृक्ष। ७. विष। ज़हर। ८. दस हज़ार अरब की संख्या। (१,००,००,००,००, ००, ००० या $१०^{१३}$)। ९. (पुराणों में वर्णित) नौ निधियों में से एक। कुबेर की एक निधि। (छन्द॰) एक समवर्णिक छन्द जिसके प्रत्येक चरण में पाँच भगण और एक गुरु के योग से १६ वर्ण होते हैं। *वि॰* नीले रंग का। नीला। ***वा॰* नील का खेत**—ऐसा स्थान जहाँ जाने पर थोड़ा दोष अवश्य लगे। **नील का टीका**—कलंक/लांछन का काम/बात। **नील डालना**—बुरी तरह पीटना।

नीलकण्ठ (नीलकंठ)—[सं॰ नील ~ कण्ठ] *वि॰* जिसका कंठ नीला हो। *पु॰* १. एक प्रकार की चटक रंग वाली चिड़िया जिसका कंठ हल्का नीला-भूरा, पंख फ़िरोज़ी तथा गहरे नीले और पैर बादामी रंग के होते हैं। २. शिव। महादेव। ३. मयूर। मोर। ● **विशेष**—१. नीलकंठ पक्षी का दर्शन शुभ माना जाता है, विशेषतः ज्येष्ठ मास के शुक्ल पक्ष की दशमी के दिन। २. संस्कृत में खंजन पक्षी, गौरैया और भ्रमर को भी 'नीलकंठ' कहते हैं।

नीलकण्ठाक्ष (नीलकंठाक्ष)—[सं॰ नीलकण्ठ ~ अक्ष] *पु॰* रुद्राक्ष वृक्ष।

नीलकण्ठी (नीलकंठी)—[< सं॰ नीलकण्ठ] *स्त्री॰* १. मधुर स्वर वाली एक पहाड़ी चिड़िया। २. एक छोटा पौधा जो उद्यानों में सुन्दरता के कारण लगाया जाता है।

नीलक—[सं॰ नील + कन्] *पु॰* १. काला नमक। २. नीला थोथा। तूतिया। ३. काले रंग का घोड़ा। ४. भ्रमर। भौंरा।

नीलकान्त (नीलकांत)—[सं॰ नील ~ कान्त] *पु॰* १. नीलम नामक रत्न। इन्द्रनीलमणि। २. विष्णु। ३. एक पहाड़ी चिड़िया जिसके

सिर और पैर काले होते हैं तथा पूँछ नीली होती है।

नीलक्रौञ्च (नीलक्रौंच)—[सं॰ नील ~ क्रौञ्च] *पु॰* काले रंग का बगुला।

नीलग्रीव—[सं॰ नील ~ ग्रीवा] *पु॰* शिव। महादेव।

नीलचक्र—[सं॰ नील ~ चक्र] *पु॰* नीला चक्र। (छन्द॰) एक वर्णिक दंडक जिसके प्रत्येक चरण में ३० वर्ण होते हैं और क्रमशः गुरु-लघु १५-१५ बार आते हैं।

नीलच्छद—[सं॰ नील ~ छद] *वि॰* नीले रंग के आवरण वाला।

नीलज—[सं॰ नील + ज] *वि॰* नील से उत्पन्न। नील से बना हुआ।

नीलताल—[सं॰ नील ~ ताल] *पु॰* तमाल वृक्ष।

नील दूर्वा—[सं॰] *स्त्री॰* हरी दूब।

नीलम—[फा॰] *पु॰* नीले रंग का एक पारदर्शी रत्न। नीलमणि। *स्त्री॰* एक प्रकार की मध्ययुगीन तलवार।

नीलमणि—[सं॰ नील ~ मणि] *पु॰* नीले रंग का एक पारदर्शी रत्न। नीलम।

नीललोहित—[सं॰ नील ~ लोहित] *वि॰* नीलापन लिए लाल रंग का। *पु॰* शिव। महादेव। ✣ **नीललोहिता**—*वि॰ (स्त्री॰)* = नीलापन लिए लाल रंग की।

नीलवर्णान्धता (नीलवर्णांधता)—[सं॰ नीलवर्ण ~ अन्धता] *स्त्री॰* (चिकित्सा॰) नीले रंग को न पहचान पाने का दृष्टि-दोष।

नीलवासा—[सं॰ नीलवासस्] *वि॰* जो नीले रंग के वस्त्र पहने हुए हो। नीलवसन। *पु॰* शनि (देवता/ग्रह)।

नीलाक्ष—[सं॰ नील ~ अक्ष] *वि॰* नीले रंग की आँखों वाला। *पु॰* राजहंस।

नीलाञ्जन (नीलांजन)—[सं॰ नील ~ अञ्जन] *पु॰* सुर्मा।

नीलाञ्जना (नीलांजना)—[सं॰ नील ~ अञ्जना] *स्त्री॰* विद्युत्। बिजली।

नीला थोथा—[< सं॰ नील तुत्थ] *पु॰* ताँबे का नीला यौगिक जो केलासीय/क्रिस्टलीय होता है। तूतिया।

नीलाब्ज—[सं॰ नील ~ अब्ज] *पु॰* नीलकमल।

नीलाभ—[सं॰ नील ~ आभा] *वि॰* नीली आभा/चमक वाला। *जैसे*—नीलाभ।

नीलाभ्र—[सं॰ नील ~ अभ्र] *पु॰* काला बादल। काली घटा।

नीलाम्बुज (नीलांबुज)—[नील ~ अम्बुज] *पु॰* नीलकमल। नीलोत्पल।

नीलारुण—[सं॰ नील ~ अरुण] *पु॰* उषःकाल। प्रभात।

नीलालक—[सं॰ नील ~ अलक] *वि॰* नीले या गहरे काले केशों वाला। ✣ **नीलालका**—*वि॰ (स्त्री॰)*। *जैसे*—नीलालका युवती।

नीलाश्म—[सं॰ नीलाश्मन्] *पु॰* नीलमणि। नीलम।

नीलिका—[सं॰ नील + क + टाप्, इत्व] *स्त्री॰* १. नील का पौधा। २. शरीर पर चोट लगने या मार पड़ने से शरीर पर पड़ा हुआ नीला दाग़। नील।

***नीलिम**—[< सं॰ नील] *वि॰* नीलिमा-युक्त। नीला।

नीलिमा—[सं॰ नीलिमन्] *स्त्री॰* नीलापन। ● **विशेष**— काव्य में 'कालापन' और 'हरापन' के लिए भी 'नीलिमा' का प्रयोग हो सकता है।

नीली—[< हिं॰ नीला] *वि॰ (स्त्री॰)* नीले रंग की।

नीलोफ़र—[फा॰] *पु॰* नीला कमल। नीलकमल।

नीलोत्पल—[सं॰ नील ~ उत्पल] *पु॰* नीला कमल। नीलकमल।

नीवार—[सं॰ नि √वृ + घञ्, दीर्घ] *पु॰* एक प्रकार का वन्य धान।

नीवि—[सं॰ नि √व्ये + इञ्, य-लोप, पूर्व दीर्घ] *स्त्री॰* १. स्त्रियों की कमर में लपेटी हुई धोती की गाँठ। २. लहँगे आदि में पड़ी डोरी। नाड़ा। *जैसे*—नीवी-बन्धन। ३. मूलधन। पूँजी।

नीवी—[सं॰ नीवि + ङीप्] *स्त्री॰* नीवि।

नीहार—[सं॰ नि √हृ + घञ्, पूर्व दीर्घ] पु॰ १. कुहरा। २. हिम। बर्फ़। ३. तुषार। पाला। ✣ **नीहार-जल**—*पु॰* = ओस।

नीहारिका—[सं॰ नीहार + कन् + टाप्, इत्व] *स्त्री॰* अति दूर के ताराओं से सम्बद्ध तथा गैस और क्षीणप्रकाश का एक अनियमित रूप से बिखरा हुआ बादल। (अं॰ नेबुला)

नुकाई—[< हिं॰ नुकाना] *स्त्री॰* १. खुर्पी से निराने की क्रिया/भाव। २. उक्त की मज़दूरी। ३. (मक्का के भुट्टे आदि के) दाने निकालने की एक प्रक्रिया।

†**नुकाना**—[< हिं॰ नोक] *क्रि॰सं॰* खुर्पी से निराना।

नुक्कड़—[< हिं॰ नोक] *स्त्री॰* १. नोक की तरह निकला हुआ कोना/सिरा। २. सड़क/गली/मकान का सिरा जहाँ मोड़ हो। *जैसे*—सड़क की नुक्कड़ पर मिलना।

नुक़्ता—[< अरबी नुक़्तः] *पु॰* १. सूक्ष्मता। बारीकी। २. रहस्य। मर्म। भेद। *जैसे*—नुक़्तादाँ = कला या काव्य का मर्मज्ञ। ३. दोष। ऐब। *जैसे*—नुक्ताचीनी = दोषान्वेषण।

नुक़्ता—[< अरबी नुक़्तः] *पु॰* १. बिन्दु। बिन्दी। २. अक्षरों पर लगायी जाने वाली बिन्दी। *जैसे*—क़, ग़, ज़, ड़, ढ़ और फ़ में लगा नुक़्ता देखिए और ठीक पढ़िए।

नुक्ताचीन—[< अरबी नुक़्तः + फा॰ चीन] *वि॰* १. दूसरों के दोष खोजने/दिखाने/बताने की प्रवृत्ति वाला। परछिद्रान्वेषी। २. आलोचना करने वाला। आलोचक। ✣ **नुक्ताचीनी**—*स्त्री॰* = दूसरों के दोष खोजने/दिखाने/बताने की प्रवृत्ति। पर छिद्रान्वेषण। ३. आलोचना। टीका-टिप्पणी। ***वा॰* नुक्ताचीनी करना**—१. दोष बताना। २. दूसरों के दोष और कमियाँ खोजना। छिद्रान्वेषण करना।

नुक्ती—[< हिन्दी नुक़्ता] *स्त्री॰* १. पिसी हुई धुली उर्द की दाल की बनी बहुत छोटी बूँदियाँ जिनका उपयोग लड्डू और रायता बनाने के लिए किया जाता है। बूँदी। २. उक्त फीकी बूँदियों में शकर मिलाने पर तैयार मीठा रूप। ● **विशेष**—इसी से नुक्ती के लड्डू बनाए जाते हैं।

नुक़्स—[अरबी] *पु॰* १. न्यूनता। कमी। २. दोष। ऐब। ३. त्रुटि। भूल।

नुजूम—[अरबी] *पु॰* १. तारे। २. ज्योतिष।

नुजूमी—*वि॰* १. तारों से सम्बन्धित। २. ज्योतिष से सम्बन्धित। *पु॰* ज्योतिषी।

नुत—[सं॰ √नु + क्त] *वि॰* १. वन्दित। २. पूजित। ३. जिसकी स्तुति की गयी हो। स्तुत।

नुति—[सं॰ √नु + क्तिन्] *स्त्री॰* १. वन्दना। २. पूजन। ३. स्तुति।

नुनखरा—[< हिं॰ नून + खारा] *वि॰* जिसमें कुछ नमकीनपन/खारापन हो। *जैसे*—चने का नुनखरा साग।

नुनना—[< हिं॰ लून < सं॰ लवण] *क्रिस॰* खेत काटना। लुनाई करना। लुनना।

***नुनाई**[1]—[< हिं॰ लुनाई] *स्त्री॰* लावण्य। लुनाई।

***नुनाई**[2]—[< हिं॰ लुनना = लुनने की क्रिया] *स्त्री॰* लुनने की क्रिया/भाव। खेत काटना।

नुनेरा—[< हिं॰ नून < सं॰ लवण] १. नोना मिट्टी से नमक निकालनेवाला। नमक बनानेवाला। २. नोनी नामक साग।

नुमाइन्दगी (नुमाइंदगी)—[फा॰] *स्त्री॰* प्रतिनिधि होने की अवस्था/भाव। प्रतिनिधित्व।

नुमायाँ—[फा॰] *वि॰* १. व्यक्त। प्रकट। २. स्पष्ट।

[1]नू—[देशज] प्रत्यय॰ को। ● **विशेष**—इसका प्रयोग ब्रजभाषा, राजस्थानी, पंजाबी आदि में (कर्मकारक की विभक्ति) के रूप में होता है। जैसे—राम नू फल खिलाओ।

नूपुर—[सं॰ √नू + क्विप् + पुर् + क] *पु॰* १. पैर का एक आभूषण। घुँघरू।

नूर—[अरबी] *पु॰* १. प्रकाश। ज्योति। २. शोभा। ३. चमक-दमक। ४. मुख की चमक। ***वा॰*** नूर बरसना—अत्यन्त सुन्दर होना।

नूरजहाँ—[अरबी नूर + फा॰ जहाँ] *वि॰* विश्व की ज्योति या विश्व को प्रकाश देनेवाला/देनेवाली।

नूरानी—[अरबी] *वि॰* १. प्रकाशमान। उज्ज्वल। २. चमक-दमक वाला। ३. तेजस्वी।

नूरी—[फा॰] *वि॰* नूर-सम्बन्धी। नूर का। *पु॰* १. एक प्रकार का लाल तोता। २. ख़ूबानी नामक फल। ३. लाल रंग की एक चिड़िया।

नृ—[सं॰ √नी + ऋन् + डित्] *पु॰* नर। मनुष्य।

नृकेन्द्रिकवाद (नृकेंद्रिकवाद)—[सं॰ नृ ~ केन्द्रिक ~ वाद] *पु॰* मनुष्य को ब्रह्मांड का प्रमुख केन्द्र मानने का मत/वाद।

नृकेशरी—[सं॰ नृकेशरिन्] *पु॰* १. नृसिंह अवतार। २. ऐसा मनुष्य जो सिंह के समान पराक्रमी/साहसी हो। श्रेष्ठ मनुष्य। ✣ **नृकेसरी**—*पु॰* = नृकेशरी।

नृग—[सं॰] *पु॰* गिरगिट।

नृजाति—[सं॰ नृ ~ जाति] *स्त्री॰* मनुष्य-जाति। मानव-जाति। ✣ **नृजाति-वर्णन**—*पु॰* = मनुष्यों की विभिन्न जातियों का वैज्ञानिक वर्णन।

नृतत्त्वशास्त्र—[सं॰ नृ ~ तत्त्व ~ शास्त्र] *पु॰* वह शास्त्र जिसमें मानव जाति की उत्पत्ति और विकास आदि का विवेचन होता है। मानवविज्ञान।

नृत्तना—[< सं॰ नृत्त] *क्रिअ॰* नृत्त करना। नृत्य करना। नाचना।

नृत्य—[सं॰ √नृत् + क्यप्] *पु॰* ताल, लय तथा रस के अनुसार किया जाने वाला अंगों का विक्षेप/संचालन। नाच। ✣ **नृत्य-गीत**—*पु॰* = (नाट्य॰) १. ऐसा नृत्य जिसमें नर्तक साथ-साथ गाते भी हैं। २. नृत्य और गीत। नाच-गाना।

नृत्योन्माद—[सं॰ नृत्य ~ उन्माद] *पु॰* (मनो॰) एक मानसिक रोग जिसमें रोगी प्रायः ऐसी क्रियाएँ करता रहता है मानो वह नाच रहा हो।

नृदुर्ग—[सं॰ नृप ~ दुर्ग] *पु॰* वह क़िला जिसके चारों ओर सेना हो।

नृदेव—[सं॰ नृ ~ देव] *पु॰* १. राजा। २. ब्राह्मण।

नृप—[सं॰ नृ √पा + क] *पु॰* राजा। नृपति। ✣ **नृपता**—*स्त्री॰* = राजपद। राजत्व। ✣ **नृपत्व**—*पु॰* = नृपता।

नृपति—[सं॰ नृ ~ पति] *पु॰* नृप। राजा।

नृपनय—[सं॰ नृप ~ नय] *पु॰* राजनीति।

नृपशु—[सं॰ नृ ~ पशु] *पु॰* १. ऐसा मनुष्य जो पशुओं जैसा नीच आचरण करता हो। पशुतुल्य मनुष्य। अधम मनुष्य। २. अतिमूर्ख मनुष्य। Δ **पर्याय**—नरपशु।

नृप-सुत—[सं॰] *पु॰* राजा का पुत्र। राजकुमार। राजपुत्र। ✣ **नृप-सुता**—*स्त्री॰* = राजकुमारी। राजपुत्री।

नृपांश—[सं॰ नृप ~ अंश] *पु॰* १. राजा का अंश/भाग। २. आय/उपज आदि का वह अंश जो राजा को मिलता हो।

नृपाल—[सं॰ नृ ~ पाल] *पु॰* नृप। राजा।

नृपासन—[सं॰ नृप ~ आसन] *पु॰* राजसिंहासन।

नृपोचित—[सं॰ नृप ~ उचित] *वि॰* राजाओं के योग्य। राजोचित। *जैसे*—नृपोचित सत्कार।

नृमेध—[सं॰ नृ ~ मेध] *पु॰* १. वैदिक धर्म में प्रत्येक मनुष्य द्वारा किए जाने वाले पंचयज्ञों में से एक। नृयज्ञ। २. ऐसा यज्ञ जिसमें मनुष्य की बलि दी जाए। ३. हत्याकांड। *जैसे*—तानाशाहों के नृमेध।

नृलोक—[सं॰ नृ ~ लोक] *पु॰* भू-लोक। मनुष्य-लोक। मृत्युलोक।

नृवराह—[सं॰ नृ ~ वराह] *पु॰* (विष्णु का) वराह अवतार।

नृवाहन—[सं॰ नृ ~ वाहन] *पु॰* कुबेर (देवता)।

नृशंस—[सं॰ नृ √शंस् + अण्] *वि॰* निर्दय। क्रूर। अत्याचारी। ✣ **नृशंसता**—*स्त्री॰* = निर्दयता। क्रूरता। अत्याचार। ✣ **नृशंसत्व**—*पु॰* = नृशंसता।

नृशृङ्ग (नृशृंग)—[सं॰ नृ ~ शृङ्ग] *पु॰* १. मनुष्य के सींग। २. मनुष्य के सींग के समान कोई अस्तित्वहीन/असम्भव वस्तु।

नृसिंह—[सं॰ नृ ~ सिंह] *पु॰* १. आधे मनुष्य के और आधे सिंह के शरीर वाला भगवान् विष्णु का अवतार। २. ऐसा मनुष्य जो सिंह के समान पराक्रमी/साहसी और श्रेष्ठ हो। Δ **पर्याय**—नृकेशरी। नरसिंह। ✣ **नृसिंह चतुर्दशी**—*स्त्री॰* = वैशाख शुक्ल चतुर्दशी जो नृसिंह अवतार की तिथि मानी जाती है।

नेक—[फा॰] *वि॰* १. शुद्ध या श्रेष्ठ। २. मांगलिक। शुभ। ***जैसे***—नेक वक़्त। ३. शरीफ़। ***जैसे***—नेक परिवार। ४. शिष्ट। भला। ***जैसे***—नेक आदमी। ५. हितकारी। ***जैसे***—नेक राय।

नेकअमल—[फा॰ नेक + अरबी अमल] *वि॰* जिसका आचरण अच्छा हो। सदाचारी।

नेकनाम—[फा॰] *वि॰* यशस्वी। कीर्तिमान्। ∇ **विलोम**—बदनाम।
 ✣ **नेकनामी**—*स्त्री॰* = प्रसिद्धि। यशकीर्ति। ∇ **विलोम**—बदनामी।

ने—[< स॰ एन] *प्रत्यय॰* १. (सकर्मक क्रिया के भूतकालिक रूप के साथ) कर्तृवाच्य में कर्ताकारक की विभक्ति। ***जैसे***—राम ने पुस्तक पढ़ी। २. (गुजराती और राजस्थानी में कर्मकारक तथा सम्प्रदानकारक की विभक्ति 'को' के स्थान पर प्रयुक्त) को।

नेकर—[< अं॰ निकर] *पु॰* विदेशी पद्धति का एक वस्त्र जो कमर से घुटने के ऊपर तक का होता है।

नेकलेस—[अं॰] *पु॰* गरदन का एक आभूषण। कंठहार। हार। कंठा।

नेकी—[फा॰] *स्त्री॰* १. नेक होने की अवस्था/भाव। नेकपन। २. सज्जनता। शिष्टता। ३. भलाई। ४. पुण्य। ∇ **विलोम**—बदी।
 ✣ **नेकी-बदी**—*स्त्री॰* = १. भलाई-बुराई। २. पुण्य-पाप।

***नेकु**—[< स॰ न + एक] *वि॰* थोड़ा-सा। ज़रा-सा। *क्रिवि॰* किंचित्। थोड़ा। कुछ ज़रा।

¹नेकुड़ा—[< स॰ नक्र (= नाक) ~ पट] *पु॰* नासिका-पुट। नथुना।

नेग—[देशज] *पु॰* १. शुभ/मांगलिक अवसरों पर नौकरों तथा काम करने वालों (धोबी, नाई आदि) को कुछ धन आदि देने की प्रथा। २. दिया जाने वाला उक्त धन। रीति के अनुसार दिया जाने वाला मांगलिक दान। ३. उक्त के आधार पर नौकरों आदि का परम्परागत अधिकार। दस्तूर। ४. कोई शुभ/मांगलिक कार्य।

नेगचार—[< हि॰ नेग + स॰ आचार] *पु॰* १. मांगलिक/शुभ अवसरों पर की जाने वाली धन आदि देने-लेने की तथा अन्य सामाजिक क्रियाएँ। २. नेग के रूप में कुछ-कुछ धन देने की क्रिया।

नेगी—[< हि॰ नेग] *वि॰, पु॰* १. शुभ अवसरों पर नेग पाने का अधिकारी। २. (लाक्षणिक) कर्तव्य-कर्म करने का अधिकारी। ३. (लाक्षणिक) किसी की कृपा से लाभ उठाकर निरन्तर उसकी आशा रखनेवाला।

नेज़ा—[< फा॰ नैज़:] *पु॰* १. भाला। बरछी। २. क़लम बनाने का नरकट।

नेट—[अं॰] *पु॰* जाल। ***जैसे***—बैडमिंटन खेल का नेट। *वि॰* आवश्यक कटौती के बाद बचा हुआ। निवल। ***जैसे***—नेट क़ीमत।

¹नेठना—[< हि॰ नांठना] *क्रिअ॰* नष्ट होना। *क्रिस॰* नष्ट करना।

नेड़ा/नेड़े—[< स॰ निकट] *क्रिवि॰* निकट। नज़दीक।

नेत—[< स॰ नेत्र] *पु॰* १. मथानी की डोरी। नेती। २. महीन रेशमी कपड़ा। ३. ध्वज का फहराता कपड़ा। पताका। ४. बिछाने की चादर। वि॰ बटा हुआ (सूत आदि)।

नेतली—[< स॰ नेत्र] *स्त्री॰* मथानी चलाने की रस्सी/डोरी।

नेति—[स॰ न ~ इति] अव्यय॰ केवल ऐसा नहीं। इसका अन्त नहीं। ***जैसे***—ब्रह्म का पूर्णत: वर्णन नहीं किया जा सकता अत: उसके प्रत्येक वर्णन के अन्त में 'नेति' कह दिया जाता है।

नेती—[< स॰ नेत्र] *स्त्री॰* मथानी चलाने की रस्सी/डोरी। (योग॰) हठयोग की एक क्रिया। मुँह और नाक के छिद्र से सूत आदि खींचकर कफ़ निकालना।

नेती-धोती—[< हि॰ नेती + स॰ धौति] *स्त्री॰* (योग॰) हठयोग की 'नेती' और 'धौति' नामक क्रियाएँ।

नेतृत्व—[स॰ नेतृ + त्व] *पु॰* १. नेता का पद/कार्य। २. नेता बनकर किसी देश, सम्प्रदाय, दल, समूह आदि के मार्गदर्शन तथा उसके कार्यों के संचालन करने का कार्य। ३. सामाजिक सम्बन्धों में या समूह में किसी एक व्यक्ति या कुछ व्यक्तियों के प्रभावशाली होने की स्थिति।

नेत्र-कनीनिका—[स॰] *स्त्री॰* आँख की पुतली।

नेत्रगुहा—[स॰ नेत्र ~ गुहा] *स्त्री॰* वह अस्थिमय गुहा जिसमें नेत्रगोलक स्थित रहता है। नेत्र-कोटर।

नेत्रगोचर—[स॰ नेत्र ~ गोचर] *वि॰* जो दिखाई दे सके। नज़र के अन्दर। दृष्टिगोचर।

नेत्रगोलक—[स॰ नेत्र ~ गोलक] *पु॰* आँख का डेला।

नेत्रच्छद—[स॰ नेत्र ~ छद] *पु॰* वर्त्म। पलक।

नेत्रज—[स॰ नेत्र + ज] *वि॰* नेत्र से उत्पन्न होनेवाला। *पु॰* अश्रु। आँसू।

नेत्र-पर्यन्त (पर्यंत)—[स॰] *पु॰* आँख का कोना।

नेत्रपिण्ड (नेत्रपिंड)—[स॰ नेत्र ~ पिण्ड] *पु॰* आँख का गोला। नेत्रगोलक।

नेत्र-बन्ध (बंध)—[स॰] *पु॰* 'आँख-मिचौनी' नामक खेल।

नेत्र-मल—[स॰] *पु॰* आँखों से निकलनेवाला कीचड़। आँख का मैल।

नेत्र-रञ्जन (नेत्र-रंजन)—[स॰] *पु॰* सुर्मा।

नेत्र-वारि—[स॰] *पु॰* अश्रु। आँसू।

नेत्रविचलन—[स॰ नेत्र ~ विचलन] *पु॰* नेत्रों में भेंगापन या तिरछी दृष्टि का दोष।

नेत्रश्लेष्मला—[स॰ नेत्र ~ श्लेष्मला] *स्त्री॰* (चिकित्सा॰) आँख के ढेले को ढँकनेवाली और पलकों के नीचे की तह बनानेवाली झिल्ली। (अं॰ कन्जंक्टाइवा) ● **विशेष**—नेत्रश्लेष्मला में सूजन आने पर कष्टकारक नेत्र-रोग को 'नेत्रश्लेष्मलाशोथ' (अं॰ कन्जंक्टिवाइटिस) कहा जाता है।

नेत्रस्तम्भ (नेत्रस्तंभ)—[स॰ नेत्र ~ स्तम्भ] *पु॰* १. आँखों की पलकों का उठना-गिरना बन्द हो जाना। २. आँखों का पथरा जाना।

नेत्रान्त (नेत्रांत)—[स॰ नेत्र ~ अन्त] *पु॰* नेत्र का बाहरी कोना।

नेत्राभिष्यन्द (नेत्राभिष्यंद)—[स॰ नेत्र ~ अभिष्यन्द] *पु॰* नेत्र का प्रदाह। आँख दुखने आने का रोग।

नेत्रामय—[स॰ नेत्र ~ आमय] *पु॰* आँख का रोग।

नेत्राम्बु (नेत्रांबु)—[स॰ नेत्र ~ अम्बु] *पु॰* अश्रु। आँसू।

नेत्रावसाद—[स॰ नेत्र ~ अवसाद] *पु॰* = नज़र कमज़ोर होना। दृष्टि-क्षीणता।

नेत्रिका—[स॰ नेत्रक + यप्] *स्त्री॰* दूरबीन आदि का वह शीशा (लेन्स) जो नेत्र के समीप रहता है।

नेत्री—[स॰ नेत्र + ङीष्] *स्त्री॰* स्त्री नेता। ***जैसे***—वहाँ नेता भी आए थे और नेत्रियाँ भी।

नेत्रोत्सेध—[सं॰ नेत्र ~ उत्सेध] *पु॰* (चिकित्सा॰) नेत्र-गोलक का उभार जो चोट या रोग से उत्पन्न हो सकता है। बहिर्नेत्रता। (अं॰ एक्सॉफ़्थैलमॉस)

नेत्रोद—[सं॰ नेत्र ~ उद] *पु॰* नेत्र के पश्च कक्ष में होनेवाला द्रव। चक्षुजल।

नेत्रोन्मादी—[सं॰ नेत्रोन्मादिन्] *वि॰* आँखों में मादकता भरनेवाला। ***जैसे***—नेत्रोन्मादी सौन्दर्य।

नेत्र्य—[सं॰ नेत्र + यत्] *वि॰* १. नेत्र-सम्बन्धी। नेत्र का। २. नेत्रों को सुख देनेवाला। ● **विशेष**—आयुर्वेद में त्रिफला, रसौत आदि नेत्रों के लिए लाभकारी औषधों का वर्ग '**नेत्र्यगण**' कहा जाता है।

नेपथ्य—[सं॰ √नी + विच् + पथ्य] *पु॰* नाटक के पर्दे के पीछे का स्थान। रंगमंच का वह भाग जो दर्शकों की दृष्टि से ओझल रहता है और जिसमें अभिनेता अपना रूप धारण करते हैं तथा सजते हैं। (नाट्य॰) ✣ **नेपथ्य-विधान**—*पु॰* = (नाट्य॰) उस स्थान की व्यवस्था जहाँ अभिनय करनेवाले अपना रूप धारण करते हैं तथा सजते हैं। ✣ **नेपथ्य-संगीत**—*पु॰* (नाट्य॰) = पर्दे के पीछे का संगीत। पार्श्व-संगीत।

नेफ़ा—[< फा॰ नेफ़:] *पु॰* पाजामे में कमर के घेरे का छेद जिसमें नाड़ा/कमरबन्द डाला जाता है।

नेमत—[अरबी] *स्त्री॰* १. अच्छी-अच्छी वस्तुएँ। २. ईश्वर की देन (धन, वैभव आदि)। ***जैसे***—आँखें बड़ी नेमत हैं। ३. ईश्वर-कृपा।

नेमि—[सं॰ √नी + मि] *स्त्री॰* १. पहिए का घेरा। २. घेरा। ३. कुएँ की जगत (ऊपर का चबूतरा)। ४. किनारा। कोर। *पु॰* १. तिनिश वृक्ष। तिरिच्छ का पेड़। २. वज्र।

नेमिचक्रक्रम—[सं॰ नेमि ~ चक्र ~ क्रम] *पु॰* १. किसी चलते चक्र/पहिए की नेमि के किसी बिन्दु के समान ऊपर-नीचे जाने का क्रम। २. उन्नति-अवनति-उन्नति-अवनति या उत्थान-पतन-उत्थान-पतन का क्रम।

नेरे—[< हि॰ नियर] *क्रिवि॰* निकट। समीप। पास।

***नेवर**[1]—[< सं॰ नूपुर] *पु॰* पैरों के नूपुर या घुँघरू।

***नेवर**[2]—[< सं॰ निर्बल] *वि॰* निर्बल। कमज़ोर।

†**नेवर**[3]—[< सं॰ न ~ वर] *वि॰* बुरा। ख़राब।

नेवरना—[< सं॰ निवारण] *क्रिअ॰* निवारण होना। समाप्त या दूर होना। *क्रिस॰* १. निवारण करना। समाप्त/दूर करना। २. निपटाना।

†**नेवा**—[< सं॰ नियम] *पु॰* १. प्रथा। रीति। दस्तूर। २. लोकोक्ति। कहावत।

नेवाज**—[< फा॰ निवाज़] *वि॰* दयालु। ***जैसे—गरीबनेवाज़।

***नेवाज़ना**—[< हि॰ निवाज़ना] *क्रिस॰* दया करना। अनुग्रह करना। ✣ **नेवाज़ा**—*वि॰* = जिसपर कृपा की गयी हो। अनुगृहीत।

†**नेवाड़ी**—[< हि॰ नेवारी] *स्त्री॰* नेपाली। नेवारी।

नेवार—[देशज] *पु॰* नेपाल देश की एक प्राचीन जाति।

***नेवारना**—[< सं॰ निवारण] *क्रिस॰* निवारण करना। समाप्त/दूर करना। हटाना।

नेवारी—[< सं॰ नवमालिका] *स्त्री॰* १. वसन्त ऋतु में खिलनेवाला एक सुगन्धित सफ़ेद फूल जो चमेली की जाति का होता है २. उक्त का पौधा। नवमालिका। निवाड़ी।

नेसुक**—[< हि॰ नेकु] *वि॰* अल्प। थोड़ा। ***जैसे—नेसुक काम कर दो। *क्रिवि॰* थोड़ा। ज़रा।

नेस्त—[फा॰] *वि॰* ध्वस्त/नष्ट।

नेस्त-नाबूद—[फा॰] *वि॰* जो पूरी तरह नष्ट/ध्वस्त हो गया हो। जड़ से नष्ट। समूल नष्ट।

नेस्ती—[फा॰] *स्त्री॰* १. अस्तित्व न होना। २. ध्वंस। विनाश। ३. दरिद्रता। ४. आलस्य।

नेह—[< सं॰ स्नेह] *पु॰* = स्नेह। प्रेम। **वा॰ नेह जोड़ना**—प्रेम करना। **नेह तोड़ना**—प्रेम-सम्बन्ध तोड़ देना।

नेहिल—[< हि॰ नेह] *वि॰* स्नेहपूर्ण। प्रेमपूर्ण। ✣ **नेहिली**—*वि॰ स्त्री॰* = स्नेहमयी। प्रेम-भरी।

नेही—[< हि॰ नेह] वि, *पु॰* प्रेमी। स्नेही।

***नै**[1]—[< सं॰ नमित] *वि॰* नमित। २. विनम्र।

***नै**[2]—[< सं॰ नदी] *स्त्री॰* नदी।

***नै**[3]—[< हि॰ ने] प्रत्यय॰ १. (कर्ताकारक की विभक्ति) ने। २. (कर्मकारक की विभक्ति) को।

नैक—[सं॰ न ~ एक] *वि॰* १. जो, एक नहीं, एक से अधिक हो। अनेक। बहुत। २. जो अकेला न हो। *वि॰, क्रिवि॰* १. तनिक। ज़रा। ***जैसे***—नैक-सा पानी। नैक हट जा। २. अल्प। छोटा। ***जैसे***—नैक-सा आदमी परन्तु घमंड बहुत।

नैकचर—[सं॰ नैक √चर् + ट] *वि॰* जो अकेला न चले। झुंड में चलने वाला। समूहचर। ***जैसे***—हाथी, हिरन आदि नैकचर पशु हैं परन्तु सिंह एकचर है। ∇ **विलोम**—एकचर।

नैकटिक—[सं॰ निकट + ठक्] *वि॰* निकट/पड़ोस का। समीपी। *पु॰* १. भिक्षुक। सन्न्यासी।

नैकट्य—[सं॰ निकट + ष्यञ्] *पु॰* निकटता। समीपता। सामीप्य।

नैकधा—[सं॰ न + एकधा] *क्रिवि॰* अनेक प्रकार से। अनेक रूपों में। बहुरूपतः।

नैगम—[सं॰ निगम + अण्] *वि॰* १. निगम-सम्बन्धी। निगम का। २. वेद-सम्बन्धी। वेद का। *पु॰* १. वेद का व्याख्याकार। २. उपनिषद्। ३. उपाय। युक्ति। ४. नागरिक। ५. व्यापारी।

नैगमिक—[सं॰ निगम + ठक्] *वि॰* १. निगम-सम्बन्धी। निगम का। २. वेद-सम्बन्धी। वेद का। ३. वेद से प्राप्त। वेद से निकला हुआ।

नैचा—[< फा॰ नैच:] हुक्के की नली जिससे तम्बाकू का धुआँ खींचा जाता है।

नैचकी—[< प्रा॰ नैचिकी < सं॰ नैत्यिकी] *स्त्री॰* उत्तम गाय। सदा दूध देती रहने वाली गाय।

नैची—[< हि॰ नीचा] *स्त्री॰* कुएँ के पास की ढालू ज़मीन जिस पर से कुएँ का पानी खींचनेवाले आते-जाते हैं।

नैचुल—[सं॰ निचुल + अण्] *वि॰* निचुल/हिज्जल वृक्ष से सम्बन्धित।

निचुल/हिज्जल का। पु॰ निचुल/हिज्जल का फल/बीज। ● **विशेष**—निचुल के पेड़ जलाशयों के समीप होते हैं।

***नैड़ी**—[< हि॰ नेड़े] *क्रिवि॰* समीप। निकट। नज़दीक।

नैतिक—[स॰ नीति + ठक्] *वि॰* १. नीति-सम्बन्धी। नीति का। नीतिविषयक। २. नीति/नीतिशास्त्र के अनुसार होनेवाला। ***जैसे***—नैतिक पतन। ३. नीति-युक्त नैतिक कर्तव्य। व्यवहार से सम्बन्धित। ***जैसे***—समाज की नैतिक उन्नति। ∇ **विलोम**—अनैतिक। ✣ **नैतिक कर्तव्य**—*पु॰* = वह कर्तव्य जिसका पालन करने को मनुष्य क़ानून से बाध्य नहीं है परन्तु समाज की नैतिक मान्यताओं के अनुसार उसका पालन किया जाना चाहिए। ✣ **नैतिकता**—*स्त्री॰* = १. नैतिक आदर्श के अनुरूप कर्म/आचरण/चरित्र होने का भाव। सदाचार। २. वर्ग विशेष या व्यवसाय विशेष का सदाचार।

नैत्यक/नैत्यिक—[स॰ नैत्य + कन, नित्य + ठक्] *वि॰* १. जिसे नित्य करना हो। जिसको नियमित रूप से करना हो। सदैव अनुष्ठेय। २. जिसे टालना सम्भव न हो। अनिवार्य। ✣ **नैत्यकी/नैत्यिकी**—*वि॰ (स्त्री॰)*।

नैत्र—[स॰ नेत्र + अण्] *वि॰* १. नेत्र/आँख का। २. आँख के रोगों का। (अ॰ आफ़थेल्मिक)

नैदाघ—[स॰ निदाघ + अण्] *पु॰* गर्मी का मौसम। ग्रीष्म ऋतु। *वि॰* १. निदाघ-सम्बन्धी। ग्रीष्म ऋतु का। २. ग्रीष्म ऋतु में होनेवाला।

नैदानिक—[स॰ निदान + ठक्] *वि॰* १. निदान-सम्बन्धी। निदान का २. निदान-सूचक। ३. रोग का निदान करने वाला। ४. जो रोगों का निदान जानता हो। *पु॰* (आयुर्वेद॰) निदान-शास्त्र का विशेषज्ञ। (भूविज्ञान॰) १. किसी खनिज या जीवाश्म की पहचान में सहायक। २. किसी शैल-समूह की उत्पत्ति की अवस्थाओं का सूचक या उसकी आयु का सूचक।

†**नैन**[1]—[< स॰ नयन] *पु॰* १. नयन/नेत्र/आँख। २. रसोईघर का धुआँ निकलने का छेद। धूम-नेत्र। धमाला। ***वा॰*** **नैन उलझना**—प्रेम होना। **नैन चलाना**—कटाक्ष करना। **नैन नीचे होना**—लज्जित होना। **नैन भर आना या लाना**—आँखों में आँसू आना। **नैन में छाए रहना**—हर समय ध्यान में बना रहना। **नैन से झड़ी लगना**—लगातार आँसू बहना। **नैनों में स्थान देना**—अत्यन्त प्रिय बनाना।

***नैन**[2]—[< स॰ नवनीत] *पु॰* नवनीत। मक्खन।

***नैन**[3]—[< स॰ नय ~ न] *पु॰* १. अनीति। २. अन्याय। अत्याचार।

नैनो—[अ॰ < ग्रीक नैनोस् (= बौना)] *उपसर्ग॰* एक उपसर्ग जो एक के सौकरोड़वें भाग (एक अरबवें भाग) का सूचक है, जैसे १ नैनो सेकंड = (एक सेकंड का सौ करोड़वाँ भाग।)। ● **विशेष**—एक मीटर का सौ करोड़वाँ भाग **'नैनोमीटर'** कहा जाता है और एक ग्राम का सौकरोड़वाँ भाग **'नैनोग्राम'**।

नैपातिक—[स॰ निपात + ठक्] *वि॰* निपात-सम्बन्धी।

नैपालिका—[स॰ नेपाल + ठक्] *वि॰* १. नेपाल देश से सम्बन्धित। नेपाल का। २. नेपाल देश में बनने/होने वाला। *पु॰* ताँबा।

नैमित्त—[स॰ निमित्त + अण्] *वि॰* १. निमित्त-सम्बन्धी। निमित्त का। २. निमित्त से उत्पन्न।

नैमित्तिक—[स॰ निमित्त + ठक्] *वि॰* १. जो किसी निमित्त/कारण के होने पर किया जाए। जो किसी विशेष प्रयोजन की सिद्धि के लिए हो। ***जैसे***—रोग की शान्ति के लिए नैमित्तिक पूजा करना। २. कभी-कभी होनेवाला। ३. आकस्मिक। ***जैसे***—नैमित्तिक छुट्टी लेना। *पु॰* १. कारण। निमित्त। २. कभी-कभी होनेवाला शास्त्र-वर्णित कर्म। ३. ज्योतिषी। ✣ **नैमित्तिक प्रलय**—*पु॰* = प्रत्येक कल्प के अन्त में होनेवाली प्रलय।

नैमिष—[स॰ निमिष + अण्] *वि॰* केवल एक निमिष/क्षण तक रहनेवाला। क्षणिक। *पु॰* नैमिषारण्य नामक तीर्थ।

नैमिषेय—[स॰ निमिष + ढक्] *वि॰* नैमिषारण्य (तीर्थ) का।

नैयायिक—[स॰ न्याय + ठक्] *पु॰* १. न्यायदर्शन का विद्वान्। न्यायशास्त्रवेत्ता। २. न्यायदर्शन का समर्थक। ***जैसे***—नैयायिकों और मीमांसकों का सम्मेलन।

***नैर**—[< स॰ नगर] *पु॰* १. नगर। शहर। २. जनपद। देश।

नैरङ्ग (नैरंग)—[फ़ा॰] १. अद्भुत वस्तु/बात। २. इन्द्रजाल। जादू। ३. छल। कपट। ✣ **नैरङ्गबाज़ (नैरंगबाज़)**—*वि॰* १. मायावी जादूगर। २. छली। कपटी। धूर्त। ✣ **नैरङ्गी (नैरंगी)**—*स्त्री॰* = १. नैरंग। २. धूर्तता। ३. मन की चंचलता।

नैरन्तर्य (नैरंतर्य)—[स॰ निरन्तर + ष्यञ्] *पु॰* निरन्तर बना रहना। निरन्तरता।

नैरर्थ्य—[स॰ निरर्थ + ष्यञ्] *पु॰* निरर्थकता। व्यर्थता।

नैरात्म्य—[स॰ निरात्मन् + ष्यञ्] *पु॰* १. आत्मा-रहित होने की अवस्था। अनात्मता। निरात्मता। २. आत्मा और परमात्मा के अस्तित्व को न मानना। ***जैसे***—बौद्ध विद्वान् नैरात्म्य का प्रतिपादन करते हैं। ✣ **नैरात्म्यवाद**—पु॰ = आत्मा और परमात्मा के अस्तित्व को न मानने का मत। अनात्मवाद।

नैरपेक्ष्य—[स॰ निरपेक्ष + ष्यञ्] *पु॰* निरपेक्षता। तटस्थता। उदासीनता।

नैराश्य—[स॰ निराश + ष्यञ्] *पु॰* १. निराश होने की अवस्था/भाव। निराशा का भाव। निराशता। २. निराशा। नाउम्मीदी। ३. निराश होने से उत्पन्न उदासी। अवसाद। विषाद। मायूसी। ४. उत्साहहीनता।

नैरुक्त/नैरुक्तिक—[स॰ निरुक्त + अण्/ठक्] *वि॰* १. शब्दों की निरुक्ति/व्युत्पत्ति से सम्बन्धित। २. निरुक्त-शास्त्र से सम्बन्धित। पु॰ १. शब्दों की निरुक्ति/व्युत्पत्ति जानने वाला व्यक्ति। २. शब्दों की निरुक्ति/व्युत्पत्ति का ग्रन्थ।

नैरुज्य—[स॰ निरुज + ष्यञ्] *पु॰* स्वस्थता। आरोग्य। तन्दुरुस्ती।

नैर्ऋत—[< स॰ निर्ऋति + अण्] *वि॰* १. निर्ऋति-सम्बन्धी। निर्ऋति का। २. दक्षिण-पश्चिमी। *पु॰* १. दक्षिण-पश्चिम दिशा। २. दक्षिण-पश्चिम दिशा का स्वामी। ३. राक्षस। दैत्य। ४. राहु। ५. मूल नक्षत्र। ✣ **नैर्ऋती**—*स्त्री॰* = १. दक्षिण-पश्चिम दिशा। २. दुर्गा (देवी)। ✣ **नैर्ऋतेय**—*वि॰* = निर्ऋति-सम्बन्धी। निर्ऋति का। (पु॰) निर्ऋति देवता का भक्त।

नैर्गुण्य—[स॰ निर्गुण + ष्यञ्] *पु॰* १. सत्त्व आदि तीनों गुणों से रहित होना। निर्गुणता। निर्गुणत्व। २. गुणों का अभाव। गुणहीनता।

नैर्मल्य—[सं॰ निर्मल + ष्यञ्] *पु॰* १. निर्मलता। २. शुद्धता। स्वच्छता। सफ़ाई। ३. दोषों से रहित होने की स्थिति। दोषहीनता। ४. कलंकहीनता।

नैवेद्य—[सं॰ निवेद + ष्यञ्] *पु॰* १. निवेदित/अर्पित भोज्य वस्तु। २. भोज्य वस्तु जो किसी देवता को अर्पित की गयी हो, की जा रही हो या अर्पित की जाने वाली हो।

नैश/नैशिक—[सं॰ निशा + अण्/ठञ्] *वि॰* १. रात्रि-सम्बन्धी। रात्रि का। २.रात्रि में होनेवाला। रात्रिकालीन। ***जैसे***—नैश अन्धकार। ३. अन्धकारपूर्ण। तिमिराच्छन्न।

नैषध—[सं॰ निषध + अण्] *वि॰* निषध देश का। ***जैसे***—नैषध राजा नल। *पु॰* १. निषध देश का राजा। २. राजा नल। ***जैसे***—नैषध और सती दमयन्ती की महानता। ✣ **नैषधीय**—*वि॰* = १. नैषध-सम्बन्धी। नैषध का। २. निषध देश के राजा नल से सम्बन्धित। राजा नल का।

नैष्कर्म्य—[सं॰ निष्कर्मन् + ष्यञ्] *पु॰* १. निष्क्रियता। २. आलस्य। ३. आसक्ति और फल की कामना से रहित कर्म करना। निष्कर्म भाव से युक्त कर्मशीलता। निष्कामता।

नैष्किक—[सं॰ निष्क + ठक्] *पु॰* १. निष्क-सम्बन्धी। निष्क का। २. एक निष्क देकर ख़रीदा हुआ। ३. (प्राचीन भारत में) टकसाल का व्यवस्थापक। ● **विशेष**—'निष्क' एक प्राचीन सिक्का था जो एक कर्ष या १६ माशा सुवर्ण का होता था। सुवर्ण के हार को भी 'निष्क' कहा जाता था।

नैष्ठिक—[सं॰ निष्ठा + ठक्] *वि॰* १. निष्ठा से युक्त। निष्ठावान्। २. श्रद्धा से युक्त। श्रद्धावान्। ३. दृढ़। ४. सदा के लिए त्याग या पवित्रता आदि का कोई व्रत धारण करने वाला। ● **विशेष**—आजीवन ब्रह्मचर्य का व्रत धारण करने वाला '**नैष्ठिक ब्रह्मचारी**' कहा जाता है।

नैष्ठुर्य—[सं॰ निष्ठुर + ष्यञ्] *पु॰* निष्ठुरता। क्रूरता।

नैष्पत्र्य—[सं॰ निष्पत्र + ष्यञ्] *पु॰* १. वृक्षों के पत्ते झर जाने से उत्पन्न पत्रहीनता की स्थिति। निष्पत्रता। २. पतझर।

†**नैस/नैसक**—[देशज] *क्रिवि॰* तनिक। थोड़ा।

†**नैसना**—[< हि॰ नाशना < सं॰ नाशन] *क्रिस॰* नष्ट करना। नाशना।

नैसर्गिक—[सं॰ निसर्ग + ठक्] *वि॰* स्वाभाविक। प्राकृतिक। सहज। ∇ **विलोम**—अनैसर्गिक। ✣ **नैसर्गिक शिक्षा**—*स्त्री॰* = प्राकृतिक पर्यावरण, परिस्थितियों तथा अनुभवों से अपने आप मिलनेवाली शिक्षा। ✣ **नैसर्गिकी**—*स्त्री॰* = निसर्ग/प्रकृति से सम्बन्धित या उत्पन्न विचार/बातें।

†**नैसा**—[< हि॰ अनैसा < सं॰ अनिष्ट] *वि॰* अनिष्ट। हानिकर। बुरा।

†**नैसुक**—[< हि॰ नेसुक] *वि॰* तनिक। थोड़ा।

†**नोआ**—[ब्रज॰ < हि॰ नोवना] *पु॰* वह रस्सी जो दूध दुहते समय सरलता से दूध न दुहने देने वाली गाय के पिछले पैरों में बाँधी जाती है। बन्धी। ✣ **नोइनी/नोई**—*स्त्री॰* = नोआ।

नोक-दम—[हि॰ नोक + फा॰ दम] *क्रिवि॰* ठीक सामने की तरफ़। ***जैसे***—यहाँ से नोक-दम जाना। ***वा॰* नोक-दम भागना**—१. बहुत तेज़ी से भागना। २. बहुत दूर तक भागते चले जाना।

†**नोकना**—[< हि॰ नोक] *क्रिस॰* १. लुब्ध होना। २. ललचाना।

***नोखा**—[< हि॰ अनोखा] *वि॰* विचित्र। अनोखा। ✣ **नोखी**—*वि॰ (स्त्री॰)* = अनोखी।

नोटरी—[< अं॰ नोटरि] *पु॰* लेख या दस्तावेज़ प्रमाणित करनेवाला अधिकारी।

नोदक—[सं॰ √नुद् + ण्वुल्] *पु॰* (विमान/जहाज़ को) धकेलने/ठेलने वाला। (अं॰ प्रोपेलर)

नोदन—[सं॰ √नुद् + णिच् + ल्युट्] *पु॰* १. प्रेरित करना। प्रेरण। २. बैल आदि को हाँकने/चलाने का काम।२. (बैलों को हाँकने का) पैना।

नोदना—[सं॰ √नुद् + णिच् + युच् + टाप्] *स्त्री॰* प्रेरणा।

नोदयिता—[सं॰ नोदयितृ] *वि॰* १. आगे बढ़ने के लिए प्रेरितकरने वाला। २. (बैलों को) हाँकनेवाला।

नोवना—[< सं॰ नद्ध] *क्रिस॰* दुहने के समय गाय की पिछली टाँगों को बाँधना।

नौ[1]—[सं॰ √नुद् + डौ] *पु॰* १. पोत। जहाज़। ***जैसे***—नौ सेना। २. नौका। नाव। ***जैसे***—नौ-वाह (= नाविक)।

नौ[2]—[< सं॰ नव] *वि॰* १. जो संख्या में आठ से एक अधिक हो। नव।

नौ[3]—[फा॰] *वि॰* (समासयुक्त पद का पूर्वपद होने पर) १. नवीन। नया। ***जैसे***—नौजवान; नौनिहाल; नौसिखिया। २. अभी हाल का। तत्कालीन। ***जैसे***—नौ आबाद (= अभी हाल का बसाया हुआ)। ३. हरा-भरा। ताज़ा।

नौ-अधिकरण—[सं॰] *पु॰* नौसेना-विभाग।

नौउम्र—[फा॰ नौ + अरबी उम्र] *वि॰* कम उम्र का। अल्पवयस्क। *पु॰* बालक। लड़का।

†**नौकड़ा**—[< हि॰ नौ] *वि॰* १. नवयुवक। नौजवान्। ***जैसे***—नौकड़ा वीर (= वीर नवयुवक = हनुमान जी)। २. ताज़ा। ✣ **नौकड़ी**—*वि॰ (स्त्री॰)*।

नौकरशाह—[तुर्की नौकर + फा॰ शाह] *पु॰* १. नौकर होते हुए भी स्वयं को स्वामी समझनेवाला व्यक्ति। २. सरकारी विभाग का वह अधिकारी/कर्मचारी जिसके हाथ में पूरी सत्ता हो। ३. वह सरकारी अधिकारी/कर्मचारी जो नियमों का आधार लेते हुए, अपने विवेक या अपनी सूझ-बूझ काम में न लाए। ✣ **नौकरशाही**—*स्त्री॰* = नौकरशाह अधिकारियों, कर्मचारियों द्वारा पूर्णतया संचालित प्रशासन या शासन-प्रबन्ध। अधिकारी-तन्त्र। अफ़सरशाही। दफ़्तरशाही। (अं॰ ब्यूरोक्रेसी)

नौ-कर्ण—[सं॰] *पु॰* नाव की पतवार।

नौ-कर्म—[सं॰] *पु॰* नाविक का कर्म। मल्लाही।

नौका—[सं॰ नौ + कन् + टाप्] *स्त्री॰* नाव। किश्ती। ***वा॰* नौका डूबना**—१. सर्वनाश होना। २. कलंक लगना।

नौकाभ—[स० नौका ~ आभा] *वि०* नौका के आकार का।

नौका-शवाधान—[स०] *पु०* (पुरा०) समुद्रतटीय क्षेत्रों में मृत व्यक्ति के शव को नौका के साथ दफ़न करने की प्रथा। नौ-शवाधान।

नौखण्डा (नौखंडा)—[< स० नवखण्ड] *वि०* नौ मंज़िलों वाला (भवन)।

नौज/ *नौजि—[< अरबी नऊज बिलह्] *अव्यय०* १. ईश्वर रक्षा करे। २. ईश्वर न करे कि कभी ऐसा हो। परमात्मा करे ऐसा कभी न हो।

नौजीविक—[< स० नौ ~ जीविका] *पु०* नाविक। मल्लाह।

नौटङ्की (नौटंकी)—[< स० नाटक] *स्त्री०* साधारण (अ० न्यूरोक्रेट) जनता में खेला जाने वाला एक प्रकार का लोक-नाट्य। ● **विशेष**—इसमें संगीत प्रधान होता है और संवाद प्रायः पद्य में और प्रश्नोत्तरवाले होते हैं। कथानकों में प्रायः प्रेम और वीरता की प्रमुखता होती है।

***नौढ़ा**—*स्त्री०* ≤ *स०* नवोढा।

***नौतन**—*वि०* ≤ *स०* नूतन। नया।

नौ-तरण—[स०] *पु०* नाव से की जानेवाली यात्रा। ✣ **नौ-तरणीय**—*वि०* = जिसमें नाव/जहाज़ आदि चल सकते हों। ***जैसे***—नौ-तरणीय नदी।

नौ-तेरही—[हि० नौ + तेरह] *स्त्री०* पहले प्रचलित रही एक प्रकार की ईंट। ककई ईंट। ● **विशेष**—यह ईंट ९ जौ के बराबर चौड़ी और १३ जौ के बराबर लम्बी होती थी, इसीलिए 'नौ-तेरही' कही जाती थी।

†नौधा—[< स० नव + हि० पौधा] १. पौधे से निकला नया कल्ला। २. नया उपवन/बाग़।

नौनगा—[< हि० नौ + नग] *वि०* जिसमें नौ रत्न/नग हों। *पु०* एक प्रकार का हार जिसमें नौ रत्न जड़े रहते हैं।

***नौना[1]**—[< हि० नवना] *क्रिअ०* १. नत होना। झुकना। २. नम्र होना।

***नौना[2]**—[< हि० नोन] *वि०* लावण्यमय। सुन्दर।

नौनिहाल—[फा०] *पु०* १. नया पौधा। २. बालक। बच्चा। ३. नवयुवक। नौजवान।

नौपरिवहन—[स० नौ ~ परिवहन] *पु०* नौका/जहाज़ से यात्रा या माल की ढुलाई।

नौबत—[अरबी] *स्त्री०* १. शहनाई। २. [लाक्षणिक] (बुरी) स्थिति या दशा। ***वा०* नौबत आ जाना**—दशा बिगड़ जाना। दुर्दशा हो जाना। **नौबत गुज़रना**—अवसर निकल जाना। दुर्दशा होना। **नौबत झड़ना**—उत्सव मनाया जाना। **यहाँ तक नौबत पहुँचना**—ऐसी स्थिति आना। **नौबत बजना**—उत्सव मनाया जाना। **नौबत बजाना**—प्रसन्नता प्रकट करना।

नौबती—[अरबी] *पु०* १. नौबत बजानेवाला। नगाड़ची। २. महल के फाटक का पहरेदार। ३. (उत्सव आदि में) बिना सवार का सजा हुआ घोड़ा। कोतल घोड़ा।

नौबहार—[फा०] *स्त्री०* वसन्त ऋतु।

नौ-भार—[स०] *पु०* जहाज़ के द्वारा ढोया जाने वाला माल। जहाज में लादा गया माल। पोत-भार। (अ० कारगो)

नौमासा—[< स० नवमास] *वि०* नौ महीने का। ***जैसे***—नौमासा शिशु। *पु०* स्त्री-गर्भ का नवाँ मास। २. गर्भ के नवें मास पर होनेवाले रीति-रिवाज।

***नौमि**—[< स० नमामि] प्रणाम करता हूँ।

***नौमी**—*स्त्री०* ≤ *स०* नवमी।

नौरतन—[< स० नवरत्न] *पु०* १. नवरत्न। २. जड़ाऊदार (आभूषण)। ३. एक प्रकार की चटनी।

नौरता—[< स० नवरात्र] *पु०* १. नवरात्र। २. व्रज आदि का एक त्योहार जिसमें कुमारियाँ पार्वती-पूजा करती हैं।

नौरोज़—[फा०] *पु०* १. वर्ष का प्रथम दिन। २. ईरानियों के नव वर्ष का प्रथम दिन। ३. उक्त नववर्ष का उत्सव। ✣ **नौरोज़ी**—*वि०* = वर्ष के प्रथम दिन का। नौरोज़ का।

नौरोहण—[स० नौ ~ रोहण] *पु०* नौका/जहाज़ पर सवार होना।

***नौल**—[< हि० नवल] १. नवल। नया। सुन्दर।

नौलखा—[< हि० नौ + लाख] *वि०* १. जिसका मूल्य नौ लाख रुपयों के बराबर हो। **जैसे**—नौलखा हार। २. जड़ाऊ और बहुमूल्य।

नौलासी—[< हि० नवल-सी] *वि०* कोमल। मुलायम।

नौ-शवाधान—[स०] *पु०* (पुरा०) नौका-शवाधान।

नौशा—[< फा० नौशः] *पु०* = वर। दूलहा। ✣ **नौशी**—वधू।

नौसर—[हि० नौ + सर (= लड़ी)] *वि०* नौ लड़ियों वाला। ***जैसे***—नौसर हार = नौ लड़ियों वाली माला। ✣ **नौसरा**—*पु०* = नौ लड़ियों वाला बड़ा हार।

नौसादर—[< फा० नौशादर] *पु०* एक प्रकार का क्षारीय नमक।

नौसार—[< हि० नोन + सार (< स० लवण ~ शाला)] *पु०* वह स्थान जहाँ नमक बनाया जाता हो। लवणशाला।

नौसेवा—[स० नौ ~ सेवा] *स्त्री०* १. नौसेना में की जाने वाली नौकरी। २. नौसेना में काम करनेवालों का समूह।

***नौहरि**—[देशज] *स्त्री०* अँगड़ाई।

***नौहारना**—[देशज] *क्रिअ०* मरकर जीवित हो उठना।

†नौं (नौं)-धराई—[< हि० नाम-धराई] *स्त्री०* १. किसी का चिढ़ वाला नाम रखना। २. अपयश। बदनामी।

न्यग्रोध—[स० न्यक् √रुध् + अच्] *पु०* १. बरगद का पेड़। वट वृक्ष। २. लम्बाई का एक नाप। दोनों हाथों को फैलाने पर एक हाथ के सिरे से दूसरे हाथ के सिरे तक का विस्तार। व्याम। पुरसा।

न्यस्त—[स० नि + अस्त] *वि०* १. नीचे फेंका हुआ। २. फेंका हुआ। ३. नीचे रखा/धरा हुआ। ४. स्थापित। ५. चुनकर रखा हुआ। चुनकर सजाया हुआ। ६. चलाया/फेंका हुआ (अस्त्र)। ७. त्यागा हुआ। परित्यक्त। ८. धरोहर रखा हुआ। ९. छिपा/दबा हुआ। निहित। १०. किसी कार्य के लिए अलग निकालकर रखा हुआ (धन)।

न्यस्तशस्त्र—[स० न्यस्त ~ शस्त्र] *वि०* १. जिसने अपने हथियार रख दिए हों। २. जिसके पास अपनी रक्षा के लिए कोई हथियार न

हो। निरस्त्र। निःशस्त्र। ३. जो हानिकारक न हो।

न्यस्य—[सं॰ नि √यस् + यत्] *वि॰* १. न्यास/धरोहर के रूप में रखे जाने योग्य। २. चलाए जाने या छोड़े जाने योग्य (अस्त्र-शस्त्र)। ३. छिपाकर रखे जाने योग्य।

न्याखा—[देशज] *पु॰* मास या त्वचा की वृद्धि जो कष्ट देती है। ठेक।

***न्यात**—[< हिं॰ न्याति < सं॰ ज्ञाति] *पु॰* १. जाति-बन्धु। २. सम्बन्धी। नातेदार।

***न्याति**—[< सं॰ ज्ञाति] *स्त्री॰* जाति।

***न्यान[1], न्याना**—[< सं॰ अज्ञान] *वि॰* १. अबोध। नासमझ। २. कम अवस्था का।

***न्यान[2]**—[< सं॰ निदान] *क्रिवि॰* अन्त में। अन्ततः। अन्ततोगत्वा।

न्याय—[सं॰ नि √इ + घञ्] *पु॰* १. पद्धति। रीति। २. औचित्य। उपयुक्तता। ***जैसे***—न्यायसंगत। ३. नियम। विधि। क़ानून। ४. नियमयुक्त या उचित व्यवहार। ५. विधिगत/क़ानूनी कार्रवाई। ६. विधि/क़ानून के अनुसार दंड/सज़ा आदि। ***जैसे***—अपराधी को न्याय मिल गया। ७. समानता। सादृश्य। ८. ईमानदारी। ***जैसे***—न्याय के अनुसार धन बाँटना। ९. प्रसिद्ध नीति-वाक्य। १०. प्रसिद्ध कहावत जो दृष्टान्त-वाक्य के रूप में होती है। ११. एक अति प्राचीन और महत्त्वपूर्ण भारतीय दर्शन। 'न्यायदर्शन'। (दे॰) १२. तर्कशास्त्र। १३. तर्क। (न्याय॰) पाँचों अवयवों (प्रतिज्ञा, हेतु, उदाहरण, उपनय और निगमन) से युक्त तर्क। *वि॰* १. उचित। ठीक। २. तुल्य। समान। ● **विशेष**—संस्कृत में अनेक लौकिक न्याय और शास्त्रीय न्याय प्रसिद्ध हैं।

न्यायतः—[सं॰ न्याय + तस्] *क्रिवि॰* न्याय के विचार से। उचित रूप से। न्यायपूर्वक।

न्यायदर्शन—[सं॰ न्याय ~ दर्शन] *पु॰* षड्दर्शन के अन्तर्गत एक अति प्राचीन और प्रसिद्ध भारतीय दर्शन जिसमें प्रमाणों से वस्तु की परीक्षा करने की पद्धति है और पदार्थों के विषय में गम्भीर तात्त्विक चिन्तन है। प्रमाणशास्त्र।

न्यायपर—[सं॰ न्याय ~ पर] *वि॰* १. न्यायपूर्ण आचरण/व्यवहार करनेवाला। २. न्याय-परायण। ३. जो न्याय के विचार से ठीक हो। न्यायपूर्ण। ✣ **न्यायपरता**—*स्त्री॰* = १. न्यायपरायण होना। न्यायपरायणता। न्यायशीलता। २. औचित्य। ३. ईमानदारी।

न्यायपालिका—[सं॰ न्याय ~ पालिका] *स्त्री॰* (जनतन्त्रीय राज्य में) सरकार के तीन आधारभूत अंगों में से एक जो राज्य की न्याय-व्यवस्था संभालता है। ● **विशेष**—अन्य दो अंग है—'विधायिका' तथा 'कार्यपालिका'।

न्यायपीठ—[सं॰ न्याय ~ पीठ] *पु॰* १. न्यायाधीश का पद। २. न्यायाधीश का आसन/कुर्सी। ३. न्यायालय।

न्यायमूर्ति—[सं॰ न्याय ~ मूर्ति] *पु॰* १. अत्यन्त न्यायपूर्ण व्यक्ति। २. उच्च/उच्चतम न्यायालय के न्यायाधीश की उपाधि।

न्यायमूल अलङ्कार (अलंकार)—[सं॰] *पु॰* (काव्य॰) तर्क, न्याय आदि पर आधारित अलंकारों (काव्यलिंग, यथासंख्य, प्रतीप, तद्गुण आदि) का वर्ग।

न्यायमूलक—[सं॰ न्याय ~ मूलक] *वि॰* १. न्याय/तर्क पर आधारित। २. विधि/कानून पर आधारित।

न्यायवैद्यक—[सं॰ न्याय ~ वैद्यक] *पु॰* चिकित्साविज्ञान की वह शाखा जो विधि से सम्बन्धित है और क़ानूनी समस्याओं पर अभिमत देती है।

न्यायशास्त्र—[सं॰ न्याय ~ शास्त्र] *पु॰* १. न्यायदर्शन को क्रमबद्ध रूप से प्रस्तुत करनेवाला ग्रन्थ या शास्त्र। न्यायदर्शन का शास्त्र।

न्यायसूत्र—[सं॰ न्याय ~ सूत्र] *पु॰* न्याय के सूत्र। (भा॰ दर्शन॰) न्यायदर्शन के सूत्र जो गौतम ऋषि के द्वारा रचित हैं।

न्यायाधिकरण—[सं॰ न्याय ~ अधिकरण] *पु॰* किसी विशेष क्षेत्र/प्रकार के विवादों का निर्णय करने के लिए सरकार द्वारा गठित न्यायालय। (अं॰ ट्रिब्यूनल)

न्यायानुमत—[सं॰ न्याय ~ अनुमत] *वि॰* १. न्यायसम्मत। उचित। ठीक। २. विधि/क़ानून के अनुसार उचित।

न्यायाभास—[सं॰ न्याय ~ आभास] *पु॰* मिथ्या न्याय। (दर्शन॰) प्रमाणाभास पर आधारित अनुमान जो प्रत्यक्ष और शब्दप्रमाण के विरुद्ध हो।

न्यायिक—[< सं॰ न्याय] *वि॰* १. न्यायालय-सम्बन्धी। न्यायालय का। २. न्याय-विभाग का। ३. न्यायालय द्वारा प्रवर्तित या जारी किया हुआ। अदालती। ***जैसे***—न्यायिक निर्णय। ४. न्यायसम्मत। न्यायपूर्ण। उचित। ✣ **न्यायिक अवेक्षा**—*स्त्री॰* = १. न्यायालय द्वारा जारी सूचना। २. न्यायालय द्वारा जारी सूचना-पत्र, विज्ञप्ति या घोषणा-पत्र। ✣ **न्यायिक-इतर**—*वि॰* = जो न्यायिक न हो। ✣ **न्यायिककल्प**—*वि॰* = (विधि॰) अर्धन्यायिक।

न्यायी—[सं॰ न्यायिन्] *वि॰* १. न्याय करनेवाला। न्यायशील। न्यायपरायण। २. पक्षपातरहित। ३. ईमानदार। *पु॰* बिना पक्षपात किए निर्णय करनेवाला व्यक्ति।

न्यायोचित/न्याय्य—[अं॰ न्याय ~ उचित, न्याय + यत्] *वि॰* १. जो न्याय के अनुसार उचित हो। न्यायसंगत। न्यायपूर्ण। २.पक्षपात-रहित।

न्यारा—[< सं॰ निर्निकट] *वि॰* १.पृथक्। अलग। ***जैसे***—न्यारे मकान में रहना। २. अन्य। भिन्न। दूसरा। ***जैसे***—सबसे न्यारा तरीक़ा। ३. अपने किसी विशेष गुण के कारण औरों से अलग प्रकार का और श्रेष्ठ। निराला। अनोखा। ***जैसे***—सब देशों से न्यारा भारत।

न्यारिया—[< हिं॰ न्यारा, या < हिं॰ नियार] *पु॰* सुनारों/जौहरियों आदि की दुकानों में से निकले कूड़े को साफ़ करके उसमें से सोने, चाँदी आदि के कण निकालने का काम करनेवाला व्यक्ति।

न्यारे—[< हिं॰ न्यारा] *क्रिवि॰* १. पृथक्। अलग। ***जैसे***—सबसे न्यारे रहना। २. दूर।

न्याव**—[< सं॰ न्याय] *पु॰* १. न्याय। इन्साफ़। २. विवाद का निर्णय। फ़ैसला। ***जैसे—दोनों पक्षों के विवाद का न्याय करना।

न्यास—[सं॰ नि √अस् + घञ्] *पु॰* १. (कोई वस्तु कहीं) बैठाकर/जमाकर रखना। स्थापन। स्थापना। २. उचित स्थान पर रखना। ३. किसी वस्तु को कहीं रखने से उस स्थान पर बना निशान। ४. धरोहर। निक्षेप। थाती। अमानत।५. अर्पण। ६. किसी विशिष्ट कार्य के लिए अलग किया हुआ धन आदि। ७. विश्वस्त व्यक्तियों को इस दृष्टि से सौंपी गई धन-सम्पत्ति कि वे दाता की इच्छा के अनुसार उसका उचित उपयोग और व्यवस्था करेंगे। ८. उक्त धन-सम्पत्ति की व्यवस्था और उचित उपयोग करनेवालों की समिति। (अं॰ ट्रस्ट) (तन्त्र॰) १. पूजा में देवता के भिन्न-भिन्न अंगों का ध्यान करते हुए मन्त्र-पाठ करके उन पर विशेष वर्णों की स्थापना। २. साधक के द्वारा अपने बाहर और भीतर के अंगों में इष्ट देवता और मन्त्र का स्थापन। २. किसी रोग या भूत-प्रेत-बाधा की शान्ति के लिए पंडित आदि के द्वारा व्यक्ति के एक-एक अंग पर हाथ रखते हुए मन्त्र का पाठ करने की क्रिया। (संगीत॰) स्वरसप्तक के बीच वह स्वर जिस पर कोई राग पूर्णता प्राप्त कर विश्राम करता है। राग में वह स्वर जिसपर अधिक रुका जाता है। ***जैसे***—यमन राग में गान्धार को न्यास-स्वर माना जाता है।

न्यासधारिता—[सं॰ न्यास ~ धारिता] *स्त्री॰* १. संरक्षण। २. न्यासी का कार्य।

न्यासधारी—[सं॰ न्याय धारिन्] *वि॰* १. धरोहर/अमानत रखनेवाला। २. (संस्था आदि के) न्यास के प्रबन्धकों में से एक। न्यासी।

न्यास-विलेख—[सं॰] *पु॰* १. (संस्था आदि के) न्यास का धन-सम्पत्ति-सम्बन्धी अभिलेख-दस्तावेज़। २. धरोहर की धन-राशि और सम्पत्ति-सम्बन्धी अभिलेख/दस्तावेज़।

न्यासिक/न्यासी—[सं॰ न्यास + ठन्/इनि] *पु॰* १. वह व्यक्ति या उस समिति का सदस्य जिसे न्यास की धन-सम्पत्ति सौंपी गयी हो। न्यास के प्रबन्धकों में से एक। न्यासधारी। (अं॰ ट्रस्टी)

न्यून—[सं॰ नि √ऊन् + अच्] *वि॰* १. जो घट कर हो। २. (आवश्यक या उचित से) कम। थोड़ा। ३. किसी की तुलना में घटकर या हल्का। ३. अपूर्ण। ४. छोटा। ∇ **विलोम**—अधिक।

न्यूनकोण—[सं॰ न्यून ~ कोण] (गणित॰) समकोण (९० अंश) से छोटा धनात्मक कोण।

न्यूनतमाङ्क (न्यूनतमांक)—[सं॰ न्यूनतम ~ अङ्क] *पु॰* सबसे कम अंक। (शिक्षा॰) किसी परीक्षा में उत्तीर्ण होने के लिए निर्धारित कम से कम प्राप्तांक।

न्यूनन—[< सं॰ न्यून] *पु॰* १. संक्षिप्त करना। संक्षेपण। २. (स्वतन्त्रता आदि को) कम करना। घटाना। घटाव।

न्यूनपद—[सं॰ न्यून ~ पद] *पु॰* ऐसा वाक्य/कथन जिसमें कोई शब्द भूल से या अज्ञान के कारण छूट गया हो।

न्यूनाङ्ग (न्यूनांग)—[सं॰ न्यून ~ अङ्ग] *वि॰* जिसमें कोई अंग कम हो।

न्यूनाधिक—[सं॰ न्यून ~ अधिक] *वि॰* कम और ज़्यादा। जो कुछ बातों में कुछ कम और कुछ बातों में कुछ अधिक हो। २. कम या ज़्यादा।

न्यूनीकरण—[सं॰ न्यून + च्वि + करण] *पु॰* कम होना/करना। घट जाना। घटना या घटाव। क्षय। ह्रास। न्यूनन।

न्यूनोक्ति—[सं॰ न्यून ~ उक्ति] *स्त्री॰* कम करके बतानेवाला कथन।

न्योछावर—[< प्रा॰ णेवच्छ] *स्त्री॰* १. मंगल कार्यों में धन/वस्तु को दान करने से पूर्व शिशु, वर, कन्या वधू आदि के सिर के चारों और उसे घुमाने की क्रिया। धन या वस्तु को दान देने से पूर्व 'उतारने' की क्रिया। २. उक्त क्रिया में दिया जाने वाला धन या कोई वस्तु आदि। ३. (लाक्षणिक) अर्पण या बलिदान। क़ुर्बान। ***जैसे***—सिर न्योछावर करना।

न्योतनी—[< हि॰ न्योतना] *स्त्री॰* १. मांगलिक अवसरों पर दिया जाने वाला भोज। २. विवाह के अवसर पर वर-पक्ष द्वारा वधू-पक्ष को निमन्त्रित कर जनवासे में किया जाने वाला सरस गोष्ठी-कार्यक्रम।

†न्योतहरी—[< हि॰ न्योता] *पु॰* निमन्त्रित व्यक्ति। निमन्त्रण मिलने के कारण आया हुआ अतिथि।

न्योता—[< सं॰ निमन्त्रण] *पु॰* १. निमन्त्रण। २. किसी मांगलिक उत्सव या शुभ अवसर पर आने के लिए दिया गया निमन्त्रण। ३. उक्त अवसरों पर निमन्त्रित व्यक्ति के घर से न्योता के उत्तर में भेजा जाने वाला धन। ४. प्रीतिभोज/दावत में आने के लिए दिया गया निमन्त्रण।

†न्यौरता—[< सं॰ नवरात्र] *पु॰* १. नवरात्र। २. व्रज आदि का एक त्योहार जिसमें कुमारी लड़कियाँ पार्वती देवी की पूजा आदि करती हैं।

न्यौली[1]—[< सं॰ नकुली] *स्त्री॰* रुपए रखने की थैली।

न्यौली[2]—[< सं॰ नली] *स्त्री॰* (हठयोग॰) एक क्रिया जिससे आँतों आदि की शुद्धि की जाती है।

***न्यौंजी (न्यौंजी)**—[देशज] *स्त्री॰* लीची नामक फल।

†न्हवाना—[< हि॰ न्हाना] *क्रिस॰* स्नान कराना। नहलाना।

†न्हान—*पु॰* ≤ *सं॰* स्नान।

***न्हाना**—[< सं॰ स्नान] *क्रिअ॰* स्नान करना। नहाना। ✣ **न्हाइ**—*क्रिवि॰* = स्नान करके।

प

देवनागरी वर्णमाला में पवर्ग का पहला व्यंजन। (भाषाविज्ञान की दृष्टि से) यह द्वि-ओष्ठ्य (द्वयोष्ठ्य), स्पर्श, अघोष और अल्पप्राण है। इसका महाप्राण रूप 'फ' है। ● **विशेष—१.** व्यंजन-गुच्छ के रूप में, 'प' जिन व्यंजनों से पहले आता है, उनमें वह प्रायः खड़ी रेखा छोड़कर मिलता है (आप्त, प्लीहा) परन्तु 'र' से पहले आने पर '**प्र**' के रूप में लिखा जाता है (प्रलय, प्राचार्य, प्रीति, प्रेम)। **२.** व्यंजन-गुच्छों में, प से पहले आकर मिलनेवाले व्यंजन प्रायः अपनी खड़ी रेखा को छोड़कर मिलते हैं और 'प' यथावत् रहता है (उत्पन्न, सम्पत्ति) परन्तु 'प' के पहले आनेवाला 'र' मिलने पर संयुक्त रूप '**र्प**' बनाता है (समर्पण, सर्पिल, दर्पी)। **३.** 'प' अल्पप्राण व्यंजन है अतः 'प' का द्वित्व हो सकता है। प्+प को 'प्प' के रूप में लिखा जाता है (गप्पी, ठप्प)।

प[1]—[सं॰ √पत् + णिच्/ड] *पु॰* १. वायु। २. पत्र। पत्ता। ३. अंडा। ● **विशेष**—संगीत में 'प' पंचम स्वर के संक्षिप्त रूप में मान्य है।

प[2]—[सं॰ √पा + क] *वि॰* १. पीनेवाला। ***जैसे***—पादप (= पैरों से जल पीनेवाला = वृक्ष); मद्यप। २. रक्षक, शासक या पालक। ***जैसे***—गोप, नृप, क्षितिप।

***पइ**—[< हिं॰ पर] *परसर्ग॰* पर। **उदा॰** काटेहिं पइ कदरी फरइ। —तुलसी (मानस॰, ५/५८)

***पइज**—[< प्रा॰ पइज्जा < सं॰ प्रतिज्ञा] *पु॰* १. प्रतिज्ञा। प्रण। संकल्प। २. टेक। होड़।

पइठना—*क्रिअ॰* = प्रवेश करना। पैठना। ✣ **पइठि**—*क्रिवि॰* प्रवेश करके।

पइलइ**—[< हिं॰ परला] *वि॰* उधर का। परला। ***जैसे—सरोवर का पइलइ तीर।

***पउ**—[अप॰ < सं॰ पद] *पु॰* १. पद। २. स्थान। ३. स्थिति। अवस्था।

†पउनार—[< सं॰ पद्मनाल] *स्त्री॰* पद्मनाल। मृणाल। कमलडंडी।

पंसारी—[< सं॰ पण] *पु॰* आटा, चावल, मेवा इत्यादि, मसाले तथा साधारण जड़ी-बूटियाँ बेचनेवाला दुकानदार।

पंसासार—[< हिं॰ पाँसा + सं॰ सारि] *पु॰* पाँसे का खेल। चौसर।

पकवान—[< सं॰ पक्वान्न] *पु॰* घी या तेल में तले हुए खाद्य पदार्थ।

पकार—[सं॰ प + कार] *पु॰* 'प' वर्ण या ध्वनि। ● **विशेष**—जिस शब्द के आरम्भ में 'प' वर्ण हो, उसे '**पकारादि**' कहते हैं (जैसे—पवन, पिता, पूज़ा, प्रतिज्ञा, पौरुष)। जिस शब्द के अन्त में 'प' वर्ण हो, उसे '**पकारान्त**' कहते हैं (*जैसे*—सुप्, तरप्)।

पक्का—[< सं॰ पक्व] *वि॰* १. अच्छी तरह पकाया हुआ। २. दृढ़। निश्चिन्त। स्थिर। टिकाऊ। ***जैसे***—पक्का वचन। ३. जो धुलने आदि से फीका न पड़े। जो छूटे या धुले नहीं। ***जैसे***—पक्का रंग। ४. जो पानी में न बना हो, घी आदि में बना हो। ***जैसे***—पक्का खाना। ५. जो कच्चा न हो, सीमेंट आदि से बना हो। ***जैसे***—पक्का फ़र्श। ६. दक्ष। या निष्ठावान्। ***जैसे***—पक्का कार्यकर्ता। ∇ **विलोम**—कच्चा। ***वा॰* पक्का काग़ज़**—१. विधि की दृष्टि से प्रामाणिक दस्तावेज़। २. अनुबन्ध आदि लिखने का सरकारी काग़ज़। (अं॰ स्टाम्प पेपर) **पक्का काम होना**—ऐसा काम होना जो जल्दी न बिगड़े। **पक्का खाना**—घी में बना या तला हुआ भोजन।

पक्की-पोढ़ी—[< सं॰ पक्व ~ पुष्ट] *वि॰* पूरी तरह पुष्ट/पक्की। सुपुष्ट।

***पक्खर**[1]—[< हिं॰ पक्का] *वि॰* १. पक्का। २. प्रबल।

***पक्खर**[2]**/पखर**—[प्रा॰] *स्त्री॰* १. युद्ध के समय घोड़ों हाथियों आदि को पहनाने की लोहे की झूल। पाखर। *पु॰* = १. कवच। पक्खरधारी। *वि॰* कवचधारी (सैनिक)। कवचित। सन्नद्ध। ✣ **पक्खरैत/पखरैत**—*पु॰* = वह घोड़ा, हाथी आदि जिस पर लोहे की झूल पड़ी हो। २. कवचधारी सैनिक। पखरिया।

पक्खा/पाखा—[< सं॰ पक्ष] *पु॰* कमरे की चौड़ाई वाली दीवाल। ● **विशेष**—कमरे की लम्बाईवाली दीवाल को '**भीति**' (< सं॰ भित्ति) कहा जाता है और लम्बाई तथा चौड़ाई की दीवालों की मोटाई '**आसार**' कही जाती है।

पक्तिशूल—[सं॰ पक्ति ~ शूल] *पु॰* (आयुर्वेद॰) एक प्रकार का पेट-दर्द। भोजन के बाद शीघ्र ही होनेवाला उदर-शूल जो वमन से शान्त हो जाता है।

पक्व—[सं॰ √पच् + क्त, त→व] *वि॰* १. पका हुआ या पकाया हुआ। ***जैसे***—पक्व फल। २. पक्का। ३. अनुभवी। ४. पुष्ट। दृढ़। ५. पूरी तरह विकसित। ***जैसे***—पक्व अवस्था का मनुष्य। ५. सफ़ेद (बाल)। ✣ **पक्वकेश**—*वि॰* = पके हुए सफ़ेद बालों वाला। ✣ **पक्वता**—*स्त्री॰* = पक्व होने की अवस्था/भाव। पक्कापन। ✣ **पक्वत्व**—*पु॰* = पक्वता। ✣ **पक्व मृत्तिका**—*स्त्री॰* = अग्नि में पकी मिट्टी।

पक्वन—[सं॰] *पु॰* पकने की क्रिया। पकाव।

पक्वनावधि—[सं॰ पक्वन ~ अवधि] *स्त्री॰* (वाणि॰) किसी संयन्त्र की स्थापना से उत्पादन का प्रवाह आरम्भ होने तक की अवधि।

पक्वाधान—[सं॰] *पुं॰* पाचन-संस्थान का वह भाग जहाँ खाया हुआ पचता है। आमाशय।

पक्वान्न—[सं॰ पक्व ~ अन्न] *पुं॰* १. पकाई हुई खाद्य वस्तु। पका हुआ अन्न। २. पकवान।

पक्वाशय—[सं॰ पक्व ~ आशय] *पुं॰* पाचन-संस्थान का वह भाग जहाँ खाया हुआ पचता है।

पक्ष—[सं॰ √पक्ष् + अच्] *पुं॰* १. पार्श्व। बाजू। २. सेना का एक पार्श्व/बाजू। ***जैसे***—बाएँ पक्ष पर आक्रमण करो। ३. (पक्षियों का) डैना। पर। ४. तीर के दोनों ओर लगे हुए पंख। ५. किसी वस्तु के दो भागों में से प्रत्येक भाग। ***जैसे***—दक्षिण पक्ष और वाम पक्ष। ६. शरीर का लम्बाई में आधा भाग। ***जैसे***—पक्षाघात। ७. कन्धे के नीचे का भाग। पार्श्व। ८. किसी विषय के दो या अधिक अंगों/पार्श्वों में से प्रत्येक। ***जैसे***—'विद्यार्थी और राजनीति' विषय के अनेक पक्ष हैं जिन पर विचार करके अपना मार्ग चुनो; इस घटना का एक ही पक्ष तुम जानते हो, दूसरा नहीं। ९. चान्द्र मास के दो बराबर भागों में से प्रत्येक जो पन्द्रह तिथियों (प्रतिपदा से अमावस्या/पूर्णिमा तक) का होता है। ***जैसे***—कृष्ण पक्ष; शुक्ल पक्ष। १०. किसी प्रतियोगिता, युद्ध या विवाद आदि में सम्मिलित व्यक्तियों या दलों में से प्रत्येक। ***जैसे***—पांडव पक्ष में ७ अक्षौहिणी सेना थी और कौरव पक्ष में ११ अक्षौहिणी। इस मुक़दमे में पाँच पक्षों के लोग सम्पत्ति का दावा कर रहे हैं। (व्या॰) क्रिया की वृत्ति या प्रकार। क्रिया का रूप जिससे उसके व्यापार का पूर्ण ज्ञान हो जाता है—कब हुआ, पूरा हो चुका या अधूरा है, आरम्भ हो चुका है या होनेवाला है, चल रहा है या स्थिर है इत्यादि। (अं॰ ऐस्पेक्ट) (विधि॰) १. वादी या प्रतिवादी। ***जैसे***—दोनों पक्ष बेईमान हैं। २. तरफ़दारी। ***जैसे***—किसी का पक्ष मत लो। ***वा॰ पक्ष लेना/करना***—१. दो या अधिक पक्षों में से किसी एक का समर्थक होना। २. पक्षपात करना। ३. सहायक होना।

पक्षज/पक्षजन्मा—[सं॰ पक्ष + ज, पक्षजन्मन्] *पुं॰* चन्द्रमा।

पक्षति—[सं॰ पक्ष + ति] *स्त्री॰* १. पंख की जड़। २. (पक्षी के) समस्त पंख। पंख-समूह। ३. शुक्ल पक्ष की प्रतिपदा तिथि।

पक्षपत्र—[सं॰ पक्ष ~ पत्र] *पुं॰* (विधि॰) वकील को दिया जाने वाला मामले का संक्षेप/सार जिसके आधार पर वह न्यायालय में मामला प्रस्तुत करता है। पक्षसार। मसौदा।

पक्षपात—[सं॰ पक्ष ~ पात] *पुं॰* १. (पक्षी के) पक्षों/पंखों का पतन। २. अनुचित रूप से किसी पक्ष से अनुराग। (किसी) पक्ष की तरफ़दारी।

पक्षाघात—[सं॰ पक्ष ~ आघात] *पुं॰* तन्त्रिका में आघात लगने से पेशी की गति-शक्ति नष्ट होना जिससे रोगी इच्छित गति नहीं कर पाता। एक प्रकार का वात रोग जिसमें शरीर का दायाँ/बायाँ भाग या कोई अंग निष्क्रिय और शिथिल हो जाता है। अंगघात। लक़वा। फ़ालिज।

पक्षान्त (पक्षांत)—[सं॰ पक्ष ~ अन्त] *पुं॰* पक्ष के अन्त की तिथि। पूर्णिमा या अमावस्या।

पक्षान्तर (पक्षांतर)—[सं॰ पक्ष ~ अन्तर] *पुं॰* दूसरा पक्ष।

पक्षाभा—[सं॰ पक्ष ~ आभा] *स्त्री॰* पक्षों/पंखों की सुन्दरता।

पक्षाभास—[सं॰ पक्ष ~ आभास] *पुं॰* (तर्क॰) हेत्वाभास से युक्त तर्क। सिद्धान्ताभास।

पक्षाहार—[सं॰ पक्ष ~ आहार] *पुं॰* पक्ष में केवल एक बार भोजन करना।

पक्षिणी—[सं॰ पक्षिन् + ङीप्] *स्त्री॰* १. नारी/मादा पक्षी। २. पूर्णिमा तिथि। ३. दो दिनों के बीच की रात। *वि॰ (स्त्री॰)* पक्षवाली।

पक्षिप्रवर—[सं॰ पक्षी ~ प्रवर] *पुं॰* १. पक्षियों में श्रेष्ठ पक्षी। २. गरुड़।

पक्षिराज—[सं॰ पक्षी ~ राज] *पुं॰* १. पक्षियों का राजा। २. पक्षियों में श्रेष्ठ पक्षी। ३. गरुड़।

पक्षी—[सं॰ पक्षिन्] *पुं॰* परों वाले द्विपाद प्राणियों का वर्ग। चिड़िया।

पक्षीय—[सं॰ पक्ष + छ] *वि॰* १. पक्ष-सम्बन्धी। पक्ष का। २. (समासयुक्त शब्द के अन्त में) निर्दिष्ट पक्ष विशेष। ***जैसे***—रावणपक्षीय सेना। ∇ **विलोम**—प्रतिपक्षीय/विपक्षीय।

पक्ष्म—[सं॰ पक्ष्मन्] *पुं॰* (नेत्रों की) १. बरौनी। २. फूल की पंखुड़ी।

पक्ष्मल—[सं॰ पक्ष्मन् + लच्] *वि॰* १. लम्बी और सुन्दर बरौनियोंवाला।

पक्ष्य—[सं॰ पक्ष + यत्] *वि॰* १. (शुक्ल या कृष्ण) पक्ष का। २. किसी पक्ष/दल का तरफ़दार। पक्षपाती।

पख—[< फ़ा॰ पख़] *स्त्री॰* १. प्रतिबन्ध। २. शर्त। ३. दोष। ***जैसे***—हर बात में पख निकालने का स्वभाव। ४. झंझट। बखेड़ा। ***वा॰* पख निकालना**—दोष दिखाना। **पख लगाना**—१. शर्त लगाना। २. बाधा डालना। ३. रोक लगाना।

पखरना—[< हिं॰ पखारना] *क्रिअ॰* पखारा जाना। धोया जाना।

पखरवाना/पखराना—[< हिं॰ पखारना] *क्रिस॰* किसी को पखारने में प्रवृत्त करना।

पखरी[१]—[< हिं॰ पख] *स्त्री॰* कुर्सी आदि में दोनों ओर के हत्थे आदि।

पखरी[२]—[< हिं॰ पाखर] *पुं॰* १. वह घोड़ा या हाथी जिस पर पाखर पड़ी हो। २. उक्त पर सवार योद्धा।

†**पखरैत**—[< हिं॰ पाखर] *पुं॰* वह हाथी आदि जिस पर पाखर पड़ी हो।

पखा**[२]—[< सं॰ पक्ष] *पुं॰* पक्ष। पंख। ***जैसे—मोर-पखा।

***पखान**[१]—[< सं॰ पाषाण] *पुं॰* पाषाण। पत्थर।

***पखान**[२]—[< सं॰ उपाख्यान] *पुं॰* १. किसी घटना या बात का विस्तृत वर्णन। २. किसी की त्रुटियों/या दोषों का विस्तृत वर्णन। *पुं॰* लोकोक्ति। कहावत।

पखारना—[< प्रा॰ पक्खालण < सं॰ प्रक्षालन] *क्रिस॰* पानी से धोना। साफ़ करना। प्रक्षालन करना। ✣ ***पखारि**—*क्रिवि॰* = प्रक्षालन करके। पखारकर।

पखाल—[< हिं॰ पानी + खाल] *स्त्री॰* (चमड़े की) मशक।

पखावज—[< प्रा॰ पक्खाउज्ज < सं॰ पक्षातोद्य] *पु॰* (संगीत॰) लकड़ी का बना दो मुँह वाला एक अवनद्ध वाद्य। जो दक्षिण भारत में अधिक प्रचलित है। मृदंग। ✣ **पखावजी**—*वि॰* = पखावज-सम्बन्धी। पखावज का। *पु॰* = १. पखावज बजाने में निपुण। २. पखावज बजाकर जीविका चलानेवाला।

***परिखआरी**—[< सं॰ पश्च (= पीछे), या देशज] अव्यय॰ पीछे।

पखिया—[< फा॰ पख़] *वि॰* १. हर बात में दोष निकालनेवाला। छिद्रान्वेषी। २. व्यर्थ का बखेड़ा खड़ा करने वाला। बखेड़िया।

पखेरू—[< प्रा॰ पक्खाड़ < सं॰ पक्षालु] *पु॰* पक्षी। चिड़िया।

†पखौआ/पखौवा—[< सं॰ पक्ष] *पु॰* (पक्षी का) पंख।

पखौटा—[< हि॰ पंख] *पु॰* १. डैना/पर अथवा पंख। २. मछली का पर।

पख़्तून—[< फा॰ पुख़्तोन] *पु॰* पुख़्तो/पश्तो भाषा बोलनेवाला व्यक्ति। ✣ **पख़्तूनिस्तान**—*पु॰* = अफ़गानिस्तान से लगा वह क्षेत्र जहाँ की भाषा पख़्तो/पश्तो है।

पख़्तो—[फा॰ पुख़्तो] *स्त्री॰* अफ़ग़ानियों की भाषा। पश्तो।

पग—*पु॰* १. पैर का अग्रभाग। २.पैर। पद। ३. डग। क़दम।

पगडण्डी (पगडंडी)—[< हि॰ पग + डंडी] *स्त्री॰* मनुष्यों के चलने से खेल/मैदान/वन में बना हुआ कम चौड़ा रास्ता।

पगड़ी—[देशज] *स्त्री॰* १. सिर पर लपेटकर बाँधने का लम्बा कपड़ा। २. आजकल दुकान/मकान आदि किराए पर लेते समय उसके स्वामी को सन्तुष्ट करने के लिए अवैध रूप से पहले दिया जाने वाला धन। ***वा॰* पगड़ी अटकना**—ऐसा झगड़ा लगना जिसमें प्रतिष्ठा दाँव पर लगी हो। **पगड़ी उछलना**—१. अपमान होना। २. दुर्दशा होना। **पगड़ी उछालना**—१. अपमान करना। २. दुर्दशा करना। **पगड़ी की लाज रखना**—सम्मान का ध्यान रखना। **पगड़ी पर हाथ डालना**—सम्मान पर आघात करना।

पगतरा—[हि॰ पगतल] *पु॰* १. पैर का तलवा। २. जूता। ✣ **पगतरी**—*स्त्री॰* = जूती।

पगतल—[हि॰ पग + सं॰ तल] *पु॰* १. पैर का तलवा। २. जूता।

पगन[१]—[< हि॰ पगना] *स्त्री॰* १. पगने की क्रिया। २. मीठे रस से ओतप्रोतता। ३. अत्यन्त प्रेम।

पगन[२]—[< हि॰ पग] *पु॰* पगों/पैरों से।

पगना—[< सं॰ पाक] *क्रिअ॰* १. किसी वस्तु का चाशनी या शीरे आदि में इस प्रकार डूबा रहना कि उसमें अच्छी तरह भीग जाए। २. निमग्न होना। ३. लिप्त होना।

पगपान—[हि॰ पग + पान] *पु॰* (पहले प्रचलित रहा) पैर के पंजों का एक आभूषण जो पान के आकार का होता था।

***पगरा[१]/*पगरौ**—[< हि॰ पग] *पु॰* पग। डग। क़दम।

***पगरा[२]**—[< फा॰ पगाह] *पु॰* प्रभात। प्रात: काल।

***पगरा[३]**—[< हि॰ पगला] *वि॰* पागल।

पग-रिपु—[हि॰ पग + सं॰ रिपु] *पु॰* १. पैरों का शत्रु। २. कंटक। काँटा।

पगाना—[हि॰ 'पागना' का प्रेरणा॰] *क्रिस॰* १. पागने का काम कराना। २. निमग्न कराना। सराबोर करना।

***पगार[१]**—[< प्रा॰ पागार < सं॰ प्राकार] *पु॰* १. प्राकार। घेरा। (मकान आदि की) चार दीवारी। परकोटा। २. दीवार। ३. दुर्ग। क़िला। ४. आश्रय। शरण।

पगार[२]—[< हि॰ पग + गारना] *पु॰* १. पैरों से तैयार किया जाने वाला गारा जो दीवार आदि बनाने में काम आता है। २. वह गड्ढा जिसमें पैरों से गारा तैयार किया जाता है। ३. कीचड़।

†पगार[३]—[< हि॰ पग] *पु॰* पैरों से चलकर पार उतर जाने योग्य जलराशि (नदी/नाला आदि)। छिछला/उथला जल।

***पगार[४]**—[देशज] *पु॰* पुंज। ढेर।

पगार[५]—[< पुर्तगाली पागार] *पु॰* वेतन।

†पगार[६]—*पु॰* ≤ *हि॰* प्रकार।

†पगारना—[< हि॰ पग + गारना] *क्रिस॰* १. पैरों से मिट्टी को रौंदकर गारा बनाना। २. फैलाना।

†पगारनि—[< हि॰ पगार < सं॰ प्राकार] *स्त्री॰* छत के चारों ओर की मुँडेर।

***पगारु**—*पु॰* ≤ *हि॰* पगार।

पगोडा—[बर्मी॰] *पु॰* (मीनार की आकृति का) बौद्ध मन्दिर।

†पघैया—[< हि॰ पग] *वि॰* पैदल चलनेवाला। *पु॰* ग्रामों आदि में घूम-घूमकर वस्तुएँ बेचने वाला व्यापारी।

पङ्क (पंक)—[सं॰ √पच् + घञ्, कुत्व] *पु॰* १. कीचड़। २. दलदल। ३. कोई गाढ़ा गीला पदार्थ जो लेप आदि के काम आता है। ४. मरहम। ५. उबटन। ६. पाप। ✣ **पङ्क (पंक)-कर्वट**—*पु॰* = नदी की बाढ़ से आयी हुई मिट्टी।

पङ्कज (पंकज)—[सं॰ पङ्क + ज] *वि॰* जो कीचड़ में उत्पन्न हो। *पु॰* कमल। ✣ **पङ्कजवाटिका (पंकजवाटिका)**—*स्त्री॰* = कमलों की वाटिका (छन्द॰) एक समवर्णिक छन्द जिसके प्रत्येक चरण में क्रमश: भगण, नगण, २ जगण और लघु (भ न ज ज ल) के योग से १२ वर्ण होते हैं। ● **विशेष**—उक्त छन्द का अधिक प्रसिद्ध नाम **'कंजावली'** है।

पङ्कजात (पंकजात)—[सं॰ पङ्क ~ जात] *पु॰* कमल।

पङ्कजासन (पंकजासन)—[सं॰ पङ्कज ~ आसन] *पु॰* ब्रह्मा।

पङ्कजिनी (पंकजिनी)—[सं॰ पङ्कज + इनि + ङीप्] *स्त्री॰* १. कमलों से भरा जलाशय। २. कमलिनी।

पङ्क (पंक)-पर्पटी—[सं॰] *पु॰* गोपीचन्दन।

पङ्कपिच्छल (पंकपिच्छल)—[सं॰ पङ्क ~ पिच्छल] *वि॰* कीचड़ के कारण जिसमें फिसलन हो गई हो।

पङ्करुह (पंकरुह)—[सं॰ पङ्क ~ रुह] *वि॰* कीचड़ से उत्पन्न होनेवाला। *पु॰* कमल।

पङ्कार (पंकार)—[सं॰ पङ्क √ऋ + अण्] *पु॰* १. सिवार। २. (नदी का) बाँध। ३. (खेत की) मेंड़। ४. सीढ़ी। ज़ीना।

पङ्किल (पंकिल)—[सं॰ पङ्क + इलच्] *वि॰* जिसमें कीचड़

मिला हो। कीचड़ से युक्त। कर्दमयुक्त। ✣ **पङ्किलता (पंकिलता)**—*स्त्री॰* = १. पंकिल होने की अवस्था/भाव। २. कलुष। कालिमा। ३. मैल। गन्दगी।

पङ्केरुह—[स॰ पङ्के ~ रुह] *पु॰* १. कमल। २. सारस।

पङ्क्ति (पंक्ति)—[स॰ √पञ्च् + क्तिन्] *स्त्री॰* १. एक ही सीध में दूर तक बनी हुई लकीर। रेखा। २. वह समूह जिसमें प्रायः एक ही वर्ग के व्यक्ति/वस्तुएँ परस्पर आगे-पीछे या पार्श्व में क्रमशः स्थित हों। श्रेणी। क़तार। *जैसे*—मकानों की पंक्ति, शब्दों की पंक्ति। ३. प्रीतिभोज में साथ बैठकर भोजन करनेवालों का सीधी रेखाओं में स्थित समूह। पंगत। *जैसे*—ब्राह्मणों की पंक्ति भोजन कर रही है। ४. (पद्य आदि में) दस की संख्या। *जैसे*—पंक्तिरथ (= दशरथ)। (गणित॰) एक सीधी रेखा में विन्यास। (छन्द॰) एक समवर्णिक छन्द जिसके प्रत्येक चरण में क्रमशः भगण और २ गुरु वर्णों (भ ग ग) के योग से ५ वर्ण होते हैं। ✣ **पङ्क्तिदूषक (पंक्तिदूषक)**—*पु॰* = जाति से बहिष्कृत पुरुष जिसके साथ बैठकर भोजन करना निषिद्ध हो और जिसके साथ बैठकर भोजन करनेवाले को जाति से बहिष्कृत कर दिया जाए। ✣ **पङ्क्तिपावन/पंक्तिपावन**—*पु॰* = वह ब्राह्मण जिसके पंक्ति में बैठने से श्राद्ध/यज्ञ/प्रीतिभोज आदि में आए ब्राह्मणों की पंक्ति पवित्र हो जाती है। अत्यन्त श्रेष्ठ ब्राह्मण।

पङ्ख (पंख)—[< प्रा॰ पक्ख < स॰ पक्ष] *पु॰* १. पक्षी, कीट आदि के शरीर का वह अंग जिससे वह उड़ता है। पक्ष। पर। (अ॰ विंग) ***वा॰*** **पंख जमना या निकलना**—१. बुरे रास्ते पर चलने के लक्षण दिखाई देना। **पंख न मारना**—न पहुँच सकना। **पंख परेवा बना डालना**—छोटी सी बात को बहुत बढ़ा देना। **पंख लगना**—१. पक्षी के समान वेगवाला होना। २. विशेष चतुरता के लक्षण प्रकट होना।

†**पङ्खड़ी (पंखड़ी)**—[< स॰ पक्ष्म] *स्त्री॰* फूल का एक कोमल अंग जो पत्ती के समान होता है। फूल का दल। पुष्प-दल। पंखुड़ी।

पङ्खी[१] (पंखी[१])—[< हि॰ पंख] *पु॰* पक्षी। चिड़िया। *स्त्री॰* १. एक प्रकार के उड़नेवाले कीड़े। २. पहाड़ी भेड़ों की कोमल ऊन की बनी चादर।

पङ्खी[२] (पंखी[२])—[< हि॰ पंखा] *स्त्री॰* छोटा पंखा।

पङ्खुड़ी/पङ्खुरी (पंखुड़ी/पंखुरी)—*स्त्री॰* ≤ *हि॰* पंखड़ी। पुष्प-दल।

*__पङ्ग (पंग)__—[< स॰ पङ्गु] *वि॰* १. लँगड़ा। २. गतिहीन। निश्चल। ३. अति चकित और स्तब्ध। ४. कुंठित।

पङ्गत (पंगत)—[< स॰ पङ्क्ति] *स्त्री॰* १. पंक्ति। २. प्रीतिभोज में एक साथ खानेवालों का समूह। पंक्ति। ***वा॰*** **पंगत उठना**—प्रीतिभोज में भोजन करनेवालों के एक समूह का खाकर उठना। **पंगत बैठाना**—बहुत से व्यक्तियों को एक साथ पंक्ति में बैठाकर भोजन कराना।

*__पङ्गति (पंगति)__—*स्त्री॰* ≤ *स॰* पङ्क्ति। श्रेणी। क़तार।

*__पङ्गा (पंगा)__—[< स॰ पंगु] *वि॰* पंगु। लँगड़ा।

पङ्गु (पंगु)—[स॰ √खञ्ज् + कु, ख→प, ज→ग, नुम्] *वि॰* १. जो पैरों के बेकार होने से चल-फिर न सके। लँगड़ा। २. गतिहीन। निष्क्रिय। ३. शक्तिहीन। क्षीण। *पु॰* १. शनिग्रह। २. लँगड़ा मनुष्य।

पङ्गुल (पंगुल)—[स॰ पङ्गु + लच्] *वि॰* १. पंगु। लँगड़ा। २. शक्तिहीन। क्षीण। ३. अकर्मण्य। आलसी।

पचक—[< हि॰ पचकना] *स्त्री॰* १. पिचकने की अवस्था/भाव। २. पिचकने से पड़ा गड्ढा/निशान। पचका।

पचकना—*क्रिअ॰* ≤ *हि॰* पिचकना।

†**पचकनी**—[< हि॰ पच + स॰ कण] *स्त्री॰* पाँच अनाजों का मिश्रण।

पचकल्यानी—[< स॰ पञ्चकल्याण] *वि॰* धूर्त। *पु॰* वह घोड़ा जिसके घुटने तक चारों पैर और मुँह सफ़ेद हों। ● **विशेष**—यह घोड़ा उत्तम और शुभ माना जाता है।

†**पचका**—[< हि॰ पचक] *पु॰* पिचकने से बना गड्ढा/निशान।

पचतोरिया/पँचतोरिया—[< हि॰ पाँच + तोला] *स्त्री॰* (पहले प्रचलित) एक प्रकार की महीन कोमल साड़ी जिसका वज़न केवल पाँच तोले होता था।

पचन—[स॰ √पच् + ल्युट्] *पु॰* १. पकने या पकाने की क्रिया/भाव। २. पेट में भोजन का पकना। पाचन। ३. अग्नि। ४. पेट की आग। जठराग्नि। ✣ **पचन-संस्थान**—*पु॰* = शरीर के वे अंग जो भोजन पचाते हैं।

पचनाग्नि—[स॰ पचन ~ अग्नि] *स्त्री॰* पेट की आग। जिससे खाया हुआ भोजन पचता है। जठराग्नि।

पच-पच—[अनु॰] *पु॰* १. 'पच' शब्द निरन्तर होने या करने की क्रिया/भाव। २. कीच।

पचरङ्ग (पचरंग)—[< हि॰ पाँच + रंग] *पु॰* चौक पूरने की वस्तुएँ। *जैसे*—मेंहदी, अबीर, हल्दी आदि। *वि॰* १. पाँच रंगोंवाला। २. पाँच या अनेक रंगों से रंगा हुआ। ✣ **पचरङ्गा (पचरंगा)**—*वि॰* पाँच रंगोंवाला।

पचलड़ी—[< हि॰ पाँच + लड़ी] *स्त्री॰* पाँच लड़ियोंवाली माला।

पचलोना—[स॰ पञ्चलवण] *वि॰* जिसमें पाँच प्रकार के नमक मिले हों। *पु॰* पंचलवण।

पचहँड़ा—[< हि॰ पाँच हाँडी] *पु॰* १. मरण के दसवें दिन घर से निकाल कर दूर रखी जाने वाली मिट्टी की ५ हाँडियाँ। २. एक प्रकार का टोना-टोटका। किसी व्यक्ति के रोग को दूसरे व्यक्ति के ऊपर डालने की क्रिया। ● **विशेष**—इसे कहीं-कहीं '**उतारा-पतारा**' कहते हैं।

पचारना—[< प्रा॰ पच्चार < स॰ पचारण] *क्रिस॰* ललकारना। ✣ **पचारि**—*क्रिवि॰* = ललकार कर।

पचावनौ—[< हि॰ पचना (पच्ची करना)] *वि॰* जटित। जड़ाऊ।

*__पचि__—[< हि॰ पचना] *क्रिवि॰* १. पक कर। २. क्लेश उठाकर। कष्टपूर्वक प्रयास करके। ● **विशेष—पचि-पचि** = ज्यों-त्यों। **पचि मुए** = थक गए। **पचि रचि** = कष्ट उठाते हुए रचना कर।

वा॰ पचि हारना—प्रयत्न कर-करके थक जाना। थक कर हार जाना।

पचित—[< हि॰ पचना] *वि॰* पच्ची किया हुआ। जड़ा हुआ। जटित।

पच्चर—[< स॰ पचित, या < हि॰ पच्ची] *पु॰* १. लकड़ी/धातु का टुकड़ा जिसका एक सिरा दूसरे से पतला होता है और जिसे दरार को बड़ा करने, छेद में ठोंकने या लकड़ी चीरने में प्रयुक्त करते हैं। २. (लाक्षणिक) बाधा। रुकावट। अड़चन। **वा॰ पच्चर अड़ाना**—बाधा डालना। **पच्चर ठोंकना**—किसी को बहुत कष्ट देना। परेशान करना। **पच्चर मारना**—बनते/होते हुए काम में बाधा डालना।

पच्ची—[< स॰ पचित] *स्त्री॰* १. पचने/पचाने की क्रिया या भाव। २. खपाना। *जैसे*—माथा-पच्ची। ३. रत्न आदि को जटित करना। जड़ना। **वा॰ पच्ची हो जाना**—१. एकरूप हो जाना। लीन हो जाना। २. कुचल जाना। ✣ **पच्चीकारी**—*स्त्री॰* = १. एक पदार्थ में दूसरे पदार्थ को जड़ने की क्रिया/भाव। जड़ना। २. धातु से बनी वस्तु पर किसी अन्य धातु या मोती, रत्न आदि को जड़ना। ३. शीशा, पत्थर आदि को सजावट के लिए जड़ने की प्रविधि। जैसे एक रंग के पत्थर पर दूसरे रंग के पत्थर को पच्ची करना।

***पछयें**—*वि॰* ≤ *हि॰* पीछे।

पछलत्ती—[< हि॰ पिछलत्ती] *स्त्री॰* पिछली टाँगों के द्वारा प्रहार। पिछलत्ती।

पछलागा—*वि॰* ≤ *हि॰* पिछलगा। (दे॰) ✣ **पछलागी**—*वि॰ (स्त्री॰)* = पिछलगी।

पछवाँ—[< स॰ पश्चिम] *वि॰* १. पश्चिम दिशा से सम्बन्धित। २. पीछे की। *क्रिवि॰* पीछे। *स्त्री॰* पछुआ हवा।

†पछँही—[< स॰ पश्चिम] *वि॰* १. पश्चिम में होनेवाला। २. पश्चिम में रहनेवाला।

पछालना—[< स॰ प्रक्षालन] *क्रिस॰* प्रक्षालित करना। पखारना। धोना। ✣ **पछालि**—*क्रिवि॰* = धोकर।

पछावर—[< हि॰ पीछे] *स्त्री॰* भोजन के अन्त में पाचन में सहायतार्थ पी जाने वाली नमकीन छाछ/मट्ठा।

†पछाँह—[< हि॰ पच्छिम] *स्त्री॰* १. पश्चिम दिशा। पच्छिम। २. पश्चिमी प्रदेश। ✣ **पछाँही**—*वि॰* = १. पश्चिम की ओर का। २. पश्चिमी प्रदेश का।

पछिआना—[< हि॰ पीछे + आना] *क्रिस॰* १. (किसी भागते व्यक्ति का) पीछा करना। २. अनुगामी बनकर चलना। अनुगमन करना। ३. अनुकरण करना।

पछियाना—[< हि॰ पछिआना] *क्रिस॰* पीछा करना।

†पछीत—[< प्रा॰ पच्छा < स॰ पश्च] *स्त्री॰* १. घर के पीछे का भाग। पिछवाड़ा। २. घर के पीछे की दीवार। *क्रिवि॰* पीछे। पिछवाड़े।

पछुआ/पछुवा—[< प्रा॰ पच्छवाय < स॰ पश्चवात] *स्त्री॰* १. पश्चिम दिशा से आने वाली हवा। २. बैलगाड़ी के पीछे लगायी जाने वाली ओट जिससे सामान पीछें न गिरे।

पछेड़ा—[< हि॰ पीछे] *पु॰* (किसी को तंग करने के लिए) पीछे पड़ जाने की क्रिया/भाव।

***पछेलना**—[< हि॰ पीछे] *क्रिस॰* १. पीछे छोड़ना। पीछे कर देना। २. पीछे हटाना।

पछेवरा—[< हि॰ पिछौरा] *पु॰* चादर।

पछोड़ा/पछोरा—[< हि॰ पछोरना] *क्रिस॰* अन्न को सूप द्वारा फटककर साफ़ करने की क्रिया। ● **विशेष—फटकना-पछोड़ना** = उलट-पलट कर परीक्षा करना। अच्छी तरह देखना-भालना।

***पछोरन**—[< हि॰ पछोरना] *स्त्री॰* १. सूप से अनाज को फटकने से प्राप्त बेकार वस्तु। २. (लाक्षणिक) निस्सार वस्तु।

***पजना**—[डिंगल, < स॰ पराजय] *क्रिअ॰* १. बन्धन में आना। पकड़ा जाना। वश में आना। अधीन होना।

पजर[1]—[< स॰ प्रक्षरण] *पु॰* १. टपकना। चूना। टपकन। २. जल का झरना। सोता।

†पजर[2]—[< हि॰ पजरना] *स्त्री॰* प्रज्वलन। जलना।

†पजरना—[< स॰ प्रज्वलन] *क्रिअ॰* प्रज्वलित होना। जलना। *क्रिस॰* जलाना। पँजारना।

†पजाना—[< हि॰ पंजा] *क्रिस॰* तीक्ष्ण करना। तेज़ करना। *जैसे*—भालू अपना पंजा पजा रहा है।

पजाया—[< फा॰ पजावा] ईंटों के भट्टे से बनी हुई ऊँची धरती।

पज्झटिका—[स॰ पद् + झटि + कन् + टाप्] *स्त्री॰* १. छोटी घंटी। २. फूलों का गुच्छा। (छन्द॰) एक सममात्रिक छन्द जिसके प्रत्येक चरण में ४ चौकल से १६ मात्राएँ होती हैं, आठवीं और बारहवीं मात्रा के बाद गुरु होता है तथा किसी चौकल में जगण नहीं होता।

पञ्च (पंच)[1]—[स॰ पञ्चन्] *वि॰* पाँच। *पु॰* १. संख्या में पाँच (५) २. ग्राम आदि के चुने हुए पाँच मनुष्यों की समिति का प्रत्येक सदस्य। ३. खेल, विवाद इत्यादि में औचित्य-सम्बन्धी निर्णय करने के लिए नियत किया गया व्यक्ति। ४. अधिक मनुष्यों का समूह। जनता। लोक। ● **विशेष**—संस्कृत के समासयुक्त शब्दों में पूर्वपद के रूप में प्रयुक्त 'पञ्चन्' का 'पञ्च' ही प्रयुक्त होता है (दे॰ आगे के 'पञ्चक', 'पञ्चकर्म' इत्यादि शब्द)। **वा॰ पंच परमेश्वर**—पंचों के कथन या निर्णय को अथवा लोक-भावना को ईश्वरीय वाक्य के समान मानने की भावना। **पंच मानना**—झगड़े का निर्णय करने के लिए मध्यस्थ बनाना। **पंचों की दुहाई देना**—न्याय या सहायता के लिए निवेदन करना। ✣ **पञ्च (पंच)[2] अवयव**—*पु॰* = पाँच अंग। पंचावयव। (न्याय॰) 'अनुमान' प्रमाण के पाँच अंग—प्रतिज्ञा, हेतु, उदाहरण, उपनय, निगमन।

पञ्चक (पंचक)—[स॰ पञ्च + कन्] *पु॰* १. पाँच वस्तुओं/व्यक्तियों का समूह। २. पाँच विशेष नक्षत्र जो मृत्यु आदि में अशुभ माने जाते हैं—धनिष्ठा, शतभिषा, पूर्वभाद्रपद, उत्तरभाद्रपद, रेवती। ३. पाँच महान् नारियों—अहिल्या, द्रौपदी, सीता, तारा और मन्दोदरी—का समूह।

पञ्चकर्म (पंचकर्म)—[स॰ पञ्च ~ कर्म (कर्मन्)] *पु॰* पाँच क्रियाएँ/कर्म। (वैशेषिक॰) पाँच प्रकार के कर्म—उत्क्षेपण, अवक्षेपण, आकुंचन, प्रसारण, गमन। (आयुर्वेद॰) पाँच प्रकार की

क्रियाएँ—वमन, विरेचन, नस्य, अनुवासन (= तेलयुक्त वस्तिकर्म) तथा निरूह (= तेलरहित वस्तिकर्म)

पञ्चकल्याण (पंचकल्याण)—[सं॰ पञ्च ~ कल्याण] *पुं॰* वह घोड़ा जिसका शरीर सफ़ेद के अलावा किसी भी रंग का हो परन्तु घुटनों तक चारों पैर और मुख पर सफ़ेदी हो। ⁘ **पञ्चकल्यान (पंचकल्यान)**—*पुं॰* = पंचकल्याण।

पञ्चकवल (पंचकवल)—[सं॰ पञ्च ~ कवल] *पुं॰* भोजन करने से पहले पशु-पक्षियों आदि के लिए निकाले जानेवाले पाँच ग्रास।

पञ्चकषाय (पंचकषाय)—[सं॰ पञ्च ~ कषाय] *पुं॰* पाँच वृक्षों (जामुन, सेमर, बेर, मौलसिरी और खरैंटी) की छाल का कसैला रस।

पञ्चकाम (पंचकामदेव)—[सं॰ पञ्च ~ कामदेव] *पुं॰* कामदेव के पाँच रूप—काम, मन्मथ, कन्दर्प, मकरध्वज और मीनकेतु।

पञ्चकारण (पंचकारण)—[सं॰ पञ्च ~ कारण] *पुं॰* (जैन॰) कार्य की उत्पत्ति के पाँच कारण—काल, स्वभाव, नियति, पुरुष, कर्म।

पञ्चकूट (पंचकूट)—[सं॰ पञ्च ~ कूट] *पुं॰* पाँच का समूह।

पञ्चकृत्य (पंचकृत्य)—[सं॰ पञ्च ~ कृत्य] *पुं॰* परमात्मा शिव के पाँच कार्य—सृष्टि, स्थिति, संहार, तिरोधान और अनुग्रह।

पञ्चकोल (पंचकोल)—[सं॰ पञ्च ~ कोल] *पुं॰* (आयुर्वेद॰) पीपल, पीपलामूल, चव्य, चीता और सोंठ की एक-एक कोल (= ८ माशा) मात्रा लेकर बना मिश्रण।

पञ्चकोश/पंचकोष (पञ्चकोश/पंचकोष)—[< सं॰ पञ्च ~ कोश] *पुं॰* (वेदान्त॰) जीवात्मा के पाँच कोश—अन्नमय कोश, प्राणमय कोश, मनोमय कोश, विज्ञानमय कोश, आनन्दमय कोश।

पञ्चकोसी (पंचकोसी)—[< सं॰ पञ्चक्रोशी] *स्त्री॰* पाँच कोस की दूरी वाली। पंचक्रोशी। *जैसे*—काशी की पंचकोसी परिक्रमा।

पञ्चकौर (पंचकौर)—[< सं॰ पञ्च + हिं॰ कौर] *पुं॰* पाँच कवल/ग्रास। ● **विशेष**—भोजन आरम्भ करने से पहले पाँच ग्रासों को पशु-पक्षियों के लिए अलग निकालनें की वैदिक रीति (जिसे 'पंचकौर करना' कहते हैं)। पंचकवल।

पञ्चक्लेश (पंचक्लेश)—[सं॰ पञ्च ~ क्लेश] *पुं॰* (योग॰) पाँच प्रकार के क्लेश—अविद्या, अस्मिता, राग, द्वेष और अभिनिवेश।

पञ्चगङ्गा (पंचगंगा)—[सं॰ पञ्च ~ गङ्गा] *स्त्री॰* पाँच पवित्र नदियाँ—गंगा, गोदावरी, कृष्णा, कावेरी और नर्मदा।

पञ्चगव्य (पंचगव्य)—[सं॰ पञ्च ~ गव्य] *पुं॰* (आयुर्वेद॰) गाय के दूध, दही, घी, गोबर और मूत्र का विशेष अनुपात में मिश्रण।

पञ्चगुण (पंचगुण)—[सं॰ पंञ्च ~ गुण] *पुं॰* पाँच गुण—शब्द, स्पर्श, रूप, रस और गन्ध। ● **विशेष**—इनके सूक्ष्म रूप **'पंचतन्मात्रा'** कहे जाते हैं।

पञ्चगौड़ (पंचगौड़)—[< सं॰ पञ्चगौड] *पुं॰* सारस्वत प्रदेश, कान्यकुब्ज प्रदेश, मिथिला, उत्कल और गौड़ प्रदेश के ब्राह्मणों का वर्ग। सारस्वत, कान्यकुब्ज, मैथिल, उत्कल और गौड़ ब्राह्मण।

पञ्चचामर (पंचचामर)—[सं॰ पञ्च ~ चामर] *पुं॰* (छन्द॰) एक समवर्णिक छन्द जिसके प्रत्येक चरण में क्रमश: जगण, रगण, जगण, रगण, जगण, गुरु (ज र ज र ग) के योग से १६ वर्ण होते हैं तथा ८-८ पर यति होती है। नाराच छन्द। नागराज छन्द।

पञ्चजन (पंचजन)—[< सं॰ पञ्च ~ जन] *पुं॰* १. पाँच जनों—गन्धर्व, पितर, देव, असुर तथा राक्षस—का समूह। २. पाँच जनों—ब्राह्मण आदि चार वर्णों के तथा वर्णहीन जन—का समूह। ३. पाँच जनों—ब्रह्मचर्य आदि चार आश्रमों के तथा आश्रमहीन जन—का समूह।

पञ्चतत्त्व (पंचतत्त्व)—[< सं॰ पञ्च ~ तत्त्व] *पुं॰* पृथ्वी, जल, वायु, अग्नि और आकाश नामक पाँच तत्त्व जिनसे सृष्टि बनी है। पंचभूत। ***वा॰*** **पंचतत्त्व को प्राप्त होना**—मरना।

पञ्चतन्त्र (पंचतंत्र)—[सं॰ पंच ~ तंत्र] *पुं॰* पाँच तन्त्र।

पञ्चतन्त्री (पंचतंत्री)—[सं॰ पञ्च ~ तन्त्री] *स्त्री॰* पाँच तारों वाली वीणा।

पञ्चतन्मात्रा (पंचतन्मात्रा)—[सं॰ पञ्च ~ तन्मात्रा] *स्त्री॰* शब्द, स्पर्श, रूप, रस और गन्ध का सूक्ष्म रूप।

पञ्चतपा (पंचतपा)—[< सं॰ पञ्च + सं॰ तप] *पुं॰* पंचाग्नि तापनेवाला/साधु आदि।

पञ्चतयी (पंचतयी)—[< सं॰ पञ्च] *स्त्री॰* [वनस्पति॰] (वे पुष्प) जिनके हर चक्र में पाँच अवयव पाए जाते हैं (जैसे—पाँच बाह्यदल, पाँच दल इत्यादि)।

पञ्चतरु (पंचतरु)—[सं॰ पञ्च ~ तरु] *पुं॰* मन्दार, पारिजात, सन्तान, कल्पवृक्ष और हरिचन्दन नामक देव-वृक्षों का वर्ग। पंचवृक्ष।

पञ्चतिक्त (पंचतिक्त)—[< सं॰ पञ्च ~ तिक्त] *पुं॰* पाँच कड़वी औषधियों (गुरुच, भटकटैया, सोंठ, कुटकी, चिरायता) का वर्ग।

पञ्चतृण (पंचतृण)—[सं॰ पञ्च ~ तृण] *पुं॰* कुश, काश, मूँज की जड़, ईख और दूर्वा का संयुक्त नाम।

पँचतोरिया/पँचतोलिया—[< हिं॰ पाँच तोला] *स्त्री॰* एक प्रकार की झीने वस्त्र की बहुत हल्की साड़ी। ● **विशेष**—यह केवल पाँच तोले भारी होती थी अत: यह नाम प्रसिद्ध हुआ।

पञ्चदेव (पंचदेव)—[सं॰ पञ्च ~ देव] *पुं॰* पाँच देवताओं का समूह—विष्णु, सूर्य, शिव, शक्ति, गणेश।

पञ्चदेवोपासना (पंचदेवोपासना)—[< सं॰ पञ्चदेव ~ उपासना] *स्त्री॰* पंचदेव-पूजा। पाँच देवताओं—विष्णु, सूर्य, शिव, शक्ति, गणेश की पूजा।

पञ्चद्रविड़ (पंचद्रविछड़)—[< सं॰ पञ्च ~ द्रविड] *पुं॰* दक्षिण भारत के पाँच क्षेत्रों—आन्ध्र, द्रविड, कर्नाटक, महाराष्ट्र और गुजरात—के ब्राह्मणों का सामूहिक नाम।

पञ्चधा (पंचधा)—[सं॰ पञ्चन् ~ धा] *क्रिवि॰* पाँच प्रकार से।

पञ्चधान्य (पंचधान्य)—[< सं॰ पञ्च धान्य] *पुं॰* पाँच अनाजों—जौ, गेहूँ, मूंग, धान, तिल—का सामूहिक नाम।

पञ्चनद (पंचनद)—[सं॰ पञ्च ~ नद] *पुं॰* १. सतलज, व्यास, रावी, चिनाब और झेलम नामक पाँच नदियों का समूह। २. उक्त नदियों का प्रदेश। पंजाब।

पञ्चनाथ (पंचनाथ)—[सं॰ पञ्च ~ नाथ] *पु॰* (वैष्णव॰) भगवान् विष्णु के पाँच उपास्य रूप/विग्रह—बदरीनाथ, द्वारकानाथ, जगन्नाथ, रंगनाथ, श्रीनाथ।

पंचनामा (पंचनामा)—[सं॰ पञ्च ~ हिं॰ नामा] *पु॰* १. वह काग़ज़ जिसके द्वारा वादी और प्रतिवादी किसी को पंच बनाकर अपने झगड़े का निर्णय करने का अधिकार देते हैं। २. वह काग़ज़ जिस पर पंचों ने किसी विवाद का निर्णय लिखा हो।

पञ्चनिम्ब (पंचनिंब)—[सं॰ पञ्चन् ~ निम्ब] *पु॰* नीम के पाँच अंग—फल, फूल, पत्ती, छाल और मूल।

पञ्चपदी (पंचपदी)—[< सं॰ पञ्चपद] स्त्री॰ १. चलने में पाँच डग या क़दम। २. पाँच पदों का समूह। ३. पाँच डग मात्र या कुछ दूर साथ चलने से हो जाने वाला (साधारण सम्बन्ध)।

पञ्चपर्व (पंचपर्व)—[सं॰ पञ्च ~ पर्व] *पु॰* पाँच पर्व विशेष—अष्टमी तिथि, चतुर्दशी तिथि, पूर्णिमा, अमावस्या और रविवासरीय संक्रान्ति।

पञ्चपल्लव (पंचपल्लव)—[सं॰ पञ्च ~ पल्लव] *पु॰* पाँच प्रकार के वृक्षों के पत्तों का सामूहिक नाम। १. (पूजा में घट-स्थापन के समय उपयोगी) आम, जामुन, कैथ, बिजौरा और बेल के वृक्षों के पत्ते। २. (वैदिक धर्म में) आम, पीपल, गूलर, पाकड़, और वट वृक्षों के पत्ते।

पञ्चपापी (पंचपापी)—[सं॰ पञ्च ~ पापिन्] *पु॰* (धर्मशास्त्र॰) पाँच प्रकार के भीषण पापी मनुष्य—ब्रह्महत्या करनेवाला, शराब पीनेवाला, स्वर्ण का चोर, गुरु-पत्नीगामी और इनमें से किसी का भी साथ देनेवाला।

पञ्चप्रयाग (पंचप्रयाग)—[सं॰ पञ्च ~ प्रयाग] *पु॰* (संगम से भिन्न और उत्तराखंड में स्थित) पाँच स्थान जो 'प्रयाग' नाम वाले प्रसिद्ध तीर्थ हैं—देवप्रयाग, कर्णप्रयाग, रुद्रप्रयाग, नन्दप्रयाग, विष्णुप्रयाग।

पञ्चप्राण (पंचप्राण)—[< सं॰ पञ्च ~ प्राण] *पु॰* पाँच प्राण—प्राण, अपान, व्यान, समान, उदान। ● **विशेष**—प्राणवायु के स्थान-भेद से ५ प्रकार हैं—हृदय में प्राण, गुदा में अपान, नाभि में समान, कंठ में उदान और सम्पूर्ण शरीर में व्यान।

पञ्चप्रासाद (पंचप्रासाद)—[सं॰ पञ्च ~ प्रासाद] *पु॰* (वास्तु॰) ऐसा मन्दिर जिसके चार कोनों पर एक-एक शिखर और बीच में गुम्बद हो।

पञ्चबला (पंचबला)—[सं॰] *स्त्री॰* (आयुर्वेद॰) पाँच औषधियों (बला, अतिबला, राजबला, नागबला और महाबला) का वर्ग।

पञ्चबाण (पंचबाण)/पञ्चशर (पंचशर)—[< सं॰ पञ्च ~ वाण/शर] *पु॰* १. कामदेव के पाँच बाण—उन्मादन, शोषण, तापन, सम्मोहन, स्तम्भन। २. कामदेव के पाँच पुष्पबाण—रक्त कमल, अशोक, आम्रमंजरी, नवमल्लिका, नीलोत्पल। ३. कामदेव। मदन।

पञ्चभर्तारी (पंचभर्तारी)—[< सं॰ पञ्चभर्त्री] *वि॰ (स्त्री॰)* जिसके ५ पति हों। *स्त्री॰* द्रौपदी।

पञ्चभर्त्री (पंचभर्त्री)—[सं॰ पञ्च ~ भर्त्री] *वि॰, (स्त्री॰), स्त्री॰* पंचभर्तारी।

पञ्चभूत (पंचभूत)—[सं॰ पञ्च ~ भूत] *पु॰* सृष्टि के आधारभूत पाँच तत्त्व—आकाश, वायु, अग्नि, जल और पृथ्वी।

पञ्चम (पंचम)—[< सं॰ पञ्चन् ~ मट्] *वि॰* १. पाँचवाँ। २. दक्ष। ३. चतुर। ४. सुन्दर। *पु॰* (संगीत॰) सरगम का पाँचवाँ स्वर। (व्या॰) व्यंजनों में प्रत्येक वर्ग का अन्तिम वर्ण। ***जैसे***—कवर्ग का पंचम 'ङ्', चवर्ग का 'ञ्', टवर्ग का 'ण्', तवर्ग का 'न' तथा पवर्ग का 'म्'।

पञ्चमकार (पंचमकार)—[सं॰ पञ्च ~ मकार] *पु॰* (तंत्र॰) 'म' वर्ण से आरम्भ होनेवाले पाँच पदार्थ—मद्य, मांस, मत्स्य, मुद्रा और मैथुन।

पञ्चमहापातक (पंचमहापातक)—[सं॰ पञ्च ~ महापातक] *पु॰* पाँच बड़े पाप—ब्रह्महत्या, मद्यपान, चोरी, गुरुपत्नी से सम्भोग और इन चारों में से किसी महापाप को करने वाले से सम्बन्ध रखना।

पञ्चमहायज्ञ (पंचमहायज्ञ)—[सं॰ पञ्च ~ महायज्ञ] *पु॰* गृहस्थ के लिए अनिवार्य पाँच बड़े यज्ञ—ब्रह्मयज्ञ, देवयज्ञ, भूतयज्ञ, पितृयज्ञ और नृयज्ञ।

पञ्चमहाव्याधि (पंचमहाव्याधि)—[सं॰ पञ्च ~ महाव्याधि] *स्त्री॰* (आयुर्वेद॰) पाँच दु:साध्य रोग—अर्श, यक्ष्मा, कुष्ठ, प्रमेह, उन्माद।

पञ्चमहाव्रत (पंचमहाव्रत)—[सं॰ पञ्च ~ महाव्रत] *पु॰* योगशास्त्र के द्वारा मान्य आचरण के पाँच बड़े व्रत—अहिंसा, सत्य, अस्तेय, ब्रह्मचर्य और अपरिग्रह। पाँच यम।

पञ्चमहाशब्द (पंचमहाशब्द)—[पञ्च ~ महाशब्द] *पु॰* शृंग/सींग, खंजड़ी, शंख, भेरी और घण्टा के शब्द अथवा इन पाँचों वाद्यों का समूह।

पञ्चमाक्षर (पंचमाक्षर)—[सं॰ पञ्चम + अक्षर] *पु॰, वि॰* वर्णमाला के वर्गों (कवर्ग आदि पाँचों) में से प्रत्येक का पाँचवाँ वर्ण। ***जैसे***—तवर्ग का पंचमाक्षर '**न**' है।

पञ्चमाङ्ग (पंचमांग)—[< सं॰ पञ्चम ~ अङ्ग] *पु॰* १. किसी काम या बात का पाँचवाँ अंग या विभाग। २. किसी राज्य/देश का वह पाँचवाँ अंग या विभाग जो दूसरे राज्यों के देशद्रोहियों से मिलकर अपने देश को हानि पहुँचाने के काम करता है। गुप्त देशद्रोही। पंचमांगी। (अं॰ फ़िफ़्थकालम)

पञ्चमी (पंचमी)—[< सं॰ पञ्चम + ङीष्] *स्त्री॰* १. चन्द्रमा की पाँचवी कला। २.चान्द्र पक्ष की पाँचवी तिथि। ३. वसन्तपंचमी। (व्या॰) अपादान कारक की विभक्ति।

पञ्चमूत्र (पंचमूत्र)—[< सं॰ पञ्चमूत्र] *पु॰* (आयुर्वेद॰) पाँच पशुओं—गाय, बकरी, भेड़, भैंस और गधी—के मूत्रों का मिश्रण।

पञ्चमेश (पंचमेश)—[सं॰ पञ्चम ~ ईश] *पु॰* (ज्योतिष॰) कुण्डली में पाँचवे भाव/घर की राशि का स्वामी। पंचम भाव का स्वामी।

पञ्चरत्न (पंचरत्न)—[< सं॰ पञ्च ~ रत्न] *पु॰* हीरा, पन्ना, माणिक,

मोती और पुखराज नामक पाँच रत्नों का समुदाय।

पञ्चरात्र (पंचरात्र)—[सं॰ पञ्च ~ रात्र] *पु॰* १. पाँच रात्रियों का समाहार। २. पाँच दिनों में समाप्त होनेवाला यज्ञ।

पञ्चलवण (पंचलवण)—[सं॰ पंचन् ~ लवण] *पु॰* (आयुर्वेद॰) सेंधा नमक, काला नमक, विड (साँचर) नमक, समुद्री नमक और साँभर नमक का मिश्रण। लवणपंचक।

पञ्चलौह (पंचलौह)—[< सं॰ पञ्च ~ लौह] *पु॰* १. (आयुर्वेद में वर्णित) लोहे के पाँच भेद—कांची, कालिंग इत्यादि। २. उक्त का वर्ग या मिश्रण। ३. पाँच धातुओं (सोना, चाँदी, ताँबा, सीसा और राँगा) के योग से बनी एक मिश्र धातु।

पञ्चवक्त्र (पंचवक्त्र)—[सं॰ पञ्च ~ वक्त्र] *वि॰* १. पाँच मुखों वाला। २. चौड़ा या विस्तृत मुखवाला। *पु॰* १. शिव। महादेव। २. सिंह। Δ **पर्याय**—पंचमुख।

पञ्चवटी (पंचवटी)—[सं॰ पञ्चवट + ङीष्] *स्त्री॰* पाँच वृक्ष—वट, पीपल, बेल, पाकड़ और अशोक के वृक्षों वाली जगह।

पञ्चवदन (पंचवदन)—[सं॰ पञ्च ~ वदन] *वि॰* पाँच मुखों वाला। पंचमुख। *पु॰* (पंचमुखी) शिव। महादेव।

पञ्चवर्ग (पंचवर्ग)—[सं॰ पञ्च ~ वर्ग] *पु॰* एक ही प्रकार की पाँच वस्तुओं का समूह। ***जैसे***—तत्त्वों का पंचवर्ग।

पञ्चवर्ण (पंचवर्ण)—[सं॰ पञ्च ~ वर्ण] *वि॰* १. पाँच वर्णों वाला। २. प्रणव के पाँच वर्ण—अ, उ, म, नाद और बिन्दु। *पु॰* पाँच वर्ण। ब्राह्मण, क्षत्रिय, वैश्य, शूद्र और चांडाल।

पञ्चवल्कल (पंचवल्कल)—[< सं॰ पञ्च ~ वल्कल] *पु॰* (आयुर्वेद॰) आम, बड़, गूलर, पीपल और पाकड़—इन पाँच वृक्षों की छाल का मिश्रण।

पञ्चविषय (पंचविषय)—[< सं॰ पञ्च ~ विषय] *पु॰* ज्ञानेन्द्रियों के पाँच विषय—शब्द, स्पर्श, रूप, रस और गन्ध।

पञ्चवृक्ष (पंचवृक्ष)—[सं॰ पञ्च ~ वृक्ष] *पु॰* मन्दार, पारिजात, सन्तान, कल्पवृक्ष और हरिचन्दन नामक देववृक्षों का वर्ग। पंचतरु।

पञ्चशब्द (पंचशब्द)—[< सं॰ पञ्च ~ शब्द] *पु॰* १. तन्त्री, ताल, झाँझ, नगाड़ा और तुरही नामक पाँच मंगलसूचक वाद्य। २. उक्त वाद्यों की ध्वनियाँ।

पञ्चशर (पंचशर)—[< सं॰ पञ्च ~ शर] *पु॰* पंचबाण। (दे॰)

पञ्चशस्य (पंचशस्य)—[< सं॰ पञ्च ~ शस्य] *पु॰* पाँच प्रकार के अनाजों—धान, मूँग, तिल, उड़द और जौ—का वर्ग।

पञ्चशाख (पंचशाख)—[सं॰ पञ्च ~ शाखा] *पु॰* १. पाँच शाखाओं का समूह। २. हाथ।

पञ्चशिख (पंचशिख)—[< सं॰ पञ्च ~ शिख] *पु॰* १. सिंह। शेर। २. एक वाद्य। नरसिंहा। ३. एक प्राचीन दार्शनिक। सांख्यशास्त्र के विद्वान् पंचशिखाचार्य।

पञ्चशिखी (पंचशिखी)—[< सं॰ पञ्चशिखिन्] *पु॰* कामदेव। मन्मथ।

पञ्चशील (पंचशील)—[< सं॰ पञ्च ~ शील] *पु॰* १. बौद्धधर्म में सदाचार के ५ मुख्य सिद्धान्त। शील—१. अस्तेय, २. अहिंसा, ३. सत्य, ४. ब्रह्मचर्य और ५. मादक पदार्थों का परित्याग। २. बांडुंग सम्मेलन (१९५४) में अन्तरराष्ट्रीय शान्ति के लिए प्रतिपादित पाँच सिद्धान्त जो प्रत्येक राज्य की अखण्डता के लिए थे—१. पारस्परिक सम्मान, २. अनाक्रमण, ३. अहस्तक्षेप, ४. समानता और ५. सहअस्तित्व।

पञ्चसत (पंचसत)—[< सं॰ पञ्चशत] *वि॰* पाँच सौ। *पु॰* पाँच सौ की संख्या (५००)।

पञ्चसन्धि (पंचसंधि)—[सं॰ पञ्च ~ सन्धि] *स्त्री॰* (व्या॰) संस्कृत व्याकरण में प्रचलित पाँच सन्धियाँ—स्वरसन्धि, व्यंजनसन्धि, विसर्गसन्धि, स्वादिसन्धि और प्रकृतिभाव। (नाट्य॰) मुख, प्रतिमुख, गर्भ, विमर्श और निर्वहण नामक पाँच सन्धियाँ।

पञ्चसुगन्धि (पंचसुगंधि)—[< सं॰ पञ्च ~ सुगन्धि] *स्त्री॰* (आयुर्वेद॰) शीतलचीनी, सुपारी, लौंग, जावित्री और जायफल।

पञ्चसूना (पंचसूना)—[सं॰ पञ्च ~ सूना] *स्त्री॰* गृहस्थी में अनजाने जीव-हत्या करने वाली पाँच वस्तुएँ—चूल्हा, चक्की (या सिलबट्टा), झाड़ू, ओखली, घड़ा।

पञ्चस्कन्ध (पंचस्कंध)—[< सं॰ पञ्च ~ स्कन्ध] *पु॰* (बौद्ध॰) पाँच स्कन्ध—रूप, वेदना, संज्ञा, संस्कार, विज्ञान।

पञ्चाक्षर (पंचाक्षर)—[< सं॰ पञ्च + अक्षर] *वि॰* पाँच अक्षरों वाला। ❖ **पञ्चाक्षर मन्त्र (पंचाक्षर मंत्र)**—*पु॰* 'नमः शिवाय' मन्त्र जिसमें पाँच अक्षर हैं।

पञ्चाक्षरी (पंचाक्षरी)—[< सं॰ पञ्च ~ अक्षरी] *वि॰* पाँच अक्षरों वाला। *पु॰* (पाँच अक्षरों का समूह) 'नमः शिवाय' मन्त्र।

पञ्चाग्नि (पंचाग्नि)—[सं॰ पञ्च ~ अग्नि] *पु॰* (धर्म शास्त्र॰) १. पाँच अग्नियाँ—दक्षिणाग्नि, गार्हपत्य, आहवनीय, सभ्य, आवसथ्य। २. ग्रीष्म ऋतु में चारों ओर जलती हुई अग्नि और ऊपर से सूर्य का ताप। ३. उक्त को सहते हुए की जाने वाली एक कठिन तपस्या।

पञ्चांश (पंचांश)—[सं॰ पञ्च + अंश] *पु॰* (किसी वस्तु या राशि का) पाँचवाँ भाग। ***जैसे***—१०० का पंचांश २० है।

पञ्चाङ्ग (पंचांग)[1]—[< सं॰ पञ्च ~ अङ्ग] *वि॰* पाँच अंगों वाला। *पु॰* वह पंजी, पुस्तक या तिथि-पत्र जिसमें ज्योतिषीय उपयोग के लिए तिथि, वार, योग, नक्षत्र और करण लिखे होते हैं तथा ग्रह-नक्षत्रों की दैनिक स्थिति बतायी जाती है।

पञ्चाट (पंचाट)—[< सं॰ पञ्च] *पु॰* किसी विवाद का पंच द्वारा किया गया निर्णय। पंच-फ़ैसला। मध्यस्थ-निर्णय। (अं॰ अवार्ड)

पञ्चानन (पंचानन)—[सं॰ पञ्च ~ आनन] *पु॰* १. (पाँच मुखों वाला देवता) शिव। महादेव। २. (विस्तृत मुख वाला पशु) सिंह।

पञ्चामृत (पंचामृत)—[सं॰ पञ्च ~ अमृत] *वि॰* पाँच उत्तम द्रव्यों के मिश्रण से बना हुआ। *पु॰* पाँच द्रव्यों—दूध, दही, घी, शहद और शकर (बूरा) के मिश्रण से बना स्वादिष्ठ पेय जो देवमूर्तियों को स्नान कराने और प्रसादरूप में पीने के काम आता है। २. (आयुर्वेद॰)

पाँच औषधियों—गिलोय, गोखरू, मुसली, गोरखमुंडी और शतावरी का योग।

पञ्चाम्ल (पंचाम्ल)—[सं॰ पञ्च ~ अम्ल] *पु॰* (आयुर्वेद॰) पाँच खट्टे पदार्थ—बेर, अनार, अमरबेल, चूक और बिजौरा नीबू।

पञ्चायत (पंचायत)—[< सं॰ पञ्च ~ आयत] *पु॰* १. पाँच व्यक्तियों का समूह। २. भारतीय ग्रामों की प्राचीन न्याय-सभा जिसमें पाँच या अधिक प्रतिष्ठित लोग और वृद्ध सदस्य होते थे। पंचों की मंडली। ३. किसी स्थान के कुछ प्रतिष्ठित लोगों का समूह जो किसी विवाद की सुनवाई करता है और अपना निर्णय देता है। ४. (व्यंग्य में) गपशप। ***वा॰* पंचायत करना**—१. दूसरों के विषय में भली-बुरी बातें करना। २. झगड़ा निपटाना। **पंचायत जोड़ना (बटोरना)**—निर्णय, विवाद या चर्चा के लिए लोगों को एकत्र करना।

पञ्चायतन (पंचायतन)—[सं॰ पञ्च ~ आयतन] *पु॰* १. किसी देवता विशेष के साथ अन्य चार देवों का साथ होना। ***जैसे***—राम-पंचायतन में राम के साथ सीता, लक्ष्मण, भरत और शत्रुघ्न होते हैं; शिव-पंचायतन।

ञ्चाल (पंचाल)—[सं॰ √पञ्च् + कालन्] *पु॰* १. शिव। महादेव। २. क्षत्रियों की एक प्राचीन शाखा। ३. उक्त क्षत्रियों का प्रदेश या राज्य जो वर्तमान उत्तर प्रदेश का एक भाग है। ४. उक्त प्रदेश या राज्य का निवासी। (छन्द॰) तीन वर्णों का एक समवर्णिक छन्द जिसके प्रत्येक चरण में एक तगण होता है।

पञ्चालिका (पंचालिका)—[सं॰ पञ्च ~ अल् + ण्वुल् + टाप्, इत्व] *स्त्री॰* १. पाँच पंक्तियाँ। २. नटी। नर्तकी। (नाट्य॰) प्रेक्षाभवन में दर्शकों के बैठने के लिए बना पाँच पंक्तियों का मंच।

पञ्चाली (पंचाली)—[< सं॰ पञ्चाल] *वि॰* १. पंचाल देश का निवासी। २. पंचाल का। *स्त्री॰* १. द्रौपदी। पांचाली। २. एक प्रकार का गीत। पांचाली।

पञ्चावयव (पंचावयव)—[सं॰ पञ्च ~ अवयव] *वि॰* १. पाँच अवयवों/अंगों वाला। *पु॰* संयुक्त पाँच अवयवों—प्रतिज्ञा, हेतु, उदाहरण, उपनय और निगमन —वाला न्याय वाक्य।

पञ्चावस्थ (पंचावस्थ)—[सं॰ पञ्च ~ अवस्था] *वि॰* (शिशु, कुमार, युवा और वृद्ध अवस्थाओं के बाद की) पाँचवीं अवस्था को प्राप्त। मृत।

पञ्चास्तिकाय (ंचास्तिकाय)—[सं॰] *पु॰* (जैन॰) जैन दर्शन के ६ द्रव्यों में से काल के अतिरिक्त शेष पाँच—जीव, पुद्गल, धर्म, अधर्म, आकाश।

पञ्चास्य (पंचास्य)—[सं॰ पञ्च ~ आस्य] *वि॰, पु॰* पंचानन। सिंह। शेर।

पञ्चास्य-नाद (पंचास्य-नाद)—[सं॰] *पु॰* सिंहनाद।

पञ्चाह (पंचाह)—[< सं॰ पञ्च + अहन्] *पु॰* १. पाँच दिनों का समूह। २. पाँच दिनों में पूर्ण होनेवाला एक यज्ञ।

पञ्चीकरण (पंचीकरण)—[< सं॰ पञ्चन् + च्वि + करण] *पु॰* (वेदान्त॰) पाँचों तन्मात्राओं का निश्चित अनुपात में मिश्रित रूप। ✣ **पञ्चीकृत (पंचीकृत)**—*वि॰* = जिसका पंचीकरण हुआ हो।

पञ्चेषु (पंचेषु)—[सं॰ पञ्च + इषु] *पु॰* (पाँच वाणों वाला) कामदेव। मन्मथ। मदन।

पञ्चेन्द्रिय (पंचेंद्रिय)—[सं॰ पञ्च + इन्द्रिय] *स्त्री॰* १. पाँच इन्द्रियाँ। २. पाँच ज्ञानेन्द्रियाँ। ३. पाँच कर्मेन्द्रियाँ।

पञ्चोपचार (पंचोपचार)—[सं॰ पञ्च ~ उपचार] *पु॰* १. पूजन के साधन में उपयोगी पाँच वस्तुएँ—गन्ध, पुष्प, धूप, दीप, नैवेद्य। २. उक्त पाँच द्रव्यों से किया गया पूजन।

पञ्चोपविष (पंचोपविष)—[सं॰ पञ्च ~ उपविष] *पु॰* (आयुर्वेद॰) पाँच प्रकार के उपविष—थूहड़, मदार, कनेर, जलपीपल और कुचला।

पञ्चोपासना (पंचोपासना)—[सं॰ पञ्च + उपासना] *स्त्री॰* पुष्प, धूप, दीप और नैवेद्य से किया जाने वाला पूजन। पंचोपचार। (दे॰)

पञ्छा (पंछा)—[< हि॰ पंछाला] *पु॰* १. चेचक के दाने या किसी फफोले आदि से निकलने वाला सफ़ेद पानी। २. पौधों/वृक्षों आदि की छाल आदि छीलने से निकलने वाला द्रव।

पञ्ज (पंज)—[< सं॰ पञ्च, या फा॰] *वि॰* १. पाँच। २. समस्त पद में 'पाँच' का संक्षिप्त रूप।

पञ्जक (पंजक)—[< हि॰ पंजा] *पु॰* १. पंजे का निशान। २. शुभ अवसरों पर दीवाल पर लगायी जाने वाली हाथ के पंजे की रंगीन छाप।

पञ्जर (पंजर)—[सं॰ √पञ्ज् + अरन्] *पु॰* १. शरीर। देह। २. कंकाल। ठठरी। ३. किसी वस्तु का आधारभूत ढाँचा। पिंजड़ा। ***वा॰* अंजर पंजर ढीला होना**—शरीर शिथिल होना।

पञ्जरोज़ा (पंजरोज़ा)—[< फा॰ पंजरोज़:] *वि॰* १. पाँच दिनों का। २. पाँच दिनों में समाप्त होनेवाला। ३. थोड़े दिन रहनेवाला। अस्थायी।

पञ्जहज़ारी (पंजहज़ारी)—[फा॰] *पु॰* पाँच हज़ार सैनिकों का नायक।

पञ्जिका (पंजिका)—[सं॰ √पञ्ज् + इन् + कन् + टाप्] *स्त्री॰* १. (संस्कृत में) कठिन शब्दों का अर्थ स्पष्ट करनेवाली टीका। २. हिसाब-किताब या विवरण लिखने की पुस्तिका। पंजी। बही। रजिस्टर (अं॰)।

पञ्जी (पंजी)—[सं॰ √पञ्ज् + इन् + डीप्] *स्त्री॰* हिसाब-किताब या कोई विवरण लिखने की पुस्तिका। बही। रजिस्टर (अं॰)। ✣ **पञ्जीकरण (पंजीकरण)** — *पु॰* = नाम, तथ्य/घटना आदि लिख लेने या पंजी में दर्ज करने की क्रिया/भाव। पंजीयन। ✣ **पञ्जीकार (पंजीकार)**—*पु॰* = १. पंजी में लिखने वाला। आय-व्यय आदि को बही में लिखने वाला। २. मुनीम।

पञ्जीरी (पंजीरी)/पँजीरी—[< फा॰ पंज, या < सं॰ पञ्च] *स्त्री॰* घी में भुने हुए आटे में धनिया, सोंठ इत्यादि तथा मेवाओं का चीनी के साथ स्वादिष्ठ मिश्रण। कंसार।

पट[1]—[< सं॰ √पट् + क] *पु॰* १. वस्त्र। कपड़ा। २. पहनने के वस्त्र। परिधान। पोशाक। ३. वस्त्र का टुकड़ा जिस पर चित्र बना हो। ४. आवरण। ***जैसे***—नयन-पट। ५. पर्दा। ***जैसे***—रंगमंच का सुन्दर पट। ६. घूँघट। ७. द्वार। दरवाज़ा। ८. कपाट। किवाड़। ***जैसे***—मन्दिर के पट बन्द हैं। ९. चित्र-पट के नीचे का पट-वाला भाग। १०. किसी वस्तु का चौरस तल। चौरस भूमि। ११. छत। १२. छप्पर या छावन/छानी। *वि॰* १. जिसका मुँह नीचे और पीठ ऊपर की ओर हो। पेट के बल स्थित। उलटा पड़ा हुआ। ***जैसे***—पट लेटने से आराम मिला। २. ख़ाली पड़ा हुआ (खेत/रास्ता आदि)। ३. मन्द या धीमा (व्यापार आदि)। ४. नष्ट। बर्बाद। चौपट। ***जैसे***—सब काम पट हो गया। ***वा॰* पट पड़ना**—१. पेट के बल लेटना। २. मन्द होना। ३. कोई बात प्रतिकूल होना। **पट खुलना**—देवमन्दिर का द्वार खुलना। **पट बन्द होना** = देवमन्दिर का द्वार बन्द होना।

पट[2]—[< सं॰ पट्ट] *पु॰* १. राजसिंहासन। ***जैसे***—पटरानी (< सं॰ पट्टरानी)। २. रेशम।

पट[3]—[अनु॰] *पु॰* वस्तु के धीरे से गिरने पर होनेवाला शब्द। ***जैसे***—छिपकली गिरने पर 'पट' हुई।

पट[4]—[हि॰ 'चट' का अनु॰] *क्रिवि॰* तत्काल। तुरन्त। ***जैसे***—चट-पट काम करो।

पटकथा—[सं॰ पट ~ कथा] *स्त्री॰* नाटक/फ़िल्म की कहानी।

पटकन—[< हिं॰ पटकना] *स्त्री॰* पटकने की क्रिया/भाव। पटकी। ***जैसे***—उठा-पटक।

पटकर्म—[सं॰ पट ~ कर्म] *पु॰* कपड़ा बुनने का काम या धन्धा। वयन। जुलाहागीरी।

पटका—[< सं॰ पट्टक] *पु॰* १. कमर में बाँधने का दुपट्टा आदि। २. गर्दन में पड़ा दुपट्टा। ***वा॰* पटका बाँधना**—उद्यत होना। तैयार होना।

पटकाई—[< हिं॰ पटकाना] *क्रिस॰* पत्थर की सिल (पटिया) के रुख़ को चौरस बनाने का काम।

पटकाना—*क्रिस॰* = पत्थर की पटिया के रुख़ को समतल करना।

पटकार[1]—[सं॰ पट + कार] *पु॰* १. कपड़ा बुनने वाला। जुलाहा।

पटकार[2]—[< हिं॰ पटकना] *स्त्री॰* १. वह रस्सी जिससे भूमि पर पटक-पटककर किसान खेत के पक्षी उड़ाते हैं। २. उक्त पटके जाने से होनेवाला 'पट-पट' शब्द।

पटकुटी—[सं॰ पट ~ कुटी] *स्त्री॰* पटमंडप। तम्बू। रावटी।

पटचित्र—[सं॰ पट ~चित्र] *पु॰* १. कपड़े पर बना चित्र। २. कपड़े पर बना हुआ चित्र जो लपेटकर रखा जा सकता है। २. बेलबूटों से सजा पट। ४. कुंडलाकार सजावट। ४. उड़ीसा की एक विशेष कला जिसमें कपड़े या मोटे काग़ज़ पर सुन्दर रंगीन चित्रकारी/डिज़ायन (अ॰) बनायी जाती है।

पटच्चर—[सं॰ पटत् √चर् + अच्] *पु॰* फटा-पुराना कपड़ा।

***पटझोल**—[< सं॰ पट + हिं॰ झोल] *पु॰* १. पहने हुए वस्त्र में पड़ी सिलवट। २. आँचल। पल्ला।

***पटण**—[< सं॰ पत्तन] *पु॰* पत्तन। नगर।

पटडोर/ ***पटडोरि**—[< हिं॰ पट + डोर/डोरी] *स्त्री॰* रेशमी धागा।

***पटतर**—[सं॰ पट्ट ~ तल] *पु॰* १. तुल्यता। समानता। बराबरी। २. उपमा। सादृश्य। ३. तुलना। *वि॰* तुल्य। समान।

पटधारी—[सं॰ पटधारिन्] *वि॰* १. जो वस्त्र पहने हुए हो। २. जो रेशमी वस्त्र धारण किए हो। ३. जिसे राजा से पट्टा प्राप्त हुआ हो। सम्मान्य। ३. वस्त्रागार का अधिकारी।

पटनी—[< हिं॰ पटना/पाटना] *स्त्री॰* १. पटने की अवस्था/भाव। २. पाटने की क्रिया/भाव। ३. छत। ४. वह कमरा जिसके ऊपर कोई कमरा हो। ५. सामान रखने का आला/ताखा। ६. निश्चित लगान पर दी गयी ज़मीन या ज़मींदारी का अंश। ७. पहले प्रचलित रही उक्त व्यवस्था।

पटन्तर, पटन्तरे (पटंतर, पटंतरे)—[< हिं॰ पटतर < सं॰ पट्टतल] *पु॰* समता। तुल्यता। बराबरी।

पटपड़/पटपर—[< हिं॰ पट] *वि॰* १. समतल। चौरस। २. पूर्णतया नष्ट। ३. पूर्णतया ख़ाली। निर्जन या उजाड़। ***जैसे***—पटपट घर। *पु॰* १. समतल मैदान। २. उजाड़ स्थान। ३. बरसात में पानी में डूबे रहने वाली नदी की तट भूमि।

[1]पटपरा—[देशज] *पु॰* पहाड़ का समस्थल। पठार।

पटबास—[< हिं॰ पट ~ बास] *पु॰* १. कपड़े सुगन्धित करने की सुगन्धित वस्तु। २. वस्त्र।

पटबीजना—[< हिं॰ पट + बिज्जु < सं॰ विद्युत्] *पु॰* खद्योत। जुगनू।

पटभूमिका—[सं॰ पट ~ भूमिका] *स्त्री॰* पृष्ठभूमि।

***पटम**—[देशज] *पु॰* दिखावा।

पटमण्डप (पटमंडप)—[सं॰ पट ~ मण्डप] *पु॰* पटकुटी। तम्बू। रावटी।

पटमय—[सं॰ पट + मयट्] *वि॰* कपड़े का बना हुआ। *पु॰* पटकुटी। रावटी। तम्बू।

पटम्बर (पटंबर)—[< हिं॰ पट (= रेशम) + सं॰ अम्बर] *पु॰* रेशमी वस्त्र। कौशेय।

पटरानी—[< सं॰ पट्टरानी] *स्त्री॰* राजा की सबसे प्रमुख रानी। राजा के साथ सिंहासन पर बैठनेवाली रानी। पट्टराज्ञी। पट्टमहिषी। पट्टदेवी।

***पटरिया**—[< हिं॰ पटरी] *स्त्री॰* काठ का छोटा तख़्त। पटली।

पटल—[< सं॰ पट + कलच्] *पु॰* १. छट। २. छाजन। छप्पर। २. लकड़ी का समतल तख़्ता। ३. सतह। ४. समूह। ढेर। ५. तिलक। टीका। ६. पुस्तक का अध्याय/परिच्छेद। आवरण। पर्दा। • (भूविज्ञान॰) पर्पटी।

पटला—[< सं॰ पटल] *पु॰* बड़ी पटली। पटरा।

पटली—[सं॰ पटल + ङीप्] *स्त्री॰* लकड़ी की कम ऊँची छोटी चौकी। २. समूह। पुंज।

पटवा—[< हिं॰ पाट + वाह] *पु॰* मनके या गहना गूँथने का काम करनेवाला।

पटवारी—[सं॰ पट्ट] पु॰ गाँव की भूमि और और उसकी मालगुज़ारी का लेखा रखनेवाला एक सरकारी कर्मचारी। लेखपाल ⁜ **पटवारगीरी/पटवारीगीरी**—स्त्री॰ = पटवारी/लेखपाल का काम/पद।

पटवास—[सं॰ पट ~ वास] पु॰ १. कपड़े का बना घर। पटकुटी। तम्बू। २. शिविर। छावनी। ३. लहँगा। ४. वस्त्र को सुगन्धित करनेवाला एक पदार्थ।

पटह—[सं॰ पट √हन् + ड] पु॰ १. नगाड़ा। डंका।

पटहघोषक—[सं॰ पटह ~ घोषक] पु॰ १. डुग्गी/ढिंढोरा पीटनेवाला व्यक्ति। २. नगाड़ा बजानेवाला व्यक्ति।

पटहानक—[सं॰ पटह ~ आनक] पु॰ नगाड़ा और ढोल।

पटहार—[< सं॰ पाट] पु॰ सूत/रेशम आदि के धागों में दाने/मनके आदि गूँथनेवाला व्यक्ति। पटवा।

पटा[1]—[< सं॰ पट] पु॰ १. वस्त्र। कपड़ा। २. दुपट्टा। ३. पगड़ी। ४. तलवार के आकार की एक लोहे की पट्टी जिसे खेल के रूप में चलाते हैं और प्राय: बनेठी के साथ तलवार का वार करने और वार रोकने के सदृश कौशल दिखाते हैं।

पटा[2]—[< प॰ पट्ट] पु॰ (लकड़ी का) पटरा। पटल। पीढ़ा।

***पटा[3]**—[< हि॰ पट (= चित के विपरीत, औंधा)] वि॰ १. पट/औंधा/उल्टा पड़ा हुआ। २. मारकर गिराया हुआ।

पटाई[1]—[< हि॰ पाटना] स्त्री॰ पाटने की क्रिया/भाव/मज़दूरी।

पटाई[2]—[< हि॰ पटाना] स्त्री॰ १. ऋण आदि को पटाने/चुकाने की क्रिया/भाव। २. लेन-देन, खरीद-बिक्री आदि में दूसरे पक्ष के साथ सब बातें निश्चित करने और उस पक्ष को राज़ी करने की क्रिया/भाव। ३. सौदा पटवाने पर मिलनेवाला पुरस्कार।

पटाक्षेप—[सं॰ पट ~ आक्षेप] पु॰ १. पर्दा गिरना/गिराना। २. (लाक्षणिक) किसी घटना या बात की समाप्ति। (नाट्य॰) रंगमंच पर नाटक का एक अंक पूरा होने पर कुछ समय के लिए पर्दा गिरना। ⁜ **पटाक्षेप दृश्य**—पु॰ (नाट्य॰) = नाटक के किसी अंक का अन्तिम दृश्य। (अं॰ ड्राप सीन)

पटि/पटी—[सं॰ √पट + इन्, पटि + ङीष्] स्त्री॰ १. रंगीन वस्त्र। २. कपड़े का पतला लम्बा टुकड़ा। पट्टी। ३. क़नात। ४. आवरण। पर्दा। (नाट्य॰) रंगमंच का पर्दा। यवनिका।

पटिका—[सं॰ पटि + कन् + टाप्] स्त्री॰ १. वस्त्र। कपड़ा। २. कपड़े का टुकड़ा। वस्त्र-खंड।

पटिया—[< सं॰ पट्टिका] स्त्री॰ १. पत्थर का आयताकार और समतल लम्बा टुकड़ा जो फ़र्श बनाने या छत पाटने में काम आता है। २. (लकड़ी की आयताकार) पाटी/तख़्ती जिस पर बच्चे लिखने का अभ्यास करते हैं। ३. लम्बा और कम चौड़ा खेत का टुकड़ा। ४. खाट की पाटी/पट्टी। ५. (रेलगाड़ी की) पटरी। ६. स्त्रियों का एक आभूषण जो गले में पहना जाता है। ७. (केशों के बीच) माँग निकालकर काढ़े/सँवारे हुए बाल। **वा॰ पटियाँ काढ़ना/पारना/सँवारना**—केशों का शृंगार करना। बाल सजाना।

पटी—[सं॰ पटि + ङीष्] स्त्री॰ १. पगड़ी। साफ़ा। २. पटका। ३. (धोती, की) किनारी।

पटीमा—[< हि॰ पटी] पु॰ छीपियों का तख़्ता जिसपर रखकर वे कपड़े छापते हैं।

पटीर—[सं॰ √पट् + ईरन्] वि॰ १. सुन्दर। २. लम्बा। ऊँचा। पु॰ १. चन्दन। २. कामदेव। ३. कत्था। खैर। ४. कत्था/खैर का वृक्ष। ५. मेघ। बादल। ६. उदर। पेट। ७. खेत।

पटीलना—[< हि॰ पटाना] क्रिस॰ १. किसी को फुसलाकर अपने काम के लिए राज़ी करना। पटाना। २. ठगना। छलना।

पटु—[सं॰ √पट् + उन्] वि॰ १. कुशल। निपुण। प्रवीण। २. चतुर। ३. धूर्त।

पटुता—[सं॰ पटु + तल् + टाप्] स्त्री॰ दक्षता। कुशलता। निपुणता।

पटुली—[< सं॰ पटल] स्त्री॰ १. काठ आदि की पटरी/पटली जो झूले में प्रयुक्त होती है। २. काठ की पटरी/पटली जो बैठने के काम आती है।

पटेबाज़—[< हि॰ पटा] पु॰ पटा-बनेठी आदि खेलनेवाला। पटैत। वि॰ १. दुश्चरित्र। व्यक्ति। २. धूर्त व्यक्ति। ⁜ **पटेबाज़ी**—स्त्री॰ = १. पटेबाज़ का काम। २. व्यभिचार। ३. धूर्तता।

पटेला[1]—[< हि॰ पाटना] पु॰ १. भूमि चौरस करने की लम्बी, चौकोर और भारी लकड़ी। २. पटैला।

†पटेला[2]—[देशज] पु॰ एक आभूषण। एक प्रकार का कड़ा।

पटेली—[< हि॰ पटैली] स्त्री॰ छोटी पटैला नाव।

पटैत[1]—[< हि॰ पटा] पु॰ पटा/गदका चलानेवाला। पटेबाज़।

पटैत[2]—[< हि॰ पट्टा] वि॰ १. जिसके नाम भूमि/सम्पत्ति का पट्टा लिखा गया हो। २. (लाक्षणिक) जिसे किसी बात का अधिकार मिला हुआ हो।

पटैला[1]—[< हि॰ पाटना] पु॰ १. एक प्रकार की बड़ी नाव जिसका बीच का भाग ऊपर से पटा होता है। २. भारी भूमि चौरस करने का उपकरण। पटेला। ३. पत्थर की पटिया।

पटैला[2]—[< हि॰ पाटा] पु॰ द्वार बन्द करने पर अन्दर से लगाने का डंडा। अर्गला।

पटैली—[< हि॰ पटैला] स्त्री॰ छोटी पटैला नाव।

***पटो**—[< सं॰ पट्ट] पु॰ १. राजपट्ट। पट्टा। अधिकार-पत्र। २. सम्पत्ति के उत्तराधिकार का पट्टा। ३. पगड़ी। साफ़ा।

पटोर—[< सं॰ पटोल] पु॰ १. एक प्रकार का रेशमी कपड़ा। पटोल। २. परवल नामक सब्ज़ी।

पटोरी—[< सं॰ पाट] स्त्री॰ १. रेशमी धोती/साड़ी/चादर। २. रेशमी किनारी वाली धोती/साड़ी।

पटोला—[< हि॰ पटोला] पु॰ एक प्रकार का रेशमी वस्त्र। पटोर।

पटोलिका—[सं॰ पटोलन + कन् + टाप्] स्त्री॰ मंजूषा। पेटी।

पटौँहा[1] (पटौंहा[1])—[< हि॰ पाटना] वि॰ १. पाटकर बनाया हुआ। २. पाटा हुआ। पु॰ १. पटा हुआ स्थान। २. पाटन। छत। ३. ऐसा कमरा जिसके ऊपर कमरा बना हो।

पट्ट[1]—[सं॰ √पट् + क्त] पु॰ १. पत्थर/लकड़ी/लोहा आदि का समतल बड़ा टुकड़ा। पटिया। २. (बच्चों की) लिखने का अभ्यास करने की तख्ती। पाटी। ३. लकड़ी आदि का वह लम्बा टुकड़ा जिस पर नाम या सूचनाएँ आदि लिखी जाती हैं। ***जैसे***—नाम-पट्ट। ४. बैठने की चौकी। ५. ताँबे आदि धातुओं का पत्र/पत्तर जिस पर पहले सरकारी आदेश, दानपत्र आदि लिखे जाते थे। ६. (घाव आदि पर बाँधने की) कपड़े की पट्टी। ७. पगड़ी। ८. मुकुट। ***जैसे***—पट्टाभिषेक (पट्ट + अभिषेक)। ९. राजसिंहासन। १०. प्रमुख। ***जैसे***—पट्ट देवी। ११. रेशम। ***जैसे***—पट्ट-वस्त्र। १२. दुपट्टा। १३. नगर। १४. चौराहा। १५. पट्टा (ठेके आदि का अधिकार-पत्र)।

पट्ट[2]—[< हि॰ पट (= 'चित' का विलोम)] *वि॰* पट/उलटा पड़ा हुआ। पेट के बल लेटा हुआ।

पट्टक—[सं॰ पट्ट + कन्] पु॰ १. लिखने की तख्ती। पट्टी। २. घाव आदि पर बाँधने की पट्टी। ३.एक प्रकार का लाल वस्त्र जिसकी पगड़ियाँ बनती थीं। ४. राजा की आज्ञाएँ, दान-लेख आदि अंकित करने का ताँबे आदि का पट्ट/पत्तर। ५. दस्तावेज़।

पट्टदेवी—[सं॰ पट्ट ~ देवी] *स्त्री॰* सबसे बड़ी रानी। पटरानी। पट्टमहिषी।

पट्टन—[सं॰ √पट् + तनप्] पु॰ नगर। शहर।

पट्टनी—[सं॰ पट्टन + ङीप्] *स्त्री॰* छोटा नगर। नगरी।

पट्टवस्त्र/पट्टवासा—[सं॰ पट्ट ~ वस्त्र/वासस्] *वि॰* रेशमी वस्त्र या रंगीन वस्त्र पहननेवाला।

पट्टांशुक—[सं॰ पट्ट ~ अंशुक] पु॰ १. रेशमी वस्त्र। २. (शरीर के) ऊपरी भाग में पहनने या ओढ़ने का वस्त्र।

पट्टाभिषेक—[सं॰ पट्ट ~ अभिषेक] पु॰ मुकुट-धारण की क्रिया। राज्याभिषेक।

पट्टिश—[सं॰ √पट्ट + टिशच्] पु॰ बहुत पैनी नोक का भाला। यह प्राचीन शस्त्र आधुनिक 'पटा' के समान होता था।

पट्टू—[< हि॰ पट्टी] पु॰ एक प्रकार का मोटा ऊनी वस्त्र जो कम चौड़ा और लम्बी पट्टी जैसा बुना हुआ होता है।

पट्टेबाज़—[< हि॰ पट] पु॰ पटा या पटा-बनैठी चलानेवाला व्यक्ति।

पट्टैत—[< हि॰ पट्टा] पु॰ १. काला/लाल/नीला कबूतर जिसके गले में सफ़ेद कंठी हो। २. जिसके नाम भूमि आदि का पट्टा हो।

पठार—[देशज] पु॰ (भूविज्ञान॰) १. परिवर्ती भू-क्षेत्रों की अपेक्षा अधिक ऊँचाई तथा विस्तार वाली एक लगभग सपाट भूमि। ऊँची समतल भूमि। ३. महासागर के नीचे के तल से निकला तथा उठा हुआ सपाट शीर्षी भूक्षेत्र। ✣ **पठारी पर्वत**—पु॰ = (भूविज्ञान॰) सपाट शीर्ष वाला पर्वत।

पड़रा/पड़ा—[< देशी प्रा॰ पड्ड्य] पु॰ भैंस का नर-बच्चा। पाड़ा।

पड़वा—[< प्रा॰ पडिवा < सं॰ प्रतिपदा] पु॰ १. चान्द्र मास के प्रत्येक पक्ष की प्रथम तिथि। प्रतिपदा।

पड़ाना—[हि॰ 'पड़ना' का प्रेरणा॰] *क्रिस॰* पड़वाना।

पड़ापड़—[अनु॰] *क्रिवि॰* १. पड़-पड़ की ध्वनि करते हुए। २. जल्दी-जल्दी। फटाफट।

पण—[सं॰ √पण् + अप्] पु॰ १. ताँबे का एक प्राचीन सिक्का जो ८ कौड़ियों के बराबर होता था। २. प्रतिज्ञा। ३. बेचने की वस्तु। सौदा। माल। ४. व्यापार। व्यवसाय। ५. दुकान। ६. दाँव लगाकर खेलने का खेल। ७. द्यूत। जुआ। ८. पासों से खेला जाने वाला खेल। ९. दाँव पर रखी हुई वस्तु। १०. मूल्य। दाम। ११. धन-सम्पत्ति। १२. दुकान। १३. बाज़ी। शर्त।

पणक्रिया—[सं॰ पण ~ क्रिया] *स्त्री॰* बाज़ी लगाने का काम। पणबन्ध।

†**पणगोला**—[गढ़वाली < हि॰ पानी + गोला] पु॰ (पानी का गोल) मेघ। बादल। ***जैसे***—पहाड़ी ग्रामों में पणगोला फटने से बहुत विनाश होता है।

पणता—[सं॰ पण + तल् + टाप्] *स्त्री॰* मूल्य।

पणन—[सं॰ √पण् + ल्युट्] पु॰ १. ख़रीदने या बेचने की क्रिया/भाव। २. बाज़ी या शर्त लगाने की क्रिया/भाव।

पणफर—[सं॰] पु॰ (ज्योतिष॰) लग्न से दूसरे, पाँचवे, आठवें, और ग्यारहवें स्थानों का सामूहिक नाम।

पणबन्ध (पणबंध)—[सं॰ पण ~ बन्ध] पु॰ १. बाज़ी लगाना। पणन। पणक्रिया। २. इक़रारनामा या शर्तनामा।

पणव—[सं॰ पण √वा + क] पु॰ छोटा ढोल/नगाड़ा। (छन्द॰) एक समवर्णिक छन्द जिसके प्रत्येक चरण में क्रमशः मगण, नगण, यगण और गुरु (म न य ग)के योग से १० वर्ण होते हैं।

पणाङ्गना (पणांगना)—[सं॰ पण ~ अङ्गना] *स्त्री॰* वेश्या।

***पणाशी, पणासी**—[< सं॰ प्रणाशी] *वि॰* नाश करने-वाला। विनाशक।

पणि—[सं॰ √पण + इन्] *स्त्री॰* हाट। बाज़ार। पु॰ १. ख़रीदने या बेचने वाला व्यक्ति। २. कंजूस। ३. पापी। ४. लोभी।

पणी—[सं॰ पणिन्] पु॰ ख़रीदने/बेचने वाला। व्यापारी।

***पण्डर (पंडर)**—[< सं॰ पाण्डु] पु॰ श्वेत। सफ़ेद।

पण्डाल (पंडाल)—[< तमिल॰ पेण्डल] पु॰ बड़ा मंडप।

***पण्डु (पंडु)**—[< सं॰ पाण्डु] *वि॰* १. पीला। २. सफ़ेद। ३. पीलिया रोग से ग्रस्त। पु॰ राजा पाण्डु जिसके पुत्र पांडव कहलाए।

पण्डुक (पंडुक)—[< सं॰ पाण्डु] पु॰ कबूतर के आकार की एक चिड़िया जो प्रायः 'कूक-कूक-कूक' जैसी गहरी ध्वनि करती है परंतु नीचे उतरते समय 'कून-कून-कून' जैसे डरावनी ध्वनि करती है। ✣ **पण्डुकी (पंडुकी)**—*स्त्री॰*।

पण्डुर (पंडुर)—[सं॰ पण्डु √रा +क] पु॰ पानी में रहने वाला साँप। जलसर्प।

***पण्डुल[1] (पंडल[1])**—[< सं॰ पाण्डुर] *वि॰* पीला।

***पण्डुल[2] (पंडुल[2])**—[< सं॰ पिण्ड] पु॰ पिंड। शरीर।

पण्य—[सं॰ पण् + यत्] *वि॰* ख़रीदने/बेचने के योग्य। पु॰ १. कोई भी विक्रेय स्थूल वस्तु। सौदा। जिन्स। २. व्यापार। रोज़गार। ३. मूल्य। दाम। क़ीमत। ४. दुकान।

पण्यक्षेत्र—[सं॰ पण्य ~ क्षेत्र] *पु॰* हाट। मंडी। बाज़ार। २. (माल का) गोदाम।

पण्यवीथि, पण्यवीथिका, पण्यशाला—[सं॰ पण्य ~ वीथि/वीथिका/शाला] *स्त्री॰* १. बाज़ार। २. दुकान।

पण्याङ्गना (पण्यांगना)—[सं॰ पण्य ~ अङ्गना] *स्त्री॰* वेश्या।

पण्याजीव—[सं॰ पण्य ~ आजीव] *पु॰* वणिक। व्यापारी।

पण्यावर्त—[सं॰ पण्य ~ आवर्त] *पु॰* ख़रीद-बिक्री, लेन-देन आदि व्यवहार। *जैसे*—व्यापारी का वार्षिक पण्यावर्त। ⁘ **पण्यावर्त कर**—पु॰ किसी वस्तु या सेवा के सभी प्रकार के (खुदरा या थोक) सौदों पर लगनेवाला मूल्यानुसार कर।

पत—[< सं॰ प्रत्यय] *स्त्री॰* १. लज्जा। लाज। २. प्रतिष्ठा। इज़्ज़त। ***वा॰* पत उठ जाना**—१. विश्वास न रहना। २. सम्मान न रहना। **पत उतारना/लेना**—(किसी की) प्रतिष्ठा नष्ट करना। अपमान करना। **पत खोना/जाना**—सम्मान न रहना। **पत रखना**—(किसी की) प्रतिष्ठा रखना। सम्मान बचाना।

पतङ्ग, पतंग—[सं॰ √पत् + अङ्गच्] *पु॰* १. सूर्य। २. पक्षी। *स्त्री॰* बाँस की कमानियों के ढाँचे पर काग़ज़ मढ़कर बनाई हुई एक वस्तु जिसे तागे से बाँधकर हवा में उड़ाते हैं। गुड्डी। कनकौवा। चंग। ⁘ **पतङ्ग (पतंग) नन्दिनी (नंदिनी)**—*स्त्री॰* = सूर्य-पुत्री। यमुना।

पतङ्गा (पतंगा)—[< सं॰ पतङ्ग] *पु॰* एक प्रकार का उड़नेवाला कीड़ा। शलभ। ***वा॰* पतंगा होना**—१. बड़ा प्रेमी होना। २. प्रेम के लिए प्राण देनेवाला होना। ३. बलिदान हो जाना।

पतङ्गी (पतंगी)—[< सं॰ पतङ्गिन्] *स्त्री॰* पक्षी।

पतत्र—[सं॰ √पत् + अत्रन्] *पु॰* १. (पक्षी का) पर। डैना। २. वाहन। सवारी।

पतत्रि—[सं॰ √पत् + अत्रिन्] *पु॰* १. पक्षी। चिड़िया।

पतरिङ्गा (पतरिंगा)—[< सं॰ पतत्रिन्] *पु॰* एक छोटा पक्षी जिसकी चोंच पतली, नुकीली और काले रंग की, नेत्र लाल रंग के, पूँछ नीली तथा शरीर स्वर्णाभ-हरे रंग का होता है।

पताका—[सं॰ √पत् + आकन् टाप्] *स्त्री॰* ध्वज। ध्वजा। झंडा। झंडी। ***वा॰* पताका गिरना**—हार हो जाना। **पताका फहराना**—विजय प्राप्त करना। ⁘ **पताकादण्ड**—*पु॰* = पताका लगाने का डंडा।

पताकास्थानक—[सं॰ पताका ~ स्थानक] *पु॰* (नाट्य॰) नाटक में वह स्थान जहाँ किसी प्रसंग द्वारा आगे की कथा की सूचना दी जाती है।

पताकिनी—[सं॰ पताकिन् + ङीप्] *स्त्री॰* सेना। फ़ौज।

पताकी—[सं॰ पताकिन्] *वि॰* पताका लेकर आगे-आगे चलनेवाला (व्यक्ति)। *पु॰* १. राजचिह्नसूचक झंडा लेकर चलनेवाला व्यक्ति। २. झंडा लिए हुए व्यक्ति।

***पतार**[1]—[< सं॰ पाताल] *पु॰* १. पाताल। (दे॰) २. नीची भूमि। ३. घना जंगल।

पति[1]—[सं॰ √पा + डति] *पु॰* १. (किसी वस्तु का) स्वामी। मालिक। *जैसे*—गृहपति। २. शासक। *जैसे*—कोसलपति दशरथ। २. स्त्री के लिए वह पुरुष जिससे उसका विवाह हुआ हो। भर्ता। कान्त। ख़ाविन्द। शौहर। *वि॰, पु॰* (समासयुक्त शब्द के अन्त में) श्रेष्ठ। *जैसे*—खगपति। शिव। महादेव।

***पति**[2]—[< हिं॰ पत (= प्रतिष्ठा आदि)] *स्त्री॰* १. लज्जा। लाज। २. इज़्ज़त।

पतिका—[< सं॰ पतिक + टाप्] *वि॰* (समासयुक्त शब्द के अन्त में प्रयुक्त) पतिवाली।

पतित—[सं॰ √पत् + क्त] *वि॰* १. ऊपर से नीचे आया या गिरा हुआ। २. नैतिक दृष्टि से गिरे हुए आचरण वाला। ३. अधम। पापी।

पतित्व—[सं॰ पति + त्व] *पु॰* १. स्वामित्व। प्रभुत्व। २. पति होने की अवस्था/भाव। ३. शासकत्व। राजत्व।

पतिदेवा—[सं॰ पतिदेव + टाप्] *स्त्री॰* पतिव्रता।

पति-धर्म—[सं॰] *पु॰* १. पति का कर्तव्य। *जैसे*—पति-धर्म के अनुसार आचरण करनेवाले श्रीराम। २. पति के प्रति पत्नी का कर्तव्य। *जैसे*—पतिधर्म का पालन करती सीता। ⁘ **पतिधर्मवती**—*वि॰ (स्त्री॰)* = (वह स्त्री) जो अपने पति के प्रति अपने कर्तव्यों का पालन करती हो। *जैसे*—पतिधर्मवती/सावित्री की कथा पढ़ो।

पतिप्राणा—[सं॰ पतिप्राण + टाप्] *स्त्री॰* पतिव्रता स्त्री।

पतियाना—[< सं॰ प्रत्यायन] *क्रिस॰* १. किसी के कथन आदि पर विश्वास करना। २. किसी व्यक्ति को विश्वसनीय मानना। ⁘ **पतियारा**—*वि॰* १. विश्वास करनेवाला। २. विश्वसनीय। *पु॰* प्रत्यय। विश्वास। एतबार।

***पतीजना**—[< हिं॰ प्रतीति] *क्रिस॰* प्रतीति करना। विश्वास करना।

ˈपतूखी—*स्त्री॰* ≤ *हिं॰* पतोखी। एक पत्ते का बना छोटा दोना।

पतेना—[देशज] *स्त्री॰* एक चिड़िया जिसकी गर्दन और पेट नीले होते हैं और शेष शरीर हरे सुनहले रंग का होता है।

पतोखा—[< हिं॰ पत्ता] *पु॰* १. पत्तों का बना हुआ कटोरे जैसा पात्र। दोना। २. पत्तों से बना छाता। ⁘ **पतोखी**[1]—*स्त्री॰* एक पत्ते का बना छोटा दोना।

पतोखी[2]—[देशज] *स्त्री॰* = रात में बोलनेवाली एक चिड़िया।

पतौड़ा—[< हिं॰ पत्ता] *पु॰* घुइया/अरबी के पत्तों को बेसन में लपेटकर तेल या घी में सेंका गया पकौड़ा।

***पतौवा/पतौआ**—[< हिं॰ पत्ता] *पु॰* पत्ते।

पत्तन—[सं॰ √पत् + तनन्] *पु॰* नगर। शहर।

पत्तवाई—[< सं॰ पट्टवात] *स्त्री॰* दो किसानों द्वारा चादर लेकर हवा करना और एक का छबड़े में पैरी भरकर बरसाना।

पत्ति—[सं॰ √पद् + ति] *पु॰* १. पैदल सिपाही। प्यादा। २. योद्धा। वीर। *स्त्री॰* सेना की एक छोटी टुकड़ी जिसमें १ रथ, ३ घुड़सवार और ५ पैदल होते हैं। ● **विशेष**—पत्ति का नायक 'पत्तिपाल' कहा जाता था।

पत्तिव्यूह—[सं॰ पत्ति ~ व्यूह] *पु॰* सेना का ऐसा व्यूह जिसमें आगे

कवचधारी पैदल सैनिक हों और पीछे वाहनों वाले धनुर्धर।

पत्ति-सैन्य—[सं०] *पु०* पैदल सेना। पदातिसेना।

पत्तेबाज़—[< हिं० पत्ता] *वि०, पु०* १. ताश के खेल में पत्तों में हेरा-फेरी करनेवाला। २. धूर्त। चालाक। ❖ **पत्तेबाज़ी**—*स्त्री०* धूर्तता। चालाकी।

पत्थरफूल—[हिं० पत्थर + फूल] *पु०* एक पौधा जो पथरीली भूमि में होता है और औषधोपयोगी है।

***पत्थार**—[< सं० प्रस्तार] *पु०* प्रस्तार। विस्तार।

***पत्याना**—[< हिं० पतियाना] *क्रिस०* विश्वास करना। पतियाना। ❖ **पत्यानि**—*स्त्री०* = प्रतीति। विश्वास।

पत्रक—[सं० पत्र + कन्] *पु०* १. पत्ता। २. पत्तियों की शृंखला। पत्रावली। ३. सूचना देने वाला सरकारी या संस्थागत पर्चा। *वि०* १. पत्र-सम्बन्धी। २. पत्र के रूप में होने वाला।

पत्र-पुट—[सं०] *पु०* पत्ते का बना हुआ पात्र। दोना।

पत्र-पुष्प—[सं०] *पु०* १. फूल-पत्ते। २. ऐसी भेंट जो अधिक मूल्यवान् न हो परन्तु बहुत आदरपूर्वक दी जाए। ३. (लाक्षणिक) विनम्र भेंट।

पत्र-बन्ध (बंध)—[सं०] *पु०* १. फूलों से किया जाने वाला एक प्रकार का शृंगार। २. फूलों से सजावट।

पत्र-भङ्ग (भंग)—[सं०] *पु०* फूल-पत्तियों आदि का रेखांकन जो विशेष अवसरों पर स्त्रियों के मुख आदि पर शोभा बढ़ाने के लिए केसर, चन्दन, कस्तूरी आदि के लेप से किया जाता है।

पत्र-मञ्जूषा (मंजूषा)—[सं०] सं० पत्र-पेटी।

पत्ररचना/पत्ररेखा—[सं० पत्र ~ रचना/रेखा] *स्त्री०* पत्र-भंग। (दे०)

पत्रवाह—[सं० पत्र √वह् + अण्] *पु०* १. पत्र ले जाने वाला। पत्रवाहक। २. डाकिया।

पत्रा—[< सं० पत्रक] *पु०* पंचांग। तिथि-पत्र।

पत्राङ्क (पत्रांक)—[सं० पत्र ~ अङ्क] *पु०* १. पत्र या पत्रिका का अंक। २. पत्ते की गोद।

पत्रावलि/पत्रावली—[सं० पत्र ~ आवलि/आवली] *स्त्री०* १. पत्तों की पंक्ति या श्रेणी। २. शोभा बढ़ाने के लिए बनायी जाने वाली फूल-पत्तियाँ। पत्रलता। ३. पत्रों/चिट्ठियों का समूह।

पत्राहार—[सं० पत्र ~ आहार] *पु०* पत्तों का भोजन। ❖ **पत्राहारी**—*वि०* = केवल पत्ते खाकर रहनेवाला।

पत्री—[सं० पत्र + ङीप्] *स्त्री०* १. पत्र। चिट्ठी। ख़त। २. पत्रिका या छोटा लेख। ***जैसे***—जन्मपत्री। ३. वृक्ष आदि की पत्ती।

पथ—[सं० √पथ् + क] *पु०* १. मार्ग। रास्ता। राह। ***जैसे***—राजपथ। २. कार्य या व्यवहार की पद्धति। ***जैसे***—धर्म-पथ; नीति-पथ। ३. साधन जिसमें होकर कोई वस्तु आगे बढ़े। ***वा०* पथ जोहना/देखना**—प्रतीक्षा करना।

पथक—[सं० पथ + कन्] *वि०* मार्ग बतानेवाला। पथप्रदर्शक। *पु०* सेना का भाग या टुकड़ी।

पथकर—[सं० पथ ~ कर] *पु०* किसी मार्ग विशेष (सड़क या पुल पर से) जाने अथवा माल ले जाने पर लगनेवाला कर/टैक्स। मार्ग-कर।

पथगामी—[सं० पथगामिन्] *पु०* पथ/मार्ग पर चलनेवाला। पथिक। पथचारी।

पथना—[< हिं० पाथना] *क्रिअ०* पाथा जाना। ***जैसे***—कंडे पथना। *वि०* पाथनेवाला। पथेरा।

पथभ्रष्ट—[सं० पथ ~ भ्रष्ट] *वि०* १. जो मार्ग भूल गया हो। २. जो नैतिकता से विमुख हो।

पथ-भ्रान्त (भ्रांत)—[सं०] *वि०* मार्ग भूला हुआ (व्यक्ति)। ***जैसे***—पथ-भ्रान्त पथिक।

पथर—[< हिं० पत्थर] *पु०* 'पत्थर' का संक्षिप्त रूप जो यौगिक पदों के आरम्भ में प्रयुक्त होता है। ***जैसे***—पथरौटा; पथरचटा।

पथरचटा—[देशज] *पु०* एक प्रकार की वनस्पति।

पथरना—[< हिं० पत्थर] *क्रिस०* पत्थर पर घर्षण द्वारा धार तेज़ करना। *क्रिअ०* पत्थर जैसा कठोर हो जाना।

पथराना—[< हिं० पत्थर] *क्रिअ०* १. सूखकर पत्थर जैसा कठोर/कड़ा हो जाना। २. कठोर हो जाना। ३. पत्थर की तरह स्तब्ध/जड़/निर्जीव हो जाना। ***जैसे***—मरने से एक घंटे पहले उसकी आँखें पथरा गयी थीं। ४. चेतना-शून्य हो जाना। *क्रिस०* १. किसी को पत्थर की तरह कठोर/नीरस बनानेवाला काम करना। २. पत्थर फेंककर प्रहार करना। पथराव करना।

पथरौटा—[< हिं० पत्थर] *पु०* पत्थर का बना हुआ बड़े कटोरे जैसा पात्र। ❖ **पथरौटी**—*स्त्री०* = छोटा पथरौटा। पत्थर की बनी कूँड़ी।

पथरौड़ा—[< हिं० पाथना] *पु०* वह स्थान जहाँ गोबर पाथा जाता हो।

***पथि**—[< सं० पथी (पथिन्)] *पु०* पथिक।

पथिक—[सं० पथिन् + कन्] *पु०* पथ पर चलनेवाला। यात्री। बटोही। राहगीर।

***पथिकिनि**—[< सं० पथिक] *स्त्री०* पथिक स्त्री।

पथी—[सं० पथिन्] *पु०* पथिक। यात्री। मुसाफ़िर।

पथीय—[सं० पथ + छ] *वि०* मार्ग-सम्बन्धी।

पथेरा—[< हिं० पाथना] *वि०* पाथनेवाला। *पु०* १. गोबर पाथकर कंडे बनानेवाला व्यक्ति। २. भट्ठे में पकाने के लिए कच्ची ईंटें बनाने/ढालने वाला व्यक्ति। ३. कुम्हार।

***पथेरिया**—[< हिं० पथरिया] *पु०* पत्थर का काम करनेवाला कारीगर।

†पथोड़ा/पथौरा—[< हिं० पाथना] *पु०* गोबर पाथने की जगह। पथरौड़ा।

पथ्य—[सं० पथिन् + यत्] *वि०* रोगी के लिए हितकर। २. उचित। ३. अनुकूल। *पु०* १. रोगी के लिए हितकर वस्तु, भोजन और रहन-सहन। ***वा०* पथ्य से रहना**—संयम/परहेज़ से रहना।

पथ्या—[सं० पथ्य + टाप्] *स्त्री०* १. सड़क। २. हरीतकी। हरड़ या हर्र।

पद—[सं० √पद् + अच्] *पु०* १. चरण। पैर। पाँव। २. चलते समय दो पैरों के बीच की दूरी। पग। डग। ३. स्थान। ४. वह स्थान जिस

पर किसी की नियुक्ति की जाए। किसी व्यक्ति का वह नियत स्थान जिस पर रहकर उसे कोई निर्दिष्ट या नियत कार्य करना हो। पदवी। ओहदा। ***जैसे***—शिक्षक का पद; ज़िलाधीश का पद। ५. सम्मानजनक उपाधि। ख़िताब। ६. स्थान। धाम। ***जैसे***—मरने पर परम पद की प्राप्ति। ७. वाक्य का अंश या खंड। ८. श्लोक आदि का चतुर्थांश। चरण। ९. कविता का कोई अंश। पद्यांश। १०. शब्द। (काव्य) वाक्य में प्रयुक्त शब्द।

पदक—[सं॰ पद + वुन्] *पु॰* १. देवता का चरण-चिह्न जो पूजा के लिए बनाया जाता है। २. गले में आभूषण की तरह पहना जाने वाला एक छोटा-सा धातु-खंड जिस पर देवता के चरण-चिह्न अंकित होते हैं। ३. सोने या चाँदी आदि का बना हुआ वह कलात्मक टुकड़ा जो किसी व्यक्ति को विशेष प्रशंसनीय कार्य करने पर सम्मानित करने के लिए या पुरस्कार-स्वरूप दिया जाता है। तमग़ा। (अं॰ मेडल)

पदकमल—[सं॰ पद ~ कमल] *पु॰* १. कमल के समान सुन्दर चरण। चरणकमल। २. चरणरूपी कमल। चरणकमल।

पदक्रम—[सं॰ पद ~ क्रम] *पु॰* १. डग भरना। गमन। चलना। २. वेदमन्त्रों के पदों को एक दूसरे से अलग-अलग करने का कार्य। (व्या॰) गद्य के वाक्य में आए पदों को उचित स्थान पर रखना।

पदगत—[सं॰ पद ~ गत] *वि॰* पद-सम्बन्धी। पद का। ❖ **पदगत दोष**—*पु॰* (काव्य॰) काव्य के शब्ददोषों का एक प्रकार। ● **विशेष**—प्रमुख पदगत दोष १६ हैं—१. श्रुति कटु, २. च्युतसंस्कार, ३. अप्रयुक्त, ४. असमर्थ, ५. निहितार्थ, ६. अनुचितार्थ, ७. निरर्थक, ८. अवाचक, ९. अश्लील, १०. ग्राम्य, ११. नेयार्थ, १२. क्लिष्ट, १३. सन्दिग्ध। १४. अप्रतीति, १५. अविमृष्टविधेयांश, १६. विरुद्धमतिक्रम।

पदचर—[सं॰ पद ~ चर] *वि॰* १. पैरों से चलनेवाला। २. पैदल चलनेवाला। *पु॰* पैदल। प्यादा।

पद-चार—[सं॰] *पु॰* चरणों की गति। चाल।

पदचारी—[सं॰ पदचारिन्] *वि॰* १. पैदल चलनेवाला। २. भ्रमण करनेवाला। ❖ **पदचारिणी**—*वि॰ (स्त्री॰)*।

पदच्छेद—[सं॰ पद ~ छेद] *पु॰* १. किसी वाक्य या वाक्यांश के पदों को एक-दूसरे से अलग करना। २. किसी वाक्य के सन्धियुक्त और समासयुक्त शब्दों को विभक्त करना। ∆ **पर्याय**—पदविच्छेद, पदविग्रह।

पदच्युत—[< सं॰ पद ~ च्युत] *वि॰* जो अपने पद से हटा दिया गया हो। जिसका पद छीन लिया गया हो।

पदच्युति—[सं॰ पद ~ च्युति] *स्त्री॰* पद से हटाए जाने की क्रिया/अवस्था।

पदज—[सं॰ पद + ज़] *पु॰* पैरों की उँगली।

पदजात—[सं॰ पद ~ जात] *वि॰* १. पैरों से उत्पन्न। २. परस्पर सम्बद्ध पदों का समूह।

पदतल—[सं॰ पद ~ तल] *पु॰* पैर का तलवा। चरणतल।

पदतार्य—[सं॰ पद ~ तार्य] *वि॰* (छिछले पानी का वह स्थान) जिसे चलकर पार किया जा सकता हो।

पदत्राण—[सं॰ पद ~ त्राण] *पु॰* १. जूता। २. खड़ाऊँ।

पददलित—[सं॰ पद ~ दलित] *वि॰* १. पैरों से कुचला हुआ। २. जिसे समाज ने दबाकर बहुत हीन अवस्था में रखा हो और उन्नति का अवसर न दिया हो। दबा हुआ। ***वा॰* पददलित होना**—तुच्छ/हीन समझा जाना।

पदद्वन्द्व (पदद्वंद्व)—[सं॰ पद ~ द्वन्द्व] *पु॰* दोनों चरण। चरण-युगल।

[1]पदना—[< सं॰ पद] *क्रिअ॰* पैरों से चलना।

पदनाम—[सं॰ पद ~ नाम] *पु॰* १. किसी पदाधिकारी के पद का सूचक नाम (जैसे—प्राचार्य, मन्त्री, अध्यक्ष)।

पद-निक्षेप—[सं॰] *पु॰* पैरों को रखने की क्रिया। डग भरना। पद-न्यास।

पदन्यास—[सं॰ पद ~ न्यास] *पु॰* १. पैर रखना। चलना। २. चलने का ढंग। ३. (वाक्य में) शब्दों की योजना।

पदपङ्करुह (पदपंकरुह)—[सं॰ पद ~ पङ्करुह] *पु॰* पदकमल। चरणकमल।

पद-परिचय—[सं॰] *पु॰* वाक्य में प्रयुक्त पदों की व्याकरण की दृष्टि से जानकारी।

पदपाठ—[सं॰ पद ~ पाठ] *पु॰* १. वेद-मन्त्रों का वह क्रम जिसमें मन्त्रों के सभी पदों को विभक्त करके अलग-अलग रखा जाता है। २. उक्त रीति से रखे गए मन्त्रों का सम्पादित ग्रन्थ। ∇ **विलोम**—संहितापाठ।

पदपादाकुलक—[सं॰ पद ~ पादाकुलक] *पु॰* (छन्द॰) एक सममात्रिक छन्द जिसके प्रत्येक चरण में १६ मात्राएँ होती हैं तथा चरण के आरम्भ में द्विकल अवश्य होता है।

पदपीठ—[सं॰ पद ~ पीठ] *पु॰* १. पैर रखने की चौकी। २. खड़ाऊँ। ३. चरणों का ऊपरी भाग।

पदपूरण—[सं॰ पद ~ पूरण] *पु॰* १. किसी वाक्य आदि में छोड़े हुए या छूटे शब्दों को भरना। २. पद्य-रचना के लिए दी गयी 'समस्या' की पूर्ति करना।

पद-प्रक्रिया—[< सं॰] *स्त्री॰* प्रत्यय आदि की सहायता से पद बनाने की प्रक्रिया (जैसे—'पुस्तक' से 'पुस्तकें')।

पदबन्ध (पदबंध)—[सं॰ पद ~ बन्ध] *पु॰* (व्या॰) किसी वाक्य के दो या अधिक परस्पर सम्बद्ध पद जो संज्ञा आदि किसी व्याकरणिक इकाई का काम कर रहे हों। ● **विशेष**—**(क)** पदबन्ध प्रायः चार प्रकार के होते हैं—१. **संज्ञा पदबन्ध** (जैसे—**हँस-हँसकर बातें करनावाला** आ रहा है)। २. **विशेषण पदबन्ध** (जैसे—**हँस-हँसकर बातें करनेवाला** मज़दूर आ रहा है)। ३. **क्रिया पदबन्ध** (जैसे—वह पुस्तक **पढ़ रहा है**)। ४. **क्रिया-विशेषण पदबन्ध** (जैसे—वह **बहुत धीरे-धीरे** बोला)। **(ख)** 'पदबन्ध' और 'उपवाक्य' दोनों ही वाक्यांश हैं परन्तु उनमें अन्तर

है। उपवाक्य में उद्देश्य और विधेय दोनों होते हैं परन्तु पदबन्ध में नहीं।

पदमैत्री—[सं॰ पद ~ मैत्री] *स्त्री॰* किसी छन्द या पद्य में एक ही शब्द/वर्ण की चमत्कारपूर्ण आवृत्ति। अनुप्रास।

पदयोजना—[< सं॰ पद ~ योजना] *स्त्री॰* वाक्य में शब्दों की व्यवस्था। शब्दों को चुन-चुनकर रखना।

पदरूप—[< सं॰ पद ~ रूप] *पु॰* (व्या॰) पदप्रक्रिया से बनाया गया शब्द-रूप (जैसे—'लड़की' से लड़कियाँ, लड़कियों) जो वाक्य में प्रयुक्त हो सके।

पदविग्रह/पदविच्छेद—[सं॰ पद ~ विग्रह/विच्छेद] *पु॰* (व्या॰) पदच्छेद।

पद-विन्यास—[सं॰] *पु॰* चलने की शैली। चाल। (काव्य॰) वाक्य आदि में शब्दों को ठीक प्रकार से रखने की क्रिया/भाव।

पदवी—[सं॰ √पद् + अवि + ङीष्] *स्त्री॰* १. मार्ग। पथ। ***जैसे***—यह काली नदी रघुवंशी राजाओं की प्रताप-रूपी अग्निदेव की पदवी है। २. शासन/संस्था आदि की ओर से दी जाने वाली योग्यतासूचक या सम्मान-सूचक उपाधि (***जैसे***—भारतरत्न, शास्त्री; आचार्य)।

पदवृद्धि (पदवृद्धि)—[< सं॰ पद ~ वृद्धि] *स्त्री॰* ऊँचे पद पर पहुँचना। पद की दृष्टि से उन्नति। पदोन्नति।

पदसङ्घटन (पदसंघटन)—*पु॰* शब्दों का चयन और लिखने का ढंग। शब्दचयन। (अं॰ डिक्शन)

पदस्खलन—[सं॰ पद ~ स्खलन] *पु॰* पैर फिसलना।

पदस्थ—[सं॰ पद ~ स्थ] *वि॰* १. चरणों में स्थित। २. (शासन या संस्था आदि में) किसी पद पर स्थित। पदासीन।

पदस्थध्यान—[< सं॰ पदस्थ ~ ध्यान] *पु॰* (योग॰) जप-सहित ध्यान। (जैन॰) १. किसी मन्त्र या मन्त्रों का उच्चारण करके किया गया ध्यान। २. मन्त्र या मन्त्रों को विधिपूर्वक कमल आदि पर स्थापित करके अपने हृदय आदि में उनका चिन्तन/ध्यान करना।

पदाङ्क (पदांक)—[< सं॰ पद ~ अङ्क] *पु॰* पैर का निशान। पदचिह्न।

पदाक्रान्त (पदाक्रांत)—[सं॰ पद + आक्रान्त] *पु॰, वि॰* पैरों से कुचला हुआ।

पदाघात—[सं॰ पद + आघात] *पु॰* पैर से किया गया प्रहार। पादाघात।

पदाति—[सं॰ पद √अत् + इण्] *पु॰* १. पैदल चलनेवाला। प्यादा। २. पैदल सैनिक।

पदादि—[सं॰ पद + आदि] *पु॰* १. पद/शब्द/पद्य का आरम्भिक भाग। [∇ **विलोम**—पदान्त] २. पद आदि।

पदाध्ययन—[सं॰ पद ~ अध्ययन] *पु॰* पदों का अध्ययन। वेदों का पद-पाठ की दृष्टि से अध्ययन।

पदाना—[< हि॰ पादना] *क्रिस॰* १. ऐसा कुछ करना जिससे दूसरा व्यक्ति पादने लगे (अपान वायु बार-बार निकलने लगे)। २. (खेल में) बहुत चलाना या दौड़ाना। ३. (लाक्षणिक) बहुत थकाना या परेशान करना।

पदानुग—[सं॰ पद ~ अनुग] *वि॰* १. जो पीछे-पीछे चले। २. अनुसरण करनेवाला। *पु॰* १.पीछे-पीछे चलनेवाला व्यक्ति। २. अनुयायी।

पदानुराग—[सं॰ पद ~ अनुराग] *पु॰* किसी के चरणों में होनेवाला प्रेम। भक्ति।

पदान्त (पदांत)—[सं॰ पद + अन्त] *पु॰* १. पद/शब्द का अन्तिम वर्ण/भाग। २. किसी श्लोक या पद्य के चरण का अन्तिम भाग। [∇ **विलोम**—पदादि] ३. पद/ओहदा की समाप्ति।

पदान्तर (पदांतर)—[सं॰ पद ~ अन्तर] *पु॰* १. दूसरा पैर या डग। २. दो पैरों के बीच की दूरी। ३. दूसरा पद। ४. दूसरा पद/ओहदा। ५. अन्य स्थान।

पदान्त्य (पदांत्य)—[< सं॰ पद ~ अन्त्य] *वि॰* पद के अन्त में स्थित।

पदाब्ज—[< सं॰ पद ~ अब्ज] *पु॰* पदकमल। (दे॰)

पदाम्बुज/पदाम्भोज (पदांबुज/पदांभोज)—[सं॰ पद ~ अम्बुज/अम्भोज] *पु॰* पदकमल। चरणकमल।

***पदारथ**—*पु॰* ≤ *सं॰* पदार्थ। (दे॰)

पदारविन्द (पदारविंद)—[सं॰ पद ~ अरविन्द] *पु॰* पदकमल। चरणकमल।

पदार्घ्य—[सं॰ पद ~ अर्घ्य] *पु॰* अतिथि को पैर धोने के लिए दिया जाने वाला जल।

पदार्थ—[सं॰ पद ~ अर्थ] *पु॰* १. पद या शब्द का वाच्य अर्थ या कथनीय आशय। वस्तुतत्त्व। २. वह वस्तु जिसका किसी शब्द से बोध हो। अभिधेय वस्तु। वस्तु/चीज़। (जैसे—'हाथी' शब्द से 'हाथी' नामक पशु-विशेष का बोध होता है) ३. मूर्त वस्तु।

पदार्थवाद—[सं॰ पदार्थ ~ वाद] *पु॰* (दर्शन॰) भौतिकवाद। जड़वाद।

⁜ **पदार्थवादी**—*वि॰* = (दर्शन॰) १. भौतिकवादी। जड़वादी। २. भौतिकवाद का समर्थक। नास्तिक।

पदार्पण—[सं॰ पद ~ अर्पण] *पु॰* १. पैर रखना। २. (आदर-सूचक प्रयोग में) आगमन। ***जैसे***—मेरे घर में आज गुरुजी का पदार्पण होगा।

पदावधि—[सं॰ पद ~ अवधि] *स्त्री॰* किसी पद पर काम करते रहने की काल-सीमा। कार्यकाल। सेवावधि।

पदावनति—[सं॰ पद + अवनति] *स्त्री॰* ऊँचे पद से हटाकर नीचे पद पर किया जाना।

पदावलि/पदावली—[सं॰ पद ~ आवलि/ आवली] *स्त्री॰* १. शब्दावली। २. गीतों, भजनों आदि का संग्रह। गीत-संग्रह।

पदाश्रित—[< सं॰ पद ~ आश्रित] *वि॰* १. शरण में आया हुआ। २. आश्रय में रहनेवाला।

पदासन—[सं॰ पद ~ आसन] *पु॰* पैर रखने की छोटी चौकी। पादपीठ।

पदासीन—[सं॰ पद ~ आसीन] *वि॰* पद पर आरूढ़।

पदाहत—[सं॰ पद ~ आहत] *वि॰* १. जिस पर पैर से आघात किया

गया हो। पैर से ठुकराया हुआ। २. अपमानित।

पदिक—[सं॰ पाद + ष्ठन्, पाद्→पद] *पु॰* १. पैदल यात्री। २. पैदल सेना। ३. पैर की नोक। लम्बा हार जिस पर देवता आदि के चरण-चिह्न अंकित हों। *वि॰* १. पैर के बराबर या पैरों तक (लम्बा)। ❖ **पदिक त्रिभुज**—*पु॰* = (गणित॰, ज्यामिति) त्रिभुज के शीर्षों से सम्मुख भुजाओं पर डाले गए लम्बों के पाद-बिन्दुओं को मिलाने से प्राप्त त्रिभुज।

पदी—[< सं॰ पदिन्] *वि॰* १. पैर वाला। ***जैसे***—एकपदी = एक पैर वाला। २. (रचना) जिसमें पद या चरण हो। ***जैसे***—चतुष्पदी मुक्तक। *पु॰* पदाति। पैदल। प्यादा।

पदीय—[< सं॰ पद + छ] *वि॰* पद से सम्बन्धित। पद का।

***पदुम**—[< सं॰ पद्म] *पु॰* १. पद्म। कमल। २. सौ खरब की संख्या। ❖ **पदुमिनी**—*स्त्री॰* पद्मिनी। कमलिनी।

पदेन—[सं॰ पद] पु॰ पद के द्वारा। *वि॰* पद विशेष पर स्थित होने के कारण प्राप्त अधिकार/कर्तव्य। ***जैसे***—प्राचार्य इस समिति में पदेन सदस्य रहते हैं।

पदोड़ा—[< हिं॰ पाद/पादना] *वि॰* १. जो बहुत पादता हो। जिसका अपना वायु/पाद बार-बार निकलता हो। २. कायर। डरपोक।

पदोदक—[सं॰ पद + उदक] *पु॰* १. मान्य व्यक्ति के चरण धोने के लिए दिया जाने वाला जल (पाद्य जल)। चरणोदक। २. वह जल जिसमें पैर धोए गए हों। चरणोदक। ३. चरणामृत।

पद्धति (पद्धति)—[सं॰ पद √हन् + क्तिन्, पद् आदेश] *स्त्री॰* १. रीति। प्रणाली। परिपाटी। २. मार्ग। पथ। रास्ता। ३. वह पुस्तक जिसमें कर्मकांड की विधि लिखी हो। ४. ढंग। तरीक़ा।

पद्धरि (पद्धरि)—[देशज] *स्त्री॰* (छन्द॰) एक सममात्रिक छन्द जिसके प्रत्येक चरण में १६ मात्राएँ होती हैं, अन्त में जगण होता है।

पद्म (पद्म)—[सं॰ √पद् + मन्] *पु॰* १. कमल (पौधा और फूल)। २. नव निधियों में से एक। ३. १०० खरब की संख्या। ४. 'पद्मपुराण' का संक्षिप्त नाम। ५. (भगवान्) राम। ६. हाथी। (छन्द॰) एक समवर्णिक छन्द जिसके प्रत्येक चरण में क्रमशः नगण, सगण, लघु, गुरु (न स ल ग) के योग से ८ वर्ण होते हैं। *वि॰* जो संख्या में सौ खर्व/खरब हो।

पद्मकर (पद्मकर)—[सं॰ पद्म ~ कर] *वि॰* जिसके हाथ में कमल हो। *पु॰* १. विष्णु। २. सूर्य। ३. कमल के समान सुन्दर और कोमल हाथ। ❖ **पद्मकरा (पद्मकरा)**—*वि॰ (स्त्री॰)*। स्त्री॰ = लक्ष्मी।

पद्मकर्णिका (पद्मकर्णिका)—[सं॰ पद्म ~ कर्णिका] *स्त्री॰* कमल पुष्प का बीजकोश।

पद्मकिञ्जल्क (पद्मकिंजल्क)—[सं॰ ~ किञ्जल्क] *पु॰* कमल का केसर।

पद्मकोश (पद्मकोश)—[सं॰ पद्म ~ कोश] *पु॰* १. कमल का सम्पुट। २. कमल का बीजकोश जिसमें उसके बीज रहते हैं। (कला॰) १. सम्पुटित कमल के आकार की उँगलियों की मुद्रा। २. (मन्दिर या भवन के) गुम्बद के शीर्ष पर चारों ओर कमल की पंखुड़ियों का आवरण।

पद्मगन्ध (पद्मगंध)—[सं॰ पद्म ~ गन्ध] *स्त्री॰* कमल के फूल की गन्ध।

पद्मगर्भ (पद्मगर्भ)—[सं॰ पद्म ~ गर्भ] *पु॰* कमल-कोश का भीतरी भाग। कमल का वह भाग जिसमें उसके बीज होते हैं।

पद्मज/पद्मजात (पद्मज/पद्मजात)—[सं॰ पद्म + ज/जात] *वि॰* कमल से उत्पन्न। *पु॰* ब्रह्मा। ❖ **पद्मजा/पद्मजाता (पद्मजा/पद्मजाता)**—*स्त्री॰* = ब्रह्माणी।

पद्मतन्तु (पद्मतंतु)—[सं॰ पद्म ~ तन्तु] *पु॰* कमल की नाल। मृणाल।

पद्मनाभ (पद्मनाभ), पद्मनाभि (पद्मनाभि)—[सं॰ पद्म ~ नाभ् + अच्, पद्म ~ नाभि] *पु॰* विष्णु।

पद्मनाल (पद्मनाल)—[सं॰ पद्म ~ नाल] *पु॰* कमल की डंडी। मृणाल।

पद्मनिधि (पद्मनिधि)—[सं॰ पद्म ~ निधि] *स्त्री॰* कुबेर की नव निधियों में से एक।

पद्मनिमीलन (पद्मनिमीलन)—[सं॰ पद्म ~ निमीलन] *पु॰* कमल के फूल का मुँदना। कमल-सम्पुटन।

पद्मनेत्र (पद्मनेत्र)—[सं॰ पद्म ~ नेत्र] *वि॰* जिसके नेत्र कमल के समान हों। सुन्दर और प्रफुल्ल नेत्रों वाला। कमलनयन।

पद्मपत्र/पद्मपर्ण (पद्मपत्र/पद्मपर्ण)—[सं॰ पद्म ~ पत्र/पर्ण] *पु॰* १. कमल का पत्ता। २. कमल के फूल की पंखुड़ी।

पद्मपाणि (पद्मपाणि)—[सं॰ पद्म ~ पाणि] *वि॰* जिसके हाथ में कमल का फूल हो। *पु॰* १. ब्रह्मा। २. विष्णु। ३. सूर्य।

पद्मबन्ध (पद्मबंध)—[< सं॰ पद्म ~ बन्ध] *पु॰* (काव्य॰) एक प्रकार का चित्रकाव्य जिसमें वर्ण इस क्रम से रखे जाते हैं कि उनसे कमल-पुष्प का आकार बन जाता है।

पद्मबन्धु (पद्मबंधु)—[सं॰ पद्म ~ बन्धु] *पु॰* १. सूर्य। २. भ्रमर।

पद्मबीज (पद्मबीज)—[सं॰ पद्म ~ बीज] *पु॰* कमल का बीज। कमलगट्टा।

पद्मभू (पद्मभू)—[सं॰ पद्म ~ भू] *वि॰* कमल से उत्पन्न होनेवाला। *पु॰* ब्रह्मा।

पद्मभूषण (पद्मभूषण)—[सं॰ पद्म ~ भूषण] *पु॰* भारत सरकार द्वारा दिया जाने वाला एक नागरिक अलंकरण।

पद्ममालिनी (पद्ममालिनी)—[सं॰ पद्म ~ मालिनी] *स्त्री॰* लक्ष्मी।

पद्ममुद्रा (पद्ममुद्रा)—[सं॰ पद्म ~ मुद्रा] *स्त्री॰* हाथ की उँगलियों की एक मुद्रा।

पद्मयोनि (पद्मयोनि)—[सं॰ पद्म ~ योनि] *पु॰* (कमल से उत्पन्न) ब्रह्मा।

पद्मराग (पद्मराग)—[सं॰ पद्म ~ राग] *पु॰* एक रत्न जो गहरे लाल रंग का [illegible]। लाल।

पद्मवासा (पद्मवासा)—[सं॰ पद्मवासस् + टाप्] *वि॰* १. कमल पर निवास करनेवाली। २. कमल पर स्थित। *स्त्री॰* लक्ष्मी।

पद्मवीज (पद्मवीज)—[सं॰ पद्म ~ वीज] *पुं॰* कमल का बीज। कमलगट्टा।

पद्मव्यूह (पद्मव्यूह)—[सं॰ पद्म ~ व्यूह] *पुं॰* प्राचीन काल के युद्धों में रचा जाने वाला एक विशेष सैनिक व्यूह जिसमें सेना को इस प्रकार खड़ा किया जाता था कि वह कमल के आकार की प्रतीत होती थी।

पद्मशिला (पद्मशिला)—[< सं॰ पद्म ~ शिला] *पुं॰* (स्थापत्य॰) मन्दिर में महामंडप के वितान में सबसे ऊपर केन्द्र में लगाया जाने वाला विशाल व अलंकृत गोल पत्थर।

पद्मसद्म (पद्मसद्म)—[सं॰ पद्मसद्मन्] *वि॰* कमल पर निवास करनेवाला। कमल पर स्थित। *पुं॰* ब्रह्मा।

पद्मसम्भव (पद्मसंभव)—[सं॰ पद्म ~ सम्भव] *पुं॰* कमल से उत्पन्न व्यक्ति। ब्रह्मा। (बौद्ध॰) तिब्बत में वज्रयान शाखा तथा लामा-परम्परा के प्रवर्तक एक महापुरुष जिन्हें तिब्बती बौद्ध प्रमुख इष्टदेव मानते हैं।

पद्मस्वस्तिका (पद्मस्वस्तिका)—[सं॰ पद्म ~ स्वस्तिका] *पुं॰* (कला॰) स्वस्तिकचिह्न जिसमें कमल भी बना हो।

पद्महस्त (पद्महस्त)—[सं॰ पद्म ~ हस्त] *वि॰* जिसके हाथ में कमल हो। *पुं॰* विष्णु। ✣ **पद्महस्ता**—*वि॰ (स्त्री॰)* जिसके हाथ में कमल हो। *स्त्री॰* लक्ष्मी।

पद्मा (पद्मा)—[सं॰ पद्म + टाप्] *स्त्री॰* लक्ष्मी।

पद्माकर (पद्माकर)—[सं॰ पद्म ~ आकर] *पुं॰* १. जलाशय। २. कमलोंवाला तालाब। ३. कमल-राशि।

पद्माक्ष (पद्माक्ष)—[सं॰ पद्म ~ अक्षि] *वि॰* जिसके नेत्र कमल के समान हों। *पुं॰* विष्णु।

पद्मालय (पद्मालय)—[सं॰ पद्म ~ आलय] *पुं॰* ब्रह्मा।

पद्मालया (पद्मालया)—[सं॰ पद्मालय + टाप्] *स्त्री॰* लक्ष्मी।

पद्मासन (पद्मासन)—[सं॰ पद्म + आसन] *पुं॰* एक प्रकार का योगासन जिसमें दाहिने और बाएँ पैरों को क्रमशः बायीं ओर दाहिनी जंघा पर रखकर, मेरुदंड सीधा रखकर तथा नासाग्र दृष्टि के साथ बैठा जाता है।

पद्मिनी (पद्मिनी)—[सं॰ पद्मिन् + ङीप्] *स्त्री॰* १. कमल का पौधा। २. कमलों का समूह। ३. वह तालाब आदि जिसमें कमलों की अधिकता हो। ऐसा जलाशय जिसमें अधिक कमल खिले हों। ४. कमल-नाल। मृणाल। ५. (कामशास्त्र में वर्णित) स्त्रियों की चार जातियों/प्रकारों में से एक जाति। ६. चित्तौड़ की एक वीरांगना रानी। ● **विशेष**—'सूर्य' को '**पद्मिनीकान्त/पद्मिनीनाथ/पद्मिनीवल्लभ/पद्मिनीश**' भी कहा जाता है।

पद्मिनीखण्ड (पद्मिनीखंड)—[सं॰ पद्मिनी ~ खण्ड] *पुं॰* १. कमलों का समूह। कमल-समूह। २. वह स्थान (सरोवर आदि) जहाँ कमलों की अधिकता हो।

पद्मेशय (पद्मेशय)—[सं॰ पद्मे √शी + अच्] *पुं॰* (कमल पर सोनेवाला या कमलशायी) विष्णु।

पद्मोद्भव (पद्मोद्भव)—[सं॰ पद्म ~ उद्भव] *वि॰* जो कमल से उत्पन्न हो। *पुं॰* ब्रह्मा।

पद्य (पद्य)—[सं॰ पद्मो + यत्] *वि॰* १. चरण-सम्बन्धी। २. जिसमें कविता के पद/चरण हों। जो काव्य के रूप में हो। ३. पदचिह्न से चिह्नित। *पुं॰* १. छन्दबद्ध रचना। २. चार चरणों वाला छन्द। ३. काव्य।

पद्यमय (पद्यमय)—[सं॰ पद्य + मयट्] *वि॰* पद्यात्मक। छन्दबद्ध।

पद्यात्मक (पद्यात्मक)—[सं॰ पद्य ~ आत्मक] *वि॰* जो पद्य के रूप में हो। पद्यमय। छन्दबद्ध।

पधराना—[< हिं॰ पधारना] *क्रिस॰* १. अपने घर आए हुए व्यक्ति को सत्कार के साथ घर में ले आना। २. आदरपूर्वक बैठाना। ३. (मन्दिर) आदि में मूर्ति को स्थापित करना। ***जैसे***—मन्दिर में शिव की मूर्ति पधराना।

पधरावनी—[< हिं॰ पधराना] *स्त्री॰* १. पधराने की क्रिया/भाव। २. देव-मूर्ति की स्थापना।

***पन**[1]—*पुं॰* ≤ *सं॰* प्रण। प्रतिज्ञा।

पन[2]—[< सं॰ पर्वन्] *पुं॰* (जीवन-काल की कोई) अवस्था। ***जैसे***—चौथे पन में सन्यास लेना चाहिए। ● **विशेष**—'पन' एक प्रत्यय के रूप में भी प्रयुक्त होता है। ***जैसे***—बचपन; पागलपन; नीलापन।

***पन**[3]—[< सं॰ पण] *पुं॰* १. शर्त। २. दाँव। बाज़ी।

पन[4]—[< हिं॰ पान/पानी] 'पान'/पानी के संक्षिप्त रूप में समासयुक्त शब्दों के प्रथम शब्द के रूप में प्रयुक्त। ***जैसे***—पनवाड़ी, पनडुब्बी।

पनकौवा—[हिं॰ पानी + कौवा] *पुं॰* चमकीले काले रंग की एक जलीय चिड़िया जिसकी दुम लम्बी होती है और चोंच पतली, सिरे पर नुकीली और मुड़ी हुई होती है।

***पनग**—[< सं॰ पन्नग] *पुं॰* सर्प। साँप। ✣ **पनगनि**—*स्त्री॰* सर्पिणी। साँपिन।

***पनच**—[< सं॰ प्रत्यञ्चा] *पुं॰* (धनुष की) प्रत्यंचा। ज्या। डोरी।

पनचक्की—[< हिं॰ पानी + चक्की] *स्त्री॰* पानी के बहाव की शक्ति से चलनेवाली चक्की।

†पनपथी/पनेथी—[< हिं॰ पानी + थपना] *स्त्री॰* बिना 'परोथन' की रोटी जो बेली नहीं जाती, पानी लगे हाथ से ही थापी/बढ़ायी जाती है और कुछ मोटी भी रखी जाती है।

पनवानक—[< सं॰ पणवानक] *पुं॰* पणव और आनक। (वाद्य)। ढोल और नगाड़ा।

पनवार—[< सं॰ पर्ण] *पुं॰* पत्तों का थाल। पर्णपात्र। पत्तल।

पनस—[सं॰ √पन् + असच्] *पुं॰* कटहल।

†पनसार—[< हिं॰ पानी + सं॰ आसार] *पुं॰* किसी स्थान को पानी से तर करना। पानी से सिंचाई।

पनहरा—[< सं॰ पानीयधारकः, या < हिं॰ पानी + भरा] *पुं॰* पानी भरनेवाला सेवक। पनभरा। पनहारा।

पनहा[1]—[< सं॰ परिणाह] *पुं॰* कपड़े की चौड़ाई। अरज़।

†पनहा[2]—[< सं॰ पण] *पुं॰* १. चोरी का माल पकड़ने-वाला। चोरी का पता लगानेवाला। २. चोरी गया माल वापस लौटा देने या वापस दिला देने के लिए दिया जानेवाला पुरस्कार।

पनहारा—[< सं॰ पानीयधारक] *पुं॰* पानी भरनेवाला सेवक। ✣ **पनहारिन/पनहारी**—*स्त्री॰* = पानी भरनेवाली सेविका। कहारी। पनहारिन।

पनही—[< सं॰ उपानह] *स्त्री॰* जूता। जूती।

पनासना—[< सं॰ पानाशन] *क्रिस॰* पोषण करना। पालना-पोसना।

***पनिच**—[< हिं॰ पनच < सं॰ प्रत्यञ्चा] *स्त्री॰* धनुष की डोरी। प्रत्यंचा।

पनिहा—[< सं॰ प्रणिधि] *पुं॰* १. गुप्तचर। २. चोर आदि का पता बतानेवाला तान्त्रिक।

पन्थक (पंथक)—[सं॰ पथिन् + कन्, पन्थ आदेश] *वि॰* मार्ग में उत्पन्न।

पन्था (पंथा)—[< हिं॰ पन्थ] *स्त्री॰* पथ। मार्ग।

***पन्थाई (पंथाई)**—[< हिं॰ पन्थ] *पुं॰* पथिक। यात्री।

***पन्थान/पन्थाना (पंथान/पंथाना)**—[< हिं॰ पन्थ] *पुं॰* पथ। मार्ग।

पन्थी (पंथी)—[< हिं॰ पन्थ] *पुं॰* १. पथिक। यात्री। २. किसी पन्थ/सम्प्रदाय का अनुयायी।

पन्नई—[< हिं॰ पन्ना] *वि॰* पन्ने के रंग का। विशेष प्रकार का गहरा हरा।

पन्नग—[सं॰ पन्न √गम् + ड] *पुं॰* १. साँप। २. सीसा। ✣ **पन्नग-नाशक**—*पुं॰* = १. सर्प-नाशक। २. सर्प-भक्षक। ३. गरुड़। ✣ **पन्नग-पति**—*पुं॰* = शेषनाग। ✣ **पन्नग-बेलि**—*स्त्री॰* = पान की बेल।

पन्नगारि/पन्नगाशन—[सं॰ पन्नग ~ अरि/अशन] *पुं॰* गरुड़।

पन्नगशायी—[सं॰ पन्नगशायिन्] *वि॰* सर्प की शय्या पर सोने वाला। *पुं॰* (शेषनाग को शय्या बनाकर सोने वाला) विष्णु। ✣ **पन्नगसाई**—*वि॰, पुं॰* = पन्नगशायी।

पन्नगी—[सं॰ पन्नग + ङीष्] *स्त्री॰* १. सर्पिणी। २. सपिणी नामक बूटी।

पन्ना[1]—[< सं॰ पर्ण] *पुं॰* १. (पत्ते के समान रंग वाला) हरे रंग का एक रत्न। मरकतमणि। २. पुस्तक आदि का पृष्ठ। ***जैसे***—हर पन्ने के दोनों ओर लिखा हुआ पढ़ो। ***वा॰* पन्ने उलटना/पलटना**—पुस्तक पढ़ना। सरसरी दृष्टि से देखना। **पन्ने रँगना**—लिखना।

पन्ना[2]—[< हिं॰ पना] *पुं॰* कच्चे आम आदि से बनने वाला एक स्वादिष्ट पेय। प्रपानक। पना।

पपनी—[देशज] *स्त्री॰* नेत्रों के पलक। पक्ष्म। बरौनी।

पपायरस—[अरबी] *पुं॰* सर्वप्रथम मिस्र देश में होनेवाला सरकंडा की जाति का एक पौधा जिसकी छाल से शताब्दियों पहले काग़ज़ तैयार किया जाता था।

पपोटा—[< सं॰ प्र + पट] *पुं॰* पलक।

पपोलना—[< हिं॰ पोपला] *क्रिअ॰* दन्तहीन व्यक्ति का मुँह से कुछ चबाना/चिमलाना।

पप्पाल—[देशज] *वि॰* जिसका गड्ढा कभी न भरे।

***पप्पील**—[< सं॰ पपीलिका] *स्त्री॰* पिपीलिका। चींटी।

***पबना**—[< हिं॰ पाना] *क्रिस॰* प्राप्त करना। पाना।

पबारना—[< हिं॰ पँवारना < सं॰ प्रवारण] *क्रिस॰* फेंकना।

***पबि**—[< सं॰ पवि] *पुं॰* वज्र।

***पबिपात**—[< सं॰ पविपात] *पुं॰* वज्रपात।

†पबेरी—[< हिं॰ पबेरना] *स्त्री॰* कृषि की एक रीति। खेतों में हाथ से बीज बिखेरना।

***पबिपञ्जर (पबिपंजर)**—[< सं॰ पविपञ्जर] *पुं॰* १. वज्र का घेरा। २. (लाक्षणिक) दृढ़ आश्रय।

***पब्बय**—[< सं॰ पर्वत] *पुं॰* १. पर्वत/पहाड़। २. पत्थर।

पमाना/पमाँना—[देशज] *क्रिअ॰* डींग मारना।

पमार[1]—[< हिं॰ परमार] *पुं॰* राजपूतों की एक उपजाति। परमार।

पमार[2]**/पवाड़**—[< सं॰ पद्माट] *पुं॰* एक औषधोपयोगी, जंगली, बरसाती पौधा या उसका फल। चक्रमर्द। चकवड़।

***पमारी**—[< सं॰ प्रवाल] *स्त्री॰* मूँगा नामक रत्न। प्रवाल।

***पमूकना**—[< सं॰ प्र-मुक्त] *क्रिस॰* त्यागना। छोड़ना।

***पम्पाल (पंपाल)**—[< सं॰ पाप] *वि॰* पापी।

पय**[1]—[< सं॰ पद] *पुं॰* पद। चरण। ***जैसे—पाय लगना (= चरण छूना)।

पय[2]—[< सं॰ पयस्] *पुं॰* १. पय। दूध। २. पानी।

पयः—[< सं॰ पयस्] *पुं॰* १. पय। दूध। २. पानी। ✣ **पयःपान**—*पुं॰* = दूधपीना। दुग्ध-पान। ***जैसे***—सर्पों का पयःपान भी उनका विष ही बढ़ाता है।

***पयज**[1]—[< सं॰ पयस् + ज] *पुं॰* १. दूध से बना हुआ पदार्थ। २. मेघ। बादल।

***पयज**[2]—[< हिं॰ पैज] *पुं॰* प्रतिज्ञा। प्रण। संकल्प। पैज।

***पयधि/पयनिधि**—[< सं॰ पयोधि/पयोनिधि] *पुं॰* समुद्र।

***पयपूर**—[< सं॰ पयः ~ पूर] *पुं॰* १. (जल की) वर्षा। जलधारा। २. सरोवर। जलाशय। ३. समुद्र।

***पयमुख**—[< सं॰ पयोमुख] *वि॰* दुधमुँहा (बच्चा)।

पयस्वती—[सं॰ पयस् + मतुप्, वत्व, ङीप्] *वि॰ (स्त्री॰)* १. दूध ये युक्त। जिसमें दूध हो। २. जल से युक्त। जलयुक्त। ३. नदी।

पयस्विनी—[सं॰ पयस्विन् + ङीप्] *स्त्री॰* १. नदी। २. दूध देनेवाली गाय। ३. गाय।

पयस्वी—[सं॰ पयस्विन्] *वि॰* १. दूध से युक्त। २. जलयुक्त।

पयाम—[फ़ा॰] *पुं॰* १. सन्देश। पैग़ाम। २. समाचार। ख़बर।

पयोद—[सं॰ पयः + द] *पुं॰* मेघ। बादल।

पयोघन—[सं॰ पयः + घन] *पुं॰* उपल। ओला।

पयोधर—[सं॰ पयः + धर] *पुं॰* १. मेघ। बादल। २. स्तन।

पयोधि—[सं॰ पयः + धि] *पुं॰* समुद्र। जलधि।

पयोराशि—[सं॰ पयः + राशि] *पुं॰* समुद्र।

पयोवाह—[सं॰ पयः ~ वाह] *पुं॰* मेघ। बादल।

पयोव्रत—[सं॰ पयः + व्रत] *पुं॰* १. केवल दूध पीकर रहने का व्रत। २. वैदिक यज्ञ के अनुष्ठान में दीक्षित होने के बाद दुग्धाहार (दूध के अतिरिक्त अन्य कुछ न खाने) का नियम। ३. प्रत्येक अमावस्या को किया जाने वाला एक व्रत जो वर्ष भर चलता है तथा जिसमें केवल दुग्धाहार का नियम है। ४. फाल्गुन शुक्ल प्रतिपदा से द्वादशी तक चलनेवाला एक व्रत जिसमें भगवान् विष्णु का पूजन दूध की वस्तुओं से ही किया जाता है तथा दुग्धाहार ही किया जाता है।

***पयोहर**—*पुं॰* ≤ *सं॰* पयोधर। १. मेध। बादल। २. स्तन।

परञ्च (परंच)—[सं॰ परम् ~ च] *अव्यय॰* १. और भी। २. तो भी। ३. परन्तु। लेकिन।

परञ्जय (परंजय)—[सं॰ पर √जि + अच्, मुम्] *वि॰* शत्रु को जीतनेवाला।

पर[1]—[सं॰ √पृ + अप्] *वि॰* १. भिन्न। अन्य। दूसरा। और। ***जैसे***—पर स्त्री, परहित। २. दूसरे का। पराया। ***जैसे***—पर-अन्न (परान्न)। ३. उस ओर का। ***जैसे***—परलोक। ४. (व्यवस्था-क्रम में) बाद का। ***जैसे***—परवर्ती। ५. (पद के क्रम से) अधिक बड़ा या सबसे बड़ा। उच्चतर या सर्वोच्च। ६. सबसे अधिक प्रसिद्ध। प्रसिद्धतम। ७. प्रधान। मुख्य। ८. ऊँचा। ***जैसे***—पर-अपर (= ऊँचा-नीचा)। ९. अपरिचित। ग़ैर। पराया। अजनबी। १०. विरोधी। प्रतिद्वन्द्वी। ११. अन्त का। अन्तिम। १२. प्रवृत्त। १३. तत्पर। लीन। १४. आगे बढ़ा हुआ। १५. बचा हुआ। अवशिष्ट। *पुं॰* १. अन्य व्यक्ति। २. शत्रु। ३. मोक्ष। ४. परम ब्रह्म। *सर्व॰* अन्य। दूसरा। ***जैसे***—वह पर के लिए उपकारी है, घर वालों के लिए नहीं।

पर[2]—[< सं॰ परम्] *अव्यय॰* १. किन्तु। परन्तु। लेकिन। ***जैसे***—वह आया पर जल्दी चला गया। २. पश्चात्। बाद। ***जैसे***—इस पर वह लड़ने लगा।

पर[3]—[फा॰] *पुं॰* १. पक्षी/कीट आदि का दोनों ओर होनेवाला एक अंग जिसकी सहायता से वह उड़ता है। डैना। ***जैसे***—कोयल के पर; कबूतर के पर। २. कुछ पक्षियों का विशेष उपांग। पंख। ***जैसे***—मोर के पर। (प्राणि॰) पिच्छ। (दे॰) ***वा॰* पर कट जाना, पर कतर जाना**—शक्तिहीन हो जाना। **परकटा परिन्दा**—अशक्त और आश्रयहीन। **पर कतर देना, पर कतरना, पर काट देना**—शक्तिहीन कर देना।

परः—[सं॰ परस्] *क्रिवि॰* १. परे। २. आगे। ३. तुलनात्मक रूप से अधिक या बढ़कर। ४. दूसरी ओर। ५. अगला। ⁘ **परःशत**—*वि॰* = सौ से अधिक। शताधिक।

***परकना**—[< हिं॰ परचना] *क्रिअ॰* परिचित हो जाना।

परकलत्र—[सं॰ पर ~ कलत्र] *स्त्री॰* दूसरे की पत्नी। परस्त्री।

***परकसना**—[< हिं॰ परकासना] *क्रिअ॰* १. प्रकाशित होना। चमचमाना। जगमगाना। २. प्रकट होना।

परकार—[< फा॰ पर्कार] *स्त्री॰* (गणित॰) वृत्त खींचने आदि का एक उपकरण। (अं॰ कम्पास)

परकाल—[सं॰ पर ~ काल] *पुं॰* पहले या बाद का काल। प्रस्तुत काल से भिन्न अन्य काल। ⁘ **परकाल-दोष**—*पुं॰* = (काव्य॰) काल-दोष का वह प्रकार जिसमें किसी कृति में किसी वस्तु को उसके समय के बाद में रखा जाता है।

परकीय—[सं॰ पर + छ, कुक् आगम] *वि॰* दूसरे का। पराया। ▽ **विलोम**—स्वकीय। ⁘ **परकीया**—*वि॰ (स्त्री॰)* = दूसरे की। परायी। *स्त्री॰* = (काव्य॰) अविवाहिता कन्या जो किसी पुरुष से प्रेम करे या विवाहिता स्त्री जो पति के अतिरिक्त अन्य पुरुष से प्रेम करे। वह नायिका जो गुप्त रूप से परपुरुष से प्रेम करे। ▽ **विलोम**—स्वकीया।

परकोटा—[< सं॰ परि + कोट] *पुं॰* १. दुर्ग की रक्षा के लिए चारों ओर उठायी गयी विशाल और ऊँची दीवार। २. विशाल और ऊँची चारदीवारी।

परक्राम्य—[सं॰ पर ~ क्राम्य] *वि॰* (वाणि॰) जिसे बेचा या भुनाया जा सके। ***जैसे***—परक्राम्य हुंडी।

परक्षेत्र—[सं॰ पर ~ क्षेत्र] *पुं॰* १. पराया खेत। २. पराया शरीर। ३. परायी स्त्री।

परख़चे—['परख़चा' का बहु॰] *पुं॰* खंड। टुकड़े। ***जैसे***—परख़चे उड़ाना। ● **विशेष**—इसके एकवचन रूप 'परख़चा' का प्रयोग प्रायः नहीं होता है। ***वा॰* परख़चे उड़ना**—टुकड़े-टुकड़े होना। **परख़चे उड़ाना**—टुकड़े-टुकड़े कर देना। छिन्न-भिन्न कर देना।

परखाधीन—[< हिं॰ परख + सं॰ अधीन] *वि॰* जिसकी नियुक्ति नियमित करने से पहले उपयुक्तता आदि मूल्यांकन-काल के अन्तर्गत हो। प्रोबेशन (अं॰) पर।

***परग**—[< सं॰ पदक] *पुं॰* पग। डग। क़दम।

परगत—[सं॰ पर ~ गत] *वि॰* १. दूसरे में गया हुआ। २. अन्य से सम्बन्धित। ३. वस्तुनिष्ठ।

परगना—[< फा॰ पर्गनः, (या < सं॰ परिगण)] *पुं॰* ज़िले का एक प्रशासनिक भाग जिसके अन्तर्गत अनेक गाँव होते हैं।

***परगसना**—[< सं॰ प्रकाशन] *क्रिअ॰* १. प्रकाशित होना। २. प्रकट होना।

†परगहा—[< सं॰ प्रग्रहण] *पुं॰* (वास्तु॰, कला॰) खम्भों पर बनाया जाने वाला एक अलंकरण।

परगाछा—[< सं॰ पर + हिं॰ गाछ] *पुं॰* १. एक प्रकार की परजीवी वनस्पति जो वृक्षों पर उग आती है और अन्य वृक्षों के रस से अपना पोषण करती है। २. परजीवी पौधों का वर्ग। ⁘ **परगाछी**—*स्त्री॰* = अमरबेल।

परघात—[सं॰ पर ~ घात] *पुं॰* दूसरे जीवों को मारना या कष्ट पहुँचाना।

परचून—[देशज] *पुं॰* आटा, चावल, दाल, नमक इत्यादि। ***जैसे***—परचून की दुकान पर मसाले मिल जाएँगे। ⁘ **परचूनिया**—*वि॰* = परचून का। *पुं॰* परचूनी। ⁘ **परचूनी**—*पुं॰* = आटा, दाल, चावल,

मसाले, चीनी, नमक इत्यादि खाद्य वस्तुओं को बेचनेवाला दुकानदार। मोदी।

परछत्ती—[< सं॰ परि + हि॰ छत] *स्त्री॰* १. कमरे में छत के नीचे बना एक प्रकार का टाँड जिसमें सामान रखा जाता है। मियानी। २. फूस आदि की छाजन या हल्का छप्पर।

परछन—[< सं॰ परि + अर्चन] *पु॰* १. विवाह में एक लोकाचार जो वर के द्वार पर आने पर होता है तथा जिसमें स्त्रियाँ—वर को दही-अक्षत का टीका लगाती हैं तथा आरती करती हैं।

परछना—[हि॰ परछन < सं॰ परि + अर्चन] *क्रिस॰* परछन करना।

***परजङ्क (परजंक)**—[< सं॰ पर्यङ्क] *पु॰* पर्यंक। पलंग।

परजन—[सं॰ पर ~ जन] *पु॰* पराया व्यक्ति। अजनबी।

***परजरना**—[सं॰ प्रज्वलन] *क्रिअ॰* १. प्रज्वलित होना। दहकाना। सुलगाना। जलाना। २. (मन में) जल-भुन जाना। ३. बहुत क्रुद्ध होना। *क्रिस॰* १. प्रज्वलित करना। दहकना। सुलगाना। २. सन्तप्त करना। ३. क्रुद्ध करना।

***परजाता**—[< सं॰ पारिजात] *पु॰* पारिजात का वृक्ष/पुष्प। हरसिंगार।

परजाति—[सं॰ पर ~ जाति] *पु॰* अन्य/भिन्न जाति/बिरादरी। *वि॰* अन्य/भिन्न जाति/बिरादरी का। परजातीय।

परजित—[सं॰ पर ~ जित] *वि॰* १. दूसरे के द्वारा जीता हुआ। विजित। पराजित। २. जो दूसरे व्यक्ति पर आश्रित हो। *पु॰* कोयल (पक्षी)।

परजीवी—[सं॰ परजीविन्] *वि॰* (जीव॰) वह जीव जो दूसरे जीव के शरीर में या उस पर रहकर उससे पोषण प्राप्त करता है परन्तु उसके लिए उपयोगी नहीं होता। ∇ **विलोम**—परपोषी। ✣ **परजीविता**—*स्त्री॰* = (जीव॰) = परजीवी होने की अवस्था/भाव।

***परट्ठना**—[< सं॰ प्रस्थान] *क्रिस॰* भेजना। पठाना।

***परठना**—[< सं॰ प्रतिष्ठ] *क्रिस॰* १. स्थापित करना। २. प्राप्त करना। पाना।

***परणना**—[< सं॰ परिणय] *क्रिस॰* परिणय/विवाह करना। ब्याहना। *क्रिस॰* विवाहित होना। ब्याहा जाना।

***परणि**—[< हि॰ परणना] *स्त्री॰* परिणय। विवाह।

***परणी**—*स्त्री॰* ≤ *सं॰* परिणीता। पत्नी।

परतः—[सं॰ पर + तिः (तस्)] *क्रिवि॰* १. दूसरे से। २. शत्रु से। ३. बाद में। ४. भिन्न प्रकार से। ५. पहले/प्रमुख के बाद। दूसरे स्थान पर। ६. आगे। परे। ७. पीछे। ८. ऊपर।

परतःप्रमाण—[सं॰] *वि॰* जिसके लिए दूसरा प्रमाण अपेक्षित हो। जो स्वयं प्रमाण न हो। ∇ **विलोम**—स्वतःप्रमाण।

परतना[1]—[< सं॰ परावर्तन] *क्रिस॰* १. वापस आना। लौटना। २. किसी ओर घूमना। मुड़ना। ३. उलटना।

परतना[2]—[< हि॰ परत] *क्रिस॰* परत लगाना। तह लगाना।

परतर—[सं॰ पर + तरप्] *वि॰* (क्रम से) ठीक बाद का। ✣ **परतरता**—*स्त्री॰* = ठीक बाद का होना।

परतला—[< सं॰ परितः] *पु॰* तलवार आदि लटकाने की चमड़े की वह पट्टी जो कन्धे से कमर तक तिरछी आती है। ✣ **परतली**—*स्त्री॰*।

परतादात्म्य—[सं॰ पर ~ तादात्म्य] *पु॰* दूसरे से तादात्म्य। दूसरे से अभिन्नता या अभिन्नता की अनुभूति।

परतादात्म्य भ्रान्ति (भ्रांति)—*स्त्री॰* (मनो॰) एक प्रकार की भ्रान्ति जिसमें रोगी किसी दूसरे व्यक्ति की विशेषताओं (स्वभाव, प्रवृत्तियाँ आदि) को अपना लेता है।

परताना—[< हि॰ परतना] *क्रिस॰* १. वापस भेजना। लौटाना। २. पलटना। घुमाना। मोड़ना।

परतारना[1]—[< सं॰ प्रतारण] *क्रिस॰* ठगना।

परतारना[2]—[< सं॰ प्रतारणा] *स्त्री॰* प्रतारणा। ठगी। धोखा।

परतिय—[सं॰ पर + हि॰ तिय] *स्त्री॰* दूसरे की पत्नी। परस्त्री। ***जैसे***—परतिय मातु समान।

परती[1]—[< हि॰ पड़ती] *स्त्री॰, वि॰ (स्त्री॰)* पड़ती (भूमि)। न जोती जाने योग्य (भूमि)।

परती[2]—[देशज] *स्त्री॰* वह चादर जिससे हवा करके अनाज ओसाते हैं। ***वा॰* परती लेना**—(चादर से) अनाज को ओसाना। भूसा उड़ाना।

***परतेजना**—[< सं॰ परित्यजन] *क्रिस॰* परित्याग करना। त्यागना/छोड़ना।

ǂ**परतोली**—[< सं॰ प्रतोली] *स्त्री॰* गली।

परत्र—[सं॰ पर + त्र] *क्रिवि॰* १. दूसरे स्थान में। २. परलोक में। ३. उत्तरकाल में। भावी काल में। *पु॰* परलोक।

***परत्रिय**—[< सं॰ परस्त्री] *स्त्री॰* दूसरे की पत्नी। परस्त्री।

परत्व—[सं॰ पर + त्व] *पु॰* १. पराया होने का भाव। परायापन। ग़ैरपन। २. शत्रुता। ३. पहले होना। समय या स्थान की पूर्वता। ४. भेद। दूरी। ५. शत्रुता।

ǂ**परदनिया**—[बुन्देलीखंडी < सं॰ परिधान] *स्त्री॰* पुरुषों की धोती।

परदार—[फ़ा॰] *वि॰* जिसके पर हों। परोंवाला। ***जैसे***—पक्षी परदार होते हैं।

परदार—[सं॰ पर + दारा] *स्त्री॰* परस्त्री। परपत्नी।

परदारिक—[< सं॰ परदारिन्] *वि॰* परदारी।

परदारी—[सं॰ परदारिन्] *वि॰* व्यभिचारी।

***परदास**—[< सं॰ प्रदास] *पु॰* दासानुदास।

परन[1]—[< सं॰ पर्ण] *पु॰* १. पर्ण[1]। (दे॰) २. मृदंग/तबला आदि के मुख्य बोलों के बीच में बजाए जानेवाले बोलों के टुकड़े। ३. पत्ता।

***परन**[2]—*पु॰* ≤ *सं॰* प्रण। प्रतिज्ञा।

***परन**[3]—*स्त्री॰* ≤ *हि॰* परनि। आदत।

***परनसाल**—[< सं॰ पर्णशाला] *पु॰* घास-फूस और पत्तों की कुटी। पर्णशाला।

***परना**[1]—[< हि॰ पड़ना < सं॰ पतन] *क्रिअ॰* १. गिरना। २. पड़ना।

***परना**[2]—[< हि॰ परन (= पर्ण)] *पु॰* पत्ता या पत्ते।

***परना**[3]—[< हि॰ उपरना] *पु॰* अँगोछा।

परनाला—[< हि॰ परनाली] *पु॰* वह बड़ी नाली जिससे होकर गन्दा पानी बहता है। पनाला। ***वा॰* परनाले का पत्थर चौबारे में**

लगना—तुच्छ व्यक्ति को सम्मान मिलना।

***परनि**—[< हि॰ पड़ना] *स्त्री॰* १. आक्रमण। धावा। डाका। लूट।

परनिष्ठ—[सं॰ पर ~ निष्ठा] *वि॰* जिसकी निष्ठा अन्य में हो, स्वयं में नहीं। जो आत्मनिष्ठ न हो। ∇ **विलोम**—आत्मनिष्ठ। ✣ **परनिष्ठ रति**—*स्त्री॰* = (मनो॰) काममूलक प्रवृत्तियों को दूसरों पर केन्द्रित करने की प्रवृत्ति। परनिष्ठ कामुकता।

परनी—[< सं॰ परिणीता] *वि॰ (स्त्री॰)* विवाहिता।

परन्तुक (परंतुक)—[< सं॰ परन्तु] *पु॰* (विधि॰) क़रार या क़ानून आदि में शर्तवाली धारा। शर्त। (अं॰ प्रवाइज़ो)

परन्दा (परंदा)—[< फ़ा॰ परन्द:] *पु॰* पक्षी। चिड़िया।

परपट—[देशज] *पु॰* समतल भूमि। *वि॰* नष्ट-भ्रष्ट। चौपट।

परपार—[सं॰ पर ~ पार] *पु॰* दूसरी ओर का किनारा। पार।

परपोता—*पु॰* ≤ *सं॰* प्रपौत्र। पोते का पुत्र। ✣ **परपोती**—*स्त्री॰* = पोते की पुत्री। प्रपौत्री।

परपोषी—[सं॰ पर ~ पोषी] *पु॰* (वनस्पति॰) ऐसा पौधा जिस पर परजीवी आक्रमण करता है और उसी से अपना आहार भी प्राप्त करता है।

परप्रत्यय—[सं॰ पर ~ प्रत्यय] *पु॰* (व्या॰) प्रत्यय जो शब्दों के अन्त में लगकर नए शब्द बनाते हैं। ***जैसे***—'ता' और 'पन' पर प्रत्यय है।

***परबाम**—[< सं॰ पर ~ बामा] *स्त्री॰* परायी स्त्री। पर-पत्नी।

परबाल—[हि॰ पर + बाल] *पु॰* आँख की पलक के अन्दर की ओर निकलनेवाला बाल जो बहुत कष्ट देता है। ✣ **परबाल रोग**—*पु॰* = पलकों के अन्दर की ओर बाल उगने का अति कष्टदायक रोग। (अं॰ ट्रिकाइअसिस)

***परबास**—[< हि॰ ऊपर + वास (= वस्त्र)] *पु॰* ऊपर का वस्त्र या आवरण।

†**परबी**—[< सं॰ पर्व] *स्त्री॰* १. पर्व का दिन। २. पर्व का समय। पवित्र काल।

परब्रह्म—[सं॰ परब्रह्मन्] *पु॰* निर्गुण ब्रह्म। उपाधि-रहित ब्रह्म।

परभव—[सं॰ पर ~ भव] *पु॰* दूसरा जन्म। जन्मान्तर।

परभाउ—*पु॰* ≤ *सं॰* प्रभाव। असर।

परभाग—[सं॰ पर ~ भाग] *पु॰* १. अन्य का भाग। दूसरे का हिस्सा। २. बचा हुआ हिस्सा। अवशिष्ट भाग। ३. दूसरी ओर का भाग। [कला॰] चित्र के पृष्ठ भाग का दृश्य। चित्र की भूमिका।

परभाग्योपजीवी—[सं॰ पर ~ भाग्य ~ उपजीविन्] *वि॰* दूसरे की कमाई/अन्न खाकर निर्वाह करनेवाला।

परभुक्त—[सं॰ पर ~ भुक्त] *वि॰* १. जिसे किसी ने भोगा हो। २. दूसरे के द्वारा भोगा हुआ। ✣ **परभुक्ता**—*वि॰ (स्त्री॰)*। *स्त्री॰* ऐसी स्त्री जिसके साथ कोई सम्भोग कर चुका हो।

परभृत्—[सं॰ पर ~ भृत्] *वि॰* जो दूसरे का पालन-पोषण करता है। काक। कौआ।

परभृत—[सं॰ पर ~ भृत] *वि॰* जिसका पालन दूसरे ने किया हो। अन्य द्वारा पोषित। *पु॰* कोयल (पक्षी)। ● **विशेष**—१. नारी/मादा कोयल को '**परभृता**' कहा जाता है। २. '**परभृत्**' और '**परभृत** ' का अन्तर ध्यान देने योग्य है।

परम[1]—[सं॰ पर √मा + क] *वि॰* १. सबसे उच्च या उत्कृष्ट। सर्वोपरि। सर्वोत्कृष्ट। सर्वोच्च। २. मुख्य। प्रधान। ३. किसी दिशा में सबसे आगे बढ़ा हुआ। अत्यधिक। अत्यन्त। ***जैसे***—परम सुन्दर। ४. हद दर्जे का। चरम। ***जैसे***—परम भाग्य से सन्तों का दर्शन होता है। ५. जिसके हाथ में सब शक्तियाँ/अधिकार हों। सर्वशक्तिमान्। (दर्शन॰) १. देश-काल परिस्थिति से निरपेक्ष। २. उपाधियों से रहित। निरुपाधि। ३. दोषहीन। ४. सर्वोच्च। ५. पूर्ण। ६. केवल। *पु॰* १. ईश्वर। २. विष्णु। ३. शिव। ✣ **परमहंस**—*पु॰* ज्ञान की परम अवस्था को प्राप्त सर्वश्रेष्ठ प्रकार का सन्यासी।

परमतः—[सं॰ परम + तस्] *अव्यय॰* अत्यधिकता से।

परमता—[सं॰ परम + तल् + टाप्] *स्त्री॰* सर्वोच्चता। सर्वश्रेष्ठता।

परमर्षि—[सं॰ परम ~ ऋषि] *पु॰* उच्च कोटि का ऋषि। ***जैसे***—परमर्षि वसिष्ठ और व्यास।

परमल—[देशज] *पु॰* भुना हुआ चावल।

परमाक्षर—[सं॰ परम ~ अक्षर] *पु॰* प्रणव। ओम्। ओंकार।

परमाणु—[सं॰ परम ~ अणु] *पु॰* (विज्ञान॰) किसी तत्त्व का वह लघुतम कण जो बिना अपघटित हुए रासायनिक क्रिया में भाग ले सकता है और अणु बनाता है। (अं॰ ऐटम)

परमाणु-क्रमांक—[सं॰ परमाणु ~ क्रमाङ्क] *पु॰* (भौतिकी॰) किसी रासायनिक तत्त्व के परमाणु के नाभिक में विद्यमान प्रोटानों की संख्या। उक्त के अनुसार नाभिक की परिक्रमा करते इलेक्ट्रानों की संख्या।

परमात्मा—[सं॰ परम ~ आत्मा (आत्मन्)] *पु॰* सबसे श्रेष्ठ चैतन्य। विष्णु, शिव, परब्रह्म, परमेश्वर आदि नामों से कहे जाने योग्य सत्-चित्-आनन्द-स्वरूप परम तत्त्व।

परमादेश—[सं॰ परम ~ आदेश] *पु॰* (विधि॰) न्यायालय द्वारा दिया गया आदेश जिसमें कोई काम करने या न करने को कहा गया हो।

परमाद्वैत (परमाद्वैत)—[सं॰ परम ~ अद्वैत] *पु॰* सभी भेदों से रहित परमात्मा। परब्रह्म। (वेदान्त॰) आदिशंकराचार्य द्वारा प्रतिपादित अद्वैतसिद्धान्त।

परमाधिदेश—[सं॰ परम ~ अधिदेश] *पु॰* (विधि॰) उच्चतर न्यायालय के द्वारा निम्नतर न्यायालय को उसके न्यायाधिकार में आनेवाले कार्यों को करने का लिखित आदेश। (अं॰ मेन्डेमस)

परमायतन—[सं॰ परम + आयतन] *पु॰* १. अन्तिम आश्रय। २. परम धाम। परमपद।

परमायु—[सं॰ परम ~ आयु:] *स्त्री॰* जीवनकाल की अन्तिम सीमा। सर्वाधिक आयु।

परमार—[सं॰ पर ~ हि॰ मारना] *पु॰* एक राजपूत-वंश। पँवार।

परमाराध्य—[सं॰ परम ~ आराध्य] *वि॰* परम आराध्य। परम पूजनीय। सर्वोच्च उपास्य।

परमार्थ—[सं॰ परम ~ अर्थ] *पु॰* १. सबसे श्रेष्ठ वस्तु। २. सर्वोच्च

सत्य। ३. यथार्थ आत्मज्ञान। ४. परमतत्त्व। ब्रह्म। ५. ब्रह्म और जीव का ज्ञान। ६. उत्तम सम्पत्ति। ७. मोक्ष। ८. परोपकार। ✣ **परमार्थतः**—*अव्यय०* = १. परमार्थ की दृष्टि से। २. वास्तव में। यथार्थतः। सचमुच। ३. तत्वतः। ४. परोपकार की दृष्टि से। ∇ **विलोम**—स्वार्थ। ✣ **परमार्थता**—*स्त्री०* = १. आध्यात्मिक यथार्थता। २. परोपकारिता।

परमार्थवाद—[स० परमार्थ ~ वाद] *पु०* परमतत्त्व की साधना और ब्रह्म की प्राप्ति को ही मनुष्य का सबसे श्रेष्ठ कर्तव्य मानने का मत। सिद्धान्त।

परमार्थी—[स० परम ~ अर्थी (अर्थिन्)] *वि०* १. परमार्थ-सम्बन्धी ज्ञान का चिन्तक और साधक। परमार्थ को जानने या प्राप्त करने का इच्छुक। २. मोक्ष का इच्छुक। मुमुक्षु। ३. परोपकारी।

परमावधि—[स० परम ~ अवधि] *स्त्री०* किसी बात/कार्य आदि की अन्तिम सीमा/अवधि।

परमिति—[स० पर ~ मिति] *स्त्री०* १. सीमा। २. चरम सीमा। परम सीमा। ३. मर्यादा।

***परमीसा**—[< स० परम ~ ईश] *पु०* परमेश्वर।

परमुखापेक्षिता—[स० पर ~ मुख ~ अपेक्षिता] *स्त्री०* दूसरे पर निर्भर रहने की प्रवृत्ति।

परमुखापेक्षी—[स० परमुख ~ अपेक्षी (अपेक्षिन्)] *वि०* दूसरे पर निर्भर रहनेवाला।

परमेश—[स० परम ~ ईश] *पु०* १. परमेश्वर। परमात्मा। २. सर्वोच्च स्वामी।

परमेश्वर—[स० परम ~ ईश्वर] *पु०* परमात्मा। परमेश।

परमेश्वरी[१]—[स० परम ~ ईश्वरी] *स्त्री०* महाशक्ति। ब्रह्मशक्ति। पार्वती। दुर्गा।

परमेश्वरी[२]—[< स० परमेश्वरीय] *वि०* परमेश्वर-सम्बन्धी। परमेश्वर का। ***जैसे***—समाज की सेवा परमेश्वरी कार्य है।

परमेष्ठी—[स० परमेष्ठिन्] *पु०* १. परम पद में स्थित। २. आत्मा। ३. ब्रह्मा। ४. विष्णु। ५. शिव। ६. अग्नि। ७. गरुड़। (जैन०) अर्हंत, सिद्ध, आचार्य, उपाध्याय या साधु।

परमोधना—[< स० प्रबोधन] *क्रिस०* १. प्रबोधन करना। समझाना। २. उपदेश देना। ३. अर्थ निकालना।

परम्परा (परंपरा)—[स० परम्पर + टाप्] *स्त्री०* १. ऐसा क्रम/सिलसिला जो टूटे नहीं। २. अनुक्रम। ३. सिलसिला। ५. प्रथा। प्रणाली। ६. रीति। विधि। ✣ **परम्परागत (परंपरागत)**—*वि०* = १. परम्परा से आया हुआ। २. क्रमागत। Δ **पर्याय**—पारम्परिक।

परम्परित (परंपरित)—[स० परम्परा + इतच्] *वि०* १. परम्परायुक्त। २. परम्परा पर अवलम्बित। ✣ **परम्परित (परंपरित) रूपक**—*पु०* (काव्य०) = रूपक अलंकार का एक भेद।

परम्परीण (परंपरीण)—[स० परम्पर + ख] *वि०* १. वंशक्रम से प्राप्त। २. परम्परागत। (दे०)

परला—[< स० पर] *वि०* १. दूसरी ओर का। २. उधर का। उस ओर का। ३. क्रम में प्रथम। ✣ **परली**—*वि० (स्त्री०)*। ***वा०* परले दर्जे का, परले सिरे का**—१. अन्तिम सीमा तक पहुँचा हुआ। २. अत्यधिक (धूर्त, काइयाँ आदि)। **(समस्या आदि का) परले पार होना**—समाप्त होना।

परलोक—[स० पर ~ लोक] *पु०* १. स्वर्ग आदि कोई लोक जहाँ मृत्यु के पश्चात् जीवात्मा जाती है। २. (इस लोक से भिन्न) दूसरा लोक। ***वा०* परलोक सिधारना**—मर जाना।

परवर—*वि०* (प्रायः समासयुक्त पद में अन्त में प्रयुक्त) फ़ारसी शब्द जिसका अर्थ है परवरिश करनेवाला। पालक-पोषक। ***जैसे***—ग़रीबपरवर।

परवरदिगार—[फा०] *वि०* जो सबका पालक-पोषक हो। *पु०* ईश्वर। परमात्मा।

परवरिश—[फा०] *स्त्री०* पालन-पोषण।

***परवर्त**—*वि०* ≤ *स०* प्रवर्तित। प्रचारित।

परवर्ती—[स० पर ~ वर्ती (वर्तिन्)] *वि०* काल-क्रम की दृष्टि से बाद में होनेवाला। बाद के समय का। ***जैसे***—चन्द्रगुप्त से परवर्ती राजाओं का वर्णन। ∇ **विलोम**—पूर्ववर्ती।

परवल—[< स० पटोल] *पु०* एक प्रकार का फल-शाक जो तरकारी के काम आता है।

परवलय—[स० पर ~ वलय] *पु०* (गणित०) एक वक्र रेखा। किसी ऐसे बिन्दु का बिन्दुपथ जो एक नियत बिन्दु तथा एक नियत रेखा से सर्वथा समान दूरी पर रहता है। (अ० पैराबोला)

परवलयज—[स० परवलय + ज] *पु०* किसी परवलय के द्वारा अपने अक्ष के चारों ओर घूमने से बनी ठोस आकृति। (अ० पैरैबोलाइड)

परवश/परवश्य—[स० पर ~ वश/पश्य] *वि०* जो दूसरे के वश में हो। पराधीन।

परवा[१]—[< फा० पर्वा] *पु०* चिन्ता। फ़िक्र।

***परवा[२]**—[अवधी, < हि० पर] *पु०* पक्षी।

पर-वाच्य—[स०] *वि०* दूसरों के द्वारा निन्दित।

परवादी—[स० पर ~ वादी (वादिन्)] *पु०* प्रतिवादी।

परवान—[< स० प्रमाण] *पु०* १. प्रमाण। २. निश्चय। ३. वास्तविक बात। ४. सीमा। हद। *वि०* १. प्रमाणित। सिद्ध। सत्य। २. भली भाँति। ***वा०* परवान चढ़ना**—१. किसी काम का अच्छी तरह पूर्ण होना। २. ऊँची सफलता पर पहुँचना। **परवान चढ़ाना**—१. किसी काम को अच्छी तरह पूर्ण करना। २. ऊँची सफलता दिलाना।

***परवानना**—[< स० प्रमाण] *क्रिस०* (किसी बात को) प्रामाणिक मानना। प्रमाणरूप मानना।

परवानगी—[फा०] *स्त्री०* अनुज्ञा। अनुमति। इजाज़त।

परवाना—[< फा० परवानः] *पु०* १. आदेश-पत्र। २. शलभ। पतंगा। ३. अपने प्रेमी/प्रेमिका पर अत्यन्त मुग्ध/आसक्त व्यक्ति। ***जैसे***—जहाँगीर तो नूरजहाँ का परवाना था। ४. (लाक्षणिक) अपने प्रिय व्यक्ति/देवता/आदर्श/राष्ट्र के लिए अपना बलिदान करनेवाला या उसके लिए तैयार रहनेवाला मनुष्य। ***वा०* परवाना होना**—किसी के लिए अपनी जान दे देना।

परवाल[१]—[< सं॰ प्रवाल] *पु॰* प्रवाल। मूँगा।

परवाल[२]—दे॰ परबाल[२]

परव्यपदेश—[सं॰ पर ~ व्यपदेश] *पु॰* (जैन॰) यह कहकर कोई वस्तु देना कि इस का दाता अन्य कोई है।

***परश**—[< सं॰ स्पर्श] *पु॰* स्पर्शमणि। पारस पत्थर।

***परशी**—[< सं॰ स्पर्शी] *वि॰* स्पर्श करनेवाला।

परशु—[सं॰ पर √शृ + कु, डित्व] *पु॰* कुल्हाड़ा। कुठार। फरसा। ***जैसे***—हाथ में सदा परशु रखनेवाले परशुराम।

परशुधर—[सं॰ परशु + धर] *पु॰* १. परशु (फरसा) धारण करनेवाला। २. परशुराम।

परश्रुति—[सं॰ पर ~ श्रुति] *स्त्री॰* (भाषा॰) कुछ शब्दों के उच्चारण में शब्द के मध्य किसी ध्वनि का आगम होना। ***जैसे***—'हुआ' और 'जिओ' का उच्चारण क्रमशः 'हुवा', 'जियो' आदि होने में क्रमशः 'व' तथा 'य' की परश्रुति।

***परस**—[< सं॰ स्पर्श] *पु॰* १. स्पर्श। छूना। २. ✣ **परसमनि**—*स्त्री॰* = पारसमणि। पारस पत्थर। ३. वायु तत्त्व का विशेष गुण/शब्द आदि पाँच विषयों में से एक। स्पर्श।

परसन—[< सं॰ स्पर्शन] *पु॰* स्पर्श। छूना। ***जैसे***—आपके दरसन-परसन को मन तरसता था।

परसना[१]—[< सं॰ स्पर्शन] *क्रिस॰* स्पर्श करना। छूना।

परसना[२]—[< हि॰ परोसना] *क्रिस॰* थाली/पत्तल आदि में भोजन रखना। परोसना।

परसर्ग—[सं॰ पर ~ सर्ग] *पु॰* (व्या॰) किसी शब्द के बाद में रखे जाने वाले एक प्रकार के सहायक शब्द जो स्वयं अर्थहीन होते हैं और वाक्य के विभिन्न शब्दों को परस्पर जोड़ते हैं।

***परसा**[१]—[< सं॰ परशु] *पु॰* परशु। कुठार। फरसा।

परसा**[२]—[< हि॰ परसना (स्पर्श करना)] *क्रिस॰* स्पर्श किया। छुआ। ***जैसे—हनूमान् ने मैनाक पर्वत को परसा।

परसाना[१]—[< हि॰ परसना (< सं॰ स्पर्शन)] *क्रिस॰* स्पर्श कराना। छुआना।

परसाना[२]—[हि॰ 'परोसना' का प्रेरणा॰] *क्रिस॰* भोजन परोसने या परसने का काम किसी से कराना।

***परसेन**—[< सं॰ पर ~ सैन्य] *स्त्री॰* शत्रु-सेना।

परसौहाँ—[< हि॰ परसना (< सं॰ स्पर्शन)] *वि॰* स्पर्श करनेवाला। छूनेवाला।

परस्तिश—[फा॰] *स्त्री॰* उपासना। पूजा। ● **विशेष**—'उपासक' या 'पूजा करने वाला' के अर्थ में कुछ शब्दों के अन्त में प्रत्यय की तरह 'परस्त' जुड़ता है। ***जैसे***—बुतपरस्त = मूर्ति को पूजनेवाला; वतनपरस्त = देश को पूजनेवाला, देशभक्त।

परस्त्रीगमन—[सं॰ परस्त्री ~ गमन] *पु॰* परस्त्री के साथ सम्भोग।

परस्पर—[सं॰ परस् + पर] *अव्यय* १. एक दूसरे के साथ। आपस में। ***जैसे***—वे परस्पर विचार कर रहे थे। २. एक दूसरे के प्रति। ***जैसे***—परस्पर प्रेम करो।

परस्परोपमा—[सं॰ परस्पर ~ उपमा] *स्त्री॰* (काव्य॰) उपमा अलंकार का एक भेद। उपमेयोपमा।

परस्मैपद—[सं॰ परस्मै ~ पद] *पु॰* (व्या॰) संस्कृत धातुओं के दो प्रमुख वर्गों में से एक।

परस्व—[सं॰ पर ~ स्व] *पु॰* दूसरे का धन/सम्पत्ति।

परस्वापहरण—[सं॰ परस्व ~ अपहरण] *पु॰* दूसरे की धन-सम्पत्ति का अपहरण। ***जैसे***—शोषण और परस्वापहरण अधर्म हैं।

परहत्था—[< सं॰ पर + हस्त] *वि॰* जो अपने हाथों से नहीं, दूसरे के हाथों से, दूसरे के द्वारा कराया जाए। परहथ। ***जैसे***—परहत्था व्यापार। ✣ **परहत्थी**—*वि॰ (स्त्री॰)*। ***जैसे***—परहत्थी खेती।

†परहथ—[< सं॰ पर + हि॰ हाथ] *पु॰* पराया हाथ। *क्रिवि॰* दूसरे के हाथ से। दूसरे के द्वारा।

***परहा**—[< सं॰ परस्थ] *क्रिवि॰* दूर।

***परहरना**—[< सं॰ परिहरण] *क्रिस॰* त्यागना। छोड़ना।

परहित—[सं॰ पर ~ हित] *पु॰* दूसरे का हित/कल्याण।

परहेलना—[< सं॰ पर ~ हेलना] *क्रिस॰* १. अवहेलना करना। २. तिरस्कार करना। उपेक्षा करना। तुच्छ समझना। ✣ ***परहेलि**—*क्रिवि॰* = अवहेलना करके।

***परहौंक (परहोंक)**—[देशज] *पु॰* पहली बिक्री। बोहनी।

परा[१]—[सं॰ पर + टाप्] *वि॰ (स्त्री॰)* १. जो सबसे उत्तम हो। श्रेष्ठ। २. जो सबसे परे हो। उत्कृष्ट।

परा[२]—[सं॰ √पृ + अच् + टाप्] *स्त्री॰* १. मूलाधार में स्थित नादरूपिणी वाणी। वाणी के चार प्रकारों में सबसे सूक्ष्म। १. ब्रह्मविद्या। २ ऊपर व्युत्पत्ति में √पृ दीर्घ ऋ (ॠ) ध्यान देने योग्य है।

परा[३]—[< हि॰ पड़ा] *वि॰* पड़नेवाला। आक्रमण या धावा करने या डाका डालने वाला। ***जैसे***—**बटपरा** = बाट (मार्ग) में लूटनेवाला।

पराकरण—[सं॰ परा ~ करण] *पु॰* १. परे हटाने या दूर करने की क्रिया। २. अस्वीकृति। ३. तिरस्कार।

पराकाष्ठा—[सं॰ परा ~ काष्ठा] *स्त्री॰* १. चरम सीमा। हद। ***जैसे***—पार्वती ने तपस्या की पराकाष्ठा कर दी। २. ब्रह्मा की आधी आयु का कालमान। ३. उच्चतम कोटि। ***जैसे***—ज्ञान की पराकाष्ठा। ४. निम्नतम कोटि। ***जैसे***—झूठ की पराकाष्ठा।

पराक्रम—[सं॰ परा ~ क्रम] *पु॰* १. आगे की ओर बढ़ना। २. विक्रम। वीरता। ३. सामर्थ्य। बल। ४. साहस। ५. प्रयत्न। उद्योग।

पराक्रमण—[सं॰ परा √क्रम् + ल्युट्] *पु॰* किसी के विरुद्ध बढ़ना। आगे बढ़ना।

पराक्रान्त (पराक्रांत)—[सं॰ परा √क्रम् + क्त] *वि॰* १. शक्तिशाली। २. वीर। ३. जिस पर आक्रमण हुआ हो। आक्रान्त। ४. पीछे भगाया हुआ।

पराग—[सं॰ परा √गम् + ड] *पु॰* १. फूल के भीतर के धूलिकण या रजकण। पुष्परज। २. रज। धूल। ३. चन्दन।

परागकोष—[सं॰ पराग ~ कोष] *पु॰* (वनस्पति॰) पुंकेसर का पराग

उत्पन्न करनेवाला भाग। ✣ **परागण**—*पु॰* (वनस्पति॰) = परागकोष से वर्तिकाग्र पर पराग का स्थानान्तरण।

परागना[1]—[< स॰ उपराग] *क्रिअ॰* १. (विषयों में) आसक्त होना। २. प्रेम में पड़ना।

परागना[2]—[< स॰ पराग] *क्रिअ॰* (वनस्पति का) पराग से युक्त होना। *क्रिस॰* (वनस्पति को) पराग से युक्त करना।

परागनलिका—[स॰ पराग ~ नलिका] *स्त्री॰* (वनस्पति॰) अंकुरित होते हुए परागण से विकसित होनेवाली नलिका।

परागङ्गेय (परागंगेय) नीहारिका—[< स॰ परा + गङ्गा] *स्त्री॰* (खगोल॰) हमारी आकाशगंगा के बाहर नीहारिका की तरह दिखनेवाली अन्य कोई आकाशगंगा।

पराङ्कन (परांकन)—[स॰ पर ~ अङ्कन] *पु॰* (दस्तावेज़/चेक आदि की) पीठ पर लिखना। पृष्ठांकन।

पराङ्ग (परांग)—[स॰ पर ~ अङ्ग] *पु॰* १. दूसरे का अंग। २. श्रेष्ठ अंग। ३. शरीर का पिछला भाग।

पराङ्मुख—[स॰ पराङ् ~ मुख] *वि॰* १. जो मुख फेरे हुए हो। जिसने मुख मोड़ लिया हो। विमुख। २. अरुचि रखनेवाला या उदासीन। ३. विरुद्ध। विपरीत।

पराचीन—[< स॰ पराच् + ख] *वि॰* १. विरुद्ध दिशा में मुड़ा हुआ। २. अरुचि रखनेवाला। पराङ्मुख। ३. बाद में होनेवाला। ४. दूसरी ओर स्थित।

परात[1]—[< स॰ पात या < पुर्तगाली प्राट] *स्त्री॰* बड़े थाल जैसा पीतल आदि का एक बड़ा पात्र जिसके किनारे ऊँचे होते हैं।

*__परात__[2]—[< हि॰ पराना < स॰ पलायन] *क्रिअ॰* पलायन कर जाता है। चला जाता है।

परात्पर—[स॰ परात् ~ पर] *वि॰* सर्वोत्कृष्ट। सर्वश्रेष्ठ। ***जैसे***—परात्पर ब्रह्म। *पु॰* परमात्मा।

परात्मा—[स॰ परम ~ आत्मा (आत्मन्)] *पु॰* परमात्मा। परब्रह्म।

पराद्रव्य—[स॰ परा ~ द्रव्य] *पु॰* (जीव॰) केन्द्रक के अतिरिक्त कोशिका द्रव्य की जीवरहित और अक्रिय वस्तुएँ जो कोशिका की क्रियाओं में भाग नहीं लेतीं।

पराधि—[स॰ पर ~ आधि] *स्त्री॰* तीव्र मानसिक कष्ट।

पराधिकार—[स॰ पर ~ अधिकार] *पु॰* दूसरे का अधिकार।

पराधीन—[स॰ पर ~ अधीन] *वि॰* जो दूसरे के अधीन हो। जिस पर किसी अन्य का शासन हो। ∇ **विलोम**—स्वाधीन। ✣ **पराधीनता**—*स्त्री॰* = पराधीन होने की स्थिति/भाव। ग़ुलामी।

पराध्वनिक—[स॰ परा ~ ध्वनि + कन्] *वि॰* (भौतिकी॰) १. ध्वनि की गति से अधिक (वेग)। २. सुनी जा सकने वाली ध्वनि-तरंगों की आवृत्तियों से अधिक आवृत्ति वाली ध्वनि। श्रवणातीत (ध्वनि)। ३. ध्वनि की गति से अधिक वेग वाला (विमान आदि) ✣ **पराध्वनिकी**—*स्त्री॰* = भौतिकी की वह शाखा जिसमें पराध्वनिक वेगों, ध्वनियों और यन्त्रों का अध्ययन होता है।

*__परानना/पराना__—[< स॰ पलायन] *क्रिअ॰* पलायन करना। चला जाना। भाग जाना। ✣ **परान्यो**—भाग चला। ✣ **पराइ**—*क्रिवि॰* = चलकर या भागकर।

परानुवर्ती—[स॰ पर ~ अनुवर्ती] *वि॰* दूसरों का अनुकरण/अनुगमन करनेवाला। ✣ **परानुवर्ती प्ररूप**—*पु॰* = (मनो॰) दूसरों के विचारों, क्रियाओं तथा अभिप्रायों पर आवश्यकता से अधिक ध्यान देकर अपनी कार्य-दिशा निर्धारित करनेवाला व्यक्ति।

परान्त (परांत)—[स॰ पर ~ अन्त] *पु॰* मृत्यु।

परान्तक (परांतक)—[स॰ पर ~ अन्तक] *पु॰* शिव। महादेव।

परान्नभोजी—[स॰ परान्न ~ भोजी (भोजिन्)] *वि॰* दूसरे का दिया खाकर निर्वाह करनेवाला।

परापर—[स॰ पर ~ अपर] *वि॰* १. पर और अपर। २. अच्छा और बुरा।

पराबैंगनी (पराबैंगनी)—[स॰ परा + हि॰ बैंगनी] *वि॰* (भौतिकी॰) बैंगनी वर्ण या उसकी पट्टी से परे। ✣ **पराबैंगनी किरणें**—*पु॰* = (भौतिकी॰) लघु तरंगदैर्घ्य वाली विद्युत्-चुम्बकीय किरणें। ● **विशेष**—पराबैंगनी किरणों को प्रभातकालीन सूर्य के प्रकाश से प्राप्त किया जा सकता है। इनसे विटामिन 'डी' के निर्माण में वृद्धि होती है तथा कुछ त्वचा-रोगों के उपचार में इनका उपयोग किया जाता है। ✣ **पराबैंगनी विकिरण**—*पु॰* = (भौतिकी॰) वह विकिरण जो वर्णक्रम (अ॰ स्पेक्ट्रम) में दिखनेवाले बैंगनी प्रकाश के परे होता है। (अ॰ अल्ट्रा-वायलेट रेडिएशन)

*__पराभउ__—[< स॰ पराभव] *पु॰* १. पराजय। हार। २. तिरस्कार। अपमान। ३. विनाश।

*__पराभक्ति__—[स॰ परा ~ भक्ति] *स्त्री॰* १. भक्ति की पराकाष्ठा। परम भक्ति। २. प्रेमलक्षणा भक्ति से भी ऊँची भक्ति जिसमें सेवक-सेव्य भाव की एकात्मता रहती है।

पराभव—[स॰ परा ~ भव] *पु॰* १. अपमान। २. पराजय। हार। ३. विनाश।

पराभूत—[स॰ परा ~ भूत] *वि॰* १. जिसका पराभव हुआ है। पराजित। परास्त। २. अपमानित। ३. ध्वस्त। विनष्ट। ✣ **पराभूति**—*स्त्री॰* = पराभव।

परामनोविज्ञान—[स॰ परा ~ मनोविज्ञान] *पु॰* १. मन की साधारण दशाओं/अवस्थाओं से परे का अध्ययन। २. मनोविज्ञान की एक शाखा जिसमें प्राकृतिक नियमों की सीमा में न मानी जाने वाली मनोवैज्ञानिक घटनाओं (जैसे—पूर्वजन्मों की स्मृति, भूत-प्रेत से सम्बन्ध) का अध्ययन किया जाता है। परामानसिकी। (अ॰ पैरा-साइकोलॉजि)

परामर्श—[स॰ परा √मृश् + घञ्] १. विचार-विमर्श। २. सलाह।

परामानसिकी—[स॰ परा ~ मानसिकी] *स्त्री॰* परामनोविज्ञान। (अ॰ पैरा-साइकोलॉजि)

परामृष्ट—[स॰ परा ~ मृष्ट] १. जिसके विषय में परामर्श किया गया हो। २. विचारा हुआ। ३. निर्णय किया हुआ।

परायण—[स॰ पर ~ अयन] *वि॰* १. किसी काम/बात में पूरी तरह

लगा हुआ। निरत। *जैसे*—कर्तव्यपरायण। २. (किसी के प्रति) पूर्ण भक्तिभाव वाला। पूर्ण निष्ठा वाला। *जैसे*—गुरुपरायण; धर्मपरायण।

परायत्त—[सं॰ पर ~ आयत्त] *वि॰* पराधीन। परतन्त्र। ∇ **विलोम**—स्वायत्त।

परायूरेनियम तत्त्व—[सं॰ परा + अं॰ यूरेनियम + सं॰ तत्त्व] *पु॰* (रसायन॰) यूरेनियम के बाद के तत्त्व। परमाणु संख्या ९२ से आगे के तत्त्व।

परार्थ—[सं॰ पर ~ अर्थ] *पु॰* १. दूसरे का कार्य। २. सबसे बड़ा लाभ। परमार्थ। *वि॰* जो दूसरे के निमित्त हो। ∇ **विलोम**—स्वार्थ। ✣ **परार्थता**—*स्त्री॰* = परार्थ होने का गुण/भाव। ✣ **परार्थवाद**—*पु॰* = (नीति॰) परहित को नैतिक आदर्श मानने का सिद्धान्त या मत। परहितवाद। परहितपरता। परार्थपरता।

परार्ध—[सं॰ पर ~ अर्ध] *पु॰* १. बाद का आधा भाग। उत्तरार्ध। २. गणित में नील की संख्या। $१०^{१६}$। ३. सृष्टि के रचयिता ब्रह्मा की आधी आयु का बाद का आधा भाग।

***पराव**[१]—[< सं॰ पराया] *वि॰* परकीय। पराया। *पु॰* परायापन।

पराव[२]—[< हिं॰ पराना] *पु॰* भगाने की क्रिया/भाव। पलायन।

परावटु—[हिं॰ परा + अवटु] *पु॰* अवटु (अं॰ थायराइड) ग्रन्थि के समीप स्थित पीताभ भूरे रंग की अन्तः स्रावी ग्रन्थियाँ जो हारमोन स्रवित करके कैल्सियम और फ़ास्फ़ोरस के चयापचय का नियमन करती हैं। (अं॰ पैराथायराइड)

***परावन**[१]—[< हिं॰ पराना < सं॰ पलायन] *पु॰* पलायन। २. भगदड़।

***परावन**[२]—[< सं॰ पर्व] *पु॰* पर्व। उत्सव।

परावर—[सं॰ पर ~ अवर] *वि॰* १. पहले का और पीछे का। २. दूर तथा निकट का। ३. पुरातन तथा नवीन। ४. सर्वश्रेष्ठ।

परावर्तन—[सं॰ परा √वृत् + ल्युट्] *पु॰* १. लौटकर आना। वापस आना। *जैसे*—प्रकाश का आंशिक परावर्तन। २. उलटाया जाना। ३. लौटाना। प्रत्यावर्तन।

परावर्ती—[सं॰ परावर्तिन्] *वि॰* १. लौटकर फिर अपने स्थान पर आनेवाला। २. पुनः पहलेवाली स्थिति में आनेवाला।

परावर्त्य—[सं॰ परा ~ वर्त्य] *वि॰* जो बदला/लौटाया/उलटा जा सके।

परावलम्बी (परावलंबी)—[सं॰ परावलम्बिन्] *वि॰* दूसरे पर अवलम्बित। पराश्रयी। ∇ **विलोम**—स्वावलम्बी।

पराविद्या (पराविद्या)—[सं॰ परा ~ विद्या] *स्त्री॰* अध्यात्मविद्या।

परावृत्त—[सं॰ परा ~ वृत्त] *वि॰* १. लौटा हुआ। २. लौटाया हुआ। परावर्तित। ३. बदला हुआ।

परावृत्ति—[सं॰ परा ~ वृत्ति] *स्त्री॰* १. परावर्तन। २. लौटना। ३. लौटाया जाना।

पराशक्ति—[सं॰ परा ~ शक्ति] *स्त्री॰* परम शक्ति। (शैव॰) परम शिव की प्रकृतिरूपी दिव्य शक्ति।

पराश्रय—[सं॰ पर ~ आश्रय] *पु॰* १. दूसरे का आश्रय/सहारा। २. पराधीनता। परवशता। ✣ **पराश्रयी**—*वि॰* = दूसरे पर आश्रित। *पु॰* (जीव॰) परजीवी कीटाणुओं का वर्ग।

पराश्रव्य—[सं॰ परा ~ श्रव्य] *वि॰* परास्वनिक। ✣ **पराश्रव्य ध्वनि**—*स्त्री॰* = (भौतिकी॰) = मनुष्य की श्रवण-सीमा से परे की ध्वनि-तरंगें या ध्वनि। श्रवणातीत ध्वनि। ✣ **पराश्रव्यिकी**—*स्त्री॰* = पराध्वनिकी। पराश्रव्यविज्ञान।

परास—[सं॰ परा √अस् + घञ्] *पु॰* १. प्रभाव-क्षेत्र। (गणित॰) प्रक्षेपित वस्तु के प्रक्षेप-विन्दु और क्षैतिज समतल पर गिरने के बिन्दु की दूरी।

परासरण—[सं॰ परा ~ सरण] *पु॰* (रसायन॰) अर्धपारगम्य झिल्ली से होकर विलायक का गुज़रना जिससे विलयनों में सान्द्रता को सम बनाने की प्रवृत्ति होती है और जल, तनु विलयन से निकलकर, सान्द्र विलयन में जाता है।

परास्त—[सं॰ पर ~ अस्त] *वि॰* हराया हुआ। हारा हुआ। पराजित।

पराह—[सं॰ पर ~ अहन्] *पु॰* अन्य दिन। दूसरा दिन।

पराहत—[सं॰ परा ~ हत] *वि॰* १. आक्रान्त। २. विनष्ट किया हुआ। ध्वस्त। ३. आघात के द्वारा बाहर किया हुआ या गिराया हुआ।

पराह्ण (पराह्न)—[सं॰ पर ~ अह्न्] *पु॰* दिन का उत्तरार्धकाल। दिन में दुपहर के बाद का समय।

पराँठा—[< सं॰ पर + रोटिका] *पु॰* घी आदि लगाकर तवे पर सेंकी जानेवाली एक प्रकार की रोटी।

***परि**[१]—[सं॰ √पृ + इन्] अव्य॰ उपसर्ग॰ एक उपसर्ग। *जैसे*—परिश्रम; परिकल्पना।

***परि**[२]—[< हिं॰ परना (= पड़ना)] *क्रिवि॰* १. पड़कर। २. पड़े-पड़े।

***परि**[३]—[< सं॰ परम्] *अव्यय॰* १. केवल। २. अवश्य।

***परि**[४]—[< हिं॰ परी (= पड़ी)] *क्रिअ॰* गिर पड़ी। ✣ **परि-परि** = पड़-पड़कर या गिर-गिर कर। ● **विशेष**— **मन परि** = स्वेच्छापूर्वक। **परिअ** = पड़ना चाहिए।

परिकम्प (परिकंप)—[सं॰ परि + कम्प] *पु॰* १. बहुत ज़ोर का कम्पन। २. भयंकर कँपकँपी। २. अति भय।

परिक—[देशज] *स्त्री॰* खोटी चाँदी। बहुत मिलावट वाली चाँदी।

परिकथा—[सं॰ परि + कथा] *स्त्री॰* बड़ी कथा के अन्दर उससे और सम्बन्धित छोटी कथा। (बौद्ध॰) कोई धार्मिक कथा।

परिकर—[सं॰ परि √कृ + अप्] *पु॰* १. संग-साथ में रहनेवाले लोग। २. परिवार के लोग। परिवार। ३. अनुचरवर्ग। ४. समूह। ५. पर्यंक। पलंग। ६. कटिबन्ध। कमरबन्द। (काव्य॰) एक अर्थालंकार जिसमें विशेष्य के साथ विशेष अभिप्राय वाले विशेषण के प्रयोग का चमत्कार होता है।

परिकराङ्कुर (परिकरांकुर)—[सं॰ परिकर ~ अङ्कुर] *पु॰* (काव्य॰) एक अर्थालंकार जिसमें विशेष्य के विशेष अभिप्राययुक्त वर्णन का चमत्कार होता है।

परिकर्तन —[सं॰ परि ~ कर्तन] *पु॰* १. चारों ओर से काटना। २. वृत्ताकार काटना।

परिकर्म—[सं॰ परि + कर्म (कर्मन्)] *पुं॰* १. (चन्दन आदि से) शरीर का शृंगार। देह की सजावट। २. पैर में महावर लगाने का कार्य। ३. पूजन। अर्चन। ४. पवित्रीकरण। (गणित॰) संख्याओं का परस्पर योग, गुणन आदि।

परिकर्मी—[सं॰ परि + कर्मी (कर्मिन्)] *पुं॰* १. सहायक। २. सेवक। नौकर। *वि॰* (किसी को) अलंकृत करनेवाला। (किसी का) शृंगार करनेवाला।

परिकर्ष/परिकर्षण—[सं॰ परि + कर्ष/कर्षण] *पुं॰* १. खींचकर निकालने की क्रिया। २. उखाड़ना। ३. ज़मीन जोतना, बोना इत्यादि कृषि-कार्य।

परिकलन—[सं॰ परि + कलन] *पुं॰* १. (मूल्य आदि का) हिसाब लगाना। गणित लगाना। २. (किसी घटना आदि का) पूर्वानुमान करना। पहले से अनुमान करना या जान लेना। (गणित॰) गणित की एक शाखा (अं॰ कैल्क्युलस)। ❖ **परिकलित**—*वि॰* = १. जिसका परिकलन हो चुका हो। जिसका हिसाब लग चुका हो। २. पूर्वानुमानित।

परिकल्पना—[सं॰ परि + कल्पना] *स्त्री॰* १. किसी सम्भावित बात को पहले ही मान लेना। पूर्वकल्पना। २. केवल तर्क के लिए कोई बात मान लेना ताकि कुछ प्रमाणित या अप्रमाणित किया जा सके। फ़र्ज़ कर लेना। ३. (किसी कारण/उद्देश्य से) पूर्वधारणा करना। (विज्ञान॰) कोई विचार जिसकी सत्यता सिद्ध न हुई हो परन्तु जो अनेक तथ्यों की व्याख्या कर सके। *जैसे*—वैज्ञानिक ऐवोगैड्रो की परिकल्पना। (गणित॰) सत्य मान लिया गया कोई प्रस्ताव जिसका उपयोग किसी दूसरे प्रस्ताव की सत्यता सिद्ध करने के लिए किया जाए। प्राक्कल्पना। (अं॰ हाइपोथिसिस)

परिकीर्ण—[सं॰ परि + कीर्ण] *वि॰* १. चारों ओर फैला हुआ। बिखरा हुआ। २. घिरा हुआ। ३. भीड़वाला। ४. परिपूर्ण।

परिकीर्तन—[सं॰ परि + कीर्तन] *पुं॰* १. किसी के गुणों का बहुत अधिक और विस्तृत वर्णन। अति प्रशंसा करना। २. (भक्त द्वारा) ऊँचे स्वर से किया जाने वाला कीर्तन। ❖ **परिकीर्तित**—*वि॰* = जिसका परिकीर्तन किया गया हो।

परिकूट—[सं॰ परि + कूट] *वि॰* दुर्ग या नगर के द्वार को घेरनेवाली खाई।

परिकेन्द्र (परिकेंद्र)—[सं॰ परि ~ केन्द्र] *पुं॰* (गणित॰, ज्यामिति) त्रिभुज के परिवृत्त का केन्द्र।

परिकोप—[सं॰ परि + कोप] *पुं॰* अत्यधिक क्रोध।

परिक्रमण—[सं॰ परि + क्रमण] *पुं॰* १. टहलना। घूमना। २. चारों ओर घूमना। ३. क्रम। सिलसिला। ४. परिक्रमा। (गणित॰) किसी पिंड के द्वारा किसी बाहरी केन्द्र या अक्ष के चारों ओर चक्कर लगाना। ❖ **परिक्रमण काल**—*पुं॰* = (खगोल॰) किसी ग्रह के द्वारा सूर्य के चारों ओर दीर्घवृत्त की परिक्रमा का समय। ❖ **परिक्रमण-घनाकृति**—*स्त्री॰* = (गणित॰) किसी समतल आवृत्ति को एक रेखा के चारों ओर घुमाने से उत्पन्न ठोस आकृति। (अं॰ सालिड आफ़ रेवोल्यूशन)

परिक्रमा—[सं॰ परि √क्रम् + अ + टाप्] *स्त्री॰* १. चारों ओर चक्कर लगाना। २. (श्रद्धा-भक्ति के साथ) मन्दिर आदि किसी पूज्य को दाहिनी ओर कर उसके चारों ओर घूमना या चक्कर लगाना। ३. उक्त प्रकार से लगाया गया चक्कर। प्रदक्षिणा। *जैसे*—हम लोग वृन्दावन की पाँच परिक्रमाएँ कर चुके हैं। ४. प्रदक्षिणा के लिए बना हुआ या नियत मार्ग।

परिक्रय—[सं॰ परि + क्रय] *पुं॰* १. क्रय। ख़रीदारी। ख़रीद। २. ख़रीदा हुआ माल। ३. मज़दूरी। ४. भाड़ा।

परिक्रान्त (परिक्रांत)—[सं॰ परि + क्रान्त] *वि॰* १. जिसकी परिक्रमा की गयी हो। २. जिस पर चला गया हो। ३. जिसे रौंदा गया हो।

परिक्रामी—[सं॰ परि + क्रामी (क्रामिन्)] *वि॰* १. चारों ओर घूमने वाला। २. लगातार स्थान-स्थान पर जाते रहने वाला। निरन्तर घूमते रहने वाला। ३. मन्दिर आदि की प्रदक्षिणा/परिक्रमा करने वाला।

परिक्रिया—[सं॰ परि + क्रिया] *स्त्री॰* (किसी वस्तु को) चारों ओर से दीवार/खाई आदि से घेरना।

परिक्लान्त (परिक्लांत)—[सं॰ परि + क्लान्त] *वि॰* बहुत अधिक थका हुआ।

परिक्लिष्ट—[सं॰ परि + क्लिष्ट] *वि॰* बहुत कठिन।

परिक्लेद—[सं॰ परि + क्लेद] *पुं॰* आर्द्रता। गीलापन। नमी। तरी।

परिक्लेश—[सं॰ परि ~ क्लेश] *पुं॰* १. बहुत क्लेश। २. थकावट।

परिक्षय—[सं॰ परि + क्षय] *पुं॰* पूरा सामूहिक नाश। विनाश। २. हानि। घाटा। ३. (किसी वस्तु के) क्षय/समाप्ति की क्रिया।

परिक्षालन—[सं॰ परि ~ क्षालन] *पुं॰* १. अच्छी तरह धोने की क्रिया/भाव। २. धुलाई।

परिक्षेपण—[सं॰ परि + क्षेपण] *पुं॰* छितराना। बिखेरना।

***परिखन**[१]—[< हिं॰ परिखना] *वि॰* परखनेवाला।

***परिखन**[२]—[< हिं॰ परेखना] *वि॰* प्रतीक्षा करनेवाला।

***परिखना**—[< सं॰ प्रतीक्षा] *क्रिस॰* प्रतीक्षा करना।

परिखा—[सं॰ परि √खन् + ड + टाप्] *स्त्री॰* नगर या दुर्ग के चारों ओर खोदी गयी खाई/खन्दक।

परिखात—[सं॰ परि + खात] *पुं॰* परिखा। खाई। खन्दक। २. (किसी वस्तु के) चारों ओर बना हुआ गड्ढा।

परिखिन्न—[सं॰ परि + खिन्न] *वि॰* बहुत खिन्न। अति दुःखी।

परिखेद—[सं॰ परिखेद] *पुं॰* बहुत थकावट।

परिगणन—[सं॰ परि + गणन] *पुं॰* १. पूरी गणना करना। पूरा-पूरा गिनना। २. समुदाय/समाज की वस्तुओं/व्यक्तियों को गिनकर बताना। *जैसे*—पुस्तकों का परिगणन करके उन्हें बाँध दो। (काव्य॰) कविता में संश्लिष्ट वर्णन के स्थान पर पदार्थों की सूची गिनाने का कार्य।

परिगत—[सं॰ परि ~ गत] *वि॰* १. चारों ओर से घिरा हुआ। २. आवेष्टित। ३. ज्ञात। ४. प्राप्त किया हुआ। ५. भूला हुआ। विस्मृत।

परिगह—[< सं॰ परिग्रह] *पुं॰* १. कुटुम्बी और आत्मीय लोग। आश्रित जन।

***परिगहना**—[< सं॰ परिग्रहण] *क्रिस॰* ग्रहण करना। स्वीकार करना।

परिगृहीत—[सं॰ परि + गृहीत] *वि॰* १. स्वीकृत। अंगीकृत। २. सम्मिलित। ३. प्राप्त। ४. चारों ओर से घेरा हुआ। ५. ग्रहण किया हुआ। गृहीत। ६. संरक्षित। ❖ **परिगृहीता**—*वि॰ (स्त्री॰)* = विवाहिता।

परिगृहीति—[सं॰ परिगृहीत + क्तिन्] *स्त्री॰* = (पुस्तक॰) परिग्रहण।

परिग्रह—[सं॰ परि + ग्रह] *पु॰* १. स्वीकृति। २. प्राप्ति। उपलब्धि। ग्रहण। ३. दान-ग्रहण। ४. पकड़। ५. सम्पत्ति। ६. धन-संचय। ७. चारों ओर से घेरना। ८. घिराव। ९. विवाह। १०. पत्नी। ११. परिवार के लोग। १२. सूर्य-ग्रहण। १३. चन्द्र-ग्रहण।

परिग्रहण—[सं॰ परि + ग्रहण] *पु॰* १. अच्छी तरह ग्रहण। पूर्णतः ग्रहण। २. वस्त्र-धारण। (पुस्तक॰) पुस्तकालय की सभी पुस्तकों को आधिकारिक रूप से पुस्तकालय पंजिका में अंकित करना। परिगृहीति।

परिग्राह्य (परिग्राह्य)—[सं॰ परि + ग्राह्य] *वि॰* परिग्रह के योग्य। आदरपूर्वक लेने योग्य।

परिघ—[सं॰ परि √हन् + अप्, घ आदेश] *पु॰* १. लकड़ी/लोहे की अर्गला। २. लोहे का डंडा। ३. (किसी को प्रवेश से रोकने के लिए या आगे बढ़ने से रोकने के लिए) बाधा। रुकावट। ४. वह लाठी/डंडा जिसकी मूठ पर लोहा जड़ा हो। ५. भाला। बर्छी। ६. सूर्य के उदय/अस्त के समय उस पर आनेवाले बादल। ७. वज्र। ८. फाटक।

परिघट्टन—[सं॰ परि √घट्ट + ल्युट्] *पु॰* १. चारों ओर से रगड़ना। २. (किसी पात्र में) कलछी आदि से चारों ओर चलाना।

परिघात—[सं॰ परि + घात] *पु॰* १. वध। हत्या। २. मार डालने का अस्त्र। ३. नाश।

परिघातन—[सं॰ परि + घातन] *पु॰* वध। हत्या।

परिघाती—[सं॰ परि + घाती (घातिन्)] *वि॰* १. मार डालने वाला। हत्यारा। २. नष्ट करनेवला। नाशक।

परिघृष्ट—[सं॰ परि + घृष्ट] *वि॰* अच्छी तरह घिसा हुआ।

परिघोष—[सं॰ परि + घोष] *पु॰* कोलाहल। शोर। २. बादल की आवाज़। मेघ-गर्जन।

***परिचना**—[< हिं॰ परचना] *क्रिअ॰* १. परिचित होना। २. अभ्यस्त होना। *क्रिस॰* परखना।

परिचर—[सं॰ परि √चर् + अच्] *पु॰* १. सेवक। नौकर। २. रोगी की परिचर्या करने के लिए नियुक्त व्यक्ति। परिचारक।

परिचर्चा—[सं॰ परि + चर्चा] *स्त्री॰* १. किसी विषय या पुस्तक आदि पर विशेष तथा मैत्रीपूर्ण विस्तृत विचार-विमर्श। २. (पत्रिका आदि में) एक विषय पर अनेक लेखकों के लेखों का संग्रह। (अं॰ सिम्पोज़िअम)

परिचर्या—[सं॰ परि + चर्या] *स्त्री॰* १. सेवा। २. रोगी की सेवा। तीमारदारी। ३. सेवा-कार्य।

परिचायक—[सं॰ परि √चि + ण्वुल्] *वि॰* १. परिचय करानेवाला। ***जैसे***—यह लेख तुम्हारी देशभक्ति का परिचायक है। २. सूचक। ***जैसे***—यह जयघोष हमारी विजय का परिचायक है। ३. प्रस्तावनात्मक। भूमिका-स्वरूप। ***जैसे***—ये पंक्तियाँ मुख्य विषय की परिचायक मात्र हैं।

परिचारक—[सं॰ परि + चारक] *वि॰* परिचर्या करने- वाला। *पु॰* १. सेवक। २. रोगी की सेवा करनेवाला। ❖ **परिचारिका**—*स्त्री॰*।

परिचारना—[< सं॰ परिचरण] *क्रिस॰* सेवा करना।

परिचारी—[सं॰ परि + चारी (चारिन्)] *वि॰* भ्रमण करनेवाला। टहलनेवाला। *पु॰* सेवक। नौकर।

परिचार्य—[सं॰ परि √चर् + ण्यत्] *वि॰* १. जिसकी सेवा करना उचित हो। सेव्य। २. जिसकी सेवा की जानी हो।

परिचालन—[सं॰ परि + चालन] *पु॰* १. चारों ओर घुमाना। २. चलाना। ***जैसे***—वाहन का परिचालन। ३. संचालन। ४. (संसद् आदि में) सूचनाओं, विधेयकों आदि का सदस्यों या अन्य लोगों को भेजा जाना। (पुस्तक॰) १. पुस्तकालय में पुस्तकों का आगम और निर्गम। २. उधार दी गयी पुस्तकों का योग। ❖ **परिचालन अभिलेख**—*पु॰* = (पुस्तक॰) निश्चित अवधि में निर्गत और आगत पुस्तकों का अभिलेख।

परिचिति—[सं॰ परि √चि + क्तिन्] *स्त्री॰* १. परिचित होने की अवस्था/भाव। २. परिचय। जान-पहचान। ३. अभिज्ञता। जानकारी।

परिचिन्तन (परिचितन)—[सं॰ परि + चिन्तन] *पु॰* अच्छी तरह किया जाने वाला चिन्तन।

परिचेय—[सं॰ परि √चि + यत्] *वि॰* १. जिसका परिचय प्राप्त किया जा सके। २. जिसका परिचय दिया जाने वाला हो या प्राप्त किया जानेवाला हो। ३. जान-पहचान के योग्य। परिचय-योग्य।

***परिचौ**—[< सं॰ परिचय] *पु॰* १. परिचय। जान-पहचान। २. (कथन आदि की) सत्यता की पहचान।

परिच्छद—[सं॰ परि + छद] *पु॰* १. किसी वस्तु को ढँक सकने या छिपा सकने वाला कपड़ा। आच्छादन। २. पहनावा। पोशाक। ३. अनुचर। सेवक। नौकर। ४. राजाओं के साथ रहनेवाले लोग। परिचर। ५. आश्रित लोगों का समूह। ६. (छत्र-चँवर आदि) राजचिह्न। ७. सामान। ८. यात्रा में उपयोगी सामान।

परिच्छन्न—[सं॰ परि + छन्न] *वि॰* १. सब ओर से ढँका हुआ। आच्छादित। ***जैसे***—मेघ-परिच्छन्न आकाश। २. छिपा/छिपाया हुआ। ३. छाया/घिरा हुआ।

परिच्छिन्न—[सं॰ परि √छिद् + क्त] *वि॰* १. सीमाबद्ध। सीमित। २. परिमित। ३. विभाजित। ४. घिरा/छिपा/ढँका हुआ।

परिच्छेद—[सं॰ परि √छिद् + घञ्] *पु॰* १. विभाजन। २. किसी ग्रन्थ का वह भाग जिसमें किसी एक विषय की चर्चा हो। प्रकरण। ३. पुस्तक का अध्याय। (गणित॰) किसी ठोस आकृति को किसी समतल से काटने पर प्राप्त आकृति। (अं॰ सेक्शन)

परिच्छेदन—[सं॰ परि √छिद् + ल्युट्] *पु॰* १. परिच्छेद करना। खंड/विभाग करना। २. सीमा का निर्धारण। ३. पुस्तक का अध्याय या प्रकरण।

परिच्छेदातीत—[सं० परिच्छेद ~ अतीत] *वि०* १. जिसकी सीमा का निर्धारण न हो सके। २. जिसका विभाजन न हो सके।

परिच्युत—[सं० परि + च्युत] *वि०* १. पतित। २. भ्रष्ट। ३. जाति-बिरादरी से निकाला हुआ।

***परिछाँहिं/परिछाहीं**—*स्त्री०* ≤ *हिं०* परछाईं। प्रतिबिम्ब या छाया।

***परिजङ्क (परिजंक)**—*पु०* ≤ *सं०* पर्यंक। पलंग।

परिजन—[सं० परि + जन] *पु०* १. परिवार के लोग। २. आश्रित लोग (स्त्री, पुत्र आदि)। ३. अनुचरगण। ✣ **परिजनता**—*स्त्री०* १. परिजन होने की अवस्था/भाव। २. सेवकत्व। ३. अधीनता।

परिज्ञप्ति—[सं० परि + ज्ञप्ति] *स्त्री०* १. पहचान। २. वार्तालाप। बातचीत।

परिज्ञात—[सं० परि + ज्ञात] *वि०* १. भली-भाँति जाना हुआ। २. पहचाना हुआ।

परिज्ञाता—[सं० परि + ज्ञाता (ज्ञातृ)] *वि०* १. अच्छी तरह जाननेवाला। २. पहचाननेवाला।

परिज्ञान—[सं० परि + ज्ञान] *पु०* १. पूरा ज्ञान। पूरी जानकारी। २. सूक्ष्म ज्ञान। ३. निश्चयात्मक और सत्य ज्ञान। ४. पहचान।

परिज्ञापन—[सं० परि + ज्ञापन] *पु०* अच्छी तरह सूचना देने का कार्य।

परिणत—[सं० परि + नत] *वि०* १. पूर्ण वृद्धि को प्राप्त। २. अन्य रूप में बदला हुआ। रूपान्तरित। परिवर्तित। ३. समाप्त। ✣ **परिणत छुट्टी**—*स्त्री०* = (विधि०) एक प्रकार की छुट्टी को बदलकर की गयी दूसरे प्रकार की छुट्टी। उसकी रूपान्तरित छुट्टी।

परिणति—[सं० परि + नति] *स्त्री०* १. पूर्ण वृद्धि। २. रूपान्तरण। परिवर्तन। ३. परिणाम। नतीजा। ४. अन्त। समाप्ति। ५. चरम स्थिति।

परिणमन—[सं० परि + शमन] *पु०* १. (किसी रूप में) परिणति। २. रूपान्तरण। परिवर्तन।

परिणय/परिणयन—[सं० परि + नय/नयन] *पु०* विवाह। शादी।

परिणाम—[सं० परि √नम् + घञ्] *पु०* १. एक अवस्था से दूसरी अवस्था को प्राप्त होना। रूपान्तर होना। रूपान्तरकरण। परिवर्तन। **जैसे**—घड़ा मिट्टी का परिणाम है। २. फल। नतीजा। ३. (विद्यालय आदि की) परीक्षा/प्रतियोगिता का नतीजा। ४. निष्कर्ष। नतीजा। ५. वृद्धि। ६. पक्वता। ७. अन्त। समाप्ति। ८. वृद्धावस्था। बुढ़ापा। (काव्य०) एक अर्थालंकार जिसमें उपमान उपमेय का रूप धारण कर कोई क्रिया करता हुआ वर्णित होता है। (सांख्य०) मूल प्रकृति का स्वभाव जिसके कारण सभी वस्तुओं का क्रमशः अवस्था-परिवर्तन होता रहता है। (जैन०) १. अपनी स्वद्रव्यत्व जाति को न छोड़ते हुए द्रव्य का होनेवाला स्वाभाविक या प्रायोगिक परिवर्तन। २. द्रव्य का स्वभाव।

परिणामवाद—[सं० परिणाम ~ वाद] *पु०* (सांख्य०) यह सिद्धान्त कि कार्य 'कारण' में अव्यक्त रूप से विद्यमान रहता है और इसलिए 'कारण' अव्यक्त कार्य है और 'कार्य' व्यक्त कारण है।

परिणामित्र—[< सं० परिणाम] *पु०* एक परिपथ से दूसरे परिपथ में विद्युत्-ऊर्जा को स्थानान्तरित करनेवाला उपकरण। (अं० ट्रान्सफ़ार्मर)

परिणामित्व—[सं० परिणामिन् + त्व] *पु०* परिणामी होने की अवस्था/भाव। परिवर्तनशीलता।

परिणीत—[सं० परि + नीत] *वि०* विवाहित। ✣ **परिणीता**—*वि० (स्त्री०)* = विवाहिता। *स्त्री०* विवाहित स्त्री।

परिणेता—[सं० परिणेतृ] *पु०* विवाह करनेवाला व्यक्ति। पति।

परिणेया—[सं० परि √नी + अच् + टाप्] *वि०* १. पत्नी बनाने के योग्य (स्त्री)। विवाह के योग्य। २. (स्त्री) जिसका विवाह हो सकता हो या होनेवाला हो।

परितः—[सं० परि + तस्] *क्रिवि०* १. चारों ओर। २. चारों ओर से।

परितप्त—[सं० परि + तप्त] *वि०* १. बहुत तपा हुआ। बहुत गर्म। २. बहुत दुखी। सन्तप्त।

परितप्ति—[सं० परि √तप् + क्तिन्] *स्त्री०* १. परितप्त होने की अवस्था/भाव। परिताप। २. ईर्ष्या। जलन। ३. तीव्र दुःख। सन्ताप।

परिताप—[सं० परि + ताप] *पु०* १. अत्यधिक ताप। बहुत गर्मी। २. तीव्र दुःख। सन्ताप। ३. पश्चात्ताप। पछतावा।

परितापी—[सं० परितापिन्] *वि०* १. परिताप उत्पन्न करनेवाला। २. परिताप-सम्बन्धी। ३. परितप्त। सन्तापयुक्त। ४. अति दुःख देनेवाला। *पु०* दुःख देनेवाला व्यक्ति/वस्तु।

परितारिका—[सं० परि + तारिका] *स्त्री०* नेत्र की गोल रंगीन झिल्ली जिसके बीच में पुतली होती है।

परितुलन—[सं० परि + तुलन] *पु०* १. एक ही प्रकार की अनेक वस्तुओं की तुलना करके देखना कि कहीं कुछ ग़लत तो नहीं है। मिलान। २. किसी लेख/अभिलेख की प्रतियों का परस्पर मिलान करके देखने की क्रिया/भाव।

परितुष्ट—[सं० परि + तुष्ट] *वि०* १. पूरी तरह सन्तुष्ट। २. अतिप्रसन्न। आह्लादित। हर्षित।

परितृप्त—[सं० परि + तृप्त] *वि०* पूरी तरह तृप्त।

परितोष—[सं० परि + तोष] *पु०* १. पूर्ण सन्तोष। २. पूरी तृप्ति। ३. प्रसन्नता। आह्लाद। हर्ष।

परित्यक्त—[सं० परि √त्यज् + क्त] *वि०* पूरे तौर से त्यागा हुआ। पूरी तरह छोड़ा हुआ। ✣ **परित्यक्त बालक**—*पु०* = वह बालक जिसे माता-पिता या संरक्षकों ने छोड़ दिया हो। ✣ **परित्यक्ता**—*स्त्री०* = पति द्वारा त्याग दी गयी स्त्री।

परित्यजन—[सं० परि √त्यज् + ल्युट्] *पु०* परित्याग करने की क्रिया/भाव। पूरी तरह त्यागना/छोड़ना।

परित्याग—[सं० परि √त्यज् + घञ्] *पु०* १. पूरी तरह छोड़ देना। पूर्ण त्याग। २. सम्पत्ति आदि पर से सदा के लिए अधिकार/सम्बन्ध छोड़ देना। ✣ **परित्यागना**—*क्रिस०* सदा के लिए छोड़ देना। परित्याग करना।

परित्याज्य—[सं० परि + त्याज्य] *वि०* परित्याग के योग्य। सदा के लिए छोड़े जाने योग्य।

परित्रस्त—[सं० परि + त्रस्त] *वि०* अतित्रस्त। बहुत डरा हुआ।

परित्राण—[सं० परि + त्राण] *पु०* (कष्ट या नियम/क़ानून आदि)

से पूर्ण रक्षा। बचाव। ***जैसे***—मानव जीवन का परित्राण। ✣ **परित्रात**—*वि॰* = जिसका परित्राण किया गया हो।

परित्राता—[स॰ परित्रातृ] *वि॰* परित्राण करनेवाला। पूरी तरह रक्षा करनेवाला।

परिदग्ध—[स॰ परि + दग्ध] *वि॰* अधिक जला हुआ।

परिदर्शक—[स॰ परि + दर्शक] *पु॰* मिलने आनेवाला। मुलाक़ाती।

परिदलपुञ्ज (परिदलपुंज)—[स॰ परि + दल ~ पुञ्ज] *पु॰* (वनस्पति॰) फूल का बाहरी भाग। फूल के बाह्यदल और पंखुड़ियों का समूह।

परिदहन—[स॰ परि + दहन] *पु॰* १. पूरी तरह जलाना। पूर्ण दहन। २. अच्छी तरह जलाना। अधिक जलाना। अति दहन।

परिदृश्य—[स॰ परि + दृश्य] *पु॰* चारों ओर दिखनेवाला दृश्य।

***परिधन**—[< स॰ परिधान] *पु॰* परिधान। वेशभूषा।

परिधान—[स॰ परि √धी + ल्युट्] *पु॰* १. पहनने का कपड़ा। वस्त्र। २. पहने जाने वाले कपड़े। वेश। पोशाक। ***जैसे***—नीला परिधान। ३. विशेष अवसर पर पहने जाने वाले वस्त्र। पूरा वेश। पूरी पोशाक। ***जैसे***—विवाह में वर का परिधान।

परिधानीय—[स॰ परि √धा + अनीयर्] *वि॰* जो परिधान के रूप में पहना जा सके। पहनें जाने योग्य।

परिधावन—[स॰ परि + धावन] *पु॰* १. तेज़ दौड़ना। २. अधिक दौड़ना। २. किसी के चारों ओर दौड़ना।

परिधावी—[स॰ परिधाविन्] *वि॰* १. तेज़ दौड़नेवाला। २. अधिक दौड़ने वाला। २. किसी के चारों ओर दौड़नेवाला।

परिधि—[स॰ परि √धा + कि] *पु॰* १. गोल घेरा। २. वृत्त की रेखा। ३. सूर्य/चन्द्रमा का घेरा। परिवेश। ४. सूर्यमंडल। चन्द्रमंडल। ५. सीमा। ***जैसे***—ज्ञान की परिधि। ६. समुदाय/मंडल/मंडली/वर्ग तक सीमित क्षेत्र।

परिधीय—[स॰ परिधि + छ] *वि॰* १. चक्राकार। ***जैसे***—परिधीय चाल। २. सीमावर्ती। ***जैसे***—परिधीय संस्कृति; परिधीय राज्य। ३. (लाक्षणिक) कम महत्त्व का। गौण। ✣ **परिधि-बन्ध (बंध)**—*पु॰* = परिधि/घेरे की सीमा।

परिधिस्थ—[स॰ परिधि + स्थ] *वि॰* परिधि में/पर स्थित।

परिधेय—[स॰ परि √धा + यत्] *वि॰* पहने जाने योग्य। *पु॰* परिधान। पोशाक।

परिध्रुवी तारा—[< स॰ परिध्रुव + तारा] *पु॰* (खगोल॰) ध्रुव तारे की परिक्रमा करनेवाले सितारों में से प्रत्येक।

परिध्रुवीय—[स॰ परि + ध्रुवीय] (वे पौधे/वृक्ष) जो ध्रुव प्रदेश में उत्पन्न होते हैं।

परिध्वंस—[स॰ परि + ध्वंस] *पु॰* विनाश। विध्वंस। ✣ **परिध्वस्त**—*वि॰* = जिसका पूरी तरह से ध्वंस/नाश हो चुका हो या किया गया हो।

परिनिन्दा (परिनिंदा)—[< स॰ परि + निन्दा] *स्त्री॰* (विधि॰) दोषारोपण। भर्त्सना। फटकार। ***जैसे***—लोकसभा ने सम्पादक को परिनिन्दा का दंड दिया।

परिनियम—[स॰ परि + नियम] *पु॰* (संसद् आदि के द्वारा बनाया गया) क़ानून। संविधि।

परिनिर्धारण—[स॰ परि + निर्धारण] *पु॰* (विधि॰) दिवालिया होना। कारोबार बन्द करना। परिसमापन।

परिनिर्माण—[स॰ परि + निर्माण] *पु॰* १. (भवन आदि का) निर्माण। २. भवन। इमारत। ✣ **परिनिर्मित**—*वि॰* = जिसका निर्माण हुआ हो।

परिनिर्वाण/परिनिर्वृत्ति—[स॰ परि + निर्वाण/निर्वृत्ति] *पु॰* पूर्ण निर्वाण। मोक्ष।

परिनिष्ठा—[स॰ परि + निष्ठा] *स्त्री॰* १. पूर्णज्ञान। सर्वांगपूर्णता। २. चरम सीमा/अवस्था। पराकाष्ठा।

परिनिष्ठित—[स॰ परि + निष्ठित] *वि॰* (किसी काम में) पूर्णतया निपुण। पूर्ण कुशल।

परिन्दा (परिंदा)—[< फा॰ परिन्दः] *पु॰* पक्षी। चिड़िया।

परिपक्व—[स॰ परि + पक्व] *वि॰* १. पूर्णतया पका हुआ। २. अच्छी तरह पका हुआ। ३. जिसका पूरा विकास हो चुका हो। ४. पूर्णतया कुशल। ५. परिपाक को प्राप्त (रस)।

परिपत्र—[स॰ परि + पत्र] *पु॰* सूचना देने के लिए चारों तरफ भेजा जाने वाला पत्र। गश्ती चिट्ठी।

परिपथ—[स॰ परि + पथ] *पु॰* (भौतिकी॰) किसी वृत्ताकार वस्तु के पास-पास बना हुआ रास्ता। विद्युत्-धारा का चक्राकार पूर्ण पथ। (अ॰ सर्किट)

परिपन्थ (परिपंथ)—[स॰ परि + पन्थ] *वि॰* जो मार्ग रोके हुए हो।

परिपन्थक (परिपंथक)—[स॰ परि √पन्थ् + ण्वुल्] *पु॰* १. प्रतिकूल व्यवहार करनेवाला व्यक्ति। २. शत्रु। दुश्मन। ३. डाकू। लुटेरा। बटमार।

परिपन्थी (परिपंथी)—[स॰ परिपन्थिन्] *वि॰* मार्ग रोकने-वाला। *पु॰* परिपन्थक।

परिपाक—[स॰ परि + पाक] *पु॰* १. अच्छी तरह पकना या पकाया जाना। २. (पेट में) भोजन अच्छी तरह पचना। ३. पूर्ण विकास। पूर्ण वृद्धि होना। परिपूर्णता। ४. परिणाम। फल। ५. कुशलता। निपुणता। (चिकित्सा॰) बाहरी लक्षण प्रकट होने से पहले रोग का अन्दर पकना। (अ॰ इन्क्युबेशन)

परिपाटल—[स॰ परि + पाटल] *वि॰* पीलापन लिए लाल रंग का। *पु॰* उक्त रंग। ✣ **परिपाटलित**—*वि॰* = पीलापन लिए लाल रंग में रँगा हुआ।

परिपाटी—[स॰ परि+ पाटी] *स्त्री॰* १. पहले से चला आता हुआ क्रम। २. परम्परा। रीति। प्रथा। रूढ़ि। चलन। चाल। रिवाज। रस्म। ***जैसे***—क्षत्रियों की परिपाटी के अनुसार उसने अपनी प्रतिज्ञा अन्त तक निभायी। ३. पद्धति। प्रणाली। तरीक़ा। ढंग।

***परिपारि**—[स॰ परि + पालि (= मर्यादा/घेरा)] *स्त्री॰* मर्यादा। सीमा।

परिपार्श्व—[स॰ परि + पार्श्व] *वि॰* पार्श्व का। पास का। निकटवर्ती। *पु॰* १. पार्श्व। बग़ल। २. समीपता।

परिपालन—[सं॰ परि + पालन] *पुं॰* १. रक्षा। बचाव। २. बहुत अच्छी प्रकार पालन-पोषण करना। ✣ **परिपालनीय**— *वि॰* = परिपालन के योग्य।

परिपाल्य—[सं॰ परि √पाल् + ण्यत्] *वि॰* परिपालनीय।

परिपीड़न—[< सं॰ परि + पीडन] *पुं॰* = १. बहुत पीड़ा देना। २. बहुत दबाना/पीसना। ३. पेरना। ४. हानि पहुँचाना। अनिष्ट करना। ✣ **परिपीड़ित**— *वि॰* = जिसका परिपीड़न किया गया हो।

परिपुष्ट—[सं॰ परि + पुष्ट] *वि॰* १. जिसका पोषण अच्छी तरह किया गया हो। पूर्णत: पुष्ट। २. (समाचार आदि) जिसकी पूरी पुष्टि हो गयी हो। पूर्णत: पक्का। *जैसे*—यह परिपुष्ट ख़बर है। ✣ **परिपुष्टि**— *स्त्री॰* = १. परिपुष्ट होने की अवस्था/भाव। पुष्टि या पुष्टिकरण। २. समर्थन। ३. तसदीक़।

परिपुष्पी—[< सं॰ परि + पुष्प] *वि॰* वे (मकरन्द-कोष) जो पुष्पों के बाहर चारों ओर स्थित हों।

परिपूजा—[सं॰ परि + पूजा] *स्त्री॰* १. उचित प्रकार से की जानेवाली पूजा। सम्यक् पूजा। २. उचित सम्मान। ✣ **परिपूजित**— *वि॰* = १. अच्छी तरह पूजित। सुपूजित। २. सम्मानित।

परिपूरक—[सं॰ परि + पूरक] *वि॰* परिपूर्ण करनेवाला। भर देनेवाला।

परिपूरण—[सं॰ परि + पूरण] *पुं॰* परिपूर्ण करना। भर देना। ✣ **परिपूरणीय**— *वि॰* = परिपूर्ण किए जाने के योग्य।

***परिपूरन**— *वि॰* ≤ *सं॰* परिपूर्ण। ✣ **परिपूरन काम**— *वि॰* = परिपूर्णकाम। (दे॰)

परिपूरित—[सं॰ परि + पूरित] *वि॰* परिपूर्ण किया हुआ।

परिपूर्ण—[सं॰ परि + पूर्ण] *वि॰* १. अच्छी तरह पूर्ण। पूरी तरह भरा हुआ। २. अघाया हुआ। सन्तुष्ट। ३. पूरा किया हुआ। ● **विशेष**— उस पूर्णांक को जो अपने सभी गुणनखंडों के योग के बराबर होता है, '**परिपूर्ण संख्या**' (अं॰ पर्फ़ेक्ट नम्बर) कहा जाता है। *जैसे*— २८ परिपूर्ण संख्या है क्योंकि इसके सभी गुणनखंडों १, २, ४, ७, १४, का योग २८ है।

परिपूर्णकाम—[सं॰ परिपूर्ण ~ काम] *वि॰* १. जिसे अपनी इच्छा पूरी करने के लिए किसी अन्य की अपेक्षा न करनी पड़े। जिसकी सब इच्छाएँ स्वयं पूर्ण हो जाती हों। *जैसे*—परिपूर्णकाम परमात्मा। २. जिसकी सब इच्छाएँ पूर्ण हो चुकी हों। इच्छारहित। नि:स्पृह।

परिपूर्णेन्दु (परिपूर्णेंदु)—[सं॰ परिपूर्ण ~ इन्दु] *पुं॰* पूर्ण चन्द्रमा।

परिपूर्ति—[सं॰ परि + पूर्ति] *स्त्री॰* परिपूर्णता।

परिपृच्छक—[सं॰ परि + पृच्छक] *वि॰* १. प्रश्न करनेवाला। पूछनेवाला। २. जिज्ञासु।

परिपृच्छा—[सं॰ परि + पृच्छा] *स्त्री॰* १. प्रश्न। पूछना। २. जिज्ञासा।

परिपोषण—[सं॰ परि + पोषण] *पुं॰* १. अच्छी तरह किया जाने वाला पोषण। परिपुष्ट करना। २. पालन-पोषण। खिलाना-पिलाना। २. वृद्धि। बढ़त।

परिप्रश्न—[सं॰ परि + प्रश्न] *पुं॰* १. जिज्ञासापूर्ण प्रश्न। २. जिज्ञासा।

परिप्रेक्षण—[सं॰ परि + प्रेक्षण] *पुं॰* अच्छी प्रकार देखना। सम्यक् प्रेक्षण। *जैसे*—खंड के परिप्रेक्षण से भी पूर्ण को समझने में सहायता मिल सकती है।

परिप्रेक्ष्य—[सं॰ परि + प्रेक्ष्य] *पुं॰* १. देखने की पृष्ठभूमि विशेष। *जैसे*—तन्त्रों के परिप्रेक्ष्य में मध्यकालीन हिन्दी काव्य का विवेचन। २. किसी विषय/घटना बात के विविध पक्षों/पहलुओं का परस्पर सम्बन्ध या आपेक्षिक महत्त्व। ३. किसी विषय/घटना आदि के विभिन्न पक्षों/पहलुओं का महत्त्व ठीक-ठीक समझना। (कला॰)दर्शक की स्थिति और वस्तु/वस्तुओं की दूरी के अनुसार आँख को वस्तुओं के आकार जैसे छोटे-बड़े दिखायी दें, उसी प्रकार के और उसी-उसी स्थान पर, अपने चित्र-फलक के धरातल पर अंकन। त्रि-आयामी यथावत् चित्रण जो दर्शक की स्थिति पर निर्भर होता है। यथावत् चित्रण। *वि॰* (कला॰) यथावत्। दृश्यवत्। ✣ **परिप्रेक्ष्य समाचार**— *पुं॰* = (पत्र॰) (बाद में आनेवाले समाचारों की विषयवस्तु की) भूमिका देनेवाले समाचार। पूर्वसूचना देनेवाले समाचार।

परिप्रेषण—[सं॰ परि + प्रेषण] *पुं॰* १. चारों ओर भेजना। २. भेजना। ३. (किसी को) सन्देशवाहक/दूत बनाकर भेजना। ✣ **परिप्रेषित**— *पुं॰* = भेजा हुआ। प्रेषित। ✣ **परिप्रेष्य**— *वि॰* = १. भेजने योग्य। २. जो भेजा जाने वाला हो।

परिप्लव—[सं॰ परि + प्लव] *वि॰* १. काँपता/हिलता हुआ। २. उतरता/तैरता हुआ। ३. चंचल। अस्थिर। *पुं॰* १. प्लावन। बाढ़। २. नौका। नाव।

परिप्लावित—[सं॰ परि + प्लावित] *वि॰* बाढ़ में डूबा हुआ। जल से आप्लावित।

परिप्लुत—[सं॰ परि + प्लुत] *वि॰* १. बाढ़ में डूबा हुआ। जल से आप्लावित। परिप्लावित। २. जल में पूरी तरह भीगा हुआ। ३. सराबोर। ४. अभिभूत। *पुं॰* उछलकर आगे बढ़ने की क्रिया। छलाँग।

परिबद्ध (परिबद्ध)—[सं॰ परि + बद्ध] *वि॰* १. बन्धन-ग्रस्त। जिसे बाँधा गया हो या जो बँधा हुआ हो। बद्ध। २. जिसे रोका गया हो। जो अवरोध में हो। *जैसे*—बाड़े में परिबद्ध भैंस; बाँध से परिबद्ध पानी। (विधि॰) जिसे ज़ब्त किया गया हो। ज़ब्त।

परिबृंहण/परिवृंहण—[सं॰ परि √बृ + ल्युट्, परि √वृ + ल्युट्] *पुं॰* १. वर्धन। बढ़ाना। २. समृद्धि। ३. वह ग्रन्थ/शास्त्र जो किसी अन्य ग्रन्थ या शास्त्र की पूर्ति/पुष्टि करता हो। *जैसे*—उपनिषद् ग्रन्थ वेद के परिबृंहण हैं। ✣ **परिबृंहित/परिवृंहित**— *वि॰* = १. बढ़ा हुआ। वर्धित। उन्नत। २. समृद्ध। ३. किसी ग्रन्थ/शास्त्र का अंगीभूत।

परिबेठना—[< सं॰ परिवेष्टन] *पुं॰* चारों ओर से घेरना। आच्छादित करना। लपेटना।

परिबोध—[सं॰ परि + बोध] *पुं॰* ज्ञान।

परिबोधन—[सं॰ परि + बोधन] *पुं॰* १. ठीक से बोध कराना। २. ठीक से कराया गया बोध। ३. चेतावनी देना। ४. चेतावनी।

परिभर्त्सन—[सं॰ परि √भर्त्स् + ल्युट्] *पु॰* धिक्कार। डाँट-डपट। फटकार।

परिभव—[य॰ परि + भव] *पु॰* अपमान। अनादर। तिरस्कार। ✣ **परिभवनीय**—*वि॰* = अनादर के योग्य। तिरस्कार-योग्य। ✣ **परिभवी**—*वि॰* = १. अन्य लोगों का अपमान करनेवाला। २. अपमानित। तिरस्कृत।

परिभावना—[सं॰ परि + भावना] *स्त्री॰* १. चिन्तन। विचार। २. चिन्ता। फ़िक्र।

परिभावी—[सं॰ परिभाविन्] *वि॰* १. अपमान करने-वाला। २. लज्जित करनेवाला। ३. तुच्छ समझनेवाला। ४. चुनौती देनेवाला। ✣ **परिभाविनी**—*वि॰ (स्त्री॰)*।

परिभाषण—[सं॰ परि + भाषण] *पु॰* १. वार्तालाप। बातचीत। २. निन्दापूर्वक दिया गया उलाहना। ३. भर्त्सना। धिक्कार। फटकार। ४. (शब्द आदि) के अर्थ, स्वरूप और विभेदक विशेषताओं का यथातथ्य कथन। परिभाषा करना/देना।

परिभाषा—[सं॰ परि √भाष् + अ + टाप्] *स्त्री॰* १. यह बताना कि कोई वस्तु कैसी है। २. (किसी वस्तु के) गुण, स्वभाव और विशेषता का यथार्थ वर्णन। (किसी वस्तु का) लक्षण-निर्देश। (कोश॰) किसी शब्द आदि के अर्थ, स्वरूप तथा विशेषताओं का यथार्थ कथन।

परिभू—[सं॰ परि √भू + क्विप्] *वि॰* १. चारों ओर से घेरनेवाला। जो चारों ओर से आच्छादित किए हो। ***जैसे***—परमात्मा परिभू है। २. नियामक।

परिभेदक—[सं॰ परि + भेदक] *वि॰* १. काटने, फाड़ने या छेदने वाला (अस्त्रादि)। २. घाव करनेवाला। *पु॰* १. काटने, फाड़ने या छेदने वाली वस्तु। २. घाव करनेवाला हथियार।

परिभोक्ता—[सं॰ परिभोक्तृ] *वि॰* १. बहुत अधिक भोग करनेवाला। २. उपभोग करनेवाला। उपभोक्ता।

परिभ्रंश—[सं॰ परि + भ्रंश] *पु॰* १. पतन। स्खलन। गिरना। २. पलायन।

परिभ्रम—[सं॰ परि + भ्रम] *पु॰* १. इधर-उधर जाना। टहलना। २. कोई बात घुमा-फिरा कर कहना। ३. भ्रम। भ्रान्ति।

परिभ्रमण—[सं॰ परि + भ्रमण] *पु॰* १. चक्कर लगाना। घूमना। २. पर्यटन। भ्रमण। (गणित॰) किसी वृत्त में घूर्णन करने की क्रिया/भाव।

परिभ्रष्ट—[सं॰ परि + भ्रष्ट] *वि॰* १. गिरा हुआ। पतित। स्खलित। २. अध:पतित।

परिमण्डल (परिमंडल)—[सं॰ परि + मण्डल] *पु॰* १. वृत्त। २. परिधि। ३. चक्कर। ४. घेरा। ५. सूर्य/चन्द्र का प्रभामंडल। ✣ **परिमण्डलता (परिमंडलता)**—*स्त्री॰* = गोलाई।

परिमर्दन—[सं॰ परि + मर्दन] *पु॰* १. घर्षण। रगड़ना। पीसना। २. कुचलना। ३. नाश। ४. दबाना।

परिमल—[सं॰ परि √मल् + अच्] *पु॰* १. उत्तम गन्ध। सुगन्ध। २. सुगन्धित वस्तु। २. विद्वानों का समूह। ३. सम्भोग। सहवास। ✣ **परिमलित**—*वि॰* = सुगन्धित किया हुआ। ख़ुशबूदार।

परिमाण[१]—[सं॰ परि + मान] *पु॰* १. माप। २. तौल। ३. मात्रा। ४. विस्तार। (गणित॰) १. वस्तु का वह गुण जिसके द्वारा वह नापी जा सकती है। २. राशियों का आकार, माप इत्यादि। (दर्शन॰) पदार्थों का 'इतना', 'उतना', 'अधिक' 'कम' आदि प्रत्ययों के द्वारा विशिष्ट लक्षण।

परिमाण-बट्टा—*पु॰* (वाणि॰) किसी वस्तु को बड़ी मात्रा में खरीदने पर विक्रेता द्वारा दी जाने वाली छूट। ✣ **परिमाणपरक**—*वि॰* परिमाण-सम्बन्धी। ***जैसे***—परिमाणपरक अध्ययन।

परिमाप—[सं॰ परि + माप] *पु॰* १. मापने/नापने की क्रिया/भाव। २. लम्बाई, चौड़ाई, मोटाई, क्षेत्रफल, आयतन इत्यादि का नाप। विस्तार। आयाम। विमा। ३. मापने/नापने का उपकरण। मापक। (गणित॰) १. किसी बन्द ज्यामितीय आकृति के घेरे की पूरी लम्बाई। २. किसी बहुभुज की सब भुजाओं की लम्बाई का योगफल। ३. वृत्त/दीर्घवृत्त की परिधि।

परिमार्जन—[सं॰ परि √मृज् + णिच् + ल्युट्] *पु॰* १. धोने या माँजने का काम। २. झाड़ने-पोंछने का काम। ३. स्वच्छ करना। ४. त्रुटियाँ या दोष दूर करना। सुधारना।

परिमास—[सं॰ परि + मास] *पु॰* (खगोल॰) भूमि-नीच से पुन: भूमि-नीच तक चन्द्रमा द्वारा पृथ्वी की परिक्रमा करने में लगा माध्य समय। (अं॰ अनोमलिस्टिक मन्थ) ● **विशेष**—परिमास लगभग **२७.५५४५५० दिन** का होता है।

परिमित—[सं॰ परि √मा + क्त] *वि॰* १. जिसे माप लिया गया हो। नपा-तुला। २. जो उचित मात्रा/परिमाण में हो। न अधिक और न कम। ३. सीमित। ∇ **विलोम**—अपरिमित।

परिमितायु—[सं॰ परिमित ~ आयु] *वि॰* थोड़ी उम्र तक ही जीने वाला। अल्पायु।

परिमिताहार—[सं॰ परिमित ~ आहार] *वि॰* १. कम भोजन करनेवाला। अल्पाहारी। २. सीमित भोजन करनेवाला। *पु॰* १. अल्प भोजन। २. सीमित भोजन।

परिमिति—[सं॰ परि + मिति] *स्त्री॰* १. परिमाण। २. नाप। ३. सीमा। ४. मर्यादा।

परिमुक्त—[सं॰ परि + मुक्त] *वि॰* १. जिसे छुटकारा मिला हो। मुक्त किया हुआ। २. पूर्ण स्वतन्त्र।

परिमेय—[सं॰] *वि॰* १. जिसके परिमाण को जाना जा सके। जो नापा/तौला/गिना जा सके। ३. सीमित। ४. थोड़ा। कुछ। ∇ **विलोम**—अपरिमेय। ✣ **परिमेय भिन्न**—*स्त्री॰* = (गणित॰) वह भिन्न जिसके अंश और हर दोनों ही वास्तविक संख्याएँ (अं॰ रियल नम्बर्स) हैं। ✣ **परिमेय संख्या**—*स्त्री॰* (गणित॰) वह संख्या जिसे दो पूर्णांकों के भागफल के रूप में लिखा जा सके। ***जैसे***—३/४, ७/५ इत्यादि।

परिमोचन—[सं॰ परि + मोचन] *पु॰* १. मुक्ति। आज़ादी। २. (बन्धन या कारागार आदि से) छुटकारा। रिहाई।

परिम्लान—[सं० परि + म्लान] *वि०* १. कुम्हलाया हुआ। मुर्झाया हुआ। २. निस्तेज। मलिन।

परियोजना—[सं० परि + योजना] *स्त्री०* १. किसी कार्य को करने की विशिष्ट योजना। कार्य-योजना। २. निर्माण की कोई विशिष्ट योजना। ३. वह सामाजिक योजना जिसका प्रायोगिक दृष्टि से महत्त्व हो और जिसका उद्देश्य किसी विशेष समस्या का अध्ययन आदि हो। प्रकल्प।

परिरक्षण—[सं० परि √रक्ष् + ल्युट्] *पु०* १. सब प्रकार से रक्षा। २. पालन। ३. देखभाल। ४. सुरक्षित रखना। ***जैसे***—अभयारण्यों में वन्य पशुओं का परिरक्षण होता है। ५. (खाद्य पदार्थों का) बिगड़ने से बचाव। ***जैसे***—फलों का परिरक्षण करने के लिए उनका अचार और मुरब्बा बनाते हैं। (अं० प्रिज़र्वेशन)

परिरम्भ (परिरंभ), परिरम्भण (परिरंभण)—[सं० परि √रभ् + घञ्, मुम्, परि √रभ् + ल्युट्] *पु०* गले लगाने की क्रिया। आलिंगन।

परिरुद्ध (परिरुद्ध)—[सं० परि + रुद्ध] *वि०* १. जो सीमा के भीतर ही रखा जाए या रहे। २. जिसे रोक रखा गया हो। ३. जिसे बन्द करके रखा गया हो।

परिरूपण—[सं० परि + रूपण] *पु०* १. (कुर्सियों आदि को) पालिश के द्वारा चमकाने का कार्य। २. कोई काम पूरा करने में अन्तिम परिष्कार या सुधार।

परिरोध—[सं० परि + रोध] *पु०* किसी सीमा के अन्दर रखा जाना। सीमाबद्धता।

परिलक्षित—[सं० परि + लक्षित] *वि०* १. चारों ओर से देखा हुआ। २. अच्छी प्रकार से निरूपित/वर्णित/कथित। ३. जिसे सब ओर से लक्ष्य बनाया गया हो। ४. जिसकी खोज सब ओर हो रही हो। (विधि०) जिसकी पहचान/शनाख़्त हो गयी हो।

परिलब्धि—[सं० परि + लब्धि] *स्त्री०* (प्रशासन०) नियत वेतन के अतिरिक्त मिलनेवाला आर्थिक और अन्य लाभ। अतिरिक्त लाभ।

परिलेख—[सं० परि + लेख] *पु०* १. रेखाचित्र। (चित्र का) ख़ाका। २. चित्र। तस्वीर। ३. (चित्र अंकित करने की) तूलिका।

परिवञ्चना (परिवंचना)—[सं० परि + वञ्चना] *स्त्री०* १. प्रवंचना। ठगी। झाँसा। २. क़ानून आदि की पकड़ से बचना।

परिवत्सर—[सं० परि + वत्सर] *पु०* १. वत्सर, संवत्सर इत्यादि पाँच संवत्सरों में से एक। २. एक पूरा वर्ष। ✣ **परिवत्सरीय**—*वि०* १. परिवत्सर-सम्बन्धी। २. जिसका सम्बन्ध पूरे वर्ष से हो।

परिवर्जन—[सं० परि + वर्जन] *पु०* १. परित्याग। तजना। छोड़ना। २. परिहार। बचना। बचाव। ***जैसे***—लोकापवाद से परिवर्जन।

परिवर्त—[सं० परि √वृत् + घञ्] *पु०* १. घुमाव। चक्कर। २. आवृत्ति। विवर्तन। ३. वर्ष। ४. पुनर्जन्म। ५. विनिमय। अदल-बदल। युगान्त। ६. अध्याय। ७. परिच्छेद। ८. पलायन।

परिवर्तन—[सं० परि √वृत् + ल्युट्] *पु०* १. हेर-फेर। बदल। २. एक दशा/स्थिति से दूसरी दशा/स्थिति को प्राप्त हो जाना। ३. वस्तुओं की परस्पर अदल-बदल। विनिमय। ***जैसे***—बड़े नोटों का छोटे नोटों में परिवर्तन। ४. युग की समाप्ति। ५. एक के स्थान पर दूसरे का आगमन। ६. आकृति, गुण, रूप आदि में सुधार, बिगाड़ आदि। ***जैसे***—वसन्त का ग्रीष्म में परिवर्तन; यौवन का प्रौढ़ता में परिवर्तन।

परिवर्तिनी—[सं० परिवर्तिन् + ङीप्] *स्त्री०* भाद्र शुक्ल एकादशी।

परिवर्ती—[सं० परिवर्तिन्] *वि०* १. जिसमें परिवर्तन होता रहे। २. परिवर्तन/विनिमय करनेवाला। Δ **पर्याय**—परिवर्तनशील। ✣ **परिवर्त्य**—*वि०* = १. परिवर्तनशील। परिवर्ती। २. जो अन्य रूप में बदला जा सके। विनिमय। ***जैसे***—ऋण-पत्र परिवर्त्य होते हैं। ✣ **परिवर्त्यता**—*स्त्री०* = परिवर्त्य होने की अवस्था/गुण/भाव।

परिवर्धन—[सं० परि + वर्धन] *पु०* १. अच्छी तरह बढ़ना या बढ़ाया जाना। आकार/गुण/संख्या या विषय-सामग्री आदि में किसी वस्तु की वृद्धि। परिवृद्धि। ***जैसे***—राज्य का परिवर्धन करने के लिए अनेक देशों पर विजय; पुस्तक में विषय-सामग्री का परिवर्धन। २. उक्त प्रकार से बढ़ाया गया भाग/अंश।

परिवर्ष—[सं० परि + वर्ष] *पु०* (खगोल०) रवि-नीच से पुनः रवि-नीच तक पृथ्वी द्वारा सूर्य की परिक्रमा करने में लगा समय। ● **विशेष**—यह समय लगभग ३६५ दिन ६ घंटे १३ मिनट ५३.१ सेकंड होता है।

परिवसथ—[सं० परि + वसथ] *पु०* १. ग्राम। गाँव। २. बस्ती।

परिवहन—[सं० परि + वहन] *पु०* १. सामान और यात्रियों को एक स्थान से दूसरे स्थान तक उठाकर या ढोकर ले जाना। ढुलाई। २. ढुलाई करने के वाहन।

***परिवा**—*स्त्री०* ≤ *सं०* प्रतिपदा (तिथि)। पड़वा।

परिवाद—[सं० परि + वाद] *पु०* १. निन्दा। २. अपकीर्ति। बदनामी। ३. दोषारोपण। ४. कोई असुविधा/कष्ट होने पर अथवा किसी अनुचित बात/व्यवहार के सम्बन्ध में अपना असन्तोष प्रकट करने का कार्य। शिकायत। ५. दंड न्यायालय में किसी के विरुद्ध अभियोग लगाना। ✣ **परिवादक**—*पु०* = १. निन्दा करनेवाला। २. शिकायत करनेवाला। ३. दोषारोपण करनेवाला। ४. (न्यायालय में) वादी। मुद्दई। ५. वीणा आदि कोई वाद्य बजानेवाला।

परिवादी—[सं० परिवादिन्] *वि०* १. निन्दा करनेवाला। २. शिकायत करनेवाला। ३. दोषारोपण करनेवाला। *पु०* (न्यायालय में) वादी। मुद्दई।

परिवाह—[सं० परि √वह् + घञ्] *पु०* १. ऐसा प्रवाह जिससे पानी बहुत भर जाने के कारण बाँध, मेड़ आदि के ऊपर से बहे या तालाब आदि की सीमा से अधिक हो जाए। २. आवश्यकता से अधिक या बढ़े हुए पानी का निकास-मार्ग। ३. जल बहने की नाली या नहर आदि। जल-मार्ग। किसी क्षेत्र की ऐसी नदियों की व्यवस्था जिनमें नावों आदि से व्यापारिक माल आता-जाता हो।

परिवाहक—[सं० परि + वाहक] *पु०* परिवहन का व्यवसाय/काम करनेवाला। २. सामान ढोनेवाला। ढुलाई का काम करनेवाला। वाहक।

परिवाही—[सं॰ परिवाहिन्] *वि॰* (जल आदि द्रव) जो पात्र/आधान में अधिक भर जाने से इधर-उधर से या किनारों के ऊपर से बहता हो।

परिवीक्षक—[सं॰ परि + वीक्षक] *पुं॰* (शिक्षा॰) कक्षा-प्रबन्ध में दैनिक कार्यों (विद्यार्थियों की कापियाँ एकत्रित या वितरित करना, कक्षा में अनुशासन रखना इत्यादि) में अध्यापक की सहायता करने के लिए नियुक्त विद्यार्थी। (अं॰ मोनिटर)

परिवीक्षण—[सं॰ परि + वीक्षण] *पुं॰* १. अच्छी प्रकार देखना। २. सब ओर ध्यानपूर्वक देखना।

परिवीक्षा—[सं॰ परि + वीक्षा] *स्त्री॰* १. किसी विशेष कार्य या पद के लिए किसी व्यक्ति को नियुक्त करने के बाद नौकरी पक्की करने से पहले, एक अवधि तक, उसके आचरण की उपयुक्तता की परीक्षा करने की क्रिया। (अं॰ प्रोबेशन) २. किसी दंडित अपराधी के दंड को स्थगित कर, उसे अच्छे आचरण के लिए, नियत कारागार से मुक्त कर अवधि तक आचरण-सुधार अधिकारी की देख-रेख में रखना। (अं॰ प्रोबेशन) ३. बाल अपचारियों तथा अपराधियों को सुधारने के लिए की जानेवाली सुधार-संस्था या कारागार से अलग विशेष व्यवस्था।

परिवृत—[सं॰ परि √वृ + क्त] *वि॰* १. घिरा/घेरा हुआ। २. छिपा हुआ। ३. छाया हुआ।

परिवृत्त—[सं॰ परि √वृत् + क्त] *वि॰* १. घुमाया हुआ। २. भगाया हुआ। ३. समाप्त किया हुआ। ४. परिवर्तित। ५. आवेष्टित। *पुं॰* आलिंगन। (गणित॰) किसी त्रिभुज/बहुभुज के सभी शीर्ष बिन्दुओं से होकर जानेवाला वृत्त।

परिवृत्ति—[सं॰ परि √वृ + क्तिन्] *स्त्री॰* १. वेष्टन। घेरा। २. घुमाव। चक्कर। ३. विनिमय। अदल-बदल। ४. घिराव। (व्या॰) एक शब्द के स्थान पर दूसरा शब्द रखना जिससे अर्थ वही बना रहे। ***जैसे***—'मेघनाद' के स्थान पर 'घननाद'। (काव्य॰) एक अर्थालंकार जो सम या असम पदार्थों के परस्पर परिवर्तन के चमत्कारी वर्णन होने पर होता है। (उदाहरणार्थ—एक धतूर फल दै सिवहिं, लिये अमोघ फल चार)।

परिवेदना—[सं॰ परि √विद् + युच् + टाप्] *स्त्री॰* १. तीक्ष्ण बुद्धिमत्ता। चतुराई। २. दूरदर्शिता।

परिवेश—[सं॰ परि √विश् + घञ्] *पुं॰* १. मंडल। परिधि। घेरा। २. (भोजन) परसना। परोसना। ३. वर्षा-काल में सूर्य या चन्द्रमा के चारों ओर बन जानेवाला मंडल। ४. सूर्यमंडल। चन्द्रमंडल। ५. देवताओं आदि के मुखमंडल के चारों ओर का प्रभामंडल। ६. वातावरण। ***जैसे***—बालक पर परिवेश का बहुत प्रभाव पड़ता है।

परिवेष्टन—[सं॰ परि √वेष्ट् + ल्युट्] *पुं॰* १. चारों ओर से घेरना। वेष्टन। २. आवृत्त करनेवाली वस्तु। आच्छादन। ३. परिधि। ४. बाँधी हुई वस्तु। गड्डी। ५. बाँधने की क्रिया/भाव।

परिवेष्टित—[सं॰ परि √वेष्ट् + क्त] *वि॰* १. चारों ओर से घिरा हुआ। २. ढँका हुआ। आवृत्त। आच्छादित।

परिव्याप्त—[सं॰ परि + व्याप्त] *वि॰* १. अच्छी तरह व्याप्त। २. सब अंगों या स्थानों में फैला हुआ या समाया हुआ।

परिव्रज्या—[सं॰ परि √व्रज् + क्यप् + टाप्] *स्त्री॰* १. स्थान-स्थान पर घूमते फिरना। २. तपस्या। ३. सन्यास। ४. सदा घूमते-फिरते रहने और भिक्षा माँगकर आध्यात्मिक जीवन बिताने की वृत्ति/व्रत।

परिव्राजक—[सं॰ परि √व्रज + ण्वुल्] *पुं॰* सन्यासी।

परिव्राट्—[सं॰ परिव्राज] *पुं॰* सन्यासी।

परिशिष्ट—[सं॰ परि √शिष् + क्त] *वि॰* बचा हुआ। शेष। अवशिष्ट। *पुं॰* पुस्तकों के अन्त में दी जाने वाली वह सामग्री जो पुस्तक के मूल अंश में आने से किसी कारण रह गयी हो अथवा सम्बद्ध और उपयोगी कुछ अन्य सामग्री।

परिशीलन—[सं॰ परि √शील् + ल्युट्] *पुं॰* १. मननपूर्वक अध्ययन। गहराई से अध्ययन। अनुशीलन। ***जैसे***—गीता का परिशीलन। ✣

परिशुद्ध (परिशुद्ध)—[सं॰ परि + शुद्ध] *वि॰* १. पूर्णतः शुद्ध। २. जिसमें एक भी ग़लती/भूल न हो। बिल्कुल ठीक। ***जैसे***—परिशुद्ध लेखा। ✣ **परिशुद्ध (परिशुद्ध) ऐल्कोहल**—*पुं॰* = जलरहित अल्कोहल। पूर्णतः शुद्ध अल्कोहल।

परिशेष—[सं॰ परि + शेष] *वि॰* १. बचा हुआ। अवशिष्ट। २. जो पूरी तरह नष्ट/समाप्त न हुआ हो। *पुं॰* १. वह अंश/भाग आदि जो बच रहा हो, समाप्त न हुआ हो। २. अन्त। समाप्ति। ३. (पुस्तक आदि का) परिशिष्ट।

परिशोध/परिशोधन—[सं॰ परि + शोध/शोधन] *पुं॰* १. पूर्णतया शुद्ध करने की क्रिया। संशोधन। २. ऋण चुकता करना। ३. संशोधन। ४. प्रतिशोध। बदला। ✣ **परिशोधित**—*वि॰* = जिसका पारशोधन हुआ हो। ✣ **परिशोधित संस्करण**—*पुं॰* = पहले प्रकाशित हो चुकी पुस्तक का संशोधित संस्करण।

परिशोष—[सं॰ परि √शुष् + घञ्] *पुं॰* १. बहुत अधिक सूख जाना। ***जैसे***—मुख का परिशोष। २. पूर्ण शुष्कता।

परिश्रम—[सं॰ परि + श्रम] *पुं॰* १. कठिन प्रयत्न। २. शारीरिक/मानसिक श्रम। मेहनत।

परिश्रवण—[सं॰ परि + श्रवण] *पुं॰* हृदय, फेफड़ों आदि से सम्बद्ध रोगों के विषय में जानकारी के लिए उनकी आन्तरिक ध्वनियों को सुनने का कार्य।

परिश्रान्त (परिश्रांत)—[सं॰ परि √श्रम् + क्त] *वि॰* अधिक थका हुआ। अति श्रान्त। थका-माँदा।

परिश्रान्ति (परिश्रांति)—[सं॰ परि √श्रम् + क्तिन्] *स्त्री॰* १. बहुत थकावट। २. परिश्रम। मेहनत।

परिश्रुत—[सं॰ परि + श्रुत] *वि॰* प्रसिद्ध। विख्यात।

परिश्लेष—[सं॰ परि √श्लिष् + घञ्] *पुं॰* आलिंगन।

परिषेक—[सं॰ परि √सिच् + ण्वुल्] *पुं॰* १. सिंचाई। २. छिड़काव। ३. स्नान।

परिष्करण—[सं॰ परि √कृ + ल्युट्, सुट्, षत्व] *पुं॰* १. परिष्कार

करने की क्रिया/भाव। संस्कृत करना। परिमार्जन। २. सुधार करने के लिए किया गया कुछ परिवर्तन। ३. स्वच्छ/सुन्दर बनाने की क्रिया।

परिष्कार—[सं॰ परि √कृ + घञ्, सुट्, षत्व] *पु॰* १. स्वच्छ और सुन्दर बनाने की क्रिया/भाव। संस्कार। २. परिमार्जन। सुधार। संशोधन।

परिष्कृत—[सं॰ परि √कृ + क्त, सुट्] *वि॰* १. जिसका परिष्कार किया गया हो। २. जिसे साफ़ किया जा चुका हो। ***जैसे***—परिष्कृत चाँदी। ३. सुधारा हुआ। संशोधित। ❖ **परिष्कृति**—*स्त्री॰* = परिष्कार।

परिष्वङ्ग (परिष्वंग)—[सं॰ परि √स्वञ्ज् + घञ्] *पु॰* आलिंगन।

परिसंवाद—[सं॰ परि + संवाद] *पु॰* किसी विषय पर मैत्रीपूर्ण विचार-विमर्श। परिचर्चा। (अं॰ सिम्पोज़ियम)

परिसङ्ख्या (परिसंख्या)—[सं॰ परि + सङ्ख्या] *स्त्री॰* गणना। गिनती। (काव्य॰) एक अर्थालंकार जो किसी पदार्थ का अन्य स्थानों में निषेध कर एक स्थान में सीमित करने के वर्णन में होता है।

परिसङ्ख्यात (परिसंख्यात)—[सं॰ परि + सम् √ख्या + क्त] *वि॰* १. जिसकी गिनती हुई हो। २. विशेष रूप से निर्दिष्ट। विशेषत: बताया हुआ।

परिसङ्ख्यान (परिसंख्यान)—[सं॰ परि + सम् √ख्या + ल्युट्] *पु॰* १. गणना। गिनती। २. सही अनुमान। तख़्मीना।

परिसङ्घ (परिसंघ)—[सं॰ परि + सङ्घ] *पु॰* १. अनेक स्वतन्त्र राष्ट्रों का आपसी और सामूहिक हितों की रक्षा के लिए बना महासंघ। २. अनेक परिषदों/संस्थाओं का आपसी और सामूहिक हितों की पूर्ति के लिए बना महासंघ।

परिसमापन—[सं॰ परि + समापन] *पु॰* समाप्त करना। समाप्ति। (वाणि॰) किसी कम्पनी के कामकाज को बन्द करने के उद्देश्य से कम्पनी अधिनियम के अनुसार आरम्भ की गयी कार्रवाई। (विधि॰) किसी सीमित दायित्व वाली कम्पनी को स्वेच्छा से या न्यायालय-आदेशानुसार बन्द करना।

परिसम्पत्ति (परिसंपत्ति)—[सं॰ परि + सम्पत्ति] *स्त्री॰* (अर्थ॰) कोई भी मूल्यवान् वस्तु या अधिकार जिस पर किसी का स्वामित्व हो। (अं॰ ऐसेट्स)

परिसर—[सं॰ परि √सृ + अप्] *वि॰* १. फैला हुआ। विस्तृत। *पु॰* १. खुला मैदान। २. नदी/नगर/पर्वत आदि के आस-पास की भूमि। ३. चारदीवारी से घिरी तथा समीप की भूमि और सम्बद्ध भवनों सहित कोई इमारत। ४. महाविद्यालय/विश्वविद्यालय आदि का क्षेत्र या अहाता। ***जैसे***—विश्वविद्यालय परिसर। (अं॰ कैम्पस)

परिसर्प—[सं॰ परि + सर्प] *पु॰* प्रवाहकारक त्वचा-स्फुटन का रोग जिसमें छोटे-छोटे दाने निकल आते हैं। (अं॰ हर्पीज़)

परिसहायक—[सं॰ परि + सहायक] *पु॰* सेना या नौ-सेना के वे उच्च अधिकारी जो सेनापति या अपने से उच्चतर अधिकारी की, कर्तव्य-पालन में, सहायता करते हैं। (अं॰ एड्-डि-काँ)

परिसीमन—[< सं॰ परिसीमा] *पु॰* सीमा-निर्धारण। सीमांकन। हदबन्दी। ***जैसे***—निर्वाचन क्षेत्रों का परिसीमन।

परिसीमा—[सं॰ परि + सीमा] *स्त्री॰* १. अन्तिम सीमा। चरम सीमा। २. वह रेखा/मर्यादा जिसके परे विषय विशेष का विस्तार न हो या न किया जाए।

परिसीमित—[सं॰ परिसीमा + इतच्] *वि॰* १. जिसकी परिसीमा निर्धारित की जा चुकी हो। २. परिसीमित दायित्व/देनदारी वाली कम्पनी।

परिसेवन—[सं॰ परि + सेवन] *पु॰* १. बहुत अच्छी तरह सेवा करने की क्रिया/भाव। २. अच्छी तरह सेवन करने की क्रिया/भाव। ❖ **परिसेवना**—*स्त्री॰* = पूजा।

परिस्तान—[फ़ा॰] *पु॰* १. परियों/अप्सराओं का देश। २. (लाक्षणिक) अनेक सुन्दर स्त्रियों का निवास-स्थान या उनके एकत्र होने का स्थान।

परिस्थिति—[सं॰ परि + स्थिति] *स्त्री॰* १. चारों ओर की स्थिति/अवस्था। २. चारों ओर होनेवाली घटनाएँ आदि जो मनुष्य पर प्रभाव डालती हैं। ३. (किसी व्यक्ति/क्रिया आदि की दृष्टि से) देश, काल, परिवेश, राजनीति इत्यादि से सम्बन्धित स्थिति। ४. दशा। हालत। ❖ **परिस्थिति-विज्ञान**—*पु॰* = जीवविज्ञान की वह शाखा जिसमें प्राणी/पौधे तथा उनके परिवेश के सम्बन्धों का अध्ययन किया जाता है। परिवेशविज्ञान।

परिस्फुट—[सं॰ परि + स्फुट] *वि॰* १. पूरी तरह खुला हुआ। पूर्णत: प्रकट। २. पूरी तरह खिला हुआ। पूर्ण विकसित। ३. अति स्पष्ट। ***जैसे***—परिस्फुट विवेचन।

परिस्फुरण—[सं॰ परि + स्फुरण] *पु॰* १. कम्पन। थरथराहट। २. (कलियों का) खिलना या (अंकुरों आदि का) फूटना।

परिस्राव—[सं॰ परि √स्रु + अप्] *पु॰* १. बहुत चूना/रिसना/टपकाना। सब ओर से चूना/रिसना/टपकना।

परिहरण—[सं॰ परि + हरण] *पु॰* १. त्यागना। छोड़ना। २. छीन लेना। अपहरण। ३. दूर करना। निवारण।

***परिहस**—[< सं॰ परिहास] *पु॰* परिहास। उपहास। हँसी-मज़ाक।

परिहसन—[< सं॰ प्रहसन] *पु॰* नाटक का एक प्रकार जिसमें किसी समाज/वर्ग का उपहास मनोरंजन या निन्दा के उद्देश्य से किया जाता है। प्रहसन। भड़ौआ। भँड़ैती।

परिहसित—[सं॰ परि + हसित] *वि॰* जिस पर हँसा गया हो। *पु॰* उपहास-पात्र।

परिहार—[सं॰ परि √हृ + घञ्] *पु॰* १. छोड़ने की क्रिया/भाव। त्याग। तजना। २. दूर करने की क्रिया/भाव। हटाना। अलग करना। ३. निराकरण। खंडन। ४. दुराव। छिपाव। ५. बलपूर्वक छीनने की क्रिया/भाव। ६. त्रुटि या दोष आदि का अन्त/निराकरण। ७. ग्राम के समीप की भूमि जो सब ग्रामीणों की मानी जाती है। ८. पशुओं के चरने के लिए छोड़ी गयी भूमि। चरागाह। ९. कर/लगान की छूट। माफ़ी। १०. अपमान। तिरस्कार। ११. उपेक्षा। १२. अग्निवंश के अन्तर्गत एक राजपूत-वंश।

परिहार्य—[सं॰ परि √हृ + ण्यत्] *वि॰* १. जिसका परिहरण हो सकता है या होनेवाला हो। २. परिहरण के योग्य। ३. परिहार करने योग्य। त्यागने योग्य। ४. जो छोड़ा जा सकता है। जो अनिवार्य न हो। निवार्य। ∇ **विलोम**—अपरिहार्य।

परिहास—[सं॰ परि + हास] *पु॰* हँसी-मज़ाक़। उपहास। ✣ **परिहास-सम्बन्ध (संबंध)**—*पु॰* = ऐसा रिश्ता जिसमें दो सम्बन्धियों के बीच सामाजिक रूप में सम्मत हास-परिहास की रीति हो।

परिहास्य—[सं॰ परि √हस् + ण्यत्] *वि॰* १. जिसके विषय में हँसी-मज़ाक़ किया जा सके। परिहास के योग्य। २. हास्य की वस्तु। हास्यास्पद।

परिहृत—[सं॰ परि + हृत] *वि॰* १. त्यागा हुआ। छोड़ा हुआ। २. छीना हुआ।

***परिहेलना**—[सं॰ परि + हेलना] *क्रिस॰* अपमानपूर्वक दूर करना या हटाना। *जैसे*—माया-मोह को परिहेलना।

परी[१]—[< हिं॰ पली < प्रा॰ पलिअ < सं॰ पल] *स्त्री॰* घी, तेल आदि निकालने की एक तरह की कलछी। पली।

परी[२]—[फ़ा॰] *स्त्री॰* १. एक प्रकार की कल्पित स्त्री जो अपने परों से आकाश में उड़ती है। अप्सरा। (लाक्षणिक) २. बहुत सुन्दर स्त्री।

परीक्षण—[सं॰ परि + ईक्षण] *पु॰* १. परीक्षा करने या लेने की क्रिया। २. परख। ३. जाँच। जाँच-पड़ताल। छानबीन। तहक़ीक़ात। *जैसे*—दुकान के खातों का परीक्षण। ४. (अभियुक्त आदि से) पूछताछ। ✣ **परीक्षणिक**—*वि॰* = परीक्षण-सम्बन्धी। परीक्षण का।

परीक्षा—[सं॰ परि + ईक्षा] *स्त्री॰* १. किसी के गुणों, योग्यता, विषय का ज्ञान इत्यादि को ठीक से जानने की क्रिया। २. वह उपाय/साधन विधि जिससे उक्त को जाना जाता है। ३. विद्यार्थियों या प्रत्याशियों की योग्यता की जाँच जिसमें उनसे प्रश्न पूछे जाते हैं। इम्तहान। ३. जाँच। छानबीन। ४. परख। (न्याय॰) किसी पदार्थ का जो लक्षण बताया गया है वह ठीक है या नहीं, इसका प्रमाण द्वारा निश्चय करना।

परीक्षार्थ—[सं॰ परीक्षा ~ अर्थ] *क्रिवि॰* परीक्षा के लिए। परीक्षा के उद्देश्य से।

परीक्षार्थी—[सं॰ परीक्षार्थिन्] *पु॰* परीक्षा देनेवाला (विद्यार्थी/उम्मीदवार आदि)

परीक्षित—[सं॰ परि + ईक्षित] *वि॰* जिसकी परीक्षा ली गई हो। जाँचा हुआ।

परीक्ष्य—[सं॰ परि + ईक्ष्य] *वि॰* १. परीक्षा के योग्य। २. जिसकी परीक्षा होनी हो।

परीक्ष्यमाण—[सं॰ परि + ईक्ष्यमाण] *वि॰* १. जिसकी परीक्षा ली जा रही हो। २. जिसका परीक्षण अभी चल रहा हो।

परीषह—[सं॰ परि + सह] *पु॰* (जैन॰) आध्यात्मिक साधना में सफलता के लिए सहन करने योग्य, भूख, प्यास, ठंड, गर्मी आदि वेदनाएँ। *जैसे*—विविध परीषहों पर विजय प्राप्त करके।

***परुख**—*वि॰* ≤ *सं॰* परुष। कठोर। कड़ा।

परुष—[सं॰ √पृ + उषन्] *वि॰* कठोर। कड़ा। *जैसे*—परशुराम के लक्ष्मण के प्रति परुष वचन। ✣ **परुषता**—*स्त्री॰* = कठोरता। कड़ापन। ✣ **परुषत्व**—*पु॰* = परुषता। ✣ **परुषा**—*वि॰ (स्त्री॰)* = परुष/कठोर (स्त्री)। *जैसे*—परुषा राक्षसी।

परुषेतर—[सं॰ परुष + इतर] *वि॰* जो कठोर न हो। कोमल।

परुषोक्ति—[सं॰ परुष ~ उक्ति] *स्त्री॰* कठोर वचन। निष्ठुर कथन। कड़ी बात।

परे—[< सं॰ पर] *क्रिवि॰* १. दूर हटकर। *जैसे*— कुर्सी से परे बैठना। २. बाहर। दूर। *जैसे*—नज़र से परे बड़ा मन्दिर है; यह बात तुम्हारी बुद्धि से परे है। ३. अलग। *जैसे*—माया से परे रहना। ४. आगे/ऊपर या बढ़कर। ५. पश्चात्। पीछे। बाद में। *जैसे*—इस सड़क से जाओगे तो उसका गाँव तुम्हारे गाँव के परे आएगा।

ꜝपरेड़, परेई—[< हिं॰ परेवा] *स्त्री॰* १. कपोती। कबूतरी। २. पंडुकी (पक्षी)। फ़ाख़्ता। पड़की।

***परेखना[१]**—[< सं॰ परीक्षण] *क्रिस॰* परीक्षा करना। परखना। ✣ **परेखा[१]**—*पु॰* = १. परीक्षा। जाँच। परख। २. प्रतीति। विश्वास।

***परेखना[२]**—[< सं॰ प्रतीक्षा] *क्रिअ॰* प्रतीक्षा करना। ✣ **परेखा[२]**—*पु॰* = प्रतीक्षा।

ꜝपरेखना[३]—[देशज] *क्रिअ॰* पश्चात्ताप करना। ✣ **परेखा[३]**—*पु॰* = पश्चात्ताप। पछतावा। २. चिन्ता। ३. विषाद। दुःख। खेद। ४. सोच-विचार।

***परेर**—[< सं॰ पर] *पु॰* = आकाश। आसमान।

परेवट—[देशज] *पु॰* जुताई से पहले खेत में दिया जाने वाला पानी।

ꜝपरेवा—[< सं॰ पारावत] *पु॰* १. कपोत। कबूतर। २. पंडुकी (पक्षी)। फ़ाख़्ता। ३. तेज उड़नेवाला पक्षी।

परेश—[सं॰ पर + ईश] *पु॰* १. सबका स्वामी। २. परमात्मा।

परेषक—[< सं॰ प्रेषक] *वि॰, पु॰* परेषण करनेवाला। माल भेजनेवाला।

परेषण—[< सं॰ प्रेषण] *पु॰* १. एक स्थान से दूसरे स्थान को विक्रय के लिए भेजा जाने वाला माल। २. रेल, जहाज़ आदि से किसी के पास माल भेजने का कार्य। (अ॰ कन्साइनमेन्ट)

परेषिती—[< सं॰ प्रेषित] *पु॰* वह व्यक्ति जिसे माल भेजा जाए। माल पानेवाला।

परेहना—[देशज] *क्रिअ॰* खेत की जुताई से पहले खेत में पानी देना।

परोक्त—[सं॰ पर ~ उक्त] *वि॰* दूसरे के द्वारा कहा हुआ। पर-कथित।

परोक्ति—[सं॰ पर ~ उक्ति] *स्त्री॰* अन्य व्यक्ति का कथन।

परोक्ष—[सं॰] *वि॰* १. जो आँखों के सामने न हो। २. जो नेत्र का विषय न हो। अप्रत्यक्ष। ३. छिपा हुआ। अलक्षित। ४. अज्ञात। ∇ **विलोम**—प्रत्यक्ष।

परोक्षार्थ—[सं॰ परोक्ष ~ अर्थ] *वि॰* जिसका अभिप्राय/अर्थ रहस्यपूर्ण हो। *पु॰* अप्रत्यक्ष अर्थ।

परोक्षी—[सं॰ परोक्षिन्] *पु॰* १. किसी अन्य व्यक्ति के स्थान पर काम

करने के लिए दिया गया अधिकार। २. अन्य व्यक्ति के स्थान पर काम करने के हेतु प्राधिकृत व्यक्ति। *वि॰* प्रतिनिधि के द्वारा कृत। (अ॰ प्रोक्सि)

***परोजन**—*पु॰* ≤ *स॰* प्रयोजन। मतलब। सरोकार।

परोत्कर्ष—[स॰ पर + उत्कर्ष] *पु॰* दूसरे की उन्नति।

†परोथन—[< हिं॰ परथन < स॰ परिस्तरण] *पु॰* सूखा आटा जिसे गूँधे हुए आटे में लगाकर रोटी बेली जाती हैं।

परोद्वह (परोद्वह)—[स॰ पर + उद्वह] *वि॰* किसी अन्य के द्वारा पालित। *पु॰* कोयल।

परोपकृत—[स॰ पर + उपकृत] *वि॰* जिसके साथ परोपकार किया गया हो।

परोपजीवी—[स॰ परोपजीविन्] *वि॰* दूसरों के भरोसे जीवन-निर्वाह करनेवाला। आश्रित।

†परोह—[< स॰ प्ररोह] *पु॰* कुएँ से पानी निकालने का चमड़े का थैला।

***परोहन**—[< स॰ प्ररोहण] *पु॰* वाहन। सवारी।

पर्कटी वृक्ष—[स॰] *पु॰* पाकड़ का पेड़।

†पर्घा—[देशज] *पु॰* (मन्दिर आदि में) भोग आदि रखने का आधार-स्तम्भ।

पर्जन्य—[स॰ √पृष् + अन्य, ष्→ज्] *पु॰* १. मेघ। बादल। २. वर्षा। ३. इन्द्र।

पर्ण—[स॰ √पर्ण् + अच्] *पु॰* १. पत्ता। ***जैसे***—वृक्ष के हरे पर्ण। २. ताम्बूल। पान। ३. पंख। डैना। ४. बाण में लगे पंख।

पर्णक—[स॰ पर्ण + कन्] *पु॰* (वनस्पति॰) संयुक्त पत्ती के फलक के पृथक्-पृथक् पत्ती-जैसे भाग।

पर्णकुटी—[स॰ पर्ण ~ कुटी] *स्त्री॰* वह झोंपड़ी जिसकी छाजन पत्तों की बनी हो। पत्तों की झोंपड़ी।

पर्णकृमि—[स॰ पर्ण ~कृमि] *पु॰* एक प्रकार के परजीवी चपटे कृमि।

पर्णद—[स॰ पर्ण + द] *पु॰* वनस्पति॰ (वे पादप अंग) जिन पर पत्तियाँ लगती हैं।

पर्णधारी—[स॰ पर्णधारिन्] *वि॰* पत्तों को धारण करने वाला। पत्तों से युक्त। (वनस्पति॰) (वृक्षों के स्तम्भ और शाखा) जिस पर पत्तियाँ लगती हैं।

पर्णपाती—(स॰ पर्णपातिन्) *वि॰* पत्तियाँ गिराने वाला। (वे वृक्ष) जिनकी पत्तियाँ पतझड़ में झड़ जाती हों।

पर्णपृथु—[स॰ पर्ण ~ पृथु] *वि॰* अधिक/सघन पत्तों वाला (वृक्ष)।

पर्णभोजी—(स॰ पर्णभोजिन्) *वि॰* पत्ते खानेवाला या केवल पत्ते खाकर रहनेवाला। *पु॰* बकरा।

पर्णलता—[स॰ पर्ण ~ लता] *स्त्री॰* पान की बेल।

पर्णशाला—[स॰ पर्ण ~ शाला] *स्त्री॰* पर्णकुटी।

पर्णसम्पुट (पर्णसंपुट)—[स॰ पर्ण ~ सम्पुट] *पु॰* पत्तों का बना दोना।

पर्णाशन—[स॰ पर्ण ~ अशन] *वि॰* जो पत्ते खाकर रहता हो। *पु॰* पत्ते खाकर रहना।

पर्णी—[स॰ पर्णिन्] *पु॰* वृक्ष। पेड़।

पर्णोटज—[स॰ पर्ण ~ उटज] *पु॰* पर्णकुटी। पर्णशाला।

पर्तली—[देशज] *स्त्री॰* तलवार आदि रखने की चमड़े की पट्टी या पेटी जो कन्धे से लटकायी जाती है।

†पर्दनी—[< स॰ परिधानी] *स्त्री॰* धोती।

पर्दानशीन—[फा॰] *वि॰ स्त्री॰* पर्दे में रहनेवाली। पर्दे में स्थित। पर्दा करनेवाली।

***पर्नसालिका**—[< स॰ पर्णशालिका] *स्त्री॰* छोटी पर्णशाला। कुटिया।

पर्पटी—[स॰ पर्पट + ङीष्] *स्त्री॰* १. गोपीचन्दन। २. गन्ध। महक। २. पापड़। ३. एक रसौषधि। स्वर्णपर्पटी। ४. किसी वस्तु का कठोर बाहरी भाग। पपड़ी। (भूविज्ञान॰) पृथ्वी का ठोस ऊपरी भाग जिसकी मोटाई ३० से ५० किलोमीटर तक अनुमानित है। भूपटल। (आयुर्वेद॰) पारद/पारा और गन्धक से तैयार की जाने वाली एक प्रकार की पपड़ी। ***जैसे***—पर्पटी का प्रयोग ग्रहणी और मन्दाग्नि रोगों में विशेष लाभदायक होता है।

पर्पटीभवन—[स॰ पर्पटी ~ भवन] *पु॰* पपड़ी पड़ना। ***जैसे***—घाव का पर्पटीभवन।

पर्यटन—[स॰ परि √अट् + ल्युट्] *पु॰* १. किसी बड़े भू-भाग में उद्देश्यपूर्ण भ्रमण। २. देश-दर्शन और मनोरंजन के लिए महत्त्वपूर्ण स्थानों का भ्रमण। देशाटन।

पर्यन्त (पर्यंत)—[स॰ परि + अन्त] *अव्यय॰* तक। ***जैसे***—मृत्यु-पर्यन्त। *पु॰* १. अन्तिम सीमा। २. सीमा। परिधि। ३. अन्त। कोना। ***जैसे***—नेत्र-पर्यन्त। ❖ **पर्यन्तभू (पर्यंतभू), पर्यन्तभूमि (पर्यंतभूमि)**—*स्त्री॰* = १. नदी या नगर आदि के आस-पास की भूमि। २. पड़ोस का नगर, ज़िला या स्थान।

पर्यय—[स॰ परि √ई + अच्] *पु॰* १. शास्त्रीय और लौकिक मर्यादा के उल्लंघन वाला आचार। २. विपर्यय। विपरीतता।

पर्यवदात—[स॰ परि + अवदात] *वि॰* पूर्णतः शुद्ध। अति स्वच्छ।

पर्यवरोध—[स॰ परि + अवरोध] *पु॰* चारों ओर से होनेवाली बाधा।

पर्यवलोकन—[स॰ परि + अवरोध] *पु॰* १. चारों ओर देखना। २. चारों ओर से देखना। सर्वेक्षण।

पर्यवसान—[स॰ परि + अवसान] *पु॰* १. समाप्ति। अन्त। २. दृढ़ निश्चय। ३. निर्धारण।

पर्यवसित—[स॰ परि + अव √सो + क्त] *वि॰* १. पूरा किया हुआ। समाप्त। २. नष्ट। ३. निश्चित किया हुआ या निर्धारित।

पर्यवेक्षण—[स॰ परि + अव + ईक्षण] *पु॰* चारों ओर दृष्टि रखकर चल रहे काम की निगरानी करने का कार्य। *पु॰* १. किसी पदाधिकारी द्वारा अधीनस्थ कर्मचारियों या अधिकारियों के कामों और उनके परिणामों का अवलोकन। २. एक प्रक्रिया जिसके द्वारा एक पदाधिकारी अधीनस्थ व्यक्तियों को उन्हें अपनी आवश्यकताओं के अनुसार (कार्य विधि) सीखने, अपने ज्ञान का उत्तम प्रयोग करने और वांछित सुधार करने में सहायता देता है। ३. उक्त पदाधिकारी।

पर्यसन—[स॰ परि √अस् + ल्युट्] *पु॰* १. निक्षेप। फेंकना। २. प्रेषण।

भेजना। ३. दूर करना। निकालना। ४. स्थगित करना। स्थगन।

पर्यस्त—[सं॰ परि √अस् + क्त] *वि॰* १. फेंका हुआ। निक्षिप्त। २. भेजा हुआ। प्रेषित। ३. दूर किया हुआ। निकाला हुआ। ४. बिखरा हुआ। अस्त-व्यस्त। ५. विसर्जित।

पर्यस्तापह्नुति (पर्यस्तापह्नुति)—[सं॰ पर्यस्त ~ अपह्नुति] *स्त्री॰* (काव्य॰) अपह्नुति अलंकार का एक भेद। किसी उपमान के धर्म का निषेध कर उपमेय में उसकी स्थापना की जाने से होनेवाला अलंकार।

पर्याकुल—[सं॰ परि + आकुल] *वि॰* १. बहुत व्याकुल। २. बहुत घबराया हुआ। २. उत्तेजित। ४. अस्त-व्यस्त।

पर्याय—[सं॰ परि √ई + घञ्] *पु॰* समान अर्थ का वाचक शब्द। समानार्थक शब्द। ***जैसे***—'सागर' का एक पर्याय 'जलधि' है। (जैन॰) १. द्रव्य (वस्तु) का अंश। २. द्रव्य (वस्तु) का विकार। ३. द्रव्य की क्रमश: होनेवाली रूप-परिणतियों में से प्रत्येक।

पर्यायवाचक/पर्यायवाची—[सं॰ पर्याय ~ वाचक/वाची (वाचिन्)] *वि॰* समान अर्थ का वाचक (शब्द) समानार्थक। ***जैसे***—सूर्य के पर्यायवाची शब्दों में 'रवि', 'दिनकर', 'दिवाकर', 'आदित्य' इत्यादि प्रसिद्ध हैं।

पर्यायिक—[सं॰ पर्याय + ठन्] *वि॰* १. पर्याय-सम्बन्धी। पर्याय का। २. पर्याय के रूप में होनेवाला।

पर्यायी—[< सं॰ पर्याय] *वि॰* पर्यायवाचक।

पर्यायोक्ति—[सं॰ पर्याय ~ उक्ति] *स्त्री॰* पर्याय रूप में कथन। (काव्य॰) एक अर्थालंकार जिसमें किसी बात को स्पष्ट रूप से न कहकर अन्य प्रकार से कहने का चमत्कार होता है।

पर्यालोचन—[सं॰ परि + आलोचन] *पु॰* सम्यक् विवेचन। समीक्षा। ✣ **पर्यालोचना**—*स्त्री॰* = पर्यालोचन।

पर्यावर्तन—[सं॰ परि + आवर्तन] *पु॰* १. वापस लौटना। २. विनिमय। अदला-बदली।

पर्युक्षण—[सं॰ परि + उक्षण] *पु॰* धार्मिक कृत्य में अपने चारों ओर बिना कोई मन्त्र पढ़े जल छिड़कना।

पर्युत्सुक—[सं॰ परि + उत्सुक] *वि॰* बहुत उत्सुक। ✣ **पर्युत्सुकता**—*वि॰* = अधिक उत्सुकता। बहुत उतावली। ***जैसे***—तुम्हारी आकुलता और पर्युत्सुकता देखकर।

पर्युदय—[सं॰ परि + उदय] *पु॰* सूर्योदय के कुछ पहले का समय। तड़का।

पर्युषण—[सं॰ परि √उष् + ल्युट्] *पु॰* पूजन। उपासना। (जैन॰) एक प्रमुख जैन-पर्व।

पर्युषित—[सं॰ परि √उष् + क्त] *वि॰* (भोजन) जो ताज़ा न हो। एक या अधिक दिन पहले का। बासी।

***पर्यौता**—[< हिं॰ पड़ना/परना] *पु॰* परछांई।

पर्व—[सं॰ पर्वन्] *पु॰* १. उत्सव या त्योहार। २. कोई विशिष्ट धार्मिक कृत्य (स्नान आदि) करने का समय या दिन (अष्टमी, चतुर्दशी, अमावस्या, पूर्णिमा, संक्रान्ति, सूर्यग्रहण, चन्द्रग्रहण)। ३. अवसर। मौक़ा। ४. शरीर के अवयवों का कोई सन्धि-स्थान/जोड़। ५. (उँगलियों के) पोर। ६. पुस्तक का कोई भाग। ***जैसे***—महाभारत के १८ पर्व हैं। ७. (वृक्ष के) तने की दो गाँठों के बीच का भाग। ८. गन्ने की गाँठों में से प्रत्येक। ✣ **पर्वकाल**—*पु॰* = पर्व का समय।

पर्वणी—[सं॰ पर्वण + ङीप्] *स्त्री॰* १. पूर्णिमा। २. शुक्ल प्रतिपदा। ३. उत्सव। त्योहार।

पर्वतज—[सं॰ पर्वत + ज] *वि॰* पर्वत से उत्पन्न।

पर्वतजा—[सं॰ पर्वतज + टाप्] *वि॰* (स्त्री॰) पर्वत से उत्पन्न। *स्त्री॰* १. नदी। २. पार्वती। ३. गंगा आदि।

पर्वतत्रय—[सं॰ पर्वत ~ त्रय] *पु॰* १. तीन पर्वतों का समूह। २. तीन पर्वत विशेष—श्रीपर्वत (श्रीशैल), अर्बुद पर्वत (आबू गिरि), रैवत पर्वत (रैवतक पर्वत)।

पर्वत-दान—[सं॰] *पु॰* अनाज, तिल आदि देय पदार्थ की विशाल राशियों का (पहाड़ की तरह) ऊँचा ढेर लगाकर दिया जाने वाला दान। मेरु-दान। शैल-दान। अचल-दान।

पर्वतदुर्ग—[सं॰ पर्वत ~ दुर्ग] *पु॰* १. दुरारोह पर्वत। २. पहाड़ी क़िला।

पर्वतनन्दिनी (पर्वतनंदिनी)—[सं॰ पर्वत ~ नन्दिनी] *स्त्री॰* १. पर्वत की पुत्री। २. पार्वती। ३. गंगा आदि।

पर्वतपति—[सं॰ पर्वत ~ पति] *पु॰* १. सबसे ऊँचा और विशाल पर्वत। पर्वतों में श्रेष्ठ। २. हिमालय।

पर्वतराज—[सं॰ पर्वत ~ राजन्] *पु॰* पर्वतपति। (दे॰)

पर्वतात्मज—[सं॰ पर्वत ~ आत्मज] *पु॰* १. पर्वत का पुत्र। २. मैनाक पर्वत।

पर्वतात्मजा—[सं॰ पर्वत ~ आत्मजा] *स्त्री॰* १. पर्वत की पुत्री। २. पार्वती। ३. गंगा आदि। ४. नदी।

पर्वतारि—[सं॰ पर्वत ~ अरि] *पु॰* इन्द्र।

पर्वतास्त्र—[सं॰ पर्वत ~ अस्त्र] *पु॰* (प्राचीन काल का) एक अस्त्र जिसका प्रयोग करने पर पत्थरों की वर्षा होती है।

पर्वतीय—[सं॰ पर्वत + छ] *वि॰* १. पर्वत-सम्बन्धी। पर्वत का। पहाड़ी। ***जैसे***—पर्वतीय क्षेत्र। ३. पहाड़ पर रहने या पैदा होनेवाला। *पु॰* पहाड़ी ब्राह्मणों की एक उपाधि।

पर्वतोद्भव (पर्वतोद्भव)—[सं॰ पर्वत ~ उद्भव] *वि॰* पर्वत पर उत्पन्न। *पु॰* १. पारा। २. शिंगरफ। शिलाजीत।

पर्वतोद्भूत (पर्वतोद्भूत)—[सं॰ पर्वत ~ उद्भूत] *वि॰* पर्वत पर उत्पन्न। पर्वतोद्भव (दे॰)

पर्वमूल—[सं॰ पर्व ~ मूल] *पु॰* चतुर्दशी और पूर्णिमा/अमावस्या का सन्धिकाल।

पर्व-शर्वरीश—[सं॰] *पु॰* पूर्णिमा का चन्द्र।

पर्वसन्धि (पर्वसंधि)—[सं॰ पर्व ~ सन्धि] *स्त्री॰* १. प्रतिपदा और पूर्णिमा के आदि और अन्त की चार घटी/घड़ी। २. पूर्णिमा/अमावस्या और प्रतिपदा की सन्धि। सन्धिकाल। (वनस्पति॰) तने का वह स्थान जहाँ से पत्तियाँ निकलती हैं।

पर्वावधि—[स॰ पर्व ~ अवधि] *स्त्री॰* १. (उँगुलियों आदि के) पर्व की सीमा। गाँठ। जोड़। २. उत्सव-काल या उसका अन्त।

पर्शु—[स॰ √स्पृश् + शुन्, पृ आदेश] *पु॰* १. परशु। फरसा। २. शरीर का एक अंग। पसली।

पर्शुपाणि—[स॰ पर्शु ~ पाणि] *पु॰* १. गणेश (देवता)। २. परशुराम।

पल[१]—[स॰ √पल् + अच्] *पु॰* १. समय की एक प्राचीन नाप। एक घटी/घड़ी का साठवाँ भाग जो ६० विपल के बराबर होता है या २४ सेकंड। २. चार कर्ष की एक प्राचीन तौल। ३. पुआल। भूसी। ४. मांस। ***वा॰* पल के पल में**—दे॰ पल-भर में। ✣ **पल-भर** *क्रिवि॰* = क्षण-भर या थोड़ी देर। ***वा॰* पल भर में**—१. क्षण-भर में। तत्काल। शीघ्र। २. बहुत कम समय में।

***पल[२]**—[< फा॰ पलक] *पु॰* (आँख के) पलक।

पलङ्का (पलंका)—[< स॰ पाताल-लङ्का] *स्त्री॰* १. लंका से अधिक दूर का एक प्राचीन द्वीप। २. एलोरा के कैलास मन्दिर के एक ओर के गुफ़ामंडप का नाम। ***वा॰* लंका छोड़ पलंका जाना**—अपना काम छोड़कर और कुछ करने लगना।

***पल-पाट**—[हि॰] *पु॰* पलक।

पलप्रिय—[स॰ पल ~ प्रिय] *वि॰* मांस का प्रेमी। *पु॰* राक्षस।

पलभक्षी—[< स॰ पलभक्षिन्] *वि॰* मांस खानेवाला। मांसाहारी। *पु॰* राक्षस। ✣ **पलभक्षिणी**—*वि॰ (स्त्री॰)* = मांस खानेवाली। मांसाहारिणी। *स्त्री॰* राक्षसी।

पलभा—[स॰ पल ~ भा] *स्त्री॰* ठीक मध्याह्न-काल में विषुवत् रेखा पर सूर्य की मेष-संक्रान्ति पर धूप-घड़ी के शंकु/कील की छाया की लम्बाई।

पलल—[स॰ √पल् + कलच्] *वि॰* पिलपिला। *पु॰* १. मांस। २. शव। ३. राक्षस। ४. पत्थर। ५. मल। गन्दगी। ६. शैवाल। सेवार। ७. कीचड़। ✣ **पललप्रिय**—*पु॰* = १. मांसप्रेमी व्यक्ति। २. राक्षस।

***पलव**—[< स॰ पल्लव] *पु॰* पल्लव।

***पलहना**—[< स॰ पल्लवन] *क्रिअ॰* १. (वृक्ष आदि का) पल्लवित होना। २. हरा-भरा होना। ३. फलना-फूलना। उन्नति होना। *क्रिस॰* १. (वृक्ष आदि को) पल्लवित करना। २. हरा-भरा करना। ३. समृद्ध/उन्नत करना।

पलहा—[< स॰ पल्लव] *पु॰* नया पत्ता। कोंपल।

पला[१]—[< हि॰ पली] *पु॰* बड़ी पली।

पला[२]—[< स॰ पटल] *पु॰* तराजू का पल्ला। पलड़ा।

पलाण्डु (पलांडु)—[स॰ पल √अण्ड् + कु] *पु॰* प्याज़।

पलाद/पलादन—[स॰ पल ~ अद/अदन] *वि॰* मांस खानेवाला। मांसाहारी। *पु॰* राक्षस।

पलान—[< स॰ पल्ययन] *पु॰* १. (घोड़े की पीठ पर डाली जाने वाली) ज़ीन। काठी। २. घोड़े की पीठ पर डाला जाने वाला मोटा कपड़ा या टाट जो रस्सी से कस दिया जाता है।

पलानना—[< हि॰ पलान] *क्रिस॰* १. (घोड़े आदि पर) पलान/ज़ीन कसना। २. आक्रमण या धावा करने की तैयारी करना।

पलाना[१]—[< हि॰ पलान] *वि॰* ज़ीन कसा हुआ (घोड़ा)।

***पलाना[२]**—[< स॰ पलायन] *क्रिअ॰* पलायन करना। भाग जाना।

***पलानि/पलानी[१]**—[< हि॰ पलान] *स्त्री॰* (घोड़े की) काठी। ज़ीन। पलान।

पलानी[२]—[< स॰ पल्लव] *पु॰* १. छप्पर। २. स्त्रियों द्वारा हाथ के पंजे के ऊपर पहनने का एक आभूषण जो पान के आकार का होता है।

पलानी[३]—[< स॰ पलाव] *पु॰* मछली फँसाने का काँटा। बंसी।

पलायन—[स॰ परा √अय् + ल्युट्; लत्व] *पु॰* १. डरकर भाग जाना। २. भाग निकलना। (मनो॰) जीवन में यथार्थ और वास्तविक स्थिति का सामना करने में असमर्थ होने तथा अपने को हीन और अयोग्य अनुभव करनेवाले व्यक्ति का मानसिक पीड़ा से मुक्ति पाने के लिए कुछ मानसिक प्रक्रियाओं (स्व-पीड़ा-रति, पर-पीड़ा-रति, ध्वंसात्मकता तथा अनुरूपता) का प्रयोग करना। (दर्शन॰) जीवन और जगत् की एक मूल प्रवृत्ति। वर्तमान या देश-काल की सीमाओं से बँधे सीमित स्वरूप को त्यागकर भविष्य या असीम और अनन्त स्वरूप को प्राप्त करने की इच्छा। (काव्य॰) यथार्थ या जीवन की अनिवार्यता की उपेक्षा करके या पूर्ण जीवन की खोज में किसी कल्पनात्मक लोक में जाने की अभिलाषा। ✣ **पलायनवाद**—*पु॰* = १. (भयभीत होकर) अन्यत्र चले जाने की प्रवत्ति। २. संघर्ष न करके भागने की प्रवृत्ति। ३. अप्रिय यथार्थ जीवन से विमुख होकर उससे बचने के लिए किया गया काम। ***जैसे***—सन्यास में पलायनवाद नहीं है, उत्कृष्ट जीवन की साधना है। (काव्य॰) पलायन की प्रवृत्ति। घोर निराशावाद के कारण संसार के सौन्दर्य का तिरस्कार करने, दिवास्वप्नों में लीन होने या करने वाली कविता आदि की प्रवृत्ति। ***जैसे***—उनके मत में 'हालावादी' कविताएँ या इसी प्रकार की अन्य कविताएँ पलायनवाद की देन हैं। ✣ **पलायनवादी**—*वि॰* = पलायन की प्रवृत्ति वाला। ✣ **पलायन वेग**—*पु॰* = (खगोल॰) वह न्यूनतम वेग जो किसी वस्तु या पिंड को किसी ग्रह या उपग्रह आदि आकाशीय पिंड के गुरुत्वाकर्षणीय क्षेत्र से बाहर जाने के लिए आवश्यक होता है।

पलायमान—[स॰ परा √अय् + शानच्, र→ल] *वि॰* पलायन करता हुआ।

पलाल—[स॰ √पल + कालन्] *पु॰* १. पौधे या धान का सूखा डंठल। पुआल। २. भूसी। ३. चोकर।

पलाश—[स॰ पल √अश् + अण्] *वि॰* मांस खानेवाला। मांसाहारी। *पु॰* १. पत्ता। **उदा॰** दो पद्म पलाश चषक-से दृग। —प्रसाद (कामा॰, इड़ा) २. ढाक का वृक्ष। किंशुक। टेसू। ३. उक्त वृक्ष का फूल।

पलाशन—[स॰ पल ~ अशन] *पु॰* सारिका। मैना।

पलाशपुट—[स॰ पलाश ~ पुट] *वि॰* पलाश के पत्ते का दोना।

पलाशी—[स॰ पलाशिन्] *वि॰* १. पत्तों वाला। पत्तों से युक्त। २. मांस खानेवाला। मांसाहारी। *पु॰* १. वृक्ष। २. राक्षस। ✣ **पलाशिनी**—*वि॰ (स्त्री॰)* = १. पत्तोंवाली। २. मांस खानेवाली। *स्त्री॰* राक्षसी।

पलाशीय—[स॰ पलाश + छ] *वि॰* पत्तोंवाला (वृक्ष)।

पलास—*पु॰* ≤ *स॰* पलाश।

पलिक—[स॰ पल + ठन्] *वि॰* १. पल-सम्बन्धी। पल का। २. तौल में एक पल के तुल्य।

***पलिका**—[< हि॰ पलका] *पु॰* पर्यंक। पलंग।

पलित—[स॰ √पल् + क्त] *वि॰* १. पका हुआ या सफ़ेद (बाल) २. वृद्ध। बूढ़ा।

पली—[< प्रा॰ पलिअ < स॰ पल] *स्त्री॰* १. घी, तेल आदि तरल पदार्थ निकालने का, लोहे की एक छोटी कटोरी जैसा, उपकरण। २. उक्त में भरे हुए पदार्थ की मात्रा। ***जैसे***—चार पली तेल देना। ***वा॰* पली-पली जोड़ना**—थोड़ा-थोड़ा करके जोड़ना।

पलीत—*वि॰, पु॰* ≤ *स॰* पलीद। (दे॰)

पलीता—[< फा॰ पलीतः] *पु॰* १. छोटी मशाल। २. दीपक की बत्ती। ३. तोप में आग लगाने की मोटी बत्ती। ४. पटाख़े में लगी बत्ती जिसे सुलगाने पर पटाख़ा चलता है। ***वा॰* पलीता देना**—१. आग लगाना। २. झगड़ा होनेवाली बात कहना। ३. भड़काना।

पलीद—[फा॰] *वि॰* १. अपवित्र। अशुद्ध। २. मलिन। गन्दा। ३. दुष्ट। नीच। *पु॰* भूत। प्रेत।

***पलुहना**—[< स॰ पल्लवन] *क्रिअ॰* १. पल्लवित होना। २. हरा-भरा होना। २. उगना। ३. विकसित होना।

***पलुहाना**—[< स॰ पल्लवन] *क्रिस॰* पल्लवित करना। हरा-भरा करना।

***पलेड़ना**—[< स॰ प्रेरण] *क्रिस॰* ढकेलना।

पलेथन—[< स॰ परिस्तरण] *पु॰* वह सूखा आटा जिसे लोई पर लगाकर रोटी बेलते हैं। परथन। परोथन। ***वा॰* पलेथन निकलना**—१. बहुत मार पड़ना। खूब पीटा जाना। २. परेशान होना। **पलेथन निकालना**—१. खूब पीटना। २. परेशान करना। **पलेथन लगाना**—मुख्य व्यय या हानि के बाद उसी के कारण कुछ अतिरिक्त व्यय होना।

पलेना—[< स॰ प्लावन] *क्रिस॰* बोने के पहले खेत सींचना।

पलेव—[< हि॰ पलेना] *पु॰* पलिहर खेत में बोने से पहले की जाने वाली सिंचाई।

पलोटना—[< स॰ प्रलोठन] *क्रिस॰* सेवा की भावना से (पैर) दबाना। ***जैसे***—तब लक्ष्मण जी ने रामचन्द्र जी के पैर पलोटे।

***पलौ**—[< स॰ पल] *क्रिवि॰* एक पल मात्र। पल-भर।

पल्टा—[< हि॰ पलटना] *पु॰* पराँठा। (दे॰) (संगीत॰) बोलों का वह समूह जो तबला/मृदंग पर बार-बार बजाया जाता है।

†पल्लड़—[< हि॰ पल्ला] *पु॰* समूह। झुंड।

पल्लव—[स॰ पल् + लव] *पु॰* १. नया, छोटा और कोमल पत्ता। कोंपल। २. अलक्तक। ३. हाथ में पहनने का एक आभूषण। कंकण। कंगन। ४. साड़ी आदि का छोर/सिरा। पल्ला। ५. नृत्य में हाथ की एक मुद्रा।

पल्लवग्राही—[स॰ पल्लव ~ ग्राही (ग्राहिन्)] *वि॰* १. जिसमें पल्लव लगे हों। २. किसी विषय की गहराई में न जाकर केवल ऊपरी और साधारण बातों का ज्ञान रखनेवाला। स्थूल और अपूर्ण ज्ञान वाला। ***जैसे***—विद्वानों के बीच अपना पल्लवग्राही पांडित्य दिखाना मूर्खता है।

पल्लवना—[< स॰ पल्लव] *क्रिअ॰* १. (वृक्षों आदि में) नए पत्ते निकलना। पल्लवित होना। हरा-भरा होना। २. (व्यक्ति का) समृद्ध और उन्नत होना।

पल्लवाधार—[स॰ पल्लव ~ आधार] *पु॰* शाखा। डाली।

पल्लवास्त्र—[स॰ पल्लव ~ अस्त्र] *पु॰* कामदेव।

पल्लवित—[स॰ पल्लव + इतच्] *वि॰* १. जिसमें पल्लव लगे हों। जिसमें नए पत्ते निकल रहे हों। ***जैसे***—पल्लवित वृक्ष। २. लहलहाता हुआ। ३. विकसित। ४. विस्तृत। ५. बढ़ाया हुआ। ६. रोमांचयुक्त।

पल्लवी—[स॰ पल्लविन्] *वि॰* पत्तों वाला। *पु॰* वृक्ष। पेड़। ✣ **पल्लविनी**—*वि॰ (स्त्री॰)* = पत्तोंवाली। ***जैसे***—पल्लविनी शाखा।

पल्लवी[२]—[< स॰ पल्लव] *स्त्री॰* पत्ती।

पल्ला[१]—[< स॰ पल्लव] *पु॰* १. पहने/ओढ़े हुए वस्त्र का छोर/सिरा। २. साड़ी/चादर आदि का सिर पर रहने-वाला अंश जिसे घूँघट करने में स्त्री काम में लाती है। ३. अनाज आदि बाँधने की चादर/कपड़ा आदि। ***वा॰* पल्ला छुड़ाना**—छुटकारा पा लेना। पिंड छुड़ा लेना। **पल्ला छूटना**—छुटकारा पाना। **पल्ला झाड़कर अलग होना, पल्ला झाड़ देना**—पूरी तरह अलग हो जाना। **पल्ला पकड़ना**—सहारा लेना।

†पल्ला[२]—[< हि॰ परला] *वि॰* अन्तिम सीमा का। चरम। ***जैसे***—पल्ला मकान रमेश का है। *पु॰* दूरी। ***जैसे***—यहाँ से ४ किलोमीटर के पल्ले पर शिव-मन्दिर है। ● **विशेष**—***पल्ले तक*** = अति दूर तक। ***जैसे***—कोसों के पल्ले तक निर्जन जंगल है।

पल्ला[३]—[< फा॰ पल्लः] *पु॰* १. तराजू का पलड़ा। २. द्वार। क़ैंची आदि के दो समान आकार-प्रकार वाले खंड। ***जैसे***—क़ैंची का पल्ला। ***वा॰* पल्ला झुकना**—किसी पक्ष का अधिक बलवान होना। **पल्ला भारी होना**—१. तुलना में अधिक अच्छी स्थिति होना। २. पक्ष बलवान होना।

पल्लि/पल्ली—[स॰ पल्ल + इन्, पल्लि + ङीष्] *स्त्री॰* १. छोटा ग्राम। २. कुटी। झोपड़ी। २. घर। मकान। ३. भूमि पर फैलनेवाली लता। ४. छिपकली।

पल्लिका—[स॰ पल्लि + कन् + टाप्] *स्त्री॰* १. छोटा ग्राम। २. छोटी बस्ती या टोला। ३. छिपकली।

†पल्ली—*वि॰ (स्त्री॰)* ≤ *हि॰* परली = दूसरी (ओर)। ***जैसे***—नदी के पल्ली ओर।

पल्लू—[< हि॰ पल्ला] *पु॰* १. (साड़ी आदि का) पल्ला/आँचल/छोर/सिरा। २. (स्त्रियों का) घूँघट। ३. चौड़ी गोट। चौड़ी पट्टी। ***जैसे***—साड़ी पर कलात्मक पल्लू लगाना।

पल्ले—[< हि॰ पल्ला] *क्रिवि॰* १. वश में। २. हाथ में। पास में। ***जैसे***—उसने जुए में सब कुछ खो दिया, अब उसके पल्ले कुछ नहीं है।

पल्लेदार—[< हि॰ पल्ला] *पु॰* अनाज आदि को स्वयं ढोने या गाड़ी पर चढ़ाने-उतारने वाला मज़दूर।

पल्वल—[स॰ पल् + वलच्] *पु॰* १. छोटा जलाशय/तालाब। २. वह तलैया जिसमें सूर्य के मृगशिरा नक्षत्र में आने पर पानी न रहता हो।

पव—[स॰ √पू + अप्] *पु॰* १. पवित्रता। शुद्धता। २. वायु। पवन। हवा। ३. अनाज को फटकना। अनाज की भूसी अलग करना। अनाज ओसाना।

***पवङ्ग (पवंग)**—[< स॰ प्लवङ्ग] *पु॰* बन्दर। २. हिरन। ३. घोड़ा। *वि॰* उछल-उछल कर चलनेवाला।

पवङ्गम/पवङ्गा (पवंगम, पवंगा)—[< स॰ प्लवङ्ग] (छन्द॰) एक सममात्रिक छन्द जिसके प्रत्येक चरण में २१ मात्राएँ होती है और ८-१३ पर यति होती है।

पवन—[स॰ √पू + युच्] *पु॰* १. वायु। हवा। २. वायु का अधिष्ठाता देवता। ३. (पद्य आदि में) पाँच की संख्या। (छन्द॰) एक समवर्णिक छन्द जिसके प्रत्येक चरण में क्रमशः भगण, तगण, नगण और सगण (भ त न स) के योग से १२ वर्ण होते हैं तथा ५-७ पर यति होती है।

पवनचक्की—[हि॰ पवन ~ चक्की] *स्त्री॰* हवा की शक्ति से चलने वाली चक्की।

पवन-चक्र—[स॰] *पु॰* चक्रवात। बवंडर।

पवनपूत—[स॰ पवन ~ पूत] *वि॰* वायु द्वारा पवित्र किया हुआ।

पवनबन्ध (पवनबंध)—[स॰ पवन ~ बन्ध] *पु॰* प्राणों को वश में करना। प्राणायाम।

पवनाशन/पवनाशी—[स॰ पवन ~ अशन, पवनाशिन्] *वि॰* हवा पीकर रहने वाला। *पु॰* सर्प। साँप।

पवनास्त्र—[स॰ पवन ~ अस्त्र] *पु॰* प्राचीन ग्रन्थों में वर्णित एक अस्त्र जिसके प्रयोग से बहुत तेज़ हवा या आँधी चलने लगती थी।

***पवनि**—[< स॰ पावन] *वि॰* पावन। पवित्र।

पवमान—[स॰ √पू + शानच्, मुक्] *पु॰* १. वायु। हवा। २. गार्हपत्य अग्नि। ३. सोम देवता।

***पवरिया**—[< हि॰ पवरी] *पु॰* १. द्वारपाल। पौरिया। ड्योढ़ीदार। दरबान। २. मंगल-गीत गानेवाला याचक।

पवरी—[प्रा॰< स॰ प्रतोली] *स्त्री॰* १. पौरी। ड्योढ़ी। २. द्वार। दरवाज़ा।

पवाई—[देशज] *स्त्री॰* छोटी दुबली-पतली मैना जो ऊपर से चाँदी के समान धूसर तथा नीचे भूरी होती है और जिसके पंख काले होते हैं।

पवाड़ा—[< मराठी पवाड़ (= यश या महत्त्व)] *पु॰* १. मराठी भाषा का एक विशिष्ट छन्द जिसमें किसी महान् व्यक्ति का प्रशंसात्मक काव्य रचा जाता है। २. राजस्थान का एक प्रकार का मध्ययुगीन लोककाव्य जो किसी महान् व्यक्ति की प्रशंसा में रचा जाता था। ३. (किसी काम या बात का) अत्यधिक विस्तार।

पवाना—[हि॰ 'पाना' का प्रेरणा॰] *क्रिस॰* १. प्राप्त कराना। २. भोजन कराना। खिलाना।

पवार—*पु॰* ≤ *हि॰* परमार। राजपूतों की एक उपजाति।

***पवारना**—[< हि॰ पँवारना] *क्रिस॰* फेंकना।

पवि—[स॰ √पॄ + इ] *पु॰* १. (इन्द्र का) वज्र। २. वाणी। ३. बाण। ४. बिजली। ५. अग्नि।

पविकाय—[स॰ पवि + काया] *वि॰* वज्र के समान सुदृढ़ शरीर वाला।

पवित्र—[स॰ √पू + इत्र] *वि॰* १. शुद्ध। पापरहित। पुनीत। २. स्वच्छ। साफ़। ३. धार्मिक वृत्ति वाला। *पु॰* १. यज्ञ/व्रत आदि से शुद्ध। २. यज्ञोपवीत। जनेऊ। ३. कुश का बना हुआ छल्ला। पवित्री। ∇ **विलोम**—अपवित्र।

पवित्रक—[स॰ पवित्र + कन्] *पु॰* १. पीपल या गूलर का पेड़। २. कुश। कुशा।

पवित्रा—[स॰ पवित्र + टाप्] *वि॰ (स्त्री॰)* पवित्र। *स्त्री॰* १. तुलसी। २. हल्दी। ३. एक प्रकार की माला जिसके मनके रेशमी धागों से बने होते हैं। ४. श्रावण शुक्ल एकादशी। (छन्द॰) 'पाईता' छन्द।

पवित्रारोपण—[स॰ पवित्र ~ आरोपण] *पु॰* यज्ञोपवीत धारण करना।

पवित्री[1]—[स॰ पवित्रिन्] *वि॰* शुद्ध करनेवाला।

पवित्री[2]—[स॰ पवित्र + ङीष्] *स्त्री॰* १. कुश की बनी हुई छल्ले जैसी वस्तु जिसे धार्मिक कृत्य करते समय अनामिका उँगली में पहनते हैं। पैंती। २. (नाथपन्थी योगियों का) कान फाड़कर पहनने का कुंडल।

पविधर—[स॰ पवि ~ धर] *पु॰* (वज्रधारी) इन्द्र।

†पवेरना—[< स॰ प्रवारण] *क्रिस॰* जोते हुये खेतों में बीज छिड़कना।

✣ **पवेरा**—*पु॰* = खेतों में बीज छिड़कने की क्रिया/भाव/ढंग।

पशुनाथ/पशुपति—[स॰ पशु ~ नाथ] *पु॰* १. पशुओं का स्वामी। २. जीवात्माओं का स्वामी। ३. शिव। महादेव।

पशुपाश—[स॰ पशु ~ पाश] *पु॰* १. पशु को बाँधने की रस्सी/फन्दा। २. पशु-यज्ञ में बलि के पशु को बाँधने की रस्सी। (शैव॰) *पु॰* पशुरूपी प्राणियों को बाँधने वाले सूक्ष्म बन्धन।

पशुप्रेरण—[स॰ पशु ~ प्रेरण] *पु॰* पशुओं को हाँकना।

पशुबल—[स॰ पशु ~ बल] *पु॰* १. पशु जैसी शक्ति। २. मनुष्य के बौद्धिक और मानसिक स्तर से गिरी हुई, नीचतापूर्ण, शक्ति। पाशविक शक्ति। आसुरी शक्ति। Δ **पर्याय**—पशुशक्ति।

पशु-भाव—[स॰] *पु॰* पशुता। पशुत्व। जानवरपन।

पशुभीति—[स॰] *स्त्री॰* (मनो॰) एक मानसिक रोग। पशुओं से अकारण और अस्वाभाविक डर लगना। (अ॰ ज़ूफ़ोबिया)

पशुयज्ञ/पशुयाग—[स॰ पशु ~ यज्ञ/याग] *पु॰* वह यज्ञ जिसमें पशु की बलि दी जाए।

पशु-रज्जु—[स॰] *स्त्री॰* १. पशु को बाँधने की रस्सी। २. (पशु-यज्ञ में) बलि के पशु को बाँधने की रस्सी।

पशुराज—[स॰ पशु ~ राज] *पु॰* १. पशुओं का राजा। २. सिंह। मृगराज। शेर।

पशुशक्ति—[स॰ पशु ~ शक्ति] *स्त्री॰* पशुबल।

पश्च—[स॰ पश्चात्, पृषो॰] *वि॰* १. पिछला। **जैसे**—पश्च स्वर।

∇ **विलोम**—अग्र। २. बाद का। परवर्ती। पश्चात्कालीन। ***जैसे***—पश्च परिणाम। ३. पश्चिम का। पश्चिमी। ***जैसे***—पश्च देशों में। *क्रिवि॰* पीछे की ओर। ***जैसे***—पश्च गमन।

पश्चगमन—[स॰] *पु॰* १. पीछे की ओर चलना। पीछे हटना। [∇ **विलोम**—अग्रगमन।] २. अवनति की ओर जाना। ∇ **विलोम**—पुरोगमन।

पश्चगामी—[स॰ पश्च ~ गामी (गामिन्)] *वि॰* १. पीछे की ओर जानेवाला। ∇ **विलोम**—अग्रगामी। २. अवनति की ओर बढ़नेवाला। ∇ **विलोम**—पुरोगामी।

पश्चज्ञान—[स॰ पश्च ~ ज्ञान] *पु॰* पूर्वजन्म की घटनाओं या इसी जन्म की अज्ञात घटनाओं का किसी विशेष सिद्धि आदि से ज्ञान। ∇ **विलोम**—पूर्वज्ञान।

पश्चदर्शन—[स॰ पश्च ~ दर्शन] *पु॰* १. (मुड़कर) पीछे की ओर देखना। २. बीती हुई बातों पर विचार करना। ३. पूर्वजन्म की या इसी जन्म की अज्ञात घटनाओं का किसी विशेष सिद्धि आदि से प्रत्यक्ष दर्शन। ∇ **विलोम**—पूर्वदर्शन।

पश्चनत—[स॰ पश्च ~ नत] *वि॰* बाएँ को झुका हुआ। ***जैसे***—पश्चनत लेखन (= बाएँ को झुकी हुई लिखावट)।

पश्चभूमि—[स॰ पश्च ~ भूमि] *स्त्री॰* १. किसी नगर या महानगर के समीप का क्षेत्र जहाँ से प्राय: नगरीय उद्योगों के लिए कच्चा सामान प्राप्त होता है। २. तटीय क्षेत्र के पास की भूमि/प्रदेश। Δ **पर्याय**—पृष्ठभूमि।

पश्चलेख—[स॰] *पु॰* पत्र आदि पर (हस्ताक्षर कर चुकने के) बाद में लिखे गए शब्द या वाक्य। अनुलेखन। पुनश्च। (अ॰ पोस्ट स्क्रिप्ट)

पश्चस्वर—[स॰] *पु॰* वह स्वर जिसके उच्चारण में जिह्वा का पीछे का भाग ऊपर उठता है या उपयोग में आता है। ***जैसे***—हिन्दी के आ, उ, ऊ, ओ, औ पश्चस्वर।

पश्चहस्त—[स॰] *पु॰* पीछे के हाथ। [कला॰] (चार या अधिक हाथों वाले देवी-देवताओं की मूर्ति आदि के) पिछले हाथ।

पश्चात्पद—[स॰ पश्चात् ~ पद] *वि॰* पैर पीछे हटानेवाला। ***जैसे***—रण से पश्चात्पद कभी मत होना।

पश्चात्वर्ती—[स॰ पश्चात्वर्तिन्] *वि॰* बाद में होनेवाला। बाद का। उत्तरकालीन। उत्तरवर्ती।

पश्चात्सृष्ट—[स॰ पश्चात् ~ सृष्ट] *वि॰* जिसे बाद में बनाया गया हो। ***जैसे***—पश्चात्सृष्ट अधिकार।

पश्चाद्वात (पश्चाद्वात)—[स॰ पश्चाद् ~ वात] *पु॰* पछवा हवा।

पश्चानुताप—[स॰ पश्च ~ अनुताप] *पु॰* पश्चात्ताप। पछतावा।

पश्चानुबन्धन (पश्चानुबंधन)—[स॰ पश्च ~ अनुबन्धन] *पु॰* बाद में सम्बन्ध-स्थापन। ∇ **विलोम**—अग्रानुबन्धन।

पश्चार्ध—[स॰ पश्च ~ अर्ध] *पु॰* १. पीछेवाला आधा भाग। २. पश्चिमी आधा भाग।

पश्चासीन—[स॰ पश्च ~ आसीन] *वि॰* १. पीछे बैठनेवाला। ***जैसे***—कक्षा में पश्चासीन विद्यार्थी। २. (संसद् आदि में) पीछे की ओर बैठनेवाला (सदस्य)। (ऐसा सदस्य) जो वाद-विवाद में भाग नहीं लेता, न कभी विवाद का विषय होता है। महत्त्वहीन। ***जैसे***—लोकसभा के पश्चासीन सदस्य। (अ॰ बैक बेन्चर)

पश्चिमान्त (पश्चिमांत)—[स॰ पश्चिम ~ अन्त] *पु॰* पश्चिमी छोर। ***जैसे***—आकाश में सायंकाल की पश्चिमान्त लालिमा।

पश्चिमार्ध—[स॰ पश्चिम ~ अर्ध] *पु॰* १. पीछेवाला आधा भाग। २. पश्चिम की ओर का आधा भाग।

पश्चिमी घाट—[हि॰] *पु॰* (महाराष्ट्र में) समुद्रतट के समीप की पर्वतमाला।

पश्चिमीय—[स॰ पश्चिम + ईयसुन्] *वि॰* १. पश्चिम का। २. पश्चिमी देशों का (व्यक्ति आदि)। पाश्चात्य। *पु॰* यूरोप से सम्बन्धित व्यक्ति/वस्तु आदि।

पश्तो—[अफ़ग़ानी] *स्त्री॰* एक प्राचीन आर्य भाषा जो भारत की पश्चिमोत्तर सीमा से लेकर अफ़ग़ानिस्तान तक बोली जाती है।

पश्म—[फ़ा॰] *स्त्री॰* १. ऊन। २. कोमल ऊन जो कश्मीर और तिब्बत की भेड़ों से प्राप्त होती है।

पश्मीना—[< फ़ा॰ पश्मीन:] *पु॰* १. उत्तम ऊन। पश्च या पशम। २. उक्त से बना हुआ उत्तम और कोमल वस्त्र।

पश्यतोहर—[स॰ पश्यत: ~ हर] *पु॰* १. आँखों के सामने भी चुरा लेनेवाला व्यक्ति। २. चोर। डाकू। ३. स्वर्णकार। सुनार।

पश्यन्ती (पश्यंती)—[स॰ √दृश् + शतृ (पश्य आदेश) + ङीप्, नुम्] *स्त्री॰* (योग॰) वाणी के चार रूपों में से द्वितीय जो अति सूक्ष्म है। ● **विशेष**—शेष तीन रूप क्रमश: हैं—**परा, मध्यमा, वैखरी।**

†**पस**[1]—[< हि॰ पसर < स॰ प्रसृति] *स्त्री॰* खुले हुए दोनों हाथों की किनारी मिलाकर बननेवाला स्थान।

पस[2]—[अ॰] *पु॰* घाव/फोड़े आदि से निकलनेवाली तरल वस्तु। पूय। पीप। मवाद।

पसनी—[< स॰ प्राशन] *स्त्री॰* शिशु का अन्नप्राशन संस्कार या उससे सम्बन्धित उत्सव।

***पसर**[1]—[< स॰ प्रसार] *पु॰* १. प्रसार। २. विस्तार।

***पसर**[2]—[< स॰ प्रसृति] *पु॰* १. दोनों हथेलियों की किनारियाँ मिलने से बनी अंजलि। पस[1]।

पसर[3]—[देशज] *पु॰* १. पशुओं के चरने का मैदान। चरागाह। २. पशु चराते समय गाए जाने वाले एक प्रकार के गीत। ३. आक्रमण। धावा।

पसरन[1]—[< स॰ प्रसारिणी] *स्त्री॰* बहुत लम्बी और वृक्ष पर फैलनेवाली एक लता।

पसरन[2]—[< हि॰ पसरना] *स्त्री॰* प्रसार। फैलाव।

पसरहट्टा/पसरहा—[< हि॰ पंसारी + हाट] *पु॰* वह बाजार जिसमें पंसारियों की अधिक दुकानें होती हैं।

†**पसरौँहा (पसरौंहा)**—[< हि॰ पसरना] *वि॰* १. फैलने-वाला। २. अधिक फैलने की प्रवृत्ति वाला। प्रसरणशील।

***पसवारा**—[< सं॰ पाश] *वि॰, पु॰* जुआ खेलनेवाला। जुआरी।

***पसाउ/पसाऊ**—[सं॰ प्रसाद] *पु॰* १. प्रसाद। कृपा। अनुग्रह। २. ईश्वर/देवता आदि से प्राप्त वरदान।

पसाना[1]—[< सं॰ प्रस्रावण] *क्रिस॰* १. उबले हुए चावलों का माँड़ निकालना।

पसाना[2]—[< सं॰ प्रसादन] *पु॰* कृपा करने के लिए किसी पर प्रसन्न होना।

पसार[1]—[< सं॰ पण्यशाला] *पु॰* बाज़ार या दुकान।

पसार[2]—[प्रा॰ < सं॰ प्रसार] *पु॰* पसरने की क्रिया/भाव। प्रसार।

***पसाहनि**—[< सं॰ प्रसाधन] *स्त्री॰* प्रसाधन-सामग्री। चन्दन आदि लेप। अंगराग।

पसित—[< सं॰ पाशित] *वि॰* बँधा हुआ। पाशबद्ध।

***पसेउ/पसेऊ/पसेज**—[< प्रा॰ पसेअ < सं॰ प्रस्वेद] *पु॰* पसीना।

पसेव[1]—[< सं॰ प्रस्राव] *पु॰* १. किसी वस्तु के पसीजने से निकलनेवाला पानी। *जैसे*—अफ़ीम का पसेव। २. किसी वस्तु में से रस-रसकर निकलनेवाला तरल पदार्थ या जलांश।

पसेव[2]—[< सं॰ प्रस्वेद] *पु॰* स्वेद। पसीना।

पसोपेश—[फ़ा॰] *पु॰* १.असमंजस। सोच-विचार। दुविधा। २. लाभ-हानि का विचार।

***पहजन**—[< प्रा॰ पवज्जण] *क्रिवि॰* अनुमानतः।

†**पहपट**—[देशज] *पु॰* १. स्त्रियों के एक प्रकार के लोकगीत। २. कोलाहल। शोर। ३. अपयश। बदनामी। ✣ **पहपटबाज़**—*वि॰* = १. शोर मचानेवाला। २. उपद्रवी। ३. शरारती। ४. झगड़ालू। ५. परनिन्दा करने के स्वभाव वाला।

***पहमिनि**—[< सं॰ पद्मिनी] *स्त्री॰* पद्मिनी। कमलिनी।

***पहरना**—[< सं॰ प्रहरण] *क्रिस॰* नष्ट करना।

पहरा—[< हिं॰ पहर] *पु॰* १. देखरेख। रखवाली। *जैसे*—महल के द्वार पर हर समय पहरा रहता है। २. रक्षक-दल। पहरेदारों का दल। *जैसे*—शाम को नया पहरा आ जाता है। ३. पहरेदारी की समय-सीमा। *जैसे*—चार घंटे का पहरा है। ४. (लाक्षणिक) रात्रि में सावधान करने के लिए पहरेदार द्वारा कुछ-कुछ समय बाद दी जाने वाली 'जागते रहो' की आवाज़। *जैसे*—अभी पहरा नहीं सुनायी पड़ा।

***पहराइत**—[< हिं॰ पहरा] *पु॰* प्रहरी। पहरेदार।

पहरावनी—[< हिं॰ पहराना] *स्त्री॰* १. परिधान। पहनावा। २. शुभ अवसर पर छोटों को पहनाए जाने वाले या दिए जाने वाले वस्त्र।

पहल[1]—[< फ़ा॰ पहलू] *पु॰* १. किसी घनाकार पिंड की कोरों के बीच का तल। पार्श्व। *जैसे*—त्रिपार्श्व के पाँच पहल होते हैं। २. शाण पर चढ़ाकर नगों में बनाए हुए चमकीले निशान। ३. पार्श्व। बग़ल। पहलू। ४. रुई/ऊन आदि की कड़ी और मोटी तह। गाला।

पहल[2]—[< हिं॰ पहला] *पु॰* (किसी कार्य का) आरम्भ। आरम्भिक प्रयत्न। *जैसे*—मारपीट की पहल तो तुम्हीं ने की थी।

पहलदार—[< हिं॰ पहल < फ़ा॰ पहलू] *वि॰* १. जिसमें पहल बने/करे हुए हों। *जैसे*—पहलदार नगीने ख़रीदना। २. जिसमें पार्श्व के तल हों।

पहलवी—[< सं॰ पह्लव, या < फ़ा॰ पह्लवी] *स्त्री॰* ईरान की एक प्राचीन भाषा। ● **विशेष**—इसका मूल नाम पह्लवी है।

पहलौठा—[< हिं॰ पहला] *वि॰* माता के प्रथम गर्भ से उत्पन्न। सबसे पहली सन्तान। ✣ **पहलौठी**—*वि॰* = पहलौठा।

पहलौत—[< हिं॰ पहला] *वि॰* प्रथम बार ब्यानेवाली (गाय)।

पहँ—[< सं॰ पार्श्व] *क्रिवि॰* निकट। पास। *जैसे*—शिव पहँ गए। *परसर्ग॰* से। *जैसे*—तुम पहँ।

पहातई—[< हिं॰ पहाड़] *पु॰* एक भारतीय चिड़िया जो चील के आकार तथा काले-सफ़ेद रंगों की चितकबरी होती है और खुले घास के मैदानों और पहाड़ियों में विचरती है।

पहान—[< प्रा॰ पहाण] *पु॰* पाषाण। पत्थर।

***पहारू**—[< प्रा॰ पाहरिय < सं॰ प्राहरिक] पु॰ प्रहरी। पहरेदार।

पहि/पहिँ (पहिं)—[< सं॰ पार्श्व] *अव्यय* समीप। पास। *जैसे*—पार्वती पहिं जाओ।

***पहिआ**—[< प्रा॰ पहिअ < सं॰ पथिक] *पु॰* १. पथिक। राहगीर। २. अतिथि। मेहमान। ३. (गाड़ी आदि का) पहिया।

†**पहिती, पहीत**—[< सं॰ प्रहति] *स्त्री॰* पकी हुई दाल।

***पहियाँ**—[< हिं॰ पह/पहँ] *परसर्ग॰* से। *जैसे*—मो पहियाँ (= मुझसे)।

***पही**—*पु॰* ≤ सं॰ पथिक। यात्री। राहगीर। मुसाफ़िर।

***पहु**—[प्रा॰ < सं॰ प्रभु] *पु॰* १. प्रभु। स्वामी। मालिक। २. पति या प्रेमी।

†**पहुना**—*पु॰* ≤ *हिं॰* पाहुना। अतिथि। मेहमान।

पहुनाई—[< हिं॰ पाहुना] *स्त्री॰* अतिथि बनकर कहीं जाना। मेहमानी। *जैसे*—उसने चार जगह पहुनाई करी और मज़े से १५ दिन बीत गए। २. अतिथि-सत्कार। ***वा॰* पहुनाई करना**—१. (किसी के) मेहमान बनकर मज़े करना। २. अतिथि की आवभगत करना।

पहुनी—[< हिं॰ पाहुना] *स्त्री॰* पहुनाई।

***पहुप**[1]—[< सं॰ प्रभूत] *वि॰* पर्याप्त। काफ़ी।

***पहुप**[2]—[< सं॰ पुष्प] *पु॰* पुष्प। फूल।

***पहुमि/पहुमी**—[< प्रा॰ पहुवी < सं॰ पृथ्वी] *स्त्री॰* पृथ्वी भूमि।

पहुरना—[< सं॰ प्राघुण] *पु॰* अतिथि। पाहुना। मेहमान। ✣ **पहुरनी**—*स्त्री॰* = अतिथि स्त्री। पाहुनी।

†**पहुरी**—[देशज] *स्त्री॰* पत्थर गढ़ने वालों की एक टाँकी जिससे गढ़े हुए पत्थर चिकने किए जाते हैं।

पहुला[1]—[< सं॰ प्रफुल्ल] *पु॰* १. कुमुद का फूल। २. एक प्रकार की बेल जो पानी में फैलती है। ३. उक्त बेल का फूल जो सफ़ेद रंग का होता है।

पहुला[2]—[< हिं॰ पोथला (पोथ = काँच का छोटा दाना/मनका)] *पु॰* काँच के दानों/मनकों की माला।

***पहुवी**—[प्रा॰ < सं॰ पृथ्वी] *स्त्री॰* पृथ्वी। भूमि।

पहुँचा—[< हि॰ पहुँचना] *पु॰* हथेली के पास का कुहनी के नीचे का भाग। मणिबन्ध। कलाई। ***वा॰*** **पहुँचा पकड़ना**—(किसी बात के लिए) ज़बरदस्ती करना। **उँगली पकड़कर पहुँचा पकड़ना**—किसी को अपने कुछ अनुकूल पाकर उसे बार-बार अपने स्वार्थ पूरे कराने में प्रयुक्त करना।

पहुँची—[< हि॰ पहुँचा] *स्त्री॰* (हाथ की) कलाई में पहनने का स्त्रियों का एक आभूषण।

***पहूँतना**—*क्रिअ॰ ≤ हि॰* पहुँचना।

***पहेटना**—[< प्रा॰ पहेट < स॰ प्रखेट] *क्रिस॰* १. (पकड़ने के लिए) पीछा करना। २. कठिन काम परिश्रमपूर्वक पूरा करना। ३. उपकरण आदि की धार तेज़ करने के लिए पत्थर पर रगड़ना। ४. भरपेट भोजन करना। ५. अनुचित प्रकार से लेना।

पह्लवी (पह्लवी)—[< स॰ पह्लव, या फा॰] *स्त्री॰* ईरान की एक प्राचीन भाषा। पहलवी।

पँजेरा—[< हि॰ पाँजना] *पु॰* धातु के बर्तनों को टाँके लगाकर जोड़ने का काम करनेवाला।

पँवर—[< हि॰ पँवरी < स॰ प्रतोली] *पु॰* १. पौरी। ड्योढ़ी। २. द्वार या प्रवेशद्वार।

पँवरना[१]—[< स॰ प्लवन] *क्रिअ॰* १. तैरना। २. गहराई का पता लगाना। थाह लेना।

पँवरना[२]—[< हि॰ पँवारना] *क्रिअ॰* पँवारा जाना। फेंका जाना।

पँवरिया[१]—[< हि॰ पँवाड़ा] *पु॰* एक प्रकार का याचक जो मांगलिक अवसरों पर मंगल-गीत गाता है। ***जैसे***—पुत्र-जन्म पर उसके द्वार पर अनेक पँवरिए गीत गाने आए थे।

†पँवरिया[२]—[< हि॰ पँवर] *पु॰* द्वारपाल। दरबान।

पँवरी[१]—[< हि॰ पाँव] (पाँवों में पहनने की और लकड़ी की बनी) खड़ाऊँ।

पँवरी[२]—[< स॰ प्रतोली] *स्त्री॰* १. पौरी। ड्योढ़ी। २. द्वार/दरवाज़ा या प्रवेशद्वार।

***पँवार[१]**—*पु॰* ≤ स॰ प्रवाल। मूँगा।

पँवार[२]—[< हि॰ परमार] राजपूतों की एक उपजाति। पवार। परमार।

पँवारना—[< स॰ प्रवारण] *क्रिस॰* १. किसी काम को करने से रोकना। २. (उपेक्षा से) हटाना। ३. फेंकना। ४. फैलाना।

पँवारी—[देशज] *स्त्री॰* लुहारों का एक उपकरण जिससे लोहे में छेद किया जाता है।

पँसरहट्टा, पसरट्टा, पसरहट्टा—[< हि॰ पंसारी + हाट] *पु॰* पंसारियों का बाज़ार। ✣ **पँसरहट्टी**—*स्त्री॰* पंसारी की दुकान।

***पा/पाइ[१]**—[< प्रा॰ पाय < स॰ पाद] *पु॰* चरण। पैर। पाँव। ● **विशेष**—पाइ पियादे = पैदल।

पाइ[२]—[< हि॰ पाना] *क्रिवि॰* प्राप्त करके। पाकर।

पाइक—[< स॰ पायिक] *वि॰* पैदल चलनेवाला। *पु॰* १. पैदल सैनिक। प्यादा। २. सेवक। दास। ३. दूत।

***पाइतरी**—[< हि॰ पाइँत] *स्त्री॰* खाट/पलंग/बिस्तर के पैर की ओर का भाग। पैताना/पायँता।

पाइरा—[< हि॰ पाइ] *पु॰* घोड़े के साज की रकाब।

†पाइँग—[देशज] *पु॰* अश्वारोहियों की सेना।

पाइँत/पाइँता—[< स॰ पादान्त] *पु॰* खाट/बिस्तर का वह भाग जिधर पैर रहते हैं। पायँता।

पाइँन—[< हि॰ पाई] *पु॰* (कोरी/जुलाहे की) पाई। (दे॰) ● **विशेष**—क्षेत्रीय बोलचाल में 'पाइँन' (< पाइँ = पैर) का अर्थ 'पैरों से' भी होता है। ***जैसे***—बच्चा पाइँन चलने लगा।

पाई[१]—[< प्रा॰ पाय < स॰ पाद] *पु॰* १. चरण। पैर। २. खड़ी रेखा। ३. वाक्य के अन्त में पूर्णविराम की सूचक खड़ी रेखा। ४. पहले प्रचलित 'इकन्नी' नामक सिक्के के चौथाई मूल्य के सिक्के 'पैसा' के तिहाई मूल्य का एक छोटा, गोल, ताँबे का सिक्का। [● **विशेष**—इकन्नी (एक आना) = १२ पाई तथा रुपया = १९२ पाई होता था।] ५. पुराने मुनीमी के काम में १ पैसे का सूचक चिह्न जो वक्र रेखा के दाहिनी ओर बनाया जाता था और चार आने का सूचक चिह्न जो वक्र रेखा के बायीँ ओर लगता था। ६. किसी स्वर की मात्रा जो व्यंजन के साथ लगायी जाती है। ***जैसे***—'ई' की पाई 'ी' है। ७. (कोरी/जुलाहे द्वारा) ओल में डुबायी हुई लट।

पाई[२]/पायी—[< हि॰ पाना] *क्रिस॰* 'पाना' क्रिया का एक भूतकालिक रूप। प्राप्त की। ***जैसे***—हमने मिठाई पाई।

पाईता[१]—[< स॰ प्रथिता] *पु॰* (छन्द॰) एक समवर्णिक छन्द जिसके प्रत्येक चरण में क्रमशः मगण, भगण और सगण (म भ स) के योग से ९ वर्ण होते हैं।

पाईता[२]—*पु॰* बिस्तर में पैरों की ओर का भाग = पैताना।

***पाइँ[१] (पाईं[१])**—[< प्रा॰ पाय < स॰ पाद] *पु॰* चरण। पैर। पाँव।

पाइँ[२] (पाईं[२])—[< फा॰ पाईन] *वि॰* १. सामनेवाला या नीचेवाला। २. अन्तिम।

पाईंबाग़ (पाईंबाग़)—[फा॰ पाईं + अरबी बाग़] *पु॰* घर से लगा हुआ उद्यान या अन्तःपुर की वाटिका। गृहवाटिका।

***पाउ/पाऊ**—[< प्रा॰ पव्व < स॰ पर्व] *पु॰* ग्रन्थि। गाँठ।

पांशव/पांसव—[स॰ पांशु/पांसु + अण्] *वि॰* पांशु से उत्पन्न। धूल से उत्पन्न। *पु॰* नोना मिट्टी से निकला हुआ नमक।

पांशु/पांसु—[स॰ √पंश्/√पंस् + कु, दीर्घ] *स्त्री॰* १. धूल। २. रेत। बालू। ३. नोना। नमक।

पांशु-कूल—[स॰] *पु॰* १. धूल का ढेर। २. बौद्ध भिक्षुओं के पहनने का एक वस्त्र जो चीथड़ों से सीकर बनाया जाता था। गुदड़ी। कन्था।

पांशुकृत—[स॰ पांशु ~ कृत] *वि॰* धूल से ढका हुआ।

पांशुपटल—[स॰ पांशु ~ पटल] *पु॰* धूल की परत।

पांशुल/पांसुल—[स॰ पांशु/पांसु + लच्] *वि॰* १. जिसमें बहुत धूल लगी हो। धूलि-धूसरित। २. कलंकित करनेवाला। ३. दाग़/धब्बे वाला। दग़ीला।

पांशुला/पांसुला—[स॰ पांशुल/पांसुल + टाप्] *स्त्री॰* १. व्यभिचारिणी स्त्री। दुश्चरित्र स्त्री। २. रजस्वला स्त्री। ३. पृथ्वी। भूमि।

पाक[1]—[सं॰ √पच् + घञ्] *पु॰* १. पकने या पकाने की क्रिया/भाव। २. भोजन पकाने की क्रिया/भाव। ३. भोजन पचना। पेट में पचने की क्रिया/भाव। पचन। ४. फल आदि या घाव/फोड़े का पकना। विपाक। ५. पकाया हुआ भोजन। रसोई। ६. अवलेह आदि। पाग। ***जैसे***—बादाम पाक। ७. वृद्धता के कारण बालों का सफ़ेद होना। ८. (बुद्धि का) परिपक्व होना। ९. समाप्ति। १०. परिणाम। ११. किसी बात का अपने पूर्ण/परिपक्व रूप में पहुँचना। १२. एक दैत्य जिसका वध इन्द्र ने किया था।

पाक[2]—[फा॰] *वि॰* १. पवित्र। ***जैसे***—पाक जीवन। २. शुद्ध। ख़ालिस। ३. स्वच्छ। साफ़। ४. निर्दोष। ५. अवांछित बातों से रहित। ६. 'पाकिस्तान' देश के नाम का संक्षिप्त रूप। ***जैसे***—भारत-पाक-युद्ध। ***वा॰* झगड़ा पाक करना**—झगड़ा निपटाना। ✣ **पाक-साफ़**—*वि॰* = १. पवित्र और स्वच्छ। २. निष्कलंक।

पाकरिपु—[सं॰ पाक ~ रिपु] *पु॰* इन्द्र।

पाकशासन—[सं॰ पाक ~ शासन] *पु॰* इन्द्र। ● **विशेष—पाकशासनासन** = इन्द्र का सिंहासन।

पाकस्थान—[सं॰ पाक ~ स्थान] *पु॰* १. रसोईघर। २. (कुम्हार का) आवाँ।

पाकाभिमुख—[सं॰ पाक ~ अभिमुख] *वि॰* १. जो पक रहा हो। २. जो पूरा पकने के समीप हो।

पाखर—[< प्रा॰ पक्खर] *पु॰* १. (युद्ध के समय) हाथियों आदि को पहनाने की लोहे की झूल जो कवच के समान काम करती है। २. कवच। ३. (घोड़े की) ज़ीन। पक्खर। ४. टाट या मोटा कपड़ा जिसपर मोम आदि का लेप किया गया हो ताकि पानी से सड़े नहीं।

पाखरी—[< हि॰ पाखर] *स्त्री॰* अनाज लादने से पहले बैलगाड़ी पर बिछाया जाने वाला टाट।

पाखा—[< प्रा॰ पक्ख < सं॰ पक्ष] *पु॰* १. पक्ष। पंख या पाख। २. कोना या छोर/सिरा। ३. द्वार के दोनों ओर के वे स्थान जिनके साथ किवाड़ें सटी रहती हैं।

पाग—[< हि॰ < सं॰ पाक] *पु॰* १. चाशनी में डुबाई हुई पेठे आदि की मिठाई। २. वैद्यों द्वारा बनाए जाने वाले अवलेह। पागी हुई औषधि। पाक। ***जैसे***—बादामपाग।

†पागड़—[< हि॰ पग] *पु॰* (घोड़े की) रकाब।

पागना—[< सं॰ पाक] *क्रिस॰* १. खाद्य वस्तु को चाशनी में कुछ समय तक डुबाए रखना। २. किसी वस्तु पर शीरे का लेप चढ़ाने की क्रिया करना।

***पागना**—[< हि॰ पग] *क्रिस॰* १. पैरों पड़ना। २. शरण में आना।

पाङ्गुल्य (पांगुल्य)—[सं॰ पङ्गुल + ष्यञ्] *पु॰* पंगुल होने की अवस्था/भाव। पंगुलता। लँगड़ापन।

पाचक—[सं॰ √पच् + ण्वुल्] *वि॰* १. पकानेवाला। २. पचानेवाला। *पु॰* रसोइया। २. पित्त के पाँच भेदों में से एक। जिसकी सहायता से भोजन पचता है। ३. भोजन को पचानेवाली औषधि। *स्त्री॰* = रसोइया स्त्री।

पाचनीय—[सं॰ √पच् + णिच् + अनीयर्] *वि॰* १. पकाने योग्य। २. पचाने योग्य।

पाच्य—[सं॰ √पच् + ण्यत्] *वि॰* १. जो अवश्य पक या पच जाए। २. पचाने या पकाने योग्य।

पाछ[1]—[< हि॰ पाछना] *स्त्री॰* १. पाछने की क्रिया/भाव। २. पाछने में किया गया जन्तु/पौधे के शरीर पर घाव। (दे॰ पाछना)

***पाछ**[2]—[< प्रा॰ पच्छा < सं॰ पश्चात्] *पु॰* पीठ की ओर का भाग या पिछला भाग। पीछा। *क्रिवि॰* १. पीछे। २. पश्चात्। बाद में। ३. परोक्ष में। ✣ **पाछा**—*पु॰* = पीछा।

पाछना—[< हि॰ पंछा] *क्रिस॰* छुरे आदि के हल्के आघात से प्राणी के शरीर पर या पेड़-पौधे पर चीरा लगाना।

पाछु**—[< प्रा॰ पच्छा < सं॰ पश्चात्] *पु॰* पिछला भाग। पीछा। *वि॰* १. पीठ कीओर या पीछे। २. बाद में। ***जैसे—तुम्हारे पीछे वह आया। ३. परोक्ष में। पीछे।

***पाज**[1]—[< प्रा॰ पइज्जा < सं॰ प्रतिज्ञा] *पु॰* प्रण। प्रतिज्ञा।

पाज**[2]—*पु॰* १. सेतु/पुल या बाँध। २. तालाब के चारों ओर मिट्टी जमा करके बनायी गयी ऊँची भूमि। [● **विशेष**—इसे राजस्थानी में '**पाळ**' भी कहा जाता है।] ३. बन्धन। ***जैसे—लाज की पाज तोड़ना। ४. आधार। ५. राशि। ढेर। ६. पंजा।

पाजी[1]—[< सं॰ पदाति] *पु॰* १. पैदल चलनेवाला व्यक्ति। २. पैदल सैनिक। प्यादा। ३. पहरेदार। ४. नौकर।

पाजी[2]—[फा॰] *वि॰* १. धूर्त। दुष्ट। २. अधम। नीच। ✣

पाञ्चजन्य (पांचजन्य)—[सं॰ पञ्चजन + ञ्य] *पु॰* श्रीकृष्ण के शँख का नाम।

पाञ्चनद (पांचनद)—[सं॰ पञ्चनद + अण्] *वि॰* पंचनद/पंजाब से सम्बन्धित। पंचनद/पंजाब का। *पु॰* पंचनद/पंजाब। २. पंचनद प्रदेश का निवासी। पंजाबी।

पाञ्चरात्र (पांचरात्र)—[सं॰ पञ्चरात्रि + अण्] *पु॰* प्राचीन वैष्णव धर्म (भागवत धर्म/नारायणीय धर्म की एक प्रमुख शाखा)।

पाञ्चशाब्दिक (पांचशाब्दिक)—[सं॰ पञ्चशब्द + ठक्] *पु॰* पाँच प्रकार के वाद्यों का वर्ग—वीणा, करताल, ढोल, भेरी और घंटा।

पाञ्चाल (पांचाल)—[सं॰ पञ्चाल + अण्] *वि॰* १. पंचाल देश से सम्बन्धित। पंचाल देश का। २. पंचाल देश में होनेवाला। *पु॰* १. पंचाल देश। २. पंचाल देश का निवासी/राजा।

पाञ्चालिका (पांचालिका)—[सं॰ पाञ्चाली + कन् + टाप्, ह्रस्व] *स्त्री॰* कपड़े आदि की बनी हुई गुड़िया। पुतली।

पाट—[< सं॰ पट्ट] *पु॰* १. रेशम। २. रेशम को बटकर तैयार किया हुआ डोरा। ३. वस्त्र। कपड़ा। ४. कुर्सी या पीढ़ा। ५. धोबी की कपड़े धोने की पत्थर की पटिया। ६. चक्की में ऊपर-नीचे के दोनों गोल पत्थरों में से प्रत्येक। चाक। ७. लकड़ी का तख़्ता। ***जैसे***—छत पाटने के लिए पाट लगाना। ८. लहँगे के घेरे में जोड़ी गयी कपड़े की पर्त। ९. वह वस्तु जिसमें झूला लटकाया जाता है। पाटा। १०. सिंहासन। ११. राजगद्दी। १२. पत्थर की छोटी पटिया जिस

पर कुम्हार गूँदी हुई मिट्टी को मलता है। इसे ब्रजभाषा में **पथरौटा** कहते हैं। १३. किवाड़। १४. पटसन। जूट। १५. (नदी आदि का) चौड़ाई में विस्तार या फैलाव। *जैसे*—बरसात में इस नदी का पाट बहुत हो जाता है।

पाटक—[स॰ √पट् + णिच् + ण्वुल्] *पु॰* १. चीरने/फाड़ने/तोड़ने या नष्ट करनेवाला। २. ग्राम का आधा भाग या कोई भाग। ३. (नदी का) तट/किनारा।

पाटन[१]—[स॰ √पट् + णिच् + ल्युट्] *पु॰* चीरने/फाड़ने/तोड़ने या नष्ट करने की क्रिया/भाव।

पाटन[२]—[< हि॰ पाटना] *पु॰* १. पाटने की क्रिया/भाव। पटाव। २. छत जो पटाव से बनी हो। ३. घर के ऊपर की मंज़िल।

पाटन[३]—[< स॰ पत्तन] *पु॰* नगर या बस्ती।

पाटनि[१]—[< स॰ पट्ट] *स्त्री॰* सिर के बालों की पट्टी। पटियाँ।

***पाटनि**[२]—*स्त्री॰* ≤ स॰ पाटन। पाटना।

पाटनीय[१]—[स॰ √पट् + णिच् + अनीयर्] *वि॰* १. चीरने/फाड़ने/तोड़ने या नष्ट करने योग्य। २. जिसे चीरना आदि या नष्ट करना हो।

पाटनीय[२]—[< हि॰ पाटना] *वि॰* पाटने के योग्य।

***पाटप**—[राजस्थानी] *वि॰* १. सबसे बड़ा। प्रधान। मुख्य। २. उत्तम। श्रेष्ठ। शिरोमणि।

पाट-पटम्बर—[हि॰] *पु॰* अनेक प्रकार के उत्तम वस्त्र।

पाट-पटोर—[< स॰ पट + हि॰ पटोर] *पु॰* सूती और रेशमी वस्त्र।

पाटमय—[स॰ पाट + मयट्] *वि॰* रेशमी।

पाट-महिषी—[< स॰ पट्टमहिषी] *स्त्री॰* पट्टराज्ञी। पटरानी।

पाटम्बर (पाटंबर)—[< स॰ पट्ट ~ अम्बर] *पु॰* रेशमी वस्त्र।

पाटल—[स॰ √पट् + णिच् + कलप्] *वि॰* १. गुलाबी रंग का। २. गुलाब-सम्बन्धी। *पु॰* १. पांडुर/पाढर/पाढल वृक्ष या उसका फूल। २. गुलाब का वृक्ष/फूल। (पुरा॰) गुलाब के फूल की आकृति कर एक अलंकरण। ● **विशेष**—यह प्राचीन भारतीय वेदियों पर बहुत मिलता है। इसे **'फुल्लिका'** भी कहा जाता है।

पाटलक—[स॰ पाटल + कन्] *वि॰* गुलाबी रंग का। *पु॰* गुलाबी रंग।

पाटला—[स॰ पाटल + टाप्] *स्त्री॰* १. पाटल/पांडुर/पाड़र/पाढर नामक वृक्ष या उसका फल। (दे॰ पाटल) २. लाल लोध्र/लोध। जलकुम्भी। ३. दुर्गा। पार्वती।

पाटलि—[स॰ √पट् + णिच् + अलि] *स्त्री॰* पाटल/पांडुर/पाड़र/पाढर नामक वृक्ष।

पाटलिमा—[स॰ पाटलिमन्] *स्त्री॰* गुलाबी रंग/रंगत। २. गुलाबीपन।

पाटली—[स॰ पाटलि + ङीष्] *स्त्री॰* पाटलि।

पाटलोपल—[स॰ पाटल + उपल] *पु॰* 'लाल' नामक रत्न।

पाटव—[स॰ पटु + अण्] *पु॰* १. पटुता। कुशलता। निपुणता। २. पटुता। चतुराई। ३. शीघ्रता। जल्दी।

पाटविक—[स॰ पाटव + ठन्] *वि॰* १. चतुर। होशियार। २. धूर्त। छली। धोखेबाज़।

पाटवी—[< हि॰ पाट] *वि॰* १. रेशमी। २. पटरानी-सम्बन्धी। *पु॰* पटरानी का पुत्र।

पाटहिक—[स॰ पटह + ठञ्] *पु॰* पटह/नगाड़ा बजानेवाला व्यक्ति।

पाटाम्बर (पाटांबर)—[हि॰ पाट + स॰ अम्बर] *पु॰* रेशमी कपड़ा।

***पाटि**—*स्त्री॰* ≤ स॰ पाटी। (दे॰ पाटी[२])

पाटित—[स॰ √पट् + णिच् + क्त] *वि॰* १. चीरा/तोड़ा/फाड़ा हुआ। विदीर्ण। २. नष्ट किया हुआ। नष्ट।

पाटी[१]—[स॰ √पट् + णिच् + इन् + ङीष्] *स्त्री॰* १. रीति। प्रणाली। परिपाटी। २. अंकगणित। पाटीगणित। ३. श्रेणी। पंक्ति।

पाटी[२]—[< हि॰ पाटा, या < स॰ पट्टिका] *स्त्री॰* १. लकड़ी की पट्टी जिस पर पहले शिशुओं को पढ़ने-लिखने का अभ्यास कराया जाता था। तख़्ती। २. पाठ। सबक़। ३. माँग के दोनों ओर कंघी/कंघे द्वारा, पानी/तेल की सहायता से, बैठाए गए सिर के बाल। पटिया। पट्टी। ४. खाट में लम्बाई वाले डंडे। पट्टी। ५. चटाई। *जैसे*—सीतलपाटी (शीतलपाटी)। ६. (स्त्रियों का) एक आभूषण। ***वा॰* पाटी पढ़ना**—शिक्षा प्राप्त करना। **पाटी पढ़ाना**—शिक्षा देना।

पाटीगणित—[स॰ पाटी ~ गणित] *पु॰* अंकगणित।

पाटीर—[स॰ पटीर + अण्] *पु॰* १. चन्दन की लकड़ी या वृक्ष। २. खेत। ३. मेघ। बादल। ४. जस्ता।

पाठा[१]—[स॰ √पठ् + घञ् + टाप्] *स्त्री॰* 'पाढ़/पाढ़ा' नामक लता जो वृक्ष या किसी लता पर आश्रित होती है।

पाठा[२]—[< स॰ पुष्ट] *वि॰* १. हृष्ट-पुष्ट। मोटा और तगड़ा। २. पट्ठा। जवान। *पु॰* १. जवान बैल/भैंसा/बकरा।

पाठिक—[स॰ पाठ + ठन्] *वि॰* जो मूल पाठ या प्रस्तुत पाठ के अनुसार हो। पाठानुसार।

पाठिका—[स॰ पाठक + टाप्] *वि॰ (स्त्री॰)* १. पढ़नेवाली। *जैसे*—पत्रिका की अनेक पाठिकाओं ने तुम्हारे लेख की प्रशंसा की। २. पढ़ानेवाली।

पाठी—[स॰ पाठिन्] *वि॰* पाठ करनेवाला। पढ़नेवाला। *जैसे*—सहपाठी; वेदपाठी।

पाठीन—[स॰ पाठि √नम् + जिच् + ड, दीर्घ] *पु॰* एक प्रकार की बड़ी मछली जिसके मुँह में अनेक दाढ़ें होती हैं।

पाठीय—[स॰ पाठ + छ] *वि॰* पाठ-सम्बन्धी। पाठ का। *जैसे*—पाठीय संशोधन।

पाठ्येतर—[स॰ पाठ्य + इतर] *वि॰* जो पाठ्यक्रम से भिन्न हो। *जैसे*—विद्यालय की पाठ्येतर गतिविधियों में खेल-कूद तथा प्रतियोगिताओं को विद्यार्थी बहुत पसन्द करते हैं।

पाड़—[< हि॰ पाट] *पु॰* १. धोती/साड़ी का किनारा। २. मचान। ३. (दीवार की चिनाई के काम में) बल्लियों, बाँसों आदि की बनाया गया ऊँचा ढाँचा। भवन आदि बनाने के लिए खड़ा किया जाने वाला लकड़ियों का ढाँचा।

पाड़ा[१]—[< प्रा॰ पाडय < स॰ पाटक] *पु॰* १. टोला। मुहल्ला। *जैसे*—रावतपाड़ा; धोबीपाड़ा। २. खेत की सीमा/हद।

पाड़ा[२]—[< देशज, पाठ पड्डय] पु॰ भैंस का नर-बच्चा। पड़रा।

पाड़ी—[< देशी प्रा॰ पाडी] पु॰ भैंस का नर-बच्चा। पड़रा। *स्त्री॰* भैंस का नारी/मादा बच्चा। पड़िया। पड़रिया।

पाढ़—[< स॰ पाट या हि॰ पाटा] पु॰ १. (बैठने का) पीढ़ा। २. पाटा। ३. मचान। पाड़। ४. सुनारों का एक उपकरण जिससे आभूषणों पर नक़्क़ाशी की जाती है।

पाढ़ा[१]—[देशज] पु॰ एक प्रकार का छोटा बारहसिंघा।

पाढ़ा[२]—[< स॰ पाठा] स्त्री॰ 'पाठा' नामक लता। (दे॰ पाठा)

पाढ़ी—[देशज] सूत की लच्छी।

पाढ़ीन/पाढ़िन—[< स॰ पाठीन] पु॰ एक प्रकार की मछली। पाढ़ीन।

***पाणही**—[< प्रा॰ पाणहा < स॰ उपानह] *स्त्री॰* जूता। पनही।

पाणि—[स॰ √पण् + इण्] पु॰ हाथ। हस्त। कर।

पाणिक—[स॰ पण + ठक्] *वि॰* १. व्यापार-सम्बन्धी। २. व्यापारी-सम्बन्धी। ३. दाँव/बाज़ी लगाकर जीता हुआ या प्राप्त। ४. जुए से प्राप्त। पु॰ १. व्यापारी। २. सौदा।

पाणिघ—[स॰ पाणि √हन् + ट] पु॰ १. हाथ से बजाया जाने वाला वाद्य (ढोल आदि)। २. हाथ से (बाजा) बजानेवाला व्यक्ति। ढोल/मृदंग आदि बजानेवाला। ३. हाथ का कारीगर। शिल्पी। दस्तकार।

पाणिघात—[स॰ पाणि ~ घात] पु॰ हाथ का आघात/प्रहार। घूँसा। २. घूँसेबाज़ व्यक्ति।

पाणिज—[स॰ पाणि + ज] *वि॰* हाथ से उत्पन्न। पु॰ १. हाथ की उँगलियों के नाख़ून। २. हाथ की उँगली।

पाणितल—[स॰ पाणि ~ तल] पु॰ करतल। हथेली।

पाणि-पल्लव—[स॰] पु॰ हाथ की उँगलियाँ।

पाणिपल्लव—[स॰ पाणि ~ पल्लव] पु॰ हाथरूपी पत्ता।

पाणिपीडन—[स॰ पाणि ~ पीडन] पु॰ पाणिग्रहण। विवाह।

पाणिपुट/पाणिपुटक—[स॰ पाणि ~ पुट/पुटक] पु॰ अंजलि।

पाणिबन्ध (पाणिबंध)—[स॰ पाणि ~ बन्ध] पु॰ पाणिग्रहण। विवाह।

पाणि-मुक्त—[स॰] पु॰ हाथ से फेंका जाने वाला अस्त्र (भाला, त्रिशूल इत्यादि)।

पाणि-मूल—[स॰] पु॰ (हाथ की) कलाई।

पाणिरुह—[स॰ पाणि ~ रुह] पु॰ नख। नाख़ून।

पाणिवाद—[स॰ पाणि ~ वाद] पु॰ १. ताली पीटना। ताली बजाना। २. ढोलक/मृदंग आदि बजाना। ३. ढोलक/मृदंग आदि वाद्य/बाजे।

पाण्डुर (पांडुर)—[स॰ पाण्डु + र] *वि॰* १. पीलापन लिए हुए सफ़ेद रंग का। २. सफ़ेद रंग का। पु॰ १. पीलापन लिए हुए सफ़ेद रंग। २. सफ़ेद रंग। ३. श्वेत कुष्ठ (रोग)। सफ़ेद कोढ़। ४. एक प्रकार का साँप।

पाण्डुराग (पांडुराग)—[स॰ पाण्डु ~ राग] पु॰ सफ़ेदी। सफ़ेद रंग।

पाण्डुलिपि (पांडुलिपि)—[स॰ पाण्डु ~ लिपि] *स्त्री॰* हाथ की लिखी पुस्तक/लेख या उसकी प्रति।

पाण्डुलेख (पांडुलेख)—[स॰ पाण्डु ~ लेख] पु॰ १. प्रारूप/मसविदा का पूर्वरूप जिसमें काट-छाँट या परिवर्तन किए जाते हैं। २. पांडुलिपि।

पाण्डुवधू (पांडुवधू)—[स॰ पाण्डु ~ वधू] *स्त्री॰* द्रौपदी। पांचाली।

पाण्ड्य (पांड्य)—[स॰ पाण्डु + ड्यन्] *वि॰* पांडु देश से सम्बन्धित। पांडु देश का। पु॰ (दक्षिण भारत के) पांडुदेश का निवासी/राजा।

पात[१]—[स॰ √पा + क्त] *वि॰* बचाया हुआ। रक्षित।

पात[२]—पु॰ ≤ स॰ पत्र। (वृक्ष का) पत्ता।

पात[३]—[स॰ √पत् + घञ्, या √पत् + णिच् + घञ्] पु॰ १. पतन। गिरना। ***जैसे***—उल्का-पात। २. पतन। गिराना। ***जैसे***—रक्तपात। ३. नीचे आना। ***जैसे***—अधःपात। ४. नाश। ५. प्रहार या आघात। ***जैसे***—वज्र-पात। ६. आक्रमण। ७. गिरना/पड़ना या लगना ***जैसे***—दृष्टि-पात। (गणित॰) वह बिन्दु जिस पर दो वक्र रेखाएँ परस्पर काटती हैं और उनकी अलग-अलग स्पर्श रेखाएँ होती हैं। (खगोल॰) किसी ग्रह की कक्षा और सूर्य की आभासी कक्षा का परस्पर कटान-बिन्दु। (अ॰ नोड)

पातक—[स॰ √पत् + णिच् + ण्वुल्] *वि॰* गिरानेवाला। पु॰ पाप। गुनाह।

पातकी—[स॰ पातकिन्] *वि॰* पापी। ✣ **पातकिन/पातकिनी**—*वि॰ (स्त्री॰)* = पाप करने वाली। पापिन।

पातङ्गि (पातंगि)—[स॰ पतङ्ग ~ इञ्] पु॰ १. सूर्य का पुत्र। २. शनैश्चर। शनि। ३. यम।

पातन—[स॰ √पत् + णिच् + ल्युट्] पु॰ १. गिराने की क्रिया/भाव। २. नीचा दिखाने की क्रिया/भाव।

पाता[१]—[स॰ पातृ] *वि॰* १. रक्षा करनेवाला। रक्षक। २. पीनेवाला।

***पाता**[२]—[< स॰ पत्र] पु॰ (वृक्ष आदि का) पत्ता।

पाता[३]—[< हि॰ पाना] *क्रिस॰* प्राप्त करना। *वि॰* प्राप्त करता (हुआ) या प्राप्त करने वाला। ***जैसे***—ज्ञान को गुरु से पाता मनुष्य।

पाताल—[स॰ √पत् + आलच्] पु॰ १. भुवन का अधोभाग। २. पृथ्वी के नीचे के सात लोकों में से सबसे नीचे का लोक। ३. उक्त सातों लोकों में से कोई। पृथ्वी-तल के नीचे का कोई भी लोक। ४. गड्ढा। सूराख़। ५. विवर। बिल। ५. (लाक्षणिक) बहुत गहरा या नीचा स्थान। (ज्योतिष॰) जन्मकुंडली में चतुर्थ भाव।

पातालगरुड़—[< स॰ पाताल ~ गरुड़] *स्त्री॰* एक औषधोपयोगी लता जो बहुत मोटी और दृढ़ होती है जिसमें हरे फल छोटे-छोटे और गुच्छों में लगते हैं परन्तु पकने पर काले हो जाते हैं। छिरैरी।

पाताल-यन्त्र (यंत्र)—[स॰] पु॰ (आयुर्वेद॰) धातुएँ गलाने, अर्क/तेल तैयार करने इत्यादि में प्रयुक्त एक यन्त्र।

पातालीय—[स॰ पाताल + छ] *वि॰* १. पाताल-सम्बन्धी। पाताल का। २. पृथ्वी-तल के नीचे रहने या होने वाला। भूगर्भीय।

***पाति**—[< हि॰ पाती] *स्त्री॰* १. पत्र। चिट्‌ठी। २. (वृक्ष आदि की) पत्ती।

पातिक—[स॰ पांत + ठन्] पु॰ सूँस नामक जल-जन्तु। शिशुमार।

***पातिग**—[< सं॰ पातक] *पु॰* पातक। पाप।

पातित—[सं॰ √पत् + णिच् + क्त] *वि॰* गिराया/फेंका/झुकाया हुआ।

पातित्य—[सं॰ पतित + ष्यञ्] *पु॰* पतित होने की अवस्था/भाव। पतितता।

पातिल[१]—[< सं॰ पातिली] *स्त्री॰* मिट्टी की हाँडी/हँडिया जिसमें विवाह के समय दीपक जलाकर रखा जाता है तथा हँडिया का आधा मुँह ढक्कन से ढँक दिया जाता है।

पातिल[२]—[< हिं॰ पातर] *वि॰* पतला।

पातिव्रत्य—[सं॰ पतिव्रता + ष्यञ्] *पु॰* १. पतिव्रता होने का गुण/अवस्था/भाव। २. पतिव्रता का धर्म। पति के प्रति पूर्ण निष्ठा।

पाती[१]—[सं॰ पातिन्] *वि॰* १. गिरनेवाला या गिरानेवाला। २. फेंकनेवाला।

पाती[२]—[< हिं॰ पात < सं॰ पत्र] *स्त्री॰* १. पत्र। चिट्ठी। २. पत्ता। पत्ती।

***पाती**[३]—[< हिं॰ पति < हिं॰ पत] १. लोकलज्जा। २. प्रतिष्ठा। सम्मान। इज़्ज़त।

पातुक—[सं॰ √पत् + उकञ्] *वि॰* १. जो प्रायः गिरता रहता है। पतनशील। २. पतनोन्मुख। *पु॰* १. पहाड़ का ढाल/उतार। २. सूँस नामक जल-जन्तु। शिशुमार।

पात्र—[सं॰ √पा + ष्ट्रन्] *पु॰* १. आधान जिसमें कुछ रखा जा सके। २. भाजन। बर्तन। ***जैसे***—जल-पात्र; भोजन-पात्र। ३. यज्ञ में उपयोगी स्रुवा आदि बर्तन जैसी वस्तुएँ। ***जैसे***—यज्ञ-पात्र। ४. किसी विषय को सीखने के लिए आवश्यक गुणों वाला व्यक्ति। अधिकारी व्यक्ति। ***जैसे***—श्रीकृष्ण के उपदेश का पात्र। ५. किसी काम के लिए योग्य/उपयुक्त व्यक्ति। ***जैसे***—कन्या के लिए श्रेष्ठ पात्र की खोज। ६. किसी बात के लिए अधिकारी व्यक्ति। हक़दार व्यक्ति। ***जैसे***—युवराज पद के पात्र अंगद। (काव्य॰) किसी काव्य/उपन्यास/कहानी/नाटक आदि की कथावस्तु में भाग लेनेवाला व्यक्ति। ***जैसे***—'गोदान' उपन्यास के पात्रों में 'होरी' सर्वप्रमुख है। (नाट्य॰) अभिनेय चरित्रों के अभिनेता। अभिनय करनेवाले। ***जैसे***—सभी पात्रों के अभिनय की बहुत प्रशंसा हुई।

पात्री[१]—[सं॰ पात्रिन्] *वि॰* १. जिसके पास पात्र हो। बर्तनवाला। २. जिसके पास योग्य पात्र हो।

पात्री[२]—[सं॰ 'पात्र' का *स्त्री॰* रूप] *स्त्री॰* १. छोटा पात्र बर्तन। (काव्य॰) काव्य/उपन्यास/कहानी/नाटक आदि की कोई स्त्री पात्र। (नाट्य॰) अभिनय करनेवाली स्त्री। अभिनेत्री।

पाथ[१]—[सं॰ √पा + थ] *पु॰* १. जल। पानी। २. सूर्य। ३. अग्नि। ४. वायु। ५. आकाश। ६. अन्न।

***पाथ**[२]—*पु॰* ≤ सं॰ पथ। मार्ग। राह।

पाथज—[सं॰ पाथ + ज] *पु॰* १. कमल। २. शंख।

पाथद/पाथधर—[सं॰ पाथ + द/धर] *पु॰* मेघ। बादल।

पाथधि—[सं॰ पाथ ~ धि] *पु॰* समुद्र। पाथोधि।

पाथप्रद—[सं॰ पाथ + प्रद] *पु॰* जलद। मेघ। बादल। ✣ **पाथप्रदनाथ**—*पु॰* = (बादलों का स्वामी) इन्द्र।

पाथना—[हिं॰ 'थापना' का वर्ण-विपर्यय] *क्रिस॰* गोबर आदि को हाथों से थपथपाते हुए, या साँचों से, छोटे-छोटे पिंड बनाना। ***जैसे***—कंडे पाथना।

पाथनाथ/पाथनिधि/पाथपति—[सं॰ पाथ ~ नाथ/निधि/पति] *पु॰* समुद्र।

***पाथर**—[< सं॰ प्रस्तर] *पु॰* पत्थर।

पाथ-राशि—[सं॰] *पु॰* समुद्र।

पाथस्पति—[सं॰ पाथस् ~ पति] *पु॰* वरुण (देवता)।

†**पाथा**—[देशज] *पु॰* कोल्हू हाँकनेवाला व्यक्ति।

पाथी—[< हिं॰ पाथ < सं॰ पथ] *पु॰* पथिक। राहगीर। ***जैसे***—सबेरा होते ही, सब पाथी मार्ग पर चल पड़े।

पाथेय—[सं॰ पथिन् + ढञ्] *वि॰* पथ-सम्बन्धी। मार्ग का। *पु॰* १. मार्ग में खाने के लिए पथिक के पास की भोज्य वस्तु। मार्ग का भोजन। सम्बल। २. मार्ग-व्यय। राह-ख़र्च।

पाथोज—[सं॰ पाथः + ज] *पु॰* १. कमल। २. शंख। ✣ **'पाथोजनाभ/पाथोजपाणि'**—*पु॰* = विष्णु।

पाथोद/पाथोधर—[सं॰ पाथः + द/धर] *पु॰* मेघ। बादल।

पाथोधि/पाथोनिधि—[सं॰ पाथः + धि/निधि] *पु॰* समुद्र।

पाद[१]—[< सं॰ पर्द] *पु॰* गुदा से निकलनेवाली वायु। अपानवायु।

पाद[२]—[सं॰ √पद् + घञ्] *पु॰* १. चरण। पैर। पाँव। २. चारपाई/चौकी/कुर्सी आदि का पाया। ३. वृक्ष की जड़। ४. पर्वत की तलहटी। ५. किसी वस्तु का निचला भाग। ६. किसी वस्तु का चौथाई भाग। चतुर्थांश। ७. श्लोक/मन्त्र/पद्य का चौथाई भाग। ८. एक पैर की माप। १२ अंगुल की नाप। ९. किसी पुस्तक के अध्याय के चार अंशों में से प्रत्येक। ***जैसे***—'अष्टाध्यायी' के आठ अध्यायों में से प्रत्येक के चार पाद हैं। १०. अंश। भाग। ११. स्तम्भ। खम्भा। (गणित॰, ज्यामिति) किसी वृत्त या क्षेत्र का चतुर्थांश। ● **विशेष**—संस्कृत में 'नूपुर' को '**पादकटक/पादकीलिका**' भी कहा जाता है।

पादक्षेप—[सं॰ पाद ~ क्षेप] *पु॰* १. डग भरना। चलना। २. पग। क़दम।

पादचार—[सं॰ पाद ~ चार] *पु॰* पैदल चलना।

पादटिप्पणी—[सं॰ पाद ~ टिप्पणी] *स्त्री॰* किसी पुस्तक/लेख के पृष्ठ के निचले भाग में दी जाने वाली टिप्पणी।

पादतल—[सं॰ पाद ~ तल] *पु॰* (पैर का) तलवा।

पादत्राण—[सं॰ पाद ~ त्राण] *वि॰* पैरों की रक्षा करनेवाला। *पु॰* खड़ाऊँ/जूता/चप्पल आदि।

पादनम्र—[सं॰ पाद ~ नम्र] *वि॰* (प्रणाम करने या नम्रता दिखाने के लिए) किसी के पैरों तक झुका हुआ।

पादन्यास—[सं॰ पाद ~ न्यास] *पु॰* १. पैर रखना। क़दम रखना। २. पग। क़दम।

पादप—[सं॰ पाद + प] *वि॰* पैरों से जल पीनेवाला। *पु॰* वृक्ष। पेड़।

✣ **पादप-क्रियाविज्ञान**—*पु॰* = वनस्पतिविज्ञान की वह शाखा जिसमें पौधों की जैविक क्रियाओं का अध्ययन किया जाता है।

पादपखण्ड (पादप-खंड)—[सं॰ पादप ~ खण्ड] *पु॰* १. वृक्षों का समूह। २. वन। जंगल।

पादपङ्कज (पादपंकज)—[सं॰ पाद ~ पङ्कज] *पु॰* कमल जैसे चरण। चरणकमल।

पाद-पद्धति (पद्धति)—[सं॰] *स्त्री॰* १. मार्ग। रास्ता। २. पगडंडी।

पादपविषाक्त—[सं॰ पादप ~ विषाक्त] *वि॰* जो पौधों के लिए विषैला हो।

पाद-पात—[सं॰] *पु॰* (चिकित्सा॰) टखने की संकोचक पेशियों के शिथिलन के कारण पाँव को सही न रख पाना।

पादपाश—[सं॰ पाद ~ पाश] *पु॰* (घोड़ा आदि) पशु के पीछे के पैर बाँधने की रस्सी। पिछाड़ी।

पादपाशी—[सं॰ पादपाश + ङीष्] *स्त्री॰* १. पैर बाँधने की ज़ंजीर। २. बेड़ी।

पादपूरक—[सं॰ पाद ~ पूरक] *वि॰* पाद-पूरण करनेवाला। *पु॰* (व्या॰) ऐसा अव्यय शब्द, पदबन्ध, उपवाक्य या वाक्य जो वक्ता ने व्यर्थ बोला है और उसके बिना भी वाक्यार्थ वही रहता और वाक्य अधिक सुन्दर लगता।

पादपीठ—[सं॰ पाद ~ पीठ] *पु॰* १. पैर रखने की छोटी चौकी या पीढ़ा। २. वह आधार जिस पर कोई खम्भा, मूर्ति आदि या कोई भारी वस्तु खड़ी होती है या रखी जाती है। पीठिका। *जैसे*—पादपीठ पर रखा पंखा।

पाद-पूर्ति—[सं॰] *स्त्री॰* १. किसी श्लोक या पद्य के किसी चरण के आधार पर पूरे श्लोक या पद्य की रचना। २. वे वर्ण या शब्द जोड़ना जिनसे किसी श्लोक के या पद्य/छन्द की मात्राओं या वर्णों की पूर्ति मात्र हो।

पादमूल—[सं॰ पाद ~ मूल] *पु॰* १. पैर की एड़ी या टख़ना। २. (पैर का) तलवा। ३. पर्वत की तलहटी। ४. चरणों के समीप का स्थान। *जैसे*—गुरु जी के पादमूल में बैठना।

पादरक्षक—[सं॰ पाद ~ रक्षक] *पु॰* पैरों की रक्षा करनेवाली वस्तु (जूता/खड़ाऊँ आदि)।

पादलग्न—[सं॰ पाद ~ लग्न] *वि॰* १. जो पैरों से आ लगा हो। चरणों में पड़ा हुआ। २. शरण में आया हुआ। शरणागत।

पाद-लेप—[सं॰] *पु॰* पैरों में महावर आदि लगाना।

पादशाह—[फ़ा॰] *पु॰* राजा। बादशाह। ✣ **पादशाही**—*वि॰* राजा-सम्बन्धी। राजा का। *स्त्री॰* १. राज्य। २. शासन। ३. बादशाहत।

पाद-शैल—[सं॰] *पु॰* बड़े पर्वत के समीप का छोटा पर्वत।

पादाकुलक—[सं॰ पाद ~ आकुलक] *पु॰* पदों का संग्रह करनेवाला। (छन्द॰) १. एक सममात्रिक छन्द जिसके प्रत्येक चरण में ४ चौकलों के योग से १६ मात्राएँ होती हैं।

पादाक्रान्त (पादाक्रांत)—[सं॰ पाद ~ आक्रान्त] *वि॰* पैरों तले दबाया हुआ। रौंदा हुआ।

पादाग्र—[सं॰ पाद ~ अग्र] *पु॰* पैर का सबसे आगे का भाग।

पादाघात—[सं॰ पाद ~ आघात] *पु॰* लात मारना। चरण-प्रहार।

पादाङ्क (पादांक)—[सं॰ पाद ~ अङ्क] *पु॰* पैर का निशान। चरणचिह्न। पदचिह्न।

पादाङ्गद (पादांगद)—[सं॰ पाद ~ अङ्गद] *पु॰* नूपुर।

पादानत—[सं॰ पाद ~ आनत] *वि॰* पैरों पर झुका/पड़ा हुआ। पद-नत।

पादान्त (पादांत)—[सं॰ पाद ~ अन्त] *पु॰* (छन्द॰) श्लोक या पद्य के किसी चरण का अन्तिम भाग। ✣ **पादान्तस्थ (पादांतस्थ)**—*वि॰* पादान्त में स्थित।

पादाम्बु (पादांबु)—[सं॰ पाद ~ अम्बु] *पु॰* पादोदक।

पादारविन्द (पादारविंद)—[सं॰ पाद ~ अरविन्द] *पु॰* चरणकमल।

पादासन—[सं॰ पाद ~ आसन] *पु॰* पैर रखने का पीढ़ा। पाद-पीठ।

पादाहत—[सं॰ पाद ~ आहत] *वि॰* जिस पर पैर से प्रहार किया गया हो। जिसे ठोकर मारी गयी हो।

पादिक—[सं॰ पाद ~ ठक्] *वि॰* जो किसी के चतुर्थ अंश के बराबर हो। *जैसे*—पादिक बीस (= पाँच)। *पु॰* चतुर्थांश।

पादी—[सं॰ पादिन्] *वि॰* १. पैर वाला। जिसके पैर या पाँव हों। २. चार चरणों वाला। चार भागों वाला। ३. जो किसी वस्तु के चतुर्थांश का हिस्सेदार हो।

पादुक—[सं॰ √पद + उकञ्] *वि॰* पैदल चलनेवाला। *जैसे*—पादुक राम। ✣ **पादुकी**—*वि॰ (स्त्री॰)* = पैदल चलनेवाली। *जैसे*—पादुकी सीता।

पादुका—[सं॰ पादू + कन् + टाप्, ह्रस्व] *स्त्री॰* १. खड़ाऊँ। २. जूता, चप्पल आदि।

पादोदक—[सं॰ पाद ~ उदक] *पु॰* १. पैर धोने का जल। २. वह जल जिसमें किसी पूज्य/मान्य व्यक्ति के चरण धोए गए हों। चरणोदक।

पादोदर—[सं॰ पाद ~ उदर] *वि॰* जिसके पैर बाहर न हों, अन्दर हों। *पु॰* सर्प। साँप।

पाद्य (पाद्य)—[सं॰ पाद + यत्] *वि॰* १. चरण से सम्बन्धित। चरण का। *पु॰* किसी मान्य अतिथि या देवमूर्ति आदि के चरण धोने के लिए आदरपूर्वक दिया जाने वाला जल।

पाद्यार्घ (पाद्यार्घ)—[सं॰ पाद्य ~ अर्घ] *पु॰* १. पाद्य और अर्घ। पैर धोने का पानी और दूब, अक्षत, जल इत्यादि पूजा के उपकरण। २. सत्कार या पूजन के समय दी जाने वाली धन आदि की भेंट।

***पाधरा**—[देशज] *वि॰* १. श्रेष्ठ। अच्छा। २. अनुकूल। ३. सरल। सीधा।

पाधा—[< सं॰ उपाध्याय] *पु॰* १. उपाध्याय। आचार्य। शिक्षक। २. कर्मकांड करानेवाला ब्राह्मण। ३. पुरोहित।

पानक—[सं॰ पान + कन्] *पु॰* १. पीने की वस्तु। पेय। २. 'पन्ना' नामक पेय जो पकाए हुए आम, इमली आदि के गूदे में पानी, नमक, मिर्च आदि मिलाकर तैयार किया जाता है।

पानड़ी—[< हिं॰ पान] *स्त्री॰* एक लता जिसकी सुगन्धित पत्तियाँ मीठे पेय पदार्थों, तेल आदि में सुगन्धित करने के लिए डाली जाती हैं।

पानदान—[फा॰] *पु॰* पान लगाने की चीज़ें (कत्था, चूना, सुपारी आदि) रखने का पात्र (डिब्बा या पिटारी आदि)।

पानप—[सं॰ पान + प] *वि॰* शराब पीने की लत वाला। मद्यप। शराबी।

पान-पत्ता—[हिं॰ पान (< सं॰ पर्ण) + हिं॰ पत्ता] *पु॰* १. सामान्य आदर। २. तुच्छ पूजा या भेंट।

पान-फूल—[हिं॰] *पु॰* १. पान और फूल। २. (लाक्षणिक) सामान्य या छोटा उपहार। *वि॰* (लाक्षणिक) बहुत कोमल।

पान-भूमि—[सं॰] *स्त्री॰* मद्यशाला। शराबघर।

पानमत्त—[सं॰ पान ~ मत्त] *वि॰* नशे में चूर।

पानमद—[सं॰ पान ~ मद] *पु॰* शराब का नशा।

पानविभ्रम—[सं॰ पान ~ विभ्रम] *पु॰* अधिक शराब पीने से होनेवाला विकार जिसमें वमन, मूर्च्छा आदि कष्ट होते हैं। पानात्यय।

***पानही**—[< सं॰ उपानह] *स्त्री॰* जूती। जूता।

पानागार—[सं॰ पान ~ आगार] *पु॰* मद्यशाला। शराबघर।

पानात्यय—[सं॰ पान ~ अत्यय] *पु॰* अधिक शराब पीने से होनेवाला विकार। पानविभ्रम।

***पानि**[१]—*पु॰* ≤ *हिं॰* पानी।

***पानि**[२]—*पु॰* ≤ सं॰ पाणि। हाथ।

पानिप—[< हिं॰ पानी] *पु॰* १. कान्ति। चमक। आब। २. लावण्य। सौन्दर्य। शोभा। ३. जल। पानी। ४. सरोवर। ५. प्रतिष्ठा।

***पानि-पतंग**—[< हिं॰ पानी + पतंग] *पु॰* 'जल भौंरा' नामक कीट।

पानीय—[सं॰ √पा + अनीयर्] *वि॰* पीने योग्य। *पु॰* १. पेय। २. जल। ३. मदिरा। शराब। ४. कोई स्वादिष्ठ पेय।

पानौरा—[< हिं॰ पान] *पु॰* पान के पत्ते का पकौड़ा। पनौर।

पान्थ (पांथ)—[सं॰ पथिन् + अण्, पन्थ-आदेश] *पु॰* १. यात्री। पथिक। राहगीर। बटोही। २. वियोगी व्यक्ति। ३. सूर्य। ✣ **पान्थनिवास**—*पु॰* = पथिकों/यात्रियों के ठहरने का स्थान। धर्मशाला। सराय। ✣ **पान्थशाला**—*स्त्री॰* पान्थनिवास।

***पान्यौ**—[< हिं॰ पानी] *पु॰* जल/पानी भी।

***पापछालिका**—[< सं॰ पाप ~ क्षालिका] *वि॰ (स्त्री॰)* = पापों को धोनेवाली। निष्पाप/पवित्र/शुद्ध बनानेवाली। **जैसे**—पापछालिका गंगा माता।

***पाप-पूनु**—*पु॰* ≤ सं॰ पाप-पुण्य। पाप और पुण्य।

पापहा—[सं॰ पापहन्] *वि॰* पापनाशक। पापघ्न।

पापार्त—[सं॰ पाप ~ आर्त] *वि॰* अपने पाप-कर्मों के फल से दुःखी (व्यक्ति)।

पापाशय—[सं॰ पाप ~ आशय] *वि॰* जिसके मन में पाप हो। पापचेता।

पापिष्ठ—[सं॰ पाप + इष्ठन्] *वि॰* घोर पापी। महापापी।

पापीयस्—[< सं॰ पाप + ईयसुन्] *वि॰, पु॰* अति पापी। घोर पापी। ✣ **पापीयसी**—*वि॰ (स्त्री॰), स्त्री॰* = अति पापिनी। घोर पापिन।

पापौघ—[सं॰ पाप + ओघ] *पु॰* पापों का समूह। पाप-समूह। ✣ **पापौघमय**—*वि॰* पाप-समूह से युक्त।

पामर—[सं॰ पा √मृ + घ] *वि॰* १. नीच। २. दुष्ट। पापी। ३. मूर्ख। ✣ **पामरी**[१]—*वि॰ (स्त्री॰)*।

पामरी[२]—[< सं॰ प्रावार] *स्त्री॰* उत्तरीय। दुपट्टा।

†**पामरी**[३]—[< हिं॰ पाँवड़ी] *स्त्री॰* १. खड़ाऊँ। २. जूता, चप्पल आदि।

पामाल—[फा॰] *वि॰* १. पद-दलित। २. दुर्दशाग्रस्त। ३. नष्ट।

पामाली—[फा॰] *स्त्री॰* १. पैरों से कुचला जाना। पद-दलन। २. दुर्दशाग्रस्तता। दुर्दशा। ३. नाश।

पायगाह—[फा॰] *स्त्री॰* १. पैर रखने का स्थान। २. कचहरी। ३. अश्वशाला। अस्तबल। तबेला।

पायजेब—*स्त्री॰* ≤ *फा॰* पाज़ेब। पाजेब।

पायदार—[< फा॰ पाएदार] *वि॰* १. दृढ़। मज़बूत। टिकाऊ। २. स्थिर। ३. अचल। ✣ **पायदारी**—*स्त्री॰* = १. दृढ़ता। मज़बूती। टिकाऊपन। २. स्थिरता।

पायन—[सं॰ √पा + णिच् + ल्युट्] *पु॰* पिलाना। (भौतिकी॰) किसी मिश्र धातु को कठोर बनाने के लिए जल में या तेल में डुबोकर ठंडा करना। (अं॰ टेम्परिंग)

पायन्दाज़ (पायंदाज़)—[< फा॰ पाअन्दाज] *पु॰* बिछौने के पास बिछाया जाने वाला वह टाट आदि जिस पर पैर पोंछकर बिछौने पर जाते हैं। पैरपोंछ। पाँवदान।

पायल—[< सं॰ पादपाल] *स्त्री॰* पैर में पहनने का एक घुँघरूदार आभूषण। पायजेब।

पायस—[सं॰ पायस् + अण्] *वि॰* १. दूध या जल से सम्बन्धित। दूध या जल का बना हुआ। *पु॰* १. दूध। २. खीर। ३. सरल वृक्ष का निर्यास/गोंद। (रसायन॰) दो अमिश्रणीय द्रवों के संयोग से बना मिश्रण। जिसमें एक द्रव दूसरे में निलम्बित रहता है। **जैसे**—तेल तथा जल मिलाने से बना पायस। (अं॰ इमल्शन)

†**पायसा**—[< सं॰ पार्श्व] *पु॰* आस-पास का स्थान। पड़ोस।

पायसीकरण—[सं॰ पायस + च्वि + करण] (रसायन॰) *पु॰* एक द्रव को दूसरे ऐसे द्रव में मिलाना जिसमें वह निलम्बित रहे और पायस बने। ✣ **पायसीकारक**—*पु॰* (रसायन॰) वह पदार्थ जिसकी थोड़ी मात्रा डालने से कोई पायस स्थायी हो जाए। पायस बनने में सहायक पदार्थ।

पायँचा—[< हिं॰ पायँ] *पु॰* पाजामा आदि के पैर वाले दो भागों में से प्रत्येक। पाजामे की टाँग।

पायँता—[< हिं॰ पायँ + सं॰ स्थान] *पु॰* सोने वाले के पैर की ओर की दिशा। पायताना। ✣ **पायँती**—*स्त्री॰* = पायँता। पैंताना।

***पायाल**—*पु॰* ≤ सं॰ पाताल।

पायिक—[सं॰ पादविक, पृषो॰] *पु॰* १. पैदल सिपाही। पदाति। २. दूत या चर। ३. सेवक। नौकर।

पायी—[स॰ √पा + णिनि] *वि॰* (प्रायः समासयुक्त पद के अन्त में प्रयुक्त) पीनेवाला। *जैसे*—विषपायी; स्तनपायी।

पायु—[स॰ √पा + उण्, युक् आगम] *पु॰* गुदा।

पाय्य—[स॰ √मा + ण्यत्, निपात॰ पत्व, युक्] *पु॰* प्राचीन काल में प्रचलित एक मान/नाप जिससे बिना तराजू ही अन्न आदि की नाप-तौल कर ली जाती थी।

पारग—[स॰ पार + ग] *वि॰* १. पार जानेवाला। २. जिसने किसी विद्या का पूरा ज्ञान पा लिया हो। पारंगत।

पारगम्य—[स॰ पार ~ गम्य] *वि॰* १. जिसके पार जाया जा सके। २. जिसमें प्रवेश किया जा सके। प्रवेश्य। ३. व्याप्य। *जैसे*—पारगम्य शास्त्र।

पारङ्गत (पारंगत)—[स॰ पारम् ~ गत] *वि॰* १. पार तक पहुँचा हुआ। जिसने पार पा लिया हो। २. (नदी आदि के) पार जानेवाला। ३. (किसी विद्या/विषय आदि में) सर्वज्ञ। विद्वान्। *जैसे*—कालिदास अनेक शास्त्रों में पारंगत थे।

पारण—[स॰ √पृ + णिच् + ल्युट्] *पु॰* किसी व्रत-उपवास के बाद का पहला अन्न-ग्रहण। ✣ **पारणा**—*स्त्री॰* = पारण।

पारतन्त्र्य (पारतंत्र्य)—[स॰ परतन्त्र + ष्यञ्] *पु॰* परतन्त्रता। पराधीनता।

पारद—[स॰ पार √दा + क] *वि॰* पारा (धातु)।

पारदेशिक—[स॰ परदेश + ठक्] *वि॰* दूसरे देश का। परदेसी। विदेशी। *पु॰* १. दूसरे देश का निवासी। २. यात्री।

पारधी—[< प्रा॰ पारद्धिअ <स॰ पापर्धिक] *पु॰* शिकारी।

पारना[1]—[< स॰ पारण] *क्रिस॰* १. गिराना। डालना। २. (कुश्ती में) पछाड़ना। ३. लेटाना। ४. स्थापित करना। रखना। ६. किसी को देना या सौंपना। ७. किसी में सम्मिलित करना। ८. कोई काम करना या करा देना। ९. नियत करना। स्थिर करना। १०. पूर्ण करना। ११. सिर की माँग सँवारना या निकालना। १२. नष्ट करना। बिगाड़ना। *क्रिअ॰* १. (कोई काम) कर सकना। हो सकना। २. लेटना।

पारना[2]—[< स॰ पालन] *क्रिस॰* पालन करना। पालना।

पारपत्र—[स॰ पार ~ पत्र] *पु॰* वह राजकीय अनुमति-पत्र जो किसी नागरिक को विदेशी यात्रा के समग प्राप्त करना पड़ता है। पासपोर्ट (अ॰)।

पारपथ—[स॰ पार ~ पथ] *पु॰* पैदल यात्रियों के लिए सड़क पार करने का नियत मार्ग। पटरी।

पारभासी—[स॰ पारभासिन्] *वि॰* थोड़ा पारदर्शक। अल्पपारदर्शक। (अ॰ ट्रान्सलूसेन्ट)

पारमार्थिक—[स॰ परमार्थ + ठक्] पु॰, *वि॰* परमार्थ-सम्बन्धी।

पारमिता—[स॰] *स्त्री॰* पूर्णता। उत्कृष्टता।

पारमेष्ठ्य—[स॰ परमेष्ठिन् + ष्यञ्] *वि॰* १. ब्रह्मा से सम्बन्ध रखनेवाला। २. ब्रह्मा का।

पारम्परिक/पारम्परीण/पारम्परीय (पारंपरीय)—[स॰ परम्परा + ठक्/खञ्/छ] *वि॰* परम्परा से प्राप्त। जो परम्परा से चला आ रहा हो। परम्परागत।

पारम्पर्य (पारंपर्य)—[स॰ परम्परा + ष्यञ्] *पु॰* १. परम्परा का क्रम/भाव। २. परम्परा से चली आ रही रीति प्रथा। ३. वंश-परम्परा।

पारयिष्णु—[स॰ √पार + णिच् + इष्णुच्] *वि॰* पार जाने में या पूरा करने में समर्थ।

पारयुगीन—[स॰ परयुग + खञ्] *वि॰* १. परवर्ती युग से सम्बन्धी। बाद के युग का। २. परवर्ती युग में होनेवाला।

पारवहन—[स॰ पार ~ वहन] *पु॰* एक स्थान से अन्यत्र ले जाना। परिवहन। ढुलाई। *जैसे*—पारवहन शुल्क; पारवहन थैला। (अ॰ ट्रान्ज़िट)

पारस—[< स॰ स्पर्श] *पु॰* १. एक प्रकार का पत्थर जिसके स्पर्श से लोहा सोना हो जाता है। स्पर्शमणि। २. (लाक्षणिक) उत्तम पदार्थ। ३. परोसा हुआ भोजन। ४. वह पत्तल जिसमें एक आदमी के खाने-भर का भोजन रखा गया हो। ५. (प्राचीन काल में) फ़ारस/ईरान देश।

पारस पीपल—[< स॰ पलाश ~ पिप्पल] *पु॰* पीपल के समान आकार-प्रकार का एक औषधोपयोगी वृक्ष जिसमें पीले रंग के फूल आते हैं और फल खट्टे होते हैं।

पारसेक—[अ॰] *पु॰* (गणित॰) खगोलीय दूरियाँ मापने का एक इकाई। एक पारसेक = ३.२५८ प्रकाशवर्ष। अर्थात् १९,१५०,०००,०००,००० मील।

पारस्परिक—[स॰ परस्पर + ठक्] *वि॰* परस्पर होनेवाला। आपस का। आपसी।

पारा[1]—[< स॰ पारद] *पु॰* एक चमकीली सफ़ेद धात्विक तत्त्व। पारद। ***वा॰* पारा उतरना**—क्रोध शान्त होना। **पारा गरम होना, पारा चढ़ना**—बहुत क्रोध में होना। **पारा चढ़ाना**—क्रुद्ध करना।

पारा[2]—[< फा॰ पारः] *पु॰* खंड। टुकड़ा। *जैसे*—शकरपारा।

पारापार—[स॰ पार ~ अपार] *पु॰* १. नदी आदि के दोनों तट—यह पार और वह पार। दोनों किनारे। उभय तट। २. समुद्र। पारावार।

पारायण—[स॰ पार ~ अयन] *पु॰* किसी ग्रन्थ का आदि से अन्त तक विधिपूर्वक पूर्ण पाठ। ✣ **पारायणिक**—*वि॰* = पारायण करनेवाला।

पारावत—[स॰ पर √अव् + शतृ + अण्] *पु॰* १. कबूतर। २. बन्दर। ३. पर्वत। ✣ **पारावती**—*स्त्री॰* = १. कबूतरी। २. वानरी। बँदरिया।

पारावार—[स॰ पार ~ अवार] *पु॰* १. नदी आदि के दोनों किनारे। पारापार। २. समुद्र।

पाराशर—[स॰ पराशर + अण्] *पु॰* (पराशर का पुत्र) वेदव्यास।

पाराशरि/पाराशर्य—[स॰ पराशर + इञ्/यञ्] *पु॰* (पराशर का पुत्र) वेदव्यास।

पारिक्षित—[स॰ परिक्षित् + अण्] *पु॰* (परिक्षित्/परीक्षित का पुत्र) जनमेजय।

***पारिखू**—[< हि॰ पारखी] *वि॰* परखनेवाला। पारखी।

पारिजात—[सं॰ पारी ~ जात] *पु॰* १. स्वर्ग के पाँच देव-वृक्षों में से एक। २. हरसिंगार वृक्ष या उसका फूल। ३. कचनार वृक्ष।

पारित—[सं॰ √पार् + णिच् + क्त] *वि॰* जिसका पारण हुआ हो। विधिपूर्वक किसी संस्था द्वारा स्वीकृत प्रस्ताव/विधेयक।

पारितोषिक—[सं॰ परितोष + ठक्] *वि॰* प्रसन्न करनेवाला। *पु॰* पुरस्कार। इनाम।

पारिपार्श्वक/पारिपाश्र्विक)—[सं॰ पारिपार्श्व + कन्, परिपार्श्व + ठक्] *पु॰* सेवक। (नाट्य॰) सूत्रधार का सहायक सेवक।

पारिप्लव—[सं॰ परि √प्लु + अच् + अण्] *वि॰* १. अस्थिर रहनेवाला। २. तैरनेवाला। ३. क्षुब्ध, चंचल या उद्विग्न। *पु॰* १. नौका। नाव। २. उद्विग्नता। आकुलता। ३. अस्थिरता। चंचलता। क्षोभ।

पारिभद्र—[सं॰ परिभद्र + अण्] *पु॰* १. फ़रहद का पेड़ जो लगभग १२ मीटर तक ऊँचा होता है और जिसमें ३-३ पत्ते एक ही वृन्त में होते हैं तथा कांड और शाखाएँ काँटेदार होती हैं। २. देवदारु वृक्ष। ३. नीम का वृक्ष।

पारिस्थितिक—[सं॰ परिस्थिति + ठक्] *वि॰* १. परिस्थिति-सम्बन्धी। ***जैसे***—पारिस्थितिक विवरण। २. प्रासंगिक। ✣ **पारिस्थितिक तन्त्र (तंत्र)**— *पु॰* = वनस्पतियों और प्राणियों का पानी, हवा, मिट्टी इत्यादि भौतिक वातावरण के मिलने से बना परिस्थिति-सम्बन्धी तन्त्र। ✣ **पारिस्थितिकी**— *स्त्री॰* = जीवविज्ञान की वह शाखा जिसमें जीवधारियों के परस्पर सम्बन्धों तथा वातावरण के साथ उनके भौतिक सम्बन्धों का अध्ययन होता है। परिस्थितिविज्ञान।

पारी[१]—[< हिं॰ बारी] *स्त्री॰* १. बारी। ***जैसे***—विद्यालय की दो पारी हैं—सबेरे की और शाम की। २. पाली। खेलने का अवसर। दाँव लेने का अवसर।

पारी[२]—[सं॰ √पृ + णिच् + घञ्] *पु॰* हाथी का पैर बाँधने का रस्सा।

पारीक्षित—[सं॰ परिक्षित् + अण्] *पु॰* १. परीक्षित का वंशधर। २. (परीक्षित-पुत्र) जनमेजय।

पारीण—[सं॰ पार ~ ख] *पु॰* १. उस पार तक पहुँचा हुआ। २. (किसी विद्या या शास्त्र में) पारंगत।

पारुष्य—[सं॰ परुष + ष्यञ्] *पु॰* परुषता। कठोरता।

पारेषण—[सं॰ पार ~ इषण] *पु॰* १. भेजने या पहुँचाने का कार्य। प्रेषण। २. मान्यताओं, रीति-रिवाजों आदि का एक पीढ़ी से दूसरी पीढ़ी में हस्तान्तरण। ✣ **पारेषित**— *वि॰* = १. भेजा या पहुँचाया हुआ। २. अगली पीढ़ी को हस्तान्तरित (अनुभव आदि)।

पारोक्ष्य—[सं॰ परोक्ष + ण्यत्] *पु॰* १. अप्रत्यक्षता। २. गुप्तता। ३. रहस्यमयता। ४. अस्पष्टता।

***पारोसी**— *पु॰* ≤ *हिं॰* पड़ोसी।

पार्थ—[सं॰ पृथा + अण्] *पु॰* पृथा (कुन्ती) का पुत्र। युधिष्ठिर, अर्जुन या भीम।

पार्थक्य—[सं॰ पृथक् + ष्यञ्] *पु॰* पृथक् होने का भाव। पृथक्ता। अलगाव।

पार्थिव—[सं॰ पृथिवी + अञ्] *वि॰* १. पृथिवी-सम्बन्धी। पृथ्वी का। २. पृथ्वी से उत्पन्न। ३. मिट्टी का बना हुआ। *पु॰* १. सांसारिक पदार्थ। २. मिट्टी का बर्तन। ३. राजा। ४. साठ संवत्सरों के चक्र में एक का नाम।

पार्वण—[सं॰ पर्वन् + अण्] *वि॰* किसी पर्व पर या अमावस्या के दिन किया जाने वाला। *पु॰* किसी पर्व पर या अमावस्या के दिन किया जानेवाला श्राद्ध।

पार्वतिक—[सं॰ पर्वत + ठञ्] *पु॰* पर्वतमाला। पर्वतश्रेणी।

पार्वतेय—[सं॰ पर्वत + ढक्] *वि॰* पर्वत से उत्पन्न।

पार्श्व[१]—[सं॰ √स्पर्श् + श्वण्, पृ आदेश] *पु॰* १. शरीर का दाहिनी या बायीं ओर का, पसलियोंवाला, भाग। बग़ल। ***जैसे***—बाएँ पार्श्व का घाव। ३. ओर। तरफ़। ***जैसे***—सेना के दाहिने पार्श्व पर आक्रमण हुआ। ४. निकटता। समीपता। ४. किसी घन आकृति के सिरों को छोड़कर अन्य फलकों में से प्रत्येक। ***जैसे***—त्रिपार्श्व में तीन पार्श्व होते हैं।

पार्श्व[२]—[सं॰ पर्शु + अण्] *पु॰* पसलियों का समूह।

पार्श्वग—[सं॰ पार्श्व + ग] *वि॰* साथ में रहनेवाला या साथ चलने वाला। *पु॰* सेवक।

पार्श्वगत—[सं॰ पार्श्व ~ गत] *वि॰* १. जो साथ हो। २. आश्रित। ३. निकट। समीप। स्थित। ***जैसे***—राजा का पार्श्वगत सरदार।

पार्श्वगायक—[सं॰ पार्श्व ~ गायक] *पु॰* (चलचित्र आदि में) किसी अभिनेता के बदले नेपथ्य से गानेवाला गायक। (अं॰ प्ले बैक सिंगर) ✣ **पार्श्वगायिका**— *स्त्री॰*।

पार्श्वच्छवि—[सं॰ पार्श्व ~ छवि] *स्त्री॰* **उदा॰** ईर्ष्या कुछ नहीं मुझे...मैं रहा आज यदि पार्श्वच्छवि। —निराला (अपरा, ३४) ✣ **पार्श्वछवि**— *स्त्री॰* = पार्श्वच्छवि।

पार्श्वपरिवर्तन—[सं॰ पार्श्व ~ परिवर्तन] *पु॰* करवट बदलना।

पार्श्वप्रकाश—[सं॰ पार्श्व ~ प्रकाश] *पु॰* (स्टूडियो आदि में) पार्श्व/बग़ल में पड़ने वाला प्रकाश। (अं॰ बैकलाइट)

पार्श्ववर्ती—[सं॰ पार्श्ववर्तिन्] *पु॰* १. सेवक। २. सहचर। ३. पड़ोस का।

पार्श्ववीथी—[सं॰ पार्श्व ~ वीथी] *स्त्री॰* (स्था॰, कला॰) भवन, मस्जिद आदि के मुख्य कक्ष के पार्श्व की बीथी/गलियारा।

पार्श्वस्थ—[सं॰ पार्श्व + स्थ] *वि॰* १. समीपस्थ। *पु॰* २. सहचर। (जैन॰) बस्ती में रहनेवाला परिग्रही मुनि जो कठोर संयम का मार्ग जानकर भी उस पर नहीं चलता।

पार्श्वान्तर (पार्श्वांतर)—[सं॰ पार्श्व ~ अन्तर] *पु॰* (क़िले की) प्राचीर का पिछला द्वार।

पार्श्वास्थि—[सं॰ पार्श्व ~ अस्थि] *स्त्री॰* पसली।

पार्श्विक—[सं॰ पार्श्व + ठक्] *वि॰* १. पार्श्व-सम्बन्धी। पार्श्व/बाज़ू का। पार्श्वीय। २. किसी एक पार्श्व में होने या रहनेवाला। *पु॰* १. पक्षपाती। २. सहचर।

पार्श्वीय—[सं॰ पार्श्व + छ] *वि॰* पार्श्विक। ● **विशेष**—प्रतिबिम्ब में वस्तु का दायाँ भाग बायाँ और बायाँ भाग दायाँ प्रतीत होना

'पार्श्वीय परिवर्तन' या 'पार्श्व-परिवर्तन' कहा जाता है।

पार्षद—[सं॰ पर्षद् + ण] *पु॰* १. सभासद। २. सेवक।

पार्ष्णि—[सं॰ √पृष् + नि, निपात॰] *स्त्री॰* एड़ी।

पार्ष्णिका—[सं॰ पार्ष्णि + कन् + टाप्] *स्त्री॰* एड़ी की हड्डी।

पार्ष्णिघात—[सं॰ पार्ष्णि ~ घात] *पु॰* एड़ी से किया गया प्रहार। (एड़ी की) ठोकर।

***पालउ**—*पु॰* ≤ *सं॰* पल्लव। पत्ता।

***पालंखी**—[< सं॰ पल्यङ्किका] *स्त्री॰* पालकी।

पालदण्ड (पालदंड)—[सं॰ पाल ~ दण्ड] *पु॰* (नाव के) मस्तूल के आर-पार लटकाया जाने वाला लम्बा डंडा जिसमें पाल का सिरा बाँधा जाता है।

पालयिता—[सं॰ पालयितृ] *पु॰* पालन करनेवाला। पालक। ✣ **पालयित्री**—*(स्त्री॰)* पालन करनेवाली।

***पालरा**—[< हिं॰ पलड़ा] *पु॰* (तराजू का) पलड़ा।

***पालव**—[सं॰ पल्लव] *पु॰* पल्लव। फुनगी।

***पालवना**—[< सं॰ पल्लव] *क्रिअ॰* पल्लवित होना। पनपना।

पालाश—[सं॰ पलाश + अण्] *वि॰* १. पलाश-सम्बन्धी। पलाश का। २. पलाश का बना हुआ। ३. हरे रंग का। हरा। *पु॰* हरा रंग।

पालि[1]—[सं॰ √पल् + इण्] *स्त्री॰* १. कान की लौ। २. पंक्ति।

पालि[2]—[सं॰, या < प्रा॰ पल्लि] *स्त्री॰* एक मध्यकालीन भारतीय आर्य भाषा। प्राकृत भाषा।

***पालिक**—[< सं॰ पर्यङ्क] *पु॰* पलंग। शय्या।

पालेज—[< फा॰ पालीज़] *स्त्री॰* १. साग-तरकारी की खेती। २. खरबूज़ा, तरबूज़ आदि की खेती।

पालो**—[< सं॰ पल्लव] *पु॰* पल्लव। पत्ता। ***जैसे—पालो पत्ती खाइए, मांस आदि नहीं।

पाल्य—[सं॰ √पाल् + ण्यत्] *वि॰* पालनीय।

पाल्वल—[सं॰ पल्लव + अण्] *वि॰* पल्वल का। सरोवर का। ***जैसे***—पाल्वल जल भारी और त्रिदोषकारक होता है।

पावक—[सं॰ √पू + ण्वुल्] पु॰, *वि॰* पवित्र करनेवाला। १. अग्नि। अग्निदेव। ३. सूर्य। ४. वरुण। ५. तपस्वी। ६. चित्रक/चीता नामक वृक्ष। ७. (पद्य आदि में) तीन की संख्या। (छन्द॰) एक समवर्णिक छन्द जिसके प्रत्येक चरण में क्रमशः भगण, मगण, भगण और गुरु (भ म भ ग) के योग से १० वर्ण होते हैं।

पावक[2]—[< हिं॰ पाना] *वि॰* पानेवाला। आदाता। ***जैसे***—चेक में पावक का नाम साफ़ लिखो।

पावती—[हिं॰ पावना] *स्त्री॰* किसी वस्तु या प्रपत्र के प्राप्त होने की लिखित सूचना। प्राप्ति का स्वीकार-पत्र। रसीद।

पावन—[सं॰ √पू + णिच् + ल्युट्/ल्यु] *वि॰* १. पवित्र करनेवाला। दोषों/पापों से छुड़ानेवाला। २. पवित्र। ***जैसे***—राम का पावन नाम। *पु॰* १. पवित्र करने की क्रिया। शुद्धि। २. अग्नि। ३. विष्णु/परमात्मा। (छन्द॰) एक समवर्णिक छन्द जिसके प्रत्येक चरण में क्रमशः भगण, नगण, २ जगण और सगण (भ न ज ज स) के योग से १५ वर्ण होते हैं तथा ८-७ पर यति होती है। ∇ **विलोम**—अपावन। ✣ **पावनता**—*स्त्री॰* = पवित्रता। ✣ ***पावनताई**—*स्त्री॰* = पवित्रता। ✣ **पावनत्व**—*पु॰* = पवित्रता।

पावना—[< हिं॰ पाना] *क्रिस॰* १. प्राप्त करना। *पु॰* १. अपने आश्रित कुछ जातियों के लोग (कुम्हार, धोबी, नाई इत्यादि) जिन्हें मांगलिक अवसरों पर नेग दिया जाता है। २. दूसरे से रुपया आदि पाने का अधिकार। ३. वह रुपया आदि जो दूसरे से पाना हो। ४. दूसरे से रुपया पाने का अधिकारी व्यक्ति। लेनदार।

पावनी[1]—[< हिं॰ पावना/पौनी] *वि॰ (स्त्री॰)* दूसरे से रुपया पाने की अधिकारिणी। *स्त्री॰* अपनी आश्रित कुछ जातियों की स्त्रियाँ जिन्हें मांगलिक अवसरों पर नेग दिया जाता है। पौनी।

पावनी[2]—[सं॰ पावन + ङीप्] *स्त्री॰* १. तुलसी। २. गाय। ३. गंगा।

†पावने—[बुन्देली, < सं॰ पावन] *पु॰* दीपावली पर दूसरे के घर जलाकर भेजे जाने वाले दीपक।

†पावनो—[बुन्देली < हिं॰ पावना] *पु॰* अपने नौकरों को दिया जानेवाला भोजन।

पावस—[< सं॰ प्रावृष] *पु॰* वर्षा ऋतु।

पाश[1]—[सं॰ √पश् + घञ्] *पु॰* १. रस्सा। २. ज़ंजीर या बेड़ी। ३. तार या रस्सी आदि का विशेष प्रकार का फन्दा जिसमें फँसने से प्राणी बँध जाता है। फाँस। ४. पशु-पक्षियों को फँसाने का जाल। ५. वरुण देवता का अस्त्र विशेष। ६. (जुआ खेलने का) पाँसा। ७. (समासयुक्त पदों के अन्त में) बन्धन। ***जैसे***—केश-पाश; बाहु-पाश।

पाश[2]—[फा॰] *पु॰* खंड। टुकड़ा। ● **विशेष**—'**गुलाबपाश**' इत्यादि शब्दों में 'छिड़कनेवाला' के अर्थ में 'पाश' का प्रयोग प्रत्यय की तरह होता है। ✣ **पाश-पाश**—*पु॰* = खंड-खंड। टुकड़े-टुकड़े। चूर-चूर। ***जैसे***—शीशा गिरते ही पाश-पाश हो गया।

पाशक्रीडा—[सं॰ पाश ~ क्रीडा] *स्त्री॰* १. पाँसे का खेल। २. जुआ। ✣ **पाशक्रीड़ा**—*स्त्री॰* = पाशक्रीडा।

पाशधर—[सं॰ पाश + धर] *वि॰* पाश धारण करनेवाला। पाशधारी। *पु॰* वरुण (देवता)।

पाशन—[सं॰ √पश् + णिच् + ल्युट्] *पु॰* १. जाल में फँसाने की क्रिया/भाव। २. फन्दा। जाल। ३. रस्सी। रस्सा। ४. बन्धन।

पाशपाणि—[सं॰ पाश ~ पाणि] *पु॰* वरुण (देवता)।

पाशबन्ध (पाशबंध)—[सं॰ पाश ~ बन्ध] *पु॰* फाँस। फन्दा।

पाशबन्धक (पाशबंधक)—[सं॰ पाश ~ बन्धक] *पु॰* चिड़ीमार। बहेलिया।

पाशबन्धन (पाशबंधन)—[सं॰ पाश ~ बन्धन] *पु॰* १. जाल। २. फन्दा।

पाशबद्ध (पाशबद्ध)—[सं॰ पाश ~ बद्ध] *वि॰* १. पाश से बँधा हुआ। २. जाल/फन्दे में फँसा हुआ।

पाशव—[सं॰ पशु + अण्] *वि॰* १. पशु-सम्बन्धी। पशुओं का। २. पशुओं के समान। पशुवत्। ✣ **पाशवी**—*वि॰ (स्त्री॰)*

पाशविक—[सं॰ पशु + ठञ्] *वि॰* १. पशु-सम्बन्धी। पशु का। २. क्रूरतापूर्ण। ✣ **पाशविकता**—*स्त्री॰* १. पशुता। अमानवीयता। २. क्रूरता।

पाशहस्त—[सं॰ पाश ~ हस्त] *वि॰* जिसके हाथ में पाश हो। पाशधारी। *पु॰* १. वरुण। २. यम।

पाशी—[सं॰ पाशिन्] *वि॰* पाशवाला। *पु॰* १. पाश या फन्दा रखनेवाला। २. यमराज। ३. वरुण।

पाशुपत—[सं॰ पशुपत + अण्] *वि॰* पशुपति-सम्बन्धी। पशुपति/शिव का। *पु॰* १. शिव-भक्त। २. एक धर्म-सम्प्रदाय।

पाश्चात्य—[< सं॰ पाश्चात्य (पश्चात् + त्यक्)] *वि॰* १. पश्चिम दिशा का। पश्चिमी। २. पश्चिम का रहने वाला। ३. पीछे का। पिछला। ४. पश्चिमी देशों से सम्बन्धित। ५. यूरोप के देशों का। ***जैसे***—पाश्चात्य दर्शन। ∇ **विलोम**—पौर्वात्य/पौरस्त्य।

पाषण्ड (पाषंड)—[सं॰ पा √षण्ड् + अच्] *पु॰* १. धार्मिकता का आडम्बर। दम्भ या ढोंग। २. वेद-विरुद्ध आचरण। ३. नास्तिकता। ४. माया। छलना।

पाषाण—[सं॰ √पिष् + आनच्, पृषो॰] *पु॰* पत्थर। शिला। ✣ **पाषाण-चतुर्दशी**—*स्त्री॰* = मार्गशीर्ष शुक्ल चतुर्दशी। ✣ **पाषाण-दारण**—*पु॰* = १. पत्थर तोड़ने/काटने का काम। २. संगतराश की छेनी। ✣ **पाषाण-पीठ**—*पु॰* = मूर्ति आदि की पत्थर की बनी चौकी।

पाषाणभेद—[सं॰ पाषाण ~ भेद] *पु॰* एक क्षुपजातीय पौधा। पाख़ानभेद। ● **विशेष**—इसे कहीं-कहीं '**पथरचूर**' भी कहते हैं। यह पत्थर की चट्टानों पर उत्पन्न होता है, पत्ते मोटे-मोटे और हरे रंग के होते हैं।

पाषाणसन्धि (पाषाणसंधि)—[सं॰ पाषाण ~ सन्धि] *स्त्री॰* चट्टान के भीतर की गुफ़ा या ख़ाली स्थान।

पाषाणी—[सं॰ पाषाण ~ ङीष्] *वि॰ (स्त्री॰)* पत्थर की बनी हुई। पत्थर के समान हृदय वाली। निष्ठुर। कठोर। निर्दय। क्रूर। *स्त्री॰* १. निष्ठुर/क्रूर स्त्री।

पासङ्ग (पासंग)—[< फा॰ पारसंग] *पु॰* १. तुला/तराजू के दोनों पलड़ों का वह थोड़ा-सा अन्तर जो दोनों ओर कुछ न रखने पर पाया जाता है। २. उक्त अन्तर को दूर करने के लिए हल्की ओर वाले, पलड़े में रखी जाने वाली या उसकी डोरी में बाँधी जाने वाली वस्तु। ***वा॰* (किसी का) पासंग भी न होना, पासंग बराबर भी न होना**—तुलना में नगण्य होना।

पासना—[< सं॰ पयस्] *क्रिअ॰* स्तनों/थनों में दूध उतरना। स्तनों/थनों का दूध से भरना।

पासनी—[< सं॰ प्राशन] *स्त्री॰* (शिशु का) 'अन्नप्राशन' नामक संस्कार।

पासबान—[फा॰] *वि॰* निगरानी करनेवाला। निरीक्षक। *पु॰* द्वारपाल। ✣ **पासबानी**—*स्त्री॰* = १. निगरानी। निरीक्षण। २. द्वारपाल का काम/पद।

पासासारि—[हि॰ पासा + सारि (गोटी)] *पु॰* १. पासों से खेला जानेवाला खेल (चौसर आदि)। २. चौसर आदि की गोट।

पासिक—[< सं॰ पाश] *पु॰* १. फन्दा। जाल। २. बन्धन।

पासी[1]—[< सं॰ पाशी] *पु॰* १. चिड़ियाँ पकड़नेवाला। बहेलिया। २. एक उपजाति जिसका पेशा सुअर पालना या ताड़ वृक्षों से ताड़ी उतारना है।

***पासी**[2]—[< सं॰ पाश] *स्त्री॰* १. वह जाली जिसमें घास, भूसा आदि बाँधते हैं। २. पाश। जाली। फन्दा।

***पासुरी**—*स्त्री॰* ≤ *हि॰* पसली।

पासोवर—[अं॰] *पु॰* यहूदियों का वसन्तकालीन उत्सव।

पास्चुरीकरण—[< अं॰ पैस्चराइज़ + सं॰ करण] *पु॰* दूध आदि द्रवों के अनेक रोगजनक जीवाणुओं को नष्ट करने के लिए उसे अधिक ताप पर गर्म करके और फिर तेज़ी से ठंडा करके किण्वन (खमीर) रोकने की क्रिया। आंशिक निर्जीवीकरण।

***पाह**—[< सं॰ पथ] *पु॰* पथ। मार्ग। रास्ता।

***पाहन**—[< प्रा॰ पाहण < सं॰ पाषाण] *पु॰* १. पत्थर। २. उपल। ओला। *वि॰* १. कठोर। २. निर्दय। निष्ठुर। क्रूर।

***पाहरू**—*पु॰* ≤ *सं॰* प्रहरी। पहरेदार।

***पाहँ**—[< हि॰ पास] *क्रिवि॰* १. समीप। पास। नज़दीक। २. (किसी के) प्रति। (किसी) से। ३. किसी के पास जाकर।

पाहि—[सं॰ पा (√पा का लोट्) + सिप् ~ हि] *क्रिस॰* रक्षा करो। बचाओ। ✣ **पाहि-पाहि**—*क्रिस॰* = रक्षा करो, रक्षा करो। बचाओ-बचाओ।

पाही—[< हि॰ पाह < सं॰ पथ] *स्त्री॰* वह खेती जो किसान के घर या गाँव से अधिक दूर हो।

पाहुड—[< सं॰ प्राभृत] *पु॰* (जैन॰) जैन ग्रन्थों का एक प्रकार। ***जैसे***—जैन ग्रन्थ 'कषाय-पाहुड'।

पाहुन—*पु॰* ≤ *हि॰* पाहुना। अतिथि। मेहमान।

पाहुना—[< सं॰ प्राघुण] *पु॰* अतिथि। मेहमान। ✣ ***पाहुनि**—*स्त्री॰* = पाहुनी। ✣ **पाहुनी**—*स्त्री॰* = १. अतिथि-सत्कार। मेहमानदारी। २. अतिथि स्त्री। मेहमानिन।

†**पाहुर**—[< प्रा॰ पाहुड < सं॰ प्राभृत] *पु॰* १. उपहार। भेंट। २. शुभ अवसर पर आत्मीय जनों के घर भेजी जानेवाली मिठाई, फल आदि। बैना। बायन।

पाहू[1]—[< हि॰ पाह < सं॰ पथ] *पु॰* १. पथिक। यात्री। बटोही। २. अतिथि। पाहुना। मेहमान।

पाहू**[2]—[< हि॰ पा] *पु॰* पैर पर भी। ***जैसे—परि पाहू।

पाँइता—[< हि॰ पायँता < हि॰ पायताना] *पु॰* चारपाई का पैर रखने की ओर का हिस्सा। पायताना। पैताना।

***पाउँड़ी/पाँउरी**—*स्त्री॰* < *हि॰* पाँवड़ी। खड़ाऊँ।

†**पाँवा**—*पु॰* ≤ *सं॰* पंक। कीचड़।

पाँग—[< सं॰ पंक] *पु॰* किसी नदी के पीछे हट जाने से निकली तटीय भूमि। कछार। खादर।

***पाँगल**—[< सं॰ पाङ्गुल्य] *पु॰* ऊँट।

पाँगा नमक—[(< सं॰ पङ्क) + हि॰ नमक] *पु॰* समुद्री नमक।

पाँगुर[1]—[< हि॰ पाँव + अँगुली] *स्त्री॰* पैर की उँगली।

पाँगुर[2]—*वि॰ ≤ सं॰* पङ्गुल। पंगुल। पंगु। लँगड़ा।

***पाँगुरना**—[< सं॰ उपाङ्ग-धरणम्] *क्रिअ॰* १. अंकुरित होना। २. पनपना। ३. हृष्ट-पुष्ट होना। ४. विहार करना।

***पाँगुल**—[< सं॰ पङ्गुल] *वि॰* पंगुल। पंगु। लँगड़ा।

पाँचइ/पाँचै/पाँचैं**—[< सं॰ पंचमी] *स्त्री॰* (चान्द्र मास के किसी पक्ष की) पंचमी तिथि। ***जैसे—फागुन बदी पाँचैं।

***पाँछना**—*क्रिस॰ ≤ हि॰* पाछना। त्वचा को खुरचना/छीलना। ✣ **पाँछि**—*क्रिवि॰* = त्वचा को खुरचकर या छीलकर।

पाँज[1]—[देशज] *स्त्री॰* बाहु-पाश।

पाँज[2]—[< हि॰ पाँव] *वि॰* (नदी, झील आदि) जिसमें इतना कम पानी हो कि पैरों से चलकर पार किया जा सके। *पु॰* सेतु। पुल। *स्त्री॰* छिछली नदी आदि जिसे पैरों से चलकर पार किया जा सके।

पाँज[3]—[< हि॰ पाँजना] *पु॰* पाँजने की क्रिया/भाव। मज़दूरी।

पाँजना—[देशज] *क्रिस॰* धातुओं के टुकड़ों को जोड़ने के लिए टाँका लगाना। पीतल आदि के बर्तनों को टाँका लगाकर जोड़ना। झालना।

पाँजी—[< हि॰ पाँज] *स्त्री॰* नदी, झील आदि में पानी की इतनी कमी कि उसे पैरों से चलकर पार किया जा सके।

***पाँडर**—[< सं॰ पाण्डर] *पु॰* १. कुन्द का वृक्ष या फूल। २. चमेली का वृक्ष या फूल। ३. सफ़ेद रंग।

***पाँडरि**—[देशज] *स्त्री॰* एक प्रकार का लाल फूल।

पाँवड़ा—[< सं॰ पादपट्ट] *पु॰* १. वह कपड़ा जो किसी आदरणीय व्यक्ति के पाँव रखकर चलने के लिए उसके मार्ग में बिछाया जाता है। पादपट्ट। २. पाँव पोंछने के लिए दरवाजे पर रखा हुआ कपड़ा या ऐसी ही कोई अन्य वस्तु। ***वा॰* पाँवड़े बिछाना**—बहुत आदर-सत्कार करना। **पलक पाँवड़े बिछाना**—बहुत प्रेम/श्रद्धा/उत्साह से स्वागत करना।

पाँवड़ी[1]—[< हि॰ पाँव] *स्त्री॰* १. खड़ाऊँ। २. जूता। ३. सोपान। सीढ़ी। ४. वह वस्तु जिसपर पैर रखे/पोंछे जाते हैं या पैर पड़ते रहते हैं।

पाँवपूजी विवाह—[< हि॰ पाँव + पूजना + सं॰ विवाह] *पु॰* विवाह की वह रीति जिसमें कन्या का पिता, वर की चरण-पूजा कर उसे कन्या सौंप देता है। ● **विशेष**—इसमें अन्य लेन-देन नहीं होता।

***पाँवर**—[< सं॰ पामर] *वि॰* १. नीच। २. तुच्छ। ३. मूर्ख।

पाँवरी[1]—[< हि॰ पाँव] *स्त्री॰* १. खड़ाऊँ। २. जूता।

पाँवरी[2]—[< हि॰ पौरी] *स्त्री॰* १. पौरी। ड्योढ़ी। २. ऊपर का कमरा/बैठक।

पाँही—[< हि॰ पँह < सं॰ पार्श्व] *क्रिवि॰* १. समीप। निकट। पास। २. (किसी के) प्रति।

पिक—[सं॰ अपि √कै + क, अकार-लोप] *पु॰* (नर) कोयल पक्षी।

***पिकबचनी/पिकबयनी**—[< सं॰ पिकवचन] *वि॰ (स्त्री॰)* कोयल के समान बोलने वाली। मधुर वाणी वाली। पिकवचनी। ✣ **पिकबैनी**—*वि॰ (स्त्री॰)* = पिकबयनी (दे॰)

पिकवचनी—[सं॰ पिक ~ वचन] *वि॰ (स्त्री॰)* कोयल के समान मधुरवाणी वाली। मधुरभाषिणी।

पिकाक्ष—[सं॰ पिक ~ अक्ष] *पु॰* कोयल की आँख। *वि॰* जिसकी आँखें कोयल के समान हों।

पिकी—[सं॰ पिक + ङीष्] *स्त्री॰* नारी/मादा कोयल।

पिग्मी—[< अं॰ पिग्मि॰] *वि॰* वामन। बौना। *पु॰* अफ्रीका के भूमध्यरेखीय क्षेत्र के बौने लोगों की जाति।

पिङ्ग (पिंग)—[सं॰ √पिञ्ज् + अच्] *वि॰* कुछ लालिमा लिए भूरे रंग का। *पु॰* कुछ लालिमा लिए भूरा रंग।

पिङ्ग (पिंग)-पाँग—[< अं॰ पिंग-पोंग] मेज़ पर खेला जाने वाला टेनिस-जैसा खेल। ● **विशेष**—इसे **'टेबल-टेनिस'** (अं॰) भी कहते हैं।

पिङ्गल (पिंगल)—[सं॰ पिङ्ग + लच्] *वि॰* लालिमा लिए भूरे रंग का। *पु॰* १. लालिमा लिए भूरा रंग। २. छन्दशास्त्र या उसके प्रथम आचार्य। (दे॰ पिंगल शास्त्र) ३. साठ संवत्सरों के चक्र में ५१वाँ संवत्सर। ४. कुबेर की नवनिधियों में से एक। ५. अग्नि। ६. बन्दर। ७. पीतल। ८. हरताल। ✣ **पिङ्गलशास्त्र (पिंगलशास्त्र)**—*पु॰* आचार्य पिंगल द्वारा रचित शास्त्र। छन्दशास्त्र।

पिङ्गला (पिंगला)—[सं॰ पिङ्गल + टाप्] *स्त्री॰* १. सुषुम्ना नाड़ी के बायीं ओर स्थित नाड़ी विशेष जिससे दाहिने नथुने की साँस चलती है। सूर्यनाड़ी। २. लक्ष्मी। ३. पीतल।

पिङ्गलाक्ष (पिंगलाक्ष)—[सं॰ पिङ्गल ~ अक्ष (अक्षि)] *पु॰* शिव। महादेव।

पिङ्गाक्ष (पिंगाक्ष)—[सं॰ पिङ्ग ~ अक्ष (अक्षि)] *वि॰* जिसके नेत्र कुछ लालिमा से युक्त भूरे रंग के हों। *पु॰* १. शिव। महादेव। २. मार्जार। बिलाव। बिड़ाल।

पिचकिया—[< हि॰ पिचकना] *स्त्री॰* गुझिया नामक पकवान का एक विशेष प्रकार जिसे गुड़ और सोंठ भरकर तैयार किया जाता है।

पिचु—[सं॰ √पिच् + कु] *पु॰* १. रुई। २. एक प्राचीन तौल। ● **विशेष**—दो तोले या एक कर्ष को 'पिचु' कहा जाता था।

†**पिचैत**—[देशज] *पु॰* पहलवान।

†**पिच्ची**[1]—*वि॰ ≤ हि॰* पच्ची। खपाने की क्रिया/भाव। ***जैसे***—बहस में बेकार माथा-पिच्ची मत करो।

पिच्ची[2]—*वि॰ ≤ हि॰* पिच्चित। पिचका हुआ।

पिच्छ—[सं॰ √पिच्छ् + अच्] *पु॰* १. पक्षियों के शरीर को ढँकनेवाली संरचना विशेष। पक्षियों के पर। २. पूँछ। दुम। ***जैसे***—मयूर-पिच्छ। ३. (किसी पशु की) बालोंवाली पूँछ। लांगूल। ४. मोर की कलग़ी। ५. मोरपंख।

पिच्छल[1]—[सं॰ पिच्छ + लच्] *वि॰* जिस पर पैर फिसलता हो। फिसलना। चिकना। ***जैसे***—पिच्छल पथ।

पिच्छल[२]—[< हि॰ पिछला] *वि॰* १. पिछला। २. (प्रतियोगिता आदि में) जो पीछे रह गया हो।

पिच्छिका—[सं॰ पिच्छक + टाप्, इत्व] *स्त्री॰* १. चामर। चँवर। मोरछल। २. जैन साधुओं द्वारा प्रयुक्त ऊन का बना चँवर।

पिच्छिल—[सं॰ पिच्छ + इलच्] *वि॰* फिसलनवाला। फिसलना। ***जैसे***—पिच्छिल भूमि पर चलना ख़तरनाक है।

***पिछानना/पिछाँनना**—*क्रिस॰ ≤ हि॰* पहचानना। ✣ **पिछानि/पिछाँनि[१]**—*स्त्री॰* = पहचान। प्रत्यभिज्ञान।

***पिछाँनि**—*क्रिवि॰ ≤ हि॰* पीछे। बाद में।

†पिछेलना—[< हि॰ पीछे] *क्रिस॰* १. (किसी को) पीछे छोड़ देना। २. (धक्का देकर या हाथ आदि से) पीछे हटाना।

***पिछौकड़**—[< हि॰ पीछा < सं॰ पश्च] *पु॰* पिछवाड़ा।

†पिछोड़—[< हि॰ पीछे] *क्रिवि॰* पीछे की ओर।

पिछौरा—[< प्रा॰ पच्छ < सं॰ पश्च] *पु॰* १. ओढ़ने की बड़ी चादर जो प्रायः पुरुषों द्वारा प्रयुक्त होती है। २. उत्तरीय। ३. वितान। चँदोवा। शामियाना। ✣ **पिछौरिया/पिछौरी**—*स्त्री॰* = १. ओढ़ने की छोटी चादर। छोटा पिछौरा। २. स्त्रियों की चादर। ओढ़नी। ३. (स्त्रियों का) उत्तरीय। दुपट्टा।

†पिछौंहा (पिछौंहा)—[< सं॰ पश्चिम] *वि॰* १. पश्चिम दिशा में होनेवाला। २. पश्चिम दिशा में रहनेवाला।

पिछौंहे (पिछौंहे)—[< हि॰ पीछा] *क्रिवि॰* १. पीछे की ओर। २. पीछे की ओर से। *वि॰* १. पीछे होनेवाला। २. समय/ऋतु बीत जाने पर होनेवाला (फ़सल/फल आदि)।

पिजिन भाषा—[अं॰ पिजिन + सं॰ भाषा] *स्त्री॰* दो या अधिक भाषा जन-समूहों का व्यापार आदि के लिए परस्पर सम्पर्क होने पर उनकी भाषाओं का मिश्रित भाषा-रूप जिसमें मानकीकरण की अपेक्षा बोधगम्यता और सरलीकरण का अधिक महत्त्व होता है। मिश्रित भाषा। खिचड़ी भाषा। ***जैसे***—चीनी और अँग्रेज़ हाँगकाँग में पिजिन भाषा बोल रहे थे।

पिञ्जन (पिंजन)—[सं॰ √पिञ्ज् + ल्युट्] *पु॰* १. रुई धुनने की क्रिया/भाव/ढंग। २. धुना की धुनही जिससे रुई धुनी जाती है। धुनकी।

पिञ्जना (पिंजना)—[< सं॰ पिञ्जन] *क्रिस॰* धुनकी से रुई धुनना।

पिञ्जर (पिंजर)—[सं॰ √पिञ्ज् + अर/अच्] *पु॰* १. हड्डियों का ढाँचा। अस्थि-पंजर। कंकाल। २. पिंजड़ा। ३. सुवर्ण। सोना।

पिञ्जारा (पिंजारा)—[< सं॰ पिञ्जन] *पु॰* (रुई धुनने वाला) धुनिया।

पिटक—[सं॰ √पिट् + क + कन्] *पु॰* १. पेटी। २. टोकरी। ३. मुहाँसा। ४. धान्यागार। बखार।

पिटवाँ—[< हि॰ पीटना] *वि॰* जो पीटकर बनाया या तैयार किया जाए।

पिटिका—[सं॰ पिटक + टाप्] *स्त्री॰* (कृषि॰) रोगजनकों के संक्रमण के फलस्वरूप पौधे पर उत्पन्न सूजन।

पिटिया—[< हि॰ पेट] *वि॰* खाकर दूध देनेवाली (गाय)।

†पिट्टस—[< हि॰ पीटना] *स्त्री॰* १. पिटाई। २. (शोक आदि के कारण) छाती पीटने की क्रिया/भाव।

पिट्ठी—[< सं॰ पिष्टि] *स्त्री॰* भिगोकर पीसी हुई उड़द/मूँग की दाल। पीठी। पिठी।

पिट्ठू—[< हि॰ पीठ] *पु॰* १. किसी की पीठ के पीछे सदा रहनेवाला। सदा पीछे चलनेवाला। अनुगामी। पिछलगा। पिछलग्गू। २. हमेशा किसी की 'हाँ में हाँ' मिलाने वाला। चाटुकार। ३. (बच्चों के खेल में) खिलाड़ी का वह कल्पित साथी जिसके स्थान पर भी वह स्वयं ही खेलता है या दाँव लेता है। ४. पहाड़ की यात्रा में विशेष उपयोगी वह थैला जिसके सामान का बोझ पीठ पर ही रहता है।

पिठवन/पिठौनी—[< सं॰ पृश्निपर्णी] *पु॰* १. एक प्रकार के क्षुप जो प्रायः ७० सें॰मी॰ ऊँचे होते हैं तथा जिनके पत्ते गोल और छोटे होते हैं और पक जाने पर हरे से बदलकर भूरे रंग के हो जाते हैं। पृश्निपर्णी। २. उक्त क्षुप के बीज।

पिठी—[< सं॰ पिष्टि] *स्त्री॰* उड़द/मूँग की भीगी हुई दाल का पिसा हुआ रूप। पीठी। पिट्ठी।

पिठौरी—[< हि॰ पिठी] *स्त्री॰* पिट्ठी/पिठी की पकौड़ी/बरी।

पिड़िया—[< सं॰ पिण्ड] *स्त्री॰* व्रत विशेष जो मार्गशीर्ष प्रतिपदा या द्वितीया को किया जाता है।

पिण्ड[१] (पिंड[१])—[सं॰ √पिण्ड् + अच्] *वि॰* १. सघन। घना। २. ठोस। *पु॰* (किसी पदार्थ का) गोला। ***जैसे***—मिट्टी का पिंड; मृत्पिंड। २. ढेला। डेला। लोंदा। ***जैसे***—गुड़ का पिंड। ३. कोई गोलाकार वस्तु। ***जैसे***—नेत्र-पिंड। ४. (भोजन का) ग्रास। कौर। ५. (श्राद्ध में) पितरों के लिए अर्पित किया जाने वाला खीर, आटा आदि का बना गोलाकार खंड। ***जैसे***—पितरों को पिंड-दान। ६. खाद्य वस्तु। भोजन। ७. शरीर। काया। ८. जीवात्मा। प्राणी। ९. वस्तु। पदार्थ। १०. राशि। ढेर। ***वा॰* पिंड छूटना**—छुटकारा मिलना। **पिंड छोड़ना**—१. किसी के साथ सदा लगा रहना बन्द करना। हर समय का साथ छोड़ना। २. मरना। **पिंड न छोड़ना, पिंड पड़ना**—किसी के साथ सदा लगा रहना।

पिण्डज (पिंडज)—[सं॰ पिण्ड + ज] *पु॰* पिंड के रूप में जन्मनेवाला जीव। प्राणी के गर्भ से उत्पन्न जीव। जरायुज।

पिण्डद (पिंडद)—[सं॰ पिण्ड + द] *पु॰* १. पिंडदान करनेवाला। श्राद्ध करनेवाला। २.वंशज।

पिण्डदान (पिंडदान)—[सं॰ पिण्ड ~ दान] *पु॰* पितरों को पिंड अर्पित करने का काम।

पिण्डपात (पिंडपात)—[सं॰ पिण्ड ~ पात] *पु॰* १. पिंडदान। २. भिक्षा-पात्र में प्राप्त भिक्षा। भिक्षादान।

पिण्डयज्ञ (पिंडयज्ञ)—[सं॰ पिण्ड ~ यज्ञ] *पु॰* श्राद्ध-कर्म।

पिण्डरोग[१] (पिंडरोग[१])—[सं॰ पिण्ड ~ रोग] *पु॰* ऐसा रोग जो शीघ्र अच्छा न हो सकता हो और व्यक्ति प्रायः रोगी रहता हो। ✣

पिण्डरोगी (पिंडरोगी)—*वि॰* = जो सदा रोगी रहता हो और शीघ्र स्वस्थ न हो सके।

पिण्डरोग[२] (पिंडरोग[२])—[< सं॰ पाण्डुरोग] *पु॰* पांडुरोग। पीलिया।

पिण्डली (पिंडली)—[< सं॰ पिण्डी] *स्त्री॰* टाँग के पीछे की ओर का मांसल भाग। ***वा॰* पिंडली हिलना**—१. पैर काँपना। २. भय से काँपना।

पिण्डलोप (पिंडलोप)—[सं॰ पिण्ड ~ लोप] *पु॰* पिंडदान का अभाव। श्राद्ध-कर्म का लोप।

पिण्डलोलक (पिंडलोलक)—[सं॰ पिण्ड ~ लोलक] *पु॰* (भौतिकी॰, गणित॰) लोलक। दोलक।

पिण्डस्थ (पिंडस्थ)—[सं॰ पिण्ड + स्थ] *वि॰* १. शरीर में स्थित। २. गर्भस्थ।

पिण्डा (पिंडा)—[< सं॰ पिण्ड] *स्त्री॰* १. पिंड। शरीर। २. (किसी वस्तु से बना) गोला। ***जैसे***—ऊन का पिंडा।

†पिण्डापानी (पिंडापानी)—[< सं॰ पिण्ड + हि॰ पानी] *पु॰* श्राद्ध और तर्पण।

पिण्डित (पिंडित)—[< सं॰ पिण्ड] *वि॰* १. पिंडाकार बनाया हुआ। २. (सूत को) पिंडी के समान लपेटा हुआ।

पिण्डी (पिंडी)—[सं॰ √पिण्डि + ङीष्] *स्त्री॰* १. गोला। २. (टाँग की) पिंडली। *वि॰* १. श्राद्ध में अर्पित पिंडों को प्राप्त करनेवाला। २. शरीरधारी। *पु॰* १. पितर। २. पिंडदान करनेवाला व्यक्ति।

पिण्डीकरण (पिंडीकरण)—[सं॰ पिण्ड + च्वि + करण] *पु॰* पिंडाकार/गोलाकार बनाने की क्रिया।

पिण्डोदक (पिंडोदक) क्रिया—[सं॰ पिण्ड ~ उदक ~ क्रिया] *स्त्री॰* (पूर्वजों के उद्देश्य से) पिंडदान और तर्पण।

पिण्डोपजीवी (पिंडोपजीवी)—[सं॰ पिण्ड ~ उपजीवी (उपजीविन्)] *वि॰* दूसरों के दिए भोजन से निर्वाह करनेवाला।

पिण्डोल (पिंडोल)—[< सं॰ पाण्डु] *पु॰* १. पीले रंग की मिट्टी जिससे पोतते हैं। २. तालाब से प्राप्त पोतने की मिट्टी।

***पितमारक**—[< सं॰ पितृमारक] *पु॰* पिता को मारनेवाला। पितृघातक।

पितराइँध—[< हि॰ पीतल + सं॰ गन्ध] *स्त्री॰* १. पीतल के बरतन में खटाई या खट्टी वस्तु रख देने से उत्पन्न दोष। देर तक रखी रहने से भोज्य वस्तु में उत्पन्न दोष।

***पितु**—[< सं॰ पितृ] *पु॰* पिता।

पितृ—[सं॰ √पा + तृच्] *पु॰* १. पिता। २. मृत पूर्वज। पितर। पूर्वपुरुष। पुरखे।

पितृकल्प—[सं॰ पितृ ~ कल्प] *वि॰* पिता के समान। पितृतुल्य। ***जैसे***—आप मेरे पितृकल्प हैं।

पितृकानन—[सं॰ पितृ ~ कानन] *पु॰* श्मशान। मरघट।

पितृगृह—[सं॰ पितृ ~ गृह] *पु॰* १. पिता का घर। २. (स्त्री का) मायका। नैहर। पीहर ३. (पितरों का घर) श्मशान। मरघट।

पितृग्रह—[सं॰ पितृ ~ ग्रह] *पु॰* स्कन्द आदि नौ बालग्रहों में से एक।

पितृतिथि—[सं॰ पितृ ~ तिथि] *स्त्री॰* पितरों की तिथि। अमावस्या।

पितृतीर्थ—[सं॰ पितृ ~ तीर्थ] *पु॰* १. गया नामक तीर्थ। २. अँगूठे और तर्जनी के बीच का भाग (जिसके द्वारा तर्पण का जल छोड़ा जाता है)।

पितृदाय—[सं॰ पितृ ~ दाय] *पु॰* १. पिता से प्राप्त सम्पत्ति। २. पूर्वजों की सम्पत्ति जो उत्तराधिकार में मिली हो। ३. पैतृक सम्पत्ति। मौरूसी जायदाद।

पितृदिन—[सं॰ पितृ ~ दिन] *पु॰* अमावस्या।

पितृदेव—[सं॰ पितृ ~ देव] *पु॰* १. पितारूपी देवता। २. पिता को देवतुल्य माननेवाला व्यक्ति। ३. देवतुल्य पितर।

पितृपक्ष—[सं॰ पितृ ~ पक्ष] *पु॰* १. आश्विन मास का कृष्ण पक्ष। २. पिता का कुल। ३. पिता के सम्बन्धी।

पितृपर्व—[सं॰ पितृ ~ पर्व] *पु॰* पितर-पूजा का उत्सव। श्राद्ध-पक्ष।

पितृबन्धु (पितृबंधु)—[सं॰ पितृ ~ बन्धु] *पु॰* १. पैतृक वंशानुक्रम के पुरुष। २. पितृवंशीय बन्धु। पैतृक बन्धु।

पितृभूमि—[सं॰ पितृ ~ भूमि] *स्त्री॰* पिता अथवा पूर्वजों के रहने की भूमि। अपनी जन्मभूमि।

पितृमेध—[सं॰ पितृ ~ मेध] *पु॰* एक प्रकार का वैदिक अन्त्येष्टि कर्म।

पितृयज्ञ—[सं॰ पितृ ~ यज्ञ] *पु॰* १. पितरों का तर्पण, श्राद्ध आदि। २. माता-पिता की सेवा।

पितृलोक—[सं॰ पितृ ~ लोक] *पु॰* पितरों का लोक।

पितृवंश—[सं॰ पितृ ~ वंश] *पु॰* पिता का वंश/कुल।

पितृवन—[सं॰ पितृ ~ वन] *पु॰* श्मशान। मरघट। पितृकानन।

पितृवंशिक—[सं॰ पितृ ~ वंशिक] *वि॰* (वह समाज) जिसमें पिता, पुत्र इत्यादि के क्रम से वंशानुक्रम निश्चित होता है (माता, पुत्री इत्यादि के क्रम से नहीं)। पैतृक।

पितृविसर्जन—[सं॰ पितृ ~ विसर्जन] *पु॰* आश्विन मास की कृष्णा अमावस्या के दिन अन्तिम श्राद्ध के बाद पितरों की बिदाई का कृत्य।

पितृहा—[सं॰ पितृ √हन् + क्विप्] *वि॰* पितृहन्ता।

पितौजिया—[< सं॰ पुत्रजीव] *पु॰* एक छायाप्रधान ऊँचा पेड़ जिसके फूल वसन्त में आते हैं और पीताभ श्वेत होते हैं।

पित्त—[सं॰ अपि √दो + क्त, द→त, अ-लोप] *पु॰* (प्राणि॰) यकृत का एक गाढ़ा क्षारीय स्राव जिसका रंग पीताभ भूरा या हरा होता है और जो पाचन में सहायक होता है। (आयुर्वेद॰) शरीर के तीन दोषों में से एक। ● **विशेष**—त्रिदोष हैं—वात, पित्त, कफ़। ***वा॰* (किसी का) पित्त उबलना/खौलना/गरम होना/जलना**—बहुत क्रोध आना। **पित्त डालना**—पित्त से युक्त वमन कै करना।

पित्तकर—[सं॰ पित्त + कर] *वि॰* पित्त बढ़ानेवाला। पित्तवर्धक।

पित्तकोष—[सं॰ पित्त ~ कोष] *पु॰* पित्ताशय।

पित्त-क्षोभ—[सं॰ पित्त ~ क्षोभ] *पु॰* पित्त का प्रकोप। पित्त कुपित होना।

पित्तघ्न—[सं॰ पित्त + घ्न] *वि॰* १. पित्त का नाशक। २. पित्तज रोगों का नाशक।

पित्तज—[सं॰ पित्त + ज] *वि॰* पित्त से या उसके प्रकोप से होनेवाला। ***जैसे***—पित्तज रोग।

पित्तज्वर—[सं॰ पित्त ~ ज्वर] *पुं॰* पित्त कुपित होने से (बिगड़ने से) होनेवाला बुख़ार।

पित्तपापड़ा—[< सं॰ पित्त ~ पर्पटक] *पुं॰* एक प्रकार के छोटे क्षुप जो गेहूँ के खेतों में अपने आप उग जाते हैं।

पित्तल—[सं॰ पित्त √ला + क] *वि॰* १. जिसमें पित्त की अधिकता हो। २. जिससे पित्त कुपित हो। पित्तप्रकोपी।

पित्तहा—[सं॰ पित्त + हा] *वि॰* १. पित्त को शान्त करनेवाला। पित्तनाशक। २. पित्तपापड़ा।

पित्ता—[< सं॰ पित्त] *पुं॰* १. पित्ताशय। २. पित्त। ३. (लाक्षणिक) साहस। हिम्मत। ***वा॰* पित्ता उबलना/खौलना**—बहुत क्रोध आना। **पित्ता निकलना**—बहुत अधिक परिश्रम आदि से शरीर की दुर्दशा होना। **पित्ता पानी करना**—बहुत परिश्रम करना।

पित्ताशय—[सं॰ पित्त ~ आशय] *पुं॰* यकृत के दक्षिण खंड के नीचे रहने वाली एक थैली जिसमें पित्ता होता है। पित्त की थैली। पित्तकोष। गाल ब्लैडर (अं॰)

पित्ताश्मरी—[सं॰ पित्त ~ अश्मरी] (चिकि॰) पित्ताशय में होनेवाली पथरी। पित्तपथरी।

पित्ती—[< सं॰ पित्त] *स्त्री॰* एक पित्तज रोग जिसमें शरीर पर लाल चकत्ते पड़ जाते हैं जिनमें बहुत खुजली मचती है।

पित्र्य—[सं॰ पितृ + यत्] *वि॰* १. पिता-सम्बन्धी। पिता का। २. पैतृक। पुरखों का। पुश्तैनी। २. पितरों से सम्बन्धित। पितरों का। *पुं॰* अँगूठे और तर्जनी के बीच का, हथेली का, भाग।

***पिथौरा**—[< सं॰ पृथ्वीराज] *पुं॰* (दिल्ली के हिन्दू सम्राट्) पृथ्वीराज चौहान।

***पिदारा**—*पुं॰* ≤ *हिं॰* पिद्दा (चिड़िया)।

पिद्दी—[देशज] *स्त्री॰* १. बया से छोटी एक सुन्दर चिड़िया। फदकी। २. (लाक्षणिक) तुच्छ व्यक्ति। ***वा॰* पिद्दी न पिद्दी का शोरबा**—अति तुच्छ व्यक्ति।

***पिधना**—[< सं॰ परिधारण] *क्रि॰स॰* (वस्त्र आदि) पहनना।

पिधान—[सं॰ अपि √धा + ल्युट्, अ-लोप] *पुं॰* १. आवरण। २. पट। ढकना। ढक्कन। ३. पट। किवाड़।

पिनाक—[सं॰ √पा + आकन्] *पुं॰* १. शिव का धनुष। २. त्रिशूल। ३. धनुष।

पिनाकपाणि/पिनाकहस्त—[सं॰ पिनाक ~ पाणि/हस्त] *पुं॰* शिव। महादेव।

पिनाकवीणा—[सं॰ पिनाक ~ वीणा] *स्त्री॰* (संगीत॰) एक प्रकार की वीणा जो कमान से बजायी जाती है।

पिनाकी—[सं॰ पिनाकिन्] *पुं॰* (पिनाक को धारण करनेवाला) शिव। महादेव।

पिनियल काय—[अं॰ पिनियल + सं॰ काय] *पुं॰* (प्राणि॰) कशेरुकियों के मस्तिष्क की एक संरचना जो सफ़ेद, चपटी और छोटी अ-प्रणाल अन्त:स्रावी ग्रन्थि होती है। (अं॰ पिनियल बॉडी)

पिन्नी—[< सं॰ पिण्डी] *स्त्री॰* १. चावल के चूरे में बूरा और दूध मिलाकर बनाया जाने वाला लड्डू। २. आटे में चीनी/गुड़ आदि मिलाकर बनाया जाने वाला लड्डू। ३. सूत/धागे का गोलाकार पिंड। पिंडी। ***जैसे***—धागे की पिन्नी।

पिपासा—[सं॰ √पा + सन् + टाप्] *स्त्री॰* पीने की इच्छा। तृषा। प्यास।

पिपासातुर—[सं॰ पिपासा ~ आतुर] *वि॰* प्यास से व्याकुल। तृषाकुल।

पिपासित/पियासी—[सं॰ पिपासा + इतच्, पिपासिन्] *वि॰* प्यासा। तृषित।

पिपासु—[सं॰ √पा + सन् + उ] *वि॰* तृषित। प्यासा।

पिपीतक द्वादशी (द्वादशी)—[सं॰ पिपीतक ~ द्वादशी] *स्त्री॰* वैशाख शुक्ल द्वादशी (तिथि)। ● **विशेष**—इसे '**पिपीतकी**' भी कहते हैं।

पिपीलिक—[सं॰ अपि √पील् + इकन्] *पुं॰* १. नर चींटी। २. चींटा। ⁘ **पिपीलिका**—*स्त्री॰* = चींटी। ⁘ **पिपीलिका-मार्ग**—*पुं॰* (भा॰ दर्शन॰) योग-साधना के दो मार्गों में से एक जिसके द्वारा साधक क्रमश: षट् चक्रों को वेधता हुआ अपने प्राण ब्रह्माण्ड तक पहुँचाता है। ● **विशेष**—साधना का '**विहंगम मार्ग**' इससे भिन्न है।

पिपीलिका-सरणानुभूति—[सं॰ पिपीलिका ~ सरण ~ अनुभूति] *स्त्री॰* (चिकित्सा॰) = ऐसी अनुभूति या झुनझुनी मानो शरीर पर चीटियाँ रेंग रही हों। (अं॰ फ़ार्मिकेशन)

पिपीली—[सं॰ पिपील + ङीष्] *स्त्री॰* पिपीलिका। चींटी।

पिप्पणी—[देशज] *स्त्री॰* एक वाद्य। शहनाई।

पिप्पल—[सं॰ पा + अलच्, पृषो॰] *पुं॰* १. पीपल (पेड़)।

पिप्पली—[सं॰ पिप्पल + ङीष्] *स्त्री॰* एक गुल्मजातीय लता या उसका फल। पीपल। पीपरि।

पिय—[< प्रा॰ पिअ < सं॰ प्रिय] *पुं॰* सबसे अधिक प्रिय व्यक्ति। प्रियतम। पति। ***जैसे***—सिया-पिय राम।

पियच्छवि—[< सं॰ प्रियच्छवि] *स्त्री॰* प्रिय/पति की शोभा। छवि।

***पियरा/पिया**—[< प्रा॰ < पीअर < सं॰ पीत] *वि॰* पीत। पीला। ⁘ **पियरई**—*स्त्री॰* = पीलापन। पीतता।

पियरोला—[< हिं॰ पियरा] *पुं॰* पीले रंग का एक पक्षी जिसका स्वर मधुर होता है और जो आकार में मैना से छोटा होता है। पिलक।

पियागम—[< सं॰ प्रियागम (प्रिय ~ आगम)] *पुं॰* प्रिय का आगमन। पति का आना।

पियाबासा/पियाबाँसा—[देशज] *पुं॰* १. एक काँटेदार झाड़ी जिसके फूल पीले रंग के अथवा नीले सफ़ेद या लाल रंग के होते हैं। कटसरैया। कुरबक। २. उक्त का फूल।

पियासाल—[< सं॰ पीतशालक] *पुं॰* वनों में पाया जाने वाला एक बड़ा वृक्ष। विजयसार। बन्धूकपुष्प। ● **विशेष**—संस्कृत में इसके नाम '**असन**', '**बीजक**' और '**बन्धूकपुष्प**' भी हैं।

पिरोज़ा—[< फ़ा॰ फ़ीरोज़:] *पुं॰* एक रत्न जो हरापन लिए नीले रंग का होता है। फ़िरोज़ा।

पिरोला—*पु॰* ≤ *हि॰* पियरोला (पक्षी)।

पिरौहाँ—[< हि॰ पीर < स॰ पीड़ा] *वि॰* पीड़ा उत्पन्न करने वाला। कष्टप्रद।

पिलक—[< हि॰ पीला] *पु॰* एक पक्षी पियरोला।

पिलकिया—[< हि॰ पीला] *स्त्री॰* पीलापन लिए मटीले /मटमैले रंग की एक छोटी चिड़िया।

†**पिलखन**—[< स॰ प्लक्ष] *पु॰* पाकड़ का पेड़। पाकर।

पिलचना—[< स॰ √पिल्] *क्रिअ॰* १. दो मनुष्यों का क्रोधपूर्वक परस्पर लिपटना/भिड़ना। २. (किसी काम में) तत्पर होना। ***वा॰* पिलचकर काम करना**—बहुत अधिक काम करना।

पिशाच चतुर्दशी—[स॰] *स्त्री॰* पिशाचों के लिए बलि देने की विशेष तिथि। चैत्र कृष्ण चतुर्दशी।

पिशाचपति—[स॰ पिशाच ~ पति] *पु॰* शिव। महादेव।

पिशाचभाषा—[स॰ पिशाच ~ भाषा] *स्त्री॰* पैशाची प्राकृत (भाषा)।

पिशित—[स॰ √पिश् + क्त] *पु॰* कच्चा मांस।

पिशुन—[स॰ √पिश् + उनन्] *वि॰* १. नीच। २. क्रूर। ३. एक की निन्दा दूसरे से करनेवाला। इधर की उधर लगानेवाला। चुग़लखोर। *पु॰* १. चुगलखोर। २. नारद (ऋषि)। ३. कौआ। ✣ **पिशुनता**—*स्त्री॰* = चुग़लखोरी। ✣ **पिशुनवचन/पिशुनवाक्य**—*पु॰* = चुग़ली।

पिष्ट—[स॰ √पिष् + क्त] *वि॰* पिसा हुआ। चूर्ण किया हुआ। *पु॰* पिसी हुई वस्तु। ***जैसे***—गेहूँ का पिष्ट (आटा)।

पिष्टपेषण—[स॰ पिष्ट ~ पेषण] *पु॰* १. पिसे हुए (आटा आदि) को फिर पीसना। २. किए हुए काम को व्यर्थ ही दुबारा करना। व्यर्थ काम करना। ३. एक ही बात को बार-बार कहना।

पिष्टान्न—[स॰ पिष्ट ~ अन्न] *पु॰* पीसे हुए अन्न से बना व्यंजन/पकवान।

पिष्टि—[स॰ √पिश् + क्तिन्] *स्त्री॰* १. पीसा हुआ अन्न। अन्न का चूर्ण (आटा इत्यादि)। २. चावल/दाल की पीठी/पिट्ठी/पिठी।

***पिसुन**—*वि॰, पु॰* ≤ *स॰* पिशुन। चुग़लखोर। ✣ **पिसुनता**—*स्त्री॰* = १. चुग़ली। २. चुग़लखोरी।

पिसूरी—[देशज] *पु॰* एक प्रकार का छोटा हिरन जो भूरे रंग का होता है।

पिहानी—[< प्रा॰ पिहाणी < स॰ पिधानी] *स्त्री॰* आवरण। ढक्कन। ढकनी।

पिहित—[स॰ अपि √धा + क्त, हि आदेश, अकार लोप] *वि॰* ढँका हुआ। आच्छादित। *पु॰* (काव्य॰) एक अर्थालंकार जो किसी गुप्त आचरण को चेष्टा के द्वारा प्रकट करने के चमत्कारी वर्णन में होता है।

पिंजरापोल (पिंजरापोल)—[हि॰ पिंजरा + पोल (= फ़ाटक)] *पु॰* पशुशाला या गोशाला।

†**पीच**—[देशज] *पु॰* (चावलों का) माँड़।

पीजन—[< स॰ पिञ्जन] *पु॰* (रुई धुनने की) धुनकी। पींजन।

पीठमर्द—[स॰ पीठ ~ मर्द] *वि॰* अति धृष्ट और निर्लज्ज। *पु॰* वेश्याओं का गायन-कला व नृत्यकला का शिक्षक। उस्ताद। (काव्य॰) १. नायक के चार प्रकार के सखाओं में से एक जो कुपित नायिका को मनाने में नायक का सहायक होता है। रुष्ट नायिका को प्रसन्न करनेवाला नायक-सखा। २. प्रधान नायक का एक सहायक जो उसका अनुगामी तथा भक्त होता है, चतुर होता है और उसकी अपेक्षा कम गुणवाला होता है।

पीठासीन—[स॰ पीठ ~ आसीन] *वि॰* जो अध्यक्ष के स्थान पर स्थित हो। अध्यक्षता करनेवाला। ***वा॰* पीठासीन होना**—अध्यक्षता करना।

पीठिका—[स॰ पीठक + टाप्, इत्व] *स्त्री॰* १. छोटा पीठ/पीढ़ा। चौकी। ***जैसे***—पादपीठिका। २. वह आधार जिस पर कोई वस्तु स्थापित की गयी हो। ***जैसे***—पीठिका टेलीफ़ोन (अ॰ पेडेस्टल टेलिफ़ोन) ३. पृष्ठभूमि। भूमिका। ***जैसे***—इस हत्याकांड की पीठिका आपको बताता हूँ। ४. ग्रन्थ की भूमिका या ग्रन्थ में किसी विभाग/विषय की भूमिका या पृष्ठभूमि। ***जैसे***—लेखक ने भक्तियुग की 'पूर्वपीठिका' और 'उत्तरपीठिका' अच्छी लिखी हैं।

पीठी—[< स॰ पिष्टि] *स्त्री॰* भिगोकर पीसा हुआ चावल या पीसी हुई उड़द या मूँग की दाल। पिट्ठी।

***पीड़**[१]—[< स॰ आपीड] *पु॰* मुकुट।

***पीड़**[२]—*स्त्री॰* ≤ *स॰* पीडा। पीड़ा। कष्ट। पीर।

पीड़ानुरक्ति—[हि॰ पीड़ा + स॰ अनुरक्ति] *स्त्री॰* दूसरों को या अपने को दुःख देने से अस्वाभाविक सुख की अनुभूति।

पीड़ाभीति—[हि॰ पीड़ा + स॰ भीति] *स्त्री॰* (मनो॰) शारीरिक पीड़ा की आशंका मात्र से भय का अनुभव होने का मानसिक रोग।

पीड़ी[१]—[< स॰ पिण्ड] *स्त्री॰* कुम्हार द्वारा प्रयुक्त एक वस्तु जो पकी हुई मिट्टी की बनी, मूठवाली, समतल और गोलाईवाले तल से युक्त होती है।

पीड़ी[२]—[< स॰ पीठ] *स्त्री॰* १. देव-स्थान। देव-पीठ। २. वेदी।

पीत[१]—[स॰ √पा + क्त] *वि॰* पिया हुआ। ***जैसे***—पीत जल।

पीत[२]—[स॰ √पा + क्त, (औणादिक)] *वि॰* पीले रंग का। पीला। *पु॰* १. सुवर्ण। सोना। २. गन्धक। ३. पीली कटसरैया। ४. कनेर का वृक्ष/फूल। ५. चम्पा का वृक्ष/फूल। **पीतसार** = १. पीला चन्दन। २. चन्दन वृक्ष। ३. पुखराज। **पीतमणि/पीतरक्त/पीतस्फटिक** = पुखराज। ✣ **पीत ज्वर**—*पु॰* = गर्म देशों में धूप से होनेवाला एक प्रकार का बुख़ार जिसमें शरीर पीला पड़ जाता है। ✣ **पीतता**—*पु॰* = पीलापन। ✣ **पीत पत्रकारिता**—*स्त्री॰* = लोगों को चौंकाने और सनसनी फैलाने वाली, अतिशयोक्तिपूर्ण, उत्तेजक, अमर्यादित या अप्रामाणिक सामग्री को (सम्पादक के द्वारा) पत्र-पत्रिका में प्रमुखता देकर छापना। ✣ **पीत पराग**—*पु॰* = कमल का केसर।

पीता—[< हि॰ पीना] *वि॰* पान करता हुआ। ***जैसे***—पानी पीता आदमी। ● **विशेष—खाता-पीता** = आर्थिक दृष्टि से ठीक। ख़ुशहाल। ***जैसे***—खाते-पीते लोग।

पीताङ्ग (पीतांग)—*वि॰* पीले अंगों वाला। ***जैसे***—रोग से पीतांग व्यक्ति।

पीताब्धि—[स॰ पीत ~ अब्धि] *पु॰* (समुद्र पी जाने वाला) अगस्त्य (ऋषि)।

पीताभ—[स॰ पीत ~ आभा] *वि॰* रंग में कुछ पीलापन लिए। पीला जैसा।

पीताम्बर (पीतांबर)—[स॰ पीत ~ अम्बर] *पु॰* १. पीला वस्त्र। २. (पीला उत्तरीय पहननेवाला) कृष्ण। *वि॰* जो पीला वस्त्र धारण किए हो।

पीतारुण—[स॰ पीत ~ अरुण] *वि॰* पीलापन लिए हुए लाल रंग का। *पु॰* पीलापन लिए लाल रंग।

पीन—[स॰ √प्याय् + क्त, सम्प्रसारण, नत्व, दीर्घ] *वि॰, स॰* १. विशाल। दीर्घकाय। भारी-भरकम। २. स्थूल। मोटा। ३. परिपुष्ट।

पीनता—[स॰ पीन + तल् + टाप्] *स्त्री॰* १. पीन होने की अवस्था/भाव। २. स्थूलता। मोटाई। मोटापन। ३. पुष्टता।

पीनवक्ष—[स॰ पीनवक्षस्] *वि॰* चौड़ी छाती वाला। विशाल वक्ष वाला। ✣ **पीनवक्षा**—*वि॰ (स्त्री॰)* = विशाल वक्ष वाली।

पीनस[1]—[स॰ पीन √सो + क] *पु॰* नाक का एक रोग जिसमें नाक से बदबूदार गाढ़ा पानी निकलता है।

पीनस[2]—[< फा॰ फ़ीनस] *स्त्री॰* पालकी। शिविका।

पीनोरु—[स॰ पीन ~ ऊरु] *वि॰* जिसकी जाँघें मोटी हों।

पीयूष—[स॰ पीय् + ऊषन्] *पु॰* १. अमृत। २. दूध।

पीयूषग्रन्थि (पीयूषग्रंथि)—[स॰ पीयूष ~ ग्रन्थि] *स्त्री॰* (प्राणि॰) मस्तिष्क के नीचे स्थित एक बहुत छोटे आकार की वाहिनीहीन अन्तःस्रावी ग्रन्थि। पीयूषिका। (अ॰ पिट्यूइटरि ग्लेन्ड) ✣ **पीयूषिका**—*स्त्री॰* = पीयूष ग्रन्थि।

पीयूषपाणि—[स॰ पीयूष ~ पाणि] *वि॰* १. जिसके हाथ में अमृत हो। २. जिसके हाथ के स्पर्श में या हाथ से दी हुई वस्तु में अमृत जैसा गुण हो। ***जैसे***—पीयूषपाणि चिकित्सक।

पीयूषभानु/पीयूषरुचि—[स॰ पीयूष ~ भानु/रुचि] *पु॰* चन्द्रमा।

पीयूषवर्ष—[स॰ पीयूष ~ वर्षी (वर्षिन्)] *वि॰* १. अमृत की वर्षा करनेवाला। २. चन्द्रमा। ३. कपूर। ४. 'चन्द्रलोक' के रचयिता संस्कृत-कवि जयदेव की उपाधि। (छन्द॰) एक सममात्रिक छन्द जिसके प्रत्येक चरण में १९ मात्राएँ होती हैं, १०-९ पर यति होती है और अन्त में लघु-गुरु होते हैं। ● **विशेष**—इसे 'आनन्दवर्धक' छन्द भी कहते हैं।

पीर[1]—[< स॰ पीडा] *स्त्री॰* १. पीड़ा। व्यथा। कष्ट। दुःख।

पीर[2]—[फा॰] *पु॰* १. वयोवृद्ध व्यक्ति। बूढ़ा। २. महात्मा, सिद्ध पुरुष, धर्मगुरु या गुरु। ३. सोमवार। ✣ **पीरानी**—*स्त्री॰* = (इस्लामी) पीर की पत्नी। ✣ **पीरी**[1]—*स्त्री॰* = १. वृद्धावस्था। बुढ़ापा। २. धर्मगुरु का पद या काम।

पीरज़ादा—[फा॰ पीर ~ ज़ादा] *पु॰* धर्मगुरु का पुत्र। ✣ **पीरज़ादी**—*स्त्री॰* = धर्मगुरु की पुत्री।

पीर-नीर—[स॰ पीडा ~ नीर] *पु॰* पीड़ा के आँसू। दुःखाश्रु।

***पीरा**—*वि॰* ≤ *हि॰* पीला। ✣ **पीरी**[2]—*वि॰ (स्त्री॰)* = पीली।

पीरिया—[< हि॰ पीरा (पीला)] *पु॰* पीले रंग का कोमल पत्थर जो मूर्तियाँ बनाने के काम आता है।

पीरी[1], **पीरी**[2]—दे॰ क्रमशः पीर[2], पीरा।

पील—[फा॰] *पु॰* १. गज। हाथी (पशु)। २. शतरंज का एक मोहरा। हाथी।

पीलक—[< हि॰ पीला] *पु॰* पीलापन। *स्त्री॰* १. मैना के आकार की एक चिड़िया जिसका रंग स्वर्ण जैसा चमकीला पीला होता है (स्त्री/मादा पीलक कुछ हलके हरे रंग की होती है) और 'चीअह' की कर्कश ध्वनि या 'पी लोलो' जैसी ध्वनि करती है। २. उक्त से कुछ भिन्न एक चिड़िया जिसका रंग स्वर्ण जैसा चमकीला, पंख और दुम काली, चोंच गुलाबी और आँखें गहरी लाल होती हैं तथा जो कभी बाँसुरी जैसी ध्वनि और कभी 'क्वाक' जैसी कर्कश ध्वनि निकालती है।

पीलकिया—[< हि॰ पीला] *स्त्री॰* एक दुबली-पतली प्रवासी चिड़िया जो धूसर और पीली होती है।

पीलबान—[< फा॰ फ़ीवान] *पु॰* हाथीवान। महावत।

पीवर—[स॰ √प्यै + ष्वरच्] *वि॰* १. विशाल। दीर्घकाय। २. मोटा। ३. परिपुष्ट। ४. भरा-पूरा।

पीवरी—[स॰ पीवर + ङीष्] *स्त्री॰* १. युवती। २. गाय।

पीहर—[< प्रा॰ पिअहर < स॰ पितृगृह] *पु॰* (विवाहिता स्त्री के लिए) माता-पिता का घर। मायका।

पीँजन—[< स॰ पिञ्जन] *पु॰* रुई धुनने का एक उपकरण। धुनकी।

पीँजना (पींजना)—[< स॰ पिञ्जन] *क्रिस॰* (रुई) धुनना।

***पीँड (पींड)**—[< स॰ पिण्ड] १. (वृक्ष का) तना। २. (वृक्ष की) जड़ की पिंडाकार मिट्टी। ३. कोल्हू के चारों ओर मिट्टी का बना घेरा।

पुंरत्न—[स॰ पुंस् + रत्न] *पु॰* पुरुषों में रत्न के समान पुरुष। श्रेष्ठ पुरुष।

पुंराशि—[स॰ पुंस् ~ राशि] *स्त्री॰* (ज्योतिष॰) नर राशि। ***जैसे***—मकर और कुम्भ पुंराशियाँ हैं।

पुंलिङ्ग, पुंल्लिङ्ग (पुंलिंग, पुंल्लिंग)—[स॰ पुंस् + लिङ्ग] *पु॰* पुरुष/नर का चिह्न। शिश्न। (व्या॰) पुरुषवाचक/नरवाचक शब्द।

पुंवत्—[स॰ पुम् + वत्] *वि॰* पुरुष/नर के समान।

पुंवत्रोमता—[स॰ पुंवत् ~ रोमता] *स्त्री॰* पुरुषों के समान रोम होने की अवस्था या गुण। (स्त्रियों में) अत्यधिक रोम होना।

पुंश्चली—[स॰ पुंस् + चली] *स्त्री॰* १. कुलटा। २. वेश्या।

पुंसत्व—[< स॰ पुंस्त्व] *पु॰* १. नरत्व। पुरुषत्व। २. वीर्य। शुक्र। (व्या॰) शब्द का पुंलिंग होना। पुंलिंगता। ✣ **पुंसत्वहरण**—*पु॰* = १. पुरुषत्व/नरत्व का नाश। बन्ध्यकरण। २. शिश्न या वृषणों को हटाना।

पुंसवन—[स॰ पुंस् ~ सवन] *पु॰* सोलह संस्कारों में से दूसरा संस्कार जो गर्भाधान के तीसरे मास में होता है।

पुंस्त्व—[स॰ पुंस् + त्व] *पु॰* पुंसत्व।

***पुख**—*पु॰≤ स॰* पुष्य (नक्षत्र)। ✣ **पुख नछत्र**—*पु॰* = पुष्य नक्षत्र।

†पुखी—*वि॰ ≤ स॰* पुष्ट। बलिष्ठ। तगड़ा।

पुख़्तगी—[फा॰] *स्त्री॰* १. दृढ़ता। पक्कापन। मज़बूती। *जैसे*—मकान की पुख़्तगी। २. पुष्टता। पुष्टि। *जैसे*—वक्तव्य की पुख़्तगी। ३. स्थिरता। टिकाऊपन।

पुख़्ता—[< फा॰ पुख़्त:] *वि॰* १. दृढ़। मज़बूत। *जैसे*—पुख़्ता दिल। २. स्थिर। टिकाऊ। ३. चूना, सीमेन्ट आदि से जुड़ा हुआ (मकान आदि)। ४. (कथन/बात) जिसकी पुष्टि हो चुकी हो।

पुङ्केसर (पुंकेसर)—[< स॰ पुंस् + केसर] *पु॰* (वनस्पति॰, कृषि॰) फूल का परागकोष तथा तन्तु से बना अंग जिसमें पराग होता है। फूल की बीजदानी। (अ॰ स्टैमेन) ✣ **पुङ्केसरी (पुंकेसरी) पुष्प** = वह फूल जिसमें पुंकेसर होता है परन्तु स्त्रीकेसर नहीं होता। (अ॰ स्टैमिनट)

पुङ्ख (पुंख)—[स॰ पुंस् √खन् + ड] *पु॰* बाण/तीर का वह स्थान जहाँ उसमें पर लगे होते हैं।

पुङ्खानुपुङ्ख (पुंखानुपुंख)—[स॰ पुङ्ख + अनु + पुङ्ख] *क्रिवि॰* १. एक सिरे से दूसरे सिरे तक। २. पूर्ण रूप से।

पुङ्खित (पुंखित)—[स॰ पुङ्ख + इतच्] *वि॰* जिसमें पर लगे हों। पुंखयुक्त।

पुङ्ग (पुंग)—[< स॰ पुञ्ज, पृषो॰] *पु॰* १. राशि। ढेर। २. समूह।

पुङ्गफल (पुंगफल)—[स॰ पूगीफल] *पु॰* सुपारी।

***पुङ्गरा (पुंगरा)**—[< स॰ पौगण्ड] *पु॰* ५ से १० वर्ष की उम्र का बालक। पौगंड।

पुङ्गव (पुंगव)—[स॰ पुंस् ~ गव] *पु॰* १. वृषभ। साँड़। वि॰ (समासयुक्त पद के अन्त में) किसी वर्ग या समुदाय का सर्वश्रेष्ठ। *जैसे*—नर-पुंगव राम।

पुङ्गीफल (पुंगीफल)—[स॰ पूगफल] *पु॰* सुपारी।

पुचारना—[< हि॰ पुचारा] *क्रिस॰* १. अधिक ज्वर में तापक्रम को कम करने के लिए तलवों और हथेलियों को भीगे वस्त्र आदि से रगड़ना या लेप लगाना। २. सान्त्वना देना।

पुचारा—[देशज] *पु॰* १. (किसी अंग या वस्तु पर) लेप करने या पोतने का काम। २. भूमि को भीगे कपड़े से रगड़कर पोंछना। पोंछा लगाने का काम। ३. पुचारने में प्रयुक्त कपड़ा। पोंछा। ४. उक्त कामों में लगाया जाने वाला लेप या पोता जाने वाला घोल। ५. उक्त लेप से चढ़ी परत/तह। ६. किसी को अपने अनुकूल करने या किसी के विरुद्ध करने के लिए कही जाने वाली प्रसन्नताकारक बात। ७. सान्त्वना।

पुच्छ—[स॰ √पुच्छ् + अच्] *पु॰* १. पूँछ। दुम। २. बालोंवाली पूँछ। ३. किसी वस्तु का सिरा। ४. पीछे का भाग। पिछला भाग।

पुच्छमूल—[स॰ पुच्छ ~ मूल] *पु॰* पूँछ की जड़।

पुच्छल—[स॰ पुच्छ + लच्] *वि॰* पूँछवाला। दुमदार। ✣ **पुच्छल तारा**—*पु॰* = सौरमंडल का एक तारा जो कभी-कभी दिखाई देता है और जिसकी लम्बी और मोटी गैसमय पूँछ होती है। धूमकेतु।

†पुछारी—[< हि॰ पूँछ] *पु॰* मयूर। मोर।

पुञ्ज (पुंज)—[स॰ √पिञ्ज् + अच्, पृषो॰] *पु॰* १. राशि। ढेर। २. समूह। (कोश॰) ऐसा शब्द-समूह जो अपनी विशिष्टता के कारण अन्य शब्द-समूहों से भिन्न हो। (भूगर्भ॰) खनिज द्रव्यों का ऐसा मिश्रण जिसके पदार्थ यान्त्रिक साधनों से अलग-अलग किए जा सकते हैं (*जैसे*—बलुआ पत्थर)। ✣ **पुञ्जन (पुंजन)**—*पु॰* राशि/ढेर बनाने की क्रिया/भाव। ✣ ***पुञ्जनी (पुंजनी)**—*वि॰ (स्त्री॰)* = १. पूर्ण करनेवाली। २. देनेवाली। ३. परिपूर्ण।

पुञ्जशः (पुंजशः)—[स॰ पुञ्ज + शः (शस्)] *क्रिवि॰* एक-एक पुंज करके।

पुञ्जातीय (पुंजातीय)—[स॰ पुंस्जाति + छ] *वि॰* जो पुंलिंगी हो। पुंलिंग।

पुञ्जित (पुंजित)—[स॰ पुञ्ज + इतच्] *वि॰* ढेर लगाया हुआ। राशिकृत।

पुञ्जीभूत (पुंजीभूत)—[स॰ पुञ्जी ~ भूत] *वि॰* जो पुंज या ढेर के रूप में हो। जो ढेर के रूप में हो गया हो।

पुट—[स॰ √पुट् + क] *पु॰* १. परत। तह। *जैसे*—वस्तु पर लाल रंग का पुट चढ़ाना। २. अञ्जलि। ३. (पत्तों का) दोना। ४. आच्छादित करनेवाली वस्तु। ढँकनेवाली वस्तु। आच्छादन। आवरण। *जैसे*—नेत्र-पुट (= पलक); रद-पुट (= होंठ)। ५. एक-दूसरे पर ढक्कन की तरह रख कर एक में जोड़े हुए दोने के दो पात्र या जोड़े हुए मिट्टी इत्यादि के दो कटोरे या प्याले। ६. उक्त पात्र में औषधि सम्बन्धी प्रक्रिया। *जैसे*—गज-पुट। ७. किसी वस्तु में थोड़ी सी किसी अन्य वस्तु की मिलावट। *जैसे*—शर्बत तैयार करते समय ही सन्तरे आदि का पुट दे सकते हैं। ८. पौधे का वह अंग जिसमें से नए अंकुर फूटकर प्रकट होते हैं। (लाक्षणिक) किसी वस्तु/बात की थोड़ी-सी मिलावट। *जैसे*—बातचीत में हँसी का पुट देना। (छन्द॰) एक समवर्णिक छन्द जिसके प्रत्येक चरण में क्रमशः दो नगण, मगण और यगण (न न म य) के योग से १२ वर्ण होते हैं।

पुटक—[स॰ पुट + कन्] *पु॰* १. कमल। २. (पत्तों का) दोना।

पुटकिनी—[स॰ पुटक + इनि + ङीप्] *स्त्री॰* १. कमलों का समूह। कमल-समूह। कमलिनी। २. वह स्थान जहाँ कमल अधिक होते हैं।

पुटकी—[< स॰ पुटक] *स्त्री॰* १. छोटी गठरी। पोटली।

***पुटपरी**—[< स॰ पुटपाक] *स्त्री॰* एक प्रकार का अवलेह। पुटपाक।

पुटपाक—[स॰ पुट ~ पाक] *पु॰* (आयुर्वेद॰) औषधि बनाने का एक प्रकार जिसमें (क) धातु आदि को वनस्पतियों के स्वरस में घोट कर, टिकिया बना-सुखाकर, यन्त्र में रखकर अग्नि में पकाते हैं; (ख) धातु आदि को पुटित करके भस्म में परिवर्तित कर, उसे विशेष प्रकार के गड्ढे में कंडों की आँच में पकाते हैं।

पुटिका—[स॰ पुटक + टाप्] *स्त्री॰* १. (काग़ज़ की) पुड़िया। २. इलायची।

पुटित—[सं॰ √पुट् + क्त (या पुट + इतच्)] *वि॰* १. रगड़ा/पीसा हुआ। २. सिकुड़ा हुआ। ३. चारों ओर से बंन्द किया हुआ। ४. मिला हुआ। ५. (दवा) जो किसी आवरण में रखी गोली/टिकिया के रूप में हो। ६. (मन्त्र आदि) जिसके जप के पहले और अन्त में प्रणव (ओम्) आदि का पाठ/जप किया जाता है।

पुटियाना—[< सं॰ पुट] *क्रिस॰* समझा-बुझाकर अपने पक्ष में लाना। फुसलाना। पोटना।

पुटी—[सं॰ पुट + ङीष्] *स्त्री॰* १. छोटा दोना। २. छोटा कटोरा। ३. पुड़िया। ४. छोटे पुट के समान वस्तु। ***जैसे***—चंचु-पुटी। ५. आवरण में बन्द दवा की गोली/टिकिया। *वि॰* जो पुट-पाक की विधि से या अनेक बार पीसकर-रगड़कर तैयार की गयी हो। ***जैसे***—शतपुटी औषध (सौ बार रगड़ी गयी दवा)।

पुटोदक—[सं॰ पुट ~ उदक] *पु॰* नारियल।

पुण्ड (पुंड)—[सं॰ √पुण्ड् + अच्/घञ्] *पु॰* (चन्दन आदि का) तिलक या टीका।

पुण्डरीक (पुंडरीक)—[सं॰ √पुण्ड् + ईकन्, निपात॰] *पु॰* १. श्वेत कमल। २. कमल। ३. सम्प्रदाय-सूचक तिलक। ४. सफ़ेद रंग। ५. अग्नि। ६. बाण। तीर।

पुण्ड्र (पुंड्र)—[सं॰ √पुण्ड् + रक्] *पु॰* १. कमल। २. सफ़ेद कमल। ३. (माथे का) तिलक। टीका। ४. तिलक, पाकड़ या तिनिश का वृक्ष। ५. भारत का एक प्राचीन देश। ६. उक्त देश का निवासी।

पुण्ड्रक (पुंड्रक)—[सं॰ पुण्ड्र + कन्] *पु॰* १. (माथे का) तिलक। टीका। २. तिलक वृक्ष। ३. माधवी लता।

पुण्य—[सं॰ √पू + यत्, णुक्-आगम, ह्रस्व] *वि॰* १. पवित्र। शुद्ध। ***जैसे***—पुण्यभूमि। २. मंगलकारक। शुभ। ***जैसे***—पुण्य दिन। ३. धर्मानुकूल और उत्तम फल देनेवाला। ४. सुन्दर। ५. आनन्दप्रद। *पु॰* १. शुभ फल देनेवाला कर्म। धार्मिक कर्म। सुकर्म। ***जैसे***—परोपकार पुण्य है। २. सत्कर्म से उत्पन्न शुभ अदृष्ट। अच्छे कर्मों का संचित शुभ फल जो भविष्य में मिलता है। ***जैसे***—गंगा-स्नान का पुण्य; बड़ों की सेवा करने का पुण्य। ∇ **विलोम**—पाप।

पुण्यजित—[सं॰ पुण्य ~ जित] *वि॰* धार्मिक कर्मों के करने से प्राप्त पुण्य द्वारा जीता हुआ या प्राप्त।

पुण्य-प्रकोष—[सं॰ पुण्य ~ प्रकोष] *वि॰* पुण्य का उत्तम भंडार। अधिक पुण्य-राशि।

पुण्ययोग—[सं॰ पुण्य ~ योग] *पु॰* पूर्वजन्म के किए गए पवित्र कर्मों का प्राप्त फल।

पुण्यलोक—[सं॰ पुण्य ~ लोक] *पु॰* स्वर्ग।

पुण्यवान्—[सं॰ पुण्यवत्] *वि॰* शुभ कर्म करनेवाला। धर्मात्मा।

पुण्यशील—[सं॰ पुण्य ~ शील] *वि॰* जिसका स्वभाव अच्छे कर्म करने का हो। सत्कर्मशील।

पुण्यश्लोक—[सं॰ पुण्य ~ श्लोक] *वि॰* पवित्र चरित्र और उत्तम यश वाला। ***जैसे***—पुण्यश्लोक राम, युधिष्ठिर, कृष्ण इत्यादि।

पुण्यस्थान—[सं॰ पुण्य ~ स्थान] *पु॰* १. पवित्र स्थान। २. तीर्थस्थान। (ज्योतिष॰) कुंडली में लग्न से नवाँ स्थान। नवम भाव।

पुण्यतिथि—[सं॰ पुण्य ~ अतिथि] *पु॰* पवित्र/शुभ अतिथि। पुण्यशील मेहमान।

पुण्यार्थी—[सं॰ पुण्य ~ अर्थी (अर्थिन्)] *पु॰* पुण्य प्राप्त करने की इच्छा वाला। ***जैसे***—तीर्थों की यात्रा करनेवाले पुण्यार्थी।

पुण्योत्कर्ष—[सं॰ पुण्य ~ उत्कर्ष] *पु॰* १. पुण्य की अधिकता। २. पुण्य की उत्कृष्टता/श्रेष्ठता।

पुण्योदय—[सं॰ पुण्य ~ उदय] *पु॰* शुभ भाग्य का उदय। सौभाग्योदय।

***पुतरिका**—[< सं॰ पुत्तलिका] *स्त्री॰* कठपुतली।

पुतलीघर—[हि॰ पुतली + घर] *पु॰* १. मशीनों से सूत बनाने और कपड़ा बुनने का कारख़ाना। २. कोई बड़ा कारख़ाना जहाँ मशीनों से कुछ बनता हो।

पुत्तलिका—[सं॰ पुत्तली + कन् + टाप्, ह्रस्व] *स्त्री॰* १. पुतली। २. गुड़िया। ३. कठपुतली। ***जैसे***—पुत्तलिका-नृत्य।

पुत्रकाम—[सं॰ पुत्र ~ काम] *वि॰* जिसे पुत्र-जन्म की कामना हो। पुत्र-प्राप्ति की अभिलाषा वाला।

पुत्रकामेष्टि—[सं॰ पुत्रकाम ~ इष्टि] *पु॰* पुत्र-प्राप्ति की कामना से किया जाने वाला एक यज्ञ।

पुत्रद—[सं॰ पुत्र + द] *वि॰* पुत्र देनेवाला। ✣ **पुत्रदा**—*वि॰* पुत्र देनेवाली। *स्त्री॰* वह जड़ी-बूटी जो सन्तान देती है, बन्ध्यत्व दूर करती है।

पुत्रसप्तमी—[सं॰ पुत्र ~ सप्तमी] *स्त्री॰* आश्विन शुक्ल सप्तमी।

पुत्रसू—[सं॰ पुत्र ~ सू] *वि॰* पुत्र उत्पन्न करनेवाली।

पुत्रिका—[सं॰ पुत्री + कन् + टाप्, ह्रस्व] *स्त्री॰* १. पुत्री। २. (नेत्र की) पुतली। ३. गुड़िया या कठपुतली।

पुत्रीय—[सं॰ पुत्र + छ] *वि॰* पुत्र-सम्बन्धी। पुत्र का।

पुत्रेष्टि/पुत्रेष्टिका—[सं॰ पुत्र ~ इष्टि/इष्टिका] *पु॰* पुत्र-प्राप्ति के लिए किया जाने वाला एक यज्ञ।

पुत्रैषणा—[सं॰ पुत्र ~ एषणा] *स्त्री॰* पुत्र-प्राप्ति की कामना।

पुद्गल—[सं॰ पुत् √गल् + अच्] *पु॰* १. परमाणु। २. शरीर। ३. आत्मा। शिव। महादेव। (जैन॰) जड़ पदार्थ।

पुनः—[सं॰ √पन् + अर्, उत्व] *क्रिवि॰* १. फिर। दुबारा। २. उपरान्त। अनन्तर। ३. पश्चात्। पीछे।

पुनः अभिपुष्ट—[सं॰] *वि॰* जिसे दुबारा/फिर पुष्ट किया गया हो।

पुनःकरण—[सं॰] *पु॰* १. किसी काम को फिर करना। २. दुहराना।

पुनः परीक्षण—[सं॰] *पु॰* १. फिर से की जाने वाली जाँच। २. दुबारा किया जाने वाला परीक्षण।

पुनः प्राप्ति—[सं॰] *स्त्री॰* किसी वस्तु की फिर से प्राप्ति।

पुनःप्राप्य—[सं॰] *वि॰* फिर से प्राप्त करने योग्य।

पुनः प्रेषण केन्द्र (केंद्र)—[सं॰] *पु॰* (डाक-विभाग का) बे-पता पत्रों आदि का कार्यालय।

पुनः विचारण—[सं॰] *पु॰* पुनर्विचार। विधि॰ (किसी निर्णय आदि पर) दुबारा चलाया गया मुक़दमा।

पुनः सङ्गणना (पुनः संगणना)—[स॰] *स्त्री॰* पुनः हिसाब लगाना। दुबारा किया जाने वाला परिकलन।

पुनः संयोजन—[स॰] *पु॰* (कृषि॰) भिन्न-भिन्न प्रकार के जीनों वाले पौधों के बीच परनिषेचन द्वारा नए जीन संयोजन बनाना।

पुनःसंस्कृत—[स॰] *वि॰* जो दुबारा संस्कारित/संस्कृत किया गया हो। फिर सुधारा हुआ।

पुनः समायोजन—[स॰] *पु॰* १. पुनः अनुकूलन। २. पुनः समंजन। ३. (झगड़े/मुक़दमे का) पुनः निपटारा।

पुनःस्थापन—[स॰] *पु॰* फिर से स्थापित करना।

पुनरधिकार—[स॰ पुनर् ~ अधिकार] *पु॰* १. पुनः प्राप्ति। (दे॰) २. फिर से अधिकार की प्राप्ति।

पुनरधिगम—[स॰ पुनर् ~ अधिगम] पु॰ पुनः सीखना।

पुनरपि—[स॰ पुनर् ~ अपि] *क्रिवि॰* १. फिर भी। २. दुबारा। ३. बार-बार।

पुनरस्त्रीकरण—[स॰ पुनर् ~ अस्त्रीकरण] *पु॰* किसी देश की हथियारों से रहित की गयी सेनाओं को फिर हथियारों से युक्त करना।

पुनरवेक्षण—[स॰ पुनर् ~ अवेक्षण] *पु॰* पुनः जाँचना। फिर से जाँच। (अ॰ रिचेकिंग)

पुनरागत—[स॰ पुनर् ~ आगत] *वि॰* १. फिर से आया हुआ। २. लौटा हुआ।

पुनरागमन—[स॰ पुनर् ~ आगमन] *पु॰* १. फिर से आना। २. वापसी।

पुनरागामी—[स॰ पुनर् ~ आगामी (आगामिन्)] *वि॰* १. फिर से आनेवाला। २. लौटनेवाला।

पुनरानयन—[स॰ पुनर् ~ आनयन] *पु॰* लौटा लाना।

पुनरायात—[स॰ पुनर् ~ आयात] *पु॰* (निर्यात की हुई वस्तु का) पुनः आयात।

पुनरावर्त—[स॰ पुनर् ~ आवर्त] *पु॰* १. प्रत्यागमन। लौटना। वापसी। २. पुनर्जन्म।

पुनरावर्तन—[स॰ पुनर् ~ आवर्तन] *पु॰* १. फिर से लौटकर आना। प्रत्यागमन। २. पुनर्जन्म। ३. किसी रोग के बहुत-कुछ कम हो जाने पर भी फिर से होनेवाला उसका अधिक प्रकोप।

पुनरावृत्त—[स॰ पुनर् ~ आवृत्त] *वि॰* १. फिर से लौटकर आया हुआ। २. फिर से किया हुआ।

पुनरावृत्ति—[स॰ पुनर् ~ आवृत्ति] *स्त्री॰* १. फिर से घूमना या घूमकर आना। २. आवृत्ति। ३. किसी काम या बात को दोहराया जाना।

पुनरीक्षण—[स॰ पुनर् ~ ईक्षण] *पु॰* किसी काम को जाँचने के लिए फिर से देखना। ***जैसे***—पुनरीक्षण न्यायालय।

पुनरुक्त—[स॰ पुनर् ~ उक्त] *वि॰* १. दुबारा कहा हुआ। २. बार-बार कहा हुआ।

पुनरुक्तवदाभास—[स॰ पुनरुक्तवद् ~ आभास] *पु॰* (काव्य॰) एक अलंकार जो वहाँ होता है जहाँ वास्तव में पुनरुक्ति न होकर पुनरुक्ति का आभास मात्र होता है।

पुनरुक्ति—[स॰ पुनर् ~ उक्ति] *स्त्री॰* एक ही बात को बार-बार या अनेक प्रकार से कहना। (काव्य॰) १. एक शब्दालंकार जो एक ही शब्द या बात को दो या अधिक बार कहकर भाव को अधिक रोचक बनाने में होता है। पुनरुक्तिप्रकाश। २. 'पुनरुक्त' नामक काव्यदोष।

पुनरुक्तिदोष—[स॰ पुनरुक्ति ~ दोष] *पु॰* (मनो॰) ठीक प्रकार से बोलते हुए बीच-बीच में कुछ विशेष शब्दों या वाक्यांशों को अनावश्यक रूप से बार-बार दोहराने की आदत।

पुनरुक्तिप्रकाश—[स॰ पुनरुक्ति ~ प्रकाश] *पु॰* (काव्य॰) 'पुनरुक्ति' नामक शब्दालंकार।

पुनरुज्जीवित—[स॰ पुनर् + उज्जीवित] *पु॰* १. जिसने फिर से जीवन प्राप्त किया हो। २. जो मरकर फिर जीवित कर दिया गया हो या हो गया हो। (विधि॰) जिसे फिर से प्रचलित/लागू किया गया हो।

पुनरुत्थान—[स॰ पुनर् ~ उत्थान] *पु॰* १. पुनः उठना। २. जिसकी उन्नति हो चुकी हो, उसकी पतन के बाद फिर से उन्नति होना या करना। ३. पुनर्जागरण।

पुनरुत्थित—[स॰ पुनर् ~ उत्थित] *वि॰* जिसका पुनरुत्थान किया गया हो या हुआ हो।

पुनरुत्पत्ति—[स॰ पुनर् ~ उत्पत्ति] *स्त्री॰* पुनर्जन्म।

पुनरुद्धार (पुनरुद्धार)—[स॰ पुनर् ~ उद्धार] *पु॰* १. टूटी-फूटी या नष्टप्राय वस्तु को फिर से ठीक कर देना। २. किसी प्राचीन मन्दिर, भवन, कुआँ, तालाब आदि की मरम्मत कर उसे यथासम्भव मूल रूप देना या उसके विनाश को रोकने के लिए किया गया प्रयास। जीर्णोद्धार।

पुनर्गठन—[स॰ पुनर् + गठन] *पु॰* १. पुनर्निर्माण। २. (संस्था आदि का) फिर से गठन। ३. भूतकालीन घटनाओं को जोड़कर फिर से लेखन। ३. फिर से संघटन/व्यवस्था करने की क्रिया।

पुनर्गेय—[स॰ पुनर् ~ गेय] *वि॰* जो फिर से गाया जाने के योग्य हो।

पुनर्ग्रहणाधिकार—[स॰ पुनर्ग्रहण ~ अधिकार] *पु॰* नौकरी और लम्बी छुट्टी लेकर अन्यत्र नौकरी करने पर अपने पूर्व पद पर (कभी भी या अवधि-समाप्ति पर) वापस आने का अधिकार। (अ॰ लिअन)

पुनर्जन्म—[स॰ पुनर् ~ जन्म (जन्मन्)] *पु॰* जीवात्मा का एक शरीर की मृत्यु के बाद दूसरे शरीर में प्रकट होने की प्रक्रिया। दुबारा शरीर धारण करना। दुबारा जन्म।

पुनर्जागरण—[स॰ पुनर् ~ जागरण] *पु॰* १. सोए हुआ को जगाना। २. निद्रा के बाद जगना। ३. किसी देश/समाज/संस्था आदि की सोयी हुई चेतना का जागरण। ***जैसे***—१८वीं और १९वीं शताब्दी में भारत राष्ट्र का पुनर्जागरण हुआ।

पुनर्जात—[स॰ पुनर् ~ जात] *वि॰* जो फिर उत्पन्न हो। जिसका पुनर्जन्म हुआ हो।

पुनर्जीवन—[स॰ पुनर् ~ जीवन] *पु॰* फिर से प्राप्त होने वाला जीवन। पुनर्जन्म।

पुनर्नवा—[सं॰ पुनर् ~ नवा] *स्त्री॰* एक शाक जो वर्षा या शरद् ऋतु में होता है, प्रायः भूमि पर फैलता है परन्तु झाड़ियों आदि के सहारे ऊँचा भी चढ़ जाता है।

पुनर्निर्माण—[सं॰ पुनर् ~ निर्माण] *पु॰* टूटी-फूटी वस्तु (मूर्ति, मकान इत्यादि) का फिर से हुआ निर्माण।

पुनर्निर्वाचन—[सं॰ पुनर् ~ निर्वाचन] *पु॰* १. वर्तमान सदस्य/पदाधिकारी को अगली सभा के लिए चुनना। दुबारा निर्वाचित करने की क्रिया। २. किसी तकनीकी कारण से कोई निर्वाचन रद्द किए जाने पर दुबारा होने वाला निर्वाचन।

पुनर्न्यायनिर्णयन—[सं॰ पुनर् ~ न्याय ~ निर्णयन] *पु॰* (विधि॰) दुबारा अदालती निर्णय।

पुनर्बलन—[सं॰ पुनर् ~ बलन] *पु॰* १. (सेना आदि का) बलवर्धन। प्रबलीकरण। २. दृढ़ करने का कार्य। दृढ़ीकरण।

पुनर्भाव—[सं॰ पुनर् ~ भाव] *पु॰* पुनर्जन्म।

पुनर्मुद्रण—[सं॰ पुनर् ~ मुद्रण] *पु॰* एकबार छपी सामग्री को फिर से उसी रूप में छापना। (पत्र॰) वह सामग्री जो किसी दिन के समाचार पत्र के अन्तिम संस्करण में प्रकाशित होने के बाद अगले दिन के प्रथम संस्करण में भी मुद्रित की गयी हो।

पुनर्मुद्राङ्कन (पुनर्मुद्रांकन)—[सं॰ पुनर् ~ मुद्राङ्कन] *पु॰* मुद्रा का दुबारा अंकन। (पुरा॰) १. किसी सिक्के पर दुबारा ठप्पा लगाना। २. विजित शासक के सिक्कों पर नए शासक द्वारा अपनी मोहर लगाना।

पुनर्मूल्यन—[सं॰ पुनर् + मूल्यन] *पु॰* फिर से मूल्य आँकना/लगाना।

पुनर्वसु—[सं॰ पुनर् ~ वसु] *पु॰* १. अश्विनी इत्यादि २७ नक्षत्रों में से सातवाँ नक्षत्र। २. शिव। महादेव। ३. विष्णु।

पुनर्वाचन—[सं॰ पुनर् ~ वाचन] *पु॰* (राज॰) विधानसभा, लोकसभा इत्यादि में किसी प्रस्ताव/निर्णय आदि का दुबारा पढ़ा जाना।

पुनर्वास—[सं॰ पुनर् ~ वास] *पु॰* १. फिर बसना। २. बे-घरबार हुए लोगों का फिर से नया घर बनाकर रहना। ३. उजड़े लोगों को पुनः आबाद करना। ४. (पद से हटाए किसी व्यक्ति की) पुनः नियुक्ति। ५. (किसी उद्योग-धन्धे की) पुनःस्थापना।

पुनर्वासन—[सं॰ पुनर् + वासन] *पु॰* पुनर्वास की क्रिया/भाव। उजड़े हुए लोगों को फिर से बसाने की क्रिया/भाव।

पुनर्विक्रय—[सं॰ पुनर् ~ विक्रय] *पु॰* ख़रीदी हुई वस्तु का विक्रय/बेचना।

पुनर्विचार—[सं॰ पुनः + विचार] *पु॰* १. फिर विचारना/सोचना। २. निर्णय बदलने की भी सम्भावना मानते हुए किया जाने वाला फिर से विचार।

पुनर्विनियोग—[सं॰ पुनर् ~ विनियोग] *पु॰* फिर से किया गया विनियोग।

पुनर्विन्यास—[सं॰ पुनर् ~ विन्यास] *पु॰* दुबारा किया गया विन्यास/क्रम।

पुनर्विभाजन—[सं॰ पुनर् ~ विभाजन] *पु॰* एक बार जिसका विभाजन हो चुका हो, उसका फिर से विभाजन करना।

पुनर्विलोकन—[सं॰ पुनर् ~ विलोकन] *पु॰* १. (मुक़दमे आदि पर) पुनर्विचार। २. पुस्तक की समीक्षा/समालोचन। ✣ **पुनर्विलोकित**—*वि॰* = १. जिस पर पुनर्विचार किया जा चुका हो। २. समीक्षित/समालोचित (पुस्तक)।

पुनर्विवाह—[सं॰ पुनर् ~ विवाह] *पु॰* फिर से हुआ विवाह।

पुनश्च—[सं॰ पुनर् ~ च] *अव्यय* १. और फिर। इसके बाद। २. पुनः। दुबारा। ३. कथित/लिखित बात के बाद यह भी। *पु॰* पत्र लिखकर समाप्त कर देने के बाद कुछ और याद आ रही बात लिखने से पहले प्रयुक्त किया जाने वाला एक शब्द। (पत्र॰) किसी नए महत्त्वपूर्ण समाचार का समावेश।

पुनश्चर्वण—[सं॰ पुनर् ~ चर्वण] *पु॰* १. फिर चबाना। २. (गाय आदि चौपायों द्वारा किया जाने वाला) पागुर।

पुनी[१]—*क्रिवि॰* ≤ *हि॰* पुनि। पुनः। फिर। फिर भी।

***पुनी**[२]—[< हि॰ पुन < सं॰ पुण्य] *पु॰* १. पुण्य कार्य। पवित्र काम। २. पुण्यात्मा। धर्मात्मा व्यक्ति। *वि॰* पुण्यशील। धर्मात्मा।

पुनीत—[< हि॰ पुन < सं॰ पुण्य] *वि॰* पवित्र। ***जैसे***—पुनीत कर्तव्य। (छन्द॰) एक सममात्रिक छन्द जिसके प्रत्येक चरण में १५ मात्राएँ होती हैं, अन्त में तगण (ग ग ल) होता है तथा आदि में सम कल के बाद विषम कल होता है।

पुन्न**— *पु॰* ≤ *सं॰* पुण्य। ***जैसे—दान-पुन्न करना।

पुन्नक्षत्र—[सं॰ पुंस् ~ नक्षत्र] *पु॰* पुरुषवाची नामों वाले नक्षत्र (***जैसे***—पुनर्वसु)।

पुन्पुंसक—[सं॰ पुम् ~ नपुंसक] *पु॰* (संस्कृत व्या॰) वे शब्द जो पुंलिंग और नपुंसकलिंग दोनों हों।

पुन्नाग—[सं॰ पुंस् ~ नाग] *पु॰* १. चम्पा। २. श्वेत कमल। ३. जायफल।

***पुन्यकोस**—[< सं॰ पुण्यकोष] *पु॰* पुण्यरूपी धन का ख़ज़ाना। पुण्यकोष।

***पुन्यथल**—[सं॰ पुण्यस्थल] *पु॰* १. पवित्र स्थान। २. तीर्थ।

***पुन्य-पाथ**—[सं॰ पुण्य ~ पाथ] *पु॰* पवित्र जल।

पुन्यपुन्ज (पुन्यपुंज)—[< सं॰ पुण्य ~ पुञ्ज] *पु॰* पुण्य का ढेर। पुण्यराशि।

***पुन्यमय**—[< सं॰ पुण्यमय] *वि॰* पुण्यरूप। पुण्यमय। धर्ममय।

***पुब्ब**—[< सं॰ पूर्व] *पु॰* १. पूर्व दिशा। २. पूर्व काल।

पुमङ्ग (पुमंग)—[सं॰ पुम् ~ अङ्ग] *पु॰* (वनस्पति॰) पौधे का नर अंग।

पुमणु—[सं॰ पुम् ~ अणु] *पु॰* (वनस्पति॰) परागकोशों में उत्पन्न होनेवाली नरजनन कोशिका।

पुम्पूर्वता (पुंपूर्वता)—[सं॰ पुम् ~ पूर्वता] *स्त्री॰* (वनस्पति॰) पुष्प में नारी-अंग से पहले पुमंग के परिपक्व हो जाने की अवस्था।

पुर[१]—[सं॰ √पुर् + क] *पु॰* १. नगर/शहर या ग्राम। २. धाम। ३. घर। मकान। ४. शरीर। देह। ५. दुर्ग। क़िला। ६. लोक। भवन।

जैसे—तीनों पुरों में उसका यश छा गया।

पुर[2]—[< स॰ पुरः (पुरस्)] *क्रिवि॰* सामने। आगे।

पुर—[फा॰] *वि॰* भरा हुआ। पूर्ण। *जैसे*—**पुरअमन** (= शान्तिपूर्ण); **पुरअश्क** (= अश्रुपूर्ण); **पुरउम्मीद** (= आशापूर्ण); **पुरग़म** (= शोकपूर्ण या दुःखपूर्ण); **पुरग़रूर** (= गर्वपूर्ण); **पुरजोश** (= उत्साहपूर्ण)।

***पुरइन**—[< स॰ पुटकिनी] *स्त्री॰* १. कमल का पत्ता। कमल-पत्र। २. कमल।

पुरः—[स॰ पूर्व + असि, पूर्व→पुर्] *क्रिवि॰* १. सामने। आगे। २. (किसी के) पहले। पूर्व। २. पूर्व दिशा में। ३. पूर्व दिशा का। पूर्वी। ३. पूर्व दिशा की ओर उन्मुख।

पुरःस्थ—[स॰ पुरः + स्थ] *वि॰* १. जो सामने हो। २. दृष्टिगोचर।

पुरःस्थापना—[स॰ पुरः ~ स्थापना] *स्त्री॰* (भाषण आदि की) प्रस्तावना। भूमिका।

पुरकायस्थ—[स॰ पुर ~ कायस्थ] *पु॰* (प्राचीन भारत में) वह अधिकारी जिसके पास नगर के प्रमुख दस्तावेज़ आदि या उनकी प्रतिलिपियाँ रहती थीं।

पुरखा—[< स॰ पुरुष] *पु॰* स्वर्गीय पूर्वज। ***वा॰* पुरखे तर जाना**—१. पूर्वजों का परलोक में उत्तम गति पाना। २. कृत्यकृत्य होना।

पुरजन—[स॰ पुर ~ जन] *पु॰* १. पुर में रहनेवाले लोग। पुरवासी। २. नगरवासी। नागरिक। ३. ग्रामवासी। ४. दुर्गवासी।

पुरञ्जन (पुरंजन)—[स॰ पुर् √जन् + ख, मुम्] *पु॰* शरीर में स्थित आत्मा। जीवात्मा। ✣ **पुरञ्जनी (पुरंजनी)**— *स्त्री॰* = बुद्धि।

पुरञ्जय (पुरंजय)—[स॰ पुर √जि + खच्, मुम्] *वि॰, पु॰* पुर को जीतनेवाला।

पुरट—[स॰ √पुर् + अटन] *पु॰* स्वर्ण। सोना। ✣ **पुरट नग**— *पु॰* = स्वर्ण का पर्वत। सुमेरु।

पुरतः—[स॰ पुर + तस्] *क्रिवि॰* १. समक्ष। सामने। २. आगे।

पुरतोरण—[स॰ पुर ~ तोरण] *पु॰* नगर को बाहरी द्वार/फाटक। पुरद्वार।

पुरत्राण—[स॰ पुर ~ त्राण] *वि॰* पुर की रक्षा करने वाला। *पु॰* प्राचीर।

पुरद्वार (पुरद्वार)—[स॰ पुर ~ द्वार] *पु॰* नगर का प्रवेश-द्वार। नगर का मुख्य द्वार/फाटक। पुरतोरण।

पुरनिवेश/पुरनिवेशन—[स॰ पुर ~ निवेश/निवेशन] *पु॰* नगर की नींव डालने/बनाने/बसाने का कार्य।

पुरनी—[< हि॰ पूरना (भरना)] *स्त्री॰* १. पूरने/भरने वाली वस्तु। २. अँगूठे में पहनने का छल्ला। ३. तुरही।

पुरन्दर (पुरंदर)—[स॰ पुर √दॄ + खच्, मुम्] *वि॰* पुर को तोड़नेवाला। *पु॰* १. इन्द्र। २. विष्णु। ३. अग्नि। ४. चोर।

पुरन्ध्री (पुरंध्री)—[स॰ पुर √धृ + खच्, पृषो॰] *स्त्री॰* १. पति, पुत्र, पुत्री, धन-सम्पत्ति आदि से युक्त स्त्री। २. (गृहस्थ) स्त्री।

पुर-पक्षी—[स॰] *पु॰* १. बस्ती (नगर या ग्राम) में रहनेवाले पक्षी। २. पालतू पक्षी।

पुर-पशु—[स॰] *पु॰* बस्ती (नगर, ग्राम आदि) में रहने वाले पशु। २. पालतू पशु।

†**पुरबला**—[< स॰ पूर्व] *वि॰* १. पहले का। पूर्वकालीन। २. पूर्वजन्म का। *जैसे*—पुरबले पापों का फल मिलना। ✣ **पुरबली**— *वि॰* (*स्त्री॰*)।

पुरबिया—[स॰ पूर्वीय] *वि॰* १. पूर्व दिशा/प्रदेश का। जैसे—पुरबिया लोगों की बोली। २. पूर्व दिशा से आनेवाला।

पुरमथन—[स॰ पुर ~ मथन] *पु॰* (त्रिपुरनाशक) शिव। महादेव।

पुर-रक्षक—[स॰] *पु॰* पुर की रक्षा करनेवाला (अधिकारी आदि)।

पुरलोक—[स॰ पुर ~ लोक] *पु॰* पुर के निवासी। पुरजन। पुरवासी।

पुरवट—[< स॰ पूर] *पु॰* (चमड़े का बना) चरसा या बाल्टा/डोल जिससे कुएँ से पानी निकालकर खेतों की सिंचाई करते हैं।

पुरवधू—[स॰ पुर ~ वधु] *स्त्री॰* वेश्या। नगरवधू।

पुरवर—[स॰ पुर ~ वर] *पु॰* १. उत्तम नगर। २. राजधानी।

पुरवा[1]—[< स॰ पूर्व ~ वात] *पु॰* पूर्व की ओर से आनेवाली हवा। पुरवाई।

पुरवा[2]—[< स॰ पुटक] *पु॰* (मिट्टी का बना) कुल्हड़।

†**पुरवा**[3]—[< स॰ पुर] *पु॰* छोटा गाँव या खेड़ा।

पुरश्चरण/पुरश्चर्या—[स॰ पुरस् ~ चरण/चर्या] *पु॰* १. आरम्भिक संस्कार। २. तैयारी। ३. किसी कार्य की सिद्धि के लिए अनुष्ठान। ४. नियमपूर्वक कार्यसिद्धि के लिए किया जाने वाला स्तोत्र/मन्त्र आदि का पाठ/जप। किसी देवी-देवता का नाम-जप और उसके उद्देश्य से हवन।

पुरस्करण—[स॰ पुरस् ~ करण] *पु॰* १. आगे करना/रखना। २. पुरस्कृत करने की क्रिया। ३. सम्मान-प्रदर्शन।

पुरस्कर्ता—[स॰ पुरस् ~ कर्ता] *पु॰* १. सामने रखने/लाने वाला। २. प्रारम्भ करनेवाला। *जैसे*—खड़ी बोली में काव्य-रचना के पुरस्कर्ता हरिऔध। ३. पुरस्कार देनेवाला।

पुरस्कार—[स॰ पुरस् + कृ ~ अण्] *पु॰* १. आगे करना/रखना। २. आदर। ३. पारितोषिक। इनाम। ∇ **विलोम**—दंड।

पुरस्क्रिया—[स॰ पुरस् ~ क्रिया] *स्त्री॰* १. आरम्भिक कृत्य/संस्कार। २. आदर करना। सम्मान-प्रदर्शन।

पुरस्सर—[< स॰ पुरःसर] *वि॰* १. मिला हुआ। युक्त। *जैसे*—बुद्धिपुरस्सर। २. साथ रहने या साथ होनेवाला। *पु॰* १. आगे चलनेवाला। अग्रसर। २. नेता।

***पुरहर**—[< स॰ पूर्णघट] *पु॰* मंगलकलश। मंगलघट।

पुरहा[1]—[स॰ पुर + हा] *पु॰* १. शिव। महादेव। *पु॰* २. विष्णु।

†**पुरहा**[2]—[< स॰ पुरवट < स॰ पूर] *पु॰* खेतों की नालियों में पुरवट से पानी बहानेवाला व्यक्ति।

पुरहूत—[< स॰ पुरुहूत] *पु॰* इन्द्र।

पुरा—[स॰ √पुर् + का] *अव्यय॰* प्राचीन काल में। पुराने समय में। पहले।

पुराकथा—[स॰ पुरा ~ कथा] *स्त्री॰* १. प्राचीन कथा। पुरानी कहानी। २. पुराने काल से चली आ रही कोई बात। किंवदन्ती।

पुराकल्प—[स॰ पुरा ~ कल्प] *पु॰* १. पूर्वकाल की सृष्टि।

२. अतीतकालीन कथा। ३. प्राचीन युग। (भूविज्ञान॰) वह प्राचीन कल्प/युग जिसमें उथले समुद्र बनने लगे थे तथा मछलियाँ, सरीसृप और कीट उत्पन्न होने लगे थे। पुराजीवकाल।

पुराकालीन—[सं॰ पुराकाल + ख] *वि॰* १. प्राचीन काल का। बहुत पुराना। २. बहुत पुराने ज़माने का जो अब अप्रचलित है।

पुराकृत—[सं॰ पुरा ~ कृत] *वि॰* पहले किया हुआ। पूर्वकृत।

पुराख्यान—[सं॰ पुरा ~ आख्यान] *पुं॰* प्राचीन आख्यान।

पुरागत प्रयोग—[सं॰] *पुं॰* (कोश॰) ऐसा शब्द प्रयोग जो समसामयिक न हो। कम प्रचलित प्रयोग। *जैसे*—'मन्त्री' के लिए 'अमात्य' पुरागत प्रयोग है।

पुराङ्गना (पुरांगना)—[सं॰ पुर ~ अङ्गना] *स्त्री॰* नागरिक स्त्री।

पुराचीन—[< सं॰ प्राचीन] *पुं॰* प्राचीन। पुराकालीन।

पुराजलवायुविज्ञान—[सं॰] *पुं॰* विज्ञान की एक शाखा जिसमें पिछले युगों की जलवायु का अध्ययन किया जाता है।

पुराजीवमनोविज्ञान—[सं॰ पुरा ~ जीव ~ मनोविज्ञान] *पुं॰* (मनो॰) अति गहन आदिम मूल मनोवृत्तियों और आद्य मानस प्रतिमाओं की विशेषताओं का अध्ययन।

पुराजीर्णोद्धार (पुराजीर्णोद्धार)—[सं॰ पुरा ~ जीर्ण ~ उद्धार] *पुं॰* पुरातात्त्विक उद्धार।

पुराजीवकाल—[सं॰ पुरा ~ जीव ~ काल] *पुं॰* (भूविज्ञान॰) पुराकल्प।

पुराजीवविज्ञान—[सं॰ पुरा ~ जीव ~ विज्ञान] *पुं॰* जीवाश्मविज्ञान।

पुराजीवी—[सं॰ पुरा ~ जीवी (जीविन्)] *वि॰* प्राचीन काल के जीवों का। *पुं॰* (भूविज्ञान॰) पुराजीवकाल का।

पुराण—[सं॰ पुरा + ट्यु, निपात॰ या पुरा √नी + ड] *वि॰* १. प्राचीन। पुराना। २. बहुत पुराना होने के कारण। जीर्ण-शीर्ण। *पुं॰* १. शिव। महादेव। २. संस्कृत के ग्रन्थ विशेष।

पुराणपुरुष—[सं॰ पुराण ~ पुरुष] *पुं॰* १. वृद्ध पुरुष। २. विष्णु।

पुराणी—[< सं॰ पुराण] *वि॰* १. पुरानी। २. पुराण की। ३. पुराणों का कथावाचक या मर्मज्ञ विद्वान्।

पुरातत्त्व—[सं॰ पुरा ~ तत्त्व] *पुं॰* उत्खनन से प्राप्त सामग्री, पुरालेखों, सिक्कों इत्यादि के अध्ययन के आधार पर इतिहास-सम्बन्धी वैज्ञानिक अध्ययन का शास्त्र।

पुरातत्त्वज्ञ/पुरातत्त्वविद्—[सं॰ पुरातत्त्व + ज्ञ/विद्] *पुं॰* पुरातत्त्व का विशेषज्ञ।

पुरातत्त्वीय—[सं॰ पुरातत्त्व + छ] *वि॰* पुरातत्त्व से सम्बन्धित। पुरातत्त्व का।

पुरातन—[सं॰ पुरा + ट्यु, तुट्] *वि॰* १. प्राचीन। पुराना। २. आदिकालीन। ३. जीर्ण। *पुं॰* विष्णु। ✣ **पुरातनता**—*स्त्री॰* = प्राचीनता। ✣ **पुरातन पुरुष**—*पुं॰* = १. परमात्मा। २. विष्णु। ✣ **पुरातनिक**—*वि॰* = १. प्राचीन काल से सम्बन्धित। २. प्राचीन वस्तुओं या प्राचीन काल का अध्ययन करनेवाला। ३. प्राचीन दुर्लभ सामग्री तथा ग्रन्थों को ख़रीदने-बेचने वाला। ✣ **पुरातनिक लेख**—*पुं॰* = पाषाणों, धातु-खंडों आदि पर उत्कीर्ण प्राचीनकालीन लेख।

पुरातात्त्विक—[सं॰ पुरातत्त्व] *वि॰* पुरातत्व-सम्बन्धी। पुरातत्त्व का। ✣ **पुरातात्त्विक उद्धार**—*पुं॰* किसी ऐतिहासिक महत्त्व के प्राचीन स्मारक, कलाकृति, स्थल आदि को पूर्ण नष्ट या अंशतः नष्ट होने से बचाने के लिए किया गया काम। पुराजीर्णोद्धार।

पुरानृविज्ञान—[पुरा ~ नृविज्ञान] *पुं॰* नृविज्ञान की एक शाखा जिसमें अतिप्राचीन काल के मानव और उसकी संस्कृति का अध्ययन किया जाता है।

पुरान्तक (पुरांतक)—[सं॰ पुर ~ अन्तक] *पुं॰* (त्रिपुर का नाशक) शिव। महादेव।

पुरापाषाणयुग—[सं॰ पुरा ~ पाषाण ~ युग] *पुं॰* (इति॰) मानव-समाज के विकास का प्रारम्भिक युग जिसमें मनुष्य पत्थर के अनगढ़ उपकरणों का प्रयोग करने लगा था। पाषाण-युग की आरम्भिक अवस्था।

पुराभूगोल—[सं॰ पुरा ~ भूगोल] *पुं॰* भूविज्ञान की वह शाखा जो पृथ्वी के इतिहास के प्रत्येक भूवैज्ञानिक कल्प में महाद्वीपों, सागरों, पर्वतों इत्यादि से सम्बन्धित विवेचन करती है।

पुराराति/पुरारि—[सं॰ पुर ~ अराति/अरि] *पुं॰* शिव। महादेव।

†**पुराल**—[< हि॰ पुआल] *पुं॰* सूखे धान के पौधे जिनके दाने झाड़ लिए गए हों। पुआल।

पुरालिपि—[सं॰ पुरा ~ लिपि] *स्त्री॰* प्राचीन काल में प्रचलित रही लिपि। ✣ **पुरालिपिज्ञ/पुरालिपिविद्**—*पुं॰* = प्राचीन लिपि या लिपियों का ज्ञाता/विशेषज्ञ। ✣ **पुरालिपिविद्या (पुरालिपिविद्या)**—*स्त्री॰* = प्राचीन लिपियों का ज्ञान प्राप्त करने की विद्या।

पुरालिपिशास्त्र—[सं॰ पुरालिपि ~ शास्त्र] *पुं॰* वह शास्त्र जिसमें प्राचीन लिपियों की उत्पत्ति, काल, विकास आदि का अध्ययन किया जाता है। प्राचीन लिपियों का विवेचन करनेवाला शास्त्र।

पुरालेख—[सं॰ पुरा ~ लेख] *पुं॰* प्राचीन लेख या अभिलेख। प्राचीन काल के पत्थरों, मूर्तियों, सिक्कों आदि पर अंकित लेखों में से प्रत्येक। ✣ **पुरालेखविद्/पुरालेखवेत्ता**—*पुं॰* = पुरालेखों का विद्वान्। प्राचीन अभिलेखों और लिपियों को पढ़ सकने और उनका विवेचन कर सकने वाला विद्वान् व्यक्ति। ✣ **पुरालेखीय**—*वि॰* = पुरालेख से सम्बन्धित। पुरालेख का। ✣ **पुरालेखीय स्मारक**—*पुं॰* = प्राचीन काल में तक्षित हुए या लिखे गए लेख वाला स्मारक।

पुरावनस्पतिविज्ञान—[सं॰ पुरा ~ वनस्पति ~ विज्ञान] *पुं॰* प्राचीन युग के पत्थर हो गए पौधों का विज्ञान।

***पुरावना**—[< हि॰ पूरना] *क्रि॰स॰* व्यतीत करना।

पुरावशेष—[सं॰ पुरा ~ अवशेष] *पुं॰* प्राचीन भवनों, स्मारकों, वस्तुओं आदि के भग्नावशेष। खंडहर। (पुरा॰) सौ या अधिक वर्ष पुराना अभिलेख, पांडुलिपि, सिक्का, कलाकृति, खंडहर आदि ऐतिहासिक महत्त्व की वस्तुएँ। पुरासामग्री। पुरावस्तु। ✣ **पुरावशेष-विधि**—*स्त्री॰* = पुरावशेषों को भविष्य के लिए सुरक्षित रखने की व्यवस्था करनेवाला क़ानून।

पुरावस्तु—[सं॰ पुरा ~ वस्तु] *पु॰* (नृविज्ञान॰) १. अतीत के प्राप्त अवशेष या कलात्मक वस्तुएँ जिनका निर्माण लगभग १०० वर्ष पूर्व या अधिक पहले हुआ हो। पुरावशेष। ***जैसे***—पुरावस्तु सहायक। (अं॰ एन्टीक)

पुराविद्—[सं॰ पुरा ~ विद्] *वि॰, पु॰* १. प्राचीन इतिहास का विद्वान्। २. प्राचीन वस्तुओं का अध्ययन करनेवाला। ३. पुरानी बातों को जाननेवाला।

पुरावृत्त—[सं॰ पुरा ~ वृत्त] *पु॰* १. कोई प्राचीन वृत्तान्त। २. इतिहास।

पुरासङ्ग्रहालय (पुरासंग्रहालय)—[सं॰ पुरा ~ सङ्ग्रहालय] वह भवन, कक्ष या अलमारी जिसमें प्राचीन वस्तुएँ प्रदर्शित हों।

पुरिया—[< हिं॰ पूरना] १. (जुलाहे की) बाना फैलाने की नरी। २. ताना। ● **विशेष**—रुई की पूनी को भी कहीं-कहीं 'पुरिया' कहा जाता है।

***पुरिष/पुरिस**—[< सं॰ पुरुष] *पु॰* ऊँचाई और गहराई का एक प्राचीन नाप जो मनुष्य की लम्बाई के बराबर होता था।

पुरी—[सं॰ पुरि + ङीष्] *स्त्री॰* १. नगरी। शहर। २. शरीर। देह। ३. दशनामी सन्यासियों का एक भेद। ५. (उड़ीसा में स्थित एक तीर्थ।) जगन्नाथपुरी।

पुरीष—[सं॰ √पृ + ईषन्] *पु॰* १. विष्ठा। मल। २. कूड़ा। ✣ **पुरीष-स्थान**—*पु॰* = मल-त्याग करने का स्थान। शौचालय। पाख़ाना।

पुरीषोत्सर्ग—[सं॰ पुरीष ~ उत्सर्ग] *पु॰* मल-त्याग।

पुरु[1]—[सं॰ √पृ + कु॰, उत्व] *वि॰* बहुत अधिक। अत्यधिक। विपुल। प्रचुर। *पु॰* स्वर्ग। देवलोक।

***पुरु**[2]—[< सं॰ पुर] *पु॰* पुर। नगर।

पुरुष—[सं॰ √पुर् + कुषण्] *पु॰* १. नर मानव। मर्द। ∇ **विलोम**—स्त्री। २. आत्मा या जीवात्मा। ३. परमात्मा। ४. पति। ५. ऊँचाई/गहराई की एक प्राचीन नाप जो एक आदमी की ऊँचाई या १२० अंगुल के बराबर होती थी। ६. पूर्वज। पुरखे। ७. विष्णु। ८. शिव। ९. सूर्य। (व्या॰) वक्ता की दृष्टि से किए गए सर्वनाम के तीन प्रकारों में से प्रत्येक। (शैव॰) ३६ तत्त्वों में से एक। माया के आवरण और कंचुकों से ढँकी आत्मा।

पुरुषकार—[सं॰ पुरुष ~ कार] *पु॰* १. पुरुषार्थ। पौरुष। २. मनुष्य का उद्योग/प्रयत्न।

पुरुषकेसरी—[सं॰ पुरुषकेसरिन्] *पु॰* १. सिंह के समान वीर आदमी। अति वीर व्यक्ति। २. (विष्णु का) नृसिंह अवतार।

पुरुष ग्रह—[सं॰] *पु॰* (ज्योतिष॰) तीन ग्रह—सूर्य, मंगल और बृहस्पति।

पुरुषता—[सं॰ पुरुष + तल् + टाप्] *स्त्री॰* पुरुषत्व।

पुरुषत्व—[सं॰ पुरुष + त्व] *पु॰* पुरुष होने की अवस्था/गुण/भाव। पुरुषपन। नरत्व। मर्दानगी।

पुरुषद्वेषिणी (पुरुषद्वेषिणी)—[सं॰ पुरुष ~ द्वेषिणी] *वि॰ (स्त्री॰)* १. अपने पति से वैर रखनेवाली (स्त्री)। २. पुरुष मात्र से द्वेष करनेवाली (स्त्री)।

पुरुषनक्षत्र—[सं॰ पुरुष ~ नक्षत्र] *पु॰* (ज्योतिष॰) हस्त, मूल, श्रवण, पुनर्वसु, मृगशिरा और पुष्य नामक नक्षत्र।

पुरुषपुर—[सं॰ पुरुष ~ पुर] *पु॰* प्राचीन गन्धार देश की राजधानी। वर्तमान पेशावर नामक नगर (जो अब पाकिस्तान में है)।

पुरुषमेध—[सं॰ पुरुष ~ मेध] *पु॰* एक प्राचीन वैदिक यज्ञ।

पुरुषराशि—[सं॰ पुरुष ~ राशि] *स्त्री॰* (ज्योतिष॰) मेष आदि १२ राशियों में से ६ विषम राशियों में से प्रत्येक (मेष/मिथुन/सिंह/तुला/धनु/कुम्भ राशि)।

पुरुषवर—[सं॰ पुरुष ~ वर] *पु॰* १. श्रेष्ठ पुरुष। २. विष्णु।

पुरुष-व्याघ्र, पुरुष-शार्दूल, पुरुष-सिंह—[सं॰] *पु॰* सिंह के समान वीर पुरुष। अति वीर पुरुष।

पुरुषाङ्ग (पुरुषांग)—[सं॰ पुरुष ~ अङ्ग] *पु॰* पुरुष की जननेन्द्रिय। शिश्न। लिंग।

पुरुषाधम—[सं॰ पुरुष ~ अधम] *पु॰* नीच पुरुष।

पुरुषाधिकार—[सं॰ पुरुष ~ अधिकार] *पु॰* १. पुरुष का कर्तव्य। २. पुरुषत्व का कर्म। मर्दानगी का काम।

पुरुषान्तर (पुरुषांतर)—[सं॰ पुरुष ~ अन्तर] पु॰ अन्य व्यक्ति। दूसरा पुरुष/आदमी।

पुरुषायित—[सं॰ पुरुष + क्यङ् + क्त] *वि॰* पुरुष की तरह आचरण करनेवाला। ✣ **पुरुषायितता**—*स्त्री॰* = (मनो॰) किसी स्त्री का पुरुष की तरह व्यवहार करना।

पुरुषायुष—[< सं॰ पुरुष ~ आयुस्] *पु॰* मनुष्य की उम्र। मानव-आयु।

पुरुषार्थ—[सं॰ पुरुष ~ अर्थ] *पु॰* १. मनुष्य के जीवन का प्रधान उद्देश्य धर्म, अर्थ आदि वे चार वस्तुएँ जिनकी प्राप्ति के लिए मनुष्य को उद्योग करना चाहिए। [● **विशेष**—पुरुषार्थ चार हैं—धर्म, अर्थ, काम, मोक्ष।] २. विशेष प्रयत्न। उद्योग। ३. मनुष्य-बल। पौरुष।

पुरुसङ्कर (पुरुसंकर)—[सं॰ पुरु ~ सङ्कर] *पु॰* (कृषि॰) पौधों का एक अलग किया हुआ समूह जो इस प्रकार से रखा जाता है कि उसमें अन्तरपरागण अधिक हो सके।

पुरुहूत—[सं॰ पुरु ~ हूत] *वि॰* अनेक व्यक्तियों द्वारा आमन्त्रित या आहूत। *पु॰* इन्द्र।

***पुरैना**[1]—[< हिं॰ पूरना] *क्रिस॰* पूरा करना। *क्रिअ॰* पूरा होना।

***पुरैना**[2]—[< हिं॰ पुरइन] *स्त्री॰* १. कमल का पत्ता। कमल-पत्र। २. कमल।

पुरोगत—[सं॰ पुरस् ~ गत] *वि॰* १. जो सामने हो। २. पुराना।

पुरोगति—[सं॰ पुरस् ~ गति] *स्त्री॰* १. पुरोगत होने की अवस्था/भाव। २. अग्रगामिता। अग्रगमन। *वि॰* आगे-आगे चलनेवाला।

पुरोगन्ता (पुरोगंता)—[सं॰ पुरोगन्तृ] *वि॰* पुरोगामी।

पुरोगम—[सं॰ पुरस् ~ गम] *वि॰* अग्रगामी। नेता। अगुआ।

पुरोगामी—[सं॰ पुरोगामिन्] *वि॰* पहले जानेवाला। आगे जानेवाला।

पुरोजन्मा—[सं॰ पुरोजन्मन्] *वि॰* जिसका जन्म पहले हुआ हो। पूर्वोत्पन्न। *पु॰* ज्येष्ठ भाई।

पुरोडाश—[सं॰ पुरस् √दाश् + घञ्] *पु॰* १. जौ, चावल आदि के आटे की बनी और पका ली गयी टिकिया जिसे अग्नि में हवन करते हैं। २. हवि। ३. देवताओं को हवि देते समय पढ़ा जाने वाला मन्त्र।

पुरोधा—[सं॰ पुरोधस्] *पु॰* पुरोहित।

पुरोबन्ध (पुरोबंध)—[सं॰ पुरस् ~ बन्ध] *पु॰* (विधि॰) बन्धक/गिरवी रखी हुई वस्तु की ज़ब्ती या उसे छुड़ाने पर प्रतिबन्ध।

पुरोभाव्य—[सं॰ पुरस् ~ भाव्य] *वि॰* जिसे पहले पूरा करना हो। ✣ **पुरोभाव्य शर्त**—*स्त्री॰* = (विधि॰) वसीयतनामे की ऐसी शर्त जिसे पहले पूरा कर देने पर ही वसीयत विधिमान्य/मान्य होगी।

पुरोवाक्—[सं॰ पुरस् ~ वाक्] *पु॰* (पुस्तक का) प्राक्कथन। भूमिका।

पुरोहित—[सं॰ पुरस् √धा + क्त] *पु॰* धार्मिक कर्मकांड (नामकरण, विवाह आदि) करानेवाला व्यक्ति। ✣ **पुरोहिताई**—*स्त्री॰* = १. पुरोहित का काम/पद/भाव। २. पुरोहित की वृत्ति/पेशा।

***पुरौ**—[< सं॰ पूर] *पु॰* सिंचाई के लिए कुएँ से पानी निकालने का पुरवट। चरसा। मोट।

पुर्वला—[< सं॰ पूर्व] *वि॰* १. पहले का। ***जैसे***—पुर्वले सम्बन्धों की चर्चा। २. पूर्वजन्म का।

पुलक—[सं॰ पुल + कन्] *पु॰* १. हर्ष आदि की अधिकता के कारण रोम खड़े होना। रोमांच। २. मन में उठी आनन्द की लहर का शरीर पर पड़ा प्रभाव विशेष।

पुलकाकुल—[सं॰ पुलक ~ आकुल] *वि॰* पुलकित।

पुलकालि—[< सं॰ पुलक ~ आलि] *स्त्री॰* पुलकावलि।

पुलकावलि—[सं॰ पुलक ~ आवलि] *स्त्री॰* हर्ष से होनेवाला रोमांच।

पुलाक—[सं॰ √पुल् + आक, नि॰] *पु॰* १. भात या भात का माँड़। २. (चावल का) पुलाव।

पुलिन—[सं॰ √पुल् + इनन्] *पु॰* १. समुद्र का मन्द ढाल वाला रेतीला तट जो तरंगों तथा ज्वारभाटा के द्वारा धुलता रहता है। ज्वार के पहुँचने की दूरतम और निकटतम सीमाओं के बीच की भूमि। २. नदी का रेतीला तट। ३. नदी में पड़ी हुई रेत।

पुलिनवती—[सं॰ पुलिन + मतुप् + ङीप्] *स्त्री॰* नदी।

पुलिन्द (पुलिंद)—[सं॰ √पुल् + किन्दच्] *पु॰* १. भारत की एक पुरानी असभ्य जाति या उसका व्यक्ति। २. उक्त जाति के बसने का देश।

पुश्त—[फा॰] *स्त्री॰* १. पीठ। पीछे का भाग। ***जैसे***—काग़ज़ की पुश्त पर लिखा हुआ। २. पीढ़ी। ***जैसे***—पुश्त-दर-पुश्त (= पीढ़ी दर पीढ़ी या प्रत्येक पीढ़ी में)। ***वा॰* चौदह पुश्तों में**—बहुत अधिक समय में। **चौदह पुश्तों में भी नहीं**—कभी नहीं। ✣ **पुश्तनामा**—*पु॰* = वंश-वृक्ष। कुर्सीनामा।

पुश्ता—[< फा॰ पुश्तः] *पु॰* १. टीला। २. मिट्टी की दीवार जो नदी के किनारे पानी रोकने को बनाते हैं।

पुष्कर—[सं॰ √पुष् + करन्, कित्] *पु॰* १. जलाशय। सरोवर। तालाब। पोखरा। २. नीला कमल।

पुष्करबीज—[सं॰ पुष्कर ~ बीज] *पु॰* कमलगट्टा।

पुष्कराक्ष—[सं॰ पुष्कर ~ अक्ष (अक्षि)] *वि॰* कमल के समान नेत्रों वाला। कमलनयन। *पु॰* विष्णु।

पुष्करिणी—[सं॰ पुष्करिन् + ङीप्] *स्त्री॰* १. छोटा सरोवर। छोटा तालाब। २. हथिनी। ३. कमल। ४. कमलोंवाला जलाशय।

पुष्कल—[सं॰ पुष्क + लच्] *वि॰* १. पूर्ण। भरपूर। २. प्रभूत। विपुल। बहुत। ३. पर्याप्त। *पु॰* अनाज नापने का एक प्राचीन मान जो ६४ मुट्ठी के बराबर होता था।

पुष्ट—[सं॰ √पुष् + क्त] *वि॰* १. पोषण किया हुआ। पाला हुआ। पालित-पोषित। २. बलिष्ठ। मोटा-ताज़ा। तगड़ा। ३. दृढ़। मज़बूत। ४. (कथन/बात) जो प्रमाणों से सत्य सिद्ध हो।

पुष्टकाय—[सं॰ पुष्ट ~ काय] *वि॰* पुष्ट शरीर वाला।

पुष्टता—[सं॰ पुष्ट +तल् + टाप्] *स्त्री॰* १. पुष्ट होने की अवस्था/भाव। पुष्टि। २. बलिष्ठता। ३. दृढ़ता।

पुष्टि—[सं॰ √पुष् + क्तिन्] *स्त्री॰* १. पुष्टता। दृढ़ता। मज़बूती। २. पोषण। ३. बलिष्ठता। तगड़ापन। ४. सम्पन्नता। ५. (कथन/बात की) सत्यता का प्रमाणों आदि से समर्थन (भा॰ दर्शन॰, शुद्धाद्वैतवाद) जीव पर भगवान् का अनुग्रह। भगवान् द्वारा जीव का पोषण।

पुष्टिमार्ग—[सं॰ पुष्टि ~ मार्ग] *पु॰* [द्वैतवादी वैष्णव वल्लभाचार्य द्वारा प्रवर्तित वैष्णव सम्प्रदाय (वल्लभसम्प्रदाय) के अनुसार] प्रेम-लक्षणा भक्ति जिससे साधक जीव को भगवान् का अनुग्रह प्राप्त होता है।

पुष्टीकरण—[सं॰ पुष्ट + च्वि + करण] *पु॰* १. पुष्टि करना। ***जैसे***—किसी के कथन का पुष्टीकरण। २. पुष्ट करना।

पुष्प—[सं॰ √पुष्प् ~ अच्] *पु॰* १. (वृक्ष आदि का) फूल। कुसुम। २. (स्त्री का) रज।

पुष्पक—[सं॰ पुष्प + कन्] *पु॰* १. कोई छोटा फूल। २. (यक्षराज) कुबेर का विमान विशेष।

पुष्पकाल—[सं॰ पुष्प ~ काल] *पु॰* १. वसन्त ऋतु। २. (स्त्रियों का) ऋतु-काल।

पुष्पकीट—[सं॰ पुष्प ~ कीट] *पु॰* १. फूलों में रहनेवाला कीड़ा। २. भ्रमर। भौंरा।

पुष्पकृच्छ्र—[सं॰ पुष्प ~ कृच्छ्र] *पु॰* एक व्रत जिसमें कुछ फूलों का काढ़ा महीने-भर पिया जाता है।

पुष्पकेतन/पुष्पकेतु—[सं॰ पुष्प ~ केतन/केतु] *पु॰* कामदेव। मन्मथ। मदन।

पुष्पगन्धा (पुष्पगंधा)—[सं॰ पुष्पगन्ध + टाप्] *स्त्री॰* जूही।

पुष्पगुच्छ—[सं॰ पुष्प ~ गुच्छ] *पु॰* वृन्तों से युक्त फूलों का गुच्छा।

पुष्पचय/पुष्पचयन—[सं॰ पुष्प ~ चय/चयन] *पु॰* फूल तोड़ने/चुनने की क्रिया।

पुष्पचाप—[सं॰ पुष्प ~ चाप] *पु॰* कामदेव। मन्मथ।

पुष्पज—[सं॰ पुष्प + ज] *वि॰* फूल से उत्पन्न होनेवाला। *पु॰* फूल का रस। मकरन्द।

पुष्पद—[सं॰ पुष्प + द] *पुं॰, वि॰* १. फूल देनेवाला (वृक्ष)। (वनस्पति॰) फूलों को उत्पन्न करनेवाली (शाखाएँ)। २. फल के स्थान पर नए फूलों को जन्म देनेवाले (फूल)।

पुष्पद्रव—[सं॰ पुष्प ~ द्रव] *पुं॰* फूल का रस। मकरन्द।

पुष्पद्रुम—[सं॰ पुष्प ~ द्रुम] *पुं॰* पुष्पप्रधान वृक्ष।

पुष्पधनु—[< सं॰ पुष्प ~ धनुस्] *पुं॰* कामदेव। मदन।

पुष्पधन्वा/पुष्पध्वज—[सं॰ पुष्पधन्वन्/ध्वज] *पुं॰* कामदेव। मन्मथ। मदन।

पुष्पनिभ—[सं॰ पुष्प ~ निभ] *वि॰* फूल के समान/अनुरूप/तुल्य।

पुष्पन्धय (पुष्पंधय)—[सं॰ पुष्प √धे + खश्, मुम्] *वि॰* मकरन्द का पान करने वाला। *पुं॰* भ्रमर। भौंरा।

पुष्पपत्र—[सं॰ पुष्प ~ पत्र] *पुं॰* फूल की पंखुड़ी। पुष्पदल।

पुष्पपुर—[सं॰ पुष्प ~ पुर] *पुं॰* वर्तमान पटना नगर का एक प्राचीन नाम। कुसुमपुर।

पुष्पबाण—[सं॰ पुष्प ~ बाण] *पुं॰* कामदेव। मदन।

पुष्पभरणा—[< सं॰ पुष्पाभरणा] *वि॰ (स्त्री॰)* पुष्पों के बने अलंकारों को धारण करनेवाली।

पुष्पभव—[सं॰ पुष्प ~ भव] *पुं॰* फूल का रस। मकरन्द।

पुष्पभाजन—[सं॰ पुष्प ~ भाजन] *पुं॰* तोड़े/चुने हुए पुष्पों को रखने का पात्र (टोकरी आदि)।

पुष्पभूषित—[सं॰ पुष्प ~ भूषित] *वि॰* फूलों से सजाया हुआ।

पुष्पमञ्जरी (पुष्पमंजरी)—[सं॰ पुष्प ~ मञ्जरी] *स्त्री॰* फूल की मंजरी।

पुष्पमाला—[सं॰ पुष्प ~ माला] *स्त्री॰* फूलों की माला। पुष्पहार। (छन्द॰) एक समवर्णिक छन्द जिसके प्रत्येक चरण में क्रमशः २ नगण, २ रगण और गुरु (ननररग) के योग से १३ वर्ण होते हैं तथा ९-४ पर यति होती है।

पुष्पमास—[सं॰ पुष्प ~ मास] *पुं॰* १. चैत्र/चैत का महीना। चैत्र मास। २. ऋतु।

पुष्परस—[सं॰ पुष्प ~ रस] *पुं॰* फूल का रस। मकरन्द।

पुष्पराग/पुष्पराज—[सं॰ पुष्प ~ राग/राज] *पुं॰* पुखराज नामक रत्न।

पुष्परेणु—[सं॰ पुष्प ~ रेणु] *पुं॰* १. फूलों के रज-कण। पराग। २. फूलों आदि से तैयार मुख पर लगाने का अंगराग (अं॰ पाउडर)।

पुष्पलाव—[सं॰ पुष्प √लू + अण्] *पुं॰* १. फूल चुननेवाला व्यक्ति। २. माली। ❖ **पुष्पलावी**—*स्त्री॰* = १. फूल चुननेवाली स्त्री। २. मालिन।

पुष्पलिपि—[सं॰ पुष्प ~ लिपि] *स्त्री॰* एक प्राचीन लिपि।

पुष्पवती—[सं॰ पुष्पवत् + ङीप्] *स्त्री॰* रजस्वला स्त्री। ऋतुमती स्त्री।

पुष्पवृन्त (पुष्पवृंत)—[सं॰ पुष्प ~ वृन्त] *पुं॰* (वनस्पति॰) फूल का डंठल।

पुष्पशेखर—[सं॰ पुष्प ~ शेखर] *पुं॰* फूलों की माला। पुष्पमाला।

पुष्पसंवर्धन—[सं॰ पुष्प ~ संवर्धन] *पुं॰* १. पुष्पों को बढ़ाना/उगाना। २. वनस्पतिविज्ञान की वह शाखा जिसमें फूल उगाने की प्रक्रिया का अध्ययन किया जाता है। ३. उद्यानों में फूलों को उगाने की कला।

पुष्पसायक—[सं॰ पुष्प ~ सायक] *पुं॰* कामदेव। मदन।

पुष्पसार—[सं॰ पुष्प ~ सार] *पुं॰* १. मधु। शहद। २. मकरन्द। ३. इत्र।

पुष्पहास—[सं॰ पुष्प ~ हास] *पुं॰* फूलों का खिलना। मदन।

पुष्पा—[सं॰ पुष्प + अच् + टाप्] *स्त्री॰* प्राचीन चम्पा नगरी।

पुष्पाकर/पुष्पागम—[सं॰ पुष्प ~ आकर/आगम] *पुं॰* वसन्त ऋतु।

पुष्पाग्र—[सं॰ पुष्प ~ अग्र] *पुं॰* (फल का) बीजकोष।

पुष्पाजीवी—[सं॰ पुष्पाजीविन्] *पुं॰* माली।

पुष्पापीड—[सं॰ पुष्प ~ आपीड] *पुं॰* १. सिर पर धारण की जाने वाली फूलों की माला। २. फूलों का मुकुट। ३. फूलों का सेहरा। ४. गुलदस्ता।

पुष्पायुध—[सं॰ पुष्प ~ आयुध] *पुं॰* कामदेव। मदन।

पुष्पाराम—[सं॰ पुष्प ~ आराम] *पुं॰* पुष्पवाटिका। फुलवारी।

पुष्पासव—[सं॰ पुष्प ~ आसव] *पुं॰* १. मधु। २. फूलों से बनी शराब।

पुष्पास्त्र—[सं॰ पुष्प ~ अस्त्र] *पुं॰* कामदेव।

पुष्पिका—[सं॰ √पुष्प् + ण्वुल् + टाप्, इटव] किसी ग्रन्थ में, विशेषतः प्राचीन पांडुलिपियों/ग्रन्थों में, लेखक, प्रतिलिपिकार, रचना-तिथि, प्रतिलिपि की तिथि इत्यादि सूचनाएँ देनेवाला अंश जो प्रायः पुस्तक के प्रारम्भ और अन्त में होता था तथा प्रत्येक अध्याय/सर्ग आदि के अन्त में भी होता था।

पुष्पित—[सं॰ पुष्प + इतन्/क्त] *वि॰* १. जिसमें फूल लगे हों। २. खिला हुआ। विकसित। ३. अलंकृत (भाषण/लेख आदि)। ४. समृद्ध।

पुष्पिता—[सं॰ पुष्पित + टाप्] *स्त्री॰* रजस्वला (स्त्री)।

पुष्पेषु—[सं॰ पुष्प ~ इषु] *पुं॰* कामदेव। मन्मथ।

पुष्पोद्गम—[सं॰ पुष्प ~ उद्गम] *पुं॰* (वृक्ष आदि पर) फूल लगना आरम्भ होना।

पुष्पोद्यान—[सं॰ पुष्प ~ उद्यान] *पुं॰* पुष्पवाटिका। फुलवारी।

पुष्पोन्माद—[सं॰ पुष्प ~ उन्माद] *पुं॰* (मनो॰) एक प्रकार का उन्माद जिसमें फूलों की तीव्र इच्छा रहती है।

पुष्य—[सं॰ √पुष् + क्यप्] *पुं॰* १. पूस का महीना। पौष मास। २. अश्विनी आदि नक्षत्रों में आठवाँ नक्षत्र।

पुष्यार्क—[सं॰ पुष्य ~ अर्क] *पुं॰* (ज्योतिष॰) १. एक योग जो सूर्य के पुष्य नक्षत्र में होने पर होता है। २. रविवार के दिन चन्द्रमा के पुष्यनक्षत्र में होने का योग।

***पुसाना**—[< हिं॰ पोसना] *क्रिअ॰* १. पोषित होना। पोसा जाना। २. किसी कार्य का सम्भव होना। बन पड़ना। उचित प्रतीत होना।

पुस्त—[सं॰ √पुस्त + घञ् < या < पहलवी 'पुस्त' (= खाल)] *पुं॰* १. लकड़ी/धातु की बनी हुई वस्तु। २. पुस्तक। किताब। ३. लीपना-पोतना।

पुस्तकास्तरण—[सं॰ पुस्तक ~ आस्तरण] *पुं॰* १. पुस्तक की बेठन।

२. धूल आदि से बचाने के लिए पुस्तक पर चढ़ाया गया आवरण।

पुस्तकीय—[सं॰ पुस्तक + छ] *वि॰* १. पुस्तक-सम्बन्धी। २. पुस्तकों से प्राप्त होनेवाला। ***जैसे***—पुस्तकीय ज्ञान। ३. (कथन या अभिव्यक्ति) जो साहित्यिक हो, परन्तु व्यावहारिक भाषा का न हो। ***जैसे***—पुस्तकीय अभिव्यक्ति। ४. अव्यावहारिक। किताबी। ***जैसे***—पुस्तकीय ज्ञान से राजनीति नहीं चल सकती।

पुहना—[< हि॰ पोहना] *क्रिअ॰* गूँथा जाना। *क्रिस॰* पिरोना। पोहना।

***पुहमी/पुहवि/पुहवी**—[< प्रा॰ पहुवी < *सं॰* पृथ्वी] *स्त्री॰* पृथ्वी। भूमि।

***पुहवै**—[देशज] *पु॰* स्वामी।

***पुहुप**—*पु॰* ≤ *सं॰* पुष्प। फूल।

***पुहुपराग**—≤ *सं॰* पुष्पराग। 'पुखराज' नामक रत्न।

***पुहुप-रेनु**—*स्त्री॰* ≤ *सं॰* पुष्परेणु। (फूलों का) पराग।

***पुहुमि**—[< प्रा॰ पहुवी < सं॰ पृथ्वी] *स्त्री॰* पृथ्वी। भूमि।

***पुहुमी**—[< प्रा॰ पहुवी < सं॰ पृथ्वी] *स्त्री॰* ≤ *सं॰* पृथ्वी। भूमि।

पूग—[सं॰ √पू + गन्, कित्] *पु॰* १. राशि। ढेर। २. समूह। ३. सुपारी या उसका पेड़। ४. कटहल/शहतूत का पेड़। ५. स्वभाव। प्रकृति। ***जैसे***—पूग-वैर।

पूगकृत—[सं॰ पूग ~ कृत] *वि॰* जमा किया हुआ। संगृहीत। संचित।

पूगना**—[< हि॰ पूजना] *क्रिअ॰* १. पूरा होना। ***जैसे—इच्छा पूगी। २. पहुँचना।

पूगफल—[सं॰ पूग ~ फल] *पु॰* सुपारी।

पूगी—[सं॰ पूगिन्] *पु॰* सुपारी का वृक्ष। *स्त्री॰* सुपारी।

पूगीफल—[सं॰ पूगी ~ फल] *पु॰* सुपारी।

पूजना[१]—[< सं॰ पूजन] *क्रिस॰* १. पत्र, पुष्प, गन्ध, फल, जल इत्यादि समर्पित करके ईश्वर या किसी विशिष्ट देवता का ध्यान/स्मरण/स्तवन आदि करना। २. सत्कार करना। सन्तुष्ट करने के लिए धन देना या घूस देना। ३. आदर/सम्मान देना। ४. (व्यंग्य में) मारना। पीटना।

पूजना[२]—[< प्रा॰ पुज्जंत < सं॰ पूरय्] *क्रिअ॰* १. पूरा होना। पूर्ति होना। पूर्ण होना। २. गड्ढे आदि की गहराई भरी जाना। समतल बनना। पटना। ३. (देय धन या ऋण) चुकता होना। ४. किसी के समतुल्य/बराबर होना। *क्रिस॰* पूर्ण/पूरा करना।

पूजनी—[देशज] *स्त्री॰* गौरैया नामक चिड़िया।

पूजयिता—[सं॰ पूजयितृ] *वि॰* १. पूजा करनेवाला। पूजक। उपासक। २. सम्मान/स्वागत करनेवाला।

पूजा—[सं॰ √पूज् + णिच् + टाप्] *स्त्री॰* १. पत्र, पुष्प, गन्ध आदि के समर्पण के साथ परमात्मा या देवता आदि का ध्यान, स्मरण इत्यादि करने का कृत्य। अर्चना। आराधना। २. सत्कार। ३. आदर। सम्मान। ४. सन्तुष्ट करने के लिए दिया गया धन आदि या घूस। ५. (व्यंग्य में) मारना। पीटना। ***वा॰* पूजा होना**—१. बहुत सम्मान होना। २. डाँट-फटकार या मार पड़ना।

पूजार्ह—[सं॰ पूजा ~ अर्ह] *वि॰* पूजा के योग्य। पूजनीय।

पूजासम्भार (पूजासंभार)—[सं॰ पूजा ~ सम्भार] *पु॰* पूजा के लिए आवश्यक वस्तुएँ। पूजोपकरण। पूजा-सामग्री।

पूजिका—[सं॰ पूजक + टाप्] *स्त्री॰* १. पूजा करनेवाली। २. उपासिका। आराधिका। ३. अर्धिका। पुजारिन। ४. सत्कार/आवभगत करनेवाली। ***जैसे***—अतिथि-पूजिका। ५. आदर-सम्मान करने वाली। ***जैसे***—गुरु-पूजिका।

पूजोपचार—[सं॰ पूजा ~ उपचार] *पु॰* पूजन के लिए किया जाने वाला विधि-विधान और आवश्यक सामग्री।

पूज्य—[सं॰ √पूज् + ण्यत्] *वि॰, पु॰* १. पूजा के योग्य। पूजनीय। २.सत्कार के योग्य। ३. सम्मान के योग्य। आदरणीय।

पूज्यपाद—[सं॰ पूज्य ~ पाद] *वि॰* जिसके चरण भी पूजनीय हों। अति पूज्य।

पूज्यपूजा—[सं॰ पूज्य ~ पूजा] *स्त्री॰* पूजनीय व्यक्ति की पूजा।

पूज्यमान—[सं॰ पूज्य ~ शानच्] *वि॰* जो पूजित हो रहा हो। पूजा जाता हुआ।

पूज्यवर—[सं॰ पूज्य ~ वर] *वि॰* अत्यन्त पूज्य/आदरणीय।

***पूज्यापरा**—[< सं॰ पूज्यापरा:] *वि॰* दूसरों से पूजे जाने योग्य।

***पूठा**—*वि॰* ≤ *सं॰* पुष्ट। पुष्ट या पक्का।

***पूठि[१]**—*स्त्री॰* ≤ *सं॰* पुष्टि। (दे॰)

***पूठि[२]**—*स्त्री॰* ≤ *सं॰* पृष्ठ। पीठ

पूड़ा—*पु॰* ≤ *सं॰* पूप। 'पुआ' नामक मीठा पकवान।

पूड़ी—[< हि॰ पूरी] *स्त्री॰* १. कड़े गूँधे गए आटे को बेलकर बनायी गयी छोटी रोटी को कड़ाही आदि में खौलते हुए घी (या तेल) में पकाकर बनाया गया खाद्य। पूरी। २. तबले या मृदंग के मुँह पर गुँधा आटा मढ़ा हुआ चमड़ा। पूरी।

पूत[१]—[सं॰ √पू + क्त] *वि॰* १. पवित्र किया हुआ। ***जैसे***—मन्त्रपूत जल पीना। २. शुद्ध। पवित्र। ३. सत्य।

पूत[२]—[सं॰ √पूय् + क्त] *वि॰* सड़ा हुआ। दुर्गन्धयुक्त। बदबूदार।

पूत[३]—[< प्रा॰ पुत्त < सं॰ पुत्र] *पु॰* पुत्र। बेटा।

पूतकारिता—[सं॰ पूत ~ कारिता] *स्त्री॰* पवित्र करने की शक्ति।

पूतता—[सं॰ पूत + तल् + टाप्] *स्त्री॰* पवित्रता।

पूतना—[सं॰ पूत + णिच् + युच् + टाप्] *स्त्री॰* १. राक्षसी। २. बालकों का एक रोग। ३. पीली हरड़।

पूतनादूषण/पूतनारि/पूतनासूदन—[सं॰ पूतना ~ दूषण/अरि/सूदन] *पु॰* ('पूतना' नामक राक्षसी को मारनेवाला।) कृष्ण।

पूतात्मा—[सं॰ पूत ~ आत्मा (आत्मन्)] *वि॰* १. शुद्ध अन्त:करण वाला। २. पवित्र स्वरूप वाला। *पु॰* सन्त।

पूति[१]—[सं॰ √पूय् + क्तिच्] *वि॰* दुर्गन्धवाला। बदबूदार। *पु॰* पीप। मवाद।

पूति[२]—[सं॰ √पूय् + क्तिन्] *स्त्री॰* दुर्गन्ध। बदबू।

पूति[३]—[सं॰ √पू + क्तिन्] *स्त्री॰* पवित्रता। शुद्धता।

पूतिक—[सं॰ पूति √कै + क] *वि॰* बदबूदार। *पु॰* विष्ठा। मल।

पूतीकरण—[सं॰ पूति + च्वि + करण] *पु॰* पवित्र करने की क्रिया/प्रणाली/भाव। पवित्रीकरण।

***पूनम/पूनौ/पून्यो**— *स्त्री॰* ≤ *सं॰* पूर्णिमा (तिथि)।

***पूनिव**—स्त्री॰ ≤ *सं॰* पूर्णिमा।

पूनी—[< सं॰ पिञ्जिका] *स्त्री॰* धुनी हुई रुई की मोटी बत्ती जिसका सूत काता जाता है।

***पूनो/पून्यो**— *स्त्री॰* ≤ *सं॰* पूर्णिमा। पूर्णमासी।

पूप—[सं॰ √पू + क्विप्] *पुं॰* एक मीठा पकवान। पूआ।

पूय—[सं॰ √पूय् + अच्] *पुं॰* पीप। मवाद। ⁘ **पूय-स्राव**— *पुं॰* = पीप का बहना। मवाद का बहाव।

***पूर**[1]—[< सं॰ पूर्ण] *वि॰* १. सम्पूर्ण। सकल। २. पूरा। *पुं॰* पूर्ण ब्रह्म। परमात्मा।

पूर**[2]—[सं॰ √पूर् + क] *पुं॰* १. (किसी काम की) समाप्ति या विराम। २. सफलता। पूर्ति। ३. भर देने की क्रिया/भाव/भरना। ४. दाल की पिट्ठी या मसाले आदि जो समोसा, कचौड़ी इत्यादि में भरे जाते हैं। ५. प्रवाह या बाढ़। ***जैसे—प्रेम के आँसुओं का पूर।

पूरक—[सं॰ √पूर् + ण्वुल्] *वि॰* पूरा करनेवाला। पूर्ति करनेवाला। *पुं॰* १. (प्राणायाम में) साँस अन्दर लेने की क्रिया। २. (प्राचीन गणित में) गुणक अंक। ⁘ **पूरक कोण**— *पुं॰* = (गणित॰, ज्या॰) किसी न्यून कोण के लिए वह कोण जो उससे जुड़ने पर योग ९० अंश होता है। ⁘ **पूरक रङ्ग (रंग)**— *पुं॰* = दो शुद्ध रंग जो ठीक अनुपात में परस्पर मिलाए जाने पर श्वेत वर्ण उत्पन्न करते हैं। ***जैसे***—नारंगी और नीला परस्पर पूरक रंग हैं। ⁘ **पूरक वस्तुएँ**— *पुं॰* = (अर्थ॰) वे वस्तुएँ जिनकी माँग अन्योन्याश्रित होती है। ***जैसे***—कार और पेट्रोल। ⁘ **पूरक वर्ण**— *पुं॰* = पूरक रंग।

पूरण[1]—[सं॰ √पूर् + ल्युट्] *पुं॰* १. पूरा करने की क्रिया। २. पूर्ति करना। ३. भरे जाने की क्रिया। ४. (प्राचीन गणित में) गुणन।

***पूरण**[2]—[सं॰ √पूर् + णिच् + ल्युट्] *वि॰* पूरा करने वाला। पूरक।

पूरणीय—[सं॰ √पूर् ~ अनीयर्] *वि॰* पूर्ण करने योग्य। ***जैसे***—पूरणीय हानि। २. भरा जाने योग्य। ∇ **विलोम**—अपूरणीय।

पूर प्रकाश—[सं॰ पूर + प्रकाश] *पुं॰* १. प्रकाश की बाढ़। २. व्यापक क्षेत्र में डाला गया बहुत तेज़ प्रकाश। (अं॰ फ़्लड लाइट)

पूरप्रदीप/पूरदीप—[सं॰ पूर ~ प्रदीप/दीप] *पुं॰* तेज़ प्रकाश डालने का विद्युत्-दीप। (अं॰ फ़्लड लाइट)

पूरब—[सं॰ पूर्व] *पुं॰* सूर्योदय की दिशा। पूर्व दिशा। पश्चिम के सामने की दिशा।

पूरबल—[सं॰ पूर्व] *पुं॰* १. प्राचीन काल। पुराना ज़माना। २. पूर्व जन्म। ⁘ **पूरबला**— *वि॰* = १. पुराने ज़माने का। २. पूर्व जन्म का। ⁘ **पूरबली**— *वि॰ (स्त्री॰)*।

पूरबी—[< हिं॰ पूरब] *वि॰* १. पूर्व दिशा-सम्बन्धी। पूरब का। २. पूर्व दिशा से आनेवाला। ***जैसे***—पूरबी हवा।

पूरमपूर—[< हिं॰ पूरा] *क्रिवि॰* पूरी तरह से। पूर्णतः।

पूरयिता—[सं॰ पूरयितृ] *पुं॰* पूर्ण करनेवाला।

पूरा[1]—[< सं॰ पूर्ण] *वि॰* १. भरा हुआ। पूरित। परिपूर्ण। ***जैसे***—बल से पूरा शरीर। २. यथेष्ट। भरपूर। ***जैसे***—सब सामान पूरा है, किसी वस्तु की कमी नहीं है। ३. समग्र। समस्त। सारा। कुल। ***जैसे***—पूरा वंश नष्ट हो गया; पूरा बल लगा दिया। ४. जो अधूरा न हो। समाप्त। पूर्ण। ***जैसे***—पूरा रामचरितमानस २४ घंटों में पढ़ना। ५. सफल या सिद्ध। ***जैसे***—पूरा महात्मा। ६. पूरी तरह विकसित/समृद्ध/विस्तृत आदि। ***जैसे***—पूरा जवान। ७. सब अंगों से युक्त। सकल। अखंड। ***जैसे***—पूरा ज्ञान; पूरा धर्म पालना। ८. पक्का। ***जैसे***—पूरा शत्रु। ९. ठीक। *क्रिवि॰* १. पूरी तरह से। पूर्णतः। ***जैसे***—पूरा भरना। २. जिसमें कोई कमी न रह गयी हो। ***जैसे***—पूरा बेईमान। ∇ **विलोम**—आधा। अधूरा।

पूरा[2]—[< सं॰ पूर] *पुं॰* १. प्रवाह या बाढ़। २. पूर्ति। सफलता। ३. विराम। *वि॰* १. पूरा किया हुआ। २. भरा हुआ। ***जैसे***—जल से पूरित घट। ३. ढँका हुआ। ४. तृप्त। ५. (प्राचीन गणित में) गुणित। पूरित।

पूरित—[सं॰ √पूर् + णिच् + क्त] *वि॰* १. पूर्ण किया हुआ। भरा हुआ। परिपूर्ण। २. तृप्त। ३. (प्राचीन गणित में) गुणित।

पूरोढ़—[< सं॰ पूर] *वि॰* (भूविज्ञान॰) बाढ़ या जल-प्रलय से प्रभावित या उससे उत्पन्न। (अं॰ डाइल्यूविअल)

पूर्णकाम—[सं॰ पूर्ण ~ काम] *वि॰* जिसकी सब कामनाएँ पूर्ण हो चुकी हों। आप्तकाम। कामनारहित।

पूर्णकुम्भ (पूर्णकुंभ)—[सं॰ पूर्ण ~ कुम्भ] *पुं॰* (जल आदि से) भरा हुआ घड़ा/कलश।

पूर्णगर्भा—[सं॰ पूर्ण ~ गर्भा] *वि॰* (स्त्री॰) जो शीघ्र बच्चा जननेवाली हो।

पूर्णचन्द्र (पूर्णचंद्र)—[सं॰ पूर्ण ~ चन्द्र] *पुं॰* पूर्णिमा का चन्द्रमा।

पूर्णतः—[सं॰ पूर्ण + तस्] *क्रिवि॰* पूर्ण रूप से। पूरी तरह। पूर्णतया।

पूर्णतया—[< सं॰ पूर्णता] *क्रिवि॰* पूर्ण रूप से। पूर्णतः।

पूर्णनियोजन—[सं॰ पूर्ण ~ नियोजन] *पुं॰* (अर्थ॰) वास्तविक मज़दूरी-स्तर पर श्रम की माँग तथा पूर्ति की स्थिति। पूर्ण रोज़गार।

पूर्णपर्व—[सं॰ पूर्ण ~ पर्व] *पुं॰* पूर्णिमा।

पूर्णपर्वेन्दु (पूर्णपर्वेंदु)—[सं॰ पूर्णपर्व ~ इन्दु] *पुं॰* पूर्णिमा का चन्द्रमा।

पूर्ण पुष्प—[सं॰] *पुं॰* (वनस्पति॰) सभी अंगों—बाह्यदल, पंखुड़ियाँ, पुंकेसर, स्त्रीकेसर इत्यादि—से युक्त फूल।

पूर्णप्रज्ञ—[सं॰ पूर्ण ~ प्रज्ञ] *वि॰* पूर्णज्ञानी। परम ज्ञानी। *पुं॰* मध्वाचार्य नामक द्वैतवादी वैष्णव दार्शनिक की उपाधि। ⁘ **पूर्णप्रज्ञ-दर्शन**— *पुं॰* मध्वाचार्य द्वारा प्रवर्तित द्वैतवादी वेदान्तदर्शन।

पूर्णलिङ्गी (पूर्णलिंगी)—[सं॰] *पुं॰* (वनस्पति॰) वह फूल जिसमें पुंकेसर और स्त्रीकेसर दोनों होते हैं।

पूर्ण वर्ग—[सं॰] *पुं॰* (गणित॰) वह संख्या, राशि या व्यंजक जो किसी संख्या, राशि या व्यंजक का वर्ग हो।

पूर्णसाङ्ख्यिक (पूर्णसांख्यिक)—[सं॰ पूर्ण ~ साङ्ख्यिक] *वि॰* पूर्णांकीय।

पूर्ण स्वामित्व—[सं॰ पूर्ण ~ स्वामित्व] *पुं॰* (वाणि॰) व्यक्ति या

संस्था का किसी सम्पत्ति पर ऐसा निर्बाध अधिकार कि उसे उसकी सहमति के बिना उससे वंचित न किया जा सके।

पूर्णांश—[सं॰ पूर्ण ~ अंश] *पु॰* (गणित॰) १. किसी दशमलव-युक्त या भिन्न-युक्त राशि में दशमलव या भिन्न से रहित पूर्ण संख्या। २. किसी संख्या/राशि के मान का पूर्णांकीय भाग।

पूर्णा—[सं॰ पूर्ण + टाप्] *स्त्री॰* १. पंचमी, दशमी, पूर्णिमा और अमावस्या तिथियों में से प्रत्येक। २. चन्द्रमा की पन्द्रहवीं कला।

पूर्णाङ्क (पूर्णांक)—[सं॰ पूर्ण ~ अङ्क] *पु॰* १. पूरी संख्या (भिन्न, दशमलव आदि नहीं)। ***जैसे***—२, ७, १०० इत्यादि। २. किसी प्रश्नपत्र के लिए निर्धारित अधिकतम अंक।

पूर्णाङ्कित (पूर्णांकित)—[सं॰ पूर्ण ~ अङ्कित] *वि॰* जिसे थोड़ा सा घटा-बढ़ाकर पूर्णांक बना दिया गया हो।

पूर्णाङ्कीय (पूर्णांकीय)—[सं॰ पूर्ण ~ अङ्कीय] *वि॰* पूर्णांक से सम्बन्धित। पूर्ण संख्या का। पूर्णसांख्यिक।

पूर्णाघात—[सं॰ पूर्ण ~ आघात] *पु॰* पूरा आघात। पूरी चोट/मार। ***जैसे***—नाक पर घूँसे के पूर्णाघात से वह घायल हो गया। (संगीत॰) अनाघात के बाद एक मात्रा के पश्चात् आनेवाला ताल का स्थान।

पूर्णानक—[सं॰ पूर्ण ~ आनक] *पु॰* १. 'ढोल' नामक वाद्य। २. नगाड़े का शब्द।

पूर्णानन्द (पूर्णानंद)—[सं॰ पूर्ण ~ आनन्द] *पु॰* १. पूरा आनन्द। २. परमेश्वर।

पूर्णाभिषिक्त—[सं॰ पूर्ण ~ अभिषिक्त] *वि॰* (वह शाक्त/वाममार्गी/तान्त्रिक) जिसका 'पूर्णाभिषेक' नामक संस्कार हो चुका हो।

पूर्णाभिषेक—[सं॰ पूर्ण ~ अभिषेक] *पु॰* (शाक्तों का) 'महाभिषेक' नामक संस्कार विशेष।

पूर्णामृता—[सं॰ पूर्ण ~ अमृता] *स्त्री॰* चन्द्रमा की सोलहवीं कला।

पूर्णायु—[सं॰ पूर्ण ~ आयु (आयुस्)] *स्त्री॰* १. पूरी आयु। सौ वर्ष या अधिक आयु। २. पूरी आयु। पूरा जीवन। ***जैसे***—उसने पूर्णायु वेदों के अध्ययन में व्यतीत की। *वि॰* सौ वर्ष की आयुवाला।

पूर्णावतार—[सं॰ पूर्ण ~ अवतार] *पु॰* विष्णु/परमात्मा का अंशावतार से भिन्न अवतार। ***जैसे***—परशुराम आदि अंशावतार थे परन्तु कृष्ण पूर्णावतार थे।

पूर्णाहुति—[सं॰ पूर्ण ~ आहुति] *स्त्री॰* १. यज्ञ/हवन की अन्तिम आहुति। २. (लाक्षणिक) किसी कार्य का अन्तिम अंश जिससे वह कार्य पूर्ण और सफल हो जाता है।

पूर्णिमान्त (पूर्णिमांत)—[सं॰ पूर्णिमा ~ अन्त] *वि॰* जिसका अन्त पूर्णिमा तिथि पर हो। ⁘ **पूर्णिमान्त (पूर्णिमांत) मास**—*पु॰* (कालगणना में) चान्द्रमास का वह प्रकार जिसमें महीने की अन्तिम अर्थात् तीसवीं तिथि पूर्णिमा हो।

पूर्णोपमा—[सं॰ पूर्ण ~ उपमा] *स्त्री॰* (काव्य॰) उपमा अलंकार का एक प्रकार जिसमें उसके चारों अंग—उपमेय, उपमान, साधारण धर्म और वाचक—उपस्थित रहते हैं। सर्वांगपूर्ण उपमा।

पूर्त—[सं॰ √पृ + क्त ● **विशेष**—धातु में दीर्घ ऋकार 'ॠ' की मात्रा है] *वि॰* १. पूर्ण। पूरा। २. पोषित या रक्षित। ३. परोपकार या पुण्य-प्राप्ति या धर्म के लिए किया जाने वाला। परोपकारार्थ। पुण्यार्थ। ***जैसे***—पूर्त संस्था। *पु॰* १. पूर्णता। पूर्ति। २. कुआँ, बावड़ी या तालाब आदि खुदवाना, देव-मन्दिर बनवाना, अन्न-दान इत्यादि परोपकार या धर्म के कार्य। ⁘ **पूर्त अक्षयनिधि**—*स्त्री॰* = धर्मार्थ निधि। ⁘ **पूर्त धर्मस्व**—*पु॰* = पूर्त अक्षयनिधि। ⁘ **पूर्त न्यास**—*पु॰* धर्मार्थ/परोपकारार्थ स्थापित न्यास। परोपकारार्थ ट्रस्ट।

***पूर्त विन्यास**—*पु॰* = पूर्त अक्षयनिधि।

पूर्ति—[सं॰ √पृ + क्तिन् ● **विशेष**—धातु में दीर्घ ऋकार 'ॠ' की मात्रा है।] स्त्री॰ १. पूरा करने की क्रिया/भाव। पूर्णता। २. आवश्यक या माँगी गयी वस्तु उपलब्ध कराना। ३. सामग्री या धन की आवश्यकता पूरी करना। ४. सन्तुष्टि। तृप्ति। ५. (वचन का) पालन। ६. तालाब आदि खुदवाना, देवमन्दिर बनवाना, अन्नदान इत्यादि धर्मार्थ कार्य। ७. (प्राचीन गणित में) गुणन। (अर्थ॰) उपभोक्ताओं की आवश्यकता पूरी करने के लिए उन्हें वस्तुएँ या सेवा आदि देना। (अं॰ सप्लाई)। ⁘ **पूर्तिकार**—*वि॰, पु॰* = पूर्ति करनेवाला।

पूर्य—[सं॰ √पूर् + ण्यत्] *वि॰* १. पूरा किए जाने के योग्य। पूरणीय। २. जो पूरा किया जानेवाला हो। ३. पालनीय (आज्ञा)।

पूर्यमाण—[सं॰ पूर्य + शानच्] *वि॰* भरा जाता हुआ।

पूर्व—[सं॰ √पूर्व् + अच्] *वि॰* १. प्रथम। पहला। २. आगे का। अगला। ३. जो किसी से पहले आया या बना हो। ४. पुराना। प्राचीन। ५. वर्तमान समय से पहले का। ६. पहले कहा हुआ। ७. बहुत समय से चला आता हुआ (रिवाज आदि)। ८. पूरब दिशा में स्थित। पूरबी। *पु॰* पश्चिम दिशा के सामने की दिशा। पूरब। *क्रिवि॰* पहले। ∇ **विलोम**—पश्चात्।

पूर्वक—[सं॰ पूर्व + कन्] *क्रिवि॰* (समासयुक्त पदों के अन्त में) सहित। साथ। ***जैसे***—विचारपूर्वक; नम्रतापूर्वक। *वि॰* पहले का। पूर्ववर्ती।

पूर्वकर्म—[सं॰ पूर्व ~ कर्म (कर्मन्)] *पु॰* १. पहले कभी किया हुआ कर्म। पूर्व समय में किया हुआ कर्म। २. प्रथम किया जाने वाला कर्म। पहला काम। ३. पूर्वजन्म का कर्म।

पूर्वकल्प—[सं॰ पूर्व ~ कल्प] *पु॰* १. प्राचीन काल। २. बीता हुआ या बीते हुए कल्प। ३. बीता हुआ युग। ४. पहले का समय।

पूर्वकल्पित—[सं॰ पूर्व ~ कल्पित] *वि॰* जो पहले से मान लिया गया हो। जिसके विषय में पूर्व धारणा बना ली गयी हो।

पूर्वकाय—[सं॰ पूर्व ~ काय] *पु॰* १. पशुओं के शरीर का अगला भाग। २. मनुष्यों के शरीर का नाभि से ऊपर का भाग।

पूर्वकृत—[सं॰ पूर्व ~ कृत] *वि॰* जो पहले किया गया हो। *पु॰* १. पहले का कर्म। पूर्व जन्म का कार्य। २. (पूर्व दिशा का सूचक) सूर्य। ३. (पूर्व दिशा का स्वामी) इन्द्र।

पूर्वगत—[सं॰ पूर्व ~ गत] *वि॰* १. पहले गया हुआ। २. बीता हुआ। विगतकालिक।

पूर्वगामी—[सं॰ पूर्व ~ गामी (गामिन्)] *वि॰* १. आगे या पहले

चलनेवाला। २. जो पहले चला गया हो। ३. (काल की दृष्टि से किसी की तुलना में) पहले होनेवाला। गया/बीता हुआ। पिछला। ***जैसे***—पूर्वगामी वर्ष।

पूर्वग्रह—[सं॰ पूर्व ~ ग्रह] *पुं॰* किसी के प्रति पक्षपातपूर्ण या विरोधपूर्ण धारणा जो पहले से बनी हो। पूर्वधारणा। ✣ **पूर्वग्रह-ग्रस्त**—*वि॰* = पूर्वधारणा वाला (व्यक्ति)।

पूर्वज—[सं॰ पूर्व + ज] *वि॰* जिसकी उत्पत्ति किसी की अपेक्षा पहले हुई हो। *पुं॰* पिता से पहले की पीढ़ी में उत्पन्न पुरुष। पुर्वपुरुष। पुरखा। ✣ **पूर्वज-पूजा**—*स्त्री॰* = उन पूर्वजों की पूजा जिन्हें देवता/मान लिया गया हो। पितृपूजा। ✣ **पूर्वज-सङ्करण (संकरण)**—*पुं॰* (कृषि॰) १. (प्रजनन में) संकर पौधे का उसके किसी एक जनक से या आनुवंशिक रूप में समान पौधे से संकरण। २. (आनुवंशिकी में) संकर या किसी समयुग्मजी अप्रभावी जनक से संकरण।

पूर्वजा—[सं॰ पूर्वज + टाप्] *वि॰ (स्त्री॰)* बड़ी बहिन।

पूर्वज्ञान—[सं॰ पूर्व ~ ज्ञान] *पुं॰* १. पूर्व जन्मों का ज्ञान। २. पूर्व जन्मों में प्राप्त ज्ञान जो इस जन्म में भी स्मरण हो। ३. भावी घटनाओं के होने से पहले ही उनका बोध/आभास। ४. वर्तमान समय से पहले प्राप्त किया हुआ ज्ञान। पूर्वार्जित ज्ञान।

पूर्वतः—[सं॰ पूर्व + तस्] *क्रिवि॰* १. पहले से। ***जैसे***—वह मुझसे पूर्वतः परिचित है। २. प्रथमतः। ३. सामने से। ४. पूर्व दिशा से।

पूर्वतम—[सं॰ पूर्व + तमप्] *वि॰* (प्रस्तुत घटनाओं आदि में) सबसे पहले का।

पूर्वतर—[सं॰ पूर्व + तरप्] *वि॰* (प्रस्तुत घटना आदि से) तुलना में अधिक पहले का।

पूर्वता—[सं॰ पूर्व + तल् + टाप्] *स्त्री॰* १. पहले होने का भाव। पूर्वगामिता। पूर्ववर्तिता। ***जैसे***—इस घटना की तुलना में सरदार पटेल के देहान्त की पूर्वता। २. (किसी से) पहले आने या पहला स्थान पाने का अधिकार। अग्रता। पहल। ***जैसे***—राष्ट्र के आर्थिक विकास आदि की तुलना में राष्ट्र की सुरक्षा की पूर्वता निर्विवाद है।

पूर्वदत्त—[सं॰ पूर्व ~ दत्त] *वि॰* १. पहले दिया हुआ। २. जिसका भुगतान पहले ही कर दिया गया हो।

पूर्वदिक्—[सं॰ पूर्व ~ दिक्] *स्त्री॰* पूर्व दिशा। प्राची।

पूर्वदिष्ट—[सं॰ पूर्व ~ दिष्ट] *पुं॰* प्रारब्ध के अनुसार नियत सुख-दुःख आदि। भाग्य का लिखा सुख-दुःख आदि। *वि॰* जिसका विधान पहले से निश्चित हो। पूर्वविहित।

पूर्वदेव—[सं॰ पूर्व ~ देव] *पुं॰* १. दैत्य, दानव या असुर। २. (पूर्व दिशा का स्वामी) सूर्य।

पूर्वदेश—[सं॰ पूर्व ~ देश] *पुं॰* १. पूरबी देश। २. भारत का पूर्वी भाग। ३. पूर्वांचल के प्रदेश (असम, अरुणाचल, मेघालय आदि)।

पूर्वदेह—[सं॰ पूर्व ~ देह] *स्त्री॰* वह शरीर जिसे त्यागकर वर्तमान शरीर धारण किया हो। पूर्वजन्म का शरीर।

पूर्वद्वीपसमूह (पूर्वद्वीपसमूह)—[सं॰ पूर्व ~ द्वीपसमूह] *पुं॰* भारत के पूर्व में स्थित—जावा, सुमात्रा, बोर्नियों इत्यादि—द्वीपों का समूह।

पूर्वपक्ष—[सं॰ पूर्व ~ पक्ष] *पुं॰* १. मास का पहला पक्ष/पखवाड़ा। २. विवाद या अभियोग में वादी की नालिश। ३. प्रश्न के रूप में प्रस्तुत तर्क जिसका उत्तर सिद्धान्तपक्ष/उत्तरपक्ष को देना हो।

पूर्वपद—[सं॰ पूर्व ~ पद] *पुं॰* १. समस्त (समासयुक्त) शब्द में पहला पद। ***जैसे***—'धर्मशाला' में 'धर्म' पूर्वपद है और 'शाला' उत्तरपद है। २. पहला या पहले का स्थान/पद।

पूर्वपीठिका—[सं॰ पूर्व ~ पीठिका] *स्त्री॰* भूमिका। पृष्ठभूमि।

पूर्वपुरुष—[सं॰ पूर्व ~ पुरुष] *पुं॰* १. ब्रह्मा। २. पुरखा (दादा, परदादा इत्यादि)।

पूर्वफाल्गुनी—[सं॰ पूर्व ~ फाल्गुनी] *स्त्री॰* अश्विनी आदि नक्षत्रों में ११वाँ नक्षत्र। पूर्वा फाल्गुनी।

पूर्वभाद्रपद—[सं॰ पूर्व ~ भाद्रपद] *पुं॰* अश्विनी आदि २७ नक्षत्रों में २५वाँ नक्षत्र।

पूर्वभाव—[सं॰ पूर्व ~ भाव] *पुं॰* १. पहले की स्थिति। पूर्वसत्ता। २. (नायिका आदि का प्रिय से) प्रत्यक्ष परिचय होने से पहले का प्रेम।

पूर्वमीमांसा—[सं॰ पूर्व ~ मीमांसा] *स्त्री॰* मीमांसा दर्शन।

पूर्वमृत—[सं॰ पूर्व ~ मृत] *वि॰* (किसी घटना आदि से) जो पहले मर गया हो।

पूर्वरङ्ग (पूर्वरंग)—[सं॰ पूर्व ~ रङ्ग] *पुं॰* विघ्नों की शान्ति के लिए नाटक के आरम्भ में नटों के द्वारा की जाने वाली स्तुति (या गायन आदि)।

पूर्वराग—[सं॰ पूर्व ~ राग] *पुं॰* प्रिय के मिलन से पहले हृदय में उत्पन्न अनुराग। पूर्वानुराग।

पूर्वरूप—[सं॰ पूर्व ~ रूप] *पुं॰* १. पहलेवाला रूप। २. ऐसा लक्षण जिससे किसी भावी बात की सूचना मिले। (काव्य॰) एक अर्थालंकार। किसी वस्तु या व्यक्ति का (दूसरी वस्तु के संसर्ग के कारण) छूट गया अपना गुण, रूप इत्यादि फिर प्राप्त कर लेने के वर्णन में होनेवाला अलंकार। (आयुर्वेद॰) रोग का आरम्भिक लक्षण। बीमारी का आसार।

पूर्ववत्—[सं॰ पूर्व + वत्] *क्रिवि॰* पहले की तरह। ✣ **पूर्ववत्करण**—*पुं॰* = १. पहले की स्थिति में पहुँचा देना। २. पहले जैसा किया जाना।

पूर्ववर्तिता—[सं॰ पूर्ववर्तिन् + तल् + टाप्] *स्त्री॰* १. पूर्ववर्ती होने की स्थिति/भाव। पूर्वता। २. पूर्विकता।

पूर्ववर्ती—[सं॰ पूर्व ~ वर्ती (वर्तिन्)] *वि॰* जो पहले घटित हो चुका हो। पहले का। ***जैसे***—पूर्ववर्ती समझौते। २. भूतपूर्व। ***जैसे***—पूर्ववर्ती प्रधानाचार्य। ३. पूर्वकथित या पूर्वलिखित। ***जैसे***—कवि की पूर्ववर्ती रचना नए संस्करण में अधिक आकर्षक रूप में है। ४. काल या क्रम में किसी से पहला। ***जैसे***—कालिदास के पूर्ववर्ती नाटककार भास। ∇ **विलोम**—परवर्ती।

पूर्ववाद—[सं॰ पूर्व ~ वाद] *पुं॰* वादी का पहला दावा। नालिश।

⁘ **पूर्ववादी**—*पु॰* = (मुक़दमे में) दावा/नालिश करनेवाला। मुद्दई।

पूर्ववृत्त—[सं॰ पूर्व ~ वृत्त] *पु॰* १. पुराना वृत्तान्त। इतिहास। २. पहले हो चुकी किसी घटना का विवरण/वृत्तान्त। ३. पहले का समाचार। विवरण। ४. पहले का हाल। ५. पूर्व आचरण। (चिकित्सा॰) किसी समय विशेष तक का रोग-विवरण और उससे सम्बन्धित घटनाओं का विवरण। (अं॰ केस-हिस्टरि)

पूर्वश्रुति—[सं॰ पूर्व ~ श्रुति] *स्त्री॰* [भाषा॰] (कुछ शब्दों के उच्चारण में होनेवाला) शब्द से पहले किसी ध्वनि का आगम। ***जैसे***—'स्कूल', 'स्टेशन' और 'स्नान' को क्रमशः 'इस्कूल', 'इस्टेशन', 'इस्नान' कहने में 'इ' की पूर्वश्रुति है।

पूर्वसन्दत्त (पूर्वसंदत्त)—[सं॰ पूर्व ~ सन्दत्त] *वि॰* जिसका भुगतान पहले ही कर दिया गया हो। ***जैसे***—पूर्वसन्दत्त रक़म।

पूर्वसन्दाय (पूर्वसंदाय)—[सं॰ पूर्व ~ सन्दाय] *पु॰* पहले ही किया जाने योग्य भुगतान।

पूर्वसन्ध्या (पूर्वसंध्या)—[सं॰ पूर्व ~ सन्ध्या] *स्त्री॰* १. प्रातःकाल। २. (उत्सव या किसी महत्त्वपूर्ण घटना से) पहले का सायंकाल या पूर्व दिन।

पूर्वा—[सं॰ पूर्व + टाप्] *स्त्री॰* पूर्व दिशा। प्राची। पूरब। *वि॰ (स्त्री॰)* पूर्व से सम्बन्धित। पूर्व की।

पूर्वाङ्ग (पूर्वांग)—[सं॰ पूर्व ~ अङ्ग] *पु॰* पहले का भाग/अंश। (पुस्तक॰) किसी पुस्तक के मूल पाठ से पहले का अंश जिसमें मुखपृष्ठ, समर्पण, भूमिका, विषय-सूची आदि रहते हैं। (संगीत॰) स्वरसप्तक को स्वराष्टक मानकर उसे दो भागों में विभाजित करने पर प्राप्त पूर्व भाग—सा रे ग म।

पूर्वादेश—[सं॰ पूर्व ~ आदेश] *पु॰* पहले दिया गया आदेश।

पूर्वाद्रि—[सं॰ पूर्व ~ अद्रि] *पु॰* उदयाचल। पूर्वाचल।

पूर्वानिल—[सं॰ पूर्व ~ अनिल] *पु॰* पूर्वी हवा। पुरवाई।

पूर्वान्तिम (पूर्वांतिम)—[सं॰ पूर्व ~ अन्तिम] *वि॰* अन्तिम से पहला। उपान्त्य। ***जैसे***—'कवच' में पूर्वान्तिम वर्ण 'च्' है और अन्तिम वर्ण 'अ'।

पूर्वापर—[सं॰ पूर्व ~ अपर] *वि॰* १. अगला और पिछला। २. पूरब और पश्चिम का। *पु॰* (किसी बात का) आगा-पीछा। ***जैसे***—पूर्वापर का विचार करके ही सब काम करना।

पूर्वापराध—[सं॰ पूर्व ~ अपराध] *पु॰* पहले किया गया (या किए गए) अपराध। ⁘ **पूर्वापराध-पत्र**—[सं॰ पूर्वापराध ~ पत्र] किसी अपराधी द्वारा पहले किए जा चुके अपराधों का विवरण-पत्र या वृत्तपत्रक। (अं॰ हिस्ट्री शीट)

पूर्वापेक्षित—[सं॰ पूर्व ~ अपेक्षित] *वि॰* १. जिसकी अपेक्षा पहले से की गयी हो। पूर्व अनुमानित। ⁘ **पूर्वापेक्षित समाचार**—*पु॰* = (पत्र॰) वह समाचार जिसकी पूर्व कल्पना करके या जिसके होने की आशा से उसका विवरण संवाददाता ने पहले ही लिख दिया हो। पूर्व अनुमानित समाचार।

पूर्वाभिनय—[सं॰ पूर्व ~ अभिनय] *पु॰* (नाटक आदि का) मंचन से पहले, अभ्यास के लिए, किया जाने वाला अभिनय। रिहर्सल (अं॰)

पूर्वाभिमुख—[सं॰ पूर्व ~ अभिमुख] *वि॰* जिसने पूर्व दिशा की ओर मुख किया हुआ हो।

पूर्वाभ्यास—[सं॰ पूर्व ~ अभ्यास] *पु॰* १. पहले कभी किया हुआ अभ्यास। २. पहले का अभ्यास। ३. (नाटक आदि का) पहले किया जाने वाला अभ्यास। (रिहर्सल)

पूर्वार्चिक—[सं॰ पूर्व ~ अर्चिक] *पु॰* सामवेद का पूर्वार्ध।

पूर्वाम्बुधि (पूर्वांबुधि)—[सं॰ पूर्व ~ अम्बुधि] *पु॰* पूर्वी समुद्र।

पूर्वार्जित—[सं॰ पूर्व ~ अर्जित] *वि॰* पहले का कमाया हुआ।

पूर्वार्ध—[सं॰ पूर्व ~ अर्ध] *पु॰* १. दो बराबर भागों में से आरम्भ का पहला भाग। २. पूर्व और पश्चिम के दो बराबर भागों में से पूर्व का भाग।

पूर्वावधान—[सं॰ पूर्व ~ अवधान] *पु॰* १. पहले से दिया गया ध्यान। २. पहले से की गयी सावधानी। ३. किसी अप्रिय/संकटपूर्ण/हानिकारक घटना को न होने देने के लिए की गयी कार्रवाई। पूर्व-प्रबन्ध। पूर्वोपाय। एहतियात। ⁘ **पूर्वावधानता**—*स्त्री॰* = पहले से सावधान हो जाने की क्रिया।

पूर्वाशा—[सं॰ पूर्व ~ आशा] *स्त्री॰* १. पूर्व दिशा। २. किसी बात के घटित होने की सम्भावना वाली आशा। प्रत्याशा।

पूर्वाश्रम—[सं॰ पूर्व ~ आश्रम] *पु॰* १. ब्रह्मचर्याश्रम। २. (किसी सन्यासी का) सन्न्यास लेने से पहले का आश्रम (ब्रह्मचर्य, गृहस्थ या वानप्रस्थ)।

पूर्वाषाढ़ा—[सं॰ पूर्वा ~ आषाढ़ा] *स्त्री॰* अश्विनी आदि २७ नक्षत्रों में बीसवाँ नक्षत्र।

पूर्वाह्न (पूर्वाह्ण)—[सं॰ पूर्व ~ अह्न] *पु॰* दिन का पहला भाग। प्रातः से दोपहर तक का समय। *वि॰* दोपहर से पहले। ***जैसे***—८ बजे पूर्वाह्ण।

पूर्वाह्निक (पूर्वाह्णिक)—[सं॰ पूर्व ~ आह्निक] *वि॰* पूर्वाह्न-सम्बन्धी। पूर्वाह्न का। *पु॰* दिन के पहले भाग में किए जाने वाले कृत्य (स्नान, पूजा इत्यादि)।

पूर्विक—[< सं॰ पूर्व] *वि॰* १. (काल की दृष्टि से) किसी से पहले का। ***जैसे***—पूर्विक दावेदार। २. (क्रम की दृष्टि से) पहला। पूर्ववर्ती। ***जैसे***—आपसे पूर्विक अधिकारी। ३. महत्त्व की दृष्टि से किसी से पहला। अधिक महत्त्व का। ***जैसे***—सबसे पूर्विक समस्या। ⁘ **पूर्विकता**—*स्त्री॰* = १. काल या क्रम की दृष्टि से अन्य की अपेक्षा प्रथमता। ***जैसे***—वह पूर्विकता के आधार पर निर्णय देगा। २. अपेक्षाकृत अधिक महत्त्व। ***जैसे***—शिक्षा की पूर्विकता स्पष्ट है। ३. अपेक्षाकृत अधिक महत्त्वपूर्ण काम। ***जैसे***—पूर्विकतावाला उद्योग।

पूर्वी—[< सं॰ पूर्वीय] *वि॰* पूर्व दिशा का। पूरबी। ● **विशेष**—दक्षिण भारत के पूर्वी तट पर स्थित पर्वतमाला का नाम **'पूर्वीघाट'** है।

पूर्वेक्षण—[स॰ पूर्व ~ ईक्षण] *पु॰* किसी उद्‌देश्य से किसी क्षेत्र को अच्छी तरह देखना।

पूर्वेतर—[स॰ पूर्व ~ इतर] *वि॰* १. पूर्व से भिन्न। २. पश्चिमी। ३. जो पहले का न हो। बाद का।

पूर्वोत्तर—[स॰ पूर्व ~ उत्तर] *वि॰* पूर्व और उत्तर दिशाओं के बीच का। उत्तरपूर्वी। ⁘ **पूर्वोत्तरा**—*स्त्री॰* = पूर्व और उत्तर के बीच की दिशा। ईशान कोण।

पूर्वोपाय—[स॰ पूर्व ~ उपाय] *पु॰* (दूरदर्शिता से) पहले किया जाने वाला उपाय। पहले की जाने वाली सावधानी।

पूला—[< स॰ पूलक] *पु॰* घास आदि का बँधा हुआ गट्ठर। सरपत की ढेरी।,

पूलिका—[< स॰ पूरिका] *स्त्री॰* १. गट्ठर। बंडल (अं॰)। २. एक ही दिशा में जानेवाली तन्त्रिकाओं/तन्तुओं का एक संग्रह। ***जैसे***—अलिन्दनिलय-पूलिका।

पूली—[< हि॰ पूला] *स्त्री॰* छोटा पूला।

पूषण/पूषन/पूषा—[< स॰ पूषन्] *पु॰* सूर्य।

पूस—[< स॰ पौष] *पु॰* पौष मास।

***पूँगरा**—[< स॰ पौगण्ड] *पु॰* पाँच से दस वर्ष की अवस्था का बालक।

पूँगा—[अनु॰] *पु॰* सँपेरों की बीन। महुअर। ⁘ **पूँगी**—*स्त्री॰*।

पूँजीवाद—[हि॰ पूँजी + स॰ वाद] *पु॰* ऐसी आर्थिक प्रणाली या अर्थ-व्यवस्था जिसमें देश के उत्पादन और वितरण के प्रमुख साधनों पर धनपतियों या पूँजीपतियों का अधिकार होता है, जो अधिकाधिक लाभ कमाने के उद्‌देश्य से आर्थिक क्रियाओं का संचालन और नियन्त्रण करते हैं। ⁘ **पूँजीवादी**—*पु॰* = १. पूँजीवाद का अनुयायी/पक्षधर। २. पूँजीवादी व्यवस्था का समर्थक। ३. पूँजी-संग्रह में विश्वास रखनेवाला। पूँजीपति। *वि॰* पूँजीवाद से सम्बन्धित। ***जैसे***—पूँजीवादी अर्थव्यवस्था।

पूँजी सञ्चलन (संचलन)—[हि॰ पूँजी + स॰ सञ्चलन] *पु॰* (अर्थ॰) पूँजी को एक स्थान/देश से हटाकर दूसरे स्थान पर लगाना।

पृक्त—[स॰ √पृच् + क्त] *वि॰* १. मिला हुआ। मिश्रित। २. सम्बद्ध। ३. पूर्ण।

पृच्छक—[स॰ √प्रच्छ् + ण्वुल्] *पु॰* पूछनेवाला। जिज्ञासु।

पृच्छना—[स॰ पृच्छन + टाप्] *क्रिस॰* जिज्ञासा करना। पूछना।

पृच्छा—[स॰ √पृच्छ् + अङ्॰ + टाप्] *स्त्री॰* १. प्रश्न। जिज्ञासा। २. भविष्य-सम्बन्धी प्रश्न।

पृतना—[स॰ √पृ + तनन् + टाप्] *स्त्री॰* १. सेना। २. (प्राचीन काल में) वह सेना जिसमें २४३ हाथी, २४३ रथ, ७२९ घोड़े और १२१५ पैदल सैनिक हों। ३. संग्राम। युद्ध।

पृथक्—[स॰ √प्रथ् + अजि, कित्, सम्प्रसारण] *क्रिवि॰* १. भिन्न। अलग। २. अलग-अलग। *वि॰* १. अलग। २. भिन्न प्रकार का। ⁘ **पृथक्करण**—*पु॰* अलग करने की क्रिया/भाव। ⁘ **पृथक्ता**—*स्त्री॰* = १. भिन्नता। २. अलगाव।

पृथक्शायी—[स॰ पृथक् ~ शायिन्] *वि॰* अकेले या अलग सोनेवाला।

पृथगात्मता—[स॰ पृथक् ~ आत्मता] *स्त्री॰* = १. भेद। २. विशेषता।

पृथग्दली—[< स॰ पृथक् ~ दलीय] *वि॰* (वनस्पति॰) (वे फूल) जिनमें दल अलग-अलग हों। ***जैसे***—सरसों का फूल।

पृथग्भाव—[स॰ पृथक् ~ भाव] *पु॰* १. भिन्न अवस्था। २. भिन्नता। अन्तर। ३. पृथक्ता। अलहदगी।

पृथग्विध—[स॰ पृथक् ~ विध] *वि॰* भिन्न प्रकार का। अलग तरह का।

***पृथी**—*स्त्री॰* ≤ *स॰* पृथ्वी। भूमि। धरती।

***पृथीनाथ**—[< स॰ पृथ्वीनाथ] *पु॰* राजा।

पृथु—[स॰ √प्रथ् + कु, सम्प्रसारण] *वि॰* १. विस्तृत। चौड़ा। २. विपुल। बहुत। ३. महान्। बड़ा। ४. असंख्य। अगणित। ५. आवश्यक। ६. चतुर। होशियार। ⁘ **पृथुकीर्ति**—*वि॰* = बहुत कीर्ति वाला। यशस्वी। ⁘ **पृथुता**—*स्त्री॰* = १. विस्तार। फैलाव। २. विशालता। ३. स्थूलता। मोटापन। ⁘ **पृथुत्व**—*पु॰* = पृथुता। ⁘ **पृथुदर्शी**—*वि॰* = दूरदर्शी। ⁘ **पृथुपर्णी**—*वि॰* = [वनस्पति॰] (वे वृक्ष) जिनकी पत्तियाँ चौड़ी होती हैं। ⁘ **पृथुयश**—*वि॰* = दूर-दूर तक प्रसिद्ध। अति यशस्वी।

पृथुल—[स॰ पृथु + लच्] *वि॰* १. स्थूल। मोटा। २. विस्तृत। विशाल। ***जैसे***—पृथुललोचन; पृथुलवक्ष। ३. बहुत बड़ा। ४. भारी। ५. अधिक।

पृथुश्री—[स॰ पृथु ~ श्री] *वि॰* वैभवशाली।

पृथुश्रोणि—[स॰ पृथु ~ श्रोणि] *वि॰ (स्त्री॰)* पृथुल नितम्बों वाली। मोटी कमर वाली। नितम्बिनी।

पृथ्वी—[स॰ पृथु + ङीष्] *स्त्री॰* १. सौरमंडल का एक ग्रह जिस पर मनुष्य आदि रहते हैं। २. पाँच मूलभूत तत्त्वों में से एक। पंचमहाभूतों में से एक। (छन्द॰) एक समवर्णिक छन्द जिसके प्रत्येक चरण में क्रमशः जगण, सगण, जगण, सगण, यगण और लघु, गुरु (ज स ज स य ल ग) के योग से १७ वर्ण होते हैं तथा ८-९ पर यति होती है। ***वा॰* पृथ्वी का रसातल में जाना**—१. भीषण अनिष्ट होना। २. घोर पाप होना। **पृथ्वी काँपना/डोलना**—सबका आतंकित होना। **पृथ्वी से उठ जाना**—मर जाना।

पृथ्वीश—[स॰ पृथ्वी ~ ईश] *पु॰* पृथ्वीपति। राजा।

पृश्नि—[स॰ √स्पृश् + नि, पृषो॰] *वि॰* १. छोटे क़द का। बौना। २. दुबला-पतला। कृश। ३. बहुत कोमल। नाजुक। ४. चित्तीदार। चितकबरा। *स्त्री॰* १. किरण। २. भूमि। जमीन। ३. ताराओं से भरा आकाश। ४. (कृष्ण-माता) देवकी।

पृषोदर—[स॰ पृषत् ~ उदर, 'त्' का लोप] *वि॰* छोटे पेट वाला। *पु॰* वायु। हवा।

पृष्ट—[स॰ √प्रच्छ् + क्त] *वि॰* १. पूछा हुआ। जिज्ञासित। ***जैसे***—पृष्ट प्रश्नों के उत्तर। २. जिससे पूछा गया हो।

पृष्ठ—[स॰ √पृष् + थक्, निपात॰] *पु॰* १. पीठ। २. पिछला भाग।

३. ऊपरी भाग। तल। सतह। ४. पुस्तक या पत्र आदि के दोनों तलों में से प्रत्येक। पन्ना। (भूविज्ञान॰) शैलस्तरों के ऊपर की मिट्टी आदि। ***वा॰* पृष्ठ पलटना**—एक प्रकार की घटना/स्थिति/क्रम आदि की समाप्ति पर दूसरी प्रकार की घटना/स्थिति/क्रम आदि का आरम्भ होना/करना।

पृष्ठगत—[सं॰ पृष्ठ ~ गत] *वि॰* १. पीछे की ओर का पीछे का। ***जैसे***—पृष्ठगत दृश्य। २. काग़ज़ के पन्ने से सम्बन्धित। पन्ने का। ***जैसे***—पृष्ठगत दोष।

पृष्ठतः—[सं॰ पृष्ठ + तस्] *क्रिवि॰* १. पीछे से। २. पीठ या पीछे की ओर। ४. पीठ पर। ५. पीठ की ओर से। पीछे से। ६. पृष्ठ/पन्ने के अनुसार।

पृष्ठदेश—[सं॰ पृष्ठ ~ देश] *पु॰* पीछे का भाग।

पृष्ठपट—[सं॰ पृष्ठ ~ पट] *पु॰* (नाट्य॰) रंगमंच पर सबसे पीछे लटकता रंगीन पर्दा।

पृष्ठपर्णी—[सं॰ पृष्ठपर्ण + ङीष्] *स्त्री॰* 'पिठवन' नामक लता।

पृष्ठपोषण—[सं॰ पृष्ठ ~ पोषण] *पु॰* १. किसी की पीठ ठोकना। २. किसी का समर्थन/सहायता/रक्षा करना। ३. प्रोत्साहन देना।

पृष्ठभङ्ग (पृष्ठभंग)—[सं॰ पृष्ठ ~ भङ्ग] *पु॰* (शत्रु की) सेना के पिछले भाग का नाश।

पृष्ठरक्षण—[सं॰ पृष्ठ ~ रक्षण] *पु॰* १. किसी के पीछे रहकर उसकी रक्षा करने का कार्य। २. गुप्त रूप से किसी का समर्थन/प्रोत्साहन और रक्षा करने का कार्य।

पृष्ठवंश—[सं॰ पृष्ठ ~ वंश] *पु॰* मेरुदंड। रीढ़।

पृष्ठाङ्कन (पृष्ठांकन)—[सं॰ पृष्ठ ~ अङ्कन] *पु॰* पृष्ठ पर लिखना। *पु॰* (वाणि॰) विनिमयसाध्य पत्र (चेक आदि) के पीछे लिखकर तथा हस्ताक्षर करके उसका स्वामित्व दूसरे व्यक्ति को सौंप देना। बेचान। (अं॰ इन्डोर्समेन्ट)

पृष्ठास्थि—[सं॰ पृष्ठ ~ अस्थि] *स्त्री॰* मेरुदंड। रीढ़।

पृष्ठोदय—[सं॰ पृष्ठ ~ उदय] *वि॰* पीठ की ओर या पीछे उदय वाला। ❖ **पृष्ठोदयी राशि**—(ज्योतिष॰) मेष, वृष, कर्क, धनु, मकर और मीन राशियाँ।

पृष्ठोपरि—[सं॰ पृष्ठ॰ ~ उपरि] *क्रिवि॰* १. पृष्ठ के ऊपर। २. पीठ पर। ***जैसे***—कच्छप ने मन्दराचल को पृष्ठोपरि धारण किया।

पृष्ठ्य—[सं॰ √पृष्ठ् + यत्] *वि॰* १. पृष्ठ-सम्बन्धी। पृष्ठ का। २. पीठ-सम्बन्धी। पीठ का।

पृष्णि—[सं॰ पृश्नि, पृषो॰] *स्त्री॰* १. एड़ी। २. किरण। ३. पिछला भाग।

†पेउस—[< सं॰ पयस्] *पु॰* ब्याई हुई गाय/भैंस द्वारा कुछ दिनों तक दिया जाने वाला गाढ़ा दूध जो पीने योग्य नहीं होता।

***पेका**—[< सं॰ पितृ, 'मायका' के अनुकरण पर] *पु॰* (स्त्री के लिए अपने) पिता का घर। पीहर। मायका।

***पेखक**—[< सं॰ प्रेक्षक] (नाटक/खेल आदि) देखने वाला। प्रेक्षक। दर्शक।

***पेखन**—[< सं॰ प्रेक्षण] *पु॰* १. मनोरंजन आदि के लिए देखा जाने वाला कोई दृश्य। २. नाटक। ३. तमाशा।

***पेखना**—[< सं॰ प्रेक्षण] *क्रिस॰* देखना।

***पेखनो**—[< सं॰ प्रेक्षण] *पु॰* नाटक या तमाशा।

पेच—[फा॰] *पु॰* १. घुमाव। चक्कर। मोड़। २. लपेट। (पगड़ी आदि का) फेरा। ३. जटिलता। ४. छल। धोखा। ५. कठिनता। ६. कुश्ती में ऐसी युक्ति जिससे प्रतिद्वन्द्वी पहलवान को हराने में सफलता मिलती है। दाँव। ७. पतंगें उड़ाते समय अपनी पतंग की डोर को दूसरी पतंग की डोर में उलझाकर उसे काट देने की युक्ति। ***जैसे***—पेच लड़ाते पतंगबाज़ों को देखो। ८. (लाक्षणिक) कौशलपूर्ण युक्ति जिसमें प्रतिपक्षी हार जाए। ९. एक प्रकार की कील जिसमें चूड़ियाँ बनी होती हैं। (अं॰ स्क्रू)।

पेचक[१]—[सं॰ √पच् + वुन्, इत्व] *पु॰* १. मेघ। बादल। उल्लू।

पेचक[२]—[फा॰] *स्त्री॰* बटे हुए महीन धागे का छोटा गोला।

पेचदार—[फा॰] *वि॰* १. जिसमें पेच हो। पेचवाला। २. जटिल। पेचीदा। ***जैसे***—पेचदार काम; पेचदार कहानी।

पेचना—[< फा॰ पेच] *क्रिस॰* दो वस्तुओं के बीच सदृश प्रकार की तीसरी वस्तु इस प्रकार मिला देना कि उसको ऊपर से देखने पर पता न लग सके।

पेचा—[< सं॰ पेचक] *पु॰* उल्लू (पक्षी)। ❖ **पेची**—*स्त्री॰* = नारी/मादा उल्लू।

पेचीदगी—[फा॰] *स्त्री॰* १. पेचीदापन। २. घुमाव/लपेट/चक्कर होने की अवस्था/भाव। ३. जटिलता। उलझाव। उलझन। ४. कठिनता।

पेचीदा—[< फा॰ पेचीदः] *वि॰* १. जटिल। पेचदार। उलझनवाला। २. कठिन।

पेचीला—[< फा॰ पेच] *वि॰* १. पेचवाला या अनेक पेचों वाला। २. घुमाव-फिराव वाला। ३. (काम/बात) जिसमें बहुत उलझनें/झंझट/कठिनाइयाँ हों। जटिल।

†पेज[१]—[< सं॰ पेय] (दूध की) रबड़ी।

पेज[२]—[अं॰] (पुस्तक/पत्रिका/अभ्यासपुस्तिका आदि का) पृष्ठ। पन्ना।

***पेज[३]**—[< हि॰ पैज] *स्त्री॰* १. लज्जा। शर्म। २. प्रतिज्ञा।

पेटक—[सं॰ पेट + कन्] *पु॰* १. पिटारा। २. टोकरी। ३. थैला। ४. समूह।

पेटल—[< हि॰ पेट] *वि॰* बड़े पेटवाला। तोंदल।

†पेटला—[< सं॰ पटल] *पु॰* वह पटली जिस पर बैठकर झूला झूलते हैं।

पेटा—[< सं॰ पेट] *पु॰* १. किसी गहरी वस्तु का तलभाग। २. किसी वस्तु का भीतरी भाग या मध्य भाग। ३. नदी के भीतर की भूमि। ४. उतनी भूमि जितनी से होकर नदी आदि बहे। पाट। ५. किसी शीर्षक/मद्द का अन्तर्गत भाग। ६. किसी बात का विस्तृत विवरण या उसमें लिखा विवरण। ७. विस्तार। फैलाव। ८. विस्तार की सीमा/हद। ९. घेरा। १०. बड़ा टोकरा। ११. कपड़े की बुनावट में ('ताना'

से भिन्न) बाना। १२. हृदय। मन। **वा॰ पेटा भरना**—विवरण आदि लिखा जाना।

***पेटागि**—[< स॰ पेट + हि॰ आग] *स्त्री॰* १. पेट की आग। जठराग्नि। २. भूख की ज्वाला।

***पेटार/पेटारा**—[< प्रा॰ पेट्टालय] *पु॰* पिटारा। ✣ **पेटारी**— *स्त्री॰* = पिटारी।

पेटार्थी—[< हि॰ पेट ~ स॰ अर्थी] *वि॰* जो सदा खाने की चिन्ता में रहे।

पेटिका—[स॰ पेटक + टाप्, इत्व] *स्त्री॰* १. छोटी पेटी। २. छोटी पिटारी।

पेटी—[< हि॰ पेट] *स्त्री॰* १. पतलून/नेकर पहनने पर कमर को कसने का उपकरण। २. चपरास। ३. नाइयों का अपने उपकरण रखने का बक्सा। ४. पिटारी। ५. छोटा सन्दूक। ६. कमर का एक आभूषण।

पेड़ी—[< हि॰ पेड़] *स्त्री॰* १. छोटा पेड़। पौधा। २. पान का या उसका पुराना पौधा।

पेड़ू—[< हि॰ पेट] *पु॰* शरीर की नाभि से नीचे और मूत्रेन्द्रिय से ऊपर का भाग।

पेय—[स॰ √पा + यत्] *वि॰* १. पीने योग्य। २. जो पिया जाए। *पु॰* पीने योग्य या पिया जाने वाला द्रव। ∇ **विलोम**—अपेय।

†**पेरा**[1]—[< हि॰ पीला] *स्त्री॰* (दीवार आदि पोतने की) पोतनी पीली मिट्टी। ● **विशेष**—इसे कहीं-कहीं '**रामरज**' भी कहते हैं।

पेरा[2]—[< हि॰ पेला] *पु॰* आक्रमण।

पेराक—[देशज] *पु॰* बड़ी गुजिया।

पेल—[< हि॰ पेलना] *पु॰* पेलने की क्रिया/भाव। २. झगड़ा। तकरार।

पेला—[< हि॰ पेलना < स॰ प्रेरण] *पु॰* १. परस्पर पिल पड़ने की क्रिया/भाव। २. मार-पीट। ३. विवाद। झगड़ा। तकरार। ४. आक्रमण। चढ़ाई। ५. अपराध।

***पेलि**[1]—[< हि॰ पेलना < स॰ पीडन] *क्रिस॰* १. दबाकर। २. अवज्ञा/उपेक्षा करके। ३. उल्लंघन करके। लाँघकर। ४. धकियाकर। ठेलकर।

***पेलि**[2]—[< हि॰ पेलनार < स॰ प्रेरणा] *क्रिवि॰* १. फेंककर या त्यागकर। २. आक्रमण के लिए हाथी/घोड़ा सामने बढ़ाकर। ३. ज़बरदस्ती करके। ४. घुसेड़कर। ५. प्रवेश कर। पार कर।

पेवड़ी—[< स॰ पीत] *स्त्री॰* दीवालों को पोतने में काम आने वाली रामरज नामक पीली मिट्टी।

पेश—[फा॰] *क्रिवि॰* समक्ष। सामने। **वा॰ पेश आना**—व्यवहार करना। बरतना। **पेश करना**—१. आगे रखना। सामने करना। प्रस्तुत करना। २. भेंट देना। **पेश चलना, पेश जाना**—वश चलना। **(किसी से) पेश पाना**—विजय पाना। ✣ **पेशक़दमी**—*स्त्री॰* = पहल।

पेशकार—[फा॰] *पु॰* (तहसीलदार, ज़िलाधीश, न्यायाधीश इत्यादि किसी) अधिकारी के अधीन एक कर्मचारी जो उसके सामने काग़ज़ और मिसिलें (फ़ाइलें) प्रस्तुत करने इत्यादि का काम करता है।

पेशगी—[फा॰] *क्रिवि॰* पहले से। अग्रिम। *स्त्री॰* किसी काम के लिए पहले दी जाने वाली धनराशि। अग्रिम धन। बयाना।

पेशतर—[फा॰] *क्रिवि॰* (किसी की तुलना में) पहले। ***जैसे***—वह तुमसे पेशतर आया।

पेशबन्दी (पेशबंदी)—[फा॰] *स्त्री॰* पहले से किया हुआ प्रबन्ध/उपाय आदि।

पेशल—[स॰ √पिश् + अलच्, पृषो॰] *वि॰* १. सुकुमार। कोमल। २. दुबला-पतला। ३. सुन्दर। मनोहर। ४. निपुण। चतुर। ५. धूर्त। चालाक। ६. छली। कपटी।

पेशवा—[फा॰] *पु॰* १. प्रमुख नेता। सरदार। अगुआ। २. (मध्यकालीन महाराष्ट्रीय प्रशासन में) प्रधानमन्त्री। ✣ **पेशवाई**— *स्त्री॰* = १. पेशवा होने की अवस्था/भाव। नेतृत्व। २. महाराष्ट्रीय इतिहास में पेशवाओं का शासन। ३. (अतिथि का) आगे बढ़कर किया जाने वाला स्वागत।

पेशा—[< फा॰ पेशः] *पु॰* १. वृत्ति। व्यवसाय। धन्धा। २. उद्योग। रोज़गार। ३. वेश्यावृत्ति।

पेशानी—[फा॰] *स्त्री॰* १. ललाट। माथा। २. भाग्य। किस्मत। **वा॰ पेशानी पर बल पड़ना**—१. त्योरी चढ़ना। क्रुद्ध होना। २. परेशान होना।

पेशी[1]—[फा॰] *स्त्री॰* १. पेश होना। सामने आना। उपस्थित होना। २. मुक़दमे आदि में किसी न्यायाधीश या अधिकारी के सामने उपस्थित होना।

पेशी[2]—[स॰ √पिश् + इन् + ङीष्] *स्त्री॰* तन्तुओं से निर्मित एक सुदृढ़ ऊतक जो अपने संकुचन और शिथिलन के द्वारा शरीर में गति उत्पन्न करता है। मांसपेशी। पुट्ठा।

पेशीशोष—[स॰ पेशी ~ शोष] *पु॰* (चिकित्सा॰) पेशियों का सूखना।

पेशेवर—[< फा॰ पेशःवर] *वि॰* किसी कार्य-विशेष को अपनी जीविका का साधन बनानेवाला (व्यक्ति)। पेशेवाला।

पेश्तर—[< फा॰ पेशतर] *क्रिवि॰* (किसी की तुलना में) पहले। ***जैसे***—तुम्हारे आने से पेश्तर वह चला गया।

पेषक—[स॰ √पिष् + ण्वुल्] *पु॰, वि॰* पीसनेवाला।

पेषण—[स॰ √पिष् + ल्युट्] *पु॰* पीसने की क्रिया/भाव। चूर-चूर करना। पिसाई।

पेषणी—[स॰ पेषण + अनि + ङीष्] *स्त्री॰* १. पीसनेवाली वस्तु। २. सिल। ३. (अनाज, मसाला आदि पीसने की) चक्की। ४. खरल।

***पेस**—[< फा॰ पेश] प्रस्तुत। पेशा।

***पेसना**—[< स॰ प्रवेशन] *क्रिअ॰* प्रवेश करना। *क्रिस॰* किसी वस्तु में कोई अन्य वस्तु धँसाना/घुमाना।

पैंग (पेंग)—[< स॰ प्रेङ्ख] *स्त्री॰* झूलने के समय झूले/हिंडोले से आगे-पीछे जाना। पैंग। **वा॰ पैंग मारना/लेना**—ज़ोर से झुलाना। झूलना। **पैग बढ़ाना**—जान-पहचान बढ़ाना।

***पैंड़ (पेंड़)**—*पु॰* ≤ *हि॰* पैंड़। पग। डग।

***पै**[1]—[< हि॰ पर] *परसर्ग* १. पर। २. **उदा॰** मो पै परति न बरनि।

—तुलसी (कृष्ण०, ३०) ● **विशेष—'जो पै'** = यदि। तथा **'तो पै'** = १. तो। २. तुझपर। [***जैसे***—तो पै भगवान् की विशेष कृपा है]।

***पै**[२]—[< स० परम्] *अव्यय०* परन्तु। लेकिन। *क्रिवि०* १. पश्चात्। पीछे। बाद में। २. केवल। ३. निश्चित ही। अवश्य। ज़रूर।

†पै[३]—[< स० पद, या < हि० पैर] *पु०* पैर। पाँव।

***पै**[४]—[< हि० पय < स० पयस्] *पु०* दूध।

***पै**[५]—[< हि० पँह < स० प्रति] अव्यय १. प्रति। ओर। २. समीप। पास।

पैककारी—[अ० पैक + हि० कारी] *स्त्री०* वस्तुओं को बाँधने की क्रिया या भाव।

पैकर[१]—[फा०] *पु०* १. शरीर। देह। २. आकृति। रूप।

पैकर[२]—[अ०] *पु०* सामान को सुरक्षित प्रकार से कहीं भेजने या रखने के लिए, सामान को थैले, बक्से, गठरी आदि में बाँधने/भरने वाला व्यक्ति। बंडल बनाने वाला।

***पैकाकार**—[< फा० पैकार] *पु०* सेवक।

***पैका**—[< फा० पैस:] *पु०* पैसा।

***पैखड़ा**—[< हि० पैर + कड़ा] *पु०* १. पैरों की बेड़ी। २. (लाक्षणिक) पैरों का बन्धन।

पैग़म्बर (पैग़ंबर)—[फा०] *पु०* ईश्वर का दूत। सन्देश-वाहक/ईश-दूत। ***जैसे***—ईसा, मूसा और मुहम्मद विश्व प्रसिद्ध पैग़म्बर हैं। ✣ **पैग़म्बरी (पैग़ंबरी)**—*स्त्री०* १. ईश-दूत का पद। २. ईश-दूत का कर्तव्य। *वि०* पैग़म्बर से सम्बन्धित। पैग़म्बर का।

पैग़ाम—[फा०] *पु०* १. सन्देश। २. समाचार।

***पैज**—[< स० प्रतिज्ञा] *स्त्री०* १. प्रतिज्ञा। प्रण। २. हठ। ज़िद। ३. प्रतिद्वन्द्विता। होड़। ४. प्रतिज्ञा-पूर्ति का संकट। ***वा०* पैज खींचना**—प्रतिज्ञा करना। **पैज पड़ना**—प्रतिद्वन्द्विता होना। **पैज सारना**—१. प्रतिज्ञा पूरी करना। २. अपना हठ बनाए रखना।

***पैजपूरा**—[हि० पैज + पूरा] *वि०* प्रतिज्ञा पूरी करने वाला। दृढ़प्रतिज्ञ।

पैज़ार—[फा०] जूता। ***जैसे***—जूतम-पैज़ार होना।

पैठ—[< प्रा० पइट्ठ < स० प्रविष्ट] *स्त्री०* १. प्रवेश। २. गति। पहुँच।

पैठना—[< हि० पैठ] *क्रिअ०* १. भवन/उद्यान आदि किसी स्थान में प्रवेश करना। घुसना। २. नदी/सरोवर आदि किसी गहरे स्थान में प्रवेश करना। घुसना। ३. बैठना। ४. निवास करना। रहना।

***पैठार**—[< हि० पैठ] *पु०* १. प्रवेश। २. प्रवेश-द्वार। फाटक।

पैड़ी—[< हि० पैड़] *स्त्री०* १. सीढ़ी। ज़ीना। ***जैसे***—हरद्वार में गंगा-किनारे बनी हर की पैड़ी। २. कुएँ से पानी खींचनेवाले बैलों के लिए बना हुआ ढालू रास्ता।

†पैतरी—[< हि० पैर + तले] *स्त्री०* जूता।

†पैतला—*वि०* ≤ *हि०* पैथल। उथला। ***जैसे***—पैतला तालाब।

पैतृक—[स० पितृ + ठञ्] *वि०* १. पिता-सम्बन्धी। पिता का। २. पिता से प्राप्त। ३. पूर्वजों का या पूर्वजों से परम्परागत रूप में प्राप्त। मौरूसी। पुश्तैनी। ✣ **पैतृक बन्धु (बंधु)**—*पु०* = पितृवंशीय बन्धु। ✣ **पैतृक वंशानुक्रम**—*पु०* = वह प्रणाली जिसमें वंशानुक्रम पुरुष पूर्वज से केवल पुरुषों द्वारा अनुरेखित होता है।

†पैथल—[< हि० पैर + स० थल] *वि०* जिसमें गहरा पानी न हो। उथला। छिछला। ***जैसे***—पैथल नदी/तालाब।

पैत्र—[स० पितृ + अण्] *वि०* १. पैतृक। पुश्तैनी। २. पितरों से सम्बन्धित (श्राद्ध आदि)। *पु०* तर्जनी और अँगूठे के बीच का स्थान।

पैबन्द (पैबंद)—[फा०] *पु०* (फटे कपड़े आदि में लगाया जाने वाला) जोड़। थिगली। ***वा०* (किसी बात में) पैबन्द लगाना**—ऐसी नयी बात जोड़ना जिससे पहली बात का दोष दूर हो जाए।

पैमाइश—[फा०] *स्त्री०* १. नापने/मापने की क्रिया/भाव। नाप। २. किसी स्थान की लम्बाई, चौड़ाई आदि की नाप। २. भू-सर्वेक्षण के लिए की जाने वाली भवनों, खेतों, जमीनों आदि की नाप। ✣ **पैमाइशी**—*वि०* = पैमाइश से सम्बन्धित। पैमाइश का।

पैमाना—[< फा० पैमान:] *पु०* १. लम्बाई नापने का उपकरण। मापक। २. शराब का प्याला/गिलास। मद्य-चषक। ३. मापक्रम। माप। मान। ***जैसे***—बड़े पैमाने का आयोजन। (गणित०) अनेक प्रकार की राशियों को मापने के लिए प्रयुक्त निर्धारित दूरी पर किसी निश्चित क्रम में अंकित किए गए कुछ चिह्नों की परम्परा। मापनी।

***पैमाल**—[< फा० पायमाल] *वि०* १. पाँव तलै रौंदा हुआ। २. दुर्दशाग्रस्त।

पैरना[१]—[< स० प्लवन] *क्रिअ०* तैरना। ✣ **पैरि**—*क्रिवि०* = तैरकर।

†पैरना[२]—[< हि० पहिरना] *क्रिस०* पहनना।

पैरवी—[फा०] *स्त्री०* (न्यायालय में चल रहे मुक़दमे के लिए) किसी की ओर से देखभाल तथा विविध कार्रवाइयाँ। ✣ **पैरवीकार**—*पु०* = पैरवी करनेवाला।

†पैरा—[< हि० पैर] *पु०* पैरों में पहनने का कड़ा।

पैराई—[< हि० पैरना] *स्त्री०* १. तैरने की क्रिया/भाव। २. तैरने की कला।

***पैराउ**—*पु०* ≤ *हि०* पैराव।

पैराक—[< हि० पैरना] *पु०* तैरने में कुशल व्यक्ति। तैराक।

पैराना—[हि० 'पैरना' का प्रेरणा०] *क्रिस०* तैराना।

***पैरीं (पैरीं)**—[< हि० पैर] *स्त्री०* १. फ़सल के कटे हुए पौधे जिन्हें बैल आदि के पैरों से दौनी/दायँ कराके अनाज के दाने अलग किए जाते हैं। २. उक्त दौनी या दायँ। ३. जूता।

पैरोकार—[< हि० पैरवीकार] *पु०* पैरवी करनेवाला। पैरवीकार।

***पैला**[१]**/पैलो**[१]**/पैलौ**—[< हि० परला] *वि०* परला। दूसरा। *पु०* बहाना।

†पैला[२]**/पैलो**[२]—[< हि० पहला] *वि०* प्रथम। पहला।

†पैलौठी—*वि०* (स्त्री०) प्रथम सन्तान। पहलौठी।

पैवन्द—[फा०] *पु०* पैबन्द। (दे०) ✣ **पैवन्दी (पैवंदी)**—*वि०* = जिसमें पैबन्द लगा हो या लगाया गया हो।

पैशुन्य—[स० पिशुन + ष्यञ्] *पु०* पिशुनता। चुग़लख़ोरी।

***पैसना**—[< स० प्रविश्] *क्रिअ०* प्रवेश करना। घुसना। ✣ **पैसि**—*क्रिवि०* = घुसकर।

पैंकरा (पैंकरा), पैंखड़ा (पैंखड़ा)—दे॰ 'पैकरा' या 'पैखड़ा'।

पैंठ (पैंठ)—[< स॰ पण्यस्थान] *पु॰* १. हाट। बाज़ार। २. किसी स्थान पर सप्ताह के दिन विशेष पर लगनेवाला बाज़ार।

पैंड़ (पैंड़)—[< स॰ पाददण्ड, या < हि॰ पाँय] *पु॰* १. पग। क़दम। २. पथ। मार्ग। रास्ता। ३. घोड़े/गधे की टाँगों में घुटनों के काफ़ी नीचे बाँधी जाने वाली रस्सी जो उसे खुलकर पग रखने से रोकने के लिए होती है। ***वा॰* पैंड़ भरना**—क़दम बढ़ाना। डग भरना। चलना।

पैंड़ा[१] (पैंड़ा[१])—[< हि॰ पैंड़] *पु॰* १. पथ। मार्ग। रास्ता। २. मार्ग की दूरी (जो चलने के लिए हो या चली जा चुकी हो) (ग्वैंड़ौ = घर के आसपास की ज़मीन की सीमा)। ३. नियमित रूप से कहीं आना-जाना। ४. प्रथा या पद्धति। ***वा॰* (किसी का) पैंड़ा देखना**—रास्ता देखना। प्रतीक्षा करना। **पैंड़ा मारना**—बहुत दूर तक पैदल चलकर पहुँचना।

पैंड़ा[२] (पैंड़ा[२])—[< देशी शब्द 'पेंड'] *पु॰* गन्ने का प्रत्येक टुकड़ा जिसमें दो या अधिक गाँठें हों। गन्ने को ब्रजभाषा में **'गाँड़ा'** (< स॰ काण्ड) कहा जाता है। ✣ **पैंड़िया (पैंड़िया)**—*पु॰* = कोल्हू में पेरने के लिए गन्ने लगानेवाला व्यक्ति।

***पैंत[१] (पैंत[१])**—[< स॰ पणित] *स्त्री॰* १. दाँव में रखी गयी वस्तु। २. जुए का दाँव। ३. जुआ खेलने का पासा। ४. घात। दाँव। बाज़ी।

पैंत[२] (पैंत[२])—[< स॰ पादान्तर] *पु॰* पैरों की ओर का स्थान। पायँता।

पैंतरा (पैंतरा)—[< स॰ पादान्तर] *पु॰* १. कुश्ती में अथवा तलवार आदि चलाने में प्रतिद्वन्द्वी की पैर रखने की मुद्रा। ***जैसे***—ठीक पैंतरे में वार करना। २. चालाकी-वाली चाल। ३. धूल आदि पर बना पैर का निशान। ***वा॰* पैंतरा दिखाना**—नयी-नयी युक्ति या उपाय बताना। **पैंतरा बदलना**—१. नयी चाल चलना। २. नयी युक्ति देना या उपाय करना। ✣ **पैंतरेबाज़ (पैंतरेबाज़)**—*वि॰* = चालबाज़। ✣ **पैंतरेबाज़ी**—*स्त्री॰* = चालबाज़ी।

पैंती (पैंती)—[< स॰ पवित्र] *स्त्री॰* १. (श्राद्ध आदि के समय उँगली में पहना जाने वाला) कुश का बना छल्ला। पवित्री। २. उक्त प्रकार का ताँबे का बना छल्ला।

पैंया (पैंया)—[< हि॰ पाँय] *पु॰* १. चरण। पैर। पाँव। २. छोटा पैर। शिशु या बच्चे का पैर।

[१]पोकल—[देशज] *वि॰* १. पिलपिला। २. खोखला। ३. कोमल। ४. दुर्बल। ५.सारहीन। निःसार। व्यर्थ।

***पोख**—[< स॰ पोषण] *पु॰* १. पोषण। पालन। २. (पालन-पोषण आदि से उत्पन्न) ममता। स्नेह। *वि॰* पोषित।

***पोखना**—[< स॰ पोषण] *क्रिस॰* पोषण करना। पुष्ट करना। पालना। पोसना। ✣ **पोखि**—*क्रिवि॰* = पोषण करके। पुष्ट करके।

पोखर/पोखरा—[< स॰ पुष्कर] *पु॰* १. छोटा तालाब। २. बड़ा गड्ढा जिसमें वर्षा का जल जमा हो जाता है।

***पोखि**—दे॰ पोखना।

पोगण्ड (पोगंड)—[स॰ √पू + विच् + गण्ड] *वि॰* ५ से १० वर्ष तक की अवस्था का। *पु॰* ५ से १० वर्ष तक की उम्र का बालक।

पोच—[फ़ा॰] *वि॰* १. अधम। नीच। निष्कृष्ट। बुरा। २. व्यर्थ। निरर्थक। ३. निकम्मा। ४. दुर्बल। कमज़ोर। ✣ ***पोचना**—*क्रिस॰* = त्रस्त करना। ✣ **पोची**—*वि॰ (स्त्री॰)*। *स्त्री॰* = नीचता। क्षुद्रता।

पोट[१]—[< हि॰ पोटली] *स्त्री॰* १. पोटली। गठरी। २. राशि। ढेर। ३. पुस्तक की जिल्द का वह भाग जिसके अन्दर उसकी सिलाई रहती है।

पोट[२]—[< स॰ पोत (वस्त्र)] *स्त्री॰* शव के कफ़न के ऊपर की चादर या वस्त्र।

पोटना—[देशज] *क्रिस॰* १. समेटना। २. अपने हाथ में करना। ३. बहकाकर, लालच देकर या प्रार्थना आदि से अपने पक्ष में करना। पटाना। ***जैसे***—बच्चों को पोटना सरल होता है।

पोटा[१]—[< स॰ पुट] *पु॰* १. पेट की थैली। उदराशय। २. सामर्थ्य। शक्ति। ३. उत्साह या साहस। ४. नाक का मैल। ***जैसे***—पोटा बहना।

पोटा[२]—[स॰ √पुट् + अच् + टाप्] *स्त्री॰* १. दाढ़ी-मूँछ वाली स्त्री। पुरुष-चिह्नों वाली स्त्री। २. हिजड़ा स्त्री।

***पोटि**—[< हि॰ पोट] *स्त्री॰* पोटली। गठरी।

पोटिया—[< हि॰ पोट] *पु॰* बोझ ढोनेवाला मज़दूर।

पोढ़—[प्रा॰ < स॰ प्रौढ़] *वि॰* १. जिसकी युवावस्था आरम्भ हुए कुछ वर्ष बीत चुके हों। २. प्रौढ़ उम्र वाला। २. हृष्ट-पुष्ट। शक्तिशाली। ३. दृढ़। मज़बूत। ४. कठोर। ५. निश्चय का पक्का। ✣ **पोढ़ना**—*क्रिअ॰* = १. हृष्ट-पुष्ट या शक्तिशाली होना। २. दृढ़/मज़बूत होना। ३. निश्चित होना। पक्का होना। ४. पर्याप्त ऊँचे पद वाला होना। *क्रिस॰* १. पुष्ट करना। २. दृढ़ करना। ✣ **पोढ़ा**—*वि॰* = पोढ़। *स्त्री॰* = १. प्रौढ़ स्त्री। २. प्रौढ़ा नायिका।

***पोढ़ाना**—[< हि॰ पौढ़ाना] *क्रिस॰* लिटाना। सुलाना।

पोत[१]—[स॰ √पू + तन्] *पु॰* १. पशु या पक्षी का बच्चा। ***जैसे***—कपोत के पोत। २. दस वर्ष की उम्र वाला हाथी। ३. नाव या जहाज़। ***जैसे***—जल-पोत। ४. बिना झिल्ली चढ़ा गर्भस्थ पिंड/भ्रूण। ५. पहनने का वस्त्र। परिधान। पोशाक। ६. कपड़े की बुनाई/बुनावट।

पोत[२]—[< स॰ प्रवृत्ति] *पु॰* १. प्रवृत्ति। प्रकृति। स्वभाव। २. रीति। ढंग। तरीक़ा। ३. अवसर। *स्त्री॰* (काम करने की) बारी। दाँव। ***जैसे***—अबकी पोत।

पोत[३]—[< स॰ प्रोत] *स्त्री॰* १. माला की गुरिया/दाना। मनका। २. काँच के छोटे-छोटे मोती जो माला में पिरोए जाते हैं। *वि॰* पिरोया हुआ।

पोत[४]—[< फ़ा॰ पोतः] *पु॰* (भूमि का) लगान।

पोत[५]—[< हि॰ पोतना] *स्त्री॰* पुताई।

पोतड़ा—[< प्रा॰ पोत्त < स॰ पोत] *पु॰* शिशुओं की कमर के नीचे बिछाया जाने वाला कपड़ा (जिससे शिशु का मल-मूत्र बिस्तर को गन्दा न करे)। ***वा॰* पोतड़ों का अमीर**—धनी घर में उत्पन्न। ख़ानदानी अमीर। ✣ **पोतड़े**—*पु॰* (बहुवचन) = (शिशु के) मल-मूत्र के कपड़े।

पोतदार—[< हि॰ पोत] *पु॰* १. भूमि का लगान जमा करके रखनेवाला मध्यकालीन सरकारी अधिकारी। २. कोषाध्यक्ष। ख़ज़ानची। ३. राजकोषागार में रुपये आदि परखने तथा थैलियों में रखनेवाला अधिकारी।

पोतधारी—[स॰ पोत ~ धारी (धारिन्)] *पु॰* नौका या जहाज़ का स्वामी।

पोतनीस—[< स॰ पोत] *पु॰* जहाज़ का लेखापाल और रसद-अधिकारी।

पोत परिवहन—[स॰ पोत ~ परिवहन] *पु॰* १. जहाज़ से माल भेजना। जहाज़ पर माल लादना। लदान। २. सभी प्रकार के जलयान जो सवारी या सामान ले जाने में प्रयुक्त हों।

पोतभरण—[स॰ पोत ~ भरण] *पु॰* जहाज पर माल की लदान। लदाई। ***जैसे***—पोतभरण का पत्तन।

पोतवाह—[स॰ पोत ~ वाह] *पु॰* १. माँझी। मल्लाह। २. पोत का चालक। जलयान-चालक।

पोता—[< फा॰ पोतः] (भूमि का) लगान। पोत।

पोतान्तरण—[स॰ पोत ~ अन्तरण] *पु॰* एक जहाज़ से दूसरे जहाज़ पर सवार होना या माल लादना। जहाज़ बदलना।

पोतारोहण—[स॰ पोत + आरोहण] *पु॰* नाव/जहाज़ पर सवार होने की क्रिया/भाव। ***जैसे***—पोतारोहण पत्तन।

पोताश्रय—[स॰ पोत + आश्रय] *पु॰* बन्दरगाह में जहाज़ के रुकने/ठहरने का स्थान। (अ॰ हार्बर)

***पोति**—[< हि॰ पोत] *स्त्री॰* काँच के छोटे-छोटे मोती जिन्हें आभूषणों में पिरोया जाता है। पोत।

पोतिका—[< स॰ पूर्तिका, पृषो॰] *स्त्री॰* १. पोई की लता। २. वस्त्र। कपड़ा।

पोतिया—[< प्रा॰ पोत्तिआ < स॰ पोतिका] *पु॰* १. तम्बाकू, चूना आदि रखने का बटुआ या छोटी थैली। २. साधुओं का कमर में बाँधकर पहनने का वस्त्र विशेष।

पोती—[< प्रा॰ पोत्तिआ < स॰ पौत्रिका] *स्त्री॰* पुत्र की पुत्री। पौत्री।

पोथा—[< हि॰ पोथी] *पु॰* १. धार्मिक या बड़ी पुस्तक। २. (व्यंग्य में) काग़ज़ों आदि की बड़ी गड्डी या भारी पुस्तक। ***जैसे***—अपने पोथे अपने ही पास रखो।

पोथी—[प्रा॰ पोत्थिया < स॰ पुस्तिका] *स्त्री॰* १. धार्मिक पुस्तक। ***जैसे***—भागवत की पोथी का पाठ करना। २. पुस्तक।

पोदना—[देशज] *पु॰* १. बहुत छोटे क़द का मनुष्य। ***जैसे***—पोदना-सा तो है परन्तु ऐंठ बहुत दिखाता है। २. भूत। प्रेत।

***पोदा**—[< हि॰ पौदर] *पु॰* पगडंडी।

पोद्दार—[< हि॰ पोतदार] *पु॰* १. पोतदार। (दे॰) २. मारवाड़ी वैश्यों का एक कुल-नाम।

***पोन**—*पु॰ ≤ स॰* पवन। वायु। हवा।

पोना—[< प्रा॰ पोअण < स॰ प्रवयन/प्रोतन] *क्रिस॰* १. पिरोना। २. गूँथना। ३. तवे पर डालने के लिए गूँदे हुए आटे से रोटी तैयार करना।

पोमचा—[< स॰ पद्म] *पु॰* ऐसा छपा/बुना/रँगा हुआ कपड़ा जिसके चारों कोनों पर और मध्य में कमल की आकृति या कोई अन्य बेल आदि समान रूप से बनी हो।

***पोयण**—[< स॰ पद्म] *पु॰* पद्म। कमल।

पोर—[< स॰ पर्व (पर्वन्)] *पु॰* १. उँगली या अँगूठे की गाँठ/जोड़। २. उक्त दो गाँठों/जोड़ों के बीच का भाग। ३. बाँस/गन्ना की दो गाँठों/जोड़ों के बीच का भाग। ***जैसे***—इस गन्ने में ८ पोर हैं। ४. (शरीर का) पृष्ठ। रीढ़ या पीठ। ५. पैर की उँगली का एक आभूषण। ६. उँगली का अगला भाग या सिरा। ***जैसे***—मुझे पोर से भी मत छूना।

***पोरि**—[< हि॰ पौरी] *पु॰* द्वार। दरवाज़ा।

पोरिया—[< हि॰ पोर] *स्त्री॰* पैर की उँगली में पहनने का एक आभूषण जो पहले प्रचलित था। पोर। पोरी। पोरुआ। पोलिया।

पोरियाँ—[< हि॰ पोर] *स्त्री॰* (बहु॰) एक प्रकार की आतिशबाज़ी में (ज़िसमें गोल पहिए जैसे घेरे के घूमने से चारों और फूल झड़ते हैं) प्रयुक्त बारूद से भरी बाँस की नलियाँ जो घेरे से लगाकर बाँधी जाती हैं।

पोरी[1]—[देशज] *स्त्री॰* एक प्रकार की कड़ी मिट्टी।

पोरी[2]—[देशज] *स्त्री॰* एक प्रकार की रोटी।

***पोरी**[3]—*स्त्री॰ ≤ हि॰* पौरी। द्वार।

पोर्च/पोर्टिको—[अ॰] *स्त्री॰* स्तम्भों पर खड़ी छत जो मकान के प्रवेश-द्वार तक जाती है और प्रायः ड्योढ़ी का काम देती है।

पोर्टर—[अ॰] *पु॰* १. सामान उठानेवाला मज़दूर। कुली। ***जैसे***—जहाज़ का पोर्टर।

पोल[1]—[< हि॰ पोला] *स्त्री॰* पोला होने की अवस्था/भाव। पोलापन। खोखलापन। २. किसी वस्तु के अन्दर का पोला/ख़ाली स्थान। ***जैसे***—बाँस के अन्दर पोल है। ३. वृक्ष के तने में बड़ा छेद। खोखल। ४. (लाक्षणिक) ऊपर से देखने में प्रभावी स्थिति जो वास्तव में सारहीन या खोखली हो। ***वा॰* (किसी की) पोल खुलना**—छिपा हुआ दोष या स्थिति का खोखलापन प्रकट होना।

पोल[2]—[< स॰ प्रतोली] *पु॰* १. नगर का प्रमुख प्रवेश-द्वार। २. बड़ा द्वार। फाटक। ३. फाटक के पास का स्थान। ४. घर का आँगन।

पोल[3]—[अ॰] *पु॰* १. स्तम्भ। खम्भा। २. लम्बा बाँस या डंडा। ३. साढ़े पाँच गज़ लम्बाई की इकाई। ४. ध्रुव। ***जैसे***—उत्तरी पोल।

पोलङ्गा (पोलंगा)/पोला—[< हि॰ पोल] *पु॰* एक घास जो प्रायः गेहूँ और जौ के खेतों में उग आती है, लगभग ३५ से॰मी॰ ऊँची होती है और इसमें सफेद फूल आता है। पोला।

पोला[1]—[< स॰ √पुल्] *वि॰* १. जो अन्दर से ख़ाली हो। खोखला। ***जैसे***—पोला डंडा। २. जो कड़ा या ठोस न हो। ३. जिसमें सार न हो। निस्सार। थोथा। ∇ **विलोम**—ठोस। ✣ **पोली**—*वि॰ (स्त्री॰)*। ***जैसे***—पोली ज़मीन।

पोला[2]—[देशज] *पु॰* १. एक प्रकार का छोटा वृक्ष जिसकी लकड़ी कोमल होती है और जिसकी छाल से रस्सी बनती है। २. 'पोलंगा' नामक घास। (दे॰ पोलंगा)

***पोलाद**—[फा॰] *पु॰* फ़ौलाद। (अ॰ स्टील)

पोलारी—[< हि॰ पोल] *स्त्री॰* सुनार का एक छोटा उपकरण जो छेनी जैसा होता है।

पोलिया—[< हि॰ पोल] *स्त्री॰* पैरों में पहनने का एक आभूषण। पोरिया।

पोलिँग (पोलिंग)—[अ॰] *पु॰* मतदान।

पोशीदगी—[फा॰] *स्त्री॰* छिपाव।

पोशीदा—[< फा॰ पोशीद:] *वि॰* १. छिपाया/छिपा हुआ। २. ढँका हुआ। ३. गुप्त।

पोष—[स॰ √पुष् + घञ्] *पु॰* १. पोसने की क्रिया/भाव। पोषण। पालन-पोषण। २. तुष्टि। तृप्ति।

पोषण—[स॰ √पुष् + ल्युट्] *पु॰* १. पोसने की क्रिया/भाव। पालने, खिलाने-पिलाने, बढ़ाने और देखभाल करने की क्रिया। २. पालन। ३. बढ़ाने और पुष्ट करने की क्रिया। वर्धन। ४. सहायता देना। ५. किसी काम/बात/मत का समर्थन/पुष्टि। [प्राणि॰] (जीवों द्वारा) भोजन को खाने, पचाने तथा उसके स्वांगीकरण की प्रक्रिया। (अ॰ न्यूट्रिशन) ✣ **पोषणिकी**—*स्त्री॰* = पोषक भोजन से सम्बन्धित अध्ययन। पोषण-विज्ञान।

पोषाहार—[स॰ पोष ~ आहार] *पु॰* पुष्टिकारक भोजन। ***जैसे***—पोषाहार के विशेषज्ञ ने फल खाने का परामर्श दिया।

पोषी—[स॰ पोषिन्] *वि॰* पोषण करनेवाला। पोषक।

पोष्य—[स॰ √पुष् + ण्यत्] *वि॰* १. जिसका पालन-पोषण करना आवश्यक/उचित हो। पोषण किए जाने के योग्य। पालने योग्य। २. जिसका पालन-पोषण किया जाने वाला हो। ३. गोद लिया हुआ या पाला हुआ।

पोस—[< हि॰ पोसना, या < स॰ पोष] *पु॰* १. पोसने या पालने-पोसने की क्रिया/भाव। पोषण। पालन-पोषण। २. तुष्टि। तृप्ति। *क्रिवि॰* पालन-पोषण करके। ***जैसे***—पाल-पोसकर बड़े किए गए बच्चे।

†**पोहना**—[< स॰ प्रोत] *क्रिस॰* १. पिरोना। पोना। ***जैसे***—सुई में धागा पोहना। २. किसी वस्तु में आर-पार छेद करना ताकि कुछ पिरोया जा सके। ३. पोतना। ४. घिसना। रगड़ना। *वि॰* पिरोनेवाला।

***पोहमी**—[< हि॰ पुहुमी] *स्त्री॰* पृथ्वी। भूमि।

†**पोहा**[१]—[< स॰ पशु] *पु॰* पशु। चौपाया। ढेर।

पोहा[२]—[देशज] *पु॰* चिउड़ा से बना एक नमकीन व्यंजन।

†**पोहार**—[< हि॰ पोहा] १. पशुओं के चरने का स्थान। २. पशुओं के खाने का चारा। चरी।

†**पोहिया**—[< हि॰ पोहा] *पु॰* पशु चरानेवाला। चरवाहा।

***पौँगरा (पोंगरा)**—[< हि॰ पोंगा] *वि॰* १. मूर्ख। २. बालक। बच्चा।

पौँगल (पोंगल)—[तमिल] तमिलनाडु का एक प्रमुख उत्सव जो मकर संक्रान्ति के दिन मनाया जाता है।

पौँगली (पोंगली)—[< हि॰ पोंगा] *स्त्री॰* १. बाँस के टुकड़े का बीच का खोखला भाग। २. छोटी खोखली नली। ३. दोनों ओर से खुला मोज़ा।

पौँगा[१] **(पोंगा**[१] **)**—[< स॰ पुटक (= छिछला बर्तन)] *पु॰* बाँस के टुकड़े का बीच का खोखला भाग। बाँस की नली। *वि॰* १. खोखला। पोला।

पौँगा[२] **(पोंगा**[२] **)**—[< स॰ पुङ्गव] *वि॰* अति मूर्ख (व्यक्ति)। वज्रमूर्ख। ✣ **पौँगापन्थी(पोंगापंथी)**—*वि॰* = अति मूर्ख (व्यक्ति)। वज्रमूर्ख। *स्त्री॰* = १. मूर्खतापूर्ण काम। २. रूढ़िवादिता।

पौँगी (पोंगी)—[< हि॰ पोंगा < स॰ पुटक] *स्त्री॰* १. बाँस के टुकड़े के बीच का खोखला भाग। बाँस की नली। २. छोटी खोखली नली। ***जैसे***—पंखे में लगी पोंगी।

†**पौँद (पोंद)**—[देशज] *स्त्री॰* १. मल-त्याग करने का अंग। गुदा। २. नितम्ब।

पौँपी (पोंपी)—[अनु॰] *स्त्री॰* १. छोटी, खोखली और गोल नली। २. उक्त आकार का कोई बाजा जिससे पों-पों आवाज़ निकलती हो।

पौ[१]—[< प्रा॰ पाउअ (दिन) या पायं (प्रभात)] *पु॰* सूर्योदय से पहले दिखनेवाला मन्द प्रकाश। ***वा॰* पौ फटना**—उष:काल होना।

पौ[२]—[< स॰ पाद] *पु॰* १. पैर। २. मूल। जड़। ३. पाँसे का एक बिन्दी वाला तल। ४. कौड़ियों के खेल में फेंकी गयी कौड़ियों में से एक ही खुली होने की स्थिति। ***वा॰* पौ बारह पड़ना**—१. पाँसे के खेल में जीत का दाँव पड़ना। २. लाभ का अवसर मिलना। **पौ बारह होना**—१. जीत होना। २. लाभ ही लाभ होना।

पौ[३]—[< स॰ पय:, या < प्रपा] *स्त्री॰* गर्मी की ऋतु में राह चलते लोगों को ठंडा पानी पिलाने का स्थान। प्याऊ।

पौगण्ड (पौगंड)—[< स॰ पोगण्ड + अण्] *पु॰* पाँचवे वर्ष से दस वर्ष तक की अवस्था का बालक। *वि॰* १. ५ से १० वर्ष तक की अवस्था। २. बालकों जैसा। बालोचित।

पौटिया—[देशज] *पु॰* सोने-चाँदी के तार बनाने का काम करनेवाली एक उपजाति।

पौढ़ना[१]—[< प्रा॰ पवड्ढ] *क्रिअ॰* विश्राम के लिए या सोने के लिए लेटना।

पौढ़ना[२]—[< स॰ प्लवन] *क्रिअ॰* १. आगे-पीछे हिलना। २. झूलना।

***पौढ़ाना**[१]—[< हि॰ पौढ़ना[१]] *क्रिस॰* शयन कराना। सुलाना या लिटाना।

पौढ़ाना[२]—[< हि॰ पौढ़ना[२]] *क्रिस॰* आगे-पीछे हिलाना। झुलाना।

पौण्ड्र(पौंड्र)—[स॰ पुण्ड्र + अण्] *वि॰* पुण्ड्र देश का। *पु॰* १. पौण्ड्र देश। २. पौण्ड्र देश का निवासी या राजा। ३. माथे का तिलक। ४. (पांडव) भीम का शंख।

पौत्तलिक—[स॰ पुत्तलिका + अण्] *वि॰* १. पुतली/कठपुतली का। ***जैसे***—पौत्तलिक अभिनय। २. मूर्तिपूजक (व्यक्ति)। ✣ **पौत्तलिक उपासना**—*पु॰* = किसी मूर्ति या स्थूल वस्तु की यह समझकर उपासना करनेवाला कि देवता या परमात्मा उस वस्तु में रहता है।

पौत्र—[स॰ पुत्र + अण्] *वि॰* १. पुत्र-सम्बन्धी। पुत्र का। २. पुत्र से उत्पन्न। *पु॰* पुत्र का पुत्र। पोता।

पौत्रिक—[स० पुत्र + ठक्] *वि०* १. पुत्र-सम्बन्धी। २. पौत्र-सम्बन्धी।

पौत्री—[स० पौत्र + ङीप्] *स्त्री०* पुत्र की पुत्री। पोती।

पौद—[< हि० पौध] *स्त्री०* १. नया निकला छोटा वृक्ष। वृक्ष का आरम्भिक रूप। २. कुछ वृक्षों का आरम्भिक रूप जो उखाड़कर किसी अन्य स्थान पर लगाया जाता है। पौधा। ३. उपज। पैदावार। ४. सन्तान या नयी पीढ़ी। ✣ **पौदघर**—*पु०* = छोटे-छोटे पौधे लगाने और बेचने का स्थान। (अ० नर्सरि)

†**पौदर**—[< हि० पाँव + धरना] *स्त्री०* चलने से भूमि पर बना पैर का चिह्न। चरण-चिह्न। २. पैदल चलने का मार्ग। ३. पगडंडी। ४. कोल्हू आदि में लगे बैलों का आने-जाने का मार्ग।

पौन:पुनिक—[स० पुन: पुन: + ठञ्] *वि०* पुन: पुन: होनेवाला। फिर-फिर या बार-बार होनेवाला।

पौन: पुन्य—[स० पुन: पुन: + ष्यञ्] *पु०* पुन: पुन: होने की अवस्था/भाव। बार-बार होना।

***पौन पुरुष**—[< स० पवन + पुरुष] *पु०* पवन पुरुष। प्राण-तत्त्व।

पौना[1]—[< स० पाद-ऊन] *पु०* पौन का पहाड़ा (पौन एकम पौन, पौन दूने डेढ़, पौन तिया सवा दो…)। *वि०* जो पूरा एक न होकर, चौथाई कम हो। तीन चौथाई। पौन। ***जैसे***—पौना गिलास दूध दिया।

***पौना**[2]—*क्रिस०* ≤ पोना। पिरोना। गूँथना।

पौना[3]—[देशज] *स्त्री०* (हलवाइयों के द्वारा प्रयुक्त) छेदोंवाली कलछी।

पौनार[1]—[< स० पद्मनाल] *पु०* कमल के फूल की नाल। कमल का डंठल। मृणाल। ✣ **पौनारी**[1]—*स्त्री०* = मृणाल।

***पौनारी**[2]—[< हि० पनाली] *स्त्री०* पानी की नाली। पनाली।

पौनिया—[< हि० पौन] *पु०* एक प्रकार का अत्यन्त पतला विषैला नाग जो पौन हाथ लम्बा होता है, रंग पीला होता है और फन के आगे का भाग कुछ लाल होता है।

पौनी[1]—[< हि० पूनी] *स्त्री०* रुई की बत्ती जिसे कात कर धागा निकाला जाता है।

पौनी[2]—[< हि० पौना < स० पाद-ऊन] *वि० (स्त्री०)* जो पूरे की तीन-चौथाई हो। पौन। ***जैसे***—कटोरी को पौनी भरकर देना।

पौनी[3]—[< हि० पौना] *स्त्री०* (हलवाइयों द्वारा प्रयुक्त) छेदोंवाली छोटी कलछी। छोटा पौना।

पौनी[4]—[< हि० पावनी (पाना)] *पु०* मांगलिक अवसरों पर नेग दिए जाने योग्य लोग (कुम्हार, नाई आदि)।

पौर[1]—[स० पुर + अण्] *वि०* १. नगर-सम्बन्धी। नगर का। २. नगर में उत्पन्न। *पु०* नगर-निवासी। नागरिक। पुरवासी।

पौर[2]—[< हि० पौरि] *पु०* १. ड्योढ़ी। २. द्वार। दरवाज़ा।

पौरजानपद—[स० पौर ~ जानपद] *वि०* नगर और जनपद से सम्बन्धित। *पु०* नगर और जनपद के निवासी। नागरिक और जनपद के ग्रामीण।

पौरमुख्य—[स० पौर ~ मुख्य] *पु०* नगर-निगम का विशिष्ट सदस्य। (अ० आल्डरमैन)

पौरव—[स० पुरु + अण्] *वि०* १. पुरु-सम्बन्धी। पुरु का। २. पुरु के वंश में उत्पन्न। *पु०* पुरु का वंशज। ✣ पौरवी—*वि० (स्त्री०)*, स्त्री०।

पौरवृद्ध (पौरवृद्ध)—[स० पौर ~ वृद्ध] *पु०* १. पुर/नगर का प्रमुख नागरिक। २. महापौर।

पौरस्त्य—[स० पुरस् + त्यक्] *वि०* १. पूर्व दिशा का। प्राच्य। पूर्वी। २. प्रथम। आद्य। ३. सबसे आगे का।

†**पौरा**[1]—[< हि० पौर] *पु०* द्वार के समीप का कमरा/कोठा।

†**पौरा**[2]—[< हि० पैर] *पु०* १. चरण। पैर। २. आगमन। ***जैसे***—नयी बहू का पौरा शुभ रहा।

पौरातनिक—[स० पुरातन + ठक्] *वि०* १. प्राचीन। पुराना। २. रूढ़िवादी। ३. पुरातत्त्व-सम्बन्धी। ४. पुराने विचारों और परम्पराओं से सम्बन्धित। ***जैसे***—पौरातनिक मूल्य। *पु०* पुराने विचारों और परम्पराओं को माननेवाला व्यक्ति।

पौरिक—[स० पुर् + ठक्] *पु०* पुर/नगर में रहनेवाला व्यक्ति। नागरिक। २. (प्राचीन भारत में) पुर/नगर का प्रमुख शासकीय अधिकारी।

***पौरि**—[< हि० पौरी] *स्त्री०* १. (घर की) ड्योढ़ी। दहलीज़। पौरी। २. घर का द्वार। दरवाज़ा।

***पौरि-पाट**—[हि०] *पु०* द्वार का फाटक।

***पौरिया**—[< हि० पौरी] *पु०* १. द्वारपाल। ड्योढ़ीदार। २. संरक्षक।

पौरी—[< स० प्रतोली] *स्त्री०* मकान के मुख्य द्वार से लगा घर का वह भाग जिसमें से होकर अन्दर जाते है। ड्योढ़ी।

पौरुषी—[स० पौरुष + ङीप्] *स्त्री०* नारी। स्त्री।

पौरुषेय—[स० पुरुष + ढञ्] *वि०* १. पुरुष-सम्बन्धी। पुरुष का। २. पुरुष का किया/बनाया हुआ। पुरुषकृत। ३. आध्यात्मिक। *पु०* १. पुरुष का कर्म। मानव-कर्म। २. मनुष्य-समूह।

पौरोहित्य—[स० पुरोहित + ष्यञ्] *पु०* १. पुरोहित होने की अवस्था/भाव। पुरोहितपन। २. पुरोहित का कर्म/वृत्ति। पुरोहिताई।

पौर्णमास—[स० पूर्णमासी + अण्] *वि०* पूर्णिमा-सम्बन्धी। *पु०* पूर्णिमा के दिन किया जाने वाला एक वैदिक यज्ञ।

पौर्णमासिक—[स० पूर्णमास + ठञ्] *वि०* १. पूर्णिमा-सम्बन्धी। २. पूर्णिमा के दिन होनेवाला।

पौर्णमासी—[स० पौर्णमास + ङीप्] *स्त्री०* पूर्णिमा।

पौर्वपदिक—[स० पूर्वपद + ठञ्] *वि०* १. पूर्वपद-सम्बन्धी। २. जो समास के पूर्वपद से सम्बद्ध हो।

पौर्वात्य—[< स० पूर्व] *वि०* पूर्व दिशा का। पूर्वी। पौरस्त्य। प्राच्य। ∇ **विलोम**—पाश्चात्य।

पौर्वापर्य—[स० पूर्वापर + ष्यञ्] *पु०* १. आगे और पीछे का सम्बन्ध। पूर्वापर क्रम। २. अनुक्रम। सिलसिला। ३. आगे-पीछे होने की अवस्था/भाव। पूर्वापरता।

पौर्विक—[स० पूर्व + ठञ्] *वि०* १. पूर्व का। पहले का। २. प्राचीन। पुराना। ३. पैतृक। ४. जो पहले किया जाने वाला हो।

पौलस्त्य—[स० पुलस्त्य + अण्] *वि०* १. पुलस्त्य-सम्बन्धी। पुलस्त्य

का। २. पुलस्त्य के वंश में उत्पन्न। *पु॰* १. पुलस्त्य का पुत्र या वंशज। रावण/कुम्भकर्ण/विभीषण तथा रावण के पुत्र-पौत्र इत्यादि। २. कुबेर। ३. चन्द्रमा।

पौला—[< हि॰ पाँव] *पु॰* १. ऐसी खड़ाऊँ जिसमें खूँटी की जगह छेद में बँधी रस्सी लगी रहती हो।

पौर्वात्य—[< स॰ पूर्व] *वि॰* पूर्व दिशा का। पूर्वी। पौरस्त्य। प्राच्य। ∇ **विलोम**—पाश्चात्य।

पौली[1]—[< स॰ प्रतोली] *स्त्री॰* ड्योढ़ी। पौरी।

पौली[2]—[< हि॰ पाँव] *स्त्री॰* १. पैर का तलवा। २. (चलने से भूमि पर बननेवाला) पैर का निशान। पदचिह्न।

पौलोमी—[स॰ पौलोम + ङीप्] *स्त्री॰* १. (इन्द्र की पत्नी) शची। इन्द्राणी। २. भृगु ऋषि की पत्नी।

पौष—[स॰ पौषी + अण्] *पु॰* चैत्र से आरम्भ चान्द्र वर्ष का दसवाँ मास। पूस का महीना।

पौषी—[स॰ पौष + ङीप्] *स्त्री॰* पौष मास की पूर्णिमा। पुष्य नक्षत्र से युक्त पूर्णिमा।

पौष्टिक—[स॰ पुष्टि + ठञ्] *वि॰* पुष्टि देनेवाला। पुष्ट बनानेवाला। पुष्टिकारक।

पौहारी—[< स॰ पयोहारी] *वि॰, पु॰* जो केवल दूध पीकर रहता है, अन्य कुछ (अन्न आदि) नहीं खाता।

पौंचा (पौंचा)—[< हि॰ पाँच] *पु॰* १. साढ़े पाँच का पहाड़ा। *वि॰* साढ़े पाँच गुना।

पौंद (पौंद)—[< हि॰ पोंद] *स्त्री॰* पोंद। गुदा या नितम्ब।

प्यादा—[फा॰ पयाद:] *वि॰* जो किसी वाहन पर न हो, पैदल चल रहा हो। *पु॰* १. पैदल चलनेवाला व्यक्ति। २. सेना का पैदल सिपाही। ३. दूत। ४. हरकारा। ५. शतरंज का एक मोहरा। पैदल।

***प्याना**—*क्रिस॰ ≤ हि॰* पिलाना। ⁘ **प्यावना**—*क्रिस॰ ≤ हि॰* प्याना। पिलाना।

†**प्यौ**—[< हि॰ पिय] *पु॰* १. प्रियतम। २. पति।

***प्यौर, प्यौरु**—[< हि॰ प्यौ < स॰ प्रिय] *पु॰* १. प्रियतम। २. पति।

***प्यौसार**—[ब्रज॰, < स॰ पितृशाला] *पु॰* पिता का घर। पितृगृह। पीहर।

प्रकट—[स॰ प्र √कट् + अच्] *वि॰* १. प्रत्यक्ष। स्पष्ट। ज़ाहिर। २. जिस पर आवरण न हो। जो छिपा न हो। खुला। ३. जो सहज रूप में देखा जा सके। ***जैसे***—प्रकट रूप में। ४. उद्भूत। प्रादुर्भूत। उत्पन्न। ***जैसे***—प्रकट लक्षण। *क्रिवि॰* १. प्रत्यक्ष रूप में। २. साफ़ तरह से। स्पष्टत:। ∇ **विलोम**—अदृश्य/अन्तर्धान। ⁘ **प्रकटत:**—*क्रिवि॰* = साफ़ तरह से। स्पष्टत:।

प्रकथन—[स॰ प्र + कथन] *पु॰* विशेष रूप से कथन।

प्रकन्द (प्रकंद)—[स॰ प्र + कन्द] *पु॰* (पौधे का) भूमिगत तना।

प्रकम्प (प्रकंप)—[स॰ प्र + कम्प] *पु॰* १. बहुत काँपना। हिलना। २. अति कँपकँपी/थरथराहट।

प्रकम्पन (प्रकंपन)—[स॰ प्र + कम्पन] *वि॰* कँपाने-वाला या हिलानेवाला। *पु॰* १. पवन। हवा। २. आँधी। ३. प्रकम्प। (दे॰)

प्रकर—[स॰ प्र √कृ + अप्] *पु॰* १. समूह। २. राशि। ढेर।

प्रकरण—[स॰ प्र + करण] *पु॰* १. (लेख-चर्चा या वाद-विवाद का) विषय। प्रसंग। ***जैसे***—इसी प्रकरण पर उनमें झगड़ा हो गया। २. ग्रन्थ के या किसी अध्याय के विविध छोटे-छोटे भागों में से प्रत्येक। परिच्छेद। (नाट्य॰) रूपक के दस भेदों में से एक जिसमें कथावस्तु उत्पाद्य (लौकिक और कल्पित) होती है, प्रख्यात/प्रसिद्ध नहीं।

प्रकरी—[स॰ प्रकर + ङीप्] *स्त्री॰* (काव्य॰, नाट्य॰) प्रबन्धकाव्य या नाटक में छोटी प्रासंगिक कथा (या कथाएँ) जो बीच में मुख्य कथा की सहायता करके समाप्त हो जाती हैं।

प्रकर्ष—[स॰ प्र √कृष् + घञ्] *पु॰* १. उत्कर्ष। उत्तमता। २. बल। ३. अधिकता। ४. खींचने की क्रिया। ५. विस्तार। ६. विशेषता। (काव्य॰) घटनाओं, भावों आदि का पराकाष्ठा तक क्रमिक उत्थान।

प्रकर्षक—[स॰ प्र + कर्षक] *पु॰* १. प्रकर्ष करनेवाला। २. खींचनेवाला। ३. कामदेव।

प्रकर्षण—[स॰ प्र + कर्षण] *पु॰* १. प्रकर्ष। उत्कर्ष। २. अधिकता। ३. खींचने की क्रिया। ४. हल जोतने की क्रिया।

प्रकर्षणीय—[स॰ प्र + √कृष् + अनीयर्] *वि॰* जिसका प्रकर्ष/उत्कर्ष करना उचित हो।

प्रकर्षित—[स॰ प्र + कर्षित] *वि॰* १. खींचा हुआ। २. ताना हुआ।

प्रकल्पना—[स॰ प्र + कल्पना] *स्त्री॰* १. निश्चित/स्थिर करने की क्रिया/भाव। २. ऐसी बात जिसे मान लिया गया हो। अनुमान। उपधारणा। (विधि॰) प्रस्तुत विवादात्मक तथ्य/विषय/बात के सम्बन्ध में कोई निष्कर्ष या अनुमान जिसे किसी अन्य तथ्य से प्राप्त किया गया हो। जो न्यायिक रीति से 'सत्य' है यह ध्यान में आया हो या सिद्ध किया गया हो या स्वीकार कर लिया गया हो। (अ॰ प्रिज़म्पशन)

प्रकल्पित—[स॰ प्र + कल्पित] *वि॰* १. जिसकी प्रकल्पना की गयी हो। २. निश्चित/नियत किया हुआ। ३. ऐसी बात जिसे मान लिया गया हो। जिसकी उपधारणा की गयी हो।

प्रकाण्ड (प्रकांड)—[प्र + काण्ड] *पु॰* १. वृक्ष का तना। स्कन्ध। २. शाखा। डाली। ३. भुजा का ऊपरी भाग। *वि॰* १. बहुत बड़ा। विशाल। २. अति विस्तृत। ३. (अपने वर्ग/जाति में) सर्वश्रेष्ठ। उत्तम। ***जैसे***—धर्मशास्त्र का प्रकांड विद्वान्।

प्रकान्ति (प्रकांति)—[स॰ प्र + कान्ति] *स्त्री॰* उत्कृष्ट कान्ति। श्रेष्ठ चमक। आभा।

प्रकाम—[स॰ प्र + काम] *पु॰* १. अभिलाषा। कामना। इच्छा। २. तृप्ति। सन्तोष। *वि॰* १. यथेष्ट। पर्याप्त। काफ़ी। २. जिसमें काम-भावना की अधिकता हो। कामी।

प्रकार[1]—[स॰ प्र + √कृ + घञ्] *पु॰* १. भेद। क़िस्म। ***जैसे***—विविध प्रकार के लोग। २. भाँति। तरह। ***जैसे***—बहुत प्रकार से सेवा की। ३. रीति। ढंग। तरीक़ा। ***जैसे***—अच्छी प्रकार से वस्त्र पहनो। ४. सादृश्य। समानता। ५. उपाय।

***प्रकार**[२]—[< सं॰ प्राकार] *पु॰* १. किसी/स्थान भवन आदि के चारों ओर की दीवार। चारदीवारी। २. घेरा।

प्रकारान्तर (प्रकारांतर)—[सं॰ प्रकार ~ अन्तर] *पु॰* अन्य/दूसरा/भिन्न प्रकार। ***जैसे***—उन्होंने प्रकारान्तर से आपकी ही बात कही है।

प्रकार्य—[सं॰ प्र + कार्य] *पु॰* कार्य विशेष। ❖ **प्रकार्य-परिवर्तन**—*पु॰* = (भाषा॰) किसी भाषा की किसी कृति का अन्य किसी रूप विशेष में प्रस्तुत करना।

प्रकार्यात्मक—[सं॰ प्रकार्य ~ आत्मक] *वि॰* कार्य विशेष से सम्बन्धित। प्रकार्य-सम्बन्धी। ❖ **प्रकार्यात्मक अर्थ**—*पु॰* = व्याकरणिक इकाइयों के द्वारा प्रकट अर्थ। व्याकरणिक अर्थ। ❖ **प्रकार्यात्मक समूह**—*पु॰* = एक ही कार्य करनेवाले व्यक्तियों का समूह (जैसे—व्यापारियों का समूह, राजनीतिज्ञों का समूह।)।

प्रकाश-अपघटन—[सं॰] *पु॰* (रसायन॰) प्रकाश या पराबैंगनी विकिरण में रखने पर होनेवाली रासायनिक अभिक्रिया। प्रकाश के प्रभाव से किसी पदार्थ का अपघटन।

प्रकाशक—[सं॰ प्र √काश् + णिच् + ण्वुल्] *वि॰, पु॰* १. प्रकाश करनेवाला। २. चमकीला। ३. प्रकट करने-वाला। दिखलानेवाला। ३. व्यक्त करनेवाला। ४. व्याख्या करनेवाला। ५. पुस्तक/पत्र/पत्रिका आदि छपाकर प्रकाशित करनेवाला (व्यक्ति/संस्था)।

प्रकाशकीय—[सं॰ प्रकाशक] *वि॰* प्रकाशन-सम्बन्धी। *पु॰* पुस्तक के आरम्भ में दिया जाने वाला प्रकाशक का वक्तव्य।

प्रकाशन—[सं॰ प्र √काश् + णिच् + ल्यु/ल्युट्] *वि॰* १. प्रकट करनेवाला। २. प्रसिद्ध करनेवाला। *पु॰* १. प्रकाश करने की क्रिया/भाव। २. प्रकाश में लाने का काम। ३. पुस्तक/पत्र/पत्रिका/विज्ञापन आदि को छपवाकर वितरित करने आदि का कार्य। ४. पुस्तक/पत्र/पत्रिका आदि को छपवाकर बेचने का व्यवसाय। ५. उक्त व्यवसाय करनेवाली संस्था/संस्थान। ६. प्रकाशित की जाने वाली पुस्तक/पत्रिका आदि।

प्रकाश प्रभाववाद—[सं॰] *पु॰* (कला॰) प्रभाववाद। चित्रकला में प्रकाश के प्रभाव का प्रमुख रूप से चित्रण। प्रकाश के प्रभाव को चित्रित करने के प्रमुख उद्देश्य के प्रति समर्पण की वृत्ति।

प्रकाशभीति—[सं॰ प्रकाश ~ भीति] *स्त्री॰* (मनो॰) प्रकाश से डर लगने का मानसिक रोग। (अं॰ फ़ोटोफ़ोबिया)

प्रकाशमिति—[सं॰ प्रकाश ~ मिति] *स्त्री॰* (भौतिकी॰) प्रकाश को मापने का विज्ञान।

प्रकाशवर्ष—[सं॰ प्रकाश ~ वर्ष] (खगोल॰, भौतिकी॰) प्रकाश द्वारा एक वर्ष में चली जानेवाली दूरी जो ९.४६१×१०^{१२} किलोमीटर होती है।

प्रकाश-विद्युत् प्रभाव—[सं॰] *पु॰* (भौतिकी॰) किसी धातु आदि पर दृश्य, अवरक्त (अं॰ इन्फ्रा-रेड) या पराबैंगनी (अं॰ अल्ट्रा-वाइलेट) प्रकाश पड़ने पर इलेक्ट्रानों का उत्सर्जन। प्रकाश द्वारा उत्पन्न वैद्युत प्रभाव।

प्रकाशसंवेदी—[सं॰ प्रकाश ~ संवेदी (संवेदिन्)] *वि॰* जो प्रकाश से विशेष रूप से प्रभावित होता हो। (अं॰ फ़ोटो-सेन्सिटिव)

प्रकाशसंश्लेषण—[सं॰ प्रकाश ~ संश्लेषण] *पु॰* (रसायन॰) प्रकाश द्वारा हुआ संश्लेषण। (अं॰ फ़ोटो-सिन्थिसिस)

प्रकाशस्तम्भ (प्रकाशस्तंभ)—[सं॰ प्रकाश ~ स्तम्भ] *पु॰* १. समुद्र के बीचों बीच या हवाई अड्डे पर बनाया गया ऊँचा स्तम्भ/मीनार आदि जिससे रात्रि में चारों ओर तेज़ प्रकाश फेंका जाए। २. (लाक्षणिक) ऐसा व्यक्ति/संस्था/ग्रन्थ आदि जो जीवन का सही मार्ग भूले हुए लोगों को उत्तम जीवन का मार्ग दिखाए। ***जैसे***—वह राष्ट्रीय स्वयंसेवक संघ को अपना प्रकाशस्तम्भ मानता है।

प्रकाशात्मक—[सं॰ प्रकाश ~ आत्मक] *वि॰* प्रकाशमय। उज्ज्वल। चमकीला।

प्रकाशात्मा—[सं॰ प्रकाश ~ आत्मा (आत्मन्)] *वि॰* सतेज। प्रकाशमय। चमकीला। *पु॰* १. सूर्य। २. विष्णु। ३. शिव। महादेव।

प्रकाशिक—[< सं॰ प्रकाश] *वि॰* १. प्रकाश से होनेवाला। २. प्रकाश से सम्बन्धित। प्रकाश का।

प्रकाशिकी—[< सं॰ प्रकाश] *स्त्री॰* भौतिकी की वह शाखा जिसमें प्रकाश के गुणों और परिघटनाओं, उसकी उत्पत्ति, प्रभाव, देखने में उसकी उपयोगिता, उसके मापन इत्यादि का अध्ययन किया जाता है। (अं॰ आप्टिक्स)

प्रकाशी—[सं॰ प्रकाशिन्] *वि॰* १. प्रकाश-युक्त। चमकता हुआ। चमकीला। प्रकाशित। २. प्रकाश करनेवाला। प्रकाशकर्ता। ३. प्रकट करनेवाला। ***जैसे***—धर्म-प्रकाशी महात्मा।

प्रकाशीय—[< सं॰ प्रकाश] *वि॰* प्रकाश से सम्बन्धित। प्रकाश का।

प्रकाश्य—[सं॰ प्र + √काश् + यत्] *वि॰* १. प्रकाश में लाए जाने योग्य। प्रकाशित करने योग्य। २. प्रकाश में आने योग्य। ३. प्रकाशन के योग्य। ४. किसी अन्य के प्रकाश से प्रकाशित होनेवाला। प्रकाशित किया जाने वाला। *क्रिवि॰* प्रकट रूप में। स्पष्टतः। *पु॰* (नाट्य॰) नाटक में वह कथन जो उच्च स्वर में सबको सुनाते हुए कहा जाए।

प्रकिण्व—[सं॰ प्र + किण्व] *पु॰* ख़मीर उत्पन्न करनेवाला। रसायन। (जीव॰) जीवों के शरीर में रासायनिक प्रतिक्रियाओं के लिए सक्रिय विशेष कार्बनिक उत्प्रेरक जो प्रायः रंगहीन, गोलाकार प्रोटीन-रूप तथा जल या नमक के घोल में घुलनशील होते हैं। (अं॰ एन्ज़ाइम) ❖ **प्रकिण्वविज्ञान**—*पु॰* प्राणिविज्ञान की वह शाखा जिसमें प्रकिण्वों का अध्ययन किया जाता है। (अं॰ एन्ज़ाइमोलॉजि)

प्रकीर्ण—[सं॰ प्र + कीर्ण (√कृ + क्त) *वि॰* १. बिखरा हुआ। २. फैला हुआ। विस्तृत। ३. लहराता हुआ। ४. अस्त-व्यस्त। ५. असम्बद्ध। असंलग्न। ६. फुटकर। ७. परिशिष्ट। ८. अनेक प्रकार का। तरह-तरह का। ***जैसे***—अज्ञेय की प्रकीर्ण कृतियाँ। *पु॰* १. फुटकर वस्तुओं का संग्रह। २. विस्तार। ३. अनेक प्रकार की वस्तुओं का मिश्रण। ४. बिखराव। छितराव। ५. पुस्तक का वह परिच्छेद/प्रकरण/अध्याय जिसमें फुटकर सामग्री का संग्रह हो। ६. फुटकर कविताओं/रचनाओं का संग्रह।

प्रकीर्णक—[सं॰ प्रकीर्ण + कन्] *वि॰* १. बिखरा हुआ। २. फुटकर। *पु॰* १. फुटकर वस्तुओं का संग्रह। २. पुस्तक का अध्याय/परिच्छेद/प्रकरण जिसमें फुटकर सामग्री दी गयी हो। ३. वह पाप जिसका प्रायश्चित्त धर्मग्रन्थों में न वर्णित हो।

प्रकीर्णकेश—[सं॰ प्रकीर्ण ~ केश] *वि॰* जिसके बाल बिखरे हुए हों। ✣ **प्रकीर्णकेशी**—*वि॰ (स्त्री॰)*। *स्त्री॰* = काली (देवी)।

प्रकीर्णन—[सं॰ प्र + कीर्णन] *पु॰* बिखेरना। बिखराव। ***जैसे***—क्यारी में बीजों का प्रकीर्णन।

प्रकीर्ण लेखा—[सं॰ प्रकीर्ण + हि॰ लेखा] *पु॰* फुटकर मदों के आय तथा व्यय का हिसाब। (अं॰ मिसेलेनियस अकाउंट)

प्रकीर्णित—[सं॰ प्र + कीर्णित] *वि॰* १. जिसका प्रकीर्णन हुआ हो। २. जिसे पीसा गया हो। जिसे चूर-चूर कर दिया गया हो। पिष्ट। चूर्णीकृत। ३. विनष्ट। ध्वस्त।

प्रकीर्तन—[सं॰ प्र + कीर्तन] *पु॰* १. जोर-जोर से कीर्तन करना। २. प्रशंसा।

प्रकीर्ति—[सं॰ प्र + कीर्ति] *स्त्री॰* १. प्रशंसा। २.. प्रसिद्धि। ख्याति। ✣ **प्रकीर्तित**—*वि॰* = १. प्रशंसित। २. जो प्रसिद्ध किया गया हो।

प्रकुपित—[सं॰ प्र + कुपित] *वि॰* १. अति क्रुद्ध। २. जिसका प्रकोप बहुत बढ़ाया गया हो। उत्तेजित।

प्रकृत—[सं॰ प्र + कृत] *वि॰* १. जो प्रकृति द्वारा उत्पन्न या रचित हो। प्रकृतिजन्य। प्राकृतिक। ***जैसे***—प्रकृत अनाज। २. जो कृत्रिम/बनावटी या विकृत न हो। ३. जो स्वभाव पर आधारित हो या स्वभाव से सम्बन्धित हो। स्वभावगत। स्वाभाविक। ***जैसे***—प्रकृत शक्ति; प्रकृत कोमलता। ४. जो अपनी यथार्थ/सामान्य स्थिति में हो। सहज। सामान्य। साधारण। ***जैसे***—शरीर का प्रकृत ताप। ५. जिसका प्रसंग छिड़ा हुआ हो। जिसका प्रसंग चल रहा हो। प्रकरणप्राप्त। ६. जो प्रस्तुत प्रसंग/विषय के विचार से उपयुक्त/आवश्यक/वांछनीय हो। संगत। ***जैसे***—यहाँ इतना वर्णन ही प्रकृत है। *पु॰* १. वास्तविक विषय। २. प्रस्तुत विषय। ∇ **विलोम**—अप्रकृत/विकृत/संस्कृत।

प्रकृतार्थ—[सं॰ प्रकृत ~ अर्थ] *वि॰* यथार्थ/वास्तविक भाव बतानेवाला। *पु॰* यथार्थ/वास्तविक भाव।

प्रकृति—[सं॰ प्र + कृति] *स्त्री॰* १. भौतिक जगत् का कारणरूप मूल तत्त्व। निसर्ग। क़ुदरत। ***जैसे***—सृष्टि की विविधता प्रकृति की देन है। २. भौतिक जगत्। चराचर जगत्। सृष्टि। ३. विश्व की रचना, संचालन, नियमन और प्रलय करनेवाली मूल शक्ति। महाशक्ति। माया। ४. दृश्य जगत् जिसमें जड़ पदार्थ (पर्वत, नदी आदि) तथा मनुष्य, पशु, पक्षी, जलचर, वनस्पतियाँ इत्यादि सम्मिलित हैं। ५. किसी तत्त्व/पदार्थ/प्राणी आदि का स्वाभाविक या मूल गुण जिसमें परिवर्तन असम्भव है। ६. विशिष्ट स्वभाव। मिज़ाज। ७. प्रवृत्ति। ८. प्रकार। ९. स्वरूप। १०. आकृति। रूप। ११. नारी। स्त्री। १२. उद्‌गम-स्थल। १३. राजा/राज्य की प्रजा। १४. राज्य के सात अंग। राज्यांग। (व्या॰) किसी शब्द का मूलरूप (धातु/प्रातिपदिक) जिसमें प्रत्यय लगने से वह 'पद' बनता है। ***जैसे***—शब्दों में प्रकृति और प्रत्यय अलग करके देखो। (आयुर्वेद॰) त्रिदोष (वात, पित्त, कफ) के आधार पर मनुष्य की शारीरिक स्थिति और प्रवृत्ति (वातज प्रकृति आदि)।

प्रकृतिभाव—[सं॰ प्रकृति ~ भाव] *पु॰* १. स्वभाव। २. मूल रूप/स्थिति। (व्या॰) वाक्य के जिस शब्द में किसी प्रकार का परिवर्तन नहीं हुआ हो। जो पद मूल शब्द में शून्य प्रत्यय जोड़ने से बना हो। ***जैसे***—'वह पुस्तक लाया' में 'पुस्तक' प्रकृतिभाव है परन्तु 'लाया' (< लाना) प्रकृतिभाव नहीं है।

प्रकृतिमण्डल (प्रकृतिमंडल)—[सं॰ प्रकृति ~ मण्डल] *पु॰* राज्य के सात अंग (राजा, अमात्य आदि)।

प्रकृतिलय—[सं॰ प्रकृति ~ लय] *पु॰* प्रलय। (सांख्य॰) स्थूल शरीर के बिना, कारण शरीर से, भोगरहित होकर, प्रकृति के साथ रहने की स्थिति। प्रकृति में लय की स्थिति।

प्रकृतिवाद—[सं॰ प्रकृति ~ वाद] *पु॰* (दर्शन॰) १. जगत् का उत्पादक कारण 'प्रकृति' को मानने का मत। ***जैसे***—सांख्य दर्शन का प्रकृतिवाद। २. किसी अलौकिक चेतन (आत्मा या परमात्मा) को न मानकर प्रकृति को ही परमतत्त्व मानने का मत। (काव्य॰) १. प्रकृति और प्राकृतिक सौन्दर्य के प्रति प्रेम से परिपूर्ण साहित्यिक रचनाएँ करने की वृत्ति। ***जैसे***—कवि वर्ड्‌सवर्थ का प्रकृतिवाद। २. मनुष्य की पाशविक प्रवृत्तियों का नग्न चित्रण करने की प्रवृत्ति। ३. यह मत कि साहित्य और कला में आदर्शों या नैतिक विचारों का कोई स्थान नहीं और प्रकृति का यथार्थ चित्रण होना चाहिए।

प्रकृतिसुभग—[सं॰ प्रकृति ~ सुभग] *वि॰* स्वाभाविक रूप से सुन्दर/मनोहर।

प्रकृतिस्थ—[सं॰ प्रकृति + स्थ] *वि॰* १.अपनी स्वाभाविक अवस्था में स्थित। २. क्षोभ/विकार से रहित। शान्तचित्त। ३. स्वस्थ।

प्रकृत्या—[सं॰ प्रकृति] *क्रिवि॰* १. प्रकृति से। ***जैसे***—प्रकृत्या नाशवान्। २. स्वभाव से। ***जैसे***—प्रकृत्या सरल व्यक्ति।

प्रकृष्ट—[सं॰ प्र + कृष्ट] *वि॰* १. खिंचा हुआ। आकृष्ट। २. उत्कृष्ट। उत्तम। श्रेष्ठ। ३. प्रमुख। मुख्य। प्रधान। ✣ **प्रकृष्टता**—*स्त्री॰* = १. प्रकृष्ट होने की अवस्था/भाव। २. उत्कृष्टता। उत्तमता। श्रेष्ठता।

प्रकोप—[सं॰ प्र + कोप] *पु॰* १. बहुत कोप। २. सार्वजनिक रूप से किसी रोग की अधिकता/प्रबलता। ***जैसे***—ग्रामों में मलेरिया ज्वर का प्रकोप। ३. शरीर के वात आदि त्रिदोष या धातुओं में से किसी का कुपित हो जाना और रोग हो जाना।

प्रकोष्ठ—[सं॰ प्र + कोष्ठ] *पु॰* १. बाहु का कोहनी से कलाई तक का भाग। भुजाग्र। २. द्वार के समीप का कोठा/कमरा। ३. घर का बड़ा आँगन। ४. किसी भवन का गोष्ठी-कक्ष।

प्रकोष्ठक—[सं॰ प्रकोष्ठ + कन्] *पु॰* मुख्य द्वार के पास की कोठरी या कमरा।

प्रकोष्ठास्थि—[सं॰ प्रकोष्ठ ~ अस्थि] *स्त्री॰* प्रकोष्ठ/भुजाग्र की हड्डी। ***जैसे***—प्रकोष्ठास्थि-भंग।

प्रक्रम—[सं॰ प्र + क्रम] *पु॰* १. क्रम। सिलसिला। २. पग। क़दम।

३. कार्य आरम्भ करने से पहले की जाने वाली योजना/युक्ति/उपाय/उपक्रम। ४. आरम्भ। ५. विकास/प्रगति आदि के दौर में आनेवाली स्थिति जिससे नया क्रम आरम्भ होता है। चरण। ६. कोई वस्तु बनाने की सारी क्रिया। विधि। प्रक्रिया।

प्रक्रमण—[सं॰ प्र √क्रम + ल्युट्] *पु॰* १. बहुत भ्रमण करना। २. आगे पग रखना। आगे बढ़ना। ३. पार करना। ४. आरम्भ करना। ५. विशेष प्रक्रिया द्वारा तैयार करना। संसाधन।

प्रक्रम-भङ्ग (भंग)—[सं॰] *पु॰* किसी कार्य में आरम्भ किए हुए क्रम का उल्लंघन।

प्रक्रिया—[सं॰ प्र + क्रिया] *स्त्री॰* १. काम करने का ढंग। कार्यविधि। कार्यप्रणाली। क्रियाविधि। २. उद्योग आदि में प्रयुक्त कार्यविधि/तरीक़ा। ३. किसी कार्य की पूर्णता के लिए की गयी कार्रवाई। ४. किसी कार्य/प्रगति/विकास या मुक़दमा आदि में क्रमशः होनेवाले बीच के सब काम। ***जैसे***—प्रक्रिया-सम्बन्धी अनियमितताएँ। ५. राजा का राजचिह्न (छत्र, चँवर आदि) धारण करने का कार्य। (व्या॰) शब्द-सिद्धि, शब्द-प्रयोग या वाक्य-रचना की विधि।

प्रक्रियात्मक—[सं॰ प्रक्रिया ~ आत्मक] *वि॰* १. प्रक्रिया-सम्बन्धी। प्रक्रिया का। २. प्रक्रिया में होनेवाला। प्रक्रियागत। प्रक्रियापरक। ३. जो प्रक्रिया के रूप में हो।

प्रक्षालन—[सं॰ प्र √क्षल् + णिच् + ल्युट्] *पु॰* १. (किसी वस्तु को जल से) धोना। २. साफ़ करना। माँजना। ३. स्वच्छ करने का कार्य। निर्मलीकरण। ४. हाथ-मुँह आदि धोना। ५. स्नान करना।

प्रक्षालयिता—[सं॰ प्रक्षालयितृ] *पु॰* १. धोनेवाला व्यक्ति। २. अतिथियों के चरण धोनेवाला व्यक्ति।

प्रक्षिप्त—[सं॰ प्र + क्षिप्त] *वि॰* १. फेंका हुआ। २. बढ़ाया हुआ। ३. ऊपर से मिलाया हुआ। ४. किसी ग्रन्थ का वह अंश जो मूल लेखक से भिन्न किसी लेखक द्वारा रचित हो परन्तु बिना घोषित किए मूल ग्रन्थ में मिलाया गया हो। क्षेपक। ***जैसे***—वाल्मीकीय रामायण का 'उत्तरकांड' प्रक्षिप्त अंश प्रतीत होता है।

प्रक्षेप—[सं॰ प्र √क्षिप् + घञ्] *पु॰* १. फेंकने की क्रिया/भाव। २. शत्रु पर अस्त्र फेंकना। ३. बिखेरना। छितराना। ४. ऊपर से मिलान। ***जैसे***—औषध में चूर्ण का प्रक्षेप। ५. किसी प्राचीन ग्रन्थ का वह अंश जो मूल लेखक से भिन्न किसी के द्वारा बाद में, बिना घोषित किए, जोड़ा गया हो। प्रक्षिप्त अंश। क्षेपक। (मनो॰) १. अनजाने ही अपनी विशेषताओं, अनुभवों या अपनी अभिवृत्तियों आदि को दूसरों पर आरोपित करना। २. अपनी अस्वीकृत इच्छाओं, कमियों आदि को जानबूझकर दूसरों पर आरोपित करना और उसके लिए दूसरों को दोषी कहना।

प्रक्षेपण—[सं॰ प्र √क्षिप् + ल्युट्] *पु॰* १. प्रक्षेप। फेंकना। (गणित॰) १. किसी आकृति के बिन्दुओं को किसी समतल या रेखा पर निरूपित करने की प्रक्रिया। २. किसी पिंड को वायुमंडल में फेंकने की क्रिया। फेंकना। प्रक्षेप। (अं॰ प्रोजेक्शन)

प्रक्षेपणीय—[सं॰ प्र √क्षिप् + अनीयर्] *वि॰* प्रक्षेपण के योग्य।

प्रक्षेप-पथ—[सं॰] *पु॰* फेंके गए किसी पिंड द्वारा आकाश में बनाया गया पथ। प्रपथ। (अं॰ ट्रैजेक्टरी)

प्रक्षेपास्त्र—[सं॰ प्रक्षेप ~ अस्त्र] *पु॰* वह नियन्त्रित अस्त्र जो नियन्त्रक शक्ति हटा लेने के बाद प्रक्षेप-पथ में चलता है। प्राक्षेपिकी के नियमों के अनुसार बना एक प्रकार का अस्त्र जो पिंडों को फेंककर मार करता है। (अं॰ बैलिस्टिक मिसाइल)।

प्रक्षेपित्र—[< सं॰ प्रक्षेप] *पु॰* किसी भी स्थान पर चलचित्र दिखाने का यन्त्र। (अं॰ प्रोजेक्टर)

प्रक्षेपी तन्तु (तंतु)—[सं॰] *पु॰* (चिकित्सा॰) इन्द्रियों के क्षेत्रों में जानेवाली और वहाँ से आनेवाली तन्त्रिकाएँ।

प्रक्षेप्य—[सं॰ प्र √क्षिप् + यत्] *वि॰* १. जिसे फेंका जाने वाला हो। २. जिसे फेंका जा सके। प्रक्षेपण के योग्य।

प्रक्षोभण—[सं॰ प्र √क्षुभ् + ल्युट्] *पु॰* १. क्षोभ उत्पन्न करने की क्रिया/भाव। क्षुब्ध करना। २. घबराहट। बेचैनी।

प्रखण्ड (प्रखंड)—[सं॰ प्र + खण्ड] *पु॰* किसी खंड का विभाग या छोटा खंड।

प्रखर—[सं॰ प्र + खर] *वि॰* १. बहुत गर्म। २. (अति) तीक्ष्ण/तीव्र/तेज़। पैना। ३. अति कठोर/रूखा। ४. उग्र। *पु॰* १. खच्चर। २. घोड़े की पाखर। ३. हाथी का कवच।

प्रख्यात—[सं॰ प्र √ख्या + क्त] *वि॰* (अति) प्रसिद्ध। विख्यात। *पु॰* (नाट्य॰) प्रसिद्ध कथावस्तु। इतिहास, पुराणों आदि से ली गयी नाटक की कथावस्तु।

प्रख्यापन—[सं॰ प्र √ख्या + √णिच् + ल्युट्, पुक्] *पु॰* १. प्रसिद्ध करना। प्रचार करना। २. सूचित करना। (विधि॰) किसी आवश्यक आदेश आदि को औपचारिक रूप से सर्वसाधारण को सूचित करना। घोषणा। एलान।

प्रगत—[सं॰ प्र + गत] *वि॰* १. आगे गया हुआ। आगे बढ़ा हुआ। २. जो चल पड़ा हो। ३. अलग। ***जैसे***—प्रगतजानु (जिसके घुटने परस्पर बहुत दूरी पर हों)।

प्रगति—[सं॰ प्र + गति] *स्त्री॰* १. आगे की ओर गति। आगे बढ़ना। २. उन्नति।

प्रगतिवाद—[सं॰ प्रगति ~ वाद] *पु॰* साहित्य में सामाजिक यथार्थवाद पर बल देनेवाली परन्तु मार्क्सवाद और कम्युनिस्ट पार्टी से बँधी भौतिकवादी विचारधारा। ✣ **प्रगतिवादी**—*वि॰* = १. प्रगतिवाद-सम्बन्धी। प्रगतिवाद का। २. प्रगतिवाद का अनुयायी/समर्थक। *पु॰* प्रगतिवाद का अनुयायी/समर्थक व्यक्ति, संस्था, कृति इत्यादि।

प्रगतिशील—[सं॰ प्रगति ~ शील] *वि॰* १. आगे की ओर बढ़नेवाला। उन्नतिशील। २. (सामाजिक और साहित्यिक दृष्टि से) सुधारवादी।

प्रगलन—[सं॰ प्र + गलन] *पु॰* १. गलना। पिघलना। २. गलाना। पिघलाना। (रसायन॰) अयस्क से धातु अलग करने की विधि जिसमें अयस्क को कुछ पदार्थ मिलाकर भट्ठी में गर्म किया जाता है। कच्ची धातु को गला कर, साफ़ करके शुद्ध धातु निकालना।

प्रगल्भ—[सं॰ प्र √गल्भ् + अच्] *वि॰* १. साहसी। उत्साही।

२. बोलने में चतुर। वाग्मी। ३. प्रत्युत्पन्नमति। हाज़िरजवाब। ४. पूर्ण वृद्धि को प्राप्त। ५. निपुण। चतुर। होशियार। ६. बोलने में संकोचहीन। वाचाल। बातूनी। ७. धृष्ट। ढीठ। ८. उद्दंड। ९. निर्लज्ज। १०. अभिमानी। ११. प्रौढ़। पुष्ट। *जैसे*—प्रगल्भ विद्वान्। १२. निर्भय। निडर। ❖ **प्रगल्भता**—*स्त्री°* = १. साहस। उत्साह। २. बोलने में निपुणता। वाक्‌चातुरी। ३. प्रत्युत्पन्नमतित्व। हाज़िरजवाबी। ४. शक्ति। सामर्थ्य। ५. चतुरता। होशियारी। ६. वाचालता। बातूनीपन। ७. धृष्टता। ढिठाई। ८. उद्दंडता। ९. निर्लज्जता। १०. अभिमान। घमंड। ११. प्रौढ़ता। पुष्टता। १२. निर्भयता। निडरता। (नाट्य°) किसी अवस्था के अभिनय/कथन में विक्षुब्ध न होने का गुण। (काव्य°) नायिका के सौन्दर्य को बढ़ानेवाला और स्वाभाविक रूप से दिखनेवाली निःशंकता।

प्रगल्भा—[सं° प्रगल्भ + टाप्] *वि° (स्त्री°)* प्रगल्भ (स्त्री)। *स्त्री°* साहसी स्त्री। (काव्य°, नाट्य°) प्रगल्भता अलंकार से युक्त नायिका।

***प्रगसना**—[< सं° प्रकाश] *क्रिअ°* १. प्रकाशित होना। चमकना। २. प्रकट होना। *क्रिस°* १. प्रकाशित करना। चमकाना। २. प्रकट करना।

प्रगाढ़—[सं° प्र √गाह् + क्त] *वि°* १. बहुत गाढ़ा/घना/गहरा। *जैसे*—प्रगाढ़ घोल; प्रगाढ़ अन्धकार। २. अधिक। बहुत। *जैसे*—प्रगाढ़ प्रेम। ३. दृढ़। मज़बूत।

प्रगाता—[सं° प्रगातृ] *पु°* अच्छा गानेवाला। उत्तम गायक/गवैया।

प्रगाल—[सं° प्र √गल्] *पु°* (रसायन°) किसी अयस्क को पिघलाने से प्राप्त उत्पाद। (अं° स्मेल्ट)

प्रगालक—[सं° प्र √गल् + णिच् + ण्वुल्] *पु°* १. कच्ची धातुओं या खनिजों को गलाकर साफ़ करनेवाला। २. कच्ची धातुओं या खनिजों को गलाने का कारख़ाना।

प्रगालन—[सं° प्र √गल् + णिच् + ल्युट्] *पु°* (रसायन°) कच्ची धातुओं या खनिजों को गलाकर साफ़ करने की क्रिया/भाव। किसी अयस्क को पिघलाना।

प्रगीत—[सं° प्र + गीत] *पु°* १. गीत। गाना। २. ऐसा गीत जिसमें कवि की भावानुभूति और संगीतात्मकता हो तथा किसी एक ही भाव/विचार/परिस्थिति का चित्रण हो। गीति। *वि°* गीतपरक/गीतिपरक। *जैसे*—प्रगीत काव्य। ❖ **प्रगीतात्मक**—*वि°* = प्रगीत-सम्बन्धी। प्रगीतपरक। ❖ **प्रगीतात्मक गाथागीति**—*स्त्री°* = (काव्य°) कथात्मक गीत। (अं° लिरिकल बैलड)

प्रगृहीत—[सं° प्र + गृहीत] *वि°* १. अच्छी तरह से ग्रहण किया हुआ। २. प्राप्त या स्वीकृत। गृहीत।

प्रगृहय (प्रगृह्य)—[सं° प्र + गृहय] *वि°* १. अच्छी तरह से ग्रहण करने योग्य। २. (संस्कृत भाषा में) वह पद जिस पर सन्धि के नियमों का प्रभाव न पड़े और वह स्वतन्त्र रीति से ही लिखा/बोला जाए।

प्रग्रह—[सं° प्र + ग्रह] *पु°* १. अच्छी तरह ग्रहण करने की क्रिया/ढंग/भाव। २. ग्रहण करना, धारण करना या पकड़ना। ३. सूर्यग्रहण या चन्द्रग्रहण का आरम्भ। ४. घोड़े की लगाम। बागडोर। ५. रस्सी या डोरी। ६. (पशुओं के) गले में बाँधने की रस्सी। पगहा। ७. किरण। ८. अनुग्रह। कृपा। ९. क़ैद। बन्धन। १०. बन्दी। क़ैदी। ११. इन्द्रियों का निग्रह। इन्द्रिय-निग्रह। संयम।

प्रग्रहण—[सं° प्र + ग्रहण] *पु°* १. ग्रहण करने, धारण करने या पकड़ने की क्रिया/भाव। ग्रहण, धारण या पकड़। २. नियमन। ३. सूर्य या चन्द्रमा के ग्रहण का आरम्भ। ४. घोड़े की लगाम। बागडोर। ५. (पशुओं के) गले में बाँधने की रस्सी। पगहा। ६. बन्धन।

***प्रघल**—[< सं° प्रघन] *वि°* प्रबल। ❖ **प्रघली**—*वि° (स्त्री°)*।

प्रघात—[सं° प्र + घात] *पु°* १. वध। हनन। मारना। २. युद्ध। लड़ाई। ३. प्रबल आघात, ज़ोर की टक्कर या धक्का।

प्रघाती तरङ्ग (तरंग)—[सं°] *पु°* (भौतिकी°) जब कोई पिंड या वस्तु किसी माध्यम से ध्वनि के वेग से अधिक वेग से गति करता है, तब माध्यम में दाब के कारण निर्मित तरंग।

प्रघोर—[सं° प्र + घोर] *वि°* अत्यन्त प्रचंड। अति भयंकर।

प्रचण्ड (प्रचंड)—[सं° प्र + चण्ड] *वि°* १. अति उग्र/तीव्र। २. अति गर्म। ३. घोर। भयंकर। ४. अति तेजस्वी। ५. बलवान्। ६. अति क्रोधी या अति क्रुद्ध। ७. साहसी। ८. प्रतापी। ९. असहय। *जैसे*—प्रचंड सूर्य। ❖ **प्रचण्डता (प्रचंडता)**—*स्त्री°* = १. प्रचंड होने की अवस्था/भाव। तीव्रता। उग्रता। प्रखरता। तेज़ी। तीखापन। २. भयंकरता। ३. क्रोध की उग्रता। ४. तेजस्विता।

प्रचण्डातप (प्रचंडातप)—[सं° प्रचण्ड ~ आतप] *पु°* १. भयंकर गर्मी। २. असहय धूप।

प्रचय—[सं° प्र + लय] *पु°* १. संग्रह। २. राशि। ढेर। ३. वृद्धि।

प्रचरण—[सं° प्र + चरण] *पु°* १. चरण/पग/क़दम बढ़ाना। २. घूमना-फिरना। ३. प्रचलित होना। प्रचलन।

प्रचरना—[< सं° प्रचरण] *क्रिअ°* १. चलना। २. प्रचारित होना। ३. प्रचलित होना। फैलना।

प्रचल—[सं° प्र √चल् + अच्] *वि°* १. बहुत चंचल। २. थरथराता/काँपता हुआ। ३. प्रचलित। ❖ **प्रचल पूँजी**—*स्त्री°* = (अर्थ°) चालू परिसम्पत्तियों में निविष्ट राशि। *जैसे*—प्राप्त बिल, रोकड़ बाक़ी आदि।

प्रचलन—[सं° प्र √चल् + ल्युट्] *पु°* १. उपयोग/व्यवहार में होना/आना। २. प्रचार। चलन। ३. प्रथा/रीति/रिवाज आदि का चलन। ४. प्रथा। रीति। रिवाज।

प्रचायक—[सं° प्र √चि + ण्वुल्] *वि°* १. चयन करनेवाला। चुननेवाला। २. संग्रह करनेवाला। संग्रहकर्ता। ३. राशि/ढेर लगानेवाला।

प्रचारणा—[सं° प्रचारण + टाप्] *स्त्री°* आह्वान/चुनौती या ललकार।

प्रचारना—[< सं° प्रचारण] *क्रिस°* १. प्रचार करना। प्रचलित करना। फैलाना। २. उत्तेजित करना। ललकारना। ३. घोषित करना।

प्रचालन—[सं° प्र √चल् + णिच् + ल्युट्] *पु°* १. अच्छी तरह चलाने की क्रिया/भाव। २. प्रचलित करने की क्रिया/भाव। २. किसी यन्त्र

आदि को चलाने का कार्य। परिचालन। ३. संचालन।

प्रचित—[सं॰ प्र √चि + क्त] *वि॰* १. (फूल आदि) जिसका चयन हुआ हो। २. एकत्रित किया हुआ। संग्रह किया हुआ।

प्रचुर—[सं॰ प्र √चुर् + क] *वि॰* १. बहुत अधिक। विपुल। प्रभूत। २. पूर्ण। भरा-पूरा।

प्रचूषण—[सं॰ प्र + चूषण] *पु॰* १. अच्छी तरह चूसना। २. शोषण। सोखना।

प्रचेता[1]—[सं॰ प्रचेतस्] *पु॰* वरुण।

प्रचेता[2]—[सं॰ प्रचेतृ] *पु॰* १. चयन करनेवाला व्यक्ति। २. (रथ का) सारथि।

प्रचेय—[सं॰ प्र √चि + यत्] *वि॰* १. (फूल आदि) जो चयन के योग्य हो। चयनीय। २. संग्रह के योग्य। संग्रहणीय। ३. ग्रहण किए जाने के योग्य। ग्राह्य।

प्रच्छक—[सं॰ √प्रच्छ् + ण्वुल्] *वि॰* प्रश्न करनेवाला। पूछनेवाला।

प्रच्छद—[सं॰ प्र + √छद् + णिच् + घ] *पु॰* ढँकनेवाला (कपड़ा आदि)। आच्छादन। २. बिछावन की चादर। ✣ **प्रच्छद-पट**—*पु॰* = १. ढँकने या ओढ़ने का वस्त्र। चादर। २. बिछावन की चादर। ३. बुर्क़ा।

प्रच्छन्न—[सं॰ प्र √छद् + क्त] *वि॰* १. ढँका हुआ। आच्छन्न। ***जैसे***—वस्त्रों से प्रच्छन्न शरीर। २. छिपा हुआ। गुप्त। ***जैसे***—प्रच्छन्न धन। ३. जो आड़ के कारण छिप गया हो। आड़ के कारण जो प्रत्यक्ष न दिख रहा हो। ***जैसे***—प्रच्छन्न चोर।

प्रच्छर्दन—[सं॰ प्र √छर्द् + ल्युट्] *पु॰* १. बाहर निकालने की क्रिया। २. साँस को नाक के द्वारा बाहर निकालना। रेचन। ३. वमन। क़ै।

प्रच्छर्दिका—[सं॰ प्रच्छर्दक + टाप्] *स्त्री॰* क़ै आने का रोग। वमन रोग। २. वह औषधि जिसके प्रयोग से वमन/क़ै होती हो।

प्रच्छादन—[सं॰ प्र √छद् + णिच् + ल्युट्] *पु॰* १. ढँकने की क्रिया/भाव। आच्छादन। ढँकना। २. छिपाने की क्रिया/भाव। छिपाना। ३. उत्तरीय। ओढ़नी।

प्रच्छाया—[सं॰ प्र + छाया] *स्त्री॰* घनी/गहरी छाया जो प्रकाश की किरणों के पूर्णत: रुक जाने से पड़ती हो। जैसे—चन्द्रग्रहण में प्रच्छाया वाला भाग। (अं॰ अम्ब्रा)

प्रच्छेदन—[सं॰ प्र √छिद् + ल्युट्] *पु॰* १. टुकड़े-टुकड़े करना। २. भेदना। छेदना।

प्रच्युत—[सं॰ प्र + च्युत] *वि॰* १. टूटकर गिरा हुआ। झड़ा हुआ। ***जैसे***—प्रच्युत फल। २. अपने स्थान से हटा हुआ। ३. अध:पतित। पतित। भ्रष्ट। ४. विचलित।

प्रच्युति—[सं॰ प्र + च्युति] *स्त्री॰* अपने स्थान से गिरना/हटना। च्युति।

*__प्रजङ्क (प्रजंक)__—*पु॰* ≤ *सं॰* पर्यङ्क। पलंग।

प्रजनन—[सं॰ प्र + जनन] *पु॰* १. सन्तान उत्पन्न करना। २. (प्राणियों का) जन्म। ३. धात्री/दाई का काम। ४. पशु-पालन तथा पशुओं की नस्ल बढ़ाने का काम।

प्रजनयिता—[सं॰ प्रजनयितृ] *वि॰, पु॰* उत्पन्न करनेवाला। प्रजनक।

*__प्रजन्त (प्रजंत)__—*अव्यय॰* ≤ सं॰ पर्यन्त। तक।

*__प्रजरना__—[< सं॰ प्रज्वलन] *क्रिअ॰* अच्छी तरह या तेज़ जलना। प्रज्वलित होना।

प्रजल्प—[सं॰ प्र √जल्प् + घञ्] *पु॰* १. वार्तालाप। बातचीत। २. गपशप। ३. गप्प। ४. व्यर्थ की बातचीत। बकवास।

प्रजल्पित—[सं॰ प्र √जल्प् + क्त] *वि॰* १. गपशप के रूप में कहा हुआ। २. बकवास के रूप में कहा हुआ।

प्रजा—[सं॰ प्र √जन् + ड + टाप्] *स्त्री॰* १. सन्तान। २. किसी राज्य/राष्ट्र की जनता। शासित जनता। रिआया। ३. ग्रामीण समाज के वे कर्मी (नाई, बारी, कुम्हार आदि) जिन्हें समय-समय पर दान या नेग दिया जाता है।

प्रजाकाम—[सं॰ प्रजा ~ काम] *वि॰* सन्तान चाहनेवाला। सन्तानेच्छुक।

प्रजाकार—[सं॰ प्रजा √कृ + अण्] *पु॰* सृष्टि का रचयिता। ब्रह्मा।

प्रजागर—[सं॰ प्र √जागृ + अप्] *वि॰* १. जागता रहने वाला। २. पहरा देनेवाला। *पु॰* १. जागरण। २. निद्रा का अभाव। ३. निद्रा न आने का रोग। उन्निद्र रोग। ४. प्राण। ५. विष्णु। परमात्मा। ६. रक्षक। ७. प्रहरी।

प्रजागरण—[सं॰ प्र + जागरण] *पु॰* १. जागते रहने का भाव। जागरण। २. पहरेदारी। चौकसी।

प्रजात—[सं॰ प्र √जन् + क्त] *वि॰* जन्मा हुआ। उत्पन्न।

प्रजातन्त्र (प्रजातंत्र)—[सं॰ प्रजा ~ तन्त्र] *पु॰* लोकतन्त्र। जनतन्त्र।

प्रजाता—[सं॰ प्रजात + अच् + टाप्] *स्त्री॰* वह स्त्री जिसके सन्तान हुई हो। प्रसूतिका। ज़च्चा।

प्रजाति—[सं॰ प्र √जन् + क्तिन्] *पु॰* १. जन्म। उत्पत्ति। २. सन्तान। ३. जन्म देने की शक्ति। उत्पादिका शक्ति। ४. प्रजनन। ५. पशु-पक्षियों आदि का वह समूह जिसके सदस्यों के शरीर के अंगों और कोशादि के आकार-प्रकार, रूपरंग आदि में समानता हो। ६. एक पूर्वज की सन्तानों का समुदाय। आनुवंशिकी से परस्पर सम्बन्धित मनुष्य-समूह। ७. ऐसी भौगोलिक जनसंख्या जिसके आनुवंशिक लक्षण दूसरी भौगोलिक जनसंख्या से भिन्न होते हैं। ८. मानव जाति का उपविभाजन जो नाक, कान कपाल, केश आदि के आकार-प्रकार रूप-रंग आदि में समानता पर आधारित है। ***जैसे***—नीग्रो प्रजाति; मंगोल प्रजाति आदि।

प्रजाध्यक्ष/प्रजानाथ—[सं॰ प्रजा ~ अध्यक्ष/नाथ] *पु॰* १. ब्रह्मा। २. राजा। ३. सूर्य। ४. पिता।

प्रजान्तक (प्रजांतक)—[सं॰ प्रजा ~ अन्तक] *पु॰* यमराज।

प्रजापति—[सं॰ प्रजा ~ पति] *पु॰* १. सृष्टिकर्ता। ब्रह्मा। २. राजा। ३. सूर्य। ४. पिता। ५. कुम्हार। ६. साठ संवत्सरों में से एक। ७. (प्राचीन काल में) शासक।

प्रजा-पाल/पालक—[सं॰] *पु॰* प्रजा का पालन करनेवाला। राजा।

*__प्रजारना/प्रजालना__—[< सं॰ प्रज्वलन] *क्रिस॰* प्रज्वलित करना। अच्छी तरह जलाना।

प्रजावात्सल्य—[सं॰ प्रजा ~ वात्सल्य] *पुं॰* प्रजा के प्रति प्रेम।

प्रजा-वृद्धि (प्रजा-वृद्धि)—[सं॰] *स्त्री॰* १. सन्तान की बढ़त। २. (किसी राज्य आदि की) जनसंख्या-वृद्धि।

प्रजासत्ताक—[सं॰ प्रजा ~ सत्ता + कप्] *वि॰* (वह राज्य या शासन-प्रणाली) जिसमें शासन को प्रजा या उसके चुने हुए प्रतिनिधि चलाते हैं। जनतन्त्रीय।

प्रजा-स्रष्टा—[सं॰] *पुं॰* ब्रह्मा।

प्रजीवाणु—[सं॰ प्र + जीवाणु] *पुं॰* (प्राणि॰) एक कोशिका से निर्मित सूक्ष्म जीवों का (जिनमें से कुछ रोगजनक हैं) एक वर्ग। (अं॰ प्रोटोजुआ)।

प्रजेश/प्रजेश्वर—[सं॰ प्रजा ~ ईश/ईश्वर] *पुं॰* १. प्रजापति। (दे॰) २. राजा।

प्रजोत्पादन—[सं॰ प्रजा ~ उत्पादन] *पुं॰* १. सन्तान उत्पन्न करने की क्रिया। २. सन्तान की उत्पत्ति।

प्रज्ञ—[सं॰ प्र √ज्ञा + क] *वि॰* १. बुद्धिमान्। २. (समासयुक्त पद के अन्त में) किसी विषय का उत्कृष्ट ज्ञाता/जानकर। ***जैसे***—शास्त्रप्रज्ञ। *पुं॰* १. किसी विषय का उत्कृष्ट पंडित/विद्वान्। २. बुद्धिमान् व्यक्ति।

प्रज्ञता—[सं॰ प्रज्ञ + तल् + टाप्] *स्त्री॰* १. विद्वत्ता। पांडित्य। २. बुद्धिमत्ता। ३. (विषय/बात की) बहुत जानकारी।

प्रज्ञप्त—[सं॰ प्र √ज्ञप् + क्त] *वि॰* जिसकी प्रज्ञप्ति हुई हो। बतलाया हुआ या सूचित।

प्रज्ञप्ति—[सं॰ प्र √ज्ञा + णिच् + क्तिन्] *स्त्री॰* १. सूचना। विज्ञप्ति। २. सिद्धान्त।

प्रज्ञा[१]—[सं॰ प्र √ज्ञा + अङ् + टाप्] *स्त्री॰* १. बुद्धि। २. आत्मदर्शी बुद्धि। ***जैसे***—ऋतम्भरा प्रज्ञा। ३. प्रकृष्ट ज्ञान। ४. मनन करने और समझने की शक्ति। मनीषा। ५. प्रतिभा। ६. बुद्धिमती स्त्री। ७. सरस्वती (देवी)। (छन्द॰) एक समवर्णिक छन्द जिसके प्रत्येक चरण में क्रमशः नगण, यगण, मगण, मगण, भगण, मगण (न य म म भ म) के योग से १८ वर्ण होते हैं तथा ६-४-८ पर यति होती है।

प्रज्ञाचक्षु—[सं॰ प्रज्ञा ~ चक्षुस्] *वि॰* जिसके नेत्र न हों (और बुद्धि से ही आँखों का काम लेता हो)। नेत्रहीन। अन्धा। ***जैसे***—प्रज्ञाचक्षु धृतराष्ट्र। *पुं॰* नेत्रहीन व्यक्ति। अन्धा आदमी।

प्रज्ञात—[सं॰ प्र + ज्ञात] *वि॰* १. जाना/समझा हुआ। ज्ञात। २. पहचाना हुआ। ३. प्रसिद्ध। विख्यात।

प्रज्ञाता—[सं॰ प्र + ज्ञाता (ज्ञातृ)] *वि॰* १. ज्ञाता। २. पहचानने वाला। ३. आध्यात्मिक रहस्यों का ज्ञाता। (प्रशासन॰, विधि॰) सरकारी तौर पर विचार या हस्तक्षेप करनेवाला। संज्ञान लेनेवाला। संज्ञाता।

प्रज्ञान—[सं॰ प्र + ज्ञान (ज्ञातृ)] *पुं॰* १. ज्ञान। २. आध्यात्मिक (रहस्यों का) ज्ञान। ३. बुद्धिमत्ता। समझदारी। ४. बुद्धि। ५. प्रतिभा। (प्रशासन॰, विधि॰) सरकारी तौर पर ध्यान देना, विचार करना या हस्तक्षेप। संज्ञान।

प्रज्ञापक—[सं॰ प्र + ज्ञापक] *वि॰* सूचित करने वाला।

प्रज्ञापन—[सं॰ प्र + ज्ञापन] *पुं॰* सूचित करने या बतलाने की क्रिया/भाव। सूचना। बोधन। ✣ **प्रज्ञापना**— *स्त्री॰* = प्रज्ञापन।

प्रज्ञापारमिता—[सं॰ प्रज्ञा ~ पारमिता] *स्त्री॰* दान, शील आदि दस गुण-पराकाष्ठाओं या पारमिताओं में से एक।

प्रज्ञापित—[सं॰ प्र + ज्ञापित] *वि॰* १. (विषय/बात) जिसका प्रज्ञापन हुआ हो। सूचित। २. (व्यक्ति) जिसे सूचित किया गया हो।

प्रज्ञामय—[सं॰ प्रज्ञा + मयट्] *वि॰, पुं॰* १. बुद्धिमान्। विवेकी। २. प्रतिभाशाली। ३. विद्वान्। Δ **पर्याय**—प्रज्ञावान्। प्रज्ञाशील।

प्रज्ञावाद—[सं॰ प्रज्ञा ~ वाद] *पुं॰* यह मत कि समस्त ज्ञान, मनन और तर्क से ही प्राप्त हुआ है और हो सकता है। बुद्धिवाद।

प्रज्ञेय—[सं॰ प्र + ज्ञेय] *वि॰* १. जिसका प्रज्ञान हो सकता हो या जो प्रज्ञान के योग्य हो। २. जिसका प्रज्ञान होनेवाला हो।

प्रज्वलन—[सं॰ प्र √ज्वल् + ल्युट्] *पुं॰* १. अच्छी तरह या तेज़ जलना। २. अच्छी तरह या तेज़ जलाना। ✣ **प्रज्वलन ताप**— *पुं॰* (रसायन॰) वह तापमान जिस पर तेल की भाप जल उठती है। ज्वलनांक।

प्रज्वलन्त (प्रज्वलंत)—[सं॰ प्र + ज्वलन्त] *वि॰* अच्छी तरह या तेज़ जलता हुआ। ***जैसे***—प्रज्वलन्त अंगार।

प्रज्वालन—[सं॰ प्र √ज्वल् + णिच् + ल्युट्] *पुं॰* प्रज्वलित करना। जलाना।

प्रण—[< सं॰ पण] *पुं॰* १. दृढ़ निश्चय। २. प्रतिज्ञा।

प्रणत—[सं॰ प्र √नम् + क्त] *वि॰* १.बहुत झुका हुआ। २. जो प्रणाम कर रहा हो। प्रणाम करता हुआ। जो प्रणाम करने के लिए झुका हो। ३. विनीत। नम्र। ४. शरणागत। *पुं॰* उपासक। भक्त।

प्रणति—[सं॰ प्र √नम् + क्तिन्] *स्त्री॰* १. झुकने की क्रिया/भाव। नति। झुकाव। २. प्रणाम। नमस्कार। ३. साष्टांग प्रणाम। प्रणिपात। ४. विनय। नम्रता। ५. शरणागति।

प्रणमन—[सं॰ प्र √नम् + ल्युट्] *पुं॰* १. नमन। झुकना। २. नमन। प्रणाम।

प्रणम्य[१]—[सं॰ प्र √नम् + यत्] *वि॰* १. जिसके आगे नमन/झुकना उचित हो। २. प्रणाम के योग्य। वन्दनीय। पूज्य। ***जैसे***—माता-पिता सदा प्रणम्य हैं।

प्रणम्य[२]—[सं॰ प्र √नम् + ल्यप्] *क्रिवि॰* १. प्रणाम करके।

प्रणय—[सं॰ प्र √नी + अच्] *पुं॰* १. पति-पत्नी या प्रेमी-प्रेमिका का परस्पर प्रेम। २. प्रेम। ३. प्रेमपूर्ण प्रार्थना। ४. मित्रता। मैत्री। ५. विश्वास। भरोसा।

प्रणयज—[सं॰ प्रणय + ज] *वि॰* प्रणय से उत्पन्न। प्रेमोद्भूत।

प्रणयन—[सं॰ प्र √नी + ल्युट्] *पुं॰* १. ग्रन्थ या लेख आदि की रचना। ***जैसे***—अनेक ग्रन्थों का प्रणयन। २. निर्माण। बनाना।

प्रणय-प्रकर्ष—[सं॰] *पुं॰* १. प्रणय की अधिकता। अति प्रेम। २. घनिष्ठ मित्रता।

प्रणय-मान—[सं॰] *पुं॰* प्रेम में किया जाने वाला मान। रूठना।

प्रणयविघात—[स॰ प्रणय ~ विघात] *पु॰* १. प्रणय की अस्वीकृति। २. प्रेमयुक्त प्रार्थना की अस्वीकृति/अवज्ञा।

प्रणयिनी—[स॰ प्रणयिन् + ङीप्] *वि॰ (स्त्री॰)* प्रणय/प्रेम करने वाली। *स्त्री॰* १. प्रेमिका। २. पत्नी। ३. सखी। सहेली।

प्रणयी—[स॰ प्रणयिन्] *वि॰* (किसी स्त्री से) प्रेम करनेवाला। अनुरागी। प्रेमी। *पु॰* (स्त्री का) प्रेमी पुरुष।

प्रणव—[स॰ प्र √न् + अप्] *पु॰* १. ओंकार। ओम्। २. परमेश्वर।

प्रणाम—[स॰ प्र √नम् + घञ्] *पु॰* १. नत होना। नमन। झुकना। २. विनम्रता/विनय दिखाने के लिए किसी के सामने झुकने या हाथ जोड़ने आदि की क्रिया। ३. दूसरे का सम्मान करने के लिए नमस्कार आदि।

प्रणामाञ्जलि (प्रणामांजलि)—[स॰ प्रणाम ~ अञ्जलि] *स्त्री॰* हाथ जोड़कर किया जाने वाला प्रणाम। करबद्ध प्रणाम।

प्रणामी—[स॰ प्रणामिन्] *वि॰* प्रणाम करनेवाला। *पु॰* 'प्रणामी सम्प्रदाय' का अनुयायी व्यक्ति। *स्त्री॰* प्रणाम करते समय अर्पित धन।

प्रणाल—[स॰ प्र √नल् + घञ्] *पु॰* पानी बहने का नाला। पनाला। (भूविज्ञान॰) नदी का वह भाग जिससे होकर जलधारा बहती है। वाहिका। जलमार्ग। (अ॰ चैनल)

प्रणालिका/प्रणाली—[प्रणाल + ङीष् + कन् + टाप्, ह्रस्व; प्रणाल + ङीष्] *स्त्री॰* १. नाली। नहर। ३. नहर से निकाला गया छोटा प्रवाह। ४. दो बड़े जलमार्गों को मिलानेवाला छोटा जलमार्ग। ५. पद्धति। रीति। ढंग। तरीक़ा। ६. परम्परा। प्रथा।

प्रणिधान—[स॰ प्र + नि √धा + ल्युट्] *पु॰* १. अत्यन्त भक्ति। २. जप। ३. ध्यान। ४. समाधि। ५. समर्पण।

प्रणिधि—[स॰ प्र + नि √धा + कि] *पु॰* १. गुप्तचर। भेदिया। २. नौकर। *स्त्री॰* १. प्रार्थना। याचना। २. एकाग्रता।

प्रणिपात—[प्र + नि √पत् + घञ्] *पु॰* १. प्रणाम। २. चरणों में सिर का नमन।

प्रणी—[< हि॰ प्रण] *वि॰* प्रण/प्रतिज्ञा करनेवाला।

प्रणीत—[स॰ प्र √नी + क्त] *वि॰* १. (ग्रन्थ/लेख आदि) जिसका प्रणयन हुआ हो। रचित। २. तैयार किया हुआ। निर्मित। *पु॰* अच्छी तरह तैयार किया हुआ कोई पदार्थ।

प्रणेता—[स॰ प्रणेतृ] *पु॰* १. पथप्रदर्शन करनेवाला। नेता। २. (ग्रन्थ का) लेखक। ३. (किसी सिद्धान्त/मत का) प्रवर्तक या प्रचारक। ४. सृष्टि का रचयिता। सृष्टि-कर्ता।

प्रणोदन—[स॰ प्र √नुद् + ल्युट्] *पु॰* १. (किसी का कहीं) प्रेषण। भेजना। २. प्रेरित करना। प्रेरण।

प्रतत—[स॰ प्र √तन् + क्त] *वि॰* १. फैला हुआ या फैलाया हुआ। २. तना हुआ या ताना हुआ। ३. विस्तीर्ण। ४. आवृत्त।

प्रतनु—[स॰ प्र + तनु] *वि॰* १. क्षीण। दुर्बल। ***जैसे***—प्रतनु देह। २. सूक्ष्म। बारीक। ३. बहुत छोटा। ४. तुच्छ। *स्त्री॰* कोमल अंगों वाली स्त्री। सुकुमारी। प्रतन्वी।

प्रतन्वी—[स॰ प्र + तन्वी] *स्त्री॰* कोमल अंगों वाली स्त्री। सुकुमारी।

प्रतप्त—[स॰ प्र √तप् + क्त] *वि॰* बहुत गर्म किया हुआ। तपाया हुआ। २. सताया हुआ। पीड़ित।

प्रतर्क—[स॰ प्र √तर्क् + अप्] *पु॰* १. प्रकृष्ट तर्क। २. वाद-विवाद। तर्क-वितर्क। ३. संशय। सन्देह। ४. अनुमान। ५. कल्पना।

प्रतर्कण—[स॰ प्र √तर्क् + ल्युट्] *पु॰* १. प्रतर्क। (दे॰) २. तर्क-वितर्क या वाद-विवाद करने की क्रिया/भाव। ३. अनुमान करना। ४. कल्पना करना।

प्रतर्क्य—[स॰ प्र √तर्क् + यत्] *वि॰* १. जिसके विषय में तर्क किया जा सके। २. जिसके विषय में अनुमान किया जा सके या किया जाने वाला हो। ३. जिसके विषय में कल्पना की जा सके या की जाने वाली हो।

प्रतल—[स॰ प्र + तल] *पु॰* फैलायी हुई पाँच उँगलियों सहित हथेली। २. पृथ्वी के नीचेवाले सात लोकों में से एक/सबसे नीचे का लोक। पाताल।

प्रताड़ित—*वि॰* = जिसकी प्रताड़ना हुई हो।

प्रतान—[स॰ प्र √तन् + घञ्] *पु॰* १. पेड़-पौधे का नया कल्ला। अंकुर। २. भूमि पर फैलनेवाली लता/बेल। ३. रेशा। ४. विस्तार। फैलाव। *वि॰* फैला हुआ। विस्तृत। २. रेशेदार।

प्रतानी—[स॰ प्र √तन् + णिनि] *वि॰* १. फैलनेवाला। २. अंकुर/कोंपल वाला।

प्रताप—[स॰ प्र + ताप] *पु॰* १. प्रकृष्ट ताप। बहुत गर्मी। २. प्रकृष्ट ताप और तेज। ***जैसे***—सूर्य का प्रचंड प्रताप। ३. प्रकाश। ४. प्रभुत्व। ५. पौरुष। ६. शक्ति। ***जैसे***—भुजाओं का प्रताप। ७. पराक्रम, वीरता, उत्साह और साहस। ८. शक्ति, वीरता, साहस आदि के कारण होनेवाला प्रभाव। इक़बाल। ९. महिमा। मान्यता। ***जैसे***—वेष के प्रताप से सभी साधुवेषधारी सम्मान पाते हैं।

प्रतापन—[स॰ प्र √तप् + णिच् + ल्युट] *पु॰* १. बहुत गर्म करना। तपाना। २. पीड़ा देना। *वि॰* १. ताप देनेवाला। २. पीड़ा देनेवाला।

प्रतारण—[स॰ प्र + तारण] *पु॰* १. वंचना। ठगी। धोखा। २. धूर्तता। ✣ **प्रतारणा**—*स्त्री॰*।

प्रति—[स॰ √प्रथ् + डति] *अव्यय॰* १. हर एक। २. ओर। तरफ़। ३. किसी के सम्मुख। किसी को लक्षित करते हुए। किसी को उद्देश्य बनाते हुए। ***जैसे***—धर्म के प्रति श्रद्धा। ४. अनेक में से हर एक अलग-अलग। ५. समीप। पास। *स्त्री॰* १. चित्र/लेख आदि की नक़ल। २. किसी पुस्तक आदि की प्रतिकृति। ***जैसे***—प्रसाद की 'कामायनी' की २० प्रतियाँ खरीदीं। ३. प्रतिबिम्ब। परछाई। ● **विशेष—'प्रति' उपसर्ग के रूप में प्रयुक्त होकर अनेक शब्द बनाता है।** ✣ **प्रति-प्रति**—*वि॰* = १. अलग-अलग। २. प्रत्येक। हर एक। प्रत्येक। ***जैसे***—प्रति-प्रति घर की अनुपम शोभा।

प्रतिकथन—[स॰ प्रति + कथन] *पु॰* १. उत्तर। विरुद्ध कथन।

प्रतिकथानक—[स॰ प्रति + कथानक] *पु॰* (पा॰ काव्य॰) किसी कथानक के अन्तर्गत षड्यन्त्र को विफल करने के लिए रचा गया

षड्यन्त्र। जवाबी षड्यन्त्र। (अ० काउंटर प्लाट)

प्रतिकर—[स० प्रति √कृ + अप्] *पु०* क्षतिपूर्ति। मुआवज़ा।

प्रतिकर्ता—[स० प्रतिकर्तृ] *वि०* १. प्रतिकार/प्रतिशोध करनेवाला। २. क्षतिपूर्ति करनेवाला। मुआवजा देनेवाला। *पु०* प्रतिपक्षी। विरोधी।

प्रतिकाय—[स० प्रति + काय] *पु०* १. पुतला। २. मूर्ति या चित्र। ३. शत्रु। दुश्मन।

प्रतिकार—[स० प्रति √कृ + घञ्] *पु०* १. प्रतिशोध। बदला। २. जवाबी कार्यवाही। ३. किसी बात/काम/उपद्रव आदि को रोकने/दबाने आदि के लिए या प्रभावहीन करने के लिए किया जाने वाला कार्य। रोकथाम। ४. (रोग की) चिकित्सा। इलाज।

प्रतिकारिक—[< स० प्रतिकार] *वि०* १. प्रतिकार से सम्बन्धित। २. जो प्रतिकार के रूप में हो। ३. किसी क्रिया, वस्तु आदि के प्रभाव को नष्ट कर देनेवाला।

प्रतिकार्य—[स० प्रति + कार्य] *वि०* १. प्रतिकार किए जाने के योग्य। २. जिसका प्रतिकार करना हो।

प्रतिकिण्व—[स० प्रति + किण्व] *पु०* (प्राण०) किण्व (अ० एन्ज़ाइम) की क्रियाओं को बन्द या कम करनेवाला पदार्थ या प्रतिरक्षी।

प्रतिकुलपति—[स० प्रति + कुलपति] *पु०* विश्व-विद्यालय का वह उच्च पदाधिकारी जो कुलपति के द्वारा अपने प्रशासकीय सहयोग के लिए नियुक्त होता है तथा जो कुलपति की अनुपस्थिति में कुलपति का कार्य भी करता है। (अ० प्रो-वाइसचान्सलर)

प्रतिकुलाधिपति—[स० प्रति + कुलाधिपति] *पु०* किसी विश्वविद्यालय का वह उच्च पदाधिकारी जो कुलाधिपति के द्वारा अपने प्रशासकीय सहयोग के लिए नियुक्त होता है और उसकी अनुपस्थिति में कुलाधिपति का कार्य भी करता है। (अ० प्रो-चान्सलर)

प्रतिकूल—[स० प्रति + कूल] *वि०* १. जो अनुकूल न हो। हानिकारक। २. विपरीत। उलटा। ३. (स्वभाव, रुचि आदि की दृष्टि से) विरोधी। ४. कार्य आदि में बाधक। ५. हानिकारक।

प्रतिकूलतः—[स० प्रतिकूलतस्] *क्रिवि०* प्रतिकूल रूप से। विपरीत/विरोधी रूप से। ***जैसे***—प्रतिकूलतः दावा करना। ∇ **विलोम**—अनुकूलतः।

प्रतिकूलाक्षर—[स० प्रतिकूल ~ अक्षर] *पु०* (काव्य०) शृंगार आदि रसों के विपरीत वर्णों का प्रयोग (जैसे—रौद्र रस में कोमल पदावली का प्रयोग)

प्रतिकृत—[स० प्रति + कृत] *वि०* १. जिसका प्रतिकार किया गया हो। २. जिसका बदला लिया जा चुका हो। प्रतिशोधित। ३. जिसका इलाज किया गया हो। चिकित्सित।

प्रतिकृति—[स० प्रति + कृति] *स्त्री०* १. मूल कृति की ठीक नक़ल जैसी दूसरी कृति। किसी चित्र, मूर्ति, अलंकरण आदि के आकार-प्रकार जैसी निर्मित दूसरी रचना। २. किसी पांडुलिपि या मुद्रित पुस्तक की यथावत् प्रतिलिपि (फ़ोटो आदि से)। अनुलिपि।

प्रतिक्रम—[स० प्रति √क्रम् + घञ्] *पु०* १. लौट आना। प्रत्यावर्तन। २. प्रतिकूल आचरण/कार्य। ३. उल्टा क्रम। *वि०* जो विपरीत क्रम वाला हो।

प्रतिक्रान्ति (प्रतिक्रांति)—[स० प्रति + क्रान्ति] *स्त्री०* एक प्रकार की क्रान्ति के विरुद्ध दूसरे प्रकार की क्रान्ति। (अ० काउन्टर-रेवलूशन)

प्रतिक्रिया—[स० प्रति + क्रिया] *स्त्री०* १. किसी क्रिया के परिणामस्वरूप होनेवाली क्रिया। २. किसी घटना के परिणामस्वरूप होनेवाली विरोधी क्रिया/घटना। ३. जवाब में की गयी कार्यवाही। ४. किसी के व्यवहार/प्रस्ताव आदि के उत्तरस्वरूप व्यक्ति का व्यवहार/विचार आदि। ५. किसी घटना के विषय में तात्कालिक विचार/मत/राय। ६. विपरीत प्रभाव/स्थिति/दशा। ७. विरोध। ८. प्रतिकार। बदला। ९. जवाबी हमला। प्रत्याक्रमण। (रसायन०) अभिक्रिया।

प्रतिक्रियावाद—[स० प्रतिक्रिया ~ वाद] *पु०* परिवर्तन/सुधार करनेवालों का विरोध करने की प्रवृत्ति, क्रिया या गति। प्रगति-विरोधी प्रवृत्ति/कार्यवाही। *वि०, पु०* = नवीन मान्यताओं, सिद्धान्तों, सुधारों आदि का विरोधी। प्रगति-विरोधी प्रवृत्तिवाला या प्रगति-विरोधी कार्य करनेवाला (व्यक्ति/संस्था आदि)।

प्रतिक्रोध—[स० प्रति + क्रोध] *पु०* (किसी के) क्रोध के प्रति होने वाला क्रोध। क्रुद्ध व्यक्ति के प्रति क्रोध। प्रतिकोप।

प्रतिक्षण—[स० प्रति + क्षण] *क्रिवि०* प्रत्येक क्षण में। निरन्तर।

प्रतिक्षिप्त—[स० प्रति + क्षिप्त] *वि०* १. किसी की ओर फेंका हुआ। २. लौटाया हुआ। ३. बलपूर्वक पीछे हटाया हुआ। अस्वीकृत। अमान्य।

प्रतिक्षेप—[स० प्रति + क्षेप/क्षेपण] *पु०* १. (प्रस्ताव आदि की) अस्वीकृति। नामंजूरी २. फेंकना। ३. झटका। (चिकित्सा०) मांसपेशियों की फड़कन या झटका।

प्रतिगमन—[स० प्रति + गमन] *पु०* वापस जाना। लौट जाना।

प्रतिगामी—[स० प्रतिगामिन्] *वि०, पु०* १. प्रतिकूल/उलटी दिशा में जाने या ले जाने वाला। २. प्रतिक्रियावादी।

प्रतिगृह—[स० प्रति + गृह] *अव्यय०* हर घर में। घर-घर।

प्रतिगृहीत—[स० प्रति + गृहीत] *वि०* १. ग्रहण किया हुआ। २. जिसे स्वीकार किया गया हो। स्वीकृत। ३. विवाहित। ⁘ **प्रतिगृहीता**—*स्त्री०* = १. विवाहित स्त्री। २. पत्नी। भार्या।

*__प्रतिग्या__—*स्त्री०* ≤ *स०* प्रतिज्ञा।

प्रतिग्रह—[स० प्रति √गृह् + अप्] *पु०* १. स्वीकार। ग्रहण। लेना। २. विधिपूर्वक दिए गए दान का ग्रहण। ३. (हवालात में) हिरासत। ४. पाणिग्रहण। विवाह। ५. सूर्य/चन्द्रमा को लगनेवाला ग्रहण। उपराग। ६. धरोहर।

प्रतिग्राहक—[स० प्रति + ग्राहक] *पु०* दी हुई वस्तु ग्रहण करनेवाला।

प्रतिघात—[स० प्रति + घात] *पु०* १. आघात के बदले किया जाने वाला या स्वाभाविक होने वाला आघात। २. बाधा। रुकावट। ३. निवारण। ४. वध। हत्या।

प्रतिचक्रवात—[सं॰ प्रति + चक्रवात] *पु॰* १. उच्च वायुमंडलीय दाब वाला क्षेत्र जिसके केन्द्र में दाब अधिक होता है और केन्द्र से हवा चक्कर खाते हुए बाहर की ओर चलती है। २. उक्त में हवा का तेज़ प्रवाह। ∇ **विलोम**—चक्रवात।

प्रतिचयन—[सं॰ प्रति + चयन] *पु॰* किसी समष्टि से प्रतिदर्श प्राप्त करने की प्रक्रिया। नमूने लेना। नमूनों का चयन। (अं॰ साम्प्लिंग)

प्रतिचिन्तन (प्रतिचिंतन)—[सं॰ प्रति + चिन्तन] *पु॰* बार-बार विचार करना। पुनर्विचार।

प्रतिच्छवि—[सं॰ प्रति + छवि] *स्त्री॰* १. प्रतिबिम्ब। २. चित्र। तस्वीर।

प्रतिच्छाया—[सं॰ प्रति + छाया] *स्त्री॰* १. प्रतिबिम्ब। २. चित्र। तस्वीर। ३. प्रतिमा। मूर्ति। प्रतिकृति। ✣ **प्रतिच्छायित**—*वि॰* = १. प्रतिबिम्बित। २. चित्रित।

प्रतिच्छेद—[सं॰ प्रति + छेद] *पु॰* (गणित॰) किन्हीं दो या अधिक ज्यामितीय आकृतियों का परस्पर छेदन/काटना। ***जैसे***—रेखा और वृत्त का परिच्छेद।

प्रतिजन—[सं॰ प्रति + जन] *पु॰* (चिकित्सा॰) ऐसा पदार्थ, जीवाणु आदि जो रोग-प्रतिरक्षियों के उत्पादन को प्रोत्साहित करे। रक्त में बननेवाला वह पदार्थ जो विष या परजीवियों का नाश करता है। रोगनाशकतत्त्व-जनक। (अं॰ ऐन्टिजिन)

प्रतिजल्प—[सं॰ प्रति √जल्प् + घञ्] *पु॰* १. उत्तर में कही हुई बात। उत्तर। २. विपरीत/विरोधी बात।

प्रतिजिह्वा (प्रतिजिह्वा)—[सं॰ प्रति + जिह्वा] *स्त्री॰* गले के भीतर की घंटी। कौआ।

प्रतिजीवी—[सं॰ प्रतिजीविन्] *वि॰, पु॰* (चिकित्सा॰) जीवाणुनाशक (तत्त्व)।

प्रतिजैविक—[सं॰ प्रति + जैविक] *वि॰, पु॰* प्रतिजीवी।

प्रतिजैविकी—[सं॰ प्रति + हि॰ जैविकी] *पु॰* प्राणिविज्ञान की वह शाखा जिसमें जीवाणुओं और अन्य सूक्ष्म जीवों के नष्ट करने या उनकी वृद्धि को कम करने की क्षमता रखनेवाले रासायनिक पदार्थों का अध्ययन होता है। (अं॰ ऐन्टिबायोटिक्स)

प्रतिज्ञा—[सं॰ प्रति √ज्ञा + अङ् + टाप्] *स्त्री॰* १. किसी कार्य को करने या न करने के विषय में दृढ़ संकल्प। २. वचन-दान। वायदा। ३. घोषणा। (न्याय॰) अनुमान के पाँच अवयवों में से प्रथम।

प्रतिज्ञात—[सं॰ प्रति √ज्ञा + क्त] *वि॰* १. जिसके विषय में प्रतिज्ञा की गई गई हो। जो प्रतिज्ञा का विषय हो। २. घोषित किया हुआ। कहा हुआ। ३. स्वीकार किया हुआ। माना हुआ। स्वीकृत।

प्रतिज्ञान—[सं॰ प्रति √ज्ञा + ल्युट्] *पु॰* १. सत्यनिष्ठापूर्वक कथन। २. वायदा। इक़रार। ३. स्वीकारोक्ति।

प्रतिज्ञाहानि—[सं॰ प्रतिज्ञा ~ हानि] *स्त्री॰* (न्याय॰) दृष्टान्त में प्रतिकूल दृष्टान्त का धर्म मान लेना (जो निग्रहस्थान का एक भेद है)।

प्रतिज्ञेय—[सं॰ प्रति √ज्ञा + यत्] *वि॰* १. जिसके विषय में प्रतिज्ञा की जाए। २. जो बात प्रतिज्ञा करने योग्य हो।

प्रतितन्त्र (प्रतितंत्र)—[सं॰ प्रति + तन्त्र] *पु॰* (किसी व्यक्ति के लिए) वह शास्त्र जिसके सिद्धान्त अपने शास्त्र के सिद्धान्तों के विपरीत हों।

प्रतितुलन/प्रतितोल—[सं॰ प्रति + तुलन/तोल] *पु॰* तुला को सन्तुलित करने के लिए एक पलड़े में रखा गया भार। धड़ा।

प्रतितोष—[सं॰ प्रति + तोष] *पु॰* क्षतिपूर्ति। हर्जाना। मुआवज़ा।

प्रतिदत्त—[सं॰ प्रति + दत्त] *वि॰* १. बदले में दिया हुआ। २. वापस किया हुआ।

प्रतिदर्श—[सं॰ प्रति + दर्श] *पु॰* वस्तु की गुण-परीक्षा के लिए लिया गया नमूना। बानगी। (गणित॰) किसी भी समष्टि का परिमित अंश जिसे समष्टि का प्रतिनिधि माना जाता है। नमूना। (अं॰ साम्पल)।

प्रतिदान—[सं॰ प्रति + दान] *पु॰* १. ली हुई या धरोहर रखी हुई वस्तु को वापस करना। लौटाना। २. ली हुई वस्तु के बदले में दूसरी वस्तु देना। विनिमय। ३. बदले में किया गया वैसा ही व्यवहार (जैसे के साथ तैसा व्यवहार) ***जैसे***—प्रेम का प्रतिदान।

प्रतिदाय—[सं॰ प्रति + दाय] *पु॰* १. किसी के द्वारा व्यय किया हुआ धन उसे देना। २. उक्त धनराशि।

प्रतिदावा—[सं॰ प्रति + अरबी दावा] *पु॰* १. किसी के द्वारा किए गए दावे के ज़वाब में किया गया दावा। जवाबी दावा। २. (न्यायालय में) अभियुक्त/प्रतिवादी द्वारा किया गया दावा।

प्रतिदीप्ति—[सं॰ प्रति + दीप्ति] *स्त्री॰* (भौतिकी॰) किसी पदार्थ द्वारा किसी विशेष तरंगदैर्घ्यवाले विकिरण का अवशोषण करने के बाद उसका विकिरण के रूप में पुनः उत्सर्जन। रंगीन दीप्ति/आभा/चमक। (अं॰ फ़्लुअरेसन्स)

प्रतिदूत—[सं॰ प्रति + दूत] *पु॰* (किसी का दूत आने के बाद) बदले में भेजा गया दूत।

प्रतिदेय—[सं॰ प्रति + देय] *वि॰* बदलने या लौटाने के योग्य। वापसी के योग्य।

प्रतिद्वन्द्व (प्रतिद्वंद्व)—[सं॰ प्रति + द्वन्द्व] *पु॰* १. दो समान विरोधी व्यक्ति। दो समान शत्रु। २. दो समान व्यक्तियों का विरोध/झगड़ा/लड़ाई।

प्रतिद्वार (प्रतिद्वार)—[सं॰ प्रति + द्वार] *क्रिवि॰* हर दरवाज़े पर। द्वार-द्वार।

प्रतिधारण—[सं॰ प्रति + धारण] *पु॰* १. धारण। २. रोकने या रोके रखने की क्रिया/भाव। ३. (विक्रेता/उत्पादक आदि को) वचन-बद्ध होने के लिए दिया जाने वाला अग्रिम धन या मूल्य।

प्रतिधृत—[सं॰ प्रति + धृत] *वि॰* १. जिसे रोक लिया गया हो या रोके रखा गया हो। २. जो (वकील/विक्रेता/उत्पादक) आदि कुछ अग्रिम धन देकर अपने काम के लिए वचनबद्ध किया गया हो या अटका लिया गया हो।

प्रतिध्वनि—[सं॰ प्रति + ध्वनि] *स्त्री॰* १ परावर्तित होकर सुनायी पड़नेवाली ध्वनि। प्रतिशब्द। गूँज। २. (लाक्षणिक) दूसरे के विचारों आदि को मिलते-जुलते रूप में दोहराया जाना। दोहरायी गयी बात।

प्रतिध्वनित—[सं॰ प्रति + ध्वनित] *वि॰* प्रतिध्वनि के रूप में शब्द करता हुआ। गूँजा हुआ। गुंजित।

प्रतिध्वनिहृद्‌लेखन—[सं॰ प्रतिध्वनि ~ हृद्‌लेखन] *पुं॰* (चिकित्सा॰) श्रवणातीत ध्वनितरंगों (अं॰ अल्ट्रासाउन्ड) द्वारा हृदय की गतियों के अध्ययन की एक विधि।

प्रतिनाद—[सं॰ प्रति + नाद] *पुं॰* प्रतिध्वनि।

प्रतिनायक—[सं॰ प्रति + नायक] *पुं॰* (काव्य॰) (नाटक, उपन्यास आदि में) नायक का प्रतिद्वन्द्वी/प्रतिस्पर्धी।

प्रतिनिधि—[सं॰ प्रति + निधि] *पुं॰* १. किसी अन्य के स्थान पर कार्य करने के लिए भेजा गया व्यक्ति। २. किसी समूह/वर्ग के द्वारा चुना हुआ या निर्वाचित व्यक्ति जो उसके पक्ष को प्रस्तुत कर सके और उसकी ओर से कार्य कर सके। ***जैसे***—लोकसभा के सदस्य जनता के प्रतिनिधि ही होते हैं। *वि॰* १. (ग्रन्थ) जिसमें सब या अनेक वर्गों के लेखकों/कवियों आदि के उत्तम नमूने हों। ***जैसे***—१. रूसी काव्य की प्रतिनिधि पुस्तक। २. अनेक वर्गों या किसी समूह को नमूने के रूप में या अच्छी तरह प्रस्तुत करने वाला। ***जैसे***—ग़रीबों की प्रतिनिधि संस्था।

प्रतिनिधिशासन—[सं॰ प्रतिनिधि ~ शासन] *पुं॰* जनता के प्रतिनिधियों द्वारा नियन्त्रित शासन।

प्रतिनियत—[सं॰ प्रति + नियत] *वि॰* पहले से नियत/निश्चित। पूर्वनिश्चित।

प्रतिनियुक्ति—[सं॰ प्रति + नियुक्ति] *स्त्री॰* किसी के स्थान पर काम करने के लिए नियुक्ति। (अं॰ डेप्युटेशन)

प्रतिनियोजन—[सं॰ प्रति + नियोजन] *पुं॰* १. किसी संगठन या उच्चाधिकारी द्वारा अपनी शक्ति और उत्तरदायित्व को किसी अधीनस्थ अधिकारी या अधिकारियों को सौंपने की प्रक्रिया। २. प्रतिनियुक्ति।

प्रतिनिर्देश—[सं॰ प्रति + निर्देश] *पुं॰* १. पुनः उल्लेख करना। २. ग्रन्थ/मिसिल आदि के एक स्थान पर दिया गया दूसरे स्थान का संकेत जहाँ अधिक जानकारी उपलब्ध हो। अन्तः शीर्षक निर्देश। प्रतिसंकेत/प्रतिसन्दर्भ। (अं॰ क्रास रेफ़रेन्स)

प्रतिनीतिवाद—[सं॰ प्रति + नीति ~ वाद] *पुं॰* नीति- निरपेक्षवाद। (काव्य॰) यह मत कि साहित्य नीति से पूर्णतः स्वतन्त्र है और केवल आनन्दप्रद वस्तु है।

प्रतिपक्ष—[सं॰ प्रति + पक्ष] *पुं॰* १. विरुद्ध पक्ष। विपक्ष। २. शत्रु या विरोधी। ३. (न्यायालय में) प्रतिवादी। ४. (वाद-विवाद आदि में) प्रस्तुत पक्ष का विरोध पक्ष।

प्रतिपच्चन्द्र—[सं॰ प्रतिपद् ~ चन्द्र] *पुं॰* प्रतिपदा का चन्द्रमा। पड़वा का चाँद।

प्रतिपत्ति—[सं॰ प्रति √पद् + क्तिन्] *स्त्री॰* १. प्राप्ति। उपलब्धि। २. ज्ञान। ३. (किसी विषय/बात का) प्रतिपादन। निरूपण। ४. किसी बात को प्रमाणपूर्वक अच्छी प्रकार समझाना। ५. उक्त बात का ग्रहण। स्वीकृति। ६. स्वीकारोक्ति। ७. दृढ़ विचार/निश्चय/संकल्प। ८. प्रतिभा। ९. बुद्धि। १०. परिणाम। ११. प्रमाण। १२. दान। १३. विश्वास। भरोसा। १४. पद्धति। १५. प्रसिद्धि। ख्याति।

प्रतिपद—[सं॰ प्रति + पद] *पुं॰* १. प्रत्येक पैर। *क्रिवि॰* पग-पग पर। हर क़दम पर।

प्रतिपदा—[सं॰ प्रतिपद् + टाप्] *स्त्री॰* चान्द्र मास के प्रत्येक पक्ष की पहली तिथि। पड़वा।

प्रतिपन्न—[सं॰ प्रति √पद् + क्त] *वि॰* १. प्राप्त। २. आरम्भ या पूर्ण किया हुआ। ३. स्वीकृत। अंगीकृत। ४. स्थापित। ५. जाना हुआ। अवगत। ६. प्रमाणित। ७. सम्मानित।

प्रतिपर्ण—[सं॰ प्रति + पर्ण] *पुं॰* चेक, रसीद आदि में लगा रहने वाला वह पुरज़ा जिस पर किसी को दिए गए दूसरे पुरज़े की प्रतिलिपि या संक्षिप्त विवरण अंकित होता है ओर जो देनेवाले के पास प्रमाण के रूप में रहता है। (अं॰ काउन्टर फ़ॉइल)

प्रतिपवन—[सं॰ प्रति + पवन] *वि॰* १. हवा चलने की विपरीत दिशा वाला। २. हवा से बचा हुआ (पार्श्व/दिशा)। ∇ **विलोम**—अभिपवन। ✣ **प्रतिपवन पार्श्व**—*पुं॰* = (भूविज्ञान॰) वह दिशा या ओर जो (पर्वत आदि के कारण) हवा से बची हुई हो। हवा से सुरक्षित दिशा। ओट वाली ओर।

प्रतिपादन—[सं॰ प्रति √पद् + णिच् + ल्युट्] *पुं॰* १. अच्छी तरह से ज्ञान कराना। बोधन। २. किसी विषय का सप्रमाण कथन। निरूपण। ३. आरम्भ या पूर्ण करना। ४. स्थापन।

प्रतिपालन—[सं॰ प्रति √पाल् + णिच् + ल्युट्] *पुं॰* १. पालन-पोषण। २. आज्ञा आदि का पालन। ३. रक्षण। देख-रेख।

प्रतिपाल्य—[सं॰ प्रति √पाल् + णिच् + यत्] *वि॰* १. प्रतिपालन के योग्य। २. जिसका प्रतिपालन किया जाने वाला हो। ३. जिसका पालन-पोषण करना उचित हो/आवश्यक हो। ४. रक्षा के योग्य। रक्षणीय। *पुं॰* वयस्क होने तक अभिभावक की देख-रेख में रहनेवाला बालक। ✣ **प्रतिपाल्य अधिकरण**—*पुं॰* = वह सरकारी विभाग/अधिकरण जो प्रतिपाल्य लोगों की सम्पत्ति की व्यवस्था उनके वयस्क होने तक करता है। (अं॰ कोर्ट आफ़ वार्ड्स)

प्रतिपीड़न—[< सं॰ प्रति + पीडन] *पुं॰* १. कष्ट देना। पीड़ा पहुँचाना। २. पीड़ित करनेवाले को पीड़ा पहुँचाना। ३. हानि के बदले हानि पहुँचाना।

प्रतिपूजन—[सं॰ प्रति + पूजन] *पुं॰* परस्पर अभिवादन। पारस्परिक शिष्टाचार का आदान-प्रदान।

प्रतिपूरक—[सं॰ प्रति + पूरक] *वि॰, पुं॰* १. परिपूरण करनेवाला। भरनेवाला। २. क्षतिपूर्ति करनेवाला। क्षतिपूरक।

प्रतिपूर्ति—[सं॰ प्रति + पूर्ति] *स्त्री॰* १. भरना। परिपूरण। २. किसी के द्वारा अपने पास से किए गए व्यय को दिया जाना। ३. क्षतिपूर्ति की वापसी/अदायगी।

प्रतिपृच्छा—[सं॰ प्रति + पृच्छा] *स्त्री॰* (मुक़दमे में) प्रतिपक्ष द्वारा प्रश्नों को पूछे जाने की क्रिया विशेष। प्रश्नानुप्रश्न। जिरह।

प्रतिपृष्ठ—[सं॰ प्रति + पृष्ठ] *पुं॰* १. प्रत्येक पृष्ठ। २. (दैनिक पत्रों

में) सम्पादकीय पृष्ठ के सामने का पृष्ठ। *क्रिवि°* १. हर पृष्ठ पर। ***जैसे***—प्रतिपृष्ठ चित्रण करें। २. हर पृष्ठ के हिसाब से। ***जैसे***—प्रतिपृष्ठ ५ रुपए दीजिए।

प्रतिपोषण—[सं° प्रति + पोषण] *पु°* सहायता। मदद।

प्रतिप्रणाम—[सं° प्रति + प्रणाम] *पु°* प्रणाम के बदले का प्रणाम।

प्रतिप्रश्न—[सं° प्रति + प्रश्न] *पु°* प्रश्न के बदले में किया जाने वाला प्रश्न।

प्रतिप्रेक्षण—[सं° प्रति + प्रेषण] *पु°* (शेष जाँच को पूरा करने के विचार से) अभियुक्त को वापस हवालात भेजना। ⁘ **प्रतिप्रेक्षण-गृह**—*पु°* = ऐसा भवन या सुधार-घर जहाँ विचाराधीन अपराधी या असुरक्षित बालकों को उनके व्यवहार और व्यक्तित्व के अध्ययन और सुरक्षा के लिए कुछ समय रखा जाता है। पर्यवेक्षण गृह।

प्रतिफल—[सं° प्रति + फल] *पु°* १. परिणाम। फल। नतीजा। ***जैसे***—पापों का प्रतिफल भोगना ही पड़ेगा। २. (स्वार्थरूप) बदला। ३. प्रतिशोध। बदला। ४. पारिश्रमिक। मेहनताना। मज़दूरी। ५. मुआवज़ा के रूप में दिया जाने वाला धन आदि। क्षतिपूर्ति।

प्रतिफलन—[सं° प्रति + फलन] *पु°* १. प्रतिफल। २. प्रतिफलित होने की क्रिया/भाव।

प्रतिबद्ध (प्रतिबद्ध)—[सं° प्रति + बद्ध] *वि°* १. बाँध हुआ। बद्ध। २. जिसपर कोई प्रतिबन्ध हो। ३. जिसमें प्रतिबन्ध/बाधा हो। ४. जिसके मार्ग में बाधा/रुकावट डाली गयी हो। ५. अविच्छिन्न सम्बन्ध वाला। ***जैसे***—अग्नि और ताप। ६. किसी विशेष उद्देश्य/सिद्धान्त/जीवनपद्धति आदि के प्रति पूर्ण निष्ठा वाला। ७. जिसने दृढ़ प्रतिज्ञा कर ली हो या दृढ़ संकल्प कर लिया हो।

प्रतिबन्ध (प्रतिबंध)—[सं° प्रति + बन्ध] *पु°* १. बन्धन। २. रोक। २. विघ्न। बाधा। अवरोध। ३. पाबन्दी। ४. निषेध। मनाही। देने आदि पर लगायी गयी रोक। ६. किसी काम या बात में कठिनाई से बचने के लिए लगायी गयी शर्त। उपबन्ध। ⁘ **प्रतिबन्धक (प्रतिबंधक)**—*पु°* = प्रतिबन्ध लगानेवाला।

प्रतिबन्धन (प्रतिबंधन)—[सं° प्रति + बन्धन] *पु°* १. बन्धन। २. विघ्न। ३. क़ैद। ४. प्रतिबन्ध लगाए जाने की क्रिया/भाव।

प्रतिबल—[सं° प्रति + बल] *वि°* समान बल वाला। (भौतिकी°) किसी प्रत्यास्थ पिंड पर लगे बाह्य बलों के प्रभाव से होनेवाला दबाव। (अं° स्ट्रेस)

प्रतिबाधक—[सं° प्रति + बाधक] *वि°* १. बाधा डालनेवाला। बाधक। २. रोकनेवाला। ३. दूर भगा देने वाला। हटाने वाला। निवारक।

प्रतिबिम्ब (प्रतिबिंब)—[सं° प्रति + बिम्ब] *पु°* १. प्रतिच्छाया। ***जैसे***—दर्पण में अपना प्रतिबिम्ब देखना। २. छाया। ३. प्रतिमा। मूर्ति। ४. चित्र। तस्वीर।

प्रतिबुद्ध (प्रतिबुद्ध)—[सं° प्रति √बुध् + क्त] *वि°* १. जिसे प्रतिबोध/ज्ञान मिला हो। २. जागा हुआ। जाग्रत। ३. जाना हुआ। अवगत। ४. प्रसिद्ध।

प्रतिबुद्धि (प्रतिबुद्धि)—[सं° प्रति + बुद्धि] *स्त्री°* १. विपरीत बुद्धि। २. विरोधी अभिप्राय/इरादा।

प्रतिबुद्धिवाद (प्रतिबुद्धिवाद)—[सं° प्रति + बुद्धि ~ वाद] *पु°* तर्कवाद का विरोधी वाद। प्रतिविवेकवाद।

प्रतिबोध—[सं° प्रति + बोध] *पु°* १. जागरण। जागना। २. ज्ञान। ३. स्मृति। ४. शिक्षण।

प्रतिभट—[सं° प्रति + भट] *वि°* सामना/मुक़ाबला करनेवाला। *पु°* १. समान बल वाला योद्धा। बराबर का योद्धा। २. प्रतिस्पर्धी योद्धा। ***जैसे***—अर्जुन का प्रतिभट कर्ण। ३. शत्रु। ४. विपक्षी सैनिक आदि।

प्रतिभा—[सं° प्रति √भा + क + टाप्] *स्त्री°* १. असाधारण मानसिक शक्ति जिससे व्यक्ति किसी कार्य की स्वाभाविक योग्यता रखता है। ***जैसे***—रामानुजन् की गणितीय प्रतिभा। २. किसी विषय को तत्काल/शीघ्र समझ लेने वाली असाधारण बुद्धि। ३. लेखक/कवि/कलाकार आदि की वह शक्ति जिससे वह अनुभव के आधार पर 'अपूर्व' का सर्जन करता है। नवोन्मेषशालिनी शक्ति। ४. प्रभा। चमक। ५. बुद्धि। समझदारी। (छन्द°) एक समवर्णिक छन्द जिसके प्रत्येक चरण में क्रमशः सगण, मगण, तगण, नगण और २ गुरु (स म त न ग ग) के योग से १४ वर्ण होते हैं तथा ८-६ पर यति होती है।

प्रतिभागी—[सं° प्रतिभागिन्] *पु°* (किसी कार्यशाला या योजना आदि में) भाग लेनेवाला। सम्भागी।

प्रतिभात—[सं° प्रति √भा + क्त] *वि°* १. प्रकाशवान्। चमकीला। ***जैसे***—सरोवर में प्रतिभात सैकड़ों कमल। २. जाना हुआ। समझा हुआ। ज्ञात। ३. प्रतीत।

प्रतिभान—[सं° प्रति √भा + ल्युट्] *पु°* १. प्रभा। चमक। २. बुद्धि। ३. प्रत्युत्पन्नमतित्व। हाज़िरजवाबी।

प्रतिभान्वित—[सं° प्रतिभा ~ अन्वित] *वि°* जिसमें प्रतिभा हो। प्रतिभाशाली।

प्रतिभास—[सं° प्रति √भास् + घञ्] *पु°* १. प्रकाश। २. आभास। ३. भ्रम। धोखा। ५. मिथ्या ज्ञान।

प्रतिभिन्न—[सं° प्रति √भिद् + क्त] *वि°* १. जिसका भेदन किया गया हो। २. अलग किया हुआ। ३. विभाजित। विभक्त।

प्रतिभू—[सं° प्रति √भू + क्विप्] *पु°* ज़मानत लेनेवाला। जामिन। (वाणि°) वह व्यक्ति जो किसी अन्य व्यक्ति के द्वारा ऋण के यथासमय भुगतान या अन्य किसी कार्य को करने की ज़िम्मेदारी अनुबन्ध द्वारा अपने ऊपर ले लेता है। ज़मानतदार। ज़ामिन।

प्रतिभूत—[सं° प्रति √भू + क्त] *वि°* १. जिसकी ज़मानत दी गयी हो। २. (धन) जो ज़मानत के रूप में जमा किया गया हो। ३. (वस्तु/सम्पत्ति) जो ज़मानत या बन्धक/गिरवी/रेहन के रूप में किसी को दी गयी हो।

प्रतिभूति—[सं° प्रति √भू + क्तिन्] *स्त्री°* १. ज़मानत। २. मुचलका। ३. सरकार द्वारा जारी किया गया ऋण का प्रमाण-पत्र। सरकारी ऋण-पत्र।

प्रतिभूति बन्धपत्र (बंधपत्र)—[सं॰] *पु॰* (वाणि॰) सरकार, सरकारी अभिकरण, स्थानीय स्वायत्त संस्था या किसी ग़ैर-सरकारी प्रतिष्ठान के द्वारा ऋण का प्रमाण-पत्र।

प्रतिभेद—[सं॰ प्रति √भिद् + घञ्] *पु॰* १. अन्तर। प्रभेद। २. विभाग। ३. भेद/रहस्य खोलना। रहस्य-प्रकटन।

प्रतिम—[< सं॰ प्रतिमा] *वि॰* १. बराबर। २. (समासान्त में) तुल्य। सदृश। ***जैसे***—भीमप्रतिम बल।

प्रतिमा—[सं॰ प्रति √मा + अञ् + टाप्] *स्त्री॰* १. (देव/देवता आदि की) मूर्ति। ***जैसे***—शिव की प्रतिमा। २. अनुकृति। ३. चित्र। तस्वीर। ४. प्रतिबिम्ब। परछाईं। ५. चिह्न। निशान।

प्रतिमान—[सं॰ प्रति √मा + ल्युट्] *पु॰* १. समान मान वाली दूसरी वस्तु। २. वह मूर्ति जिसके नमूने पर वैसी ही मूर्ति बनायी जाए। नमूना। ३. वह व्यक्ति जिसे मुद्रा-विशेष में बैठाकर कलाकार मूर्ति/चित्र के रूप में उसकी अनुकृति बनाए। ४. वह नमूना जिसके अनुसार दूसरी वस्तु बनायी जाए। प्रतिरूप। ५. अनुकरणीय व्यक्ति। आदर्श।

प्रतिमाया—[सं॰ प्रति + माया] *स्त्री॰* १. माया के उत्तर में प्रस्तुत की गयी माया। २. जादू के जवाब में किया गया जादू।

प्रतिमावली—[सं॰ प्रतिमा ~ आवली] *स्त्री॰* १. प्रतिमाएँ। २. बिम्बावली। (दे॰)

प्रतिमुक्त—[सं॰ प्रति + मुक्त] *वि॰* १. पहना हुआ (वस्त्र, आभूषण आदि) २. बाँधा हुआ। ३. आयुधयुक्त। हथियारबन्द। ४. छोड़ा हुआ। ५. ज़ोर से फेंका हुआ। ***जैसे***—प्रतिमुक्त गदा। ५. लौटाया हुआ।

प्रतिमुख—[सं॰ प्रति + मुख] *वि॰* १. सामने खड़ा हुआ। २. समीप में स्थित। समीपस्थ।

प्रतिमुखसन्धि (प्रतिमुखसंधि)—[सं॰ प्रतिमुख ~ सन्धि] *स्त्री॰* (नाट्य॰) रूपक की पाँच सन्धियों में से दूसरी सन्धि। 'बिन्दु' (एक अर्थ प्रकृति) तथा 'प्रयत्न' (एक अवस्था) के मिश्रण वाली नाट्यसन्धि।

प्रतिमुद्रण—[सं॰ प्रति + मुद्रण] *पु॰* १. किसी उत्कीर्ण/अंकित/लिखित लेख आदि को जैसे का तैसा छापने की क्रिया/भाव। २. उक्त प्रकार से छापी हुई प्रति।

प्रतिमुद्रा—[सं॰ प्रति + मुद्रा] किसी अँगूठी या मुद्रा/मोहर से लगायी गयी छाप। मोहरबन्दी।

प्रतिमुद्रित—[सं॰ प्रति + मुद्रित] *वि॰* जिसका प्रतिमुद्रण हुआ हो। (पुरा॰) जिस पर पहले से अंकित चिह्नों के ऊपर (सिक्का आदि पर) नया ठप्पा लगाया गया हो। प्रत्याहत।

प्रतिमूर्ति—[सं॰ प्रति + मूर्ति] *स्त्री॰* १. प्रतिमा। मूर्ति। २. अनुकृति।

प्रतिमोचन—[सं॰ प्रति + मोचन] *पु॰* १. बन्धन से मुक्त करना। खोलना। ३. मुक्ति। छुटकारा।

प्रतियोग—[सं॰ प्रति + योग] *पु॰* १. किसी वस्तु का प्रतिरूप। २. सामना। मुक़ाबला। ३. विरोधी तत्त्व या विरोध। ४. शत्रुता। वैर। ५. किसी वस्तु/बात/नीति आदि का प्रभाव नष्ट करने वाली वस्तु/कार्य आदि।

प्रतियोगिता—[सं॰ प्रतियोगिन् + तल् + टाप्] *स्त्री॰* १. प्रतियोगी होने का भाव। २. प्रतिद्वन्द्विता। प्रतिस्पर्धा। होड़। ३. एक ही उद्देश्य के लिए अनेक लोगों का आपस में मुक़ाबला। ४. विरोध।

प्रतिरक्षण—[सं॰ प्रति + रक्षण] *पु॰* १. रोगों, कीटों या दूषित करनेवाली वस्तुओं से बचाव। २. कृत्रिम उपायों द्वारा प्रतिरक्षा करने की प्रक्रिया। प्रतिरक्षीकरण। ३. (प्रतिरक्षा के लिए) टीका लगाना। टीकाकरण।

प्रतिरक्षा—[सं॰ प्रति + रक्षा] *स्त्री॰* १. रक्षा। बचाव। २. आक्रामक सूक्ष्म जीवों के विष के प्रति शरीर की प्रतिरोधक शक्ति। (विधि॰) प्रतिवादी का उत्तर। प्रतिवाद। सफ़ाई।

प्रतिरूप—[सं॰ प्रति + रूप] *वि॰* किसी के समान रूप वाला। अनुरूप। सदृश। *पु॰* १. प्रतिमा। मूर्ति। २. चित्र। तस्वीर। ३. अनुकृति। ४. वह वस्तु जिसके अनुसार दूसरी वस्तु बनायी जाए। प्रतिमान। नमूना। ५. प्रतिबिम्ब। ६. यथावत् प्रतिलिपि। हूबहू नक़ल। प्रतिकृति। ***जैसे***—किसी के हस्ताक्षर का प्रतिरूप। ७. किसी के रूप की नक़ल। छद्मवेश।

प्रतिरोध—[सं॰ प्रति √रुध् + घञ्] *पु॰* १. बाधा। रुकावट। अड़चन। २. विरोध। ३. शत्रु के दुर्ग/सेना आदि के चारों ओर डाला जाने वाला घेरा।

प्रतिरोपण—[सं॰ प्रति + रोपण] *पु॰* १. अन्यत्र रोपण। २. पौध तैयार होने पर उसे उखाड़कर खेतों में अन्यत्र लगाना। ३. किसी व्यक्ति का कोई अंग काटकर दूसरे व्यक्ति के शरीर में लगाना।

प्रतिलाभ—[सं॰ प्रति + लाभ] *क्रिवि॰* १. प्रत्येक लाभ में २. लाभ के प्रत्येक अवसर पर।

प्रतिलिपि—[सं॰ प्रति + लिपि] *स्त्री॰* १. मूल लेख या पत्र आदि की नक़ल। २. हाथ का लिखा हुआ लेख। ⁘ **प्रतिलिपिक**—*पु॰* = मूल लेख या पत्र आदि की प्रतिलिपियाँ करने का काम करनेवाला।

प्रतिलिप्यधिकार—[सं॰ प्रतिलिपि ~ अधिकार] *पु॰* प्रकाशन का अधिकार। प्रकाशनाधिकार। कॉपीराइट (अं॰)।

प्रतिलेख—[सं॰ प्रति + लेख] *पु॰* १. सरकारी रसीद आदि का वह भाग जो मूल लेख की नक़ल या उसका कुछ संक्षिप्त विवरण होता है और जो देनेवाले के पास प्रमाण के रूप में रहता है। प्रतिपर्ण। २. प्रतिलिपि। नक़ल। ३. लिप्यन्तरित लेख।

प्रतिलोम—[सं॰ प्रति + लोम] *वि॰* १. विपरीत। उल्टा। २. (विवाह) जिसमें पुरुष की अपेक्षा स्त्री उच्चतर वर्ण की हो। ∇ **विलोम**—अनुलोम।

प्रतिलोमज—[सं॰ प्रतिलोम + ज] *पु॰* १. प्रतिलोम-विवाह वाले पति-पत्नी की सन्तान। २. वर्णसंकर।

प्रतिवक्ता—[< सं॰ प्रतिवक्तृ] *पु॰* उत्तर देनेवाला व्यक्ति।

प्रतिवचन—[सं॰ प्रति + वचन] *पु॰* १. उत्तर। जवाब। २. विरुद्ध कथन।

प्रतिवर्त—[सं॰ प्रति + वर्त] *पुं॰* तन्त्रिका के उत्तेजित होने पर व्यक्ति की स्वाभाविक प्रतिक्रिया। सहज/प्रतिवर्ती क्रिया। (चिकित्सा॰) पेशी या ग्रन्थि से सम्बन्धित किसी संवेदी तन्त्रिका वेग का तत्काल प्रेरक तन्त्रिका वेग में बदल जाना। ***जैसे***—उदरीय प्रतिवर्त।

प्रतिवर्तन—[सं॰ प्रति + वर्तन] *पुं॰* १. वापस होना। लौटना। वापसी। २. वापस करना। लौटाना। ३. किसी व्यवहार के अनुरूप बदले में किया गया व्यवहार। ४. पिछली घटनाओं आदि का सिंहावलोकन। (प्राणि॰) ऐच्छिक क्रिया से भिन्न स्वतः अनुक्रिया। सहज/प्रतिवर्ती क्रिया जो तन्त्रिक केन्द्र की बाहरी उद्दीपन की प्रतिक्रिया के फलस्वरूप होती है (जैसे—पैर में काँटा चुभने पर पैर का अपने आप हट जाना)। (विधि॰) १. किसी सम्पत्ति का पुनः दाता के उत्तराधिकारियों को मिल जाना जो दाता की मृत्यु तक या किसी नियत तिथि/अवधि तक के लिए अन्य को दी गयी हो। २. सम्पत्ति का प्रत्यावर्तन। ३. फिर पहली स्थिति पर आ जाना। ४. पहले वाले पद पर वापसी।

प्रतिवर्धापक—[सं॰ प्रति + वर्धापक] *वि॰, पुं॰* १. बधाई स्वीकार करके धन्यवाद देनेवाला। २. बधाई के बदले में बधाई देनेवाला।

प्रतिवस्तु—[सं॰ प्रति + वस्तु] *स्त्री॰* १. (किसी वस्तु के) सदृश वस्तु। २. किसी वस्तु के बदले में दी जाने वाली वस्तु।

प्रतिवाक्य—[सं॰ प्रति + वाक्य] *पुं॰* १. उत्तर। जवाब। २. विरुद्ध वचन।

प्रतिवाद—[सं॰ प्रति + वाद] *पुं॰* १. किसी कथन को मानने से इनकार। किसी बात के विरोध में कही जाने वाली बात। २. विरोध या खंडन। ३. (न्यायालय में) वादी की बात के विरोध में कही जाने वाली बात। वादी के कथन का उत्तर।

प्रतिवादी—[सं॰ प्रतिवादिन्] *पुं॰* १. प्रतिवाद/खंडन/विरोध करनेवाला। २. वादी की बात का उत्तर देने-वाला। ३. वाद-विवाद करनेवाला। ४. विरोधी। प्रतिपक्षी। (विधि॰) वह जिस पर/दावा किया गया हो या अभियोग लगाया गया हो। मुद्दालेह। ∇ **विलोम**—वादी।

प्रतिवारण—[सं॰ प्रति √वृ + णिच् + ल्युट्] *पुं॰* मना करना। रोकना।

प्रतिवार्ता—[सं॰ प्रति + वार्ता] *स्त्री॰* किसी को उत्तर में दिया/भेजा गया विवरण। प्रत्युत्तर के रूप में वृत्तान्त।

प्रतिवास—[सं॰ प्रति √वास् + घञ्] *पुं॰* १. सुगन्ध। सुवास। ख़ुशबू। २. समीप रहना। ३. पड़ोस।

प्रतिवासी—[सं॰ प्रतिवासिन्] *वि॰* समीप का निवासी। *पुं॰* पड़ोसी।

प्रतिविघात—[सं॰ प्रति + वि √हन् + घञ्] *पुं॰* १. बचाव। २. आघात के बदले किया गया आघात। चोट के बदले चोट।

प्रतिविवेकवाद—[सं॰ प्रति + विवेक ~ वाद] (दर्शन॰) प्रतिबुद्धिवाद।

प्रतिविष—[सं॰ प्रति + विष] *पुं॰* किसी विष का प्रभाव नष्ट/दूर करनेवाला पदार्थ।

प्रतिवेदन—[सं॰ प्रति √विद् + ल्युट्] *पुं॰* १. किसी संस्था/संगठन/प्रतिष्ठान आदि के कार्यकलापों तथा हिसाब-किताब आदि का औपचारिक विवरण। रिपोर्ट (अं॰) २. किसी योजना/कार्य/घटना/तथ्य आदि के सम्बन्ध में जाँच-पड़ताल के बाद आवश्यक कार्यवाही हेतु सम्बन्धित अधिकारी या सभा आदि के सामने प्रस्तुत करने के लिए तैयार विवरण। रिपोर्ट (अं॰)

प्रतिवेश—[सं॰ प्रति √विश् + घञ्] *पुं॰* १. पड़ोस। २. घर के निकट या सामने का मकान। ३. किसी के समीप या आस-पास रहने की अवस्था/भाव।

प्रतिवेष्टित—[सं॰ प्रति + वेष्टित] *वि॰* १. लौटा हुआ। प्रत्यावृत्त। २. बदला हुआ। परिवर्तित।

प्रतिव्यूह—[सं॰ प्रति + व्यूह] *पुं॰* शत्रु पर आक्रमण के लिए सेना की व्यूह-रचना। मोर्चेबन्दी।

प्रतिशङ्का (प्रतिशंका)—[सं॰ प्रति + शङ्का] *स्त्री॰* सन्देह। २. बराबर बनी रहने वाली शंका या भय।

प्रतिशत—[सं॰ प्रति + शत] *क्रिवि॰* प्रति सौ में या प्रति सौ के हिसाब से। हर सौ पर। फ़ीसदी। *पुं॰* १. प्रति सौ पर एक भाग। शतांश। २. प्रति सौ के हिसाब से होने वाली दर। *वि॰* प्रति सौ के हिसाब वाला। फ़ीसदी। ***जैसे***—६० प्रतिशत अंक। ● **विशेष**—प्रतिशत का चिह्न % है। ✣ **प्रतिशतता**—*स्त्री॰* = सौ को आधार मानकर परिकलित संख्या या अनुपात। ***जैसे***—५०० की ३० प्रतिशतता १५० है।

प्रतिशब्द—[सं॰ प्रति + शब्द] *पुं॰* प्रतिध्वनि। गूँज।

प्रतिशाप—[सं॰ प्रति + शाप] *पुं॰* शाप के बदले दिया जाने वाला शाप। किसी के कोसने के बदले में कोसना।

प्रतिशुल्क—[सं॰ प्रति + शुल्क] *पुं॰* किसी देश के द्वारा आर्थिक सहायता देकर निर्यात किए गए माल पर उसका आयात करनेवाले देश में लगनेवाला अतिरिक्त आयातकर।

प्रतिशोध—[सं॰ प्रति + शोध] *पुं॰* बदले की कार्यवाही। बदला।

प्रतिश्याय—[सं॰ प्रति √श्यै + ण] *पुं॰* एक रोग। जुकाम।

प्रतिश्रुति—[सं॰ प्रति + श्रुति] *स्त्री॰* १. प्रतिध्वनि। गूँज। २. प्रतिज्ञा/वादा या इक़रार। ३. किसी वस्तु के ठीक होने या किसी अवधि तक ठीक काम करने का उत्तरदायित्व/ज़िम्मा। गारंटी (अं॰)

प्रतिषिद्ध (प्रतिषिद्ध)—[सं॰ प्रति √सिध् + क्त] *वि॰* १. जिसकी मनाही की गयी हो। निषिद्ध। वर्जित। २. शास्त्रों में निषिद्ध। ३. अस्वीकृत। ४. जिसका खंडन किया गया हो। खंडित।

प्रतिषेध—[सं॰ प्रात √सिध् + घञ्] *पुं॰* १. निषेध। मनाही। २. अस्वीकृति। ३. खंडन। (काव्य॰) एक अर्थालंकार। किसी प्रसिद्ध निषेध की चमत्कारपूर्ण पुनः चर्चा से होनेवाला अर्थालंकार। (विधि॰) न्यायाधिकार से बाहर के कार्य को करने से रोकने का आदेश।

प्रतिष्टम्भ (प्रतिष्टंभ)—[सं॰ प्रति √स्तम्भ् + घञ्, षत्व] *पुं॰* १. स्तब्ध/चेष्टाहीन करने या होने की क्रिया/भाव। २. बाधा। ३. प्रतिबन्ध।

प्रतिष्ठा—[सं॰ प्रति √स्था + अङ् + टाप्] *स्त्री॰* १. स्थापित करने की क्रिया/भाव। स्थापना। २. स्थिति। ३. स्थिरता। स्थायित्व। ४. प्रसिद्धि। ख्याति। यश। ५. सम्मान। गौरव। मान-मर्यादा। ६. मान्यता। साख। ७. आधार। ८. (मन्दिर में) देव-मूर्ति की शास्त्रीय विधि से स्थापना। 'प्राण-प्रतिष्ठा'। (विधि॰) हैसियत। ***जैसे***—समान प्रतिष्ठा वाले नागरिक।

प्रतिष्ठान—[सं॰ प्रति √स्था + ल्युट्] *पु॰* १. स्थापना। २. नींव। ३. आधार। ४. स्थान। ५. स्थिति। ६. औद्योगिक संस्था/संस्थान आदि।

प्रतिष्ठापन—[सं॰ प्रति √स्था + णिच् + ल्युट्, पुक्] *पु॰* १. स्थापित करने का कार्य। संस्थापन। स्थापना। २. यन्त्र/कारखाने आदि की स्थापना। ३. देवमन्दिर में मूर्ति की शास्त्रीय विधि से प्राण-प्रतिष्ठा। ४. किसी महत्त्वपूर्ण/बड़े पद पर (जैसे—राजा/पीठाधिपति/धर्माचार्य) प्रतिष्ठित/नियुक्त करने की क्रिया/भाव। ✣ **प्रतिष्ठापना**—*स्त्री॰*।

प्रतिष्ठापयिता—[सं॰ प्रतिष्ठापयितृ] *पु॰* प्रतिष्ठापन करनेवाला व्यक्ति।

प्रतिष्ठित—[सं॰ प्रति √स्था + क्त] *वि॰* १. जिसकी स्थापना की गयी हो। स्थापित। २. लगाया हुआ या गाड़ा हुआ। ३. स्थित। ४. देवमन्दिर में शास्त्रीय विधि से जिसकी स्थापना या प्राण-प्रतिष्ठा की गयी हो। ***जैसे***—प्रतिष्ठत शिव-मूर्ति। ५. सम्मानित। इज़्ज़तदार। ६. प्रसिद्ध। ७. हैसियतवाला। ८. साखवाला।

प्रतिसंहरण—[सं॰ प्रति + संहरण] *पु॰* १. रद्द किया जाना। निरसन। २. किसी अभिकर्ता आदि को दिया हुआ अधिकार वापस लेना। ३. किसी आदेश/अधिकार/स्वीकृति आदि को संप्रेषण से पहले ही वापस ले लेना। ***जैसे***—प्राचार्य के आदेश का प्रतिसंहरण प्रबन्धक ने किया है। (अं॰ रेवोकेशन)

प्रतिसङ्केत (प्रतिसंकेत)—[सं॰ प्रति + सङ्केत] *पु॰* १. शत्रु और मित्र की पहचान करने के लिए निश्चित किया गया शब्द विशेष। संकेत-शब्द (अं॰ पास-वर्ड)। २. पहचान करानेवाला चिह्न। ३. प्रतिसन्दर्भ। प्रतिनिर्देश।

प्रति-सङ्ख्या (संख्या)—[सं॰] *स्त्री॰* (पुस्तक आदि की) प्रतियों की संख्या। (पुस्तक॰) किसी पुस्तक को बतानेवाली संख्या में जोड़ा गया ऐसा अंक या अक्षर जो पुस्तक की अनेक प्रतियों में भेद बता सके। (अं॰ कॉपि-नम्बर)

प्रतिसन्तुलन (प्रतिसंतुलन)—[सं॰ प्रति + सन्तुलन] *पु॰* किसी भार का समतोल दूसरा भार। धड़ा।

प्रतिसन्दत्त (प्रतिसंदत्त)—[सं॰ प्रति + सन्दत्त] *वि॰* १. (धन) जो लौटा दिया गया हो। वापस किया हुआ। २. (ऋण) जो चुका दिया गया हो। ३. (उपकार/सेवा आदि) जिसका बदला दिया गया हो।

प्रतिसन्दर्भ (प्रतिसंदर्भ)—[सं॰ प्रति + सन्दर्भ] *पु॰* ग्रन्थ या मिसिल आदि के एक स्थान पर दिया गया दूसरे स्थान का निर्देश/संकेत। प्रतिसंकेत। प्रतिनिर्देश।

प्रतिसन्देय (प्रतिसंदेय)—[सं॰ प्रति + सन्देय] *वि॰* १. (धन/ऋण आदि) जो लौटाने/चुकाने योग्य हो। २. (उपकार/सेवा आदि) जिसका बदला देना हो।

प्रतिसन्देश (प्रतिसंदेश)—[सं॰ प्रति + सन्देश] *पु॰* सन्देश के उत्तर में भेजा गया सन्देश। जवाबी सन्देश।

प्रतिसारण—[सं॰ प्रति √सृ + णिच् + ल्युट्] *पु॰* १. अलग करना। दूर हटाना। दूरीकरण। २. मरहम-पट्टी करना या लेप/दवा आदि लगाकर मलना।

प्रतिसूचना—[सं॰ प्रति + सूचना] *स्त्री॰* किसी कार्यक्रम के आयोजक को दी गयी उस कार्यक्रम की प्रतिक्रिया की सूचना। प्रतिक्रिया की सूचना।

प्रतिस्थापन—[सं॰ प्रति + स्थापन] *पु॰* किसी वस्तु/मनुष्य आदि के बदले में काम चलाने के लिए दूसरी वस्तु/मनुष्य आदि को रखना। स्थानापन्न करना। एवज़ में रखना। (रसायन॰) किसी यौगिक में एक परमाणु/मूलक के स्थान पर दूसरे परमाणु/मूलक का आ जाना।

प्रतिस्नेह—[सं॰ प्रति + स्नेह] *पु॰* स्नेह के बदले स्नेह। प्रेम के बदले प्रेम।

प्रतिस्पर्धा—[सं॰ प्रति √स्पर्ध् + अ + टाप्] *स्त्री॰* आगे बढ़ने की होड़। प्रतियोगिता। प्रतिद्वन्द्विता। मुक़ाबला।

प्रतिस्वन/प्रतिस्वर—[सं॰ प्रति + स्वन/स्वर] *पु॰* प्रतिध्वनि। गूँज।

प्रतिहत—[सं॰ प्रति √हन् + क्त] *वि॰* १. रोका हुआ या रुका हुआ। अवरुद्ध। २. दूर किया हुआ। हटाया हुआ/भगाया हुआ। ३. निराश। हताश। ४. नापसन्द।

प्रतिहति—[सं॰ प्रति √हन् + क्तिन्] *स्त्री॰* १. रोकने/हटाने की चेष्टा। २. किसी के आघात के उत्तर में किया गया आघात। जवाबी आघात। प्रतिघात। ३. निराशा। ४. टक्कर।

प्रतिहनन—[सं॰ प्रति √हन् + ल्युट्] *पु॰* किसी के आघात के उत्तर में किया गया आघात। जवाबी आघात। प्रतिघात।

प्रतिहर्ता—[सं॰ प्रतिहर्तृ] *वि॰* १. पीछे हटानेवाला। २. विनाश करनेवाला। *पु॰* यज्ञ के १६ ऋत्विजों में से एक।

प्रतिहस्तान्तरित (प्रतिहस्तांतरित)—[सं॰ प्रति + हस्तान्तरित] *वि॰* (सम्पत्ति/जायदाद आदि) जो पुनः सौंपी या दी गयी हो। पुनःहस्तान्तरित।

प्रतिहस्ताक्षर—[सं॰ प्रति + हस्ताक्षर] *पु॰* एक व्यक्ति द्वारा हस्ताक्षर किए हुए काग़ज़ पर दूसरे व्यक्ति द्वारा किया जाने वाला हस्ताक्षर। (अं॰ काउन्टरसाइन)

प्रतिहार—[सं॰ प्रति √हृ + घञ्] *पु॰* १. द्वारपाल। दरबान। ३. द्वार। दरवाजा।

प्रतिहारी—[सं॰ प्रतिहारिन्] *पु॰* द्वारपाल। दरबान। ✣ **प्रतिहारिणी**—*स्त्री॰* = स्त्री द्वारपाल।

प्रतिहार्य—[सं॰ प्रति √हृ + ण्यत्] *वि॰* १. लौटाया या हटाया जाने वाला। २. जिसका प्रतिरोध किया जाना है। ३. जिसका निवारण किया जा सकता है। ∇ **विलोम**—अप्रतिहार्य।

प्रतिहास—[सं॰ प्रति + हास] *पु॰* हँसी के बदले हँसी।

प्रतिहेतु—[सं॰ प्रति + हेतु] *पु॰* (विधि॰) क्षमा-दान का कारण। माफ़ी की वजह। ***जैसे***—तथ्य की अनभिज्ञता प्रतिहेतु हो सकती है किन्तु विधि की अनभिज्ञता नहीं।

प्रतीक—[सं॰ प्रति + कन्, इ → ई] *वि॰* १. प्रतिकूल। विरुद्ध। २. उलटा। *पु॰* १. अवयव। अंग। २. अंश। भाग। ३. मुख। चेहरा। ४. मूर्ति। प्रतिमा। ५. संकेत। चिह्न। ६. किसी कविता/वाक्य आदि का प्रथम शब्द जिसे उस कविता/वाक्य आदि का स्मरण कराने के लिए बताया जाता है। ७. किसी अमूर्त/अदृश्य/अप्रस्तुत विषय/तत्त्व/वस्तु आदि का प्रतिनिधित्व करनेवाली मूर्त/दृश्य/प्रस्तुत वस्तु आदि। ***जैसे***—परमात्मा के प्रतीक के रूप में मूर्ति की पूजा; राष्ट्र की ध्वजा राष्ट्र का प्रतीक है।

प्रतीकवाद—[सं॰ प्रतीक ~ वाद] *पु॰* १. प्रतीकों का प्रयोग करने की प्रवृत्ति/कला। २. प्रतीक रूप में वर्णन। ३. विचारों की प्रतीकों द्वारा अभिव्यक्ति। (काव्य॰) १. चरित्रों को किसी विचार/भाव विशेष के प्रतिनिधि के रूप में प्रस्तुत करते हुए उनके माध्यम से विचार या भाव व्यक्त करना। २. साहित्य और कला के क्षेत्र में चला एक यूरोपीय आन्दोलन जिसका आरम्भ फ्रांस देश में (१८८५ ई॰ में) हुआ था। ✣ **प्रतीकवादी**—*वि॰* = १. प्रतीकवाद से सम्बन्धित। २. प्रतीकवाद का अनुयायी/समर्थक। ***जैसे***—प्रतीकवादी कलाकार।

प्रतीकात्मक—[सं॰ प्रतीक ~ आत्मक] *वि॰* १. प्रतीक/प्रतीकों से सम्बन्धित। २. जिसमें प्रतीकों का प्रयोग किया गया हो।

प्रतीक्षक—[सं॰ प्रति √ईक्ष् + ण्वुल्] *पु॰* प्रतीक्षा/इन्तज़ार करने वाला।

प्रतीक्षण—[सं॰ प्रति √ईक्ष् + ल्युट्] *पु॰* प्रतीक्षा। इन्तज़ार।

प्रतीक्षा—[सं॰ प्रति √ईक्ष् + अ + टाप्] *स्त्री॰* इन्तज़ार।

प्रतीची—[सं॰ प्रति √अञ्च् + क्विन् + ङीप्] *स्त्री॰* पश्चिम दिशा।

प्रतीचीन—[सं॰ प्रत्यञ्च + ख] *वि॰* १. पश्चिम दिशा का। पश्चिम-सम्बन्धी। पश्चिमी। पाश्चात्य। २. पीछे से आने वाला। पीछे का।

प्रतीच्य—[सं॰ प्रतीची + यत्] *वि॰* १. पश्चिम दिशा का। पश्चिम-सम्बन्धी। पश्चिमी। पाश्चात्य। २. पश्चिम में रहने/होने वाला।

प्रतीत—[सं॰ प्रति √इ + क्त] *वि॰* अनुमान या विश्वास आदि के आधार पर मन को लगनेवाला या मन को जान पड़नेवाला। भासित।

प्रतीति—[सं॰ प्रति √इ + क्तिन्] *स्त्री॰* १. प्रतीत होने की क्रिया/भाव। २. निश्चित विश्वास। प्रत्यय। यक़ीन। ३. ज्ञान।

प्रतीत्यसमुत्पाद—[सं॰ प्रतीत्य ~ समुत्पाद] *पु॰* (बौद्ध॰) बौद्ध दर्शन का एक मूलभूत सिद्धान्त। यह सिद्धान्त कि हर एक उत्पाद का कोई प्रत्यय/हेतु/कारण है जिसके नष्ट हो जाने पर दूसरे की उत्पत्ति होती है।

प्रतीप—[सं॰ प्रति + आप् + अ, ईत्व] *वि॰* १. प्रतिकूल। विरुद्ध। २. विपरीत। उलटा। ३. पीछे की ओर चलनेवाला। पश्चाद्गामी। ४. अप्रिय। ५. हठी। दुराग्रही। ६. बाधक। *क्रिवि॰* १. विरुद्ध रूप से। दूसरी ओर। २. विपरीत दशा में। उलटे। *पु॰* (काव्य॰) एक अर्थालंकार जिसमें सामान्य उपमा से विपरीत प्रकार के वर्णन के द्वारा उपमेय की अपेक्षा उपमान के अपकर्ष के वर्णन का सौन्दर्य होता है। ***जैसे***—'कमल उसके नेत्रों के समान हैं' वाक्य में प्रतीप अलंकार है।

प्रतीपगमन—[सं॰ प्रतीप ~ गमन] *पु॰* पीछे की ओर जाना।

प्रतीपदर्शिनी—[सं॰ प्रतीप ~ दर्शिनी] *स्त्री॰* १. स्त्री। नारी। २. देखते ही मुँह फेर लेनेवाली स्त्री। नववधू।

प्रतीपदर्शी—[सं॰ प्रतीपदर्शिन्] *वि॰* विपरीत देखनेवाला।

प्रतीपवचन—[सं॰ प्रतीप ~ वचन] *पु॰* किसी के कथन के विरुद्ध कथन। खंडन।

प्रतीपोक्ति—[सं॰ प्रतीप ~ उक्ति] *स्त्री॰* प्रतिकूल वचन। प्रतीपवचन। खंडन।

प्रतीयमान—[सं॰ प्रति √इ + शानच्] *वि॰* १. प्रतीत होनेवाला। भासित। भासमान। २. जो ऊपर-ऊपर से दिख रहा हो। दृश्यमान। ३. जो प्रकट अभिप्राय जान पड़ता हो। जो आशय/तात्पर्य दिखता हो। ४. जो प्रत्यक्ष न हो अपितु ध्वनि, प्रतीक आदि के द्वारा प्रस्तुत किया गया हो। ***जैसे***—इस कथा में सर्प 'काल' का प्रतीक है और 'काल' प्रतीयमान है। ✣ **प्रतीयमानतः**—*क्रिवि॰* = प्रतीयमान रूप में। ऊपर-ऊपर से देखने पर।

***प्रतेक**—[< सं॰ प्रत्येक] *वि॰* हर एक। प्रत्येक।

प्रतोद—[सं॰ प्र + √तुद् + घञ्] *पु॰* १. (पशु हाँकने का) पैना या अरई। २. चाबुक। ३. अंकुश।

प्रतोली—[सं॰ प्र + √तुल् + घञ् + ङीष्] *स्त्री॰* १. नगर के बीच की चौड़ी सड़क। २. बाज़ार के बीच का मार्ग। ३. सड़क। ४. गली। कूचा। ५. नगर का मुख्य मार्ग। ६. नगर के प्राकार में बना फाटक।

प्रतोष—[सं॰ प्र + तोष] *पु॰* सन्तोष। परितोष।

***प्रतोषना**—[< सं॰ प्रतोषण] *क्रिस॰* १. सन्तुष्ट करना। २. समझना।

प्रत्यक्—[सं॰ प्रति √अञ्च् + क्विन्] *क्रिवि॰* १. विरुद्ध दिशा में। २. पीछे की ओर। ३. प्रतिकूल। विरुद्ध। ४. पश्चिम दिशा की ओर। ५. भीतर की ओर। ६. प्राचीन काल में। पहले।

प्रत्यक्चेतन—[सं॰ प्रत्यक् ~ चेतन] *पु॰* १. अन्तरात्मा परमेश्वर। २. परमात्मा से अभिन्न जीव। (सांख्य॰) पुरुष। आत्मा।

प्रत्यक्ष—[सं॰ प्रति + अक्षि + अच्] *वि॰* १. जो आँखों के सामने हो। जो दिखायी दे रहा हो। दृष्टिगोचर। ***जैसे***—प्रत्यक्ष चमत्कार। २. जिसका ज्ञान इन्द्रियों से हो सके। ***जैसे***—प्रत्यक्ष विश्वासघाती। ३. स्पष्ट। साफ़। ***जैसे***—प्रत्यक्ष झूठ। ४. सीधा। ***जैसे***—प्रत्यक्ष निर्वाचन; प्रत्यक्ष कारण। ५. भौतिक। ∇ **विलोम**—अप्रत्यक्ष/परोक्ष।

प्रत्यक्षदृष्ट—[सं॰ प्रत्यक्ष ~ दृष्ट] *वि॰* प्रत्यक्ष देखा हुआ। स्वयं देखा हुआ।

प्रत्यक्षर—[सं॰ प्रति + अक्षर] *क्रिवि॰* १. हर अक्षर में। अक्षर-अक्षर में। २. हर अक्षर के हिसाब से।

प्रत्यक्ष लवण—[सं॰] *पु॰* भोजन पक जाने के बाद उसमें ऊपर से मिलाया जाने वाला नमक। २. भोजन परोसने के बाद किसी वस्तु

में मिलाने के लिए दिया जाने वाला नमक।

प्रत्यक्षवाद—[सं॰ प्रत्यक्ष ~ वाद] *पु॰* १. प्रत्यक्ष प्रमाण या इन्द्रियों के अनुभव को ही प्रमाण मानने का मत। २. चार्वाक मत। ३. भौतिकवाद। जड़वाद।

प्रत्यक्षविहित—[सं॰ प्रत्यक्ष ~ विहित] *वि॰* १. (शास्त्रों में) जिसका प्रत्यक्ष रूप से विधान किया गया हो। शास्त्र-निर्दिष्ट। २. जिसका स्पष्ट रूप से आदेश किया गया हो।

प्रत्यक्षीकरण—[सं॰ प्रत्यक्ष + च्वि + करण] १. (किसी वस्तु/विषय को) प्रत्यक्ष रूप देना। २. (किसी वस्तु/विषय को) प्रत्यक्ष सामने उपस्थित/प्रस्तुत करना। ✣ **प्रत्यक्षीकृत**—*वि॰* = आँखों से देखा हुआ। स्वयं देखा हुआ। २. जिसका ग्रहण किसी ज्ञानेन्द्रिय से हुआ हो।

प्रत्यगात्मा—[सं॰ प्रत्यक् ~ आत्मा (आत्मन्)] *पु॰* १. परमात्मा। ब्रह्म। २. जीवात्मा।

प्रत्यगदृक्—[सं॰ प्रत्यक् ~ दृश्] *स्त्री॰* अन्तःदृष्टि।

प्रत्यग्र—[सं॰ प्रति + अग्र] *वि॰* १. ताज़ा। टटका। २. जिसे दुहराया गया हो। ३. शुद्ध। विशुद्ध।

प्रत्यङ्ग (प्रत्यंग)—[सं॰ प्रति + अङ्ग] *पु॰* १. शरीर का छोटा अवयव/अंग (नाक, कान आदि)। ***जैसे***—परिश्रम के कारण शरीर के अंग-प्रत्यंग दुखने लगे। २. विभाग या अंश। ***जैसे***—धर्मशास्त्र के अंगों और प्रत्यंगों का अध्ययन।

प्रत्यङ्मुख—[सं॰ प्रत्यक् ~ मुख] *वि॰* १. जिसका मुख पश्चिम दिशा की ओर हो। २. पीछे को या उलटा मुख किए हुए।

प्रत्यञ्चा—[सं॰ प्रति √अञ्च् + क्विप् + टाप्] *स्त्री॰* धनुष की डोरी। धनुर्ज्या।

प्रत्यनन्तर (प्रत्यनंतर)—[सं॰ प्रति + अनन्तर] *वि॰* १. समीपवर्ती। २. समीपी/नज़दीकी (कुटुम्बी)। ३. अति घनिष्ठ। ४. किसी के बाद उसके स्थान/पद पर नियुक्त होनेवाला। *पु॰* उत्तराधिकारी।

प्रत्यनीक—[सं॰ प्रति + अनीक] *वि॰* १. विरोधी। विपक्षी। २. सामना/मुक़ाबला करने वाला। *पु॰* १. प्रतिपक्षी। विपक्षी। २. शत्रु। वैरी। ३. शत्रु-सेना। (काव्य॰) एक अर्थालंकार जिसमें बलवान् शत्रु का तिरस्कार करने में असमर्थ व्यक्ति के द्वारा शत्रु से सम्बन्धित व्यक्ति/वस्तु या उसके नाम वाली वस्तु को पीड़ित करने का चमत्कारी वर्णन होता है।

प्रत्यन्त—[सं॰ प्रति ~अन्त] *वि॰* सीमा के समीप का। सीमावर्ती। ***जैसे***—प्रत्यन्त देशों से सम्बन्ध। *पु॰* १. सीमा। हद। २. सीमा के समीप का या सीमान्त देश। सीमावर्ती देश।

प्रत्यपकार—[सं॰ प्रति + अपकार] *पु॰* अपकार के बदले में किया जाने वाला अपकार। अनिष्ट के बदले में किया जाने वाला अनिष्ट।

प्रत्यब्द—[सं॰ प्रति + अब्द] *पु॰* प्रतिवर्ष। हर साल। *क्रिवि॰* १. हर वर्ष में। २. हर वर्ष के हिसाब से।

प्रत्यभिज्ञा—[सं॰ प्रति + अभि √ज्ञा + अङ् + टाप्] *स्त्री॰* १. किसी देखी हुई वस्तु को कुछ समय बाद फिर देखने पर पहले के वैशिष्ट्य के साथ उसकी प्रतीति या पहचान। २. किसी देखी हुई वस्तु के समान अन्य किसी वस्तु को देखने पर स्मृति से होनेवाला ज्ञान। पहचान। ३. यह ज्ञान कि जीवात्मा और परमात्मा अभिन्न हैं। परमात्मा और जीवात्मा के अभेद का ज्ञान।

प्रत्यभिज्ञात—[सं॰ प्रति + अभि + ज्ञात] *वि॰* पहचाना हुआ।

प्रत्यभिज्ञान—[सं॰ प्रति + अभि + ज्ञान] *पु॰* १. पहचान। २. वर्तमान में किसी वस्तु को देखने पर पहले देखे हुए पदार्थ विशेष का स्मरण होकर 'यह वही है' इस प्रकार का ज्ञान। स्मृति की सहायता से होनेवाला ज्ञान। ३. प्रत्यभिज्ञा।

प्रत्यभिवादन—[सं॰ प्रति + अभिवादन] *पु॰* प्रणाम के बदले किया जाने वाला प्रणाम या आशीर्वाद।

प्रत्यम्ल—[सं॰ प्रति + अम्ल] *पु॰* अम्लनाशक। अम्लघ्न।

प्रत्यय—[सं॰ प्रति √इ + अच्] *पु॰* १. प्रतीति। विश्वास। २. धारणा। ३. ज्ञान। ***जैसे***—घट का प्रत्यय। ४. हेतु। कारण। ***जैसे***—संस्कार पुनर्जन्म के प्रत्यय हैं। ५. प्रसिद्धि। ६. (व्यापार आदि में) साख। (दर्शन॰) **क.** दृश्य और अदृश्य, स्थूल और सूक्ष्म, सामान्य और विशेष आदि सभी प्रकार के पदार्थों या तत्त्वों का मानसिक प्रतिरूप। **ख.** कालातीत सत्त्व। **ग.** वस्तुओं का आद्य प्ररूप। **घ.** संवेदन का प्रत्यक्ष विषय। (व्या॰) शब्दांश जो स्वतन्त्र प्रयुक्त न हो परन्तु अन्य किसी शब्द के अन्त में जुड़ कर नया शब्द बनाता हो। ***जैसे***—'जड़ता' में 'ता' प्रत्यय है। परसर्ग। (भाषा॰) शब्दांश जो स्वतन्त्र प्रयुक्त न हो परन्तु अन्य किसी शब्द के पूर्व, मध्य या अन्त में जुड़ता है। (छन्द॰) छन्दशास्त्र का वह अंग या प्रणाली जिससे छन्दों के भेदों, संख्याओं, स्वरूप आदि का ज्ञान होता है।

प्रत्ययन—[< सं॰ प्रत्यय] *पु॰* मन की प्रत्यय-निर्माण या प्रत्यय-ग्रहण करने की या प्रत्ययों का संश्लेषण करने की क्षमता। (अं॰ आइडियेशन) ● **विशेष**—प्रत्ययन प्रतिभा का ही एक कार्य है।

प्रत्ययपत्र—[सं॰ प्रत्यय ~ पत्र] *पु॰* परिचय-पत्र। (राज॰) दूसरे राष्ट्र/राज्य में नियुक्त अपने (राजदूत आदि) प्रतिनिधि को दिया जाने वाला प्रमाणपत्र। (अं॰ क्रिडेन्शल्स)

प्रत्ययप्रधान भाषा—[सं॰] *स्त्री॰* (भाषा॰) प्रत्ययों के प्रयोग से शब्द तथा पद बनाने की प्रवृत्ति वाली भाषा।

प्रत्यययोजन—[सं॰ प्रत्यय ~ योजन] *पु॰* (भाषा॰) शब्दों में प्रत्यय जोड़ने की प्रक्रिया।

प्रत्ययवाद—[सं॰ प्रत्यय ~ वाद] (दर्शन॰) १. ज्ञान-मीमांसा में यह मत कि केवल प्रत्ययों का प्रत्यक्ष बोध होता है, बाह्य वस्तुओं का नहीं। २. तत्त्व-मीमांसा में यह मत कि परमसत्ता भौतिक नहीं, आध्यात्मिक चिद्रूप है। (अं॰ आइडियलिज़्म)

प्रत्ययान्त (प्रत्ययांत)—[सं॰ प्रत्यय ~ अन्त] *वि॰* (व्या॰) जिसके अन्त में प्रत्यय जुड़ा हो। ***जैसे***—'शत्रुता' प्रत्ययान्त शब्द है।

प्रत्ययी—[सं॰ प्रत्ययिन्] *वि॰* १. विश्वास करनेवाला। विश्वासी। २. विश्वास के योग्य। विश्वसनीय। विश्वस्त। ३. जो किसी के विश्वास पर आधारित हो। ✣ **प्रत्ययी प्रचलन**—*पु॰* = (अर्थ॰)

वह मुद्रा जो केवल सरकारी प्रतिभूति से समर्थित हो और जिसके लिए कोई धातुमान (सोना/चाँदी) न रखा गया हो। जनता के विश्वास पर आधारित मुद्रा।

प्रत्यर्थी—[सं॰ प्रत्यर्थिन्] *वि॰* विरोधी। *पु॰* १. विपक्षी या शत्रु। २. प्रतिद्वन्द्वी। ३. (न्यायालय में) प्रतिवादी। ✣ **प्रत्यर्थिनी**—*वि॰ (स्त्री॰)*, स्त्री॰।

प्रत्यर्पण—[सं॰ प्रति + अर्पण] *पु॰* १. वापस देना। लौटाना। २. किसी राष्ट्र/राज्य से भागकर आए हुए अपराधी को उसके देश को वापस भेजना। प्रत्यर्पित करना। ✣ **प्रत्यर्पित**—*वि॰* = जिसका प्रत्यर्पण हो। जिसे लौटा दिया गया हो।

प्रत्यवरोध—[सं॰ प्रति + अवरोध] *पु॰* बाधा। रुकावट।

प्रत्यवरोह—[सं॰ प्रति + अव √रुह् + घञ्] *पु॰* अवरोह। उतार।

प्रत्यवरोहण—[सं॰ प्रति + अव √रुह् + ल्युट्] *पु॰* नीचे की ओर आना। अवरोहण। उतरना।

प्रत्यवलोकन—[सं॰ प्रति + अवलोकन] मुड़कर देखना। पीछे की ओर देखना।

प्रत्यवस्फीति—[सं॰ प्रति + अव + स्फीति] *स्त्री॰* मन्दी के प्रभाव को दूर करने के लिए जानबूझ कर किया गया मुद्रा-प्रसार। मुद्रासंस्फीति।

प्रत्यवाय—[सं॰ प्रति + अव √अय् + घञ्] *पु॰* १. कम होना। न्यूनता। २. बाधा। विघ्न। ३. अपराध। ४. शास्त्र में विहित दैनिक कर्मों के न करने से लगनेवाला पाप।

प्रत्यवेक्षण—[सं॰ प्रति + अवेक्षण] *पु॰* १. (किसी बात पर) अच्छी तरह विचारना। २. देख-रेख। देख-भाल। चौकसी। ३. निरीक्षण।

प्रत्यवेक्षा—[सं॰ प्रति + अव √ईक्ष् + अ + टाप्] *स्त्री॰* प्रत्यवेक्षण।

प्रत्याक्रमण—[सं॰ प्रति + आक्रमण] *पु॰* आक्रमण के बदले किया जाने वाला आक्रमण। जवाबी हमला।

प्रत्याक्षेप—[सं॰ प्रति + आक्षेप] *पु॰* आक्षेप/आपत्ति/एतराज़ के बदले में किया जाने वाला आक्षेप/आपत्ति/एतराज़।

प्रत्याख्यात—[सं॰ प्रति + आ √ख्या + क्त] *वि॰* १. जिसका प्रत्याख्यान किया गया हो। २. अस्वीकृत। मना किया हुआ। निषिद्ध। वर्जित। ३. हटाया हुआ। निवारित। ४. निरुत्साहित किया हुआ। ५. रद्द/ख़ारिज किया हुआ।

प्रत्याख्यान—[सं॰ प्रति + आ √ख्या + ल्युट्] १. न मानना या स्वीकार न करना। अस्वीकृति। इनकार। २. प्रतिवाद। खंडन। ३. तिरस्कार। ४. भर्त्सना। फटकार। ५. (किसी बात पर) आपत्ति/एतराज़। ६. (सन्धि का) निराकरण। (जैन॰) १. भविष्य में दोष न करने की प्रतिज्ञा करना। २. सीमित काल के लिए विधिपूर्वक भोजनादि त्याग देना। ३. आत्मध्यान।

प्रत्यागत—[सं॰ प्रति + आगत] *वि॰* वापस आया हुआ। लौट आया हुआ। ✣ **प्रत्यागत शाखा**—*स्त्री॰* = (भूविज्ञान॰) किसी सरिता की वह शाखा जो मुख्य धारा में फिर मिल जाती है और इस प्रकार दोनों धाराओं के बीच में एक द्वीप जैसा बन जाता है।

प्रत्यागम/प्रत्यागमन—[सं॰ प्रति + आगम/आगमन] *पु॰* १. लौट आना। वापसी। २. (व्यापार आदि में) लाभ। मुनाफ़ा। ३. पहलेवाले पद पर वापसी।

प्रत्याघात—[सं॰ प्रति + आघात] *पु॰* १. आघात के उत्तर में किया गया आघात। बदले का प्रहार। २. प्रतिक्रिया। (राज॰) बदले की कार्यवाही।

प्रत्याचार—[सं॰ प्रति + आचार] *पु॰* 'जैसे को तैसा' का व्यवहार।

प्रत्यादान—[सं॰ प्रति + आदान] *पु॰* वापस ले लेना।

प्रत्यादिष्ट—[सं॰ प्रति + आदिष्ट] १. सूचित किया हुआ। २. निर्दिष्ट। ३. अस्वीकृत। ४. (पद से) हटाया हुआ। ५. रद्द किया हुआ। वापस लिया हुआ। ६. (नया आदेश देकर) वापस बुलाया हुआ।

प्रत्यादेश—[सं॰ प्रति + आदेश] *पु॰* १. आज्ञा। आदेश। २. सूचना। ३. घोषणा। ४. अस्वीकृति। ५. चेतावनी।

प्रत्यानयन—[सं॰ प्रति + आनयन] *पु॰* १. लौटा लाना। वापस लाना। २. किसी के हाथ में गयी वस्तु को फिर ले आना।

प्रत्यानीत—[सं॰ प्रति + आ √नी + क्त] *वि॰* जिसका प्रत्यानयन हुआ हो। लौटा कर लाया हुआ। वापस लाया हुआ।

प्रत्याभूत—[सं॰ प्रति + आ √भू + क्त] *वि॰* १. जिसकी प्रतिभूति हुई हो। जिसके लिए ज़िम्मेदारी/ज़मानत ली गयी हो। २. जिसकी गारंटी की गयी हो। ३. (व्यक्ति) जिसे ज़मानत दी गयी हो।

प्रत्याभूति—[सं॰ प्रति + आ √भू + क्तिन्] *स्त्री॰* कोई शर्त पूरी करने की ज़िम्मेदारी या वचन। ज़मानत। प्रतिभूति। गारंटी (अं॰)। ✣ **प्रत्याभूति-दाता**—*पु॰* = प्रत्याभूति/गारंटी देनेवाला। ✣ **प्रत्याभूति-संविदा**—*स्त्री॰* = (वाणि॰) यदि किसी व्यक्ति ने देयता का निर्वाह न किया तो उसकी ओर से अपेक्षित दायित्व की पूर्ति करने का आंश्वासन देनेवाले व्यक्ति का अनुबन्ध/इक़रार।

प्रत्यायन—[सं॰ प्रति + आ √इ + णिच् + ल्युट्] *पु॰* विश्वास दिलाने की क्रिया/भाव। विश्वसन।

प्रत्यायित—[सं॰ प्रति + आ √इ + णिच् + क्त] *वि॰* १. सिद्ध। प्रमाणित। ***जैसे***—प्रत्यायित कथन। २. अधिकृत। ***जैसे***—प्रत्यायित प्रतिनिधि। ३. मान्यताप्राप्त। ***जैसे***—प्रत्यायित संस्थाएँ।। ✣ **प्रत्यायित प्रतिनिधि**—*पु॰* = किसी समाचारपत्र/संस्था/कम्पनी/सरकार आदि का वह प्रतिनिधि जिसे नियुक्त करके अधिकृत प्रमाणपत्र या परिचयपत्र दिया गया हो। ✣ **प्रत्यायित राजदूत**—वह राजदूत जिसे नियुक्त करके प्रमाणपत्र देकर विदेश भेजा गया हो। ● **विशेष—१. प्रत्यायुक्त** = १. वह व्यक्ति जिसे अपने प्रतिनिधि रूप में अपने कर्तव्य और अधिकार सौंपे गए हों। २. जिसे प्रतिनिधि बनाया या बनाकर भेजा गया हो। **२. प्रत्यायोजन** = किसी व्यक्ति को अपने प्रतिनिधि-रूप में अपने कर्तव्य और अधिकार सौंप देना।

प्रत्यारोप—[सं॰ प्रति + आरोप] *पु॰* आरोप के उत्तर में लगाया गया आरोप। परस्पर दोषारोपण।

प्रत्यालीढ—[स॰ प्रति + आलीढ] *पु॰* (बाण चलाने आदि की) एक स्थिति जिसमें बायाँ पैर आगे बढ़ा हुआ और दायाँ पैर पीछे होता है।

प्रत्यालोचन—[स॰ प्रति + आलोचन] *पु॰* १. पुनर्विचार। २. पुनः अवलोकन। पुनरीक्षण। ३. किसी विषय/बात की समीक्षा। आलोचना की समीक्षा। ४. (पुस्तक की) समीक्षा की समीक्षा।

प्रत्यावर्तन—[स॰ प्रति + आवर्तन] *पु॰* १. लौटकर आना। वापसी। २. सम्पदा/जायदाद आदि की वापसी। ३. कर्मचारी आदि की पद पर वापसी। बहाली।

प्रत्यावसित—[स॰ प्रति + आवसित] *वि॰* जिसे वापस स्वदेश भेजा गया हो। जिसे स्वदेश लौटाया गया हो।

प्रत्यावाहन—[स॰ प्रति +आवाहन] *पु॰* १. वापस बुलाया जाना या वापस बुलाना। २. वापस आने का आदेश। ३. (विदेश में स्थित अधिकारी की) पद-च्युति। बरख़ास्तगी। ४. दी हुई वस्तु या गयी हुई वस्तु को वापस माँगना।

प्रत्याशा—[स॰ प्रति + आशा] *स्त्री॰* १. आशा। अपेक्षा। भरोसा। उम्मीद। २. (किसी बात/घटना की) अधीरता से प्रतीक्षा। बेचैनी से इन्तज़ार। उत्कंठा। ३. (होने या मिलने आदि की) सम्भावना। ***जैसे***—दीर्घ आयु की प्रत्याशा।

प्रत्याशित—[स॰ प्रति + आ √अश् + क्त] *वि॰* १. जिसकी आशा/अपेक्षा की गयी हो। अपेक्षित। २. जिसका पहले से अनुमान किया गया हो। पूर्वानुमानित। ***जैसे***—प्रत्याशित व्यय। ३. जिसकी होने/मिलने आदि की सम्भावना रही हो। सम्भावित। ***जैसे***—प्रत्याशित आयु; उत्तराधिकार में मिलनेवाली प्रत्याशित सम्पत्ति। ४. (बात/घटना) जिसकी अधीरता से प्रतीक्षा हो। ***जैसे***—प्रत्याशित चुनाव-परिणाम। ∇ **विलोम**—अप्रत्याशित।

प्रत्याशी—[स॰ प्रत्याशिन्] *वि॰* १. प्रत्याशा करनेवाला। आशा/प्रतीक्षा करनेवाला। २. किसी पद या जगह को प्राप्त करने का इच्छुक। अभ्यर्थी। ३. (निर्वाचन में) उम्मीदवार।

प्रत्याश्रय—[स॰ प्रति + आश्रय] *पु॰* आश्रय लेने का स्थान। आश्रय-स्थल।

प्रत्याश्वस्त—[स॰ प्रति + आश्वस्त] *वि॰* जिसे आश्वासन दिया गया हो। जिसे धीरज बँधाया गया हो।

प्रत्याश्वासन—[स॰ प्रति + आश्वासन] *पु॰* १. आश्वासन/सान्त्वना देना। धीरज बँधाना। २. आश्वासन के बदले में दिया जानेवाला आश्वासन।

प्रत्यासञ्जी (प्रत्यासंजी)—[स॰ प्रति + आसञ्जी (आसञ्जिन्)] *वि॰* चिपकाव रोकनेवाला।

प्रत्यासन्न—[स॰ प्रति + आसन्न] *वि॰* अति निकट आया हुआ। बहुत समीप पहुँचा हुआ। अति निकटस्थ। जैसे—प्रत्यासन्न संकट।

प्रत्यास्थ—[स॰ प्रति + आ + स्थ] *पु॰* लचीला। लचकदार। (भौतिकी॰) किसी पिंड पर बाह्य बलों को लगाने के बाद हटाने पर, पिंड का अपने मूल रूप में वापस आने का गुण।

प्रत्यास्थापन—[स॰ प्रति + आ + स्थापन] *पु॰* १. वापस दिलाना/देना। २. (मूल स्वामी को) वस्तु/सम्पत्ति वापस दिलाना/देना। ३. क्षतिपूर्ति करना। हरजाना/मुआवज़ा देना। ४. किसी अधिकार को वापस दिलाना/देना।

प्रत्याहरण—[स॰ प्रति + आ + हरण] *पु॰* १. पीछे खींचना। २. वापस लाना या वापस लेना। ३. रोके रखना। ४. इन्द्रियों को विषयों से खींचने की क्रिया। इन्द्रिय-निग्रह। इन्द्रिय-संयम।

प्रत्याहार—[स॰ प्रति + आहार] *पु॰* १. पीछे खींच लेना या हटा लेना। २. रोके रखना। ३. इन्द्रियों को विषयों से हटाना। इन्द्रिय-निग्रह। इन्द्रिय-संयम। (संस्कृत व्या॰) संक्षेप में वर्णों की सूचना देने वाला संकेत-शब्द।

प्रत्याहूत—[स॰ प्रति + आहूत] *वि॰* १. जिसे पास बुलाया गया हो। २. वापस बुलाया हुआ।

प्रत्याहृत—[स॰ प्रति + आहृत] *वि॰* १. पीछे खींचा हुआ। २. जिसका निग्रह किया गया हो। ३. (आदेश आदि) जो वापस लिया गया हो।

प्रत्याह्वान—[स॰ प्रति + आह्वान] *पु॰* १. प्रत्यावाहन। (दे॰) २. वापस बुलाना। (पुस्तक॰) किसी अन्य पाठक के द्वारा माँग करने पर गृहीता (पुस्तक ले गए पाठक) से वापस करने के लिए प्रार्थना करना। पुस्तक वापस मँगाना।

प्रत्युक्त—[स॰ प्रति + उक्त] *वि॰* १. जिसका उत्तर दिया जा चुका हो। २. जिसका उत्तर द्वारा खंडन किया गया हो।

प्रत्युच्चार/प्रत्युच्चारण—[स॰ प्रति + उच्चार/उच्चारण] *पु॰* १. पुनरुक्ति। २. पुनः उच्चारण।

प्रत्युत—[स॰ प्रति + उत] *अव्यय॰* इसके विपरीत। वरन्। बल्कि। ***जैसे***—आप नहीं, प्रत्युत वह दोषी है।

प्रत्युत्तर—[स॰ प्रति + उत्तर] *पु॰* १. उत्तर। जवाब। २. प्राप्त उत्तर का उत्तर।

प्रत्युत्थान—[स॰ प्रति + उत्थान] *पु॰* १. किसी बड़े के आने पर उसके प्रति सम्मान दिखाने के लिए उठ खड़े होना। २. किसी के विरुद्ध उठ खड़े होना। विरोध का मुक़ाबला करने के लिए तत्पर होना। ३. युद्ध या किसी कार्य की तैयार करना।

प्रत्युत्पन्न—[स॰ प्रति + उत्पन्न] *वि॰* १. फिर से उत्पन्न। पुनः उत्पन्न। २. ठीक समय पर उत्पन्न। ३. उद्यत तत्पर।

प्रत्युत्पन्नमति—[स॰ प्रत्युत्पन्न ~ मति] *वि॰* १. जो समय पर ठीक उत्तर दे। तत्काल उचित उत्तर देनेवाला। हाज़िर-जवाब। २. जिसे तत्काल उचित बात या उत्तर ध्यान में आ जाए।

प्रत्युत्पादन—[स॰ प्रति + उत्पादन] *पु॰* पुनः उत्पत्ति। पुनरुत्पादन। ***जैसे***—ध्वनि का प्रत्युत्पादन।

प्रत्युदाहरण—[स॰ प्रति + उदाहरण] *पु॰* उदाहरण के विरोध में दिया गया उदाहरण। किसी उदाहरण का खंडन करने के लिए दिया गया विपरीत/विरुद्ध उदाहरण।

प्रत्युद्धरण (प्रत्युद्धरण)—[स॰ प्रति + उद् √हृ + ल्युट्] १. दूसरे

के हाथों में गयी वस्तु को वापस लेना। २. (खोई हुई वस्तु/अधिकार/सम्पत्ति आदि पर) पुनः अधिकार पाना। ३. वसूली। ✣ **प्रत्युद्धरित (प्रत्युद्धरित)**—*वि॰* = १. पुनः प्राप्त। २. जिस पर पुनः अधिकार हुआ हो।

प्रत्युपकार—[स॰ प्रति + उपकार] *पु॰* किसी उपकार के बदले में किया जाने वाला उपकार।

प्रत्युपदेश—[स॰ प्रति + उपदेश] *पु॰* १. उपदेश के बदले में दिया जाने वाला उपदेश। २. परामर्श/सलाह/राय के बदले में प्रदत्त परामर्श/सलाह/राय।

प्रत्युपलब्ध—[स॰ प्रति + उपलब्ध] *वि॰* जो फिर से प्राप्त हुआ हो। वापस मिला हुआ।

प्रत्यूर्जता—[स॰ प्रति + ऊर्जता] *स्त्री॰* कुछ बाह्य पदार्थों के लिए शरीर की अति संवेदनशीलता या अति उत्तेजकता का रोग। (अ॰ एलर्जी)

प्रत्यूष—[स॰ प्रति √ऊष् + क] *पु॰* प्रभात। भोर। तड़का। सबेरा।

प्रत्यूह—[स॰ प्रति + ऊह] *पु॰* विघ्न। बाधा। अड़चन।

प्रत्येक—[स॰ प्रति + एक] *वि॰* हर एक। ***जैसे***—प्रत्येक मनुष्य को प्रसन्न करना कठिन है।

प्रथमजात—[स॰ प्रथम ~ जात] *पु॰* १. (मानव या पशु की) पहली सन्तान। २. मौसम का पहला फल। ३. (किसी बात का) पहला परिणाम।

प्रथमतः—[स॰ प्रथम + तस्] *अव्यय॰* अनेक विषयों/वस्तुओं आदि को ध्यान में रखकर सबसे पहले। सर्वप्रथम यह है कि⋯।

प्रथमता—[स॰ प्रथम + तल् + टाप्] *स्त्री॰* १. प्रथम होने की अवस्था/भाव। २. औरों की तुलना में अधिक महत्त्व। प्राथमिकता। ३. अग्रता। ४. पूर्वता।

प्रथमदृष्ट्या—[स॰ प्रथम + दृष्ट्या (दृष्टि)] *क्रिवि॰* पहली नज़र डालने पर। देखने में। ज़ाहिर तौर पर। प्रथम दृष्टि में।

प्रथमाक्रमणकर्ता/प्रथमाक्रमणकारी—[स॰ प्रथम ~ आक्रमणकर्ता/आक्रमणकारी] *वि॰, पु॰* पहले आक्रमण करनेवाला। युद्ध/झगड़ा आरम्भ करनेवाला।

प्रथमार्ध—[स॰ प्रथम ~ अर्ध] *पु॰* किसी वस्तु के दो समान भागों में से पहला या आरम्भ का भाग। पूर्वार्ध। ∇ **विलोम**—उत्तरार्ध।

प्रथमाश्रम—[स॰ प्रथम ~ आश्रम] *पु॰* (चारों आश्रमों में पहला) ब्रह्मचर्याश्रम।

***प्रथमी**—*स्त्री॰* ≤ *स॰* पृथ्वी।

प्रथमेतर—[स॰ प्रथम ~ इतर] *वि॰* प्रथम से भिन्न (द्वितीय आदि)।

प्रथमोक्त—[स॰ प्रथम ~ उक्त] *वि॰* पहले कहा हुआ। पूर्वोक्त।

प्रथा—[स॰ √प्रथ् + अ + टाप्] *स्त्री॰* सामाजिक व्यवहार का वह स्वरूप जो किसी समाज/वर्ग/जाति/कबीले आदि में परम्परा से चला आ रहा हो। लोकरीति। रीति। परिपाटी। रिवाज। ***जैसे***—विधवा हो जाने पर सती होने की प्रथा।

प्रथित—[स॰ √प्रथ् + क्त] *वि॰* १. विस्तृत। २. प्रसिद्ध। विख्यात। मशहूर। ३. प्रचलित। ४. प्रकट किया हुआ। ५. वर्णित। (छन्द॰) पाईता छन्द (दे॰) ✣ **प्रथिति**—*वि॰* १. विस्तार। २. कीर्ति। प्रसिद्धि।

***प्रथिमी/प्रथिवी/प्रथी**—[< स॰ प्रथिवी] *स्त्री॰* पृथ्वी। भूमि। ज़मीन। धरती।

प्रद—[स॰ प्र + √दा + क्त] *वि॰* देनेवाला। दायक। ● **विशेष**—'प्रद' का प्रयोग स्वतन्त्र शब्द के रूप में नहीं, समासयुक्त पदों के अन्त में ही होता है। ***जैसे***—बलप्रद; भक्तिप्रद।

प्रदक्षिण—[स॰ प्र + दक्षिण] *वि॰* १. दाहिनी ओर स्थित। २. विनम्र। ३. पूज्य। ४. शुभ। *पु॰* प्रदक्षिणा। परिक्रमा। *क्रिवि॰* १. बायीं ओर से दाहिनी ओर। २. दाहिनी ओर। ३. दक्षिण दिशा की ओर। ✣ **प्रदक्षिण-क्रिया**—*स्त्री॰* = प्रदक्षिणा। परिक्रमा।

प्रदक्षिणा—[स॰ प्रदक्षिण + टाप्] *स्त्री॰* श्रद्धा-भक्ति के भाव से किसी पूज्य व्यक्ति या देव-मूर्ति आदि को दाहिनी ओर करके उसके चारों ओर घूमना। परिक्रमा।

प्रदग्ध—[स॰ प्र + √दह् + क्त] *वि॰* १. बहुत जला हुआ। २. जो भस्म हो चुका हो।

प्रदत्त—[स॰ प्र + दत्त] *वि॰* दिया हुआ। ***जैसे***—ईश्वर द्वारा प्रदत्त शरीर।

प्रदर—[स॰ प्र + √दृ + अप्] *पु॰* १. तोड़-फोड़। २. छिद्र। ३. दरार। ४. स्त्रियों का एक गम्भीर रोग जिसमें गर्भाशय से सफ़ेद/लाल द्रव बहता रहता है।

प्रदर्प—[स॰ प्र + दर्प] *पु॰* भारी घमंड।

प्रदर्श—[स॰ प्र + √दृश् + घञ्] *पु॰* रूप। आकृति। शक्ल। २. आज्ञा। आदेश। ३. प्रदर्शनीय वस्तु। ४. संग्रहालय या प्रदर्शनी आदि में देखने के लिए रखी गई कोई कलात्मक, मूल्यवान, ऐतिहासिक महत्त्व की या प्राचीन वस्तु। (विधि॰) लिखित साक्ष्य में कही गयी कोई वस्तु या अभिलेख जिसे न्यायालय में प्रस्तुत किया जाए।

प्रदर्शन—[स॰ प्र + दर्शन] *पु॰* १. आकृति। रूप। शक्ल। २. दिखलाने का काम। ३. शिक्षण। उपदेश। ४. उदाहरण। दृष्टान्त। ५. राजनीतिक/सामाजिक आदि प्रश्नों पर अपने विचारों/विरोध/सहमति आदि की सार्वजनिक अभिव्यक्ति। ६. उक्त से सम्बन्धित कोई जुलूस/धरना/नारेबाज़ी आदि का कार्य। ७. प्रदर्शनी। नुमाइश।

प्रदर्शनी—[स॰ प्रदर्शन + ङीप्] *स्त्री॰* तरह-तरह की आकर्षक, नवीन या चमत्कारी वस्तुएँ प्रदर्शित करने का स्थान। नुमाइश।

प्रदर्शिका—[स॰ प्र + दर्शिका] *वि॰ (स्त्री॰)* प्रदर्शन करनेवाली। *स्त्री॰* देश/नगर/संग्रहालय आदि के विषय में जानकारी देनेवाली मार्गदर्शक पुस्तक/पुस्तिका। संदर्शिका। (अ॰ गाइड-बुक)

प्रदा—[स॰ प्रद + टाप्] *वि॰ (स्त्री॰)* देने वाली। ***जैसे***—शक्तिप्रदा देवी। ● **विशेष**—'प्रदा' का प्रयोग स्वतन्त्र रूप से नहीं होता, समस्त पद (समासयुक्त) के अन्त में ही होता है।

प्रदाता—[स॰ प्रदातृ] *वि॰, पु॰* १. देनेवाला दाता। ***जैसे***— धन-

प्रदाता। २. बड़ा दानी। ३. (विवाह में) कन्यादान करनेवाला व्यक्ति।

प्रदान—[सं॰ प्र √दा + ल्युट्] *पुं॰* देने की क्रिया/भाव। दान। ❖ ***प्रदानी**—*वि॰* = १. प्रदायक। २. बड़ा दानी।

प्रदाय—[सं॰ प्र √दा + घञ्, युक्] *पुं॰* १. प्रदान की हुई वस्तु। देन। २. उपहार। भेंट। ३. आपूर्ति। सम्भरण।

प्रदायी—[सं॰ प्रदायिन्] *वि॰* देनेवाला। प्रदान करनेवाला।

प्रदाह—[सं॰ प्र + दाह] *पुं॰* १. शरीर में होनेवाली जलन। ***जैसे***—ज्वर के कारण प्रदाह भी है। २. मानसिक कष्ट/ताप। ३. ध्वंस। विनाश।

प्रदिशा—[सं॰ प्र + दिशा] *स्त्री॰* दो मुख्य दिशाओं के बीच की दिशा। विदिशा। ***जैसे***—उत्तर-पूर्व प्रदिशा; वायव्य दिशा।

प्रदिष्ट—[सं॰ प्र √दिश् + क्त] *वि॰* १. निर्दिष्ट। आदिष्ट। २. निर्धारित। विहित। नियत।

प्रदीप—[सं॰ प्र + दीप] *पुं॰* १. दीपक। चिराग़। २. प्रकाश देनेवाली कोई वस्तु।

प्रदीपन—[सं॰ प्र √दीप् + णिच् + ल्युट्] *पुं॰* १. प्रकाश करने का काम। २. चमकाना या जलाना। ३. उत्तेजित करना। उत्तेजन। ४. तीव्र/तेज़ करना।

प्रदीपिका—[सं॰ प्रदीपक + टाप्, इत्व] *स्त्री॰* १. छोटा दीपक। प्रकाश देनेवाली छोटी वस्तु। २. अर्थ या विषय स्पष्ट करनेवाली छोटी पुस्तक। कुंजी।

प्रदीप्त—[सं॰ प्र √दीप् + क्त] *वि॰* १. जलता हुआ या जलाया हुआ। प्रकाशित। २. प्रकाशित। जगमगाता हुआ। ३. उज्ज्वल। प्रकाशमान। चमकीला। ४. उत्तेजित। ५. तीव्र। तेज़।

प्रदीप्ति—[सं॰ प्र √दीप् + क्तिन्] *स्त्री॰* १. प्रकाश। २. कान्ति। प्रभा। चमक।

प्रदूषण—[सं॰ प्र √दूष् + णिच् + ल्युट्] *पुं॰* १. (विशेष रूप से) दोषयुक्त बनाना। दूषित करना। २. अपवित्र करना। ३. नष्ट करना। ४. वातावरण की भौतिक, रासायनिक और जैविक अवस्था में ऐसा परिवर्तन जिससे मनुष्यों, पशुओं, पक्षियों, जलचरों, वनस्पतियों अथवा सुन्दर भवनों आदि को हानि हो।

प्रदेय—[सं॰ प्र √दा + यत्] *वि॰* १. दिए जाने के योग्य। २. विवाह-योग्य (कन्या)।

प्रदोष—[सं॰ प्र + दोष] *पुं॰* १. बड़ा दोष। अपराध। २. रात्रि का आरम्भिक समय। ३. भगवान् शिव के भक्तों का एक व्रत जिसमें प्रत्येक त्रयोदशी को सायंकाल से कुछ पहले शिव-पूजन करके भोजन किया जाता है। ❖ **प्रदोष-काल**—*पुं॰* = रात्रि का आरम्भ। सायंकाल। ❖ **प्रदोष-तिमिर**—*पुं॰* = सायंकाल का अँधेरा।

प्रदौहित्र—[सं॰ प्र + दौहित्र] *पुं॰* पुत्री का पौत्र। दौहित्र-पुत्र।

प्रद्युम्न (प्रद्युम्न)—[सं॰ प्र + द्युम्न] *पुं॰* १. कामदेव। २. प्रकृष्ट बलवान पुरुष।

प्रद्योत (प्रद्योत)—[सं॰ प्र √द्युत् + घञ्] *पुं॰* १. प्रकाश। जगमगाहट। रोशनी। २. दीप्ति। आभा। चमक। ३. रश्मि। किरण।

प्रद्योतन[1] (प्रद्योतन[1])—[सं॰ प्र √द्युत् + युच्] *पुं॰* सूर्य।

प्रद्योतन[2] (प्रद्योतन[2])—[सं॰ प्र √द्युत् + ल्युट्] *पुं॰* १. चमकना या चमकाना। २. दीप्ति। आभा। चमक।

प्रधमन—[सं॰ प्र √धम् + ल्युट्] *पुं॰* फूँकना। (चिकित्सा॰) किसी देह-गुहा में वायु, गैस या चूर्ण (पाउडर) फूँकने की क्रिया। (आयुर्वेद॰) १. किसी औषधि को नाक से सूँघकर ऊपर चढ़ाना। २. एक प्रकार की सुँघनी। ❖ **प्रधमनित्र**—*पुं॰* (चिकित्सा॰) = प्रधमन का उपकरण।

प्रधर्ष—[सं॰ प्र √धृष्+ घञ्] *पुं॰* १. आक्रमण। २. बलात्कार। ३. अपमान।

प्रधानामात्य—[सं॰ प्रधान ~ अमात्य] *पुं॰* देश/राज्य का प्रमुख मन्त्री। प्रधान मन्त्री।

प्रधूपित—[< सं॰ √धूप् + क्त] *वि॰* १. सुवासिक। सुगन्धित। २. गरमाया/तपाया हुआ। तप्त।

प्रधूमित—[सं॰ प्र + धूमित] *वि॰* १. जो धुआँ करने के लिए लाया गया हो। २. जिसमें से धुआँ निकल रहा हो। ३. जो भीतर ही भीतर सुलग रहा हो।

प्रध्वंस—[सं॰ प्र + ध्वंस्] *वि॰* विनाश। नाश।

प्रध्वस्त—[सं॰ प्र √ध्वंस् + क्त] *वि॰* जो पूरी तरह नष्ट हो चुका हो। पूर्णतया ध्वस्त।

प्रनष्ट—[सं॰ प्र + नष्ट] १. (पूरी तरह) नष्ट। विनष्ट। बर्बाद। २. लुप्त। ३. मरा हुआ। मृत। ४. खोया हुआ।

प्रपञ्च (प्रपंच)—[सं॰ प्र √पञ्च् + घञ्] *पुं॰* १. विस्तार। फैलाव। ***जैसे***—छोटा कार्यक्रम करो, प्रपंच की आवश्यकता नहीं है। २. सृष्टि। जगत्। दुनिया। ३. जगत् का जंजाल। सांसारिक झंझट। ४. माया या माया-जाल। ५. भ्रम। धोखा। ६. छल। कपट। आडम्बर। ***जैसे***—नक़ली साधु कर्मकांड का बहुत प्रपंच फैलाते हैं। ७. झमेला/झंझट/बखेड़ा। (वेदान्त॰) स्थूल पंच महाभूतों की रचना के लिए सूक्ष्म पंच महाभूतों का मिश्रण जिसमें प्रत्येक महाभूत का अपना आधा अंश तथा शेष चार का आठवाँ-आठवाँ भाग मिलता है।

प्रपत्ति—[सं॰ प्र √पद् + क्तिन्] *स्त्री॰* शरणागति। (भा॰ दर्शन॰) अनन्य भक्ति का एक मार्ग।

प्रपत्र—[सं॰ प्र + पत्र] *पुं॰* वह मुद्रित या टंकित पत्र जिसमें अपेक्षित या माँगा गया विवरण देने के लिए रिक्त स्थान हों।

प्रपत्री—[सं॰ प्रपत्रिन्] *पुं॰* वह लिपिक या भंडारी जिसके पास प्रपत्र रहते हैं।

प्रपद—[सं॰ प्र + पद] *पुं॰* पैर का अग्रभाग। ❖ **प्रपदिक**—*वि॰* = प्रपद-सम्बन्धी।

प्रपन्न—[सं॰ प्र √पद् + क्त] *वि॰* शरण में आया हुआ। शरणागत। *पुं॰* प्रपत्ति-मार्ग का अनुयायी भक्त/साधक।

प्रपा—[सं॰ प्र √पा + क + टाप्] *स्त्री॰* १. प्याऊ। २. पशुओं को पानी पिलाने का स्थान।

प्रपाक—[सं॰ प्र + पाक] *पु॰* १. घाव/फोड़े का पकना। २. उक्त के कारण हुई सूजन।

प्रपाणि—[सं॰ प्र + पाणि] *पु॰* १. हाथ का अगला भाग। २. हथेली।

प्रपात—[सं॰ प्र √पत् ~ घञ्] *पु॰* १. तेज़ी से ऊपर से गिरना। पतन। २. निर्झर। झरना। ३. जल की वह धारा जो बहुत ऊँचाई से नीचे गिरती हो। ४. पहाड़ का उतार या ढाल।

प्रपातन—[सं॰ प्र √पत् + णिच् + ल्युट्] *पु॰* १. तेज़ी से गिरना। २. अपने को नीचे गिरा देना।

प्रपाती[1]—[सं॰ प्रपातिन्] *पु॰* खड़े किनारे वाला पर्वत/चट्टान।

प्रपाती[2]—[< सं॰ प्रपात] *वि॰* प्रपात-सम्बन्धी। प्रपात का।

प्रपानक—[सं॰ प्र + पानक] *पु॰* आम आदि को भूनकर उसके गूदे में ज़ीरा, नमक आदि डालकर बनाया गया एक पेय। पना।

प्रपितामह—[सं॰ प्र + पितामह] *पु॰* पितामह का पिता। परदादा। ✣ **प्रपितामही**—*स्त्री॰* = परदादी।

प्रपीड़न—[सं॰ प्र + हि॰ पीड़न] *पु॰* १. निचोड़ने/पेरने की क्रिया/भाव। २. अधिक कष्ट देना। ३. दूसरे से मिला कष्ट। (विधि॰) १. बल-प्रयोग। ज़ोर-ज़बरदस्ती। दमन। दबाव। २. बाध्य/मजबूर करना।

प्रपुञ्ज (प्रपुंज)—[सं॰ प्र + पुञ्ज] *पु॰* १. बड़ा ढेर। बड़ी राशि। २. झुंड के झुंड। अनेक समूह। २. बड़ा झुंड।

प्रपूरण—[सं॰ प्र + पूरण] *पु॰* १. अच्छी तरह पूरा करना। २. पूरी तरह भरना। ३. तृप्त करना। ✣ **प्रपूरित**—*वि॰* = १. जिसका प्रपूर किया गया हो या हुआ हो। २. परिपूर्ण।

प्रपूर्ण—[सं॰ प्र ~ पूर्ण] *वि॰* परिपूर्ण। पूर्ण। पूरा।

प्रपौत्र—[सं॰ प्र + पौत्र] *पु॰* पोते का पुत्र। पुत्र का पौत्र। परपोता। ✣ **प्रपौत्री**—*स्त्री॰* = पोते की पुत्री। परपोती।

प्रफुल्ल—[सं॰ प्र √फुल्ल् + अच्] *वि॰* १. खिला हुआ। विकसित। ***जैसे***—प्रफुल्ल पुष्प। २. जिसमें फूल खिले हुए हों। पुष्पयुक्त। पुष्पित। ***जैसे***—प्रफुल्ल वृक्ष। ३. प्रसन्न। आनन्दित। ***जैसे***—प्रफुल्ल व्यक्ति। ४. मुस्कराता हुआ। ***जैसे***—प्रफुल्ल मुख वाला व्यक्ति।

प्रफुल्लन—[सं॰ प्र √फुल्ल् + ल्युट्] *पु॰* फूलना। खिलना। (वनस्पति॰) पराग कोषों के स्फुटन की प्रक्रिया। पराग बिखरने की अवधि।

प्रबन्ध—[सं॰ प्र √बन्ध् + घञ्] *पु॰* १. बन्धन। २. (अविच्छिन्न) क्रम। ३. व्यवस्था। इन्तज़ाम। ***जैसे***—शासन-प्रबन्ध। ३. आयोजन। ४. योजना। ***जैसे***—कपट-प्रबन्ध। ५. (जलाशय का) बाँध। ६. रचना। (काव्य॰) मुक्तक से भिन्न काव्य का रूप। 'महाकाव्य' अथवा खंडकाव्य। प्रबन्धकाव्य।

प्रबल—[सं॰ प्र + बल] *वि॰* १. बहुत बली। ***जैसे***—प्रबल योद्धा। २. प्रचंड। उग्र ***जैसे***—प्रबल क्रोध। ३. बहुत ज़ोरों का। घोर। भारी। ***जैसे***—प्रबल प्यास से पीड़ित।

प्रबलन—[सं॰ प्र √बल + ल्युट्] *पु॰* प्रबल करना। शक्ति बढ़ाना। बलवर्धन। प्रबलीकरण। ***जैसे***—सीमा पर स्थित सेना का प्रबलन। ✣ **प्रबलित**—*वि॰* = जिसका प्रबलन हुआ हो या किया गया हो।

प्रबाहु—[सं॰ प्र + बाहु] *पु॰* बाहु/भुजा का अगला भाग। पहुँचा।

प्रबुद्ध (प्रबुद्ध)—[सं॰ प्र ~ बुध् + क्त] *वि॰* १. जागा हुआ। जाग्रत। २. जो होश में हो। सचेत। ३. जिसे यथार्थ का ज्ञान हो। ज्ञानी। ४. जानकार। *पु॰* १. ज्ञानी। २. विद्वान्।

प्रबोध—[सं॰ प्र √बुध् + घञ्] *पु॰* १. सोकर उठना। जागरण। जागना। २. यथार्थ ज्ञान। सत्य ज्ञान। ३. पूर्ण बोध। तत्त्वज्ञान। ४. ज्ञान, विवेक या समझदारी। ५. सान्त्वना। दिलासा। ६. धैर्य। ७. चेतावनी। ८. सतर्कता। *क्रिस॰* प्रबोधन करना। ज्ञान देना या समझाना।

प्रबोधन—[सं॰ प्र √बुध् + णिच् + ल्युट्] *पु॰* १. जागरण। जागना। २. (नींद से) जगाना। ३. बोध/ज्ञान अथवा यथार्थ ज्ञान कराना। ४. समझाना। ५. सावधान/सचेत करना। चेतावनी। ६. सान्त्वना। ढाढ़स। तसल्ली। ७. (फूलों को) विकसित करना।

प्रबोधिनी—[सं॰ प्र √बुध् + णिच् + णिनि + ङीप्] *वि॰ (स्त्री॰)* १. प्रबोधन करनेवाली। २. जगानेवाली। ३. ज्ञान देनेवाली। *स्त्री॰* कार्तिक शुक्ला एकादशी। देवोत्थानी एकादशी।

प्रभञ्जन[1] (प्रभंजन[1])—[सं॰ प्र √भञ्ज् + ल्युट्] *पु॰* टुकड़े-टुकड़े कर डालना। विखंडन। *वि॰* तोड़-फोड़ करनेवाला। नष्ट या खंड-खंड करनेवाला।

प्रभञ्जन[2] (प्रभंजन[2])—[सं॰ प्र √भञ्ज् + युच्] *पु॰* तेज़ हवा। झंझावात। आँधी।

प्रभव—[सं॰ प्र √भू + अप्] *पु॰* १. उत्पत्ति। जन्म। २. उत्पत्ति का कारण। उपादान कारण। ३. उत्पत्ति का स्थान। ४. सृष्टि। ***जैसे***—प्रभव और प्रलय करनेवाला परमात्मा। ५. जगत्। संसार। ६. सृष्टि-कर्ता। रचयिता। ७. नदी का उद्गम-स्थान। ८. पराक्रम। ९. (रोग, शत्रुता आदि का) मूल। जड़। १०. (साठ संवत्सरों के चक्र में से) एक संवत्सर का नाम।

प्रभविता—[सं॰ प्रभवितृ] *पु॰* शासक। स्वामी। प्रभु।

प्रभविष्णु—[सं॰ प्र √भू + इष्णुच्] *वि॰* १. शक्तिमान्। २. प्रभावशील। प्रभावशाली। प्रभावी। ***जैसे***—प्रभविष्णु अभिव्यक्ति। *पु॰* १. स्वामी। मालिक। २. विष्णु। ✣ **प्रभविष्णुता**—*स्त्री॰* = प्रभावशीलता।

प्रभा—[सं॰ प्र √भा + अङ् + टाप्] *स्त्री॰* १. तेज। दीप्ति। चमक। २. प्रकाश। जगमगाहट। ३. रश्मि। किरण। (छन्द॰) एक वर्णिक छन्द जिसके प्रत्येक चरण में १२ वर्ण होते हैं।

प्रभाकर—[सं॰ प्रभा + कर] *पु॰* १. सूर्य। २. चन्द्रमा। ३. अग्नि।

प्रभाग—[सं॰ प्र √भज् + घञ्] *पु॰* भाग का भाग। टुकड़े का टुकड़ा।

प्रभाजन—[सं॰ √भज् + णिच् + ल्युट्] *पु॰* १. छोटे-छोटे भागों में विभाजन। अंशन। ***जैसे***—विकिरण की मात्रा का प्रभाजन। ● **विशेष**—उक्त छोटे भागों को '**प्रभाज**' कहते हैं। २. आबंटन। बाँट।

प्रभात—[सं॰ प्र √भा + क्त] *पु॰* प्रकाश होना आरम्भ होने का समय। प्रातःकाल। सबेरा। तड़का।

प्रभाती—[< सं॰ प्रभात] *स्त्री॰* प्रातः काल गाए जाने वाले गीत।

प्रभान—[सं॰ प्र √भा + ल्युट्] *पु॰* प्रकाश। प्रभा।

प्रभामण्डल (प्रभामंडल)—[सं॰ प्रभा ~ मण्डल] *पु॰* देवी-देवताओं, सन्तों या विशेष महापुरुषों के सिर के चारों ओर चित्रों और मूर्तियों में दिखाया जाने वाला तेज का वलय/मंडल।

प्रभार—[सं॰ प्र + भार] *पु॰* कर्तव्य/कार्यभार की ज़िम्मेदारी। ***जैसे***—प्रभार-मुक्त जीवन। (अं॰ चार्ज)

प्रभारित—[सं॰ प्र + भारित] *वि॰* जिसे प्रभार दिया गया हो या जिसे प्रभार मिला हो। जो कर्तव्य/कार्यभार की ज़िम्मेदारी से युक्त हो।

प्रभारी—[सं॰ प्रभारिन्] *वि॰* प्रभारवाला। प्रभारयुक्त। ***जैसे***—प्रभारी अधिकारी।

प्रभार्य—[सं॰ प्र √भृज् + ण्यत्] *वि॰* १. मूल्य या दाम लेने योग्य। ***जैसे***—प्रभार्य काम। २. हिसाब में लिखे जाने के योग्य। ***जैसे***—प्रभार्य ख़र्च।

प्रभावज—[सं॰ प्रभाव + ज] *वि॰* प्रभाव से उत्पन्न। ***जैसे***—दवा का प्रभावज परिणाम।

प्रभावती—[सं॰ प्रभा + वती] *वि॰* (स्त्री॰) कान्तिवाली। चमकीली। *स्त्री॰* (छन्द॰) एक समवर्णिक छन्द जिसके प्रत्येक चरण में क्रमशः तगण, भगण, सगण, जगण और गुरु (त भ स ज ग) के योग से १३ वर्ण होते हैं तथा ४-९ पर यति होती है।

प्रभावन—[सं॰ प्र + भावन] *वि॰* प्रभावी। *पु॰* १. प्रभावित करना/होना। २. प्रकाशयुक्त करना। (भौतिकी॰) किसी सुग्राही फ़ोटोग्राफ़ी प्लेट को प्रकाश से प्रभावित होने के लिए खोल देना। (अं॰ इक्स्पोज़र)

प्रभावना—[< सं॰ प्रभावन] *क्रि॰स॰* प्रभाव/प्रकाश से युक्त करना। (जैन॰) १. सम्यक् दर्शन-ज्ञान-चरित्र के प्रभाव से आत्मा को प्रकाशमान करना। २. भाषण, तप, दया, अहिंसा आदि के द्वारा धर्म या विरोधियों पर विजय प्राप्त करते हुए धर्म का प्रचार करना।

***प्रभाव-भीना**—[सं॰ प्रभाव + हि॰ भीना] *वि* प्रभावशाली।

प्रभाविता—[सं॰ प्र + भाविता] *स्त्री॰* (मनो॰) दूसरों के कार्यों और विचारों पर नियन्त्रण रखने की प्रवृत्ति।

प्रभावी—[सं॰ प्रभाविन्] *वि॰* १. जिसका प्रभाव पड़ता हो या पड़ा हो। प्रभावकारी। असरदार। २. फल देने वाला। परिणामकारी। ३. शक्तिशाली। ४. तेजस्वी। ५. सबसे बढ़कर। प्रमुख। ***जैसे***—प्रभावी संख्या। ∇ **विलोम**—निष्प्रभावी।

प्रभास—[सं॰ प्र √भास् + घञ्] *पु॰* १. दीप्ति। चमक। २. प्रकाश। ज्योति।

प्रभासन—[सं॰ प्र √भास् + ल्युट्] *पु॰* १. दीप्ति। चमक। २. प्रकाश। ज्योति। ३. दीप्ति/प्रकाश उत्पन्न करना।

प्रभास्वर—[सं॰ प्र √भास् + वरच्] *वि॰* दीप्तिमान्। चमकीला।

प्रभिन्न—[सं॰ प्र + भिन्न] *वि॰* १. अलग किया हुआ। २. कटा/फटा/चिरा हुआ। ३. तोड़कर टुकड़े-टुकड़े किया हुआ। विभक्त। अंग-भंग किया हुआ। ५. कुरूप किया हुआ।

प्रभु—[सं॰ प्र √भू + डु] *पु॰* शासक। मालिक। २. राजा या सर्वोच्च अधिकारी। ३. ईश्वर। ४. विष्णु, शिव, ब्रह्मा आदि देवता या उनके लिए एक आदरपूर्ण सम्बोधन। ५. राजा, स्वामी, गुरु, महात्मा या पूज्य पुरुष के लिए एक आदरपूर्ण सम्बोधन। ६. महाराष्ट्र के कायस्थों की एक उपाधि। *वि॰* १. शक्तिशाली। बलवान्। २. जिसे अधिकार प्राप्त हो। अधिकारप्राप्त।

प्रभुता—[सं॰ प्रभु + तल् + टाप्] *स्त्री॰* १. प्रभु होने की अवस्था/भाव। प्रभुत्व। २. गौरव। ३. स्वामित्व। मालिकपन। ४. शासन का अधिकार। शासनाधिकार। ५. महत्त्व। बड़प्पन। ६. वैभव। ऐश्वर्य। ७. शक्ति। ८. प्रभाव। असर। (राज॰) प्रभुसत्ता।

प्रभुत्व—[सं॰ प्रभु + त्वल्] *पु॰* प्रभुता। ✣ **प्रभुत्वसम्पन्न (प्रभुत्वसंपन्न)**—*वि॰* = प्रभुतासम्पन्न। प्रभुसत्ता से युक्त।

प्रभुमय—[सं॰ प्रभु + मयट्] *वि॰* १. प्रभु से व्याप्त। २. परमेश्वर के स्वरूप वाला। ईश्वररूप।

प्रभुसत्ता—[सं॰ प्रभु ~ सत्ता] *स्त्री॰* १. (किसी देश/राज्य पर) पूर्ण अधिकार की स्थिति। पूर्ण सत्ता। २. सभी प्रकार का सर्वोच्च अधिकार।

प्रभूत—[सं॰ प्र √भू + क्त] *वि॰* १. जो अच्छी तरह हो चुका हो। २. उत्पन्न। उद्भूत। ३. निकला हुआ। उद्गत। ४. बहुत अधिक। विपुल। प्रचुर। ५. पूर्ण। ६. यथेष्ट/पर्याप्त/काफ़ी या उससे कुछ अधिक।

प्रभूति—[सं॰ प्र √भू + क्तिन्] *स्त्री॰* १. प्रभूत होने की अवस्था/भाव। प्रभूतता। २. उत्पत्ति। ३. अधिकता। प्रचुरता। विपुलता। ४. पर्याप्तता।

प्रभृति—[सं॰ प्र √भृ + क्तिच्] *अव्यय॰* १. इत्यादि। वग़ैरह। २. तब से। ३. अब से। ४. से।

प्रभेद—[सं॰ प्र + भेद] *पु॰* १. भेद। अन्तर। २. प्रकार। क़िस्म। ३. फोड़कर निकलने की क्रिया। स्फोटन।

प्रमत्त—[सं॰ प्र √मन् + क्त] *वि॰* १. नशे में चूर। मतवाला। २. विक्षिप्त। उन्मत्त। पागल। ३. असावधान। लापरवाह। ४. जो सन्ध्या आदि धार्मिक कृत्य न करे। ५. अधिकार/सत्ता/पद आदि का घमंड। ६. बहुत भूलें करनेवाला। ७. कामुक। ८. व्यसनी।

प्रमथ—[सं॰ प्र √मथ् + अच्] *वि॰* १. मन्थन करने वाला। २. पीड़ा देने वाला। *पु॰* शिव के गण।

प्रमथन—[सं॰ प्र √मथ् + ल्युट्] *पु॰* १. मथना। २. पीड़ित करना। उत्पीड़न। सताना। ३. कुचलना। ४. वध। हत्या।

प्रमथनाथ/प्रमथपति—[सं॰ प्रमथ ~ नाथ/पति] *पु॰* शिव। महादेव।

प्रमथाधिप—[सं॰ प्रमथ ~ अधिप] *पु॰* शिव। महादेव।

प्रमद—[सं॰ प्र √मद् + अप्] *वि॰* १. जिसमें बहुत मद हो। नशे में चूर। मतवाला। २. असावधान। लापरवाह। ३. अशिष्ट। ४. उग्र।

प्रमदकानन/प्रमदवन—[सं॰ प्रमदा ~ कानन/वन] *पु॰* १. रानियों के विहार/सैर का उद्यान/बग़ीचा। राजमहल का बग़ीचा। ∆ **पर्याय**—प्रमदोद्यान। क्रीड़ोद्यान।

प्रमदा—[सं॰ प्रमद + टाप्] *वि॰* रूप के मद में मस्त। *स्त्री॰* १. सुन्दर युवती। २. स्त्री। ३. पत्नी। (छन्द॰) एक वर्णिक छन्द जिसके प्रत्येक चरण में क्रमश: नगण, जगण, भगण, जगण, लघु और गुरु (न ज भ ज ल ग) के योग से १४ वर्ण होते हैं।

प्रमदोद्यान (प्रमदोद्यान)—[सं॰ प्रमदा ~ उद्यान] *पु॰* प्रमदकानन।

प्रमस्तिष्क—[सं॰ प्र + मस्तिष्क] *पु॰* मस्तिष्क के दो प्रमुख भागों में से बड़ा भाग जो धूसर द्रव्य से ढका होता है। बड़ा मस्तिष्क। बृहत् मस्तिष्क।

प्रमा—[सं॰ प्र √मा + अङ् + टाप्] *पु॰* १. यथार्थ ज्ञान। स्मृति, संशय, विपर्यय और तर्कज्ञान से भिन्न ज्ञान। जो पदार्थ जैसा है उसको उसी रूप में जानना। २. माप। नाप।

प्रमाण—[सं॰ प्र √मा + ल्युट्] *पु॰* १. माप। नाप। २. नाप या तौल का मान (पैमाना/बाट इत्यादि)। ३. परिमाण या मात्रा। ***जैसे***—इस वस्त्र का प्रमाण पाँच मीटर है। ४. आकार या विस्तार। लम्बाई-चौड़ाई। ५. सीमा। हद। ६. प्रमा का कारण। यथार्थ ज्ञान का सबसे अधिक साधक या प्रमुख कारण। विषय-ज्ञान का हेतु। ७. किसी तथ्य को सिद्ध करने का साधन। सबूत। ८. युक्ति। कारण। सबब। ९. (किसी बात की) सत्यता की प्रतीति/विश्वास। १०. ऐसी बात/कथन आदि जिसे सब लोग यथार्थ मानते हों। (भा॰ दर्शन॰) यथार्थ ज्ञान का साधक कारण।

प्रमाणन—[सं॰ प्रमाण + णिच् + ल्युट्] *पु॰* किसी बात कथन या लेख को सत्य प्रमाणित करने के लिए कहना या लिखना। प्रमाणीकरण।

प्रमाणभूत—[सं॰ प्रमाण ~ भूत] *वि॰* जो किसी बात का प्रमाण हो।

प्रमाणिका—[सं॰ प्रमाणिक + टाप्] *स्त्री॰* (छन्द॰) एक समवर्णिक छन्द जिसके प्रत्येक चरण में क्रमश: जगण, रगण, लघु, गुरु (ज र ल ग) के योग से ८ वर्ण होते हैं। प्रमाणी छन्द। नगस्वरूपिणी छन्द।

प्रमाता—[सं॰ प्रमातृ] *पु॰* १. प्रमाणों को माननेवाला व्यक्ति। २. विषय से भिन्न उसका द्रष्टा या साक्षी। ३. द्रष्टा या साक्षी जीवात्मा।

प्रमातामह—[सं॰ प्र + मातामह] *पु॰* नाना/नानी का पिता। परनाना। ❖ **प्रमातामही**—*स्त्री॰* = नाना/नानी की माता। परनानी।

प्रमात्रा—[८ सं॰ प्र + मात्रा] *स्त्री॰* उतनी मात्रा जितनी आवश्यक हो।

प्रमाथी—[सं॰ प्रमाथिन्] *वि॰* १. मथनेवाला। २. पीड़ा पहुँचानेवाला। पीड़क। ३. बलपूर्वक हरण करनेवाला। ४. मारनेवाला। ५. नष्ट करनेवाला। *वि॰* [आयुर्वेद॰] (वह पदार्थ) जो अपने प्रभाव से बलपूर्वक संचित कफ़ आदि दोषों को शरीर से बाहर निकाल देता है। ***जैसे***—मिर्च प्रमाथी है।

प्रमाद—[सं॰ प्र √मद् + घञ्] *पु॰* १. किसी नशे में होने की अवस्था/भाव। २. परिणाम का विचार किए बिना अनुचित काम कर बैठना। ३. असावधानी। लापरवाही। ग़फ़लत। ४. मद। नशा। ५. पागलपन। ६. कर्तव्य की उपेक्षा। कर्तव्य को न करना।

प्रमादातिरेक—[सं॰ प्रमाद ~ अतिरेक] *पु॰* १. प्रमाद की अधिकता। २. अधिक असावधानी।

प्रमार्जन—[सं॰ प्र √मृज् + णिच् + ल्युट्] *पु॰* १. (साफ़ करने के लिए) माँजना। धोना। २. पोंछना। ३. दूर करना। हटाना। ४. सुधार करना/कराना।

प्रमित—[सं॰ प्र √मि + क्त] *वि॰* १. परिमित। सीमित। २. अल्प। थोड़ा। ३. ज्ञात। विदित। ४. प्रमाणित। ५. जिसका यथार्थ ज्ञान हो चुका हो।

प्रमितता—[सं॰ प्रमित + तल् + टाप्] *स्त्री॰* प्रमिति। (दे॰)

प्रमिताक्षर—[सं॰ प्रमित ~ अक्षर] *वि॰* थोड़े अक्षरों वाला।

प्रमिति—[सं॰ प्र + मिति] *स्त्री॰* १. किसी प्रमाण से प्राप्त यथार्थ ज्ञान। २. माप। नाप। ३. यथार्थता। ४. परिशुद्धि। ५. सूक्ष्मता। ६. सीमा।

प्रमीला—[सं॰ प्र √मील् + अ + टाप्] *स्त्री॰* १. तन्द्रा। २. शिथिलता। थकावट।

प्रमीलित—[सं॰ प्र √मील् + क्त] *वि॰* जिसकी आँखें मुँदी हों। निमीलित। २. मुँदा/मूँदा हुआ।

प्रमीली—[सं॰ प्रमीलिन्] *वि॰* आँखें मूँदनेवाला।

प्रमुख—[सं॰ प्र + मुख] *वि॰* १. मुख्य। प्रधान। २. सबसे आगे वाला। प्रथम। पहला। ३. मान्य। ४. जो प्रधान के पद पर हो। जो सर्वोपरि हो। *पु॰* १. प्रधान। २. प्रधान शासक। ❖ **प्रमुख याम्योत्तर**—*पु॰* = (खगोल॰) ग्रीनविच का याम्योत्तर जिससे पृथ्वी के अनेक स्थानों के देशान्तर नापे जाने हैं।

प्रमुदित—[सं॰ प्र √मुद् + क्त] *वि॰* (अत्यन्त) हर्षित/प्रसन्न। ❖ **प्रमुदितवदन**—*वि॰* = प्रसन्न मुख वाला।

प्रमूढ़—[८ सं॰ प्र + मूढ] *वि॰* १. घबराया हुआ। २. चकराया हुआ। ३. मूर्ख।

प्रमूल—[सं॰ प्र + मूल] *पु॰* मूल। ❖ **प्रमूल भाषा**—*स्त्री॰* = उद्गम भाषा। (अं॰ पेरेन्ट लैंग्वेज)

प्रमृष्ट—[सं॰ प्र √मृज् + क्त] *वि॰* १. धोया/माँजा/पोंछा/चिकनाया हुआ। २. स्वच्छ किया हुआ। ३. पालिश आदि से चमकाया हुआ।

प्रमेय—[सं॰ प्र √मा + यत्] *वि॰* १. मापे जाने के योग्य। २. जो नापा/तोला जा सके। जिसका मान बताया जा सके। ३. जिसका निर्धारण किया जा सके। जो समझ में आ सके। आधार्य। ४. जो प्रमाण से सिद्ध किया जा सके। *पु॰* प्रमा का विषय। यथार्थ ज्ञान का विषय। (गणित॰) ज्यामिति में कुछ दी हुई अभिधारणाओं के आधार पर सिद्ध किए जाने के लिए प्रस्तावित् व्यापक कथन। साध्य। (अं॰ थीअरम)

प्रमेह—[सं॰ प्र √मिह् + घञ्] *पु॰* एक रोग जिसमें मूत्र अधिक बार आता है और शरीर की धातुएँ भी अनेक रूपों में मूत्र के साथ निकलती हैं। ❖ **प्रमेही**—*वि॰* = प्रमेह का रोगी।

प्रमोक्षण—[सं॰ प्र √मोक्ष् + ल्युट्] *पु॰* चन्द्रमा या सूर्य के ग्रहण का अन्त।

प्रमोचन—[सं॰ प्र √मुच् + ल्युट्] *पु॰* १. छोड़ना। छुटकारा देना। २. छुड़ाना। (प्राणि॰) प्राणी के द्वारा अपने जीवनकाल में पक्व देह-खंडों को छोड़ना।

प्रमोद—[सं॰ प्र √मुद् + घञ्] *पु॰* १. अधिक हर्ष/आनन्द/प्रसन्नता। २. सुख।

प्रमोदक—[सं॰ प्र √मुद् + णिच् + ण्वुल्] *वि॰* आनन्द/हर्ष उत्पन्न करनेवाला।

प्रमोदार्णव—[सं॰ प्रमोद ~ अर्णव] *पु॰* आनन्द का सागर।

प्रम्लान—[सं॰ प्र + म्लान] *वि॰* मुर्झाया हुआ। ✣ **प्रम्लानवदन**—*वि॰* = जिसका मुख मुर्झाया हुआ हो। उदास।

प्रयत—[सं॰ प्र √यम् + क्त] *वि॰* १. जितेन्द्रिय। २. जो तपस्या से पवित्र हो गया हो। ३. प्रयत्नवान्। यत्नशील। ४. सावधान। ५. नम्र।

प्रयाण—[सं॰ प्र √या + ल्युट्] *पु॰* १. प्रस्थान। २. यात्रा। सफ़र। ३. युद्ध के लिए कूच। अभियान। चढ़ाई। ४. मृत्यु। ✣ **प्रयाण-काल**—*पु॰* =. १. प्रयाण का समय। प्रस्थान करने का काल। २. मृत्यु-काल। ✣ **प्रयाण-गीत**—*पु॰* = युद्धभूमि की ओर प्रस्थान करते समय या किसी संघर्ष के लिए आगे बढ़ते समय या संचलन कार्यक्रम में, मिलकर गाए जाने वाले गीत।

प्रयात—[सं॰ प्र √ या + क्त] *वि॰* १. जो प्रस्थान कर चुका हो। २. आगे बढ़ा हुआ। ३. मरा हुआ। मृत। *पु॰* पर्वत/चट्टान का ऊँचा खड़ा किनारा। प्रपात। भृगु।

प्रयुक्त—[सं॰ प्र √युज् + क्त] *वि॰* १. जिसका प्रयोग/इस्तेमाल किया गया हो। व्यवहार में लाया हुआ। २. किसी काम में लगाया हुआ। नियुक्त। ३. जो मिलाया/जोड़ा गया हो। सम्मिलित।

प्रयुक्ति—[सं॰ प्र √युज् + क्तिन्] *स्त्री॰* १. प्रयोग। इस्तेमाल। २. प्रयोजन। उद्देश्य। (भाषा॰) विशेष सन्दर्भों में प्रयुक्त विशेष भाषा-रूप। विषय या कार्य क्षेत्र में परिभाषित भाषा-रूप के विभिन्न भेद। (अं॰ रजिस्टर)।

प्रयुत—[सं॰ प्र √यु + क्त] *वि॰* १. जो गिनती में दस लाख हो। *पु॰* दस लाख की संख्या।

प्रयोक्ता—[सं॰ प्रयोक्तृ] *वि॰, पु॰* प्रयोग/व्यवहार/इस्तेमाल करनेवाला। प्रयोगकर्ता। २. कार्य का अनुष्ठान/आरम्भ करनेवाला। ३. (तान्त्रिक) प्रयोग करनेवाला। अभिचारी।

प्रयोग—[सं॰ प्र √युज् + घञ्] *पु॰* १. काम में लाना। व्यवहार। इस्तेमाल। ***जैसे***—शब्दों का प्रयोग; शस्त्रों का प्रयोग। २. पद्धति। विधि। ***जैसे***—पूजा में तिलक का प्रयोग। ३. प्रणाली। प्रथा। ४. नाटक खेलना। अभिनय। ५. ऋण देना। महाजनी। ६. (विज्ञान में) किसी मान्यता की परीक्षार्थ नियन्त्रित दशाओं में किए गए क्रमिक निरीक्षण। ७. तान्त्रिक प्रयोग। अभिचार। ८. साधन।

प्रयोगतः—[सं॰ प्रयोग + तस्] *क्रिवि॰* १. प्रयोग द्वारा। २. परिणाम के रूप में। ३. प्रयोग के अनुसार। ४. व्यवहारतः।

प्रयोगवाद—[सं॰ प्रयोग ~ वाद] *पु॰* (काव्य॰) परम्परागत रीति से हटकर साहित्य और कला में विषय, वस्तु, अलंकार, भाषा, छन्द, शब्द चयन आदि सभी दृष्टियों से नए प्रयोग करने का मत। ***जैसे***—हिन्दी में अज्ञेय आदि का प्रयोगवाद।

प्रयोगात्मक—[सं॰ प्रयोग ~ आत्मक] *वि॰* १. प्रयोग-सम्बन्धी। २. व्यावहारिक।

प्रयोगार्थ—[सं॰ प्रयोग ~ अर्थ] *वि॰* जो प्रयोग के लिए हो।

प्रयोगार्ह—[सं॰ प्रयोग ~ अर्ह] *वि॰* १. प्रयोग में लाए जाने के योग्य। जिसका प्रयोग करना चाहिए। २. जिसका प्रयोग किया जा सके।

प्रयोजन—[सं॰ प्र √युज् + ल्युट्] *पु॰* १. वह वस्तु/बात जिसे पाने के लिए कोई व्यक्ति किसी काम में लगे। उद्देश्य। २. अभिप्राय। मतलब। ***जैसे***—यहाँ आने का अपना प्रयोजन बताइए।

प्रयोजनवत्ता—[सं॰ प्रयोजनवत् + तल् + टाप्] *स्त्री॰* १. प्रयोजनवाला होने का गुण/भाव। २. प्रयोजनशीलता। सोद्देश्यता।

प्रयोजनवाद—[सं॰ प्रयोजन ~ वाद] *पु॰* यह मत कि प्राकृतिक प्रक्रियाएँ बुद्धिमत्तापूर्वक सदा किसी उद्देश्य की ओर निर्दिष्ट होती हैं।

प्रयोजनवान्—[सं॰ प्रयोजन + मतुप्] *वि॰* १. जिसे कोई प्रयोजन हो। उद्देश्यवान्। सोद्देश्य। २. उपयोगी।

प्रयोज्य—[सं॰ प्र √युज् + ण्यत्] *वि॰* १. प्रयोग/व्यवहार के योग्य। काम में लाने योग्य। २. नियुक्त करने योग्य।

प्ररुह—[सं॰ प्र √रुह् + क] *वि॰* ऊपर की ओर जाने/बढ़ने वाला।

प्ररूढ़—[< सं॰ प्ररूढ (प्र √रुह् + क्त)] *वि॰* १. उत्पन्न। २. पूर्ण वृद्धि को प्राप्त। ३. बढ़ा हुआ।

प्ररूप—[सं॰ प्र + रूप] *पु॰* व्यक्तियों/वस्तुओं के किसी बड़े सम्बद्ध समूह के अन्तर्गत ऐसा वर्ग जिसमें अनेक प्रमुख विशेषताएँ सभी में समान रूप से हों। प्रकार। क़िस्म।

प्ररूपी—[सं॰ प्ररूपिन्] *वि॰* प्रारूप के रूप में मान्य या स्वीकार्य। प्रारूपिक।

प्ररोचन—[सं॰ प्र √रुच् + णिच् + ल्युट्] *पु॰* १. रुचि/शौक़ उत्पन्न करना। ***जैसे***—प्रदर्शन के द्वारा व्यायाम में प्ररोचन। २. रुचि उत्पन्न करनेवाला प्रदर्शन। ३. उत्तेजन। उत्तेजना। ३. (नाटक में) आगामी दृश्य का रोचक वर्णन। ✣ **प्ररोचना**—*स्त्री॰* = प्ररोचन।

प्ररोह—[सं॰ प्र √रुह् + अच्] *पु॰* १. अंकुर। अँखुआ। २. कोंपल। कल्ला। ३. उत्पत्ति। ४. उगना। ५. आरोह। चढ़ाव। ६. (पौधों का) ऊपर की ओर चढ़ना। ७. (पौधे की) टहनी जो क़लम लगाने के लिए काटी जाए।

प्ररोहण—[सं॰ प्र √रुह् + ल्युट्] *पु॰* १. उत्पत्ति। २. उगना। ३. आरोह। चढ़ाव। ४. अंकुर/कल्ला निकलना। ४. (पौधों का) ऊपर की ओर बढ़ना।

प्ररोही—[सं॰ प्ररोहिन्] *वि॰* १. उत्पन्न होनेवाला। २. उगनेवाला। ३. ऊपर की ओर बढ़ने/जाने वाला।

प्रलपन—[सं॰ प्र √लप् + ल्युट्] *पु॰* १. वार्तालाप। बातचीत। २. प्रलाप। बकवास। ३. विलाप।

प्रलम्ब (प्रलंब)—[सं॰ प्र √लम्ब + अच्] *वि॰* १. लटकता हुआ।

लटका हुआ। २. अधिक लम्बा। *जैसे*—प्रलम्ब नाक। *पु॰* १. शाखा। डाली। २. गले की पुष्प-माला। ३. कंठहार। ४. (स्त्री के) स्तन। कुच।

प्रलम्बन (प्रलंबन)—[सं॰ प्र √लम्ब् + ल्युट्] *पु॰* १. लटकना। २. सहारा लेना। अवलम्बन।

प्रलम्बबाहु (प्रलंबबाहु)—[सं॰ प्रलम्ब ~ बाहु] *वि॰* जिसकी भुजाएँ लम्बी हों।

प्रलम्बित (प्रलंबित)—[सं॰ प्र √लम्ब + क्त] *वि॰* बहुत नीचे तक लटका हुआ। *जैसे*—प्रलम्बित हार।

प्रलम्बी (प्रलंबी)—[सं॰ प्रलम्बिन्] *वि॰* १. बहुत नीचे तक लटकनेवाला। २. अवलम्ब/सहारा देनेवाला।

प्रलम्भन (प्रलंभन)—[सं॰ प्र √लभ् + ल्युट्, मुम्] *पु॰* १. लाभ/प्राप्ति होना। २. लाभ। प्राप्ति। ३. छल-कपट। धोखा।

प्रलय—[सं॰ प्र √लीं + अच्] *पु॰* १. लय। विलीनता। नाश। २. सृष्टि के सब पदार्थों का अपने उद्गम-स्थान परमात्मा में लीन हो जाना। सृष्टि का अन्त। कल्पान्त में विश्व का नाश। ३. मृत्यु। मौत। ४. मूर्च्छा। बेहोशी। ५. संहार। ६. विनाशकारी या उथल-पुथल करनेवाली भारी विपत्ति। ७. भीषण विनाश। भयंकर बर्बादी। (काव्य॰) एक सात्विक अनुभाव जिसमें प्रिय के वियोग के कारण मूर्छा आदि होती है और प्रिया मृत के समान प्रतीत होती है। ***वा॰*** **प्रलय मचना**—१. (युद्ध आदि में) भीषण नर-संहार होना। २. सर्वनाश होना। ३. विध्वंस होना। **प्रलय मचाना**—१. (युद्ध आदि में) भीषण नर-संहार करना। २. सर्वनाश करना। ३. विध्वंस करना।

प्रलयङ्कर (प्रलयंकर)—[सं॰ प्रलय √कृ + खच्, मुम्] *वि॰* १. प्रलय करनेवाला। २. संहार या विनाश करनेवाला। संहारक, विनाशक या सर्वनाशक।

प्रलयाब्धि—[सं॰ प्रलय ~ अब्धि] *पु॰* प्रलय-काल का समुद्र।

प्रलयोल्का—[सं॰ प्रलय ~ उल्का] *स्त्री॰* १. प्रलयंकर/प्रलयकालीन उल्का।

प्रलाक्षा-चित्रण—[सं॰] *पु॰* (कला॰) चीनी मिट्टी की कलाकृतियों पर एक विशेष लेप से की गई चित्रकारी। (आ॰ लैकर पेन्टिंग)

प्रलाप—[सं॰ प्र √लप् + घञ्] *पु॰* निरर्थक बातचीत। बकवास। बेसिरपैर की बातें। अंडबंड बकना। (मनो॰) तीव्र मानसिक आघात या तीव्र ज्वर के कारण रोगी की विकृत मानसिक दशा जिसमें वह प्राय: भ्रमपूर्ण और विसंगतिवाली बातों को बड़बड़ाता रहता है। ✣ **प्रलापाभ**—*वि॰* = प्रलाप जैसा।

प्रलापी—[सं॰ प्रलापिन्] *वि॰* १. प्रलाप करनेवाला। २. बातूनी। ३. बेकार की बातचीत करनेवाला। ✣ **प्रलापिता**—*स्त्री॰* = बहकी-बहकी बातें करना। प्रलापोन्मादी के समान बकवास।

प्रलापोन्माद—[सं॰ प्रलाप ~ उन्माद] *पु॰* एक प्रकार का उन्माद जिसका रोगी प्रलाप करता रहता हैं। बंहकी-बहकी बातें करने का मानसिक रोग।

प्रलिप्त—[सं॰ प्र + लिप्त] *वि॰* १. लिपटा हुआ। २. लिप्त।

प्रलीन—[सं॰ प्र + लीन] *वि॰* १. विलीन। २. प्रलय को प्राप्त। विनष्ट। ३. अचेत। बेहोश।

प्रलुब्ध—[सं॰ प्र + लुब्ध] *वि॰* १. लोभी। लालची। २. मोहित। अनुरक्त। ✣ **प्रलुब्धा**—*वि॰ (स्त्री॰)* = १. लोभ करनेवाली। २. किसी पर मोहित या अनुरक्त।

प्रलेख—[सं॰ प्र √लिख् + घञ्] *पु॰* ऐसी रचना जो किसी विषय में सूचना दे। दस्तावेज़। (काव्य॰) समसामयिक जीवन का यथातथ्य चित्रण करनेवाली कृति (उपन्यास आदि)।

प्रलेखी हुण्डी (हुंडी)—[सं॰ प्रलेखी + हि॰ हुंडी] (वाणि॰) ऐसा विनिमय-पत्र या हुंडी जिसके साथ बिल्टी या लदान-पत्र आदि लगे हों।

प्रलोभन—[सं॰ प्र √लुभ् + णिच् + ल्युट्] *पु॰* १. लालच देना। ललचाना। २. लालच देकर बहकाना। ३. लोभ उत्पन्न करने वाली वस्तु/बात आदि। ललचाने की वस्तु। ४. लोभ। लालच। ५. (किसी के मन में) अपने प्रति अनुराग उत्पन्न करना। लुभाना।

प्रवञ्चन (प्रवंचन)—[सं॰ प्र + वञ्चन] *पु॰* धोखा देना। छल। कपट। धूर्तता। ठगी। ✣ **प्रवञ्चना (प्रवंचना)**—*स्त्री॰*।

प्रवचन—[सं॰ प्र॰ √वच् + ल्युट्] *पु॰* १. प्रकृष्ट वचन। २. किसी ग्रन्थ आदि का अच्छी तरह अर्थ समझाकर कहना। अर्थ खोलकर बतलाना। ३. व्याख्या। ४. धर्मग्रन्थों आदि का विद्वत्ता के साथ उपदेश/व्याख्यान।

प्रवण—[सं॰ √प्रु + ल्युट्] *वि॰* १. क्रमश: नीचा होता हुआ। ढालू। २. झुका/मुड़ा हुआ। वक्र। ३. किसी वात/कार्य आदि की ओर झुका हुआ। प्रवृत्त। ४. नम्र। विनीत। ५. अनुरक्त।

प्रवया—[सं॰ प्रवयस् + टाप्] *स्त्री॰* वयोवृद्धा स्त्री।

प्रवर—[सं॰ प्र √वृ + अप्] *वि॰* १. प्रधान। प्रमुख। २. सर्वश्रेष्ठ। ३. उम्र में सबसे बड़ा। ४. (पद/अधिकार आदि में) उच्चतर। *जैसे*—प्रवर अधिकारी। *पु॰* १. वंश। कुल। २. पूर्वपुरुष। ✣ **प्रवर समिति**—*स्त्री॰* = किसी विषय/मामले की छानबीन या जाँच के लिए नियुक्त समिति।

प्रवरण—[सं॰ प्र + वरण] *पु॰* चयन। चुनाव। छाँट। ✣ **प्रवरण समिति**—*स्त्री॰* = (प्रशा॰) किसी पद के प्रत्याशियों में से चयन/चुनाव करनेवाली समिति।

प्रवर्ग—[सं॰ प्र + वर्ग] *पु॰* किसी वर्ग का कोई छोटा विभाग।

प्रवर्त—[सं॰ प्र √वृत् + घञ्] *पु॰* १. किसी कार्य का आरम्भ। प्रवर्तन। कार्यारम्भ। २. मेघों/बादलों का एक प्रकार।

प्रवर्तक—[सं॰ प्र √वृत् + णिच् + ण्वुल्] *पु॰* १. किसी नए काम को आरम्भ करनेवाला। प्रवर्तन करनेवाला। २. किसी कार्य में प्रवृत्त/प्रेरित करनेवाला। प्रेरक। ३. उभारने/उकसाने वाला। उत्तेजक। ४. आविष्कार/ईजाद करनेवाला। आविष्कारक। (नाट्य॰) रूपक में 'प्रस्तावना' का एक प्रकार। प्रस्तुत कार्य से सम्बद्ध उद्योग को छोड़कर किसी अन्य कार्य को करना।

प्रवर्तन—[सं॰ प्र √वृत् + णिच् + ल्युट्] *पु॰* १. किसी कार्य का आरम्भ। कार्यारम्भ। २. प्रेरणा। ३. उत्तेजना। उकसाना। उकसाव। ४. प्रवृत्ति। (प्रशा॰, विधि॰) १. क़ानून का पालन करवाना। क़ानून का अमल। २. क़ानून लागू करना/होना। ✣ **प्रवर्तनशील**—*वि॰* = प्रवर्ती। (विधि॰) = कार्यकारी। लागू। ***जैसे***—प्रवर्तनशील उपबन्ध।

प्रवर्ती—[सं॰ प्रवर्तिन्] *वि॰* १. आरम्भ करने वाला या आगे बढ़ाने वाला। २. प्रेरित/प्रवृत्त करनेवाला। प्रेरक। ३. उत्तेजित करनेवाला। उकसानेवाला। उत्तेजक। ४. क्रियाशील। (प्रशा॰, विधि॰) प्रवर्तनशील। कार्यकारी। लागू। ***जैसे***—प्रवर्ती सहसम्बन्ध।

प्रवर्ध—[सं॰ प्र √वृध् + अप्] *पु॰* (जीव॰) किसी जीव-संरचना या अवयव का स्पष्ट रूप से बाहर निकला/उभरा हुआ भाग।

प्रवर्धन—[सं॰ प्र + वर्धन] *पु॰* अच्छी तरह बढ़ाना। बढ़ाने की क्रिया। वृद्धि। बढ़त।

प्रवर्ष—[सं॰ प्र √वृष् + घञ्] *पु॰* भारी वर्षा। मूसलाधार वृष्टि।

प्रवर्षण—[सं॰ प्र √वृष् + ल्युट्] *पु॰* वर्षा। वृष्टि। बारिश।

प्रवसन—[सं॰ प्र √वस् + ल्युट्] *पु॰* १. अपना मूल स्थान छोड़कर किसी अन्य स्थान पर जा बसना। २. विदेश में जा बसना। प्रवासी होना।

प्रवह—[सं॰ प्र √वह् + अच्] *पु॰* १. प्रवाह। बहाव। धार। २. पवन। हवा। ३. (प्राचीन काल के वर्णन में) हवा के सात मार्गों में से एक।

प्रवहमान—[सं॰ प्र √वह् + शानच्] *वि॰* जो बह रहा हो। बहता हुआ। प्रवाहशील। ***जैसे***—प्रवहमान नदी।

प्रवाचन—[सं॰ प्र √वच् + णिच् + ल्युट्] *पु॰* १. घोषणा। २. किसी ग्रन्थ (वेद आदि) का विशेष रीति से (***जैसे***—सस्वर) सामान्य रीति से पाठ करना। ३. प्रवचन करना।

प्रवात—[सं॰ प्र + वात] *पु॰* १. हवा का झोंका। २. आँधी। ३. स्वच्छ वायु। ४. हवादार/स्थान।

प्रवाद—[सं॰ प्र √वद् + घञ्] *पु॰* १. वार्तालाप। बातचीत। २. मिथ्या कलंक। झूठी बदनामी। ३. किंवदन्ती। अफ़वाह।

प्रवादी[1]—[सं॰ प्रवादिन्] *वि॰* प्रवाद करनेवाला।

प्रवादी[2]—[< सं॰ प्रवाद] *वि॰* प्रवाद-सम्बन्धी।

***प्रवान**[1]—*पु॰* ≤ *सं॰* प्रमाण। (दे॰) *वि॰* प्रामाणिक।

***प्रवान**[2]—[< सं॰ परिमाण] *पु॰* परिमाण। नाप या मात्रा। *वि॰* तुल्य। समान।

प्रवाल—[सं॰ प्र. √वल् + ण] *पु॰* १. विद्रुम। मूँगा। २. अंकुर। अँखुआ। ३. वीणा/सितार का बीचवाला, लम्बा, दंडवाला भाग। ✣ **प्रवाल चूनाश्म**—*पु॰* = मूँगों के कंकालों से बना हुआ चूना पत्थर। ✣ **प्रवाल-द्वीप (द्वीप)**—*पु॰* = मूँगों से बना हुआ द्वीप।

प्रवाल-रोधिका—[सं॰] *स्त्री॰* (भूविज्ञान॰) समुद्र-तट के लगभग समान्तर मिलनेवाली प्रवाल-भित्ति। ✣ **प्रवाली**—*वि॰* = १. मूँगे के रंग का। मूँगिया। २. मूँगों से सम्बन्धित। ३. मूँगों के द्वारा निर्मित/संघटित या उनकी रचना से युक्त। *पु॰* मूँगों की चट्टान।

प्रवास—[सं॰ प्र √वस् + घञ्] *पु॰* १. विदेश में निवास। २. अपने देश में ही कहीं दूर रहना। देशान्तरण। ३. विदेश। परदेश। ४. (अपने ग्राम/नगर से कहीं दूर की) यात्रा। सफ़र। (प्राणि॰) पक्षियों/मछलियों आदि कुछ विशेष प्राणियों का थोड़े समय के लिए अपने निवास-स्थान से किसी अन्य स्थान पर रहने के लिए जाना। प्रव्रजन। ✣ **प्रवासगत**—*वि॰* = १. जो प्रवास में हो। ***जैसे***—प्रवासगत नेता। २. प्रवास-सम्बन्धी या प्रवास में होनेवाला। ***जैसे***—प्रवासगत खान-पान।

प्रवासन—[सं॰ प्र √वस् + णिच् + ल्युट्] *पु॰* १. विदेश में वास/रहना। २. निर्वासन। देश-निकाला।

प्रवासिन—[< सं॰ प्रवासी] *स्त्री॰* प्रवासी स्त्री। प्रवासिनी।

प्रवासी—[सं॰ प्रवासिन्] *वि॰* १. जो प्रवास में हो। २. प्रवास करनेवाला। *पु॰* अपने मूल निवास-स्थान से किसी अन्य स्थान में जाकर बस गया व्यक्ति। परदेश में रहनेवाला। ✣ **प्रवासिनी**—*वि॰ (स्त्री॰)*। *स्त्री॰* = प्रवासी स्त्री।

प्रवाह—[सं॰ प्र √वह् + घञ्] *पु॰* १. (जल की धारा का) बहाव। २. धारा। धार। ३. स्रोत। चश्मा। ४. जलाशय। झील। ५. विद्युत् की गति/धारा। ६. (विचारों/घटनाओं का) निरन्तर रहने वाला क्रम। ***जैसे***—विचार-प्रवाह; घटना-प्रवाह। ७. वाणी/भाषण का निरन्तर क्रम। ***जैसे***—भाषण-प्रवाह।

प्रवाहण/प्रवाहन—[सं॰ प्र √वह् + णिच् + ल्युट्] *पु॰* १. अच्छी तरह से वहन करना। २. अच्छी तरह बहाना। ३. निकालना। ४. दस्त कराकर पेट साफ़ करना।

प्रवाहिका—[सं॰ प्रवाहक + टाप्] *स्त्री॰* धारा या नदी। (चिकित्सा॰) आँतों से अर्धठोस या द्रवीय मल के लगातार निकलने का रोग। अतिसार। दस्त। (अं॰ डायरिया)

प्रवाहिनी—[सं॰ प्र √वंह् + णिनि + ङीप्] *स्त्री॰* नदी।

प्रवाही—[सं॰ प्रवाहिन्] *वि॰* १. बहनेवाला। प्रवाहयुक्त। २. प्रवाहित करनेवाला। बहानेवाला। २. ले जाने वाला। ३. वहन करनेवाला। ढोनेवाला। *स्त्री॰* द्रव। तरल।

प्रविधि—[सं॰ प्र + विधि] *स्त्री॰* १. किसी कार्य को कुशलता से करने की विधि/ढंग/तरीक़ा। तकनीक। २. कला/शिल्प की विधि। ✣ **प्रविधिज्ञ, प्रविधि-तन्त्री (तंत्री)**—*पु॰* = प्रविधि/तकनीक को जाननेवाला। तकनीकविद्।

प्रविवरण—[सं॰ प्र + विवरण] (अर्थ॰) किसी सार्वजनिक कम्पनी के द्वारा अपने अंशों या ऋण पत्रों को ख़रीदने के लिए जनता को आमन्त्रित करने के उद्देश्य से प्रकाशित विवरण-पत्र।

प्रविशेषण—[सं॰ प्र + विशेषण] *पु॰* (व्या॰) विशेषण की विशेषता बतानेवाला शब्द।

प्रविष्ट—[सं॰ प्र √विश् + क्त] *वि॰* १. जो प्रवेश कर चुका हो। अन्दर पहुँचा हुआ। २. (विद्यालय आदि में) जिसे प्रवेश/दाख़िला मिल गया हो। ***जैसे***—नए वर्ष में प्रविष्ट छात्र। २. (बही/पंजी/

पुस्तकालय आदि में) जिसकी प्रविष्टि हो चुकी हो। जिसे दर्ज कर लिया गया हो।

प्रविष्टि—[सं॰ प्र √विश् + क्तिन्] *स्त्री॰* १. प्रवेश। दाख़िला। २. पंजी/बही आदि में विवरण आदि का दर्ज किया जाना। ३. उक्त लिखित विवरण/रक़म आदि। (पुस्तक॰)पुस्तकालय की सूची में पुस्तक का नामांकन आदि। (कोश॰) १. कोश में परिभाषा/व्याख्या के लिए संगृहीत किया जानेवाला शब्द। २. कोश में संगृहीत उक्त प्रधान शब्द तथा उसकी परिभाषाएँ और सम्बन्धित व्याकरणिक आदि सूचनाएँ।

प्रवीण—[सं॰ प्र √वीण् + णिच् + अच्] *वि॰* दक्ष। निपुण। कुशल। चतुर। ✣ **प्रवीणता**—*स्त्री॰* = दक्षता। निपुणता। चतुरता।

प्रवीर—[सं॰ प्र + वीर] *पु॰* १. वीर पुरुष। २. महान् योद्धा। ३. प्रधान पुरुष।

प्रवृत—[सं॰ प्र √वृ + क्त] *वि॰* चुना हुआ। छाँटा हुआ।

प्रवृत्त—[सं॰ प्र √वृत्+ क्त] *वि॰* १. आरम्भ किया हुआ। प्रवर्तित। २. संलग्न। ३. किसी कार्य/बात/व्यक्ति/संस्था आदि की ओर मन के झुकाव/रुझान वाला। जिसकी किसी कार्य विशेष आदि के लिए प्रवृत्ति हो। प्रवृत्ति-युक्त। ४. वृत्ताकार। गोल। (विधि॰) प्रचलित। लागू। ***जैसे***—प्रवृत्त क़ानून।

प्रवृत्ति—[सं॰ प्र √वृत् + क्तिन्] *स्त्री॰* १. लगातार बढ़ते रहना। २. किसी विषय/बात/काम आदि की ओर या किसी दृष्टि विशेष से किसी ओर बढ़ते रहना। ३. अपनी रुचि/पसन्द की बात/कार्य आदि में मन की अनुरक्ति। ४. व्यवहार को निर्धारित करनेवाली मानसिक वृत्ति। प्रवणता। झुकाव। रुझान। ५. किसी कार्य को करने की इच्छा से तदनुकूल क्रिया करना। ६. सांसारिक विषयों में अनुराग/संलग्नता। ∇ **विलोम**—निवृत्ति। ७. (लोगों का) सामान्य आचरण या मन का झुकाव। व्यवहार। (न्याय॰) किसी वस्तु आदि को पाने/छोड़ने की इच्छायुक्त चेष्टा। (विधि॰) किसी नियम का किसी विषय में प्रभावी/लागू होना। अमल में आना। (नाट्य॰) अभिनय में पात्रों के अपने-अपने देश के अनुसार वेश, भाषा, व्यवहार इत्यादि को प्रकट करने का साधन।

प्रवृद्ध (प्रवृद्ध)—[सं॰ प्र √वृध् + क्त] *वि॰* १. पूरा या बहुत बढ़ा हुआ। २. फैला हुआ। विस्तृत।

प्रवेग—[सं॰ प्र + वेग] *पु॰* तीव्र/प्रबल/बड़ा वेग।

प्रवेणी—[सं॰ प्र √वेण् + इन् + ङीष्] *स्त्री॰* केशों का जूड़ा। कवरी।

प्रवेशक—[सं॰ प्र √विश् + ण्वुल्] *पु॰* (नाट्य॰) संस्कृत के नाटक में अतीत घटनाओं तथा भावी घटनाओं की पात्रों को परस्पर सूचना देनेवाला एक अर्थोपक्षेपक जो दो अंकों के मध्य होता है तथा जिसमें नीच पात्रों का प्रयोग होता है।

प्रवेशार्थी—[सं॰ प्रवेश ~ अर्थी (अर्थिन्)] *पु॰* प्रवेश चाहनेवाला व्यक्ति। ✣ **प्रवेशार्थिनी**—*स्त्री॰*।

प्रवेशिका—[सं॰ प्र √विश् + णिच् + ण्वुल् + टाप्] *स्त्री॰* १. प्रवेश-पत्र। २. प्राथमिक परीक्षा। ३. किसी विषय/पाठ्यक्रम की आरम्भिक शिक्षा देनेवाली पुस्तक।

प्रवेश्य—[सं॰ प्र √विश् + ण्यत्] *वि॰* १. जिसमें प्रवेश हो सके। ***जैसे***—प्रवेश्य भवन; प्रवेश्य ज्ञान। २. जिसे प्रवेश मिल सके या दिया जा सके। ***जैसे***—कक्षा ९ में प्रवेश्य विद्यार्थियों की सूची। ३. जिसे प्रवेश दिया जाना हो। प्रवेशनीय।

प्रवेष्टा—[सं॰ प्रवेष्टृ] *वि॰* प्रवेश करने वाला। प्रवेशक।

***प्रवेसना**—[< सं॰ प्रवेश] *क्रि॰अ॰* प्रवेश करना।

प्रव्रजन—[सं॰ प्र √व्रज् + ल्युट्] *पु॰* १. किसी स्थान से दूसरे स्थान पर जाना। २. दूसरे देश/स्थान में बसने के लिए जाना। विदेश-गमन या परदेश-गमन। ३. विदेश में बसना। प्रवास। ४. पक्षियों/मछलियों आदि का कुछ समय के लिए एक स्थान छोड़कर दूर के दूसरे स्थान में जाकर रहना। प्रवास। ५. घर-परिवार को छोड़कर सन्यास लेना।

प्रव्रजित—[सं॰ प्र √व्रज् + क्त] *वि॰* १. विदेश या परदेश जाकर बसा हुआ। २. जिसने सन्यास लिया हो। *पु॰* सन्यासी।

प्रव्रज्या—[सं॰ प्र √व्रज् + क्यप् + टाप्] *स्त्री॰* १. घर-परिवार को छोड़कर सन्यास लेना। २. सन्यास। ✣ **प्रव्रज्या-योग**—*पु॰* (ज्योतिष॰) जन्मकुंडली में ग्रहों की ऐसी स्थिति जो जातक के सन्यासी या विरक्त या गृह-त्यागी बनने की सूचना दे। सन्यास-योग।

प्रशंसन—[सं॰ प्र √शंस् + ल्युट्] *पु॰* (किसी के) गुणों का वर्णन करना। प्रशंसा करना।

प्रशंसा—[सं॰ प्र √शंस् + अ + टाप्] *स्त्री॰* किसी के गुणों/कार्यों का उल्लेख/वर्णन जिससे समाज में उसके प्रति आदर बढ़े। गुण-वर्णन। सराहना। बड़ाई। तारीफ़। ∇ **विलोम**—निन्दा।

प्रशंस्य—[सं॰ प्र √शंस् + यत्] *वि॰* १. प्रशंसा के योग्य। प्रशंसनीय। सराहनीय। २. जिसकी प्रशंसा की जाने वाली हो।

प्रशम—[सं॰ प्र √शम् + घञ्] १. शान्ति। २. शमन। ३. नाश। ४. अन्त। ५. निवृत्ति।

प्रशमन—[सं॰ प्र + शमन] *वि॰* शान्त करनेवाला। *पु॰* १. शान्त करने का काम। शमन। २. क्रोध को दबाना। ३. रोग को दबाना। नीरोग करना। ४. नाशन। ५. मारण।

प्रशस्त—[सं॰ प्र √शंस् + क्त] *वि॰* १. जिसकी प्रशंसा की गयी हो। प्रशंसित। २. उत्तम। श्रेष्ठ। ३. लम्बा-चौड़ा। विस्तृत। विशाल। ***जैसे***—प्रशस्त वक्ष। ४. शुभ।

प्रशस्ति—[सं॰ प्र √शंस् + क्तिन्] *स्त्री॰* १. प्रशंसा। तारीफ़। २. किसी के गुणों आदि का विस्तृत वर्णन। गुणों का बखान। गुण-कीर्तन। ३. प्रशंसा में रची हुई कविता। ४. श्रेष्ठता। ५. आशीर्वाद। आशीर्वचन। ६. शिलाओं/ताम्रपत्रों आदि पर अंकित किया जाने वाला राजा और राजवंश की कीर्ति आदि का वर्णन। ***जैसे***—प्रयाग के स्तम्भ पर अंकित समुद्रगुप्त की प्रशस्ति।

प्रशस्य—[सं॰ प्र √शंस् + यत्] *वि॰* १. प्रशंसनीय। २. श्रेष्ठ। उत्तम।

प्रशाख—[सं॰ प्र + शाखा] *वि॰* जिसमें जिसकी अनेक शाखाएँ हों। अनेक शाखाओं वाला।

प्रशाखा—[स॰ प्र + शाखा] *स्त्री॰* बड़ी शाखा की छोटी शाखा। शाखा की शाखा। उपशाखा। ***जैसे***—वृक्ष की प्रशाखाएँ, विज्ञान की प्रशाखाएँ।

प्रशान्त (प्रशांत)—[स॰ प्र + शान्त] *वि॰* १. बहुत शान्त/स्थिर। २. निश्चल और शान्त वृत्ति वाला (व्यक्ति)। ***जैसे***—प्रशान्त ऋषि। ३. मरा हुआ। मृत। ***जैसे***—प्रशान्त शरीर। ✣ **प्रशान्तक (प्रशांतक)**—*वि॰* = शान्त/स्थिर करनेवाला। शामक।

प्रशामक—[स॰ प्र + शमिक] *वि॰* शमन/उपशमन करनेवाला। शान्त करनेवाला। ✣ **प्रशामक औषधि**—*पु॰* = (चिकित्सा॰) रोगी को सुलाए बिना या उसके मानसिक कार्यों में बिना बाधा डाले उसके मन पर शान्तिदायक प्रभाव डालनेवाली दवा।

प्रशासन—[स॰ प्र √शास् + ल्युट्] *पु॰* १. शासकीय कार्यों का प्रबन्ध। शासन-प्रबन्ध। २. शासन करना। हुकूमत करना। ३. शासन। हुकूमत। ४. किसी नगर/ज़िला/संस्था आदि की व्यवस्था से सम्बन्धित अधिकारों और कर्तव्यों का कार्यान्वयन। अधीनस्थ कर्मचारियों से काम लेना तथा सही प्रक्रिया से व्यवस्था चलाना। ५. शिष्य आदि को दिया जाने वाला कर्तव्य-सम्बन्धी उपदेश/शिक्षा/मार्गदर्शन। ६. कोई सरकार, सरकारी विभाग, किसी प्रकार का अधिकारी-मंडल, मन्त्रिमंडल या शासनाधिकारी वर्ग। ७. किसी उद्देश्य की प्राप्ति के लिए अनेक मनुष्यों का निर्देशन और समन्वय के साथ नियन्त्रण। (अ॰ एड्मिनिस्ट्रेशन) ✣ **प्रशासनिक**—*वि॰* = प्रशासन-सम्बन्धी। प्रशासन का। ✣ **प्रशासनिक न्यायालय**—*पु॰* = शासन या अधिकारीतन्त्र के विरुद्ध जनसाधारण के मामलों पर निर्णय देने के लिए विशेष रूप से गठित न्यायिक अधिकरण। (अ॰ एडमिनिस्ट्रेशन कोर्ट)

प्रशिक्षण—[स॰ प्र √शिक्ष् + ल्युट्] *पु॰* व्यक्ति में किसी विशेष प्रकार के ज्ञान/योग्यता/मनोवृत्ति को विकसित करने के लिए क्रमिक कार्यक्रम। ***जैसे***—दूरदर्शन तकनीक का प्रशिक्षण। (अ॰ ट्रेनिंग)

प्रशिक्षु—[स॰ प्र + शिक्षु] *वि॰* प्रशिक्षण लेनेवाला जिसका प्रशिक्षण चल रहा हो। ✣ **प्रशिक्षु अधिकारी**—*पु॰* (प्रशा॰) १. अधिकारी के पद के लिए चुना गया प्रशिक्षणार्थी। २. अपने पद पर कार्य करते हुए किसी वरिष्ठ अधिकारी के निर्देशन में, उसके कार्यालय में किसी उच्चतर पद के लिए या सेवा को अधिक प्रभावी तरीक़े से करने के लिए प्रशिक्षण प्राप्त कर रहा अधिकारी।

प्रशिष्य—[स॰ प्र + शिष्य] *पु॰* शिष्य का शिष्य।

प्रशीत—[स॰ प्र + शीत] *वि॰* बहुत ठंडा। ✣ **प्रशीतक**—*वि॰* = बहुत ठंडा करने/रखने वाला। *पु॰* = खाद्य पदार्थों आदि को बहुत ठंडा करने या ठंडा बनाए रखकर बिगड़ने से बचाने के लिए काम आनेवाली, बिजली से चलनेवाली एक मशीन। (अ॰ रिफ़्रिजरेटर/फ़्रिज)। ✣ **प्रशीतन**—*पु॰* = १. बहुत ठंड करना/रखना। २. खाद्य पदार्थों आदि को जमाने या सुरक्षित रखने के लिए प्रशीतित करना।

प्रशुल्क—[स॰ प्र॰ + शुल्क] *पु॰* १. आयात-निर्यात की जाने वाली वस्तुओं पर लगाया जाने वाला सरकारी कर। सीमाशुल्क। (अ॰ टैरिफ़)

प्रशोभन—[स॰ प्र + शोभन] *वि॰* अधिक शोभा देनेवाला। बहुत सुन्दर लगनेवाला। फबनेवाला। सुशोभित। *पु॰* बहुत शोभित करना। अति शोभा से युक्त करना।

प्रश्नातुर—[स॰ प्रश्न ~ आतुर] *पु॰* प्रश्न या पूछ-ताछ करने के लिए बहुत उत्सुक व्यक्ति।

प्रश्नाधीन—[स॰ प्रश्न ~ अधीन] *वि॰* १. प्रश्न के अधीन। २. (जिज्ञासा के लिए) विवेच्य विषय की सीमा/परिधि में आया हुआ (विषय)

प्रश्नी—[स॰ प्रश्निन्] *वि॰* १. प्रश्न करनेवाला। २. छान-बीन या जाँच-पड़ताल करनेवाला।

प्रश्रय—[स॰ प्र √श्रि + अच्] *पु॰* १. आश्रय-स्थान। २. आश्रय। संरक्षण। ३. समर्थन। ४. सहारा।

प्रश्लेष—[स॰ प्र + श्लेष] *पु॰* घनिष्ठ सम्बन्ध। (व्या॰) सन्धि होने में स्वरों का आपस में मिल जाना।

प्रश्वास—[स॰ प्र √श्वस् + घञ्] *पु॰* १. नथुने से बाहर निकली हुई साँस। २. वायु के नथुने से निकलने की क्रिया।

प्रष्टव्य—[स॰ √प्रच्छ् + तव्यत्] *वि॰* पूछे जाने योग्य।

प्रष्टा—[स॰ प्रष्ट्] *वि॰* पूछनेवाला। प्रश्नकर्ता।

प्रसंवाद—[स॰ प्र + संवाद] *पु॰* सामंजस्य। मेल। संगति। तालमेल। ***जैसे***—संगीत में सुरों का प्रसंवाद। ✣ **प्रसंवादी**—*वि॰* = सामंजस्यपूर्ण। सुसंगत। तालमेल-युक्त।

प्रसंविदा—[स॰ प्र + संविदा] *स्त्री॰* समझौता/इक़रार या सौदा। संविदा।

***प्रसंसक**—[< स॰ प्रशंसक] *वि॰* १. प्रशंसा करनेवाला। प्रशंसक। २. प्रशंसापूर्ण।

प्रसक्त—[स॰ प्र √सञ्ज् + क्त] *वि॰* १. सम्बन्ध-युक्त। सम्बद्ध। २. किसी से लगा हुआ। संश्लिष्ट या समीप। ३. जो सदा साथ लगा रहे। ४. आसक्त। अनुरक्त।

प्रसक्ति—[स॰ प्र √सञ्ज् + क्तिन्] *स्त्री॰* १. सम्बन्ध। संसर्ग। २. अनुराग। आसक्ति।

प्रसङ्ग (प्रसंग)—[स॰ प्र √सञ्ज् + घञ्] *पु॰* १. सम्बन्ध। साहचर्य। साथ। २. (बातचीत/विवेचन आदि का) विषय। कथ्य। विषय। ३. सन्दर्भ-सहित घटना। ४. (पुस्तक आदि का) सन्दर्भ। प्रकरण। ***जैसे***—प्रसंग-भेद से बात का अर्थ बदल गया। ५. वार्तालाप। चर्चा। बातचीत। ६. उपयुक्त अवसर। ७. स्त्री-पुरुष का समागम। सम्भोग। मैथुन। ***जैसे***—अति प्रसंग करनेवाले रोगी हो जाते हैं। ✣ **प्रसङ्गप्राप्त (प्रसंगप्राप्त)**—वि॰ = जो प्रसंग आ जाने के कारण कहा गया हो। ***जैसे***—प्रसंगप्राप्त उल्लेख। ✣ **प्रसङ्ग-लेख (प्रसंगलेख)**—*पु॰* = (पत्र-पत्रिका में) तथ्यात्मक समाचार या विवरण अथवा कविता/कहानी आदि से भिन्न रचना या लेख जो (सामयिक) विषय विशेष पर लिखा गया हो। ✣ **प्रसङ्गवश/प्रसङ्गवशात् (प्रसंगवश/प्रसंगवशात्)**—*क्रिवि॰* = १. प्रसंग के कारण। २. घटनावश। ३. चर्चा छिड़ जाने के कारण।

प्रसभ—[सं० प्र + सभा] *क्रिवि०* १. बलपूर्वक। ज़बरदस्ती। ***जैसे***—प्रसभ हरण। २. अधिक। ३. हठ करके। हठपूर्वक। *पु०* १. शक्ति। बल। ताक़त। बल का प्रयोग। ३. बलात्कार।

प्रसर—[सं० प्र √सृ + अप्] *पु०* १. आगे बढ़ना। २. अबाधित गति। ३. विस्तार। प्रसार। फैलाव। ४. प्रभाव। ५. प्रवाह। धारा। बहाव। ६. युद्ध। ७. वेग। तेज़ी।

प्रसरण—[सं० प्र √सृ + ल्युट्] *पु०* १. आगे बढ़ना। २. प्रसार होना। फैलना। ३. विस्तार। फैलाव। ४. बिखराव। छितराव। ***जैसे***—सड़क पर फूलों का प्रसरण। ५. भिन्न रूप या भिन्नता। ***जैसे***—परिस्थिति का प्रसरण; आनुवंशिक प्रसरण।

प्रसर्पण—[सं० प्र √सृप् + ल्युट्] *पु०* १. आगे की ओर चलना। बढ़ना। २. आगे खिसकना। ३. गति। चाल। ४. घुसना। पैठना। ५. (सेना द्वारा शत्रु को) चारों ओर से घेरना या चारों ओर फैल जाना।

प्रसव—[सं० प्र √सू + अप्] *पु०* १. बच्चे को जन्म देने की क्रिया। जनन। प्रसूति। सन्तानोत्पादन। प्रजनन। २. उत्पत्ति। जन्म। ३. सन्तान। ४. उपज।

प्रसवन—[सं० प्र √सू + ल्युट्] *पु०* प्रसव करने की क्रिया/भाव। बच्चे को जन्म देना। प्रसव। जनन।

प्रसविता—[सं० प्रसवितृ] *वि०* जन्म देनेवाला। उत्पन्न करनेवाला। *पु०* पिता। जनक। बाप। ✣ **प्रसवित्री**—*वि० (स्त्री०)* = जन्म देनेवाली। उत्पन्न करनेवाली। स्त्री० माता। जननी। माँ।

प्रसविनी—[सं० प्र √सू + इन + ङीष्] *वि० (स्त्री०)* सन्तान उत्पन्न करनेवाली। जन्म देनेवाली।

प्रसह—[सं० प्र √सह् + अच्] *वि०* १. सहनशील। *पु०* सहनशीलता। सहिष्णुता।

प्रसह्य—[सं० प्र √सह् + ल्यप्] *क्रिवि०* १. बलपूर्वक। बरजोरी। जबरदस्ती। ***जैसे***—प्रसह्य हरण। २. अधिकता से।

प्रसाद—[सं० प्र √सद् + घञ्] *पु०* १. प्रसन्नता। हर्ष। ***जैसे***—मानसिक प्रसाद। २. अनुग्रह। कृपा। ३. शान्ति। ४. प्रभाव। ५. (वाणी/भाषा की) स्पष्टता। प्रांजलता। ६. देवी/देवता के भोग में अर्पित वस्तु जो भोग के बाद भक्तों आदि में बाँटी जाती है। ७. उक्त वस्तु का अंश जो किसी को दिया जाए या मिले। ८. देवी/देवता को अर्पित करके धारण की गयी वस्तु (वस्त्र आदि)। ९. (वैष्णवों आदि की भाषा में) भोजन। १०. बड़े लोगों के द्वारा प्रसन्न होकर छोटों को दी गयी वस्तु (पुरस्कार आदि)। (काव्य०) रचना की भाषा के प्रमुख गुणों में से एक। रचना में स्वच्छता, सरलता और सुबोधता का गुण। (छन्द०) एक मात्रिक छन्द जिसके प्रत्येक चरण में १६ मात्राएँ होती हैं, आरम्भ में त्रिकल और द्विकल होते हैं, और अन्त में लघु-गुरु होते हैं। शृंगार छन्द। ***वा०*****प्रसाद पाना**—१. भोजन करना। २. परिणाम मिलना। **प्रसाद मिलना**—१. अनुग्रह प्राप्त होना। २. परिणाम मिलना।

प्रसादन—[सं० प्र √सद् + णिच् + ल्युट्] *पु०* १. प्रसन्न करना। २. अनुग्रह/कृपा करना।

प्रसादनीय—[सं० प्र √सद् + णिच् + अनीयर्] प्रसन्न किए जाने योग्य। जिसे प्रसन्न किया जा सके या जिसे प्रसन्न करना उचित/आवश्यक हो।

प्रसादित—[सं० प्र √सद् + णिच् + क्त] *वि०* १. जिसे प्रसन्न किया गया हो। २. स्वच्छ/निर्मल/साफ़ किया हुआ। ३. पवित्र किया हुआ। ४. शान्त किया हुआ। जिसे धैर्य बँधाया गया हो।

प्रसादी[1]—[सं० प्रसादिन्] *वि०* १. प्रसन्न करनेवाला। २. प्रेम उत्पन्न करनेवाला। प्रीतिकर। ३. अनुग्रह/कृपा करनेवाला। अनुग्रहकारी।

प्रसादी[2]—[< सं० प्रसाद] *स्त्री०* १. देवी/देवता को चढ़ायी गयी वस्तु। प्रसाद। २. उक्त का वह अंश जो भक्तों आदि को बाँटने पर मिलता है। प्रसाद। ३. बड़े लोगों के द्वारा प्रसन्न होने पर छोटों को दी गयी वस्तु। प्रसाद।

प्रसाधक—[सं० प्र √साध् + ण्वुल्] *वि०* १. प्रसाधन करनेवाला। २. (कार्य को) सिद्ध/सम्पादित/सम्पन्न/निष्पन्न करने वाला। ३. स्वच्छ करनेवाला। ४. शृंगार/सजावट करनेवाला। *पु०* (प्राचीन काल में) राजाओं को वस्त्र/आभूषण आदि पहनानेवाला सेवक।

प्रसाधन—[सं० प्र √साध् + ल्युट्] *पु०* १. (कार्य को) पूरा करना। सम्पादन। २. शृंगार। सजावट। ३. कंघा/कंघी से केश काढ़ना। ४. शरीर को सजाने या रूप-सौन्दर्य बढ़ाने के लिए किए जाने वाले कार्य। ५. उक्त कार्यों को करने के लिए आवश्यक सामग्री। ६. किसी काम में उपयोगी/आवश्यक पदार्थ। उपस्कर।

प्रसाधनी—[सं० प्रसाधन + ङीप्] *स्त्री०* (केश काढ़ने की) कंघी।

प्रसाधित—[सं० प्र √साध् + क्त] *वि०* १. जिसे प्रसाधन से सजाया/सँवारा गया हो। जिसका प्रसाधन किया गया हो। २. सुसम्पादित। ३. (मूर्ति या उसका अंग) जिसे काटकर और घिसकर चिकना किया गया हो। ४. जिसे वश में कर लिया गया हो।

प्रसार—[सं० प्र √सृ + घञ्] *पु०* १. विस्तार। फैलाव। ***जैसे***—ज्ञान का प्रसार; शिक्षा का प्रसार। २. एक स्थान से दूसरे स्थान पर पहुँचाना/भेजना। संचार। ***जैसे***—रोग का प्रसार। (पत्र०) १. पत्र-पत्रिका की ग्राहक-संख्या। २. पत्र-पत्रिका के किसी अंक के सभी संस्करणों की कुल प्रतियाँ जो बिकती हों या मानार्थ भेजी जाती हों। ∇ **विलोम**—संकोच।

प्रसारण—[सं० प्र √सृ + णिच् + ल्युट्] *पु०* १. प्रसार करने की क्रिया/भाव। फैलाना। फैलाव। २. रेडियो, दूरदर्शन द्वारा समाचार, गीत, भाषण आदि दूरस्थ लोगों को सुनाने के लिए विद्युत्-तरंगों से फैलाना। (अं० ब्रॉडकास्टिंग)

प्रसारिणी—[सं० प्र √सृ + णिनि + ङीप्] *वि० (स्त्री०)* १. फैलने/फैलाने वाली। २. रेडियो आदि से प्रसारित करनेवाली। *स्त्री०* छुईमुई/लाजवन्ती (पौधा)।

प्रसारी—[सं० प्रसारिन्] *वि०* १. फैलने/फैलाने वाला। २. रेडियो आदि से प्रसारण करनेवाला। ✣ **प्रसारिणी**—*वि० (स्त्री०)*।

प्रसार्य—[सं० प्र √सृ + णिच् + यत्] *वि०* प्रसारणीय।

***प्रसासना**—[< सं० प्रशासन] *क्रिस०* प्रशासन करना।

प्रसुप्त—[सं॰ प्र + सुप्त] *वि॰* १. गहरी नींद में सोया हुआ। प्रगाढ़निद्रित। २. सोया हुआ। निद्रित। ३. सम्पुटित (फूल)। ४. (शरीर के अन्दर) छिपा हुआ। ५. (लाक्षणिक) निष्क्रिय या असावधान। (जीव॰) शरीरक्रियात्मक सक्रियता की घटी हुई अवस्था में स्थित।

प्रसुप्ति—[सं॰ प्र √स्वप् + क्तिन्] *स्त्री॰* गहरी नींद। सुषुप्ति।

प्रसू—[सं॰ प्र √सू + क्विप्] *वि॰ (स्त्री॰)* (समासयुक्त शब्द के अन्त में प्रयुक्त) जन्म देनेवाली। उत्पन्न करनेवाली।

प्रसूत—[सं॰ प्र √सू + क्त] *वि॰* उत्पन्न। पैदा।

प्रसूता—[सं॰ प्रसूत + टाप्] *स्त्री॰* जिसने प्रसव किया हो। नवजात सन्तान की माता। ज़च्चा।

प्रसूति—[सं॰ प्र √सू + क्तिन्] *स्त्री॰* १. प्रसव। जनन। २. उत्पत्ति। ३. सन्तान। ४. उत्पत्ति-स्थान। ५. ज़च्चा स्त्री। प्रसूत। ६. जननी। माता।

***प्रसूती**—[< सं॰ प्रसूति] *स्त्री॰* जन्म देनेवाली। जननी।

प्रसून—[सं॰ प्रसूत, त → न] *पु॰* १. पुष्प। फूल। २. (फूल की) कली। ३. (वृक्ष का) फल। ✣ **प्रसूनशर**— *पु॰* = कामदेव।

प्रसृत—[सं॰ प्र √सृ + क्त] *वि॰* १. आगे बढ़ा हुआ। २. फैला हुआ। ३. छाया हुआ। ४. लगा हुआ। तत्पर। ५. प्रेरित। ६. प्रचलित। ७. तेज़। फुर्तीला। *पु॰* १. हथेली-भर का मान। २. आधी अंजलि। अर्धांजलि।

प्रसृति—[सं॰ प्र √सृ + क्तिन्] *स्त्री॰* १. आगे बढ़ना। २. प्रसार। फैलाव। ३. सन्तान। ४. हथेली-भर का मान। ५. आधी अंजलि। अर्धांजलि।

प्रसेक—[सं॰ प्र √सिच् + घञ्] १. सिंचन। सींचना। २. छिड़काव। ३. थोड़ा-थोड़ा बहना। क्षरण। रिसना। चूना। ४. निचोड़ने पर निकलने वाला ज़ल/द्रव। ५. (ज़ुकाम आदि के कारण) नाक से पानी गिरना।

प्रसेकी—[सं॰ प्रसेकिन्] *वि॰* १. बहनेवाला। २. वमन/क़ै करता हुआ।

प्रस्कन्दन (प्रस्कंदन)—[सं॰ प्र √स्कन्द् + ल्युट्] *पु॰* १. कूदकर लाँघना। कुदान। फलाँग। छलाँग। २. विरेचन। जुलाब।

प्रस्तर—[सं॰ प्र √स्तृ + अच्] *पु॰* १. पत्थर। चट्टान। २. फूलों और पत्तों की शय्या/सेज। २. शय्या। सेज। बिछावन। बिस्तर। ४. समतल/चौरस भूमि। ५. कुश का पूला/मुट्ठा। ✣ **प्रस्तर-तक्षण**— *पु॰* = पत्थरों को उपकरणों से काट छाँट कर (तराश कर) समतल बनाने या उन्हें इच्छित रूप देने का काम। संगतराशी।

प्रस्तर-युग—[सं॰] *पु॰* मानव-सभ्यता के विकास का कांस्य-युग से पहले का वह प्राचीन कालखंड जिसमें मनुष्य पत्थर, लकड़ी या हड्डी से बने उपकरणों या अस्त्रों को काम में लाता था।

प्रस्तरोपल—[सं॰ प्रस्तर ~ उपल] *पु॰* १. चन्द्रकान्त मणि। २. स्फटिक।

प्रस्तार—[सं॰ प्र √स्तृ + घञ्] *पु॰* १. विस्तार। फैलाव। २. फूलों और पत्तों की शय्या/सेज। ३. शय्या। सेज। बिछावन। बिस्तर। ४. समतल/चौरस ज़मीन। ५. वन। जंगल। ६. (गणित में) वस्तुओं का क्रमचय। (छन्द॰) मात्रिक और वर्णिक छन्दों के क्रमचय जानने की विधि। *जैसे*—३ वर्णों का वर्णिक प्रस्तार ऽऽऽ, ।ऽऽ, ऽ।ऽ, ।।ऽ, ऽऽ।, ।ऽ।, ऽ।।, ।।। बताता है कि कुल ८ भेद सम्भव हैं।

प्रस्ताव—[सं॰ प्र √स्तु + घञ्] *पु॰* १. आरम्भ। २. भूमिका। प्रस्तावना। प्राक्कथन। ३. (सहायता/विवाह इत्यादि का) सुझाव। पेशकश। *जैसे*—विवाह-प्रस्ताव। ४. (सभा/समिति इत्यादि का) लिखित सामूहिक संकल्प। ५. किसी बैठक/सभा के विचारार्थ प्रस्तुत किया गया औपचारिक सुझाव या विचार अथवा उसके विषय में बैठक/सभा का औपचारिक निर्णय। ६. (संसद आदि में) किसी विचारणीय विषय पर वाद-विवाद के लिए प्रस्तुत सुझाव या विधेयक आदि जिस पर अन्तिम निर्णय पूरे सदन के मतदान या सर्वस्वीकृति से होता है। ✣ **प्रस्तावक**— *पु॰* = १. प्रस्ताव करनेवाला। सुझाव देनेवाला। २. (सभा/संसद् आदि में) प्रस्ताव को प्रस्तुत करनेवाला। ✣ **प्रस्तावन**— *पु॰* = प्रस्ताव करने की क्रिया/भाव। प्रस्ताव रखना।

प्रस्तावना—[सं॰ प्र √स्तु + णिच् + युच् + टाप्] *स्त्री॰* १. आरम्भ। २. आरम्भिक कथन/वक्तव्य जो किसी विषय के विस्तृत वर्णन से पहले उसके सम्बन्ध में कुछ प्रमुख बातें बताने के लिए दिया जाता है। प्राक्कथन। ३. (किसी ग्रन्थ आदि की) भूमिका। उपोद्घात। प्राक्कथन। ४. (किसी निबन्ध/भाषण/बातचीत आदि का संक्षिप्त) आरम्भिक अंश जो मुख्य विषय आरम्भ करने से पहले होता है। (नाट्य॰) नटी/विदूषक आदि का सूत्रधार के साथ अपने कार्य के सम्बन्ध में संवाद जिसमें नाटककार का परिचय और नाटक की कथा का संकेत आदि रहता है। आमुख।

प्रस्तुत—[सं॰ प्र √स्तु + क्त] *वि॰* १. जिसकी स्तुति/प्रशंसा की गयी हो। प्रशंसित। २. जो समीप/सामने हो। उपस्थित। मौजूद। ३. जो कहा गया हो। कथित। ४. जो बनकर पूरा हो चुका हो। तैयार। *जैसे*—चाय प्रस्तुत है। ५. जो (किसी कार्य के लिए) तत्पर/उद्यत हो। तैयार। जैसे; जाने को प्रस्तुत; फाँसी पर चढ़ने को प्रस्तुत भगतसिंह। ६. जो उपस्थित/पेश किया गया हो। ७. अभिनीत (नाटक)। ८. जो उपहार/भेंट में दिया गया हो। ९. विचाराधीन, विवादग्रस्त या प्रकरणप्राप्त (विषय)। १०. (न्यायालय आदि में) जिसे विचारार्थ पेश किया गया हो। *पु॰* १. विचाराधीन, विवादग्रस्त या प्रकरणप्राप्त विषय। २. उपस्थित विषय। (काव्य॰) १. उपमा अलंकार का एक उपादान। उपमेय। २. प्रकृत वस्तु/व्यक्ति/विषय। ∇ **विलोम**—अप्रस्तुत।

प्रस्तुताङ्कुर (प्रस्तुतांकुर)—[सं॰ प्रस्तुत ~ अङ्कुर] *पु॰* (काव्य॰) एक अर्थालंकार जो एक प्रस्तुत अर्थ से दूसरा प्रस्तुत अर्थ प्रकट होने में होता है।

प्रस्तुतार्थ—[सं॰ प्रस्तुत ~ अर्थ] *पु॰* शब्द/पद/वाक्य के विविध अर्थों में से वह अर्थ जो प्रस्तुत के अनुकूल/सुसंगत हो। (काव्य॰) उपमा आदि अलंकारों के प्रसंग में प्रस्तुत/प्रकृत वस्तु। उपमेय।

प्रस्तुति—[सं॰ प्र √स्तु + क्तिन्] *स्त्री॰* १. प्रस्तुत होने/करने की

अवस्था/भाव। २. सामने रखना। उपस्थित करना या पेश करना। ३. (ग्रन्थ आदि की) प्रस्तावना। भूमिका। ४. (नाटक आदि का) अभिनय या प्रदर्शन। ५. (कविता/गीत का) सस्वर पाठ। ६. (निबन्ध आदि का) वाचन।

प्रस्तुतीकरण—[सं॰ प्रस्तुत + च्वि + करण] *पु॰* १. प्रस्तुत करने की क्रिया/भाव। २. प्रस्तुत/उपस्थित करना। ***जैसे***—कार्यक्रम का सुन्दर प्रस्तुतीकरण। ३. (नाटक आदि का) प्रदर्शन। ४. (कविता/गीत का) सस्वर पाठ। ४. (निबन्ध आदि का) वाचन।

प्रस्तोता—[सं॰ प्रस्तोतृ] *पु॰* १. सोमयाग के उद्‌गाताओं में से एक ऋत्विक् जो साममन्त्रों का गान आरम्भ करता है। २. प्रस्ताव करनेवाला। प्रस्तावक।

प्रस्थ—[सं॰ प्र √स्था + क] *वि॰* १. यात्रा के लिए जानेवाला। प्रस्थान करनेवाला। २. फैलानेवाला। विस्तारक। ३. स्थिर। दृढ़। *पु॰* १. समतल/चौरस मैदान। २. पर्वत के ऊपर की चौरस भूमि। अधित्यका। पठार। ३. पर्वत-शिखर। ४. (प्राचीन काल की) एक तौल जो ३२ पल के बराबर होती थी।

प्रस्थान—[सं॰ प्र √स्था + ल्युट्] *पु॰* १. गमन। यात्रा। रवाना होना। रवानगी। २. (सेना का) युद्ध के लिए गमन। कूच। ३. गमन/यात्रा के दिशाशूल आदि का दोष हटाने के लिए यात्रा के कुछ सामान को किसी अन्य व्यक्ति के घर रख देने और चलते समय उसे उठा लेने की क्रिया। ४. मार्ग। रास्ता। ५. उपदेश की पद्धति। ६. मृत्यु। मरण। ∇ **विलोम**—आगमन। ⁘ **प्रस्थान-त्रयी**—*स्त्री॰* = उपनिषद, ब्रह्मसूत्र और भगवद्‌गीता नामक ३ ग्रन्थों का सामूहिक नाम।

प्रस्थापन—[सं॰ प्र + स्थापन] *पु॰* १. किसी बात/विषय/सिद्धान्त आदि को प्रमाणों से सिद्ध करना। प्रमाणित करना। २. यन्त्र, कारख़ाना आदि को किसी स्थान पर स्थापित करना। संस्थापन। ३. (पैर आदि को) दृढ़ता से जमा लेना। ⁘ **प्रस्थापना**—*स्त्री॰*। ⁘ **प्रस्थापित**—*वि॰* = जिसका प्रस्थापन किया गया हो या हुआ हो।

प्रस्थित—[सं॰ प्र + स्थित] *वि॰* १. जिसने प्रस्थान किया हो। गया हुआ। २. जो जाने को तैयार हो। ३. स्थिर। ४. दृढ़। ⁘ **प्रस्थिति**—*स्त्री॰* = १. प्रस्थान। यात्रा। कूच। रवानगी। २. अपने समाज/समुदाय आदि में व्यक्ति की स्थिति/हैसियत जो धन-सम्पत्ति, शैक्षिक स्तर, व्यवसाय आदि से निर्धारित होती है।

प्रस्फुट—[सं॰ प्र √स्फुट् + क] *वि॰* १. खिला हुआ। विकसित। ***जैसे***—प्रस्फुट पुष्प। ३. स्पष्ट। ***जैसे***—प्रस्फुट व्याख्या।

प्रस्फुटन—[सं॰ प्र √स्फुट् + ल्युट्] *पु॰* १. (फूलों का) खिलना/निकलना। २. व्यक्त/प्रकट होना।

प्रस्फुरण—[सं॰ प्र √स्फुर् + ल्युट्] *पु॰* १. कम्पन। काँपना। थरथराना। २. फैलना। ३. स्पष्ट होना। ४. अकस्मात् विचार उठना या कोई बात स्मृति में आना। ५. शरीर का कोई अंग फड़कना। ६. (भय आदि के कारण) शरीर में फुरहरी आना। रोमांचित।

प्रस्फोटन—[सं॰ प्र + स्फोटन] *पु॰* १. फोड़कर निकलना। विस्फोट। प्रस्फोट। २. धमाके के साथ उड़ना/उड़ाना। धमाके के साथ फटना या फाड़ना। ३. (पुष्प आदि का) खिलना या खिलाना। विकसित करना/होना। ४. (अनाज फटकने का) सूप। ५. सूप से फटकना। ६. पीटना। ठोंकना। ७. प्रकट/व्यक्त करना।

प्रस्रव—[सं॰ प्र √स्रु + अप्] *पु॰* १. उमड़ कर बह निकलना। उमड़न। २. धारा के रूप में बहाव। धारा। ३. रिसना। चूना। ४. स्तन से निकलनेवाला दूध। ५. मूत्र। पेशाब। ६. आँसू।

प्रस्रवण—[सं॰ प्र √स्रु + ल्युट्] *पु॰* १. (जल या द्रव का) लगातार बहना/चूना/रिसना। २. स्तन से निकलता हुआ दूध। ३. जल-प्रपात। पानी का झरना। ४. जल-स्रोत। सोता। चश्मा। ५. फ़व्वारा। ६. प्रस्वेद। पसीना। ७. मूत्र/पेशाब का उत्सर्ग। ८. माल्यवान् पर्वत।

प्रस्राव—[सं॰ प्र √स्रु + घञ्] *पु॰* १. उमड़न। बहाव। २. मूत्र। पेशाब। ३. आँसुओं का उमड़ना/गिरना।

प्रस्वन—[सं॰ प्र √स्वन् + अप्] *पु॰* १. ज़ोर की आवाज। २. कोलाहल। शोर।

प्रस्वेद—[सं॰ प्र √स्विद् + घञ्] *पु॰* स्वेद। पसीना। ⁘ **प्रस्वेदक**—*वि॰* = पसीना लानेवाला। ***जैसे***—प्रस्वेदक दवा।

प्रस्वेदन—[सं॰ प्र √स्विद् + ल्युट्] *पु॰* पसीना निकलना। (रसायन॰) किसी पदार्थ के द्वारा वायु के जलवाष्प को सोखकर सन्तृप्त विलयन बनाने का गुण। पसीजने का गुण।

प्रस्वेदी—[सं॰ प्रस्वेदिन्] *वि॰* १. पसीने से भीगा हुआ। २. पसीना लानेवाला।

प्रस्वेद्य (प्रस्वेद्य)—[सं॰ प्र √स्विद् + णिच् + यत्] *वि॰* वायुमण्डल के जलवाष्प को अवशोषित करने की प्रवृत्ति वाला। पसीजनेवाला।

प्रहत—[सं॰ प्र √हन् + क्त] *वि॰* १. जिसका वध किया गया हो। हत। २. पीटा हुआ। ३. जिस पर आघात/प्रहार हुआ हो।

प्रहर—[सं॰ प्र √हृ + अप्] *पु॰* दिन-रात के ३-३ घंटे के आठ भागों में से प्रत्येक। याम। पहर।

प्रहरण—[सं॰ प्र √हृ + ल्युट्] *पु॰* १. प्रहार। आघात। वार। चोट। २. अस्त्र-शस्त्र। हथियार। ४. युद्ध।

प्रहरणकलिका—[सं॰ प्रहरण ~ कलिका] *स्त्री॰* (छन्द॰) एक समवर्णिक छन्द जिसके प्रत्येक चरण में क्रमशः २ नगण, भगण, नगण और लघु-गुरु (न न भ न ल ग) के योग से १४ वर्ण होते हैं तथा ७-७ पर यति होती है।

प्रहर्ता—[सं॰ प्रहर्तृ] *वि॰* १. प्रहार करनेवाला। २. योद्धा।

प्रहर्ष—[सं॰ प्र + हर्ष] बहुत हर्ष। आनन्द। प्रसन्नता।

प्रहर्षिणी—[सं॰ प्र √हृष् + णिच् + णिनि + ङीप्] *स्त्री॰* हरिद्रा। हल्दी। (छन्द॰) एक समवर्णिक छन्द जिसके प्रत्येक चरण में क्रमशः मगण, नगण, जगण, रगण, गुरु (म न ज र ग) के योग से १३ वर्ण होते हैं तथा ३-१० पर यति होती है।

प्रहसन—[सं॰ प्र √हस् + ल्युट्] *पु॰* १. ज़ोर की हँसी। अट्टहास। ठहाका। २. हँसी-मज़ाक़। ३. किसी की हँसी उड़ाना। उपहास

करना। (नाट्य०) हास्य रस की प्रधानतावाला एक प्रकार का नाटक जिसमें अनेक पात्र होते हैं।

प्रहसित—[सं० प्र √हस् + क्त] *वि०* हँसता हुआ। *पु०* १. हास्य। हँसी। २. ज़ोर की हँसी। अट्टहास। ठहाका।

प्रहस्त—[सं० प्र + हस्त] *पु०* १. थप्पड़। चपेटा। तमाचा। २. लंकापति रावण का एक सेनापति।

***प्रहान**—*पु०* ≤ *सं०* प्रहाण। परित्याग। त्यागना। छोड़ना।

प्रहार—[सं० प्र √हृ + घञ्] *पु०* १. आघात। वार। चोट। मार।

प्रहार्य—[सं० प्र √हृ + ण्यत्] *वि०* १. जिस पर प्रहार/आघात किया जा सके या होनेवाला हो। आघात के योग्य। २. जिसका हरण किया जा सके। जो छीना जा सके।

प्रहीण—[सं० प्र √हा + क्त, ईत्, त → न → ण] *वि०* १. त्यागा हुआ। त्यक्त। २. नष्ट, क्षीण या समाप्त।

प्रहेलिका—[सं० प्र √हिल् + क्वुन् + टाप्, इत्व] *स्त्री०* पहेली।

प्रह्लादन (प्रह्लादन)—[सं० प्र √ह्लाद् + णिच् + ल्यु/ल्युट्] *वि०* प्रसन्न करनेवाला। प्रसन्नताकारक। आनन्दप्रद। *पु०* प्रसन्न/आह्लादित करना। आह्लादन।

प्रांशु—[सं० प्र + अंशु] *वि०* ऊँचा। लम्बा। *पु०* लम्बे डील-डौल या क़द का व्यक्ति।

प्राक्—[सं० प्र √अञ्च् + क्विप्] *क्रिवि०* १. पहले। २. आरम्भ में। ३. सामने। ४. हाल ही में। अभी, कुछ समय पहले। ५. (किसी ग्रन्थ के) पिछले प्रकरण में। पूर्वभाग में। ६. (किसी स्थान से) पूर्व दिशा में। पूरब में। *वि०* पुराना। *पु०* पूर्व दिशा। पूरब।

प्राकट्य—[सं० प्रकट + ष्यञ्] *पु०* प्रकट होने की अवस्था/भाव। प्रकटता।

प्राकरणिक—[सं० प्रकरण + ठक्] *वि०* १. जिसका प्रकरण हो। २. प्रकरण-सम्बन्धी।

प्राकाम्य—[सं० प्रकाम + ष्यञ्] *पु०* १. कार्य करने की स्वतन्त्रता। २. स्वेच्छाचारिता। ३. इच्छा करते ही इच्छित वस्तु मिल जाना। ४. आठ प्रकार की सिद्धियों में से एक जिसे प्राप्त कर लेने वाले व्यक्ति को इच्छा करते ही इच्छित वस्तु मिल जाती है।

प्राकार—[सं० प्र √कृ + घञ्] *पु०* १. नगर/दुर्ग/भवन के चारों ओर रक्षार्थ बनायी गयी दीवार। चारदीवारी। परकोटा। २. घेरा।

प्राकारीय—[सं० प्राकार + छ] *वि०* १. प्राकार-सम्बन्धी। २. परकोटे/चारदीवारी/घेरे से घिरा हुआ।

प्राकृत—[सं० प्रकृति + अण्] *वि०* १. प्रकृति-सम्बन्धी। प्रकृति का। प्राकृतिक। क़ुदरती। २. प्रकृति से उत्पन्न। नैसर्गिक। ३. जो प्रकृति द्वारा दिए गए मूल रूप में हो, न विकृत हो और न संस्कृत। ४. जो माया के अधीन हो। सांसारिक। ५. स्वाभाविक। सहज। ६. सामान्य। साधारण। मामूली। ७. क्षुद्र। तुच्छ। नीच। *जैसे*—प्राकृत आचरण। ८. विद्याहीन। अशिक्षित। गँवार। *पु०* १. नीच व्यक्ति। २. विद्याहीन/अशिक्षित/गँवार व्यक्ति। *स्त्री०* १. किसी प्रतिष्ठित भाषा का वह रूप जो कुछ विकृत रूप में अशिक्षित व्यक्तियों द्वारा बोला जाता है। शिक्षितों की भाषा की विकृति से बनी जनता की स्वाभाविक भाषा। २. सामान्य लोगों के द्वारा बोली जाने वाली प्रादेशिक भाषा जो संस्कृत शब्दों के अशुद्ध उच्चारण से बनी हो। ३. प्राचीन काल से चली आ रही वह भाषा जिसके विविध रूप समय-समय पर क्षेत्र-क्षेत्र के अनुसार भारत-भर में प्रचलित रहे हैं और जिसके साहित्यिक रूपों का प्रयोग संस्कृत नाटकों में स्त्रियों, सेवकों और साधारण व्यक्तियों के संवादों में कराया गया है। ✣ **प्राकृत प्रलय**—*पु०* = वह भीषण प्रलय जिसमें प्रकृति का भी ब्रह्म में लय हो जाता है।

प्राकृतिक—[सं० प्रकृति + ठञ्] *वि०* १. प्रकृति-सम्बन्धी। प्रकृति का। *जैसे*—प्राकृतिक नियमों का पालन। २. प्रकृति से उत्पन्न। प्रकृति के किसी विकार/परिवर्तन के कारण होनेवाला। ३. पंचभूत से बना हुआ। भौतिक। ४. स्वाभाविक। जन्मजात। सहज। सहजात। ५. जो मानसिक/आध्यात्मिक/काल्पनिक न हो, लौकिक हो। सांसारिक। भौतिक। ६. जो अप्राकृतिक/कृत्रिम/बनावटी न हो। नैसर्गिक। Δ **पर्याय**—नैसर्गिक/क़ुदरती। ∇ **विलोम**—अप्राकृतिक/कृत्रिम।

प्राक्कर्म—[सं० प्राक् + कर्म (कर्मन्)] *पु०* पूर्वजन्म में किए हुए कर्म।

प्राक्कलन—[सं० प्राक् (प्राच्) + कलन] *पु०* सम्भावित व्यय या लागत का पहले से किया जाने वाला अनुमान। पूर्वानुमान। अन्दाज़ा। तख़मीना। कूत।

प्राक्कल्पना—[सं० प्राक् (प्राच्) ~ कल्पना] *स्त्री०* किसी घटना/स्थिति की सम्भव व्याख्या या सम्भव कारण के रूप में प्रस्तावित ऐसा विचार जो अभी सत्य सिद्ध नहीं किया जा सका है।

प्राक्काल—[सं० प्राक् (प्राच्) + काल] *पु०* १. पहले का समय। बीता हुआ समय। २. प्राचीन काल।

प्राक्कृत—[सं० प्राक् (प्राच्) + कृत] *वि०* = १. पूर्वजन्म में किया हुआ। २. पहले कभी किया हुआ।

प्राक्तन—[सं० प्राच् + ट्यु, तुट्] *वि०* १. पूर्व का। पहिले का। २. प्राचीन। पुराना। ३. किसी पूर्व जन्म का। *पु०* भाग्य। प्रारब्ध।

प्राक्मानव—[सं० प्राक् (प्राच्) + मानव] *पु०* वह काल्पनिक आदि मानव जिसे मनुष्य का निकटतम पूर्वज माना जाता है।

प्राक्सन्ध्या—[सं० प्राच् (प्राक्) + सन्ध्या] *स्त्री०* १. प्रातःकालीन सन्ध्या। २. प्रभात। सवेरा। तड़का।

***प्राग**—[< सं० प्राक्] *वि०* १. पहले का। पहलेवाला। २. पहला माना जाने वाला। मुख्य।

प्रागनुभविक—[सं० प्राक् (प्राच्) + हि० अनुभविक] *वि०* (दर्शन०) १. (ऐसा कथन) जिसकी सत्यता अनुभव पर आश्रित नहीं होती, जिसके ज्ञान के लिए अनुभव की आवश्यकता नहीं होती या जो तर्कबुद्धि मात्र से जानने योग्य होता है। अनुभव-निरपेक्ष। २. जो अनुभव के पहले से ही व्यक्ति के मन में रहे। इन्द्रियानुभव के बिना ही केवल अनुमान से ज्ञात। पूर्णसिद्ध। *क्रिवि०* (दर्शन०) १. कारण से कार्य का अनुमान करते हुए। निगमन रीति से। २. अनुमानतः।

❖ **प्रागनुभविक तर्क**—*पु॰* = (तर्क॰) निगमनात्मक तर्क। ❖ **प्रागनुभविक तर्कदोष**—*पु॰* = (दर्शन॰) किसी बात को अन्धविश्वास/पूर्वग्रह या स्वाभाविक प्रवृत्ति के कारण बिना प्रमाण के मान लेना। ❖ **प्रागनुभविक प्रतिज्ञा**—*स्त्री॰* = (तर्क॰) वह प्रतिज्ञा जिसके सत्यापन के लिए अनुभव की अपेक्षा नहीं होती। ❖ **प्रागनुभविकवाद**—*पु॰* = (दर्शन॰) अनुभवनिरपेक्ष सिद्धान्तों में विश्वास। विशेषत: यह मत मानना कि ज्ञान के आधार वे सिद्धान्त हैं जो स्वयंसिद्ध हैं और उनके लिए इन्द्रियानुभव की आवश्यकता/अपेक्षा नहीं है।

प्रागभाव—[स॰ प्राक् (प्राच्) ~ अभाव] *पु॰* (भा दर्शन॰) 'अभाव' का एक प्रकार। उत्पत्ति से पूर्व होनेवाला अभाव।

प्रागल्भ्य—[स॰ प्रगल्भ + ष्यञ्] *पु॰* प्रगल्भता।

प्रागार—[स॰ प्र + आगार] *पु॰* १. प्रासाद या भवन। इमारत। २. मकान। घर।

प्रागितिहास—[स॰ प्राक् (प्राच्) ~ इतिहास] *पु॰* लिखित इतिहास के आरम्भ होने से पहले की बातें/घटनाएँ। प्रागैतिहासिक वृत्तान्त/विवरण।

प्रागैतिहासिक—[स॰ प्राक् (प्राच्) ~ ऐतिहासिक] *वि॰* लिखित इतिहास के आरम्भ होने से पहले के समय से सम्बन्धित। ❖ **प्रागैतिहासिक पुरातत्त्व**—*पु॰* = पुरातत्त्व का वह विभाग जिसमें मानव के लिखित इतिहास से पहले की स्थिति का अध्ययन और विवेचन किया जाता है।

प्राग्जैविक—[स॰ प्राक् (प्राच्) + जैविक] *वि॰* प्राणियों की उत्पत्ति से पहले के काल का। जीवनरहित काल का।

प्राग्भाव—[स॰ प्राक् (प्राच्) + भाव] *पु॰* १. पूर्वजन्म। २. पूर्व का अस्तित्व। ३. उत्कर्ष। श्रेष्ठता।

प्राग्वंश—[स॰ प्राक् (प्राच्) + वंश] *पु॰* १. पहले हुआ कोई राजवंश। पूर्वकालीन राजवंश। २. पहले हुई पीढ़ी। पूर्वकालीन पीढ़ी।

प्राग्वृत्तान्त—[स॰ प्राक् (प्राच्) + वृत्तान्त] *पु॰* १. पुराने काल की घटना। पुरातन घटना। २. पुराना विवरण/वर्णन।

प्राङ्कुर (प्रांकुर)—[स॰ प्र + अङ्कुर] *पु॰* (वनस्पति॰) अंकुरित बीज के ऊपर की ओर वाला भाग।

प्राङ्गण (प्रांगण)—[स॰ प्र + अङ्गन] *पु॰* (मकान आदि का) आँगन।

प्राङ्मुख—[स॰ प्राक् (प्राच्) + मुख] *वि॰* जिसका मुख पूर्व दिशा की ओर हो। पूरब की ओर देखता हुआ। *क्रिवि॰* पूर्व की ओर मुख किए हुए।

प्राची—[स॰ प्र √अञ्च् + क्विन् + ङीप्] *स्त्री॰* पूर्व दिशा। पूरब।

प्राचीना—[स॰ प्राचीन + टाप्] *स्त्री॰* वृद्धा।

प्राचीर—[स॰ प्र + आ √चि + कन्] *स्त्री॰* नगर या दुर्ग आदि के चारों ओर रक्षा के लिये बनी ऊँची दीवार। प्राकार। परकोटा। चारदिवारी।

प्राचुर्य—[स॰ प्रचुर + ष्यञ्] *पु॰* प्रचुरता। अधिकता। विपुलता। बहुतायत। ∇ **विलोम**—अभाव।

प्राचेतस—[स॰ प्रचेतस् + अण्] *पु॰* प्रचेता का पुत्र या वंशज। *जैसे*—दक्ष, वाल्मीकि आदि अनेक प्राचेतस प्रसिद्ध हैं।

प्राच्य—[स॰ प्राच् + यत्] *वि॰* १. पूर्व दिशा का। पूर्वी। २. (यूरोपीय लोगों की दृष्टि में) एशिया के किसी देश के इतिहास, संस्कृति, धर्म, दर्शन, भाषा, साहित्य आदि से सम्बन्धित। एशिया के या उसके किसी देश के, इतिहास आदि का। *जैसे*—प्राच्य इतिहास।

प्राजापत्य—[स॰ प्रजापति + ण्य] *वि॰* १. प्रजापति-सम्बन्धी। प्रजापति का। २. प्रजापति से उत्पन्न। *पु॰* १. उत्पादक शक्ति। २. आठ प्रकार के विवाहों में से एक।

प्राज्ञ[१]—[स॰ प्र √ज्ञा + क + अण्] *वि॰* १. बुद्धिमान। २. विद्वान्। ३. चतुर। होशियार। *पु॰* १. बुद्धिमान् व्यक्ति। २. चतुर/होशियार व्यक्ति। ३. विद्वान् व्यक्ति। ४. अध्ययन के द्वारा अधिक ज्ञान प्राप्त व्यक्ति। (वेदान्त॰) 'कारणशरीर' का अभिमानी आत्मा।

प्राज्ञ[२]—[स॰ प्र + अज्ञ] *पु॰* अति मूर्ख व्यक्ति। ❖ **प्राज्ञता**—*स्त्री॰* १. प्राज्ञ होने की अवस्था/भाव। २. बुद्धिमत्ता। ३. विद्वत्ता। ४. चतुराई। होशियारी। ❖ **प्राज्ञत्व**—*पु॰* = प्राज्ञता।

प्राज्ञी—[स॰ प्राज्ञ + ङीप्] *स्त्री॰* विदुषी।

प्राञ्जल (प्रांजल)—[स॰ प्र √अञ्ज् + अलच्] *वि॰* १. सरल। सीधा। २. सच्चा। ईमानदार। ३. स्वच्छ। साफ़। ४. (भाषा) जो सरल और स्पष्ट हो। सुबोध।

प्राञ्जलि (प्रांजलि)—[स॰ प्र + अञ्जलि] *वि॰* जो हाथ जोड़े हुए हो। अंजलिबद्ध। *स्त्री॰* १. जोड़े हुए हाथ। २. अंजलि।

प्राणघातक/प्राणघ्न—[स॰ प्राण ~ घातक/घ्न] *वि॰* मार डालने वाला। जीवन-नाशक।

प्राणच्छेद—[स॰ प्राण ~ छेद] *पु॰* वंध। हत्या।

प्राणद—[स॰ प्राण √दा + क] *वि॰* प्राणदाता। प्राणप्रद।

प्राणदा—[स॰ प्राणद + टाप्] *वि॰ (स्त्री॰)* प्राणदात्री।

प्राणदान—[स॰ प्राण ~ दान] *पु॰* १. किसी में प्राण डालना। संजीवन। २. किसी के प्राणों की रक्षा करना। ३. प्राणदंड से मुक्त कर देना। जीवनदान।

प्राणधन—[स॰ प्राण ~ धन] *पु॰* १. प्राणों के समान प्रिय व्यक्ति। परम प्रिय व्यक्ति। २. पति। प्रियतम। २. प्रेमी। प्रियतम।

प्राण-निग्रह—[स॰] *पु॰* १. साँस को रोकना। २. प्राणायाम।

प्राणपण—[स॰ प्राण ~ पण] *पु॰* जान की बाज़ी।

प्राणमय—[स॰ प्राण + मयट्] *वि॰* १. जिसमें प्राण हों। सजीव। जानदार। २. जीवित। ∇ **विलोम**—प्राणहीन।

प्राणमय कोष—[स॰] *पु॰* (भा॰ दर्शन॰) आत्मा के पाँच कोषों/आवरणों में से द्वितीय।

प्राणरोध—[स॰ प्राण ~ रोध] *पु॰* १. प्राणायाम। २. साँस रोकना। ३. जीवन के लिए संकट।

प्राणवत्ता—[स॰ प्राण + मतुप् + टाप्] *स्त्री॰* प्राणवान् होने का भाव। जीवन।

प्राणवन्त (प्राणवंत)—[< स॰ प्राणवन्तः (प्राणवत्)] *वि॰* प्राणवान्। (दे॰)

प्राण-वल्लभ—[स॰] *पु॰* १. अत्यन्त प्रिय व्यक्ति। २. पति। प्रियतम। ३. प्रेमी। प्रियतम।

प्राणवायु—[स॰ प्राण ~ वायु] *स्त्री॰* १. प्राण। २. आक्सीजन नामक गैस जो प्राणियों के जीवन के लिए आवश्यक है।

प्राण-वृत्ति—[स॰] *स्त्री॰* पाँचों प्राणों के कार्य।

प्राणशक्ति—[स॰ प्राण ~ शक्ति] *स्त्री॰* जीवनशक्ति।

प्राणहर—[स॰ प्राण √हृ + अच्] *वि॰* = १. मार डालने वाला। जो जीवन-नाशक हो। मारक। घातक। जानलेवा। २. बल का नाश करनेवाला। बलनाशक। *पु॰* विष आदि मारक पदार्थ।

प्राणाचार्य—[स॰ प्राण ~ आचार्य] *पु॰* वैद्य। चिकित्सक।

प्राणातिपात—[स॰ प्राण ~ अतिपात] *पु॰* वध या हत्या।

प्राणात्यय—[स॰ प्राण ~ अत्यय] *पु॰* १. प्राण-नाश। जीवन-हानि। मृत्यु। २. वह बात जिसके कारण मारे जाने का भय हो।

प्राणाधार—[स॰ प्राण ~ आधार] *वि॰* जो प्राणों का आधार हो। (व्यक्ति) जिसके लिए जीवित हो। अत्यन्त प्रिय। *पु॰* १. पति। २. प्रेमी। प्रिय।

प्राणाधिक—[स॰ प्राण ~ अधिक] *वि॰* जो प्राणों/जीवन से भी अधिक प्रिय हो। अतिप्रिय। *पु॰* १. पति। २. प्रेमी। प्रिय। ३. अत्यन्त प्रिय कोई व्यक्ति/वस्तु। ✣ **प्राणाधिका**—*वि॰ (स्त्री॰)* = परम प्रिया। *स्त्री॰* = १. पत्नी। २. प्रेमिका। प्रिया।

प्राणाधायक—[स॰ प्राण ~ आधायक] *वि॰* प्राणों का आधार। जीवन-आधार।

प्राणान्त (प्राणांत)—[स॰ प्राण ~ अन्त] *पु॰* मरण। मृत्यु। मौत।

प्राणान्तक (प्राणांतक)—[स॰ प्राण ~ अन्तक] प्राणघाती। घातक। मारक। जानलेवा। ***जैसे***—प्राणान्तक रोग।

प्राणायाम—[स॰ प्राण ~ आयाम] *पु॰* श्वास-प्रश्वास का नियन्त्रण।

प्राणावरोध—[स॰ प्राण ~ अवरोध] *पु॰* साँस को रोकना या रोके रखना।

प्राणाहुति—[स॰ प्राण ~ आहुति] *स्त्री॰* १. भोजन के आरम्भ में पाँच ग्रास 'प्राणाय स्वाहा' आदि मंत्र बोलकर खाना। २. अपने जीवन को किसी कार्य/उद्देश्य (देश आदि) के लिये अर्पित करना। प्राणों का बलिदान। शहादत।

प्राणि-अश्मविज्ञान—[स॰ प्राणी ~ अश्म ~ विज्ञान] *पु॰* विज्ञान की वह शाखा जिसमें विगत भूवैज्ञानिक कल्पों के प्राप्त जीवाश्मों का क्रमबद्ध अध्ययन और विवेचन किया जाता है।

प्राणिक[१]—[स॰ प्राण + ठन्] *वि॰* प्राण-सम्बन्धी। प्राणों का।

प्राणिक[२]—[< स॰ प्राणी] *वि॰* प्राणियों से सम्बन्धित। प्राणियों का।

प्राणि-जगत्—[स॰ प्राणी ~ जगत्] सभी जीवित और विलुप्त प्राणी।

प्राणिजात—[स॰ प्राणी (प्राणिन्) ~ जात] *पु॰* किसी विशिष्ट स्थान/क्षेत्र/परिवेश युग में पाए जाने वाले प्राणियों का समूह।

प्राणित—[स॰ प्र √अन् + क्त (या णिच् + क्त)] १. जीवित। ज़िन्दा। २. जीवन-युक्त किया हुआ।

प्राणिमण्डल (प्राणिमंडल)—[स॰ प्राणी + मण्डल] *पु॰* = भूमि, जल और आकाश का उतना भाग जिसमें प्राणी व वनस्पतियाँ प्राप्त हैं। जीवमंडल।

प्राणी—[स॰ प्राणिन्] *वि॰* जिसमें प्राण हों। प्राणधारी। प्राणवान्। *पु॰* प्राणधारी (मनुष्य, पशु, पक्षी, जलचर इत्यादि)।

प्राणोत्सर्ग—[स॰ प्राण ~ उत्सर्ग] *पु॰* १. प्राणों का त्याग। मृत्यु। २. आत्मबलिदान। शहादत।

प्राणोपेत—[स॰ प्राण ~ उपेत] *वि॰* प्राणों से युक्त। जीवित।

प्रातः—[स॰ प्रातर्] *क्रिवि॰* प्रभात के समय। सबेरे। ✣ **प्रातः कर्म/प्रातः कार्य**—*पु॰* = नित्य प्रात: किए जाने वाले कर्म (शौच, स्नान आदि)। ∇ **विलोम**—सायम्।

प्रातरभिवादन—[स॰ प्रातर् ~ अभिवादन] *पु॰* प्रात: सोकर उठने पर बड़ों को किया जाने वाला प्रणाम/अभिवादन।

प्रातराश—[स॰ प्रातर् ~ आश] *पु॰* सबेरे का हल्का भोजन। अल्पाहार। कलेवा। नाश्ता।

प्रातिनिधिक—[स॰ प्रतिनिधि + ठक्] *वि॰* १. प्रतिनिधि-सम्बन्धी। प्रतिनिधि का। २. जो प्रतिनिधि के रूप में हो।

प्रातिपद—[स॰ प्रतिपद् + अण्] *वि॰* १. प्रतिपदा/पड़वा तिथि से सम्बन्धित। प्रतिपदा का। २. प्रतिपदा के दिन होनेवाला। ३. प्रतिपदा तिथि को उत्पन्न। ✣ **प्रातिपदी**—*वि॰ (स्त्री॰)*।

प्रातिपदिक—[स॰ प्रतिपद् + ठञ्] *पु॰* (संस्कृत व्या॰) वह अर्थवान् शब्द जो धातु, प्रत्यय, उपसर्ग आदि न हो और जिसकी सिद्धि विभक्ति लगने से न हुई हो।

प्रातिभ—[स॰ प्रतिभा + अण्] *वि॰* १. प्रतिभा-सम्बन्धी। प्रतिभा का। ***जैसे***—प्रातिभ चमत्कार। २. प्रतिभा-युक्त। प्रतिभाशाली। ३. प्रतिभा से उत्पन्न। प्रतिभाजन्य। *पु॰* प्रतिभाशाली व्यक्ति। (योग॰) योग-साधना का एक विघ्न। साधक की प्रतिभा के कारण उत्पन्न अध्ययन-सम्बन्धी विचारों के कारण एकाग्रता में पड़नेवाली बाधा।

प्रातिभासिक—[स॰ प्रतिभास + ठक्] *वि॰* १. प्रतिभास-सम्बन्धी। प्रतिभास का। २. जो वास्तव में न हो परन्तु भ्रम के कारण भासित/प्रतीत हो। जिसका अस्तित्व भ्रमजन्य हो। ३. जो व्यावहारिक न हो। ४. अ-वास्तविक। ✣ **प्रातिभासिकी**—*वि॰ (स्त्री॰)*।

प्रातिलोमिक—[स॰ प्रतिलोम + ठक्] *वि॰* प्रतिकूल। विरुद्ध। ∇ **विलोम**—अनुलोमिक।

प्रातिवेशिक—[स॰ प्रतिवेश + ठक्] *पु॰* प्रतिवेशी। पड़ोसी।

प्रातिशाख्य—[स॰ प्रतिशाख + ञ्य] *पु॰* वैदिक ग्रन्थों का एक प्रकार। वेदों की किसी शाखा के मन्त्रों के स्वर, पद इत्यादि के उच्चारण आदि का विचार और निर्णय करनेवाला ग्रन्थ।

प्रातिहारिक—[स॰ प्रतिहार + अण् + ठञ्] *पु॰* ऐन्द्रजालिक। मायावी। जादूगर।

प्रातीतिक—[स॰ प्रतीति + ठञ्] *वि॰* जिसकी प्रतीति मात्र होती हो। जो वास्तविक न हो। काल्पनिक।

प्रात्यन्तिक (प्रात्यंतिक)—[स॰ प्रत्यन्त + ठञ्] *पु॰* १. सीमा पर स्थित राज्य/देश। २. (प्राचीन भारत में) सीमा का रक्षा-अधिकारी।

प्रात्ययिक—[सं॰ प्रत्यय + ठक्] *वि॰* १. प्रत्यय-सम्बन्धी। प्रत्यय का। २. जो प्रत्यय के रूप में हो।

प्राथमिक—[सं॰ प्रथम ~ ठक्] *वि॰* १. क्रम के विचार से आरम्भ में आनेवाला। २. आरम्भ में होनेवाला। ३. प्रारम्भिक।

प्रादिष्ट—[सं॰ आ √दिश् + क्त] १. जिसके लिए अधिकृत/विशेष आदेश दिया गया हो। ✣ **प्रादिष्ट मुद्रा**—*स्त्री॰* = (अर्थ॰) संकट-काल में जारी की जाने वाली पत्र-मुद्रा।

प्रादुर्भाव—[सं॰ प्रादुस् ~ भाव] *पु॰* १. प्रकट होना। २. उत्पत्ति। ३. (देवता आदि का पृथ्वी पर) अवतार।

प्रादुर्भूत—[सं॰ प्रादुस् ~ भूत] *वि॰* १. प्रकट। २. उत्पन्न।

प्रादेश—[सं॰ प्र + आदेश] *पु॰* अधिकृत या विशेष आदेश/आज्ञा।

प्रादेशिक—[सं॰ प्रदेश + ठक्] *वि॰* १. प्रदेश-सम्बन्धी। (किसी) प्रदेश का। ***जैसे***—भारत की प्रादेशिक भाषाएँ। २. (कार्यों आदि में) प्रदेश विशेष तक सीमित। ***जैसे***—प्रादेशिक सेना। ३. क्षेत्रीय। इलाक़ाई। ✣ **प्रादेशिक समुद्र**—*पु॰* = देश/राज्य का समुद्री क्षेत्र या समुद्री सीमा। ✣ **प्रादेशिक सेना**—*स्त्री॰* = आपातस्थिति में अपने प्रदेश में सैनिकों के समान कार्य करनेवाले स्वयंसेवकों का दल।

प्रादेशिनी—[सं॰ प्रादेश + इनि + ङीप्] हाथ के अँगूठे के पास की उँगली। तर्जनी।

प्राधान्य—[सं॰ प्रधान + ष्यञ्] *पु॰* १. प्रधानता। श्रेष्ठता। मुख्यता। २. अधिकता। (आयुर्वेद॰) सम्प्राप्ति का एक भेद। किसी रोग में वात-पित्त-कफ़ दोषों में से प्रधान दोष का ज्ञान।

प्राधिकरण—[सं॰ प्र + अधिकरण] *पु॰* १. (किसी को) अधिकार देना/सौंपना। अधिकार-प्रदान। २. (किसी को) कोई काम करने और आदेश देने का अधिकार देना। ३. प्राधिकार देना। ४. (राजकीय आज्ञा से) प्राधिकारप्राप्त निकाय। ५. किसी काम को करने का वैध अधिकार। (अं॰ आथोरिटि, ऑथराइज़ेशन)

प्राधिकार—[सं॰ प्र + अधिकार] *पु॰* १. (आज्ञा मनवाने का) अधिकार। आज्ञापालन कराने की शक्ति। सत्ता। शासन-सत्ता। २. सौंपा गया अधिकार। ३. शासकीय/न्यायिक समादेश।

प्राधिकारिक—[सं॰ प्राधिकार + ठक्] *पु॰* प्राधिकार से सम्बन्ध रखनेवाला।

प्राधिकारी—[सं॰ प्राधिकारिन्] १. (राज्य/शासन से) प्राधिकार प्राप्त व्यक्ति। २. जिसकी बात मान्य हो। प्रमाण पुरुष। ३. महान् विद्वान्। प्रकांड पंडित। ४. किसी विषय का विशेषज्ञ।

प्राधिकृत—[सं॰ प्र + अधिकृत] *वि॰* जिसे प्राधिकार दिया गया हो। प्राधिकारप्राप्त। ✣ **प्राधिकृत अभिकर्ता**—*पु॰* (वाणि॰) = स्वामी/कम्पनी/फ़र्म/प्रतिष्ठान के द्वारा नियुक्त अभिकर्ता। अभिकर्ता/एजेंट जिसे निर्दिष्ट क्षेत्र में स्वामी/कम्पनी/फ़र्म/प्रतिष्ठान की ओर से कार्य करने के लिए पूर्ण अधिकार हो।

प्राध्यापक—[सं॰ प्र + अध्यापक] *पु॰* (शिक्षा॰) किसी महाविद्यालय या विश्वविद्यालय आदि का अध्यापक जो रीडर से नीचे के पद पर हो। प्रवक्ता। (अं॰ लेक्चरर)

प्रान्त (प्रांत)—[सं॰ प्र + अन्त] *पु॰* १. किनारा। हाशिया। २. सीमा। ३. कोना। ४. नोक। ५. अन्त। ६. क्षेत्र। ७. देश का कोई बड़ा भाग। ८. अँग्रेज़ी शासन-काल में भारत की एक शासकीय इकाई। ***जैसे***—पंजाब प्रान्त; बिहार प्रान्त। ९. (शासकीय इकाई) ज़िला। ***जैसे***—उत्तर प्रदेश का बरेली प्रान्त; मेरठ प्रान्त।

प्रान्तर (प्रांतर)—[सं॰ प्र + अन्तर] १. लम्बा और निर्जन मार्ग। २. वह मार्ग जिस पर छाया न हो। ३. वन। जंगल। ४. (वृक्ष के) तने का खोखला भाग। कोटर।

प्रापक—[सं॰ प्र √आप् + ण्वुल् (या, णिच् + ण्वुल्)] *वि॰* प्राप्त करनेवाला।

प्रापण—[सं॰ प्र √आप् + ण्वुल्] *पु॰* १. प्राप्त करना/कराना। २. पहुँचाना। ३. (यत्नपूर्वक) प्राप्ति। उपलब्धि। अधिप्राप्ति। वसूली उगाही। ***जैसे***—किसानों से अनाज का प्रापण करता अधिकारी।

प्रापयिता—[सं॰ प्रापयितृ] *वि॰* प्राप्त करनेवाला।

प्राप्तकाल—[सं॰ प्राप्त ~ काल] *वि॰* जिसे करने का समय आ गया हो। समयोचित।

प्राप्तदोष—[सं॰ प्राप्त ~ दोष] *वि॰* १. जिसमें कोई दोष आ गया हो। २. जिसने कोई दोषयुक्त काम किया हो।

प्राप्तपञ्चत्व (प्राप्तपंचत्व)—[सं॰ प्राप्त ~ पञ्चत्व] *वि॰* मरा हुआ। मृत।

प्राप्तमनोरथ—[सं॰ प्राप्त ~ मनोरथ] *वि॰* जिसकी इच्छा पूर्ण हो गई हो।

प्राप्तयौवन—[सं॰ प्राप्त ~ यौवन] *वि॰* जिसकी जवानी आ गयी हो। युवा। जवान। ✣ **प्राप्तयौवना**—*वि॰ (स्त्री॰)*।

प्राप्तवय—[सं॰ प्राप्त ~ वयस्] *वि॰* वयस्क। बालिग़। ✣ **प्राप्तवयता**—*स्त्री॰* = वयस्कता।

प्राप्तव्य—[सं॰ प्र √आप् + तव्यत्] *वि॰* १. पाने योग्य। प्राप्य। २. जो प्राप्त हो सके। ३. प्राप्त होने या मिलने योग्य या जो मिलने को हो।

प्राप्तार्थ—[सं॰ प्राप्त ~ अर्थ] *वि॰* १. जिसे अर्थ (धन/वस्तु इत्यादि) की प्राप्ति हो गयी हो। २. जिसका मनोरथ पूर्ण हो गया हो। सफल। *पु॰* १. मिली हुई वस्तु। २. प्राप्त धन।

प्राप्तावसर—[सं॰ प्राप्त ~ अवसर] *वि॰* जिसे अवसर मिला हो। (करने का) मौक़ा पानेवाला।

प्राप्ति—[सं॰ प्र √आप् + क्तिन्] *स्त्री॰* १. प्राप्त होने की क्रिया/अवस्था/भाव। २. अधिकार में आना। हाथ में आना। उपलब्धि। मिलना। ३. पहुँच। जैसे—पत्र की प्राप्ति; सन्देश की प्राप्ति। ४. आगमन। ५. अर्जन। कमाई। ६. किसी गुण/ज्ञान आदि का अधिगम/अर्जन। ७. लाभ। जहाँ बहुत प्राप्ति हो, वहाँ व्यापारी आप पहुँच जाते हैं। ८. मिलन। संगति। मेल। ९. किसी अमूर्त वस्तु का ग्रहण। (योग॰) अणिमा आदि अष्ट सिद्धियों में से एक। वांछित व्यक्ति/वस्तु प्राप्त करने की शक्ति देनेवाली सिद्धि। ✣ **प्राप्ति-कर्ता**—*वि॰* = पानेवाला। प्राप्त करनेवाला।

प्राप्त्याशा—[सं॰ प्राप्ति ~ आशा] *स्त्री॰* प्राप्ति की आशा। मिलने की उम्मीद। (नाट्य॰) नाटकीय कथावस्तु के विकास की तृतीय अवस्था, जिसमें फल-प्राप्ति की सम्भावना भी रहती है और विफलता की आशंका भी।

प्राप्य—[सं॰ प्र √आप् + ण्यत्] *वि॰* १. प्राप्त करने के योग्य। २. जो प्राप्त करना हो। ३. जो मिल सके। मिलने के योग्य। ४. (धन आदि) जो हिसाब से किसी की ओर शेष हो। ५. जिस तक पहुँचा जा सके। गम्य।

प्राबल्य—[सं॰ प्रबल + ष्यञ्] *पु॰* १. प्रबलता। २. प्रधानता। प्रमुखता। ३. शक्ति। ४. प्रधानता। ५. अधिकता या दबाव। जैसे—कफ का प्राबल्य।

***प्राबिट/प्राबृट**—[< सं॰ प्रावृट्] *स्त्री॰* वर्षा ऋतु। पावस। बरसात।

प्राभातिक—[सं॰ प्रभात + ठञ्] *वि॰* १. प्रातःकाल-सम्बन्धी। प्रभात का। २. प्रभात में होनेवाला। *पु॰* एक प्रकार के गीत जो प्रभात में गाए जाते हैं। प्रभाती।

प्राभृत—[सं॰ प्र + आ √भृ + क्त] १. भेंट। चढ़ावा। नज़राना। २. जैन ग्रन्थों का एक प्रकार। पाहुड़।

प्रामाणिक—[सं॰ प्रमाण + ठक्] *वि॰* १. जो प्रत्यक्ष आदि किसी प्रमाण से सिद्ध हो। प्रमाण-सिद्ध। २. जो शास्त्रों द्वारा प्रमाणित हो। शास्त्रसिद्ध। ३. प्रमाण-सम्बन्धी। ४. जो किसी बात का प्रमाण हो। ५. जो प्रमाण के रूप में माना जाए या माना जा सके। अधिकृत। ६. विश्वसनीय (व्यक्ति/वस्तु)। ७. जिसकी प्रतिष्ठा/साख जमी हो। *पु॰* १. प्रमाणों को माननेवाला व्यक्ति। २. नैयायिक। ३. शास्त्रज्ञ।

प्रामाण्य—[सं॰ प्रमाण + ष्यञ्] *पु॰* १. प्रमाण का भाव। प्रमाणत्व। प्रमाणपन। २. विश्वसनीयता। ३. प्रमाण। साक्ष्य। ∇ **विलोम**—अप्रामाण्य।

प्रामादिक—[सं॰ प्रमाद + ठक्] *वि॰* १. प्रमाद-सम्बन्धी। प्रमाद का। २. प्रमाद के कारण होनेवाला। प्रमादजन्य। ३. दोषयुक्त। दूषित।

प्रामिसरी—[अं॰ प्रॉमिसरि] *वि॰* प्रतिज्ञात्मक। ⁘ **प्रामिसरी नोट**—*पु॰* = रुपया चुकाने का हस्ताक्षरित वचनपत्र/दस्तावेज़।

प्राय—[सं॰ प्र √अय् + घञ्] *पु॰* १. मृत्यु। २. (किसी लक्ष्य की पूर्ति के लिए) खाना-पीना त्यागकर धरना देना। आमरण अनशन। ३. अधिकता। प्रचुरता। विपुलता। *वि॰* (समासयुक्त शब्दों में प्रायः अन्त में प्रयुक्त) १. तुल्य। ***जैसे***—मृतप्राय। २. पूर्ण। ***जैसे***—दुःखप्राय।

प्रायः—[सं॰ प्रायस्] *अव्यय॰* १. लगभग। क़रीब-क़रीब। २. बहुधा। अधिकतर। अक्सर। ३. बीच-बीच में या जल्दी-जल्दी।

प्रायद्वीप (प्रायद्वीप)—[सं॰ प्रायस् ~ द्वीप] *पु॰* स्थल का वह भाग जो तीन ओर समुद्र से घिरा हो।

प्रायशः—[सं॰ प्रायशस्] *अव्यय॰* १. प्रायः। बहुधा। अक्सर। २. सब प्रकार से। ***जैसे***—प्रायशः सुखी।

प्रायश्चित्त—[सं॰ प्राय ~ चित्त निपा॰, सुट्] *पु॰* १. वे शास्त्रीय कृत्य जिनसे व्यक्ति अपने किए हुए पाप से मुक्त होकर पवित्र हो जाता है।

प्रायाणिक—[सं॰ प्रयाण + ठक्] *वि॰* १. प्रयाण-सम्बन्धी। यात्रा का। २. यात्रा के लिए उचित/आवश्यक। *पु॰* यात्रा के लिए चलते समय शुभ माने जाने वाले मंगलद्रव्य (शंख, दही आदि)।

प्रायिक—[सं॰ प्राय + ठक्] *वि॰* १. प्रायः होनेवाला। जो बहुधा/अक्सर होता है। २. प्रचलित। सामान्य।

प्रायिकता—[सं॰ प्रायिक + तल् + टाप्] *स्त्री॰* सम्भाव्यता।

प्रायोगिक—[सं॰ प्रयोग + ठक्] *वि॰* १. प्रयोग-सम्बन्धी। प्रयोग का। २. क्रियात्मक। व्यावहारिक। ३. जो नित्य/प्रायः काम में आता हो। व्यवहार में लाया जाने वाला। उपयोगी। ४. प्रयोग/परीक्षण पर आधारित। प्रयोगात्मक। ५. उपयोगिता/मान्यता जाँचने के लिए प्रयोग किया जाने वाला।

प्रायोजक—[सं॰ प्र + आयोजक] *पु॰* (रेडियो/दूरदर्शन आदि के) ऐसे कार्यक्रम के लिए, जिसमें उसके माल का विज्ञापन दिया जाए प्रसारण-कर्ता और अभिनेताओं को धन का भुगतान करनेवाला व्यक्ति/कम्पनी इत्यादि।

प्रायोजन—[सं॰ प्र + आयोजन] *पु॰* विशेष आयोजन।

प्रायोज्य—[सं॰ प्र + अयोज्य] *वि॰* १. उपयोगी। २. जिसे प्रायोजित किया जाना हो। ३. प्रायोजित किए जाने के योग्य। *पु॰* नित्य/प्रायः काम में आनेवाली वस्तु/वस्तुएँ।

प्रायोपवेश/प्रायोपवेशन—[सं॰ प्राय ~ उपवेश/उपवेशन] *पु॰* अन्न-जल त्याग कर मरने को बैठना। आमरण अनशन।

प्रायोपवेशी—[सं॰ प्रायोपवेशिन्] *वि॰* आमरण अनशन करनेवाला।

प्रारक्षित—[सं॰ प्र + आरक्षित] *वि॰* जो किसी व्यक्ति/कार्य के लिए नियत/निर्दिष्ट किया गया हो। किसी कार्य के लिए रख छोड़ा गया। (विशेष उद्देश्य से) संरक्षित या सुरक्षित। ***जैसे***—प्रारक्षित मुद्रानिधि।

प्रारब्ध—[सं॰ प्र + आरब्ध] *वि॰* प्रारम्भ/शुरू किया हुआ। जिसका आरम्भ हो चुका हो। *पु॰* १. पूर्व जन्मों में या वर्तमान जीवन में किए गए कर्म जिनका फल भोगा जा रहा हो। २. उक्त कर्मों के फल का भोग। ३. भाग्य। तक़दीर। क़िस्मत।

प्रारम्भ (प्रारंभ)—[सं॰ प्र + आरम्भ] *पु॰* १. आरम्भ। शुरुआत। २. किसी कार्य या बात का आरम्भिक भाग। ⁘ **प्रारम्भक (प्रारंभक)**—*वि॰* = १. प्रारम्भ का। आरम्भिक। २. प्रारम्भ करने वाला। ⁘ **प्रारम्भक शब्द (प्रारंभक शब्द)**—*पु॰* = (भाषा॰) (अपनी आदत के अनुसार कुछ वक्ताओं के द्वारा) वाक्यों के आरम्भ में प्रयुक्त ऐसे शब्द जिनका वाक्य में कही बात से कोई सम्बन्ध नहीं होता (जैसे—अच्छा, अच्छा देखो, फिर बात यह है)।

प्रारम्भण (प्रारंभण)—[सं॰ प्र + आरम्भण] *पु॰* प्रारम्भ करना। शुरू करना।

प्रारूप—[< सं॰ प्ररूप] *पु॰* (किसी दस्तावेज़ का) मसौदा।

प्रारूपित—[< सं॰ प्र + रूपित] *वि॰* जिसमें समान प्रकार की वस्तुओं को एक वर्ग में रखा गया हो। जिसका वर्गीकरण किया गया हो। ⁘ **प्रारूपित काल-निर्धारण**—*पु॰* = (पुरा॰) किसी सभ्यता या

वस्तु की तिथि निश्चित करने की एक प्रणाली जिसमें एक ही प्रकार की तकनीकी अवस्था और स्वरूप की वस्तुएँ एक ही काल की मानी जाती है।

प्रार्थयिता—[सं॰ प्रार्थयितृ] *पु॰* प्रार्थना करनेवाला। प्रार्थी।

प्रार्थित—[सं॰ प्र √अर्थ् + क्त] *वि॰* जिस वस्तु/बात आदि के लिए प्रार्थना की गयी हो। जो माँगा गया हो। याचित।

प्रार्थी—[सं॰ प्रार्थिन्] *वि॰* १. प्रार्थना करनेवाला। २. माँगने वाला। याचक। ३. प्रार्थनापत्र देनेवाला। ४. चाहने वाला। इच्छुक। ६. (किसी पद/नौकरी के लिए) उम्मीदवार।

प्रार्थ्य—[सं॰ प्र + अर्थ्य] *वि॰* १. जिसके विषय में प्रार्थना की गयी हो या की जाने वाली हो। २. प्रार्थना/याचना के योग्य। याचनीय।

प्रालेय[१]—[सं॰ प्रलय + अण्] *वि॰* १. प्रलय-सम्बन्धी। प्रलय का। २. प्रलयकालीन।

प्रालेय[२]—[सं॰ प्र + आ √ली + यत्] *पु॰* १. हिम। बर्फ़। २. ओस या पाला। ✣ **प्रालेयपर्वत**—*पु॰* = हिमालय।

प्रालेयाद्रि—[सं॰ प्रालेय ~ अद्रि] *पु॰* हिमालय।

प्रावधान—[सं॰ प्र + अवधान] *पु॰* १. प्रबन्ध। व्यवस्था। तैयारी। २. भरण-पोषण की व्यवस्था। निर्वाह का इन्तज़ाम। ३. किसी कार्य के लिए की गयी विशेष व्यवस्था। ४. (कार्य विशेष के लिए) निर्दिष्ट या रखी गयी धनराशि/रक़म। (विधि॰) १. किसी क़ानून की धारा के अन्तर्गत कोई उपधारा। अनुबन्ध। २. किसी नियम के अन्तर्गत कोई उपनियम। ३. किसी प्रतिज्ञा-पत्र या इक़रार की शर्त। अनुबन्ध।

प्रावरण—[सं॰ प्र + आवरण] *पु॰* १. आवरण। २. ढक्कन। ४. ओढ़ने का वस्त्र। उत्तरीय या चादर। ✣ **प्रावरण-पत्र**—*पु॰* = दस्तावेज़ आदि के साथ लगा व्याख्यात्मक पत्र। संलग्न चिट्ठी (अं॰ कवरिंग लेटर) ✣ **प्रावरणी**—*स्त्री॰* = (चिकित्सा॰) माँसपेशी आदि को चारों ओर से घेरने वाला संयोजी ऊतक का आवरण। (अं॰ फैशिओ)

प्रावरणीय—[सं॰ प्र + आ √वृ + अनीयर्] *पु॰ वि॰* जिससे कुछ ढाँका जा सके या ढाँका गया हो। *पु॰* ओढ़ने का वस्त्र। उत्तरीय/दुपट्टा या चादर।

प्रावस्था—[सं॰ प्र + अवस्था] *स्त्री॰* १. अवस्था। दशा। स्थिति। २. परिवर्तन/विकास की कोई दशा, स्थिति या अवस्था जो किसी भौतिक विशेषता के कारण अन्य दशा, स्थिति या अवस्था से भिन्न हो। ✣ **प्रावस्था परिवर्तन**—*पु॰* (रसायन॰) पदार्थ का एक भौतिक दशा (ठोस, द्रव या गैस) से दूसरी दशा में परिवर्तन।

प्रावासिक—[सं॰ प्रवास + ठक्] *वि॰* १. प्रवास-सम्बन्धी। प्रवास/यात्रा का। २. प्रवास में होने वाला। प्रवासगत। ३. यात्रा के लिए उपयुक्त/उचित। यात्रा के योग्य।

***प्राविट**—[< सं॰ प्रावृट्] वर्षा ऋतु। पावस। बरसात।

प्राविधिक—[सं॰ प्रविधि + ठक्] *वि॰* १. किसी यंत्र/कला/शिल्प आदि से सम्बन्धित (कार्य विधि/प्रक्रिया आदि)। प्रविधि-सम्बन्धी। प्रविधि का (अं॰ टेक्निकल) २. प्रविधि युक्त। प्रविधिमय। प्रविधि वाला। तकनीकी। (विधि॰) प्रक्रिया-सम्बन्धी। **प्राविधिक शिक्षा**—*स्त्री॰* = किसी तकनीक या तकनीकी प्रक्रिया को सिखाना। तकनीकी शिक्षा।

प्रावीण्य—[सं॰ प्रवीण + ष्यञ्] *पु॰* प्रवीणता। निपुणता। पटुता। चतुराई।

प्रावृट—[सं॰ प्र + आ √वृष् + क] *स्त्री॰* वर्षा ऋतु। पावस। बरसात।

प्रावृत—[सं॰ प्र + आवृत] *वि॰* (विशेष रूप से) घिरा हुआ। *पु॰* ओढ़ने का वस्त्र। उत्तरीय। चादर।

प्रावेशिक—[सं॰ प्रवेश + ठञ्] *वि॰* १. प्रवेश-सम्बन्धी। २. जिसके द्वारा रंगशाला/भवन में प्रवेश मिले। प्रवेश का कारण/साधनभूत।

प्राश—[सं॰ प्र √अश् + घञ्] *पु॰* १. भोजन करना। २. चखना। ३. भोज्य पदार्थ। भोजन। ***जैसे***—च्यवनप्राश।

प्राशन—[सं॰ प्र + अशन + ल्युट्] *पु॰* १. भोजन करना। खाना। २. भोजन कराना। खिलाना। ३. भोज्य पदार्थ। भोजन।

प्राशी—[सं॰ प्र √अशु + णिनि] *वि॰* खानेवाला, चखनेवाला।

प्राश्निक—[सं॰ प्रश्न + ठक्] *पु॰* १. प्रश्न पूछनेवाला व्यक्ति। प्रश्नकर्ता। २. प्रश्नपत्र तैयार करनेवाला। परीक्षक। *वि॰* १. प्रश्न पूछनेवाला। २. जो प्रश्न के रूप में हो। ३. प्रश्न से सम्बन्धित। ४. जो अनेक प्रश्न पूछे। ५. पूछताछ करनेवाला। ६. (वह काग़ज़ आदि) जिस पर अनेक प्रश्न लिखे हुए हों।

प्राश्य—[सं॰ प्र √अश् + ण्यत्] *वि॰* १. खाए जाने के योग्य। भोज्य। २. चखने के योग्य।

प्रास—[सं॰ प्र √अस् + घञ्] *पु॰* १. फेंकने का कार्य। २. (प्राचीनकालीन) एक तरह का भाला। *३. (काव्य का) अनुप्रास अलंकार।

प्रासङ्ग (प्रासंग)—[सं॰ प्र √सञ्ज् + घञ्] *पु॰* १. तुला। तराज़ू। २. तराज़ू की डंडी। तुलादंड।

प्रासङ्गिक (प्रासंगिक)—[सं॰ प्रसङ्ग + ठक्] *वि॰* १. (किसी) प्रसंग से सम्बन्धित। प्रसंग का। २. चल रहे प्रसंग से सम्बन्धित। प्रस्तुत प्रसंग से सम्बद्ध। ३. किसी विषय/घटना/बात आदि से संगत। अवसर के अनुकूल। समयोचित। ४. जो प्रसंगवश आ गया हो। ५. जो संयोगवश हुआ हो या कहा गया हो। इत्तिफ़ाकिया। ६. किसी कहानी/उपाख्यान आदि के अन्दर घटित। ✣ **प्रासङ्गिक (प्रासंगिक) अर्थ**—*पु॰* = (कोश॰) १. (शब्द का) किसी विशेष सन्दर्भ में प्राप्त अर्थ। २. (शब्द का) किसी विशेष प्रयोग पर आधारित अर्थ जो सामान्य रूप से अप्रचलित हो। ✣ **प्रासङ्गिक (प्रासंगिक) कथा**—*स्त्री॰* (काव्य॰, नाट्य॰) महाकाव्य/नाटक में मुख्य/मूल कथा से भिन्न गौण कथा जो विशेष प्रसंगों में मुख्य कथा की सहायक होती है। ✣ **प्रासङ्गिक (प्रासंगिक) वक्रता**—*स्त्री॰* = (काव्य॰) प्रासंगिक या प्रस्तुत किए जाने के योग्य प्रसंगों की ऐसी योजना जो काव्य/नाटक के सौन्दर्य को बढ़ाए।

प्रासाद—[सं॰ प्र √सद् + घञ्] *पु॰* १. विशाल भवन। २. राजभवन। राजमहल। ३. देवमन्दिर। मन्दिर। ४. (बौद्ध मठ में) भिक्षुओं के एकत्रित होने का विशाल कक्ष।

प्रासादगर्भ—[सं॰ प्रासाद ~ गर्भ] *पु॰* राजभवन के अन्दर का शयनागार।

प्रासादतल—[सं॰ प्रासाद ~ तल] *पु॰* राजमहल की छत या फ़र्श।

प्रासादपृष्ठ—[सं॰ प्रासाद ~ पृष्ठ] *पु॰* राजमहल के ऊपर का छज्जा/बरामदा।

प्रासादशृङ्ग (प्रासादशृंग)—[सं॰ प्रासाद ~ शृङ्ग] *पु॰* भवन/राजमहल/मन्दिर का शिखर।

प्रासूतिक—[सं॰ प्रसूति + ठक्] *वि॰* प्रसूति-सम्बन्धी। ज़च्चा-सम्बन्धी।

प्रास्तारिक—[सं॰ प्रस्तार + ठक्] *वि॰* १. प्रस्तार-सम्बन्धी। प्रस्तार का। २. प्रस्तार में प्रयुक्त।

प्रास्ताविक—[सं॰ प्रस्ताव + ठक्] *वि॰* १. जो प्रस्ताव के रूप में हो। जो प्रस्ताव के रूप में काम आए। २. जो प्रस्तावना/भूमिका के रूप में हो। ३. आरम्भिक। ४. प्रस्तावना-सम्बन्धी। भूमिका-सम्बन्धी। ५. उचित समय/अवसर का। सामयिक। ६. प्रासंगिक।

प्रास्थगन—[सं॰ प्र + आ + स्थगन] *पु॰* (विधि॰) कुछ समय के लिए किसी क़ानून/नियम/अधिकार का प्रयोग न होने, स्थगित होने, प्रभावी न रहने, की स्थिति। अप्रयोगावस्था।

प्रास्थानिक—[सं॰ प्रस्थान + ठञ्] *वि॰* प्रस्थान-सम्बन्धी। प्रस्थान का। *पु॰* वह वस्तु जो यात्रा आरम्भ करते समय मंगलकारक/शुभ समझी जाती हो।

प्रास्थिति—[< सं॰ प्रस्थिति] *स्त्री॰* १. सामाजिक स्थिति। हैसियत। २. महत्त्व। ***जैसे***—वकीलों में उनकी प्रास्थिति अच्छी है। ३. (क़ानून की दृष्टि से) सम्बन्ध/रिश्ता या हैसियत। (अं॰ स्टेटस)

प्राहुण—[< सं॰ प्राघुण] *पु॰* अतिथि। पाहुना। मेहमान।

प्राह्ण (प्राह्न)—[सं॰ प्र + अहन्, टच्, न् → ण्] *पु॰* दिन का पूर्व भाग। दोपहर से पहले का समय। प्राह्न। ✣ **प्राह्न (प्राह्न)**—*पु॰* = प्राह्ण।

प्रिज़्म—[अं॰] *पु॰* (गणित॰) वह ठोस आकृति जिसके दोनों सिरे सर्वांगसम त्रिभुज, चतुर्भुज या बहुभुज हों जो समान्तर समतलों में स्थित हों। समपार्श्व।

प्रियंवद—[सं॰ प्रिय √वद् + खच्, मुम्] *वि॰* प्रिय बोलनेवाला। मधुरभाषी। ✣ **प्रियंवदा**—*स्त्री॰* प्रिय बोलनेवाली स्त्री। मधुरभाषिणी स्त्री। (छन्द॰) एक समवर्णिक छन्द जिसके प्रत्येक चरण में क्रमशः नगण, मगण, जगण और रगण (न म ज र) के योग से १२ वर्ण होते हैं और ४-४-४ पर यति होती है।

प्रियकाङ्क्षी (प्रियकांक्षी)—[सं॰ प्रियकाङ्क्षिन्] *वि॰* भला चाहनेवाला। हितैषी। ✣ **प्रियकाङ्क्षिणी (प्रियकांक्षिणी)**—*वि॰ (स्त्री॰)* = भला चाहनेवाली। हितैषिणी।

प्रियकारी—[सं॰ प्रिय ~ कारी (कारिन्)] *वि॰* १. भलाई करनेवाला। २. हितकारी। ✣ **प्रियकारिणी**—*वि॰ (स्त्री॰)*।

प्रियङ्कर (प्रियंकर)—[सं॰ प्रिय √कृ + खच्, मुम्] *वि॰* प्रिय करनेवाला। प्रियकार।

प्रियङ्गु (प्रियंगु)—[सं॰ प्रिय √गम् + डु, मुम्] *पु॰* १. १. एक सुन्दर लता जिसमें काले फूल आते हैं और बहुत अधिक फल आते हैं। २. उक्त लता का फल जो बहुत छोटा, हरे रंग का और गुच्छों में निकलनेवाला होता है, सुगन्धयुक्त होता है तथा पकने पर सफ़ेद और चमकीला हो जाता है।

प्रियच्छेद—[सं॰ प्रिय ~ छेद] *पु॰* प्रिय से विच्छेद। वियोग।

प्रियता—[सं॰ प्रिय + तल् + टाप्] *स्त्री॰* १. प्रिय होने की अवस्था/गुण/भाव। प्रेमत्व। ✣ **प्रियत्व**—*पु॰* = प्रियता।

प्रियदर्शन—[सं॰ प्रिय ~ दर्शन] *वि॰* सुन्दर। मनोहर।

प्रियदर्शी—[सं॰ प्रियदर्शिन्] *वि॰* सबको प्रेमपूर्वक देखनेवाला। ✣ **प्रियदर्शिनी**—*वि॰ (स्त्री॰)* = सबको प्रेमपूर्वक देखने वाली।

प्रियभाषी—[सं॰ प्रियभाषिन्] *वि॰* मीठा बोलनेवाला। मधुरभाषी। ✣ **प्रियभाषिणी**—*वि॰ (स्त्री॰)* = मीठा बोलनेवाली। मधुरभाषिणी।

प्रियवर—[सं॰ प्रिय ~ वर] *वि॰* प्रियों में श्रेष्ठ। बहुत प्यारा।

प्रिया—[सं॰ प्रिय + टाप्] *स्त्री॰* १. पत्नी। २. प्रेमिका। (छन्द॰) एक समवर्णिक छन्द जिसके प्रत्येक चरण में क्रमशः सगण, लघु और गुरु (स ल ग) के योग से ५ वर्ण होते हैं।

प्रियाप्रिय—[सं॰ प्रिय ~ अप्रिय] *पु॰* १. प्रिय और अप्रिय। २. हित और अहित। हिताहित। *वि॰* अच्छा-बुरा।

प्रियाल—[सं॰ प्रिय √अल् + अच्] *पु॰* पियार का पेड़। वह वृक्ष जिसके बीज 'चिरौंजी' कहे जाते हैं।

प्रियोक्ति—[सं॰ प्रिय ~ उक्ति] *स्त्री॰* १. मैत्री-सूचक कथन। २. प्रिय वचन। ३. चापलूसी की बात। ४. कटु सत्य का शिष्ट शब्दों में कथन। शिष्टोक्ति।

प्रीणन—[सं॰ √प्री + णिच्, नुक् + ल्युट्] *पु॰* १. प्रसन्न करना। २. तृप्त/सन्तुष्ट करना। ✣ **प्रीणित**—*वि॰* = १. प्रसन्न किया हुआ। २. तृप्त/सन्तुष्ट किया हुआ।

प्रीत[१]—[सं॰ √प्री + क्त] *वि॰* १. प्रसन्न। २. सन्तुष्ट। ३. प्रिय। प्यारा।

*__प्रीत__[२]—*स्त्री॰* ≤ *सं॰* प्रीति। ***वा॰* प्रीत मानना**—१. किसी का प्रेम देखकर उससे प्रेम करना। २. किसी के प्रेम के कारण उसकी बात मानना। ✣ **प्रीतड़ी**—*स्त्री॰* = प्रीति। प्रेम।

*__प्रीतम__—*पु॰, वि॰* ≤ *सं॰* प्रियतम।

प्रीति—[सं॰ √प्री + क्तिन्] *स्त्री॰* १. हर्ष। आनन्द। २. प्रेम। अनुराग। स्नेह। ३. अनुग्रह। कृपा। ४. मैत्री। ५. तृप्ति। तुष्टि।

प्रीति-खँभारि—[सं॰ प्रीति + हि॰ खँभारि] *स्त्री॰* १. प्रेम के कारण चिन्ता। २. प्रेम की खलबली।

प्रीतिदान/प्रीतिदाय—[सं॰ प्रीति ~ दान/दाय] *पु॰* प्रेमपूर्वक दी हुई वस्तु। प्रेमोपहार।

प्रीति-भोज—[सं॰] *पु॰* शुभ या विशेष अवसर पर किसी मांगलिक या कुटुम्बीजनों, मित्रों आदि को निमन्त्रित कर कराया जाने वाला भोजन। दावत।

प्रीत्यर्थ—[सं॰ प्रीति ~ अर्थ] *क्रिवि॰* १. (किसी की) प्रसन्नता के लिए। *जैसे*—तुम्हारे प्रीत्यर्थ यह लेख लिखा। २. प्रीति के कारण।

प्रेक्षक—[सं॰ प्र √ईक्ष् + ण्वुल्] *पु॰* १. देखनेवाला। दर्शक। द्रष्टा। किसी वस्तु/व्यक्ति/काम/बात को विशेष उद्देश्य से ध्यानपूर्वक देखनेवाला। *जैसे*—निर्वाचन के लिए नियुक्त प्रेक्षक।

प्रेक्षण—[सं॰ प्र √ईक्ष् + ल्युट्] *पु॰* १. देखने की क्रिया/भाव। २. किसी वस्तु/व्यक्ति/काम/बात को विशेष उद्देश्य से ध्यापूर्वक देखना। *जैसे*—ज्योतिषी द्वारा नक्षत्रों का प्रेक्षण।

प्रेक्षा—[सं॰ प्र √ईक्ष् + अ + टाप्] *स्त्री॰* १. देखना। २. दृष्टि। निगाह। ३. (सार्वजनिक) नाटक, अभिनय, नाच, तमाशा या स्वाँग आदि देखना। ४. नाटक, अभिनय, नाच, तमाशा या स्वाँग आदि का सार्वजनिक आयोजन। ५. प्रज्ञा। बुद्धि। ६. किसी विषय के गुण-दोष का विचार।

प्रेक्षागार/प्रेक्षागृह/प्रेक्षास्थान—[सं॰ प्रेक्षा ~ आगार/गृह/स्थान] *पु॰* वह भवन आदि जहाँ नाटक खेला जाए और दर्शक बैठकर देखें। रंगशाला। नाट्यशाला।

प्रेक्षा-समाज—[सं॰] *पु॰* दर्शकगण।

प्रेक्षाध्यान—[सं॰ प्रेक्षा ~ ध्यान] *पु॰* (जैन॰) ध्यान की एक विशेष पद्धति।

प्रेक्षित—[सं॰ प्र √ईक्ष् + क्त] *वि॰* जिसका प्रेक्षण हुआ हो। जो देखा गया हो।

प्रेक्ष्य—[सं॰ प्र √ईक्ष् + ण्यत्] *वि॰* प्रेक्षणीय।

प्रेत—[सं॰ प्र √इ + क्त] *वि॰* मरा हुआ। मृत। *पु॰* १. मृत व्यक्ति का शरीर। शव। लाश। २. मृत व्यक्ति की आत्मा की वह अवस्था जो मरणोत्तर कृत्य किए जाने तक रहती है। ३. मृत व्यक्ति की आत्मा का सूक्ष्म शरीर के साथ एक विशेष योनि में, गन्दे स्थानों में रहने और घृणित कार्य करनेवाला, भटकता हुआ, भयानक रूप। भूत।

प्रेतकर्म—[सं॰ प्रेत ~ कर्म (कर्मन्)] *पु॰* मृतक के लिए अनेक दिनों तक किए जाने वाले अन्त्येष्टि, अस्थि-चयन, भस्मप्रवाह, दान इत्यादि विविध कृत्य। प्रेतकार्य। प्रेतकृत्य।

प्रेतकाय—[सं॰ प्रेत ~ काय] *पु॰* शव। लाश।

प्रेतकार्य/प्रेतकृत्य—[सं॰ प्रेत ~ कार्य/कृत्य] *पु॰* प्रेतकर्म।

प्रेतगृह/प्रेतगेह—[सं॰ प्रेत ~ गृह, सं॰ प्रेत + हिं॰ गेह] *पु॰* श्मशान। मरघट।

प्रेतचारी—[सं॰ प्रेतचारिन्] *पु॰* शिव। महादेव।

प्रेततर्पण—[सं॰ प्रेत ~ तर्पण] *पु॰* मृतक के लिए उसके दाह-कर्म के बाद से लेकर वर्ष-भर प्रयाग, गया आदि कुछ विशिष्ट स्थानों में किया जाने वाला जल से तर्पण।

प्रेतता—[सं॰ प्रेत + तल् + टाप्] *स्त्री॰* प्रेत होने की अवस्था/गुण/भाव। प्रेतत्व। ✣ **प्रेतत्व**—*पु॰* = प्रेतता।

प्रेतदाह—[सं॰ प्रेत ~ दाह] *स्त्री॰* शव को जलाने की क्रिया। शव-दाह।

प्रेतनाथ—[सं॰ प्रेत ~ नाथ] *पु॰* १. (प्रेतों का स्वामी) यमराज। २. शिव। महादेव।

प्रेतपति—[सं॰ प्रेत ~ पति] *पु॰* १. (प्रेतों का स्वामी) यमराज। २. शिव। महादेव।

प्रेतपुर—[सं॰ प्रेत ~ पुर] *पु॰* यमलोक। यमपुरी।

प्रेतपुरी—[सं॰ प्रेत ~ पुरी] *स्त्री॰* यमलोक। यमपुरी।

प्रेतभाव—[सं॰ प्रेत ~ भाव] *पु॰* १. मृत्यु। २. मरणोत्तर अवस्था। प्रेतता। ३. प्रेतयोनि का जीवन।

प्रेतभूमि—[सं॰ प्रेत ~ भूमि] *स्त्री॰* १. श्मशान। मरघट। २. क़ब्रिस्तान।

प्रेतराज—[सं॰ प्रेत ~ राज] *पु॰* १. (प्रेतों का स्वामी) यमराज। २. शिव। महादेव।

प्रेतवधू—[सं॰ प्रेत ~ वधू] *स्त्री॰* प्रेतयोनि में स्थित प्रेत की पत्नी। प्रेतनी।

प्रेतवाहित—[सं॰ प्रेत ~ वाहित] *वि॰* जो प्रेत/भूत से आविष्ट हो। जिस पर भूत-प्रेत आया हुआ हो। भूताविष्ट।

प्रेतविधि—[सं॰ प्रेत ~ विधि] *स्त्री॰* १. मृतक-संस्कार। अन्त्येष्टि। २. अन्त्येष्टि आदि विविध मरणोत्तर कृत्य।

प्रेतशिला—[सं॰ प्रेत ~ शिला] *स्त्री॰* तीर्थ स्थान 'गया' की एक पहाड़ी जिस पर पिंडदान करने से मृतक की आत्मा प्रेतयोनि से छुटकारा पाती है।

प्रेतशुद्धि (प्रेतशुद्धि)—[सं॰ प्रेत ~ शुद्धि] *स्त्री॰* १. किसी मृत परिवार-जन या निकट सम्बन्धी के मरण से हुए सूतक/अपवित्रता को दूर करना। २. अन्त्येष्टि से दसवें या तेरहवीं तक के सब संस्कार (करना/होना)।

प्रेतश्राद्ध (प्रेतश्राद्ध)—[सं॰ प्रेत ~ श्राद्ध] *पु॰* मरने की तिथि से एक वर्ष तक मृतक के लिए किए जाने वाले १६ श्राद्ध।

प्रेता—[सं॰ प्रेत + टाप्] *स्त्री॰* स्त्री प्रेत। प्रेतनी। भूतनी।

प्रेतात्मक—[सं॰ प्रेत ~ आत्मक] *वि॰* प्रेतात्मा-सम्बन्धी। प्रेतात्मा का।

प्रेतात्मवाद—[सं॰ प्रेतात्मन् ~ वाद] *पु॰* यह मत कि मरने के बाद आत्माओं का अस्तित्व रहता है और उनसे सम्पर्क स्थापित कर बातचीत आदि करना सम्भव है। ✣ **प्रेतात्मवादी**—*पु॰* = १. प्रेतात्मवाद में विश्वास करनेवाला व्यक्ति। २. मृत व्यक्तियों की आत्माओं से सम्पर्क स्थापित कर बातचीत आदि करनेवाला व्यक्ति।

प्रेताधिप—[सं॰ प्रेत ~ अधिप] *पु॰* १. यमराज। २. शिव। महादेव।

प्रेतान्न—[सं॰ प्रेत ~ अन्न] *पु॰* प्रेतों को अर्पित किया जाने वाला अन्न।

प्रेतावास—[सं॰ प्रेत ~ आवास] *पु॰* १. प्रेतों के रहने का स्थान। २. श्मशान/मरघट या क़ब्रिस्तान।

प्रेताशौच—[सं॰ प्रेत ~ अशौच] *पु॰* मृत्यु के कारण होनेवाली अपवित्रता। मृत्यु-जन्य सूतक।

प्रेतास्थि—[सं॰ प्रेत ~ अस्थि] *स्त्री॰* मुर्दे की हड्डियाँ। शव की अस्थियाँ। शवास्थि।

प्रेतास्थिधारी—[स॰ प्रेतास्थिधारिन्] *वि॰* मुर्दों की हड्डियों को पहननेवाला। *पु॰* शिव। महादेव। ✣ **प्रेतास्थिधारिणी**—*वि॰ (स्त्री॰)* = मुर्दों की हड्डियों को धारण करनेवाली। *स्त्री॰* = काली देवी।

प्रेती—[< स॰ प्रेत] *पु॰* प्रेतात्माओं की पूजा करके भूत-प्रेतों को सिद्ध करने तथा उनसे विविध काम करानेवाला व्यक्ति। भूत-प्रेत-सिद्ध व्यक्ति। प्रेत-पूजक ओझा।

प्रेतेश/प्रेतेश्वर—[स॰ प्रेत ~ ईश/ईश्वर] *पु॰* १. (प्रेतों का स्वामी)। यमराज। २. शिव। महादेव।

प्रेतोन्माद—[स॰ प्रेत ~ उन्माद] *पु॰* (किसी व्यक्ति का) भूत-प्रेत-बाधा के कारण होनेवाला असाधारण आचरण या पागलपन। भूत के आवेश के कारण होनेवाला उन्माद।

प्रेमगर्विता—[स॰ प्रेम ~ गर्विता] *वि॰ (स्त्री॰)* जो प्रेम की अधिकता पर गर्व करती हो। *स्त्री॰* (काव्य॰) गर्विता नायिका का एक प्रकार। अपने प्रिय के प्रेम पर गर्व करनेवाली नायिका।

प्रेम-पुत्तलिका—[स॰] *स्त्री॰* १. प्रेम की पुतली। पूर्णतः प्रेममयी स्त्री। २. प्रेममयी पत्नी। ३. प्रेममयी नायिका।

प्रेमपुरःसर—[स॰ प्रेम ~ पुरःसर] *वि॰* प्रेम के साथ। प्रेमपूर्वक।

प्रेम-पुलक—[स॰] *पु॰* प्रेम के आवेग के कारण होनेवाला रोमांच।

प्रेमलक्षणा—[स॰ प्रेम ~ लक्षण + टाप्] *वि॰ (स्त्री॰)* जिसमें प्रेम की प्रधानता हो, विधि, ज्ञान, मर्यादा इत्यादि की नहीं।

प्रेमलक्षणा भक्ति—[स॰] *स्त्री॰* प्रेम की प्रधानता वाली भक्ति। रागानुगा भक्ति।

प्रेमा—[< स॰ प्रेमन्] *पु॰* १. प्रेम। २. प्रेमी।

प्रेमाख्यान—[स॰ प्रेम ~ आख्यान] *पु॰* प्रेम-कहानी। प्रेम-कथा। ✣ **प्रेमाख्यान काव्य**—*पु॰* = प्रेम-कथा पर आधारित काव्य।

प्रेमाचार्य—[स॰ प्रेम (प्रेमन्) ~ आचार्य] *पु॰* प्रेम का दार्शनिक विवेचक आचार्य। ***जैसे***—नारद और शांडिल्य प्राचीन प्रेमाचार्य हैं।

प्रेमातुर—[स॰ प्रेम ~ आतुर] *वि॰* प्रेम के कारण व्याकुल। प्रेम-पीड़ित। ***जैसे***—प्रेमातुर गोपियाँ।

प्रेमालाप—[स॰ प्रेम ~ आलाप] *पु॰* १. प्रेमपूर्वक होनेवाली बातचीत। २. प्रेमी-प्रेमिका की परस्पर प्रेमपूर्ण बातचीत।

प्रेमाश्रयी—[स॰ प्रेम ~ आश्रयी] *वि॰ (स्त्री॰)* १. प्रेम का आश्रय लेनेवाली। २. परमात्मा को पाने के लिए प्रेम को ही साधन माननेवाली

प्रेमाश्रु—[स॰ प्रेम ~ अश्रु] *पु॰* प्रेम की अधिकता के कारण निकलनेवाले आँसू। प्रेम के आँसू।

प्रेमास्पद—[स॰ प्रेम ~ आस्पद] *पु॰* प्रेम का पात्र। श्रिय।

प्रेमिक—[< स॰ प्रेमी] *वि॰* प्रेमपूर्ण। *पु॰* प्रेमी। ✣ **प्रेमिका**—*स्त्री॰* = प्रिया।

प्रेमैकलभ्य—[स॰ प्रेम ~ एक ~ लभ्य] *वि॰* जो प्रेम से ही प्राप्त हो सकता है।

प्रेमोच्छ्वास—[स॰ प्रेम ~ उच्छ्वास] *पु॰* वियोग आदि की अवस्था में प्रेम की वेदना या चिन्ता आदि के कारण निकली गहरी साँस।

प्रेय—[< स॰ प्रेयस्] *वि॰* अति प्रिय। विशेष प्रिय। *पु॰* १. विशेष प्रिय व्यक्ति। २. पति। ३. (स्त्री का) प्रेमी। ४. सांसारिक सुखों की कामना। ✣ **प्रेयवाद**—*पु॰* = सुखवाद। भोगवाद।

प्रेयसी—[स॰ प्रेयस् + ङीप्] *स्त्री॰* १. पत्नी। २. प्रिया। प्रेमिका।

प्रेरक—[स॰ प्र √ईर् + णिच् + ण्वुल्] *वि॰* १. प्रेरणा देनेवाला। २. प्रेरित करनेवाला।

प्रेरण—[स॰ प्र √ईर्? + णिच् + ल्युट्] *पु॰* १. किसी को किसी कार्य में प्रवृत्त करना। प्रेरित करना। प्रेरणा देना। २. उत्तेजित करना। ३. किसी को कोई कार्य करने के लिए बहुत उत्साहित करना। ४. भेजना। ५. उत्तेजना। आवेग। (चिकित्सा॰) कुछ आरम्भ करने की क्रिया। ***जैसे***—रक्तस्राव-प्रेरण।

प्रेरणा—[स॰ प्र √ईर् + णिच् + युच् + टाप्] *स्त्री॰* १. (किसी को किसी कार्य में) प्रवृत्त करने की क्रिया/भाव। प्रेरण। २. उत्तेजन। उकसाव। ३. प्रोत्साहन। ४. मन की तरंग। उमंग। (अर्थ॰) श्रमिकों, कर्मचारियों आदि को अधिक उत्पादन करने के लिए प्रेरित करनेवाली युक्ति। बढ़ावा।

प्रेरयिता—[स॰ प्रेरयितृ] *वि॰* प्रेरक। ✣ **प्रेरयित्री**—*वि॰ (स्त्री॰)*।

प्रेरित—[स॰ प्र √ईर् + णिच् + क्त] *वि॰* १. (किसी कार्य में) प्रवृत्त किया हुआ। २. जिसे प्रेरणा मिली हो या दी गयी हो। ३. जो उत्साहित किया गया हो या हुआ हो। ४. भेजा हुआ। प्रेषित।

प्रेषक—[स॰ प्र √ईष् + णिच् + ण्वुल्] *पु॰* भेजनेवाला। ∇ **विलोम**—प्रापक।

प्रेषण—[स॰ प्र √ईष् + णिच् + ल्युट्] *पु॰* भेजना। ***जैसे***—पत्र-प्रेषण। (पत्र॰) समाचारपत्र के कार्यालय में किसी भी विधि से समाचार भेजना।

प्रेषितव्य—[स॰ प्र √ईष् + णिच् + तव्यत्] १. जो भेजे जाने योग्य हो। जो भेजा जा सके। २. जो भेजा जाने वाला हो।

प्रेषिती—[< स॰ प्रेषित] *पु॰* (पत्र आदि) जिसके नाम भेजा गया हो।

प्रेष्य—[स॰ प्र √ईष् + णिच् + ण्यत्] *वि॰* १. जो भेजे जाने योग्य हो। जो भेजा जा सकता हो। २. जो भेजा जाने वाला हो। *पु॰* १. अनुचर। सेवक। नौकर। २. दूत।

प्रेस—[अ॰] *पु॰* १. वस्तुओं को दबाने का उपकरण। २. कपड़ों पर इस्त्री करने का उपकरण। ३. छपाई की मशीन। मुद्रणयन्त्र। ४. मुद्रणालय। छापाख़ाना। ५. प्रकाशन-संस्थान। ६. समाचारपत्र, पत्रिकाएँ, रेडियो और दूरदर्शन के समाचार प्रसारित करनेवाले अंग, संवाददाता और छायाकार (फ़ोटोग्राफ़र), जो उनके लिए काम करते हैं। सूचना-कार्य से सम्बद्ध सभी तन्त्र। ***वा॰*** **प्रेस के भूत**—छपाई की त्रुटियाँ। (अ॰ प्रिन्टर्स डेविल) **(किसी वस्तु का) प्रेस में होना**—छप रहा होना। मुद्रणाधीन होना। ✣ **प्रेस अधिनियम**—*पु॰* = मुद्रकों, प्रकाशकों तथा समाचार-पत्रों, पत्रिकाओं आदि के अधिकारों और उनकी सीमाओं के विषय में लागू क़ानून।

प्रोक्त—[स॰ प्र + उक्त] *वि॰* कहा हुआ। कथित।

प्रोक्ति—[स॰ प्र + उक्ति] *पु॰* कही हुई बात। *स्त्री॰* (भाषा॰) वाक्य से बड़ी इकाई या वाक्य-समूह जो परस्पर सन्दर्भ-संकेतों से जुड़ा हुआ हो।

प्रोक्षण—[स॰ प्र √उक्ष् + ल्युट्] *पु॰* जल छिड़ककर पवित्र करना। मार्जन। **जैसे**—प्रोक्षण करते समय बोला जाने वाला मन्त्र।

प्रोज्ज्वल—[स॰ प्र + उज्ज्वल] *वि॰* अत्यन्त उज्ज्वल।

प्रोटोकाल—[< फ्रा॰ प्रोतोकोल] *पु॰* (राज॰) १. राजनायिक प्रतिनिधियों के साथ किए जाने वाले औपचारिक व्यवहार की रीतियाँ। नयाचार। २.वह हस्ताक्षरित लेख-पत्र जिसमें अन्तिम सन्धि होने से पहले वे सब बातें लिखी होती हैं जिन पर सम्बद्ध पक्ष सहमत हो चुके हैं।

प्रोटोज़ोआ—[अ॰] *पु॰* (प्राणि॰) एक कोशिका वाले सभी जन्तुओं (अमीबा, मलेरिया परजीवी आदि) का वर्ग। एककोशिक। प्रजीवाणु।

प्रोत—[स॰ प्र √वे + क्त, सम्प्रसारण] *वि॰* १. किसी में या किसी के साथ भली प्रकार मिला हुआ। २. पिरोया हुआ। ३. गुँथा/बिंधा हुआ। ४. सिला हुआ या टाँका लगा हुआ। ३. जड़ा हुआ। ४. लम्बा/सीधा फैला हुआ।

प्रोत्तेजन—[स॰ प्र + उत्तेजन] *वि॰* १. तीव्र उत्तेजन। २. तीव्र उत्तेजना उत्पन्न करना।

प्रोत्फुल्ल—[स॰ प्र + उत्फुल्ल] *वि॰* १. अच्छी तरह खिला हुआ। पूर्ण विकसित। २. अति प्रसन्न। बहुत हर्षित।

प्रोत्साह—[स॰ प्र + उत्साह] *पु॰* बहुत उत्साह। उमंग/जोश।

प्रोत्साहन—[स॰ प्र + उत्साहन] *पु॰* १. उत्साह बढ़ाना। २. उत्साह बढ़ाने के लिए कही जाने वाली बात। ३. किसी कार्य में प्रवृत्त करने के लिए बढ़ावा देना। उत्तेजन। उकसाना।

प्रोद्घोषण—[स॰ प्र + उद्घोषण] *पु॰* १. उच्च स्वर में बोलना। २. उच्च स्वर में घोषित करना। ✣ **प्रोद्घोषणा**—*स्त्री॰*।

प्रोद्भूत—[स॰ प्र + उद्भूत] *वि॰* १. उपचित। संचित। २. प्रोद्भूति के रूप में प्राप्त।

प्रोद्भूति—[स॰ प्र + उद्भूति] *स्त्री॰* १. उपचय। संचय। २. (किसी को) स्वाभाविक विकास या लाभ के रूप में मिला हुआ। ३. अनुवृद्धि, लाभ या ब्याज के रूप में आया हुआ। ४. किसी दावे के रूप में प्राप्त। (अ॰ अक्रुअल)

प्रोन्नत—[स॰ प्र + उन्नत] *पु॰* १. बहुत अधिक ऊँचा। २. बढ़ा-चढ़ा। ३. जिसकी पदोन्नति/प्रोन्नति हुई हो।

प्रोन्नति—[स॰ प्र + उन्नति] *स्त्री॰* पद-सम्बन्धी उन्नति। पदोन्नति। तरक़्क़ी।

प्रोबेशन—[अ॰] *पु॰* परिवीक्षा। परख।

प्रोषित—[स॰ प्र √वस् + क्त, इट्, सम्प्रसारण] अपने घर से दूर गया हुआ। विदेश/परदेश गया हुआ। प्रवासी। ✣ **प्रोषितनायिका**—*स्त्री॰* = (काव्य॰) वह नायिका जिसका पति विदेश/परदेश गया हुआ हो। ✣ **प्रोषितपतिका/प्रोषितभर्तृका**—*स्त्री॰* = वह स्त्री जिसका पति विदेश/परदेश गया हुआ हो।

प्रौढ़—[प्रौढ < स॰ (प्र √वह् + क्त, सम्प्रसारण, वृद्धि)] *वि॰* १. पूर्ण वृद्धि को प्राप्त। पूरी तरह बढ़ा हुआ। **जैसे**—प्रौढ़ वटवृक्ष। २. जिसकी युवावस्था समाप्ति पर हो। ३. (विद्वान्) जिसमें पारंगतता/पूर्णता आ गयी हो। **जैसे**—शास्त्रों का प्रौढ़ पंडित। ४. परिपक्व। पक्का। दृढ़। मजबूत। ५. वयस्क। ✣ **प्रौढ़ता**—*स्त्री॰* = १. प्रौढ़ होने की अवस्था/गुण/भाव। २. प्रौढ़ उम्र। ३. परिपक्वता। ✣ **प्रौढ़त्व**—*पु॰* = प्रौढ़ता। ✣ **प्रौढ़ नदी**—*स्त्री॰* = (भूविज्ञान॰) अत्यन्त मन्द वेग की अवस्था को प्राप्त नदी। ✣ **प्रौढ़ शिक्षा**—*स्त्री॰* = विद्यालयी शिक्षा की सामान्य उम्र से अधिक उम्र वाले लोगों को साक्षर बनाना तथा नागरिकता के विषय में ज्ञान देना।

प्रौढ़ोक्ति—[< हि॰ प्रौढ़ + स॰ उक्ति] *स्त्री॰* अतिरंजित कथन। (काव्य॰) एक अर्थालंकार। जो उत्कर्ष का कारण न हो, उसे उत्कर्ष का कारण बताने में होनेवाला अलंकार। किसी कार्य के अयोग्य पदार्थ को उसके योग्य कह देना।

प्रौद्योगिक (प्रौद्योगिक)—[स॰ प्र + औद्योगिक] *वि॰* औद्योगिक उत्पादन के विज्ञान से सम्बन्धित। उद्योगविज्ञान/प्रौद्योगिकी का। (अ॰ टेक्नोलॉजिकल)

प्रौद्योगिकी (प्रौद्योगिकी)—[< स॰ प्रौद्योगिक] *स्त्री॰* औद्योगिक उत्पादन का विज्ञान। उद्योगविज्ञान। औद्योगिकी। (अ॰ टेक्नोलाजि)

प्लक्ष—[स॰ √प्लक्ष् + घञ्] *पु॰* १. वट वृक्ष। बरगद का पेड़। २. पाकर/पाकड़ का पेड़। ३. पुराणों में वर्णित सात द्वीपों (महाद्वीपों) में से एक।

प्लव—[स॰ √प्लु + अच्] *पु॰* १. तैरना। उतराना। २. नदी की बाढ़। ३. छलाँग। कुलाँच। फलाँग। ४. छोटी नाव। ५. साठ संवत्सरों के चक्र में से पैंतीसवाँ संवत्सर।। ६. शब्द। आवाज़। ७. वट वृक्ष। बरगद का पेड़।

प्लवक[१]—[स॰ प्लव + कन्] *पु॰* १. कूदने वाला व्यक्ति। २. रस्से पर नृत्य करनेवाला नट। ३. मेंढक। ४. बन्दर। ५. पाकर/पाकड़ वृक्ष।

प्लवक[२]—[< स॰ प्लावक] *वि॰* तैरनेवाला। तैराक।

प्लवग—[स॰ प्लव √गम् + ड] *वि॰* १. उछलने-कूदने वाला। २. तैरनेवाला। *पु॰* १. मेंढक। २. बन्दर। ३. मृग। हिरन। ४. शिरीष/सिरस का पेड़।

प्लवङ्ग (प्लवंग)—[स॰ प्लव् √गम् + खच्, डित् टि-लोप, मुम्] *पु॰* १. वानर। बन्दर। २. मृग। हिरन। ३. पाकर/पाकड़ का पेड़। ४. साठ संवत्सरों के चक्र में से इकतालीसवाँ संवत्सर।

प्लवङ्गम (प्लवंगम)—[स॰ प्लव √गम् + खच्, मुम्] *पु॰* १. वानर। २. मेंढक। (छन्द॰) एक सममात्रिक छन्द जिसके प्रत्येक चरण में २१ मात्राएँ होती हैं, ८-१३ पर या ११-१० पर यति होती है तथा प्रत्येक चरण के आदि में गुरु और अन्त में क्रमशः लघु-गुरु होते हैं।

प्लवन—[स॰ √प्लु + ल्युट्] *पु॰* १. तैरना। २. स्नान। ३. बाढ़। ४. उछलना। ५. कूदना। उछाल। छलाँग। ६. ढाल। उतार।

प्लाज़्मा—[अं॰] *पु॰* (प्राणि॰) रुधिर, लसीका आदि का तरल भाग जिसमें कणिकाएँ तैरती हैं। जीवद्रव्य।

प्लाज़्मा कला—[अ॰ प्लाज़्मा + स॰ कला] *स्त्री॰* (प्राणि॰) कोशिकाभित्ति।

प्लाज़्मा जीन—[अ॰] *पु॰* (प्राणि॰) आनुवंशिकता की कोशिका-द्रव्य से बनी इकाई।

प्लाव—[स॰ √प्लु + घञ्] १. (जल की) बाढ़। २. डुबकी। ग़ोता। ३. उछाल।

प्लावन—[स॰ √प्लु + णिच् + ल्युट्] *पु॰* १. (जल की) बाढ़। २. जल-प्रलय। ३.स्नान। ४. ऊपर फेंकना। उछालना। ५. तैरना।

प्लाव्य—[स॰ √प्लु + णिच् + यत्] *वि॰* १. जल में डुबाए जाने के योग्य। २. जिसे जल में डुबाया जाना हो। ३. बाढ़ में बहने के योग्य। ४. जिसे बाढ़ में बहाया जाना हो।

प्लीहा—[स॰ प्लीहन्] १. (मानव-शरीर आदि में) बाएँ भाग की पसलियों के नीचे शरीर का एक अंग विशेष। तिल्ली। ✣ **प्लीहा-वृद्धि (वृद्धि)**—*स्त्री॰* = तिल्ली बढ़ने का रोग जिसमें पेट के बाएँ भाग में पत्थर जैसा रखा प्रतीत होता है। तिल्ली बढ़ना।

प्लुत—[स॰ √प्लु + क्त] *वि॰* १. उतरता/तैरता हुआ। २. उछला हुआ। ३. डूबा हुआ। ४. जल आदि से व्याप्त। (व्या॰) तीन मात्राओं वाला (स्वर)। *पु॰* (व्या॰) स्वर का एक प्रकार जो समय की तीन मात्राओं में उच्चारित होता है। ✣ **प्लुतगति**—*पु॰* = शशक, ख़रगोश। *स्त्री॰* = उछलते हुए चलना। *वि॰* उछलते हुए चलनेवाला (प्राणी)।

प्लुति—[स॰ √पलु + क्तिन्] *स्त्री॰* १. (जल की) बाढ़। प्लावन। २. छलाँग। फलाँग। उछाल। ३. घोड़े की एक विशेष चाल। सरपट चाल। (व्या॰) किसी वर्ण का प्लुत उच्चारण।

प्लूरिसी—[< अ॰ प्लुरिसि] *स्त्री॰* एक गम्भीर रोग। फेफड़े की झिल्ली की सूजन। फुप्फुसावरण-शोथ।

फ

देवनागरी वर्णमाला में पवर्ग का दूसरा व्यंजन। (भाषाविज्ञान की दृष्टि से) यह द्वयोष्ठ्य, स्पर्श, अघोष और महाप्राण ध्वनि है। ● विशेष—१. 'फ' का अल्पप्राण वर्ण 'प' है। २. स्वर-रहित 'फ' अर्थात् 'फ्' का प्रयोग मानक हिन्दी में किसी शब्द के आदि/मध्य/अन्त में प्रायः नहीं है। इस कारण इसका किसी व्यंजन वर्ण से संयुक्त रूप अर्थात् व्यंजन-गुच्छ नहीं बनता। **३.** फ़ारसी, अँग्रेज़ी आदि के कुछ शब्दों के साथ हिन्दी में आगत 'फ़' और 'फ' वर्णों की समानता तथा अन्तर ध्यान देने योग्य हैं। **'फ़' अघोष, दन्त्योष्ठ्य और संघर्षी व्यंजन है। ४.** 'फ़' की 'फ' से बहुत समानता होने के कारण अनेक हिन्दीभाषी 'फ़' के स्थान पर 'फ' और 'फ' के स्थान पर 'फ़' का प्रयोग कर देते हैं (जैसे—'साफ़' को 'साफ' या 'सफ़र' को 'सफर' कहना और 'फल' को 'फ़ल' या 'फाटक' को 'फ़ाटक' कहना)। बहुत बार इसका कारण अज्ञान होता है। ५. 'फ़' का स्वररहित प्रयोग भी होता है अर्थात् 'फ़्' के अनेक व्यंजन-गुच्छ भी बनते हैं और पहले आने पर उसका रूप 'फ़्' रहता है। फ़् का ज़, ट, त, र और ल से संयोग होने पर क्रमशः 'फ़्ज़, फ़्ट, फ़्त, फ़्र, फ़्ल' रूप बनते हैं, (लफ़्ज़, लिफ़्ट, मुफ़्त, दफ़्तर, फ़्रान्स, तिफ़्ल)। 'फ़' से पहले आकर मिलनेवाली क़्, त्, र् और ल् ध्वनियों के संयुक्त रूप क्रमशः 'क़्फ़, त्फ़, र्फ़, ल्फ़' बनते हैं ***जैसे***—(वक़्फ़, लुत्फ़, बर्फ़, सुल्फ़ा)। 'फ़' का द्वित्व भी होता है जिसमें 'फ़्फ़' रूप बनता है (ग़फ़्फ़ार, लफ़्फ़ाज़)। ६. 'फ़्' और 'र' के संयुक्त रूप **'फ़्र'** (फ़्रिज, कुफ़्र) तपा 'र्' और 'फ़' के संयुक्त रूप **'र्फ़'** का अन्तर ध्यान देने योग्य है। ७. 'फ़्' (= फ़्) वाले शब्दों को 'फ/फ़' बनाकर बोलने की प्रवृत्ति भी सामान्य जनता में है। ***जैसे***—मुफ़्त→मुफ़त या मुफत; दफ़्तर→दफ़तर या दफतर। **७. प्रस्तुत शब्दकोश में 'फ़' को 'फ' के अन्तर्गत और लगभग समतुल्य ही रखा गया है परन्तु शब्दों में 'फ' ओर 'फ़' के कारण अर्थ-भेद होने पर 'फ' को 'फ़' से पहले स्थान दिया गया है ('कफ' के बाद 'कफ़'; 'फन' के बाद 'फ़न')।**

फ—[√फक्क् + ड] *पु॰* १. रूखी वाणी/बात। २. व्यर्थ की बातें। बकबक। ३. फूत्कार। फूँक। ४. सर्प की फुंकार। ५. झंझावात। ६. सफलता। ७. जमुहाई। जँभाई। ८. उष्णता। गर्मी। ९. उन्नति।

फ़क़—[अरबी] *वि॰* १. रंगत उड़ा हुआ (मुख)। विवर्ण। २. स्वच्छ। ३. सफ़ेद। ***वा॰* चेहरा फ़क़ पड़ना**—१. घबरा जाना। २. भय/लज्जा से स्तब्ध रह जाना।

फ़क़त—[अरबी] *क्रिवि॰* १. केवल। सिर्फ़। २. बस इतना ही। इति।

***फकरना**—[< हि॰ फेकरना] *क्रिअ॰* चिल्ला-चिल्लाकर अप्रिय ध्वनि करना। फेकरना।

फ़क़ीर—[अरबी] *पु॰* १. भीख माँगनेवाला। भिखारी। २. सन्त। ३. सन्यासी। ४. भिक्षु। ५. अति निर्धन व्यक्ति। कंगाल। ✣ **फ़कीरी/फ़क़ीरी**—*स्त्री॰* = १. फ़क़ीर होने की अवस्था/भाव। फ़कीरपन। २. निर्धनता। कंगाली। ३. साधुता। सन्तपन। ४. साधु/सन्यासी का जीवन। *वि॰* फ़क़ीर-सम्बन्धी। फ़क़ीर का।

फक्क—*वि॰* ≤ अरबी फ़क़। विवर्ण (मुख)।

फक्किका—[स॰ √फक्क् + ण्वुल् + टाप्] *स्त्री॰* शास्त्रार्थ में दुरूह स्थल को स्पष्ट करने के लिए पूर्वपक्ष के रूप में कही गयी बात।

फ़ख़्र—[अरबी] *पु॰* १. गौरव। २. अभिमान। गर्व।

***फग**—[< हि॰ फङ्ग] *पु॰* १. फन्दा। जाल। २. बन्धन। ३. प्रेम का बन्धन। ४. अधीनता। ५. छल। कपट।

फगुहरा/फगुहारा—[< हि॰ फगुआ] *पु॰* १. फाग खेलनेवाला व्यक्ति। २. फाग गानेवाला व्यक्ति। ✣ फगुहारिन/फगुहारी—*वि॰* (*स्त्री॰*)।

फङ्ग (फङ्ग)—[< हि॰ फन्द] *पु॰* १. फन्दा। जाल। २. बन्धन। ३. प्रेम का बन्धन। ४. अधीनता। ५. छल। कपट।

फ़ज्र—[< अरबी फ़ज्र] *स्त्री॰* १. प्रातःकाल। २. प्रातःकाल की नमाज़।

फज़ीअत—[अरबी] *स्त्री॰* १. पीड़ा। दर्द। २. विपत्ति।

फज़ीलत—[अरबी] *स्त्री॰* १. प्रतिष्ठा। २. श्रेष्ठता। ३. प्रधानता।

फ़ज़ीहत—[अरबी] *स्त्री॰* १. अपयश। निन्दा। बदनामी। २. अपमान।

फ़ज़्ल—[अरबी] *पु॰* कृपा। अनुग्रह।

फट[1]—[< हि॰ फटना] *स्त्री॰* १. फटने की क्रिया/भाव। फटना। २. किसी चीज़ के फटने आदि से होनेवाला शब्द। ***जैसे***—मोटर साइकिल की फट-फट। *क्रिवि॰* शीघ्र। तुरन्त। फटाफट। ***वा॰* फट से** = शीघ्र। तुरन्त। फटाफट।

फट[2]—[स॰ √फट् + अच्, पृषो॰] *पु॰* साँप का फैला हुआ फन।

*फटक—पु॰ ≤ स॰ स्फटिक।

फटका[१]—[< हि॰ फटकना] पु॰ १. फटफटाने की क्रिया/भाव। २. विवशता में हाथ-पैर पटकना। ३. फलों को खा जाने वाली चिड़ियों से बचाने के लिए पेड़ों में बँधी लकड़ी जिसके साथ बँधी रस्सी हिलाकर 'फट-फट' ध्वनि करके चिड़ियाँ उड़ाते हैं। ४. (रुई धुनने की) धुनकी। ५. गोफन का वह भाग जहाँ मिट्टी का ढेला या पत्थर का टुकड़ा रखा जाता है।

फटका[२]—[< हि॰ फटकन] पु॰ एक प्रकार की अनुपजाऊ रेतीली भूमि जिसमें पत्थर के टुकड़े अधिक होते हैं।

फटका[३]—[देशज] स्त्री॰ (ख़याल गाने वालों के अखाड़ों की प्रतियोगिता में) व्यंग्य या लानत-मलामत से भरी अपमानजनक अन्योक्ति।

फटकी—[< हि॰ फट] स्त्री॰ बाँस की खपच्चियों का बना पिंजड़ा जिसकी सहायता से चिड़ीमार चिड़ियाँ पकड़ते हैं।

फटाटोप—[स॰ फट ~ आटोप] पु॰ साँप का फैला हुआ फन।

फटिक—[< स॰ स्फटिक] पु॰ एक सफ़ेद पारदर्शी पत्थर। स्फटिक। बिल्लौर। ***जैसे***—फटिक शिला पर बैठे राम-लक्ष्मण। (अ॰ क्वार्ट्ज़)

फटिका—[< स॰ स्फटिक] स्त्री॰ गुलेल की डोरी के बीच का वह भाग जिसमें मिट्टी की गोली या पत्थर का टुकड़ा रखकर गुलेल चलायी जाती है।

***फटियल**—[< हि॰ फटना] वि॰ १. स्थान-स्थान पर फटा हुआ। २. जीर्ण-शीर्ण।

फटीचर—[< स॰ पटच्चर (= पुराना और फटा हुआ कपड़ा)]। वि॰ १. जो फटे-पुराने कपड़े पहने रहता हो। २. भद्दी आकृति वाला। ३. तुच्छ। हेय। ४. निर्धन व्यक्ति।

फटेरा—[देशज] पु॰ पौधे का तना। ***जैसे***—ज्वार के फटेरे।

फट्टा[१]—[< स॰ पट] पु॰ १. टाट। २. फड़। (दे॰) ***वा॰* फट्टा उलटना/लौटना**—दीवाला निकलना।

फट्टा[२]—[< हि॰ फटना] पु॰ लकड़ी या बाँस आदि का चिरा हुआ छोटा तख़्ता। ✣ **फट्टी**—स्त्री॰ = १. छोटा फट्टा। २. लिखने की तख़्ती। पट्टी।

फड़—[< स॰ पण] पु॰ १. वह वस्त्र जिसे दुकानदार सामान रखने के लिए भूमि पर बिछाते हैं। २. (दुकान आदि का) माल ख़रीदने और बेचने का स्थान। ३. बिछावन। ४. जुआ/चौपड़ आदि खेलने का स्थान। ५. समूह। ६. ईंटें पाथने का चौरस मैदान। ७. कोल्हू के पास गन्नों को रखने का स्थान।

फड़कन—[< हि॰ फड़कना] स्त्री॰ १. फड़कने की क्रिया/भाव। फड़फड़ाहट। फड़क। २. धड़कन। ३. उत्सुकता। वि॰ १. भड़कनेवाला (बैल)। २. चंचल।

फड़नवीस/फड़नवीस—[< फ़ा॰ फ़र्दनवीस] पु॰ मराठों के शासन में एक राजपद।

फड़बाज़—[< हि॰ फड़] पु॰ अपने घर पर लोगों को जुआ खिलानेवाला व्यक्ति। ✣ **फड़बाजी**—स्त्री॰ = अपने घर पर लोगों को जुआ खिलाना।

फड़िया—[< हि॰ फड़] पु॰ १. फुटकर अन्न बेचनेवाला दुकानदार। २. अपने घर पर लोगों को जुआ खिलाने वाला व्यक्ति। फड़बाज़।

फड़ी—[< हि॰ फाड़] स्त्री॰ ईंटों या पत्थरों आदि का परिमाण स्थिर करने के लिए लगाया जाने वाला ३० गज़ लम्बाई का एक ढेर जो १ गज़ चौड़ा और उतना ही ऊँचा होता है।

†**फड़ुआ**—पु॰ ≤ हि॰ फावड़ा। ✣ **फड़ुई/फड़ुही**—स्त्री॰ = छोटा फावड़ा।

फण—[स॰ √फण् + अच्] पु॰ (साँप का) फन। ✣ **फणधर**—पु॰ = सर्प। साँप।

फणाकृति—[स॰ फण ~ आकृति] स्त्री॰ साँप के फन का आकार। छितराया हुआ गोल आकार। वि॰ साँप के फन के आकार वाला। छितराया हुआ गोलाकार।

फणितल्पग—[स॰ फणि तल्प] पु॰ (सर्परूपी शय्या पर लेटनेवाला) विष्णु।

फणिनायक/फणिपति—[स॰ फणिन् ~ नायक/पति] पु॰ शेषनाग। २. वासुकि नाग। ३. (महाभाष्यकार)। पतंजलि।

फणिमुक्ता—[स॰ फणिन् ~ मुक्ता] स्त्री॰ साँप की मणि। सर्प-मणि।

फणी—[स॰ फणिन्] पु॰ १. सर्प। साँप। २. राहु। ३. (महाभाष्यकार) पतंजलि। ४. राँगा नामक धातु।

फणीन्द्र/फणीश/फणीश्वर—[स॰ फणिन् ~ इन्द्र/ईश/ईश्वर] पु॰ १. सर्पों/नागों का राजा। सर्पराज। नागराज। २. शेषनाग। ३. वासुकि नाग। ४. (महाभाष्यकार) पतंजलि।

फ़तवा—[< अरबी फ़त्वा] पु॰ (इस्लाम॰) किसी मज़हबी विषय में किसी मज़हबी अधिकारी का लिखित आदेश।

फतूही/फतोई/फतुई—[< अ॰ फ़ुतुही] स्त्री॰ बिना बाहों की कुरती या बंडी।

फनगना—[< हि॰ फुनगा] क्रि॰अ॰ (वृक्षों में) फुनगियाँ निकलना। वृक्ष का अंकुरयुक्त होना।

फ़ना—[अरबी] स्त्री॰ १. मृत्यु। मौत। वि॰ १. लुप्त। २. नष्ट।

***फनाली**—[< स॰ फणावली] पु॰ (साँपों के) फनों का समूह।

***फनिक/फनिग**—[< स॰ फणिक] पु॰ साँप या नाग।

फनिधर—पु॰ ≤ स॰ फणिधर। साँप या नाग।

***फनिन्द (फनिंद)**—[< स॰ फनीन्द्र] पु॰ शेषनाग।

फनिपति—पु॰ ≤ स॰ फणिपति। साँप या नाग।

***फनियर/फनियाला**—[< हि॰ फन] पु॰ १. साँप या नाग। २. अजगर साँप।

***फनी**[१]—पु॰ ≤ स॰ फणी। साँप।

†**फनी**[२]—[< हि॰ फन] स्त्री॰ (साँप का) फन।

फन्द (फंद)—[< स॰ बन्ध, या < अरबी फ़न्द] पु॰ १. फन्दा। २. जाल। ३. कपट। धोखा। ४. बन्धन।

फन्दना (फंदना)—[< हिं० फन्द/फन्दा] *क्रिअ०* १. फन्दे में फँसना। २. किसी के धोखे में आना। ३. मुग्ध होना।

फन्दवार (फंदवार)—[< हिं० फन्द] *वि०* जाल में फाँसनेवाला। २. जाल बिछानेवाला।

***फन्ध**—[< हिं० फन्द] *पु०* १. फन्दा। २. बन्धन।

फन्नी—[देशज] *स्त्री०* १. लकड़ी का वह टुकड़ा जो छेद/दरार बन्द करने के लिए किसी वस्तु में ठोक देते हैं। पच्चर। २. (कोरी/जुलाहे वा) ताना बुनते समय फन्दे जैसे जाल या 'बै' का बीच का फन्दा जो गोल होता है। ● **विशेष**—इसे **'बै की आँख'** भी कहते हैं।

फफ्फस—[अनु०] *वि०* १. बहुत मोटा और भद्‌दे शरीर वाला। ***जैसे***—फफ्फस आदमी। २. ऊपर से फूला हुआ परन्तु अन्दर से शक्तिहीन। ***जैसे***—फफ्फस शरीर।

फफका—[अनु०] *पु०* छाला। फफोला।

फफदना—[अनु०] *क्रिअ०* (घाव, फुंसियों आदि का) इधर-उधर फैल जाना। अधिक विस्तृत होना।

†फफसा—[अनु०] *वि०* १. फूला हुआ और पीला। पोला। २. स्वादहीन। रसहीन। फीका। ३. बिगड़ गए स्वाद वाला (फल)।

फबती—[< हिं० फबना] *स्त्री०* १. किसी पर फबनेवाली परिहासपूर्ण बात। ठठोली। चुटकी। २. कटाक्षपूर्ण उक्ति। व्यंग्यात्मक कथन। चुटीली बात। ताना। ***वा०* फबती कसना**—हँसी उड़ाना। व्यंग्य करना। चुटीली बात कहना। चुटकी लेना।

***फबि**—[< हिं० फबना] *स्त्री०* शोभा। सुन्दरता। छबि। फबन। *क्रिवि०* फब कर। शोभित होकर।

फबीला—[< हिं० फबना] *वि०* = फबता हुआ। फबने वाला। शोभावर्धक। ***जैसे***—श्रीकृष्ण का फबीला पीताम्बर।

***फर[१]**—[< सं० फल] *पु०* १. वृक्ष आदि के फल। २. डोंड़ी। ३. परिणाम। फल। ४. बाण का अगला भाग जिसमें नोक होती है। फल। ५. हल की नोक।

फर[२]—[सं० √फल् + अच्, ल → र] *पु०* १. फलक। ढाल। २. समतल।

फर[३]—[< हिं० फड़] १. रणभूमि। २. बिछौना।

फर[४]—[देशज] *स्त्री०* पहले पानी में सेंकी जाने के बाद घी/तेल में तली हुई कचौड़ी।

फ़र[१]—[अं०] *पु०* १. पशु-लोम। समूर। २. समूरवाले पशु। ३. समूरसहित खाल। ४. समूर के बने कपड़े।

फ़र[२]—[अं०] *पु०* देवदार जाति के वृक्ष (देवदार, चीड़ आदि)।

फरई—[< सं० फलिका] *स्त्री०* १. लकड़ी का छोटा तख़्ता। २. कपास से बिनौला अलग करने की चरख़ी का आधार-रूप चौड़ा तख़्ता। ३. मोची का छोटा तख़्ता जिस पर रखकर वह चमड़े को काटता और छीलता है।

***फरक**—[< हिं० फड़क] *पु०* = १. स्फुरण। फड़कन। २. स्पन्दन। धड़कन।

†फरका—[< सं० फलक] *पु०* १. बँड़ेर पर रखा जाने वाला अलग से छाया गया छप्पर। २. झोंपड़ियों के द्वार पर लगाया जाने वाला टट्‌टर।

***फरकाना[१]**—*क्रिस०* ≤ *हिं०* फड़काना।

†फरकाना[२]—[< हिं० फरक < अरबी फ़र्क़] *क्रिस०* १. अन्तर करना। भेद करना। २. अलग करना। दूर करना। ३. अन्तर रखना। भेद/दूरी रखना।

†फरकी—[< सं० फलक] *स्त्री०* १. बहेलिए की वह लकड़ी जिस पर लगे लासे में चिड़ियों के पैर चिपक जाते हैं। २. दीवार चुनने में खड़े बल में लगनेवाला पत्थर।

***फरके**—[< हिं० फरक < अरबी फ़र्क़] *पु०* भेद। पोल।

***फरकौ**—[< हिं० फरका] पु० छप्पर।

फरकौंहा (फरकौंहा)**—[< हिं० फरकना] *वि०* १. फड़कता हुआ। ***जैसे—फरकौंहा अधर। २. फड़कनेवाला।

***फरङ्कि (फरंकि)**—[< हिं० फरकना < अरबी फ़र्क़] *क्रिवि०* अलग होकर।

फ़रद[१]—[< फा० फ़र्द] *स्त्री०* १. हिसाब-किताब लिखने की बही/रजिस्टर। २. सूची। तालिका। ३. निमन्त्रणों की सूची। ४. आज्ञापत्र।

फरद[२]—[< अरबी फ़र्द] *पु०* १. अकेला व्यक्ति। २. रज़ाई आदि या उसका ऊपरी भाग। ३. चादर। ४. वह पशु/पक्षी जो प्रायः अकेला रहे, जोड़े के रूप में नहीं। *वि०* १. एकाकी। अकेला। २. अद्वितीय। अनुपम।

***फरना[१]**—[< हिं० फर < सं० फल] *क्रिअ०* फल-युक्त होना। फलना। २. (कार्य/इच्छा आदि) पूर्ण होना। ३. गर्मी के कारण शरीर पर दाने/फुंसी आदि निकल आना।

***फरना[२]**—[< हिं० फिरना] *क्रिअ०* फिर जाना। लौट जाना। फिरना। लौटना।

फरफन्द (फरफंद)—[हिं० फर + फन्द] *पु०* १. छल। कपट। दाँव-पेंच। २. मिथ्या आचरण। ३. नख़रा। चोचला।

फरफेंदुआ (फरफेंदुआ)—[देशज] *पु०* एक बेल जो रेतीले खेतों में गर्मी में उग आती है और जिसका फल गोल-सा और बहुत कड़ुआ होता है, फूल पीलापन लिए सफ़ेद होता है और पत्ते कटावदार होते हैं।

फ़रमान—[< फा० फ़र्मान] *पु०* १. आज्ञा-पत्र। २. आज्ञा। आदेश। हुक्म। ३. राजकीय आज्ञा या आज्ञा पत्र।

फरलो—[< अं० फ़र्लो] *स्त्री०* विदेश-स्थित अधिकारी या सैनिक आदि की लम्बी छुट्‌टी।

†फरवार—[< हिं० फरना (= फलना)] *पु०* खलिहान। ✣ **फरवारी**—*स्त्री०* = फ़सल का वह भाग जो खलिहान से ही अपने पुरोहित, बढ़ई आदि को दिया जाता है।

फरवाह—[देशज] *पु०* एक प्रकार का बड़ा पेड़ जिसके पत्ते बड़े-बड़े होते हैं जिन्हें तोड़ने पर दूध निकलता है तथा फल घंटे के आकार के होते हैं। मोखा।

फरसा—[< प्रा० फरसु < सं० परशु] *पु०* एक प्राचीन शस्त्र जो कुल्हाड़ी

के आकार का, परन्तु उससे कुछ बड़ा और चपटा, होता है। परशु। कुठार।

***फरस्सा**—[< हि॰ फर < हि॰ फड़] *पु॰* (रणभूमि में) मुक़ाबला।

†**फरह**—[भोजपुरी] *वि॰* वश के बाहर का (काम)। । अशक्य।

फरहद—[< स॰ पारिभद्र] *पु॰* एक वृक्ष जिसमें तीन-तीन पत्ते एक ही वृत्त/डंठल में होते हैं, पत्ते चिकने होते हैं और शाखा के सिरे पर लाल रंग का फूल आता है।

***फरहरना**—[< हि॰ फर-फर] *क्रिअ॰* १. फर-फर करना। फरहना। २. फड़फड़ाना। ३. फड़क उठना। ४. हिलना।

फरहरा—[< हि॰ फरहरना] *पु॰* ध्वजा। झंडा। पताका। *वि॰* प्रसन्न। प्रफुल्लित।

***फरहरी**[१]—[स॰ फलपुष्प] *स्त्री॰* फल-फूल।

***फरहरी**[२]—[< स॰ फलाहार] *स्त्री॰* १. फलों का आहार। फलाहार। २. फल आदि व्रत-उपवास में खाने योग्य वस्तुएँ।

†**फरा**—[देशज] *पु॰* (अवध क्षेत्र में बनाया जाने वाला) बाजरे की टिक्की में उड़द की पीठी भरकर, मसाले के खौलते हुए रस में पकाने से, तैयार व्यंजन।

***फराक**—[< फा॰ फ़राख़] *वि॰* १. अलंग। २. विस्तृत। *पु॰* विशाल खुला भू-भाग। मैदान।

फ़राख़—[फा॰] *वि॰* विस्तृत। ❖ **फ़राख़दिल**—*वि॰* उदारहृदय। विशालहृदय।

फ़राग़त—[अरबी] *स्त्री॰* १. अवकाश। छुट्टी। फ़ुर्सत। २. मुक्ति। छुटकारा। ३. निश्चिन्तता। ४. मल-त्याग आदि की क्रिया। शौच-कर्म। ***जैसे***—वह फ़राग़त के लिए गया है।

***फ़राश**—[< फा॰ फ़र्राश] *पु॰* फ़र्श पर दरी आदि बिछानेवाला नौकर। फ़र्राश।

फरास—[देशज] *पु॰* एक जंगली पेड़ जिसमें कभी फल नहीं आता।

***फराँसीस**—[< अ॰ फ़्रान्स] *पु॰* फ़्रांस के निवासी। फ़्रांसीसी।

***फरित**—[< स॰ फलित] *वि॰* फला हुआ। फलित।

फरिया—[देशज] *स्त्री॰* (स्त्रियों/बालिकाओं के पहनने का वस्त्र) लहँगा या दुपट्टा/ओढ़नी।

फरियाना—[< स॰ फलन] *क्रिस॰* १. स्वच्छ करना। २. अनाज फटककर साफ़ करना। ३. विवाद को सन्तोषजनक रीति से समाप्त करना। निपटाना। *क्रिअ॰* १. स्वच्छ होना। २. अनाज फटकने के द्वारा साफ़ होना। ३. विवाद का निर्णय होना।

फ़रिश्ता—[< फा॰ फ़िरिश्तः] *पु॰* १. देवदूत। २. सज्जन और सरल स्वभाव का व्यक्ति। ३. सद्‌गुणी/परोपकारी व्यक्ति। ***वा॰* फ़रिश्ते दिखाई देना/नज़र आना**—मृत्यु समीप होना। **फरिश्तों को भी ख़बर न होना**—अत्यन्त गोपनीय होना।

फरी[१]—[< स॰ फल] *स्त्री॰* १. हल का फाल। २. बैलगाड़ी का हरसा। फड़। ३. गतके की मार रोकने की चमड़े की ढाल।

***फरी**[२]—[< हि॰ फरना (= फलना)] *क्रिअ॰* फल-युक्त हुई। फलित हुई। फली।

†**फरी**[३]—*स्त्री॰* ≤ *हि॰* फली। ***जैसे***—उर्द की फली।

***फरुआ**—[देशज] *पु॰* (भिक्षुकों का) लकड़ी का बना भिक्षा-पात्र।

†**फरुई**—[देशज] *स्त्री॰* १. भुने हुए चावल। मुरमुरा। २. (भुने चावल की) लाई।

फरेरा—[< हि॰ फरहरा] *पु॰* ध्वजा। झंडा।

फरेन्दा/फलेन्दा/फलैंदा (फलेंदा)—[< स॰ फलेन्द्र] *पु॰* बड़ी जामुन।

†**फरैरा**—[देशज] *वि॰* कुछ सूखा और कुछ नम।

फ़रोख़्त—[फा॰] *स्त्री॰* विक्रय। बिक्री।

फ़रोश—[फा॰] *वि॰* (संज्ञा शब्द के अन्त में जुड़नेपर) बेचनेवाला। विक्रेता। ***जैसे***—इत्रफ़रोश (= इत्र बेचनेवाला)। ❖ **फ़रोशी**—*स्त्री॰* = बेचने की क्रिया/भाव। विक्रय। बिक्री।

फ़र्ज़न्द (फ़र्ज़ंद)—[फा॰] *पु॰* पुत्र। बेटा।

फ़र्द[१] **[फा॰], फ़र्द**[२] **[अरबी]**—दे॰ क्रमशः फ़रद[१], फ़रद[२]।

फ़र्म—[अ॰] *स्त्री॰* व्यापारिक संस्था।

फ़र्राश—[अरबी] *पु॰* १. (मध्यकालीन) वह नौकर जिसका कार्य भूमि पर दरी आदि बिछाना होता था। २. सेवक। नौकर।

फ़र्राशी—[फा॰] *वि॰* १. फ़र्श-सम्बन्धी। २. फ़र्श पर बिछाया जाने वाला। ३. सभा आदि में बिछावन, प्रकाश इत्यादि की व्यवस्था। *स्त्री॰* फ़र्राश का काम/पद।

फ़र्लांग (फ़र्लांग)—[अ॰] *पु॰* २२० गज़ (= २०१ मीटर) की लम्बाई। एक मील का आठवाँ भाग।

फ़र्श—[अरबी] *पु॰* (घर या कमरा आदि की) ईंट, पत्थर आदि से पक्की की हुई समतल भूमि।

फ़र्शी—[अरबी] *वि॰* १. फ़र्श पर रखी जाने वाली वस्तु। २. फ़र्श से सम्बन्धित। फ़र्श का। *स्त्री॰* एक धातु-पात्र जिस पर हुक्के का नैचा लगाया जाता है। ❖ **फ़र्शी सलाम**—*पु॰* = बहुत विनम्रता दिखानेवाला अभिवादन जिसमें अभिवादक इतना झुकता है मानो पृथ्वी ही छू लेगा।

फ़लक—[स॰ फल + कन्] *पु॰* १. लकड़ी का तख़्ता। पटल। पट्टी। २. धातु/गत्ता आदि का पट्ट जो लेख या चित्र के आधार पर काम दे। ३. पुस्तक का पृष्ठ/पन्ना। (गणित॰) किसी ठोस आकृति को परिबद्ध करनेवाला समतल पृष्ठ।

†**फलकना**—[देशज] *क्रिअ॰* १. छलकना। २. उमगना।

फलका—[देशज] *पु॰* फफोला। छाला।

***फलङ्क/फलङ्का (फलंक/फलंका)**—[< अरबी फ़लक] *पु॰* आकाश। गगन।

***फलङ्ग (फलंग)/फलँग**—[< हि॰ फलाँग] *स्त्री॰* फलाँग।

फलत—[< हि॰ फलना] *स्त्री॰* १. वृक्षों के फलने की क्रिया/भाव। २. उपज। ३. कुल उपज।

फलतः—[स॰ फल + तः (तस्)] *क्रिवि॰* फलस्वरूप। परिणामतः। इसलिए।

फलत्रय—[सं॰ फल ~ त्रय] *पुं॰* तीन फलों का समूह। (आयुर्वेद॰) त्रिफला।

फलत्रिक—[सं॰ फल ~ त्रिक] *पुं॰* तीन फलों का समूह। (आयुर्वेद॰) १. त्रिफला। २. सोंठ, पीपल और काली मिर्च का समूह।

फलद—[सं॰ फल + द] *वि॰* १. फल/परिणाम देनेवाला। ***जैसे***—फलद परिश्रम। २. अच्छा परिणाम देनेवाला। लाभकर। ३. (वृक्ष) जिस पर फल आते हैं। *पुं॰* वृक्ष। ✣ **फलदा**—*वि॰* (*स्त्री॰*)। ***जैसे***—फलदा पूजा।

फलन—[सं॰ √फल् + ल्युट्] *पुं॰* १. (वृक्षों में) फल आना/लगना। फलना। २. (किसी कार्य/प्रयत्न आदि का) परिणाम होना/निकलना। (कृषि॰) कवकों द्वारा बीजाणुओं का उत्पादन।

फलन्त (फलंत)—[< हिं॰ फलना] *पुं॰* (वृक्षों आदि का) फलना। फलयुक्तता। *वि॰* फलयुक्त।

फल-परिरक्षण—[सं॰] *पुं॰* फलों को सड़ने/गलने से बचाना।

फलयोग—[सं॰ फल ~ योग] *पुं॰* १. फल-प्राप्ति। २. अभीष्ट-प्राप्ति। (नाट्य॰) फलागम।

फलराज—[सं॰ फल ~ राज (राजन्)] *पुं॰* फलों का राजा। सबसे अच्छा फल। ***जैसे***—आम फलराज है।

फल-शाक—[सं॰] *पुं॰* फल की तरकारी। तरकारी के रूप में खाया जाने वाला फल(जैसे—टमाटर)।

फलश्रुति—[सं॰ फल ~ श्रुति] *स्त्री॰* १. किसी अच्छे काम को करने के उत्तम परिणाम का प्रेरक वर्णन। २. किसी ग्रन्थ या उसके अध्याय आदि का पाठ करने या सुनने के शुभ परिणाम का प्रेरक वर्णन जो ग्रन्थ या उसके अध्याय आदि के अन्त में लिखा रहता है। ३. उक्त वर्णन को सुनना।

फलस्वरूप—[सं॰ फल ~ स्वरूप] *क्रिवि॰* परिणाम के रूप में। परिणामस्वरूप। फलत:।

फलांश—[सं॰ फल ~ अंश] *पुं॰* १. फल का कोई भाग। २. परिणाम का एक अंश। ३. तात्पर्य। ४. सारांश।

फलागम—[सं॰ फल ~ आगम] *पुं॰* १. (वृक्षों में) फल आना। २. (वृक्षों में) फल आने का काल। (नाट्य॰) रूपक/नाटक की अन्तिम अवस्था जिसमें नायक को फल की प्राप्ति होती है।

फलाढ्य—[सं॰ फल ~ आढ्य] *वि॰* फलों से भरा हुआ।

फलादेश—[सं॰ फल ~ आदेश] *पुं॰* (किसी बात का) फल/परिणाम बताना। [ज्योतिष॰] (ग्रहों आदि के) प्रभाव या फल का वर्णन।

फलाध्यक्ष—[सं॰ फल ~अध्यक्ष] *पुं॰* १. परिणामों/फलों का स्वामी। २. ईश्वर।

फ़लाना—[< अरबी फ़लाँ] *वि॰* अमुक। फ़लाँ। ***जैसे***—फ़लाना आदमी। ✣ **फ़लानी**—*वि॰* (*स्त्री॰*)। ***जैसे***—फ़लानी स्त्री।

फलानुमेय—[सं॰ फल ~ अनुमेय] *वि॰* जिसका अनुमान परिणाम देखने से किया जाए, (जैसे—प्रात: भूमि को भीगा देखकर रात्रि में होनेवाली वर्षा का अनुमान)।

फलान्वेषी—[सं॰ फलान्वेषिन्] *वि॰* फल का आकांक्षी। फल चाहनेवाला।

फलापेक्षा—[सं॰ फल ~ अपेक्षा] *स्त्री॰* फल की आशा या कामना।

फलार्थी—[सं॰ फल ~ अर्थी (अर्थिन्)] *वि॰, पुं॰* १. फल चाहनेवाला। फल-कामी। २. परिणाम चाहनेवाला। परिणाम-कामी।

फलासक्त—[सं॰ फल ~ आसक्त] *वि॰* (कर्म के) फल में आसक्ति रखनेवाला। ✣ **फलासक्ति**—*स्त्री॰* = (कर्म के) फल के प्रति आसक्ति। फलासंग।

फलासङ्ग (फलासंग)—[सं॰ फल ~ आसङ्ग] *पुं॰* फल के प्रति आसक्ति। फलासक्ति।

फलासव—[सं॰ फल ~ आसव] *पुं॰* फलों से तैयार आसव।

फ़लाँ—[अरबी] *वि॰* = अमुक (व्यक्ति, वस्तु आदि)। फ़लाना। ***जैसे***—फ़लाँ आदमी; फ़लाँ जगह। ✣ **फ़लाँ-फ़लाँ**—*वि॰* = अमुक-अमुक।

फलाँग—[< हिं॰ फलाँगना] *स्त्री॰* १. छलाँग। २. उतनी दूरी जो एक छलाँग लेने में पार की जाए।

फलिका—[सं॰ फलिक + टाप्] *स्त्री॰* किसी वस्तु के आगे का नुकीला भाग।

फलितार्थ—[सं॰ फलित ~ अर्थ] *पुं॰* १. तात्पर्य। २. सारांश। *वि॰* जिसकी कामना पूरी हो गयी हो। पूर्णमनोरथ।

फली[१]—[सं॰ फलिन्] *वि॰* १. फलनेवाला। जिसमें फल लगते हों। २. फल-युक्त। फलवाला। ३. लाभप्रद। ४. सफल। *पुं॰* वृक्ष।

फली[२]—[< प्रा॰ फालि] *स्त्री॰* १. अनेक पेड़-पौधों में लगनेवाला लम्बा फल जिसमें गूदा या रस नहीं होता, केवल बीज होते हैं। २. पेड़-पौधों और लताओं में लगनेवाले छोटे-छोटे परन्तु लम्बे बीजदार फल जो तरकारी के रूप में खाए जाते हैं।

फलीभूत—[सं॰ फल + च्वि + भूत] *वि॰* १. जिसका फल प्रकट हो चुका हो। २. सफल।

फलेन्दा/फलैंदा (फलेंदा/फलैंदा)—[< सं॰ फलेन्द्र] *पुं॰* (अधिक गूदे वाली और अधिक मीठी) बड़ी जामुन।

फलोत्पत्ति—[सं॰ फल ~ उत्पत्ति] *स्त्री॰* १. फलों की उपज। २. परिणाम/फल का प्रकट होना। फलोदय। ३. (व्यापार आदि में) आर्थिक लाभ। मुनाफ़ा।

फलोदय—[सं॰ फल ~ उदय] *पुं॰* १. फल/परिणाम का प्रत्यक्ष या प्रकट होना। २. (वृक्ष पर) फल का दिखना। ३. सफलता-प्राप्ति। अभीष्ट-सिद्धि।

फलोद्भव—[सं॰ फल ~ उद्भव] *पुं॰* फल की उत्पत्ति। *वि॰* फल में से उपजने वाला।

फल्गु—[सं॰ √फल् + ड] *वि॰* १. सारहीन। निस्सार। २. व्यर्थ। बेकार। ३. तुच्छ। छोटा। ४. साधारण। सामान्य। *स्त्री॰* १. मिथ्या वचन। २. वसन्त ऋतु।

फसफसा—[अनु॰] *वि॰* १. पिलपिला। २. जो पूरी तरह ठोस न हो। ३. निर्बल। कमज़ोर।

फ़सल—[< अरबी फ़स्ल] *स्त्री॰* १. (अनाज बोने का) उपयुक्त समय/ऋतु। २. अनाज की उपज/पैदावार। ३. (खेत में खड़े) अनाज के पौधे। ✣ **फ़सलकट्टा**—*वि॰, पु॰* = पकी फ़सल काटनेवाला। ✣ **फ़सल-क्रम**—*पु॰* (कृषि॰) = फ़सलों को उगाने का क्रम। फ़सल-उत्पादन-क्रम।

फ़सली—[अरबी फ़स्ली] *वि॰* १. फ़सल से सम्बन्धित। फ़सल का। २. कृषि-सम्बन्धी संवत्/सन्। ✣ **फ़सली कौआ**—*पु॰* = पहाड़ी कौआ जो जाड़े की ऋतु में पहाड़ से उतरकर मैदानों में आ जाता है।

फ़साद—[अरबी] *पु॰* उपद्रव। दंगा। २. विघ्न। बाधा। ३. विकार। ख़राबी। ४. झगड़ा। मार-काट। ***वा॰* फ़साद का घर**—झगड़े की जड़। ✣ **फ़सादी**—*वि॰* = फ़साद करनेवाला। उपद्रवी। झगड़ालू।

फ़साना—[< फा॰ फ़सानः] *पु॰* १. कहानी। २. उपन्यास। ३. वृत्तान्त। हाल।

फ़स्द—[अरबी] *स्त्री॰* (हकीमी चिकित्सा में) नसों में से दूषित रक्त निकालने की क्रिया। नश्तर।

फ़स्ल—[अरबी] *स्त्री॰* फ़सल। (दे०) ✣ **फ़स्ली**—*वि॰* = फ़सली। (दे०)

फ़हम/ *फहम—[< अ॰ फ़हम्] *स्त्री॰* १. विचार। स्मरण। ध्यान। २. ज्ञान/विवेक/बुद्धि या समझ। ३. अनुभव।

फँदना—[< हि॰ फन्दना] *क्रिअ॰* १. फन्दे/जाल में फँसना। २. किसी के धोखे में फँसना। ३. (किसी पर) मुग्ध होना।

फँदाना—[< हि॰ फँदना] *क्रिस॰* ऐसा काम करना जिससे कोई फन्दे/जाल में फँस जाए।

***फँद्रानि**—*स्त्री॰* ≤ *हि॰* फन्दा।

फँदैत—[< हि॰ फन्दा] *पु॰* १. फन्दा डालकर फँसानेवाला। २. व्याध। बहेलिया।

***फँसरी**—[< हि॰ फाँसना] *स्त्री॰* १. फन्दा। फाँस। २. फाँसी।

फँसिहारा—[< हि॰ फाँसना] *वि॰* फँसानेवाला।

***फँसौरि/फँसौरी**—[< हि॰ फाँसना] *स्त्री॰* १. जाल या फन्दा। २. बन्धन। ३. फाँसी देने की रस्सी।

***फाक**—[देशज] *पु॰* टिड्डियों के बच्चे।

फ़ाक़ा—[< अरबी फ़ाक़ः] *पु॰* निराहार या भूखा रहने की अवस्था/भाव। कुछ न खाना। ***वा॰* फ़ाक़ों मरना**—कई दिन तक या प्रायः भूखे रहने का कष्ट भोगना।

फ़ाक़ाकश—[< अरबी फ़ाक़ः + फा: कश] *वि॰* भोजन न मिल पाने से भूखे रहकर कष्ट भोगनेवाला। ✣ **फ़ाक़ाकशी**—स्त्री॰ = भोजन न मिल पाने से भूखे रहने की कष्टप्रद अवस्था।

फ़ाक़ामस्त/फ़ाक़ेमस्त—[< अरबी फ़ाक़ः + फा॰ मस्त] *वि॰* १. जो भोजन न मिल पाने से भूखा रहकर भी प्रसन्न रहे। २. घोर निर्धनता में भी प्रसन्न रहने के स्वभाव वाला। ✣ **फ़ाक़ामस्ती/फ़ाक़ेमस्ती**—*स्त्री॰* = १. बहुत दिनों से भूखे रहने पर भी सदा प्रसन्न रहने की वृत्ति।

फ़ाख़्ता—[< फा॰ फाख्तः] *स्त्री॰* एक छोटी चिड़िया। पंडुक। पड़ुकिया। ✣ **फाख़्तई**—*वि॰* = भूरापन लिए हुए लाल। *पु॰* = उक्त प्रकार का रंग। मटीला रंग।

फाग—[< हि॰ फागुन] *पु॰* १. फागुन मास का रंग खेलने का उत्सव। होली। २. होली के गीत।

फ़ाज़िल—[अरबी] *वि॰* १. जो उच्च शिक्षा प्राप्त कर चुका हो। जो किसी विषय का बड़ा विद्वान् हो। २. अतिरिक्त। फ़ालतू। ३. अधिक। ज़्यादा। ४. बचा हुआ। शेष।

फाटका—[< हि॰ फाटक] *पु॰* (वाणिज्य॰) सट्टा।

***फाटी**—[< हि॰ फट्टा < हि॰ फटना] *पु॰* बाँस की खपच्ची या फट्टा।

फ़ातिहा—[< अरबी फ़ातिहः] *पु॰* १. प्रार्थना। २. क़ुरान की प्रथम आयत जो मृत व्यक्तियों की सद्‌गति की कामना से उनकी क़ब्र या मज़ार पर पढ़ी जाती है।

फान—[< स॰ स्फान] *पु॰* लकड़ी/धातु का टुकड़ा जिसका एक सिरा दूसरे से पतला होता है और जो छेद में ठोंकने, दरार को बड़ा करने, लकड़ी चीरने आदि में काम आता है। फन्नी। पच्चर।

फ़ानी—[अरबी] *वि॰* नाशवान्। नश्वर।

फ़ानूस—[फा॰] *पु॰* १. शीशे का एक पात्र जिसे प्रायः छतों से लटकाया जाता है और उसमें रखे हुए दीपक (बल्ब, ट्यूब इत्यादि) से प्रकाश आता है। २. शीशे का प्याला जैसा पात्र जिसमें मोमबत्ती जलायी जाती है।

***फाब**—[< हि॰ फबना] *स्त्री॰* फबने की क्रिया/भाव। शोभा। फबन।

***फाबना**—[< हि॰ फबना] *क्रिअ॰* शोभित होना। फबना।

फाया/फाहा—[देशज] *पु॰* गुलाबजल, इत्र, मरहम या दवा आदि लगा रुई या कपड़े का छोटा टुकड़ा।

फ़ारिग़—[अरबी] *वि॰* १. मुक्त। २. निश्चिन्त। ३. अवकाश प्राप्त। ४. जो अपना काम कर चुका हो। ***वा॰* फ़ारिग़ होना**—१. निवृत्त होना। २. शौच जाना।

***फारी**—*स्त्री॰* ≤ *हि॰* फरिया। ओढ़नी।

फाल[१]—[स॰ फल + अण्, या √फल् + घञ्] *स्त्री॰* हल की लकड़ी के नीचे लगा नुकीला लोहा जिससे भूमि खुदती है। *पु॰* १. फावड़े का लोहे वाला भाग। २. फावड़ा।

फाल[२]—[< स॰ फलक] *स्त्री॰* सुपारी का कटा हुआ पतला टुकड़ा। छाली।

फाल[३]—[< स० प्लव] *पु॰* १. फलाँग। ***जैसे***—फाल बाँधना (फलाँग लगाना)।

फ़ाल—[अ॰] *पु॰* १. पतन। गिरना। २. प्रपात। *स्त्री॰* साड़ी के नीचे लगायी जाने वाली पट्टी।

फाल-कृष्ट—[स॰] *वि॰* १. (खेत) जिसे जोता जा चुका हो। २. (अन्न) जो हल से जोते गए खेत में उपजा हो। ३. खेती से प्राप्त।

फ़ालसा—[फा॰] *पु॰* १. ग्रीष्म ऋतु का एक खट्टा और छोटा फल। २. उक्त फल का वृक्ष। ✣ **फ़ालसई**—*वि॰* = फ़ालसे के

रंग का। पु॰ = उक्त रंग। लाली लिए हुए कुछ-कुछ नीला रंग।

फ़ालिज—[अरबी] *पु॰* पक्षाघात। **वा॰ फ़ालिज मारना/गिरना**—१. पक्षाघात का रोग होना। २. निष्क्रिय कर देना।

फाली—[< स॰ फाल] *स्त्री॰* बीज बोने के लिए ज़मीन में छेद करने का एक उपकरण। खोंसनी।

फ़ालूदा—[< फा॰ फ़ालूद:] *पु॰* १. मैदा आदि से बना एक व्यंजन जिसे कुल्फ़ी के साथ खाया जाता है या शर्बत के साथ पिया जाता है

फाल्गुन—[स॰ फल्गुन + अण्] *पु॰* १. विक्रम संवत् का बारहवाँ मास। फागुन। २. (पांडव) अर्जुन। ३. अर्जुन वृक्ष।

फाल्गुनी[१]—[स॰ फल्गुनी + अण् + ङीप्] *स्त्री॰* फागुन मास की पूर्णिमा।

फाल्गुनी[२]—[स॰ फल्गुन + अण् + ङीप्] *स्त्री॰* पूर्वा फाल्गुनी और उत्तरा फाल्गुनी नक्षत्र।

फ़ाश—[फा॰] *वि॰* १. प्रकट। ज़ाहिर। २. खुला हुआ। आवरण-रहित। अनावृत। **वा॰ पर्दा फ़ाश होना**—रहस्य खुलना।

फासीवाद—[< अ॰ फ़ैशी + स॰ वाद] *पु॰* १. असहिष्णु तथा उग्र राष्ट्रवाद। २. (लाक्षणिक) निरंकुशता। तानाशाही। ✣ **फ़ासीवादी**—*वि॰* = १. असहिष्णु तथा उग्र राष्ट्रवादी (व्यक्ति/दल/प्रवृत्ति)। (लाक्षणिक) १. निरंकुश। तानाशाह। २. जो तानाशाही का समर्थक हो।

***फाहर**—[< हि॰ फहरना] *स्त्री॰* फहरने की क्रिया/भाव। फहर।

फाँट[१]—[< हि॰ फटना] *स्त्री॰* फाड़ने की क्रिया/भाव। **जैसे**—काट-फाँट।

फाँट[२]—[< स॰ फाण्ट] *पु॰* औषध-चूर्ण को गर्म पानी में कुछ समय रखकर छानने से तैयार काढ़ा। फांट।

फाँटना—[< हि॰ फाँट < हि॰ फटना] *क्रिस॰* अनेक भागों में बाँटना। विभाग करना।

फाँटा—[< हि॰ फाँटना] *पु॰* लोहे या लकड़ी का कोणाकार टुकड़ा जो दो वस्तुओं के जोड़ पर जड़ा जाता है ताकि वे कसी/जकड़ी रहें। कोनिया।

फाँद—[< हि॰ फाँदना] *स्त्री॰* १. फाँदने की क्रिया/भाव। २. फाँदने की विधि/ढंग। ३. छलाँग। **जैसे**—कूद-फाँद।

फाँदना[१]—[< प्रा॰ फन्द < स॰ √स्पन्द] *क्रिअ॰* १.कूदना। उछलना। २. छलाँग भरना। *क्रिस॰* लाँघना। फलाँगना। **वा॰ (बीच में) फाँद पड़ना**—१. विघ्न डालना। २. अनावश्यक हस्तक्षेप करना।

फाँदना[२]—[< हि॰ फन्दा] *क्रिस॰* फन्दे में फँसाना।

फाँदी—[< हि॰ फन्दा] *स्त्री॰* १. (वस्तुओं का) गट्ठा बाँधने की रस्सी। २. (वस्तुओं का) गट्ठा।

फाँस[१]—[< स॰ पाश] *स्त्री॰* पाश। फन्दा।

फाँस[2]—[< स॰ पनस] *स्त्री॰* १. उँगली आदि में चुभ जाने वाली सूखी लकड़ी, बाँस आदि का सूक्ष्म तन्तु। २. (लाक्षणिक) मन में चुभने या खटकने वाली बात। गाँस। **वा॰ फाँस निकलना**—१. मन में चुभनेवाली बात न रहना। २. आशंका/खटका दूर होना।

फाँसी—[< स॰ पाश] *स्त्री॰* १. पाश। फन्दा। २. रस्सी आदि का फन्दा जिसमें गला फँसा कर आत्महत्या के लिए व्यक्ति लटक जाता है। ३. गले में फन्दा डालकर कसने से मारने की विधि। ४. उक्त विधि से दिया जाने वाला प्राणदंड। ५. (लाक्षणिक) कोई कष्टपूर्ण या संकटपूर्ण काम/बात आदि। **जैसे**—गले में पड़ी प्रेम की फाँसी।

फ़िकरा (फ़िक़रा)—[< अरबी फिक्र:] *पु॰* १. वाक्य। २. (लाक्षणिक) व्यंग्य। कटाक्ष। **वा॰ फ़िकरे जड़ना**—व्यंग्यपूर्ण बातें करना। **फ़िकरे जोड़ना**—झूठी बात बनाकर कहना। ✣ **फ़िक़रेबाज़/फ़िक़्रेबाज़**—*वि॰* = व्यंग्यपूर्ण बातें कहनेवाला। फब्तियाँ कसनेवाला।

†फिकारना—[देशज] *क्रिस॰* उघाड़ना। नंगा करना। **जैसे**—सिर फिकार कर घूमना।

फिकैत—[< हि॰ फेंकना] *वि॰* फेंकने में निपुण। *पु॰* १. भाला/बर्छी फेंककर मारने में निपुण योद्धा। २. पटा-बनेठी का खिलाड़ी। पटेबाज़।

***फिक्का-फिक्की**—[< हि॰ फेंकना] *स्त्री॰* फेंका-फेंकी। फेंकना।

फ़िज़ा—[< अरबी फ़ज़ा] *स्त्री॰* १. वातावरण। २. शोभा। रौनक़।

फिट—[अनु॰] *स्त्री॰* कठोर वस्तु पर आघात करने से होनेवाली या गोली छोड़े जाने की आवाज़।

फ़िट[१]—[अ॰] *पु॰* (मिर्गी, लक़वा या मूर्च्छा आदि किसी) रोग का दौरा।

फ़िट[२]—[अ॰] *वि॰* १. योग्य। समर्थ। लायक़। २. उपयुक्त। २. उचित। ठीक। **वा॰ फ़िट करना**—१. यथास्थान लगाना। २. काम करने योग्य बनाना। ३. परिस्थिति या व्यक्ति को अनुकूल बनाना।

फिटकना—[प्रा॰ फेड] *क्रिस॰* फेंकना।

फिटकिरी—[< स॰ स्फटिक] *स्त्री॰* एक सफ़ेद खनिज जो औषधोपयोगी है।

फिटन—[अं॰ फेटन] *स्त्री॰* (पहले प्रचलित रही) चार पहियों की बड़ी घोड़ागाड़ी।

फ़ितरत—[< अरबी फ़ित्रत] *स्त्री॰* १. स्वभाव। प्रकृति। २. धूर्तता। चालाकी। ३. शरारत। ✣ **फ़ितरती**—*वि॰* = १. धूर्त। चालाक। २. शरारती। ३. बातूनी। ४. झूठी बातें बनानेवाला।

फ़ितूर—[< अरबी फ़ुतूर] *पु॰* १. दोष। विकार। २. उत्पात। उपद्रव। ३. शरारत। ✣ **फ़ितूरिया**—*वि॰* = १. उपद्रवी। २. शरारती।

फिरक—[< हि॰ फिरना] *स्त्री॰* एक प्रकार की छोटी बैलगाड़ी जिसमें आराम से एक व्यक्ति ही बैठ सकता है।

फिरकना—[< हि॰ फिरना] *क्रिअ॰* १. किसी अक्ष पर घूमना या चक्कर लगाना। २. थिरकना। नाचना। ✣ **फिरकनी**—*स्त्री॰* = लकड़ी का एक खिलौना। चकई। फिरकी।

फ़िरक़ा—[< अरबी फ़िर्क़:] *पु॰* १. वर्ग। २. पन्थ। सम्प्रदाय।

३. दल। गुट। ४. जाति। ✣ **फ़िरक़ा-परस्त**— *वि॰* = साम्प्रदायिक। ✣ **फ़िरक़ेबन्दी**— *स्त्री॰* = दलबन्दी। ✣ **फ़िरक़ेवाराना**— *वि॰* = फ़िरक़ों में बँधी दृष्टि वाला। जातीय, उपजातीय, वर्गीय, दलीय या सम्प्रदायगत।

फिरकी—[< हि॰ फिरकना] *स्त्री॰* १. फिरकने या चक्कर लगानेवाली वस्तु। २. गत्ते, चमड़े, लकड़ी या धातु आदि का छोटा गोल टुकड़ा जो अपनी धुरी पर तेज़ी से चक्कर लगाता हो। ३. लकड़ी का एक खिलौना। चकई। फिरकनी। ४. मोटे काग़ज़ या लकड़ी के गोल टुकड़े में दो छेद करके डोरी पिरोने से बनी वस्तु (जिसके डोरे को इधर-उधर खींचने से वह टुकड़ा ध्वनि करता हुआ घूमता है)। ***वा॰* फिरकी की तरह फिरना**—१. एक स्थान पर या एक दशा में स्थिर न रहना। २. बहुत व्याकुल होकर इधर-उधर घूमना।

फ़िरक़ेबन्दी (फ़िरकेबंदी), फ़िरक़ेवार (फ़िरक़ेवार)— दे॰ फ़िरक़ा।

फिरङ्ग/फ़िरङ्ग (फिरंग/फिरंग)—[< अ॰ फ्राङ्क] *पु॰* १. यूरोप। २. गोरा (अँग्रेज़ आदि कोई यूरोपीय व्यक्ति)।

फ़िरङ्गी (फ़िरंगी)—[< हि॰ फ़िरंग] *पु॰* १. अँग्रेज़ आदि यूरोपीय जातियों में से कोई। २. उक्त जाति का व्यक्ति।

†***फिरत**—[< हि॰ फिरता/फिरना] *स्त्री॰* १. वापस लौटने/करने की क्रिया/भाव। वापसी। *क्रिअ॰* 'फिरना' क्रिया का एक रूप। फिरता है या फिरते हैं। ✣ **फिरत-फिरत**— *क्रिवि॰* = १. फिरते-फिरते। २. इधर-उधर या यहाँ-वहाँ। घूमते-घूमते।

फिरता—[< हि॰ फिरना] *वि॰* १. वापस आया हुआ। लौटा हुआ। २. वापस किया हुआ। ***जैसे***—फिरता सामान। ३. (लाक्षणिक) घूमता हुआ। ***जैसे***—फिरता दिमाग़।

फ़िरदौस—[< अरबी फ़िर्दौस] *पु॰* १. स्वर्ग। २. वाटिका। बग़ीचा। ✣ **फ़िरदौसी**— *पु॰* = १. स्वर्ग में रहनेवाला। २. एक प्रसिद्ध फारसी कवि 'फ़िर्दौसी'।

फिरन**—[< हि॰ फिरना] *स्त्री॰* १. लौटना। वापसी। २. चक्कर। ***जैसे—चकई की फिरन। *क्रिवि॰* = फिरने के लिए। वापस जाने के लिए।

फिरनी—[< फा॰ फ़िर्नी] *स्त्री॰* दूध में मेवा, चीनी आदि से बनी एक प्रकार की खीर।

फिरन्दर (फिरंदर)—[< हि॰ फिरना] *वि॰, पु॰* निरन्तर इधर-उधर घूमता-फिरता रहने वाला।

फिराई—[< हि॰ फिराना < फेरना] *स्त्री॰* १. फिराने की क्रिया/भाव/मज़दूरी। २. फेरने की क्रिया/भाव/मज़दूरी।

फिराऊ—[< हि॰ फिरना] *वि॰* १. लौटता हुआ। वापस आनेवाला। २. (वस्तु/माल) जिसके विषय में यह निश्चित हो कि कुछ समय बाद या कुछ शर्त पूरी होने पर या न होने पर वापस किया जा सकेगा।

***फिरि[१]**— *क्रिवि॰* ≤ *हि॰* फिर। १. पुनः। अनन्तर। २. तब। ✣ **फिरि-फिरि[१]**— *क्रिवि॰* = पुन: पुनः। फिर-फिर।

***फिरि[२]**—[< *हि॰* फिरना] *क्रिवि॰* घूमकर। मुड़कर। ✣ **फिरि-फिरि[२]**— *क्रिवि॰* = घूम-घूमकर। मुड़-मुड़कर।

***फिल**—[< स॰ √पिल्] *वि॰* नष्ट।

***फिलकना**—[< हि॰ फिरकना] *क्रिअ॰* चक्कर खाकर हटना।

फिलत्ता—[देशज] *पु॰* सैनिक। सिपाही।

फ़िलहक़्क़ीक़त—[अरबी] अव्यय॰ हक़ीक़त में। वस्तुतः। सचमुच।

फ़िलहाल—[अरबी] *क्रिवि॰* अस्थायी रूप से इस समय। सम्प्रति।

फ़ी—[अरबी] *क्रिवि॰* हर एक। प्रत्येक। प्रति। ✣ **फ़ीसदी**— *क्रिवि॰* = हर सौ के हिसाब से। हर सौ पर। प्रतिशत।

फ़ीचर—[अ॰] *पु॰* (पत्र॰) पत्र-पत्रिका में प्रकाशनार्थ/प्रकाशित किसी विषय पर लिखा गया लेख। प्रसंग-लेख।

फ़ीनिक्स—[अ॰] *पु॰* लोक-कथाओं का एक प्रसिद्ध अरबी पक्षी जिसकी प्राचीन मिस्र में पूजा होती थी तथा जिसकी विलक्षणता यह कही जाती थी कि वह हर पाँच सौ वर्ष बाद स्वयं को जलाकर भस्म कर लेता है और उसकी भस्म से फिर नवीन स्वरूप धारण कर लेता है।

फ़ीरोज़ा—[फा॰] *पु॰* एक रत्न जिसका रंग हरापन लिए हल्का नीला होता है। ✣ **फ़ीरोज़ी**— *वि॰* = फ़ीरोज़े के रंग का। *पु॰* हरापन लिए हल्का नीला रंग।

फ़ील—[फा॰] *पु॰* १. गज। हाथी। २. शतरंज के खेल में एक प्रकार का मोहरा। ✣ **फ़ीलख़ाना**— *पु॰* = वह स्थान जहाँ हाथी रखे जाते हैं। हाथीख़ाना। ✣ **फ़ीलपाँव**— *पु॰* = एक रोग जिसमें पाँव सूजकर बहुत मोटे हो जाते हैं। श्लीपद।

फ़ीलवान—[< फा॰ फ़ीलबान] *पु॰* महावत।

फ़ीस—[अ॰] *स्त्री॰* १. शुल्क। ***जैसे***—परीक्षा की फ़ीस। २. (वकील/डाक्टर आदि का) पारिश्रमिक या मेहनताना। ***जैसे***—डाक्टर की फ़ीस।

फीहा—[देशज] *पु॰* टुकड़ा। धज्जी।

फुक्क—[< हि॰ फुँकना] *वि॰* १. जो जलाकर भस्म कर दिया गया हो। २. व्यर्थ व्यय किया गया (धन)। ✣ **फुक्कू**— *पु॰* = १. फूँक देनेवाला। भस्म कर देने वाला। २. धन को नष्ट करनेवाला।

फुचड़ा—[देशज] *पु॰* बुनावटवाली वस्तुओं में बाहर निकला हुआ धागा। ***जैसे***—पुरानी दरी के फुचड़े काट दो।

फुट—[प्रा॰ < स॰ स्फुट] *वि॰* १. एकाकी। अकेला। २. पृथक्। अलग।

फ़ुट—[अ॰] *पु॰* १. पैर। २. बारह इंच की लम्बाई।

फुटका—[< स॰ स्फोटक] *पु॰* १. छाला। फफोला। २. छोटा दाग़/धब्बा। ३. छोटा कण। ✣ **फुटकी[१]**— *स्त्री॰* = छोटा फुटका।

फुटकी[२]—[< स॰ पुटक] *स्त्री॰* किसी तरल पदार्थ में तैरते कणों की बहुत छोटी गाँठों में से प्रत्येक। थक्का। ***जैसे***—फटे दूध की फुटकियाँ; तपेदिक़ के रोगी के थूक में ख़ून की फटकियाँ।

†**फुनक[१]**—[< हि॰ फूँ] *स्त्री॰* फूत्कार। फुंकार।

†**फुनक[२]**—[< हि॰ फुनगी] *स्त्री॰* फुनगी।

***फुनसली**—[< हि॰ फुंसी] *स्त्री॰* फुंसी। फुड़िया।

***फुनि**—*क्रिवि॰* ≤ *स॰* पुनः। फिर। ✣ **फुनि-फुनि**—*क्रिवि॰* = १. फिर-फिर। बार-बार। २. रह-रह कर।

फुप्फुस—[देशज, संस्कृत में भी इसी रूप में गृहीत] *पु॰* श्वसन-तन्त्र के दो अंगों में से प्रत्येक जिनका प्रमुख कार्य रक्त को आक्सीजन देना और चयापचय के उच्छिष्ट कार्बन डाइआक्साइड को बाहर निकालना है। फेफड़ा।

फुरकना[१]—[< हि॰ फुर] *क्रिअ॰* १. 'फुर' ध्वनि करना। २. उड़ जाना।

***फुरकना[२]**—[< स॰ स्फुरण] *क्रिअ॰* स्फुरित होना। फड़कना। *जैसे*—भुजाएँ फुरकती हैं। ✣ ***फुरकाना**—*क्रिस॰* = फड़काना।

***फुरत**—[< स॰ स्फूर्ति] *स्त्री॰* १. स्फूर्ति। २. फुर्ती। ३. शीघ्रता। ✣ **फुरति**—*स्त्री॰* = फुरत।

फुरन—[< हि॰ फुरना] *स्त्री॰* फुरने की क्रिया/भाव।

फुरना[१]—[< प्रा॰ फुरण < स॰ स्फुरण] *क्रिअ॰* १. फड़कना। २. (पक्षियों का) पर फड़फड़ाना। ३. स्फुरित होना। प्रकट होना। निकलना। ४. प्रभाव डालना। ५. उच्चरित होना।

फुरना[२]—[< स॰ स्फुट] *क्रिअ॰* सत्य सिद्ध होना।

फुरहरना—[< स॰ स्फुरण] *क्रिअ॰* फूटकर निकलना। प्रादुर्भूत/प्रकट। उत्पन्न होना।

फुरहरा—[< हि॰ फूलना] *पु॰* १. मक्का/ज्वार आदि के दानों का भूनने पर खिला हुआ रूप। २. ज़ोर की हँसी। अट्टहास। ठहाका।

फुरहरी—[< हि॰ फुरना] *स्त्री॰* १. 'फुर-फुर' ध्वनि। २. (पक्षियों के द्वारा) पर फड़फड़ाने से उत्पन्न ध्वनि। ३. (भय/ठंड आदि के कारण उत्पन्न) रोमांच के साथ कँपकँपी। थरथराहट। ४. सींक का टुकड़ा या छोटी तीली जिसके सिरे पर ज़रा-सी रुई लपेटी गयी हो और उसे तेल/ओषधि आदि में डुबाकर काम में लाया जाए।

***फुरि**—[< प्रा॰ फुर] *वि॰* सत्य। यथार्थ। सच्ची।

फुरेरू—[< हि॰ फुर] *स्त्री॰* १. उत्साह। जोश। २. साहस। हिम्मत।

फुलकारी—[< हि॰ फूल] *स्त्री॰* १. कपड़े पर फूल-पत्ती बनाने का काम। २. फूलों की सजावट। ३. फूलों से किया गया शृंगार।

फुलबगिआ—[< हि॰ फूल + फा॰ बाग़] *स्त्री॰* पुष्पवाटिका। फुलवारी।

†फुलरा—[< हि॰ फूल] *पु॰* फूलों का गुच्छा। फुँदना। झब्बा।

फुलवा—[< हि॰ फुल] *पु॰* एक पौधा जिसमें लाल और सफ़ेद फूल आते हैं।

***फुलवाई**—[< हि॰ फुलवारी] *स्त्री॰* पुष्पवाटिका। फुलवारी।

फुलसुँघनी/फुलसुँघी—[< हि॰ फूल + सूँघना] *स्त्री॰* फुलचुही नामक चिड़िया।

फुलहरा—[< हि॰ फूल + स॰ धारक] *पु॰* (सूत, रेशम आदि के) झब्बे वाली बन्दनवार जो मांगलिक अवसरों पर द्वार पर लगायी जाती है।

†फुलहा—[< हि॰ फूल (एक धातु)] *वि॰* फूल नामक मिश्र धातु का बना हुआ (पात्र)। ✣ **फुलही**—*वि॰* (*स्त्री॰*)। *जैसे*—फुलही कटोरी।

फुलहारा—[< स॰ फुल्लाहारक] *पु॰* माली। ✣ **फुलहारिन**—*स्त्री॰* = मालिन।

फुलिया—[< हि॰ फूल] *पु॰* = १. किसी वस्तु का फूल जैसा उभरा हुआ गोल सिरा। २. नाक का एक आभूषण। फूल। लौंग।

फुली—[< हि॰ फूली] *स्त्री॰* आँख का एक रोग। फूली।

फुलेरा—[< हि॰ फूल] *वि॰* फूलों से बना हुआ। *पु॰* फूलों से बनायी गयी छतरी जो देवी-देवता पर लगायी जाती है।

फुलेल[१]—[< हि॰ फूल + तेल] *पु॰* (सिर में लगाने का) फूलों की गन्ध से सुगन्धित किया गया तेल। सुगन्धित तेल।

फुलेल[२]—[< हि॰ फूल] *पु॰* एक छत्तेदार घास जिसके पत्ते गोल होते हैं और फूल सफ़ेद रंग के आते हैं।

फुलैदी—[< हि॰ फूल] *स्त्री॰* एक छोटा पौधा जिस पर सफ़ेद रंग की बाल-सी लगती है।

फुल्ल—[स॰ √फुल् + अच्] *वि॰* १. खिला हुआ (फूल)। २. विकसित। ३. प्रसन्न। हर्षित। प्रफुल्ल। ख़ुश। *जैसे*—फुल्ल नेत्र। *पु॰* पुष्प। फूल। ✣ **फुल्लनयन/फुल्ललोचन**—*वि॰* = (आनन्द से) विकसित या खिले हुए नेत्रों वाला। प्रफुल्लनयन।

फुल्लना—[< स॰ फुल्ल, या < हि॰ फूलना] *पु॰* ख़रीफ़ की फसल में उग आने वाला एक छोटा पौधा जो लगभग दो हाथ ऊँचा होता है और पीले या सफ़ेद फूलों वाला होता है।

फुल्ला[१]—[< ॰स फुल्ल, या < हि॰ फूलना] *पु॰* १. सेंकने से फूला हुआ अनाज का दाना। २. (मक्का आदि की) खील।

फुल्ला[२]—[< हि॰ फूल] *वि॰* फूल के समान कोमल/हल्का। *पु॰* १. किसी आभूषण/पात्र/ढाल आदि में फूल/चिह्न/प्रतीक का उभार। २. उभरा ठप्पा।

फुल्लिका—[< स॰ फुल्लक + टाप्] *स्त्री॰* फूल की आकृति का अलंकरण।

फुँदना—[देशज] *पु॰* १. सूत, ऊन आदि का बना फूल। २. उक्त के समान सूत, ऊन आदि की गाँठे। झब्बा। *जैसे*—तराज़ू की डंडी में लगा फुँदना। ✣ **फुँदिया**—*स्त्री॰* = छोटा फुँदना।

***फुँदी**—*स्त्री॰* ≤ *हि॰* बिन्दी।

फूलकारी—[< हि॰ फूल] *स्त्री॰* (कपड़े आदि पर) बेल-बूटे बनाने का काम।

फूलचुकी/फुलचुकी—[< हि॰ फूल + स॰ चूषण] *स्त्री॰* एक चिड़िया। फुलचुही। फुलसुँघनी।

***फूलड़िया**—[देशज] *स्त्री॰* जूता। जूती।

फूलडोल—[< हि॰ फूल + स॰ ढोल] *पु॰* ब्रज का एक लोकोत्सव जो चैत्र शुक्ल द्वितीया से एकादशी तक मनाया जाता है और जिसमें राधा और कृष्ण की मूर्तियों को फूलों के झूले में झुलाते हैं।

फूल-बत्ती—[हि॰] *स्त्री॰* पूजा के दीपक के लिए बनायी जाने वाली रुई की बत्ती जिसका नीचे का भाग खिले फूल के आकार

का होता है और जो खड़ी रहती है।

फूला—[< हि॰ फूलना] *पु॰* १. मक्का आदि भूनने से बनी खील। २. नेत्रों का एक रोग। फूली।

फूस—[< स॰ तुष] *पु॰* १. सूखी घास जो छप्पर बाँधने आदि में काम आती है। २. तृण। तिनका। ***जैसे***—घास-फूस। *वि॰* अति तुच्छ (व्यक्ति/वस्तु)।

फूहड़—[< फा॰ फुहश] *वि॰* १. भद्दे ढंग से काम करनेवाला। २. बेढंगा। बेशऊर। ३. अश्लील। भद्दा। गन्दा। ४. निकम्मा (व्यक्ति)।

फूहा—[देशज] *पु॰* रुई का गाला।

फूही—[< हि॰ फुहार] *स्त्री॰* १. पानी का छींटा। २. हल्की वर्षा की छोटी-छोटी बूँदों की झड़ी। फुहार। ३. दूध और मलाई के ऊपर दिखनेवाले चिकनाई के छोटे कण।

फूँद—[< हि॰ फुँदना] *स्त्री॰* १. फुँदना। २. ग्रन्थि। गाँठ।

फेकरना—[< प्रा॰ फेक्कार < स॰ फेत्कार] *क्रिअ॰* १. 'फे-फें' ध्वनि करना। २. (गीदड़ों आदि का) चिल्ला-चिल्लाकर रोना या चिल्ला-चिल्लाकर अप्रिय शब्द करना।* **फेकरि**—*क्रिवि॰* = चिल्ला-चिल्लाकर रोकर या अप्रिय शब्द करके।

फेकारना—[< हि॰ फेंकना] *क्रिस॰* १. (स्त्रियों का) सिर के केश खोलकर झटकारना। २. सिर का आवरण-रहित (नंगा) होना।

†**फेटा**—*पु॰* ≤ *हि॰* फेंटा।

फेन—[स॰ √स्फाय् + नक्, 'फे' आदेश] *पु॰* बबूलों/बुदबुदों का समूह। झाग।

फेनक—[स॰ फेन + कन्] *पु॰* १. फेन। झाग। २. एक मीठा व्यंजन। फेनी। *वि॰* फेन उत्पन्न करनेवाला।

फेनकमल—[स॰ फेन ~ कमल] *पु॰* हिमालय-क्षेत्र में १५००० फ़ुट या उससे ऊपर पाया जाने वाला सफ़ेद रंग का एक गोलाकार और छोटा पुष्प।

फेनधर्मा—[स॰ फेनधर्मन्] *वि॰* १. फेन के समान गुणधर्म वाला। २. क्षणभंगुर।

फेनना—[< स॰ फेन] *क्रिस॰* किसी द्रव पदार्थ में झाग उठाना। फेन उत्पन्न करना।

फेनांशुक—[स॰ फेन ~ अंशुक] *पु॰* बारीक सफ़ेद वस्त्र।

फेनिका—[स॰] *स्त्री॰* एक मिठाई। फेनी।

फेनिल—[स॰ फेन + इलच्] *वि॰* १. फेन के समान सफ़ेद। २. फेन/झाग से युक्त। फेनवाला। झागदार। ***जैसे***—फेनिल दूध पीना।

फेनी—[< प्रा॰ फीणिया या < स॰ फेनिका] *स्त्री॰* मैदे के लच्छों वाला एक व्यंजन।

फेनोच्छ्वासित—[स॰ फेन ~ उच्छ्वासित] *वि॰* जिसके मुख से झाग निकल रहे हों।

फेनोज्ज्वल—[स॰ फेन ~ उज्ज्वल] *वि॰* फेन की तरह सफ़ेद।

फेनोपम—[स॰ फेन ~ उपमा] *वि॰* फेन की तरह सफ़ेद या क्षणभंगुर।

फेफड़ा—[देशज और < स॰ फुप्फुस] *पु॰* वक्ष के नीचे के भाग में स्थित थैली के आकार का अवयव जिससे रीढ़वाले अधिकांश प्राणी साँस लेते हैं। फुप्फुस।

फेफरी—[< स॰ पर्पटी] *स्त्री॰* पपड़ी।

फेरव—[स॰ फे ~ रव] *पु॰* १. शृगाल। गीदड़। २. प्रेत/पिशाच। ३. राक्षस। ४. गुंडा। बदमाश।

फेरी—[< हि॰ फेरना] *स्त्री॰* फेरा। ***वा॰* फेरे पड़ना**—भाँवरें पड़ना। विवाह होना।

फेरीवाला—[< हि॰ फेरी] *पु॰* गाँव/शहर में गली-गली घूम-फिरकर चीज़ें बेचनेवाला व्यक्ति।

फेरु/फेरुक—[स॰ फे √रु + डु + कन्] *पु॰* शृगाल। गीदड़। सियार।

फेरौट—[< हि॰ फेरना] *स्त्री॰* १. फेरने/फिरने का भाव। वापसी। लौटाना। २. फेरा। ३. घुमाव-फिराव। ४. अन्तर। भेद।

फ़ेल्ट कैप—[अं॰] *स्त्री॰* एक प्रकार की ऊनी टोपी जो टोप के सदृश होती है।

फ़ेहरिस्त—[अरबी] *स्त्री॰* सूची। सूचीपत्र।

फैंट (फेंट)—[देशज] *स्त्री॰* १. कमर का घेरा। २. धोती का वह भाग जिसे पुरुष कमर के चारों ओर लपेटते हैं। *३. कमरबन्द। Δ **पर्याय**—फेंटा। ***वा॰* फेंट कसना/बाँधना**—तैयार होना। कटिबद्ध होना।

***फँफर (फेंफर)**—[देशज] *वि॰* सूखा हुआ।

फ़ैज़—[अरबी] *पु॰* १. लाभ। २. उपकार। भलाई। ३. यश। ✣ **फ़ैज़-ए-आम (फ़ैज़ेआम)**—*वि॰* = सर्वोपकारी। सर्वहितकारी। ***जैसे***—फ़ैज़ेआम अस्पताल।

फ़ैन—[अं॰] *पु॰* किसी मनोरंजन (खेल, सिनेमा आदि) या अभिनेता आदि का विशेष प्रेमी।

फ़ैन्तासी (फ़ैंतासी)—[< अं॰ फ़ैन्टसि] *स्त्री॰* १. निराधार/कोरी कल्पना। गुमान। बहम। २. कल्पना-शक्ति। स्वच्छन्द कल्पना। (काव्य॰) कहानी, कविता आदि जो यथार्थ पात्रों या यथार्थ दृश्य-योजना पर आधारित नहीं होती। स्वप्नचित्र। ***जैसे***—कवि की इस रचना में फ़ैन्तासी का प्रयोग है।

फ़ैन्सी (फ़ैंसी)—[अं॰] *पु॰* १. भ्रम। वहम। २. कल्पना या कल्पना-शक्ति। (काव्य॰) कल्पना-शक्ति से भिन्न एक छोटी मानसिक शक्ति जो गम्भीर संश्लिष्ट चित्रों की सृष्टि नहीं कर सकती परन्तु मनोरंजक चित्रों की रचना करती है। ललित कल्पना। *वि॰* जो सादा न हो। सजावटी। भड़कीला। ***जैसे***—फ़ैन्सी साड़ी।

फ़ैयाज़—[अरबी] *वि॰* दानी। ✣ **फ़ैयाज़ी**—*स्त्री॰* = १. दानशीलता। २. उदारता।

फ़ैसल—[अरबी] *वि॰* जिसका फ़ैसला हो गया हो।

फोक[१]—[< स॰ पुङ्ख] *पु॰* तीर के पीछे का सिरा जिस पर पंख लगे होते हैं। फोंक। *वि॰* नुकीला। फोंख।

फोक[२]—[< प्रा॰ फुक्का] *पु॰* १. किसी वस्तु का सारहीन अंश।

निस्सार/थोथी वस्तु। २. नीरस पदार्थ। ३. भूसी। *वि॰* १. कोमल। नरम। २. (कपड़े पर चढ़ा हुआ रंग) जो हल्का हो या कच्चा पड़ गया हो। *जैसे—* फोक गुलाबी रंग। ३. कोमल (मिट्टी)। ४. सारहीन। निस्सार।

फोकदार—[< हि॰ फोंकदार] *वि॰* नोकदार। नुकीला।

फोकला—[< हि॰ बोकला < स॰ वल्कल] *वि॰* फोका। (दे॰) *पु॰* (फल/सब्ज़ी आदि का) छिलका।

फोका—[< हि॰ फोक] *वि॰* १. पोला। खोखला। २. रिक्त। ख़ाली। ३. स्वादहीन। नीरस। फीका। ४. सारहीन। थोथा। ५. घटिया। *पु॰* फल आदि का रस निकालने के बाद बचा अंश। *क्रिवि॰* केवल। निरा।

फोट—[< स॰ स्फोट] *पु॰* १. फूट कर निकलना। स्फोट। २. मन की बात का कथन। उद्‌गार।

फोटक—[< स॰ स्फोटक] *वि॰* व्यर्थ या कष्टकर (कार्य)।

***फोटा**—[देशज] *पु॰* १. माथे की बिन्दी। २. माथे का टीका।

फ़ोटोन—[अं॰] *पु॰* (भौतिकी॰) विद्युत चुम्बकीय विकिरण की एक मात्रा (अं॰ क्वान्टम) जो प्रकाश के वेग से गति करती है तथा जिसकी ऊर्जा उसकी आवृत्ति की समानुपाती होती है।

फ़ोता—[< फा॰ फ़ोतः] *पु॰* १. लगान। २. अंडकोष। ✣ **फ़ोताख़ाना**—*पु॰* = कोषागार। ख़ज़ाना। ✣ **फ़ोतादार/फ़ोतेदार**—*पु॰* = कोषाध्यक्ष। ख़ज़ानची।

फ़ोनोग्राफ़—[अं॰] *पु॰* एक यन्त्र जो ध्वनि को अंकित करता है और बजाने पर उसी रूप में प्रकट कर देता है। ध्वनिग्राहक यन्त्र।

फ़ोनोग्राम—[अं॰] *पु॰* १. (आशुलिपि आदि में) ध्वनि-चिह्न। २. फोनोग्राफ़ द्वारा भरा गया रिकार्ड।

फ़ोबिया—[अं॰] *पु॰* (चिकित्सा॰) एक मनोविकार जिसमें मन अकारण किसी वस्तु से डरने लगता है। भीति। त्रास।

फ़ोरमैन—[अं॰] *पु॰* (कारख़ाने आदि के) कर्मचारियों/कारीगरों का मुखिया या उन पर दृष्टि रखनेवाला अधिकारी।

फ़ोलियो—[अं॰] *पु॰* १. पांडुलिपि का पन्ना/पर्ण/वर्क़। २. (मुद्रित पुस्तक के) पृष्ठ का क्रमांक/नम्बर। ३. एक बार भाँजा हुआ काग़ज़ का तख़्ता। [वाणि॰] (बहीखाते में) आमने-सामने के दो पन्ने।

फौंक (फोंक)/फोक—[< स॰ पुङ्ख] *पु॰* तीर के पीछे का सिरा जिस पर पंख लगे होते हैं। ✣ **फौंकदार (फोंकदार) फोकदार**—*वि॰* = १. फोंकवाला। २. नुकीला। नोकदार।

फौंका (फोंका)—[< हि॰ फोका] *पु॰* १. पोली/खोखली वस्तु। २. ऊपर से धनी लगने पर भी वास्तव में धनरहित व्यक्ति। ३. (पोले डंठल वाले धान्यों की) फुनगी।

***फौंख (फोंख)**—[< स॰ पुङ्ख] *वि॰* नुकीला।

फौंफर (फोंफर)—[अनु॰] *वि॰* १. पोला। खोखला। २. सारहीन। थोथा। *पु॰* दो तलों के बीच की दरार। सन्धि।

फौंफी (फोंफी)—[अनु॰] *स्त्री॰* १. गोल ओर लम्बी नली। २. (सुनारों की) आग धौंकने की नली।

फ़ौत—[अरबी] *स्त्री॰* मरण। मृत्यु। *वि॰* मरा हुआ। मृत।

फ़ौरी—[अरबी] *वि॰* १. तत्काल ध्यान देने योग्य। तुरन्त करने का। २. अत्यावश्यक। ३. महत्त्वपूर्ण। (अं॰ अर्जेन्ट)

फ़ौलाद—[फा॰] *पु॰* कड़ा और बढ़िया लोहा जिससे हथियार और तेज धारवाले औज़ार बनाए जाते हैं। लोहसार। इस्पात।

फ़्लश—[अं॰] *पु॰* शौचालय साफ़ करने की एक यान्त्रिक व्यवस्था जिसमें पानी की तेज़ धार मल बहाकर ले जाती है।

फ़्लेमिश—[अं॰] *वि॰* बेल्जियम देश के फ्लैंडर्ज़ प्रदेश का। *स्त्री॰* उक्त प्रदेश की भाषा जो बेल्जियम की एक राजभाषा है।

फ़्लैश—[अं॰] *पु॰* १. अचानक उठनेवाली क्षणिक ज्वाला। २. दीप्ति। आभा। कौंध। ३. बिजली की बहुत तेज़ रोशनी वाला बल्ब जो रात्रि में या कम प्रकाश में छायाचित्र/फ़ोटो खींचने में काम आता है।

फ़्लैशबैक—[अं॰] *पु॰* अतीत की घटना/घटनाओं की झलक। पूर्वदृश्य। पूर्वदीप्ति।

ब

देवनागरी वर्णमाला का तेईसवाँ वर्ण जो पवर्ग का तीसरा व्यंजन है। (भाषाविज्ञान की दृष्टि से) यह द्वयोष्ठ्य, स्पर्श, घोष और अल्पप्राण ध्वनि है। इसका महाप्राण रूप 'भ' है। ● **विशेष—१.** 'ब', 'बा' आदि के अनुनासिक रूप क्रमश: बँ, बाँ, बिँ, बीँ इत्यादि होते हैं परन्तु शिरोरेखा के ऊपर मात्रा आने पर 'चन्द्रबिन्दु' के स्थान पर 'बिन्दु' लगाने की रीति सुविधार्थ प्रचलित है (बिँधना→बिंधना; बीँधना→बिंधना; बैँट→बेंट) २. (व्यंजन-गुच्छों में) यदि 'ब' किसी व्यंजन के पहले आकर उससे मिलता है तो अपनी खड़ी रेखा को छोड़ देता है (अब्ज, ज़ब्त, शब्द) परन्तु 'ब्' का 'र' से संयुक्त रूप '**ब्र**' ध्यान देने योग्य है (ब्रज, ब्रिटेन, ब्रेक)। 'ब्ल' और 'ब्व' रूप प्राय: विदेशी शब्दों में प्रयुक्त होते हैं (ब्लाउज़, ब्वाय)। ३. 'ब' से पहले आए व्यंजन से मिलने पर 'ब' प्राय: अपरिवर्तित रूप में रहता है परन्तु 'द' में यह नीचे मिलता है या 'हलन्त द' (द्) का प्रयोग करके लिखा जाता है (उद्बोधन, उद्‌बोधन)। और, 'र' शिरोरेखा के ऊपर जाता है (दुर्बल, चर्बी)। ४. 'ब' अल्पप्राण व्यंजन है अत: 'ब्' का द्वित्व हो सकता है जो 'ब्ब' रूप में लिखा जाता है (धब्बा, डिब्बी)। ५. हिन्दी की अनेक बोलियों में तत्सम शब्दों के 'व' को 'ब' करके बोलने की प्रवृत्ति है (विवेक→बिबेक, विचार→बिचार, विहार→बिहार) और 'ब' को 'व' करके बोलने की प्रवृत्ति भी कहीं-कहीं या कुछ व्यक्तियों में होती है। शुद्ध उच्चारण और शुद्ध वर्तनी की दृष्टि से शब्द का ठीक स्वरूप ध्यान में रहना चाहिए। नहीं तो 'ब' वाले, इष्ट शब्द के स्थान पर 'व' वाले भिन्नार्थक शब्द के प्रयोग से भीषण त्रुटि हो सकती है (बात-वात, बहन-वहन बाला-वाला)।

ब[1]—[सं° √बल् + ड] *पु°* १. वरुण। २. समुद्र। ३. जल। पानी। ४. घड़ा। ५. सन्तान।

ब[2]—[फा°] *उपसर्ग°* (अरबी-फ़ारसी के शब्दों के आरम्भ में प्रयुक्त होकर) १. पूर्वक या सहित/साथ। ***जैसे***—ब-अदब, ब-ख़ुशी। २. द्वारा। ***जैसे***—ब-क़लम ख़ुद। ३. अनुसार। ***जैसे***—ब-शर्त। ४. पर या से। ***जैसे***—ख़ुद-ब-ख़ुद (= आप से आप, अपने आप)

***बइअर (बैयर)**—[ब्रज° < सं° भार्या] *स्त्री°* स्त्री। औरत। ✣ **बइअरबानी (बैयरबानी)**—*स्त्री°* = स्त्री। औरत।

***बई**[1]—[< हि° बोई] *क्रिस°* १. 'बोना' क्रिया का एक भूतकालिक रूप। बो दी। बोई। २. उत्पन्न की। ३. बिखेरी। ४. डाल ली। डाली।

***बई**[2]—[< हि° बरना (= जलना)] *क्रिअ°* जल कर फैली। जलने लगी।

***बउर**—*पु°≤ हि°* बौर। आम की मंजरी। मौर। ✣ **बउरना**—*क्रिअ°* = बौर से युक्त होना। आम्र वृक्ष पर मंजरी आना।

***बउरा**—[< सं° वातुल] *वि°* बावला। पागल। बौरा। ✣ **बउराना**—*क्रिअ°* = पागल/उन्मत्त होना। बौराना।

***बए**—[< हि° बोना] *क्रिस°* १. 'बोना' क्रिया का एक भूतकालिक रूप। बोए। २. बिखेरे। ३. प्रसारित/प्रचारित किए।

बंसकट—[< हि° बंस + काटना] *वि°* १. वंश को नष्ट करनेवाला। २. बाँसों को काटनेवाला।

***बंसकार**—[< सं° वंश] *पु°* वंशी। बाँसुरी। ✣ **बंसकारि**—*स्त्री°* = वंशी। बाँसुरी।

***बंस-दिया**—[हि°] *स्त्री°* बाँस के ऊपर डोरी के सहारे टाँगा जाने वाला दिया। आकाशदीप।

***बंस बिरुद**—[सं° वंश ~विरुद] *पु°* कुल की बड़ाई।

बंसी—[सं° वंशी] *स्त्री°* १. वंशी। बाँसुरी। २. मछली फँसाने का काँटा।

बंसीधर—[< सं° वंशीधर] *पु°* (वंशी-धारक) कृष्ण।

बक[1]—[सं° √वङ्क + अच्, पृषो°] *पु°* बगुला (पक्षी)। ✣ **बकजित्**—*पु°* = १. कृष्ण। २. भीम।

बक[2]—[< हि° बकना] *स्त्री°* बकने की क्रिया/भाव। बकवाद। बकवास। ● **विशेष**—'बक' का स्वतन्त्र प्रयोग नहीं होता, समस्त (समासयुक्त) रूप में ही होता है। ***जैसे***—बक-झक; बक-बक।

बकचा—*दे°* बकुचा।

बकटना/बकठना—[< सं° विकुण्ठन] *क्रिअ°* कसैली वस्तु खाने से जीभ का ऐंठना। ✣ **बकुटाना/बकुठाना**—क्रिअ° = बकटना। (दे°) ✣ **बकरीला**—*वि°* = कसैला।

***बकतर**—[< फा° बक्तर] *पु°* कवच।

***बकतार**—[< सं° वक्तार: (वक्तृ)] *पु°* कहने/बोलने वाला। वक्ता।

***बकति**—[< सं° उक्ति] *स्त्री°* उक्ति। वचन। बोल।

बकध्यान—[सं° बक ~ ध्यान] *पु°* १. बगुले जैसी ध्यान-मग्न होने की दिखावटी स्थिति। २. (लाक्षणिक) साधुत्व/सज्जनता का ढोंग।

✣ **बकध्यानी**—*वि॰* १. बकध्यान करनेवाला। २. ढोंगी। ३. कपटी। छली। *पु॰* ढोंगी/कपटी व्यक्ति। बगुला भगत।

बकपञ्चक (बकपंचक)—[सं॰ बक ~ पञ्चक] *पु॰* कार्तिक शुक्ल एकादशी से पूर्णिमा तक के ५ दिन जिनमें मांस/मछली आदि खाना धार्मिक दृष्टि से वर्जित है।

बकरकसा/बकरकसाव—[< अरबी बक़्र + क़स्साब] *पु॰* क़साई।

†**बकरना**—[< हि॰ बकना] *क्रिअ॰* १. (बहुत आग्रह या समझाने-बुझाने पर) कहना। बोलना। २. अपना दोष स्वीकार करना। ३. बड़बड़ाना।

बकराजि—[सं॰ बक ~ राजि] *स्त्री॰* बगुलों की पंक्ति।

बकलस—[< अं॰ बकल] *पु॰* लोहा, पीतल आदि का विशेष छल्ला जो पेटी आदि में लगा होता है। बकसुआ।

बकला—[< सं॰ वल्कल] *पु॰* १. पेड़ की छाल। २. (फल का) छिलका।

बकवृत्ति—[सं॰ बक ~ वृत्ति] *स्त्री॰* बगुले के समान कपटी/ढोंगी वृत्ति। *पु॰* स्वार्थ-साधक कपटी/ढोंगी व्यक्ति। बगुला भगत। ढोंगी।

बकव्रती—[सं॰ बकव्रतिन्] *वि॰* १. दम्भी। २. ढोंगी। पाखंडी।

***बकसना**—[< हि॰ बख़्शना] *क्रिस॰* १. उदारतापूर्वक देना। बख़्शना। २. क्षमा करना। ✣ **बकसाना**—*क्रिस॰* = १. उदारतापूर्वक दिलवाना। बख़्शवाना। २. क्षमा कराना। बख़्शवाना।

†**बकसीला/बकसैला**—[< हि॰ बकटीला] *वि॰* जिसके खाने से मुँह का स्वाद बिगड़ जाए और जीभ ऐंठने लगे। कसैला।

†**बकसुआ**—दे॰ बकलस।

बकाइन/बकायन—[देशज] *पु॰* एक औषधीय वृक्ष जिसके पत्ते नीम के पत्तों से कुछ बड़े होते हैं, फूल नीम के फूलों की ही तरह छोटे-छोटे और नीलापन लिए होते हैं और फल गोल-गोल तथा एक साथ समूह में होते हैं।

बकार—[सं॰ ब + कार] *स्त्री॰* 'ब' वर्ण या उसकी ध्वनि। ***जैसे***—'सब' और 'नीबू' में बकार है परन्तु 'घर' में नहीं है।

बकारि—[सं॰ बक ~ अरि] *पु॰* १. (बकासुर का नाशक) कृष्ण। २. (बकासुर को मारनेवाला) भीम।

बकारी[१]—[< हि॰ बकरना] *स्त्री॰* मुँह से निकलने वाला शब्द। बोला गया शब्द। ***वा॰* बकारी फूटना**—मुँह से शब्द निकलना।

बकारी[२]—[< सं॰ वक्री] *स्त्री॰* एक छोटी और टेढ़ी लकीर जो पुरानी पद्धति के हिसाब-किताब में किसी धनराशि को सूचित करने के लिए लगायी जाती है। ***जैसे***—'२५।।≡)।' का अर्थ है २५ रुपए ११ आने १ पैसा।

बकावली—[सं॰ बक ~ आवली] *स्त्री॰* १. बगुलों की पंक्ति। २. उड़ते हुए बगुलों का पंक्तिबद्ध समूह। ● **विशेष—'बकावली'** नामक एक फूल होता है; जिसके पौधे को भी 'बकावली' कहा जाता है।

बक़िया—[< अरबी बक़िय:] *वि॰* बाक़ी बचा हुआ। अवशिष्ट। शेष।

बकी—[सं॰ बक + ङीष] *स्त्री॰* १. नारी/मादा बगुला। २. (कृष्ण द्वारा मारी गयी) पूतना जो बक नामक असुर की बहन थी।

बकुचना—[< सं॰ विकुचन] *क्रिअ॰* १. संकुचित होना। सिकुड़ना। २. घटकर थोड़ी रह जाना।

†**बकुचा**[१]—[< हि॰ बकुचना] *पु॰* १. गठरी। बकचा। २. ढेर। ३. गुच्छा। ४. सन्दूक़। बक्सा। ✣ **बकुची**[१]—*स्त्री॰* = १. छोटी गठरी। २. एक छोटा पौधा जो चर्म-रोगों आदि के उपचार में काम आता है। ***वा॰* बकुची बाँधना/मारना**—हाथ-पैर समेट कर गठरी की तरह बन जाना। ✣ ***बकुचौहाँ**—*वि॰* = बकुचे के समान। गठरी जैसा। ✣ **बकुचौहीं (बकुचौहीं)**—*वि॰ (स्त्री॰)*।

बकुचा[२]—[< सं॰ वक्र] *वि॰* वक्र। टेढ़ा। ***जैसे***—टेढ़ा-बकुचा मुँह बनाना। ✣ **बकुची**[२]—*वि॰ (स्त्री॰)* = टेढ़ी। ***जैसे***—टेढ़ी-बकुची रेखाएँ बनाना।

***बकुरना**—*क्रिअ॰* ≤ *हि॰* बकरना। (दे॰) ✣ **बकुराना**—*क्रिस॰* १. (बहुत आग्रह से या समझाने-बुझाने के द्वारा) कहलाना। २. (किसी से) दोष स्वीकार करा लेना।

बकुल[१]—[सं॰ √बङ्क् + उरच्, र → ल] *पु॰* १. शिव। महादेव। २. मौलसिरी का वृक्ष। ३. मौलसिरी के फूल।

बकुल[२]—[< सं॰ वक्र] *वि॰* वक्र। टेढ़ा। ✣ **बकुली**[१]—*वि॰ (स्त्री॰)* = टेढ़ी।

***बकुली**[२]—[< हि॰ बक] *स्त्री॰* नारी/मादा बगुला। बगुली।

बकुश साधु—[देशज बकुश + सं॰ साधु] *पु॰* (जैन॰) १. विचित्र साधु। २. शरीर और उपकरणों की शोभा बढ़ाने में आसक्त जैन साधु।

†**बकेन/बकेना**—[< सं॰ वष्कयणी] *स्त्री॰* वह गाय जिसका बछड़ा एक वर्ष या अधिक का हो गया हो।

बकैयाँ—[देशज] *स्त्री॰* शिशु की घुटनों के बल चलने की क्रिया।

बकोटना—[< सं॰ बकोट (= बगुला)] *क्रिस॰* १. पंजे/नाख़ूनों से शरीर की त्वचा आदि नोचना। खसोटना। २. (लाक्षणिक) किसी से कोई वस्तु छीनना या वसूल करना।

***बकोरी/बकौरी**—[< हि॰ बकावली (गुल बकावली)] *स्त्री॰* 'गुल बकावली' नामक फूल या उसका पौधा।

बक़ौल—[अरबी] *अव्यय॰* (किसी के) कथन के अनुसार। कथनानुसार। ***जैसे***—बक़ौल गवाह (= गवाह के कथनानुसार)।

†**बक्कल**[१]—[< सं॰ वल्कल] *पु॰* १. (पेड़ की) छाल। २. (फल का) छिलका।

†**बक्कल**[२]—[< अं॰ बकल] *पु॰* (कमर पर पेटी आदि बाँधने का) बकसुआ। बकलस।

बक्काल—[< अरबी बक़्क़ाल] *पु॰* १. बनिया। २. आटा-दाल बेचनेवाला।

बक्की—[< हि॰ बकना] *वि॰* व्यर्थ/बहुत बोलने वाला। बकवासी।

बक्खर—[देशज] *पु॰* १. शक्कर/गुड़ का, आग पर बनाया हुआ, शीरा/चाशनी। २. गाय-बैल आदि बाँधने का बाड़ा। ३. खेत जोतने के उपकरण। बक्खल।

बक्खल—[देशज] *पु॰* खेत जोतने के उपकरण।

बखर—[देशज] *पु॰* खेत जोतने के उपकरण।

बखरा—[< फा॰ बखर:] *पु॰* १. भाग। हिस्सा। २. साझीदारों को मिलनेवाला अपना-अपना भाग।

†**बखरी**—[देशज] *स्त्री॰* दे॰ 'बगर' की टिप्पणी।

बखार—[< स॰ प्राकार] *पु॰* १. (ग्रामों में) अन्न रखने का कोठा। २. (लाक्षणिक) किसी वस्तु की अधिकता। प्रचुरतावाला स्थान। ✣ **बखारी**—*स्त्री॰* = छोटा बखार।

बखिया—[< फा॰ बख़्य:] *पु॰* एक प्रकार की मज़बूत सिलाई। दुहरे टाँकों की सिलाई। ***वा॰* बखिया उधड़ना**—कोई गुप्त (किसी का) रहस्य खुल जाना। भंडाफोड़ होना।

बखियाना—[< स॰ बखिया] *क्रिस॰* बखिया करना। सिलाई करना।

बख़ील—[अरबी] *वि॰* कृपण। कंजूस। ✣ **बख़ीली**—*स्त्री॰* = कंजूसी।

***बखोरना**—[देशज] *क्रिस॰* बहकाकर अन्य मार्ग पर या इधर-उधर ले जाना।

बख़्तर—[< फा॰ बक्तर] *पु॰* कवच। ✣ **बख़्तरबन्द (बख़्तरबंद)**—*वि॰* = कवचधारी। कवचयुक्त। *पु॰* १. कवचधारी मनुष्य। २. कवच से युक्त वाहन (टैंक आदि)।

बख़्शना—[< फा॰ बख़्श] *क्रिस॰* १. पुरस्कार के रूप में या दयापूर्वक देना। २. दयापूर्वक छोड़ देना। ३. क्षमा करना।

बख़्शिश—[फा॰] *स्त्री॰* १. दान। २. (सेवकों को दिया जाने वाला) पुरस्कार। इनाम।

बख़्शी—[फा॰] *पु॰* १. (मुस्लिम शासन में) सैनिकों को वेतन बाँटनेवाला अधिकारी। २. गाँवों और क़स्बों से कर वसूल करने वाला अधिकारी। ३. कोषाध्यक्ष। ख़जांची।

***बग**—*पु॰* ≤ *स॰* बक। बगुला।

बगई—[देशज] *स्त्री॰* एक प्रकार की घास जिसकी पत्तियाँ पतली और लम्बी होती हैं। ● **विशेष**—यह घास मादक होती है।

बगछुट/बगछुट्ट—[< हि॰ बाग + छूटना] *वि॰* (घोड़ा) जिसकी बाग/लगाम ढीली कर दी गयी हो। तेज़ दौड़ता हुआ। *क्रिवि॰* बहुत वेग या अनियन्त्रित जैसे रूप में। सरपट। बेतहाशा। ***जैसे***—बगछुट दौड़ना।

बगड़[1]—[देशज] *पु॰* घेरा। बाड़ा।

†**बगड़**[2]—[राजस्थ॰] *पु॰* उजाड़ देश। बागड़। *वि॰* दुष्ट।

बगड़ा—[देशज] *पु॰* 'गौरैया' नामक छोटी चिड़िया।

†**बगड़ी**—[< फा॰ बाग़] *स्त्री॰* बाग़। बग़ीचा। बग़ीची।

***बगदना**—[< स॰ विकृत] *क्रिअ॰* १. ख़राब होना। २. (रास्ता भूलकर) भटकना। ३. अच्छे मार्ग से भटक जाना। कर्तव्यच्युत होना। ✣ † **बगदहा**—*वि॰* = १. बिगड़नेवाला। २. जल्दी क्रुद्ध होकर अनियन्त्रित हो जाने वाला (पशु आदि)। ३. झगड़ालू। लड़ाका।

बगना—[< स॰ वल्गन] *क्रिअ॰* १. घूमना-फिरना। २. दौड़ना। भागना।

बगनी—[देशज] *स्त्री॰* एक प्रकार की घास। बगई।

बगमेल—[< हि॰ बाग + मेल] *पु॰* १. बाग से बाग मिलाना। अपने घोड़े को दूसरे घुड़सवार के साथ-साथ, बराबर-बराबर या एक पंक्ति में, मिलाकर चलना। २. घुड़सवारों की पंक्ति/क़तार। ३. (यात्रा/युद्ध में होने वाला) साथ। संग। ४. एक साथ आमने-सामने आकर आक्रमण/धावा। *क्रिवि॰* १. (घुड़सवारों का) बाग मिलाए हुए। समान गति से। साथ-साथ। २. निरन्तर साथ रहते हुए।

†**बगर**—[< स॰ प्रघण] *पु॰* १. भवन। प्रासाद। महल। २. घर। मकान। ३. कक्ष। कमरा। कोठरी। ४. (घर का) प्रांगण। आँगन। ५. गली। ६. गाय आदि बाँधने का बाड़ा। ७. स्थान (ग्राम आदि)। ठौर।

बगरना—[< स॰ विकिरण] *क्रिस॰* बिखरना। फैलना। ***जैसे***—दिशाओं में प्रकाश बगरता है। ✣ **बगरवाना**—*क्रिस॰* = (किसी से) बिखरवाना। फैलवाना। ✣ **बगराना**—*क्रिस॰* = बिखेरना। फैलाना। *क्रिअ॰* बिखरना। ✣ **बगरि**—*क्रिवि॰* = फैलकर। बिखरकर।

†**बगरी**—[< हि॰ बगर] *स्त्री॰* १. छोटा भवन/महल। २. घर। मकान। ३. गली। ४. गाय आदि बाँधने का बाड़ा/घेरा।

***बगरूरा**—[< हि॰ बगूला] *पु॰* चक्रवात। बवंडर। बगूला।

***बगरोट**—[< हि॰ बगर + ओट] *पु॰* १. घेरा। २. पशुओं के गले का बन्धन।

बग़ल—[फा॰] *स्त्री॰* १. बाहु-मूल के नीचे का गड्ढा। काँख। २. वक्ष के दोनों ओर किनारे का भाग। पार्श्व। ३. समीप का स्थान। ४. बैठे हुए व्यक्ति की दाहिनी या बायीं ओर का भाग। ***वा॰* बग़ल में**—१. पास में। २. एक ओर। **बग़ल में मुँह छिपाना/डालना**—लज्जित होना। **बग़ल में हो जाना**—एक ओर हट जाना। **बग़लें झाँकना**—१. लज्जित होकर इधर-उधर देखना। २. निरुत्तर होना। **बग़लें बजाना**—बहुत हर्ष प्रकट करना।

बग़लगीर—[फा॰] *वि॰* १. जो गले मिला हो। २. समीप/पार्श्व में स्थित। पार्श्वस्थ। ● **विशेष**—**बग़लगीर होना**—आलिंगन करना।

बग़लबन्दी (बग़लबंदी)—[फा॰] *स्त्री॰* एक प्रकार की मिर्ज़ई जिसमें बग़ल में अनेक तनी बाँधी जाती है।

बगलामुखी—[स॰] *स्त्री॰* (तन्त्रशास्त्र में वर्णित) एक देवी।

बग़ली—[फा॰] *वि॰* १. बग़ल का। २. एक ओर का। ३. पार्श्वीय। ✣ **बग़ली घूँसा**—*पु॰* = १. बग़ल से मारा जाने वाला घूँसा। पार्श्वीय मुष्टि-प्रहार। २. छिपकर किया जाने वाला वार। ३. (लाक्षणिक) मित्र बनकर की जाने वाली शत्रुता। ४. (लाक्षणिक) मित्र के वेष में शत्रु।

***बगा**[1]—[< हि॰ बागा] *पु॰* अँगरखा या कुर्ता। बागा।

बगा[2]—वि॰ ≤ *स॰* वक्र। टेढ़ा या दुष्ट।

***बगाना**[1]—[< हि॰ बगना] *क्रिअ॰* घुमाना-फिराना।

***बगाना**[2]—[< हि॰ बगरना] *क्रिस॰* बिखेरना। फैलाना।

***बगार**—[< हि॰ बगरना] *पु॰* प्रसार।

***बगारना**—[< हि॰ बगरना] *क्रिस॰* बिखेरना। फैलाना।

***बगाहक**—[< स॰ विग्रह] *वि॰* विनाशकारी।

बगिया—[< फा॰ बाग] *स्त्री॰* १. छोटा बाग़। वाटिका। २. पुष्पवाटिका। फुलवारी।

बगुचा—[< हि॰ बकुचा] *पु॰* गठरी।

बगूरा/बगूला—[< स॰ वातघूर्ण] *पु॰* चक्कर लगाती हुई ऊपर उठती हवा। चक्रवात। बवंडर।

***बगेदना**—[< हि॰ बगदाना] *क्रिस॰* १. धक्का देकर गिरा देना। हटा देना। २. अस्थिर/विचलित करना।

बगेरी—[देशज] *स्त्री॰* एक छोटी चिड़िया जिसकी पीठ भूरे रंग की होती है और पंख सफ़ेद होते हैं।

†बगोड़ना—[< हि॰ बगरना] *क्रिअ॰* (कृषि॰) क्रम से फैलना।

***बग्ग**—[< स॰ वल्गा] *स्त्री॰* (घोड़े की) लगाम। बाग।

बघनखा—[< हि॰ बाघ + स॰ नख] *पु॰* १. बाघ के नखों जैसे काँटों वाला लोहे आदि का एक शस्त्र जो हाथ की उँगलियों पर पहना जाता है। ***जैसे***—शिवाजी ने बघनखा के प्रयोग से अफ़ज़ल ख़ाँ का पेट फाड़ दिया। २. बच्चों की गर्दन में पहनाया जाने वाला एक आभूषण जिसमें बाघ के नाख़ून लगे होते हैं।

बघरूरा—*पु॰* ≤ *हि॰* बगूला। चक्रवात। बवंडर।

***बघवार**—[< हि॰ बाघ + बाल] *पु॰* बाघ की मूँछ का बाल।

***बघाजुड़ानी**—[< हि॰ बाघ + जुड़ाना] *स्त्री॰* १. व्याघ्र को शीतल उपायों से वश में करने की क्रिया। २. एरंड वृक्ष के नीचे विश्राम कर शीतल होने की क्रिया।

बघार—[< हि॰ बघारना] *पु॰* १. बघारने की क्रिया/भाव। २. बघारने के लिए घी में प्रयुक्त मसाला। छौंक। ३. बघारने/छौंकने से निकली तीखी गन्ध। ४. (लाक्षणिक) विद्वत्ता दिखाने के लिए अनावश्यक और अनवसर भारी-भरकम शब्दों, वाक्यों आदि का प्रयोग।

†बघी—[देशज] *स्त्री॰* पशुओं को परेशान करनेवाली एक मक्खी। डाँस।

†बघूरा—[< स॰ वातघूर्ण] *पु॰* चक्रवात। बवंडर। बगूला।

†बघेरा—[< हि॰ बाघ] *पु॰* एक जंगली पशु। लकड़बग्घा।

बघेल—[< देशज या < हि॰ बाघ] *पु॰* राजपूतों/क्षत्रियों की एक उपजाति। ✣ **बघेलखण्डी (बघेलखंडी)**—*वि॰* = १. बघेलखंड का। बघेलखंड-सम्बन्धी। *पु॰* = बघेलखंड का निवासी। *स्त्री॰* = बघेलखंड की भाषा/बोली। बघेली। ✣ **बघेली**—*स्त्री॰* = बघेलखंडी।

***बङ्क/बङ्का (बंक/बंका)**—[< स॰ वक्र] *वि॰* १. वक्र। टेढ़ा। तिरछा। २. वीर। साहसी। बाँका। ३. दुर्गम। ४. टेढ़े स्वभाव वाला। छली या निर्दय।

***बङ्कट (बंकट)**—[< स॰ वङ्क] *वि॰* १. वक्र। टेढ़ा। २. विकट।

बङ्कनाल (बंकनाल)—[हि॰ बंक + नाल] *स्त्री॰* १. टेढ़ी पतली नली। २. कमलनाल। ३. सुनारों की एक नली जिसे वे (बहुत छोटे टुकड़े जोड़ते समय) दीपक की लौ फूँकने में काम में लाते हैं।

बङ्कर (बंकर)—[अ॰] *पु॰* (युद्धक्षेत्र में सैनिकों को छिपकर रहने तथा वहाँ से गोलियाँ चलाने के लिए) कंकरीट के बने हुए तहख़ाने।

बङ्काई (बंकाई)—[< हि॰ बंक] *स्त्री॰* १. वक्रता। टेढ़ापन। तिरछापन। २. बाँकापन। ३. कुटिलता।

बङ्किम (बंकिम)—*वि॰* ≤ *हि॰* बंक। वक्र।

बङ्ग[1] (बंग[1])—[< स॰ वङ्ग] *पु॰* १. बंगाल प्रदेश। वंग। २. राँगा। वंग। ***जैसे***—बंग-भस्म।

***बङ्ग[2] (बंग[2])**—[< स॰ व्यङ्ग] *वि॰* १. विकलांग। लँगड़ा। २. दोषयुक्त। खोटा।

बङ्ग[3] (बंग[3])—[< फा॰ बाँग] *पु॰* प्रातःकाल मुर्गे के बोलने का शब्द। बाँग।

बङ्गली (बंगली)—[< अ॰ बैंगल] *स्त्री॰* चूड़ियों के साथ पहना जाने वाला एक आभूषण।

बच[1]—*स्त्री॰* ≤ *स॰* वचा। एक औषधीय पौधा।

***बच[2]**—[< स॰ वच] *पु॰* वचन। कथन। उक्ति। बात।

***बच्छ**—[< प्रा॰ वच्छ < स॰ वत्स] *पु॰* १. वत्स। बालक। २. वत्स। पुत्र। बेटा। ३. गाय का बच्चा। बछड़ा। ४. वत्सासुर नामक एक असुर जिसे कृष्ण ने वृन्दावन में मारा था।

***बच्छपद**—[हि॰ बच्छ + स॰ पद] *पु॰* बछड़े के पैरों का निशान।

***बच्छल**—[< स॰ वत्सल] *वि॰* वत्सल। वात्सल्यपूर्ण।

***बच्छस**—[< स॰ वक्षस्] *पु॰* वक्ष। छाती। सीना।

***बछ**—[< प्रा॰ बच्छ < स॰ वत्स] *पु॰* बछड़ा।

बछल**—*वि॰* ≤ *स॰* वत्सल। सन्तान या छोटे (बालक आदि) के प्रति स्नेहपूर्ण। ***जैसे—भक्तबछल गोपाल। ✣ **बछलता**—*स्त्री॰* = वत्सलता। वात्सल्य।

बछेड़ा—[< प्रा॰ बच्छ < स॰ वत्स] *पु॰* घोड़े का बच्चा।

†बजकना—[अनु॰] *क्रिअ॰* किसी तरल या आर्द्र पदार्थ का गर्मी आदि से सड़ने के कारण दूषित होना या बुलबुले उठना। बजबजाना।

***बजगारी**—[< फा॰ बदकारी] *पु॰* १. बुरा काम। २. अशिष्टता।

बजट—[अ॰] *पु॰* सरकार/संस्था/परिवार आदि के आय-व्यय का किसी अवधि (वार्षिक/मासिक आदि) के लिए अनुमान-पत्र। आयव्ययक।

***बजनिआ/बजनिया**—[< स॰ वादनिक] *पु॰* बाजा बजाने का व्यवसाय/पेशा करनेवाला। वादनिक।

बजनी—[< हि॰ बजना] *वि॰ (स्त्री॰)* बजनेवाली।

बजन्त्री (बजंत्री)—[< हि॰ बाजा/बजाना] *पु॰* १. बाजा बजाने का व्यवसाय/पेशा करनेवाला। २. बाजा बजानेवालों का दल/मंडली।

†बजमारा—[< स॰ बज्र + हि॰ मारा] *वि॰* १. वज्र से मारा हुआ। वज्राहत। २. (ब्रजभाषा में गाली के रूप में प्रयुक्त) दुष्ट या अभागा।

बजर**—[< स॰ वज्र] *पु॰* वज्र। *वि॰* १. बहुत मज़बूत। ***जैसे—बजर कपाट। २. कठोर।

बजरङ्ग—[< स॰ वज्राङ्ग] *वि॰* वज्र जैसे दृढ़ शरीर वाला। वज्रांग। *पु॰* हनुमान्। ✣ **बजरङ्ग (बजरंग) बली**—*वि॰* = वज्र जैसे दृढ़ शरीर वाला और बलवान्। *पु॰* हनुमान्। ✣ **बजरङ्गी (बजरंगी)**—*वि॰, पु॰* बजरंग।

बजरबट्टू—[< हि॰ बजर + बट्टा] *पु॰* १. एक वृक्ष के फल का काला व गोल बीज जिसकी माला नज़र लगने आदि से बचाने के लिए बच्चों को पहनायी जाती है। २. एक प्रकार का खिलौना। (लाक्षणिक) किसी को दुष्ट प्रभावों से बचाने वाली वस्तु।

बजरा—[< सं॰ वज्रा] *पु॰* मज़बूत, बड़ी और पटी हुई कमरे जैसी नाव जिसमें खिड़कियाँ भी होती हैं। बजड़ा।

***बजरागि**—*स्त्री॰* ≤ *सं॰* वज्राग्नि। बिजली।

बज़रिया[1]—[< हि॰ बाज़ार] *स्त्री॰* छोटा बाजार।

बज़रिया[2]—[फा॰ ब + अरबी जरियः] *क्रिवि॰* के माध्यम से। के द्वारा।

बजरी—[< सं॰ वज्री] *स्त्री॰* १. पत्थरों को तोड़कर प्राप्त बहुत छोटे-छोटे टुकड़े। कंकड़। २. (वर्षा में आकाश से गिरनेवाला) ओला।

बजा—[फा॰] *वि॰* १. उचित। उपयुक्त। ठीक। २. सत्य। ३. शुद्ध। दुरुस्त।

***बजागि/बजागिन**—*स्त्री॰* ≤ *सं॰* वज्राग्नि। बिजली।

बज़ाज़—[< अरबी बज़्ज़ाज़] *पु॰* कपड़े का व्यापारी। वस्त्र-विक्रेता।

बजाय—[फा॰] *अव्यय॰* (के) स्थान पर। (के) बदले।

बजारी—[< हि॰ बाजना (बोलना)] *वि॰* बहुत और बेकार बोलनेवाला। बकवादी।

बज़्म—[फा॰] *स्त्री॰* १. सभा। २. गोष्ठी। महफ़िल।

बञ्चन (बंचन)—[< सं॰ वञ्चन] *स्त्री॰* वंचकता। ठगी। छल।

***बञ्चना**[1] **(बंचना**[1] **)**—[< सं॰ वञ्चन] *क्रिस॰* ठगना। *क्रिअ॰* ठगा जाना।

***बञ्चना**[2] **(बंचना**[2] **)**—[< सं॰ वञ्चना] *स्त्री॰* वंचन।

***बञ्चना**[3] **(बंचना**[3] **)**—[< हि॰ बचना] *क्रिअ॰* बचना।

बञ्ज (बंज)—[< सं॰ वणिज] *पु॰* १. व्यापारी। २. व्यापार।

बञ्जर (बंजर)—[< सं॰ बन्ध्या] *वि॰* अनुपजाऊ (भूमि)। खेती के अयोग्य भूमि। ऊसर। ∇ **विलोम**—उपजाऊ।

बञ्जारा (बंजारा)—[< सं॰ वाणिज्यकार] *पु॰* १. व्यापार करनेवाला। व्यापारी। २. विदेश में व्यापार करनेवालों के काफ़ले का प्रमुख। सार्थवाह। बनिजारा। ३. बैलों आदि पर अनाज इत्यादि भर कर बेचने को ले जाने वाला। बनिजारा। ४. उक्त कार्य करनेवाली एक उपजाति या उसका व्यक्ति।

बञ्जुल (बंजुल)—[< सं॰ वञ्जुल] *पु॰* १. अशोक वृक्ष। २. बेंत।

बट[1]—[< सं॰ वट] *पु॰* १. बरगद का पेड़। वट-वृक्ष। २. वटी। गोली।

बट[2]—[< हि॰ बाट] *पु॰* १. 'बाट' का समस्त पद में प्रयुक्त संक्षिप्त रूप। मार्ग। ***जैसे***—बटमार। २. (तौलने के) 'बाट' का समस्त (समासयुक्त) पद में संक्षिप्त रूप। तौलने का कोई नियत भार। बाट। ***जैसे***—बटखरा।

***बटई**—[< सं॰ वर्तिक] *स्त्री॰* 'बटेर' नामक चिड़िया।

बटखरा—[< सं॰ वटक] *पु॰* किसी नियत तौल का बाट जिससे वस्तु तुला/तराजू में तोली जाती हैं।

***बट-छीर**—[< सं॰ वट ~ क्षीर] *पु॰* बरगद का दूध।

***बटपरा**—[< हि॰ बाट + पड़ना] *पु॰* रास्ते में आक्रमण करने वाला। डाकू। बटमार।

***बटपार**—[< हि॰ बाट + पड़ना] *पु॰* रास्ते में आक्रमण करने वाला।

बट-बूट—[हि॰] *पु॰* बरगद का पेड़। वट-वृक्ष।

बटला—[< प्रा॰ वट्टल < सं॰ वर्तुल] *पु॰* चावल/दाल आदि पकाने में प्रयुक्त एक बड़ा और गोल बर्तन। पतीला। बटुआ। देगचा। देग।

 ✣ **बटली/बटलोई**—*स्त्री॰* = छोटा बटला। पतीली।

बटवाई—[< हि॰ बटवाना] *स्त्री॰* सिल पर बट्ट से पीसने की क्रिया/भाव/मज़दूरी।

बटवाँ[1]—[< हि॰ बाटना (= पीसना)] *वि॰* सिल पर पीसा हुआ।

बटवाँ[2]—[< हि॰ बटना] *वि॰* जिसे बटा गया हो। ऐंठा हुआ।

***बटवो**—[< हि॰ बटुवा] *पु॰* १. बटुआ या थैला। २. योगियों का बटुआ।

बटा[1]—[< सं॰ वटक] *पु॰* १. कोई गोल वस्तु। गोला। २. कन्दुक। गेंद। ३. चकई। ४. पत्थर का टुकड़ा। ५. लकड़ी का गोला।

***बटा**[2]—[< हि॰ बाट] *पु॰* पथिक। बटोही।

†**बटा**[3]—[< हि॰ बँटा] *वि॰* विभाजित। बँटा। *पु॰* (गणित॰) विभाजित होने या बँटने का चिह्न जो अंश और हर के बीच में रेखा के रूप में होता है। ***जैसे***—तीन बटा/बटे चार।

बटाई[1]—[< हि॰ बटना] *स्त्री॰* (तन्तुओं/धागों आदि को) बटने या उनमें ऐंठन डालने की क्रिया/भाव/पारिश्रमिक।

बटाई[2]—*स्त्री॰* ≤ *हि॰* बँटाई। विभाजन। बँटवारा। बाँटने की क्रिया।

***बटाउ/बटाऊ**[1]—[< हि॰ बाट (मार्ग)] *पु॰* १. पथिक। बटोही। राहगीर। २. आया हुआ अपरिचित व्यक्ति।

बटाऊ[2]—[< हि॰ बाँटना] *पु॰* १. विभाजन करानेवाला। बँटवानेवाला। २. विभाजन/बँटवारा कराके अपना अंश प्राप्त कर लेने वाला। *वि॰* जो बँटनेवाला या बाँटा जाने वाला हो। विभाज्य।

***बटावनी**—[< हि॰ 'बटाऊ' का स्त्री॰] *स्त्री॰* १. पथिक/राहगीर स्त्री। २. आयी हुई अपरिचित स्त्री।

बटिया[1]—[< हि॰ बटा] *स्त्री॰* १. छोटा, गोल और चिकना पत्थर। ***जैसे***—शालग्राम की बटिया। २. सिल पर पीसने में काम आने वाला छोटा बट्टा।

बटिया[2]**/बटनी**—[< हि॰ बाट] *स्त्री॰* १. मार्ग। २. पगडंडी।

बटी—[< सं॰ वटी] *स्त्री॰* १. गोली। वटी। ***जैसे***—गन्धकबटी खा लेना। २. पिट्ठी की बड़ी/बरी।

***बटु**[1]—[< सं॰ वटु] *पु॰* ब्रह्मचारी। वटुक।

बटु**[2]—[< सं॰ वट] *पु॰* वटवृक्ष। बरगद। ***जैसे—अखय बटु (= अक्षयवट)।

बटुक—*पु॰* ≤ *सं॰* वटुक। ब्रह्मचारी।

बटे—*पु॰* (गणित॰) ≤ *हि॰* बटा (< हि॰ बँटा)।

बटेर—[< सं॰ वर्तिक] *स्त्री॰* एक छोटी चिड़िया जो छोटी झाड़ियों या पके धान के खेतों इत्यादि में रहती है तथा अधिक उड़ नहीं पाती।

बटोही—[< सं॰ वर्त्मारोही, या < हि॰ बाट] *पु॰* पथिक। मुसाफ़िर। राहगीर।

†**बट्ट**—[देशज] *पु॰* नुकीली और लम्बी पत्तियों वाली एक घास जिसकी बेल चलती है।

बट्टा[1]—[< सं॰ वटक, या < हि॰ बटा] *पु॰* १. वह पत्थर जो वस्तुओं को सिल पर पीसने में काम आता है। बटना। लोढ़ा। २. पत्थर का कोई गोल और छोटा टुकड़ा। ३. कन्दुक। गेंद। ४. गोल और छोटा डिब्बा। ***जैसे***—आभूषणों का बट्टा। ५. लकड़ी का गोला आदि। ***जैसे***—बाजीगर के बट्टे।

बट्टा[2]—[< सं॰ वटक < या हि॰ बटा] *पु॰* १. किसी दोषयुक्त वस्तु की क़ीमत में की जाने वाली कमी। २. सामान्य वस्तु की क़ीमत में दी जाने वाली छूट। ३. कलंक। दोष। दाग़। (वाणि॰) (चेक आदि के भुगतान में) वह राशि जो बैंक अपने लिए काट लेता है। (अ॰ डिस्काउन्ट) ***वा॰* बट्टा लगना**—१. कलंक लगना। २. पूरा मूल्य न मिलना। ३. कमी होना। **बट्टा लगाना**—कलंक लगाना। **बट्टा सहना**—हानि उठाना।

बट्टिया—[< हि॰ बट्टा] *वि॰* सोने या चाँदी के परन्तु बट्टेवाले (जस्ता/ताँबा मिश्रित)। ओखवाले। ओखिया। ***जैसे***—बट्टिया गहने।

बट्टी—[< हि॰ बट्टा] *स्त्री॰* १. पत्थर का छोटा टुकड़ा। २. (साबुन आदि की) टिकिया। ३. (सिल पर वस्तुएँ पीसने की) बटनी।

बट्टू—[< हि॰ बट्टा] *पु॰* १. बजरबट्टू। २. कन्दुक। गेंद। ३. जादूगरों द्वारा खेल दिखाने में प्रयुक्त लकड़ी/लोहा के वे गोले जिन्हें वे उछाल कर अदृश्य और प्रकट करते हैं।

बट्टेबाज़—[< हि॰ बट्टा] *पु॰* १. बट्टे उछालकर अदृश्य करने व प्रकट करने का खेल दिखाने वाला जादूगर। २. जादूगर। ३. बहुत चालाक व्यक्ति। धूर्त। *वि॰* दुश्चरित्र।

बड़[1]—[< प्रा बड्ड < सं॰ बृहत्] *वि॰* बड़ा। ● **विशेष**—समस्त (समासयुक्त) पद में 'बड़ा' का प्रयोग प्रायः 'बड़' के रूप में होता है (***जैसे***—बड़बोल; बड़दन्ता)।

बड़[2]—[< सं॰ वट] *पु॰* बरगद का पेड़। वट-वृक्ष।

बड़ङ्गा (बड़ंगा)—[< हि॰ बड़ा + सं॰ अङ्ग] *पु॰* दीवारों पर छाजन टिकाने के लिए लम्बाई की दिशा में, बीच में, रखी जाने वाली बल्ली। बँडेर।

बड़पेटा—[< हि॰ बड़ा + पेट] *वि॰* बड़े पेट वाला। महोदर।

बड़वा—[< सं॰ वडवा] *स्त्री॰* १. घोड़ी। अश्विनी नक्षत्र। २. समुद्र में स्थित अग्नि।

***बड़वागि**—*स्त्री॰* ≤ *सं॰* बडवाग्नि।

बड़वाग्नि—[< सं॰ वडवाग्नि] *स्त्री॰* बड़वानल।

बड़वानल—[सं॰ बडवानल] *पु॰* समुद्र में स्थित अग्नि। बड़वाग्नि।

बड़वामुख—[< सं॰ वडवामुख] *पु॰* १. बड़वानल। २. शिव। महादेव।

बड़वासुत—[< सं॰ वडवा ~ सुत] *पु॰* अश्विनीकुमार नामक देवता।

***बड़ेरा**—[< हि॰ बड़ा] *वि॰* १. बड़ा।

बढ़—[< हि॰ बढ़ना] *वि॰* बढ़ा हुआ। वर्धित। *स्त्री॰* बढ़त। वृद्धि।
 ✣ **बढ़कर**—*क्रिवि॰* = अधिक अच्छा।

बढ़नी—[देशज] *स्त्री॰* झाड़ू। बुहारी।

बढ़ाली—[देशज] *स्त्री॰* कटारी।

बणिक—[< सं॰ वणिक्] *पु॰* १. व्यापारी। २. दुकानदार। ३. सौदागर।

बण्टा (बंटा)—[< सं॰ वटक] *पु॰* कोई छोटा डिब्बा। ***जैसे***—पान रखने का बंटा। *वि॰* छोटे क़द वाला (व्यक्ति)। नाटा।

बण्डा[1] **(बंडा**[1] **)**—[< हि॰ बण्टा] *पु॰* घुइया/अरुई की जाति का एक कन्द जिसकी तरकारी बनती है।

बण्डा[2] **(बंडा**[2] **)**—[< सं॰ भण्डार] *पु॰* अनाज रखने का बड़ा बखार।

बतकट—[< हि॰ बात + काटना] *वि॰* किसी के बोलते समय उसकी बात बीच में काटकर बोलनेवाला।

***बतचल**—[< हि॰ बात + चलाना] *वि॰* बातूनी। बकवासी।

***बतरान**—[< हि॰ बतराना] *स्त्री॰* वार्तालाप। बातचीत।

***बतराना**—[< हि॰ बात] *क्रिअ॰* बात कहना। बताना। कहना। बतलाना।

बतरौहाँ (बतरौहीं)**—[< हि॰ बतराना] *वि॰* १. बहुत बातें करने वाला। २. बातचीत करने का इच्छुक। ✣ **बतरौहीं (बतरौहीं)**—*वि॰ (स्त्री॰)*। ***जैसे—बतरौहीं बालिका।

***बतसारा**—[< हि॰ बात + सं॰ शाला] *स्त्री॰* बातचीत का कमरा। वार्ता-कक्ष। बैठकख़ाना।

†**बतोला**—[< हि॰ बात] *पु॰* १. धोखा/झाँसा देनेवाला कथन/बात। २. झाँसा। भुलावा। ***जैसे***—हम जानते हैं कि तुम बतोले बना रहे हो।

बतौर—[अरबी] *क्रिवि॰* १. (...की) रीति से। (किसी की) तरह। के सदृश। समान। ***जैसे***—बतौर अमानत। ***जैसे***—बतौर मेहमान आना।

बतौरी—[देशज] *स्त्री॰* रक्त-दोष से शरीर पर होनेवाली गाँठ। रसौली।

†**बथना**—[< सं॰ व्यथा] *क्रिअ॰* पीड़ा/दर्द होना। ✣ **बथान**[1]—*स्त्री॰* = पीड़ा। दर्द।

बथान[2]—[< सं॰ वास-स्थान] *पु॰* १. गाएँ बाँधने का स्थान। गोशाला। २. पशु बाँधने का स्थान। पशुशाला। ३. झुंड।

बद[1]—[< सं॰ वर्धन (गिल्टी)] *स्त्री॰* १. जाँघ पर निकली गिल्टी। २. एक प्रकार का फोड़ा।

बद[2]—[फा॰] *वि॰* १. बुरा। २. दुराचारी/दुष्ट या नीच।

***बदन**[1]—[< सं॰ वदन] *पु॰* मुख।

***बदन**[2]—[अरबी] *पु॰* = शरीर। देह। ***वा॰* बदन जलना**—बहुत तेज़ ज्वर होना। **बदन ढीला करना**—तनाव मुक्त होना। **बदन तख़्ता होना**—शरीर अकड़ जाना। **बदन तोड़ना**—(पकने पर या पीड़ा के कारण) अंगों को तानना और खींचना। **बदन साँचे में**

ढला होना—प्रत्येक अंग का सुन्दर और सुडौल होना। **तन-बदन की सुध न रहना**—१. बेहोश रहना। २. (किसी व्यक्ति/बात आदि के) ध्यान में डूब जाना। ध्यानमग्न होना।

बदन[3]—[< हि॰ बदना < स॰ √वद्] *पु॰* (किसी बात को) बदने की क्रिया/भाव। शर्त/बाज़ी लगाना। बदान।

बदना—[< स॰ √वद्] *क्रिस॰* १. बोलना। २. कथन करना। कहना। ३. निश्चयपूर्वक कहना या शर्त के साथ दृढ़तापूर्वक कहना। ४. शर्त/बाज़ी लगाना। ***जैसे***—कुश्ती बदना। ५. स्पर्धा/प्रतिद्वन्द्विता/होड़ करना। ६. स्वीकार करना। मानना। ७. निश्चय करना। ठानना। ८. नियत करना। ***जैसे***—मुक़दमें में अपने साक्षी बदना। ✣ **बदा**—*वि॰* = नियत। निश्चित। ***जैसे***—भाग्य में यही बदा था। *क्रिस॰* 'बदना' क्रिया का एक भूतकालिक रूप। ✣ ***बदि**—*क्रिवि॰* = १. बद कर। दृढ़ता से या निश्यपूर्वक कहकर। २. स्वीकार करके। मानकर। ३. शर्त/बाज़ी लगाकर। ४. स्पर्धा/प्रतिद्वन्द्विता/होड़ करके। ५. निश्चित कर।

बदनी—[< फ़ा॰ बदन] *वि॰* १. शारीरिक। दैहिक। २. शरीर से उत्पन्न। देहज।

बदर—[स॰ √बद् + अरच्] *पु॰* 'बेर' नामक फल या उसका पेड़।

बदरिका—[स॰ बदरी + कन् + टाप्, ह्रस्व] *पु॰* 'बेर' नामक फल या उसका पेड़।

बदरी—[स॰ बदर + ङीष्] *पु॰* 'बेर' का पेड़।

बदरीवन—[स॰ बदरी ~ वन] *पु॰* १. बेर के अनेक वृक्षों वाला स्थान। २. 'बदरिकाश्रम' नामक तीर्थ।

†**बदरौटी**—[< हि॰ बदरा (बादल)] *वि॰ (स्त्री॰)* बादलों के होते हुए होनेवाली। ✣ **बदरौटी घाम**—*पु॰* = बादलों के होते हुए होनेवाली तेज़ धूप।

बदली[1]—[< हि॰ बादल] *स्त्री॰* १. छोटा बादल। बदरिया। २. आकाश में बादलों का छाया होना। मेघाच्छन्नता।

बदली[2]—[< अरबी बदल] *स्त्री॰* १. परिवर्तित होने की अवस्था/भाव। परिवर्तन। तब्दीली। २. स्थानान्तरण। तबादला।

बदान—[< हि॰ बदना] *स्त्री॰* १. बदने की क्रिया/भाव। शर्त/बाज़ी का लगाया जाना। शर्त/बाज़ी का बदा जाना। २. शर्त। बाज़ी।

बदाबदी—[< हि॰ बदना] *स्त्री॰* १. बदने या शर्त लगाने की क्रिया/भाव। बदान। २. स्पर्धा। होड़। *क्रिवि॰* १. बदकर। शर्त लगाकर। २. स्पर्धा करके। होड़ लगाकर। ३. घोषणापूर्वक। खुल्लमखुल्ला।

बदी[1]—[< स॰ बहुल दिवस] *स्त्री॰* (चान्द्र मास का) कृष्ण पक्ष। अँधेरा पाख।

बदी[2]—[फ़ा॰] *स्त्री॰* १. दोष। बुराई। ख़राबी। ***जैसे***—नेकी-बदी। २. पाप। ३. अपकार। ४. परोक्ष में की जाने वाली निन्दा/बुराई। ∇ **विलोम**—नेकी। ● **विशेष**—**नेकी-बदी** = १. भलाई और बुराई। उपकार और अपकार। हित और अहित। २. शुभ और अशुभ घटनाएँ।

***बदीत**—वि॰ ≤ स॰ विदित। १. ज्ञात। २. प्रसिद्ध। मशहूर।

बदौलत—[फ़ा॰ ब + अरबी दौलत] *अव्यय॰* १. (की) कृपा से। ***जैसे***—तुम्हारी बदौलत उसकी जान बच गयी। २. (के) कारण से। ३. (की) कृपा के सहारे से।

बद्दू—[अरबी] *पु॰* अरब देश की एक यायावर जाति या उसका व्यक्ति।

बद्ध (बद्ध)—[स॰ √बन्ध + क्त] *वि॰* १. जो बाँधा गया हो। बँधा हुआ। बन्धन-ग्रस्त। जकड़ा हुआ। २. जो किसी सीमा या घेरे में हो। ३. जिस पर कोई प्रतिबन्ध लगा हो। जिस पर रोक लगी हो। ***जैसे***—नियमबद्ध। ४. जुड़ा हुआ। मिला हुआ। ***जैसे***—करबद्ध। ५. जो नियमों के द्वारा विशेष रूप में लाया गया या रचा गया हो। ***जैसे***—काव्यबद्ध। ६. क़ैदख़ाने आदि में बन्द किया हुआ। बन्दी बनाया हुआ। ***जैसे***—काराबद्ध। ७. प्रेम आदि में फँसा हुआ या बँधा हुआ। ***जैसे***—अनुरागबद्ध; मोहबद्ध। ८. जिसे दृढ़ता से लगाया गया हो। ***जैसे***—बद्धचित्त। ९. सांसारिक बन्धनों में बँधा हुआ। माया-मोह से ग्रस्त। [भाषा॰] (वह रूप/रूपिम) जिसका स्वतन्त्र प्रयोग न हो सकता हो। जो प्रयोग के लिए, दूसरे पर आश्रित हो। ***जैसे***—'उपसर्ग' और 'प्रत्यय' बद्ध होते हैं। (अ॰ बाउन्ड) ∇ **विलोम**—मुक्त। ✣ **बद्धकोप (बद्धकोप)**—*वि॰* = १. क्रोधी। २. क्रोध को दबा लेने वाला। ✣ **बद्धकोष्ठ (बद्धकोष्ठ)**—*पु॰* = अजीर्ण। क़ब्ज़। *वि॰* = अजीर्ण रोग से पीड़ित। जिसे क़ब्ज़ रहता हो या हो। ✣ **बद्धचित्त (बद्धचित्त)**—*वि॰* = किसी ओर मन को दृढ़ता से लगाने वाला। एकाग्रचित्त। ✣ **बद्धदृष्टि/बद्धनेत्र/बद्धलोचन (बद्धदृष्टि/बद्धनेत्र/बद्धलोचन)**—*वि॰* = जो किसी वस्तु/व्यक्ति आदि पर आँखें गड़ाए हो। ✣ **बद्धप्रतिज्ञ (बद्धप्रतिज्ञ)**—*वि॰* = प्रतिज्ञा से बँधा हुआ। वचनबद्ध। ✣ **बद्धमुष्टि (बद्धमुष्टि)**—*वि॰* = १. बँधी मुट्ठी वाला। मुट्ठी बाँधे हुए। २. जो दान, भिक्षा आदि न देता हो। ३. कृपण। कंजूस। ✣ **बद्धमूल (बद्धमूल)**—*वि॰* = १. जिसने जड़ पकड़ ली हो। २. जो दृढ़/अटल हो गया हो। ✣ **बद्धराग (बद्धराग)**—*वि॰* = (किसी के प्रति) आसक्त। अनुरक्त। प्रेमबद्ध। ✣ **बद्धवैर (बद्धवैर)**—*वि॰* = जिसके मन में किसी के प्रति वैर ने जड़ पकड़ ली हो। ✣ **बद्धस्नेह (बद्धस्नेह)**—*वि॰* = अनुरक्त। आसक्त।

बद्धाञ्जलि (बद्धांजलि)—[< स॰ बद्ध ~ अञ्जलि] *वि॰* (सम्मान दिखाने के लिए) हाथ जोड़े हुए। कर-बद्ध। ***जैसे***—बद्धांजलि प्रणाम करना।

बद्धानुराग (बद्धानुराग)—[स॰ बद्ध ~ अनुराग] *वि॰* प्रेम में बँधा हुआ। अनुरक्त। आसक्त।

बद्धायुध (बद्धायुध)—[स॰ बद्ध ~ आयुध] *वि॰* जो हथियार बाँधे हो। शस्त्रों से सज्जित।

बद्धी (बद्धी)—[< स॰ वर्ध्री] *स्त्री॰* १. वह डोरी/रस्सी/फ़ीता आदि जिससे कुछ बाँधा जाए। बाँधने का साधन। २. चमड़े का तस्मा/पट्टी। ३. गले में पहनने का एक आभूषण। ४. बेंत आदि की मार से शरीर पर पड़नेवाला लम्बा निशान।

बद्धोदर (बद्धोदर)—[सं॰ बद्ध ~ उदर] *वि॰* जिसे क़ब्ज़ हो। बद्धकोष्ठ।

***बध**—*पु॰* ≤ *सं॰* बध। हत्या।

***बधन**—[< सं॰ वध] *क्रिस॰* वध करना। मार डालना। *पु॰* वध। हत्या। हनन।

***बधना**[१]—[< सं॰ वध] *क्रिस॰* वध करना। मार डालना।

***बधना**[२]—[< सं॰ वर्धन] *क्रिस॰* बढ़ना।

***बधाना**[१]—[< हिं॰ बध < सं॰ वध] *क्रिस॰* वध/हत्या कराना।

***बधाना**[२]—[< प्रा॰ वद्ध < सं॰ वर्धन] *क्रिस॰* बढ़ाना।

†**बधाना**[३]—[< हिं॰ बधिया] *क्रिअ॰* (बैल आदि का) बधिया किया जाना।

बधाया—[< हिं॰ बधाई < प्रा॰ वद्धाव] *पु॰* बधाई।

बधावना—[< प्रा॰ बद्धावण < सं॰ वर्धापन] *पु॰* बधाई। बधावा।

बधावा—[< सं॰ वर्धन] *पु॰* १. बधाई। २. मंगलोत्सव पर बजनेवाले बाजे। मंगलवाद्य।

बधिक—[< सं॰ वधक] *पु॰* १. वध/हत्या करनेवाला। हत्यारा। २. प्राणदंड पाए अपराधियों के प्राण लेनेवाला (सिर काटनेवाला या फाँसी देनेवाला)। वधिक। जल्लाद। ३. व्याध। चिड़ीमार। बहेलिया।

बधिया—[< देशज प्रा॰ वद्धिअ] *वि॰* १. [बैल आदि (नर) पशु] जिसे नपुंसक कर दिया गया हो। खस्सी। २. (खस्सी) बैल जो हल में जुतता है तथा बोझा ढोता है। ***वा॰* बधिया बैठना**— १. व्यापार/कारख़ाना आदि में बहुत अधिक घाटा हो जाना। २. उक्त घाटे के कारण व्यापार/कारख़ाना आदि को बन्द करने की (या लगभग वैसी) स्थिति आना। २. कोई काम इतना बिगड़ जाना कि उसके ठीक होने की आशा न रहना। ✣ **बधियाना**— *क्रिस॰* = बधिया करना।

बधिर—[सं॰ √बन्ध् + किरच्, न — लोप] *पु॰* वह व्यक्ति जो सुन न सकता हो। बहरा। ✣ **बधिरता**— *स्त्री॰* = बहरापन।

***बधू**—[सं॰ √बन्धू + ऊ, न — लोप] *स्त्री॰* वधू।

***बधूक**—[< सं॰ बन्धूक] *पु॰* १. एक पौधा जिसका फूल, दुपहर में खिलता है। बन्धूक। २. उक्त पौधे का फूल। गुल दुपहरिया।

बधूटी—[सं॰ बधू + टि + ङीष्] *स्त्री॰* १. वधू। पत्नी। ***जैसे***— पुत्र-बधूटी। २. नवविवाहिता पत्नी। दुलहिन। ३. सौभाग्यवती स्त्री।

***बधैया**— *स्त्री॰* ≤ *हिं॰* बधाई।

बन[२]—[< सं॰ वन] *पु॰* १. वन। जंगल। २. जल। ***जैसे***—बनजात (= कमल)। ३. कपास का पौधा। ४. समूह। ***जैसे***—कमल-बन।

बनइल**—[< सं॰ वन्य] *वि॰* जंगली। बनैल। *पु॰* जंगली सुअर। ***उदा॰ औ साउज मह बनइल मारे।

बनक[१]—[< हिं॰ बन] *स्त्री॰* = जंगल की उपज (लकड़ी, गोंद, शहद इत्यादि)।

बनक[२]—[< हिं॰ बनना] *पु॰* रूप। सूरत-शक्ल। *स्त्री॰* १. बनावट। सज-धज। २. वेश। बाना। ३. मैत्री। दोस्ती। ***जैसे***—जिससे मेरी अनबन है, उससे तुम्हारी बनक क्यों है?

†**बनकचरिया**—[< हिं॰ बनक] *स्त्री॰* एक घास जिसकी बेल चलती है।

†**बनकरेला**—[हिं॰ बन + करेला] *पु॰* एक प्रकार की बेल जिसके पत्ते करेले के पत्तों की तरह होते हैं और वर्षा ऋतु में सफ़ेद रंग के फूल आते हैं।

बनकौरा—[< हिं॰ बनक] *पु॰* एक घास जिसका साग बनाया जाता है। ✣ **बनखण्ड (बनखंड)**— *पु॰* = १. वन का कोई भाग। वनस्थली। २. वह क्षेत्र जिसमें वन अधिक हो। वन्य क्षेत्र। ✣ **बनखण्डी (बनखंडी)**— *स्त्री॰* = १. वन का कोई भाग। वनस्थली। २. छोटा वन। *वि॰* १. जंगल में रहनेवाला। २. जंगल में उपजनेवाली वस्तु। वनक।

बनचर—[< सं॰ वनचर] *वि॰* जंगल में रहनेवाला। *पु॰* १. जंगल में रहनेवाला पशु (सिंह, मृग, रीछ आदि) वन्य पशु। जंगली जानवर। २. जंगल में रहनेवाला मनुष्य। वन्य मनुष्य। ३. जल में रहनेवाले जीव-जन्तु। जलचर।

बनचारी—[< सं॰ वनचारी] *वि॰* १. जंगल में विचरण करनेवाला। २. जंगल में रहनेवाला। वनवासी। *पु॰* बनचर।

बनज[१]—[< सं॰ वनज] *पु॰* जंगल में रहनेवाला पशु/मनुष्य आदि। *वि॰* वनज। (दे॰)

***बनज**[२]—[< सं॰ वाणिज्य] *पु॰* १. वाणिज्य। व्यापार। २. बनजात। कमल।

***बनजना**—[< हिं॰ बनज < सं॰ वाणिज्य] *क्रिअ॰* १. व्यापार करना। २. व्यापार/विवाह आदि की कोई बात निश्चित करना या लेन-देन निश्चित/पक्का करना। *क्रिस॰* १. व्यापार के लिए ख़रीदना। २. किसी को पूरी तरह वश में कर लेना मानो उसे ख़रीद लिया हो।

बनजरिया—[< हिं॰ बन + जराना (जलाना)] *स्त्री॰* जंगल को जलाकर खेती आदि के लिए ठीक किया गया भूमि-खंड।

बनजात—[< सं॰ वनजात] *पु॰* कमल।

बनजाति—[< सं॰ वनजात] *स्त्री॰* १. जंगली वनस्पतियाँ। २. कमलिनी।

बनजारा—[< सं॰ वाणिज्यकार] *पु॰* १. बैलों आदि पर अन्न लादकर उसे बेचने के लिए देश-परदेश जानेवाला। टाँड़ा लादनेवाला। बंजारा। २. व्यापारी। ✣ **बनजारिन**— *स्त्री॰*।

***बनजिया**—[< सं॰ वाणिज्य] *पु॰* वाणिज्य। व्यापार। ✣ **बनजी**— *पु॰* = व्यापारी।

बनज्योत्स्ना—[< सं॰ वनज्योत्स्ना] *स्त्री॰* माधवी लता।

बनत—[< हिं॰ बनना] *स्त्री॰* १. किसी वस्तु (यन्त्र, वस्त्र आदि) की रचना का विशिष्ट ढंग। बनावट। डिज़ाइन (अं॰) २. परस्पर की अनुकूलता। मेल। **क्रिस॰* बनता है।

बनतुरई—[हिं॰ बन + तुरई] *स्त्री॰* एक लता। बन्दाल। घघरबेल।

बनताई—[< हिं॰ बन] *स्त्री॰* १. जंगल की सघनता। २. जंगल की भयानकता।

बनद—[< सं॰ वनद] *वि॰* जल देनेवाला। वारिद। *पु॰* मेघ। जलद। बादल।

बनदाम—[< सं॰ वनदाम] *स्त्री॰* वनमाला।

बनन—[< हिं॰ बनना] *स्त्री॰* बनावट। बनाव-सिंगार। ✣ ***बननि**—*स्त्री॰* = बनन।

***बननि**—[< हिं॰ बन < सं॰ वन] *पु॰* वनों में। जंगलों में।

बननिधि—[< सं॰ वननिधि] *पु॰* जलनिधि। समुद्र।

***बन-पट**—[< सं॰ वन ~ पट] *पु॰* १. वन की वस्तुओं से बने वस्त्र (वल्कल-वस्त्र आदि)। २. वनवासियों के वस्त्र।

बनपति—[< सं॰ वन ~ पति] *पु॰* सिंह। शेर।

बनप्रिय—[< सं॰ वनप्रिय] *पु॰* कोकिल। कोयल।

बनफ़्शा—[< फ़ा॰ बनफ़्श:] *पु॰* एक औषधोपयोगी छोटा पौधा जो कश्मीर आदि में होता है।

बनबिलाव—[हिं॰ बन + बिलाव] *पु॰* एक जंगली हिंसक जन्तु।

बनमानुस—[< सं॰ वन ~ मानुष] *पु॰* बन्दरों से अधिक विकसित एक जंगली जन्तु-वर्ग।

बनमाल/बनमाला—[< सं॰ वन ~ माला] *स्त्री॰* १. वन के फूलों की माला। वन-पुष्प-माला। २. घुटनों तक लम्बी और सुन्दर ऋतु-पुष्पों की माला।

बनमाली—[< सं॰ वनमाली (वनमालिन्)] *पु॰* (वासुदेव) कृष्ण।

***बनरा**[1]—[< सं॰ वानर] *पु॰* वानर। बन्दर।

†**बनरा**[2]—[< हिं॰ बनना] *पु॰* १. वर। दुलहा। २. लड़के के विवाह में गाए जाने वाले एक प्रकार के गीत।

बनराइ—[< सं॰ वनराजि] *स्त्री॰* जंगलों की पंक्ति/समूह। वनराजि।

बनराज/*बनराय—[< सं॰ वनराज] *पु॰* १. जंगल का राजा। सिंह। शेर। २. (वनों में श्रेष्ठ) वृन्दावन।

बनराजि—[< सं॰ वनराजि] *स्त्री॰* जंगलों की पंक्ति/समूह। वनरात्रि।

बनरुह—[< सं॰ वनरुह] *पु॰* १. वन में उत्पन्न होनेवाली वस्तु। २. वन-वृक्ष। ३. (जल में उत्पन्न) कमल।

***बनवनि**—[< हिं॰ बनना] *स्त्री॰* १. रचना। बनावट। २. सजावट। बनाव-सजाव।

बनवसन—[< सं॰ वन ~ वसन] *पु॰* १. वृक्षों की छाल से बना वस्त्र। वल्कल-वस्त्र। २. वनवासियों के वस्त्र।

बनवारी—[< हिं॰ बनमाली] *पु॰* (वासुदेव) कृष्ण।

बनवासी—[< सं॰ वनवासी (वनवासिन्)] *वि॰, पु॰* जंगल में रहनेवाला। वनवासी।

†**बनवैया**—[< हिं॰ बनाना/बनवाना] *वि॰* १. निर्माता। बनानेवाला। रचयिता। २. बनवाने वाला।

बनस्थली—[< सं॰ वनस्थली] *स्त्री॰* १. जंगल की भूमि। वन का कोई भाग। २. वन। जंगल।

बनहटी—[< हिं॰ बन (= जल)] *स्त्री॰* एक प्रकार की छोटी नाव।

बना/बन्ना—[< हिं॰ बरना या वरणक] *पु॰* वर। दूलह। ✣ **बनी/बन्नी**—*स्त्री॰*।

बनाउ**—[< हिं॰ बनना] *पु॰* १. रचना। बनावट। २. तैयारी। ३. शृंगार। सजावट। ***जैसे—बनाउ-सिंगार।

***बनाउरि**—*स्त्री॰* ≤ *सं॰* बाणावलि। बाणों की पंक्ति/समूह।

***बनागि/बनाग्नि**—[< सं॰ वनाग्नि] *स्त्री॰* वन में लगनेवाली आग। वनाग्नि। दावानल।

बनाम—[फ़ा॰] *अव्यय॰* १. के नाम पर। ***जैसे***—यह पुस्तक बनाम मधूलिका छपी है परन्तु लिखी राकेश ने है। २. के विरुद्ध। ***जैसे***—रमेश बनाम सरकार चल रहा मुक़दमा। (अर्थात् रमेश द्वारा सरकार के विरुद्ध चलाया गया मुक़दमा)। ३. के प्रति। ***जैसे***—यह प्रार्थना-पत्र बनाम अध्यक्ष होना चाहिए।

बनावन—[< हिं॰ बनाना] *स्त्री॰* निर्माण। रचना। बनाना। ✣ **बनावनहार/बनावनहारा**—*वि॰, पु॰* = १. बनाने वाला। रचयिता। निर्माता। २. दोषों को दूर करनेवाला। सुधारनेवाला।

***बनावरि**—[< सं॰ बाणावलि] *स्त्री॰* बाणों की पंक्ति। बाणावलि।

बनास—[देशज] *स्त्री॰* राजस्थान की एक नदी जो अरावली पर्वत से निकलती है और चम्बल नदी में मिल जाती है।

***बनि**[1]—[< हिं॰ बनना/बनाना] *क्रिवि॰* १. बन कर। २. बना कर। ३. पूर्णत:। अच्छी तरह।

***बनि**[2]—[< सं॰ वणिज्] *स्त्री॰* १. वाणिज्य। व्यवसाय। २. मज़दूरी।

***बनिक**—[< हिं॰ बनना] *स्त्री॰* १. शृंगार। २. सजावट।

बनिज—[< सं॰ वाणिज्य] *पु॰* १. वाणिज्य। व्यापार। २. व्यापार का माल। सौदा। ३. ऐसा व्यक्ति जिससे बहुत धन प्राप्त किया जा सके।

***बनिजिया**—[< हिं॰ बनिज < सं॰ वाणिज्य] *पु॰* व्यापारी।

***बनित**—[< हिं॰ बनना] *स्त्री॰* १. वेश। बानक। बाना। २. सज्जा। सजावट।

बनिता**—[< सं॰ वनिता] *स्त्री॰* १. पत्नी। २. प्रेयसी। ३. स्त्री। युवती। ***जैसे—ब्रज-बनिता।

बनिया—[< सं॰ वणिक्] *पु॰* १. व्यापारी। वैश्य। दुकानदार। २. (लाक्षणिक) व्यापारी जैसी वृत्ति वाला व्यक्ति। स्वार्थी व्यक्ति। ***वा॰* बनिया होना**—१. कंजूस होना। २. धनी होना।

बनिस्बत—[फ़ा॰] *अव्यय॰* (की) तुलना में। अपेक्षाकृत।

बनिहार—[< हिं॰ बनी] *पु॰* खेतिहर मज़दूर।

बनी[1]—[< सं॰ वन] *स्त्री॰* १. वनस्थली। २. छोटा वन। ३. वाटिका। *वि॰* वन का।

बनी[2]**/बन्नो**—[< हिं॰ बना (वर, दुलह)] *स्त्री॰* १. वधू। दुलहिन।

बनेठी—[< हिं॰ बन + सं॰ यष्टि] *स्त्री॰* पटेबाज़ी के अभ्यास में प्रयुक्त एक प्रकार की लाठी।

बनैत—*वि॰, पु॰* साँग चलानेवाला।

बनैला—[< हिं॰ बनै] *वि॰* वन्य। जंगली। *पु॰* वन्य शूकर। जंगली सुअर।

बनौटी/बनौठी—[< हिं॰ बन] *वि॰* कपास के हल्के पीले रंग के फूल के समान (रंग)। कपासी (रंग)।

बन्दगी (बंदगी)—[फ़ा॰] *स्त्री॰* १. वन्दना। २. ईश्वर की वन्दना।

ईश्वर-उपासना। ३. आदरपूर्ण अभिवादन। नमस्कार। ४. सेवा। ५. सेवकत्व। ***वा॰ बन्दगी क़बूल होना*****—**प्रणाम/सेवा/सेवकत्व/उपासना स्वीकार होना।

बन्दन¹ (बंदन¹)—[≤ सं॰ वन्दन] *पुं॰* वन्दना। (छन्द॰) एक सममात्रिक छन्द जिसके प्रत्येक चरण में १८ मात्राएँ होती हैं तथा अन्त में क्रमशः गुरु, लघु होते हैं।

बन्दन² (बंदन²)—[< सं॰ बन्दनी] *पुं॰* १. सिन्दूर। ईंगुर। २. रोली। ३. बन्दनवार।

बन्दनवार (बंदनवार)—[< सं॰ वन्दन ~ माला] *स्त्री॰* शुभ अवसरों पर द्वारों और दीवारों पर बाँधी या लटकायी जाने वाली पत्ते, फूल, मेवा आदि की बनी झालर।

बन्दनी¹ (बंदनी¹)—[< सं॰ वन्दनी] *स्त्री॰* सिर का एक आभूषण। सिरबन्दी।

बन्दनी² (बंदनी²)—[< सं॰ वन्दनीय] *वि॰ (स्त्री॰)* १. वन्दनीया। २. वन्दिता।

बन्दरी¹ (बंदरी¹)—[< अरबी बन्दर] *स्त्री॰* बन्दरगाह-सम्बन्धी।

बन्दरी² (बंदरी²)—[< हिं॰ बन्दर < सं॰ वानर] *स्त्री॰* नारी/मादा वानर। वानरी। बँदरिया। बन्दरिया।

बन्दा (बंदा)—[< फा॰ बन्दः] *पुं॰* १. दास। ग़ुलाम। २. सेवक। ३. भक्त। उपासक। ४. मनुष्य। ***जैसे*****—**इस दुर्घटना में दस बन्दे मारे गए।

***बन्दारु (बंदारु)**—[< सं॰ वन्दारु] *वि॰* वन्दनीय।

बन्दाल (बंदाल)—[देशज] *पुं॰* एक औषधोपयोगी लता जिसके फूल पीले, सफ़ेद या लाल रंग के होते हैं।

***बन्दि¹ (बंदि¹)**—[सं॰] *पुं॰* १. गिरफ़्तार व्यक्ति। बन्दी। २. कारागार। बन्दीगृह। *स्त्री॰* १. बन्धन। ✣ **बन्दिगृह (बंदिगृह)**—*पुं॰* = कारागार। बन्दीगृह। ✣ **बन्दिछोर/बन्दीछोर (बंदिछोर/बंदीछोर)**—*वि॰* १. बन्धन से छुड़ानेवाला। २. कारागार से मुक्त करनेवाला।

***बन्दि² (बंदि²)**—[< सं॰ √वन्द्] *क्रिवि॰* वन्दना करके। प्रणाम करते।

बन्दि³—[< हिं॰ बन्दी] *पुं॰* १. राजस्थानी चारणों की एक जाति या उसका व्यक्ति। २. भाट जिनका प्रमुख कार्य (राजा आदि की) पद्यबद्ध स्तुति या प्रशंसा करना है। ✣ **बन्दिगन (बंदिगन)**—*पुं॰* = बन्दीगण। चारण या भाट।

बन्दिश (बंदिश)—[फा॰] *स्त्री॰* १. बाँधने की क्रिया/भाव। बँधान। २. बन्धन। ३. अवरोध। रुकावट। ४. प्रतिबन्ध। ५. किसी को चारों ओर से घेरने /रोकने/बाँधने के लिए की गयी योजना। ६. किसी आयोजन/रचना की आरम्भिक तैयारी/व्यवस्था। (काव्य॰) कविता (ग़ज़ल/गीत) के चरणों आदि की शब्द-योजना। (संगीत॰) १. शब्द, स्वर तथा लय से बँधी रचना। २. प्राचीन गुणियों द्वारा रचित गीत या 'सरगम'।

बन्दी¹ (बंदी¹)—[देशज] *पुं॰* = चारण जैसी एक जाति या उसका व्यक्ति।

बन्दी² (बंदी²)—[< सं॰ वन्दनी] *पुं॰* = सिर का एक आभूषण। बन्दनी।

बन्दी³ (बंदी³)—[फा॰] *स्त्री॰* १. बन्द करने, बाँधने या रुकावट डालने की क्रिया/भाव। ***जैसे*****—**क़िला बन्दी; नाकेबन्दी, दुकानबन्दी। ३. संघटित करना या व्यवस्थित रूप में लाना। ***जैसे*****—**गुटबन्दी; दलबन्दी।

बन्दी⁴—[< हिं॰ बन्दा < फा॰ बन्दः] *स्त्री॰* १. दासी। २. स्वयं (स्त्री/नारी)। ***जैसे*****—**बन्दी हाज़िर है।

बन्दी⁵ (बंदी⁵)—[सं॰ वन्दिन्, व → ब] *पुं॰* १. बन्धन में रखा गया व्यक्ति। २. वह अपराधी जिसे क़ानून के विरुद्ध काम करने के लिए दंडस्वरूप कारागार में रखा जाए। क़ैदी।

बन्दीप्रत्यक्षीकरण (बंदीप्रत्यक्षीकरण)—[< हिं॰ बन्दी + सं॰ प्रत्यक्षीकरण] *पुं॰* अपराधी को न्यायाधीश के सामने उपस्थित करने का लिखित आदेश।

बन्दी (बंदी)-शिविर—[सं॰] *पुं॰* युद्ध-बन्दियों राजनीतिक बन्दियों, शरणार्थियों या विदेशी राष्ट्रजनों को बन्दी बनाकर रखने का शिविर/कैम्प (अं॰)। ***जैसे*****—**कम्युनिस्ट रूस के बन्दी-शिविरों का कठोर जीवन।

बन्दोबस्त (बंदोबस्त)—[फा॰] *पुं॰* १. प्रबन्ध। व्यवस्था। इन्तज़ाम। २. खेतों की सीमा-निर्धारण नाप तथा उन पर मालगुज़ारी/लगान आदि निश्चित करने की सरकारी व्यवस्था।

बन्ध¹ (बंध¹)—[सं॰ √बन्ध + घञ्] *पुं॰* १. बन्धन। २. (किसी पशु/वस्तु को) बाँधने में प्रयुक्त वस्तु (डोरी/रस्सी आदि)। ३. केश बाँधने का फ़ीता। ४. बेड़ी। ज़ंजीर। ५. पकड़। क़ैद। गिरफ़्तारी। ६. ग्रन्थन। गूँथ। ७. रचना। बनावट। ८. सम्बन्ध। लगाव। ९. (तालाब/नदी आदि का) बाँध। पुश्ता। १०. शरीर। देह। ११. हाथों का जोड़ना। १२. परस्पर का कोई निश्चय। १३. मैथुन का कोई आसन। १४. ग्रन्थि। गाँठ। १५. माया/कर्म/संसार का बन्धन। (काव्य॰) १. महाकाव्य आदि के सर्गों की योजना/रचना। सर्ग-बन्ध। बन्धन। २. चित्रकाव्य में विशेष प्रकार की छन्द-रचना से बननेवाला चित्र। ***जैसे*****—**खड्गबन्ध। (योग॰) हठयोग की स्थिति विशेष। ***जैसे*****—**उड्डीयान बन्ध।

***बन्ध² (बंध²)**—*पुं॰* ≤ *सं॰* बन्धु।

बन्धकी (बंधकी)—[सं॰ बन्धक + ङीष्] *वि॰ स्त्री॰* गिरवी रखी गयी वस्तु।

बन्धनस्थ (बंधनस्थ)—[सं॰ बन्धन + स्थ] *वि॰* बन्धन में पड़ा हुआ। *पुं॰* १. बन्दी। क़ैदी। २. बँधुआ।

बन्धनागार (बंधनागार)—[सं॰ बन्धन ~ आगार] *पुं॰* कारागार। क़ैदख़ाना।

बन्धनी¹ (बंधनी¹)—[< सं॰ बन्धन] *स्त्री॰* १. जिससे कोई वस्तु बँधी हुई हो या बाँधी जाए (रस्सी डोरी आदि)। २. शरीर के अन्दर की वे स्थूल नसें जो दो अवयवों को जोड़े रखती हैं। सन्धि-स्थान की मोटी नसें।

बन्धनी² (बंधनी²)—[सं० √बन्ध् ~ अनीयर्] *पु०, वि०* १. बाँधने योग्य। २. जो बाँधा जा सके। *पु०* १. पुल। २. बाँध।

बन्धनपत्र (बंधनपत्र)—[सं० बन्ध ~ पत्र] *पु०* (विधि०) वह पत्र जिस पर हस्ताक्षर करनेवाला व्यक्ति अपने आपको किसी काम के लिए अनुबद्ध करता है। (वाणि०) १. धारक को निश्चित समय के पश्चात् निर्दिष्ट धनराशि उल्लिखित ब्याज दर पर देने का लिखित वचन। ऋण का प्रमाण-पत्र। २. किसी ज़मानती पक्ष का यह दायित्व लेना कि यदि एक पक्ष दूसरे पक्ष के प्रति अपना दायित्व नहीं निभाता तो वह उसे निभाएगा। (अं० बॉन्ड)

बन्धित¹ (बंधित¹)—[सं० बन्ध + इतच्] *वि०* १. बाँधा हुआ। २. बँधा हुआ। ३. जो क़ैद किया गया हो। ४. क़ैद में पड़ा हुआ।

बन्धित² (बंधित²)—[< सं० बन्ध्या] *स्त्री०* बाँझ स्त्री। बन्ध्या।

***बन्धिय (बंधिय)**—*पु०* ≤ *सं०* बन्धु। आत्मीय लोग। स्वजन।

†बन्धिया (बंधिया)—[< सं० बन्ध] *स्त्री०* खेत की ऊँची मेड़।

बन्धी (बंधी)—[< सं० बन्ध] *पु०* वह रस्सी जो दूध दुहते समय सरलता से दूध न दुहने देनेवाली गाय के पीछे के पैरों में बाँधी जाती है। नोआ।

बन्धु (बंधु)—[सं० √बन्ध् + उ] *पु०* १. ऐसे सम्बन्धी जिनके पूर्वज एक ही हों। ज्ञाति। स्वजन। नातेदार। २. आत्मीय लोग। स्वजन। ३. भाई। ४. पिता। ५. मित्र। ६. सहायक। *जैसे*—दीनों के बन्धु भगवान् राम। ७. पति। ८. (तिरस्कार-सूचक प्रयोग में समासयुक्त शब्द के अन्त में) किसी वर्ण/जाति आदि में जन्म लेकर भी उसके गुणों से रहित व्यक्ति। किसी वर्ण/जाति से नाम मात्र को सम्बन्धित। *जैसे*—ब्रह्मबन्धु (नाममात्र का ब्राह्मण)। ९. बन्धूक। दुपहरिया का फूल/पौधा। (छन्द०) एक समवर्णिक छन्द जिसके प्रत्येक चरण में ३ भगण और दो गुरु (भ भ भ ग ग) के योग से ११ वर्ण होते हैं। दोधक छन्द।

बन्धुता (बंधुता)—[सं० बन्धु + तल् + टाप्] *स्त्री०* १. बन्धु होने की अवस्था/भाव। २. भाई या स्वजन जैसा व्यवहार। बन्धु-भाव। भाईचारा। ३. स्नेह-सम्बन्ध। ४. मित्रता। दोस्ती। ५. बन्धुवर्ग।

बन्धु-बान्धव (बंधु-बांधव)—[सं०] *पु०* १. स्वजन। सम्बन्धी। भाई-बन्धु। २. नातेदार तथा मित्र लोग।

बन्धु-भाव (बंधु-भाव)—[सं०] *पु०* बन्धुत्व। बन्धुता।

बन्धुर (बंधुर)—[सं० √बन्ध् + उरच्] *वि०* १. लहराता हुआ। तरंगित। २. ऊँचा-नीचा। ३. झुका हुआ। ४. वक्र। टेढ़ा। *पु०* १. हंस। २. सारस। ३. दुपहरिया का पौधा/फूल।

बन्धुल (बंधुल)—[सं० √बन्ध् + उलच्, या बन्धु √ला + क] *वि०* १. झुका हुआ। २. हर्षप्रद। ३. सुन्दर। *पु०* दुपहरिया का फूल। गुल दुपहरिया।

बन्धूक (बंधूक)—[सं० √बन्ध् + ऊक] *पु०* गुल दुपहरिया का पौधा या फूल। ✣ **†बन्धूप**—*पु०* = बन्धूक।

बन्धेज (बंधेज)—[< हिं० बन्धना] *पु०* १. बन्धन। २. कुल/समाज आदि की कोई प्रथा/परम्परा। ३. उक्त प्रथा/परम्परा के अनुसार विशेष अवसरों पर सम्बन्धियों/सेवकों आदि को कोई विशेष काम करने या उन्हें कोई वस्तु या धन आदि लेने-देने का बन्धन। ४. उक्त के अनुसार लिया-दिया जाने वाला धन इत्यादि। ५. प्रतिबन्ध। रोक।

बन्ध्य (बंध्य)—[< सं० √बन्ध् + ण्यत्] *वि०* १. बाँधे जाने के योग्य। २. क़ैद किए जाने के योग्य। ३. अनुपजाऊ। ऊसर (भूमि)। ४. बाँझ (स्त्री)।

बन्ध्या (बंध्या)—[सं० बन्ध्य + टाप्] *स्त्री०* १. बाँझ स्त्री। २. बाँझ गौ। ✣ **बन्ध्या-पुत्र/सुत**—*पु०* = १. बाँझ स्त्री का पुत्र। २. उक्त के समान कोई असम्भव/अनहोनी बात।

बन्ना—[< हिं० बरना < सं० वरणक] *पु०* १. वर। दूलह। २. वर-पक्ष की स्त्रियों के द्वारा गाए जाने वाले एक प्रकार के गीत। ✣ **बन्नी¹/बन्नो**—*स्त्री०* = वधू। दुलहिन।

†बन्नी²—[< सं० वनीय] *वि०* वन में होनेवाला या वन का। *जैसे*—बन्नी पेड़; बन्नी मिट्टी।

बप—*पु०* ≤ *सं०* वपु। शरीर।

बपना—[< सं० वपन] *क्रिस०* वपन करना। (बीज) बोना। रोपना। *जैसे*—किसान बीज बपता है।

***बपख**—*पु०* ≤ *सं०* वपुष्। शरीर। देह।

***बपु**—[< सं० वपुस्] *पु०* १. शरीर। देह। *जैसे*—बपुधारी (=शरीर धारी)। २. रूप। आकृति। शक्त। सूरत।

***बपुमार**—[< हिं० बाप + मारना] *वि०* बाप को मारने वाला। पितृघातक।

***बपुरा**—[< प्रा० बप्पुड] *वि०* १. तुच्छ। नगण्य। क्षुद्र। दीन-हीन। बेचारा।

बपौती—[< हिं० बाप] *स्त्री०* १. पिता की सम्पत्ति जो पुत्र को उत्तराधिकार में मिलती है। पैतृकसम्पत्ति। २. पैतृक सम्पत्ति पर होनेवाला अधिकार।

बपौती-ददौती—[< हिं० बाप-दादा] *स्त्री०* पिता-पितामह आदि से प्राप्त उत्तराधिकार। पूर्वजों से प्राप्त सम्पत्ति, गुण आदि।

बप्तिस्मा/बपतिस्मा—[अं० बैप्टिज़्म] *पु०* (ईसाई०) किसी को ईसाई मत में दीक्षा से पहले कराया जाने वाला धार्मिक स्नान।

बफ़र राज्य—[अं० बफ़र + सं० राज्य] *पु०* (राजनीति०) अन्तःस्थ राज्य। (दे०)

बफारा—[< प्रा० बप्फ < सं० बाष्प] *पु०* १. गर्म जल से निकली भाप। २. भाप से किया जाने वाला सेंक।

***बफेरा**—[< प्रा० बप्पी] *पु०* चातक या पपीहा। (पक्षी)।

बफौरी—[< प्रा० बप्फ < सं० बाष्प] *स्त्री०* भाप से पकी हुई बड़ी।

बबकना—*क्रिअ०* ≤ *हिं०* बमकना।

बबर—[अरबी] *पु०* सिंह की एक जाति। बड़ा शेर। *वि०* विकराल। भयंकर। *जैसे*—बबर शेर।

***बबा**—[< फा० बाबा] *पु०* १. पितामह। बाबा। २. मातामह। नाना। ३. पिता।

बबूना—[देशज] *पु०* एक छोटी चिड़िया जिसके शरीर का ऊपरी

भाग धानी रंग का होता है, चोंच टेढ़ी, नुकीली और काली होती है।

***बबेक**—*पु॰ ≤ स॰* विवेक। ज्ञान।

***बभूत**—[< स॰ विभूति] *स्त्री॰* १. विभूति। २. (हवन-कुंड, श्मशान आदि की) भस्म। भभूत।

बभ्रु—[स॰ √भ्रू + कु, द्वित्व] *वि॰* १. गहरे भूरे रंग का। २. खल्वाट। गंजा। *पु॰* १. गहरा भूरा रंग। २. भूरे बालों वाला व्यक्ति। ३. शिव। ४. विष्णु। ५. चातक। ✣ **बभ्रुकेश**—*वि॰* = भूरे केशों वाला। ✣ **बभ्रुधातु**—*स्त्री॰* = १. सोना। २. गेरू। ✣ **बभ्रुलोमा**—*वि॰* = भूरे रोमों/लोमों वाला।

बम[१]—[अनु॰] *स्त्री॰* (शहनाई बजानेवालों का) छोटा नगाड़ा। ***वा॰* बम बोल जाना, बम बोलना**—१. शक्ति/पूँजी आदि का समाप्त हो जाना। २. पूरी तरह निर्धन हो जाना। पास में कुछ न रह जाना। दिवाला निकल जाना।

बम[२]—[< कन्नड़ बम्ब् (= बाँस)] *स्त्री॰* घोड़ा-गाड़ी में लगनेवाला लम्बा बाँस जिसमें घोड़ा जोता जाता है या जिसके दोनों ओर घोड़े जोते जाते हैं। ***जैसे***—बग्घी की बम।

बम[३]—[< अ॰ बम्ब] *पु॰* एक प्रकार का विस्फोटक रासायनिक गोला जिसके फटने से ज़ोर की आवाज़ तथा भारी विनाश होता है।

†बमा/बमीठा—[< स॰ वल्मीक] *पु॰* (दीमकों की) बाँबी। भिटका।

बमुक़ाम—[फा॰ ब + अरबी मुक़ाम] *क्रिवि॰* स्थान/जगह पर। मुक़ाम पर।

बमूजिब—[फा॰ ब + अरबी मूजिब] *क्रिवि॰* के अनुसार।

बम्ब (बंब)—[< हि॰ बम] *स्त्री॰* १. दुन्दुभि। डंका। २. रण- नाद। ३. यशोगान। ४. घोर शब्द। उद्घोष।

बम्बा (बंबा)—[< पुर्त॰ पम्पा] *पु॰* १. स्रोत। सोता। २. पानी निकालने आदि की मशीन। पम्प। ३. पानी का नल। ४. नहर से निकाली गयी जल-धारा। ५. लम्बाई लिए गोल पात्र।

बम्बाना (बंबाना)—[अनु॰] *क्रिअ॰* (गायों का) 'बाँ-बाँ' करना। रँभाना।

***बय**—*स्त्री॰ ≤ हि॰* वय। शैशव, यौवन आदि में से कोई अवस्था।

***बयन**[१]—[< प्रा॰ वयण < स॰ वचन] *पु॰* वचन। कथन।

***बयन**[२]—[< प्रा॰ वयण < स॰ वदन] *पु॰* मुख।

बयना**[१]—[ब्रज॰ < स॰ वचन] *क्रिस॰* १. कहना। २. वर्णन करना। *वि॰* (समासयुक्त पद के अन्त में) कहनेवाला। ***जैसे—मधुरबयना।

***बयना**[२]—[< स॰ वपन] *क्रिस॰* (खेत आदि में) बीज बोना।

बयनी**—[< हि॰ बयना < स॰ वचन] *वि॰ (स्त्री॰)* (समासयुक्त पद के अन्त में) बोलनेवाली या मधुर बोलनेवाली। ***जैसे—कोकिलबयनी। कोयल।

***बयबिरिध**—*वि॰ ≤ स॰* वयोवृद्ध। उम्र में बड़ा।

***बयर**—*पु॰ ≤ स॰* वैर। शत्रुता।

बयँहत्था—[< हि॰ बायाँ + हत्थ < स॰ हस्त] *वि॰* बाएँ हाथ का अधिक प्रयोग करनेवाला। वामहस्तिक।

बया[१]—[< स॰ वयन (बुनना)] *स्त्री॰* 'गौरैया' चिड़िया के समान काली और सफ़ेद धारियों वाली एक छोटी चिड़िया जो बुनकर अत्यन्त कुशलता से अपना घोंसला बनाती है जो प्रायः ताड़/बबूल के वृक्षों पर हवा से झूलते रहते हैं।

†बया[२]—[< अरबी वायः (= बेचनेवाला)] *पु॰* अनाज तोलनेवाला। तोलैया।

बयान—[अरबी] *पु॰* १. कथन। वचन। उक्ति। २. वृत्तान्त। वर्णन। हाल। ३. वक्तव्य। (विधि॰) न्यायालय में वादी/प्रतिवादी का लिखित/मौखिक वक्तव्य। ***वा॰* बयान से बाहर**—अवर्णनीय।

बयाना—[< अरबी बै (= विक्रय)] *पु॰* सौदा पक्का करने के लिए विक्रेता को दी जाने वाली अग्रिम धन-राशि। पेशगी।

बयाबान, बयाबानी—दे॰ क्रमशः बियाबान, बियाबानी।

बयार—[अवधी, < स॰ वात] *स्त्री॰* १. वायु। पवन। हवा। ***जैसे***—ठंडी बयार। ✣ ***बयारि/बयारी**—*स्त्री॰* = वायु। पवन। हवा।

***बये**—[< हि॰ बयना < स॰ वपन] *क्रिस॰* 'बयन' (बोना) का एक भूतकालिक रूप। बोए। *वि॰* बोए हुए।

बर[१]—[< स॰ वर] *पु॰* १. विवाह के लिए चुना गया पुरुष। २. वर/दूलह। ३. पति। ***जैसे***—सिया बर रामचन्द्र की जय। ४. वरदान। *वि॰* श्रेष्ठ।

बर[२]—*पु॰ ≤ स॰* बल। शक्ति।

बर[३]—*पु॰ ≤ स॰* वट। वट-वृक्ष। बरगद।

बर[४]—[फा॰] *पु॰* (वृक्ष का) फल। *वि॰* १. सफल। २. तुलना में बढ़कर। श्रेष्ठ।

बरई—[< हि॰ बाड़ी < स॰ वाटी] *पु॰* पान की खेती करनेवाली तथा पान का व्यापार करनेवाली एक जाति या उसका व्यक्ति। तमोली।

बरकत—[अरबी] *स्त्री॰* १. वृद्धि। बढ़ोतरी। बढ़ती। २. प्रचुरता। अधिकता। ३. सौभाग्य। ख़ुशक़िस्मती। ४. ईश्वर-कृपा से गुप्त रूप में होने वली धन आदि की वृद्धि। ✣ **बरकती**—*वि॰* = १. जिसके कारण बरकत हो रही हो या होती हो। सौभाग्यशाली या शुभ। ***जैसे***—इस बालिका का बरकती हाथ। २. जो शुभ और वृद्धि करनेवाला या प्रचुरता बनाए रखनेवाला हो।

बरकना—[< स॰ वारण] *क्रिअ॰* १. निवारण होना। २. दूर रहन या दूर रखा जाना। ३. अशुभ/अप्रिय बात या संकट आदि से बचना या बचाया जाना। ४. निवारित होना। रुकना। *क्रिस॰* बरकाना।

बरक़रार—[फा॰ बर + अरबी क़रार] *वि॰* १. अस्तित्वशील। जीवित। २. वर्तमान और स्थिर। ३. दृढ़। अचल। क़ायम। ४. पुनर्नियुक्त। बहाल।

बरकसी—[< फा॰ बर + अरबी, कसी] *स्त्री॰* १. धृष्टता। ढिठाई। २. अति निर्दयता। बड़ी बेरहमी।

बरकाना—[< स॰ वारण] *क्रिस॰* १. 'बरकना' का प्रेरणार्थक रूप। बरकने में प्रवृत्त करना। २. निवारण करना। ३. दूर रखना। ४. (किसी को) अशुभ अप्रिय बात या संकट आदि से बचाना। ✣ **बरके**—*वि॰* = शेष। बचे हुए।

***बरख**—पु॰ ≤ स॰ वर्ष। बरस। साल।

***बरखना**—[< स॰ वर्षण] *क्रिअ॰* वर्षा होना। बरसना। *क्रिस॰* वर्षा करना। बरसाना।

बरख़िलाफ—[फा॰ बर + अरबी ख़िलाफ़] *वि॰* विरुद्ध। ख़िलाफ़। *क्रिवि॰* प्रतिकूल। विपरीत। उलटा।

बरख़ुर्दार—[फा॰] *वि॰* १. सौभाग्यशाली। २. सफलमनोरथ। *पु॰* पुत्र। ✣ **बरख़ुर्दारी**—*स्त्री॰* = १. सौभाग्य। २. सफलमनोरथता। ३. सम्पन्नता।

बरग—[< फा॰ बर्ग] *पु॰* पत्र। पत्ता।

बरगी—[< फा॰ बरगीर] *पु॰* १. अश्वपाल। साईस। २. अश्व। घोड़ा। ३. राजकार्य करने वाला घुड़सवार सैनिक।

बरगेल—[देशज] *पु॰* एक प्रकार का 'लवा' पक्षी।

बरङ्गा (बरंगा)—[देशज] *पु॰* छत पाटते समय धरनों पर रखी जाने वाली लकड़ी की तख्ती या पत्थर की पटिया।

बरछा/बर्छा—[< स॰ व्रश्चन] *पु॰* एक अस्त्र जिसमें एक बड़े दंड के सिरे पर धातु का नुकीला फलक लगा होता है। भाला। ✣ **बरछी/ बर्छी**—*स्त्री॰* = छोटा बरछा। ✣ **बरछैत/बर्छैत**—*पु॰* १. बरछा चलानेवाला सैनिक। २. बरछा धारण करनेवाला।

***बरजन**—*पु॰* ≤ *स॰* वर्जन। निषेध। मनाही। रोक।

***बरजना**—[< स॰ वर्जन] *क्रिस॰* १. निषेध करना। मना करना। रोकना। २. उपयोग न करना। ३. ग्रहण न करना। ✣ **बरजत-बरजत**—*क्रिवि॰* = बहुत मना करने पर भी। मना करते-करते। ✣ **बरजि**—*क्रिवि॰* = वर्जन करके। निषेध करके। ✣ **बरजनि**—*स्त्री॰* = वर्जन। वर्जना। निषेध। मनाही।

बरजोर—[< स॰ बल + फा॰ ज़ोर] *वि॰* १. बलिष्ठ। सुदृढ़। बलवान्। २. अत्याचारी। *क्रिवि॰* = बलात्। ज़बरदस्ती।

बरजोरी—[< हि॰ बरजोर] *स्त्री॰* १. किसी से बलपूर्वक/ ज़बरदस्ती कराया जाने वाला अनुचित काम (या कोई काम)। *क्रिवि॰* = बलात्। बलपूर्वक। ज़बरदस्ती।

बरत[१]—[< स॰ वर्त्त] *पु॰* १. डोरी या रस्सी। २. मोटी रस्सी जिस पर नट चल कर दिखाता है।

बरत[२]**—*पु॰* ≤ *स॰* व्रत। ***जैसे—पूजा-पाठ और बरत-उपवास करना।

***बरत[३]**—[< हि॰ बरना (= जलना)] *क्रिअ॰* जलता। *वि॰* जलता हुआ।

बरत[४]**—[< हि॰ बरना < स॰ वरण] *क्रिस॰* वरण करता है। ***जैसे—सुन्दर वर को बरत कुमारी। *वि॰* वरण करता हुआ।

***बरती[१]**—[< स॰ वर्त्ती] *स्त्री॰* (दीपक आदि की) बत्ती।

बरती[२]**—[< स॰ व्रती] *वि॰* व्रत रखनेवाला। व्रतधारी। ***जैसे—शिवरात्रि के बरती।

***बरतोर**—[< हि॰ बालतोड़] *पु॰* बाल टूटने के कारण होनेवाला फोड़ा। बालतोड़।

***बरद[१]**—[< स॰ वरद] *वि॰* वरद। वर देनेवाला। वरदाता। ✣ **बरदा[१]**—*वि॰ (स्त्री॰)* वरदा। वर देनेवाली। वरदायिनी।

***बरद[२]**—[< प्रा॰ बलद्द] *पु॰* बैल। ● **विशेष**—गाय/भैंस आदि का गर्भाधान कराना या गर्भाधान होना '**बरदाना**' कहा जाता है। ✣ **बरदा[२]**—*पु॰* = बैल।

***बरदानि/बरदानी**—[< स॰ वरदानी] *वि॰* वर देनेवाला। वरदानी। वरदाता। वरदायक।

***बरदायक**—[< स॰ वरदायक] *वि॰* = वर देनेवाला। वरद। ✣**बरदायनी**—*वि॰* (स्त्री॰) = वर देनेवाली। वरदायिनी।

बरदाश्त—[फा॰] *स्त्री॰* सहनशीलता। *वि॰* सहन किया जाने वाला या सहन करने योग्य। सह्य।

†**बरदिया**—[< हि॰ बरद] *पु॰* पशुओं को चराने का काम करने वाला। चरवाहा। बरघिया।

†**बरध/बरधा**—[< हि॰ बरद] *पु॰* बैल। ✣ **बरधाना**—*क्रिअ॰, क्रिस॰* बरदाना। ✣ **बरधिया**—*दे॰* बरदिया।

बरन[१]**—[< स॰ वर्ण] *पु॰* १. ब्राह्मण आदि चार वर्णों में से प्रत्येक। वर्ण। २. (वर्णमाला का) वर्ण। अक्षर। ३. रंग। वर्ण। ***जैसे—श्याम बरन। ४. प्रकार। तरह। ***जैसे***—अनेक बरन के पशु-पक्षी। ✣ **बरन-बरन**—*पु॰* = अनेक वर्ण।

बरन[२]—[< हि॰ वरन्] *अव्यय* वरन्। बल्कि।

***बरन[३]**—*पु॰* ≤ *स॰* वरण। चुनाव। पसन्द।

†**बरन[४]**—[< हि॰ बरना] *क्रिअ॰* जलना। ***जैसे***—मकान बरन लगे।

***बरना[१]**—[< स॰ वरण] *क्रिस॰* १. वरण करना। चुनना। २. पति या पत्नी के रूप में ग्रहण करना। ब्याहना। २. (किसी काम के लिए) नियुक्त करना।

***बरना[२]**—[< स॰ वर्णन] *स्त्री॰* वर्णन। *क्रिस॰* १. वर्णन किया। बखान किया। २. प्रशंसा करना।

†**बरना[३]**—[< हि॰ बलना] *क्रिअ॰* जलना।

† **बरना[४]**—[< हि॰ बटना] *क्रिस॰* १. (डोरी, रस्सी आदि) बटना, ऐंठना।

***बरना[५]**—*क्रिस॰* ≤ *हि॰* बढ़ना।

†**बरना[६]/बन्ना**—[< स॰ वरणक] *पु॰* वर। दूलह।

†**बरना[७]**—[< स॰ वारण] *क्रिस॰* वारण करना। मना करना।

†**बरना[८]**—[< स॰ वरुणा] *स्त्री॰* वाराणसी की 'वरुणा' नामक नदी।

बरना[९]/वरना—[< स॰ वरण] *पु॰* एक ऊँचा वृक्ष जिसके फल गोल होते हैं, पत्ते एक लम्बे वृन्त में तीन-तीन होते हैं तथा फूल विकसित होने पर सुनहले हो जाते हैं।

***बरनाधम**—[< स॰ वर्णाधम] *वि॰* जो वर्णों में सबसे निचला हो। वर्णाधम।

***बरनाबरन**—[स॰ वर्ण ~ वर्ण] *वि॰* १. अनेक व्रर्णों/रंगों वाला। रंग-बिरंगा। २. विविध प्रकार का। तरह-तरह का।

बरनि**—[< हि॰ बरना < स॰ वर्णन] *क्रिवि॰* वर्णन करके। ***जैसे—बरनि कथा श्री राम की।

***बरनी[१]**—[< स॰ वरण] *वि॰ (स्त्री॰)* वरण की हुई। *स्त्री॰* वधू। दुलहिन।

बरनी**[2]—[< हि॰ बरनना] *क्रिस॰* वर्णन किया। ***जैसे—उन्होंने अपनी व्यथा बरनी। *वि॰* जिसका वर्णन किया गया हो। वर्णित। कथित।

बरपा—[फा॰] *वि॰* (उत्पात/उपद्रव आदि) जो उठ खड़ा हुआ हो या उपस्थित हो गया हो। ***जैसे***—उसकी तलवार ने प्रलय बरपा कर दी।

बरबट—[< स॰ बल ~ वश] *क्रिवि॰* बलपूर्वक। ज़बरदस्ती। बरबस।

बरबट्टा—[< स॰ बल + हि॰ बट्टा] *पु॰* 'लोबिया' नामक एक अनाज।

***बरबरनी**—[< स॰ वरवर्णिनी] *स्त्री॰* उत्तम वर्ण/रंग वाली। गोरी/रूपवती/सुन्दर स्त्री। वरवर्णिनी।

बरबस—[< स॰ बल ~ वश] *क्रिवि॰* १. बलपूर्वक। ज़बरदस्ती। २. व्यर्थ। बेकार। फ़िज़ूल। ***जैसे***—बरबस मेहनत करना।

***बरबात**—[< फा॰ बरबस्त] *स्त्री॰* नियम। रीति।

***बरम**—[< स॰ वर्मन्] *पु॰* वर्म। कवच।

***बरम्हाव**—[< स॰ ब्रह्म] *पु॰* १. ब्राह्मण। २. (ब्राह्मण का) आशीर्वाद।

***बररि**—[< हि॰ बरना (ऐंठना)] *क्रिवि॰* ऐंठ कर।

***बररे/बररै**—[< प्रा॰ वरडा] *स्त्री॰* बर्र। भिड़।

बरसातैं (बरसातें)—[< स॰ वट-सप्तमी] *स्त्री॰* सौभाग्यवती स्त्रियों का एक व्रत जिसमें वटवृक्ष की पूजा आषाढ़ शुक्ल सप्तमी को की जाती है।

बरसायत—[< स॰ वट-सावित्री] *स्त्री॰* सौभाग्यवती स्त्रियों के द्वारा ज्येष्ठ कृष्ण अमावस्या को किया जाने वाला एक व्रत जिसमें वटवृक्ष की पूजा की जाती है।

बरह[1]—[< स॰ बर्हि] पु॰ दर्भ। कुश।

बरह[2]—[< फा॰ बर्ग] *पु॰* पत्ता या पत्ती। दल।

***बरहापीड़**—[< हि॰ बरह + स॰ आपीड] *पु॰* मोरपंखों का मुकुट। मोरमुकुट।

बरहना—[< फा॰ बर्हन] *क्रिस॰* (खेत को) बरहा (दे॰) से सींचना।

बरहा[1]—[< हि॰ बहना] *पु॰* छोटी नाली जिससे खेतों को पानी पहुँचाया जाता है।

बरहा[2]—[< हि॰ बरना (= बटना)] *पु॰* मोटा रस्सा।

बरहा[3]—[< स॰ बर्ह] *पु॰* मयूर। मोर।

बरहा[4]—[< स॰ वराह] *पु॰* जंगली सुअर।

बरही[1]—[< हि॰ बरहा] *पु॰* छोटी नाली जिससे खेतों को पानी पहुँचाया जाता है।

बरही[2]—[< हि॰ बरहा] *स्त्री॰* १. मोटी रस्सी। २. (रस्सी से बँधा) जलाने की लकड़ियों का गट्ठर/बोझ।

बरही[3]—[< हि॰ बरहा < स॰ बर्हिण] *पु॰* मयूर। मोर। *स्त्री॰* मयूरी। मोरनी। ✣ ***बरहीपीड़**—*पु॰* = मोरमकुट।

बरही—[< हि॰ बारह] *स्त्री॰* प्रसूता का सन्तान जन्म से बारहवें दिन कराया जाने वाला एक कार्यक्रम और उससे सम्बन्धित उत्सव।

बरा[1]**/बड़ा**—[< स॰ वटक] *पु॰* एक नमकीन पकवान। मूँग या उर्द को पानी में भिगोकर, पीसकर और मसाले डालकर तैयार की जाने वाली गोल टिकिया।

बरा[2]—[< स॰ वर (= दूलह)] *पु॰* वर के घर से वधू/कन्या के घर भेजे जाने वाले मेवा, मिठाइयाँ, वस्त्र, आभूषण आदि। बरी।

बराइ**—[< हि॰ बारना (जलाना)] *क्रिवि॰* ज़ला कर या किसी से जलवा कर। ***जैसे—दीपक बराइ।

बराए—[फा॰] *अव्यय॰* निमित्त। लिए। वास्ते। ***जैसे***—बराए खुदा (= ईश्वर के लिए); बराए नाम (= नाम मात्र को, कहने-भर के लिए)।

***बराक**[1]—[< स॰ वराक] *वि॰* १. तुच्छ। दीन। बेचारा। २. दयनीय। ३. अभागा।

***बराक**[2]—[< स॰ बलाक] *पु॰* १. बलाक। बगुला। २. (बगुले जैसा) ढोंगी या दुष्ट व्यक्ति।

बराट—[< स॰ वराट] *पु॰* १. कौड़ी। २. (लाक्षणिक) तुच्छ वस्तु/व्यक्ति।

बराटिका—[< स॰ वराटिका] *स्त्री॰* १. कौड़ी। २. (लाक्षणिक) तुच्छ वस्तु/व्यक्ति।

बरायन—[< स॰ वर] *पु॰* (विवाह की एक प्रथा) वर को पहनाया जाने वाला लोहे का छल्ला।

बरासन—[< स॰ वरासन] *पु॰* श्रेष्ठ आसन।

बराह[1]—[< स॰ वराह] *पु॰* १. वराह। शूकर। सुअर। २. भगवान् विष्णु का शूकर के रूप में अवतार। वराहावतार।

बराह[2]—[फा॰] *क्रिवि॰* १. मार्ग से। रहने से। २. द्वारा। ३. के रूप में। के तौर पर। ४. के विचार से।

***बरिअ**—[< स॰ बलिन्] *वि॰* बली। बलवान्। ज़बरदस्त। ✣ **बरिअर/बरिआरा**—*वि॰* = बली। बलवान्।

***बरिआई/बरिआई/बरिआईं**—[< स॰ बल] *क्रिवि॰* १. बलात्। ज़बर्दस्ती। २. हठपूर्वक। ३. अन्यायपूर्वक।

***बरिआता**—[< स॰ वरयात्रा] *स्त्री॰* वरयात्रा। बरात।

***बरिआर**—[< हि॰ बरिअ] *वि॰* बली। शक्तिशाली।

बरिया—[< स॰ वलय] *स्त्री॰* चूड़ी या कड़ा।

***बरिया**—[< स॰ वेला] *स्त्री॰* वेला। समय।

***बरिनिया**—[< हि॰ बारिन < हि॰ बारी] *स्त्री॰* (पत्तलें, दोने इत्यादि बनानेवाली) बारी जाति की स्त्री। बारिन।

बरिबण्ड (बरिबंड)—[< स॰ बलिन् ~ बण्ड (एकांकी)] *वि॰* १. अद्वितीय बलवान्। अति प्रबल। २. प्रचंड शूरवीर।

†**बरियार**—[< हि॰ बरिअ या < स॰ बली (बलिन्)] *वि॰* अति बलवान्। बहुत शक्तिशाली।

†**बरिलना**—[देशज] *पु॰* एक प्रकार की क्षारयुक्त मिट्टी। सज्जी खार। सज्जी।

बरी[1]**/बड़ी**—[< स॰ वटी] *स्त्री॰* उर्द (उड़द) या मूँग की पीठी में मसाले डालकर तैयार की जाने वाली गोल टिकिया।

बरी[2]—[< स॰ वर (= दूल्हा)] *स्त्री॰* वर के घर से वधू/कन्या के

घर भेजे जाने वाले वस्त्र, आभूषण, मेवा, मिठाइयों आदि का उपहार।

***बरी*[3]—*वि॰* ≤ *हि॰* बड़ी।

बरी[4]—[अरबी] *वि॰* जो अभियोग/आरोप आदि से मुक्त किया गया हो। ***जैसे***—मुक़दमे से बरी व्यक्ति। १. मुक्त। स्वतंत्र। २. बन्धन-मुक्त। रिहा।

***बरीस**—[< सं॰ वर्ष] *पु॰* वर्ष। बरस। साल।

***बरीसना**—[< सं॰ वर्षण] *क्रिअ॰* बरसना।

***बरु**[1]—[< सं॰ वर] *पु॰* १. वरदान। वर। २. वर। दूलह। ३. पति। *अव्यय॰* १. भले ही। चाहे। २. अच्छा हो कि। ३. वरन्। बल्कि। ● **विशेष—बरु नीकौ** = तो अच्छा होता। **बरु उतकौं** = और उधर या दूर को।

बरु[2]—≤ *सं॰* बल। शक्ति।

बरुआ—[< प्रा॰ बहुअ < सं॰ बटुक] *पु॰* १. ब्रह्मचारी। वटु। २. बालक। ***जैसे***—देवी-पूजा के अन्त में कन्या-बरुआ को भोजन कराना।

***बरुक/बरुकु**—[< हि॰ बरु] *अव्यय॰* भले ही। चाहे।

बरुना[1]—[< सं॰ वरुणा] *स्त्री॰* वाराणसी की एक छोटी नदी। वरुणा।

†**बरुना**[2]—*स्त्री॰* ≤ *हि॰* बरौनी।

बरूथी—[< सं॰ वरूथी] *स्त्री॰* सेना।

***बरे**—[< सं॰ √बल] *क्रिवि॰* १. ऊँची आवाज़ से। २. बलपूर्वक। ज़बरदस्ती। ३. ज़ोर से। *अव्यय॰* १. बदले में। २. के निमित्त। के लिए। वास्ते।

बरेखी—[< सं॰ वरेक्षा (वर ~ ईक्षा)] *स्त्री॰* कन्या-पक्ष द्वारा वर को देखकर और पसन्द कर विवाह-सम्बन्ध स्थिर करने की एक रीति जिसमें वर तथा उसके पक्ष के अन्य लोगों को धन आदि उपहार में दिए जाते हैं। बरिच्छा।

बरेज/बरेजा—[< सं॰ वाटिका] *पु॰* पान की खेती के लिए बनाया हुआ विशेष प्रकार का खेत।

बरेठा—[देशज] *पु॰* धोबी।

†**बरेत/बरेता**—[< हि॰ बरना (बटना)] *पु॰* १. मथानी की रस्सी। २. सन का मोटा रस्सा।

***बरेह/बरोह**—[< सं॰ वट ~ रोह] *पु॰* बरगद की जटाएँ जो पृथ्वी में घुसकर तने का रूप ले लेती हैं।

बरेंड़ा (बरेंड़ा)—[< सं॰ वरण्डक] *पु॰* १. (मकान के) छाजन के बीच की लकड़ी। २. खपरैल के बीच का ऊँचा भाग। ✣ **बरेंड़ी (बरेंड़ी)**—*स्त्री॰* = छोटा बरेड़ा।

†**बरोक**—[< सं॰ वर + हि॰ रोक] *स्त्री॰* १. विवाह की ठहरौनी। वरेक्षा। बरिच्छा।

†**बरोज**—[< सं॰ वट + ज] *पु॰* बरगद के पेड़ की जटाएँ। बरोह।

***बरोठ**—*पु॰* ≤ *हि॰* बरोठा।

***बरोठा/बरोठा**—[< हि॰ वार + कोठा अथवा < सं॰ द्वार ~ कोष्ठ] *पु॰* द्वार और आँगन के बीच का कमरा। प्रकोष्ठ। ड्योढ़ी। पौरी।

***बरोर/बरोरू**—[< सं॰ वरोरु (वर ~ ऊरु)] *वि॰* श्रेष्ठ जंघाओं वाला। *वि॰* (स्त्री॰) श्रेष्ठ जंघाओं वाली। सुन्दर (स्त्री)।

†**बरोह**—[< सं॰ वट ~ रुह] *पु॰* वटवृक्ष की जटाएँ।

†**बरोही**—[< हि॰ बर < सं॰ बल] *वि॰* १. किसी के बल पर। किसी के आधार पर। २. बलपूर्वक। ज़बरदस्ती।

बरौनी—[< हि॰ बार (= बाल), या < सं॰ आवरण] *स्त्री॰* (दोनों) पलकों के किनारे के बालों की पंक्ति।

†**बरौरी**—[< हि॰ बरी] *स्त्री॰* बड़ी/बरी नामक पकवान।

बरौलिया—[देशज] *पु॰* एक प्रकार का गहरा लाल या सफ़ेद पत्थर।

बरौंछी (बरौंछी)—[< हि॰ बार (बाल) + उंछना] *स्त्री॰* सुअर के बालों से बनी कूची जिससे स्वर्णकार आभूषण साफ़ करते हैं।

बर्क़—[अरबी] *स्त्री॰* विद्युत्। बिजली। ✣ **बर्क़ज़दा**—*वि॰* = जिस पर बिजली गिरी हो। बिजली का मारा हुआ। ✣ **बर्क़ी**—*वि॰* = १. बिजली से सम्बन्धित। बिजली का। २. बिजली का शक्ति से चलनेवाला। ***जैसे***—बर्क़ी छापाख़ाना।

बर्क़न्दाज़ (बर्क़ंदाज़)—[< अरबी बर्क़ + फा॰ अन्दाज़] *पु॰* १. सिपाही। २. हरकारा। ३. बन्दूक़ची। ४. तोपची।

बर्क़ी—दे॰ बर्क़।

बर्छा, बर्छी—दे॰ बरछा, बरछी।

बर्ज**—[< सं॰ वय] *वि॰* (समस्त पद में प्रयुक्त) वर्य। श्रेष्ठ। ***जैसे—कविबर्ज (= कवियों में श्रेष्ठ)।

***बर्णना**—[< सं॰ वर्णन] *क्रिस॰* वर्णन करना। *स्त्री॰* वर्णन।

†**बर्त**—*पु॰* ≤ *सं॰* व्रत। ***जैसे***—जन्माष्टमी का बर्त रखकर भगवान् कृष्ण की पूजा करो।

बर्थ—[अं॰] *स्त्री॰* (रेलगाड़ी में) शायिका या शयनिका।

†**बर्द**—[< प्राकृत बलद्द] *पु॰* बैल। ✣ **बर्दिया/बर्धिया**—*पु॰* = चरवाहा।

बर्रैया—[< सं॰ वरटा] *स्त्री॰* बर्र।

बर्ह—[सं॰ √बर्ह् + अच्] *पु॰* १. मयूर/मोर की पूँछ। २. मोर का पंख।

बर्हण—[सं॰ √बर्ह् + ल्यु] *पु॰* (वृक्ष आदि का) पत्ता। पत्र।

बर्हभार—[सं॰ बर्ह ~ भार] *पु॰* १. मोर की पूँछ। २. मोरपंखों का बना हुआ चँवर। मोरछल।

बर्हि—[सं॰ √बर्ह् + इन्] *पु॰* १. अग्नि। २. कुश। दर्भ।

बर्ही—[सं॰ बर्हिण] *वि॰* मोरपंखों से अलंकृत। *पु॰* मयूर। मोर।

***बलऐन**—[< सं॰ बल + अयन] *वि॰* शक्ति का धाम। परम बलशाली।

बलकना—[< सं॰ √वल्क्] *क्रिअ॰* १. गर्व से बोलना। २. प्रलाप करना। बकना। ३. उन्मत्त हो जाना या उन्मत्त की तरह बोलना। ४. आवेशयुक्त होना। ५. उत्साह से भर जाना। जोश में आना। ६. उबलना। खौलना। ✣ ***बलकि**—*क्रिवि॰* = बलक कर। ✣ ***बलकनि**—*स्त्री॰* = १. बलकने की क्रिया/भाव। २. गर्व-वचन। ३. प्रलाप। ४. उन्माद या उन्मत्त व्यक्ति की तरह कथन। ५. आवेशयुक्त होने की अवस्था/स्थिति ६. उत्साहयुक्तता। ७. उबाल।

बलकाना—[हि॰ 'बलकना' का प्रेरणा॰] *क्रिस॰* १. किसी को बलकने में प्रवृत्त करना। ऐसा कुछ करना जिससे अन्य व्यक्ति बलकने लगे। २. गर्व से बोलने में प्रवृत्त करना। गर्वोक्ति कहलवाना। ३. प्रलाप कराना। बलवाना। ४. उन्मत्त कर देना। ५. आवेशयुक्त करना। ६. उत्साह से भर देना। जोश दिलाना। ७. उबाल दिलाना। उबलवाना।

बलक्ष—[स॰ √बल् + क्विप् + अक्ष + घञ्] *वि॰* श्वेत। सफ़ेद। *पु॰* सफ़ेद रंग। ● **विशेष—'वलक्ष'** भी '**बलक्ष**' का समानार्थक शुद्ध प्रयोग है।

बलगतिविज्ञान—[स॰ बल ~ गति ~ विज्ञान] *पु॰* (गणित॰) यान्त्रिकी की एक शाखा। पिंडों को गतिशील करने में या उनकी गति बदलने में बलों की क्रिया का अध्ययन।

बलज—[स॰ बल + ज] *वि॰* बल से उत्पन्न। *पु॰* १. खेत। २. अनाज। ३. अनाज का ढेर। अन्न-राशि। ४. नगर का मुख्य द्वार। नगरद्वार। ५. युद्ध।

बलजा—[स॰ बलज + टाप्] *स्त्री॰* १. पृथ्वी। २. रस्सी।

बलतोड़[1]—[< हि॰ बाल + तोड़] *पु॰* बाल/रोम टूटने से उत्पन्न फोड़ा जो बहुत कष्टप्रद होता है।

बलतोड़[2]—[< स॰ बल + हि॰ तोड़ना] *वि॰* बल को तोड़नेवाला।

बलद—[स॰ बल + द] *पु॰* बैल। *वि॰* बल देनेवाला।

बलदर्प—[स॰ बल ~ दर्प] *पु॰* बल का घमंड। ⁘ **बलदर्पित**—*वि॰* = अपनी ताक़त का घमंडी।

बलदिया—[< स॰ बलद] *पु॰* गाय-बैल आदि चरानेवाला। चरवाहा।

बलनाशन—[स॰ बल ~ नाशन] *वि॰* बल/शक्ति/सेना का नाश करनेवाला। *पु॰* 'बल' नामक असुर का नाशक। इन्द्र।

बलन्ता (बलंता)—[< हि॰ बलना] *वि॰* जलता हुआ। ***जैसे***—बलन्ता दीपक। ⁘ **बलन्ती (बलंती)**—*वि॰ (स्त्री॰)* = जलती हुई।

बलबीर—[स॰ बल + हि॰ बीर (= वीर)] *पु॰* (बलराम का भाई) कृष्ण। *वि॰* बलवान् तथा वीर।

***बल-भानन**—[< स॰ बल ~ भञ्जन] *वि॰* किसी के बल का नाशक। बल-भंजक। शक्ति-भंजन।

बलभी—[< स॰ वलभी] *स्त्री॰* १. घर के शिखर पर बनी हुई कोठरी जो चारों ओर खुली होती है। चन्द्रशाला। २. घर का सबसे ऊँचा भाग। २. घर का सबसे ऊँचा भाग। ३. गुजरात की एक प्राचीन नगरी।

बलमूल—[स॰ बल ~ मूल] *वि॰* अति बलवान्। बहुत शक्तिशाली।

बलय—*पु॰* ≤ *स॰* वलय। कंगन।

बलरीता—[< स॰ बल + हि॰ रीता] *वि॰* बलहीन। निर्बल। कमज़ोर।

बलवत्तम—[स॰ बलवत् + तमप्] *वि॰* सबसे अधिक बलवान्।

बलवत्तर—[स॰ बलवत् + तरप्] *वि॰* (किसी से) तुलना में अधिक बलवान्।

बलवत्ता—[स॰ बलवत् + तल् + टाप्] *स्त्री॰* १. बलयुक्तता। शक्तिशालीपन। २. श्रेष्ठता।

बलवन्त (बलवंत)—[< स॰ बलवन्तः (बलवत्)] *वि॰* बलवान्। शक्तिशाली। ताक़तवर।

बलवा—[< अरबी बल्वा] *पु॰* १. उपद्रव। दंगा। फ़साद। २. विद्रोह। बग़ावत। ३. अशान्ति। ⁘ **बलवाई**—*वि॰, पु॰* = १. बलवा करनेवाला। २. विद्रोही। बाग़ी। ३. अशान्ति फैलानेवाला।

बल-विन्यास—[स॰] *पु॰* सेना की व्यूह-रचना। सैन्य-व्यूह।

***बलसीम**—[< स॰ बल ~ सीमा] *वि॰* अत्यन्त बलशाली।

बलहा—[स॰ बल √हन् + क्विप्] *वि॰* १. शक्ति/सेना का नाश करनेवाला। २. कफ। श्लेष्मा। ३. इन्द्र।

बला[1]—[स॰ बल + अच् + टाप्] *स्त्री॰* (आयुर्वेद॰) खिरैंटी (बला), सहदेई (महाबला), कंघी (अतिबला) और गंगेरन (नागबला) नामक चार औषधीय पौधों का सामान्य नाम।

बला[2]—[अरबी] *स्त्री॰* १. संकट। विपत्ति। आफ़त। २. कष्ट। ३. भूत-प्रेम। बाधा। ४. कष्टदायक वस्तु या व्यक्ति। ५. अप्रिय काम। ६. दुष्ट। ७. धूर्त। ८. भयानक। ***वा॰* बला का**—१. बहुत तीव्र/प्रबल। २. बहुत ही उग्र, प्रचंड, भीषण या विकट। ३. हद दर्जे का। ग़ज़ब का। अत्यधिक या असाधारण। **बला से**—कोई चिन्ता नहीं। कोई परवाह नहीं। **दे॰ 'बलाएँ' भी।**

बलाइ/बलाय—*स्त्री॰* ≤ अरबी बला। संकट। विपत्ति। ***वा॰* बलाइ/बलाय लेना**—बलिहारी जाना।

बलाएँ—[हि॰ 'बला' का बहु॰] *स्त्री॰* अनेक विपत्तियाँ या भूत-प्रेत-बाधाएँ आदि।

बलाक—[स॰ बल √अक् + अच्] *पु॰* बक (पक्षी)। बगुला।

बलाका—[स॰ बलाक + टाप्] *स्त्री॰* १. नारी/मादा बगुला पक्षी। बगली। २. बगुलों की पंक्ति। बक्-पंक्ति। २. प्रिया। प्रेयसी। ३. कामुक स्त्री।

बलाकिका—[स॰ बलाका + कन् + टाप्, इत्व] १. नारी/मादा बगुला। २. बगुलों की पंक्ति। बक-पंक्ति।

बलाग्र—[स॰ बल ~ अग्र] *वि॰* बलवान्। शक्तिशाली। *पु॰* १. सेना का अगला भाग। सेनाग्र। २. सेनानायक। चमूपति।

बलाघात—[स॰ बल ~ आघात] *पु॰* (भाषा॰) किसी अक्षर के उच्चारण में लगाया जाने वाला बल। बलात्मक स्वराघात। स्वराघात। ⁘ **बलाघातित**—*वि॰* = जिसपर बलाघात किया गया हो या हुआ हो।

बलाचतुष्टय—[स॰ बला ~ चतुष्टय] *पु॰* औषधोपयोगी 'बला' नामक क्षुप के चार प्रमुख भेद जिन्हें बला, महाबला, अतिबला और नागबला कहते हैं।

बलाढ्य—[स॰ बल ~ आढ्य] *वि॰* बलवान्।

बलात्—[स॰ बल √अत् + क्विप्] *क्रिवि॰* बलपूर्वक। ज़बरदस्ती।

बलात्कार—[स॰ बलात् √कृ + घञ्] *पु॰* १. ज़बरदस्ती किया गया काम। २. स्त्री की इच्छा के विरुद्ध बलपूर्वक किया जाने वाला सम्भोग या किसी स्त्री का शील नष्ट करना। ३. अन्याय।

बलाधिकृत—[स॰ बल ~ अधिकृत] *पु॰* (प्राचीन काल में) सेनापति।

बलानुज—[सं॰ बल ~अनुज] *पु॰* (बलराम का छोटा भाई) कृष्ण।

बलान्वित—[सं॰ बल ~ अन्वित] *वि॰* बलशाली।

बलापञ्चक (बलापंचक)—[सं॰ बला ~ पञ्चक] *पु॰* (आयुर्वेद॰) बलाचतुष्टय (चार प्रकार की बला) और राजबला मिलाकर पाँच औषधियों का समूह।

बलाहक—[सं॰ बल + आहक] *पु॰* १. प्रलयकालीन सात बादलों में से एक। २. मेघ। बादल। ३. बगला। ४. सारस। ५. पर्वत। पहाड़।

***बलाही**—[< सं॰ बलाधिकृत] *पु॰* लगान वसूलनेवाला कर्मचारी।

बलि[१]—[सं॰ √बल् + इन्] *स्त्री॰* (संस्कृत में पु॰) देवी/देवता को अर्पित किया जाने वाला खाद्य पदार्थ। भोग। नैवेद्य। २. देवी या देवता की मूर्ति पर चढ़ायी जाने वाली वस्तु। चढ़ावा। ३. किसी वस्तु में से देवी या देवता के नाम पर निकालकर अलग रख दिया गया अंश। ४. देवी/देवता को प्रसन्न करने के लिए उसकी मूर्ति आदि के सामने किसी पशु का वध। ५. राज-कर। टैक्स (अं॰) ६. पंच महायज्ञ में से एक। भूतयज्ञ। ७. उपहार। भेंट। ८. किसी कार्य/उद्‌देश्य/व्यक्ति/राष्ट्र आदि के लिए अपने जीवन का समर्पण या अपने प्राण देना। आत्म-बलिदान। *स्त्री॰* १. शरीर की त्वचा/खाल पर पड़नेवाली झुर्री। वस्त्र आदि पर पड़ने वाली सिलवट। शिकन।

***बलि[२]**—[< सं॰ बला (= छोटी बहन)] *स्त्री॰* सखी।

बलिकर—[< सं॰ बलि ~ कर] *वि॰* १. राज-कर या राजस्व देनेवाला। २. (पशु आदि की) बलि चढ़ानेवाला। ३. (त्वचा में) झुर्रियाँ उत्पन्न करनेवाला।

बलिकर्म—[सं॰ बलि ~ कर्म (कर्मन्)] *पु॰* १. भूतयज्ञ। २. पूजा। ३. राज-कर या राजस्व देना।

बलिछलन/ *बलिछरन—[< सं॰ बलि + छलना] *पु॰* (दैत्यराज) बलि को छलनेवाला। वामन। विष्णु।

***बलित**—[< सं॰ वलित] *वि॰* १. बलित। घूमा हुआ। मुड़ा हुआ। वक्र। लहरदार। २. घिरा/लपेटा हुआ। ३. ढँका हुआ। ४. झुर्रियों से युक्त। *पु॰* (कला॰) नृत्य में हाथ जोड़ने की एक मुद्रा।

बलिदान—[सं॰ बलि ~ दान] *पु॰* १. देव। देवता को नैवेद्य का अर्पण। २. देवी/देवता के उद्‌देश्य से पशु-वध। ३. किसी साध्य या उद्‌देश्य के लिए किसी वस्तु का देवता आदि को अर्पण। ४. प्राणियों को भोजन देना।

बलिबन्धन (बलिबंधन)—[सं॰ बलि ~ बन्धन] *पु॰* (दैत्यराज बलि को [illegible]धनेवाला) विष्णु।

बलिभृत्—[सं॰ बलि ~ भृत्] *वि॰* १. राज-कर देनेवाला। २. अधीनस्थ। ***जैसे***—सम्राट् समुद्रगुप्त के बलिभृत् राजा।

बलि-मन्दिर (मंदिर), बलि-वेश्म, बलि-सद्‌म (सद्म)—[सं॰ बलि-मन्दिर/वेश्म (वेश्मन्)/सद्‌म (सद्‌मन्)] पाताल लोक जहाँ अन्त में दैत्यराज बलि को वामन (विष्णु) ने रहने को बाध्य किया था।

बलिमुख/बलीमुख—[सं॰ वलि/वली ~ मुख] *वि॰* झुर्रियों से युक्त मुख वाला। *पु॰* कपि। बन्दर।

बलिवर्द/बलीवर्द—[सं॰ बलिन् ~ वर्द] *पु॰* १. वृषभ। साँड़। २. बैल।

बलिवैश्वदेव—[सं॰ बलि ~ वैश्वदेव] *पु॰* समस्त प्राणियों के उद्‌देश्य से भोजन का उत्सर्ग/अर्पण। भूतयज्ञ।

बलिष्ठ—[सं॰ बलवत् + इष्ठन्] *वि॰* अत्यन्त बलवान्। बली।

बली[१]—[सं॰ बलिन्] *वि॰* बलवान्। शक्तिशाली। ताक़तवर।

बली[२]—[< सं॰ वली] *स्त्री॰* १. (त्वचा पर पड़नेवाली) झुर्री। सिकुड़न। २. (वस्त्र आदि की) सिलवट। शिकन।

***बलीता**—[< फा॰ फतील:] *पु॰* पलीता।

***बलीमुख**—[< सं॰ वलीमुख] *पु॰* वानर। कपि।

बलीवर्द—[सं॰ √वृ + क्विप् — वर, ई + द] *पु॰* १. वृषभ। साँड़। २. बैल।

बलुआ—[< हि॰ बालू] *वि॰* जिसमें बालू मिला हुआ हो। रेतीला।

बलूची—[< हि॰ बलोच] *पु॰* (पाकिस्तान के एक प्रदेश) बलूचिस्तान का निवासी।

बलूत—[अरबी] *पु॰* एक बड़ा वृक्ष जो यूरोप में पाया जाता है।

***बलेस**—[< सं॰ बलेश] *वि॰* १. बलिष्ठ। २. कठोर। कड़ा।

बलैंडा (बलेंडा)—[< सं॰ बलभि] *स्त्री॰* मकान की छाजन में बीच की बल्ली। बड़ेर।

बलैया—[< हि॰ बलाय] *स्त्री॰* बलाय। बला। विपत्ति। संकट। ***वा॰*** **बलैया लेना**—१. बलाएँ लेना। दे॰ ('बलाएँ' के अन्तर्गत) २. मंगल-कामना करते हुए प्यार करना। ३. बलिहारी होना/जाना। न्योछावर होना/जाना।

बलोच—[< सं॰ बल ~ उच्च] *पु॰* बलोचिस्तान प्रदेश (वर्तमान पाकिस्तान का एक प्रान्त) की प्रमुख जाति। ⁜ **बलोची**— *पु॰* = बलोच जाति या उसका व्यक्ति। *स्त्री॰* बलोचिस्तान की बोली। *वि॰* बलोच जाति का। ● **विशेष**—बलोची स्त्री को **'बलोचिन'** कहा जाता है।

बल्कल—*पु॰* ≤ *सं॰* वल्कल। पेड़ की छाल।

बल्कि—[फा॰] *अव्यय॰* अपितु। वरन्। प्रत्युत। ***जैसे***—आपको नहीं बल्कि उसे जाना चाहिए।

बल्य—[सं॰ बल + यत्] *वि॰* बल बढ़ानेवाला। बलकारक। बलप्रद। शक्तिवर्धक।

बल्लभ—[< सं॰ वल्लभ] *वि॰* १. प्यारा। २. सर्वोपरि। प्रधान। *पु॰* १. प्रिय। प्रेमी। ***जैसे***—राधा-वल्लभ कृष्ण। २. पति। ***जैसे***—सीता-बल्लभ राम। ३. अध्यक्ष। स्वामी। ***जैसे***—कुल-वल्लभ। ५. गोपों/ग्वालों का प्रधान। ⁜ **बल्लभी**— *वि॰ (स्त्री॰)* १. प्यारी। २. सर्वोपरि। प्रधान। *पु॰* १. प्रेम करनेवाली। २. पत्नी या प्रिया। ३. स्वामिनी।

***बल्लरी**—[< सं॰ वल्लरी] *स्त्री॰* १. वल्लरी। लता। बेल। २. मंजरी।

बल्लव—[< सं॰ बल्लव] *पु॰* १. चरवाहा। २. गोप। ग्वाला। अहीर। ३. रसोइया। ⁜ **बल्लवी**— *स्त्री॰* = गोपी। ग्वालिन। अहीरनी।

बल्ला—[देशज] *पु॰* १. लकड़ी का डंडा जिससे गेंद खेलते हैं।

२. क्रिकेट के खेल में प्रयुक्त उक्त प्रकार का डंडा। (अ॰ बैट) ३. मोटी, सीधी और लम्बी लकड़ी। लट्ठा। बड़ी बल्ली। ४. नाव खेने का बाँस। डाँड़।

बल्ली[१]—[< स॰ वल्ली] *स्त्री॰* लता। बेल।

बल्ली[२]—[< हि॰ बल्ला] *स्त्री॰* १. मोटी लकड़ी का छोटा बल्ला। २. नाव खेने का बाँस। डाँड़।

बव—[स॰] *पु॰* (ज्योतिष॰) ११ करणों में से एक।

बवण्डर (बवंडर)—[< स॰ वात ~ धूलि] *पु॰* १. चक्रवात। बगूला। २. आँधी। तूफ़ान। ३. (लाक्षणिक) व्यर्थ का उपद्रव/झगड़ा।

***बवधूरा**—[< स॰ वात ~ धूलि] *पु॰* बवंडर।

बशर—[अरबी] *पु॰* मनुष्य। आदमी।

बशर्त—[फा॰ ब + अरबी शर्त] *अव्यय॰* इस शर्त के साथ। इस शर्त पर। यदि।

***बसकर**—[< स॰ वश + हि॰ करना] *वि॰* १. वश में करनेवाला। २. अति आकर्षक। अति सुन्दर। ✣ **बसकरी**—*वि॰ (स्त्री॰)* = वश में करनेवाली। वशकरी।

बसत—[< स॰ वास] *स्त्री॰* बसा हुआ स्थान। बस्ती।

बसति[१]—[< स॰ वसति] *स्त्री॰* १. बस्ती। आबादी। २. शिविर। ३. निवास। ४. नगरी। पुरी।

***बसति**[२]—[हि॰ बसना] निवास करती है।

***बसद**—[< स॰ वसति] *स्त्री॰* बस्ती।

बसन—[< स॰ वसन] *क्रिअ॰* निवास करना। बसना। रहना। *पु॰* १. परिधान। वस्त्र। २. पति। ३. (साँप की) केंचुल। निर्मोक।

बसन्ततिलका—[स॰ वसन्ततिलका] *स्त्री॰* (छन्द॰) एक समवर्णिक छन्द जिसके प्रत्येक चरण में क्रमशः तगण, भगण, २ जगण और २ गुरु (त भ ज ज ग ग) के योग से १४ वर्ण होते हैं। वसन्ततिलका छन्द।

बसन्ता—[< स॰ वसन्त] *पु॰* १. एक चिड़िया जिसका कंठ पीले रंग का तथा वक्ष और माथा गहरे लाल रंग का होता है और जो फल लगे हुए पीपल/बरगद के पेड़ों पर अकेले या अस्थायी टोलियों में रहती है।

बसन्ती (बसंती)—[< हि॰ बसन्त] *वि॰* १. वसन्त ऋतु से सम्बन्धित। वसन्त ऋतु का। २. वसन्त ऋतु में होनेवाला। ३. चमकदार और चटक पीले रंग का। *पु॰* चमकदार और चटक पीला रंग। ***जैसे***—सरसों के फूल बसन्ती होते हैं।

†बसन्दर/बसन्धर (बसंदर/बसंधर)—[< स॰ वैश्वानर] *पु॰* १. वह पवित्र अग्नि जो माँगने पर किसी को नहीं दी जाती है। २. अग्नि। आग।

***बसबर्ती/बसवर्ती**—[< स॰ वशवर्ती] *वि॰* १. जो वश में हो। वशीभूत। २. अधीनस्थ।

बसबास[१]**/बसवास**[१]—*पु॰* ≤ *स॰* विश्वास।

***बसबास**[२]**/बसवास**[२]—[< हि॰ बसना + स॰ वास] *पु॰* १. निवास। २. रहने का ठिकाना/निवास-स्थान। ३. रहने का ढंग। रहन-सहन।

✣ **बसबासी/बसवासी**—*पु॰* = रहनेवाला। निवासी।

बसर—[फा॰] *स्त्री॰* १. निर्वाह। गुज़ारा। गुज़र। ***जैसे***—बड़ी कठिनाई से गुज़र-बसर होना। २. व्यतीत करना। यापन। ***जैसे***—ज़िन्दगी बसर करना।

†बसव, बसवना, बसब—[< स॰ वसन (= निवास करना)] *क्रिअ॰* १. बसना। २. ठहरना। टिकना।

बसवार—[< स॰ वास] *पु॰* (दाल, तरकारी आदि में दिया जाने वाला) छौंक। बघार। तड़का। ✣ **बसवारना**—[< हि॰ बासना] *क्रिस॰* छौंक के मसाले से छौंकना।

***बसह**—[< स॰ वृषभ] *पु॰* १. वृषभ। साँड़। २. बैल।

†बसा[१]—*स्त्री॰* ≤ *स॰* वसा। चर्बी।

†बसा[२]—[देशज] *स्त्री॰* बर्र। भिड़। ततैया।

बसाई—[< हि॰ बस < स॰ वश] *स्त्री॰* वश।

†बसाँधा—[< हि॰ बास (गन्ध)] *वि॰* सुगन्धित किया हुआ। सुवासित।

†बसिऔरा/बसोड़ा—दे॰ बसौड़ा।

बसीठ—[< स॰ विसृष्ट (= भेजा हुआ)] *पु॰* दूत। सन्देशवाहक।

बसीठि/बसीठी—[< हि॰ बसीठ] *स्त्री॰* १. दूत का पद/कार्य/भाव। २. दूत-कर्म।

***बसीता**—[< हि॰ बसना] *पु॰* १. निवास-स्थान। २. निवास। बसाव। ३. बस्ती।

बसीला—[< हि॰ बास (गन्ध)] *वि॰* १. बास/गन्ध वाला। गन्धयुक्त। २. दुर्गन्धयुक्त।

***बसुमति**—*स्त्री॰* ≤ *स॰* वसुमती। पृथ्वी।

***बसोबास**—[< स॰ वास ~ आवास] *पु॰* १. निवास। २. निवास-स्थान।

बसौड़ा/बसिऔरा—[< हि॰ बासी] *पु॰* एक दिन पहले बनाए गए बासी पकवान से देवी-देवता की पूजा करना और प्रसाद खाना। ***जैसे***—होली के कुछ दिन बाद बसौड़ा की पूजा होती है। २. उक्त बासी पकवान।

बसौंधी (बसौंधी)—[< हि॰ बास (= गन्ध)] *स्त्री॰* (अति खौलाए हुए दूध से प्राप्त मलाई से, चीनी आदि मिलाकर, तैयार की जाने वाली) रबड़ी।

***बहनी**—*स्त्री॰* ≤ *स॰* वह्नि। आग।

बहनौत—[< हि॰ बहिन] *पु॰* बहिन का पुत्र। भानजा।

बहबूदी—[फा॰] *स्त्री॰* १. कल्याण। भलाई। २. उन्नति।

***बहर**—*क्रिवि॰* ≤ हि॰ बाहर।

†बहरना[१]—*क्रिअ॰* ≤ *हि॰* बहुरना।

†बहरना[२]—*क्रिअ॰, क्रिस॰* ≤ *हि॰* बहराना।

†बहराना[१]—[< हि॰ बाहर] *पु॰* नगर/ग्राम आदि का बाहरवाला भाग/मुहल्ला/बस्ती। *क्रिस॰* १. बाहर करना। निकालना। २. आँसू निकालना/बहाना। ३. अलग/दूर करना। *क्रिअ॰* १. बाहर होना। निकलना। २. अलग/दूर होना।

***बहराना**[2]—[देशज] *क्रिस०* १. भुलावा देना। चकमा देना। बहलाना। २. टाल मटोल करना। टालना। ३. बहकाना। ४. फुसलाना। ५. उदास/परेशान मन को प्रसन्न और सुखी करने के लिए उसे किसी मनोरंजक कार्य आदि में लगाना। बहलाना।

बहरी—[< हि० बहिरा] *वि० (स्त्री०)* १. (वह स्त्री) जिसे सुनाई न पड़े या कम सुनाई पड़े। २. (लाक्षणिक) ध्यान न देनेवाली।

बहरिया—[< हि० बाहर] *वि०* १. बाहर का। बाहरी। २. बाहर रहने वाला। *पु०* रामानुजाचार्य/वल्लभाचार्य के सम्प्रदाय के मन्दिरों के छोटे कर्मचारी जो मंडप के अन्दर नहीं, बाहर ही काम करते हैं।

बहरी, बहरी बाज़—[अरबी] *पु०* एक बड़ा और बाज़ की जाति का शिकारी पक्षी जो चील के आकार का होता है। बहरी बाज़।

बहली—[< स० वाह्य (यान, गाड़ी)] *स्त्री०* रथ की तरह बनी, छतरीदार और छोटी बैलगाड़ी।

बहँगी—[< स० विहङ्गिका] *स्त्री०* बाँस के दोनों सिरों पर रस्सी के बड़े छींके लटकाकर बनाया हुआ बोझ ढोने का एक साधन। काँवर। ● **विशेष**—बड़ी बहँगी को **'बहँगा'** कहा जाता है।

†**बहा**—[< स० वाह (प्रवाह)] *पु०* छोटी नहर या अधिक पानी वाला नाला।

बहाऊ—[< हि० बहाना] *वि०* १. इतना तेज़ बहने वाला कि किसी को बहा दे। बहा देने वाला। २. बहा देने के योग्य। ३. त्यागने योग्य या नष्ट करने योग्य। ४. धन-सम्पत्ति, समय आदि को व्यर्थ नष्ट करनेवाला। ***जैसे***—धन-बहाऊ लड़का। ५. (किसी को) नष्ट करनेवाला (स्वभाव/दोष आदि)। हेय। तुच्छ। बुरा।

बहारिस्तान—[फ़ा०] *पु०* नित्य बसन्त रहने का स्थान। बहारों का स्थान। २. नित्य आनन्दपूर्ण स्थान।

†**बहिअर**—[< स० वधूवर] *स्त्री०* (विवाहित) स्त्री। औरत।

बहिः—[स० बहिस्] *वि०* बाह्य। बाहरी। *क्रिवि०* बाहर। ∇ **विलोम**—अन्तः/अन्तस्।

बहिःस्थ—[स० बहिः + स्थ] *वि०* बाहर स्थित।

बहिःस्पर्शी—[स० बहिः स्पर्शिन्] *वि०* १. बाहरी भाग को छूनेवाला। २. भीतर तक न जानेवाला। ३. ऊपरी। ४. दिखाऊ। दिखावटी।

बहिःस्रावी—[स० बहिःस्राविन्] *वि०* बाहर स्रवित होनेवाला। ✣ **बहिः स्रावी ग्रन्थि**—*स्त्री०* = (प्राणि०) ऐसी ग्रन्थि जिसका स्राव वाहिनी में बहकर अंग विशेष में ही जाता है। वाहिनीयुक्त ग्रन्थि। ***जैसे***—स्वेद-ग्रन्थियाँ और लार-ग्रन्थियाँ बहिःस्रावी ग्रन्थियाँ हैं।

बहित्र—[< स० वहित्र] *पु०* १. नौका। नाव। २. जहाज़।

बहिफ़ाज़त—[फा० ब + अरबी हिफ़ाज़त] *क्रिवि०* हिफ़ाज़त के साथ। सुरक्षापूर्वक। सुरक्षित।

बहिरङ्ग (बहिरंग)—[स० बहिस् ~ अङ्ग] *वि०* बाहरी। ऊपरी। *पु०* १. बाहरी या ऊपरी अंग/भाग। २. पूजा के आरम्भ में किए जाने वाले औपचारिक और बाह्य कृत्य। ∇ **विलोम**—अन्तरंग। ✣ **बहिरंग आलोचना**—*स्त्री०* = (काव्य०) कृति के पाठ की व्याख्या और उसकी शिल्प-योजना का विवेचन। ✣ **बहिरंग रोगी**—*पु०* = (चिकित्सालय में प्रविष्ट/भरती रोगी से भिन्न) बाहर का रोगी।

बहिरन्तर (बहिरंतर)—[स० बहिस् ~ अन्तर] *पु०* १. बाहर और अन्दर। २. बाहरी व्यवहार और जन्म।

बहिरर्थ—[स० बहिस् ~ अर्थ] *पु०* बाहर/ऊपर से प्रकट होने वाला अर्थ/उद्देश्य/अभिप्राय/मतलब।

बहिरिन्द्रिय—[स० बहिस् ~ इन्द्रिय] *स्त्री०* बाहरी विषयों को ग्रहण करने वाली इन्द्रिय।

बहिर्गत—[स० बहिस् ~ गत] *वि०* १. बाहर गया हुआ। निकला हुआ। निर्गत। ***जैसे***—बहिर्गत राजा। २. बाहर का। बाहरी। ३. पृथक्। अलग। ∇ **विलोम**—अन्तर्गत। ✣ **बहिर्गता**—*वि० (स्त्री०)*। ***जैसे***—बहिर्गता रानी।

बहिर्गमन—[स० बहिस् ~ गमन] *पु०* बाहर जाना। निकलना।

बहिर्गामी—[स० बहिस् ~ गामी (गामिन्)] *वि०* १. बाहर जाने वाला। २. (झील/तालाब आदि से) निकलनेवाला (प्रवाह)। ३. (कारख़ाने आदि से) निकलनेवाला। ***जैसे***—बहिर्गामी माल।

बहिर्गिरि—[स० बहिस् ~ गिरि] *पु०* किसी पर्वत-माला का बाहरी, सिरे पर का, पर्वत/पहाड़ी। ***जैसे***—हिमालय के बहिर्गिरि पर बसे हुए नैनीताल, मसूरी आदि सुन्दर स्थान।

बहिर्जङ्घिका (बहिर्जंघिका)—[स० बहिस् ~ जङ्घिका] *स्त्री०* पिंडली की छोटी और बाहरी हड्डी जो घुटने से टख़ने तक है। (अ० फ़िबुला)

बहिर्देश—[स० बहिस् ~ देश] १. अपने ग्राम/नगर आदि के बाहर का कोई स्थान। परदेश। २. विदेश। ३. अपरिचित/नया स्थान।

बहिर्द्वार—[स० बहिस् ~ द्वार] *पु०* (घर का) बाहरी दरवाज़ा।

बहिर्भाग—[स० बहिस् ~ भाग] *पु०* बाहरी भाग। हिस्सा।

बहिर्भूत—[स० बहिस् ~ भूत] *वि०* १. जो बाहर घटित हुआ हो। २. बाह्य बाहरी। ३. पृथक्। अलग। ∇ **विलोम**—अन्तर्भूत।

बहिर्मुख—[स० बहिस् ~ मुख] *वि०* १. जिसका मुख बाहर की ओर हो। २. जिसका ध्यान प्रस्तुत कार्य/विषय में न हो। विमुख। ३. जिसका मन बाह्य जगत् में लगा हो। बाह्य विषयों में रुचिशील। ४. जिसका अगला भाग बाहर की ओर हो। (मनो०) जिसका ध्यान अन्तर्जगत् से हटकर बाह्य जगत् की ओर हो। ∇ **विलोम**—अन्तर्मुख।

बहिर्मुखी—[स० बहिर्मुखिन्] *वि०* बहिर्मुख।

बहिर्योग—[स० बहिस् ~ योग] *पु०* बाह्य विषयों पर मन/ध्यान की एकाग्रता। (योग०) हठयोग।

बहिर्रति—[स० बहिस् ~ रति] *स्त्री०* बाहरी रति/समागम/सम्भोग। ● **विशेष**—आलिंगन, चुम्बन, स्पर्श आदि बहिर्रति के ही प्रकार हैं।

बहिर्लापिका—[स० बहिस् ~ लापिका] *स्त्री०* एक प्रकार की पहेली जिसका उत्तर पहेली के शब्दों के बाहर रहता है, उनके भीतर नहीं।

बहिर्वर्तन—[स० बहिस् ~ वर्तन] *पु०* बाहर की ओर घूमा होना। (चिकित्सा०) बाहर की ओर मोड़ना। उलटना।

बहिर्विवाह—[सं॰ बहिस् ~ विवाह] पु॰ १. किसी सामाजिक नियम के अनुसार वर्जित वर्ग में विवाह की रीति। २. अपने गोत्र/कबीले से बाहर के व्यक्ति के साथ विवाह। ∇ **विलोम**—अन्तर्विवाह।

बहिर्वृत्त—[सं॰ बहिस् ~ वृत्त] पु॰ (गणित॰) त्रिभुज की किसी एक भुजा को और शेष दो भुजाओं के बढ़ाए हुए भागों को स्पर्श करने वाला वृत्त।

बहिश्त—[< फा॰ बिहिश्त] पु॰ स्वर्ग। ✣ **बहिश्ती**—वि॰ = स्वर्ग-सम्बन्धी। स्वर्ग का। पु॰ = १. स्वर्ग का निवासी। २. देवता। ३. देवदूत।

बहिश्शाल—[सं॰ बहिस् ~ शाला] वि॰ जो शाला/विद्यालय से बाहर हो। ✣ **बहिश्शाल शिक्षा**—स्त्री॰ = कक्षा के वातावरण से बाहर किसी भी स्थान पर दी जाने वाली शिक्षा। *जैसे*—पुरातत्त्व तथा भूगोल की बहिश्शाल शिक्षा।

बहिष्कार—[सं॰ बहिस् + कार] पु॰ १. बाहर करना। निकालना। २. अलग/दूर करना। ३. किसी के साथ सम्बन्धों का त्याग। ४. किसी देश/स्थान/वर्ग आदि के प्रति लेन-देन व्यवहार का सामूहिक त्याग।

बहिष्कोण—[सं॰ बहिस् ~ कोण] पु॰ (गणित॰) किसी बहुभुज की किसी बढ़ी हुई भुजा और संलग्न भुजा के बीच का कोण।

बहिष्क्रिया—[सं॰ बहिस् ~ क्रिया] स्त्री॰ १. किसी वस्तु पर की जाने वाली बाहरी क्रिया। २. बहिष्करण। ३. बाह्य संस्कार।

बही—[< प्रा॰ बहिया] स्त्री॰ (व्यापारियों आदि की) लेन-देन का नित्य प्रति हिसाब लिखने की पुस्तिका/पंजी। ✣ **बही मूल्य**—पु॰ (वाणि॰) बही में लिखा हुआ मूल्य। अंकित मूल्य।

बहीखाता—[हि॰ बही + खाता] पु॰ (व्यापारियों आदि की) लेन-देन का हिसाब लिखने की पंजी। लेखा-बही। (अं॰ एकाउन्ट बुक) खाता/लेखा = हिसाब-किताब। (अं॰ एकाउन्ट)

***बहीर**—[< हि॰ < भीर (= भीड़)] स्त्री॰ १. जनसमूह। भीड़।

बहु[1]—[सं॰ √वह् + कु, न — लोप] वि॰ १. संख्या में एक से अधिक। अनेक। बहुत। *जैसे*—बहुरंगा।

बहु[2]—[< प्रा॰ पहूअ < सं॰ प्रभूत] वि॰ प्रचुर। अधिक। ज़्यादा। *जैसे*—बहुमूल्य।

†**बहुअर**—[< सं॰ वधूवर] स्त्री॰ विवाहित स्त्री। नववधू।

बहु-अर्थकता—[सं॰] स्त्री॰ (भाषा॰) किसी शब्द आदि से अनेक अर्थों की अभिव्यक्ति।

बहु आक्षरिक—[सं॰] वि॰ (भाषा॰) एक से अधिक अक्षरों वाला (शब्द/पद)। ∇ **विलोम**—एकाक्षरिक।

बहु-आयामी—[सं॰ बहु ~ आयामी (आयामिन्)] वि॰ १. अनेक आयामों/विमों वाला। २. अनेक स्तरों वाला। ३. अनेक पक्षों वाला। अनेक प्रकार का।

बहुउद्देशीय—[सं॰ बहु ~ उद्देशीय] वि॰ अनेक उद्देश्यों वाला।

बहुकर—[सं॰ बहु ~ कर] वि॰ १. काम में लगा हुआ। व्यस्त। २. अनेक करों/टैक्सों वाला। पु॰ १. सफ़ाईवाला। झाड़ू लगानेवाला। २. बहुत प्रकार के कर/टैक्स।

बहुकर्तृक—[सं॰ बहु ~ कर्तृक] वि॰ १. बहुत प्रकार के काम करनेवाला। अनेक प्रकार के ग्रन्थ लिखनेवाला। (अं॰ पोलिग्राफ़िक)

बहुक्म—[फा॰ ब + अरबी हुक्म] क्रिवि॰ (के) हुक्म से। (की) आज्ञा से। आदेशानुसार।

बहुगुण—[सं॰ बहु ~ गुण] वि॰ १. कई सूतों धागों वाला। २. अनेक गुणों वाला। बहुगुणी। ३. किसी संख्या/या किसी वस्तु की/मात्रा/परिणाम से अनेक गुना अधिक। ४. अनेक अंगों/अवयवों/भागों/शाखाओं वाला। *जैसे*—बहुगुण वेदान्तदर्शन।

बहुगुणा—[< सं॰ बहुगुण] पु॰ चौड़े मुँह का एक गहरा बर्तन जो अनेक कामों में आता है। भगौना।

बहुगुणित—[सं॰ बहु ~ गुणित] पु॰ (प्राणि॰) शरीर-कोशिकाओं में दो से अधिक गुणसूत्र समूहों से युक्त जीव। वि॰ किसी संख्या/मात्रा आदि का अनेक गुना।

बहुतः—[सं॰ बहु + तस्] क्रिवि॰ १. अनेक दृष्टियों/पक्षों/पहलुओं से। २. अनेक प्रकार से।

बहुता—[सं॰ बहु + तल् + टाप्] स्त्री॰ १. बहुत या अनेक होने की अवस्था/भाव। अनेकता। २. अधिकता।

बहुत्व—[सं॰ बहु + त्व] पु॰ १. अनेकता। २. अधिकता।

बहुदर्शी—[सं॰ बहुदर्शिन्] वि॰ जिसने संसार को अच्छी प्रकार से और बहुत देखा हो। बहुत अनुभवी।

बहुदायी—[सं॰ बहु ~ दायी (दायिन्)] वि॰ बहुत देनेवाला। उदार।

बहुदुग्धा—[सं॰ बहुदुग्ध + टाप्] स्त्री॰ बहुत दूध देने वाली गाय।

बहुदेववाद—[सं॰ बहु ~ देव ~ वाद] पु॰ एक ईश्वर में विश्वास के स्थान पर अनेक देवी-देवताओं में से किसी में अपनी-अपनी रुचि के अनुसार विश्वास और उसी की उपासना का मतवाद।

बहुधन्धी (बहुधंधी)—[< सं॰ बहु + हि॰ धन्धा] वि॰ १. अनेक उद्योग/धन्धे करनेवाला। २. बहुत प्रकार के कार्य करनेवाला। बहुत कामों में लगा हुआ।

बहुधा—[सं॰ बहु + धाच्] क्रिवि॰ १. अनेक प्रकार से। २. अनेक विधियों/रीतियों/ढंगों से। ३. सब अवसरों में से अधिकतर अवसरों पर। प्रायः। अक्सर।

बहुनामा—[सं॰ बहुनामन्] वि॰ अनेक नामों वाला। *जैसे*—भगवान् कृष्ण बहुनामा हैं। ✣ **बहुनामिनी**—वि॰ (स्त्री॰) = अनेक नामों वाली। *जैसे*—बहुनामिनी पार्वती देवी।

बहुनायक—[सं॰ बहु ~ नायक] पु॰ अनेक स्त्रियों का प्रेमी/पति।

***बहुनैन**—वि॰, पु॰ ≤ सं॰ बहुनयन।

बहुपठित—[सं॰ बहु ~ पठित] वि॰ जिसने बहुत पढ़ा हो। बहुत अध्ययनशील। विद्वान्। पु॰ विद्वान्।

बहुपतिका—[सं॰ बहुपतिक + टाप्] स्त्री॰ एक साथ अनेक पतियों वाली स्त्री।

बहुपत्नीक—[सं॰ बहुपत्नी + कप्] पु॰ जिसकी अनेक पत्नियाँ हों। बहुत पत्नियों वाला।

बहुपत्र—[सं॰ बहु ~ पत्र] वि॰ बहुत पत्तों वाला। पु॰ १. प्याज़। २. पलाश/ढाक वृक्ष। ३. अभ्रक। अबरक।

बहुपद—[सं॰ बहु ~ पद] *वि॰* बहुत पैरों वाला। *पु॰* वट वृक्ष। बरगद का पेड़। (गणित॰) दो से अधिक पदों वाला बीजगणितीय व्यंजक। (अं॰ पॉलिनॉमियल)

बहुपाद—[सं॰ बहु ~ पाद] *वि॰* बहुत पैरों वाला। *पु॰* वट वृक्ष। बरगद का पेड़।

बहुप्रसू—[सं॰ बहु ~ प्रसू] *स्त्री॰* अनेक सन्तानों को जन्म देनेवाली। अनेक बच्चों की माता।

बहुबाहु—[सं॰ बहु ~ बाहु] *वि॰* अनेक भुजाओं वाला। *पु॰* १. रावण। २. बाणासुर।

बहुबीज—[सं॰ बहु ~ बीज] *पु॰* १. बिजौरा नीबू। २. शरीफ़ा।

बहुभूमिक—[सं॰ बहुभूमि + कप्] *वि॰* अनेक मंज़िलों वाला। बहुमंज़िला। ***जैसे***—बहुभूमिक भवन।

बहुभोजी—[सं॰ बहुभोजिन्] *वि॰* बहुत खाने वाला। पेटू।

बहुमूत्र—[सं॰ बहु ~ मूत्र] *पु॰* जल्दी-जल्दी और अधिक बार मूत्र आने का रोग। मधुमेह। (अं॰ डाइअबीटीज़)

***बहुर**—[देशज] *क्रिवि॰* पुनः। फिर।

बहुरङ्ग (बहुरंग)—[सं॰ बहु + हि॰ रंग] *वि॰* अनेक रंगों का। जिसमें अनेक रंग हों। रंग-बिरंगा। *क्रिवि॰* विविध प्रकार से। ✣ **बहुरङ्गा (बहुरंगा)**—*वि॰* = १. जिसमें बहुत रंग हों। २. अनेक रंगों वाला। रंग-बिरंगा। *पु॰* = बहुरूपिया। ✣ **बहुरङ्गी (बहुरंगी)**—*वि॰* = १. अनेक रंगों का। रंग-बिरंगा। २. अनेक रूप धारण करने वाला। ३. जिसके मन में अनेक भाव और मस्तिष्क में अनेक प्रकार के विचार आते-जाते रहते हों। ४. मनमौजी।

†बहुरना—[< हि॰ बहुर] *क्रिअ॰* १. वापस आना। लौटना। २. (कोई वस्तु) फिर से प्राप्त होना। ✣ ***बहुरि**—*क्रिवि॰* = १. वापस आकर। लौटकर। ***जैसे***—यात्रा से बहुरि शीघ्र मिलना। २. पुनः। फिर दुबारा। ३. फिर भी। इतने पर भी। ४. तत्पश्चात्। पीछे। *अव्यय॰* = और। ✣ **बहुरि-बहुरि**—*क्रिवि॰* = फिर-फिर। बार-बार।

***बहुरिअ/बहुरिय**—[< हि॰ बहुरना] *क्रिअ॰* लौट चलिए।

बहुरिया—[< अप॰ वहुलिया < सं॰ वधूटिका] *स्त्री॰* १. नव वधू। नयी बहू। २. वधू। बहू।

†बहुरो—[< हि॰ बहुरना] *क्रिअ॰* १. लौटो या लौट आओ। *क्रिवि॰* १. फिर। पुनः। २. फिर भी। तथापि। ३. तत्पश्चात्। उसके बाद।

बहुरोमा—[सं॰ बहुरोमन्] *वि॰* जिसके शरीर पर बहुत रोम/बाल हों। *पु॰* १. मेष। मेढ़ा। २. लोमड़ी। ३. बन्दर।

बहुल—[सं॰ √बह + कुलच्, नलोप] *वि॰* १. अनेक। बहुत। २. प्रचुर। अधिक। ज़्यादा। ३. गाढ़ा। ४. काला। *पु॰* १. (चान्द्र मास का) कृष्ण पक्ष। अँधेरा पाख। २. अमावस्या (तिथि)।

बहुलक—[सं॰ बहुल + कन्] *पु॰* (रसायन॰) बड़े अणुओं वाला ऐसा कार्बनिक यौगिक जिसका अणु अनेक छोटे अणुओं के योग से बना हो। ***जैसे***—स्टार्च प्रकृति में प्राप्त बहुलक है और प्लास्टिक संश्लिष्ट बहुलक है। (अं॰ पोलिमर)

बहुलता—[सं॰ बहुल + तल् + टाप्] *स्त्री॰* १. बहुत होने की अवस्था/भाव। अनेकता। २. अधिकता। बाहुल्य। प्रचुरता।

बहुलीकृत—[सं॰ बहुल + च्वि + कृत] *वि॰* जिसे बढ़ाया गया हो। बढ़ाया हुआ।

बहुवर्ण—[सं॰ बहु ~ वर्ण] *वि॰* अनेक रंगों का। बहुरंगा। रंग-बिरंगा। ✣ **बहुवर्णता**—*स्त्री॰* = बहुरंगापन। रंग-बिरंगापन।

बहुविक्रीत—[सं॰ बहु ~ विक्रीत] *पु॰* १. ऐसी पुस्तक जिसकी बिक्री उसके साथ प्रतियोगिता करनेवाली अन्य पुस्तकों की तुलना में बहुत अधिक हो। २. बहुत शीघ्रता से बिक जाने वाली कोई व्यापारिक वस्तु। उठन्तमाल। (अं॰ बेस्टसेलर)

बहुविद्—[बहु ~ विद्] *वि॰* १. बहुत जानने वाला बड़ा विद्वान्। २. बहुत विषयों का ज्ञाता।

बहुव्रीहि—[सं॰ बहु ~ व्रीहि] *वि॰* [वह (कृषक आदि)] जिसके पास बहुत धान हो। *पु॰* कृषक। किसान। (व्या॰) छह प्रकार के समासों में से एक। वह समास जो दो या अधिक पदों के मिलने से बनता है और इस प्रकार बना समस्त (समासयुक्त) पद किसी अन्य पद (संज्ञा) का विशेषण होता है।

बहुशः—[सं॰ बहु + शः (शस्)] *क्रिवि॰* १. अधिकता से। प्रचुरता से। २. प्रायः। बहुधा। अकसर।

बहुशाख—[सं॰ बहु ~ शाखा] *वि॰* अनेक शाखाओं वाला।

बहुश्रुत—[सं॰ बहु ~ श्रुत] *वि॰* जिसने अनेक विद्वानों से ज्ञान प्राप्त किया हो। विविध शास्त्रों का ज्ञाता। बड़ा विद्वान्।

बहुसंस्कृतिवाद—[सं॰ बहु ~ संस्कृति ~ वाद] *पु॰* किसी समाज में अनेक संस्कृतियों का अस्तित्व बनाए रखने का प्रतिपादक विचार और व्यवस्था। सांस्कृतिक बहुवाद।

बहुसंस्करण—[सं॰ बहु ~ संस्करण] *वि॰* जिसके अनेक संस्करण हुए हों या होते हों। (पत्र॰) अनेक स्थानों से प्रकाशित होनेवाला (पत्र)।

बहुस्वन—[सं॰ बहु ~ स्वन] *पु॰* १. शंख। *वि॰* (भाषा॰) जो बहुत ध्वनियों का प्रतीक हो। बहुस्वर।

बहुहेतुक—[सं॰ बहु हेतु + कप्] *वि॰* जिसके अनेक हेतु/कारण/उद्‌देश्य हों।

बहुस्वर—[सं॰ बहु ~ स्वर] *वि॰* (भाषा॰) जो बहुत ध्वनियों का प्रतीक हो। बहुस्वन।

बहू—[< सं॰ वधू] *स्त्री॰* १. वधू। नवविवाहिता स्त्री। २. पत्नी। ३. पुत्र या भतीजे, भानजे आदि की पत्नी।

बहूदक—[सं॰ बहु ~ उदक] *पु॰* एक प्रकार का सन्यासी।

बहूद्‌भव—[सं॰ बहु ~ उद्‌भव] *पु॰* मनुष्य जाति तथा अन्य प्राणियों का आरम्भ से ही अनेक पूर्वजों (दम्पतियों) या विभिन्न जीवाणुओं से उत्पन्न हुआ होना। अनेक-पूर्वजता। अनेकमूलकता। *वि॰* जो अनेक पूर्वजों या विभिन्न जीवाणुओं से आरम्भ से ही उत्पन्न हुए हो (मनुष्य तथा अन्य प्राणी)। ✣ **बहूद्‌भववाद**—*पु॰* = बहूद्‌भव का सिद्धान्त/मत। (अं॰ पालिजिनिज़्म)

बहूँटा—[< सं॰ बाहु] *पु॰* (स्त्रियों का) भुजा में पहनने का एक आभूषण।

†**बहेतू**—[< हि॰ बहाना] *वि॰* १. बहानेवाला। २. इधर-उधर भटकनेवाला (व्यक्ति)। ३. (धन आदि को) व्यर्थ नष्ट करनेवाला।

†**बहोर**—[< हि॰ बहुरना] *पु॰* १. लौटाना। २. वापसी। *वि॰* (गयी वस्तु आदि को) वापस लानेवाला या प्राप्त करनेवाला। *क्रिवि॰* १. पुनः। फिर। २. अनन्तर। पश्चात्। पीछे।

†**बहोरना**—[< हि॰ बहुरना] *क्रिस॰* १. गए हुए को फिर उसी स्थान पर लाना। लौटा लाना। २. चरनेवाले पशुओं को घर की ओर हाँकना। ४. संचित करना। बटोरना।

†**बहोरा**—[< हि॰ बहोरना] *पु॰* १. बहोरने की क्रिया/भाव। २. लौटाना। वापसी। २. विवाह होने पर वधू का प्रथम बार मायके जाना।

***बहोरि**—[< हि॰ बहुरना] *क्रिवि॰* १. वापस आकर। लौटकर। २. पुनः। फिर।

†**बहोरी**[१]—[< हि॰ बहोरना] *स्त्री॰* १. बहोरने की क्रिया/भाव। लौटा देना। वापसी। *क्रिस॰* लौटा दी। वापस भेज दी।

†**बहोरी**[२]—[< हि॰ बहोरि] *क्रिवि॰* पुनः। फिर।

बँकाई—[< स॰ वक्र] *स्त्री॰* वक्रता। टेढ़ापन। तिरछापन।

***बँकैअन/बँकैआँ**—[< हि॰ बकैयाँ] *पु॰* शिशुओं की घुटनों के बल चलने की क्रिया। बकैयाँ। *क्रिवि॰* घुटनों के बल चलते हुए।

बँगरी—[देशज] *स्त्री॰* (स्त्रियों का) एक आभूषण जो पहुँचे पर पहना जाता है।

बँगला—[< हि॰ बंगला] *वि॰* १. बंगाल प्रदेश का। २.बंगाल प्रदेश में होनेवाला या वहाँ तैयार होनेवाला या जो कभी वहाँ से आरम्भ हुआ हो। ***जैसे***—बँगला मिठाई; बँगला कुर्ता। *स्त्री॰* बंगाल प्रदेश की भाषा/लिपि। *पु॰* १. बंगाल प्रदेश में प्रायः बननेवाला एकमंज़िला हवादार छोटा मकान जिसकी छत प्रायः खपरैल की होती है। २. उत्तम कोठी। ३. छत पर बना हुआ हवादार कमरा।

बँडेर—[< स॰ वरदण्ड] *पु॰* वह बल्ली/शहतीर जिस पर छाजन का ठाठ टिका रहता है।

†**बँदरा**—*पु॰* ≤ *हि॰* बन्दर। वानर। कपि। ✣ **बँदरिया/बँदरी**—*स्त्री॰* नारी/मादा वानर। वानरी।

बँधेज—[< स॰ बन्ध्य, या < हि॰ बँधना] *पु॰* १. विशेष अवसरों पर सम्बन्धियों, कर्मचारियों आदि को कुछ धन आदि देने की बँधी हुई परम्परा/परिपाटी/रीति/प्रथा। २. उक्त प्रबन्धन व्यवस्था। ३. उक्त प्रथा के अनुसार दिया जाने वाला धन आदि।

बँभनाई—[< स॰ ब्राह्मण] *स्त्री॰* १. ब्राह्मणत्व। ब्राह्मणपन। २. पुरोहिताई। यजमानी।

बँसगर—[< हि॰ बाँस] *पु॰* बाँस की चटाइयाँ, टोकरियाँ इत्यादि बनानेवाले व्यक्ति।

बँसवाड़ा/बँसवार—[< हि॰ बाँस] *पु॰* १. बाज़ार का वह भाग जहाँ बाँस बेचने की बहुत दुकानें हों। २. उगे हुए बाँसों का समूह या उनका स्थान।

बँसोड़/बँसोर—[< हि॰ बाँस] *पु॰* बाँस की चटाइयाँ, टोकरियाँ आदि बनानेवाली एक उपजाति या उसका व्यक्ति।

बँहरखा—[< हि॰ बाँह + रखना] *पु॰* (स्त्रियों का) भुजा पर पहनने का एक आभूषण।

†**बँहगी**—*दे॰* बहँगी।

बँहूटा/बहूँटा—[< हि॰ बाँह] *पु॰* (स्त्रियों का) भुजा/बाँह पर पहनने का एक आभूषण।

†**बा**—[हि॰ बार] *पु॰* बार। दफ़ा। ***जैसे***—कैबा देख्यौ (= कितनी बार देखा?)

बाअदब—[फ़ा॰ बा + अरबी अदब] *क्रिवि॰* अदब के साथ। जैसे—बाअदब मिलना। *वि॰* शिष्ट। तमीज़दार। ***जैसे***—बाअदब विद्यार्थी।

बाअसर—[फ़ा॰ बा + अरबी असर] *वि॰* असरवाला। प्रभावशाली। ***जैसे***—बाअसर नेता।

†**बाइ**[१]—[< स॰ वापी] *स्त्री॰* वापी। बावड़ी।

***बाइ**[२]—[< स॰ वात] *स्त्री॰* वायु। हवा।

***बाइ**[३]—[< स॰ वातुल] *वि॰ (स्त्री॰)* पागल। बावली।

बाइ[४]—[< हि॰ बाना < स॰ व्यापन] *क्रिवि॰* फैलाकर। फाड़कर। ***जैसे***—मुख बाइ।

***बाइगी**—[देशज] *वि॰* सर्प का विष उतारनेवाला। गारुड़ी।

***बाइसु/बायसु**—[< स॰ वायस] *पु॰* वायस। कौआ।

बाइसुरई—[देशज] *स्त्री॰* एक हाथ ऊँचा पौधा जिस पर गर्मी की ऋतु में बहुत छोटे-छोटे फल आते हैं और जिसके फूल बैंगनी रंग के होते हैं।

बाई[१]—[< प्रा॰ बाइया] *स्त्री॰* १. माता। माँ। २. आदरणीय महिला। २. (कहीं-कहीं) 'माता' को सम्बोधित करने का एक शब्द। ३. (कहीं-कहीं) नाचने-गानेवाली वेश्या के नाम के साथ जुड़नेवाला एक शब्द।

बाई[२]—[< स॰ वात] *स्त्री॰* सन्निपात रोग। ***वा॰* बाई चढ़ना**—१. सन्निपात रोग होना। २. मिज़ाज बिगड़ना।

***बाउ**—*पु॰* ≤ *स॰* वायु। वात। हवा।

***बाउर**—[< स॰ वातुल] *वि॰* १. बावला। पागल। बौरा। २. मूर्ख। ३. गूँगा। ✣ **बाउरी**—*वि॰ (स्त्री॰)*।

बाउल—[< प्रा॰ वाउल < स॰ व्याकुल] *पु॰* १. बंगाली वैष्णवों का एक सम्प्रदाय। २. उक्त सम्प्रदाय का अनुयायी।

***बाक**[१]—[< स॰ वाक्य] *पु॰* १. वाक्य। वचन। २. शब्द।

***बाक**[२]—*स्त्री॰* ≤ *स॰* वाक्। वाणी।

बाकला—[देशज] *पु॰* खेतों में उगाया जाने वाला एक प्रकार का पौधा जो हाथ-भर ऊँचा होता है और जिसकी फलियाँ सब्ज़ी के रूप में खायी जाती हैं।

***बाका**—*स्त्री॰* ≤ *स॰* वाक्। वाणी।

बाकुची—[स॰] *स्त्री॰* औषधोपयोगी बीजों वाली एक वनस्पति जिसके पेड़ छोटे क्षुपों की तरह खेत में बोए जाते हैं तथा जिसके फूल और फल गुच्छों में लगते हैं। बावची। बायची।

***बाकुल**—*पु॰* ≤ *स॰* वल्कल। पेड़ की छाल।

***बाक्यग्यान**—[< सं० वाक्यज्ञान] *पु०* १. उपासना-रहित ज्ञान। २. शास्त्रीय अर्थज्ञान जो पाठक के आचरण में न आया हो। अव्यवहृत ज्ञान। कोरा शास्त्रज्ञान।

***बाखरि**—[< हि० बखरी] *स्त्री०* घर। ✣ **बाखरिया**—*स्त्री०* = मकान।

बाख़ैर—[फा० बा + अरबी ख़ैर] *क्रिवि०* ख़ैरियत से। सकुशल।

बाग[१]—[< सं० वल्गा] *स्त्री०* (घोड़े की) लगाम। ***वा०* बाग उठाना**—चल पड़ना। **बाग मोड़ना**—(किसी ओर) घुमाना। **बाग हाथ से छूटना**—१. बिना उपयोग किए अवसर निकल जाना। २. नियंत्रण न रहना।

***बाग**[२]—[< सं० वाक्] *स्त्री०* वाणी।

बाग[३]—*पु०* ≤ फा० बाग़। उद्यान।

बाग़—[फा०] *पु०* उद्यान। बग़ीचा।

बागड़—[देशज] *पु०* उजाड़ क्षेत्र।

बागडोर—[हि० बाग + डोर (रस्सी)] *स्त्री०* १. वह रस्सी जो घोड़े की लगाम में बाँधी जाती है और जिसे पकड़ कर साईस घोड़े को टहलाते हैं। २. लगाम। ३. (लाक्षणिक) किसी संस्था आदि का प्रबन्ध और उत्तरदायित्व। ४. नियन्त्रण। ***वा०* बागडोर हाथ में लेना**—नेतृत्व करना। नेता बनना।

***बागना**[१]—[< सं० वाक्] *क्रिअ०* १. कहना। बोलना। २. गूँजना।

बागना[२]—[< फा० बाग] *क्रिअ०* चलना-फिरना। घूमना। टहलना।

बाग़-बाग़—[फा०] *वि०* अति आनन्दित। बहुत ख़ुश। ***जैसे***—तुम्हारी सफलता देखकर मेरा दिल बाग़-बाग़ हो गया।

बाग़बान—[फा०] *पु०* (बाग़ का) माली। ✣ **बाग़बानी**—*स्त्री०* = माली का काम।

बागर—[देशज] *पु०* १. नदी के किनारे की ऊँची भूमि जहाँ उसकी बाढ़ का पानी कभी न पहुँच पाता हो। २. मरुभूमि। रेगिस्तान।

बागा—[देशज] *पु०* एक वस्त्र जो अँगरखा के समान होता है।

बागान—[< फा० बाग़] *पु०* स्वयं उगाए हुए वृक्षों या पौधों का क्षेत्र। उद्यान। ***जैसे***—चाय के बागानों में।

बाग़ी—[अरबी] *वि०* १. बग़ावत करनेवाला। विद्रोही। २. आज्ञा न मानने वाला। अवज्ञाकारी। सरकश।

बागर—[< प्रा० वागुर < सं० वागुरा] *पु०* १. पक्षियों और छोटे वन-पशुओं को फँसाने का जाल। २. बन्धन। ✣ **बागूर**—*पु०* = बागुर।

बागेसरी—[< सं० वागीश्वरी] *स्त्री०* सरस्वती।

बाग़ैरत—[फा० बा + अरबी ग़ैरत] *वि०* १. लज्जावान्। २. स्वाभिमानी।

बाघम्बर (बाघंबर)—[< सं० व्याघ्राम्बर] *पु०* मृत बाघ की खाल। व्याघ्रचर्म।

बाचा**—[< सं० वाचा] *स्त्री०* १. वाणी। वचन। वाक्य। २. प्रतिज्ञा। ३. बातचीत। २. वाणी से। वचन से। ***जैसे—मनसा वाचा कर्मणा।

***बाचाबन्ध/(बाचाबंध)**—[< सं० वाचा + बन्ध] *वि०* वचनबद्ध। प्रतिज्ञाबद्ध। स्त्री० वचनबद्धता। प्रतिज्ञाबद्धता।

***बाचाल**—[< सं० वाचाल] *वि०* १. अधिक बोलने वाला। वाचाल। २. व्यर्थ बोलनेवाला। बकनेवाला। वाचाल।

बाछ[१]—[देशज] *पु०* १. किनारा। सिरा। *स्त्री०* मुख का वह भाग जहाँ दोनों होंठ जुड़ते हैं। ***वा०* बाछें खिलना**—१. प्रसन्न होना। २. मुस्कराना।

बाछ[२]—[< सं० वाञ्छा] *स्त्री०* आकांक्षा। इच्छा। अभिलाषा।

बाछ[३]—[< हि० बाछना] *पु०* चुनने/छाँटने की क्रिया/भाव। चयन। छाँट।

बाछना—[< सं० विचयन] *क्रिस०* चुनना। छाँटना।

†**बाछा**—[< प्रा० बच्छ < सं० वत्स] *पु०* १. गाय का बच्चा। बछड़ा। २. शिशु। बच्चा। ✣ **बाछी**—*स्त्री०* = १. बछिया। २. शिशु लड़की। बच्ची।

***बाज**[१]—[प्रा० वज्ज < सं० वर्ज्य] *वि०* वर्जित। *क्रिवि०* बिना। छोड़कर।

बाज[२]—[< सं० वाद्य < हि० बजाना] *पु०* १. वाद्य। बाजा। (संगीत०) वाद्य-संगीत में बजाने की रीति। ***जैसे***—ठुमरी बाज, ध्रुपदी बाज।

***बाज**[३]—[< सं० वाजि] *पु०* वाजि। अश्व। घोड़ा।

बाज[४]—[देशज] *पु०* (जुलाहों द्वारा प्रयुक्त) ताने के सूतों के बीच में देने की लकड़ी।

बाज़[१]—[फा०] *पु०* एक शिकारी पक्षी जिसकी चोंच बड़ी होती है, रंग प्राय: काला और सफ़ेद होता है तथा जो तेज़ी से अपने शिकार पर झपटता है। श्येन। ● **विशेष**—'बाज़' एक प्रत्यय के रूप में भी प्रयुक्त होता है और 'करने वाला' या 'बनाने वाला' का अर्थ देता है (***जैसे***—बहानेबाज़) अथवा किसी वस्तु आदि का व्यसनी बनाता है (***जैसे***—पतंगबाज़; नशेबाज़)।

बाज़[२]—[अरबी] *वि०* कतिपय। कोई-कोई। कुछ थोड़े-से। *क्रिवि०* बिना। बग़ैर। ✣ **बाज़ औक़ात**—*क्रिवि०* = किसी-किसी समय। कभी-कभी। ✣ **बाज़ दफ़ा**—*क्रिवि०* = किसी-किसी समय। कभी-कभी।

बाज़[३]—[फा०] *वि०* वंचित। रहित। ***वा०* बाज़ आना**—१. छोड़ देना। त्यागना। २. कोई बुरी आदत या व्यसन छोड़ना। ३. अलग होना। ४. बचना। **बाज़ रहना**—अलग/दूर रहना।

†**बाजन**—[< हि० बजना] *पु०* वाद्य। बाजा। ● **विशेष**—'बजने (लगे)' के अर्थ में भी 'बाजन' का प्रयोग होता है।

बाज़ाब्ता—[< फा० बा + अरबी ज़ाबित:] *क्रिवि०* नियमपूर्वक। क़ानूनी तौर पर नियमानुसार। विधिपूर्वक। बाक़ायदा।

***बाजि**[१]—[< सं० वाजी (वाजिन्)] *पु०* अश्व। घोड़ा।

***बाजि**[२]—[< हि० बाजना[४] (= जाना)] *वि०* जानेवाला।

***बाजिर**—[< सं० वज्र] *पु०* (बौद्धों के)बज्रयान सम्प्रदाय का अनुयायी। *वि०* वज्रयान का। वज्रयानी।

***बाजिमेध**—[< सं० वाजिमेध] *पु०* अश्वमेध नामक यज्ञ।

***बाजी**[१]—[< सं० वाजी (वाजिन्)] *पु०* अश्व। वाजी। घोड़ा।

बाजी[२]—[< हि० बजाना/बाजा] *पु०* वाद्य बजाने का काम करने वाला।

***बाजी**[३]—[< हि॰ बाजना (= जाना)] *वि॰* चलने/जाने वाला।

बाजी**[४]—[< हि॰ बाजना (= बजना)] *क्रिअ॰* बजी। ***जैसे—दुन्दुभि बाजी।

बाज़ी—[फा॰] *स्त्री॰* १. जुआ/खेल/प्रतियोगिता आदि में हार-जीत पर लगायी हुई शर्त। पण। २. शर्त पर लगाया हुआ धन। ३. ताश/शतरंज आदि में एक बार का खेल जिसमें हार-जीत का निर्णय हो जाता है। ४. खेल में खिलाड़ी के खेलने की बारी। दाँव। पारी। ५. किसी व्यसन में अनुरक्ति। लगाव। ***जैसे***—कबूतरबाज़ी। ६. कुछ समय तक होती रहने वाली क्रिया का भाव। ***जैसे***—घूँसेबाज़ी।

बाजीगर—[< फा॰ बाज़ीगर] *पु॰* ऐन्द्रजालिक। जादूगर। ✣ **बाजीगरी**—*स्त्री॰* = जादूगरी।

***बाजु**—[< स॰ √वर्ज्] *क्रिवि॰* बिना। बग़ैर।

बाज़े-बाज़े**—[< अरबी बाज़] *क्रिवि॰* १. कोई-कोई। जैसे—बाज़े-बाज़े लोग ***जैसे—बाज़े-बाज़े रोज़। २. कभी-कभी।

***बाझ**—[स॰ √वर्ज्] *क्रिवि॰* बिना। बग़ैर।

***बाझन**—[< हि॰ बझना] *स्त्री॰* १. फँसने का भाव। फँसाव। २. उलझन। झंझट। ३. झगड़ा। लड़ाई-झगड़ा।

बाट[१]—[< स॰ वटक] *पु॰* १. पत्थर/लोहा आदि का टुकड़ा जो वस्तुओं को तोलने में काम आता है। बटखरा। २. वस्तुओं को तोलने में प्रयुक्त लोहे का मानक बटखरा। भार। ***जैसे***—१० किलो का बाट। *पु॰* पत्थर का टुकड़ा या बटना जिससे सिल पर मसाले आदि पीसे जाते हैं। बटनी। लोढ़ा। बट्टा।

बाट[२]—[< प्रा॰ वट्ट < स॰ वर्त्मन्] *पु॰* मार्ग। रास्ता। २. प्रतीक्षा। ***वा॰*** **बाट का रोड़ा**—बिघ्न। बाधा। बाधक। **बाट जोहना/देखना**—१. राह देखना। २. प्रतीक्षा करना। **(किसी के) बाट पड़ना**—१. मार्ग में बाधक बनना। २. तंग करना। ३. डाकुओं द्वारा लूटा जाना। डाका पड़ना। **बाट रोकना**—बाधा उत्पन्न करना। **बाट लगना**—रास्ते पर चल पड़ना। **बाट लगाना**—१. मार्ग दिखाना। २. किसी काम को करने का ढंग बताना।

बाट[३]—[< हि॰ बटना (ऐंठना)] *स्त्री॰* १. डोरी/रस्सी आदि को बटने की क्रिया/भाव। २. डोरी/रस्सी आदि को बटने में पड़ी हुई ऐंठन। बल।

बाट[४]—[< स॰ वण्टन] *पु॰* १. धन-सम्पत्ति आदि का विभाजन। बाँट। २. साझा।

बाट[५]—[< हि॰ बाटना (= पीसना)] *स्त्री॰* पीसने की क्रिया/ढंग/भाव। पिसाई।

बाट-घाट—[हि॰] *पु॰* १. मार्ग और नदी का घाट। २. विविध मार्ग और नदी के घाट। ***जैसे***—खोए बच्चे को बाट-घाट पर खोजते फिरना।

बाटना[१]—[< हि॰ बाट < स॰ वटक] *क्रिस॰* सिल पर बटना/बट्टे आदि से पीसना। ✣ **बाटनवारा**—*वि॰* पीसनेवाला।

बाटना[२]—[< स॰ वण्टन] *क्रिस॰* बाँटना।

बाड़—[< प्रा॰ वाड < स॰ वाट] *स्त्री॰* १. घर/फ़सल आदि की सुरक्षा के लिए काँटों या बाँसों से बनाया हुआ घेरा। २. खुला हुआ और कुछ बड़ा स्थान। बाड़ा। ३. (बाँसों का) टट्टर।

†बाड़क—[< स॰ वाटक, या < हि॰ बाड़] *वि॰* किनारीदार।

बाडव—[< स॰ वाडवा व → ब] *पु॰* १. समुद्र के भीतर की अग्नि। बाडवाग्नि। बड़वाग्नि। २. ब्राह्मण। ३. घोड़ियों का समूह/झुंड। *वि॰* बड़वाग्नि-सम्बन्धी। बड़वाग्नि का।

***बाड़ि**[१]—[< हि॰ बाड़] *स्त्री॰* १. (खेत की) मेंड़। २. (बाँसों का) टट्टर। बाड़।

***बाड़ि**[२]—[< स॰ वाटिका] *स्त्री॰* वाटिका। बाड़ी।

बाड़ी—[< स॰ वाटिका] *स्त्री॰* १. वाटिका। २. घर। मकान। ३. देवी-देवता का मन्दिर या मन्दिरवाला क्षेत्र। ***जैसे***—कालीबाड़ी। ४. मुहल्ला। ***जैसे***—ठाकुरबाड़ी।

***बाड़ौ**—*पु॰* ≤ *स॰* बाडव।

बाढ़—[< स॰ बाढ] *स्त्री॰* १. बढ़ने की क्रिया/भाव। वृद्धि। २. (पौधों आदि का) विकास या शारीरिक विकास। बढ़त। ३. अधिकता। अतिशयता। ***जैसे***—विदेशी व्यापारियों की बाढ़ का परिणाम। ४. नदी आदि के जल का पानी बढ़ना और किनारों पर दूर तक फैलना जिससे फ़सलें, मकान, प्राणी आदि बहने लगें या बह सकते हों। ५. खेतों/बग़ीचों आदि के किनारों पर लगाए गए कँटीले पौधों आदि की पंक्ति जो पशुओं के अन्दर घुसने को रोकने के लिए लगायी जाती है। ६. थाली/टोपी आदि की सिरे/किनारे पर की ऊँचाई। ७. (बन्दूक़ों आदि से) गोलियों/गोलों का एक साथ और देर तक छोड़ा जाना। ***जैसे***—तोपों की बाढ़ ने शत्रु-सेना को नष्ट कर दिया। ८. आगे बढ़ने की क्रिया/स्थिति/भाव।

बाढ़[२]—[< स॰ वाट] *स्त्री॰* (तलवार, छुरी आदि की) धार। ***जैसे***—तलवार की बाढ़। ***वा॰*** **बाढ़ पर चढ़ाना**—१. धार तेज़ करना। २. भड़काना। उकसाना। **बाढ़ रखना**—सान पर चढ़ाकर तलवार, छुरी आदि पर धार रखना।

***बाढ़**[३]—[< हि॰ बढ़ना, या < बड़ा] *वि॰* बड़ा।

बाढ़ चिह्न (चिह्न)—[< हि॰ बाढ़ + स॰ चिह्न] *पु॰* (भूगोल॰) वह चिह्न/रेखा जहाँ तक ज्वार या बाढ़ का पानी पहुँचता है।

***बाढ़ना**[१]—[< हि॰ बढ़ना] *क्रिस॰* १. विस्तार पाना। बढ़ना। २. (समुद्र में) ज्वार आना।

बाढ़ना[२]—[< हि॰ बाढ़ (= धार)] *क्रिस॰* १. धारवाली वस्तु से काटना। मार डालना। २. नष्ट करना।

***बाढाली**—[< हि॰ बाढ़] *वि॰* धारवाली (तलवार आदि)।

†बाढ़ी[१]—[< हि॰ बढ़ना] *स्त्री॰* १. वृद्धि। बढ़त। २. लाभ। मुनाफ़ा। ३. पानी की बाढ़। *क्रिअ॰* बढ़ गयी। बढ़ी।

***बाढ़ी**[२]—[< हि॰ बढ़ना या < हि॰ बड़ी] *वि॰ (स्त्री॰)* बड़ी।

***बाढ़ी**[३]—[< प्रा॰ वड्ढइ] *पु॰* बढ़ई।

बाण—[स॰ √बण् + घञ्] *पु॰* १. धातु आदि से बना एक नुकीला अस्त्र जिसे धनुष पर चढ़ाकर चलाया जाता है। शर। तीर। २. तीर

की नोक जिसमें पर लगे होते हैं। ३. (असुर राजा) बाणासुर। ४. (संस्कृत-कवि) बाणभट्ट। ५. (काव्य आदि में) पाँच की संख्या।

बाण-तूण, बाणधि—[स°] *पु°* तूणीर। तरकश।

बाण-पथ—[स°] *पु°* बाण छोड़ने के स्थान से पहुँचने के स्थान की दूरी। तीर की मार।

बाणपाणि—[स° बाण ~ पाणि] *वि°* धनुर्धर।

बाण-फलक—[स°] *पु°* तीर के अलग भाग में नुकीला त्रिकोणाकार भाग।

बाण-मुक्ति—[स°] *स्त्री°* बाण चलाना। तीर छोड़ना।

बाणमुख—[स° बाण ~ मुख] *पु°* कीलाकार (लिपि)। *जैसे*—ईरान और असीरिया की बाणमुख लिपि।

बाणलिङ्ग (बाणलिंग)—[स° ~ लिङ्ग] *पु°* नर्मदा नदी से प्राप्त होनेवाले सफ़ेद पत्थर के उत्तम शिवलिंग।

बाण-विद्या—[स°] *स्त्री°* तीर चलाने की विद्या। तीरन्दाज़ी।

बाण-वृष्टि—[स°] *स्त्री°* तीरों की वर्षा। निरन्तर तीर चलाने की क्रिया/भाव।

बाण-सन्धान (संधान)—[स°] *पु°* चलाने के लिए बाण को धनुष पर रखना।

बाणाग्र—[स° बाण ~ अग्र] *पु°* तीर का फलवाला सिरा।

बाणावलि/बाणावली—[स° बाण ~ आवलि/आवली] *स्त्री°* १. बाणों की पंक्ति। २. तीरों की बौछार।

बाणाश्रय—[स° बाण ~ आश्रय] *पु°* तूणीर। तरकश।

बाणासन—[स° बाण ~ आसन] *पु°* धनुष। कमान।

†बातल—[< स° वातल] *वि°* १. तूफ़ानी। २. हवाई। ३. वात को कुपित करनेवाला। वातवर्धक।

बातास—[< हि° वात] *स्त्री°* पवन। हवा।

***बातिक**—[< हि° बात + इक] *स्त्री°* एक बात।

***बाती**—[प्रा° वत्ति < स° वर्ती] *स्त्री°* दीपक की बत्ती। वर्तिका।

बातोढ़—[< स° वात ~ ऊढ] *वि°* (नृविज्ञान°) हवा द्वारा लायी हुई या निक्षेपित (मिट्टी)।

बातोर्मि—[< स° वात ~ ऊर्मि] *स्त्री°* १. वायु की लहर। २. हवा का झोंका। (छन्द°) एक समवर्णिक छन्द जिसके प्रत्येक चरण में क्रमशः मगण, भगण, तगण, और गुरु (म भ त ग ग) के योग से ११ वर्ण होते हैं और ४-७ पर यति होती है।

बाथ—[< स° बन्ध, या देशज] *पु°* अंक। आलिंगन।

***बादना**—[< स° वाद] *क्रिअ°* १. बात करना। बोलना। २. वाद-विवाद करना। तर्क-वितर्क करना। ३. विवाद। झगड़ा करना। ४. व्यर्थ की बात करना। बकवास करना। ५. ललकारना। ६. शर्त लगाना। शर्त बदना।

बादरायण सम्बन्ध (संबंध)—(स°) *पु°* बहुत दूर का या खींच-तान कर जोड़ा गया सम्बन्ध/रिश्ता। कल्पित रिश्ता। कल्पित सम्बन्ध।

***बादहि**—[< हि° बाद] *क्रिवि°* व्यर्थ। बेकार।

बादि—[< हि° बाद] *क्रिवि°* १. व्यर्थ। वृथा। बेकार। २. छोड़कर। कम करके।

†बादित्र—[< स° वादित्र] *पु°* वाद्य। बाजा।

***बादिहि/बादिहिं**—[< हि° बादि] *क्रिवि°* व्यर्थ ही। बेकार।

†बादी[१]—*पु°, वि°* ≤ *स°* वादी।

बादी[२]—[फा°] *वि°* १. वात-सम्बन्धी। वायु का। २. शरीर के वायु-दोष के कारण होनेवाला। वातज। ३. शरीर में वात को कुपित करनेवाला। वात-विकार उत्पन्न करनेवाला। *जैसे*—मटर आदि बादी चीज़ें मत खाना।

***बादु**—[< फा° बादः] *स्त्री°* मदिरा। शराब।

†बादुर—[< हि° गादुर] *पु°* चमगादड़।

बाध[१]—[स° √बाध् + घञ्] *पु°* १. बाधा। विघ्न। अड़चन। रुकावट। २. कष्ट। पीड़ा। ३. भय। डर। ४. प्रतिबन्ध। रोक। ५. आपत्ति। एतराज़। ६. प्रतिवाद। खंडन। ७. बाधा देनेवाला व्यक्ति आदि।

***बाध[२]**—[< स° बद्ध] *पु°* मूँज की रस्सी/डोरी। बान। ✣ **बाधी**—*स्त्री°*।

बाधक—[स° √बाध् + ण्वुल्] *वि°* १. बाधा या विघ्न डालनेवाला। अड़चन या रुकावट डालनेवाला। विघ्नकारक। २. कष्ट देनेवाला। कष्टप्रद। पीड़क। ∇ **विलोम**—साधक।

***बाधना**—[< स° बाधन] *क्रिस°* १. बाधा डालना। रुकावट/अड़चन डालना। विघ्न डालना। २. कष्ट देना। पीड़ित करना।

बाधयिता—[स° बाधयितृ] *पु°* बाधा डालनेवाला (व्यक्ति)।

बाधि[१]—[< स° बाधा] *स्त्री°* = विघ्न।

बाधि[२]—[हि° बाधना] *क्रिवि°* = १. बाधा डालकर। २. कष्ट देकर। पीड़ित करके। ३. भयभीत कर। डराकर। ४. रोककर।

बाधिर्य—[स° बधिर + ष्यञ्] *पु°* बधिरता। बहरापन।

बाधी—[स° बाधिन्] *पु°* १. बाधा डालनेवाला। बाधक। २. हानि पहुँचानेवाला।

बाध्य—[स° √बाध् + ण्यत्] *वि°* १. जिस पर या जिसके मार्ग में बाधा लगी हो या लगायी गयी हो। २. रोका हुआ। बाधित। ३. पीड़ित। ४. जो नियम/आज्ञा आदि से कुछ करने को मजबूर हो। विवश। ∇ **विलोम**—अबाध्य/बाधक।

बान[१]—[< स° बाण] *पु°* बाण। तीर।

***बान[२]**—[< स° वर्ण] *पु°* १. वर्ण। रंग। २. कान्ति। आभा। चमक। ३. शोभा।

***बान[३]**—[< हि° बानगी] *पु°* प्रकार।

बान[४]—[< हि° बनना] *स्त्री°* १. बनावट। सजधज। २. स्वभाव या आदत। *जैसे*—वीरों की बान है कि वे शरण में आए हुए व्यक्ति को शरण देते हैं।

बान[५]—[< स° वानीरक] *पु°* मूँज की रस्सी/डोरी।

***बानइत/बानैत**—[< प्रा° बाणइत्त] *वि°* १. बाण चलानेवाला। तीरन्दाज़। धनुर्धर।

बानक[१]—[< स° वर्णक] *पु°* १. वेशभूषा। परिधान। २. वस्त्र-अलंकार आदि से सजावट। ३. ढंग।

बानक[२]—[< हि॰ बनना] *पु॰* कोई घटना/कार्य आदि होने के लिए उपयुक्त योग। ठीक संयोग। ***वा॰* बानक बनना/बैठना**—१. किसी काम या बात के लिये उपयुक्त संयोग होना। २. मेल बैठना। ३. किसी घटना का वांछित या प्रत्याशित रूप होना।

बानगी—[< हि॰ बाना] *स्त्री॰* वस्तु की गुण-परीक्षा के लिए अलग किया हुआ अंश। नमूना।

***बानना**[१]—[< हि॰ बनना] *क्रिअ॰* बनना।

***बानना**[२]—[< हि॰ बनाना] *क्रिस॰* बनाना।

बानबी—[देशज] *स्त्री॰* 'पनडुब्बी' नामक पक्षी।

***बानवान**—[< स॰ बाणवान्] *पु॰* १. तीरन्दाज़। २. धनुर्धर। योद्धा।

बाना[१]—[< स॰ वर्णक] *पु॰* १. वेशभूषा। परिधान। पोशाक। २. विशेष प्रकार का पहनावा। भेष। ३. रूप। ४. स्वभाव। ५. रीति। ***वा॰* बाना बाँधना**—कोई उत्तरदायित्व या कार्य-भार लेना।

बाना[२]—[< स॰ बाण] *पु॰* १. भाला/साँग के समान एक हथियार। २. बाण। तीर।

बाना[३]—[< स॰ वान] *पु॰* १. बुनने की क्रिया। २. कपड़ा बुनने में चौड़ाई के बल में लगे हुए सूत/धागे। ताने के ऊपर बुना जाने वाला सूत। भरनी। [**∇ विलोम**—ताना।] ३. एक प्रकार का महीन रेशम जो बटा हुआ होता है। ३. खेत की पहली जोत/जोताई।

बाना[४]—[< स॰ व्यापन] *क्रिस॰* (मुँह इत्यादि को) थोड़ा खोलना। ***जैसे***—मुँह बाना। ***वा॰* (किसी वस्तु आदि के लिए) मुँह बाना**—लेने/पाने के लिए लालायित होना।

बानावरी—[< हि॰ बान + फा॰ आवर] *स्त्री॰* १. तीर चलाने की विद्या। तीरन्दाज़ी। २. तीर चलाने का ढंग।

बानि[१]—[< हि॰ बाना < स॰ वर्णक] *स्त्री॰* १. वर्ण। रंग। २. कान्ति। आभा। चमक। ३. वेश-भूषा। परिधान। बाना। ४. सुसज्जित वेश। *क्रिवि॰* की भाँति। के प्रकार से। जैसा। ***जैसे***—अमृत बानि स्वाद।

बानि**[२]—[< हि॰ बानी < स॰ वाणी] *स्त्री॰* १. वाणी। वचन। बात। ***जैसे—मृदु बानि। २. सरस्वती (देवी)।

बानि[३]—[< हि॰ बान] *स्त्री॰* १. स्वभाव। आदत। २. ढंग। ३. व्यसन। लत। ४. रहस्य। मर्म। भेद।

***बानि**[४]—[< हि॰ बान < स॰ वाण] *पु॰* १. बाण। तीर। २. योद्धा। *वि॰* धनुर्धर।

***बानि**[५]—[< हि॰ बानना (= बनना/बनाना)] *क्रिवि॰* १. बनकर या सजकर। २. बनाकर या सजाकर। ✣ **बानि-ठानि**—*क्रिवि॰* = सजा-सँवार कर।

बानिक[१]—[< हि॰ बानक < स॰ वर्णक] *पु॰* १. बानक। २. बनाव।

***बानिज**—*पु॰* ≤ *स॰* वाणिज्य। व्यापार।

***बानिया/बानियाँ**—[< स॰ वणिक्] *पु॰* व्यापारी। बनिया।

***बानी**[१]—[< हि॰ बानि < बाना < स॰ वर्णक] *स्त्री॰* १. वर्ण। रंग। २. क्रांति। आभा। चमक। ३. वेश-भूषा। परिधान। बाना। ४. सुसज्जित वेश। *क्रिवि॰* की भाँति के प्रकार से। जैसा। जैसे-अमृत बानि। स्वाद।

बानी**[२]—[< स॰ वाणी] *स्त्री॰* १. वाणी। वचन। बात। ***जैसे—कोमल बानी। २. कथन या उपदेश। ***जैसे***—सन्तों की बानी। ३. ध्वनि। आवाज़। ४. सरस्वती (देवी)। ५. वाक् नामक इन्द्रिय। (संगीत॰) ध्रुवपद-गायन की कोई शैली। ***जैसे***—खंडार बानी, डागुर, बानी नौहर बानी आदि ध्रुपदगायकों की प्रमुख बानियाँ है।

***बानी**[३]—[< हि॰ बान < बनना] *स्त्री॰* स्वभाव।

बानी[४]—[< हि॰ बनाना] *क्रिस॰* बनायी। *क्रिअ॰* बनायी गयी।

बानी[५]—[फा॰] *पु॰* किसी कार्य, आन्दोलन या सम्प्रदाय आदि का प्रवर्तक/आरम्भकर्ता। ***जैसे***—सिक्ख मत के बानी गुरु नानक।

बानी[६]—[< स॰ बाण] *स्त्री॰* 'बाना' नामक हथियार।

बानी[७]—[< स॰ वणिक्] *पु॰* वणिक्। बनिया।

***बानैत**—[< हि॰ बान < स॰ बाण] *पु॰* धनुर्धर। तीरन्दाज़। *वि॰* वीर।

बान्धव—[स॰ बन्धु + अण्] *पु॰* १. पिता और माता के पक्ष के सम्बन्धी। नातेदार। रिश्तेदार। भाई-बन्धु। २. बन्धु। भाई। ३. मित्र। दोस्त।

***बापिका/*बापी**—*स्त्री॰* ≤ *स॰* वापी। बावड़ी।

बापुरा—[< प्रा॰ बप्पुड] *वि॰* दयनीय। बेचारा। ✣ **बापुरी**—*वि॰* (स्त्री॰) दयनीय (स्त्री)। बेचारी। ✣ **बापुरो**—*वि॰* = दयनीय। बेचारा।

***बाब**—*स्त्री॰* ≤ *स॰* वायु। हवा।

बाबत—[फा॰] *स्त्री॰* १. सम्बन्ध में। विषय में। बारे में। २. वास्ते। लिए।

बाबरा—[< स॰ वातुल] *वि॰* पागल। बावला। ✣ **बाबरी**[१]—*वि॰* (*स्त्री॰*) = पागल (स्त्री)। बावली।

बाबरी[२]—[< हि॰ बावरा] *स्त्री॰* एक फीट के लगभग ऊँचा घास का पौधा जिसके फूल सफ़ेद रंग के होते हैं।

बाबूना—[देशज] *पु॰* एक पक्षी जिसका रंग पीला, चोंच काली और नेत्र लाल होते हैं।

बाबुल—[< हि॰ बाबा (= पिता)] *पु॰* १. पिता। २. एक प्रकार के करुण लोकगीत जो लड़की की विदाई के समय पिता को सम्बोधित कर गाए जाते हैं।

***बामता**—*स्त्री॰* ≤ *स॰* वामता। प्रतिकूलता।

***बामन**[१]—*पु॰* ≤ *स॰* ब्राह्मण।

***बामन**[२]—[< स॰ वामन] *पु॰* १. बौना व्यक्ति। २. विष्णु का एक अवतार। वामन अवतार।

बामनी—[< स॰ ब्राह्मणी] *स्त्री॰* ब्राह्मण कुल की स्त्री। ब्राह्मणी।

***बामी**[१]—[< स॰ वम्री] *स्त्री॰* १. (दीमक की) बाँबी। २. साँप का बिल।

***बामी**[२]—[< स॰ वाम] *वि॰* (तंत्र॰) वाममार्गी।

बाय/बाइ[१]—[< स॰ वायु] *पु॰* १. वायु। हवा। २. वात-प्रकोप का एक गम्भीर रूप। बाई।

***बाइ**[२]—[< स॰ वापी] *स्त्री॰* वापी। बावड़ी।

***बायक**[१]—[< स॰ वाचक] *पु॰* १. वाचक। २. पढ़ने वाला। पाठक। ३. बतलानेवाला। ४. वचन। ५. दूत।

***बायक**[२]—[< सं० वायक] *पु०* (कपड़ा बुननेवाला) जुलाहा या कोरी।

बायची—*स्त्री०* ≤ *सं०* बाकुची।

बायन/बायना—[< सं० वायन] *पु०* १. वह मिठाई/ पकवान आदि जो उत्सव आदि के अवसर पर अपने सम्बन्धियों, मित्रों आदि को भेजी जाती है। बैना। २. किसी बात के लिए दिया जाने वाला अग्रिम धन। ३. निमन्त्रण।

बायबिडङ्ग (बायबिडंग)—[< सं० विडङ्ग] *स्त्री०* एक औषधोपयोगी लता।

बायला—[< हि० बाय < सं० वायु] *वि०* वात को कुपित करनेवाला। वातज।

***बायस**—*पु०* ≤ *सं०* वायस। कौआ।

बायोप्सी—[अं० बाइओप्सि] *स्त्री०* (चिकित्सा०) जीवित शरीर से काटे गए ऊतक की परीक्षा।

बार[१]—[प्रा० < सं० द्वार] *पु०* १. द्वार। दरवाज़ा। ***जैसे***—घर-बार की देखभाल। २. आश्रय-स्थान। ठिकाना। ३. राजसभा। दरबार।

बार[२]—[< सं० वार] *पु०* १. दिन। वार। ***जैसे***—रविबार (रविवार)। २. समय। काल। वक़्त। ३. विलम्ब। देर। ४. बाज़ार। हाट। ***जैसे***—बार-अंगना;

***बार**[३]—[< सं० बाल] *पु०* बाल। बालक । लड़का।

***बार**[४]—[< सं० वाल (केश)] *पु०* १. केश। बाल। २. शरीर के बाल। रोम।

***बार**[५]—[< सं० वाट] *स्त्री०* १. किनारा। सिरा। २. हथियार की तेज़ धार।

***बार**[६]—[< सं० वारि] *पु०* जल। पानी।

***बार**[७]—[< हि० बारस < सं० द्वादशी] *वि० पु०* बारह (१२)। *स्त्री०* द्वादशी (तिथि)।

बार[८]—[< फा० बारः] *पु०* १. बार। दफ़ा। २. घेरा। अहाता। बाड़ा। ३. भार। बोझा। ❖ ***बारक**[१]—*क्रिवि०* = एक बार। एक दफ़ा।

***बारक**[२]—[< सं० वारक] *पु०* १. बाधा देनेवाला। बाधक। २. रोकनेवाला। अवरोधक।

बारगीर—[फा०] *वि०* बोझ उठाने वाला। भारवाहक। *पु०* १. अश्व। घोड़ा। २. ऊँट। ३. बैल।

बारजा—[< हि० बार (= द्वार) + फा० जा (= जगह)] *पु०* १. मकान के मुख्य द्वार के ऊपर बना छज्जा। २. कमरे के आगे का छोटा दालान। बरामदा। ३. (छत के ऊपर की) अटारी।

***बारण**—[< सं० वारण] *पु०* १. गज। हाथी। २. कवच। ३. बाधा। अड़चन। ४. रोक। रुकावट। ५. रक्षा। बचाव। *वि०* १. रोकनेवाला। अवरोधक। २. मना करनेवाला।

***बारता**—*स्त्री०* ≤ *सं०* वार्ता।

***बारतिय**—[< सं० वार ~ स्त्री] *स्त्री०* वेश्या। वारांगना।

बारदाना—[< फा० बारदानः] *पु०* १. जूट की बोरी जिसमें भारी सामान बाँधा या रखा जाता है। २. सेना की सामग्री। रसद। ३. टूटी-फूटी वस्तुएँ।

***बारन**[१]**/बारण**—[< सं० वारण] *पु०, वि०* दे० बारण के सभी अर्थ।

बारन[२]—[< सं० वार] *पु०* 'वार' का बहुवचन। (दे० 'वार' के विविध अर्थ)।

बारना[१]—[< सं० वारण] *क्रिस०* १. मना करना। २. रोकना। *क्रिअ०* बाधा डालना।

बारना[२]—[< हि० बालना] *क्रिस०* जलाना।

बारना[३]—[< हि० वारना] *क्रिस०* निछावर करना।

***बारबधू/बारबधूटी**—[< सं० वारवधू/वारवधूटी] *स्त्री०* वेश्या। गणिका।

***बार बीच**—[हि०] *क्रिवि०* कभी तो।

***बारमुखी**—[< सं० वारमुख्या] *स्त्री०* वेश्या। गणिका। वारांगना

***बारस**—[प्रा० < सं० द्वादश] *वि०* बारह। *स्त्री०* चान्द्रमास के किसी पक्ष की बारहवीं तिथि। द्वादशी (तिथि)।

बारहठ—[< सं० द्वारस्थ] *पु०* राजस्थान के चारणों का एक प्रकार या उपजाति।

बारहदरी—[< हि० बारह + फा० दर (= द्वार)] *स्त्री०* किसी भवन का वह खुला और बड़ा कमरा जिसमें चारों ओर तीन-तीन द्वार बने हों और इस प्रकार बारह द्वारों वाला हो। बारादरी।

बारहपन्थी (बारहपंथी)—[< हि० बारह + पन्थी] *पु०* नाथ सम्प्रदाय के गोरखनाथी योगियों की बारह शाखाओं में से किसी का भी व्यक्ति।

बारह-बाट—[हि०] *पु०* १. (बारह या) अनेक मार्गों का बेकार फैलाव। २. बेकार फैलाव। बिखराव। ३. एकता में बाधक परस्पर विरोधी विचार/मत/गुट आदि। ४. नाश के १२ मार्ग। *वि०* १. छिन्न-भिन्न। तितर-बितर। २. नष्ट-भ्रष्ट। ३. व्यर्थ और हानिकारक। ***वा०*** **बारह-बाट करना**—१. व्यर्थ इधर-उधर बिखराकर नष्ट करना। ***जैसे***—पूर्वजों की सम्पत्ति को बारह-बाट करना। २. छिन्न-भिन्न करना। **बारह-बाट होना**—१. छिन्न-भिन्न होना। २. नष्ट होना। ३. अमर्यादित/अनियन्त्रित होना।

बारहबान[१]—[< सं० द्वादशवर्ण] *पु०* खरा और उत्तम सुवर्ण। अत्यन्त शुद्ध सोना।

बारहबान[२]—[< हि० बारह + बाना] *पु०* मध्ययुग में सैनिक के पास रहनेवाले तलवार, धनुष, बन्दूक़ इत्यादि १२ हथियार।

बारहबाना—[< सं० द्वादशवर्णक] *वि०* १. सूर्य के समान चमकीला। २. खरा और उत्तम सुवर्ण।

बारहबानी—[< सं० द्वादशवर्णी (द्वादशवर्णिन्)] *वि०* १. सूर्य के समान चमकीला। बहुत चमकीला। २. ख़रा और उत्तम (सुवर्ण)। अत्यन्त शुद्ध सुवर्ण। ३. निर्दोष और स्वच्छ। ४. (आचरण आदि की दृष्टि से) जिसमें किसी प्रकार की कमी न हो। श्रेष्ठ, ठीक और पक्का। *स्त्री०* १. सूर्य जैसी चमक। २. आभा। दीप्ति। चमक।

बारहमासा—[< हि० बारह + सं० मास] *पु०* काव्य या लोकगीतों का वह प्रकार जिसमें पति के विरह से पीड़ित विरहिणी वर्ष के १२ महीनों में से प्रत्येक में अनुभूत दुःखों तथा अपनी वेदना का वर्णन करती है।

***बारा**[१]—[< सं॰ बाल] *वि॰* छोटी उम्र का। अल्प-वयस्क। छोटा। *पु॰* १. बालक। बच्चा। २. पुत्र। ● **विशेष**—'बारा' का बहुवचन 'बारे' अधिक प्रयुक्त होता है। **बारे ते** = छोटी अवस्था से। बाल्यावस्था से।

बारा[२]—[< फा॰ बार:] *पु॰* घेरा। अहाता। बाड़ा।

बारादरी—*स्त्री॰* ≤ *हि॰* बारहदरी।

†**बाराबाट**—*पु॰, वि॰* ≤ *हि॰* बारह-बाट।

***बारि**[१]—[< सं॰ वारि] *पु॰* जल। पानी।

***बारि**[२]—[< सं॰ द्वार] *पु॰* १. द्वार। दरवाज़ा। २. ड्योढ़ी।

***बारि**[३]—[< सं॰ बाला] *स्त्री॰* १. बाला। युवती या किशोरी। २. भोली-भाली या नादान बालिका।

***बारि**[४]—[< हि॰ बारी < सं॰ वाटी] *स्त्री॰* १. वाटिका। उपवन। बग़ीचा। २. खेती।

***बारि**[५]—[< हि॰ बाड़] *स्त्री॰* (खेत की) बाड़ या मेंड़।

***बारि**[६]—[< फा॰ बारी] *स्त्री॰* बारी। पारी। अवसर।

***बारि**[७]—[< हि॰ बारना < बालना] *क्रिवि॰* जलाकर।

***बारिक**—[< फा॰ बारीक] *वि॰* सूक्ष्म। बारीक। महीन।

***बारिगा**—[< सं॰ वारिगा] *स्त्री॰* नदी।

***बारिचर**—[< सं॰ वारिचर] *पु॰* जलचर (मछली आदि)।

***बारिचरकेतु**—[सं॰ वारिचर ~ केतु] *पु॰* मकरध्वज। कामदेव।

***बारी**[१]—[< सं॰ वाटी] *स्त्री॰* १. वाटिका। बग़ीचा। २. (खेत की) क्यारी। ३. माली। ४. एक उपजाति जो पत्तल और दोने बनाती है। ५. घर। मकान। ६. खिड़की। झरोखा।

बारी[२]—[फा॰] *स्त्री॰* अवसर। बारी। पारी। ***वा॰* बारी-बारी से**—१. अपनी पारी आने पर। २. क्रमशः।

***बारी**[३]—[< सं॰ बाला] *स्त्री॰* १. बाला। युवती या किशोरी। २. भोली-भाली लड़की/युवती। *वि॰* कम उम्र की। छोटी।

***बारी**[४]—[< सं॰ वारि] *स्त्री॰* जल। पानी।

***बारी**[५]—[< सं॰ वार] *स्त्री॰* १. नदी का सामने का तट। २. (वस्तु का) अन्तिम सिरा। किनारा। ३. (थाली/कटोरा आदि का) उठा हुआ किनारा। ४. (वस्तु का) पैना किनारा/सिरा। धार।

बारी[६]—[< हि॰ बाड़] १. खेतों या वृक्षों के चारों ओर पशुओं से रक्षा के लिए लगायी गयी बाड़। २. घर।

***बारी**[७]—[< हि॰ बाली] *स्त्री॰* कान में पहनने का एक आभूषण। बाली।

बारीदार—[< फा॰ बारी] *पु॰* अपनी पारी/बारी आने पर पहरा देनेवाला व्यक्ति।

***बारीस**—*पु॰* ≤ *सं॰* वारीश। समुद्र।

***बारुणी/बारुनि**—[< सं॰ वारुणी] *स्त्री॰* १. मदिरा। शराब। २. पश्चिम दिशा।

***बारु**—*पु॰* ≤ *हि॰* बाल। केश या रोम।

†**बारू**[१]—*स्त्री॰* ≤ *हि॰* बालू। रेत।

***बारू**[२]—*पु॰* ≤ *सं॰* वार। दिन।

***बारू**[३]—*पु॰* ≤ *सं॰* द्वार। दरवाज़ा।

***बारे**[१]—[< हि॰ बारा < सं॰ बाल] *वि॰* १. बालक। बच्चे। २. बाल्यावस्था। ३. बचपन।

बारे[२]—[< हि॰ बारा < फा॰ बार:] *पु॰* सम्बन्ध। विषय। ***जैसे***—विवाह के बारे में विचार करना।

बारेक—[< हि॰ बार < सं॰ वार + सं॰ एक] *क्रिवि॰* एक बार।

बारैं (बारें)—[< हि॰ बराना] *क्रिवि॰* छोड़कर।

बारोठा—[< सं॰ द्वार ~ कोष्ठ] *पु॰* ड्योढ़ी। पौरी। बरोठा।

बार्हस्पत्य—[सं॰ बृहस्पति + अण्] *वि॰* १. बृहस्पति-सम्बन्धी। बृहस्पति का। २. भौतिकवादी/नास्तिक विचारों वाला। *पु॰* बृहस्पति का शिष्य।

बाल[१]—[सं॰ √बल् + ण] *वि॰* १. जो अभी वयस्क न हुआ हो। २. जिसे अभी पर्याप्त समझ न हो। ३. अज्ञानी। ४. बालकों जैसा। ५. छोटा। ६. (सूर्य/चन्द्र आदि) जिसका उदय हुए अधिक समय न हुआ हो। ***जैसे***—बाल सूर्य। *पु॰* १. अ-वयस्क। नाबालिग़। २. मूर्ख। ३. बालक। बच्चा। ***जैसे***—बालों के दल ने ज्ञान-प्रतियोगिता में किशोर-दल को हरा दिया। **स्त्री॰* = बाला। किशोरी या युवती। ***जैसे***—(क) राधिका-सी छबीली बाल। ४. त्वचा के बाहर बढ़नेवाला त्वचा का कोमल तन्तु। रोम। लोम। ५. केश। ***जैसे***—बालों में कंघी करना। ***वा॰* बाल आना/पड़ना**—शीशा, चीनी, धातु आदि की वस्तुओं पर चटकने का निशान पड़ना। **बाल उतरना**—मुंडन होना। **बाल की खाल खींचना/निकालना**—१. बहुत अधिक छानबीन करना। २. (किसी बात/विषय में) बारीकी निकालना।

बाल[२]—[< सं॰ वल्ल/वालू] *पु॰* (किसी वस्तु का) बहुत थोड़ा अंश। *स्त्री॰* (गेहूँ/जौ/बाजरा आदि) कुछ अनाजों के पौधों के डंठल का वह अगला भाग जिसमें अनाज के दाने लगे होतें हैं। ***जैसे***—गेहूँ की कुछ बालें तोड़ लो। ***वा॰* बाल बराबर भी अन्तर न होना, बाल भर भी अन्तर न होना**—ज़रा भी अन्तर न होना। समान/सदृश होना। ● **विशेष**—यहाँ 'बाल' का 'केश' अर्थ भी ग्रह्य है।

बाल[३]—[अं॰] *पु॰* १. कन्दुक। गेंद। २. एक प्रकार का यूरोपीय नृत्य (अं॰ बाल डान्स)।

बाल-केलि—[सं॰] *स्त्री॰* १. बच्चों की क्रीड़ा। बालक-बालिकाओं का खेल। २. बच्चों का खेल या खिलवाड़ जैसा कार्य। सरल कार्य। ३. बालक-बालिकाओं के विविध कार्य जो उनके लिए तथा उनके माता-पिता आदि के लिए मनोरंजक होते हैं।

बालक्षय—[सं॰ बाल ~ क्षय] *पु॰* (चिकित्सा॰) शिशुओं को होनेवाला 'सूखा' नामक रोग।

बालगोविन्द (बालगोविंद)—[सं॰] *पु॰* बालकृष्ण।

बालग्रह—[सं॰ बाल ~ ग्रह] *पु॰* (आयुर्वेद॰) बच्चों को होनेवाले स्कन्दग्रह आदि १२ कष्टप्रद रोगों का वर्ग।

बाल चन्द्र (चंद्र)—[सं॰] *पु॰* शुक्ल पक्ष की द्वितीया तिथि का चन्द्रमा। दूज का चाँद।

बालचर—[सं॰ बाल ~ चर] *पु॰* बालक-बालिकाओं के एक संघटन विशेष का सदस्य।

बालछड़—[सं॰ बाल + हिं॰ छड़] *स्त्री॰* गुल्म जाति की एक औषधोपयोगी वनस्पति जिसकी जड़ सुगन्धित होती है। जटामांसी।

बालछड़ी—[सं॰ बाल + हिं॰ घड़ी] *स्त्री॰* वर्षा ऋतु में उगनेवाला एक पौधा जो लगभग दो हाथ ऊँचा होता है और जिसके पत्ते पतले होते हैं।

बालतन्त्र (बालतंत्र)—[सं॰ बाल ~ तन्त्र] *पु॰* (आयुर्वेद॰) बच्चों के पालन-पोषण आदि की विधि। धात्री-कर्म।

बालतृण—[सं॰ बाल ~ तृण] *पु॰* नयी उगी हुई या कोमल घास।

***बालदसा**—[< सं॰ बाल ~ दशा] *स्त्री॰* १. बाल्यावस्था। बचपन। २. किशोरावस्था। ३. अज्ञान की दशा/स्थिति।

बालधि/बालधी—[सं॰ बाल √धा + कि, बालधि → बालधी] *स्त्री॰* पूँछ। दुम।

बालपतङ्ग (बालपतंग)—[सं॰ बाल ~ पतङ्ग] *पु॰* उदयकाल का सूर्य। बाल सूर्य।

***बालबिधु**—[सं॰ बाल ~ विधु] *पु॰* द्वितीया का चन्द्रमा/बालचन्द्र।

बालभोग—[सं॰ बाल ~ भोग] *पु॰* देवी-देवता को अर्पित किया जाने वाला प्रातः काल का नैवेद्य।

बालम—[अरबी बाल] *पु॰* पति।

बालमखीरा—[देशज] *पु॰* एक प्रकार का स्वादिष्ठ मोटा खीरा।

बालमुकुन्द (बालमुकुंद)—[सं॰ बाल ~ मुकुन्द] *पु॰* बालकृष्ण।

बालमृग—[सं॰ बाल ~ मृग] *पु॰* हिरन का बच्चा। मृगशावक। मृगछौना।

बालरवि—[सं॰ बाल ~ रवि] *पु॰* उदय-काल का सूर्य। बालसूर्य।

बालव—[सं॰] *पु॰* (ज्योतिष॰) ११ करणों में से एक।

बालविधु—[सं॰ बाल ~ विधु] *पु॰* शुक्ल पक्ष की द्वितीया तिथि का चन्द्रमा। दूज का चाँद। बालचन्द्र।

बालहंस—[सं॰ बाल ~ हंस] *पु॰* १. हंस का बच्चा। २. प्रातःकाल का सूर्य। बालसूर्य। बालरवि।

बाला[१]—[सं॰ बाल + टाप्] *स्त्री॰* १. बालिका। २. किशोरी या युवती। ***जैसे***—ब्रज की बाला। ३. पत्नी। ४. पुत्री। कन्या। (छन्द॰) एक समवर्णिक छन्द जिसके प्रत्येक चरण में क्रमशः ३ रगण और १ गुरु (र र र ग) के योग से १० वर्ण होते हैं।

***बाला**[२]—[< सं॰ बाल] *पु॰* १. बालक। २. प्रियतम।

बाला[३]—[< सं॰ वलय] *पु॰* हाथ में पहनने का एक आभूषण। एक प्रकार का 'कड़ा'।

बाला[४]—[< हिं॰ बाली] *स्त्री॰* कान का एक आभूषण जो कान में पहनने की 'बाली' के समान होता है।

बाला[५]—[फा॰] *वि॰* १. (सबसे) ऊँचा/ऊपर। २. प्रधान। श्रेष्ठ। ✣ **बाला-बाला**—*क्रिवि॰* = १. ऊपर-ऊपर। २. अलग से। ३. बिना बताए हुए चुपचाप। ४. धीरे-धीरे। ✣ **बालाई**—*वि॰* = ऊपरी। ● **विशेष**—वेतन आदि की वैध आय के अतिरिक्त होने वाली रिश्वत आदि की आय को '**बालाई आमदनी**' कहा जाता है। *स्त्री॰* = (दूध की) मलाई।

बालातप—[सं॰ बाल ~ आतप] *पु॰* प्रातःकाल की धूप।

बालादित्य—[सं॰ बाल ~ आदित्य] *पु॰* प्रातःकालीन सूर्य। बालसूर्य।

बालानशीन/बालानशीं (बालानशीं)—[< फा॰ बालानशीं] *वि॰* मान्य। प्रतिष्ठित। *पु॰* सभापति।

बालारुण—[सं॰ बाल ~ अरुण] *पु॰* (अरुण रंग का) प्रातः काल का सूर्य। बालसूर्य।

बालार्क—[सं॰ बाल ~ अर्क] *पु॰* प्रातः काल का सूर्य। बालसूर्य।

बालावस्था—[सं॰ बाल ~ अवस्था] *स्त्री॰* बाल्यावस्था। बचपन।

बालि[१]—[सं॰ √बल् + इन्, णित्व] *पु॰* किष्किन्धा का वानर-राज जिसे राम ने मारा था। बाली।

बालि**[२]—[< हिं॰ बाल/बाली] *स्त्री॰* अनाज की बाल। ***जैसे—गेहूँ की बाली।

बालिश—[सं॰ √बाड् + इन् = बाडि, बाडि √शो + ड, ड → ल] *पु॰* १. अज्ञानी/मूर्ख व्यक्ति। २. बालक। बच्चा। *वि॰* १. अज्ञानी। मूर्ख। २. अबोध। ✣ **बालिशता**—*स्त्री॰* = १. मूर्खता। २. बाल्यावस्था। लड़कपन। बचपन। (मनो॰) किसी वयस्क व्यक्ति की बालोचित/बचकाना व्यवहार करने की प्रवृत्ति।

बालिश्त—[फा॰] *पु॰* दूरी का एक नाप। हाथ के पंजे को पूरा फैलाने से अँगूठे के सिरे से सबसे छोटी उँगली के सिरे की दूरी। ***जैसे***—चार बालिश्त जगह।

बालिश्य—[सं॰ बालिश + ष्यञ्] *पु॰* बालिशता। (दे॰)

बाली[१]—[< सं॰ वल्ली] *स्त्री॰* कानों में पहनने का एक गोल आभूषण। ***जैसे***—सोने की बालियाँ पहनना।

बाली[२]—[< सं॰ बाल] *स्त्री॰* अनाज की छोटी बाल जिसमें अनाज के दाने लगे होते हैं। ***जैसे***—धान की बालियाँ।

बाली[३]—[सं॰ बालिन्] *पु॰* किष्किन्धा का वानर-राज जिसे राम ने मारा था। बालि।

***बालु**[१]—[< सं॰ बालुका] *स्त्री॰* बालू। रेत।

***बालु**[२]—[< सं॰ बाल] *पु॰* बालक या मूर्ख व्यक्ति।

बालुका—[सं॰ वालुका, व → ब] *स्त्री॰* बालू/रेत। ✣ **बालुका-भित्ति**—*स्त्री॰* = बालू/रेत की दीवार। [भूविज्ञान॰] नदी की धाराओं द्वारा या तटीय जल-तरंगों की क्रिया से खाड़ियों या नदियों के मुहाने पर बालू और बजरी के कट-कट कर होनेवाले संचय से बनी दीवार (जो कभी-कभी तो छोटी-मोटी खाड़ियों को पूर्णतः बन्द ही कर देती है)। बालू की रोधिका या कटक।

बालुकारागी—[सं॰ बालुका ~ रागिन्] *वि॰* [वनस्पति॰] (वे पादप) जो रेत में उग सकते हैं।

बालुकाश्म—[सं॰ बालुका ~ अश्मन्] *पु॰* (भूविज्ञान॰) एक प्रकार का अवसादी शैल जो बालू और स्फटिक से बना होता है। बलुआ पत्थर।

बालेन्दु—[सं॰ बाल ~ इन्दु] *पु॰* बालचन्द्र।

बाल्य—[सं॰ बाल + यक्] *वि॰* बालक-सम्बन्धी। बालक का। ***जैसे***—बाल्य विषयों पर चर्चा। २. बाल-अवस्था का। बचपन का। ***जैसे***—श्रीकृष्ण का बाल्य रूप। ३. बालकों जैसा। ***जैसे***—बाल्य व्यवहार। *पु॰* १. बचपन। लड़कपन। ***जैसे***—अपने बाल्य का स्मरण। २. मूर्खता।

***बाल्हा**—[< सं॰ वल्लभ] *पु॰* १. (स्त्री का) पति। २. (स्त्री का) प्रेमी। प्रियतम।

बाल्हिक/बाल्हीक—*पु॰* ≤ *सं॰* वाह्लिक/वाह्लीक। आधुनिक 'बलख़' का प्राचीन नाम।

***बाव**—[< सं॰ वायु] *पु॰* १. वायु। हवा। २. वात-दोष से उत्पन्न शारीरिक कष्ट। बाई।

बावजूद—[< फा॰ बा + अरबी वुजूद] *क्रिवि॰* इतना होते हुए भी। इतना होने पर भी। तब भी।

बावड़ी—[< सं॰ वापिका] *स्त्री॰* सीढ़ियों वाला बहुत छोटा तालाब। वावली।

बावदूक—[< सं॰ वावदूक] *वि॰* १. बातूनी। बकवादी। २. उत्तम वक्ता। ✣ **बावदूकता**—*स्त्री॰* १. बातूनीपन। २. वाग्मिता।

बावर्ची—[फा॰] *पु॰* भोजन पकाने का काम करनेवाला। रसोइया। ✣ **बावर्चीख़ाना**—*पु॰* = रसोईघर। ✣ **बावर्चीगीरी**—*स्त्री॰* = १. रसोइया का काम/पेशा। २. भोजन पकाना।

बावली—[< हिं॰ बावला] *वि॰ (स्त्री॰)* पागल (स्त्री)। पगली। बावरी।

***बावाँ**—[< सं॰ वाम] *वि॰* १. बायाँ। २. विपरीत। प्रतिकूल। वाम। *स्त्री॰* उपेक्षा।

बाशऊर—[< फा॰ बा + अरबी शुऊर] *वि॰* शिष्ट। सभ्य।

बाशिन्दा (बाशिंदा)—[< फा॰ बाशिन्द:] *पु॰* निवासी।

बाष्प—[सं॰ √वा + प, षुक्] *पु॰* १. वाष्प। भाप। २. अश्रु। आँसू। ✣ **बाष्पकण्ठ (बाष्पकंठ)**—*वि॰* = जिसका गला भर आया हो। गद्‌गदकंठ। ✣ **बाष्पपूर**—*पु॰* = आँसुओं की धारा। अश्रु-धारा। ✣ **बाष्प-मोचन**—*पु॰* = आँसू बहाना। रोना।

बाष्पाकुल—[सं॰ बाष्प ~ आकुल] *वि॰* रोता-रोता व्याकुल।

बाष्पाम्बु (बाष्पांबु)—[सं॰ बाष्प ~ अम्बु] *पु॰* अश्रु। आँसू।

बाष्पोत्सर्जन—[सं॰ बाष्प ~ उत्सर्जन] *पु॰* (वनस्पति॰) पौधों की पत्तियों का बाष्प छोड़ना।

बास[1]—[< सं॰ वास] *स्त्री॰* १. गन्ध। महक। २. निवास। ३. घर। मकान। ४. परिधान। पोशाक।

***बासक**[1]—[< सं॰ वासक] *वि॰* १. सुगन्धित। ख़ुशबूदार। २. बसानेवाला। *पु॰* वस्त्र। कपड़ा।

***बासक**[2]—*पु॰* ≤ *सं॰* वासुकि (नाग)।

बासठ—[< प्रा॰ बासट्ठ < सं॰ द्विषष्ट] *वि॰* साठ से दो अधिक। *पु॰* उक्त की संख्या। (६२)। ✣ **बासठवाँ**—*वि॰* = क्रम या गिनती में ६२ के स्थान पर पड़नेवाला। ***जैसे***—जीवन का बासठवाँ वर्ष।

†**बासन**—[< सं॰ वासन] *पु॰* १. सुगन्ध उत्पन्न करना। सुवासित करना। २. (नगर आदि में) बसाना। वासन। ३. घर। मकान। ४. निवास। वास। ५. पात्र। बर्तन। ६. वस्त्र। परिधान।

बासना[1]—[< सं॰ वास] *क्रिस॰* सुगन्धित करना। महकाना। *क्रिअ॰* सुगन्ध लेना।

***बासना**[2]—[< सं॰ वासना] *स्त्री॰* १. वासना (दे॰) २. (जन्म-जन्मान्तर के) संस्कार। ३. अभिलाषा। कामना। ४. मन के विकार। ५. भोग की इच्छा। विषय-भावना।

बासन्तिक—[< सं॰ वासन्तिक] *वि॰* वसन्त-सम्बन्धी।

बासन्ती[1]—[< सं॰ वासन्ती] *स्त्री॰* १. माधवी लता। २. जूही। ३. वसन्त का उत्सव। ४. दुर्गा/पार्वती (देवी)। (छन्द॰) 'वासन्ती' नामक छन्द।

बासन्ती[2]—[< हिं॰ बसन्त] *वि॰* बसन्ती/पीले रंग का। बसन्ती। पीला।

बासमती—[< सं॰ वास (सुगन्ध)] *पु॰* एक प्रकार का उत्तम धान या उसका चावल जो बारीक और सुगन्धित होता है।

***बासर**—*पु॰* ≤ *सं॰* वासर। दिन।

***बासव**—*पु॰* ≤ *सं॰* वासव। इन्द्र। ✣ **बासवी दिशा**—*स्त्री॰* = पूर्व दिशा।

बासा**[1]—[< सं॰ वास] *पु॰* १. निवास। वास। २. पड़ाव। ३. निवास-स्थान या आश्रय। ४. गन्ध। ***जैसे—कमल की बासा। *क्रिअ॰* निवास किया या निवास करता था।

***बासा**[2]—*पु॰* ≤ *सं॰* वासक। वस्त्र।

बासा[3]—[< सं॰ वासर] *वि॰* १. दिन-भर का या रात-भर का या अधिक समय का रखा हुआ (भोजन)। बासी। २. जो हरा-भरा या ताज़ा न हो। ***जैसे***—बासा चावल। ३. सूखा/कुम्हलाया हुआ। ***जैसे***—बासा फूल। ∇ **विलोम**—ताज़ा।

***बासि**—[< हिं॰ बासना] *क्रिवि॰* सुवासित/सुगन्धित करके।

बासोंदी (बासोंदी), बासौंधी (बासोंधी), बासौंधी (बासौंधी)—[< हिं॰ बसौंधी] *स्त्री॰* (दूध की) रबड़ी।

†**बाह**[1]—[< हिं॰ बाहना] *पु॰* खेत की जुताई। जोत।

†**बाह**[2]—[< सं॰ वाह] *पु॰* प्रवाह। बहाव।

***बाहक**—[< सं॰ वहक] *वि॰* १. वहन करनेवाला। २. ढोनेवाला। *पु॰* १. वहन करनेवाला व्यक्ति। २. ढोनेवाला व्यक्ति। ३. पालकी उठानेवाला कहार। ४. सारथी। ✣ **बाहकी**—*वि॰ (स्त्री॰)* = वहन करनेवाली। ढोनेवाली। *स्त्री॰* = १. कहारिन। २. वहन करने की क्रिया/भाव।

बाहना—[< सं॰ वहन] *क्रिस॰* १. वहन करना। २. ढोना। ३. (पशु को) हाँकना। ४. हथियार चलाना/फेंकना। ५. धारण करना। ६. (भूमि को) हल चलाकर जोतना। ७. उत्तरदायित्व लेना।

बाहरजामी**—[< सं॰ बहिर्यामी (बहिर्यामिन्)] *वि॰* १. बाहर रहनेवाला। २. हृदय के बाहर विश्व-भर में व्याप्त। ***जैसे—अन्तर्यामी परमात्मा बाहर जामी भी है। *पु॰* १. विश्व-भर में व्याप्त परमात्मा। २. नृसिंह, राम, कृष्ण आदि रूपों में अवतरित सगुण/साकार परमात्मा।

बाहरी—[< हि॰ बाहर] *वि॰* १. बाहर की ओर का। २. जो अपने देश/समाज/वर्ग/दल आदि का न हो। ∇ **विलोम**—अन्दरूनी/भीतरी।

***बाहला**—[< हि॰ बहना] *पु॰* धारा के रूप में बहनेवाली वस्तु।

बाहा[1]—[< हि॰ बहना] *पु॰* १. पानी बहने की नहर/नाली आदि। २. कोल्हू का रस/तेल बहने के लिए बना छेद।

बाह[2]—[< हि॰ बाँधना] *पु॰* नाव के डाँड़ में बँधी रस्सी।

बाहाँजोरी—[< हि॰ बाँह + जोड़ना] *क्रिवि॰* भुजा में भुजा डाले हुए। बाँह में बाँह लिए हुए।

***बाहि, वाहि**—[< हि॰ वह] *सर्व॰* उसे। उसको।

बाहिज**—[< स॰ बाह्य] *वि॰* बाहरी या ऊपरी। ***जैसे—बाहिज चिन्ता करना। *क्रिवि॰* देखने में ऊपर से।

***बाही**[1]—*वि॰ ≤ स॰* वाही। बहनेवाला।

***बाही**[2]—[< हि॰ बाहना] *स्त्री॰* बाहने की क्रिया/भाव।

बाही—[< अरबी वाही] *वि॰* १. व्यर्थ। निरर्थक। २. अनर्थक।

बाहीक—*पु॰ ≤ स॰* वाह्लीक। आधुनिक बलख़ का प्राचीन नाम।

बाही-तबाही—[< अरबी वाही + फा॰ तबाही] *वि॰* व्यर्थ और विध्वंसक। अनर्गल और विनाशक। ***वा॰* बाही-तबाही कहना/बकना**—१. व्यर्थ और ख़राब बातें कहना। निरर्थक और अनुचित बोलना। २. असभ्यतापूर्वक बोलना।

बाहु—[स॰ √बाध् + कु, ह-आदेश] *पु॰* भुजा। बाँह। (गणित॰) त्रिभुज आदि को बनानेवाली रेखाओं में से प्रत्येक रेखा। भुजा।

बाहुज—[स॰ बाहु √जन् + ड] *वि॰* बाहु से उत्पन्न। *पु॰* क्षत्रिय।

बाहुरा—[< स॰ बाहु] *पु॰* बाँह पर पहनने का एक आभूषण। भुजबन्ध। बाज़ूबन्द।

बाहुत्र/बाहुत्राण—[स॰ बाहु + त्र/त्राण] *पु॰* (युद्ध में पहना जाने वाला) हाथों का कवच।

बाहुपाश—[स॰ बाहु ~ पाश] *पु॰* दोनों भुजाएँ फैलाकर हथेलियाँ मिलाने से बना घेरा। आलिंगन करते समय बाँहों की मुद्रा।

बाहु-मूल—[स॰] *पु॰* १. कन्धा और बाँह का सन्धि-स्थान या जोड़। २. कन्धे और कोहनी के बीच का भाग।

बाहु-युद्ध (बाहु-युद्ध)—[स॰] *पु॰* मल्लयुद्ध। कुश्ती।

बाहु-लता—[स॰] *स्त्री॰* १. भुजारूपी लता। २. सुकुमार भुजा।

बाहुल्य—[स॰ बहुल + ष्यञ्] *पु॰* बहुलता। अधिकता। प्रचुरता। बहुतायत।

***बाहुला**—[< हि॰ बाहना] *पु॰* बहाव या नाला।

बाहु-वलय—[स॰] *पु॰* बाहुपाश।

बाहु-शिखर—[स॰] *पु॰* स्कन्ध। कन्धा।

***बाहेर**—*क्रिवि॰ ≤ हि॰* बाहर। ❖ **बाहेरहुँ**—*क्रिवि॰* = बाहर भी।

बाह्यक (बाह्यक)—*पु॰* (शरीर रचना॰) छाल। छिलका। वल्कुट। (दे॰) (अ॰ कोर्टेक्स)

बाह्यान्तर (बाह्यांतर)—[स॰ बाह्य ~ अन्तर] *पु॰* बाहर और भीतर। अन्तर्वाह्य।

बाह्याभ्यन्तर (बाह्याभ्यंतर)—*वि॰* बाहरी और भीतरी।

बाह्य**[1] **(बाह्य**[1] **)**—[< स॰ वाह्य] *वि॰* वहन करने योग्य। खींचा/ढोया/चढ़ा जाने योग्य। ***जैसे—बाह्य सामान। *पु॰* १. यान। सवारी। २. भार ढोनेवाला पशु।

बाह्य[2] **(बाह्य**[2] **)**—[स॰ बहिस् + ष्यञ्] *वि॰* १. बाहर का। बाहरी। ऊपरी। दिखाऊ। ***जैसे***—बाह्य सौन्दर्य। २. अपरिचित। अजनबी। ३. जाति/बिरादरी/समाज से बहिष्कृत। ४. प्रस्तुत विषय में भिन्न। ५. भिन्न। अलग। ***जैसे***—काव्य से बाह्य; धर्म-बाह्य। ∇ **विलोम**—आन्तरिक। ❖ **बाह्य (बाह्य) अभिकरण**—*पु॰* = लोगों के माल को नगर से बाहर भेजनेवाली व्यावसायिक संस्था जो अभिकरण/एजेन्सी का काम करती है।

†बाँ—[ब्रज॰ < हि॰ बार] *पु॰* बार। ***जैसे***—कै बाँ (= कितनी बार)।

बाँ-आँ, बाँ-बाँ—[अनु॰] *स्त्री॰* गायों के रँभाने की ध्वनि।

बाँक—[< स॰ वक्र] *स्त्री॰ वि॰* १. वक्र। टेढ़ा। २. घुमावदार। मोड़वाला। ३. बाँका। सुन्दर। *स्त्री॰* १. वक्रता। टेढ़ापन। २. (नदी आदि का) घुमाव। मोड़। ३. एक आभूषण जो भुजा पर पहना जाता है। ४. पैरों का एक आभूषण जो चाँदी का बना होता है। ५. एक प्रकार की टेढ़ी और बड़ी छुरी। ६. लुहारों का एक उपकरण।

बाँकरा—[< स॰ वक्र] *क्रिस॰* टेढ़ा करना। *क्रिअ॰* टेढ़ाहोना।

बाँकपन—[< हि॰ बाँका] *पु॰* १. वक्रता। तिरछापन। २. रचना। रूप की अनुपम सुन्दरता। छबीलापन। ३. बाँका होने की अवस्था/भाव।

***बाँकरी**—[< स॰ वक्र] *वि॰ (स्त्री॰)* वक्र। टेढ़ी।

बाँका—[< स॰ वक्र] *वि॰* १. वक्रतापूर्ण। वक्र। टेढ़ा। तिरछा। ***जैसे***—बाँके नेत्र। २. अनुपम मधुरता और सौन्दर्यवाला। ३. रूप, वेश, अलंकार, गति आदि के अनुपम सौन्दर्य वाला। ***जैसे***—बाँके कृष्ण। ४. छैल-छबीला। ***जैसे***—बाँके युवक। ५. अच्छा। ६. वीर और साहसी। ***जैसे***—बाँके योद्धा। ७. हथियार रखनेवाला (गुंडा/बदमाश)। ८. विषम। दुर्गम। ९. जिसे पार करना कठिन हो। दुर्लंघ्य। १०. क्रूर या कठोर। ११. उत्कृष्ट। १२. बाँस आदि को काटने और चीरने का एक उपकरण। ❖ **बाँकी**—*वि॰* (स्त्री॰) १. वक्रतापूर्ण। ● **विशेष**—बाँका के उक्त ३ अर्थ 'बाँकी' के भी समझने चाहिए। ***जैसे***—बाँकी कुंज-गली; बाँकी राधा; बाँकी युवतियाँ। २. भंगिमा-युक्त। ३. टेढ़ी और सुन्दर। ४. तिरछी। चुभनेवाली। चुभती हुई। ५. कुटिल या प्रतिकूल।

बाँकुर/बाँकुरा—[< हि॰ बाँका] *वि॰* १. वक्र। बाँका। टेढ़ा। २. तेज़ धार वाला। ३. नुकीला। पैना। ४. कुशल। चतुर। होशियार। ५. वीर। ***जैसे***—रणबाँकुरा।

बाँगड़—[देशज] *पु॰* (हरियाणा में) हिसार, रोहतक आदि का क्षेत्र। बाँगर। *स्त्री॰* उक्त क्षेत्र की बोली। हरियाणवी। *वि॰* उक्त प्रदेश का निवासी। ❖ **बाँगड़ी**—*वि॰* = बाँगड़ प्रदेश का। *स्त्री॰* बाँगड़ क्षेत्र की बोली। ❖ **बाँगड़ू**—*स्त्री॰* = बाँगड क्षेत्र की बोली। हरियाणवी। *वि॰* असभ्य। गँवार।

बाँगर—[देशज] *पु॰* १. ऊँची भूमि जो आस-पास की नदी आदि की बाढ़ में न डूबती हो। २. चरागाह।

बाँगा—[देशज] *पु॰* कपास।

बाँगुर—[< सं॰ वागुर] *पु॰* १. बन्धन। २. पशुओं/पक्षियों को फँसाने का जाल/फन्दा।

बाँछना—[< सं॰ वाञ्छन] *क्रिस॰* १. कामना करना। चाहना। २. चयन करना। चुनना। छाँटना। *स्त्री॰* कामना। अभिलाषा।

बाँझ[१]—[< सं॰ बन्ध्या] *स्त्री॰* १. किसी शारीरिक दोष के कारण सन्तान उत्पन्न करने में असमर्थ स्त्री या नारी/मादा पशु। २. ऐसी वनस्पति/वृक्ष जिसके किसी दोष के कारण उसमें फल/फूल न लगें। ✣ **बाँझपन**—*पु॰* = बाँझ होने की अवस्था। बन्ध्यता।

बाँझ[२]—[देशज] *पु॰* एक प्रकार का पहाड़ी पेड़।

बाँटा—*पु॰* ≤ हिं॰ बाँट।

†**बाँदू**—[< फा॰ बन्दी] *पु॰* बन्दी। क़ैदी।

बाँधनू—[< हिं॰ बाँधना] *पु॰* १. लहरियादार रँगाई के पहले वस्त्र को स्थान-स्थान पर धागों से बाँधने की क्रिया/पद्धति। ***जैसे***—बाँधनू की रँगाई। २. उक्त प्रकार से रँगा हुआ वस्त्र। ***जैसे***—बाँधनू चुनरी।

***बाँधिल**—[< हिं॰ बाँधना] *वि॰* बँधा हुआ। बद्ध।

***बाँन्यौटा**—[< हिं॰ बनिया] पु॰ छोटा व्यापार।

बाँ-वाँ—[अनु॰] *स्त्री॰* गायों के रँभाने की ध्वनि। बाँ-आँ।

बाँबी—[< सं॰ वम्री] *स्त्री॰* १. साँप का बिल। २. दीमक का लगाया हुआ मिट्टी का ढेर। वल्मीक। बिमौट।

***बाँवना**—[< सं॰ वामन] *वि॰* १. वामन। बौना। २. छोटा।

बाँसा[१]—[< हिं॰ बाँस] *पु॰* १. बाँस की बनी हुई एक छोटी नली जो हल के साथ बाँधी जाती है और उसमें भरे अनाज के दाने (गेहूँ/जौ आदि) खेत में गिराए/बोए जाते हैं। २. एक प्रकार की घास जिसकी पत्तियाँ बाँस की पत्तियों की तरह होती हैं।

बाँसा[२]—[< हिं॰ पियाबाँसा] *पु॰* एक क्षुपजातीय काँटेदार पौधा जिसमें पीले फूल आते हैं। पीले फूल वाली कटसरैया।

बाँसा[३]—[< सं॰ वंश] *पु॰* १. रीढ़ की हड्डी। मेरुदंड। २. नाक के ऊपर की हड्डी।

बाँसी—[< हिं॰ बाँस] *स्त्री॰* १. एक प्रकार का छोटा और पतला बाँस जो कोमल होता है और हुक्कों के नैचे बनाने में काम आता है। २. एक प्रकार की घास जिसके डंठल कड़े होते हैं। ३. एक प्रकार की चिड़िया। ४. कुछ सफ़ेदी वाला, पीले रंग का एक प्रकार का पत्थर। *५. वंशी। बाँसुरी।

बाँहनहारा—[< सं॰ वहन] *वि॰* १. वहन करनेवाला। २. बाण चलानेवाला।

बाँहपगार—[< सं॰ बाहु ~ प्राकार] *स्त्री॰* भुजाओं/बाहों का आश्रय। *वि॰, पु॰* अपनी भुजाओं/बाहों की शक्ति का आश्रय देनेवाला। आश्रयदाता या रक्षक।

***बाँहबोल**—[< हिं॰ बाँह + बोल] *पु॰* १. रक्षा करने, शरण देने या सहायता देने का वचन। २. शरण देने वाला या आश्रयदाता व्यक्ति।

***बाँही**—*स्त्री॰* ≤ *हिं॰* बाँह। बाहु। भुजा।

***बि/बिअ**—[< सं॰ द्वि] *वि॰* द्वि। दो।

बिआधि—[< सं॰ व्याधि] *स्त्री॰* १. व्याधि। रोग। बीमारी। २. पीड़ा।

†**बिआवर**—[< हिं॰ बिआना] *वि॰ (स्त्री॰)* गर्भिणी (पशु) जो शीघ्र ही प्रसव करने वाली हो।

***बिआस**—*पु॰* ≤ *सं॰* व्यास। कवि बिआस रस कौंला पूरी (= कवि और व्यास की कृति में रस का कटोरा भरा हुआ है)। —जायसी (पदमा॰, २४/६)

***बिकटासि**—[< सं॰ विकटास्य] *वि॰* विकट/भयानक मुख वाला।

***बिकुटा**—[< हिं॰ बि] *वि॰* द्वितीय। दूसरा। ✣ **बिकुटी**—*वि॰ (स्त्री॰)* = दूसरी।

***बिक्ख**—*पु॰* ≤ *सं॰* विष। ज़हर।

***बिखण्डन (बिखंडन)**—[< सं॰ विखण्डन] *वि॰* खण्डित/नष्ट करनेवाला। नाशक।

***बिखम**—*पु॰* ≤ *सं॰* विष। ज़हर।

***बिखाद**—*पु॰* ≤ *सं॰* विषाद।

***बिखाना**—[< सं॰ विषाण] *स्त्री॰* १. (पशुओं के) सींग। विषाण। २. सिंगी बाजा।

***बिखीला**—[< हिं॰ बिख < सं॰ विष] *वि॰* विषाक्त। विषैला। ज़हरीला।

***बिखे**—[< सं॰ विषये] *पु॰* विषय। (दे॰) *क्रिवि॰* (के) विषय में। (के) सम्बन्ध में।

***बिखै**—[< सं॰ विषय] *पु॰* १. विषय। २. विषय-भोग। इन्द्रिय-सुख। *क्रिवि॰* के विषय में। के सम्बन्ध में।

***बिगन्ध (बिगंध)**—[< सं॰ विगन्ध] *स्त्री॰* दुर्गन्ध। बदबू।

***बिगरना**—[< सं॰ विकार] *क्रिअ॰* विकारयुक्त होना। विकृत होना। बिगड़ना।

***बिगराइल/बिगरायल/बिगरैल**—[< हिं॰ बिगरना] *वि॰* १. बिगड़ैल। २. बिगाड़ा हुआ।

***बिगसाना**—*क्रिस॰* ≤ *हिं॰* बिकसाना। विकसित करना।

***बिगुरचना**—[< सं॰ विकुञ्चन] *क्रिअ॰* १. असमंजस/संकोच अनुभव करना। उलझन में पड़ना।

बिगुल—[< अ॰ ब्यूगल] *पु॰* एक यूरोपीय वाद्य जिसका प्रयोग सेना आदि में विविध संकेत देने के लिए विशेष अवसरों पर किया जाता है।

बिगूचन[१]—[देशज] *पु॰* १. अन्त। २. नाश। ३. मृत्यु।

बिगूचन[२]—[< सं॰ विकुञ्चन] *स्त्री॰* १. असमंजस। उलझन। झंझट। २. विघ्न। बाधा। अड़चन। ३. कठिनाई। परेशानी। दिक़्क़त। ३. दबोचने की क्रिया/भाव। ✣ **बिगूचना**—[< सं॰ विकुञ्चन] *क्रिअ॰* १. असमंजस/उलझन/झंझट में पड़ना। २. विघ्न/बाधा पड़ना। *क्रिस॰* (किसी को) दबोचना। दाब लेना। ✣ **बिगूचा**—*स्त्री॰* = *हिं॰* बिगूचन।

***बिगूतना/बिगूधना**—*क्रिअ॰* ≤ *हिं॰* बिगूचना।

***बिगूँचना**—*क्रिअ॰, क्रिस॰* ≤ *हिं॰* बिगूचना।

***बिगो**—[< सं॰ विगोपन] *पु॰* छिपाव। दुराव।

***बिगोउ/बिगोऊ**—[< हि॰ बिगोना] *पु॰* १. नाश। २. दोष। ख़राबी।

***बिगोना**[१]—[< प्रा॰ विगोव < स॰ विगोपन] *क्रिस॰* १. क्षीण/नष्ट करना। २. ख़राब करना। बिगाड़ना। ३. दोष प्रकट करना। निन्दा करना। ४. तिरस्कार करना। ५. छिपाना या चुराना। ६. व्यतीत करना। बिताना। ७. भ्रम में डालना, धोखा देना या बहकाना। *क्रिअ॰* १. नष्ट होना। २. बिगड़ना। ३. ठगा जाना।

***बिगोवना**—*क्रिस॰, क्रिअ॰ ≤ हि॰* बिगोना। ✣ **बिगोवनि**—बिगोने की क्रिया/भाव।

बिग्गाह—[अप॰ < स॰ विगाथा] *पु॰* (छन्द॰) आर्या छन्द का एक भेद जिसके चारो चरणों में क्रमश: १२, १५, १२, १८ मात्राएँ होती हैं। उद्गीति।

बिचकना—[देशज] *क्रिअ॰* घृणा, अप्रसन्नता आदि प्रकट करने के लिए मुँह का कुछ टेढ़ा होना।

***बिचलि**—[< हि॰ बिचलना] *क्रिवि॰* विचलित होकर।

***बिचेत**—[< स॰ विचेतस्] *वि॰* १. मूर्छित। अचेत। बेहोश। २. जिसका चित्त/बुद्धि ठिकाने न हो। उद्विग्न। विकल।

†**बिचौनी**—[< हि॰ बीच] *पु॰* मध्यस्थ। बिचौलिया। *स्त्री॰* मध्यस्थता।

†**बिचौहाँ**—[< हि॰ बीच] *वि॰* बीच का। बीचवाला। *जैसे*—बिचौहाँ मकान।

***बिछवई**—[< हि॰ बिच्छू] *स्त्री॰* पैर की उँगली में पहना जाने वाला एक सौभाग्यचिह्न। बिछिया। बिछुआ।

***बिछायत**—[< हि॰ बिछाना] *स्त्री॰* बिछौना।

बिछिया/बिछुआ—[< हि॰ बिच्छू] *पु॰* पैर की उँगली में पहनने का चाँदी का छोटा-सा आभूषण जो सौभाग्यवती स्त्री का चिह्न होता है और बिच्छू के आकार का होता है।

***बिछुरत**—[< हि॰ बिछुरना] *क्रिवि॰* बिछुड़ता हुआ। वियुक्त होता हुआ। *क्रिअ॰* बिछुड़ता है। वियुक्त होता है। *जैसे*—भाई से बहिन बिछुरत है।

***बिछुरना**—*क्रिअ॰ ≤ हि॰* बिछुड़ना। ✣ **बिछुरनि**—*स्त्री॰* = बिछुड़न।

***बिछूना**—[< हि॰ बिछुड़ना] *वि॰* बिछड़ा हुआ। *पु॰* वियोग। बिछोह।

***बिछोड़ा**—[< हि॰ बिछुड़ना] *पु॰* बिछुड़न।

***बिछोय/बिछोया**—*पु॰ ≤ हि॰* बिछोह। *पु॰* १. पृथक्ता। अलगाव। २. वियोग। विरह।

बिछोह—[< हि॰ विछोह] *पु॰* १. बिछुड़न। २. वियोग। विरह।

बिछोही—[< हि॰ बिछोह] *वि॰* १. जो किसी से बिछुड़ गया हो। २. जो किसी के वियोग/बिछोह से दु:खी हो। वियोगी।

***बिजड़**—[देशज] *स्त्री॰* तलवार। ✣ **बिजड़ा**—*पु॰* = बड़ी तलवार।

†**बिजन**[१]—*पु॰ ≤ स॰* व्यजन। पंखा।

***बिजन**[२]—*वि॰ ≤* विजन। निर्जन या सुनसान (स्थान)।

†**बिजना**[१]—*पु॰ ≤ स॰* व्यजन। पंखा।

***बिजना**[२]—[< स॰ विजन] *वि॰* १. निर्जन या सुनसान (स्थान)। २. अकेला (व्यक्ति)।

बिजा—[< प्रा॰ बिइज्ज] *वि॰* द्वितीय। दूसरा।

बिजानी—*वि॰* = १. मूर्ख। अज्ञानी। २. विशेष रूप से जाना हुआ। अच्छी तरह जाना हुआ।

बिजाय—[< स॰ विजय] *पु॰* बाजूबन्द (आभूषण)। केयूर।

बिजार—[< स॰ बीज, या देशज] *पु॰* वृषभ। साँड़।

***बिजुरी**—*स्त्री॰ ≤ हि॰* बिजली।

बिजूका/बिजूखा—[देशज] *पु॰* १. पशु-पक्षियों को डराने के उद्देश्य से खेत में गाड़ा गया छोटा डंडा जिस पर काली हाँडी टँगी होती है। २. छल। धोखा।

***बिजोना**[१]—[< हि॰ जोहना] *क्रिस॰* १. देखना। २. देखभाल/देखरेख करना।

***बिजोना**[२]—[< स॰ बीज] *क्रिस॰* बीज बोना।

बिजौरा—[< स॰ बीज] *वि॰* जो बीज से उत्पन्न हुआ हो, 'क़लम' लगाकर नहीं। बीजू। *जैसे*—बिजौरा नीबू।

***बिज्जु**—[प्रा॰ < स॰ विद्युत्] *स्त्री॰* विद्युत्। बिजली। ✣ **बिज्जुपात**—*पु॰* = आकाश से बिजली गिरना। विद्युत्पात। वज्रपात।

***बिज्जुल**—[< प्रा॰ विज्जुला] *स्त्री॰* विद्युत्। बिजली।

बिज्जू—[< हि॰ बिजली] *पु॰* बिल्ली के आकार वाला एक जंगली पशु जिसकी आँखें बिजली की तरह चमकती हैं। बीजू।

बिझरा—[देशज] *पु॰* जौ, चना आदि मिला हुआ गेहूँ। ✣ **बिझरी**—*स्त्री॰*। *जैसे*—बिझरी की रोटी।

बिझुकना—[देशज] *क्रिअ॰* १. भड़कना। २. डरना। चौंकना। ३. तनने के कारण टेढ़ा होना। ४. चमकना।

***बिट**[२]—[< स॰ विष्ठा] *स्त्री॰* पक्षियों की विष्ठा/मल। बीट।

†**बिटक**—*पु॰ ≤ स॰* विटक। फोड़ा। ✣ **बिटका**—*स्त्री॰* = फुड़िया।

***बिटण्ड (बिटंड)**—*पु॰ ≤ स॰* वितंडा। बकवास।

***बिटम्बना (बिटंबना)**—[< स॰ विडम्बन] *क्रिअ॰* १. हँसी उड़ाना। २. वेशभूषा आदि की नक़ल उतारना। ३. चिढ़ाना। *स्त्री॰* विडम्बना। उपहास या नक़ल।

†**बिटरना**—[< हि॰ बिटारना] *क्रिअ॰* १. पानी आदि घँघोला जाना। २. (पानी आदि) घँघोल जाने पर गन्दा होना।

†**बिटारना**—[< हि॰ बिटरना] *क्रिस॰* १. (पानी आदि) घँघोलना। २. घँघोल कर गन्दा करना।

***बिटालना**—[< हि॰ बीट < स॰ विष्ठा] *क्रिस॰* गन्दा करना।

बिटौरा—[< हि॰ बिट] *पु॰* १. सूखे कंडों का ढेर जो गोबर/मिट्टी से लीपकर बन्द कर दिया जाता है। २. राशि। ढेर। *वि॰* बहुत बड़ा और भारी।

बिट्ठल (बिट्ठल)—[मराठी] *पु॰* १. भगवान् विष्णु का एक नाम। २. पंढरपुर (महाराष्ट्र) के मन्दिर में भगवान् विष्णु की विशेष मुद्रा वाली मूर्ति का नाम। पांडुरंग। बिठोवा।

बिड[१]—[< स॰ विड] *पु॰* एक प्रकार का नमक। साँचर नमक।

बिड[2]—[< सं॰ विट] *पु॰* १. व्यभिचारी। लम्पट। २. धूर्त। ३. दुष्ट। नीच।

***बिड़**—[< हि॰ बिराना] *वि॰* पराया। बिराना। ग़ैर। ✣ **बिडाणी/बिडाँणी/बिड़ानी**—*वि॰ (स्त्री॰)* परायी। बिरानी। ग़ैर।

†**बिड़ई**—[देशज] *स्त्री॰* गेंडुरी। ईंडरी।

बिडम्ब (बिडंब)—[< सं॰ विडम्बन] *पु॰* १. विडम्बना। २. अनुकरण। नक़ल। ३. आडम्बर या दम्भ। ४. पीड़न।

***बिडरना**[1]—[< हि॰ डरना] *क्रिअ॰* भयभीत होना। डरना। ✣ **बिडरि**—*क्रिवि॰* = भयभीत होकर। डरकर।

†**बिडरना**[2]—[देशज] *क्रिअ॰* १. तितर-बितर होना। बिखरना। २. निकलना। ३. (पशु आदि का) भड़कना या भड़क कर भागना। बिदकना। ४. खदेड़ा जाना। भगाया जाना। ५. नष्ट होना। ६. बहकना। ***जैसे***—अच्छे मार्ग से बिडर गए। ✣ **बिडरा**—*वि॰* = अलग-अलग बिखरा हुआ। ✣ **बिडरी**—*वि॰ (स्त्री॰)* = अलग-अलग। बिखरी हुई।

बिड़ा**—[< सं॰ विटप] *पु॰* वृक्ष। पेड़। ***जैसे—चन्दन का बिड़ा।

बिडाल—[सं॰ √विड् + कालन्, व → ब] *पु॰* १. नर बिल्ली। मार्जार। बिलाव। २. आँख का ढेला।

***बिड़ाहना**—[< हि॰ बिडरना] *क्रिअ॰* बाहर निकलना।

बिडौजा—[< सं॰ विडौजा] *पु॰* इन्द्र। मघवा।

***बिढ़ता**—[< हि॰ बिढ़ना] *पु॰* अर्जित वस्तु। कमाई। ✣ **बिढ़तो/बिढ़तौ**—*पु॰* = कमाई।

***बिढ़ना**[1]/**बिढ़ाना**[1]—[< प्रा॰ विढव] *क्रिस॰* अर्जित करना। कमाई करना। कमाना। **बिढ़इ**—*क्रिवि॰* = अर्जित करके। कमाकर।

***बिढ़ना**[2]—*क्रिअ॰* ≤ *हि॰* बढ़ना।

बिढ़ाना**—*क्रिस॰* ≤ *हि॰* बढ़ाना। ***जैसे—मान बिढ़ायौ।

***बित**[1]—*पु॰* ≤ *सं॰* वित्त। धन।

***बित**[2]—[< हि॰ बीतना] *क्रिअ॰* १. व्यतीत होना। बीत जाना। २. नष्ट हो जाना।

बित**[3]—[< सं॰ विद्/विद] *वि॰* जाननेवाला। ज्ञाता। ***जैसे—शास्त्रबित। *पु॰* विद्वान् लोग। पंडितजन।

***बितण्ड (बितंड)**—[< सं॰ वितण्ड] *पु॰* १. हाथी। २. ताला या जकड़बन्दी।

***बितत**—*वि॰* ≤ *सं॰* व्यतीत। समाप्त।

***बितताना**[1]—[< सं॰ व्यथित] *क्रिअ॰* १. व्यथित होना। २. व्याकुल होना। ३. व्याकुल होकर भटकना। ४. विलाप करना। बिलखना। *क्रिस॰* दुःखी करना।

***बितताना**[2]—[< सं॰ वितत] *क्रिअ॰* फैलना या बिखर जाना। *क्रिस॰* फैलाना या बिखेर देना।

बितना**—[< सं॰ व्यतीत] *क्रिअ॰* व्यतीत होना। बीतना। ***जैसे—रात तो सुख से बितई।

***बितर**—[< सं॰ वितरण] *पु॰* वितरण।

***बितवना**—*क्रिस॰* ≤ *हि॰* बितना। बिताना।

***बितान**—*पु॰* ≤ *सं॰* वितान। चँदोवा।

***बितारह/बितारँह**—[< सं॰ वितण्डा] *स्त्री॰* वितंडा। झगड़ा।

***बितीतना**—[< सं॰ व्यतीत] *क्रिअ॰* व्यतीत होना। बीतना। *क्रिस॰* व्यतीत करना। बिताना।

***बित्त**—[< सं॰ वित्त] *पु॰* १. धन। २. निजी क्षमता। बल-बूता। बिसात। ३. सामाजिक/आर्थिक स्थिति या महत्त्व। हैसियत। ✣ **बित्तहीन**—*वि॰* = १. धनहीन। २. जिसमें अपना बल-बूता न हो। अक्षम।

बित्ता (बित्ता)—[< सं॰ वितस्ति] *पु॰* मनुष्य के हाथ के अँगूठे और छोटी उँगली के सिरों के बीच का अधिकतम दूरी।

†**बित्ती**—[< हि॰ बित्त] *वि॰* १. धनी। सम्पन्न। २. समर्थ। क्षम।

***बिथकना**—[< हि॰ थकना] *क्रिअ॰* १. बहुत अधिक थकना। २. निश्चल हो जाना। रुकना। ठहरना। ३. मुग्ध/मोहित होना। ४. चकित होना या आश्चर्य से मुग्ध होना। विस्मय-विमुग्ध होना। ५. मुग्ध होकर स्तब्ध रह जाना। ठगा-सा रह जाना। खड़ा रह जाना। स्तब्ध और चकित हो जाना। विस्मय-विमूढ़ हो जाना। ६. हार जाना। ७. व्यर्थ हो जाना। ८. मुग्ध होकर झूमना। ✣ **बिथकनि**—*स्त्री॰* = १. 'बिथकना' की क्रिया/भाव। २. थकान। ३. रुकना। ठहरना। ४. स्तब्ध/चकित रह जाने की दशा। ५. मुग्धता। ६. व्यर्थता। ✣ **बिथका**—*वि॰* = १. थका हुआ। २. चकित। ३. मुग्ध। ४. जो स्तब्ध/निश्चल रह गया हो। ५. व्यर्थ। ✣ **बिथकि**—*क्रिवि॰* = १. थककर। २. निश्चल होकर। रुककर। ठहरकर। ३. ठगा-सा होकर। चकित होकर। ४. मुग्ध होकर। ✣ **बिथकित**—*वि॰* = १. थका हुआ। २. स्तब्ध। ३. चकित। ४. मुग्ध। मोहित। ५. आश्चर्यपूर्वक मुग्ध। विस्मय-विमुग्ध। ६. आश्चर्य-विमूढ़।

बिथरना—[< सं॰ विस्तरण] *क्रिअ॰* १. बिखरना। २. अलग-अलग होना। ३. छिन्न-भिन्न होना। ४. नष्ट-भ्रष्ट होना। *क्रिस॰* १. बिखेरना। २. (बीजों को) बिखेरना या बोना। ✣ **बिथराना**—*क्रिस॰* = १. फैलाना। बिखेरना। २. अलग-अलग करना। छितराना। ३. छिन्न-भिन्न करना। नष्ट-भ्रष्ट करना।

***बिथा**—[< सं॰ व्यथा] *स्त्री॰* व्यथा। कष्ट, पीड़ा, भय या दुःख।

बिथार**—*पु॰* ≤ *सं॰* विस्तार। ***जैसे—रीति-बिथार।

***बिथारना**—[< हि॰ बिथरना] *क्रिस॰* फैलाना। बिखेरना।

***बिथुरना**—[< हि॰ बिथरना] *क्रिअ॰* बिखरना। फैलना। *क्रिस॰* बिखेरना। फैलाना। ✣ **बिथुरित**—*वि॰* = बिखरा हुआ। फैला हुआ।

बिद**—[< सं॰ विद्] *वि॰* जाननेवाला। ज्ञाता। ***जैसे—ब्रह्मबिद।

***बिदमान**—[< सं॰ विद्यमान] *वि॰* विद्यमान। *क्रिवि॰* विद्यमान रहते हुए भी।

बिदरन**—[< सं॰ विदारण] *स्त्री॰* १. विदीर्ण होने की अवस्था/क्रिया/भाव। विदीर्ण होना। फटन। २. दरार। *वि॰* (समासयुक्त पद के अन्त में) विदीर्ण करने वाला। ***जैसे—दुष्ट-बिदरन।

***बिदरना**—[< सं॰ विदारण] *क्रिअ॰* १. विदीर्ण होना। फटना। *क्रिस॰* विदीर्ण करना। फाड़ना। ✣ **बिदरि**—*क्रिवि॰* = १. फटकर। २. फाड़कर।

***बिदलना**—[< स० विदलन] *क्रिस०* १. दलित करना। दलना। २. छिन्न-भिन्न करना। नष्ट-भ्रष्ट करना।

***बिदहना**—[< स० विदहन] *क्रिस०* १. भस्म करना। जलाना। २. दुःखी करना।

***बिदारन**—[< स० विदारण] *पु०* १. विदीर्ण करने की क्रिया/भाव। चीर-फाड़। २. मार डालना। ३. नाश। ⁘ **बिदारनहार**—*पु०* = १. विदीर्ण करने वाला। फाड़ने वाला। २. नष्ट करने वाला।

***बिदारना**—[< स० विदारण] *क्रिस०* १. विदीर्ण करना। फाड़ना। चीरना। २. मार देना। ३. नष्ट करना।

बिदारीकन्द (बिदारीकंद)—[स० विदारीकन्द] *पु०* एक प्रकार का कन्द जो भूमि के अन्दर रहता है और उसकी लता ज़मीन पर या पेड़ो पर फैलती है।

***बिदुर**—*पु०* ≤ *स०* विदुर। ● **विशेष**—विदुर की पत्नी के लिए '**बिदुराइन**' शब्द का प्रयोग ठाकुर कवि ने किया है—मेवा तजी दुरजोधन की बिदुराइन के घर छोकल खाए। —ठाकुर (४९)।

***बिदुराना**—[देशज] *क्रिअ०* मुस्कराना। ⁘ **बिदुरानि** —*स्त्री०* = स्मिति। मुस्कराहट। मुस्कान।

***बिदुष**—[< स० विद्वस्] *पु०* विद्वान्। ज्ञानी।

बिदूषना—[< स० विदूषण] *क्रिस०* १. दोष/कलंक लगाना। निन्दा करना। २. दूषित करना। ख़राब करना। बिगाड़ना। *क्रिअ०* (फूल का) कुम्हलाना।

***बिदेह**—[< स० विदेह] *वि०* १. शरीर-रहित। २. देह के अभिमान से मुक्त। जीवन्मुक्त। ३. अचेत। बेसुध। *पु०* मिथिला के राजाओं की एक उपाधि। विदेह।

***बिदोख**—*पु०* ≤ *स०* विद्वेष। वैर। शत्रुता।

***बिद्दरना**—[< हि० बिदारना] *क्रिस०* विदीर्ण करना। फाड़ना। ⁘ **बिद्दरनि**—*वि० (स्त्री०)* = विदीर्ण करनेवाली। *क्रिवि०* = विदीर्ण करने के लिए। ⁘ **बिद्दरित**—*वि०* = चीरा/फाड़ा हुआ। विदीर्ण।

***बिद्ध (बिद्ध)**—*वि०* ≤ *स०* विद्ध। (दे०)

बिध—[< स० विधि] *पु०* १. विधाता। ब्रह्मा। २. प्रकार। तरह। ३. खाता/बही में आय और व्यय की लिखित राशियों का हिसाब। ***वा०*** **बिध मिलना**—१. बही/खाते में हिसाब करने पर आय-व्यय का ठीक निकलना। २. मेल बैठना। अनुकूलता होना। **बिध मिलाना**—१. बही/खाते में आय-व्यय के हिसाब की जाँच करके उन्हें ठीक प्रकार से मिलाना। २. यह देखना कि अनुकूलता है या नहीं।

बिधना—[< स० विधि] *पु०* विधाता। रचयिता, ब्रह्मा या भाग्य। ***वा०*** **बिधना के अक्षर**—(विधाता के द्वारा लिखा) भाग्य का लेख जो बदला नहीं जा सकता। सौभाग्य या दुर्भाग्य।

***बिधाई**—[< स० विधायी (विधायिन्)] *स्त्री०* विधान करनेवाला। विधायक। विधायी।

***बिधात्र**—[< स० विधातृ] *पु०* विधाता।

***बिधात्री**—[< स० विधात्री] *स्त्री०* रचने वाली। रचयित्री। २. ब्रह्मा की पत्नी। ब्रह्माणी।

***बिधासना**—[< स० विध्वंसन] *क्रिस०* विध्वंस करना। नष्ट करना।

***बिधिता**—[< स० विधिता] *स्त्री०* १. विधातापन। २. ब्रह्मा का पद/कार्य।

***बिधितात**—[< स० विधि ~ तात] *पु०* ब्रह्मा को जन्म देनेवाला। कमल।

***बिधिना**—[< स० विधि] *पु०* विधाता। रचयिता, ब्रह्मा या भाग्य।

***बिधिबत**—*क्रिवि०* ≤ *स०* विधिवत्। यथाविधि। नियमानुसार।

***बिधि-बस**—[< स० विधि ~ वश] *क्रिवि०* भाग्यवश। दैवयोग से।

***बिधिबान**—[< स० विधि ~ बाण] *पु०* ब्रह्मास्त्र।

***बिधि-बिधि**—[< स० बिधि] *क्रिवि०* भिन्न-भिन्न। *वि०* विविध।

***बिधु**—*पु०* ≤ *स०* विधु। चन्द्रमा।

***बिधुन्तु (बिधुंतु)**—[< स० विधुन्तुद] *पु०* राहु।

बिधुन्तुद (बिधुंतुद)—*पु०* ≤ *स०* विधुन्तुद। राहु।

***बिधुबदन**—[विधुवदन] *वि०* चन्द्रमा जैसे मुख वाला। चन्द्रमुख। ⁘ **बिधुबदनी**—*वि०* (स्त्री०) = चन्द्रमा जैसे मुख वाली। चन्द्रमुखी।

***बिधुबैनी**—*वि० (स्त्री०)* ≤ *स०* विधुवदनी। चन्द्रमुखी।

†**बिधुली**—[देशज] एक प्रकार का बाँस।

***बिधूम**—[< स० विधूम] *वि०* धुएँ से रहित। धूमरहित।

बिन—[< हि० बिना] *अव्यय०* बिना। बग़ैर। ● **विशेष**—बिनहिँ (बिनहिं), बिनहीँ (बिनहीं) = बिना ही। बग़ैर।

***बिनउ**—*स्त्री०* ≤ *स०* विनय। प्रार्थना। निवेदन।

***बिनठना**—[< स० विनष्ट] *क्रिस०* १. नष्ट करना। २. बिगाड़ना। *क्रिअ०* १. नष्ट होना। २. बिगड़ना।

***बिनता**—[< स० विनता] *स्त्री०* १. (गरुड़ आदि की माता और कश्यप ऋषि की पत्नी) विनता। २. पिंडकी नामक एक चिड़िया।

***बिनवना**—[< प्रा० विण्णव] *क्रिअ०* १. विनती/प्रार्थना करना। २. निवेदन करना। नम्रतापूर्वक कहना। ३. अनुरोध करना।

***बिनसना**—[< स० विनशन] *क्रिअ०* १. नष्ट होना। २. बिगड़ जाना। *क्रिस०* १. नष्ट करना। २. बिगाड़ना।

***बिनसाना**—[< स० विनाशन] *क्रिअ०* १. विनाश होना। २. बिगड़ जाना। *क्रिस०* १. विनाश करना। २. बिगाड़ना।

बिना[१]—[< स० विना] *अव्यय०* (किसी व्यक्ति/वस्तु के) अभाव में। बग़ैर। ***वा०*** **बिना पेंदी का लोटा**—जल्दी-जल्दी अपना विचार/पक्ष बदलनेवाला व्यक्ति। **बिना सींग का बैल**—मूर्ख।

बिना[२]—[अरबी] *स्त्री०* १. आधार। नींव। बुनियाद। ***जैसे***—किस बिना पर आप उसे 'बेईमान' बता रहे हैं। २. कारण। जैसे—आप झगड़े की बिना जानते हैं।

***बिनानी**—[< स० विज्ञानी] *पु०* १. निपुण कारीगर। २. विज्ञानी। *वि०* अज्ञानी। नासमझ।

***बिनि**—*अव्यय०* ≤ *हि०* बिन। बग़ैर।

बिनौला—[देशज] *पु०* कपास का बीज।

***बिन्द (बिंद)**—*पु०* ≤ *स०* बिन्दु। बिन्दी।

***बिन्दक (बिंदक)**—[< सं॰ विन्दक] *वि॰, पु॰* १. प्राप्त करनेवाला। २. जाननेवाला।

***बिन्दा (बिंदा)**—[< सं॰ बिन्दु] *पु॰* १. बिन्दु। बूँद। २. (माथे पर की) बिन्दी। ३. वीर्य। ४. बूँद के आकार का कोई चिह्न।

बिन्दुक—[< सं॰ विन्दुक] *स्त्री॰* १. बिन्दु। बूँद। २. (माथे पर की) बिन्दी।

बिन्दुरेखा (बिंदुरेखा)—[< सं॰ बिन्दु ~ रेखा] *स्त्री॰* बिन्दुओं से बनी रेखा (.........)।

बिन्दुली (बिंदुली)—[< सं॰ बिन्दी] *स्त्री॰* १. बिन्दु। २. बूँद। (माथे की) बिन्दी।

बिपर्ज्जय**—[< सं॰ विपर्याय] *वि॰* विपरीत अर्थ वाला (शब्द)। विलोम। विपरीतार्थक। २. उलटबाँसी। ***जैसे—सुन्दर ग्रन्थावली में 'अथ बिपर्ज्जय कौ अंग'।

बिफरना—[< सं॰ विस्फालन] *क्रिअ॰* १. उत्तेजित होना। क्रुद्ध होना। २. लड़ने को तैयार होना। ३. अभिमान/गर्व से भरना। ४. विद्रोह करना। ५. उत्पात करना।

***बिबराना**—[< *हि॰* बिबरन < सं॰ विवरण] *क्रिस॰* १. विस्तार से वर्णन करना। विवरण बतलाना। २. (बालों को) सुलझाना या सुलझवाना। ३. उलझन दूर करना। निबटाना।

***बिबर्धना**—[< सं॰ विवर्धन] *क्रिअ॰* बढ़ना।

***बिबाकना**—[< हि॰ बिबाक] *क्रिअ॰* १. बेबाक़ हो जाना। पूर्णतः समाप्त हो जाना। कुछ शेष/बाक़ी न रहना। २. भूल जाना।

***बिबाकी**—[< फा॰ बेबाक़] *स्त्री॰* पूर्ण समाप्ति। बेबाक़ी।

***बिबि**—[< सं॰ द्वि] *वि॰* १. (संख्या में) दो। २. दोनों। ३. दूसरा।

***बिभाना**—[< सं॰ विभा] *क्रिअ॰* १. चमकना। २. शोभित होना।

***बिभिनाना**—[< सं॰ विभिन्न] *क्रिस॰* भिन्न/पृथक्/अलग करना।

बिम्ब (बिंब)—[सं॰ √वी + वन्, नि॰] *पु॰* १. किसी वस्तु की दर्पण, जल आदि में झलकनेवाली प्रति-आकृति। प्रतिछाया। परछाँही। २. उदय/अस्त होते हुए सूर्य का मंडल या पूर्णिमा को उदय/अस्त होते हुए चन्द्र का मंडल। ३. कोई गोलाकार वस्तु। ४. दर्पण। ५. कुँदरू (फल)। ६. किसी वस्तु का मानसिक चित्र या प्रतिमूर्ति-चाहे वह स्मृति से बने या कल्पना से। (छन्द॰) १. एक समवर्णिक छन्द जिसके प्रत्येक चरण में क्रमशः नगण, सगण और यगण (न स य) के योग से ९ वर्ण होते हैं। २. एक समवर्णिक छन्द जिसके प्रत्येक चरण में मगण, तगण, नगण, सगण, २ तगण और गुरु (म त न स त त ग) के योग से १९ वर्ण होते हैं तथा ५-७-७ पर यति होती है।

बिम्बक (बिंबक)—[सं॰ बिम्ब + कन्] *पु॰* १. उदय/अस्त होते हुए सूर्य/चन्द्रमा का मंडल। बिम्ब। २. कुँदरू (फल)। बिम्बफल।

बिम्ब (बिंब)-ग्रहण—[सं॰] *पु॰* (काव्य॰) किसी वाक्य आदि का लक्षणा/व्यंजना शक्ति से प्राप्त अर्थ का ग्रहण।

बिम्बचित्र (बिंबचित्र)—[सं॰ बिम्ब ~ चित्र] *पु॰* (कला॰) अभीष्ट रचना का पूर्व रूप। (अं॰ ले आउट)

बिम्बफल (बिंबफल)—[सं॰ बिम्ब ~ फल] *पु॰* कुँदरू नामक फल। दे॰ बिम्ब।

बिम्बवाद (बिंबवाद)—[सं॰ बिम्ब ~ वाद] *पु॰* कविता में बिम्ब-योजना पर अत्यधिक बल देनेवाला वाद/मत जिसके अनुसार वस्तु का 'प्रत्यक्ष' चित्रण ही करना चाहिए, चित्र-विधायक शब्दों का ही प्रयोग करना चाहिए और लयात्मक शब्द-योजना करनी चाहिए। (अं॰ इमेजिज़्म)

बिम्बविधान (बिंबविधान)—[सं॰ बिम्ब ~ विधान] *पु॰* (काव्य॰, कला॰) बिम्ब-सृष्टि।

बिम्बसृष्टि (बिंबसृष्टि)—[सं॰ बिम्ब ~ सृष्टि] *स्त्री॰* मानसिक चित्रों या प्रतिमूर्तियों का निर्माण—चाहे वह स्मृति से हो या कल्पना से। (काव्य॰) कल्पना-शक्ति से लेखक द्वारा अपनी कृति में बिम्बों का निर्माण।

बिम्बाणु (बिंबाणु)—[सं॰ बिम्ब ~ अणु] *पु॰* (प्राणि॰) रुधिर में पाए जाने वाले केन्द्रकहीन कण या कोशिकाएँ। (अं॰ थ्राम्बोसाइट)

बिम्बाफल (बिंबाफल)—[सं॰ बिम्बा ~ फल] *पु॰* बिम्ब। बिम्बफल। कुँदरू नामक फल।

बिम्बाभ (बिंबाभ)—[सं॰ बिम्ब ~ आभा] *वि॰* चपटा और गोलाकार (***जैसे***—तश्तरी)। बिम्बवत्। चक्रवत्।

बिम्बावली (बिंबावली)—[सं॰ बिम्ब ~ आवली] *स्त्री॰* चित्रावली। (काव्य॰) प्रतिमावली। ● **विशेष**—यह 'बिम्बविधान' से भिन्न है। (अं॰ इमेजरी)

बिम्बित (बिंबित)—[सं॰ बिम्ब + इतच्] *वि॰* १. जिसकी प्रतिछाया पड़ी हो। जिसका प्रतिबिम्ब बना हो। प्रतिबिम्बित। २. (लेखक द्वारा) जिसका बिम्ब बनाया गया हो।

बिम्बोष्ठ/बिम्बौष्ठ (बिंबोष्ठ/बिंबौष्ठ)—[सं॰ बिम्ब ~ ओष्ठ] *पु॰* बिम्बफल/कुँदरू के समान लाल होंठ। *वि॰* जिसके ओष्ठ/होंठ बिम्बफल/कुँदरू के समान लाल हों।

***बिय**—[< सं॰ द्वि, तथा < द्वितीय] *वि॰* १. द्वि। दो। २. अन्य। दूसरा। ३. दोनों।

***बियंत**—[< सं॰ वियत्] *पु॰* १. आकाश। आसमान। २. वायुमंडल। ३. एकान्त स्थान।

***बिया**—[< सं॰ द्वितीय] *वि॰* अन्य। दूसरा।

***बियाध**—*पु॰* ≤ *सं॰* व्याध। बहेलिया।

बियाबान—[फा॰] *पु॰* १. अरण्य। वन। जंगल। २. सुनसान/उजाड़ स्थान। ✣ **बियाबानी**—*वि॰* = १. वन-सम्बन्धी। वन्य। जंगली। २. सुनसान/उजाड़ स्थान से सम्बन्धित। ३. वनवासी।

***बियारू**—*स्त्री॰* ≤ *हि॰* ब्यालू। रात्रि का भोजन।

***बियालू**—*स्त्री॰* ≤ *हि॰* ब्यालू। रात्रि का भोजन।

†**बियाव**[1]—*पु॰* ≤ *सं॰* विवाह। शादी।

†**बियाव**[2]—[< हि॰ बियाना] *पु॰* (नारी/मादा पशु का) बच्चा देना। प्रसूति। ✣ **बियावर**—*वि॰ (स्त्री॰)* = गाभिन (पशु) जो जल्दी ही बच्चा देने वाली हो। ***जैसे***—बियावर गाय।

†**बियाह**—*पु॰* ≤ *स॰* विवाह। शादी।

***बियो**—[< स॰ द्वितीय] *वि॰* अन्य। दूसरा।

†**बिरई**—[< हि॰ बिरवा] *स्त्री॰* १. छोटा पौधा। २. जड़ी-बूटी।

***बिरख**—*पु॰* ≤ *स॰* वृक्ष। पेड़।

***बिरखभ**—*पु॰* ≤ *स॰* वृषभ। साँड़।

***बिरचना**[१]—[< स॰ विरचन] *स्त्री॰* रचना। निर्माण। *क्रिस॰* १. रचना करना। बनाना। २. सजाना।

***बिरचना**[२]—[< स॰ विरुचि] *क्रिअ॰* १. मन उखड़ना/उचटना। ऊबना। २. अप्रसन्न/नाराज़ होना।

***बिरझना**—[< स॰ विरुद्ध] *क्रिअ॰* १. उलझना। २. झगड़ना। ३. क्रुद्ध होना।

***बिरञ्चि (बिरंचि)**—*पु॰* ≤ *स॰* विरञ्चि। ब्रह्मा।

बिरता—[< स॰ वित्त] *पु॰* सामर्थ्य। बूता। बिसात। ***जैसे***—किस बिरते पर इतनी ऐंठ दिखा रहे हो?

बिरतिया—[< स॰ वृत्ति] *पु॰* १. दान आदि से अपनी जीविका चलानेवाला व्यक्ति। २. विवाह-सम्बन्ध के लिए दूसरे पक्ष की आर्थिक व सामाजिक स्थिति का पता करने तथा आवश्यकतानुसार बातचीत करके सम्बन्ध स्थिर कराने के लिए भेजा जाने वाला व्यक्ति (नाई/भाट आदि)।

***बिरदैत**—[< हि॰ बिरद] *वि॰* प्रसिद्ध। विख्यात। मशहूर। *पु॰* प्रसिद्ध योद्धा/वीर।

***बिरध**—*वि॰* ≤ *स॰* वृद्ध। बूढ़ा।

***बिरधना**—[< हि॰ बिरध] *क्रिअ॰* १. वृद्ध होना। २. वृद्धि को प्राप्त होना। बढ़ना।

***बिरधा**—*वि॰ (स्त्री॰)* ≤ *स॰* वृद्धा। बूढ़ी।

***बिरधापन**—[< स॰ वृद्ध] *पु॰* १. वृद्धावस्था। बुढ़ापा। २. वृद्धता।

बिरमना[१]—[< स॰ विरमण] *क्रिअ॰* १. रमण करना। विहार करना। २. (मन का) लगाना। ३. आसक्त/मोहित होना।

बिरमना[२]—[< स॰ विलम्बन] *क्रिअ॰* विलम्ब करना। देर लगाना।

बिरमना[३]—[< स॰ विराम] *क्रिअ॰* १. विराम करना। ठहरना। रुकना। अटकना। २. विश्राम करना।

बिरमाना[१]—[< हि॰ बिरमना < स॰ विरमण] *क्रिस॰* १. (किसी को) रमण/विहार करने में प्रवृत्त करना। २. (अपने पर) मोहित/आसक्त करना।

बिरमाना[२]—[< हि॰ विरमना < स॰ बिलम्बन] *क्रिस॰* (समय) व्यतीत करना। बिता देना।

बिरमाना[३]—[< हि॰ विरमना < स॰ विराम] *क्रिस॰* १. रोकना। ठहराना। अटकाना। २. विश्राम कराना।

बिरराना—[< हि॰ बिललाना] *क्रिअ॰* १. बिललाना। विलाप करना। २. घूमना-फिरना। भटकना।

***बिरव**—[< स॰ विरव] *पु॰* १. विविध रव। नाना ध्वनियाँ। २. विशेष शब्द। *वि॰* विशेष शब्द करनेवाला।

बिरवा—[< स॰ विटप] *पु॰* १. वृक्ष। पौधा। ✣ **बिरवाही**—*स्त्री॰* = १. अनेक पेड़-पौधों वाला स्थान। २. बिक्री आदि के लिए छोटे-छोटे पौधे उगाए जाने का स्थान। पौध-घर।

***बिरसना**—[< हि॰ विलसना] *क्रिअ॰* विलास करना। *क्रिस॰* भोगना।

बिरहा—[< स॰ विरह] *पु॰* १. विरह। वियोग। बिछोह। २. (भोजपुरी बोली का) दो पंक्तियों वाला एक छन्द। ३. उक्त छन्द में गाया जाने वाला विरह-गीत।

***बिरहाकुल**—[< स॰ विरहाकुल] *वि॰* विरह से विकल। विरहाकुल।

***बिरहित**—[< स॰ विरहित] *वि॰* रहित।

***बिरहिनि**—*वि॰ (स्त्री॰)* ≤ विरहिणी। वियोगिनी।

***बिरही**—*पु॰* ≤ *स॰* विरही। वियोगी।

बिरहुला—[देशज] *पु॰* सर्प। साँप। ✣ **बिरहुली**—*स्त्री॰* १. सर्पिणी। साँपिन। २. साँप का विष उतारने का मन्त्र।

बिरादर—[< फा॰ बरादर] *पु॰* भ्राता। भाई।

बिरादराना—[< फा॰ बरादरानः] *वि॰* भाइयों-जैसा। बन्धुत्वपूर्ण।

बिराना—[< फा॰ बेगाना] *वि॰* पराया। ग़ैर। ✣ **बिरानी**—*वि॰ (स्त्री॰)* = परायी। ग़ैर। ***जैसे***—बिरानी सम्पत्ति। ● **विशेष**—**बिरानोई**—*वि॰* = पराया ही।

***बिरिख/बिरिछ**—*पु॰* ≤ *स॰* वृक्ष। पेड़।

बिरिया**—[< स॰ वेला] *स्त्री॰* १. वेला। समय। वक़्त। ***जैसे—साँझ की बिरिया। २. अवसर। मौक़ा। ३. पारी। बारी।

***बिरुचि**—[< स॰ विरुचि] *स्त्री॰* रुचिहीनता। अरुचि।

***बिरुज**—[< स॰ वि + रुज] *वि॰* नीरोग। स्वस्थ।

***बिरुझना**—[देशज] *क्रिअ॰* १. उलझना। २. झगड़ा करना। झगड़ना। ३. युद्ध करना।

***बिरुदैत**—[< हि॰ बिरुद] *वि॰* यशस्वी।

बिलखना—[< स॰ विलपन] *क्रिअ॰* १. विलाप करना। रोना। २. बिलखना।

बिलगाना—[< हि॰ बिलगना] *क्रिअ॰* अलग होना। दूर होना। *क्रिस॰* १. अलग करना। २. चुनना। छाँटना।

***बिलछना**—[< स॰ वि √लक्ष्] *क्रिअ॰* लक्षित करना। ताड़ लेना।

बिलटना—[< स॰ विलुण्ठन] *क्रिअ॰* १. (हठ पूरा कराने के लिए) भूमि पर उलटा लेट जाना। लोटना। २. विपरीत/उलटा होना। ३. नष्ट होना। छिन्न-भिन्न होना। ४. प्रयत्न आदि में असफल होना।

†**बिलनी**—[देशज] *स्त्री॰* (आँख में निकलनेवाली) 'गुहाई' नामक फुंसी। गुहांजनी।

बिलबिलाना—[अनु॰] *क्रिअ॰* १. व्याकुल होना। छटपटाना। ***जैसे***—रुपए न मिलने पर बिलबिलाने लगे। २. बहुत छोटे कीड़ों का इधर-उधर रेंगना। ***जैसे***—सड़ रही वस्तु में कीड़ों का बिलबिलाना।

बिलमना[१]—[< स॰ विलम्ब] *क्रिअ॰* १. देर करना। २. रुकना। ठहरना। ***जैसे***—वह मार्ग में ही कहीं बिलम गया होगा।

बिलमना[२]—[< स॰ विरगण] *क्रिअ॰* १. रमण करना। विहार करना।

बिलमाना—[< हि॰ बिलमना < स॰ विलम्ब] *क्रिस॰* १. विलम्ब करना। देर लगाना। ***जैसे***—यौवन के क्षण को मत बिलमाओ। २. रोकना। ठहराना।

बिललाना—[< सं॰ वि √लल्] *क्रिअ॰* १. व्याकुल होना। २. विकलता से दीन स्वर में बोलना। ३. विलाप करना। बिलखना। ४. क्रन्दन करना। चिल्लाना। ***जैसे***—रोना-बिललाना।

बिलल्ला—[< हि॰ लल्ला (बालक)] *वि॰, पु॰* अति मूर्ख। ***जैसे***—देखने में तो बिलल्ला लगता है।

बिलवाना[१]—[< हि॰ बिलाना] *क्रिस॰* १. विलीन कराना। २. गुम/ग़ायब कराना। ३. छिपवा देना। ४. नष्ट कराना।

बिलवाना[२]—[हि॰ 'बेलना' का प्रेरणा॰] *क्रिस॰* किसी को बेलने में प्रवृत्त करना। बेलने का काम कराना। ***जैसे***—उन्होंने बड़े पापड़ बिलवाए तब नौकरी दी।

बिलवारी—[देशज] *स्त्री॰* बुन्देलखंड में आश्विन मास में गाए जाने वाले एक प्रकार के लोकगीत।

बिलवासी/बिलशायी—[सं॰ बिलवासिन्/बिलशायिन्] *वि॰* बिल में रहनेवाला। *पु॰* बिल में रहनेवाला जन्तु।

बिलसना**—[< सं॰ विलसन] *क्रिअ॰* बहुत शोभित होना। बहुत सुन्दर प्रतीत होना। ***जैसे—शिव जी के गले में सर्प बिलस रहे हैं। *क्रिस॰* १. विलास करना। आमोद-प्रमोद करना। २. उपयोग में लाना। ३. भोगना। ४. क्रीड़ा करना। ✣ **बिलसाना**—*क्रिस॰* = (किसी को) बिलसने के लिए प्रेरित करना। बिलसाने में प्रवृत्त करना।

***बिलँबना**—[< हि॰ बिलम्बना] *क्रिअ॰* १. विलम्बित होना। देर लगना। २. कुछ देर रुकना। ठहरना।

बिला—[अरबी] *क्रिवि॰* बिना। बग़ैर।

बिलाई—[< हि॰ बिलारी] *स्त्री॰* मार्जारी। बिल्ली।

बिलाना—[< सं॰ विलय] *क्रिअ॰* १. विलीन होना। लुप्त हो जाना। न रह जाना। २. नष्ट हो जाना। छिन्न-भिन्न हो जाना। ३. गुम हो जाना, छिप जाना या अदृश्य हो जाना।

बिलार—*पु॰ ≤ सं॰* विडाल। मार्जार। बिलाव।

बिलाव—*पु॰ ≤ हि॰* बिलार। बिलाव।

बिलावल—[देशज] *पु॰* (संगीत॰) एक राग जिसको गाने का समय रात्रि का प्रथम प्रहर है।

बिलिया—[< हि॰ बेला] *स्त्री॰* एक छोटा बर्तन। कटोरी।

बिलिश—[देशज] *पु॰* मछली फँसाने का काँटा।

†**बिलुठना**—[< सं॰ विलुण्ठन] *क्रिअ॰* लोटना।

***बिलुलित**—[< सं॰ विलुलित] *वि॰* १. काँपता हुआ। हिलता हुआ। कम्पित। २. चंचल। लोल। ३. अस्त-व्यस्त। अव्यवस्थित।

बिलोना[१]—[< सं॰ विलोडन] *क्रिस॰* १. मन्थन करना। मथना। ***जैसे***—दही बिलोना। २. (वस्तुओं को) अस्त-व्यस्त करना।

बिलोना[२]—[< सं॰ वि + लवण] *वि॰* १. बिना लवण/नमक का। लवणहीन। अलोना। ***जैसे***—बिलोना भोजन। २. जिसमें लावण्य/सौन्दर्य न हो। सौन्दर्यहीन। कुरूप। बदसूरत।

***बिलोरना**—[< सं॰ विलोडन] *क्रिस॰* बिलोना।

बिलोल**—[< सं॰ विलोल] *वि॰* १. चंचल। ***जैसे—बिलोल नेत्र। २. सुन्दर। ३. अस्त-व्यस्त या बिखरा हुआ। ***जैसे***—बिलोल केश।

***बिलोलना**—[< सं॰ विलोलन] *क्रिअ॰* इधर-उधर हिलना। लहरना। *क्रिस॰* इधर-उधर हिलाना। लहराना। ✣ **बिलोलनि**—*स्त्री॰* = सुन्दरता के साथ हिलना-डुलना। सुन्दर दीखना।

***बिलोवना**—[< सं॰ विलोडन] *क्रिस॰* = बिलोना। मथना। ✣ **बिलोवनिहार**—*वि॰* = मथनेवाला।

बिलौटा—[< हि॰ बिलाव] *पु॰* १. नर बिल्ली। बिलाव। २. बिल्ली का नर बच्चा। ✣ **बिलौटिया**—स्त्री॰।

बिलौनी—[< हि॰ बिलोना/बिलोवना] *स्त्री॰* वह पात्र जिसमें दही आदि को बिलोया जाता है।

बिल्लाना—[< सं॰ विलाप] *क्रिअ॰* विलाप करना। चीख़ें मारकर रोना। ***जैसे***—दुर्घटना का समाचार सुनते ही घर के सब लोग रोने-बिल्लाने लगे।

बिल्लौर—[अरबी] *पु॰* एक चमकदार और पारदर्शी सफ़ेद पत्थर। स्फटिक मणि। (अं॰ क्वार्ट्ज़) ✣ **बिल्लौरी**—*वि॰* = १.बिल्लौर-सम्बन्धी। २. बिल्लौर का बना हुआ। ३. बिल्लौर की तरह चमकदार।

बिल्व—[सं॰ बिल् + सन्] *पु॰* बेल का वृक्ष या फल।

***बिवि**—[< सं॰ द्वि] दो।

बिशप—[अं॰] *पु॰* (ईसाई॰) (नगर या उससे बड़े क्षेत्र का) बड़ा पादरी।

***बिषारा**—[< सं॰ बिष] *वि॰* विषैला। ज़हरीला। ✣ **बिषारी**—*वि॰ (स्त्री॰)* = ज़हरीली।

बिषैनी**—[< सं॰ विषयिणी] *वि॰ (स्त्री॰)* [समासयुक्त पद के अन्त में प्रयुक्त] विषयिणी। विषयक। ***जैसे—ज्ञान विषैनी।

बिस[१]—[सं॰ √बिस् + क] *पु॰* कमल का नाल। मृणाल।

***बिस**[२]—*पु॰ ≤ सं॰* विष। ज़हर।

बिसकुसुम—[सं॰ बिस ~ कुसुम] *पु॰* कमल का फूल।

बिसखपरा—[< सं॰ विषखर्पर] *पु॰* आकृति में छिपकली के समान एक अति विषैला जन्तु।

***बिसञ्च (बिसंच)**—[< सं॰ वि + संचय] *पु॰* १. संचय का अभाव। अ-संचय। २. उपेक्षा। लापरवाही।

***बिसतरना**—[< सं॰ विस्तरण] *क्रिस॰* विस्तार करना। बढ़ाना या फैलाना। *क्रिअ॰* विस्तृत होना।

***बिसमल/बिसमिल**—[< फा॰ बिस्मिल] *वि॰* आहत। घायल। ज़ख़्मी।

बिसरात—[< सं॰ वेसर] *पु॰* एक पशु। खच्चर।

†**बिसरावना**—*क्रिस॰* बिसराना। भुलाना।

***बिसवना**—[< सं॰ विश्राम] *क्रिअ॰* विश्राम करना।

बिसवा[१]—[< हि॰ बीसवाँ] *पु॰* एक बीघे का बीसँवा भाग। ● **विशेष**—कान्यकुब्ज ब्राह्मणों में जाति या मर्यादा का सूचक एक शब्द।

बिसवा[२]—*स्त्री॰ ≤ सं॰* वेश्या।

***बिसवार**—[< सं॰ वेसवार] *पु॰* जीरा, मिर्च, लौंग, राई, काली मिर्च आदि मसालों का चूर्ण। मसाला।

***बिससन**—[< सं॰ विशसन] *पु॰* १. हत्या। २. नाश। बरबादी। ३. कटार या खाँड़ा। ४. तलवार।

***बिससना**[1]—[< सं॰ विश्वसन] *क्रिस॰* विश्वास करना।

***बिससना**[2]—[< सं॰ विशसन] *क्रिस॰* १. हत्या करना। मार डालना। २. शरीर के अंग काटना। चीर-फाड़ करना। ३. काटकर टुकड़े-टुकड़े करना। ४. विनाश करना।

***बिसहन**—[< हि॰ बिसाह < सं॰ व्यवसाय] पु॰, *स्त्री॰* ख़रीदने की वस्तु। क्रेय वस्तु। सौदा।

†**बिसहना**—*क्रिस॰* ≤ *हि॰* बिसाहना। ख़रीदना। ***वा॰* बैर बिसाहना**—विरोध मोल लेना। विरोधी बनना।

†**बिसहरू**—[< हि॰ बिसहना] *पु॰* ग्राहक। ख़रीदार।

बिसँभर—[< सं॰ वि + हि॰ सँभरना] *वि॰* जो सँभाला न जा सके।

बिसँभार/बिसँभारी—[< सं॰ वि + हि॰ सँभारना] *वि॰* १. जो सँभाला न जा सके। २. अचेत। बेहोश।

बिसा—[< हि॰ बीसवाँ] *पु॰* १. किसी वस्तु का बीसवाँ भाग। २. एक बीघा का बीसवाँ भाग। बिस्वा।

***बिसाउ**—[< सं॰ व्यवसाय] *पु॰* १. व्यवसाय। २. सामग्री। माल।

बिसात—[अरबी] *स्त्री॰* १. बिछौना। फ़र्श। २. वह कपड़ा/चटाई/तख़्ता आदि जिस पर छोटे दुकानदार बिक्री की वस्तुएँ रखते हैं। ३. वह कपड़ा/तख़्ता आदि जिस पर चौपड़/शतरंज आदि खेलने के लिए घर/ख़ाने बने होते हैं। ४. अपने पास का धन। जमा-पूँजी। ५. (अपनी शक्ति; प्रतिष्ठा, जमा-पूँजी आदि के आधार पर बना) सामर्थ्य। हैसियत। ६. पहुँच। ***वा॰* बिसात उलटना**—१. दिशा बदल जाना। २. उलट-पुलट हो जाना।

बिसातख़ाना—[< अरबी बिसात + फा॰ ख़ान:] *स्त्री॰* १. बिसाती की दुकान पर बिकनेवाला सामान। साबुन, सुई धागा, बटन आदि। विविध प्रकार का फुटकर सामान। २. बिसाती की दुकान।

बिसाती—[अरबी] *पु॰* १. बिसात पर सामान फैलाकर बेचनेवाला दुकानदार। २. बिसातख़ाने का सामान साबुन, धागा, बटन आदि विविध प्रकार का फुटकर सामान बेचनेवाला दुकानदार। (*अ॰* जेनरल मर्चेन्ट)

बिसाना[1]—[< सं॰ वश] *क्रिअ॰* वश चलना। ज़ोर/क़ाबू होना।

***बिसाना**[2]—[< सं॰ विष] *क्रिअ॰* विष का प्रभाव होना। विषैला होना। *क्रिस॰* विषयुक्त करना। विषैला करना।

†**बिसाँयध**—[< सं॰ वसा] *स्त्री॰* सड़ी मछली आदि की जैसी दुर्गन्ध। ***जैसे***—बहुत दिनों से भीगे कपड़ों में बिसायँध आना।

बिसार**[1]—[< सं॰ विष] *वि॰* विषयुक्त। विषाक्त। विषैला। ***जैसे—बिसार बाण।

बिसार[2]—[< हि॰ बिसरना] *स्त्री॰* विस्मरण। *क्रिस॰* भुला दो। छोड़ दो। ***जैसे***—सब मोह बिसार। *क्रिवि॰* भुलाकर। भूलकर।

***बिसारन**—[< हि॰ बिसारना] *वि॰* बिसारनेवाला। भूलनेवाला। *पु॰* १. भूलनेवाला व्यक्ति। २. विस्मरण।

***बिसारा/बिसारी**—[< सं॰ विष] *वि॰* विषैला। ज़हरीला।

***बिसास**[1]—*पु॰* ≤ *सं॰* विश्वास। यकीन।

***बिसास**[2]—[< सं॰ अविश्वास] *पु॰* १. अविश्वास। २. विश्वासघात। ⁘ **बिसासिनी**—*वि॰ (स्त्री॰)* = १. विश्वासघात करनेवाली। विश्वासघातिनी। २. अविश्वसनीय। ⁘ **बिसासी**—*वि॰* = १. विश्वासघाती। २. अविश्वसनीय।

†**बिसाह**—[< सं॰ व्यवसाय] *पु॰* बिसाहने की क्रिया/भाव। क्रय। ख़रीद।

†**बिसाहक**—[< हि॰ बिसाहना] *वि॰* ख़रीदनेवाला।

***बिसाहा**—[< हि॰ बिसाहना] *पु॰* ख़रीदने की वस्तु। सौदा।

***बिसिअर/बिसियर**—[< सं॰ विसधर] *पु॰* सर्प। साँप। *वि॰* विषयुक्त। विषैला। ज़हरीला।

बिसुकी—[< सं॰ विशुष्क] *वि॰* (स्त्री॰) दूध देना बन्द कर चुकी गाय।

बिसूरना—[< सं॰ बिसूरण] *क्रिअ॰* १. खिन्न होना। दु:खी होना। २. दु:खपूर्वक सोचना। चिन्ता करना। ३. दु:ख़ी होने पर कुछ समय तक धीरे-धीरे रोते रहना। *क्रिस॰* ध्यान में लाना। *पु॰* १. चिन्ता। २. सन्ताप। कष्ट। ⁘ ***बिसूरि**—*क्रिवि॰* = १. बिसूर कर। २. खिन्न/दु:खी होकर। ३. चिन्तित होकर। ४. दु:खी होने पर कुछ समय तक धीरे-धीरे रोकर।

बिसेक/बिसेख/बिसैष**—[< सं॰ विशेष] *वि॰* १. विशेष। विशिष्ट। २. विशेषता। ***उदा॰ इन नैनों का यही बिसेख, वह भी देखा, यह भी देख। —लोकोक्ति ⁘ **बिसेखता/बिसेषता**—*स्त्री॰* विशेषता।

***बिसेखना/बिसेषना**—[< सं॰ विशेष] *क्रिस॰* १. विशेष रूप से जानना। २. विचार करना। ३. विशेष प्रकार से वर्णन करना। विस्तार से कहना। विवरण देते हुए क्रमश: बताना। ४. दूसरों की अपेक्षा विशेषतापूर्वक या भिन्न करके वर्णन करना।

***बिसेषक**—[< सं॰ विशेषक] *पु॰* (माथे पर लगाया जाने वाला) तिलक। टीका।

***बिसेषि/बिसेषी**—[< सं॰ विशेष] *वि॰* विशेष।

***बिसेखे**—[< सं॰ विशेष] *क्रिवि॰* विशेष रूप से।

बिसैंधा (बिसैंधा)—[< हि॰ बिसायँध] *वि॰* बिसायँध से युक्त। जिसमें से सड़ी मछली आदि की दुर्गन्ध के समान दुर्गन्ध आ रही हो।

***बिसोक/बिसोकी**—*वि॰* ≤ *सं॰* विशोक। शोकरहित।

***बिस्तर**[1]—[< सं॰ विस्तर] *पु॰* विस्तार।

बिस्तर[2]—[फा॰] *पु॰* बैठने/लेटने के लिए बिछाने का सामान। बिछौना। बिछावन।

बिस्तरना**—[< सं॰ विस्तरण] *क्रिअ॰* विस्तार होना। बढ़ना। फैलना। *क्रिस॰* १. विस्तार करना। बढ़ाना। फैलाना। ***जैसे—राज्य बिस्तरना। २. पालन करना।

†**बिस्तुइया**—[< सं॰ विष + हि॰ तूना (चूना/टपकना)] *पु॰* रेंगनेवाला एक विषैला जन्तु। छिपकली।

बिस्मिल—[फा॰] *वि॰* आहत। घायल। ज़ख़्मी।

बिस्मिल्ला—[< अरबी बिस्मिल्लाह] *पु॰* १. ईश्वर का नाम। २. (ईश्वर का नाम लेकर) किसी कार्य का आरम्भ। शुभारम्भ। ***वा॰* बिस्मिल्ला करना**—किसी काम को आरम्भ करना।

बिस्मिल्लाह—[अरबी] *पु॰* १. ईश्वर का नाम। २. (ईश्वर का नाम लेकर) किसी कार्य का आरम्भ। शुभारम्भ।

बिस्वेस**—[< स॰ विश्वेश] *पु॰* विश्वेश। परमात्मा या शिव। ***जैसे—बिस्वेस ने पार्वती को राम-कथा सुनायी।

†बिह—[< स॰ वेध] *पु॰* किसी वस्तु में किया हुआ वेध/छेद।

***बिहग**—*पु॰ ≤ स॰* विहग। पक्षी।

***बिहगेस**—[< स॰ विहगेश] *पु॰* पक्षियों का राजा। गरुड़।

***बिहण्डना (बिहंडना)**—[< स॰ विखण्डन] *क्रिस॰* १. टुकड़े-टुकड़े करना। छिन्न-भिन्न करना। तोड़ना। २. काटना-छाँटना। चीरना-फाड़ना। ३. हत्या करना। मार डालना। ४. नष्ट करना। ५. ज़ोर से हिलाना। ६. बिगाड़ना।

***बिहरना**[१]—[< स॰ विहरण] *क्रिअ॰* १. विहार करना। २. विचरण करना। घूमना-फिरना। ३. सैर करना। ४. भटकाना। ५. क्रीड़ा करना। ✣ **बिहरि**—*क्रिवि॰* = १. विहार/क्रीड़ा/सैर करके। २. विचरण करके। ३. भटक कर।

बिहरना[२]—[< स॰ विघटन] *क्रिअ॰* १. विदीर्ण होना। फटना। २. टूटना-फूटना। *क्रिस॰* १. विदीर्ण करना। फाड़ना। २. तोड़ना-फोड़ना। नष्ट-भ्रष्ट करना।

बिहराना[१]—[< हि॰ 'बिहरना' का प्रेरणा॰] *क्रिस॰* बिहरने में प्रवृत्त करना। **†***क्रिअ॰* बिहार करना। बिहरना।

बिहराना[२]—[< स॰ विघटन] *क्रिअ॰* १. वियुक्त होना। अलग होना। टूट जाना। २. फट जाना।

बिहराना[३]—[देशज] *क्रिस॰* टाल देना।

***बिहसना**—*क्रिअ॰ ≤ स॰* विहसन। हँसना। ✣ **बिहसि**—*क्रिवि॰* = हँसकर। ✣ ***बिहँस**—*क्रिवि॰* = हँसकर।

***बिहँसना**—[< स॰ विहसन] *क्रिअ॰* हँसना। ✣ **बिहँसाना**—*क्रिस॰* = हँसाना। *क्रिअ॰* = १. हँसना। मुस्कराना। २. (फूल) खिलना।

***बिहाइ**[१]—[< स॰ विहाय] *क्रिवि॰* १. त्याग कर। छोड़कर। २. व्यतीत करके। बिताकर ३. समाप्त करके।

***बिहाइ**[२]—[< हि॰ बिहाना] *क्रिस॰* १. छोड़ता है। २. व्यतीत करता है। बिताता है। ३. समाप्त करता है। *क्रिअ॰* = व्यतीत होता है। बीतता है।

बिहाग—[देशज] *पु॰* (संगीत॰) एक राग जो अर्धरात्रि के बाद गाया जाता है। ● **विशेष**—इसका एक भेद '**बिहागड़ा**' नामक राग है।

***बिहान**[१]—[< स॰ विहान] *पु॰* अभाव। विहीनता।

***बिहान**[२]—[< स॰ विभात] *पु॰* १. प्रभात। सुबह। २. आगामी कल। अगला दिन। ✣ **बिहाने**—*क्रिवि॰* = सबेरा होने पर या सबेरे के समय। ✣ **बिहानैं (बिहानैं)**—*क्रिवि॰* = १. प्रातःकाल/सबेरे के समय में। २. सबेरे के लिए। अगले प्रातःकाल के लिए।

***बिहाना**—[< स॰ वि √हा] *क्रिस॰* १. त्यागना। छोड़ना। २. व्यतीत करना। बिताना।

***बिहार**—[< स॰ विहार] *पु॰* १. इधर-उधर घूमना। भ्रमण। विचरण। सैर-सपाटा। २. आमोद-प्रमोद। भोग-विलास। ३. क्रीड़ा। खेल। ४. उपवन। ५. जैन/बौद्ध मठ।

बिही—[फा॰] *स्त्री॰* अमरूद नामक फल या उसका वृक्ष।

बिहुला—[देशज] *स्त्री॰* १. अवध क्षेत्र में प्रचलित एक प्रेमकथात्मक लोकगाथा की नायिका जो सिंहल देश की युवती है। २. उक्त लोकगाथा।

***बिहून/बिहूना/बिहूनि/बिहूने**—[< स॰ विहीन] *वि॰* विहीन। रहित।

बिंदुली (बिंदुली)—[< स॰ बिन्दु] *स्त्री॰* बिन्दी। टिकुली। ***जैसे***—माथे की बिंदुली।

बिँधना (बिंधना)—[< स॰ वेधन] *क्रिअ॰* १. विद्ध होना। बींधा जाना। छेदा जाना। ***जैसे***—कान बिधेंगे तब बलियाँ पहनोगी। २. उलझना। फँसना। ***जैसे***—काँटों में बिंध जाओगे।

बिँधिया (बिंधिया)—[< हि॰ बींधना] *पु॰* मोती बींधनेवाला शिल्पी। मोतियों में छेद करनेवाला कारीगर।

बी—[फा॰ 'बीबी' का संक्षिप्त रूप] *स्त्री॰* (मुसलमानों में) किसी महिला के लिए एक आदरपूर्ण शब्द जो प्राय: 'बड़ी/छोटी' के साथ सम्बोधन में भी काम आता है।

***बीख**[१]—[< स॰ वीङ्खा] *पु॰* हल्का क़दम। डग।

***बीख**[२]—*पु॰ ≤ स॰* विष। ज़हर।

***बीचि**—[< स॰ बीचि] *पु॰* तरंग। लहर।

***बीचु**—[< हि॰ बीच] *क्रिवि॰* मध्य में। दरमियान। *पु॰* बीच।

†बीछना—[< स॰ विचयन] *क्रिस॰* १.चुनना। छाँटना। २. अलग-अलग करके देखना।

†बीछू[१]—*पु॰ ≤ हि॰* बिच्छू। वृश्चिक।

बीछू[२]—*पु॰ ≤ हि॰* बिछुआ। बिछिया।

***बीछे**—[< स॰ विच्छित] *वि॰* चमकीले या रंग-बिरंगे।

बीज[१]—[< स॰ वि √जन् + ड अथवा वि √ईज् + अच्] *पु॰* १. वह कण/दाना/गुठली जो भूमि या गमले आदि में बोने पर अंकुरित होता है और पेड़-पौधा उगता है। २. किसी वस्तु/काम/बात का उपादान कारण या मूल कारण। ३. वीर्य। शुक्र। ४. फल का गूदा या गरी। ५. कूट शब्द या सांकेतिक शब्द जिसका अर्थ अभीष्ट व्यक्ति ही समझ सकते हों। ६. (लाक्षणिक) कोई आरम्भिक छोटी बात जिसका आगे चलकर बड़ा रूप/परिणाम हो। (तन्त्र॰) मन्त्र का एक अक्षर में घनीभूत रूप। बीजाक्षर। ***जैसे***—'रां' राम का और 'ऐं' सरस्वती का बीज है। (नाट्य॰) नाटक की अर्थप्रकृति की ५ स्थितियों में से पहली स्थिति। नाटक के आरम्भ में अल्पसंकेतित वह हेतु जो अनेक प्रकार से विस्तृत होता हुआ 'फल' का कारण होता है। (गणित॰) २. बीजगणित में प्रयुक्त अक्षर जो

किसी अज्ञात राशि के सूचक होते हैं या सांकेतिक होते हैं। (वनस्पति॰) बीजांड के निषेचन के फलस्वरूप बना भ्रूण,उसका आवरण तथा प्राय: भ्रूणपोष की बनी संरचना जिससे अंकुरण के पश्चात् नया पौधा उपजता है।

***बीज**[2]—[< स॰ विद्युत्] *स्त्री॰* विद्युत्। बिजली।

बीजक—[स॰ बीज + कन्] *पु॰* १. बीज। २. गुप्त धन बतानेवाला संकेत-पत्र या सूची आदि। (वाणिज्य॰) भेजे गए माल तथा क़ीमतों आदि की सूची। चालान। (अ॰ इन्वाइस)

बीजत्व—[स॰ बीज + त्व] *पु॰* १. बीज होने की अवस्था/भाव। बीजपन। २. कारणत्व।

बीजधर्मिता—[स॰ बीज ~ धर्मिता] *स्त्री॰* बीजधर्मी होने का गुण/भाव। बीजत्वयुक्तता।

बीजन[1]—*पु॰* ≤ *स॰* वीजन। पंखा।

बीजन[2]—[< हि॰ बीजना] *पु॰* बीज को बोने की क्रिया/ढंग/भाव। बीजारोपण।

†बीजना[1]—*पु॰* ≤ हि॰ वीजन। पंखा।

†बीजना[2]—[< स॰ बीज] *क्रिस॰* १. अनाज आदि का बीज बोना। बीजारोपण करना। २. किसी काम/बात का आरम्भ करना। बीजारोपण करना।

बीजपूर/बीजपूरक—[स॰ बीज ~ पूर/पूरक] *पु॰* १. बिजौरा नीबू। २. चकोतरा (फल)।

बीजप्ररोह—[स॰ बीज ~ प्ररोह] *वि॰* बीज से उत्पन्न होनेवाला।

बीजमन्त्र (बीजमंत्र)—[स॰ बीज ~ मन्त्र] *पु॰* १. किसी देवी/देवता का अक्षर-रूप मन्त्र। एकाक्षर मन्त्र। २. किसी कठिन कार्य को सम्पन्न करने की अचूक विधि। किसी इष्ट कार्य में सफलता पाने का रहस्य या मूल मन्त्र। गुर।

बीजमय—[स॰ बीज + मयट्] *वि॰* बीजों से व्याप्त। ***जैसे***—बीजमय भूमि।

***बीजरी**—[< स॰ विद्युत्] *स्त्री॰* विद्युत्। बिजली।

बीजल—[स॰ बीज + लच्] *वि॰* अधिक बीजों वाला। ***जैसे***—बीजल सब्जियों और फलों में शरीफ़ा, टमाटर और कटहल खाइए।

बीजलेख—[स॰ बीज ~ लेख] *पु॰* गुप्त/अज्ञात/कठिन लिपि या लेख आदि।

बीजवपन—[स॰ बीज ~ वपन] *पु॰* बीज बोने की क्रिया। बीजारोपण।

***बीजसि**—[< स॰ द्वितीया] *स्त्री॰* चान्द्र मास की द्वितीया तिथि। दूज।

बीजा—*पु॰* ≤ *स॰* बीज।

बीजाढ्य—[स॰ बीज ~ आढ्य] *वि॰* अधिक बीजों वाला। *पु॰* बिजौरा नीबू।

बीजाण्ड (बीजांड)—[स॰ बीज ~ अण्ड] *पु॰* (जीव॰) १. भ्रूण का मूल रूप। २. वह संरचना जिसमें स्त्री युग्मक-उद्भिद होता है जो निषेचन के बाद बीज बनाता है। बीज का आरम्भिक रूप।

बीजाश्व—[स॰ बीज ~ अश्व] *पु॰* कोतल घोड़ा।

बीजित—[< स॰ बीज] *वि॰* (खेत आदि) जिसमें बीज बोया जा चुका हो। बोया हुआ।

बीजी[1]—[< स॰ बीजिन्] *वि॰* १. बीजों से युक्त। बीजों वाला। २. बीज-सम्बन्धी। बीज का। *पु॰* जनक। पिता।

बीजी[2]—[< स॰ बीज] *स्त्री॰* १. (फल की) गरी/गिरी या मींगी। २. (फल की) गुठली।

***बीजी**[3]—[< स॰ विद्युत्] *स्त्री॰* विद्युत्। बिजली।

बीजीय—[स॰ बीज] *वि॰* १. बीज-सम्बन्धी। बीज का। २. बीजाक्षर का। ⁘ **बीजीय व्यञ्जक (व्यंजक)**—*पु॰* (गणित॰) वह व्यंजक जिसमें केवल बीजीय प्रतीकों और संक्रियाओं का प्रयोग होता है (***जैसे***—क^2 + ५क + ३)।

***बीजु**—[< स॰ विद्युत्] *स्त्री॰* विद्युत्। बिजली।

***बीजुपात**—[< हि॰ बीजु + स॰ पात] *पु॰* बिजली गिरना। वज्रपात।

***बीजुरी**—[< हि॰ बीजु] *स्त्री॰* विद्युत्। बिजली।

बीजू[1]—[< स॰ बीज] *वि॰* १. बीज बोने से उगा हुआ, न कि क़लम बोने से। ***जैसे***—बीजू पौधा। २. उक्त पौधे/वृक्ष से उत्पन्न। ***जैसे***—बीजू आम।

***बीजू**[2]—[< हि॰ बीजु] *स्त्री॰* विद्युत्। बिजली।

†बीजू[3]—[< हि॰ बिज्जू] *पु॰* बिज्जू नामक जंगली पशु।

बीजोढ—[स॰ बीज ~ ऊढ] *वि॰* (कृषि॰) बीज से उत्पन्न। ***जैसे***—फ़सलों में कवक बीजोढ होता है।

***बीझ/बीझा**—[< स॰ विजन] *वि॰* १. निर्जन। एकान्त। बीहड़। २. बहुत घना। सघन।

***बीझना**—[< हि॰ बझना < स॰ बन्धन] *क्रिअ॰* १. बन्धन में पड़ना। बँधना। २. फँसना। उलझना। ३. किसी से विवाद में उलझकर लड़ाई-झगड़ा करना। ४. हठ करना।

बीट[1]—[< स॰ विष्ठा] *स्त्री॰* पक्षियों की विष्ठा/मल।

बीट[2]—[देशज] *स्त्री॰* ऊँट की तीन प्रकार की चालों में से एक जिसमें ऊँट धीरे-धीरे चलता है और छोटे डग डालता है।

बीटा-किरणें—[< ग्रीक बीटा + हि॰ किरण] स्त्री॰ (बहु॰) रेडियो-ऐक्टिव पदार्थों से निकलनेवाली एक प्रकार की किरणें जो ऋण विद्युत् आवेश वाली होती है तथा जिनका वेग प्रकाश के वेग से कुछ ही कम होता है।

बीटिका—[< स॰ वीटिका] *स्त्री॰* (पान का) बीड़ा।

***बीठल**—[< विट्ठल] *पु॰* महाराष्ट्र आदि में आराध्य देवता विष्णु का एक रूप जो 'विट्ठल/विठोबा' भी कहा जाता है।

***बीड़**[1]—[< हि॰ बेर] *पु॰* बेर/झरबेरी के काँटों का घेर।

†बीड़[2]—[देशज] *पु॰* एक के ऊपर एक रखे हुए रुपयों/सिक्कों आदि का ढेर। गड्डी। ***जैसे***—इन रुपयों की बीड़ लगाओ।

बीड़ा—[< प्रा॰ बीडग < स॰ वीटक] *पु॰* १. कत्था-चूना लगे तथा सुपारी की छालियों इत्यादि से युक्त पान के पत्ते को विशेष प्रकार से तिकोना मोड़कर बन्द किया हुआ पान। गिलौरी। २. किसी बहुत कठिन काम को करने के लिए किया गया सार्वजनिक संकल्प/

प्रण। ***वा॰* बीड़ा उठाना/लेना**—१. किसी बहुत कठिन काम को करने का उत्तरदायित्व लेना। २. किसी बहुत भीषण और संकटपूर्ण कार्य को करने का सार्वजनिक संकल्प/प्रण करना। **बीड़ा देना**—किसी बहुत कठिन/भीषण कार्य को करने का उत्तरदायित्व सौंपना।

बीदर—[< स॰ विदर्भ] *पु॰* १. विदर्भ क्षेत्र (महाराष्ट्र) का एक नगर। २. ताँबे और जस्ते की एक मिश्र धातु।

***बीध**—[< स॰ विधि] *क्रिवि॰* विधि के अनुसार। विधिपूर्वक। विधिवत्।

बीधना—[< स॰ विद्ध] *क्रिस॰* १. विद्ध करना। बींधना। छेदना। २. उलझाना। फँसाना। *क्रिअ॰* १. विद्ध होना। बिंधना। २. उलझना। फँसना। ✣ **बीधे**—*क्रिवि॰* = बन्धन में। वश में।

बीभत्स—[स॰ √बध् + सन् + घञ्] *वि॰* १. घृणित। २. भयानक। ३. बर्बर। असभ्य। जंगली। ४. निष्ठुर। *पु॰* घृणा। (काव्य॰) काव्य के नौ रसों में से एक रस जिसका स्थायी भाव 'जुगुप्सा' है।

बीम—[अ॰] *स्त्री॰* शहतीर। धरन। कड़ी।

बीमा—[< फा॰ बीम (= भय)] *पु॰* धन की कुछ निश्चित क़िस्तें लेकर बदले में संविदा के अनुसार कोई दुर्घटना (चोरी, मृत्यु इत्यादि) होने पर आर्थिक हानि पूरी करने की ज़िम्मेदारी। (अ॰ इन्श्योरेन्स) ***वा॰* बीमा करना**—क्षति-पूर्ति की ज़िम्मेदारी लेना।

***बीय**—*वि॰* ≤ *स॰* द्वितीय। दूसरा।

बीर—[< स॰ वीरा] *स्त्री॰* १. 'सखी' के लिए स्त्रियों में प्रचलित एक सम्बोधन। सहेली। २. कान में पहनने का एक आभूषण जिसे **'बिरिया'** भी कहा जाता है।

बीरन—[< स॰ वीर] *पु॰* वीर। ● **विशेष**—स्त्रियाँ अपने भाई को प्राय: 'बीरन' या 'वीर जी' कहकर सम्बोधित करती हैं।

बीरनि—[देशज] *पु॰* स्त्रियों का एक आभूषण जो कान में पहना जाता है।

***बीरबर**[1]—*वि॰* ≤ *स॰* वीर-वर। वीरों में श्रेष्ठ। महावीर।

***बीरबर**[2]—[< स॰ वीर ~ बल, या < बलवीर] *वि॰* शक्तिशाली वीर। *पु॰* (वसुदेव-रोहिणी का पुत्र) बलराम। बलवीर।

***बीरबल**[1]—*वि॰* ≤ *स॰* वीर-वर। वीरों में श्रेष्ठ। महावीर।

***बीरबल**[2]—[< स॰ वीर ~ बल] **वि॰* शक्तिशली वीर। *पु॰* मुग़ल-सम्राट् अकबर के नवरत्नों में से एक जो हिन्दी के कवि तथा योद्धा भी थे।

बीरबहूटी—[< स॰ वीर ~ वधूटी] *स्त्री॰* एक छोटा, रेंगनेवाला और सुन्दर कीड़ा जो गहरे लाल रंग का होता है और प्राय: बरसात में दिखता है। इन्द्रवधू।

बीरब्रती—[< स॰ वीरव्रती (बीरव्रतिन्)] *पु॰* वीर-व्रत धारण करने वाला। दृढ़प्रतिज्ञ वीर। वीरव्रती।

बीरासन—*पु॰* ≤ *स॰* बीरासन। (योग का) वीरासन नामक आसन।

***बीरी**[1]—[< हि॰ बीड़ी] *स्त्री॰* १. (पान का) बीड़ा। २. (पत्तियों में लपेटे गए तम्बाकू के चूर्ण से बनी सिगरेट की तरह पीने की) बीड़ी।

बीरी[2]—[देशज] *स्त्री॰* स्त्रियों का एक आभूषण जो कान में पहना जाता है।

***बीरौ**—*पु॰* ≤ *स॰* विटप। बिरवा। वृक्ष या पौधा।

बीहड़—[< *स॰* भीषण, अथवा < *स॰* विकट] *वि॰* १. ऊँचा-नीचा। विषम। ***जैसे***—बीहड़ भूमि। २. बहुत कठिन। ***जैसे***—बीहड़ काम। *पु॰* घना जंगल। ***जैसे***—बीहड़ों में छिपे डाकू।

***बीहा**—*वि॰* ≤ *हि॰* बीस।

†बींड़ा (बींड़ा)—[< स॰ वेष्ट, या देशज] *पु॰* १. घास से बनायी गयी गेंडुरी। २. बाँधा हुआ या लपेटा हुआ बोझ।

***बींदना**[1] **(बींदना**[1]**)**—[< स॰ √ वेधन] *क्रिस॰* १. जानना। २. अनुमान करना। ✣ **बींदि (बींदि)**—*क्रिवि॰* = अनुमान करके।

***बींदना (बींदना)**—*क्रिस॰* ≤ *हि॰* बींधना। वेधना।

बुकचा—[< तुर्की बुक्व:] *पु॰* (कपड़ों आदि की) गठरी। ✣ **बुकची**—*स्त्री॰* = १. (कपड़ों आदि की) छोटी गठरी। २. दर्ज़ियों की थैली जिसमें वे सुई, धागा आदि रखते हैं।

बुकना—[< हि॰ बूकना] *क्रिअ॰* पीसकर चूर्ण किया जाना। चूर्ण होना। ✣ **बुकनी**—*स्त्री॰* (किसी वस्तु का) महीन पीसा गया चूर्ण।

बुकरम—[अरबी] *पु॰* गोंद आदि से कड़ा किया हुआ कपड़ा जो वस्त्रों के कॉलर, आस्तीन आदि में कड़ापन लाने के लिए लगाया जाता है।

बुक्क—[स॰ √बुक्क् + अच्] *पु॰* १. हृदयस्थ मांसपिंड। २. हृदय। ३. रक्त। ख़ून। ✣ **बुक्का/बुक्की**—*स्त्री॰* = १. हृदय। २. रक्त। ख़ून।

बुक्सा—[देशज] पु॰ १. एक प्रमुख जनजाति जो नैनीताल जनपद (उत्तरांचल) की तराई में बसी हुई है। २. उक्त जनजाति का व्यक्ति।

बुजनी—[देशज] *स्त्री॰* कान का एक आभूषण जिसके नीचे झुमका भी लगा होता है।

बुज्जा—[देशज] *पु॰* एक चिड़िया जो करांकुल की जाति की होती है।

***बुट**—[< हि॰ बूटा] *स्त्री॰* जड़ी-बूटी।

बुड़की—[< हि॰ बुड़ना] *स्त्री॰* डुबकी। ***जैसे***—नदी में बुड़की लेना।

बुड़ना—[< प्रा॰ बुड्डण] *क्रिअ॰* डूबना। बूड़ना।

बुत—[फा॰] *पु॰* १. मूर्ति। प्रतिमा। २. (पूजित) देव-मूर्ति। ***वा॰* बुत बन/हो जाना**—१. स्थिर और मौन बन जाना। चेष्टारहित और चुप हो जाना। २. भावना/संवेदना से रहित व्यक्ति की तरह व्यवहार करना। ✣ **बुततराश**—*वि॰* = पत्थर की मूर्तियाँ बनाने वाला। मूर्तिकार। ✣ **बुतपरस्त**—*वि॰, पु॰* मूर्ति-पूजा करने वाला। मूर्तिपूजक। ✣ **बुतफ़रोश**—*पु॰* = मूर्तियाँ बेचनेवाला। ✣ **बुतशिकन**—*वि॰* = १. मूर्ति तोड़नेवाला। मूर्ति-भंजक। २. मूर्ति-पूजा का विरोधी होने के कारण मूर्तियाँ तोड़नेवाला।

बुतना**—[< हि॰ बुझना, या देशज] *क्रिअ॰* बुझना। ***जैसे—दीपक बुतना; भूख बुतना।

बुत्ता—[देशज] *पु॰* बातों से दिया जाने वाला धोखा। झाँसा। चकमा।

बुद्ध (बुद्ध)—[सं॰ बुध् + क्त] *वि॰* १. जगा हुआ। २. बुद्धिमान्। ३. ज्ञानी। पंडित। विद्वान्। ***जैसे***—बुद्ध जनों की सभा। *पु॰* १. बुद्धिमान् या ज्ञानी व्यक्ति। २. (बौद्ध धर्म का प्रवर्तक) शुद्धोदन-पुत्र सिद्धार्थ गौतम। ✣ **बुद्धत्व (बुद्धत्व)**— *पु॰* = बुद्ध होने की अवस्था/भाव।

बुद्धि (बुद्धि)—[सं॰ √बुध् + क्तिन्] *स्त्री॰* १. (मनुष्य आदि का) एक अन्तःकरण जो निश्चयात्मक है। जानने, समझने, विचार करने और निश्चय करने की शक्ति। मति। समझ। अक़्ल। २. निश्चयात्मक बोध। ३. ज्ञान-शक्ति। ४. विवेक। समझ। ५. उपाय। युक्ति। ६. धारणा। समझ। ७. महत् तत्त्व जो मूल प्रकृति का प्रथम परिणाम है। ८. तर्कशक्ति। **Δ पर्याय**— दे॰ परिशिष्ट के 'पर्यायवाची कोश' में—बुद्धि। (छन्द॰) एक विषममात्रिक छन्द जिसके चारों चरणों में क्रमशः १६, १४, १४, १३ मात्राएँ होती हैं। 'लक्ष्मी' छन्द। ✣ **बुद्धिकृत (बुद्धिकृत)**— *वि॰* = बुद्धिपूर्वक किया हुआ। ✣ **बुद्धि-कौशल (बुद्धि-कौशल)**— *पु॰* = १. बुद्धिपूर्वक उत्तम रीति से काम करने की निपुणता। २. बुद्धिमत्ता। चतुरता। ✣ **बुद्धिगम्य**— *वि॰* = जिसे बुद्धि से समझा जा सके। समझ में आ सकने वाला। ✣ **बुद्धिग्राह्य (बुद्धिग्राह्य)**— *वि॰* = १. बुद्धिगम्य। २. जिसे बुद्धि ग्रहण कर सके या ठीक मान सके।

बुद्धिजीवी (बुद्धिजीवी)—[सं॰ बुद्धिजीविन्] *वि॰* जो किसी बौद्धिक कार्य के द्वारा अपना जीवन-निर्वाह करता हो। भाषण, लेखन आदि बौद्धिक कार्यों से जीविका कमानेवाला (अध्यापक, विचारक, वकील, सम्पादक आदि)।

बुद्धितत्त्व (बुद्धितत्त्व)—[सं॰ बुद्धि ~ तत्त्व] *पु॰* (सांख्य॰) 'महत्' नामक तत्त्व जो मूल प्रकृति का प्रथम परिणाम है।

बुद्धिदोष (बुद्धिदोष)—[सं॰ बुद्धि ~ दोष] *पु॰* १. बुद्धि का दोष। २. समझ की कमी।

बुद्धिपुरस्सर (बुद्धिपुरस्सर)—[< सं॰ बुद्धि ~ पुरस्सर] *क्रिवि॰* सोच-समझ कर। बुद्धिपूर्वक।

बुद्धियोग (बुद्धियोग)—[सं॰ बुद्धि ~ योग] *पु॰* [भा॰ दर्शन॰] (गीता आदि में वर्णित) ज्ञानयोग।

बुद्धिलब्धि (बुद्धिलब्धि)—[सं॰ बुद्धि ~ लब्धि] *स्त्री॰* (मनो॰) व्यक्ति के बुद्धि-परिमाण का सूचक अंक। मानसिक आयु से वास्तविक आयु को भाग देकर लब्धि को १०० से गुणा करने पर प्राप्त संख्या। (अं॰ इंटेलिजेंस क्वोशेंट)

बुद्धिवन्त (बुद्धिवंत)—[< सं॰ बुद्धिमत्] *वि॰* बुद्धिमान्।

बुद्धिवाद (बुद्धिवाद)—[सं॰ बुद्धि ~ वाद] *पु॰* १. यह मत कि समस्त/अधिकांश ज्ञान मनन और तर्क से उपलब्ध होता है या हुआ है। प्रज्ञावाद। तर्कवाद। २. यह मत कि सब विषयों में बुद्धि ही सर्वश्रेष्ठ प्रमाण है। ३. चमत्कारों की तर्कसंगत व्याख्या करने की प्रवृत्ति। ४. धर्म का आधार 'तर्क' को मानने की प्रवृत्ति। **Δ पर्याय**— प्रज्ञावाद।

बुद्धि-वैचक्षण्य (बुद्धि-वैचक्षण्य)—[सं॰] *पु॰* १. बुद्धि की निपुणता। २. चतुराई। ३. उत्तम तर्कशीलता।

बुद्धि-वैभव (बुद्धि-वैभव)—[सं॰] *पु॰* १. बुद्धि की प्रखरता। २. उत्कृष्ट बुद्धि का ऐश्वर्य/सामर्थ्य। बुद्धि-बल।

बुद्धिहत (बुद्धिहत)—[सं॰ बुद्धि ~ हत] *वि॰* जिसकी बुद्धि नष्ट/मन्द/विकृत हो गयी हो। २. मूर्ख।

बुद्धिहा (बुद्धिहा)—[सं॰ बुद्धिहन्] *वि॰* बुद्धि को नष्ट/विकृत/मन्द करनेवाला (पदार्थ)। ***जैसे***—बुद्धिहा शराब।

बुध—[सं॰ √बुध् + क] *पु॰* १. बुद्धिमान् व्यक्ति। २. विद्वान्। पंडित। ३. सौरमंडल का एक ग्रह जो सूर्य से निकटतम ग्रह है। ४. (सप्ताह के एक दिन) 'बुधवार' का संक्षिप्त रूप। ५. एक देवता जो चन्द्रमा का पुत्र है।

बुधजन—[सं॰ बुध ~ जन] *पु॰* विद्वान्/पंडित लोग।

***बुधि**— *स्त्री॰* ≤ *सं॰* बुद्धि।

बुनियाद—[< फा॰ बुन्याद] *पु॰* १. नींव। आधार। २. मूल। ३. आरम्भ। ***वा॰* बुनियाद रखना/डालना**—(मकान आदि की) नींव रखना। ✣ **बुनियादी**— *वि॰* = १. बुनियाद-सम्बन्धी। बुनियाद का। २. बुनियाद के रूप में होनेवाला। ३. आधारभूत। ४. आरम्भिक।

***बुन्द (बुंद)**—[< सं॰ बिन्दु] *स्त्री॰* बूँद। *वि॰* बूँद-भर। २. ज़रा-सा। बहुत थोड़ा।

बुन्दका (बुंदका)—[< सं॰ बिन्दुक] *स्त्री॰* बड़ी बुन्दकी। ✣ ***बुन्दकी (बुंदकी)**— *स्त्री॰* = १. छोटे आकार की गोल बिन्दी। २. छोटी बूँद। ३. बूँद-जैसा छोटा और गोल चिह्न। ४. (कान में पहनने का) छोटा बुन्दा।

बुन्दा (बुंदा)—[< सं॰ विन्दु] *पु॰* १. कान में पहनने का एक आभूषण। २. माथे पर लगाने की बड़ी बिन्दी। बड़ी टिकली।

बुन्देला (बुंदेला)—[देशज] *पु॰* एक प्रकार के क्षत्रिय जो बुन्देलखंड में रहते हैं। ✣ **बुन्देली (बुंदेली)**— *स्त्री॰* = बुन्देलखंड की बोली। ● **विशेष**—'बुन्देली' हिन्दी भाषा की ही एक बोली है।

बुबुकना—[अनु॰] *क्रिअ॰* ज़ोर से रोना। ✣ **बुबुकारी**— *स्त्री॰* = १. ज़ोर-ज़ोर से रोने का शब्द। २. ज़ोर-ज़ोर से रोना। ***जैसे***—स्त्रियाँ बुबुकारी दे रही थीं। ३. चीत्कार। चीख़-पुकार।

बुभुक्षा—[सं॰ √भुज् + सन् + अ + टाप्] *स्त्री॰* १. खाने की इच्छा। क्षुधा। भूख। २. (लाक्षणिक) किसी वस्तु के उपभोग की इच्छा।

बुभुक्षित—[सं॰ बुभुक्षा + इतच्] *वि॰* क्षुधित। भूखा।

***बुरहा**—[< हि॰ बुरा] *वि॰* बुरा।

बुरुश—[< अं॰ ब्रश] *पु॰* १. (चित्रकार की) तूलिका। कूची। २. तारों या कृत्रिम बालों आदि का बना हुआ वह उपकरण जिससे कोई वस्तु माँजी या चमकायी जाती है।

बुर्क़ा—[अरबी] *पु॰* सिर से पैर तक का एक वस्त्र जिसे पर्देवाली मुस्लिम स्त्रियाँ अपना मुख ढाँकने को पहनती हैं।

बुर्क़ापोश—[अरबी बुर्का + फा॰ पोश] *वि॰* जो बुर्क़ा पहने हुए हो। बुर्क़ाधारी।

बुर्ज़—[अ॰] *पु॰* १. किसी भवन/दुर्ग आदि में मीनार का ऊपरी भाग।

२. गुम्बद। ✣ **बुर्ज़ी**—*स्त्री॰* = छोटा बुर्ज़।

बुर्ज़ुआ—[अ॰] *पु॰* पूँजीपति समाज में उत्पादन के साधनों के स्वामित्व वाला (व्यक्ति)।

बुर्द—[फा॰] *स्त्री॰* भारतीय पद्धति से शतरंज के खेल में 'आधा मात' की स्थिति जिसमें हारनेवाले के पास बादशाह के अतिरिक्त कोई मोहरा शेष नहीं रहता।

बुर्दबार—[फा॰] *वि॰* १. गम्भीर। सौम्य। २. सहनशील।

बुर्राक़—[< अरबी बर्राक़] *वि॰* १. चमकदार। चमकीला। २. बहुत सफेद। धवल। ***जैसे***—बुर्राक़ कपड़े पहने हुए।

बुललचश्म—[फा॰] *स्त्री॰* एक चिड़िया जो आकार में बुलबुल से छोटी होती है।

बुलाक—[तुर्की] *पु॰* १. नाक की बीच वाली हड्डी। २. नाक का एक आभूषण। नथ। ३. उक्त 'नथ' में लटकने वाला लम्बोतरा मोती।

बुलालचश्म—[फा॰] *स्त्री॰* 'सहेली' नामक चिड़िया। जो प्राय: झुंडों में पेड़ों की ऊपरी डालियों पर रहती है।

बुलेटिन—[अ॰] *स्त्री॰* १. (सरकारी) विज्ञप्ति। २. (रोगी के) स्वास्थ्य के विषय में विज्ञप्ति। ३. संक्षिप्त सूचना पत्रक। वृत्त-पत्र। ४. घोषणापत्र। समाचार पत्रिका। ४. (समाचार का) प्रसारण।

†**बुल्ला**—*पु॰* ≤ *हि॰* बुलबुला।

बुसना—[< हि॰ बासी] *क्रिअ॰* खाद्य पदार्थ का बासी होने के कारण बिगड़ना। ***जैसे***—अधिक गर्मी पड़ने के कारण दाल बुस गयी।

बुँदकी—[< हि॰ बुन्दकी < स॰ बिन्दुक] *स्त्री॰* १. छोटी गोल बिन्दी। २. किसी वस्तु पर बना छोटा और गोल चिह्न। ✣ **बुँदकीदार**—*वि॰* = जिस पर अनेक बुँदकियाँ बनी हुई हों।

बुँदिया—[< हि॰ बूँद] *स्त्री॰* १. छोटी बूँद। २. (बेसन की बनी) बूँदी।

बू—[फा॰] *स्त्री॰* १. गन्ध। महक। बास। २. बुरी गन्ध। दुर्गन्ध। (लाक्षणिक) आसार या आभास। ***जैसे***—स्वार्थ की बू। ***वा॰* बू उड़ना/फैलना**—१. रहस्य प्रकट होना। २. कलंक गुप्त न रहना। **बू तक न आना/लगना**—ज़रा भी ख़बर न होना। (बात) गुप्त रहना। ✣ **बू-बास**—*स्त्री॰* = १. (हल्की) गन्ध। २. (लाक्षणिक) गुण/योग्यता/महत्ता आदि का घमंड या प्रदर्शन (प्राय: अभावात्मक वर्णन में) ***जैसे***—लक्ष्मीबाई में रानीपन की बू-बास भी नहीं थी।

बूका—[देशज] *पु॰* नदी के हट जाने से निकल आनेवाली भूमि। गंगबरार।

बूकी—[< हि॰ बूकना] *स्त्री॰* (किसी वस्तु का) महीन पीसा हुआ चूर्ण/चूरा। रंग आदि की बुकनी।

बूचड़—[< अ॰ बूचर] *पु॰* १. क़साई। २. मांस बेचनेवाला। ✣ **बूचड़ख़ाना**—*पु॰* = वह स्थान जहाँ क़साई पशुओं की हत्या करता है। क़साईख़ाना।

बूचा—[देशज] *वि॰* १. जिसके कान कटे हुए हों। कनकटा। ***जैसे***—नकटा-बूचा मनुष्य। २. किसी अंग के कट जाने के कारण शोभाहीन/कुरूप लगने वाला। ✣ **बूची**—*वि॰ (स्त्री॰)*। ***जैसे***—नकटी-बूची स्त्री।

बूझ—[< प्रा॰ बुज्झ < स॰ √बुध्] *स्त्री॰* १. बुद्धि। समझ। २. पहेली।

बूट[1]—[< स॰ विटप] *पु॰* १. वृक्ष। पेड़। २. हरा चना।

बूट[2]—[अ॰] *पु॰* (पाश्चात्य शैली का) जूता।

बूटा—[< स॰ विटप] *पु॰* १. छोटा पौधा। २. (कपड़े आदि पर बनायी गयी) फूल-पत्ती। ✣ **बूटी**—*स्त्री॰* = १. औषधि आदि के रूप में काम आने वाली वनस्पति। ***जैसे***—संजीवनी बूटी। २. भाँग। ३. कपड़े पर बने हुए छोटे बेल-बूटे। ✣ **बूटेदार**—*वि॰* = बेल-बूटे से युक्त (कपड़ा)।

***बूठना**—[< स॰ वर्षण] *क्रिअ॰* वर्षा होना। बरसना। ✣ **बूठा**—*वि॰* = बरसा हुआ।

बूड़/बूड़ा—[< हि॰ बूड़ना] *स्त्री॰* जल की आदमी-डुबाऊ गहराई। डुबाव।

बूता—[< स॰ वित्त] *पु॰* सामर्थ्य। शक्ति। बल।

बूथ—[अ॰] *पु॰* १. कक्ष। कमरा। २. चुनाव में मत डालने के लिए निर्दिष्ट कमरा।

बूमरैङ्ग (बूमरैंग)—[अ॰] *पु॰* १. आस्ट्रेलिया के आदिवासियों का एक अस्त्र जिसे फेंकने पर वह वहीं लौट आता है जहाँ से छोड़ा गया था।

बूर—[देशज] *स्त्री॰* १. अनाज की भूसी या छिलका। ***जैसे***—बूर के लड्डू खाकर पछताना। २. कुछ विशेष कपड़ों के ऊपर निकल आने वाले रोएँ। रुआँ। ***जैसे***—स्वेटर के बूर; तौलिया के बूर।

बूरा—[< हि॰ भूरा] *पु॰* (गुड़ से बनी, कुछ भूरे रंग वाली) कच्ची शकर।

बूरानी—[फा॰] *स्त्री॰* बैंगन का रायता।

बृंहण—[स॰ √बृंह् + ल्युट्] *वि॰* १. शरीर को मोटा करने वाला (पदार्थ)। २. पुष्टिकारक। पोषक। *पु॰* १. पुष्टि। २. हाथी की चिंघाड़। (आयुर्वेद॰) रोग के शरीर में घटे हुए वात, पित्त, कफ आदि को बढ़ाना। ✣ **बृंहित**—*वि॰* = १. बढ़ा हुआ।

बृक—[< स॰ वृक] *पु॰* १. भेड़िया। २. गीदड़।

बृत्तान्त (बृत्तांत)—*पु॰* ≤ *स॰* वृत्तान्त। समाचार।

बृहत्—[स॰ √बृह + अति, निषात॰] *वि॰* १. बहुत बड़ा। विशाल। २. लम्बा-चौड़ा। २. शक्तिशाली। बलिष्ठ। ३. ठसा हुआ। घना। सघन। ४. ऊँचा या भारी (स्वर)। ५. पर्याप्त। यथेष्ट। ✣ **बृहत्तारा**—*पु॰* = (खगोल॰) अत्यधिक चमकीला तथा अत्यन्त बड़ा तारा। दानव तारा।

बृहती—[स॰ बृहत् + ङीष्] *स्त्री॰* १. बड़ी वीणा। २. भटकटैया (पौधा)।

बृहत्तर—[स॰ बृहत् + तरप्] *वि॰* १. (तुलना में) और अधिक विशाल। २. अधिक विस्तार का। ***जैसे***—विशालतर। ३. किसी विशाल क्षेत्र के आसपास के क्षेत्रों को सम्मिलित करने से बना अधिक विशाल क्षेत्र। ***जैसे***—बृहत्तर भारत में हिन्दू धर्म और संस्कृति का प्रभाव।

बृहद्—[स॰ बृहत्] *वि॰* 'बृहत्' का समस्त पदों में एक सन्धिगत

रूप। ***जैसे***—बृहदारण्यक (= बृहत् + आरण्यक); बृहद्रथ (= बृहत् + रथ)।

बृहदङ्ग (बृहदअंग)—[स॰ बृहत् ~ अङ्ग] *वि॰* विशाल शरीर वाला।

बृहदणु—[स॰ बृहत् ~ अणु] *पु॰* (रसायन॰) कार्बनिक अणु जो सैकड़ों परमाणुओं के समुच्चयन से बनता है (जैसे प्रोटीन आदि में)।

बृहदन्त्रशोथ (बृहदंत्रशोथ)—[स॰ बृहत् ~ अन्त्र ~ शोथ] *पु॰* (चिकित्सा॰) बड़ी आँत की सूजन। (अ॰ कोलाइटिस)

बृहद्बाहु—[स॰ बृहत् ~ बाहु] *वि॰* विशाल भुजाओं वाला।

बृहस्पति—[स॰ बृहत् ~ पति] *पु॰* १. सौर परिवार का सबसे बड़ा ग्रह। २. देवों का गुरु। देव-गुरु।

बृहस्पतिचक्र—[स॰ बृहस्पति ~ चक्र] *पु॰* (ज्योतिष॰) ६० वर्षों का संवत्सर-चक्र।

बे—[< हि॰ अबे] *सर्व॰* एक उपेक्षापूर्ण सम्बोधन। अबे। ***जैसे***—बे चोर! ● **विशेष**—फ़ारसी से आए हिन्दी शब्दों में उपसर्ग के रूप में 'बे' का प्रयोग होता है—बिना/बग़ैर या 'न' के अर्थ में। ***जैसे***—बेक़रार, बेचैन।

बेअख़्यार—[फ़ा॰ बे + अरबी इख़्तियार] *वि॰* विवश।

बेअदब—[फ़ा॰ बे + अरबी अदब] *वि॰* १. अशिष्ट। असभ्य। बेतहज़ीब। २. धृष्ट। गुस्ताख़। ३. उद्दंड। उजड्ड।

बेअन्त (बेअंत)—[फ़ा बे + स॰ अन्त] *वि॰* १. अन्त-रहित। अनन्त। २. असीम। बेहद। ***जैसे***—बेअन्त सामान ख़रीदना।

***बेआधी**—[< स॰ व्याधि] *स्त्री॰* व्याधि। रोग। बीमारी।

बेआब—[फ़ा॰ बे + अरबी आब] १. जिसमें आब न हो। जिसमें चमक न हो। २. जिसकी प्रतिष्ठा/इज़्ज़त न हो।

***बेआसी**—[< फ़ा॰ बे + स॰ आशा] *वि॰* बिना आशा का। निराश। *क्रिवि॰* निराश होते हुए भी।

बेइख़्तियार—[फ़ा॰ बे + अरबी इख़्तियार] *वि॰* १. अधिकारहीन। २. विवश। *क्रिवि॰*—सहसा। अचानक।

***बेउ**[१]—[< स॰ द्वि ~ अपि] *सर्व॰* दोनों।

†**बेउ**[२]—[< हि॰ वे] *सर्व॰* वे भी।

बेउज्र—[फ़ा॰ बे + अरबी उज्र] *वि॰* जो उज्र/आपत्ति न करता हो या न कर रहा हो। *क्रिवि॰* बिना उज्र/आपत्ति किए हुए।

***बेकर-बेकर**—[देशज] *क्रिवि॰* १. अलग-अलग। २. अनेक प्रकार के।

बेक़रार—[फ़ा॰ बे + अरबी-क़रार] *वि॰* १. व्याकुल। बैचेन। २. उद्विग्न। ✣ **बेक़रारी**—*स्त्री॰* = १. व्याकुलता। बैचेनी। २. उद्विग्नता।

बेकरीना—[< फ़ा॰ बे + अरबी करीनः] *वि॰* १. क्रमहीन। बेतरतीब। २. अव्यवस्थित।

बेकल—[< स॰ विकल] *वि॰* विकल। बेचैन।

बेकसी—*स्त्री॰* बेचैनी।

बेकस—[फ़ा॰] *वि॰ पु॰* १. दुःखी। पीड़ित। २. असहाय। निराश्रय। ३. दीन। विवश। ✣ **बेकसी**—*स्त्री॰* = १. दुःख। कष्ट। २. असहाय-अवस्था। असहायता। ३. दीनता। विवशता।

बेकाज—[फ़ा॰ बे + हि॰ काज] *वि॰* १. जिस पर कोई काम न हो। निठल्ला। २. जो किसी काम का न हो।

बेकिंग सोडा—[अ॰] *पु॰* खाने का सोडा।

***बेख**—[*पु॰* ≤ स॰ वेष] १. वेष। २. स्वाँग।

बेख़ता—[फ़ा॰ बे + अरबी ख़ता] *वि॰* १. जिसने कोई अपराध न किया हो। निरपराध। बेक़सूर। २. जो न चूके। अचूक।

बेख़ुद—[फ़ा॰] *वि॰* अचेत। बेसुध। ✣ **बेख़ुदी**—*स्त्री॰* = अपनी सुध-बुध का विस्मरण। अचेतावस्था।

बेगड़ी—[< अप॰ बेगाडिअ < स॰ वैकटिक] *पु॰* १. हीरे काटनेवाला कारीगर। हीरातराश। २. कुरंट पत्थर की शान पर नगों में पहल काटनेवाला कारीगर।

बेगर—[देशज] *वि॰, क्रिवि॰* पृथक्। अलग। अकेला। ✣ **बेगर-बेगर**—*क्रिवि॰* १. अकेला-अकेला। अलग-अलग। २. भिन्न-भिन्न प्रकार के। तरह-तरह के।

बेग़रज़—[फ़ा॰ बे + अरबी ग़रज़] *वि॰* निःस्वार्थ। ✣ **बेग़रज़ी**—*स्त्री॰* = निःस्वार्थता। †*वि॰* बेग़रज़। निःस्वार्थ।

***बेगवती**—[< स॰ वेगवती] *वि॰* (स्त्री॰) वेग वाली। वेगवती।

बेगानगी—[फ़ा॰] *स्त्री॰* बेगानापन। परायापन।

बेगाना[१]—[< फ़ा॰ बेगानः] *वि॰* १. पराया। ***जैसे***—बेगाने लोग। २. अपरिचित। अनजान। ***जैसे***—पढ़ने-लिखने से बेगाना।

***बेगाना**[२]—[< स॰ वेग] *क्रिअ॰* १. वेगपूर्वक करना। २. दौड़ाना।

***बेगि**—[< हि॰ बेगना < स॰ वेग] *क्रिवि॰* १. वेगपूर्वक। २. शीघ्र। जल्दी। ३. तत्काल। फ़ौरन।

बेगुन—[< स॰ विगुण] *वि॰* गुणरहित। गुणहीन।

बेगुनी—*वि॰* ≤ *हि॰* बेगुन। गुणरहित।

बेग़ैरत—[फ़ा॰ बे + अरबी ग़ैरत] *वि॰* १. निर्लज्ज। बेहया। स्वाभिमानहीन। ✣ **बेग़ैरती**—*स्त्री॰* = १. निर्लज्जता। बेहयाई। २. स्वाभिमानहीनता।

बेचक—[< हि॰ बेचना] *वि॰, पु॰* बेचनेवाला। विक्रेता।

बेचान—[< हि॰ बेचना] *पु॰* चेक आदि की पीठ पर किया जाने वाला हस्ताक्षर। पृष्ठांकन। ***जैसे***—चेक पर बेचान करना।

बेछन्द—[फ़ा॰ बे + हि॰ छन्द] *वि॰* जिसमें छन्द न हो। छन्दरहित।

बेजड़—[फ़ा॰ बे + हि॰ जड़] *वि॰* १. जिसकी जड़/बुनियाद/आधार न हो। आधारहीन। २. जिसमें कोई सार न हो। सारहीन। ३. जो मन से गढ़ा हुआ हो। निर्मूल।

बेजा—[फ़ा॰] *वि॰* १. अनुचित। २. असंगत। बेतुका।

बेज़ार—[फ़ा॰] *वि॰* बहुत अप्रसन्न/क्रुद्ध या खिन्न।

बेजुर्म—[फ़ा॰ बे + अरबी जुर्म] *वि॰* निरपराध। बेक़सूर। ✣ **बेजुर्मी**—*स्त्री॰* = अपराधहीनता। बेक़सूरी।

***बेझ**—[< स॰ वेध्य] *पु॰* लक्ष्य। निशाना।

बेझड़—[देशज] *पु॰* गेहूँ, जौ, चना, मटर आदि का मिश्रण।

***बेझना**—[< सं॰ वेधन] *क्रिस॰* १. वेधना। छेदना। २. निशाना साधना।

बेझा—[< सं॰ वेध या < हि॰ बेझ] *पु॰* वेध। लक्ष्य। निशाना।

***बेटकी**—[< हि॰ बेटा] *स्त्री॰* पुत्री। बेटी।

***बेठ**[1]—[< सं॰ वेष्टि] *स्त्री॰* १. घेरा। २. लपेट।

†**बेठ**[2]—[देशज] *पु॰* १. एक प्रकार की ऊसर भूमि। बीहड़ भूमि। २. मज़दूरों आदि को स्वामी से मिला अग्रिम धन जो धीरे-धीरे करके या तैयार सामान देकर चुकता होता रहता है।

बेठन—[< सं॰ वेष्टन] *पु॰* १. घेरा। २. लपेट। ३. पुस्तक पर लपेटा जाने वाला वस्त्र। ***वा॰* पोथी का बेठन**—१. अशिक्षित व्यक्ति। २. शिक्षित परन्तु निरुपयोगी।

बेड़[1]—[देशज] *पु॰* १. सुरक्षा के लिए वृक्षों/पौधों आदि के चारों ओर बनायी गयी बाड़। थाला। २. खेत या बाग़ की बाड़। ✣ **बेड़ना**—*क्रिस॰* बेड़ लगाना।

बेड़[2]—[देशज] *पु॰* १.नटों की एक उपजाति जो गाने-बजाने का काम करती है। २. उक्त जाति का पुरुष। ✣ **बेड़नी**—*स्त्री॰* = १. बेड़ जाति की स्त्री। २. नट/बेड़ की पत्नी। नटनी।

बेड़ा[1]—[< सं॰ वेडा] *पु॰* १. नौका। नाव। २. नावों/जहाज़ों का समूह। ३. लट्ठे/लकड़ियों आदि पर बाँस का टट्टर बिछा कर बनाया गया एक ढाँचा जिससे नदी आदि पार की जाती है। ***वा॰* बेड़ा ग़र्क करना, बेड़ा डुबाना**—१. काम बिगाड़ देना। २. सर्वनाश कर देना। **बेड़ा डूबना**—१. काम बिगड़ जाना। २. सर्वनाश हो जाना। **बेड़ा पार करना/लगाना**—१. संकट पार करना। संकट से पार लगाना। उद्धार करना। २. मुक्ति/मोक्ष देना। ३. कोई कठिन कार्य पूरा कराना।

बेड़ा[2]—[< सं॰ वलित, या हि॰ 'आड़ा' का अनु॰] *वि॰* १. जो ठीक ऊर्ध्वाधर/क्षैतिज न हो। तिरछा। आड़ा। ***जैसे***—लकड़ी को कुछ बेड़ा कर दो। २. विकट। कठिन। मुश्किल।

***बेड़ि**—[देशज] *स्त्री॰* पैरों का एक आभूषण।

बेड़िया—*पु॰* ≤ *हि॰* बेड़।

बेड़ी—[< हि॰ बेड़ना] *स्त्री॰* क़ैदियों आदि के पाँवों में पहनायी जानेवाली लोहे की ज़ंजीर। निगड।

बेढ़—[देशज] *स्त्री॰* सुरक्षा के लिए वृक्षों/पौधों के चारों ओर लगायी गयी बाड़। थाला।

बेढ़ई—[< हि॰ बेढ़ना] *स्त्री॰* पीठी/मसाला आदि की कचौड़ी।

बेढ़न—[< हि॰ बेड़ना] *पु॰* १. वेष्टन। बेठन। घेरा। २. खेत/वृक्ष/बाग़ इत्यादि की बाड़।

बेढ़ना—[< सं॰ वेष्टन] *क्रिअ॰* वेष्टित होना। लिपटना। *क्रिस॰* १. लपेटना। २. घेरना। ३. कँटिदार तार आदि से खेत, बाग या वृक्ष आदि की बाड़ बनाना। वेष्टन। ३. पशुओं को घेरकर हाँकना।

बेढब—[फा॰ बे + हि॰ ढब] *वि॰* १. जिसका ढब/ढंग बुरा हो। २. कुरूप। बेडौल। भद्दा। *क्रिवि॰* १. अनुचित/बुरी/ग़लत तरह से। २. असाधारण रूप से।

बेढ़ा—[< हि॰ बेढ़ना] *पु॰* १. घेरा हुआ स्थान। २. घर के समीप का छोटा सा घेरा हुआ स्थान जिसमें सब्ज़ियाँ आदि उगाते हैं। ३. हाथ का एक आभूषण। एक प्रकार का कड़ा।

***बेढ़ूया**—[< हि॰ बेढ़ना < सं॰ वेष्टन] *वि॰* घिरा हुआ। वेष्टित। आवृत।

***बेणी/बेनी**—[< सं॰ वेणी] *स्त्री॰* १. वेणी। बालों की चोटी। २. (प्रयाग में संगम पर) नदी की धारा। ✣ **बेणीफूल**—*पु॰* = सिर पर पहनने का फूल के समान एक आभूषण। सीसफूल।

†**बेत**—[< सं॰ वेत्र] *पु॰* वेत्र। बेंत।

बेतकल्लुफ़—[फा॰ बे + अरबी तकल्लुफ़] *वि॰* १. दिखावे का शिष्टाचार न करनेवाला। सरल। २. घनिष्ठ। अन्तरंग। *क्रिवि॰* = १. बिना तकल्लुफ के। २. निःसंकोच। बेधड़क।

***बेतना**—[< सं॰ √विद्] *क्रिअ॰* १. जानना। २. जान पड़ना। प्रतीत होना।

***बेतपानि**—[< सं॰ वेत्रपाणि] *पु॰* (हाथ में बैंत लिए रहनेवाला) द्वारपाल।

बेतरह—[फा॰ बे + अरबी तरह] *क्रिवि॰* १. असाधारण रूप से। २. बहुत अधिक। ३. बुरी तरह।

बेतरतीब—[फा॰ बे + अरबी तरतीब] *वि॰* १. जिसमें कोई क्रम न हो। क्रमविहीन। २. उलटा-सीधा। अव्यवस्थित। अस्त-व्यस्त।

बेतलब—[फा॰ बे + अरबी तलब] *वि॰* १. बिना माँगे हुए। २. बिना बुलाए हुए। ३. जिज्ञासाहीन। ४. अनिच्छुक।

बेतहाशा—[फा॰ बे + अरबी तहाशा] *क्रिवि॰* १. अकस्मात्। सहसा। अचानक। २. अन्धाधुन्ध। बहुत अधिक। ३. बहुत तेज़ी से और अचानक।

बेताल[1]—[< सं॰ वैतालिक] *पु॰* भाट। बन्दी।

बेताल[2]—[फा॰ बे + सं॰ ताल] *वि॰* (संगीत॰) १. जो ताल के अनुसार ठीक न हो। ***जैसे***—बेताल गायक; बेताल गायन। २. ताल के बिना। ✣ **बेताला**—*वि॰* (संगीत॰) बेताल। ✣ **बेताली**—*स्त्री॰* = (संगीत॰) ताल के अनुसार न होने की क्रिया/भाव।

बेतुका—[< फा॰ बे + हि॰ तुक] *वि॰* १. ऐसी पद्य-रचना जिसमें तुक/अन्त्यानुप्रास न हो। अन्त्यानुप्रास-रहित। २. जो प्रसंग/अवसर/समय के अनुरूप न हो। असंगत। बेमेल। ३. अवसर के अनुकूल अथवा प्रतिकूल होने का विचार न करते हुए बोलने या काम करने वाला। ४. (वस्त्र आदि) जो ठीक ढंग से न पहना गया हो या फबता न हो। ✣ **बेतुकी**—*वि॰ (स्त्री॰)*। ***जैसे***—बेतुकी पद्य-रचना; बेतुकी बातें।

***बेदन/बेदना**—*स्त्री॰* ≤ *सं॰* वेदना। पीड़ा।

बेदाना—[फा॰] *वि॰* (ऐसा फल) जिसमें बीज न हो। ***जैसे***—बेदाना अमरूद। *पु॰* एक प्रकार का उत्तम अनार जिसके दाने बहुत मधुर होते हैं।

बेदार—[फा॰] *वि॰* जागा हुआ। जाग्रत। सचेत। ✣ **बेदारी**—*स्त्री॰* = जागृति। सचेतता।

***बेदिका**—[< सं॰ वेदिका] *स्त्री॰* (यज्ञ आदि की) वेदिका। वेदी।

बेदिल—[फा॰] *वि॰* खिन्न। उदास।

***बेदी**[1]—[< सं॰ वेदी] *स्त्री॰* यज्ञ आदि किसी शुभ कार्य में बनायी गयी ऊँची भूमि।

***बेदी**[2]—[< हि॰ बेद < सं॰ वेद] *पु॰* १. वेदों पर श्रद्धा रखनेवाला व्यक्ति। २. वैदिक धर्म का अनुयायी/समर्थक। *वि॰* वेद/वेदों का।

बेध—[< सं॰ वेध] *पु॰* १. वेध। २. छेद। पिरोने के लिए मोती आदि में किया गया छेद।

बेधिया[1]—[< सं॰ वेधी] *वि॰* वेधनेवाला। छेदनेवाला। *पु॰* (हाथी के लिए प्रयुक्त) अंकुश।

बेधिया[2]—[< सं॰ विद्ध] *वि॰* जिसे वेधा गया हो। विद्ध।

बेधीला—[< हि॰ वेधना] *वि॰* वेधनेवाला।

***बेन**—[< सं॰ वेणु] *पु॰* १. मुरली। वंशी। बाँसुरी। २. वेणु। बाँस। ३. (सँपेरों की) बीन। महुअर। ४. (प्राचीन काल का) एक अत्याचारी राजा वेन।

बेना[1]—[< सं॰ वीरण] *पु॰* 'वीरण' घास की जड़ जो सुगन्धित होती है। खस।

***बेना**[2]—[< सं॰ वेणु] *पु॰* १. बाँस। २. बाँस आदि का बना पंखा।

बेना[3]—[देशज] *पु॰* स्त्रियों का एक आभूषण जो माथे पर बेंदी के बीच में पहना जाता है।

***बेनि/बेनी**—[< सं॰ वेणी] *स्त्री॰* वेणी।

***बेनु**—[< सं॰ वेणु] *स्त्री॰* वेणु। वंशी। बाँसुरी।

बेपीर[1]—[फा॰] *वि॰* जिस का कोई पीर (गुरु) न हो।

बेपीर[2]—[फा॰ बे + हि॰ पीर < सं॰ पीड़ा] *वि॰* जो दूसरे की पीड़ा न समझे। बेदर्द। निर्दय। निष्ठुर।

बेपैंदा (बेपेंदा)—[फा॰ बे + हि॰ पेंदा] *वि॰* १. जिसमें पेंदा/तला न हो। २. (लाक्षणिक) इधर-उधर लुढ़कने वाला। ✣ **बेपैंदी (बेपेंदी)**—*वि॰ (स्त्री॰)*। ***जैसे***—बेपेंदी की बाल्टी।

बेबाक—[फा॰] *वि॰* १. धृष्ट। गुस्ताख़। २. निर्लज्ज। बेशर्म। ३. निर्भय। निडर। ४. स्पष्टभाषी। मुँहफट।

बेबाक़—[फा॰ बे + अरबी बाक़] *वि॰* १. (देय) जो पूरी तरह वापस कर दिया गया हो। चुकाया हुआ। २. ऋण-मुक्त (व्यक्ति)।

बेम—[देशज] *स्त्री॰* जुलाहों का एक उपकरण। कंघी।

बेमुनासिब—[फा॰] *वि॰* अनुचित।

बेमुरव्वत—[फा॰ वे + अरबी मुरव्वत] *वि॰* १. शील- संकोच से रहित। २. निष्ठुर।

बेमेल—[फा॰ बे + हि॰ मेल] *वि॰* जिसका किसी से मेल न बैठता हो। अनमेल। अनमिल।

बेमोल—[फा॰ बे + हि॰ मोल] *वि॰* १. जिसका कोई मूल्य न हो। २. अमूल्य। ३. मुफ़्त। *क्रिवि॰* बिना मूल्य दिए हुए। ***वा॰* बेमोल बिकना**—१. अनुरक्त होना। मुग्ध होना। २. (किसी कारण विशेष से प्रभावित होकर किसी व्यक्ति को) सदा के लिये श्रद्धेय/आत्मीय मान लेना।

बेर[1]—[< सं॰ बदर] *पु॰ स्त्री॰* १. एक फल जो खट्टा या मीठा या खट्टा-मीठा होता है। २. उक्त फल का वृक्ष।

बेर[2]—[< सं॰ वेला] *स्त्री॰* १. बिलम्ब। देर। २. बार। दफ़ा। ***जैसे***—कई बेर कहा। ✣ **बेर-बेर**—*क्रिवि॰* = बार-बार।

†**बेरा**[1]—[< सं॰ वेला] *स्त्री॰* १. समय। ***जैसे***—गाय दुहने की बेरा। २. बार। दफ़ा। ***जैसे***—एक बेरा ऐसा हुआ। ३. प्रभात। सबेरा। ४. विलम्ब। देर।

***बेरा**[2]—[< सं॰ वेडा] *पु॰* १. नौका। नाव। २. नदी आदि पार करने के लिए लट्ठों आदि से बनायी गयी रचना। ३. नावों/जहाज़ों का समूह। बेड़ा।

***बेराग**—[< सं॰ विराग] *पु॰* विरक्त भाव। विराग। *वि॰* रागरहित। विरक्त। अनासक्त। *क्रिवि॰* विरक्त भाव से।

***बेरिआ, बेरिया**—[< हि॰ बेरा < सं॰ वेला] *स्त्री॰* वेला। समय।

बेरी[1]—[< सं॰ वेला] *स्त्री॰* १. विलम्ब। देर। देरी। २ बार। दफ़ा।

बेरी[2]—[देशज] *स्त्री॰* मिली हुई सरसों और अलसी।

***बेरी**[3]—[< हि॰ बेड़ी] *स्त्री॰* (पैरों की) बेड़ी। निगड।

बेरी[4]—[< हि॰ बेड़ा] *स्त्री॰* नौका। नाव।

***बेरी**[5]—[< हि॰ बेर < सं॰ बदर] *स्त्री॰* बेर का छोटा वृक्ष।

बेरीबेरी—[अं॰] *पु॰* [चिकित्सा॰] (विटामिन बी की कमी से होनेवाला) एक रोग जिसमें स्नायु-दौर्बल्य हो जाता है तथा हृदयगति रुकने की सम्भावना रहती है।

बेरुख़ी—[फा॰] *स्त्री॰* १. उपेक्षा। २. बेमुरव्वती। ३. मुँह फेरना। विमुखता। ४. अप्रसन्नता।

बेरूप—[फा॰ बे + सं॰ रूप] *वि॰* कुरूप। भद्दा।

बेल[1]—[< प्रा॰ बेल्ल < सं॰ बिल्व] *पु॰* बिल्व (फल/वृक्ष)।

बेल[2]—[< सं॰ वेल्लि] *स्त्री॰* १. वल्ली। लता। २. काग़ज़/वस्त्र आदि पर लता का अंकन। ***वा॰* बेल मँड़े चढ़ना**—आरम्भ किया गया कार्य अन्त तक ठीक चलना और सफल होना। कार्य सिद्ध होना। **बेल फैलना**—१. किसी कार्य आदि की उन्नति/विकास होना। २. वंश की वृद्धि होना। वंश का विस्तार होना।

***बेल**[3]—[< सं॰ वेला] *स्त्री॰* १. समुद्र आदि का किनारा। तट। २. तरंग। लहर।

***बेल**[4]—[< प्रा॰ वेइल्ल < सं॰ विचकिल] *पु॰* 'बेला' नामक सफ़ेद फूल या उसका पौधा।

बेल[5]—[< फा॰ बेलचः] *पु॰* भवन आदि बनाने के लिए भूमि पर चूने आदि से डाली गयी रेखाएँ जो भिन्न-भिन्न भागों की सीमा का निर्धारण के लिए चिह्न का काम करती हैं।

बेलचा—[< फा॰ बेलचः] *पु॰* १. मिट्टी खोदने का एक उपकरण। छोटा कुदाल। खनित्र। २. एक प्रकार का लम्बा खुरपा।

बेलज़्ज़त—[फा॰] *वि॰* १. स्वादरहित। २. नीरस। फीका। ३. जिसमें कोई मज़ा न हो।

बेलड़ी**—[< हि॰ बेल] *स्त्री॰* लता। बेल। ***जैसे—विष बेलड़ी।

बेलदार—[फा॰] *पु॰* फावड़ा चलाकर ज़मीन खोदने का काम करने

वाला मज़दूर। ✣ **बेलदारी**—*स्त्री॰* = बेलदार का कार्य/भाव/मज़दूरी।

बेलन्त (बेलंत)—[‹ स॰ वेल्लन] *क्रिवि॰* छटपटाते हुए।

बेलबूटा—[हि॰ बेल + बूटा] *पु॰* १. लता और वृक्ष/पौधा। २. किसी कपड़े इत्यादि पर अंकित लताओं, पेड़-पौधों आदि के चित्र।

बेला[1]—[‹ स॰ वेला] *स्त्री॰* १. समय। ***जैसे***—प्रभात की सुन्दर बेला। २. (समुद्र आदि की) तरंग। लहर। ३. (समुद्र आदि का) तट। किनारा। ***जैसे***—सागर-बेला। ४. एक प्रकार का कटोरा। ***जैसे***—बेले में दूध-भात खाना।

बेला[2]—[‹ प्रा॰ वेइल्ल ‹ स॰ विचकिल] *पु॰* १. एक सफ़ेद और अति सुगन्धित फूल। मोतिया। मोगरा। २. उक्त फूल का पौधा।

बेला[3]—[‹ अ॰ वाइअलिन] *पु॰* एक यूरोपीय वाद्य यन्त्र। वायलिन।

बेलाग—[फा॰ बे + हि॰ लाग (= लगाव)] *वि॰* १. किसी का भी लिहाज़ या रिआयत न करनेवाला (व्यक्ति)। खरा। २. सच्चा और साफ़ (व्यक्ति)। ३. स्पष्ट या खरी-खरी (बात)। दो टूक (बात)।

बेलाज—[फा॰ बे + हि॰ लाज] *वि॰* १. जिसे लज्जा न हो। बेशर्म। ***जैसे***—बेलाज लड़की। २. (व्यवहार/बातचीत आदि) जिसमें लज्जा न हो। ***जैसे***—बेलाज कथन।

***बेलि, बेली**—[‹ प्रा॰ वेल्लि/वेल्ली ‹ स॰ वेल्लि] लता। बेल।

बेलुत्फ़—[फा॰ बे + अरबी लुत्फ़] *वि॰* जिसमें मज़ा न हो।

बेलौस—[फा॰ बे + अरबी लौस] *वि॰* बिना लगाव वाला। निःस्वार्थ। निःस्पृह।

बेवफ़ा—[फा॰ बे + अरबी वफ़ा] *वि॰* १. जिसमें वफ़ा न हो। कृतघ्न। २. वचन भंग करनेवाला। विश्वासघाती।

बेवर—[देशज] *पु॰* रस्सी बुनने में उपयोगी एक घास।

†**बेवहरिया**—[‹ स॰ व्यवहार] *पु॰* ब्याज पर ऋण देनेवाला। महाजन। साहूकार।

बेश—[फा॰] *वि॰* अधिक। ज़्यादा। ***जैसे***—बेशक़ीमत।

बेशऊर—[‹ फा॰ बे+ अरबी शुऊर] *वि॰* १. बुद्धिहीन। मूर्ख। २. जिसे काम करने का ठीक ढंग न आता हो। ३. अशिष्ट। ४. अच्छे-बुरे का अन्तर न समझनेवाला अविवेकी।

बेशी—[फा॰] *स्त्री॰* १. अधिकता। २. वृद्धि। ३. जो आवश्यकता से अधिक हो। अतिरिक्त। फ़ालतू। (अ॰ सरप्लस)

***बेष**—*पु॰* ≤ *स॰* वेष।

बेशुमार—[फा॰ बे + अरबी शुमार] *वि॰* असंख्य। अगणित। अनगिनत।

***बेस**—[‹ फा॰ बेश] *क्रिवि॰* १. अत्यधिक। २. भली भाँति।

बेसन—[‹ स॰ बेसन] *पु॰* चने का आटा। ✣ **बेसनी**—*वि॰* = बेसन का बना हुआ। ***जैसे***—बेसनी पकवान।

***बेसन्दर (बेसंदर)**—*पु॰* ≤ *स॰* वैश्वानर। अग्नि।

बेसबब—[फा॰ बे + अरबी सबब] *क्रिवि॰* बिना कारण। अकारण।

बेसबरा—[‹ फा॰ बे + अरबी सब्र] *वि॰* धैर्यहीन।

बेसर[1]/***बेसरि**—[‹ स॰ द्वि ~ अस्र] *स्त्री॰* नाक में पहनने का एक आभूषण। छोटी नथ। नथनी।

बेसर[2]—[स॰ वेसर] *पु॰* एक पशु/खच्चर।

बेसरा[1]—[‹ स॰ बेसर] *पु॰* (एक पशु) खच्चर।

बेसरा[2]—[फा॰ बे-सरा (सरा = ठहरने का स्थान)] *वि॰* १. जिसका कोई आश्रय-स्थान न हो। आश्रयहीन।

***बेसरि**—दे॰ बेसर[1]।

***बेसवा/बेसा**[1]—*स्त्री॰* ≤ *स॰* वेश्या।

***बेसा**[2]—*पु॰* ≤ *स॰* वेष।

***बेसारा**—[‹ हि॰ बैसना (=बैठना)] *वि॰* १. बैठानेवाला। २. जमा कर रखनेवाला। स्थापित करनेवाला।

***बेसास**—[‹ प्रा॰ वेसास ‹ स॰ विश्वास] *पु॰* विश्वास।

***बेसाहना**—[‹ स॰ व्यवसाय] *क्रिस॰* १. मोल लेना। ख़रीदना। २. अपने लिए झगड़ा/झंझट मोल लेना। *पु॰* व्यवसाय। लेन-देन। *स्त्री॰* ख़रीदारी। ✣ **बेसाहा**—*पु॰* १. ख़रीदी हुई वस्तु। सौदा। २. (अपने लिए मोल लिया हुआ) झगड़ा। झंझट। ✣ **बेसाहि**—*क्रिवि॰* = ख़रीदकर। मोल लेकर।

बेसिन—[अ॰] *पु॰* (भूविज्ञान॰) द्रोणी। (दे॰)

बेसूद—[फा॰] *वि॰* १. व्यर्थ। बेकार। ***जैसे***—बेसूद बातों से कोई लाभ नहीं। २. निष्फल।

***बेस्वा**—*स्त्री॰* ≤ *स॰* वेश्या।

***बेह**—[‹ प्रा॰ वेह ‹ स॰ वेध] *पु॰* १. वेध। २. छेद।

***बेहड़**—[‹ हि॰ बीहड़] *वि॰* गहन। दुर्गम। बीहड़। *पु॰* १. ऊँचे-नीचे टीलों से भरा हुआ क्षेत्र।

बेहतर—[फा॰] *वि॰* (तुलना में) अधिक अच्छा।

बेहना—[देशज] *पु॰* रुई धुननेवाली एक उपजाति। धुनिया। धुना।

बेहर—[देशज] *वि॰* १. स्थावर। अचर। २. पृथक्। भिन्न। अलग।

बेहरा[1]—[‹ हि॰ बेहर] *क्रिवि॰* पृथक्। अलग।

बेहरा[2]—[देशज] *पु॰* एक प्रकार की घास जिसे पशु रुचिपूर्वक खाते हैं।

***बेहराना**—[‹ हि॰ बेहरना] *क्रिअ॰* विदीर्ण होना। फटना। *क्रिस॰* विदीर्ण करना। फाड़ना।

***बेहँसना**—[‹ स॰ वि + हि॰ हँसना] *क्रिअ॰* अट्टहास करना। ठट्ठ मारना।

बेहाल—[‹ स॰ विह्वल, या ‹ फा॰ बे + अरबी हाल] *वि॰* १. विह्वल। अचेत। बेसुध। २. मरने के क़रीब। मरणासन्न। ३. दुर्दशाग्रस्त। ✣ **बेहाली**—*स्त्री॰* १. बेहाल होने की अवस्था/भाव। २. विह्वलता। अचेतता। बेसुधी। ३. व्याकुलता। बेचैनी।

बेहूदा—[‹ फा॰ बेहूद:] *वि॰* १. अशिष्टतापूर्ण। असभ्य। २. अश्लील। ✣ *पु॰* = बेहूदगी।

***बेहून**—[‹ स॰ विहीन] *क्रिवि॰* बिना। बग़ैर।

बैंट (बेंट)—[‹ स॰ वण्ट] *स्त्री॰* (लकड़ी की) मूठ। दस्ता। ***जैसे***—छुरे की बैंट।

***बैंठ (बेंठ)**—[‹ हि॰ बेंट] *स्त्री॰* बेंट।

*बैंड़ (बेंड़)—[< हि॰ बेड़ा (तिरछा)] स्त्री॰ किसी वस्तु को गिरने से बचाने के लिए नीचे लगायी जाने वाली वस्तु। टेक। चाँड़।

बैंत (बेंत)—[< स॰ वेतस] पु॰ १. जल के समीप उत्पन्न एक प्रकार का वृक्ष जिसके ऊपर के डंठल या छिलकों से टोकरी आदि बनाने तथा कुर्सी आदि बुनने के काम आता है। २. उक्त से बनी लचीली छड़ी।

बैंदा (बेंदा)—[< स॰ बिन्दु] पु॰ १. माथे पर लगायी बड़ी बिन्दी। बड़ा टिकला। २. (स्त्रियों का) माथे पर पहनने का एक आभूषण। बेंदी। टीका। ✣ बैंदी (बेंदी)—स्त्री॰ = १. माथे की बिन्दी। टिकली। २. (माथे पर पहनने का आभूषण) बेंदा। टीका। ✣ बैंदुली (बेंदुली)—स्त्री॰ = बेंदी।

†बैंवड़ा (बेंबड़ा)—पु॰ ≤ हि॰ ब्योंड़ा। द्वार की किवाड़ में लगनेवाली लकड़ी आदि की रोक। अर्गल। अर्गला।

बै—[< वैदिक स॰ वयस् (जाल)] पु॰ कोरी/जुलाहों द्वारा ताना बुनते समय दो सरकंडों के बीच में बनाया गया फन्दा जैसा जाल।

*बेखानस—[< स॰ वैखानस] पु॰ वानप्रस्थी मुनि। वैखानस।

बैग—[अ॰] पु॰ थैला। झोला।

बैङ्क (बैंक)—[अ॰] पु॰ १. जमा-राशियाँ स्वीकार करने, क़र्ज़ देने अथवा विदेशी विनिमय का व्यापार आदि करनेवाला प्रतिष्ठान। अधिकोष। २. रक्त या नेत्रादि शारीरिक अंगों के संग्रह का स्थान जहाँ से चिकित्सा-सम्बन्धी आवश्यकताओं के लिए इन्हें प्राप्त किया जा सकता है। *जैसे*—रक्त बैंक; नेत्र बैंक।

बैच—[अ॰] पु॰ दल। टोली।

बैज—[अ॰] पु॰ किसी सभा/संस्था के सदस्य या कर्मचारी आदि होने का चिह्न/निशान। बिल्ला।

बैजनी—वि॰ ≤ हि॰ बैंगनी (रंग)।

बैजिक—[स॰ बीज + ठक्] वि॰ १. बीज-सम्बन्धी। २. मूल-सम्बन्धी। ३. पैतृक। पु॰ १. उपादान कारण। २. अंकुर। अँखुआ।

बैट—[अ॰] पु॰ (क्रिकेट का) बल्ला।

*बैठनि—[< हि॰ बैठना] स्त्री॰ १. बैठने की क्रिया/भाव। २. बैठने की मुद्रा/ढंग।

बैठनी—[< हि॰ बैठना] स्त्री॰ खड्डी पर सूत बुननेवाले के बैठने की जगह।

*बैठारना—क्रिस॰ ≤ हि॰ बैठालना।

बैठालना—क्रिस॰ ≤ हि॰ बैठाना।

बैडाल—[स॰ बिडाल + अण्] वि॰ १. विलाव-सम्बन्धी। २. विलाव का। ✣ बैडालव्रत—पु॰ = १. धर्म के आचरण का ढोंग।

*बैढ़ना—[< स॰ वेष्टन] क्रिस॰ बेढ़ना। घेरना।

बैत—[अरबी] स्त्री॰ (छन्द॰) किसी 'शेर' (पद्य) के दोनों चरण/मिसरे। ✣ बैतबाज़ी—स्त्री॰ 'अन्त्याक्षरी' नामक एक प्रकार की पद्य-पाठ-प्रतियोगिता।

बैताल—[< स॰ वेताल] पु॰ १. भूत-प्रेत की तरह एक योनि। २. वैतालिक। बन्दीजन। भाट।

*बैतालिक—वि॰, पु॰ ≤ स वैतालिक। बन्दीजन/भाट।

बैना/(बायना)—[< प्रा॰ वायण] पु॰ शुभ अवसरों पर इष्ट मित्रों या सम्बन्धियों के घर भेजा जाने वाला मिठाई, मेवा इत्यादि का उपहार। भोज्योपायनं।

*बैना—[< हि॰ बैन[१]] पु॰ वचन। उक्ति। कथन। वाणी।

बैनामा—[< अरबी बै + फा॰ नामः] पु॰ किसी सम्पत्ति को बेचने का दस्तावेज़ जिसमें मकान या ज़मीन, आदि के बेचने का और उससे सम्बन्धित शर्तों का उल्लेख होता है। विक्रय-लेख। विक्रय-विलेख। (अ॰ सेलडीड)

*बैनी—[< हि॰ बैन[१]] वि॰ (स्त्री॰) (समासयुक्त पद के अन्त में) के समान वाणी वाली। *जैसे*—कोकिलाबैनी।

†बैयर—[< स॰ भार्या] स्त्री॰ भार्या। पत्नी।

†बैयाँ—[< स॰ बाहु] स्त्री॰ बाहु। भुजा। हाथ। ✣ बैयाँ-बैयाँ—क्रिवि॰ हाथों के बल। *जैसे*—शिशु का बैयाँ-बैयाँ चलना।

बैरक—[अ॰] स्त्री॰ छावनी में सैनिकों के रहने का कमरा। २. (कारागार में) क़ैदियों के रहने का कमरा।

*बैरख—[< तुर्की बैरक़] पु॰ झंडा। झंडी।

बैरङ्ग (बैरंग)—[< अ॰ बेअरिंग] वि॰ (चिट्ठी आदि) जिसका डाक-शुल्क भेजनेवाले ने नहीं चुकाया होता है और इस कारण पाने वाले को दण्डसहित चुकाना पड़ता है। **वा॰ बैरंग लौटना**—विफल होकर लौटना।

बैरा—[< अ॰ बेअरर] पु॰ जलपानगृह/भोजनालय का नौकर जो ग्राहकों को भोजन आदि पहुँचाता है।

बैरिस्टर—[अ॰] पु॰ इंग्लैंड आदि से पढ़कर आया वकील/अधिवक्ता।

बैरोमीटर—[अ॰] पु॰ हवा का दबाव नापने का एक वैज्ञानिक उपकरण। वायुदाबमापी।

बैलट—[अ॰] पु॰ मत/वोट डालने का काग़ज़। मतपत्र।

बैस[१]—[< स॰ वयस्] स्त्री॰ १. वय। उम्र। *जैसे*—अक़्ल बड़ी या बैस? २. युवावस्था। जवानी। **वा॰ बैस चढ़ना**—यौवन आना।

बैस[२]—[देशज] पु॰ एक क्षत्रिय उपजाति जिसके नाम पर अवध का दक्षिण-पश्चिमी क्षेत्र **'बैसवाड़ा'** कहा जाता है।

*बैसङ्गिनी (बैसंगिनी)—[< स॰ वय: + हि॰ संगिनी] वि॰ आयु-भर साथ देनेवाली।

*बैसना—[< स॰ वेशन] क्रिअ॰ बैठना। पु॰ बैठने का आसन। ● **विशेष—बैसि** = बैठकर। **बैसे** = बैठे।

*बैसन्तर (बैसंतर), बैसन्दर (बैसंदर)—पु॰ ≤ स॰ वैश्वानर। अग्नि।

बैसवाड़ा—[< हि॰ बैस (= एक क्षत्रीय उपजाति)] पु॰ बैस क्षत्रियों के नाम पर प्रसिद्ध क्षेत्र। अवध क्षेत्र का दक्षिण-पश्चिमी भाग।

*बैसा—[देशज] पु॰ (चाक़ू, छुरी, कुठार आदि की) मूठ। दस्ता।

बैसाख—[< स॰ वैशाख] पु॰ चैत्र और ज्येष्ठ के बीच का महीना। वैशाख।

बैसाखी[१]—[< स॰ वैशाख] स्त्री॰ १. सौर कालगणना में नववर्ष का

प्रथम दिन। २. उक्त दिन होने वाला बैशाख मास की सक्रान्ति का उत्सव। बैशाखी।

बैसाखी[२]—[< सं॰ द्विशाखी (द्विशाखिन्)] *स्त्री॰* १. दो डंडो का बना वह उपकरण जिसके सहारे लँगड़े व्यक्ति चल सकते हैं।

बैसाना**—[< हि॰ बैसना] *क्रिस॰* बैठाना। ***जैसे—अतिथि को बैसाओ।

***बैहर**[१]**/बैहरि**—[< हि॰ बीहड़] *वि॰* भयानक। भीषण। डरावना।

बैहर[२]—[< सं॰ वायु] *स्त्री॰* वायु। हवा। बयार।

बैंजनी—*वि॰* ≤ *हि॰* बैंगनी (रंग)।

बोइया—[देशज] *पु॰* १. (फल आदि का) छिलका। २. (वृक्ष की) छाल।

***बोकला**—[< सं॰ वल्कल] *पु॰* बकला। छिल्का।

†**बोका**—[< सं॰ बुक्क] *पु॰* १.बकरे की खाल। २. चमड़े का बना डोल।

बोड़—[देशज] *स्त्री॰* (स्त्रियों का) सिर पर पहनने का एक आभूषण।

†**बोड़ी**[१]—[< देशी प्रा॰ बोड्डिआ] *स्त्री॰* कपर्दिका। कौड़ी।

बोड़ी[२]—[देशज] *स्त्री॰* एक प्रकार की फली जो सब्ज़ी के रूप में खायी जाती है और जिसका अचार भी पड़ता है।

बोता—[< सं॰ पोत] *पु॰* ऊँट का बच्चा। जिसे अभी सवारी के रूप में काम में न लाया गया हो।

***बोदर**—[< सं॰ वेत्र] *स्त्री॰* (पतली) छड़ी।

बोदा—[< अ॰ अबोध] *वि॰* १. मन्द बुद्धि वाला। नासमझ। २. दुर्बल। कमज़ोर। दब्बू। ३. सुस्त। ४. दोषयुक्त। खराब। ५. कायर। डरपोक।

बोदार—[देशज] *स्त्री॰* एक जलपक्षी। जलमुर्ग़ी।

बोद्धा (बोद्धा)—[सं॰ बोद्धृ] *वि॰* जाननेवाला। समझनेवाला।

बोध—[सं॰ √बुध् + घञ्] *पु॰* १. जानकारी। २. ज्ञान। ३. विचार। ४. बुद्धि। समझ। ५. जागरण। ६. सान्त्वना। धैर्य। दिलासा। तसल्ली। (काव्य॰) हाव का एक प्रकार।

बोधक—[सं॰ √बुध् + णिच् + ण्वुल्] *वि॰* १. बोध/ज्ञान करानेवाला। सिखाने/बताने वाला। ज्ञापन। २. जतानेवाला। सूचक। ३. जगानेवाला। *पु॰* गुप्तचर। जासूस। (काव्य॰) हाव का एक भेद। एक स्वभावज अलंकार। नायक/नायिका द्वारा मिलन-स्थल के समय, स्थान आदि के सूचक शारीरिक क्रिया द्वारा संकेत अथवा अन्य प्रकार के छिपे संकेत।

बोधनी—[सं॰ बोधन + ङीप्] *स्त्री॰* १. कार्तिक शुक्ल एकादशी (तिथि)।

बोधयिता—[सं॰ बोधयितृ] *वि॰, पु॰* १. जगानेवाला। भ्रम/दुविधा दूर करने वाला। २. ज्ञान देनेवाला। बतानेवाला। *पु॰* शिक्षक। अध्यापक। गुरु।

***बोधव्य**—[< सं॰ बोद्धव्य] *वि॰* १. जिसका ज्ञान प्राप्त किया जा सकता हो। बोधगम्य। २. जिसका ज्ञान प्राप्त किया जाने को हो या किया जाना चाहिए। ३. जिसे (किसी बात का) बोध कराया जा सकता हो या कराया जाना चाहिए। बोद्धव्य।

बोधहीन—[सं॰ बोध ~ हीन] *वि॰* नासमझ।

बोधातीत—[सं॰ बोध ~ अतीत] *वि॰* ज्ञान के परे। ***जैसे***—बोधातीत परमात्मा।

बोधामृत—[सं॰ बोध ~ अमृत] *पु॰* ज्ञानरूपी अमृत। ज्ञान का अमृत।

बोधायतन—[सं॰ बोध ~ आयतन] *पु॰* ज्ञान का स्थान। ज्ञानागार।

बोधि—[सं॰ √बुध् + इन्] *पु॰* १. पूर्ण ज्ञान। २. पीपल का वृक्ष। ⁘ **बोधितरु/बोधिद्रुम/बोधिवृक्ष**—*पु॰* = 'गया' में स्थित वह पीपल का वृक्ष जिसके नीचे शाक्यवंशीय राजकुमार सिद्धार्थ ने बुद्धत्व प्राप्त किया था ⁘ **बोधिसत्त्व**—*पु॰* = वह व्यक्ति जो बुद्धत्व प्राप्त करने का अधिकारी हो चुका हो परन्तु अभी 'बुद्ध' न हुआ हो। 'बुद्ध' होने से ठीक पहले की उत्तम अवस्था।

बोधिचित्—[पु॰ बोधि ~ चित्] *पु॰* (बौद्ध॰) शून्यता और करुणा की अद्वय-अवस्था।

बोधिचित्त—[सं॰ बोधि ~ चित्त] *पु॰* (बौद्ध॰) महायान में साधना-पद्धति का आधारविन्दु माना जाने वाला ऐसा चित्त जिसकी चंचलता को नष्ट किया जा चुका है।

बोधित—[सं॰ √बुध् + णिच् + क्त] *वि॰* १. बताया हुआ। समझाया हुआ। ज्ञापित। २. प्रकट किया हुआ। ३. स्मरण कराया हुआ। ४. सूचित। ५. आदेश दिया हुआ। आविष्ट। ६. संकेतित।

बोधितरु/बोधिद्रुम/बोधिवृक्ष/बोधिसत्त्व—दे॰ बोधि।

बोधी—[सं॰ बोधिन्] *वि॰* जाननेवाला।

***बोधू**—*वि॰, पु॰* ≤ *सं॰* बौद्ध।

बोधैकघन—[सं॰ बोध ~ एक ~ घन] *पु॰* १. एकमात्र ज्ञान का सघन रूप। ब्रह्म। २. ज्ञान की वर्षा करनेवाला अद्वितीय बादल। ब्रह्म।

बोधोदय—[सं॰ बोध ~ उदय] *पु॰* ज्ञान का उदय।

बोनी—[< हि॰ बोना] *स्त्री॰* १. खेतों में बीज बोने की क्रिया/भाव। बुआई। २. खेतों में बीज बोने का समय/मौसम। ३. दुकान खोलने के बाद दुकानदार को प्रथम ग्राहक से प्राप्त धनराशि।

बोर[१]—[< हि॰ बोरना] *पु॰* १. पानी आदि में बोरने/डुबाने की क्रिया/भाव। ***जैसे***—तीन बोर वाली रँगाई। २. (पानी में) डुबकी। ग़ोता।

बोर[२]—[< सं॰ वर्तुल] *पु॰* १. चाँदी का बना हुआ घुँघरू जिसे आभूषणों में गूँथा जाता है। २. सामने माथे पर पहनने का एक आभूषण।

बोर[३]—[अं॰] *पु॰* १. उबा देने वाली वस्तु/काम। २. अधिक या निरर्थक बातों से उबा देने वाला व्यक्ति। व्यर्थ बातों से सुननेवाले को थका देनेवाला मनुष्य। *वि॰* नीरस। उबाऊ।

†**बोरला**—[< हि॰ बोर] *पु॰* (राजस्थानी स्त्रियों का) एक आभूषण जो माथे पर पहना जाता है। बोर।

***बोराना/बोरावना**—[< भुलाना] *क्रिस॰* भुलावा देना। बहकाना।

बोरिया—[फ़ा॰] *पु॰* १. चटाई। २. बिस्तर। बिछौना। ३. घरेलू सामान या उसके बँधे हुए गट्ठर। ⁘ ***वा॰* बोरिया-बिस्तर उठाना/समेटना**—१. चलने की तैयारी करना। २. चल देना। **बोरिया-बन्धना (बंधना)**—*पु॰* = घर/गृहस्थी का सब सामान। ***वा॰***

बोरिया-बंधना/उठाना—अपने सामान के साथ जाना।

बोलतान—[हि॰ बोल + स॰ तान] *पु॰* (संगीत॰) तान का एक भेद। (स्वर तान से भिन्न) वह तान जिसका स्वर-समूह गीत की वाणी के आश्रय से उच्चरित होता है।

बोलती—[‹ हि॰ बोलना] *स्त्री॰* बोलने की शक्ति। वाक्शक्ति। वाणी। ***जैसे***—बोलती बन्द होना। *वि॰ (स्त्री॰)* १. बोलनेवाली। जो मूक न हो। ***जैसे***—बोलती लड़की। ***वा॰* बोलती बन्द होना**—१. (शास्त्रार्थ आदि में) निरुत्तर हो जाने के कारण चुप हो जाना। २. लज्जा या दुःख की अधिकता से बोल न सकना।

बोलनहार—[‹ हि॰ बोलना] *वि॰* बोलनेवाला। *पु॰* (प्राणी की) आत्मा। जीवात्मा।

***बोलनि**—[‹ हि॰ बोलना] *स्त्री॰* १. बोलने की क्रिया/भाव/ढंग। बोलने की रीति।

बोलबाला—[‹ हि॰ बोल + फा॰ बाला] *पु॰* १. व्यक्ति विशेष की बात का सबसे ऊपर, प्रभावी/मान्य होने की स्थिति। २. उत्कर्ष। प्रसिद्धि। ***वा॰* बोलबाला होना**—अति सम्मान, प्रभाव, रौब या दबदबा होना।

†बोलमा—[‹ हि॰ बोलना] *पु॰* किसी कार्य की सिद्धि हो जाने पर किसी देवी या देवता को पहले संकल्पित बलि/भेंट चढ़ाने का संकल्प।

बोलसिरी—[‹ स॰ वकुलश्री] *स्त्री॰* मौलसिरी।

***बोलि[१]**—[‹ हि॰ बोलना] *क्रिवि॰* कहकर। *पु॰* वाणी से। वचन से।

***बोलि[२]**—[‹ हि॰ बुलाना] *क्रिवि॰* बुलाकर। ⁘ **बोलि-बोलि**—*क्रिवि॰* = बुला-बुलाकर।

बोली-ठोली—[हि॰ बोली + अनु॰] *स्त्री॰* व्यंग्यपूर्ण कथन। तानेवाली बात। २. हँसी-दिल्लगी। ***वा॰* बोली-ठोली मारना**—किसी को चिढ़ाने के लिए व्यंग्य करना।

बोसा—[‹ फा॰ बोसः] *पु॰* चुम्बन।

बोसान—[अं॰] *पु॰* (भौतिकी॰) 'बोस-आइन्सटाइन सांख्यिकी' का पालन करनेवाले कण (फ़ोटान, पाईमेसान, ऐल्फ़ा कण आदि)।

● **विशेष**—दो वैज्ञानिकों—**सत्येन्द्रनाथ बोस और अल्बर्ट आइन्सटाइन** के नाम पर प्रसिद्ध 'बोस-आइन्सटाइन सांख्यिकी' **'क्वान्टम सांख्यिकी'** का एक प्रकार है।

†बोह—[‹ हि॰ बोर] *स्त्री॰* डुबकी। ग़ोता।

***बोहत्थ/बोहथ्थ**—[‹ देशी प्रा॰ बोहित्थ] *पु॰* जलयान। नौका या जहाज़।

बोहना—[‹ हि॰ बोह] *क्रिस॰* डुबाना।

बोहित—[‹ प्रा॰ बोहित्थ] *पु॰* जलयान। नौका या जहाज़।

***बोहो**—[‹ स॰ बहु] *क्रिवि॰* बहुत।

†बौंग (बोंग)—[देशज] *पु॰* भारी लाठी।

†बौंगा—[सन्थाली] *पु॰* सन्थाल, मुंडा आदि जन-जातियों का पूज्य देवता।

बौंहड़ा (बोंहड़ा)—[देशज] *पु॰* बीज।

बौखल—[‹ हि॰ बौखलाना] *वि॰* १. बौखलाया हुआ। जो अति क्रोध के कारण या भावावेश में उलटा-सीधा बक रहा हो। २. पागल के समान आचरण करनेवाला। ३. सनकी।

बौखलाना—[‹ स॰ वायु ~ स्खलन] *क्रिअ॰* १. अति क्रोध के कारण या भावावेश में उलटा-सीधा बकना। २. पागल के समान आचरण करना। ३. (बुद्धि विकृत हो जाने के कारण) सनकी के समान काम/व्यवहार करना। ४. मानसिक सन्तुलन खो देना।

बौद्ध[१] (बौद्ध[१])—[स॰ बुद्धि + अण्] *वि॰* बुद्धि/समझ से सम्बन्धित।

बौद्ध[२] (बौद्ध[२])—[स॰ बुद्ध + अण्] *वि॰* १. (महात्मा) बुद्ध से सम्बन्धित। २. (महात्मा) बुद्ध के द्वारा प्रवर्तित (मत)। *पु॰* बुद्ध के द्वारा प्रवर्तित मत का अनुयायी।

बौद्धिक (बौद्धिक)—[स॰ बुद्धि + ठक्] *वि॰* १. बुद्धि-सम्बन्धी। बुद्धि का। २. पढ़ने-लिखने से सम्बन्धित। ३. (जो भावनात्मक न हो) विचारात्मक। वैचारिक। ***जैसे***—साहित्य से भावनात्मक जागरण भी होता है और बौद्धिक जागरण भी। ४. जो बुद्धि और चिन्तन का विषय हो।

बौरा[१]—[‹ हि॰ बौर] *वि॰* जिसमें मंजरी आ गयी हो। बौर से युक्त।

बौरा[२]—[‹ स॰ बावरा] *वि॰* १. पागल। बावला। २. सनकी। ३. भोला-भाला। बहुत सीधा।

***बौराह**—[‹ हि॰ बौरा] *वि॰* पागल।

बौरी—[‹ हि॰ बौरा] *वि॰ (स्त्री॰), स्त्री॰* १. पागल (स्त्री)। बावली। पगली। २. सनकी (स्त्री)। ३. भोली-भाली या बहुत सीधी। (स्त्री)।

बौलड़ा—[‹ स॰ बहु + हि॰ लड़] *वि॰* बहुत लड़ियों वाला। *पु॰* (स्त्रियों का) सिर पर पहनने का एक आभूषण।

***बौहना**—[‹ स॰ वहन] *क्रिस॰* वहन करना। ढोना। उठाना।

बौहरा—[‹ स॰ व्यवहार] *पु॰* ऋण देने वाला महाजन। व्यवहारी।

***बौंड़ (बौंड़)**—[‹ प्रा॰ वोण्ट (= डंठल)] *स्त्री॰* १. पेड़ की लम्बी टहनी। २. लता।

***बौंड़ना (बौंड़ना)**—[‹ हि बौंड़] *क्रिअ॰* १. वृक्ष/पौधा की शाखा बढ़कर फैलना। २. दूर तक फैलना। ३. लता की तरह बढ़ना। ⁘ **बौंड़ि (बौंड़ि)**—*क्रिवि॰* = फैलकर।

बौंड़ी (बौंड़ी)—[‹ प्रा॰ बोड्डिआ] *स्त्री॰* कपर्दिका। कौड़ी।

● **विशेष**—**बौंड़िए** = कौड़ी ही। कौड़ी मात्र।

ब्यालू—[‹ स॰ विकाल] *पु॰* रात के समय का भोजन।

ब्याहता—[‹ स॰ विवाहित] *वि॰* (पुरुष) जिसका विवाह हो गया हो। *स्त्री॰* वह स्त्री जो विवाह करके लायी गयी हो।

ब्यूरेट—[अं॰] *पु॰* (रसायन॰) द्रव की थोड़ी मात्रा नापने की नली।

ब्यूरो—[अं॰] *पु॰* १. कार्यालय। दफ़्तर। २. ऐसी प्रशासनिक इकाई या सरकारी उपविभाग जो कोई विशेष कार्य में निपुण हो। (पत्र॰) १. बड़े समाचारपत्रों या समाचार एजेन्सियों के कार्यालयों में विशेष

संवाददाताओं का अलग विभाग। २. बड़े समाचारपत्रों या समाचार एजेन्सियों द्वारा महत्त्वपूर्ण नगरों में समाचार-संकलन के लिए स्थापित पूरक कार्यालय।

†**ब्योरना**—[< सं॰ विवरण] *क्रिस॰* १. विवरण देना। विवरण के साथ कहना। २. उलझे हुए बालों/धागों आदि को सुलझाना या सँवारना। *क्रिअ॰* किसी बात पर विस्तार या गहराई से विचार करना। सोचना-समझना।

ब्योरा—[< सं॰ विवरण] *पु॰* १. विवरण। विस्तारसहित वर्णन। विस्तृत वृत्तान्त। एक-एक बात का वर्णन। २. विवरण के साथ वर्णन। विवरणपूर्ण कथन।

ब्योँचना (ब्योंचना)—[< सं॰ विकुञ्चन] *क्रिअ॰* हाथ या पैर में मोच आना।

ब्योँत[1] **(ब्योंत**[1] **)**—[< सं॰ व्याम] *स्त्री॰* १. कपड़े की युक्तिपूर्वक काट-छाँट और सिलाई। २. ढंग। ३. उपाय। युक्ति। ४. प्रबन्ध। ५. आयोजन। ६. अवसर। ***वा॰* ब्योँत बनना**—उपाय मिल जाना। **ब्योँत बाँधना**—किसी तरह प्रबन्ध करना।

ब्योँत[2] **(ब्योंत**[2] **)**—*पु॰* ≤ *सं॰* वृत्तान्त। हाल।

ब्योँतना (ब्योंतना)—[< हि॰ ब्योंत] *क्रिस॰* १. युक्तिपूर्वक कपड़े की काँट-छाँट करना और सिलना। २. उपाय करना। ३. प्रबन्ध या आयोजन करना।

***ब्यौरना**—*क्रिस॰* ≤ हि॰ ब्योरना। (दे॰) ✣ **ब्यौरनि**—*पु॰* = बालों के सँवारने का विशेष ढंग।

***ब्रजना**—[< सं॰ व्रजन] *क्रिअ॰* गमन करना। ब्रजन। जाना।

***ब्रजबधू**—*स्त्री॰* ≤ *सं॰* व्रजवधू। अहीरिन। गोपी।

ब्रजबुलि—[< सं॰ ब्रज + हि॰ बोली] *स्त्री॰* असम, बंगाल तथा उड़ीसा के १५वीं १६वीं शती के कृष्णभक्त वैष्णव कवियों के द्वारा प्रयुक्त भाषा जिसमें मैथिली, बँगला और ब्रजबोली का मिश्रण है और जिसका पद-साहित्य उत्तम है।

ब्रह्म (ब्रह्म)—[सं॰ ब्रह्मन्] *पु॰* १. परमात्मा। २. वेद। ३. प्रणव। ओम्। ४. ब्राह्मणवर्ण। ५. वेदों के ब्राह्मण-ग्रन्थ। ६. ब्रह्मविद्या। ७. विष्णु। ८. शिव। ९. (समासयुक्त पद में) ब्रह्मा। ***जैसे***—ब्रह्मकन्या। १०. ब्राह्मण। ***जैसे***—ब्रह्महत्या। ११. एक की संख्या (१)।

ब्रह्मकन्यका/ब्रह्मकन्या—[सं॰ ब्रह्म ~ कन्यका/कन्या] *स्त्री॰* सरस्वती (देवी)।

ब्रह्मकमल—[सं॰ ब्रह्म ~ कमल] *पु॰* हिमालय-क्षेत्र का सबसे तेज़ सुगन्ध वाला पुष्प जो हिमरेखा के समीप पत्थरों और चट्टानों की आड़ में बर्फ पिघलने के बाद भूमि पर खिलता है और जिसकी पंखुड़ियों का रंग कुल्फ़ी के समान (अं॰ क्रीमी) होता है और जिसे पवित्र तथा श्रद्धेय माना जाता है।

ब्रह्मकर्म—[सं॰ ब्रह्मन् ~ कर्म] *पु॰* १. वेद में निर्दिष्ट कर्म। वेद-विहित कर्म। २. ब्राह्मण के करणीय कर्म।

ब्रह्मकल्प—[सं॰ ब्रह्मन् ~ कल्प] *पु॰* ब्रह्मा की आयु। *वि॰* जो ब्रह्मा के तुल्य हो।

ब्रह्मकाण्ड (ब्रह्मकांड)—[सं॰ ब्रह्म ~ काण्ड] *पु॰* वेद का ज्ञानकांडवाला अंश।

***ब्रह्मकुल**—[सं॰ ब्रह्म ~ कुल] *पु॰* ब्राह्मण-वंश।

ब्रह्मग्रन्थि (ब्रह्मग्रंथि)—[सं॰ ब्रह्मन् ~ ग्रन्थि] *स्त्री॰* जनेऊ की मुख्य गाँठ। ब्रह्मगाँठ।

***ब्रह्मगिरा**—[सं॰ ब्रह्म ~ गिरा] *स्त्री॰* १. ब्रह्मशक्ति से उत्पन्न वाणी। शब्दब्रह्म। २. आकाशवाणी।

ब्रह्मचर्य—[सं॰ ब्रह्म ~ चर्या] *पु॰* (वैदिक आश्रम-व्यवस्था में) चार आश्रमों में से पहला आश्रम। २. गृहस्थ होने से पहले का अविवाहित जीवन। २. ब्रह्म के साक्षात्कार की साधना। ४. वेद-ज्ञान की प्राप्ति की साधना।

ब्रह्मज—[सं॰ ब्रह्म + ज] *पु॰* १. हिरण्यगर्भ। २. (ब्रह्मा से उत्पन्न) जगत्। विश्व।

ब्रह्मज्ञ—[सं॰ ब्रह्मन् + स] *वि॰* ब्रह्म को जाननेवाला। ब्रह्मज्ञानी। ब्रह्मवेत्ता। *पु॰* १. विष्णु। २. कार्तिकेय।

ब्रह्मण्य (ब्रह्मण्य)—[सं॰ ब्रह्मन् + यत्] *वि॰* १. ब्रह्म-सम्बन्धी। २. ब्राह्मण-सम्बन्धी। ३. श्रेष्ठ समाज के योग्य। ४. ब्राह्मणों के योग्य। *पु॰* १. (ब्रह्मा, ब्राह्मण, तप और श्रुति का हितकारी) परमात्मा। नारायण। २. ब्राह्मणत्व। ३. ब्राह्मणों के प्रति निष्ठावान् व्यक्ति।

ब्रह्मतत्त्व (ब्रह्मतत्त्व)—[सं॰ ब्रह्मन् ~ तत्त्व] *पु॰* ब्रह्म-सम्बन्धी सच्चा ज्ञान। परमात्मज्ञान।

ब्रह्मतेज—[सं॰ ब्रह्मन् ~ तेजस्] *पु॰* १. ब्रह्म का तेज। २. ब्राह्मण का तेज। ३. ब्रह्मज्ञान का तेज।

ब्रह्मदण्ड (ब्रह्मदंड)—[सं॰ ब्रह्म ~ दण्ड] *पु॰* १. ब्रह्मचारी/ब्राह्मण का दंड/डंडा। २. ब्राह्मण द्वारा दिया हुआ शाप।

ब्रह्मदाय—[सं॰ ब्रह्म ~ दाय] *पु॰* १. वेद का वह भाग जिसमें ब्रह्म का निरूपण है। २. ब्राह्मण की सम्पत्ति।

ब्रह्मदिन—[सं॰ ब्रह्म ~ दिन] *पु॰* ब्रह्मा का एक दिन। १०० चतुर्युगी।

ब्रह्मद्रोही—[सं॰ ब्रह्म ~ द्रोही (द्रोहिन्)] *पु॰* ब्राह्मण-द्रोही।

ब्रह्मद्वार (ब्रह्मद्वार)—[सं॰ ब्रह्म ~ द्वार] *पु॰* ब्रह्मरन्ध्र।

ब्रह्मद्वेष (ब्रह्मद्वेष)—[सं॰ ब्रह्म ~ द्वेष] *पु॰* वेदों या ब्राह्मणों से द्वेष/शत्रुता। ✣ **ब्रह्मद्वेषी (ब्रह्मद्वेषी)**—*वि॰* = १. ब्राह्मणद्वेषी। २. वेदनिन्दक।

ब्रह्मधाम—[सं॰ ब्रह्मधामन्] *पु॰* ब्रह्मलोक।

ब्रह्मनिर्वाण—[सं॰ ब्रह्म ~ निर्वाण] *पु॰* परमात्मा में लय होना। मोक्ष। मुक्ति।

ब्रह्मनिष्ठ—[सं॰ ब्रह्म ~ निष्ठ] *वि॰* १. ब्रह्म के ध्यान में लीन रहने वाला। २. ब्रह्मज्ञानी। ३. ब्राह्मणों के प्रति निष्ठा रखनेवाला। ४. वेदों के प्रति निष्ठा रखनेवाला।

ब्रह्मपद—[*सं॰* ब्रह्म ~ पद] *पु॰* १. ब्रह्मत्व। २. ब्राह्मणत्व। ३. मुक्ति। मोक्ष।

ब्रह्मपर—[*सं॰* ब्रह्म ~ पर] *वि॰* ब्रह्मपरायण। ब्रह्मलीन।

ब्रह्मपरिणामवाद—[*सं॰* ब्रह्म ~ परिणाम ~ वाद] *पु॰* (वेदान्त॰) यह सिद्धान्त/मत कि ब्रह्म का परिणाम ही जगत् है।

ब्रह्मपाश—[सं॰ ब्रह्म ~ पाश] पु॰ ब्रह्मा का 'पाश' नाम का अस्त्र।

ब्रह्मपिशाच—[सं॰ ब्रह्म ~ पिशाच] पु॰ ब्रह्मराक्षस।

ब्रह्मपुत्र—[सं॰ ब्रह्म ~ पुत्र] पु॰ ब्रह्मा का पुत्र। ● **विशेष**—नारद, वसिष्ठ, मरीचि, सनक इत्यादि ब्रह्मा के पुत्र कहे गए हैं।

ब्रह्मपुत्री—[सं॰ ब्रह्म ~ पुत्री] स्त्री॰ सरस्वती (देवी)।

ब्रह्मपुर—[सं॰ ब्रह्म ~ पुर] पु॰ १. ब्रह्मलोक। २. हृदय। ३. शरीर।

ब्रह्मपुरी—[सं॰ ब्रह्म ~ पुरी] स्त्री॰ १. काशी। वाराणसी। २. ब्रह्मलोक।

ब्रह्मप्राप्ति—[सं॰ ब्रह्म ~ प्राप्ति] स्त्री॰ १. ब्रह्म में लीनता। मुक्ति। मोक्ष। २. मृत्यु।

ब्रह्मबल—[सं॰ ब्रह्म ~ बल] पु॰ तपस्या आदि से प्राप्त शक्ति।

ब्रह्मबीज—[सं॰ ब्रह्म ~ बीज] पु॰ प्रणव। ओंकार।

ब्रह्मभट्ट—[सं॰ ब्रह्म ~ भट्ट] पु॰ 'भाट' नामक एक उपजाति।

ब्रह्मभवन—[सं॰ ब्रह्म ~ भवन] पु॰ ब्रह्मा का धाम। ब्रह्मलोक।

ब्रह्मभूत—[सं॰ ब्रह्म ~ भूत] वि॰ १. ब्रह्म में लीन। ब्रह्म में समाया हुआ। ब्रह्मरूप। २. मोक्ष को प्राप्त। मुक्त। ३. दिवंगत। मृत।

ब्रह्मभोज—[सं॰ ब्रह्म ~ भोज] पु॰ बहुत से ब्राह्मणों को पंक्ति में बैठाकर भोजन कराना। ब्राह्मण-भोज।

ब्रह्ममण्डली (ब्रह्ममंडली)—[सं॰ ब्रह्म ~ मण्डली] पु॰ ब्राह्मण-समूह।

ब्रह्ममय—[सं॰ ब्रह्म + मय] वि॰ १. ब्रह्मतत्त्व की भावना से युक्त। २. ब्रह्म से अभिन्न। ब्रह्मरूपी उपादान से निर्मित।

ब्रह्मयज्ञ—[सं॰ ब्रह्म ~ यज्ञ] पु॰ १. पंच महायज्ञों में से एक। २. विधिपूर्वक वेद-अध्ययन तथा वेद-अध्यापन। ३. प्रतिदिन स्वाध्याय, वेदों का अध्ययन और सन्ध्या।

ब्रह्मयोग—[सं॰ ब्रह्म ~ योग] पु॰ आध्यात्मिक ज्ञान की प्राप्ति।

ब्रह्मयोनि—[सं॰ ब्रह्म ~ योनि] वि॰ ब्रह्म से उत्पन्न।

ब्रह्मराक्षस—[सं॰ ब्रह्म ~ राक्षस] पु॰ प्रेतयोनि प्राप्त करनेवाला ब्राह्मण।

ब्रह्मरन्ध्र (ब्रह्मरंध्र)—[सं॰ ब्रह्म ~ रन्ध्र] पु॰ मस्तक के मध्य में एक सूक्ष्म छेद जिससे होकर प्राण निकलने से मोक्ष प्राप्त हो जाता है।

ब्रह्मरात्र—[सं॰ ब्रह्म ~ रात्रि] पु॰ रात्रि की अन्तिम चार घड़ी का समय। ब्राह्ममुहूर्त।

ब्रह्मलेख—[सं॰ ब्रह्म ~ लेख] पु॰ (ब्रह्मा द्वारा लिखा गया) प्राणियों का भाग्य-लेख। भाग्य-लिपि।

ब्रह्मर्षि—[सं॰ ब्रह्म ~ ऋषि] पु॰ (ऋषियों में) सर्वश्रेष्ठ प्रकार का ऋषि।

ब्रह्मलोक—[सं॰ ब्रह्म ~ लोक] पु॰ ब्रह्मा का लोक। ब्रह्मधाम।

ब्रह्मवत्—[सं॰ ब्रह्म + वत्] वि॰ ब्रह्म के समान।

ब्रह्मवर्चस्/ब्रह्मवर्चस—[सं॰ ब्रह्म ~ वर्चस्/वर्चस] पु॰ ब्रह्मतेज।

ब्रह्मवाणी—[सं॰ ब्रह्म ~ वाणी] पु॰ वेद।

ब्रह्मवाद—[सं॰ ब्रह्म ~ वाद] पु॰ यह सिद्धान्त कि सम्पूर्ण विश्व ब्रह्ममय है अथवा ब्रह्म-निर्मित है और उसी की शक्ति से चल रहा है।

ब्रह्मवादी—[सं॰ ब्रह्मवादिन्] वि॰ १. ब्रह्मवाद का अनुयायी/समर्थक। २. वेदों का अध्ययन-अध्यापन करनेवाला।

ब्रह्मविद्—[सं॰ ब्रह्म ~ विद्] वि॰ १. ब्रह्म को जाननेवाला। २. वेदों के अर्थ और तत्त्व को जानने वाला। वेदज्ञ। पु॰ ऋषि।

ब्रह्मविद्या (ब्रह्मविद्या)—[सं॰ ब्रह्म ~ विद्या] स्त्री॰ १. वह विद्या जिससे ब्रह्म/परमात्मा सम्बन्धी तत्त्वज्ञान प्राप्त हो। २. ब्रह्मज्ञान। अध्यात्मविद्या। ३. महाशक्ति। दुर्गा। पार्वती।

ब्रह्मवृत्ति—[सं॰ ब्रह्म ~ वृत्ति] स्त्री॰ ब्राह्मण की आजीविका। ब्राह्मण-वृत्ति।

ब्रह्मवेत्ता—[सं॰ ब्रह्म ~ वेत्ता] वि॰ ब्रह्मज्ञानी। ब्रह्मज्ञ।

ब्रह्मवैवर्त—[सं॰ ब्रह्म ~ वैवर्त] पु॰ १. ब्रह्म के कारण प्रतीत होनेवाला जगत्। ब्रह्म का विवर्त जगत्। २. एक पुराण का नाम।

ब्रह्मशासन—[सं॰ ब्रह्म ~ शासन] पु॰ १. वेद की आज्ञा। २. ब्राह्मण को दान में मिली भूमि/भवन/ग्राम आदि सम्पत्ति।

ब्रह्मसभा—[सं॰ ब्रह्म ~ सभा] स्त्री॰ १. ब्रह्मा की सभा। २. ब्राह्मणों की सभा।

***ब्रह्मसर**—[< सं॰ ब्रह्मशर] पु॰ ब्रह्मास्त्र।

ब्रह्मस्व—[सं॰ ब्रह्म ~ स्व] पु॰ ब्राह्मण की धन-सम्पत्ति।

ब्रह्महत्या—[सं॰ ब्रह्म ~ हत्या] स्त्री॰ ब्राह्मण की हत्या।

ब्रह्मघ्न—[ब्रह्म + घ्न] वि॰ ब्राह्मण की हत्या करनेवाला।

ब्रह्मवाक्य—[सं॰ ब्रह्म ~ वाक्य] पु॰ १. वेद-वाक्य। २. ऐसी बात जिसकी सत्यता के विषय में सन्देह न हो। अटल सत्य।

ब्रह्मा—[सं॰ ब्रह्मन्] पु॰ त्रिदेव में से एक। विश्व की सृष्टि का कर्ता देवता। विधाता।

ब्रह्माक्षर—[सं॰ ब्रह्म ~ अक्षर] पु॰ ओम्। प्रणव।

ब्रह्माणी—[सं॰ ब्रह्मन् + ङीप्] स्त्री॰ ब्रह्मा की शक्ति/पत्नी।

ब्रह्माण्ड (ब्रह्मांड)—[सं॰ ब्रह्म + अण्ड] पु॰ १. भुवनों का अंडाकार समूह जिससे विश्व बना है। विश्व। २. (लाक्षणिक) सिर। ३. (लाक्षणिक) कपाल। खोपड़ी। ***वा॰* ब्रह्मांड चटकना**—१. खोपड़ी फटना। २. सिर में बहुत दर्द होना।

ब्रह्मात्मभाव—[सं॰ ब्रह्म ~ आत्म ~ भाव] पु॰ (वेदान्त॰) १. आत्मा के ब्रह्म होने का भाव। २. आत्मा और ब्रह्म का सादृश्य।

ब्रह्मात्मैक्य—[सं॰ ब्रह्म ~ आत्मा ~ ऐक्य] पु॰ (अद्वैत वेदान्त॰) ब्रह्म और आत्मा की एकता। *जैसे*—समाधि में ब्रह्मात्मैक्य का अनुभव।

ब्रह्माधिगम/ब्रह्माधिगमन—[सं॰ ब्रह्म ~ अधिगम/अधिगमन] पु॰ वेदों का अध्ययन। वेदाध्ययन।

ब्रह्मानन्द (ब्रह्मानंद)—[सं॰ ब्रह्म ~ आनन्द] पु॰ १. समाधि की अवस्था में ब्रह्म के स्वरूप का साक्षात्कार होने पर प्राप्त होने वाला अनन्त आनन्द। ब्रह्म की अनुभूति से प्राप्त आनन्द जो लौकिक वस्तुओं के उपभोग आदि से प्राप्त आनन्द की अपेक्षा बहुत अधिक और परम उत्कृष्ट कोटि का है। २. ब्रह्मज्ञान से उत्पन्न आनन्द/आत्मसन्तोष/आत्मतृप्ति।

ब्रह्माभ्यास—[सं॰ ब्रह्म ~ अभ्यास] पु॰ वेदों का अभ्यास/अध्ययन। वेदाध्ययन।

ब्रह्मार्पण—[सं॰ ब्रह्म ~ अर्पण] *पु॰* १. परमात्मा को समर्पण। २. परमात्मा में अनुरागवान् होना। ३. परमात्मा को अपने सभी कर्मों के फल अर्पित करने की क्रिया।

ब्रह्मावर्त—[सं॰ ब्रह्म ~ आवर्त] *पु॰* १. वेद का आवर्त। वेद के घूमने या प्रसार का स्थान। (प्राचीन काल में) सरस्वती नदी और उसकी एक सहायक नदी दृषद्वती नदी के बीच का प्रदेश। ३. कानपुर (उ॰प्र॰) के समीप का 'बिठूर' नामक तीर्थ और उसके समीप का प्रदेश।

ब्रह्मास्त्र—[सं॰ ब्रह्म ~ अस्त्र] *पु॰* अत्यन्त घातक और अमोघ एक दिव्य अस्त्र।

ब्रह्माहुति—[सं॰ ब्रह्म ~ आहुति] *स्त्री॰* १. पंचमहायज्ञों में से एक। ब्रह्मयज्ञ। २. वेदों का विधिवत् अध्ययन।

ब्रह्मिष्ठ (ब्रह्मिष्ठ्)—[सं॰ ब्रह्म + इष्ठन्] *वि॰, पु॰* १. महान् ब्रह्मज्ञानी। २. वेदविद्या में पारंगत। वेदों का महान् ज्ञाता।

ब्रह्मीभूत—[सं॰ ब्रह्मी + भूत] *वि॰* १. जो ब्रह्म में लीन हो गया हो। जो ब्रह्मरूप हो गया हो। २. मोक्षप्राप्त। मुक्त। ३. मृत।

ब्रह्मोद्य (ब्रह्मोद्य)—[सं॰ ब्रह्म ~ उद्य] *पु॰* १. वेदों की व्याख्या। २. ब्रह्मविद्या-सम्बन्धी रहस्यपूर्ण विषयों पर विचार। ३. (वैदिक युग में) कवियों की एक प्रतियोगिता जिसमें समस्या-पूर्ति की जाती थी। ***जैसे***—अश्वमेध के अनुष्ठान के समय 'ब्रह्मोद्य' भी होता था।

ब्रह्मोपदेश—[सं॰ ब्रह्म ~ उपदेश] *पु॰* १. ब्रह्म-सम्बन्धी उपदेश। ब्रह्मज्ञान/ब्रह्मविद्या की शिक्षा। २. वेदों का अध्यापन। ३. वेद के तत्त्वज्ञान का उपदेश।

ब्राङ्काइटिस (ब्रांकाइटिस)—[अं॰] *पु॰* एक रोग। साँस की नली की सूजन। श्वासनलीशोथ। श्वसनीशोथ।

ब्रात**[1]—*पु॰* ≤ *सं॰* व्रात। समूह। ***जैसे—खल ब्रात (दुष्टों का समूह)।

***ब्रात**[2]—*वि॰* ≤ *सं॰* व्रात्य। (दे॰)

ब्राह्म (ब्राह्म)—[सं॰ ब्रह्मन् + अण्, टि-लोप] *वि॰* १. ब्रह्म/परमात्मा-सम्बन्धी। ब्रह्म का। २. ब्रह्मा का। ***जैसे***—ब्राह्मरात्रि। ३. ब्राह्मणों का। ४. वेदाध्ययन-सम्बन्धी। वैदिक। ५. पवित्र। ६. जिसका अधिष्ठाता ब्रह्मा हो। *पु॰* १. हाथ के अँगूठे के नीचे का स्थान। २. एक प्रकार का विवाह (दे॰ ब्राह्मविवाह)। ३. 'ब्राह्मसमाज' का अनुयायी।

ब्राह्मण—[सं॰ ब्रह्मन् + अण्] *पु॰* १. (वर्ण-व्यवस्था में) चारों वर्णों में से प्रथम और सर्वश्रेष्ठ वर्ण। २. उक्त वर्ण का व्यक्ति। ३. (वैदिक ग्रन्थों में) शतपथ ब्राह्मण आदि ग्रन्थ जिनमें वेद-मंत्रों का यज्ञ-कर्म में प्रयोग इत्यादि वर्णित है। ४. (वर्ण के विकृत रूप में) एक जाति जिसके व्यक्ति पुरोहिताई आदि अनेक काम करते हैं। ५. उक्त जाति का व्यक्ति। ६. ग्रहों, नक्षत्रों, रत्नों आदि के किसी वर्गीकरण में किए गए चार वर्णों में से प्रथम जो विशिष्ट गुणों से युक्त होता है। ***जैसे***—ब्राह्मण रत्न, क्षत्रिय रत्न, वैश्य रत्न, शूद्र रत्न। ✣ **ब्राह्मणचाण्डाल (ब्राह्मणचांडाल)** —*पु॰* = शास्त्रों से निषिद्ध काम करनेवाला ब्राह्मण जाति का व्यक्ति। नीच ब्राह्मण।

ब्राह्मण्य—[सं॰ ब्राह्मण + यत्] *पु॰* १. ब्राह्मण का धर्म या भाव। ब्राह्मणत्व। २. ब्राह्मण के योग्य। ब्राह्मणोचित। ३. ब्राह्मणों का वर्ग/समुदाय।

ब्राह्मधर्म—[सं॰ ब्राह्म ~ धर्म] *पु॰* 'ब्राह्म समाज' नामक संस्था के अनुयायी की धर्म-सम्बन्धी अवधारणा तथा आचरण।

ब्राह्म प्रलय—[सं॰] *पु॰* भारतीय कालगणना में ब्रह्मा का एक दिन समाप्त हो जाने पर, रात्रि के आरम्भ-काल में होनेवाली प्रलय। नैमित्तिक प्रलय।

ब्राह्म मन्दिर (मंदिर)—[सं॰] *पु॰* 'ब्राह्म समाज' नामक संस्था का पूजा-गृह।

ब्राह्मविवाह—[सं॰ ब्राह्म ~ विवाह] *पु॰* धर्मशास्त्र में वर्णित आठ प्रकार के विवाहों में से एक। बहुमूल्य अलंकारों और परिधानों से सुसज्जित तथा रत्नों से शोभित कन्या का किसी विद्वान् से किया गया विवाह।

ब्राह्मसमाजी—[सं॰ ब्राह्मसमाजिन्] *पु॰* राजा राममोहन राय के द्वारा संस्थापित 'ब्राह्म समाज' नामक धार्मिक संस्था का अनुयायी।

ब्राह्मी—[सं॰ ब्राह्म + ङीप्] *स्त्री॰* १. ब्रह्म की मूर्त शक्ति। २. सरस्वती। ३. वाणी। ४. दुर्गा। ८ ब्रह्मा की पत्नी या शक्ति। ५. ब्राह्मण की पत्नी। ब्राह्मणी। ६. भारत की एक प्राचीन लिपि जिससे देवनागरी आदि अनेक लिपियाँ विकसित हुई हैं। ७. एक औषधीय पौधा जो जलाशय के समीप या सजल भूमि में उपजता है। ८. उक्त पौधे की पत्ती।

ब्रिगेड—[अं॰] *पु॰* १. सैन्य दल। ● **विशेष**—ब्रिगेड प्रायः तीन बटालियनों का होता है। इसके प्रमुख अधिकारी को **'ब्रिगेडियर'** कहा जाता है। २. कर्मियों का संगठित दल। ***जैसे***—फ़ायर बिग्रेड (= अग्निशामक दल)।

***ब्रीड़ना**—[< सं॰ व्रीडन] *क्रि॰अ॰* लज्जित होना। लजाना।

***ब्रीड़ा**—[< सं॰ व्रीडा] *स्त्री॰* व्रीड़ा। लज्जा।

ब्रेललिपि—[अं॰] *स्त्री॰* अन्धे व्यक्तियों के पठनार्थ बनायी गयी एक विशेष लिपि। ● **विशेष**—इस लिपि में उभरे अक्षरों की छपाई होती है अर्थात् **'ब्रेल मुद्रण'** होता है।

ब्रेसलेट—[अं॰] *पु॰* सुवर्ण का बना कंगन।

ब्रैकिट—[अं॰] *स्त्री॰* कोष्ठ। कोष्ठक। ● **विशेष**—ब्रैकिटें तीन प्रकार की होती हैं—छोटी ब्रैकिट (...), मँझली ब्रैकिट {...} और बड़ी ब्रैकिट [...]।

ब्लाउज़—[अं॰] *पु॰* स्त्रियों के पहनने का एक यूरोपीय वस्त्र। कमर तक की कुर्ती।

ब्लाक—[अं॰] *पु॰* १. लकड़ी का बड़ा टुकड़ा या शिलाखंड। २. छपाई का ठप्पा। ३. (विकास के या किसी विशिष्ट कार्य के लिए नियत किया हुआ) भू-खंड। ४. साथ-साथ बने हुए मकान/भवन। भवन-समूह। ५. अनेक मंज़िलों में बने फ़्लैटों का समूह। ६. बाधा। अवरोध। रुकावट।

भ

देवनागरी वर्णमाला में 'पवर्ग' का चौथा व्यंजन। (भाषाविज्ञान की दृष्टि से) यह द्वि-ओष्ठ्य (द्वयोष्ठ्य), स्पर्श, घोष और महाप्राण है। इसका अल्पप्राण रुप 'ब' है। ● **विशेष—१.** 'भ' और 'म' अक्षरों को लिखने में उनके अन्तर पर ध्यान रहना चाहिए। **२.** 'भ, भा, भि···, के अनुनासिक रूप 'भँ, भाँ, भिँ···' होते हैं परन्तु शिरोरेखा के ऊपर कोई मात्रा होने पर, टंकण आदि में सुविधा के लिए, चन्द्रबिन्दु के स्थान पर केवल बिन्दु का प्रयोग प्रचलित है (भिँ→भिं, भैँ→भैं)। ३. व्यंजन-गुच्छों में 'भ' को प्राय: 'य' और 'र' से पहले आकर मिलता देखा जाता है। ऐसे में वह 'य' से अपनी खड़ी रेखा को छोड़कर संयुक्त होता है (अभ्यास, सभ्य) और 'र' से खड़ी रेखा के साथ 'भ्र' के रूप में (भ्रम, भ्रान्त)। पहले आकर 'भ' से मिलनेवाले व्यंजन प्राय: अपनी 'खड़ी रेखा' छोड़कर मिलते हैं (भब्भड़, सम्भव) परन्तु पहले आकर मिलनेवाला 'र', 'भ' की शिरोरखा के ऊपर 'र्भ' का रूप लेता है (अर्भक, दर्भ)। जब 'द' पहले आकर मिलता है, तब 'द्' पूरा बनता है, भ उसमें नीचे की ओर छोटा-सा लगता है (तद्भव, उद्भव, सद्भावना, उद्भिज्ज)। हलन्त व्यंजन का प्रयोग करते हुए ऐसे व्यंजन-गुच्छों को अधिक सुविधापूर्वक लिखा जा सकता है (तद्‌भव, उद्‌भव, सद्‌भावना, उद्‌भिज्ज)। ४. 'भ' महाप्राण ध्वनि है अत: उसके पहले या बाद में कोई महाप्राण ध्वनि नहीं आ सकती तथा 'भ' का द्वित्व भी नहीं होता। (अत: 'भब्भड़' शुद्ध है परन्तु 'भभ्भड़' ग़लत है)।

भ—[स॰ √भा + ड] *पु॰* १. शुक्र (ग्रह)। २. नक्षत्र। ३. राशि। ४. सूर्य। ५. तारा। ६. तारों का समूह। ७. मधुमक्खी। ८. भ्रम। भ्रान्ति। ९. भ्रमर। भौंरा। १०. (पद्य आदि में) सत्ताइस की संख्या (२७)। ११. भैरव। *स्त्री॰* भैरवी।

†भंसार—[< स॰ भ्राष्ट्र] *पु॰* १. भाड़। २. भट्ठा।

भ-कक्षा—[स॰] *स्त्री॰* आकाश में ग्रहों का गमन-मार्ग।

***भकभूर[1]**—[देशज] *क्रिवि॰* निरन्तर। बेतहाशा।

***भकभूर[2]/भकभूरि**—[< हि॰ भखना + स॰ भूरि +] *वि॰* १. अधिक खाने वाला। खाऊ। पेटू। २. उजड्ड या मूर्ख।

भकरान/भकराँध—[< हि॰ भगरना + स॰ गन्ध] *स्त्री॰* सड़े हुए अनाज की दुर्गन्ध।

***भकरुण्ड (भकरुंड)**—[स॰ भग्न ~ रुण्ड] *पु॰* कटा हुआ धड़। छिन्न-भिन्न धड़।

†भकसना[1]—[अनु॰] *क्रिअ॰* इतना सड़ना कि दुर्गन्ध निकलने लगे।

†भकसना[2]—*क्रिस॰* ≤ *हि॰* भकोसना।

†भकुआना—[< हि॰ भकुआ] *क्रिअ॰* १. मूर्ख बनना। २. घबराना। *क्रिस॰* १. मूर्ख बनाना। २. बहुत व्याकुल कर देना। बहुत घबराहट में डालना।

†भकुरना—[देशज] *क्रिअ॰* १. क्षुब्ध होकर मुख लटका लेना। २. उदास हो जाना। ३. रूठ जाना।

भकूट—[स॰ भ ~ कूट] *पु॰* वर-कन्या के विवाह-सम्बन्धी शुभाशुभ जानने के लिए जन्मकुंडलियों का मिलान करने की प्रयुक्त एक विधि।

†भकोसना—[< स॰ भक्षण] *क्रिस॰* १. बड़े-बड़े कौर जल्दी-जल्दी खाना। २. अशिष्ट रीति से खाना। ३. ठूँस-ठूँस कर खाना। बहुत खाना। ⁘ **भकोसू**—*वि॰* = १. भकोसनेवाला। २. (लाक्षणिक) किसी की सम्पत्ति हड़प लेने वाला।

भक्त—[स॰ √भज् + क्त] *वि॰* १. बाँटा हुआ। विभाजित। २. (किसी के प्रति) श्रद्धा तथा अनुराग से युक्त। भक्ति-भाव रखनेवाला। भक्ति करनेवाला। *पु॰* १. पका हुआ चावल। भात। २. (परमात्मा या देवी-देवता आदि की) श्रद्धापूर्वक पूजा करनेवाला (व्यक्ति)। उपासक। आराधक। ३. (किसी के प्रति) श्रद्धा और निष्ठा रखनेवाला। ४. श्रद्धायुक्त सेवक। ५. अनुयायी। अनुगामी।

भक्तवत्सल—[स॰ भक्त ~ वत्सल] *वि॰* भक्त के प्रति स्नेह-युक्त।

भक्ति—[स॰ भज् + क्तिन्] *स्त्री॰* १. विभाजन। बटवारा। बाँट। २. श्रद्धापूर्वक अनुराग। ३. परमात्मा या देवी-देवता आदि की श्रद्धापूर्वक पूजा। उपासना। आराधना। ४. (श्रद्धापूर्वक की जाने वाली) सेवा। (छन्द॰) एक समवर्णिक छन्द जिसके प्रत्येक चरण में क्रमश: तगण, यगण और गुरु (त य ग) के योग से ७ वर्ण होते हैं।

भक्तिगम्य—[स॰ भक्ति ~ गम्य] *वि॰* भक्ति से प्राप्य।

भक्तिप्रवण—[स॰ भक्ति ~ प्रवण] *वि॰* भक्ति में लगा हुआ। भक्ति में प्रवृत्त/रत।

भक्तिप्रिय—[स॰ भक्ति ~ प्रिय] *वि॰* १. जिसे ज्ञान आदि की अपेक्षा परमात्मा या देवी-देवता आदि की भक्ति अधिक प्रिय है। २. जिसे साधक की भक्ति प्रिय है। जो साधक की भक्ति पर शीघ्र प्रसन्न हो जाता है। ***जैसे***—भक्तिप्रिय शिव।

भक्तिभाजन—[सं॰ भक्ति ~ भाजन] *पुं॰* भक्ति करने का अधिकारी। भक्ति का पात्र।

भक्तिमान्—[सं॰ भक्तिसत्] *वि॰* जिसके मन में (किसी के प्रति) भक्ति का भाव हो। भक्तिवाला। ✣ **भक्तिमती**—*वि॰ (स्त्री॰)* = भक्तिवाली।

भक्तिमार्ग—[हिं॰ भक्ति ~ मार्ग] *पुं॰* ईश्वर-दर्शन या मोक्ष-प्राप्ति का वह साधना-पथ जिसमें परमात्मा के प्रति भक्ति की प्रधानता होती है।

भक्तियोग—[सं॰ भक्ति ~ योग] *पुं॰* भक्ति के द्वारा भगवान् को पाने की साधना या उसका मार्ग।

भक्तिरत—[सं॰ भक्ति ~ रत] *वि॰* भक्ति में लीन।

भक्तिरस—[सं॰ भक्ति ~ रस] *पुं॰* (परमात्मा/इष्टदेव/गुरु आदि के प्रति) भक्ति के कारण प्राप्त आनन्द। (काव्य॰) शृंगार आदि रसों के समान एक रस जिसका स्थायी भाव 'भक्तिभाव' या ईश्वर-विषयक अनुराग है।

भक्तिवाद—[सं॰ भक्ति ~ वाद] *पुं॰* (भा॰ दर्शन॰) ज्ञान, कर्म आदि अन्य तत्त्वों की अपेक्षा भक्ति को प्रमुख मानने का सिद्धान्त/मत।

भक्तिसूत्र—[सं॰ भक्ति ~ सूत्र] *पुं॰* १. परमात्मा की भक्ति का प्रतिपादक कोई सूत्र। २. परमात्मा की भक्ति के स्वरूप आदि का प्रतिपादक ग्रन्थ जो सूत्रों में रचित हो।

भक्षकाणु—[सं॰ भक्षक ~ अणु] *पुं॰* (प्राणि॰) ऐसी श्वेत रुधिर कणिका जो ठोस कणों या कोशिकाओं को अपने भीतर समेट लेती है और इस कारण जीवाणुओं (अ॰ बैक्टीरिया) तथा अन्य रोगाणुओं से शरीर को सुरक्षित रखने का महत्त्वपूर्ण साधन है। (अ॰ फ़ैगोसाइट)

भक्षण—[सं॰ √भक्ष्+ ल्युट्] *पुं॰* १. दाँतों से काटकर भोजन करने की क्रिया/भाव। खाना। २. आहार। भोजन। ***जैसे***—मांस-भक्षण।

भक्ष्य—[सं॰ √भक्ष् + ण्यत्] *वि॰* जो खाया जा सकता है। खाने के योग्य। खाद्य। ***जैसे***—सभी अनाज भक्ष्य हैं। *पुं॰* खाए जाने के योग्य पदार्थ। आहार। भोजन। ∇ **विलोम**—अभक्ष्य।

भक्ष्याभक्ष्य—[सं॰ भक्ष्य ~ अभक्ष्य] *वि॰* भक्ष्य और अभक्ष्य। खाद्य और अखाद्य।

भखना—[< सं॰ भक्षण] *क्रिस॰* भक्षण करना। जल्दी-जल्दी या ठूँस-ठूँस कर खाना। बुरी तरह खाना।

भग—[सं॰ √भज् + घ] *पुं॰* १. ऐश्वर्य। २. छह विभूतियाँ—ऐश्वर्य, बल, वीर्य, यश, श्री और ज्ञान। ३. कीर्ति। ४. गौरव। ५. सौभाग्य। ६. शक्ति। ७. एक देवता जो विवाह का अधिष्ठाता है। *स्त्री॰* स्त्री-योनि।

भगण—[सं॰ भ ~ गण] *पुं॰* (खगोल॰) १. राशिमंडल। नक्षत्रमंडल। २. राशिचक्र में ग्रहों का भ्रमण। (छन्द॰) एक वर्णिक गण जिसमें क्रमशः गुरु, लघु, लघु वर्ण (ऽ।।)होते हैं। ✣ **भगण काल**—*पुं॰* = (खगोल॰) किसी ग्रह का राशिमंडल की परिक्रमा का समय।

***भगतिन**—[< हिं॰ भगत] *स्त्री॰* १. भक्त बालिका/स्त्री। २. भगत की पत्नी।

भगतिया—[हिं॰ भगत] *पुं॰* राजस्थान की एक जाति जो गाने-बजाने का व्यवसाय करती है।

***भगतिवन्त**—[< सं॰ भक्तिमान् (भक्तिमत्)] *वि॰* भक्तियुक्त। भक्त।

भगन—**वि॰** ≤ *सं॰* भग्न। खंडित।

भगन्दर (भगंदर)—[सं॰ भग √दृ + णिच् + खच्, मुम्] *पुं॰* एक रोग जिसमें एक अंग की गुहिका को दूसरे अंग की गुहिका के साथ या शरीर की सतह को एक गुहिका के साथ जोड़नेवाला असामान्य मार्ग बन जाता है। गुदा के अन्दर होने वाला फोड़ा जो फूटने पर नासूर हो जाता है।

भगर—[< हिं॰ भगरना] *पुं॰* सड़ा हुआ अन्न।

भगरना—[< सं॰ विकरण] *पुं॰* खत्ती आदि में रखे गए अनाज का गर्मी के कारण सड़ने लगना।

†भगल—[देशज] *पुं॰* १. छल। कपट। धोखा। २. आडम्बर। ढोंग। ३. ठग। ४. जादूगरी।

†भगलिया—[< हिं॰ भगल] *पुं॰* १. छली। कपटी। धोखेबाज़। २. ढोंगी। पाखंडी। ३. ठग। ४. जादूगर।

भगवती—[सं॰ भगवत् + ङीप्] *वि॰ (स्त्री॰)* १. ऐश्वर्य-वाली। २. पूज्य। सम्माननीय। ***जैसे***—भगवती अरुन्धती। ३. देवी (दुर्गा, लक्ष्मी या सरस्वती आदि)।

भगवदर्पण—[सं॰ भगवत् ~ अर्पण] *पुं॰* किसी वस्तु आदि का) परमात्मा को समर्पण। ***जैसे***—अपने कर्मफलों का भगवदर्पण।

भगवदाश्रय—[सं॰ भगवत् ~ आश्रय] *पुं॰* भगवान् का आश्रय। परमात्मा की शरण।

भगवदीय—[सं॰ भगवत् + छ] *वि॰* भगवान् से सम्बन्धित। भगवान् का। *पुं॰* भगवान् का भक्त। परमात्मा का उपासक।

भगवद्विग्रह (भगवद्विग्रह)—[सं॰ भगवत् ~ विग्रह] *पुं॰* भगवान्/परमात्मा की मूर्ति। देवमूर्ति।

***भगवन्त (भगवंत)**—[< सं॰ भगवन्तः (भगवत्)] *पुं॰* भगवान्। परमात्मा।

भगवा—[< सं॰ भगवान्] *वि॰* गेरुआ रंग का। उदय होते समय के सूर्य की तरह के रंग का। अरुण।

भगवान्—[सं॰ भगवत्] *वि॰* १. ऐश्वर्य आदि से युक्त। ***जैसे***—भगवान् विष्णु; भगवान शिव। २. पूज्य। आदरणीय। ***जैसे***—भगवान् बुद्ध; भगवान् शंकराचार्य; भगवान् महावीर। *पुं॰* १. परमात्मा। ईश्वर। २. परमात्मा का कोई रूप या अवतार। ३. पूज्य/आदरणीय पुरुष। महिमाशाली पुरुष। ✣ **भगवान**—*पुं॰* = भगवान्। ***वा॰* भगवान को प्यारा हो जाना**—मर जाना।

भगाड़—[देशज] *पुं॰* वर्षा के कारण भूमि के धँसने से बना गड्ढा। २. कुआँ बैठ जाने से बना गड्ढा।

भगाल—[सं॰ √भज् + कालन्, कुत्व] *पुं॰* मनुष्य की खोपड़ी। मानव-कपाल।

भगिनी—[सं॰ भगिन् + ङीप्] *स्त्री॰* बहिन। ✣ **भगिनी-पति**—*पुं॰* = बहिन का पति। बहनोई।

भगीरथ—[सं॰ भ ~ गीर् ~ रथ] *पु॰* एक सूर्यवंशी राजा जो गंगा नदी को स्वर्ग से पृथ्वी पर लाने में सफल हुए। ❖ **भगीरथ प्रयत्न**—*पु॰* = भगीरथ जैसा भारी तप/परिश्रम। भारी परिश्रम। ❖ **भगीरथ-सुता**—*स्त्री॰* = गंगा (नदी)। भागीरथी।

भगेलू—[< हि॰ भागना] *वि॰* १. (कहीं से छिपकर) भागा हुआ। भगोड़ा। २. किसी काम से डरकर भागनेवाला। ३. कायर। डरपोक।

भगोल—[सं॰ भ ~ गोल] *पु॰* नक्षत्र-चक्र। खगोल।

भगौहाँ१/भगौंहाँ१ (भगौंहां१)—[< हि॰ भागना] *वि॰* १. युद्ध से भागा हुआ। भगोड़ा। २. जिसमें भागने की प्रवृत्ति हो।

भगौहाँ२/भगौंहाँ२ (भगौंहां२)—[< हि॰ भगवा] *वि॰* भगवा रंग का। गेरुआ। ❖ **भगौहीं (भगौहीं), भगौंहीं (भगौंहीं)**—*वि॰ (स्त्री॰)* = भगवा रंग की। *जैसे*—भगौंहीं वेशभूषा।

भग्गा/भग्गू/ *भग्गुल—[< हि॰ भागना] *वि॰* १. पराजित। २. भगोड़ा।

भग्न—[सं॰ √भञ्ज् + क्त] *वि॰* १. टूटा हुआ। खंडित। टूटा-फूटा। २. नष्ट किया हुआ।

भग्नचित्त—[सं॰ भग्न ~ चित्त] *वि॰* निराश।

भग्नचेष्ट—[सं॰ भग्न ~ चेष्टा] *वि॰* विफल होकर प्रयत्न छोड़ देने वाला।

भग्नदर्प—[सं॰ भग्न ~ दर्प] *वि॰* जिसका दर्प/गर्व/घमंड तोड़ दिया गया हो। गलितगर्व।

भग्ननिद्र—[सं॰ भग्न ~ निद्रा] *वि॰* १. जो नींद से जगा दिया गया हो। २. जिसकी नींद पूरी होने से पहले ही टूट गयी हो।

भग्नपृष्ठ—[सं॰ भग्न ~ पृष्ठ] *वि॰* जिसकी रीढ़ टूट गयी हो।

भग्नप्रतिज्ञ—[सं॰ भग्न ~ प्रतिज्ञा] *वि॰* जिसने अपनी प्रतिज्ञा तोड़ दी हो। जिसकी प्रतिज्ञा खंडित हो गयी हो।

भग्नमना—[सं॰ भग्न ~ मनस्] *वि॰* जिसका मन टूट गया हो। हतोत्साह। निराश। हताश।

भग्नमनोरथ—[सं॰ भग्न ~ मनोरथ] *वि॰* जिसका मनोरथ खंडित/नष्ट हो गया हो। विफल मनोरथ वाला।

भग्नमान—[सं॰ भग्न ~ मान] *वि॰* १. जिसका मान नष्ट हो चुका हो। २. तिरस्कृत। अपमानित।

भग्नश्री—[सं॰ भग्न ~ श्री] *वि॰* नष्ट श्री/शोभा वाला। जिसका सौन्दर्य नष्ट हो गया हो।

भग्नहृदय—[सं॰ भग्न ~ हृदय] *वि॰* हताश। निराश।

भग्नावशेष—[सं॰ भग्न ~ अवशेष] *पु॰* १. किसी टूटी-फूटी वस्तु के शेष टुकड़े। २. किसी प्राचीन नगर/भवन/घर आदि के नष्ट होने पर बचे हुए उसके टूटे-फूटे भाग। अवशिष्ट खंडित भाग। ध्वंसावशेष। खंडहर।

भग्नाश—[सं॰ भग्न ~ आशा] *वि॰* जिसकी आशा नष्ट हो गयी हो। निराशा। हताश।

भग्नोत्साह—[सं॰ भग्न ~ उत्साह] *वि॰* जिसका उत्साह नष्ट हो गया हो। हतोत्साह। निराश। हताश।

भग्नोद्यम (भग्नोद्यम)—[सं॰ भग्न ~ उद्यम] *वि॰* जिसका प्रयत्न असफल/व्यर्थ हो गया हो।

भङ्कार (भंकार)—[सं॰ भम् ~ कार] *पु॰* १. भयंकर ध्वनि। घोर शब्द। २. 'भ-भ' ध्वनि। भनभनाहट।

भङ्ग१ (भंग१)—[सं॰ √भञ्ज् + घञ्] *पु॰* १. टूटने की क्रिया/भाव। भंजन। *जैसे*—वचन-भंग; धनुष-भंग। २. विघ्न। बाधा। रुकावट। *जैसे*—रंग में भंग होना। ३. (नियम आदि का) उल्लंघन। *जैसे*—नियम-भंग ४. विनाश। नाश। ५. पराजय। हार। ६. पृथक्ता। अलगाव। ७. असफलता। ८.फेर। मोड़। ९.स्थगित करने की क्रिया/भाव। १०. घुमा-फिराकर बात कहने का ढंग। ११. बाधा/रुकावट।

भङ्ग२(भंग२)—[< सं॰ भङ्गा] *स्त्री॰* एक पौधा जिसकी पत्तियाँ नशीली होती हैं। भाँग। विजया। **वा॰ भंग छानना**—भाँग को पीसकर और छानकर नशे के लिए पीना। **भंग पी रखना**—भाँग के नशे में होनेवाले व्यक्ति के समान बातें करना।

भङ्गकर (भंगकर)—[सं॰ भङ्ग ~ कर] *वि॰* तोड़नेवाला। भंजक। नाशक। **उदा॰** त्रिपुर-मद-भंगकर। —तुलसी (विनय॰, ४९)

भङ्गकृत (भंगकृत)—[सं॰ भङ्ग ~ कृत] *वि॰* तोड़ने वाला। भंजक।

भङ्गड़ (भंगड़)—[< हि॰ भंग] *पु॰* भाँग पीने का व्यसनी। भाँग पीने की लत वाला। भाँग बहुत पीनेवाला। भंगड़ी। भँगेड़ी।

***भङ्गना (भंगना)**—[< हि॰ भंग या < सं॰ भञ्जन] *क्रिअ॰* भग्न होना। टूटना। *क्रिस॰* भग्न करना। तोड़ना।

भङ्गरा (भंगरा)—[< सं॰ भृङ्गराज] *पु॰* भँगरैया/भाँगरा नामक क्षुप।

भङ्गराज (भंगराज)—[< सं॰ भृङ्गराज] *पु॰* १. सुरीली और मधुरवाणी बोलनेवाली एक चिड़िया। भीमराज। २. भंगरा नामक क्षुप।

भङ्गारी (भंगारी)—*स्त्री॰* ≤ *हि॰* भंकारी।

भङ्गि (भंगि)—[सं॰ भञ्ज् + इन्] *स्त्री॰* १. भंग होने की अवस्था/भाव। भंजन। २. कुटिलता। टेढ़ापन। ३. बात को सीधा न कहकर घुमा-फिरा कर कहने का ढंग। वक्रता। ४. बहाना। ५. व्यंग्योक्ति। ६. पग। क़दम। ७. तरंग। लहर। ८. वह कलापूर्ण शारीरिक मुद्रा जिससे मन का कोई भाव व्यक्त हो। भंगिमा। अदा।

भङ्गिमा (भंगिमा)—[सं॰ भङ्गिमन्] *स्त्री॰* १. वक्रता। टेढ़ापन। २. छल। धोखा। ३. वह कलापूर्ण शारीरिक मुद्रा जिससे मन का कोई भाव व्यक्त हो। अदा।

भङ्गियाना (भंगियाना)—[< हि॰ भाँग] *क्रिअ॰* भाँग के नशे में होना। *क्रिस॰* (किसी को) भाँग पिलाकर नशे में धुत कर देना।

भङ्गी१ (भंगी१)—[सं॰ भङ्गिन्] *वि॰* १. भंग/नष्ट हो जाने वाला। २. भंग करनेवाला। तोड़नेवाला। भंजक।

भङ्गी२ (भंगी२)—[सं॰ भङ्गि + ङीष्] *स्त्री॰* भंगिमा।

भङ्गी३ (भंगी३)—[< हि॰ भाँग] *वि॰* १. भाँग पीनेवाला। २. भाँग का व्यसनी। भँगेड़ी। भंगड़ी।

भङ्गी४ (भंगी४)—[देशज] *पु॰* सफ़ाई करने का काम करनेवाली एक उपजाति या उसका पुरुष। सफ़ाईकर्मी। जमादार। ✣ **भङ्गिन (भंगिन)**—*स्त्री॰*।

भङ्गुर (भंगुर)—[सं॰ √भञ्ज् + घुरच्] *वि॰* १. नाशवान्। ***जैसे***—क्षण-भंगुर शरीर। २. चोट पड़ने पर टूट-फूट जाने वाला। ***जैसे***—मिट्टी के पात्र भंगुर होते हैं।

भङ्ग्य (भंग्य)—[सं॰ √भञ्ज् + ण्यत्] *वि॰* १. जो तोड़ा जा सके। २. जो तोड़ा जानेवाला हो। ३. जो तोड़े जाने के योग्य हो।

भचक्र—[सं॰ भ ~ चक्र] *पु॰* राशिचक्र। नक्षत्रचक्र।

***भजनि**—[< हि॰ भजना (भागना)] *स्त्री॰* भागने की क्रिया।

भजनी—[< हि॰ भजन] *पु॰* १. प्रायः ईश्वर-भजन करते रहने वाला। २. भजनीक। *(दे॰)*

भजनीक—[< हि॰ भजनी] *पु॰* १. भजन गाकर उपदेश करनेवाला। २. भजन गानेवाला।

***भजियाउर**—[< हि॰ भाजी + चावर (चावल)] *पु॰* घी, दही आदि के साथ पकाया हुआ नमकीन चावल।

भजैया—[< हि॰ भजना] *वि॰* १. भजनेवाला। २. भगाने वाला। दूर करने वाला।

भञ्जक (भंजक)—[सं॰ √भञ्ज् + ण्वुल] *वि॰* १. भंग करनेवाला। ***जैसे***—प्रतिज्ञा-भंजक। २. तोड़नेवाला। ***जैसे***—मूर्ति-भंजक। ३. नाश करनेवाला। ***जैसे***—भय-भंजक भगवान्।

भञ्जन (भंजन)—[सं॰ √भञ्ज् + ल्युट्] *पु॰* १. भंग करने की क्रिया/भाव। २. खंडन। तोड़-फोड़। ३. ध्वंस। नाश। *वि॰* (समासयुक्त पदों के अन्त में) भंग करनेवाला। खंडनकारी। भंजक या नाशक। ***जैसे***—दुखभंजन परमात्मा।।

भञ्जना (भंजना)—[< सं॰ भञ्जन] *क्रिअ॰* १. भंजन करना। २. तोड़ना। ३. नष्ट करना।

भञ्जनि (भंजनि)**—*स्त्री॰* = भंजन। *वि॰ (स्त्री॰)* = भंजन करनेवाली। भंजनी। ***जैसे—भय-भंजनि दुर्गा। ✣ **भञ्जनिहारा/भञ्जनिहारु (भंजनिहारा/भंजनिहारु)** *वि॰, पु॰* = भंजक। ✣ **भंजनिहारी**—*वि॰ (स्त्री॰)* स्त्री। ✣ **भञ्जनी (भंजनी)**-*वि॰ (स्त्री॰)* = भंजन करनेवाली। तोड़नेवाली।

भञ्जी (भंजी)—[सं॰ भञ्जिन्] *वि॰* १. तोड़नेवाला। २. नष्ट करनेवाला। ✣ **भञ्जिनी (भंजिनी)**—*वि॰ (स्त्री॰)*। ***जैसे***—गर्वभंजिनी।

भट—[सं॰ √भट् + अच्] *पु॰* १. धन लेकर संरक्षण करनेवाला योद्धा या सैनिक। भाड़ैत योद्धा या सिपाही। २. योद्धा। ३. सैनिक। ४. मल्ल। पहलवान।

भटई—[< हि॰ भाट] *स्त्री॰* १. भाट होने की अवस्था/भाव। भाटपन। २. भाट का कार्य/पद। ३. (भाटों के समान) अतिशयोक्तिपूर्ण/मिथ्या प्रशंसा। ख़ुशामद। चापलूसी।

भटकटैया—[< सं॰ कण्टकारी] *स्त्री॰* एक वनौषधि। कटेरी।

***भटजोट**—[< सं॰ भट + हि॰ जुटना] *पु॰* वीरों का समूह।

भटतीतर—[सं॰ भट + हि॰ तीतर] *पु॰* लगभग एक फ़ुट लम्बा एक पक्षी।

***भटना**—[< हि॰ पटना (=भरना)] *क्रिअ॰* गड्ढा आदि भरा जाना या पाटा जाना। पटना।

भटनास—[देशज] *पु॰* एक प्रकार की लता, उसकी फलियाँ या उसके बीज। भटवाँस।

भट-भट—[अनु॰] *स्त्री॰* निरन्तर होने वाली 'भट' ध्वनि। मोटर-साइकिल, ट्रैक्टर आदि को चलाने की प्रक्रिया में होनेवाली आरम्भिक (स्टार्ट करते समय की) ध्वनि।

***भटभटी**—[अनु॰] *स्त्री॰* १. आँखों में चकाचौंध होने के कारण कुछ भी न दिख पड़ने की स्थिति। २. देखते हुए भी न देख सकने की स्थिति। ३. किसी वस्तु को प्राप्त करने की या किसी कार्य को करने की तीव्र इच्छा। उतावली।

***भटभेर, भटभेरा**—[< हि॰ भट + भिड़ना] *पु॰* १. मुठभेड़। भिड़न्त। टक्कर। २. अचानक होनेवाली भेंट या आमना-सामना। ३. अकस्मात् ही दो लोगों के अंगों का परस्पर टकरा जाना या स्पर्श होना।

भटमानी—[सं॰ भट ~ मानी] *पु॰* अपने को अत्यन्त वीर समझनेवाला व्यक्ति।

भटा—[सं॰ भण्टाकी] *पु॰* बैंगन।

भटाक/भटाका—[अनु॰] *स्त्री॰* 'भट' की तीव्र ध्वनि। किसी चीज़ के गिरने, फटने, टूटने का या आघात आदि का शब्द।

भटियानी—[< सं॰ भट्टिनी] *स्त्री॰* ब्राह्मणी।

***भटू**—[< सं॰ भट] *स्त्री॰* सखी (या हे सखी)।

भटेउर—[< सं॰ बर्हिबर्ह] *पु॰* गठिवन (सं॰ ग्रन्थिपर्ण) नामक क्षुप का एक प्रकार जो औषधोपयोगी है।

भटोला—[< हि॰ भाट] *वि॰* १. भाट-सम्बन्धी। भाट का। २. भाटों के लिए उपयुक्त। ३. शासक द्वारा भाटों को पुरस्कार के रूप में दी गयी भूमि। ४. भाटों का मुहल्ला।

भट्ट—[सं॰ √भट् + तन्] *पु॰* १. भाट। २. पंडित। ३. ब्राह्मणों का एक कुल-नाम। ४. स्वामी।

भट्टाचार्य—[सं॰ भट्ट ~ आचार्य] *पु॰* १. दर्शनशास्त्र का विद्वान्। २. (पदवी रूप में प्रयुक्त) मान्य, आचार्य सम्मानित अध्यापक। ३. बंगाली ब्राह्मणों का एक कुल-नाम।

भट्टार—[सं॰ भट्ट +√ऋ + अण्] *पु॰* पूज्य। मान्य।

भट्टारक—[सं॰ भट्टार + कन्] *वि॰* १. पूज्य। मान्य। २. प्रतापी और आदरणीय। *पु॰* १. तपस्वी। २. देवता। ३. सूर्य। ४. जैन मुनि, सिद्ध पुरुष और साधु के लिए आदरपूर्ण सम्बोधन। ५. (संस्कृत के नाटकों आदि में) राजा। ***जैसे***—भट्टारक चन्द्रगुप्त। ✣ **भट्टारिका**—*वि॰ (स्त्री॰), स्त्री॰*। ***जैसे***—भट्टारिका ध्रुवदेवी।

भट्टिनी—[सं॰ भट्ट + इनि + ङीप्] *स्त्री॰* १. रानी। २. ब्राह्मणी। ३. सम्मान्य स्त्री।

***भठछार**—[< हि॰ भट्ठा + छार < सं॰ क्षार] *पु॰* भट्ठे की राख।

भठियारा—[< हि॰ भट्ठा] *पु॰* सराय में यात्रियों के ठहरने तथा भोजन आदि का प्रबन्ध करनेवाला व्यक्ति।

भठियारिन/भठियारी—*स्त्री॰* १. भठियारे की पत्नी। २. भठियारा-परिवार की स्त्री। ३. (लाक्षणिक) झगड़ालू स्त्री।

भठुली—[< हि॰ भट्ठी] *स्त्री॰* ठठेरों द्वारा प्रयुक्त मिट्टी की बनी छोटी भट्ठी।

भड़कैल—[< हि॰ भड़कना] *वि॰* १. शीघ्र भड़क जाने वाला। २. शीघ्र चौंकने/बिदकने वाला।

भड़ङ्ग (भड़ंग)—[< हि॰ भाँड़] *पु॰* = १. भाँड़ों का काम। भाँड़पन। २. आडम्बर। दिखावा। ✣ **भडङ्गी (भड़ंगी)**—*स्त्री॰* = १. भड़ंग करनेवाला। भाँड़। २. आडम्बर या दिखावा करनेवाला। आडम्बरी।

भड़भाँड़—[< स॰ भण्डीर] *पु॰* एक कँटीला और विषैले बीजों वाला पौधा। सत्यानासी।

भड़रिया नवमी—[< स॰ भद्रिका नवमी] *स्त्री॰* आषाढ़ शुक्ल नवमी।

भड़री—[देशज] *स्त्री* मँड़ाई होने के बाद भी डंठलों में बचे हुए अनाज के दाने।

†भड़साई—[< हि॰ भाड़] *स्त्री॰* भड़भूँजे का भाड़ जिस पर वह अनाज के दाने भूनता है।

भड़सार— [< स॰ भण्डशाला] स्त्री॰ पका हुआ भोजन रखने का कमरा।

भड़ाभड़ी—[अनु॰ < हि॰ भड़-भड़] *स्त्री॰* १. 'भड़-भड़' की ध्वनि। २. जल्दबाज़ी। हड़बड़ी।

***भड़ाल**—[< स॰ भट] *पु॰* योद्धा। वीर। भट।

†भड़िहा—[< स॰ भाण्डहर] *पु॰* चोर। ✣ **भड़िहाइँ (भड़िहाईं)**—*स्त्री॰* = चोरी। ***वि॰*** १. चोर की तरह। *क्रिवि॰* = भयभीत होता हुआ।

भड़ुआ—[< हि॰ भाँड़] *पु॰* १. वेश्याओं के साथ वाद्य बजानेवाला। २. वेश्याओं का दलाल। ✣ **भड़ुआई**—*स्त्री॰* = भड़ुआपन।

भड़ैत—[< हि॰ भाड़ा] *वि॰* १. (भाड़े पर रहनेवाला) किराएदार। २. भाड़ा लेकर काम करनेवाला व्यक्ति।

भड्ड/भड्डर—[< स॰ भद्र] *पु॰* १. ब्राह्मणों की एक निचली उपजाति जो ज्योतिष आदि से भविष्य बताने का काम करती है। २. उक्त जाति का व्यक्ति।

भड्डरी—[< स॰ भद्र] *पु॰* शनि ग्रह का दान लेनेवाला ब्राह्मण।

भणन—[स॰ √भण् + ल्युट] *पु॰* १. कथन। वर्णन। २. वार्तालाप। बातचीत।

***भणना**—[< स॰ भणन] *क्रिस॰* वर्णन करना। कहना। ✣ **भणित**—*वि॰* = कथित। *स्त्री॰* कही गयी बात। कथन। उक्ति।

भणिता—[स॰ भणितृ] *पु॰* १. वक्ता। बोलनेवाला। २. कविता में कवि का नाम/उपनाम/छाप। (संगीत॰) गीत के चतुर्थ चरण में दिया गया रचयिता का नाम।

भणिति—[स॰ √भण् + क्तिन्] *स्त्री॰* १. कही हुई बात। कथन। उक्ति। २. लोकोक्ति। कहावत। ३. कविता।

भण्टा (भंटा)—[< स॰ भण्टाकी] *पु॰* बैंगन।

भण्ड (भंड)—[स॰ √भण्ड् + अच्] *पु॰* १. भाँड़। २. विदूषक। *वि॰* १. अश्लील बातें बकनेवाला। २. निर्लज्ज। ३. पाखंडी। ढोंगी। ● **विशेष**—संस्कृत में ढोंगी तपस्वी को '**भण्डतपस्वी**' कहा जाता है और वेश्या को '**भण्डहासिनी**'।

भण्डन (भंडन)—[स॰ √भण्ड् + ल्युट्] *पु॰* १. युद्ध। २. उपद्रव। ३. दुष्टता।

भण्डना (भंडना)—[< स॰ भण्डन] *क्रिस॰* १. हानि पहुँचाना। २. बिगाड़ना। ३. तोड़ना-फोड़ना। ४. (किसी की) सर्वत्र निन्दा करते फिरना।

भण्डा (भंडा)—[स॰ भाण्ड] *पु॰* १. पात्र। बर्तन। भाँड़ा। २. (लाक्षणिक) रहस्य। भेद। ✣ **भण्डाफोड़ (भंडोफोड़)**—*पु॰* = किसी की छिपी बातों, रहस्यों या गुप्त कुचक्रों का सब पर प्रकट किया जाना या सब पर प्रकट हो जाना।

भण्डरिया (भंडरिया)—[हि॰ भंडार] *स्त्री॰* दीवार में बनी छोटी अलमारी। भँडरिया।

भण्डिमा (भंडिमा)—[स॰ भण्डिमन्] *स्त्री॰* छल। धोखा।

भण्डीर (भंडीर)—[स॰ भण्ड + ईरन्] *पु॰* १. सिरिस का पेड़। शिरीष। २. वट वृक्ष। बरगद। ३. एक कँटीला पौधा। सत्यानासी।

भतुआ—[देशज] *पु॰* सफ़ेद कुम्हड़ा। पेठा।

भत्ता—[< स॰ भृत्या] *पु॰* वह धनराशि जो किसी कर्मचारी या अधिकारी को उसके वेतन के अतिरिक्त, कुछ विशेष अवसरों पर या विशेष सन्दर्भों में या विशेष प्रयोजनों के लिए, अतिरिक्त व्यय के विचार से दी जाती है। ***जैसे***—यात्रा-भत्ता, महँगाई-भत्ता इत्यादि।

भद—[अनु॰] *स्त्री॰* किसी वस्तु के गिरने की ध्वनि।

भदईं (भदई)—[< हि॰ भादौं] *वि॰* १. भाद्रमास-सम्बन्धी। भादौं का। २. भाद्रमास में होनेवाला। *स्त्री॰* भाद्र/भादों के महीने में पककर कटनेवाली धान की फ़सल। साठी।

भदन्त (भदंत)—[स॰ √भन्द् + झच्, न-लोप] *वि॰* १. पूजित। २. सन्न्यास लिया हुआ (व्यक्ति)। *पु॰* १. बौद्ध भिक्षु। २. बौद्ध भिक्षु की एक आदरसूचक उपाधि।

भदेस—[< हि॰ भद्दा] *वि॰* १. कुरूप। भद्दा। २. अशिष्ट। असंस्कृत। ***जैसे***—भदेस भाषा का प्रयोग। ४. ग्राम्य। गँवारू। ✣ **भदेसिया**—*वि॰* = १. भदेस। २. भदेस से सम्बन्धित। भदेस का।

भदैल—[< हि॰ भादौं] *वि॰* भदैला। (दे॰) *पु॰* मेंढक।

भदैला—[< हि॰ भादौं] *वि॰* १. भाद्र/भादौं मास में होनेवाला। २. भादौं मास का।

भदौरिया—[< हि॰ भदावर] *वि॰, पु॰* १. भदावर का रहनेवाला। *पु॰* क्षत्रियों की एक उपजाति। एक प्रकार के राजपूत।

†भदौंहा (भदौंहा)—[< हि॰ भादौं] *वि॰* भाद्र/भादों मास में होनेवाला। ***जैसे***—भदौंहा फल।

भद्र—[स॰ √भन्द् + रक्, न-लोप] *वि॰* १. शुभ। मंगलकारी। २. सुन्दर। ३. प्रिय। ४. शिष्ट। सभ्य। सुसंस्कृत। ५. सज्जन। अच्छा।

भला। शरीफ़। ६. उत्तम। श्रेष्ठ। ७. आनन्ददायक। ८. भाग्यवान्। ९. समृद्ध। १०. जिसके सिर, दाढ़ी, मूँछ आदि का मुंडन हुआ हो। *पु॰* १. मंगल। कल्याण। २. प्रसन्नता। ३. सौभाग्य। ४. समृद्धि। ५. कुशलता। क्षेम। ६. (प्राचीन काल में) नाम के अन्त में जोड़ा जाने वाला प्रेम/आदर का सूचक एक शब्द। ***जैसे***—राम→रामभद्र; बल→ बलभद्र।

भद्रक—[स॰ भद्र + कन्] *वि॰* १. शुभ। २. सुन्दर। *पु॰* उत्तम गुण। (छन्द॰) एक समवर्णिक छन्द जिसके प्रत्येक चरण में क्रमशः भगण, रगण, नगण, रगण, नगण, रगण, नगण और गुरु (भ र न र न र न ग) के योग से २२ वर्ण होते हैं तथा ४-६-६-६ पर यति होती है।

भद्रकाय—[स॰ भद्र ~ काया] *वि॰* सुन्दर शरीर वाला। सुन्दर। मनोहर।

भद्रकाली—[स॰ भद्र ~ काली] *स्त्री॰* काली देवी का एक रूप।

भद्रङ्कर (भद्रंकर)—[स॰ भद्रम् ~ कर] *वि॰* मंगलकारक। कल्याणकारक। शुभ।

भद्रजन—[स॰ भद्र ~ जन] *पु॰* शिष्ट जन। भले लोग। सज्जन।

भद्रपीठ—[स॰ भद्र ~ पीठ] *पु॰* १. राजसिंहासन। २. ऊँचा और सुन्दर आसन। ३. देवता के अभिषेक की चौकी।

भद्रमुख—[स॰ भंद्र ~ मुख] *वि॰* सुन्दर मुख वाला। सुन्दर। *पु॰* सज्जन। महोदय। ✣ **भद्रमुखी**—*वि॰ (स्त्री॰)* = सुन्दर मुख वाली। सुन्दरी। *स्त्री॰* सुन्दर स्त्री। सुमुखी।

भद्रविवार—[स॰ भद्र ~ रविवार] *पु॰* भाद्र शुक्ल षष्ठी को होनेवाला रविवार।

भद्रविराट्—[स॰ भद्र ~ विराट् (विराज्)] *पु॰* (छन्द॰) एक अर्धसमवर्णिक छन्द जिसके पहले और तीसरे चरणों में क्रमशः तगण, जगण, रगण और गुरु (त ज र ग) के योग से १० वर्ण होते हैं तथा दूसरे और चौथे चरणों में क्रमशः मगण, सगण, जगण और २ गुरु (म स ज ग ग) के योग से ११ वर्ण होते हैं।

भद्रश्री—[स॰ भद्र ~ श्री] *पु॰* चन्दन का वृक्ष।

भद्रा[१]—[स॰ भद्र + टाव्] *वि॰ (स्त्री॰)* कल्याण करनेवाली। *स्त्री॰* १. गौ। २. दुर्गा। ३. आकाशगंगा। ४. पृथ्वी। ५. अनिष्टकारक बात। (ज्योतिष॰) एक अशुभ योग जो कृष्ण पक्ष की तृतीया और दशमी के उत्तरार्ध में रहता है तथा अष्टमी और पूर्णिमा के पूर्वार्ध में।

भद्रा[२]—(‹ स॰ भद्राकरण) *स्त्री॰* १. (विशेषतः आर्थिक दृष्टि से) हानिकारक बात। २. अपमानजनक बात। ३. (लाक्षणिक) डाँट-फटकार, पिटाई या दुर्दशा। ***वा॰* भद्रा लगना**—बाधा आना। विघ्न पड़ना। **किसी के सिर की भद्रा उतरना**—१. बहुत हानि होना। २. बहुत आर्थिक हानि होना। ३. बहुत अपमान होना। ४. बहुत पिटाई होना। ५. दुर्दशा होना। **किसी के सिर पर भद्रा उतारना**—१. मारना-पीटना। २. दंड देना।

भद्राकरण—[स॰ भद्रा ~ करण] *पु॰* सिर के बालों का मूँडा जाना। मुंडन।

भद्राकार/भद्राकृति—*पु॰* [स॰ भद्र ~ आकार/आकृति] *वि॰* सुन्दर। रूपवान्।

भद्रावह—[स॰ भद्र ~ आवह] *वि॰* मंगलकारक। कल्याणकारी। शुभ।

भद्रासन—[स॰ भद्र ~ आसन] *पु॰* १. राजसिंहासन। २. (ध्यान करने में उपयोगी) एक योगासन।

भद्रा सप्तमी—[स॰] *स्त्री॰* हस्त नक्षत्र वाली शुक्ल पक्ष की सप्तमी।

भद्रिका—[स॰ भद्रा ~ कन् + टाप्, इत्व] *स्त्री॰* १. भद्रा तिथि। २. द्वितीया, सप्तमी और द्वादशी तिथियाँ। ३. एक समवर्णिक छन्द जिसके प्रत्येक चरण में क्रमशः रगण, नगण और रगण (र न र) के योग से ९ वर्ण होते हैं।

भद्रेश/भद्रेश्वर—[स॰ भद्र ~ ईश/ईश्वर] *पु॰* शिव। महादेव।

भनक—[अनु॰] *स्त्री॰* १. 'भन' या भन-भन ध्वनि। मक्खी, मच्छर आदि का शब्द। २. कठिनता से सुनी जा सकने वाली बहुत धीमी आवाज़। ३. ऐसी ख़बर जिसकी प्रामाणिकता पर सन्देह हो। उड़ता हुआ समाचार। ४. निन्दात्मक चर्चा। ***वा॰* भनक पड़ना**—१. धीमी ध्वनि सुनायी देना। २. उड़ता हुआ समाचार मिलना।

***भनना**—[‹ स॰ भणन] *क्रिस॰* कहना।

***भनित**—[‹ स॰ भणित] *वि॰* कहा हुआ। कथित।

***भनिति**—[‹ स॰ भणिति] *स्त्री॰* १. कथन। उक्ति। २. रचना। कविता।

भन्नाटा—[अनु॰] *पु॰* शून्यता। सन्नाटा।

भन्नाना—[अनु॰] *क्रिअ॰* १. कोलाहल, व्याकुलता आदि के कारण सिर में परेशानी अनुभव होना। २. क्षोभ होना।

***भभरना**—[‹ स॰ भय] *क्रिअ॰* १. डरना। २. घबरा जाना। ३. भूलना। ४. भ्रमित होना। ५. रंग फीका पड़ना। कान्तिहीन होना। ✣ **भभरि**—*क्रिवि॰* = भभर कर। ✣ **भभरा**—*वि॰* = १. भयभीत। घबराया हुआ। २. भूला हुआ। ३. भ्रमित। ४. कान्तिहीन।

भभूका—[‹ हि॰ भभक] *पु॰* १. (अग्नि की) ज्वाला। लपट। २. अधिक गर्मी/दबाव आदि के कारण किसी वस्तु के फटने के कारण निकलनेवाली तेज़ धार। ***जैसे***—घाव से निकला ख़ून का भभूका। *वि॰* गहरे लाल रंग का। ***जैसे***—आवेश के कारण नेत्र भभूका हो गए।

भभूत—[‹ स॰ विभूति] *स्त्री॰* १. धूनी आदि की भस्म। राख। २. विभूति। (दे॰) ***वा॰* भभूत रमाना**—१. घर छोड़कर सन्नयासी हो जाना। २. वैराग्य धारण करना।

भभोग—[स॰ भ ~ भोग] *पु॰* (खगोल॰) विषुववलय के बिन्दु की 'वसन्त साम्पातिक बिन्दु' से दूरी जो कोण में व्यक्त की गयी हो। ***जैसे***—इस तारा का भभोग १६२° है।

भमण्डल—[स॰ भ ~ मण्डल] *पु॰* (खगोल) भ-चक्र। राशिचक्र। नक्षत्रचक्र।

***भमर**—*पु॰* ≤ *स॰* भ्रमर। भौंरा।

†भम्भा (भंभा)—[‹ स॰ भम्भ] *पु॰* १. बड़ा विवर/बिल। २. बड़ा छिद्र/छेद। *स्त्री॰* डुग्गी। ✣ **भम्भाका (भंभाका)**—*पु॰* = १. भम्भा। २. मोटा व्यक्ति। *वि॰* मोटा (व्यक्ति)। ✣ **भम्भो (भंभो)**—*स्त्री॰* = मोटी स्त्री।

भय—[सं॰ √भी + अच्] *पुं॰* १. संकट होने पर या होने की सम्भावना से उत्पन्न दु:खजनक भाव। उद्वेगजनक मानसिक भाव। डर।

भयकम्प (भयकंप)—[सं॰ भय ~ कम्प] *पुं॰* डर से उत्पन्न कँपकँपी। भय के कारण हुआ कम्पन।

भयत्रस्त—[सं॰ भय ~ त्रस्त] *वि॰* बहुत डरा हुआ।

भयत्राता—[सं॰ भय ~ त्राता (त्रातृ)] *वि॰* भय से रक्षा करनेवाला। डर छुड़ानेवाला।

भयद/भयदाता—[सं॰ भय + द, भय ~ दाता (दातृ)] *वि॰* भय देनेवाला। भयंकर। भयानक। डरावना। ***जैसे***—अँधेरी और भयद रात।

भयदायक/भयदायी—[सं॰ भय ~ दायक/दायी (दायिन्)] *वि॰* भय उत्पन्न करनेवाला। भयानक। डरावना।

भयनाशक—[सं॰ भय ~ नाशक] *वि॰* भय को नष्ट करनेवाला। डर को दूर करनेवाला।

भयनाशन—[सं॰ भय ~ नाशन] *वि॰* भयनाशक। *पुं॰* भय को नष्ट करनेवाला (व्यक्ति)।

भयप्रद—[सं॰ भय ~ प्रद] *वि॰* भयकारी। भयंकर।

भयप्रदायी—[सं॰ भयप्रदायिन्] *वि॰* भयदायक। भयानक। डरावना।

भयमोचन—[सं॰ भय ~ मोचन] *वि॰, पुं॰* भय से छुड़ानेवाला। भय को दूर करनेवाला (व्यक्ति आदि)।

भयशील—[सं॰ भय ~ शील] *पुं॰* कायर। डरपोक।

भयसङ्कुल (भयसंकुल)—[सं॰ भय ~ सङ्कुल] *वि॰* भय से आच्छादित। भयानक। डरावना।

भयस्थान—[सं॰ भय ~ स्थान] *पुं॰* १. भयानक स्थान। २. भय का कारण।

भयहरण, भयहर्ता—[सं॰ भय ~ हरण/ हर्ता (हर्तृ)] *वि॰* भय को दूर करनेवाला।

भयहारक, भयहारी—[सं॰ भय ~ हारक/हारिन्] *वि॰* भयहर्ता।

†भया—[< सं॰ √भू] *क्रिअ॰* १. हो गया। हुआ। २. उत्पन्न हुआ। जन्मा।

भयाकुल—[सं॰ भय ~ आकुल] *वि॰* डर से घबराया हुआ। भय से व्याकुल।

भयाक्रान्त (भयाक्रांत)—[सं॰ भय ~ आक्रान्त] *वि॰* भय से अभिभूत। भयभीत।

भयातुर—[सं॰ भय ~ आतुर] *वि॰* डरा हुआ। भयभीत।

भयादोहन—[सं॰ भय ~ आदोहन] *पुं॰* किसी से कुछ धन लेने, लाभ उठाने या अनुचित कार्य कराने के लिए उसके लिए हानिकर/अप्रिय काम कर डालने का भय दिखाना या धमकी देने की क्रिया/भाव।

***भयान**—*वि॰* ≤ *सं॰* भयानक।

भयानक—[< सं॰ √भी + आनक] *वि॰* १. जिसकी आकृति या आचरण आदि से भय लगता हो। डरावना। *पुं॰* भय। डर। २. दृश्य। घटना आदि जो मन में भय उत्पन्न करे। (काव्य॰) काव्य का एक रस जिसका स्थायी भाव 'भय' है।

†भयाना—[< सं॰ भय] *क्रिअ॰* भयभीत होना। डरना। *क्रिस॰* भयभीत करना। डराना।

भयापह—[सं॰ भय ~ अपह (अप √हन् + ड)] *वि॰* डर को दूर करनेवाला। भयमोचक।

भयाभय—[सं॰ भय ~ अभय] *पुं॰* भय और अभय। डर और डर का अभाव।

भयार्त—[सं॰ भय ~ आर्त] *वि॰* भय से आर्त/त्रस्त। डरा हुआ। भयभीत।

भयावना—[< हिं॰ भयावन] *वि॰* भयानक। भयंकर। डरावना।

✣ ***भयावनि**—*वि॰ (स्त्री॰)* = भयावनी। डरावनी। ✣

भयावनी—*वि॰ (स्त्री॰)* = भय देनेवाली। डरावनी। ***जैसे***—भूतों की भयावनी कहानियाँ। *क्रिअ॰, क्रिस॰* = भयाना।

भर[१]—[सं॰ √भृ + अप्] *वि॰* १. भरण-पोषण करनेवाला। २. अतिशय। अधिक। बहुत। *पुं॰* १. भार। बोझ। २. युद्ध। संग्राम। ३. (पहले प्रचलित रहा) भार का एक माप जो २०० पल के बराबर होता था। **क्रिस॰* धारण करता है।

भर[२]—[< सं॰ भार] *क्रिवि॰* के सहारे। के बल। की सहायता से।

भर[३]—[< सं॰ भड] *पुं॰* हीन समझी जाने वाली एक उपजाति।

भर[४]—[< हिं॰ भरना] *वि॰* भरा हुआ। पूर्ण। पूरा। समस्त। कुल। ***जैसे***—कटोरा-भर दूध। *पुं॰* १. भरे हुए होने की अवस्था/भाव/पूर्णता। २. (नाप आदि की) तुल्यता। समानता। ***जैसे***—कटोरा-भर; जीवन-भर। *क्रिवि॰* १. भरकर। ***जैसे***—प्रेम-भर लोरियाँ गाना। २. मात्र। सिर्फ़। ***जैसे***—इतना कह देना भर पर्याप्त है।

भरई—[< सं॰ भरत] *पुं॰* एक पक्षी। भरत। भरदूल।

भरक[१]—[< हिं॰ भड़क] *स्त्री॰* १. अग्नि या ऊनी वस्त्र आदि से प्राप्त गर्मी। ***जैसे***—कम्बल ओढ़ने से मिली भरक। २. भड़क।

भरक[२]—[देशज] *पुं॰* बंगाल आदि में पाया जानेवाला एक पक्षी जो प्राय: दलदली भूमि पर रहता है। भरका।

भरकना—[< हिं॰ भड़कना] *क्रिअ॰* १. अग्नि या ऊनी वस्त्र या लिहाफ़, गद्दा आदि से गर्मी प्राप्त करना। २. भड़कना।

भरका[१]—*पुं॰* ≤ *हिं॰* भरक (पक्षी)। (*दे॰* भरक[२])

भरका[२]—[देशज] *पुं॰* १. वह भूमि जिसकी मिट्टी काली और चिकनी होती है परन्तु सूख जाने पर सफ़ेद और भुरभुरी हो जाती है। २. भूमि का छोटा टुकड़ा। ३. बीहड़। ४. पहाड़/वन आदि का बड़ा गड्ढा। खड्ड। ५. छोटा नाला। नाली।

भरकाना—[< हिं॰ भरकना] *क्रिस॰* १. भड़काना। २. किसी को भरक देना। ***जैसे***—माँ अपनी रज़ाई में बच्चे को भी भरकाएगी।

भरण—[सं॰ √भृ + ल्यु/ल्युट्] *वि॰* पालन-पोषण करनेवाला। *पुं॰* १.पालन-पोषण। २. धारण। ३. उत्पादन। ४. वेतन। ५. किसी वस्तु के नष्ट हो जाने पर की जाने वाली क्षति-पूर्ति। ६. भरणी नक्षत्र।

भरणी—[सं॰ भरण + ङीष्] *स्त्री॰* अश्विनी आदि २७ नक्षत्रों में दूसरा। अश्विनी और कृतिका नक्षत्रों के बीच का नक्षत्र। *वि॰* १. भरण

करनेवाली। पालने-पोसने वाली। २. धारण करनेवाली।

भरणीय—[सं॰ √भृ + अनीयर्] *वि॰* १. पालन-पोषण किए जाने के योग्य। २. जिसका पालन-पोषण किया जाने वाला हो।

भरत[1]—[सं॰ √भृ + अतच्] *पु॰* १. अग्नि। २. अभिनेता। नट।

भरत[2]—[< सं॰ भरद्वाज] *पु॰* एक प्रकार का लम्बा लवा पक्षी जो समूह में रहता है, मधुर आवाज़ वाला है और बहुत ऊँचा उड़ सकता है। भारद्वाज (पक्षी)। भरदूल। भरई।

भरत[3]—[देशज] *पु॰* १. 'काँसा' नामक धातु। कसकुट। ***जैसे***—भरत की थाली। २. काँसे के बर्तन बनानेवाला ठठेरा।

भरत[4]—[< हिं॰ भरना] *पु॰* किसी खाली स्थान में भरी हुई वस्तु। भराव। ***जैसे***—गड्ढे की भरत; कपड़े के बीच में बेल-बूटों की भरत। *क्रिअ॰* १. भर आता है। ***जैसे***—हृदय भरत। २. भर जाता है। ३. पूर्ण करता है। भर देता है। ***जैसे***—दानी भिक्षुक की झोली भरत।

भरतर्षभ—[सं॰ भरत ~ ऋषभ] *वि॰* भरतवंश में श्रेष्ठ।

भरतवाक्य—[सं॰ भरत ~ वाक्य] *पु॰* संस्कृत नाटकों के अन्त में बोला जाने वाला ऐसा वाक्य जिसमें सबके कल्याण की कामना की जाती है।

भरतशास्त्र—[सं॰ भरत ~ शास्त्र] *पु॰* भरत मुनि का 'नाट्यशास्त्र' नामक संस्कृत-ग्रन्थ।

भरता[1]**/भुरता**—[देशज] *पु॰* १. आलू या बैंगन आदि को भूनकर और मसल कर बनायी हुई सब्ज़ी। २. (लाक्षणिक) किसी वस्तु का मसला हुआ रूप। ***वा॰* (किसी का) भरता/भुरता बना देना**—१. बहुत मारना-पीटना। २. वस्तुओं को बहुत जगह से मोड़ने आदि के द्वारा शोभाहीन कर देना।

भरता[2]**/भरतार**—[< सं॰ भर्ता/< भरतारं(भर्तृ)] *पु॰* १. भर्ता। पति। २. भर्ता। स्वामी। ३. भरण-पोषण करनेवाला। पालक । भर्ता।

भरताग्रज—[सं॰ भरत ~ अग्रज] *पु॰* भरत का बड़ा भाई। (दशरथ-पुत्र) राम।

भरतिया—[< हिं॰ भरत] *वि॰* भरत (काँसा) का बना हुआ। *पु॰* भरत के बर्तन बनानेवाला। ठठेरा। कसेरा।

भरथ[1]—[सं॰ √भृ + अथ] *पु॰* १. अग्नि। २. राजा। ३. लोकपाल।

भरद्वाज (भरद्वाज)—[सं॰ भर + द्वाज (द्वि √जन् + ड)] *पु॰* १. भरत पक्षी। २. एक वैदिक ऋषि।

भरन—[< सं॰ भरण] *पु॰* १. पालन-पोषण। भरण। २. धारण। *वि॰* १. भरनेवाला। २. पालक-पोषक। ३. व्याप्त करनेवाला। *स्त्री॰* १. भरे जाने की क्रिया/अवस्था/भाव। २. ऐसी वर्षा जिसमें खेतों आदि में जल अच्छी तरह भर जाए। ३. समय व्यतीत करने की क्रिया/भाव। कालयापन।

भरनि**[1]—[< सं॰ भरण] *वि॰ (स्त्री॰)* १. भरनेवाली। पोषण करनेवाली। २. किसी वस्तु के अन्दर जाकर उसे भरनेवाली। ***जैसे—सागर में जल-भरनि गंगा। *स्त्री॰* १. भरने/पूरने की क्रिया। ***जैसे***—उदर-भरनि। २. धारण करने की क्रिया। ३. सजावट या झलक।

***भरनि**[2]—*स्त्री॰* ≤ *सं॰* भरणी (नक्षत्र)।

भरनी[1]—[< हिं॰ भरना] *स्त्री॰* १. भरने या भरे जाने की क्रिया/भाव। भराव। २. भरी जाने वाली वस्तु। ३. कर्म का फल-भोग। ***जैसे***—करनी के अनुसार भरनी होती है। ४. (खेतों में) बीज बोने की क्रिया। ५. खेत की सिंचाई। ६. जुलाहों का एक उपकरण जिससे वे बाने का सूत ताने में भरते रहते हैं। ७. कपड़े की बुनाई में 'बाना' (जो 'ताना' से भिन्न होता है)।

भरनी[2]—[< सं॰ भरणी] *स्त्री॰* 'भरणी' नक्षत्र।

भरनी[3]—[< सं॰ बर्हिणी] *स्त्री॰* १. मयूरी। मोरनी। २. छछूँदर। ३. साँप काटे का विष उतारने का मन्त्र। गारुड़ी मन्त्र।

***भरभेंटा (भरभेंटा)**—[< हिं॰ भर + भेंटना] *पु॰* १. अच्छी तरह गले मिलना। २. मुठभेड़।

भरमीला—[< हिं॰ भरम] *वि॰* १. मदमस्त। २. भ्रमित। भ्रमयुक्त।

भरमौहाँ[1]—[< हिं॰ भरम] *वि॰* भरमानेवाला। भ्रामक।

भरमौहाँ[2]—[< हिं॰ भरमना] *वि॰* १. घूमनेवाला। घुमानेवाला। २. चक्कर खानेवाला या खिलानेवाला।

भरहरना—[देशज] *क्रिअ॰* छिन्न-भिन्न करना। तितर-बितर करना।

भरहराना—[< हिं॰ भहराना] *क्रिअ॰* १. घबड़ाकर भागना/गिरना। २. बिखर जाना। तितर-बितर होना। *क्रिस॰* (किसी पर) अचानक वेगपूर्वक आक्रमण करना। टूट पड़ना।

†भरारा—[< हिं॰ भरना] *पु॰* १. भरा हुआ। पूर्ण। २. उत्सुक। उत्कंठित।

भरिया—[< हिं॰ भरना] *वि॰* भरनेवाला। *क्रिअ॰* भर गया।

भरु[1]—[सं॰] *पु॰* १. स्वामी। २. पति। ३. स्वर्ण। सोना। ४. समुद्र।

भरु[2]—[< सं॰ भार] *पु॰* भार। बोझ।

†भरुआना—[< हिं॰ भारी] *क्रिअ॰* १. भारी होना। २. भार अनुभव करना। *क्रिस॰* भारी करना।

†भरुहाना[1]—[< सं॰ भार] *क्रिअ॰* गर्व करना। घमंड करना।

†भरुहाना[2]—[< सं॰ भ्रम] *क्रिस॰* १. भ्रम में डालना। बहकाना। २. बढ़ावा देना। उत्तेजित करना। भड़काना। ३. बहकाना।

†भरुहाना[3]—[< हिं॰ भरना] *क्रिअ॰* किसी भाव के आवेश से भर उठना। क्रोध/प्रसन्नता से भर उठना।

†भरुही—*स्त्री॰* ≤ *हिं॰* भरई। 'भरत' नामक पक्षी।

भरेठ/भरेठा—[देशज] *पु॰* द्वार के ऊपर दीवार का बोझ सँभालने के लिए लगनेवाली लकड़ी। करगहना।

भरैया—[< हिं॰ भरना] *वि॰* १. भरनेवाला। २. भरण-पोषण करनेवाला। पालक-पोषक।

***भरोस**—*पु॰* ≤ *हिं॰* भरोसा।

भरोसा—[< हिं॰ भरा + सं॰ आशा] *पु॰* १. अवलम्ब। आश्रय। आसरा। सहारा। २. आशा और उसकी पूर्ति का विश्वास। ३. आश्वासन। ***वा॰* भरोसे का**—विश्वसनीय।

भरौती—[< हिं॰ भरना/भराना] *स्त्री॰* १. भरने या भराने की क्रिया/भाव। २. कुल भुगतान की रसीद।

भरौना—[< हि॰ भर] *स्त्री॰* भारी। बोझिल।

भर्ग—[स॰ √भृज् + घञ्] *पु॰* १. शिव। महादेव। २. ब्रह्मा। ३. सूर्य का तेज। ४. तेज, दीप्ति या चमक।

भर्जन[1]—[स॰ √भृज् + ल्युट्] *पु॰* १. भूनने/अकोरने की क्रिया। २. वध करना। हनन।

भर्जन[2]—[स॰ √भृज् + ल्यु] *वि॰* १. भूननेवाला। भर्जक। २. वध/नाश करनेवाला। नाशक।

भर्ता—[स॰ भर्तृ] *वि॰* १. भरण-पोषण करनेवाला। पालक। २. स्वामी। ३. पति।

भर्तार—[< स॰ भर्तार: ('भर्तृ') *पु॰* भर्ता।

भर्तृ—[स॰ √भृ + तृच्] *पु॰* १. स्वामी। २. पति।

भर्त्सक—[स॰ √भर्त्स् + ण्वुल्] *वि॰, पु॰* भर्त्सना करनेवाला।

भर्त्सन—[स॰ √भर्त्स् + ल्युट्] *पु॰* १. भर्त्सना। २. भर्त्सना करने की क्रिया/भाव।

भर्त्सना—[स॰ √भर्त्स् + णिच् + युच्] *स्त्री॰* किसी के आचरण से क्रुद्ध होकर उसे कटु शब्द कहना और लज्जित करना। ताड़ना। डाँट-डपट। फटकार।

भर्म—[स॰ भर्मन्] *पु॰* १. सुवर्ण। सोना। २. नाभि। ३. धतूरा। ४. पोषण। ✣ **भर्म-भू**—*स्त्री॰* = सुवर्ण-भूमि। ***जैसे***—भर्म-भू लंका।

भर्रा[1]—[देशज] *वि॰* मटमैला सफ़ेद रंग का। *पु॰* एक प्रकार का इमारती पत्थर जिसमें लाल और सफ़ेद धारियाँ साथ-साथ होती हैं।

†भर्रा[2]—[अनु॰] *पु॰* १. झाँसा। २. पक्षियों की उड़ान। ३. एक प्रकार का पक्षी।

भलका[1]—[< स॰ भल्ल] *पु॰* १. भाले का फलक। २. बाण का फलक। गाँसी। भलाका।

***भलका**[2]—[देशज] *पु॰* नथ में जड़ा गया सोने या चाँदी का टुकड़ा।

भलपति—[< हि॰ भाला + स॰ पति] *पु॰* भाला धारण करनेवाला। भालाबरदार।

***भलाका**—[देशज] *पु॰* तीर का फलक। गाँसी।

***भलि**—*वि॰ (स्त्री॰)* ≤ *हि॰* भली। ● **विशेष—भलिपोच** = अच्छा-बुरा।

भल्ल—[स॰ √भल्ल् + अच्] *पु॰* १. भाला। २. भालू। रीछ।

भल्लक—[स॰ भल्ल + कन्] *पु॰* १. भालू। रीछ। २. भिलावा (वृक्ष)। ३. एक पक्षी।

भल्लनाथ/भल्लपति—[स॰ भल्ल ~ नाथ/पति] *पु॰* १. भालुओं का नायक। ऋक्षपति। २. सुग्रीव की सेना का सेनापति। ऋक्षपति जाम्बवान्।

भल्लुक/भल्लूक—[स॰ भल्ल + ऊक्] *पु॰* भालू। रीछ।

भव—[स॰ √भू + अप्] *पु॰* १. होने की अवस्था/क्रिया/भाव। सत्ता होना। २. उत्पत्ति। जन्म। ३. विश्व। संसार। जगत्। ४. हेतु। कारण। ५. शिव। महादेव। (छन्द॰)एक समवर्णिक छन्द जिसके प्रत्येक चरण में १० मात्राएँ होती हैं, अन्त में गुरु या यगण (।ऽऽ) होता है। *वि॰* (समस्त शब्द के अन्त में) जनमा हुआ। से उत्पन्न। ***जैसे***—मनोभव = मन से उत्पन्न। कामदेव।

भवकूप—[स॰ भव ~ कूप] *पु॰* संसाररूपी कुआँ।

***भवङ्ग (भवंग)**—[< स॰ भुजङ्ग] *पु॰* सर्प। साँप।

भवचाप—[स॰ भव ~ चाप] *पु॰* शिव का धनुष।

भवच्छेद—[स॰ भव ~ छेद] *पु॰* जन्म-मरण से मुक्ति।

भवजल—[भव ~ जल] *पु॰* संसाररूपी समुद्र।

भवजाल—[स॰ भव ~ जाल] *पु॰* संसाररूपी प्रपंच।

भवत्रास—[स॰ भव ~ त्रास] *पु॰* संसाररूपी बन्धन का भय।

भवदीय—[स॰ भवत् + छ] *वि॰* आपका। ***जैसे***—भवदीय शिष्य।

भवधनु—[स॰ भव ~ धनु] *पु॰* शिव का धनुष।

***भवना**—[< स॰ भ्रमण] *क्रि॰अ॰* १. घूमना-फिरना। २. चक्कर काटना।

***भवनिधि**—[स॰ भव ~ निधि] *स्त्री॰* संसाररूपी समुद्र। भवसागर।

भवनिशा—[स॰ भव ~ निशा] *स्त्री॰* संसाररूपी रात्रि।

भवपाश—[स॰ भव ~ पाश] *पु॰* संसाररूपी जाल। जन्म-मरण का बन्धन। ✣ ***भवपास**—*पु॰* = भवपाश।

भवपीर—[< स॰ भव ~ पीड़ा] *स्त्री॰* संसाररूपी क्लेश। बार-बार जन्म-मरण होने की पीड़ा।

भवबन्धन (भवबंधन)—[स॰ भव ~ बन्धन] *पु॰* संसाररूपी बन्धन। जन्म-मरण का चक्र या पाश।

भव-बाधा—[स॰ भव ~ बाधा] *स्त्री॰* (दु:ख, दरिद्रता, रोग या चिन्ता आदि) सांसारिक विघ्न। २. बार-बार जन्म-मरण का दु:ख।

भवभङ्ग (भवभंग)—[स॰ भव ~ भङ्ग] *पु॰* संसार या जन्म-मरण के चक्कर से छुटकारा।

भवभक्त—[स॰ भव ~ भक्त] *पु॰* शिव-भक्त।

भवभय—[स॰ भव ~ भय] *पु॰* संसार के बन्धन का भय। जन्म-मरण आदि क्लेशों का भय।

भवभाजन—[स॰ भव ~ भाजन] *पु॰* संसार का पात्र। आवागमन के योग्य व्यक्ति।

भवभामा/भवभामिनी—[स॰ भव ~ भामा] *स्त्री॰* शिव-पत्नी। पार्वती।

भवभार—[स॰ भव ~ भार] *पु॰* १. संसार का भार। २. संसाररूपी भार।

***भवभावता**—[स॰ भव + हि॰ भावता] *पु॰* शिव का प्रिय।

भव-भीत—[स॰] *वि॰* संसार में बार-बार जन्म लेने और मरने के भय वाला।

भव-भीति—[स॰] *स्त्री॰* बार-बार जन्म-मरण का भय।

***भवभीर**—[स॰ भव + हि॰ भीर] *स्त्री॰* भवभीति। (दे॰)

भवभूति—[स॰ भव ~ भूति] *स्त्री॰* जगत् का ऐश्वर्य/वैभव। विश्व की विभूति।

भव-भूमि—[स॰] *स्त्री॰* जन्मभूमि।

भवभूषण—[सं॰ भव ~ भूषण] *वि॰* १. जो जगत् के आभूषण जैसा हो। श्रेष्ठ। २. प्रसिद्ध। *पु॰* शिव का भूषण—सर्प, गंगा, चन्द्रमा, भस्म इत्यादि।

भवभोग—[सं॰ भव ~ भोग] *पु॰* सांसारिक सुखों का उपभोग।

भवमग—[सं॰ भव + हिं॰ मग] *पु॰* आवागमनरूपी कर्मफलों का मार्ग। संसार में बार-बार आने का मार्ग।

भवमोचन—[सं॰] *वि॰* संसार से मुक्त करनेवाला। *पु॰* परमात्मा।

भववन्द्य (भववंद्य)—[सं॰ भव ~ वन्द्य] *वि॰* शिव का आराध्य।

भववामा—[सं॰ भव ~ वामा] *स्त्री॰* शिव की पत्नी। पार्वती।

भववासना—[सं॰ भव ~ वासना] *स्त्री॰* जन्म-मरण देनेवाली कर्मफलों की भावना। संसार की वासना।

भवविलास—[सं॰ भव ~ विलास] *पु॰* १. सांसारिक विषय-भोग की क्रीड़ाएँ। सांसारिक विलास। लौकिक सुख। २. माया।

भवसम्भव (भवसंभव)—[सं॰ भव ~ सम्भव] *वि॰* संसार से उत्पन्न। सांसारिक।

भवसरिता—[सं॰ भव ~ सरिता] *स्त्री॰* संसाररूपी नदी।

भवशूल—[सं॰ भव ~ शूल] *पु॰* १. सांसारिक दुःख और क्लेश। २. संसार में बार-बार जन्म-मरण होने की पीड़ा।

भवशेखर—[सं॰ भव ~ शेखर] *पु॰* (शिव के सिर पर शोभित) चन्द्रमा।

भव-सागर, भवसिन्धु (भवसिंधु)—[सं॰ भव ~ सागर/सिन्धु] *पु॰* संसाररूपी समुद्र। ***वा॰* भवसागर तरना**—१. मुक्ति पाना। २. जीवनयापन में सहायता पाना।

भवा—[सं॰ भव + टाप्] *स्त्री॰* १. पार्वती। २. पार्वती देवी का कोई रूप (दुर्गा इत्यादि)।

भवाचल—[सं॰ भव ~ अचल] *पु॰* शिव का पर्वत। कैलास पर्वत।

भवात्मज—[सं॰ भव ~ आत्मज] *पु॰* १. शिव का पुत्र। २. शिव-पुत्र। कार्त्तिकेय/गणेश।

***भवाना**—[< हिं॰ भवाँना] *क्रिस॰* १. घुमाना। फिराना। २. चक्कर देना।

भवानी—[सं॰ भव + ङीष्, आनुक्] *स्त्री॰* १. शिव की पत्नी। पार्वती। २. पार्वती (देवी) का कोई रूप।

भवानीकान्त (भवानीकांत)—[सं॰ भवानी ~ कान्त] *पु॰* पार्वती का पति। शिव। महादेव।

भवानी-गुरु, भवानी-तात—[सं॰] *पु॰* पार्वती का पिता। हिमालय।

भवानीनन्दन (भवानीनंदन)—[सं॰ भवानी ~ नन्दन] *पु॰* पार्वती का पुत्र। कार्तिकेय या गणेश।

भवानी-नाथ/पति—[सं॰] *पु॰* पार्वती-पति। शिव। महादेव।

भवान्तर (भवांतर)—[सं॰ भव ~ अन्तर] *पु॰* वर्तमान जन्म से पहले या बाद का जन्म। अन्य जन्म।

भवाब्धि, भवाम्बुधि (भवांबुधि), भवाम्बुनाथ (भवांबुनाथ)—[सं॰ भव ~ अब्धि/अम्बुधि/अम्बुनाथ] *पु॰* संसाररूपी समुद्र। भवसागर।

भवाम्भोधि (भवांभोधि)—[सं॰ भव ~ अम्भोधि] *पु॰* संसाररूपी समुद्र। भवसागर। ✣ **भवाम्भोधिपोत (भवांभोधिपोत)**—*पु॰* = संसाररूपी सागर को पार करने के लिए पोत/नौका (के समान)। संसार से मुक्त करनेवाला। परमात्मा।

भवार्णव—[सं॰ भव ~ अर्णव] *पु॰* भवसागर।

***भवाँ**—[< हिं॰ भवना < सं॰ भ्रमण] *स्त्री॰* चक्कर। फेरा।

***भवि**—*वि॰* ≤ *सं॰* भव्य।

भवितव्य—[सं॰ √भू + तव्यत्] *वि॰* १. जो भविष्य में अवश्य ही होनेवाला हो। अवश्यभ्भावी। होनहार। होनी। २. जो भाग्य में लिखा है। *पु॰* भविष्य।

भविता—[सं॰ भवितृ] *वि॰* भवितव्य। होनेवाला। होनहार। **स्त्री॰* होनेवाली या होनहार (घटना आदि)। ✣ **भवित्री**—*वि॰(स्त्री॰)* = होनेवाली। होनहार।

भविष्यत्—[सं॰ √भू + (लृट्) + शतृ] *वि॰ पु॰* भविष्य।

भविष्यनिधि—[सं॰ भविष्य ~ निधि] *स्त्री॰* भविष्य में होनेवाली आवश्यकताओं की पूर्ति के लिए जोड़ा जाने वाला धन। (प्रशासन॰) नियोक्ता द्वारा अपने स्थायी कर्मचारी के लिए संचित की जाने वाली निधि विशेष जिसके लिए कर्मचारी के वेतन से धन कटता रहता है और नियोक्ता भी उसमें योगदान कर सकता है। (अं॰ प्रॉविडेंट फ़न्ड।)

भवेश—[सं॰ भव ~ ईश] *पु॰* १. संसार का स्वामी। विश्वेश। २. शिव। महादेव। ✣ ***भवेस**—*पु॰* = भवेश।

भव्य—[सं॰ √भू + यत्] *वि॰* १. अति सुन्दर और प्रभावी। उत्कृष्ट। शानदार। २. शुभ और सुन्दर। ३. भविष्य में होनेवाला। भावी। *पु॰* १. आनेवाला समय। भावी काल। २. परिणाम। फल।

भसण्ड (भसंड)—[< सं॰ भुशुण्ड] *पु॰* गज। हाथी। *वि॰* जो विशाल आकार का हो परन्तु बेडौल हो।

***भसमन्त (भसमंत)**—[< सं॰ भस्मान्त] *वि॰* जो भस्म हो चुका हो। जला हुआ। भस्मीभूत।

भसिण्ड (भसिंड), भसींड (भसींड)—[< सं॰ बिस] *पु॰* भसींड़ा।

भसींड़ा (भसींड़ा), भँसीड़ा—[< सं॰ बिस] *पु॰* कमल की नाल जिसकी सब्ज़ी बनाकर खायी जाती है। कमलनाल। कमल-ककड़ी।

भस्त्रा—[सं॰ √भस् + त्रन् + टाप्] *स्त्री॰* आग सुलगाने की धौंकनी। भाथी।

भस्मक—[सं॰ भस्मन् + कन्] *पु॰* १. भस्म। राख। २. सुवर्ण। सोना। ३. चाँदी। (आयुर्वेद॰) एक रोग जिसमें खाया हुआ बहुत जल्दी पच जाता है और व्यक्ति को भूख लगने लगती है। *वि॰* जलाकर भस्म करनेवाला। भस्मकारी।

भस्मगात्र—[सं॰ भस्म ~ गात्र] *पु॰* कामदेव।

भस्मता—[सं॰ भस्मन् + तल् + टाप्] *स्त्री॰* भस्म होने की अवस्था/भाव। राख होने की स्थिति।

***भस्मन्त (भस्मंत)**—[< सं॰ भस्मान्त] *वि॰* भस्मरूप। राख जैसा।

भस्मपात्र—[सं॰ भस्म ~ पात्र] *पु॰* शव की शेष भस्म को भूमि में

गाड़कर सुरक्षित रखने के लिए प्रयुक्त कलश आदि पात्र।

भस्मप्रिय—[सं॰ भस्म ~ प्रिय] *वि॰* जिसे भस्म प्रिय है। *पु॰* शिव। महादेव।

भस्मशायी—[सं॰ भस्मशायिन्] *वि॰* भस्म में शयन करनेवाला। *पु॰* शिव। महादेव।

भस्मसात्—[सं॰ भस्मन् ~ साति] *वि॰* जो भस्मरूप हो गया हो। जो पूरी तरह जलकर राख हो गया हो। भस्मीभूत।

भस्मस्नान—[सं॰ भस्मन् ~ स्नान] *पु॰* सारे शरीर में भस्म/राख मलना।

भँगड़ा—[< हिं॰ भाँग, या देशज] *पु॰* पंजाब का प्रमुख लोकनृत्य।

भँगरा—*पु॰* ≤ *सं॰* 'भृंगराज' नामक वनस्पति।

भँगराज—[< सं॰ भृङ्गराज] *पु॰* भृंगराज। भँगरा वनस्पति। २. 'भृंगराज' नामक मधुर ध्वनि वाली एक चिड़िया जो अनेक पशु-पक्षियों की ध्वनि की नक़ल भी करती है।

भँगार[१]—[देशज] *पु॰* १. वह गड्ढा जो वर्षा के पानी से भर जाता है। २. वह गड्ढा जो कुआँ बनाते समय पहले खोदा जाता है।

भँगार[२]—[< हिं॰ भाँग] *पु॰* १. घास-फूस। २. कूड़ा-करकट।

भँगेरा/भँगेला—[< सं॰ भृङ्गराज] *पु॰* भृंगराज नामक वनस्पति। भँगरा।

भँजना—[< सं॰ भञ्जन] क्रिस॰ १. बड़े सिक्के, नोट आदि को छोटे सिक्कों में बदलना। भुनाना। *जैसे*—रुपया भँजना। २. भाँजा जाना। ३. रस्सी, डोरी आदि की कई लड़ों को एक में मिलाकर बटा जाना। ४. (काग़ज़ आदि को) तहों के रूप में मोड़ना।

भँजाई—[< हिं॰ भाँजना] *स्त्री॰* १. भाँजने की अवस्था/ढंग/क्रिया/भाव। २. काग़ज़ को मोड़ने की क्रिया/भाव/मज़दूरी। ३. नोट आदि भुनाने की क्रिया/भाव या उसके लिए दी जाने वाली धनराशि।

†**भँजाना**—[< हिं॰ भँजना] *क्रिस॰* १. किसी को कुछ भाँजने में प्रवृत्त करना। २. (सिक्के नोट आदि) का भुनाने का काम किसी से करवाना। तुड़वाना। ३. (रस्सी, डोरी आदि) का बटा जाना।

भँड़ताल—[< हिं॰ भाँड़ + सं॰ ताल] *पु॰* १. एक प्रकार का नृत्य जिसमें गाने और नाचने वाले के साथी केवल तालियाँ बजाते हैं। २. आडम्बरपूर्ण काम। भँड़-तिल्ला।

भँडभाँड़—[देशज] *पु॰* एक काँटेदार क्षुप जिसके पौधे से पीला दूध/रस निकलता है जो घाव आदि पर लगाने के काम आता है।

†**भँडरिया**[१]—[< हिं॰ भड्डर] *वि॰* १. पाखंडी। २. धूर्त।

†**भँडरिया**[२]—[< सं॰ भण्डार] *स्त्री॰* दीवार में बनी छोटी अलमारी जो सामान रखने के काम आती है।

***भँडाना**—[हिं॰ भाँड़] *क्रिस॰* १. भाँड़ों जैसा आचरण करना। २. तोड़ना-फोड़ना। ३. उछल-कूद मचाना। उपद्रव करना। ४. नष्ट करना।

***भँड़िहा**—[सं॰ भाण्डहर] *पु॰* चोर।

भँड़िहाई[१]—[< हिं॰ भाँड़] *स्त्री॰* भाँड़ो के सदृश आचरण।

भँड़िहाई[२]—[< हिं॰ भँड़िहा] *क्रिवि॰* चोरी से। छिपकर।

भँड़ैती—[हिं॰ भाँड] *स्त्री॰* १. भाँड़ों का काम/पेशा। २. ओछा हास-परिहास या ओछी बातें। ३. नाटक का एक प्रकार।

भँड़ौआ—[हिं॰ भाँड़] *पु॰* १. हँसी की भद्दी कविता। २. भाँड़ों के गाने का गीत। ३. (कविता, नाटक या व्यक्ति आदि की) उपहासार्थ नक़ल।

***भँभर**—[< सं॰ भ्रमर] *स्त्री॰* १. बड़ी मधुमक्खी। २. भिड़। बर्र।

भँभीरा—[देशज] *पु॰* एक प्रकार का पतंगा जो वर्षा ऋतु में देखा जाता है।

भँभीरी—[देशज] *स्त्री॰* १. 'झींगुर' नामक कीट। २. लकड़ी का एक छोटा खिलौना। फिरकी।

भँभूरा—[< अनु॰] *पु॰* १. चक्रवात। बगूला। २. गरम रेत। ३. गरम राख।

***भँभेरि**—*स्त्री॰* ≤ *सं॰* भय। डर।

***भँवन**—[< सं॰ भ्रमण] *स्त्री॰* १. भ्रमण। २. चक्कर लगाने या घूमने की क्रिया/रीति/भाव।

***भँवना**—[< सं॰ भ्रमण] *क्रिअ॰* १. भ्रमण करना। घूमना-फिरना। २. चक्कर लगाना। मँडराना। ✣ **भँवनि**—*स्त्री॰* = १. चक्कर लगाने या घूमने की क्रिया/रीति/भाव। २. विचरण। भ्रमण।

भा[१]—[सं॰ √भा + अङ्+ टाप्] *स्त्री॰* १. प्रकाश। रोशनी। २. आभा। दीप्ति। चमक। ३. कान्ति। सौन्दर्य। ४. शोभा। छवि। ५. किरण।

***भा**[२]—[< अप॰ भौ < सं॰ अभवत्] *क्रिअ॰* हुआ।

***भाइ**[१]—[< सं॰ भाव] *पु॰* १. (मन का) भाव। २. प्रकृति। स्वभाव। ३. प्रेम।

***भाइ**[२]—[< हिं॰ भाँति] *स्त्री॰* १. भाँति। प्रकार। तरह। २. चाल-ढाल। रंग-ढंग।

***भाइ**[३]—[< सं॰ भा] *स्त्री॰* आभा। दीप्ति। चमक।

***भाइ**[४]—[प्रा॰] *पु॰* भाई।

***भाइ**[५]—[< सं॰ भाग] *पु॰* भाग। अंश। हिस्सा।

***भाइप**—[< हिं॰ भाई] *पु॰* १. बन्धुत्व। भाईचारा। २. घनिष्ठ मित्रता।

भाई-बन्द (भाई-बंद)—[< हिं॰ भाई + सं॰ बन्धु] *पु॰* भाई-बन्धु।

भाई-बन्धु (भाई-बंधु)—[< हिं॰ भाई + सं॰ बन्धु] *पु॰* १. भाई आदि पारिवारिक लोग, मित्र लोग और सम्बन्धी आदि। २. कुटुम्ब के लोग तथा जाति-बिरादरी के लोग जिनसे भाईचारा हो।

***भाउ**[१]—[< सं॰ भाव] *पु॰* भाव (दे॰)। भाव[१] और भाव[२]।

***भाउ**[२]—[< सं॰ भव] *पु॰* १. उत्पत्ति। २. जन्म।

***भाउता**—वि॰, पु॰ ≤ *हिं॰* भावता। (दे॰) ✣ **भाउती**—*वि॰ (स्त्री॰), स्त्री॰* = प्रिया या पत्नी। भावती ।

***भाऊ**—[< सं॰ भाव] *पु॰* १. भाव। २. प्रेम। ३. स्वभाव। ४. अवस्था। दशा। ५. महिमा। ६. प्रभाव। ७. मनोवृत्ति।

***भाएँ**—[< सं॰ भाव] *क्रिवि॰* भाव/बुद्धि के अनुसार। समझ से।

भाकर—[सं॰ भा ~ कर] *वि॰* १. प्रकाश करनेवाला। २. चमकानेवाला। *पु॰* सूर्य। भास्कर।

***भाखना**[१]—[< सं॰ भाषण] *क्रिअ॰* कहना। बोलना।

भाखना**[2]—[< सं॰ भक्षण] *क्रिस॰* भक्षण करना। खाना। ***जैसे—चने भाखना। ***वा॰* भय भाखना**—भय खाना। डरना।

***भाखा**—[< सं॰ भाषा] *स्त्री॰* १. मुख से कही बात। कथन। २. भाषा या बोली। ३. (मध्ययुगीन प्रयोग में) हिन्दी भाषा।

भागक—[< सं॰ भाग] *पु॰* भाग का गणितीय चिह्न (÷) जो भाज्य राशि के बाद और भाजक से पहले लगता है। ***जैसे***—२४ ÷ ८ = ३।

भागधेय—[सं॰ भाग ~ धेय] *पु॰* १. भाग। हिस्सा। २. भाग्य। क़िस्मत। ३. सौभाग्य। ४. (राजा का भाग) कर। टैक्स। ५. सगोत्र या सपिंड लोग। उत्तराधिकारी।

भाग-भरा—[< सं॰ भाग + हि॰ भरना] *वि॰* १. भाग्यवान्। भाग्यशाली। २. भाग्यवान् बनानेवाली वस्तु आदि।

भागवत—[सं॰ भगवत् + अण्] *वि॰* भगवान्-सम्बन्धी। भगवान का। *पु॰* १. विष्णु-भक्त। वैष्णव। २. संस्कृत का एक पुराण-ग्रन्थ।

भागवती[1]—[सं॰ भागवत + ङीप्] *वि॰* १. भगवान् की। ***जैसे***—भागवती माया। २. भागवतपुराण की। ***जैसे***—भागवती कथा सप्ताह-भर होगी।

भागवती[2]—[< सं॰ भाग्यवती] *वि॰* भाग्यवती। भाग्यशालिनी। ***जैसे***—भागवती स्त्री। *स्त्री॰* १. वैष्णवों के पहनने की एक तरह की कंठी।

भागवान—[< सं॰ भाग्यवान्] *वि॰* भाग्यवान्। भाग्यशाली।

भागाभाग—[< हि॰ भागना] *स्त्री॰* १. भागने की हलचल। भाग-दौड़। *क्रिवि॰* १. जल्दी-जल्दी दौड़ते हुए। २. बहुत जल्दी में या तेज़ी से। भागमभाग।

भागिक—[सं॰ भाग + ठन्] *वि॰* १. भाग से सम्बन्धित। भाग का। हिस्से का। २. भाग के रूप में होनेवाला। ***जैसे***—समभागिक।

भागिता—[सं॰ भागिन् + तल् + टाप्] *स्त्री॰* १. भागी होने की अवस्था/भाव। भागीदारी। २. किसी व्यापार आदि में हिस्सेदारी। भागीदारी। साझेदारी।

***भागिनि**—[< सं॰ भागिनी] *स्त्री॰* भाग्यवती। भाग्यशालिनी।

भागार्थी—[सं॰ भागार्थिन्] *वि॰* अपना भाग/हिस्सा चाहनेवाला।

भागार्ह—[सं॰ भाग ~ अर्ह] *वि॰* १. जिसके भाग किए जा सकें। २. जो अपना भाग पाने का अधिकारी हो।

भागिनेय—[सं॰ भगिनी + ढक्] *पु॰* बहिन का पुत्र। भानजा।

भागी—[सं॰ भागिन्] *पु॰* १. भाग पाने का अधिकारी। हिस्सेदार। २. अपने किए हुए कार्य के अच्छे/बुरे फल का पात्र। वि॰ सम्मिलित। शरीक।

भागीरथ—[सं॰ भगीरथ + अण्] *वि॰* (राजा) भगीरथ से सम्बन्धित। भगीरथ का।

भागीरथी—[सं॰ भागीरथ + ङीप] *स्त्री॰* (भगीरथ द्वारा लायी गयी) गंगा नदी।

भागू—[< हि॰ भागना] *वि॰* भागनेवाला। *पु॰* भागनेवाला व्यक्ति। भगोड़ा।

***भाग्यवन्त (भाग्यवंत)**—[< सं॰ भाग्यवन्तः (भाग्यवत्)] *वि॰* भाग्यशाली।

भाजन—[सं॰ √भाज् + ल्युट्] *पु॰* १. (किसी कार्य आदि के लिए) योग्य व्यक्ति। अधिकारी व्यक्ति। पात्र। ***जैसे***—विश्वास-भाजन। २. पात्र। बर्तन। ३. आश्रय। आधार। (गणित॰) भाग करने की क्रिया।

†भाजी[1]—[सं॰ √भाज् + घञ् + ङीष्] *स्त्री॰* १. (चावल का) माँड। २. यवागू। ३. विवाह आदि मांगलिक अवसरों पर सम्बन्धियों आदि को दी जाने वाली मिठाइयाँ, फल और मेवा।

भाजी[2]—[< प्रा॰ भज्जिआ < सं॰ भर्जिका] *स्त्री॰* साग। तरकारी।

भाज्य—[सं॰] *पु॰* १. भाग। अंश। २. उत्तराधिकार। पैतृक सम्पत्ति। (गणित॰) वह संख्या/राशि/व्यंजक जिसमें किसी राशि/संख्या/व्यंजक से भाग दिया गया हो। ***जैसे***—५ से ३१ को भाग देने में ३१ भाज्य है और ५ भाजक है। *वि॰* भाग करने योग्य। विभाज्य।

भाट[1]—[< सं॰ भट्ट] *पु॰* १. एक जाति जिसका काम राजाओं इत्यादि के कार्यों और यश का वर्णन अथवा उनके पूर्वजों का पद्यमय गुणगान करना है। चारण। बन्दीजन। ***जैसे***—पृथ्वीराज रासो के रचयिता चन्द बरदाई भाट थे। ३. चाटुकार व्यक्ति। ख़ुशामदी आदमी। ❖ **भाटिन**—*स्त्री॰* = १. भाट जाति की स्त्री। २. ख़ुशामदी स्त्री।

भाट[2]—[< सं॰ भ्राष्ट्र] *पु॰* गड्ढा। भूमि के अन्दर किए गए बड़े छेदों की तरह का गड्ढा जिसमें गीदड़/लोमड़ी आदि जंगली पशु रहते हैं।

भाटक—[सं॰ √भट् + ण्वुल्] *पु॰* भाड़ा। किराया।

भाटकित—[< सं॰ भाटक] *वि॰* (वाणि॰) किसी भी निश्चित मार्ग या अवधि के लिए किसी व्यक्ति या संस्था आदि को किराए पर दिया गया (वाहन)। ***जैसे***—भाटकित जहाज़। (अं॰ चार्टर्ड)

भाटा—[देशज] *पु॰* १. समुद्र में आए ज्वार का वेगपूर्वक उतार। समुद्र की लहर का उतार। २. उक्त के कारण समुद्र में मिलनेवाली नदियों में होनेवाला पानी का उतार। ३. (लाक्षणिक) ह्रास। क्षय। उतार। ***जैसे***—राजनीतिक जीवन में ज्वार-भाटे आते ही रहते हैं। ∇ **विलोम**—ज्वार।

भाठ—[देशज] *पु॰* १. वह मिट्टी जो नदी अपने साथ चढ़ाव में बहाकर लाती है और उतार के साथ ले जाती है। २. नदी का तट। ३. नदी के प्रवाह की दिशा। नदी का उतार।

भाठा—[देशज] *पु॰* १. गड्ढा। २. जंगली पशुओं (लोमड़ी आदि) के रहने का छेद की तरह बना बड़ा गड्ढा। भाटा।

***भाठी**—[< सं॰ भ्राष्ट्री] *स्त्री॰* १. (आग की) भट्ठी। २. शराब की भट्ठी।

भाड़[1]—[< देशी प्रा॰ भाड] *पु॰* भड़भूँजे की भट्ठी जिसमें वह बालू गरम करके अन्न के दाने भूनता है। (लाक्षणिक) ऐसा स्थान जहाँ सब कुछ नष्ट हो जाता है। ***वा॰* भाड़ झोंकना**—१. व्यर्थ समय नष्ट करना। २. साधारण/तुच्छ कार्य करना। **भाड़ में झोंकना/डालना**—१. जलाना। २. छोड़ना या फेंकना। ३. नष्ट करना। **भाड़ में जाए**—नष्ट हो जाए।

†भाड़[2]—[देशज] पु॰ भटकटैया नामक पौधा जिसके फूल पीले और कटोरे के आकार के होते हैं।

†भाड़र—[ब्रज॰] पु॰ १. स्वाद। २. रुचि। पसन्द।

भाण—[स॰ √भण् + घञ्] पु॰ (नाट्य॰) संस्कृत के नाटकों का एक प्रकार। हास्यरस प्रधान एकांकी जिसमें एक ही पात्र होता है जो आकाशभाषित के सहारे बातचीत करता हुआ घटनाओं का प्रदर्शन करता रहता है। ● **विशेष**—भारतेन्दु हरिश्चन्द्र कृत 'विषस्य विषमौषधम्' भाण का उत्तम उदाहरण है।

भाणिका—[स॰ भाणक + टाप्] स्त्री॰ (नाट्य॰) भाण का उपरूपक जिसमें एक अंक होता है, नायक मन्दबुद्धि होता है और नायिका चतुर तथा प्रतिभाशाली होती है।

भाण्ड (भांड)—[स॰ √भण् + ड + अण्] पु॰ १. पात्र। बर्तन। २. सामान। माल। ३. सामान की गाँठ। ४. बहुमूल्य सामान। ५. भाँड़पन। मसख़री। ✣ **भाण्ड-कला (भांड-कला)**—स्त्री॰ = मिट्टी के बर्तन इत्यादि बनाने की कला।

भाण्डागार (भांडागार)—[स॰ भाण्ड ~ आगार] पु॰ १. भंडार। २. मालगोदाम। ३. बर्तन रखने का स्थान। ३. कोषागार। खज़ाना।

भाण्डार (भांडार)—[स॰ भाण्ड √ऋ + अण्] पु॰ १. भंडार। २. मालगोदाम।

भाण्डारी—[स॰ भाण्डारिन्] पु॰ १. भंडार का प्रमुख अधिकारी। भंडारी। २. मालगोदाम का अधिकारी।

भाता—[< स॰ भृत्या] पु॰ हलवाहे को खलिहान के अनाज से मिलनेवाला भाग।

भाति—[स॰ √भा + क्तिन्] स्त्री॰ १. दीप्ति। चमक। २. कान्ति। शोभा। २. ज्ञान।

***भाथ, भाथा**—[< प्रा॰ भत्थ < स॰ भस्त्रा] पु॰ (बाणों को रखने का) तूणीर। तरकस।

†भाथी—[< प्रा॰ भत्थी < स॰ भस्त्री] स्त्री॰ १. तूणीर। तरकस। २. (लुहारों की) धौंकनी जिससे आग सुलगायी जाती है।

भाद्र—[स॰ भाद्री + अण्] पु॰ (चान्द्र कालगणना का) भादों/भादौं का महीना।

भाद्रपद—[स॰ भाद्रपदी + अण्] पु॰ भाद्र (मास)।

भान—[स॰ √भा + ल्युट्] पु॰ १. प्रकाश। २. दीप्ति। चमक। ३. प्रकटन। दृष्टिगोचर होना। ५. (किसी वस्तु/बात का) आभास। *जैसे*—उसकी हत्या का भान तो पहले ही हो गया था। ६. ज्ञान।

भानजा—[< प्रा॰ भाइणेज्ज] पु॰ बहिन का पुत्र। भागिनेय। ✣ **भानजी**—स्त्री॰ = बहिन की पुत्री।

***भानन**—[< स॰ भञ्जन] पु॰ १. भानने की क्रिया/भाव। २. भाननेवाला। ३. नाशक।

***भानना**[1]—[< स॰ भञ्जन] क्रिस॰ १. भग्न/भंग करना। तोड़ना। २. काटना। ३. नष्ट करना। ४. दूर करना। हटाना। ✣ **भानि**[1]—क्रवि॰ = १. भंग करके। तोड़कर। २. नष्ट करके। ३. दूर करके। हटा कर। ४. कहकर।

भानना[2]—[< स॰ भान] क्रिस॰ १. आभास होना। २. अनुमान से समझना। ३. विचार करना।

***भानना**[3]—[< स॰ भाणन] क्रिस॰ कहना। ✣ **भानि**[2]—क्रिव॰ = कहकर।

भानमती—[< स॰ भानुमती] स्त्री॰ १. (जनश्रुति के अनुसार) विक्रमादित्य की रानी भानुमती जो इन्द्रजाल विद्या या जादू में पारंगत थी। २. जादूगरनी। **वा॰ भानमती का कुनबा**—अनेक प्रकार की वस्तुओं का संग्रह। २. बेमेल वस्तुओं से बनी कोई वस्तु।

***भाननी**—[< स॰ भञ्जनी] वि॰ (स्त्री॰) तोड़ने, काटने या नष्ट करनेवाली।

***भानवी**—[< स॰ भानवीय] वि॰ भानवीय। सूर्य-सम्बन्धी। सूर्य का। स्त्री॰ सूर्य की पुत्री। यमुना (नदी)।

भानशकुनी—[स॰ भान ~ शकुनिन्] पु॰ १. दीप्ति का शकुन जाननेवाला। २. रसोइया।

***भानसगुनी**—[< स॰ भानशकुनी] पु॰ भोजन बनानेवाला। रसोइया।

भाना[1]—[< स॰ भाव] क्रिस॰ १. रुचिकर/प्रिय/अच्छा लगना। पसन्द आना। २. देखने में सुन्दर लगना। सोहना। फबना।

भाना[2]—[< स॰ भा] क्रिस॰ १. प्रकाशयुक्त करना। दीप्त करना। २. चमकाना। ३. चक्राकार घुमाना।

भानु—[स॰ √भा + नु] पु॰ १. सूर्य। २. प्रकाश। ३. किरण। *जैसे*—हिम भानु (चन्द्रमा)। ४. सौन्दर्य। ५. आक/मदार का वृक्ष। स्त्री॰ सुन्दर स्त्री। सुन्दरी। (छन्द॰) एक सममात्रिक छन्द जिसके प्रत्येक चरण में २१ मात्राएँ होती हैं, अन्त में गुरु-लघु और ६-१५ पर यति।

भानुकुल—[स॰ भानु ~ कुल] पु॰ सूर्यवंश। ✣ **भानुकुलकेतु**—वि॰, पु॰ = सूर्यवंश की ध्वजा के समान। सूर्यवंश में सर्वश्रेष्ठ (दशरथ, राम इत्यादि)

भानुकर—[स॰ भानु ~ कर] पु॰ सूर्य की किरण।

***भानुजान**—[< स॰ भानु ~ यान] पु॰ सूर्य का रथ।

भानुमण्डल (भानुमंडल)—[स॰ भानु ~ मण्डल] पु॰ सूर्य-बिम्ब।

भानुमती—[स॰ भानुमत् + ङीप्] स्त्री॰ (जनश्रुति के अनुसार) सम्राट् विक्रमादित्य की रानी जो जादू में पारंगत थी।

***भानुमन्त (भानुमंत)**—[< स॰ भानुमन्तः (भानुमत्)] पु॰ सूर्य। वि॰ १. किरणों से सम्पन्न। प्रकाशपूर्ण। २. तेजोमय। दीप्त। ३. सुन्दर।

भाप—[< स॰ वाष्प] स्त्री॰ जल के तरल या ठोस रूप से भिन्न गैसीय रूप।

***भाब**—पु॰ ≤ स॰ भाव। ✣ **भाब-भगति**—स्त्री॰ = भावपूर्ण भक्ति या भक्तिभाव।

भाबर/भाभर—[देशज] पु॰ १. पहाड़ की तलहटी और तराई के बीच का वन। २. एक प्रकार की घास जिसे बटकर रस्सी बनायी जाती है।

†भाभई—[देशज] स्त्री॰ बड़ी विपत्ति। भारी परेशानी। *जैसे*—वर्षा न होने से किसानों की जान भाभई में आ जाती है।

***भाभरा**—[< स॰ भा + हि॰ भरना] *वि॰* १. प्रकाशयुक्त। २. कुछ लाल रंग का। रक्ताभ।

भाम—[स॰ √भाम् + घञ्] *पु॰* १. आभा। चमक। २. प्रकाश। ३. सूर्य। ४. अर्क/मदार का वृक्ष। (छन्द) एक समवर्णिक छन्द जिसके प्रत्येक चरण में क्रमशः भगण, मगण और तीन सगण (भ म स स स) के योग से १५ वर्ण होते हैं तथा ९-६ पर यति होती है।

भामण्डल (भामंडल)—[स॰ भा ~ मण्डल] १. प्रकाशमान् वस्तुओं के चारों ओर देखनेवाला मंडलाकार प्रकाश। २. देवताओं, अवतारों, महापुरुषों आदि के चित्रों में सिर और मुखमंडल के चारों ओर बनाया जाने वाला प्रकाश का मंडलाकार घेरा। प्रभामंडल।

भामा—[स॰ √भाम् + अच् + टाप्] *स्त्री॰* १. क्रोध करनेवाली स्त्री। २. पत्नी। ३. (कृष्ण की पत्नी) सत्यभामा।

भामिनी—[स॰ √भाम् + णिन् + ङीप्] *स्त्री॰* १. सुन्दर युवती। २. क्रोध करनेवाली स्त्री। ३. पत्नी।

***भाय[१]**—[< स॰ भाव] *पु॰* १. मन की वृत्ति। भाव। २. रुचि। ३. (बिकनेवाली वस्तु की) दर। भाव। ४. रंग-ढंग। ५. बहाना। *(क्रिवि॰)* विचार से।

***भाय[२]**—[< स॰ भाँति] *पु॰* प्रकार।

†भाय[३]—*पु॰* ≤ *हि॰* भाई। ***जैसे***—ओ भाय! ज़रा रुकना।

†भाय[४]—[< हि॰ भाना] *क्रिस॰* अच्छा लगे। रुचे। ***जैसे***—जो भाय, सो खाय।

***भायप**—[< हि॰ भाय < भाई] *पु॰* १. भ्रातृभाव। भाईपन। २. भाईचारा।

भारग्राही—[स॰ भारग्राहिन्] *वि॰* १. जिसने भार ग्रहण किया हो। २. किसी को कार्यमुक्त कर कार्यभार सँभालने वाला (अधिकारी)

भारङ्गी (भारंगी)—[< स॰ भार्गी] *स्त्री॰* एक औषधोपयोगी वन-वृक्ष जिसमे सर्वत्र ४-४ पत्ते एक साथ लगे होते हैं, फूल गोल और लालीयुक्त सफ़ेद रंग के होते हैं तथा फल सुन्दर, रंगीन और चार भागों में विभक्त दिखने वाले होते हैं।

भारजीवी—[स॰ भारजीविन्] *पु॰* बोझा ढोकर जीविका कमानेवाला। भारवाहक। बोझिया।

***भारतभुव**—[< स॰ भारत ~ भुवि] *स्त्री॰* भारतभूमि। भारत देश। भारतवर्ष। भरत भारत भुव भूषण। —केशव (राम॰, १/२२)

***भारजा**—[< स॰ भार्या] *स्त्री॰* भार्या। पत्नी।

भारती—[स॰ भारत + ङीप्] *स्त्री॰* १. वाणी। स्वर। शब्द। २. सरस्वती (देवी)। ३. दशनामी सन्न्यासियों का एक भेद। ४. भारत माता। ५. हिन्दी। (नाट्य॰) एक नाट्य-वृत्ति जिसका प्रयोग करुण, अद्‌भुत आदि अनेक रसों में हो सकता है। (छन्द॰) एक समवर्णिक छन्द जिसके प्रत्येक चरण में क्रमशः २ मगण, यगण और लघु-गुरु (म म य ल ग) के योग से ११ वर्ण होते हैं।

***भारथ**—[< स॰ भारत] *पु॰* १. भारत देश। भारतवर्ष। हिन्दुस्थान। २. 'महाभारत' ग्रन्थ। ३. युद्ध। लड़ाई।

***भारथ्य**—[< स॰ भारत] *पु॰* घोर युद्ध। घमासान लड़ाई।

भारदण्ड (भारदंड)—[स॰ भार ~ दण्ड] *पु॰* एक बल्ली के दोनों सिरों पर लटके हुए दो पलड़ों वाला एक ढाँचा जिसके पलड़ों में रखकर बोझ ढोया जाता है। बहँगी। भारयष्टि।

भारद्वाज (भारद्वाज)—[स॰ भरद्वाज + अण्] *पु॰* १. भरद्वाज ऋषि का पुत्र या वंशज। २. द्रोणाचार्य। ३. अगस्त्य ऋषि। २. 'भरदूल' नामक पक्षी।

***भारना**—[< हि॰ भार] *क्रिस॰* १. बोझ लादना। २. किसी पर अपने शरीर का भार रखकर दबाना। ३. दबाना। ४. किसी को कोई कार्यभार, प्रभार या उत्तरदायित्व देना। ५. देना।

भारमिति—[स॰ भार ~ मिति] *स्त्री॰* ठोस या द्रव पदार्थों का भार जानने की विद्या।

भारयष्टि—[स॰ भार ~ यष्टि] *स्त्री॰* भारदंड। बहँगी।

भारवाह—[स॰ भार √वह् + अण्] *वि॰, पु॰* १. बोझ उठानेवाला। २. कार्य या भार वहन करनेवाला। *पु॰* बहँगी ढोनेवाला आदमी।

भारवाहन—[स॰ भार ~ वाहन] *पु॰* १. बोझ ढोने की क्रिया/भाव। २. बोझ ले जाने वाला वाहन या गाड़ी। ३. वह पशु जो बोझा ढोए।

भारवाहिक/भारवाही—[स॰ भार ~ वाहिक, भारवाहिन्] *वि॰, पु॰* भारवाह।

भारहारी—[स॰ भार ~ हारिन्] *पु॰* पृथ्वी पर से पापियों का बोझ समाप्त करनेवाला। भगवान् विष्णु या भगवान् राम, कृष्ण इत्यादि।

भारही—[< स॰ भारद्वाज] *पु॰, स्त्री॰* लवा जाति का एक पक्षी।

भारा[१]—*वि॰* ≤ *हि॰* भारी। बोझिल। वज़नी।

***भारा[२]**—[< हि॰ भार] *पु॰* बोझ। २. (बोझ ढोने की) बहँगी। भारदंड।

भाराक्रान्त (भाराक्रांत)—[स॰ भार ~ आक्रान्त] *वि॰* १. बोझ से दबा हुआ। २. किसी बड़े कार्यभार या उत्तरदायित्व वाला। ३. भार से पीड़ित/दुःखी।

भाराक्रान्ता (भाराक्रांता)—[स॰ भाराक्रान्त + टाप्] *स्त्री॰* भाराक्रान्त स्त्री आदि। (छन्द॰) एक समवर्णिक छन्द जिसके प्रत्येक चरण में क्रमशः मगण, भगण, नगण, रगण, सगण, लघु और गुरु (म भ न र स ल ग) होते हैं तथा ४-६-७ वर्णों पर यति होती है।

भारावतरण—[स॰ भार ~ अवतरण] *पु॰* बोझ उतरना।

भारि**—[< हि॰ भारी] *वि॰* १. भारी। बोझिल। २. भारी। बड़ा। ३. अत्यन्त। ४. भीषण। ***जैसे—भारी पाप। *क्रिवि॰* भार पर। बल पर। सहारे।

भारिक—[स॰ भार + ठन्] *वि॰* १. बोझ ढोनेवाला। भारवाहक। २. जिसमें सामान्य से अधिक भार/वज़न हो। भारी। *पु॰* बोझा ढोनेवाला मज़दूर। क़ुली।

भारिया—[देशज] *पु॰* १. मध्यप्रदेश की एक जनजाति जो गोंडों से विशेष सम्बन्ध मानती है। २. उक्त जनजाति का व्यक्ति।

भारुण्ड (भारुंड)—[स॰] एक प्रकार का मांसभक्षी काल्पनिक पक्षी जो गरुड़ की जाति का कहा गया है।

***भारे**—[< सं॰ भारित] *वि॰* (बहुवचन) भारयुक्त। भारी। २. विशाल। बड़े।

भारोत्तोलक—[सं॰ भार ~ उत्तोलक] *पु॰* भारी बोझ उठानेवाला उत्तोलक (अं॰ लीवर)। ✣ **भारोत्तोलन**—*पु॰* = उत्तोलक से भारी बोझ उठाने की क्रिया/विधि/भाव।

भारोपीय—[< सं॰ भारतीय + हिं॰ यूरोपीय] *वि॰* भारतीय और यूरोपीय। भारत और यूरोप के देशों या क्षेत्रों या वहाँ के निवासियों से सम्बन्धित। ***जैसे***—भारोपीय भाषाएँ; भारोपीय इतिहास।

भार्गव—[सं॰ भृगु + अण्] *वि॰* १. भृगुवंशी। ***जैसे***—भार्गवों में श्रेष्ठ परशुराम। २. भृगु-सम्बन्धी। भृगु का। ***जैसे***—भार्गव विशेषताएँ। *पु॰* १. भृगु का पुत्र या वंशज। ***जैसे***—शुक्राचार्य, जमदग्नि, परशुराम आदि महान् भार्गव हुए। २. ब्राह्मणों का एक कुल-नाम।

भार्गव-क्षेत्र—[सं॰] *पु॰* केरल प्रदेश का प्राचीन नाम।

भार्गवेश—[सं॰ भार्गव ~ ईश] *पु॰* १. भार्गवों का स्वामी। २. भार्गवों में श्रेष्ठ (परशुराम आदि)।

भार्य—[सं॰ √भृज् + ण्यत्] *वि॰* भरण-पोषण के योग्य। पालनीय। पोषणीय। *पु॰* आश्रित व्यक्ति।

भार्या—[सं॰ भार्य + टाप्] *स्त्री॰* पत्नी।

भार्याजित—[सं॰ भार्या ~ जित] *वि॰* पत्नी के वश में रहनेवाला पुरुष। पत्नी का वशीभूत पति।

भार्यात्व—[सं॰ भार्या + त्व] *पु॰* पत्नीत्व।

भाल—[सं॰ भा √ला + क] *पु॰* ललाट। मस्तक। माथा।

भालचन्द्र (भालचंद्र)—[सं॰ भाल ~ चन्द्र] *पु॰* १. शिव। महादेव। २. गणेश। ✣ **भालचन्द्री (भालचंद्री)**—*स्त्री॰* = पार्वती। दुर्गा।

भालनेत्र/भाललोचन—[सं॰ भाल ~ नेत्र/लोचन] *पु॰* शिव। महादेव।

भाली—[< हिं॰ भाला] *स्त्री॰* छोटा भाला। बरछी। २. शूल। काँटा।

भालू—[< सं॰ भालूक] *पु॰* एक जंगली पशु। रीछ।

भाव[१]—[सं॰ √भू + घञ्, तथा √भू + णिच् + अच्] *पु॰* १. अस्तित्व। विद्यमानता। सत्ता। [∇ **विलोम**—अभाव।] २. जन्म। उत्पत्ति। ३. आत्मा। ४. मनोविकार (राग-द्वेष आदि)। ५. चित्त-वृत्ति। ६. भावना या विचार। ख़्याल। ***जैसे***—देशप्रेम का भाव। ७. ज्ञान। ८. धारणा। कल्पना। ९. दृढ़ संकल्प। १०. चेष्टा। ११. अभिप्राय। आशय। तात्पर्य। ***जैसे***—उसके कहने का भाव समझकर उत्तर देना। १२. परामर्श। १३. कर्तव्य का उपदेश। १४. विधि। ढंग। १५. वास्तविकता। १६. वास्तविक सत्य। परमार्थ। १७. अवस्था। दशा। १८. प्रेम की प्रथम अवस्था। प्रेम से उत्पन्न चित्त की कोमलता। १९. प्रेम। राग। २०. प्रेम और श्रद्धा। २१. भक्ति। २२. सम्बन्धात्मक भक्ति-भावना। ***जैसे***—सेवक-सेव्य भाव; वात्सल्य-भाव। २३. वस्तु, कार्य या बात की आधारभूत विशेषता या गुण। ***जैसे***—वीर का भाव ही वीरता है। २४. नख़रा। चोचला। अदा। (व्या॰) धातु का अर्थ। क्रिया। (वैशेषिक दर्शन॰) द्रव्य, गुण, कर्म, सामान्य, विशेष और समवाय नामक ६ भाव पदार्थ।

भाव[२]—[< फ़ा॰ बहा] *पु॰* (बिक्री की वस्तु की) दर। मूल्य। हिसाब। ***जैसे***—सोना-चाँदी के भाव घटते-बढ़ते रहते हैं।

भावक[१]—[सं॰ भू √णिच् + ण्वुल्] *वि॰* १. उत्पन्न करनेवाला। उत्पादक। २. भावपूर्ण। भावयुक्त। ३. भावना/कल्पना करनेवाला। ४. प्रेमी। ५. भक्त। ६. सौन्दर्य-प्रेमी। सहृदय।

भावक[२]—[सं॰ भाव + कन्] *पु॰* भाव। भावना। हृदयगत भाव। (काव्य॰) सहृदय पाठक/दर्शक/श्रोता।

***भावकु**—[सं॰ भाव ~ एक] *पु॰* एक भाव मात्र।

भावगम्य—[सं॰ भाव ~ गम्य] *वि॰* जो मन द्वारा जाना जा सकता हो, बुद्धि द्वारा नहीं। अनुभूतिगम्य।

भावगीति—[सं॰ भाव ~ गीति] *स्त्री॰* प्रेम, भक्ति, विषाद, उत्साह, वात्सल्य इत्यादि भावों की प्रधानता वाला गीति-काव्य। ***जैसे***—भावगीति लौकिक भी होती है और आध्यात्मिक भी।

भावग्राही—[सं॰ भावग्राहिन्] *वि॰* भाव/तात्पर्य को समझनेवाला।

भाव-चित्र—[सं॰] *पु॰* जो चित्र किसी भाव को प्रकट करने के लिए बनाया गया हो। २. भावप्रधान चित्र।

भावज[१]—[सं॰ भाव + ज] *पु॰* कामदेव।

भावज[२]—[< प्रा॰ भाउज्जा] *स्त्री॰* बड़े भाई की पत्नी। भाभी।

भावज्ञ—[सं॰ भाव + ज्ञ] *वि॰* १. दूसरे के मन के भावों को समझनेवाला। २. हृदय की बात जाननेवाला। ∆ **पर्याय**—भावविद्।

भावतः—[सं॰ भाव + तः (तस्)] *क्रिवि॰* १. हृदय से। २. भाव की दृष्टि से। ३. तात्पर्य के अनुसार।

भावता—[< हिं॰ भावना (= माना)] *वि॰* जो प्रिय लगे। मोहक। *पु॰* १. प्रिय व्यक्ति। २. प्रियतम या पति। *स्त्री॰* स्त्री।

भावती—[< हिं॰ भावता] *वि॰ (स्त्री॰)* जो अच्छी लगे। प्रिय। मोहक। ***जैसे***—भावती कहानी। *स्त्री॰* १. प्रिया। चहेती। २. पत्नी।

भावन—[सं॰ √भू + णिच् + ल्यु] *वि॰* १. उत्पादक। २. भावित करनेवाला। अच्छा लगनेवाला। भावमग्न करनेवाला। मनभावन। *पु॰* १. निमित्त कारण। २. सृष्टि-रचयिता।

भावना[१]—[सं॰ √भू + णिच् + युच् + टाप्] *स्त्री॰* १. उत्पत्ति। प्रादुर्भाव। २. कल्पना। ३. विचार। ४. भक्ति। ५. श्रद्धा। ६. मानसिक चिन्तन। ध्यान। ७. धारणा। ८. कामना। इच्छा। वासना। चाह। ९. कल्पित विषय। अप्रमाणित अनुमान। १०. स्मरण, ज्ञान या प्रतीति। ११. प्रमाण या तर्क। १२. चिन्ता। फ़िक्र। १३. पुष्प तथा सुगन्धित द्रव्यों से सुवासित करने का कार्य। बसाना। (आयुर्वेद॰) औषध आदि को या उसके चूर्ण को किसी द्रव पदार्थ में बार-बार मिलाकर घोटने और सुखाने का कार्य। पुट। (मनो॰) मानव-चेतना के तीन कार्यों में से एक जिसका सम्बन्ध हृदय से है और जो अन्य दो कार्यों 'ज्ञान' और 'इच्छा' से भिन्न है। भाव-वृत्ति। हृदय की वृत्ति। (अं॰ फ़ीलिंग)

भावना[२]—[< सं॰ भावन] *क्रिस॰* अच्छा लगना। पसन्द आना। भाना। *क्रिअ॰* १. सुशोभित होना। *वि॰* अच्छा लगने वाला। भावता। चहेता। २. रीझ जाना। ✣ **भावइ/भावई**—*क्रिअ॰* = भाता है। रुचता है।

अच्छा लगता है। २. भावना में आता है। मन में आता है। भाता है। ३. भावमग्न करता है। *अव्यय॰* यदि मन में आए तो। यदि मन इच्छा करे तो। यदि मन को भाए तो।

भावनाट्य—[सं॰ भाव ~ नाट्य] पु॰ (काव्य॰) नाटक का एक प्रकार। भावप्रधान नाटक जिसके साथ संगीत हो।

भावनी—[< हिं॰ भावना] *वि॰ (स्त्री॰)* = भावमग्न करनेवाली। (मन को) पसन्द आनेवाली। ***जैसे***—भावनी कथा।

भावनीय—[सं॰ √भू + णिच् + अनीयर्] *वि॰* १. जिसकी भावना करना सम्भव हो। २. भावना के योग्य। ३. विचार किए जाने के योग्य। विचारणीय।

***भावन्ता (भावंता)**—[< हिं॰ भावता] *पु॰* भावता।

भावभङ्गी (भावभंगी)—[सं॰ भाव ~ भङ्गी] *स्त्री॰* भाव को प्रकट करनेवाली शारीरिक क्रिया। भाव-प्रकाशक अंग-विक्षेप।

भावमय—[सं॰ भाव + मयट्] *वि॰* भावयुक्त। भावपूर्ण।

भावर—[< हिं॰ भाना (= पसन्द आना)] *स्त्री॰* १. भाने की अवस्था/भाव। पसन्दगी। २. अभिरुचि। ✣ ***भावरि**—*स्त्री॰* = भावर।

भावरूप—[सं॰ भाव ~ रूप] वि॰ वास्तविक। असली।

भावलिपि—[सं॰ भाव ~ लिपि] *स्त्री॰* अक्षरलिपि बनने से पहले की लिपि का एक प्रकार जिसमें विचारों, वस्तुओं, संकल्पनाओं और भावों को विविध प्रतीकों से अभिव्यक्त किया जाता था, ध्वनियों के प्रतीक वर्णों का नहीं।

भाववाचक—[सं॰ भाव ~ वाचक] *वि॰* भाव को बताने वाला। *पु॰* = (व्या॰) भाववाचक संज्ञा। (दे॰)। ✣ **भाववाचक संज्ञा**—*पु॰* = (व्या॰) संज्ञा का एक प्रकार। वह संज्ञा जो किसी भाव, गुण, दोष या पदार्थों के धर्म, अवस्था आदि की बोधक हो। ***(जैसे***—बीमारी; सुन्दरता; प्रेम; घृणा; ऊँचाई; बाल्य; शिशुता।)

भाववाच्य—[सं॰ भाव ~ वाच्य] *पु॰* (व्या॰) 'क्रिया' के वाच्य का एक प्रकार। ✣ **भाववाच्य क्रिया**—*स्त्री॰* = (व्या॰) वाक्य में क्रिया का वह रूप जिसमें कर्ता या कर्म प्रधान न हो बल्कि क्रिया पुल्लिंग, एकवचन और अन्य पुरुष के अनुसार हो। ***जैसे***—अँधेरे में घूमा जाएगा।

भाव-विकार—[सं॰] *पु॰* भाव में विकार। (भारतीय दर्शन॰) भाव के ६ विकार—उत्पत्ति, अस्तित्व, विपरिवमन, वर्धन, क्षय और नाश।

भावविरेचन—[सं॰ भाव ~ विरेचन] (मनो॰) किसी दमित विचार से सम्बद्ध भावों को व्यक्त क्रियाओं या बहुत संवेगात्मक प्रदर्शन द्वारा प्रकट करना। (व्यक्ति की) दमित भावनाओं को निकालने की प्रक्रिया।

भाव-व्यञ्जन (भाव-व्यंजन)—[सं॰] *पु॰* मन के भाव को प्रकट करने की क्रिया/दशा।

भावशबलता—[सं॰ भाव ~ शबलता] *स्त्री॰* (काव्य॰) वह अवस्था जहाँ एक के पश्चात् एक अनेक भाव प्रकट हों या उनके भावों का एक साथ मिश्रण हो।

भावशान्ति (भावशांति)—[सं॰ भाव ~ शान्ति] *स्त्री॰* (काव्य॰) पहले से वर्तमान भाव की शान्ति अचानक और चमत्कारपूर्वक होने तथा दूसरे भाव का उदय होने की स्थिति।

भावसत्य—[सं॰ भाव ~ सत्य] *पु॰* (काव्य॰) भाव की दृष्टि से सत्य जो व्यावहारिक दृष्टि से सत्य न हो।

भावसन्धि (भावसंधि)—[सं॰ भाव ~ सन्धि] *स्त्री॰* (काव्य॰) समान रूप में स्थित उत्कर्ष वाले दो भावों के बीच की चमत्कारपूर्ण स्थिति।

भावसिद्‍ध (भावसिद्ध)—[सं॰ भाव ~ सिद्ध] *वि॰* स्वभावसिद्ध। स्वाभाविक। ***जैसे***—सुन्दर शब्दों का भावसिद्ध प्रयोग।

भावस्थ—[सं॰ भाव + स्थ] *वि॰* १. भाव में लीन। २. अनुरक्त।

भाव-हरण—[सं॰] *पु॰* (काव्य॰) १. किसी की रचना (कविता आदि) के भाव चुराकर अपनी मौलिक कृति के रूप में प्रकट करना। भावापहरण। २. साहित्यिक चोरी।

भाव-हिंसा—[सं॰] *स्त्री॰* (बाहर से हिंसा न करते हुए भी) केवल मन की हिंसापूर्ण भावना।

भावाङ्कन (भावांकन)—[सं॰ भाव ~ अङ्कन] *पु॰* १. भावों को चित्रों या चिह्नों से प्रकट करना (***जैसे***—चित्रलिपि में)। २. भावों को लिखित रूप देना। ***जैसे***—काव्य में कवि द्वारा भावांकन।

भावातिरेक—[सं॰ भाव ~ अतिरेक] *पु॰* भाव की अधिकता। भावुकता की अतिशयता।

भावात्मक—[सं॰ भाव ~ आत्मक] *वि॰* १. भाव-सम्बन्धी। २. मनोवृत्तियों का व्यंजक/उद्दीपक। ३. भावपूर्ण। भावुक। ४. स्वाभाविक। वास्तविक। असली। ५. जो अभावात्मक/ऋणात्मक न हो। धनात्मक। ∇ **विलोम**—अभावात्मक। ✣ **भावात्मकता**—*स्त्री॰* = (मनो॰) अनुभूति या आवेग के साथ प्रतिक्रिया की प्रवृत्ति।

भावानुग—[सं॰ भाव ~ अनुग] *वि॰* १ भाव का अनुसरण करनेवाला। २. स्वाभाविक। ***जैसे***—भावानुग लेखन।

भावान्तर (भावांतर)—[सं॰ भाव ~ अन्तर] *पु॰* १. मन की अवस्था का परिवर्तन। २. परिवर्तित भाव। ३. (काव्य आदि के) तात्पर्य/अर्थ का अन्तर।

भावापनिवेश—[सं॰ भाव ~ अपनिवेश] *पु॰* (मनो॰) किसी वस्तु के प्रति भावना का बदलकर विपरीत हो जाना।

भावापन्न—[सं॰ भाव ~ आपन्न] *वि॰* भावयुक्त।

भावापहरण—[सं॰ भाव ~ अपहरण] *पु॰* भाव-हरण।

भावाभाव—[सं॰ भाव ~ अभाव] *पु॰* १. भाव और अभाव। २. उत्पत्ति और नाश। ३. भाव का अभाव में परिवर्तन।

भावाभास—[सं॰ भाव ~ आभास] *पु॰* भाव की प्रतीति मात्र। (काव्य॰) एक काव्यदोष। भाव की अनौचित्यपूर्ण स्थिति। अनुचित रूप में प्रवृत्त हुआ भाव।

भावार्थ—[सं॰ भाव ~ अर्थ] *पु॰* १. ऐसा विवरण जिसमें मूल रचना/वाक्य आदि का केवल आशय आ जाए। स्थूल स्पष्टीकरण। २. अभिप्राय। तात्पर्य।

भावाश्रित—[सं॰ भाव ~ आश्रित] *वि॰* मानसिक भावों पर आधारित। *जैसे*—कलाएँ भावाश्रित होती हैं।

भाविक—[सं॰ भाव + ठक्] *वि॰* १. भावनाप्रधान। भावुक। २. भावी। ३. मर्मज्ञ। (काव्य॰) एक अर्थालंकार जो भूत या भविष्य की घटना का वर्तमान की भाँति वर्णन करने में होता है। *जैसे*—'मैं तुम्हारी उन आँखों को देख रहा हूँ जिनमें अंजन लगा हुआ था' में भाविक अलंकार है।

भावित—[सं॰ √भू + णिच् + क्त] *वि॰* १. जिसकी भावना की गयी हो। २. विचारा हुआ। ३. प्राप्त। ४. अर्पित। ५. उत्पन्न। ६. मिश्रित। (आयुर्वेद॰) १. शुद्ध किया हुआ। शोधित। २. जिसमें किसी का पुट दिया गया हो। जिसमें किसी रस आदि की भावना की गयी हो। ३. किसी गन्ध से युक्त किया हुआ।

भावितात्मा—[सं॰ भावितात्मन्] *वि॰* १. जिसने स्वयं को परमात्मा के ध्यान से पवित्र कर लिया हो। २. भक्तिपूर्ण। ३. विचारशील। ४. तल्लीन। संलग्न।

भावी—[सं॰ भाविन्] *वि॰* १. भविष्य में घटित होने वाला। २. आगे आने वाला (काल)। *स्त्री॰* भाग्य के विधान के अनुसार होने वाली बात। होनी।

भावुक—[सं॰ √भू + उकञ्] *वि॰* १. जो जल्दी ही भावना में बह जाए। भावनाप्रधान। २. कोमलचित्त। ३. रसिक। रसज्ञ। ४. (भाषा) जिसमें प्रेम और आसक्ति प्रकट हो। *पु॰* सहृदय पाठक/दर्शक/श्रोता। ✣ **भावुकता**—*स्त्री॰* = १. भावुक होने का भाव। भावप्रवणता। २. रसज्ञता। सहृदयता।

भावे प्रयोग—[सं॰] *पु॰* (संस्कृत व्या॰) वाक्य में क्रिया का रूप (पुरुष, लिंग और वचन में) कर्ता या कर्म के अनुसार न होकर सदा अन्य पुरुष, पुल्लिंग और एकवचन में ही रहने की स्थिति।

भावै[1]—[< सं॰ भावन] *अव्यय॰* १. जैसा चाहे। जैसा अच्छा लगे। २. भले ही। चाहे। ३. अथवा। या।

भावोदय—[सं॰ भाव ~ उदय] *पु॰* भावना का उदय। (काव्य॰) एक भाव को शान्त करके दूसरे भाव का उदय होने की चमत्कारपूर्ण स्थिति।

भावोद्वेलन (भावोद्वेलन)—[सं॰ भाव ~ उद्वेलन] *पु॰* भाव/भावों की उमड़न।

भावोन्मत्त—[सं॰ भाव ~ उन्मत्त] *वि॰* भाव-विभोर।

भावोन्मेष—[सं॰ भाव ~ उन्मेष] *पु॰* भाव का उदय।

भावोपेत—[सं॰ भाव ~ उपेत] *वि॰* भावयुक्त। भावमय। ✣ **भावोपेता**—*वि॰ (स्त्री॰)*।

भाव्य—[सं॰ भू + ण्यत्] *वि॰* १. होनेवाला। भावी। २. भावना करने योग्य। जिसकी भावना की जा सके। ३. भावा भवितव्यता। होनी। ४. आनेवाला (काल)। (आयुर्वेद॰) जो सिद्ध किया जाने को हो।

***भाष**—[सं॰ √भाष् + अ] *पु॰* वाणी।

भाषक—[सं॰ √भाष् + ण्वुल्] *वि॰* १. (समासयुक्त पद के अन्त में प्रयुक्त) बोलने वाला। *जैसे*—मृदुभाषक। २. भाषण करने वाला। कहने वाला।

भाषान्तर (भाषांतर)—[सं॰ भाषा ~ अन्तर] *पु॰* (दूसरी भाषा में किया गया) अनुवाद। ✣ **भाषान्तरकार**—*पु॰* = १. अनुवादक। २. दुभाषिया। ✣ **भाषान्तरण**—*पु॰* = १. अनुवाद-कार्य।

भाषासम—[सं॰ भाषा ~ सम] *पु॰* एक शब्दालंकार। किसी वाक्य/रचना में शब्दों की ऐसी क्रमबद्ध योजना कि उसे एक से अधिक भाषाओं के वाक्य/रचना के रूप में बोला/पढ़ा जा सके।

भाषिक—[सं॰ भाषा + ठक्] *वि॰* १. भाषा-सम्बन्धी। भाषा का। भाषागत। *जैसे*—भाषिक टिप्पणी। २. भाषा पर या भाषा के गुणों पर आधारित। *जैसे*—भाषिक सौन्दर्य; भाषिक वैभव। ३. भाषा के प्रयोग से सम्बन्धित।

भाषिकी—[< सं॰ भाषिक] *स्त्री॰* १. भाषाविज्ञान। २. भाषातत्त्व का शास्त्रीय अध्ययन। (अं॰ लिंग्विस्टिक्स)

भाष्य—[सं॰ √भाष् + ण्यत्] *पु॰* १. विस्तृत व्याख्या। २. किसी सूत्रग्रन्थ या सूत्र की विस्तृत व्याख्या। *जैसे*—'अष्टाध्यायी' का पतंजलिकृत भाष्य। २. किसी गम्भीर ग्रन्थ की विस्तृत व्याख्या का ग्रन्थ। व्याख्यान-ग्रन्थ। *जैसे*—स्वामी दयानन्द का यजुर्वेदभाष्य। ✣ **भाष्यकार**—*पु॰* = १. भाष्य का रचयिता २. (महाभाष्य-रचयिता) पतंजलि।

भास—[सं॰ √भास् + घञ्] *पु॰* १. दीप्ति। चमक। २. कल्पना। ३. मिथ्या ज्ञान। ४. लक्षणों से होनेवाला कुछ-कुछ ज्ञान।

भासक—[सं॰ √भास् + णिच् + ण्वुल्] *वि॰, पु॰* १. प्रकाशक। चमकानेवाला। २. द्योतक।

भासन—[सं॰ √भास् + ल्युट्] *पु॰* १. चमक। २. प्रकाश।

भासना—[< सं॰ भासन] *क्रिअ॰* १. प्रकाशित होना। चमकना। २. दिखायी देना। लक्षणों से प्रतीत होना। आभास होना।

भासन्त (भासंत)—[सं॰ √भास् + झच्, अन्त-आदेश] *वि॰* १. प्रकाशमान। चमकीला। २. सुन्दर। *पु॰* १. सूर्य। २. चन्द्रमा। ३. नक्षत्र। ✣ **भासन्ती**—*वि॰ (स्त्री॰)*।

भासमन्त (भासमंत)—[सं॰ भासमत्] *वि॰* १. प्रकाशयुक्त। २. चमकीला।

भासमान—[सं॰ √भास् + शानच्, मुम्] *वि॰* दिखायी देता हुआ। प्रतीत होता हुआ। भासता हुआ। *पु॰* सूर्य।

भासित—[सं॰ √भास् + क्त] *वि॰* १. प्रकाशमान। २. चमकीला। चमकदार। ३. जिसका आभास हुआ हो।

भास्कर—[सं॰ √भास् + √कृ + अण्] *पु॰* सूर्य।

भास्वत्—[सं॰ √भास् + मतुप्, म्→व] *पु॰* १. सूर्य। २. अग्नि। *वि॰* दीप्तिमान्। चमकीला। ✣ **भास्वती**—*वि॰ (स्त्री॰)* = चमकीली।

भास्वर—[सं॰ √भास् + वरच्] *वि॰* दीप्तिमान्। ज्योतिर्मय। चमकीला। *पु॰* सूर्य।

भाँ-भाँ—[अनु॰] *स्त्री॰* १. ध्वनि विशेष। २. गायों के रँभाने का शब्द। बाँ-बाँ।

भाँग—[< सं॰ भङ्गा] *स्त्री॰* १. एक औषधोपयोगी बड़ा क्षुप जिसके

पत्ते लम्बे और कंगूरेदार तथा नशीले होते हैं। विजया। जया। २. उक्त क्षुप के पत्ते। ३. उपर्युक्त पत्तों का रस जो बहुत नशीला होता है। **वा॰ भाँग (भंग) खाए/पिए होना**—१. भाँग के नशे में होने जैसी बातें करना। २. उन्मत्तों/पागलों जैसी बातें करना। **भाँग छानना**—नशे के लिए भाँग पीना।

भाँगरा—[< सं॰ भृंगराज] *पु॰* एक पौधा जो प्रायः जल के निकट की भूमि में अधिक उत्पन्न होता है। भृंगराज। भँगरा।

भाँज—[< हि॰ भाँजना] *स्त्री॰* १. भाँजने की क्रिया/भाव। २. भाँजने से पड़ा निशान (रेखा आदि)।

भाँजना—[< हि॰ भँजना] *क्रिस॰* १. (डोर आदि की लड़ों को) बटना। २. लाठी/तलवार/मुद्गर आदि को हाथ में लेकर अभ्यास/प्रदर्शन/प्रयोग आदि के लिए इधर-उधर घुमाना।

भाँजी—[< हि॰ भाँजना (= तोड़ना)] *स्त्री॰* १. चुगली। २. क्रुद्ध करनेवाली बात। **वा॰ (किसी की) भाँजी मारना**—१. काम सफल होने में बाधा डालना। २. हानि पहुँचाना।

भाँड[1]/भाँड़[1]—[< सं॰ भण्ड] *पु॰* १. विनाश। बरबादी। २. हँसी-मज़ाक़ की नकलें, हास्यपूर्ण स्वाँग और नाटक, गाना-बजाना आदि का पेशा करनेवाली एक जाति या उसका कोई पुरुष।

भाँड[2]/भाँड़[2]—[< सं॰ भाण्ड] *पु॰* पात्र। बर्तन।

भाँड़ना[1]—[< सं॰ भण्डन] *क्रिस॰* १. नष्ट करना। बरबाद करना। २. बिगाड़ना। ३. बदनाम करते फिरना। ४. (किसी का) भंडाफोड़ करना। (किसी की) रहस्यपूर्ण या गुप्त बातें प्रकट करना। *क्रिअ॰* १. व्यर्थ इधर-उधर घूमना। भटकना। २. अनुरक्त होना। ३. कष्ट अनुभव करना। ४. किसी ओर प्रवृत्त होना।

भाँड़ना[2]—[< बुन्देली भण्ड्या (= चोर)] *क्रिस॰* (चोर की तरह) घूम-घूमकर देखना।

***भाँत**—[< सं॰ भाँति] *स्त्री॰* १. भाँति। प्रकार। २. ढंग। ३. मुद्रा। चेष्टा। ४. बाँधनूँ की रँगाई में चुनरी के कपड़े पर बनने वाली विशेष आकृति।

भाँति—[< हि॰ भाँत] *स्त्री॰* १. प्रकार। तरह। २. समान। तरह। *जैसे*—तुम्हारी भाँति ही वह काम करता है। ३. गति-विधि। चाल-ढाल। रंग-ढंग। ४. प्रथा। रीति। ५. आचार/व्यवहार की मर्यादा। ● **विशेष—भाँति-भाँति का**—अनेक भाँति का। *जैसे*—भाँति-भाँति के वस्त्र। ✣ **भाँतिन/भाँतिन्ह**—प्रकार की। तरह की।

†भाँवना—[< सं॰ भ्रमण] *क्रिस॰* १. घुमाना। २. खरादना। ३. सुन्दर और सुडौल बनाना। २. दही मथना। मट्ठा बनाना। *क्रिअ॰* १. चक्कर लगाना। घूमना। २. इधर-उधर व्यर्थ घूमना।

भाँवर—[< सं॰] *स्त्री॰* १. चारों ओर घूमना। चक्कर काटना। २. परिक्रमा। प्रदक्षिणा। फेरा। ३. विवाह की सबसे महत्त्वपूर्ण रीति जिसमें वर और वधू गाँठ जोड़कर अग्नि के चारों ओर सात परिक्रमाएँ करते हैं। **वा॰ भाँवर/भाँवरें पड़ना**—विवाह होना।

भिक्षाचर—[सं॰ भिक्षा √चर् + ट] *पु॰* १. भिक्षा से पेट भरनेवाला। साधु-सन्यासी या भिक्षु। २. भिखारी।

भिक्षाचर्या—[सं॰ भिक्षा ~ चर्या] *स्त्री॰* लोगों के घरों के द्वार पर भिक्षा माँगने के लिए इधर-उधर जाना।

भिक्षान्न (भिक्षात्र)—[सं॰ भिक्षा ~ अन्न] *पु॰* भिक्षा/भीख में मिला अन्न।

भिक्षार्ह—[सं॰ भिक्षा + अर्ह] *वि॰* जिसे भिक्षा देना उचित हो। भिक्षापात्र।

भिक्षित—[सं॰ √भिक्ष् + क्त] *वि॰* भिक्षा के रूप में माँगी गयी (वस्तु)।

भिक्षु—[सं॰ √भिक्ष् + उ] *वि॰* १. भिक्षा माँगनेवाला। २. भीख माँगनेवाला। *पु॰* १. सन्यासी। २. बौद्ध सन्यासी। ३. भिक्षा माँगनेवाला पुरुष। ✣ **भिक्षुणी**—*स्त्री॰* = १. भिक्षा माँगनेवाली स्त्री। २. सन्यासी स्त्री। सन्यासिनी। ३. बौद्ध सन्यासिनी।

भिक्षुचर्या—[सं॰ भिक्षु ~ चर्या] *स्त्री॰* भिक्षावृत्ति। भिक्षुक-जीवन।

***भिख्या**—*स्त्री॰* ≤ *सं॰* भिक्षा।

भिङ्ग (भिंग)—[< सं॰ भृङ्ग] *पु॰* १. भृंग। भ्रमर। भौंरा। २. 'भृंगी' नामक कीट।

भिङ्गराज (भिंगराज)—[≤ सं॰ भृङ्गराज] १. भँगरा नामक वनस्पति। भृंगराज। २. भृंगी/भिंग नामक कीट। ३. भृंगराज/भुजंगा/कोतवाल नामक पक्षी।

†भिङ्गोरा (भिंगोरा)—[< सं॰ भृङ्गराज] *पु॰* भृंगराज। (दे॰) ✣ **भिङ्गोरी (भिंगोरी)**—*स्त्री॰* = भृंगराज पक्षी। भुजंगा। कोतवाल।

भिटका—[< हि॰ भीटा] *पु॰* दीमकों की बाँबी। भीटा।

भिड़—[देशज] *स्त्री॰* बर्रैया। बर्र। ततैया।

†भितल्ला—[< हि॰ भीतर + तल] *पु॰* दोहरे कपड़े में भीतर की ओर का पल्ला/परत। *वि॰* भीतर का। अन्दरवाला। *जैसे*—भितल्ला कमरा। ✣ **भितल्ली**—*वि॰ (स्त्री॰)* = भीतर की। अन्दरवाली। *जैसे*—कोट की भितल्ली जेब में। *स्त्री॰* चक्की के दो पाटों में से नीचे का पाट।

***भिताना**—[< सं॰ भीति] *क्रिअ॰* भयभीत होना। डरना। *क्रिस॰* भयभीत करना। डराना।

भित्ति[1]—[सं॰ √भिद् + क्तिन्] *स्त्री॰* १. दीवार। भीत। २. नींव। ३. वह पदार्थ जिस पर चित्र बनाया जाए। ४. खंड। टुकड़ा।

भित्ति[2]—*स्त्री॰* ≤ *सं॰* भीति। डर।

भित्ति-आरेख—[सं॰ भित्ति + हि॰ आरेख] *पु॰* दीवार या चट्टान आदि पर खरोंच कर बनाए गए चिह्न या अभिकल्प। अभिरेखण।

भित्तिका—[सं॰ √भिद् + तिकनु + टाप्] *स्त्री॰* १. भित्ति। दीवार। २. (दीवार पर चलने वाली) छिपकली।

भित्तिचित्र—[सं॰ भित्ति ~ चित्र] *पु॰* दीवार पर बना चित्र। (कला॰) दीवार/छत पर पलस्तर सूखने से पहले बनाया गया चित्र। लेपचित्र। (अं॰ फ्रेस्को)

भित्तिभेदी—[सं॰ भित्तिभेदिन] *पु॰* १. दीवार को भेदने-वाला। २. दीवार में सेंध लगानेवाला। ३. गुप्तचर।

भिदना—[< स° √भिद्] *क्रिअ°* १. भेदा जाना। छेदा जाना। ***जैसे***—बाण से लक्ष्य का भिदना। २. घायल होना। ***जैसे***—युद्ध में भिदना। ३. (किसी में) घुसना या धँसना। ***जैसे***—कंठ में बाण भिदना। ✣ **भिदनि**— *स्त्री°* = चोट।

भिदुर—[स° √भिद् + कुरच्] *वि°* १. तोड़ने/चीरने वाला। २. टूटने-फूटने वाला। *पु°* वज्र।

भिनकना—[अनु°] *क्रिअ°* १. (मक्खियों आदि का) 'भिन-भिन' ध्वनि करना। भिनभिनाना। २. गन्दा प्रतीत होना और इस कारण मन में घृणा उत्पन्न करनेवाला होना। ***जैसे***—ठेले पर मिठाई भिनक रही थी। *वि°* घृणित अवस्था वाला। भिनकता हुआ। ***जैसे***—भिनकना आदमी।

***भिनसार/भिनुसार**—[< स° विनिशर (= निशा का अन्त), या < स° भानुसार (= सूर्य का आगमन)] प्रात: काल। सबेरा। ✣ **भिनहीं (भिनहीं)**—*क्रिवि°* = प्रात:काल। सबेरे।

भिन्दिपाल (भिंदिपाल)—[स° भिन्दि (√भिन्द् + इन्) ~ पाल] *पु°* १. एक प्राचीन अस्त्र जो छोटे लौह-दंड के समान होता था। २. (कंकड़/पत्थर रखकर घुमाकर फेंकने वाला) गोफना। ढेलबाँस।

भिन्न—[स° √भिद् + क्त, त→न] *वि°* १. टूटा/फटा/चिरा हुआ। ***जैसे***—तलवार से छिन्न-भिन्न शरीर। २. काटकर, तोड़कर या खोलकर अलग किया हुआ। ३. अलग किया हुआ। जिसके भाग किए गए हों। विभाजित। विभक्त। ४. पृथक्। अलग। ५. प्रस्तुत प्रकार से अलग (प्रकार का)। ***जैसे***—इससे भिन्न आम के पेड़। ६. अपने वर्ग के अन्यों से अलग प्रकार का। सामान्य से अलग, विशेष प्रकार का। ७. अन्य। इतर। दूसरा। *पु°* (किसी वस्तु का) खंड। टुकड़ा। *स्त्री°* = (गणित°) किसी पूर्णांक का कोई भाग। दो राशियों के भागफल को व्यक्त करने का एक संकेत जिसमें भाज्य 'अंश' होता है और भाजक 'हर' होता है। **जैसे**—२/५, १०८/३०१, क/ख इत्यादि भिन्नें। (अ° फ्रैक्शन)।

भिन्नक्रम—[स° भिन्न ~ क्रम] *वि°* क्रम-रहित। (काव्य°) 'क्रमभंग' नामक दोष।

भिन्नता—[स° भिन्न + तल् + टाप्] *स्त्री°* १. भिन्न होने की अवस्था/भाव। भिन्नत्व। २. अन्तर। ३. पृथक्ता। अलगाव।

भिन्नवृत्त—[स° भिन्न ~ वृत्त] *वि°* भ्रष्ट चरित्र वाला। चरित्रभ्रष्ट। (छन्द°) (ऐसा पद्य) जिसमें छन्द के भंग होने का दोष हो। छन्दोभंग दोष से युक्त।

भिन्नवृत्ति—[स° भिन्न ~ वृत्ति] *वि°* १. किसी अन्य व्यवसाय/पेशा वाला। २. बुरे मार्ग पर चलनेवाला। कुमार्गगामी। ३. भिन्न प्रकार की रुचि/भावना वाला।

भिन्नसेतु—[स° भिन्न ~ सेतु] *वि°* मर्यादारहित। मर्यादाच्युत। नियमहीन।

भिन्नस्वर—[स° भिन्न ~ स्वर] *वि°* १. जिसका स्वर बदला हुआ हो। बदली हुई आवाज़ वाला। २. (किसी की) आशा के विपरीत वाणी बोलनेवाला। (संगीत°) जो गाने में बेसुरा हो।

भिन्नहृदय—[स° भिन्न ~ हृदय] *वि°* १. जिसका हृदय बहुत दु:खी हो। २. (किसी व्यक्ति की दृष्टि से) जिसके भाव और विचार किसी अन्य प्रकार के हों। ∇ **विलोम**—अभिन्नहृदय।

भिन्नार्थ—[स° भिन्न ~ अर्थ] *पु°* भिन्न अर्थ। *वि°* १. जिसका उद्देश्य भिन्न हो। २. जिसका प्रस्तुत से अलग अन्य अर्थ हो।

भिन्नाश्रयी—[स° भिन्न ~ आश्रयी (आश्रयिन्)] *वि°* भिन्न आश्रय वाला।

भिन्नोदर—[स° भिन्न ~ उदर] *पु°* सौतेली माता का पुत्र। सौतेला भाई। ∇ **विलोम**—सहोदर।

***भियना**—[< स° भी] *क्रिअ°* भयभीत होना। डरना। *क्रिअ°* भयभीत हो गया। डरा। ✣ **भिया[1]**—*वि°* भयभीत। डरा हुआ।

***भिया**—[< हि° भइया/भैया] *पु°* भाई। भैया।

***भिरना**—*क्रिअ°* ≤ *हि°* भिड़ना।

***भिरमना**—*क्रिअ°* ≤ *हि°* भरमना। ✣ **भिरमाना**—*क्रिस°* = भरमाना।

***भिरिङ्ग (भिरिंग)**—*पु°* ≤ *स°* भृंङ्ग।

भिलनी—*स्त्री°* ≤ *हि°* भीलनी।

भिलावा/भिलावाँ—[< स° भल्लातक] *पु°* १. एक औषधोपयोगी बड़ा वृक्ष। २. उक्त वृक्ष का फल।

भिल्ल—[स° √भिल् + लक्] *पु°* एक वनवासी जाति। भील।

***भिश्त/भिस्त**—[< फा° बिहिश्त] *पु°* १. स्वर्ग। २. (लाक्षणिक) पूर्ण शान्ति का स्थान। ३. (लाक्षणिक) शान्ति।

भिश्ती—[देशज] *पु°* मशक से पानी ढोने का काम करनेवाला व्यक्ति।

भिषक्—[स° भिषज्] *पु°* वैद्य। चिकित्सक।

भिषग्वर—[स° भिषक् ~ वर] *पु°* १. श्रेष्ठ वैद्य। चिकित्सक। रोगों और औषधियों का उत्तम ज्ञान रखने वाला। २. (देवों के वैद्य) अश्विनीकुमार।

***भीखम**—[< स° भीष्म] *वि°* भीष्म। भयंकर। *पु°* (शान्तनु-पुत्र) भीष्म। भीष्मपितामह।

भीट—[देशज] *पु°* १. उभरी हुई भूमि। ऊँची ज़मीन। २. भीटा।

भीटा—[देशज] *पु°* १. मिट्टी, कंकड़ आदि का ऊँचा ढेर जो अपने आप बना हो। २. पान की खेती के लिए बनाया जाने वाला विशेष प्रकार का खेत।

भीत[1]—[स° √भी + क्त] *वि°* डरा हुआ। भयग्रस्त।

***भीत[2]**—*स्त्री°* ≤ *स°* भीति। भय। डर।

भीत[3]—[< स° भित्ति] *स्त्री°* १. भित्ति। दीवार। २. चित्रपट। ३. आधार। ***वा°* भीत के बिना चित्र बनाना**—आधार के बिना काम करना या बात कहना। **भीत पर दौड़ना**—१. संकटपूर्ण काम करना। २. अपने सामर्थ्य से अधिक का काम करना।

भीतचारी—[स° भीतचारिन्] *वि°* डरा होने के कारण या डरते हुए काम करनेवाला।

भीतमना—[स° भीतमनस्] *वि°* मन में डरा हुआ।

भीति[1]—[स° √भी + क्तिन्] *स्त्री°* १. भय। त्रास। २. एक

मनोवैज्ञानिक रोग जिसमें रोगी आधाररहित और अर्थहीन भय या किसी वस्तु आदि के प्रति तीव्र घृणा या अरुचि से ग्रस्त रहता है।

***भीति**[2]—*स्त्री°* ≤ *स°* भित्ति। दीवार।

भीतिकर—[स° भीति + कर] *वि°* भीति/भय उत्पन्न करनेवाला। भयंकर। भयावना।

***भीन**—[< हि° विहान] *पु°* प्रातःकाल। सबेरा।

भीनना—[ब्रज°, हि° भीगना] *क्रिअ°* १. किसी वस्तु के छोटे-छोटे अंशों का अन्य वस्तु के भीतरी भाग में पहुँचकर पूरी तरह घुल-मिल जाना। ***जैसे***—पगड़ी को लाल रंग का भीनना। २. किसी के अन्दर पहुँचकर भर जाना। समा जाना। ३. सनना। ५. चारों ओर से ढँक जाना। आच्छादित होना। ६. फँसना। अटकना। नथ जाना। मीन। ७. निमग्न होना। ✣ **भीनी**—*वि° (स्त्री°)* = १. बहुत मन्द या हल्की। ***जैसे***—भीनी सुगन्ध वाला इत्र। २. ओत-प्रोत। जैसे—भावभीनी श्रद्धांजलि। ३. भीगी हुई।

भीम—[स° भी + मक्] *वि°* भय उत्पन्न करनेवाला। भयानक। भीषण। डरावना। *पु°* १. शिव। २. कुन्ती-पुत्र एक पांडव। भीमसेन। (छन्द°) एक समवर्णिक छन्द जिसके प्रत्येक चरण में क्रमशः तगण, भगण, मगण और जगण (त भ म ज) के योग से १२ वर्ण होते हैं।

भीमकर्मा—[स° भीमकर्मन्] *वि°* भयंकर कर्म करनेवाला (= भीमसेन)। २. भयंकर शक्ति वाला। ३. अति पराक्रमी।

भीमदर्शन—[स° भीम ~ दर्शन] *वि°* जो देखने में भयंकर हो। भयंकर रूप वाला।

भीमनाद—[स° भीम ~ नाद] *वि°* भयानक आवाज़ करनेवाला। *पु°* १. भयंकर आवाज़। २. प्रलयकालीन सात मेघों में से एक का नाम।

भीमपराक्रम—[स° भीम ~ पराक्रम] *वि°* भयंकर पराक्रम वाला।

भीमराज—[< स° भृङ्गराज] *पु°* एक चमकीली काली पालतू चिड़िया जिसके कलग़ी होती है। भृंगराज।

भीमरूप—[स° भीम ~ रूप] *वि°* भयानक आकृति वाला। डरावनी शक्ल का।

भीमसेनी—[< स° भीमसेन] *वि°* भीमसेन-सम्बन्धी। भीमसेन का। **जैसे**—भीमसेनी गदा।

भीमा—[स° भीम + टाप्] *वि° (स्त्री°)* भयदायिनी। भयावनी। डरावनी। *स्त्री°* दुर्गा। महाशक्ति।

***भीर**[1]—[< हि° भीड़] *स्त्री°* १. भीड़। २. संकट। विपत्ति। ३. कष्ट। दुःख। ४. चोट।

भीर[2]—[< स° भीरु] *वि°* भीरु। कायर। डरपोक।

***भीरना**—[< हि° भीर < स° भीरु] *क्रिअ°* भयभीत होना। डरना।

***भीरी**—[< हि° भीर (भीड़)] *वि°* एकत्र। इकट्ठी। *स्त्री°* (अनाज आदि की) राशि/ढेर।

भीरु—[स° √भी + क्रु] *वि°* १. कायर। डरपोक। २. भयभीत।

भीरुता—[स° भीरु + तल् + टाप्] *स्त्री°* १. कायरता। २. भय। ✣ ***भीरुताई**—*स्त्री°* = भीरुता।

***भीरे**—[< हि° भिड़ना] *क्रिवि°* समीप। पास।

भील—[स° भिल्ल] *पु°* १. राजस्थान आदि की एक वनवासी जाति। २. उक्त जाति का पुरुष। ✣ **भीलनी**—*स्त्री°* = भील जाति की स्त्री। ✣ **भील-भूषण**—*पु°* = गुंजा। घुँघची।

भीली—[< हि° भील] *वि°* १. भील-सम्बन्धी। भीलों का। २. भीलों में होनेवाला। *स्त्री°* १. भीलों की बोली।

भीषण—[स° √भी + णिच्, षुक्, + ल्यु] *वि°* १. भयानक। भयंकर। डरावना। ***जैसे***—भीषण राक्षस। २. उग्र और दुष्ट (व्यक्ति आदि)। ***जैसे***—भीषण स्वभाव। ३. बहुत बुरा। विकट। ***जैसे***—भीषण भूकम्प; भीषण हत्याकांड। ✣ **भीषणता**—*स्त्री°* = १. भीषण होने की अवस्था/भाव। २. भयंकरता। ३. उग्रता और दुष्टता। ४. विकटता।

भीष्म—[स° √भी + णिच्, मक्, षुक्] *वि°* भयानक। भीषण। *पु°* द्वापर युग के एक महापुरुष जो भारत-युद्ध में प्रथम कौरव-सेनापति थे। भीष्मपितामह।

भीष्मपञ्चक (भीष्मपंचक)—[स° भीष्म ~ पञ्चक] *स्त्री°* कार्तिक शुक्ल एकादशी से पूर्णिमा तक के पाँच दिन।

भीष्मसू—[स° भीष्म ~ सू] *स्त्री°* (भीष्म को जन्म देने वाली) गंगा।

भीष्माष्टमी—[स° भीष्म ~ अष्टमी] *स्त्री°* भीष्म पितामह को तर्पण आदि करने की अष्टमी (क्योंकि इसी दिन भीष्म पितामह ने शरीर त्यागा था)। माघ शुक्ल अष्टमी।

भीँचना (भींचना)—[< हि° खींचना] *क्रिस°* ज़ोर से या कस कर खींचना। २. ज़ोर से या कसकर दबाना।

***भुअ**[1]—[< स° भू] *स्त्री°* भू। पृथ्वी ज़मीन।

***भुअ**[2]—[< स° भ्रू] *पु°* भ्रू। भौंह।

***भुअङ्ग (भुअंग) *भुअङ्गम (भुअंगम)**—[प्रा° < स° भुजङ्ग/भुंजङ्म] *पु°* सर्प। साँप।

†भुआ—[देशज] *पु°* १. काँस/मूँज/सरकंडा आदि का फूल। घूआ। २. एक प्रकार का कीड़ा जिसे छूने से खुजली लगने लगती है। घूआ।

***भुआर/भुआल**—*पु°* ≤ स° भूपाल। राजा। (छन्द°) एक समवर्णिक छन्द जिसके प्रत्येक चरण में क्रमशः जगण और २ यगण (ज य य) के योग से ९ वर्ण होते हैं।

***भुइयाँ**—[< *हि°* भुई < स° भूमि] *स्त्री°* भूमि। ज़मीन।

***भुई**[1]—[< स° भूमि] *स्त्री°* भूमि। पृथ्वी। ज़मीन।

***भुई**[2]—[< स° भूति] *स्त्री°* भस्म। राख।

***भुइँ/भुँइ**—[< स° भूमि] *स्त्री°* भूमि। पृथ्वी। ज़मीन। ✣ **भुइँ आँवला**—*पु°* = एक प्रकार की घास जो औषधोपयोगी है। ✣ **भुइँचाल**—*पु°* = भूचाल। भूकम्प। ✣ **भुइँपाल**—*पु°* = भूपाल। राजा। ✣ **भुइँफोड़**—*पु°* = एक बरसाती खुम्भी। एक प्रकार का कुकुरमुत्ता जो वर्षा ऋतु में दीमकों की बाँबी के पास निकल आता है। ✣ **भुइँहरा**—*पु°* = भूमि के नीचे बना कमरा। भूमिगृह। तहख़ाना।

***भुक**—[< सं॰ भुज्] *पु॰* १. आहार। भोजन। २. अग्नि।

भुकड़ी—[देशज] *स्त्री॰* फफूँदी।

भुकरायँध/भुकराँद—[< हिं॰ भुकड़ी + गन्ध] *स्त्री॰* किसी वस्तु पर लगी फफूँदी की गन्ध। किसी वस्तु के सड़ना आरम्भ होने की भभक।

भुक्त—[सं॰ √भुज् + क्त] *वि॰* १. जो खाया गया हो। खाया हुआ। भक्षित। २. जिसका भोग किया गया हो। उपयोग में लाया हुआ। ३. जिसका अनुभव किया जा चुका हो। अनुभूत। ४. भोग के लिए रखा हुआ। ५. (हुंडी, चेक आदि) जिसे भुना लिया गया हो।

भुक्तभोगी—[< सं॰ भुक्तभोगिन्] *वि॰* जो किसी काम का परिणाम भुगत चुका हो।

भुक्ति—[सं॰ √भुज् + क्तिन्] *स्त्री॰* १. भोजन। आहार। २. भोग। उपभोग। ३. विषय का उपभोग। विषयोपभोग। ४. किसी वस्तु पर अधिकार रखकर उसका उपयोग करने की स्थिति। क़ब्ज़ा। दख़ल।

भुक्तिप्रद—[सं॰ भुक्ति ~ प्रद] *वि॰* भोग देनेवाला। भोगदाता। सुख-सुविधा देनेवाला। ✣ **भुक्तिप्रदा**—*वि॰ (स्त्री॰)* = भोग देनेवाली। भोगदायिनी।

भुक्तिवर्जित—[सं॰ भुक्ति ~ वर्जित] *वि॰* जिसका उपयोग निषिद्ध/वर्जित हो।

भुक्तोच्छिष्ट—[सं॰ भुक्त ~ उच्छिष्ट] *वि॰* किसी के खाने-पीने के बाद बचा हुआ। उच्छिष्ट। जूठा। *पु॰* उच्छिष्ट भोजन/पेय/जूठन।

भुक्तोज्झित—[सं॰ भुक्त ~ उज्झित] *वि॰, पु॰* भुक्तोच्छिष्ट। ✣ **भुक्तोज्झिता**—*वि॰ (स्त्री॰)* = स्त्री॰।

***भुगति**—[< सं॰ भुक्ति] *स्त्री॰* १. भुक्ति। भोग। उपभोग। २. सुख-भोग। विषय-भोग। ३. खाने-पीने की वस्तुएँ।

***भुगुति**—[< सं॰ भुक्ति] *स्त्री॰* १. भुक्ति। भोग। उपभोग। २. भिक्षा। ३. भोजन।

†भुग्गा—[प्रा॰< सं॰ भुग्न] *वि॰* १. भग्न। टूटा हुआ। २. जला हुआ या भूना हुआ। *पु॰* तिल आदि को कूटकर और चीनी/बूरा मिलाकर तैयार किया जाने वाला एक स्वादिष्ट व्यंजन। तिलभुग्गा।

†भुच्च—[देशज] *वि॰* अति मूर्ख। निरा मूर्ख। *पु॰* गँवार। *स्त्री॰* अति मूर्खता।

भुज—[सं॰ √भुज् + क] *पु॰* १. भुजा। बाहु। बाँह। २. हाथ। ***वा॰* भुज-भर भेंटना**—उत्साह के साथ गले मिलना। आलिंगन करना।

भुजग—[सं॰ भुज √गम् + ड] *पु॰* = सर्प। साँप। ✣ **भुजगपति/भुजगराज**—*पु॰* नागों/सर्पों का राजा। शेषनाग या वासुकि।

भुजगान्तक (भुजगांतक), भुजगाशन—[सं॰ भुजग ~ अन्तक/अशन] *वि॰* नागों/सर्पों को खानेवाला। *पु॰* गरुड़, मोर या नेवला।

भुजगेन्द्र (भुजगेंद्र)/भुजगेश—[सं॰ भुजग ~ इन्द्र/ईश] *पु॰* नागों/सर्पों का राजा। शेषनाग या वासुकि।

भुजङ्ग (भुजंग)—[सं॰ भुज √गम् + खच्] *पु॰* १. नाग या सर्प। २. उपपति। जार। ३. पति। ४. (राजा का) विदूषक। ५. आश्लेषा नक्षत्र। ६. सीसा। ७. पद्य आदि में आठ की संख्या (८)। *वि॰* कामुक। लम्पट।

भुजङ्गभोजी (भुजंगभोजी)—[सं॰ भुजङ्गभोजिन्] *वि॰* नागों/सर्पों को खानेवाला। *पु॰* गरुड़, मोर या नेवला।

भुजङ्गम (भुजंगम)—[सं॰ भुज √गम् + खच्, मुम्] *पु॰* १. सर्प। साँप। २. राहु। ३. आश्लेषा नक्षत्र। ४. सीसा। ५. (पद्य आदि में) आठ की संख्या (८)।

भुजङ्गविजृम्भित (भुजंगविजृंभित)—[सं॰ भुजङ्ग ~ विजृम्भित] *पु॰* सर्प का आलस्य या उसकी चेष्टा। (छन्द॰) २६ वर्णों का एक समवर्णिक छन्द जिसके प्रत्येक चरण में क्रमशः २ मगण, तगण, ३ नगण, रगण, सगण, लघु-गुरु (म म त न न न र स ल ग) के योग से २६ वर्ण होते हैं, ८-११-७ पर यति होती है।

भुजङ्गशत्रु (भुजंगशत्रु)—[सं॰ भुजङ्ग ~ शत्रु] *पु॰* नागों/सर्पों का शत्रु। गरुड़, मोर या नेवला।

भुजङ्गसङ्गता (भुजंगसंगता)—[सं॰ भुजङ्ग ~ सङ्गता] *स्त्री॰* (छन्द॰) एक समवर्णिक छन्द जिसके प्रत्येक चरण में क्रमशः सगण, जगण और रगण (स ज र) के योग से ९ वर्ण होते हैं।

भुजङ्गा (भुजंगा)—[< सं॰ भुजङ्ग] *पु॰* लगभग बुलबुल के आकार का एक पक्षी जो दुबला-पतला, फुर्तीला निर्भीक और काला होता है और जिसकी लम्बी दुम बीच से काफ़ी फटी हुई होती है।

भुजङ्गी (भुजंगी)—[सं॰ भुजङ्ग + ङीष्] *स्त्री॰* नागिन। साँपिन। (छन्द॰) एक समवर्णिक छन्द जिसके प्रत्येक चरण में क्रमशः ३ यगण और लघु-गुरु (य य य ल ग) के योग से ११ वर्ण होते हैं।

भुजदण्ड (भुजदंड)—[सं॰ भुज ~ दण्ड] *पु॰* १. पुष्ट बाहु। बाहुदंड। २. लम्बी भुजा।

भुजपाश—[सं॰ भुज ~ पाश] *पु॰* गले में पड़ी भुजाओं का पाश। बाहुपाश। गलबाँही।

भुजबन्ध/भुजबन्धन (भुजबंध/भुजबंधन)—[सं॰ भुज ~ बन्ध/बन्धन] *पु॰* (किसी को) भुजाओं में भर लेने की क्रिया/भाव। (किसी को) बाँहों में भर लेना। आलिंगन।

भुजबल—[सं॰ भुज ~ बल] *पु॰* १. भुजाओं/बाँहों की शक्ति। २. शारीरिक शक्ति।

भुजमूल—[सं॰ भुज ~ मूल] *पु॰* भुजा का आरम्भ-स्थान। कन्धा।

भुजलता/भुजवल्ली—[सं॰ भुज ~ लता/वल्ली] *स्त्री॰* लता के समान कोमल और सुन्दर बाँह।

भुजरी—[देशज] *स्त्री॰* १. नागपंचमी, हरियाली तीज आदि धार्मिक अवसरों पर स्त्रियों द्वारा टोकरी में रखकर नदी आदि में समारोह के साथ प्रवाहित की जाने वाली गेहूँ की बालें। २. उक्त गेहूँ की बालों को प्रवहित करने ले जाते समय गाए जाने वाले विशेष प्रकार के लोकगीत।

भुजा—[सं॰ भुज + टाप्] *स्त्री.* १. बाहु। बाँह। २. हाथ। (गणित॰) त्रिभुज, चतुर्भुज या बहुभुज के दो क्रमागत शीर्षों को मिलानेवाली सरल रेखा। (अं॰ साइड)। ***वा॰* भुजा उठाकर कहना, भुजा टेककर कहना**—१. घोषणा के रूप में कहना। २. प्रतिज्ञा करना। **भुजाओं में बाँध लेना**—आलिंगन करना।

भुजाग्र—[सं॰ भुजा ~ उग्र] *पु॰* हाथ।

भुजा-मध्य—[सं॰] *पु॰* कोहनी।

भुजान्तर (भुजांतर)—[सं॰ भुज ~ अन्तर] *पु॰* १. दोनों भुजाओं के बीच का स्थान। गोद। २. वक्ष। छाती। ३. दोनों भुजाओं के बीच की दूरी।

भुजाली—[< सं॰ भुजा] *स्त्री॰* एक प्रकार का छोटा शस्त्र जो सिरे पर घुमावदार होता है।

भुजिया—[< हिं॰ भूँजना] *वि॰* जो भूनकर तैयार किया गया हो। *स्त्री॰* १. उबाले हुऐ धान का चावल। २. वह सब्ज़ी जो बिना पानी का प्रयोग किए भूनकर तैयार की गयी हो।

†भुज़ौना—[< हिं॰ भूँजना] *पु॰* १. भूना हुआ अन्न। २. वह अन्न या धन जो अन्न भूनने के बदले में दिया जाए।

भुट्टा—[< सं॰ भृष्ट] *पु॰* १. मक्के की हरी बाल जिसे भूनकर खाते हैं। २. ज्वार या बाजरे की हरी बाल। ***वा॰* भुट्टे-सा उड़ना**—(तलवार आदि के) एक झटके से ही कटकर अलग हो जाना या दूर जा गिरना।

†भुण्डा (भुंडा)—[सं॰ 'रुण्ड' का अनु॰] *वि॰* १. बिना सींग का पशु। २. दुष्ट (व्यक्ति)। ३. भोंडा। भद्दा।

भुनगा—[अनु॰] *पु॰* १. एक प्रकार का छोटा और उड़नेवाला कीट जो प्रायः फूलों और फलों में रहता है। २. बहुत छोटा पतंगा। ३. (लाक्षणिक) तुच्छ प्राणी।

***भुबि**—*स्त्री॰ < सं॰* भुवि। भूमि। ज़मीन।

भुरकना[1]—[< सं॰ भुरण] *क्रिअ॰* सूखकर भुरभुरा हो जाना।

***भुरकना[2]**—*क्रिस॰ ≤ हिं॰* बुरकना। छिड़कना।

भुरकस/भुरकुस—[देशज] *पु॰* बुरी तरह टूटा/कुचला/मसला हुआ रूप। *वि॰* जिसका चूर्ण कर दिया गया हो या जिसके छोटे-छोटे टुकड़े कर दिए गए हों। ***जैसे***—भुरकस प्याली। ***वा॰* भुरकस/भुरकुस निकलना**—१. चूर-चूर होना। २. बहुत पिटाई होना। ३. नष्ट होना।

भुरका—[< हिं॰ भुरकना] *पु॰* १. भुरकने की अवस्था/क्रिया/भाव। २. चूर्ण। बुकनी। ३. अभ्रक का चूर्ण। अबीर। ४. मिट्टी का कसोरा/सकोरा। ५. मिट्टी का कुल्हड़।

भुरकाना—[< हिं॰ भुरकना] *क्रिस॰* १. किसी वस्तु को इतना सुखाना कि वह भुरभुरी हो जाए। २. छिड़कना। बुरकना। ३. भुलावा देना। बहकाना।

***भुरवना**—[< हिं॰ भुलवाना] *क्रिस॰* १. किसी को भुलावे में डालना। भ्रमित करना। २. प्रलोभन देना। फुसलाना। बहकाना।

†भुरहरा[1]—[< हिं॰ भोर] *पु॰* उषाकाल। सबेरा। तड़का।

भुरहरा[2]—*वि॰ ≤ हिं॰* भुरभुरा।

†भुरहरे—[< हिं॰ भुरहरा] *क्रिवि॰* उषाकाल में। सबेरे। तड़के।

***भुराई[1]**—[< हिं॰ भोला] *स्त्री॰* सरलता। भोलापन।

भुराई[2]—[< हिं॰ भूरा] *स्त्री॰* भूरापन।

***भुराना**—[< हिं॰ भुलाना/भूलना] *क्रिअ॰* १. (किसी के) भुलावे में आना। धोखे में आना। २. भूलना। *क्रिस॰* (किसी को) भुलावे में डालना। बहकाना।

भुर्जी—[< हिं॰ भूँजना] *पु॰* भाड़ में अनाज भूनने का काम करनेवाला। भड़भूजाँ।

***भुव[1]**—[< सं॰ भू] *स्त्री॰* १. पृथ्वी। २. भूमि। ज़मीन।

***भुव[2]**—[< सं॰ भ्रू] *स्त्री॰* भ्रू। भौंह।

***भुवङ्ग (भुवंग)**—[< सं॰ भुजङ्ग] *पु॰* सर्प। साँप।

***भुवङ्गम (भुवंगम)**—[< सं॰ भुजङ्ग] *पु॰* भुजंग। साँप।

भुवन—[सं॰ √भू + क्युन्] *पु॰* १. जगत्। संसार। २. स्वर्ग आदि चौदह लोकों में से प्रत्येक लोक। ३. (पद्य आदि में) चौदह की संख्या (१४) का सूचक शब्द।

भुवनकोश—[सं॰ भुवन ~ कोश] *पु॰* १. ब्रह्मांड। २. भूमंडल। ३. चौदहों भुवनों का समूह।

भुवनत्रय—[सं॰ भुवन ~ त्रयं] *पु॰* पृथ्वी, स्वर्ग और पाताल का समूह। त्रिलोक।

भुवन-भावन—[सं॰] *पु॰* सब लोकों का रचयिता। परमेश्वर।

भुवनाभिराम—[सं॰ भुवन ~ अभिराम] *पु॰* १. सम्पूर्ण लोकों में सबसे अधिक सुन्दर। २. सभी लोकों में रमण करनेवाला। ३. परमात्मा।

भुवनेश—[सं॰ भुवन ~ ईश] *पु॰* १. सभी लोकों का स्वामी। २. परमात्मा।

भुवनेश्वर—[सं॰ भुवन ~ ईश्वर] *पु॰* १. सभी भुवनों का स्वामी। २. परमात्मा। ३. शिव। महादेव। ४. उड़ीसा प्रदेश का एक नगर। **✣ भुवनेश्वरी**—*स्त्री॰* १. सभी भुवनों की स्वामिनी। २. ब्रह्मशक्ति। महाशक्ति। ३. पार्वती। दुर्गा। ४. दस महाविद्याओं में से एक।

भुवनैकप्रभु—[सं॰ भुवन ~ एक ~ प्रभु] *पु॰* सभी लोकों का एकमात्र स्वामी। परमात्मा।

भुवः—[सं॰ √भ् + असुन्, कित्] *पु॰* १. पृथ्वी और सूर्य के बीच का स्थान। अन्तरिक्ष। २. सात वैदिक महाव्याहृतियों में से द्वितीय।

भुवर्लोक—[सं॰ भुवस् ~ लोक] *पु॰* अन्तरिक्ष। द्युलोक। भुवः।

भुशुण्डि/भुशुण्डी(भुशंडि/भुशुंडी)—[सं॰] *पु॰* 'रामचरितमानस' ग्रन्थ का एक पात्र। काकभुशुंडि। *स्त्री॰* प्राचीन काल का एक अस्त्र।

भुसुण्ड (भुसुंड)—[< सं॰ भुशुण्ड] *पु॰* हाथी की सूँड या हाथी। *वि॰* बहुत मोटा और कुरूप। ***जैसे***—काला भुसुंड लड़का।

†भुसौरा/भुसौला—[< हिं॰ भूसा] *पु॰* (ग्रामों में) घर के पास भूसा रखने का स्थान। **✣ भुसौरी/भुसौली**—*स्त्री॰*।

***भुंइ, भुंई**—[< सं॰ भूमि] *स्त्री॰* भूमि। पृथ्वी। ज़मीन।

भुँइ कोहड़ा—[< सं॰ भूमि ~ कोस्ट्री] *पु॰* बिदारीकन्द या वाराहीकन्द नामक एक औषधोपयोगी कन्द जो लता जाति का है।

भुँइ खेखसा—[< सं॰ भूमि + देशज खेखसा] *पु॰* एक औषधोपयोगी लता या उसका फल।

भुँइधरा—[< सं॰ भूमि + हिं॰ धरना] *पु॰* १. आँवा लगाने का एक ढंग जिसमें बिना गड्ढा खोदे ही भूमि पर आग सुलगाकर बर्तन

पका लेते हैं। २. तहख़ाना। भुँइहरा।

भुँइनास—[< सं० भू-न्यास] पु० १. किसी वस्तु के एक सिरे को भूमि के अन्दर धँसा देना। २. उक्त में भूमि के अन्दर धँसा अंश। ३. किवाड़ों की सिटकनी जो द्वार बन्द करने पर नीचे पत्थर के गड्ढे में बैठ जाती है।

†भुँजौना—[< हिं० भुँजना] पु० १. भुना हुआ अन्न। २. अन्न आदि को भूनने की मज़दूरी।

भू—[सं० √भू + क्विप्] *वि०* [समस्त शब्द के अन्त में](से) उत्पन्न। (से) होनेवाला। *स्त्री०* १. पृथ्वी। २. भूमि। धरती। ज़मीन। ३. (पद्य आदि में) एक की संख्या (१)।

भू-अभिलेख—[सं०] पु० ग्राम, नगर आदि में भू-सम्पत्ति के हक़दारों के विवरण के साथ भूमि की सीमा, माप आदि का सरकारी लेखा-जोखा। (अ० लैन्ड-रेकॉर्ड)

भू-अभिलेखन—[सं०] पु० भू-अभिलेख को तैयार करने का कार्य।

भूआ—[< हिं० घूआ] पु० १. सेमर के वृक्ष से निकलनेवाली रुई जैसी एक वस्तु। २. काँस, मूँज या सरकंडे आदि का फूल।

भू-आँवला—[< सं० भूम्यामलक] पु० एक तरह की घास जो औषधोपयोगी है। भुइँ आँवला।

भू-आकृति विज्ञान—[सं०] पु० भू-पृष्ठ के प्राकृतिक लक्षणों का अध्ययन। भौतिक भूगोल।

भूकम्पलेख—[भूकम्प ~ लेख] पु० भूकम्पलेखी से प्राप्त भूकम्प-सम्बन्धी अंकन।

भूकम्पलेखी (भूकंपलेखी)—[सं० भूकम्प + हिं० लेखी] पु० (भूविज्ञान०) भूकम्प के कम्पनों को अभिलेखनबद्ध करनेवाला यन्त्र। भूकम्पमापी।

भूकालानुक्रम—[सं० भू ~ काल ~ अनुक्रम] पु० (भूविज्ञान०) १. पृथ्वी के इतिहास से सम्बन्धित काल-क्रम। २. उक्त कार्य के लिए प्रयुक्त कालांकन की एक प्रणाली।

भूकेन्द्र (भूकेंद्र)—[सं० भृ ~ केन्द्र] पु० पृथ्वी का केन्द्र।

***भूखन**—[< सं० भूषण] पु० भूषण। अलंकार। गहना।

***भूखना**—[< सं० भूषण] *क्रिस०* भूषित करना। सजाना। *क्रिअ०* भूषित होना। सजना।

भूख-हड़ताल—[हिं०] *स्त्री०* १. वह हड़ताल जिसमें अनशन करना भी सम्मिलित हो। २. (घर आदि में) विरोध प्रकट करने के लिए भोजन का त्याग।

भूगणित—[सं० भू ~ गणित] *स्त्री०* (गणित०) पृथ्वी या विशाल भूखंडों के आकार और क्षेत्रफल से सम्बन्धित गणित।

भूगतिकी—[सं० भू ~ गतिकी] *स्त्री०* भूगतिविज्ञान।

भूगतिविज्ञान—[सं० भू ~ गतिविज्ञान] पु० (भूविज्ञान०) पृथ्वी के भीतर गतिक बलों का वैज्ञानिक अध्ययन। भूगतिकी।

भूगर्भ—[सं० भू ~ गर्भ] पु० पृथ्वी का भीतरी भाग।

भूगर्भगृह—[सं० भू ~ गर्भ ~ गृह] पु० ज़मीन के नीचे का कमरा। तलघर। तहख़ाना।

भूगर्भविद्या (भूगर्भविद्या)/भूगर्भशास्त्र—[सं० भूगर्भ ~ विद्या/शास्त्र] पु० भूविज्ञान।

भूगर्भित—[सं० भूगर्भ + इतच्] *वि०* किसी भवन का वह भाग जो भूमि के नीचे बना हो। अधोभूमिक।

भूचर—[सं० भू √चर + ट] पु० पृथ्वी पर रहने या चलनेवाला प्राणी। पु० स्थलचर प्राणी।

भूचरी—[सं० भूचर + ङीष्] *स्त्री०* (योग०) समाधि की एक मुद्रा।

भू-चित्रावली—[सं०] *स्त्री०* पृथ्वी की मानचित्रावली।

भू-जा—[सं०] *स्त्री०* १. पृथ्वी से उत्पन्न व्यक्ति या वस्तु। भूमिजा। २. सीता।

भूजात—[सं० भू ~ जात] पु० वृक्ष। पेड़।

भूड़—[देशज] *स्त्री०* वह भूमि जिसमें रेत मिली हुई हो। रेतीली भूमि। बलुई भूमि।

भूत—[सं० √भू + क्त] *वि०* १. जो हो चुका हो। २. बीता हुआ। अतीत। ***जैसे***—भूतकाल। ३. जो घटित हो चुका हो। घटित। ४. जो बन चुका हो। बना हुआ। उत्पन्न। ५. (समस्त शब्द के अन्त में) अभिन्न/एकरूप या समान/सदृश। ***जैसे***—मूलभूत; ब्रह्मीभूत। पु० १. कोई वस्तु जिसकी सत्ता हो। जड़/चेतन पदार्थ। २. प्राणी। जीव। ३. सृष्टि के मूल पाँच तत्त्वों में से कोई। पृथ्वी, जल, अग्नि, वायु और आकाश में से प्रत्येक। ४. (पद्य आदि में) पाँच की संख्या (५)। ५. बीता हुआ समय। अतीत काल। भूतकाल। ६. मृत जीव जो न तो स्वर्ग या मोक्ष को प्राप्त कर सका है और न जिसका अभी पुनर्जन्म हुआ है तथा जो कभी-कभी सूक्ष्म शरीर में छायावत् दिखायी पड़ता है और कभी-कभी लोगों को हानि या लाभ आदि भी पहुँचाता है। प्रेत। पिशाच। ***जैसे***—भूत द्वारा पीड़ित लोग। ***वा०* भूत उतरना**—१. पागलपन कम होना। २. क्रोध शान्त होना। **(किसी का) भूत उतारना**—१. अभिमान या अकड़ नष्ट कर देना। २. भूत का आवेश या प्रेत-बाधा दूर करना। **(किसी पर) भूत चढ़ना, भूत सवार होना**—१. भूत का आवेश होना। प्रेत-बाधा होना। २. बहुत क्रुद्ध होना और पागलों जैसा व्यवहार करने लगना। ३. किसी प्रकार की धुन लग जाना। ४. किसी बात का बहुत हठ होना।

भूतकृत्—[सं० भूत ~ कृत्] पु० १. ब्रह्मा। २. शिव। महादेव। ३. परमात्मा।

भूतकालिक कृदन्त—[सं०] पु० (व्या०) हिन्दी की धातु में लिंग-वचन का प्रत्यय जोड़ने से बना पद। ***जैसे***—'चलना' क्रिया की धातु 'चल' से बने 'चला/चली/चले/चलें' पद कृदन्त हैं।

भूतगण—[सं० भूत ~ गण] पु० १. प्राणियों का समूह। २. भूतों/प्रेतों का समूह। प्रेतगण।

भूतग्राम—[सं० भूत ~ ग्राम] पु० १. पृथ्वी आदि पाँच भूतों/तत्त्वों का समूह। शरीर। देह। २. समस्त प्राणियों का समूह। ३. भूत-प्रेतों का समूह।

भूतघ्न—[सं० भूत + घ्न] *वि०* भूतों को नष्ट करनेवाला।

भूतचतुर्दशी—[सं॰ भूत ~ चतुर्दशी] *स्त्री॰* कार्तिक कृष्ण चतुर्दशी। नरकचौदस।

भूतजनित—[सं॰ भूत ~ जनित] *पुं॰* भूत-प्रेत आदि से उत्पन्न।

भूत-दया—[सं॰] *स्त्री॰* सभी प्राणियों के प्रति दया का भाव।

भूतधात्री/भूतधारिणी—[सं॰ भूत ~ धात्री/धारिणी] *स्त्री॰* (जड़-चेतन को बनाने और उनको पालनेवाली या धारण करने वाली) पृथ्वी। धरती।

भूत-नाथ—[सं॰] *पुं॰* शिव। महादेव।

भूतनाशन—[सं॰ भूत ~ नाशन] *वि॰* भूत-प्रेतों को नष्ट करनेवाला। *पुं॰* रुद्राक्ष।

भूत-निचय—[सं॰] *पुं॰* १. पंचभूत का समूह। २. देह। शरीर।

भूत-पति—[सं॰] *पुं॰* १. भूत-प्रेतों का स्वामी। २. शिव। महादेव। ३. भूतों/प्राणियों का स्वामी। परमात्मा।

भूत-पूर्णिमा—[सं॰] *स्त्री॰* आश्विन पूर्णिमा।

भूत-बलि—[सं॰] *स्त्री॰* भूतयज्ञ।

भूत-भर्ता—[सं॰] *पुं॰* १. भूत-प्रेतों का भरण-पोषण करनेवाला। शिव। महादेव। २. भूतों/प्राणियों का भरण-पोषण करनेवाला। परमात्मा।

भूतभव्यभवत्—[सं॰ भूत ~ भव्य ~ भवत्] *पुं॰* भूत, भविष्य और वर्तमान। त्रिकाल। ***जैसे***—परमात्मा ही भूतभव्यभवत् का प्रभु है।

भूतभावन—[सं॰ भूत ~ भावन] *पुं॰* १. प्राणियों की उत्पत्ति/वृद्धि करनेवाला। २. ब्रह्मा, शिव या विष्णु। ३. परमात्मा।

भूतभृत्—[सं॰ भूत ~ भृत्] *वि॰* प्राणियों का पालन-पोषण करनेवाला।

भूत-माता—[सं॰] *स्त्री॰* १. प्राणियों की माता/जननी। २. पार्वती। दुर्गा।

भूतयज्ञ—[सं॰ भूत ~ यज्ञ] *पुं॰* गृहस्थों के ५ महायज्ञों में से एक। भूत-बलि।

भूतयोनि—[सं॰ भूत ~ योनि] *स्त्री॰* १. प्रेतयोनि। २. समस्त प्राणियों का उत्पत्तिस्थान। *पुं॰* परमात्मा। परमेश्वर।

भूतराज—[सं॰ भूत ~ राज] *पुं॰* शिव। महादेव।

भूतलक्षी—[सं॰ भूत ~ लक्षी] *वि॰* (विधि॰) किसी पिछली तिथि से लागू होनेवाला। (अं॰ रेट्रस्पेक्टिव)

भूतवाद—[सं॰ भूत ~ वाद] *पुं॰* पंचभूतों को ही सृष्टि का कर्ता मानने का एक प्राचीन दार्शनिक मत।

भूतवादी—[सं॰ भूत ~ वादी (वादिन्)] *वि॰* भूतवाद-सम्बन्धी। भूतवाद का। *पुं॰* भूतवाद का अनुयायी/समर्थक।

भूत-विद्या (विद्या)—[सं॰] *स्त्री॰* आयुर्वेदशास्त्र के आठ विभागों में से एक जिसमें भूत, यक्ष, पिशाच आदि के प्रभाव से उत्पन्न रोगों की चिकित्सा वर्णित है।

भूत-विनायक—[सं॰] *पुं॰* जड़-चेतन का स्वामी। शिव। महादेव।

भूत-शुद्‌ध (शुद्धि)—[सं॰] स्त्री॰ (तंत्र॰) पूजन से पहले मन्त्रों आदि के द्वारा की जाने वाली शरीर या उसके निर्माताा पंचभूतों की शुद्धि।

भूत-सर्ग—[सं॰] *पुं॰* संसार की उत्पत्ति। सृष्टि।

भूत-हत्या—[सं॰] *स्त्री॰* प्राणियों का वध/नाश। जीव-हत्या।

भूताङ्गना (भूतांगना)—[सं॰ भूत ~ अङ्गना] *स्त्री॰* नारी। स्त्री।

भूताधिपति—[सं॰ भूत ~ अधिपति] *पुं॰* १. भूतों का स्वामी। २. शिव। महादेव।

भूतात्मा—[सं॰ भूत ~ आत्मा (आत्मन्)] *पुं॰* १. विश्व के सब प्राणियों की आत्मा। परमात्मा। २. जीवात्मा।

भूतान्तक (भूतांतक)—[सं॰ भूत ~ अन्तक] *वि॰* भूतों/प्राणियों को नष्ट करनेवाला। *पुं॰* १. यम। रुद्र।

भूतापीय—[सं॰ भूताप + छ] *वि॰* (भूविज्ञान) भूगर्भ की ऊष्मा से सम्बन्धित।

भूतार्त—[सं॰ भूत ~ आर्त] *वि॰* भूत-प्रेत की बाधा से पीड़ित।

भूतावास—[सं॰ भूत ~ आवास] *पुं॰* १. (पंचभूत से बना हुआ) शरीर। देह। २. संसार। ३. परमात्मा।

भूतावेश—[सं॰ भूत ~ आवेश] *पुं॰* भूत-बाधा। प्रेत-बाधा।

भूति—[सं॰ √भू + क्तिन्] *स्त्री॰* १. होने का भाव। अस्तित्व। २. उत्पत्ति। जन्म। ३. वैभव। धन-सम्पत्ति। ऐश्वर्य। विभूति। ४. सौभाग्य। ५. तप आदि से प्राप्त दिव्य शक्ति। ६. गौरव। महिमा। ७. भस्म। राख। भभूत। ८. अधिकता।

भूतिकाम—[सं॰ भूति ~ काम] *वि॰* वैभव का इच्छुक। ऐश्वर्यकामी।

भूतिभूषण—[सं॰ भूति ~ भूषण] *पुं॰* शिव। महादेव।

भूतिमय—[सं॰ भूति + मयट्] *वि॰* ऐश्वर्यवाला। ऐश्वर्ययुक्त।

भूतेल—[सं॰ भू + हिं॰ तेल] *पुं॰* भूगर्भ से प्राप्त होने वाला एक अति ज्वलनशील तेल जिसके शोधन से पेट्रोल, मिट्टी का तेल आदि प्राप्त होते हैं।

भूतेश/भूतेश्वर—[सं॰ भूत ~ ईश/ईश्वर] *पुं॰* १. शिव। महादेव। २. परमात्मा।

भूतैथिकी—[सं॰ भू ~ तैथिकी] *स्त्री॰* भूगर्भवैज्ञानिक काल को मापने का विज्ञान। (अं॰ ज्योक्रॉनोलाजी)

भूदान—[सं॰ भू ~ दान] *पुं॰* भूमि का दान। दान में ज़मीन देना।

भूदृश्य—[सं॰ भू ~ दृश्य] *पुं॰* १. एक ही दृष्टि में दिखाई पड़नेवाला भूखंड। २. उक्त भूखंड का चित्र तथा शब्दों में चित्रोपम वर्णन।

भू-देव—[सं॰] *पुं॰* ब्राह्मण।

भूधर—[सं॰ भू ~ धर] *पुं॰* १. पृथ्वी को धारण करनेवाला। पृथ्वी का आधार। २. पर्वत। पहाड़। ३. (पृथ्वी का पालक) राजा। ४. शेषनाग। ५. विष्णु।

भूधरण—[सं॰ भू ~ धरण] *पुं॰* पर्वत।

भूधरसुता—[सं॰ भूधर ~ सुता] *स्त्री॰* १. पर्वत-पुत्री। २. पार्वती।

भूधराकार—[सं॰ भूधर ~ आकार] *वि॰* १. पहाड़ जैसे आकार वाला। पर्वताकार। २. विशाल।

भूधराधिप/भूधरेश/भूधरेश्वर—[सं॰ भूधर ~ अधिप/ईश/ईश्वर] *पुं॰* पर्वतों का राजा। पर्वतराज। हिमालय।

भू-धारक—[सं॰ भू ~ धारक] भूमि को पट्टे पर लेनेवाला। पट्टेदार। (अं॰ लैन्डहोल्डर)

भू-धृति—[सं॰] *स्त्री॰* (विधि॰) किसी व्यक्ति का कुछ धन देकर किसी अन्य की भूमि को किसी अवधि के लिए अधिकार में करना और उसके उपभोग से लाभ उठाना। पट्टेदारी।

भूनाथ—[सं॰ भू ~ नाथ] *पु॰* १. पृथ्वी का स्वामी। २. राजा। ३. परमात्मा।

भूनन्दिनी (भूनंदिनी)—[सं॰ भू ~ नन्दिनी] *स्त्री॰* १. भूमि की पुत्री। भूमिजा। २. सीता। जानकी।

भूप—[सं॰ भू √पा + क] *पु॰* पृथ्वी। भूपति। राजा।

भूपटल—[सं॰ भू ~ पटल] *पु॰* (भूविज्ञान॰) धरती की ऊपरी परत।

भूपता—[सं॰ भूप + तल् + टाप्] *स्त्री॰* १. राजा होने की अवस्था/भाव। नृपता। भूपतित्व। २. राजा का पद।

भूपति—[सं॰ भू ~ पति] *पु॰* १. पृथ्वीपति। राजा। २. परमात्मा।

भू-पतित—[सं॰] वि॰ पृथ्वी पर गिरा हुआ या पड़ा हुआ।

भूपतिमणि—[< सं॰ भूपति ~ मणि] *वि॰, पु॰* राजाओं में श्रेष्ठ। श्रेष्ठ राजा। नृपश्रेष्ठ।

भूपवर—[सं॰ भूप ~ वर] *वि॰, पु॰* राजाओं में श्रेष्ठ। श्रेष्ठ राजा। नृपश्रेष्ठ।

भूपाल—[सं॰ भू ~ पाल] *पु॰* राजा। ✣ **भूपाली**—*स्त्री॰* = (संगीत॰) एक रागिनी जिसे गाने का समय शास्त्रीय दृष्टि से वर्षा ऋतु में रात्रि का पहला पहर है।

भूबद्ध (भूबद्ध)—[सं॰ भू ~ बद्ध] *वि॰* चारों ओर स्थल से घिरा हुआ। ***जैसे***—नेपाल भूबद्ध देश है।

भू-भर्ता—[सं॰] *पु॰* भूपाल। राजा।

भूभल—[देशज] *स्त्री॰* १. गरम रेत या धूल। २. गरम राख।

भूभाग—[सं॰ भू ~ भाग] *पु॰* ज़मीन का टुकड़ा। भूखंड। प्रदेश।

भू-भार—[सं॰] *पु॰* धरती पर होनेवाले पापों को धरती पर बोझ।

भूभुर—[देशज] *पु॰* गरम राख या गरम बालू।

भूभृत्—[सं॰ भू ~ भृत] *पु॰* १. पर्वत। पहाड़। २. राजा। ३. (पद्य आदि में) सात की संख्या।

भूभौतिकी—[सं॰ भू + हि॰ भौतिकी] *स्त्री॰* भौतिकी की वह शाखा जिसमें पृथ्वी के गुणों, गतियों, आयु इत्यादि, तथा पृथ्वी और उसके पर्यावरण में होनेवाली घटनाओं और उनके सहसम्बन्धों इत्यादि का अध्ययन होता है।

भूमण्डल (भूमंडल)—[सं॰ भू ~ मण्डल] *पु॰* पृथ्वी। धरती।

भूमध्यरेखा—[सं॰ भू ~ मध्य ~ रेखा] *स्त्री॰* वह कल्पित रेखा जो पृथ्वी को दो बराबर भागों में बाँटती है। विषुवत् रेखा।

भूमय—[सं॰ भू + मयट्] *वि॰* १. मिट्टी से बना। २. मिट्टी से उत्पन्न। ३. मिट्टी से युक्त।

भूमा—[सं॰ भूमन्] *वि॰* बहुत अधिक। *पु॰* १. अधिकता। विपुलता। प्रचुरता। विराट्ता। २. धन-सम्पत्ति। ऐश्वर्य। ३. पृथ्वी। (भा॰ दर्शन॰) १. समष्टिरूप परमतत्त्व। ब्रह्म या ब्रह्म-शक्ति। २. परम शिव। *पु॰* ब्रह्म।

भूमानन्द (भूमानंद)—[सं॰ भूमा ~ आनन्द] *पु॰* १. भूमा का आनन्द। २. ब्रह्मानुभूति का आनन्द। परमानन्द।

भूमि—[सं॰ भू + मि, कित्] *स्त्री॰* १. (सौर जगत् का एक ग्रह) पृथ्वी। ज़मीन। २. पृथ्वी का ऊपरी भाग जिस पर पर्वत, नदियाँ, आदि हैं और मनुष्य, पशु आदि रहते हैं। धरती। ज़मीन। ३. उक्त का कोई भाग। भूखंड। ज़मीन। ४. स्थान। जगह। ५. खेती में प्रयुक्त ज़मीन। ६. गोचरभूमि। चरागाह। ७. (किसी वस्तु आदि के स्थित होने के लिए) आधार। ८. भवन की मंज़िल या तल्ला। (योग॰) योग-साधक के चित्त की विविध अवस्थाओं में से प्रत्येक।

भूमिउच्च—[सं॰ भूमि ~ उच्च] *पु॰* (खगोल॰) चन्द्रमा, नक्षत्र या कृत्रिम उपग्रह आदि का वह बिन्दु जो पृथ्वी से अधिकतम दूरी पर हो। (अ॰ ऐपॉजी) ∇ **विलोम**—भूमिनीच।

भूमिका—[सं॰ भूमिक + टाप्] *स्त्री॰* १. भूमि। ज़मीन। २. (भवन का) तल्ला। मंज़िल। ३. किसी आश्रित वस्तु का आधार। ४. (चित्र/दृश्य आदि की) पृष्ठभूमि। ५. भाषण/ग्रन्थ आदि का आरम्भिक भाग। प्रस्तावना। ६. उद्देश्यपूर्ण बातचीत में मुख्य और महत्त्वपूर्ण बातचीत से पहले कही जाने वाली बातें जो उद्देश्य की पूर्ति में सहायक हों। ७. मूर्तियों आदि का शृंगार/सजावट। (नाट्य॰) नाटक में किसी पात्र का चरित्र/अभिनय/कार्य। (योग॰) योग-साधना में चित्त की विविध अवस्थाओं में से प्रत्येक।

भूमिकागत—[सं॰ भूमिका ~ गत] *पु॰* १. नाटक में अभिनय करने के लिए उपयुक्त वेश-भूषा धारण किया हुआ अभिनेता/नट। २. किसी पुस्तक की भूमिका से सम्बन्धित। प्रस्तावना-सम्बन्धी।

भूमिगत—[सं॰ भूमि ~ गत] *वि॰* १. भूमि के नीचे बना हुआ। ***जैसे***—भूमिगत रेल। २. छिपा हुआ। गुप्त। ***जैसे***—भूमिगत आन्दोलन, भूमिगत क्रान्तिकारी। ३. भूमि पर गिरा हुआ।

भूमि-गृह—[सं॰] *पु॰* १. तहख़ाना। २. ज़मीन के नीचे बना हुआ मकान।

भूमिज—[सं॰ भूमि ~ ज] *वि॰* १. पृथ्वी से उत्पन्न। २. पृथ्वी से उत्पन्न होनेवाला पदार्थ आदि। *पु॰* १. मंगल (ग्रह)। २. मनुष्य।

भूमि-जल—[सं॰] *पु॰* ज़मीन के नीचे बहनेवाला पानी।

भूमिजा—[सं॰ भूमि ~ जा] *वि॰ (स्त्री॰)* भूमि से उत्पन्न। ***जैसे***—भूमिजा दूर्वा। *स्त्री॰* १. पृथ्वी की पुत्री। २. सीता। जानकी। ✣ **भूमिजा-रमण**—*पु॰* सीता-पति। राम।

भूमिजात—[सं॰ भूमि ~ जात] *वि॰* जो भूमि से उत्पन्न हुआ हो। भूमिज। *पु॰* वृक्ष। पेड़।

भूमिजीवी—[सं॰ भूमिजीविन्] *पु॰* १. वह व्यक्ति जिसकी जीविका का आधार भूमि हो। २. कृषक। किसान।

भूमिति—[सं॰ भू ~ मिति] *स्त्री॰* १. ज़मीन के मापन/नापने की क्रिया। २. किसी देश/प्रदेश/भूखंड आदि का मानचित्र बनाने के लिए की जाने वाली माप/नाप।

भूमिदेव—[सं॰ भूमि ~ देव] *पु॰* १. ब्राह्मण। २. राजा।

भूमिधर—[सं॰ भूमि + धर] *पु॰* १. कृषक। किसान। २. पर्वत। पहाड़। ३. शेषनाग।

भूमिनीच—[सं॰ भूमि ~ नीच] *पु॰* (खगोल॰) चन्द्रमा, नक्षत्र या कृत्रिम उपग्रह की कक्षा का वह बिन्दु जो पृथ्वी से निकटतम हो। (अं॰ पेरिजी) ∇ **विलोम**—भूमिउच्च।

भूमि-पट्टा—[सं॰ भूमि + हिं॰ पट्टा] *पु॰* किसी व्यक्ति को धन देकर, उसकी ज़मीन को कुछ अवधि के लिए अपने अधिकार में करने और उसके द्वारा लाभ कमाने का पट्टा।

भूमिपति—[सं॰ भूमि ~ पति] *पु॰* १. ज़मीन का स्वामी। २. राजा। भूपति।

भूमि-पुत्र—[सं॰] *पु॰* १. भूमि का पुत्र। पृथ्वी-पुत्र। २. मनुष्य। ३. कृषक। किसान। ४. मंगल (ग्रह)।

भूमि-पुत्री—[सं॰] *स्त्री॰* १. पृथ्वी की पुत्री। भू-सुता। २. स्त्री। नारी। ३. सीता। जानकी।

भूमिया—[< हिं॰ भूमि] *पु॰* १. भूमि का मूल अधिकारी और स्वामी। २. ग्राम-देवता।

भूमि-लिप्सा—[सं॰] *स्त्री॰* १. ज़मीन पाने की लिप्सा/हवस। २. किसी की ज़मीन हड़पने का तीव्र लोभ। ज़मीन हड़पने की हवस।

भूमिसात्—[सं॰ भूमि ~ सात्] *वि॰* जो गिरकर ज़मीन से मिल गया हो।

भूमि-सुता—[सं॰] *स्त्री॰* भूमि-पुत्री। (दे॰) (छन्द॰) एक समवर्णिक छन्द जिसके प्रत्येक चरण में क्रमशः ३ मगण और सगण (म म म स) के योग से १२ वर्ण होते हैं तथा ८-४ पर यति होती है।

भूमिसुर—[सं॰ भूमि ~ सुर] *पु॰* (पृथ्वी का देवता) ब्राह्मण।

भूमिहार—[< सं॰ भूमि] *पु॰* उत्तर प्रदेश और बिहार में बसी और प्रायः खेती-बाड़ी से जीविका निर्वाह करनेवाली एक ब्राह्मण-उपजाति।

भूयः—[सं॰ भू √यस् + क्विप्, तथा सं॰ बहु + ईयसुन्, ई-लोप, भू-आदेश] *क्रिवि॰* १. पुनः। फिर। २. और अधिक। *वि॰* अधिक।

भूयसी—[सं॰ भूयस् + ङीष्] *वि॰ (स्त्री॰)* १. बहुत अधिक। २. तीव्र। उत्कट। *क्रिवि॰* बार-बार।

भूयोभूयः—[सं॰ भूयस् ~ भूयः] *क्रिवि॰* पुनः पुनः। फिर-फिर। बार-बार।

भूर्/भूः—[सं॰ √भू + रुक्] *पु॰* १. भूलोक। पृथ्वी लोक। २. (गायत्रीमन्त्र की) तीन व्याहृतियों में से प्रथम।

भूरज—[सं॰ भू ~ रज (रजस्)] *पु॰* भूमि की रज। पृथ्वी की धूल। मिट्टी। गर्द।

भूरसायन—[सं॰ भू ~ रसायन] *पु॰* भूविज्ञान की एक शाखा भू-पटल की रासायनिक संरचना तथा उसके रासायनिक परिवर्तनों का अध्ययन।

भूरा—[< सं॰ बभ्रु] *वि॰* मिट्टी के रंग का। मटमैला। ख़ाकी। *पु॰* ख़ाकी रंग। २. कच्ची चीनी। खाँड़। बूरा। ३. एक प्रकार का कबूतर जिसके पेट पर सफ़ेद छींटे होते हैं तथा पीठ काली होती है।

भू-राजस्व—[सं॰] *पु॰* शासन की आय जो भूमि से हो।

भूरि—[सं॰ √भू + क्रिन्] *वि॰* १. बहुत अधिक। प्रचुर। २. बड़ा। *क्रिवि॰* बहुत अधिक मात्रा/परिमाण में। अतिशय। अत्यन्त।

भूरि छरीला—[देशज] *पु॰* नदी इत्यादि के समीप के पर्वतों और वृक्षों पर शीतकाल की बर्फ़ जमते रहने से उत्पन्न काई में निकली छोटी-छोटी पत्तियों का ग्रीष्मकाल में सूख कर उतर जाने वाला रूप जो औषधोपयोगी होता है।

भूरिभाग—[सं॰ भूरि ~ भाग] *वि॰* अति भाग्यशाली। ✣ **भूरिभागिनी**—*वि॰ (स्त्री॰)* = अति भाग्य वाली। अति भाग्यशालिनी। ✣ **भूरिभागी**—*वि॰* = अति भाग्यशाली।

भूरिभोग—[सं॰ भूरि ~ भोग] *वि॰* १. अति भोग वाला। महान् भोगशाली। २. अति विस्तार वाला। २. अति व्यापक। सर्वव्यापक। *पु॰* शिव/महादेव या परमात्मा।

भूरिशः—[सं॰ भूरिशस्] *क्रिवि॰* अत्यधिक।

भूरिश्रवा—[सं॰ भूरिश्रवस्] *वि॰* अति यशस्वी। महाकीर्तिमान्।

भूरिसङ्ख्यक/भूरिसंख्यक—[सं॰ भूरि ~ सङ्ख्यक] *वि॰* बहुसंख्यक।

भूरुह—[सं॰ भू ~ रुह] *पु॰* वृक्ष। पेड़। ✣ **भूरुहा**—*स्त्री॰* = एक घास। दूर्वा। दूब।

भूर्ज—[सं॰ भू √ऊर्ज् + अच्] *पु॰* भोजपत्र का वृक्ष जिसकी छाल पहले काग़ज़ की तरह लिखने के काम आती थी।

भूर्जपत्र—[सं॰ भूर्ज ~ पत्र] *पु॰* १. भोजपत्र। २. भोजपत्र का पेड़।

भूलोक—[सं॰ भू ~ लोक] *पु॰* मर्त्यलोक। पृथ्वी। संसार।

भू-वलय—[सं॰] *पु॰* पृथ्वी की परिधि।

भू-वल्लभ (भू-वल्लभ)—[सं॰] *पु॰* राजा। भूपति।

भूविज्ञान—[सं॰ भू ~ विज्ञान] *पु॰* वह विज्ञान जिसमें पृथ्वी की उत्पत्ति, संरचना तथा उसके संघटन एवं शैलों द्वारा व्यक्त उसके इतिहास का विवेचन किया जाता है।

भूवैज्ञानिक—[सं॰ भू ~ वैज्ञानिक] *वि॰* (भूविज्ञान॰) १. भूविज्ञान से सम्बन्धित। २. भूविज्ञान का। ✣ **भूवैज्ञानिक काल**—*पु॰* = (भूविज्ञान॰) १. भूविज्ञान से सम्बन्धित घटना विशेष के होने का समय या उसकी अवधि। २. किसी जीवाश्म के जीव की विद्यमानता का समय।

भू-शय्या—[सं॰] *स्त्री॰* १. भूमि पर शयन। ज़मीन पर सोना। २. भूमिरूपी शय्या।

भूशायी—[सं॰ भू ~ शायी (शायिन्)] *वि॰* १. धरती पर सोनेवाला। २. जो टूट कर, घायल होकर या मर कर भूमि पर गिर गया हो। ३. मरा हुआ। मृत।

भूषण—[सं॰ √भूष् + ल्युट्] *पु॰* १. अलंकार। गहना। २. शोभावर्धक वस्तु या गुण। ३. शृंगार। सजावट। ✣ **भूषणधारी**—*वि॰* = १. आभूषण धारण करने वाला। जो आभूषण पहने हुए हो।

भूषणीय—[सं॰ √भूष् ~ अनीयर्] *वि॰* अलंकृत किए जाने के योग्य। सजाए जाने के योग्य।

भूषना—[< सं॰ भूषण] *क्रिस॰* भूषित करना। अलंकृत करना।

सजाना। *क्रिअ॰* अलंकृत होना। सजाना।

भूषा—[सं॰ √भूष् + णिच् + टाप्] *स्त्री॰* १. आभूषण। गहना। २. अलंकृत करने की क्रिया/भाव। शृंगार। सजावट।

भूषाचार—[सं॰ भूषा ~ आचार] *पुं॰* १. वस्त्र आदि पहनने की विशिष्ट रीति या ढंग। २. समाज के धनी आदि उच्च वर्ग के लोगों में प्रचलित वेश-भूषा की रीति या ढंग। फ़ैशन (अं॰)।

भूषित—[सं॰ √भूष् + क्त] *वि॰* १. आभूषणों से युक्त। अलंकृत। २. सजा/सजाया हुआ। अलंकृत।

भूष्य—[सं॰ √भूष् + णिच् + यत्] *वि॰* भूषित किए जाने के योग्य। सजाए जाने के योग्य।

भूसम्पत्ति (भूसंपत्ति)—[सं॰ भू ~ सम्पत्ति] *स्त्री॰* भूमि के रूप में होनेवाली सम्पत्ति (खेती आदि)।

भूसर्पण—[सं॰ भू ~ सर्पण] *पुं॰* (भूविज्ञान॰) भूस्खलन।

भू-सुत—[सं॰] *वि॰* जो पृथ्वी से उत्पन्न हुआ हो। *पुं॰* १. पृथ्वी का पुत्र। पृथ्वीपुत्र। २. मंगल (ग्रह)। ३. वृक्ष। पेड़। ४. कृषक। किसान।

भू-सुता—[सं॰] *स्त्री॰* १. पृथ्वी की पुत्री। २. सीता। जानकी। ३. स्त्री। नारी।

भूस्खलन—[सं॰ भू ~ स्खलन] *पुं॰* (भूविज्ञान॰) किसी तेज़ ढाल से शैल-खंडों, मृदाओं या उनके मिश्रणों को सहसा नीचे की ओर चल पड़ना।

भूस्तरी—[सं॰ भू + स्तरी] *स्त्री॰* (कृषि॰) भूमि पर फैलने वाला तना जिसकी पोरियों की गाँठों से जड़ें और प्ररोह निकलते हैं।

***भूहरा**—[< सं॰ भू] *पुं॰* भूमि के नीचे बना मकान। भुइँहरा। तहख़ाना।

***भूँछ**—[< हिं॰ भुच्च] मूर्ख। गँवार।

***भूँजना**—[< सं॰ √भुज्] *क्रिस॰* १. भोगना। २. भक्षण करना। खाना।

भूँजा—[< हिं॰ भूनना] *पुं॰* १. भूना हुआ अन्न। चबेना। २. भड़भूँजा (जाति या व्यक्ति)। भुर्जी। *वि॰* भुना हुआ। ❖ **भूँजी**—*वि॰ (स्त्री॰)* = भुनी हुई। **वा॰ घर में भूँजी भाँग न होना**—अति निर्धन होना।

भूँसना/भूसना—[< प्रा॰ भस < सं॰ √भष्] *क्रिअ॰* भूँकना। भौंकना। **जैसे**—कुत्ते भूँस रहे हैं।

भृकुटि/भृकुटी—[सं॰ भ्रुवः ~ कुटिः, भृकुटि + ङीष्] *स्त्री॰* भ्रू। भौंह।

भृगु—[सं॰ √भ्रस्ज् + कु, सम्प्रसारण, कुत्व] १. पर्वत का खड़ा किनारा। २. बहुत ढालू पहाड़ी। ३. खड़ा ढाल। ४. पर्वत के शिखर की समतल भूमि। ५. शिव। ६. एक प्राचीन ऋषि।

भृगुज—[सं॰ भृगु + ज] *पुं॰* १. भृगु ऋषि का वंशज। भृगुवंशी। २. शुक्राचार्य, जमदग्नि या परशुराम।

भृगुनाथ/भृगुनायक/भृगुपति/भृगुवर—[सं॰ भृगु ~ नाथ/नायक/पति/मुख्य/वर] *वि॰* भृगुवंश में श्रेष्ठ। *पुं॰* शुक्राचार्य, जमदग्नि या परशुराम।

भृगुवार/भृगुवासर—[भृगु ~ वार/वासर] *पुं॰* शुक्रवार।

भृगुसुत—[सं॰ भृगु ~ सुत] *पुं॰* १. शुक्राचार्य। २. शुक्र (ग्रह)।

भृगुपतन/भृगुपात—[सं॰ भृगु ~ पतन/पात] *पुं॰* पहाड़ के किनारे से गिरकर आत्महत्या करना।

भृगुरेखा/भृगुलता—[सं॰ भृगु ~ रेखा/लता] *स्त्री॰* विष्णु की छाती पर भृगु की लात का निशान।

भृङ्ग (भृंग)—[सं॰ √भृ + गन्, कित्, नुट्-आगम] *पुं॰* १. भ्रमर। भौंरा। २. भृंगराज (पौधा)। भँगरा। ३. भृंगराज पक्षी। ४. लम्पट मनुष्य। ५. सुवर्ण का घट/पात्र। ६. एक कीड़ा जो किसी कीड़े को पकड़कर उसे मिट्टी से ढँक देता है और फिर उसपर बैठकर अपनी आवाज़ आदि से कीड़े को अपने समान ही बना लेता है। (छन्द॰) एक समवर्णिक छन्द जिसके प्रत्येक चरण में क्रमशः ६ नगण और गुरु-लघु के योग से २० वर्ण होते हैं तथा ६-६-८ पर यति होती है।

भृङ्गक (भृंगक)—[सं॰ भृङ्ग + कन्] *पुं॰* भृंगराज पक्षी। (दे॰)

भृङ्गराज (भृंगराज)—[सं॰ भृङ्ग ~ राज] *पुं॰* एक चिड़िया जो बहुत मधुर और सुरीली बोली बोलती है और पशु-पक्षियों की ऐसी नक़ल करती है कि धोखा हो जाता है। भीमराज पक्षी। २. 'भँगरा' नामक वनस्पति। ३. 'भृंग' नामक कीड़ा जो किसी भी कीड़े को विशेष विधि से अपने समान ही बना लेता है। ४. बड़ा भौंरा।

भृङ्गार (भृंगार)—[सं॰ भृङ्ग √ऋ + अण्] *पुं॰* १. एक प्रकार की चौड़ी टोंटी वाली सुराही। २. झारी। ३. सुवर्ण। सोना। ४. सुवर्ण का घट या पात्र। ५. राज्याभिषेक में काम आने वाला घट। ६. लौंग।

भृङ्गारिका (भृंगारिका)—[सं॰ भृङ्गार + कन् + टाप्] *स्त्री॰* 'झिल्ली' या 'झींगुर' नामक कीड़ा।

भृङ्गावली (भृंगावली)—[सं॰ भृङ्ग ~ आवली] *स्त्री॰* भौंरों की पंक्ति।

भृङ्गी[1] (भृंगी[1])—[सं॰ भृङ्ग + ङीष्] *स्त्री॰* नारी/मादा 'भृंग' कीड़ा।

भृङ्गी[2] (भृंगी)[2]—[सं॰ भृङ्गिन्] *पुं॰* १. भ्रमर। भौंरा। २. तितली। ३. वट वृक्ष। बरगद का पेड़। ४. शिव/महादेव का एक गण।

भृङ्गीश (भृंगीश)—[सं॰ भृङ्गी ~ ईश] *पुं॰* शिव। महादेव।

भृत—[सं॰ √भृ + क्त] *वि॰* १. भरा हुआ। पूरित। २. पाला हुआ। पोषित। ३. सम्पन्न। *पुं॰* भाड़े का नौकर। भृत्य।

भृतक—[सं॰ भृत + कन्] *पुं॰* (वेतन पर काम करने वाला) नौकर।

भृतकाध्यापक—[सं॰ भृतक ~ अध्यापक] *पुं॰* वेतन पर काम करनेवाला अध्यापक। वैतनिक शिक्षक।

भृति—[सं॰ √भृ + क्तिन्] *स्त्री॰* १. भरने की क्रिया/भाव। २. पालन-पोषण। ३. मज़दूरी। ४. भाड़ा। ५. (वेतनवाली) नौकरी।

भृतिभोगी—[सं॰ भृति ~ भोगी (भोगिन्)] *वि॰* वेतन लेकर काम करनेवाला।

भृत्य—[सं॰ √भृ + क्यप्, तुक्] *पुं॰* सेवक। नौकर। ❖ **भृत्यता**—*स्त्री॰* = भृत्य होने की अवस्था/धर्म/भाव। भृत्यत्व।

भृष्ट—[सं॰ √भ्रस्ज् + क्त] *वि॰* भूना हुआ। अकोरा हुआ। ● **विशेष**—संस्कृत में भड़भूँजा/भुर्जी को 'भृष्टकार' कहा जाता है।

***भे**—[< सं° √भू] *क्रिअ°* हुए।

***भेई**—[< सं° भेदित] *वि° (स्त्री°)* ओत-प्रोत।

***भेउ/भेऊ**—[< सं° भेद] *पु°* भेद। रहस्य। मर्म।

भेक—[√भी + कन्, गुण] *पु°* मंडूक। मेंढक। —तुलसी (मानस°, १/३१/४) ✣ **भेकी**— *स्त्री°* = मेंढकी।

***भेखज**— *पु°* ≤ *सं°* भेषज। औषध।

भेजा[२]—[देशज] *पु°* मस्तिष्क। दिमाग़। मग़ज़।

†**भेड़ना**—[< हिं° भिड़ना] *क्रिस°* १. किसी वस्तु को अन्य वस्तु से सटाकर लगाना। भिड़ाना। २. (द्वार) बन्द करना।

भेड़ा—[< हिं° भेड़] *पु°* नर भेड़। मेष। मेढ़ा।

***भेड़ि**—[< हिं° भिड़ना] *स्त्री°* १. झगड़ा। २. भिड़न्त। टक्कर।

भेड़िया धँसान—[< हिं° भेड़ + धँसान (< हिं° धँसना)] भेड़ों के समान बिना सोचे-समझे किया गया अनुसरण। अन्धानुकरण। भेड़चाल।

भेतव्य—[सं° √भी + तव्यत्] *वि°* १. जिससे भय लगता हो। २. जिससे डरना उचित हो। भय मानने योग्य।

भेत्ता—[सं° भेत्तृ] *वि°* १. भेदन करनेवाला। छेदनेवाला। २. खंड करनेवाला। ३. षड्यन्त्र करनेवाला। ४. भेद खोलनेवाला। ५. दो व्यक्तियों या पक्षों में फूट डालनेवाला। मतभेद उत्पन्न करनेवाला।

भेदक—[सं° √भिद् + ण्वुल्] *वि°* १. भेदन करनेवाला। छेदनेवाला। २. काटकर, चीरकर, तोड़कर या अन्य प्रकार से अलग करनेवाला। ३. बेधनेवाला। वेधक। ४. विदीर्ण करनेवाला। फोड़नेवाला। ५. भीतरी बात या छिपा हुआ तात्पर्य प्रकट करनेवाला। रहस्य प्रकट करनेवाला। ६. विभाजित/अलग करनेवाला। फूट डालनेवाला। ७. नाश करनेवाला। ८. विवेचन करनेवाला। ९. लक्षण बतानेवाला। १०. अन्तर करनेवाला। ११. प्रकार या वर्ग आदि का अन्तर बतानेवाला। १२. दस्त लानेवाला। विरेचक। दस्तावर। *पु°* लिखाई, छपाई आदि में प्रयुक्त वह चिह्न जो किसी वर्ण का उच्चारण बताने के लिए उसके ऊपर/नीचे लगाया जाता है। ***जैसे***—अनेक लिपियों में बिन्दु भेदक होता है। (भाषा°) भाषा/लिपि का कोई ऐसा अभिलक्षण जो व्याकरणिक, आर्थी या स्वनप्रक्रियात्मक इकाइयों का परस्पर व्यतिरेक/अन्तर प्रकट करे। जैसे—'क्' और 'ख्' स्वनिमों का एक भेदक अभिलक्षण महाप्राणत्व है। (अं° डिस्टिंक्टिव)

भेदकातिशयोक्ति—[सं° भेदक ~ अतिशयोक्ति] *स्त्री°* (काव्य°) अतिशयोक्ति अलंकार का एक भेद। उपमेय की उपमान से अभिन्नता होने पर भी भेदक तत्त्व/कारण प्रस्तुत कर देने से, अभेद में भी भेद दिखाने का चमत्कारी वर्णन करने से, होनेवाला अलंकार।

भेदज्ञ—[सं° भेद + ज्ञ] *वि°* १. भेद जाननेवाला। २. रहस्य का ज्ञाता।

भेद-ज्ञान—[सं°] *पु°* भेद का ज्ञान। (वेदान्त°) द्वैतभाव का ज्ञान।

भेदता—[सं° भेद + तल् + टाप्] *स्त्री°* भिन्नता। भेदत्व। ✣ **भेदत्व**— *पु°* = भेदता।

भेदन—[सं° √भिद् + ल्युट्] *पु°* १. भेदने की क्रिया/भाव। छेदना। विदीर्णन। २. भेद लेने की क्रिया/भाव। *वि°* १. भेदने/छेदने/बेधने/तोड़ने/फोड़ने वाला। २. दस्त लानेवाला। रेचक। *पु°* [आयुर्वेद°] (कुटकी आदि) वह पदार्थ जो पेट के कड़े हो गए मल को भेद कर मलद्वार से निकाल देता है। रेचक पदार्थ।

भेददर्शी—[सं° भेद ~ दर्शी (दर्शिन्)] *वि°* (वेदान्त°) जीवात्मा और संसार को ब्रह्म से भिन्न मानने वाला। द्वैतवादी। ∇ **विलोम**—अभेददर्शी।

भेददृष्टि—[सं° भेद ~ दृष्टि] *स्त्री°* भेद देखनेवाली बुद्धि। भेदबुद्धि। (वेदान्त°) द्वैतवादी बुद्धि। ∇ **विलोम**—अभेददृष्टि।

भेदना—[< सं° भेदन] *क्रिस°* १. भेदन करना। छेदना। बेधना। २. किसी के मन का रहस्य जानने के लिए उसे गहरी दृष्टि से देखना।

भेदनीति—[सं° भेद ~ नीति] *स्त्री°* (राज°) १. दूसरों में फूट डालने की नीति। २. भेद-भाव उत्पन्न करने या बढ़ाने की नीति।

भेदभक्ति—[सं° भेद ~ भक्ति] *स्त्री°* ऐसी भक्ति जिसमें ब्रह्मलीनता/मुक्ति का संकल्प नहीं होता अपितु भक्त परमात्मा के लीलादर्शन को परम लक्ष्य मानता है। ✣ ***भेदभगति**— *स्त्री°* = भेदभक्ति।

भेदमाया—[सं° भेद ~ माया] *स्त्री°* जीव में भेद-बुद्धि लानेवाली ब्रह्म की माया।

भेदमूलक—[सं° भेद ~ मूलक] *वि°* १. जिसके मूल में भेद हो। भिन्नतावाला। ***जैसे***—भेदमूलक व्यवहार। २. जो भेद या भिन्नता के मूल में हो। ***जैसे***—अज्ञान भेदमूलक है। ३. भेद उत्पन्न करनेवाला।

भेदवाद—[सं° भेद ~ वाद] *पु°* भेद का सिद्धान्त/ मत। (वेदान्त°) द्वैतवाद। ✣ **भेदवादी**— *वि°* = १. भेदवाद का समर्थक। २. द्वैतवादी।

भेद-विगलित—[सं° भेद ~ विगलित] *वि°* १. नष्ट भेदों वाला। भेदहीन।

भेद-विधि—[सं°] *स्त्री°* १. दो वस्तुओं में अन्तर करने का ढंग। २. (दूसरों में) फूट डालने का उपाय। ३. भेदन की विधि/प्रणाली।

भेदिनी—[सं° √ भिद् + णिनि + ङीप्] *वि° (स्त्री°)* १. भेद-भाव करनेवाली। २. चीर-फाड़ करन वाली। *स्त्री°* (तंत्र°) षट्चक्र भेदने की शक्ति/सिद्धि।

भेदीकरण—[सं° भेद + च्वि √कृ + ल्युट्] *पु°* १. भेदने की क्रिया/भाव। २. भेद-भाव का व्यवहार। ३. भिन्न-भिन्न करना।

भेदय (भेद्य)—[सं° √भिद् + ण्यत्] *वि°* १. जिसे भेदा जा सके। भेदे जाने के योग्य। २. जो भेदा जाने वाला हो। ३. वेध्य।

भेर—[सं° √भी + रन्] *पु°* एक वाद्य। बड़ा ढोल। नगाड़ा।

भेरा—[सं° भेलक] *पु°* नाव। बेड़ा।

भेरि/भेरी—[सं° √भी + क्रिन्, भेरि + ङीप्] *स्त्री°* एक वाद्य। बड़ा ढोल। नगाड़ा। ***जैसे***—युद्ध की भेरी बज रही है।

***भेलना**—[< सं° भेदन] *क्रिस°* १. नष्ट करना। भेदना। २. लूटना।

***भेला[१]**—[देशज] *पु°* १. भेंट। मिलन। मुलाक़ात। २. मुठभेड़। टक्कर। भिड़न्त।

***भेला[२]/भेळा**—[डिंगल] *वि°* १. एकत्र। इकट्ठा। २. सम्मिलित।

शामिल। ३. मिश्रित। ४. व्यवस्थित।

भेली—[< हि॰ भेला] *स्त्री॰* गुड़ आदि की पिंडी।

***भेव**[1]—[< स॰ भेद] १. भेद। प्रकार। २. भेद। रहस्य।

***भेव**[2]—*पु॰* ≤ *स॰* वेश। रूप।

***भेवना**—[< हि॰ भिगोना] *क्रिस॰* १. भिगोना। २. ओत-प्रोत करना।

भेष—[< स॰ वेश] *पु॰* १. वेश-भूषा। पहनावा। २. बनावटी रूप और पहनावा। ३. साधुओं आदि का वह बाह्य रूप और पहनावा जो उनके सम्प्रदाय आदि का सूचक होता हैं।

भेषज—[स॰ भिषज् + अण्] *पु॰* १. औषधि। दवा। २. उपचार। इलाज।

भेषजगुणविज्ञान—[स॰ भेषज ~ गुण ~ विज्ञान] *पु॰* औषधियों की प्रकृति, उनके निर्माण तथा शरीर पर उनके प्रभावों के अध्ययन का विज्ञान। भेषजशास्त्र। (अ॰ फ़ार्मेकोलॉजि)

भेषजागार—[स॰ भेष्ज ~ आगार] *पु॰* १. औषधालय। २. दवाओं की दुकान।

भेषजी—[< स॰ भेषज] *स्त्री॰* औषधियों के निर्माण का शास्त्र। फ़ार्मेसी (अ॰)

भेषना—[< हि॰ भेष] *क्रिस॰* (किसी प्रकार का) कृत्रिम रूप बनाना। भेस बनाना। २. वस्त्र पहनना।

†भेस—[< स॰ वेश] *पु॰* १. वेश-भूषा। २. साधारण पहनावे से प्रकट व्यक्तित्व का प्रकार। ३. कृत्रिम वस्त्र आदि जिनसे वास्तविक रूप छिपाया जा सके।

***भेसज**—[< स॰ भेषज] *पु॰* भेषज। औषधि। दवा।

भैंगा (भेंगा)—[देशज] *वि॰* (वह) जिसके नेत्रों की पुतलियाँ किसी को देखते समय तिरछी दिखायी देती हों।

भैंट (भेंट)—[< अप॰ भेट] *स्त्री॰* १. परिचित/अपरिचित व्यक्ति से होनेवाला मिलन। मुलाक़ात। २. बड़ों को आदरपूर्वक दिया जाने वाला उपहार। सौग़ात। ३. पूज्य व्यक्ति को, या मन्दिर आदि में, श्रद्धा-भक्ति के साथ अर्पित की जाने वाली वस्तु या धन आदि। ४. देवी की स्तुति के रूप में गाए जाने वाले भजन/गीत।

भैंटना (भेंटना)—[< हि॰ भेंट] *क्रिस॰* १. भेंट करना। मुलाक़ात करना। मिलन। २. आलिंगन करना। गले लगाना। (हृदय/वक्ष से) लगाना। ३. बड़ों को आदरपूर्वक भेंट/उपहार देना। ४. पूज्य व्यक्ति को या मन्दिर आदि में भेंट चढ़ाना।

***भैंभर (भेंभर)**—[< स॰ विह्वल] *वि॰* विह्वल। व्याकुल या भयभीत।

भैंवना (भेंवना)—[< हि॰ भेवना] १. भिगोना। २. ओत-प्रोत करना।

***भै**[1]—*पु॰* ≤ *स॰* भय। डर।

***भै**[2]—[< स॰ √भू] *क्रिअ॰* हुई।

भैक्ष्य—[स॰ भिक्षा + ष्यञ्] *पु॰* १. भिक्षा। २. (साधु/सन्यासी की) भिक्षा-वृत्ति।

***भैदा**—[< स॰ भयद] *वि॰* भयंकर। डरावना।

†भैन—[< स॰ भगिनी] *स्त्री॰* भगिनी। बहिन।

†भैनी—[< स॰ भगिनी] *स्त्री॰* भगिनी। बहिन।

भैम—[स॰ भीम + अण्] *वि॰* भीम-सम्बन्धी। भीम का। *पु॰* भीम का पुत्र/वंशज।

भैमी—[स॰ भैम + ङीप्] *वि॰ (स्त्री॰)* भीम की। *स्त्री॰* १. भीम की पुत्री/वंशजा। २. (राजा भीम की पुत्री और नल की पत्नी) दमयन्ती।

भैयादूज—[< हि॰ भैया + दूज (< स॰ द्वितीया)] *स्त्री॰* दीपावली के बाद की द्वितीया तिथि पर होनेवाला एक विशेष त्योहार। भ्रातृद्वितीया।

भैरव—[स॰ भीरु + अण्] *वि॰* १. भयानक। डरावना। २. भीषण शब्द करनेवाला। ३. घोर विनाशक। ४. बहुत उग्र/विकट। *पु॰* = १. भय। डर। २. शिव। महादेव। (शैव दर्शन॰) भीषण नाद/हुंकार करनेवाला परम शिव।

भैरवी[1]—[स॰ भैरव + ङीष्] *स्त्री॰* १. पार्वती। दुर्गा। २. दुर्गा-पूजा में पूजी जाने वाली कन्या जो तीन वर्ष तक की हो। (तंत्र॰) १. वाममार्गी तंत्र-साधना में पुरुष साधक की सहयोगिनी स्त्री। २. एक पूजित देवी जो महाविद्या/महाशक्ति का एक रूप है। (संगीत॰) एक रागिनी जिसे गाने का समय शरद्ऋतु में प्रातःकाल है।

भैरवी[2]—[< स॰ भैरवीय] *वि॰* भैरव-सम्बन्धी। ***जैसे***—भैरवी रूप।

भैरवी-चक्र—[स॰] *पु॰* १. (वामाचारी तंत्र में) देवी-पूजन के लिए एकत्र स्त्री-पुरुषों का मंडल या घेरा। २. (व्यंग्य में) शराबियों या दुराचारियों आदि का समूह।

भैरवेश—[स॰ भैरव ~ ईश] *पु॰* शिव। महादेव।

भैषज—[स॰ भेषज + अण्] *पु॰* औषध। दवा।

भैषजिकी—[< स॰ भैषज] *स्त्री॰* औषधियाँ तैयार करने का विज्ञान। फ़ार्मेसी (अ॰)

भैषज्य—[स॰ भेषज + ज्य] *पु॰* १. औषध। दवा। २. (रोग की) चिकित्सा।

***भैहा**—[< हि॰ भै < स॰ भय] १. डरा हुआ। भयभीत। २. भूत-प्रेत आदि को देखने से डरा हुआ या भूत-प्रेत के आवेश से पीड़ित व्यक्ति।

***भोकस**[1]—[< स॰ पुल्कस] *पु॰* दानव।

भोकस[2]—[< स॰ भक्षक] *वि॰* भुक्खड़।

भोक्तव्य—[स॰ √भुज् + तव्यत्] *वि॰* १. जिसे भोगा जाना चाहिए। २. जो भोगा जा सके।

भोक्ता—[स॰ √भोक्तृ] *वि॰* १. भोजन करनेवाला। खानेवाला। २. अधिकार करनेवाला। ३. उपयोग में लानेवाला। बरतनेवाला। *पु॰* १. अधिकारकर्ता। २. भोग या उपयोग करनेवाला। उपभोगकर्ता। ***जैसे***—सुख-भोक्ता। ३. उपयोगकर्ता। ४. पति। ५. प्रेमी।

भोक्तृत्व—[स॰ भोक्तृ + त्व] *पु॰* भोक्ता होने की अवस्था/धर्म/भाव। भोक्तापन।

भोक्तृशक्ति—[स॰ भोक्तृ ~ शक्ति] *स्त्री॰* १. भोगने की शक्ति। २. भोक्ता की शक्ति।

भोग—[स॰ √भुज् + घञ्] *पु॰* १. भोगने की अवस्था/क्रिया/भाव। २. सुख-दुःख, पाप-पुण्य का फल या कर्म-फल आदि का अनुभव। ३. सांसारिक सुख। ***जैसे***—भोग और योग दोनों के मार्ग अलग हैं। ४. सुख देनेवाली वस्तु। ***जैसे***—माला, चन्दन इत्यादि भोग। ५. सुख देनेवाली वस्तु का इच्छानुसार उपयोग। ***जैसे***—धन का भोग। ६. (वस्तु का) उपयोग या व्यवहार। ७. खाद्य सामग्री। ८. भक्षण। भोजन। खाना। ९. भोज। दावत। १०. देव-मूर्ति के लिए नैवेद्य। ***जैसे***—ठाकुरजी का भोग। ११. अधिकार। क़ब्ज़ा। १२. शासन। हुकूमत। ***जैसे***—भोगपति (= राजा)। १३. आय। आमदनी। १४. लाभ। फ़ायदा। १५. (स्त्री-पुरुष का) मैथुन। सम्भोग। काम-क्रीड़ा। १६. सर्प या नाग। ***जैसे***—भोगवती नगरी (= नागों की एक नगरी)। (ज्योतिष॰) किसी ग्रह की किसी राशि में स्थित रहने की अवधि। ***जैसे***—शनि का मकर राशि में भोग अभी एक वर्ष शेष है।

भोगली—[देशज] *स्त्री॰* १. नाक में पहनने का एक आभूषण। २. तरकी/तरौना नामक कान में पहनने का एक आभूषण। ३. नाक या कान में पहनने की लौंग या फूल को पीछे से बन्द करनेवाली पतली और पोली कील। ४. पतली नली।

भोगवती—[स॰ भोगवत् + ङीप्] *स्त्री॰* १. पातालगंगा। २. गंगा। ३. पाताल में स्थित नागों की एक पुरी।

***भोगवना**—*क्रिस॰* ≤ *हि॰* भोगना।

भोगांश—[स॰ भोग ~ अंश] *पु॰* (गणित॰) खगोलीय देशान्तर।

भोगायतन—[स॰ भोग ~ आयतन] *पु॰* शरीर। देह।

भोगासक्ति—[स॰ भोग ~ आसक्ति] *स्त्री॰* भौतिक सुख-भोग में आसक्त रहने की प्रवृत्ति।

भोगिनी—[स॰ भोगिन् + ङीप्] *स्त्री॰* १. रखैल स्त्री। उपपत्नी। २. नागिन या सर्पिणी।

भोग्य भूमि—[स॰] मृत्युलोक। पृथ्वी।

भोज[१]—[< स॰ भोजन] *पु॰* प्रीतिभोज। ज्योनार। दावत।

भोज[२]—[स॰ √भुज् + अच्] *पु॰* मालव प्रदेश का एक प्रसिद्ध राजा। भोजराज।

***भोज[३]**—[< स॰ भोज्य] *वि॰* खाने योग्य। भोज्य।

भोजनाच्छादन—[स॰ भोजन ~ आच्छादन] अन्न-वस्त्र। खाना और कपड़ा।

भोजपत्र—[स॰ भोज ~ पत्र] *पु॰* १. ऊँचे पर्वतों पर होने वाला 'भूर्ज' नामक वृक्ष। २. उक्त वृक्ष की छाल से निकली हुई पतली-पतली परतें जो प्राचीन काल में लिखने के लिए काग़ज़ के रूप में काम आती थीं।

भोजराज—[स॰ भोज ~ राज] *पु॰* १. (मथुरा का) राजा कंस। २. (मालव प्रदेश की धारा नगरी का) राजा भोज।

भोजी—[स॰ भोजिन्] *पु॰* (समस्त पद के अन्त में) खानेवाला। ***जैसे***—फल-भोजी, मांस-भोजी।

भोज्य—[स॰ √भुज् + ण्यत्] *वि॰* खाए जाने के योग्य। खाद्य। *पु॰* खाद्य पदार्थ।

भोटिया—[< स॰ भोटीय] *पु॰* १. कुमाऊँ क्षेत्र (उत्तराखंड) की एक उपजाति जिसका भोट देश (तिब्बत) से दीर्घकालीन व्यावसायिक सम्बन्ध रहा। २. उक्त उपजाति का व्यक्ति। *स्त्री॰* उक्त उपजाति की भाषा/बोली।

भोडर—[देशज] *पु॰* अभ्रक या अभ्रक का चूर्ण।

भोथरा—[देशज] *वि॰* कुंठित धार वाला (शस्त्र आदि)।

***भोना**—[< हि॰ भीनना] *क्रिअ॰* १. किसी द्रव आदि के कणों/बूँदों आदि का अन्दर पहुँचकर व्याप्त होना या मिल जाना। २. भीगना। डूबना। निमग्न होना। ३. किसी बात/काम में लीन होना। ४. रँग जाना। ५. (किसी पर) आसक्त होना। ६. धोखे में आना। ७. युक्त होना या मिलना। *क्रिस॰* १. भिगोना। २. लिप्त करना। ३. अनुरक्त करना। ४. मिलाना। ५. धोखे में डालना। ✣ **भोइ**—*क्रिवि॰* = आसक्त होकर। अनुरक्त होकर। ✣ **भोए**—*वि॰* = डूबे हुए या रँगे हुए। ✣ **भोयौ**—*वि॰* = १. भीगा हुआ। २. डुबाया हुआ। निमग्न।

***भोपा**—[देशज] *पु॰* झाड़-फूँक करनेवाला। ओझा।

भोभीत—*स्त्री॰* ≤ *स॰* भवभीति। संसार में बार-बार जन्म-मरण का भय।

भोर—[< अप॰ भाहर या देशज] *पु॰* प्रभात। सबेरा। तड़का।

भोर[२]—[< स॰ भ्रम] *पु॰* भ्रम। धोखा।

भोर[३]—[< देशी प्रा॰ भोल] *वि॰* १. भोला। सीधा-सादा। २. विमुग्ध या विभोर। ३. चकित। ४. पागल।

भोर[४]—[< हि॰ भूल] *पु॰* १. भुलावा। धोखा। २. त्रुटि। भूल।

†भोरतरैयाँ—[< हि॰ भोर + तरैयाँ (< स॰ तारा)] *पु॰* प्रातःकाल के तारे। *वि॰* (उक्त के समान) प्रभाहीन।

***भोरना**—[< हि॰ भोर = (भ्रम, भूल)] *क्रिस॰* भुलावा देना। भ्रम में डालना।

***भोरा[१]**—[< प्रा॰ भोल] *वि॰* भोला।

***भोरा[२]**—[< हि॰ भोर (= भूल, धोखा)] *पु॰* १. भूल-चूक। त्रुटि। २. धोखा। भुलावा। *वि॰* १. भुलावे या धोखे में आया हुआ। २. भ्रमित। भ्रान्त। ३. मोहग्रस्त।

***भोराई[१]**—[< हि॰ भोरा (= भोला)] *स्त्री॰* भोलापन।

***भोराई[२]**—[< हि॰ भोरा (= भूल)] *स्त्री॰* १. भूल-चूक। त्रुटि। २. धोखा। भुलावा। २. भ्रम। भ्रान्ति।

***भोराना[१]**—[< हि॰ भोर] *क्रिस॰* भ्रम में डालना। धोखे में डालना। भुलावा देना। *क्रिअ॰* भ्रम में पड़ना। धोखे में आना। भुलावे में आना।

***भोराना[२]**—[< हि॰ भोरा] *क्रिअ॰* भोला-भाला बनना।

***भोरानाथ**—[< हि॰ भोरा + स॰ नाथ] *पु॰* भोलानाथ। शिव। महादेव।

***भोरि[१]**—[< हि॰ भोरी] *वि॰* (*स्त्री॰*) भोली।

***भोरि[२]**—[< हि॰ भोराना] *क्रिवि॰* १. भुलावा देकर। भ्रमित करके।

भोरी[१]—[< हि॰ भोरा] *वि॰* १. भोली। २. उन्मत्त। पागल। बावली। ✣ **भोरी-भारी**—*वि॰* = भोली-भाली। सीधी-सादी। ✣ **भोरी-भोरी**—*वि॰* (*स्त्री॰*) = बहुत भोली। भोली-भोली।

भोरी[2]—[< हि॰ भोरना] *क्रिस॰* भुलावा दिया। भ्रम में डाला। बहकाया।

***भोरु**—*पु॰≤ हि॰* भोर। प्रभात। सबेरा। *उदा॰* हृदयँ मनाव भोरु जनि होई। —तुलसी (मानस॰, २/३७/१)

भोरे**—[< हि॰ भोरा[2]] *वि॰* भोले। भोले-भाले। ***जैसे—भोरे बालकों ने। *क्रिवि॰* १. धोखे में या भोलेपन में। २. भूलकर भी।

***भौंरें (भौंरें)**—[< हि॰ भोरना] *क्रिवि॰* भोलेपन से या धोखे से।

***भोल**—[प्रा॰] *स्त्री॰* १. भूल। भूल-चूक। २. भ्रम या धोखा।

***भोलना**—[< हि॰ भोल] *क्रिस॰* १. भुलावा देना। धोखे में डालना। बहकाना। २. भ्रमित करना। *क्रिअ॰* व्याकुल होना।

भौंकना (भोंकना)—[देशज] *क्रिस॰* १. किसी कोमल वस्तु में कोई कड़ी और नुकीली वस्तु धँसाना। २. किसी नुकीले शस्त्र को शरीर में धँसाना। ***जैसे***—शत्रु के पेट में तलवार भोंकेगा।

भौंडा/भौंड़ा (भोंडा/भौंड़ा)—[देशज] *वि॰* १. भद्दा। बेढंगा। २. अभद्र। अशिष्ट। असभ्य। ३. ख़राब। ✣ **भोंडापन (भोंडापन)**—*पु॰* = १. भोंड़ा होने की अवस्था/भाव। २. भद्दापन। ३. अभद्रता। अशिष्टता। असभ्यता। ४. ख़राबी।

भौंतला (भोंतला), भौंथरा (भोंथरा)—[देशज] *वि॰* कम धारवाला या कुंठित (अस्त्र-शस्त्र) या औज़ार। ***जैसे***—भोंथरा चाकू। ✣ **भौंतली (भोंतली)/भौंथरी (भोंथरी)**—*वि॰ (स्त्री॰)* ***जैसे***—भोंथरी छुरी।

भौंदू (भोंदू)—[देशज] *वि॰* १. बहुत सीधा-सादा और मूर्ख। २. किसी विषय/काम में अज्ञानी।

भौंसला (भोंसला)—[देशज] *पु॰* महाराष्ट्र का एक राजवंश।

***भौ**[1]—[< सं॰ भव] *पु॰* १. जगत्। संसार। २. भवसागर।

***भौ**[2]—*पु॰≤ सं॰* भय। डर।

***भौ**[3]—[< सं॰ √भू] *क्रिअ॰* हुआ।

भौगर्भिक—[सं॰ भूगर्भ + ठक्] *वि॰* पृथ्वी के आन्तरिक भाग से सम्बन्धित। भूगर्भ का।

भौगोलिक—[सं॰ भूगोल + ठक्] *वि॰* भूगोल-सम्बन्धी। भूगोल का। ✣ **भौगोलिक पर्यावरण**—*पु॰* = वे सभी प्राकृतिक वस्तुएँ जो मानव जीवन के उद्‌भव या शारीरिक अथवा सामाजिक विकास को प्रभावित करती हैं।

भौचक—[< सं॰ भय ~ चकित] *वि॰* जो अचानक भय से घबरा गया हो और कुछ करने में समर्थ न हो। भय से स्तम्भित। चकित। भौंचक्का। हैरान। हक्का-बक्का।

***भौजल**—[< सं॰ भव-जलनिधि] *पु॰* संसाररूपी सागर। भव-सागर।

भौतिक—[सं॰ भूत + ठक्] *वि॰* १. आकाश आदि पाँच भूतों/तत्त्वों से बना हुआ। २. पंचभूत से सम्बन्धित। ३. लौकिक। सांसारिक। ४. शारीरिक। ५. प्राकृतिक सिद्धान्तों, नियमों आदि से सम्बन्धित। ६. भूत-प्रेतों से सम्बन्धित।

***भौना**—[< हि॰ भ्रमण] *क्रिअ॰* १. चक्कर लगाना। घूमना। २. बेकार ही इधर-उधर घूमना।

***भौभङ्गी (भौभंगी)**—[< सं॰ भव ~ भङ्गी (भङ्गिन्)] *वि॰* आवागमन आदि संसार से उत्पन्न तापों का नाशक। भव-नाशक।

भौम—[सं॰ भूमि + अण्] *वि॰* १. भूमि-सम्बन्धी। भूमि का। २. पृथ्वी से उत्पन्न होनेवाला। भूमिज। *पु॰* पृथ्वी का पुत्र। २. मंगल (ग्रह)।

भौमजल—[सं॰ भौम ~ जल] *पु॰* भूमि से निकलनेवाला जल। भूमिगत जल।

भौमवार/भौमवासर—[सं॰ भौम ~ वार/वासर] *पु॰* मंगलवार।

भौमिक—[सं॰ भूमि + ठक्] *पु॰* भूमि का स्वामी। *वि॰* भौम। (दे॰)

भौमिकी—[< सं॰ भौमिक] *स्त्री॰* १. भूगोल। २. भूविज्ञान।

भौमी—[सं॰ भौम + ङीप्] *स्त्री॰* १. पृथ्वी की पुत्री। २. सीता। जानकी।

***भौर**—[< सं॰ भ्रमर] *पु॰* १. (नदी आदि का) भँवर। जल-आवर्त। २. भ्रमर। भौंरा।

भौरी—[देशज] *स्त्री॰* १. तपी राख। २. आटे की गोल बाटी जिसे कंडे की धीमी आँच में सेंका जाता है।

***भौसागर**—[< सं॰ भव ~ सागर] *पु॰* संसाररूपी सागर। भव-सागर।

भौँ (भौं)—[< *अप॰* भोहा < प्रा॰ भमुहा < सं॰ भ्रू] *स्त्री॰* भ्रू। भौंह।

भौंचक (भौंचक)—*वि॰ ≤ हि॰* भौचक। ✣ **भौंचक्का (भौंचक्का)**—*वि॰* = भौंचक।

भौंतुआ (भौंतुआ)—[< हि॰ भ्रमना] *वि॰* निरन्तर घूमनेवाला। लगातार चक्कर लगानेवाला। *पु॰* पानी पर तैरता रहनेवाला एक छोटा और काला कीड़ा। जलभौंरा।

***भौंना (भौंना)**—[< हि॰ भ्रमना] *क्रिअ॰* घूमना।

भौंर (भौंर)—[< सं॰ भ्रमर] *पु॰* १. भ्रमर। भौंरा। २. (नदी आदि के पानी का) भँवर। जल का आवर्त। ✣ **भौंरहाई (भौंरहाई)**—*स्त्री॰* = भौंरों का मँडराना।

***भौंराना (भौंराना)**—[< हि॰ भौंर] *क्रिस॰* १. चक्कर लगवाना। घुमाना। २. (विवाह के समय) भाँवरें कराना। भाँवरें पड़वाना। ३. विवाह कराना। *क्रिअ॰* भौंरना। घूमना। चक्कर लगाना।

***भौंराला (भौंराला)**—[< हि॰ भौंरा] *वि॰* भ्रमर के समान काले रंग का। ✣ **भौंराली (भौंराली)**—*वि॰ (स्त्री॰)*।

भौंराही (भौंराही)—[< हि॰ भौंरा] *पु॰* १. भ्रमर के मँडराने की क्रिया। भौंराना। २. भ्रमर की गुंजार।

†**भौंरी**[1] **(भौंरी**[1] **)**—[< हि॰ भाँवर] *स्त्री॰* (विवाह में वर-कन्या की) भाँवर।

भौंरी[2] **(भौंरी**[2] **)**—[< हि॰ भँवर] *स्त्री॰* (नदी आदि का) भँवर।

भौंरी[3] **(भौंरी**[3] **)**—[< सं॰ भ्रमरिका] *स्त्री॰* बालों का गोल चक्कर। ***जैसे***—देवमन घोड़े की गर्दन के नीचे सीने पर दो भौंरियाँ होती हैं।

भौंह (भौंह)—[*अप॰* भोहा मु] *स्त्री॰* आँख की ऊपर वाली हड्डी पर उगे हुए बाल। भ्रू। भृकुटि। भौं।

†**भ्यात**—[बुन्देली, < सं॰ भ्राता] *पु॰* भाई-बन्धु।

भ्रंश—[सं॰ √भ्रंश् + घञ्] *पु॰* १. पतन। २. ह्रास। ३. नाश। ध्वंस। ४. लोप। ५. भटकाव। भटकन।

भ्रंशन—[सं॰ √भ्रंश् + ल्युट्] *पु॰* १. गिरने की क्रिया/भाव। पतन। गिरावट। २. वंचित होना। वंचन। ३. दोष। ग़लती। (भूविज्ञान॰) वलन प्रक्रिया में अधिक खिँचाव होने से कठोर शैलों के टूटने की क्रिया।

भ्रंशी—[सं॰ भ्रंशिन्] *वि॰* १. गिरनेवाला। २. जीर्ण होनेवाला। ३. नष्ट करनेवाला। ४. भ्रष्ट होनेवाला।

***भ्रंस**—[< सं॰ भ्रंश] *पु॰* भ्रंश। (दे॰ भ्रंश)

***भ्रकुटि**—[< सं॰ भृकुटि] *स्त्री॰* भृकुटि। भ्रू। भौंह।

***भ्रङ्गी (भ्रंगी)**—[< सं॰ भृङ्गी] *पु॰* गुंजारनेवाला एक प्रकार का कीट। भृंग। *स्त्री॰* नारी/मादा भृंग कीट।

भ्रमकारी—[सं॰ भ्रमकारिन्] *वि॰* जो भ्रम उत्पन्न करे। भ्रामक। भ्रमोत्पादक।

भ्रमण—[सं॰ √भ्रम् + ल्युट्] *पु॰* १. विचरण। घूमना। फिरना। २. यात्रा। सफ़र। ३. सैर। ४. चक्कर। ५. भटकाव।

भ्रमणीय—[सं॰ √भ्रम् + अनीयर्] *वि॰* भ्रमण के योग्य (स्थान)।

भ्रमद—[सं॰ भ्रम + द] *वि॰* भ्रम उत्पन्न करनेवाला। भ्रामक।

भ्रमर—[सं॰ √भ्रम् + अरन्] *पु॰* 'भौंरा' नामक कीट। (काव्य॰) चंचल मन वाला नायक जो अनेक नायिकाओं से सम्बन्ध रखता है।

भ्रमरगीत—[सं॰ भ्रमर ~ गीत] *पु॰* गोपियों द्वारा भ्रमर को सम्बोधित कर, उसे कृष्ण के समान छली प्रेमी बताते हुए, उद्धव से उपालम्भपूर्ण बातचीत का सरस, काव्यात्मक वर्णन। गोपी-उद्धव-संवादवाला काव्य।

भ्रमरहस्त—[सं॰ भ्रमर ~ हस्त] *पु॰* (नाट्य॰) एक प्रकार का हस्त-विन्यास।

भ्रमरानन्द (भ्रमरानंद)—[सं॰ भ्रमर ~ आनन्द] *पु॰* मौलसिरी का पेड़। बकुल वृक्ष।

भ्रमराली—[सं॰ भ्रमर ~ आली] *स्त्री॰* भ्रमर-पंक्ति। भौंरों का समूह। भौंरे।

भ्रमरविलसिता—[सं॰ भ्रमर ~ विलसित + टाप्] *वि॰(स्त्री॰)* भ्रमरों से शोभामयी।

भ्रमरावली—[सं॰ भ्रमर ~ आवली] *स्त्री॰* भ्रमरों की पंक्ति। भौंरों का समूह। भौंरे।

भ्रमरी—[सं॰ भ्रमर + ङीष्] *स्त्री॰* नारी/मादा भ्रमर। षट्पदी।

भ्रमवारि—[सं॰ भ्रम ~ वारि] *पु॰* रेगिस्तान आदि में यात्री को दूर कहीं पर जलाशय का मिथ्या दर्शन। मृगमरीचिका।

भ्रमात्मक—[सं॰ भ्रम ~ आत्मक] *वि॰* १. भ्रम से युक्त। भ्रान्त। भ्रमपूर्ण। २. भ्रम उत्पन्न करनेवाला।

भ्रमाना—[< हिं॰ भ्रमना] *क्रिस॰* १. चक्कर देना। २. इधर-उधर घुमाना-फिराना। ३. भ्रमित करना। धोखे में डालना। ✣ ***भ्रमाइ**—*क्रिवि॰* = विभ्रमित करके।

भ्रमासक्त—[य॰ भ्रम ~ आसक्त] *वि॰* भ्रमित। भ्रान्त। ***जैसे***—भ्रमासक्त वाणी।

भ्रमित—[सं॰ भ्रम + इतच्] *वि॰* १. जिसे भ्रम हुआ हो। भ्रान्त। २. जिसे भ्रम में डाला गया हो। भ्रान्त। ३. चक्कर खाता हुआ। घूमता हुआ। ४. जो घुमाया गया हो।

भ्रष्टश्री—[सं॰ भ्रष्ट ~ श्री] *वि॰* श्री से रहित। शोभा, वैभव या कान्ति से हीन। श्रीहत।

भ्राजक—[सं॰ √भ्राज् + ण्वुल्] *वि॰* चमकानेवाला। *पु॰* (आयुर्वेद॰) पित्त का एक प्रकार। त्वचा में रहनेवाला पित्त।

भ्राजना—[< सं॰ भ्राजन] *क्रिअ॰* १. चमकना। २. शोभा बिखेरना। शोभित होना। *क्रिस॰* १. चमकाना। २. शोभित करना।

भ्राजमान—[सं॰ √भ्राज् + शानच्] *वि॰* १. दीप्तियुक्त। चमकदार। २. शोभायमान। ***जैसे***—वक्ष पर भ्राजमान रत्नों का हार।

भ्राजी—[सं॰ भ्राजिन्] *वि॰* चमकनेवाला। कान्तियुक्त। दीप्त।

भ्राजिष्णु—[सं॰ √भ्राज् + इष्णुच्] *वि॰* चमकनेवाला। शोभायमान। *पु॰* १. विष्णु। २. शिव। महादेव।

भ्राता—[सं॰ भ्रातृ] *पु॰* १. भाई। २. भाई के समान व्यक्ति। बन्धु।

भ्रातृज—[< सं॰ भ्रातृ + ज] *पु॰* भाई का पुत्र। भतीजा।

भ्रातृजाया—[सं॰ भ्रातृ ~ जाया] *स्त्री॰* १. बड़े भाई की पत्नी। भावज। भाभी। २. छोटे भाई की पत्नी।

भ्रातृत्व—[सं॰ भ्रातृ + त्व] *पु॰* बन्धुत्व। भाईचारा।

भ्रातृद्‌वितीया (भ्रातृद्वितीया)—[सं॰ भ्रातृ ~ द्वितीया] *स्त्री॰* कार्तिक शुक्ल द्वितीया। यम द्वितीया। भैयादूज।

भ्रातृपुत्र—[सं॰ भ्रातृ ~ पुत्र] *पु॰* भाई का पुत्र। भतीजा।

भ्रातृभाव—[सं॰ भ्रातृ ~ भाव] *पु॰* १. भाइयों में स्वाभाविक रूप से होनेवाला आपसी प्रेम। बन्धुभाव। आत्मीयता। २. भाई जैसा व्यवहार और सम्बन्ध। भाईचारा।

भ्रातृवधू—[सं॰ भ्रातृ ~ वधू] *स्त्री॰* १. बड़े भाई की पत्नी। भावज। भाभी। २. छोटे भाई की पत्नी।

***भ्रात्र**—[सं॰ भ्रातृ + अण्] *पु॰* भ्राता। भाई।

भ्रात्रीय—[सं॰ भ्रातृ + छ] *वि॰* भ्राता-सम्बन्धी। भाई का।

भ्रान्त (भ्रांत)—[सं॰ √भ्रम् + क्त] *वि॰* १. जिसे भ्रम हुआ हो या जिसे भ्रम में डाला गया हो। धोखे में आया हुआ। २. घबराया हुआ। विफल। परेशान। ३. (मार्ग) भूला हुआ। भटका हुआ। ४. घुमाया हुआ। चक्कर में लाया हुआ। ५. उलझन/चक्कर में पड़ा हुआ। ६. ग़लत विचार होने के कारण ग़लत दिशा में गया हुआ।

भ्रान्त मित्र (भ्रांत मित्र)—[सं॰] *पु॰* (भाषा॰) विभिन्न भाषाओं में समान रूप या समान ध्वनि वाले परन्तु भिन्न अर्थों वाले शब्द। ***जैसे***—हिन्दी का 'शिक्षा' शब्द (अर्थ→ज्ञानप्राप्ति) और मराठी का 'शिक्षा' शब्द (अर्थ→दंड) भ्रान्त मित्र हैं।

भ्रान्तापह्नुति (भ्रांतापह्नुति)—[सं॰ भ्रान्त ~ अपह्नुति] (काव्य॰) अपह्नुति अलंकार का एक भेद। किसी वस्तु में अन्य वस्तु का भ्रम होने पर, सत्य बात कहकर उस भ्रम को दूर करनेवाले कथन

में होनेवाला अलंकार (जैसे—हैं गर्जते घन नहीं, बजते नगाड़े)।

भ्रान्ति (भ्रांति)—[सं॰ √भ्रम् + क्तिन्] *स्त्री॰* १. भ्रमण। २. चारों ओर घूमना। चक्कर काटना। ३. धोखा। ४. संशय। सन्देह। ५. उन्माद। पागलपन। ६. भूल। भूल-चूक। ग़लती। ७. विकलता। घबड़ाहट। परेशानी। ८. ग़लत दिशा में ले जाने वाला ग़लत विचार।

भ्रान्तिज (भ्रांतिज)—[सं॰ भ्रान्ति + ज] *वि॰* = भ्रान्ति से उत्पन्न। ✣ **भ्रान्तिज (भ्रांतिज)**—*पु॰* = १. लिपिक या मुद्रक की भूल से प्रचलित हुआ शब्द। २. अपढ़ जनता द्वारा उच्चारण-सुविधा के लिए किसी शब्द को बिगाड़कर बोलने से प्रचलित हुआ शब्द।

भ्रामर—[सं॰ भ्रमर + अञ्] *वि॰* १. भ्रमर-सम्बन्धी। भ्रमर का। २. भ्रमर से उत्पन्न। ३. भ्रमर से प्राप्त होनेवाला। *पु॰* १. कोई मंडलाकार नृत्य।

भ्रामरी—[सं॰ भ्रामर + ङीष्] *स्त्री॰* १. दुर्गा (देवी) का एक रूप। २. प्रदक्षिणा। परिक्रमा। ३. प्राणायाम का एक प्रकार।

भ्रामित—[सं॰ √भ्रम् + णिच् + क्त] *वि॰* १. जिसे चक्कर खिलाया गया हो। घुमाया हुआ। २. जिसे भ्रमित किया गया हो। भ्रान्त।

***भ्रुकुटि/भ्रुकुटी**—*स्त्री॰* ≤ *सं॰* भृकुटि/भृकुटी। भौंह।

भ्रू—[सं॰ √भ्रम् + डू] *स्त्री॰* नेत्रों के ऊपर के बाल। भौंह। भौं। ✣ **भ्रूक्षेप**—*पु॰* भ्रूभंग। (दे॰)

भ्रूण—[सं॰ √भ्रूण् + घञ्] *पु॰* (प्राणि॰) १. गर्भ-वर्धन की प्राथमिक स्थिति। सात से नौ सप्ताह का निषेचित अण्डा। अण्डे या गर्भाशय से निकलने के पहले जीव की अवस्था जिसमें प्रायः सभी अंग और मुख्य संरचनाएँ बन चुकी होती हैं। (वनस्पति॰) पौधे की अत्यन्त आरम्भिक अवस्था। ✣ **भ्रूणघ्न**—*पु॰* = भ्रूणहत्या करनेवाला।

भ्रूणहा—[सं॰ भ्रूण √ हन् + क्विप्] *पु॰* भ्रूण की हत्या करने वाला। भ्रूणघ्न।

भ्रूणीय—[सं॰ भ्रूण + छ] *वि॰* भ्रूण-सम्बन्धी। भ्रूण का।

भ्रूभङ्ग (भ्रूभंग)—[सं॰ भ्रू ~ भङ्ग] *पु॰* (क्रोध प्रकट करने के लिए) भौंहें चढ़ाना।

भ्रूमध्य—[सं॰ भ्रू ~ मध्य] *पु॰* दोनों भौंहों के बीच का स्थान।

भ्रू-लता—[सं॰] *स्त्री॰* वक्रतावाली सुन्दर भौंह।

भ्रूविक्षेप—[सं॰ भ्रू ~ विक्षेप] *पु॰* १. (क्रोध प्रकट करने के लिए) भौंह चढ़ाना। त्योरी बदलना। २. (लाक्षणिक) क्रोध दिखाना। Δ **पर्याय**— भ्रूक्षेप। भ्रूभंग। भ्रूभेद।

भ्रूविलास—[सं॰ भ्रू ~ विलास] भौंहों को सुन्दर रीति से चलाने की क्रिया। भृकुटिनर्तन।

भ्रौणिकी—[< सं॰ भ्रूण] *स्त्री॰* प्राणिविज्ञान की एक शाखा। भ्रूणविज्ञान।

म

देवनागरी वर्णमाला में पवर्ग का पाँचवा व्यंजन। (भाषाविज्ञान की दृष्टि से) यह द्वि-ओष्ठ्य (द्वयोष्ठ्य), घोष, अल्पप्राण और नासिक्य है। इसका महाप्राण रूप **'म्ह'** कुछ बोलियों में ही मिलता है (कुम्हार, तुम्हार) ● **विशेष**—१. 'म', 'मा', 'मि', ... के अनुनासिक रूप क्रमशः मँ, माँ, मिँ इत्यादि होते हैं परन्तु शिरोरेखा के ऊपर मात्रा होने पर 'चन्द्रबिन्दु' के स्थान पर 'बिन्दु' लगाने की रीति सुविधार्थ प्रचलित है (मीँजना→मींजना, मेँहदी→मेंहदी)। २. व्यंजन-गुच्छों में जो व्यंजन 'म' से पहले आकर मिलते हैं, प्रायः उनकी खड़ी रेखा का लोप या कोई अन्य परिवर्तन होता है (ज़ख़्म, युग्म, आत्मा, जन्म, इल्म, वेश्म, भीष्म, भस्म)। क्, द्, ह् के पहले आकर म से मिलनेवाले रूप **'क्म, द्म (द्‌म), ह्म (ह्‌म)'** और **र का 'र्म'** रूप ध्यान देने योग्य है [हुक्म, पद्म (पद्‌म), ब्रह्म (ब्रह्‌म), धर्म]। ३. जब व्यंजन-गुच्छों में 'म' पहले आकर किसी व्यंजन से मिलता है, तब प्रायः अपनी खड़ी रेखा छोड़कर मिलता है (निम्न, कम्पन, विलम्ब, शम्भु, रम्य, अम्ल, टेम्स) परन्तु **'र'** से मिलने पर बना **'म्र'** रूप भिन्न है (आम्र, साम्राज्य) ध्यान देने योग्य हैं। ४. **'प/फ/ब/भ' में पहले आकर मिलने वाले 'म्' के स्थान पर सुविधा के लिए अनुस्वार जैसी बिन्दी का प्रयोग प्रचलित है (कम्पन→कंपन) परन्तु यह अशुद्ध है और 'म्' का प्रयोग करना ही उचित है।** ५. 'म' का द्वित्व सम्भव है और उसे 'म्म' लिखा जाना चाहिए (सम्मान, सम्मति)। ६. **शब्दों के अन्त में आनेवाले 'म्' के स्थान पर बिन्दी का प्रयोग उस स्थिति में निषिद्ध है जबकि वह वाक्य का अन्तिम शब्द हो।** ७. 'म' की शिरोरेखा ध्यानपूर्वक बनानी चाहिए क्योंकि उसके अभाव में 'म' को 'भ' समझने की भूल हो सकती है।

म[१]—[*पु०* √मा + क] *पु०* १. ब्रह्मा। २. विष्णु। ३. शिव। ४. यम। ५. चन्द्रमा। ६. समय। काल। ७. विष। ज़हर। (छन्द०) 'मगण' का संक्षिप्त रूप। तीन गुरु वर्णों (ऽऽऽ) का गण। (संगीत०) 'मध्यम स्वर' का संक्षिप्त रूप।

***म[२]**—[प्रा० < स० मा] *क्रिवि०* नहीं।

***मअन**—*पु०* ≤ *स०* मदन। कामदेव।

***मइँ**—*सर्व०* ≤ *हि०* मैं।

मकई—*स्त्री०* ≤ *हि०* मक्का। मक्का का पौधा या उसके दाने।

मकड़जाल—[< हि० मकड़ी + जाल] *पु०* १. मकड़ी के द्वारा बुना हुआ जाल। २. (लाक्षणिक) दूसरों को फँसाने के लिए बनायी गयी योजना। फाँसने की चाल।

मकड़ाना—[< हि० मकड़ी] *क्रिअ०* १. मकड़ी की तरह चलना। २. अकड़कर चलना।

मकतब—[< अरबी मक्तब] *पु०* पाठशाला। विद्यालय।

मक़ता—[< अरबी मक़्तअ] *पु०* ग़ज़ल या क़सीदे का अन्तिम शेर जिसमें कवि का उपनाम होता है।

मक़बरा—[< अरबी मक़्बरः] *पु०* १. वह क़ब्र जिस पर भवन या गुम्बद बना हो। २. क़ब्र पर बना भवन या गुम्बद।

मकर—[स० म √कृ + ट, पृषो०] *पु०* १. एक जलचर। मगर। घड़ियाल। २. मकर की आकृति का कुंडल/मुद्रा/व्यूह। ३. कुबेर की ९ निधियों में से एक। ४. मछली। मीन। (ज्योतिष०) १. मेष आदि १२ राशियों में दसवीं राशि। २. (मकर संक्रान्ति से आरम्भ होनेवाला) सौर माघ मास।

मकरन्द (मकरंद)—[स० मकर √अन्द् + अण्] *पु०* १. फूल का रस। २. फूल का केसर। पराग। किंजल्क। ३. कोयल। ४. भ्रमर। ५. आम का वृक्ष विशेष जिसमें सुगन्ध होती है। ६. कुन्द पुष्प। (छन्द०) एक प्रकार का सवैया जिसके प्रत्येक चरण में क्रमशः 'जगण और यगण के योग से २४ वर्ण होते हैं।' 'वाम' सवैया।

मकर राशि—[स०] *स्त्री०* मेष आदि बारह राशियों में दसवीं राशि।

मकर रेखा—[स०] *स्त्री०* पृथ्वी के दक्षिणी गोलार्ध के साढ़े तेईस अंश अक्षांश की रेखा।

मकर-सङ्क्रमण (मकर-संक्रमण)—[स०] *पु०* सूर्य के (धनु राशि से) मकर राशि में प्रवेश का समय। उत्तरायण का आरम्भ। मकर-संक्रान्ति।

मकर-सङ्क्रान्ति (संक्रांति)—[स०] *स्त्री०* १. सूर्य का धनुराशि से मकर राशि में प्रवेश। उत्तरायण का आरम्भ। २. उक्त अवसर पर मनाया जाने वाला उत्सव।

मकर सप्तमी—[स० मकर ~ सप्तमी] *स्त्री०* माघ शुक्ल सप्तमी।

मकराकर—[स० मकर ~ आकर] *पु०* समुद्र। सागर।

मकराकार—[स० मकर ~ आकार] *वि०* मगर/घड़ियाल या मछली के सदृश आकृति वाला। *पु०* मकर के समान आकार।

मकराकृति—[स० मकर ~ आकृति] *वि०* जो मगर/घड़ियाल या

मछली के समान आकृति का बनाया गया हो।

मकराङ्क (मकरांक)—[सं॰ मकर ~ अङ्क] *पुं॰* कामदेव।

मकरानिया—[< हिं॰ मकराना] *पुं॰* (जोधपुर के समीप) मकराना स्थान की खान से निकला सफ़ेद पत्थर। संगमरमर।

मकरालय—[सं॰ मकर ~ आलय] *पुं॰* समुद्र।

मकराश्व—[सं॰ मकर ~ अश्व] *पुं॰* वरुण (देवता)।

मकरी[1]—[सं॰ मकरिन्] *पुं॰* समुद्र। सागर।

मकरी[2]—[सं॰ मकर + ङीप्] *स्त्री॰* १. नारी/मादा मगर या घड़ियाल। २. मीन। मछली। *स्त्री॰* = मकरी। ✣ **मकरी-पत्र**—*पुं॰* = मछली के आकार का चन्दन से बना चिह्न जिसे प्राचीनकाल में स्त्रियाँ कनपटियों पर अंकित किया करती थीं। मकरी-लेखा। मकरिका-पत्र।

मक़सद—[< अरबी मक़्सिद] *पुं॰* १. उद्‌देश्य। २. इच्छा। ३. अभिप्राय। आशय।

***मकु**—[< सं॰ मा किम्] *क्रिवि॰* १. चाहे। २. वरन्। बल्कि। ३. सम्भवतः। कदाचित्। शायद। ४. मानों।

मकुना—[< सं॰ मनाका (= हथिनी)] *पुं॰* बिना दाँत का या बहुत छोटे दाँतों वाला (नर) हाथी। *वि॰* सामान्य से कम ऊँचाई वाला। नाटा। ठिगना।

मकुनी—[देशज] *स्त्री॰* आटा, सत्तू इत्यादि से आँच में सेंककर तैयार की गयी नमकीन बाटी।

मकुर—[सं॰ √मङ्क् + उरच्] *पुं॰* १. कुम्हार का चाक चलाने वाला डंडा। २. दर्पण। मुकुर। आईना। ३. बकुल। मौलसिरी।

मकोड़ा—[प्रा॰ मक्कोड] *पुं॰* १. छोटा कीड़ा। *जैसे*—कीड़ा-मकोड़ा। २. (निमाड़ी बोली में) चींटा।

मकोय/मकोई—[< सं॰ काकमाची] *स्त्री॰* १. एक कँटीला पौधा जो प्रायः सीधा ऊपर की ओर उठता है और इसमें सुपारी के बराबर आकार के, लाली से युक्त खट्‌टे-मीठे फल लगते हैं। २. उक्त का फल। ३. एक प्रकार का क्षुप जिसमें काँटे नहीं हेते और काली मिर्च के बराबर छोटे फल लगते हैं। ४. उक्त क्षुप का फल।

मकोसल—[देशज] *पुं॰* एक प्रकार का ऊँचा वृक्ष जिसकी लकड़ी नाव बनाने में काम आती है।

मक्कर—[< अरबी मक्र] *पुं॰* छल। धोखा। धूर्तता। ***वा॰* मक्कर साधना**—छल/मक्कारी करना। धोखा देना।

मक्षिका—[सं॰ √मक्ष् + सिकन्] *स्त्री॰* १. मक्खी। २. शहद की मक्खी। मधुमक्खी।

मक्तब, मक़्तल, मक़्ता, मक़्बरा—दे॰ क्रमशः मकतब, मक़तल, मक़ता, मक़बरा।

मख—[सं॰ √मख् + घञ्] *पुं॰* यज्ञ। याग।

मखतूल—[< सं॰ महार्घ तूल] *पुं॰* एक प्रकार का काला रेशम। ✣ **मखतूली**—*वि॰* = मखतूल की बनी हुई वस्तु।

मखद्‌वेषी (मखद्वेषी)—[सं॰ मखद्वेषिन्] *वि॰* १. यज्ञविरोधी। २. यज्ञनाशक।

मख-नाथ—[सं॰] *पुं॰* यज्ञ का स्वामी। विष्णु।

मखनिया—[< हिं॰ मक्खन] *वि॰* जिसमें से मथकर मक्खन निकाल लिया गया हो। *जैसे*—मखनिया दूध, मखनिया दही।

मखपाल—[सं॰ मख ~ पाल] *पुं॰* यज्ञ का रक्षक। यज्ञरक्षक।

मखभूमि—[सं॰ मख ~ भूमि] *पुं॰* यज्ञ-भूमि। यज्ञ का स्थान।

मख़मल—[< फ़ा॰ मख़्मल] *स्त्री॰* एक प्रकार का कोमल, चिकना और रोएँदार वस्त्र।

मख-विधि—[सं॰] *स्त्री॰* यज्ञ-विधि। यज्ञ-क्रिया।

मखशाला—[सं॰ मख ~ शाला] *स्त्री॰* यज्ञशाला।

मखाग्नि—[सं॰ मख ~ अग्नि] *स्त्री॰* यज्ञ की अग्नि।

मखाना—[< सं॰ मखान्न] *पुं॰* कमलगट्‌टे को भूनकर तैयार की गयी उसकी खील।

मखालय—[< सं॰ मख ~ आलय] *पुं॰* यज्ञशाला।

मख़ौल—[देशज] *पुं॰* १. उपहास। मज़ाक़। २. विनोद। हँसी। मज़ाक़।

मग[1]—[< सं॰ √मङ्ग् + अच्, पृषो॰] *पुं॰* शाकद्वीप से भारत आए एक प्रकार के ब्राह्मण। शाकद्वीपी ब्राह्मण।

***मग**[2]—[< प्रा॰ मग्ग < सं॰ मार्ग] *पुं॰* मार्ग। रास्ता। ✣ **मगजोग**—*वि॰* = मार्ग में पैदल चलने योग्य।

मग[3]—[अरबी] *पुं॰* बड़ा प्याला।

मग़ज़—[< अरबी मग़्ज़] *पुं॰* १. मस्तिष्क। दिमाग़। २. फलों के अन्दर की गिरी। *जैसे*—बादाम का मग़ज़। ***वा॰* मग़ज़ खाना/चाटना**—बकवाद से मस्तिष्क थका देना। अनर्गल बातें बहुत देर तक करना। **मग़ज़ खाली करना**—बहुत देर तक पढ़-लिख कर या किसी को बहुत देर समझाने से अपना मस्तिष्क थकाना। **मग़ज़ मारना/लगाना**—किसी को समझाने का प्रयत्न करना।

मग़ज़चट—[< हिं॰ मग़ज़ + चाटना] *वि॰* अधिक बोलकर दूसरों का सिर खाने वाला। बकवादी।

मगजन—[हिं॰ मग + सं॰ जन] *पुं॰* पथिक। बटोही।

मग़ज़पच्ची—[< हिं॰ मग़ज़ + पिचना] *स्त्री॰* बहुत अधिक विचार करने की क्रिया/भाव। माथापच्ची।

मगण—[सं॰ म ~ गण] *पुं॰* (छन्द॰) तीन गुरु वर्णों वाली गण (ऽऽऽ)।

मगद/मगदल—[< सं॰ मुद्‌ग] *पुं॰* मूँग या उड़द के चूर्ण को घी में भूनकर तथा खाँड आदि मिलाकर तैयार किया जाने वाला एक प्रकार का लड्‌डू।

मगध—[√मगध् + अच्] *पुं॰* वर्तमान बिहार प्रदेश के दक्षिण भाग का प्राचीन नाम।

मगधाधिप—[सं॰ मगध ~ अधिप] *पुं॰* मगध देश का राजा। मगधेश।

मगधीय—[सं॰ मगध + छ] *वि॰* मगध का। मगध सम्बन्धी।

मगधेश/मगधेश्वर—[सं॰ मगध ~ ईश/ईश्वर] *पुं॰* मगध देश का राजा। मगधाधिप।

मगन—[< सं॰ मग्न] [illegible] डुबकी लगाए हुए। डूबा हुआ।

निमग्न। निमज्जित। २. किसी साधना आदि में डूबा हुआ। ३. किसी भाव/काम/बात आदि में तन्मय। तल्लीन। ४. अति आनन्दित। बहुत प्रसन्न। ५. समाया हुआ। अन्तर्भूत। ६. रीझा हुआ। आसक्त।

मगनना—[< हि॰ मगन] *क्रिस॰* १. मग्न/प्रसन्न करना। २. किसी को अपने में समाना। अन्तर्भूत करना।

***मगना**—[< सं॰ मग्न] *पु॰* निमग्न होना। डूबना।

***मगबास**—[< हि॰ मग + सं॰ वास] *पु॰* १. मार्ग में किया गया विश्राम/निवास। २. रास्ते का निवास-स्थान। ✣ **मगबासी**—*पु॰* मार्ग में या उसके समीप रहनेवाला।

मगर¹—[प्रा॰ < सं॰ मकर] *पु॰* एक जलचर। मकर। घड़ियाल।

मगर²—[सं॰ मग] *पु॰* १. वर्तमान नेपाल देश के पश्चिमी भाग में काली नदी और गंडकी नदी के बीच के क्षेत्र में रहने वाली एक जाति और उनका प्रदेश। २. उक्त जाति की भाषा।

मगर³—[फा॰] *अव्यय॰* परन्तु। लेकिन। ***जैसे***—हम जाना चाहते हैं मगर सम्भव नहीं है।

†मगरा¹—[< हि॰ मगर, और < अरबी मक्कार] *वि॰* १. अभिमानी। घमंडी। २. हठी। ज़िद्दी। ३. चुप्पा। घुन्ना। ४. धृष्ट। ढीठ। ५. धूर्त। *पु॰* घड़ियाल। मगर।

मगरा²—[देशज] *पु॰* (मकान की छत का) छज्जा।

†मगरी—[देशज] *स्त्री॰* १. ढालू छप्पर के बीच का सबसे ऊँचा या बीच का भाग। २. छप्पर के उक्त भाग पर रखा जाने वाला शहतीर या मोटी और लम्बी लकड़ी। ३. मोटी और बहुत लम्बी लकड़ी। लाठ। ४. समीप की ज़मीन से अपेक्षाकृत ऊँचा भाग।

मग़रूर—[< अरबी मग़्रूर] *वि॰* अभिमानी। घमंडी।

मगह—[< सं॰ मगध] *पु॰* मगध देश/प्रदेश। वर्तमान दक्षिण बिहार। ✣ **मगही**—*वि॰* = १. मगह से सम्बन्धित। मगह का। २. मगह में होने या उपजने वाला। ***जैसे***—मगही धान। *पु॰* मगह देश का एक प्रकार का उत्तम पान जिसके पत्ते गोल, पकने पर पीले और मीठे होते हैं। *स्त्री॰* मगह देश/प्रदेश की भाषा/बोली। हिन्दी की एक बोली जो बिहार के अनेक ज़िलों में बोली जाती है।

***मग्ग**—[प्रा॰ < सं॰ मार्ग] *पु॰* मार्ग। रास्ता।

मग़्ज़—[फा॰] *पु॰* १. मस्तिष्क। दिमाग़। २. बुद्धि। अक़्ल। ३. (फल की) गिरी। मग़ज़। ४. सार। सारतत्त्व।

मग्न—[सं॰ √मस्ज् + क्त] *वि॰* १. डूबा हुआ। २. जल में डूबा हुआ। निमज्जित। २. किसी साधना आदि में डूबा हुआ। ४. किसी भाव/काम/बात आदि में तन्मय। तल्लीन। लवलीन। ५. अति आनन्दित। बहुत प्रसन्न। ६. समाया हुआ। अन्तर्भूत। ७. रीझा हुआ। आसक्त। ८. नीचे को झुका हुआ। ✣ **मग्नभूत**—*वि॰* = जो मग्न हो गया हो। जो मग्नावस्था में हो।

मग्नांशुक—[सं॰ मग्न ~ अंशुक] *पु॰* ऐसा महीन वस्त्र जो पानी में भीगने पर शरीर से चिपक जाता है और शरीर के विविध अंग साफ़ दिखते हैं। (चित्र॰) ऐसा चित्रण जिसमें स्त्री के गीले वस्त्र शरीर से चिपके-से दिखाए जाएँ।

मघवा—[सं॰ मघवन्] *पु॰* १. इन्द्र। २. उलूक। उल्लू।

***मघवान**—[< सं॰ मघवन्] *पु॰* इन्द्र।

मघवा-रिपु—[सं॰ मघवरिपु] *पु॰* १. इन्द्र का शत्रु।

मघा—[सं॰ मघ + टाप्] *स्त्री॰* अश्विनी आदि सत्ताइस नक्षत्रों में से दसवाँ नक्षत्र। ✣ **मघा त्रयोदशी**—*स्त्री॰* = भाद्र कृष्ण त्रयोदशी।

†मघारना—[< सं॰ माघ] *क्रिस॰* माघ के महीने में हल चलाना।

***मघोना**—[< सं॰ मघवन्] *पु॰* इन्द्र। ✣ **मघोनी**—*स्त्री॰* = इन्द्र की पत्नी। इन्द्राणी। शची।

मङ्गलघट (मंगलघट)—[सं॰ मङ्गल ~ घट] *पु॰* मंगलमय कार्यों में देवता के सामने रखा जाने वाला घट/कलश या उसके बदले रखा गया कोई जलपात्र।

मङ्गलचण्डिका/मङ्गलचण्डी (मंगलचंडिका/मंगलचंडी)—[सं॰ मङ्गल ~ चण्डिका/चण्डी] *स्त्री॰* दुर्गा देवी का एक रूप।

***मङ्गलचार (मंगलचार)**—[< सं॰ मङ्गल ~ आचार] *पु॰* १. मांगलिक कार्य। मंगलाचार। २. शुभ अनुष्ठान। ३. मंगलगीत।

मङ्गलतूर्य (मंगलतूर्य)—[सं॰ मङ्गल ~ तूर्य] *पु॰* शुभ अवसरों पर बजाया जाने वाला वाद्य। मंगलवाद्य।

मङ्गलपुष्प (मंगलपुष्प)—[सं॰ मङ्गल ~ पुष्प] *पु॰* मांगलिक पूजन आदि में काम आने वाले फूल।

मङ्गलप्रद (मंगलप्रद)—[सं॰ मङ्गल + प्रद] *वि॰* कल्याण करनेवाला। कल्याणकारी। मंगलदायक।

मङ्गलभेरी (मंगलभेरी)—[सं॰ मङ्गल + हि॰ भेरी] *स्त्री॰* विवाह आदि शुभ अवसरों पर बजायी जाने वाली भेरी/तुरही।

***मङ्गलमइ/मङ्गलमई (मंगलमइ/मंगलमई)**—*स्त्री॰* ≤ सं॰ मङ्गलमयी।

मङ्गलमुखी (मंगलमुखी)—[सं॰ मङ्गल ~ मुखी] *स्त्री॰* वेश्या।

मङ्गलमूर्ति (मंगलमूर्ति)—[सं॰ मङ्गल ~ मूर्ति] *वि॰* अत्यन्त मंगलमय। मंगलरूप।

मङ्गलमूल (मंगलमूल)—[सं॰ मङ्गल ~ मूल] *वि॰* १. जो मंगल का जन्मदाता हो। २. अत्यन्त मंगलमय।

मङ्गला (मंगला)—[मङ्गल + अच् + टाप्] *स्त्री॰* १. पार्वती। २. पतिव्रता स्त्री। ३. हल्दी। ४. तुलसी। ५. सफ़ेद या नीली दूब।

मङ्गलागार/मङ्गलायतन (मंगलागार/मंगलायतन)—[सं॰ मङ्गल ~ आगार/आयतन] *पु॰* १. मंगल/मंगलों का धाम/स्थान। मंगल-भवन। अत्यन्त कल्याणकारी। २. कल्याणस्वरूप परमेश्वर। ३. देवालय। मन्दिर।

मङ्गलागौरीव्रत (मंगलागौरीव्रत)—[सं॰ मङ्गला ~ गौरी ~ व्रत] *पु॰* पार्वती देवी की उपासना का एक व्रत।

मङ्गलाचार (मंगलाचार)—[सं॰ मङ्गल ~ आचार] *पु॰* १. मांगलिक कार्यों के आरम्भ में होने वाला शुभ गान इत्यादि। २. मंगलाचरण।

मङ्गलाव्रत (मंगलाव्रत)—[सं॰ मङ्गला ~ व्रत] *पु॰* पार्वती देवी की उपासना का एक व्रत।

मङ्गलाष्टक (मंगलाष्टक)—[स॰ मङ्गल ~ अष्टक] *पु॰* १. आठ मांगलिक वस्तुएँ—केसर, नमक, गुड़, नारियल, पान, दूर्वा, सिन्दूर तथा सुर्मा। २. वे मन्त्र जिनका पाठ विवाह के समय वर-वधू के कल्याण के लिए किया जाता है।

मङ्गलाह्निक (मंगलाह्निक)—[स॰ मङ्गल ~ आह्निक] *पु॰* कल्याण के लिए प्रतिदिन करने का धार्मिक कृत्य।

मङ्गलीय (मंगलीय)—[स॰ मङ्गल + छ] *वि॰* १. मंगलमय। शुभकारक। २. सौभाग्यशाली।

मङ्गलेच्छु (मंगलेच्छु)—[स॰ मङ्गल ~ इच्छु] *वि॰* कल्याण चाहनेवाला। शुभेच्छु।

मङ्गलोत्सव (मंगलोत्सव)—[स॰ मङ्गल ~ उत्सव] *पु॰* विवाह आदि मांगलिक अवसरों पर होनेवाला उत्सव।

मङ्गल्य (मंगल्य)—[स॰ मङ्गल + यत्] *वि॰* १. मंगलकारक। शुभ कल्याणकारी। ***जैसे***—मंगल्य वस्तुएँ। २. पवित्र। ३. सुन्दर। *पु॰* १. मांगलिक अवसरों पर काम आनेवाला पदार्थ (चन्दन, स्वर्ण, बेल, नारियल, दही, सिन्दूर, तीर्थजल इत्यादि में से प्रत्येक)। २. वटवृक्ष। बरगद का पेड़। ३. अनेक तीर्थस्थानों से लाया हुआ जल जो राज्याभिषेक में काम आता है।

मङ्गल्या (मंगल्या)—[स॰ मङ्गल्य + टाप्] *वि॰ (स्त्री॰)* जो शुभ हो। ***जैसे***—मंगल्या वाणी। *स्त्री॰* १. दुर्गा देवी। २. हल्दी। ३. दूब। ४. शमी वृक्ष। ५. एक प्रकार का अगर जिसमें से चमेली के फूल जैसी सुगन्ध निकलती है। ६. एक प्रकार का चन्दन।

मङ्गोल/मंगोल—[विदेशी] *पु॰* १. मंगोलिया देश का निवासी। २. मनुष्यों की चार मूल जातियों में से एक जिसकी विशेषता शरीर का हल्का पीला रंग, चपटी नाक और चौड़ा चेहरा होता है। ❖ **मङ्गोलियाई (मंगोलियाई)** —*वि॰* = १. मंगोलिया देश से सम्बन्धित। मंगोलिया का। *पु॰* मंगोलिया का निवासी। मंगोल। *स्त्री॰* मंगोलिया की भाषा। मंगोल भाषा।

मचक—[< हि॰ मचकना] *पु॰* मचकने की क्रिया/भाव।

मचका—[< हि॰ मचका] *स्त्री॰* १. झूले की पेंग। झोंका। २. झूला। ३. धक्का।

†मचकी—[< हि॰ मचका] *स्त्री॰* छोटा झूला।

मचान—[< स॰ मञ्च] *पु॰* १. बाँसों, लट्ठों, पेड़ों आदि के सहारे बनाया हुआ ऊँचा मंच।

मचिया—[< स॰ मञ्च] *स्त्री॰* १. छोटी चारपाई। २. चारपाई की तरह बुनी हुई पीढ़ी। माचा। ३. (बैठने की) चौकी।

मचिलई—[< हि॰ मचलना] *स्त्री॰* मचलने की क्रिया/भाव।

मचेरी—[देशज] *स्त्री॰* बैलों के जुए में नीचे लगी हुई लकड़ी।

मचैया—[< हि॰ मचाना] *वि॰* (समासयुक्त शब्द के अन्त में) मचानेवाला। ***जैसे***—धूमंमचैया; शोरमचैया।

मच्छ—[प्रा॰ < स॰ मत्स्य] *पु॰* मत्स्य। मछली।

मच्छघातिनी—[< स॰ मत्स्यघातिनी] *स्त्री॰* मछली फँसाने की बंसी।

मछन्दरनाथ (मछंदरनाथ)—*पु॰* नाथ/सिद्ध परम्परा का प्रथम आचार्य। मत्स्येन्द्रनाथ।

मछमरनी—[देशज] *स्त्री॰* काले रंग की एक चिड़िया जो अपने सिर, पूँछ और पंखों में से किसी एक को प्रायः हिलाती रहती है।

मछरङ्गा (मछरंगा)—[< हि॰ मछली] *पु॰* मछलियाँ खानेवाला एक जलपक्षी।

मछुआ—[< हि॰ मछली] *पु॰* मछलियाँ पकड़कर/बेचकर रोज़ी कमानेवाला व्यक्ति।

मछेछी—[< स॰ मत्स्याक्षी] *स्त्री॰* एक प्रकार के औषधोपयोगी क्षुप जो जलाशय के समीप या तर भूमि में अधिक होते हैं तथा ज़मीन पर फैले रहते हैं। ● **विशेष**—मछेछी के पत्ते चिकने तथा फूल सफ़ेद और गुच्छों में होते हैं। मछेछी में मछली की तरह की सुगन्ध आती है। इसे **'मत्स्यगन्धा'** भी कहा जाता है।

***मजना**—[< स॰ मज्जन] *क्रिअ॰* १. निमज्जित होना/डूबना। २. अनुरक्त/आसक्त होना।

मजमा—[< अरबी मज्मा] *पु॰* जनसमूह। भीड़। ***जैसे***—मजमा जुटाना।

मज़मून—[< अरबी मज़्मून] *पु॰* १. निबन्ध या लेख। २. पढ़ने, लिखने, भाषण करने या विचार करने का विषय।

मजलिस—[< अरबी मज्लिस] *स्त्री॰* १. सभा। जलसा। २. गोष्ठी। ३. समिति। ❖ **मजलिसी**—*पु॰* = १. सभा-सम्बन्धी। जलसा-सम्बन्धी। २. सभा या जलसे में भाग लेनेवाला (व्यक्ति)।

मज़लूम—[< अरबी मज़्लूम] *वि॰, पु॰* जिस पर जुल्म/अत्याचार किया गया हो। पीड़ित। ***जैसे***—मज़लूम जनता।

मज़हब—[< अरबी मज़्हब] *पु॰* धार्मिक मत। धर्म-सम्प्रदाय। ***जैसे***—इस्लाम और ईसाई मज़हबों के आपसी संघर्ष हैं।

मजाज़ी—[अरबी] *वि॰* जो आध्यात्मिक न हो। भौतिक। सांसारिक। ***जैसे***—मजाज़ी प्रेम।

मज़ार—[अरबी] *स्त्री॰* किसी पीर/फ़क़ीर/सन्त की क़ब्र।

***मजारी**—[< स॰ मार्जारी] *स्त्री॰* मार्जारी। बिल्ली।

मजाल—[अरबी] *स्त्री॰* शक्ति या साहस। ताक़त या हिम्मत।

मजीठ—[< स॰ मञ्जिष्ठा] *स्त्री॰* एक औषधोपयोगी लता जिसकी जड़ अधिक लाल होती है, लताएँ वृक्षों के सहारे लगी रहती हैं, पत्ते नोकदार और गोल होते हैं तथा फल छोटे और गोल होते हैं जिनसे लाल रंग निकाला जाता है जो वस्त्र रँगने के काम में आता है। मंजिष्ठा। ❖ **मजीठिया/मजीठी**—*वि॰* = मजीठ के रंग का। लाल। सुर्ख। *पु॰* लाल रंग। मंजिष्ठा राग।

मजीरा—[< स॰ मञ्जीर] *पु॰* एक प्रकार का छोटा वाद्य। काँसे की छोटी कटोरियों की जोड़ी जो ताल देने में काम आती है।

मजूर¹/मजूरा—*पु॰* ≤ *हि॰* मज़दूर। श्रमिक।

***मजूर²**—*पु॰* ≤ *हि॰* मयूर। मोर।

***मजूरि/मजूरी¹**—[< स॰ मयूर] *पु॰* मयूर। मोर।

†मजूरी²—*स्त्री॰* ≤ *हि॰* मज़दूरी।

मजेठी—[< स॰ मध्य] *स्त्री॰* (सूत कातने के) चरखे की डोरी। जोत। माल। (सूत कातने के) चरखे में नीचे से दोनों डंडों को जोड़े रखने वाली लकड़ी।

मज्जन—[सं॰ √मस्ज् + ल्युट्, स्→ज्] *पु॰* १. (पानी में) डुबकी/ग़ोता लगाना। डुबकी। २. स्नान। ३. (किसी विषय/बात आदि में) तल्लीनता या तन्मयता।

मज्जना—[< सं॰ मज्जन] *क्रिअ॰* १. स्नान करना। नहाना। २. किसी काम/बात में निमग्न/लीन होना। तन्मय होना।

मज्जा—[सं॰ √मस्ज् + अच् +टाप्] *स्त्री॰* १. लम्बी अस्थियों/हड्डियों के मध्य में और सभी अस्थियों के सछिद्र ऊतक में होने-वाला कोमल और चिकना गूदा। अस्थि-मज्जा। २. पेड़-पौधों, फलों आदि के अंदर का गूदा।

मज्झ—[प्रा॰ < सं॰ मध्य] *पु॰* मध्य। बीच। *वि॰* मध्य/बीच का। *क्रिवि॰* मध्य/बीच में।

मज़्लूम—[अरबी] *वि॰* अत्याचार से पीड़ित।

***मझाना/मँझाना**—[< प्रा॰ मज्झ] *क्रिअ॰* १. बीच में आना/पहुँचना। २. प्रवेश करना। प्रविष्ट होना। *क्रिस॰* बीच में रखना/जाना/डालना।

मझार/मँझार—[< प्रा॰ मज्झ] *पु॰* मध्य/बीच का अंश या भाग। *क्रिवि॰* मध्य में। बीच में। ***जैसे***—सभा मझार।

***मझारि/मझारी/मझारैं**—[< प्रा॰ मज्झ < सं॰ मध्य] *क्रिवि॰* मध्य में।

***मझु**—[< हिं॰ मुझ] *सर्व॰* १. मैं। २. मेरा।

मझोला—[< प्रा॰ मज्झ] *वि॰* १. मध्य/बीच का। २. आकार में न बहुत छोटा, न बहुत बड़ा। बीच के आकार का। मध्यम आकार का।

मञ्चन (मंचन)—[< सं॰ √मञ्च् + ल्युट्] *पु॰* रंगमंच पर नाटक रूप में प्रस्तुत करने की क्रिया/भाव।

***मञ्छ (मंछ)**—[< सं॰ मच्छ] *पु॰* १. मत्स्य। मछली। २. [लाक्षणिक] (मछली की तरह चंचल) मन। ✣ **मञ्छा (मंछा)/मञ्छु (मंछु)/मँछु**—*पु॰* = मंछ।

मञ्जन¹ (मंजन¹)—[सं॰ √मञ्ज् + ल्युट्] *पु॰* १. माँजने की क्रिया। रगड़ना। २. दाँत साफ़ करने का चूर्ण।

***मञ्जन² (मंजन²)**—[< सं॰ मज्जन] *पु॰* मज्जन। स्नान।

मञ्जरि (मंजरि)—[सं॰ मञ्जु √ऋ + इन्] *स्त्री॰* मंजरी। ✣ **मञ्जरिका (मंजरिका)**—*स्त्री॰* मंजरी। (दे॰)

मञ्जरित (मंजरित)—[सं॰ मञ्जर + इतच्] *वि॰* १. मंजरी से युक्त। मंजरियों से लदा हुआ। ***जैसे***—मंजरित आम्रवृक्ष। २. कलियों या फूलों से सम्पन्न। ३. (लाक्षणिक) नए वैभव या शोभा से युक्त।

मञ्जरी (मंजरी)—[मञ्जरि + ङीष्] *स्त्री॰* १. (छोटे पौधे या लता आदि की) कोंपल। २. (आम्र आदि वृक्षों या तुलसी आदि के पौधों में) फूलों के स्थान पर एक सींके में लगे हुए अनेक दानों का समूह। (छन्द॰) **१.** एक समवर्णिक छन्द जिसके चारों चरणों में क्रमशः सगण, जगण, सगण, यगण, लघु और गुरु (स ज स य ल ग) के योग से १४ वर्ण होते हैं तथा ५-९ पर यति होती है। **२.** एक समवर्णिक छन्द जिसके चारों चरणों में ७ जगण और यगण के योग से २२ वर्ण होते हैं। ३. एक विषमवर्णिक छन्द जिसके चारों चरणों में क्रमशः १२-८-१६-२० वर्ण होते हैं।

मञ्जार (मंजार)—[< सं॰ मार्जार] *पु॰* मार्जार। बिलौरा।

मञ्जिष्ठा (मंजिष्ठा)—[सं॰ मञ्जिष्ठ + टाप्] *स्त्री॰* मजीठ नामक वृक्ष या उसका फल। (दे॰ मजीठ)

मञ्जिष्ठाराग (मंजिष्ठाराग)—[सं॰ मञ्जिष्ठा ~ राग] *पु॰* १. मजीठ का रंग। २. (मजीठ के रंग जैसा) पक्का प्रेम। स्थायी प्रेम।

मञ्जीर (मंजीर)—[सं॰ √मञ्ज् + ईरन्] *पु॰* १. नूपुर। घुँघरू। २. मथानी का डंडा बाँधने का खम्भा। ३. कमर का एक आभूषण। (छन्द॰) एक समवर्णिक छन्द जिसके प्रत्येक चरण में क्रमशः दो मगण, भगण, मगण, सगण और मगण (म म भ म स म) के योग से १८ वर्ण होते हैं तथा ९-९ पर यति होती है। ✣ **मञ्जीरक (मंजीरक)**—*पु॰* = नूपुर। घुँघरू।

मञ्जीरा (मंजीरा)—[< सं॰ मञ्जीर] *पु॰* (संगीत॰) काँसा या पीतल आदि का बना एक बहुत छोटा घन वाद्य। मजीरा।

मञ्जु (मंजु)—[सं॰ √मञ्ज् + कु] *वि॰* सुन्दर। मनोहर।

मञ्जुगति/मञ्जुगमन (मंजुगति/मंजुगमन)—[सं॰ मञ्जु ~ गति/गमन] *वि॰* सुन्दर चाल वाला। *स्त्री॰* सुन्दर गति/चाल। ✣ **मञ्जुगमना (मंजुगमना)**—*वि॰ (स्त्री॰)* = सुन्दर चाल वाली। *स्त्री॰* हंसिनी। हंसी।

मञ्जुघोष (मंजुघोष)—[सं॰ मञ्जु ~ घोष] *पु॰* मधुर स्वर। *वि॰* १. मधुर ध्वनि वाला (वाद्य आदि)। २. मधुर बोलनेवाला मनुष्य। मंजुभाषी।

मञ्जुतिलका (मंजुतिलका)—[सं॰ मञ्जुतिलक + टाप्] *स्त्री॰* (छन्द॰) एक मात्रिक छन्द जिसमें २० मात्राएँ होती है और १२-८ पर यति होती है और अन्त में जगण होता है।

मञ्जुभाषी (मंजुभाषी)—[सं॰ मञ्जु ~ भाषी (भाषिन्)] *वि॰* मधुर बोलने वाला। ✣ **मञ्जुभाषिणी (मंजुभाषिणी)**—*वि॰ (स्त्री॰)* = मधुर बोलने वाली स्त्री। *स्त्री॰* = (छन्द॰) एक समवर्णिक छन्द जिसके प्रत्येक चरण में सगण, जगण, सगण, जगण और गुरु (स ज स ज ग) के योग से १३ वर्ण होते हैं।

मञ्जुमालिनी (मंजुमालिनी)—[सं॰ मञ्जुमालिन् + ङीप्] *वि॰ (स्त्री॰)* सुन्दर माला वाली। (छन्द॰) एक समवर्णिक छन्द जिसके प्रत्येक चरण में दो नगण, मगण और दो यगण (न न म य य)के योग से १५ वर्ण होते हैं तथा ८-७ पर यति होती है।

मञ्जुल (मंजुल)—[सं॰ मञ्जु + लच्] *वि॰* १. सुन्दर। मनोहर। २. सुरीला (कंठ)। *पु॰* १. कुंज। २. जल का स्रोत/सोता। ३. कूप। कुआँ। ४. नदी या जलाशय का पाट। ५. जल का मुर्गा। जलकुक्कुट। ✣ **मञ्जुलता (मंजुलता)**—*स्त्री॰* = मंजुल होने का गुण/भाव। सुन्दरता। ✣ **मञ्जुला (मंजुला)**—*वि॰ (स्त्री॰)* = मंजुल। सुन्दर।

मञ्जुलवक्त्र (मंजुवक्त्र)—[सं॰ मञ्जु ~ वक्त्र] *वि॰* सुन्दर मुख वाला। सुन्दर।

मञ्जुस्वन/मञ्जुस्वर (मंजुस्वन, मंजुस्वर)—[सं॰ मञ्जु ~ स्वन/स्वर] *वि॰* मंजुघोष।

मञ्जूषा (मंजूषा)—[सं° √मञ्ज् + ऊषन्, नुम्] *स्त्री°* १. पिटारा/पिटारी या डिब्बा। २. (सामान रखने की) पेटी। ३. पक्षियों का पिंजड़ा। ४. (हाथी पर रखने का) हौदा।

मञ्झन (मंझन)—[< हिं° माँजा] *पु°* (समुद्र आदि का) मादक फेन। माँजा।

मञ्झा[१] (मंझा[१])—[< सं° मञ्च] *पु°* १.चौकी। २. पलंग। खाट। ३. छोटी खाट। ४. बैठने की पिढ़िया।

मञ्झा[२] (मंझा[२])—[< हिं° माँजना] *पु°* १. वह वस्तु जिससे पतंग की डोर माँजते हैं। २. उक्त से मँजी हुई पतंग की डोर। माँझा।

मट—[< हिं° मिट्टी] *पु°* 'मिट्टी' का समास में व्यवहृत लघु रूप। मिट्टी। ***जैसे***—मटमैला; मटपीला।

मटक—[< हिं° मटकना] *स्त्री°* १. मटकने की क्रिया/मुद्रा/भाव। २. गति। चाल। ***जैसे***—चटक-मटक।

मटक्का—[< हिं° मटकना/मटकाना] *पु°* आँखें, भौंह, हाथ, उँगलियाँ आदि मटकाने की क्रिया/भाव।

मटपीला—[< हिं° मिट्‌टी + पीला] *वि°* मटमैला। ✣ ***मटमाढ़ा**—*वि°* = मिट्‌टी की तरह पीले रंग का। मटमैला।

मटम्ब (मटंब)—[देशज] *पु°* मध्ययुगीन भारत में वह नगर जो १०० ग्रामों का प्रमुख केन्द्र होता था।

मटरगश्त—[< हिं° मट्‌ठर + फा° गश्त] *पु°* १. धीरे-धीरे घूमना-फिरना। टहलना। २. आनन्दपूर्वक मौज-मस्ती के साथ घूमना।

मटिया—[< हिं° मिट्‌टी] *वि°* १. मिट्‌टी का बना हुआ। २. जो मिट्‌टी के समान है। ३. मिट्‌टी के रंग का। मटमैला। ख़ाकी। † *स्त्री°* मिट्‌टी।

मटियाना—[< हिं° मिट्‌टी] *क्रिस°* १. किसी वस्तु पर मिट्‌टी लगाना। मिट्‌टी से युक्त करना। २. वस्त्र को मिट्‌टी में मैला करना। मिट्‌टी में लथेड़ना। ३. बर्तन आदि मिट्‌टी से मलकर साफ़ करना।

मटिया-मसान—[हिं°] *वि°* १. नष्ट-भ्रष्ट। टूटा फूटा। २. अति तुच्छ। गया-बीता। *पु°* उजड़ा हुआ स्थान। खंडहर।

मटियार—[< हिं° मिट्‌टी] *पु°* चिकनी मिट्‌टी वाला (भूमि)।

मटियाला—[< हिं° मिट्‌टी] *वि°* मटमैला। धूसर।

मटीला—[< हिं° मिट्‌टी] *वि°* १. मटमैला। २. जिसमें मिट्‌टी मिली हुई हो। ***जैसे***—मटीला पानी।

†मट्‌टी—*स्त्री°* ≤ हिं° मिट्‌टी। (दे°) ***वा°* मट्‌टी/मिट्‌टी पलीत करना**—१. दुर्दशा करना। २. नष्ट कर देना।

मट्‌ठर—[< सं° मठर] *वि°* १. मन्द। धीमा। २. काहिल। सुस्त।

मट्‌ठा[१]—*पु°* ≤ *हिं°* मठा। तक्र। छाछ।

मट्‌ठी—[देशज] *स्त्री°* मठरी।

मठ—[सं° √मठ् + क] *पु°* १. साधु-सन्न्यासियों के रहने का भवन। २. बौद्ध भिक्षुओं के रहने का भवन। (बौद्ध) विहार। ✣ **मठधारी/मठपति**—*पु°* = मठ का प्रधान अधिकारी साधु या बौद्ध स्थविर आदि। मठाधीश।

मठरना—[देशज] *पु°* स्वर्णकारों आदि का एक उपकरण जिससे धातु के पत्तरों/चादरों को पीटा जाता है। *क्रिअ°* उक्त उपकरण से धातु के पत्तरों/चादरों को पीटना। *क्रिस°* मठारना।

मठरी/मठली—[देशज] *स्त्री°* पानी के साथ-साथ पर घी आदि में पड़े आटे या मैदा की बनी और सेंकी हुई नमकीन टिकिया। मट्‌ठी। ● **विशेष**—आटा या मैदा में पड़े उक्त घी आदि को **'मोइन'** कहा जाता है।

मठारना—[< हिं° मठरना] *क्रिस°* १. स्वर्णकारों और कसेरों का 'मठरना' नामक उपकरण से धातु के पत्तरों/चादरों को पीटना। २. उक्त से द्वारा पत्तरों/चादरों को गोल करना। *क्रिअ°* १. गूँधे हुए आटे को हाथों से मसलकर लस उत्पन्न करना। २. धीरे-धीरे और बनाकर कोई बात करना।

मठारा—[< हिं° मठारना] *पु°* १. मठारने की क्रिया/भाव। २. किसी बात को सँवारते हुए की जाने वाली उसकी पुष्टि।

मठिया[१]—[सं° मठिका] *स्त्री°* चाँदी आदि का बना, चूड़ी के आकार का एक आभूषण जो विवाह के समय कन्या के हाथों में पहनाया जाता है।

मठिया[२]—[< सं° मठ] *स्त्री°* छोटा मठ।

मठी[१]—[सं° मठिन्] *पु°* मठाधीश।

मठी[२]—[< सं° मठ] *स्त्री°* छोटा मठ। मठिया। २. भवन। निवास। आवास।

मठोर—[< हिं° मठा] *स्त्री°* दही मथकर मठा बनाने की बड़ी मटकी।

मठोरना—[< हिं° मठारना] *क्रिस°* १. मठारना। (दे°) २. लकड़ी को खरादने के लिए रन्दा लगाकर सुधारना।

मड़ई—[< सं° मण्डपी] *स्त्री°* १. छोटा मंडप। २. कुटिया। झोंपड़ी।

मडगार्ड—[अं°] *पु°* मोटर साइकिल या साइकिल आदि के पहियों को कीचड़ से बचानेवाली नालीदार पट्‌टी।

मड़नी—[< सं° मृणन] *स्त्री°* (खेती के काम में 'लवनी' अर्थात् फसल कटने के बाद) गेहूँ आदि की बालियों में से गेहूँ के दाने निकालने की क्रिया।

†मड़वा—[< सं° मण्डप] *पु°* मंडप। ***जैसे***—मड़वे के तले वर-वधू का गठबन्धन।

मडुआ—[देशज] *पु°* एक प्रकार का मोटा अनाज जो बाजरा की जाति का होता है।

मडैया—[< सं° मण्डपी] *स्त्री°* कुटिया। झोंपड़ी।

***मढ़**—[< प्रा° मढ < सं° मठ] *पु°* १. मठ। २. मकान।

मढ़ा—[< प्रा° मढ < सं° मठ] *पु°* १. मठ। २. घर। मकान।

मढ़ाई—[< हिं° मढ़ना] *स्त्री°* १. मढ़ने की क्रिया/भाव। २. मढ़ने का पारिश्रमिक। ***जैसे***—चित्र की मढ़ाई २० रुपए दिए।

***मढ़ियाँ**—[< मढ़ना] *पु°* एक मढ़ा हुआ वाद्य। मृदंग।

मढ़ी—[< प्रा° मढ् < सं° मठ] *स्त्री°* १. छोटा मठ। २. छोटा देवमन्दिर। ३. कुटिया। झोंपड़ी। ४. किसी साधु-सन्न्यासी आदि की समाधि के समीप बनी हुई कुटिया। ५. छोटा मंडप।

मढ़ैया[१]—[< हिं° मढ़ना] *पु°* मढ़ने वाला।

मढैया[२]—[< हिं° मडैया < सं° मण्डपी] *स्त्री°* कुटिया। झोंपड़ी। मड़ैया।

मणि—[सं॰ √मण् + इन्] *स्त्री॰* १. क़ीमती पत्थर। रत्न। नगीना। २. (किसी संग्रह/समुदाय की) सर्वश्रेष्ठ वस्तु/व्यक्ति। ३. मणिबन्ध। कलाई। ४. शिश्न/लिंग का अगला भाग। ५. बकरी के गले की थैली। अजागलस्तन।

मणिक—[सं॰ मणि + कन्] *पु॰* 'माणिक्य' या 'चुन्नी' नामक रत्न।

मणिकङ्कण (मणिकंकण)—[सं॰ मणि ~ कङ्कण] *पु॰* रत्नजटित कंकण।

मणिकर्णिका—[सं॰ मणि ~ कर्णिका] *स्त्री॰* १. मणिमय कर्ण-भूषण। २. वाराणसी का एक प्रसिद्ध तीर्थ।

मणिकल्पलता—[सं॰ मणि ~ कल्पलता] *स्त्री॰* मणियाँ देने वाला कल्पवृक्ष। (छन्द॰) एक समवर्णिक छन्द जिसके प्रत्येक चरण में क्रमशः नगण, जगण, रगण, २ भगण और गुरु (न ज र भ भ ग) के योग से १६ वर्ण होते हैं और १०-६ पर यति होती है।

मणिकाञ्चन (मणिकांचन)—[सं॰ मणि ~ काञ्चन] *पु॰* मणि/नग/रत्न और स्वर्ण। *वि॰* रत्न और स्वर्ण के योग वाला।

मणिकार—[सं॰ मणि ~ कार] *पु॰* जड़ाऊ आभूषण बनानेवाला। जौहरी।

मणिकुण्डल (मणिकुंडल)—[सं॰ मणि ~ कुण्डल] *पु॰* रत्नजटित कुंडल।

मणि-कुट्टिम—[सं॰] *पु॰* मणिजटित फ़र्श। चमकदार पत्थरों वाला फ़र्श।

मणिगुण—[सं॰ मणि ~ गुण] *वि॰* मणि के समान गुण वाला। *पु॰* (छन्द॰) एक वर्णिक छन्द जिसमें क्रमशः ४ नगण और १ सगण (न न न न स) के योग से १५ वर्ण होते हैं। ✣ **मणिगुण-निकर**—*वि॰* = मणि के समान गुणों के समूह वाला। *पु॰* मणि के समान गुण वाला का समूह। (छन्द॰) मणिगुण छन्द का एक भेद। एक समवर्णिक छन्द जिसके प्रत्येक चरण में क्रमशः ४ नगण और १ सगण के योग से १५ वर्ण होते हैं तथा ८-७ पर यति होती है।

मणिदर्पण—[सं॰ मणि ~ दर्पण] *पु॰* ऐसा आईना, शीशा जिसमें रत्न जड़े हुए हों। रत्नजटित दर्पण।

मणिदीप—[सं॰ मणि ~ दीप] *पु॰* १. रत्नजटित दीप। २. दीपक के समान प्रकाश देनेवाला रत्न। रत्न का दीपक।

मणिधर—[सं॰ ~ मणि ~ धर] *पु॰* सर्प। साँप।

मणिनिकर—[सं॰ मणि ~ निकर] *पु॰* मणियों का समूह।

मणिपूर—[सं॰ मणि ~ पूर] *पु॰* १. नाभि। २. रत्नों से टँकी चोली। ३. शरीर में स्थित चक्रों में से एक चक्र जिसका स्थान नाभि के कुछ ऊपर है।

मणिप्रवाल—[सं॰ मणि ~ प्रवाल] *पु॰* १. मणि/रत्न और मूँगा। २. रत्नों और मूँगों का मिश्रण। ३. अधिक मूल्यवान् वस्तु और कम मूल्यवान् वस्तु का मिश्रण। ४. अधिक चमकदार और कम मूल्यवान् वस्तुओं का मिश्रण। ५. एक प्रकार की उत्तम वस्तु, फिर दूसरे प्रकार की उत्तम वस्तु—इसी क्रम वाली चीज़। (काव्य॰) एक साहित्यिक शैली। (दे॰ मणिप्रवाल शैली) ✣ **मणिप्रवाल शैली**—*स्त्री॰* = (काव्य॰) मलयालम या तमिल भाषा की सरल कोमल शब्दावली तथा संस्कृत के शब्दों को मिलाकर कविता आदि लिखने की विशेष शैली।

मणिबन्ध (मणिबंध)—[सं॰ मणि ~ बन्ध] *पु॰* हाथ की कलाई। पहुँचा।

मणिबन्धन (मणिबंधन)—[सं॰ मणि ~ बन्धन] *पु॰* १. अँगूठी में नगीना जड़ने का स्थान। २. मोती की लड़ी। ३. मणिबन्ध। कलाई। पहुँचा।

मणिभू—[सं॰ मणि ~ भू] *स्त्री॰* रत्नजटित फ़र्श।

मणिभूमि—[सं॰ मणि ~ भूमि] *स्त्री॰* १. मणियों की खान। २. रत्नजटित फ़र्श।

मणिमध्या—[सं॰ मणि ~ मध्या] *वि॰ (स्त्री॰)* जो मणियों के मध्य में स्थित हो। *स्त्री॰* मणिबन्ध। (छन्द॰) एक समवर्णिक छन्द जिसके प्रत्येक चरण में क्रमशः भगण, मगण और सगण (भ म स) के योग से ९ वर्ण होते हैं।

मणिमान्—[सं॰ मणिमत्] *वि॰* मणि/मणियों वाला। मणियुक्त। *पु॰* सूर्य।

मणिमाला—[सं॰ मणि ~ माला] *स्त्री॰* रत्नों की माला। रत्नहार। (छन्द॰) एक समवर्णिक छन्द जिसके प्रत्येक चरण में क्रमशः तगण, यगण, तगण, यगण (त य त य) के योग से १२ वर्ण होते हैं तथा ६-६ पर यति होती है।

मणिराग—[सं॰ मणि ~ राग] *पु॰* १. रत्नों का रंग। २. हिंगुल। शिंगरफ़।

मणिराज—[सं॰ मणि ~ राज] *पु॰* १. मणियों में श्रेष्ठ। २. हीरा।

मणिराजी—[सं॰ मणि ~ राजी] *स्त्री॰* १. मणियों की पंक्ति। २. मणियों का समूह।

मणिश्याम—[सं॰ मणि ~ श्याम] *पु॰* नीलम नामक रत्न। नीलमणि।

मणिसमुत्कीर्णन—[सं॰ मणि ~ समुत्कीर्णन] *पु॰* नगीनों पर नक़्क़ाशी करने की कला।

मणिसर—[सं॰ मणि ~ सर] *पु॰* मोतियों की माला। मणिमाला।

मणिसूत्र—[सं॰ मणि ~ सूत्र] *पु॰* मोतियों की लड़ी।

मणिसोपान—[सं॰ मणि ~ सोपान] *पु॰* रत्नजटित सीढ़ी।

मणिहर्म्य—[सं॰ मणि ~ हर्म्य] *पु॰* १. रत्नजटित महल। स्फटिक से बना महल।

मण्ड (मंड)—[सं॰ √मन् + ड] *पु॰* १. मंडन करने की क्रिया/भाव। मंडन। सजावट। २. मदिरा। शराब। ३. भात का पानी। माँड। ४. दूध की मलाई। ५. आभूषण। गहना। ६. कुएँ की जगत।

मण्डक (मंडक)—[सं॰ मण्ड + कन्] *वि॰* मंडन/सजावट करनेवाला। सज्जाकार।

मण्डन (मंडन)—[सं॰ √मण्ड् + ल्युट्] *पु॰* १. शृंगार करना। सजाना। २. आभूषण। ३. तर्क से किसी सिद्धान्त/बात आदि की पुष्टि करना। *वि॰* सजानेवाला। ∇ **विलोम**—खंडन।

मण्डना (मंडना)[१]—[< सं॰ मण्डन] *क्रिस॰* १. शृंगार या सज्जा

करना। सजाना। २. तर्क से किसी सिद्धान्त या बात आदि का समर्थन करना। ३. किसी रचना की रूपरेखा बनाना। ४. पूरी तरह ढँकना या छाना।

मण्डना (मंडना)[२]—[< सं॰ मर्दन] *क्रिस॰* १. मर्दित करना। दलना। कुचलना। *जैसे*—शीघ्र ही सब राक्षस मंड दिए। २. नष्ट करना।

मण्डल (मंडल)—[सं॰ √मण्ड् + कलच्] *पु॰* १.चक्र के आकार का घेरा। वृत्ताकार विस्तार। २. वृत्ताकार रेखा। गोल रेखा। वृत्त। ३. गोल आकृति, रचना या वस्तु। *जैसे*—पृथ्वी-मंडल; नक्षत्र-मंडल। ४. सूर्य, चन्द्र आदि के चारों ओर कभी-कभी पड़नेवाला घेरा। ५. सूर्य या चन्द्र का बिम्ब जो दृष्टि के सामने हो। ६. चारों दिशाओं का घेरा। क्षितिज। ७. राज्यों का समूह। ८. (प्राचीन भारत में) बारह राज्यों का समूह। ९. किसी विशेष आधार पर एक माना जाने वाला क्षेत्र। १०. कई ज़िलों को मिलाकर बनायी गयी प्रशासनिक इकाई। (अं॰ डिवीज़न/ज़ोन) ११. कई ज़िलों को मिलाकर बनाया गया प्रशासनिक सम्भाग जो एक आयुक्त के अधीन होता है। कमिश्नरी (अं॰)। १२. कुछ विशिष्ट प्रकार के मनुष्यों का समुदाय/समूह/वर्ग। *जैसे*—मित्र-मंडल। १३. ऋग्वेद के १० विशिष्ट खंडों या भागों में से प्रत्येक। *जैसे*—ऋग्वेद का दशम मंडल। १४. चक्र या पहिया। १५. परिवेश। (खगोल॰) ग्रहों का गति-पथ। ग्रह-कक्षा। (सैन्य॰) चक्राकार सैन्य-व्यूह।

मण्डलायित—[सं॰ मण्डल + क्यङ् + क्त] *वि॰* १. वृत्ताकार/गोलाकार किया हुआ। २. गोलाकार या वृत्ताकार।

मण्डली[१] (मंडली[१])—[सं॰ मण्डल + अच् + ङीष्] *स्त्री॰* १. मनुष्यों का समूह/समुदाय/वर्ग। २. जीव-जन्तुओं का झुंड। ३. एक ही विचार/स्वभाव/प्रवृत्ति वाले लोगों का दल। ४. एक ही तरह का काम/व्यवसाय करनेवाले लोगों का दल।

मण्डली[२] (मंडली[२])—[सं॰ मण्डलिन्] *स्त्री॰* १. सर्प। साँप। २. राजा। मंडलाधिपति। ३. वटवृक्ष। बरगद का पेड़। ४. सूर्य।

मण्डलीक (मंडलीक)—[< सं॰ माण्डलिक] *पु॰* एक मंडल का राजा। मंडलेश्वर। मंडलाधिपति।

मण्डा (मंडा)—[सं॰ मण्ड + अच् + टाप्] *स्त्री॰* मदिरा। शराब।

***मण्डान (मंडान)**—[< सं॰ मण्डन] *पु॰* १. मंडन। २. विस्तार। फैलाव। ३. किसी बड़े कार्य/कृत्य से सम्बन्धित व्यवस्था। जैसे — राज्याभिषेक का मंडान।

मण्डित (मंडित)—[सं॰ √ मण्ड् + क्त] वि १. सजाया हुआ। सुसज्जित। विभूषित। २. भरा हुआ। पूरी तरह से युक्त। ३. समर्थित। ४. ऊपर से छाया हुआ। आच्छादित।

मण्डी (मंडी)—[< सं॰ मण्डप] *स्त्री॰* १. माल की थोक ब्रिकी का बाज़ार। २. बाज़ार।

मण्डूक (मंडूक)—[सं॰ √मण्ड् + ऊकण] *पु॰* १. मेंढक। २. प्राचीन काल का एक वाद्य। ३. एक प्रकार का नृत्य। ❖ **मण्डूक-गति (मंडूक गति)**—*स्त्री॰* = मेंढक की चाल। *वि॰* = मेंढक की तरह उछल-उछल कर चलनेवाला।

मण्डूकपर्णी (मंडूकपर्णी)—[सं॰ मण्डूकपर्ण + ङीष्] *स्त्री॰* १. ब्राह्मी बूटी। २. मंजीठ। मजीठ।

मण्डूकी (मंडूकी)—[सं॰ मण्डूक + ङीष्] *स्त्री॰* १. मेंढकी। २. मंडूकपर्णी। ब्राह्मी।

मण्डूर (मंडूर)—[सं॰ √मण्ड् + अरच्] *पु॰* लोहे का मैल किट्ट/कीट जो दवा के काम आता है।

मण्डोवर (मंडोवर)—*दे॰* गर्भगृह।

मतङ्ग (मतंग)—[सं॰ √मद् + अङ्गच्, द→त] *पु॰* १. गज। हाथी। २. मेघ। बादल। ❖ **मतङ्गज (मतंगज)**— *पु॰* = गज। हाथी। ❖ **मतङ्गी (मतंगी)**— *पु॰* = हाथी का सवार। गजारोही।

मतदेय—[सं॰ मत ~ देय] *वि॰* (संसद् आदि में) जिसका निर्णय मतदान द्वारा किया जाए। मताधीन।

मतला—[< अरबी मत्ला] *पु॰* (काव्य॰) ग़ज़ल का पहला शेर जिसकी दोनों पंक्तियाँ तुकान्त होती हैं।

†मता[१]—*पु॰* ≤ *सं॰* मत। विचार।

†मता[२]—*स्त्री॰* ≤ *सं॰* मति। बुद्धि।

†मता[३]—[चाल्डियन भाषा] *पु॰* १. गाँव, ज़िला या देश। २. धन। सम्पत्ति। *जैसे*—डाकुओं ने सब माल-मता छीन लिया।

मताग्रह—[सं॰ ~ आग्रह] *पु॰* अपने विचार, धर्म या मत पर अविवेकपूर्वक विश्वास तथा विरोधी मत विचार आदि के प्रति असहिष्णुता।

मताधिकार—[सं॰ मत ~ अधिकार] *पु॰* १. निर्वाचन में मत देने का अधिकार। २. किसी विषय पर निर्णय होने में मत देने का अधिकार।

मताधीन—[सं॰ मत ~ अधीन] *वि॰* (संसद् आदि में) जिसका निर्णय मतदान से किया जाए। मतदेय।

***मताना**—[< सं॰ मत्त] *क्रिअ॰* मत्त होना। मस्त होना। *क्रिअ॰* मत्त करना। मस्त करना।

मतान्तर (मतांतर)—[सं॰ मत ~ अन्तर] *पु॰* भिन्न प्रकार का मत। अन्य मत।

मतार्थक—[सं॰ मत ~ अर्थक] *पु॰* (किसी के) पक्ष में प्रचार करनेवाला व्यक्ति। मतार्थन करनेवाला मनुष्य। (अं॰ कैन्वसिंग)

मतार्थना—[सं॰ मतार्थन + टाप्] *स्त्री॰* किसी को अनुरोधपूर्वक समझाकर अपने या किसी पक्ष के अनुकूल करना। किसी के पक्ष में प्रचार-कार्य। *जैसे*—मतार्थना में प्रयुक्त प्रचार-पर्चा।

मतावलम्बी (मतावलंबी)—[सं॰ मत ~ अवलम्बी (अवलम्बिन्)] *पु॰* किसी मत, सिद्धान्त या धर्म-सम्प्रदाय आदि का अनुयायी। मतानुयायी। *जैसे*—बौद्धमतावलम्बी।

मति[१]—[सं॰ √मन् + क्तिन्] *स्त्री॰* १. बुद्धि। २. मन। चित्त। हृदय। ३. विचार। समझ। सूझ-बूझ। ४. धारणा या विश्वास। ५. परामर्श। सम्मति। मत। राय। ६. कल्पना-शक्ति। कल्पना। ७. कामना। इच्छा। ८. स्मृति। याद। (काव्य॰) एक संचारी भाव। भ्रान्ति का नाश। ***वा॰* मति कच्ची होना**—कम समझदार होना। **मति थकना**—किंकर्तव्यविमूढ़ हो जाना। **मति फेरना**—बुद्धि बदल देना। **मति**

हर लेना—विवेक नष्ट कर देना।

***मति**[2]—[< हि॰ मत (< स॰ मा)] *क्रिवि॰* १. मत। नहीं। न। २. सम्भवतः। शायद।

मति-अन्ध (मति-अंध)—[स॰] *वि॰* जिसे स्वार्थ-भावना के कारण किसी काम में उचित-अनुमति का विवेक न रहा हो। मत्यन्ध।

मति-गति—[स॰] *स्त्री॰* १. बुद्धि और गति। २. (उपाय खोजने की दृष्टि से) बुद्धि की गति। बुद्धि की पहुँच।

मतिद्वैध (मतिद्वैध)—[स॰ मति ~ द्वैध] *पु॰* १. मतभेद। मतभिन्नता। २. दुविधा।

मतिधीर—[स॰ मति ~ धीर] *पु॰* स्थिर बुद्धि वाला।

मतिप्रकर्ष—[स॰ मति ~ प्रकर्ष] *पु॰* चातुर्य। निपुणता।

मतिभ्रंश—[स॰ मति ~ भ्रंश] *पु॰* १. वह स्थिति जिसमें बुद्धि काम नहीं कर पाती। बुद्धि-भ्रष्टता। २. पागलपन।

मतिभ्रम—[स॰ मति ~ भ्रम] *पु॰* बुद्धि या मन का भ्रम। विभ्रम। धोखा।

***मतिमन्त (मतिमंत)**—[< स॰ मतिमत्] *वि॰* बुद्धिमान्।

***मतिमन्य**—[< स॰ मतिमान्] *वि॰* बुद्धिमान्।

मतिमान्—[स॰ मतिमत्] *पु॰* बुद्धिमान्।

मतिमान्द्य (मतिमान्द्य)—[स॰ मति ~ मान्द्य] *वि॰* बुद्धि की मन्दता। मतिमन्दता। कमअक़्ली।

मतिविपर्यय/मतिविपर्यास—[स॰ मति ~ विपर्यय/विपर्यास] *पु॰* बुद्धि-भ्रम। मति-भ्रम। विभ्रम। धोखा।

मतिविभ्रंश—[स॰ मति ~ विभ्रंश] *पु॰* मतिभ्रंश।

मतिविभ्रान्ति (मतिविभ्रांति)—[स॰ मति ~ विभ्रान्ति] *स्त्री॰* मतिभ्रम।

मतिविलास—[स॰ मति ~ विलास] *पु॰* बुद्धि-विलास। बौद्धिक कल्पना।

मती—[< स॰ मत] *पु॰* १. अपना कोई विचार/राय रखने वाला। २. किसी धर्म-सम्प्रदाय या मत का अनुयायी।

मतीर/मतीरा—[देशज] *पु॰* एक फल। तरबूज़।

***मतेई**—[< स॰ विमाता] सौतेली माता। विमाता।

मतैं (मतें)**—[< स॰ मत] *पु॰* मत में। विचार में। ***जैसे—मेरे मतें तो तुम्हें संस्कृत अवश्य पढ़नी चाहिए।

मतैक्य—[स॰ मत ~ ऐक्य] *पु॰* १. दो या दो से अधिक लोगों की एकता। विचार की समानता। २. एकमत से निर्णय। आम राय। ∇ **विलोम**—मतभेद।

***मतो**—[< स॰ मन्त्र] *पु॰* परामर्श। सलाह।

मत्त—[स॰ √मद् + क्त] *वि॰* १. मतवाला। मस्त। २. नशे में चूर। ३. उन्मत्त। पागल। ४. मदमस्त (हाथी)। ५. अभिमानी। ६. अहंकारी। ७. रसिक। *पु॰* १. शराबी। २. पागल मनुष्य। ३. मनोवेग के आवेश से युक्त मनुष्य। ४. मदमस्त हाथी। ५. कोयल।

मत्तकाशिनी—[स॰ मत्त ~ काशिनी] *स्त्री॰* अति सुन्दर और मोहक स्त्री। प्रमदा।

मत्तगयन्द (मत्तगयंद)—[स॰ मत्त ~ गयन्द] *पु॰* मस्त हाथी। (छन्द॰) सवैया का एक प्रकार। एक समवर्णिक छन्द जिसके प्रत्येक चरण में क्रमशः ७ भगण और २ गुरु के योग से २३ वर्ण होते हैं।

मत्तता—[स॰ मत्त + तल् + टाप्] *वि॰* १. मतवालापन। मस्ती। २. उन्मत्तता। पागलपन।

मत्तदन्ती (मत्तदंती), मत्तनाग—[स॰ मत्तदन्तिन्, मत्त ~ नाग]—[स॰ मत्तदन्तिन्] *पु॰* १. मदमस्त हाथी। २. (लाक्षणिक) मदमस्त व्यक्ति।

मत्तमयूर—[स॰ मत्त ~ मयूर] *पु॰* मस्त मोर। (छन्द॰) एक समवर्णिक छन्द जिसके प्रत्येक चरण में क्रमशः मगण, तगण, यगण, सगण और गुरु (म त य स ग)के योग से १३ वर्ण होते हैं तथा ४-९ पर यति होती है। ● **विशेष**—'मत्तमयूर' छन्द को '**माया**' भी कहते हैं।

मत्तमातङ्गलीलाकर (मत्तमातंगलीलाकर)—[स॰ मत्त ~ मातङ्ग ~ लीलाकर] *वि॰* मस्त हाथी के समान लीला करनेवाला। *पु॰* (छन्द॰) एक वर्णिक दंडक जिसके प्रत्येक चरण में ९ या अधिक रगण होते हैं।

मत्ता—[स॰ मत्त + टाप्] *वि॰ (स्त्री॰)* पागल (स्त्री आदि)। पगली। *स्त्री॰* (छन्द॰) एक समवर्णिक छन्द जिसके (म भ स ग) प्रत्येक चरण में क्रमशः मगण, भगण, सगण और गुरु (म भ स ग) के योग से १० वर्ण होते हैं और ४-६ पर यति होती है।

मत्ताक्रीड़ा—[< स॰ मत्ताक्रीड़ा] *स्त्री॰* (छन्द॰) एक समवर्णिक छन्द जिसके प्रत्येक चरण में क्रमशः दो मगण, एक तगण, चार नगण, गुरु और लघु (म म त न न न न ग ल) के योग से २३ वर्ण होते हैं, तथा ८-५-१० पर यति होती है।

मत्तेभ—[स॰ मत्त ~ इभ] *पु॰* हाथी का मस्त बच्चा। ✣ **मत्तेभविक्रीडित**—*पु॰* (छन्द॰) एक समवर्णिक छन्द जिसके प्रत्येक चरण में सगण, भगण, रगण, नगण, मगण, यगण, लघु और गुरु (स भ र न म य ल ग) के योग से २० वर्ण होते हैं तथा १३-७ पर यति होती है।

मत्सर—[स॰ मद् + सरन्] *पु॰* १. ईर्ष्या। जलन। २. द्वेष।

मत्सरी—[स॰ मत्सरिन्] *वि॰* १. मत्सरयुक्त। द्वेषी। २. ईर्ष्यायुक्त।

मत्स्य—[स॰ √मद् + स्यन्] *पु॰* १. मच्छ। मछली। २. कोई भी जलचर। ३. मत्स्य देश या उसके निवासी।

मत्स्यकन्या—[स॰ मत्स्य ~ कन्या] *स्त्री॰* स्त्री के शरीर तथा मछली की पूँछ वाली काल्पनिक स्त्री जो जल में रहती है। जल-परी। (अ॰ मर्मेड)

मत्स्यगन्धा (मत्स्यगंधा)—[स॰ मत्स्यगन्ध + टाप्] *वि॰ (स्त्री॰)* १. शरीर में मछली के समान गन्ध वाली। *स्त्री॰* (द्वापरयुग के महर्षि वेदव्यास की माता) सत्यवती।

मत्स्यघाती—[स॰ मत्स्यघातिन्] *पु॰* मछलियाँ मारनेवाला। मछुआ।

मत्स्यजयन्ती—[स॰ मत्स्य ~ जयन्ती] *पु॰* भगवान् विष्णु के 'मत्स्यावतार' की अवतार-तिथि। चैत्र शुक्ल पंचमी।

मत्स्यजाल—[सं॰ मत्स्य ~ जाल] *पु॰* मछली पकड़ने का जाल।

मत्स्यजीवी—[सं॰ मत्स्यजीविन्] *पु॰* मछुआ।

मत्स्यदेश—[सं॰ मत्स्य ~ देश] *वि॰* वर्तमान राजस्थान के अलवर आदि ज़िलों के क्षेत्र का प्राचीन नाम।

मत्स्यराज—[सं॰ मत्स्य ~ राज] *पु॰* १. 'रोहू' मछली। २. मत्स्य/विराट देश का राजा।

मत्स्यवेधन—[सं॰ मत्स्य ~ वेधन] *पु॰* १. मछली फँसाने का काँटा। बंसी। २. मछली फँसाने का काम। मछली मारने का कार्य।

मत्स्याशन—[सं॰ मत्स्य ~ अशन] *पु॰* मछली खाना। मत्स्य-भक्षण।

मत्स्यावतार—[सं॰ मत्स्य ~ अवतार] *पु॰* मत्स्य के रूप में भगवान् विष्णु का अवतार।

मत्स्येन्द्रनाथ (मत्स्येंद्रनाथ)—[सं॰ मत्स्येन्द्र ~ नाथ] *पु॰* नाथ/सिद्ध परम्परा का प्रथम आचार्य। मच्छन्दरनाथ।

मत्स्योपजीवी—[सं॰ मत्स्य ~ उपजीवी (उपजीविन्)] *पु॰* मछुआ।

मथन—[सं॰ √मथ् + ल्युट्] *पु॰* मथने की क्रिया/भाव। मन्थन। विलोडन। बिलोना। *वि॰* १. नष्ट करनेवाला। २. मार डालनेवाला।

मथनी—[< हिं॰ मथना] *स्त्री॰* १. मथने की क्रिया। २. दही मथने का मटका। मथनिया। ३. मथानी। रई।

मथाई—[< हिं॰ मथना] *स्त्री॰* मथने की क्रिया/भाव।

मथानी—[< हिं॰ मथना] *स्त्री॰* दही बिलोने का एक उपकरण जो काठ का बना होता है। रई।

मथितार्थ—[सं॰ मथित ~ अर्थ] *पु॰* किसी विषय का बहुत अध्ययन और चिन्तन करने के बाद निकाला गया अर्थ/तात्पर्य। निष्कर्ष। सारांश।

मथुरानाथ—[सं॰ मथुरा ~ नाथ] *पु॰* १. मथुरा नगरी का राजा। मथुरेश। २. कृष्ण।

मथुरिया—[< सं॰ मथुरा] *वि॰* १. मथुरा का। २. मथुरा का वासी।

मथुरेश—[सं॰ मथुरा ~ ईश] *पु॰* १. मथुरा का राजा। ***जैसे***—मथुरेश कंस की सेना। २. (मथुरा का पूज्य महापुरुष) कृष्ण।

***मथूल**—[< हिं॰ मस्तूल] *पु॰* (पानी के जहाज़ का) मस्तूल।

मद[1]—[सं॰ √मद् + अच्] *पु॰* १. नशा। २. विक्षिप्तता। उन्मत्तता। पागलपन। २. (यौवन-काल की) मस्ती। जिसमें उचित अनुचित का विवेक न हो। ३. कामुकता। लम्पटता। ४. अहंकार। अभिमान। घमंड। ५. मदिरा। शराब। ६. मतवाले हाथी की कनपटी से बहनेवाला गन्धयुक्त द्रव। (छन्द॰) एक सममात्रिक छन्द जिसमें २४ मात्राएँ होती हैं, १४-१० पर यति होती है तथा अन्त में गुरु-लघु वर्ण होते हैं। रूपमाला छन्द।

मद[2]—[अरबी] *पु॰* (वाणि॰) १. (लेख में किसी कार्य/व्यक्ति का) खाता। २. (लेखा/हिसाब लिखने में प्रयुक्त) वह लम्बी रेखा जिसके नीचे लेखा/हिसाब लिखा जाता है।

मदक—[< सं॰ मद] *स्त्री॰* अफ़ीम के सत्त्व/सत्त और पान के योग से बननेवाला एक नशीला पदार्थ जिसे तम्बाकू की तरह पिया जाता है। ∴ **मदकची**—*पु॰* मदक पीनेवाला व्यक्ति।

मदकर—[सं॰ मद ~ कर] *वि॰* मद उत्पन्न करनेवाला। मदकारक।

मदकरी—[सं॰ मदकरिन्] *पु॰* मदमस्त हाथी।

मदकल—[सं॰ मद ~ कल] *वि॰* १. मदोन्मत्त। २. मदमाता। ३. धीरे-धीरे प्रेमालाप करनेवाला। मादकता से सुन्दर बना। *पु॰* मदमस्त हाथी।

मदकारी—[सं॰ मदकारिन्] *वि॰* मादक। नशीला। (आयुर्वेद॰) तमोगुणप्रधान होने के कारण बुद्धि का लोप कर देने वाला (पदार्थ)।

***मदगल**—[< सं॰ मदकल] *वि॰* मत्त। मस्त।

मदघूर्ण—[मद ~ घूर्ण] *क्रिवि॰, वि॰* मद से भरा हुआ। *क्रिस॰* मस्ती से घूरकर।

मदजल—[सं॰ मद ~ जल] *पु॰* मदमस्त हाथी की कनपटी से झरने वाला गन्धयुक्त द्रव। मद।

मदज्वर—[सं॰ मद ~ ज्वर] *पु॰* १. कामज्वर। २. बल आदि का अभिमान। नशा।

मदद्विप (मदद्विप)—[सं॰ मद ~ द्विप] *पु॰* मदमस्त हाथी।

मदन—[सं॰ √मद् + णिच् + ल्यु/ल्युट्] *वि॰* १. मदकारक। नशीला। २. विक्षिप्तताकारक। *पु॰* १. कामदेव। २. प्रेम। ३. मोम। ४. वसन्त ऋतु। ५. भ्रमर। भौंरा। *पु॰* = (कामदेव को भस्म करनेवाला) शिव। महादेव। ∴ **मदनदहन**—*पु॰* = (कामदेव को जला देनेवाला) शिव। महादेव।

मदन-पीड़ा—[< सं॰ मदनपीडा] *स्त्री॰* काम-भाव से उत्पन्न पीड़ा। काम-व्यथा।

मदनमहोत्सव—[सं॰ मदन ~ महोत्सव] *पु॰* प्राचीन भारत में चैत्र शुक्ल द्वादशी से चतुर्दशी तक मनाया जाने वाला एक उत्सव।

मदन-मोहन—[सं॰] *पु॰* (अत्यन्त आकर्षक रूप वाला) कृष्ण।

मदनरिपु—*पु॰* (कामदेव का शत्रु) शिव। महादेव।

मदनललिता—[सं॰ मदन ~ ललिता] *स्त्री॰* (छन्द॰) एक समवर्णिक छन्द जिसके प्रत्येक चरण में क्रमशः मगण, भगण, नगण, मगण, नगण और गुरु (म भ न म न ग) के योग से १६ वर्ण होते हैं, तथा ४-६-६ पर यति होती है।

मदनलहरी—[सं॰ मदन ~ लहरी] *स्त्री॰* काम-भावना की तरंग। कामोन्माद।

मदन-लेख—[सं॰] *पु॰* (प्रेमी-प्रेमिका का आपसी) प्रेम-पत्र।

मदनहर—[< सं॰ मदन ~ हर] *वि॰* काम-भाव को दूर करने वाला। *पु॰* (छन्द॰) एक मात्रिक दंडक जिसके प्रत्येक चरण में ४० मात्राएँ होती हैं, १०-८-१४-८ पर यति होती है, आदि में दो लघु और अन्त में एक गुरु होते हैं।

मदनातुर—[सं॰ मदन ~ आतुर] *वि॰* काम-भावना से आतुर। कामातुर।

मदनान्तक (मदनांतक)—[सं॰ मदन ~ अन्तक] *पु॰* (कामदेव का नाशक) शिव। महादेव।

मदनान्ध (मदनांध)—[सं॰ मदन ~ अन्ध] *वि॰* काम-भाव से अन्धे जैसा। अति कामातुर।

मदनायित—[सं॰ मदन + णिच् + क्त] *वि॰* मद/मस्ती से भरा हुआ। मादक।

मदनायुध—[सं॰ मदन ~ आयुध] *पु॰* कामदेव के अस्त्र।

मदनारा—[< सं॰ मदन] *वि॰* १. कामवर्धक। २. मद उत्पन्न करनेवाला। मादक। नशीला।

मदनारि—[सं॰ मदन ~ अरि] *पु॰* कामदेव का शत्रु। शिव। महादेव।

मदनावस्था—[सं॰ मदन ~ अवस्था] *स्त्री॰* प्रबल काम- भाव वाली अवस्था।

मदनास्त्र—[सं॰ मदन ~ अस्त्र] *पु॰* कामदेव का अस्त्र। *स्त्री॰* सुन्दर स्त्री।

मदनी—[सं॰ मदन + ङीप्] *स्त्री॰* १. मदिरा। शराब। २. कस्तूरी।

मदनीय—[सं॰ √मद् ~ अनीयर्] *वि॰* १. नशा उत्पन्न करनेवाला। मादक। नशीला। २. काम-भाव या प्रेम उत्पन्न करनेवाला।

मदनोत्सव—[सं॰ मदन ~ उत्सव] *पु॰* १. मदनमहोत्सव। २. होली का उत्सव।

मदनोद्यान (मदनोद्यान)—[सं॰ मदन ~ उद्यान] *पु॰* प्रमोदवन। प्रमदवन।

मदप्रद—[सं॰ मद ~ प्रद] *वि॰* मत्त करनेवाला। नशीला।

मदप्रस्रवण—[सं॰ मद ~ प्रस्रवण] *पु॰* हाथियों के मद या मदजल का बहना।

मदभङ्ग (मदभंग)—[सं॰ मद ~ भङ्ग] *पु॰* १. नशा उतरना। २. गर्व चूर होना। गर्व-नाश।

मदभरा—[सं॰ मद + हिं॰ भरना] *वि॰* १. मद से भरा हुआ। ***जैसे***—मदभरा पात्र । २. मादक। नशीला। ***जैसे***—मद से भरे नयन।

मदभार—[सं॰ मद ~ भार] *पु॰* बहुत अधिक मद।

मदमत्त—[सं॰ मद ~ मत्त] *वि॰* १. मस्त। मतवाला। २. नशे में चूर। ३. मद बहने के कारण मस्त हाथी। **Δ पर्याय**—मदमस्त। मदमाता।

मदमाता—*वि॰ ≤ सं॰* मदमत्त। ⁘ **मदमाती**— *वि॰ (स्त्री॰)* मतवाली।

मदमुकुलिताक्षी—[सं॰ मद-मुकुलित-अक्षी] *स्त्री॰* वह स्त्री जिसकी आँखें मद के प्रभाव से बन्द-सी हो रही हों।

मदमैगल—*वि॰ ≤ सं॰* मदगलित। मदमत्त।

मदमोचन—[सं॰ मद ~ मोचन] *वि॰* १. नशा दूर करनेवाला। २. गर्व-नाशक।

मदमोहित—[सं॰ मद ~ मोहित] *वि॰* १. मदमत्त। मस्त। २. घमंड से चूर।

मदयन्तिका (मदयंतिका)—[सं॰ मदयन्ती + कन् + टाप्, ह्रस्व] *स्त्री॰* मदयन्ती। मल्लिका।

मदयन्ती—[सं॰ मदयन्त + ङीष्] *स्त्री॰* मल्लिका। मोतिया।

मदन-लजौना—[< सं॰ मदन + हिं॰ लजाना] *वि॰* कामदेव को भी लज्जित करनेवाला। अत्यन्त सुन्दर।

मदवारण—[सं॰ मद ~ वारण] *पु॰* मस्त हाथी।

मदवारि—[सं॰ मद ~ वारि] *पु॰* मस्त हाथी का मद जो उसकी कनपटी पर बहता है। मदजल।

मदविक्षिप्त—[सं॰ मद ~ विक्षिप्त] *वि॰* मदमत्त (हाथी)।

मदविह्वल (मदविह्वल)—[सं॰ मद् ~ विह्वल] *वि॰* १. मत्त। २. कामातुर। ⁘ **मदविह्वलित (मदविह्वलित)**-*वि॰* = मदविह्वल।

मदहोश—[फा॰] *वि॰* १. नशे में बेसुध। उन्मत्त। मतवाला। २. अचेत। बेसुध। बेहोश। ⁘ **मदहोशी**— *वि॰* = १. मतवालापन। २. बेहोशी।

मदाकुल—[सं॰ मद ~ आकुल] *वि॰* मदविह्वल।

मदातीत—[सं॰ मद ~ अतीत] *पु॰* १. मदरहित। २. अभिमानरहित। निरहंकार।

मदात्यय—[सं॰ मद ~ अत्यय] *पु॰* १. शराब पीने का स्वभाव। मद्यपानता। २. शराब अधिक पीते रहने से विषाक्तता की दशा। (अं॰ एल्कोहलिज़्म)

***मदानि**—[< सं॰ म ~ दानी] *वि॰* कल्याण करनेवाली। मंगलप्रद। मंगलकारक।

मदान्ध (मदांध)—[सं॰ मद ~ अन्ध] *वि॰* जो मस्ती/यौवन/धन/शक्ति/सत्ता आदि के गर्व से विवेकहीन हो गया हो।

मदापनय—[सं॰ मद ~ अपनय] *पु॰* नशा उतारना। मद-नाश।

मदालस—[सं॰ मद ~ आलस] *वि॰* जो नशे के कारण आलस्ययुक्त/शिथिल/सुस्त हो।

मदालसा—[सं॰ मद ~ आलसा] *वि॰* मद के प्रभाव में अलसायी हुई।

मदालु—[सं॰ मद + आलुच्] *वि॰* जिससे मद झरता हो। मदमस्त (हाथी)।

मदिर—[सं॰ √मद् + किरच्] *वि॰* १. मद से भरा हुआ। मदयुक्त। २. मादक। नशीला।

मदिराक्ष—[सं॰ मदिर ~ अक्ष] *वि॰* मस्ती भरे नेत्रों वाला। मदभरी आँखों वाला।

मदिरागृह—[सं॰ मदिरा ~ गृह] *पु॰* शराब की दुकान। मधुशाला। शराबघर।

मदिरायतनयन—[सं॰ मदिर ~ आयतनयन] *वि॰* बड़े और आकर्षक नेत्रों वाला। मदभरे नेत्रों वाला।

मदिरारुण—[सं॰ मदिरा ~ अरुण] *वि॰* शराब पीने से लाल।

मदिरोन्मत्त—[सं॰ मदिरा ~ उन्मत्त] *वि॰* शराब के नशे में चूर। मदमत्त।

मदीय—[सं॰ अस्मद् + छ, 'मद' आदेश] *सर्व वि॰* मेरा।

मदीला—[< सं॰ मदिर, या < मद] *वि॰* १. मदमस्त। २. मदिर। मादक। नशीला।

***मदु**—[< सं॰ मद्य] *पु॰* मद्य। मदिरा। शराब।

मदोत्कट—[सं॰ मद ~ उत्कट] *वि॰* १. नशे में चूर। मदोन्मत्त। मत्त। २. कामुक। ३. अहंकारी। घमंडी। ४. घमंडी। मदमाता। *पु॰* मस्त हाथी।

मदोदक—[सं॰ मद ~ उदक] *पु॰* मदिरा। शराब।

मदोद्धत—[सं॰ मद ~ उद्धत] *वि॰* १. नशे में चूर। मदोन्मत्त। २. नशे से धृष्ट बना। ३. गर्विता। घमंडी।

मदोन्मत्त—[सं॰ मद ~ उन्मत्त] *वि॰* १. नशे के कारण उन्मत्त। मदान्ध। २. मतवाला। ३. जो यौवन/शक्ति/धन/सत्ता आदि के कारण गर्व से विवेकहीन हो गया हो।

***मदोवै**—[< सं॰ मन्दोदरी] *स्त्री॰* (लंकापति रावण की पटरानी) मन्दोदरी।

***मद्दति**—[< अरबी मद] *स्त्री॰* प्रशंसा।

मद्देनज़र—[अरबी] *वि॰* जो नज़र के सामने हो। दृष्टिगत।

मद्धिम[1] **(मद्धिम)**[1]—[< सं॰ मध्यम] *वि॰* १. मध्यम। सामान्य की अपेक्षा कम। *जैसे*—तेज़ चाल से नहीं, मद्धिम चाल से चलो।

मद्धिम[2] **(मद्धिम)**[2]—[< सं॰ मन्द] *वि॰* मन्द। धीमा।

मद्धे (मद्धे)—[< सं॰ मध्ये] *क्रिवि॰* १. मध्य में। बीच में। २. भीतर। ३. किसी विभाग/मद्द में।

मद्य (मद्य)—[सं॰ मद + यत्] *पु॰* मदिरा। शराब।

मद्यकुम्भ (मद्यकुंभ)—[सं॰ मद्य ~ कुंम्भ] *पु॰* शराब रखने का घड़ा।

मद्यप (मद्यप)—[सं॰ मद्य + प] *वि॰* मद्य पीनेवाला। मद्यपायी। शराबी। पियक्कड़।

मद्यपायी (मद्यपायी)—[सं॰ मद्यपायिन्] *वि॰* मद्यप। शराबी।

मद्यभाजन (मद्यभाजन)—[सं॰ मद्य ~ भाजन] *पु॰* मद्य रखने का पात्र। शराब का बर्तन।

मद्यसन्धान (मद्यसंधान)—[सं॰ मद्य ~ सन्धान] *पु॰* भभके से शराब खींचने का कार्य।

मद्रक—[सं॰ मद्र ~ कन्] *वि॰* मद्र देश से सम्बन्धित। मद्र देश का।

मद्रसुता—[सं॰ मद ~ सुता] *स्त्री॰* १. मद्रदेश की पुत्री। मद्रदेश में जनमी स्त्री। २. (राजा पांडु की पत्नी) माद्री।

मद्रासी—[< हिं॰ मद्रास] *वि॰* मद्रास-सम्बन्धी। मद्रास का। *पु॰* मद्रास का निवासी। *स्त्री॰* मद्रासी भाषा। तमिल भाषा।

***मधथ**—[< सं॰ मध्यस्थ] *वि॰* मध्य में स्थित। *पु॰* मध्यस्थ। (दे॰)

***मधि**—[< सं॰ मध्य] *स्त्री॰* १. मध्यता। बीच में होना। २. सुख-दुःख आदि के द्वन्द्वों में समस्थिति। *क्रिवि॰* मध्य में। बीच में। *परसर्ग॰* में।

***मधिम**[1]—[< सं॰ मध्यम] *वि॰* न बहुत बड़ा और न बहुत छोटा। मध्यम।

***मधिम**[2]—*वि॰* ≤ *हिं॰* मद्धिम। मन्द या धीमा।

***मधियाती**—[< सं॰ मध्यवर्ती] *वि॰* १. बीच में स्थित। बीच का। मध्यवर्ती। २. बीच में होने वाला। मध्यवर्ती।

मधुऋतु—[सं॰ मधु ~ ऋतु] *स्त्री॰* वसन्त ऋतु।

मधुक—[सं॰ मधु + कन्] *पु॰* १. मधूक/महुआ (वृक्ष)। २. मुलेठी। ३. अशोक वृक्ष।

मधुकण्ठ (मधुकंठ)—[सं॰ मधु ~ कण्ठ] *स्त्री॰* कोकिल। कोयल।

मधुकर—[सं॰ मधु ~ कर] *पु॰* १. भ्रमर। भौंरा। २. प्रेमी व्यक्ति। ३. कामुक/लम्पट पुरुष। ✣ **मधुकर-माला**—*स्त्री॰* = भौंरों का समूह।

मधुकरी—[सं॰ मधुकर + ङीष्] *स्त्री॰* १. भ्रमरी। नारी/मादा भौंरा। २. साधु-सन्यासियों को भिक्षा में प्राप्त पका हुआ भोजन।

मधुकारी[1]—[सं॰ मधु ~ कारी (कारिन्)] *पु॰* मधुमक्खी।

मधुकारी[2]—[< सं॰ मधुकरी] *पु॰* मधुकरी माँगने/लेनेवाला साधु-सन्यासी।

मधुकोष—[सं॰ मधु ~ कोष] *पु॰* शहद का छत्ता।

मधुक्रीड़ा—[< सं॰ मधु ~ क्रीडा] *स्त्री॰* आनन्दमय क्रीड़ा/खेल। ✣ **मधुक्रीड़ा-कूटस्थ**—*पु॰* = स्थिर होकर आनन्दमयी क्रीड़ाओं में संलग्न परमात्मा या परम शिव।

मधुगन्ध (मधुगंध)—[सं॰ मधु ~ गन्ध] *वि॰* मीठी सुगन्ध वाला। *पु॰* १. मौलसिरी (पेड़)। २. अर्जुन (पेड़)।

मधुघोष—[सं॰ मधु ~ घोष] *वि॰* मधुर आवाज़ करनेवाला। *स्त्री॰* कोकिल। कोयल।

मधुचक्र—[सं॰ मधु ~ चक्र] *स्त्री॰* शहद की मक्खियों का छत्ता। मधुकोष।

मधुचन्द्र (मधुचंद्र)—[सं॰ मधु ~ चन्द्र] *पु॰* नवविवाहित वर-वधू के वे आरम्भिक कुछ दिन जिन्हें वे किसी रमणीय स्थान पर जाकर आनन्द-विहार में बिताते हैं।

मधुज—[सं॰ मधु + ज] *वि॰* १. शहद से बना हुआ। २. शहद के छत्ते से प्राप्त। *पु॰* मोम।

मधुजा—[सं॰ मधुज + टाप्] *स्त्री॰* १. पृथ्वी। २. मिश्री। मिसरी।

मधुता—[सं॰ मधु + तल् + टाप्] *स्त्री॰* १. मधु का गुण/भाव। मधुत्व। २. मधुरता। मिठास।

मधुत्रय—[सं॰ मधु ~ त्रय] *पु॰* शहद, शक्कर और घी का मिश्रण।

मधुदूत—[सं॰ मधु ~ दूत] *पु॰* १. आम का पेड़। २. कोकिल। कोयल।

मधुद्रुम—[सं॰ मधु ~ द्रुम] *पु॰* आम का पेड़।

मधुधूलि—[सं॰ मधु ~ धूलि] *स्त्री॰* खाँड। शक्कर।

मधुप—[सं॰ मधु + प] *वि॰* मधु पीनेवाला। *पु॰* १. भ्रमर। भौंरा। २. मद्यप। शराबी।

मधुपटल—[सं॰ मधु + पटल] *पु॰* शहद की मक्खियों का छत्ता। मधुकोष।

मधुपति—[सं॰ मधु ~ पति] *पु॰* (वासुदेव) कृष्ण।

मधुपर्क—[सं॰ मधु ~ पर्क] *पु॰* दही, घी, शहद, शक्कर और जल के मिश्रण से बना हुआ पेय पदार्थ।

मधुपर्क्य—[सं॰ मधुपर्क + य] *वि॰* मधुपर्क के योग्य (व्यक्ति)। मधुपर्क पाने का अधिकारी। (देवता, अतिथि, वर इत्यादि)।

मधुपात्र—[सं॰ मधु ~ पात्र] *पु॰* मदिरा/शराब को रखने या पीने का पात्र।

मधुपायी—[सं॰ मधुपायिन्] *पु॰* भ्रमर। भौंरा।

मधुपुर—[सं॰ मधु ~ पुर] *पु॰* मथुरा। ✣ **मधुपुरी**—*स्त्री॰* मथुरा।

मधु प्रमेह—[सं॰ मधु ~ प्रमेह] *पु॰* मधुमेह (रोग)। (दे॰ मधुमेह)

मधुप्राशन—[सं॰ मधु ~ प्राशन] *पु॰* शिशु को प्रथम बार मधु चटाए जाने का संस्कार।

मधुबनिया—[< सं॰ मधुवन] *वि॰* मथुरा-वासी।

मधुबाला—[सं॰ मधु ~ बाला] *स्त्री॰* १. भ्रमरी। २. मदिरा पिलानेवाली युवती।

मधुभाण्ड (मधुभांड)—[सं॰ मधु ~ भाण्ड] *पु॰* शराब रखने का बड़ा बर्तन।

मधुभूमिक—[< सं॰ मधुभूमि] *पु॰* साधना-दशा में मधुमती भूमिका में स्थित योगी।

मधुमती—[सं॰ मधुमत् + ङीष्] *स्त्री॰* समाधि की वह अवस्था जिसमें सत्त्व गुण का पूर्ण प्रकाश होता है। (छन्द॰) एक समवर्णिक छन्द जिसके प्रत्येक चरण में क्रमशः २ नगण और गुरु के योग से ७ वर्ण होते हैं।

मधुमत्त—[सं॰ मधु ~ मत्त] *वि॰* शराब के नशे में चूर। २. जो वसन्त ऋतु होने के कारण से मत्त हुआ हो।

मधुमय—[सं॰ मधु ~ मय] *वि॰* मधु से भरा हुआ।

मधुमाधव—[सं॰ मधु ~ माधव] *पु॰* वसन्त ऋतु के दो मास—चैत्र और बैशाख।

मधुमान्—[सं॰ मधुमत्] *वि॰* १. मधुयुक्त। २. मधुर। मीठा। ३. प्रिय। ४. प्रसन्नताकारक।

मधुमाया—[सं॰ मधु ~ माया] *स्त्री॰* मधुर/आकर्षक माया।

मधुमालती—[सं॰ मधु ~ मालती] *स्त्री॰* मालती (लता)। (छन्द॰) एक सममात्रिक छन्द जिसमें प्रत्येक चरण में १४ मात्राएँ होती हैं, ७-७ पर यति होती है और अन्त में रगण होता है।

मधुमास—[सं॰ मधु ~ मास] *पु॰* १. वसन्त ऋतु का 'मधु' या 'चैत्र' नामक महीना। २. वसन्त-काल।

मधु-मिष्ट—[सं॰] *वि॰* १. अति मधुर। २. अत्यन्त प्रिय।

मधुमेह—[सं॰ मधु ~ मेह] *पु॰* प्रमेह रोग का एक प्रकार जिसमें मूत्र के साथ शकर निकलने लगती है और अधिक मूत्र आता है। मधुप्रमेह।

मधुयष्टि/मधुयष्टिका/मधुयष्टी—[सं॰ मधु ~ यष्टि/यष्टिका/यष्टी] *स्त्री॰* मुलेठी।

मधुरव—[सं॰ मधु ~ रव] *स्त्री॰* मधुर ध्वनि।

मधुरस—[सं॰ मधु ~ रस] *पु॰* १. गन्ना। २. मधुरता। मिठास।

मधुरसिक—[सं॰ मधु ~ रसिक] *पु॰* भ्रमर। भौंरा।

मधुरसरण—[सं॰ मधुर ~ सरण] *वि॰* धीरे-धीरे चलनेवाला।

मधुरा—[सं॰ मधुर + टाप्] *स्त्री॰* १. मथुरा (नगरी)। २. मुलेठी। ३. शतावर। ४. सौंफ। *वि॰ (स्त्री॰)* मधुर। मीठी। ✣ ***मधुराई**—*स्त्री॰* = मधुरता।

मधुरातिमधुर—[सं॰ मधुर ~ अति ~ मधुर] *वि॰* मधुर से भी अधिक मधुर। अत्यन्त मधुर। ***जैसे***—बचपन की मधुरातिमधुर स्मृतियाँ।

मधुरालाप—[सं॰ मधुर ~ आलाप] *स्त्री॰* मधुर बातचीत।

मधुरित—[सं॰ मधुर + इतच्] *वि॰* १. मधुरता/मिठास से युक्त किया हुआ। २. मधुर बनाया हुआ। मधुर रूप से बनाया हुआ।

मधु-रिपु—[सं॰] *पु॰* ('मधु' दैत्य का शत्रु) विष्णु।

मधुरिमा—[सं॰ मधुर + इमनिच्] *स्त्री॰* मधुरता। माधुर्य। मिठास।

मधुरी[1]—[< सं॰ मधुर] *वि॰ (स्त्री॰)* मधुर। मीठी।

मधुरी[2]—[< सं॰ माधुरी] *स्त्री॰* १. मधुरता। माधुरी। २. मदिरा। शराब।

मधुरोदक—[सं॰ मधुर ~ उदक] *पु॰* मीठा जल या शर्बत।

मधुलेखा—[सं॰] *स्त्री॰* १. मधुर/सुन्दर रेखा। २. माधुर्य की रेखा।

मधुलोलुप—[सं॰ मधु ~ लोलुप] *पु॰* १. भ्रमर। भौंरा। २. शराब पीने को आतुर।

मधुवन—[सं॰ मधु ~ वन] *पु॰* १. मथुरा के समीप एक प्राचीन वन। २. वृन्दावन का एक वन। ३. माधुर्य-राशि।

मधुवर्षिणी—[सं॰ मधु ~ वर्षिणी] *वि॰ (स्त्री॰)* अमृत की वर्षा करनेवाली।

मधुवल्ली—[सं॰ मधु ~ वल्ली] *स्त्री॰* मुलेठी।

मधुवात—[सं॰ मधु ~ वात] *पु॰* चैत्र मास की शीतल और मन्द हवा। चैती।

मधुव्रत—[सं॰ मधु ~ व्रत] *पु॰* भ्रमर। भौंराँ।

मधुशाला—[सं॰ मधु ~ शाला] *स्त्री॰* मदिरालय। शराबघर।

मधुशिष्ट/मधुशेष—[सं॰ मधु ~ शिष्ट/शेष] *पु॰* मोम।

मधुस्रव—[सं॰ मधु ~ स्रव] *वि॰* जिससे शहद या मधुरता झड़े। *पु॰* महुआ का वृक्ष। ✣ **मधुस्रवा**—*वि॰ (स्त्री॰)* = मधुस्रव। *पु॰* १. मुलेठी। २. संजीवनी (बूटी)।

मधुश्री—[सं॰ मधु ~ श्री] *स्त्री॰* बसन्त की शोभा। वसन्त-श्री।

मधुसखा—[सं॰ मधु ~ सखा] *पु॰* कामदेव।

मधुसिक्त—[सं॰ मधु ~ सिक्त] *वि॰* मधु से सींचा हुआ। मधु-सिंचित। मधुर या उन्मादक।

मधु-सुहृद्—[सं॰] *पु॰* कामदेव।

मधुसूदन—[सं॰ मधु ~ सूदन] *पु॰* १. ('मधु' दैत्य को मारनेवाला) विष्णु। २. (वासुदेव) कृष्ण।

मधुस्वर—[सं॰ मधु ~ स्वर] *पु॰* १. मीठे स्वर वाला व्यक्ति। २. कोकिल। कोयल।

मधुहन्ता—[सं॰ मधु ~ हन्ता (हन्तृ)] *पु॰* (मधु नामक दैत्य का नाशक) विष्णु।

मधुहा—[सं॰ मधु ~ हा] *पु॰* मधुहन्ता। विष्णु।

मधूक—[सं॰ √मह् + ऊक्, निपात॰ ह→ध्] *पु॰* १. महुआ (वृक्ष, फूल या फल)। २. मुलेठी। ३. भ्रमर। भौंरा।

मधूत्सव—[सं॰ मधु ~ उत्सव] *पु॰* वसन्तोत्सव।

मधूलिका—[सं॰ मधूल + कन् + टाप्] *स्त्री॰* १. मुलेठी। २. 'मधूली' गेहूँ से तैयार शराब।

मधूली—[सं॰ मधूल + ङीप्] *स्त्री॰* १. आम का पेड़। २. एक प्रकार का गेहूँ जो मध्य प्रदेश आदि में होता है।

मध्यक—[< सं॰ मध्य] *वि॰* १. बीच में रहने/होने वाला। २. जो न बहुत बड़ा हो, न बहुत छोटा। मध्यम आकार का।

मध्यग—[सं॰ मध्य √गम् + ड] *वि॰* बीच में स्थित। मध्यवर्ती।

मध्यगत—[सं॰ मध्य ~ गत] *वि॰* १. बीच में आया/लाया हुआ। २. बीच में स्थित। मध्यवर्ती।

मध्यच्छद—[सं॰ मध्य ~ छद] *पुं॰* (शरीर॰) छाती और पेट के बीच की झिल्ली। मध्यपट। (अं॰ डायाफ्राम)

मध्यता—[सं॰ मध्य + तल् + टाप्] *स्त्री॰* मध्य होने की अवस्था/धर्म/भाव।

मध्यतः—[सं॰ मध्य + तस्] *क्रिवि॰* बीच से।

***मध्य दिवस**—[सं॰] *पुं॰* १. दिन का मध्य। मध्याह्न। दुपहर। २. ऐसा दिन जो सम हो, न ठंडा और न गर्म।

मध्यदेश—[सं॰ मध्य ~ देश] *पुं॰* बीच वाला स्थान/भाग।

मध्यनगर—[सं॰ मध्य ~ नगर] *पुं॰* नगर का केन्द्रीय या बीच का भाग।

मध्यपथ—[सं॰] *पुं॰* बीच का रास्ता। (बौद्ध॰) भौतिकवादी भोग-मार्ग तथा आध्यात्मिक साधना में अति कठिन लगनेवाले अतिवादी मार्ग दोनों को छोड़कर बीच का साधना-पथ जिसका उपदेश भगवान् बुद्ध ने दिया था।

मध्यपदलोपी—[सं॰ मध्यपदलोपिन्] *पुं॰* (व्या॰) समास का एक प्रकार। वह समास जो बीच के पद को लुप्त करने से बनता है।

मध्य प्रत्यय—[सं॰] *पुं॰* (भाषा॰) शब्द के बीच में जुड़ा प्रत्यय। ***जैसे***—'वसुदेव' से 'वासुदेव' शब्द बनने में 'वा' का 'आ' 'मध्य प्रत्यय' है।

मध्यबलाघात—[सं॰ मध्य ~ बलाघात] *पुं॰* (भाषा॰) शब्द के बीच में होनेवाला बलाघात।

मध्यमणि—[सं॰ मध्य ~ मणि] *पुं॰* हार का मुख्य रत्न।

मध्यमता—[सं॰ मध्यम + तल् + टाप्] *स्त्री॰* मध्य होने की स्थिति/भाव।

मध्यमपदलोपी—[सं॰ मध्यमपदलोपिन्] *पुं॰* (व्या॰) मध्यपदलोपी।

मध्यमपाण्डव (मध्यमपांडव)—[सं॰ मध्यम ~ पाण्डव] *पुं॰* (पांडु-पुत्र) अर्जुन।

मध्यमपुरुष—[सं॰ मध्यम ~ पुरुष] *पुं॰* (व्या॰) एक प्रकार का पुरुषवाचक सर्वनाम।

मध्यमान—[सं॰ मध्य ~ मान] *पुं॰* औसत।

मध्यलिङ्गी (मध्यलिंगी)—[सं॰ मध्यलिङ्गिन्] (प्राणि॰) *पुं॰* ऐसा व्यक्ति जिसमें भिन्न लिंगी व्यक्ति के कुछ लक्षण विकसित हो गए हों।

मध्यलोक—[सं॰ मध्य ~ लोक] *पुं॰* पृथ्वी।

मध्यवय—[सं॰ मध्य ~ वय] *वि॰* अधेड़ उम्र का (मनुष्य)। प्रौढ़ (व्यक्ति)।

मध्यवर्ती—[सं॰ मध्यवर्तिन्] *वि॰* जो मध्य में हो। मध्यस्थ। बीच का। *पुं॰* दो विरोधी पक्षों के बीच में पड़नेवाला तटस्थ, दोनों पक्षों द्वारा मान्य और उनका हितचिन्तक व्यक्ति जो दोनों पक्षों में बातचीत समझौता या सम्बन्ध कराता है। मध्यस्थ। बिचौलिया।

मध्यवित्त—[सं॰ मध्य ~ वित्त] *वि॰* जो आर्थिक दृष्टि से मध्य श्रेणी का हो, न अमीर हो और न ग़रीब।

मध्यस्थ—[सं॰ मध्य + स्थ] *वि॰* १. मध्यवर्ती। (दे॰) २. तटस्थ। उदासीन। ३. दोनो पक्षों को मान्य। निष्पक्ष। *पुं॰* १. मध्यवर्ती। (दे॰) २. तटस्थ। बिचौलिया। ३. उदासीन।

मध्यस्वर—[सं॰ मध्य ~ स्वर] *पुं॰* (भाषा॰) ऐसा स्वर जिसके उच्चारण में जीभका मध्य भाग ऊपर उठता है।

मध्या—[सं॰ मध्य + टाप्] *स्त्री॰* हाथ की बीच की उँगली। मध्यमा। (काव्य॰) स्वकीया नायिका का एक प्रकार। वह नायिका जिसमें लज्जा और काम-भावना दोनों हों।

मध्यान्तर (मध्यांतर)—[सं॰ मध्य ~ अन्तर] *पुं॰* १. दो घटनाओं/वस्तुओं आदि के बीच का अन्तर। २. बीच का समय। अवकाश-काल। अन्तराल। **Δ पर्याय**—मध्यावकाश।

मध्यान्त्र (मध्यांत्र)—[सं॰ मध्य ~ अन्त्र] *स्त्री॰* छोटी आँत का ग्रहणी से शेषांत्र तक का भाग।

मध्यावकाश—[सं॰ मध्य ~ अवकाश] *पुं॰* मध्यान्तर।

मध्यावधि—[सं॰ मध्य ~ अवधि] *वि॰* १. निर्धारित अवधि के बीच में होनेवाला। २. निर्धारित अवधि के मध्य का।

मध्यावस्था—[सं॰ मध्य ~ अवस्था] *स्त्री॰* १. बीच की अवस्था। २. (व्यक्ति की) प्रौढ़ावस्था।

मध्याह्न (मध्याह्न)—[सं॰ मध्य ~ अह्न] *पुं॰* १. दिन के ठीक बीच का समय। दोपहर। २. दिन का दूसरा पहर। दोपहर।

मध्याह्नोत्तर (मध्याह्नोत्तर)—[सं॰ मध्याह्न ~ उत्तर] *पुं॰* दोपहर के बाद का समय। दिन का तीसरा पहर।

मध्ये—[सं॰ मध्य] *क्रिवि॰* १. मध्य में। बीच में। २. मद्धे।

मध्वासव—[सं॰ मधु ~ आसव] *पुं॰* महुए की बनी शराब।

मध्वास्वाद—[सं॰ मधु ~ आस्वाद] *वि॰* १. शहद के स्वाद वाला। २. मधुर स्वाद वाला। मीठा।

मन[१]—[< सं॰ मनस् (मनः)] *पुं॰* १. प्राणियों में वह शक्ति जिससे वे वेदना, इच्छा, संकल्प आदि का अनुभव करते हैं। अन्तःकरण की एक वृत्ति। मनन का साधन आन्तरिक करण जो ज्ञानेन्द्रिय और कर्मेन्द्रिय दोनों है। २. चित्त। हृदय।

मन[२]—[< वैदिक सं॰ मना] *पुं॰* १. लगभग पचास वर्ष पहले तक प्रचलित रही एक तौल जिसमें ४० सेर होते थे। २. उक्त तौल का बाट।

***मनई**—[< सं॰ मानव] *पुं॰* मनुष्य।

मनः/मनस्—[सं॰ √मन् + असुन्] *पुं॰* मन।

मनःकल्पित—[सं॰ मनस् ~ कल्पित] *वि॰* मन के द्वारा कल्पित। कपोलकल्पित। मनगढ़न्त।

मनःकान्त (मनःकांत)/मनस्कान्त—[सं॰ मनस् ~ कान्त] *वि॰* मन को प्रिय लगनेवाला।

मनःकाम—[सं॰ मनस्काम] *पुं॰* (मन की) इच्छा। मनोरथ। तमन्ना। **Δ पर्याय**—मनः कामना/मनोकामना।

मनःकामना—[सं॰ मनस् ~ कामना] *स्त्री॰* मन की अभिलाषा। मनोकामना।

मनःकायिक—[सं॰ मनस् ~ कायिक] *वि॰* मानसिक और शारीरिक।

मनः शारीरिक *जैसे*—मनः कायिक रोग। (अ॰ साइको-सोमैटिक)

मनःक्षेप—[स॰ मनस् ~ क्षेप्] *पु॰* मन की विकलता। मानसिक उद्वेग।

मनःगतिकी—[स॰ मनस् + हि॰ गतिकी] *स्त्री॰* (समाज॰) मनोविज्ञान की एक शाखा जिसमें मानसिक प्रतिक्रियाओं के परिवर्तनों और विकास का अध्ययन किया जाता है।

मनःतुष्टि/तृप्ति—[स॰ मनस् ~ तुष्टि/तृप्ति] *स्त्री॰* मन का सन्तोष।

मनःपर्यय—[स॰ मनस् ~ पर्यय] *पु॰* परचित्तज्ञान। (अ॰ टेलिपैथि)

मनःपाप—[स॰ मनस् ~ पाप] *पु॰* क्रिया द्वारा न किया गया परन्तु भावना/विचार कलुषित होने से हुआ पाप। मानसिक पाप।

मनःपीड़ा—[< स॰ मनस् ~ पीडा] *स्त्री॰* मानसिक कष्ट।

मनःपूत—[स॰ मनस् ~ पूत] *वि॰* १. पवित्र मन वाला। शुद्धहृदय। २. जिसे मन ने पवित्र मान लिया हो। ३. जिसे मन ने ठीक मान लिया हो। मनोवांछित। इष्ट।

मनःप्रभावी—[स॰ मनस् ~ प्रभावी (प्रभाविन्)] *वि॰* मन को प्रभावित करनेवाला।

मनःप्रसाद—[स॰ मनस् ~ प्रसाद] *पु॰* मनःप्रीति। हर्ष।

मनःप्रसूत—[स॰ मनस् ~ प्रसूत] *वि॰* कपोलकल्पित। मनगढ़न्त।

मनःप्रिय—[स॰ मनस् ~ प्रिय] *वि॰* मन को प्रिय।

मनःप्रीति—[स॰ मनस् ~ प्रीति] *स्त्री॰* १. मन की प्रसन्नता। हर्ष। मनःप्रसाद। २. मानसिक सन्तोष।

मनःसामाजिक—[स॰ मनस् ~ सामाजिक] *वि॰* [समाज॰] (ऐसी स्थिति/घटना) जो मनौवैज्ञानिक तथा सामाजिक घटनाओं से मिलकर उत्पन्न हुई हो।

मनःसुख—[स॰ मनस् ~ सुख] *वि॰* जो मन को प्रिय/सुखद हो। *पु॰* मन का सुख।

मनःस्थैतिकी—[स॰ मनस् + हि॰ स्थैतिकी] *स्त्री॰* मनोविज्ञान की एक शाखा जिसमें मानसिक अवस्थाओं की संरचना या चेतन अनुभवों का अध्ययन किया जाता है। (अ॰ साइकोस्टैटिक्स)

मनःस्थैर्य—[स॰ मनस् ~ स्थैर्य] *पु॰* मन की स्थिरता। मानसिक दृढ़ता।

***मनक**—[< हि॰ मन] *वि॰* (तौल में) मन-भर। *पु॰* एक मन भार या एक मन भार की वस्तु।

†मनकना—[अनु॰] *क्रिअ॰* विचलित होना। डिगना।

मनका—[< स॰ मणिक] *पु॰* १. स्फटिक, रुद्राक्ष, लकड़ी या सोना-चाँदी आदि का वह छोटा गोलाकार/अंडाकार टुकड़ा जिसके बीच में दो छेद होते हैं ताकि धागे में पिरोया जाए। २. (लाक्षणिक) माला। सुमिरनी। *जैसे*—हाथ का मनका छोड़कर मन का मनका फेर।

मन-काम—[< स॰ मनःकाम] *पु॰* (मन की) इच्छा/लालसा। मनःकामना। ⁘ **मन-कामना**— *स्त्री॰* = मन की इच्छा/लालसा।

***मन-कुमार**—[< स॰ मनः कुमार] *पु॰* कामदेव।

मनचीता—[< हि॰ मन + चीतना] *वि॰* जैसा मन ने चाहा और सोचा हो। इच्छानुसार। मनचाहा।

मनजात—[< स॰ मनःजात] *पु॰* कामदेव।

†मननाना—[अनु॰] *क्रिअ॰* गुंजरना। *जैसे*—भ्रमरों का मननाना।

मनभरौती—[< हि॰ मन + भरना] *स्त्री॰* १. मन भरने की क्रिया/भाव। २. चापलूसी। ३. ख़ुशामद। मन का सन्तोष। मनस्तोष।

मनभाया—[< हि॰ मन + भाना] *वि॰* १. मन को अच्छा लगनेवाला। २. प्रिय। मनोनुकूल। मनभावन।

मनभावन/मनभावना—[< हि॰ मन + भाना] *वि॰* मनभाया।

मनभावा—[< हि॰ मन + भाना] *वि॰* मनोनुकूल। मनचाहा।

***मनमत्त**—*वि॰ ≤ स॰* मदमत्त। मस्त। मतवाला।

***मनमथ**—*पु॰ ≤ स॰* मन्मथ। कामदेव। मदन।

मन-मानता—[< हि॰ मन + मानता] *वि॰* १. जो अपनी इच्छा से बिना किसी का ध्यान रखे किया जाए। मनमाना। २. जिसे मन चाहता हो। मनचाहा।

मनमारे—[< हि॰ मन + मारना] *क्रिवि॰* खिन्न/उदास मन से।

***मनमुखी**—[स॰ मन ~ मुखी] *वि॰* मनमानी से काम करनेवाला। स्वेच्छाचारी।

मनमोदक—[< स॰ मनः मोदक] *पु॰* मन के लड्डू। ऐसी कल्पना या काल्पनिक योजना जिसका कोई आधार न हो और न जो सम्भव हो सकती हो। कोरी कल्पना।

मनमोहन—[स॰ मनस् ~ मोहन] *वि॰* १. मन को मोहित करनेवाला। मनमोहक। २. सुन्दर। मनोहर। ३. प्रिय। प्यारा। *पु॰* कृष्ण। कन्हैया। (छन्द॰) एक सममात्रिक छन्द जिसके प्रत्येक चरण में १४ मात्राएँ होती हैं, ८-६ पर यति होती है और अन्त में नगण होता है। ⁘ **मनमोहिनी**—*वि॰ (स्त्री॰)* = १. मन को मोहित करने-वाली। २. सुन्दर। ३. प्रिय। प्यारी।

मनमौज—[हि॰ मन + अरबी मौज] *पु॰* १. मन की तरंग। २. हृदय की प्रसन्नता/मस्ती। ३. अपने आनन्द के लिए किया जाने वाला काम या खेल आदि। ⁘ **मनमौजी**—*वि॰* = १. दूसरों के कहने से नहीं, अपितु अपने मन की तरंग के अनुसार ही काम करनेवाला। २. अपनी प्रसन्नता या आनन्द के लिए कोई कार्य विशेष या व्यवहार विशेष करनेवाला।

मनरोचन—[हि॰ मन + स॰ रोचन] *वि॰* १. मन को प्रिय लगनेवाला। मनमोहक। २. मनोहर। सुन्दर।

मनसब—[< अरबी मन्सब] *पु॰* १. (शासन में) ऊँचा पद। २. अधिकार। ⁘ **मनसबदार**—*पु॰* = (शासन में) ऊँचे पद का अधिकारी। ⁘ **मनसबी**—*वि॰* = पद-सम्बन्धी। पद का। *जैसे*—मनसबी काम।

मनसा[१]—[स॰ मनस्] *क्रिवि॰* मन के द्वारा। मन से।

मनसा[२]—[स॰ मनस् + अच् + टाप्] *वि॰* १. मन से उत्पन्न। २. मन-सम्बन्धी। मन का। मानसिक। *पु॰* १. इच्छा या भावना। २. एक देवी।

***मनसाकर**—[< हि॰ मनसा (< मन्शा) + करना] *वि॰* इच्छित फल देनेवाला। इच्छा पूरी करनेवाला। *जैसे*—दुर्गा देवी मनसाकर हैं।

मनसा पञ्चमी (मनसा पंचमी)—[सं॰] *स्त्री॰* मनसा देवी की पूजा की एक तिथि। आषाढ़ कृष्ण पंचमी।

मनसाराम—[सं॰ मानस ~ राम] *पुं॰* १. मानस। मन। २. इच्छा।

***मनसि**—[सं॰ मनस्] *पुं॰* मन में।

मनसिज—[सं॰ मनसि + ज] *वि॰* जो मन में उत्पन्न हो। *पुं॰* १. कामदेव। मदन। २. प्रेम।

मनस्काम—[सं॰ मनस् ~ काम] मन की इच्छा। मनोरथ।

मनस्तत्त्व—[सं॰ मनस् ~ तत्त्व] *पुं॰* १. मन का भाव। २. मनरूपी पदार्थ।

मनस्ताप—[सं॰ मनस् + ताप] *पुं॰* १. मानसिक कष्ट। २. पश्चात्ताप।

मनस्तुष्टि—[सं॰ मनस् ~ तुष्टि] *स्त्री॰* मन की तुष्टि। मानसिक सन्तोष। मनस्तोष।

मनस्तोष—[सं॰ मनस् ~ तोष] *पुं॰* मनस्तुष्टि।

मनस्विता—[सं॰ मनस्विन् + तल् + टाप्] *स्त्री॰* १. मनस्वी होने की अवस्था/भाव। २. बुद्धिमानी। ३. दृढ़ निश्चय। ४. प्रतिभा। ५. मन की उदारता।

मनस्वी—[सं॰ मनस्विन् (मनस् + विनि)] *वि॰* १. उदात्त/उदार/ ऊँचे मन वाला। उच्च विचारों वाला। २. दृढ़ निश्चयी। दृढ़व्रत। ३. बुद्धिमान्। ४. प्रतिभाशाली।

मनहंस—[हिं॰ मन + सं॰ हंस] *पुं॰* (छन्द॰) एक समवर्णिक छन्द जिसके प्रत्येक चरण में क्रमशः सगण, २ जगण, भगण और रगण (स ज ज भ र) के योग से १५ वर्ण होते हैं।

मनहर—[< सं॰ मनोहर] *वि॰* मनोहर। सुन्दर। *पुं॰* (छन्द॰) **'घनाक्षरी'** नामक वर्णिक छन्द। (दे॰ घनाक्षरी)

मनहरण—[< हिं॰ मन + सं॰ हरण] *वि॰* मन को हरने-वाला। मन को आकर्षित करनेवाला। मनोहर। सुन्दर। *पुं॰* १. मन का हरण। मन हरने की क्रिया/भाव। (छन्द॰) 'घनाक्षरी' नामक वर्णिक छन्द। (दे॰ घनाक्षरी) ✣ ***मनहरन**—*वि॰, पुं॰* = मनहरण।

***मनहु**—[< हिं॰ मन] *क्रिवि॰* १. मन भी। २. मन से भी।

***मनहुँ**—[< हिं॰ मानना] *अव्यय॰* यथा। जैसे। मानों।

मनहूस—[< अरबी॰ मन्हूस] *वि॰* १. अशुभ। अनिष्ट। बुरा। ***जैसे***—मनहूस मकान। २. अभागा। बदक़िस्मत। ३. जिसमें चमक-दमक, शोभा आदि न हो। श्रीहीन।

†मनाक—[< सं॰ मनाक्] *वि॰* किंचित्। बहुत थोड़ा। *क्रिवि॰* थोड़ा-भी। ज़रा-भी। ✣ ***मनाग**—*क्रिवि॰* थोड़ा-भी। ज़रा-भी।

***मनिआर**[1]—[< सं॰ मणिकार] मणियों की माला आदि बनानेवाला। मणिकार।

***मनिआर**[2]—[< प्रा॰ मणिआर < सं॰ मणि ~ आकर] *वि॰* १. मणियों से युक्त। २. मणियों से जगमगाता हुआ।

†मनिका—[सं॰ मणिक] *पुं॰* माला का दाना। मनका।

***मनिगन**—[< सं॰ मणि ~ गण] *पुं॰* रत्नों का समूह।

***मनिजाल**—[< सं॰ मणि ~ जाल] *पुं॰* १. रत्नों का समूह। २. मणियों से बनी जाली।

***मनिदीप**—[< सं॰ मणिदीप] *पुं॰* मणि का दीपक।

***मनिधर**—[< सं॰ मणिधर] *वि॰* मणि को धारण करने-वाला। *पुं॰* नाग। साँप।

मनिमन्दिर (मनिमंदिर)—[सं॰ मणि ~ मन्दिर] *पुं॰* ऐसा भवन जो या तो मणियों से बना हो या जिसमें मणियाँ जड़ी हों। मणिरचित भवन या मणिजटित भवन।

†मनिया—[< हिं॰ मनिका] *स्त्री॰* १. माला का दाना। मनका। २. गले में पहनने की माला। कंठी।

***मनियारे**—[< सं॰ मणि] *वि॰* १. देदीप्यमान। चमकीला। २. सुन्दर।

***मनिहार**[1]—*पुं॰* ≤ *सं॰* मणिहार। रत्न-हार।

मनिहार[2]—[< सं॰ मणिकार] *पुं॰* १. चूड़ियाँ बनानेवाला। २. चूड़ियाँ बेचनेवाला। ✣ **मनिहारिन/मनिहारी**—*स्त्री॰* = चूड़ियाँ तथा स्त्री-शृंगार की अनेक वस्तुएँ बेचनेवाली स्त्री।

†मनिहैं (मनिहैं)—[< हिं॰ मानना] *क्रिस॰* मानेंगे या मानेंगी।

***मनी**—[< सं॰ मणि] *स्त्री॰* १. मणि। रत्न। २. नाग के सिर की मणि। ३. (निरर्थक) अभिमान।

मनीषा—[सं॰ मनस् ~ ईषा] *स्त्री॰* १. मन की विशेष शक्ति जिससे वह विचार आदि करता है। गम्भीर चिन्तन की मानसिक शक्ति। २. बुद्धि। समझ। ३. इच्छा। कामना। ४. विचार।

मनीषी—[सं॰ मनीषिन्] *वि॰* १. बुद्धिमान्। २. विचारशील। मननशील। ३. ज्ञानी। ४. विद्वान्।

मनु[1]—[सं॰ √मन् + उ] *पुं॰* १. मनुष्य। २. मन्त्र। ३. अन्तःकरण। मन। ४. (पद्य आदि में) चौदह की संख्या। ५. मानव जाति का मूल पुरुष।

मनु[2]—[< हिं॰ मनहुँ] *अव्यय॰* यथा। जैसे। मानों।

***मनुआ**[1]**/मनुआँ**[1]—[< हिं॰ मन] *पुं॰* मन।

***मनुआ**[2]**/मनुआँ**[2]—*पुं॰* ≤ *सं॰* मानव।

मनुजात—[सं॰ मनु ~ जात] *पुं॰* १. मनु-पुत्र। २. मनुष्य। मानव।

मनुजाद—[सं॰ मनुज् √अद् + अश्] *वि॰* मनुष्यों को खानेवाला। नरभक्षी। *पुं॰* राक्षस।

मनुजाधिप, मनुजेन्द्र (मनुजेंद्र), मनुजेश्वर—[सं॰ मनुज ~ अधिप/ इन्द्र/ईश्वर] *पुं॰* राजा।

***मनुष**—*पुं॰* ≤ *सं॰* मनुष्य। मानव या पुरुष। ✣ **मनुषी**—*स्त्री॰* नारी। स्त्री। मानसी।

***मनुस**—[< सं॰ मनुष्य] *पुं॰* १. मनुष्य। मानव। २. पति। ३. पौरुषवाला व्यक्ति। मर्द। ✣ **मनुसाई**—*स्त्री॰* = १. मनुष्यता। २. पौरुष। वीरता। ✣ **मनुसाना**—*क्रिअ॰* = १. पौरुष का भाव जाग्रत होना। २. क्रुद्ध होना। *क्रिस॰* १. पौरुष का भाव जगाना। २. क्रुद्ध करना।

मनुसंहिता—[सं॰ मनु ~ संहिता] *स्त्री॰* 'मनुस्मृति' नामक ग्रन्थ।

मनुहार—[< हिं॰ मान + हरना] *स्त्री॰* १. रूठे व्यक्ति को मनाने, उसका मान दूर करने या प्रसन्न करने के लिए की जाने वाली मीठी बातें, प्रार्थना या विनती। २. उक्त विनती आदि की क्रिया/प्रयत्न/

भाव। ३. चाटुकारिता। ख़ुशामद। ४. सत्कार। आदर।

मनोगत—[स॰ मनस् ~ गत] *वि॰* १. मन में आया हुआ या उठा हुआ (विचार)। २. मन में छिपा हुआ। मन में विद्यमान। ३. मानसिक। मन का। ४. मन पर प्रभाव डालनेवाला। *पु॰* १. अभिलाषा। कामना। २. विचार। ३. धारणा।

मनोगति—[स॰ मनस् ~ गति] *स्त्री॰* १. मन की गति। २. हार्दिक अभिलाषा।

मनोगृहीत—[स॰ मनस् ~ गृहीत] *वि॰* मन द्वारा ग्रहण किया हुआ।

मनोग्रन्थि (मनोग्रंथि)—[स॰ मनस् ~ ग्रन्थि] *स्त्री॰* १. मन की गाँठ। कुंठा। २. मन में छिपी कोई अनसुलझी धारणा या रहस्य। ३. कोई कटु/कड़वी स्मृति।

मनोग्रस्ति—[स॰ मनस् ~ ग्रस्ति] *स्त्री॰* (मनो॰) १. मन में कोई दुश्चिन्ता या भयमूलक विचार सदा बना रहने की अवस्था। २. मन में बैठा हुआ कोई अवांछनीय विचार। सनक। ख़ब्त।

मनोग्राही—[स॰ मनस् ~ ग्राही (ग्राहिन्)] *वि॰* मन को अपनी ओर खींचनेवाला। चित्ताकर्षक। आकर्षक।

मनोज/मनोजन्मा—[स॰ मनस् + ज/जन्मन्] *पु॰* कामदेव। मन्मथ। मदन।

मनोजव—[स॰ मनस् ~ जव] *वि॰* १. मन के तुल्य या मन की तरह अति वेगवान्। २. विचार करने या कोई बात समझने में अत्यन्त तेज़। ३. पिता के समान। पितृतुल्य।

मनोजवी—[स॰ मनोजविन्] *वि॰* मन की तरह वेगवाला।

मनोजैवविज्ञान—[स॰ मनस् ~ जैव ~ विज्ञान] *पु॰* (मनो॰, जीव॰) जीवविज्ञान का वह क्षेत्र जिसमें मनोविज्ञान से सम्बन्धित विषयों का अध्ययन किया जाता है। (अ॰ साइकोबायोलॉजि)

मनोज्ञ—[स॰ मनस् + ज्ञ] *वि॰* सुन्दर। मनोहर। ✣ **मनोज्ञता**—*स्त्री॰* = सुन्दरता। मनोहरता। ✣ **मनोज्ञा**—*वि॰ (स्त्री॰)* = सुन्दरी।

मनोदाह—[स॰ मनस् ~ दाह] *पु॰* मन का दुःख। मानसिक सन्ताप। मनस्ताप। ✣ **मनोदाही**—*वि॰* = मन को दुःखी करनेवाला। मन में सन्ताप उत्पन्न करनेवाला।

मनोदैहिक—[स॰ मनस् ~ दैहिक] *वि॰* मन और शरीर दोनों से सम्बन्धित। ✣ **मनोदैहिक विकार**—*पु॰* = चेतन और अवचेतन मन की निराशाओं, दुःखों आदि के कारण उत्पन्न होनेवाले शारीरिक रोग।

मनोद्वार (मनोद्वार)—[< स॰ मनस् ~ द्वार] *पु॰* मन/हृदय का द्वार।

मनोनयन—[स॰ मनस् ~ नयन] *पु॰* १. किसी विचार/बात को मन में लाना। २. अपनी पसन्द से किसी को किसी कार्य/पद आदि के लिए चुनना और उसके लिए नियुक्त या प्रतिष्ठित करना। ३. नामांकित करना। मनोनीत करना। नामज़द करना।

मनोनिग्रह—[स॰ मनस् ~ निग्रह] *पु॰* मन को विषयों में प्रवृत्त होने से रोकना। मन को वश में रखना। मन का निग्रह। मानसिक संयम। मनःसंयम।

मनोनियोग—[स॰ मनस् ~ नियोग] *पु॰* १. मन की एकाग्रता। २. (दो या अधिक) हृदयों की एकता।

मनोनिवेश—[स॰ मनस् ~ निवेश] *पु॰* (किसी विषय/बात/काम आदि में) मन को नियुक्त करना। मन लगाना।

मनोनीत—[स॰ मनस् ~ नीत] *वि॰* १. मन के अनुकूल। २. जिसका मनोनयन किया गया हो। चुना हुआ। ३. किसी पद/कार्य आदि के लिए नामांकित/नामज़द।

मनोनुकूल—[स॰ मनस् ~ अनुकूल] *वि॰* १. मन के अनुकूल। २. इच्छित। मनोवांछित।

मनोनुग (मनोऽनुग), मनोनुवर्ती (मनोऽनुवर्ती)—[स॰ मनस् ~ अनुग/अनुवर्ती] *वि॰* मन का अनुगामी/अनुवर्ती। मन के अनुसार आचरण/व्यवहार करनेवाला।

मनोभङ्ग (मनोभंग)—[स॰ मनस् ~ भङ्ग] *पु॰* १. मन की शान्ति में पड़ा विघ्न। २. उदासी। ३. निराशा। ४. चंचलता।

मनोभव—[स॰ मनस् ~ भव] *पु॰* १. कामदेव। मदन। २. प्रेम। ३. कल्पना। ४. चन्द्रमा।

मनोभाव—[स॰ मनस् ~ भाव] *पु॰* मन में स्थित या जाग्रत भाव। भावना। विचार।

मनोभिराम (मनोऽभिराम)—[स॰ मनस् ~ अभिराम] *वि॰* सुन्दर। मनोरम। मनोहर।

मनोभिलाष (मनोऽभिलाष)—[स॰ मनस् ~ अभिलाषा] *पु॰* मन की अभिलाषा। कामना।

मनोभू—[स॰ मनस् ~ भू] *पु॰* १. कामदेव। मदन। २. प्रेम। ३. कल्पना। ४. चन्द्रमा।

मनोभूत—[स॰ मनस् ~ भूत] *पु॰* १. कामदेव। मदन। २. चन्द्रमा।

मनोभ्रंश—[स॰ मनस् ~ भ्रंश] *पु॰* १. मन का पतन। मानसिक गिरावट। २. मन/बुद्धि का नाश/भ्रष्टता। (चिकित्सा॰) आंगिक प्रमस्तिष्क रोग से होने वाले स्थायी मानसिक ह्रास की एक अवस्था।

मनोमथन—[स॰ मनस् ~ मथन] *पु॰* कामदेव। मन्मथ।

मनोमय—[स॰ मनस् + मयट्] *वि॰* १. मन से युक्त। २. मन से निर्मित। ३. मानसिक।

मनोमल—[स॰ मनस् ~ मल] *पु॰* १. मन का मल। अज्ञान और वासना। २. मन के दोष।

मनोमालिन्य—[स॰ मनस् ~ मालिन्य] *पु॰* मन में किसी के प्रति रहनेवाला ईर्ष्या या द्वेष का भाव अथवा उसके कारण खिंचाव। मनमुटाव।

मनोमिति—[स॰ मनस् ~ मिति] *स्त्री॰* (मनो॰) १. व्यवहार के व्यक्तिगत भेदों की माप।

मनोमोद—[स॰ मनस् ~ मोद] *पु॰* मनोरंजन। मनोविनोद।

मनोमोही—[स॰ मनस् ~ मोही (मोहिन्)] *वि॰* १. मन को मोहित करनेवाला। आकर्षक। २. मनोरम। सुन्दर। ✣ **मनोमोहिनी**—*वि॰ (स्त्री॰)* = १. मन को मोहित करनेवाली। आकर्षक। ***जैसे***—मनोमोहिनी माया। २. सुन्दर (स्त्री)। ***जैसे***—मनोमोहिनी राधा।

मनोयोग—[स॰ मनस् ~ योग] *पु॰* मन को किसी विषय पर एकाग्र

करना। मन की एकाग्रता। *जैसे*—मनोयोग सफलता की कुंजी है।

मनोरञ्जक (मनोरंजक)—[स॰ मनस् ~ रञ्जक] *वि॰* मनोरंजन करनेवाला। मन को प्रसन्न करनेवाला। दिल-बहलाव करनेवाला। ✣ **मनोरञ्जन (मनोरंजन)**— *वि॰* = १. मानसिक प्रसन्नता। २. मनोविनोद। मनबहलाव। दिल-बहलाव।

मनोरथ—[स॰ मनस् ~ रथ] *पु॰* मन की इच्छा। अभिलाषा। मनोकामना। कामना। ✣ **मनोरथ तृतीया**— *स्त्री॰* = चैत्र शुक्ल तृतीया।

मनोरम—[स॰ मनस् ~ रम] *वि॰* जिसमें मन रमे। सुन्दर। आकर्षक। *पु॰* (छन्द॰) १. एक समवर्णिक छन्द जिसके प्रत्येक चरण में क्रमश: ४ सगण और २ लघु (स स स स ल ल) के योग से १४ वर्ण होते हैं। २. एक सममात्रिक छन्द जिसके प्रत्येक चरण में १४ मात्राएँ होती हैं, आदि में गुरु होता है और अन्त में यगण (।ऽऽ) या भगण (ऽ ।।)।

मनोरमा—[स॰ मनोरम + टाप्] *वि॰ (स्त्री॰)* मनोरम। सुन्दर। *स्त्री॰* सुन्दर/आकर्षक स्त्री। सुन्दरी। (छन्द॰) एक समवर्णिक छन्द जिसके प्रत्यक चरण में क्रमश: नगण, रगण, जगण और गुरु (न र ज ग) के योग से १० वर्ण होते हैं तथा ६-४ पर यति होती है। सुन्दरी (छन्द)।

मनोराग—[स॰ मनस् ~ राग] *पु॰* प्रेम।

मनोराज्य—[स॰ मनस् ~ राज्य] *पु॰* १. कल्पना-सृष्टि। २. मनरूपी राज्य। *जैसे*—हर व्यक्ति अपने मनोराज्य का राजा है।

मनोलय—[स॰ मनस् ~ लय] *पु॰* १. मन का लय/ नाश। २. विवेक/बुद्धि का नाश।

मनोलीला—[स॰ मनस् ~ लीला] *स्त्री॰* १. मन की लीला/क्रीड़ा। २. अविद्यमान पदार्थ का रूप/आकार। ३. काल्पनिक वस्तु। ४. भ्रम।

मनोल्लास—[स॰ मनस् ~ उल्लास] *पु॰* मन का उल्लास। मन का उत्साह, उमंग, आनन्द इत्यादि।

मनोवल्लभा—[स॰ मनस् ~ वल्लभी] *स्त्री॰* १. प्रेमिका। २. पत्नी।

मनोवाञ्छा (मनोवांछा)—[स॰ मनस् ~ वाञ्छा] *स्त्री॰* मन की अभिलाषा। मनोरथ।

मनोवाञ्छित, मनोवांछित—[स॰ मनस् ~ वाञ्छित] *वि॰* मन का चाहा हुआ। अभिलषित।

मनोविन्यास—[स॰ मनस् ~ विन्यास] *पु॰* मन:स्थिति। (मनो॰) ऐसी अभिवृत्ति जिसके वशीभूत होकर व्यक्ति किसी दृष्टिकोण विशेष या क्रिया विशेष के प्रति उन्मुख या विमुख होता है।

मनोविभव—[स॰ मनस् ~ विभव] *पु॰* मानसिक वैभव।

मनोविश्रान्ति (मनोविश्रांति)—[स॰ मनस् ~ विश्रान्ति] *स्त्री॰* १. मन की शान्ति। २. मानसिक विश्राम।

मनोवृत्ति—[स॰ मनस् ~ वृत्ति] *स्त्री॰* मन या चित्त की वृत्ति। मनोविकार।

मनोवेग—[स॰ मनस् ~ वेग] *पु॰* १. मन का आवेग। २. विचार करने में फुर्तीलापन।

मनोवेधक—[स॰ मनस् ~ वेधक] *वि॰* हृदय को वेधने/चीरने वाला। हृदयवेधी। *जैसे*—मनोवेधक कथा।

मनोवैकल्य—[स॰ मनस् ~ वैकल्य] *पु॰* मन की विकलता। व्याकुलता।

मनोव्यापार—[स॰ मनस् ~ व्यापार] *पु॰* १. मन की क्रिया। मानसिक क्रिया। २. संकल्प-विकल्प। ३. विचार। ४. चिन्तन।

मनोसङ्गति (मनोसंगति)—[स॰ मनस् ~ सङ्गति] *स्त्री॰* मन की संगति। मानसिक ताल-मेल।

मनोहंस—[स॰ मनस् ~ हंस] (छन्द॰) *पु॰* एक समवर्णिक छन्द जिसके प्रत्येक चरण में क्रमश: सगण, २ जगण, भगण और रगण (स ज ज भ र) के योग से १५ वर्ण होते हैं।

मनोहत—[स॰ मनस् ~ हत] *वि॰* निराश। हताश। नाउम्मीद।

मनोहर—[स॰ मनस् ~ हर] *वि॰* १. मन को हरनेवाला। २. सुन्दर। आकर्षक। (छन्द॰) एक मात्रिक छन्द जिसके चारों चरणों में मिलकर ६७ मात्राएँ होती है और चारों चरणों में क्रमश: १३, १३, १३, २८ मात्राएँ होती हैं।

मनोहरी—[< स॰ मनोहर] *वि॰ (स्त्री॰)* मनोहर। सुन्दर। *स्त्री॰* कान में पहनने का एक आभूषण। एक प्रकार की छोटी बाली।

मनोह्लादी (मनोह्लादी)—[स॰ मनोह्लादिन्] *वि॰* १. मन को प्रसन्न कर देने वाला। २. मनोहर। कमनीय। सुन्दर।

***मनौ**—[< हि॰ मानना] *अव्यय* मानो।

मनौअल[१] /मनौवल[१]—[< हि॰ मानना] *स्त्री॰* (किसी बात को) मन में धारण करने की क्रिया/भाव। किसी बात को मन में मान कर रखना।

मनौअल[२] /मनौवल[२]—[< हि॰ मनाना] *पु॰* (रूठे व्यक्ति को) मनाने की क्रिया/भाव। मनाना। मनुहार।

मनौता—[< हि॰ मनाना] *पु॰* मनौती।

***मनौँ (मनौं)**— *पु॰* मानो।

***मन्त (मंत)**—[प्रा॰ < स॰ मन्त्र] *पु॰* १. मन्त्र। २. गुप्त मन्त्रणा। ३. परामर्श। सलाह।

मन्तव्य (मंतव्य)—[स॰ √मन् + तव्यत्] *पु॰* १. स्थिर किया हुआ विचार। मत। २. सभा/परिषद् आदि का निश्चय/निर्णय/प्रस्ताव।

***मन्तु (मंतु)**—[< स॰ मन्त्र] *पु॰* १. मन्त्र। २. सम्मति। ३. परामर्श। सलाह।

मन्त्र (मंत्र)—[स॰ √मन्त्र + घञ्/अच्] *पु॰* १. वह शब्द या शब्द-समूह जिसके जप आदि से अलौकिक शक्ति प्राप्त होती है या किसी देवी-देवता या परमात्मा का दर्शन होता है। *जैसे*—'ओ३म् नम: शिवाय' मन्त्र; गायत्री मन्त्र। २. ऋग्वेद इत्यादि वेदों का कोई वाक्य। वैदिक वाक्य। ३. मन्त्रणा। विचार-विमर्श। ४. परामर्श। सम्मति। सलाह। ५. किसी कार्य में सफलता की युक्ति, नीति या विधि। ***वा॰* मन्त्र चलना**—वश में कर लेना। प्रभाव डालना। **मन्त्र देना**—१. गुप्त परामर्श देना। २. परामर्श देना। ३. शिष्य बनाना। ४. उपदेश देना। **मन्त्र पढ़ाना**—गुप्त रूप से कुछ सिखाना। **मन्त्र फूँकना**—

१. बहका देना। २. प्रेरणा देना। ३. मन्त्र द्वारा बीमारी आदि हटाना। **मन्त्र लगना**—मन्त्र का प्रभाव पड़ना।

मन्त्रकार (मंत्रकार)—[सं॰ मन्त्र + कार] *पु॰* मन्त्र का रचयिता। *उदा॰* वैदिक ऋषि मन्त्रकार नहीं थे, वे तो मन्त्रद्रष्टा थे।

मन्त्रगृह (मंत्रगृह)—[सं॰ मन्त्र ~ गृह] *पु॰* मन्त्रणा/परामर्श करने का स्थान।

मन्त्रजल (मंत्रजल)—[सं॰ मन्त्र ~ जल] *पु॰* मन्त्र के प्रभाव से शक्तियुक्त किया गया पानी। अभिमन्त्रित जल।

मन्त्रज्ञ (मंत्रज्ञ)—[सं॰ मन्त्र + ज्ञ] *वि॰* १. मन्त्र जानने वाला। मन्त्रविद्। २. परामर्श देने की योग्यता वाला। मन्त्रणा-कुशल। ३. रहस्य/भेद जानने वाला। रहस्यज्ञ।

मन्त्रणा (मंत्रणा)—[सं॰ √मन्त्र् + णिच् + युच् + टाप्] *स्त्री॰* १. विचार-विमर्श। २. विचार-विमर्श द्वारा निश्चित किया गया मत। परामर्श। सलाह। ✣ **मन्त्रणाकार (मंत्रणाकार)**— *पु॰* = १. सलाह देने वाला। परामर्शदाता। २. मन्त्रणा करनेवाला। विचार-विमर्श करने वाला। ✣ **मन्त्रणा (मंत्रणा) परिषद्**— *स्त्री॰* = राष्ट्रपति, राजा, राज्यपाल आदि को मन्त्रणा देनेवाली परिषद्। परामर्शदात्री परिषद्।

मन्त्र-तन्त्र (मंत्र-तंत्र)—[सं॰] *पु॰* १. मन्त्र और तन्त्र। २. जादू-टोना। ३. उपाय। युक्ति।

मन्त्रद (मंत्रद)—[सं॰ मन्त्र + द] *वि॰* १. मन्त्र देनेवाला। २. परामर्श देनेवाला। ३. उपाय/युक्ति बतानेवाला। ***जैसे***—मन्त्रद श्रीकृष्ण। *पु॰* १. (मन्त्र देनेवाला) गुरु। दीक्षा-गुरु। २. परामर्शदाता व्यक्ति। ३. उपाय/युक्ति बतानेवाला व्यक्ति।

मन्त्रदर्शी (मंत्रदर्शी)—[सं॰ मन्त्रदर्शिन्] *पु॰* १. मन्त्रद्रष्टा ऋषि। २. वेदों का ज्ञाता। वेदज्ञ।

मन्त्रदाता (मंत्रदाता)—[सं॰ मन्त्र ~ दाता (दातृ)] *वि॰, पु॰* मन्त्रद।

मन्त्रदेवता (मंत्रदेवता)—[सं॰ मन्त्र ~ देवता] *पु॰* वह देवता जिसका उस मन्त्र विशेष से आवाहन किया गया हो।

मन्त्रद्रष्टा (मंत्रद्रष्टा)—[सं॰ मन्त्र ~ द्रष्टा] *वि॰* १. वेद के मन्त्र या मन्त्रों का समाधि में साक्षात्कार करनेवाला। २. वेद के मन्त्रों का वास्तविक अर्थ जानने और बताने वाला। *पु॰* वेद के मन्त्रों का वास्तविक अर्थ जानने और बताने वाला ऋषि।

मन्त्रपाठ (मंत्रपाठ)—[सं॰ मन्त्र ~ पाठ] *पु॰* १. वेदमन्त्रों का पाठ। २. किसी मन्त्र का पाठ।

मन्त्रपूत (मंत्रपूत)—[सं॰ मन्त्र ~ पूत] *वि॰* १. मन्त्र/मन्त्रों के पाठ से पवित्र किया हुआ। २. जिसे मन्त्र पढ़कर फूँक मारी गयी हो।

मन्त्रप्रयोग (मंत्रप्रयोग)—[सं॰ मन्त्र ~ प्रयोग] *पु॰* १. मन्त्र से काम लेना। मन्त्र का प्रयोग। २. मन्त्र के पाठ/जप द्वारा किसी को लाभ/हानि पहुँचाने की क्रिया/कार्य।

मन्त्रबीज (मंत्रबीज)—[सं॰ मन्त्र ~ बीज] *पु॰* १. मन्त्र का प्रथम अक्षर। २. मूल मन्त्र।

मन्त्रभेद (मंत्रभेद)—[सं॰ मन्त्र ~ भेद] *पु॰* किसी रहस्य गुप्त मन्त्र या गुप्त परामर्श को प्रकट कर देना।

मन्त्रमुग्ध (मंत्रमुग्ध)—[सं॰ मन्त्र ~ मुग्ध] *वि॰* १. मन्त्र से वश में किया हुआ। २. जो किसी के आकर्षण में बँधकर बेसुध हो गया हो। ३. जड़वत्।

मन्त्रयोग (मंत्रयोग)—[सं॰ मन्त्र ~ योग] *पु॰* १. मन्त्र का प्रयोग। मन्त्र का पठन। २. मन्त्र-जप। ३. तन्त्र।

मन्त्रविद् (मंत्रविद्)—[सं॰ मन्त्र √विद् + क्विप्] *वि॰* १. मन्त्र जानने वाला। मन्त्रज्ञ। २. वेदज्ञ। ३. किसी विषय के रहस्यों/सिद्धान्तों का ज्ञाता।

मन्त्रविद्या (मंत्रविद्या)—[सं॰ मन्त्र ~ विद्या] *स्त्री॰* १. मन्त्र की विद्या। मन्त्रशास्त्र। २. तन्त्र-मन्त्र की विद्या। जादू-टोने की विद्या।

मन्त्रसंस्कार (मंत्रसंस्कार)—[सं॰ मन्त्र ~ संस्कार] *पु॰* १. मन्त्र पढ़कर किया जाने वाला संस्कार। २. विवाह। (तंत्र॰) मन्त्र ग्रहण करने से पहले होनेवाले उसके 'जनन', 'जीवन', 'अभिषेक' आदि संस्कार।

मन्त्रसंहिता (मंत्रसहिता)—[सं॰ मन्त्र ~ संहिता] *स्त्री॰* १. मन्त्रों का संग्रह। २. वेदों का मन्त्र-संग्रह वाला मूल भाग। ***जैसे***—ऋग्वेद-संहिता।

मन्त्रसूत्र (मंत्रसूत्र)—[सं॰ मन्त्र ~ सूत्र] *पु॰* सूत/रेशम का धागा जो मन्त्र पढ़कर शरीर के किसी अंग (भुजा आदि) में बाँधा जाता है। गंडा।

मन्त्रिणी (मंत्रिणी)—[सं॰ मन्त्रिन् + ङीप्] *स्त्री॰* १. मन्त्री की पत्नी। २. स्त्री मन्त्री।

मन्त्रित (मंत्रित)—[सं॰ √मन्त्र + णिच् + क्त] *वि॰* १. जिसका मन्त्र से संस्कार किया गया हो। अभिमंत्रित। २. जिसे मन्त्र दिया गया हो। मन्त्रप्राप्त। ३. जिस पर परामर्श किया गया हो।

मन्त्रिता (मंत्रिता)—[सं॰ मन्त्रिन् + तल् + टाप्] *स्त्री॰* १. मन्त्री होने की अवस्था/भाव। मन्त्रित्व। २. मंत्री का पद/कार्य। मन्त्रित्व।

मन्त्री (मंत्री)—[सं॰ मन्त्रिन्] *पु॰* १. मन्त्रणा देनेवाला व्यक्ति। परामर्श/सलाह देनेवाला। २. (किसी संस्था या संघटन का) प्रमुख कार्यकारी अधिकारी जिसके आदेश या निर्देशन से सब कार्य होते हैं। ३. राजा का प्रमुख अधिकारी जो उसे राजकार्यों से सम्बन्धित परामर्श देता है और राजकार्य संचालित करता है। अमात्य। ४. वर्तमान भारत में केन्द्रीय या प्रदेश-सरकार का वह प्रमुख अधिकारी जिसकी सलाह से उस विभाग का कार्य होता है।

मन्त्रोक्त (मंत्रोक्त)—[सं॰ मन्त्र ~ उक्त] *वि॰* १. जो मन्त्र से अभिमन्त्रित किया गया हो। २. मन्त्र में कथित।

मन्थ (मंथ)—[सं॰ √मन्थ् + घञ्] *पु॰* १. बिलोने का कार्य। मन्थन। २. मथानी।

मन्थक (मंथक)—[सं॰ √मन्थ् + ण्वुल्] *वि॰, पु॰* मन्थन करनेवाला। मथने/बिलोने वाला।

मन्थगिरि (मंथगिरि), मन्थाचल—[सं॰ मन्थ ~ गिरि/अचल] *पु॰* मन्दराचल नामक पर्वत।

मन्थज (मंथज)—[सं॰ मन्थ + ज] *वि॰* मन्थन से उत्पन्न होनेवाला।

मथकर निकाला जाने वाला। *पु॰* नवनीत। मक्खन।

मन्थन (मंथन)—[सं॰ √मन्थ् + ल्युट्] *पु॰* १. दही से मक्खन निकालने की लोक-प्रचलित क्रिया। मथना। बिलोना। २. दो लकड़ियों को रगड़कर अग्नि उत्पन्न करना। ३. किसी विषय पर गम्भीर चिन्तन। ४. किसी ग्रन्थ का गहरा अध्ययन, चिन्तन आदि।

मन्थनी (मंथनी)—[सं॰ मन्थन + ङीप्] *स्त्री॰* दही मथने का बर्तन।

मन्थर (मंथर)—[सं॰ √मन्थ् + अरन्] *वि॰* १. मन्द। धीमा। ***जैसे***—मन्थर गति। २. सुस्त। ३. मन्दबुद्धि। मूर्ख। ४. नीच। अधम। *पु॰* १. मथानी। २. बाधा। रुकावट। ३. नवनीत। मक्खन। ४. मन्दराचल।

❖ **मन्थरा (मंथरा)**—*वि॰ (स्त्री॰)*। *स्त्री॰* १. राम-कथा में रानी कैकेयी की एक दासी। २. (लाक्षणिक) ऐसी दुष्ट स्त्री जो किसी परिवार में कलह कराने का प्रयत्न करती है।

मन्थरित (मंथरित)—[सं॰ मन्थर + इतच्] *वि॰* मन्थर/धीमा किया हुआ।

मन्थान (मंथान)—[सं॰ √मन्थ् + आनच्] *पु॰* १. मथानी। रई। २. शिव। महादेव। ३. मन्दराचल। ४. अमलतास। (छन्द॰) एक समवर्णिक छन्द जिसके प्रत्येक चरण में २ तगण के योग से ६ वर्ण होते हैं।

मन्थिनी (मंथिनी)—[सं॰ मन्थिन् + ङीप्] *स्त्री॰* (दही आदि को) मथने का पात्र।

मन्थी (मंथी)—[सं॰ मन्थिन्] *वि॰* १. मन्थन करनेवाला। मन्थक। २. कष्ट देनेवाला। पीड़क।

मन्थ्य (मंथ्य)—[सं॰ √मन्थ् + यत्] *वि॰* मन्थन करने योग्य। मथने योग्य।

मन्द (मंद)—[सं॰ मन्द् + अच्] *वि॰* १. धीमा। ***जैसे***—मन्दगामी (धीमा चलने वाला)। २. हल्का। ***जैसे***—मन्दस्वर। ३. जिसमें उग्रता या तीव्रता न हो। ४. सुस्त। ५. दुर्बल। ***जैसे***—मन्दाग्नि। ६. अल्प। थोड़ा। ७. मूर्ख। ८. नीच। अधम। दुष्ट। ९. निकृष्ट। विकृत। *क्रिवि॰* १. धीरे-धीरे। २. मन्द स्वर से। *पु॰* १. शनि (ग्रह)। २. यमराज। ∇ **विलोम**—तीव्र।

मन्दक (मंदक)—[सं॰ मन्द + कन्] *वि॰* मूर्ख। बुद्धिहीन। नासमझ।

मन्दकर्ण (मंदकर्ण)—[सं॰ मन्द ~ कर्ण] *वि॰* कुछ-कुछ ऊँचा सुननेवाला। थोड़ा-थोड़ा बहरा।

मन्दकर्मा (मंदकर्मा)—[सं॰ मन्दकर्मन्] *वि॰* १. धीरे काम करनेवाला। २. आलसी। काहिल।

मन्दग—[सं॰ मन्द + ग] *वि॰* मन्द गति वाला। मन्दगति। *पु॰* शनि (ग्रह)।

मन्दगति (मंदगति)—[सं॰ मन्द ~ गति] *वि॰* धीमी चाल वाला।

मन्दगामी (मंदगामी)—[सं॰ मन्दगामिन्] *वि॰* धीमी चाल से चलनेवाला।

मन्दचेता (मंदचेता)—[सं॰ मन्दचेतस्] *वि॰* मूर्ख। मन्दबुद्धि। अल्पबुद्धि। नासमझ।

मन्दड़िया (मंदड़िया)—[सं॰ मन्द] *पु॰* (वाणि॰) ऐसा सटोरिया जो वस्तुओं, बन्धपत्रों या अंशों (शेयरों) के भावों में गिरावट लाकर लाभ कमाने का प्रयत्न करता है। ∇ **विलोम**—तेजड़िया।

मन्दता (मंदता)—[सं॰ मन्द + तल् + टाप्] *पु॰* १. धीमापन। २. कम तीव्रता। हल्कापन। ३. आलस्य। सुस्ती। ४. क्षीणता।

मन्दना (मंदना)—[< सं॰ मन्द] *क्रिअ॰* १. मन्द होना। धीमा हो जाना। २. सुस्त हो जाना। ३. तीव्रता या उग्रता कम हो जाना। ४. फीका या हल्का हो जाना। *क्रिस॰* १. मन्द करना। धीमा करना। २. तीव्रता/उग्रता कम करना। ३. फीका या हल्का करना।

मन्दपाठिता (मंदपाठिता)—[सं॰ मन्द + पाठिता] *स्त्री॰* धीरे-धीरे पढ़ना। (मनो॰) मानसिक रोग आदि के कारण बहुत धीरे-धीरे पढ़ने की दशा।

मन्दबल (मंदबल)—[सं॰ मन्द ~ बल] *वि॰* कम बल वाला। बलहीन।

मन्दभागी, मन्दभाग्य (मंदभागी, मंदभाग्य)—[सं॰ मन्दभागिन्, मन्द ~ भाग्य] *वि॰* भाग्यहीन। अभागा।

मन्दर (मंदर)—[सं॰ √मन्द् + अर्] *वि॰* १. मन्द। धीमा। २. सुस्त। काहिल। *पु॰* १. मन्दराचल नामक पर्वत। २. मोतियों का वह हार जिसमें ८ या १६ लड़ियाँ हों। ३. मन्दार वृक्ष। (छन्द॰) एक समवर्णिक छन्द जिसके प्रत्येक चरण में १ भगण होता है।

मन्दला (मंदला)—[< सं॰ मर्दल] *पु॰* मर्दल नामक प्राचीन वाद्य जो मृदंग की तरह का होता है।

मन्दलिया (मंदलिया)—[< हिं॰ मन्दल < सं॰ मर्दल] *पु॰* मन्दल वाद्य बजानेवाला।

मन्दवर्ण—[सं॰ मन्द ~ वर्ण] *वि॰* हल्के रंग वाला।

मन्दविभव (मंदविभव)—[सं॰ मन्द ~ विभव] *वि॰* दरिद्र।

मन्दवीर्य (मंदवीर्य)—[सं॰ मन्द ~ वीर्य] *वि॰* कम शक्ति वाला। शक्तिहीन।

मन्दस्मित/मन्दहास/मन्दहास्य (मंदस्मित/मंदहास/मंदहास्य)—[सं॰ मन्द ~ स्मित/हास/हास्य] *पु॰* स्मिति। मुस्कान।

मन्दा (मंदा)[1]—[< सं॰ मन्द] *वि॰* १. मन्द। धीमा। २. शिथिल। ढीला। *पु॰* १. जिसकी माँग कम हो। २. सस्ता बिकनेवाला। ३. (व्यापार/बाज़ार) जिसमें क्रय-विक्रय बहुत कम हो रहा हो। ∇ **विलोम**—महँगा। ***वा॰* मन्दा पड़ना**—क़ीमत गिर जाना।

मन्दा[2] **(मंदा**[2] **)**—[सं॰ मन्द + टाप्] *स्त्री॰* सूर्य की वह संक्रान्ति जो उत्तरफाल्गुनी, उत्तराषाढ़ा, उत्तरभाद्रपद अथवा रोहिणी नक्षत्र में हो।

मन्दाकिनी (मंदाकिनी)—[सं॰ मन्द √अक् + णिनि + ङीप्] *स्त्री॰* १. आकाशगंगा। २. गंगा (नदी)। ३. चित्रकूट की एक नदी। (खगोल॰) गुरुत्वाकर्षण से नियन्त्रित एक बड़ा तारा-निकाय जिसमें अनेक आकाशगंगाएँ हैं और सम्पूर्ण ब्रह्मांड में अगणित तारा-निकाय हैं। (छन्द॰) एक समवर्णिक छन्द जिसके प्रत्येक चरण में क्रमश: २ नगण और २ रगण (न न र र) के योग से १२ वर्ण होते हैं तथा ८-४ पर यति होती है। चंचलाक्षिका (छन्द)।

मन्दाक्रान्त (मंदाक्रांत)—[सं॰ मन्द ~ आक्रान्त] *वि॰* धीरे-धीरे

आगे बढ़नेवाला। ⁘ **मन्दाक्रान्ता (मंदाक्रांता)**— *वि॰ (स्त्री॰) स्त्री॰* = (छन्द॰) एक समवर्णिक छन्द जिसके प्रत्येक चरण में क्रमशः मगण, भगण, नगण, २ तगण और २ गुरु (म भ न त त ग ग) के योग से १७ वर्ण होते हैं तथा ४-६-७ पर यति होती है।

मन्दाग्नि (मंदाग्नि)—[स॰ मन्द ~ अग्नि] *स्त्री॰* १. पाचन-शक्ति दुर्बल हो जाना। हाज़मा बिगड़ जाना। २. एक रोग जिसमें रोगी की पाचन-शक्ति कम हो जाती है।

***मन्दाना (मंदाना)**—[< स॰ मन्द] *क्रिअ॰* मन्द पड़ना। धीमा होना। *क्रिस॰* मन्द करना। धीमा करना।

मन्दानिल (मंदानिल)—[स॰ मन्द ~ अनिल] *पु॰* धीमी बहनेवाली वायु।

मन्दार (मंदार)—[स॰ √मन्द् + आरन्] *पु॰* १. स्वर्ग के नन्दन-कानन के पाँच वृक्षों में से एक वृक्ष। वसन्त में खिलने वाले लाल रंग के फूलों वाला एक वृक्ष जिसके पत्ते तीन-तीन के समूह में निकलते हैं। २. आक/मदार का वृक्ष। ३. धतूरा। (छन्द॰) एक समवर्णिक छन्द जिसके प्रत्येक चरण में क्रमशः सात तगण और एक गुरु के योग से २२ वर्ण होते हैं तथा १०-१२ पर यति होती है।

***मन्दि (मंदि)**—[< स॰ मन्द] *स्त्री॰* नीच स्त्री। दुष्टा।

मन्दिमा (मंदिमा)—[स॰ मन्दिमन्] *स्त्री॰* १. मन्दता। धीमापन। २. शिथिलता। सुस्ती। ३. मूर्खता। मूढ़ता।

मन्दिरा (मंदिरा)—[स॰ मन्दिर + टाप्] *स्त्री॰* १. 'मजीरा' नामक वाद्य। २. अश्वशाला। घुड़साल।

मन्दिराजिर (मंदिराजिर)—[स॰ मन्दिर ~ अजिर] *पु॰* घर का आँगन।

मन्दिराभ (मंदिराभ)—[स॰ मन्दिर ~ आभा] *पु॰* मन्दिर के समान।

मन्दिरायत (मंदिरायत)—[स॰ मन्दिर ~ आयत] *पु॰* विशाल घर।

मन्दोदरी (मंदोदरी)—[मन्दोदर + ङीप्] *वि॰* १. छोटे पेटवाली। कृश उदर वाली। कृशोदरी। २. सुन्दरी। *स्त्री॰* (लंकापति) रावण की पटरानी।

मन्दोष्ण (मंदोष्ण)—[स॰ मन्द ~ उष्ण] *वि॰* कम गर्म। थोड़ा गर्म। कुनकुना या गुनगुना पानी। ***जैसे***—मन्दोष्ण।

मन्द्र (मंद्र)—[स॰ √मन्द् + रक्] *वि॰* १. गम्भीर। २. प्रसन्न। ३. आह्लादक। *पु॰* १. गम्भीर ध्वनि। २. मृदंग। (संगीत॰) तीन स्वर सप्तकों में से पहला।

मन्द्रस्वन (मंद्रस्वन)—[स॰ मन्द्र ~ स्वन] *पु॰* गम्भीर ध्वनि। गर्जन। *वि॰* गम्भीर ध्वनि वाला। गर्जन करने वाला।

मन्द्रित (मंद्रित)—[स॰ मन्द्र] *वि॰* मन्द स्वर में गर्जना करता हुआ। ***जैसे***—मंद्रित घन।

मन्ना—[देशज] *पु॰* बाँस आदि का एक मीठा निर्यास।

मन्मथ—[स॰ मन् ~ मथ] *पु॰* १. कामदेव। २. प्रेम। ⁘ **मन्मथप्रिया**— *स्त्री॰* = कामदेव की पत्नी। रति। ⁘ **मन्मथबन्धु (मन्मथबंधु)**— *पु* = चन्द्रमा। ⁘ **मन्मथ-लेख**— *पु॰* = प्रेम-पत्र।

मन्मथारि—[स॰ मन्मथ + अरि] *पु॰* १. कामदेव का शत्रु। २. शिव। महादेव।

मन्मथाविष्ट—[स॰ मन्मथ ~ आविष्ट] *वि॰* १. जिसके हृदय में प्रेम ने प्रवेश कर लिया हो। कामभाव से युक्त। २. कामपीड़ित।

मन्मथी—[स॰ मन्मथिन्] *वि॰* कामी। कामुक।

मन्मय—[स॰ मत् + मय] *वि॰* मुझसे युक्त। ⁘ **मन्मयी**— *वि॰ (स्त्री॰)*।

मन्य—[स॰ √मन् + य] *वि॰* (समासयुक्त पद के अन्त में प्रयुक्त) स्वयं को (कथित प्रकार का) मानने या समझने वाला। ***जैसे***—पंडितम्मन्य, अहम्मन्य।

मन्यु—[स॰ √मन् + यु] *पु॰* १. क्रोध। २. अहंकार। अभिमान। ३. दुःख या शोक। ४. यज्ञ। ५. अग्नि। ६. शिव। महादेव।

मन्वन्तर (मन्वंतर)—[स॰ मनु + अन्तर] *पु॰* एक मनु का अधिकार-काल। ७१ चतुर्युगी।

मन्वादि तिथि—[स॰] *स्त्री॰* विविध मन्वन्तरों के आरम्भ होने की तिथियाँ।

मन्शा (मंशा)—[अरबी] *पु॰* १. इच्छा। २. उद्देश्य। ३. आशय। ४. मनोकामना। मनोरथ।

मन्सब (मंसब), मन्सबदार (मंसबदार)— *दे॰* क्रमशः मनसब, मनसबदार।

मन्सूख़ (मंसूख़)—[अरबी] *वि॰* रद्द। ख़ारिज।

मन्सूख़ी (मंसूख़ी)—[अरबी] *स्त्री॰* मन्सूख़ होने की क्रिया/भाव। निरस्त होना। रद्द होना।

मन्सूबा (मंसूबा)—[< अरबी मनसूबः] *पु॰* १. संकल्प। इरादा। २. योजना। ३. षड्यन्त्र। ४. इच्छा।

***मन्होला**—[देशज] *पु॰* तमाल।

मफ़लर—[< अ॰ ~ मफ़्लर] *पु॰* (गले में पहनने का) गुलूबन्द।

मम—[स॰ अस्मद्] *वि॰* मेरा या मेरी। ⁘ **ममकार**— *पु॰* = १. किसी वस्तु को अपनी समझना। २. ममता।

ममता—[स॰ मम + तल् + टाप्] *स्त्री॰* १. 'मम' या मेरा का भाव। मेरापन। २. (किसी वस्तु/व्यक्ति को अपना समझने के कारण होने वाला) प्रेम या स्नेह। आत्मीयता। ३. मोह या लोभ।

***ममताहन**—[< स॰ ममता + हनन] *वि॰* ममत्व या ममत्ववाली बुद्धि का नाशक।

***ममाखी**— *स्त्री॰* < हि॰ मधुमक्खी।

†ममाना—[हि॰ मामा] *पु॰* मामा का घर। ननिहाल।

ममी—[अं॰] *स्त्री॰* तेल, लेप आदि लगाकर सुरक्षित बनाया गया मनुष्य/पशु का शव। ***जैसे***—मिस्र की ममियाँ।

ममीरा—[< फा॰ मामीरान] *पु॰* १. एक पौधा जो नेत्र-रोगों की उत्तम औषधि है। २. उक्त पौधे से तैयार नेत्र-रोगों की औषधि।

ममेतर—[स॰ मम + इतर] *पु॰* मुझसे भिन्न। मेरे अतिरिक्त। ***जैसे***—ममेतर लेखक।

ममोला—[देशज] *पु॰* एक छोटी चिड़िया। धोबिन। चिड़िया।

†मम्मा—पु॰ ≤ हि॰ मामा। मातुल। ✣ **मम्मी**[1]—स्त्री॰ = मामा की पत्नी। मामी।

मम्मी[2]—[अ॰] स्त्री॰ माता।

मय—[स॰] प्रत्यय॰ एक तद्धित प्रत्यय। जो 'पूर्ण' या 'भरा हुआ' अर्थ देता है। *जैसे*—स्वर्णमय; मंगलमय; जलमय। पु॰ मैक्सिको देश की मूल निवासी एक जाति जो प्राचीन काल में भारत से वहाँ जा बसी थी और वास्तुकला विशेषज्ञ थी।

मयगल—[< स॰ मदकल] पु॰ मदमस्त हाथी।

मयङ्क (मयंक)—[प्रा॰ < स॰ मृगाङ्क] पु॰ चन्द्रमा।

मयङ्कमुख (मयंकमुख)—[स॰ मयङ्क ~ मुख] वि॰ १. चन्द्रमा के समान मुख वाला। चन्द्रमुख। २. सुन्दर।

***मयत्री**—स्त्री॰ ≤ स॰ मैत्री। मित्रता।

मयन—[< प्रा॰ मयण < स॰ मदमत्त] पु॰ कामदेव।

मयनन्दिनी (मयनंदिनी)—[स॰ मय ~ नन्दिनी] स्त्री॰ मय की पुत्री। मन्दोदरी।

मयन्द (मयंद)—[प्रा॰ < स॰ मृगेन्द्र] पु॰ सिंह। मृगराज।

मयमत्त, मयमन्त (मयमंत)—[< स॰ मदमत्त] वि॰ मदमस्त (हाथी आदि)।

मयस्सर—[अरबी] वि॰ प्राप्त। उपलब्ध।

***मया**—[< स॰ माया] स्त्री॰ दया। कृपा।

***मयाजिय**—[< हि॰ मया + जी] वि॰ कृपालु। दयालु।

†मयार—[< हि॰ मया] वि॰ दया का भाव रखनेवाला। दयापूर्ण हृदय वाला। दयालु।

मयूख—[स॰ √मा ~ ऊख मय्-आदेश] पु॰ १. रश्मि। किरण। २. दीप्ति। चमक। ३. शोभा। सौन्दर्य। ४. ज्वाला। ५. मधु। शहद।

मयूर—[स॰ मयू √रा + क, पृषो॰ (या √मी + ऊरन्)] पु॰ एक पक्षी। मोर। ✣ **मयूरी**—स्त्री॰ = मोरनी। ✣ **मयूरनृत्य**—पु॰ = मोर की तरह थिरकनवाला एक नाच। ✣ **मयूरपुच्छ**—पु॰ मोर की पूँछ। ✣ **मयूरवृत्ति**—स्त्री॰ (समाज॰) सार्वजनिक स्थानों पर अपने शरीर या यौन-अंगों को प्रदर्शित कर काम-सुख का अनुभव करने की प्रवृत्ति। (छन्द॰) एक समवर्णिक छन्द जिसके प्रत्येक चरण में रगण, जगण, रगण और गुरु (र ज र ग) के योग से १० वर्ण होते हैं।

***मरक**—[ब्रज॰] पु॰ १. रहस्य। भेद। २. आकर्षण। ३. तनाव। खिंचाव। ४. मन में दबा हुआ द्वेष/वैर। स्त्री॰ प्रोत्साहन। बढ़ावा।

मरकत—[स॰ मरक √तृ + ड] पु॰ हरे रंग का एक रत्न। पन्ना।

मरकती—[< स॰ मरकत] वि॰ मरकत मणि के रंग का। पन्ना (रत्न) जैसा हरा। स्त्री॰ एक चिड़िया जिसका काफ़ी भाग पन्ने जैसे हरे रंग का चमचमाता हुआ होता है।

मरकाना—[अनु॰] क्रिस॰ १. दबा कर मर-मर ध्वनि उत्पन्न करना। २. दबा कर चूर कर देना।

मरकी—[< स॰ मरक] स्त्री॰ १. महामारी। २. मृत्यु।

***मरक्कत**—[< स॰ मरकत] पु॰ मरकत मणि। पन्ना।

मरखना—[< हि॰ मारना] वि॰ १. जल्दी क्रोध में आकर सींग मारने के स्वभाव वाला (बैल/साँड़ आदि पशु)। २. जल्दी क्रोध में आकर मार-पीट करनेवाला (पुरुष)।

मरगजा—[< हि॰ मलना + गीजना] वि॰ मसला हुआ। मला-दला। ✣ **मरगजी**—वि॰ (स्त्री॰) मसली हुई। ✣ **मरगजे-मुँह**—वि॰ = मलिन मुख वाले।

मरगोल/मरगोला—[अरबी] पु॰ गायन में होनेवाला स्वर-कम्पन।

मरघट—[हि॰ मरना + घाट] पु॰ मानव-शवों को जलाने का स्थान। चिताएँ जलाने का स्थान। ***वा॰* मरघट का भूत**—भयानक रूपवाला मनुष्य।

†मरचा/मरची—पु॰ ≤ हि॰ मिर्च।

***मरजाद/मरजादा**—[अप॰ < स॰ मर्यादा] स्त्री॰ १. मर्यादा। प्रतिष्ठा। २. सीमा। ३. आचार-पद्धति। ४. व्यवस्था। विधान। ५. परम्परागत नियम।

मरजिया—[< हि॰ मरना + जीना] वि॰ १. एक बार मर कर फिर से जीवित होने वाला। २. मृतप्राय। ३. मरणासन्न। ४. जो मरने-जीने की चिन्ता न करे। पु॰ समुद्र में डुबकी लगाकर डूबी वस्तुएँ निकालकर लानेवाला व्यक्ति। ग़ोताख़ोर।

मरणाशौच—[स॰ मरण + अशौच] पु॰ घर के किसी व्यक्ति की मृत्यु के कारण परिवारजन और सम्बन्धियों को लगनेवाला अशौच/सूतक।

मरदना—[< स॰ मर्दन] क्रिस॰ १. मसलना। २. नष्ट करना।

मरदुआ—[< फा॰ मर्द] पु॰ १. मनुष्य। २. पुरुष के लिए एक उपेक्षासूचक शब्द।

मरदूद—[< अरबी मर्दूद] पु॰ १. नीच व्यक्ति। २. दुष्ट या पापी व्यक्ति।

***मरन्द (मरंद)**—[स॰ 'मकरन्द' का संक्षिप्त रूप] मकरन्द। पुष्प का रस। ✣ **मरन्द-बिन्दु (मरंद-बिंदु)**—पु॰ पुष्प के रस की बूँद/बूँदें। मकरन्द-कण।

***मरपुरी**—[< हि॰ मरा + स॰ पुरी] स्त्री॰ यमपुरी।

मरभुक्खा—[< हि॰ मरना + भूखा] पु॰ १. अत्यन्त भूखा। भूख से बहुत समय से पीड़ित। २. भुक्खड़। ३. दरिद्र। कंगाल।

***मरम**—पु॰ स॰ मर्म। रहस्य।

मरमर—[फा॰] पु॰ सफ़ेद चिकना पत्थर।

मरमरा—[अनु॰] वि॰ थोड़ा-सा दबाने से ही 'मर-मर' की ध्वनि करते हुए टूट जाने वाला। सहज ही टूट जाने वाला।

***मरमी**—वि॰ मर्म/रहस्य/भेद/जाननेवाला। मर्मज्ञ।

***मरम्म**—[< स॰ मर्म] पु॰ १. मर्म। (दे॰) २. हृदय।

***मरवट**—[देशज] स्त्री॰ अपना सौन्दर्य बढ़ाने के लिए स्त्रियों द्वारा अपने माथे या मुख पर बनायी जाने वाली रेखाएँ या फूल-पत्तियाँ।

†मरवण, मरवण—[राजस्था॰, <स॰ मरु] वि॰ मरु प्रदेश का। मारवाड़ का। पु॰ नायक।

मरवा—[< स॰ मरुवक] पु॰ एक पौधा और उसका फूल जो लाल

या सफ़ेद रंग का होता है तथा फाल्गुन-चैत्र में फूलता है।

मरसा/मर्सा—[< सं॰ मारिष/मार्ष] *पु॰* वर्षा ऋतु में होनेवाला एक साग जो प्रायः लाल या सफ़ेद होता है।

मरसिया—[अरबी] *पु॰* (काव्य॰) किसी मृत और कीर्तिशाली व्यक्ति की स्मृति में लिखा गया लम्बा शोकगीत।

***मरहट**—[< हि॰ मरघट] *पु॰* शमशान। मरघट।

मरहटा—[देशज] *पु॰* = (छन्द॰) एक सममात्रिक छन्द जिसके प्रत्येक चरण में २९ मात्राएँ होती है, १०-८-११ पर यति होती है और अन्त में गुरु-लघु होते हैं। ✣ **मरहटा माधवी**—*स्त्री॰* = (छन्द॰) एक सममात्रिक छन्द जिसके प्रत्येक चरण में २९ मात्राएँ होती हैं, ११-८-१० पर यति होती है और अन्त में लघु- गुरु होते हैं।

मरहबा—[< अरबी मर्हबा] *अव्यय॰* धन्य। शाबाश। **जैसे**—मुशायरे में बार-बार 'मरहबा' शब्द गूँज रहा था।

मरहा—[< हि॰ मरना] *पु॰* जंगल का भूत।

मरहूम—[< अरबी मर्हूम] *वि॰* मृत। दिवंगत। स्वर्गीय। ✣ **मरहूमा**—*वि॰* (स्त्री॰)।

मरातिब—[< फा॰ + अरबी माही-मरातिब] *पु॰* १. राजध्वजा। शाही झंडा।

***मरायल/मरैल**—[< हि॰ मारना] *वि॰* १. मार खानेवाला। पिटता रहनेवाला। २. जिसने मार खायी हो। जिसे पीटा गया हो। पिटा हुआ। ३. निस्सार। मरियल।

मराल—[सं॰ √मृ + आलच्] *पु॰* १. हंस। २. कारंडव पक्षी। ३. (नेत्रों में लगाने का) सुर्मा। अंजन। ४. बादल। ५. दुष्ट। बदमाश।

***मरिन्द (मरिंद)**—*पु॰* ≤ *हि॰* मरन्द। मकरन्द।

मरिच—[सं॰ √मृ + इच] *स्त्री॰* १. मिर्च। २. बड़ी लाल मिर्च।

मरिचा—[< सं॰ मरिच] *पु॰* १. मिर्च। २. बड़ी लाल मिर्च।

***मरिजीवा**—[< हि॰ मरना + जीना] *वि॰* मरजीवा। (दे॰) *पु॰* १. ग़ोताख़ोर। मरजीवा। २. जीवन-काल में ही मृत के समान रहकर अपने अहंकार का विलय करनेवाला व्यक्ति। मरजीवा।

मरियम—[अरबी] *स्त्री॰* १. अविवाहिता बालिका। कुमारी। २. (ईसाई मत के प्रवर्तक) ईसा मसीह की माता का नाम।

मरी—[< सं॰ मारी] *स्त्री॰* चेचक, प्लेग आदि घातक और संक्रामक भीषण रोग। महामारी।

मरीचि[१]—[सं॰ √मृ + इचि] *पु॰* रश्मि। किरण।

***मरीचि**[२]—*स्त्री॰* ≤ *सं॰* मरीचिका। मृगमरीचिका। मृगतृष्णा।

मरीचिका—[सं॰ मरीचि + कन् + टाप्] *स्त्री॰* १. रश्मि। किरण। २. तेज़ धूप के समय रेतीले मैदानों में दूर से दिखने पर होनेवाला पानी की लहरों का भ्रम। मृगतृष्णा। मृगमरीचिका। (लाक्षणिक) कल्पना अन्त में निराश करनेवाली व्यर्थ आशा या मिथ्या।

मरीचिगर्भ—[सं॰ मरीचि ~ गर्भ] *वि॰* किरणोंवाला। *पु॰* सूर्य।

मरीचिजल—[सं॰ मरीचि ~ जल] *पु॰* मरीचिका।

मरीचिमाली—[सं॰ मरीचि ~ मालिन्] *पु॰* किरणों की माला धारण करने वाला। सूर्य।

मरीची—[सं॰ मरीचिन्] *वि॰* किरणोंवाला। रश्मियुक्त। *पु॰* १. सूर्य। २.चन्द्रमा।

मरु—[सं॰ √मृ + उ] *पु॰* १. वह क्षेत्र/स्थान जहाँ जल का अकाल हो। रेगिस्तान। २. वर्तमान राजस्थान का 'मारवाड़' नामक भाग। ३. कुरुवक (वृक्ष)। ४. मरुआ (पौधा)।

मरुआ[१]—[< प्रा॰ मरुअ < सं॰ मरुवक] *पु॰* वनतुलसी की जाति का एक सुगन्धित पौधा।

†**मरुआ**[२]—[देशज] *पु॰* १. वह लकड़ी आदि जिसमें झूला लटकाया जाता है। २. बँडेर। ३. (चावल का) माँड़।

मरुकान्तार (मरुकांतार)—[सं॰ मरु ~ कान्तार] *पु॰* मरुस्थल। रेगिस्तान।

मरुकूप—[सं॰ मरु ~ कूप] *पु॰* रेगिस्तान का कुँआ। जलरहित कुँआ।

मरुत्—[सं॰ √मृ + उति] *पु॰* १. वायु। हवा। २. वायु का अधिष्ठाता देवता। वायुदेव।

मरुत—[सं॰ मृ + उत] *पु॰* १. वायु। पवन। हवा। २. वायु का अधिष्ठाता देवता। वायुदेव।

मरुत्पथ (मरुत्पथ)—[सं॰ मरुत् ~ पथ] *पु॰* आकाश। नभ।

मरुत्वान्(मरुत्वान्)—[सं॰ मरुत् + मतुप्] *पु॰* १. इन्द्र। २. हनुमान्। ३. बादल।

मरुदेश—[सं॰ मरु ~ देश] *पु॰* रेगिस्तान।

मरुद्गति—[सं॰ मरुत् ~ गति] *स्त्री॰* हवा की गति। बहुत तेज़ चाल।

मरुद्रुम—[सं॰ मरु ~ द्रुम] *पु॰* करील (वृक्ष)।

मरुद्वीप (मरुद्वीप)—[सं॰ मरु + द्वीप] *पु॰* रेगिस्तान में कहीं स्थित छोटा हरा-भरा स्थान। नख़लिस्तान।

मरुधर—[सं॰ मरु ~ धर] *पु॰* (वर्तमान राजस्थान का एक भाग) मारवाड़।

मरुभूमि—[सं॰ मरु ~ भूमि] *स्त्री॰* मरुस्थल। रेगिस्तान।

मरुस्थल—[सं॰ मरु ~ स्थल] *पु॰* रेगिस्तान।

मरू—[< हि॰ मरना] *वि॰* कठिन। मुश्किल। ✣ **मरू कर/करि**—*क्रिवि॰* = कठिनता से। मुश्किल से।

मरूद्भव—[सं॰ मरु ~ उद्भव] *वि॰* रेगिस्तान में उत्पन्न होनेवाला।

मरूद्यान (मरूद्यान)—[सं॰ मरु + उद्यान] *पु॰* रेगिस्तान में स्थित छोटा हरा-भरा स्थान। नख़लिस्तान।

मरूद्भवा—[सं॰ मरु ~ उद्भवा] *वि॰* (स्त्री॰) मरुस्थल में उत्पन्न होनेवाली।

***मरूरना**—[< हि॰ मरोड़ना] *क्रिअ॰* मरोड़ा जाना। *क्रिस॰* मरोड़ना।

मरोड़—[< हि॰ मरोड़ना] *पु॰* १. मरोड़ने की क्रिया/भाव। २. मरोड़ने के कारण पड़नेवाला बल/ऐंठन। ३. (अपच आदि के कारण) पेट में रह रहकर होने-वाली ऐंठन। ४. पीड़ा, दुःख आदि के कारण होनेवाला क्षोभ। ५. कपट।

मरोड़फली—[हि॰ मरोड़ + फली] *स्त्री॰* गुल्म जाति की एक वनौषधि। मुर्रा।

***मरोह**—[देशज] *स्त्री॰* १. करुणा। २. ममता या मोह।

मर्कट—[स॰ मर्क ~ अटन्] *पु॰* १. वानर। बन्दर। २. मकड़ा। ✣ **मर्कट-कटक**—*पु॰* = वानर-सैना।

मर्कटक—[स॰ मर्कट ~ कन्] *पु॰* लंगूर। २. मकड़ा।

मर्कटी—[स॰ मर्कट + ङीप्] *स्त्री॰* १. वानरी। बँदरिया। २. मकड़ी।

मर्तबा—[< अरबी मर्तब:] *पु॰* १. पद। दर्जा। २. वर्ग। तबक़ा। २. प्रतिष्ठा। इज़्ज़त। ३. बार। दफ़ा। *जैसे*—वह पाँच मर्तबा आया।

मर्तबान—[बर्मी] *पु॰* चीनी मिट्टी का एक प्रकार का विशेष पात्र जिसमें अचार, मुरब्बे आदि रखे जाते हैं।

मर्त्य—[स॰ मर्त + यत्] *वि॰* मरणशील। *पु॰* १. मनुष्य। २. मर्त्यलोक। भूलोक। पृथ्वी। ∇ **विलोम**—अमर्त्य।

मर्त्यधर्म—[स॰ मर्त्य ~ धर्म] *पु॰* मरणशीलता। नश्वरता।

मर्त्यधर्मा—[स॰ मर्त्यधर्मन्] *वि॰* मरणशील। नश्वर।

मर्त्यलोक—[स॰ मर्त्य ~ लोक] *पु॰* भूलोक। पृथ्वी।

मर्दन—[स॰ √मृद् + णिच् + ल्युट्] *पु॰* १. रगड़ कर मलने की क्रिया/भाव। २. (तेल आदि चिकने पदार्थ को या दवा आदि को) शरीर पर रगड़कर मलना। मालिश। ३. मसलने/कुचलने की क्रिया/भाव। ४. घिसने की क्रिया/भाव। ६. लेप करना। लेपन। ७. पीड़न। ८. नाश करना। *वि॰* १. कुचलनेवाला। २. नाश करनेवाला। विनाशक।

मर्दल—[स॰ मर्द √ला + क] *पु॰* मृदंग से मिलता-जुलता ढोल जैसा प्राचीन बाजा।

मर्दुमशुमारी—[फा॰] *स्त्री॰* जनगणना।

मर्दोज़न—[फा॰ मर्द-ओर-ज़न] *पु॰* आदमी और औरत। नर-नारी।

मर्म—[स॰ √मृ + मनिन्] *पु॰* १. रहस्य। भेद। २. तत्त्व। २. गूढ़ अर्थ। रहस्यपूर्ण तात्पर्य। ३. शरीर का वह कोमल भाग जहाँ चोट लगने पर मृत्यु हो जाए या बहुत पीड़ा हो। ४. हृदय।

मर्मघाती/मर्मघ्न—[स॰ मर्मघातिन्, मर्म + घ्न] *वि॰* १. (शरीर के) किसी मर्मस्थान या हृदय पर आघात करनेवाला। २. मन को बहुत पीड़ा देनेवाला। ३. बहुत कष्टप्रद।

मर्मछेदन—[स॰ मर्मच्छेदन] *पु॰* (शरीर के) किसी मर्म स्थल या हृदय को छेदने की क्रिया/भाव। २. बाण। तीर।

मर्मज्ञ—[स॰ मर्म + ज्ञ] *वि॰* १. किसी बात का गूढ़ रहस्य जाननेवाला। तत्त्वज्ञ। २. भेद की बात जाननेवाला। रहस्य को जाननेवाला। ३. किसी ग्रन्थ/सिद्धान्त आदि का गूढ़ अर्थ जाननेवाला।

मर्मभेद—[स॰ मर्म ~ भेद] *पु॰* १. मर्मस्थल पर हुआ आघात। २. किसी के रहस्य को खोल देने की क्रिया/भाव। ३. किसी की दुर्बलताओं को प्रकट करना।

मर्मर—[स॰ √मृ + अरन्, मुट्] *पु॰* १. 'खड़-खड़' ध्वनि। खड़खड़ाहट। २. पत्तों की खड़खड़ाहट। ३. कलफ़ लगे कपड़े की खड़खड़ाहट। ✣ **मर्मर ध्वनि**—*स्त्री॰* = मर्मर।

मर्मरित—[स॰ मर्मर + इतच्] *वि॰* जिससे मर्मर ध्वनि हो रही हो। मर्मर ध्वनि करता हुआ।

मर्मवचन—[स॰ मर्म ~ वचन] *पु॰* ऐसा कथन जो हृदय पर आघात करनेवाला हो। मार्मिक कथन।

मर्मवाक्य—[स॰ मर्म ~ वाक्य] *पु॰* १. रहस्य की बात। २. मर्मवचन।

मर्मविद्—[स॰ मर्म √विद् + क्विप्] *वि॰, पु॰* १. रहस्य को जाननेवाला। मर्मज्ञ। २. तत्त्व का ज्ञाता। तत्त्वज्ञ।

मर्मस्थल/मर्मस्थान—[स॰ मर्म ~ स्थल/स्थान] *पु॰* १. शरीर का कोई कोमल अंग या सन्धि-स्थान जिस पर आघात होने से बहुत कष्ट होता है और मृत्यु भी हो सकती है। २. हृदय। ३. (व्यक्ति या संस्था आदि की) कमियाँ या कमज़ोरियाँ।

मर्मस्पर्शी—[स॰ मर्मस्पर्शिन्] *वि॰* हृदय को स्पर्श करनेवाला। हृदय को प्रभावित करनेवाला। हृदयस्पर्शी।

मर्मस्पृह—[स॰ मर्म √स्पृह् + अच्] *स्त्री॰* १. हृदय से चाहा गया। २. मर्मभेदी।

मर्माघात—[स॰ मर्म ~ आघात] *पु॰* १. (शरीर के) किसी मर्मस्थल पर प्रहार। २. हृदय पर आघात। ३. (लाक्षणिक) अति कष्टदायक बात।

मर्मान्तक (मर्मांतक)—[स॰ मर्म ~ अन्तक] *वि॰* मर्मस्थल को छेदनेवाला। मर्मभेदी।

मर्मान्वेषण—[स॰ मर्म ~ अन्वेषण] *पु॰* १. रहस्य का पता लगाना। रहस्यान्वेषण। २. तत्त्व की खोज। तत्त्वान्वेषण।

मर्माहत—[स॰ मर्म ~ आहत] *वि॰* १. जिसके मर्म पर आघात किया गया हो। २. जिसके हृदय को कड़ी चोट पहुँची हो। ३. जिसके मन को किसी घटना/कथन आदि से बहुत पीड़ा हुई हो।

मर्मी—[< स॰ मर्म] *वि॰* १. मर्म/तत्त्व जाननेवाला। तत्त्वज्ञ। मर्मज्ञ। २. गुप्त बातों को जानने वाला। रहस्य-ज्ञाता। मर्मज्ञ।

मर्मोद्घाटन—[स॰ मर्म + उद्घाटन] *पु॰* रहस्य प्रकट करना। रहस्योद्घाटन।

मर्य—[स॰ √मृ + यत्] *पु॰* मनुष्य। मानव। आदमी।

मर्याद—[स॰ मर्या √दा + क] *पु॰* १. मर्यादा। २. रीति-रिवाज। प्रथा। रंग-ढंग। ३. (नदी आदि का) तट। किनारा। ४. सीमा। ५. अन्त। छोर। सिरा। ६. गौरव। प्रतिष्ठा। **वा॰ मर्याद रहना**—प्रतिष्ठा रहना।

मर्यादा—[स॰ मर्या √दा + अङ् + टाप्] *स्त्री॰* १. सीमा। हद। २. अन्त। छोर। सिरा। ३. सीमा का निशान। सीमा-चिह्न। ४. (नदी आदि का) तट। किनारा। ५. सदाचार। ६. लोकप्रचलित शिष्ट व्यवहार और उसके नियम। ७. प्रतिष्ठा। गौरव।

मर्ष—[स॰ √मृष् + घञ्] *पु॰* १. सहनशीलता। २. धैर्य।

मर्षण—[स॰ √मृष् + ल्युट्] *पु॰* १. सहनशीलता। २. धैर्य। ३. क्षमा।

मर्सिया/मरसिया—[< अरबी मरसिय:] *पु॰* किसी महान् या प्रिय व्यक्ति की मृत्यु की स्मृति में लिखा गया शोक-गीत।

¹मलकना—[अनु॰] *क्रि॰अ॰* १. हिलना। हिलना-डुलना। २. नख़रे के साथ अंग चलाना। मटकना। ३. इतराना। ४. चमकना। *क्रि॰स॰* मलकाना।

मलका—[< अरबी मलिक:] *स्त्री॰* १. रानी या महारानी। २. एक द्विदल अन्न। मसूर।

***मलगोलै**—[देशज] *पु॰* खिलवाड़।

मलट—[< स॰ मलपट] *पु॰* पुस्तक आदि को धूल से बचाने के लिए उस पर चढ़ाया जाने वाला काग़ज़ आदि का आवरण। मलपट। मलपट्ट।

[1]मलकाना—[अनु॰] *क्रिस॰* १. हिलाना-डुलाना। २. रुक-रुककर बातें करना। ***जैसे***—बातें/आँखें मलकाना। *क्रिअ॰* इतराना।

मलकीट—[स॰ मल ~ कीट] *पु॰* १. मल में, गन्दी वस्तुओं में या गन्दे स्थानों में रहनेवाला कीड़ा। २. (लाक्षणिक) नीच व्यक्ति।

मलखम्भ (मलखंभ)—[< स॰ मल्ल ~ स्तम्भ] *पु॰* १. लकड़ी का खम्भा जिससे विशेष व्यायाम किया जाता है। २. उक्त व्यायाम।

मलगजा—[< हि॰ मलना + गीजना] *वि॰* १. मसला हुआ और दला हुआ। मरगजा। २. मैला। मैला-कुचैला। २. (लाक्षणिक) शोभाहीन।

मलगिरी—[< स॰ मलयगिरि] *पु॰* (चन्दन के समान) हल्का कत्थई रंग। *वि॰* हल्के कत्थई रंग का।

मलघ्न—[स॰ मल + घ्न] *वि॰* मल का नाश करने वाला। मलनाशक।

मलङ्ग (मलंग)—[फा॰] *पु॰* १. मुस्लिम फ़क़ीरों/साधुओं का एक सम्प्रदाय। २. उक्त सम्प्रदाय का अनुयायी फ़क़ीर। साधु। *वि॰* १. निश्चिन्त। २. मस्त। मनमौजी।

मलङ्गा (मलंगा)—*वि॰, पु॰* ≤ फा॰ मलंग।

मलज—[स॰ मल √जन् + ड] *पु॰* पीप। मवाद।

***मलजुग**—[< स॰ मल ~ युग] *पु॰* पापों का युग। कलियुग।

मलद्रावी (मलद्रावी)—[स॰ मलद्राविन्] *वि॰* मल को बाहर निकालने वाला (पदार्थ)। रेचक (पदार्थ)।

मलधात्री—[स॰ मल ~ धात्री] *स्त्री॰* शिशु का मल-मूत्र या मल-मूत्र के वस्त्र साफ़ करनेवाली धाय।

मलनी—[< हि॰ मलना] *स्त्री॰* चिकने बाँस का वह टुकड़ा जिससे कुम्हार बनाए गए बर्तनों की व्यर्थ मिट्टी काटकर निकालते हैं।

मलपट/मलपट्ट—[स॰ मल ~ पट/पट्ट] *पु॰* पुस्तक आदि को धूल से बचाने के लिए उस पर चढ़ाया जाने वाला काग़ज़ आदि का आवरण। मलट।

मलमल—[< स॰ मलमल्लक] *स्त्री॰* एक प्रकार का उत्तम सूती वस्त्र जो बहुत चिकना, बारीक, कोमल और सफ़ेद होता है।

मलमास—[स॰ मल ~ मास] *पु॰* दो सौर संक्रान्तियों के बीच में पड़नेवाला चान्द्र मास। लौंद का महीना। अधिमास। पुरुषोत्तम मास।

मलय—[स॰ √मल् + कयन्] *पु॰* १. दक्षिण भारत की एक पर्वत-माला जो अपने चन्दन के वृक्षों के लिए प्रसिद्ध है। २. उक्त पर्वत के समीप का क्षेत्र। मलाबार। ३. उक्त पर्वतमाला पर होनेवाला सफ़ेद चन्दन। ४. (इन्द्र का) नन्दन-कानन।

मलयज—[स॰ मलय + ज] *पु॰* १. 'मलय' नामक पर्वत पर उत्पन्न। २. चन्दन। ३. 'मलय' नाम पर्वत से आनेवाली सुगन्धित वायु।

मलयमरुत्/मलयमरुत/मलयमारुत/मलयानिल—[स॰ मलय ~ मरुत्/मरुत/मारुत/अनिल] *पु॰* १. मलय पर्वत से आनेवाली शीतल और सुगन्धित वायु। २. शीतल और सुगन्धित वायु। ३. दक्षिणी वायु।

मलयरेणु—[स॰ मलय ~ रेणु] *स्त्री॰* चन्दन-चूर्ण।

***मलयरेनु**—*स्त्री॰* ≤ मलयरेणु। चन्दन-चूर्ण।

मलयुग—[स॰ मल ~ युग] *पु॰* पापों की अधिकता का युग। कलियुग।

मलराना—[< हि॰ मल्हराना] *क्रिस॰* पुचकारना। चुमकारना।

मलरेचक—[स॰ मल ~ रेचक] *वि॰* मल को रेचन द्वारा बाहर निकालनेवाला। दस्त लानेवाला। दस्तावर। विरेचक।

मलरोधक—[स॰ मल ~ रोधक] *वि॰* १. कब्ज़ बढ़ाने-वाला। २. दस्त रोकनेवाला।

मलवा/मलबा—[< स॰ मल] *पु॰* १. पुरानी और बेकार ईंटों, पत्थरों, कंकरों, मिट्टी आदि का ढेर। कूड़ा-कर्कट। (भूविज्ञान॰) शैलों के विघटन से बिखरे हुए शैल पदार्थ।

मलसा—[< स॰ मल्लक] *स्त्री॰* घी आदि रखने की मिट्टी की बड़ी हाँडी। ● **विशेष**—छोटा मलसा **'मलसिया'** कहा जाता है।

मलहर—[स॰ मल ~ हर] *वि॰* १. मल-नाशक। २. पाप-नाशक। *पु॰* जमालगोटा (औषधि)।

मलाई[1]—[< हि॰ मलना] *स्त्री॰* १. (तेल आदि) मलने की क्रिया/भाव। मालिश। २. (तेल आदि) मलने का पारिश्रमिक।

मलाई[2]—[देशज] *स्त्री॰* दूध का वह भाग जिसमें वसा की मात्रा २० प्रतिशत या अधिक होती है। क्रीम (अ॰)।

मलाकर/मलायतन—[स॰ मल ~ आकर/आयतन/अयन] *पु॰* १. मल की ख़ान। अति मलिन वस्तु। २. पाप की ख़ान। अति पापी व्यक्ति।

***मलान**—*वि॰* ≤ *स॰* म्लान। मुर्झाया हुआ। कुम्हलाया हुआ। ✣ **मलानि**—*स्त्री॰* = *स॰* म्लानि। मुर्झान। कुम्हलाहट।

मलापह—[स॰ मल ~ अपह] *वि॰* १. मल-नाशक। २. पाप-नाशक।

मलाबार—[< स॰ मलय] *पु॰* वर्तमान केरल राज्य का एक प्रदेश।

मलाबारी—[< हि॰ मलाबार] *वि॰* मलाबार का। मलाबार-सम्बन्धी। *पु॰* मलाबार का निवासी।

मलामत—[अरबी] *स्त्री॰* १. निन्दा। फटकार। झिड़की। ✣ **मलामती**—*वि॰* = जिसकी मलामत की गयी हो।

मलायतन—दे॰ मलाकर।

मलार/मल्हार—[< देशज मल्ह] *पु॰* (संगीत॰) एक शास्त्रीय राग जो प्रायः वर्षा ऋतु में गाया जाता है। ***वा॰* मलार गाना**—१. बहुत निश्चिन्त और प्रसन्न होकर गाना। २. निश्चिन्त और प्रसन्न होकर कुछ कहना।

मलाल—[अरबी] *पु॰* १. दुःख। रंज। २. पश्चात्ताप। पछतावा। ३. खेद। अफ़सोस। ***वा॰* मलाल निकालना**—कुछ कह-सुन कर मन का दुःख हल्का करना।

मलाशय—[स॰ मल ~ आशय] *पु॰* आहार-नलिका का अन्तिम भाग जो गुदा के रूप में बाहर की ओर खुलता है। बड़ी आँत का निचला भाग जिसमें मल रहता है।

***मलाह**—*पु॰* ≤ अरबी मल्लाह। केवट। निषाद। माँझी।

मलिक—[अरबी] *पु॰* राजा। ✣ **मलिका**—*स्त्री॰* = महारानी या रानी।

मलिन—[सं॰ √मल् + इनच्] *वि॰* १. मल से युक्त। २. मैला। गन्दा। *जैसे*—मलिन वस्त्र। ३. अपवित्र। ४. धुएँ या मिट्टी के रंग का। मटमैला। ५. धुएँ, कीचड़ या धूल आदि से सना हुआ। ६. पापी। दुष्ट। *जैसे*—मलिन स्वभाव। ७. अधम। नीच। ८. दोषयुक्त। कलुषित। *जैसे*—मलिन बुद्धि। ९. कान्तिहीन। उदास। ११. कम उज्ज्वल (प्रकाश)। धीमा। मन्द। ∇ **विलोम**—स्वच्छ/निर्मल।

मलिनत्व—[सं॰ मलिन + त्व] *पु॰* मलिनता।

मलिनप्रभ—[सं॰ मलिन ~ प्रभा] *वि॰* जिसकी चमक मैली या फीकी हो गयी हो।

***मलिन्द (मलिंद)**—*पु॰* ≤ *सं॰* मिलिन्द। भ्रमर। भौंरा। ✣ **मलिन्दिनी (मलिंदिनी)**—*स्त्री॰* = भ्रमरी। नारी/मादा भौंरा।

मलिया-मेट—[≤ *हिं॰* मलिया + मिटाना] *पु॰* १. बग्घी-बग्घा के खेल में बनायी हुई मलिया को पूरी तरह मिटा देना। २. (उक्त के समान किया जाने वाला) किसी पदार्थ का नाश/विनाश/सर्वनाश।

मलीदा—[< फा॰ मालीद:] *वि॰* गला हुआ। मर्दित। *पु॰* रोटी आदि से बना एक मीठा खाद्य पदार्थ। चूरमा।

मलीन—[< सं॰ मलिन] *वि॰* १. मलिन। (दे॰) २. खिन्न। ३. उदास।

मलूक—[देशज] *पु॰, वि॰* सुन्दर।

मलैया—[देशज] *स्त्री॰* १. घी, दूध, दही आदि रखने की मिट्टी की छोटी हाँडी। २. बग्घी-बग्घा के खेल में गोटियाँ रखने का चौकोर या तिकोना चक्र। ३. घेरा। चक्कर।

मलोत्सर्ग—[सं॰ मल ~ उत्सर्ग] *पु॰* मल-त्याग।

***मलोलना**—[< अरबी मलाल] *पु॰* मलाल करना।

†**मलोला**—[< अरबी मलाल] *पु॰* १. मलाल। २. मन की कोई तीव्र कामना जो बार-बार बेचैन करती हो।

मल्ल—[सं॰ √मल्ल् + अच्] *पु॰* १.पहलवान। २. सशक्त व्यक्ति। ताक़तवर आदमी।

मल्लक्रीड़ा—[सं॰ मल्ल ~ क्रीड़ा] *स्त्री॰* १. मल्लयुद्ध। कुश्ती। २. पहलवानों का दंगल।

मल्लखम्भ (मल्लखंभ)—[< सं॰ मल्लस्तम्भ] *पु॰* मलखम्भ।

मल्लभूमि—[सं॰ मल्ल ~ भूमि] *स्त्री॰* कुश्ती लड़ने का स्थान। अखाड़ा।

मल्लयुद्ध (मल्लयुद्ध)—[सं॰ मल्ल ~ युद्ध] *पु॰* बाहुयुद्ध। कुश्ती।

मल्लिक—[सं॰ मल्लि + कन्] *पु॰* धुएँ के रंग की चोंच और टाँगों वाला एक प्रकार का हंस।

मल्लिका—[सं॰ मल्लिक + टाप्] *स्त्री॰* १. सफ़ेद रंग के सुगन्धित फूलों वाला एक क्षुप या उसका फूल। मोतिया। मोगरा। २. चमेली का वृक्ष या पुष्प। (छन्द॰) १. एक समवर्णिक छन्द जिसके प्रत्येक चरण में क्रमश: सात जगण, लघु और गुरु के योग से २३ वर्ण होते हैं। सुमुखी (छन्द)। २. एक समवर्णिक छन्द जिसके प्रत्येक चरण में क्रमश: रगण, जगण, गुरु और लघु (र ज ग ल) के योग से आठ वर्ण होते हैं।

मल्लिकापुष्प—[सं॰ मल्लिका ~ पुष्प] *पु॰* बेला की जाति का एक सफ़ेद और सुगन्धित फूल। मोतिया।

मल्ली—[< सं॰ मल्लि ~ ङीप्] *स्त्री॰* मल्लिका। (छन्द॰) एक समवर्णिक छन्द जिसके प्रत्येक चरण में क्रमश: आठ सगण और गुरु के योग से २५ वर्ण होते हैं।

मल्हा—[देशज] *स्त्री॰* वृक्षों पर चढ़कर उन्हें हानि पहुँचानेवाली एक लता।

***मल्हाइ/मल्हाई**—[< हिं॰ मल्हाना] *क्रिवि॰* १. दुलार कर। २. पुचकार कर।

***मल्हाना**—*क्रिस॰* ≤ *हिं॰* मल्हारना।

मल्हार[१]—[< हिं॰ मल्हारना] *पु॰* १. मल्हारने की क्रिया/भाव। २. दुलार। लाड़-प्यार।

मल्हार[२]—[< देशी प्रा॰ मल्ह] *पु॰* एक राग जो वर्षा ऋतु में गाया जाता है। मलार।

†**मल्हारना**—[देशज] *क्रिस॰* १. लाड़-प्यार करते हुए समझाना। २. दुलार करते हुए किसी काम के लिए प्रेरित करना। ३. (बच्चों) को चुमकारना।

मवक्किल—[< अरबी मुवक्किल] *पु॰* वकील का आसामी। वकील को विधि-पूर्वक दायित्व सौंपने वाला व्यक्ति।

मवाद—[अरबी] *पु॰* घाव या फोड़े से निकलनेवाला पीप और ख़ून।

मवास—[< सं॰ महावास] *पु॰* १. सुरक्षा/बचाव का स्थान। आश्रय। शरण। २. कुछ समय के लिए किसी स्थान पर निवास। बसेरा। ३. सुरक्षित तथा अभेद्य स्थान। ४. दुर्ग। गढ़। क़िला। ५. दुर्ग के प्राचीर/परकोटे पर लगे वृक्ष आदि। ✣ **मवासी**—*स्त्री॰* छोटा गढ़/क़िला। *वि॰* मवास-सम्बन्धी। गढ़ का। *पु॰* गढ़पति। क़िलेदार।

मवेशी—[अरबी मवाशी] *पु॰* पालतू चौपाए। ढोर। ✣ **मवेशीख़ाना**—*पु॰* = पालतू चौपाए रखने का स्थान/बाड़ा/घेरा। पशुशाला।

मशक[१]—[सं॰ मश + कन्] *पु॰* १. मच्छर। २. (शरीर पर निकलनेवाला) मस्सा।

मशक[२]—[फा॰ ~ मश्क] *स्त्री॰* (भिश्तियों का) पानी भरने का चमड़े का बड़ा थैला।

मशग़ूल—[अरबी मशग़ूल] *वि॰* १. व्यस्त। २. (किसी काम में) संलग्न या लीन।

मशरिक़—[< अरबी मश्रिक़] *पु॰* पूर्व दिशा। ✣ **मशरिक़ी**—*वि॰* = पूर्व दिशा का। पूर्वीय। पूरबी।

मशवरा/मशविरा—[< अरबी मश्वुर:] *पु॰* १. परामर्श। सलाह। २. मन्त्रणा।

मशान—*पु॰* ≤ *सं॰* श्मशान। मरघट।

मशाल—[अरबी मश्‌आल] *स्त्री॰* प्रकाश पाने के लिए काम में आनेवाली एक लम्बी लकड़ी जिसके सिरे पर कपड़ा लपेटकर और तेल में भिगोकर जलाते हैं। ✣ **मशालचिन**—*स्त्री॰* = नारी मशालची। ✣ **मशालची**—*पु॰* = अँधेरे में मशाल लेकर आगे चलनेवाला। मशाल दिखानेवाला।

मश्क—[फा॰] *स्त्री॰* (भिश्तियों का) पानी भरने का चमड़े का थैला। मशक।

मश्क़—[अरबी] *स्त्री॰* १. किसी काम को बार-बार करना। अभ्यास। २. कोई काम बार-बार करते रहने से होनेवाला अभ्यास।

मश्कूक—[अरबी] *वि॰* जिस पर शक हो। सन्दिग्ध। सन्देहास्पद व्यक्ति।

***मष**—*पु॰ ≤ सं॰* मख। यज्ञ।

***मष्ट**—[देशज] *वि॰* मौन। चुप। ***वा॰* मष्ट धारना/मारना/साधना**—जान-बूझकर पूरी तरह चुप रहना।

मस[1]—[< सं॰ श्मश्रु] *पु॰* मूँछों का आरम्भिक, रोमावली-वाला, रूप। ***वा॰* मसें भीगना**—मूँछें निकलना आरम्भ होना। किशोर/का युवावस्था में प्रवेश करना।

मस[2]—[प्रा॰ < सं॰ मश] *पु॰* मशक। मच्छर।

***मस[3]**—*स्त्री॰ ≤ सं॰* मसि। (लिखने की) स्याही।

मसक[1]—[< हि॰ मसकना] *स्त्री॰* १. मसकने की क्रिया/भाव। २. मसकने से बना निशान या मसकने से बनी दरार।

मसक[2]—[< सं॰ मशक] *पु॰* मशक। मच्छर।

मसकना—[अनु॰] क्रिअ॰ १. दबना। २. (कपड़े में तनाव आदि के कारण) दरार पड़ना। ३. अपने स्थान से कुछ हटना या खिसकना। ४. टुकड़े-टुकड़े होना। ५. दुःखी होना। *क्रिस॰* १. दबाना। २. तानकर फाड़ना। ३. दरार डाल देना। ४. मसलना।

मसकला—[< अरबी मिस्क़लः] *पु॰* १. तलवार आदि हथियारों को रगड़कर चमकानेवाला उपकरण। शाण। २. तलवार आदि हथियारों को चमकाने की क्रिया/भाव।

मसका/मस्का—[< फा॰ मस्कः] *पु॰* १. ताज़ा निकला मक्खन। नवनीत। २. ताज़ा निकला घी। ३. दही का पानी। ***वा॰* मसका (मस्का) लगाना/मारना**—चापलूसी करना।

मसकाना—[< हि॰ मसकना] *क्रिस॰* १. दबाना। २. मसलना। रगड़ना। ३. वस्त्र आदि को अधिक तानकर उसमें दरार डालना। ४. वस्तु को उसके मूल स्थान से कुछ हटाना या खिसकाना। ५. टुकड़े-टुकड़े करना। ६. चिन्तित या दुःखी करना।

***मसटि/मसटी**—[< हि॰ मष्ट] *स्त्री॰* मौन। चुप। ✣ **†मसट्ट**—*स्त्री॰* = मौन। चुप। ***वा॰* मसट्ट मारना/लगाना**—जान-बूझकर बिल्कुल चुप रहना। चुप्पी साधना।

मसनद—[अरबी मस्नद] *स्त्री॰* १. एक प्रकार का गोल तथा लम्बा तकिया। गाव-तकिया। २. उक्त तकिया लगाकर बैठने की जगह। ३. व्यापारी या सेठ आदि के बैठने की गद्दी।

मसना—[< हि॰ मसलना] *क्रिस॰* १. मसलना। २. (आटा आदि) गूँधना।

मसमसाना—[देशज] *क्रिअ॰* १. मन ही मन क्रोध करके रह जाना। कुढ़ना। २. क्रोध के आवेश में दाँत पीसना।

मसरूफ़—[अरबी मस्रूफ़] *वि॰* १. काम में लगा हुआ। संलग्न। २. काम में डूबा हुआ। कार्य-निमग्न। तल्लीन। ३. जिसे फ़ुर्सत न हो। व्यस्त। अवकाशरहित। ✣ **मसरूफ़ियत**—*स्त्री॰* = १. मसरूफ़ होने की अवस्था/भाव। २. (काम में) संलग्नता। ३. कार्य-निमग्नता। तल्लीनता। ४. व्यस्तता।

मसर्रत—[अरबी] *स्त्री॰* हर्ष। ख़ुशी।

मसल—[अरबी] *स्त्री॰* लोकोक्ति। कहावत।

मसला—[< अरबी मसअलः] *पु॰* समस्या। प्रश्न। विषय।

मसलन[1]—[< हि॰ मसलना] *स्त्री॰* १. मसलने की क्रिया। २. रगड़। ३. मर्दन।

मसलन[2]—[अरबी] *अव्यय॰* उदाहरणार्थ। जैसे।

मसलहत/मस्लहत—[< अरबी मस्लहत] *स्त्री॰* १. रहस्य। भेद। राज़। २. किसी काम/बात का उद्देश्यपूर्ण/रहस्य या गुप्त हेतु। ✣ **मसलहतन/मस्लहतन**—*क्रिवि॰* १. (गुप्त हेतु या उद्देश्य से) जान-बूझ कर। २. (ऊपर से प्रतीत न होने वाले) हित की दृष्टि से। ३. नीति की दृष्टि से। नीतितः। ४. युक्तिपूर्वक।

मसला[1]—*पु॰ ≤* अरबी मसला। लोकोक्ति। कहावत।

मसला[2]—[अ॰ मस्अलः] *पु॰* १. समस्या। २. विचारणीय विषय।

†मसवास—[< सं॰ मास ~ वास] *पु॰* १. एक मास तक निवास। २. साधुओं आदि का किसी स्थान पर अधिकतम एक मास तक रहने का नियम। ३. प्रसूता स्त्री का प्रसव के बाद एक मास तक रहने का स्थान।

मसवासी[1]—[< हि॰ मसवास] *पु॰* एक स्थान पर केवल एक मास तक ही रहने के नियम वाला साधु आदि।

***मसवासी[2]**—[< सं॰ मासोपवासी] *पु॰* एक मास तक उपवास करनेवाला।

मसविदा—[< अरबी मसविदः] *पु॰* मसौदा। (दे॰)

मसहरी—[< सं॰ मशकहरी] *वि॰ स्त्री॰* १. मच्छरों को दूर करने वाली। (पलंग पर लगाने की) मच्छरदानी। २. पलंग। बड़ी खटिया या खाट।

***मसहार**—[< सं॰ मांसाहारी (मासाहारिन्)] *वि॰* मांस खाने वाला। मांसाहारी। *पु॰* मांस खाने वाला व्यक्ति।

मसा—[< प्रा॰ मसअ < सं॰ मशक] *पु॰* शरीर पर होने वाला काला दाग़ जो बिन्दु के आकार का होता है। तिल। बिन्दु।

***मसाइक**—[< अरबी मशाइख़ ('शेख़' का बहुवचन)] *पु॰* १. शेख़ लोग। २. पीर लोग। ३. सूफ़ी लोग।

मसान—[< अप॰, प्रा॰ मसाण < सं॰ श्मशान] *पु॰* १. श्मशान। मरघट। २. (मार-काट के कारण शवों से भरी) रणभूमि। ३. (मरघट के निवासी) भूत-पिशाच आदि। ***वा॰* मसान जगाना**—मरघट में की जाने वाली तान्त्रिक साधना (शव-साधना आदि) करना। **मसान पड़ना**—श्मशान जैसी शान्ति होना।

मसाना—[< अरबी मसानः] *पु॰* मूत्राशय। वस्ति।

मसानिया—[< हि॰ मसान] *वि॰* १. मरघट-सम्बन्धी। श्मशान का। २. जो श्मशान में साधना से प्राप्त हो या होता हो। *पु॰* १. श्मशान का निवासी (डोम इत्यादि)। २. मसान में रहकर भूत-प्रेत की सिद्धि

या मन्त्र आदि की सिद्धि करनेवाला व्यक्ति। तान्त्रिक।

मसानी—[< हि० मसान] *स्त्री०* १. डाकिनी। २. पिशाचिनी।

मसि—[स० √मस् + इनि] *पु०* कालिख। स्याही। २. (लिखने की) स्याही। रोशनाई। ✣ **मसिमुख**—*वि०* = १. जिसका मुख कालिख पोतकर काला किया गया हो। कलमुँहा। २. कुकर्म करने वाला। कुकर्मी।

मसि-बिन्दु (मसि-बिंदु)—[स०] *पु०* काजल आदि की बिन्दी जो बच्चों के माथे और गाल पर स्त्रियाँ लगा देती हैं ताकि बच्चों को किसी की बुरी नज़र न लगे। दिठौना।

मसियाना—[< स० मांस] *क्रिअ०* शरीर का मांस से भर जाना। शरीर मांसल होना। *क्रिस०* शरीर को मांसल बनाना। शरीर को हृष्ट-पुष्ट बनाने की क्रिया करना।

मसि-लेखा—[स०] *स्त्री०* मसों की पंक्ति। हल्की-हल्की मूँछों की रेखा।

***मसीत**—*स्त्री०* ≤ फा० मस्जिद। ✣ **मसीति/मसीद**—*स्त्री०* = मस्जिद।

मसीना—[स० मसीन + टाप्] *स्त्री०* अलसी। *पु०* क्षुद्र अनाज। कदन्न।

मसीला—[< हि० मास] *वि०* मसोंवाला। जिसकी मूँछें कुछ-कुछ निकलने लगी हों। *पु०* नवयुवक।

मसीहा—[< अरबी मसीह] *पु०* १. चमत्कारी सिद्ध पुरुष जो रोगियों को स्वस्थ और मृतकों को जीवित कर सके। २. (ईसाई मत का प्रवर्तक) ईसा। ३. (फ़ारसी आदि के काव्य में) प्रेम-पात्र।

मसूढ़ी—[देशज] *स्त्री०* धातु गलाने की भट्ठी।

मसूरिका—[स० मसूर + कन् + टाप्, इत्व] *स्त्री०* एक रोग। छोटी चेचक। ख़सरा।

मसूरी—[देशज] *पु०* छोटे क़द का एक वृक्ष जिसका पतझड़ शिशिर ऋतु में होता है।

†**मसूस/मसूसन**—[< हि० मसोसन] *स्त्री०* १. मनोवेग को दबाने/रोकने की क्रिया/भाव। २. मानसिक कष्ट/दु:ख।

मसृण—[स० मस् √ऋण् + क, पृषो०] *वि०* १. स्निग्ध। चिकना। २. कोमल। मुलायम। ३. सुन्दर। ४. चमकीला। ∇ **विलोम**—रुक्ष। *वि०* कोमल।

†**मसेरा**—[< स० मसि] *वि०* काले रंग का। काला।

***मसोरा**—[< स० मांस] *पु०* मांस को पीसकर बनाया हुआ कबाब।

मसोसना—[देशज] *क्रिस०* १. (क्रोध आदि किसी मनोवेग को) दबाना/रोकना। २. मन में कुढ़ते रहना। ३. मरोड़ना। ✣ **मसोसा**—*पु०* १. मानसिक कष्ट/दु:ख। २. पश्चात्ताप। पछतावा।

मसौदा—[< अरबी मसविद:] *पु०* १. प्रारूप। मसविदा। २. किसी काम/बात के विषय में पहले से विचारित उपाय/युक्ति। ✣ **मसौदेबाज़**—*वि०* = १. अच्छा उपाय सोचनेवाला। अच्छी युक्ति सोचनेवाला। २. धूर्त। चालाक।

मस्कर—[स० √मस्क् + अरच्] *पु०* १. बाँस। २. दंड। डंडा।

मस्करी—[स० मस्करिन्] *पु०* १. सन्यासी। साधु। २. चन्द्रमा।

मस्त—[फा०] *वि०* १. नशे में चूर। मदोन्मत्त। मतवाला। २. धन या यौवन आदि के मद से युक्त। ३. निश्चिन्त और बेपरवाह। ४. अचेत। बेसुध। बेख़बर। ५. बहुत अधिक प्रसन्न। ६. काम-भावना के अधीन। कामातुर। ७. किसी विषय आदि में पूरी तरह लीन।

मस्त क़लन्दर (क़लंदर)—[फा०] *पु०* १. ईश्वर के ध्यान में लीन साधु। २. सांसारिक जीवन के प्रति उदासीन और आत्मलीन व्यक्ति।

मस्तगी—[अरबी मस्तकी] *स्त्री०* कुछ सदाबहार वृक्षों से प्राप्त होनेवाला पीला गन्धित गोंद।

मस्ताना[1]—[फा० मस्तान:] *वि०* १. मस्त। २. मस्तों की तरह। मस्तों जैसा। ✣ **मस्तानी**—*वि० (स्त्री०)* १. मस्त। २. मस्तों जैसी।

मस्ताना[2]—[< फा० मस्त] *क्रिअ०* १. मस्त होना। २. मस्त रहना।

मस्तिष्क-चैतन्यवाद—[स०] *पु०* यह जड़वादी सिद्धान्त कि चेतना मस्तिष्क से उत्पन्न होती है।

मस्तिष्काग्र—[स० मस्तिष्क ~ अग्र] *पु०* प्रमस्तिष्क। (दे०)

मस्तिष्कावरण—[स० मस्तिष्क ~ आवरण] *पु०* मस्तिष्क और मेरु रज्जु को आवृत्त करनेवाली तीन ऊतक झिल्लियाँ। तानिका।

मस्तूल—[फा०] *पु०* बड़ी नाव या जहाज़ के बीच में गाड़ा हुआ लम्बा लट्ठा। जिसमें पाल बाँधा जाता है। ***जैसे***—मस्तूल पर लहराता झंडा।

मस्रूफ, मस्रूफ़ियत—दे० क्रमश: मसरूफ़, मसरूफ़ियत।

मस्लहत, मस्लहतन—दे० क्रमश: मसलहत, मसलहतन।

मह[1]—[स० √मह् + घ/अच्] *पु०* १. यज्ञ। २. उत्सव। ३. नैवेद्य। ४. दीप्ति। ५. महिष। भैंसा।

मह[2]—[< स० महत्] *वि०* १. बहुत बड़ा। महा। २. विपुल या विस्तृत। *क्रिवि०* अति। बहुत।

***मह**[3]**/मँह**—[< स० मध्य] *क्रिवि०* मध्य में। में।

महच्छक्ति—[स० महत् ~ शक्ति] *स्त्री०* महाशक्ति। बड़ी शक्ति।

महज़—[अरबी मह्ज़] *वि०, क्रिवि०* १. केवल। निरा। २. नितान्त। बिल्कुल।

महज्जन—[स० महत् ~ जन] *पु०* १. बड़े लोग। मान्य/पूज्य जन। २. महापुरुष।

महज्ज्योति—[स० महत् ~ ज्योति] *स्त्री०* महान् प्रकाश।

***महण**—[< स० महार्णव] *पु०* समुद्र। सागर।

महत्—[स० √मह् + अति] *वि०* १. महान्। बड़ा। २. विपुल। ३. विस्तृत। बृहत्। ४. दीर्घ। ५. शक्तिशाली। बलवान्। ६. बहुत महत्त्व का। ७. प्रसिद्ध। ८. श्रेष्ठ। ९. तीव्र। *पु०* ब्रह्म। (भा० दर्शन०) सृष्टि के विकास में मूल प्रकृति का प्रथम विकार। बुद्धि तत्त्व। ∇ **विलोम**—क्षुद्र।

***महत**—[< स० महत्] *वि०* महत् (दे०)। *वि०, क्रिवि०* अधिक।

***महतत्व**—[< स० महत्तत्त्व] *पु०* (भा० दर्शन०) महत्। सृष्टि के विकास में मूल प्रकृति का प्रथम विकार। बुद्धि तत्त्व।

महतवान—[देशज] *पु०* करघे में पीछे लगी खूँटी।

महता—[< स० महत्तर] *पु०* १. गाँव का मुखिया/प्रधान। २. बिरादरी का प्रधान या चौधरी।

महताब—[< फा० माहताब] पु० चन्द्रमा। स्त्री० चन्द्रिका। चाँदनी।

***महताम**—[< स० महत्तम] वि० १. महत्तम। सबसे बड़ा। २. श्रेष्ठ।

महती—[स० महत् + ङीष्] वि० १. बड़ी। २. श्रेष्ठ। ३. प्रधान। स्त्री० १. महत्त्व। महिमा। महत्ता। २. वीणा। ३. सौ तारों वाली वीणा।

महत्तत्त्व—[स० महत् ~ तत्त्व] पु० (भा० दर्शन०) सृष्टि के विकास में मूल प्रकृति का प्रथम विकार। बुद्धितत्त्व।

महत्तम—[स० महत् + तमप्] वि० १. सबसे बड़ा। २. सबसे अधिक महत्त्वपूर्ण। ● **विशेष**—(अंकगणित और बीजगणित में) दी हुई संख्याओं/राशियों को पूरी तरह विभाजित करनेवाली सबसे बड़ी संख्या/राशि को उन संख्याओं का '**महत्तम समापवर्तक**' कहा जाता है।

महत्तर—[स० महत् + तरप्] वि० किसी की तुलना में अधिक बड़ा या अधिक महत्त्व वाला। पु० १. मुख्य। प्रधान। २. ग्राम का मुखिया। ३. किसी बिरादरी/बस्ती आदि का प्रमुख व्यक्ति। प्रधान। महतो। चौधरी।

महत्ता—[स० महत् + तल् + टाप्] स्त्री० महत्त्व। ∇ **विलोम**—लघुता/क्षुद्रता।

महत्त्व—[स० महत् + त्व] पु० १. महानता। बड़प्पन। २. विशालता। ३. श्रेष्ठता। ४. गुरुता। ५. गरिमा। गौरव। ६. प्रतिष्ठा। ७. उपयोग या प्रभाव आदि की दृष्टि से अन्य वस्तुओं से अधिक आवश्यक होने की अवस्था/गुण। *जैसे*—आपका ग्रन्थ बहुत महत्त्व का है। ⁜ **महत्त्वपूर्ण**—वि० महत्त्ववाला। ∇ **विलोम**—महत्त्वहीन।

महदन्तर—[स० महत् ~ अन्तर] पु० बड़ा अन्तर। भारी भेद। *जैसे*—पर्वत और घाटी के बीच महदन्तर है।

महदाकाश—[स० महत् ~ आकाश] पु० विशाल आकाश।

महदूद—[अरबी] वि० १. जो हद के अन्दर हो। सीमित। २. घिरा हुआ। ३. कतिपय। कुछ। थोड़े।

***महन, महनु**—[< प्रा० महण] पु० १. मथन। २. विनाश। वि० १. विनाशक।

***महना**—[< हि० मथना] क्रिस० मन्थन करना। मथना। पु० बड़ी मथानी।

महनीय—[स० √मह् + अनीयर्] वि० १. महिमावाला। महिमायुक्त। महिमा-मंडित। २. माननीय। ३. पूज्य। ४. सम्मान्य।

***महन्त**[1] **(महंत**[1] **)**—[< स० महत्] वि० महान्। बड़ा। क्रिवि० अत्यन्त।

महन्त[2] **/(महंत**[2] **)**—[< स० √मह् + झच्] पु० मठ का मुख्य साधु या अधिष्ठाता। मठाधीश। साधुओं का मुखिया।

महफ़िल—[अरबी] स्त्री० १. सभा। गोष्ठी। मजलिस। २. ऐसी सभा जिसमें नाच-गाना हो रहा हो।

महफ़ूज़—[अरबी] वि० सुरक्षित।

महबूब—[< अरबी महबूब:] पु० प्रिय। प्रेमपात्र। प्रियतम।

महबूबा—[< अरबी महबूब:] स्त्री० प्रेमपात्री। प्रेयसी।

महमन्त (महमंत)—[< स० महा ~ मत्त] वि० १. उन्मत्त। मत्त। २. मस्त।

महमह—[प्रा०] क्रिवि० सुगन्ध बिखेरता हुआ। महकता हुआ।

महमहा—[< हि० महमह] वि० सुगन्धित। महकदार।

महर[1]—[< स० महत्] पु० १. (ग्राम का) प्रधान या मुखिया। २. ब्रजक्षेत्र में गृह स्वामी आदि के लिए एक आदरपूर्ण सम्बोधन।

महर[2]—[फा०] पु० मुसलिम-विवाह के समय वधू को दिए जाने के लिए निश्चित धनराशि।

महरा—[< हि० महर] पु० १. मुख्य या प्रधान व्यक्ति। २. (पानी भरने वाला या पालकी ढोनेवाला) कहार।

महराई—[< हि० महर] स्त्री० महर होने की स्थिति/भाव।

महराना—[< हि० महर] पु० महरों/कहारों का मुहल्ला/बस्ती/गाँव।

***महरि**—[< हि० महर] स्त्री० १. स्त्री के लिए एक आदरसूचक उपाधि या सम्मानपूर्ण सम्बोधन। २. गृहस्वामिनी। ३. (गोप प्रमुख नन्द की पत्नी) यशोदा। ४. एक चिड़िया। ग्वालिन। महरी। (दे० महरी)

महरी[1]—[हि० महर] स्त्री० १. बर्तन माँजने वाली स्त्री। कहारी। २. एक चिड़िया जो 'दही-दही' की आवाज़ लगाती है। ग्वालिन पक्षी।

महरी[2]—[< हि० महरा] स्त्री० (घरों में सफ़ाई, बर्तन धोने का काम इत्यादि करनेवाली) कहारिन।

महरूम—[< अरबी मह्रूम (मह्रूम)] वि० जो कुछ पाने से रह गया हो। वंचित। ⁜ **महरूमियत (महरूमी)**—स्त्री० = महरूम होने की अवस्था/भाव। वंचितता।

†महरेटा—[< हि० महर] पु० ग्राम के सरदार या मुखिया का पुत्र। ⁜ **महरेटी**—स्त्री० = महर की पुत्री।

महर्लोक—[स० महर् (मह:) ~ लोक] पु० पृथ्वी के ऊपर के छह लोकों में से चौथा। 'मह:' नामक लोक।

महर्षि—[स० महा ~ ऋषि] पु० ऋषियों में श्रेष्ठ। महान् ऋषि। *जैसे*—महर्षि वसिष्ठ। (छन्द०) एक समवर्णिक छन्द जिसके प्रत्येक चरण में दो जगण और यगण (ज ज य) के योग से ९ वर्ण होते हैं।

महर्षिसत्तम—[स० महर्षि ~ सत् ~ तम] पु० महर्षियों में श्रेष्ठ।

***महलाइत**—[< अरबी महल] पु० भवन। महल।

महव—[< अरबी मह्व] वि० तन्मय। तल्लीन। ⁜ **महवियत/महवीयत**—स्त्री० = तन्मयता। तल्लीनता।

महवट—[< स० माघ ~ वृष्टि] स्त्री० माघ मास में होने-वाली वृष्टि। माहौट।

महसूल—[< अरबी मह्सूल] पु० १. माल भेजने या मँगाने में लगनेवाला किराया या भाड़ा। २. किसी वस्तु पर लगनेवाला किसी प्रकार का कर/टैक्स।

महँ—[< स० मध्य] क्रिवि० मध्य में। में।

†महाई—[< हि० महना] स्त्री० मथने की क्रिया/भाव/मज़दूरी। मन्थन।

महाकर्षण—[स० महत् ~ कर्षण] पु० महान् आकर्षण।

महाकल्प—[महत् ~ कल्प] पु० (भारतीय कालगणना में) प्रजापति ब्रह्मा का जीवन-काल। (भूविज्ञान०) भूवैज्ञानिक काल का एक प्रमुख प्रभाग जिसमें अनेक कल्प होते हैं।

महाकापालिक—[सं॰ महत् ~ कापालिक] *पु॰* १. परम शिव। २. कापालिकों में श्रेष्ठ।

महाकाय—[सं॰ महत् ~ काय] *वि॰* विशाल शरीर वाला।

महाकार्त्तिकी—[सं॰ महत् ~ कार्त्तिकी] *स्त्री॰* वह कार्त्तिक पूर्णिमा जिसमें बृहस्पति कृत्तिका नक्षत्र में हो तथा चन्द्रमा कृत्तिका या रोहिणी नक्षत्र में हो।

महाकाल—[सं॰ महा ~ काल] *पु॰* १. अखंड और अनन्त। कालपुरुष। २. शिव। महादेव। ३. उज्जैन में स्थापित एक प्राचीन शिवलिंग जो १२ ज्योतिर्लिंगों में से एक है। ५. परम शिव। ***जैसे***—महाकाल का गर्जन। ❖ **महाकाली**—*स्त्री॰* = महाकाल स्वरूप शिव की पत्नी पार्वती का एक भीषण रूप।

महाकुल—[सं॰ महा ~ कुल] *पु॰* उच्च कुल। *वि॰* उच्च कुल में उत्पन्न। कुलीन।

महाकुष्ठ—[सं॰ महा ~ कुष्ठ] *पु॰* कुष्ठ रोग का एक गम्भीर रूप। गलित कुष्ठ।

महाक्रतु—[सं॰ महा ~ क्रतु] *पु॰* बड़ा यज्ञ।

महाक्रीड़ा—[< सं॰ महा ~ क्रीडा] *स्त्री॰* (शैव॰) परम शिव की आनन्दमयी नित्य क्रीड़ा।

महाक्ष—[सं॰ महा ~ अक्ष] *पु॰* शिव। महादेव।

महाखड्ड—[सं॰ महा + हिं॰ खड्ड] *पु॰* बहुत गहरा और तंग खड्ड/गड्ढा। (भूविज्ञान॰) गहरी और संकीर्ण घाटी जिसकी किनारे की शैलभित्तियाँ ढलुआँ हों।

महाखर्व—[सं॰ महा ~ खर्व] *पु॰* एक सौ खर्व की संख्या। ● **विशेष**—१. खर्व = १०० अरब।

महागद—[सं॰ महा ~ अगद] *पु॰* महान् औषध।

महागौरी—[सं॰ महा ~ गौरी] *स्त्री॰* पार्वती। दुर्गा।

महाग्रह—[सं॰ महा ~ ग्रह] *पु॰* १. बड़ा ग्रह। २. राहु।

महाग्रीव—[सं॰ महा ~ ग्रीव] *वि॰* बड़ी गर्दन वाला। *पु॰* उष्ट्र। ऊँट।

महाघोष—[सं॰ महा ~ घोष] *पु॰* १. कोलाहल। शोर। २. बाज़ार। हाट। ३. मेला।

महाचतुर्थी—[सं॰ महा ~ चतुर्थी] *स्त्री॰* रविवार या मंगलवार को होनेवाली भाद्र शुक्ल चतुर्थी।

महाचपला—[सं॰ महा ~ चपला] *स्त्री॰* १. बहुत चंचल स्त्री। २. कड़कनेवाली बिजली। ३. लक्ष्मी। धन-सम्पत्ति।

महाचमू—[सं॰ महा ~ चमू] *स्त्री॰* विशाल सेना।

महाचार्य—[सं॰ महा ~ आचार्य] *पु॰* १. बहुत बड़ा आचार्य। महान् आचार्य। २. (कुछ विश्वविद्यालयों में) एक प्रमुख उच्च अधिकारी। (अं॰ रेक्टर)

महाचिति—[सं॰ महा ~ चिति] *स्त्री॰* शुद्ध चेतन-स्वरूप परमात्म-शक्ति। शिव और शक्ति की समष्टिरूपा पराशक्ति।

महाचेता—[सं॰ महा ~ चेता] *वि॰* १. महान् हृदय वाला। २. उदारहृदय।

महाचैत्री—[सं॰ महा ~ चैत्री] *स्त्री॰* चैत्री पूर्णिमा जिसमें चन्द्रमा और बृहस्पति चित्रा नक्षत्र में हों।

महाज्ञानी—[सं॰ महाज्ञानिन्] *पु॰* १. बहुत बड़ा ज्ञानी (व्यक्ति)। २. शिव। महादेव।

महाडोल—[< सं॰ महा + हिं॰ डोला] *पु॰* (पहले प्रचलित रही) एक प्रकार की बड़ी पालकी। शिविका।

महाढ्य—[सं॰ महा ~ आढ्य] *वि॰* १. अति धनाढ्य। बहुत धनी। २. परम समृद्ध। बहुत अधिक सम्पन्न।

*__महातम__[1]—[< सं॰ माहात्म्य] *पु॰* १. माहात्म्य। महिमा।

*__महातम__[2]—[< सं॰ महातमस्] *पु॰* १. घोर अन्धकार। २. (लाक्षणिक) अति अज्ञान, घोर अविद्या या घोर माया।

महातल—[सं॰ महा ~ तल] *पु॰* पाताल आदि सात निम्न लोकों में से एक।

महातारा—[सं॰ महा ~ तारा] *स्त्री॰* १. तारा देवी का एक रूप।

महातिक्त—[सं॰ महा ~ तिक्त] *पु॰* १. नीम का वृक्ष। २. बकायन। ३. चिरायता।

महातीक्ष्ण—[सं॰ महा ~ तीक्ष्ण] *वि॰* अति तीखा। बहुत तेज़।

महातेज—[सं॰ महातेजस्] *वि॰* १. अत्यन्त तेजस्वी। २. बहुत वीर और पराक्रमी। *पु॰* १. शूरवीर। बहादुर। २. अग्नि। ३. पारा।

महात्यय—[सं॰ महा ~ अत्यय] *पु॰* बहुत गम्भीर संकट।

महादन्त (महादंत)—[सं॰ महादन्त] *पु॰* १. हाथी। २. हाथीदाँत।

महादशा—[सं॰ महा ~ दशा] *स्त्री॰* (ज्योतिष॰) जन्मकुंडली के फलादेश का काल-निर्णय करने की अनेक पद्धतियों से एक के अनुसार आनेवाला किसी ग्रह का भोग्य काल।

महादारु—[सं॰ महा ~ दारु] *पु॰* देवदारु वृक्ष।

महादेश—[सं॰ महा ~ देश] *पु॰* क्षेत्रफल, आकार, जनसंख्या या शक्ति इत्यादि की दृष्टि से बड़ा देश। बहुत बड़ा देश।

महाद्रुम—[सं॰ महा ~ द्रुम] *पु॰* १. अश्वत्थ वृक्ष। पीपल का पेड़। २. वटवृक्ष। बरगद का पेड़।

महाद्वीप (महाद्वीप)—[सं॰ महा ~ द्वीप] *पु॰* १. पृथ्वी का वह बड़ा भाग जिसमें कई देश हों। ***जैसे***—एशिया महाद्वीप। २. (पुराणों में वर्णित) पृथ्वी के जम्बूद्वीप आदि सात मुख्य विभागों में से प्रत्येक।

महाधन—[सं॰ महा ~ धन] *वि॰* बहुमूल्य।

महाधमनी—[सं॰ महा ~ धमनी] *स्त्री॰* (प्राणि॰) शरीर की प्रमुख धमनी जो अन्य धमनियों और उनकी असंख्य शाखाओं के द्वारा रुधिर को हृदय से शरीर के अनेक अंगों तक ले जाती है। बड़ी धमनी।

महाधिवक्ता—[सं॰ महा ~ अधिवक्ता] *पु॰* किसी सरकार का वह उच्च अधिकारी जो क़ानूनी मामलों में सरकार को परामर्श देता है और क़ानूनी विवादों में सरकारी पक्ष को न्यायालय के सामने प्रस्तुत करता है। (अं॰ एडवोकेट जनरल)

महाध्वर—[सं॰ महा ~ अध्वर] *पु॰* बड़ा यज्ञ। महायज्ञ।

महान्—[सं॰ महत्] *वि॰* १. बड़ा। २. विपुल। ३. विस्तृत। ४. दीर्घ। ५. प्रसिद्ध। ६. महत्त्वपूर्ण। आवश्यक। ७. उच्चकोटि का। श्रेष्ठ।

∇ **विलोम**—तुच्छ/लघु। ✣ **महान**—*वि॰* ≤ *सं॰* महान्।

महानक—[सं॰ महा ~ आनक] *पु॰* बड़ा नगाड़ा।

महानट—[सं॰ महा ~ नट] *पु॰* शिव। महादेव।

महानन्द (महानंद)—[सं॰ महा ~ आनन्द] *पु॰* १. बहुत बड़ा आनन्द। २. मोक्ष।

महानन्दा (महानंदा)—[सं॰ महानन्द + टाप्] *स्त्री॰* मदिरा। शराब।

महानरक—[सं॰ महा ~ नरक] *पु॰* १. घोर नरक। २. अत्यन्त कष्टकर या अति घृणित स्थान आदि।

महानल—[सं॰ महा ~ अनल] *पु॰* प्रचंड अग्नि।

महानवमी—[सं॰ महा ~ नवमी] *स्त्री॰* आश्विन शुक्ल नवमी।

महानाराच—[सं॰ महा ~ नाराच] *पु॰* (छन्द॰) एक वर्णिक दंडक जिसमें लघु और गुरु इच्छानुसार होते हैं। परन्तु प्रत्येक चरण में वर्ण-संख्या समान रहनी चाहिए। अनंगशेखर (छन्द)।

महानिम्ब (महानिंब)—[सं॰ महा ~ निम्ब] *पु॰* बकायन।

महानिशा—[सं॰ महा ~ निशा] *स्त्री॰* १. रात्रि का दूसरा और तीसरा पहर। रात्रि का मध्य भाग। २. प्रलय-रात्रि। प्रलय की रात।

महानीच—[सं॰ महा ~ नीच] *वि॰* अधम। गर्हित।

महानील—[सं॰ महा ~ नील] *वि॰* गहरा नीला। *पु॰* १. 'नीलम' रत्न का एक उत्तम प्रकार। २. सौ नील की संख्या। ● **विशेष**—१ नील = १०००० अरब।

महानुभाव—[सं॰ महा ~ अनुभाव] *पु॰* १. महान् व्यक्ति। २. उच्च विचारोंवाला व्यक्ति। ३. श्रेष्ठ आचरण वाला। ४. कुलीन। ५. गौरव-युक्त। ६. महात्मा। ७. मान्य पुरुष। ८. महाशय। महोदय।

महानृत्य—[सं॰ महा ~ नृत्य] *पु॰* १. तांडव नृत्य। २. महाकाल शिव का सर्वसंहारक प्रलयकालीन नृत्य।

महान्तक—[सं॰ महा ~ अन्तक] *पु॰* १. मृत्यु। २. शिव। महादेव।

महान्यायवादी—[सं॰ महा ~ न्यायवादिन्] *पु॰* (राज॰) केन्द्रीय शासन का वरिष्ठ क़ानूनी अधिकारी।

महापक्ष—[सं॰ महा ~ पक्ष] *पु॰* १. गरुड़। २. अधिक संख्या वाला पक्ष।

महापक्षी—[सं॰ महापक्षिन्] *पु॰* उलूक। उल्लू।

महापङ्क (महापंक)—[सं॰ महा ~ पङ्क] *पु॰* १. गहरा कीचड़ या दलदल। २. महापाप।

महापञ्चविष (महापंचविष)—[सं॰ महा ~ पञ्च ~ विष] *पु॰* (आयुर्वेद॰) पाँच घातक विष। शृंगी (सिंघिया), कालकूट, मोथा, वत्सनाभ (बछनाग), शंखकर्णी।

महापथ—[सं॰ महा ~ पथ] *पु॰* १. बहुत लम्बा और चौड़ा मार्ग। राजपथ। २. परलोक का मार्ग। मृत्यु। ३. स्वर्गारोहण के लिए हिमालय के केदारनाथ आदि की कठिन यात्रा।

महापथिक—[सं॰ महा ~ पथिक] *पु॰* १. मृत्यु की ओर जाने वाला व्यक्ति। २. मृत्यु को स्वीकार कर कोई अति संकटपूर्ण कार्य करने के लिए स्वयं को प्रस्तुत करनेवाला। ३. सन्यासी। साधु।

महापद्म (महापद्म)—[सं॰ महा ~ पद्म] *पु॰* १. सफ़ेद कमल। २. कुबेर की नौ निधियों में से एक। ३. सौ पद्म की संख्या। ४. दक्षिण दिशा का दिग्गज।

महापातक—[सं॰ महा ~ पातक] *पु॰* १. बड़ा पाप। महापाप। २. पाँच महापाप—ब्रह्महत्या, मद्यपान, चोरी, गुरुपत्नी गमन तथा उक्त चारों में से कोई पाप करनेवाले का संसर्ग। ✣ **महापातकी**—*वि॰* = महापातक करनेवाला। महापापी।

महापाषाण—[सं॰ महा ~ पाषाण] *पु॰* (पुरा॰) बहुत बड़े पाषाण-खंडों से बनाया गया कोई प्राचीन स्मारक। स्मारक के रूप में बहुत बड़ा पत्थर। बृहत् पाषाण। महाश्म। (अ॰ मेगालिथ)

महापीठ—[सं॰ महा ~ पीठ] *पु॰* १. बहुत बड़ा पीठ या पवित्र स्थान। विविध पीठों में श्रेष्ठ पीठ। ***जैसे***—शंकराचार्य का महापीठ। २. देवी/देवता की मूर्ति का आधार। ३. ज्ञान, धर्म आदि की दृष्टि से अति महत्त्वपूर्ण स्थान। ***जैसे***—साधना का महापीठ।

महापुट—[सं॰ महा ~ पुट] *पु॰* (आयुर्वेद॰) भस्म, रस आदि तैयार करने में दिया जाने वाला विशेष पुट।

महापुर—[सं॰ महा ~ पुर] *पु॰* (प्राचीन काल में) प्राचीर से घिरा विशाल नगर।

महापुष्प—[सं॰ महा ~ पुष्प] *पु॰* १. कुन्द वृक्ष। २. लाल कनेर।

महापौर—[सं॰ महा ~ पौर] *पु॰* नगर निगम का अध्यक्ष। (अ॰ मेयर)

महाप्रभ—[सं॰ महा ~ प्रभा] *वि॰* बहुत चमक-दमक वाला। अति प्रभावपूर्ण।

महाप्रभा—[सं॰ महा ~ प्रभा] *स्त्री॰* १. बहुत चमक-दमक। २. दीपक का प्रकाश।

महाप्रस्थान—[सं॰ महा ~ प्रस्थान] *पु॰* १. प्राण त्यागने की इच्छा से (हिमालय आदि की) कठोर-यात्रा करने के लिए प्रस्थान। २. मृत्यु। मरण। देहान्त। ३. स्वेच्छा से तप करते हुए देह-त्याग की तैयारी। ४. स्वेच्छा से घर त्यागकर वैराग्यपूर्ण जीवन बिताने के लिए प्रस्थान।

महाप्राज्ञ—[सं॰ महा ~ प्राज्ञ] *वि॰* १. परम ज्ञानी। महापण्डित। २. दूरदर्शी।

महाप्राण—[सं॰ महा ~ प्राण] *वि॰* अधिक बल वाला। *पु॰* (व्या॰) वे व्यंजन ध्वनियाँ जिनके उच्चारण में मुख से अधिक हवा निकलती है।

महाफल—[सं॰ महा ~ फल] *पु॰* १. बड़ा फल। २. बड़ा परिणाम। ३. बड़ा पेड़। *वि॰* १. बहुत फल देनेवाला (वृक्ष आदि)। बिल्व वृक्ष। २. बहुत अधिक पुण्यदायी (कर्म आदि)।

महाफलक—[सं॰ महा ~ फलक] *वि॰* बड़े फलक वाला। *पु॰* बड़े फलक वाला बाण।

महाफलद्वादशी (महाफलद्वादशी)—[सं॰ महा ~ फल ~ द्वादशी] *स्त्री॰* विशाखा नक्षत्र वाली पौष कृष्ण एकादशी के बाद की द्वादशी तिथि।

महाफाल्गुनी—[सं॰ महा ~ फाल्गुनी] *स्त्री॰* वह फाल्गुन पूर्णिमा जिसमें चन्द्रमा और बृहस्पति दोनों पूर्वाफाल्गुनी नक्षत्र या उत्तराफाल्गुनी नक्षत्र में हों।

महाबन्ध (महाबंध)—[सं॰ महा ~ बन्ध] पु॰ (योग॰) हठयोग का एक बन्ध जिससे प्राण ऊर्ध्वगामी होता है।

महाबला—[सं॰ महाबल + टाप्] स्त्री॰ १. पीपल। २. सहदेवी लता।

महाबलाधिकृत—[सं॰ महा ~ बलाधिकृत] पु॰ (गुप्तकाल आदि में) प्रधान सेनापति।

महाबिल/महाविल—[सं॰ महा ~ बिल/विल] पु॰ १. अन्तरिक्ष। २. हृदय। ३. गुहा। गुफ़ा।

महाबोधि—[सं॰ महा ~ बोधि] पु॰ १. महात्मा बुद्ध। २. महान् ज्ञान।

महाब्राह्मण—[सं॰ महा ~ ब्राह्मण] पु॰ मृत व्यक्तियों का संस्कार आदि करानेवाला और उससे सम्बन्धित दान लेनेवाला ब्राह्मण।

महाभद्राष्टमी—[सं॰ महा ~ भद्रा ~ अष्टमी] स्त्री॰ पौष शुक्ल अष्टमी जो बुधवार को हो।

महाभाग—[सं॰ महा ~ भाग] वि॰ १. बहुत भाग्यशाली। २. पुण्यात्मा। धर्मात्मा। ३. धनी। समृद्ध।

महाभागवत—[सं॰ महा ~ भागवत] पु॰ १. परम वैष्णव। २. भागवतपुराण।

महाभाट—[सं॰ महा ~ भाट] वि॰ भाटों का एक वर्ग जो अन्य भाटों की अपेक्षा ऊँचा माना जाता है।

महाभाद्री—[सं॰ महा ~ भाद्री] स्त्री॰ भाद्र मास की पूर्णिमा जिसमें चन्द्रमा और बृहस्पति भाद्रपद नक्षत्र में हों।

महाभाव—[सं॰ महा ~ भाव] पु॰ १. उच्चतम भाव। २. प्रेममयी चरम विह्वलता। (वैष्णव॰) परमात्मा/श्रीकृष्ण आदि के प्रति चरम विह्वलता। ३. उक्त लक्षणों को प्रकट होने की स्थिति। (योग॰) मन्त्रयोग से प्राप्त समाधि।

महाभिनिष्क्रमण—[सं॰ महा ~ अभिनिष्क्रमण] पु॰ महान् अभिनिष्क्रमण। संन्यासी बनने के लिए सदा के लिए गृह-त्याग।

महाभियोग—[सं॰ महा ~ अभियोग] पु॰ किसी राज्य के किसी अति ऊँचे शासकीय अधिकारी पर चलाया जानेवाला मुक़दमा।

महाभीम—[सं॰ महा ~ भीम] वि॰ १. अति भयंकर। २. बहुत शक्तिशाली और विशालकाय।

महाभीरु—[सं॰ महा ~ भीरु] वि॰ बहुत डरपोक।

महाभृत—[सं॰ महा ~ भृत] वि॰ महान् यशस्वी।

महाभैरव—[सं॰ महा ~ भैरव] पु॰ शिव। महादेव।

महाभैरवी—[सं॰ महा ~ भैरवी] स्त्री॰ (तन्त्र॰) तन्त्र-साधकों की एक उपास्य देवी।

महाभोग—[सं॰ महा ~ भोग] पु॰ सर्प। साँप।

महामख—[सं॰ महा ~ मख] पु॰ १. बड़ा यज्ञ। २. देवयज्ञ, ऋषियज्ञ इत्यादि पंच महायज्ञ।

महामणि—[सं॰ महा ~ मणि] वि॰ बहुमूल्य रत्न।

महामण्डप (महामंडप)—[सं॰ महा ~ मण्डप] पु॰ (स्था॰) मन्दिर का सबसे विशाल व बहुत ऊँचा कक्ष जो अन्तराल के बाद अर्धमंडप की दिशा में होता है तथा खम्भों पर आधारित होता है।

महामण्डल (महामंडल)—[सं॰ महा ~ मण्डल] पु॰ १. बड़ा मण्डल जिसके अधीन कुछ मंडल हों। २. प्रधान या केन्द्रीय मण्डल।

महामति—[सं॰ महा ~ मति] वि॰ अति बुद्धिमान्।

महामनस्क—[सं॰ महा ~ मनस्क] वि॰ महामना।

महामना—[सं॰ महामनस्] वि॰ उत्तम हृदय वाला। ऊँचे मन का। उदारचित्त। ***जैसे***—महामना मदन मोहन मालवीय।

***महामनि**—पु॰ ≤ सं॰ महामणि। बहुमूल्य रत्न।

महामन्त्र (महामंत्र)—[सं॰ महा ~ मन्त्र] पु॰ १. अति शक्तिशाली मन्त्र। ***जैसे***—'राम' नाम भी एक महामन्त्र है। २. वेद का कोई मन्त्र। ***जैसे***—गायत्री महामन्त्र। ३. उत्तम परामर्श। अच्छी सलाह।

महामन्त्री (महामंत्री)—[सं॰ महामन्त्रिन्] पु॰ १. मन्त्रियों में प्रमुख। सबसे बड़ा मन्त्री। २. (प्राचीन भारत में राज्य का) प्रधानमन्त्री। ३. किसी संस्था आदि का प्रधान सचिव।

महामह—[सं॰ महा ~ मह] पु॰ बड़ा उत्सव। महोत्सव। वि॰ महान महिमा से युक्त।

महामहनीय—[सं॰ महा ~ महनीय] वि॰ अत्यन्त पूजनीय।

महामहोपाध्याय—[सं॰ महा ~ महा ~ उपाध्याय] पु॰ बहुत बड़ा उपाध्याय।

महामांस—[सं॰ महा ~ मांस] पु॰ १. मनुष्य का मांस। नरमांस। २. गाय का मांस। गोमांस।

महामाई—[सं॰ महा + हि॰ माई] स्त्री॰ १. दुर्गा (देवी)। २. काली (देवी)।

महामात्य—[सं॰ महा ~ अमात्य] पु॰ (प्राचीन भारत में) प्रधानमन्त्री या प्रमुख अमात्य। जैसे—महामात्य चाणक्य।

महामात्र—[सं॰ महा ~ मात्र] पु॰ १. (प्राचीन भारत में) प्रधान सचिव। २. (प्राचीन भारत में) एक उच्चपदस्थ सरकारी अधिकारी। ३. (प्राचीन भारत में) गजशाला का अध्यक्ष। ४. (प्राचीन भारत में) महावत।

महामान्य—[सं॰ महा ~ मान्य] वि॰ अत्यन्त माननीय।

महामाया—[सं॰ महा ~ माया] स्त्री॰ १. (जगत् का कारण) अविद्या। ब्रह्म की माया-शक्ति। २. (जगत् की अधिष्ठात्री) दुर्गा। पार्वती। ३. इन्द्रजाल। जादू। (शैव॰) परम शिव की परम शक्ति।

महामार्ग—[सं॰ महा ~ मार्ग] पु॰ १. बहुत बड़ा मार्ग/रास्ता। ***जैसे***—ब्रह्मपुत्र नदी का महामार्ग। २. वह रास्ता जिससे नौका, जहाज़ आदि आते-जाते हों। ३. परलोक का मार्ग। मृत्यु-पथ। महापथ।

महामालिका—[सं॰ महा ~ मालिका] स्त्री॰ बड़ी माला। (छन्द॰) वर्णिक छन्द नाराच का एक अन्य नाम। ● **विशेष**—इसके प्रत्येक चरण में क्रमशः २ नगण और ४ रगण (न न र र र र) के योग से १८ वर्ण होते हैं तथा ९-९ पर यति होती है।

महामुख—[सं॰ महा ~ मुख] पु॰ १. मकर। घड़ियाल। २. (नदी का) मुहाना।

महामुद्रा—[सं॰ महा ~ मुद्रा] स्त्री॰ (योग॰) साधना में उपयोगी एक मुद्रा। अंगों की एक विशेष स्थिति जिसमें जालन्धर बन्ध, प्राणायाम, भ्रूमध्य दृष्टि आदि का योग है। (तंत्र॰) तन्त्र-साधना में सहचरी के रूप में प्रयुक्त सिद्ध योगिनी।

महामृग—[सं॰ महा ~ मृग] *पु॰* १. बहुत बड़ा पशु। २. हाथी।

महामृत्युञ्जय (महामृत्युंजय)—[सं॰ महा ~ मृत्युञ्जय] *पु॰* शिव। महादेव।

महामोदकारी—[सं॰ महामोदकारिन्] *वि॰* अति मोद/प्रसन्नता देनेवाला। *पु॰* (छन्द॰) एक समवर्णिक छन्द जिसके प्रत्येक चरण में ६ यगण के योग से १८ वर्ण होते हैं।

महामेधावी—[सं॰ महामेधाविन्] *वि॰* अति प्रतिभाशाली/मेधावी।

महामोह—[सं॰ महा ~ मोह] *पु॰* १. घोर मोह। अत्यन्त मोह। २. विषय-वासना-रूपी अज्ञान।

महाम्बुज—[सं॰ महा ~ अम्बुज] *वि॰* जो संख्या में दस खरब हो। *पु॰* दस खरब की संख्या। ● **विशेष**—१ खरब = सौ अरब।

महाम्बुधि (महांबुधि)—[सं॰ महा ~ अम्बुधि] *पु॰* महासागर।

महायक्ष—[सं॰ महा ~ यक्ष] *पु॰* यक्षों का राजा। कुबेर।

महायशा—[सं॰ महायशस्] *वि॰* बहुत यश वाला। महायशस्वी।

महायात्रा—[सं॰ महा ~ यात्रा] *स्त्री॰* अन्तिम यात्रा। मृत्यु। मरण।

महायान—[सं॰ महा ~ यान] *पु॰* १. महान् मार्ग। २. बौद्ध धर्म का एक मुख्य सम्प्रदाय जिसमें बुद्ध के प्रति भक्ति की प्रधानता है। ✣ **महायानी**—*वि॰* = महायान-सम्बन्धी। महायान का। *पु॰* महायान सम्प्रदाय का अनुयायी।

महायुग—[सं॰ महा ~ युग] *पु॰* सत्ययुग आदि चारों युगों का समूह। एक चतुर्युगी। ● **विशेष**—एक महायुग ४३२०,००० वर्षों का होता है।

महार—[देशज] *पु॰* महाराष्ट्र की एक उपजाति।

महारक्त—[सं॰ महा ~ रक्त] *वि॰* बहुत लाल रंग का। *पु॰* विद्रुम। मूँगा।

महारजत—[सं॰ महा ~ रजत] *पु॰* १. सुवर्ण। सोना। २. धतूरा।

महारण्य—[सं॰ महा ~ अरण्य] *पु॰* घना और विशाल जंगल। घोर वन।

महारत्न—[सं॰ महा ~ रत्न] *पु॰* बहुमूल्य रत्न। क़ीमती जवाहर।

महारथ—[सं॰ महा ~ रथ] *पु॰* १. बड़ा रथ। २. बड़ा योद्धा। महारथी।

महारथी—[सं॰ महारथिन्] *पु॰* १. (प्राचीन भारत में) वह योद्धा जो अकेले ही दस हज़ार योद्धाओं से लड़ने की योग्यता और शक्ति रखता हो। २. महान् योद्धा।

महारथ्या—[सं॰ महा ~ रथ्या] *स्त्री॰* बड़ी और चौड़ी सड़क।

महारस—[सं॰ महा ~ रस] *वि॰* बहुत रस वाला। अत्यन्त रसीला। *पु॰* १. गन्ना। ईख। २. काँजी। ३. पारा।

महाराग—[सं॰ महा ~ राग] *पु॰* १. बहुत लगाव। २. साधक के मन में साधना/लक्ष्य के प्रति अति लगाव।

महाराज—[सं॰ महा ~ राजन्] *पु॰* १. अनेक राजाओं का स्वामी राजा। बहुत राजाओं का प्रधान राजा। २. बहुत बड़ा राजा। ३. एक सम्मानसूचक सम्बोधन जिसका प्रयोग ऋषि, मुनि, धर्माचार्य, गुरु, साधु-सन्यासी इत्यादि के लिए किया जाता है।

महाराजाधिराज—[सं॰ महाराज ~ अधिराज] *पु॰* राजाओं का राजा। बहुत बड़ा राजा।

महाराज्य—[सं॰ महा ~ राज्य] *पु॰* बहुत बड़ा राज्य। साम्राज्य।

महाराज्ञी—[सं॰ महा ~ राज्ञी] *स्त्री॰* महारानी।

महाराणा—[सं॰ महा + हि॰ राणा] *पु॰* मेवाड़ और उदयपुर के राजाओं की उपाधि। ***जैसे***—मेवाड़ के महाराणा संग्रामसिंह।

महारात्रि—[सं॰ महा ~ रात्रि] *स्त्री॰* महाप्रलय की रात।

महाराव—[सं॰ महा ~ राव] *पु॰* १. भीषण कोलाहल। भारी शोर। २. (हुंकार, जयघोष आदि की) बहुत ज़ोर की ध्वनि।

महारावल—[सं॰ महा + हि॰ रावल] *पु॰* जैसलमेर, डूँगरपुर इत्यादि कुछ राजस्थानी राज्यों के राजाओं की उपाधि।

***महारिषि**—[< सं॰ महा + ऋषि] *पु॰* महर्षि।

महारुख—[< सं॰ महावृक्ष] *पु॰* १. सेंहुड़/थूहर का वृक्ष। २. एक जंगली वृक्ष जो सुन्दर होता है।

महारुद्र—[सं॰ महा ~ रुद्र] *पु॰* १. शिव। महादेव।

महारूपक—[सं॰ महा ~ रूपक] *पु॰* (नाट्य॰) रूपकों/ नाटकों का एक भेद।

महार्घ—[सं॰ महा ~ अर्घ] *वि॰* १. बहुमूल्य। क़ीमती। २. महँगा।

महार्घ्य—[सं॰ ~ अर्घ्य] *वि॰* बहुमूल्य। बेशक़ीमती।

महार्णव—[सं॰ महा ~ अर्णव] *पु॰* महासमुद्र।

महार्थ—[सं॰ महा ~ अर्थ] *वि॰* १. गहरे अर्थ वाला। २. महत्त्वपूर्ण।

महार्बुद—[सं॰ महा ~ अर्बुद] *वि॰* जो संख्या में एक अरब हो। *पु॰* एक अरब की संख्या। ● **विशेष**—एक अरब = १०० करोड़।

महार्ह—[सं॰ महा ~ अर्ह] *वि॰* अति मूल्यवान। बेशक़ीमती।

महाल—[अरबी] *पु॰* १. मुहल्ला। टोला। २. समूह या छत्ता। ***जैसे***—मधुमक्खियों का महाल।

महालक्ष्मी—[सं॰ महा ~ लक्ष्मी] *स्त्री॰* भगवान विष्णु की शक्ति/ पत्नी। लक्ष्मी (देवी) (छन्द॰) एक समवर्णिक छन्द जिसके प्रत्येक चरण में तीन रगण के योग से ९ वर्ण होते हैं।

महालय[१]—[सं॰ महा ~ आलय] *पु॰* १. देवालय। मन्दिर। २. आश्रम। ३. तीर्थ। ४. ब्रह्मलोक। ५. परमात्मा।

महालय[२]—[सं॰ महा ~ लय] *पु॰* १. महाप्रलय। २. आश्विन मास का कृष्ण पक्ष। (श्राद्धों का) पितृ-पक्ष।

महालया—[सं॰ महालय + टाप्] *स्त्री॰* आश्विन मास की अमावस्या। (श्राद्धों की) पितृविसर्जनी अमावस्या।

महालवार—[< हि॰ महाल] *क्रिवि॰* १. हर महाल का अलग-अलग। २. मुहल्ले के अनुसार।

महालोक—[सं॰ महा ~ लोक] *पु॰* ऊपर के सात लोकों में से चौथा। महर्/महः नामक लोक।

महावक्र—[सं॰ महा ~ वक्र] *पु॰* *दे॰* लगलग (पक्षी)।

महावट—[सं॰ महा ~ वट] *पु॰* विशाल वट/बरगद का वृक्ष।

महावत—[< अप॰ महाउत < सं॰ महामात्र] *पु॰* हाथीवान। फ़ीलवान।

महावन—[सं॰ महा ~ वन] *पु॰* घना और बड़ा जंगल।

महावर—[< सं॰ महावर्ण] *पु॰* लाख से तैयार गहरा चमकदार लाल रंग जिससे स्त्रियाँ पाँव रँगती हैं।

महावस्त्र—[सं० महा ~ वस्त्र] *पु०* निर्धारित वेशभूषा के ऊपर पहनने का वस्त्र जो पद/अधिकार का सूचक होता है।

महावाद—[सं० महा ~ वाद] *पु०* १. महत्त्वपूर्ण वाद-विवाद। २. शास्त्रार्थ।

महावारुणी—[सं० महा ~ वारुणी] *स्त्री०* गंगा-स्नान का एक विशेष योग जो चैत्र कृष्ण त्रयोदशी को शतभिषा नक्षत्र और शनिवार होने से पड़ता है।

महावार्तिक—[सं० महा ~ वार्तिक] *पु०* पाणिनि की 'अष्टाध्यायी' के सूत्रों पर वैयाकरण कात्यायन के वार्त्तिक।

महाविक्रम—[सं० महा ~ विक्रम] *वि०* बहुत बड़ा विक्रमी। महान् वीर। महावीर। *पु०* सिंह। शेर।

महाविद्या (महाविद्या)—[सं० महा ~ विद्या] *स्त्री०* १. महाशक्ति। पार्वती। दुर्गा। २. गंगा। (तंत्र०) दस विशेष देवियों में से प्रत्येक।

महाविष—[सं० महा ~ विष] *पु०* बहुत तीव्र प्रभाव वाला ज़हर।

महाविषुव—[सं० महा ~ विषुव] *पु०* मेष की संक्रान्ति।

महावीर—[सं० महा ~ वीर] *वि०* बहुत बड़ा वीर। योद्धा। *पु०* १. हनुमान् का एक विशेषण। २. अन्तिम जैन तीर्थंकर। ✣ **महावीर चक्र**—*पु०* = वर्तमान भारतीय सेना के किसी वीर को रणभूमि में विशेष वीरता-प्रदर्शन के लिए पुरस्कारस्वरूप भारत सरकार द्वारा दिया जाने वाला एक विशेष पदक।

महावीर्य—[सं० महा ~ वीर्य] *वि०* अति शक्तिशाली। ✣ **महावीर्या**—*वि० (स्त्री०)* = अति शक्तिशाली।

महावेध—[सं० महा ~ वेध] *पु०* (योग०) हठयोग का एक बन्ध जिससे कुंडलिनी शक्ति जाग्रत होती है और प्राण सुषुम्ना में प्रवेश करता है।

महाव्रण—[सं० महा ~ व्रण] *पु०* १. कभी अच्छा न होनेवाला घाव। दुष्ट घाव। २. नासूर का व्रण।

महाव्रत—[सं० महा ~ व्रत] *पु०* १. कठिन व्रत। २. प्रायश्चित्त के रूप में बारह वर्षों तक किया जाने वाला व्रत।

महाशङ्ख (महाशंख)—[सं० महा ~ शङ्ख] *पु०* १. बहुत बड़ा शंख। २. सौ शंख या दस हज़ार अरब की संख्या।

महाशय—[सं० महा ~ आशय] *वि०* उच्च विचारों या ऊँचे आदर्शों वाला। *पु०* १. समुद्र। सागर। २. उच्च विचारों या ऊँचे आदर्शों वाला व्यक्ति। महानुभाव। ३. सज्जन।

महाशल्क—[सं० महा ~ शल्क] *पु०* झींगा मछली।

महाशालि—[सं० महा ~ शालि] *पु०* एक प्रकार का सुगन्धित लम्बा चावल।

महाशासन—[सं० महा ~ शासन] *पु०* १. (प्राचीन भारत में) महत्त्वपूर्ण सरकारी आदेश जिसका पालन अनिवार्य हो। २. (प्राचीन भारत में) राजा का एक मन्त्री जिसका कार्य राजा के आदेशों और दानपत्रों आदि का प्रचार करना था।

महाशीर्ष—[सं० महा ~ शीर्ष] *पु०* (पत्र०) समाचारपत्र के प्रथम पृष्ठ पर सबसे ऊपर और पूरे पृष्ठ की चौड़ाई को घेरनेवाला बड़ा शीर्षक। (अं० बैनर)

महाशुक्ति—[सं० महा ~ शुक्ति] *स्त्री०* वह सीप जिसमें मोती होता है। मुक्ता-शुक्ति।

महाशुक्ला—[सं० महाशुक्ल + टाप्] *वि० (स्त्री०)* अत्यन्त सफ़ेद रंग वाली। *स्त्री०* सरस्वती (देवी)।

महाशुभ्र—[सं० महा ~ शुभ्र] *पु०* रजत। चाँदी।

महाश्म—[सं० महाश्मन्] *पु०* बड़ा पत्थर। महापाषाण।

महाश्मशान—[सं० महा ~ श्मशान] *पु०* १. बड़ा श्मशान/मरघट। २. काशी नगरी। वाराणसी।

महाश्रमण—[सं० महा ~ श्रमण] *पु०* १. महान श्रमण। २. महात्मा बुद्ध।

महाश्वास—[सं० महा ~ श्वास] *पु०* साँस का एक रोग। दमा।

महाश्वेता—[सं० महा ~ श्वेता] *वि० (स्त्री०)* अत्यन्त सफ़ेद रंग वाली। *स्त्री०* १. सरस्वती (देवी)। २. पार्वती। गौरी। दुर्गा।

महाषष्ठी—[सं० महा ~ षष्ठी] *स्त्री०* १. पार्वती। दुर्गा। २. सरस्वती (देवी)। ३. मंगलवार को होनेवाली कार्तिक शुक्ल षष्ठी जिसमें सूर्य वृश्चिक राशि में हो।

महाष्टमी—[सं० महा ~ अष्टमी] *स्त्री०* आश्विन शुक्ल अष्टमी। शारदीय नवरात्र की अष्टमी।

महासंस्कार—[सं० महा ~ संस्कार] *पु०* मृत्यु के बाद शव का दाह-संस्कार। अन्तिम देह-संस्कार।

महासङ्क्रान्ति (महासंक्रान्ति)—[सं० महा ~ सङ्क्रान्ति] *स्त्री०* (सूर्य की सभी संक्रान्तियों में प्रमुख) मकर संक्रान्ति।

महासती—[सं० महा ~ सती] *स्त्री०* अति पतिव्रता स्त्री।

महासत्त्व—[सं० महा ~ सत्त्व] *वि०* १. अति बलशाली। २. विशाल शरीर वाला। *पु०* १. कुबेर। महात्मा बुद्ध।

महासर्ग—[सं० महा ~ सर्ग] *पु०* महाप्रलय के बाद हुई नयी सृष्टि।

महासेन—[सं० महा ~ सेन] *पु०* १. बड़ी सेना का सेनापति। २. शिव। महादेव। ३. (शिव-पुत्र और देव सेना का सेनापति) स्कन्द। कार्त्तिकेय।

महास्रग्धरा—[सं० महा ~ स्रग्धरा] *स्त्री०* विशाल माला धारण करनेवाली। (छन्द०) एक समवर्णिक छन्द जिसके प्रत्येक चरण में क्रमशः सगण, जगण, तगण, नगण, सगण, २ रगण और गुरु (स ज त न स र र ग) के योग से २२ वर्ण होते हैं तथा ८-७-७ पर यति होती है।

महाहास—[सं० महा ~ हास] *पु०* अट्टहास। ठहाका।

महाह्रद (महाह्द)—[सं० महा ~ ह्रद] *पु०* १. गहरी झील या बड़ा और गहरा सरोवर। २. गहरी गुफ़ा।

महि—[अप० < सं० मही] *स्त्री०* पृथ्वी। ज़मीन।

महिदेव—[< सं० मही ~ देव] *पु०* ब्राह्मण।

महिधर—[< सं० मही ~ धर] *वि०* पृथ्वी को धारण करनेवाला। १. भूधर। पर्वत। पहाड़। २. शेषनाग।

महिपाल—[सं० मही ~ पाल] *पु०* भूपाल। राजा।

महिमा—[सं० महिमन्] *पु०* १. महत्त्व। महत्ता। २. बड़प्पन। ३. प्रभाव।

प्रताप। ४. अणिमा आदि आठ सिद्धियों में से एक जिससे अपने शरीर को इच्छानुसार बड़ा किया जा सकता है।

महिमायतन—[सं॰ महिमा ~ आयतन] *पु॰* १. महिमा का स्थान/आगार। २. महिमावाला व्यक्ति।

महिमावती—[सं॰ महिमावत् + ङीप्] *वि॰ (स्त्री॰)* १. महिमावाली। गौरवशालिनी। २. महत्तावाली। ३. माहात्म्यवाली।

महिष—[सं॰ √मह् + टिषच्] *पु॰* भैंसा। ⁘ **महिषघ्न**—*वि॰* = भैंसे को मारनेवाला। ⁘ **महिषघ्नी**—*स्त्री॰* = १. भैंसे को मारनेवाली। २. महिषासुर को मारनेवाली। महिषमर्दिनी। पार्वती। दुर्गा।

महिषध्वज—[सं॰ महिष ~ ध्वज] *पु॰* यमराज। महिषवाहन।

महिषमर्दिनी—[सं॰ महिष ~ मर्दिनी] *स्त्री॰* महिषघ्नी।

महिषवाहन—[सं॰ महिष ~ वाहन] *पु॰* यमराज।

महिषाकार—[सं॰ महिष ~ आकार] *पु॰* १. भैंसे के आकार का। २. विशाल शरीर वाला।

महिषी—[सं॰ महिष + ङीष्] *स्त्री॰* १. भैंस। २. (राजा की) पटरानी।

महिषेश—[सं॰ महिष ~ ईश] *पु॰* यमराज।

***महिँ (महिं)**—[< सं॰ मध्य] *पु॰* में।

मही[१]—[सं॰ √मह् + अच् + ङीष्] *स्त्री॰* १. पृथ्वी। २. मिट्टी। ३. देश या राज्य। ४. गाय। (पद्य आदि में) एक की संख्या। (छन्द॰) एक समवर्णिक छन्द जिसके प्रत्येक चरण में क्रमशः लघु और गुरु के संयोग से २ वर्ण होते हैं।

मही[२]—[< सं॰ मथित] *पु॰* मट्ठा। छाछ।

महीतल—[सं॰ मही ~ तल] *पु॰* १. पृथ्वी। भूतल। २. संसार।

महीदेव—[सं॰ मही ~ देव] *पु॰* ब्राह्मण।

महीधर—[सं॰ मही ~ धर] *पु॰* पर्वत। पहाड़। (छन्द॰) २८ वर्णों का वर्णिक दंडक जिसके प्रत्येक चरण में १४ बार क्रम से लघु-गुरु की जोड़ी होती है।

महीध्र—[सं॰ मही ~ ध्र (√धृ + क)] *पु॰* महीधर। पर्वत। पहाड़।

महीप/महीपति/महीपाल—[सं॰ मही ~ प/पति/पाल] *पु॰* राजा। भूप। भूपति। भूपाल।

महीपुत्र—[सं॰ मही ~ पुत्र] *पु॰* मंगल (ग्रह)।

महीपुत्री—[सं॰ मही ~ पुत्री] *स्त्री॰* सीता।

महीभृत्—[सं॰ मही ~ भृत] *पु॰* १. राजा। २. पर्वत।

महीमण्डल (महीमंडल)—[सं॰ मही ~ मंडल] *पु॰* भूमंडल। पृथ्वी।

महीयान—[सं॰ महीयस्] *वि॰* १. तुलना में अधिक महान्। २. महान्। बड़ा। ३. शक्तिशाली। ⁘ **महीयसी**—*वि॰ (स्त्री॰)*।

महीरुह—[सं॰ मही ~ रुह] *पु॰* वृक्ष।

महीश—[सं॰ मही ~ ईश] *पु॰* राजा। पृथ्वीपति।

***महीस**—*पु॰* ≤ *सं॰* महीश। राजा।

महीसुत—[सं॰ मही ~ सुत] *पु॰* १. पृथ्वी का पुत्र। २. मंगल (ग्रह)।

महीसुता—[सं॰ मही ~ सुता] *स्त्री॰* १. पृथ्वी की पुत्री। २. सीता। जानकी।

महीसुर—[सं॰ मही ~ सुर] *पु॰* ब्राह्मण।

महीसूनु—[सं॰ मही ~ सूनु] *पु॰* १. पृथ्वी का पुत्र। २. मंगल (ग्रह)।

महुअर[१] **/महुअरि**—[< सं॰ मधुर] *पु॰* १. सँपेरों का एक प्रकार का बाजा। २. इन्द्रजाल का एक खेल जो उक्त बाजा बजाकर दिखाया जाता है।

महुअर[२]—[< हिं॰ महुआ] *स्त्री॰* एक प्रकार की भेड़ जिसकी ऊन कालेपन से युक्त लाल रंग की होती है।

महुआ[१]—[< प्रा॰ महुअ < सं॰ मधूक] *पु॰* १. एक वृक्ष जो रेतीली भूमि में होता है, जिसके फल छोटे, मधुर और सफ़ेद होते हैं तथा खाए जाते हैं और लकड़ी ईंधन के तथा भवन बनाने के काम आती है। मधूक। २. उक्त वृक्ष का फल। ३. हल्का पीला रंग।

महुआ[२]—[< हिं॰ महना, < सं॰ मथन] *वि॰* मथा हुआ। ***जैसे***—महुआ दही। ⁘ **महुआ दही**—*पु॰* = मथा हुआ दही। वह दही जिसे मथकर मक्खन निकाल लिया गया हो।

महुआरी—[< हिं॰ महुआ] *स्त्री॰* महुए के बहुत वृक्षों वाला स्थान।

†महुला—[< हिं॰ महुआ] *वि॰* महुए के रंग का। हल्का पीला। *पु॰* हल्का पीला रंग।

***महुँ**—[< महँ < सं॰ मध्य] *परसर्ग॰* में।

महूख—[< सं॰ मधूक] *पु॰* १. महुए का वृक्ष। २. महुए का फल। ३. मुलेठी। ४. मधु। शहद।

***महूँ**—[< हिं॰ मैं हूँ] *सर्व॰* मैं भी।

महेन्द्र (महेंद्र)—[सं॰ महा ~ इन्द्र] *पु॰* १. इन्द्र। २. एक कुलपर्वत।

महेरा—[< हिं॰ मही] *पु॰* १. दही। २. मठा। ३. दही में पकाया हुआ चावल आदि।

महेरी—[< हिं॰ महेरा] *स्त्री॰* १. दही में पकाया हुआ चावल। महेरा। २. उबाली हुई ज्वार जो नमक-मिर्च के साथ खायी जाती है।

महेला—[< सं॰ माष] *पु॰* पशुओं को खिलाया जाने वाला एक मिश्रण जो उरद, चना, मोठ इत्यादि को उबालकर और घी, गुड़ इत्यादि मिलाकर तैयार किया जाता है।

महेश—[सं॰ महा ~ ईश] *पु॰* १. शिव। महादेव। २. परमात्मा।

महेशान—[सं॰ महा ~ ईशान] *पु॰* शिव। महादेव। ⁘ **महेशानी**—*स्त्री॰* = पार्वती। महेश्वरी।

महेशी—[< सं॰ महेश] *स्त्री॰* पार्वती। महेश्वरी।

महेश्वर—[सं॰ महा ~ ईश्वर] *पु॰* १. शिव। महादेव। २. परमेश्वर। परमात्मा। ⁘ **महेश्वरी**—*स्त्री॰* = १. परमेश्वर की परम शक्ति। महाशक्ति। २. (शिव की पत्नी) पार्वती। दुर्गा।

महैश्वर्य—[सं॰ महा ~ ऐश्वर्य] *पु॰* महान् ऐश्वर्य। २. महान् ईश्वरत्व।

महोख—[< सं॰ मधूक] *स्त्री॰* एक चिड़िया जिसके पंख कत्थई, आँखें लाल और शरीर काला होता है।

महोगनी—[अरबी] *पु॰* एक बहुत बड़ा पेड़ जिसके फल खाए जाते हैं और लकड़ी भवन बनाने के काम आती है।

महोच्चार—[सं॰ महा ~ उच्चार] *पु॰* ऊँचा शब्द। घोर शब्द।

महोत्पल—[सं॰ महा ~ उत्पल] *पु॰* बड़ा नीलकमल।

महोदधि—[सं॰ महा ~ उदधि] *पु॰* महासागर।

महोदय—[सं॰ महा ~ उदय] *वि॰* १. अति समृद्ध। २. गौरवशाली। *पु॰* १. अति उन्नति। २. महानुभाव। महाशय। सज्जन। ३. कन्नौज (कान्यकुब्ज) देश/नगर का एक पुराना नाम। (बौद्ध॰) विशुद्ध विज्ञान का उदय।

महोदया—[सं॰ महोदय + टाप्] *स्त्री॰* १. उत्तम स्त्री। २. आदरणीय/महान् स्त्री।

महोदर—[सं॰ महा ~ उदर] *वि॰* बहुत बड़े पेटवाला। *पु॰* १. (पेट का) जलोदर रोग। जालन्धर रोग। २. बड़ा पेट।

महोदार—[सं॰ महा ~ उदार] *वि॰* बहुत उदार।

महोन्नत—[सं॰ महा ~ उन्नत] *वि॰* अति उन्नत। बहुत ऊँचा।

महोपमा—[सं॰ महा ~ उपमा] *स्त्री॰* वह उपमा जिसमें उपमान का विस्तृत वर्णन हो। (अं॰ एपिक सिमिलि)

महोपाध्याय—[सं॰ महा ~ उपाध्याय] *पु॰* बड़ा शिक्षक।

महोरग—[सं॰ महा ~ उरग] *पु॰* बहुत बड़ा साँप। महासर्प। शेषनाग। बसुकि।

महोर्मि—[सं॰ महा॰ उर्मि] *स्त्री॰* बहुत ऊँची लहर।

महोल्लास—[< सं॰ महा ~ उल्लास] *पु॰* बहुत अधिक उल्लास।

महौजा—[सं॰ महौजस्] *वि॰* १. अति तेजवाला। महा-तेजस्वी। २. बहुत बलवान्।

***महौला**—[देशज] *पु॰* सारतत्त्व। रस।

महौली—[देशज] *स्त्री॰* एक प्रकार का वृक्ष या लकड़ी जो भवन बनाने में काम आती है।

***मँगारना**—[< हिं॰ मंगलना] *क्रिअ॰* प्रज्वलित होना। मंगलना। (दे॰)

मँगियाना—[< हिं॰ माँग] *क्रिस॰* १. केशों को काढ़कर माँग निकालना। २. विभक्त करना। अलग करना।

***मँछु**—[< हिं॰ मच्छ] *पु॰* मछली।

मँजना—[< सं॰ मज्जन] *क्रिअ॰* १. माँजकर साफ़ किया जाना। २. (दाँतों का) मंजन से साफ़ किया जाना। ३. (बर्तनों का) राख या पाउडर आदि से साफ़ किया जाना। ४. अभ्यास हो जाना। ५. परिष्कृत किया जाना। ६. अभ्यास द्वारा निपुण होना।

***मँझ**—[< हिं॰ माँझ < सं॰ मध्य] *क्रिवि॰* मध्य में। बीच में। *पु॰* मध्य। बीच।

***मँझार**—[< प्रा॰ मज्झआर < सं॰ मध्यकार] *पु॰* मध्य। बीच। *वि॰* मध्यवर्ती। बीच का।

मँझारन—[< हिं॰ मँझार] *अव्यय॰* बीच में। मध्य में।

***मँझारि/मँझारी**—[< हिं॰ मँझार] *पु॰* मध्य। बीच। *अव्यय॰* में।

†मझावना—*क्रिअ॰, क्रिस॰* < हिं॰ मँझाना।

†मँझियार—[< प्रा॰ मज्झ < सं॰ मध्य] *वि॰* मध्य का। बीच का।

मँझोला—[< हिं॰ मँझ] *वि॰* १. मँझला। २. न बहुत छोटा, न बहुत बड़ा। मध्यम आकार का। ⁘ **मँझोली**—*वि॰ (स्त्री॰)*।

मँडना—[< हिं॰ 'माँडना'] *क्रिअ॰* १. (खाते आदि में) लिखा जाना। २. किसी काम या बात आदि में लीन होना।

मँड़ई—[< सं॰ मण्डप] *स्त्री॰* १. झोंपड़ी। २. कुटिया।

मँडनी—[< हिं॰ माँडना] *स्त्री॰* (कृषि॰) अनाज के डंठलों को बैलों द्वारा रौंदवाने का काम। दँवरी।

मँडरना—[< सं॰ मण्डल] *क्रिअ॰* सब ओर से घिरना। *क्रिस॰* सब ओर से घेरना।

†मँडान—[< सं॰ √मण्ड्] *पु॰* १. मंडप। २. सजावट का आयोजन।

मँडार—[< सं॰ मण्डल] *पु॰* १. गड्ढा। २. टोकरी। डलिया।

मँड़ुआ—[देशज] *पु॰* एक प्रकार का मोटा अनाज।

मँढा/मँढ़ा—[< हिं॰ मढ़ना, या < सं॰ मण्ड्] *पु॰* १. पूजा, विवाह आदि के लिए छाकर तैयार किया गया स्थान। मंडप। २. बेल चढ़ाने के लिए तैयार किया जाने वाला लकड़ियों का ढाँचा। ***वा॰* बेल मढ़े चढ़ना**—काम का ठीक प्रकार से पूरा होना।

***मँता**—[< सं॰ मन्त्र] *स्त्री॰* परामर्श। सलाह।

मांसग्रन्थि (मांसग्रंथि)—[सं॰ मांस ~ ग्रन्थि] *स्त्री॰* माँस की गाँठ जो शरीर के किसी अंग में निकल आती है।

मांसज—[सं॰ मांस √जन् + ड] *वि॰* मांस से उत्पन्न होनेवाला। *पु॰* वसा। चर्बी।

मांसपिण्ड (मांसपिंड)—[सं॰ मांस ~ पिण्ड] *पु॰* १. मांस का टुकड़ा या लोदा। २. शरीर।

मांसपेशी—[सं॰ मांस ~ पेशी] *स्त्री॰* तन्तुओं से बना एक मज़बूत ऊतक जो अपने संकुचन से शरीर के अवयवों में गति उत्पन्न करता है। पेशी। *जैसे*—हृदय एक मांसपेशीय अवयव है।

मांसभेदी—[सं॰ मांसभेदिन्] *वि॰* मांस को भेदने/वेधने वाला (बाण आदि)। मांस काटनेवाला (व्यक्ति)।

मांसल—[सं॰ मांस + लच्] *वि॰* १. (शरीर या उसका कोई अंग) जो मांस से अच्छी तरह भरा हुआ हो। २. रक्त और मांस से युक्त। ३. हृष्ट-पुष्ट। ४. सजीव। ५. मांसल के समान (रंग आदि)। ६. (फल) जिसमें गूदे की अधिकता हो।

मांसलपर्णी—[सं॰ मांसलपर्णिन्] *वि॰* (वनस्पति॰) (वे पादप) जिनमें मांसल पत्तियाँ हो।

मांसलस्तम्भी (मांसलस्तंभी)—[सं॰ मांसलस्तम्भिन्] *वि॰* [वनस्पति॰] (वे पादप) जिनके तने मांसल होते हैं।

मांसविक्रयी—[सं॰ मांस ~ विक्रयी] *वि॰* मांस वेचने-वाला। मांसोपजीवी। *पु॰* मांसोपजीवी। क़साई।

***माइ**—[< हिं॰ माँहि] अव्यय॰ भीतर ही भीतर। अन्दर।

***माइल**—[< हिं॰ मिला] *वि॰* मिला हुआ। मिलित।

माऊँ—[देशज] *पु॰* सरसों की फ़सल में होनेवाला एक रोग।

माकरी सप्तमी—[सं॰] *स्त्री॰* माघ कृष्ण-सप्तमी जिसमें सूर्य मकर राशि में हो।

माक़ूल—[अरबी] *वि॰* १. उचित। ठीक। *जैसे*—माक़ूल जवाब। २. योग्य। लायक़। ३. उत्तम। अच्छा। ∇ **विलोम**—नामाक़ूल।

माक्षिक—[सं॰ मक्षिका + अण्] *वि॰* १. मधुमक्खी-सम्बन्धी। मधुमक्खी/मधुमक्खियों का। २. मधुमक्खी से उत्पन्न या निकला हुआ। *पु॰* १. मधु। शहद। २. सोनामाखी। ३. रूपामाखी।

***माख**—[< सं॰ मक्ष] *पु॰* १. क्रोध। रोष। कोप। २. मानहानि से उत्पन्न क्रोध।

***माखना**—[< हिं॰ माख] *क्रिअ॰* १. (मन में) क्रुद्ध होना। नाराज़ होना। २. ललकारना। ✣ **माखि**—*क्रिवि॰* १. क्रोध करके। २. ललकार कर।

माखी**—[< सं॰ मक्षिका] *स्त्री॰* १. मक्खी। ***जैसे—दूध की मक्खी। २. शहद की मक्खी। मधुमक्खी। ३. सोनामाखी। ४. रूपामाखी।

माघी—[सं॰ मघा + अण् + ङीष्] *स्त्री॰* १. माघ मास की पूर्णिमा। २. मघा नक्षत्र से युक्त पूर्णिमा।

माङ्गल (मांगल)—[सं॰ मङ्गल + गीत] *पु॰* जन्म, विवाह आदि मांगलिक अवसरों पर गाए जाने वाले लोकगीत। शुभ गीत।

माङ्गलिक (मांगलिक)—[सं॰ मङ्गल + ठक्] *वि॰* १. मंगलजनक। शुभ। २. मांगलिक कार्यों से सम्बन्धित। *पु॰* शुभ अवसरों पर मंगल-पाठ करनेवाला व्यक्ति। ∇ **विलोम**—अमांगलिक।

माङ्गल्य (मांगल्य)—[सं॰ मङ्गल + ष्यञ्] *वि॰* मंगलकारी। शुभ। *पु॰* मंगलत्व। मांगलिकता। मांगलिक वस्तु।

माचा[१]—[< सं॰ मञ्च] *पु॰* बैठने का बड़ा पीढ़ा जो खाट से छोटा, परन्तु उसी की तरह बुना, होता है।

†**माचा**[२]—[देशज] *पु॰* बैलों का जुआ।

माछ—≤ *सं॰* मच्छ। मछली।

माजरा—[अरबी] *पु॰* १. घटना। २. (घटना का) वृत्तान्त। हाल।

***माजा**—[देशज] *पु॰* पहली वर्षा का जल (जो कुछ विषैला होता है)।

माजू—[फा॰] *पु॰* एक प्रकार की झाड़ी या उसका फल जो दवा के रूप में प्रयुक्त होता है।

माजून—[अरबी] *स्त्री॰* (यूनानी चिकित्सा॰) १. औषधि का मधु या शकर आदि के योग से बना अवलेह। २. उक्त अवलेह जिसमें भाँग पीसकर मिलायी जाती है।

माजूफल—[फा॰ माजू + सं॰ फल] *पु॰* माजू नामक पौधे का गोंद।

***माझ/माझा**[१]—[< सं॰ मध्य] *क्रिवि॰* बीच में। मध्य में।

माझा[२]—[अवधी < सं॰ मध्य] *पु॰* १. शरीर का मध्य भाग। कमर। २. नदी-तट का प्रदेश या उसका निवासी।

†**माझा**[३]—[देशज] *सर्व, वि॰* मेरा। ✣ **माझी**—*सर्व॰ (स्त्री॰)* मेरी।

माट—[< हिं॰ मटका या < प्रा॰ मट्ट] *पु॰* १. मिट्टी का बड़ा बर्तन जिसमें रंगरेज़ रंग घोलते हैं। २. दही बिलोने की मटकी। **माट बिगड़ जाना, माट बिगड़ना**—स्वभाव बदलना।

†**माठ**[१]—[< हिं॰ माट] *पु॰* मिट्टी का एक बर्तन। घट/घड़ा या मटका।

†**माठ**[२]—[ब्रज॰] *पु॰* मार्ग। पथ। रास्ता।

माठ[३]—[देशज] *पु॰* बड़ी मठरी/मठली जो मैदा से बनती है और घी से सेंकी जाती है।

माठना—[< सं॰ मृष्ट] *क्रिस॰* इमारती प्रयोग के लिए (भूमि को) चौरस करना। पत्थर के तल को चिकना बनाना।

†**माठा**[१]—[प्रा॰ मट्ठ/मठ] *वि॰* १. आलसी। २. शठ। बदमाश।

***माठा**[२]—[< हिं॰ मीठा] *वि॰* १. मधुर। २. गम्भीर।

†**माठू**—[< हिं॰ मिट्ठू] *पु॰* १. वानर। बन्दर। २. शुक। तोता। *वि॰* मूर्ख।

†**माड़व**—*पु॰* ≤ *सं॰* मण्डप। ***जैसे***—माड़व गाड़ना।

†**माड़ा**—[< सं॰ मन्द] *वि॰* १. ख़राब। २. दुबला-पतला। ३. रोगी। बीमार। ४. अति अल्प। बहुत थोड़ा।

माडिल—[अं॰] *पु॰* १. प्रतिकृति। २. प्रतिरूप। २. नमूना। ढाँचा।

माड़ी—*स्त्री॰* ≤ *हिं॰* माँड़ी।

†**माड़ू**—[ब्रज॰] *वि॰* हँसोड़ (व्यक्ति)।

***माण**—[राजस्थ॰, < सं॰ मान] *पु॰* मान। प्रतिष्ठा।

माणव—[सं॰ मानव, न → ण] *पु॰* १. मनुष्य। २. बालक। लड़का। ३. सोलह लड़ियों वाला हार।

माणवक—[सं॰ माणव + कन्] *पु॰* १. बालक। लड़का। २. मूर्ख व्यक्ति। ३. सोलह या बीस लड़ियों वाला हार। (छन्द॰) एक समवर्णिक छन्द जिसके प्रत्येक चरण में क्रमशः भगण, तगण, लघु और गुरु (भ त ल ग) के योग से ८ वर्ण होते हैं तथा ४-४ पर यति होती है। माणवकाक्रीड/मानवक्रीड़ा (छन्द)।

माण्डलिक (मांडलिक)—[सं॰ मण्डल + ठक्] *वि॰* मण्डल से सम्बन्धित। मण्डल का। *पु॰* १. मण्डल का शासक। सूबेदार। २. किसी बड़े राजा के अधीन और उसे कर देनेवाला शासक।

मात—[अरबी] *पु॰ स्त्री॰* १. शतरंज के खेल में एक पक्ष के बादशाह की पराजय। २. पराजय। हार। ***वा॰* मात करना**—१. नीचा दिखाना। २. हरा देना। ३. पराजित करना। ४. विजयी होना। **मात खाना**—पराजित होना। **मात देना**—१. हराना। पराजित करना। २. शतरंज (खेल) में हराना।

मातङ्ग (मातंग)—[सं॰ मतङ्ग + अण्] *पु॰* १. हाथी। २. चांडाल। ३. किरात।

मातङ्गी (मातंगी)—[सं॰ मातङ्ग + ङीप्] *स्त्री॰* १. पार्वती। २. दश महाविद्याओं में से एक। ३. चांडाल जाति की स्त्री। ४. किरात जाति की स्त्री।

मातमपुर्सी—[फा॰] *स्त्री॰* १. मृतक के घर जाकर शोक व्यक्त करने के साथ ही प्रकट की जाने वाली सहानुभूति। मृतक के परिवार के लोगों के पास जाकर समवेदना प्रकट करने की क्रिया/भाव।

मातरिश्वा—[सं॰ मातरिश्वन्] *पु॰* अन्तरिक्ष में चलनेवाला पवन। वायु।

मातामह—[सं॰ मातृ + डामहच्] *पु॰* माता का पिता, चाचा आदि। नाना। ✣ **मातामही**—*स्त्री॰* = माता की माता, चाची आदि। नानी।

माती—[< हिं॰ माता[२] < सं॰ मत्त] *वि॰ (स्त्री)* जो मत्त अवस्था में हो। प्रमत्ता। मतवाली। मदमस्त।

***मातु**—[< सं॰ मातृ] *स्त्री॰* माता।

मातुल—[सं॰ मातृ + डुलच्] *पु॰* माता का भाई। मामा। ✣ **मातुलानी/मातुली**—*स्त्री॰* = मामा की पत्नी। मामी। ✣

मातुलेय—पु॰ = मामा का पुत्र। ममेरा भाई।

मातृ—[स॰ √मान् + तृच्, न—लोप] स्त्री॰'माता' शब्द का प्रातिपदिक रूप जो केवल समास में प्रयुक्त होता है। *जैसे*—मातृशक्ति।

मातृक—[स॰ मातृ + ठक्] वि॰ १. माता-सम्बन्धी। माता का। २. माता से या माता के पक्ष से प्राप्त, न कि पिता से या पिता के पक्ष से। पु॰ मामा। ∇ **विलोम**—पितृक। ✣ **मातृक-प्रणाली**—स्त्री॰ = (समाज॰) मातृ-तन्त्र। ✣ **मातृक-वंशानुक्रम**—पु॰ = (समाज॰) वह सामाजिक व्यवस्था जिसमें सत्ता या दाय का उत्तराधिकार और वंशानुक्रम केवल मातृ-रेखा में होता है।

मातृका—[स॰ मातृ + कन् + टाप्] स्त्री॰ १. माता। २. दादी। ३. धात्री। धाय। दाई। ४. सौतेली माता। विमाता। ५. वर्णमाला की बारहखड़ी (क, का, कि, ···, ख, खा, खि···ह, हा, हि···इत्यादि) ६. ब्राह्मणी, वैष्णवी, माहेश्वरी आदि सात देवियाँ। (तंत्र॰) १. यन्त्र में लिखे जाने वाले वर्ण। २. एक तान्त्रिक यन्त्र।

मातृघात—[स॰ मातृ ~ घात] पु॰ माता की हत्या।

मातृघाती—[स॰ मातृघातिन्] वि॰ माता की हत्या करने वाला (व्यक्ति)। मातृहन्ता।

मातृचक्र—[स॰ मातृ ~ चक्र] पु॰ मातृकाओं का समूह।

मातृतन्त्र (मातृतंत्र)—[स॰ मातृ ~ तन्त्र] पु॰ (समाज॰) वह सामाजिक व्यवस्था जिसमें माता ही परिवार की प्रमुख होती है और उत्तराधिकार आदि मातृवंशानुक्रम के आधार पर होते हैं।

मातृतीर्थ—[स॰ मातृ ~ तीर्थ] पु॰ हथेली में छोटी उँगली के नीचे का कुछ उठा हुआ स्थान।

मातृत्व—[स॰ मातृ + त्व] पु॰ माता या सन्तानवती होने की अवस्था/भाव।

मातृदेव—[स॰ मातृ ~ देव] वि॰ माता को देवतुल्य पूज्य मानकर व्यवहार करनेवाला (व्यक्ति)।

मातृदेवी—[स॰ मातृ ~ देवी] स्त्री॰ मातृत्व या प्रजनन की प्रतीक देवी।

मातृदेश—[स॰ मातृ ~ देश] पु॰ १. मातृभूमि। स्वदेश। २. विदेश में जाकर बसे लोगों का मूल देश। पूर्वजों का देश।

मातृपक्ष—[स॰ मातृ ~ पक्ष] पु॰ माता के पूर्वजों का कुल। मातृकुल। ननिहाल।

मातृबन्धु/मातृबान्धव (मातृबंधु/मातृबांधव)—[स॰ मातृ ~ बन्धु/बान्धव] पु॰ मातृपक्ष के सम्बन्धी। ननिहाल का कोई आत्मीय व्यक्ति।

मातृभक्त—[स॰ मातृ ~ भक्त] वि॰, पु॰ माता का भक्त।

मातृमण्डल (मातृमंडल)—[स॰ मातृ ~ मण्डल] पु॰ १. मातृकाओं का समूह। मातृकागण। २. दोनों नेत्रों के बीच का स्थान।

मातृमनोग्रन्थि (मातृमनोग्रंथि)—[स॰ मातृ ~ मनोग्रन्थि] स्त्री॰ (मनो॰) पुत्र का पिता से विरोध के साथ माता के लिए अत्यधिक लगाव जो दमित यौन इच्छा का रूप है। (अ॰ ईडिपस काम्पेल्क्स)

मातृमाता—[स॰ मातृ ~ माता] स्त्री॰ १. माता की माता। २. पार्वती। गौरी। दुर्गा।

मातृवंश—[स॰ मातृ ~ वंश] पु॰ वह स्वजन-समूह जिसके सदस्य किसी ज्ञात स्त्री पूर्वज के द्वारा अपना सम्बन्ध मानते हैं।

मातृशैल—[स॰ मातृ ~ शैल] पु॰ वह शैल जिसमें अन्य शैलों या अवसादों की उत्पत्ति होती है अथवा जिसमें अयस्क या अन्य निक्षेप मिलते हैं। जनक शैल। (अ॰ मदर रॉक)

मातृस्तन्य—[स॰ मातृ ~ स्तन्य] पु॰ माता का दूध।

मातृ-स्थिरण—[स॰] पु॰ (शिक्षा॰) सन्तान का माँ के प्रति अतिरिक्त लगाव।

मातृहन्ता (मातृहंता)—[स॰ मातृ ~ हन्ता] वि॰, पु॰ माता की हत्या करनेवाला। मातृघातक।

मात्रक—[स॰ मात्रा + कन्] पु॰ वह निश्चित मात्रा जिसे आधार मानकर अन्य वस्तुओं का मान निकाला जाता है। एकक। इकाई। *जैसे*—'पैसा' धन का मात्रक है और 'ग्राम' भार का। ● **विशेष**—इसे अँग्रेज़ी में '**यूनिट**' कहते हैं।

मात्रा—[स॰ मात्र + टाप्] स्त्री॰ १. परिमाण। २. नाप का परिमाण। ३. ठीक माप। ४. अंश। ५. किसी वस्तु का नियत या निश्चित छोटा भाग। ६. इन्द्रिय। ७. इन्द्रियवृत्ति। ८. अवयव। ९. स्वर या ह्रस्व वर्ण के उच्चारण में लगनेवाला समय। १०. बारहखड़ी लिखने में प्रयुक्त स्वर-सूचक संकेत जो व्यंजन के ऊपर-नीचे या आगे-पीछे लगाया जाता है। *जैसे*—ऋ की मात्रा 'पितृ, कृषि, मृत्यु' आदि शब्दों में देखिए। (संगीत॰) ताल का नियत/निश्चित विभाग। *जैसे*—तीन मात्राओं का ताल। (छन्द॰) किसी स्वर के उच्चारण में लगनेवाले समय की अवधि। ● **विशेष**—ह्रस्व स्वर तथा ह्रस्व स्वर वाले वर्ण की एक मात्रा होती है तथा शेष की दो मात्राएँ।

मात्रादण्डक (मात्रादंडक)—[स॰ मात्रा ~ दण्डक] पु॰ (छन्द॰) वे सममात्रिक छन्द जिनका प्रत्येक चरण ३२ मात्राओं से अधिक का होता है।

मात्रावृत्त—[स॰ मात्रा ~ वृत्त] पु॰ मात्रिक छन्द।

मात्रासमक छन्द—[स॰ मात्रा~ समक ~ छन्द] पु॰ (छन्द) एक सममात्रिक छन्द जिसके प्रत्येक चरण में १६ मात्राएँ तथा अन्त में गुरु होता है। ● **विशेष**—यह पादाकुलक छन्द का एक भेद है।

मात्रिक—[स॰ मात्रा+ ठक्] वि॰ १. मात्रा-सम्बन्धी। २. किसी एक एकक/इकाई से सम्बन्धित। ३. जिसमें मात्राओं की गणना या मात्राओं का विचार हो। *जैसे*—मात्रिक छन्द; मात्रिक लिपि।

मात्रिकगण—[स॰] पु॰ (छन्द॰) २, ३, ४, ५ और ६ मात्राओं के गण जिन्हें क्रमशः रगण, टगण, ठगण, डगण, ढगण और णगण कहते हैं तथा जिनके क्रमशः २, ३, ५, ८, १३ भेद हैं।

मात्रिक छन्द (छंद)—[स॰] पु॰ (छन्द॰) १. वह छन्द जिसके प्रत्येक चरण में मात्राओं की संख्या निश्चित है। २. छन्दों का वह प्रकार जिसमें मात्राओं की गणना की जाए।

मात्रिक सवैया—[स॰] पु॰ (छन्द॰) एक मात्रिक छन्द जिसके प्रत्येक चरण में ३१ मात्राएँ होती हैं तथा १६-१५ पर यति होती है। बीर छन्द।

मात्स्य—[मतस्य + अण्] *वि॰* मत्स्य-सम्बन्धी। मछली का।

मात्स्यिक—[स॰ मत्स्य + ठक्] *पु॰* १. मछली मारने वाला। *वि॰* मछली से सम्बन्धित। मछली का।

मत्स्यिकी—[< स॰ मात्स्यिक] *स्त्री॰* (प्राणी॰) मछली आदि जलीय/जन्तुओं को पकड़ने व पालने का काम/प्रक्रिया/व्यवस्था ✣ **मात्स्यन्याय**—दे॰ परिशिष्ट में '**संस्कृत-उक्ति-कोश**'।

मात्सर्य—[स॰ मत्सर + ष्यञ्] *पु॰* दूसरे की उन्नति देखकर जलना। ईर्ष्या। जलन।

***माद**—*पु॰* ≤ अरबी मात। *पु॰* पराजय।

मादक—[स॰ मद् + णिच् + ण्वुल्] *वि॰* १. नशा उत्पन्न करनेवाला। नशीला। २. बेहोश करनेवाला। ✣ **मादकता**—*स्त्री॰* = नशीलापन।

मादरज़ाद—[फा॰] *वि॰* १. जन्मजात। पैदाइशी। २. जैसा जन्म के समय रहा हो। ३. एक ही माता से उत्पन्न। सगा। सहोदर। ✣ **मादरज़ाद नंगा**—नवजात शिशु के समान नंगा। पूर्णतया नग्न।

मादरेवतन—[फा॰] *स्त्री॰* मातृभूमि। स्वदेश।

मादरेहिन्द—[< फा॰ मादर + हि॰ हिन्द] *स्त्री॰* भारत माता। मातृभूमि हिन्दुस्थान।

मादल—[स॰ मर्दल] *पु॰* (संगीत॰) पखावज जैसा एक आनद्ध वाद्य।

मादा—[< फा॰ मादः] *स्त्री॰* नारी प्राणी। जैसे 'बकरा' की मादा 'बकरी' होती है। ∇ **विलोम**—नर।

माद्दा—[अरबी माद्दः] *पु॰* १. मूल पदार्थ जिससे कोई दूसरा पदार्थ बना हो। २. सृष्टि का आधारभूत मूल तत्त्व। प्रकृति। ३. (व्याकरण में) शब्द की मूल धातु। ४. मूल। आधारभूत वस्तु। ५. योग्यता। ६. पात्रता। विवेक। समझ। ७. पीप। मवाद।

माद्रेय—[स॰ माद्री + ढक्] *पु॰* (पांडु की पत्नी) माद्री का पुत्र। नकुल अथवा सहदेव।

माधव—[स॰ मधु + अण्] *वि॰* १. मधु-सम्बन्धी। २. मधु ऋतु-सम्बन्धी। *पु॰* १. विष्णु। २. कृष्ण। ३. वसन्त (ऋतु)। ४. वैशाख (मास)। ५. शहद से तैयार किया हुआ। (छन्द॰) एक समवर्णिक छन्द जिसके पहले और तृतीय चरण में क्रमशः जगण, तगण, जगण, रगण (ज त ज र) तथा द्वितीय व चतुर्थ चरण में तगण, तगण, जगण, रगण (त त ज र) के योग से प्रत्येक चरण में १२ वर्ण होते हैं।

माधविका—[स॰ माधवी + कन् + टाप्] *स्त्री॰* माधवी लता।

माधवी—[स॰ माधव + ङीप्] *स्त्री॰* १. सुगन्धित फूलों वाली एक लता। वासन्ती (लता)। २. शहद से बनी शराब। ३. पार्वती। दुर्गा। (छन्द॰) एक समवर्णिक छन्द जिसके प्रत्येक चरण में क्रमशः सात जगण और एक यगण के योग से २४ वर्ण होते हैं।

†**माधुआ**—[देशज] *पु॰* एक पक्षी जो चील के आकार का होता है और अधिक पानी तथा अधिक वृक्षों वाले मैदानी स्थानों में देखा जाता है।

माधुरी—[स॰ मधुर + ष्यञ्] *स्त्री॰* १. माधुर्य। मधुरता। मधुरत्व। मिठास। २. मिठाई। ३. सौन्दर्य। (काव्य॰) भाषा का एक गुण। माधुर्य।

माधुर्य—[स॰ मधुर + ष्यञ्] *पु॰* १. मधुरता। २. मिठास। ३. शोभा के साथ सुन्दरता। (**काव्य॰**) १. साहित्य के तीन गुणों में से एक। रचना में मधुरता की प्रधानता होने और चित्त को आनन्द से द्रवित करने का गुण। २. नायिका के असत्नज अलंकारों में से एक। नायिका का सभी स्थितियों में, अपनी चेष्टाओं में मृदुता या रमणीयता बनाए रखना।

माध्य—[स॰ मध्य + अण्] *वि॰* मध्य का। बीच का। बिचला। (गणित॰) १. किन्ही राशियों के लक्षणों और गुणधर्मों का निरूपण या प्रतिनिधित्व करनेवाला कोई मान। औसत। (अ॰ एवरेज) २. समान्तर माध्य। अंकगणित माध्य। ***जैसे***—४, १८,७, ३ का माध्य ८ है। (अ॰ मीन)

माध्यन्दिन (माध्यंदिन)—[स॰ मध्यन्दिन् + अण्] *पु॰* १. मध्याह्न। दोपहर। २. शुक्ल यजुर्वेद की एक शाखा।

माध्यस्थ्य—[स॰ मध्यस्थ + ष्यञ्] *पु॰* पंच द्वारा सुनवाई। मध्यस्थता। विवाचन।

माध्याह्निक (माध्याह्निक)—[स॰ मध्याह्न + ठक्] *वि॰* मध्याह्न के समय का। ठीक दोपहर का।

माध्यिक—[< स॰ माध्य + ठञ्] *वि॰* १. मध्य-सम्बन्धी। २. मध्य का। ३. बीच में होनेवाला या बीच में रहनेवाला। केन्द्रवर्ती। (गणित॰, सांख्यिकी॰) एक प्रकार का औसत। वह मान जिसके दोनों ओर कुल बारम्बारताएँ बराबर संख्या की होती हैं।

माध्यिका—[माध्यिक + टाप्] *पु॰* (गणित॰) किसी त्रिभुज के शीर्ष को उसकी सम्मुख भुजा के मध्यबिन्दु से मिलानेवाली रेखा।

माध्व—[स॰ मध्व + अण्] *वि॰* मधु/शहद से बना हुआ। मधुनिर्मित। २. वसन्त सम्बन्धी। ३. वसन्त (ऋतु) ४. वैशाख (मास) *पु॰* १. विष्णु। २. कृष्ण। मध्वाचार्य के सम्प्रदाय का अनुयायी।

माध्वी—[स॰ मधु + अण् + ङीप्] *स्त्री॰* १. मदिरा। शराब। २. माधवी लता। वासन्ती लता।

मान[१]—[स॰ √मान् + घञ्] *पु॰* १. आदर। प्रतिष्ठा। सम्मान। इज़्ज़त। २. आत्मगौरव। आत्मसम्मान। ३. अभिमान। गर्व। घमंड। ४. अहंभाव। अहंकार। ५. अभिमान से उत्पन्न क्रोध। ६. (पति/प्रेमी के किसी अपराध पर पत्नी/प्रेमिका का अप्रसन्न होकर) रूठना।

मान[२]—[स॰ √मा + ल्युट्] *पु॰* १. माप। नाप। तौल। २. (मापने से ज्ञात होनेवाला) परिमाण। ३. मानक माप जिससे किसी वस्तु को नापा/तौला जाता है (***जैसे***—गज़, मीटर, तोला, ग्राम)। ४. (किसी बात को सिद्ध/प्रमाणित करने का) प्रमाण। ५. बल। शक्ति। (छन्द॰) एक समवर्णिक छन्द जिसके प्रत्येक चरण में नगण, रगण, सगण, मगण, नगण और मगण (न र स म न म) के योग से १८ वर्ण होते हैं तथा १०-८ पर यति होती है। (गणित॰) कोई विशेष संख्यात्मक/मात्रात्मक निर्धारण। ***जैसे***—'य' का मान ५ हो तो ३य = १५। (अ॰ वेल्यू)। (संगीत॰) ताल में विराम जो ४ प्रकार का होता है—सम, विषम, अतीत, अनागत।

मान[३]/***मानि**—[< हि॰ मानना] *क्रिवि॰* स्वीकार कर। *क्रिस॰* स्वीकार कर ले।

*मानई—[< सं॰ मानव] पु॰ मानव। मनुष्य।

मानक[1]—[सं॰ मान + कप्] पु॰ एक प्रकार का कन्द। मानकन्द।

मानक[2]—[< सं॰ मान] पु॰ विशिष्ट वस्तुओं के आकार-प्रकार, महत्त्व आदि की परीक्षा का मानदंड या रूप जो अधिकृत, आदर्श या समाज के द्वारा मान्य हो।

मानकन्द (मानकंद)—[सं॰ मान ~ कन्द] पु॰ एक प्रकार का कन्द जो शाकवर्गीय पदार्थ है।

मानकित—[< सं॰ मानक] वि॰ जिसका मानकीकरण हुआ हो। मानकीकृत।

मानकीकरण—[< सं॰ मानक + च्वि + करण] पु॰ १. एक ही वर्ग की अनेक वस्तुओं के गुण, महत्त्व आदि का मानक रूप स्थिर करने की क्रिया। २. किसी वस्तु को किसी मानक आकार, रूप आदि वाला बनाने की क्रिया/भाव।

मानकीय—[सं॰ मानक + छ] वि॰ मानक से सम्बन्धित। मानक का।

मानगृह—[सं॰ मान ~ गृह] पु॰ प्राचीन राजमहलों में एक विशेष कमरा जिसमें राजा पर क्रुद्ध रानी मान करके बैठ जाया करती थी। कोपभवन। मानमन्दिर।

मानचित्र—[सं॰ मान ~ चित्र] पु॰ रेखाओं का ऐसा अंकन जिसमें किसी भूमि-खंड के पर्वतों, नदियों, नगरों इत्यादि को अंकित किया गया हो। नक़्शा।

मानज—[सं॰ मान √जन् + ड] वि॰ मान से उत्पन्न।

मानता—[< हि॰ मानना] स्त्री॰ १. मनौती। २. मान्यता।

मानद—[सं॰ मान + द] वि॰ १. सम्मान देनेवाला। मानप्रद। २. सम्मान बढ़ानेवाला।

मानदण्ड (मानदंड)—[सं॰ मान ~ दण्ड] पु॰ १. मापने का डंडा। २. मूल्यांकन की विधि। ३. पैमाना।

मानदेय—[सं॰ मान ~ देय] पु॰ किसी कार्य या सेवा के बदले में वेतन के स्थान पर सम्मानपूर्वक दिया जाने वाला धन।

मानधन—[सं॰ मान ~ धन] पु॰ मानदेय। वि॰ १. जो आत्मसम्मान/आत्मगौरव को ही सबसे अधिक महत्त्व देता हो। २. अभिमानी। घमंडी। ✣ **मानधना**—वि॰ (स्त्री॰) = स्वाभिमानिनी।

मानपत्र—[सं॰ मान ~ पत्र] पु॰ किसी का सम्मान करने के लिए अर्पित किया जाने वाला पत्र जिसमें उसके गुणों आदि की प्रशंसा लिखी रहती है। अभिनन्दन-पत्र।

मानप्रद—[सं॰ मान ~ प्रद] वि॰ सम्मान देनेवाला। मानद।

मानभङ्ग (मानभंग)—[सं॰ मान ~ भङ्ग] पु॰ १. सम्मान नष्ट होना। मानहानि। अपमान। २. (नायिका के) मान का टूटना। रूठने की समाप्ति।

मानभरी—[सं॰ मान + हि॰ भरी] वि॰ (स्त्री॰) १. स्वाभिमानिनी। २. रूठी हुई।

मानभाव—[सं॰ मान ~ भाव] पु॰ १. रूठे होने का भाव। २. नख़रा।

मानमद—[सं॰ मान ~ मद] पु॰ १. अभिमानरूपी नशा। २. सांसारिक प्रतिष्ठा का अभिमान।

मानमन्दिर (मानमंदिर)—[सं॰ मान ~ मन्दिर] पु॰ मानगृह। कोपभवन।

मानमोचन—[सं॰ मान ~ मोचन] पु॰ १. रूठे हुए प्रिय को समझा-बुझा कर प्रसन्न करना और अपने प्रति प्रसन्न करना। २. (प्रिया, पत्नी आदि का) मान दूर करना।

मानव पारिस्थितिकी—स्त्री॰ मनुष्यों और उनके पर्यावरण परिवेश के पारस्परिक प्रभावों का वैज्ञानिक अध्ययन। मानवपरिवेशविज्ञान। ✣ **मानव भूगोल**—पु॰ = भूगोल की वह शाखा जो मनुष्यों पर भौगोलिक परिस्थितियों (जलवायु, भूप्रकृति, वनस्पति आदि) का प्रभाव तथा इन परिस्थितियों पर विजय पाने के लिए उसके प्रयत्नों का अध्ययन करती है।

मानवता—[सं॰ मानव + तल् + टाप्] स्त्री॰ १. मानव होने की अवस्था/भाव। २. मनुष्य जाति। ३. मनुष्य के आदर्श तथा स्वाभाविक गुणों, भावनाओं इत्यादि का समूह। इन्सानियत।

मानवती—[सं॰ मानवत् + ङीप्] वि॰ (स्त्री॰) वह पत्नी/प्रेमिका आदि जो पति/प्रेमी से अप्रसन्न होने पर मान करती हो। मानिनी।

मानववाद—[सं॰ मानव ~ वाद] पु॰ एक दार्शनिक मत जिसके अनुसार मनुष्य के लिए धर्म अनावश्यक है तथा वह अपनी तर्कबुद्धि और वैज्ञानिक पद्धति से आनन्द और आत्मतोष प्राप्त कर सकता है।

मानवाचारी—[सं॰ मानव ~ आचारी] वि॰ मनुष्य के समान व्यवहार करनेवाला (यन्त्र)।

मानवान्—[सं॰ मानवत्] वि॰ १. मान-वाला। मानी। २. स्वाभिमानी। ३. अभिमानी। घमंडी। ४. मान करनेवाला। रूठा हुआ।

मानविकी—[< सं॰ मानव] स्त्री॰ मानव-हित, मानव-विचारों इत्यादि से सम्बन्धित विज्ञानेतर विषय (साहित्य, राजनीति, अर्थशास्त्र, दर्शन आदि)। (अ॰ द ह्यूमैनिटीज़)

मानवीकरण—[सं॰ मानव + च्वि + करण] पु॰ १. किसी वस्तु को मनुष्य के समान बनाने की क्रिया/भाव। मानववत् बनाना। २. दयालु बनाना। सहृदय बनाना। ३. (कला आदि में) वस्तुओं को मानव-गुणों से युक्त कल्पित कर चित्रित/अंकित करना। (काव्य॰) एक अर्थालंकार जिसमें अमूर्त और अप्राण पदार्थों में मानव-भावनाओं, मानव-क्रियाओं आदि का आरोप किया जाता है।

मानवीय—[सं॰ मानव + छ] वि॰ मानव-सम्बन्धी। मानव का। २. मनुष्योचित। ३. सहृदयता, दयालुता आदि मानव-गुणों से युक्त। ∇ **विलोम**—अमानवीय/दानवी/राक्षसी/पाशविक।

मानवेन्द्र (मानवेंद्र)—[सं॰ मानव ~ इन्द्र] पु॰ १. राजा। २. मनुष्यों में श्रेष्ठ। नरश्रेष्ठ।

मानशाला—[सं॰ मान ~ शाला] स्त्री॰ कोपभवन। मानमन्दिर।

मानस—[सं॰ मनस् + अण्] वि॰ १. मन-सम्बन्धी। मानसिक। २. मन से उत्पन्न। ३. मन में विचारा हुआ। ४. मानसरोवर में/पर रहनेवाला। पु॰ १. मन। हृदय। चित्त। अन्त:करण। २. मानसरोवर। ३. (तुलसीदासकृत) रामचरितमानस (ग्रन्थ)। (छन्द॰) एक

समवर्णिक छन्द जिसके प्रत्येक चरण में क्रमशः नगण, यगण, भगण और सगण (न य भ स) के योग से १२ वर्ण होते हैं तथा ६-६ पर यति होती है।

मानसचारी—[सं॰ मानस ~ चारी (चारिन्)] *वि॰* १. मन में रहने वाला। २. मानसरोवर पर रहने वाला। *पु॰* १. कामदेव। मन्मथ। २. हंस (पक्षी)।

मानसजन्मा—[सं॰ मानस ~ जन्मा (जन्मन्)] *वि॰* मन से उत्पन्न। मनोभव। *पु॰* कामदेव। मन्मथ।

मानसजप—[सं॰ मानस ~ जप] *पु॰* वह जप जो मन में ही किया जाए (ओठों से नहीं)।

मानसता—[सं॰ मानस + तल् + टाप्] *स्त्री॰* १. मन का भाव। मनोभाव। मनःस्थिति। २. मनोवृत्ति।

मानस-तीर्थ—[सं॰] *पु॰* राग-द्वेष आदि दोषों से रहित हो गया मन। तीर्थ के समान निर्मल और पवित्र मन।

मानसपुत्र—[सं॰ मानस ~ पुत्र] *पु॰* १. जिसे मानसिक रूप से जन्म दिया गया हो। २. किसी लेखक/कलाकार आदि की कृति। ३. शिष्य। ४. (पुराण आदि में वर्णित) संकल्प मात्र से उत्पन्न पुत्र।

मानसपूजा—[सं॰ मानस ~ पूजा] *स्त्री॰* पत्र, पुष्प, जल आदि बाह्य उपचारों के बिना केवल मन के द्वारा की जाने वाली पूजा।

मानस-प्रत्यक्षीकरण—[सं॰] *पु॰* अदृश्य वस्तु का मानसिक चित्र बना लेना। मानसिक दृष्टि से देखना।

मानसर—[सं॰ मान ~ सरस् (सरः)] *पु॰* मानसरोवर।

मानसरोदक—[सं॰ मानसर ~ उदक] *पु॰* मानसरोवर।

मानसरोवर—[सं॰ मान ~ सरोवर] *पु॰* तिब्बत में स्थित हिमालय की एक सुन्दर झील जो प्राचीन काल से पवित्र तीर्थ मानी जाती है।

मानसहंस—[सं॰ मानस ~ हंस] *पु॰* १. मनरूपी हंस। २. मानसरोवर पर रहनेवाला हंस। श्रेष्ठ हंस। (छन्द॰) एक वर्णिक छन्द जिसके प्रत्येक चरण में क्रमशः सगण, २ ज़गण, भगण और रगण (स ज ज भ र) के योग से १५ वर्ण होते हैं।

मानसालय—[सं॰ मानस ~ आलय] *वि॰* मानसरोवर में/पर रहनेवाला। *पु॰* १. राजहंस। २. हृदयरूपी घर।

मानसी—[< सं॰ मानस] *वि॰* मानसिक।

मानसूत्र—[सं॰ मान ~ सूत्र] *पु॰* १. नापने का फ़ीता। २. (कमर में पहनने की) करधनी।

मानसून—[< अरबी मौसिम] *पु॰* १. वे हवाएँ जिनकी दिशा ऋतु के अनुसार बदल जाती है। वे हवाएँ जो जाड़े की ऋतु में थल से जल की ओर चलती हैं और गर्मी की ऋतु में जल से थल की ओर। २. वे विशेष हवाएँ जो हिन्द महासागर के चारों ओर उष्ण कटिबन्धों के भारत, चीन, इत्यादि देशों में वर्षा करती हैं तथा पूर्वी एशिया आदि में भी चलती हैं। ३. वह समय जब वर्षा करनेवाला उक्त पवन बहता है। वर्षा ऋतु। पावस।

मानहंस—[< सं॰ मान हंस] *पु॰* (छन्द॰) मानसहंस/छन्द।

मानहर—[सं॰ मान + हर] *वि॰* अभिमान दूर करनेवाला।

मानहु/ *मानहुँ—[< हिं॰ मानना] *अव्यय॰* (उत्प्रेक्षा-वाचक) मानो। मानों।

माना[1]—[< सं॰ √मा] *क्रिस॰* १. नाप-तोल करना। मापना। २. परीक्षा करना। जाँचना। *पु॰* (अनाज आदि को) नापने का पात्र।

माना[2]—[देशज] *क्रिअ॰* (किसी वस्तु में) समाना। अमाना।

मानाथ—[सं॰ मा ~ नाथ] *पु॰* लक्ष्मी का पति। विष्णु।

मानार्थ—[सं॰ मान ~ अर्थ] *वि॰* जो सम्मान के लिए हो। सम्मानार्थ।

***मानिक**—*पु॰* ≤ *सं॰* माणिक्य। (लाल रंग का एक रत्न) पद्मराग।

✣ ***मानिकमय**—*वि॰* = माणिक्यों से रचित। माणिक्यमय।

मानित—[सं॰ मान + इतच्] *वि॰* जिसका मान होता हो या हुआ हो या व्यापक रूप में हो। सम्मानित। प्रतिष्ठित।

मानिता—[सं॰ मानिन् + तल् + टाप्] *स्त्री॰* १. मानी होने का भाव। अभिमान। २. सम्मान। ३. अहंकार। घमंड।

मानित्व—[सं॰ मानिन् + त्व] *पु॰* मानिता।

मानिनी—[सं॰ मानिन् + ङीप्] *वि॰* मान या अभिमान करनेवाली स्त्री। मानवती स्त्री। *स्त्री॰* नायक के किसी अपराध से रूठी हुई नायिका। (छन्द॰) 'सुमुखी' नामक समवर्णिक छन्द।

मानिन्द (मानिंद)—[फ़ा॰] *वि॰* समान। सदृश।

मानी[1]—[सं॰ मानिन्] *वि॰* १. जिसमें मान हो। मानयुक्त। मानवाला। २. अपने मान का अधिक ध्यान रखनेवाला। स्वाभिमानी। ३. अभिमानी। घमंडी। ४. मान करनेवाला। रूठनेवाला। ५. माननीय। सम्मानित। प्रतिष्ठित। *पु॰* (काव्य॰) अभिमानी नायक।

मानी[2]—[अरबी मा' नी] *पु॰* १. (वाक्य/शब्द आदि का) अर्थ। मतलब। २. (रहस्यपूर्ण, गुप्त या वास्तविक) आशय/तात्पर्य। मतलब। ३. उद्देश्य या प्रयोजन।

मानुषी[1]—[सं॰ मानुष + ङीप्] *स्त्री॰* नारी। स्त्री। औरत।

मानुषी[2]—[< सं॰ मानुष] *वि॰* १. मनुष्य का। २. मनुष्यों जैसा। ३. मनुष्य के लिए उपयुक्त। ***जैसे***—मानुषी कर्म।

मानुषीय—[सं॰ मानुष + छ] *वि॰* मानुषिक। मानवीय। ∇ **विलोम**—अमानुषीय।

मानुष्य—[सं॰ मनुष्य + अण्] *वि॰* १. मनुष्य-सम्बन्धी। मनुष्य का। २. मनुष्यों में पाया जाने वाला। *पु॰* १. मनुष्यता। मानवता। २. मनुष्य-शरीर। मानव-देह। ३. मानव-जाति। मानव-समुदाय।

माने—दे॰ मानी[2]।

मानोपहार—[सं॰ मान ~ उपहार] *पु॰* सम्मान प्रकट करने के लिए दी गयी भेंट। सम्मानार्थ दिया गया उपहार।

मान्तेसरी (मांतेसरी) प्रणाली—[इता॰ मान्तेसरी + सं॰ प्रणाली] एक प्राथमिक और पूर्व-प्राथमिक शिक्षा-पद्धति जो शिशुओं के लिए अत्यन्त मनोवैज्ञानिक और रोचक है।

मान्त्रिक (मांत्रिक)—[सं॰ मन्त्र + ठक्] *वि॰* मन्त्र-सम्बन्धी। *पु॰* १. (वेद आदि के) मन्त्रों का पाठ करने में अथवा उसके अर्थ-ज्ञान आदि में कुशल व्यक्ति। मन्त्रवेत्ता। २. तान्त्रिक। ३. जादूगर। बाजीगर।

मान्थर्य (मांथर्य)—[सं० मन्थर + ष्यञ्] पुं० १. मन्थरता। धीमापन। *जैसे*—नदी के प्रवाह का मान्थर्य। २. श्रान्ति। थकावट। ३. निर्बलता। कमज़ोरी। ४. (कार्य करने में) मन्दता। सुस्ती।

मान्द्य (मांद्य)—[सं० मन्द + ष्यञ्] पुं० १. मन्दता। धीमापन। २. निर्बलता। कमज़ोरी। ३. (कार्य करने में) मन्दता। सुस्ती। काहिली। ४. (बुद्धि की) मन्दता। मूढ़ता। मूर्खता। ५. रोग। बीमारी।

मान्य—[सं० √मान् + ण्यत्] वि० १. मानने योग्य। २. आदरणीय। माननीय। ३. जिसे स्वीकृत किया गया हो। गृहीत। ∇ **विलोम**—अमान्य।

मान्यता—[सं० मान्य + तल् + टाप्] स्त्री० १. मान्य होने की अवस्था/भाव। २. किसी विषय में माने हुए तत्त्व/सिद्धान्त/विचार/धारणा। दृष्टिकोण। ३. मानने के योग्य पद्धति/प्रथा/बात आदि। ४. सरकार/विश्वविद्यालय आदि के द्वारा किसी संस्था आदि की प्रामाणिकता की स्वीकृति।

माप—[< हिं० मापना] स्त्री० १. नापने की क्रिया/भाव। २. मापने-तौलने से ज्ञात होनेवाला परिमाण। नाप। *जैसे*—माप-तौल। ३. मापने का मान। पैमाना।

मापक—[सं० √मा + णिच्, पुक् + ण्वुल्] वि० माप करनेवाला। नापनेवाला। पुं० १. नापने या तौलने का काम करनेवाला व्यक्ति। २. पात्र या उपकरण जिसकी सहायता से कोई वस्तु नापी या तौली जाती है।

मापदण्ड (मापदंड)—[हिं० माप + सं० दण्ड] पुं० १. मापने का डंडा। २. मानदंड। पैमाना।

मापनी—[< सं० मापन] स्त्री० [गणित०] (मापने का) पैमाना।

मापविज्ञान—[सं० माप ~ विज्ञान] पुं० मापिकी।

मापाङ्क (मापांक)—[सं० माप ~ अङ्क] पुं० (भौतिकी०, गणित०) किसी अमूर्त गुण आदि (लचीलापन आदि) का किसी निश्चित इकाई या मान के आधार पर ज्ञात परिमाण।

मापिका—[< सं० मापक + टाप्] वि० (स्त्री०) मापने/नापनेवाली। *जैसे*—घड़ी समय की मापिका है। स्त्री० नापने/तौलने का पैमाना।

मापिकी—[< सं० मापक] स्त्री० भौतिकी की वह शाखा जिसमें द्रव्यमान, लम्बाई और समय तथा उनसे व्युत्पन्न राशियों (क्षेत्रफल, कोण, वेग, दाब इत्यादि) का अध्ययन होता है। मापविज्ञान। (अं० मीटरोलॉजि)

मापी—[सं० मापिन्] पुं० मापनेवाला व्यक्ति/पात्र/उपकरण आदि।

माफ़िक़—[< अरबी मुआफ़िक़] वि० १. अनुकूल। २. उपयुक्त। ३. हितकर।

माफ़िया—[इटालियन] पुं० समस्त विश्व में ठग, जुआ, हत्या, नशीली वस्तुओं का ख़रीदना-बेचना इत्यादि अवैध कार्यों को करनेवाला, मूलतः इटली के प्रवासियों का एक गुप्त संगठन।

***माम**—[< सं० मम] पुं० १. ममता। ममत्व। २. अहंकार। अहंभाव। ३. अधिकार। ४. बल। शक्ति। ✣ **मामता**—स्त्री० = १. ममता। ममत्व। २. आत्मीयता।

मामूल—[अरबी] पुं० वह बात जो नित्य की जाए। नित्य-नियम। दस्तूर।

मामूली—[अरबी] वि० १. नित्य का। रोज़ का। २. जिसमें कोई महत्त्वपूर्ण बात या विशेषता न हो। साधारण। ३. प्रायः होता रहने वाला।

***माय[१]**—[< सं० माता] स्त्री० १. माता। माँ। २. आदरणीय या बड़ी स्त्री के लिए एक सम्बोधन। ३. सखी।

माय[२]—[सं० माया + अच्] पुं० जादूगर। बाजीगर।

माय[३]—[सं० माय + अण्] पुं० 'मय' का पुत्र। असुर।

***माय[४]**—[< सं० माया] स्त्री० १. माया। २. छलना। छल। कपट।

***माय[५]**—अव्यय० ≤ हिं० माहिं। बीच में। में।

***माय[६]**—[< माना (समाना)] क्रिअ० समाता है।

मायक—[सं० माय + कन्] वि० मायावी।

माया—[सं० √मा + य + टाप्] स्त्री० १. असाधारण शक्ति जिससे कोई आश्चर्यजनक काम किया जाए या कोई वस्तु बनायी जाए। २. कोई ऐसा रूप/कृति/बात जिससे लोग भ्रमित हों। ३. वस्तु के न रहने पर भी उसके अस्तित्व की प्रतीति। मिथ्या प्रतीति। *जैसे*—माया के कारण ही रस्सी में सर्प का भ्रम होता है। ४. कपट। छलना। प्रवंचना। ठगी। ५. जादूगरी। बाजीगरी। करामात। ६. प्रकृति। ७. अज्ञान। अविद्या। ८. उक्त के कारण होने वाला मोह या मोहपूर्ण प्रेम/अनुराग/स्नेह/ममता। ९. राजनीतिक चाल/धोखाधड़ी। १०. असत्य। भ्रम। ११. मिथ्या धारणा/विचार। १२. धन-सम्पत्ति। दौलत। १३. कोई रहस्यपूर्ण बात जिसे समझ पाना कठिन हो। १४. दुष्टता। १५. देवी, देवता आदि की या परमात्मा की लीला। १६. मृत्यु। ***वा०* माया कटना**—अज्ञान, मोह आदि दूर होना। **माया जोड़ना**—धन जमा करना। **माया रचना**—१. प्रपंच रचना। २. (परमात्मा का) लीला करना। **माया लगना**—१. प्रभाव पड़ना। २. ममता-मोह होना। **मायाकार**—पुं० = माया/जादू करनेवाला। जादूगर। बाजीगर। **मायाचार**—पुं० = १. माया का प्रपंच। २. जादू।

***मायाच्छन्न**—[सं० माया ~ आच्छन्न] वि० १. माया से ढँका हुआ। २. अज्ञान से आच्छादित। अज्ञानावृत्त।

मायापुरी—[सं० माया ~ पुरी] स्त्री० हरद्वार/हरिद्वार नामक तीर्थ।

***माया-बपु**—[< सं० माया ~ वपु] पुं० माया से निर्मित शरीर।

मायामय—[सं० माया + मयट्] वि० १. माया से बना/बनाया हुआ। २. जादू से रचित। ३. माया से युक्त। माया से पूर्ण।

मायामृग—[सं० माया ~ मृग] पुं० १. जादू से रचित मृग। जादू का हिरन। २. कपट-मृग। मृग का रूप धारण किए हुए व्यक्ति।

मायावपु—[सं० माया ~ वपु] पुं० माया से निर्मित शरीर।

***मायावर**—[< सं० माया] पुं० १. माया करनेवाला। मायावी। २. जादूगर।

मायावाद—[सं० माया ~ वाद] पुं० अद्वैत वेदान्त का 'माया' को अनिर्वचनीय मानने तथा उसके आधार पर अद्वैत को स्थापित करने और ब्रह्म को सत्य और जगत् को मिथ्या कहने का वाद/मत। ✣

मायावादी—*पु॰* = मायावाद का अनुयायी या समर्थक। *वि॰* मायावाद-सम्बन्धी। मायावाद का।

मायावान्—[स॰ मायावत्] *वि॰* १. माया वाला। २. मायावी/जादूगर या असुर/राक्षस आदि।

मायाविनी—[स॰ मायाविन् ~ डीष्] *स्त्री॰* जादूगरनी। *वि॰* (स्त्री॰) १. छल-कपट करने वाली ठगिनी। २. माया फैलानेवाली।

मायावी—[स॰ मायाविन् (माया + विनि)] *पु॰* १. माया करनेवाला। २. जादूगर। *वि॰* १. छली। कपटी। धोखेबाज़। २. माया फैलानेवाला।

मायिक—[स॰ माया + ठन्] *वि॰* १. माया-सम्बन्धी। माया का। २. मायावाला। मायाकृत। बनावटी। ३. कपटी। छली। धोखेबाज़। ४. भ्रमात्मक। असत्य। *पु॰* १. जादूगर। बाजीगर। २. माया फैलाने/दिखाने वाला। मायावी।

मायी—[स॰ मायिन् (माया + इनि)] *पु॰* १. माया दिखाने- वाला। मायावी। २. कपटी/छली मनुष्य। ३. जादूगर। बाजीगर। ४. परमात्मा। ईश्वर।

मायूर—[स॰ मयूर + अण्] *वि॰* १. मयूर-सम्बन्धी। मोर का। २. मोर के पंखों का बना हुआ। ३. मोर को प्रिय लगनेवाला।

मायूरक/मायूरिक—[स॰ मायूर + वुञ्/ठक्] *पु॰* मोर पकड़नेवाला। बहेलिया।

मायोपिया—[अ॰] *स्त्री॰* (चिकित्सा॰) नेत्रों का एक रोग जिसमें रोगी को दूर की वस्तु स्पष्ट नहीं दिखती है। निकटदृष्टिता।

मारका[1]**/मार्का**—[< अ॰ मार्क] *पु॰* १. चिह्न। निशान। २. पहचान के लिए लगाया गया निशान। २. व्यापारियों द्वारा अपने तैयार माल पर ग्राहकों को उसकी पहचान कराने के लिए लगाया जाने वाला विशेष निशान। छाप। *वि॰* (समाज में) छाप वाला।

मारका[2]—[< अरबी मारिकः] *पु॰* १. युद्ध। लड़ाई। २. अत्यन्त महत्त्वपूर्ण घटना। ३. कोई महत्त्वपूर्ण काम। ***वा॰* मारके का**— १. बहुत उपयोगी। २. अति महत्त्वपूर्ण।

मारकीन—[< अ॰ नैन्किन्] *पु॰* एक प्रकार का सस्ता और साधारण कपड़ा।

मारकेश—[स॰ मारक ~ ईश] *पु॰* (ज्योतिष॰) कुंडली मे मारक स्थानों का स्वामी ग्रह या उससे सम्बन्धित ग्रह।

***मारगन**—*पु॰* ≤ *स॰* मार्गण। बाण। तीर।

मारजित—[< स॰ मार ~ जित्] *पु॰* १. वह जो मार/कामदेव को जीत चुका हो। २. वह जो मार/शैतान को जीत चुका हो। ३. शिव। महादेव। ४. (महात्मा) बुद्ध।

मारण—[स॰ √मृ + णिच् + ल्युट्] *पु॰* प्राण लेना। हत्या करना। मारना। (आयुर्वेद॰) धातु को भस्म करने की क्रिया/भाव। भस्मीकरण। (तंत्र॰) शत्रु के नाश के लिए किया जाने वाला एक प्रयोग। सम्मोहन आदि तान्त्रिक षट्कर्मों में से एक।

***मारतण्ड (मारतंड)**—*पु॰* ≤ *स॰* मार्तण्ड। सूर्य।

मारध्वज—[स॰ मार ~ ध्वज] *पु॰* कामदेव का झंडा।

मारफ़त—[< अरबी मारिफ़त] *अव्यय॰* (किसी के) माध्यम से। द्वारा। *स्त्री॰* १. अध्यात्म। २. सूफ़ी सम्प्रदाय में साधना की चार स्थितियों में से तीसरी, जिसमें साधक अपने गुरु के उपदेश से ज्ञानी हो जाता है।

***मारव**—[< स॰ मालव] *पु॰* १. मालव प्रदेश। २. मालवा प्रदेश का निवासी। मालव।

†मारवणी—[राजस्थ॰ < स॰ मरु] *वि॰ (स्त्री॰)* मरु प्रदेश या मारवाड़ की। ***जैसे***—मारवणी रानी।

मारवाड़ी—[< हि॰ मारवाड़] *पु॰* (राजस्थान के एक क्षेत्र) मारवाड़ का निवासी। *स्त्री॰* मारवाड़ क्षेत्र की बोली। *वि॰* मारवाड़-सम्बन्धी। मारवाड़ का।

मारात्मक—[स॰ मार ~ आत्मक] *वि॰* १. घातक। संहारकारी। प्राणनाशक। २. हिंसक।

मारादि—[स॰ मार ~ आदि] *पु॰* काम इत्यादि। काम, क्रोध, लोभ, मोह, मद और मत्सर।

मारि[1]—[स॰ √मृ + णिच् + इन्] *स्त्री॰* १. महामारी। संक्रामक और व्यापक रोग। २. वध। हनन। हत्या।

***मारि**[2]—[< हि॰ मारना] *क्रिवि॰* १. मार कर। २. मिटा कर। ३. आघात करके।

***मारि**[3]—[< हि॰ मार] *स्त्री॰* १. युद्ध। २. आघात। प्रहार।

मारित—[स॰ √मृ + णिच् + क्त] *वि॰* १. मारा हुआ। २. नष्ट किया हुआ। (आयु॰) भस्म किया हुआ। भस्मीकृत (धातु)।

मारिष—[स॰ मा √रिष् + क] *पु॰* १. नाटक का सूत्रधार। २. (संस्कृत के नाटकों में) किसी सम्मानित व्यक्ति के प्रति सम्बोधन का शब्द।

मारी—[स॰ मारि + ङीष्] *स्त्री॰* महामारी। संक्रामक और व्यापक रोग।

मारुत—[स॰ मरुत् + अंण्] *वि॰* १. मरुत्-सम्बन्धी। मरुत् का। २. पवन-सम्बन्धी। हवा का। *पु॰* १. पवन। वायु। २. वायु का अधिष्ठाता देवता। पवनदेव। ३. श्वास। ४. प्राण। [आयुर्वेद॰] (त्रिदोष में से) वात। वायु। ✣ **मारुत-पुत्र/सुत/सूनु**—*पु॰* १. = वायु-पुत्र। २. हनुमान्। ३. भीम।

मारुतात्मज—[स॰ मारुत ~ आत्मज] *पु॰* मारुत-सुत।

मारुताशन—[स॰ मारुत ~ अशन] *पु॰* सर्प। साँप।

मारुति—[स॰ मारुत + इञ्] *पु॰* १. हनुमान। २. भीम।

मारू[1]—[< हि॰ मारना] *वि॰* १. मार डालनेवाला। प्राण लेनेवाला। २. मारने-पीटने-वाला। ३. युद्ध-सम्बन्धी। युद्ध का। ***जैसे***—मारू बाजा। *पु॰* १. वे वीर-गीत जो युद्ध के समय वीरों को जोश दिलाने के लिए गाए जाते हैं। २. युद्ध में जोश दिलाने के लिए बजाने का बड़ा वाद्य। बड़ा नगाड़ा। बड़ा डंका।

***मारू**[2]—[< स॰ मार] *पु॰* १. कामदेव। २. पति। *स्त्री॰* नायिका।

†मारू[3]—[< स॰ मरु] *वि॰* मरु प्रदेश का। मारवाड़ का।

मारे—[हि॰ मारना] अव्यय॰ (के) कारण। (की) वजह (से)।

मार्क—[अ॰] *पु॰* १. चिह्न। २. छाप। मार्का। ३. अंक। नम्बर (अ॰)। ४. जर्मनी का एक सिक्का।

मार्ग-गति—[स॰] *स्त्री॰* (खगोल॰) किसी वक्री ग्रह का पुनः पश्चिम से पूर्व की ओर गति करना। ***जैसे***—मंगल, बुध, बृहस्पति, शुक्र और शनि ग्रह वक्री हो जाने के कुछ समय बाद मार्ग-गति वाले या 'मार्गी' हो जाते हैं।

मार्गण[1]—[स॰ √मार्ग् + णिच् + युच्] *पु॰* १. याचना। माँग। २. अन्वेषण। खोज तलाश। ३. अनुसन्धान।

मार्गण[2]—[स॰ √मार्ग् + णिच् + ल्यु] *पु॰* १. भिक्षुक। याचक। २. बाण। तीर। ३. (पद्य आदि में) पाँच की संख्या।

मार्गदर्शन—[स॰ मार्ग ~ दर्शन] *पु॰* रास्ता दिखलाना। पथप्रदर्शन।

मार्गदर्शी—[स॰ मार्ग ~ दर्शी (दर्शिन्)] *वि॰* रास्ता दिखानेवाला। मार्गदर्शन करनेवाला। ⁘ **मार्गदर्शी सर्वेक्षण**—*पु॰* = (सांख्यिकी॰) मुख्य सर्वेक्षण के पहले किया गया छोटा सर्वेक्षण। प्रारम्भिक सर्वेक्षण। (अ॰ पाइलट सर्वे)

मार्ग राग—[स॰] *पु॰* (संगीत॰) शास्त्रीय राग (भैरव आदि)। शुद्ध राग।

मार्गशीर्ष—[स॰ मृगशीर्ष + अण्] *पु॰* कार्तिक और पौष के बीच का चान्द्रमास। अगहन का महीना। ⁘ **मार्गशीर्षी**—*वि॰* = मार्गशीर्ष मास का। *स्त्री॰* मार्गशीर्ष/अगहन मास की पूर्णिमा।

मार्गशोधक—[स॰ मार्ग ~ शोधक] *पु॰* १. रास्ता साफ़ करनेवाला। २. वह मनुष्य जो अन्यों के लिए आगे-आगे मार्ग बनाता चलता है।

मार्गसङ्गीत (संगीत)—[स॰] *पु॰* १. शास्त्रीय नियमों का पालन करनेवाला वह संगीत जो ईश्वर-उपासना में प्रयुक्त हो। २. शास्त्रीय संगीत। ● **विशेष—सुगम/'देशी संगीत'** इससे भिन्न होता है।

मार्गस्थ—[स॰ मार्ग + स्थ] *वि॰* १. मार्ग में स्थित। २. जो अभी लक्ष्य-स्थान पर न पहुँचा हो, कहीं मार्ग में हो।

मार्गहर्म्य—[स॰ मार्ग ~ हर्म्य] *पु॰* सड़क के किनारे बना हुआ महल। राजपथ पर बना हुआ प्रासाद।

मार्गी—[स॰ मार्गिन्] *स्त्री॰* (संगीत॰) एक मूर्च्छना। *पु॰* यात्री। पथिक। बटोही। *पु॰* (ज्योतिष॰) वक्री होने के बाद फिर सामान्य होनेवाली ग्रह-गति। (दे॰ मार्ग) *वि॰, पु॰* (खगोल॰) नक्षत्रों के बीच पश्चिम से पूर्व को हटता जाता (ग्रह)। ∇ **विलोम**—वक्री।

मार्जन—[स॰ √मार्ज् + ल्युट्] *पु॰* १. स्वच्छ करने का भाव। साफ़ करना। शुद्धीकरण। २. धो-माँजकर साफ़ करना। ३. झाड़ना-पोंछना। ४. मिटा देना। रगड़ कर साफ़ करना। ५. (शरीर की शुद्धि के लिए, मन्त्र पढ़ते हुए) कुश से पानी छिड़कना। ६. दोष/भूल आदि को दूर करना या सुधारना। सुधार।

मार्जनी—[स॰ मार्जन + ङीप्] *स्त्री॰* (ज़मीन आदि साफ़ करने की) झाड़ू। बुहारी।

मार्जनीय—[स॰ √मृज् + णिच् + अनीयर्] *वि॰* मार्जन के योग्य। जिसे शुद्ध करना उचित/आवश्यक हो।

मार्जार—[स॰ √मृज् + आरन्] *पु॰* १. बिलाव। २. ऊदबिलाव।

मार्जारी—[स॰ मार्जार + ङीष्] *स्त्री॰* १. बिल्ली। २. कस्तूरी। मुश्क।

मार्तण्ड (मार्तंड)—[स॰ मृतण्ड + अण्] *पु॰* १. सूर्य। २. अर्क। मदार। ३. (पद्य आदि में) १२ की संख्या।

मार्दङ्गिक (मार्दंगिक)—[स॰ मृदङ्ग + ठक्] *पु॰* मृदंग बजानेवाला व्यक्ति। मृदंगिया।

मार्दव—[स॰ मृदु + अण्] *पु॰* १. मृदुला। कोमलता। २. चित्त की कोमलता। ३. दूसरे का दुःख देखकर स्वयं दुःखी होने का गुण। परदुःखकातरता।

मार्मिक—[स॰ मर्मन् + ठक्] *वि॰* १. मर्म-स्थान पर प्रभाव डालनेवाला। मर्मस्पर्शी। हृदयस्पर्शी। २. मर्म को समझनेवाला। किसी विषय/वस्तु से पूर्णतः परिचित। ३. किसी विषय के गम्भीर तत्त्व के विचार से या उसके आधार पर होने वाला। ⁘ **मार्मिकता**—*स्त्री॰* = १. मार्मिक होने की अवस्था/भाव। २. मर्मज्ञता।

माल[1]—[< स॰ माला] *स्त्री॰* १. (गले में पहनी जाने वाली) माला। हार। २. चरख़े के तकुआ की वह डोरी जो उसे घुमाती है। ३. पंक्ति। श्रेणी। ४. समूह। झुंड।

माल[2]—[< स॰ मल्ल] *पु॰* मल्ल। पहलवान।

माल[3]—[अरबी] *पु॰* १. मूल्यवान् वस्तु। क़ीमती चीज़। २. सामग्री। ३. सभी प्रकार की वस्तुएँ जिनका उपयोग हो और जिन्हें ख़रीदा-बेचा जा सकता है। ४. घरेलू सामान। ५. रेल आदि से भेजा जाने वाला सामान। ६. धन-दौलत। धन-सम्पत्ति। ७. राजस्व। ८. स्वादिष्ठ खाद्य पदार्थ (पकवान, मिठाई इत्यादि)।

माल-असबाब—[अरबी] *पु॰* धन-सम्पत्ति और विविध प्रकार का सामान।

मालकङ्गनी (मालकंगनी)—[स॰ माल ~ कङ्गुनी] *स्त्री॰* एक वृक्षारोही लता जो प्रायः वनों में होती है।

मालकोश—[< स॰ माल ~ कोश] *पु॰* (संगीत॰) एक राग जो रात के दूसरे पहर में गाया जाता है।

मालखम्भ (मालखंभ)—[स॰ मल्ल ~ खम्भ] *पु॰* लकड़ी का एक खम्भा जिस पर अनेक प्रकार का व्यायाम किया जाता है। मलखम्भ।

मालख़ाना—[< अरबी माल + फा॰ खानः] *पु॰* १. बहुमूल्य वस्तुएँ रखने का स्थान। कोषागार। ख़ज़ाना। २. माल रखने का कमरा या मकान। गोदाम।

मालगुज़ार—[अ॰ माल + फा॰ गुज़ार] *पु॰* ज़मींदार। ⁘ **मालगुज़ारी**—*स्त्री॰* = १. बोयी जानी वाली ज़मीन पर ज़मींदार द्वारा दिया जाने वाला सरकारी कर। २. मालगुज़ार होने की अवस्था/भाव।

मालञ्च (मालंच)—[देशज] *पु॰* १. पानी में होनेवाला एक प्रकार का साग। २. फूलों का गुच्छा। ३. गमला।

मालती—[स॰ मालति + ङीष्] *स्त्री॰* १. एक लता जिसमें वर्षा ऋतु में सफ़ेद रंग के सुगन्धित फूल खिलते हैं। २. उक्त लता के फूल। (छन्द॰) एक समवर्णिक छन्द जिसके प्रत्येक चरण में २ जगण के योग से ६ वर्ण होते हैं। एक समवर्णिक छन्द जिसके प्रत्येक चरण में क्रमशः नगण, २ जगण और रगण (न ज ज र) के योग से १२

वर्ण होते हैं। यमुना छन्द। एक समवर्णिक छन्द जिसके प्रत्येक चरण में ७ भगण और २ गुरु के योग से २३ वर्ण होते हैं। मत्तगयन्द सवैया।

मालदह—[देशज] *पु॰* पूर्वी बिहार प्रदेश के पूर्वी भाग का नगर।

मालमन्त्री (मालमंत्री)—[अरबी माल + स॰ मन्त्री] *पु॰* राजस्वमन्त्री।

मालमता—[< अरबी माल + मताअ] *पु॰* धन तथा अन्य सामग्री। धन-सम्पत्ति।

मालमहकमा—[< अरबी माल + महकम:] *पु॰* सरकार का राजस्व विभाग।

मालमारू—[अरबी माल + हि॰ मारू] *वि॰* १. दूसरों की धन-सम्पत्ति को अनुचित रूप से अपने अधिकार में करनेवाला। २. ग़बन करनेवाला।

मालव—[स॰ माल + व] *पु॰* १. प्राचीन अवन्ति देश। आधुनिक मध्य प्रदेश का एक भाग। मालवा (क्षेत्र)। २. मालवा (क्षेत्र) के निवासी। *पु॰* (संगीत॰) एक राग। *वि॰* मालवा (क्षेत्र) का।

मालवी—[< स॰ मालव] *वि॰* मालवा (देश/क्षेत्र) का निवासी। मालवीय। *स्त्री॰* मालवा की बोली।

मालवीय—[स॰ मालव + छ] *वि॰* मालवा-सम्बन्धी। मालवा (क्षेत्र/देश) का। *पु॰* मालवा (क्षेत्र/देश) का निवासी।

मालादीपक—[स॰ माला ~ दीपक] *पु॰* दीपों का समूह। दीप-माला। (काव्य॰) एक अर्थालंकार। दीपक अलंकार का एक भेद जिसमें पूर्व-पूर्व कहा हुआ पदार्थ उत्तरोत्तर कहे हुए पदार्थ का विशेषण होता है और अनेक वस्तुओं का एक ही गुण से सम्बन्ध होता है।

मालाधर—[स॰ माला + धर] *स्त्री॰* जो माला धारण किए हो। (छन्द॰) एक समवर्णिक छन्द जिसके प्रत्येक चरण में क्रमशः नगण, सगण, जगण, सगण, यगण, लघु और गुरु (न स ज स य ल ग) के योग से १७ वर्ण होते हैं, तथा ९-८ पर यति होती है।

माला-शीर्षक—[स॰] *पु॰* किसी पुस्तक-माला का शीर्षक।

मालिका—[स॰ माला + कन् + टाप्, इत्व] *स्त्री॰* १. (गले में पहनने की फूलों/रत्नों आदि की) माला। हार। २. लड़ी। ३. पंक्ति। श्रेणी। ***जैसे***—दीप-मालिका। ४. चमेली की जाति का एक पौधा। ५. पक्के मकानों का ऊपर का खंड। मंज़िल। ६. अलसी।

मालिन—[< हि॰ माली] *स्त्री॰* १. माली की पत्नी। २. माली का काम करनेवाली स्त्री।

मालिनी—[स॰ मालिन + ङीप्] *स्त्री॰* १. माली की पत्नी। मालिन। २. मालिन जाति की स्त्री। मालिन। ३. दुर्गा। पार्वती। ४. आकाशगंगा। *वि॰* (समासयुक्त शब्द के अन्त में) मालावाली। (छन्द॰) १. एक समवर्णिक छन्द जिसके प्रत्येक चरण में क्रमशः २ नगण, मगण और २ यगण (न न म य य) के योग से १५ वर्ण होते हैं, तथा ८-७ पर यति होती हैं। **'मालिनी'** छन्द को **'मंजुमालिनी'** छन्द भी कहा जाता हैं। २. मदिरा सवैया।

मालिन्य—[स॰ मलिन + ष्यञ्] *पु॰* १. मलिन होने की दशा/भाव। मलिनता। २. उदासी। ३. अशुद्धता। गन्दगी। मैलापन। ४. अपवित्रता। ५. पापमयता। ६. भ्रष्टता। ७. कालापन। ८. अन्धकार। अँधेरा। ९. कष्ट। सन्ताप।

मालियत—[अरबी] *स्त्री॰* १. (वस्तु की) क़ीमत। २. धन-सम्पत्ति। ३. क़ीमती वस्तु।

माली[1]—[< प्रा॰ मालि < स॰ मालिन्] *वि॰* १. जो माला पहने हुए हो। २. (समासयुक्त शब्द के अन्त में) युक्त। मंडित। ***जैसे***—अंशुमाली। *पु॰* १. बाग़ को सींचने और पौधों की देखभाल करनेवाला व्यक्ति। २. फूल और मालाएँ बेचनेवाला। पुष्प-विक्रेता। मालाकार। ३. फूल बेचने, मालाएँ गूँथने, बाग़ों को सँभालने आदि का काम करनेवाली एक जाति। ४. उक्त जाति का व्यक्ति। (छन्द॰) एक समवर्णिक छन्द जिसके प्रत्येक चरण में क्रमशः ३ मगण और २ गुरु (म म म ग ग) के योग से ११ वर्ण होते हैं तथा ५-६ पर यति होती है।

माली[2]—[अरबी] *वि॰* १. धन-सम्पत्ति-सम्बन्धी। माल का। २. आर्थिक। वित्तीय।

मालूर—[स॰ मा √लू + रक्] *पु॰* १. बेल का पेड़। २. कपित्थ/कैथा का पेड़।

मालोपमा—[स॰ माला ~ उपमा] *स्त्री॰* उपमाओं की माला। (काव्य॰) उपमा अलंकार का एक भेद जिसमें एक उपमेय के अनेक उपमान वर्णित होते हैं।

माल्टा—[अ॰ 'माल्टा' द्वीप के नाम से] *पु॰* मुसम्मी की जाति का एक फल।

माल्य[1]—[स॰ माला + यत्] *पु॰* पुष्प। फूल।

माल्य[2]—[स॰ माला + ष्यञ्] *पु॰* १. माला। हार। २. फूलों का बनाया गुच्छा या माला जिसे सिर पर केशों में लगाया जाता है।

मावला—[देशज] *पु॰* १. महाराष्ट्र की एक योद्धा जाति। २. उक्त जाति का व्यक्ति।

***मावस**—[< हि॰ अमावस] *स्त्री॰* १. चान्द्र मास के कृष्ण पक्ष की अन्तिम तिथि। अमावस्या। २. (लाक्षणिक) घोर अंधकारमय समय। भारी विपत्ति या निराशापूर्ण स्थिति।

माश—[फ़ा॰] माष। उरद।

माशा—[फ़ा॰] *पु॰* सोना, चाँदी, रत्न आदि तोलने में प्रयुक्त एक तौल जो एक तोले के वज़न का बारहवाँ भाग होता है। आठ रत्ती के बराबर मान।

माशूक़—[अरबी] *पु॰* प्रेम-पात्र। ✣ **माशूक़पन**—*पु॰* = प्रेमपात्र होने की क्रिया/भाव। माशूक़ी।

माशूक़ा—[अरबी माशूक़:] *स्त्री॰* प्रेम-पात्री। प्रेयसी। प्रेमिका। प्रिया।

माशूक़ियत/माशूक़ी—[< अरबी] *स्त्री॰* माशूक़ होने की क्रिया/भाव। माशूक़पन। प्रेमपात्रता।

माष—[स॰ √मष् + घञ्] *पु॰* १. उर्द/उरद या उड़द। २. माशा। एक तोले का बारहवाँ भाग।

मास—[स॰ √मस् + घञ्] *पु॰* १. वर्ष का बारहवाँ भाग। महीना। २. (पद्य आदि में) १२ की संख्या।

मासकालिक—[स॰ मास ~ कालिक] *वि॰* महीने-भर रहनेवाला।

मासदेय—[स॰ मास ~ देय] *वि॰* (वह धन) जिसे महीने भर में चुकाना हो।

मास-फल—[स॰] *पु॰* (फलित॰) किसी जन्मकुंडली के अनुसार वर्ष-फल के अन्तर्गत किसी महीने का शुभ-अशुभ फल।

मासाधिप—[स॰ मास + अधिप] *पु॰* (फलित॰) मास विशेष का स्वामी ग्रह। मासेश।

मासानुमासिक—[स॰ मास ~ अनु ~ मासिक] *वि॰* मास प्रति मास। माह-दर-माह।

मासान्त (मासांत)—[स॰ मास ~ अन्त] *पु॰* १. महीने का अन्त। २. महीने का अन्तिम दिन। ३. अमावस्या। ४. (सौर मास की) संक्रान्ति का दिन।

मासी—[< प्रा॰ मासिआ < स॰ मातृष्वसा] *स्त्री॰* माँ की बहिन। मौसी।

मासूम—[अरबी] *वि॰* १. निष्पाप। निरपराध। २. निर्दोष। ३. अबोध। भोला-भाला। ✣ **मासूमियत**—*स्त्री॰* १. निष्पापता। २. निरपराधता। ३. निर्दोषता।

मासेष्टि—[स॰ मास + इष्टि] *स्त्री॰* प्रतिमास किया जाने वाला यज्ञ। मासिक यज्ञ।

मासोपवास—[स॰ मास ~ उपवास] *पु॰* एक महीने का उपवास।

मासोपवासी—[स॰ मास ~ उपवासी (उपवासिन्)] *पु॰* महीने-भर उपवास करनेवाला पुरुष। ✣ **मासोपवासिनी**—*स्त्री॰*।

मास्क—[अं॰] *पु॰* (पा॰ नाट्य॰) एक प्रकार का संगीत-नृत्य-नाटक जो इग्लैंड में १६-१७वीं शताब्दी में प्रचलित था।

मास्तिष्क्य—[स॰ मस्तिष्क + ष्यञ्] *वि॰* मस्तिष्क का। दिमाग़ी।

मास्य—[स॰ मास + यत्] *वि॰* महीने भर का। मासिक।

***माह**[1]—[< स॰ मध्य] *अव्यय॰* में। भीतर।

***माह**[2]—[< स॰ माघ] *पु॰* माघ मास।

माह[3]—[प्रा॰ < स॰ माष] *पु॰* माष। उर्द। उरद। उड़द।

माह[4]—[फा॰] *पु॰* मास। महीना।

माहताब—[फा॰] *पु॰* चन्द्रमा। *स्त्री॰* चाँदनी।

***माहली**—[< अरबी महल] *पु॰* १. रनिवास का सेवक। २. विशेष सेवक। ख़ास नौकर।

माहवार—[फा॰] *अव्यय॰ वि॰* प्रत्येक महीने होनेवाला। प्रतिमास होनेवाला। मासिक। ✣ **माहवारी**—*स्त्री॰* = (स्त्रियों का) मासिक धर्म।

माहात्म्य—[स॰ महात्मन् + ष्यञ्] *पु॰* १. महिमा। महत्त्व। गौरव। २. किसी व्रत, स्नान या पूजन का पुण्यजनक फल। ३. उक्त फल का वर्णन करनेवाली रचना। ४. किसी तीर्थ आदि की महिमा का वर्णन।

माहिर—[अरबी] *वि॰* १. कुशल। निपुण। दक्ष। २. (किसी विषय का) उत्तम/विशेष जानकार। विशेषज्ञ।

***माहिला**—[< हि॰ माहि] *अव्यय॰* में। भीतर। *वि॰* १. अन्तर्गत। २. अन्तर्मुखी।

***माहुट/माँहुट**—[< प्रा॰ माह वुट्टि < स॰ माघ वृष्टि] *स्त्री॰* माघ मास की वर्षा।

माहुर—[< स॰ मधुर] *वि॰* मधुर। मीठा। *पु॰* विष। ज़हर। ***वा॰* माहुर की गाँठ**—१. बहुत ही ज़हरीली तथा ख़राब वस्तु। २. बहुत दुष्ट हृदय वाला व्यक्ति।

माहेन्द्र (माहेंद्र)—[स॰ महेन्द्र + अण्] *वि॰* इन्द्र-सम्बन्धी। इन्द्र का।

माहेन्द्री (माहेंद्री)—[स॰ माहेन्द्र + ङीप्] *स्त्री॰* १. इन्द्र की शक्ति। २. इन्द्र की पत्नी। शची। इन्द्राणी। ३. पूर्व दिशा। ४. गौ। गाय।

माहेयी—[स॰ माहेय + ङीष्] *स्त्री॰* गौ। गाय।

माहेशी—[स॰ माहेश ~ ङीष्] *स्त्री॰* पार्वती। दुर्गा।

माहेश्वर—[स॰ महेश्वर + अण्] *स्त्री॰* शिव-सम्बन्धी। शिव का। *पु॰* १. शिव का पूजक। शिवोपासक। २. शैव सम्प्रदाय का अनुयायी। शैव।

माहेश्वरी—[स॰ माहेश्वर ~ ङीष्] *स्त्री॰* पार्वती। दुर्गा।

†**माहौट**—[ब्रज॰ < स॰ माघ ~ वृष्टि] *पु॰* माघ मास में होनेवाली वर्षा। माघ-वृष्टि।

माँईं (माँई)—[< हि॰ मामी] *स्त्री॰* मामा की पत्नी। मामी।

***माँख**—*पु॰* ≤ *हि॰* माख। क्रोध। अप्रसन्नता।

माँखना—[< हि॰ माखना] क्रिअ॰ १. क्रुद्ध होना। २. क्रुद्ध होकर बोलना। तैश में भर कर कहना।

***माँखा**—[< स॰ मक्षिका] *स्त्री॰* मक्खी। ✣ **माँखी**—*स्त्री॰* मक्खी।

माँग-द्रव्य—[हि॰ माँग + स॰ द्रव्य] *पु॰* (वाणि॰) शीघ्रावधि द्रव्य।

माँग-पट्टी—[हि॰] *पु॰* केश-विन्यास।

माँगफूल—[हि॰ माँग + फूल] *पु॰* एक आभूषण। माँग में लगाने का टीका।

माँग-भरी—[हि॰ माँग + भरना] *वि॰ (स्त्री॰)* सधवा। सुहागिन।

माँग-लोच—[स॰ माँग + लोच] *पु॰* (अर्थ॰) मूल्य-परिवर्तन के कारण माँग में होनेवाला। परिवर्तन।

माँगा-मूँगी—[< हि॰ माँगना + अनु॰] *पु॰* धन या वस्तुओं को उधार माँगने की क्रिया/भाव/प्रवृत्ति।

माँगी पूँजी—[हि॰] *स्त्री॰* (वाणि॰) निर्गमित पूँजी का वह अंश जो कम्पनी द्वारा भागीदारों से समय-समय पर देने को कहा जाता है।

†**माँगिबो**—[< हि॰ माँगना] *पु॰* माँगना। याचना।

माँचना—[< हि॰ मचना] *क्रिअ॰* १. तल्लीन होना। मग्न होना। २. फैलना।

माँचा—[< स॰ मञ्चक] *पु॰* पलंग से बड़ी खाट।

माँछ—[< स॰ मच्छ] *स्त्री॰* मछली।

माँज—[देशज] *स्त्री॰* १. दलदली भूमि। २. तराई। कछार। ३. नदी की धारा हट जाने के कारण निकली ज़मीन।

***माँजन**—[< स॰ मज्जन] *पु॰* मज्जन। स्नान या डुबकी।

†**माँजा**—[देशज] *पु॰* पहली वर्षा के जल का फेन जो मछलियों के लिए नशीला होता है।

माँजाई/माँजायी—[हि॰ माँ ~ जाई/जायी] *स्त्री॰* सगी बहन।

माँ-जाया—[हि॰ माँ ~ जाया] *पु॰* सगा भाई।

माँझ—[< प्रा॰ मज्झ < सं॰ मध्य] अव्यय॰ मध्य। में। भीतर। *पु॰* नदी के बीच में रेतीली भूमि। माँझा।

माँझा[१]—[< सं॰ मध्य] *पु॰* १. (किसी वस्तु का) मध्य का भाग। २. वृक्ष का तना। ३. (शरीर का मध्य भाग) कमर। कटि। ४. नदी के बीच में रेतीली भूमि। माँझ।

माँझा[२]—[< हि॰ माँजना] *पु॰* पतंग की तीक्ष्ण डोर।

†**माँझा[३]**—*पु॰ ≤ हि॰* माँजा। पहली वर्षा के जल का फेन जो मछलियों के लिए नशीला होता है।

†**माँझा[४]**—[< सं॰ मञ्च] *पु॰* बड़ी खाट। पलंग। ***वा॰* माँझा ढीला होना**—१. दुर्बलता अनुभव होना। २. कमर झुकी हुई होना। सीधे न खड़ा हो पाना।

†**माँझिल**—[< हि॰ माँझ < सं॰ मध्य] *वि॰* १. मध्य का। बीच का। २. मँझला। *क्रिवि॰* बीच में।

माँझी—[< हि॰ माँझ < सं॰ मध्य] *पु॰* नाव खेनेवाला। मल्लाह। केवट।

†**माँट**—[< हि॰ माट] *पु॰* १. (मिट्टी का) मटका। २. घर के ऊपर का कमरा। अटारी।

माँठ[१]/माठ[१]—[देशज] *पु॰* बड़ी मठरियाँ जो मैदा से बनती हैं और पागकर तैयार की जाती हैं।

***माँठ[२]/माठ[२]**—[< हि॰ माँट] *पु॰* घट। घड़ा।

***माँडण**—[< सं॰ मण्डन] *पु॰* १. भूषण। भूषा। २. सज्जा। सजावट।

†**माँड़ना[१]**—[< सं॰ मण्डन] *क्रिस॰* १. मण्डित करना। सजाना। २. ठानना। ३. ठान लेना। ४. लगाना। रचना। ५. (बहीखाते में) धनराशि लिखना। ६. फैला देना।

***माँड़ना[२]**—[< सं॰ मर्दन] *क्रिस॰* १. मर्दन करना। मसलना। २. लेप करना। पोतना। ३. मलना। लगाना। ४. गूँधना। ५. अन्न की बालियों में से दाने झाड़ना। ६. प्रहार करना।

माँडनी—[< हि॰ माँडना < सं॰ मंडन] *स्त्री॰* १. माड़ने की क्रिया/भाव। २. उपान्त। किनारा। हाशिया। ३. (वस्त्र आदि में लगी) गोट।

माण्डलिक (मांडलिक)—[सं॰ मण्डल + ठक्] *वि॰* मंडलाकार। वर्तुलाकार। *पु॰* १. मंडल का प्रमुख शासक या राजा। २. वह राजा जो किसी बड़े राजा के अधीन हो तथा उसे कर/टैक्स देता हो। ✣ **माण्डलिक (मांडलिक) वायु**—*पु॰* = वर्तुलाकार भ्रमण करती वायु।

***माँड़व/माँड़ौ**—[< सं॰ मण्डप] *पु॰* मंडप।

माँड़ा[१]—*पु॰ ≤ सं॰* मण्डप।

माँड़ा[२]—[< सं॰ मण्ड] *पु॰* १. नेत्रों का एक रोग जिसमें नेत्र में सफ़ेद जाला पड़ जाता है। माँड़ी। २. उक्त रोग में नेत्र में पड़नेवाला जाला। माँड़ी।

माँड़ा[३]—[< सं॰ मण्डक] *पु॰* १. एक प्रकार की रोटी। फुलका। २. तवे पर दोनों ओर घी लगाकर सेंकीं गई रोटी। पराठा। पराँठा।

माँड़ी[१]—[< सं॰ मण्ड] *स्त्री॰* (भात का) माँड़। कपड़े या सूत पर दिया जाने वाला माँड़।

माँड़ी[२]—[< हि॰ माँड़ा] *स्त्री॰* माँड़ा। कलफ़।

माँड़े—[< हि॰ माँडना] *पु॰* १. मैदा से बनी एक पतली रोटी। लुचई।

माँत—[< सं॰ मत्त] *वि॰* १. मत्त। मस्त। २. (मस्ती के कारण) अचेत। बेसुध। ३. उन्मत्त। पागल।

माँतना—[< हि॰ माँत] *क्रिअ॰* १. मत्त/मस्त होना। २. मस्ती के कारण बेसुध होना। ३. उन्मत्त/पागल होना।

माँद[१]—[< सं॰ मन्द] *वि॰* १. उदास। २. मलिन रंग वाला। ३. शोभाहीन। फीका। ४. किसी की तुलना में न्यून, हल्का या घटिया। ५. पराजित। ६. दबा हुआ।

माँद[२]—[देशज] *पु॰* १. जंगली पशुओं की रहने की गुफ़ा। ***जैसे***—शेर की माँद। २. गोबर का सूखा हुआ ढेर जो जलाने के योग्य हो।

माँदगी—[< फा॰ माँदः] *स्त्री॰* १. रोग। बीमारी। २. थकावट।

†**माँदर**—[< सं॰ मर्दल] *पु॰* मृदंग का एक भेद। मर्दल वाद्य।

माँदा—[< फा॰ मान्दः] *वि॰* थका हुआ।

माँह/माँहाँ/माँहै—[< हि॰ महँ < सं॰ मध्य] अव्यय॰ में। भीतर।

***माँहिं/माहीं**—[< हि॰ माँह < सं॰ मध्य] अव्यय॰ में। भीतर।

मिक़दार—[< अरबी मिक़्दार] *स्त्री॰* परिणाम या मात्रा।

मिचकना—[< हि॰ मिचना] *क्रिअ॰* नेत्रों का बार-बार खुलना और बन्द होना। मिचना। ✣ **मिचकाना**—*क्रिस॰* = (नेत्रों को) बार-बार खोलना और बन्द करना। पलकों को बार-बार झपकाना।

मिचवाना—[हि॰ 'मिचना' का प्रेरणा॰] *क्रिस॰* किसी को (नेत्र) मीचने में प्रवृत्त करना। नेत्र मीचने का काम किसी अन्य से कराना।

मिचौनी/मिचौली—[< हि॰ मीचना] *स्त्री॰* (नेत्रों को) मीचने/मूँदने की क्रिया। ***जैसे***—आँख मिचौनी।

मिचौंहाँ (मिचौंहां)—[< हि॰ मीचना] *वि॰* मिचनेवाला (नेत्र)।

मिज़राब—[अरबी] *पु॰* तार का बना छल्ला जिसे तर्जनी उँगली के छोर पर पहनकर उसकी नोक से वीणा, सितार आदि वाद्ययन्त्र बजाए जाते हैं।

मिट्ठा—[< हि॰ मीठा] *वि॰* मधुर। मीठा। *पु॰* एक फल जो मीठे नीबू के समान होता है। मुसम्मी।

†**मिट्ठी**—[< हि॰ मीठा] *स्त्री॰* चुम्बन।

मिट्ठू—[< हि॰ मीठा] *वि॰* मीठी बातें कहनेवाला। *पु॰* शुक। तोता।

मिठलोना—[< हि॰ मीठा + लोना] *वि॰* १. मीठा और नमकीन मिश्रित स्वाद का। २. माधुर्य और लावण्य से युक्त (रूप-सौन्दर्य)।

मिडवाइफ़—[अं॰] *स्त्री॰* धात्री। दाई।

मित—[सं॰ √मा + क्त] *वि॰* १. नापा हुआ। २. सीमित। परिमित। ३. थोड़ा। कम। ***जैसे***—मितव्ययी।

मितप्रद—[सं॰ मित ~ प्रद] *वि॰* नपा-तुला, परिमित/सीमित देनेवाला। अल्पदाता। अल्पदानी।

मितभाषी—[सं॰ मितभाषिन्] *वि॰* आवश्यकता के अनुसार तथा कम बोलने वाला।

मितभोगी—[स॰ मित ~ भोगी (भोगिन्)] *वि॰* १. मिताहारी। २. सीमित/कम भोग करने वाला। संयमी।

मितव्यय—[स॰ मित + व्यय] *वि॰* थोड़ा या कम ख़र्च। ∇ **विलोम**—अपव्यय। ✣ **मितव्ययिता**—*स्त्री॰* = मितव्ययी होने की अवस्था/भाव। कमख़र्ची। ✣ **मितव्ययी**—*वि॰* = थोड़ा या कम ख़र्च करनेवाला। क़िफ़ायती। ∇ **विलोम**—अपव्ययी।

मिताई—[< हि॰ मीत] *स्त्री॰* मित्रता। दोस्ती।

मिताक्षर—[स॰ मित ~ अक्षर] *वि॰* संक्षिप्त। *जैसे*—मिताक्षर लेख।

मिताक्षरा—[स॰ मिताक्षर + टाप्] *वि॰ (स्त्री॰)* थोड़े शब्दों वाली।

मितामित—[स॰ मित ~ अमित] *वि॰* थोड़ा अथवा बहुत। थोड़ा-बहुत।

मितार्थ—[स॰ मित ~ अर्थ] *वि॰* परिमित/सीमित अर्थ वाला।

मितार्थक—[स॰ मितार्थ + कप्] *पु॰* १. थोड़े शब्द बोलनेवाला व्यक्ति। २. (प्राचीन काल में) ऐसा दूत जो दिए गए सन्देश को सुनाने का सीमित अधिकार लेकर ही किसी राजा के पास जाए।

मिताशी—[स॰ मिताशिन्] *वि॰* परिमित, नपा-तुला या कम खानेवाला। मिताहारी।

मिताहार—[स॰ मित ~ आहार] *वि॰* परिमित या थोड़ा खानेवाला। नपी-तुली ख़ुराक खानेवाला। *पु॰* परिमित आहार।

मिति—[स॰ √मा + क्तिन्] *स्त्री॰* १. नापने/मापने की क्रिया। नाप। माप। २. परिमाप। मान। ३. नापने-मापने की विधि। *जैसे*—ज्यामिति। ४. सीमा। हद। ५. काल की सीमा। अवधि। ६. मान/मर्यादा आदि की सीमा या बन्धन।

मिती—[< स॰ मिति] *स्त्री॰* १. चान्द्र वर्ष या सौर वर्ष की तिथि। तारीख़। २. दिवस। दिन। ३. वह तिथि जब तक का ब्याज चुकाना हो। ✣ **मितीकाटा**—*पु॰* (महाजनी पद्धति में) हुंडी की मिती बीतने से पहले धन चुकाने पर शेष दिनों का ब्याज काटने की क्रिया। २. (महाजनी प्रणाली में) प्रत्येक धन-राशि का ब्याज अलग-अलग मिती से एक साथ जोड़ने की पद्धति।

मित्त—[प्रा॰ < स॰ मित्र] पु॰, स्त्री॰ मित्र। पु॰ सूर्य।। दोस्त।

मित्रघ्न—[स॰ मित्र + घ्न] *वि॰* १. मित्र की हत्या करनेवाला। २. मित्र से विश्वासघात करनेवाला।

मित्रत्व—[स॰ मित्र + त्व] *पु॰* मित्रता। ∇ **विलोम**—शत्रुत्व।

मित्रभेद—[स॰ मित्र ~ भेद] *पु॰* मित्रता टूट जाना। मैत्री-भंग।

मित्र सप्तमी—[स॰ मित्र ~ सप्तमी] *स्त्री॰* मार्गशीर्ष/अगहन मास के शुक्ल पक्ष की सप्तमी। मार्गशीर्ष शुक्ल सप्तमी।

मित्राक्षर छन्द—[स॰ मित्र ~ अक्षर ~ छन्द] *पु॰* (छन्द॰) वह छन्द जिसके चरणों के अन्त में तुक मिले। तुकान्त छन्द। ∇ **विलोम**—अमित्राक्षर छन्द।

मिथ—[अ॰] *स्त्री॰* १. देवी-देवताओं की कथा। देव-कथा। २. कपोलकल्पित कथा। दन्तकथा। ३. प्रचारित परन्तु झूठी बात। ४. काल्पनिक वस्तु। अविद्यमान वस्तु।

मिथिलेश/मिथिलेश्वर—[स॰ मिथिला ~ ईश/ईश्वर] *पु॰* मिथिला नामक प्राचीन देश का राजा। *जैसे*—सीता जी के पिता मिथिलेश थे; 'जनक' और 'विदेह' अनेक मिथिलेशों की उपाधि थीं।

मिथुन—[स॰ √मिथ + उनन्] *पु॰* १. जोड़ा। २. (सभी प्राणियों में) नर-नारी का जोड़ा। ३. स्त्री-पुरुष का परस्पर सम्भोग। (खगोल॰) मेष आदि १२ राशियों में से तीसरी।

मिथुनता—[स॰ मिथुन + तल् + टाप्] *स्त्री॰* मिथुन होने की अवस्था/धर्म/भाव। ✣ **मिथुनत्व**—*पु॰* = मिथुनता।

मिथुनीभाव—[स॰ मिथुन + च्वि, इत्व + करण] *पु॰* सम्भोग। मैथुन।

मिथुनेचर—[स॰ मिथुन √चर् +ट] *पु॰* (सदा जोड़े के रूप में रहनेवाला) चक्रवाक/चकवा (पक्षी)।

मिथोन्माद—[स॰ मिथ ~ उन्माद] *पु॰* (मनो॰) एक मानसिक रोग जिसमें व्यक्ति इस प्रकार झूठ बोलने लगता है कि असम्भव बात को भी पूरे विश्वास से कहता है। (अ॰ मिथोमेनिया)

मिथौरी—[देशज] *स्त्री॰* १. मेथी से युक्त बरी/बड़ी। २. पेठा के साथ उर्द की दाल को पीसकर, मसाला डालकर, बनायी गयी बरी/बड़ी।

मिथ्या—[स॰ √मिथ् + क्यप् + टाप्] *वि॰* १. असत्य। झूठ। २. व्यर्थ। निरर्थक। बेकार। ३. कृत्रिम। बनावटी। ४. निराधार। ५. छलपूर्ण। कपटमय। ६. नियम-विरुद्ध। नीति-विरुद्ध। ७. (भा॰ दर्शन) असत्। जिसका आभास मात्र हो। प्रातिभासिक।

मिथ्याकोप—[स॰ मिथ्या ~ कोप] *पु॰* कृत्रिम क्रोध। बनावटी नाराज़गी।

मिथ्याचर्या/मिथ्याचार—[स॰ मिथ्या ~ चर्या/आचार] *पु॰* कपटपूर्ण आचरण।

मिथ्यादर्शन—[स॰ मिथ्या ~ दर्शन] *पु॰* जीव आदि पदार्थों के विषय में यथार्थ से विपरीत ज्ञान। असत्य या दोषपूर्ण तत्त्वदर्शन। ∇ **विलोम**—सम्यग्दर्शन।

मिथ्यापवाद—[स॰ मिथ्या ~ अपवाद] *पु॰* झूठा आरोप।

मिथ्याप्रतिज्ञ—[स॰ मिथ्या ~ प्रतिज्ञा] *वि॰* १. झूठी प्रतिज्ञा करनेवाला। झूठा वादा करनेवाला। २. विश्वासघाती। दग़ाबाज़।

मिथ्याभास—[स॰ मिथ्या ~ आभास] *पु॰* (मनो॰) विकृत मानसिक अवस्था के कारण उन वस्तुओं का दिखायी देना जो वास्तव में न हों।

मिथ्याभियोग—[स॰ मिथ्या ~ अभियोग] *पु॰* १. झूठा अभियोग/मुक़दमा। २. झूठा इलज़ाम।

मिथ्यायोग—[स॰ मिथ्या ~ योग] *पु॰* १. ग़लत प्रयोग। वह काम जो प्रकृति आदि के विरुद्ध और स्वास्थ्यनाशक हो। प्रकृति-विरुद्ध कार्य।

मिथ्यारोपण—[स॰ मिथ्या ~ आरोपण] *पु॰* झूठा आरोप लगाना।

मिथ्यावाद—[स॰ मिथ्या ~ वाद] *पु॰* असत्य कथन। झूठ बोलना। ✣ **मिथ्यावादी**—*वि॰* = असत्यवादी। झूठा। ∇ **विलोम**—सत्यवादी।

मिथ्या शब्द—[स॰] *पु॰* (भाषा॰) जो वास्तविक शब्द न हो परन्तु

मुद्रण में हुई भूल के कारण या किसी अन्य कारण से अज्ञानवश चल पड़ा हो। भ्रामक शब्द।

मिथ्या साक्षी—[सं॰ मिथ्या ~ साक्षी (साक्षिन्)] *पु॰* झूठा गवाह। *स्त्री॰* १. झूठी गवाही। २. झूठी गवाह (स्त्री)।

***मिदुराना**—[< सं॰ मेदुर] *क्रिस॰* १. चिकना करना। २. (नेत्रों को) बन्द करना और खोलना। मीलनोन्मीलन।

***मिनति**—*स्त्री॰* ≤ *हिं॰* विनती। प्रार्थना।

***मिनना**—[देशज] *क्रिस॰* नापना।

मिनमिना—[< हिं॰ मिन-मिन] *वि॰* १. बहुत धीरे-धीरे तथा अस्पष्ट स्वर में बोलनेवाला। २. जल्दी चिढ़नेवाला। ३. बहुत धीरे-धीरे काम करनेवाला। सुस्त।

मियाद—[< अरबी मीआद] *स्त्री॰* १. (कार्य विशेष के लिए निश्चित) अवधि। मुद्दत।

मियान—[फा॰] *पु॰* मध्य भाग। *स्त्री॰* तलवार आदि का कोष। म्यान। ✣ **मियाना**—*वि॰* = जो मँझोले आकार का हो, न बहुत बड़ा और न बहुत छोटा। ✣ **मियानी**—*स्त्री॰* = १. पाजामे के दोनों पायचों के बीच का कपड़ा। २. कमरे के छत के बीच बनी छोटी कोठरी।

मिरज़ई—[< फा॰ मिराज़] *स्त्री॰* एक वस्त्र जो ऊपर गले से कमर तक का होता है। एक प्रकार का तनीदार वस्त्र।

मिरज़ा—दे॰ मिर्ज़ा। ✣ **मिरज़ाई**—*स्त्री॰* = १. मिरजा का पद/भाव। २. अभिमान। घमंड।

मिराक़—[अरबी] *पु॰* पागलपन। ख़ब्त। ✣ **मिराक़ी**—*वि॰* = ख़ब्ती।

मिर्ज़ा—[< फा॰ मीर्ज़ा] *पु॰* १. मीर/अमीर का पुत्र। २. राजकुमार। ३. (मुसलमानों में) शाही परिवार के लोगों की उपाधि।

मिल—[अं॰] *स्त्री॰* १. (अनाज, मसाला आदि पीसने, दाल दलने, धान कूटने आदि की) चक्की। पेषणी। २. औद्योगिक स्तर पर वस्तुएँ बनाने की बड़ी मशीन। ***जैसे***—चीनी मिल।

मिल—[देशज] *पु॰* एक शिकारी चिड़िया जो गहरे भूरे रंग की होती है और टोलियों में उथली झीलों तथा दलदली स्थानों में देखी जाती है।

मिलक—[< अरबी मिल्क] *पु॰* १. भू-सम्पत्ति। ज़मीन-जायदाद। २. जागीर।

***मिलकना**—[< हिं॰ मिलना] *क्रिस॰* बढ़ा देना।

ǀ**मिलकी**—[< हिं॰ मिलक] *पु॰* १. मिल्कियतवाला। स्वामी। मालिक। २. धनी।

मिलनसार—[< हिं॰ मिलन] *वि॰* जिसका स्वभाव सभी से मिलने तथा प्रेमपूर्ण सम्बन्ध बनाए रखने का हो। मेल-जोल रखनेवाला।

***मिलनि**—[< हिं॰ मिलना] *स्त्री॰* १. मिलने की क्रिया/भाव। भेंट। २. मिलने की रीति/विधि/ढंग। ३. प्रेमपूर्ण सम्बन्ध/व्यवहार। मिलना-जुलना।

मिलनी—[< हिं॰ मिलना] *स्त्री॰* विवाह होते समय की एक प्रथा। मिलवाई।

मिलनोत्सुक—[सं॰ मिलन ~ उत्सुक] *वि॰* मिलने के लिए इच्छुक।

ǀ**मिलब/मिलव**—[< सं॰ मिलन] *क्रिस॰* मिलाना। *पु॰* मिलन। ***जैसे***—हमार मिलब।

मिलवाँ—[< हिं॰ मिलना] *वि॰* मिश्रित। ***जैसे***—सोयाबीन के साथ अरहर, क़पास आदि की मिलवाँ खेती लाभप्रद रहती है।

***मिलाउ**—[< हिं॰ मिलाना] *क्रिस॰* मिला दो। मिलाओ।

मिलाद—[< अरबी मीलाद] *पु॰* (इस्लाम॰) १. इस्लाम के संस्थापक मुहम्मद के जन्म का दिन। २. उक्त दिन पर मुहम्मद के गुणगान की सभा।

मिलाप—[< हिं॰ मिलना] *पु॰* १. मिलने की क्रिया/भाव। २. प्रेमपूर्वक मिलना। प्रेमपूर्ण मिलन। ३. कुछ समय के वियोग/बिछोह के बाद का प्रेमपूर्ण मिलन। ४. मित्रता। मेल। ५. साक्षात्कार। भेंट।

मिलाव—[< हिं॰ मिलाना] *पु॰* १. मिश्रण। मिलावट। २. मिलाप।

मिलिक—[अरबी मिल्क] *पु॰* १. भूमि। ज़मीन। २. राज्य-क्षेत्र। ३. सम्पत्ति।

मिलित—[सं॰ √मिल + क्त] *वि॰* मिली हुई। संयुक्त।

मिलिन्द (मिलिंद)—[सं॰] *पु॰* भ्रमर। भौंरा।

मिलिन्दपाद (मिलिंदपाद)—[सं॰ मिलिन्द ~ पाद] *वि॰* ६ चरणों वाला। (छन्द॰) किसी सममात्रिक छन्द या समवर्णिक के ६ चरणों से बना छन्द। षट्पदी छन्द।

मिलीग्राम—[< अं॰ मिलिग्राम] *पु॰* (तौल में) एक ग्राम का हज़ारवाँ भाग।

मिली भगत—[< हिं॰ मिलना + सं॰ भक्ति (= विभाजन)] *स्त्री॰* १. ऊपर से दिखावटी भेदभाव रखते हुए भी किसी योजना में परस्पर गुप्त सहमति। २. मिल-जुल कर किया गया षड्यन्त्र।

मिलीमाइक्रोन—[< अं॰ मिलि-माइक्रोन] *पु॰* सूक्ष्म लम्बाई की एक इकाई जो माइक्रोन के हज़ारवें भाग के तुल्य होती है। मिलीमीटर का दसलाखवाँ भाग।

ǀ**मिलौनी**—[< हिं॰ मिलना/मिलाना] *स्त्री॰* १. मिलावट। २. मेल। ३. विवाह के समय की 'मिलनी' प्रथा या उसमें मिला हुआ धन।

मिल्क—[अरबी] *पु॰* १. भू-सम्पत्ति। ज़मीन-जायदाद। २. जागीर। ✣ **मिल्कियत**—*स्त्री॰* = १. स्वामित्व। २. भू-सम्पत्ति। ज़मींदारी। भू-सम्पत्ति। जायदाद। ४. जागीर। ५. वह वस्तु जिस पर स्वामित्व या मालिकाना अधिकार हो।

मिल्लत—[< सं॰ मिलन] *स्त्री॰* १. मेल-जोल। २. मिलनसारी। ३. धार्मिक पन्थ/वर्ग/सम्प्रदाय।

मिशन—[अं॰] *पु॰* १. विदेश भेजा हुआ प्रतिनिधि-मंडल। २. लोगों को ईसाई बनाने आदि के लिए भेजे हुए ईसाइयत के प्रचारकों का समूह। ३. कोई धर्म-प्रचार या सेवा आदि करनेवाली संस्था। ***जैसे***—रामकृष्ण मिशन। ४. लक्ष्य।

मिशनरी—[अं॰] *पु॰* १. ईसाइयत का प्रचारक। २. किसी धर्म-प्रचारक संस्था या सम्प्रदाय का प्रचारक। ३. किसी लक्ष्य के लिए समर्पित और कार्यशील व्यक्ति।

मिश्र—[स॰ √मिश्र् + अच्] *वि॰* १. जो अनेक वस्तुओं के मिलने से एकरूप हो गया हो। *जैसे*—मिश्र धातु। २. मिला हुआ। जुड़ा हुआ। संयुक्त। ३. गुँथा हुआ। ४. जो अनेक अंगों/तत्त्वों आदि के योग से बना हो। *पु॰* १. प्रतिष्ठित व्यक्ति। २. ब्राह्मणों में एक (उपजाति की) उपाधि। (नाट्य॰) कथावस्तु के ३ भेदों में से एक।

मिश्रक[1]—[स॰ मिश्र + कन्] *वि॰* मिला हुआ। मिश्र। मिश्रित। मिलावटी।

मिश्रक[2]—[स॰ √मिश्र् + णिच् + ण्वुल्] *पु॰* १. मिश्रण करनेवाला। २. चीज़ें मिलाकर औषधियाँ बनानेवाला। ३. बेचने की वस्तुओं में मिलावट करनेवाला।

मिश्र कांस्य—[स॰] *पु॰* ताँबा तथा पीतल के मिश्रण से बनी धातु।

मिश्रज—[स॰ मिश्र + ज] *वि॰* १. मिश्रण से उत्पन्न। निर्मित। २. दो भिन्न जातियों के स्त्री-पुरुष से उत्पन्न। ३. खच्चर (पशु)।

मिश्रण—[स॰ √मिश्र् + ल्युट्] *पु॰* १. दो या अधिक वस्तुओं की मिलावट। २. उक्त प्रकार से तैयार वस्तु या रूप। ३. वह पेय वस्तु जो अनेक द्रवों आदि को मिलाने से बनी हो।

मिश्र दशमलव—[स॰] *पु॰* (गणित॰) वह संख्या जिसमें पूर्णांक के साथ दशमलव राशि भी हो। (*जैसे*—३.५६)।

मिश्रधातु—[स॰ मिश्र ~ धातु] *स्त्री॰* दो या अधिक धातुओं का अन्तरंग मिश्र रूप जो प्राय: उन्हें पिघलाकर और परस्पर विलीन करके बनाया जाता है। *जैसे*—ताम्र और जस्ते की मिश्रधातु 'पीतल' है।

मिश्रधान्य—[स॰ मिश्र ~ धान्य] *पु॰* एक जगह मिले हुए अनेक अनाज।

मिश्र प्रजनन—[स॰] *पु॰* विभिन्न नस्लों के नर-नारी-संयोग से नई नस्ल की उत्पत्ति।

मिश्रवर्ण—[स॰ मिश्र ~ वर्ण] *वि॰* अनेक रंगों वाला। बहुरंगा।

मिश्रवाक्य—[स॰ मिश्र ~ वाक्य] *पु॰* (व्या॰) वह वाक्य जिसमें एक मुख्य उपवाक्य के अलावा दो या अधिक सहायक उपवाक्य होते हैं।

मिश्रसंख्या—[स॰ मिश्र ~ संख्या] *स्त्री॰* (गणित॰) एक पूर्णांक और एक भिन्न के जोड़ से बनी संख्या।

मिश्रालङ्कार (मिश्रालंकार)—[स॰ मिश्र ~ अलङ्कार] *पु॰* (काव्य॰) उभयालंकार। (दे॰)

मिश्रित—[स॰ √मिश्र् + क्त] *वि॰* मिला हुआ या मिलाया हुआ। *जैसे*—दूध में मिश्रित चीनी। ✣ **मिश्रित अर्थव्यवस्था**—*स्त्री॰* = (अर्थ॰) वह आर्थिक प्रणाली जिसमें पूँजीवाद और समाजवाद दोनों की ही कुछ-कुछ विशेषताएँ हों।

मिश्रोढ़—[< स॰ मिश्रण ~ ऊढ] *वि॰* (भूविज्ञान॰) १. मिश्रोढक से सम्बन्धित। २. मिश्रोढक के लक्षणों वाला।

मिश्रोदन—[स॰ मिश्रण ~ ओदन] *पु॰* खिचड़ी।

मिष—[स॰ √मिष् + क] *पु॰* मिस। छल। बहाना। (दे॰ मिस)

मिष्ट—[स॰ √मिष् + क्त] *वि॰* मधुर। मीठा।

मिष्टभाषी—[स॰ मिष्ट ~ भाषी (भाषिन्)] *पु॰* मधुरभाषी। ∇ **विलोम**—कटुभाषी।

मिष्टान्न—[स॰ मिष्ट ~ अन्न] *पु॰* मीठा पकवाना। मिठाई।

मिष्टाहार—[स॰ मिष्ट ~ आहार] *पु॰* मधुर भोजन।

मिस[1]—[< स॰ मिष] *पु॰* मिष। छल। बहाना। *क्रिवि॰* सम्बन्ध या नाते के विचार से।

मिस[2]—[अ॰] *स्त्री॰* कुमारी। अविवाहित लड़की। *क्रिस॰* १. खो देना। २. चूकना। *जैसे*—यह अवसर मिस हो गया।

मिसकीन—[अरबी] *वि॰* १. दीन-हीन। २. निर्धन। ग़रीब। ३. भोला। सीधा। ४. वैराग्ययुक्त। विरक्त। ५. विनम्र। ✣ **मिसकीनता/मिसकीनी**—*स्त्री॰* = १. दीन-हीनता। बेचारापन। २. निर्धनता। ३. भोलापन। सीधापन। ४. विनम्रता।

†मिसना[1]—[< स॰ मिश्रण] *क्रिअ॰* मिश्रित होना। मिलाया जाना।

मिसना[2]—[< हि॰ मीसना] *क्रिअ॰* मीसा जाना। मला जाना। दबा दिया जाना। **†***वि॰, पु॰* मीसना।

***मिसमिल**—*स्त्री॰* [< बिस्मिल्लाह] *पु॰* (इस्लाम॰) बिस्मिल्लाह कहकर पशु-हत्या करने की मुसलमानी प्रथा।

मिसमिसाना—[अनु॰] *क्रिस॰* (दाँत) पीसना।

मिसरा—[< अरबी मिसरअ] *पु॰* (छन्द॰) १. चरण। पद। (फ़ारसी, अरबी आदि की काव्य-पद्धति में) कविता की आधारभूत प्रथम पंक्ति।

मिसरी—[< अरबी मिस्र] *वि॰* मिस्र देश का। *पु॰* मिस्र देश का निवासी। *स्त्री॰* १. मिस्र देश की भाषा। २. विशेष प्रकार से जमायी हुई शकर जो गुण और स्वाद में शकर से कुछ भिन्न होती है। मिश्री।

***मिस-रोष**—[हि॰ मिस + स॰ रोष] *पु॰* कृत्रिम क्रोध। बनावटी नाराज़गी/गुस्सा।

मिसल—[< अरबी मिसिल] *स्त्री॰* १८वीं-१९वीं शती में सिक्खों के समूह जिनके अलग-अलग नायक थे।

***मिसहा**—[< हि॰ मिस] *वि॰* १. बहाना करनेवाला। बहानेबाज़। २. छली। कपटी।

***मिसा**—[< स॰ मिश्र] *पु॰* जौ, चना इत्यादि अनेक दालों या अनाजों के मिश्रण को पीस कर बनाया हुआ आटा। मिस्सा।

मिसाल—[अरबी] *स्त्री॰* १. उपमा। २. उदाहरण। नज़ीर। ३. आदर्श। नमूना। ४. कहावत।

मिसाली—[< अरबी मिसाल] *वि॰* १. जो उदाहरण के रूप में हो। जो उदाहरण के रूप में प्रस्तुत किया गया हो या किया जाता हो।

***मिसि**—[< हि॰ मिस] *क्रिवि॰* ब्याज से। बहाने से।

मिसिज़—[अ॰] *स्त्री॰* पत्नीवाचक शब्द। श्रीमती।

मिसिल—[< अ॰ मिस्ल] *स्त्री॰* १. किसी एक विषय (मुक़दमे आदि) से सम्बन्धित विविध काग़ज जो क्रमपूर्वक नत्थी कर दिए गए हों या क्लिप आदि लगाकर एक साथ रख दिए गए हों। (अ॰ फ़ाइल) २. जिल्द बाँधने के लिए पुस्तक की सिलाई से पहले काग़ज़ों का क्रमबद्ध रूप।

मिस्कीन, मिस्कीनी—दे॰ क्रमश: मिसकीन, मिसकीनी।

मिस्कोट—[< अ॰ मेस + क्वोट] *स्त्री॰* आपस में होने-वाला गुप्त

परामर्श या किसी गुप्त योजना से सम्बन्धित बातचीत।

मिस्ल—[अरबी] *वि॰* तुल्य। समान। *स्त्री॰* मिसिल। फ़ाइल (अं॰)

मिस्सा—[< सं॰ मिश्र] *वि॰* अनेक प्रकार की दालों और अनाजों को एकसाथ पीस कर तैयार किया गया (खासकर गेहूँ-चना/बेझड़ आदि का) मिश्रित (आटा)। *पु॰* उक्त का मिश्रित आटा। ✣ **मिस्सा-कुस्सा**—*पु॰* = मोटा अनाज। कदन्न।

मिस्सी—[< फा॰ मिस] *स्त्री॰* माजूफल आदि से तैयार किया जाने वाला एक प्रकार का चूर्ण जिससे स्त्रियाँ अपने दाँतों को रँगती हैं।

मिस्सी-काजल—[हि॰] *पु॰* १. मिस्सी और काजल। २. शृंगार। ***वा॰* मिस्सी-काजल करना**—(स्त्रियों द्वारा अपना) शृंगार करना।

मिस्सीरोटी—[हि॰ मिस्सी + रोटी] *स्त्री॰* १. मिस्सी रोटी। जो, चना आदि के मिश्रण के चूर्ण की बनी रोटी।

मिस्सी-सुर्मा—[हि॰] *पु॰* १. मिस्सी और सुर्मा। २. शृंगार। बनाव-सिंगार।

†मिहचना—[< हि॰ मीचना] *क्रिस॰* (नेत्रों को) मीचना या बन्द करना। मूँदना।

***मिहर**—[< फा॰ मिह्र] *स्त्री॰* दया।

मिहिका—[सं॰ √मिह् + क्वुन् + टाप्, इत्व] *स्त्री॰* १. हिम। पाला। २. ओस।

मिहिर—[सं॰ √मिह् + किरच्] *पु॰* सूर्य। रवि।

मिँड़ाई (मिंड़ाई)—[< हि॰ मींड़ना] *स्त्री॰* १. मींड़ने या मींड़े जाने की अवस्था/क्रिया/भाव। २. मींड़ने की मज़दूरी।

***मीचु**—[< प्रा॰ मिच्चु < सं॰ मृत्यु] *स्त्री॰* मृत्यु। मौत।

मीज़ान—[अरबी] *स्त्री॰* १. तराज़ू। तुला। २. अनेक संख्याओं का जोड़। योगफल। ३. अनुमान या हिसाब।

***मीठ**—[< प्रा॰ मिट्ठ < सं॰ मिष्ट] *वि॰* मधुर। मीठा।

मीड/मीड़/मीँड़ (मींड़)—[< सं॰ मीड] *स्त्री॰* मींडने की अवस्था/क्रिया/भाव। (संगीत॰) एक स्वर से दूसरे स्वर पर जाने का एक ढंग जिसमें पीड़ा-भरी ध्वनि होती है। स्वर बदलने का मधुर ढंग। तन्त्रियों का वह विशेष मधुर स्वर जो तार को विशेष प्रकार से दबाने से उत्पन्न होता है।

मीड़ना—[< हि॰ मींड़ना] *क्रिस॰* मलना। मसलना। ***जैसे***—उसने हँसकर सहेली का गाल मीड़ दिया।

मीत—[सं॰ मित्र] *पु॰* १. मित्र। सखा। दोस्त। २. प्रेमी। प्रियतम। ✣ **मीतता**—*स्त्री॰* = मित्रता। ✣ **मीता**—*पु॰* = मीत।

मीन—[सं॰ मी + नक्] *पु॰* मछली। (ज्योतिष॰) मेष आदि बारह राशियों में से अन्तिम राशि।

मीनकेतन/मीनकेतु—[सं॰ मीन ~ केतन/केतु] *वि॰, पु॰* मीनध्वज। (दे॰) ***वा॰* मीन-मेष (मीन-मेख) करना/निकालना**—१. बहुत बारीकी से या व्यर्थ ही दोष निकालना। २. अकारण आलोचना करना।

मीनघाती—[सं॰ मीन ~ घाती (घातिन्)] *वि॰* मछलियाँ मारनेवाला। *पु॰* १. बगुला। २. मछली पकड़नेवाला। मछुआ।

मीनध्वज—[सं॰ मीन ~ ध्वज] *वि॰* जिसके ध्वज पर मछली का चिह्न है। *पु॰* कामदेव।

मीन-मेख—[< सं॰ मीन ~ मेष] *पु॰* सोच-विचार। दोष निकालना। ***वा॰* मीन-मेख करना/निकालना**—(दे॰) मीन-मेष करना।

मीनरङ्क (मीनरंक)—[< सं॰ मीनरङ्ग] *पु॰* १. मछरंग नामक पक्षी। २. जलकौआ।

मीना[१]—[सं॰ मीन + टाप्] *पु॰* राजस्थान की एक योद्धा जाति।

मीना[२]—[फा॰] *पु॰* १. रंग-बिरंगा शीशा जिससे चाँदी-सोने पर नक़्क़ाशी होती है। २. नीले रंग का एक मूल्यवान् पत्थर। ३. सोने-चाँदी पर किया जाने वाला एक प्रकार का रंग-बिरंगा काम।

मीनाकार—[फा॰] *वि॰* सोने-चाँदी पर काम करनेवाला। मीना का रंग-बिरंगा जड़ाऊ काम करनेवाला।

मीनाकारी—[फा॰] *स्त्री॰* १. सोने-चाँदी पर होनेवाला मीना का काम। २. किसी काम में की हुई या निकाली हुई बड़ी बारीकी। ***वा॰* मीनाकारी छाँटना**—१. किसी बात को ज्यादा सूक्ष्मता से देखना। बारीकियाँ निकालना। २. किसी वस्तु/बात में व्यर्थ बुराई निकालना। अनावश्यक दोषदर्शन करना।

मीनाक्ष—[सं॰ मीन ~ अक्षि] *वि॰* मछली के समान सुन्दर तथा चंचल आँखों वाला।

मीनाक्षी—[सं॰ मीनाक्ष + ङीष्] *वि॰ (स्त्री॰)* १. मछली जैसी सुन्दर तथा चंचल नेत्रों वाली। *स्त्री॰* २. पार्वती देवी का एक अत्यन्त सुन्दर रूप।

मीनाबाज़ार—[फा॰] *पु॰* १. मुग़लसम्राट् अकबर द्वारा लगवाया गया राजधानी आगरा में एक बाज़ार जिसमें केवल स्त्रियाँ क्रय-विक्रय करती थीं। २. सुन्दर वस्तुओं का बाज़ार। ३. रत्नों और अलंकारों के विक्रय का बाज़ार। जौहरी बाज़ार।

***मीनीँ (मीनीं)**—[देशज] *स्त्री॰* मधुमक्खी।

मीमांसक—[सं॰ मीमांसा + वुन्] *वि॰* (किसी विषय का) गम्भीर विवेचन करनेवाला। *पु॰* 'मीमांसादर्शन' का विद्वान्।

मीमांसा—[सं॰ √मान् + सन् + अ] *स्त्री॰* १. तत्त्वनिर्णय के लिए किया जाने वाला गम्भीर मनन और चिन्तन। २. गम्भीर विवेचन। ३. (न्याय आदि षड्दर्शन में से) एक भारतीय दर्शन जिसके प्रवर्तक 'जैमिनि' हुए।

मीमांसाकार—[सं॰ मीमांसा + कार] *पु॰* (मीमांसा-सूत्रों का रचयिता) जैमिनि ऋषि।

मीमांसित—[सं॰ √मीमांसा + क्त] *वि॰* जिसकी मीमांसा की गयी हो।

मीमांस्य—[सं॰ √मीमांस् + यत्] *वि॰* १. मीमांसा के योग्य। २. जिस विषय का विवेचन किया जाना हो या होने वाला हो। विवेच्य। जैसे—आज का मीमांस्य विषय 'महाभारत में इतिहास' है।

मीर[१]—[सं॰ √मि + रन्, दीर्घ] *पु॰* १. समुद्र। २. जल। ३. सीमा।

मीर[२]—[अरबी 'अमीर' का लघु रूप] *पु॰* १. सरदार। २. प्रधान अधिकारी। ३. नेता। मुखिया। ४. प्रतियोगिता आदि में प्रथम स्थान प्राप्त विजेता।

मीरज़ा—[स॰ मीर + जा] *वि॰ (स्त्री॰)* जो समुद्र से उत्पन्न हुई हो। *स्त्री॰* लक्ष्मी (देवी)।

मीरबख़्शी—[अरबी मीर + फा॰ बख़्शी] *पु॰* (मध्ययुगीन मुसलमानी शासन में) वेतन बाँटनेवाला अधिकारी या उसका पद।

मीरमुंशी—[अरबी] *पु॰* १. कार्यालय के सभी मुंशियों (लिपिकों/क्लर्कों) का प्रमुख। २. प्रधान लेखक। ३. पेशकार।

मीरासी—[< अरबी मीरास] *पु॰* वेश्या के साथ तत वाद्य या आनद्ध वाद्य पर संगत करनेवाला व्यक्ति। २. एक मुस्लिम जाति जिसके पुरुष गाने-बजाने का काम करते हैं तथा स्त्रियाँ नाचने-गाने-बजाने का काम।

***मीराँ**—[फा॰ मीर का बहुवचन] *पु॰* १. बड़ा व्यक्ति। २. स्वामी। मालिक।

मीरी—[अरबी] *वि॰* अमीरी। सरदारी। *पु॰* प्रतियोगिता आदि में प्रथम स्थान प्राप्त।

मीलन—[स॰ √मील् + ल्युट्] *क्रिस॰* १. बन्द करना। मूँदना। २. नेत्र बन्द करने या बन्द होने की क्रिया। ३. फूल के बन्द होने की क्रिया।

मीलित—[स॰ √मील् + क्त] *वि॰* १. मूँदा हुआ। बन्द। २. पलक झपकाए हुए। ३. अधखुला। ४. संकुचित। एक अर्थालंकार जो किसी वस्तु में अन्य वस्तु के इस प्रकार मिल जाने के चमत्कारी वर्णन में होता है कि भिन्नता न रहे। ∇ **विलोम**—उन्मीलित।

मीसना—[< स॰ मिश्रण] *क्रिस॰* १. मिश्रण करना। मिलाना। २. (हाथ से) मसलना। ***जैसे***—फूल मत मीसो। ३. अपने क्रोध, व्यथा आदि को प्रकट न करना, मन में छिपाकर रखना।

***मीसी**—[< स॰ मिश्रित] *वि॰* १. मक्खन, शकर आदि से मिश्रित। २. मसल कर छोटे टुकड़ों में की हुई।

मीँग/मीँगी (मींग/मींगी)—[देशज] *स्त्री॰* गिरी। ***जैसे***—ख़रबूज़े की मींगी।

मीँजना (मींजना)—*क्रिस॰* ≤ *हि॰* मींडना। मलना। मसलना।

मीँजू (मींजू)—[< हि॰ मींजना] *वि॰* कठिनता से धन व्यय करनेवाला। कृपण। कंजूस।

†मीँड़ना (मींड़ना)—[हि॰ माँड़ना] *क्रिस॰* १. मींजना। हाथ से मलना। मसलना। २. (आटा आदि) गूँधना।

मुअज़्ज़म—[अरबी] *वि॰* १. प्रतिष्ठित। इज़्ज़तदार। २. श्रेष्ठ। महान्।

मुअज़्ज़िन—[अरबी] *पु॰* (इस्लाम॰) नमाज़ के लिए मस्जिद में अज़ान (बाँग) देनेवाला।

मुअत्तल—[अरबी] *वि॰* व्यक्ति या संस्था जिसे काम करने से किसी आदेश द्वारा रोक दिया गया हो। निलम्बित।

†मुअना—[< हि॰ मुआ] *क्रिअ॰* मरना।

मुआफ़क़त—[अरबी] *स्त्री॰* १. अनुकूलता। २. अनुरूपता।

मुआफ़िक़—[अरबी] *वि॰* १. अनुकूल। २. इच्छानुसार।

मुआयना—[< अरबी मुआयन:] *पु॰* निरीक्षण। ***जैसे***—विद्यालय का मुआयना करनेवाला शिक्षा-अधिकारी।

मुआवज़ा—[< अरबी मुआवज़:] *पु॰* १. किसी वस्तु का मूल्य जो बदले में दिया जाए। २. हानि को पूरा करना। क्षति-पूर्ति। ३. क्षति-पूर्ति के लिए दिया गया धन। ४. सरकार के द्वारा सार्वजनिक कार्यों के लिए ली गयी भूमि के बदले में उसके स्वामी को दिया जाने वाला धन।

***मुकताई**—[< स॰ मुक्त] *स्त्री॰* १. मुक्तता। मुक्ति। २. मुक्त होने की पात्रता।

***मुकताना**—[< स॰ मुक्त] *क्रिस॰* १. मुक्त कराना। मोक्ष दिखाना। २. मुक्त कराना। छुड़ाना।

मुक़द्दम—[अरबी] *पु॰* ग्राम का मुखिया।

मुक़द्दर—[अरबी] *पु॰* भाग्य। क़िस्मत। ***जैसे***—मुक़द्दर अच्छा होना।

मुकम्मल—[अरबी] *वि॰* १. सम्पूर्ण। २.समाप्त। ३. सर्वांगपूर्ण।

मुकरना—[< स॰ मा (= नहीं) + करना] *क्रिअ॰* कही हुई बात से या किए हुए काम से इनकार करना। ***जैसे***—उधार लेकर मुकरना। *वि॰* मुकर जानेवाला व्यक्ति। मुकरा।

***मुकरबा**—[फा॰ मक़बरा] *पु॰* मक़बरा।

†मुकरा—[< हि॰ मुकरना] *वि॰* कही हुई बात से या किए हुए काम से इनकार करनेवाला (व्यक्ति)। मुकरना (व्यक्ति)।

†मुकराना—[< हि॰ मुकरना] *क्रिस॰* (बात को) पलट देना।

***मुकरावा**—[< हि॰ मुकलावा] *पु॰* दहेज में प्राप्त/प्रदत्त वस्तुएँ। मुकलावा।

मुकरी—[हि॰ मुकरना] *स्त्री॰* मुकरने की क्रिया/भाव। कही हुई बात से या किए हुए काम से इनकार करना। (काव्य॰) एक प्रकार का पद्य जिसमें वक्ता अपने श्रोता के प्रश्न पर कही हुई (द्वि-अर्थक) बात के प्रधान अर्थ से मुकर कर दूसरे अर्थ को स्वीकार करके श्रोता से अपना रहस्य छिपाए या चमत्कृत करे।

मुक़र्रर—[अरबी] *वि॰* १. नियत। निश्चित। २. नियुक्त।

†मुकलाऊ—[< हि॰ मुकलाना] *वि॰* १. मुक्त कराने वाला। २. मुकलावा/गौना कराने वाला।

मुकलाना—[< प्रा॰ मुक्केलय < स॰ मुक्त] *क्रिस॰* १. (बन्धन से) मुक्त करना। छोड़ना। २. (बन्धन से) मुक्त कराना। छुड़ाना। ३. (वर द्वारा वधू का) मुकलावा/गौना कराना।

मुकलावा—[< हि॰ मुकलाना] *पु॰* (वर द्वारा वधू का) द्विरागमन/गौना।

***मुकाना**—[< स॰ मुक्त] *क्रिस॰* १. मुक्त कराना। छुड़ाना। २. समाप्त करना।

मुक़ाबिल—[अरबी] *वि॰* १. समान। तुल्य। २. जो सामने उपस्थित हो। सामने वाला। *क्रिवि॰* सम्मुख। सामने। *पु॰* १. प्रतिद्वन्द्वी। २. विरोधी। ३. शत्रु।

मुकुटमणि—[स॰ मुकुट ~ मणि] *स्त्री॰* १. मुकुट में जड़ी हुई मणि/नग। २. (लाक्षणिक) शिरोमणि। श्रेष्ठ।

मुकुटिका—[< स॰ मुकुट] *स्त्री॰* १. छोटा मुकुट। २. स्त्रियों द्वारा

धारित फूल-पत्तों का मुकुट। (अ० कोरोनिट)

***मुकुत**[१]—[< स० मुक्त] *वि०* १. मुक्त। बन्धनरहित। २. मोक्षप्राप्त। मुक्त।

***मुकुत**[२]—[< स० मुक्ता] *स्त्री०* मोती।

***मुकुता**—*स्त्री०* ≤ *स०* मुक्ता। मोती।

मुकुन्द (मुकुंद)—[स० मुकु √दा + क, पृषो० मुम्] *पु०* १. विष्णु। २. कृष्ण। ३. पारद। पारा। ४. नवनिधियों में से एक निधि। (छन्द०) एक समवर्णिक छन्द जिसके प्रत्येक चरण में क्रमशः तगण, भगण, २ जगण, गुरु और लघु (त भ ज ज ग ल) के योग से १४ वर्ण होते हैं तथा ८-६ पर यति होती है। हरिलीला छन्द।

मुकुर—[स० √मक् + उरच्, उत्व] *पु०* १. दर्पण। आईना। शीशा। २. (फूल की) कली। मुकुल। ३. मौलसिरी का वृक्ष। वकुल वृक्ष।

मुकुराना**—[< हि० मुकलपना] *क्रिस०* मुकलाना। बिखेरना। ***जैसे—केश मुकुराना। ✣ **मुकुराए**—*वि०* = बिखरे हुए या बिखेरे हुए ***जैसे***—मुकुराये केश।

***मुकुरू**—[< हि० मुकरना] *वि०* मुकरने वाला। मुकरा।

मुकुल—[स० √मुञ्च् + उलक्] *पु०* १. (फूल की) कली। २. कली के आकार की वस्तु।

मुकुलित—[स० मुकुल + इतच्] *वि०* १. जिसमें कलियाँ आ गयी हों। कली-युक्त। २. कली के आकार का बना हुआ। ३. अधखिला। अधमुँदा। ***जैसे***—मुकुलित नेत्र। ४. विकसित।

मुकुली—[स० मुकुलिन्] *वि०* कलियों से युक्त (वृक्ष/पौधा)।

***मुक्ख**[१]—*वि०* ≤ *स०* मुख्य। प्रधान।

***मुक्ख**[२]—*पु०* ≤ *स०* मुख। ✣ **मुक्ख भर**—*क्रिवि०* = मुँह के बल।

मुक्त[१]—[स० √मुच् + क्त] *वि०* १. किसी बन्धन से छूटा हुआ। २. बन्धन से स्वतन्त्र किया हुआ। छोड़ा हुआ। ३. भव-बन्धन से छूटा हुआ। जिसे मोक्ष मिल गया हो। मोक्षप्राप्त। ४. जिसे किसी नियम/विधान/आदेश आदि के पालन से छूट दे दी गयी हो। ५. (समासयुक्त शब्द के आरम्भ में) जिसने निर्दिष्ट वस्तु को त्याग दिया हो। ६. खुला हुआ। छूटा हुआ। ***जैसे***—मुक्त केशों वाली। ७. (समासयुक्त शब्द के आरम्भ में) जो किसी प्रकार के बन्धन की चिन्ता न करता हुआ कार्य करे। ८. छूटा हुआ। फेंका हुआ। क्षिप्त। ∇ **विलोम**—बद्ध।

***मुक्त**[२]—[< स० मुक्ता] *पु०* मुक्ता। मोती।

मुक्तकण्ठ (मुक्तकंठ)—[स० मुक्त ~ कण्ठ] *वि०* १. चिल्लाकर बोलनेवाला। २. (लाक्षणिक) निःसंकोच/बेधड़क/बेहिचक बोलनेवाला।

मुक्तक—[स० मुक्त + कन्] *पु०* १. अस्त्र। हथियार। २. काव्य का एक प्रकार (दे० मुक्तक काव्य)। (छन्द०) वे समवर्णिक छन्द जो गणों के बन्धन से मुक्त हैं और जिनमें वर्णों की संख्या अथवा लघु-गुरु नियम का ही बन्धन रहता है। ✣ **मुक्तककाव्य**—*पु०* (काव्य०) = प्रबन्धहीन पद्यबद्ध रचना। ∇ **विलोम**—प्रबन्धकाव्य।

मुक्तकञ्चुक (मुक्तकंचुक)—[स० मुक्त ~ कञ्चुक] *पु०* वह साँप जिसने केंचुली त्याग दी हो।

मुक्तकुन्तला (मुक्तकुंतला)—[स० मुक्त ~ कुन्तल + टाप्] *वि० (स्त्री०)* बिखरे या खुले केशोंवाली।

मुक्तचेता—[स० मुक्त ~ चेतस्] *वि०* आसक्तिरहित चित्त वाला।

मुक्त छन्द (छंद)—[स०] *पु०* (काव्य०) छन्द के बन्धन से रहित कविता। ऐसी कविता जिसमें परम्परागत छन्दशास्त्र के नियमों का उल्लंघन होता है, ४ या ६ से अधिक चरणों वाली पंक्तियाँ होती हैं, मात्राओं या वर्णों के विषय में भी किसी नियम का पालन नहीं होता परन्तु लय को महत्त्व दिया जाता है। छन्दरहित परन्तु लययुक्त रचना।

मुक्तवसन—[स० मुक्त ~ वसन] *वि०* १. निर्वस्त्र। दिगम्बर। नंगा। २. जैन दिगम्बर साधु।

मुक्तवेणी—[स० मुक्त ~ वेणी] *वि०* जिसकी वेणी बँधी न हो। ***जैसे***—मुक्तवेणी द्रौपदी।

मुक्त व्यापार—[स० मुक्त ~ व्यापार] *पु०* (वाणि०) वह अन्तरराष्ट्रीय व्यापार जिसमें कोई भी देश तट-कर नहीं लगाता। (अ० फ्री ट्रेड)

मुक्तसङ्ग (मुक्तसंग)—[स० मुक्त ~ सङ्ग] *वि०* १. विषयों में आसक्ति से रहित। विषय-वासना-रहित। २. सन्यासी। परिव्राजक।

मुक्तहरा—[< स० मुक्त] *पु०* (छन्द०) एक समवर्णिक छन्द जिसके प्रत्येक चरण में क्रमशः ८ जगण के संयोग से २४ वर्ण होते हैं। सवैया का एक प्रकार।

मुक्तहस्त—[स० मुक्त ~ हस्त] *वि०* १. खुले हाथों से व्यय या दान करनेवाला। २. उदार।

मुक्तहृदय—[स० मुक्त ~ हृदय] *वि०* १. मुक्त हृदय वाला (व्यक्ति)। २. जाति, देश, वर्ण आदि के भेद-भाव से मुक्त विशालहृदय (व्यक्ति)। ३. उदार। ४. स्वयं को भूलकर विशुद्ध अनुभूति मात्र रह जाने वाला (व्यक्ति)।

मुक्ता—[< स० मुक्ता] *स्त्री०* मोती।

मुक्तागार—[स० मुक्त + आगार] *पु०* १. मोती का आगार। सीप। २. मोतियों का भंडार।

मुक्तात्मा—[स० मुक्त ~ आत्मा (आत्मन्)] *पु०* १. सांसारिक आसक्ति से रहित और पाप-मुक्त व्यक्ति। २. जीवन्मुक्त व्यक्ति। ३. मोक्ष प्राप्त कर चुकी आत्मा। *वि०* जिसे मोक्ष प्राप्त हो गया हो। मोक्षप्राप्त।

मुक्तादाम—[स० मुक्ता ~ दाम] *पु०* मोतियों की लड़ी। मुक्तावली।

मुक्ताफल—[स० मुक्ता ~ फल] *पु०* १. मोती। २. कपूर।

मुक्तामणि—[स० मुक्ता ~ मणि] *स्त्री०* मोती। (छन्द०) एक सममात्रिक छन्द जिसके प्रत्येक चरण में २५ मात्राएँ होती है, १३-१२ पर यति होती है, अन्त में २ गुरु होते हैं।

मुक्तावली—[स० मुक्ता ~ आवली] *स्त्री०* १. मोतियों की लड़ी। २. मोतियों का हार।

मुक्ताहल—[< स० मुक्ता ~ फल] *पु०* मोती।

मुक्ताहार—[स० मुक्ता ~ हार] *पु०* मोतियों का हार। मुक्ता-लता।

मुक्ति—[स० √मुच् + क्तिन्] *स्त्री०* (बन्धन या झंझट आदि से)

छुटकारा। १. कारागार से छुटकारा। २. संसार में बार-बार के जन्म-मरण के बन्धन से छुटकारा। मोक्ष। ३. (रोगी या कष्टग्रस्त व्यक्ति को) मृत्यु हो जाने के कारण जीवन के कष्ट-भोगों से मिलनेवाला छुटकारा। ४. दायित्व से छुटकारा। ५. ऋण आदि की देनदारी से छुटकारा। ६. छोड़ने या फेंकने की क्रिया/भाव। ७. बन्धन से मुक्त करने की क्रिया। बन्धन खोलने की क्रिया। ८. स्वतन्त्रता। आज़ादी।

मुक्तिकामी—[स० मुक्ति ~ कामी (कामिन्)] *वि०* मुक्ति चाहनेवाला।

मुक्ति-क्षेत्र—[स०] *पु०* काशी। वाराणसी।

मुक्तिसेना—[स० मुक्ति ~ सेना] *स्त्री०* १. ईसाई मत के प्रचारक ईसाइयों की एक संस्था। (अ० साल्वेशन आर्मी)। २. किसी पराधीन देश के स्वतन्त्रता-संग्राम में उस देश के स्वाधीनता-प्रेमियों की सेना और उसके साथ उस देश के अनुरोध पर उसकी ओर से लड़नेवाली विदेशी सेना का संयुक्त रूप। (अ० लिबरेशन आर्मी)

मुक्तोज्ज्वल—[स० मुक्ता ~ उज्ज्वल] *वि०* मोती जैसा उज्ज्वल। अत्यन्त सफ़ेद। ***जैसे***—मुक्तोज्ज्वल हँसी।

मुक्तोत्तर प्रश्न—[स० मुक्त ~ उत्तर ~ प्रश्न] *पु०* (शिक्षा०) ऐसा प्रश्न जिसका उत्तर परीक्षार्थी स्वतन्त्र रूप से दे, ('हाँ/नहीं' में अथवा कुछ निर्धारित उत्तरों से बँधकर नहीं)।

मुखच्छद—[स० मुख ~ छद] *पु०* १. स्वांग नृत्य आदि के अवसर पर धारणीय कलात्मक मुखाकृति। मुखौटा। २. मुख पर आड़ करने में प्रयुक्त धोती, साड़ी आदि का कोई भाग। पर्दा। ३. मुख को छिपाने का वस्त्र। नक़ाब। मुखावरण।

मुखछवि—[स० मुख ~ छवि] *स्त्री०* १. मुख की शोभा। २. मुख का बिम्ब।

मुखज—[स० मुख + ज] *वि०* मुख से उत्पन्न।

मुख-पट—[स०] *पु०* १. अवगुंठन। घूँघट।

मुखपत्र—[स० मुख ~ पत्र] *पु०* किसी संस्था द्वारा प्रकाशित वह पत्र-पत्रिका जिसमें उसके सिद्धान्तों, उद्देश्यों, दृष्टिकोण इत्यादि के अनुरूप सामग्री होती है।

मुखपृष्ठ—[स० मुख ~ पृष्ठ] *पु०* १. किसी पुस्तक के आरम्भ में लगा पृष्ठ जिस पर पुस्तक का पूरा शीर्षक और लेखक या सम्पादक का नाम तथा प्रकाशन-विवरण दिया जाता है। २. पत्रिका आदि का आवरण-पृष्ठ।

मुख-प्रक्षालन—[स०] *पु०* मुँह धोना। मुँह साफ़ करना।

मुखबन्ध (मुख-बंध)—[स० मुख ~ बन्ध] *पु०* (पुस्तक की) प्रस्तावना। भूमिका।

मुखर—[स० मुख + र] *वि०* १. अधिक बोलनेवाला। वाचाल। २. व्यर्थ बोलने वाला। बकवादी। ३. धृष्टतापूर्वक या बढ़चढ़कर बोलने वाला। ४. बोलता हुआ। मुखरित। ५. रुनझुन शब्द करता हुआ शब्दायमान (पायजेब/नूपुर आदि आभूषण)।

मुख-विवर—[स०] *पु०* मुख का विवर/छेद। होंठों से गले तक के भाग का सामान्य नाम।

मुखश्री—[स० मुख ~ श्री] *स्त्री०* मुख की शोभा/चमक।

मुख-सुख—[स०] *पु०* मुख का सुख। *पु०* उच्चारण की सुविधा। बोलने में (ध्वन्यात्मक) आराम।

मुखस्राव—[स० मुख ~ स्राव] *पु०* १. लार। थूक। २. लार का बहना। ३. एक रोग। मुख से निरन्तर लार गिरने की बीमारी।

मुखाकृति—[स० मुख ~ आकृति] *स्त्री०* मुखमण्डल। चेहरा।

मुखागर—[< स० मुखाग्र] *वि०* १. कंठस्थ। २. मौखिक। ज़बानी। *पु०* मुखाग्र।

मुखाग्नि—[स० मुख ~ अग्नि] *स्त्री०* १. चिता पर शव के मुख पर रखी जानेवाली अग्नि। २. अग्नि रखने की उक्त प्रथा। ३. दावानल। ४. अगिया बेताल।

मुख़ातिब—[अरबी] *वि०* किसी की ओर प्रवृत्त (कहने/सुनने/देखने आदि के लिए)। ***जैसे***—तब वे आपकी ओर मुख़ातिब हुए।

मुखानिल—[स० मुख ~ अनिल] *पु०* साँस।

मुखापेक्षा—[स० मुख ~ अपेक्षा] *स्त्री०* विवशता के कारण सहायता आदि पाने के लिए दूसरों का मुँह ताकना/जोहना।

मुखाब्ज, मुखारविन्द (मुखारविंद)—[स० मुख ~ अब्ज/अरविन्द] *पु०* मुखरूपी कमल। मुखकमल।

मुखारी—[स० मुख] *स्त्री०* १. मुख की बनावट। २. किसी वस्तु के ऊपर का या सामने वाला भाग जिससे उसका रूप ज्ञात होता है। ३. नीम, बबूल आदि की हरी टहनी जो दाँतों को स्वच्छ करने के काम आती है। (दातुन/दातौन)।

मुख़ालिफ़—[अरबी] *वि०* १. विरोधी। २. प्रतिद्वन्द्वी। स्पर्धी। *पु०* शत्रु।

मुखावरण—[स० मुख ~ आवरण] *पु०* १. मुख को छिपाने का वस्त्र। मुखच्छद। २. अवगुंठन। घूँघट। मुख-पट। ३. बुर्क़ा। ४. नक़ाब।

मुखास्राव—[स० मुख ~ आस्राव] *पु०* १. (मुख की) लार। २. थूक।

मुखी—[स० मुखिन्] *वि०* १. मुख से युक्त। मुख वाला। २. [समासयुक्त शब्द के अन्त में] (क) (किसी के) सदृश मुख वाला। समान मुख वाला। ***जैसे***—सिंहमुखी। चन्द्रमुखी। (ख) किसी दिशा विशेष में मुख वाला। ***जैसे***—बहिर्मुखी (= बाहर की ओर मुख वाला); सूर्यमुखी।

मुखेन्दु—[स० मुख ~ इन्दु] *पु०* चन्द्रमा जैसा सुन्दर मुख। मुखरूपी चन्द्र। मुखचन्द्र।

मुख़्तलिफ़—[अरबी] *वि०* १. विभिन्न। २. अन्य। ३. पृथक्। अलग।

मुख़्तसर—[अरबी] *वि०* १. संक्षिप्त। २. न्यून। थोड़ा।

मुख़्तार—[अरबी] *पु०* किसी व्यक्ति के प्रतिनिधि रूप में काम करने का क़ानूनी अधिकार प्राप्त व्यक्ति।

मुख्याधिष्ठाता—[स० मुख्य ~ अधिष्ठाता (अधिष्ठातृ)] *पु०* मुख्य अधिष्ठाता/अधिकारी। ***जैसे***—गुरुकुल का मुख्याधिष्ठाता।

मुगदर—[< स० मुद्‌ग] *पु०* मुँगरी की जोड़ी जो व्यायाम में प्रयुक्त होती है।

मुग़ल—[< तुर्की मुग़ुल] *पु०* १. मंगोल देश का निवासी। २. मंगोल-

निवासियों के मुसलमान बन गए वंशज जिनमें से कुछ ने भारत में शासन किया।

मुग़ालता—[< अरबी मुग़ालतः] *पु॰* भ्रम। धोखा।

मुगौरी/मुँगौरी—[< हि॰ मूँग] *स्त्री॰* मूँग की दाल को पीस कर तैयार की जाने वाली छोटी बरी।

मुग्ध—[स॰ √मुह् + क्त] *वि॰* १. मोह में पड़ा हुआ। मोहित। २. भ्रमित। ३. मूर्ख। मूढ़। ४. भूल में पड़ा हुआ। भूला हुआ। ५. भोलेपन के कारण आकर्षक। ६. सीधा-सादा। सरल। ७. सुन्दर। मनोहर। ८. (किसी से या किसी बात से) बहुत अधिक प्रभावित। रीझा हुआ।

मुग्धधी/मुग्धबुद्धि (मुग्धबुद्धि)/मुग्धमति—[स॰ मुग्ध ~ धी/बुद्धि/मति] *वि॰* १. मूर्ख। मूढ़। २. सीधा-सादा। भोला। ३. भ्रमित। ४. मोहित।

मुग्धा—[स॰ मुग्ध + टाप्] *वि॰ (स्त्री॰) स्त्री॰* मुग्ध। (काव्य॰) वह नायिका जिसमें यौवन का उदय हो गया हो परन्तु अभी काम-भाव का उदय न हुआ हो।

मुचलका—[< तुर्की मुचल्का] *पु॰* एक प्रतिज्ञा-पत्र जिसमें कोई गैरक़ानूनी काम न करने का और नियत तिथि पर न्यायालय में उपस्थित होने का वचन अभियुक्त/अपराधी द्वारा दिया जाता है। बन्धपत्र।

मुचुकुन्द (मुचुकुंद)—[स॰] *पु॰* एक औषधोपयोगी पुष्प-वृक्ष जिसके पत्ते बड़े होते हैं, फल छोटे और गोल होते हैं तथा फूल छोटे, लाल रंग के, सुगन्धयुक्त और सुन्दर होते हैं।

मुच्छड़/मुच्छल—[< हि॰ मूँछ] *वि॰* १. मूँछों वाला। २. बड़ी-बड़ी मूँछों वाला। मुछन्दर।

मुछकटा—[< हि॰ मूँछ + कटना] *वि॰* जिसकी मूँछें कटी हुई हों। जिसने मूँछें मुँड़ा रखी हों। मुछमुंडा।

मुजरा[१]—[अरबी] *पु॰* १. (दरबार आदि में) विनम्रता से झुककर किया गया सलाम/प्रणाम। २. बिना नृत्य का गायन। ३. वेश्या द्वारा बैठकर किया जाने वाला गायन।

मुजरा[२]—[< अरबी मुज्रा] *वि॰* १. जारी किया हुआ। २. किसी देय धनराशि में से काटा गया वह धन जो किसी हिसाब से प्राप्य हो। ***जैसे***—पाँच सौ रुपए मिलने थे, सौ रुपए मुजरा हो गए।

मुजराई[१]—[< अरबी मुजरा] *पु॰* १. राजा या धनियों आदि के सम्मुख झुककर प्रणाम/सलाम करनेवाला व्यक्ति। २. दरबारी।

मुजराई[२]—[< अरबी मुज्रा] *वि॰* १. धनराशि मुजरा करने की क्रिया/भाव। २. देय धनराशि में से प्राप्त राशि की कटौती। ३. देय धनराशि में से प्राप्य राशि की कटौती के बाद शेष राशि।

मुजरिम—[अरबी मुज्रिम] *वि॰* जुर्म करने वाला। अपराधी। दोषी।

मुजस्सिम—[अरबी] *वि॰* जो शरीर के रूप में हो। मूर्त। शरीरधारी। साकार।

मुज़ायक़ा—[< अरबी मुज़ायक़ः] *पु॰* हानि। नुक़सान।

मुज़ाहरा—[< अरबी मुज़ाहरः] *पु॰* शासन से किसी माँग की पूर्ति के लिए किया जाने वाला सामूहिक प्रदर्शन।

मुजाहिद—[अरबी] *वि॰* (इस्लाम॰) जिहाद में भाग लेनेवाला। विधर्मियों से युद्ध करनेवाला।

मुञ्ज (मुंज)—[स॰ √मुञ्ज् + अच्] *पु॰* मूँज (घास) सरकंडा।

मुञ्जाटवी—[स॰ ~ अटवी] *स्त्री॰* मूँज का वन।

मुञ्जित (मुंजित)—[स॰ √ मुञ्ज् + इतच्] *वि॰* १. मूँज से बना हुआ। २. मूँज से ढँका हुआ या लपेटा हुआ।

मुटरी[१]—[तेलुगु मूटा (= गठरी)] *स्त्री॰* मोट। गठरी।

मुटरी[२]—[देशज] *स्त्री॰* १. काली चोंच वाली एक सर्वभक्षी चिड़िया जो अपनी चोर-प्रवृत्ति तथा 'कोक-ली, कोक-ली' कहकर लड़ पड़ने के लिए कुख्यात है। २. गठरी। पोटली। जैक्से सिर पर समान की भारी मुटरी रखे हुए।

मुटार—[< हि॰ मुटरी] *स्त्री॰* १. (पानी में) डुबकी/ग़ोता। (पानी में तैरने के लिए) शरीर का गठरी के समान बनाया रूप।

मुटिया—[< हि॰ मोट] *पु॰* मोट/गठरी/बोझ ढोनेवाला मज़दूर।

मुट्ठा—[< हि॰ मूठ] *पु॰* १. हाथ की मुट्ठी में पकड़ने के लिए बनी वस्तु। २. (तलवार/औज़ार आदि की) मूठ। दस्ता। बेंट। ३. हाथ की मुट्ठी में पकड़कर ले जाने योग्य। ४. (परिमाण में) मुट्ठी-भर। ५. किसी वस्तु का बाँधा हुआ गट्ठर। पुलिन्दा।

मुट्ठी—[< प्रा॰ मुटठि < स॰ मुष्टि] *स्त्री॰* १. बँधी हुई हथेली। मुष्टि। २. बँधी हुई हथेली में आने-भर के बराबर वस्तु। ३. (लाक्षणिक) पकड़। अधिकार।

मुठभेड़—[< हि॰ मुट्ठी + भिड़ना] *स्त्री॰* १. मुट्ठियों से युद्ध। मुष्टिप्रहार। २. संघर्ष। लड़ाई। भिड़न्त। ३. दो शत्रुओं/दलों का आमने-सामने होने वाला युद्ध।

मुठिका—[< स॰ मुष्टिका] *स्त्री॰* मुष्टिका। घूँसा।

मुठिया—[< स॰ मुष्टिका] *स्त्री॰* किसी वस्तु का वह सिरा जो हाथ में पकड़ा जाता है। मूठ। दस्ता। बेंट।

मुठियाना—[< हि॰ मुट्ठा/मुट्ठी] *क्रिस॰* १. मुट्ठी में दबा लेना। २. मुट्ठियों से धीमे-धीमे आघात करना। ३. शरीर को दबाते समय किसी अंग को बार-बार मुट्ठी में लेना और छोड़ना।

†मुड़कना/मुरकना—[< हि॰ मुड़ना] *क्रिअ॰* १. झटके से किसी ओर मुड़ना। २. किसी अंग में मोड़/तनाव आ जाना। ***जैसे***—कलाई मुड़कना। ३. वापस आना। लौटना। मुड़ना। ४. हिचककर रुकना। ५. नष्ट होना।

†मुड़काना/मुरकाना—[< हि॰ मुड़कना] १. मुड़कने में प्रवृत्त करना। ***जैसे***—किसी की कलाई मुड़काना। २. वापस लाना। लौटाना। ३. नष्ट करना। ४. मोड़ना।

***मुड़हर/मुड़हरु**—[< हि॰ मूँड़] *पु॰* १. (स्त्रियों की) साड़ी, ओढ़नी आदि का वह भाग जो सिर पर रहता है। २. अवगुंठन। घूँघट।

मुड़ासा—[< स॰ मुण्डवासक] *पु॰* सिर पर पगड़ी की तरह बाँधा जाने वाला वस्त्र।

मुड़िया—[< हि॰ मुँड़ना] *वि॰* मुंडित सिर वाला। *पु॰* सन्यासी या साधु।

मुड्ढ—[< सं॰ मूर्द्धा] *पु॰* प्रधान/प्रमुख व्यक्ति। ✣ **मुड्ढा**—*पु॰* स्कन्ध का सिर और बाहु-मूल का जोड़।

मुण्ड (मुंड)—[सं॰ √मुण्ड् + घञ् + अच्] *पु॰* १.सिर। २. कटा हुआ सिर। ३. मस्तक। माथा। ४. मुँडे हुए सिर वाला या गंजे सिर वाला। ५. मुँडा हुआ या गंजा सिर। ६. ऐसा वृक्ष जिसकी शाखाएँ काट दी गयी हों। ७. राहु (ग्रह)।

मुण्डक (मुंडक)—[सं॰ मुण्ड + कन्] *पु॰* १. सिर। २. मुण्डन करनेवाला। मूँड़नेवाला। ३. नाई।

मुण्डन (मुंडन)—[सं॰ √मुण्ड् + ल्युट्] *पु॰* १. सिर का मूँडा जाना। २. एक संस्कार जिसमें बालक के सिर के बाल नाई द्वारा पहली बार उतारे जाते हैं और सिर को उस्तरे से मुँडवा दिया जाता है।

मुण्डमाल (मुंडमाल)—[सं॰ मुण्ड ~ माल] *पु॰* = मुंडमाला।

मुण्डमाला (मुंडमाला)—[सं॰ मुण्ड ~ माला] *स्त्री॰* कटे हुए सिरों की माला। *जैसे*—भगवान् शिव के या काली देवी के गले में पड़ी मुंडमाला एक प्रतीक है।

मुण्डमालिनी (मुंडमालिनी)—[सं॰ मुण्डमालिन् + ङीप्] *पु॰* १. मुंडों की माला धारण करनेवाला व्यक्ति। २. शिव। महादेव।

मुण्डा[१] (मुंडा[१])—[< सं॰ मुण्डित] *वि॰* १. जिसके सिर पर बाल न हों। जिसका सिर मुँडा हुआ हो या गंजा हो। मुंडित। २. (ऐसा पशु) जिसके सींग होने चाहिए परन्तु न हों। *जैसे*—मुंडा बैल; मुंडा भैंसा। ३. (ऐसा वृक्ष) जिसकी शाखाएँ कटी हुई हों। ठूँठ। *पु॰* एक प्राचीन वनवासी जाति जो छोटा नागपुर, राँची आदि के जंगली भागों में रहती है। २. सन्यासी, साधु या भिक्षु। ३. एक पक्षी जिसके सिर और गर्दन काले होते हैं, बाली नहीं होते और धान के खेतों में मेंढकों की खोज में देखा जाता है जब किसान हल जोत रहे होते हैं। *स्त्री॰* (भाषा॰) उत्तर प्रदेश, बिहार, पंजाब, उड़ीसा, तमिलनाडु आदि में कहीं-कहीं बोली जाने वाली मुंडी, सन्थाली आदि भाषाओं का सामूहिक नाम। शबर भाषा।

†मुण्डा[२] (मुंडा[२])—[< सं॰ माणवक] *पु॰* बालक। लड़का।

मुण्डिका—[सं॰ मुण्डक + टाप्, इत्व] *स्त्री॰* १. छोटा मुंड। २. सिर। मुंडी। मुँड़ी।

मुण्डित—[सं॰ √मुण्ड् + क्त] *वि॰* १. जिसे मूँडा गया हो। मुँडा हुआ। २. जिसका मुंडन हुआ हो। (लाक्षणिक) लुटा-पिटा।

मुण्डी[१] (मुंडी[१])—[सं॰ मुण्डिन्] *पु॰* १. वह व्यक्ति जिसका मुण्डन हुआ हो। २. जिसका सिर मुँड़ा हुआ हो। सन्यासी या साधु। ३. शिव।

मुण्डी[२] (मुंडी)—[< हि॰ मुंडा] *स्त्री॰* वह स्त्री जिसका सिर मुँडा हुआ हो। २. (गाली/शाप के रूप में) विधवा स्त्री। ३. (गाली के रूप में प्राय: स्त्रियों के द्वारा प्रयुक्त) विधवा। ४. बालिका। लड़की। ५. (उपेक्षापूर्ण प्रयोग) स्त्री।

मुण्डी[३] (मुण्डी[३])—[< सं॰ मुण्ड] *स्त्री॰* सिर। मूँड़। मुँड़ी। *जैसे*—हर समय मुंडी हिलाना।

मुतलक़—[अरबी] *वि॰* पूर्ण रूप से। सर्वथा। निपट। बिलकुल। *क्रिवि॰* ('नहीं' वाले वाक्य) तनिक भी। थोड़ा भी।

मुतल्लिक़—[< अरबी मुतअल्लिक़] *क्रिवि॰* विषय में। सम्बन्ध में।

मुतवातिर—[अरबी] *वि॰* निरन्तर। लगातार।

मुतान—[< हि॰ मूतना] *स्त्री॰* १. मूतने की क्रिया/भाव। २. (पशुओं की) मूत्रेन्द्रिय। ३. मूत्र-संस्थान।

मुताबिक़—[अरबी] *क्रिवि॰* अनुसार। *जैसे*—आज्ञा के मुताबिक़ चलो।

मुतास—[< हि॰ मूतना] *स्त्री॰* मूत्र-त्याग करने की इच्छा/प्रवृत्ति। पेशाब करने की इच्छा/प्रवृत्ति।

मुत्तफ़िक—[अरबी] *वि॰* सहमत।

मुत्लक़—[अरबी] *वि॰* नितान्त। बिलकुल।

मुद—[सं॰ √मुद् + क्विप्] *पु॰* मोद। हर्ष। प्रसन्नता।

मुदमग—[< सं॰ मुद ~ मार्ग] *पु॰* मोद का मार्ग।

मुदमय—[सं॰ मुद + मयट्] *वि॰* आनन्दमय।

मुदर्रिस—[अरबी] *पु॰* शिक्षक। अध्यापक। ✣ **मुदर्रिसी**—*स्त्री॰* = अध्यापन।

मुदा[१]—[< सं॰ मुद] *अव्यय॰* आनन्द से। हर्षपूर्वक।

†मुदा[२]—[देशज] *अव्यय॰* परन्तु। लेकिन।

मुदित—[सं॰ √मुद् + क्त] *वि॰* मोद से युक्त। हर्षित।

मुदिता—[सं॰ मुदित + टाप्] *स्त्री॰* हर्ष। आनन्द। चित्त की वह अवस्था जिसमें दूसरे को सुखी देखकर सुख होता है। वह परकीया नायिका जो परपुरुष का प्रेम पाने की इच्छा पूरी हो जाने से प्रसन्न होती है।

मुदिर—[सं॰ √मुद् + किरच्] *पु॰* १. मेघ। बादल। २. कामुक व्यक्ति। लम्पट पुरुष। ३. मेंढक।

मुद्गर—[सं॰ मुद् √गृ + अच्] *पु॰* १. पहलवानों के व्यायाम का एक उपकरण। २. लोहे का बना उपर्युक्त उपकरण जो प्राचीन काल में अस्त्र की तरह प्रयुक्त होता था। ३. काठ या लोहे की हथौड़ी। ४. मुँगरी। (चिकित्सा॰) मध्यकर्ण में हथौड़ी के आकार की अस्थि।

मुद्दई—[अरबी] *पु॰* (विधि॰) दावा करनेवाला। वादी।

मुद्दत—[अरबी] *स्त्री॰* १. अवधि। मियाद। २. बहुत अधिक समय। दीर्घकाल। *जैसे*—मुद्दत के बाद तुम मिले।

मुद्दा—[< अरबी मुद्दआ] *पु॰* १. किया गया दावा। २. अर्थ। मतलब। ३. आशय। उद्देश्य। मंशा। ४. संक्षेप में तात्पर्य। ख़ुलासा। ५. (बातचीत/विवाद/तर्क आदि का) मुख्य विषय।

मुद्दालह—[अरबी] *पु॰* (विधि॰) जिस पर दावा किया गया हो। प्रतिवादी।

***मुद्ध (मुद्ध)**—[< सं॰ मुग्ध] *वि॰* मुग्ध। मोहित। *स्त्री॰* १. मुग्धा स्त्री। २. स्त्री।

मुद्रक—[सं॰ √मुद् + रक् + ण्वुल्] *पु॰* १. वह व्यक्ति जो पत्र-पत्रिकाओं के मुद्रण के लिए क़ानूनी तौर पर उत्तरदायी होता है। २. छापे की मशीन का चालक। मुद्रणकर्ता। मशीनचालक। ३. टेलीप्रिंटर का वह भाग जिस पर समाचार टंकित होकर आते रहते हैं। ४. कम्प्यूटर का वह भाग जो छपे रूप में जानकारी देता है। (अं॰ प्रिंटर)

मुद्रक-चिह्न (मुद्रक-चिह्न)—[स॰] *पु॰* पुंस्तक में (अपने चिह्न के रूप में) अंकित मुद्रक/प्रकाशक का प्रतीक।

मुद्रण—[स॰ √मुद् + रा + ल्युट्] *पु॰* १. छपाई। २. छापना। ३. (मुद्रा से) छाप लगाना। मुद्रांकन करना। मुहर लगाना।

मुद्रणालय—[स॰ मुद्रण ~ आलय] *पु॰* छापाखाना। प्रिन्टिंग प्रेस/प्रेस (अ॰)

मुद्रशीर्ष—[स॰ मुद्र ~ शीर्ष] *पु॰* पत्रशीर्ष। (अ॰ लेटर हेड)

मुद्रा—[स॰ मुद्र + टाप्] *स्त्री॰* १. सिक्का। २. नाम/चिह्न आदि मुहर। ३. मुख-हाथ इत्यादि की विशेष स्थिति जिससे मन का कोई भाव प्रकट हो। ४. अँगूठी जिस पर किसी का नाम या व्यक्तिगत चिह्न अंकित हो। ५. द्रव्य। धन। ६. ऐसा विनिमय-माध्यम जिसे व्यापक रूप से लेन-देन में स्वीकार किया जाए। देश का सिक्का (रुपया, नोट आदि) ***जैसे***—भारतीय मुद्रा। ७. खड़ी/बैठी स्थिति में शरीर के अंगों की कोई विशेष स्थिति। ***जैसे***—हठयोग की खेचरी मुद्रा। ८. छापेख़ाने में काम आने वाले सीसे के ढले अक्षर। मुद्राक्षर। टाइप (अ॰)। ९. नाथपन्थी योगियों द्वारा पहना जाने वाला कान का कुंडल। १०. वैष्णवों द्वारा अपने शरीर के अंगों पर तपे हुए लोहे से दगवाए गए या अंकित कराए गए शंख, चक्र आदि के चिह्न। (काव्य॰) एक अर्थालंकार जिसमें प्रस्तुत अर्थ देने वाले पदों से किसी व्यक्ति/स्थान/वस्तु के नाम या शास्त्रीय शब्द भी आ जाने का चमत्कार होता है।

मुद्राक्षर—[स॰ मुद्रा ~ अक्षर] *पु॰* मोहर पर खुदे हुए अक्षर। (मुद्रण॰) ढला हुआ सीसे का छोटा-सा टुकड़ा जिस पर अक्षर बना होता है और जो अक्षरयोजन द्वारा मुद्रण में काम आता है। (अ॰ टाइप)

मुद्राङ्क (मुद्रांक)—[स॰ मुद्रा ~ अङ्क] *पु॰* मुद्रा की छाप। मोहर।

मुद्राङ्कन (मुद्रांकन)—[स॰ मुद्रा ~ अङ्कन] *पु॰* १. मुद्रा अंकित करने की क्रिया। २. किसी ठप्पा आदि की सहायता से कोई चिह्न या नाम विशेष अंकित करने का काम। मुहर लगाना। छाप। ३. मुद्रण। छपाई।

मुद्राधातु—[स॰] *स्त्री॰* (रसायन॰) उन धातुओं में से कोई जो कठोरता के कारण सिक्का बनाने में काम आती हैं। ***जैसे***—सोना, चाँदी और ताँबा मुद्रा धातुएँ हैं।

मुद्राबन्ध (मुद्राबंध)—[स॰ मुद्रा ~ बन्ध] *पु॰* (योग॰) मुद्राओं से युक्त ४ बन्ध—मूलबन्ध, महाबन्ध, जालन्धर बन्ध और उड्डीयान बन्ध।

मुद्राशास्त्र—[स॰ मुद्रा ~ शास्त्र] *पु॰* वह शास्त्र जिसमें विभिन्न धातुओं के बने प्राचीन सिक्कों का अध्ययन तथा विवेचन कर उनसे तत्कालीन इतिहास और संस्कृति की जानकारी प्राप्त की जाती है। ✣ **मुद्राशास्त्री**— *पु॰* = मुद्राशास्त्र का विशेषज्ञ।

मुद्रा-स्फीति—[स॰] *स्त्री॰* (अर्थ॰) सामान्य क़ीमत-स्तर में लगातार वृद्धि जिससे धन की क्रयशक्ति घट जाती है। मुद्रा-प्रसार। ∇ **विलोम**—मुद्रा-संकुचन।

मुद्रिका—[स॰ मुद्रा ~ कन् + टाप्] *स्त्री॰* १. नाम या चिह्न से युक्त अँगूठी। २. अँगूठी। ३. मुहर।

मुद्रित—[स॰ मुद्रा + इतच्] *वि॰* १. मोहर लगा हुआ। अंकित। २. मोहर लगाकर बन्द किया हुआ। ३. छापा हुआ। ४. मुँदा हुआ। बन्द। ५. अनखिला (फूल)

मुद्री—[< स॰ मुद्रण] *स्त्री॰* (मुद्रण) मुद्रण में प्रयुक्त बहुत छोटा ठप्पा जिस पर अक्षर या आकृति उभरा होता है। टाइप (अ॰)

मुधा—[स॰ √मुह् + का, पृषो॰ ह् → ध्] (अव्यय॰) १. व्यर्थ। निरर्थक। २. भूल से।

मुनह्सिर—[अरबी] *वि॰* निर्भर।

मुनासिब—[अरबी] *वि॰* १. उचित। ठीक। २. योग्य। ३. यथेष्ट। काफ़ी। ∇ **विलोम**—नामुनासिब।

मुनि—[स॰ √मन् + इन्, उत्व] *वि॰* १. मननशील। *पु॰* १. मननशील साधु/महात्मा। २. मौनव्रतधारी व्यक्ति। ३. तपस्वी। ४. सप्तर्षि। ५. पद्य आदि में सात की संख्या।

मुनिकल्प—[स॰ मुनि ~ कल्प] *वि॰* मुनियों के समान। मुनितुल्य।

मुनिकुमार—[स॰ मुनि ~ कुमार] *पु॰* १. अल्पवयस्क मुनि। २. मुनि का पुत्र।

मुनिचीर—[स॰ मुनि ~ चीर] *पु॰* मुनियों का परिधान। वल्कल-वस्त्र।

***मुनितिय**—[स॰ मुनि + हि॰ तिय] *स्त्री॰* मुनि की पत्नी।

मुनिनाथ—[स॰ मुनि ~ नाथ] *पु॰* मुनियों में प्रमुख।

मुनिवसन—[स॰ मुनि ~ वसन] *पु॰* मुनियों के वस्त्र। वल्कलवस्त्र। मुनियों जैसे वस्त्र।

मुनीन्द्र (मुनींद्र)—[स॰ मुनि ~ इन्द्र] *पु॰* मुनियों में श्रेष्ठ। महामुनि। मुनीश्वर। मुनिराज।

मुनीम—[अरबी] *पु॰* किसी दुकान/आढ़त आदि का हिसाब-किताब रखनेवाला कर्मचारी।

मुनीश—[स॰ मुनि ~ ईश] *पु॰* मुनिवर। मुनिश्रेष्ठ।

***मुनीस/मुनीसुर/मुनीस्वर**—[< स॰ मुनीश/मुनीश्वर/मुनीश्वर] *पु॰* मुनियों में श्रेष्ठ। मुनिवर।

मुन्तज़िर (मुंतज़िर)—[अरबी] *वि॰* जो इन्तज़ार में हो। प्रतीक्षा करनेवाला। प्रतीक्षारत।

मुन्ना—[< स॰ मुण्डिन्] *पु॰* छोटे बालकों के लिए एक प्रेमपूर्ण सम्बोधन। प्रिय बालक।

मुन्शियाना (मुंशियाना)—[< अरबी मुन्शी] *वि॰* मुंशियों की तरह का। मुंशियों जैसा।

मुन्शी (मुंशी)—[अरबी] *पु॰* १. लेख आदि लिखने में निपुण लेखक। २. (कार्यालय का) लिपिक। ३. वकील का मुहर्रिर। ४. फ़ारसी-अरबी आदि भाषाओं के लेख, ग्रन्थ आदि पढ़ने-लिखने में निपुण व्यक्ति।

मुन्सिफ़ (मुंसिफ़)—[अरबी] *वि॰* न्यायकर्ता। *पु॰* दीवानी अदालत का एक न्यायकर्ता पदाधिकारी।

मुफ़लिस—[<अरबी मुफ़्लिस] *वि॰* निर्धन। ग़रीब।

मुफ़स्सिल—[< अरबी] *वि॰* सविस्तार। विस्तृत। विवरणयुक्त। *पु॰*

नगर के आसपास के स्थान। नगर के आसपास की छोटी बस्तियाँ।

मुफ़ीद—[अरबी] *वि॰* १. लाभकारी। फ़ायदेमन्द। २. हितकारी। ३. उपयोगी।

मुबलिग़—[< अरबी मुब्लग़] *वि॰* १. जो खोटा न हो। खरा। २. रुपए आदि की संख्या के पहले लगने वाला एक शब्द। संख्यागत। ***जैसे***—मुबलिग़ ५०० रुपए प्राप्त हुए।

मुबारक—[अरबी] *वि॰* १. कल्याणकारी। २. भाग्यशील। *पु॰* १. शुभ सूचना। ख़ुशख़बरी। २. किसी मांगलिक या हर्ष के अवसर पर सम्बन्धित व्यक्ति से कहा जाने वाला शब्द। बधाई।

मुबारकबाद—[अरबी मुबारक + फा॰ बाद] *पु॰* किसी मांगलिक या हर्ष के अवसर पर बधाई देना। 'मुबारक हो', 'बधाई हो' या 'कल्याण हो' ऐसा कहना। बधाई देने का कार्य।

मुबालग़ा—[< अरबी मुबालग़:] *पु॰* बात को बढ़ाकर कहना। अतिरंजना।

मुबाहिसा—[< अरबी मुबाहस:] *पु॰* वाद-विवाद। बहस।

मुब्तला—[अरबी] *वि॰* १. पकड़ा हुआ। ग्रस्त। ***जैसे***—बीमारी में मुब्तला। २. फँसा हुआ। ***जैसे***—इश्क़ में मुब्तला।

मुमानियत—[अरबी] *स्त्री॰* निषेध। मनाही।

मुमुक्षा—[स॰ √मुच् + सन् + अ + टाप्] *स्त्री॰* मोक्ष की इच्छा।

मुमुक्षु—[स॰ √मुच् + सन् + उ] *वि॰* १. बन्धन से छूटने का इच्छुक। २. मोक्ष चाहनेवाला। मुक्तिकामी। *पु॰* सन्यासी।

मुमूर्षा—[स॰ √मृ + सन् + अ + टाप्] १. मरने की इच्छा। २. मरण-प्रवृत्ति। ∇ **विलोम**—जिजीविषा।

मुमूर्षु—[स॰ √ मृ + सन् + उ] *वि॰* १. जो मर रहा हो। मरणासन्न। २. मरने का इच्छुक।

†मुरकना—*क्रिअ॰* ≤ *हि॰* मुड़कना।

मुरज—[स॰ मुर √जनि + ड] *पु॰* एक आनद्ध वाद्य जो मृदंग जैसा होता है और गले में लटकाकर बजाया जाता है।

मुरुण्डा (मुरुंडा)—[< प्रा॰ मोरंड] *पु॰* १. गुड़ और भुने चने (या परमल/लाई आदि) मिलाकर बनाया गया बड़ा गोलाकार पिंड। २. किसी खाद्य वस्तु का बड़ा, गोल और मीठा पिंड जो लड्डू की तरह हो। ३. किसी वस्तु को तोड़-मोड़कर बनाया गया गोल आकार।

मुरदार—[< हि॰ मुरदा] *वि॰* १. मरा हुआ। मृत। २. दुर्बल। *पु॰* वह पशु जिसकी स्वाभाविक मृत्यु हुई हो (काटे जाने से नहीं)।

मुरब्बा—[अरबी] *पु॰* कच्चे फल का चीनी की चाशनी में पाक। ***जैसे***—सेब का मुरब्बा।

मुरमर्दन—[स॰ मुर ~ मर्दन] *पु॰* (मुर दैत्य को मारने वाला) विष्णु या कृष्ण। मुरारि।

मुर-रिपु—[स॰] *पु॰* १. मुर का शत्रु। मुरारि। २. विष्णु या कृष्ण।

***मुरलि**—*स्त्री॰* ≤ *स॰* मुरली। वंशी। बाँसुरी।

मुरलिका—[स॰ मुरली + कन् + टाप्, ह्रस्व] *स्त्री॰* मुरली। वंशी। बाँसुरी।

मुरली—[स॰ मुर √ला + क + ङीष्] *स्त्री॰* वंशी। बाँसुरी।

†मुरवा—[ब्रज॰] *पु॰* = १. पैर का गट्टा जहाँ पर चूड़ा या पैर का कड़ा पहना जाता है। टख़ना। २. पैर में पहना जाने वाला भारी चूड़ा।

†मुरवान—[< हि॰ मुरना] *पु॰* = टख़ना।

***मुरवी**—[≤ स॰ मौर्वी] *स्त्री॰* १. मुर्वा घास से बनी हुई मेखला। २. धनुष की डोरी। प्रत्यंचा।

मुरव्वत/मुरव्वत—[अरबी] *स्त्री॰* शील-संकोच। लिहाज़। ✣ **मुरव्वतन (मुरव्वतन)**—*क्रिवि॰* = मुरव्वत के कारण। मुरव्वत में।

मुरहा[1]—[< स॰ मुर √हन् + क्विप्] *पु॰* 'मुर' का नाशक। मुरारि। कृष्ण।

†मुरहा[2]—[< स॰ मूल] *वि॰* १. 'मूल' नक्षत्र में जन्मा (व्यक्ति/शिशु)। २. अनाथ। ३. उपद्रवी। नटखट। शैतान। ४. (गाली के रूप में दुष्ट)।

मुरहा[3]—[< हि॰ मुरना] *वि॰* ऐंठनदार।

मुराड़ा—[देशज] *पु॰* एक सिरे पर जलती हुई लकड़ी। लुकाठी।

मुराद—[अरबी] *स्त्री॰* १. तीव्र इच्छा। प्रबल कामना। अभिलाषा। २. (देवता आदि से) मनौती। ३. अभिप्राय। तात्पर्य। मतलब। **वा॰ मुराद मानना**—मनौती मानना। **मुरादों के दिन**—युवावस्था।

मुरारि—[स॰ मुर ~ अरि] *पु॰* १. मुर नामक दैत्य का शत्रु/नाशक। २. विष्णु या कृष्ण।

मुरीद—[अरबी] *वि॰* १. शिष्य। चेला। २. भक्त। ३. (लाक्षणिक) प्रशंसक।

***मुरुख**—*वि॰, पु॰* ≤ *स॰* मूर्ख। ✣ **मुरुखाई**—*स्त्री॰* = मूर्खता।

***मुरुछना**—[< स॰ मूर्च्छन] *क्रिअ॰* १. मूर्छित होना। बेहोश होना। २. शिथिल होना।

***मुरुछा**—*स्त्री॰* ≤ *स॰* मूर्च्छा। बेहोशी।

***मुरुत देश**—[< स॰ मरुदेश] *पु॰* मारवाड़।

मुरेठा/मुरैठा—[< हि॰ मूँड़र (सिर)] *पु॰* पगड़ी। साफ़ा।

मुर्ग़ाबी/मुरग़ाबी—[फा॰] *स्त्री॰* एक जलपक्षी जो मछलियाँ खाता है। जल कुक्कुट। जलमुर्ग़ा।

मुर्दनी—[फा॰] *पु॰* १. मरते समय मनुष्य के मुख पर प्रकट होने वाले मृत्यु-चिह्न। २. मृत्यु। मौत।

मुर्दार—[फा॰] *वि॰* १. मृत। २. दुर्बल। कमज़ोर। ३. (लाक्षणिक) उत्साहहीन। *पु॰* मृत पशु का मांस।

मुर्रा—[< हि॰ मुरना] *स्त्री॰* १. गोल सींगों वाली भैंस। २. गुल्म जाति की एक वनौषधि। मरोड़फली।

†मुर्री—[< हि॰ मुरना] *स्त्री॰* १. ऐंठन। गाँठ।

मुर्शिद—[अरबी] *वि॰* १. धर्मगुरु। पीर। २. (व्यंग्य) धूर्त। चालाक।

†मुल/मुला—[< स॰ मूल] *क्रिवि॰* १. मूलतः। २. तात्पर्य यह है कि। ३. परन्तु। लेकिन। ४. अन्ततः। आख़िरकार।

†मुलक—*पु॰* ≤ अरबी॰ मुल्क। देश।

मुलकना—[< हि॰ पुलकना] *क्रिअ॰* पुलकित होकर मुस्कराना। हँसना। ✣ **मुलकित**—*वि॰* = मुस्कराता हुआ। मुस्कराहट से युक्त।

मुलतानी—[< हि॰ मुलतान] *पु॰* १. मुलतान का निवासी। *स्त्री॰* मुलतान की बोली। *वि॰* मुलतान का या मुलतान में होनेवाला। ***जैसे***—मुलतानी मिट्टी।

मुलम्मा—[< अरबी मुलम्मः] *वि॰* गिलिट किया हुआ। चाँदी या सोने का पानी चढ़ाया हुआ। *पु॰* १. क़लई। २. झूठी पालिश।

मुलहठी—[< सं॰ मूलयष्टि] *स्त्री॰* गुञ्जा लता की जड़ जो औषधि के रूप में काम आती है। मुलेठी।

मुलाज़मत—[अ॰] *स्त्री॰* नौकरी।

मुलाज़िम—[अरबी] *पु॰* सेवक। नौकर।

मुलाहज़ा/मुलाहिज़ा—[<अरबी मुलाहज़ः] *पु॰* १. निरीक्षण। देखभाल। २. परीक्षा। जाँच। ३. शील-संकोच। लिहाज़।

मुल्क—[अरबी] *पु॰* १. देश। २. क्षेत्र। इलाक़ा।

मुल्ज़िम—[अरबी मुल्ज़म] *पु॰* १. वह व्यक्ति जिस पर कोई दोष लगाया गया हो। अभियुक्त। २. अपराधी। दोषी।

मुल्तवी—[अरबी] *वि॰* स्थगित।

मुल्ला—[अरबी] *पु॰* १. मौलवी। २. मस्जिद में अज़ान देनेवाला।

मुवक्किल—[अरबी] *पु॰* जो अपना मुक़दमा वकील को देता हो। वकील का आसामी।

मुशायरा—[< अरबी मुशाअरः] *पु॰* १. कविगोष्ठी। २. कवि-सम्मेलन।

मुश्क[1]—[देशज] *पु॰* भुजा। बाँह। ***जैसे***—मुश्कें कसना। **वा॰ मुश्कें बाँध लेना**—बन्दी बनाना।

मुश्क[2]—[फा॰] *पु॰* (हिरन की) कस्तूरी। मृगमद।

मुश्कनाभ—[फा॰ मुश्क + सं॰ नाभि] *पु॰* कस्तूरी मृग की नाभि की थैली जिसके अन्दर कस्तूरी होती है।

मुश्की—[फा॰] *वि॰* १. मुश्क/कस्तूरी जैसा काला। २. काले रंग का (घोड़ा)।

मुश्त—[फा॰] *स्त्री॰* १. मुष्टि। मुट्ठी। २. मुष्टिका। घूँसा। ३. मुट्ठी-भर वस्तु।

मुश्तरका—[< अरबी मुश्तरकः] *वि॰* १. साझे का। २. मिला हुआ।

मुषल—[सं॰ मुष् + कलच्] *पु॰* मूसल।

मुष्टि—[सं॰ √मुष् + क्तिच्/क्तिन्] *स्त्री॰* १. मुट्ठी। २. मुट्ठी-भर की मात्रा। ३. मुष्टिका। घूँसा। मुक्का। ४. (हथियार आदि की) मूठ। दस्ता। बेंट।

मुष्टिका—[सं॰ मुष्टिक + टाप्] *स्त्री॰* १. मुष्टि। मुट्ठी। २. घूँसा। मुक्का।

मुष्टिबद्ध (मुष्टिबद्ध)—*वि॰* जिसकी मुट्ठी बँधी हुई हो। *पु॰* कृपण। कंजूस।

मुष्टिमध्यमा—[सं॰ मुष्टि ~ मध्यम ~ टाप्] *स्त्री॰* मुट्ठी में आने योग्य कमर वाली स्त्री। सूक्ष्मकटि।

मुष्टियुद्ध (मुष्टियुद्ध)—[सं॰ मुष्टि ~ युद्ध] *पु॰* घूँसा-युद्ध। घूँसेबाज़ी। मुक्केबाज़ी। (अ॰ बाक्सिंग)

मुष्टियोग—[सं॰ मुष्टि ~ योग] *पु॰* १. किसी बड़े कार्य का सरल उपाय। २. सरल नुस्ख़ा।

मुसट**—[< हि॰ मष्ट] *पु॰* मौन। ***जैसे—मुसट धर कर बैठना।

मुसद्दी—[अरबी] *पु॰* लिपिक। मुहर्रिर।

मुसना—[< सं॰ मूषण] *क्रिअ॰* लूटा जाना। *क्रिस॰* १. चोरी करना। २. लूटना।

मुसन्ना—[अरबी] *पु॰* रसीद आदि का बचा आधा हिस्सा। प्रतिपर्ण।

मुसम्मात—[अरबी] *वि॰ (स्त्री॰)* (स्त्रियों के नाम से पहले लगाया जाने वाला शब्द)। (यह) नाम वाली। ***जैसे***—मुसम्मात नरगिस। *स्त्री॰* स्त्री। औरत।

†मुसरी—[< हि॰ मूसा] *स्त्री॰* (चूहे का बच्चा) चुहिया।

मुसर्रत—[अरबी] *स्त्री॰* प्रसन्नता। हर्ष। ख़ुशी।

मुसल—[सं॰ √ मुस् + कलच्] *पु॰* मूसल।

मुसली[1]—[सं॰ मुसलि] *वि॰* मूसल धारण करनेवाला। *पु॰* (वासुदेव पुत्र) बलराम।

मुसली[2]—[< सं॰ मुशली] *स्त्री॰* एक प्रकार का पौधा जिसके कन्द सफ़ेद या काले होते हैं, पत्ते ताड़ के पेड़ के आकार के होते हैं और फूल पीले होते हैं।

मुसल्ला[1]—[अरबी] *पु॰* मुसलमानों द्वारा नमाज़ पढ़ने के लिए प्रयुक्त दरी/चटाई।

†मुसल्ला[2]—[< अरबी मुसलमान] *पु॰* (उपेक्षापूर्ण कथन में) मुसलमान पुरुष। ***जैसे***—गाँव से आ रहे मुसल्लों और मुसल्लियों की भीड़।

मुसवाना—[हि॰ 'मूसना' का प्रेरणा॰] *क्रिस॰* १. किसी को मूसने में प्रवृत्त करना। २. ऐसा कुछ करना जिससे कोई मूसा जाए।

मुसव्विर (मुसव्विर)—[अरबी] *पु॰* चित्रकार। ✣ **मुसव्विरी (मुसव्विरी)**— *स्त्री॰* = चित्रकला।

***मुसाना**—[< हि॰ मुसना] *क्रिस॰* १. लुटवाना। २. चोरी कराना।

मुसाहिब—[अरबी] *पु॰* किसी बड़े आदमी के पास उठने-बैठनेवाला व्यक्ति। ✣ **मुसाहिबी**— *स्त्री॰* = मुसाहिब का पद/काम।

***मुसि-मुसि**—[< हि॰ मुसना] *क्रिवि॰* धीरे-धीरे या चुपके-से।

मुस्तक़िल—[अरबी] *वि॰* १. स्थिर। २. दृढ़। पक्का। ३. स्थायी (नियुक्ति/नौकरी)।

मुस्तण्डा (मुस्तंडा)/मुस्टण्डा (मुसटंडा)—[देशज] *पु॰* १. हृष्ट-पुष्ट। २. हट्टा-कट्टा। बदमाश।

मुस्तहक़—[अरबी] *वि॰* १. अधिकारी। हक़दार। २. योग्य। पात्र।

मुस्तैद—[अरबी मुस्तइद] *वि॰* १. तत्पर। सन्नद्ध। तैयार। २. तेज़ी से काम करनेवाला। चुस्त।

मुहचङ्ग (मुहचंग)—[< हि॰ मुँह + चंग] *पु॰* मुख से बजाने का एक बाजा जो पहले प्रचलित था।

मुहताज—[< अरबी मोहताज] *वि॰* १. अभावग्रस्त। २. निर्धन। ३. अपाहिज।

मुहन्नद—[अरबी] *पु॰* १. किसी अन्य भाषा के शब्द के हिन्दीकरण से बना शब्द (***जैसे***—अँग्रेज़ी 'लैन्टर्न' से बना हिन्दी 'लालटैन')। २. हिन्द/हिन्दुस्थान के लोहे की बनी तलवार।

***मुहरका**—[< अरबी मुहर्रिक] पु॰ अगुआ होने की प्रवृत्ति। नेतागीरी।

मुहरा/मोहरा—[< हि॰ मुँह] पु॰ १. मुख का आकार या रूप। २. किसी बरतन का मुँह या ऊपरी खुला भाग। ३. किसी वस्तु का अगला या ऊपरी भाग। ४. सेना का अगला भाग। ५. घोड़े के मुख पर पहनावे का एक साज। ६. शतरंज के खेल में कोई गोटी। ७. सोने-चाँदी पर नक़्क़ाशी करने में प्रयुक्त एक उपकरण जिससे नक़्क़ाशी चमकायी जाती है। **वा॰ मुहरे पर खड़ा करना**—तोप आदि की मार के सामने खड़ा करना।

मुहर्रम—[अरबी] वि॰ अरबी काल-गणना में वर्ष का प्रथम मास। पु॰ (इस्लाम॰) मुसलमानों का एक त्योहार। **वा॰ मुहर्रम का जन्मा**—सदा दु:खी और चिन्तित रहनेवाला।

मुहर्रिर—[अरबी] पु॰ १. लिखनेवाला। लिपिक। क्लर्क (अ॰)। २. वकील आदि का मुंशी।

मुहाफ़िज़—[अरबी] वि॰ १. हिफ़ाज़त करनेवाला। रक्षक। २. अभिभावक। सरपरस्त।

मुहाल—[अरबी] वि॰ १. दुष्कर। कठिन। २. असम्भव। ३. दुर्लभ।

मुहावरा—[< अरबी मुहावर:] पु॰ १. किसी भाषा में प्रचलित वाक्यांश या पद-समूह जो अभिधेयार्थ से भिन्न कोई विशेष लक्ष्यार्थ देता है। वाग्बन्ध। वाग्योग। २. अभ्यास। ✣ **मुहावरेदार**— वि॰ = १. मुहावरेवाला। वाग्बद्ध। २. (भाषा) जिसमें मुहावरों का प्रयोग हो। वाग्बन्ध-युक्त। वाग्बद्ध (भाषा)।

मुहासिरा—[< अरबी मुहासर:] पु॰ चारों ओर से घेरने की क्रिया। घेरा। *जैसे*—क़िले का मुहासिरा पड़े एक मास बीत गया।

***मुहामुँह/मुँहामुँह**—[< हि॰ मुँह] वि॰ १. मुँह तक भरा हुआ। २. बहुत। *जैसे*—दूध से मुँहामुँह भरा बर्तन।

मुहुर्मुहु:—[स॰ मुहु: ~ मुहु:] क्रिवि॰ पुन: पुन:। बार-बार।

मुहूर्त—[स॰ √हुर्च्छ् + क्त, मुट्-आगम, छ-लोप] पु॰ १. समय की एक इकाई। २. दो घटी/घड़ी का समय। ४८ मिनट का समय। ३. किसी कार्य के आरम्भ के लिए निश्चित किया गया समय। (फलित॰) १. विवाह, यात्रा आदि के लिए निश्चित किया गया शुभ समय।

मुह्यता (मुह्यता)—[स॰ √मुह् + यत् + तल् + टाप्] पु॰ मोह।

मुह्यमान (मुह्यमान)—[स॰ √मुह् + शानच्, यक् और मुक् का आगम] वि॰ १. मोहयुक्त। मोहित। २. मूर्च्छित।

मुँगरा—[< स॰ मुद्गर] पु॰ गोल मुठियादार लकड़ी जिससे ठोंक-पीट करते हैं। लकड़ी की हथौड़ी। ✣ **मुँगरी**—स्त्री॰ = छोटा मुँगरा।

मुँगौड़ा/मुँगौरा—[< हि॰ मूँग] पु॰ मूँग को पानी में भिगोकर, पीसकर तथा मसाला डालकर पिंडाकार बनाया गया तथा घी या तेल में तल कर खाया जाने वाला व्यंजन। ✣ **मुँगौड़ी/मुँगौरी**—स्त्री॰ = मूँग की पीठी से बनी बड़ी।

मुँचना—[< स॰ मुञ्चन] क्रिस॰ आज़ाद करना। छोड़ना। क्रिअ॰ आज़ाद होना। छूटना।

मुँड़ासा-[< हि॰ मूँड़] पु॰ (सिर पर बाँधने का) साफ़ा/पगड़ी।

†**मुँड़िआ/मुँड़िया**[१]—[हि॰ मूँडना] वि॰ मुँडे सिर वाला (व्यक्ति)। पु॰ सिर मुँड़ाकर विरक्त बना सन्यासी/साधु।

मुँड़िया[२]—स्त्री॰ ≤ हि॰ मूँड़। सिर। मुंड।

मुँडेर/मुँड़ेर—[< स॰ मुण्ड] स्त्री॰ १. खेत की मेंड़। २. दीवार का ऊपरी भाग जो छत से कुछ ऊँचा होता है।

मुँडेरा—[< स॰ मुण्ड] पु॰ १. दीवार का ऊपरी भाग जो छत से कुछ ऊँचा होता है। मुँडेर। २. नदी या नहर आदि के किनारे बाँधा गया पुश्ता। ✣ **मुँडेरी**—स्त्री॰ = मुँडेर।

मुँदरी—[< स॰ मुद्रा] स्त्री॰ १. मुद्रा। अँगूठी। २. छल्ला।

मुँहजला—[< हि॰ मुँह + जलना] वि॰ अशुभ बातें कहनेवाला।

मुँहज़बानी—[हि॰ मुँह + जबानी] क्रिवि॰ १. मौखिक रूप से। २. कंठस्थ करके।

मुँहजोर—[< हि॰ मुँह + ज़ोर] वि॰ १. बहुत बोलनेवाला। वाचाल। २. धृष्ट। ढीठ। ३. चंचल।

मुँहजोही—[< हि॰ मुँह + जोहना] स्त्री॰ १. मुख जोहने की क्रिया/भाव। २. आज्ञा की प्रतीक्षा में मुँह देखते रहना।

मुँह-झौंसा (झौंसा)—[< हि॰ मुँह + झौंसना] वि॰ अशुभ बातें कहनेवाला। मुँहजला।

मुँहतोड़—[हि॰ मुँह + तोड़ना] वि॰ विपक्षी के तर्कों को काट देने वाला। *जैसे*—मुँहतोड़ उत्तर।

मुँहदेखा—[< हि॰ मुँह + देखना] वि॰ १. दिखावे के लिए, ऊपरी मन से किया गया काम। *जैसे*—मुँहदेखा आदर। २. आज्ञा की प्रतीक्षा में किसी का मुँह ताकते रहनेवाला।

मुँहबोला—[हि॰ मुँह + बोलना] वि॰ मुँह से कहकर बनाया हुआ या माना हुआ। *जैसे*—मुँहबोला भाई।

मुँहा—[हि॰ मुँह] वि॰ (समासयुक्त शब्द के अन्त में) मुखवाला। *जैसे*—दोमुँहा (= दो मुखों वाला), चारमुँहा (= चार मुखों वाला)।

मूआ—[< प्रा॰ मुआ < स॰ मृत] वि॰ मृत।

मूक—[स॰ √मू + कक्] वि॰ १. वाक्‌शक्ति से हीन। गूँगा। २. दीन-हीन। लाचार। *जैसे*—आप उस दृश्य के मूक दर्शक बने रहे। ∇ **विलोम**—वाचाल। ✣ **मूकता**—स्त्री॰ = १. गूँगापन। २. लाचारी।

***मूकना**—[< अप॰ मुक्क < स॰ मुच्] क्रिस॰ १. त्यागना। छोड़ना। २. बन्धनमुक्त करना। ३. निकालना। ४. दूर करना। अलग करना।

***मूका**[१]—[< स॰ मुष्टिका] स्त्री॰ १. मुट्ठी। २. मुक्का। घूँसा।

***मूका**[२]—[< हि॰ मोखा] पु॰ दीवार के आर-पार बना छेद जिससे प्रकाश और हवा का आना-जाना होता है। झरोखा। मोखा।

मूकाभिनय—[स॰ मूक ~ अभिनय] पु॰ (नाट्य॰) ऐसा अभिनय जिसमें अभिनेता वाणी का नहीं, भंगिमाओं, मुख-मुद्राओं आदि का ही प्रयोग करता है।

***मूचना**—[< हि॰ मोचना] क्रिस॰ १. छोड़ना। २. गिराना। ३. निकालना। ४. मोचना।

मूज़ी—[अरबी] वि॰ १. कष्ट देनेवाला। पीड़क। २. अत्याचारी। दुष्ट। ३. बहुत कंजूस। ४. नटखट। शैतान। **वा॰ मूज़ी का माल**—कंजूस का धन, वस्तुएँ आदि।

मूजैनी—[< हि॰ मूँज] *स्त्री॰* हल्के हरे रंग की एक चिड़िया जो प्रायः मूँज के झुरमुट में रहती है।

मूठ—[< स॰ मुष्टि] *स्त्री॰* १. मुट्ठी। २. मुट्ठी-भर वस्तु। २. किसी उपकरण आदि का दस्ता। हत्था। बेंट। ३. एक प्रकार का तान्त्रिक प्रयोग जिससे मारण आदि किया जाता है। ४. (लाक्षणिक) जादू-टोना। ***वा॰* मूठ चलाना/मारना**—(शत्रु पर) जादू-टोना करना। ✣ ***मूठि**—*स्त्री॰* मूठ। ***जैसे***—गुलाल की मूठि।

मूड—[अ॰] *पु॰* मनोदशा। चित्तवृत्ति।

मूड़/मूँड़—[< स॰ मुण्ड] *पु॰* मुंड। सिर। ***वा॰* मूड़ मारना**—१.मस्तिष्क का प्रयोग करना। २. व्यर्थ दिमाग़ लगाना।

मूढ़—[< स॰ √मुह् + क्त] *वि॰* १. मूर्ख। २. मूर्खतापूर्ण। ***जैसे***—मूढ़ रीतियाँ। ३. मुग्ध। ४. हक्का-बक्का। हैरान।

मूढ़मति—[< स॰ मूढ ~ मति] *वि॰* मोहग्रस्त बुद्धिवाला। अज्ञानी। मूर्ख।

मूढ़ाग्रह—[< स॰ मूढ ~ आग्रह] *पु॰* किसी भी सिद्धान्त, विश्वास या कार्यप्रणाली के प्रति अत्यधिक और अविवेकपूर्ण उत्साह। दुराग्रह। मतान्धता। कट्टरता।

मूत्रदोष—[स॰ मूत्र ~ दोष] *पु॰* पेशाब का कोई रोग। पेशाब की ख़राबी।

मूत्रपथ—[स॰ मूत्र ~ पथ] *पु॰* पेशाब निकलने की नली। मूत्रनली।

मूत्ररोध—[स॰ मूत्र ~ रोध] *पु॰* (चिकित्सा॰) पेशाब रुक जाने का रोग। मूत्राघात।

मूत्रल—[स॰ मूत्र √ला + क] *वि॰* अधिक मूत्र बनानेवाला। अनेक बार पेशाब लाने वाला। ***जैसे***—मूत्रल औषधि; चाय मूत्रल है।

मूत्राशय—[स॰ मूत्र ~ आशय] *पु॰* पेड़ू मे स्थित एक झिल्लीदार थैली जिसमें शरीर के अन्दर मूत्र एकत्रित होता रहता है। (अ॰ ब्लैडर)

मूत्राष्टक—[स॰ मूत्र ~ अष्टक] *पु॰* (आयुर्वे॰) गाय, भैंस, बकरा, भेड़, ऊँटनी, गधी, घोड़ी और हथिनी—इन आठ पशुओं के मूत्र।

***मूर[1]**—[< स॰ मूल] *पु॰* १. मूलधन। पूँजी। २. मूल। जड़।

मूर[2]—[अ॰] *पु॰* १. उत्तर-पश्चिम अफ्रीका की एक जाति। २. उक्त जाति का व्यक्ति।

मूर्खपण्डित (मूर्खपंडित)—[स॰ मूर्ख ~ पण्डित] *वि॰* पढ़ा-लिखा मूर्ख।

मूर्च्छन—[स॰ √मूर्च्छ् + णिच् + ल्युट्] *पु॰* मूर्छित होने की क्रिया/भाव। मूर्छा।

मूर्च्छना—[स॰ मूर्च्छन + टाप्] *स्त्री॰* (संगीत॰) एक स्वर से आरम्भ करके उसी क्रम से सातवें स्वर तक आरोह कर उसी मार्ग से अवरोह करने की क्रिया। यथाक्रम स्वरसप्तक का आरोह और अवरोह।

मूर्त—[स॰ मूर्च्छ् + क्त] *वि॰* १. मूर्तिमान्। शरीरधारी। २. साकार। ३. पार्थिव। ४. ठोस। कड़ा। ५. जिसे ज्ञानेन्द्रियों द्वारा ग्रहण किया जा सके। स्थूल। ✣ **मूर्त कला**—*स्त्री॰* = [कला॰] (मानव आकृतियों के चित्रण से भिन्न), आयत, वर्ग आदि की सहायता से बनाए गए चित्र या उनके चित्रण की कला। ठोस कला। ✣ **मूर्तता**—*स्त्री॰* = मूर्त होने की क्रिया/भाव।

मूर्ति एकाश्म—[स॰ मूर्ति ~ एक ~ अश्म (अश्मन्)] *पु॰* स्तम्भ जैसा एक विशाल पत्थर जिसमें खोदकर मानव-आकृति बनायी गयी हो।

मूर्तिमती—[स॰ मूर्तिमत् + ङीष्] *वि॰* (स्त्री॰) शरीर-धारिणी। मूर्त। साकार।

मूर्तिमत्तावाद—[स॰ मूर्तिमत्ता ~ वाद] *पु॰* (काव्य॰) बिम्बवाद।

***मूर्तिमन्त (मूर्तिमंत)**—[< स॰ मूर्तिमन्तः (मूर्तिमत् का बहुवचन)] *वि॰* मूर्तिमान्।

मूर्तिमान्—[स॰ मूर्तिमत्] *वि॰* मूर्त। साकार। शरीरधारी।

मूर्तीकरण—[< स॰ मूर्ति + च्वि + करण] *पु॰* अमूर्त तत्त्व को मूर्त करना।

मूर्द्धन्य (मूर्द्धन्य)/मूर्धन्य—[स॰ मूर्द्धन्/मूर्धन् + यत्] *वि॰* १. सिर पर रखने योग्य। श्रेष्ठ। २. मूर्धा से उच्चरित ध्वनि। ***जैसे***—ट, ठ, ड इत्यादि मूर्धन्य ध्वनियाँ हैं; मूर्धन्य वर्ण।

मूर्द्धा (मूर्द्धा)/मूर्धा—[स॰ मूर्द्धन्/मूर्धन्] *पु॰* १. सिर। २. मस्तक। माथा। ३. मुख के भीतर तालु और ओंठ के बीच का कठोर भाग जहाँ से ट, ठ, ड इत्यादि का उच्चारण होता है। ४. शिखर। चोटी।

मूर्द्धाभिषिक्त (मूर्द्धाभिषिक्त)/मूर्धाभिषिक्त—[स॰ मूर्द्धा/मूर्धा ~ अभिषिक्त] *वि॰* १. जिसमें सिर पर (मन्त्रपाठपूर्वक) जल डालकर स्नान कराया गया हो। २. जिसको राजसिंहासन पर विधिपूर्वक बैठाया गया हो। *पु॰* १. राजा। २. क्षत्रिय।

मूर्वा—[स॰ √मुर्व् + अच् + टाप्] *स्त्री॰* एक प्रकार की लता। मरोड़कली नामक बेल।

मूर्वी—[स॰ √मुर्व् + अच् + ङीष्] *स्त्री॰* मूर्वा।

मूल[1]—[स॰ √मूल् + क] *पु॰* १. जड़। २. आदिकारण। ३. आरम्भ। ४. उत्पत्ति का स्थान। ५. ऋण दिया गया धन। मूलधन। ६. लेखक की अपनी कृति/लेख आदि की शब्दावली या पाठ। ७. अश्विनी आदि सत्ताईस नक्षत्रों में उन्नीसवाँ नक्षत्र। ८. पहाड़ या किसी वस्तु का निचला भाग। (गणित॰) वह संख्या, राशि या व्यंजक जिसे कुछ बार परस्पर गुणा करने से दी हुई संख्या प्राप्त हो। ***जैसे***—६४ का वर्गमूल ८ है, २७ का घनमूल ३ है और १६ का चतुर्थमूल २ है।

***मूल[2]**—*पु॰* ≤ *स॰* मूल्य। क़ीमत। ✣ **मूल उद्योग**—*पु॰* = ऐसा महत्त्वपूर्ण उद्योग जिस पर अन्य उद्योगों का उत्पादन निर्भर है।

मूलक—[स॰ मूल + कन्] *वि॰* (समासयुक्त शब्द के अन्त में प्रत्यय की तरह प्रयुक्त) मूल वाला। ***जैसे***—नीतिमूलक (= नीति जिसका मूल है, नीतिरूपी मूल वाला)।

मूलगामी—[स॰ मूल ~ गामी (गामिन्)] *वि॰* १. जड़ तक जानेवाला। २. किसी विषय के मूल बिन्दु, तत्त्व या सिद्धान्त आदि तक पहुँचनेवाला। ***जैसे***—मूलगामी चिन्तन।

मूलज—[स॰ मूल + ज] *पु॰* (बीज से नहीं) जड़ से उत्पन्न होने वाला पौधा। ***जैसे***—अदरक मूलज है।

मूलबन्ध (मूलबंध)—[स॰ मूल ~ बन्ध] *पु॰* हठयोग का एक बन्ध

जिससे कुंडलिनी-जागरण होता है।

मूलभूत—[सं॰ मूल ~ भूत] *वि॰* १. आधाररूप। बुनियादी। २. जो किसी की नक़ल न हो। मौलिक।

मूलरङ्ग (मूलरंग)—[सं॰ मूल ~ रङ्ग] *पु॰* (कला॰) वे तीन आधारभूत रंग—लाल, पीला और नीला—जिनके परस्पर विभिन्न अनुपातों में मिलने से ही अन्य अनेक रंग बनते हैं। प्राथमिक रंग। मूलवर्ण।

मूलांश—[सं॰ मूल ~ अंश] *पु॰* १. (किसी वस्तु का) मूल अंश। २. मूल तत्त्व। ३. आरम्भिक और आधारभूत रचना जिसके ऊपर कोई बड़ी रचना बनी हो।

मूलाङ्क (मूलांक)—[सं॰ मूल ~ अङ्क] *पु॰* (गणित॰) किसी संख्याप्रणाली की आधारभूत संख्या। *जैसे*—'दशमलव संख्याप्रणाली' का मूलांक १० है।

मूलाधार—[सं॰ मूल ~ आधार] *पु॰* शरीर में स्थित सूक्ष्म चक्रों में से एक जो गुदा के पास होता है।

मूलार्थ—[सं॰ मूल ~ अर्थ] *पु॰* (भाषा॰) शब्द का मुख्य या प्रत्यक्ष अर्थ जिस पर अन्य अर्थ (प्रतीकार्थ आदि) आधारित हों या जिनका उस अर्थ से विकास हुआ हो। वाच्यार्थ।

मूलिका—[सं॰ मूल + ठन् + टाप्] *स्त्री॰* जड़ी। जड़ी-बूटी।

मूलोच्छेद—[सं॰ मूल ~ उच्छेद] *पु॰* १. जड़ से उखाड़ देना। २. जड़ से नाश। समूल नाश। सर्वनाश।

मूलोत्पत्ति—[सं॰ मूल + उत्पत्ति] *स्त्री॰* (पौधे का) जड़ पकड़ना।

***मूवना**—*क्रिअ॰* ≤ *हि॰* मूअना। मरना। ✣ **मूवाँ**—*क्रिवि॰* मरने पर।

मूवी—[अं॰] *स्त्री॰* चलचित्र।

मूष—[सं॰ √मूष् + क] *पु॰* १. चूहा। २. सोना-चाँदी गलाने की कुलिया। मूषा। घड़िया।

मूषक—[सं॰ मूष् + कन्] *पु॰* चूहा।

मूषकवाहन—[सं॰ मूषक ~ वाहन] *पु॰* गणेश।

मूषण—[सं॰ √मूष् + ल्युट्] *पु॰* चोरी।

मूषा—[सं॰ मूष् + टाप्] *स्त्री॰* चुहिया। (रसायन॰) उच्चताप सहन करने वाले पदार्थ का बना एक पात्र जिसका उपयोग पदार्थों को पिघलाने या उच्चतापों पर अभिक्रिया मिश्रणों के लिए होता है। (अं॰ क्रुसिबिल)

मूषिक—[सं॰ √मूष् + किकन्] *पु॰* १. चूहा। २. चोर।

मूषीकरण—[सं॰ √मूष् + च्वि + करण] *पु॰* मूषा/घड़िया में सोना/चाँदी गलाने की क्रिया/भाव।

मूस—[< सं॰ मूष] *पु॰* मूषक। चूहा।

†मूसना—[< सं॰ मूषण] *क्रिस॰* १. चुराना। चुरा कर ले जाना। २. ठगना। ३. लूटना।

मूसल—[< सं॰ मुसल] *पु॰* (ओखली में धान कूटने के लिए प्रयुक्त) मूसल। ***वा॰* मूसलों ढोल बजाना**—१. बहुत प्रसन्न होना। २. घोषणापूर्वक कहना।

मूसलचन्द—[< हि॰ मूसल + सं॰ चन्द्र] *पु॰* १. असभ्य, अपढ़ या मूर्ख व्यक्ति। २. शक्तिशाली मनुष्य।

मूसलधार—[< सं॰ मुसल हि॰ धार] *वि॰* मूसल के समान मोटी धार वाला (वर्षा का जल) *जैसे*—मूसलधार वर्षा। ✣ **†मूसलाधार**—*वि॰* = मूसलधार।

मूसली—[< सं॰ मुशली] *स्त्री॰* कन्द वाला एक पौधा जो औषधोपयोगी है। मुशली।

मूसाई—[अरबी] *पु॰* पैग़म्बर 'मूसा' का अनुयायी। यहूदी। *वि॰* पैग़म्बर 'मूसा' से सम्बन्धित। मूसा का।

मूसाकन्नी/मूसाकानी—[< सं॰ मूषाकर्णी] *स्त्री॰* पृथ्वी पर लता की तरह दूर तक फैले रहनेवाले क्षुपों के रूप में प्राप्त एक पौधा जिसके पत्तों का आकार तथा कड़ापन चूहे के कान की तरह होता है।

मूँगरा—[< हि॰ मूँग] *पु॰* मूँग की दाल आदि से बननेवाला एक नमकीन व्यंजन।

मूँगिया—[< हि॰ मूँग] *वि॰* मूँग नामक अनाज के रंग का। हरा।

मूँगी—[< हि॰ मूँगा] *वि॰* मूँगा के रंग का लाल। *पु॰* लाल रंग। (अं॰ कोरल)

मूँज—[< सं॰ मुञ्ज] *स्त्री॰* तृण का एक प्रकार। सरकंडों के ऊपरी भाग का छिलका जिसे भिगोकर और कूटकर खाट बुनने का **'बान'** बनाया जाता है।

मूँड़—[< सं॰ मुण्ड] *पु॰* मुण्ड। सिर। ***वा॰* मूँड़ चढ़ाना**—१. अशिष्ट या उद्दंड बनाना। २. सादर स्वीकार करना। **मूँड़ मुडाना**—सन्यासी हो जाना।

मूँडना/मूँड़ना—[सं॰ मुंडन] *क्रिस॰* १. उस्तरे से सिर के बाल साफ़ कर देना। २. ठगना। ३. चेला बनाना। ***वा॰* मूँड़ कर खाना**—किसी को मूर्ख बनाकर उसका धन आदि ले लेना।

†मूँडी/मूँड़ी—[< सं॰ मुण्ड] *स्त्री॰* १. सिर। २. खोपड़ी।

मूँदरी—[< सं॰ मुद्रिका] *स्त्री॰* मुद्रा। अँगूठी।

मृग—[सं॰ √मृग् + क] *पु॰* १. पशु। चौपाया। २. हिरन। ३. मृगशिरा नक्षत्र। ४. मार्गशीर्ष मास। अगहन। (काम॰) पुरुष के चार भेदों में से एक।

मृगकानन—[सं॰ मृग ~ कानन] *पु॰* १. शिकार के पशुओं से भरा हुआ वन। २. उद्यान।

मृगछौना—[सं॰ मृग + हि॰ छौना] *पु॰* हिरन का बच्चा। मृगशावक।

मृगजल—[सं॰ मृग ~ जल] *पु॰* मृगमरीचिका। मृगतृष्णा। ***वा॰* मृगजल से स्नान**—असम्भव बात। अनहोनी बात।

मृगतृषा/मृगतृष्णा—[सं॰ मृग ~ तृषा/तृष्णा] *स्त्री॰* १. रेगिस्तान में सूर्य की किरणों के कारण रेत में लहरें मारता जल दिखने का भ्रम। मृगमरीचिका। २. (लाक्षणिक) ऐसी वस्तु जो दूर से आकर्षक लगे परन्तु पास जाने पर सारहीन प्रतीत हो। मरीचिका। ३. (लाक्षणिक) भ्रममूलक पदार्थ/बात।

मृगदाव—[सं॰ मृग ~ दाव] *पु॰* शिकार के योग्य पशुओं से भरा हुआ वन।

मृगधर—[सं॰ मृग ~ धर] *पु॰* चन्द्रमा।

मृगनयन—[सं॰ मृग ~ नयन] *वि॰* हिरन के समान सुन्दर और चंचल नेत्रों वाला।

मृगनाभिजा—[सं॰ मृगनाभि + जा] *स्त्री॰* कस्तूरी। मुश्क।

मृगनायक—[सं॰ मृग ~ नायक] *पु॰* मृगपति। (दे॰)

मृगपति—[सं॰ मृग ~ पति] *पु॰* पशुओं का राजा। मृगेन्द्र। सिंह। शेर।

मृगबाल—[सं॰ मृग ~ बाल] *पु॰* हिरन का बच्चा। मृगशावक।

मृगमद—[सं॰ मृग ~ मद] *पु॰* कस्तूरी। मुश्क।

मृगमरीचिका—[सं॰ मृग ~ मरीचिका] *स्त्री॰* मृगतृष्णा।

मृगया—[सं॰ मृग + णिच् + श, यक्, + णि-लोप, + टाप्] *स्त्री॰* आखेट। शिकार।

***मृगराउ**—*पु॰* ≤ *सं॰* मृगराज। सिंह।

मृगराज—[सं॰ मृग ~ राज (राजन्)] *पु॰* सिंह। शेर।

मृगलाञ्छन (मृगलांछन)—[सं॰ मृग ~ लाञ्छन] *पु॰* चन्द्रमा।

मृगव्य—[सं॰ मृग √व्यध् + ड] *पु॰* १. शिकार। २. लक्ष्य। निशाना। ३. वह जन्तु जिसका शिकार शेर करता हो।

मृगाशावक—[सं॰ मृग ~ शावक] *पु॰* हिरन का बच्चा। मृगबाल।

मृगशावकनयनी—[सं॰ मृगशावक ~ नयनी] *वि॰ (स्त्री॰)* १. मृगशावक के समान सुन्दर नेत्रों वाली (स्त्री)। २. सुन्दर (स्त्री)।

मृगशिरा—[सं॰ मृग ~ शिरस्] *स्त्री॰* अश्विनी आदि २७ नक्षत्रों में से पाँचवाँ।

मृगशीर्ष—[सं॰ मृग ~ शीर्ष] *पु॰* १. मार्गशीर्ष मास। अगहन मास। २. मृगशिरा नक्षत्र।

मृगश्रेष्ठ—[सं॰ मृग ~ श्रेष्ठ] *पु॰* (पशुओं में श्रेष्ठ) सिंह। शेर।

मृगहा—[सं॰ मृग √हन् + क्विप्] *पु॰* शिकारी।

मृगाङ्क (मृगांक)—[सं॰ मृग ~ अङ्क] *पु॰* चन्द्रमा।

मृगान्तक (मृगांतक)—[सं॰ मृग ~ अन्तक] *पु॰* १. सिंह। २. चीता।

मृगाक्ष—[सं॰ मृग ~ अक्ष (अक्षि)] *वि॰* १. हिरन के समान चंचल और सुन्दर नेत्रों वाला। २. सुन्दर। Δ **पर्याय**—मृगनयनी। मृगलोचनी।

मृगी—[सं॰ मृग + ङीष्] *स्त्री॰* १. हरिणी। हिरनी। २. मिर्गी नामक रोग। अपस्मार। (छन्द॰) एक समवर्णिक छन्द जिसके प्रत्येक चरण में १ रगण होता है। 'प्रिया' छन्द।

मृगेक्षिणी—[सं॰ मृग ~ ईक्षिणी] *वि॰ (स्त्री॰)* मृगनयनी।

मृगेन्द्र (मृगेंद्र)—[सं॰ मृग ~ इन्द्र] *पु॰* सिंह। शेर। (छन्द॰) एक समवर्णिक छन्द जिसके प्रत्येक चरण में एक जगण होने से तीन वर्ण होते हैं।

मृड—[सं॰ √मृड् + क] *पु॰* शिव। महादेव।

मृडानी—[सं॰ मृड, ङीप्, आनुक्-आगम] *स्त्री॰* पार्वती। भवानी।

मृणाल—[सं॰ √मृण् + कालन्] *पु॰* १. कमल का डंठल/कमलनाल। २. कमल की जड़। भसींड़ा।

मृणालसूत्र—[सं॰ मृणाल ~ सूत्र] *पु॰* कमलनाल के तन्तु या रेशे। विसतन्तु।

मृणालिका—[सं॰ मृणाल + कन् + टाप्, इत्व] *स्त्री॰* कमल की डंडी। कमलनाल। कमलककड़ी। मृणाली।

मृणालिनी—[सं॰ मृणालिन् + ङीष्] *स्त्री॰* १. कमलिनी। २. कमलों का समूह।

मृणाली—[सं॰ मृणाल + ङीष्] *स्त्री॰* मृणालिका। (दे॰) कमलनाल। मृणालिका।

मृणपात्र—दे॰ शुद्ध शब्द—मृत्पात्र।

मृणमय—[सं॰ मृत् + मयट्] *वि॰* मिट्टी का बना हुआ। (भूविज्ञान॰) मृत्तिकायुक्त (शैल)।

मृणमुद्रा—[सं॰ मृत् + मुद्रा] *स्त्री॰* (पुरा॰) मिट्टी से बनी मुद्रा/मुहर। (प्राचीनकालीन) मिट्टी का ठप्पा जिससे अक्षरों या चिह्नों की छाप लगायी जाती थी। ✣ **मृणमुहर**—*स्त्री॰* = मृणमुद्रा।

मृण्मूर्ति—[सं॰ मृत् ~ मूर्ति] *स्त्री॰* मिट्टी की बनी मूर्ति जो आग में पकी हो।

मृतकल्प—[सं॰ मृत ~ कल्प] *वि॰* १. मृततुल्य। मृतप्राय। मरणासन्न। २. अचेत। बेहोश।

मृतजीव—[सं॰ मृत ~ जीव] *पु॰* मरा हुआ प्राणी।

मृतजीवनी—[सं॰ मृत √जीव् + णिच् + ल्यु + ङीप्] *स्त्री॰* मृत शरीर को फिर से ज़िन्दा कर देने की विद्या। संजीवनी।

मृतधर्मा—[सं॰ मृतधर्मन्] *वि॰* नाशवान्। नश्वर।

मृतप्राय—[सं॰ मृत ~ प्रायः] *वि॰* १. लगभग मरा हुआ। मरे हुए के समान। २. अचेत। बेहोश।

मृतमांस—[सं॰ मृत ~ मांस] *पु॰* अपनी स्वाभाविक मृत्यु से मरे हुए पशु का मांस।

मृतवत्स—[सं॰ मृत ~ वत्स] *वि॰* १.वह पुरुष या नर प्राणी जिसके बच्चे जन्म लेकर मर जाते हों। २. वह पुरुष या नर प्राणी जिसका बच्चा जन्म लेकर मर गया हो।

मृतसञ्जीवनी (मृतसंजीवनी)—[सं॰ मृतसञ्जीवन + ङीप्] *स्त्री॰* मृतप्राय, बेहोश या मृत व्यक्ति को जीवित कर देने वाली क्रिया, दवा या मन्त्र आदि।

***मृतिका**—[< सं॰ मृत्तिका] *स्त्री॰* मिट्टी।

मृतोत्थित—[सं॰ मृत ~ उत्थित] *वि॰* जो मर कर फिर जीवित हो गया हो। पुनर्जीवित।

मृत्ति—[< सं॰ मृत्तिका] *स्त्री॰* मिट्टी।

मृत्तिका—[सं॰ मृद् + तिकन् + टाप्] *स्त्री॰* मिट्टी। (रसायन॰) मिट्टी वाले खनिजों से युक्त महीन दानेदार निक्षेप। ✣ **मृत्तिका-कला**—*स्त्री॰* = मृत्तिकाशिल्प। (दे॰)

मृत्तिका-फलक—[सं॰] *पु॰* (पुरा॰) मिट्टी का बना हुआ पट्टी जिसपर लेख या चित्र अंकित किया गया हो। मृद्फलक। (अं॰ क्ले टेबलेट)

मृत्तिका-लवण—[सं॰] *पु॰* पुरानी दीवारों से प्राप्त होने वाली नमकीन मिट्टी। नोना।

मृत्तिकाशिल्प—[सं॰ मृत्तिका ~ शिल्प] *पु॰* मिट्टी को गढ़कर और

पकाकर उपयोगी या सजावट की वस्तुएँ बनाने का शिल्प/कला। मृत्तिका-कला।

मृत्तिकाश्म—[सं॰ मृत्तिका ~ अश्म] *पु॰* मिट्टी की चट्टान।

मृत्पात्र—[सं॰ मृत् ~ पात्र] *पु॰* मिट्टी का बर्तन।

मृत्पिण्ड (मृत्पिंड)—[सं॰ मृत् ~ पिण्ड] *पु॰* मिट्टी का ढेला।

मृत्युञ्जय (मृत्युंजय)—[सं॰ मृत्यु √जि + खच् + मुम्] *वि॰* मृत्यु को जीतनेवाला। मृत्यु-जेता। *पु॰* शिव। महादेव।

मृत्युवरता—[सं॰ मृत्यु ~ वर + तल् + टाप्] *स्त्री॰* मृत्यु का वरण। मृत्यु को स्वीकार करना। मरण।

मृदङ्ग (मृदंग)—[सं॰ √मृद् + अङ्गच्] *पु॰* दो मुखों वाला एक अवनद्ध वाद्य जो मिट्टी/लकड़ी इत्यादि का बना हुआ होता है और दोनों मुख चमड़े से मढ़े हुए तथा चमड़े के तस्मों से कसे हुए रहते हैं। पखावज। ✣ **मृदङ्गिया (मृदंगिया)**—*पु॰* = मृदंग बजाने वाला व्यक्ति। मृदंगवादक। मृदंगी। पखावजी।

मृदल—[सं॰ मृदा] *पु॰* (संगीत॰) एक आनद्ध वाद्य। मिट्टी के घड़े पर एक उलटी थाली रखकर बाँस की खपच्चियों से बजाया जाने वाला वाद्य।

मृदा—[सं॰ √मृद् + टाप्] *स्त्री॰* मृत्तिका। मिट्टी।

मृदित—[सं॰ √मद् + क्त] *वि॰* कुचला हुआ। चूर-चूर किया हुआ।

मृदु—[सं॰ √मृद् + कु, सम्प्रासारण] *वि॰* १. नरम। मुलायम। कोमल। ***जैसे***—मृदु बोली। २. जो सुनने में कठोर या अप्रिय न हो। मधुर। ***जैसे***—मृदुभाषी। ३. मन्द। हल्का। धीमा। ***जैसे***—मृदु पवन। ४. जो उग्र/तीव्र न हो। ***जैसे***—मृदु स्वभाव। ∇ **विलोम**—कठोर। ✣ **मृदुता**—*स्त्री॰* = कोमलता।

मृदुकाय—[सं॰ मृदु ~ काय] *वि॰* कोमल शरीर वाला। ***जैसे***—मृदुकाय हिरन।

मृदुगण—[सं॰ मृदु ~ गण] *पु॰* (ज्योतिष॰) अनुराधा, चित्रा, मृगशिरा और रेवती नामक ४ नक्षत्रों का गण।

मृदुभाषी—[सं॰ मृदु ~ भाषी (भाषिन्)] *वि॰* मीठा बोलनेवाला। मधुरभाषी।

मृदुमना—[< सं॰ मृदुमनस्] *वि॰* कोमल मन वाला। *वि॰ (स्त्री॰)* कोमल मन वाली।

मृदुल—[सं॰ मृदु + लच्] *वि॰* १. (स्पर्श करने में) कोमल। मुलायम। २. सुनने में कानों को प्रिय लगने वाला। मधुर। ३. सुकुमार और सुन्दर। ***जैसे***—मृदुल तन। ∇ **विलोम**—कठोर। ✣ **मृदुलता**—*स्त्री॰* = कोमलता।

*__मृदुलाई__—[< सं॰ मृदुल] *स्त्री॰* मृदुलता। कोमलता।

मृदु विरेचक—[सं॰] *वि॰* हल्का दस्त लानेवाली दवा।

मृदुशल्की—[सं॰ मृदु ~ शल्की (शल्किन्)] *वि॰* [वनस्पति॰] (वे पादप अंग) जिन पर कोमल लोम/रोएँ पाए जाते हैं।

मृद्फलक—[सं॰ मृद् ~ फलक] *पु॰* मृत्तिका-फलक।

मृद्भाण्ड (मृद्भांड)—[सं॰ मृद् ~ भाण्ड] *पु॰* मिट्टी का बर्तन। मृत्पात्र।

मृण्मय—[सं॰ मृद् + मयट्] *वि॰* मिट्टी का बना हुआ। मृत्तिकामय।

मृषा—[सं॰ √मृष् + का] *स्त्री॰* असत्य। झूठ। *वि॰* मिथ्या। झूठा। *क्रिवि॰* १. झूठे तौर पर। झूठमूठ। २. व्यर्थ। वृथा। बेकार। ✣ **मृषाभाषी/मृषावादी**—*वि॰* = झूठ बोलनेवाला। असत्यवादी।

मेकल—[सं॰ मेखल] *पु॰* विन्ध्य पर्वत का एक भाग। मेखल पर्वत। ✣ **मेखल**—*पु॰* = मेकल पर्वत।

मेकलकन्या, मेकलसुता—[सं॰ मेकल ~ कन्या/सुता] *स्त्री॰* (मेकल पर्वत से निकलनेवाली) नर्मदा नदी।

मेकलाद्रि (मेखलाद्रि)—[सं॰ मेकल ~ अद्रि] *पु॰* मेकल पर्वत। ✣ **मेकलाद्रिजा**—*स्त्री॰* = नर्मदा नदी।

मेख़—[फ़ा॰] *स्त्री॰* १. कील। २. खूँटी। ***वा॰* मेख़ मारना**—बाधक होना। रुकावट डालना।

मेखल—दे॰ मेकल।

मेखला—[सं॰ √मी + खल + टाप्] *स्त्री॰* १. कमर में बाँधने की पेटी आदि। २. करधनी। कमरबन्द। ३. पेटी।

मेगा—[< ग्रीक 'मेगास्' = बड़ा] *उपसर्ग॰* (भौतिकी॰) दस लाख की संख्या बतानेवाला एक उपसर्ग। ***जैसे***—मेगावाट (= दस लाख वाट); मेगाटन (= दस लाख टन)।

मेघ—[सं॰ √मिह् + घञ् + कुत्व] *पु॰* १. बादल। २. समूह। समुदाय। (संगीत॰) मुख्य रागों में से एक जो वर्षा ऋतु में गाया जाता है।

मेघडंबर (मेघडम्बर)—[सं॰ मेघ ~ डम्बर] *पु॰* काला छत्र।

मेघदीप—[सं॰ मेघ ~ दीप] *पु॰* बिजली।

मेघनाद—[सं॰ मेघ ~ नाद] *पु॰* १. मेघों का गर्जन। २. रावण का पुत्र इन्द्रजित्।

मेघनिर्घोष—[सं॰ मेघ ~ निर्घोष] *पु॰* बादलों का गरजना। मेघगर्जन।

मेघमन्द्र (मेघमंद्र)—[सं॰ मेघ ~ मन्द्र] *वि॰* बादलों की गर्जना की तरह गम्भीर। ***जैसे***—मेघमन्द्र स्वर।

मेघमल्हार—[सं॰ मेघ ~ मल्हार] *पु॰* (संगीत॰) एक राग।

मेघमाला—[सं॰ मेघ ~ माला] *स्त्री॰* बादलों की पंक्ति। घन-समूह।

मेघमाली—[सं॰ मेघमालिन्] *वि॰* बादलों से घिरा हुआ। घनाच्छन्न (आकाश)।

मेघरव—[सं॰ मेघ ~ रव] *पु॰* मेघगर्जन।

मेघराज—[सं॰ मेघ ~ राज] *पु॰* मेघों का राजा। इन्द्र।

मेघवर्ण—[सं॰ मेघ ~ वर्ण] *वि॰* बादलों के से रंगवाला। नीला या काला।

मेघवाहन—[सं॰ मेघ ~ वाहन] *पु॰* इन्द्र।

मेघविस्फूर्जित—[सं॰ मेघ ~ विस्फूर्जित] *पु॰* (छन्द॰) एक समवर्णिक छन्द जिसके प्रत्येक चरण में क्रमशः यगण, मगण, नगण, सगण, दो रगण और गुरु (य म न स र र ग) के योग से १९ वर्ण होते हैं तथा ६-६-७ पर यति होती है।

मेघव्रती—[सं॰ मेघ ~ व्रतिन्] *पु॰* चातक (पक्षी)।

मेघस्फोट—[सं॰ मेघ ~ स्फोट] *पु॰* १. बादलों का फट पड़ना। २. घोर वर्षा।

मेघान्त (मेघांत)—[सं० मेघ ~ अन्त] *पुं०* वर्षा का अन्त। शरत्काल।

मेघाच्छन्न—[सं० मेघ ~ आच्छन्न] *वि०* बादलों से ढका हुआ। घनाच्छन्न।

मेघाडम्बर (मेघाडंबर)—[सं० मेघ ~ आडम्बर] *पुं०* १. बादलों की गरज। मेघ-गर्जन। २. बादलों का विस्तार।

मेघारि—[सं० मेघ ~ अरि] *पुं०* बादलों को उड़ाकर ले जाने वाली हवा।

मेघाली—[सं० मेघ ~ आली] *स्त्री०* मेघों की पंक्ति। बादलों का समूह।

मेघासार—[सं० मेघ + आसार] *पुं०* बादलों की मूसलधार वर्षा।

मेघोदय—[सं० मेघ ~ उदय] *पुं०* बादलों की घटा का उठना। आकाश में बादल छाना।

मेचक—[सं० √मिच् + वुन्] *पुं०* १. कालिमा। अन्धकार। २. मेघ। बादल। ३. सुर्मा। *वि०* १. काला। २. नीला। ३. नील-कृष्ण। (चिकित्सा०) त्वचा पर एक भूरा रंज़क धब्बा। चित्ती।

मेज़बान—[फा०] *वि०* मेहमानी करनेवाला।

†मेझरना—[< सं० मध्य] *क्रिस०* मिलाना।

मेट—[अं०] *पुं०* १. साथी। सखा। २. मज़दूरों की टोली का सरदार।

मेटनहार/मेटनहारा—[< हिं० मेटना] *वि०* १. मिटाने-वाला। २. (धन-सम्पत्ति आदि को) नष्ट करनेवाला। नाशक।

मेढ़ा—[< सं० मेष] *पुं०* एक सींगदार पशु। मेष। भेड़ा।

मेढ़ासिङ्गी (मेढ़ासिंगी)—[< सं० मेषशृङ्गी] *स्त्री०* एक लता जो पेड़ पर लिपटती, चढ़ती जाती है।

मेढ़ी—[सं० वेणी] *स्त्री०* १. (स्त्रियों की) तीन लड़ियों वाली गुथी चोटी। २. करधनी में दंडाकार एक आभूषण।

मेढ्र—[सं० √मिह् + ष्ट्रन्] *पुं०* १. पुरुष की जननेन्द्रिय। शिश्न। लिंग। २. एक पशु। मेढ़ा। मेष।

मेद—[सं० √मिद् + अच्, या √मिद् + असुन्] *पुं०* १. (शरीर की) चर्बी। वसा। २. शरीर की चर्बी बढ़ने की बीमारी। मोटापे का रोग। ३. एक उत्तम सुगन्धित पदार्थ जो कस्तूरी, केसर आदि से बनाया जाता है।

मेदस्वी—[सं० मेदस्विन्] *वि०* १. जिसके शरीर में अधिक चर्बी हो। स्थूलकाय। मोटा। २. बलवान्। ३. प्रभावी व्यक्तित्व वाला। रोबीला।

मेदा—[< अरबी मेदः] *स्त्री०* आमाशय। पेट। ***वा०*** ,**मेदा साफ़ होना**—अजीर्ण/क़ब्ज़ नष्ट होना। मलशुद्धि होना।

मेदिनी—[सं० मेद + इनि + ङीष्] *स्त्री०* पृथ्वी। भूमि।

मेदुर—[सं० √मिद् + घुरच्] *वि०* १. स्निग्ध। चिकना। २. स्थूल। मोटा। ∴ **मेदुरता**—*स्त्री०* = १. स्निग्धता। चिकनापन। २. स्थूलता। मोटापा।

मेध—[सं० √मेध् + घञ्] *पुं०* १. यज्ञ। २. यज्ञ में बलि दिया जाने वाला पशु। यज्ञीय पशु।

मेधा—[सं० √मेध् + अञ् + टाप्] *स्त्री०* १. धारणा-शक्ति। स्मरणशक्ति। २. बुद्धि। ∴ **मेधावती**—*वि० (स्त्री०)* = मेधावी (स्त्री)। मेधाविनी। ∴ **मेधावान्**—*वि०* = मेधावी।

मेधावी—[सं० मेधाविन्] *वि०* १. मेधायुक्त। उत्तम स्मरणशक्ति वाला। २. बुद्धिमान्। *पुं०* विद्वान् व्यक्ति।

मेधि—[सं० √मेध् + इन्] *पुं०* वह खम्भा जिसमें अनाज की दाँय के समय बैलों को बाँधा जाता है।

मेध्य[१]—[सं० मेधा + यत्] *वि०* स्मृति या बुद्धि बढ़ानेवाला। मेधाजनक।

मेध्य[२]—[सं० √मेध्य + ण्यत्] *वि०* १. यज्ञ-सम्बन्धी। यज्ञीय। २. यज्ञ के योग्य। ३. पवित्र।

मेध्या—[सं० मेध्य + टाप्] *स्त्री०* शंखपुष्पी, ब्राह्मी आदि बुद्धिवर्धक बूटियों में से प्रत्येक।

मेमार—[अरबी] *पुं०* भवन आदि बनानेवाला शिल्पकार। राजगीर। ∴ **मेमारी**—*स्त्री०* = मेमार का काम/पद/भाव। राजगीरी।

मेय—[सं० √मा + यत्] *वि०* १. जिसकी नाप-तौल हो सके। २. नापने योग्य। ३. जो नापा-तौला जानेवाला हो। ४. जो जाना जा सके। ज्ञेय। ५. जो जानने के योग्य हो। ज्ञेय।

***मेर**[१]—[अप०] *पुं०* ममत्व। मेरापन।

***मेर**[२]—[< सं० मेरु] *पुं०* मेरु पर्वत।

मेरय—[< सं० मैरेय] *पुं०* मदिरा। शराब।

***मेरि**—[< हिं० मेरा/मेरा] *स्त्री०* मेरापन। अहन्ता।

मेरु—[सं० √मि + रु] *पुं०* १. पुराणों में वर्णित एक पर्वत। सुमेरु पर्वत। २. जपमाला के बीच का बड़ा और प्रमुख मनका जिससे जप आरम्भ किया जाता है और उसी पर समाप्त किया जाता है। ३. मणिहार के बीचों बीच का विशेष रत्न। ४. झूले में ऊपर की लकड़ी जिससे झूलनेवाली रस्सियाँ बँधी होती हैं। (हठयोग०) सुषुम्ना (नाड़ी)।

मेरुदण्ड (मेरुदंड)—[सं० मेरु ~ दण्ड] *पुं०* १. रीढ़। २. उत्तरी ध्रुव और दक्षिणी ध्रुव को मिलानेवाली कल्पित सरल रेखा। ३. (लाक्षणिक) किसी वस्तु या बात का मुख्य आधार। धुरी। ***जैसे***—हिन्दू संस्कृति का मेरुदंड धर्म है।

मेरुदण्डी (मेरुदंडी)—[सं० मेरुदण्डिन्] *वि०* रीढ़वाला (प्राणी)।

मेरुरज्जु—[सं० मेरु ~ रज्जु] *स्त्री०* एक मोटी नस जो गर्दन से कमर तक रीढ़ के अन्दर से जाती है। कशेरुकियों में रीढ़ के अन्दर स्थित केन्द्रीय तन्त्रिका-तन्त्र की अनुदैर्घ्य रज्जु।

मेलन[१]—[सं० √मिल् + ल्युट्] *पुं०* एकत्र होना। मिलन।

मेलन[२]—[सं० √मिल् + णिच् + ल्युट्] *पुं०* १. मिलाने की क्रिया/भाव। २. एकत्रीकरण। समूह। जमावड़ा। ३. मिलावट। ४. मुठभेड़। टक्कर।

मेलना[१]—[< हिं० मेल] *क्रिस०* १. मिश्रित करना। मिलाना। २. मिलान करना। ∴ ***मेलि**[१]—*क्रिवि०* = मिलाकर।

मेलना[२]—[< प्रा० मेल्लाण < सं० मोचन] *क्रिस०* १. छोड़ना। २. फेंकना। ३. निकाल फेंकना। (बाण) चलाना। ४. डालना। ५. धारण करना। पहनना। ६. गले में डालना। पहनाना।

✣ ***मेलि**[२] — *क्रिवि॰* = १. छोड़कर। २. फेंककर। ३. डालकर। ४. धारण करके। पहनकर।

[1]मेलहा—[अवधी] *पु॰* व्यक्ति (विशेषत: ब्राह्मण) जो निमन्त्रण न मिला हो तो भी भीड़ में खाने के लिए जाए।

***मेलान**—[< हि॰ मिलना] *पु॰* १. ठहरना। २. विश्राम। ३. पड़ाव। मंज़िल।

***मेल्हन**—[< प्रा॰ मेल्हण] *पु॰* छोड़ना। परित्याग।

***मेल्हना**—[< हि॰ मेलना] *क्रिस॰* १. मेलना। (दे॰) २. फैंकना। ३. कोई काम करने में आनाकानी करते हुए समय लगाना।

मेव—[देशज] *पु॰* १. राजस्थान के मेवात क्षेत्र में रहनेवाली एक लड़ाकू जाति या उसका व्यक्ति।

मेवाफ़रोश—[< फा॰ मेव: फ़रोश] *पु॰* मेवा बेचनेवाला।

मेवाबाटी—[हि॰ मेवा + बाटी] *स्त्री॰* बेसन की एक मिठाई जिसमें किशमिश, बादाम इत्यादि भरे होते हैं। मेवाटी।

***मेवासा**—[< हि॰ मवास] *पु॰* दुर्ग। क़िला। ✣ **मेवासी**—*वि॰* = १. क़िले में होनेवाला। २. क़िले में रहनेवाला। ३. सुरक्षित। *पु॰* क़िले का स्वामी/अधिकारी। दुर्गपति।

मेष—[सं॰ √मिष् + अच्] *पु॰* १. आकाशमंडल की मेष आदि बारह राशियों में से प्रथम राशि। २. मेढ़ा (पशु)। ✣ **मेषपाल**—*पु॰* गड़रिया। ✣ **मेष-सङ्क्रान्ति (मेष-संक्रांति)**—*स्त्री॰* = १. सूर्य का मेष राशि में प्रवेश। २. सौर वर्ष का प्रथम दिन।

मेषशृङ्गी (मेषशृंगी)—[सं॰ मेषशृङ्गिन्] *स्त्री॰* मेढ़ासिंगी नामक लता। (दे॰ मेढ़ासिंगी)।

मेषादि बिन्दु (बिंदु)—[सं॰] *पु॰* (खगोल॰) आकाश में मेष राशि के आरम्भ का बिन्दु। वह बिन्दु जिस पर सूर्य वसन्त-विषुव के दिन होता है। वसन्त-विषुव।

मेसर—[अं॰ मेज़र] *पु॰* (भौतिकी॰) इलेक्ट्रानिक युक्ति वाला एक यन्त्र जो एकवर्णी विद्युत् चुम्बकीय सूक्ष्म तरंगें, विशेषत: माइक्रोतरंगें, उत्पन्न करता है और उनका विस्तार करता है।

मेसान—[अं॰ < ग्रीक मेसॉस् (= मध्य)] *पु॰* (भौतिकी॰) उन अवर परमाण्विक कणों में से कोई जिनका द्रव्यमान इलेक्ट्रान और प्रोटान के बीच में होता है, चाहे उनका विद्युत् आवेश धनात्मक, ऋणात्मक या शून्य हो।

मेस्मेरिज़्म—[अं॰] *पु॰* १. व्यक्ति के मन पर प्रभाव डाल कर मूर्छित करना। सम्मोहन। २. सम्मोहिनी विद्या।

मेह—[प्रा॰ < सं॰ मेघ] *पु॰* १. वर्षा। बरसात। २. मूत्र। पेशाब। ३. मेघ। बादल। ***वा॰* मेह की आँख न खुलना**—मूसलधार वर्षा होना।

मेहन—[सं॰ √मिह् + ल्युट्] *पु॰* १. मूत्र त्यागने की क्रिया। पेशाब करना। २. मूत्र। पेशाब। ३. मूत्रेन्द्रिय। ४. मलद्वार। गुदा।

मेहर—[फा॰ मेह्र] *स्त्री॰* १. कृपा। दया। रहम। २. करुणा। तरस।

मेहरा[१]—[< हि॰ मेहरी] *पु॰* स्त्रियों जैसे स्वभाव वाला। ज़नख़ा।

***मेहरा**[२]—*पु॰* ≤ *सं॰* मेघ। बादल।

मेहराब—[< अरबी मिहराब] *स्त्री॰* द्वार के ऊपर का अर्धगोलाकार भाग। तोरण। ✣ **मेहराबदार/मेहराबी**—*वि॰* = १. जिसमें मेहराब बनी हो। मेहराबवाला। २. कुछ वक्रता लिए हुए।

मेहरी—[< हि॰ महरि] *स्त्री॰* १. स्त्री। नारी। २. पत्नी।

मैं (में)—[< हि॰ मँह < सं॰ मध्य] *परसर्ग॰* अधिकरण कारक के अर्थ में प्रयुक्त परसर्ग। ***जैसे***—घर में चार कमरे हैं।

मैंगनी (मेंगनी)—[< हि॰ मींगी] *स्त्री॰* छोटी-छोटी और कुछ लम्बाई लिए गोलियों के आकार की पशु-विष्ठा (जैसी भेड़-बकरी की होती है)। ***जैसे***—चूहे की मेंगनी; बकरी की मेंगनी।

[1]मैंडरा (मेंडरा)—[< सं॰ मण्डल] *पु॰* १. (किसी चीज़ के) चारों ओर का गोल घेरा/चक्कर। २. उभरा हुआ गोल किनारा। ३. (किसी चीज़ का) मंडलाकार ढाँचा। ***जैसे***—चलनी का मेंडरा।

[1]मैंडराना (मेंडराना)—[< हि॰ मेंडरा] *क्रिस॰* १. किसी वस्तु के चारों ओर चक्कर लगाना। मँडराना। २. किसी वस्तु के चारों ओर घेरा बनाना। *क्रिअ॰* किसी वस्तु के चारों ओर घेरा/चक्कर के रूप में विद्यमान/स्थित होना।

मैंह (मेंह)—[< सं॰ मेघ] *पु॰* वर्षा। बारिश।

मैंहदिया (मेंहदिया)—[< हि॰ मेंहदी] *वि॰* १. मेंहदी के रंग वाला। २. मेंहदी-सम्बन्धी। मेंहदी का। *पु॰* मेहँदी जैसा रंग। हरापन लिए काला रंग।

मैकश—[फा॰] *वि॰* शराब पीने वाला। शराबी। ✣ **मैकशी**—*स्त्री॰* = मद्य-पान। शराबख़ोरी।

मैख़ाना—[फा॰ मैख़ान:] *पु॰* शराब की दुकान। मदिरालय।

[1]मैगर—[< सं॰ मदकल] *वि॰* जिसमें मद का अंश हो। *पु॰* (मतवाला) हाथी। ***जैसे***—मदमाता मैगर।

मैगल—[< अप॰ मदगल < सं॰ मदकल] *पु॰* मदोन्मत्त हाथी। मंतवाला हाथी। *वि॰* मत्त। मस्त।

मैग्नेटान—[अं॰] *पु॰* (भौतिकी॰) परमाण्वीय कणों के चुम्बकीय आघूर्ण को नापने की इकाई।

***मैचक**—[< सं॰ मेचक] *पु॰* अन्धकार। अँधेरा।

मैतेइ मयेक—[मणिपुरी] *स्त्री॰* मणिपुर में प्रयुक्त मैतेइ भाषा की अपनी प्राचीन लिपि। मणिपुरी लिपि।

मैत्र—[सं॰ मित्र + अण्] *वि॰* १. मित्र-सम्बन्धी। मित्र का। २. मित्र द्वारा दिया हुआ। मित्र से प्राप्त। ३. सद्भावपूर्ण।

मैत्रेय—[सं॰ मैत्र + ढञ्] *वि॰* जिससे मित्रता करनी चाहिए। मित्रता के लिए उपयुक्त। मित्रता के योग्य।

मैथिल—[सं॰ मिथिला + अण्] *वि॰* १. मिथिला का। २. मिथिला-सम्बन्धी। *पु॰* १. मिथिला-निवासी। २. मिथिला नरेश (जनक)।

मैथिली—[सं॰ मैथिल + ङीष्] *वि॰ स्त्री॰* मिथिला से सम्बन्धित। मिथिला का। *स्त्री॰* १. मिथिला की पुत्री या स्त्री। २. सीता। (काव्य॰) हिन्दी की एक उपभाषा। मिथिला-क्षेत्र की बोली।

मैथुन—[सं॰ मिथुन + अण्] *पु॰* स्त्री-पुरुष का परस्पर सम्भोग। रति-क्रिया। ✣ **मैथुनिक**—*वि॰* १. मैथुन-सम्बन्धी। मैथुन का। २. यौन

या लैंगिक। ✣ **मैथुनी**—*वि*० १. मैथुन-सम्बन्धी। मैथुन का। २. मैथुन से उत्पन्न। ***जैसे***—मैथुनी सृष्टि।

मैन[1]—[< हि० मयन < सं० मदन] *पु*० १. कामदेव। मदन। २. मोम। ३. (मूर्तियाँ ढालने का साँचा बनाने में प्रयुक्त) राल में मिला मोम।

मैन[2]—[अं०] *पु*० १. मनुष्य। आदमी। २. नर। पुरुष।

मैनफल—[< सं० मदनफल] *पु*० एक औषधोपयोगी वृक्ष या उसका फल जो पक जाने पर पीले रंग का होता है।

मैनसिल—[< सं० मन: शिला] *स्त्री*० (भूविज्ञान०) नारंगी लाल रंग का एक खनिज जो औषधोपयोगी है। मन:शिला।

मैना—[< सं० मदना] *स्त्री*० मधुर स्वर वाली एक लोकप्रिय पालतू चिड़िया।

मैनावली—[< सं० मदनावली] *स्त्री*० (छन्द०) एक समवर्णिक छन्द जिसके प्रत्येक चरण में ४ तगण के योग से १२ वर्ण होते हैं। सारंग छन्द।

मैनुअल—[अं०] *वि*० १. हाथ का। २. हाथ से किया हुआ। दस्ती। ३. हाथ से चलनेवाला। ४. शारीरिक। *पु*० नियम-पुस्तिका। नियमदर्शिका।

मैपरस्त—[फा०] *वि*० १. मदिरा-प्रेमी। मद्यप। २. बहुत शराब पीनेवाला। घोर शराबी। मदिरासक्त।

मैफ़रोश—[फा०] शराब बेचनेवाला। मद्य-विक्रेता।

*__मैमन्त (मैमंत)__—[< सं० मदमन्त ('मद्‌मत्' का प्रथमा बहुवचन रूप)] *वि*० १. मदोन्मत्त। मतवाला। २. अभिमानी। अहंकारी। घमंडी।

मैयत—[अरबी] *पु*० १. मृत्यु। मौत। २. शव। लाश। ३. (मृत व्यक्ति का) अन्तिम संस्कार।

मैया—[< प्रा० माया < सं० माता] *स्त्री*० माता। ***जैसे***—गंगा मैया।

मैरथन—[अं०] *वि*० जिसके लिए बहुत सहनशक्ति आवश्यक हो। बहुत दम वाला (काम)।

मैरथन रेस—[अं०] *स्त्री*० १. २६ मील ३८५ गज़ की दौड़। २. बहुत लम्बी दौड़।

मैरीन—[< अं० मरीन] *वि*० १. समुद्री। २. नौ-परिवहन-सम्बन्धी। ***जैसे***—मैरीन बीमा। *पु*० व्यापारिक जहाज़ी बेड़ा।

मैरेय—[सं० मार + ढक्, निपातन से] *पु*० एक प्रकार की मदिरा। शराब।

मैलखोरा—[हि० मैल + ख़ोरा] *वि*० मैल को छिपानेवाला। ***जैसे***—मैलख़ोरा काला कपड़ा।

*__मैवासा__[1]—[< हि० मवासा] *पु*० गढ़। दुर्ग। क़िला।

*__मैवासा__[2]—[< हि० मैं + सं० वास] *पु*० मै का भाव/अहंकार।

*__मैवासी__—[< हि० मवासा] *पु*० गढ़पति। दुर्ग-स्वामी। क़िलेदार।

मैँ[1] **(मैं**[1]**)**—[< सं० अहम्, या < सं० मया] *सर्व*० १. उत्तमपुरुष का कर्ता कारक एकवचन रूप। 'हम' का एकवचन रूप। २. स्वयं। ख़ुद। ३. अहं-भाव। अहंकार।

*__मैँ__[2] **(मैं**[2]**)**—[< हि० में] *परसर्ग*० १. में। २. बीच में। ***वा० मैं, मैं*** करना—स्वयं अपनी प्रशंसा करना।

*__मैँगल (मैंगल)__—[< सं० मदकल] *पु*० मतवाला हाथी।

*__मो__—[< सं० मम] *सर्व*० मुझे। मुझको। *वि*० (स्त्री०) मेरी। ● **विशेष**—**मो तन** = मेरी ओर। **मो सों** = मुझसे।

मोइया—[< सं० माचिका] *स्त्री*० माचिका (वृक्ष)।

†**मोई**[1]—[< सं० मोदिता] *वि*० *(स्त्री०)* १. भीगी हुई। डूबी हुई। भावित या सिक्त। *स्त्री*० घी मिला आटा।

*__मोई__[2]—[< हि० मूआ] *वि*० नष्ट।

†**मोक**—[< हि० मोकना] *स्त्री*० वस्तु की टूट-फूट, घिसाई आदि के लिए किसी वस्तु के बताए गए मूल्य पर दी जाने वाली छूट। बट्टा।

†**मोकना**—[< सं० मुक्त] *क्रिस*० १. छोड़ना। २. छुड़ाना। ३. फेंकना।

*__मोकराना__—[< सं० मुकुल] *क्रिअ*० (फूल का) खिलना। विकसित होना। *क्रिस*० खोलना। फैलाना।

*__मोकल__—[< हि० मोकना] *वि*० १. छूटा हुआ। मुक्त। २. स्वच्छन्द। स्वतंत्र।

*__मोकलना__—[< प्रा० मोकल्ल] *क्रिस*० भेजना।

†**मोकला**—[< हि० मोकल] *वि*० १. छूटा हुआ। मुक्त। २. बहुत चौड़ा। ३. यथेष्ट। पर्याप्त। बहुत।

मोक्ष—[सं० √मोक्ष् + घञ्] *पु*० १. बन्धन से छूटना। मुक्ति। छुटकारा। २. बार-बार जन्म लेने और मरने के बन्धन से छुटकारा। आवागमन से मुक्ति। ३. सब कर्मों का पूरी तरह क्षय होने की अवस्था। ∇ **विलोम**—बन्धन।

मोक्षण—[सं० √मोक्ष् + ल्युट्] *पु*० १. मुक्त करने की क्रिया/भाव। बन्धन खोलना। छोड़ना। २. बन्धनहीनता। ३. त्याग। ४. (आँसुओं का) बहाव या गिराव।

मोक्षद्‌वार (मोक्षद्वार)—[सं० मोक्ष ~ द्वार] *पु*० मोक्ष का द्वार।

मोक्षपुरी—[सं० मोक्ष ~ पुरी] *स्त्री*० मोक्ष देने वाली पुरी।

मोक्षद—[सं० मोक्ष √दा + क] *वि*० मोक्ष देनेवाला। मोक्षदायक। ***जैसे***—मोक्षद गुरु। ✣ **मोक्षदा**—*वि*० *(स्त्री०)* = मोक्ष देनेवाली। मोक्षदायिनी। ***जैसे***—मोक्षदा काशी।

*__मोखा__[1]—[सं० मुख] *पु*० १. झरोखा। गवाक्ष। २. रोशनदान।

मोखा[2]—[< सं० मोक्षक] *पु*० एक प्रकार का बड़ा वृक्ष जिसके पत्ते बड़े-बड़े होते हैं, तोड़ने पर दूध निकलता है और फल घंटे के आकार के होते हैं।

*__मोखु__—*पु*० ≤ *सं*० मोक्ष। मुक्ति।

मोगरा—[< सं० मुद्‌गर] *पु*० १. बड़े और अधिक सुगन्धित फूलों वाला बेला। २. काठ का बना हुआ व्यायाम का एक उपकरण जिसको हाथ से घुमाया जाता है। मुद्‌गर। ३. एक प्राचीन अस्त्र जो लोहे का बना होता था। लौह-मुद्‌गर।

मोघ—[सं० √मुह् + घञ्, कुत्व] *वि*० १. व्यर्थ। निष्फल। बेकार। २. बिना किसी उद्‌देश्य या प्रयोजन का। निरुद्‌देश्य। निष्प्रयोजन।

मोचक—[सं० √मुच् + णिच् + ण्वुल, या √मुच् + ण्वुल्] *वि*० (बन्धन आदि से) छुटकारा दिलानेवाला। छुड़ानेवाला। *पु*० सहिजन/सेमल/केला का वृक्ष।

मोचन—[सं॰ √मुच् + ल्यु/ल्युट्] *वि॰* कष्ट/बन्धन आदि से छुड़ानेवाला। ***जैसे***—संकटमोचन हनुमान्। *पु॰* १. छोड़ने की क्रिया/भाव। छुटकारा। मुक्ति। २. उऋण होने की क्रिया/भाव। ***जैसे***—ऋण-मोचन। ३. हरण। छीनना। ***जैसे***—वस्त्र-मोचन। ४. (बैल आदि को) जुआ में से खोलने की क्रिया/भाव।

मोचरस—[सं॰ मोच ~ रस] *पु॰* सेमल वृक्ष का गोंद।

***मोट**[1]—[< हिं॰ मोटरी] *स्त्री॰* गठरी। मोटरी।

मोट[2]—[देशज] *पु॰* खेत सींचने के लिए कुएँ से पानी निकालने का बड़ा डोल जो चमड़े का बना होता है।

मोटनक—[सं॰ मोटन + कन्] *पु॰* (छन्द॰) एक समवर्णिक छन्द जिसके प्रत्येक चरण में क्रमशः तगण, २ जगण, लघु और गुरु (त ज ज ल ग) के योग से कुल ११ वर्ण होते हैं।

मोटरी—[< तेलुगु॰ मूटा (गठरी)] *स्त्री॰* मोट। गठरी।

मोट्टायित—[सं॰ √मुट् + घञ्, तट-आगम, + क्यङ् + क्त] *पु॰* (काव्य॰) अपने प्रिय की चर्चा चलने पर अपने अनुराग को छिपाने में प्रयत्नशील परन्तु असफल नायिका की अवस्था को प्रकट करनेवाले उसके हाव।

मोठ—[< सं॰ मकुष्ठ] *पु॰* मूँग की जाति का एक मोटा अन्न।

मोड़—[< प्रा॰ मोड < सं॰ मोटय्] *पु॰* १. मुड़ने/मोड़ने की अवस्था/क्रिया/भाव। घुमाव। २. (सड़क आदि की) वक्रता या टेढ़ापन। ३. मार्ग आदि का किसी दिशा में घूम जाने या मुड़ जाने का स्थान। घुमाव। ***जैसे***—गली के मोड़ पर।

मोड़ी लिपि—[देशज मोड़ी + सं॰ लिपि] *स्त्री॰* १. महाराष्ट्र की एक प्राचीन लिपि। २. घसीट और अस्पष्ट लिखाई।

मोढ़ा—[देशज] *पु॰* १. बैठने के लिए एक सुखद आसन जो सरकंडा/बेंत आदि का बना हुआ, ऊँचा और गोलाकार होता है। २. बाहु-मूल का **दृढ़ घेरा**। कन्धा। मुड्ढा (दे॰)।

मोतियदाम—[< सं॰ मौक्तिक ~ दाम] *पु॰* मोतियों की माला। (छन्द॰) एक समवर्णिक छन्द जिसके प्रत्येक चरण में ४ जगण के योग से १२ वर्ण होते हैं।

मोतिया—[< हिं॰ मोती] *वि॰* १. मोती-सम्बन्धी। मोती का। २. मोती के समान चमक वाला। ३. मोती के रंग का। ४. जो आकार में मोती की तरह छोटा और गोल होता है। *पु॰* १. मोती जैसा सफ़ेद रंग। २. बेला (पौधे) का एक भेद। ३. उक्त का फूल। ४. छोटे और गोल दानों वाला।

मोतीझरा—[< हिं॰ मोती + झरना] *पु॰* एक ज्वर जिसमें छाती और पेट पर छोटे-छोटे दाने निकल आते हैं। मियादी बुख़ार। टायफ़ाइड (अं॰)।

***मोते**—[< हिं॰ मो] *सर्व॰* मुझसे। *क्रिवि॰* मेरी तुलना में। मेरी अपेक्षा।

***मोतें/मोतैं (मोतें/मोतें)**—[< हिं॰ मो] *सर्व, क्रिवि॰* मोते।

मोथरा—[< सं॰ मन्थर] *वि॰* जिसकी धार कुंठित हो गयी हो। भोथरा। खुट्टल।

मोद—[सं॰ √मुद् + घञ्] *पु॰* १. हर्ष। आनन्द। २. सुगन्ध। (छन्द॰) एक समवर्णिक छन्द जिसके प्रत्येक चरण में क्रमशः ५ भगण, मगण, सगण तथा गुरु (भ भ भ भ भ म स ग) के योग से २२ वर्ण होते हैं। ● **विशेष**—'मोद' छन्द एक प्रकार का सवैया है।

मोदक—[सं॰ √मुद् + णिच् + ण्वुल्] *वि॰* आनन्द देनेवाला। आनन्दप्रद। हर्षप्रद। *पु॰* लड्डू। (छन्द॰) एक समवर्णिक छन्द जिसके प्रत्येक चरण में क्रमशः ४ भगण के योग से १२ वर्ण होते हैं।

मोदन—[सं॰ √मुद् + ल्युट् (या √मुद् + णिच् + ल्युट्)] *पु॰* १. हर्ष/आनन्द देना। २. प्रसन्न करने की क्रिया/भाव। ३. सुगन्ध बिखेरना/फैलाना।

मोदमढ़ी—[< सं॰ मोद + हिं॰ मढ़ना] *वि॰ (स्त्री॰)* मोद से भरी हुई। मोदपूर्ण।

मोद-मग्न—[सं॰] *वि॰* आनन्द/सुख में डूबा हुआ।

मोदयन्ती (मोदयंती)—[सं॰ √मुद् + णिच् + शतृ + ङीप्] *स्त्री॰* जंगली चमेली। वनमल्लिका।

मोदा—[सं॰ √मुद् + णिच् + अच् + टाप्] *स्त्री॰* १. एक प्रकार के क्षुप जो १२-१५ सें॰मी॰ ऊँचे होते हैं तथा भूमि पर फैलते हैं। अजमोदा। २. सेमल का वृक्ष।

मोदाकर—[सं॰ मोद + आकर] *पु॰* मोद की खान। आनन्द/हर्ष का भंडार। *वि॰ (स्त्री॰)* आनन्दपूर्ण। आनन्दप्रद।

मोदिनी—[सं॰ मोदिन् + ङीप्] *वि॰ (स्त्री॰)* १. प्रसन्नता देनेवाली। ***जैसे***—हृदय-मोदिनी। २. सुगन्ध देनेवाली। *स्त्री॰* १. यूथिका। जूही। २. चमेली। ३. कस्तूरी। ४. मधु। शहद। ५. मदिरा। शराब। ६. अजमोदा। मोदा।

मोदी—[< अरबी मद्दअ (रसद)] *पु॰* दाल, चावल इत्यादि बेचनेवाला। परचूनिया। ✣ **मोदीख़ाना**—*पु॰* = अन्न रखने का कमरा। भंडार।

मोना[1]—[< हिं॰ मोयन < सं॰ मोदन] *क्रिस॰* १. गूँधे हुए आटे में घी/तेल मिलाना। मोयन देना। २. तर करना। सिक्त करना। भिगोना। ३. भावित करना। मोहयुक्त करना।

मोना[2]—[< सं॰ मुण्डन] *पु॰* वह पुरुष जो केश कटाता हो। पंजाब के 'केशधारी' सिखों से भिन्न हिन्दू।

मोना[3]—[< सं॰ मोण] *पु॰* ढक्कनवाली टोकरी। पिटारा।

मोना[4]—[< सं॰ मग्न] *क्रिस॰* लीन/मग्न करना।

मोनोग्राफ़—[अं॰] *पु॰* किसी एक विषय पर या उसकी शाखा पर लिखा गया निबन्ध या निबन्ध-संग्रह।

मोनोग्राम—[अं॰] *पु॰* १. दो या अधिक अक्षरों के मेल से बना अक्षर। व्यक्ति के नाम के आद्य अक्षरों के मेल से बना नाम का संक्षिप्त रूप गुम्फिताक्षर। गुम्फाक्षर। नामचिह्न।

मोन्ताज (मोंताज)—[अं॰] *पु॰* (दूरदर्शन॰) किसी कार्यक्रम सिनेमा-फ़िल्म या अनेक प्रकार के फ़ोटो-चित्रों के रोचक दृश्यांशों को सम्पादन के द्वारा जोड़कर बनाया गया दृश्य। फ़िल्म के दृश्यों या फ़ोटो-चित्रों से बना धारावाहिक चित्र।

मोनोसाइट—[अं॰] *स्त्री॰* रक्त की सबसे बड़ी कणिकाओं का वर्ग।

मोमजामा—[फा॰] *पु॰* मोम चढ़ाया हुआ कपड़ा।

मोमिन—[अरबी] *पु॰* (इस्लाम॰) *पु॰* १. क़ुरान के विधि-विधान का पालन करनेवाला मुसलमान। २. मुसलमान जुलाहा।

मोमिया—[< फा॰ मोम] *वि॰* १. मोम से सम्बन्धित। मोम का। २. मोम का बना हुआ। मोमी। ३. (कपड़ा आदि) जिस पर मोम का लेप किया गया हो। ४. मोम की तरह कोमल और जल्दी टूटनेवाला या जल्दी पिघलनेवाला।

मोमी—[< फा॰ मोम] *वि॰* १. मोम का बना हुआ। २. मोम की तरह कोमल और जल्दी टूटने या जल्दी पिघलने वाला।

†मोय—[< हि॰ मोहि] *सर्व॰* मुझे। मुझको। ***जैसे***—मोय नहीं मालूम।

मोयन—[< स॰ मोदन] *पु॰* खस्तापन लाने के लिए गुँधे हुए आटे या बेसन आदि में मिलाया गया घी/तेल।

मोरछल—[< हि॰ मोर + झलना] *पु॰* = मोर के पंखों का चँवर। ❖ **मोरछली**—*पु॰* = १. मोर पंखों के चँवर बनानेवाला। २. (देवमूर्तियों, धनियों, राजाओं आदि पर) मोरपंखों का चँवर डुलाने का काम करनेवाला।

†मोरन[१]—[< हि॰ मोरना] *स्त्री॰* मोड़ने की क्रिया/भाव।

मोरन[२]—[देशज] *स्त्री॰* दही, दूध और शक्कर से बना एक पदार्थ—श्रीखंड। शिखरन।

***मोरना[१]**—[< हि॰ मोड़ना] *क्रिस॰* मोड़ना। ❖ ***मोरि**—*क्रिवि॰* = मोड़कर। घुमाकर।

***मोरना[२]**—[< हि॰ मोरन] *क्रिस॰* मथे हुए दही में से मक्खन निकालना।

मोरपङ्खी (मोरपंखी)—[< हि॰ मोरपङ्ख] *स्त्री॰* १. एक दीर्घायु वृक्ष जो गहरे हरे रंग का होता है और बिना फूलों का वृक्ष होने पर भी उद्यानों में शोभा के लिए लगाया जाता है। २. एक तरह का छोटा पंखा जो खोलने से मंडलाकार हो जाता है। *वि॰* मोरपंख के रंग वाला। गहरा चमकीला-नीला। *पु॰* गहरा चमकीला नीला रंग।

मोरशिखा—[< स॰ मयूरशिखा] *स्त्री॰* पहाड़ी प्रदेशों में अधिक होने वाली एक जड़ी जिसके सिर पर मयूर की कलग़ी की तरह की सींकें निकल आती हैं।

मोरि[१]**—[< हि॰ मोरी] *सर्व॰* मेरी। ***जैसे—मोरि धरती।

***मोरि[२]**—दे॰ < हि॰ मोरना[१]।

***मोरी[१]**—[देशज] *स्त्री॰* १. गन्दा पानी जाने के लिए बनी नाली। २. घर की नाली।

मोरी[२]—[< हि॰ मोरा] *वि॰ (स्त्री॰)* मेरी। ***जैसे***—मोरी मति।

मोरी[३]—[< हि॰ मोरना < मोड़ना] *क्रिस॰* मोड़ी। थोड़ी घुमा दी। ***जैसे***—मेरी कलाई मोड़ी।

मोलना[१]—[< हि॰ मोल] *क्रिस॰* मोल लेना। ख़रीदना।

मोलना[२]—[देशज] *क्रिअ॰* (चूड़ी का) टूट जाना।

मोलस्का—[अं॰] *पु॰* कोमल और खंडहीन शरीर वाले तथा जिसके शरीर में एकपेशीय पाद और प्राय: कठोर ख़ोल होता है, ऐसे अकशेरुकियों (जैसे सीपी, शंख आदि) का बृहत् संघ।

***मोष/मोख**—[< स॰ मोक्ष] *पु॰* १. मोक्ष। २. आनन्द। ❖ **मोषु/मोखु**—*पु॰* = १. मोक्ष। मुक्ति। २. आनन्द।

मोह—[स॰ मुह् + घञ्] *पु॰* १. भ्रम। भ्रान्ति। २. अज्ञान। मूर्खता। ३. भूल। ग़लती। ४. सन्ताप। पीड़ा। कष्ट। दु:ख। ५. विवेकरहित प्रेम। ६. अपने शरीर, सांसारिक सम्बन्धियों, धन-सम्पत्ति आदि में आसक्ति या ममता। ७. मूर्छा। बेहोशी।

मोहक—[स॰ √मुह् + णिचृ + ण्वुल्] *वि॰* १. मोह उत्पन्न करनेवाला। २. मुग्ध कर लेने वाला। आकर्षक। लुभावना।

मोह-छोह—[स॰ मोह + हि॰ छोह] *पु॰* मोह और ममता।

†मोहड़ा—[< हि॰ मुँह] *पु॰* १. मुख। मुँह। २. अगला/ऊपरी भाग। ३. किसी पात्र का ऊपरी खुला भाग। पात्र का मुँह।

मोहताज/मुहताज—[अरबी] *वि॰* १. जिसे किसी आवश्यक वस्तु का अभाव हो। अभाव-पीड़ित। २. निर्धन। ग़रीब। ३. किसी आवश्यक वस्तु या बात के लिए किसी की सहायता मिलने पर निर्भर। आश्रित।

मोहन—[स॰ √मुह् + णिच् + ल्युट्] *वि॰* १. मोह उत्पन्न करनेवाला। मोहक। २. मन को मोहनेवाला। मनमोहक। ३. भ्रम में डालनेवाला। भ्रामक। ४. आकर्षक। ५. व्याकुल/परेशान करनेवाला। ६. मायाग्रस्त करनेवाला। *पु॰* १. मोह लेने की क्रिया। २. परेशानी। ३. माया। भ्रम। ४. लोभ। लालच। ५. (वासुदेव) कृष्ण। ६. मोहनास्त्र। (दे॰) (तंत्र॰) एक तान्त्रिक प्रयोग जिससे किसी को मूर्च्छित किया जाता है। (छन्द॰) एक मात्रिक छन्द जिसके प्रत्येक चरण में २३ मात्राएँ होती हैं और ५-६-६-६ पर यति होती है। सरस (छन्द)।

मोहनभोग—[हि॰ मोहन + भोग] *पु॰* १. एक प्रकार का मीठा व्यंजन। एक प्रकार का हलवा। २. एक प्रकार की बंगाली मिठाई।

मोहनमाला—[स॰ मोहन ~ माला] *स्त्री॰* सोने के दानों की पिरोई हुई माला।

मोहना—[< स॰ मोहन] *क्रिअ॰* १. मुग्ध होना। मोहित होना। २. मूर्छित होना। ३. भ्रम में पड़ना। भ्रमित होना। ४. मोह के वश में होना। *क्रिस॰* १. मोहित करना। लुभाना। २. भ्रम में डालना। ३. मोहग्रस्त करना।

मोहनास्त्र—[स॰ मोहन ~ अस्त्र] *पु॰* प्राचीन काल का एक अस्त्र जिसके प्रभाव से शत्रु या शत्रु-सैन्य कुछ समय के लिए मूर्छित हो जाता था।

†मोहनिहार—[< हि॰ मोहना] *वि॰* १. मोहनेवाला। २. मुग्ध/आकर्षित करनेवाला। ३. मोहग्रस्त करनेवाला।

मोहपर—[स॰ मोह ~ पर] *वि॰* जो मोह से परे हो। अज्ञान से मुक्त। मोहातीत।

मोहमय—[स॰ मोह + मयट्] *वि॰* मोह/अज्ञान से पूर्ण। मूढ़तापूर्ण। ***जैसे***—मोहमय मनुष्य और ज्ञानमय महात्मा का अन्तर।

मोहमूल—[स॰ मोह ~ मूल] *पु॰* मोह की जड़। मोह का मूल कारण। ***जैसे***—मोहमूल अभिमान।

मोहरा—[< हि॰ मुँह] *पु॰* १. किसी बर्तन का ऊपरी खुला भाग। बर्तन का मुँह। २. किसी वस्तु का अगला या ऊपरी भाग। ३. सेना की प्रथम पंक्ति। ४. किसी वस्तु के ऊपर का छेद। ५. पशुओं के मुँह पर बाँधी जाने वाली जाली जिसके कारण वे उस समय कुछ खा नहीं सकते। ६. घोड़े के मुँह पर पहनाने का एक साज। ७. शतरंज की गोट। ८.सोने-चाँदी पर की गयी नक़्क़ाशी को चमकानेवाला एक उपकरण।

मोह-रात्रि—[स॰] *स्त्री॰* १. प्रलयकालीन रात्रि। कालरात्रि। २. भाद्र कृष्ण अष्टमी की रात्रि।

मोहरी—[< हि॰ मोहरा] *स्त्री॰* १. पाजामे का नीचे की ओर मुँह जैसा भाग। पायँचा। २. बर्तन आदि का छोटा मुँह। ३. किसी वस्तु का ऊपरी खुला हुआ कुछ भाग।

मोहान्ध (मोहांध)—[स॰ मोह ~ अन्ध] *वि॰* मोह या अज्ञान के कारण सत्य को न देख पाने वाला अज्ञानी।

मोहावृत—[स॰ मोह ~ आवृत] *पु॰* मोह से युक्त।

मोहासन्न—[स॰ मोह ~ आसन्न] *वि॰* मोह में डूबा हुआ। मोहग्रस्त।

***मोहि[1]**—[< हि॰ मोहना] *क्रिवि॰* मोह कर। मोहित या मुग्ध करके।

***मोहि[2]**—[< स॰ मह्यम्] *सर्व॰* मुझको। मुझे।

मोहिनि—[< स॰ मोहिनी] *वि॰ (स्त्री॰)* आकर्षित करनेवाली। *स्त्री॰* (छन्द॰) एक समवर्णिक छन्द जिसके प्रत्येक चरण में क्रमशः सगण, भगण, तगण, यगण, सगण (स भ त य स) के योग से १५ वर्ण होते हैं तथा ७-८ पर यति होती है।

मोहिनी—[स॰ √मुह् + णिच् + णिनि] *स्त्री॰* १. मोहनी। २. वैशाख मास के शुक्ल पक्ष की एकादशी। ३. विष्णु का वह नारी-रूप जिससे उन्होंने अमृत-मन्थन के बाद दैत्यों को छला था। (छन्द॰) एक अर्धसम मात्रिक छन्द जिसके सम चरणों में ७-७ मात्राएँ और अन्त में सगण होता है, तथा विषम चरणों में १२-१२ मात्राएँ होती हैं।

मोहिनीअट्टम—[मलयालम] *पु॰* एक प्रकार का नृत्य।

***मोहिँ (मोहिं)**—[< स॰ मध्यम] *सर्व॰* मुझे। मुझको।

मोही—[स॰ मोहिन्] *वि॰* १. मोह करनेवाला। २. अज्ञानी। ३. मोहित करनेवाला। मोहक। ४. स्नेह करने वाला। स्नेही। ५. लोभी। लालची।

†मौं (मों)—[ब्रज॰ < हि॰ मैं] *सर्व॰* १. मैं। २. मुझको। मुझे। ३. मेरा। ✣ **मौंइ (मोंइ)**—*सर्व॰* मुझे/मुझको। ✣ **मौंको (मोंको)**—*सर्व॰* = मुझको। मुझे।

मौंगरा[1] (मोंगरा[1])—*पु॰* ≤ *हि॰* मोगरा। बेला। (पौधा)।

मौंगरा[2] (मोंगरा[2])—*पु॰* ≤ *हि॰* मुँगरा। लकड़ी की हथौड़ी।

†मौंड़ा (मोंड़ा)—[< हि॰ मुंडा] *पु॰* १. बालक। लड़का। २. पुत्र।

मौंहि (मोंहि)—[< हि॰ मौं] *सर्व॰* १. मुझ। २. मुझको। मुझे।

मौक़ूफ़—[अरबी] *वि॰* स्थगित।

मौक्तिक—[स॰ मुक्ता + ठक्] *पु॰* मोती। *वि॰* १. मोती-सम्बन्धी। मोती या मोतियों का। २. मोती या सीप के समान आभा वाला। मोतिया।

मौक्तिकदाम—[स॰ मौक्तिक ~ दाम] *पु॰* (छन्द॰) 'मोतियदाम' छन्द।

मौक्तिकावलि—[स॰ मौक्तिक ~ आवलि] *स्त्री॰* मोतियों की माला। मुक्तामाला।

मौखर्य—[स॰ मुखर + ष्यञ्] *पु॰* व्यर्थ ही अधिक बोलना। मुखरता। वाचालता। बातूनीपन।

मौगा—[< स॰ मुग्ध] *वि॰* १. मूर्ख। मूढ़। २. नपुंसक। क्लीव। *पु॰* पुरुष। ✣ **मौगा**—*वि॰ (स्त्री॰)* = १. मूर्खा। मूढ़ा। २. क्लीव स्त्री।

मौज—[अरबी] *स्त्री॰* १. (जल की) तरंग। लहर। २. (मन की) उमंग। लहर। ३. कृपा। ४. आनन्द। सुख। मज़ा। ***जैसे***—मौज लेना।

मौज़ा—[< अरबी मौज़अ] *पु॰* १. ग्राम। गाँव। २. स्थान।

मौजी—[< अरबी मौज] *वि॰* १. मन की तरंग के अनुसार काम करनेवाला। मनमानी रीति से काम करनेवाला। २. सुख भोगनेवाला। मज़ा लेनेवाला। मौज करनेवाला।

मौज़ूँ—[अरबी] *वि॰* १. उचित। २. योग्य। ३. जँचा-तुला। ठीक-ठीक।

***मौनदी**—[< अरबी मुनादी] *स्त्री॰* १. मुनादी। २. ढिंढोरा।

†मौना—[< स॰ मोण] *पु॰* १. बाँस/सींक का बना ढक्कनदार टोकरा। २. टोकरा। पिटारा। ३. घी/तेल रखने का एक प्रकार का बर्तन।

मौनालाप—[स॰ मौन + आलाप] चुपचाप रहते हुए की जाने वाली बातचीत। ***जैसे***—नेत्रों से मौनालाप हो सकता है।

मौनी[1]—[स॰ मौनिन्] *वि॰* मौन/चुप रहनेवाला। *पु॰* १. मौन-व्रती व्यक्ति। २. मुनि। ✣ **मौनी अमावस/अमावस्या**—*स्त्री॰* = माघ मास की अमावस्या।

†मौनी[2]—[< हि॰ मौना] *स्त्री॰* १. टोकरी। पिटारी। २. घी/तेल रखने का एक छोटा बर्तन। छोटा मौना।

***मौमाखी**—*स्त्री॰* ≤ *हि॰* मधुमक्खी। शहद की मक्खी।

मौर[1]—[< पा॰ मउड़ < स॰ मुकुट] *पु॰* विवाह के अवसर पर वर को पहनाया जाने वाला मुकुट जैसा एक शिरोभूषण।

मौर[2]—[< प्रा॰ मउड < स॰ मुकुल] *पु॰* (आम के वृक्ष की) मंजरी। बौर।

मौर[3]—[< स॰ मौलि] *पु॰* १. सिर। २. गर्दन। *वि॰* सबमें श्रेष्ठ। शिरोमणि।

मौरना—[< हि॰ मौर] *क्रिस॰* आम के वृक्ष पर मंजरी/बौर/मौर लगना। मंजरीयुक्त होना। बौराना।

***मौरि/मौरु**—[< स॰ मौलि] *पु॰* सिर।

मौरूसी—[अरबी] *वि॰* पैतृक। ***जैसे***—मौरूसी घर।

मौरे—[< हि॰ मौरना] *क्रिअ॰* 'मौरना' क्रिया का एक भूतकालिक रूप। (वृक्ष में) मौर मंजरी आया। *वि॰* मंजरीयुक्त।

मौर्ख्य—[स॰ मूर्ख + ष्यञ्] *पु॰* मूर्खता। मूढ़ता।

मौर्वी—[स॰ मूर्वा + अण् + ङीप्] *स्त्री॰* धनुष की डोरी। प्रत्यंचा।

मौलसिरी—[< स॰ मौलश्री] *स्त्री॰* १. एक विशाल सदाबहार पेड़। बकुल। २. उक्त वृक्ष के फूल।

मौला—[अरबी] *पु॰* १. स्वामी। मालिक। २. परमात्मा। ईश्वर।

मौलाना—[अरबी] *पु॰* १. बड़ा मौलवी। २. (मुसलमान) विद्वानों

के लिए आदरार्थक सम्बोधन। *जैसे*—मौलाना आज़ाद।

मौलि—[स॰ मूल + इञ्] *पु॰* १. सिर। २. किसी वस्तु का सबसे ऊँचा भाग। चोटी। सिरा। ३. मुकुट। ताज। ४. शिखा। चोटी। ५. केश-विन्यास।

मौलिक—[स॰ मूल + ठञ्] *वि॰* १. मूल से उत्पन्न। मूलोद्भूत। २. मूल से सम्बन्धित। ३. मूल सिद्धान्त से सम्बन्धित। ४.जिसमें किसी की नयी सूझ प्रकट हुई हो।५. जो किसी की छाया/अनुवाद/अनुकरण/नक़ल न हो। मूलभूत। (छन्द॰) 'पद्धरि' नामक मात्रिक छन्द। (दे॰ 'पद्धरि' छन्द)

मौलिपट्ट—[स॰ मौलि ~ पट्ट] *पु॰* पगड़ी। साफ़ा।

मौलि-मणि—[स॰ मौलि ~ मणि] *पु॰* १. मुकुट में जड़ी हुई मणि। २. शिरोमणि। सिरमौर।

मौली[१]—[स॰ मौलि + ङीष्] *स्त्री॰* पृथ्वी। भूमि। धरती।

मौली[२]—[स॰ मौलिन्] *वि॰* जो मुकुट पहने हो। मुकुटधारी।

***मौसर**—[< अरबी मयस्सर] *वि॰* उपलब्ध। सुलभ।

मौसल—[स॰ मुसल + अण्] *वि॰* १. मूसल-सम्बन्धी। मूसल का। २. मूसल के आकार का। ३. (वह युद्ध/लड़ाई) जिसमें हथियार के रूप में मूसल का प्रयोग हुआ हो। *जैसे*—मौसल युद्ध।

मौहूर्तिक—[स॰ मुहूर्त्त + ठक्] *वि॰* मुहूर्त-सम्बन्धी। मुहूर्त का। *पु॰* ज्योतिषी।

†मौंगी (मौंगी)—[< स॰ मौन] *वि॰* मौन। चुप। *स्त्री॰* मौन। चुप्पी।

†मौंड़ा (मौंड़ा)—[< स॰ माणवक < हि॰ मुंडा] *पु॰* बालक। लड़का।

✣ मौंड़ी (मौंड़ी)—*स्त्री॰* = लड़की।

म्यानी—[< फा॰ मियानी] *वि॰* बीच का। *स्त्री॰* १. पाजामे में दोनों पायँचों के बीच का कपड़ा। २. दीवार के ऊपरी भाग में छत के नीचे बनी छोटी कोठरी।

म्रियमाण—[स॰ √मृ + शानच्, मुम्] *वि॰* मरा हुआ जैसा। मृतप्राय।

म्लान—[स॰ √म्लै + क्त, त→न] *वि॰* १. कुम्हलाया। मुर्झाया हुआ। २. थका हुआ। श्रान्त। *जैसे*—म्लान अंग। ३. दुर्बल। कमज़ोर। ४. मलिन। मैला। गन्दा। ५. उदास। *जैसे*—म्लान मन।

म्लेच्छ—[स॰ √म्लेच्छ् + अच् (अथवा घञ्)] *वि॰* १. (भाषा का) स्पष्ट उच्चारण न कर सकनेवाला। २. सदाचार से रहित। दुष्ट। *पु॰* १. संस्कृत भाषा का स्पष्ट उच्चारण न कर सकने वाला व्यक्ति या वर्ग आदि। २. सदाचार से रहित व्यक्ति। दुष्ट। अनार्य। *जैसे*—म्लेच्छ देश; म्लेच्छ भाषा। ३. गन्दा रहनेवाला व्यक्ति। ४. पापी मनुष्य।

***म्हा**—[< प्रा॰ अम्हे < स॰ अहम्] *सर्व॰* मुझ। **✣ म्हाको**—*सर्व॰* = मेरा या हमारा। **✣ म्हारा**—*सर्व॰* = मेरा या हमारा। **✣ म्हारी**—*सर्व॰ (स्त्री॰)* = मेरी या हमारी। **✣ म्हाँरी**—*सर्व॰ (स्त्री॰)* = मेरी या हमारी। **म्हाँसू** = मुझसे या हमसे।

***म्हेलना**—[देशज] *क्रिस॰* छोड़ना। डालना।

***म्हौर**—[< हि॰ मौर] *पु॰* १. (वर के पहनने का) मौर। २. मुकुट। ताज।

***म्हौँ (म्हौं)**—*पु॰* ≤ *हि॰* मुँह। मुख।

य

देवनागरी वर्णमाला में अन्तःस्थ वर्ग का पहला व्यंजन।(भाषाविज्ञान की दृष्टि से) यह तालव्य, घोष और अल्पप्राण है। यह 'अन्तःस्थ' वर्ण है क्योंकि स्पर्शवर्ण और ऊष्मवर्ण के बीच का वर्ण है। यह अर्धस्वर है और इ/ई की अ/आ से सन्धि होने पर इ/ई के स्थान पर 'य्' हो जाता है(जैसे—यदि + अपि = यद्यपि; प्रति + आक्रमण = प्रत्याक्रमण) ● **विशेष—१.** 'य', 'या', 'यि' इत्यादि के अनुनासिक रूप यँ, याँ, यिँ इत्यादि होते हैं परन्तु शिरोरेखा के ऊपर 'चन्द्रबिन्दु' के स्थान पर 'बिन्दु' लगाने की रीति (सुविधार्थ) प्रचलित है परन्तु केवल वहाँ जहाँ मात्रा शिरोरेखा के ऊपर लगती हो। (योँ→यों)। २. व्यंजन-गुच्छों में य पहले आकर अन्य व्यंजनों से प्राय: नहीं मिलता, केवल य से मिलता है और तब अपनी खड़ी रेखा छोड़ देता है—**'ट' के** रूप में (**जैसे**—साहाय्य/साहाय्य)। पहले आकर य से मिलनेवाले अनेक व्यंजन हैं परन्तु छ्, झ् और फ् प्राय: नहीं मिलते। क्, ख्,..स्, ह् इत्यादि व्यंजनों के 'य' से मिलने पर 'य' में कोई परिवर्तन नहीं होता परन्तु उन व्यंजनों का प्राय: खड़ी रेखा छोड़कर योग होता है (*जैसे*—वाक्य, राज्य, पुण्य, सत्य, तथ्य, ध्यान, न्याय, प्यास, मूल्य, श्याम, भाष्य, हास्य।) द् पहले आने पर 'द्य' या 'द्‌य' रूप बनता है (**जैसे**—गद्य, पद्य, विद्या अथवा गद्‌य, पद्‌य, विद्‌या)। और र् पहले आने पर शिरोरेखा के ऊपर लगता है (**जैसे**—अनिवार्य, कार्य)। पुरानी रीति में ट्, ठ्, ड्, ढ् पहले आकर य् से विशेष प्रकार से मिलते हैं (**जैसे**—नाट्य, शाठ्य, जाड्य, धनाढ्य); परन्तु आजकल प्राय: हलन्त का प्रयोग करके ही लिखे जाते हैं (**जैसे**—नाट्‌य, शाठ्‌य, जाड्‌य, धनाढ्‌य)। **३.** शब्दों के 'य' का 'ज' में परिवर्तन लोकभाषा में प्राय: हो जाता है (यमुना→जमुना, यव→जौ, कार्य→कारज/काज, यज्ञ→जग्य)। **४.** 'यि' और 'यी' को क्रमश: 'इ' और 'ई' लिखने की प्रवृत्ति इधर कुछ दशकों में बढ़ी है—अब 'नयी दिल्ली' को 'नई दिल्ली' लिखना सामान्य प्रवृत्ति है। परन्तु, इस प्रवृत्ति के परिणामस्वरूप 'स्थायी, स्थायित्व, उत्तरदायी, उत्तरदायित्व' इत्यादि के स्थान पर क्रमश: 'स्थाई, स्थाइत्व, उत्तरदाई, उत्तरदाइत्व' इत्यादि लिखा जाना **अज्ञानजन्य और हास्यास्पद** है।

य—[स० √या + ड] *पु*० १. यश। कीर्ति। २.योग। ३. यान। गाड़ी। ४. यम। ५. संयम। ६. यव। जौ। ७. त्याग। ८. सारथि। ९. प्रकाश। (छन्द०) यगण। (दे०)

यकार—[स० य + कार] *पु*० 'य' वर्ण या उसकी ध्वनि। *जैसे*—'यदि', 'वायु' और 'उपयोग' में यकार है परन्तु 'जादू' में नहीं है।

यकृत्—[स० य √कृ + क्विप्, तुक्] *पु*० यकृत। (दे०)

यकृत—[< स० यकृत] *पु*० शरीर की सबसे बड़ी ग्रन्थि जो उदरीय गुहा (पेट) में दाहिनी ओर ऊपरी भाग में स्थित होती है तथा जिसमें भोजन को पचानेवाला रस होता है। जिगर। (अ० लिवर) ⁘ **यकृत्कोष**—*पु*० = (चिकित्सा०) यकृत के ऊपर की श्लैष्मिक कला।

यक्ष—[स० √यक्ष् + घञ्] *पु*० १. देव-युग की एक प्राचीन भारतीय जाति जिसके राजा का पद 'कुबेर' होता था। २. धन के देवता 'कुबेर' के धनकोष की रक्षा करनेवाली एक देवजाति या उसका व्यक्ति। कुबेर का गण/सेवक। ⁘ **यक्षकर्दम**—*पु*० = एक प्राचीन अंगराग। कुंकुम, अगर, कस्तूरी, कपूर और चन्दन का एक लेप। महासुगन्ध। गन्धराज। ⁘ **यक्षग्रह**—*पु*० = यक्ष या भूत-प्रेत की बाधा। ⁘ **यक्षनायक/यक्षपति**—*पु*० = यक्षों का स्वामी या राजा। कुबेर। ⁘ **यक्षपुरी**—*स्त्री*० = कुबेर की राजधानी। अलकापुरी। ⁘ **यक्ष-प्रश्न**—*पु*० = १. यक्ष के द्वारा पूछा गया प्रश्न। २. जटिल प्रश्न। ३. कठिन समस्या। ⁘ **यक्षराज**—*पु*० = यक्षों का राजा। कुबेर। ⁘ **यक्ष-रात्रि**—*स्त्री*० = १. कार्तिकी अमावस्या की रात। दीवाली की रात। २. दीपावली (उत्सव)। ⁘ **यक्षलोक**—*पु*० = यक्षों के रहने का लोक।

यक्षाधिप, यक्षाधिपति—[स० यक्ष ~ अधिप/अधिपति] *पु*० यक्षों का स्वामी या राजा। कुबेर।

यक्षावास—[स० यक्ष ~ आवास] *पु*० १. यक्षों के रहने का स्थान। २. बरगद का पेड़। वटवृक्ष।

यक्षिणी—[स० यक्ष + इनि + ङीप्] *स्त्री*० १. यक्ष की पत्नी। २. यक्ष जाति की स्त्री।

यक्षी[1]—[स० यक्ष + ङीष्] *स्त्री*० यक्षिणी।

यक्षी[2]—[स० यक्षिन्] *वि*० यक्षों की पूजा करनेवाला।

यक्षेन्द्र(यक्षेंद्र)/यक्षेश/यक्षेश्वर—[स० यक्ष ~ ईश/इन्द्र] *पु*० यक्षों का स्वामी या राजा। कुबेर।

यक्ष्मी—[सं॰ यक्ष्मिन्] *पु॰ वि॰* तपेदिक़ का रोगी/क्षयरोगी।

यगण—[सं॰ य ~ गण] *पु॰* (छन्द॰) क्रमशः एक लघु और दो गुरु, गुरु मात्राओं वाला (।ऽऽ) वर्णिक गण।

यजन—[(सं॰ यज् + ल्युट्] *पु॰* १. यज्ञ/हवन करने की क्रिया। २. यज्ञ।

यजमान—[सं॰ √यज् + शानच्] *पु॰* १. यज्ञ का अनुष्ठान करनेवाला और पुरोहितों से उसे सम्पन्न करानेवाला व्यक्ति। २. पुरोहित से पूजा आदि कराकर उसे दक्षिणा देनेवाला व्यक्ति।

यजमानी—[< सं॰ यजमान] *स्त्री॰* १. यजमान होने की अवस्था/धर्म/भाव। २. यजमानों से कर्मकांड आदि कराने तथा उनसे दान-दक्षिणा लेने की ब्राह्मण-वृत्ति। पुरोहिती। पुरोहिताई।

यजित—[सं॰ √यज् + क्त] **वि॰** १. यज्ञ से पूजित। २. वन्दित। पूजित।

यजुः/यजुस्—[सं॰ √यज् + उसि] *पु॰* १. वेद के यज्ञ-सम्बन्धी मन्त्र जो गद्य और पद्य दोनों में हो सकते हैं। यज्ञीय मन्त्र। २. चार वेदों में से द्वितीय। यजुर्वेद।

यजुर्विद्—[सं॰ यजुस् √विद् + क्विप्] *पु॰* यजुर्वेद का विद्वान्।

यजुष्पति—[सं॰ यजुस् ~ पति] *पु॰* विष्णु।

यज्ञ—[सं॰ √यज् + नङ्] *पु॰* १. यजन, दान और संगतिकरण से युक्त कोई धार्मिक कार्य। २. किसी देवता के उद्देश्य से किसी द्रव्य का त्याग। ३. अग्नि में आहुति देने के साथ मन्त्र बोलते हुए और विशेष प्रकार की कुछ क्रियाओं से युक्त एक अनुष्ठान विशेष। याग। मख। मेध। ४. कोई बड़ा धार्मिक कृत्य।

यज्ञागार—[सं॰ यज्ञ ~ आगार] *पु॰* यज्ञ का स्थान। यज्ञशाला।

यज्ञाग्नि—[सं॰ यज्ञ ~ अग्नि] *पु॰* यज्ञ/हवन की अग्नि।

यज्ञात्मा—[सं॰ यज्ञ ~ आत्मा (आत्मन्)] *पु॰* विष्णु।

यज्ञान्त (यज्ञांत)—[सं॰ यज्ञ ~ अन्त] *पु॰* यज्ञ का अन्त। *वि॰* यज्ञ के अन्त में होनेवाला।

यज्ञारि—[सं॰ यज्ञ ~ अरि] *पु॰* १. यज्ञ का शत्रु। २. (यज्ञ-बाधक) असुर, दैत्य या राक्षस।

यज्ञीय—[सं॰ यज्ञ + छ] *वि॰* १.यज्ञ-सम्बन्धी। यज्ञ का। २. यज्ञ के लिए उपयुक्त। ३. पवित्र। ४. पूजनीय।

यज्ञेश/यज्ञेश्वर—[सं॰ यज्ञ ~ ईश/ईश्वर)] *पु॰* विष्णु।

यज्ञोपवीत—[सं॰ यज्ञ ~ उपवीत] *पु॰* १. एक संस्कार जिसमें बालक को जनेऊ पहनाया जाता है। २. जनेऊ।

यत—[सं॰ √यम् + क्त, म-लोप] *वि॰* १. रोका हुआ। वश में किया हुआ। २. नियन्त्रित। ३. नियमित। ४. जिसका दमन हुआ हो। दमित।

यतः—[सं॰ यद् + तसिल्] अव्यय॰ क्योंकि। चूँकि।

यतचित्त—[सं॰ यत ~ चित्त] *वि॰* जिसका मन नियन्त्रित हो। संयमी।

यतनीय—[सं॰ √यत् + अनीयर्] *वि॰* १. यत्न किए जाने योग्य। २. जिसके लिए यत्न किया जाने वाला हो।

यतात्मा—[सं॰ यत ~ आत्मा (आत्मन्)] *वि॰* संयमी। जितेन्द्रिय।

यति[१]—[सं॰ √यम् + क्तिन्] *स्त्री॰* नियन्त्रण। रोक-थाम। रुकावट। (छन्द॰) पद्य को पढ़ते समय रुकने का स्थान। विराम-स्थान।

यति[२]—[सं॰ √यत् + इन्] *पु॰* १. अपनी इन्द्रियों को वश में कर लेने वाला और सांसारिक प्रपंचों से मुक्त। २. सन्यासी। ३. मुनि।

यतिधर्म—[सं॰ यति ~ धर्म] *पु॰* सन्यास।

यतिपात्र—[सं॰ यति ~ पात्र] *पु॰* भिक्षापात्र।

यतिभङ्ग (यतिभंग)—[सं॰ यति ~ भङ्ग] *पु॰* (छन्द॰) पद्य में छन्द के अनुसार यति-सम्बन्धी नियम का पालन न होने का दोष। छन्द का वह दोष जिसमें यति/विराम अपने निश्चित स्थान पर न हो।

यतिराज—[सं॰ यति ~ राज] *पु॰* मुनियों में सर्वश्रेष्ठ। मुनिवर।

यती—[सं॰ यतिन] *पु॰* यति।

यतीन्द्र (यतींद्र)—[सं॰ यति ~ इन्द्र] *पु॰* यतियों में श्रेष्ठ।

यतीम—[अरबी] *वि॰* माता-पिता से रहित बच्चा। अनाथ। ***जैसे***—यतीम लड़के-लड़कियों की दशा। *पु॰* अनाथ व्यक्ति। ***जैसे***—यतीमों की देखभाल। ✣ **यतीमख़ाना**—*पु॰* = अनाथालय।

यतेन्द्रिय (यतेंद्रिय)—[सं॰ यत ~ इन्द्रिय] *वि॰* जिसने इन्द्रियों को अपने वश में कर लिया हो। जितेन्द्रिय। संयमी।

यत्किञ्चित् (यत्किंचित्)—[सं॰ यत् ~ किञ्चित्] *अव्यय॰* थोड़ा-सा। ज़रा-सा।

यत्न—[सं॰ यत् + नङ्] *पु॰* १. उद्योग। प्रयत्न। कोशिश। २. उपाय। युक्ति। तदबीर। ३. परिश्रम। ४. सावधानी। सतर्कता। ५. कष्ट। कठिनाई। ६. (रोग की) चिकित्सा। उपचार। इलाज। (नाट्य॰) एक कार्यावस्था। नाटकीय कथावस्तु के विकास की द्वितीय अवस्था।

यत्र—[सं॰ यद् + त्रल्] *क्रिवि॰* १. जहाँ। २. जिसमें। ३. जिधर।

यथा—[सं॰ यद् + थाल्] *अव्यय॰* जिस प्रकार। जैसा। जैसे। ज्यों। उदाहरण के रूप में। उदाहरणार्थ।

यथांश—[सं॰ यथा ~ अंश] *वि॰* अपने भाग के अनुसार।

यथाकार्य—[सं॰ यथा ~ कार्य] *वि॰* कार्य के अनुसार। कार्यानुकूल।

यथाकाल—[सं॰ यथा ~ काल] *क्रिवि॰* ठीक समय पर।

यथाकुल—[सं॰ यथा ~ कुल] *वि॰* कुल के अनुसार। कुलानुरूप।

यथाक्रम—[सं॰ यथा ~ क्रम] *क्रिवि॰* ठीक और निश्चित क्रम से। क्रमानुसार। तरतीबवार।

यथाकृत—[सं॰ यथा ~ कृत] *वि॰* जैसा पहले किया गया हो, वैसा ही।

यथाक्षम—[सं॰ यथा ~ क्षम] *क्रिवि॰* अपनी शक्ति के अनुसार। शक्ति-भर। यथाशक्ति।

यथाज्ञान—[सं॰ यथा ~ ज्ञान] *क्रिवि॰* जहाँ तक मालूम हो। अपने ज्ञान के अनुसार।

यथातथ—[सं॰ यथा ~ तथा] *वि॰* १. सत्य। सच्चा। सही। २. पूर्णतः ठीक। *पु॰* विस्तृत वर्णन। *क्रिवि॰* १. उचित रीति से। २. ठीक तौर से। ३. ज्यों का त्यों।

यथा तथा—[सं॰] *क्रिवि॰* जैसा था, वैसा ही। जैसे का तैसे।

यथातथ्य—[सं॰ यथा ~ तथ्य] *क्रिवि॰* १. तथ्य के अनुसार।

यथार्थतः। तथ्यतः। २. जैसे का तैसा। ज्यों का त्यों। *वि॰* जो तथ्य के अनुसार हो। तथ्य/तथ्यों के अनुरूप।

यथातृप्ति—[सं॰ यथा ~ तृप्ति] *क्रिवि॰* जी भर कर।

यथादृष्ट—[सं॰ यथा ~ दृष्ट] *वि॰* जैसा देखा गया।

यथानुक्रम—[सं॰ यथा ~ अनुक्रम] *क्रिवि॰* क्रमानुसार। यथाक्रम।

यथान्याय—[सं॰ यथा ~ न्याय] *क्रिवि॰* न्याय के अनुसार। *वि॰* न्यायानुकूल।

यथापूर्व—[सं॰ यथ ~ पूर्व] *क्रिवि॰* पहले की तरह। पूर्ववत्।

यथाप्रयोग—[सं॰ यथा ~ प्रयोग] *क्रिवि॰* प्रयोग के अनुसार।

यथाप्रस्ताव—[सं॰ यथा ~ प्रस्ताव] *क्रिवि॰* प्रस्ताव के अनुसार।

यथाबुद्धि (यथाबुद्धि)—[सं॰ यथा ~ बुद्धि] *क्रिवि॰* बुद्धि/समझ के अनुसार। मति-अनुरूप।

यथाभिप्रेत/यथाभिलषित—[सं॰ यथा ~ अभिप्रेत/अभिलषित] *वि॰* इच्छा के अनुरूप। *क्रिवि॰* = इच्छानुसार।

यथाभीष्ट—[सं॰ यथा ~ अभीष्ट] *वि॰, क्रिवि॰* यथाभिप्रेत।

यथाभ्यास—[सं॰ यथा ~ अभ्यास] *क्रिवि॰* अभ्यास के अनुसार।

यथामति—*क्रिवि॰* बुद्धि के अनुसार। यथाबुद्धि।

यथामूल्य—[सं॰ यथा ~ मूल्य] *वि॰* मूल्य पर आधारित। *क्रिवि॰* = मूल्य के अनुसार।

यथायथ—[सं॰ यथा ~ यथा] *क्रिवि॰* जैसा होना चाहिए।

यथायोग्य—[सं॰ यथा ~ योग्य] वि १. जैसा चाहिए ठीक वैसा। यथोचित। यथोपक्त। *क्रिवि॰* = योग्यता/पात्रता के अनुसार।

यथारीति—[सं॰ यथा ~ रीति] *क्रिवि॰* प्रचलित रीति या प्रथा के अनुसार।

यथारुचि—[सं॰ यथा ~ रुचि] *वि॰,* जो रुचि/पसन्द के अनुसार हो। ***जैसे***—वहाँ सबको यथारुचि भोजन मिला। *क्रिवि॰* इच्छा के अनुसार। इच्छानुरूप।

यथार्थ—[सं॰ यथा ~ अर्थ] *वि॰* १. जो अपने अर्थ/उद्देश्य/भाव आदि के ठीक अनुरूप हो। २. सत्य। ***जैसे***—यथार्थ वचन। ३. उचित। ठीक। ***जैसे***—यथार्थ नीति। *पुं॰* १. सत्य अर्थ। २. पदार्थ का स्वभाव। ✣ **यथार्थतः**—*क्रिवि॰* = १. वास्तव में। सचमुच। २. वस्तुतः। ✣ **यथार्थता**—*स्त्री॰* = १. यथार्थ होने की अवस्था/भाव। २. सत्यता। सच्चाई। ३. वास्तविकता।

यथावकाश—[सं॰ यथा ~ अवकाश] *क्रिवि॰* १. जब अवकाश मिले। फुर्सत मिलने पर। २. अवसर मिलने पर। अवसर के अनुसार।

यथावत्—[सं॰ यथा + वत्] *क्रिवि॰* १. जैसा था, वैसा ही। २. जैसा होना चाहिए, वैसा। ३. अच्छी तरह से। योग्य रीति से। ४. नियमानुसार।

यथावधि—[सं॰ यथा ~ अवधि] *वि॰, क्रिवि॰* अवधि के अनुसार। निर्दिष्ट समय-सीमा के अन्दर। ***जैसे***—यथावधि अदायगी।

यथावसर—[सं॰ यथा ~ अवसर] *वि॰, क्रिवि॰* अवसर के अनुसार। अवसरानुकूल। ***जैसे***—यथावसर बातचीत; यथावसर जाना।

यथावस्थित—[सं॰ यथा ~ अवस्थित] *वि॰* १. सत्य। २. अचल। स्थिर। *क्रिवि॰* = जैसा था, वैसा ही। यथावत्।

यथाविधि—[सं॰ यथा ~ विधि] *क्रिवि॰* निश्चित/निर्दिष्ट विधि के अनुसार। विधान के अनुसार। विधिपूर्वक। ***जैसे***—पूजन यथाविधि किया।

यथाविहित—[सं॰ यथा ~ विहित] *वि॰* १. जो विधि-विधान के अनुरूप हो। २. शास्त्रानुमोदित।

यथाशक्ति—[सं॰ यथा ~ शक्ति] *क्रिवि॰* अपने सामर्थ्य/योग्यता के अनुसार। यथाशक्य। भरसक।

यथाशास्त्र—[सं॰ यथा ~ शास्त्र] *क्रिवि॰* जो कुछ शास्त्रों में बताया गया है, उसी के अनुसार। शास्त्रानुसार।

यथाशीघ्र—[सं॰ यथा ~ शीघ्र] *क्रिवि॰* जितनी जल्दी सम्भव हो। जल्दी से जल्दी। ***जैसे***—यथाशीघ्र उपचुनाव कराना।

यथाश्रुत—[सं॰ यथा ~ श्रुत] *वि॰* जैसा सुना है, उसी के अनुरूप।

यथाश्रुति—[सं॰ यथा ~ श्रुति] *क्रिवि॰* वेद के अनुसार।

यथासमय—[सं॰ यथा ~ समय] *क्रिवि॰* १. उचित या नियत समय पर। २. रीति के अनुसार। ३. समझौते के अनुसार। ४. जब जैसा समय हो, तब उसके अनुसार।

यथासम्भव (यथासंभव)—[सं॰ यथा ~ सम्भव] *क्रिवि॰* जहाँ तक सम्भव हो सके। जितना सम्भव हो।

यथासाध्य—[सं॰ यथा ~ साध्य] *क्रिवि॰* यथाशक्ति।

यथास्थान—[सं॰ यथा ~ स्थान] *क्रिवि॰* अपने स्थान पर। उचित/उपयुक्त स्थान पर। ठीक जगह पर।

यथास्थिति—[सं॰ यथा ~ स्थिति] *क्रिवि॰* १. जिस समय जो स्थिति हो, उसके अनुसार। स्थिति के अनुरूप। ***जैसे***—उसने यथास्थिति भाषण दिया। २. पूर्ववत् स्थिति में। जैसा था वैसा।

यथेच्छ—[सं॰ यथा ~ इच्छा] *क्रिवि॰* १. इच्छा के अनुसार। २. जितना इच्छित/वांछित हो, उतना। ३. जैसा इच्छित/वांछित हो, वैसा।

यथेच्छित—[सं॰ यथा + हिं॰ इच्छित] *वि॰* = जो/जितना/जैसा चाहा गया हो। मनचाहा।

यथेप्सित—[सं॰ यथा ~ ईप्सित] *वि॰* १. जैसा चाहा था वैसा। वांछित। अभीष्ट। २. इच्छानुसार। मनमाना।

यथेष्ट—[सं॰ यथा ~ इष्ट] *क्रिवि॰* १. इच्छा के अनुसार। जितना चाहिए उतना। २. जैसा पसन्द हो, वैसा। ३. काम चलने योग्य। जितने से काम चल जाए, केवल उतना।

यथेष्टाचरण/यथेष्टाचार—[सं॰ यथेष्ट ~ आचरण/आचार] **पुं॰** जैसा पसन्द हो वैसा आचरण करना। मनमाना आचरण। स्वेच्छाचार।

यथेष्टाचारी—[सं॰ यथेष्टाचारिन्] *वि॰* मनमाना काम करनेवाला। स्वेच्छाचारी।

यथोक्त—[सं॰ यथा ~ उक्त] *वि॰* जैसा कहा गया हो, वैसा। कथनानुसार। ✣ **यथोक्तकारी**—*वि॰* १. कथनानुसार काम करनेवाला। आज्ञापालक। २. शास्त्र के कथन के अनुसार काम करनेवाला।

यथोचित—[सं॰ यथा ~ उचित] *वि॰* उपयुक्त। समुचित। *क्रिवि॰* = जैसा चाहिए, वैसा। उपयुक्त। यथायोग्य।

यथोपयुक्त—[सं॰ यथा ~ उपयुक्त] *वि॰* = यथायोग्य। (दे॰)

यथोपरि—[सं॰ यथा ~ उपरि] *वि॰* ठीक वैसा ही जैसा ऊपर लिखा गया है।

यदा—[सं॰ यद् + दा] *क्रिवि॰* जिस समय। जब। ✣ **यदा-कदा**—*क्रिवि॰* = कभी-कभी। जब-तब। ✣ **यदा-तदा**—*क्रिवि॰* = जब - तब। कभी-कभी।

यदि—[सं॰ यद् + णिच् + इन्, णि-लोप] *अव्यय॰* शर्त यह है कि। अगर। ***जैसे***—यदि युद्ध हुआ, तो भारी विनाश होगा।

यदुकुल—[सं॰ यदु ~ कुल] *पु॰* यदु का वंश। यदुवंश। यादव वंश।

यदुनन्दन (यदुनंदन)—[सं॰ यदु ~ नन्दन] *पु॰* १. यदु का पुत्र या यदुवंश का व्यक्ति। २. (वासुदेव) कृष्ण।

यदुनाथ/यदुपति—[सं॰ यदुनाथ/यदुपति] *पु॰* १. यादवों का स्वामी/शासक/राजा। यदुराज। २. यादवों का प्रमुख। ३. (वासुदेव) कृष्ण।

यदुपुर—[सं॰ यदु ~ पुर] *पु॰* १. यादवों का नगर। २. मथुरा। ३. द्वारका। ✣ **यदुपुरी**—*स्त्री॰* = यदुपुर।

यदुराज—[सं॰ यदु ~ राज (राजन्)] *पु॰* यदुवंशियों का राजा/शासक/स्वामी। २. (वासुदेव) कृष्ण।

यदुराम—[सं॰ यदु ~ राम] *पु॰* बलराम।

यदुवंश—[सं॰ यदु ~ वंश] *पु॰* (ययाति-पुत्र) राजा यदु का कुल।

यदुवर—[सं॰ यदु ~ वर] *वि॰* यादवों में श्रेष्ठ (व्यक्ति)।

यदुवीर—[सं॰ यदु ~ वीर] *पु॰* १. यादवों में श्रेष्ठ वीर। २. (वासुदेव) कृष्ण।

यदृच्छ—[सं॰ यद् √ऋच्छ् + अ] *वि॰* १. स्वेच्छाचरण वाला। मनमाना। २. जो अकस्मात् हुआ हो। अचानक होनेवाला। ३. यादृच्छिक।

यदृच्छया—[सं॰ यदृच्छा] *क्रिवि॰* १. दैवयोग से। भाग्य से। २. मनमाने तौर पर। बिना किसी नियम या कारण के। संयोगवश। अकस्मात्।

यदृच्छा—[सं॰ यदृच्छ + टाप्] *स्त्री॰* १. स्वेच्छाचार। मनमानापन। २. संयोग। दैवयोग। आकस्मिकता। ✣ **यदृच्छाप्रवृत्त**—*वि॰* = १. जो किसी अन्य के द्वारा नहीं, अपने आप प्रवृत्त हुआ हो। २. आसक्त। जो किसी कार्य में स्वयं संलग्न हुआ हो।

यदृच्छासंवाद—[सं॰ यदृच्छा ~ संवाद] *पु॰* १. संयोग से भेंट। संयोगवश बातचीत। आकस्मिक बातचीत। २. स्वयं आरम्भ किया गया वार्तालाप।

यद्यपि (यद्यपि)—[सं॰ यदि ~ अपि] *अव्यय॰* यदि ऐसा है भी। हालाँकि।

यद्वा (यद्वा)—[सं॰ यद् ~ वा] *अव्यय॰* अथवा।

यद्वा-तद्वा (यद्वा-तद्वा)—[सं॰ यद् ~ वा ~ तद् ~ वा] *क्रिवि॰* जैसा-तैसा कुछ भी।

यन्ता (यंता)—[सं॰] *वि॰* नियन्त्रण करनेवाला। नियन्ता।

यन्त्र (यंत्र)—[सं॰ √यन्त्र् + अच्] *पु॰* १. किसी विशेष कार्य के लिए बनाया हुआ उपकरण। औज़ार। २. (किसी प्रकार की) मशीन। कल। (तन्त्र॰) काग़ज़, धातु के पत्तर आदि पर बनी रेखाओं आदि से अंकित विशेष आकृतियाँ जो रोग आदि दूर करने या दूसरों पर जादू-टोना करने में काम आती हैं। कवच। जन्तर। ताबीज़।

यन्त्रक (यंत्रक)—[सं॰ यन्त्र + कन्] *वि॰* अपने वश में करनेवाला। *पु॰* वशीकरण करनेवाला व्यक्ति।

***यन्त्रगरुड़ (यंत्रगरुड़)**—[सं॰ यन्त्र ~ गरुड़] *पु॰* वायुयान।

यन्त्रगृह (यंत्रगृह)—[सं॰ यन्त्र ~ गृह] *पु॰* १. यन्त्रशाला। कारख़ाना। २. वेधशाला। ३.प्राचीन काल में अपराधियों को यन्त्रणा या पीड़ा देने का कमरा। यन्त्रणा-गृह।

यन्त्रज्ञ (यंत्रज्ञ)—[सं॰ यन्त्र + ज्ञ] *पु॰* १. यन्त्रविद्या जाननेवाला। अभियन्ता। इंजीनियर। २. मशीनों के विषय में जाननेवाला तथा उन्हें ठीक करनेवाला। यन्त्रकार। (अं॰ मिकैनिक)।

यन्त्रणा (यंत्रणा)—[सं॰ यन्त्रण + टाप्] *स्त्री॰* १. नियन्त्रण। २. दमन। ३. बन्धन। ४. घोर पीड़ा। अत्यन्त कष्ट।

यन्त्र-तन्त्र (यंत्र-तंत्र)—[सं॰] *पु॰* १. यन्त्र और तन्त्र। यन्त्र, कवच, ताबीज़ आदि। २. वह क्रिया, वस्तु आदि जिसमें तन्त्रशास्त्र का प्रयोग किया जाता है। मन्त्र-तन्त्र। ३. जादू-टोना।

यन्त्रमानव (यंत्रमानव)—[सं॰ यन्त्र ~ मानव] *पु॰* विविध उपयोगी कार्यों को मनुष्य के समान ही करने में समर्थ यान्त्रिक/मशीनी पुतला। मानवाकार स्वचालित यन्त्र। (अं॰ रोबोट)।

यन्त्रविज्ञान (यंत्रविज्ञान)—[सं॰ यन्त्र ~ विज्ञान] *पु॰* (गणित॰) १. वह विज्ञान जिसके अन्तर्गत कणों और पिंडों की गति और उन पर बलों के प्रभावों का अध्ययन किया जाता है। यान्त्रिकी। (अं॰ मिकैनिक्स)।

यन्त्रविद् (यंत्रविद्)—[सं॰ यन्त्र + विद्] *पु॰* यन्त्र विज्ञान को जाननेवाला। अभियन्ता। इंजीनियर (अं॰)।

यन्त्रविद्या (यंत्रविद्या)—[सं॰ यन्त्र ~ विद्या] *स्त्री॰* = मशीनों को बनाने और चलाने, पुल आदि बनाने तथा अनेक प्रकार की संरचनाएँ तैयार करने की विद्या। इंजीनियरी।

यन्त्रशाला (यंत्रशाला)—[सं॰ यन्त्र ~ शाला] *स्त्री॰* १. वह स्थान जहाँ मशीनें, औजार, पुर्ज़े आदि बनते हों। यन्त्रालय। २. वेधशाला।

यन्त्रशास्त्र—[सं॰ यन्त्र ~ शास्त्र] *पु॰* १. यन्त्रों को बनाने, चलाने तथा अनेक प्रकार की संरचनाएँ तैयार करने का शास्त्र/विज्ञान। २. यन्त्रविज्ञान। इंजीनियरिंग (अं॰)।

यन्त्राभिभूत (यंत्राभिभूत)—[सं॰ यन्त्र ~ अभिभूत] *वि॰* मशीनों की अधिकता और उनकी प्रमुखता वाला।

यन्त्रालय (यंत्रालय)—[सं॰] *पु॰* १. मशीनों, पुर्ज़ों अथवा औज़ारों आदि के निर्माण का भवन या स्थान। यन्त्रशाला। २. यन्त्रों के रखने का स्थान। ३. मुद्रणालय। छापाख़ाना। ४. कारख़ाना।

यन्त्रित (यंत्रित)—[सं॰ √यन्त्र् + णिच् + क्त] *वि॰* १. बाँधा हुआ। रोक रखा हुआ। नियन्त्रित। २. (नियमों आदि से) जकड़ा हुआ। ३. जिस पर ताला लगाया गया हो।

यन्त्री (यंत्री)—[सं॰ यन्त्रिन्] *पु॰* ।

यन्त्रीय (यंत्रीय)—[स॰ यन्त्र + छ] *वि॰* १. यन्त्र-सम्बन्धी। यन्त्र का। ***जैसे***—यन्त्रीय त्रुटि। २. जो यन्त्र से किया गया हो। ३. साधनभूत। सहायक।

यम—[स॰ √यम् + अच्] *वि॰* जुड़वाँ। *पु॰* १. जुड़वाँ बच्चे। २. दमन। निग्रह। ३. नियन्त्रण। ४. आत्मसंयम। इन्द्रियनिग्रह। ५. चित्त को धर्म में स्थिर करनेवाले साधन। ६. मृत्यु का देवता। धर्मराज। यमराज। ७. (पद्य आदि में) २ की संख्या।

यमक—[स॰ यम + कन्] *पु॰* १. यमज। जुड़वाँ बच्चे। २. संयम। (काव्य॰) एक शब्दालंकार जिसमें वाक्य में किसी शब्द या वर्णों की पुनरावृत्ति होती है परन्तु अर्थ की भिन्नता रहती है।

यमकातर—[स॰ यम + हि॰ कातर] *पु॰* १. यम का छुरा। २. एक प्रकार की तलवार।

यमचक्र—[स॰ यम ~ चक्र] *पु॰* १. यमराज का चक्र (हथियार)। २. मृत्युरूपी चक्र।

यमज—[स॰ यम √ जन् + ड] *वि॰* जुड़वाँ। *पु॰* १. जुड़वाँ बच्चे। २. (देवों के चिकित्सक) अश्विनीकुमार।

यमजयी—[स॰ यम ~ जयी (जयिन्)] *वि॰* १. यम को जीतने वाला। २. मृत्यु को जीतने वाला। मृत्युंजय।

यमजित्—[स॰ यम √जि + क्विप्, तुक्] *वि॰* १. यम को जीतनेवाला। यमजयी। २. मृत्यु को जीतनेवाला। मृत्युंजय। *पु॰* शिव। महोदव।

यमदंष्ट्रा—[स॰ यम ~ दंष्ट्रा] *पु॰* १. यमराज की दाढ़। २. कष्टकारक समय। (आयुर्वेद॰) कार्तिक मास के अन्तिम आठ दिन और मार्गशीर्ष के प्रारम्भिक आठ दिन मिलाकर सोलह दिन का समय जिसमें कम भोजन करनेवाला मनुष्य ही स्वस्थ रह सकता है।

यमदण्ड (यमदंड)—[स॰ यम ~ दण्ड] *पु॰* यमराज का दण्ड। मृत्यु का डंडा। मृत्यु।

यमदिशा—[स॰ यम ~ दिशा] *स्त्री॰* दक्षिण दिशा।

यमद्वार (यमद्वार)—[स॰ यम ~ द्वार] *पु॰* १. यमराज के घर का द्वार। २. मृत्यु।

यमद्वितीया (यमद्वितीया)—[स॰ यम ~ द्वितीया] *स्त्री॰* कार्तिक शुक्ल द्वितीया (तिथि)। भैयादूज।

यमन[1]—[स॰ √यम् + णिच् + ल्यु/ल्युट्] *वि॰* दमन/निग्रह करने वाला। *पु॰* १. यमराज। २. निग्रह। दमन। ३. समाप्ति। ४. बन्धन। प्रतिबन्ध।

यमन[2]—[देशज] *पु॰* (संगीत॰) सम्पूर्ण जाति का एक शुद्धराग जो सरल और बहुत मधुर है तथा जिसके गायन का समय रात्रि का पहला पहर है। 'कल्याण' राग।

यम-नक्षत्र—[स॰ यम ~ नक्षत्र] *पु॰* भरणी नक्षत्र।

यमनाथ—[स॰ यम ~ नाथ] *पु॰* यमराज।

***यमनाह**—[< यमनाथ] *पु॰* यमराज।

यमनी—[< अरबी यमन] *वि॰* यमन देश से सम्बन्धित। यमन देश का। *पु॰* १. यमन देश का निवासी। २. यमन देश की वस्तु। ३. यमन देश में उत्पन्न या बनी हुई।

यमपाश—[स॰ यम ~ पाश] *पु॰* यम का पाश/जाल/फाँस।

यमपुर/यमलोक—[स॰ यम ~ पुर/लोक] *पु॰* १. वह स्थान जहाँ जीवात्माएँ मृत्यु के बाद जाती हैं। २. यमराज की नगरी। यमपुरी।

यमपुरी—[स॰ यम ~ पुरी] *स्त्री॰* यमपुर।

यमपुरुष—[स॰ यम ~ पुरुष] *पु॰* १. यमराज। २. यम के दूत।

यम-भगिनी—[स॰ यम + भगिनी] *स्त्री॰* यमुना नदी।

यम-यातना—[स॰] *स्त्री॰* १. यमराज द्वारा पापी जीवात्माओं को मरने के बाद दिया जाने वाला घोर कष्ट। २. घोर पीड़ा। बहुत कष्ट। यन्त्रणा। ३. (लाक्षणिक) प्रजा आदि पर बहुत अत्याचार। *वि॰* (लाक्षणिक) बहुत कष्टदायक।

यमल—[स॰ यम √ला + क] *वि॰* यमज। जुड़वाँ। *पु॰* १. एकसाथ जन्म लेनेवाले दो बच्चे। २. जोड़ा। युग्म।

यमली—[स॰ यमल + ङीप्] *स्त्री॰* १. एक में मिली हुई दो वस्तुएँ। २. जोड़ा। जोड़ी। ३. (स्त्रियों की) घाघरा और चोली की जोड़ी।

यमवाहन—[स॰] *पु॰* यम की सवारी। महिष। भैंसा।

यमसदन—[स॰ यम ~ सदन] *पु॰* यमपुर। यमलोक।

यमसभा—[स॰ यम ~ सभा] *स्त्री॰* यमराज की सभा। यमराज का न्यायालय जिसमें जीवात्माओं के कर्मों पर विचार तथा फल का निर्णय होता है।

यमहन्ता (यमहंता)—[स॰ यम ~ हन्ता] *वि॰* काल का नाश करनेवाला। मृत्यु को जीतनेवाला। मृत्युंजय। अमर। *पु॰* शिव। महादेव।

यमानुग/यमानुचर—[स॰ यम ~ अनुग/अनुचर] *पु॰* यम के सेवक। यमदूत।

यमानुजा—[स॰ यम ~ अनुजा] *स्त्री॰* यमराज की छोटी बहन। यमुना (नदी)।

यमान्तक (यमांतक)—[स॰ यम ~ अन्तक] *वि॰ पु॰* यमहन्ता। (दे॰)

यमारि—[स॰ यम ~ अरि] *पु॰* विष्णु।

यमालय—[स॰ यम ~ आलय] *पु॰* यमपुर। यमलोक।

यमी[1]—[स॰ यम + ङीष्] *वि॰* संयमी। *स्त्री॰* यमराज की बहन। यमुना (नदी)।

यमी[2]—[स॰ यमिन्] *वि॰* १. दमन करनेवाला। २. संयमी।

यमुना—[स॰ √यम् + उनन् + टाप्] *स्त्री॰* १. यम की बहन। यमी। २. गंगा की एक प्रमुख सहायक नदी। जमुना। ३. दुर्गा। पार्वती। (छन्द॰) एक समवर्णिक छन्द जिसके प्रत्येक चरण में नगण, २ जगण तथा रगण (न ज ज र) के योग से १२ वर्ण होते हैं तथा ७-५ पर यति होती है। मालती छन्द।

यमुनास्तम्भ (यमुनास्तंभ)—[स॰ यमुना ~ स्तम्भ] *पु॰* दिल्ली में यमुना के तट पर बना प्राचीन विशाल स्तम्भ। क़ुतुबमीनार।

***यला**—[डिंगल < स॰ इला] *स्त्री॰* पृथ्वी। इला।

यव—[< स॰ √यु + अप्] *पु॰* १. 'जौ' नामक अन्न या उसका पौधा। २. 'जौ' के आकार की वस्तु या जौ के समान चिह्न। ***जैसे***—हथेली में हृदयरेखा पर बना यव।

यवक्षार—[सं॰ यव ~ क्षार] *पु॰* जवाखार।

यवचतुर्थी—[सं॰ यव ~ चतुर्थी] *स्त्री॰* वैशाख शुक्ल चतुर्थी (तिथि)।

यवचूर्ण—[सं॰ यव ~ चूर्ण] *पु॰* जौ का आटा।

यव-दोष—[सं॰] *पु॰* कुछ रत्नों में पाया जाने वाला एक दोष। रत्न में जौ के आकार का चिह्न।

यवद्वीप (यवद्वीप)—[सं॰ यव ~ द्वीप] *पु॰* (दक्षिण पूर्व एशिया में स्थित) पूर्वी द्वीपसमूह के 'जावा द्वीप' का मूल नाम।

यवन—[सं॰ √यु + युच्] *पु॰* १. प्राचीन काल में यूनान देश के निवासी का नाम। २. म्लेच्छ या मुसलमान आदि विदेशी व्यक्ति।

यवनानी—[सं॰ यवन + ङीष्, आनुक्] *वि॰* १. यवन देश या यूनान का। २. यवनों का। *स्त्री॰* १. यूनानी भाषा या लिपि। २. यवनों की भाषा या लिपि।

यवनारि—[सं॰ यवन ~ अरि] *पु॰* १. यवन का शत्रु। २. (कालयवन का नाशक) कृष्ण।

यवनिका—[सं॰ √यु + ल्युट् +ङीप्] *स्त्री॰* १. कनात। २. रंगमंच का पर्दा।

यवनी—[सं॰ √यु + ल्युट् + ङीप्] *स्त्री॰* १. यवन जाति की स्त्री। २. यवन की पत्नी। ३. यूनानी स्त्री। ४. मुसलमान स्त्री। मुसलमानी।

यव-मद्य—[सं॰] *पु॰* जौ की शराब।

यव-शर्करा—[सं॰] *स्त्री॰* जौ से बनी शकर।

यवागू—[सं॰ √यु + आगूच्] *पु॰* प्राचीन भारत का एक लोकप्रिय खाद्य पदार्थ जो जौ या चावल के माँड से तैयार किया जाता था।

यशःकाया—[सं॰ यशस् ~ काया] *स्त्री॰* यशरूपी काया। कीर्तिरूपी शरीर। ***जैसे***—महापुरुषों की यशःकाया अमर होती है।

यशःपटह—[सं॰ यशस् ~ पटह] *पु॰* १. एक प्रकार का ढोल। ढक्का। २. डुगडुगी।

यशःप्रद—[सं॰ यशस् + प्रद] *वि॰* यश देनेवाला। यशस्कर।

यशःशेष—[सं॰ यशस् ~ शेष] *वि॰* मृत।

यशब—[< अरबी यश्ब] *पु॰* एक प्रकार का हरा पत्थर।

यशस्कर—[सं॰ यशस् + कर] *वि॰* यश देने/बढ़ाने वाला। यशदायक। कीर्तिजनक।

यशस्काम—[सं॰ यशस् ~ काम] वि॰ यश की इच्छा करनेवाला। नामवरी चाहनेवाला। यशोलिप्सु।

यशस्वी—[सं॰ यशस्विन्] *वि॰* यशवाला। कीर्तिवाला। प्रसिद्ध।

यशी—[< हिं॰ यश] *वि॰* यशस्वी।

***यशुमति**—[< हिं॰ यशोमती] *वि॰ (स्त्री॰)* यशवाली। *स्त्री॰* यशोदा।

यशोद—[सं॰ यशस् + द] *वि॰* यश देनेवाला। *पु॰* पारद। पारा।

यशोदा—[सं॰ यशोद + टाप्] *वि॰ (स्त्री॰)* यश/प्रसिद्धि देनेवाली। कीर्तिदायिनी। *स्त्री॰* 'नन्द' नामक गोप-प्रमुख की पत्नी और बाल्यकाल में वासुदेव कृष्ण का पालन-पोषण करनेवाली माता। (छन्द॰) एक समवर्णिक छन्द जिसके प्रत्येक चरण में क्रमशः जगण और २ गुरु (ज ग ग) के योग से ५ वर्ण होते हैं। ✣ **यशोदा ~ नन्दन (नंदन)**—*पु॰* = यशोदा का पुत्र। कृष्ण।

यशोधन—[सं॰ यशस् ~ धन] *वि॰* १. यशस्वी। २. स्वाभिमानी। आत्मगौरवपूर्ण।

यशोधर—[सं॰ यशस् + धर] *वि॰* यशस्वी। प्रसिद्ध।

यशोधरा—[सं॰ यशोधर + टाप्] *वि॰ (स्त्री॰)* यशवाली। यशस्विनी।

यशोधवलित—[सं॰ यशस् ~ धवलित] *वि॰* जो यश से उज्ज्वल हो गया हो। यशस्वी। कीर्तियुक्त।

यशोलिप्सु—[सं॰ यशस् ~ लिप्सु] *वि॰* यश की लालसा वाला। नामवरी चाहनेवाला। यशस्काम।

यष्टा—[सं॰ यष्ट्] *पु॰* १. यज्ञ करनेवाला। २. यजन करनेवाला। यजमान।

यष्टि—[सं॰ √यज् + ति] *स्त्री॰* १. छड़ी, डंडा या लाठी। २. ध्वजा/पताका का बाँस। ३. डंठल। ४. (वृक्षों की) बहुत पतली शाखा या टहनी। ५. गले में पहनने की लड़ी या हार। ६. लता। बेल। ७. कोई भी पतली वस्तु। ***जैसे***—देहयष्टि।

यष्टिक[1]—[सं॰ यष्टि + कन्] *पु॰* १. छड़ी, डंडा या लाठी। २. टिटहरी की जाति का एक पक्षी।

यष्टिक[2]—[< अं॰ स्टिक] (मुद्रण॰) १. धातु का एक छोटा, लम्बा, आयताकार उपकरण जिसमें हाथ से अक्षरयोजन (अं॰ कम्पोज़िंग) किया जाता है।

यष्टिका—[सं॰ यष्टिक + टाप्] *स्त्री॰* १. लाठी, छड़ी या डंडा। २. मुलेठी। ३. वापी। बावड़ी।

यष्टियन्त्र (यष्टियंत्र)—[सं॰ यष्टि ~ यन्त्र] *पु॰* एक प्रकार की धूपघड़ी। जमीन में गड़ी हुई छड़ी जिसकी छाया से समय का ज्ञान होता है।

यह—[< अप॰ एहो < प्रा॰ एसो < सं॰ एषः] *सर्व॰* एक संकेतवाची शब्द जो किसी समीप स्थित या कुछ ही क्षण पहले उल्लिखित या विचार में आयी वस्तु, व्यक्ति या विचार के लिए प्रयुक्त होता है। ***जैसे***—यह गया और वह आया। *वि॰* जो उक्त अर्थ में संकेतित शब्द के पहले आए। ***जैसे***—यह बालक। ***वा॰* यह बात ही क्या है**—यह कोई कठिन काम नहीं है।

यह-वह—[हिं॰] *सर्व॰* यह और वह। *पु॰* १. इधर-उधर की बातचीत। २. टाल-मटोल वाली बातें।

†यहि—[< हिं॰ यह] *सर्व॰* इस या इसका या इसे।

यहूदिन—[< हिं॰ यहूदी] *स्त्री॰* १. यहूदी स्त्री। २. यहूदी की पत्नी।

यहूदियत—[< हिं॰ यहूदी] *स्त्री॰* १. यहूदी होने का भाव। यहूदीपन। २. यहूदी धर्म।

यहूदी—[< हिब्रू यहूद] *पु॰* १. पैग़म्बर मूसा के धर्म का अनुयायी। २. यहूद देश का निवासी।

यहूयहू—[अनु॰] *पु॰* कबूतरों की एक जाति।

†यहै—[< हिं॰ यह] *सर्व॰, वि॰* यही। ***जैसे***—यहै कृष्ण।

या[1]—[फा॰] *अव्यय* १. विकल्पसूचक शब्द। अथवा। वा। किंवा। २. सम्बोधन का शब्द। हे। ओ। अरे। ***जैसे***—या मुसीबत = हे मुसीबत।

***या[२]**—[< हि॰ यह] *सर्व॰* इस। या

याक—[< तिब्बती ग्याक] *पु॰* तिब्बत में पाया जाने वाला बैल जैसा एक पालतू पशु।

याकूत—[अरबी] *पु॰* एक रत्न। पद्मराग। लाल।

याक्ष्मिक—[स॰ यक्ष्मा + ठक्] *वि॰* यक्ष्मा/क्षय/तपेदिक़ रोग से सम्बन्धित। क्षयरोग का।

याक्ष्मिकी—[< स॰ याक्ष्मिक] *स्त्री॰* चिकित्सा-विज्ञान की वह शाखा जो यक्ष्मा रोग से सम्बन्धित है।

याग—[स॰ √यज् + घञ्] *पु॰* यज्ञ।

याचक—[स॰ √याच् + ण्वुल्] *वि॰* १. माँगनेवाला। २. प्रार्थी। *पु॰* भिक्षुक। भिखारी। ∇ **विलोम**—दाता।

याचना—[स॰ √याच् + णिच् + युच् + टाप्] *स्त्री॰* १. माँगने की क्रिया। २. प्राप्त करने के लिए प्रार्थना करने की क्रिया। *क्रिस॰* १. माँगना। २. प्रार्थना करना।

याचिका—[स॰ याचक + टाप्, इत्व] *स्त्री॰* प्रार्थनापत्र। आवेदनपत्र। अर्ज़ी। (विधि॰) न्यायालय में प्रस्तुत किया गया प्रार्थनापत्र। (अ॰ पिटीशन)।

याच्य—[स॰ √याच् + ण्यत्] *वि॰* १. याचना के योग्य। माँगे जाने के लायक़। याचनीय। २. (वह वस्तु/बात) जिसके विषय में याचना की गयी हो।

याजक—[स॰ √यज् + णिच् + ण्वुल्] *पु॰* १. यज्ञ करनेवाला। याज्ञिक। पुरोहित। २. ऋत्विज।

याजन—[स॰ √यज् + णिच् + ल्युट्] *पु॰* १. यज्ञ कराना। २. यज्ञ की क्रिया।

याजुष—[स॰ यजुष् + अण्] *वि॰* यजुर्वेद-सम्बन्धी। यजुर्वेद का। *पु॰* यजुर्वेद का ज्ञाता। ⁘ **याजुषी**—*वि॰ (स्त्री॰), स्त्री॰*।

याज्य—[स॰ यज् + ण्यत्] *वि॰* १. यजन करने योग्य। २. यज्ञीय। ३. जिसके लिए यज्ञ किया जाए। ४. जो शास्त्रीय दृष्टि से यज्ञ करने का अधिकारी हो। *पु॰* यज्ञ में मिली दक्षिणा।

याज्ञसेनी—[स॰ यज्ञसेन + अण् + ङीप्] *स्त्री॰* द्रौपदी।

याज्ञिक—[स॰ यज्ञ + ठक्] *वि॰* १. यज्ञ-सम्बन्धी। यज्ञ का। २. यज्ञ कराने वाला। *पु॰* १. यज्ञ करने वाला पुरोहित। २. ऋत्विज। ३. पलाश, पीपल या खैर का वृक्ष।

यातना—[स॰ √यत् + णिच् + ल्युट्] *स्त्री॰* १. अत्यन्त कष्ट। तीव्र पीड़ा।

यातयाम—[स॰ यात ~ याम] *वि॰* १. जिसका महत्त्वपूर्ण समय बीत गया हो। २. पुराना होने के कारण जिसका उपयोग न हो सकता हो। गतावधि। २. रात का रखा हुआ। बासी (भोजन)। ३. जीर्ण।

यातायात—[स॰ यात ~ आयात] *पु॰* १.एक स्थान से दूसरे स्थान पर आना-जाना। गमनागमन। २. माल का आना-जाना।

यातुधान—[स॰ यातु ~ धान] *पु॰* राक्षस।

याते**—[< हि॰ या + ते] *सर्व॰* इससे। ***जैसे—याते ऐसा काम करो। *क्रिवि॰* इस कारण। ⁘ ***यातें (यातें)**—*सर्व॰* = इससे। *क्रिवि॰* = इस कारण। ⁘ **यातै**—*क्रिवि॰* = इस कारण। ⁘ **यातैं (यातैं)**—क्रिवि॰ = इस कारण।

यात्रा—[स॰ √या + त्रन् + टाप्] *पु॰* १. एक स्थान से दूसरे स्थान को जाने की क्रिया। सफ़र। २. जाने की क्रिया। ३. कहीं जाने के लिए चलना। प्रस्थान। प्रयाण। कूच। ४. सेना की चढ़ाई। अभियान। ५. धार्मिक भावना से तीर्थ या देवमन्दिर के दर्शन आदि के लिए जाना। तीर्थाटन। तीर्थ-यात्रा। ६. समय का व्यतीत होना। ***जैसे***—काल-यात्रा। ७. उत्सव। ***जैसे***—जगन्नाथ-यात्रा। ८. बंगाल का 'जात्रा' नामक धार्मिक कार्यक्रम।

†यात्रावाल—[< स॰ यात्रा + हि॰ वाला (प्रत्यय)] *पु॰* तीर्थयात्रियों के निवास और देव-दर्शन की व्यवस्था करनेवाला पंडा।

याथातथ्य—[स॰ यथातथ्य + ष्यञ्] *पु॰* यथार्थता। वास्तविकता। असलियत।

यादृच्छिक—[स॰ यदृच्छा + ठक्] *वि॰* १. मनमाना आचरण करनेवाला। स्वेच्छाचारी। २. संयोगवश होनेवाला। आकस्मिक। ***जैसे***—यादृच्छिक चयन। ३. क्रमरहित। ४. अटकल पच्चू। ५. अन्धाधुन्ध। (अ॰ ऐट रैन्डम)

यादृश—[स॰ यद् √दृश् + कञ्, आ-आदेश] *वि॰* जिस प्रकार का। जैसा। ***जैसे***—यादृश मुख तादृश चपेटा (= जैसा मुख वैसा थप्पड़)। — लोकोक्ति। ⁘ **यादृशी**—*स्त्री॰* = जिस प्रकार की। जैसी। ***जैसे***—यादृशी माता, तादृशी पुत्री।

यान—[स॰ √या + ल्युट्] *पु॰* १. वाहन। सवारी। २. गमन। जाना।

यानान्तरण (यानांतरण)—[स॰ यान ~ अन्तरण] *पु॰* १. यान बदलना। २. दूसरे जहाज़ या गाड़ी आदि पर सवार होने की क्रिया/अवस्था/भाव। गाड़ी आदि बदलना। ३. दूसरे जहाज़ या गाड़ी आदि पर सामान लादने की क्रिया/अवस्था/भाव।

यान्त्रिक (यांत्रिक)—[स॰ यन्त्र + ठक्] *वि॰* १. यन्त्रों का रहस्य जाननेवाला। २. यन्त्रों/मशीनों की मरम्मत करने वाला। ३. यंत्रों को बनाने वाला। ४. यंत्र का प्रयोग करनेवाला। ५. यन्त्र से सम्बन्धित। यन्त्र का। मशीनी। ६. मशीन की तरह चलनेवाला। यन्त्रवत्। ७. मशीन से किया जाने वाला। यन्त्रचालित। ८. यन्त्र-विज्ञान से सम्बन्धित। यन्त्रिकी का। *पु॰* १. यन्त्रों का रहस्य जाननेवाला व्यक्ति। २. मशीनों की मरम्मत करनेवाला व्यक्ति। कारीगर। मिस्त्री। ३. मशीनों को बनानेवाला व्यक्ति।

यापन—[स॰ √या + णिच्, पुक्, + ल्युट्] *पु॰* १. चलाना। २. (समय को) व्यतीत करना। बिताना।

याम—[स॰ √या + मन्] *पु॰* १. सूर्योदय से अगले सूर्योदय तक के समय के आठ बराबर भागों में से प्रत्येक भाग प्रहर। ***जैसे***—दिन का प्रथम याम बीत गया। २. (तीन घंटे का) समय।

यामघोष—[स॰ याम ~ घोष] *वि॰* प्रत्येक पहर पर बोलने या ध्वनि करनेवाला। *पु॰* १. मुर्गा। २. घड़ियाल (जो एक पहर बाद बजाया जाता था)।

यामल—[स॰ यमल + अण्] *पु॰* १. जुड़वाँ बच्चे। २. एक प्रकार के तन्त्र-ग्रन्थ। ***जैसे***—रुद्रयामल ग्रन्थ।

यामवती—[सं॰ यामवत् + ङीप्] *स्त्री॰* रात्रि। रात।

यामवृत्ति—[सं॰ याम ~ वृत्ति] *स्त्री॰* १. चौकीदारी। पहरेदारी। २. उक्त का पारिश्रमिक।

***यामाता**—*पुं॰* ≤ *सं॰* जामाता। दामाद। जमाई।

यामायन—[सं॰ यम + फक्] *पुं॰* 'यम' गोत्र में उत्पन्न व्यक्ति।

यामार्ध—[सं॰ याम ~ अर्ध] *पुं॰* याम या प्रहर का आधा भाग। डेढ़ घंटा।

यामि/यामी—[सं॰ √या + मि, यामि + ङीष्] *स्त्री॰* १.यामिनी। रात। २. दक्षिण दिशा।

यामिक—[सं॰ याम + ठक्] *वि॰* १. याम से सम्बन्धित। याम का। *पुं॰* २. चौकीदार। पहरेदार।

यामिका—[सं॰ याम + ठक् + टाप्] *स्त्री॰* रात्रि। रात।

यामिनी—[सं॰ याम + इनि + ङीप्] *स्त्री॰* रात्रि। रात।

याम्य[1]—[सं॰ यम् + ष्यञ्] *वि॰* १. यमराज-सम्बन्धी। २. यमराज का। ३. यमराज जैसा। ४. दक्षिण का। दक्षिणी।

याम्य[2]—[सं॰ यामी + यत्] *पुं॰* १. यमदूत। २. विष्णु। ३. शिव। महादेव। ४. अगस्त्य (ऋषि)।

याम्या—[सं॰ याम्य + टाप्] *स्त्री॰* १. दक्षिण दिशा। २. रात्रि। रात।

याम्योत्तर—[सं॰ याम्य ~ उत्तर] *वि॰* दक्षिण से उत्तर की ओर जानेवाला। *पुं॰* (खगोल॰) १. पृथ्वी के किसी स्थान के लिए वह बृहद्वृत्त जो उस स्थान और खगोलीय ध्रुवों से होकर जाता है। २. सूर्य अथवा किसी नक्षत्र का अधिकतम ऊँचाई पर पहुँचने का बिन्दु। (अं॰ मेरिडियन) ⁘ **याम्योत्तर गमन**—*पुं॰* = दक्षिण से उत्तर की ओर जाना। (खगोल॰) किसी खगोलीय पिंड का याम्योत्तर पर पहुँचना। अपनी दैनिक कक्षा के सर्वोच्च बिन्दु पर पहुँचना।

यायावर—[सं॰ √या + यङ् द्वित्व, + वरच्] *वि॰* १. वह जो एक स्थान पर टिक कर न रहता हो। सदा इधर-उधर भ्रमण करते रहनेवाला। २. ख़ानाबदोश। ३. घुमक्कड़। *पुं॰* १. सन्यासी या साधु-सन्त।

या रब—[फा॰ या + अरबी रब] *अव्यय॰* (प्रार्थना के रूप में या आश्चर्य के साथ) हे ईश्वर!

***यारि**—[< फा॰ यार] *स्त्री॰* प्रेमपात्री। प्रिया। प्रेयसी।

यार्ड—[अं॰] *पुं॰* १. चारों ओर से घिरा हुआ मैदान। अहाता। हाता। बाड़ा। २.वह अहाता जिसमें कोई निर्माण-कार्य आदि होता हो। ***जैसे***—रेलवे यार्ड।

याल—[तुर्की] *स्त्री॰* घोड़े की गर्दन पर के बाल। अयाल।

यावक—[सं॰ याव + कन्] *पुं॰* १. जौ। २. जौ का सत्तू। ३. जौ की बनी हुई वस्तु। ४. लाख। ५. महावर। ६. साठी धान।

यावज्जीवन—[सं॰ यावत् ~ जीवन] *क्रिवि॰* जीवन-भर। जीवनपर्यन्त। आजीवन।

यावत्—[सं॰ यद् + वतुप्, आत्व] *वि॰* १. जितना। २. सब। *अव्यय॰* जब तक। ***जैसे***—यावत्-तावत् = (जब तक, तब तक)।

यावत्-तावत्—[सं॰] *अव्यय॰* जब तक, तब तक। (दे॰ यावत्)

यावन—[सं॰ यवन + अण्] *वि॰* १. यवन-सम्बन्धी। यवन का। २. मुसलमानों का। *पुं॰* लोबान। ⁘ **यावनी**— *वि॰* (स्त्री॰) = १. यवनों की। २. मुसलमानों की।

यावन्मात्र—[सं॰ यावत् + मात्र] *वि॰* सभी। कुल।

***यास**—[< सं॰ यस्य] *सर्व॰* १. जिसका या जिसके। २. इसका या इसके।

यासमीन—[फा॰] *स्त्री॰* चमेली का फूल।

***यासु**—[< सं॰ यस्य] *सर्व॰* जिसका, जिसकी या जिसके।

***याहि**—[< हि॰ या] *सर्व॰* इसको। इसे।

†याँ—*क्रिवि॰* ≤ *हि॰* यहाँ।

युक्त—[सं॰ √युज् + क्त] *वि॰* १. (किसी से) जुड़ा/मिला/लगा हुआ। २. बँधा हुआ। ३. जुए में जुता हुआ। ***जैसे***—गाड़ी से युक्त बैल। ४. सम्मिलित। समाहित। ५. नियुक्त। ***जैसे***—सेवा में युक्त। ६. लीन। एकाग्र। ***जैसे***—ध्यान में युक्त। ७. क्रियाशील। *पुं॰* १. योगी जो योग का अभ्यास कर चुका हो। २. लम्बाई का एक माप। चार हाथ लम्बाई। ३. सहित। संयुक्त। ***जैसे***—प्रेमयुक्त। ४. उचित। उपयुक्त। योग्य। ∇ **विलोम**—अयुक्त/वियुक्त/हीन।

युक्ता—[सं॰ युक्त + टाप्] *स्त्री॰*। (छन्द॰) एक समवर्णिक छन्द जिसके प्रत्येक चरण में क्रमशः २ नगण और १ मगण (न न म) के योग से ९ वर्ण होते हैं तथा ७-२ पर यति होती है।

युक्ताक्षर—[सं॰ युक्त ~ अक्षर] *पुं॰* संयुक्त वर्ण। ***जैसे***—क् और ष का युक्ताक्षर 'क्ष' है।

युक्तार्थ—[सं॰ युक्त ~ अर्थ] *वि॰* १. अर्थ से युक्त। अर्थयुक्त। २. ज्ञानी। ३.बुद्धिमान्। समझदार।

युक्ताहार—[सं॰ युक्त ~ आहार] *पुं॰* उपयुक्त/उचित/ठीक आहार।

युक्ति—[सं॰ √युज् + क्तिन्] *स्त्री॰* १. उपाय। तरकीब। २. तर्क।

युक्तियुक्त—[सं॰ युक्ति ~ युक्त] *वि॰* १. जो युक्ति/तर्क की दृष्टि से ठीक हो। युक्तिपूर्ण। तर्कसंगत। २. उचित। ठीक। ∇ **विलोम**—युक्तिरहित/युक्तिहीन।

युक्त्यन्तर (युक्त्यंतर)—[सं॰ युक्ति ~ अन्तर] *पुं॰* युक्तियों का अन्तर। युक्तियों की भिन्नता। युक्तियों का भेद।

युक्त्याभास—[सं॰ युक्ति ~ आभास] *पुं॰* तथ्यहीन तर्क। (न्याय॰) हेत्वाभास।

युग—[सं॰ √युज् + घञ्, निपात॰] *पुं॰* १. (दो वस्तुओं का) जोड़ा। युग्म। २. (हल आदि का) जुआ जो जुते हुए बैलों के कन्धों पर रखा जाता है। ३. लम्बा कालखंड। ज़माना। ४. प्राचीन कालगणना में निर्दिष्ट चार लम्बे कालखंडों में से प्रत्येक। सत्ययुग, त्रेतायुग, द्वापरयुग या कलियुग। ५. (लाक्षणिक) बहुत समय। ***जैसे***—तुम्हें एक युग पहले देखा था। ६. पद्य आदि में ४ की संख्या। (भूविज्ञान॰) किसी कल्प का उपभाग। (ज्योतिष॰) बृहस्पति (ग्रह) का एक राशि में स्थित रहने का समय।

युग-क्षय—[सं॰ युग ~ क्षय] *पुं॰* युग का अन्त। युगान्त।

युगङ्कर (युगंकर)—[सं॰ युगम ~ कर] *वि॰* नया युग लानेवाला।

युग-निर्माता। युग-प्रवर्तक। *जैसे*—युगंकर चाणक्य।

युग-चेतना—[स॰] *स्त्री॰* किसी युग की विशिष्ट प्रवृत्ति।

***युगति**—[‹ स॰ युक्ति] *स्त्री॰* १. युक्ति। २. विधि। क्रिया-मार्ग। *जैसे*—योग की युगति।

युगधर्म—[स॰ युग ~ धर्म] *पु॰* १. समयानुकूल आचरण। परिस्थिति के अनुसार कर्तव्य। २. ऐसा काम जो किसी युग में प्रायः सभी लोग करते हों। *जैसे*—सत्ययुग में 'तप' युगधर्म था।

युगनद्ध (युगनद्ध)—[स॰ युग ~ नद्ध] *वि॰* १. परस्पर जुड़े हुए या लिपटे हुए (दो)। परस्पर संयुक्त (जोड़ा)। २. (रति-काल में) परस्पर युक्त (स्त्री-पुरुष)।

युगनद्धावस्था (युगनद्धावस्था)—[स॰ युगनद्ध ~ अवस्था] *स्त्री॰* १. दो के परस्पर संयुक्त या लिपटे हुए होने की अवस्था/स्थिति। २. रति-काल में पुरुष और स्त्री की संयुक्तता की अवस्था। ३. पूर्ण अद्वय की स्थिति। (तंत्र॰) शक्ति और शिव की संयुक्तता की स्थिति। (बौद्ध॰) १. प्रज्ञा और उपाय की संयुक्तता की स्थिति। २. शून्यता और करुणा की एकता की स्थिति।

युगन्धर (युगंधर)—[स॰ युगम् ~ धर] *वि॰* बैलगाड़ी के अगले भाग की वह लम्बी लकड़ी जिसमें जुआ अटकाया जाता है।

युगपत्—[स॰ युगपद् (युग √पद् + क्विप्)] *अव्यय॰* एक ही समय में। साथ-साथ।

युगल—[स॰ युज् + कलच्] *वि॰* जो दो की संख्या में हो। जो जोड़े के रूप में हो। पु॰ १.युग्म। २. पति-पत्नी। ३. प्रेमी-प्रेमिका।

युगलक—[स॰ युगल + कन्] *पु॰* १. जोड़ा। २. (संस्कृत में) श्लोकों/पद्यों का ऐसा जोड़ा जिसका एक साथ अन्वय करके ही अर्थ हो।

युगसम्मत—[स॰ युग ~ सम्मत] *वि॰* जो युग के अनुकूल या अनुसार हो। ज़माने के अनुसार।

युगान्त (युगांत)—[स॰ युग ~ अन्त] *पु॰* १. युग की समाप्ति। २. प्रलय।

युगान्तक (युगांतक)—[स॰ युग ~ अन्तक] *पु॰* १. प्रलय। २. प्रलय-काल।

युगान्तकारी (युगांतकारी)—[स॰ युगान्त + कारी (कारिन्)] *वि॰* युग समाप्त करनेवाला।

युगान्तर (युगांतर)—[स॰ युग ~ अन्तर] *पु॰* १. चल रहे युग के ठीक बाद का युग। २. भिन्न/दूसरा युग। ३. नए प्रकार का और अच्छा ज़माना। ***वा॰* युगान्तर उपस्थित करना (कर देना), युगान्तर लाना**—१. समय का प्रवाह बदल देना। नया ज़माना लाना। २. आमूल परिवर्तन कर देना। क्रान्ति कर देना। **युगान्तर से**—१. अति प्राचीन काल से। २. बहुत दिनों से।

युगागम—[स॰ युग ~ आगम] *पु॰* युग का आगमन।

युगात्मा—[स॰ युग ~ आत्मा (आत्मन्)] *स्त्री॰* युग-चेतना।

युगादि—[स॰ युग ~ आदि] *पु॰* १. युग का आरम्भ। २. युग का पहला दिन। *वि॰* युग के आरम्भ का (दिन आदि) ✣ **युगादि तिथि**—*स्त्री॰* = युगाद्या। (दे॰)

युगाद्या (युगाद्या)—[स॰ युग ~ आद्या] *स्त्री॰* किसी युग का आरम्भ होने की तिथि। युगादि तिथि।

युगोपरि—[स॰ युग ~ उपरि] *वि॰* अपने समय में सबसे बढ़कर। युग-श्रेष्ठ।

युग्म—[स॰ √युज् + मक्, कुत्व] *वि॰* दो की संख्या वाले (व्यक्ति/पदार्थ आदि) *पु॰* १. जोड़ा। २. दो वस्तुएँ आदि जो प्रायः साथ रहती हों या एक दूसरे पर आश्रित हों। (ज्योतिष॰) मिथुन राशि। (प्राणि॰) समजात गुणसूत्रों में समकक्ष स्थान पर पाए जाने वाले जीनों (अ॰ जीन्स) का एक जोड़ा जो वैकल्पिक आनुवंशिक लक्षणों को निश्चित करता है। (अ॰ एलीलोमार्फ़)

युग्मन—[स॰ युग्म + विच् + ल्युट्] *पु॰* १. जोड़े बनाने की क्रिया/भाव। मिलान। २. दो वस्तुओं को परस्पर बाँधकर या मिलाकर एक साथ करने की क्रिया/भाव। ✣ **युग्मनज**—*वि॰* = (प्राणि॰) निषेचित अंडाणु युग्मकों के संलयन से निर्मित कोशिका। (अ॰ ज़ाइगोट)

युग्मपत्र—[स॰ युग्म ~ पत्र] *पु॰* १. ऐसा वृक्ष जिसकी शाखा में पत्तों के जोड़े लगते हों। २. कचनार का पेड़। ३. छितवन का पेड़।

युग्मित—[‹ स॰ युग्म] *वि॰* जिनका जोड़ा बना हो। *जैसे*—युग्मित सहचर।

युत—[स॰ √यु + क्त] *वि॰* १. मिला हुआ। जुड़ा हुआ। युक्त। २. सहित। *जैसे*—श्रीयुत।

युति—[स॰ √यु + क्तिन्] *स्त्री॰* १. एक वस्तु का दूसरी वस्तु से मिलना/लगना/सटना। २. संख्याओं का जोड़। योग। *जैसे*—५ और ३ की युति करने पर योगफल ८ हुआ। (खगोल॰) १. दो या अधिक खगोलीय पिंडों का एक ही राशि में होना। योग। २. (किसी ग्रह के लिए) ग्रह विशेष की पृथ्वी और सूर्य की सीध में और सूर्य के समीप होने की दशा।

युद्ध-रङ्ग (युद्ध-रंग)—[स॰] *पु॰* रणभूमि। युद्धक्षेत्र।

युद्धाचार्य (युद्धाचार्य)—[स॰ युद्ध ~ आचार्य] *पु॰* १. सैनिकों आदि को युद्ध-विद्या की शिक्षा देनेवाला व्यक्ति। २. युद्धविद्या का आचार्य/विद्वान्।

युधिष्ठिर—[स॰ युधि ~ स्थिर, षत्व] *वि॰* युद्ध में स्थिर रहनेवाला। *पु॰* पांडु और कुन्ती का ज्येष्ठ पुत्र। (लाक्षणिक) सत्यवादी अथवा महान् धर्मज्ञ व्यक्ति। ***वा॰* युधिष्ठिर होना**—महान् सत्यवादी होना।

युयुत्सा—[स॰ √युध् + सन् + अ + टाप्] *स्त्री॰* युद्ध की इच्छा। लड़ने की अभिलाषा। युद्धेच्छा।

युयुत्सु—[स॰ √युध् + सन् + उ] *वि॰* १. जिसके मन में लड़ने की इच्छा हो। युद्धकामी। २. युद्ध का इच्छुक। युद्धेच्छुक। ✣ **युयुत्सुवाद**—*पु॰* = १. युद्धप्रियता। २. झगड़ालू प्रवृत्ति।

युयुधान—[स॰ √युध् + कानच्, द्वित्वादि] *पु॰* १. योद्धा। २. क्षत्रिय। ३. द्वापरयुग के एक महारथी 'सात्यकि' का अन्य नाम।

***युवराई**—[‹ हि॰ युवराज] *पु॰* युवराज। *स्त्री॰* युवराज का पद/काम/भाव। युवराजत्व।

युवराज—[सं॰ युवन् + राज] पुं॰ १. सबसे बड़ा राजकुमार। २. राजा द्वारा घोषित अपना उत्तराधिकारी।

युवराज्ञी—[सं॰ युवन् ~ राज्ञी] स्त्री॰ युवराज की पत्नी। युवरानी।

युवा—[सं॰ युवन्] वि॰ युवक। तरुण। ● **विशेष**—'युवा' का स्त्री॰ 'युवती' है।

युष्मदीय—[सं॰ युष्मद् + छ] वि॰ तुम्हारा या तुम लोगों का।

यूक—[सं॰ √यु + कन्, दीर्घ] पुं॰ सिर के गन्दे बालों में तथा गन्दे कपड़ों में हो जाने वाला एक बहुत छोटा जन्तु। जूँ।

यूका—[सं॰ यूक + टाप्] स्त्री॰ १. (केशों में होनेवाली) जूँ। २. खटमल। ३. भार का एक प्राचीन परिमाण। यव/जौ का आठवाँ भाग।

यूटोपिया—[अं॰] स्त्री॰ १. वह काल्पनिक जगत् जहाँ की सामाजिक तथा राजनीतिक व्यवस्थाएँ आदर्श हों। आदर्शलोक। २. आदर्श राज्य।

यूथ—[सं॰ √यु + थक्, निपात॰ यु → यू] पुं॰ १. समूह। दल। झुंड। २. सैनिकों का दल। ३. सेना।

यूथचारिता—[सं॰ यूथचारिन् + तल् + टाप्] स्त्री॰ १. समूह बनाकर रहने या बन्धु-बान्धवों के साथ रहने में सन्तोष और उसके बिना व्याकुलता अनुभव करने की मानवीय प्रवृत्ति। २. समूह में रहने/घूमने की प्रवृत्ति।

यूथनाथ/यूथप/यूथपति/यूथपाल—[सं॰ यूथ ~ नाथ, यूथ √पा + क, यूथ ~ पति, यूथ ~ पाल] पुं॰ १. समूह या झुंड का नेता। टोली या दल का नायक। २. सेनापति। ३. सेना की टुकड़ी का अधिकारी। सैनिक दल का नायक।

यूथभ्रष्ट—[सं॰ यूथ ~ भ्रष्ट] वि॰ यूथ/समूह/टोली से निकाला हुआ या बिछुड़ कर भटकता हुआ।

यूथमुख्य—[सं॰ यूथ ~ मुख्य] पुं॰ यूथपति। यूथनाथ।

यूथिका—[सं॰ यूथ + ठन् + टाप्] स्त्री॰ ग्रीष्म ऋतु में खिलनेवाला एक कोमल और सुगन्धित फूल या उसकी लता। जूही।

यूप—[सं॰ √यु + प, दीर्घ] पुं॰ १. स्तम्भ। खम्भा। २. यज्ञमंडप में बलि के पशु को बाँधने का खम्भा। यज्ञस्तम्भ। [● **विशेष**—यज्ञ का यूप या तो खदिर/खैर की लकड़ी का होता है या बाँस का।] ३. विजयस्तम्भ। ४. कीर्तिस्तम्भ।

यूरेनस—[अं॰] पुं॰ सौर परिवार का एक ग्रह जो शनि और नेपट्यून के बीच स्थित है।

यूरेशियाई—[< अं॰ यूरेशिया (= यूरोप + एशिया)] वि॰ यूरोप और एशिया का। पुं॰ वह व्यक्ति जिसके माता-पिता में से एक यूरोपीय और दूसरा एशियाई हो। (अं॰ यूरेशियन)

यूष—[सं॰ √यूष् + क] पुं॰ दाल का पानी। रसा। झोर। सब्ज़ी/तरकारी का पानी। रसा। शोरबा।

***येता**—वि॰ ≤ हिं॰ एता। इतना।

येती—[नेपाली] पुं॰ एक प्रकार का विशाल मानव जो बर्फ़ीले स्थानों पर क़भी-कभी दिखायी देता है। हिम-मानव।

येन¹—[सं॰ यत्] सर्व॰ जिससे। जिसके द्वारा। **जैसे**—येन केन प्रकारेण (किसी भी प्रकार से)।

येन²—[जापानी] पुं॰ जापान का प्रमुख सिक्का। जापानी मुद्रा।

†यो—सर्व॰, क्रि॰ < हिं॰ यह। **जैसे**—यो न मानत है; यो रंग।

योक्तव्य—[सं॰ √युज् + तव्यत्] वि॰ १. जोड़ने योग्य। २. जुए में जोतने के योग्य। ३. जो जोड़ा जाने वाला हो। ४. जिसे नियुक्त किया जाना हो।

योक्ता—[सं॰ योक्तृ] वि॰ १. जोड़ने/मिलाने वाला। २. नियुक्त करनेवाला। पुं॰ गाड़ीवान।

योक्त्रा—[सं॰ √युज् + ष्ट्रन्] पुं॰ १. रस्सी। २. वह रस्सी जिससे गाड़ी का बैल जुए से बाँधा जाता है।

योग—[सं॰ √युज् + घञ्] पुं॰ १. दो या दो से अधिक पदार्थों का मिलकर एक होना। २. मेल। मिलाप। ३. संयोग। मिलन। ४. सम्बन्ध। संसर्ग। ५. प्रयोग। उपयोग। ६. रीति। ढंग। तरीक़ा। ७. किसी प्रकार का विशेष संयोग। ८. परिणाम। नतीजा। ९. उपाय। युक्त। तरीक़ा। १०. उद्योग। ११. प्राप्ति। १२. आय। आमदनी। १३. लाभ। नफ़ा। १४. धन-सम्पत्ति। दौलत। १५. (किसी काम के लिए मिलनेवाला) उपयुक्त समय। अवसर। मौक़ा। (छन्द॰) एक सममात्रिक छन्द जिसके प्रत्येक चरण में २० मात्राएँ होती हैं, अन्त में यगण होता है और १२-८ पर यति होती हैं। (भा॰ दर्शन॰) १. पतंजलि के द्वारा प्रतिपादित भारतीय दर्शन की एक शाखा। योगदर्शन। २. चित्तवृत्ति का निरोध। ३. आत्मा और परमात्मा की एकता। ४. परमात्मा के साक्षात्कार या आत्मविकास का कोई साधन। **जैसे**—भक्तियोग; ज्ञानयोग; कर्मयोग। (गणित॰) १. एक गणितीय संक्रिया जिसमें दो संख्याएँ/राशियाँ/व्यंजक परस्पर जुड़ जाते हैं। (● **विशेष**—१. जुड़ने वाली प्रथम संख्या '**योजक**' और दूसरी '**योज्य**' कहलाती है) २. दो या दो से अधिक राशियों को जोड़ने पर प्राप्त परिणाम। योगफल। जोड़। (ज्योतिष॰) १. किसी राशि में अनेक ग्रहों की एकसाथ स्थिति। २. ग्रहों का नक्षत्रों, राशियों, तिथियों, वारों आदि के साथ संयोग का विशिष्ट अवसर। ३. शुभ-अशुभ फल आदि की दृष्टि से विचारणीय ग्रहों आदि की कोई स्थिति विशेष। (आयुर्वेद॰) १. कुछ वस्तुओं को, शास्त्र में निर्दिष्ट विशेष क्रियाओं या विधियों से, मिलाकर निर्मित औषधि। २. (दावा का) नुस्ख़ा।

योगक्षेम—[सं॰ योग ~ क्षेम] पुं॰ १. नया पदार्थ प्राप्त करना और पहले से प्राप्त पदार्थों की रक्षा। अप्राप्त की प्राप्ति और प्राप्त की रक्षा। २. कुशल-क्षेम। कुशल-मंगल। ख़ैरियत। ३. सुरक्षा।

योगज—[सं॰ योग + ज] वि॰ १. योग से उत्पन्न होने वाला। २. योग से प्राप्त होनेवाला।

योगतत्त्व—[सं॰ योग ~ तत्त्व] पुं॰ योग का सिद्धान्त।

योगत्रय—[सं॰ योग ~ त्रय] पुं॰ तीन योगों—ज्ञानयोग, भक्तियोग और कर्मयोग—का समूह।

योगदर्शन—[सं॰ योग ~ दर्शन] पुं॰ भारतीय दर्शन की एक शाखा। पातंजलदर्शन।

योगदान—[सं॰ योग ~ दान] *पु॰* १. योग की दीक्षा। २. सहयोग। ३. अंशदान। ४. किसी सार्वजनिक उद्देश्य या लक्ष्य की प्राप्ति के लिए दूसरों के साथ मिलकर किया गया विशेष प्रयास।

योगधर्मी—[सं॰ योगधर्मिन्] *पु॰* योगी।

योगधारणा—[सं॰ योग ~ धारणा] *स्त्री॰* ध्यान की एकाग्र स्थिति।

योगनिद्रा—[सं॰ योग ~ निद्रा] *स्त्री॰* १. योग-साधन से प्राप्त सोने और जागने के बीच की स्थिति। २. युग के अन्त में प्रलय होने पर विष्णु की निद्रा। ३. समाधि।

योगपीठ—[सं॰ योग ~ पीठ] *पु॰* १. योग-साधना में बैठने के योग्य आसन। २.योग-शिक्षा या योगी का स्थान। योगकेन्द्र।

***योगबसाई**—[< सं॰ योगवश] *क्रिवि॰* योग के बल पर।

योगमाया—[सं॰ योग ~ माया] *स्त्री॰* १. योग की दिव्य शक्ति। अलौकिक योगशक्ति। २. परमात्मा की शक्ति जो सृष्टि करती है। ३. पार्वती। दुर्गा।

योगयुक्त—[सं॰ योग ~ युक्त] *वि॰* १. योग से युक्त। २. योग-साधना करनेवाला। ३. योग में स्थित। योगस्थ। ४. समाधि में लीन।

योगयुक्ति—[सं॰ योग ~ युक्ति] *स्त्री॰* समाधि में लीनता। योगस्थता।

***योग-युगति**—[< सं॰ योग ~ युक्ति] *स्त्री॰* १. योग की युक्ति। योग की विद्या। २. योग की क्रियाएँ। ३. समाधि में लीनता। योगयुक्ति।

योगराजगुग्गुल—[सं॰ योगराज ~ गुग्गुल] *पु॰* गुग्गुल से बनी एक औषधि जो गठिया आदि वात-रोगों में उपयोगी है।

योगरूढ़—[सं॰ योग ~ रूढ़] *पु॰* (व्या॰) वह पद जो 'यौगिक' भी हो और 'रूढ़' भी।

योगवान्—[सं॰ योगवत्] *पु॰* योगी। ✣ **योगवती**—*स्त्री॰* योगी स्त्री।

योगवाह—[सं॰ योग ~ वाह] *पु॰* (व्या॰) अनुस्वार और विसर्ग।

योगवाही—[सं॰ योगवाहिन्] *पु॰* (आयुर्वेद॰) भिन्न गुणों वाली अनेक औषधियों को परस्पर मिलने योग्य करनेवाली औषधि/द्रव्य। औषधियों को मिलाने का माध्यम। **जैसे**—शहद।

योगविद्—[सं॰ योग + विद्] *पु॰* १. योगशास्त्र का ज्ञाता। २. योगाभ्यास करनेवाला। समाधि लगानेवाला। योगी। *पु॰* १. शिव। महादेव। २. किसी योग के अनुसार औषधि बनानेवाला।

योगविद्या (योगविद्या)—[सं॰ योग ~ विद्या] *स्त्री॰* १. योगदर्शन। २. पतंजलिकृत योगदर्शन का ग्रन्थ। पातंजल योगसूत्र। ३. योगशास्त्र।

योगवृत्ति—[सं॰ योग ~ वृत्ति] *स्त्री॰* योग में चित्त की प्रवृत्ति। योगी मनोवृत्ति।

योग-समाधि—[सं॰] *स्त्री॰* योग-पद्धति से लगायी जाने वाली समाधि।

योगशक्ति—[सं॰ योग ~ शक्ति] *स्त्री॰* योग से प्राप्त होनेवाली अलौकिक शक्ति। योगी का दिव्य बल।

योगस्थ—[सं॰ योग + स्थ] *वि॰* १.समाधि या योग में लगा हुआ। २. योग में स्थित। ३. सुख-दुःख आदि द्वन्द्वों से परे होकर मानसिक समभाव से युक्त।

योगाचार—[सं॰ योग ~ आचार] *पु॰* योगाभ्यास। (बौद्ध॰) एक बौद्ध सम्प्रदाय जिसका दार्शनिक मत '**विज्ञानवाद**' है।

योगाञ्जन (योगांजन)—[सं॰ योग ~ अञ्जन] *पु॰* एक विशेष अंजन जिसे नेत्रों में लगाने से पृथ्वी के अन्दर की वस्तुएँ दिखने लगती हैं। सिद्धांजन।

योगान्तराय (योगांतराय)—[सं॰ योग ~ अन्तराय] *पु॰* योग-साधना में आलस्य आदि विघ्न।

योगारूढ़—[सं॰ योग ~ आरूढ] *वि॰* १. वीतराग। २. योग की साधना करनेवाला। *पु॰* चित्तवृत्तियों का निरोध करनेवाला कर लेने वाला। योगी।

योगित्व—[सं॰ योगिन् + त्व] *पु॰* योगी होने का भाव। योगीपन।

योगिनाथ—[सं॰ योगिन् ~ नाथ] *पु॰* योगियों में श्रेष्ठ व्यक्ति। योगीश्वर।

योगिनी—[सं॰ योगिन् + ङीप्] *स्त्री॰* १. योगाभ्यासी स्त्री। योगाभ्यासिनी। २. युद्ध में बहते रक्त को पीनेवाली दिव्य स्त्रियों का एक वर्ग। ३. दुर्गा देवी की आठ सहचारियों में से प्रत्येक। ४. आषाढ़ कृष्ण एकादशी। (ज्योतिष॰) एक दिव्य शक्ति जो किसी तिथि में किसी विशेष दिशा में स्थित रहती है। (दे॰ योगिनीचक्र)

योगिनीचक्र—[सं॰ योगिनी ~ चक्र] *पु॰* (ज्योतिष॰) यात्रा करने आदि के लिए दिशा के अनुसार शुभ समय का विचार करने में उपयोगी एक पद्धति जिसमें योगिनी-विचार होता है।

योगिया—[< सं॰ योगी] *वि॰* योगी जैसा। *पु॰* १. योग-साधक। २. योग को सिद्ध किया हुआ व्यक्ति। सिद्धयोगी। ३. (गेरुआ वस्त्र पहना हुआ) साधु।

योगिराज—[सं॰ योगिन् ~ राज] *पु॰* श्रेष्ठ योगी।

योगीन्द्र (योगींद्र)—[सं॰ योगिन् ~ इन्द्र] *पु॰* श्रेष्ठ योगी।

योगीश/योगीश्वर—[सं॰ योगिन् ~ ईश/ईश्वर] *पु॰* १. महान् योगी। श्रेष्ठ योगी। २. शिव। महादेव। ✣ **योगीश्वरी**—*स्त्री॰* = १. अतिश्रेष्ठ योगी स्त्री। २. पार्वती। दुर्गा।

योगेन्द्र (योगेंद्र) योगेश—[सं॰ योग ~ इन्द्र/ईश] *पु॰* योगेश्वर। (दे॰)

योगेश्वर—[सं॰ योग ~ ईश्वर] *पु॰* १. योगविद्या का मर्मज्ञ विद्वान्। २.श्रेष्ठ योगी। ३. (वासुदेव) कृष्ण। ✣ **योगेश्वरी**—*स्त्री॰* = १. योगविद्या की मर्मज्ञ स्त्री। २. श्रेष्ठ योगी स्त्री। ३. महाशक्ति। पार्वती। दुर्गा।

योग्य—[सं॰ योग + यत्] *वि॰* १. किसी कार्य, पद आदि के लिए जोड़े जाने लायक़। २. पात्रतावाला। अधिकारी। पात्र। लायक़। ३. गुणवान्। गुणी। ४. पढ़ा-लिखा तथा बुद्धिमान्। ५. उपयुक्त। उचित। ठीक। ६. श्रेष्ठ। प्रवीण। कुशल। होशियार। ७. समर्थ। निपुण। ∇ **विलोम**—अयोग्य। ● **विशेष**— **योग्यतम की उत्तरजीविता** = किसी परिवेश में रह सकने की दृष्टि से योग्यतम प्राणी। वनस्पति का ही जीवित रह पाना। समर्थतम की जीविता। (अं॰ सर्वाइवल ऑव द फ़िटेस्ट)

योग्यता—[सं॰ योग्य + तल् + टाप्] *स्त्री॰* १. योग्य होने की अवस्था/भाव। २. पात्रता। लियाक़त। ३. गुणवत्ता। गुणशीलता। ४. उपयुक्तता। ५. क्षमता। निपुणता। प्रवीणता। ६. बुद्धिमानी। (मनो॰) किसी भी प्रकार के (सामान्य या विशेष) व्यवहार की क्षमता। सामर्थ्य। (काव्य॰) पदों के अर्थों के परस्पर सम्बन्ध में बाधा का अभाव। (न्याय॰) वाक्य में पदों के अर्थ-सम्बन्ध की संगति या सम्भवनीयता। वाक्य के पदों के अर्थों का एक दूसरे से बाधित न होना। (जैन॰) १. ज्ञान को ढँकने वाले कर्म का कारण की कार्य को उत्पन्न करने की शक्ति और कार्य की कारण से उत्पन्न होने की शक्ति। ▽ **विलोम**—अयोग्यता।

योजक—[सं॰ √युज् + णिच् + ण्वुल्] *वि॰* संयुक्त करनेवाला। जोड़नेवाला।

योजक चिह्न (चिह्न)—[सं॰] *स्त्री॰* एक प्रकार का विराम चिह्न '-' जो दो शब्दों के बीच में आकर उन्हें जोड़ता है। ***जैसे***—'धर्म-कार्य' तथा 'पति-पत्नी' में 'योजक-चिहन' प्रयुक्त हुआ है। (अं॰ हाइफ़न)

योजन—[सं॰ युज् + णिच् + ल्युट्] *पुं॰* १. एक में मिलाने की क्रिया। जोड़ने की क्रिया। २. एकत्रीकरण। ३. जुए में बैल आदि को जोतने की क्रिया। ४. दूरी नापने का एक पुराना माप जो ४००० हाथ या ४ कोस (लगभग ८ मील) के बराबर होता था।

योजनगन्धा (योजनगंधा)—[सं॰ योजन ~ गन्ध + टाप्] *वि॰ (स्त्री॰)* जिसकी गन्ध एक योजन दूर तक अथवा बहुत दूर तक जाती हो। *स्त्री॰* १. (राजा शान्तनु की पत्नी) सत्यवती। २. कस्तूरी।

योजना—[सं॰ √युज् + णिच् + युच् + टाप्] *स्त्री॰* १. किसी कार्य को करने का प्रस्तावित स्वरूप या रूपरेखा २. आयोजन। ३. रचना। बनावट। ४. व्यवस्था। प्रबन्ध।

योजी—[सं॰ योजिन्] *वि॰* दो या अधिक पदार्थों को मिलानेवाला।

योज्य—[सं॰ √युज् + णिच् + यत्] *वि॰* १. जोड़े जाने के योग्य। २. व्यवहार/प्रयोग के लायक़। *पुं॰* (गणित॰) वे संख्याएँ/राशियाँ/व्यंजक जिनका योग होना है।

योद्धव्य (योद्धव्य)—[सं॰ √युध् + तव्य] *वि॰* १. युद्ध के योग्य। जिससे युद्ध किया जा सके। योध्य। २. जिससे युद्ध किया जाने वाला हो।

योधन—[सं॰ √युध् + ल्युट्] *पुं॰* युद्ध। रण। लड़ाई।

योध्य—[सं॰ √युध्+ ण्यत्] *वि॰* १. योद्धव्य। (दे॰) २. (वह कार्य या बात) जिसके कारण युद्ध हो।

योनि—[सं॰ √यु + नि] *स्त्री॰* १. उत्पत्ति-स्थान। २. जीवों के उत्पन्न होने का स्थान। स्त्रियों की जननेन्द्रिय। भग। ३. जाति। ***जैसे***—पशुयोनि; देवयोनि।

योनिक—[< सं॰ योनि] *वि॰* १. योनि-सम्बन्धी। २. (स्त्री-पुरुष की) रति-सम्बन्धी।

योनिज—[सं॰ योनि + ज] *पुं॰* योनि से उत्पन्न जीव। जरायुज और अंडज जीव।

योनिभ्रंश—[सं॰ योनि ~ भ्रंश] *पुं॰* एक स्त्री-रोग। गर्भाशय का अपने स्थान से हट जाना।

योनि-मुक्त—[सं॰] *वि॰* जो संसार में बार-बार जन्म लेने के बन्धन से छूट गया हो। मुक्त।

योनिसम्भव (योनिसंभव)—[सं॰ योनि ~ सम्भव] *वि॰* योनिज।

योषा—[सं॰ √ यु + स + टाप्] *स्त्री॰* नारी। स्त्री।

योषिता—[सं॰ योषित् + टाप्] *स्त्री॰* १. नारी। स्त्री। औरत। २. युवती स्त्री।

[1]यौ—[बुन्देली < हिं॰ यह] *सर्व॰* यह।

यौक्तिक—[सं॰ युक्ति + ठक्] *वि॰* १. युक्तिपूर्ण। तर्कसंगत। २. उपयुक्त। योग्य।

यौगिक—[सं॰ < योग + ठञ्] *वि॰* योग से सम्बन्ध रखनेवाला। (व्या॰) यौगिक शब्द॰ वह शब्द जिसका अर्थ व्युत्पत्ति (प्रकृति और प्रत्यय) के अनुसार होता है। ***जैसे***—'धनवान्' यौगिक पद है क्योंकि इसका अर्थ है—धन + वान् = धनवाला।

यौतुक—[सं॰ योतु + कण्] *पुं॰* १. विवाह के समय मिला हुआ धन। दहेज। २. उपहार। चढ़ावा।

यौथिक—[सं॰ यूथ + ठक्] *वि॰* १. यूथ-सम्बन्धी। समूह का। २. यूथ/समूह में रहनेवाला प्राणी। ***जैसे***—हाथी यौथिक प्राणी है।

यौद्धिक (यौद्धिक)—[सं॰ युद्ध + ठक्] *वि॰* युद्ध-सम्बन्धी। युद्ध का। ***जैसे***—यौद्धिक तैयारियाँ करना।

यौधेय—[सं॰ योध + ढञ्] *पुं॰* १. योद्धा। २. प्राचीन भारत की एक योद्धा जाति।

यौन—[सं॰ योनि + अण्] *वि॰* १. योनि-सम्बन्धी। योनि का। स्त्रियों-पुरुषों की जननेन्द्रियों से सम्बन्धित। ***जैसे***—यौन विज्ञान। २. रतिज। ***जैसे***—यौन रोग। ⁘ **यौनकी**—*स्त्री॰* = स्त्री-पुरुषों के काम-सम्बन्धी विषयों का विवेचन करने वाला शास्त्र। (अं॰ सेक्सॉलॉजि) ⁘ **यौनता**—*स्त्री॰* १. यौनभाव। २. नरत्व और नारीत्व का भाव। लिंगिता।

यौवन—[सं॰ युवन् + अण्] *पुं॰* १. युवा/युवती होने का भाव। २. किशोरावस्था और प्रौढ़ावस्था के बीच की अवस्था। प्रायः १८ से ३५ वर्ष तक की अवस्था। तरुणाई। युवावस्था। जवानी। ***जैसे***—यौवन का अभिमान मत करो। ३. किसी वस्तु/संस्था आदि की वह अवस्था जब वह वृद्धि, शक्ति या प्रभाव आदि की दृष्टि से सर्वोत्तम हो। ४. (लाक्षणिक) युवाओं/युवतियों का समूह। ***जैसे***—मेले में यौवन इधर से उधर घूम रहा था।

यौवनकण्टक (यौवनकंटक)—[सं॰ यौवन ~ कण्टक] *पुं॰* (युवावस्था में चेहरे पर निकल कर उसे ख़राब करनेवाला) मुहाँसा।

यौवराज्याभिषेक—[सं॰ यौवराज्य ~ अभिषेक] *पुं॰* राजा के द्वारा 'युवराज' के पद पर अपने पुत्र आदि का अभिषेक।

[1]यौँ (यौं)—[< हिं॰ यों] *क्रिवि॰* इस प्रकार से। इस भाँति। ऐसे। यों।

र

देवनागरी वर्णमाला में अन्त:स्थ वर्णों के वर्ग का दूसरा व्यंजन। (भाषाविज्ञान की दृष्टि से) यह वर्त्स्य, लुंठित, घोष और अल्पप्राण है। इसका महाप्राण रूप 'र्‌ह' मानक हिन्दी में नहीं है परन्तु कुछ बोलियों में मिलता है (जैसे—कर्‌हानो = कराहना, अर्‌हा = अरहर)। 'र' के उच्चारण में जीभ की नोक को कुछ लुंठित करके (लपेटकर), वर्त्स (अर्थात् ऊपर के मसूड़े को) स्पर्श किया जाता है। अत: प्रयत्न की दृष्टि से 'र' को 'लुंठित' ध्वनि कहा जाता है। ● विशेष— १. 'र' में प्राय: सभी मात्राएँ और चिह्न सामान्य रूप से जुड़ते हैं। परन्तु 'र्' में 'ऋ' की मात्रा नहीं लगती तथा 'उ' और 'ऊ' मिलने पर क्रमश: विशेष रूप '**रु**' और '**रू**' बनते हैं (रुपया, रूप, रुष्ट, रूठा)। २. 'र', 'रा' इत्यादि के अनुनासिक रूपों में 'चन्द्रबिन्दु' के स्थान पर बिन्दु लगाने की रीति सुविधार्थ प्रचलित है परन्तु तभी जब शिरोरेखा के ऊपर कोई मात्रा हो (रिँ→रिं, रीँ→रीं, रेँ→रें)। **३.** व्यंजन-गुच्छों में, जब 'र्' पहले आकर अन्य व्यंजनों से मिलता है, तब वह शिरोरेखा के ऊपर एक विशेष चिह्न के रूप में लगता है और उसे '**रेफ**' कहते हैं (तर्क, शर्त, दर्द, सर्प, वर्ष)। इन रूपों में 'र' पर लगी रेफ़ भी होती है (फ़र्र, बर्र)। **४.** पहले आकर 'र' से मिलनेवाले व्यंजनों में से अनेक की खड़ी रेखा में तिरछी छोटी रेखा के रूप में र जुड़ जाता है (वक्र, फ़ख़्र, अग्र, द्राक्षा, विप्र, उम्र, तीव्र)। **५.** 'र' से पहलेआकर जुड़नेवाले व्यंजनों में से छ्, ट्, ठ्, ड्, ढ् का 'र' से मिला रूप इन व्यंजनों के नीचे लगे एक विशेष चिह्न से युक्त होता है—छ्र, ट्र, ठ्र, ड्र, ढ्र (राष्ट्र, उड्र)। **६.** जब 'त्', श् या स् पहले आकर मिलते हैं, तब क्रमश: 'त्र', 'श्र', स्र रूप बनते हैं (त्रय, त्रास, श्रम, श्री, सहस्र, स्राव)। जब 'ह' पहले आकर 'र' से मिलता है, तब उसका विशेष रूप '**ह्र**' ध्यान देने योग्य है (ह्रास, ह्री)। ऐसे शब्दों को हर्न्त रूप में लिखना भी प्रचलित है (ह्‌रास, ह्‌री) **७.** रेफ वाले अनेक विदेशी शब्द विकल्प रूप से 'र' के रूप में भी बोले और तदनुसार लिखे जाते हैं—ख़र्च/ख़रच, शर्म/शरम, पर्दा/परदा, बर्बादी/बरबादी। ८. 'कर्म', 'धर्म', 'उम्र' इत्यादि अनेक तत्सम शब्दों के तद्भव रूप 'करम', 'धरम', 'उमर' इत्यादि हिन्दी में बोलचाल में तो प्रयुक्त होते हैं परन्तु उन्हें मानक हिन्दी में स्थान नहीं मिला है। **कुछ लोग भ्रमवश 'नरक' को तद्‌भव समझकर 'नर्क' लिखते हैं जो अशुद्ध है।** ९. 'ल' का 'र' में और 'र' का 'ल' में परिवर्तन भाषावैज्ञानिक कारणों से प्राय: हो जाता है (कवल→कौर, दीवार→दीवाल)। 'र' और 'ड़' का भी परस्पर परिवर्तन भाषावैज्ञानिक कारणों से प्राय: हो जाता है (घबराना→घबड़ाना)।

र—[सं॰ √रा + ड] *पु॰* १. अग्नि। २. ताप। गर्मी। ३. प्रेम। ४. वेग। गति। ५. सुवर्ण। ६. वर्ण। ७. शब्द। (छन्द॰) 'रगण' नामक वर्णिक गण का संक्षिप्त रूप या संकेताक्षर।

***रइकौ**—[देशज] *क्रिवि॰* तनिक भी। ज़रा भी।

***रइनि**—[< सं॰ रजनी] *स्त्री॰* रात्रि। रात।

***रइबारी**—[राजस्थ॰ < हिं॰ रखवाला] *पु॰* १. ऊँटों का रखवाला। २. एक जाति जिसका काम ऊँट चराना होता है।

रई[1]—[< हिं॰ रँगना (< सं॰ रञ्जन)] *क्रिअ॰* रंग गयी। *वि॰ (स्त्री॰)* १. रँगी हुई। रंजित। २. अनुरक्त हुई।

रई[2]—[< सं॰ √रय्] *स्त्री॰* (दही मथने की) मथानी।

रई[3]—[देशज] *स्त्री॰* राख।

रई[4]—[< सं॰ रज] *स्त्री॰* कण। ⁘ **रई-रई**—*स्त्री॰* = कण-कण।

***रउताई**—[< हिं॰ राउत] *स्त्री॰* प्रभुता। स्वामित्व।

†**रउरे**—[< हिं॰ राउर] *सर्व॰* = (मध्यम पुरुष के लिए आदरसूचक शब्द) आप या आपका। ● **विशेष**— ***रउरेहि** = आपको।

रए—[< हिं॰ रँगना] *क्रिअ॰* १. रँगे। २. अनुरक्त हुए।

***रकताङ्क**—*पु॰* ≤ *सं॰* रक्ताङ्क। प्रवाल। मूँगा।

रक़बा—[< अरबी रक़्ब:] *पु॰* क्षेत्रफल। रक़बा।

रकाब—[< अरबी रिकाब] *स्त्री॰* घोड़े की काठी का दोनों ओर लटकता हुआ पायदान जिस पर पैर रखकर घोड़े पर चढ़ा जाता है।

रकाबदार—[फ़ा॰] *पु॰* घोड़े पर सवार करानेवाला नौकर।

रकाबी—[< फ़ा॰ रिकाबी] *स्त्री॰* = छोटी थाली। तश्तरी। प्लेट (अं॰)।

रकार—[सं॰ र + कार] *पु॰* 'र' वर्ण या ध्वनि।

रक्तक—[सं॰ रक्त √कै + क] *पु॰* १. रुधिर। ख़ून। २. लाल वस्त्र। ३. कुंकुम। ४. गुलदुपहरिया। बन्धूक। ५. लाल रंग का घोड़ा। *वि॰*

१. लाल रंग का। लाल। २. अनुरक्त।

रक्तकमल—[सं० रक्त ~ कमल] *पुं०* लाल कमल।

रक्तकरबीर—[सं० रक्त ~ करबीर] *पुं०* रक्त कनेर (पेड़ या फूल)।

रक्तकन्द (रक्तकंद)—[सं० रक्त ~ कन्द] *पुं०* १. प्रवाल। मूँगा। २. लाल प्याज़।

रक्तकान्ता (रक्तकांता)—[सं० रक्त ~ कान्ता] *वि०* लाल पुनर्नवा। लाल गदहपूरना।

रक्तकुमुद—[सं० रक्त ~ कुमुद] *पुं०* कुँई पुष्प। नीलोफ़र।

रक्तकुसुम—[सं० रक्त ~ कुसुम] *पुं०* १. कचनार वृक्ष। २. धामिन वृक्ष। ३. आक/मदार का पेड़।

रक्तकुसुमा—[सं० रक्तकुसुम + टाप्] *स्त्री०* अनार का पेड़।

रक्तकैरव—[सं० रक्त ~ कैरव] *पुं०* लाल कुमुद-पुष्प।

रक्तखदिर—[सं० रक्त ~ खदिर] *पुं०* लाल फूलों वाला खदिर (वृक्ष)। कत्थे का पेड़ जिसके फूल लाल होते हैं।

रक्तगुल्म—[सं० रक्त ~ गुल्म] *पुं०* (चिकित्सा०) एक स्त्री-रोग जिसमें गर्भाशय में रक्त की गाँठ-सी बँध जाती है।

रक्तगैरिक—[सं०] *पुं०* लाल गेरू।

रक्तघ्न—[सं० रक्त + घ्न] *वि०* ख़ून का नाश करनेवाला। रक्तनाशक।

रक्तचञ्चु (रक्तचंचु)—[सं० रक्त ~ चञ्चु] *पुं०* शुक। तोता।

रक्तचाप—[सं० रक्त + हिं० चाप] *पुं०* ख़ून का दबाव। रक्तदाब।

रक्तज—[सं० रक्त + ज] *वि०* १. रक्त से उत्पन्न। २. रक्त के दोष से उत्पन्न (रोग)। ***जैसे***—दाद, खुजली आदि रक्तज रोग।

रक्तजपा—[सं० रक्त ~ जपा] *स्त्री०* जवाकुसुम। गुड़हल।

रक्तजिह्व (रक्तजिह्व)—[सं० रक्त ~ जिह्वा] *वि०* लाल जीभ वाला। *पुं०* सिंह। शेर।

रक्तता—[सं० रक्त + तल् + टाप्] *स्त्री०* लालिमा। ललाई। लाली। सुर्ख़ी।

रक्तताप—[सं० रक्त ~ ताप] *पुं०* तपाने से लाल हो गयी वस्तु का ताप।

रक्ततुण्ड (रक्ततुंड)—*पुं०* शुक। तोता।

रक्तदन्तिका (रक्तदंतिका)—[सं० रक्तदन्तिन् + कप् + टाप्, इत्व] *वि० (स्त्री०)* लाल दाँतों वाली। *स्त्री०* दुर्गा का एक रूप। चंडिका।

रक्तदृग—[सं० रक्त ~ दृक्] *वि०* लाल नेत्रों वाला। *पुं०* १. कोयल। २. कबूतर। ३. चकोर। ४. सारस।

रक्तप—[सं० रक्त + प] *वि०* रक्त पीनेवाला। *पुं०* १. राक्षस। २. (खाट में रहनेवाला जन्तु) खटमल।

रक्तपट—[सं० रक्त ~ पट] *वि०* लाल कपड़े पहननेवाला। *पुं०* श्रमण।

रक्तपत्रा—[सं० रक्त ~ पत्र + टाप्] *स्त्री०* रक्तपुनर्नवा। लाल गदहपूरना।

रक्तपदी—*स्त्री०* लाजवन्ती। लजालू। छुई-मुई।

रक्तपर्ण—[सं० रक्त ~ पर्ण] *पुं०* रक्तपुनर्नवा। लाल गदहपूरना।

रक्तपल्लव—[सं० रक्त ~ पल्लव] *वि०* लाल पत्तों वाला। *पुं०* अशोक वृक्ष।

रक्तपायी—[सं० रक्तपायिन्] *वि०* ख़ून पीनेवाला। *पुं०* १. राक्षस। २. (खाट में रहनेवाला जन्तु) खटमल। ❖ **रक्तपायिनी**—*वि०* (स्त्री०) = ख़ून पीनेवाली। *स्त्री०* = १. राक्षसी। २. जोंक।

रक्तपारद—[सं० रक्त ~ पारद] *पुं०* सिन्दूर। ईंगुर।

रक्तपाषाण—[सं० रक्त ~ पाषाण] *पुं०* १. लाल पत्थर। २. गेरू।

रक्तपित्त—[सं० रक्त ~ पित्त] *पुं०* १. एक रोग जिसमें मुँह, कान आदि से रक्त गिरता है। २. नाक से ख़ून गिरने का रोग। नकसीर।

रक्तपुनर्नवा—[सं० रक्त ~ पुनर्नवा] *स्त्री०* लाल रंग की पुनर्नवा। लाल गदहपूरना।

रक्तपुष्प—[सं० रक्त ~ पुष्प] *पुं०* १. कनेर का वृक्ष। २. अनार का वृक्ष। ३. जवाकुसुम। गुड़हल। ४. गुलदुपहरिया। बन्धूक।

रक्तपुष्पक—[सं० रक्तपुष्प + कन्] *पुं०* १. पलाश वृक्ष। २. सेमल वृक्ष।

रक्तफूल—[सं० रक्त + हिं० फूल] *पुं०* १. जवाकुसुम। गुड़हल। २. पलाश। ढाक।

रक्तबीज—[सं० रक्त ~ बीज] *पुं०* लाल बीजों वाला अनार। बेदाना।

रक्तबैङ्क (रक्तबैंक)—[सं० रक्त + अं० बैंक] *पुं०* वस्तु को ठंडा बनाए रखने की एक विशेष मशीन जिसमें रक्त देनेवाले स्वस्थ मनुष्यों से प्राप्त रक्त को रक्तक्षीण रोगियों के उपयोग में आने से पहले सुरक्षित रखा जाता है। (अं० ब्लडबैंक)

रक्तमञ्जरी (रक्तमंजरी)—[सं० रक्त ~ मंजरी] *स्त्री०* लाल कनेर।

रक्तमत्त—[सं० रक्त ~ मत्त] *वि०* १. रुधिर पीकर मतवाला होनेवाला। २. ख़ून पीकर आनन्दित होनेवाला। *पुं०* राक्षस।

रक्तमुख—[सं० रक्त ~ मुख] *वि०* लाल मुँह वाला।

रक्त-रोग—[सं०] *पुं०* १. रक्त-दोष से होने वाला रोग। २. ऐसा रोग जिससे शरीर का रक्त दोषयुक्त हो जाता है।

रक्तलोचन—[सं० रक्त ~ लोचन] *वि०, पुं०* रक्तदृग।

रक्तवमन—[सं० रक्त ~ वमन] *पुं०* वमन में रक्त आना। ख़ूनी उलटी होना।

रक्तवर्ग—[सं० रक्त ~ वर्ग] *पुं०* (आयुर्वेद०) अनार, लाख, दारुहल्दी, कुसुम के फूल, मंजीठ, दुपहरिया के फूल और ढाक—इन सब का समूह। (चिकित्सा०) रुधिर के चार प्ररूपों/प्रकारों में से प्रत्येक। ● **विशेष**—इन रुधिर प्ररूपों को अँग्रेज़ी अक्षरों में 'ए, बी, ए बी और ओ' नाम दिए गए हैं। (अं० ब्लडग्रुप)

रक्तवर्ण—[सं० रक्त ~ वर्ण] *वि०* लाल रंग का। *पुं०* १. बीरबहूटी। २. प्रवाल। मूँगा।

रक्तवर्धक—[सं० रक्त ~ वर्धक/वर्धन] *वि०* रक्त बढ़ानेवाला।

रक्तवहतन्त्र (रक्तवहतंत्र)—[सं० रक्त ~ वह ~ तन्त्र] *पुं०* शरीर में रक्त और लसीका के संचार में सहायक हृदय, नाड़ियाँ आदि अंग। रक्तसंचारतन्त्र।

रक्तविकार—[सं० रक्त ~ विकार] *पुं०* रक्त की ख़राबी। रक्तदोष।

रक्तव्रण—[सं० रक्त ~ व्रण] *पुं०* वह फोड़ा/घाव जिसमें मवाद के बदले रक्त निकले।

रक्तशालि—[सं॰] *पु॰* एक प्रकार का लाल चावल।

रक्तसंलयन—[सं॰ रक्त ~ संलयन] *पु॰* लाल रक्त-कोशिकाओं का विखंडन। (अं॰ हीमोलिसिस)

रक्तसङ्कुलता (रक्तसंकुलता)—[सं॰ रक्त ~ सङ्कुलता] *स्त्री॰* रुधिर की अधिकता। जमाव। *स्त्री॰* (आयुर्वेद॰) (अंग के निचले भाग में) रुधिर की अधिकता। (अं॰ हाइपोस्टैसिस)

रक्तसञ्ज्ञक (रक्तसंज्ञक)—[सं॰ रक्त ~ संज्ञक] *पु॰* केसर। कुंकुम।

रक्तसम्बन्ध (रक्तसंबंध)—[सं॰ रक्त ~ सम्बन्ध] *पु॰* एक वंश के लोगों का आपसी सम्बन्ध। कुलगत सम्बन्ध। ख़ून का रिश्ता।

रक्तसम्बन्धी (रक्तसंबंधी)—[सं॰ रक्त ~ सम्बन्धी (सम्बन्धिन्)] *पु॰* समान रक्त वाले लोग। किसी सहपूर्वज के कारण आपस में सम्बन्धित लोग।

रक्तसार—[सं॰ रक्त ~ सार] *पु॰* १. लाल चन्दन। २. लाल कत्था। ३. अमलबेत।

रक्तस्तम्भन (रक्तस्तंभन)—[सं॰ रक्त ~ स्तम्भन] *पु॰* १. (शरीर के किसी अंग से) बहते रक्त को रोकने का काम। २. रक्त-वाहिका में रक्त के स्राव का रुक जाना या धीमा हो जाना। (अं॰ हीमोस्टैसिस)

रक्तहर—[सं॰ रक्त ~ हर] *वि॰* रुधिर को सुखाने या सोखने वाला।

रक्ता—[सं॰ रक्त + टाप्] *स्त्री॰* १. लाख। २. गुंजा। घुँघची। ३. मंजीठ। (संगीत॰) पंचम स्वर की चार श्रुतियों में से दूसरी। (आयुर्वेद॰) कान के समीप एक नस। *वि॰ (स्त्री॰)* अनुरक्त स्त्री। अनुरक्ता।

रक्ताक्त—[सं॰ रक्त ~ अक्त] *वि॰* १. लाल रंग में रंगा हुआ। २. रुधिर से रँगा हुआ। जिसमें ख़ून लगा हुआ हो। *पु॰* लाल चन्दन।

रक्ताक्ष—[सं॰ रक्त ~ अक्षि] *वि॰* लाल नेत्रों वाला। *पु॰* १. सारस। २. चकोर। ३. भैंसा। ४. साठ संवत्सरों के चक्र में से अट्ठावनवाँ संवत्सर।

रक्ताङ्क (रक्तांक)—[सं॰ रक्त ~ अङ्क] *पु॰* प्रवाल। मूँगा।

रक्ताङ्ग (रक्तांग)—[सं॰ रक्त ~ अङ्ग] *वि॰* लाल शरीर वाला। *पु॰* १. केसर। २. लाल चन्दन। ३. प्रवाल। मूँगा। ४. खटमल। ५. मंगल ग्रह। ६. (लाल) सूर्यमंडल। ७. (लाल) चन्द्रमंडल।

रक्ताञ्चल (रक्तांचल)—[सं॰ रक्त ~ अञ्चल] *पु॰* लाल अंचल।

रक्ताणु—[सं॰ रक्त ~ अणु] *पु॰* रुधिर के लाल कण। लोहित कोशिका।

रक्ताञ्जलि (रक्तांजलि)—[सं॰ रक्त ~ अञ्जलि] *स्त्री॰* ख़ून की अंजलि।

रक्ताधर—[सं॰ रक्त ~ अधर] *वि॰* लाल ओठों वाला। ✣ **रक्ताधरा**—*वि॰ (स्त्री॰)* = लाल ओठों वाली। *स्त्री॰* = किन्नरी।

रक्ताभ—[सं॰ रक्त ~ आभा] *वि॰* लाल आभा वाला। जिसमें कुछ लाली हो।

रक्ताम्लता—[सं॰ रक्त ~ अम्लता] *स्त्री॰* रक्त की असाधारण अम्लता।

रक्ताम्बर (रक्तांबर)—[सं॰ रक्त ~ अम्बर] *वि॰* लाल वस्त्र धारण करने वाला। *पु॰* १. लाल रंग का वस्त्र। २. सन्यासी।

रक्तार्श—[सं॰ रक्तार्शस्] *पु॰* बवासीर रोग का एक प्रकार। ख़ूनी बवासीर।

रक्ताल्पता—[सं॰ रक्त ~ अल्पता] *स्त्री॰* ख़ून की कमी। रक्तक्षीणता।

रक्ताशय—[सं॰ रक्त ~ आशय] *पु॰* (आयुर्वेद॰) (फेफड़ा, हृदय, यकृत आदि) उन अंगों का समूह जिनमें रक्त रहता है।

रक्ताशोक—[सं॰ रक्त ~ अशोक] *पु॰* लाल अशोक का वृक्ष।

रक्ति—[सं॰ √रञ्ज् + क्तिन्] *स्त्री॰* १. प्रेम। अनुराग। २. भक्ति। ३. एक तौल। रत्ती।

रक्तिका—[सं॰ रक्ति + कल् + टाप्] १. घुँघची। २. एक तौल। रत्ती।

रक्तिम—[< सं॰ रक्त + इमनिच्] *वि॰* ललाई लिए हुए। लालिमायुक्त। ✣ **रक्तिमता**—*स्त्री॰* = लालिमा। ललाई। लाली।

रक्तिमा—[सं॰ रक्तिमन्] *पु॰, स्त्री॰* लालिमा। ललाई। लाली।

रक्तोत्पल—[सं॰ रक्त ~ उत्पल] *पु॰* लाल कमल।

रक्तोन्मद—[सं॰ रक्त ~ उन्मद] *वि॰* जो वध/हत्या करते-करते उन्मत्त-सा हो गया हो।

रक्तोपल—[सं॰ रक्त ~ उपल] *पु॰* १. एक लाल रत्न। माणिक्य। लाल। २. गेरू।

रक़्बा—[< अरबी रक़्बः] *पु॰* क्षेत्रफल। रक़बा।

रक्ष—[सं॰ √रक्ष् + अच्] *पु॰* १. रक्षक। रखवाला। २. रक्षा। रखवाली।

रक्षा-प्रदीप—[सं॰] *पु॰* (तंत्र॰) भूत-प्रेत आदि की बाधा को मिटाने के लिए या उससे बचे रहने के उद्देश्य से जलाया जाने वाला दीपक।

रक्षा-भूषण—[सं॰] *पु॰* विपत्ति या भूत-प्रेत की बाधा या ग्रहों के कोप आदि से बचने के लिए पहने जाने वाला कवच/यन्त्र से युक्त आभूषण।

रक्षामङ्गल (रक्षामंगल)—[सं॰ रक्षा ~ मङ्गल] *पु॰* विपत्ति या भूत-प्रेतों की बाधा या ग्रहों के कोप आदि से बचने के लिए किया गया धार्मिक अनुष्ठान।

रक्षिक—[सं॰ रक्षिन् + कन्] *वि॰* रक्षक। *पु॰* प्रहरी। पहरेदार।

रक्षिता—[सं॰ रक्षित + टाप्] *स्त्री॰* बिना विवाह किए हुए घर में पत्नी की तरह रखी हुई स्त्री। रखैल।

रक्षी—[सं॰ रक्षिन्] *पु॰* १. रक्षक। २. पहरेदार। चौकीदार।

रक्ष्य—[स √रक्ष् + ण्यत्] *वि॰* रक्षा के योग्य। रक्षणीय।

रक्ष्यमाण—[सं॰ √रक्ष् + शानच्, यक्, मुक्-आगम] *वि॰* १. जिसकी रक्षा की जा सके। २. जिसकी रक्षा की जाने वाली हो।

***रखिया**—[< हि॰ रखना] *वि॰* रक्षा करनेवाला। रखनेवाला। *पु॰* रक्षक।

रखेड़िया—[< हि॰ राख] *वि॰* शरीर पर राख लगाने-वाला। *पु॰* १. एक प्रकार के साधु जो शरीर पर भस्म लगाए रहते हैं। २. ढोंगी साधु।

रखैया—[< हि॰ रखना] *वि॰* १. रक्षा करने वाला। रक्षक। ***जैसे***—

धर्म का रखैया कृष्ण। २. जिसके पास कोई वस्तु रखी जाए। *जैसे*—मेरे रुपयों का रखैया। ३. रखवानेवाला। *जैसे*—छप्पर रखवाने में चार रखैए चाहिए।

रग—[फा॰] *स्त्री॰* १. (शरीर की) शिरा। नस। स्नायु। २. (पत्तों की) नस। ३. हठ। ज़िद।

रगड़ी—[< हि॰ रगड़ना] *वि॰* १. विवाद। झगड़ा करनेवाला। झगड़ालू। २. तकरार/हुज्जत करने वाला। हुज्जती।

रगण—[सं॰ र ~ गण] *पु॰* (छन्द॰) एक वर्णिक गण जिसमें क्रमशः गुरु, लघु और गुरु वर्ण होते हैं।

***रगत/रगद**—*पु॰* ≤ *सं॰* रक्त। *पु॰* रक्त। रुधिर। ख़ून।

रग-पुट्ठा—[सं॰ रग + हि॰ पुट्ठा] *पु॰* १. (शरीर की) नसें और मांसपेशियाँ। २. (लाक्षणिक) किसी विषय की आन्तरिक और बारीक बातें।

***रगर**—[< हि॰ रगड़] *स्त्री॰* १. रगड़। २. आग्रह। टेक।

रग-रेशा—[फा॰ रगोरेशः] *पु॰* १. शरीर की नसें और ऊतक/रेशे। २. (पत्तियों की) नसें। ३. शरीर के भीतरी अंग। ४. (लाक्षणिक) किसी व्यक्ति के आन्तरिक गुण, स्वभाव, सामर्थ्य आदि।

रगी—[< फा॰ रग] *वि॰* जिसमें नसें/रगें हों। नसोंवाला। रगीला।

***रगींच (रगींच)**—[< फा॰ रग (या देशज)] *पु॰* रेखा। लकीर।

रगेद—[< हि॰ रगेदना] *स्त्री॰* दौड़ाने की क्रिया।

रगेदना—[< हि॰ खेदना < सं॰ खेट] *क्रिस॰* बलपूर्वक दूर हटाते हुए दौड़ाना। खदेड़ना।

रग्गी—[देशज] *स्त्री॰* वर्षा ऋतु की कड़ी धूप जो वर्षा होने और बादलों के बिखर जाने के बाद निकलती है।

रघु—[सं॰ √लङ्घ् + कु, न-लोप, ल→र] *पु॰* अयोध्या का एक प्रतापी राजा जो दशरथ, राम इत्यादि का पूर्वज था।

रघुकार—[सं॰ रघु + कार] *पु॰* (संस्कृत-काव्य 'रघुवंश' का रचयिता महाकवि) कालिदास।

रघुकुल—[सं॰ रघु ~ कुल] *पु॰* (अयोध्या के प्रतापी राजा) रघु का वंश।

रघुनन्दन (रघुनंदन), रघुनन्द (रघुनंद)—[सं॰ रघु ~ नन्द/नन्दन] *पु॰* १. रघु का पुत्र। दिलीप। २. राजा रघु का पुत्र या वंशज। ३. रामचन्द्र। राम।

रघुनाथ, रघुनायक, रघुपति—[सं॰ रघु ~ नाथ/नायक/पति] *पु॰* १. रघुवंश का श्रेष्ठ पुरुष। २. रामचन्द्र। राम।

रघुराय—*पु॰* ≤ *सं॰* रघुराज।

***रघुरैया**—*पु॰* ≤ *सं॰* रघुराय।

रघुवंश—[सं॰ रघु ~ वंश] *पु॰* १. (राजा) रघु का वंश। रघुकुल। २. कालिदास द्वारा रचित एक श्रेष्ठ संस्कृत-महाकाव्य।

रघुवंशकुमार—[सं॰ रघुवंश ~ कुमार] *पु॰* १. (राजा) रघु के कुल में जन्मा श्रेष्ठ व्यक्ति। २. रामचन्द्र। राम।

रघुवंशी—[सं॰ रघुवंशिन्] *वि॰* १. (राजा) रघु के वंश में उत्पन्न। २. रघुवंश से सम्बन्धित। रघुवंश का।

रघुवर—[सं॰ रघु ~ वर] *पु॰* १. रघुवंशियों में श्रेष्ठ पुरुष। २. रामचन्द्र। राम।

रघुवीर—[सं॰] *पु॰* १. रघुवंश का वीर। २. रामचन्द्र। राम।

रघूत्तम—[सं॰ रघु ~ उत्तम] *पु॰* १. रघुवंश में सर्वश्रेष्ठ व्यक्ति। २. रामचन्द्र। राम।

रघौती—[< सं॰ अर्घ] *स्त्री॰* बड़े व्यापारियों द्वारा अन्य व्यापारियों को भेजी जाने वाली वस्तुओं की मूल्य-सूची। भावों/दरों का परिपत्र।

रङ्क (रंक)—[सं॰ रम् + क] *वि॰* निर्धन। दरिद्र। ग़रीब। *पु॰* १. निर्धन व्यक्ति। ग़रीब आदमी। २. भिक्षुक। मँगता। ∇ **विलोम**—राजा/धनी।

***रङ्कारा (रंकारा)**—[< सं॰ ओङ्कार] 'ओंकार' शब्द की ध्वनि। ओंकार।

रङ्गक्षेत्र (रंगक्षेत्र)—[सं॰ रङ्ग ~ क्षेत्र] *पु॰* १. अभिनय करने का स्थान। रंगस्थल। २. उत्सव या समारोह का स्थान। रंगभूमि।

रङ्ग-चित्र (रंग-चित्र)—[सं॰] *पु॰* तूलिका द्वारा बनाया गया रंगीन चित्र। (अं॰ पेन्टिंग)

रङ्गचित्रक (रंगचित्रक)—[सं॰ रङ्ग ~ चित्रक] *पु॰* रंगों के घोल से चित्र बनानेवाला चित्रकार। (अं॰ पेन्टर)

रङ्ग-जीवक (रंग-जीवक)—[सं॰] *पु॰* चित्रकार।

रङ्ग-ढङ्ग (रंग-ढंग)—[सं॰ रङ्ग + हि॰ ढंग] *पु॰* १. गतिविधि, आचरण, व्यवहार आदि का प्रकार। २. स्वरूप और कार्य-प्रणाली। ३. दशा। हालत। हालचाल। ४. तौर-तरीक़ा।

रङ्गत (रंगत)—[अरबी] *स्त्री॰* १. रंगयुक्तता। रंगीनी। २. किसी वस्तु के रंग की झलक। ३. दशा। हालत। ४. किसी विलक्षण काम/बात से प्राप्त आनन्द। मज़ा। ५. शोभा। ६. (लाक्षणिक) प्रभाव। छाप।

रङ्ग-तरङ्ग (रंग-तरंग)—[सं॰] *पु॰* आनन्द की लहर।

रङ्गदानी (रंगदानी)—[< सं॰ रङ्ग ~ दानी] *स्त्री॰* वह प्याली जिसमें चित्रकार आदि काम करते समय रंग रखते हैं। रंगपात्र।

रङ्गदार (रंगदार)—[फा॰] *वि॰* रंगवाला। रँगा हुआ। रंजित। रंगीन। *जैसे*—रंगदार कपड़ा।

रङ्गदेवता (रंगदेवता)—[सं॰ रङ्ग ~ देवता] *पु॰* (नाट्य॰) रंगभूमि का अधिष्ठाता देवता।

रङ्गद्वार (रंगद्वार)—[सं॰ रङ्ग ~ द्वार] *पु॰* १. रंगमंच का प्रवेश-द्वार। २. नाटक का मंगलाचरण, नान्दीपाठ या प्रस्तावना।

रङ्गपञ्चमी (रंगपंचमी)—[सं॰ रङ्ग ~ पञ्चमी] *पु॰* होली से पहले रंग खेलना प्रारम्भ करने की तिथि। फाल्गुन कृष्ण पंचमी।

रङ्गपीठ (रंगपीठ)—[सं॰ रङ्ग ~ पीठ] *पु॰* रंगशाला।

रङ्गप्रवेश (रंगप्रवेश)—[सं॰ रङ्ग ~ प्रवेश] *पु॰* पात्र का रंगमंच पर अभिनय के लिए आना। पात्र-प्रवेश।

रङ्गबोरी (रंगबोरी)—[< सं॰ रङ्ग + हि॰ बोरना] *वि॰ (स्त्री॰)* १. रंग से रँगी हुई। रंगीन। २. प्रेम के रंग में रँगी हुई। प्रेम करनेवाली। अनुरक्त।

रङ्ग-भरा (रंग-भरा)—[< सं॰ रङ्ग + हि॰ भरना] *वि॰* प्रेम से छका हुआ।

रङ्गभवन (रंगभवन)—[सं॰ रङ्ग ~ भवन] *पु॰* आमोद-प्रमोद या भोग-विलास करने का स्थान। रंगमहल।

†रङ्गभीजी (रंगभीजी)—[< सं॰ रङ्ग + हि॰ भीगना] *वि॰ (स्त्री॰)* १. रंग में भीगी हुई। २. प्रेम के रंग में भीगी हुई। अनुरक्त।

रङ्गभीना (रंगभीना)—[सं॰ रङ्ग + हि॰ भीना] *वि॰* १. रंग में भीगा हुआ। रँगा हुआ। २. रंग में निमग्न या डूबा हुआ। ३. प्रेम के रंग में रँगा हुआ या डूबा हुआ। ***जैसे***—रंगभीने नेत्र। ४. आनन्दमग्न।

रङ्गभूमि (रंगभूमि)—[सं॰ रङ्ग ~ भूमि] *स्त्री॰* १. उत्सवों/समारोहों को करने का स्थान। २. नाटक खेलने का स्थान। रंगमंच। ३. कुश्ती लड़ने का स्थान। अखाड़ा। ४. खेल-तमाशों का स्थान। क्रीड़ास्थल। ५. युद्ध का मैदान। रणभूमि।

रङ्गभेद (रंगभेद)—[सं॰ रङ्ग ~ भेद] *पु॰* अश्वेत जातियों को श्वेत जातियों से हीन मानकर उनके प्रति भिन्न व्यवहार करने की नीति।

***रङ्ग-भौन (रंगभौन)**—*पु॰* ≤ *सं॰* रङ्गभवन। रंगमहल।

रङ्गमगा/रङ्गमँगा (रंगमगा/रंगमँगा)—[< सं॰ रङ्गमग्न] *वि॰* १. रँगा हुआ। रंजित। २. मतवाला।

रङ्गमञ्च (रंगमंच)—[सं॰ रङ्ग ~ मञ्च] *पु॰* नाटक करने के लिए बना मंच। नाट्यमंच।

रङ्गमण्डप (रंगमंडप)—[सं॰ रङ्ग ~ मण्डप] *पु॰* नाट्यशाला। नाटकघर।

रङ्गमहल (रंगमहल)—[सं॰ रङ्ग + अरबी महल] *पु॰* धनी लोगों के भोग-विलास का स्थान। रंगभवन।

रङ्ग (रंग)-रस—[सं॰] *पु॰* आमोद-प्रमोद। मौज-मस्ती। ✣ **रङ्ग-रसिया (रंग-रसिया)**—*पु॰* १. आमोद-प्रमोद के कार्यों में रुचिशील व्यक्ति। २. विलासी पुरुष।

रङ्गराँचा (रंगराँचा)—[< सं॰ रङ्ग + हि॰ राँचना] *वि॰* १. हर्षित। २. प्रेम के रंग में मस्त। ✣ **रङ्गराँची (रंगराँची)**—*वि॰ (स्त्री॰)*।

रङ्गराता (रंगराता)—[सं॰ रङ्ग + हि॰ राता < सं॰ रक्त] *वि॰* १. हर्षित। २. प्रेम के रंग में मस्त। ✣ **रङ्गराती (रंगराती)**—*वि॰ (स्त्री॰)*।

रङ्गरानी (रंगरानी)—[< हि॰ रंगराती] *वि॰ (स्त्री॰)* सदा हर्षित रहनेवाली सुन्दरी। ***जैसे***—रंगरानी राधा।

रङ्गराय (रंगराय)—[< सं॰ रङ्ग + हि॰ राय] *पु॰* १. अनन्त सौन्दर्य की राशि। २. अत्यन्त सुन्दर तथा सदा प्रसन्न रहनेवाला। ***जैसे***—रंगराय कृष्ण।

रङ्गरूट (रंगरूट)—[< अं॰ रिक्रूट] *पु॰* १. पुलिस/सेना में भर्ती हुआ नया सिपाही। २. (लाक्षणिक) नया अभ्यासी या अनाड़ी व्यक्ति।

रङ्गरूरा (रंगरूरा)—[सं॰ रङ्ग + हि॰ रूरा] *वि॰* सुन्दर। ✣ **रङ्गरूरी (रंगरूरी)**—*वि॰ (स्त्री॰)*। ✣ ***रङ्गरूड़ो (रंगरूड़ो)**—*वि॰* = सुन्दर।

रङ्गरेज़ (रंगरेज़)—[फा॰] *वि॰ पु॰* कपड़े रँगने का व्यवसाय करनेवाला।

रङ्गरेलियाँ (रंगरेलियाँ)—*स्त्री॰* (बहुवचन) ≤ हि॰ रँगरलियाँ। ***वा॰* रंगरेलियाँ करना/मचाना/मनाना**—१. आमोद-प्रमोद या विलास-क्रीड़ाएँ करना। २. आनन्द मनाना।

रङ्गविधान (रंगविधान)—[सं॰ रङ्ग ~ विधान] (नाट्य॰) नाटक के मंच की सज्जा अथवा नाटक का दृश्य-विन्यास। (अं॰ सेटिंग)

रङ्गशाला (रंगशाला)—[सं॰ रङ्ग ~ शाला] *स्त्री॰* १. नाट्यशाला। नाट्यगृह। ३. नृत्यशाला। नाचघर।

रङ्गशिल्प (रंगशिल्प)—[सं॰ रङ्ग ~ शिल्प] *पु॰* नाटक लिखने या खेलने की कला। नाट्यकला। (अं॰ स्टेजक्राफ़्ट)

रङ्गसाज़ (रंगसाज़)—[फा॰] *वि॰* १. रंग बनानेवाला। २. कुर्सी, मेज़ इत्यादि पर रंग करनेवाला।

रङ्गस्थल (रंगस्थल)—[सं॰ रङ्ग ~ स्थल] *पु॰* १. रंगभूमि। (दे॰) २. रंगभवन।

रङ्ग-हिण्डोल (रंग-हिंडोल)—[सं॰] *पु॰* झूले का खेल।

रङ्गाङ्गन (रंगांगन)—[सं॰ रङ्ग ~ अङ्गन] *पु॰* रंगभूमि। नाट्यशाला, रंगमंच, अखाड़ा या रणभूमि।

रङ्गाजीव (रंगाजीव)—[सं॰ रङ्ग ~ आजीव] *पु॰* १. अभिनेता। नट। २. चित्रकार। ३. रंग बनानेवाला। रंगसाज़। ४. वस्त्र रँगनेवाला। रंगरेज़।

रङ्गारङ्ग (रंगारंग)—[फा॰] *वि॰* १. रंग-बिरंगा। २. अनेक प्रकार का। चित्र-विचित्र। विविधतापूर्ण। ✣ **रङ्गारङ्ग (रंगारंग) कार्यक्रम**—*पु॰* = संगीत, नृत्य, नाटक या जादूगरी इत्यादि विविध प्रकार का मनोरंजनात्मक कार्यक्रम।

रङ्गिणि (रंगिणि)—[< सं॰ रङ्गिणी] *वि॰ (स्त्री॰)* १. सुन्दरी। २. रँगीली। ३. रसिका।

***रङ्गिनि (रंगिनी)**—[< सं॰ रङ्गिणि] *वि॰ (स्त्री॰)* रंगिणि। (दे॰)

रङ्गी (रंगी)—[< सं॰, फा॰ रङ्ग] *वि॰* १. विनोदी। मौजी। २. रंगवाला। ३. रँगनेवाला। ४. अनुरक्त। ५. मनमौजी। *पु॰* अभिनेता। नट। (छन्द॰) एक समवर्णिक छन्द जिसके प्रत्येक चरण में क्रमशः एक रगण और गुरु के योग से ४ वर्ण होते हैं।

रङ्गोपजीवना (रंगोपजीवना)—[सं॰ रङ्गोपजीवन + टाप्] *स्त्री॰* अभिनय द्वारा जीविका कमानेवाली स्त्री/नटी/अभिनेत्री।

रङ्गोपजीवी (रंगोपजीवी)—[सं॰ रङ्गोपजीविन्] *पु॰* १. अभिनय द्वारा जीविका कमानेवाला व्यक्ति। नट। अभिनेता। **Δ पर्याय**—रंगाजीव।

रङ्गोरोग़न (रंगोरोग़न)—[फा॰ रंग-व-रोगन] *पु॰* १. (लकड़ी आदि को रँगने का) रंग और वार्निश। २. रूप और सौन्दर्य।

रङ्गोली (रंगोली)—[< सं॰ रङ्गवल्ली] *स्त्री॰* घर के प्रवेश-द्वार आदि पर कलात्मक रीति से पूरा गया रंग-बिरंगा चौक। उत्सव आदि के समय रंगीन चूर्ण से फ़र्श पर बनाए गए चित्र।

रंगौंधी (रंगौंधी)—[< सं॰ रङ्ग + अन्ध] *स्त्री॰* वर्णान्धता। नेत्रों

का एक रोग जिसमें रोगी रंगों को नहीं पहचान पाता। वर्णान्धता रोग।

रचक—[सं० √रच् + णिच् + ण्वुल्] *पुं०* रचना करनेवाला। रचयिता। रचनाकार।

रचन[१]—[सं० √रच् + ल्युट् (या √रच् + णिच् + युच्)] *पुं०* रचना।

रचन[२]—[< हिं० रचना] *वि०* रचे हुए। सुन्दर।

रचना-तन्त्र (तंत्र)—[सं०] *पुं०* रचना की प्रक्रिया या विधि। संरचना।

रचनात्मक—[सं० रचना ~ आत्मक] *वि०* ऐसी योजना आदि जो विनाशात्मक न हो और जिससे निर्माण, वृद्धि आदि हो। ∇ **विलोम**—विनाशात्मक।

रचनाधर्मिता—[सं० रचनाधर्मिन् + तल् + टाप्] *स्त्री०* १. लेखन। २. लेखकत्व। ३. कलाकृतियों का निर्माण करने की प्रवृत्ति। कलाकारिता।

रचनावाद—[सं० रचना ~ वाद] (कला०) *पुं०* १. एक प्रकार की असादृश्यमूलक चित्रांकन-शैली। २. (नाट्यकला में) मंच-विन्यास की एक सरलीकृत अ-यथार्थवादी शैली। (अं० कान्स्ट्रक्टिविज़्म)

रचना-शारीर—[सं० रचना ~ शरीर] *पुं०* प्राणियों या वनस्पतियों के अंगों की रचना, आकृति, संख्या, शरीर में स्थिति इत्यादि का निरूपण करनेवाला विज्ञान। शरीर-रचना-विज्ञान। शारीरिकी।

रचना-शिथिलता—[सं०] (काव्य०) साहित्यिक/कलात्मक रचना में अनुभूति या प्रभाव का अभाव। (अं० फ्रिजिडिटी)

***रचि-पचि**—[< हिं० रचना + पचना] १. परिश्रम से तैयार करके। २. विस्तृत रचना करके। ✣ **रचि-रचि**—*क्रिवि०* = १. सजाकर और सँवारकर। २. अच्छी तरह से।

रच्छा-ऋचा—[< सं० रक्षा ~ ऋचा] *स्त्री०* रक्षा-मन्त्र।

***रछया**—*स्त्री०* ≤ *सं०* रक्षा।

रज[१]—[सं० रजस्] *पुं०* १. धूल। गर्द। २. सूर्य की किरणों में इधर-उधर चलनेवाले धूल के कण या उनमें से प्रत्येक। ३. फूलों का पराग। पुष्परज। ***जैसे***—कमल-रज। ४. अन्धकार। अँधेरा। ५. मानसिक अन्धकार। अज्ञान। ६. अज्ञान से उत्पन्न पाप या मन का दुर्भाव। ७. स्त्रियों का मासिक रक्तस्राव। आर्तव। ८. एक प्राचीन तौल। आठ परमाणुओं का भार। (भा० दर्शन०) १. प्रकृति के तीन गुणों में से एक जो सत्त्वगुण और तमोगुण से भिन्न है। रजोगुण। २. (जैन०) (क) ज्ञान और दर्शन के आवरण रूप कर्म। (ख) मोह। [● **विशेष**—'राजा' के संक्षिप्त रूप में 'रज' प्रयोग हिन्दी के कुछ शब्दों के आरम्भ में होता है (जैसे—रजवाड़ा)।] *वि०* (समासयुक्त पद में) रजोगुणी। ***जैसे***—रजतेज।

***रज[२]**—*पुं०* ≤ *सं०* रजक। धोबी।

***रज[३]**—[< सं० राज] *पुं०* राजकीय प्रताप। राजत्व।

रजःप्रभञ्जन (प्रभंजन)—[सं० रजस् ~ प्रभञ्जन] *पुं०* धूल-भरी आँधी। तूफ़ान।

रजः शुद्धि (रजःशुद्धि)—[सं० रजस् ~ शुद्धि] *स्त्री०* (स्त्री के) मासिक धर्म का नियत समय पर ठीक से होना।

रजक—[सं० √रञ्ज् + ष्वुन्] *पुं०* धोबी।

रजकण—[सं० रजः कण] *पुं०* १. धूल के कण। गर्द। २. फूल के पराग के कण।

***रजगज**—[< सं० राजा (राजन्) ~ गज] *पुं०* राजसी वैभव।

रजगीर—[देशज] *पुं०* 'कूटू' नामक अनाज।

†रजगारो—[बुन्देली] *पुं०* विविध सामग्री का ढेर।

रजत—[सं० √रञ्ज् + अतच्] *पुं०* १. चाँदी। २. मोती का हार/आभूषण। ३. सफ़ेद रंग। *वि०* चाँदी के रंग का। २. उज्ज्वल। सफ़ेद।

रजतकुम्भ (रजतकुंभ)—[सं० रजत ~ कुम्भ] *पुं०* चाँदी का कलश/घड़ा।

रजतजयन्ती (रजतजयंती)—[सं० रजत ~ जयन्ती] *स्त्री०* (किसी व्यक्ति या संस्था की) २५वीं वार्षिक जयन्ती।

रजतद्युति—[सं० रजत ~ द्युति] *स्त्री०* चाँदी जैसी चमक।

रजतन—[< सं० रजत] *पुं०* (रसायन०) किसी वस्तु पर चाँदी चढ़ाना। चाँदी का लेप करना। (अं० सिल्वरिंग)

रजतपट—[सं० रजत ~ पट] *पुं०* सिनेमा का पर्दा जिस पर चित्र दिखाए जाते हैं। चित्रपट। (अं० स्क्रीन)

रजतपर्वत—[सं० रजत ~ पर्वत] *पुं०* १. चाँदी का पहाड़। २. (लाक्षणिक) चाँदी के आभूषणों या चाँदी के टुकड़ों का बहुत ऊँचा ढेर जो 'महादान' में काम आता है। ३. कैलास पर्वत।

रजतपात्र—[सं० रजत ~ पात्र] *पुं०* चाँदी का बर्तन।

रजतमय—[सं० रजत + मयट्] *वि०* १. चाँदी का बना हुआ। २. चाँदी से युक्त।

रजत मान—[सं०] *पुं०* वह मौद्रिक पद्धति जिसमें एक निश्चित दर पर मुद्रा चाँदी में और चाँदी मुद्रा में बदली जा सकती है।

***रजताई**—[< हिं० रजत] *स्त्री०* श्वेतता। सफ़ेदी।

रजताकर—[सं० रजत ~ आकर] *पुं०* चाँदी की खान।

रजताचल/रजताद्रि—[सं० रजत ~ अचल/अद्रि] *पुं०* रजतपर्वत।

***रजतेज**—[< सं० राज ~ तेज या रजस् ~ तेज] *पुं०* १. राजकीय प्रताप। २. रजोगुणी तेज/प्रताप।

रज धूसर—[< सं० रजस् ~ धूसर] *वि०* १. मिट्टी के समान धूसर। मटीला। २. धूल-मिट्टी से युक्त।

रजन—[< हिं० रजना] *स्त्री०* रंग से युक्त होने की अवस्था/क्रिया/भाव। रँगाई या रंगीनी।

रजना—[< सं० रञ्जन] *क्रिअ०* १. रंग से युक्त होना। रँगा जाना। रंग में डुबाया जाना। २. तृप्त होना। ***जैसे***—भोजन से रजना। *क्रिस०* १. रंग से युक्त करना। रँगना। २. रंग में डुबाना।

रजनि—[सं० √रञ्ज् + अनि] *स्त्री०* रजनी। रात। ✣ **रजनिकर, रजनिचर, रजनिपति, रजनिमुख**—दे० क्रमशः रजनीकर, रजनीचर, रजनीपति, रजनीमुख।

रजनी—[सं० रजनि + ङीष्] *स्त्री०* रात्रि। निशा। रात। ✣ **रजनीकर**—*पुं०* = चन्द्रमा। ✣ **रजनीचर**—*पुं०* = निशाचर। राक्षस। ✣ **रजनीपति/रजनीरमण**—*पुं०* = चन्द्रमा। ✣ **रजनीमुख**—

पु॰ रात्रि का पूर्व भाग। प्रदोष। सायंकाल। शाम।

रजनीगन्धा (रजनीगंधा)—[< सं॰ रजनिगन्धा] *स्त्री॰* एक पौधा जिसके फूल रात में खिलते हैं और बहुत सुगन्धित होते हैं।

रजनीश—[सं॰ रजनी ~ ईश] *पु॰* चन्द्रमा।

***रजपूत**—[< सं॰ राजपुत्र] *पु॰* १. क्षत्रिय। राजपूत। २. राजकुमार। ३. (लाक्षणिक) शूरवीर। ✣ **रजपूती**—*स्त्री॰* = १. राजपूतपन। क्षत्रियत्व। २. वीरता।

रजबहा—[< सं॰ राज ~ प्रवाह] *पु॰* किसी बड़ी नदी या नहर से निकाला हुआ ऐसा नाला या छोटी नहर जिससे कुछ छोटे नाले-नालियाँ भी निकाले गए हों।

रजवन्ती (रजवंती)—[< सं॰ रजोवती] *वि॰ (स्त्री॰)* रजस्वला।

रजवाड़ा—[< सं॰ राजा (राजन्)] *पु॰* १. पराधीन भारत के अँग्रेज़ी राज्य में देशी रियासतें या उनके राजा लोग। २. राजा।

रजस्वला—[सं॰ रजस् + वलच् + टाप्] *वि॰ (स्त्री॰)* १. वह स्त्री जिसका रज प्रवाहित हो रहा हो। ऋतुमती। २. मटमैले पानी वाली बरसाती नदी।

रज़ा—[< अरबी रिज़ा] *स्त्री॰* १. इच्छा। मर्ज़ी। २. अनुमति। इजाज़त। ३. स्वीकृति। ४. प्रसन्नता।

***रजाइ/रजाइस/रजाई**—[< हि॰ रज़ा] *स्त्री॰* १. इच्छा। मर्ज़ी। २. सम्मति। ३. आज्ञा। आदेश।

रज़ाई—[देशज] *स्त्री॰* (जाड़ों में ओढ़ने का) हल्का लिहाफ़।

रजाक्त—[< सं॰ रज + अक्त] धूल से भरा हुआ। धूलि-युक्त।

***रजाना**—[< हि॰ रजना] *क्रिस॰* १. राज्य करना। २. राज-सुख भोगना। ३. बहुत सुख देना। ४. सन्तुष्ट/तृप्त करना। ५. भरपेट खिलाना।

***रजाय**—[< अरबी रज़ा] *स्त्री॰* १. इच्छा। मर्ज़ी। २. सहमति। रज़ामन्दी। ३. आज्ञा। आदेश।

रजायस—[(प्रा॰ < सं॰ राजादेश)] *स्त्री॰* १. इच्छा। २. सम्मति। ३. आज्ञा। आदेश।

***रजु**—*स्त्री॰* ≤ *सं॰* रज्जु। रस्सी। डोरी।

***रजोकुल**—[< सं॰ राजकुल] *पु॰* १. राजवंश। २. राजपरिवार।

रजोगुण—[सं॰ रजस् ~ गुण] *पु॰* (भा॰ दर्शन॰) प्रकृति के तीन गुणों में से एक जो सत्त्वगुण और तमोगुण से भिन्न है।

रजोदर्शन—[सं॰ रजस् ~ दर्शन] *पु॰* १. (स्त्रियों का) प्रथम बार रजस्वला होना। २. (स्त्रियों का) मासिक धर्म।

रजोधर्म—[सं॰ रजस् ~ धर्म] *पु॰* (स्त्रियों का) मासिक धर्म।

रजोनिवृत्ति—[सं॰ रजस् ~ निवृत्ति] *स्त्री॰* (स्त्रियों का) मासिक रजोदर्शन सदा के लिए बन्द हो जाने की अवस्था/दशा।

रजोलोप—[सं॰ रजस् ~ लोप] *पु॰* (स्त्रियों का) ऋतुस्राव देर से होना या लुप्त हो जाना।

रज्जु—[सं॰ √सृज् + उ, निपात॰] *स्त्री॰* १. रस्सी। डोरी। २. (घोड़े की) लगाम। बागडोर।

†**रझना**—[< सं॰ रञ्जन] *पु॰* रँगरेज़ों का एक पात्र जिसमें रँगे हुए कपड़े निचोड़े जाते हैं।

रञ्च/रञ्चक (रंच/रंचक)—[देशज] *वि॰, क्रिवि॰* किंचित्। थोड़ा। ज़रा। ✣ **रञ्चऊ (रंचऊ)**—*क्रिवि॰* = थोड़ा भी।

रञ्ज (रंज)—[फ़ा॰] *पु॰* १. दुःख। २. शोक। ग़म। ३. मृत व्यक्ति के लिए शोक।

रञ्जक (रंजक)—[सं॰ √रञ्ज् + णिच् + ण्वुल्] *वि॰* १. रँगने का काम करनेवाला। २. हर्ष देनेवाला। हर्ष-कारक। *पु॰* १. कपड़े रँगनेवाला। रँगरेज़। २. रंगसाज़। पेन्टर (अं॰)। ३. मेंहदी। ४. सिन्दूर। ईंगुर। (रसायन॰) वस्त्र आदि को रँगने में उपयोगी पदार्थ जिसे उसके विलयन में से सूती, रेशमी आदि वस्त्रों के रेशे अवशोषित कर लेते हैं।

रञ्जित (रंजित)—[सं॰ √रञ्ज् + क्त] *वि॰* १. जिस पर रंग चढ़ाया गया हो। रँगा हुआ। २. हर्षित। ३. किसी के प्रेम से युक्त। अनुरक्त।

रञ्जितदृष्टिता (रंजितदृष्टिता)—[सं॰ रञ्जितदृष्टि + तल् + टाप्] *स्त्री॰* (चिकित्सा॰) एक नेत्रदोष। वस्तुओं का वास्तविक रंग ठीक से न देख पाने का दृष्टि-दोष।

रञ्जीदगी (रंजीदगी)—[फ़ा॰] *स्त्री॰* १. शोकाकुल होने की अवस्था/भाव। २. दुःखी होने की अवस्था/भाव। शोक। ग़म। रंज। ३. दुःख।

रञ्जीदा (रंजीदा)—[< फ़ा॰ रंजीदः] *वि॰* १. जिसे रंज हो। दुःखी। २. शोकाकुल। ग़मगीन।

रञ्जोग़म (रंजोग़म)—[फ़ा॰ रंज + अरबी ग़म] *पु॰* १. रंज और ग़म। दुःख और शोक। २. कष्ट और दुःख।

रट्ठ—[प्रा॰ < सं॰ राष्ट्र] *पु॰* राष्ट्र या राज्य।

रड़क/ररक—[< प्रा॰ रड < सं॰ √रट्] *स्त्री॰* १. हल्की पीड़ा। कसक। २. चुभन जैसी पीड़ा होने की अवस्था/भाव। **जैसे**—नेत्रों में धूल पड़ जाने से होनेवाली ररक।

रड़कना/ररकना—[< प्रा॰ रड < सं॰ √रट्] *क्रिअ॰* १. रोना। चिल्लाना। ३. हल्का दर्द होना। ४. चुभन जैसी पीड़ा होना। कसकना।

***रढ़ना**—*क्रिस॰* ≤ *हि॰* रटना। *क्रिस॰* ✣ **रढ़िया**—*वि॰* = १. किसी बात को बार-बार कहता रहने वाला। रटता रहने वाला। २. हठी। ज़िद्दी।

रण[1]—[सं॰ √रण् + अप्] *पु॰* संग्राम। युद्ध। युद्धक्षेत्र।

***रण**[2]—[< सं॰ अरण्य] *पु॰* वन। जंगल।

रणक—[अनु॰] *स्त्री॰* नूपुरों आदि का 'रण-रण' शब्द। रणत्कार। रुन-झुन।

रणकर्म—[सं॰ रण ~ कर्म] *पु॰* युद्ध।

रणकामी—[सं॰ रणकामिन्] *वि॰* युद्ध चाहनेवाला।

रण-क्लान्ति (क्लांति)—[सं॰] *स्त्री॰* युद्ध करने से होनेवाली थकान।

रणक्षिति, रणक्षेत्र, रणक्षोणी—[सं॰ रण ~ क्षिति/क्षेत्र/क्षोणी] *स्त्री॰* युद्ध का मैदान। युद्धस्थल। रणभूमि।

***रणखेत**—*पु॰* ≤ *सं॰* रणक्षेत्र। रणभूमि।

रणचण्डी (रणचंडी)—[सं॰ रण ~ चण्डी] *स्त्री॰* युद्ध की देवी।

रणचर्या—[सं॰ रण ~ चर्या] *स्त्री॰* युद्ध-कार्य।

रणतूर्य—[सं॰ रण ~ तूर्य] *पु॰* रणभेरी।

रण-दुर्मद—[सं॰] *वि॰* जो युद्ध में उन्मत्त की तरह शत्रु-पक्ष का संहार करे।

रणधीर—[सं॰ रण ~ धीर] *पु॰* १. युद्ध में अविचल रहनेवाला व्यक्ति। २. बड़ा योद्धा।

रणना—[< सं॰ रण] *क्रिस॰* युद्ध करना।

रणनाद—[सं॰ रण ~ नाद] *पु॰* १. युद्ध में होनेवाला शोर। युद्ध में योद्धाओं की गर्जना आदि।

रणपोत—[सं॰ रण ~ पोत] *पु॰* युद्ध में काम आने वाला जहाज़। जंगी जहाज़। युद्धपोत। (अं॰ वार-शिप)

रणप्रिय—[सं॰ रण ~ प्रिय] *वि॰* युद्धप्रेमी।

रणभेरी—[सं॰ रण ~ भेरी] *स्त्री॰* युद्ध का वाद्य विशेष। रणतूर्य।

रणमत्त—[सं॰ रण ~ मत्त] *वि॰* १. जो युद्ध करने के लिए आतुर हो। २. युद्ध में मत्त व्यक्ति की तरह शत्रु-सेना का संहार करने वाला। ३. शूरवीर। योद्धा।

रणमुख—[सं॰ रण ~ मुख] *पु॰* लड़ रही सेना का सबसे अगला भाग।

रणरणक—[सं॰ रणरण + कन्] *पु॰* १. कामदेव। २. तीव्र कामना। प्रबल इच्छा। ३. चिन्ता। ४. घबराहट।

रणलक्ष्मी—[सं॰ रण ~ लक्ष्मी] *स्त्री॰* युद्ध में विजय प्राप्त करानेवाली देवी। विजयश्री। जयलक्ष्मी।

रणसङ्कुल (रणसंकुल)—[सं॰ रण ~ सङ्कुल] *पु॰* घोर युद्ध।

रणसज्जा—[सं॰ रण ~ सज्जा] *स्त्री॰* १. युद्ध की तैयारी। २. युद्ध में उपयोगी शस्त्र-अस्त्र और अन्य वस्तुएँ।

रणसिंहा, रणसिङ्घा (रणसिंघा)—[< सं॰ रण + सिंह] *पु॰* (मध्य युग में) युद्ध के समय बजायी जानेवाली तुरही। नरसिंघा।

रणस्तम्भ (रणस्तंभ)—[सं॰ रण ~ स्तम्भ] *पु॰* युद्ध का स्मारक स्तम्भ/खम्भा।

रणहंस—[सं॰ रण ~ हंस] *पु॰* (छन्द॰) एक समवर्णिक छन्द जिसके प्रत्येक चरण में क्रमशः सगण, जगण, जगण, भगण और रगण (स ज ज भ र) के योग से १५ वर्ण होते हैं। 'मनहंस/मानहंस/मानसहंस' (छन्द)।

रणाङ्गण (रणांगण)—[सं॰ रण ~ अङ्गण] *पु॰* लड़ाई का मैदान। युद्धभूमि।

रणातोद्य (रणातोद्य)—[सं॰ रण ~ आतोद्य] *पु॰* (मध्ययुग में) युद्ध के समय बजनेवाला बाजा। मारू बाजा।

रणित—[सं॰ √रण् + क्त] *वि॰* १. झंकार करता हुआ (नूपुर आदि)। २. मन्द और मधुर ध्वनि में बजता हुआ। *पु॰* १. गुंजार। २. कोलाहल। शोर। ३. (चलने में होनेवाली) नूपुरों की ध्वनि।

रणोत्कट—[सं॰ रण ~ उत्कट] *वि॰* जो युद्ध के लिए उन्मत्त हो। युद्धोन्मत्त।

रत[1]—[सं॰ √रम् + क्त] *वि॰* १. जो किसी काम में पूरे ध्यान से लगा हुआ हो। २. (किसी के प्रति) आसक्त। अनुरक्त। ∇ **विलोम**—विरत।

रत[2]—[< प्रा॰ रत्त < सं॰ रक्त] *वि॰* लाल रंग का।

रतनमञ्जरी (रत्नमंजरी)—[< सं॰ रत्न ~ मञ्जरी] *स्त्री॰* चमेली जैसा एक सदाबहार फूल जो लाल रंग का होता है।

***रतनाकर**—[< सं॰ रत्नाकर] *पु॰* १. रत्नों की खान। २. समुद्र।

रतनारा—[< हिं॰ रत < सं॰ रत्न (= माणिक्य, लाल)] *वि॰* लाल रंग का। सुर्ख़। ✣ **रतनारी**—*वि॰ (स्त्री॰)*।

***रतनावली**—*स्त्री॰* ≤ *सं॰* रत्नावली।

***रतमुँहाँ**—[< हिं॰ रत (लाल) + मुँह] *वि॰* लाल मुँह वाला। *पु॰* कपि। बन्दर।

रतवाही[1]—[< हिं॰ रात] *स्त्री॰* १. मज़दूरों का रात्रि-भर काम करना। २. उक्त काम की मज़दूरी।

रतवाही[2]—[देशज] *स्त्री॰* १. नयी फ़सल के गन्नों का रस पहली बार पेरना। २. उक्त रस का लोगों में वितरण।

***रताना[1]**—[< सं॰ रत] *क्रिअ॰* रत होना। *क्रिस॰* रत करना।

रताना[2]—[< हिं॰ रत (लाल)] *क्रिअ॰* लाल होना। *क्रिस॰* लाल करना।

रतालू—[देशज] *पु॰* आलू जैसा एक कन्द जिसकी सब्ज़ी बनती है।

रति[1]—[सं॰ √रम् + क्तिन्] *स्त्री॰* १. प्रेम। अनुराग। २. आनन्द। हर्ष। ३. जीवों को सम्भोग-सुख देनेवाली अनादि वासना-शक्ति। ४. काम-क्रीड़ा। सम्भोग। ५. सौन्दर्य। शोभा। छवि। ६. सौभाग्य। ७. प्रेम की देवी जो दक्ष की पुत्री और कामदेव की पत्नी हैं। (काव्य॰) श्रृंगार रस का स्थायी भाव। (छन्द॰) एक समवर्णिक छन्द जिसके प्रत्येक चरण में सगण, लघु और गुरु (स ल ग) के योग से ५ वर्ण होते हैं। ∇ **विलोम**—विरति।

***रति[2]**—[< हिं॰ रत्ती] *स्त्री॰* (तौल की) रत्ती। *वि॰, क्रिवि॰* १.रत्ती-भर। २. थोड़ा-सा। ज़रा-सा।

***रतिक**—[< हिं॰ रत्ती] *वि॰, क्रिवि॰* १. एक रत्ती-भर। २. थोड़ा-सा। ज़रा-सा।

रतिकर—[सं॰ रति + कर] *वि॰* १. प्रेम उत्पन्न करनेवाला या प्रेम बढ़ानेवाला। २. आनन्द देनेवाला। आनन्दवर्धक।

रतिज—[सं॰ रति + ज] *वि॰* १. रति से उत्पन्न। २. सम्भोगजन्य। ३. सम्भोग से सम्बन्धित। सम्भोग का।

रतिज्ञ, रतिज्ञा रति-दान, रति-नाथ, रति-नायक, रति-पति—[सं॰] *पु॰* कामदेव।

रतिपद—[सं॰ रति ~ पद] *पु॰* (छन्द॰) एक समवर्णिक छन्द जिसके प्रत्येक चरण में क्रमशः २ नगण और सगण (न न स) के योग से ९ वर्ण होते हैं। ● **विशेष**—अन्य नाम—कमला, कुमुद।

रतिबन्धु (रतिबंधु)—[सं॰ रति ~ बन्धु] *पु॰* १. पति। २. प्रेमी।

रतिभाव—[सं॰ रति ~ भाव] *पु॰* १. स्त्री-पुरुष का परस्पर प्रेम। २. प्रेम। अनुराग।

रति-रङ्ग (रंग)—[स॰] *पु॰* काम-क्रीड़ा।

रतिरस—[स॰ रति ~ रस] *पु॰* १. सम्भोग का आनन्द। २. प्रेम/प्रणय का आनन्द।

रतिलेखा—[स॰ रति ~ लेखा] *स्त्री॰*। (छन्द॰) एक समवर्णिक छन्द जिसके प्रत्येक चरण में क्रमशः सगण, ३ नगण, सगण और गुरु (स न न न स ग) के योग से १६ वर्ण होते हैं तथा ११-५ पर यति होती है।

रतिवर्धन—[स॰ रति ~ वर्धन] *पु॰* काम-शक्ति को बढ़ानेवाली औषधि आदि।

***रती**[१]—[< स॰ रत] *वि॰* १. किसी कार्य आदि में ध्यानपूर्वक संलग्न। २. अनुरक्त।

***रती**[२]—[< हि॰ रत्ती] *स्त्री॰* एक घुँघची या गुंजा के तुल्य तौलने की इकाई। रत्ती। *वि॰* १. रत्ती-भर। २. थोड़ा। कम। ज़रा-सा।

रतीश—[स॰ रति ~ ईश] *पु॰* कामदेव।

रतूबत—[अरबी] *स्त्री॰* शरीर के अन्दर की कफ आदि आर्द्र वस्तुएँ।

***रतोपल**[१]—[< स॰ रक्तोत्पल] *पु॰* लाल कमल।

रतोपल[२]—[< स॰ रक्तोपल] *पु॰* गेरू।

***रतौहाँ**—[< स॰ रत] *वि॰* १. (किसी के प्रति) अनुरक्त। रागमय। प्रेममय। २. लालिमायुक्त।

***रत्त**[१]—*पु॰* ≤ *स॰* रक्त।

***रत्त**[२]—*वि॰* ≤ *स॰* रत।

***रत्ती**[१]—[< स॰ रति] *स्त्री॰* १. रति। प्रेम। प्रणय। २. सौन्दर्य। शोभा। छवि।

रत्ती[२]—[< स॰ रक्तिका] *स्त्री॰* १. तौल की एक इकाई। एक माशे का आठवाँ भाग। ढाई चावल या आठ जौ या एक घुँघची के बराबर की तौल का मान। २. घुँघची का दाना। गुंजा। ✣ **रत्ती-भर**—*वि॰* = बहुत थोड़ा। ज़रा-सा। *क्रिवि॰* किंचित्। ✣ **रत्ती-रत्ती**—*वि॰* = पूरा। सब। ***जैसे***—रत्ती-रत्ती हाल पता है। *क्रिवि॰* थोड़ा-थोड़ा। ***जैसे***—रत्ती-रत्ती जोड़ना।

रत्न—[स॰ √रम् + णिच् + न, त-आदेश] *पु॰* १. बहुमूल्य और चमकीला पत्थर या खनिज आदि जिसका प्रयोग आभूषणों में जड़ने में या किसी शृंगार में किया जाता है। मणि। जवाहर। ***जैसे***—नीलम, हीरा आदि रत्न। २. माणिक्य/लाल नामक रत्न। ३. (लाक्षणिक) कोई भी सर्वोत्तम वस्तु या व्यक्ति। ४. (लाक्षणिक) बहुमूल्य प्रिय वस्तु या व्यक्ति।

रत्नकरा—[स॰ रत्नकर + टाप्] *स्त्री॰* (छन्द॰) एक समवर्णिक छन्द जिसके प्रत्येक चरण में क्रमशः मगण और २ सगण (म स स) के योग से ९ वर्ण होते हैं। 'रलका' छन्द।

रत्नकार—[स॰ रत्न + कार] *पु॰* रत्नों का व्यवसायी। जौहरी।

रत्नगर्भ—[स॰ रत्न ~ गर्भ] *वि॰* जिसके अन्दर रत्न हों। *पु॰* समुद्र। सागर। ✣ **रत्नगर्भा**—*वि॰ (स्त्री॰)* = जिसके अन्दर रत्न हों। *स्त्री॰* पृथ्वी।

रत्नछाय—[स॰ रत्न ~ छाया] *वि॰* रत्न जैसी चमक वाला।

रत्नछाया—[< स॰ रत्नच्छाया] *स्त्री॰* रत्न की आभा/दीप्ति/चमक। रत्नदीप्ति।

रत्नतल्प—[स॰ रत्न ~ तल्प] *पु॰* रत्नों से अलंकृत शय्या।

रत्नत्रय—[स॰ रत्न ~ त्रय] *पु॰* तीन रत्नों का समूह। (जैन॰) सम्यक् दर्शन, सम्यक् ज्ञान और सम्यक् चारित्र्य की त्रयी।

रत्नदीप—[स॰ रत्न ~ दीप] *पु॰* १. रत्न का बना हुआ या रत्नजटित दीपक। २. एक कल्पित रत्न जिसके विषय में कहा जाता है कि वह दीपक के समान प्रकाश देता है।

रत्नद्रुम—[स॰ रत्न ~ द्रुम] *पु॰* प्रवाल। मूँगा।

रत्ननिचय—[स॰ रत्न ~ निचय] *पु॰* रत्नराशि।

रत्ननिधि—[स॰ रत्न ~ निधि] *पु॰* १. समुद्र। रत्नाकर। २. सुमेरु पर्वत।

रत्नपर्वत—[स॰ रत्न ~ पर्वत] *पु॰* सुमेरु पर्वत।

रत्नमुख्य—[स॰ रत्न ~ मुख्य] *पु॰* हीरा।

रत्नराज—[स॰ रत्न ~ राज] *वि॰* रत्नों में श्रेष्ठ। *पु॰* माणिक्य। 'लाल' नामक रत्न।

रत्नराशि—[स॰ रत्न ~ राशि] *स्त्री॰* रत्नों का समूह।

रत्नसू—[स॰ रत्न ~ सू] *वि॰* रत्न उत्पन्न करनेवाली। *स्त्री॰* पृथ्वी।

रत्नाकर—[स॰ रत्न ~ आकार] *पु॰* १. समुद्र। सागर। २. रत्नों की खान। ३. रत्नसमूह।

रत्नाचल—[स॰ रत्न ~ अचल] *पु॰* = १. रत्नों का ढेर। २. रत्नों का कृत्रिम पहाड़ (जो 'महादान' में काम आता है)।

रत्नाधिपति—[स॰ रत्न ~ अधिपति] *पु॰* १. रत्नों का स्वामी। २. कुबेर।

रत्नानुविद्ध (रत्नानुविद्ध)—[स॰ रत्न ~ अनुविद्ध] *वि॰* जिसमें रत्न जड़े हुए हों। रत्नजटित।

रत्नाभूषण—[स॰ रत्न ~ आभूषण] *पु॰* रत्नजटित आभूषण। जड़ाऊ गहना।

रत्नालोक—[स॰ रत्न ~ आलोक] *पु॰* रत्न की चमक। रत्नदीप्ति।

रत्नावली—[स॰ रत्न ~ आवली] *स्त्री॰* १. रत्नों की पंक्ति/समूह। २. रत्नों की माला। रत्नहार।

रत्नेश—[स॰ रत्न ~ ईश] *पु॰* १. कुबेर। २. समुद्र।

रत्नोपम—[स॰ रत्न ~ उपमा] *वि॰* जो रत्न के समान हो।

रत्यर्थी—[स॰ रति ~ अर्थी (अर्थिन्)] *वि॰* = १. रति की कामना करनेवाला। काम-क्रीड़ा चाहनेवाला। २. कामासक्त। ✣ **रत्यर्थिनी**—*वि॰ (स्त्री॰)*।

रथ—[स॰ √रम् + क्थन्] *पु॰* = दो या चार पहियों वाला एक प्राचीन यान जिसे दो या अधिक अश्व खींचा करते थे।

रथपद—[स॰ रथ ~ पद] *पु॰* (छन्द॰) एक समवर्णिक छन्द जिसके प्रत्येक चरण में नगण, नगण, सगण और दो गुरु (न न स ग ग) के योग से ११ वर्ण होते हैं।

रथवर्त्म—[सं॰ रथ ~ वर्त्म] पु॰ १. रथ का मार्ग। २. राजमार्ग। सड़क।

रथवान्—[सं॰ रथवत्] पु॰ रथ चलानेवाला। सारथि।

रथवाह—[सं॰ रथ ~ वाह] पु॰ १. रथ चलानेवाला। सारथि। २. रथ का घोड़ा। ३. घोड़ा।

रथवीथि—[सं॰ रथ ~ वीथि] स्त्री॰ मुख्य सड़क। राजमार्ग।

रथ-सूत—[सं॰] पु॰ रथ का चालक। सारथि।

रथाङ्ग (रथांग)—[सं॰ रथ ~ अङ्ग] पु॰ १. रथ का पहिया। २. एक अस्त्र। चक्र। ३. चक्रवाक। चकवा।

रथी[1]—[सं॰ रथिन्] वि॰ जो रथ पर सवार हो। रथारूढ़। पु॰ १. रथ पर चलनेवाला व्यक्ति। २. रथ में रहकर युद्ध करनेवाला योद्धा। रथवाला योद्धा। ३. (प्राचीन समय में) एक हज़ार योद्धाओं से अकेले युद्ध कर सकने में समर्थ योद्धा।

†रथी[2]—[< हि॰ अरथी] स्त्री॰ (मृतक व्यक्ति की) अरथी।

रथोद्धता (रथोद्धता)—[सं॰ रथोद्धत + टाप्] स्त्री॰ एक समवर्णिक छन्द जिसके प्रत्येक चरण में क्रमशः रगण, नगण, रगण, लघु और गुरु (र न र ल ग) के योग से ११ वर्ण होते हैं।

रथ्या—[सं॰ रथ्य + टाप्] स्त्री॰ १. रथों के आने-जाने का मार्ग। सड़क। २. राजमार्ग। चौड़ी सड़क। ३. जहाँ अनेक सड़कें एक दूसरे को काटती हों। चौराहा। चौक। ४. रथों या गाड़ियों का समूह।

रद—[सं॰ √रद् + अच्] पु॰ दन्त। दाँत।

रद-क्षत—[सं॰] पु॰ (स्त्री-पुरुष की कामक्रीड़ा में) दाँतों के गड़ने का चिह्न। दन्त-क्षत।

रदच्छद—[सं॰ रद √छद् + णिच् + घ, ह्रस्व] पु॰ १. ओष्ठ। होंठ। २. दाँतों का चिह्न। रद-क्षत।

***रद-छद**—[< सं॰ रदच्छद] पु॰ ओष्ठ। होंठ।

रद-दान—[सं॰] पु॰ (स्त्री-पुरुष की कामक्रीड़ा में) दाँतों का चिह्न डालना। रद-क्षत करना।

रदन—[सं॰ √रद् + ल्युट्] पु॰ दाँत।

रदनच्छद—[सं॰ रदन √छद् + णिच् + घ, ह्रस्व] पु॰ ओष्ठ। होंठ।

रद-पट—[सं॰] पु॰ ओष्ठ। होंठ।

रदी—[सं॰ रदिन्] पु॰ हाथी।

रदीफ़—[अरबी] पु॰ ग़ज़ल और कसीदा के शेरों के अन्त में बार-बार दुहराया जाने वाला शब्द।

रद्दा—[< फा॰ रदः] पु॰ १. स्तर। तह। २. पूरी दीवार की लम्बाई में एक ईंट की जुड़ाई। ३. मिट्टी की दीवार बनाते समय चारों ओर एक बार में उठाया जाने वाला अंश जो प्रायः एक ईंट की चौड़ाई के बराबर होता है। ४. नीचे-ऊपर रखी वस्तुओं का ढेर। ***वा॰* रद्दा कसना/चढ़ाना/जमाना**—१. आरोप लगाना। २. रोब जमाना। ३. (किसी बात को) बढ़ावा देना। **रद्दा रखना/लगाना**—१. एक तह पर दूसरी तह रखना। २. आरोप लगाना।

†रधेरा जाल—[< सं॰ रन्ध्र ~ जाल] पु॰ मछली पकड़ने का छोटे छेदोंवाला जाल।

***रनकना**—[< सं॰ रणन] क्रिअ॰ घुँघरू आदि बजने की मन्द ध्वनि होना। रणन।

***रन-तीक्खन**—[< सं॰ रण ~ तीक्ष्ण] वि॰ रण में तीक्ष्ण। रण-निपुण।

***रनना**—[< सं॰ रणन] क्रिअ॰ १. नूपुरों आदि का मधुर और मन्द ध्वनि करना। घुँघरु आदि बजना। २. झंकार करना।

रनबङ्का (रनबंका)—[< सं॰ रण + हि॰ बाँका] पु॰ रणबाँकुरा।

***रनरोर**—[< सं॰ रण + हि॰ रोर] पु॰ युद्ध का कोलाहल। लड़ाई का शोर।

***रनवास**—[< हि॰ रानी + सं॰ वास] पु॰ रनिवास।

***रन-साजी**—[< सं॰ रण + फा॰ साज़ी] स्त्री॰ युद्ध आरम्भ होने या करने की क्रिया/स्थिति/भाव।

रनिवास—[< हि॰ रानी + सं॰ वास] पु॰ राजमहल में रानियों के रहने वाला भाग। अन्तःपुर।

रन्ता[1] (रंता[1])—[सं॰ रन्तृ (√रम् + तृच्)] वि॰ रमण करनेवाला।

***रन्ता[2] (रंता[2])**—[< सं॰ रत] वि॰ अनुरक्त। प्रेमी।

रन्द (रंद)—[< सं॰ रन्ध्र] पु॰ १. झरोखा। २. (मध्ययुग में) क़िले की दीवार का वह छेद जिसका उपयोग शत्रु-सेना पर गोले फेंकने के लिए किया जाता था।

रन्दना—[< हि॰ रन्दा] क्रिस॰ = (लकड़ी पर) रन्दा चलाना।

रन्दा (रंदा)—[< फा॰ रन्दः] पु॰ बढ़ई का एक उपकरण जिससे लकड़ी को छीलकर चिकना और समतल किया जाता है।

रन्धन (रंधन)—[सं॰ √रध् + ल्युट्] पु॰ १. पकाने की क्रिया। रसोई बनाना। २. नष्ट करना।

रन्ध्र (रंध्र)—[सं॰ √रध् + रक्, नुमागम] पु॰ १. छेद। सुराख़। २. दोष। ३. दुर्बल स्थान जिस पर आक्रमण किया जा सके। (ज्योतिष॰) लग्न में आठवाँ भाव।

रन्ध्रक (रंध्रक)—[सं॰ रन्ध्र + कन्] पु॰ पत्थर या धातु का एक उपकरण जो छेद करने में काम आता है। वेधक। (अं॰ बोरर)

रन्ध्रिल (रंध्रिल)—[सं॰ रन्ध्र] वि॰ छिद्र-युक्त। [वनस्पति॰] (वे पादप अंग) जो छिद्रयुक्त होते हैं।

रपट[1]—[< हि॰ रपटना] स्त्री॰ १. रपटने की क्रिया/भाव। २. पैर रपटने/फिसलने वाला स्थान।

रपट[2]—[< अं॰ रिपोर्ट] स्त्री॰ १. शिकायत। २. प्रतिवेदन। ३. थाना/चौकी पर बतायी/लिखायी जाने वाली किसी दुर्घटना की सूचना या शिकायत। ***जैसे***—चोरी की रपट लिखाना।

रपट्टा—[< हि॰ रपटना] पु॰ १. फिसलन। रपट। २. बहुत तेज़ चलने की क्रिया/भाव। तेज़ चाल।

रफ़—[अं॰] वि॰ १. खुरदरा (तल)। ***जैसे***—रफ़ काग़ज़। २. कच्चा (लेखन)। अपरिष्कृत (लेखन)। ३. जल्दी में लिखा हुआ। साफ़ न लिखा हुआ। ४. स्थूल रूपरेखा वाला। नमूने के तौर पर बना हुआ जो संशोधित होने पर पुनः लिखा जाने वाला हो। ५. शुष्क स्वभाववाला। रूखा।

रफ़ा—[< अरबी रफ़्स] वि॰ १. हटाया हुआ। दूर किया हुआ। २. मिटाया हुआ। ३. पूरा किया हुआ। समाप्त। ४. जिसका निर्णय या फ़ैसला हो गया हो। निर्णीत। ५. जिसका निवारण किया गया हो। निवारित।

रफ़ीक़—[अरबी] *पु॰* १. मित्र। २. सहचर। साथी। ३. सहायता करनेवाला। सहायक। मददगार।

***रफै**—[देशज] *पु॰* ढंग। तरीक़ा।

रफ़्तार-गुफ़्तार—[फा॰] *स्त्री॰* आचार-व्यवहार। चाल-चलन। तौर-तरीक़ा।

रब—[अरबी] *पु॰* १. स्वामी। २. परमात्मा।

रबकना—[< हि॰ रवकना] *क्रिअ॰* १. लपकना। झपटना। २. उछलना। ✣ ***रबकि**—*क्रिवि॰* = १. लपककर। झपटकर। २. उछलकर। ✣ **रबकि-रबकि**—*क्रिवि॰* = १. लपक-लपककर। २. उछल-उछलकर।

रबड़—[अ॰ रबर] *पु॰* १. वृक्ष विशेष। २. उक्त वृक्ष के तने से निकलनेवाला दूध जैसा रस। रबड़-क्षीर। ३. उक्त दूध को पकाकर बनाया जाने वाला एक लचीला पदार्थ। ***जैसे***—रबड़ की गेंद।

रबड़ना—[देशज] *क्रिस॰* १. फेरना। २. घुमाना-फिराना। चलाना। *क्रिअ॰* घूमना-फिरना। चलना।

रबड़ी—[देशज] *स्त्री॰* औटाकर गाढ़े किए हुए दूध से बनी एक मिठाई।

†**रबदा**—[< हि॰ रपटना] *पु॰* १. कीचड़। २. कहीं बार-बार जाने-आने में होनेवाला श्रम। दौड़-धूप करने से होनेवाला श्रम।

रबना—[देशज] *क्रिअ॰* १. नदी, नहर आदि का मिट्टी से भर जाना। २. भरना। पटना।

रबाब—[अरबी] *पु॰* (संगीत॰) एक तत वाद्य जो सारंगी के समान होता है।

***रबि**—*पु॰* ≤ *स॰* रवि। सूर्य।

रबी—[< अरबी रबीअ] *स्त्री॰* वसन्त ऋतु में काटी जाने वाली फ़सल। चैती।

रब्ब—*पु॰* ≤ अरबी रब। १. स्वामी। २. परमात्मा। ३. यहूदी पुरोहित या धर्माचार्य।

रब्बा—[< फा॰ अराब] *पु॰* बैलगाड़ी।

रभस[1]—[स॰ √रभ् + असच्] *पु॰* १. बरजोरी। ज़बरदस्ती। २. उतावलापन। आवेश। ३. क्रोध। ४. शोक। ५. पश्चात्ताप। पछतावा। ६. हर्ष। ७. मिलन। ८. प्रेम-सम्बन्धी उत्साह। ९. रहस्य। १०. प्रबल इच्छा। ११. मिलन। १२. उत्सुकता। १३. जल्दबाज़ी। *वि॰* १. उग्र। भयानक। २. प्रबल शक्तिशाली। ३. हर्षयुक्त। ४. उत्सुक। उत्कंठित।

रभस[2]—[स॰ √रभ् + असुन्] १. वेग। २. शक्ति। ३. यज्ञ का आरम्भ। ४. आहुति।

रम[1]—[स॰ रम् + अच्] *वि॰* १. प्रिय। २. सुन्दर। ३. आनन्ददायक। *पु॰* १. पति। २. प्रेमी। ३. कामदेव।

रम[2]—[अ॰] *स्त्री॰* एक प्रकार की अँग्रेज़ी शराब।

***रमइया**—[< स॰ राम] *वि॰* रमण करनेवाला। *पु॰* १. राम। परमात्मा। २. पति। ३. प्रेमी।

रमक[1]—[स॰ √रम् + क्वन्] *पु॰* १. प्रेमी। २. प्रेम-पात्र। ३. उपपति। जार।

रमक[2]—[< हि॰ रमकना] *स्त्री॰* १. झूलने की क्रिया/भाव। २. (झूलने में लिया जाने वाला) झोंका। पेंगा। ३. तरंग। लहर। ४. नशे का थोड़ा प्रभाव। ५. उक्त कारण से होनेवाली धुन। झोंक।

रमकन—[< हि॰ रमकना] *स्त्री॰* झूले की पेंग।

रमकना—[< हि॰ रमना] *क्रिअ॰* १. हिंडोले पर झूलना। पेंग भरना। २. झूमते/इतराते हुए चलना। ३. उछलना। ✣ ***रमकि**—*क्रिवि॰* = १. पेंग मारकर। २. उछलकर।

रमज़ान—[अरबी] *पु॰* अरबी वर्ष का नवाँ मास जिसमें मुसलमान रोज़े रखते हैं।

रमण—[स॰ √रम् + णिच् + ल्यु, तथा √रम् + ल्युट्] *वि॰* १. रमनेवाला। २. प्रिय। ३. मनोहर। सुन्दर। ४. आनन्ददायी। *पु॰* १. मन प्रसन्न करनेवाली क्रिया। २. आनन्द। ३. आमोद-प्रमोद। क्रीड़ा। ४. कामक्रीड़ा। ५. पति। ६. प्रेमी। ७. कामदेव। ८. विहार। घूमना-फिरना।

रमणी—[स॰ रमण + ङीप्] *स्त्री॰* १. सुन्दर स्त्री। २. स्त्री। नारी।

रमणीक—*वि॰* ≤ *स॰* रमणीय।

रमणीय—[स॰ √रम् + अनीयर्] *वि॰* सुन्दर। मनोहर। रम्य। रमणीक।

रमता—[< हि॰ रमना] *वि॰* घूमता-फिरता। ✣ **रमते-राम**—*पु॰* मस्त रहनेवाला घुमक्कड़ व्यक्ति।

रमतूला—[< स॰ रणतूर्य] *पु॰* एक प्रकार का वाद्य।

रमना—[< स॰ रमण] *क्रिअ॰* १. रमण करना। २. अनुरक्त होना। ३. मन लगने के कारण कहीं ठहरना/रहना। ४. भोग-विलास करना। काम-क्रीड़ा करना। ५. मौज करना। मज़ा लेना। ६. व्याप्त होना। ७. बसना। ८. आनन्दपूर्वक घूमना-फिरना। विहार/सैर करना। ९. बिना बुलाए चुपके-से चल देना। चम्पत हो जाना।

रमल—[अरबी] *पु॰* फलित ज्योतिष का एक प्रकार जिसमें पाँसा फेंककर उसके बिन्दुओं से फल की भविष्यवाणी करते हैं।

†**रमसरा**—[< स॰ रामशर] *पु॰* गन्नों के बीच में जमनेवाला एक पौधा जिसकी पत्ती मोटी होती है।

रमा—[स॰ √रम् + णिच् + अच् + टाप्] *स्त्री॰* १. लक्ष्मी। २. शोभा। ३. सम्पत्ति। ४. वैभव। ५. पत्नी। (छन्द॰) एक वर्णिक छन्द जिसके प्रत्येक चरण में क्रमशः सगण और गुरु (सऽ) के योग से ४ वर्ण होते हैं। 'देवी' छन्द।

रमाना—[< हि॰ रमना] *क्रिस॰* १. रमण कराना। २. मोहित करना। मुग्ध करना। लुभाना। अनुरक्त बनाना। ३. मोहित करके अपने पास रोक रखना। ४. (मन को) लगाना। ५. शरीर पर भस्म आदि लगाना।

रमानाथ—[स॰ रमा ~ नाथ] *पु॰* लक्ष्मीपति विष्णु।

रमानिकेत, रमानिवास—[स॰ रमा ~ निकेत/निवास] *पु॰* १. विष्णु। २. लक्ष्मी का निवास।

रमापति/रमारमण—[स॰ रमा ~ पति/रमण] *पु॰* लक्ष्मी का पति। विष्णु।

रमाविलास—[स॰ रमा ~ विलास] *पु॰* विष्णु। (छन्द॰) एक वर्णिक छन्द जिसके प्रत्येक चरण में क्रमशः ४ रगण और १ गुरु के योग से १३ वर्ण होते हैं।

रमास—[देशज] *पु॰* १. फलियों वाला एक शाक। खाँस। २. उक्त शाक की फलियाँ और दाने।

रमित—[< हि॰ रमना] *वि॰* १. जिसने रमण किया हो। २. रमा हुआ। ३. अनुरक्त। मोहित। मुग्ध।

रमेश—[स॰ रमा ~ ईश] *पु॰* लक्ष्मी का पति। विष्णु। (छन्द॰) एक समवर्णिक छन्द जिसके प्रत्येक चरण में क्रमशः नगण, यगण, नगण और जगण (न य न ज) के योग से १२ वर्ण होते हैं।

रमेश्वर—[स॰ रमा ~ ईश्वर] *पु॰* लक्ष्मी का पति। विष्णु।

***रमैनी**—[< स॰ रामायण] *वि॰* रमण करानेवाली। *स्त्री॰* १.बार-बार गुणगान। गुणानुवाद। कथा। २. सन्त कबीर के काव्य-संकलन ग्रन्थ 'बीजक' का दोहा-चौपाइयोंवाला अंश।

***रमैया**—[< स॰ राम] *पु॰* राम। परमात्मा।

रम्ज़—[अरबी] *स्त्री॰* १. संकेत। २. रहस्य। भेद।

रम्पना (रंपना)—[देशज] *क्रिअ॰* विलाप करना। रोना।

रम्भ (रंभ)—[स॰ √रम्भ् + अच्] *पु॰* १. बहुत ज़ोर का शब्द। २. गर्जन।

रम्भण (रंभण)—[स॰ √रम्भ् + ल्युट्] *पु॰* १. रँभाना। ***जैसे***—गाय का रम्भण। २. आलिंगन।

रम्भा (रंभा)—[स॰ √रम्भ् + अच् + टाप्] *स्त्री॰* १. कदली। केला। २. पार्वती।

रम्भोरु (रंभोरु)—[स॰ रम्भा ~ ऊरु] *वि॰ (स्त्री॰)* १. केले के समान सुन्दर जाँघों वाली (स्त्री)। २. सुन्दर/ मनोहर (स्त्री)।

रम्मट—[देशज] *पु॰* (मध्यमकाल में प्रयुक्त) युद्ध का एक वाद्य/ बाजा।

रम्य—[स॰ √रम् + यत्] *वि॰* रमणीय। मनोहर। सुन्दर।

रम्या—[स॰ रम्य + टाप्] *वि॰ (स्त्री॰)* जो रमणीक हो। *स्त्री॰* १. रात्रि। २. गंगा नदी।

रम्योद्यान (रम्योद्यान)—[स॰ रम्य ~ उद्यान] *पु॰* रमणीक उपवन।

रय[१]—[स॰ √रय् + घ] *पु॰* १. वेग। २. (नदी का) प्रवाह। धारा। बहाव। ३. उत्साह।

***रय[२]**—[प्रा॰ < स॰ रजस्] *पु॰* १. रज। रेणु। धूल। २. पराग।

***रयण**—[< प्रा॰ रयणि < स॰ रजनी] *स्त्री॰* रजनी। रात्रि। रात।

***रयणि/रयणी**—[प्रा॰ < स॰ रजनी] *स्त्री॰* रजनी। रात्रि।

***रयन**—[< हि॰ रयणि < स॰ रजनी] *स्त्री॰* रजनी। रात्रि।

***रयना[१]**—[< स॰ रञ्जन] *क्रिस॰* रंग में भिगोना। रँगना। *क्रिअ॰* १. रँग जाना। २. अनुरक्त होना। ३. संयुक्त होना। मिलना। ४. लीन होना।

***रयना[२]**—[< स॰ रवण] *क्रिस॰* १. शब्द उत्पन्न करना। २. बोलना। कहना।

***रयना[३]**—[< प्रा॰ रयण < स॰ रचन] *क्रिस॰* १. रचना। बनाना। *क्रिअ॰* होना।

***रयनि**—[< प्रा॰ रयणि < स॰ रजनी] *स्त्री॰* रजनी। रात्रि। रात।

रयि—[स॰] *स्त्री॰* धन। सम्पत्ति। ✣ **रयिष्ठ**—*वि॰* = धनी। *पु॰* १. अग्नि। २. कुबेर।

***रयै**—[प्रा॰ < स॰ रत] *वि॰* अनुरक्त। आसक्त।

***रर**—[< हि॰ ररना] *स्त्री॰* किसी शब्द/वाक्य को बार-बार कहना। रट। रटन।

***ररङ्कार (ररंकार)**—*पु॰* ≤ *स॰* रकार। 'र' वर्ण या उसकी ध्वनि।

***ररना**—[< हि॰ रटना] *क्रिअ॰* १. बार-बार एक ही बात कहना। रटना। २. शब्द करना। ३. सोना। दया की भिक्षा माँगने के लिए गिड़गिड़ाना। रिरियाना। *क्रिस॰* १. बार-बार एक ही शब्द/वाक्य/ बात कहना। रट लगाना। रटना। २. पुकारना। बुलाना। ३. चिल्लाना। ✣ **ररि**—*क्रिवि॰* १.रट लगाकर। २. शब्द करके। ३. रोकर। ४. पुकारकर। ५. चिल्लाकर।

†ररिहा[१]—[< हि॰ ररना] *पु॰* १. रट लगानेवाला। २. रट लगाकर माँगनेवाला। ३. रिरियानेवाला।

ररिहा[२]—[< हि॰ रार] *वि॰* विवाद करनेवाला। झगड़ालू।

***ररै ममै**—[< स॰ र ~ म] *पु॰* ('राम' शब्द के) दो अक्षरों 'र' और 'म' को। परमात्मा के नाम को। 'राम' को।

***ररैना**—[< हि॰ ररना] *क्रिअ॰* १. रटना। २. (मेंढक का) टर्र-टर्र करना।

रर्रा[१]—[< हि॰ रार] *वि॰* रार करनेवाला। झगड़ालू।

***रर्रा[२]**—[< हि॰ ररना] *वि॰* १. माँग की रट करनेवाला। २. बार-बार माँगनेवाला। ३. अधम। नीच।

रलक—[देशज] *स्त्री॰* (आँख की) बरौनी।

रलका—[देशज] *पु॰* मृग। हिरन। (छन्द॰) एक वर्णिक छन्द जिसके प्रत्येक चरण में क्रमशः मगण और २ सगण (म स स) के योग से कुल ९ वर्ण होते हैं। 'रत्नकरा' छन्द।

रलना—[< स॰ ललन] *क्रिअ॰* १. मिलकर एक होना। मिलना। ***जैसे***—श्याम रंग में नैन रल रहे। २. घुल-मिल जाना। ३. मग्न होना। डुबना। ४. विहार करना। सैर करते हुए घूमना। ५. आमोद-प्रमोद करना। ६. युक्त होना। भरना। ✣ **रल-मल**—*क्रिवि॰* = मिलकर एक होकर। ✣ **रलना-मिलना**—*क्रिस॰* = मिल-जुल कर एक हो जाना। रलना।

***रलाना**—[< हि॰ रलना] *क्रिस॰* १. एक वस्तु को दूसरी वस्तु में मिलाना। २. युक्त करना।

रला-मिला—[< हि॰ रलना-मिलना] *वि॰* १. जिसमें कई वस्तुओं का मिश्रण हो। ***जैसे***—रला-मिला अनाज। २. अधिक मेलजोलवाला। घनिष्ठ। *स्त्री॰* अधिक मेल-जोल। घनिष्ठ सम्बन्ध। ✣ **रली-मिली**—*वि॰ (स्त्री॰)*। ***जैसे***—रली-मिली चीजें।

रलिका—[< हि॰ रली] *स्त्री॰* १. क्रीड़ा। २. आनन्द।

रलियाँ—[हि॰ 'रली' का बहुवचन] *स्त्री॰* मौज-मस्ती। रंगरेलियाँ।

रली—[< स॰ ललन (क्रीड़ा)] *स्त्री॰* १. क्रीड़ा। २. आनन्द। सुख। ३. हर्ष। प्रसन्नता। ४. विलास।

रल्ल—[< प्रा॰ रेल्लि] *पु॰* १. रेला। धक्कमधक्का। २. धावा। ३. कोलाहल। शोर।

रव—[स॰ √रु + अप्] *पु॰* १. ध्वनि। शब्द। २. कोलाहल। शोर। ३. (चिड़ियों का) चहकना।

रवकना—[< हि॰ रमना (= चलना)] *क्रिअ॰* १. तेज़ी से बढ़ना। २. झपटना। उछलना।

रवण—[स॰ √रु + युच्] *वि॰* १. शब्द करता हुआ। शब्दायमान। २. चिल्लानेवाला। ३. उष्ण। ४. तीक्ष्ण। ५. अस्थिर। चंचल। *पु॰* रव। शब्द।

रवताई—[< हि॰ रावत] *स्त्री॰* १. रावत होने की अवस्था/भाव। २. रावत का कार्य/गुण/पद। ३. प्रभुता। स्वामित्व।

***रवन**—[< स॰ रमण] *वि॰* १. रमण करनेवाला। २. विहार करनेवाला। *पु॰* १. रमण। २. पति। ३. प्रेमी।

***रवना**[1]—[< स॰ रव] *क्रिअ॰* १. शब्द होना। बोलना। २. पुकारा जाना। ३. किसी शब्द/नाम से पुकारा जाना या प्रसिद्ध होना।

***रवना**[2]—[हि॰ रमण] *क्रिअ॰* १. रमण करना। भोग-विलास करना। २. क्रीड़ा करना। ३. अच्छी तरह मिलना-जुलना।

***रवनि**[1]—*स्त्री॰* ≤ *स॰* रमणी। नारी।

रवनि[2]—[< स॰ रमण] *वि॰* विहार करनेवाला।

रवन्ना—[< फा॰ रवाना] *पु॰* १. रवाना होने तथा माल ले जाने का अनुमति-पत्र। २. वह काग़ज़ जिस पर जानेवाले माल का विवरण लिखा होता है।

रव-शामक—[स॰] *वि॰* शोर को शान्त करनेवाला। *पु॰* (इंजिन आदि किसी यन्त्र में) आवाज को कम करने का उपकरण। (अ॰ साइलेन्सर)

रवा[1]—[< प्रा॰ रअ < स॰ रज] *पु॰* १. कण। दाना। २. सूजी। (रसायन॰) केलास। क्रिस्टल (अ॰)। ***जैसे***—फिटकरी के रवे।
 ✣ **रवा-भर**—*वि॰* = बहुत थोड़ा।

रवा[2]—[फा॰] *वि॰* १. उपयुक्त। उचित। २. सार्थक।

रवादार[1]**/रवेदार**—[< हि॰ रवा (= कण)] *वि॰* दानेदार।

रवादार[2]—[< फा॰ रवा] *वि॰* १. उचित व्यवहार या उचित सम्बन्ध रखनेवाला। २. हितैषी। ३. उदार।

रवानी—[फा॰] *स्त्री॰* १. प्रवाह। बहाव। ***जैसे***—नदी की रवानी। २. भाषण या बोलने में कहीं न अटकना। प्रवाहशीलता। ***जैसे***—अच्छे भाषण में रवानी भी आवश्यक है। ३. अबाधित गति।

रवाबिया—[देशज] *पु॰* लाल बलुआ पत्थर।

रवायत—[< अरबी रिवायत] *स्त्री॰* १. लोकोक्ति। कहावत। २. कहानी।

रवा-रवी—[फा॰] *स्त्री॰* १. शीघ्रता। जल्दी। २. जाने की व्यस्तता। चला-चली। दौड़-भाग।

रवाँ—[फा॰] *वि॰* १. प्रवाहित। बहता हुआ। २. अभ्यस्त। ३. प्रचलित। जारी।

रवाँस—[देशज] *पु॰* एक फलीदार पौधा जिसके बीजों की तरकारी बनती है।

रवि—[स॰ √रु + इ] *पु॰* १. सूर्य। आदित्य। २. (पद्य आदि में) बारह की संख्या। ३. आक/मदार नामक वृक्ष।

रवि-उच्च—[स॰] *पु॰* किसी ग्रह/धूमकेतु की कक्षा का वह बिन्दु जो सूर्य से अधिकतम दूरी पर होता है। ***जैसे***—पृथ्वी प्रतिवर्ष १ जुलाई के लगभग रवि-उच्च पर पहुँचती है।

रविकर—[स॰ रवि ~ कर] *पु॰* सूर्य की किरण। सूर्य-रश्मि।

रविकान्तमणि (रविकांतमणि)—[स॰ रवि ~ कान्त ~ मणि] *पु॰* सूर्यकान्त मणि। आतशी शीशा।

रवि-कुल—[स॰] *पु॰* एक क्षत्रिय वंश जिसमें रघु, दशरथ, राम, आदि प्रतापी राजा हुए। सूर्यवंश।

रवि-चक्र—[स॰] *पु॰* १. सूर्यमंडल। २. सूर्य के रथ का पहिया।

रविजा—[स॰ रविज + टाप्] *स्त्री॰* सूर्य की पुत्री। यमुना (नदी)।

रविजात—[स॰ रवि ~ जात] *वि॰* सूर्य से उत्पन्न। *पु॰* रवि-पुत्र। (दे॰) २. सूर्य-किरण।

रवि-तनय, रवि-तनुज, रवि-नन्द (रविनंद), रविनन्दन (रविनंदन), रवि-पुत्र—[स॰] *पु॰* १. सूर्य का पुत्र। २. (सूर्य-पुत्र) यम, शनि, अश्विनी कुमार, मनु, सुग्रीव या कर्ण।

रविनीच—[स॰ रवि ~ नीच] (खगोल॰) उपसौर।

***रविपूत**—[स॰ रवि + हि॰ पूत < स॰ पुत्र] *पु॰* रविपुत्र।

रवि-बिम्ब (रवि-बिंब)—[स॰] *पु॰* रविमंडल।

रविमण्डल (रविमंडल)—[स॰ रवि ~ मण्डल] *पु॰* सूर्य के चारों ओर का लाल मंडल। सूर्य का बिम्ब।

रविमणि—[स॰ रवि ~ मणि] *पु॰* सूर्यकान्त मणि।

रविश—[अरबी] *स्त्री॰* १. गति। चाल। २. पद्धति। ढंग। ३. रंग-ढंग। ४. रीति। रस्म। रिवाज। चलन। ५. बग़ीचे की क्यारियों के बीच चलने के लिए बनाया गया पतला मार्ग।

रवि-सङ्क्रान्ति (संक्रान्ति)—[स॰] *स्त्री॰* १. सूर्य का एक राशि से दूसरी राशि में संक्रमण/गमन। २. उक्त संक्रमण का दिन।

रवि-सारथि—[स॰] *पु॰* अरुण।

***रविसुअन/रविसुवन**—[स॰ रवि + हि॰ सुअन/सुवन] *पु॰* रवि-पुत्र।

रवेदार—[फा॰] *वि॰* जो रवों के रूप में हो। रवोंवाला।

रवैया—[< फा॰ रवीय:] *पु॰* १. व्यवहार। २. पद्धति। ढंग। ३. प्रथा। ४. रंग-ढंग। तौर-तरीक़ा।

रशना—[स॰ √अश् + युच् + टाप्, धातु में रश्—आदेश] *स्त्री॰* १. रस्सी। डोरी। २. लगाम। रास। ३. जिह्वा। जीभ। ४. कांची। करधनी।

रशनोपमा/रसनोपमा—[स॰ रशना ~ उपमा, रसना ~ उपमा] *स्त्री॰* = (काव्य॰) उपमा अलंकार का एक भेद जिसमें उपमाओं की ऐसी शृंखला रहती है कि हर उपमेय अगली-अगली उपमा में उपमान बन जाता है।

रश्क—[फा॰] *पु॰* ईर्ष्या।

रश्मि—[स॰ √अश् + मि, रश्-आदेश] *स्त्री॰* १. किरण। २. रस्सी। डोरी। ३. घोड़े की लगाम। बागडोर। रास। ४. चाबुक।

रश्मिमान्/रश्मिमाली—[स॰ रश्मिमत्/रश्मिमालिन्] *पु॰* सूर्य। आदित्य।

रस—[सं० √रस् + अच्] *पुं०* १. किसी पदार्थ का सारभाग। सारतत्त्व। २. तरल पदार्थ। द्रव। ३. जल। ४. पत्तों/फलों/फूलों को कूटने/दबाने आदि से निकलनेवाला द्रव। ***जैसे***—अंगूर का रस; सेब का रस। ५. (फूल का) मकरन्द। पुष्पसार। ६. वृक्षों से निकलनेवाला एक प्रकार का द्रव। ***जैसे***—ताड़ वृक्ष का रस। ७. किसी वस्तु को उबालने से प्राप्त उसका तरल सारतत्त्व। ८. तरकारियों को भोजन के लिए पकाने पर उनमें रहने वाला द्रवीय अंश। रसा। शोरबा। ९. गाय आदि का दूध। १०. गन्ना में व्याप्त द्रव जो पेर कर निकाला जाता है। ११. पानी में घुला हुआ गुड़/चीनी आदि। शर्बत। १२. रसना (इन्द्रिय) का विषय। खाने-पीने की वस्तु से जीभ को प्राप्त होनेवाली अनुभूति। स्वाद। १३. स्वादिष्ठ वस्तु। १४. रुचि। १५. प्रेम। प्रीति। स्नेह। १६. आनन्द। १७. कामक्रीड़ा। १८. सौन्दर्य। १९. उमंग। मस्ती। २०. ढंग। तरीक़ा। २१. स्थिति। २२. किसी काम/बात में अनुभव किया जाने वाला आनन्द। मज़ा। ***जैसे***—बच्चों की बातें सुनने में सभी को बहुत रस मिलता है। २३. पारद। पारा। ***जैसे***—रस से रसायन बनाना। २४. खनिज औषध (स्वर्णमंडूर आदि)। २५. भक्ति-भाव का आनन्द। २६. भाव। भावना। २७. विष। ज़हर। २८. परमात्मा। ब्रह्म। २९. (पुरुष का) वीर्य। ३०. (पद्य आदि में) ६ की संख्या। (आयुर्वेद०) भोजन से शरीर में बननेवाली ७ धातुओं में से प्रथम। ***जैसे***—रस से रक्त बनता है। (काव्य०) काव्य का आस्वाद। काव्य का आनन्द। *वि०* मधुर। मीठी।

रस-कथा—[सं०] *स्त्री०* रसीली कथा। रोचक बात।

रसकपूर—[सं० रस + हिं० कपूर] *पुं०* एक उपधातु जिसमें पारा आदि होते हैं और जो औषधोपयोगी होती है।

रसकेलि—[सं० रस ~ केलि] *स्त्री०* १. प्रेमी और प्रेमिका की क्रीड़ा या विहार। २. कामक्रीड़ा। ३. विनोद। हास्य। हँसी-मज़ाक।

रसकेसर—[सं० रस ~ केसर] *पुं०* कपूर।

***रसखीर**—[सं० रस + हिं० खीर] *स्त्री०* गन्ने के रस में चावल पकाकर बनी खीर। रसावर।

रसगुनी—[< सं० रस ~ गुणी] *पुं०* काव्य, कला आदि का उत्तम ज्ञाता। रसज्ञ।

रसग्राही—[सं० रसग्राहिन्] *वि०, पुं०* रस/स्वाद को ग्रहण करनेवाला। आस्वादक।

रसघन—[सं० रस ~ घन] *वि०* १. बहुत सरस। २. अति स्वादिष्ठ। *पुं०* १. कृष्ण। २. परमात्मा।

रसघ्न—[सं० रस + घ्न] *वि०* रस को नष्ट करनेवाला। *पुं०* सुहागा।

रसज—[सं० रस + ज] *वि०* = रस से उत्पन्न होनेवाला। रस से बननेवाला। *पुं०* = १. गुड़। २. राब। ३. शीरा। ४. रक्त। ख़ून।

रसजात—[सं० रस ~ जात] *पुं०* = रसौत।

रसज्ञ—[सं० रस + ज्ञ] *वि०* = रस को समझनेवाला। रस का ज्ञाता। साहित्य, संगीत, कला आदि का मर्मज्ञ। रसिक। *पुं०* १. रस का ज्ञाता व्यक्ति। रसिक व्यक्ति। २. कवि, संगीतज्ञ या कलाकार। ३. पारद/पारा के योग से औषधियाँ बनाने वाला वैद्य। ४. रसायन विद्या का ज्ञाता। रसायनज्ञ।

रसज्ञा—[सं० रसज्ञ + टाप्] *वि० (स्त्री०)* रस को जानने/समझने वाली। रसिक (स्त्री)। *पुं०* १. रसज्ञ स्त्री। रसिका। २. रसना। जिह्वा। जीभ।

रसठाठ—[सं० रस + हिं० ठाठ] *पुं०* रस की रीति।

रसत्व—[सं० रस + त्व] *पुं०* १. रस का गुण/भाव। २. रसशीलता। सरसता।

रसद[१]—[सं० रस + द] *वि०* १. रस देनेवाला। २. सरस। स्वादिष्ट। ३. सुखद। ४. मज़ेदार।

रसद[२]—[अरबी] *स्त्री०* खाने-पीने की वस्तुएँ। खाद्य-सामग्री। ***जैसे***—सेना के लिए रसद पहुँचाने का ठेका।

रस-दशा—[सं०] *स्त्री०* (काव्य०) काव्य/नाटक/संगीत आदि के पाठक/दर्शक/श्रोता अथवा काव्य आदि के रचयिता की आनन्द-अनुभूति की अवस्था।

***रसदानि**—[< सं० रस ~ दानी] *वि०* १. सरस। २. रसिक। ३. रस का दाता।

रसदारु—[सं०] *पुं०* वृक्षों की लकड़ी की ऊपरी नरम परतें।

रसधातु—[सं० रस ~ धातु] *स्त्री०* १. पारद। पारा। २. शरीर की सात धातुओं में से प्रथम। खाए हुए अन्न का रस जिससे 'रक्त' नामक दूसरी धातु बनती है।

***रसधार**—[< सं० रस ~ धार] *वि०* रसज्ञ। रसिक।

रसन[१]—[सं० √रस् + ल्युट्] *पुं०* १. स्वाद लेना। आस्वादन। चखना। २. स्वाद। ज़ायक़ा। ३. जिह्वा। ४. गर्जन। दहाड़। ५. बादल का गर्जन। ६. चिल्लाना। चीखना। *वि०* पसीना लाने वाला (इलाज या दवा)

***रसन**[२]—*स्त्री०* ≤ रसना।

रसना[१]—[सं० √रस् + णिच् + युच् + टाप्] *स्त्री०* १. जिह्वा। जीभ। ज़बान। २. स्वाद। ३. रज्जु। रस्सी। ४. कमर में पहनने का एक आभूषण। मेखला। करधनी। तगड़ी। ५. (घोड़े की) लगाम। बागडोर। (छन्द०) एक समवर्णिक छन्द जिसके प्रत्येक चरण में क्रमशः नगण, यगण, सगण, २ नगण, लघु और गुरु (न य स न न । ऽ) के योग से १७ वर्ण होते हैं तथा ७-१० पर यति होती है।

रसना[२]—[< सं० रस] *क्रिअ०* १. व्याप्त होना। २. आसक्त होना। ३. रससिक्त होना। रस में डूबना। ४. रिसना। बहना। टपकना।

रस-नागर—[सं०] *पुं०* रसिक।

रसनिधि—[सं० रस ~ निधि] *स्त्री०* १. रस का भंडार। २. प्रेम का भंडार। ३. अति आनन्द और प्रेम का भंडार।

रसनिष्पत्ति—[सं० रस ~ निष्पत्ति] (काव्य०) *स्त्री०* काव्य में स्थायी भाव, विभाव, अनुभावों तथा व्याभिचारी भावों के संयोग से होनेवाली रसानुभूति। काव्य की सौन्दर्यानुभूति। काव्यानन्द।

रसनीय—[सं० √रस् + अनीयर्] *वि०* १. जिसका रस/स्वाद लिया जा सके। स्वाद लेने या चखने योग्य। आस्वादनीय। २. स्वादिष्ठ।

रसनेन्द्रिय (रसनेंद्रिय)—[सं० रसना ~ इन्द्रिय] *स्त्री०* स्वाद लेने की इन्द्रिय। रसना। जीभ।

रसपति—[सं० रस ~ पति] *पुं०* १. चन्द्रमा। २. पारद। पारा। (काव्य०) शृंगार रस।

रसपर्पटी—[सं॰ रस ~ पर्पटी] *स्त्री॰* (आयुर्वेद॰) पारद/पारा और गन्धक से तैयार एक प्रकार की पपड़ी जिसका चूर्ण दवा के रूप में प्रयोग किया जाता है।

रसप्रबन्ध (रसप्रबंध)—[सं॰ रस ~ प्रबन्ध] *पु॰* १. नाटक। २. प्रबन्धकाव्य। महाकाव्य या खंडकाव्य।

***रसबाद**—[< सं॰ रसवाद] *पु॰* १. विनोद। हँसी-मज़ाक़। २. मनोरंजन के लिए किया गया कलह। छेड़छाड़।

रसभङ्ग (रसभंग)—[सं॰ रस ~ भङ्ग] *पु॰* १. रस का भंग। २. प्रेम में विच्छेद। ३. बुरी घटना। अनर्थ। (काव्य॰) महाकाव्य/नाटक आदि में रस-निष्पत्ति में आयी बाधा। रस-परिपाक का अभाव।

रसभीना—[सं॰ रस + हि॰ भीनना] *वि॰* १. आनन्द में डूबा हुआ। २. जो थोड़े रस/शोरबा वाला हो। ***जैसे***—रसभीना मटर-आलू खाना।

रसभेद—[सं॰ रस ~ भेद] *पु॰* रसों के विविध प्रकार। रस-प्रकार।

***रसमन्त (रसमंत)**—[< सं॰ रसवान्] *वि॰, पु॰* रसिक। रसमन्त।

रसमर्दन—[सं॰ रस ~ मर्दन] *पु॰* (आयुर्वेद॰) पारद/पारा को मारने या भस्म करने की क्रिया।

रस-मल—[सं॰] *पु॰* (आयुर्वेद॰) १. शरीर की 'रस' धातु का मल। २. नेत्र, मुख और जीभ से निकलनेवाला मल। (पसीना, कीचड़, थूक, मूत्र, विष्ठा आदि)।

रसमसा—[< सं॰ रस + अनु॰ मस] *वि॰* १. जल से युक्त। आर्द्र। गीला। २. रस से भरा हुआ। रस-सिक्त। रसमय। ३. पसीने से भीगा हुआ। ४. आनन्दमग्न। ५. प्रेम में मग्न। ६. आनन्द देनेवाला। आनन्दप्रद। सुखद। ***जैसे***—इस तरह रसमसे दिन बीतते रहे।

रसमाता—[< सं॰ रस ~ मत्त] *वि॰* १. रस या आनन्द में मस्त। २. प्रेम में मत्त।

रस-मारण—[सं॰] *स्त्री॰* पारा भस्म करने या मारने की क्रिया। पारा शुद्ध करना।

***रसमि**—[< सं॰ रश्मि] *स्त्री॰* १. किरण। रश्मि। २. दीप्ति। कान्ति। चमक। ३. प्रकाश।

रसमूल—[सं॰ रस ~ मूल] *वि॰* रसीला। *पु॰* १. प्रेम का मूल। २. आनन्द का कारण।

रसमैत्री—[सं॰ रस ~ मैत्री] *स्त्री॰* खाद्य वस्तुओं में दो रसों का उपयुक्त और स्वादिष्ठ मिश्रण (जैसे—खट्टा-मीठा)। *स्त्री॰* (काव्य॰) रसों का परस्पर मेल।

रसरङ्ग (रसरंग)—[सं॰ रस ~ रङ्ग] *पु॰* १. प्रेम में प्राप्त आनन्द। २. कामक्रीड़ा का सुख। ३. कामक्रीड़ा। कामकेलि। ४. प्रेम की रीति। रस-रीति।

रस-रस—[हि॰ रसना] *क्रिवि॰* धीरे-धीरे।

रसराज—[सं॰ रस ~ राज] *पु॰* पारद। पारा। (काव्य॰) शृंगार रस। (आयुर्वेद॰) पारा, गन्धक आदि के योग से तैयार की जाने वाली एक रसायन/औषध।

†**रसरा**—[< हि॰ रसरी] *पु॰* रस्सा।

रसराशि—[सं॰ रस ~ राशि] *स्त्री॰* रस/आनन्द की राशि। पुंजीभूत रस। घनीभूत सुख। आनन्द का भंडार। *पु॰* आनन्द का भंडार-स्वरूप व्यक्ति। आनन्द की राशि जैसा व्यक्ति।

रस-रास[1]—[सं॰] *पु॰* रसपूर्ण रास।

***रस-रास**[2]—[< सं॰ रसराशि] *स्त्री॰* रसराशि। (दे॰) *पु॰* रस/आनन्द की राशि। पुंजीभूत रस जैसा व्यक्ति।

***रसरासि/रसरासी**—[< सं॰ रसराशि] स्त्री॰, *पु॰* रसराशि

***रसरी**—[< सं॰ रश्मि] *स्त्री॰* रस्सी। डोरी।

रसरीति—[सं॰ रस ~ रीति] *स्त्री॰* १. रसशास्त्र। २. प्रेम की रीति। प्रेम का व्यवहार। २. आस्वाद की रीति। ३. भोगविलास की प्रणाली। (काव्य॰) काव्य-शैली। वैदर्भी/गौड़ी/पांचाली शैलियों में से कोई।

रस-रैनी**—[< सं॰ रस + रमणी] *स्त्री॰* रसज्ञ स्त्री। रसिका। ***जैसे—अति प्रगल्भ बैनी रस-रैनी।

रसवती—[सं॰ रसवत् + ङीष्] *वि॰ (स्त्री॰)* १. रसमयी। सरस। रसवाली। रसीली। २. रसज्ञा। रसिका। ३. स्वादिष्ठ। ४. पानी में भीगी हुई। ५. सुन्दर। ६. भावपूर्ण। प्रेममय। *स्त्री॰* १. रसिक स्त्री। २. पत्नी। ३. प्रेमिका।

रसवत्ता—[सं॰ रसवत् + तल् + टाप्] *स्त्री॰* १. रसयुक्त होना। सरसता। रसीलापन। २. माधुर्य। मिठास। ३. सुन्दरता। ४. भावपूर्णता। ५. प्रेमयुक्तता।

रसवाद—[सं॰ रस ~ वाद] *पु॰* १. प्रेम या आनन्द की बातचीत। २. प्रेम-सम्बन्धी झगड़ा। प्रेम-विवाद। (काव्य॰) रस-सिद्धान्त।

रसवाह—[सं॰ रस ~ वाह] *पु॰* वायु। हवा।

रसवाहिनी—[सं॰ रस ~ वाहिनी] *वि॰ (स्त्री॰)* रस का वहन करनेवाली। *स्त्री॰* (शरीर में) भोजन से बने रस को फैलानेवाली नाड़ी।

रसविरोध—[सं॰ रस ~ विरोध] *पु॰* (भोजन में) रसों का ऐसा मिश्रण जो स्वाद बुरा कर दे। रसों का अनुचित मिश्रण। (काव्य॰) किसी ललित रचना में परस्पर विरोधी रसों की स्थिति।

रस-शोधन—[सं॰] *पु॰* पारद-शोधन। पारा शुद्ध करने की क्रिया।

रस-सम्प्रदाय (रस-संप्रदाय)—[सं॰] *पु॰* १. (काव्य॰) रस को काव्य की आत्मा माननेवालों का वर्ग। २. रस-सिद्धान्त का प्रतिपादन करनेवाली विचार-पद्धति।

रससञ्चारतन्त्र (रससंचारतंत्र)—[सं॰ रस ~ सञ्चार ~ तन्त्र] *पु॰* (चिकित्सा॰) रक्तवहतंत्र। (दे॰)

रससिद्ध (रससिद्ध)—[सं॰ रस ~ सिद्ध] *वि॰* (ऐसा कवि) जो सभी रसों की कविता रचने में निपुण हो। प्रत्येक रस पर अधिकार रखनेवाला (कवि)।

रससिद्धि (रससिद्धि)—[सं॰ रस ~ सिद्धि] *स्त्री॰* रसनिष्पत्ति। रस-परिपाक।

रसा[1]—[सं॰ √रस् + अच् + टाप्] *स्त्री॰* १. पृथ्वी। ***जैसे***—सारी रसा जीतना। २. जिह्वा। रसना। जीभ। ३. नदी। ४. तल, अतल आदि सात अधः लोकों में से एक। रसातल।

रसा[2]—[< सं॰ रस] पु॰ तरकारी का तरल भाग। शोरबा। झोर। ⁘ **रसादार**—वि॰ = रसा/शोरबा वाला। रसेदार। शोरबेदार। ***जैसे***—सूखे आलू नहीं, रसेदार आलू बनाओ।

***रसाइन, रसाइनी**—दे॰ क्रमशः रसायन, रसायनी।

रसाई—[फा॰] स्त्री॰ १. प्रवेश। पहुँच। २. कहीं तक पहुँच सकने की शक्ति। ***जैसे***—उसकी रसाई राष्ट्रपति तक है।

रसाज्ञान—[सं॰ रस ~ अज्ञान] पु॰ १. स्वाद/रस का ज्ञान न होना। २. रस का अनुभव न करने की दशा। चखने पर भी मिठास, खट्टापन आदि का पता न चलना।

रसाञ्जन (रसांजन)—[सं॰ रस ~ अञ्जन] पु॰ रसौत।

रसातल—[सं॰ रसा ~ तल] पु॰ पृथ्वी के नीचे के तल, अतल आदि सात लोकों में से एक।

रसात्मक—[सं॰ रस ~ आत्मक] वि॰ १. रसयुक्त। २. सरस। रसीला। ३. आनन्दप्रद। ४. सुन्दर। मनोहर।

रसाधार—[सं॰ रस ~ आधार] पु॰ १. रस का आधार। २. सूर्य। रवि।

रसाना—[< हि॰ रसना] क्रिअ॰ १. पृथक् होना। अलगाना। २. विमुख होना। ३. आनन्दित होना। ४. द्रवित होना।

रसान्तरण (रसांतरण)—[सं॰ रस ~ अन्तरण] पु॰ रसान्तर की क्रिया/भाव। रस-परिवर्तन। (काव्य॰) एक रस की स्थिति में दूसरे रस का आविर्भाव।

रसापति—[सं॰ रसा ~ पति] पु॰ पृथ्वीपति। राजा।

रसापायी—[सं॰ रसा ~ पायी (पायिन्)] वि॰ जो जीभ से पानी पीता हो (कुत्ता, साँप आदि) पु॰ कुत्ता।

रसाप्लुत—[सं॰ रस ~ आप्लुत] वि॰ रसमय। रसपूर्ण।

रसाभास—[सं॰ रसा ~ आभास] पु॰ (काव्य॰) रस के स्थान पर रस के आभास की प्रतीति। रस-परिपाक न होकर रस का आभासित मात्र होकर रह जाने की स्थिति।

रसाम्ल—[सं॰ रस ~ अम्ल] पु॰ १. अमलवेत। २. एक खटाई। चूक।

रसायन—[सं॰ रस ~ आयन] पु॰ पदार्थ के तत्त्वों का ज्ञान। (आधुनिक) रसायन विज्ञान। (आयुर्वेद॰) १. वृद्धावस्था और रोग को नष्ट करने वाली शक्तिवर्धक औषधि। २. चिकित्सा में पारद/पारा का प्रयोग करने की विद्या। (मध्ययुगीन) रसायन विद्या। कीमियागरी। ⁘ **रसायन-चिकित्सा**—स्त्री॰ = रासायनिक पदार्थों से चिकित्सा। रसायनोपचार। (अं॰ केमोथेरपि)

रसायनी—[< सं॰ रसायन] पु॰ १. रसायनज्ञ। कीमियागर। २. वृद्धावस्था व रोगों को दूर करने वाली औषधि।

रसाल—[सं॰ रस ~ आ √ला + क] वि॰ १. रस से भरा हुआ। रसपूर्ण। रसीला। २. मधुर। मीठा। ३. स्वादिष्ठ। ४. सुन्दर। मनोहर। ५. रसिक। सहृदय। ६. प्रेमयुक्त। स्निग्ध। पु॰ १. आम्रफल। आम। २. गन्ना। (छन्द॰) २४ मात्राओं का एक छन्द जिसके आदि और अन्त में जगण होता है तथा १०-१४ पर यति होती है। 'सुमित्र' छन्द।

रसालय—[सं॰ रस ~ आलय] पु॰ १. रसशाला। रसनिर्माण का स्थान। २. आमोद-प्रमोद का स्थान क्रीडास्थल। ३. आम का पेड़। आम्रवृक्ष।

रसालस—[< सं॰ रसाल] पु॰ १. अद्भुत बात। २. कौतुक।

रसाला[1]—[सं॰ रसाल + टाप्] स्त्री॰ १. जीभ। रसना। २. अंगूर। ३. दही आदि से तैयार किया जाने वाला एक स्वादिष्ट पदार्थ। श्रीखंड। सिखरन। ४. दूर्वा। दूब (घास)।

***रसाला**[2]—पु॰, वि॰ ≤ सं॰ रसाल। (दे॰) पु॰ (छन्द) एक समवर्णिक छन्द जिसके प्रत्येक चरण में क्रमशः भगण, नगण, जगण, भगण, २ जगण और लघु (भ न ज भ ज ज ल) के योग से १९ वर्ण होते हैं।

रसालाम्र—[सं॰ रसाल ~ आम्र] पु॰ उत्तम क़लमी आम।

रसालिका—[सं॰ रसालक + टाप्, इत्व] वि॰ (स्त्री॰) १. रस से भरी। रसपूर्ण। २. मधुर। मीठी। स्त्री॰ १. छोटा आम। अमिया। २. सुन्दरता। ३. प्रसन्नता। हर्ष।

रसाली[1]—[सं॰ रसाल + ङीष्] स्त्री॰ गन्ना।

रसाली[2]—[< सं॰ रसाल] पु॰ १. रसिक व्यक्ति। २. भोग-विलास में सुख प्राप्त करने की वृत्ति वाला व्यक्ति।

रसाव—[हि॰ रसना (= टपकना)] पु॰ रसने/टपकने की क्रिया/भाव।

रसावर/रसावल—[< सं॰ रस] स्त्री॰ रस में पकी चावलों की खीर। रस-खीर।

रसावेश—[सं॰ रस ~ आवेश] पु॰ रस। प्रेम का आवेश। प्रेमावेश।

रसास्वादन—[सं॰ रस ~ आस्वादन] पु॰ १. किसी प्रकार के रस या आनन्द का स्वाद लेने की क्रिया/भाव। २. मधुर आदि षट्रस में से किसी का स्वाद लेना। शृंगार आदि काव्य-रसों में से किसी की अनुभूति। काव्यरसानुभूति।

रसास्वादी—[सं॰ रसास्वादिन्] वि॰ १. आनन्द का अनुभव करनेवाला। २. (किसी प्रकार के) रस का स्वाद लेनेवाला। (काव्य॰) १. जिसे काव्य-रस की अनुभूति हो। सहृदय कवि, लेखक, पाठक या श्रोता। २. काव्य के भावों आदि को जाननेवाला। रसज्ञ।

रसिक—[सं॰ रस + ठन्] वि॰ १. रस का पान करने वाला। २. जिसके हृदय में सौन्दर्य, कला, साहित्य आदि के प्रति अनुराग हो। सहृदय। काव्यमर्मज्ञ। रसिया। ३. स्वादिष्ट। ४. सुन्दर। मनोहर। ५. गुणग्राही। ६. आनन्दी। क्रीड़ाप्रेमी। पु॰ १. सहृदय व्यक्ति। भावुक मनुष्य। रसिक मनुष्य। २. शृंगारी प्रवृत्ति का मनुष्य। ३. लम्पट व्यक्ति।

रसिकता—[रसिक + तल् + टाप्] स्त्री॰ १. रसिक होने का भाव/धर्म। रसिकपन। २. शृंगारी प्रवृत्ति। ३. हांस्य-विनोद। हँसी-मज़ाक़।

रसिकबिहारी—[< सं॰ रसिक ~ विहारी] पु॰ (वासुदेव) कृष्ण।

रसिका—[सं॰ रसिक + टाप्] वि॰ (स्त्री॰) रसिक। (स्त्री)। दे॰ (रसिक)। (स्त्री॰) १. रसिक स्त्री। २. गन्ने का रस। ३. जीभ। रसना। ४. मेखला। करधनी। ५. सारिका। मैना।

रसिकेश्वर—[सं॰ रसिक ~ ईश्वर] पु॰ रसिकों में श्रेष्ठ। कृष्ण।

रसित—[सं॰ √रस् + क्त] वि॰ १. चखा हुआ। २. रस से बना हुआ।

रसयुक्त। ३. भावपूर्ण। ४. ध्वनि करता हुआ। बजता हुआ। बोलता हुआ। ५. जिस पर मुलम्मा/रंग किया गया हो। ६. आनन्दपूर्ण। *पु॰* १. मद्य। शराब। २. ध्वनि। शब्द। ३. गर्जन। दहाड़। ४. चीख़।

रसिया—[< प्रा॰ रसिअ < स॰ रसिक] *वि॰* रसिक। (दे॰) *पु॰* १. रस या आनन्द लेने में रुचिशील व्यक्ति। रसिक। ***जैसे***—बातों का रसिया; नाटक का रसिया। २. कामुक व्यक्ति। ३. व्यसनी व्यक्ति। ४. प्रेमी व्यक्ति। ५. ब्रजक्षेत्र आदि में होली के अवसर पर प्रायः गाए जाने वाले लोकगीतों का एक प्रकार जिसमें प्रमुख विषय राधा-कृष्ण का प्रेम होता है।

रसी—[< स॰ रस] *वि॰* रस लेने वाला। रसिक। रसिया।

***रसुरी/रसरी**—[< हि॰ रस्सी] १. रस्सी। २. (लाक्षणिक) सम्बन्ध।

रसूल—[अरबी] *पु॰* ईश्वर का दूत। पैग़म्बर। ✣ **रसूली**—*वि॰* = रसूल-सम्बन्धी। रसूल का।

रसेन्द्र (रसेंद्र)—[स॰ रस ~ इन्द्र] *पु॰* पारद। पारा। ✣ **रसेन्द्र-वेधक**—*पु॰* = सुवर्ण। सोना।

रसेश—[स॰ रस ~ ईश] *पु॰* १. रसों में सर्वश्रेष्ठ। २. शृंगार रस। ३. रसिकों में सर्वश्रेष्ठ। ४. कृष्ण।

रसेश्वर—[स॰ रस ~ ईश्वर] *पु॰* पारद। पारा। (आयुर्वेद॰) पारा, गन्धक, सुवर्ण आदि के योग से तैयार की जाने वाली एक रसौषध। ✣ **रसेश्वरदर्शन**—*पु॰* = (भा॰ दर्शन॰) शैवदर्शन का एक भेद।

रसोदर—[स॰ रस ~ उदर] *पु॰* हिंगुल। ईंगुर। *वि॰* रसमय। ✣ **रसोदरी**—*वि॰* (स्त्री॰) = रस वाली। रसमयी।

रसोद्भव—[स॰ रस ~ उद्भव] *पु॰* १. रस का प्रकट होना। रस का आविर्भाव। २. रस या पारे से उत्पन्न/बनी वस्तु। ३. रसौत। ४. ईंगुर। ५. मोती।

रसोद्भूत—[स॰ रस ~ उद्भूत] *वि॰* १. रस से उत्पन्न। २. पारद/पारे से उत्पन्न। *पु॰* १. रसौत। २. ईंगुर।

रसोपल—[स॰ रस ~ उपल] *पु॰* मोती।

रसौत—[< स॰ रस या देशज] *स्त्री॰* दारुहल्दी के क्वाथ में बराबर का दूध डालकर पकाने पर, चतुर्थांश रहकर गाढ़ा होने पर, प्राप्त पदार्थ जो नेत्र-रोगों को नष्ट करता है। दारुहल्दी का सत।

रसौती—[< स॰ रसा] *स्त्री॰* धान की वह बुआई जिसमें वर्षा होने से पहले ही खेत जोतकर बीज बोए जाते हैं।

रसौल—[देशज] *स्त्री॰* एक कँटीली लता जो दवा बनाने के काम आती है। ● **विशेष**—रसौल की पत्तियों की चटनी भी बनती है।

रसौली—[देशज] *स्त्री॰* आँख के ऊपर या शरीर के किसी अंग में निकली बड़ी गिल्टी।

रस्मोराह—[अरबी रस्म + फा॰ राह] *स्त्री॰* मेल-जोल। मित्रता।

रस्मो रिवाज (रस्म-व-रिवाज)—[अरबी] *स्त्री॰* प्रथा और रीति। रस्म और रिवाज। दस्तूर और क़ायदे।

रस्य—[स॰ रस + यत्] *वि॰* १. रसवाला। रसयुक्त। २. सरस। स्वादिष्ठ।

रस्सीबाटी—[< हि॰ रस्सी + बटना] *पु॰* रस्सी बटनेवाला। रस्सी बनानेवाला।

रहः/रहस्—[स॰ √रम् + असुन्, हकार आदेश] *पु॰* एकान्त स्थान। निर्जन जगह। विजनता। २. आनन्द। सुख। ३. रहस्य। भेद। ४. गूढ़ तत्त्व। रहस्य। ५. क्रीड़ा। खेल। ६. कामक्रीड़ा। ✣ **रहःशील**—*वि॰* = रहस्यमय।

रहकला—[< हि॰ रह (= रथ) + कल] *पु॰* पहले बननेवाली एक प्रकार की गाड़ी जो तोप ढोने में काम आती थी।

रहगुज़र—[फा॰] *स्त्री॰* आम रास्ता। राजमार्ग। सड़क।

रहचट्ट[१]—[< स॰ रस + हि॰ चहचहाहट] *स्त्री॰* १. (पक्षियों की) चहचहाहट। २. (मनुष्यों की) चहलपहल।

रहचट्ट[२]—[< हि॰ रहचटा] *स्त्री॰* १. रहचटा होने की अवस्था/गुण/भाव। २. चहकेबाज़ी। ३. लोभशीलता।

रहचटा—[< स॰ रस + हि॰ चाट] *पु॰* १. वह व्यक्ति जिसे किसी रस/सुख की चाट लगी हो। रसव्यसनी व्यक्ति। २. प्रेम की चाह। ३. चाट। चस्का। ४. लोभ। लालच। ५. अभिलाषा पूरी होने की कामना। ६. लिप्सा।

रहचह—[< स॰ रस + हि॰ चहचहाना] *स्त्री॰* पक्षियों के चहचहाने का शब्द। चहचहाहट।

रहज़न—[फा॰] *पु॰* लुटेरा। बटमार।

रहटा—[< हि॰ रहट] *पु॰* (सूत कातने का) चर्ख़ा। ✣ **रहटी**—*स्त्री॰* = कपास ओटने की चर्ख़ी।

रहठा—[< हि॰ रहरेठा] *पु॰* अरहर के पौधे का सूखा डंठल।

रहड़ू—[< प्रा॰ रहरूप, < स॰ रथरूप] *पु॰* बैलगाड़ी। लहड़ू।

रहन—[< हि॰ रहना] *स्त्री॰* १. रहने का ढंग। जीवन-निर्वाह का ढंग। २. आचरण। *क्रिवि॰* रहने के लिए। निवासार्थ। ✣ **रहन-सहन**—*स्त्री॰* = घर आदि में रहने का ढंग और परिवार में या अन्य लोगों के साथ व्यवहार का ढंग।

†रहनहार—[< हि॰ रहना] *वि॰* १. रहने वाला। निवासी। २. स्थायी रूप में रहने वाला।

रहनुमा—[< फा॰ राहनुमा] *वि॰, पु॰* ठीक राह बतानेवाला। पथ-प्रदर्शक।

रहबर—[< फा॰ राहबर] *वि॰* पथप्रदर्शक। मार्गदर्शक।

रहम—[अरबी] *पु॰* १. करुणा। दया। २. कृपा।

रहमत—[अरबी] *स्त्री॰* १. दया। २. कृपा।

रहमान—[अरबी] *वि॰* दयालु। मेहरबान। *पु॰* ईश्वर।

†रहरेठा—[< हि॰ अरहर] *पु॰* अरहर के पौधे का सूखा डंठल। रहठा।

रहल—[अरबी] *स्त्री॰* लकड़ी का वह ढाँचा जिस पर रखकर पुस्तक पढ़ते हैं और उसी में रख देते हैं। रहेल।

रहवाल[१]—[फा॰] *पु॰* अश्व। घोड़ा। *स्त्री॰* घोड़े की नाल।

†रहवाल[२]—[< हि॰ रहना] *वि॰* रहने वाला। निवासी।

रहस[१]—[< स॰ रहस्] *पु॰* १. रहस्। (दे॰) २. हर्षावेग। उल्लास। आनन्द। ३. आनन्दमयी लीला। ४. विनोद। मज़ाक़।

रहस[२]—[< स॰ रास] *स्त्री॰* १. रास। २. नृत्य।

रहसना—[< हि॰ रहस] *क्रिअ॰* १. आनन्दित होना। हर्षित होना। २. क्रीड़ाएँ करना।

रहसबधावा—[हि॰ रहस + बधाई] *पु॰* विवाह की एक रीति जिसमें वर के साथ जनवासे में पहुँची वधू का मुख देखकर उसे उपहार दिए जाते हैं।

रहसबस—[< हि॰ रहस् + स॰ वश] *वि॰* आनन्दमग्न।

रहसाना**—[< हि॰ रहसना] *क्रिस॰* प्रसन्न करना। ***जैसे—कुछ को डराया और कुछ को रहसाया। *क्रिअ॰* प्रसन्न होना।

रहसि—[< स॰ रहस्] *स्त्री॰* १. एकान्त स्थान। २. गुप्त स्थान। *क्रिवि॰* चुपचाप।

***रहसी**—[< हि॰ रहना] *क्रिअ॰* रहेगा।

रहस्यवाद—[स॰ रहस्य ~ वाद] *पु॰* अपनी अनुभूति द्वारा परमतत्त्व परमात्मा का प्रत्यक्ष साक्षात्कार करने की प्रवृत्ति। (काव्य॰) साहित्य की एक प्रवृत्ति। ***जैसे***—महादेवी के काव्य में रहस्यवाद का सौन्दर्य।

रहँट/रहट—[< प्रा॰ अरहट्ट < स॰ अरघट्ट] *पु॰* (खेतों को सींचने के लिए) कुएँ या तालाब से जल निकालने का एक यन्त्र जिसमें एक रस्सी में पिरोई हुई पानी भरने की डोलचियों की माला गोलाकार चलती रहती है जब बैलों या किसी मनुष्य के द्वारा रस्सी खींची जाती है। अरघट्ट। ✣ **रहँट घटिका**—*स्त्री॰* = रहँट में लगी हुई डोलचियाँ/बाल्टियाँ। रहँट के डोल। ✣ **रहँटा/रहटा**—*पु॰* = सूत कातने का चर्ख़ा। ✣ **रहँटी/रहटी**—*स्त्री॰* कपास ओटने की चर्ख़ी।

रहँसि—[< स॰ रभस] *क्रिवि॰* हर्षावेग से भरकर।

रहिल/रहिला—[देशज] *पु॰* चना।

रहीम—[अरबी] *वि॰* रहम करनेवाला। दयालु। *पु॰* १. ईश्वर। २. हिन्दी कवि अब्दुर्रहीम ख़ानख़ाना का उपनाम।

***रहुबाल**—[< फा॰ रहवाल] *पु॰* अश्व। घोड़ा। *स्त्री॰* घोड़े की चाल।

रँजा-पुँजा—[< स॰ रञ्जन ~ पुञ्जन] *वि॰* १. समृद्ध। वैभवयुक्त। २. फला-फूला।

रँझना—[< स॰ रञ्जन] *क्रिअ॰* १. रंजित होना। रंगयुक्त होना। २. समृद्ध/सुखी होना। ३. (वृक्षों का) फलना-फूलना।

रँडापा—[< स॰ रण्डा] *पु॰* १. विधवा होने की दशा/भाव। वैधव्य। विधवापन। २. विधवा के रूप में व्यतीत होनेवाला समय।

रँडुआ—[< स॰ रण्डा] *पु॰* वह पुरुष जिसकी पत्नी मर गयी हो (और अन्य पत्नी न हो)। विधुर।

रँधना—[< स॰ रन्धन] *क्रिअ॰* दाल, चावल आदि का पकाया जाना। राँधा जाना।

रँभाना—[< स॰ रम्भण] *क्रिअ॰* गाय का शब्द/ध्वनि करना। गाय का बोलना। *क्रिस॰* गाय को शब्द/ध्वनि करने में प्रवृत्त करना।

†रा—[राजस्थ॰] *परसर्ग॰* का। ***जैसे***—वृक्ष रा पत्ता। ● **विशेष**—**री** = की। **रे** = के। **रो** = का, के, की। **रौ** = का। ***जैसे***—कब रौ बैर।

***राआ**—*पु॰* ≤ *स॰* राजा।

***राइ**[1]—[< हि॰ राय < प्रा॰ राया < स॰ राजा] *पु॰* राजा। *वि॰* (समासयुक्त पद के अन्त में) उत्तम। श्रेष्ठ।

***राइ**[2]—[< स॰ राजि] *स्त्री॰* पंक्ति। क़तार।

***राइ**[3]—[< फा॰ राय] *स्त्री॰* सम्मति। राय।

राई[1]—[< स॰ राजी] *स्त्री॰* १. सरसों से बहुत छोटा एक मसाला। २. बहुत थोड़ी मात्रा। अति अल्प परिमाण। ***जैसे***—तुम राई को पर्वत नहीं कर सकते। ***वा॰*** **राई-काई करना**—टुकड़े-टुकड़े करना। **राई-काई होना**—टुकड़े-टुकड़े होना। **राई का पर्वत/पहाड़ बनाना (या होना)**—१. छोटी सी बात के कारण बड़ा बखेड़ा होना। २. तुच्छ व्यक्ति या बात को महत्त्वपूर्ण बना देना। छोटे को बड़ा बना देना।

राई[2]—[< प्रा॰ राया < स॰ राजा] *पु॰* १. राजा। २. राजा। राजा होने का भाव। राजत्व। राजापन। *वि॰* १. सम्पन्न। २. उत्तम। श्रेष्ठ। ***जैसे***—गुनराई कृष्ण।

राई तोता—[हि॰] *पु॰* एक दुबली-पतली चिड़िया जिसका रंग हरा तथा दुम छोटी, मोटी और बीच से बहुत फटी हुई होती है।

***राउ**—[< हि॰ राव] *पु॰* राजा।

***राउत**—[< स॰ राजपुत्र] *पु॰* १. राजपुत्र। २. सामन्त।

***राउर**—[प्रा॰] *पु॰* १. राजपरिवार। राजभवन। *सर्व॰* आपका। ✣ **राउरि**—*वि॰ (स्त्री॰)* = आपकी।

***राउल**—[प्रा॰ < स॰ राजकुल] *पु॰* १. राजकुल में उत्पन्न पुरुष। २. राजा। ३. राजाओं का समूह। ४. राजवंश। ५. राजसभा। दरबार। ६. मन्दिर।

***राउल वेल**—*पु॰* ≤ *स॰* राजकुल-विलास।

राऊ**—[< हि॰ राउ] *पु॰* राजा। *वि॰* (समासयुक्त पद के अन्त में) उत्तम। श्रेष्ठ। ***जैसे—मुनिराऊ (= मुनियों में श्रेष्ठ)।

***राकस**—[< स॰ राक्षस] *पु॰* राक्षस। ✣ **राकसिन**—*स्त्री॰* = राक्षसी।

राका—[स॰ √रा + क + टाप्] *स्त्री॰* १. पूर्णिमा। २. पूर्णिमा की रात्रि। ३. पूर्णिमा की अधिष्ठात्री देवी।

राकापति—[स॰ राका ~ पति] *पु॰* चन्द्रमा।

राका-रमण—[स॰] *पु॰* चन्द्रमा।

राकेन्दु (राकेंदु)—[स॰ राका ~ इन्दु] *पु॰* पूर्णिमा का चन्द्रमा। ✣ **राकेन्दुबिम्बानना (राकेंदु-बिंबानना)**—*स्त्री॰* = पूर्णिमा के चन्द्रमा जैसे सुन्दर मुखवाली सुन्दरी।

राकेश—[स॰ राका + ईश] *पु॰* चन्द्रमा।

राक्षस—[स॰ रक्षस् + अण्] *पु॰* १. अत्यन्त प्राचीन काल की एक शक्तिशाली जाति जो अपनी क्रूरता तथा अत्याचारों के कारण कुख्यात थी। २. (लाक्षणिक) क्रूर तथा अत्याचारी व्यक्ति। ३. (लाक्षणिक) दुष्ट मनुष्य। (ज्योतिष॰) १. साठ संवत्सरों में से ४९ वाँ संवत्सर। २. (देव, मनुष्य) इत्यादि तीन गणों में से एक गण।

राक्षस विवाह—[स॰] *पु॰* कन्या का बलपूर्वक अपहरण करके किया गया विवाह।

†राखड़ाँ—[राजस्थ॰] *पु॰* (स्त्रियों का) एक शिरोभूषण। चूड़ामणि। शीशफूल।

राखड़ी[1]—[राजस्थ॰] *स्त्री॰* (स्त्रियों का) सिर का एक आभूषण। शीशफूल।

¹राखड़ी²—[राजस्थ० < हि० राखी] *स्त्री०* राखी। रक्षा-सूत्र।

राखदानी—[हि० राख + फा० दानी] *स्त्री०* सिगरेट आदि पीते समय उसकी राख गिराने का पात्र।

राखीबन्द (राखीबंद)—[< हि० राखी + स० बन्ध] *वि०* जिसे किसी बालिका/स्त्री ने राखी बाँधकर अपना भाई बना लिया हो। ***जैसे***—राखीबन्ध भाई। *वि० (स्त्री०)* जो किसी बालक/पुरुष को राखी बाँधकर उसे अपना भाई बना चुकी हो। ***जैसे***—राखीबन्ध बहिन।

राग—[स० √ रञ्ज् + घञ्] *पु०* १. रंजन। रँगने की क्रिया/भाव। २. रंग। ३. लाल रंग। ४. लालिमा। लाली। ५. प्रेम। अनुराग। ६. प्रिय वस्तु के प्रति आकर्षण। आसक्ति। ७. विषयों में आसक्ति। विषयवासना। ८. शरीर पर लगाने का सुगन्धित चूर्ण/लेप। अंगराग। ९. (पैर में लगाने की) महावर। आलता। १०. भाव। ११. हर्ष। आनन्द। १२. सौन्दर्य। १३. क्रोध। १४. लोभ। १५. (मध्ययुग में सैनिकों द्वारा पहना जाने वाला) पूरी टाँग का कवच। (संगीत०) विशेष नियमों में बद्ध और क्रम-प्रधान स्वर-विन्यास जो लोगों के चित्त को अनुरक्त करता है। रसिकों को आनन्द देनेवाली विशेष ताल और लय से युक्त ध्वनि। (छन्द०) एक वर्णिक छन्द जिसके प्रत्येक चरण में क्रमशः रगण, जगण, रगण, जगण और गुरु (र ज र ज ग) के योग से १३ वर्ण होते हैं। ∇ **विलोम**—द्वेष/विराग। ***वा०* राग अलापना/गाना। अपना राग अलापना**—अपनी ही बात कहना। **नया राग लाना**—१. कोई नया झगड़ा आरम्भ करना। २. नयी बात लाना।

राग-चूर्ण—[स०] *पु०* १. खैर/कत्था का पेड़। २. सिन्दूर। ईंगुर। ३. लाख। ४. अबीर। गुलाल। ५. कामदेव।

रागदारी—[स०] *स्त्री०* (संगीत०) (भरत मुनि के संगीत-शास्त्र के नियमों के अनुसार) राग-रागिनियाँ गाने की क्रिया या पद्धति।

रागद्रव्य—[स० राग ~ द्रव्य] *पु०* रंग।

रागना—[हि० राग] *क्रिअ०* १. रंजित होना। रँग जाना। २. (किसी के प्रति) अनुरक्त होना। (किसी से) प्रेम करना। ३. (किसी कार्य में) निमग्न/लीन होना। *क्रिस०* १. (किसी को) अनुरक्त करना। २. रँगना। ३. प्रयत्न करना। ४. (गीत) गाना। ५. (राग) अलापना।

रागपुष्प—[स० राग ~ पुष्प] *पु०* गुलदुपहरिया का पौधा/फूल।

राग-माला—[स०] *स्त्री०* कोई ऐसा गीत या गेय पद जिसमें एक साथ अनेक शास्त्रीय रागों का प्रयोग हो।

राग-रङ्ग (राग-रंग)—[स०] *पु०* १. गाना-बजाना। २. आमोद-प्रमोद। मौज-मस्ती। ३. विलास। ४. उत्सव आदि का मनोरंजक कार्यक्रम।

रागरज्जु—[स० राग ~ रज्जु] *पु०* प्रेमरूपी रस्सी। प्रेम का बन्धन।

रागलता—[स० राग ~ लता] *स्त्री०* प्रेमरूपी लता। प्रेम की बेल।

रागसूत्र—[स० राग ~ सूत्र] *पु०* रँगा हुआ सूत/डोरा। २. रेशमी डोरा।

रागाङ्गना (रागांगना)—[स० राग ~ अङ्गना] *वि० (स्त्री०)* अनुरागमयी। (स्त्री आदि)।

रागात्मक—[स० राग ~ आत्मक] *वि०* राग-सम्बन्धी। राग/रागों का। ✣ **रागात्मकता**—*स्त्री०* = काम-सम्बन्धी संवेदनाओं और भावों में बहुत रुचि लेने की प्रवृत्ति। शृंगारिक प्रवृत्ति। कामुकता।

रागानुग—[स० राग ~ अनुग] *वि०* राग का अनुगामी। ✣ **रागानुगा**—*वि० (स्त्री०)*। ✣ **रागानुगा भक्ति**—*स्त्री०* = अपने इष्ट देव में स्वाभाविक आसक्ति। प्रेमा भक्ति।

रागारुण—[स० राग ~ अरुण] *वि०* १. अनुराग के समान लाल रंग का। २. प्रेम से रंजित। प्रेम में रँगा हुआ। ३. जो प्रेमपूर्ण होने के कारण लाल हो गया हो।

रागिनी—[< स० रागिणी] *स्त्री०* १. राग की पत्नी। भारतीय शास्त्रीय संगीत में छोटा राग। २. विदग्ध/चतुर स्त्री। ३. स्वेच्छाचारिणी स्त्री। ४. लक्ष्मी का एक रूप। जयश्री।

रागी¹—[स० रागिन्] *पु०* १. प्रेमी। २. कामुक/लम्पट व्यक्ति। *वि०* १. राग से युक्त। २. रँगा हुआ। रंगीन। ३. लाल रंग का। लाल। ४. रँगनेवाला। ५. भावपूर्ण। ६. प्रेम से पूर्ण। प्रीतिपूर्ण। अनुरागयुक्त। ७. विषयों में आसक्त। ∇ **विलोम**—विरागी।

रागी²—[< स० राग] *पु०* १. राग-रागिनियों को गाने वाला। शास्त्रीय गायक। २. गायक। गवैया।

राघव—[स० रघु + अण्] *पु०* १. रघु का पुत्र या वंशज (अज, दशरथ इत्यादि)। रघुकुल का व्यक्ति। २. (दशरथ-पुत्र) राम।

***राचना¹**—[< प्रा० रच्च < स० रञ्जन] *क्रिअ०* १. रंग से युक्त होना। रँगा जाना। २. (किसी के प्रति) अनुरक्त होना। (किसी से) प्रेम करना। ३. (किसी कार्य में) लीन/मग्न होना। ४. सुशोभित होना। फबना। ५. प्रसन्न होना। ६. चिन्तित होना। ७. रीझना। ८. रमना। *क्रिस०* १. रंग से युक्त करना। रँगना। २. (किसी को) अनुरक्त करना। ३. प्रसन्न करना। ४. ललकना।

***राचना²**—[< हि० रचना] *क्रिअ०* रचा जाना। बनाया जाना। *क्रिस०* १. रचना करना। बनाना। २. आयोजित करना। *वि०, पु०* रचने वाला। रचयिता।

***राचिया**—[< हि० राचना] *वि०* अनुरक्त।

***राच्छस**—*पु०* ≤ *स०* राक्षस। ✣ **राच्छसी**—*स्त्री०* = राक्षसी।

***राछस**—*पु०* ≤ *स०* राक्षस।

राजक¹—[स० राजन् + कन्] *पु०* छोटा राजा।

राजक²—[स० राजन् + वुञ्] *पु०* अनेक राजाओं का समुदाय। राज-समूह।

राजक³—[स० √राज् + ण्वुल्] *वि०* १. प्रकाशयुक्त। २. चमकनेवाला।

राजकदम्ब (राजकदंब)—[स० राजन् ~ कदम्ब] *पु०* स्वादिष्ठ और बड़े फलोंवाला कदम्ब वृक्ष।

राजकर—[राजन् ~ कर] *पु०* राजा/शासक की ओर से लगाया हुआ सरकारी कर।

राजकारण—[स० राजन् ~ कारण] *पु०* राजनीति।

राजगामी—[स० राजगामिन्] *वि०* १. राजा/राज्य को जानेवाली। *वि०* किसी व्यक्ति के बिना उत्तराधिकारी और बिना इच्छापत्र/वसीयत

मरने पर सरकार के अधिकार में चली जाने वाली (उसकी धन-सम्पत्ति)। *पु॰* धन-सम्पत्ति जो उत्तराधिकारी तथा वसीयत के अभाव में सरकार के अधिकार में चली गयी हो।

राजगिद्ध (राजगिद्ध)—[< सं॰ राजगृध्र] *पु॰* गिद्ध/गृद्ध/गीध पक्षी की एक उपजाति।

राजगृह—[सं॰ राजन् ~ गृह] *पु॰* १. राजा का महल। राजप्रासाद। राजभवन। २. (बिहार का) एक प्राचीन नगर।

राज-घड़ियाल—[सं॰ राजन् + हि॰ घड़ियाल] *पु॰* (मध्य युग में) समय की सूचना देने के लिए हर प्रहर बाद बजाया जाने वाला घंटा।

***राजघर**—[< सं॰ राजगृह] *पु॰* राजभवन। राजमहल।

राजघ्न—[सं॰ राजन् + घ्न] *वि॰, पु॰* राजा की हत्या करनेवाला।

राजचम्पक (राजचंपक)—[सं॰ राजन् ~ चम्पक] *पु॰* पुन्नाग का फूल।

राजचहा—[देशज] *स्त्री॰* एक चिड़िया जिसकी चोंच लम्बी और सीधी होती है परन्तु सिरे पर नीचे की ओर कुछ झुकी होती है।

राजचार—[सं॰ राजाचार] *पु॰* राजपरिवारों में होनेवाला आचार-व्यवहार।

राजचिह्न (राजचिह्न)—[सं॰ राजन् ~ चिह्न] *पु॰* राजा के पाँच चिह्न—छत्र, चँवर, सिंहासन, मुकुट और राजदंड।

राजछत्र—[सं॰ राज ~ छत्र] *पु॰* राजा के सिर के ऊपर लगा रहने वाला छत्र/छाता। ● **विशेष**—राजछत्र एक राजचिह्न है।

राजजम्बू (राजजंबू)—[सं॰ राजन् ~ जम्बू] *पु॰* १. बड़ा जामुन। फरेंदा। २. पिंडखजूर।

***राजठगौरी**—[हि॰ राज + हि॰ ठगौरी] *स्त्री॰* प्रधान ठगिनी।

राजडगर—[हि॰ राज + डगर] *पु॰* राजमार्ग। सड़क।

राजत—[सं॰ रजत + अण्] *वि॰* १. रजत-सम्बन्धी। २. चाँदी का। चाँदी का बना हुआ। रुपहला।

राजतन्त्र (राजतंत्र)—[सं॰ राजन् ~ तन्त्र] *पु॰* वह शासन-प्रणाली जिसमें राज्य का शासन एक व्यक्ति (राजा) करता है।

राजता—[सं॰ राजन् + तल् + टाप्] *स्त्री॰* राजा होने की अवस्था/पद/भाव/कर्म। राजत्व।

राजदण्ड (राजदंड)—[सं॰ राजन् ~ दण्ड] *पु॰* १. चाँदी, स्वर्ण आदि का छोटा डंडा जो राजा के हाथ में रहता है और राजत्व का प्रतीक होता है। २. राजा या राज्य द्वारा अपराधियों, दोषियों आदि को दिया जाने वाला दंड।

राजदन्त (राजदंत)—[सं॰ राजन् ~ दन्त] *पु॰* (मुख में) सामने के नीचे और ऊपर के दो-दो बड़े दाँत। चौका।

राज़दार—[फा॰] *वि॰* १. राज़ जाननेवाला। रहस्य-ज्ञाता। २. भेद छिपानेवाला। ३. जिसमें कोई रहस्य/भेद हो। ✣ **राज़दारी**—*स्त्री॰* = भेद छिपाना। रहस्यगोपन।

राज़दाँ—[फा॰] *वि॰* राज़ जाननेवाला। रहस्य-ज्ञाता।

राजदूत—[सं॰ राजन् ~ दूत] *पु॰* १. किसी राज्य की ओर से दूसरे राज्य में नियुक्त उच्चतम राजनयिक प्रतिनिधि। (अं॰ एम्बेसेडर) २. (प्राचीन काल में) किसी राजा का सन्देश लेकर दूसरे राज्य में जानेवाला व्यक्ति।

राजदूतावास—[सं॰ राजदूत ~ आवास] *पु॰* राजदूत का निवास-स्थान।

राजदूर्वा—[सं॰ राजन् ~ दूर्वा] *स्त्री॰* बड़ी पत्तियों और मोटे काँटों वाली दूब। गाँडर।

राजद्रोह—[सं॰ राज ~ द्रोह] *पु॰* अपने राजा/शासक अथवा सरकार या किसी प्रमुख सरकारी अधिकारी के विरुद्ध विद्रोह। बग़ावत।

राजद्रोही—[सं॰ राजद्रोहिन्] *वि॰* अपने राजा/शासक/शासन या उसके किसी प्रमुख अधिकारी आदि के विरुद्ध विद्रोह करनेवाला व्यक्ति। राजद्रोह करनेवाला व्यक्ति। विद्रोही। बाग़ी।

राजद्वार (राजद्वार)—[सं॰ राज ~ द्वार] *पु॰* १. राजभवन का द्वार। २. राजा की सभा जहाँ न्याय होता है। ३. न्यायालय। कचहरी।

राजधर्म—[सं॰ राजन् ~ धर्म] *पु॰* राजा/शासक का धर्म या कर्त्तव्य।

राजधानी—[सं॰ राजन् ~ धानी] *स्त्री॰* राजा या प्रमुख शासक के रहने का नगर। शासक का केन्द्रीय नगर।

राजनय—[सं॰ राजन् ~ नय] *पु॰* १. (आधुनिक काल में) अन्तरराष्ट्रीय राजनीतिक व्यवहार में कुशलता। २. (प्राचीन भारत में) वह नीति जिसके अनुसार चलने से राजा/शासक राज्य को सुरक्षित और दृढ़ बनाता है। राजनीति। (अं॰ डिप्लमेसि)

राजनयज्ञ—[सं॰ राजनय + ज्ञ] *पु॰* १. विभिन्न राष्ट्रों के आपसी सम्बन्धों के विषय में वार्ता करने की कला में निपुण व्यक्ति। २. बिना विरोध उत्पन्न किए अपने देश के हितों को विश्व में अग्रसर करने की कला में प्रवीण व्यक्ति। ३. किसी देश द्वारा दूसरे देश में नियुक्त राजनीतिक प्रतिनिधि/दूत/राजनयिक। (अं॰ डिप्लमैट)

राजनयिक—[सं॰ राजनय] *वि॰* राजनय से सम्बन्धित। राजनय का। कूटनीतिक। ***जैसे***—राजनयिक प्रतिनिधि। *पु॰* १. राजनय में निपुण व्यक्ति। २. दूसरे देश में नियुक्त राजनयज्ञ।

राजना—[< सं॰ राजन्] *क्रि॰अ॰* १. सुशोभित होना। सुन्दर लगना। २. किसी स्थान में स्थित होकर उसकी शोभा बढ़ाना। ३. सुखपूर्वक रहना।

राजन्य[1]—[सं॰ राजन् + यत्] *पु॰* १. राजा। २. क्षत्रिय। राजपूत।

राजन्य[2]—[सं॰ √राज् + अन्य] *पु॰* १. राजा। २. क्षत्रिय।

राजपङ्खी (राजपंखी)—[< सं॰ राजपक्षी] *पु॰* राजहंस।

राजपट्ट—[सं॰ राजन् ~ पट्ट] *पु॰* राजसिंहासन। सिंहासन।

राजप्रसू—[सं॰ राजन् ~ प्रसू] *स्त्री॰* राजा की माता। राजमाता।

राजप्रमुख—[सं॰ राजन् ~ प्रमुख] *पु॰* भारत संघ के कुछ राज्यों में, जो पहले देशी राज्य थे, राज्यपाल का स्थान ग्रहण करनेवाले प्रमुख राजा का पद।

राजप्रासाद—[सं॰ राजन् ~ प्रासाद] *पु॰* राजा का महल। राजभवन। राजमहल।

राजप्रिया—[सं॰ राजन् ~ प्रिया] *स्त्री॰* राजा की पत्नी। रानी।

राजबाड़ी—[< हि॰ राज ~ बाड़ी] *स्त्री॰* राजा का उद्यान। राजवाटिका।

राजभक्त—[स॰ राजन् ~ भक्त] *वि॰* राज्य या राजा में निष्ठा रखनेवाला। राजनिष्ठ। ∇ **विलोम**—राजद्रोही।

राजभण्डार (राजभंडार)—[< स॰ राजन् ~ भाण्डार] *पु॰* १. राजकोष। २. राजा का भंडारगृह।

राजभाषा—[स॰ राजन् ~ भाषा] *स्त्री॰* राज्य की वह भाषा जो राजकार्यों तथा न्यायालयों में प्रयुक्त हो।

राजभृत्य—[स॰ राजन् ~ भृत्य] *पु॰* १. राजा का सेवक। २. सरकारी कर्मचारी। राजकर्मचारी।

राजभोग्य—[स॰ राजन् ~ भोग्य] *वि॰* जिसका भोग राजा या समृद्ध लोग करते हों। *पु॰* १. चिरौंजी। २. जावित्री। ३. 'राजभोग' नाम चावल।

राजमग—*पु॰* ≤ *स॰* राजमार्ग। सड़क।

राजमण्डल (राजमंडल)—[स॰ राजन् ~ मण्डल] *पु॰* किसी राज्य के आस-पास के चारों ओर के अधीन राजाओं का समुदाय या मंडल।

राजमद—[स॰ राजन् ~ मद] *पु॰* राजा होने का अहंकार। राजपद का घमंड।

राजमन्त्री (राजमंत्री)—[स॰ राजन् ~ मन्त्रिन्] *पु॰* राजा/राज्य का मन्त्री।

राजमराल—[स॰ राजन् ~ मराल] *पु॰* राजहंस।

राजमहिषी—[स॰ राजन् ~ महिषी] *स्त्री॰* (राजा की) पटरानी।

राजमाता—[स॰ राजन् ~ मातृ] *स्त्री॰* राजा की माता।

राजमार्ग—[स॰ राजन् ~ मार्ग] *पु॰* राजपथ। सड़क।

राजमुद्रा—[स॰ राज ~ मुद्रा] *स्त्री॰* १. राजा की या सरकारी मोहर। २. उक्त मोहर की छाप। ३. सरकारी मुद्रा/सिक्का।

राजयक्ष्मा—[स॰ राजन् ~ यक्ष्मा] *पु॰* क्षयरोग। तपेदिक़।

राजयान—[स॰ राज ~ यान] *पु॰* १. राजा की सवारी। २. पालकी।

राजरथ—[स॰ राजन् ~ रथ] *पु॰* १. राजा की सवारी का विशेष रथ। २. विशाल रथ।

राजराज—[स॰ राजन् ~ राजन्] *पु॰* १. यक्षों का राजा। कुबेर। २. सम्राट्। महाराज। ३. चन्द्रमा।

राजराजेश्वरी—[स॰ राज ~ राजेश्वरी] *स्त्री॰* दशमहाविद्या नामक विश्वचालिका शक्तियों में से एक।

राजरोग—[स॰ राजन् ~ रोग] *पु॰* १. क्षय रोग। तपेदिक़। २. असाध्य रोग। *जैसे*—तपेदिक़, दमा, पक्षाघात आदि राजरोग हैं।

राजलक्षण—[स॰ राजन् ~ लक्षण] *पु॰* छत्र, चँवर आदि राजचिह्न। (सामुद्रिक॰) किसी मनुष्य के राजा होने या भविष्य में बनने का संकेत देनेवाले शारीरिक लक्षण।

राजलक्ष्मी—[स॰ राजन् ~ लक्ष्मी] *स्त्री॰* १. राजवैभव। २. राजा की शक्ति और शोभा।

राजवर्त्म—[स॰ राजन् ~ वर्त्मन्] *पु॰* राजमार्ग। सड़क।

राजवल्लभ—[स॰ राजन् ~ वल्लभ] *वि॰* जो राजा को प्रिय हो।

राजविद्या (राजविद्या)—[स॰ राजन् ~ विद्या] *स्त्री॰* १. राजनीति। २. शासन-कला। ३. श्रेष्ठ विद्या।

राजविवरणिका—[स॰ राजन् ~ विवरणिका] *स्त्री॰* किसी क्षेत्र के सरकारी अध्ययन द्वारा प्राप्त और सरकार द्वारा प्रकाशित विवरणात्मक ग्रन्थ। (अ॰ गैज़िटियर)

***राजवी**—[< स॰ राजवीजी] *पु॰* १.राजा। २. राजवंशी। ३. राजा के निकट-सम्बन्धी लोग।

राजवीजी—[स॰ राजवीजिन्] *वि॰* राजकुल का। राजवंशी।

राजवीथी—[स॰ राजन् ~ वीथी] *स्त्री॰* १. राजमार्ग। सड़क। २. (प्राचीन भारत में) राजमार्ग में आकर मिलने वाली गली या छोटी सड़क।

राजशालि—[स॰ राजन् ~ शालि] *पु॰* एक प्रकार का उत्तम चावल जो बारीक और सुगन्धित होता है। राजभोग।

राजश्री—[स॰ राजन् ~ श्री] *स्त्री॰* राजलक्ष्मी।

राजस—[स॰ राजस् + अण्] *वि॰* १. रजोगुण से सम्बन्धित। रजोगुण का। २. रजोगुण से उत्पन्न या रजोगुण से युक्त। राजसिक। रजोगुणी।

राजसंस्करण—[स॰ राजन् ~ संस्करण] *पु॰* (किसी पुस्तक आदि का) विशेष सुसज्जित सजिल्द संस्करण। (अ॰ डीलक्स एडिशन)।

राजसंसद्—[स॰ राज ~ संसद्] *पु॰* १. राजसभा। राजदरबार। २. (प्राचीन भारत में) वह न्यायालय जिसमें राजा स्वयं उपस्थित होकर न्याय करता हो।

राजसत्ता—[स॰ राजन् ~ सत्ता] *स्त्री॰* राजा या राज्य की शक्ति। राजशक्ति।

राजसभा—[स॰ राजन् ~ सभा] *स्त्री॰* १. राजदरबार। २. अनेक राजाओं की सभा। ३. बड़ी सभा।

राजसमाज—[स॰ राजन् ~ समाज] *पु॰* १. राजसभा। राजदरबार। २. राजाओं की सभा। ३. राजाओं का समूह। ४. राजाओं का वर्ग। राजा लोग।

राजसात्—[स॰ राजन् + साति] *क्रिवि॰* राजा/सरकार के अधिकार में। ✣ **राजसात्करण**—*पु॰* = किसी सम्पत्ति आदि पर राजा/सरकार का अधिकार होना।

राजसिंह—[स॰ राजन् ~ सिंह] *पु॰* १. श्रेष्ठ राजा। २. वीर, प्रतापी और तेजस्वी राजा।

राजसिक/राजसी—[स॰ रजस् + ठञ्, राजस् + ङीप्] *वि॰* १. रजोगुण से उत्पन्न या युक्त। राजस। २. जिसमें रजोगुण की प्रधानता हो। रजोगुणप्रधान। २. राजा जैसा। शाही। ३. जो राजा या धनी व्यक्ति के लिए ही उपयुक्त हो। *जैसे*—राजसिक वैभव। ४. वैभवशाली।

राजसूय—[स॰ राजन् ~ सूय] *पु॰* राजाओं के करने योग्य महत्त्वपूर्ण यज्ञ। *जैसे*—युधिष्ठिर का राजसूय यज्ञ।

राजस्व—[स॰ राजन् ~ स्व] *पु॰* १. राजा/सरकार की सम्पत्ति। २. राजा/सरकार को दिया जाने वाला कर।

राजहंस—[सं॰ राजन् ~ हंस] *पु॰* हंस जाति का एक उत्तम प्रकार का हंस जिसका शरीर धूसर रंग का होता है परन्तु चोंच और पैर लाल होते हैं।

राजहर्म्य—[सं॰ राज ~ हर्म्य] *पु॰* राजप्रासाद। राजमहल।

राजा—[सं॰ राजन्] *पु॰* १. किसी राज्य या जाति आदि का सर्वोच्च शासक और नियामक। नृपति। नरेश। भूपति। २. स्वामी। मालिक। ३. एक सम्मानसूचक उपाधि। ***जैसे***—राजा राममोहनराय। ४. बहुत धनी व्यक्ति। ५. पति या प्रेमी या बहुत प्रिय व्यक्ति। ***जैसे***—मेरा बेटा, मेरा राजा। *वि॰* १. श्रेष्ठ। २. राजा के तुल्य। ***जैसे***—मेरा राजा बेटा। ∇ **विलोम**—प्रजा।

राजाग्नि—[सं॰ राजन् ~ अग्नि] *स्त्री॰* राजा/शासक का क्रोध। राजकोप।

राजाङ्क (राजांक)—[सं॰ राजन् ~ अङ्क] *पु॰* (छत्र, चँवर, ध्वज आदि) राजचिह्न।

राजातिथि—[सं॰ राजन् ~ अतिथि] *पु॰* राजा का अतिथि।

राजाधिराज—[सं॰ राजन् ~ अधिराज] *पु॰* राजाओं का राजा। महाराज। सम्राट्।

राजार्ह—[सं॰ राजन् ~ आर्ह] *वि॰* जो राजा के योग्य हो। राजोपयुक्त।

राजावर्त—[सं॰ राजन् ~ आवर्त] *पु॰* एक उपरत्न। लाजवर्द।

राजाश्रय—[सं॰ राजन् ~ आश्रय] *पु॰* राजा/शासक का आश्रय। ***जैसे***—राजाश्रय पानेवाले कवि।

राजासन—[सं॰ राजन् ~ आसन] *पु॰* राजसिंहासन। सिंहासन।

राजि[१]—[सं॰ √राज् + इन्] *स्त्री॰* १. रेखा। लकीर। २. पंक्ति। क़तार। ३. राई।

***राजि[२]**—[राज॰] *सर्व॰* आप।

राजित—[सं॰ √राज् + क्त] *वि॰* १. शोभित। शोभायमान। २. विराजमान। ***जैसे***—सिंहासन पर राजित राम और सीता।

***राजिव**—*पु॰* ≤ *सं॰* राजीव। नीलकमल या कमल। ✣ **राजिवनयन**—*वि॰* कमल के समान सुन्दर नेत्रों वाला। कमलनयन।

राजी—[सं॰ राजि + ङीष्] *स्त्री॰* राजि। १. रेखा। लकीर। २. पंक्ति। क़तार।

राज़ी—[अरबी] *स्त्री॰* १. सहमति। रज़ामन्दी। २. प्रसन्नता। ख़ुशी। ३. सन्तुष्टि। *वि॰* १. सहमत। रज़ामन्द। २. प्रसन्न। ख़ुश। ३. सन्तुष्ट। ✣ **राज़ी-ख़ुशी**—*क्रिवि॰* अच्छी तरह। कुशलपूर्वक। सकुशल।

राजीव—[सं॰ राजी + व] *पु॰* १. नीलकमल या कमल। २. हाथी।

राजीविनी—[सं॰ राजीव + इनि + ङीप्] *स्त्री॰* कमलिनी।

राजेन्द्र (राजेंद्र)—[सं॰ राजन् ~ इन्द्र] *पु॰* १. राजाओं का राजा। राजाधिराज। महाराज। सम्राट्। २. राजाओं में श्रेष्ठ।

राजेश्वर—[सं॰ राजन् ~ ईश्वर] *पु॰* राजाओं का राजा। राजाधिराज। सम्राट्। महाराज। ✣ **राजेश्वरी**—*स्त्री॰* = १. महारानी। साम्राज्ञी। २. देवी पार्वती का एक रूप जो आठ भुजाओं वाला है। ३. दस महाविद्याओं में से एक महाविद्या। भुवनेश्वरी।

राजेष्ट—[सं॰ राजन् ~ इष्ट] *वि॰* १. जो राजा/राजाओं को प्रिय हो। २. उत्तम। बढ़िया।

राजोपकरण—[सं॰ राजन् ~ उपकरण] *पु॰* राजछत्र, ध्वज आदि राजचिह्न।

राजोपजीवी/राजोपसेवी—[सं॰ राजोपजीविन्/राजोपसेविन्] *पु॰* १. राजा का सेवक। २. राजकर्मचारी।

राज्ञी—[सं॰ राजन् + ङीप्] *स्त्री॰* रानी। राजमहिषी।

राज्य—[सं॰ राजन् + यक्] *पु॰* १. निश्चित सीमाओं वाला वह भूखंड जिसकी प्रभुसत्ता उसके निवासियों में ही निहित हो। २. किसी राजा या शासक द्वारा शासित भूखंड। ३. किसी संघ-राज्य की कोई इकाई। ४. शासन।

राज्यच्युत—[सं॰ राज्य ~ च्युत] *वि॰* (वह राजा) जो सिंहासन से हटा दिया गया हो। राज्यभ्रष्ट।

राज्यपरिषद्—[सं॰ राज्य ~ परिषद्] *स्त्री॰* संसद् की उच्च परिषद् जो लोकसभा के निर्णयों पर पुनर्विचार करती है। राज्यसभा। (अं॰ कौन्सिल आफ़ स्टेट्स, स्टेट कौन्सिल)

राज्यपाल—[सं॰ राज्य ~ पाल] *पु॰* भारत के किसी राज्य का सर्वोच्च शासक जो राष्ट्रपति का प्रतिनिधि होता है।

राज्यमण्डल (राज्यमंडल)—[सं॰ राज्य ~ मण्डल] *पु॰* स्वतन्त्र राज्यों का संघ। राज्यसंघ।

राज्यलक्ष्मी—[सं॰ राज्य ~ लक्ष्मी] *स्त्री॰* राज्य का वैभव और धन-सम्पत्ति। राज्यश्री।

राज्यवर्ष—[सं॰ राज्य ~ वर्ष] *पु॰* राज्य-संवत्। (दे॰)

राज्य-संवत्—[सं॰] *पु॰* किसी राजा के राज्याभिषेक या शासन के आरम्भ से गिना जाने वाला वर्ष।

राज्यसभा—[सं॰ राज्य ~ सभा] *स्त्री॰* भारतीय संसद् का 'लोकसभा' से भिन्न अंग जिसके अधिकांश सदस्य अप्रत्यक्ष निर्वाचन से चुने जाते हैं और कुछ राष्ट्रपति द्वारा मनोनीत होते हैं।

राज्याङ्ग (राज्यांग)—[सं॰ राज्य ~ अङ्ग] *पु॰* (प्राचीन राजनीतिशास्त्रियों के अनुसार) राज्य के साधक विविध अंग।

राज्याभिषिक्त—[सं॰ राज्य ~ अभिषिक्त] *वि॰* जिसका राज्याभिषेक/राजतिलक हुआ हो। जो राजा बनाया गया हो।

राज्याभिषेक—[सं॰ राज्य ~ अभिषेक] *पु॰* १. नए राजा का राजसिंहासन पर बैठना। राजतिलक। २. (प्राचीन भारत में प्रचलित) राजसिंहासन पर बैठने से पूर्व नए राजा को विभिन्न तीर्थों आदि के पवित्र जलों से स्नान कराने की रीति।

राज्यारोहण—[सं॰ राज्य ~ आरोहण] *पु॰* १. राजसिंहासन पर नए राजा का बैठना। २. किसी राजा या सम्राट् की मृत्यु या पद-त्याग के बाद उसके उत्तराधिकारी का राज्याभिषेक या पदारोहण।

राज्याश्रयी—[सं॰ राज्य ~ आश्रयी (आश्रयिन्)] *वि॰* राज्य का आश्रय पाया हुआ।

***राठ**—[< प्रा॰ रट्ठ < सं॰ राष्ट्र] *पु॰* १. राज्य। २. राजा।

राठौर—[< सं॰ राष्ट्रकूट] *पु॰* १. राष्ट्रकूटों के वंशज राजपूतों का,

राजस्थान का, एक राजवंश। राजपूतों की एक उपजाति। २. उक्त उपजाति का कुल-नाम। *जैसे*—जोधपुर के वीर दुर्गादास राठौर।

***राड़**—[< प्रा॰ राडि] *वि॰* १. निकम्मा। २. कायर। ३. मूर्ख। ४. तुच्छ। ५. शूद्र। *स्त्री॰* १. युद्ध। लड़ाई। २. विवाद। तकरार। हुज्जत।

***राढ़**—[< प्रा॰ राडि] *स्त्री॰* १. लड़ाई-झगड़ा। २. युद्ध। लड़ाई। ३. विवाद। तकरार। हुज्जत। *वि॰* १. निकम्मा। २. कायर। ३. दुष्ट। क्रूर। निष्ठुर। ४. मूर्ख।

राढ़ी[1]—[देशज] *स्त्री॰* एक प्रकार की मोटी घास।

राढ़ी[2]—[< हि॰ राढ़] *वि॰* १. झगड़ालू। २. विवाद/तकरार करनेवाला।

राणा—[< प्रा॰ राण] *पु॰* राजा।

रातना—[< हि॰ रात (< स॰ रक्त)] *क्रिअ॰* १. लाल रंग का होना। २. रँगा जाना। रँगना। ३. अनुरक्त होना। ४. आसक्त होना। ५. प्रेमपूर्वक मिल जाना।

***रातरी**—[< स॰ रात्रि] *स्त्री॰* रात्रि। रात।

***राति**—*स्त्री॰* ≤ *स॰* रात्रि। रात।

***रातिचर**—[< स॰ रात्रिचर] *पु॰* निशाचर। राक्षस।

रातिब—[अरबी] *पु॰* १. प्रतिदिन की ख़ुराक। दैनिक आहार। २. कुत्ते या घोड़े की प्रतिदिन की ख़ुराक।

***राती**[1]—[< हि॰ राता] *वि॰ (स्त्री॰)* १. लाल रंग की। २. रँगी हुई। ३. किसी व्यसन में डूबी। ४. मग्न।

***राती**[2]—[< हि॰ राति < स॰ रात्रि] *स्त्री॰* रात्रि। रात। *क्रिवि॰* रात-भर।

***रातुल**—[< हि॰ रात] *वि॰* लाल रंग का। रक्तिम।

***राते पीरे**—[< हि॰ राता + पीला] *वि॰* लाल-पीले।

रात्रिक—[स॰ रात्रि] *वि॰* रात्रि-सम्बन्धी। रात्रि का।

रात्रिकर—[स॰ रात्रि + कर] *पु॰* चन्द्रमा।

रात्रिचर्या—[स॰ रात्रि ~ चर्या] *स्त्री॰* रात्रि में किए जाने वाले काम।

रात्रिचर—[स॰ रात्रि ~ चर] *वि॰* रात में सक्रिय रहनेवाला प्राणी (चमगादड़, उल्लू आदि) *पु॰* १. रात्रि में घूमनेवाला मनुष्य। २. निशाचर। राक्षस। ३. चोर। ४. डाकू। ५. भूत-प्रेत।

रात्रिचारी—[स॰ रात्रिचारिन्] *वि॰, पु॰* रात्रिचर। (दे॰)

रात्रिज—[स॰ रात्रि + ज] *वि॰* १. रात्रि से उत्पन्न। २. रात में होने या दिखने वाला।

रात्रिजल—[स॰ रात्रि ~ जल] *पु॰* ओस।

रात्रिजागर—[स॰ रात्रि ~ जागर] *पु॰* १. रात में जागनेवाला प्राणी। २. रात्रि में होनेवाला जागरण। रतजगा। ३. श्वान। कुत्ता।

रात्रिञ्चर (रात्रिंचर)—[स॰ रात्रिम् ~ चर] *वि॰, पु॰ रात्रिचर*।

रात्रिनाशन—[स॰ रात्रि ~ नाशन] *पु॰* सूर्य।

रात्रिपुष्प—[स॰ रात्रि ~ पुष्प] *पु॰* १. रात में खिलनेवाला फूल। २. कुँई। कुमुदिनी।

रात्रिबल—[स॰ रात्रि ~ बल] *पु॰* राक्षस। निशाचर।

रात्रियोग—[स॰ रात्रि ~ योग] *पु॰* रात हो जाना। *जैसे*—जंगल में घूमते-घूमते रात्रियोग हो गया।

रात्रिरक्षक—[स॰ रात्रि ~ रक्षक] *पु॰* चौकीदार।

रात्रिराग—[स॰ रात्रि ~ राग] *पु॰* अन्धकार। अँधेरा।

रात्रि-हास—[स॰] *पु॰* कुमुदिनी (पुष्प)। कुँई।

राद्ध (राद्ध)—[स॰ √राध् + क्त] *वि॰* १. पकाया हुआ। राँधा हुआ। २. सिद्ध/पूरा किया हुआ। ३. तैयार किया हुआ। ४. पाया हुआ। प्राप्त। ५. राज़ी किया हुआ। मनाया हुआ। ६. सफलमनोरथ। ७. भाग्यशाली।

राद्धान्त (राद्धांत)—[स॰ राद्ध ~ अन्त] *पु॰* हठपूर्वक स्थापित धर्म-सम्प्रदायगत मत। हठधर्म। उस धार्मिक विश्वास का कट्टरपन जो तर्कसंगत न हो।

राधन—[स॰ √राध् + ल्युट्] *पु॰* १. साधने की क्रिया। साधना। २. प्राप्ति। ३. तुष्टि। ४. (काम पूरा करने का) साधन। ५. उपकरण। औज़ार।

राधना—[< स॰ राधन] *क्रिस॰* १. आराधना करना। पूजा करना। २. सिद्ध करना। पूरा करना। ३. उपाय/युक्ति से अपना काम निकालना।

राधा—[स॰ √राध् + अच् + टाप्] *स्त्री॰* १. (वृन्दावन की) एक गोपी जो कृष्ण की अनन्य सखी थी। २. प्रेम। अनुराग। ३. विशाखा नक्षत्र। ४. बिजली। ५. आह्लादिनी शक्ति। ६. वैशाख मास की पूर्णिमा। ७. सफलता। *पु॰* (छन्द॰) एक समवर्णिक छन्द जिसके प्रत्येक चरण में क्रमशः रगण, तगण, मगण, यगण और गुरु (र त म य ग) के योग से १३ वर्ण होते हैं तथा ८-५ पर यति होती है।

राधाकान्त (राधाकांत)—[स॰ राधा ~ कान्त] *पु॰* राधा का प्रिय। कृष्ण।

राधारमण—[स॰ राधा ~ रमण] *पु॰* राधा का प्रिय। कृष्ण। (छन्द॰) एक समवर्णिक छन्द जिसके प्रत्येक चरण में क्रमशः दो नगण, मगण और सगण (न न म स) के योग से १२ वर्ण होते हैं।

राधावल्लभ—[स॰ राधा ~ वल्लभ] *पु॰* १. राधा का प्रिय। कृष्ण। २. एक वैष्णव सम्प्रदाय जिसके अनुयायी '**राधावल्लभी**' कहलाते हैं।

राधाष्टमी—[स॰ राधा ~ अष्टमी] *स्त्री॰* राधा की जन्म-तिथि भाद्र शुक्ल अष्टमी।

राधास्वामी—[स॰ राधा ~ स्वामी (स्वामिन्)] *पु॰* १. राधा का स्वामी। कृष्ण। २. एक आधुनिक धर्म-सम्प्रदाय जिसका प्रधान केन्द्र आगरा (उ॰ प्र॰) है।

राधिका—[स॰ राधा + कन् + टाप्, इत्व] *स्त्री॰* राधा। (छन्द॰) एक सममात्रिक छन्द जिसके प्रत्येक चरण में २२ मात्राएँ होती हैं तथा १३-९ पर यति होती है। लावनी छन्द।

राधेय—[स॰ राधा + ठक्] *पु॰* (हस्तिनापुर के सारथी अधिरथ की पत्नी) राधा का पालित-पोषित पुत्र कर्ण। (द्वापरयुग का महारथी) कर्ण।

राध्य—[स॰ √राध् + यत्] *वि॰* आराधना/पूजा के योग्य। आराध्य। उपास्य। पूज्य।

रान—[फा॰] *स्त्री॰* जंघा। जाँघ।

रापड़—[देशज] *पु॰* बंजर भूमि।

रापी—[< हि॰ राँपी] *स्त्री॰* चमड़ा साफ़ करने और काटने का एक उपकरण।

राब—[< प्रा॰ रब्बा] *स्त्री॰* औटाकर गाढ़ा किया हुआ गन्ने के रस का शीरा जो दानेदार होता है।

राबड़ी—*स्त्री॰* ≤ *हि॰* रबड़ी।

राबना—[देशज] *क्रिस॰* खेत में एक विशेष तरीक़े से खाद डालना।

राबिस—[< अ॰ रबिश] *स्त्री॰* ईंट के भट्ठे से निकला कोयले का चूर्ण और राख।

राम—[स॰ √रम् + ण/घञ्] *वि॰* १. रमण करनेवाला। २. सुन्दर। मनोहर। *पु॰* १. (सर्वत्र रमण करनेवाला) परमात्मा। ईश्वर। २. (दशरथ-पुत्र) रामचन्द्र। ३. परशुराम। ४. बलराम। ५. (पद्य आदि में) तीन की संख्या। ६. रमण। ७. प्रेमी। (छन्द॰) एक सममात्रिक छन्द जिसके प्रत्येक चरण में १७ मात्राएँ होती है, ९-८ पर यति होती है और अन्त में यगण होता है। ● **विशेष**—१. परस्पर मिलने पर 'नमस्ते' कहने के तुल्य **'राम-राम'** कहना हिन्दू शिष्टाचार है। २. मृत व्यक्ति की अरथी ले जाते समय **'राम-नाम सत्य है'** बोलते जाना हिन्दू प्रथा है। ३. अनेक राग-रागिनियों, वृक्षों, अनाजों, सब्जियों, तीर्थों, नगरों, नदियों, पर्वतों, पक्षियों आदि के नाम में 'राम' शब्द जुड़ा मिलता है।

रामगङ्गरा (रामगंगरा)—[स॰ राम + देशज गंगरा] *स्त्री॰* गौरैया के आकार की एक चिड़िया जो चमकदार काले सिर वाली होती है और उड़ते हुए मधुर हर्षध्वनि करती है।

रामजननी—[स॰ राम ~ जननी] *स्त्री॰* १. (परशुराम की माता) रेणुका। २. (रामचन्द्र की माता) कौशल्या। ३. (बलराम की माता) रोहिणी।

रामजना—[स॰ राम + हि॰ जना] *पु॰* १. जिस व्यक्ति/पुरुष के पिता का पता न हो। दोग़ला। २. एक उपजाति जिसकी कन्याएँ प्रायः वेश्यावृत्ति करती हैं।

राम-जुहारी—[< स॰ राम + हि॰ जुहारन] *स्त्री॰* 'राम-राम' या 'जय राम जी की' अर्थ वाला एक प्रकार का अभिवादन। राम-राम। जय राम जी की।

राम-जौ—[स॰ राम + हि॰ जौ] *पु॰* एक प्रकार की जई जिसके दाने जौ के दानों के बराबर होते हैं।

रामतरोई/रामतुरई—[स॰ राम + देशज तरोई/तुरई] *व्या॰* एक प्रकार का फल-शाक। लौकी। घीया। लम्बा कद्दू।

रामतारक—[स॰ राम ~ तारक] *पु॰* (वैष्णव सम्प्रदाय में) भगवान् राम के भक्तों द्वारा जपा जाने वाला 'रां रामाय नमः' मन्त्र।

रामत्व—[स॰ राम + त्व] *पु॰* राम होने की अवस्था/गुण/भाव। रामपन।

रामदल—[स॰ राम ~ दल] *पु॰* राम की सेना।

रामदास—[स॰ राम ~ दास] *पु॰* १. राम का सेवक। २. राम का भक्त। रामभक्त। ३. हनुमान। ४. महाराष्ट्र के सन्त समर्थ रामदास।

रामनामी—[< स॰ राम नाम] *स्त्री॰* १. वह वस्त्र (चादर या दुपट्टा आदि) जिस पर सब जगह राम-नाम की छाप लगी हो। २. गले का एक आभूषण। सोने का कंठहार।

रामपञ्चायतन (रामपंचायतन)—[स॰ राम ~ प्रञ्च ~ आयतन] *पु॰* रामसहित पाँच का समूह। रामचन्द्र जी की सीता, भरत, लक्ष्मण और शत्रुघ्न के साथ मूर्ति/चित्र।

†**राम-बँटाई**—[स॰ राम + हि॰ बँटाई] *पु॰* दो लोगों में आधे-आधे का विभाजन।

रामबोला—[< स॰ राम + हि॰ बोलना] *वि॰* १. 'राम' नाम का बार-बार उच्चारण करनेवाला। २. राम की भक्ति करनेवाला। राम-भक्त।

रामभद्र—[स॰ राम ~ भद्र] *पु॰* (कौसल्या-पुत्र) रामचन्द्र।

राममन्त्र (राममंत्र)—[स॰ राम ~ मन्त्र] *पु॰* १. 'राम' नामक मन्त्र। २. रामतारक मन्त्र। 'रां रामाय नमः' मन्त्र।

रामरज—[स॰ राम ~ रजस्] *स्त्री॰* एक प्रकार की पीली मिट्टी।

रामरस—[स॰ राम ~ रस] *पु॰* १. राम/ईश्वर की भक्ति या उससे प्राप्त आनन्द।

रामराय—[स॰ राम + हि॰ राय] *पु॰* राजा रामचन्द्र।

रामरोला—[< स॰ राम + हि॰ रोर] *पु॰* कोलाहल।

रामशर—[स॰ राम ~ शर] *पु॰* १. राम का बाण। २. एक वनस्पति। रामसर। सरपत। मूँज। (दे॰ रामसर)

रामसनेही—[< स॰ रामस्नेही] *वि॰* राम से प्रेम/स्नेह करनेवाला। *पु॰* १. राजस्थान का एक वैष्णव सम्प्रदाय। २. उक्त सम्प्रदाय का अनुयायी।

रामसर—[< स॰ राम ~ शर] *पु॰* एक पेड़ जो गन्ने के पेड़ के समान दिखता है। सरपत।

रामा—[स॰ राम + टाप्] *स्त्री॰* १. सुन्दर स्त्री। २. गायन में कुशल स्त्री। ३. (विष्णु-पत्नी) लक्ष्मी। ४. सीता। (छन्द॰) एक समवर्णिक छन्द जिसके प्रत्येक चरण में तगण, यगण और २ लघु (त य ल ल) के योग से ८ वर्ण होते हैं।

रामाकार—[स॰ राम ~ आकार] *वि॰* १. राम के आकार का। २. राममय।

रामाख्य—[स॰ राम ~ आख्य] *वि॰* 'राम' नाम वाला।

रामानन्द (रामानंद)—[स॰ राम ~ आनन्द] *वि॰* राम नाम में आनन्द लेनेवाला। ✣ **रामानन्दी (रामानंदी)**—*वि॰* = १. राम का नाम लेने में आनन्दित होनेवाला। २. स्वामी रामानन्द द्वारा प्रवर्तित सम्प्रदाय से सम्बन्धित। *पु॰* स्वामी रामानन्द द्वारा प्रवर्तित सम्प्रदाय का अनुयायी।

रामानुज—[स॰ राम ~ अनुज] *पु॰* १. राम का छोटा भाई। २. भरत, लक्ष्मण या शत्रुघ्न।

रामायुध—[स॰] *पु॰* १. राम के आयुध। धनुष-बाण। २. धनुष-बाण के रेखाचित्र।

रामेश्वर—[स॰ राम ~ ईश्वर] *पु॰* १. (राम का उपास्य) शिव। महादेव। दक्षिण भारत में रामेश्वरम् नामक स्थान में स्थापित शिवलिंग।

रामेषु—[सं॰ राम ~ इषु] *पु॰* १. राम का बाण। २. रामबाण नामक पौधा।

राय[1]—[प्रा॰ < सं॰ राजा (राजन्)] *पु॰* १. राजा। २. छोटा राजा। ३. सामन्त। सरदार। ४. (मध्ययुग में दी जाने वाली) एक राजकीय उपाधि। ५. भाट। ६. बंगालियों में एक वंश-उपाधि। ***जैसे***—राममोहन राय।

राय[2]—[फा॰] *स्त्री॰* १. विचार। मत। २. परामर्श। सलाह। ३. मत। ***वा॰* राय क़ायम करना**—कोई एक निर्णय करना।

रायज़ादा—[< हि॰ राय + फा॰ ज़ाद:] *पु॰* १. राजपुत्र। २. अँग्रेज़ सरकार द्वारा अपने कृपा-पात्रों को दी जाने वाली एक उपाधि।

रायता—[< हि॰ राई < सं॰ राजी] *पु॰* बूँदी, आलू या बथुआ का साग आदि को मथे हुए दही में डालकर तथा तड़का/छौंक लगाकर तैयार किया जाने वाला एक भोज्य पदार्थ।

रायमुनियाँ, लाल मुनियाँ—[देशज] *स्त्री॰* नारी/मादा 'लाल' नामक चिड़िया जिसका शरीर भूरापन लिए हुए लाल रंग का होता है।

राय-रायान—[< हि॰ राय] *पु॰* (मध्यकाल में प्रचलित एक उपाधि) राजाओं का राजा। राजाधिराज।

***रायरासि**—[< सं॰ राजराशि] *स्त्री॰* राजा का ख़ज़ाना। राजकोष।

रायल—[< अं॰ रॉयल] *वि॰* राजकीय। सरकारी। शाही। *स्त्री॰* काग़ज़ की २० इंच चौड़ी और २६ इंच लम्बी नाप।

रायल्टी—[< अं॰ रॉइल्टि] *स्त्री॰* १. किसी विशेषाधिकार के बदले में उसके स्वामी को दी जाने वाली धनराशि। स्वत्वाधिकार-धनराशि। स्वत्व-शुल्क। अधिकार-शुल्क। २. प्रकाशक द्वारा पुस्तक छापने की अनुमति देने पर लेखक को दी गयी धनराशि। ३. किसी खान के पट्टेदार द्वारा खनिज निकालने के अधिकार के बदले खान के स्वामी को दी जाने वाली धनराशि।

रायसा—[< हि॰ रासो] *पु॰* १. डिंगल भाषा में रचित चरित्र-विषयक काव्य ग्रन्थ। रासो। रासा। २. किसी वीर या सती के यश का वर्णन करनेवाला गीत।

***रायहर**—[प्रा॰ < सं॰ राजगृह] *पु॰* राजप्रासाद। राजमहल।

***राया**—[< प्रा॰ राय < सं॰ राजा] *पु॰* १. राजा। २. स्वामी।

रार—[< प्रा॰ राडि] *स्त्री॰* १. विवाद। झगड़ा। तकरार। हुज्जत। २. हठ। ज़िद।

राल—[< सं॰] *स्त्री॰* शाल वृक्ष का गोंद।

†रालना—[राजस्थ॰] *क्रिस॰* डालना। फेंकना।

राव—[< सं॰ राजा] *पु॰* १. राजा। २. राजस्थान आदि के कुछ राजाओं की उपाधि। ३. दरबारी। ४. सामन्त। सरदार। ५. धनी। ***जैसे***—राव और रंक। ● **विशेष**—दक्खिनी हिन्दी में 'राव' राजा के लिए भी प्रयुक्त हुआ है और सम्मानार्थ भी।

†रावचाव—[हि॰ राव + चाव] *पु॰* १. नाच-गाने का समारोह। राग-रंग। २. लाड़। दुलार। ३. प्रेम। ४. प्रेमपूर्ण व्यवहार।

रावज़ादा—[< हि॰ राव + फा॰ ज़ाद:] *पु॰* १. राजपुत्र। राजकुमार। २. लड़ैता बालक।

रावटी—[< हि॰ रावट] *स्त्री॰* बीच की ऊँची छत वाला, बरामदेदार, दो बल्लियों वाला तम्बू।

रावणहस्त वीणा—[सं॰ रावण ~ हस्त ~ वीणा] *स्त्री॰* वीणा का एक भेद जिसका संशोधित रूप 'सारंगी' है।

रावणारि—[सं॰ रावण ~ अरि] *पु॰* १. रावण का शत्रु/नाशक। २. (दशरथ-पुत्र) राम।

रावत—[< सं॰ राजपुत्र] *पु॰* १. राजवंश का व्यक्ति। २. छोटा राजा। ३. क्षत्रिय। ४. सामन्त। सरदार। ५. वीर योद्धा। ६. सेनापति। ७. (उत्तरांचल प्रदेश के) गढ़वाल आदि में रहनेवाली एक क्षत्रिय उपजाति।

रावना—[< सं॰ रावण] *क्रिस॰* (दूसरों को) रुलाना।

***रावर[1]**—[< सं॰ राजपुर] *पु॰* अन्त:पुर। रनिवास।

रावर[2]/रावरा/रावरो—[<हि॰ राउ] *सर्व॰* आपका। ● **विशेष**—**रावरि** = आपकी। **रावरे** = आपके।

रावल[1]—[< सं॰ राजकुल] *पु॰* १. कुछ राजपूत राजाओं की उपाधि। २. बदरीनाथ के मन्दिर के महन्त की उपाधि। ३. छोटा राजा। ४. सामन्त सरदार।

रावल[2]—[< सं॰ < हि॰ राउर < सं॰ राजपुर] *पु॰* अन्त:पुर। रनिवास।

रावल[3]—[< सं॰ लाकुल (= पाशुपत सम्प्रदाय का योगी)] *पु॰* पाशुपत सम्प्रदाय का अनुयायी। ***जैसे***—मेवाड़ के राणाओं के पूर्वज बाप्पा रावल।

रावला—[< हि॰ रावरा] *सर्व॰* आपका। ● **विशेष**—**रावली** = आपकी। **रावलो** = आपका।

रावळा—[राजस्थ॰ < प्रा॰ राउल < सं॰ राजकुल] *पु॰* १. राजकुल। २. राजमहल। ३. रानियों का समूह।

राशि—[सं॰ √अश् + इण्, रुट्-आगम] *स्त्री॰* १. पुंज। ढेर। २. एक प्रकार की अनेक वस्तुओं का समूह। ***जैसे***—मेघराशि; रत्नराशि। (गणित॰) कोई संख्या या बीजगणितीय व्यंजक। ***जैसे***—५, ३.२, क अथवा $य^2 + य^2$ विविध प्रकार की राशियाँ हैं (खगोल॰) क्रान्तिवृत्त में स्थित बारह तारा-समूहों में से प्रत्येक। ***वा॰* राशि मिलना**—१. दो या अधिक व्यक्तियों का आपस में ताल-मेल होना। पटरी बैठना। मेल-मिलाप। २. दो व्यक्तियों की जन्मराशि एक ही होना। ३. परस्पर अनुकूलता होना।

राशिचक्र—[सं॰ राशि ~ चक्र] *पु॰* (खगोल॰) आकाश में क्रान्तिवृत्त के दोनों ओर ८° तक फैली हुई एक पट्टी जिसके १२ समान भागों को राशियाँ कहते हैं।

राशिनाम—[सं॰ राशि ~ नाम (नामन्)] *पु॰* जन्म-काल में चन्द्रमा की राशि/नक्षत्र के अनुसार रखा जाने वाला जातक का नाम।

राशिप/राशिपति—[सं॰ राशि + प, राशि ~ पति] *पु॰* (ज्योतिष॰) राशि का स्वामी या अधिपति देवता।

राशिपातन—[सं॰ राशि ~ पातन] *पु॰* (अर्थ॰) विदेशी बाज़ार में उस क़ीमत पर माल बेचना जो घरेलू बाज़ार में प्राप्त की जाने वाली क़ीमत से कम है।

राशि-भोग—[सं॰ राशि ~ भोग] पुं॰ किसी ग्रह की किसी राशि में स्थिति की अवधि।

राशि-राशि—[सं॰ राशि की पुनरुक्ति] वि॰ बहुत-सा।

***राषड़ी**—[राजस्थ॰, < सं॰ रक्षा] स्त्री॰ राखड़ी। (दे॰)

राष्ट्र—[सं॰ √राज् + ष्ट्रन्] पुं॰ १. कोई समाज जो एक देश का निवासी हो तथा एक संस्कृति, समान इतिहास, समान परम्पराओं और समान शत्रु-मित्र-भावना से युक्त हो और अपने देश को मातृभूमि, पितृभूमि और पुण्यभूमि मानता हो। २. देश। ३. जाति। समाज।

राष्ट्रकवि—[सं॰ राष्ट्र ~ कवि] पुं॰ १. राष्ट्रीय आदर्शों को प्रभावी रूप में प्रस्तुत करनेवाले राष्ट्र-प्रेरक काव्य का रचयिता तथा राष्ट्र में सर्वमान्य कवि। २. राष्ट्रीय सरकार द्वारा विधिवत् घोषित राष्ट्र-मान्य कवि।

राष्ट्रकुल—[सं॰ राष्ट्र ~ कुल] पुं॰ राष्ट्रमंडल।

राष्ट्रचेता—[सं॰ राष्ट्रचेतस्] वि॰ राष्ट्र को जाग्रत करने-वाला।

राष्ट्रतन्त्र (राष्ट्रतंत्र)—[सं॰ राष्ट्र ~ तन्त्र] पुं॰ १. राष्ट्र की जीवन-पद्धति। २. राज्य की शासन-पद्धति।

राष्ट्रभाषा—[सं॰ राष्ट्र-भाषा] स्त्री॰ राष्ट्र के निवासियों के परस्पर व्यवहार की प्रमुख प्रचलित भाषा।

राष्ट्रमण्डल (राष्ट्रमंडल)—[सं॰ राष्ट्र ~ मंडल] पुं॰ (राज॰) उन स्वाधीन और प्रभुसत्तासपन्न राष्ट्रों/राज्यों का साहचर्य जो कभी ब्रिटिश साम्राज्य के अधीन थे तथा शैक्षिक, सांस्कृतिक, आर्थिक आदि क्षेत्रों में परस्पर सहयोग और सहायता के लिए सहचारी हैं।

राष्ट्रेतर—[सं॰ राष्ट्र ~ इतर] वि॰ १. जो राष्ट्र से भिन्न हो। राष्ट्र के अतिरिक्त। २. जो राष्ट्र का न हो।

रास[1]—[सं॰ √रास् + घञ्] पुं॰ १. कोलाहल। शोर। २. स्त्री-पुरुषों का परस्पर हाथ बाँधकर और गाते हुए मंडलाकार नृत्य जो गोपों में प्राचीन काल से प्रचलित रहा। ३. कृष्ण और गोपियों का उक्त नृत्य जो एक शरद्पूर्णिमा की रात्रि को वृन्दावन में हुआ था। ४. लोकनाट्य का एक रूप जिसमें कृष्ण का राधा और अन्य गोपियों के साथ, गायन और मंडलाकार नृत्य करते हुए, शृंगारिक क्रीड़ाओं का अभिनय होता है। ५. एक प्रकार का नाट्य-काव्य या काव्य-ग्रन्थ। रासो। रासक। (छन्द॰) एक सममात्रिक छन्द जिसके प्रत्येक चरण में २२ मात्राएँ होती हैं, अन्त में सगण होता है तथा ८-८-६ पर यति होती है।

†**रास**[2]—[< प्रा॰ रासि < सं॰ राशि] स्त्री॰ १. एक ही प्रकार की अनेक वस्तुओं का ढेर। राशि। पुंज। २. समूह। ३. अनाज का ढेर जो खलियान में एकत्र होता है। ***जैसे***—गेहूँ की रास। ४. पशुओं का समूह। चौपायों का झुंड। ५. ज्योतिष की १२ राशियों में से प्रत्येक। ***जैसे***—एक ही रास के दो भाई; मेष रास। ६. किसी व्यक्ति के साथ स्वभाव, प्रवृत्ति आदि का ताल-मेल जैसा अनुकूल ज्योतिषीय राशियों के लोगों में होता है। ७. शुभ। हितकर। ***जैसे***—नया मकान हमें बहुत रास आया। ***वा॰*** **रास आना/होना**—अनुकूल होना। **रास में लाना**—अपने वश में करना।

रास[3]—[< प्रा॰ रस्सि] स्त्री॰ रज्जु। रस्सी या रस्सा।

रास[4]—[फ़ा॰] स्त्री॰ (घोड़े आदि की) लगाम। ***वा॰*** **रास कड़ी करना**—१. लगाम ख़ींचना। २. पूरा नियन्त्रण रखना।

रासक—[< सं॰ रास + कन्] पुं॰ नाटक का एक प्रकार। हास्यरसप्रधान एकांकी जिसमें केवल पाँच पात्र होते हैं, नायिका चतुर होती है और नायक मूर्ख होता है, सूत्रधार नहीं होता, तथा अनेक प्रकार की प्राकृतों का प्रयोग होता है।

रासधारी—[सं॰ रासधारिन्] स्त्री॰ राजस्थानी नृत्यनाट्य की एक विशेष शैली जिसमें प्राय: राम और कृष्ण की लीलाओं को गीत और नृत्य के साथ मनोरंजक ढंग से प्रस्तुत किया जाता है। पुं॰ १. रासलीला का प्रबन्धक। २. रासलीला की मंडली का प्रमुख। ३. रासलीला का अभिनेता।

रासन—[सं॰ रसना + अण्] वि॰ १. रसना-सम्बन्धी। जीभ का। २. स्वादिष्ठ। ✣ **रासन प्रत्यक्ष**—पुं॰ (भा॰ दर्शन॰) (= जीभ द्वारा) चखने से प्राप्त ज्ञान। रसना इन्द्रिय और पदार्थ के संयोग से उत्पन्न ज्ञान।

रासपूर्णिमा—[सं॰ रास ~ पूर्णिमा] स्त्री॰ वृन्दावन में कृष्ण, राधा और अन्य गोपियों के प्रसिद्ध रास की तिथि। कार्तिक पूर्णिमा। शरदपूर्णिमा।

रासभ—[सं॰ √रास् + अभच्] पुं॰ गर्दभ। गधा।

रासविलास—[सं॰ रास ~ विलास] पुं॰ १. रास-क्रीड़ा। २. रास का नृत्य।

रासविहारी—[सं॰ रासविहारिन्] पुं॰ (रास-क्रीड़ा करनेवाला) कृष्ण।

रासा—[< सं॰ रासक] पुं॰ रासो। (दे॰) (छन्द॰) एक सममात्रिक छन्द जिसके प्रत्येक चरण में ३१ मात्राएँ होती हैं तथा चरण के आरम्भ में गुरु और अन्त में लघु होता है।

रासायन—[सं॰ रसायन + अण्] वि॰ १. रसायन-सम्बन्धी। रसायन का। २. जो रसायन के रूप में हो।

रासायनिक—[सं॰ रसायन + ठक्] वि॰ रसायनविज्ञान-सम्बन्धी। रसायनविज्ञान का। ***जैसे***—रासायनिक प्रक्रिया। पुं॰ १. रसायनविज्ञानी। २. कीमियागर।

***रासि**—स्त्री॰, प्रा॰ ≤ सं॰ राशि। (दे॰)

***रासी**[1]—स्त्री॰ ≤ सं॰ राशि। (दे॰)

†**रासी**[2]—[देशज] वि॰ १. नक़ली। २. ख़राब। ३. दोषपूर्ण। मिलावटी। ***जैसे***—सोने के रासी तार का प्रयोग।

***रासु**—[< फ़ा॰ रास्त] वि॰ १. सरल। सीधा। २. उचित। ठीक।

रासेश्वरी—[सं॰ रास ~ ईश्वरी] स्त्री॰ राधा।

रासो—[< सं॰ रास/रासक] पुं॰ एक विशेष प्रकार के काव्यग्रन्थों की परम्परा का नाम जिसमें गीत-नृत्य-परक और छन्द-वैविध्य-परक दो धाराएँ थीं और जिनकी कृतियाँ 'रास'/'रासो' नाम वाली हैं।

रास्त—[फ़ा॰] वि॰ १. सरल। सीधा। २. सत्य। सच्चाई। ३. उचित। ठीक।

रास्ना—[सं॰] *स्त्री॰* एक औषधोपयोगी फूल जो बैंगनी रंग का होता है और जिसके वृक्ष नदी के किनारे या पर्वतों की तलहटी में अधिक होते हैं, पत्ते बड़े और चौड़े होते हैं।

राहगीर—[फ़ा॰] *पु॰* पथिक। मुसाफ़िर।

राह-चाह—[फ़ा॰] *स्त्री॰* रंग-ढंग।

राह चौरङ्गी (राहचौरंगी)—[फ़ा॰ राह + हि॰ चौरंगी] *पु॰* चौराहा। चौमुहानी।

राहज़न—[फ़ा॰] *वि॰* मार्ग में लूटनेवाला। बटमार। लुटेरा।

राह-रस्म—[फ़ा॰ राह + अरबी रस्म] *पु॰* १. मेल-जोल। २. प्रथा। चाल। ***वा॰* राह-रस्म पैदा करना**—परस्पर व्यवहार आरम्भ करना। आपस में आना-जाना, खाना-पीना, विवाह आदि के अवसर पर लेना-देना इत्यादि आरम्भ करना।

राह-रीति—[फ़ा॰ राह + सं॰ रीति] *स्त्री॰* १. परस्पर व्यवहार। २. परिचय। जान-पहचान।

राहा—[< हि॰ रहना] *पु॰* चक्की के नीचे का पाट जमाने का मिट्टी का चबूतरा।

राहित्य—[सं॰ रहित + ष्यञ्] *पु॰* १. रहित होने का भाव। रहितता। विहीनता। २. अभाव। ∇ **विलोम**—साहित्य।

राही[१]—[फ़ा॰] *पु॰* यात्री। पथिक। बटोही। ***वा॰* राही होना**—१. चल देना। २. स्थायी न होना।

***राही[२]**—[< प्रा॰ राहिआ < सं॰ राधिका] *स्त्री॰* राधा। राधिका।

राहु—[सं॰ √रह् + उण्] *पु॰* (पुराण॰) विप्रचित्ति और सिंहिका का पुत्र एक असुर। (खगोल॰, ज्योतिष॰) एक उपग्रह या छायाग्रह। पृथ्वी के सूर्य-परिक्रमा-मार्ग और चन्द्रमा के पृथ्वी-परिक्रमा-मार्ग के दो कटान-बिन्दुओं में से वह कटान-बिंन्दु जहाँ पहुँचकर चन्द्रमा उत्तर की ओर जाता है।

राहु-दर्शन—[सं॰] *पु॰* सूर्यग्रहण या चन्द्रग्रहण।

राहुभेदी—[सं॰ राहुभेदिन्] *पु॰* राहु का सिर काटने वाला। विष्णु।

राहु-माता—[सं॰] *स्त्री॰* राहु की माता। सिंहिका नामक असुर स्त्री जो विप्रचित्ति की पत्नी थी।

राहुरत्न—[सं॰ राहु ~ रत्न] *पु॰* 'गोमेद' नामक रत्न।

राहे रास्त—[फ़ा॰] *पु॰* १. सरल मार्ग। सीधा रास्ता। २. सत्य का मार्ग। ३. धर्म का मार्ग।

[१]राँक/राँकव/राँका/राँको—[< सं॰ रङ्क] *वि॰* दरिद्र।

राँगड़—[देशज] *पु॰* मुसलमान बना लिए गए राजपूतों की एक जाति।

राँगड़ी—[देशज] *पु॰* मालवा और राजस्थान की क्षेत्रीय बोली। मालवी बोली का एक स्थानीय रूप जो मालवा के राजपूतों में प्रचलित है। मालवा के राँगड़ों की भाषा।

राँगा—[देशज] *पु॰* एक धातु जो सफ़ेद रंग की और कुछ मुलायम होती है। वंग धातु।

***राँचना[१]**—[< हि॰ राचना] *क्रिअ॰* १. रंग से युक्त होना। रंजित होना। २. अनुरक्त होना। ३. लीन होना। मग्न होना। ४. रीझना। ५. रमना। *क्रिस॰* १. रँगना। रंजित करना। २. अनुरक्त करना। ३. प्रसन्न करना। ४. ललकना। ✣ **राँचा**—*वि॰* = १. रँगा हुआ। रंजित। २. अनुरक्त। ३. लीन। मग्न। ✣ **राँचि**—*क्रिवि॰* = १. रंग करके। २. अनुराग करके। *वि॰* १. रँगा हुआ। २. अनुरक्त। ✣ **राँचि-राँचि**—*क्रिवि॰* = १. अति रुचि से। बड़े चाव से। २. भली-भाँति। बहुत सँभालकर। ✣ **राँची**—*वि॰ (स्त्री॰)* = १. रँगी हुई। २. अनुरक्त। ३. तीन।

***राँचना[२]**—[< हि॰ राचना[२]] *क्रिस॰* रचना करना।

[१]राँजना[१]—[< सं॰ रञ्जन] *क्रिस॰* १. रंजित करना। रँगना। २. आँजना। (आँख में) काजल लगाना।

राँजना[२]—[< हि॰ राँगा] *क्रिअ॰* राँगा से जोड़ना। राँगा का टाका लगाना।

राँधना—[< सं॰ रन्धन/राधन] *क्रिस॰* (चावल आदि) पकाना। ● **विशेष**—**राँधे** = *क्रिवि॰* = राँधने से। पकाने से। **राँध्यो** = पकाया हुआ।

[१]राँटा—[देशज] *पु॰* १. टिटिहरी पक्षी। २. चर्ख़ा। ३ चोरों की संकेत-भाषा। ✣ **राँटी**—*स्त्री॰* टिटिहरी पक्षी।

राँड/राँड़—[< सं॰ रण्डा] *स्त्री॰* विधवा स्त्री जिसने फिर विवाह न किया हो।

राँडरोरु/राँड़रोरु—[< सं॰ रण्डरोरुदा] *स्त्री॰* १. विधवा स्त्री का विलाप/कोलाहल। २. अकेला और बेकार ही बहुत रोनेवाला।

राँध/राँधा—[< सं॰ अपरान्त] *पु॰* पड़ोस। क्रिवि॰ = समीप। निकट। ✣ **राँध-पड़ोस**—*पु॰* = पड़ोस का या आसपास का स्थान। पास-पड़ोस।

राँपी—[देशज] *स्त्री॰* एक उपकरण जिससे चमड़े को काटा, छीला और साफ़ किया जाता है।

राँभना—[< सं॰ रम्भन] *क्रिअ॰* (गाय का) रँभाना।

राँवाँ—[देशज] *पु॰* ग्राम/क़स्बा के समीप की ऊसर भूमि या वन-भूमि।

रिआया—[< अरबी रआया] *स्त्री॰* प्रजा।

रिओमीटर—[अं॰] (अन्तरिक्ष॰) आयनमंडल में ब्रह्मांडीय रेडियो तरंगों के अवशोषण को मापनेवाला यन्त्र विशेष। सापेक्ष आयनमंडलीय पारदर्शिता-अभाव का मापक।

रिक्त—[सं॰ √रिच् + क्त] *वि॰* १. शून्य। ख़ाली। ***जैसे***—रिक्त स्थान। रिक्त पात्र। २. खोखला। ३. निर्धन। ग़रीब। कंगाल। ∇ **विलोम**—पूर्ण। ✣ **रिक्तता**—*स्त्री॰* = १. रिक्त होने की अवस्था/भाव। २. रिक्त स्थान। शून्यता। ख़ालीपन। ३. किसी पद/बर्तन/स्थान का ख़ाली होना।

रिक्तपाणि/रिक्तहस्त—[सं॰ रिक्त ~ पाणि/हस्त] *पु॰* ख़ाली हाथ। *वि॰* १. ख़ाली हाथ वाला। २. निर्धन। ✣ **रिक्त शब्द**—*पु॰* = (व्या॰) ऐसा शब्द जिसका धारणात्मक अर्थ नहीं होता, केवल व्याकरणिक अर्थ होता है। ***जैसे***—में, पर आदि।

रिक्ता—[सं॰ रिक्त + टाप्] *वि॰ (स्त्री॰)* ख़ाली। रीती। ✣ **रिक्ता तिथि**—*स्त्री॰* = चतुर्थी, नवमी और चतुर्दशी तिथियाँ जो शास्त्र

द्वारा मांगलिक कार्यों के लिए निषिद्ध हैं।

रिक्ति—[सं० √रिच् + क्तिन्] *स्त्री०* १. (कार्यालय आदि में) ऐसा पद जिस पर नियुक्ति होनी हो। २. रिक्तता। ख़ालीपन।

रिक्तिका—[सं० रिक्तक + टाप्] *स्त्री०* १. रिक्त स्थान। २. वह क्षेत्र/कोटर/गड्ढा जिसमें पदार्थ नहीं होता है। (प्राणि०) हड्डी के अन्दर का पीला भाग। उपास्थि/अस्थि की कोशिकाओं के बीच का अवकाश। कोशिकान्तर।

रिक्तिपूरक—[सं० रिक्ति ~ पूरक] *वि०, पु०* रिक्त स्थान को भरनेवाला (पदार्थ)।

रिक्थ—[सं० √रिच् + थक्] *पु०* १. उत्तराधिकार में प्राप्त धन-सम्पति। २. धन-सम्पत्ति। ३. सुवर्ण। सोना। ✣ **रिक्थग्राही**—*पु०* = रिक्थ ग्रहण करनेवाला (पुत्र, पत्नी आदि)। उत्तराधिकारी।

रिक्थहारी/रिक्थी—[सं० रिक्थहारिन्/रिक्थिन्] *पु०* उत्तराधिकारी व्यक्ति।

***रिक्ष**—*पु०* ≤ *सं०* ऋक्ष। (दे०) **जैसे**—रिक्षपति जाम्बवान्।

रिक्षा—[< सं० लिक्षा] *स्त्री०* जूँ का अंडा। लीख।

***रिग**—*पु०* ≤ *सं०* ऋक्। ऋचा।

रिङ्गण (रिंगण)—[सं० √रिङ्ग् + ल्युट्] *पु०* १. रेंगना। घुटनों के बल चलना। घुटनों चलना। २. सरकना। खिसकना। ३. विचलित होना। डिगना।

***रिछपाल**—[< सं० रिष्टपाल] *वि०, पु०* १. रक्षक। २. मंगलकारी। कल्याणकारी।

***रिजक**—[< अरबी रिज़्क] *पु०* १. आहार। भोजन। २. रोज़ी-रोटी। आजीविका। जीविका।

रिजु—*वि०* ≤ *सं०* ऋजु। सरल। सीधा।

रिझकवार—[< हि० रीझना] *वि०* जो विशेषता या गुणों पर प्रायः रीझ जाता हो। रीझनेवाला। रिझवार।

***रिझवना**—[< हि० रिझाना] *क्रिस०* प्रसन्न करना। रिझाना।

रिझवार—[< हि० रीझना] *वि०* (किसी के गुण, सौन्दर्य, कार्य आदि पर) रीझनेवाला। मुग्ध होने वाला। **जैसे**—रिझवार नेत्र। *पु०* प्रेमी। ✣ **रिझवारि/रिझवारी**—*वि०* (स्त्री०) = रीझनेवाली।

***रिझायल**—[< हि० रीझना] *वि०* रीझनेवाला।

रिझावन—[< हि० रिझाना] *वि०* १. रिझाव। रीझन। मुग्धता। २. रिझाने की क्रिया/भाव। रिझाव। ✣ **रिझावनहार**—*वि०* रिझानेवाला। मुग्ध कर देनेवाला।

रिझौहाँ—[< हि० रीझ] *वि०* १. रीझनेवाला। २. किसी के गुण, सौन्दर्य, क्रिया आदि पर प्रायः रीझनेवाला। ✣ **रिझौहीं**—*वि० (स्त्री०)*।

रिट—[अं०] *स्त्री०* (विधि०) (न्यायालय आदि का) लिखित आदेश। आदेश-लेख। हुक्मनामा। परवाना। ● **विशेष**—न्यायालय का आदेश प्राप्त करने के लिए की गयी रिट/आवेदन को '**रिट पेटिशन**' या '**आदेश-याचिका**' कहा जाता है।

रिटायर—[< अं० रिटायर्ड] *वि०* जो अपने पद से अवकाश ग्रहण कर चुका हो। सेवानिवृत्त। अवकाशप्राप्त।

रिटेल—[अं०] *वि०* थोड़ी-थोड़ी मात्रा में बिक्री। परचून। फुटकर। खुदरा। ✣ **रिटेलर**—*पु०* = परचूनिया। फुटकर/खुदरा व्यापारी।

रिड़कना—[देशज] *क्रिस०* (दही आदि) बिलोना। मथना। *क्रिअ०* १. खटकना। २. चुभना।

रिड्ड—[राजस्थ०] *पु०* दुःख। कष्ट।

***रिण**—*पु०* ≤ *सं०* ऋण। क़र्ज़।

***रिणाई**—[< सं० ऋण] *स्त्री०* ऋणी।

***रितना**—[< सं० रिक्त, या < हि० रीता] *क्रिअ०* ख़ाली होना। *क्रिस०* ख़ाली करना।

***रितवना**—[< हि० रीता] *क्रिस०* रीता करना। ख़ाली करना। ✣ **रितवाना**—*क्रिस०* = ख़ाली कराना।

†**रिताना**—[< हि० रीता] *क्रिस०* १. ख़ाली करना। २. ख़ाली कराना।

***रितु**—*स्त्री०* ≤ *सं०* ऋतु। ✣ **रितुराज**—*पु०* = ऋतुओं में श्रेष्ठ। वसन्त।

***रितुवन्ती (रितुवंती)**—[< सं० ऋतुमती] *स्त्री०* ऋतुमती। रजस्वला।

***रितौना**—*क्रिस०* ≤ *हि०* रितवना। ख़ाली करना।

***रिदै**—[सं० हृदय] *पु०* हृदय।

***रिद्धि (रिद्धि)**—*स्त्री०* ≤ *सं०* ऋद्धि।

***रिधि/रिध्धि**—*स्त्री०* ≤ *सं०* ऋद्धि। वैभव।

***रिधि-सिधि**—*पु०* ≤ *सं०* ऋद्धि-सिद्धि। ऋद्धियाँ और सिद्धियाँ।

रिन-रिन—[अनु०] *स्त्री०* १. एक प्रकार की ध्वनि। २. सारंगी की आवाज़। ३. पायल की ध्वनि।

***रिनिआँ/रिनिया**—[प्रा० रिणिअ < सं० ऋणी] *वि०* ऋण लेनेवाला। ऋणी। क़र्ज़दार।

रिपु—[सं० √रप् + कु, इत्व] *पु०* शत्रु। वैरी। दुश्मन।

रिपुकुल—[सं० रिपु ~ कुल] *पु०* १. शत्रु का वंश। २. शत्रुओं का समूह। ✣ **रिपुकुलदूषण**—वि० = १. शत्रु-वंश का नाशक। २. शत्रु-समूह का नाशक।

रिपुघाती—[सं० रिपुघातिन्] *वि०* शत्रुओं का नाश करनेवाला। शत्रुनाशक।

रिपुघ्न—[सं० रिपु + घ्न] *वि०* शत्रुओं को मारनेवाला। शत्रुनाशक। *पु०* (दशरथ-पुत्र) शत्रुघ्न।

रिपुता—[सं० रिपु + तल् + टाप्] *स्त्री०* शत्रुता। दुश्मनी।

रिपुदमन—[< सं० रिपु ~ दमन] *वि०* शत्रुओं का दमन करनेवाला। शत्रुनाशक। *पु०* (दशरथ-पुत्र) शत्रुघ्न।

रिबन—[अं०] *पु०* १. केश बाँधने की पतली पट्टी। २. फ़ीता। **जैसे**—टाइपराइटर का रिबन।

रिमान्ड (रिमांड)—[अं०] *पु०* वापसी। (प्रशासन०) अभियुक्त की हवालात में वापसी।

रिमिका—[देशज] *स्त्री०* काली मिर्च की लता।

रियाज़—[अरबी] *पु०* १. (परिश्रमपूर्ण) अभ्यास। **जैसे**—तबला बजाने का रियाज़। २. परिश्रमपूर्वक किया गया उत्तम कार्य।

रियाज़ी—[अरबी] *स्त्री०* गणितशास्त्र।

रियायत, रियायती—क्रमश दे॰ रिआयत, रिआयती।

रियासत—[अरबी] *स्त्री॰* १. शासन। हुकूमत। २. (अँग्रेज़ों के शासनकालीन) भारत में देशी राज्य जहाँ राजा या नबाब सर्वोच्च शासक होता था। ***जैसे***—ग्वालियर रियासत। ३. राज्य या जागीर।

***रिर**—[अनु॰] *स्त्री॰* १. हठ। ज़िद। २. गिड़गिड़ाकर की जाने वाली प्रार्थना। ३. आग्रहपूर्ण अनुरोध।

†रिरकना—[बिन्देली] *क्रिअ॰* खिसकना

रिरिहा—[< हि॰ रिरना] *वि॰, पु॰* १. गिड़गिड़ाने वाला। २. दीनस्वर में याचना/प्रार्थना करने वाला। गिड़गिड़ा कर माँगने वाला।

रिलना[1]—[< हि॰ रेलना] *क्रिअ॰* १. प्रवेश करना। घुसना। २. हिलना-मिलना। एक हो जाना। ३. भड़भड़ा कर एक ओर गिरना।

रिलना[2]-[< हि॰ रलना] *क्रिअ॰* मिलकर एक होना। ✣ **रिलना-मिलना**—*क्रिस॰* हिल-मिलकर एक हो जाना। ✣ **रिल-मिल**—*क्रिवि॰* = हिल-मिलकर एक होकर।

रिलीव—[< अ॰ रिलीव्ड] *वि॰* १. कार्य या दायित्व से मुक्त। २. चिन्ता/भार आदि से मुक्त।

रिले—[अ॰] *क्रिस॰* अन्य केन्द्र से प्रसारित रेडियो-कार्यक्रम का पुन: प्रसारण। सह-प्रसारण।

रिले-रेस—[अ॰] *पु॰* ऐसी दौड़ जिसमें अनेक चौकियाँ/पड़ाव होते हैं जिन पर प्रत्येक दल का एक-एक धावक रहता है और एक चौकी से अगली चौकी तक ही हर धावक दौड़ता है और दूसरा धावक तत्काल वहाँ से आगे दौड़ जाता है। चौकी-दौड़।

रिवाज—[अरबी] *पु॰* प्रथा। रीति। चलन। ***वा॰* रिवाज पड़ना**—रीति या प्रथा आरम्भ होना।

रिवायत—[अरबी] *स्त्री॰* १. किसी से सुनी हुई परम्परागत बात। जनश्रुति या किंवदन्ती। २. लोकोक्ति। कहावत।

***रिषीस**—*पु॰* ≤ *स॰* ऋषीश। श्रेष्ठ ऋषि। ऋषीश्वर।

रिष्ट[1]—[स॰ √रिष् + क्त] *वि॰* १. नष्ट। बर्बाद। २. घायल। ३. भाग्यहीन। अभागा। *पु॰* १. अमंगल। अशुभ। २. उपद्रव। ३. हानि। अनिष्ट। ४. भाग्यहीनता। दुर्भाग्य। ५. पाप।

***रिष्ट**[2]—[< स॰ हृष्ट] *वि॰* १. हर्षित। प्रसन्न। २. सम्पन्न। समृद्ध।

***रिष्ट-पुष्ट**—[< स॰ हृष्ट-पुष्ट] *वि॰* प्रसन्न और स्वस्थ। हृष्ट-पुष्ट।

***रिष्टि**—[स॰ √रिष् + क्तिच्/क्तिन्] *पु॰* १. असि। तलवार। २. अमंगल। ३. पाप। ४. नाश।

रिस—[< स॰ रुष्] *स्त्री॰* (किसी के प्रति) मन में रहनेवाला क्रोध। रोष। ***वा॰* रिस के मारे**—क्रोध के कारण। **रिस मारना**—क्रोध को रोकना।

रिसन—[< हि॰ रिसना < √री] *पु॰* निकल कर बहने/चूने/टपकने की क्रिया/भाव। रिसाव।

†**रिसहा**—[< हि॰ रिस] *वि॰* १. जल्दी-जल्दी क्रुद्ध हो जानेवाला व्यक्ति। क्रोधी। ✣ **रिसहाई**—*वि॰* क्रुद्ध। कुपित। नाराज़। *स्त्री॰* १.क्रोध। रिस। २. अपयश। बदनामी।

रिसाना—[< हि॰ रिसना] *क्रिस॰* (किसी पर) क्रुद्ध होना। ✣ **रिसाइ**—**क्रिव॰** = क्रुद्ध होकर। ✣ **रिसानी**—*क्रिअ॰* १. क्रुद्ध हुई। २. क्रोध करती है। *स्त्री॰* क्रोध।

रिसाला—[< अरबी रिसाल:] *पु॰* १. नियतकालिक पत्रिका। २. सैनिकों या अश्वारोहियों की टुकड़ी।

रिसालेदार—[< अरबी रिसाल: + फा॰ दार] *पु॰* रिसाले का नायक। ✣ **रिसालेदारी**—*स्त्री॰* रिसाले का नायकत्व।

रिसाव—[< हि॰ रिसाना] *पु॰* रिसाने की क्रिया/भाव। क्रोध।

***रिसि**[1]—*स्त्री॰* = ≤ *हि॰* रिस। क्रोध।

***रिसि**[2]—*पु॰* ≤ *स॰* ऋषि।

***रिसिआना/रिसियाना**—[< हि॰ रिसाना] *क्रिअ॰* १. क्रुद्ध होना। २. खीझना। *क्रिस॰* क्रोध करना। *वि॰* रिस से युक्त। क्रुद्ध।

रिसीवर—[अ॰] *पु॰* १. पानेवाला। लेनेवाला। ग्राही। २. (दूरभाष का) चोंगा। (विधि॰) दिवालिया की सम्पत्ति का प्रबन्ध करने के लिए न्यायालय द्वारा नियुक्त अधिकारी।

रिहड़ी—[देशज] *स्त्री॰* रेतीली भूमि।

रिहर्सल—[अ॰] *पु॰* (नाटक आदि का) पूर्वाभ्यास।

रिहल—[< अरबी रिह्‌ल] *स्त्री॰* पढ़ने के लिए धार्मिक पुस्तक रखने की काठ की बनी चौकी जो खोली और बन्द की जा सकती है।

रिहा—[< फा॰ रहा] *वि॰* १. बन्धन से छूटा हुआ। बन्धन-मुक्त। मुक्त। २. कारागार से मुक्त किया हुआ (क़ैदी)।

रिहाइश—[< फा॰ रहाइश] *स्त्री॰* १. रहने का स्थान। निवास-स्थान। २. रहने का ढंग। रहन-सहन। ✣ **रिहाइशी**—*वि॰* = १. निवास-स्थान से सम्बन्धित। २. रहन-सहन से सम्बन्धित।

रिहाई—[< हि॰ रिहा] *स्त्री॰* १. बन्धन से छुटकारा। बन्धन-मुक्ति। २. कारागार से क़ैदी की मुक्ति।

रिँगना (रिंगना)—[< स॰ रिङ्गण] *क्रिअ॰* घुटनों के बल चलना। रेंगना।

रिँगाना (रिंगाना)—[हि॰ 'रिंगना' का प्रेरणा॰] *क्रिस॰* १. रेंगने में प्रवृत्त करना। रेंगाना। २. (लाक्षणिक) धीरे-धीरे चलाना। ३. (लाक्षणिक) बहुत समय तक घुमाना-फिराना।

री—[< हि॰ रे] *स्त्री॰* किसी स्त्री, सखी, बालिका या तुच्छ स्त्री के लिए सम्बोधन का शब्द। हे। अरी। ***जैसे***—री लड़की! ऐसे मत बोल; री सखी! इधर आ। माई री!

रीठ[1]—[राजस्थ॰, < स॰ अरिष्ट] *पु॰* १. बुरा। ख़राब। २. विनाशकारी। घातक।

रीठ[2]—[< स॰ रिष्टि] *स्त्री॰* १. तलवार। २. युद्ध। *वि॰* अशुभ। अकल्याण। अमंगल।

रीठा—[< स॰ अरिष्टक] *पु॰* १. एक जंगली वृक्ष। २. उक्त वृक्ष का फल जिसका छिलका काला होता है और जिसके झागों से कपड़े साफ़ किए जाते हैं। ✣ **रीठी**—*स्त्री॰* = रीठा।

रीतना—[< हि॰ रीता] *क्रिअ॰* रिक्त/रीता होना। ख़ाली होना। *क्रिस॰* रिक्त/रीता करना। ख़ाली करना। ***वा॰*** रीत जाना जीवन व्यतीत हो जाना।

रीता—[< प्रा॰ रित्त < स॰ रिक्त] *वि॰* १. रिक्त। ख़ाली। ***जैसे***—रीता बर्तन। २. धन या शस्त्र से रहित। ***जैसे***—रीता हाथ। ३. (मनुष्य) जिसके पास कुछ न हो। ४. ख़ाली मस्तिष्क/हृदय वाला।

***रीतिमारिषी**—[< स॰ आर्षीम् रीतिम्] *स्त्री॰* ऋषियों की रीति।

रीती—[< हि॰ रीतना] *क्रिअ॰* रीत गयी। ख़ाली हो गयी। *वि॰* (*स्त्री॰*) १. रिक्त। ख़ाली। २. (हाथों में) धन, शस्त्र आदि से रहित। ***जैसे***—रीती हथेली। ३. जिसके पास कुछ न हो। निर्धन। दरिद्र।

रीम—[अं॰] *स्त्री॰* काग़ज़ की गड्डी जिसमें प्राय: ५०० पन्ने होते हैं। २० दस्ते काग़ज़ की गड्डी।

रील—[अं॰] *स्त्री॰* १. फिरकी। चर्ख़ी। २. फ़ोटो/फ़िल्म की चर्ख़ी।

रीस[1]—[< स॰ ईर्ष्या] *स्त्री॰* १. ईर्ष्या। २. स्पर्धा। प्रतियोगिता। होड़।

रीस[2]—[< स॰ सदृश] *स्त्री॰* समानता। बराबरी।

रीस[3]—*स्त्री॰* ≤ *हि॰* रिस। क्रोध।

रीसना—[< हि॰ रिसाना] *क्रिअ॰* रिसाना। क्रुद्ध होना।

†रींधना (रींधना)—[< स॰ रन्धन] *क्रिस॰* (भोजन) पकाना। राँधना।

***रु**—[< हि॰ अरु] *अव्यय॰* और।

रुअड़—[< हि॰ रुई] *पु॰* पुराने गद्दों/लिहाफ़ों आदि की पुरानी हो गयी रुई।

रुआ—[< स॰ रोम] *पु॰* १. रोम। लोम। २. सेमर के फूल का धूआ।

†रुआना—*क्रिअ॰* ≤ *हि॰* रुलाना।

रुआली—[< हि॰ रुई] *स्त्री॰* (चर्ख़े से काती जाने वाली) रुई की पोली बत्ती। पूनी।

रुआँ—[< स॰ रोम] *पु॰* शरीर पर उगनेवाला छोटा और पतला बाल। रोम। लोम।

***रुऐंदा (रुएंदा)**—[< हि॰ रोना] *वि॰* जो रोने ही वाला हो या रो चुका हो। रुँआँसा। ✣ **रुऐंदी (रुएंदी)**—*वि॰* (*स्त्री*) = रुँआसी।

***रुकमिनि**—[< स॰ रुक्मिणी] *स्त्री॰* (कृष्ण की पटरानी) रुक्मिणी।

†रुक्का—पु॰ ≤ हि॰ रुक़्क़ा।

रुक़्क़ा—[< अरबी रुक़्क़अ] *पु॰* १. छोटा पत्र। छोटी चिट्ठी। पुर्ज़ा। २. क़र्ज़दार द्वारा महाजन आदि को लिखा गया वचन-पत्र। हुंडी।

***रुक्ख**—[प्रा॰ < स॰ वृक्ष] *पु॰* वृक्ष। पेड़। रूख।

रुक्म—[स॰ √रुच् + मक्, कुत्व] *वि॰* चमकीला। चमकदार। *पु॰* १. सुवर्ण। सोना। २. लोहा।

रुक्मपाश—[स॰ रुक्म ~ पाश] *पु॰* सूत की बनी हुई लड़ी जिसमें आभूषणों के मनके आदि पिरोए जाते हैं।

रुक्मरथ—[स॰ रुक्म ~ रथ] *पु॰* (द्वापर के धनुर्वेदज्ञ) द्रोणाचार्य।

रुक्माङ्गद (रुक्मांगद)—[स॰ रुक्म ~ अङ्गद] *वि॰* सोने के बाजूबन्द पहननेवाला।

रुक्ष—[< स॰ रूक्ष] *वि॰* १. जो चिकना न हो। अस्निग्ध। २. रूखा। ३. नीरस। ४. कठोर। कड़ा। ५. निष्ठुर। ६. ऊबड़-खाबड़। असम। ७. मैला-कुचैला। ∇ **विलोम**—स्निग्ध।

रुक्षस्वरता—[स॰ रुक्ष स्वर + तल् + टाप्] *स्त्री॰* आवाज़ का भारी, कर्कश, भर्राया हुआ और फटा जैसा हो जाना।

†रुख—[< प्रा॰ रुक्ख < स॰ वृक्ष] *पु॰* वृक्ष। पेड़। रूख।

रुख़—[फ़ा॰] *पु॰* १. मुखाकृति। चेहरा। २. कपोल। गाल। ३. पार्श्व। तल। ४. मनोभाव। ५. ध्यान। ६. कृपादृष्टि। ७. आगे/सामने का भाग। ८. शतरंज का एक मोहरा। रथ। हाथी।

रुखड़ी—[< हि॰ रूखी] *वि॰* (*स्त्री॰*) रूखी।

***रुखना**—[हि॰ रुसना] *क्रिअ॰* रूठना।

रुख़सार—[फ़ा॰] *पु॰* कपोल। गाल।

रुखाई—[< हि॰ रूखा] *स्त्री॰* रुक्षता।

रुखान—[देशज] *पु॰* बढ़ई का एक उपकरण। बढ़ई के 'निहाना' के बेंट में लगी लोहे की मोटी, चौड़ी और लम्बी पत्ती। रुखानी।

***रुखानल**—[< स॰ रोषानल] *पु॰* क्रोधाग्नि।

रुखाना—[हि॰ रूखा] *क्रिअ॰* १. चिकना न रह जाना। रूखा हो जाना। २. नीरस/फीका हो जाना। ३. सूख जाना। ४. उदासीन हो जाना। ५. कठोर हो जाना। *क्रिस॰* १. रूखा कर देना। २. नीरस/फीका कर देना। ३. सुखा देना। ४. उदासीन कर देना। ५. कठोर कर देना।

रुखानी—[देशज] *स्त्री॰* १. बढ़ई का लोहे का एक उपकरण। रुखान। २. संगतराशों की टाँकी। ३. तेली का एक उपकरण।

रुखावट/रुखाहट—[< हि॰ रूखा] *स्त्री॰* रुखाई।

***रुखिता**—[< स॰ रुषिता] *स्त्री॰* क्रोध करनेवाली या रूठी हुई नायिका। मानवती नायिका।

रुखौंहा (रुखौंहा)—[< हि॰ रूखा] *वि॰* १. रूखा। २. रूखा-सा। ३. उदासीन। ✣ **रुखौंही (रुखौंही)**—*वि॰* (*स्त्री॰*)।

रुख़सत—[अरबी] *स्त्री॰* १. प्रस्थान। विदा। २. वधू का पति के घर जाना। वधू की विदा। ३. अवकाश। छुट्टी। ✣ **रुख़सती**—*वि॰* = १. बिदा के समय का। २. प्रस्थान-सम्बन्धी। प्रस्थान का। ३. जिसने प्रस्थान किया हो।

रुख़सार—[फ़ा॰] *पु॰* कपोल। गाल।

रुग्ण—[स॰ √रुज् + क्त, त + न] *वि॰* १. अस्वस्थ। रोग-ग्रस्त। बीमार। २. बिगड़ा हुआ। विकृत। ∇ **विलोम**—स्वस्थ।

रुग्णालय—[स॰ रुग्ण ~ आलय] *पु॰* रोगियों के रहने का स्थान। चिकित्सालय के अन्दर बीमारों को रखे जाने के कमरे।

रुचक—[स॰ √रुच् + क्वुन्] *वि॰* १. रुचनेवाला। पसन्द आनेवाला। रुचिकर। २. तीक्ष्ण। चरपरा। *पु॰* १. काला नमक। २. बिजोरा नीबू। जँभीरी। ३. सोने का एक प्राचीन सिक्का। निष्क। ४. गले में पहनने का आभूषण। हार। ५. फूलों का हार। गजरा।

रुचना—[< हि॰ रुच] *क्रिस॰* प्रिय लगना। अच्छा लगना। पसन्द आना। ✣ **रुच-रुच**—*क्रिवि॰* = रुचिपूर्वक।

रुचा—[स॰ रुच् + टाप्] *स्त्री॰* १. दीप्ति। आभा। चमक। २. वर्ण। रूप-रंग। ३. सुन्दरता। शोभा। ४. रुचि। अभिलाषा। इच्छा।

रुचि[1]—[स॰ √रुच् + इन्] *स्त्री॰* १. दीप्ति। आभा। चमक। २. वर्ण। रूप-रंग। ३. सौन्दर्य। शोभा। छवि। ४. स्वाद। ज़ायक़ा। ५. अभिलाषा। इच्छा। ६. प्रवृत्ति। झुकाव। ***जैसे***—तुम्हारी गणित

में रुचि है, इतिहास में नहीं। ७. अभिरुचि। पसन्द। ८. प्रीति। ९. लगन। लौ। १०. भूख। खाने की इच्छा। ११. स्वाद। *जैसे*—रुचि करके (स्वाद लेकर) १२. आनन्द। सुख। १३. किरण। *क्रिवि॰* सुख, सुविधा या इच्छा के अनुसार। ∇ **विलोम**—अरुचि।

रुचि[२]—[< सं॰ रुच्य] *वि॰* १. रुचिर। सुन्दर। २. शोभा देता हुआ। फबता हुआ।

रुचिकर—[सं॰ रुचि + कर] *वि॰* १. अच्छा लगनेवाला। प्रिय। २. स्वादिष्ठ। ∇ **विलोम**—अरुचिकर।

रुचित—[सं॰ रुच + क्त/क्तिच्] *वि॰* १. इच्छित। २. जो रुचि के अनुकूल लगा हो। पसन्द आया हुआ।

रुचिता—[सं॰ रुचि + तल् + टाप्] *स्त्री॰* १. रुचि होना। २. रोचकता। ३. सुन्दरता। ४. अनुराग। प्रेम।

रुचिधाम—[सं॰ रुचि ~ धामन्] *पु॰* सूर्य।

रुचिर—[सं॰ √रुच् + किरच्] *वि॰* १. दीप्त। चमकीला। चमकदार। २. स्वादिष्ठ। ३. मधुर। मीठा। ४. भूख बढ़ानेवाला। ५. सुन्दर। मनोहर। *जैसे*—रुचिर पक्षी। ६. शक्तिवर्धक। बलप्रद। ७. प्रिय लगनेवाला। रम्य। ✣ **रुचिरता**—*स्त्री॰* = १. चमकीलापन। २. स्वादिष्ठता। ३. मधुरता। ४. भूख बढ़ाने का गुण। ५. सुन्दरता। ६. शक्तिवर्धकता। ७. रम्यता। ✣ **रुचिरा**—*वि॰* (*स्त्री॰*) = रुचिर। (छन्द॰) **१.** एक सममात्रिक छन्द जिसके प्रत्येक चरण में ३० मात्राएँ होती हैं, १४-१६ पर यति होती है, अन्त में गुरु होता है तथा चौकलों में जगण का निषेध होता है। **२.** एक समवर्णिक छन्द जिसके प्रत्येक चरण में क्रमश: जगण, भगण, सगण, जगण और गुरु (ज भ स ज ग) के योग से १३ वर्ण होते हैं और ४-९ पर यति होती है। प्रभावती छन्द।

रुचिराई—[< सं॰ रुचिर] *स्त्री॰* रुचिरता।

रुचिराकर—[रुचिर + आकर] *पु॰* उत्तम खान।

रुचिरेख—[< सं॰ रुचि ~ रेखा] *स्त्री॰* कान्ति की रेखा। *जैसे*—ओठ-रुचिरेख (= ओठों की कान्ति की रेखा)।

रुचिवैचित्र्य—[सं॰ रुचि ~ वैचित्र्य] *पु॰* १. रुचियों की विचित्रता। *जैसे*—बालकों के रुचि-वैचित्र्य का अध्ययन। २. रुचियों की विविधता।

रुच्य—[सं॰ √रुच् + क्यप्] *वि॰* १. पसन्द आनेवाला। रुचिकर। २. सुन्दर।

***रुच्छ**[१]—[< हिं॰ रुक्ष < सं॰ रुक्ष] *वि॰* १. रुक्ष। (दे॰) २. रूखा। ३. क्रुद्ध। नाराज़।

***रुच्छ**[२]—[< सं॰ वृक्ष] *पु॰* वृक्ष। पेड़।

रुज—[< सं॰ रुज्] *पु॰* रोग। बीमारी। ✣ **रुजग्रस्त**—*वि॰* रोगी।

रुजा—[सं॰ रुज् + टाप्] *स्त्री॰* १. रोग। बीमारी। २. वेदना। कष्ट।

रुजाकर—[सं॰ रुजा + कर] *वि॰* १. रोगकारक। रोगकर। २. कष्टकारक।

रुजापह—[सं॰ रुजा ~ अपह] *वि॰* १. रोग दूर करने वाला। रोगनाशक। २. कष्टनाशक।

रुजार्त—[सं॰ रुजा ~ आर्त] *वि॰* १. रोगी। २. पीड़ित। कष्टग्रस्त।

रुजाली—[सं॰ रुजा + आली] *स्त्री॰* १. रोगों का समूह। रोग-समूह। २. कष्ट-समूह।

रुजू—[< अरबी रुजूअ] *वि॰* १. किसी ओर प्रवृत्त। २. जिसका मन किसी ओर लगा हुआ हो।

रुझान—[< प्रा॰ रुज्झ < सं॰ रुद्ध] *पु॰* प्रवृत्ति। झुकाव।

रुञ्ज (रुंज)—[देशज] *पु॰* (मध्यकालीन) एक आनद्ध वाद्य जो लकड़ी/धातु का बना होता है।

***रुणकार**—[< सं॰ रणन] *स्त्री॰* झंकार।

रुणझुण—[< सं॰ रणन + अनु॰] *स्त्री॰* नूपुरों अथवा मंजीरा आदि की मधुर ध्वनि। रुन-झुन।

रुणित—[< सं॰ रणित] *वि॰* झंकारता हुआ। बजता हुआ। रणित।

रुण्ड (रुंड)—[सं॰ √रुण्ड् + अच्] *पु॰* सिर कटा शरीर। धड़ मात्र। कबन्ध।

रुत[१]—[सं॰ √रु + क्त] *पु॰* १. पक्षियों की ध्वनि। चिड़ियों के बोलने की आवाज़। कलरव। २. ध्वनि। आवाज़।

***रुत**[२], **रुति, रुत्ति**—[राजस्थ॰ < सं॰ ऋतु] *स्त्री॰* ऋतु।

***रुदत/रुदति**—[< सं॰ रुदती] *वि॰* रोती-बिलखती।

रुदन—[< सं॰ रोदन] *पु॰* रोदन। रोना। विलाप। ∇ **विलोम**—हास। ✣ **रुदन-जल**—*पु॰* अश्रु। आँसू।

रुदन्ती (रुदंती)—[सं॰ √ रुद्र + झच् + ङीष्] *वि॰* रोती हुई।

रुदित—[सं॰ √ रुद् + क्त] *वि॰* रोया हुआ। रोता हुआ। *पु॰* १. रोदन। विलाप। २. चीत्कार।

रुद्ध (रुद्ध)—[सं॰ √रुध् + क्त] *वि॰* १. रोका/रुका हुआ। बाधित। अवरुद्ध। २. रुँधा हुआ। गद्गद (कंठ)।

रुद्र—[सं॰ √रुद् + णिच् + रक्] *वि॰* १. रुलानेवाला। २. रोना बन्द कराने वाला। ३. भयानक। भयंकर। *पु॰* १. शिव/महादेव का एक रूप। २. एक प्रकार के गणदेवता जिनकी संख्या ग्यारह है। ३. (पद्य आदि में) ग्यारह की संख्या। ४. आर्द्रा नक्षत्र।

रुद्रकाली—[सं॰ रुद्र ~ काली] *स्त्री॰* पार्वती/दुर्गा का एक रूप।

रुद्रगण—[सं॰ रुद्र ~ गण] *पु॰* शिव के गण/अनुचर।

रुद्रज—[सं॰ रुद्र + ज] *वि॰* रुद्र से उत्पन्न। *पु॰* पारद। पारा।

रुद्रता—[सं॰ रुद्र + तल् + टाप्] *स्त्री॰* रुद्र होने की अवस्था/भाव। रुद्रत्व।

रुद्रतेज—[सं॰ रुद्र ~ तेजस्] *पु॰* (शिव-पार्वती का पुत्र) कार्त्तिकेय। स्कन्द।

रुद्रत्व—[सं॰ रुद्र + त्व] *पु॰* रुद्रता।

रुद्र-पत्नी/प्रिया—[सं॰] *स्त्री॰* पार्वती। दुर्गा।

रुद्रबीसी—[< सं॰ रुद्र + हिं॰ बीस] *स्त्री॰* (फलित॰) बृहस्पति के ६० संवत्सरों के चक्र में अन्तिम २० संवत्सरों का समूह।

रुद्रभू/रुद्रभूमि—[सं॰ रुद्र ~ भू/भूमि] *स्त्री॰* श्मशान। मरघट।

रुद्रवन्ती (रुद्रवंती)—[< सं॰ रुद्रवती] *स्त्री॰* एक बूटी जो पृथ्वी पर बेल की तरह लम्बी फैलती है जिसकी डंडी लाल होती है, पत्ते

पास-पास होते हैं परन्तु फूल नहीं होते और पत्ते के पास जड़ निकलकर पृथ्वी में गड़ जाती है।

रुद्रवीणा—[स॰ रुद्र ~ वीणा] *स्त्री॰* वीणा का एक प्राचीन रूप। सात तारों तथा बाईस पर्दों वाली वीणा।

रुद्राक्ष—[स॰ रुद्र ~ अक्ष] *पु॰* १. एक प्रकार का औषधोपयोगी मध्यम आकार का वृक्ष। रुद्राक्ष वृक्ष नेपाल, बिहार, बंगाल, सिक्किम, असम, उत्तरप्रदेश आदि में कहीं-कहीं पाए जाते हैं। इसके फल सफ़ेद, सुगन्धित, अंडाकार होती हैं। २. उक्त वृक्ष के फलों के दाने या बीज।

रुद्राग्रणी—[रुद्र ~ अग्रणी] *वि॰* १. रुद्रों में श्रेष्ठ। *पु॰* २. हनुमान्।

रुद्राणी—[रुद्र + ङीष्, आनुक्] *स्त्री॰* रुद्र/शिव की पत्नी। पार्वती।

रुद्रारि—[स॰ रुद्र ~ आरि] *पु॰* १. शिव का शत्रु। २. कामदेव।

रुद्राष्टक—[स॰ रुद्र ~ अष्टक] *पु॰* रुद्र-स्तुति के आठ पद्यों का समूह।

रुद्रिय—[स॰ रुद्र + छ] *वि॰* १. रुद्र-सम्बन्धी। रुद्र का। २. रुद्र से उत्पन्न। रुद्रज। ३. भयानक।

रुधिर—[स॰ √रुध् + किरच्] *पु॰* १. प्राणियों के शरीर की धमनियों आदि में बहनेवाला रक्त। ख़ून। २. लाल रंग। ३. मंगल (ग्रह)। ४. एक रत्न। कुंकुम। केसर। *वि॰* लाल रंग का। ✣ **रुधिर कणिका**—*स्त्री॰* = (प्राणि॰) रुधिर के तरल भाग 'प्लाज़्मा' में पायी जाने वाली कोशिकाएँ (रक्ताणु, श्वेताणु आदि)।

रुधिरपायी—[स॰ रुधिरपायिन्] *वि॰* रक्त पीनेवाला। *पु॰* १. राक्षस। २. जोंक।

रुधिराक्त—[स॰ रुधिर ~ अक्त] *वि॰* १. रक्त से भरा। २. रक्त जैसा लाल। ३. रक्त से भीगा हुआ। Δ **पर्याय**—रक्ताक्त।

रुधिरोद्गारी—[स॰ रुधिर ~ उद्गारी (उद्गारिन्)] *पु॰* बृहस्पति के साठ संवत्सरों के चक्र में से एक संवत्सर। *वि॰* रक्त का वमन करने वाला।

रुधिरोपल—[स॰ रुधिर ~ उपल] *पु॰* रक्त और पत्थर।

रुनक-झुनक—[‹ हि॰ रुनझुन] *स्त्री॰* (कंगन, नूपुर आदि का) रुनझुन शब्द। नूपुरों आदि की झंकार। मधुर झंकार। रणन।

***रुनाई**—[‹ हि॰ अरुणाई] *स्त्री॰* अरुणता। लालिमा। लाली।

रुनित**—[‹ स॰ रणित] *वि॰* झंकार करता हुआ। रुणित। बजता हुआ। ***जैसे—रुनित नूपुर।

रुनुकझुनुक/रुनुझुनु—[‹ हि॰ रुनझुन] *स्त्री॰* नूपुर आदि की झंकार। रणन। रुनझुन।

रुपना—[‹ हि॰ रोपना] *क्रिअ॰* १. रोपा जाना। लगाया जाना। ***जैसे***—आज से खेतों में धान रुपेंगे। २. दृढ़तापूर्वक जमाना। ***जैसे***—रावण की सभा में अंगद का पैर रुपा। ३. डट जाना। अड़ जाना। ***जैसे***—सैनिक अपने मोर्चे पर रुप गए। ४. आरम्भ करना।

रुपल्ली—[‹ हि॰ रुपया] *स्त्री॰* (उपेक्षापूर्ण भाषा में) रुपया।

रुपहला—[‹ हि॰ रूपा (चाँदी)] *वि॰* १. चाँदी के रंग का। चाँदी जैसा। २. उज्ज्वल और चमकीला। सफ़ेद। ३. (लाक्षणिक) आनन्दपूर्ण। उल्लासमय। ***जैसे***—रुपहला जीवन।

रुबा—[फा॰] *वि॰* (समासयुक्त पद के अन्त में प्रयुक्त) ले भागनेवाला। ***जैसे***—दिलरुबा (= दिल ले भागनेवाला, प्रिय या प्रेयसी)।

रुबाई—[अरबी] *स्त्री॰* (छन्द॰) फ़ारसी का एक छन्द जिसके पहले, दूसरे और चौथे पद में तुक (अन्त्यानुप्रास) होती है।

***रुरना**[1]—[‹ हि॰ रुरा] *क्रिअ॰* शोभित होना।

***रुरना**[2]—[‹ हि॰ रुलना] क्रिअ॰ १. लटकना। २. हिलना। डोलना। ३. लुढ़कना।

रुराई—[‹ हि॰ रुरा] *स्त्री॰* सौन्दर्य। शोभा।

रुरु—[स॰ √रु + क्रुन] *पु॰* १. काला हिरन। २. विश्वेदेवों का एक गण।

रुरुआ—[‹ हि॰ ररना] *पु॰* बड़ी जाति का उल्लू।

रुलना—[‹ स॰ लुलन] *क्रिअ॰* १. स्थायी निवास न होने के कारण इधर-उधर भटकना। २. दुर्दशा के कारण इधर-उधर मारा-मारा फिरना। ३. दबा रह जाना। ४. (किसी वस्तु का) इधर-उधर पड़ा होना या फेंका गया होना। ५. लटकना। ६. इधर-उधर हिलना। झूमना।

रुलाना[1]—[हि॰ 'रोना' का प्रेरणा॰] *क्रिस॰* १. किसी को रोने में प्रवृत्त करना। ऐसा काम करना जिससे कोई रोने लगे।

रुलाना[2]—[हि॰ 'रुलना' का प्रेरणा॰] *क्रिस॰* किसी को भटकाना/फिराना/हिलाना/झुमाना।

रुल्ल/रुल्ला—[देशज] *स्त्री॰* कम उपजाऊ हो जाने के कारण कुछ समय परती छोड़ने योग्य भूमि।

रुष्/रुषा—[स॰ √रुष् + क्विप्, रुष् + टाप्] *पु॰* रोष। क्रोध। गुस्सा।

रुसवा[1]—[‹ स॰ रुष्ट] *वि॰* रुष्ट। क्रुद्ध। नाराज़।

रुसवा[2], **रुसवाई**— दे॰ क्रमशः रुस्वा, रुस्वाई।

रुसूख़—[अरबी] *पु॰* १. प्रवेश। पहुँच। २. प्रेमपूर्ण व्यवहार। मेल-जोल।

रुस्तम—[फा॰] *पु॰* बड़ा शूरवीर।

रुस्वा—[फा॰] *वि॰* अपयशी। बदनाम। ✣ **रुस्वाई**—*स्त्री॰* = अपयश। बदनामी।

रुह—[स॰ √रुह् + क] *वि॰* उत्पन्न। ● **विशेष**—इसका प्रयोग समासयुक्त पद के अन्त में होता है, जैसे—**जलरुह** (= कमल), **शिरोरुह** (= केश), **तनरुह** (= रोम)।

***रुहठि**—[‹ स॰ रुष्टि, या ‹ हि॰ रूठ] व्या॰ १. रूठने की क्रिया/भाव। रुठाव। २. रूठे हुए होने की क्रिया/भाव।

रुहा—[स॰ रुह + टाप्] *स्त्री॰* 'दूर्वा' नामक घास। दूब।

***रुहिर**—[प्रा॰ ‹ स॰ रुधिर] *पु॰* रुधिर। रक्त। ख़ून।

***रुहिराना**—[‹ प्रा॰ रुहिर] *क्रिस॰* रक्त छलकने से लाल हो जाना।

रुहेला—[अफ़ग़ानी] *पु॰* १. पठानों की एक उपजाति। २. उक्त उपजाति का व्यक्ति।

रुँदवाना—[‹ हि॰ रौंदना] *क्रिस॰* पैरों से कुचलवाना। रौंदवाना। खुँदवाना।

रुँदाना—[< हि॰ रौंदना] *क्रिस॰* रुँदवाना[1]। रौंदवाना।

रुँधना—[< स॰ रुन्धन] *क्रिअ॰* १. अवरुद्ध होना। रुकना। २. सुरक्षा आदि के विचार से मार्ग आदि का कँटीली झाड़ियाँ या तार लगाकर बन्द किया जाना। ३. मार्ग का अवरुद्ध होना। ४. (काँटों/झाड़ियों आदि में) उलझना। फँसना। ५. (लाक्षणिक) किसी कार्य में ऐसा लग जाना या फँस जाना कि अन्य कार्य/बात के लिए अवकाश न मिल पाए। ✣ **रुँधि**—*क्रिवि॰* = १. फाँसकर। २. बन्द कर।

रू[1]—[फा॰] *पु॰* १. मुखाकृति। चेहरा। ***जैसे***—रू-दर-रू (= आमने-सामने)। २. ऊपर/आगे/सामने का भाग। ३. कारण। वजह।

†**रू[2]**—[< फा॰ रूह] *स्त्री॰* इत्र। ***जैसे***—चमेली की रू।

रूआ—[< हि॰ रूसा] *स्त्री॰* एक प्रकार की सुगन्धित घास। रूसा।

रूक/रूकड़**—[राजस्थ॰] *पु॰* असि। तलवार। ***जैसे—रगत सूँ रूक रँगियो रहै।

रूका—[देशज] *पु॰* पुकार। ***जैसे***—चोरों के आते ही गाँव में रूका पड़ गया।

रूख[1]—[< स॰ वृक्ष] *पु॰* वृक्ष। पेड़। ✣ **रूखड़ा[1]**—*पु॰* = रूख। वृक्ष।

रूख[2]—[< स॰ रुक्ष] *वि॰* जिसमें चिकनापन न हो। अस्निग्ध। रूखा। ✣ **रूखड़ा[2]**—*वि॰* रूखा।

रूखना—[< स॰ रोषण] *क्रिअ॰* १. रोष करना। अप्रसन्न होना। २. रूठना।

रूगेल—[देशज] *स्त्री॰* एक दुबली-पतली चिड़िया जो गौरैया के आकार की होती है।

रूज़—[< अरबी रुश्ज़] *स्त्री॰* १. गालों पर लगाने का लाल पाउडर। सुर्ख़ी। २. सोने-चाँदी की वस्तुओं को चमकाने का एक पाउडर।

रूझना—[< हि॰ अरूझना] *क्रिअ॰* १. उलझना। २. आसक्त होना।

रूढ़—[< स॰ रूढ] *वि॰* १. (किसी के ऊपर) चढ़ा हुआ। आरूढ़। २. लोक में प्रचलित। ३. निश्चित किया हुआ। (गणित॰) वह संख्या जो स्वयं या १ के अतिरिक्त किसी अन्य संख्या से पूरी-पूरी विभाज्य न हो। [व्या॰] (वह पद) जिसका अर्थ प्रकृति या प्रत्यय के अनुसार या व्युत्पत्ति के अधीन नहीं होता। जो शब्द यौगिक अर्थ से भिन्न अर्थ वाला हो। ***जैसे***—घट, जल, वृक्ष आदि रूढ़ शब्द हैं। ✣ **रूढ़ प्ररूप**—*पु॰* = नियत या घिसी-पिटी पद्धति। रूढ़ विधि।

रूढ़यौवना—[< स॰ रूढ ~ यौवना] *स्त्री॰* (काव्य॰) मध्या नायिका का एक भेद। आरूढ़यौवना।

रूढ़ा—[< स॰ रूढ + टाप्] *वि॰* (*स्त्री॰*) रूढ़।

रूढ़ावृत्ति—[हि॰ रूढ़ा + स॰ आवृत्ति] *स्त्री॰* (मनो॰) ऐसी विकृत दशा जिसमें रोगी लगातार एक जैसी गति या स्थिर चिन्तन करे। (अ॰ स्टिअरिओटाइपि)

रूढ़ि—[< स॰ रूढि (√रुह् + क्तिन्)] *स्त्री॰* १. प्रसिद्धि। २. (परम्परागत) प्रथा/रीति या चाल। ३. चढ़ने का भाव। आरोहण। चढ़ाई। (काव्य॰) रूढ़िलक्षणा। (दे॰) [कोश॰] शब्दों के प्रयोग की लोकमान्यता।

रूढ़िबद्ध (रूढ़िबद्ध)—[हि॰ रूढ़ि + स॰ बद्ध] *वि॰* रूढ़ि से बँधा हुआ। परम्परागत/रीति/प्रथा का कट्टरता से पालन करनेवाला। ∇ **विलोम**—रूढ़िमुक्त।

रूढ़िमुक्त—[हि॰ रूढि + स॰ मुक्त] *वि॰* रूढ़ि से मुक्त। परम्परागत रीति/प्रथा के पालन से मुक्त।

रूढ़िलक्षणा—[< स॰ रूढिलक्षणा] *स्त्री॰* (काव्य॰) लक्षणा का एक भेद जिसमें लक्षणा का प्रयोग रूढ़ि पर आधारित्त होता है, प्रयोजन पर नहीं। प्रचलित परम्परा या व्यवहार के कारण शब्द के मुख्यार्थ को छोड़कर अन्य अर्थ को ग्रहण करना। ∇ **विलोम**—प्रयोजनवती लक्षणा।

रूढ़िवाद—[< स॰ रूढिवाद (रूढि ~ वाद)] *पु॰* वह सामाजिक/राजनीतिक सिद्धान्त जो नए विचारों की जगह परम्परा से चले आ रहे विचारों, क़ानूनों, रीति-रिवाजों और संस्थाओं का समर्थन करता है।

रूढ़िवादी—[< स॰ रूढ़िवादिता (रूढ़िवादिन् + तल् + टाप्)] *वि॰, पु॰* रूढ़िवाद के अनुसार विचारने और व्यवहार करनेवाला। रूढिवाद का अनुगामी/समर्थक।

***रूढ़ो**—*वि॰* ≤ *हि॰* रूरा। सुन्दर। **उदा॰** रावलो बिड़द म्हाणे रूढ़ो लागाँ। —मीरा (पद १३६)

रूढ़ोक्ति—[हि॰ रूढ़ + स॰ उक्ति] *स्त्री॰* परम्परागत या प्रचलित कथन। (कोश॰) पुराना और रूढ़ उद्धरण।

रूप[1]—[स॰ √रूप् + अच्] *पु॰* १. दिखनेवाले पदार्थों का वह गुण जिससे वे दिख पड़ते हैं। चाक्षुष प्रत्यक्षीय गुण। २. आकार। आकृति। सूरत। शक्ल। ३. पदार्थ का पद द्वारा जानने योग्य अर्थ मात्र। पदार्थ का नाम नहीं, वस्तु मात्र। ४. कोई भी पदार्थ जो देखा जाए। दृश्य। वस्तु। ५. यथार्थ गुण-धर्म। स्वरूप। ६. देह। शरीर। ७. वेश-भूषा। ८. सौन्दर्य। खूबसूरती। ९. प्रकार। भेद। क़िस्म। १०. पद्धति। प्रणाली। रीति। ढंग। ११. प्रकृति। स्वभाव। १२. लक्षण। पहचान। १३. मूर्ति। प्रतिमा। १४. सादृश्य। समानता। १५. (समासयुक्त पद के अन्त में प्रयुक्त) अभिन्न। तदात्म। ***जैसे***—प्रकाशरूप। [व्या॰] (किसी प्रातिपदिक या धातु में) विभक्ति या प्रत्यय के योग से बना शब्द। सम्बन्धतत्त्व से युक्त अर्थतत्त्व। पद। ***जैसे***—'लड़क्' के रूप 'लड़का', 'लड़के', 'लड़कों' इत्यादि हैं, और 'पढ़्' के रूप 'पढ़ता', 'पढ़ती', 'पढ़ते', 'पढ़ो' इत्यादि हैं। (कोश॰) सार्थक लघुतम भाषिक इकाई। किसी भी भाषिक इकाई का ध्वन्यात्मक आधार। *वि॰* सुन्दर। ख़ूबसूरत। *क्रिवि॰* (किसी की आकृति/सौन्दर्य के) अनुरूप। सदृश। तुल्य। बराबर।

रूप[2]—[< स॰ रूप्य] *पु॰* सुवर्ण। सोना।

रूपक—[स॰ रूप + कन्, या √रूप् + ण्वुल्] *वि॰* रूप से युक्त। रूपवाला। रूपी। *पु॰* १. आकृति। सूरत। शक्ल। २. (किसी रूप की) प्रतिकृति। मूर्ति। ३. चिह्न। लक्षण। ४. प्रकार। भेद। क़िस्म। ५. चाँदी। ६. चाँदी का बना एक रुपए का सिक्का। ७. रूप का आरोप। (काव्य॰) १. दृश्य काव्य। नाटक। २. एक अर्थालंकार

जिसमें अति समानता के कारण उपमेय पर उपमान का अभेद आरोप होता है। *जैसे*—'मुखचन्द्र' (= मुखरूपी चन्द्र) में मुख पर चन्द्र का अभेद आरोप होने से रूपक अलंकार है।

रूपकातिशयोक्ति—[स॰ रूपक ~ अतिशयोक्ति] *स्त्री॰* अतिशयोक्ति अर्थालंकार का एक भेद। वह अलंकार जिसमें उपमान द्वारा ही उपमेय की कल्पना या ज्ञान होने से अतिशयोक्ति होती है।

रूपकार—[स॰ रूप ~ कार] *पु॰* १. शिल्पी। २. रूप-सज्जा करनेवाला।

रूपगर्विता—[रूप ~ गर्विता] *स्त्री॰* वह नायिका जिसे अपने रूप का गर्व हो।

रूपग्राम—[स॰ रूप ~ ग्राम] *पु॰* (भाषा॰) भाषा या वाक्य की लघुतम सार्थक इकाई। रूप/पद का सार्थक खंड। पदग्राम। रूपिम। पदिम। *जैसे*—बालक को देखो' वाक्य में 'बालक', 'को', 'देख' और 'ओ' चार रूपग्राम हैं। (अ॰ मार्फ़ीम)

रूपग्रामविज्ञान—[स॰ रूपग्राम ~ विज्ञान] *पु॰* (भाषा॰) रूपविज्ञान की एक शाखा जिसमें किसी भाषा के रूपों/पदों का अध्ययन कर रूपग्रामों और संरूपों का निर्धारण तथा रूपग्रामों के योग से बने संयुक्त रूपग्रामों में होनेवाले ध्वनि-सम्बन्धी परिवर्तनों का अध्ययन किया जाता है। (मार्फ़ीमिक्स)

रूपघनाक्षरी—[स॰ रूप ~ घनाक्षरी] *स्त्री॰* (छन्द॰) एक समवर्णिक छन्द जिसके प्रत्येक चरण में ३२ वर्ण होते हैं, १६-१६ पर यति होती है, अन्त में गुरु-लघु होते हैं।

रूपचतुर्दशी—[स॰ रूप ~ चतुर्दशी] *स्त्री॰* कार्तिक कृष्ण चतुर्दशी (तिथि)। नरक चतुर्दशी।

रूपजीविनी—[रूपजीविन् + ङीप्] *स्त्री॰* वेश्या।

रूपजीवी—[स॰ रूपजीविन्] *पु॰* बहुरूपिया।

रूपतत्त्व—[स॰ रूप ~ तत्त्व] *पु॰* (भाषा॰) रूपग्राम।

रूपता—[स॰ रूप + तल् + टाप्] *स्त्री॰* १. रूप का गुण/धर्म/भाव। रूपत्व। २. सुन्दरता।

रूप-भाजन—[स॰] *वि॰* सौन्दर्य-पात्र। अति सुन्दर। रूपवान्।

रूपमय—[स॰ रूप + मयट्] *वि॰* रूपवान्। सुन्दर।

रूपमाला—[स॰ रूप ~ माला] *स्त्री॰* (छन्द॰) १. एक सममात्रिक छन्द जिसके प्रत्येक चरण में २४ मात्राएँ होती हैं, १४-१० पर यति होती है और अन्त में गुरु-लघु होते हैं। 'मद' छन्द। २. १७ वर्णों का एक समवर्णिक छन्द जिसके प्रत्येक चरण में क्रमशः रगण, सगण, जगण, जगण, भगण, गुरु और लघु (र, स, ज, ज, भ, ग, ल) होते हैं। ● **विशेष**—यह छन्द 'रामचन्द्रिका' में प्रयुक्त हुआ है।

***रूपरई**—[< स॰ रूपरञ्जित] *वि॰* रूप से रंजित। रूपवती। सुन्दर। *जैसे*—रूपरई सीता।

रूपरेख—[< स॰ रूपरेखा] *स्त्री॰* १. स्वरूप। आकार। २. रूपरेखा।

रूपरेखा—[स॰ रूप ~ रेखा] *स्त्री॰* १. किसी आकृति आदि का रेखाओं द्वारा अंकित चित्र। २. बाह्यरेखा। ख़ाका। ३. प्रारूप। ४. संक्षिप्त वर्णन। सार-संक्षेप। ५. किसी योजना का स्थूल रूप।

रूपरेखाङ्कन (रूपरेखांकन)—[स॰ रूप ~ रेखा ~ अङ्कन] *पु॰* (कला॰) चित्र बनाने के लिए आकृति का रेखाओं से अंकन। ख़ाका बनाने का कार्य।

रूपलेख—[स॰ रूप ~ लेख] *पु॰* (पत्र॰) समाचार-पत्र का ग़ैर-समाचारी तथा रोचक लेख। (अ॰ फ़ीचर)

रूपविज्ञान—[स॰ रूप ~ विज्ञान] *पु॰* आकृतिविज्ञान। (भाषा॰) भाषाविज्ञान की एक शाखा जिसमें भाषाओं के रूपों का अध्ययन तथा सम्बन्धित नियमों आदि का निर्धारण किया जाता है।

रूपा—[< स॰ रूप्य] *पु॰* १. रजत। चाँदी। २. सोने और चाँदी का मिश्रण। ३. मिलावटवाली चाँदी। घटिया चाँदी। *स्त्री॰* (छन्द॰) एक समवर्णिक छन्द जिसके प्रत्येक चरण में क्रमशः २ मगण, २ गुरु, २ मगण, २ गुरु (म म ग ग म म ग ग) के योग से कुल १६ वर्ण होते हैं और ८-८ पर यति होती है।

रूपाङ्कन (रूपांकन)—[स॰ रूप ~ अङ्कन] *पु॰* १. रूप का अंकन। २. किसी योजना या करने योग्य काम या बनायी जाने वाली वस्तु आदि की रूपरेखा बनाना। ३. बनावट/बुनावट आदि का कोई विशेष ढंग निर्धारित करना। (कला॰) रचनाकार द्वारा निर्मित किसी रचना से पूर्व उसके आकार-प्रकार, रूप, रंग इत्यादि के सम्बन्ध में परिकल्पना या जानकारी देनेवाला चित्र या नमूना। अभीष्ट रचना का रचयिता द्वारा प्रस्तुत प्रारूप। ड़िज़ायन। (अ॰)

रूपाजीवा—[स॰ रूप ~ आजीवा] *स्त्री॰* अपने रूप-सौन्दर्य के आधार पर जीविका चलानेवाली स्त्री। वेश्या।

रूपातीत—[स॰ रूप ~ अतीत] *वि॰* जो रूप से परे हो। रूपरहित। *जैसे*—रूपातीत परमात्मा। ⁘ **रूपातीत ध्यान**—*पु॰* = (योग॰) शून्य का ध्यान जिसमें चित्त शून्य में लीन हो जाता है।

रूपादि—[स॰ रूप ~ आदि] *पु॰* १. रूप, धन, प्रतिष्ठा इत्यादि। रूप-सौन्दर्य इत्यादि। २. पाँच ज्ञानेन्द्रियों के क्रमशः पाँच विषय—रूप, रस, गन्ध, शब्द और स्पर्श।

रूपाधिबोध—[स॰ रूप + अधि + बोध] *पु॰* १. जिसके रूप का ज्ञान इन्द्रियों द्वारा प्राप्त हो। पदार्थ। २. (पदार्थ का) इन्द्रियों से प्राप्त ज्ञान।

रूपान्तर (रूपांतर)—[स॰ रूप ~ अन्तर] *पु॰* १. रूप का अन्तर। २. भिन्न रूप की प्राप्ति। दूसरे रूप में लाया जाना। रूप-परिवर्तन। रूपान्तरण। ३. (किसी वस्तु का) बदला हुआ रूप। प्राप्त नया रूप। (काव्य॰) १. किसी विधा की साहित्यिक रचना (कविता/कहानी/उपन्यास/नाटक आदि) का दूसरी विधा में परिवर्तन। *जैसे*—किसी कहानी का नाट्य-रूपान्तर या रेडियो-रूपान्तर। २. किसी भाषा के नाटक आदि रचना का दूसरी भाषा में अनुवाद और पात्रों के नाम, वेशभूषा आदि का देशानुकूल परिवर्तन।

रूपाभास—[स॰ रूप ~ आभास] *पु॰* १. रूप का आभास। आकृति की झलक। २. रूप की मिथ्या प्रतीति।

रूपायन—[स॰ रूप ~ अयन] *पु॰* १. रूप को ग्रहण करने की क्रिया/

भाव। २. किसी तैयार की जाने वाली वस्तु का ढाँचा या रूपरेखा प्रस्तुत करना। ३. अमूर्त की मूर्त रूप में प्रस्तुति। कार्य-रूप में परिणति। क्रियान्वयन। ४. विचार/योजना आदि को क्रियान्वित करना। ✣ **रूपायित**—*वि॰* = १. किसी तैयार की जाने वाली वस्तु के ढाँचे या रूपरेखा की प्रस्तुति। २. (अमूर्त तत्त्व या योजना आदि) जिसे कोई रूप दिया गया हो। मूर्त। ३. कार्यरूप में परिणत। क्रियान्वित। ✣ **रूपायिति**—*स्त्री॰* = रूप को ग्रहण करने की क्रिया या भाव।

रूपा-रेली—[< हि॰ रूपा + रेलना] *स्त्री॰* १. किसी स्थान पर चाँदी की अधिकता। २. समृद्धि।

रूपाश्रय—[स॰ रूप ~ आश्रय] *पु॰* बहुत रूपवान् पुरुष। बहुत सुन्दर आदमी।

रूपाश्रयी—[स॰ रूपाश्रयिन्] *वि॰* १. रूप पर आश्रित। २. रूप को अधिक महत्त्व देनेवाला। ✣ **रूपाश्रयी साहित्य**—*पु॰* = (काव्य॰) वह साहित्य जो विषयवस्तु की अपेक्षा रूपतत्त्व, शैली, शिल्प इत्यादि पर अधिक बल दे।

रूपासक्ति—[स॰ रूप ~ आसक्ति] १. रूप-सौन्दर्य के प्रति मन का आकर्षण। २. भगवान् के किसी अवतार के रूप के प्रति भक्त के मन का लगाव।

रूपित—[स॰ रूप + इतच्] *वि॰* १. जिसे कोई रूप दिया गया हो। रूपान्वित। ***जैसे***—रूपित कल्पनाएँ। २. जिसे कोई रूप मिला हो।

रूपिम—[< स॰ रूप] *पु॰* (कोश॰) रूप/पद का सार्थक खंड। रूपग्राम।

रूपी—[स॰ रूपिन्] *वि॰* १. रूपवाला। रूपधारी। ***जैसे***—परमात्मा रूपी भी है और अरूपी भी। २. (समासयुक्त पद के अन्त में) सदृश। समान। तुल्य। ***जैसे***—मृत्युरूपी अभिशाप। ३. रूपवान्। सुन्दर।

रूपेन्द्रिय (रूपेंद्रिय)—[स॰ रूप ~ इन्द्रिय] *स्त्री॰* वह इन्द्रिय जिससे रूप और रंग का ज्ञान प्राप्त होता है। नेत्र। आँख।

रूपोच्चय—[स॰ रूप ~ उच्चय] *पु॰* सुन्दर रूपों का संग्रह।

रूपोपजीविनी—[स॰ रूप ~ उपजीविनी] *स्त्री॰* रूपाजीवा। (दे॰)

रूपोपजीवी—[स॰ रूपोपजीविन्] *पु॰* १. बहुरूपिया। २. अभिनेता। नट।

रूप्य—[स॰ रूप + यत्/यप्] पु॰, *वि॰* १. सुन्दर। ख़ूबसूरत। २. उपमेय। *पु॰* १. चाँदी। रुपया।

रूप्यक—[स॰ रूप्य + कन्] *पु॰* रुपया।

रूप्याध्यक्ष—[स॰ रूप्य ~ अध्यक्ष] *पु॰* १. (प्राचीन काल में) टकसाल का प्रधान अधिकारी। २. (प्राचीन काल में) कोषाध्यक्ष। ख़ज़ांची।

रूबरू—[< फा॰ रू-ब-रू] *क्रिवि॰* समक्ष। आमने-सामने। ***जैसे***—मैं तुम्हारे रूबरू खड़ा हूँ।

रूम—[फा॰] *पु॰* तुर्की देश का प्राचीन नाम।

रूमना—[हि॰ 'झूमना' का अनु॰] *क्रिअ॰* १. झूलना। २. झूमना।

रूमावलि—[< स॰ रोमावलि] *स्त्री॰* रोमों की पंक्ति। रोमावली।

रूरना—[< प्रा॰ रुरुव] *क्रिअ॰* १. ज़ोर-ज़ोर से शब्द करना। चिल्लाना। २. गरजना।

***रूरा**—[देशज] *वि॰* १. उत्तम। श्रेष्ठ। २. सुन्दर। मनोहर। ✣ **रूराई**—*स्त्री॰* = १. उत्तमता। श्रेष्ठता। २. सुन्दरता।

रू-रिआयत—[< फा॰ रू + अरबी रिआयत] *स्त्री॰* शील-संकोच। लिहाज़। ✣ ***रूरो**—*क्रिवि॰* = बिना। बग़ैर।

रूषण—[स॰ √रूष् + ल्युट्] *पु॰* १. भूषित करना। सजाना। २. लेप लगाना। अनुलेपन। ३. आच्छादन। ढँकना।

रूसनहारी—[हि॰ रूसना + हारी] *स्त्री॰* रूठनेवाली। ***जैसे***—अनोखी रूसनहारी।

रूसना—[< प्रा॰ रूस] *क्रिअ॰* १. क्रुद्ध/नाराज़ होना। २. रुष्ट होना। रूठना।

रूसा—[< स॰ रोहिष] *पु॰* १. एक सुगन्धित घास जो एक मीटर या अधिक लम्बी होती है।

रूहना—[स॰ रोहण] *क्रिअ॰* १. ऊपर-चढ़ना। आरोहण। २. वेगपूर्वक बढ़ना। उमड़ना।

रूहानियत—[अरबी] *स्त्री॰* अध्यात्मवाद।

रूहानी—[अरबी] *वि॰* १. आत्मा-सम्बन्धी। आत्मिक। २. आत्मा-परमात्मा-सम्बन्धी। आध्यात्मिक। ३. अन्तःकरण का। हार्दिक।

[1]रूँख—[< हि॰ रूख < स॰ वृक्ष] *पु॰* वृक्ष।

रूँखड़—[< हि॰ रूखा] *पु॰* एक प्रकार के साधु।

[1]रूँगटा—[< हि॰ रोंगटा] *पु॰* रोम। रोंगटा। ● **विशेष**—अधिक रोमों वाली होने से भेड़ को '**रूँगटाली**' कहा जाता है और अधिक रोमों वाली स्त्री को '**रूँगरी**'।

रूँगा/रूँक—[देशज] *पु॰* ग्राहक की प्रसन्नता के लिए उसे दिए गए माल के साथ बिना मूल्य दी जाने वाली अतिरिक्त वस्तु। ✣ ***रूँगें (रूँगें)**—*क्रिवि॰* = थोड़ा-थोड़ा माँग-माँगकर।

रूँधना—[< स॰ रोधन] *क्रिस॰* १. अवरोध करना। रोकना। *क्रिस॰* १. मार्ग का अवरोध करना। रास्ता रोकना। रास्ता बन्द करना। २. खेत/क्यारी आदि को कँटीली झाड़ियों या कँटीली तारों से घेरना। बाड़ लगाना। ३. सब ओर से रोकना। घेरना।

रेआन—[< अ॰ रेऑन] *पु॰* लकड़ी के गूदे या रुई के छोटे रेशे आदि से तकनीकी ढंग से बनाया जाने वाला कृत्रिम रेशम जैसा धागा जिससे वस्त्र बनते हैं। ***जैसे***—नाइलोन एक प्रकार का रेआन है।

***रेक**—[देशज] *पु॰* छोटी जाति का व्यक्ति।

रेकान—[देशज] *पु॰* ऐसी भूमि जिस तक नदी की बाढ़ का पानी न पहुँचता हो।

रेखज—[स॰ रेखा + ज] *वि॰* रेखा से उत्पन्न। रेखा से बना हुआ।

रेख़ता/रेख़्ता—[< फा॰ रेख़्त:] *पु॰* अरबी-फ़ारसी मिश्रित हिन्दी का एक रूप। ✣ **रेख़ती/रेख़्ती**—*स्त्री॰* = रेख़्ता का वह रूप जिसमें कुछ शताब्दी पहले स्त्रियाँ कविता रचा करती थीं।

रेखन—[< स॰ लेखन, ल→स] *पु॰* १. रेखा/रेखाएँ खींचना। लकीर।

लकीरें बनाना। रेखाएँ अंकित करना। रेखांकन। २. रेखाओं से चित्र बनाना। ३. रेखाचित्र। (वाणि०) चेक के ऊपरी बाएँ कोने पर दो तिरछी रेखाएँ अंकित करना जिसका उद्देश्य बैंक को यह निर्देश देना है कि चेक का भुगतान धन मिलने के पटल (अं० काउन्टर) पर तत्काल न करके, किसी बैंक द्वारा किया जाए। (अं० क्रासिंग)

*__रेखना__—[< सं० रेखन] *क्रिस०* १. रेखा/रेखाएँ खींचना। लकीर/लकीरें बनाना। २. रेखाओं द्वारा चित्र बनाना। रेखाचित्र बनाना। ३. रचना करना। बनाना। ४. चित्रित करना। ५. खरोंचना। ६. (किसी के प्रति) दृढ़ निष्ठा रखना।

रेखाचित्र—[सं० रेखा ~ चित्र] *पु०* १. केवल रेखाओं से बनाया गया चित्र या आकृति। (अं० स्केच) २. शब्दों से किसी का इतना स्पष्ट और सजीव वर्णन मानो व्यक्ति का चित्र खींच दिया गया हो।

रेखोपरि—[सं० रेखा ~ उपरि] *क्रिवि०* रेखा के ऊपर। ***जैसे***—हस्ताक्षर रेखोपरि करने चाहिए।

रेग—[फा०] *स्त्री०* बालू। रेत। ***जैसे***—रेगिस्तान।

रेचक—[सं० √रिच् + णिच् + ण्वुल्] *वि०* १. दस्त लानेवाला। दस्तावर। २. फेफड़ों को साफ़ करनेवाला। साँस निकालनेवाला। *पु०* १. प्राणायाम की एक क्रिया जो पूरक और कुम्भक से भिन्न होती है। अन्दर की साँस को बाहर निकालना। २. 'जमालगोटा' आदि दस्तावर पदार्थ। जुलाब। *पु०* (नृत्य०) कमर, हाथ या ग्रीवा को विशेष प्रकार से चलाने या मटकाने की क्रिया। ***जैसे***—कटिरेचक, हस्तरेचक और ग्रीवरेचक रासनृत्य।

रेचन—[सं० √रिच् + णिच् + ल्युट्] *पु०* १.ख़ाली करने की क्रिया। २. काम करने की क्रिया। घटाना। घटाव। ३. (प्राणायाम में) साँस बाहर निकालने की क्रिया। ४. मल निकालकर पेट को साफ़ करना। दस्त आना। *पु०* (आयुर्वेद०) वह पदार्थ जो (पके हुए या कच्चे) मल आदि को पतला कर दे और दस्त कराके बाहर निकाल दे (जैसे—जमालगोटा)।

रेच्य—[सं० √रिच् + णिच् + यत्] *पु०* १. (प्राणायाम में) बाहर छोड़ी गयी साँस। २.पेट साफ़ करने या दस्त लाने के लिए उपयोगी दवा। जुलाब। *वि०* जिसे रेचन क्रिया के द्वारा बाहर निकाला जा सके या निकाला जाना हो।

रेज़ा—[< फा० रेज़:] *पु०* १. कण। ज़र्रा। २. बहुत छोटा टुकड़ा। ३. काग़ज़/कपड़ा आदि का छोटा टुकड़ा। कतरन। ४. रत्न आदि का छोटा टुकड़ा। नग। ५. रत्न आदि का कण।

रेज़िडेन्ट (रेज़िडेंट)—[< अं० रेज़िडन्ट] *पु०* १. रहने वाला। निवासी। ***जैसे***—लखनऊ का रेज़िडेन्ट। २. अँग्रेजी शासनकाल में गवर्नर-जनरल का देशी रियासतों में राजनीतिक प्रतिनिधि।

रेजिमेन्ट (रेजिमेंट)—[< अं० रेजिमन्ट] *स्त्री०* एक सैनिक इकाई जो 'कर्नल' के अधीन होती है तथा जिसमें दो या अधिक 'बटालियन' होती हैं।

रेडियन—[अं०] *पु०* (गणित०) कोण नापने की एक इकाई। किसी वृत्त में उसकी त्रिज्या के बराबर चाप द्वारा केन्द्र पर बने कोण का माप। ● **विशेष**—एक रेडियन = लगभग ५७.३°।

रेणु—[सं० √री + नु] *स्त्री०* १. रज। धूल। २. बालू। रेत। ३. (पुष्प का) पराग। ४. चूर्ण। पाउडर (अं०)। ५. धूल का कण। ६. (किसी वस्तु का) बहुत छोटा परिमाण। कण। कणिका। ७. हिन्दी का प्रसिद्ध आंचलिक उपन्यासकार फणीश्वरनाथ 'रेणु'।

रेणुका—[सं० रेणुक + टाप्] *स्त्री०* १. रेणु। (दे०) २. परशुराम की माता। ✣ **रेणुका-सुत**—*पु०* = परशुराम।

रेतस्/रेतः—[सं० √री + असुन्, तुट्] *पु०* १. वीर्य। शुक्र। ***जैसे***—ऊर्ध्वरेतस् (= ऊर्ध्वरेता)। २. जल। पानी। ३. पारद। पारा।

रेता—[< हि० रेता] पु०, *स्त्री०* बालू। रेत।

रेतिया[1]—[< हि० रेतना] *पु०* रेती आदि से वस्तुओं को रेतनेवाला कारीगर।

रेतिया[2]—[< हि० रेत] *वि०* रेतीला।

रेती[1]—[< हि० रेतना] *स्त्री०* लोहे का एक उपकरण जिससे कोई वस्तु रेतकर काटी जाती है या चिकनी और सुडौल की जाती है।

रेती[2]—[< हि० रेत] *स्त्री०* १. अधिक रेत वाली जगह। २. रेतीला मैदान। ३. नदी के बीच में स्थित टापू।

रेना—[देशज] *क्रिस०* किसी वस्तु को किसी अन्य वस्तु में रखकर, टिकाकर या डालकर लटकाना। ✣ **रेनी**—*स्त्री०* रँगरेज़ों की वस्त्रों को लटकाने/फैलाने की डोरी।

*__रेनु__—[< सं० रेणु] *पु०* १.रज। धूल। ***जैसे***—बृन्दाबन-रेनु। २. रेत। बालू। ३. पुष्प का पराग। ४. चूर्ण। पाउडर। ५. (किसी वस्तु का) बहुत छोटा परिमाण। कण। कणिका। ६. धूल का कण।

रेनडियर—[< अं० रेन्डिअर] *पु०* ध्रुव प्रदेश के निकट प्रदेश में पाया जाने वाला एक प्रकार का हिरन।

रेफ—[< (सं० √रिफ् + घञ्, या र + इफन्)] *स्त्री०* १. 'र्' अक्षर। रकार। २. 'र' का किसी वर्ण के पहले आने पर शिरोरेखा के ऊपर लगनेवाला रूप' ***जैसे***—धर्म, शर्त में रेफ है।

रेरना—[हि० रे + करना] *क्रिस०* १. 'रे' कहकर प्यार या तिरस्कार के साथ पुकारना। २. टेरना। पुकारना।

†**रेरुआ**—*पु०* ≤ *हि०* रुरुआ। उल्लू (पक्षी)।

रेल[1]—[अं०] *स्त्री०* १. रेलगाड़ी चलने की पटरी। २. रेलगाड़ी।

रेल[2]—[< हि० रेला] *स्त्री०* १. रेलने की क्रिया/भाव। २. तीव्र प्रवाह/बहाव। ३. जल-प्रवाह। पानी का बहाव। ४. अधिकता। बाहुल्य। ***जैसे***—रेल-पेल। ५. धक्कम-धक्का।

रेलना—[< हि० रेला] *क्रिस०* १. (आगे बढ़ने के लिए पीछे वाले मनुष्यों/भीड़ का) औरों को ढकेलना। रेला/धक्का देना। ढकेलना। २. तेज़ बहाव का वस्तुओं को अपने साथ बहा ले जाना। ३. (किसी वस्तु में) ठूँस-ठूँस कर भरना। ठसाठस भरना। ४. ठूँस-ठूँस कर भोजन करना। *क्रिअ०* ठसाठस भरा होना।

रेला—[< प्रा० रेल्लि] *पु०* १. तेज़ प्रवाह। ***जैसे***—पानी का रेला; आदमियों का रेला। २. समूह। भीड़। ३. (भीड़ में होनेवाला) धक्कम-धक्का। धक्कामुक्की। ४. आक्रमण। धावा। ५. अधिकता।

बाहुल्य। बहुतायत। ६. तेज़ वर्षा। (संगीत॰) १. तबले पर अति द्रुत लय में और अति सरल गति में बजते मधुर बोल। २. उक्त बोल बजाने की रीति।

***रेलि**—[< हि॰ रेला] *क्रिवि॰* अधिकता से।

रेवड़—[< अक्कदी भाषा का 'रेउ'] *पु॰* १. भेड़-बकरियों का समूह। गल्ला। २. पशुओं का झुंड। पशु-समूह।

रेवड़ी—[देशज] *स्त्री॰* तिल-गुड़ या तिल-चीनी के मिश्रण से बनी छोटी-छोटी टिकियों वाली मिठाई।

रेवती—[स॰ रेवत + ङीष्] *स्त्री॰* १. अश्विनी आदि २७ नक्षत्रों में अन्तिम नक्षत्र। २. (पद्य आदि में) २७ की संख्या। ३. (वसुदेव-पुत्र) बलराम की पत्नी।

रेवा—[स॰ √रेव् + अच् + टाप्] *स्त्री॰* नर्मदा नदी। (छन्द॰) एक समवर्णिक छन्द जिसके प्रत्येक चरण में क्रमशः मगण, सगण, तगण, नगण और २ गुरु (म स त न ग ग) के योग से १४ वर्ण होते हैं। लक्ष्मी छन्द।

***रेष/रेख**—[< हि॰ रेख] *स्त्री॰* रेखा।

रेषण—[स॰ √रिष् + ल्युट्] *पु॰* १. (घोड़े की) हिनहिनाहट। हींसना। २. (सिंह, व्याघ्र आदि का) गर्जन। दहाड़।

रेषा—[स॰ √रेष् + अ + टाप्] स्त्री॰ १. (घोड़े की) हिनहिनाहट। हींसना। २. (सिंह, व्याघ्र आदि का) गर्जन। दहाड़।

***रेसू**—[अप॰ < प्रा॰ रेसो] *पु॰* रोष। क्रोध। रिस।

रेस्टहाउस—[अ॰] *पु॰* विश्रामगृह। डाक-बंगला।

रेस्टोरेन्ट (रेस्टोरेंट)—[अ॰] *पु॰* १. जलपानगृह। २. भोजनालय।

रेह[१]—[देशज] *स्त्री॰* १. धूल। २. खार मिली हुई मिट्टी। शोरा। मिट्टी।

***रेह**[२]—[< स॰ रेखा] *स्त्री॰* रेखा। लकीर।

†**रेह**[३]—[देशज] *पु॰* रोहू मछली।

रेहन—[अरबी] *पु॰* महाजन के पास आभूषण/मकान आदि इस शर्त पर रखकर ऋण लेने की रीति कि ऋण चुकाने पर वस्तु वापस मिलेगी। बन्धन। गिरवी।

रेहुआ—[< हि॰ रेह] *वि॰* १. रेहवाला। २. (वह भूमि) जिसमें रेह अधिक हो।

रैं-रैं (रें-रें)—[अनु॰] *स्त्री॰* १. बच्चों के रोने का शब्द। २. हठ। ज़िद। ***जैसे***—तुम्हारी रें-रें का उस पर कोई प्रभाव नहीं पड़ता।

रैंक (रेंक)—[< हि॰ रेंकना] *स्त्री॰* गधे की बोली।

रैंकना (रेंकना)—[< स॰ रेषण] *क्रिअ॰* १. गधे का बोलना। २. बुरी तरह चिल्लाना। ३. (लाक्षणिक) बेसुरा और ज़ोर से गाना।

रैंट (रेंट)—[देशज] *स्त्री॰* नाक से निकलनेवाला कफ़। नाक का आर्द्र मल।

रैंटा (रेंटा)—[देशज] *पु॰* एक शाकफल। लसोढ़ा।

***रैनाँ**—[< स॰ रेणु] *स्त्री॰* रज। धूल।

***रैनि**—*स्त्री॰ ≤ हि॰* रैन। रात्रि। रात। ✣ **रैनि मसि**—*स्त्री॰* रात्रि की कालिमा।

रैयत—[अरबी] *स्त्री॰* प्रजा। जनता। रिआया।

***रैया**—[< हि॰ राय] *पु॰* छोटा राजा।

रैया-राव—[< हि॰ राया + राव] *पु॰* १. छोटा राजा। २. (मध्यकालीन) सामन्तों की एक उपाधि।

रैल—[देशज] *स्त्री॰* राशि। समूह। झुंड।

रैली—[अ॰] *स्त्री॰* १. सम्मिलन। २. जमघट। ३. (किसी दल/संस्था आदि के द्वारा आयोजित) विशाल एकत्रीकरण। जलसा।

रोकड़—[< स॰ रोक] *स्त्री॰* १. नक़द धन/रक़म। २. मूलधन। पूँजी। ३. धन-सम्पत्ति। ४. वह बही जिसमें व्यापारी प्रतिदिन के आय-व्यय का हिसाब लिखता है।

रोकड़िया—[< हि॰ रोकड़] *पु॰* (व्यापारी की) नक़द रोकड़ तथा आय-व्यय का हिसाब-किताब रखनेवाला व्यक्ति। ख़ज़ांची।

***रोख**—*पु॰ ≤ स॰* रोष। क्रोध। गुस्सा।

रोगघ्न—[स॰ रोग + घ्न] *वि॰* रोगनाशक। रोगहर।

***रोगदैया**—[देशज] *स्त्री॰* विनोद। हँसी-मज़ाक।

रोग़न—[फ़ा॰] *पु॰* १. चिकना और गाढ़ा द्रव (जैसे—तेल, घी या चर्बी)। २. तेल, लाख आदि का बना पक्का रंग जो बर्तनों पर चमक करने के लिए उपयोग में आता है। ३. रासायनिक लेप जिससे वस्तुओं में चमक आती है और धूप/वर्षा आदि का प्रभाव भी नहीं होता है। वार्निश।

रोग़नी—[फ़ा॰] *वि॰* १. रोग़न-सम्बन्धी। रोग़न का। २. जिस पर रोग़न लगाया गया हो। रोग़नदार। ३. तेल लगा हुआ। ४. तेल में बना हुआ। ५. चिकना। ६. वार्निश किया हुआ।

रोगभीति—[स॰ रोग ~ भीति] *स्त्री॰* एक मानसिक रोग। बीमारी का अकारण अतिरंजित भय।

रोगातुर/रोगार्त—[स॰ रोग ~ आतुर/आर्त] *वि॰* रोग से दुःखी। रोग-पीड़ित।

रोचक—[स॰ √रुच् + णिच् + ण्वुल्] *वि॰* १. रुचिकारक। रुचनेवाला। प्रिय। २. मनोरंजक। ३. भूख को बढ़ानेवाला। *पु॰* क्षुधा। भूख। ∇ **विलोम**—अरोचक।

रोचन—[स॰ √रुच् + ल्यु, या √रुच् + णिच् + ल्यु] *वि॰* १. अच्छा लगनेवाला। २. रुचनेवाला। रोचक। प्रिय। ३. फबनेवाला। शोभावान् ४. दीप्तिमान्। कान्तिमान्। चमकीला। ५. रोली के रंग का। लाल रंग का। लाल। *पु॰* १. रोचना। रोली। २. गोरोचन। ३. चन्दन। ४. केसर। ५. एक प्रकार के लोकगीत जो पुत्र-जन्म का समाचार रोली के छींटे दिए गए पत्र द्वारा प्रसूता के पितृगृह भेजे जाते समय गाए जाते हैं। ६. कामदेव के पाँच बाणों में से एक।

रोचमान—[स॰ √रुच् + शानच्] *वि॰* १. रुचिकर। प्रिय। २. सुन्दर। मनोहर। ३. चमकता हुआ। चमकीला। ४. शोभायुक्त।

रोचि—[< स॰ रोचिस्] *स्त्री॰* १. चमक-दमक। प्रभा। दीप्ति। कान्ति। तेज। २. ज्योति। ३. रश्मि। किरण। ४. शोभा।

रोचिष्णु—[स॰ √रुच् + इष्णुच्] *वि॰* १. चमकीला। चमकदार। २. हर्षित। प्रफुल्लित। ३. अच्छे वस्त्रों, आभूषणों आदि से जगमगाता

हुआ। वस्त्रालंकारों से तेजोमय। ४. भूख को बढ़ाने वाला। क्षुधावर्धक।

***रोज**—[< स॰ रोदन] पु॰ रुदन। विलाप। रोना।

रोज़—[फा॰] पु॰ दिवस। दिन। ***जैसे***—एक रोज़ वह नहीं आया। *क्रिवि॰* नित्य। प्रतिदिन। ***जैसे***—वह यहाँ रोज़ आता है।

***रोझ**—[< प्रा॰ रोज्झ] पु॰ नीलगाय।

रोट—[< प्रा॰ रोट्ट] पु॰ देवता को अर्पित करने की मीठी और मोटी रोटी। ***जैसे***—हनुमान जी को ५ किलो का रोट चढ़ाना। २. बहुत मोटी रोटी। ३. हाथियों के लिए बननेवाली मोटी रोटी।

†रोटा—[< निमाड़ी, < हि॰ रोटी] पु॰ ज्वार की रोटी।

रोटिका—[स॰ √रुट् + ण्वुल् + टाप्, इत्व] स्त्री॰ रोटी। **†रोटिहा**—[< हि॰ रोटी] पु॰ (ऐसा नौकर) जो वेतन के रूप में केवल भोजन पाने के बदले काम करे। ***जैसे***—रोटिहा नौकर।

***रोठा**—[< हि॰ रोड़ा] १. कड़ी डली। २. गुठली।

रोदसी—[स॰ रोदस + ङीष्.] स्त्री॰ स्वर्ग और पृथ्वी।

रोदा—[< स॰ रोध] पु॰ १. धनुष की डोरी। प्रत्यंचा। २. सितार के तार बाँधने की महीन ताँत।

रोध[1]—[स॰ √रुध् + घञ्] पु॰ १. रोक। रुकावट। २. बाधा। अड़चन। ३. घेरा। ४. (नदी आदि का) बाँध। (भूविज्ञान॰) तट के समीप तरंगों की क्रिया से बना एक निम्न कटक। रोधिका। (अ॰ बैरियर)

रोध[2]—[स॰ रुध् + अच्] पु॰ तट। किनारा।

रोधक—[स॰ √रुध् + ण्वुल्] १. *वि॰* रोकनेवाला। २. बाधक।

रोधकृत्—[स॰ रोध ~ कृत] पु॰ (फलित॰) बृहस्पति के संवत्सर-चक्र के साठ संवत्सरों में से एक।

रोधक्षम—[स॰ रोध ~ क्षम] *वि॰* १. रोध/प्रतिरक्षा में समर्थ। २. रोग के प्रभाव से मुक्त। रोग से प्रतिरक्षित। (जीव॰) किसी निश्चित रोगजनक द्वारा संक्रमण से मुक्त। असंक्राम्य। ✣ **रोधक्षमता विज्ञान**—पु॰ = प्राणिविज्ञान की एक शाखा। रोग से बचाव का अध्ययन करनेवाला विज्ञान। रोग-प्रतिरक्षा विज्ञान।

रोधन[1]—[स॰ √रुध् + ल्यु] *वि॰* रोकनेवाला। रोधक।

रोधन[2]—[स॰ √रुध् + ल्युट्] पु॰ १. अवरोध। रोक। रुकावट। २. प्रतिबन्ध। ३. दमन।

रोधना—[< स॰ रोधन] *क्रिस॰* १. रोकना। २. रूँधना।

रोधनी—[< स॰ रोधन] स्त्री॰ १. नल में लगी वह वस्तु जो नल से आते पानी के जल के तल को एक निर्धारित सीमा तक पहुँचने के बाद स्वयं रोक देती है। २. (रासायनिक प्रयोगशाला आदि में) पानी को रोकने या कम-ज़्यादा करने की टोंटी। रोक-टोंटी।

रोधिका—[स॰ रोधक + टाप्] स्त्री॰ (भूविज्ञान॰) रोध।

रोनटा—[< हि॰ रोना] *वि॰, पु॰* १. प्रायः रोता रहने वाला (बालक/मनुष्य) ***जैसे***—रोनटा लड़का। २. खेल में छोटी-सी बात का भी बुरा माननेवाला। ३. खेल में हारने पर चिढ़ने और रूठकर रोना-सा मुँह बनानेवाला।

रोप—[स॰ √रुह् + णिच्, ह→प, + ल्युट्, या √रूप् + घञ्] पु॰ १. रोपण। (दे॰) २. ठहराव। रुकावट।

रोपण—[स॰ √रुह् + णिच् + ल्युट्, या √रूप् + ल्युट्] पु॰ १. रोपने का कार्य। गाड़ना। २. स्थापना। ३. उठाने, लगाने या खड़ा करने की क्रिया। ४. पौधा आदि लगाने की क्रिया। ५. बीज बोने की क्रिया। बीज-वपन। ६. घाव भरने की क्रिया। ७. लेप लगाना। मरहम का लेपन।

रोपनी—[< हि॰ रोपना] स्त्री॰ १. रोपने की क्रिया/भाव। रोपण। २. धान रोपने का समय। धान रोपने के दिन।

रोबरू—[फा॰] *क्रिवि॰* आमने-सामने। रू-ब-रू।

रोबिन—[अ॰] स्त्री॰ एक चिड़िया जो रंग की काली और सफ़ेद होती है तथा मीठी बोली बोलती है।

रोम—[स॰ रोमन् (√रु + मनिन्] पु॰ त्वचा के बाहर बढ़नेवाला कोमल तन्तु। हाथ-पैर आदि के बाल। लोम। रोयाँ। रोंगटा। ✣ रोम-रोम— पु॰ प्रत्येक रोम। हर रोंगटा।

रोमक—[स॰ रोमन् √कै + क] पु॰ साँभर झील का नमक। साँभर।

रोम-कूप, रोम-गर्त—[स॰] पु॰ त्वचा के वे छोटे-छोटे छेद जिन से रोम निकले हुए होते हैं। लोम-छिद्र।

रोमन—[अ॰] पु॰ १. इटली देश की रोम नगरी का निवासी। २. प्राचीन रोम साम्राज्य का नागरिक। ३. प्राचीन रोम साम्राज्य की शासन जाति। *वि॰* प्राचीन रोम साम्राज्य या उसकी शासक जाति से सम्बन्धित। ***जैसे***—रोमन; रोमन अंक। ✣ **रोमन कैथोलिक**—पु॰ = १. पोप को अपना प्रमुख माननेवाला ईसाई सम्प्रदाय। २. उक्त सम्प्रदाय का अनुयायी।

रोमन्थ (रोमंथ)—[स॰ रोग √मन्थ् + अण्, पृषो॰ ग-लोप] पु॰ १. (पशु द्वारा) खाए हुए को बार-बार चबाने का कार्य। जुगाली। पागुर। २. (लाक्षणिक) कथन आदि की पुनरावृत्ति। ✣ रोमपट- [स॰ रोम ~ पट] पु॰ ऊनी कपड़ा।

रोम-राजि—[स॰] स्त्री॰ १. रोमों की पंक्ति। रोमावली। **रोम-लता**—[स॰] स्त्री॰ रोमावली। रोंगटे।

रोम-हर्ष—[स॰] पु॰ (भय आदि के कारण) रोंगटों का खड़ा होना। रोमांच।

रोमहर्षक—[स॰ रोम ~ हर्षक] *वि॰* १. रोम-हर्ष उत्पन्न करनेवाला। रोमांचकारी। २. अति आश्चर्यजनक। ३. अति भयंकर। बहुत भीषण।

रोमाग्र—[स॰ रोमन् ~ अग्र] पु॰ रोम का सिरा। रोएँ की नोक।

रोमाञ्च (रोमांच)—[स॰ रोमन् + अञ्च] पु॰ १. आश्चर्य/भय/आनन्द से शरीर के रोंगटों का खड़ा होना। २. पुलकित होने की स्थिति/भाव।

रोमानी—[< अ॰ रोमान्स] *वि॰* (काव्य॰) १. जिसमें मुख्य रूप से शारीरिक प्रेम का वर्णन हो। २. प्रेम-कथा वाला (उपन्यास आदि)।

रोमान्स (रोमांस)—[अ॰] १. प्रेम-कथा। प्रेमाख्यान। २. यूरोप की मध्ययुगीन वीर-गाथा। ३. अद्भुत घटनाओं वाली कहानी या उपन्यास। ४. अनुराग-प्रवृत्ति। ५. प्रेम-लीला।

रोमाली—[स॰ रोमन् ~ आली] स्त्री॰ रोमों की पंक्ति। रोमावली। रोमराजी।

रोमावलि/रोमावली—[सं० रोमन् ~ आवलि/आवली] *स्त्री०* १. रोमों की पंक्ति। रोंगटे। २. नाभि के ऊपर की ओर जाने वाली रोमों की पंक्ति।

रोमिका—[सं० रोमन + टाप्] *स्त्री०* १. छोटा रोआँ। २. वनस्पति आदि पर उठनेवाला बहुत छोटा रोआँ।

रोमिल—[< सं० रामन्] *वि०* १. जिसके बहुत रोएँ हों। २. रोमोंवाला। रोएँदार।

†**रोयाँ**—[< हि० रोआँ] *पु०* लोम। रोम। रोंगटा। रोआँ। ✣ **रोयेंदार**—*वि०* = रोमयुक्त। रोएँदार।

रोर—[< प्रा० रोल] *स्त्री०* १. कोलाहल। शोर। २. पक्षियों का कोलाहल। कलरव। ३. उपद्रव। उत्पात। ४. हलचल। ५. अत्याचार। *वि०* १. प्रचंड। २. उपद्रवी। दुष्ट। ३. अत्याचारी।

***रोरा**—[< हि० रूरा] *वि०* सुन्दर। मनोहर।

***रोरि**[1]—[< हि० रोर] *स्त्री०* चहल-पहल। धूम।

***रोरि**[2]—[< हि० रूरा] *वि०* सुन्दर।

रोरित—[< हि० रोर] *वि०* कोलाहलपूर्ण।

रोरी—[< हि० रोरा < रूरा] *वि०* सुन्दर। मनोहर।

रोल[1]—[देशज] *स्त्री०* १. कोलाहल। शोर। २. ध्वनि। शब्द।

रोल[2]—[< हि० रेला] *पु०* प्रवाह। रेला।

रोल[3]—[देशज] *पु०* शासन-व्यवस्था।

रोलना—[देशज] *क्रिस०* १. किसी वस्तु में हाथ लगाकर उसे हिलाना-डुलाना। २. अधिक मात्रा में उपलब्ध वस्तु को इच्छानुसार इधर-उधर करना या बिखेरना।

रोलर—[अं०] *पु०* १. लुढ़कनेवाली वस्तु। २. बेलन। ३. मुद्रण-यन्त्र में टाइप के अक्षरों पर स्याही लगानेवाला बेलन।

रोला[1]—[< देशज रोल] *पु०* १. कोलाहल। शोर। २. घोर युद्ध।

रोला**[2]—[< हि० रेला] *पु०* प्रवाह। बहाव। ***जैसे—गाँगी रोला (= गंगा का प्रवाह)। (छन्द०) एक सममात्रिक छन्द जिसके प्रत्येक चरण में २४ मात्राएँ होती हैं तथा ११-१३ पर यति होती है।

रोली—[< सं० रोचनी] *स्त्री०* हल्दी-चूने की बनी लाल बुकनी।

रोवनहार—[< हि० रोवना] *वि०*, रोनेवाला। *पु०* १. किसी की मृत्यु पर उसका शोक करनेवाला। व्यक्ति या आत्मीय व्यक्ति या उत्तराधिकारी।

रोवना[1]—[< प्रा० रोवण < सं० रोदन] *क्रिस०* रोना।

†**रोवना**[2]—[< हि० रोना] *वि०* १. बहुत जल्दी रोने वाला। २. बुरा मानने वाला। ३. चिढ़नेवाला। ✣ **रोवनि**—*स्त्री०* = रोने की क्रिया। रुदन। रोना।

रोवनिहारा—[< हि० रोवना] *वि० पु०* रोवनहार।

रोशन—[फा०] *वि०* १. प्रकाशमान्। दीप्त। प्रकाशित। चमकदार। २. जलता हुआ। ३. प्रसिद्ध। यशस्वी। ४. उज्ज्वल। साफ़। ५. प्रकट। ज़ाहिर।

रोष—[सं० √रुष् + घञ्] *पु०* १. क्रोध। गुस्सा। २. मन में दबा रहने वाला क्रोध। ३. वैर। विरोध। ✣ ***रोष-हई**—*वि०* (*स्त्री०*) क्रोध की मारी हुई। क्रोध के परिणाम से दुःखी या दुर्भाग्यग्रस्त।

रोषना—[< सं० रोषण] *क्रिअ०* क्रोध करना।

रोषान्वित—[सं० रोष ~ अन्वित] *वि०* रोषयुक्त। क्रुद्ध।

***रोषि**—[< हि० रोषना] *क्रिवि०* = क्रोध करके। क्रुद्ध होकर।

रोह[1]—[सं० √रुह् + अच्] *पु०* १. ऊपर चढ़ाना। चढ़ाई। आरोहण। २. उठान। ३. अंकुर। अँखुआ। ४. कली।

रोह[2]—[< हि० रोझ] *पु०* नीलगाय।

रोहक—[सं० √रुह् + ण्वुल्] *वि०* चढ़नेवाला। *पु०* वाहन पर चलनेवाला। सवार व्यक्ति।

रोहण—[सं० √रुह् + ल्युट्] *पु०* १. (किसी के) ऊपर चढ़ने की क्रिया। सवार होना। आरोहण। २. ऊपर की ओर गति। ३. (बीज का) अंकुरण। उगना।

रोहना—[< सं० रोहण] *क्रिअ०* १. (किसी के) ऊपर चढ़ना। सवार होना। २. ऊपर की ओर जाना। ऊपर की ओर बढ़ना। ***जैसे***—लता का रोहना। ३. पौधे आदि का अंकुरण। *क्रिस०* १. किसी वस्तु को ऊपर की ओर बढ़ाना। ऊपर उठाना। २. (किंसी पर) चढ़ाना। आरोहण कराना। सवार कराना। ३. धारण करना, धारण करवाना, या धारण करने को कहना।

रोहन्त (रोहंत)—[सं० √रुह् + झच्] *पु०* वृक्ष। पेड़। ✣ **रोहन्ती**—*स्त्री०* = लता। वल्लरी। बेल।

रोहिणी—[सं० √रुह + इनण् + ङीष्] *स्त्री०* १. अश्विनी आदि २७ नक्षत्रों में से चौथा। २. वासुदेव की पत्नी जो बलराम की माता थी। ३. मंजिष्ठा। मजीठ। ४. ब्राह्मी बूटी। ५. लाल गौ।

रोहिणीकान्त (रोहिणीकांत)—[सं० रोहिणी ~ कान्त] *पु०* १. चन्द्रमा। २. वसुदेव।

रोहिणी-योग—[सं०] *पु०* आषाढ़ मास में चन्द्रमा का रोहिणी नक्षत्र में होना।

रोहित—[सं० √रुह् + इतच्] *वि०* लाल रंग का। लोहित। *पु०* १. लाल रंग। २. रक्त। रुधिर। ख़ून। लोहू। ३. कुंकुम। केसर। ४. एक प्रकार का मृग। ५. रोहू मछली।

रोहितप्रभ—[सं० रोहित ~ प्रभा] *वि०* लाल रंग की चमक वाला।

रोहिष—[सं० √रुह + इषन्] *पु०* १. सुगन्धित जड़ों वाली एक घास। रूसा घास। २. रोहू मछली। ३. गधे के सदृश एक प्रकार का हिरन।

रोही[1]—[सं० रोहिन्] *वि०* १. ऊपर की ओर जानेवाला। २. (किसी वाहन आदि पर) चढ़नेवाला। *पु०* १. बरगद का पेड़। वट वृक्ष। २. पीपल का पेड़। ३. गूलर का पेड़।

†**रोही**[2]—[< सं० रोहित] *वि०* लाल रंग का। सुर्ख़। *पु०* रक्त। रुधिर। ख़ून।

रौंगटा (रोंगटा)—[< सं० रोम] *पु०* रोम। लोम। रोयाँ। ***वा०*** **रोंगटे खड़े होना**—१. भय से रोमांच होना। बहुत डर जाना। २. अति हर्षित या पुलकित होना।

***रौ**[1]—[< सं० रव] *पु०* १. शोर। २. ध्वनि।

रौ[2]—[फा०] *स्त्री०* १. गति। वेग। चाल। २. पानी का बहाव। ३. धुन। विचार। ४. उत्साह। जोश।

रौक्म—[स॰ रुक्म + अण्] *वि॰* सुवर्ण का बना हुआ।

रौज़ा—[< अरबी रौज़ः] *पु॰* १. उद्यान। बाग़। २. किसी सन्त या महत्त्वपूर्ण व्यक्ति आदि का मक़बरा।

रौताइन—[< हि॰ रावत] *स्त्री॰* १. राव या रावत की पत्नी। २. ठकुराइन। ३. विवाहित स्त्री के लिए एक आदरसूचक सम्बोधन।

रौताई—[< स॰ राजपुत्रता] *स्त्री॰* १. रावत/राव आदि का पद/अवस्था/काम/भाव। २. ठकुराई। सरदारी। ३. राजत्व। ४. राजपूती वीरता। ५. (रावतों जैसी) अकड़। ऐंठ।

रौदा—[< हि॰ रोदा] *पु॰* (धनुष॰) की प्रत्यंचा।

रौद्र—[स॰ रुद्र + अण्] *वि॰* १. रुद्र-सम्बन्धी। रुद्र का। २. अति उग्र। अति क्रुद्ध। ३. भयंकर। *पु॰* १. क्रोध। २. आतप। धूप। ३. आर्द्रा नक्षत्र। ४. यमराज। ५. (शिव-पुत्र) कार्तिकेय। स्कन्द। ६. शिव का पूजक/भक्त। (फलित॰) बृहस्पति के संवत्सर-चक्र के ६० संवत्सरों में से एक। (काव्य॰) एक रस जिसका स्थायी भाव 'क्रोध' है। ✣ **रौद्रता**—*स्त्री॰* = १. भयंकरता। २. उग्रता। ३. रुद्रत्व। शिवत्व।

***रौन**—[< स॰ रमण] *पु॰* १. रमण। २. पति या प्रियतम। *वि॰* रमणीय। सुंदर। मनोहर।

रौनक़अफ़रोज़—[फ॰] *वि॰* रौनक़ बढ़ानेवाला। ✣ **रौनक़दार**—*वि॰* = रौनक़वाला।

रौना—[< स॰ रमण] *पु॰* (नवविवाहित युवती का) गौने के बाद का ससुराल को गमन। **जैसे**—कहीं-कहीं तो गौने-रौने की विदा एक साथ ही कर देते हैं।

***रौनी**—*स्त्री॰* ≤ *स॰* रमणी। स्त्री।

रौप्य—[सा॰ रूप्य + अण्] *वि॰* चाँदी का। चाँदी का बना हुआ। *पु॰* रजत। चाँदी।

***रौर**—[< हि॰ रोर] *स्त्री॰* ध्वनि। आवाज़।

रौरव—[स॰ रुरु + अण्] *वि॰* १. 'रुरु' नामक हिरन से सम्बन्धित। रुरु का। २. 'रुरु' नामक हिरन के चर्म का बना हुआ। ३. भयंकर। ४. बेईमान। *पु॰* एक नरक।

***रौरा**—[< हि॰ रावरा] *वि॰* आपका।

रौराना—[< हि॰ रोर/रौरा] *क्रिअ॰* १. व्यर्थ बोलना। प्रलाप करना। बकना। २. कोलाहल करना। शोर मचाना।

***रौरी**[1]—[< हि॰ रोर] *स्त्री॰* १. रोर। (दे॰) २. कोलाहल। शोर।

***रौरी**[2]—[< हि॰ रुरी] *वि॰* १. श्रेष्ठ। उत्तम। २. सुन्दर।

***रौरे**—[< हि॰ रावरै] *सर्व॰* आप। *वि॰* आपका। ✣ **रौरेहि**—*सर्व॰* आप ही का।

रौला—[< देशज रोल] *पु॰* १. कोलाहल। शोर। २. झंझट। बखेड़ा। ३. उपद्रव। ऊधम। ४. हुल्लड़।

रौसली—[देशज] *स्त्री॰* चिकनी उपजाऊ मिट्टी जिसे बरसाती नदी तटों पर छोड़ जाती है।

रौसा—*पु॰* ≤ *हि॰* रौंसा। केंवाच/कौंछ या उसके बीज।

रौहाल—[देशज] *पु॰* १. अश्व। घोड़ा। २. घोड़ों की एक जाति। ३. घोड़ों की एक प्रकार की चाल।

रौहिणेय—[स॰ रोहिणी + ढक्] *वि॰* रोहिणी-सम्बन्धी। रोहिणी का। *पु॰* १. रोहिणी का पुत्र। बलराम। २. बुध ग्रह। ३. (गाय का) बछड़ा। गोवत्स। ३. पन्ना नामक हरा रत्न। मरकत मणि।

रौंछी (रौंछी)—[देशज] *वि॰* चितकबरी।

रौंट/रौंटि (रौंट/रौंटि)—[< हि॰ रोनटा/रोनटी] *स्त्री॰* १. खेल में बुरा मानना। २. खेल में बेईमानी करना। ३. खेल में हारने पर चिढ़ना और रूठ कर रोता-सा मुँह बना लेना।

रौंद (रौंद), रौंदन (रौंदन)—[< हि॰ रौंदना] *स्त्री॰* रौंदने का भाव/क्रिया। पददलन। दलन।

***रौंन (रौंन)**—[< स॰ रमण] *पु॰* रमण। *वि॰* १. रमणीय। २. सुन्दर।

रौंस (रौंस)—[< फा॰ रविश] *स्त्री॰* १. गति। चाल। २. रंग-ढंग। तौर-तरीक़ा। ३. मकान का छज्जा। ४. उपवन की क्यारियों के बीच में बना हुआ आने-जाने का मार्ग। *पु॰* घट्टा। निशान।

रौंसा (रौंसा)—[< स॰ रोमश] *पु॰* १. लोबिया। २. केवाँच/कौंछ या उसके बीज।

देवनागरी वर्णमाला में अन्तःस्थ वर्ग का तीसरा व्यंजन। (भाषाविज्ञान की दृष्टि से) यह वत्स्र्य (दन्त्य), घोष, पार्श्विक और अल्पप्राण है। इसका महाप्राण रूप '**ल्ह**' मानक हिन्दी में नहीं है परन्तु कुछ बोलियों में मिलता है (जैसे—अल्हड़)। संस्कृत में विद्यमान '**लृ**' **स्वर** हिन्दी में नहीं है और संस्कृत में वह सन्धि नियमानुसार 'ल' में बदल जाता है। 'ल' स्वर और व्यंजन के मध्य में स्थित होने से **अन्तःस्थ वर्ण** है। ● **विशेष—१.** 'ल', 'ला' इत्यादि के अनुनासिक रूप लँ, लाँ, लिँ, लीँ...इत्यादि होते हैं परन्तु शिरोरेखा के ऊपर कोई मात्रा लगी होने पर चन्द्रबिन्दु के स्थान पर केवल बिन्दु लगाने की रीति सुविधार्थ प्रचलित है (लिँ→लिं, लीँ→लीं, लेँ→लें)। **२.** व्यंजन-गुच्छों में जब 'ल' पहले आकर अन्य व्यंजनों से मिलता है, तब वह अपनी खड़ी रेखा छोड़ देता है (जल्द, अल्प, मूल्य)। **३.** जब कोई व्यंजन पहले आकर 'ल' से मिलता है, तब 'ल' यथावत् रहता है और वह व्यंजन अपनी खड़ी रेखा छोड़कर मिलता है (शुक्ल, क़त्ल, अम्ल, नस्ल) परन्तु 'र' रेफ़ के रूप में शिरोरेखा के ऊपर जाता है (कार्ल, गर्ल)। ल का द्वित्व होने पर 'ल्ल' लिखा जाता है (मल्ल)। **४.** भाषावैज्ञानिक कारणों से शब्दों में 'ल' और 'र' का परस्पर परिवर्तन प्रायः हो जाता है (कवल→कौर, शृगाल→सियार, हरिद्रा→हल्दी, पत्र→पत्तल, करीर→करील, लोम→रोम)। **५.** देवनागरी वर्णमाला कर 'ळ' वर्ण हिन्दी में नहीं है और उससे युक्त संस्कृत, मराठी आदि के शब्दों के, ळ का प्रायः 'ल' या 'ड' में परिवर्तन हो जाता है (अग्निमीळे→अग्निमीले/अग्मीडे)। **६.** 'ल' का कभी कभी 'ड' या 'ड़' में परिवर्तन कुछ शब्दों में हो जाता है।

ल—[सं॰ √ली + ड] *पु॰* इन्द्र। (छन्द॰) ह्रस्व मात्रा या लघु वर्ण।

***लई**—*क्रिस॰* ≤ *हि॰* ली।

***लउ**—[< हि॰ लौ] *स्त्री॰* १. लगन। लौ। धुन। २. प्रेम।

लक-लक—[अनु॰] *वि॰* चमकता हुआ। *पु॰* चमचमाहट।

लकड़—[देशज] *वि॰* पूर्वजों के नामों के सम्बन्ध-सूचक उल्लेख में परदादा, परनानी आदि से पहले हुए व्यक्तियों के लिए प्रयुक्त शब्द। ***जैसे***—अपने लकड़दादा, लकड़दादी, लकड़नाना इत्यादि के नाम हम नहीं जानते।

लकड़कोट—[< हि॰ लकड़ी + कोट] *पु॰* लट्ठों का जंगला या बाड़ा। काष्ठ-प्राचीर।

लकड़दादा—[हि॰ लकड़ ~ दादा] *पु॰* प्रपितामह/परदादा का पूर्वज।

लकड़ा—[< हि॰ लकड़ी] *पु॰* मोटी और बड़ी लकड़ी। लकड़ी का कुन्दा।

लकड़ाना/लकडियाना—[< हि॰ लकड़ी] *क्रिअ॰* १. सूखकर लकड़ी की तरह कठोर/कड़ा हो जाना। २. बहुत दुर्बल हो जाना।

लक़ब—[अरबी] *पु॰* १. गुण, योग्यता या पद का सूचक नाम। पदवी। उपाधि। ख़िताब। २. ऐसा नाम जिससे उस व्यक्ति के गुणों का पता चले।

लक़लक़—[अरबी लक़्लक़्] *पु॰* सारस (पक्षी)। २. *वि॰* १. लम्बी टाँगों वाला (पुरुष)। २. बहुत दुबला-पतला (पुरुष)।

लक़लक़ा—[< अरबी लक़्लक़ः] *पु॰* १. साँपों का शब्द। २. दबदबा। रोब।

लकसी—[< हि॰ लकड़ी + अँकुसी] *स्त्री॰* एक प्रकार की लग्गी जिससे वृक्षों से फल, छोटी-छोटी सूखी शाखाएँ आदि तोड़ते हैं।

लकाटी—[देशज] *पु॰* एक प्रकार का बिलौटा (नर बिल्ली) जिसके अंडकोष में से एक प्रकार का सुगन्धित द्रव्य (मुश्क) निकलता है।

लकुच—[सं॰ √लक् + उचन्] *पु॰* बड़हर/बड़हल का वृक्ष।

लकुचना—[< सं॰ लोकन] *क्रिअ॰* दिखाई देना।

लकुट—[सं॰ √लक् + उटन्] *पु॰* १. लाठी। २. डंडा। ३. छड़ी।

लकुटी—[सं॰ लकुट + ङीष्] *स्त्री॰* १. लठिया। २. डंडा। ३. छड़ी।

लक्कड़—[< देशज लकड़ी] *पु॰* बड़ी और मोटी लकड़ी। लट्ठा। कुन्दा।

लक्का—[फ़ा॰] *पु॰* १. चील। २. गिद्ध। ३. एक प्रकार का कबूतर जिसकी गर्दन पीछे को झुकी होती है और पूँछ अधिक उठी होती है।

***लक्ख**—[प्रा॰ < सं॰ लक्ष] *वि॰* लक्ष। एक लाख। *पु॰* एक लाख की संख्या।

लक्खना**—[< सं॰ लक्षण] *वि॰* शुभ लक्षणों वाला। ***जैसे—लक्खना युवक। ✣ **लक्खनी**—*वि॰ (स्त्री॰)* = शुभ लक्षणों वाली। ***जैसे***—लक्खनी रानी।

[1]**लक्खा**—[< हि॰ लाख] *वि॰* १. जो लाखों में एक हो। ***जैसे***—लक्खा वीर। २. जिसमें एक ही प्रकार की लाखों वस्तुएँ हों। ***जैसे***—रत्नों का लक्खा संग्रह; अनारों का लक्खा बाग़।

लक्खी[1]—[< हि॰ लक्ख] *वि॰* १. लाख/लाखों का। २. जिसके पास लाखों रुपए हों। लखपती।

लक्खी[2]—[< हि॰ लाख < स॰ लाक्षा] *वि॰* लाख के रंग का। लाखी। ***जैसे***—लक्खी घोड़ा।

लक्तक—[स॰ रक्त√कै + क, र—>ल] *पु॰* १. (स्त्रियों के पैरों में लगाने का) अलक्तक। महावर। २. लत्ता। चिथड़ा।

लक्ष—[स॰ √लक्ष् + अच्] *वि॰* एक लाख। सौ हजार। *पु॰* एक लाख की संख्या (= १,००,०००)।

लक्षक—[स॰ √लक्ष् + णिच् + ण्वुल्] *वि॰* लक्षित करनेवाला। प्रकट करनेवाला। जता देनेवाला। *पु॰* (काव्य॰) लाक्षणिक शब्द। (दे॰)

लक्षण—[स॰ √लक्ष् + ल्युट्] *पु॰* १. अमूर्त चिह्न/निशान। २. किसी वस्तु की वह विशेषता जिससे उसकी स्पष्ट पहचान हो। विशेष गुण। वैशिष्ट्य। विशेषता। ३. (स्वभाव, आकृति आदि की) विशेषता। ख़ासियत। ४. चरित्र/आचार/व्यवहार के अच्छे-बुरे ढंग। ५. (सामुद्रिकशास्त्र के अनुसार) शुभाशुभ की सूचना देनेवाले शुभ/अशुभ शारीरिक चिह्न। ६. शरीर में स्थित रोग का सूचक चिह्न। ७. परिभाषा। ***जैसे***—'जाति' का लक्षण बताओ। ८. आकार। प्रकार। क़िस्म।

लक्षणलक्षणा—[स॰ लक्षण ~ लक्षणा] *स्त्री॰* (काव्य॰) शुद्ध लक्षणा का एक भेद। वाक्य के अर्थ में मुख्यार्थ को छोड़कर भिन्न अर्थ (लक्ष्यार्थ) ग्रहण करनेवाली लक्षणा शब्द-शक्ति।

लक्षणा—[स॰ √लक्ष् + युच् + टाप्, या लक्षण + अच् + टाप्] (काव्य॰) एक शब्द-शक्ति जो वाक्य/शब्द के वाच्यार्थ/मुख्यार्थ में बाधा आने पर, रूढ़ि या प्रयोजन के आधार पर, दूसरे अर्थ को प्रकट करती है।

लक्षणान्वित—[स॰ लक्षण ~ अन्वित] *वि॰* शुभ लक्षणों से युक्त। अच्छे लक्षणों वाला।

लक्षणी—[स॰ लक्षणिन्] *वि॰* १. लक्षणवाला। ***जैसे***—शुभलक्षणी। २. लक्षण जाननेवाला। लक्षणों का पारखी।

***लक्षना**—[< स॰ √लक्ष] *क्रिअ॰* दिखाई पड़ना। *क्रिस॰* देखना।

लक्षाराम—[स॰ लक्ष ~ आराम] *पु॰* लाख वृक्षों वाला उद्यान। लखपेड़ा बाग़।

लक्षितव्य—[स॰ √लक्ष् + तव्यत्] *वि॰* १. जिसे लक्ष्य बनाना चाहिए। लक्ष्य बनाने योग्य। २. जिसे लक्षित करना हो। ३. जिसकी परिभाषा की जाने वाली हो।

लक्षिता—[स॰ लक्षित + टाप्] *स्त्री॰* (काव्य॰) नायिका-भेद में परकीया नायिका का एक प्रकार। वह नायिका जिसका परपुरुष से प्रेम औरों पर प्रकट हो गया हो।

लक्षी—[स॰ लक्ष + ङीष्] *वि॰* १. अच्छे लक्षणों वाला। २. निशानेबाज़। ३. निशाना लगाने वाला। *स्त्री॰* (छन्द॰) एक वर्णिक छन्द जिसके प्रत्येक चरण में ८ रगण के योग से कुल २४ वर्ण होते हैं। 'गंगोदक' सवैया।

लक्ष्म—[स॰ लक्ष्मन्] *पु॰* १. चिह्न। निशान। २. विशेषता। ३. प्रधान। मुख्य। ४. परिभाषा। ५. (दशरथ-पुत्र) लक्ष्मण। ६. सारस (पक्षी)।

लक्ष्मणा—[स॰ लक्ष्मण + टाप्] *स्त्री॰* १. सफ़ेद कंटकारी। २. एक सन्तानप्रद जड़ी। नागपत्री। पुत्रदा।

लक्ष्मीकान्त (लक्ष्मीकांत)—[स॰ लक्ष्मी ~ कान्त] *पु॰* १. विष्णु। २. राजा।

लक्ष्मीधर—[स॰ लक्ष्मी ~ धर/धरा] *पु॰* विष्णु। (छन्द॰) एक समवर्णिक छन्द जिसके प्रत्येक चरण में ४ रगण (र र र र) के योग से १२ वर्ण होते हैं। 'स्रग्विणी' छन्द।

लक्ष्मीपुष्प—[स॰ लक्ष्मी ~ पुष्प] *पु॰* १. कमल। २. एक रत्न। माणिक्य। मानिक।

लक्ष्मीफल—[स॰ लक्ष्मी ~ फल] *पु॰* बेल का वृक्ष। श्रीफल।

लक्ष्मीरमण/लक्ष्मीवल्लभ—[स॰ लक्ष्मी ~ रमण/वल्लभ] *पु॰* विष्णु।

लक्ष्मीसहज/लक्ष्मीसहोदर—[स॰ लक्ष्मी ~ सहज/सहोदर] *पु॰* चन्द्रमा।

लक्ष्य—[स॰ √लक्ष् + ण्यत्] *पु॰* १. निशाना लगाने की वस्तु। निशाना। २. अभीष्ट वस्तु। ३. उद्देश्य। (काव्य॰) लक्षणा शब्द-शक्ति से प्राप्त अर्थ। ✣ **लक्ष्यता**—*स्त्री॰* = लक्ष्य होने की अवस्था/भाव। लक्ष्यत्व। ✣ **लक्ष्यत्व**—*पु॰* = लक्ष्यता।

लक्ष्यभेद/लक्ष्यवेध—[स॰ लक्ष्य ~ भेद/वेध] *पु॰* लक्ष्य का भेदन। निशाना लगाना। निशानेबाज़ी।

लक्ष्यभेदी/लक्ष्यवेधी—[स॰ लक्ष्यभेदिन्/लक्ष्यवेधिन्] *वि॰* १. निशाना लगानेवाला। लक्ष्यसाधक। २. अपने लक्ष्य या उद्देश्य को प्राप्त करनेवाला। *पु॰* १. निशाना लगानेवाला व्यक्ति। लक्ष्यसाधक व्यक्ति। २. अपने लक्ष्य या उद्देश्य को प्राप्त करनेवाला व्यक्ति।

लक्ष्यार्थ—[स॰ लक्ष्य ~ अर्थ] *पु॰* लक्षणाशक्ति से प्राप्त अर्थ। लाक्षणिक अर्थ।

लक्ष्योपमा—[स॰ लक्ष्य ~ उपमा] *स्त्री॰* एक अर्थालंकार। (काव्य॰) उपमा का एक भेद जिसमें उपमान और उपमेय की समानता के वाचक शब्दों को न लाकर लक्षणपूर्ण कथन से सादृश्य/उपमा को प्रकट किया जाता है।

***लखघर/लखाघर**—[< स॰ लाक्षागृह] *पु॰* लाख का बना मकान। लाक्षागृह।

लखन**[1]—*पु॰* ≤ *स॰* लक्ष्मण। ***जैसे—राम-लखन की जोड़ी।

***लखन**[2]—*पु॰* ≤ *स॰* लक्षण।

लखना—[< स॰ √लक्ष्] *क्रिस॰* १. देखना। २. लक्षित करना। पहचानना। ३. लक्षणों से जानना। ४. देखना। समझना। ५. दूसरे के बिना जाने हुए देखना। ताकना। ✣ **लखि**—*क्रिवि॰* = १. देखकर। २. समझकर। ३. अनुमान करके।

***लख पैंजार (पेंजार)**—[< हि॰ लाख + पैज़ार] *स्त्री॰* लाख जूतों की मार।

लखपेड़ा—[< हि॰ लाख पेड़] *वि॰* लाख वृक्षों वाला (बाग़)। लक्षाराम।

***लखराऊँ**—[< स० लक्षाराम] *पु०* लाख वृक्षों वाला उद्यान। लक्षाराम।

लख़लख़—[< फा० लक़्लक़] *वि०* दुबला-पतला (पुरुष)।

लख़लख़ा—[फा०] *पु०* १. बेहोशी दूर करने के लिए प्रयुक्त एक औषधि जो कस्तूरी, अगर आदि से बनती है। २. बेहोशी दूर करनेवाला कोई सुगन्धित पदार्थ।

लखलखाना—[अनु०] *क्रिअ०* बहुत भूख-प्यास के कारण व्याकुल होना।

***लखलुट**—[< हि० लाख + लुटाना] *वि०* १. लाखों रुपए लुटा देनेवाला। २. अपव्ययी।

***लखवट**—[< हि० लुकाट] *पु०* लुकाठ का वृक्ष या फल।

लखाई—[< हि० लखाना] *स्त्री०* लखाव। (दे०) ● **विशेष**—'लखाना' क्रिया का एक भूतकालिक रूप भी 'लखाई' या 'लखायी' (दिखायी) होता है। ***जैसे***—हमने सीता लखी और तुम्हें भी लखाई।

***लखाउ**—[*पु०* < हि० लखाव] (दे०)

लखाना—[हि० 'लखना' का प्रेरणा०] *क्रिअ०* लक्षित होना। दिखना। ***जैसे***—सारे घर में कोई नहीं लखाता। *क्रिस०* १. लक्षित करना। दिखाना। २. सुझाना। ३. अनुमान करना।

लखाव—[< हि० लखना] *पु०* १. दिखने या दिखे जाने की अवस्था/भाव। २. लक्षण। पहचान। ३. चिह्न। निशान। दृश्य।

***लखिमी**—*स्त्री०* ≤ *स०* लक्ष्मी।

***लखिया**—[< हि० लखना] लखने वाला। देखने, समझने या जानने वाला।

†लखूखा/लखोखा—[< हि० लाखों-लाख] *वि०* लाखों या अगणित। ***जैसे***—वहाँ लखूखा आदमी इकट्ठे हुए।

लखेरा—[< हि० लाख] *पु०* १. लाख की चूड़ियाँ बनानेवाला शिल्पी/कारीगर। २. लाख की चूड़ियाँ बनानेवाली एक उपजाति।

***लखौट**—[< हि० लाख (= लाक्षा)] *स्त्री०* (स्त्रियों द्वारा पहनी जाने वाली) लाख की चूड़ी आदि।

लखौरी—[< हि० लाख] *स्त्री०* १. पहले प्रचलित रही छोटी और पतली ईंट। २. किसी देवता को उसके प्रिय वृक्ष के लाख पत्ते या एक लाख फलों का अर्पण।

लख़्तेजिगर/लख़्तेदिल—[फा०] *पु०* १. जिगर/दिल का टुकड़ा। २. पुत्र।

लग—[< हि० लगना] *अव्यय०* १. पर्यन्त। तक। **जैसे**—तब लग प्रतीक्षा करो। २. समीप। निकट। ३. के लिए। ४. के साथ/संग। ५. (किसी के) समान। *स्त्री०* १. लगे हुए होने की स्थिति/भाव। संलग्नता। २. धुन। लगन।

लगन—[< हि० लगना < स० लग्न] *स्त्री०* १. लगने की क्रिया/भाव। लग्नता। २. मन का किसी ओर पूरी तरह लगाव। किसी बात/वस्तु की ओर पूर्ण ध्यान। धुन। ***जैसे***—पढ़ने की लगन। ३. गहरा प्रेम। (ज्योतिष) १. जन्मलग्न। २. किसी कार्य का शुभ मुहूर्त। ३. विवाह का मुहूर्त। विवाह-लग्न। ४. उक्त लग्न निश्चित होने पर कन्या-पक्ष की ओर से वर-पक्ष को भेजा जाने वाला पत्र जिसमें विवाह-स्थल की सूचना के साथ ही अन्य कृत्यों का समय भी लिख दिया जाता है। लगन-पत्री। लग्नपत्रिका। ५. विवाहों के लिए शुभ मास और दिन। सहालग। ***जैसे***—इस वर्ष अगहन महीने में १५ दिन लगन के हैं। ***वा०* लगन धरना/रखना**—विवाह का मुहूर्त निश्चित करना। **लगन लगना/होना**—१. धुन लगना। २. प्रेम होना।

लगन-पत्री—[< स० लग्न-पत्रिका] *स्त्री०* विवाह-लग्न की सूचक चिट्ठी जो कन्या-पक्ष की ओर से वर-पक्ष को भेजी जाती है तथा जिसमें अन्य वैवाहिक कृत्यों का समय भी लिख दिया जाता है। लग्नपत्रिका।

लगन्त (लगंत)—[< हि० लगना] *स्त्री०* १. लगने की अवस्था/भाव। २. (किसी काम/बात की) लगन। धुन। ३. आसक्ति। ४. (किसी कार्य का) आरम्भ।

लगर/लँगाड़—[देशज] *पु०* एक प्रकार का भूरा बाज़।

लगलग[1]—[देशज] *पु०* बेढंगी शक्ल का तथा लम्बे पैरों और लम्बी गर्दन वाला एक पक्षी जो गिद्ध से बड़े आकार का होता है और जिसके पंख काले, चोंच लाल और शेष भाग सफ़ेद होता है।

***लगलग[2]**—[< अरबी लक़्लक़] *वि०* १. अति सुकुमार। २. दुर्बल। ३. दुबला-पतला।

***लगवार/लगवारा**—[< हि० लगनेवाला] *पु०* उपपति। जार।

लगाई-लुतरी—[< हि० लगाना + लुतरी] *स्त्री०* लोगों में झगड़ा कराने के लिए इधर की बातें उधर बताने का काम और चुग़लख़ोरी।

लगाऊ—[< हि० लगाना] *वि०* लगानेवाला। ***जैसे***—कामलगाऊ (—काम में लगानेवाला)।

***लगार**—[< हि० लगना] *स्त्री०* १. सम्बन्ध। लगाव। २. घनिष्ठ सम्बन्ध वाला व्यक्ति। ३. प्रेम। लगन। लगाव। ४. क्रम। सिलसिला। ५. काम करने का बँधा हुआ प्रकार। ढंग। ६. वैर। विरोध। शत्रुता। *पु०* १. सम्बन्धी। २. भेद लेनेवाला दूत। *वि०* १. किसी के साथ लगा रहने वाला। २. किसी के साथ प्रेम-सम्बन्ध रखनेवाला। ३. लवलीन। *क्रिवि०* एकत्र होकर।

लगालग—[< हि० लगना] *स्त्री०* निरन्तर लगने की क्रिया।

लगालगी—[< हि० लगना] *स्त्री०* १. लगने या लगाने की क्रिया। २. देखा-देखी। घूरा-घूरी। ३. प्रेम-सम्बन्ध। ४. मेल-जोल। ५. उलझने की क्रिया। ६. चोरों का उपद्रव। ७. कुछ वैर-विरोध के कारण होनेवाला प्रतिस्पर्धा का भाव। लाग-डाँट।

***लगावना**—[< हि० लगाना] *क्रिस०* ≤ *हि०* लगाना।

लगि**—[< हि० लगना] *स्त्री०* १. प्रेम। लगन। २. लग्गी। (दे०) *क्रिवि०* १. संलग्न होकर। लग कर। ***जैसे—कंठ लगि। अव्यय० १. तदर्थ। के लिए। ३. निकट। पास। ४. पर्यन्त। तक। ***जैसे***—तब लगि यहीं बैठो।

लगी—[< हि० लगना] *स्त्री०* १. पर-पुरुष या पर-स्त्री के साथ प्रेम-सम्बन्ध होने की अवस्था। २. पर-पुरुष के साथ सम्बद्ध (स्त्री)। ३. प्रेम या मेल-जोल। ४. कुछ वैर-विरोध के कारण होनेवाला प्रतिस्पर्धा का भाव। लाग-डाँट। *वि० (स्त्री०)* संलग्न। ***जैसे***—मकान

से लगी वाटिका; दिल को लगी बात। *क्रिअ०* 'लगना' क्रिया का एक भूतकालिक रूप। ***जैसे***—घर में बिजली नहीं लगी।

लगी-बदी—[< हि० लगना + बदना] *स्त्री०* १. दो व्यक्तियों/पक्षों की मित्रतापूर्ण या प्रेमपूर्ण सम्बन्ध की अवस्था जिसमें वे सहमति से और परस्पर अनुकूल व्यवहार करते हैं। २. कुछ वैर-विरोध से उत्पन्न प्रतिस्पर्धा का भाव। लाग-डाँट।

लगी-लिपटी—[< हि० लगना + लिपटना] *वि०* पक्षपातपूर्ण। तरफ़दारीवाली। ***जैसे***—लगी-लिपटी बातें कहना।

लगून—[अ०] *पु०* समुद्री जल का वह भाग जो रेतीली भूमि के द्वारा समुद्र से अलग कर दिया गया हो। समुद्री झील।

***लगूर/लगूल**—[< स० लाङ्गूल] *स्त्री०* लांगूल। पूँछ। दुम।

लगे—[< हि० लगना] *अव्यय०* पर्यन्त। तक। *क्रिस०* 'लगना' क्रिया का एक भूतकालिक रूप। संलग्न हुए। जुड़े। ✣ **लगेइ**—*क्रिवि०* = संलग्न ही। लगे ही।

†**लगौहाँ**—[< हि० लगना] *वि०* आसक्त होने वाला। रीझने वाला। रिझवार।

लग्गा[1]—[< स० लगुड] *पु०* १. लम्बा पतला बाँस जो विविध प्रकार से काम में आता है। २. अँकुसी लगा हुआ लम्बा और पतला बाँस जो वृक्षों से फल तोड़ने आदि में काम आता है।

लग्गा[2]—[< हि० लगना/लगाना] *पु०* किसी कार्य का आरम्भ। कार्यारम्भ। ***वा०*लग्गा लग जाना**—(कार्य) आरम्भ होना। **लग्गा लगवाना**—(कार्य) आरम्भ कराना। **लग्गा लगाए रहना**—काम को निरन्तर चलाते रहना।

लग्गी—[< हि० लग्गा] *स्त्री०* १. लम्बा-पतला बाँस जो विविध प्रकार से काम में आता है। छोटा लग्गा। २. वृक्षों से फल तोड़ने आदि में प्रयुक्त लम्बा-पतला बाँस जिसमें अँकुसी लगी है।

लग्गू-भज्जू—[< हि० लगना + भजना] *पु०* जी-हुज़ूरी करनेवाला। चाटुकार।

लग्घड़—[देशज] *पु०* १. एक प्रकार का छोटा चीता जिसे शिकार करने के लिए पाला जाता है। २. बाज़ पक्षी की तरह एक भूरा पक्षी। ३. लकड़बग्घा नामक जंगली पशु।

लग्न—[स० √लग् + क्त] *वि०* १. साथ लगा हुआ। सटा हुआ। २. आसक्त। ३. सम्बन्ध-युक्त। (ज्योतिष०) १. समय विशेष पर पूर्व क्षितिज पर उदित आकाश-मंडल की राशि। २. कार्य करने के लिए शास्त्रानुसार शुभ मुहूर्त। ३. पंचांग से निश्चित किया गया किसी विवाह के लिए शुभ दिन और शुभ मुहूर्त। ४. विवाह की लग्न-पत्रिका। ५. विवाह की लग्न-पत्रिका लिखी जाने का कन्या-पक्ष में किया जाने वाला समारोह जिसके बाद लग्न-पत्रिका वर-पक्ष को भेजी जाती है। ६. विवाह की लग्न-पत्रिका आने पर वर-पक्ष का समारोह जिसमें लग्न-पत्रिका बाँची/पढ़ी जाती है।

लघिमा—[स० लघिमन्] *स्त्री०* १. गुरुत्व/भारीपन का अभाव। हल्कापन। २. लघुत्व। छोटापन। ३. नीचता। ओछापन। ४. विचारहीनता। ५. अष्टसिद्धि में से एक सिद्धि जिसके प्रभाव से व्यक्ति बहुत छोटा या बहुत हल्का बन सकता है।

लघु—[स० √लङ्घ् + कु, न-लोप] *वि०* १. (आकार आदि में) जो दीर्घ/बड़ा न हो। छोटा। ***जैसे***—लघु अपराध। २. जो गुरु/भारी न हो। हल्का। ३. जो अधिक/ज़्यादा न हो। अल्प। कम। थोड़ा। ४. जो ज्येष्ठ न हो। कनिष्ठ। छोटा। ***जैसे***—लघु सुत। ५. नीच। अधम। तुच्छ। ६. निर्बल। कमज़ोर। ७. तेज़। ८. निर्बल। कमज़ोर। ९. मन्द। १०. जो उग्र/तीव्र न हो। कोमल। ११. चंचल। १२. सरलता से पचनेवाला। सुपाच्य। १३. सारहीन। निःसार। १४. ह्रस्व। ***जैसे***—लघु स्वर। १५. संक्षिप्त। ***जैसे***—'महामहोपाध्याय' का लघु रूप 'म०म०' है। *पु०* १. समय का एक परिमाण। पन्द्रह क्षणों का समय। २. एक प्रकार का प्राणायाम। बारह मात्राओं वाला प्राणायाम। (व्या०) ह्रस्व स्वर। एकमात्रिक स्वर (अ, इ, उ, ऋ)। (छन्द०) एक मात्रा वाला वर्ण। ● **विशेष**—इसका चिह्न '।' है और इससे भिन्न दो मात्रा वाले या गुरु वर्ण का चिह्न 'ऽ' है। ∇ **विलोम**—लघु/बृहत्। ✣ **लघु अक्ष**—*पु०* = (गणित०) दीर्घवृत्त का छोटा अक्ष। (अ० माइनर ऐक्सिस)

लघुगणक—[स० लघु ~ गणक] *पु०* (गणित०) गणितीय परिकलनों को सरल और संक्षिप्त करने में सहायक विशेष प्रकार के अंक। किसी निश्चित संख्या (१० आदि) का घातांक जिससे वह प्रस्तुत संख्या की समानता कर सके। (अ० लागरिथ्म)

लघुचन्दन (लघुचंदन)—[स० लघु ~ चन्दन] *पु०* अगर की सुगन्धयुक्त लकड़ी।

लघुचित्त—[स० लघु + चित्त] *वि०* १. चंचल चित्त वाला। २. हल्के मन का। ३. नीच। ओछा। Δ **पर्याय**—लघुचेता। लघुहृदय।

लघुचेता—[स० लघु ~ चेता] *वि०* लघुचित्त।

लघुतम—[स० लघु + तमप्] *वि०* सबसे छोटा। ***जैसे***—२५, १७, २२ में लघुतम संख्या १७ है। ✣ **लघुतम समापवर्त्य**—*पु०* = (गणित०) दी हुई संख्याओं से पूरी तरह विभाजित होने वाली सबसे छोटी संख्या। ***जैसे***—४, १२, २० का लघुतम समापवर्त्य ६० है।

लघु तरङ्ग (तरंग)—[हि०] *स्त्री०* (भौतिकी०) वह रेडियो तरंग जिसका तरंग-दैर्घ्य लगभग १० मीटर से २०० मीटर तक होता है। (अ० शार्ट वेव)।

लघुता—[स० लघु + तल् + टाप्] *स्त्री०* लघु होने की अवस्था/भाव। लघुत्व।

लघुत्व—[स० लघु + त्व] *पु०* लघुता। ✣ **लघुत्व-भावना**—*स्त्री०* स्वयं को छोटा/अशक्त/अयोग्य समझने की मनोवृत्ति।

लघुद्राक्षा—[स०] *स्त्री०* १. छोटा अंगूर। २. किशमिश।

लघुपाक—[स० लघु + पाक] *वि०* जल्दी पचने वाला। सुपाच्य। *पु०* सुपाच्य खाद्य पदार्थ।

लघुपाकी—[स० लघुपाकिन्] *वि०* जल्दी पचने वाला।

लघुप्रयत्न—[स० लघु ~ प्रयत्न] *वि०* आलसी।

लघुमति—[स० लघु ~ मति] *वि०* १. कम बुद्धि वाला। मूर्ख। २. तुच्छ। बुरे विचारों वाला।

लघुमान—[सं॰ लघु ~ मान] *पु॰* (नायिका का नायक पर) क्षणस्थायी मान/क्रोध रूठना।

लघु वर्ण—[सं॰ लघु ~ वर्ण] *पु॰* (छन्द॰) ह्रस्व स्वर (अ, इ, उ, ऋ) या किसी ह्रस्व स्वर वाला व्यंजन वर्ण। एक मात्रा उच्चारण-काल वाला वर्ण। ● **विशेष**—इसका चिह्न 'ल' या '।' है।

लघुवाद न्यायालय—[सं॰] *पु॰* छोटे मामलों (मुक़दमों) पर विचार करनेवाला न्यायालय। (अं॰ स्मालकॉज़ कोर्ट)

लघुशङ्का (लघुशंका)—[सं॰ लघु ~ शङ्का] *स्त्री॰* मूत्रत्याग। पेशाब।

लघुहस्त—[सं॰ लघु ~ हस्त] *वि॰* १. तेज़ी से बाण चलानेवाला। २. हस्तलाघव वाला। कुशल। *पु॰* कुशल धनुर्धर। निपुण तीरन्दाज़।

लघ्वी—[सं॰ लघु + ङीष्] *स्त्री॰* १. नज़ाकत वाली स्त्री। कोमलांगी। २. छोटी गाड़ी।

लङ्क (लंक)—[सं॰ √रम् + क, र → ल] *स्त्री॰* १. कटि। कमर।

लङ्कलाट (लंकलाट)—[< अं॰ लाँग क्लाथ] *स्त्री॰* एक प्रकार का सूती कपड़ा। लट्ठा।

लङ्कलुनाई (लंकलुनाई)—[< सं॰ लङ्क + हिं॰ लुनाई < सं॰ लावण्य] *स्त्री॰* १. कटि/कमर का सौन्दर्य। २. पतली लचीली कमर।

***लङ्कृत (लंकृत)**—[< सं॰ अलङ्कृत] *वि॰* अलंकृत। भूषित। सज्जित।

लङ्कोदय (लंकोदय)—[सं॰ लङ्का ~ उदय] *पु॰* (खगोल॰) लंका और उज्जैन से जानेवाली देशान्तर रेखा पर सूर्योदय का समय।

लङ्ग[1] (लंग[1])—[< हिं॰ लाँग] *स्त्री॰* (धोती की) लाँग। काछ।

लङ्ग[2] (लंग[2])—[फा॰] *पु॰* लँगड़ापन। *वि॰* लँगड़ा (व्यक्ति)।

लङ्गर[1] (लंगर[1])—[देशज] *वि॰* १. धृष्ट। ढीठ। २. शैतान। नटखट। ३. व्यभिचारी। लम्पट। ***वा॰* लंगर करना**—शरारत करना।

लङ्गर[2] (लंगर[2])—[फा॰] *पु॰* १. सिख-गुरुद्वारों में सभी व्यक्तियों को बिना किसी भेद-भाव के पंक्ति में बैठाकर कराया जाने वाला निःशुल्क भोजन। २. अपाहिजों और निर्धनों को प्रतिदिन और निश्चित समय पर दिया जाने वाला निःशुल्क भोजन। ३. जहाज़ को नदी/समुद्र में ठहरने के लिए रस्सी या ज़ंजीर से बाँधकर पानी में गिराया जाने वाला लोहे का बड़ा और भारी बोझ या काँटा। ४. जहाज़ पर काम में आनेवाला मोटा रस्सा या ज़ंजीर। ५. (लाक्षणिक) संकट के समय आश्रय देनेवाला स्थान/व्यक्ति।

लङ्गरख़ाना (लंगरख़ाना)—[< फा॰ लंगरख़ानः] *पु॰* लंगर देने का स्थान। अन्न-सत्र।

लङ्गरगाह (लंगरगाह)—[फा॰] *पु॰* (समुद्र-तट के समीप) लंगर डालकर जहाज़ों को ठहराने का स्थान। बन्दरगाह। समुद्रपत्तन।

***लङ्गरि (लंगरि)**—[< हिं॰ लंगर] *स्त्री॰* दुष्ट स्त्री। कुलटा।

लङ्गल (लंगल)—[सं॰ लाङ्गल] *पु॰* हल।

***लङ्गूल (लंगूल)**—[< सं॰ लाङ्गूल] *पु॰* लांगूल। दुम। पूँछ।

लङ्घन (लंघन)—[सं॰ √लङ्घ् + ल्युट्] *पु॰* १. उल्लंघन। लाँघना। २. रोग की चिकित्सा में या निर्धनता के कारण दिन-रात बिना कुछ खाए-पिए रहना। उपवास करना। फ़ाक़ा करना। ३. फाँदना। ४. (घोड़े का) कुलाँचें भरते हुए चलना/आना।

***लङ्घि (लंघि)**—[< हिं॰ लंघना] *क्रिवि॰* लाँघकर।

लङ्घ्य (लंघ्य)—[सं॰ √लङ्घ् + ण्यत्] *वि॰* १. लाँघने योग्य या जिसे लाँघा जा सके। २. उल्लंघन किए जाने के योग्य (आज्ञा/नियम आदि)। ३. लंघन/उपवास के योग्य (रोगी)।

लचक—[अनु॰] *स्त्री॰* १. लचकने की क्रिया/भाव। २. किसी वस्तु का वह गुण जिससे दबाव पड़ने पर वह कुछ मुड़े या झुक जाए परन्तु दबाव हटते ही सीधी हो जाए। लोच। नम्यता। २. कमर लचक जाने के कारण आया झटका या उससे होनेवाला कष्ट विशेष। लचका।

***लचनि**—[< हिं॰ लचना] *स्त्री॰* लचक। लचन।

लचपच—[< हिं॰ लचना + अनु॰ पच] *वि॰* ढीला। ✣ ***लचपचि**—*वि॰ (स्त्री॰)* = ढीली।

लचर—[देशज] *वि॰* १. जो टिक न सके। अस्थिर। लचीला। २. शिथिल। क्षीण। दुर्बल। ३. (लाक्षणिक) तथ्यहीन। ***जैसे***—लचर तर्क।

लचलचा—[< हिं॰ लचना] *वि॰* लचकदार। लचीला।

लचाना—[अनु॰] *क्रिस॰* लचने या लचाने में प्रवृत्त करना। लचकाना।

***लचार, *लचारी**—*दे॰* क्रमशः लाचार, लाचारी।

***लच्छनजुत**—[< सं॰ लक्षणयुत] *वि॰* लक्षण-युक्त।

लच्छा—[देशज] *पु॰* १. तारों या डोरों का गुच्छा। ***जैसे***—रेशमी लच्छा। २. किसी ठोस वस्तु के लम्बे और बारीक कटे हुए टुकड़े। ***जैसे***—प्याज़ के लच्छे। ३. आभूषण जो तारों की कई लड़ों से बनता है और हाथों/पैरों में पहना जाता है। ४. दूध की मलाई या रबड़ी आदि के लम्बोतरे अंश जो परस्पर मिले रहते हैं। ***जैसे***—रबड़ी के लच्छे।

***लच्छि**—[< सं॰ लक्ष्मी] *स्त्री॰* १. (विष्णु-पत्नी) लक्ष्मी (देवी)। २. धन-सम्पत्ति। ऐश्वर्य।

लच्छेदार—[< हिं॰ लच्छा] *वि॰* १. जिसमें लच्छे पड़े/बने हों। लच्छेवाला। ***जैसे***—लच्छेदार मिठाई। २. जो एक से दूसरी निकलती रहने के कारण देर तक चलनेवाली और रोचक हों (बातें आदि)। ***जैसे***—लच्छेदार कहानियाँ। ***वा॰* लच्छेदार बातें**—क्रमशः जुड़ी रहनेवाली और मनोरंजक ढंग से की जाने वाली बातें।

लछियाना[1]—[< हिं॰ लच्छा] *क्रिस॰* डोरा/ऊन आदि का लच्छा या लच्छी बनाना।

लछियाना[2]**—[< सं॰ √लक्ष] *क्रिअ॰* लक्षित होना। पहचान में आना/दिखना। ***जैसे—लक्षणों से राधा को लछियाया।

***लजना**—[< √सं॰ लज्] *क्रिअ॰* लज्जित होना। लजाना। शर्माना।

लजनी, लजवन्त (लजवंत), लजवन्ती (लजवंती)—[< हिं॰ लजाना] *वि॰ (स्त्री॰)* लज्जाशील। *स्त्री॰* लाजवन्ती (पौधा)। छुईमुई।

लज़ीज़—[अरबी] *वि॰* स्वादिष्ट। मज़ेदार।

लजीला—[< हिं॰ लाज] *वि॰* लज्जाशील। शर्मीला।

†लजुरी—[< सं॰ रज्जु] *स्त्री॰* रस्सी।

***लजोर/लजोहा**—[< हिं॰ लाज] *वि॰* बहुत लज्जाशील। बहुत शर्मीला।

***लजौना**—[< हि॰ लाज] *वि॰* १. बहुत लज्जाशील। बहुत शर्मीला। २. लज्जित करनेवाला।

***लजौहाँ**—[< हि॰ लाज] *वि॰* लज्जाशील। लजीला।

***लज्ज**—[स॰ रज्जु] *स्त्री॰* १. रस्सी। २. लगाम। ३. (ऊँट आदि की) नकेल।

लज़्ज़त—[अरबी] *स्त्री॰* स्वाद। मज़ा। ✣ **लज़्ज़तदार**—*वि॰* = स्वादिष्ट। लज़ीज़। ✣ **लज़्ज़तपसन्द (लज़्ज़तपसंद)**—*वि॰* = जिसे स्वादिष्ठ भोजन प्रिय हो।

लट—[< स॰ लट्वा] *स्त्री॰* १. माथे या गालों पर लटकता हुआ सिर के बालों का छोटा गुच्छा। अलक। जुल्फ। ***जैसे***—नागिन-सी लटें। २. लटकते हुए लम्बे बाल। ३. वेणी। चोटी। **वा॰ लट छिटकाना**—केशों को खोलकर इधर-उधर फैला देना। **(किसी के नीचे) लट दबना**—किसी के दबाब में होना।

लटकीला—[< हि॰ लटक] *वि॰* १. लटकता और लहराता हुआ। २. लचकनेवाला। ३. झूमनेवाला।

लटकौआ—[< हि॰ लटकना/लटकाना] *वि॰* लटकनेवाला या लटकाया जाने वाला। ***जैसे***—चमगादड़ लटकौआ पक्षी है।

लटना—[< स॰ √लड्] *क्रिअ॰* १. जर्जर या शिथिल होना। २. दुर्बल होना। दुबला-पतला हो जाना। ***जैसे***—बीमारी से लट जाना।

लटपट—[< हि॰ लटपटाना] *वि॰* १. अस्त-व्यस्त। शिथिल। २. तुच्छ। हीन। *स्त्री॰* १. लटपटाने की अवस्था/भाव। लटपटाहट। लड़खड़ाहट। २. बुरे उद्‌देश्य के लिए होनेवाला नया मेल-जोल।

लटपटा—[< हि॰ लटपटाना] *वि॰* १. ठीक प्रकार से सीधा न चलता हुआ। लड़खड़ाता हुआ। डगमगाता हुआ। ***जैसे***—लटपटे पग। २. ढीला होने के कारण नीचे खिसका हुआ (वस्त्र आदि)। ढीला-ढाला। शिथिल। ३. जो सँभालकर नहीं, अल्हड़पन से बनाया/लगाया गया हो। ४. ऐसा शब्द/वाक्य जिसका स्पष्ट उच्चारण न हुआ हो। ५. अस्तव्यस्त। अव्यवस्थित। ६. (थकावट/दुर्बलता आदि से) शिथिल। ७. (रसेदार दाल/तरकारी आदि) जो न बहुत गाढ़ा हो, न बहुत रसेदार। ***जैसे***—लटपटा हलुआ। ८. मसला हुआ। जिसमें सिलवटें पड़ी हों। ***जैसे***—लटपटा कपड़ा। ९. टेढ़ा। १०. बेढंगा। **वा॰ लटपटे दिन, लटे-पटे दिन**—कठिनाई या कष्ट के दिन।

लटा—[< हि॰ लटना] *वि॰* १. दुबला-पतला। २. अशक्त। दुर्बल। कमज़ोर। ✣ **लटी**—*वि॰ (स्त्री॰)* = १. दुष्ट (स्त्री)। २. बुरी। ख़राब। ३. अशक्त। दुर्बल। ४. तुच्छ। *स्त्री॰* १. वेश्या। २. (लाक्षणिक) झूठी बात। गप्प। **वा॰ लटी मारना**—झूठ बात कहना। गप्प लगाना।

लटापटी—[< हि॰ लटपटाना] *स्त्री॰* १. लटपटाने की अवस्था/क्रिया/भाव। लड़खड़ाहट। २. लड़ाई-झगड़ा। ३. लड़ाई-भिड़ाई। भिड़न्त। ४. मिश्रण। *वि॰* १. लड़खड़ाती। २. ढीली-ढाली। ३. अस्त-व्यस्त। ४. शिथिल।

***लटापोट**—[< हि॰ लोटपोट] *वि॰* १. आसक्त। मुग्ध। लट्टू। २. हँसी से लोटता हुआ। ३. प्रसन्न। ४. उल्लसित।

लटिया—[< हि॰ लट] *स्त्री॰* (सूत/ऊन आदि की) लच्छी।

***लटुआ**—*पु॰* ≤ *स॰* लट्टू।

लटूरा—[< हि॰ लट] *वि॰* जटा वाला। ***जैसे***—लटूरा साधु।

लटूरिया—[< हि॰ लट] *वि॰* लम्बे केशों वाला।

लटूरी—[< हि॰ लट] *स्त्री॰* १. केशों/बालों की लट। २. छोटे बच्चों के केशों की लट।

लटोरा—[< स॰ लटूषक] बुलबुल के आकार की एक चिड़िया जिसका सिर बड़ा होता है, चोंच टेढ़ी और सशक्त होती है, आँखों पर मोटा और लम्बा काजल लगा होता है, ललकत्थई पीठ होती है तथा पेट सफ़ेद होता है।

लड़—[< स॰ लता] *पु॰* १. लड़ी। (दे॰) २. मेल-मिलाप। मित्रता। ३. पंक्ति। श्रेणी। क़तार।

लड़काना—[< हि॰ लाड़] *क्रिस॰* प्यार पाकर बहल जाना।

लड़का-बाला—[हि॰ लड़का + स॰ बाला] १. लड़का या लड़की। पुत्र या पुत्री। २. परिवार। सन्तान।

लड़की—[< हि॰ लड़का] *स्त्री॰* १. वह स्त्री जो अभी तक युवती न हुई हो। बालिका। २. पुत्री। बेटी।

लड़कोरी/लड़कौरी—[< हि॰ लड़का] *वि॰ (स्त्री॰)* गर्भवती।

***लड़बौरा**—[< हि॰ लाड़ + बौरी] *वि॰* १. जो बहुत लाड़-प्यार पाकर पागल/बाबली जैसा हो गया हो। २. *वि॰* अल्हड़। नासमझ। **लड़बौरी**—*वि॰ स्त्री॰*।

लड़ी—[< हि॰ लड़] *स्त्री॰* १. पंक्ति। ***जैसे***—बल्बों की लड़ी। २. एक ही प्रकार की वस्तुओं की एक सीध में गुँथी हुई पंक्ति। माला। ***जैसे***—फूलों की लड़ी। ३. एक साथ मिलकर बटी हुई रस्सी आदि का प्रत्येक तार। ४. किसी काम/बात का देर तक चलता क्रम। शृंखला। ***जैसे***—बातों की लड़ी। (संगीत॰) किसी सुन्दर टुकड़े को अलग-अलग लय में बार-बार बजाना।

†**लड़ुआ**—*पु॰* ≤ *हि॰* लड्डू। मोदक।

लड़ैता[1]—[< हि॰ लाड़] *वि॰* प्रिय। प्यारा। लाड़ला। दुलारा। ***जैसे***—घर का लड़ैता बालक।

लड़ैता[2]—[< हि॰ लाड़ा] *वि॰* १. बहुत लड़ने वाला। ***जैसे***—हठी और लड़ैता। २. बहुत लाड़-प्यार के कारण जो इतरा गया हो और जो बिगड़कर अशिष्ट, हठी या उद्‌दंड हो गया हो। धृष्ट। ढीठ। ✣ **लड़ैती**[1]—*वि॰ (स्त्री॰)*। ***जैसे***—मेरी लड़ैती राधा। ✣ **लड़ैती**[2]—*वि॰ (स्त्री॰)*।

लड़ैया—[< हि॰ लड़ना] *वि॰* १. लड़नेवाला। योद्धा। २. वीर।

†**लढ़ा**—[देशज] *पु॰* बैलगाड़ी। ✣ **लढ़िया**—*स्त्री॰* = १. छोटी बैलगाड़ी। २. बोझ ढोनेवाली बैलगाड़ी।

लण्डा (लंडा) लिपि—[< पंजाबी लहँदा] *स्त्री॰* पंजाब तथा सिन्ध के महाजनों की विशेष लिपि जिसमें लहँदा और सिन्धी भाषाएँ लिखी जाती हैं।

लत—[< प्रा॰ लित्त < स॰ लिप्त] *स्त्री॰* बुरी बादत। व्यसन।

†**लतखना**—[< हि॰ लात] *वि॰* लात चलानेवाला (बैल)। लतहा।

✣ **लतखनी**—*स्त्री॰* = लात चलानेवाली (गाय)।

लतमर्दन—[< हि॰ लात + स॰ मर्दन] *पु॰* १. पैरों से मर्दन/कुचलना/रौंदना। २. लातों से मारना/पीटना।

लतर—[< स॰ लता] *स्त्री॰* लता। बेल।

लतरा—[देशज] *पु॰* एक मोटा अन्न।

लतरी—[देशज] *स्त्री॰* एक घास या पौधा जिसके बीज '**खेसारी**' कहे जाते हैं और इनकी दाल निर्धन लोग खाते हैं।

लतहा—[< हि॰ लात] *वि॰* लात मारनेवाला (पशु)। ***जैसे***—लतहा बैल। ✣ **लतही**—*वि॰ (स्त्री॰)*। ***जैसे***—लतही गाय।

लताड़—[< हि॰ लताड़ना] *स्त्री॰* १. लताड़ने की क्रिया/भाव। तीखी डाँट-फटकार। २. भर्त्सना। झिड़की।

लता-पता, लता-पत्रा—[< स॰ लता ~ पत्र] *पु॰* १. लता और पत्ते। २. पेड़ और पत्ते। पेड़-पौधे। ३. पौधों आदि की हरियाली। ४. जड़ी-बूटी।

लता-पाश—[< स॰ लता ~ पाश] *पु॰* १. लताओं का जाल। २. लता-समूह।

लताबन्ध (लताबंध)—[स॰ लता ~ बन्ध] *पु॰* (कामशास्त्र में वर्णित) एक प्रकार का रतिबन्ध।

लतावलय—[स॰ लता ~ वलय] *पु॰* लताकुंज। (दे॰)

लतावितान—[स॰ लता ~ वितान] *पु॰* लताओं से बना हुआ चँदोवा। लतामंडप।

लता-साधन—[स॰] *पु॰* (तन्त्र॰) एक वाममार्गी तान्त्रिक साधना जिसका प्रमुख आधार स्त्री होती है।

लतिका—[स॰ लता + कन् + टाप्, ह्रस्व, इत्व] *स्त्री॰* छोटी लता/बेल।

लत्ती[१]—[< प्रा॰ लत्तिआ] *स्त्री॰* १. लात। पैर। २. मारने के लिए प्रयुक्त या उठाया हुआ पैर। ३. पैर से किया जाने वाला आघात।

लत्ती[२]—[< हि॰ लत्ता] *स्त्री॰* कपड़े की लम्बी चीर। धज्जी।

†**लथाड़**[१]—*स्त्री॰ ≤ हि॰* लताड़। डाँट-फटकार या झिड़की।

†**लथाड़**[२]—[< हि॰ लथाड़ना] *स्त्री॰* १. ज़मीन पर घसीटने की क्रिया/भाव। २. बड़ी हानि।

लथेडना—[देशज] *क्रिस॰* १. धूल, मिट्टी आदि से युक्त जगह में खेलकर या कोई काम करके स्वच्छ वस्त्रों को गन्दा करना। मिट्टी, कीचड़ आदि लपेटना। २. (किसी को) भूमि पर घसीटना। रगड़ना। ३. (किसी को) भूमि पर गिराकर दुर्दशा करना। ४. (लाक्षणिक) बुरी तरह परेशान करना।

लदन—[< स॰ लदना] *स्त्री॰* लदने की क्रिया/भाव। लदाव।

लद-लद—[अनु॰] *स्त्री॰* १. किसी थुलथुली या भारी वस्तु के पृथ्वी पर गिरने की ध्वनि। ***जैसे***—मोटे लाला जी लद-लद गिर गए। २. पेड़ से फलों के गिरने की ध्वनि। ***जैसे***—आँधी में वृक्षों के फल लद-लद गिर रहे हैं।

लदाऊ—[< हि॰ लदाना] *वि॰* (किसी पर सामान/बोझ को) लदाने वाला (व्यक्ति)।

लदुआ—[< हि॰ लादना] *वि॰* बोझ ढोनेवाला। लद्दू।

लद्द—[अनु॰] *पु॰* 'लद-लद' की तीव्र ध्वनि। **जैसे**—लद्द से गिरना।

लद्दू—[< हि॰ लादना] *वि॰* व्यक्तियों को नहीं, केवल बोझ को ढोनेवाला। ***जैसे***—लद्दू बैल; लद्दू घोड़ा।

***लद्ध (लद्ध)**—*वि॰ ≤ स॰* लब्ध। प्राप्त।

***लद्धना (लद्धना)**—[< प्रा॰ लद्ध < स॰ लब्ध] *क्रिस॰* १. प्राप्त होना। पाना। मिलना। २. भेंटना।

लन्तरानी (लंतरानी)—[अरबी लनतरानी] *स्त्री॰* डींग के साथ आत्मप्रशंसावाली बात। शेख़ीवाला अतिशयोक्तिपूर्ण कथन।

लप—[देशज] *स्त्री॰* १. बोलने की क्रिया/भाव। ***जैसे***—हर समय लप-लप करना। २. लचकने की क्रिया/भाव। लचक। ***जैसे***—पतली छड़ी की लप। ३. किसी चमकीली वस्तु की रुक-रुक कर होनेवाली चमक। लपक। ***जैसे***—आकाश में बिजली का लप-लप होना। ४. जीभ को बार-बार बाहर-भीतर ले जाने की क्रिया। ***जैसे***—पानी पीते हुए कुत्ते की जीभ की लप-लप। ***वा॰* लप से**—शीघ्रता से। झट से। तुरन्त।

लपक[१]—[< हि॰ लपकना] *स्त्री॰* १. लपकने की क्रिया/भाव। सहसा बहुत तेजी/फुर्ती से आगे बढ़ने की क्रिया। २. तेज़ी। फुर्ती। ३. अवसर मिलते ही स्वार्थ सिद्ध करने का स्वभाव।

लपक[२]—[< हि॰ लप] *स्त्री॰* १. लचक। (दे॰) २. रह-रहकर होनेवाली चमक। ३. दीप्ति। चमक। ४. (आग की) लपट। लौ।

लपका—[< हि॰ लपकना] *पु॰* १. लपकने की क्रिया/भाव। २. अवसर मिलते ही दूसरों की चीजें उठाने के स्वभाव वाला व्यक्ति। उचक्का। ३. आवारा और दुष्ट व्यक्ति। ४. बुरा व्यसन। चस्का। लत।

लपझप—[< हि॰ लप + झपट] *वि॰* १. चंचल। चपल। २. तेज़। फुर्तीला। ३. अधीर। उतावला। ४. भद्दा। बेढंगा। ***जैसे***—लपझप की चाल। *क्रिवि॰* १. तेज़ी से। २. भद्दे प्रकार से। *स्त्री॰* १. लपकपन। दे॰ २. चंचलता। चपलता।

†**लपटा**—[< हि॰ लपटना] *पु॰* १. गीली और गाढ़ी वस्तु। २. एक प्रकार की गाढ़ी कढ़ी। ३. नमकीन हलुआ। ४. लेई। ५. थोड़ा सम्बन्ध/लगाव।

***लपटीला**[१]—[< हि॰ लपटना] *वि॰* लिपटनेवाला। ✣ **लपटीली**[१]—*वि॰ (स्त्री॰)*।

†**लपटीला**[२]—[< हि॰ रपटीला] *वि॰* फिसलनेवाला। पिच्छल। रपटीला। ✣ **लपटीली**—*वि॰ (स्त्री॰)*।

†**लपटौआ**—[< हि॰ लपटना] *वि॰* १. लिपटने की प्रवृत्ति वाला। २. लिपटा या सटा हुआ। ३. एक प्रकार की घास जिसके अंश कपड़ों में लिपटते और फँसते हैं।

लपन—[स॰ √लप् + ल्युट्] *पु॰* १. वार्तालाप। बातचीत। २. कथन। ३. मुख। *स्त्री॰* लपने की क्रिया/भाव। लप।

लपना—[< हि॰ लप] *क्रिअ॰* १. इधर-उधर झुकना। २. लचना। ३. लपकना। ४. ललचाना। ललचना। ५. परेशान/हैरान होना। ✣

लपना-झपना— *क्रिअ°* = परेशान होना।

***लपरा**—[< हि° लप] वि° १. वाचाल। बातूनी। २. प्रपंची।

लफना**—[< हि° लपना] *क्रिअ°* लचकना। ***जैसे—छड़ी का लफना। ✣ ***लफति**— *क्रिवि°* = लचकती हुई।

***लफलफानि**—[< हि° लपलपाना] *स्त्री°* लपलपाहट।

लफाना—[< हि° लपाना] *क्रिस°* १. लचाना। २. झुकाना। ३. लपलपाना। ✣ **लफाइ**— *क्रिवि°* = लफाकर। लचाकर, झुकाकर या लपलपा कर।

लफ़्ज़—[अरबी] *पु°* (भाषा में प्रयुक्त) सार्थक शब्द। ✣ **लफ़्ज़-लफ़्ज़**— *क्रिवि°* = शब्दशः। ✣ **लफ़्ज़ी**— *वि°* = लफ़्ज़/शब्द से सम्बन्धित। शाब्दिक।

लब—[फा°] *पु°* १. ओष्ठ। होंठ। २. जलाराय का तट। किनारा। ३. किसी वस्तु का किनारा या सिरा।

***लबझना**— *क्रिअ°* ≤ *हि°* उलझना। फँसना।

***लबड़ना**—[< हि° लबाड़] *क्रिअ°* १. झूठ बोलना। २. गप्प मारना।

लबदा—[< सं° लगुड] *पु°* मोटा और बड़ा डंडा।

लबनी—[देशज] *स्त्री°* (ताड़ के पेड़ का रस) ताड़ी को चुआने की हँडिया।

***लबरा**—[< हि° लबाड़] *वि°* झूठ बोलनेवाला। ✣ **लबराई**— *स्त्री°* = झूठापन। लबारपन।

लबरेज़—[फा°] *वि°* ऊपर तक भरा हुआ। लबालब भरा हुआ। परिपूर्ण।

लबलब—[< सं° लपन] *स्त्री°* बातचीत।

लबाड़—[< हि° लबार < सं° लपन] *वि°* १. असत्यवादी। झूठा। २. गप्पी। ✣† **लबाड़िया**— *वि°* = लबाड़। ✣ **लबाड़ी**— *वि°* = लबाड़। *स्त्री°* = १. व्यर्थ कही जाने वाली असत्य बातें। २. गप्प।

लबादा—[< फा° लबादः] *पु°* कुर्ते आदि के ऊपर पहना जाने वाला एक लम्बा और ढीला-ढाला वस्त्र। चोग़ा।

लबार—[< सं° लपन] *वि°* १. झूठा। २. बकवादी या गप्पी। ✣ **लबारी**— *वि°* = लबारी। *(स्त्री°)* १. व्यर्थ कही जानेवाली असत्य बात। २. गप्प।

†**लबेद**—[< सं° वेद] *पु°* १. वेद-विरुद्ध बात। २. वेद से भिन्न आचार। लोकाचार। ३. व्यर्थ और अनावश्यक बात। *वि°* वेद-विरोधी बातें कहनेवाला।

लब्ध—[सं° √लभ् + क्त] *वि°* १. प्राप्त किया हुआ। मिला हुआ। २. कमाया हुआ। अर्जित। ३. (समासयुक्त शब्दों के आरम्भ में) जिसने प्राप्त कर लिया हो। ***जैसे***—लब्धसिद्धि।

लब्धकाम—[सं° लब्ध ~ काम] *वि°* जिसकी इच्छा/इच्छाएँ पूरी हो चुकी हों।

लब्धकीर्ति—[सं° लब्ध ~ कीर्ति] *वि°* प्रसिद्ध। यशस्वी।

लब्धचेता—[सं° लब्ध ~ चेतस्] *वि°* होश में आया हुआ।

लब्धजन्मा—[सं° लब्ध ~ जन्मा (जन्मन्)] *वि°* जिसने जन्म लिया हो। उत्पन्न।

लब्धप्रतिष्ठ—[सं° लब्ध ~ प्रतिष्ठा] *वि°* १. जो प्रतिष्ठा प्राप्त कर चुका हो। इज़्ज़तदार। २. प्रसिद्ध। यशस्वी।

लब्धलक्ष्य—[सं° लब्ध ~ लक्ष्य] *वि°* १. जिसका निशाना ठीक बैठा हो। २. निशाना लगाने में निपुण। ३. जिसे अपना लक्ष्य/उद्देश्य प्राप्त हो गया हो।

लब्धलाभ—[सं° लब्ध ~ लाभ] *वि°* जिसे लाभ हुआ हो।

लब्धवर—[सं° लब्ध ~ वर] *वि°* जिसे वरदान मिला हो। वरप्राप्त।

लब्धविद्य (लब्धविद्य)—[सं° लब्ध ~ विद्या] *वि°* जिसने विद्या प्राप्त की हो। विद्वान्।

लब्धाङ्क (लब्धांक)—[सं° लब्ध ~ अङ्क] *पु°* (गणित°) लब्धि। भागफल। ***जैसे***—५ से १५ को भाग देने पर लब्धांक ३ है।

लब्धि—[सं° √लभ् + क्तिन्] *स्त्री°* १. प्राप्ति। २. लाभ। फ़ायदा। मुनाफ़ा। (गणित°) लब्धांक। (दे°)

लभन—[सं° √लभ् + ल्युट] *पु°* प्राप्त करने की क्रिया। प्राप्ति।

लभ्य—[सं° √लभ् + यत्] *वि°* १. जो पाया जा सके। जो मिल सके। २. जो प्राप्त करने योग्य हो। ∇ **विलोम**—अलभ्य।

लमकना—[< हि° लपकना] *क्रिअ°* तेज़ चलना।

लमगोड़ा—[< हि° लम्बा + गोड़ (= पैर)] *वि°* लम्बी टाँगों वाला। लमटँगा।

लमछड़—[< हि° लम्बी + छड़] *वि°* लम्बा और पतला। *पु°* १. भाला। बर्छा। २. कबूतर उड़ाने की लग्गी।

लमटँगा—[< हि° लम्बी + टाँग] *वि°* लम्बी टाँगों वाला। ***जैसे***—लमटँगा आदमी। *पु°* सारस (पक्षी)।

लमढेंक (लमढेंक)—[< हि° लम्बा + देशज ढेंक (पक्षी)] *पु°* = सारस के सदृश परन्तु आकार में बड़ा एक पक्षी।

लमहा—[< अरबी लम्हः] *पु°* १. क्षण। पल। २. बहुत थोड़ा समय।

लम्बकेन्द्र (लंबकेंद्र)—[सं° लम्ब ~ केन्द्र] *पु°* (गणित° ज्यामिति) त्रिभुज के तीनों शीर्षों से सम्मुख भुजाओं पर डाले गए लम्बों का प्रतिच्छेद-बिन्दु। (अ° ऑर्थोसेन्टर)

लम्बन (लंबन)—[सं° √लम्ब + ल्यु/ल्युट्] *पु°* १. नाभि तक लटकनेवाला गले का हार। २. झूलने की क्रिया। ३. आश्रय। अवलम्ब। ४. शिव। महादेव। ५. किसी काम/बात को टालने की क्रिया। ६. किसी बात/प्रक्रिया आदि को लम्बा करने की क्रिया। ७. देर लगाने की क्रिया। विलम्बन।

लम्बपयोधरा—[सं° लम्ब ~ पयोधरा] *स्त्री°* लम्बस्तनी। (दे°)

लम्बपाद (लंबपाद)—[सं° लम्ब ~ पाद] *पु°* (गणित°) किसी रेखा और उस पर डाले गए लम्ब का प्रतिच्छेद बिन्दु।

लम्बमान (लंबमान)—[सं° √लम्ब् + शानच्] *वि°* १. दूर तक गया या फैला हुआ। २. जो किसी रेखा या समतल पर लम्ब के रूप में हो। लम्बवत् (रेखा)।

†**लम्बरदार (लंबरदार)**—[< हि° नम्बरदार] *पु°* (अँग्रेज़ी शासन-काल में) वह ज़मींदार जो अपने क्षेत्र के दूसरे हिस्सेदारों से मालगुज़ारी वसूल करने में सरकार का सहायक होता था। नम्बरदार।

लम्बस्तनी (लंबस्तनी)—[< सं॰ लम्ब ~ स्तनी] *स्त्री॰* वह स्त्री जिसके स्तन लम्बे हों और नीचे लटकते हों। लम्बपयोधरा।

लम्बिका (लंबिका)—[सं॰ √लम्ब् + ण्वुल् + टाप्, इत्व] *स्त्री॰* गले के अन्दर की घंटी। कौआ।

लम्बित (लंबित)—[सं॰ √लम्ब् + क्त] *वि॰* १. लम्बा किया हुआ। २. लम्ब के रूप में आया हुआ। ३. लटकता/झूलता हुआ। ४. निर्णय आदि के लिए कुछ समय तक रोका हुआ या टाला हुआ। स्थगित। ५. अनिर्णीत। अनिश्चित। ***जैसे***—लम्बित प्रार्थनापत्र।

लम्बोतरा (लंबोतरा)—[< हि॰ लम्बा] *वि॰* जिसमें गोलाई के साथ लम्बाई भी हो। ***जैसे***—लम्बोतरा आम।

लम्बोदर (लम्बोदर)—[सं॰ लम्ब ~ उदर] *वि॰* मोटे/बड़े पेट वाला। *पु॰* १. गणेश। विनायक। २. अधिक खाने वाला। पेटू।

लम्बोष्ठ (लंबोष्ठ)—[सं॰ लम्ब + ओष्ठ] *वि॰* लम्बे ओठोंवाला। *पु॰* उष्ट्र। ऊँट।

लम्भन (लंभन)—[सं॰ √लभ् + ल्युट्, मुम्] *पु॰* १. प्राप्ति। उपलब्धि। २. पुनः प्राप्ति।

लय[१]—[सं॰ √ली + अच्] *पु॰* १. विलीन होना। लीनता। २. (किसी पदार्थ का) लोप। नाश। विनाश। ३. किसी वस्तु का दूसरी वस्तु में पूरी तरह समा जाना। विलय। ४. विश्राम। ५. विश्राम/निवास का स्थान। ६. कार्य का कारण में लीन होना। ७. सृष्टि का अव्यक्त प्रकृति में विलीन हो जाना। युगान्त। प्रलय। ८. चित्त की वृत्तियों का विलीनीकरण। ध्यान की एकाग्रता। तल्लीनता। समाधि। [स्त्री॰] (भाषा॰) पद्य या गद्य के उच्चारण, विराम, बलाघात और अक्षर का विशिष्ट अनुक्रम। (छन्द॰) पद्य आदि को पढ़ने में स्वर के आरोह-अवरोह का ढंग। स्वरों, लघु-गुरु वर्णों, बलाघातरहित इकाइयों या बलाघात-युक्त इकाइयों का विविधतापूर्ण किन्तु सामंजस्ययुक्त प्रवाह। किसी छन्द-विशेष को गाने या पढ़ने की धुन या तर्ज का ज्ञान करानेवाला तत्त्व। (संगीत॰) १. (गाने की) धुन। २. मात्रा-काल निरूपक ताल। आघात की मध्यवर्ती विश्रान्ति।

***लय[२]**—[< हि॰ लौ] *स्त्री॰* आसक्ति। लगन।

लयङ्कर (लयंकर)—[सं॰ लयम् ~ कर] *वि॰* १. लय करनेवाला। २. प्रलय करनेवाला। प्रलयंकर।

लयगत—[सं॰ लय ~ गत] *वि॰* १. जो विलीन हो गया हो। २. गला/पिघला हुआ।

लयङ्करी (लयंकरी)—[< सं॰ लयङ्कार] *वि॰* (स्त्री॰) १. लय करनेवाली। २. प्रलय करनेवाली। प्रलयंकरी।

लय छन्द (लय छंद)—[सं॰] *पु॰* (छन्द॰) ताल और लय के आधार पर निर्मित नए मुक्तक छन्द जो वर्णिक और मात्रिक छन्दों से भिन्न होते हैं। छन्दशास्त्र के परम्परागत नियमों से भिन्न लयात्मक छन्द जिनमें चरण छोटे-बड़े हो सकते हैं।

लयन—[सं॰ √ली + ल्युट्] *पु॰* १. लय होने की अवस्था/क्रिया/भाव। २. विश्राम। आराम। ३. शान्ति। ४. विश्राम का स्थान।

लयलीन—[सं॰ लय ~ लीन] *वि॰* १. किसी के ध्यान में डूबा हुआ। ध्यानमग्न। २. किसी के प्रेम में डूबा हुआ। अनुरक्त।

***लर**—*स्त्री॰ ≤ हि॰* लड़। लड़ी।

लरकना—[< सं॰ लडन (= झूलना)] *क्रिअ॰* १. लटकना। २. झुकना। ३. तिरछा होना। ४. खिसककर कुछ नीचे आना। खिसकना। ५. हिलना-डुलना। ६. (धीरे से) गिर पड़ना।

***लरकिनी**—*स्त्री॰ ≤ हि॰* लड़की। बालिका या पुत्री।

***लरखर**—[< हि॰ लड़खड़ाना] *स्त्री॰* डगमगाकर चलना। लड़खड़ाहट। *वि॰* हिलता हुआ।

लरज—[< हि॰ लरजना] *पु॰* १. कम्पन। थरथराहट। २. इधर-उधर थोड़ी-सी गति। (संगीत॰) सात तारों वाले सितार का पाँचवाँ तार जो पीतल का होता है।

***लरझर**—[< हि॰ लर + झरना] *वि॰* १, बरसता हुआ। २. बहुत अधिक। प्रचुर।

***लरिक-सलोरी**—[< हि॰ लड़का + सलोल] *स्त्री॰* १. बालकोचित नटखटपन/शैतानी। २. नटखटी वाली बाल-लीला।

***लरिया[१]**—[देशज] *पु॰ ≤ हि॰* दुपट्टा।

***लरिया[२]**—[देशज] *स्त्री॰* छत्तीसगढ़ी बोली।

***लरी[१]**—[< हि॰ लड़ी (=लड़)] *स्त्री॰* १. लड़ी या लड़ियाँ। २. पंक्ति। क़तार।

लरी[२]—[< हि॰ लड़ी (= लड़ाई की)] *क्रिअ॰* १. लड़ाई की। २. झगड़ा किया। झगड़ी।

लल[१]—[देशज] *पु॰* सारतत्त्व।

लल[२]—[देशज] *स्त्री॰* १. असत्य बात। झूठ। २. धोखा देने या ठगने के लिए कही जाने वाली बात।

ललक—[< हि॰ ललकना] *स्त्री॰* १. ललकने की स्थिति/भाव/गुण। २. तीव्र इच्छा।

***ललकि**—[< हि॰ ललकना] *क्रिवि॰* १. ललचा कर। २. तीव्र लालसा से चंचल होकर।

†ललछरा—[बुन्देली] *वि॰* लम्बे क़द का।

ललछौंहा (ललछौंहा)—[< हि॰ लाल + छाँह] *वि॰* लाली लिए हुए हल्के लाल रंग वाला। रक्ताभ। अरुणाभ।

ललजिह्व (ललजिह्व)—[< सं॰ ललज्जिह्व] *वि॰* १. जो जीभ को मुँह के बाहर निकाले हुए हो या जीभ लपलपाता हुआ। २. भयानक। डरावना। *पु॰* १. श्वान। कुत्ता। २. उष्ट्र। ऊँट। ३. सर्प। साँप।

ललन[१]—[सं॰ √लल् + ल्युट्] *पु॰* १. आमोद। क्रीड़ा। खेल। २. जीभ को मुँह से बाहर निकालना।

ललन[२]—[ब्रज॰ < हि॰ लाल] *पु॰* १. छोटा बालक। लाल। २. प्रिय बालक। ३. बालक, युवा व्यक्ति, नायक या प्रेमी के लिए एक प्रेमपूर्ण या लाड़-भरा सम्बोधन।

ललना—[सं॰ √लल् + णिच् + ल्यु + टाप्] *स्त्री॰* १. स्त्री। रमणी। कामिनी। २. स्वेच्छाचारिणी स्त्री। ३. जीभ। (छन्द॰) एक समवर्णिक छन्द जिसके प्रत्येक चरण में क्रमशः भगण, मगण और २ सगण (भ म स स) के योग से १२ वर्ण होते हैं तथा ५-७ पर यति होती है।

ललनाप्रिय—[सं॰ ललना ~ प्रिय] *पुं॰* कदम्ब (वृक्ष)। *वि॰* १. जीभ को प्रिय लगनेवाला। स्वादिष्ठ। २. स्त्री को प्रिय लगनेवाला।

ललनिका—[सं॰ ललना + कन् + टाप्, इत्व] *स्त्री॰* १. तुच्छ/छोटी स्त्री। २. अभागी स्त्री।

***ललनी**—[‹ सं॰ नलिनी] *स्त्री॰* बाँस की नली।

ललन्तिका (ललंतिका)—[सं॰ √लल् + शत् + ङीप् + कन् + टाप्, ह्रस्व] *स्त्री॰* १. बहुत नीचे तक लटकने वाला हार। लम्बी माला। २. छिपकली। ३. गिरगिट।

ललही छठ—[‹ सं॰ हलषष्ठी] *स्त्री॰* भाद्र कृष्णषष्ठी। हलषष्ठी।

†लला—[‹ ब्रज॰ लाल] *पुं॰* १. पुत्र। लाल। बेटा। २. बालक। लड़का। ३. लाड़ला लड़का। ४. पुत्र/बालक/प्रेमी/नायक के लिए एक प्रेमपूर्ण सम्बोधन।

***ललाइ**—[‹ हिं॰ लालना] *क्रिव॰* १.करुणा करके। २. लाड़-प्यार करके। ३. लालच या लालच कर के। ४. पाल-पोसकर।

ललाटक—[सं॰ ललाट + कन्] *पुं॰* १. ललाट। माथा। २. सुन्दर ललाट। सुन्दर माथा।

ललाटाक्ष—[सं॰ ललाट ~ अक्ष] *वि॰* जिसका एक नेत्र माथे पर है। ललाट पर नेत्र वाला। *पुं॰* शिव। महादेव। ✣ **ललाटाक्षी**—*स्त्री॰* = पार्वती। दुर्गा।

ललाटिका—[सं॰ ललाट + कन् + टाप्, इत्व] *स्त्री॰* १. माथे का एक आभूषण। टीका। २. माथे पर लगा हुआ रोली आदि का टीका। तिलक।

***ललाना**—[‹ हिं॰ लाल] *क्रिअ॰* लाल रंग से युक्त होना। लालिमा-युक्त होना। *क्रिस॰* लाल रंग में रँगना।

ललाम—[सं॰ √लड् + क्विप् + √अम् + अण्, ड→ल] *वि॰* १. सुन्दर। रमणीय। मनोहर। २. उत्तम। अच्छा। ३. प्रधान। श्रेष्ठ। ४. लाल रंग का। रक्तिम। अरुणिम। सुर्ख़। *पुं॰* माथे पर पहना जाने वाला आभूषण (झूमर आदि)। २. (घोड़े या गाय के) माथे का प्राकृतिक चिह्न/निशान। टीका। ३. चिह्न। निशान। ४. ध्वज। पताका। झंडा। ५. सौन्दर्य। (सिंह/घोड़े आदि की) गर्दन पर के बाल। अयाल। १०. अश्व। घोड़ा।

ललामक—[सं॰ ललाम + कन्] *पुं॰* १. माथे पर धारण किया जाने वाला पुष्पगुच्छ। २. माथे पर पहनी जाने वाली पुष्पमाला।

ललामता—[सं॰ ललाम + तल् + टाप्] *स्त्री॰* १. सुन्दरता। रमणीयता। २. उत्तमता। ३. श्रेष्ठता। ४. लालिमा। लाली।

ललामी—[‹ सं॰ ललाम] १. ललामता। सुन्दरता। २. लालिमा। लाली। सुर्ख़ी।

ललित—[सं॰ √ लल् + क्त] *वि॰* १. सुन्दर। मनोहर। लालित्यपूर्ण। ***जैसे***—ललित लता। २. कोमल। मृदु। ३. अभिलषित। इच्छित। ४. प्रिय। ५. हिलता-डुलता हुआ। कम्पित। कँपकँपा। ६. क्रीड़ासक्त। खिलाड़ी। ७. कामुक। ८. सीधा। भोला। अल्हड़। *पुं॰* १. आमोद-प्रमोद। २. सौन्दर्य। मनोहरता। ३. (कोई भी) स्वाभाविक क्रिया। ४. ब्रज का एक राधा-कृष्ण-भक्ति-सम्प्रदाय। ललित सम्प्रदाय। (काव्य॰) १. शृंगार रस में कायिक हाव या अंग-चेष्टा जिसमें कोमलता के साथ नेत्र, भौंह, हाथ, पैर आदि अंगों को हिलाया जाता है। २. एक अर्थालंकार जो वर्णनीय वृत्तान्त को न कह कर उसका प्रतिबिम्ब वर्णित किए जाने में होता है। (छन्द॰) १. एक विषमवर्णिक छन्द जिसके प्रथम चरण में क्रमशः सगण, जगण, सगण, लघु (स, ज, स, ल), द्वितीय चरण में नगण, सगण, जगण, गुरु (न, स, ज, ग), तृतीय चरण में नगण, नगण, २ सगण, (न, न, स, स) और चतुर्थ चरण में सगण, जगण, सगण, जगण, गुरु (स, ज, स, ज, ग) होते हैं। ३. एक समवर्णिक छन्द जिसके प्रत्येक चरण में क्रमशः नगण, नगण, मगण, रगण (न, न, म, र) के योग से १२ वर्ण होते हैं।

ललिता—[सं॰ ललित + टाप्] *स्त्री॰* १. रमणी। कामिनी। स्त्री। २. पार्वती (देवी) या पार्वती का एक रूप। ३. स्वेच्छाचारिणी स्त्री। ४. (कृष्ण-प्रिया) राधा की एक प्रमुख सखी। ५. (छन्द॰) एक समवर्णिक छन्द जिसके प्रत्येक चरण में क्रमशः तगण, भगण, जगण और रगण (त भ ज र) के योग से १२ वर्ण होते हैं।

***ललिताई**—[‹ सं॰ ललित] *स्त्री॰* ललितता। लालित्य। सुन्दरता।

ललिता पञ्चमी (पंचमी)—[सं॰] *स्त्री॰* आश्विन शुक्ल पंचमी (तिथि)।

ललितार्थ—[सं॰ ललित ~ अर्थ] *पुं॰* १. सुन्दर अर्थ। २. शृंगाररस की प्रधानता वाली रचना। *वि॰* १. सुन्दर अर्थ वाला। २. शृंगाररसप्रधान। ***जैसे***—'बिहारी सतसई' ललितार्थ रचना है।

ललिता षष्ठी—[सं॰] *स्त्री॰* भाद्र कृष्ण षष्ठी (तिथि)।

ललिता सप्तमी—[सं॰] *स्त्री॰* भाद्र शुक्ल सप्तमी (तिथि)।

ललितोपमा—[सं॰ ललित ~ उपमा] *स्त्री॰* (काव्य॰) उपमा अलंकार का एक भेद।

लली—[‹ हिं॰ लला] *स्त्री॰* १. पुत्री। बेटी। २. बालिका। लड़की। ३. लाड़ली लड़की। ४. पुत्री/बालिका/प्रेमिका/नायिका के लिए एक प्रेमपूर्ण सम्बोधन।

***ललौहाँ**—[‹ हिं॰ लाल] *वि॰* लाली लिए हुए। लालिमावाला।

लल्लो—[‹ सं॰ ललना] *स्त्री॰* जिह्वा। जीभ। ज़बान। ✣ **लल्लो-चप्पो, लल्लो-पत्तो**—*स्त्री॰* = किसी को प्रसन्न रखने/करने के लिए कही जाने वाली चिकनी-चुपड़ी बातें। ठकुरसुहाती। चापलूसी। ख़ुशामद।

लव—[सं॰ √लू + अव्] *पुं॰* १. कटाई। २. पके हुए अनाज की कटाई। ३. विनाश। ४. विभाग। खंड। टुकड़ा। ५. बहुत थोड़ी मात्रा। अल्प मात्रा। अल्पांश। ***जैसे***—लव-भर (बहुत थोड़ा-सा)। ६. पशु-पक्षियों के कतर कर निकाले जाने वाले पर, बाल या ऊन। ७. सुरा गाय की पूँछ के बाल। ८. 'लवा' नाम की चिड़िया। ९. काल की एक इकाई। ३६ निमेष का समय।

लवक—[सं॰ √लू + ण्वुल्] *वि॰* काटनेवाला।

लवङ्ग (लवंग)—[सं॰ √लू + अङ्गच्] *पुं॰* १. लौंग। २. लौंग का वृक्ष। ✣ **लवङ्ग (लवंग)-कलिका**—*स्त्री॰* लौंग। ✣

लवङ्ग (लवंग) लता—*स्त्री॰* = लौंग का पेड़। (छन्द॰) एक समवर्णिक छन्द जिसके प्रत्येक चरण में क्रमशः ८ जगण और एक लघु के योग से २५ वर्ण होते हैं।

लवण—[सं॰ √लू + ल्यु, पृषो॰] *पु॰* नमक। नोन। लोन। *वि॰* १. नमकीन। २. खारा। ३. लावण्ययुक्त। सुन्दर। सलोना।

लवणत्रय—[सं॰ लवण ~ त्रय] *पु॰* सैन्धव, विट और सचल साँचर/नामक तीन नमकों का समूह।

लवणपञ्चक (लवणपंचक)—[सं॰ लवण ~ पञ्चक] *पु॰* (आयुर्वेद॰) पाँच प्रकार के नमकों का समूह—सेंधा नमक, संचर या काला नमक, विड नमक, समुद्री नमक और साँभर नमक। पंचलवण।

लवणसमुद्र—[सं॰ लवण ~ समुद्र] *पु॰* खारे पानी का समुद्र।

लवणा—[सं॰ लवण + टाप्] *स्त्री॰* १. दीप्ति। आभा। चमक। २. 'अमलोनी' नामक साग।

लवणाकर—[सं॰ लवण ~ आकर] *पु॰* १. नमक की खान। २. समुद्र।

लवणान्तक (लवणांतक)—[सं॰ लवण ~ अन्तक] *पु॰* (लवणासुर को मारनेवाला) शत्रुघ्न।

लवणाब्धि—[सं॰ लवण ~ अब्धि] *पु॰* खारा समुद्र। लवणसमुद्र।

लवणालय—[सं॰ लवण ~ आलय] *पु॰* १. समुद्र। २. लवणासुर का नगर। मधुपुरी (मथुरा का प्राचीन रूप)।

लवणित—[सं॰ लवण + इतच्] *वि॰* नमक मिलाया हुआ।

लवणोत्कट—[सं॰ लवण ~ उत्कट] *पु॰* वह भोजन जिसमें आवश्यकता से अधिक नमक पड़ा हो।

लवणोत्तम—[सं॰ लवण ~ उत्तम] *पु॰* सबसे उत्तम नमक। सेंधा नमक।

लवणोदक—[सं॰ लवण ~ उदक] *पु॰* १. खारा पानी। २. समुद्र।

लवन—[सं॰ √लू + ल्युट्] *पु॰* १. काटना। २. खेत के पके अनाज की कटाई। लुनाई। लवनी। लौनी। ३. खेत काटने की मज़दूरी के रूप में दिया गया अन्न।

लवना[1]—[< सं॰ लवन] *क्रिस॰* १. (खेत में) पकी हुई फ़सल काटना। लुनना। २. खेत में रखे हुए फ़सल के डंठलों को एकत्र करना।

लवना[2]—[< सं॰ लपन] *क्रिअ॰* (बिजली का) कौंधना। रुक-रुक कर चमकना। ***जैसे***—दामिनि लवई।

लवना[3]—[< सं॰ लवण] *वि॰* १. नमकीन। लोना। २. लावण्ययुक्त। सुन्दर। सलोना। ✣ **लवनाई**—*स्त्री॰* = १. लवणता। नमकीनपन। २. लावण्य। सौन्दर्य। सुन्दरता।

***लवनि**—[< हिं॰ लवना < सं॰ लवन] *स्त्री॰* खेत में पकी फ़सल की कटाई अथवा उसकी मज़दूरी।

लवनी[1]—[< हिं॰ लवना < सं॰ लवन] *स्त्री॰* लवनि। (दे॰)

लवनी[2]—*स्त्री॰* ≤ सं॰ नवनीत। मक्खन। नोनी।

***लवर**—[< हिं॰ लौर] *स्त्री॰* आग की लपट। लौर।

***लवलासी**—[< हिं॰ लव + सं॰ लास] *स्त्री॰* प्रेम-सम्बन्ध।

लवली—[सं॰] *स्त्री॰* हरफारेवड़ी का वृक्ष या उसका फल। (दे॰ लवलीफल)

लवलीफल—[सं॰ लवली ~ फल] *पु॰* १. मध्यम ऊँचाई का एक सुन्दर वृक्ष। हरफारेवड़ी वृक्ष। २. उक्त वृक्ष का फल।

लवलीन—[< सं॰ लय ~ लीन] *वि॰* तल्लीन। तन्मय। मग्न।

लवलेश—[सं॰ लव ~ लेश] *पु॰* बहुत थोड़ी मात्रा/परिमाण। ***जैसे***—दुःख का लवलेश भी नहीं रहेगा। *वि॰* बहुत ही थोड़ा। लेशमात्र।

***लवलेस**—*पु॰, वि॰* ≤ *सं॰* लवलेश।

लवा—[< सं॰ लावक] *पु॰* तीतर के सदृश परन्तु आकार में उससे बहुत छोटा एक पक्षी।

लवाइ[1]—[देशज] *स्त्री॰* नयी ब्याई हुई गाय।

***लवाइ**[2]—[< हिं॰ लिवाइ] *क्रिवि॰* लिवाकर। साथ लेकर।

लवाई[1]—[< सं॰ लवन] *स्त्री॰* खेत की पकी फ़सल की कटाई। लुनाई। लवनी।

लवाई[2]—[< हिं॰ हाल ब्याई] *स्त्री॰* नयी या हाल में ब्याई हुई गाय। सद्यःप्रसुता गौ।

***लवाई**[3]—[< हिं॰ लिवाइ] *क्रिवि॰* लिवाकर। साथ लेकर।

लवित्र—[सं॰ √लू + इत्र] *पु॰* हँसिया।

लश्कर—[फा॰] *पु॰* १. सेना। फ़ौज। २. सैनिक पड़ाव। ३. मनुष्यों का बहुत बड़ा समूह। ४. जहाज़ों पर काम करनेवाले मनुष्यों का वर्ग। ✣ **लश्करी**—*वि॰* = १. लश्कर-सम्बन्धी। लश्कर का फ़ौजी। २. लश्कर में काम करनेवाला। *पु॰* १. सैनिक। सिपाही। फ़ौज़ी। २. जहाज़ पर काम करनेवाला व्यक्ति। *स्त्री॰* सेना में या जहाज़ पर काम करने वालों की बोली।

लषित—[सं॰ √लष् + क्त] *वि॰* चाहा हुआ। अभिलषित। इच्छित।

लस—[सं॰ √लस् + क] *पु॰* १. चिपचिपाहट। चेप। लसी। २. गोंद। लासा। ✣ **लसदार**—*वि॰* = जिसमें लस हो। चिपचिपा। लसीला।

लसन/ ***लसनि**—[हिं॰ लसना] *स्त्री॰* १. लसने की अवस्था/क्रिया/भाव। २. शोभा। छवि। ३. दीप्ति। आभा। चमक।

लसना—[< सं॰ लसन] *क्रिअ॰* १. विलसित होना। शोभित होना। २. विराजमान होना। आसीन/स्थित होना। बैठना। ३. चमकना। ४. चिपकना। ५. दिखाई देना। दिखना। *क्रिस॰* (किसी वस्तु पर) चिपकाना। लेसना।

***लसम**—[देशज] *वि॰* १. अल्प। अकिंचन। २. निकम्मा।

लसलसा—[< हिं॰ लस] *वि॰* (गोंद की तरह) चिपचिपा। लसदार। लसीला। ✣ **लसलसी**—*वि॰* (*स्त्री॰*)

लसिका—[सं॰ √लस् + अच् + कन् + टाप्, इत्व] *स्त्री॰* थूक। लार।

लसित—[सं॰ √लस् + क्त] *वि॰* १. सुशोभित। २. प्रादुर्भूत। उत्पन्न।

†**लसी**—[< हिं॰ लस] *स्त्री॰* १. लस। चिपचिपाहट। २. किसी के प्रति आकर्षण जिसके कारण साथ बने रहने की इच्छा हो। ३. सम्पर्क। मेल-जोल।

लसीका—[< सं॰ लसिका] *पु॰* (प्राणी॰) रक्त से आनेवाला द्रव जो ऊतक कोशिकाओं को पोषण देने के लिए कोशिका-भित्तियों से रिसता है और उपयोग के पश्चात् रक्त में वापस चला जाता है। (अं॰ लिम्फ़)।

लसीला—[< हि० लस] *वि०* जिसमें लस हो। चिपचिपा। लसदार।

लसोड़ा—[< हि० लस] *पु०* १. एक फल जो छोटा और लसदार होता है। २. उक्त फल का वृक्ष।

लसौटा—[< हि० लासा] *पु०* (बाँस की) लग्गी जिस पर चिड़िया फँसाने के लिए लासा लगाया जाता है।

***लह**—[< हि० लहि] *क्रिवि०* पर्यन्त। तक।

लहक—[< हि० लहकना] *स्त्री०* १. लहकने की क्रिया/भाव। २. झोंका खाने की क्रिया/भाव। लहराना। ३. हवा का झोंका। ४. अग्नि का प्रज्वलन। दहक। ५. अग्नि की लपट। ६. उत्तेजन। भड़क। ७. उत्कंठा। उत्सुकता। ८. शोभा। ९. चमक।

लहकना[१]—[अनु०] *क्रिअ०* १. अचानक हवा का कुछ ज़ोर से चलना। हवा का झोंका आना। २. झोंके खाना। लहराना। ३. (पेड़-पौधों आदि का) हवा में हिलना-डुलना। ***जैसे***—लता का हवा से लहकना। ४. अग्नि का प्रज्वलित होना। जल उठना। दहकना। ५. चमकना। ६. (नेत्रों/ पलकों का) झपकना।

लहकना[२]—[< हि० ललकना] *क्रिअ०* १. उत्सुकता से किसी वस्तु को पाने या देखने के लिए बढ़ना। लपकना। २. किसी वस्तु को पाने की तीव्र इच्छा करना। ललकना। ३. बिजली का चमकना।

लहकौर—[< स० लघु ~ कवल] *पु०* (पूर्वी उत्तर प्रदेश आदि में) विवाह की एक प्रथा। विवाह-संस्कार के बाद कोहबर में वर और वधू द्वारा एक-दूसरे को कुछ खिलाने की प्रथा। ✣ ***लहकौरि**—*स्त्री०* = लहकौरा।

लहजा—[< अरबी लह्ज:] *पु०* १. (स्वरों के उतार-चढ़ाव की दृष्टि से) बात करने या पढ़ने का ढंग। २. (गाने का) स्वर।

लहठी—[< हि० लाह (< स० लाक्षा)] *स्त्री०* (पहुँचे में पहनने की) लाख की बनी चूड़ी।

लहड़ू—[< स० रथरूप] *पु०* बिना छतरी की बैलगाड़ी।

लहतौरा—[देशज] *स्त्री०* लगभग दस इंच लम्बी एक शिकारी चिड़िया जो छोटे कीड़े-मकोड़ों और छोटे पक्षियों को चीर-फाड़कर खा जाती है।

लहन—[< हि० लहना] *पु०* प्राप्ति। पाना।

लहनदार—[< हि० लहना] *पु०* १. किसी से अपना प्राप्य धन पाने का अधिकारी व्यक्ति। २. महाजन। ऋणदाता।

लहना[१]—[< प्रा० लह < स० √लभ्] *क्रिस०* प्राप्त करना। पाना। *पु०* १. ऋण दिया हुआ या किसी की ओर हिसाब में निकलता प्राप्य धन। प्राप्तव्य धन। पावना। २. उचित होना। ✣ ***लहि[१]**—*क्रिवि०* = १. प्राप्त कर। पाकर। २. पर्यन्त। तक। ***जैसे***—गगन लहि।

लहना[२]—[< स० लवन] *क्रिस०* १. काटना। छेदना। कतरना। २. खेत की पकी हुई फ़सल की कटाई करना। लवनी करना। ***लहि[२]**—*क्रिवि०* = १. काट कर। कतर कर। २. (खेत की) लवनी करके।

लहना[३]—[< स० लभन] *क्रिस०* १. इस प्रकार से बात करना या कुछ कहना जिससे काम बन जाए या अभिप्राय सिद्ध हो जाए। २. (किसी वस्तु को) ठीक स्थान पर लगाना। ***लहि[३]**—*क्रिवि०* = १. काम बनानेवाली बात कहकर। २. किसी वस्तु को ठीक स्थान पर लगाकर। *क्रिअ०* कथन/युक्ति का सफल होना। *पु०* भाग्य।

लहनी—[< हि० लहना] *स्त्री०* १. प्राप्य धन। लहना। पावना। २. प्राप्ति। ३. भाग्य के फल की प्राप्ति। भाग्य-फल-भोग।

***लहब**—[< हि० लहना] *क्रिस०* लहना। पाना।

लहरपटोर/ *लहरिपटोर—[< हि० लहर + स० पट] *पु०* कामदार, रेशमी, भारी लहँगा जो विवाह में वर-पक्ष कन्या के लिए भेजता है।

लहरा—[< हि० लहर] *पु०* १. तरंग। लहर। २. आनन्द। ३. बादलों की, कुछ देर तक ही होनेवाली, ज़ोर की वर्षा। (संगीत०) आनद्धवाद्य के अनुगामी गायन या नृत्य के पहले आनद्धवाद्य का वादन। बाजों की गत जिसमें ताल-स्वरों की लय मात्र होती है और जिसका उद्देश्य वातावरण को संगीतमय बनाना होता है।

लहरि—[स० ल √ह्व + इन्] *पु०* १. तरंग। लहर। २. सर्प-विष चढ़ने के कारण होनेवाला कम्पन।

लहरिया—[< हि० लहर] *पु०* १. लहर की तरह टेढ़ी रेखाओं का समूह। २. जरी के वस्त्र के किनारे पर बने बेल-बूटे। ३. रंगीन साड़ी या कोई वस्त्र जिस पर टेढ़ी रेखाएँ बनी हों। ४. एक वस्त्र। लहरदार साड़ी। *स्त्री०* तरंग। लहर। ✣ **ˈलहरियादार**—*वि०* = १. लहरदार (वस्त्र आदि)। २. बेलबूटों वाला (वस्त्र आदि)।

लहरिल—[< हि० लहर] *वि०* १. लहरदार। २. लहराता हुआ।

लहरी[१]—[स० लहरि + ङीष्] *स्त्री०* तरंग। लहर।

लहरी[२]—[< हि० लहर] *वि०* १. मनमौजी। २. जो सदा प्रसन्न रहता हो। ✣ **लहरीला**—*वि०* = १. लहराता हुआ। २. लहरदार। ✣ **लहरीली**—*वि० (स्त्री०)*। ***जैसे***—लहरीली लकीरें।

लहलह—[< हि० लहलहाना] *वि०* हरा-भरा। लहलहाता हुआ।

लहलहा—[< हि० लहलहाना] *पु०* १. जो लहलहा रहा हो। हरा-भरा। ***जैसे***—लहलहा खेत। २. प्रसन्न। प्रफुल्ल। आनन्दमय।

लहँड़ा—[देशज] *पु०* (भेड़-बकरी आदि) पशुओं का समूह/झुंड। गल्ला। ***जैसे***—सिंहों के लहँड़े नहीं होते।

लहँदा—[पंजाबी] *पु०* पश्चिम दिशा। ✣ **लहँदी**—*स्त्री०* = पश्चिमी पंजाब और सिन्ध की बोली।

***लहा[१]**—[< हि० लाह < स० लाक्षा] *पु०* लाक्षा। लाख।

***लहा[२]**—[हि० लाह < स० लाभ] *पु०* लाभ। फ़ायदा।

लहाछेह—[< स० लघ्वाक्षेप (लघु ~ आक्षेप)] *वि०* १. तीव्र गति वाला। २. चंचल। ३. तेज़ (वर्षा)। *स्त्री०* द्रुत लय में नृत्य।

लहाना[१]—[< स० लभन] *क्रिस०* (धन आदि) प्राप्त कराना।

लहाना[२]—[< हि० लहना] *क्रिस०* १. ऐसी रीति से बात कहना कि काम बन जाए या अभिप्राय सिद्ध हो जाए। २. किसी वस्तु को ठीक स्थान पर लगाना।

लहालोट—[< हि० लाह (लाभ) + लोटन] *वि०* १. लोटता हुआ। २. अति प्रसन्न या उल्लसित। *स्त्री०* हँसी की अधिकता के कारण होनेवाली लोट-पोट।

***लहि[१], लहि[२], लहि[३]**—*दे०* क्रमश: लहना[१], लहना[२], लहना[३]।

लहीम-शहीम—[अरबी लहीम + शहीम] *वि॰* मांसल और स्थूल। विशाल शरीर वाला। विशालकाय।

***लहु**—[प्रा॰< सं॰ लघु] *वि॰* १. लघु। छोटा। २. अल्प। थोड़ा। कम। *क्रिवि॰* १. मन्द। हल्का। लहुलहु हास। २. धीरे-धीरे।

लहुआ—[< हिं॰ लहु] *पु॰* (छन्द॰) एक सममात्रिक छन्द जिसके प्रत्येक चरण में १६ मात्राएँ होती हैं, अन्त में गुरु होता है।

***लहुर-बड़ाई**—[< हिं॰ लहुरा + बड़ाई] *स्त्री॰* छोटे-बड़े का ध्यान/लिहाज़।

***लहुरा**—[< हिं॰ लहु] *वि॰* उम्र में छोटा। कनिष्ठ। **जैसे**—लहुरा भाई। ✣ **लहुरी**—*वि॰ (स्त्री॰)* = उम्र में छोटी। कनिष्ठा। **जैसे**—लहुरी बहिन।

लहेरा—[< हिं॰ लाह (लाक्षा)] *पु॰* १. लाख की चूड़ियाँ बनानेवाला कारीगर। २. वस्तुओं पर लाख का रंग चढ़ानेवाला कारीगर। ३. रेशमी कपड़े रँगनेवाला रँगरेज़।

लँगर—[देशज] *वि॰* १. उपद्रवी। नटखट। शैतान। २. धृष्ट। ३. दुष्ट। ✣ **लँगरई/लँगरपन/लँगराई**—*स्त्री॰* = १. नटखटपन। शैतानी। शरारत। २. दुष्टता। धृष्टता। ढिठाई।

लँगाड़—दे॰ लगर (पक्षी)।

लँडूरा—[< सं॰ लज्ज ~ वण्ड] *वि॰* दुमकटा (पक्षी आदि)। बिना पूँछ का। बंडा।

***लँबकना**—[< सं॰ लम्बकर्ण] *वि॰* लम्बे कानों वाला। लम्बकर्ण। *पु॰* ख़रगोश।

ला[1]—[अरबी] *क्रिवि॰* नहीं। न। **जैसे**—लाइलाज।

ला[2]—[< अं॰ लॉ] *पु॰* १. विधि। क़ानून। २. नियम। ३. सिद्धान्त।

***लाइ[1]**—[< सं॰ अलात] *पु॰* अग्नि। आग।

***लाइ[2]**—[< हिं॰ लाना] *स्त्री॰* १. (प्रेम की) लगन। लगावट। **जैसे**—उर में लागी लाइ। २. घर में चोरों के पहुँचने की घात। *क्रिवि॰* १. लाकर। साथ में लाकर। २. लगाकर। लिपटाकर। ३. लेकर। ४. डालकर। ५. पकड़कर। *क्रिवि॰* के साथ। से।

लाइल्म—[अरबी] *वि॰* १. विद्यारहित। अशिक्षित। २. जिसे पता न हो। अनभिज्ञ।

लाइसेन्स् (लाइसेंस)—[अं॰] *पु॰* कोई विशेष कार्य करने के लिए दिया गया अधिकारपत्र। अनुज्ञापत्र। अनुज्ञप्ति।

लाई[1]—[< सं॰ लाजा] *स्त्री॰* १. धान आदि की खीलें। लावा। **जैसे**—लाई के सत्तू खाना।

लाई[2]—[< हिं॰ लाना = लगाना] *क्रिस॰* 'लाना' क्रिया का एक भूतकालिक रूप। लगा दी या जला दी। *स्त्री॰* इधर की बात उधर कहना। चुग़ली। *क्रिवि॰* १. लगाकर। २. लेकर। ३. आधार मानकर।

लाई[3]—[< सं॰ लवन] *स्त्री॰* वैशाख मास की फ़सल काटना। ● **विशेष**—लाई काटनेवाले व्यक्ति को 'लावा' (< सं॰ लावक) कहा जाता है।

लाई[4]—[देशज] *स्त्री॰* १. एक रेशमी कपड़ा। २. ऊनी चादर।

लाई-लुतरी—[< हिं॰ लाई (< हिं॰ लाना) +देशज लुतरा] *स्त्री॰* १. शिकायत। २. चुग़ली।

***लाकड़ी**—*स्त्री॰* ≤ *हिं॰* लकड़ी।

लाकर—[< अं॰ लॉकर] *पु॰* (घर/बैंक/दुकान आदि की) तालेवाली छोटी और मज़बूत, लोहे आदि की अल्मारी। तिजोरी।

लाकेट—[< अं॰ लॉकेट] *पु॰* एक आभूषण। सोने-चाँदी की लटकन।

लाक्षणिक—[सं॰ लक्षण + ठक्] *वि॰* १. लक्षण से सम्बन्धित। लक्षण का। २. जिससे लक्षण प्रकट हों। ३. लक्षणों से युक्त। (काव्य॰) शब्द की लक्षणाशक्ति पर आश्रित या उससे सम्बद्ध (अर्थ)। *पु॰* (सामुद्रिकशास्त्र आदि के अनुसार) लक्षणों का ज्ञाता व्यक्ति।

लाक्षा—[सं॰ √लक्ष् + अ + टाप्] *स्त्री॰* पीपल, पाखर, बेर, शीशम आदि वृक्षों की शाखाओं पर लगनेवाला एक लाल पदार्थ। लाख।

लाक्षागृह—[सं॰ लाक्षा ~ गृह] *पु॰* लाख से तैयार किया गया भवन/घर।

लाक्षा-रस—[सं॰ लाक्षा ~ रस] *पु॰* (पैरों में लगाने की) महावर। अलक्तक।

लाक्षावृक्ष—[सं॰ लाक्षा ~ वृक्ष] *पु॰* पलाश। ढाक।

लाक्षिक—[सं॰ लाक्षा + ठक्] *वि॰* १. लाक्षा-सम्बन्धी। लाख का। २. लाक्षा/लाख से रँगा हुआ। ३. लाख का बना हुआ।

लाख[1]—[< सं॰ लक्ष] *वि॰* १. एक लक्ष। सौ हज़ार। २. बहुत अधिक। अनेकानेक। *पु॰* सौ हज़ार की संख्या। *क्रिवि॰* बहुत प्रकार से। **जैसे**—लाख समझाया परन्तु वह नहीं माना। **लाख सिर मारना**—बहुत प्रयास करना। **लाख से लीख होना**—बहुत धनी व्यक्ति का निर्धन हो जाना।

लाख[2]—[< सं॰ लाक्षा] *स्त्री॰* पीपल, बेर, शीशम आदि वृक्षों की शाखाओं के ऊपर लगनेवाला एक लाल पदार्थ। लाक्षा।

लाखना—[< हिं॰ लाख (= लाक्षा)] *क्रिस॰* लाख से फूटे बर्तन का छेद बन्द करना।

लाखा—[< हिं॰ लाख (लाक्षा)] *पु॰* गेहूँ के पौधों में होनेवाला एक रोग जिससे पौधों की नाल लाल होकर सड़ जाती है।

लाखी—[< हिं॰ लाख] *वि॰* १. लाख के रंग का मटमैले लाल रंग का। २. उक्त रंग का घोड़ा। *पु॰* मटमैला लाल रंग।

लाग[1]—[< हिं॰ लगना] *स्त्री॰* १. सम्बन्ध। लगाव। २. लगन। धुन। ३. प्रेम। ४. प्रेम की लगन। ५. द्वेष। वैर। शत्रुता। ६. प्रतिस्पर्धा। होड़। ७. भूमि-कर। लगान। ८. एक प्रकार का नृत्य या धुन। ९. सहारा। *क्रिअ॰* १. लगता है। प्रतीत होता है। २. लगा।

***लाग[2]**—[< सं॰ लग्न] *अव्यय* १. पर्यन्त। तक। २. निकट। पास। ३. के लिए। के वास्ते।

लाग-आग—[हिं॰] *स्त्री॰* प्रेम की अग्नि।

लाग-डाँट—[हिं॰] *स्त्री॰* १. वैर-विरोध। मनमुटाव। अनबन। २. वैर-विरोध के साथ स्पर्धा।

***लागना**—[< हिं॰ लगना] *क्रिअ॰* १. लगना। २. संलग्न होना। सम्पृक्त होना। ३. प्रतीत होना। लगना। ४. साथ रहना। लगना। ५. व्यापना। लगना। ६. आहत करना। ७. संचित होना। ८. (हाथ/मस्तक आदि से पैर को) स्पर्श करना। ९. उलझना। झगड़ना।

१०. उचित प्रतीत होना। ठीक लगना। ११. लीन होना। १२. किसी काम को आरम्भ करना या कराना। *जैसे*—बोलन लागा। १३. (अग्नि का) प्रज्वलित होना और फैलना। १४. पेड़ में लगना। *जैसे*—लागहिं सुन्दर आम। १५. (बाण आदि का शरीर आदि पर) आघात करते हुए स्पर्श करना। १६. प्रवृत्त होना। १७. होना। लगना। १८. (मन का) अनुरक्त होना। *जैसे*—कृष्ण से मन लाग्यौ। १९. साथ हो लेना। *वि॰* किसी के पीछे लगा रहने वाला। *पु॰* १. किसी पर जासूसी आदि करने के लिए उसके पीछे लगा रहने वाला व्यक्ति। २. व्याध। शिकारी।

लागबुक—[< अ॰ लॉग-बुक] *स्त्री॰* कार्यालय की निर्देशात्मक कार्य-पंजी। (पत्र॰) समाचार-सम्पादक की संवाददाताओं के लिए निर्देश-पुस्तिका। कार्य-पंजी।

लाग-लपेट—[हि॰] *स्त्री॰* ऐसी बात जिसमें धोखा या पक्षपात की कोई बात छिपी हुई हो। ***वा॰* लाग-लपेट रखना**—१. पक्षपात रखना। २. स्पष्ट रूप से न कहना।

***लागि**—[< हि॰ लागना] *क्रिअ॰* १. 'लागना' क्रिया का एक भूतकालिक रूप। लगी। २. 'लागना' क्रिया का एक आज्ञार्थक रूप। लगो। लग जा। *क्रिवि॰* १. लगकर। २. लगाकर। ३. निकट। पास। *अव्यय॰* १. पर्यन्त। तक। २. द्वारा। से। ३. के कारण। ४. के निमित्त। के लिए।

***लागु**—[< हि॰ लाग] *क्रिअ॰* १. प्रतीत होता है। लगता है। २. लगा। ३. लग जा। संलग्न हो।

†लागे—[< हि॰ लागि] *अव्यय॰* (के) लिए।

लाघव—[स॰ लघु + अण्] *पु॰* १. लघु होने की अवस्था/भाव/लघुता। २. छोटा करना या संक्षिप्त करना। ३. (शरीर आदि का) हल्कापन। ४. फुर्तीलापन। फुर्ती। ***जैसे***—हस्त-लाघव दिखाना। *क्रिवि॰* शीघ्र और सहज रूप से।

लाघवी—[< स॰ लाघव] *स्त्री॰* १. लाघवता। शीघ्रता। फुर्ती। ***जैसे***—हस्त-लाघवी। २. तेज़ी।

लाङ्गल (लांगल)—[स॰ √लङ्ग् + कलच्, पृषो॰ वृद्धि] *पु॰* १. (खेत जोतने का) हल। २. ताड़ का वृक्ष।

लाङ्गली (लांगली)—[स॰ लाङ्गलिन्] *पु॰* १. (कृष्ण का भाई) बलराम। २. नारियल का पेड़ या नारियल।

लाङ्गूल (लांगूल)—[स॰ √लङ्ग + ऊलच्] *पु॰* १. पूँछ। दुम। *जैसे*—वानर की लांगूल। २. (पुरुष का) लिंग। जननेन्द्रिय। शिश्न। ✣ **लाङ्गूली (लांगूली)**—*पु॰* = वानर। कपि। बन्दर।

लाज[1]—[< स॰ लज्जा] *स्त्री॰* १. लज्जा। २. शर्म। **लाज रखना**—प्रतिष्ठा की रक्षा करना। (स्त्री की) **लाज से गड़ जाना**—लज्जित होना।

लाज[2]—[< स॰ रज्जु] *स्त्री॰* १. रस्सी। २. कुएँ से पानी भरने की रस्सी।

लाज[3]—[< अ॰ लॉज] *पु॰* १. छोटा घर। २. (विद्यार्थियों आदि को किराए पर मिलनेवाला) निवास-स्थान। ***जैसे***—दिल्ली में महाराष्ट्र के विद्यार्थियों का लाज।

लाज[4]—[स॰ √लाज् + अच्] *पु॰* धान की खील। लावा।

लाजना—[< हि॰ लाज[1]] *क्रिअ॰* लज्जित होना। ✣ ***लाजि**—*क्रिवि॰* = १. (अपने किसी दोष/पाप के कारण) लज्जित होकर। २. (शील/संकोच आदि के कारण) लजाकर। शरमाकर।

लाजवन्त (लाजवंत)—[< स॰ लज्जावान्] *वि॰* लज्जावान्। लज्जाशील। शर्मदार। ✣ **लाजवन्ती (लाजवंती)**—*वि॰ (स्त्री॰)* = १. लज्जाशील (स्त्री)। २. लजालू नामक पौधा। छुई-मुई।

लाजवर्त/लाजवर्द—[< स॰ राजवर्तक] *पु॰* हल्के नीले रंग का एक मूल्यवान् रत्न। ✣ **लाजवर्ती/लाजवर्दी**—*वि॰* = लाजवर्द रत्न के रंग का। हल्के नीले रंग का।

लाजा[1]—[< स॰ लाज] *स्त्री॰* धान की खील। लावा। ✣ **लाजा-होम**—*पु॰* = विवाह-संस्कार का होम जिसमें धान की खीलों की आहुति दी जाती है।

***लाजा**[2]—[< हि॰ लाज] *स्त्री॰* लज्जा। शर्म।

लाज़िम—[अरबी] *वि॰* १. अवश्य करने योग्य। कर्तव्य। २. आवश्यक, अनिवार्य या अपरिहार्य। ३. उचित। उपयुक्त। मुनासिब। ✣ **लाज़िमी**—*वि॰* = लाज़िम।

लाञ्छन (लांछन)—[स॰ √लाञ्छ् + ल्युट्] *पु॰* १. चिह्न। निशान। २. दाग़। धब्बा। ३. दोष। कलंक।

लाट[1]—[स॰] *पु॰* १. गुजरात के एक भाग का प्राचीन नाम। २. उक्त क्षेत्र का निवासी।

लाट[2]—[< हि॰ लाठ] *पु॰* ऊँचा और मोटा खम्भा। ***जैसे***—अशोक की लाट।

लाट[3]—[< अ॰ लार्ड] *पु॰* १. स्वामी। प्रभु। मालिक। २. अँग्रेज़ी शासन-काल में भारत के किसी प्रान्त का सबसे बड़ा शासक।

लाटानुप्रास—[स॰ लाट ~ अनुप्रास] *पु॰* (काव्य॰) अनुप्रास अलंकार का एक भेद। तात्पर्यमात्र के भेद से शब्द और अर्थ दोनों की आवृत्ति। (जैसे—जो कपूत तो का धन-संचय, जों सपूत तो का धन-संचय)।

लाटिका—[स॰ √लाट् + ण्वुल् + टाप्] *स्त्री॰* (काव्य॰) एक प्रकार की रचना-शैली जो छोटे-छोटे पदों वाली और छोटे समासों वाली होती है। लाटी।

लाटी[1]—[स॰ √लाटट् + अच् + ङीष्] *स्त्री॰* (काव्य॰) लाटिका।

लाटी[2]—[< स॰ लाट (= जीर्ण वस्त्र)] *स्त्री॰* लार सूखने से पड़ी पपड़ी।

लाटीय—[स॰ लाट + छ] *वि॰* लाट देश-सम्बन्धी। लाट देश का।

लाठ—[< हि॰ लाठी] *पु॰* बड़ा और मोटा खम्भा। लाट।

लाड़—[< प्रा॰ लड्डिय] *पु॰* (बच्चों अदि के प्रति) प्रेमपूर्ण व्यवहार। दुलार। ✣ **लाड़-लड़ैता**—*वि॰* = बड़े लाड़-प्यार से पला/पाला हुआ। ✣ **लाड़ला**—*वि॰* = दुलारा। लड़ैता। ✣ **लाड़ली/लाड़िली**—*वि॰ (स्त्री॰)* = दुलारी। लड़ैती।

†लाड़ी—[बुन्देली] *स्त्री॰ वि॰* १. लाड़िली। २. वधू। दुल्हन।

†लाड़ू/लाडू—*पु॰* ≤ *हि॰* लड्डू। मोदक।

लाड़ो—[< हि॰ लाड़] *वि॰ (स्त्री॰)* लाड़ली। दुलारी। *स्त्री॰* १. पुत्री।

२. कन्या। लड़की। ३. पुत्री, बहिन, पुत्र-वधू आदि जो बहुत प्रिय/लाड़ली हो।

***लातरना**—[राजस्थ० < हि० लात] *क्रिअ०* १. चलते-चलते थक जाना। २. पथभ्रष्ट होना। ३. फटकारना।

लातादाद—[अरबी ला + तादाद] *वि०* अगणित। बेहिसाब।

लातीनी—[अरबी] *वि०* इटली देश का। *पु०* इटली देश का निवासी। *स्त्री०* इटली देश की मध्यकालीन भाषा। लैटिन।

लाद[1]—[< हि० लादना] *स्त्री०* (सामान को किसी पशु आदि पर) लादने की क्रिया/भाव। लदाई।

लाद[2]—[देशज] *स्त्री०* १. पेट की आँतें। २. पेट। तोंद।

लादवा—[अरबी ला + दवा] *वि०* जिसकी कोई दवा न हो। जिसका इलाज न हो सके। असाध्य (रोग)। लाइलाज।

लादी—[< हि० लादना] *स्त्री०* १. पशु पर लादा गया बोझ। २. बोझा।

***लाध**—[< स० लब्ध] *वि०* प्राप्त किया हुआ।

लाधना—[< प्रा० लाद्ध < स० लब्ध] *क्रिस०* प्राप्त करना। पाना।

लान—[< अ० लॉन] *पु०* घास का मैदान।

लानत—[< अरबी लअनत] *स्त्री०* १. किसी के ग़लत व्यवहार पर कही जाने वाली अपमानपूर्ण बातें। धिक्कार। फटकार। २. कोई अपमानजनक बात/वस्तु। ***वा०* लानत का मारा**—अभागा। **लानत की बौछार**—लगातार और बहुत धिक्कार/फटकार। **लानत बरसना**—अत्यधिक भर्त्सना होना। **लानत भेजना**—अत्यन्त तुच्छ समझना।

लानत-मलामत—[अरबी] *स्त्री०* १. भर्त्सना। २. डाँट-फटकार। झिड़की।

लान-तान—[< अरबी लानत + 'लान' का अनु० तान] *पु०* १. भर्त्सना। २. डाँट-फटकार। ❖ **लानती**—*वि०* = १. जो सदा धिक्कारा जाता हो। सदा फटकार सुनते रहने वाला। लानत का अभ्यस्त। २. भर्त्सना के योग्य। लानत के योग्य। धिक्कारणीय।

***लाबनि**—*पु०* ≤ *स०* लावण्य। सौन्दर्य।

***लाबर**—[< हि० लबार] *वि०* झूठ बोलनेवाला। लबार।

***लाबरि**—[< स० लपन] *स्त्री०* झूठ। मिथ्या।

लाबी—[< अ० लॉबी] *स्त्री०* १. प्रकोष्ठ। उपकक्ष। २. प्रतीक्षा-कक्ष।

लाबु/लाबू—[< स० अलाबु/अलाबू] *पु०* लौकी। घीया।

लाभ-लिप्सा—[स०] *स्त्री०* १. लाभ की तीव्र कामना। २. मुनाफ़ाख़ोरी।

लाभांश—[स० लाभ ~ अंश] *पु०* १. लाभ का एक भाग। २. किसी कम्पनी/कारख़ाने आदि के लाभ में से भागीदारों को लगायी गयी पूँजी के अनुपात में मिलनेवाला भाग। (अ० डिविडेन्ड)

लाभालाभ—[स० लाभ ~ अलाभ] *पु०* १. लाभ और हानि। लाभ-हानि। फ़ायदा और नुक़्सान। २. हित और अहित।

लाम—[फा०] *पु०* १. सेना। २. युद्ध। ***जैसे***—लाम पर जाना।

लामज़हब—[< अरबी लामज़्हब (ला + मज़हब)] *वि०* १. जिसका कोई धर्म/मज़हब न हो। धर्म-विमुख। २. नास्तिक।

लामबन्दी (लामबंदी)—[फा० लाम + बन्दी] *स्त्री०* युद्ध पर जाने के लिए सेना को तैयार रखना।

लामा—[तिब्बती] *पु०* तिब्बत और मंगोलिया के बौद्धों के धर्माध्यक्ष का पद।

लामिसाल—[अरबी] *वि०* अद्वितीय। बेजोड़।

***लामी**—*वि०* (स्त्री०) ≤ *हि०* लम्बी।

लामुहाला—[< अरबी लामहाल:] *वि०* १. निरुपाय होकर। विवशतापूर्वक। २. अन्तत:।

***लाय[1]**—[< हि० लाना] *क्रिवि०* १. लाकर। २. लगाकर।

***लाय[2]**—[< स० अलात] *स्त्री०* १. ज्वाला। लपट। २. अग्नि।

लार[1]—[< स० लाला] *स्त्री०* १. मुख से निकलनेवाला लसदार तरल थूक। २. कोई लसीली या चिपकनेवाली वस्तु। लासा। ***वा०* लार टपकना**—१. खाने की वस्तु देखकर लालच होना। २. पाने की परम लालसा होना।

लार[2]—[< राजस्थ० लैर (पीछे)] *स्त्री०* १. सम्बन्ध। २. साथ। *वि०* लगा हुआ। *क्रिवि०* १. साथ-साथ। पीछे। २. साथ में।

लारी—[< अ० लॉरी] *स्त्री०* मोटरगाड़ी। बस (अ०)

***लारू**—[< हि० लाडू] *पु०* लड्डू।

लार्ड—[अ०] *पु०* १. स्वामी। २. शासक। ३. परमात्मा। ४. ब्रिटेन देश में सामन्तों, जागीरदारों, नवाबों इत्यादि की उपाधि।

लाल[1]—[< स० लालक] *पु०* १. छोटा बालक। २. प्रिय बालक। ३. पुत्र। बेटा। ४. प्रिय व्यक्ति। प्रेमी। मनुष्य। प्रणयी। ५. (बालक/किशोर) कृष्ण। ६. परमात्मारूप कृष्ण या परमात्मा।

लाल[2]—[फा०] *पु०* १. रक्तिम रंग। लोहित/सुर्ख़ रंग। २. एक रत्न जो गहरे लाल रंग का होता है। माणिक/पद्मराग। याक़ूत। ३. लाल रंग की एक छोटी चिड़िया। लाल मुनिया। रायमुनी। *वि०* १. लोहित। सुर्ख़। ***जैसे***—लाल फूल; लाल कपड़ा। २. (चौसर आदि खेलों में) वह (गोटी) जो सब चालें चलकर बीच के घर में पहुँच जाए।

लालक—[स० √लल् + ण्वुल्] *वि०* लाड़-प्यार करनेवाला। ***जैसे***—लालक-पालक।

लालच—[< स० लालसा] *पु०* लोभ। तृष्णा। लोलुपता। चाह। ***जैसे***—किसी के धन का लालच मत करो। ❖ **लालचहाँ**—*वि०* = लालची।

लालड़ी—[< हि० लाल] *स्त्री०* नथ और बालियों में मोती के दोनों ओर लगाया जाने वाला एक लाल नगीना।

लालन—[स० √लल् + णिच् + ल्युट्] *पु०* बहुत लाड़-प्यार करना। प्यार। २. प्रिय पुत्र/बालक। लाल। ❖ **लालन-पालन**—*पु०* = बच्चों की लाड़-प्यार करते हुए पाल-पोसकर बड़ा करना। पालन-पोषण।

***लालना**—[< स० लालन] *क्रिस०* १. लाड़-प्यार करना। २. पालन-पोषण करना। पालना। ३. लालसा।

लालनीय—[स० √लल् + णिच् + अनीयर्] *वि०* १. लाड़-प्यार करने योग्य। २. पालन-पोषण करने योग्य। ३. जिसका पालन-पोषण किया जाने वाला हो।

लाल फ़ीता—[हि॰] *पु॰* १. सरकारी काग़ज़ों, फ़ाइलों आदि को बाँधने में काम आने वाला फ़ीता। २. (लाक्षणिक/व्यंग्य॰) सरकारी कार्यालयों में कर्मचारियों और अधिकारियों के द्वारा जान-बूझकर जनता के कार्यों में की जाने वाली देरी। सरकारी कार्यालयों की दीर्घसूत्रता।

लाल बगुला—[हि॰] *पु॰* एक पक्षी जो दालचीनी के रंग का होता है और जिसकी ठोड़ी तथा कंठ सफेद होते हैं।

लालबुझक्कड़—[< हि॰ लाल + बूझना] *पु॰* बिना रहस्य को समझे उलटा-सीधा उत्तर या परामर्श देने वाला व्यक्ति। ***जैसे***—लालबुझक्कड़ बूझिया और न बूझा कोय।

लालमन—[< हि॰ लाल + सं॰ मणि] *पु॰* १. '[सभी लालों (बालकों या प्रेमियों) में श्रेष्ठ] कृष्ण। २. एक प्रकार का तोता जो गुलाबी चोंच, हरे डैनों और काली दुम वाला होता है। ३. मध्यकालीन कथा-कहानियों में वर्णित एक प्रकार का तोता।

लालमुनिया—[< हि॰ लाल + मुनिया] *स्त्री॰* लाल रंग की एक छोटी और सुन्दर चिड़िया। लाल।

लालसर—[हि॰ लाल + सर] *पु॰* लाल रंग के सिर और गर्दन वाली एक चिड़िया।

लालसा—[सं॰ √लस् + यङ्; द्वित्व + अ + टाप्] *स्त्री॰* १. बहुत समय से मन में रहनेवाली अभिलाषा। उत्कट आकांक्षा। साध। २. उत्सुकता। ३. गर्भिणी स्त्री की तीव्र इच्छा। दोहद। (छन्द॰) एक समवर्णिक छन्द जिसके प्रत्येक चरण में क्रमशः तगण, नगण तथा ४ रगण (त, न, र, र, र, र) के योग से १८ वर्ण होते हैं तथा ९-९ पर यति होती है।

***लालसी**—[< सं॰ लालस] *वि॰* १. तीव्र अभिलाषा वाला। उत्कट आकांक्षी। २. अनुरागी।

लाला[१]—[सं॰ √लल् + णिच् + अच् + टाप्] *स्त्री॰* (मुख की) लार। थूक।

लाला[२]—[< सं॰ लालक] *पु॰* एक आदरसूचक सम्बोधन जो प्रायः वृद्ध व्यक्तियों, कायस्थों, खत्रियों, बनियों और व्यापारियों के लिए प्रयुक्त होता है।

लाला[३]—[< हि॰ लाल] *पु॰* देवर, पुत्र या छोटे बालक के लिए एक प्रेमपूर्ण सम्बोधन।

लाला[४]—[फा॰] *पु॰* = पोस्ते का लाल रंग का फूल।

लालाटिक—[सं॰ ललाट + ठक्] *वि॰* १. ललाट-सम्बन्धी। माथे का। २. (लाक्षणिक) भाग्य-सम्बन्धी या भाग्य पर आधारित। ४. भाग्य पर निर्भर रहनेवाला। *पु॰* १. भाग्य पर निर्भर रहनेवाला व्यक्ति। २. निकम्मा/निठल्ला व्यक्ति।

लालायित—[सं॰ लाला + क्यच् + क्त] *वि॰* १. जिसके मुँह में लार भर आयी हो। लार से युक्त या लार टपकाता हुआ। २. किसी उत्तम खाद्य वस्तु को देखकर उसे खाने के लालच के कारण जिसके मुँह में लार आ गयी हो। ३. किसी वस्तु को पाने के लिए बहुत अधिक ललचाया हुआ। लालसा-युक्त।

लालित—[सं॰ √लल् + णिच् + क्त] *वि॰* १. दुलारा हुआ। लड़ैता। २. जिसकी लालसा की गयी हो। अभिलषित। ३. प्रिय।

लालित्य—[सं॰ लालित + ष्यञ्] *पु॰* १. ललितता। २. प्रेमसूचक हाव-भाव। (छन्द॰) एक समवर्णिक छन्द जिसके प्रत्येक चरण में मगण, सगण, रगण, सगण, तगण, जगण, नगण और गुरु (म स र स त ज न ग) के योग से २२ वर्ण होते हैं, तथा ९-५-८ पर यति होती है।

लालिनी—[सं॰ लालिन् + ङीप्] *स्त्री॰* कामुक स्त्री। स्वेच्छाचारिणी स्त्री।

लालिमा—[< हि॰ लाल] *स्त्री॰* अरुणता। लाली। सुर्ख़ी।

लाली[१]—[< हि॰ लाल (रंग)] *स्त्री॰* अरुणता। रक्तता। लालिमा। ललाई। सुर्ख़ी। ***वा॰* चेहरे/मुँह की लाली**—१. मुख की शोभा। चेहरे का सौन्दर्य। २. यश, प्रतिष्ठा या मान-मर्यादा।

लाली[२]—[< हि॰ लाला (= प्रिय बालक आदि)] *स्त्री॰* १. प्रिय बालिका। २. सखी। सहेली। ***जैसे***—लाली के साथ हँसना-बोलना।

लाली[३]—[< हि॰ लालना] *वि॰ (स्त्री॰)* = जो लाड़-प्यार से पाली गयी हो। लालित।

लाले—[< सं॰ लालसा] *पु॰* (बहु॰) १. अभिलाषाएँ। आकांक्षाएँ। २. कठिनता। संकट। ***वा॰* (किसी वस्तु के) लाले पड़ना**—बहुत कमी हो जाना। अप्राप्य या दुर्लभ हो जाना। **जान के लाले पड़ना**—ऐसी संकटपूर्ण स्थिति में पहुँचना जिसमें मरने का ख़तरा हो।

लाल्हा—[< हि॰ लाल साग] *पु॰* 'मरसा' नामक कुछ -कुछ लाल रंग का शाक/साग जो चौलाई की जाति का होता है और खाया जाता है।

लाव[१]—[सं॰ √लू + ण] *पु॰* 'लवा' नामक पक्षी। *वि॰* काटने/कतरने/तोड़ने वाला।

***लाव[२]**—[< हि॰ लौ] *स्त्री॰* १. अग्नि। २. प्रेम। लगन। लौ।

†लाव[३]—[< हि॰ लाना] *पु॰* ऋण के रूप में दिया जाने वाला धन।

†लाव[४]—[देशज] *स्त्री॰* १. मोटा रस्सा। २. नाव बाँधने की रस्सी।

लावक—[सं॰ लाव + कन्] *पु॰* लवा पक्षी।

लावण्य—[सं॰ लवण + ष्यञ्] *पु॰* १. लवणत्व। नमकीनपन। २. सौन्दर्य। सुन्दरता। मनोहरता। सलोनापन। ✣ **लावण्य-कलित**—*वि॰* = सौन्दर्ययुक्त। ✣ **लावण्य-धाम**—*पु॰* = परम सुन्दर। सौन्दर्य-निधान। ***जैसे***—लावण्य-धाम श्रीकृष्ण। ✣ **लावण्य-लक्ष्मी, लावण्य-श्री**—*स्त्री॰* = १. अति सौन्दर्य। २. अत्यन्त सुन्दर स्त्री/बालिका।

लावना—[< हि॰ लाना] *क्रिस॰* १. लाना। २. लगाना। ३. समय लगाना।

***लावनि/लावनिता**—*स्त्री॰* ≤ *सं॰* लावण्य।

लावनी[१]—[< सं॰ लावन (= कटाई)] *स्त्री॰* फ़सल की कटाई।

लावनी[२]—[< सं॰ लावाणक (प्राचीन मगध का एक क्षेत्र)] *पु॰* चंग/डफ़ बजाकर गायी जाने वाली एक प्रकार की कविता/गीत।

(संगीत॰) १. देशी रागों के अन्तर्गत एक उपराग। *जैसे*—लावनी भूपाली। २. चंग/डफ़ बजाकर गाए जाने वाले लोकगीतों का एक प्रकार। (छन्द॰) एक सममात्रिक छन्द जिसके प्रत्येक चरण में ३० मात्राएँ होती हैं तथा १६-१४ पर यति होती है।

***लावन्य**—*पु॰ ≤ स॰* लावण्य। सौन्दर्य।

लावलद—[< फ़ा॰ लावल्द] *वि॰* जिसके कोई सन्तान न हो। निःसन्तान।

लावा[१]—[< स॰ लावक] *पु॰* १. 'लवा' नामक पक्षी। २. वैशाख मास की फ़सल को काटनेवाला व्यक्ति। (दे॰ लाइ[३])

लावा[२]—[< हि॰ लावना] *पु॰* १. दो पक्षों में झगड़ा करानेवाला। २. इधर की उधर लगाने-बुझानेवाला।

लावा[३]—[< स॰ लाज] *पु॰* धान/ज्वार आदि की खील।

लावा[४]—[< लैटिन लवारे (धोना या गिरना)] *पु॰* १. ज्वालामुखी के उद्गार के साथ भूमि के अन्दर से निकलनेवाला लाल गर्म तरल पदार्थ जो चट्टानों का पिघला रूप होता है। २. उक्त का ठंडा होकर बना पिंड।

लावा-परछन—[< हि॰ लावा + स॰ स्पर्शन] *पु॰* विवाह में एक रीति जिसमें विदा के समय कन्या का भाई उसकी झोली में लावा (धान/ज़्वार आदि की खीलें) डालता है।

लास[१]—[स॰ √लस् + घञ्] *पु॰* १. (स्त्रियों का) कोमल तथा भावमय नृत्य। लास्य नृत्य। २. नृत्य। ३. रास। ४. थिरकने की क्रिया/भाव। ५. (तरकारी आदि का) रसा। झोल। शोरबा।

लास[२]—[< हि॰ लसना] *पु॰* १. सुन्दर प्रतीत होना। लसना। लसन। २. शोभा। छवि। ३. दीप्ति। आभा। चमक।

***लास[३]**—*पु॰ ≤ स॰* उल्लास। हर्ष। ख़ुशी।

***लास[४]**—*स्त्री॰* ≤ तुर्की लाश। शव।

लासक—[स॰ √लस् + ण्वुल्] *वि॰* १. क्रीड़ाप्रिय। खिलाड़ी। २. इधर-उधर हिलने-डुलनेवाला। ३. नाचनेवाला। नर्तक। नचैया। *पु॰* १. नाचनेवाला। नर्तक। २. मयूर। मोर। ३. शिव। महादेव।

लासकी—[स॰ लासक + ङीष्] *स्त्री॰* १. नर्तकी। २. अभिनेत्री। ३. मयूरी। मोरनी। ४. पार्वती (देवी)।

लासा—[< स॰ लसिका] *पु॰* १. लसदार या चिपकनेवाली चीज़ या लसीली वस्तु। २. गोंद आदि से बना हुआ सरेस जिसे लकड़ी पर चिपकाकर बहेलिए चिड़ियाँ पकड़ते हैं। ***वा॰* लासा लगाना**—फन्दे में फँसाना। **लासा हो जाना**—चिपक जाना।

लासानी—[अरबी] *वि॰* जिसका कोई सानी/जोड़ का न हो। २. अद्वितीय। अनुपम। बेजोड़।

लास्य—[स॰ √लस् + ण्यत्] *पु॰* १. नृत्य। नाच। २. गायन-वादन के साथ नृत्य। ३. स्त्री-नृत्य जिसमें प्रेम-भाव प्रदर्शित किया जाता है। ४. (चिकित्सा॰) एक प्रकार का तन्त्रिका-विकार जिसमें प्रायः सारे शरीर में झटका-सा लगने की अनैच्छिक गतियाँ होती हैं। (अ॰ कोरिया) ✣ **लास्या**—*स्त्री॰* = नर्तकी।

लाह[१]—[< स॰ लाभ] *पु॰* लाभ। फ़ायदा। मुनाफ़ा।

लाह[२]—[< स॰ लाक्षा] *स्त्री॰* लाख। चपड़ा।

लाह[३]—[देशज] *स्त्री॰* कान्ति। चमक।

लाहक—[< हि॰ लाह (लाभ)] *पु॰* १. चाहनेवाला। २. महत्ता/क़द्र जानने वाला।

***लाहा**—[< स॰ लाभ] *पु॰* लाभ। फ़ायदा।

***लाहु/लाहू**—[< स॰ लाभ] *पु॰* लाभ। फ़ायदा। फल।

लाहौल—[अ॰] अव्यय॰ घृणा और उपेक्षा प्रकट करनेवाला एक शब्द। एक वाक्य।

***लाँक[१]**—[< हि॰ लंक] *स्त्री॰* कटि। कमर।

लाँक[२]—[देशज] *पु॰* (कृषि॰) १. खेत में लगाया जाने वाला जौ, मूँग आदि के कटे हुए पौधों का ढेर। २. भूसा। ३. परिमाण। मात्रा।

लाँग—[< स॰ लाङ्गूल] *स्त्री॰* धोती का चुन्नट किया हुआ चौड़ाई का सिरा जिसे दोनों पैरों के बीच से ले जाकर कमर में बँधे हुए फेंटें में खोंसा जाता है। काछ।

†**लाँबा**—*वि॰ ≤ हि॰* लम्बा। ✣ **लाँबी**—*वि॰ (स्त्री॰)* = लम्बी।

लिअन—[अ॰] *पु॰* (नौकरी में) पद पर वापस आने का अधिकार (लम्बी छुट्टी लेने या अन्यत्र नौकरी करने के बाद) पुनर्ग्रहणाधिकार।

लिक्षा—[स॰ लिक्ष (√लिश् + श, कित्व) + टाप्] *स्त्री॰* जूँ का अंडा। लीख।

लिक्षिका—[स॰ लिक्षा + कन् + टाप्, ह्रस्व, इत्व] *स्त्री॰* जूँ का अंडा। लीख।

लिखवार—[< हि॰ लिखना] *वि॰* लिखनेवाला। *पु॰* लेखक। मुंशी।

लिखहार—[< हि॰ लिखना] *वि॰* लिखनेवाला। लेखक। २. लेखा रखनेवाला। हिसाब-किताब रखनेवाला।

लिखिया—[< हि॰ लिखना] *वि॰, पु॰* कहने के अनुसार लिखनेवाला।

लिखेरा—[< हि॰ लिखना] *पु॰* १. लिखनेवाला व्यक्ति। लिपिकार। २. लेखक।

लिङ्ग (लिंग)—[स॰ √लिङ्ग + घञ्/अच्] *पु॰* १. किसी वस्तु आदि की पहचान का साधन। लक्षण। चिह्न। *जैसे*—अग्नि का लिंग धुआँ है। २. प्रतीक। *जैसे*—देवता के ध्वज/वाहन आदि उनके लिंग होते हैं। ३. पुरुषत्व या स्त्रीत्व। नर और नारी की दृष्टि से प्राणियों का विभाजन। ४. पुरुष की जननेन्द्रिय। उपस्थ। शिश्न। ५. शिव का अंडाकार विग्रह। शिवलिंग। (व्या॰) (संस्कृत, हिन्दी आदि में) एक व्याकरणिक कोटि जो प्राणियों से सम्बन्धित शब्दों में पुरुष या स्त्री होने के आधार पर निश्चित होती है तथा अन्य शब्दों में रूप तथा अर्थ के प्रयोग के आधार पर निश्चित होती है। संज्ञा, सर्वनाम आदि का पुरुषवाचकत्व/स्त्रीवाचकत्व/नपुंसकवाचकत्व। ✣ **लिङ्ग (लिंग) गुणसूत्र**—*पु॰* = (प्राणि॰) ऐसे गुणसूत्र (अ॰ क्रोमोसोम) जिनसे यह निर्धारित होता है कि सन्तान लड़का होगी या लड़की। (अ॰ सेक्स क्रोमोसोम्स) ✣ **लिङ्गता (लिंगता)**—*स्त्री॰* = लिंग से युक्त होने की अवस्था/भाव। लिंगत्व। ✣ **लिङ्ग (लिंग) देह, लिङ्ग (लिंग)-शरीर**—*पु॰* = जीवात्मा का सूक्ष्म शरीर।

लिङ्गधारी (लिंगधारी)—[सं॰ लिङ्गधारिन्] *वि॰* १. लिंग को धारण करनेवाला। २. किसी चिह्न/विग्रह/शिवलिंग को धारण करनेवाला।

लिङ्गनाश (लिंगनाश)—[सं॰ लिङ्ग ~ नाश] *पु॰*= १. परिचायक लक्षण/चिह्न का नाश। २. पुरुष की जननेन्द्रिय का नाश।

लिङ्गपीठ (लिंगपीठ)—[सं॰ लिङ्ग ~ पीठ] *पु॰* मन्दिर की वह चौकी जिस पर देवता का लिंग स्थापित रहता है।

लिङ्गवान् (लिंगवान्)—[सं॰ लिङ्गवन्] *वि॰* लिंग/चिह्न/लक्षण वाला। *पु॰* एक शैव सम्प्रदाय जो गले में लिंग धारण करता है। लिंगायत सम्प्रदाय।

लिङ्ग (लिंग)-विपर्यय—[सं॰] *पु॰* लिंग-परिवर्तन।

लिङ्गवेदी (लिंगवेदी)—[सं॰ लिङ्ग ~ वेदी] *स्त्री॰* वह वेदी/पीठ जिसपर शिवलिंग स्थापित किया जाता है।

लिङ्गवृत्ति (लिंगवृत्ति)—[सं॰ लिङ्ग ~ वृत्ति] *वि॰* मिथ्या वेश बनाकर जीविका कमानेवाला (व्यक्ति)। ढोंगी। आडम्बरी। *पु॰* ढोंगी/आडम्बरी व्यक्ति। *स्त्री॰* १. मिथ्या वेश बनाकर जीविका कमाना। २. आडम्बर-रचना। ढोंग करना।

लिङ्गार्चन (लिंगार्चन)—[सं॰ लिङ्ग ~ अर्चन] *पु॰* शिवलिंग का पूजन।

लिङ्गानुशासन (लिंगानुशासन)—[सं॰ लिङ्ग ~ अनुशासन] *पु॰* (व्या॰) १. शब्दों का लिंग-निर्धारण। २. उक्त लिंग-निर्धारण में उपयोगी नियम।

लिङ्गायत (लिंगायत)—[< सं॰ लिङ्ग] *पु॰* एक शैव सम्प्रदाय जिसके अनुयायी गले में शिवलिंग पहनते हैं।

लिङ्गी (लिंगी)—[सं॰ लिङ्गन्] *पु॰* १. 'लिंगायत' नामक शैव सम्प्रदाय। २.पाखंड/आडम्बरी/ढोंगी व्यक्ति। *वि॰* १. लक्षणयुक्त। चिह्नवाला। २. लिंगयुक्त। लिंगसम्पन्न। ३. सूक्ष्म शरीरधारी। लिंगदेही। ४. शिवलिंग पूजनेवाला। ५. मिथ्या वेष से जीविका चलानेवाला। आडम्बरी।

लिटमस—[< अं॰ लिट्मस] *पु॰* (रसायन॰) एक प्रकार का नीला रंग जो अम्ल (अं॰ एसिड) से लाल हो जाता है और क्षार (अं॰ अल्कली) से नीला हो जाता है।

लिट्टी—[देशज] *स्त्री॰* कंडों की आग पर सेंककर तैयार की जाने वाली छोटी, गोल और मोटी रोटी।

†लिडार—[देशज] *पु॰* शृगाल। गीदड़। *वि॰* कायर। डरपोक।

लिथोग्राफ़—[अं॰] *पु॰* (मुद्रण॰) पत्थर पर या जस्ते की चादर पर बने चित्र/लेख आदि की छपाई से तैयार चित्र या लेख आदि की प्रति। शिलामुद्र। अश्ममुद्र।

***लिना**—[< सं॰ लीन] *वि॰ (स्त्री॰)* १. लीन। तन्मय। २. अनुरक्त। मुग्ध।

लिन्टर (लिंटर)—[< अं॰ लिन्टल] *पु॰* दरवाज़े/खिड़की के ऊपर लोहे के आधार पर की जाने वाली ईंटों की जुड़ाई।

लिपि—[सं॰ √लिप् + इन्, कित्व] *स्त्री॰* १. लेप करने की क्रिया/भाव। लीपना। लेपन। २. लिखने की क्रिया/भाव। लिखावट। लिखाई। ३. लेख या अंक। ४. किसी भाषा की आधारभूत ध्वनियों या शब्दों को दृष्टिगोचर कराने के लिए प्रयुक्त प्रतीक-चिह्नों का समूह। ५. अक्षर लिखने की प्रणाली। ***जैसे***—देवनागरी लिपि; ब्राह्मी लिपि, फ़ारसी लिपि।

लिपिक—[< सं॰ लिपिकर] *पु॰* लिखने का काम करनेवाला कर्मचारी। मुंशी। मुहर्रिर। क्लर्क। (अं॰)

लिपिकर—[सं॰ लिपि + कर] *पु॰* १. लिपिक। २. पत्थर/धातु आदि पर अक्षर खोदने वाला शिल्पी।

लिपिकार—[सं॰ लिपि + कार] *पु॰* १. लिपिक। २. किसी पुस्तक आदि की प्रतिलिपि करनेवाला। प्रतिलिपिकार।

लिपिकाल—[सं॰ लिपि ~ काल] *पु॰* किसी प्राचीन रचना/पुस्तक आदि के लिखे जाने का समय।

लिपि-फलक—[सं॰] *पु॰* वह तख़्ता/गत्ता आदि जिस पर काग़ज़ रख कर लिखा जाए।

लिप्त—[सं॰ √लिप् + क्त] *वि॰* १. किसी चीज़ से लिपा/पुता हुआ। २. अनुरक्त। ३. (किसी के साथ) ऐसा जुड़ा या लगा हुआ कि सरलता से अलग न किया जा सके। ***जैसे***—माया-मोह में लिप्त। ४. किसी व्यसन में डूबा हुआ। ***जैसे***—जुए में लिप्त। ∇ **विलोम**—अलिप्त/निर्लिप्त।

लिप्यङ्कन (लिप्यंकन)—[सं॰ लिपि ~ अङ्कन] *पु॰* १. लिखना। २. प्रतिलिपि तैयार करना। (भाषा॰) रिकार्ड बनाना। (अं॰ ट्रान्सक्रिप्शन)

लिप्यन्तर (लिप्यंतर)—[सं॰ लिपि ~ अन्तर] *पु॰* १. किसी पुस्तक/लेख आदि का किसी दूसरी लिपि में लिखा गया रूप। २. आशुलिपि के लेख को सामान्य लिपि में लिखना।

लिप्सा—[सं॰ √लभ् + सन् + अ + टाप्] *स्त्री॰* किसी वस्तु को पाने की चाह। प्राप्ति की कामना।

लिप्सित—[सं॰ √लभ् + सन् + क्त] *वि॰* जिसे प्राप्त करने की इच्छा की गयी हो। चाहा हुआ। अभिलषित।

लिप्सु—[सं॰ √लभ् + सन् + उ] *वि॰* लिप्सा करनेवाला। पाने की इच्छा रखनेवाला। इच्छुक।

लिबड़ना—[अनु॰] *क्रि॰अ॰* किसी गाढ़ी वस्तु का हाथ-पैर, कपड़े आदि में लगना या चिपकना। (लाक्षणिक) माया-मोह में फँसना। ***जैसे***—वह अकारण गृहस्थी में लिबड़ रही है।

लिबलिबी—[अनु॰] *स्त्री॰* १. यन्त्र को चालू करने का पुर्ज़ा। खटका। २. बन्दूक़ आदि का घोड़ा।

लिबास—[अरबी] *पु॰* पहनने के वस्त्र । परिधान । पोशाक।

लिबिडो—[< अं॰ लिबीडो] *स्त्री॰* कामलिप्सा। कामवासना। कामेच्छा। (मनो॰) जैव शक्ति/संवेग जो उद्देश्यपूर्ण क्रिया करती है। (मनोविश्लेषण) १. (फ्रायड के मत में) काम-शक्ति। २. (युंग के मत में) एक मानसिक शक्ति जिसके द्वारा सब प्रकार की क्रियाएँ संचालित होती हैं और जिसके प्रवाह की दिशा व्यक्ति की प्रधान प्रवृत्ति के अनुसार होती है।

लिमिटेड—[अं॰] *वि॰* सीमित। (वाणि॰) सीमित उत्तरदायित्व/देयता वाली (कम्पनी)।

लियाक़त—[अरबी] *स्त्री॰* १. योग्यता। पात्रता। २. (व्यक्ति की) गुणवत्ता। ३. (व्यवहार की) शालीनता। भद्रता।

***लिलाट**—*पु॰* ≤ *सं॰* ललाट। माथा।

लिलार—[< सं॰ ललाट] *पु॰* १. ललाट। माथा। भाल। २. (लाक्षणिक) भाग्य। ३. कुएँ का वह सिरा जहाँ पर मोट का पानी उँडेलते हैं।

***लिलोही**—[< सं॰ लोभी] *वि॰* लोभी। लालची। *जैसे*—रूप-लिलोही।

लिल्लाह—[अरबी] *अव्यय॰* परमात्मा के नाम पर। परमात्मा के लिए।

***लिव**—[< हि॰ लौ] *स्त्री॰* ध्यान। लौ। लगन। ✣ **लिव-लीन**—*वि॰* लवलीन। प्रेमपूर्ण ध्यान।

लिवाना—[< हि॰ लाना/लेना] *क्रिस॰* १. आते समय किसी व्यक्ति/वस्तु को अपने साथ ले आना या ले जाना। २. ग्रहण कराना। ३. पकड़ाना। थमाना। ४. उपलब्ध कराना। ५. ख़रीदवाना।

लिवाल—[< हि॰ लेनेवाला] *पु॰* १. लेनेवाला। २. क्रेता। ख़रीदार।

***लिवावन**—[< हि॰ लिवाना] *क्रिवि॰* ले जाने के लिए।

***लिवैया[१]/लिवौआ[१]**—[< हि॰ लेना] *पु॰* १. लेनेवाला व्यक्ति। *जैसे*—सुधि-लिवैया। २. ख़रीद कर लेनेवाला व्यक्ति। क्रेता। ख़रीदार।

***लिवैया[२]/लिवौआ[२]**—[< हि॰ लिवाना] *वि॰, पु॰* लिवानेवाला (व्यक्ति)। अपने साथ लाने या ले जाने वाला (व्यक्ति)।

लिहाज़ा—[अरबी] *अव्यय॰* अतः। इसलिए।

लिहाड़ा—[देशज] *वि॰* १. नीच/ख़राब (व्यक्ति)। वाहियात। २. निरर्थक (वस्तु)। बेकार।

†लिहाड़ी—[देशज] *स्त्री॰* किसी को तुच्छ/निन्दनीय सिद्ध करने के लिए किया जाने वाला उपहास। निन्दापूर्ण हँसी।

लिहाफ़—[अरबी] *पु॰* रुईदार मोटी रज़ाई जो जाड़ों में सोते समय ओढ़ी जाती है।

***लिहालना**—[देशज] *क्रिस॰* डालना।

***लिहित**—[< सं॰ √लिह्] *वि॰* १. चाटा हुआ। २. चखा हुआ। ३. खाया हुआ।

***लिहे**—[< हि॰ लिए] *वि॰* लिए हुए।

***लीख[१]**—*स्त्री॰* ≤ *हि॰* लीक। १. परम्परा आदि। (दे॰ लीक) २. सिद्धान्त।

लीख[२]—[< सं॰ लिक्षा] *स्त्री॰* जूँ का अंडा।

लीग[१]—[अं॰] *स्त्री॰* सड़क आदि की लम्बाई की एक यूरोपीय नाप जो ३ मील के बराबर होती है परन्तु समुद्री नाप के लिए ३.५ मील के बराबर मानी जाती है।

लीग[२]—[अं॰] *स्त्री॰* समझौते से बँधे हुए लोगों का समूह/दल/संगठन। *जैसे*—मुस्लिम लीग; आपस में मैच खेलनेवाले क्लबों की लीग।

लीचड़—[< अवधी लीचर] *वि॰* १. आलसी। सुस्त। काहिल। २. अकर्मण्य। निकम्मा। ३. किसी के साथ लग जाए तो जल्दी पीछा न छोड़नेवाला। ४. लेन-देन में क्षुद्र/घटिया प्रवृत्ति का।

***लीचर**—[अवधी] *पु॰* शिथिलता। शक्तिहीनता।

†लीझी—[देशज] *स्त्री॰* १. (शरीर पर) उबटन करने पर हथेली से रगड़ने पर छूटनेवाली मैल की बत्ती। २. द्रव पदार्थों के नीचे बैठी हुई मिट्टी आदि। तलछट। ३. फल, पत्ते आदि का रस निकाल लिए जाने पर सारहीन बची वस्तु। सीठी। फोक।

लीने—[देशज] अव्यय॰ (के) लिए। वास्ते।

लीन्हे—[< हि॰ लेना] *वि॰* लिए हुए। २. धारण किए हुए।

लीप इयर—[< अं॰ यिअर] *पु॰* (गणित॰) रोमन कलेन्डर का वह वर्ष जिसमें ३६६ दिन होते हैं। लौंद का वर्ष।

***लीबड़/लीबर**—[देशज] *वि॰* मैल/कीचड़ आदि से युक्त। *पु॰* १. मैलापन। गन्दगी। २. कीचड़। ३. आँखों का कीचड़।

लीम—[देशज] *पु॰* एक प्रकार का चीड़ वृक्ष।

***लीर**—[देशज] *स्त्री॰* १. कपड़े की पतली पट्टी या धज्जी। २. जीर्ण या फटे कपड़े का टुकड़ा। ३. चिथड़ा।

लील[१]—[< सं॰ नील] *पु॰* नील। *वि॰* नीला।

लील[२]—[< हि॰ लीलना] *क्रिवि॰* निगलकर। *पु॰* लीलने/निगलने की क्रिया/भाव।

लीलया—[सं॰ लीला] *क्रिवि॰* १. लीला के रूप में। खेल की तरह से। २. बिना परिश्रम/प्रयत्न किए सहज ही में। अनायास।

***लीलहिँ (लीलहिं)**—[< सं॰ लीला] लीला में। खेल-खेल में। अनायास।

लीला—[सं॰ ली (√ली + क्विप्) √ला + क + टाप्] *स्त्री॰* १. क्रीड़ा। खेल। २. उक्त के समान कोई सरल कार्य। ३. परमात्मा की नित्य क्रीड़ा। ४. सृष्टि। ५. परमात्मा की महाशक्ति। योगमाया। ६. परमात्मा, किसी देवी-देवता या उसके अवतार का मनुष्य के रूप में कार्य। *जैसे*—भगवान् राम की 'धनुष-भंग-लीला', भगवान् कृष्ण की 'रास-लीला', भगवान् शिव की 'त्रिपुर-नाश-लीला'। ७. नाट्य। अभिनय। ८. रहस्यपूर्ण या चमत्कारी कार्य। *जैसे*—योगियों की लीला। ९. शृंगार-चेष्टा। १०. सौन्दर्य। रमणीयता। (काव्य॰) नायिकाओं का एक भाव जिसमें वे प्रेमी के वेश, वाणी आदि का अनुकरण करती हैं। (छन्द॰) १. एक सममात्रिक छन्द जिसके प्रत्येक चरण में ११ मात्राएँ होती हैं और हर चरण के अन्त में जगण होता है। २. एक सममात्रिक छन्द जिसके प्रत्येक चरण में २४ मात्राएँ होती हैं, प्रत्येक चरण के अन्त में सगण होता है तथा ७-७-१० पर यति होती है। ३. एक समवर्णिक छन्द जिसके प्रत्येक चरण में भगण, तगण और गुरु (भ त ग) के योग से ७ वर्ण होते हैं। ४. एक समवर्णिक छन्द जिसके प्रत्येक चरण में क्रमशः ५ भगण और १ गुरु के योग से १६ वर्ण होते हैं। नील/विशेषक अश्वगति छन्द।

लीलाकमल—[सं॰ लीला ~ कमल] *पु॰* क्रीड़ा के लिए हाथ में

लिया हुआ कमल का फूल। लीलाम्बुज। लीलारविन्द। लीलापद्म।

लीलागार—[सं॰ लीला ~ आगार] *पु॰* क्रीड़ा-भवन। लीला-गृह। लीला-गेह।

लीलागृह—[सं॰ लीला-गृह] *पु॰* क्रीड़ा-भवन।

लीलागेह—*हिं॰* ≤ *सं॰* लीलागृह।

लीलातनु—[सं॰ लीला + हिं॰ तनु] *पु॰* परमात्मा या देवी-देवता का अवतार रूप में शरीर। अवतारी रूप।

लीलाधर—[सं॰ लीला + धर] *वि॰* लीलाएँ करने वाला। *पु॰* विविध-लीलाएँ करने वाला परमात्मा।

लीलापद्म (लीलापद्म)—[सं॰ लीला ~ पद्म] *पु॰* लीलाकमल।

लीलाभरण—[सं॰ लीला ~ आभरण] *पु॰* केवल क्रीड़ा/मनोरंजन के लिए बनाया हुआ किसी वस्तु का आभूषण (जैसे—फूलों का मुकुट)।

लीलामय—[सं॰ लीला + मयट्] *वि॰* लीला/क्रीड़ा से युक्त। *पु॰* परमात्मा।

लीलाम्बुज—[सं॰ लीला ~ अम्बुज] *पु॰* लीलाकमल। (दे॰)

लीलायुध—[सं॰ लीला ~ आयुध] *पु॰* वास्तविक नहीं, क्रीड़ा के लिए बनाया हुआ हथियार।

लीलारविन्द (लिलारविंद)—[सं॰ लीला ~ अरविन्द] *पु॰* लीलाकमल।

लीलारस—[सं॰ लीला ~ रस] *पु॰* लीला का आनन्द।

लीला-रूपक—[सं॰] *पु॰* (नाट्य॰) यूरोप में १६वीं-१७वीं शती ई. में प्रचलित एक प्रकार का राजदरबारी संगीत-नृत्य-नाटक जिसमें छद्मवेशधारी तरुण दरबारी नृत्य और अभिनय करते थे। (अं॰ मास्क)।

लीलावतार—[सं॰ लीला ~ अवतार] *पु॰* १. (परमात्मा के द्वारा लीलापर्वूक रचित) सृष्टि। २. पृथ्वी का भार हरने के लिए भगवान् विष्णु के विविध अवतारों में से प्रत्येक।

लीलावती—[सं॰ लीलावत् + ङीप्] *वि॰* १. लीला करनेवाली। *जैसे*—लीलावती प्रकृति। २. क्रीड़ाशील। खेलनेवाली। *स्त्री॰* पार्वती। दुर्गा। (छन्द॰) एक सममात्रिक छन्द जिसके प्रत्येक चरण में ३२ मात्राएँ होती हैं, १०-८-१४ पर यति होती है तथा सब चरणों के अन्त में यगण होता है।

लीलावापी—[सं॰ लीला ~ वापी] *स्त्री॰* वह जलाशय जिसमें क्रीड़ा की जाए। जल-विहार करने का सरोवर।

लीलाशुक—[सं॰ लीला ~ शुक] *पु॰* मनोरंजन के लिए पाला हुआ तोता।

लीलासाध्य—[सं॰ लीला ~ साध्य] *वि॰* अनायास ही प्राप्त/सम्पन्न हो जाने वाला।

लीलैव—[सं॰ लीला ~ एव] *क्रिवि॰* लीलापूर्वक ही। बहुत सहजता से। *जैसे*—राम ने लीलैव शिव-धनुष उठा लिया।

***लीह**—[< हिं॰ लीक] *स्त्री॰* १. लीक। पगडंडी। २. भूमि। धरती।

लुआब—[अरबी] *पु॰* (किसी वस्तु का) चिपचिपा अंश। ✣

लुआबदार—*वि॰* = लसवाला। लेसवाला। चेपदार। लसदार। लेसदार।

***लुआर**—[< हिं॰ लू] *स्त्री॰* गीष्म ऋतु की हवा। लू।

लुक—[< सं॰ √लोक्] *पु॰* १. चमकदार लेप। वार्निश। २. आग की लपट। ज्वाला।

लुकंजन (लुकञ्जन)—[< हिं॰ लुकना + सं॰ अञ्जन] *पु॰* वह अंजन जिसे नेत्रों में लगाने वाले व्यक्ति को अन्य कोई नहीं देख पाता। लोपांजन।

लुकना—[< प्रा॰ लुक्क] *क्रि॰, अ॰* किसी को न दिखा पाने के लिए आड़ में हो जाना। छिपना।

लुक़्मा—[< अरबी लुक़्मः] *पु॰* (भोजन का) ग्रास। कौर। *जैसे*—दो चार लुक़्मे खाकर जाना।

लुक़्मान—[अरबी लुक़्मान] *पु॰* १. इस्लाम-पूर्व अरब देश का एक महान् चिकित्सक। २. (लाक्षणिक) बहुत बुद्धिमान व्यक्ति। ***वा॰* (किसी रोग आदि की) लुक़्मान के पास भी दवा न होना**—रोग आदि का असाध्य होना। **लुक़्मान को हिकमत सिखाना**—बुद्धिमान् को उपदेश देने की मूर्खता करना।

लुकाट—[< चीनी लुःक्यू] *पु॰* १. एक प्रकार का फल जो गूदेदार और पकने पर पीला और मीठा होता है। २. उक्त फल का वृक्ष।

लुकाना—[< हिं॰ लुकना] *क्रिस॰* छिपाना।

***लुकार**—[< हिं॰ लुक] *स्त्री॰* अग्नि। आग।

†**लुकारी**—[< हिं॰ लुकान] *स्त्री॰* १. अग्नि। आग। २. एक सिरे पर जलती हुई लकड़ी या फूँस का पूला।

लुकाव—[< हिं॰ लुकना/लुकाना] *पु॰* लुकने/लुकाने की क्रिया/भाव। छिपाव। दुराव।

***लुकावना**—≤ *हिं॰* लुकाना। छिपाना।

†**लुक्क**—[हिं॰ लुकना] *पु॰* लोप।

†**लुक्का-लुक्का**—[< हिं॰ लुकना] *क्रिवि॰* छिपकर।

लुक्कायित—[< हिं॰ लुकना] *वि॰* छिपा हुआ। अदृश्य। लुप्त।

लुक़्मा—[<अरबी लुक़्मः] *पु॰* (भोजन का) ग्रास। लुक़्मा।

लुखटिया/लुखड़िया/लुखरी—[देशज] *स्त्री॰* (एक जंगली पशु) लोमड़ी।

†**लुगड़ा**—[< हिं॰ लूगा] *पु॰* १. कपड़ा। २. ओढ़नी।

लुग़त—[अरबी] *पु॰* शब्दकोश। ***वा॰* लुग़त छाँटना/झाड़ना**—अपनी विद्वत्ता दिखाने के लिए अप्रचलित शब्दों का प्रयोग करना।

लुगदा—[देशज] *पु॰* गीली वस्तु का पिंड/गोला। लोंदा।

***लुगरा**[१]—[< हिं॰ लूगा] *पु॰* १. वस्त्र/कपड़ा। २. ओढ़नी। ३. छोटी चादर। ४. फटी चादर। ५. फटा-पुराना कपड़ा। लत्ता।

लुगरा[२]—[देशज] *वि॰* चुग़ली करनेवाला। चुग़लख़ोर।

लुगरी[१]—[< हिं॰ लुगरा (वस्त्र)] *स्त्री॰* १. लुगरा। (दे॰) २. फटी/पुरानी साड़ी।

लुगरी[२]—[< हिं॰ लुगरा (= चुग़लख़ोर)] *वि॰ (स्त्री॰)* चुग़ली करनेवाली स्त्री। चुग़लख़ोर स्त्री।

लुगाड़ा—[देशज] *वि॰* दुष्ट। बदमाश।

***लुगी**—[< हि॰ लूगा] *स्त्री॰* १. छोटा कपड़ा। २. फटा-पुराना कपड़ा। ३. फटी धोती। ४. लहँगे का चौड़ा किनारा।

***लुग्गा**—[< हि॰ लूगा] *पु॰* कपड़ा। लत्ता।

लुचई—[देशज] *स्त्री॰* मैदा की बनी पूड़ी। सोहारी।

लुचकना—[< स॰ लुञ्चन] *क्रिस॰* झटके से कोई वस्तु छीन लेना।

लुच्चर/लुचुई—[< हि॰ लुचई] *स्त्री॰* मैदा की पूड़ी। लुचई।

लुजलुज/लुजलुजा—[अनु॰] *वि॰* १. ढीला-ढाला। २. दुर्बल। कमज़ोर।

लुञ्चन (लुंचन)—[स॰ √लुञ्च् + ल्युट्] *वि॰* १. तोड़ने/काटने की क्रिया/भाव। २. छीलने की क्रिया/भाव। ३. केशों को झटके से उखाड़ने की क्रिया/भाव। केशों का उत्पाटन। केशोत्पाटन।

लुञ्ज (लुंज)—[< स॰ लुञ्च] *वि॰* बिना हाथ-पैर का। लँगड़ा-लूला।

***लुटकना**—[< स॰ लुठन] *क्रिअ॰* १. लुढ़कना। २. इधर-उधर मारा-मारा फिरना। ३. इधर-उधर फेंका या पटका हुआ रहना।

†लुटरना—[< हि॰ लोटना, या < हि॰ लुटकना] *क्रिअ॰* १. लोटना। २. लुढ़कना। ३. इधर-उधर गिरना। छिटकना। बिखरना।

लुटरा—[देशज] *वि॰* घुँघराला।

***लुटि**—[< हि॰ लुटना] *क्रिवि॰* लुटकर।

†लुट्टस—[< हि॰ लूट] *स्त्री॰* लूट।

लुठन—[स॰ √लुठ् + ल्युट्] *पु॰* लुढ़कने या लोटने की क्रिया/भाव। लुंठन।

लुठना—[< स॰ लुठन] *क्रिअ॰* १. (भूमि पर) लोटना। २. लुढ़कना।

***लुठाना**—[< हि॰ लुठना] *क्रिस॰* लुढ़काना।

लुठित—[स॰ √लुठ् + क्त] *वि॰* लुढ़का हुआ, गिरा हुआ या लोटा हुआ।

लुढ़की—[देशज] *स्त्री॰* बहुत गाढ़े दही में घुली हुई भाँग।

लुण्ठक (लुंठक)—[स॰ √लुण्ठ् + ण्वुल्] *पु॰* १. चोर। २. लुटेरा। डाकू।

लुण्ठन (लुंठन)—[स॰ √लुण्ठ् + ल्युट्] *पु॰* १. लुढ़कना या लोटना। २. लूटना।

***लुण्ड (लुंड)**—*पु॰* ≤ *स॰* रुण्ड। (शिर-विहीन) धड़।

लुण्डमुण्ड (लुंडमुंड)—[< स॰ रुण्ड ~ मुण्ड] *पु॰* १. अलग-अलग सिर और धड़। २. बिना पत्तों का वृक्ष। *वि॰* १. गठरी की तरह गोल लपेटा हुआ। २. ठूँठ (वृक्ष)।

लुण्डा[१] (लुंडा)[१]—[< स॰ रुण्ड] *वि॰* १. (बैल) जिसकी पूँछ न हो। पुच्छविहीन। २. (पक्षी) जिसकी पूँछ और पैरों पर बाल न हों, कट गए हों या झड़ गए हों।

†लुण्डा[२] (लुंडा)[२]—[< हि॰ लुण्डी] *पु॰* लपेटे गए सूत का बड़ा पिंड या गोला।

लुतरा—[फा॰ लुत्रः] *वि॰* १. निन्दक। २. चुग़लख़ोर। ३. शरारती। ४. गप्पी। ५. झूठा। ✣ **लुतरी**—*वि॰ (स्त्री॰)*।

***लुत्थ**—[< हि॰ लोथ] *स्त्री॰* शव। लोथ। लाश।

लुत्फ़—[अरबी] *पु॰* आनन्द। मज़ा।

लुनना—[< स॰ लवन/लूनना, या < हि॰] *क्रिस॰* १. पकी फ़सल काटना। लुनाई करना। २. फूल चुनना। ३. अलग/दूर करना। हटाना। ४. नष्ट करना।

लुनाई[१]—[< हि॰ लुनाना] *स्त्री॰* लुनने की क्रिया/भाव/मज़दूरी।

लुनाई[२]—[< हि॰ लोन < स॰ लवण] *स्त्री॰* १. लवणता। नमकीनपन। सलोनापन। २. लावण्य। सौन्दर्य। सलोनापन।

लुनेरा—[< हि॰ लुनना] *पु॰* १. फ़सल काटनेवाला। २. शोरा आदि बनाने का काम करनेवाली जाति। नोनिया जाति। ३. उक्त जाति का व्यक्ति।

***लुपना**—[< स॰ लुपन] *क्रिअ॰* लुप्त होना। अदृश्य होना। छिपना।

लुप्त—[स॰ √लुप् + क्त] *वि॰* १. जो छिप गया हो। छिपा हुआ। अदृश्य। २. जिसका लोप हो गया हो। जो न रह गया हो। नष्ट। ३. खोया हुआ (धन आदि)। ४. जो काम में न लाया गया हो।

लुप्तप्राय—[स॰ लुप्त ~ प्राय:] *वि॰* जो लगभग लुप्त हो चुका हो। लोपोन्मुख।

लुप्ताकार—[स॰ लुप्त ~ आकार] *पु॰* संस्कृत भाषा में लुप्त 'अकार' या 'अ' का चिह्न (ऽ)। अवग्रह। ***जैसे***—कोऽसि (= कोसि = तुम कौन हो)।

लुप्तावयव—[स॰ लुप्त ~ अवयव] *वि॰* (व्यक्ति, रचना आदि) जिसका कोई अवयव/अंग लुप्त हो।

लुप्तोपमा—[स॰ लुप्ता ~ उपमा] *स्त्री॰* (काव्य॰) वह उपमा अलंकार जिसमें उपमा के चारों अंगों में से एक या अधिक न हों ***जैसे***—धर्मलुप्तोपमा, वाचकलुप्तोपमा।

लुबरी—[देशज] *स्त्री॰* पानी आदि में नीचे बैठा हुआ मैल। तलहट।

लुबाब—[अरबी] *पु॰* किसी वस्तु या बात का सार भाग। सारांश। सारतत्त्व।

लुब्ध—[स॰ √लुभ् + क्त] *वि॰* १. (किसी वस्तु पर) ललचाया हुआ। लोभयुक्त। तृष्णावान्। ***जैसे***—राज्य-लुब्ध, धन-लुब्ध। २. लुभाया हुआ। मोहित। आसक्त। ***जैसे***—सौन्दर्य-लुब्ध। *पु॰* व्याध। बहेलिया। शिकारी।

लुब्बेलुबाब—[अरबी] *पु॰* सार का भी सार। सारतत्त्व। सारांश। निचोड़।

लुभौहाँ—[< हि॰ लुभाना] *वि॰* १. प्राय: लुब्ध हो जाने के स्वभाव वाला। २. मन को लुब्ध करनेवाला। सुन्दर। लुभावना।

लुरकना[१]—*क्रिअ॰* ≤ *हि॰* लुढ़कना।

†लुरकना[२]—*क्रिअ॰* ≤ *हि॰* लरकना। लटकना या झूलना।

लुरका—[< हि॰ लुरकना (लटकना)] *पु॰* कान का एक आभूषण। झुमका।

लुरकी—[< हि॰ लुरकना] *स्त्री॰* कान का एक आभूषण। मुरकी। बाली।

लुरना—[< हि॰ लुलना < स॰ लुलन] *क्रिअ॰* १. हिलना-डुलना।

२. झूलना। ३. लहराना। ४. झुका पड़ना। ५. अचानक आ जाना या अचानक पहुँचना। ६. प्रवृत्त होना। ७. मोहित होना।

***लुरियाना**—[< हि० लुरना] *क्रिअ०* प्रेम से स्पर्श करना। थपथपाना।

लुरी—[देशज] *स्त्री०* कुछ ही समय/दिन पहले ब्यायी गाय।

लुलना—[< सं० लुलन] *क्रिअ०* १. हिलना-डुलना। २. झूलना। लटकना। ३. लहराना।

लुलित—[सं० √लुल् + क्त] *वि०* १. लटकता/झूलता हुआ। २. अशान्त। ३. बिखरा हुआ। ४. दबाया/कुचला हुआ। ५. ध्वस्त। ६. थका हुआ। क्लान्त। ७. सुन्दर।

लुल्ल/लुल्लू—[< हि० लूलू] *वि०* मूर्ख।

***लुवा-भुवा**—[देशज] *पु०* उपहास। खिल्ली।

†लुवार/लुआर—*स्त्री०* ≤ *हि०* लू। ग्रीष्म ऋतु की बहुत गर्म हवा।

लुहारख़ाना—[< हि० लुहार + फा० खानः] *पु०* वह स्थान जहाँ लुहार लोहे की वस्तुएँ बनाते हैं।

लुँगाड़ा—[देशज] *पु०* १. दुष्ट। लुच्चा। बदमाश। २. दुश्चरित्र। बदचलन। आवारा।

लूक[१]—[< सं० √लोक] *स्त्री०* १. अग्नि की ज्वाला/लपट। २. एक सिरे पर जलती हुई लकड़ी। लुकाठी।

लूक[२]—[< सं० उल्का] *स्त्री०* आकाश से टूटकर गिरा तारा। उल्का।

***लूकट/लूकठ**—[< हि० लूक + सं० काष्ठ] *पु०* १. अग्नि। २. एक सिरे पर जलती हुई लकड़ी। लुकाठी।

लूकना—[< हि० लूक] *क्रिस०* १. आग लगाना। जलाना। २. भस्म करना। ३. फूँकना।

लूका—[< हि० लूक] *पु०* १. आग की लपट। ज्वाला। २. लुकाठी। ***वा०* (किसी के मुँह में) लूका लगाना**—१. मुँह जलाना/झुलसाना। २. आग लगाना। जलाना।

लूकी—[< हि० लूका] *स्त्री०* १. आग की लपट। ज्वाला। २. लुकाठी। ३. स्फुलिंग। चिनगारी।

***लूखा**—*वि०* ≤ *हि०* रूखा। ✣ **लूखी**—*वि० (स्त्री०)*।

लूगड़—[< हि० लूगा] *पु०* १. वस्त्र। कपड़ा। २. चादर।

लूगा—[< सं० लत्तक] *पु०* १. वस्त्र। कपड़ा। २. फटा-पुराना कपड़ा। चिथड़ा। ३. धोती।

लूची—*स्त्री०* ≤ *हि०* लुचई। मैदा से बनी पूड़ी।

लूडो—[अं०] *पु०* (दो/चार व्यक्तियों के द्वारा) पाँसे और गोटियों से तख़्ते/गत्ते पर खेला जाने वाला एक खेल।

लूता—[सं० √लू + तक् + टाप्] *स्त्री०* १. मकड़ी। २. चींटी।

लूतिका—[सं० लूता + कन् + टाप्, ह्रस्व, इत्व] *स्त्री०* लूता। मकड़ी।

लून[१]—[सं० √लू + क्त] *वि०* १. कटा हुआ। २. बाणों से छिदा हुआ। ***जैसे***—लून वृक्ष। ३. कुतरा हुआ। ४. घायल किया हुआ। ५. नष्ट किया हुआ। *पु०* पूँछ। दुम।

***लून[२]**—[< प्रा० लूण < सं० लवण] *पु०* लवण। नमक। नोन।

***लूनना**—[< हि० लुनना < सं० लवन] *क्रिस०* १. काटना। २. पकी फ़सल काटना। लुनाई करना। लुनना।

लूम[१]—[सं० √लू + मक्] *पु०* १. पूँछ। दुम। २. चक्कर।

लूम[२]—[अं०] *पु०* (कपड़ा बुनने का) करघा।

लूमना—[< सं० लूम] *क्रिअ०* १. लटकना। झूमना। २. (बादलों आदि का) उमड़ कर छाना/आना। ३. लिपटना। ४. आक्रमण करना। ५. घेरना। ६. लूटना। ७. झूलना। ८. लहरना। ९. चक्कर लगाना।

लूमविष—[सं० लूम ~ विष] *पु०* वह जन्तु जिसकी पूँछ में ज़हर हो। पूँछ से डंक मारनेवाला विषैला जन्तु (बिच्छू आदि)।

लूलू—[देशज] *वि०* मूर्ख। लुल्लू। लुल्ल। *स्त्री०* ***वा०* (किसी को) लूलू बनाना**—१. मूर्ख सिद्ध करना। २. (मूर्ख बनाकर) उपहास करना। मज़ाक़ उड़ाना।

†लूसना—[<सं० √लूष्] *क्रिस०* नष्ट करना।

***लूह/लूहर**—*स्त्री०* ≤ *हि०* लू। ग्रीष्म ऋतु की गर्म हवा।

ले[१]—[< सं० लग्न] *अव्यय०* आरम्भ होकर। आरम्भ करके। ***जैसे***—दिल्ली से ले नागपुर तक।

ले[२]—[< हि० लेना] *क्रिस०* ग्रहण कर। **जैसे**—हाथ में लाठी ले और मेरे साथ चल। *अव्यय०* किसी का ध्यान आकर्षित करने या आश्चर्य आदि प्रकट करने के लिए प्रयुक्त होनेवाला एक शब्द। लो। लीजिए। ***जैसे***—ले, पाप का फल तुझे मिल गया।

लेई—[< सं० लेही] *स्त्री०* १. काग़ज़ आदि चिपकाने के लिए घोलकर पकाया हुआ आटा/मैदा का लसीला रूप। २. (भवन बनाते समय ईंटें जोड़ने के लिए प्रयुक्त) गारा।

लेखक-प्रमाद—[सं०] *पु०* १. लिपिकार की भूल। २. लेखक/रचयिता की भूल।

लेखकी—[< सं० लेखक] *स्त्री०* १. लेख या पुस्तकादि लिखने का कार्य। लेखन-कार्य। २. लेख या पुस्तकादि लिखने का व्यवसाय/वृत्ति/पेशा। लेखन-वृत्ति।

लेखन-द्रव्य—[सं०] *पु०* (आयुर्वेद०) वह वस्तु जो शरीर के कुपित कफ आदि दोषों तथा दूषित रक्त आदि धातुओं को सुखाकर खुरच दे। ***जैसे***—शहद, गर्म पानी, वच आदि प्रसिद्ध लेखन-द्रव्य हैं।

लेखन-विकार—[सं०] *पु०* दृष्टिकेन्द्र में क्षति होने के कारण शब्दों या वर्णों का अशुद्ध लेखन।

लेखनविकृतिविज्ञान—[सं० लेखन ~ विकृति ~ विज्ञान] *पु०* (मनो०) किसी मानसिक या शारीरिक अपसामान्यता के कारण हस्तलेख में होनेवाले परिवर्तनों का अध्ययन।

लेखन-संस्थिति—[सं०] *पु०* लिखनेवाले व्यक्ति के शरीर का अंग-विन्यास। (अं० राइटिंग पोस्चर)।

***लेखनहार**—[सं० लेखन] *वि०* लिखनेवाला। *पु०* लेखक।

लेखना—[< सं० लेखन] *क्रिस०* १. अक्षर या चिह्न बनाना। लिखना। २. गणित करना। हिसाब लगाना। ३. गिनना। ४. देखना। ५. विचार करना। विचारना। ६. समझना। ७. (किसी को) महत्त्वपूर्ण समझना। ८. मानना। ९. अनुमान करना। १०. प्राप्त करना। ११. चित्र बनाना। १२. खुरचना। ✣ **लेखना-जोखना**—*पु०* = १. अनुमान लगाना। कूतना। २. जाँच करना।

लेखनिका—[सं॰ लेखनिक + टाप्] *स्त्री॰* १. लेखनी। २. (चित्रकारी में प्रयुक्त) तूलिका।

लेखनोन्माद—[सं॰ लेखन ~ उन्माद] *पु॰* (मनो॰) एक मानसिक रोग जिसमें रोगी को हर समय लिखते रहने की तीव्र इच्छा होती है और वह निरर्थक और असम्बद्ध बातों को ही बार-बार लिखता रहता है।

लेखा[1]—[सं॰ √लिख् + अ + टाप्] *स्त्री॰* १. रेखा। लकीर। २. चित्रण। ३. लिपि। लिखावट। ४. चिह्न। निशान।

लेखा[2]—[< सं॰ लेख] *पु॰* १. आय-व्यय या लेन-देन का विवरण। हिसाब-किताब। २. (बैंक आदि में) खाता। ***जैसे***—जमा लेखा; चालू लेखा। ३. गणना। गिनती। ४. विचार। ५. संख्याओं/राशियों आदि के विषय में किया जाने वाला अनुमान। ६. समानता। ७. कारण। ८. चित्र। ९. देवता। ***वा॰* किस लेखे में होना**—१. तुलनीय न होना। २. नगण्य होना। **किसी के लेखे**—किसी के विचार के अनुसार।

लेखा-अवधि—[हि॰ लेखा + सं॰ अवधि] *स्त्री॰* (वाणि॰) वह अवधि जिसके अन्त में व्यापारिक लेन-देनों के सारांश तथा खातों के शेष-विवरण तैयार किए जाते हैं।

लेखाकरण—[हि॰ लेखा + सं॰ करण] *पु॰* (वाणि॰) व्यावसायिक, सार्वजनिक तथा अन्य प्रतिष्ठानों के लेन-देनों का अभिलेख रखने तथा उनका वर्गीकरण और विश्लेषण करने की विधि और तत्सम्बन्धी सिद्धान्त तथा तकनीक।

लेखाकर्म—[लेखा ~ कर्म (कर्मन्)] *पु॰* आय-व्यय आदि का हिसाब-किताब रखने का कार्य। लेखा-विधि। मुनीमी।

लेखाकार—[हि॰ लेखा + सं॰ कार] *पु॰* (व्यवसाय में) आय-व्यय या लेन-देन का हिसाब लिखनेवाला व्यक्ति। मुनीम। लेखापाल। (अं॰ एकाउन्टेन्ट)

लेखाकार्य—[हि॰ लेखा + सं॰ कार्य] *पु॰* १. लेखा-विधि। २. हिसाब-किताब। (अं॰ एकाउन्टिंग)

लेखाचित्र—[सं॰ लेखा ~ चित्र] *पु॰* रेखाओं की सहायता से उतार-चढ़ाव वाला अंकन। (अं॰ ग्राफ़)।

लेखाध्यक्ष—[हि॰ लेखा + सं॰ अध्यक्ष] *पु॰* आय-व्यय का हिसाब रखनेवाला अधिकारी। मुनीम। (अं॰एकाउन्टेन्ट)।

लेखानुदान—[हि॰ लेखा + सं॰ अनुदान] *पु॰* (प्रशासन॰) बजट स्वीकृत होने से पहले अन्तरिम काल का व्यय चलाने के लिए संसद् द्वारा धन की स्वीकृति। (अं॰ वोट आन एकाउन्ट)।

लेखा-पत्तर—[< हि॰ लेखा + सं॰ पत्र] *पु॰* १. हिसाब-किताब के काग़ज़। २. रोकड़बही।

लेखावलय—[सं॰ लेखा ~ वलय] *पु॰* चारों ओर से घेरनेवाली रेखा।

लेखासन्धि (लेखासंधि)—[सं॰ लेखा ~ सन्धि] *स्त्री॰* भौंहे मिलने का स्थान। *स्त्री॰* भौंहों का सन्धिस्थल।

***लेखि**—[< हि॰ लेखना] *क्रिवि॰* लिखकर, मानकर, गिनकर या समझकर।

लेखिम—[< सं॰ लेख] *पु॰* (भाषा॰) १. वर्णमाला का प्रत्येक वर्ण। २. एक स्वनिम को सूचित करने वाला वर्ण-समूह। वर्णिम।

लेखी—[सं॰ लेखिन्] *वि॰* लेखने/लिखने की क्रिया करनेवाला (चित्रकार, लेखक आदि)।

लेखे—[< हि॰ लेखना] *क्रिस॰* 'लेखना' क्रिया का एकभूत कालिक रूप। मानो, गिनो, समझो या देखो। ***जैसे***—सफल करि लेखे। *अव्यय॰* १. (के) लिए। वास्ते। २. (किसी की) समझ में। विचारानुसार। २. कारण।

लेख्य-प्रमाणन—[सं॰] *पु॰* लेख या दस्तावेज़ प्रमाणित करने की क्रिया/भाव।

लेज़म—[फा॰] *स्त्री॰* व्यायाम करने का, छोटे धनुष जैसा, एक उपकरण।

लेजर—[अं॰] *पु॰* बहीखाता। लेखा-बही।

लेज़र—[अं॰ 'लाइट ऐम्प्लिफिक़ेशन बाइ स्टिमुलेटिड एमिशन आफ़ रेडिएशन' का संक्षिप्त रूप] *पु॰* तीव्र ऊर्जा से युक्त परमाणुओं की किरणों के प्रयोग से अत्यधिक तीव्र प्रकाश की किरणावली को उत्पन्न करनेवाला एक उपकरण जिसका उपयोग शल्यक्रिया, संचार, उद्योग आदि में होता है।

***लेजुर/लेजुरी**—[< सं॰ रज्जु] *स्त्री॰* १. रस्सी। २. कुएँ से पानी निकालने की रस्सी।

लेट[1]—[देशज] *पु॰* १. फ़र्श बनाने में प्रयुक्त कंकड़, सुर्ख़ी या सीमेन्ट आदि का मिश्रण। २. गच। फ़र्श।

लेट[2]—[< हि॰ लेटना] *स्त्री॰* लेटने की क्रिया/भाव।

लेट[3]—[अं॰] *वि॰* विलम्बित।

लेपचित्र—[सं॰ लेप ~ चित्र] *पु॰* (कला॰) दीवार या छत का पलस्तर सूखने से पहले उस पर बनाया गया चित्र। भित्तिचित्र। (अं॰ फ़्रेस्को)

लेमनेड—[अं॰] *पु॰* नीबू का सत मिलाकर बना मीठा पानी। नीबू का शर्बत।

लेमू—[फ्रा॰] *पु॰* नीबू (फल)।

†लेरु/लेरुआ—[देशज] *पु॰* १. गाय का बछड़ा। २. भैंस, भेड़ या बकरी का बच्चा।

लेलिह्य—[< सं॰ लेलिह + ण्यत्] *वि॰* १. बार-बार चाटने योग्य। ***जैसे***—यह लेलिह्य दवा शहद के साथ लेनी है। २. लपलपाता हुआ।

लेव—[< सं॰ लेप] *पु॰* तेज़ आँच से बचाने के लिए पतीली या हाँडी के बाहरी निचले अंश पर या दीवार पर लगाया जाने वाला मिट्टी का लेप। लेप। लेवा। ***वा॰* लेव चढ़ना**—(व्यंग्य में) मनुष्य का मोटा होना। **लेव लगना**—(धान आदि बोने के लिए) मेंड़ के बराबर ऊँचा पानी होना।

लेवड़—[< सं॰ लेप] *पु॰* हाथ में चिपकनेवाला द्रव (शीरा आदि)।

लेवा—[< हि॰ लेना] *वि॰* (यौगिक रूप में प्रयुक्त) लेनेवाला। ***जैसे***—जानलेवा (= प्राण/जान लेनेवाला)।

लेवादेई—[< हि॰ लेना + देना] *स्त्री॰* आदान-प्रदान। लेन-देन।

जैसे—आजकल शादियों आदि में लेवा-देई बहुत होने लगी है।

†लेवार—*पु॰* ≤ *हि॰* लेवा। (दे॰)

लेवाल—[< हि॰ लेनेवाला] *वि॰* १. लेनेवाला। *जैसे*—मरने के बाद उसका नाम-लेवाल भी कोई नहीं है। २. ख़रीदनेवाला। ख़रीददार। ख़रीदार।

लेश—[सं॰ √लिश् + घञ्] *पु॰* १. किसी वस्तु का बहुत थोड़ा अंश। अल्पांश। २. समय की एक प्राचीन इकाई जो दो कला के बराबर होती है। (काव्य॰) एक अर्थालंकार जो दोष को गुण या गुण को दोष के रूप में प्रस्तुत करने के चमत्कारी वर्णन में होता है।

लेश्या—[सं॰ √लिश् + ण्यत् + टाप्] *स्त्री॰* प्रकाश। उजाला। (जैन॰) जीव की वह अवस्था जिसके कारण कर्म उसे बाँधता है। मन, वचन और कर्म की प्रवृत्ति का भाव।

लेस[1]—[< सं॰ श्लेष] *स्त्री॰* १. लसीली वस्तु। २. (चिड़ियाँ पकड़ने में प्रयुक्त) लासा। ३. सम्बन्ध। लगाव। ४. लेसने की क्रिया/भाव।

***लेस**[2]—[< सं॰ लेश] *पु॰* लेश। क्षुद्र अंश। *क्रिवि॰* लेशमात्र। किंचित्। थोड़ा-सा।

लेस[3]—[अं॰] *स्त्री॰* (सूती/रेशमी/ऊनी) जालीदार फ़ीता।

लेसना[1]—[< सं॰ श्लेषण] *क्रिस॰* १. चिपकनेवाली वस्तु लगाकर चिपकाना। २. लेव लगाना। पोतना। ३. दीवार आदि पर मिट्टी का लेप लगाना। ४. इधर की बात उधर जाकर कहना। निन्दा/चुग़ली करना।

†लेसना[2]—[< प्रा॰ लेस्सा < सं॰ लेश्या] *क्रिस॰* दीप्त करना। प्रकाशित करना।

लेह—[सं॰ √लिह् + घञ्] *पु॰* १. (जीभ से) चाटना। लेहन। २. स्वाद लेना। आस्वादन। चखना। ३. चाटकर खाने की वस्तु। ४. खाने की वस्तु। भोज्य पदार्थ।

लेहन—[सं॰ √लिह् + ल्युट्] *पु॰* (जीभ से) चाटने की क्रिया।

लेहना[1]—[< सं॰ लेहन] *क्रिस॰* (जीभ से) चाटना।

†लेहना[2]—[< हि॰ लहना] *पु॰* १. खेत की पकी फ़सल को काटनेवाले मज़दूरों को मज़दूरी के रूप में दिया जाने वाला कटी फ़सल का अंश। २. कटी फ़सल के डंठलों या पयाल की वह मात्रा जो व्यक्ति के दोनों हाथों में आ सके।

***लेहसित**—[≤ सं॰ लसित] *वि॰* १. शोभित। २. (किसी से) युक्त। *जैसे*—मुस्कान से लेहसित अधर।

लेही—[सं॰ लेहिन्] *पु॰* १. चाटनेवाला व्यक्ति। २. सुहागा।

लेह्य (लेह्य)—[सं॰ √लिह् + ण्यत्] *वि॰* (जीभ से) चाटने के योग्य। *पु॰* १. वह वस्तु जो चाटकर खायी जाती हो। २. अवलेह (चटनी आदि)।

लेँड़ (लेंड)—[< सं॰ लेण्ड] *पु॰* बँधी हुई, सूखी और लम्बे आकार में निकलनेवाली विष्ठा। ✣ **लेँड़ी (लेंड़ी)**—*स्त्री॰* = बकरी आदि की बँधी हुई कड़ी विष्ठा जो गोल होती है। मेंगनी।

लेँहड़ा (लेंहड़ा)—[देशज] *पु॰* जंगली पशुओं का झुंड। ✣ **लेंहड़ी**—*स्त्री॰* = भेड़, बकरी आदि पशुओं का झुंड।

लै[1]—[< सं॰ लय] *पु॰* लय विलीन होना। लीनता। *स्त्री॰* संगीत की ताल।

***लै**[2]—[< हि॰ लगि] *अव्यय॰* पर्यन्त। तक।

लै[3]—[< हि॰ लेना] *क्रिवि॰* १. ग्रहण करके। लेकर। २. ले जा कर। ३. धारण करके। उठाकर।

लैगून—[< अं॰ लगून] *पु॰* १. समुद्री जल का वह भाग जो रेतीली भूमि बीच में उठ आने से समुद्र से अलग हो गया हो। समुद्री झील। २. किसी मूँगा-द्वीप के बीच की झील।

लैङ्ग (लैंग)—[सं॰ लिङ्ग + अण्] *वि॰* लिंग-सम्बन्धी। लिंग का।

लैङ्गिक (लैंगिक)—[सं॰ लिङ्ग + ठक्] *वि॰* १. लिंग-सम्बन्धी। लिंग का। २. कामविषयक। यौन। *पु॰* (वैशेषिक॰) अनुमान प्रमाण।

लैटिन—[अं॰] *स्त्री॰* इटली देश की प्राचीन और मध्ययुगीन भाषा। लातीनी (भाषा)। *वि॰* १. रोमन जाति का। २. रोमन-कैथोलिक सम्प्रदाय का। ३. प्राचीन रोम नगर से सम्बन्धित।

लैन्डस्केप (लैंडस्केप)—[अं॰] *पु॰* १. ग्रामीण क्षेत्र का प्राकृतिक दृश्य। २. प्राकृतिक दृश्य का चित्र। प्रकृति-चित्र।

†लैया—[< हि॰ लाई < सं॰ लाजा] *स्त्री॰ पु॰* चावल से भूनकर तैयार की गयी खीलें। लाई। परमल।

†लैरु—[देशज] *पु॰* गाय का नवजात बछड़ा।

लैस—[< अरबी लौस (= लगाव)] *वि॰* १. सब प्रकार की सामग्री से युक्त और सजा हुआ। सुसज्जित।

लो—[< हि॰ लेना] *क्रिस॰* 'लेना' क्रिया का एक आज्ञार्थक रूप। ग्रहण करो। लीजिए। *जैसे*—पुस्तक लो और पढ़ो। *अव्यय॰* किसी का ध्यान आकर्षित करने या आश्चर्य आदि प्रकट करने के लिए प्रयुक्त होने वाला एक शब्द। ले। *जैसे*—लो, वह आ भी गया।

***लोइ**[1]**/लोटा**—[< सं॰ लोक] *पु॰* लोक। लोग। जनता।

***लोइ**[2]—[< हि॰ लौ] *स्त्री॰* १. चमक। २. (अग्नि की) लौ। ज्वाला।

***लोइन**[1]—[< सं॰ लोचन] *पु॰* लोचन। नेत्र।

***लोइन**[2]—[< सं॰ लावण्य] *पु॰* १. लावण्य। नमकीनपन। सलोनापन। २. लावण्य। सौन्दर्य।

लोई[1]—[< सं॰ लोमिका] *पु॰* (ओढ़ने का ऊनी) कम्बल।

***लोई**[2]—[< हि॰ लोइ < सं॰ लोक] *पु॰* लोग। *स्त्री॰* स्त्रियाँ। लुगाइयाँ।

लोई[3]—[देशज] *स्त्री॰* रोटी, पूड़ी आदि बनाने के लिए गुँधे आटे की गोल टिकिया। *जैसे*—लोई को अच्छी तरह बेलना चाहिए।

लोक—[सं॰ √लोक् + घञ्] *पु॰* १. वह जो सबको दिख रहा हो। दृश्य-वर्ग। २. स्थान। जगह। ३. विश्व का एक भाग जिसमें किसी एक प्रकार के जीव रहते हैं। *जैसे*—मनुष्य-लोक; देव-लोक; गन्धर्व-लोक। ४. किसी देवता के रहने का विशिष्ट स्थान जिसमें उसके पार्षद और भक्त जीव भी (मृत्यु के बाद) निवास करते हैं। *जैसे*—विष्णु-लोक; शिव-लोक; ब्रह्म-लोक। ५. स्वर्ग, पृथ्वी और पाताल में से प्रत्येक। ६. भू, भुवः, स्वः आदि ७ तथा अतल, वितल आदि ७—इन १४ भुवनों में से प्रत्येक। *जैसे*—पाताललोक।

७. (पद्य आदि में) उक्त के आधार पर ७ या १४ की संख्या। ८. व्यावहारिक जगत्। संसार। दुनिया। ९. मानव जाति। १०. मनुष्यों का कोई सजातीय समूह जिसकी सांस्कृतिक विशेषताएँ निश्चित होती हैं। जन। ११. किसी राजा/राज्य की प्रजा। १२. किसी देश/स्थान आदि का समाज। जनता। १३. लोग। १४. वर्तमान जीवन। १५. यश। कीर्ति।

लोक उद्यम—[सं॰] *पु॰* (प्रशासन॰) वे उद्यम जो केन्द्रीय सरकार या राज्य सरकार के अधीन हों या दोनों का उन पर संयुक्त स्वामित्व हो और निजी प्रतिष्ठानों के सहयोग से स्थापित किए गए हों। (अ॰ पब्लिक अन्डरटेकिंग्स)

लोककण्टक (लोककंटक)—[सं॰ लोक ~ कण्टक] *पु॰* १. समाज के लिए काँटे के समान हानिकर व्यक्ति। समाज-शत्रु। २. दुष्ट व्यक्ति।

लोककर्ता—[सं॰ लोक ~ कर्ता (कर्तृ)] *पु॰* १. संसार का रचयिता। २. ब्रह्मा। ३. विष्णु।

लोकगत—[सं॰ लोक ~ गत] *वि॰* १. लोक में प्रचलित तथा लोकप्रिय। २. लोक-सम्बन्धी। लौकिक। ३. लोकाचार-सम्बन्धी।

लोकगाथा—[सं॰ लोक ~ गाथा] *स्त्री॰* प्रेम, वीरता आदि की लोक-प्रचलित कहानियों का पद्यात्मक गेय रूप। ***जैसे***—लोरकी, हीर-राँझा आदि की लोकगाथाएँ।

***लोकड़िया**—[< सं॰ लोक] *पु॰* संसारी लोग।

लोकचक्षु—[सं॰ लोक ~ चक्षु (चक्षुस्)] *पु॰* सूर्य।

लोकजन—[सं॰ लोक ~ जन] *पु॰* = किसी सजातीय सामाजिक समूह के मनुष्य जिनसे उस समूह की सांस्कृतिक विशेषताएँ निश्चित होती हैं और जो अपनी कलाओं, शिल्पों, परम्पराओं, रीति-रिवाजों तथा विश्वासों को बनाए रखते हैं।

लोकजित्—[सं॰ लोक ~ जित्] *पु॰* १. (कोई भी) विश्वविजेता। २. (महात्मा) बुद्ध।

लोक-जीवन—[सं॰] *पु॰* १. जीवन का वह भाग जो घरेलू या व्यक्तिगत जीवन से भिन्न होता है और जिसमें व्यक्ति सार्वजनिक/सामाजिक महत्त्व के कार्य करता है। २. उक्त कार्य करने का काल/अवधि। ३. सार्वजनिक सेवा का जीवन।

लोकज्येष्ठ—[सं॰ लोक ~ ज्येष्ठ] *पु॰* १. लोगों में सबसे बड़ा या सर्वश्रेष्ठ। २. (महात्मा) बुद्ध।

लोकत्रय—[सं॰ लोक ~ त्रय] *पु॰* १. तीन लोकों का समूह। २. स्वर्ग, पृथ्वी और पाताल नामक तीन लोकों का समूह। त्रिलोक।

लोकत्रयी—[सं॰ लोक ~ त्रयी] *स्त्री॰* लोकत्रय। (दे॰)

लोकद्वय—[सं॰ लोक ~ द्वय] *पु॰* १. दो लोकों का समूह। २. यह लोक और परलोक।

लोकधर्म—[सं॰ लोक ~ धर्म] *पु॰* जनसाधारण में धर्म के रूप में प्रचलित विचार, विश्वास अथवा कृत्य जो किसी शास्त्र/सम्प्रदाय आदि के द्वारा प्रेरित न हों।

लोकधर्मी—[सं॰ लोकधर्मिन्] *वि॰* (नाट्य॰) कृत्रिम उपकरणों का बहुत कम प्रयोग करनेवाला और स्वाभाविकता को प्रधानता देनेवाला (अभिनय-विधान या नाटक)। ∇ **विलोम**—नाट्यधर्मी।

लोकधारिणी—[सं॰ लोक ~ धारिणी] *वि॰ (स्त्री॰)* संसार को धारण करने वाली। *स्त्री॰* पृथ्वी।

लोकना[1]—[< सं॰ लोकन] *क्रिस॰* अवलोकन करना। देखना।

लोकना[2]—[देशज] *क्रिस॰* १. किसी उड़ती/गिरती या फेंकी हुई वस्तु को भूमि पर आने से पहले ही पकड़ लेना। गपक लेना। लपक लेना। झटक लेना। २. किसी अन्य के लिए भेजी गयी वस्तु को बीच में ही झपट/हड़प लेना।

लोकनाट्य—[सं॰ लोक ~ नाट्य] *पु॰* (नाट्य॰) किसी क्षेत्र के जनसामान्य के धार्मिक परितोष या केवल मनोरंजन के लिए, सामान्य रंगमंच पर अभिनीत किए जाने वाले विविध प्रकार के नाटकों का सामूहिक नाम। निरक्षर या अल्पशिक्षित सामान्य लोगों में प्रचलित, परम्परागत और बिना पर्दे के नाटक जिनमें संकेतों और गीतों की प्रधानता होती है और वार्तालाप पद्य में होता है। ***जैसे***—रामलीला, रासलीला, नौटंकी आदि हिन्दी प्रदेश के महत्त्वपूर्ण लोकनाट्य हैं।

लोकनाथ—[सं॰ लोक ~ नाथ] *पु॰* १. संसार का स्वामी। २. ब्रह्मा। ३. विष्णु। ४. शिव। महादेव। ५. (महात्मा) बुद्ध। ६. राजा।

लोकनायक—[सं॰ लोक ~ नायक] *पु॰* १. लोकों का स्वामी। परमात्मा। २. समाज/जनता का नेता या मार्गदर्शक। ***जैसे***—लोकनायक जयप्रकाश नारायण।

लोकनिकाय—[सं॰ लोक + हिं॰ निकाय] *पु॰* १. लोकों का समूह। २. लोगों का समूह।

लोक-निरुक्ति—[सं॰] *स्त्री॰* (किसी शब्द की) जनता में प्रचलित व्युत्पत्ति। शास्त्रीय व्युत्पत्ति से भिन्न प्रचलित लौकिक व्युत्पत्ति।

लोकपति—[सं॰ लोक ~ पति] *पु॰* १. लोकों का स्वामी। परमात्मा। २. ब्रह्मा। ३. विष्णु। ४. राजा।

लोकपथ—[सं॰ लोक ~ पथ] *पु॰* १. सार्वजनिक व्यवहार। सार्वजनिक कार्य करने का ढंग। २. लोगों का ढंग/तरीक़ा।

लोक-परेखा—[सं॰ लोक + हिं॰ परेखा] *पु॰* लोकापवाद का दुःख।

लोकपाल—[सं॰ लोक ~ पालन] *पु॰* १. संसार का पालन करनेवाला। २. दिशा विशेष का स्वामी देवता। दिक्पाल। ३. राजा।

लोकपीड़क—[< सं॰ लोक ~ पीडक] *वि॰* जनता को हानि पहुँचानेवाला या परेशान करनेवाला। *पु॰* दुष्ट।

लोकप्रवाद—[सं॰ लोक ~ प्रवाद] *पु॰* १. जनता में फैला अपयश। बदनामी। २. (जनता में फैली हुई) अफ़वाह। जनश्रुति।

लोकप्रवाही—[सं॰ लोक ~ प्रवाही (प्रवाहिन्)] *वि॰* दुनिया के प्रवाह के साथ बहनेवाला। अन्य लोगों की प्रवृत्ति, रीति-नीति या रुख़ समझकर उसके अनुसार काम करनेवाला। सामान्य लोगों के समान आचार, विचार और व्यवहार वाला।

लोकयात्रा—[सं॰ लोक ~ यात्रा] *स्त्री॰* १. व्यवहार। २. आजीविका। ३. जीवन। ज़िन्दगी।

लोकरव—[सं॰ लोक ~ रव] *पु॰* १. जनश्रुति। किंवदन्ती। अफ़वाह। २. लोकवार्ता।

लोकवार्ता—[सं॰ लोक ~ वार्ता] *स्त्री॰* १. परम्परा से प्राप्त मौखिक लोक-साहित्य। २. जनश्रुति। किंवदन्ती। अफ़वाह।

लोकविज्ञात—[सं॰ लोक ~ विज्ञात] *वि॰* प्रसिद्ध। विख्यात। मशहूर।

लोकवित्त—[सं॰ लोक ~ वित्त] *पु॰* सरकारी अर्थ-व्यवस्था।

लोकविद्विष्ट (लोकविद्विष्ट)—[सं॰ लोक ~ विद्विष्ट] *वि॰* जिसे सब लोग नापसन्द करते हों।

लोकविधि—[सं॰ लोक ~ विधि] *पु॰* संसार का रचयिता। विश्वविधाता। *स्त्री॰* प्रचलित पद्धति।

लोकविश्रुत—[सं॰ लोक ~ विश्रुत] *वि॰* संसार-भर में प्रसिद्ध। सब जगह मशहूर। विश्वविख्यात।

लोकसङ्ग्रह (लोकसंग्रह)—[सं॰ लोक ~ सङ्ग्रह] *पु॰* १. लोगों का संग्रह या संघटन। ***जैसे***—लोकसंग्रह के साथ ही लोकसंस्कार भी करते रहो। २. संसार का हित। सब की भलाई। ३. समाज को सशक्त और संघटित बनाए रखने का कार्य।

लोकसंस्थ—[सं॰ लोक ~ संस्थ] *वि॰* लोक में स्थित/प्रतिष्ठित।

लोकसाम्य—[सं॰ लोक ~ साम्य] *पु॰* सब मनुष्यों में परस्पर बराबरी। मानव-समानता।

लोकहार—[सं॰ लोक + हार] *वि॰* संसार का संहारक। लोगों को मारनेवाला।

लोकाचार—[सं॰ लोक ~ आचार] *पु॰* १. संसार में लोगों से अच्छे सम्बन्ध बनाए रखने के लिए किया जाने वाला व्यवहार/बर्ताव। लोक-व्यवहार। २. अपने कुल की रीतियों/प्रथाओं आदि के अनुकूल किया जाने वाला पूजन, नेग का लेन-देन इत्यादि। ३. सामाजिक शिष्टाचार।

लोकातिग/लोकातिशय—[सं॰ लोक/अतिग/अतिशय] *वि॰* लोकोत्तर। अलौकिक। असाधारण।

लोकातीत—[सं॰ लोक ~ अतीत] *वि॰* १. जो संसार से परे हो। २. लोकोत्तर। अलौकिक। असाधारण। असामान्य।

लोकादि—[सं॰ लोक ~ आदि] *पु॰* १. विश्व का आरम्भ। २. विश्व का निर्माता। सृष्टिकर्ता।

लोकाधिप/लोकाधिपति—[सं॰ लोक ~ अधिप/अधिपति] *पु॰* १. लोक या लोकों का स्वामी। लोकपाल। २. राजा या शासक। ३. देवता।

लोकानुग्रह—[सं॰ लोक ~ अनुग्रह] *पु॰* १. लोगों की भलाई। जनहित। लोक-कल्याण। लोकहितैषिता। २. समाज-प्रेम। ३. उदारता।

लोकान्तर (लोकांतर)—[सं॰ लोक ~ अन्तर] *पु॰* १. दूसरा लोक। भिन्न लोक। ***जैसे***—लोक-लोकान्तरों में घूमना। २. परलोक।

लोकान्तरगमन (लोकांतरगमन)—[सं॰ लोकान्तर ~ गमन] *पु॰* १. भिन्न/दूसरे लोक में जाना। २. परलोकगमन। मृत्यु।

लोकान्तरित (लोकांतरित)—[सं॰ लोकान्तर + णिच् + क्त] *वि॰* १. दूसरे लोक में गया हुआ। २. परलोक गया हुआ। मृत।

लोकापवाद—[सं॰ लोक ~ अपवाद] *पु॰* लोकनिन्दा। बदनामी।

लोकाभिलषित—[सं॰ लोक ~ अभिलषित] *वि॰* संसार के द्वारा इच्छित। जिसकी अभिलाषा सब करते हैं।

लोकाभ्युदय—[सं॰ लोक ~ अभ्युदय] *पु॰* १. संसार की उन्नति। २. समाज/जनता की उन्नति।

लोकायत—[सं॰ लोक ~ आयत] *वि॰* जो लोक/संसार में विस्तीर्ण हो। विश्व में फैला हुआ। *पु॰* १. पृथ्वी लोक के अतिरिक्त अन्य किसी स्वर्गलोक, नरकलोक आदि को न माननेवाला। आत्मा, परमात्मा को न मानकर वर्तमान जीवन के अस्तित्व में ही विश्वास रखनेवाला। नास्तिक व्यक्ति। २. एक प्राचीन नास्तिक सम्प्रदाय या दर्शन। चार्वाक दर्शन। ३. नास्तिकदर्शन। नास्तिकवाद।

***लोकि**—[< हि॰ लोकना (= लपकना/झपटना)] *क्रिवि॰* बीच में ही लपक/झपट कर।

लोकित—[सं॰ √लोक् + क्त] *वि॰* देखा हुआ।

लोकैषणा—[सं॰ लोक ~ एषणा] *स्त्री॰* १. सांसारिक उन्नति, प्रतिष्ठा, यश आदि की कामना। २. स्वर्गलोक की प्राप्ति की कामना।

लोको—[अं॰] *वि॰* गतिशील। *पु॰* रेल का इंजन। ***जैसे***—लोको कारख़ाना।

लोकोक्ति—[सं॰ लोक ~ उक्ति] *स्त्री॰* कहावत। (काव्य॰) एक अर्थालंकार जो काव्य में कहावत या वाग्बन्ध/मुहावरे का प्रयोग करने पर होता है।

लोकोत्तर—[सं॰ लोक ~ उत्तर] *वि॰* अलौकिक। असाधारण। असामान्य।

लोकोत्तीर्ण—[सं॰ लोक ~ उत्तीर्ण] *वि॰* लोकोत्तर। अलौकिक। असाधारण।

लोकोन्मुख—[सं॰ लोक ~ उन्मुख] *वि॰* विश्व/समाज/जनता के हित को ध्यान में रखकर कार्य करनेवाला। कल्पना-जगत् में ही विचरण न करनेवाला। जैसे—लोकोन्मुख साहित्यकार प्रेमचन्द।

लोकोपतापी—[सं॰ लोकोपतापिन्] *वि॰* लोगों को या संसार को कष्ट देनेवाला।

†लोखड़ी—*स्त्री॰* ≤ *हि॰* लोमड़ी।

***लोखचार/लोखँचार**—*पु॰* ≤ *सं॰* लोकाचार।

लोचक—[सं॰ √लोच् + ण्वुल्] *पु॰* १. आँख की पुतली। नेत्र का तारा। २. काजल। ३. अंजन। सुर्मा। ४. धनुष की प्रत्यंचा। ५. साँप की केंचुली। ६. मूर्ख व्यक्ति।

लोचन—[सं॰ √लोच् + ल्युट्] *पु॰* १. देखने की क्रिया। २. नेत्र। आँख। ३. वंशलोचन। ४. गोरोचन।

लोचन-जुगल—[< सं॰ लोचन ~ युगल] *पु॰* नेत्रों का जोड़ा।

लोचनाञ्चल (लोचनांचल)—[सं॰ लोचन ~ अञ्चल] *पु॰* आँख का कोना।

***लोटक-पोटा**—[< हि॰ लौट-पौट] *वि॰* १. लौटा-पौटा हुआ। उलट-पलट किया हुआ। मिश्रित। २. उलटा।

लोट-पटा—[< हि॰ लौट + पाटा] *पु॰* १. विवाह की एक प्रथा जिसमें वर-वधू परस्पर पटली/पीढ़े बदल कर बैठते हैं। २. धोखा देने के

लिए किया गया परिवर्तन। ३. दाँव का उलट-फेर।

लोड़न—[< सं॰ लोडन] *पु॰* १. क्षुब्ध करने की क्रिया। हिलाना-डुलाना। २. मन्थन। विलोइन।

लोढ़ना—[< प्रा॰ लोढ] *क्रिस॰* १. (कपास को) ओटना। २. काटना। ३. फूलों को पौधों से तोड़ना/चुनना।

लोढ़/लोढ़ा—[< प्रा॰ लोढ] *पु॰* सिल पर मसाले आदि को पीसने के लिए पत्थर का बना टुकड़ा। सिलबट्टा। बट्टा।

†**लोण**—[प्रा॰ < सं॰ लवण] *पु॰* १. लवण। नमक। २. लोनी नामक साग।

लोथ—[< वैदिक सं॰ लोध] *स्त्री॰* मृत शरीर। शव। लाश। ***वा॰* लोथ गिरना**—मारा जाना। **लोथ डालना**—हत्या करना। मार डालना।

लोथड़ा—[< हिं॰ लोथ] *पु॰* १. मांस का बड़ा टुकड़ा। जिसमें हड्डी न हो। मांस-पिंड। २. शव। लाश।

लोदी—[देशज] *पु॰* पठानों की एक जाति या उसका व्यक्ति। ***जैसे***—इब्राहीम लोदी युद्ध में हार गया।

लोध—[< सं॰ लोध्र] *पु॰* १. पहाड़ी प्रदेशों में होनेवाला एक वृक्ष जो बड़ा और ऊँचा होता है, बड़े और लम्बे पत्तों वाला होता है तथा जिसके फूल सफ़ेद, पीले और लाल रंग मिले हुए होते हैं। २. उक्त वृक्ष की छाल जो रँगने के काम आती है।

लोध्र/लोध्रक—[सं॰ √रुध् + रन्, र→ल] *पु॰* लोध का वृक्ष या उसकी छाल। (दे॰ लोध)

***लोन**[1]—[< सं॰ लवण] *पु॰* १. लबण। नमक। २. लावण्य। सौन्दर्य। *वि॰* लावण्यमयी। सुन्दर। ***वा॰* (किसी का) लोन न मानना**—किसी का उपकार न मानना। कृतघ्न होना। **(किसी का) लोन निकलना**—कृतघ्नता का फल भोगना।

लोन[2]—[अं॰] *पु॰* ऋण। क़र्ज़।

लोन-हरामी—[हिं॰ लोन (= नमक) + फा॰ हरामी] *वि॰* = १. (स्वामी का) उपकार न माननेवाला। नमकहराम। २. कृतघ्न।

†**लोना**[1]—[< हिं॰ लोन < सं॰ लवण] *वि॰* १. लवणयुक्त। नमकीन। २. लावण्ययुक्त। सुन्दर। सलोना। *पु॰* १. क्षार। नोना। २. 'लोना' नामक साग। अमलोनी। ⁘ **लोनाई**[1]—*स्त्री॰* = लवण।

लोना[2]—[< सं॰ लवन] *क्रिअ॰* पकी हुई फ़सल काटना। लुनाई करना। लुनना। सौन्दर्य। सलोनापन। ⁘ **लोनाई**[2]—*स्त्री॰* = लुनाई[2]। (दे॰)

लोनिया—[< हिं॰ लोन] *वि॰* नमकीन। *पु॰* नमक बनाने ओर बेचने वाली एक जाति। नोनिया। *स्त्री॰* 'लोनी' नामक साग। अमलोनी।

लोनी[1]—[< हिं॰ लोना] *वि॰ (स्त्री॰)* १. लवणयुक्त। नमकीन। २. सुन्दर (स्त्री)। लावण्यमयी। *स्त्री॰* १. नमकीन पत्तियों वाला एक साग। अमलोनी। २. चने की पत्तियों में मिलनेवाला क्षार। खार। ३. शोरा या नमक निकालने की मिट्टी। ४. लोना।

लोनी[2]—[< हिं॰ लोना < सं॰ लवन] *स्त्री॰* पकी फ़सल की कटाई। लुनाई।

लोनी[3]—[< हिं॰ नोनी < सं॰ नवनीत] *पु॰* नवनीत। मक्खन।

लोप—[सं॰ √लुप् + घञ्] *पु॰* १. अदृश्यता। अदर्शन। २. अभाव। ३. नाश। क्षय। ४. छूट। ***जैसे***—आपके लिए इस नियम का लोप है। ५. छिपाव। (व्या॰, भाषा॰) शब्द की किसी ध्वनि का लुप्त हो जाना। ***जैसे***—'स्थाली' शब्द हिन्दी में 'स्' का लोप हो जाने के कारण 'थाली' हो गया।

लोपाञ्जन (लोपांजन)—[सं॰ लोप ~ अञ्जन] *पु॰* (कथाओं आदि में वर्णित) एक प्रकार का अंजन जिसे आँख में लगाने पर व्यक्ति अदृश्य हो जाता है और यद्यपि वह वहीं होता है और सबको देखता है परन्तु उसे कोई नहीं देख पाता।

***लोभना**—[< सं॰ लोभन] *क्रिअ॰* मोहित होना। लुब्ध होना। लुभाना। *क्रिस॰* मुग्ध करना। लुब्ध करना। लुभाना।

लोभनीय—[सं॰ √लुभ + अनीयर] *वि॰* १. जो लुभाया जा सके। जो आकर्षित किया जा सके। २. लुभानेवाला। आकर्षक। सुन्दर।

***लोभामरष**—[< सं॰ लोभ ~ अमर्ष] *पु॰* लोभ तथा क्रोध।

***लोभार/लोभारा**—[< हिं॰ लोभाना] *वि॰* मुग्ध करनेवाला। लुभानेवाला। लुभावना।

लोभित—[सं॰ √लुभ् + णिच् + क्त] *वि॰* १. मुग्ध। लुब्ध। लुभाया हुआ। २. लोभी। लालची।

लोभी—[सं॰ लोभिन्] *वि॰* १. लोभ करनेवाला। लालची। २. लुब्ध। मोहित। ∇ **विलोम**—निर्लोभ/अलोभी।

लोम—[सं॰ √लू + मनिन्] *पु॰* शरीर की त्वचा पर छोटे-छोटे बाल। रोम। रोएँ। रोंगेटे।

लोमकर्ण—[सं॰ लोमन् ~ कर्ण] *पु॰* शशक। ख़रगोश।

लोमकूप/लोमगर्त—[सं॰ लोमन् ~ कूप/गर्त] *पु॰* रोएँ की जड़ में का छेद। रोमरन्ध्र। रोमकूप।

लोमघ्न—[सं॰ लोमन् √हन् + क] *वि॰* लोम-नाशक। *पु॰* सिर का एक रोग जिसमें बाल गिर जाते हैं। गंज रोग।

लोमकीट—[सं॰ लोम ~ कीट] *पु॰* जूँ।

लोमरन्ध्र (लोमरंध्र)—[सं॰ लोक ~ रन्ध्र] *पु॰* रोएँ के मूल का छेद। लोमकूप। रोमकूप।

लोमराजि—[सं॰ लोम ~ राजि] *स्त्री॰* १. वक्ष से नाभि तक के रोमों की पंक्ति। २. रोमावली।

लोम-विलोम—[सं॰] *पु॰* सीधा क्रम और उलटा क्रम। (काव्य॰) ऐसा पद/वाक्य जिसे उलटा पढ़ने पर भी वह सार्थक होता है।

लोमविवर—[सं॰ लोम ~ विवर] *पु॰* लोमरन्ध्र। (दे॰)

लोमविष—[सं॰ लोन ~ विष] *वि॰* जिसके रोम/बाल विषमय हों। *पु॰* व्याघ्र आदि ऐसे पशु जिनके बाल विषमय होते हैं।

लोमश—[सं॰ लोमन् + श] *वि॰* १. बड़े रोमों वाला। २. घने/बहुत रोमों वाला। *पु॰* मेष। भेड़ा। ⁘ **लोमश-मार्जार**—*पु॰* = 'गन्धबिलाव' नामक जन्तु।

लोमशा—[सं॰ लोमश + टाप्] *स्त्री॰* १. लोमड़ी। २. शृगाली। सियारिन।

लोमसंहर्षण—[सं॰ लोम ~ संहर्षण] *पु॰* रोंगटे खड़े होना। रोमांच।

लोमहर्ष—[सं॰ लोम ~ हर्ष] *पु॰* रोमांच।

लोमहर्षक—[स॰ लोम ~ हर्षक] *वि॰* (भय, हर्ष आदि से) रोंगटे खड़े कर देने वाला। रोमांचकारी। ***जैसे***—लोमहर्षक दृश्य।

लोमावली—[स॰ लोमन् ~ आवली] *स्त्री॰* १. रोमों/रोंगटों की पंक्ति या समूह। २. वक्ष से नाभि तक के रोमों की पंक्ति/समूह। रोमावलि। Δ **पर्याय**—रोमावली।

***लोय**[१]—[< स॰ लोक] *पु॰* लोग।

†लोय[२]—[< स॰ रोचिस्] *स्त्री॰* (अग्नि की) ज्वाला। लपट। लौ। लूका।

***लोय**[३]—*अव्यय॰* ≤ *हि॰* लौं। पर्यन्त। तक।

***लोयन**—[< स॰ लोचन] *पु॰* लोचन। नेत्र। आँख।

***लोर**[१]—[< स॰ लोर] *वि॰* १. लोल। चंचल। २. हिलनेवाला। कम्पनशील। ३. विकल। बेचैन। ४. उत्सुक। ५. नाशवान्। नश्वर। *पु॰* १. कान का कुंडल। कर्णफूल। लटकन। 'झुमका' नामक आभूषण।

लोर[२]—[प्राकृत] *पु॰* अश्रु। आँसू।

लोर**[३]—[< हि॰ रोर] *पु॰* १.आवाज़ या शब्द। २. पुकार। टेर। ***जैसे—छोटे भाई को लोर दो।

लोरना—[< स॰ लोल] *क्रिअ॰* १. चंचल होना। २. हिलना, लहरना या झूलना। ३. लिपटना। ४. (पाने के लिए) उत्सुक होना। ललकना। ५. (पाने के लिए) तेज़ी से आगे बढ़ना। लपकना। ६. लिपटना। ७. झुकना। ८. तैरना। *क्रिस॰* १. चंचल करना। २. हिलाना। ३. झुकाना। ४. नम्र/विनीत बनाना। ५. (फूलों को) चुनना या तोड़ना। ६. जल में सुखपूर्वक लोटना-पोटना या तैरना।

लोरिक—[देशज] *पु॰* १. 'लोरिक-चन्दा' नामक लोकप्रिय गीत-कथा का नायक। २. प्रेमी।

लोल—[स॰ √लोड् + अच्, ड → ल] *वि॰* १. हिलता हुआ। कम्पायमान। २. चलायमान। चंचल। चपल। ३. विकल। अशान्त। बैचेन। ४. परिवर्तनशील। ५. नाशवान्। नश्वर। ६. उत्सुक। ७. लोलुप। लालची। *पु॰* समुद्र की ऊँची और बड़ी लहर।

लोलक—[< स॰ लोल] *पु॰* १. लटकती हुई छोटी लटकन। २. नथ या बाली का मोती जो लटकता रहता है। ३. कान की लोलकी। ४. घंटा/घंटी में नीचे लगा लटकन जिसको इधर-उधर टकराने से घंटा बजता है। (गणित॰) १. (सिद्धान्ततः) एक बिन्दु सदृश भारी पिंड जो भारहीन डोरी द्वारा स्थिर बिन्दु से इस प्रकार लटका हुआ हो कि गुरुत्व तथा संवेग के कारण बिना घर्षण स्वतन्त्रतापूर्वक झूलता हो। २. कोई पिंड जो डोरी द्वारा स्थिर बिन्दु से इस प्रकार लटका हुआ हो कि गुरुत्व तथा संवेग के कारण स्वतन्त्रतापूर्वक झूलता हो। (अ॰ पेन्ड्यूलम) *वि॰* लोल। चंचल।

लोलकी—[< हि॰ लोलक] *स्त्री॰* कान का निचला कोमल भाग जिसे छेदकर कुंडल आदि आभूषण पहने जाते हैं।

लोलजिह्व (लोलजिह्व)—[स॰ लोल ~ जिह्वा] *वि॰* लोभी। लालची। *पु॰* सर्प। साँप।

लोलनयन—[स॰ लोल ~ नयन] *वि॰* चंचल नेत्रों वाला। जिसकी आँखें सब तरफ़ दौड़ती रहती हों।

लोला—[स॰ लोल + टाप्] *वि॰ (स्त्री॰)* लोल। *स्त्री॰* १. जिह्वा। जीभ। २. लक्ष्मी। ३. चंचल स्त्री। ४. विद्युत्। दामिनी। बिजली। (छन्द॰) एक वर्णिक छन्द जिसके प्रत्येक चरण में क्रमशः मगण, सगण, मगण, भगण और २ गुरु (म स म भ ग ग) के योग से १४ वर्ण होते हैं तथा ७-७ पर यति होती है।

लोलाक्षिका—[स॰ लोला ~ अक्षिका] *स्त्री॰* चंचल नेत्रों वाली स्त्री।

लोलार्क—[स॰ लोल ~ अर्क] *पु॰* सूर्य। आदित्य।

लोलित—[स॰ √लुल् + (णिच् +) क्त] *वि॰* हिलाया/हिला हुआ। क्षुब्ध।

लोलिनी—[स॰ लोलिन् + ङीष्] *स्त्री॰* चंचल स्त्री।

लोलुप—[स॰ √लुभ् + यङ् + अच् पृषो॰] *वि॰* १. लोभी। लालची। २. (पाने के लिए) बहुत अधीर। ३. इच्छा/वासना की पूर्ति के लिए बहुत अधीर। ४. अति उत्सुक। ५. अधिक चाटने-खाने का शौक़ीन।

लोलेक्षण—[स॰ लोल ~ ईक्षण] *वि॰* चंचल नेत्रों वाला। लोलनयन।

***लोवा**—[< स॰ लोमशा] *पु॰* लोमड़ी।

लोशन—[अ॰] *पु॰* शरीर पर बाह्य प्रयोग के लिए औषधीय घोल। घाव को धोने या त्वचा पर लगाने का औषधीय द्रव।

लोष्ट—[स॰ √लोष्ट् + घञ्] *पु॰* (मिट्टी का) ढेला।

लोहकान्त (लोहकांत)—[स॰ लोह ~ कान्त] *पु॰* अयस्कान्त। चुम्बक।

लोहज—[स॰ लोह + ज] *पु॰* १. काँसा नामक धातु-मिश्रण जिसके बर्तन आदि बनते हैं। २. लोहे का चूरा। लोहचूर्ण।

लोहजित्—[स॰ लोह ~ जित्] *पु॰* हीरा।

लोहड़ी—[देशज] *स्त्री॰* पंजाब का मकरसंक्रान्ति के समान उत्सव जो मकरसंक्रान्ति के एक दिन पहले रात्रि के समय अग्नि जलाकर, रेवड़ी और मूँगफली से उसकी पूजा करके और उन्हीं का प्रसाद बाँटकर तथा नाच-गाना करके मनाया जाता है।

लोहद्रावी—[स॰ लोह ~ द्रावी (द्राविन्)] *वि॰* लोहे को पिघलानेवाला। *पु॰* सुहागा।

लोहमल—[स॰ लोह ~ मल] *पु॰* लोहे का मोर्चा। ज़ंग।

लोहशङ्कु (लोह ~शंकु)—[स॰ लोह ~ शङ्कु] *पु॰* लोहे का काँटा।

लोहसङ्कर (लोहसंकर)—[स॰ लोह ~ सङ्कर] *पु॰* कई धातुओं का मिश्रण।

लोहसार—[स॰ लोह ~ सार] *पु॰* इस्पात। फ़ौलाद।

लोहसारङ्ग (लोहसारंग)—[स॰ लोह ~ सारङ्ग] *पु॰* नदी आदि के समीप रहनेवाला एक बड़ा पक्षी जिसकी चोंच बड़ी और काली, सिर चमकीला काला और शेष शरीर सफ़ेद परन्तु पंख काले-सफ़ेद मिश्रित होते हैं।

लोहाश्म-उत्कीर्णन—[स॰] *पु॰* लोहे अथवा पत्थर पर उत्कीर्ण करने की प्रक्रिया या कला।

लोहाश्मी उल्का—[< सं॰ लोहाश्म ~ उल्का] *स्त्री॰* (भूविज्ञान॰) एक प्रकार का उल्कापिंड जिसमें धात्विक तथा आश्मिक घटक लगभग बराबर मात्रा में होते हैं।

लोहित—[सं॰ √रुह् + इतन्, र→ल] *वि॰* १. लाल रंग का। रक्तिम। लाल। २. ताँबे का बना हुआ। *पु॰* १. लाल रंग। २. लाल वस्तु। ३. रुधिर। ख़ून। लोहू। ४. मंगल (ग्रह)। ५. ब्रह्मपुत्र नदी। ६. ताँबा। ७. सर्प। साँप। ८. केसर। ९. लाल चन्दन।

लोहितमृत्तिका—[सं॰ लोहित ~ मृत्तिका] *स्त्री॰* गेरू।

लोहितशतपत्र—[सं॰ लोहित ~ शतपत्र] *पु॰* लाल कमल।

लोहितराग—[सं॰ लोहित ~ राग] *पु॰* लाल रंग।

लोहिता—[सं॰ लोहित + टाप्] *स्त्री॰* १. क्रोध से लाल स्त्री। २. लाल पुनर्नवा।

लोहिताङ्ग (लोहितांग)—[सं॰ लोहित ~ अङ्ग] *पु॰* मंगल (ग्रह)।

लोहितानन—[सं॰ लोहित ~ आनन] *वि॰* लाल मुँह वाला। *पु॰* नकुल। नेवला।

लोहिताश्व—[सं॰ लोहित ~ अश्व] *पु॰* अग्नि।

लोहितास्य—[सं॰ लोहित ~ आस्य] *पु॰* लाल रंग का मुख।

लोहितिमा—[सं॰ लोहितिमन्] *स्त्री॰* लालिमा। अरुणिमा। लाली।

लोहितेक्षण—[सं॰ लोहित ~ ईक्षण] *वि॰* लाल नेत्रों वाला।

लोहिया—[< हि॰ लोहा] *वि॰* १. लोहे का बना हुआ। २. लाल रंग का। *पु॰* १. लोहे का व्यापारी। २. मारवाड़ी लोगों की एक जाति या उसका व्यक्ति।

***लोहीं (लोहीं)**—[< सं॰ लोहित] *पु॰* १. रक्त। ख़ून। २. ऊषाकाल की लाली।

लोहू—[< सं॰ लोह] *पु॰* रुधिर। रक्त। ख़ून। **वा॰ लोहू का घूँट पीना**—१. क्रोध रोक लेना। २. विपरीत परिस्थितियाँ देखकर क्रोध पर क़ाबू करना।

लोहोत्तम—[सं॰ लोह ~ उत्तम] *पु॰* सुवर्ण। सोना।

लौंदा (लोंदा)—[< सं॰ लोष्ट] *पु॰* किसी गीली वस्तु का पिंड जो ढेले के समान बँधा होता है।

†लौआ—[< सं॰ लाबुक] *स्त्री॰* लौकी/घिया/घीआ नामक सब्ज़ी।

†लौकना—[< सं॰ लोकन] *क्रिअ॰* १. चमकना। २. चकाचौंध होना। ३. दिखायी देना। ४. कुछ-कुछ क्षणों के बाद तीव्र पीड़ा का अनुभव होना। ५. (जीभ का) लपलपाना।

लौकिक—[सं॰ लोक + ठक्] *वि॰* १. लोक-सम्बन्धी। लोक का। २. सांसारिक। ३. लोक-व्यवहार से सम्बन्धित। व्यावहारिक। *पु॰* सांसारिक आचार-व्यवहार। लोकाचार। *वि॰* (भाषा॰) वैदिक से भिन्न। लोक-प्रचलित। *पु॰* (भाषा॰) वैदिक संस्कृत के शब्द से भिन्न लोक-प्रचलित संस्कृत का शब्द। ∇ **विलोम**—अलौकिक/पारलौकिक।

†लौछियाना—[देशज] *क्रिअ॰* बाधा होने पर भी किसी वस्तु के पीछे पड़ जाना। ***जैसे***—बिल्ली का दूध के लिए लौछियाना।

लौज—[अरबी लौज़] *पु॰* एक मिठाई। खोया/मावा में गोला आदि को मिलाकर बनायी जाने वाली एक प्रकार की बर्फ़ी।

†लौद—[देशज] *स्त्री॰* १. (वन की) लकड़ी। ***जैसे***—जंगल की लौदों को जलाकर ताप लो। २. अरहर आदि की लकड़ी। ***जैसे***—पतली और नरम लौदों से डलिया बनायी जाती है। ३. कोमल छड़ी।

***लौन**—*पु॰* ≤ *सं॰* लवण। नमक।

लौनहार—[< हि॰ लौन < सं॰ लवन] *पु॰* (खेत की) पकी फ़सल काटनेवाला। लवनी/लुनाई करनेवाला। ✣ **लौनहारिन/लौनहारी**—*स्त्री॰*।

लौना[1]—[< सं॰ लवन] *क्रिस॰* (खेत की) पकी फ़सल काटना। लवनी/लौनी करना। *स्त्री॰* लवनी। लुनाई।

लौना[2]—[< सं॰ लूम] *पु॰* पशुओं के आगे-पीछे के पैरों को एक साथ बाँधने की रस्सी।

***लौना[3]**—[< सं॰ लवण] *वि॰* लावण्ययुक्त। सलोना।

लौना[4]—[देशज] *पु॰* जलाने के लिए प्रयुक्त लकड़ी। ईंधन।

लौनी[1]—[< हि॰ लौना[2]] *स्त्री॰* १. (खेत की) पकी फ़सल की कटाई। लवनी। २. फ़सल के कटे हुए डंठलों का गट्ठर।

***लौनी[2]**—[< सं॰ नवनीत] *पु॰* ताज़ा मक्खन। नवनीत।

लौर—[देशज] *स्त्री॰* कान का नीचे का भाग जो कुछ लटकता हुआ-सा होता है। ***जैसे***—बुन्दे, कुंडल और कर्णफूल आभूषण लौरों में पहने जाते हैं।

***लौरी**—[< हि॰ लेरु] *स्त्री॰* (गाय की) बछिया।

†लौरे—[देशज] क्रि*वि॰* निकट। समीप। नज़दीक।

लौलीन—[< हि॰ लवलीन] *वि॰* १. (किसी व्यक्ति के ध्यान में) निमग्न। लवलीन। २. किसी विषय पर मन को एकाग्र किए हुए। तन्मय। ३. प्रेम में लीन।

लौल्य—[< सं॰ लोल + ष्यञ्] *पु॰* १. चंचलता। २. लोभ। ३. प्रबल कामना। लालसा। ४. उत्सुकता। ५. कामुकता।

***लौस**—[< सं॰ लास] *पु॰* सुख-विलास।

लौहज—[सं॰ लौह + ज] *पु॰* १. लोहे से बनी वस्तु। २. लोहे का मोर्चा। ज़ंग।

लौहिक—[सं॰ लौह + ठक्] *वि॰* १. लोहा-सम्बन्धी। लोहे का। २. लोहे का बना हुआ।

लौहित्य—[सं॰ लोहित + ष्यञ्] *पु॰* १. लालिमा। लाली। २. ब्रह्मपुत्र नदी।

लौहेतर—[सं॰ लौह ~ इतर] *वि॰* १. जो लोहा न हो, उसके अतिरिक्त कुछ हो। लोहा से भिन्न।

***लौं (लौं)**—[< हि॰ लग] *अव्यय॰* १. पर्यन्त। तक। २. तुल्य। समान। बराबर। ३. (किसी की) तरह/भाँति।

†लौंकना (लौंकना)—[< हि॰ लौकना] *क्रिअ॰* १. चमकना। २. चकाचौंध होना। ३. दिखाना। ४. कुछ-कुछ क्षणों के बाद तीव्र पीड़ा का अनुभव होना। ५. (जीभ का) लपलपाना।

†लौंका (लौंका)—[राजस्थ॰] *पु॰* आधा मथा हुआ दही।

लौंग (लौंग)—[< स॰ लवङ्ग] *स्त्री॰* १. एक प्रकार का वृक्ष या उसकी कली जो खिलने से पहले तोड़कर सुखा ली जाती है और मसाले के रूप में काम आती है तथा औषधोपयोगी भी होती है। २. नाक/कान में पहनने का एक आभूषण।

लौंगिया (लौंगिया)—[< हि॰ लौंग] *वि॰* लौंग-सम्बन्धी। लौंग का। ***जैसे***—लौंगिया व्यापारी। २. लौंग के समान आकार का। छोटा, पतला और लम्बा। ***जैसे***—लौंगिया मिर्च। ३. लौंग के समान रंग का। कुछ मटमैले। काले रंग का। *पु॰* कुछ मटमैला काला रंग।

लौंज/लौंजी (लौंज/लौंजी)—[देशज] *स्त्री॰* कच्ची अमियों की फाँकों से बनायी जाने वाली एक खट्टी-मीठी स्वादिष्ठ सब्ज़ी।

लौंठा (लौंठा)—[< स॰ लण्ठ] *पु॰* अति मूर्ख युवक।

लौंदा (लौंदा)—[< हि॰ लोंदा] *वि॰* मूर्ख।

***ल्यारी/ल्याली**—[देशज] *पु॰* वृक। भेड़िया।

***ल्वारि**—[< हि॰ लुआर] *स्त्री॰* लू।

व

देवनागरी वर्णमाला में अन्त:स्थ वर्णों के वर्ग का चौथा व्यंजन। (भाषाविज्ञान की दृष्टि से) यह द्वयौष्ठ्य, घोष, अल्पप्राण और पार्श्विक है। 'उ' स्वर सन्धि आदि में प्राय: 'व' में परिवर्तित हो जाता है, अत: 'व' स्वर-व्यंजन के मध्य में होने से 'अन्त:स्थ' है। शब्दों में 'व' का उच्चारण भी दो प्रकार से किया जाता है—एक प्रकार में यह 'उ' के समीप लगता है [राव (राउ), भाव (भाउ)] और दूसरे प्रकार में यह 'ब' में 'ब' के बहुत समीप का लगता है और प्राय: बोलचाल में 'ब' में परिवर्तित हो जाता है; ***जैसे***—विमल (बिमल), वर्ष (बर्ष/बरस)। ● **विशेष—१.** 'वँ', 'वाँ' इत्यादि अनुनासिक रूपों में 'चन्द्रबिन्दु' के स्थान पर 'बिन्दु' लगाने की रीति वहीं सुविधार्थ प्रयुक्त होती है जहाँ कोई मात्रा शिरोरेखा के ऊपर लगी होती है (विँ→विं, वीँ→वीं, वैँ→वैं···)। **२.** व्यंजन-गुच्छों में जब 'व' पहले आकर अन्य व्यंजनों से मिलता है, तब साधारणतया उसका रूप '**व्**' होता है (व्यसन, व्यायाम) परन्तु 'र' से मिलने पर '**व्र**' रूप बनता है (व्रत, व्रीहि)। **३.** पहले आकर व से मिलनेवाले व्यंजन प्राय: अपनी खड़ी रेखा छोड़कर मिलते हैं (पक्व, अपनत्व, मध्वाचार्य, कण्व, विश्व, स्वदेश) परन्तु 'र्' शिरोरेखा के ऊपर '**रेफ**' के रूप में स्थित होता है (गर्व, सर्व)। जब 'द' और 'ह' पहले आकर मिलते हैं, तब क्रमश: '**द्व**' और '**ह्व**' रूप बनते हैं जिन्हें 'द्‌व' और 'ह्‌व' भी लिखा जा सकता है (द्वार/द्‌वार),(आह्वान/आह्‌वान)। ४. भाषावैज्ञानिक कारणों से शब्दों के 'व्' का 'ब्' में परिवर्तन विविध बोलियों में हो जाता है (वधू→बहू, विवाह→बिबाह)। अत: लेखक और वक्ता को इसका ध्यान रखना होता है क्योंकि ऐसी भूल से कभी तो 'तत्सम' शब्द '**तद्‌भव**' हो जाता है, और कभी 'व' के स्थान पर 'ब' के प्रयोग से भिन्न अर्थ वाला शब्द बन जाता है (वात→बात, वासी-बासी, दवा-दबा)।

व[1]—[स॰ वा + क] *पु॰* १. वायु। हवा। २. वरुण। ३. वाण। ४. बाहु। भुजा। ५. निवास। वास। ६. समुद्र। ७. व्याघ्र। चीता। ८. कल्याण। मंगल। ९. वस्त्र। १०. वृक्ष। ११. मद्य। १२. राहु।

व[2]—[फा॰] *अव्यय॰* और। ***जैसे***—समीप व दूर।

वंश-कपूर—[< स॰ वंशकर्पूर] *पु॰* वंशलोचन।

वंशज—[वंश + ज] *पु॰* वंश में उत्पन्न। वंशधर। सन्तान। ***जैसे***—हम भगवान् राम और श्रीकृष्ण के वंशज हैं।

वंशतिलक—[स॰ वंश ~ तिलक] *पु॰* वंश का श्रेष्ठ व्यक्ति।

वंशधर—[स॰ वंश + धर] *पु॰* १. वंश की रक्षा करनेवाला। कुल-रक्षक। २. वंशज। सन्तान। ३. बाँस धारण करनेवाला।

वंशनालिका—[स॰ वंश ~ नालिका] *स्त्री॰* बाँस की नली।

वंशपत्र—[स॰ वंश ~ पत्र] *पु॰* १. बाँस का पत्ता। २. नरकुल। सरपत।

वंशपत्रक—[स॰ वंशपत्र + कन्] *पु॰* एक खनिज। हरताल।

वंशपत्रपतिता—[स॰ वंशपत्र ~ पतिता] *स्त्री॰* (छन्द॰) एक समवर्णिक छन्द जिसके प्रत्येक चरण में क्रमश: भगण, रगण, नगण, भगण, नगण और लघु-गुरु (भ, र, न, भ, न ल, ग) के योग से १७ वर्ण होते हैं तथा १०-७ पर यति होती है।

वंशलोचन—[स॰ वंश ~ लोचन] *पु॰* बाँस से निकलने वाला सफ़ेद ठोस पदार्थ जो चिकित्सा के काम आता है।

वंश-वितति—[स॰] *स्त्री॰* १. वंश-विस्तार। ख़ानदान। घराना। २. बाँस का जंगल।

वंशवृक्ष—[स॰ वंश ~ वृक्ष] *पु॰* १. वृक्ष के रेखाचित्र के रूप में प्रस्तुत किसी वंश के मूलपुरुष से आरम्भ करके बाद तक के व्यक्तियों की क्रमबद्ध सूची। वृक्ष के रेखाचित्र के रूप में वंशावली। शजरा। २. बाँस का पेड़।

वंशस्थ—[स॰ वंश + स्थ] *पु॰* वंश में स्थित। ***जैसे***—वंशस्थ वैभव। (छन्द॰) एक समवर्णिक छन्द जिसके प्रत्येक चरण में क्रमश: जगण, तगण, जगण और रगण (ज त ज र) के योग से १२ वर्ण होते हैं।

वंशागत—[वंश ~ आगत] *वि॰* १. वंश-परम्परा से प्राप्त। वंशक्रमागत। २. उत्तराधिकार में प्राप्त। ***जैसे***—वंशागत अधिकार।

वंशागति—[स॰ वंश ~ आगति] *स्त्री॰* १. माता-पिता के लक्षणों या गुणों का सन्तान में पहुँचना। २. उत्तराधिकार। विरासत।

वंशाङ्कुर (वंशांकुर)—[स॰ वंश ~ अङ्कुर] *पु॰* बाँस का अंकुर। अँखुआ।

वंशाटवी—[< स॰ वंश ~ अटवी] *पु॰* बाँस का वन।

वंशानुक्रम—[स॰ वंश ~ अनुक्रम] *पु॰* १. वंश-परम्परा। २. वंशावली।

वंशिका—[स॰ वंश ~ ठन् ~ टाप्] *स्त्री॰* वंशी। बाँसुरी। मुरली।

वंशी[१]—[< स॰ वंशीय] *वि॰* वंश विशेष में उत्पन्न या उससे सम्बन्धित। वंशीय। ***जैसे***—सूर्यवंशी; चन्द्रवंशी; यदुवंशी; रघुवंशी।

वंशी[२]—[स॰ वंश + अच् + ङीष्] *स्त्री॰* १. एक वाद्य जो मुँह से फूँक कर बजाया जाता है और बाँस में छेद करके बनाया जाता है। बाँसुरी। मुरली। २. वंशलोचन। ३. एक पुरानी तौल जो ८ तोले या ४ कर्ष के बराबर होती थी।

वंशीय—[स॰ वंश + छ] *वि॰* १. वंश विशेष से सम्बन्धित। वंश का। ***जैसे***—यदुवंशीय सेना। २. वंश विशेष में उत्पन्न या होनेवाला। ***जैसे***—रघुवंशीय राजा।

वंशोद्भूत्—[स॰ वंश ~ उद्भूत] *वि॰* वंश विशेष में उत्पन्न।

***वंसाटवी**—*पु॰ ≤ स॰* वंशाटवी। बाँस का वन।

वक—[स॰ √वङ्क् + अच्, पृषो॰, न-लोप] *पु॰* १. बक। बगुला (पक्षी)। २. कुबेर। ३. अगस्ति का वृक्ष/फूल।

वक़अत—[अरबी] *स्त्री॰* १. प्रतिष्ठा। आदर। इज़्ज़त। २. मूल्य। महत्त्व।

वकजित्/वकजेता—[स॰ वक + जित्, वकजेतृ] *पु॰* (वकासुर को जीतनेवाला) कृष्ण या भीम।

वकवृत्ति—[स॰ वक ~ वृत्ति] *स्त्री॰* (मछली पकड़ने की प्रतीक्षा में रहनेवाले बगले जैसी) धोखा देकर काम निकालने की वृत्ति। कपटी वृत्ति।

वकाइन/वकायन—[देशज] *स्त्री॰* एक वृक्ष जिसके पत्ते, फल, पुष्प, छाल आदि औषधोपयोगी हैं।

वकुल—[स॰ बकुल, ब→व] *पु॰* १. मौलसिरी का वृक्ष/फूल। २. शिव। महादेव।

वकुली—[स॰ वकुल + ङीष्] *स्त्री॰* १. मौलसिरी का फूल। २.एक वनौषधि। काकोली। जीवन्ती।

वक्तृता—[स॰ वक्तृ + ता] *स्त्री॰* भाषण। व्याख्यान। ***वा॰* वक्तृता झाड़ना**—भाषण देना।

वक्तृत्व—[वक्तृ + त्व] *पु॰* १. वक्ता होने की अवस्था/गुण/भाव। २. उत्तम रीति से भाषण देना। वाग्मिता। ३. कथन, भाषण या वक्तव्य।

वक्त्र—[स॰ √वच् + त्र] *पु॰* १. मुख। मुँह। २. पशु का थूथन। ३. चिड़ियों की चोंच। ४. बाण की नोक। ५. कार्य का आरम्भ। ६. बर्तन की टोंटी। ७. किसी वस्तु का अगला भाग। (छन्द॰) एक विषम वर्णिक छन्द जिसके प्रत्येक चरण में ८ वर्ण होते हैं, किसी भी चरण के प्रथम वर्ण के बाद सगण और नगण का प्रयोग नहीं होता। ✣ **वक्त्र-रन्ध्र (रंध्र)**—*पु॰* = मुख का छेद। मुख-विवर। ✣ **वक्त्ररागी**—*वि॰* = लाल मुख वाला। ✣ **वक्त्रशोधी**—*वि॰* = मुख को शुद्ध/स्वच्छ करनेवाला (पदार्थ)।

वक़्फ़—[अरबी] *पु॰* १. परमात्मा/देवता/संस्था आदि के नाम पर अर्पित या दान की हुई वस्तु या धन-सम्पत्ति। २. उक्त अर्पण या दान। ३. व्यक्ति विशेष या धार्मिक कार्य विशेष के लिए अलग रखी हुई वस्तु।

वक़्फ़नामा—[< अरबी वक़्फ़ + फा॰ नामः] *पु॰* १. वक़्फ़ का दस्तावेज़। २. दान-पत्र।

वक़्फ़ा—[< अरबी वक़्फ़ः] *पु॰* १. दो घटनाओं के बीच का थोड़ा समय। अन्तराल। २. काम से मिलने वाला अवकाश, छुट्टी या फ़ुरसत।

वक्र—[स॰ √वङ्क् + रन्, पृषो॰, न-लोप] *वि॰* १. टेढ़ा। बाँका। [∇ **विलोम**—ऋजु।] २. तिरछा। ३. घुँघराला। ४. क्रूर, धूर्त या कुटिल। [∇ **विलोम**—ऋजु/सरल।] *पु॰* नदी का मोड़। बंकर।

वक्रतुण्ड (वक्रतुंड)—[स॰ वक्र ~ तुण्ड] *वि॰* वक्र नाक वाला। वक्रनासिक। *पु॰* १. गणेश। विनायक। २. शुक। तोता।

वक्रधर—[स॰ वक्र + धर] *वि॰* (द्वितीया का) वक्र चन्द्रमा धारण करनेवाला। *पु॰* शिव। महादेव।

वक्रनक्र—[स॰ वक्र ~ नक्र] *पु॰* १. चुग़लख़ोर व्यक्ति। २. शुक। तोता।

वक्राङ्ग (वक्रांग)—[स॰ वक्र ~ अङ्ग] *वि॰* जिसका कोई अंग टेढ़ा हो। *पु॰* १. शरीर का टेढ़ा अंग। २. हंस। ३. सर्प। साँप।

वक्रिमा—[स॰ वक्रिमन् (वक्र + इमनिच्) + टाप्] *स्त्री॰* १. वक्रता। २. बाँकापन। ३. ढिठाई। ४. चालाकी। (काव्य॰) दो अर्थों वाला श्लेष।

वक्री—[स॰ वक्रिन् (वक्र + इनि)] *वि॰* १. वक्रतावाला। २. टेढ़ा-मेढ़ा। ३. विपरीत। उलटा। ४. कुटिल। *पु॰* १. मंगलग्रह। २. जन्म से ही जिसका अंग टेढ़ा-मेढ़ा हो। (खगोल॰) नक्षत्रों के बीच पूर्व से पश्चिम को हटता जाता (ग्रह)। पुच्छल तारा। ∇ **विलोम**—मार्गी।

वक्री गति—[स॰] *स्त्री॰* टेढ़ी चाल। (खगोल॰) किसी ग्रह या पुच्छल तारे की वह गति जो नक्षत्रों के बीच पूर्व से पश्चिम प्रतीत होती है। (अ॰ रेट्रोगेड मोशन)

वक्रोक्ति—[स॰ वक्र ~ उक्ति] *स्त्री॰* चमत्कारपूर्ण उक्ति/कथन। (काव्य॰) एक शब्दालंकार जिसमें वक्ता के वाक्य का श्लेष द्वारा या काकु (कंठध्वनि) द्वारा अन्य व्यक्ति भिन्न अर्थ करता है। ✣ **वक्रोक्ति सम्प्रदाय (संप्रदाय)**—*पु॰* = (काव्य॰) काव्यशास्त्रियों का एक वर्ग जो वक्रोक्ति को 'काव्य की आत्मा' मानता है।

वक्ष—[< स॰ वक्षस्] *पु॰* शरीर का एक अंग। पेट और गले के बीच का भाग। छाती। सीना।

वक्षःस्थल—[स॰ वक्षस् ~ स्थल] *पु॰* वक्ष। छाती। सीना।

वक्षोज/वक्षोरुह—[स॰ √वक्षस् + ज/रुह] *पु॰* स्त्री का स्तन। कुच। उरोज।

वक्ष्यमाण—[स॰ वक्ष्य + शानच्] *वि॰* १. जो कहा जा सके। वक्तव्य। २. जो कहा जा रहा हो। ३. जो कथन का विषय हो।

वङ्क (वंक)—[स॰ √वङ्क + अच्/घञ्] *पु॰* नदी का घुमाव। नदी का मोड़। वंकर।

वङ्कनाल (वंकनाल)—[स॰ वङ्क ~ नाल] *पु॰* (पीतल आदि)

धातु की, एक हाथ लम्बी और आगे के भाग में मुड़ी हुई, मूल में स्थूल छेद वाली और आगे के भाग में सूक्ष्म छेद वाली नली।

वङ्कर (वंकर)—[सं॰ वङ्क √रा + क] *पु॰* नदी का मोड़/घुमाव। वंक।

वङ्किम (वंकिम)—[सं॰ वङ्क + इमनिच्] *वि॰* टेढ़ा। *पु॰* आवारा। गुंडा।

वङ्ग (वंग)—[सं॰ √वङ्ग् + अच्] *पु॰* १.बंगाल प्रदेश। २. राँगा नामक धातु।

वङ्गाष्टक (वंगाष्टक)—[सं॰ वङ्ग ~ अष्टक] *पु॰* (आयुर्वेद॰) राँगा इत्यादि आठ धातुओं की भस्म से तैयार की जाने वाली औषधि।

वच[1]—[सं॰ √वच् + अच्] *पु॰* १. वचन। कथन। बात। २. वाणी। वाक्य।

वच[2]—[< सं॰ वचा] *स्त्री॰* एक औषधोपयोगी भूरे रंग की जड़ जिसके गुल्म प्रायः डेढ़ मीटर लम्बे होते हैं और उनमें पुष्प नहीं आता।

वचनबद्ध (वचनबद्ध)—[सं॰ वचन ~ बद्ध] *वि॰* वायदे से बँधा हुआ। प्रतिश्रुत। ✣ **वचनबद्धता (वचनबद्धता)**—*स्त्री॰* = वचनबद्ध होने की अवस्था/भाव।

वचनविदग्धा—[सं॰ वचन ~ विदग्धा] *वि॰* विदग्धा नायिका के दो भेदों में एक। (वह नायिका) जो परपुरुष/नायक के प्रति अपने प्रेम का संकेत वाणी की चतुराई से दे ताकि प्रेमभाव दूसरों से छिपा रहे।

वचनीय—[सं॰ √वच + अनीयर्] *वि॰* १. कहे जाने के योग्य। कथनीय। २. वर्णन के योग्य। वर्णनीय। ३. धिक्कारे जाने योग्य। निन्दनीय। बुरा।

वचस्वी—[सं॰ वचस्विन्] *वि॰* भाषणपटु। वाक्पटु।

वचा—[सं॰ √वच् + णिच् + अच् + टाप्] *स्त्री॰* १. एक औषधि। वच। (दे॰) २. सारिका। मैना (पक्षी)।

†**वच्छ**[1]—[प्रा॰ < सं॰ वक्षस्] *पु॰* वक्ष। छाती।

*__वच्छ__[2]—[< सं॰ वत्स] *पु॰* (गाय का) बछड़ा। वत्स।

वज़ारत—[< अरबी विज़ारत] *स्त्री॰* १. मन्त्री का पद या काम। २. मन्त्रित्व।

वज़ीर—[अरबी] *पु॰* १. (राज्य का) मन्त्री। २. सचिव। ३. शतरंज का एक मोहरा जो केवल बादशाह से छोटा होता है।

वज्र—[सं॰ √वज् + रन्] *वि॰* १. अति कठोर/तीव्र/उग्र। ***जैसे***—वज्रहृदय; वज्रमूर्ख; वज्रवचन। २. सुदृढ़। ***जैसे***—वज्र शरीर। *पु॰* १. (आकाश की) बिजली। २. इन्द्र का प्रमुख अस्त्र। ३. हीरा। ४. कोई भी विनाशक हथियार। ***वा॰*** **(किसी पर) वज्र गिरना/टूटना/पड़ना**—भारी विपत्ति आना।

वज्रकीट—[सं॰ वज्र ~ कीट] *पु॰* एक कीड़ा जो पत्थर को भी काट कर उसमें छेद कर देता है।

वज्रगुणन—[सं॰ वज्र ~ गुणन] *पु॰* (गणित॰) दो समान भिन्नों में से प्रत्येक भिन्न के अंश से दूसरी भिन्न के हर का गुणन जिससे प्राप्त राशियाँ भी समान होती हैं। तिरछी गुणा। ***जैसे***—३/४ = ६/८ में वज्रगुणन से ३ × ८ = ४ × ६ अथवा क/ख = य/र तो कर = ख य।

वज्रघोष—[सं॰ वज्र ~ घोष] *पु॰* १. बिजली की कड़क। २. बिजली की कड़क के समान ध्वनि।

वज्रज्वाला—[वज्र ~ ज्वाला] *स्त्री॰* (आकाश की) बिजली।

वज्रतुण्ड (वज्रतुंड)—[सं॰ वज्र ~ तुण्ड] *पु॰* १. गणेश। विनायक। २. गरुड़। ३. गिद्ध। ४. मच्छर। ५. डाँस।

वज्रदंष्ट्र—[सं॰ वज्र ~ दंष्ट्र] *वि॰* कठोर दाढ़ों वाला। ***जैसे***—वज्रदंष्ट्र कीड़ा कर्ण की जंघा को कुतरने लगा। *पु॰* इन्द्रगोप (कीट)। बीरबहूटी।

वज्रदन्त (वज्रदंत)—[सं॰ वज्र ~ दन्त] *वि॰* कठोर दाँतों वाला। *पु॰* १. मूषक। चूहा। २. शूकर। सुअर।

वज्रधर—[सं॰ वज्र ~ धर] *वि॰* वज्र धारण करनेवाला। *पु॰* इन्द्र।

वज्रनिर्घोष—[सं॰ वज्र ~ निर्घोष] *पु॰* १. वज्र का शब्द। २. कठोर ध्वनि। ३. बिजली कड़कने की आवाज़।

वज्रपाणि—[सं॰ वज्र ~ पाणि] *वि॰* जिसके हाथ में वज्र हो। *पु॰* इन्द्र।

वज्रपात—[सं॰ वज्र ~ पात] *पु॰* १. (आकाश से) बिजली गिरना। वज्राघात। २. (लाक्षणिक) भीषण अनिष्ट या भारी नाश।

वज्रमणि—[सं॰ वज्र ~ मणि] *पु॰* हीरा।

वज्रयान—[सं॰ वज्र ~ यान] *पु॰* बौद्धों का एक सम्प्रदाय जिसमें तान्त्रिक प्रवृत्तियों की प्रमुखता है। ✣ **वज्रयानी**—*वि॰* = वज्रयान-सम्बन्धी। वज्रयान का। *पु॰* = वज्रयान का अनुयायी।

वज्राकर—[सं॰ वज्र ~ आकर] *पु॰* हीरों की खान।

वज्राङ्ग (वज्रांग)—[सं॰ वज्र ~ अङ्ग] *पु॰* हनुमान्।

वज्राघात—[सं॰ वज्र ~ आघात] *पु॰* १. (आकाश से) बिजली गिरना। वज्रपात। २. बहुत कठोर आघात। बड़ी चोट।

वज्राधिक—[सं॰ वज्र ~ अधिक] *वि॰* वज्र से भी अधिक (कठोर, शक्तिशाली या घातक आदि)।

वज्रायुध—[सं॰ वज्र ~ आयुध] *पु॰* इन्द्र।

वज्री—[सं॰ वज्रिन्] *पु॰* इन्द्र।

वञ्चक (वंचक)—[सं॰ √वञ्च् + णिच् + ण्वुल्] *वि॰* ठगने वाला। धोखेबाज़। छली। कपटी। *पु॰* धूर्त व्यक्ति। ठग।

वञ्च्य (वंच्य)—[सं॰ √वञ्च् + ण्यत्] *वि॰* १. वंचनीय। २. जिसे छला/ठगा जाना हो।

*__वञ्छना (वंछना)__—[< सं॰ वाञ्छन] *क्रि॰स॰* कामना करना। चाहना। *स्त्री॰* कामना। वांछा। चाह।

वञ्जु (वंजु)—[< सं॰ √वज्] *पु॰* शाहबलूत या बलूत नामक वृक्ष। बाँज। (अं॰ ओक)

वञ्जुल (वंजुल)—[सं॰ √वज्र + उलच्, नुम्] *पु॰* १. बेंत या नरकुल। २. अशोक वृक्ष। ३. तिनिश वृक्ष।

वट—[सं॰ √वट् + अच्] *पु॰* १. बरगद का पेड़। २. कौड़ी। गोली।

वटपत्री—[सं॰ वह ~ पत्री॰]स्त्री॰ एक क्षुप जिसके पत्ते बरगद के पत्तों के समान होते हैं।

वटवासी—[सं॰ वटवासिन्] *पुं॰* यक्ष।

वटिका—[सं॰ वटी + कन् + टाप्] *स्त्री॰* १. गोली या टिकिया। बटी। २. 'बड़ी' नामक पकवान।

वटु/वटुक—[सं॰ √वट् + ड, वटु + कन्] *पुं॰* १. बालक। लड़का। २. ब्रह्मचारी।

वडवाग्नि/वडवानल—[सं॰ वडवा ~ अग्नि/अनल] *पुं॰* समुद्र के भीतर रहनेवाली अग्नि।

वणिक्—[सं॰ वणिज् (√पण् + इजि) प→व] *पुं॰* वणिक। (दे॰)

वणिक—[< सं॰ वणिक्] *पुं॰* १. वाणिज्य/व्यापार से जीविका कमानेवाला) व्यापारी। २. वैश्य। बनिया।

वणिक्-वृत्ति, वणिग्वृत्ति—[सं॰ वणिज् ~ वृत्ति] *स्त्री॰* वणिक का काम। व्यापार। कारोबार।

वणिग्वीथी—[वणिज् ~ वीथी] *स्त्री॰* १. हाट। बाज़ार। २. बाज़ार का मार्ग।

वण्ट (वंट)—[सं॰ √वण्ट् + घञ्/अच्] *वि॰* १. कटी पूँछ/दुम वाला। २. अविवाहित। कुँआरा। *पुं॰* १. अविवाहित पुरुष। २. हँसिया का बेंट।

वण्टक[१] (वंटक)—[सं॰ वण्ट + कन्] *पुं॰* बाँट में मिलनेवाला अंश/भाग/हिस्सा।

वण्टक[२] (वंटक)—[सं॰ √वण्ट् + ण्वुल्] *वि॰* बाँटनेवाला। *पुं॰* बाँटनेवाला व्यक्ति।

वण्ठ (वंठ)—[सं॰ √वण्ठ् + अच्] *वि॰* १. किसी अंग से हीन। हीनांग। २. पंगु। लँगड़ा। ३. अविवाहित। कुँआरा। ४. बौना। *पुं॰* १. अविवाहित पुरुष। २. दास। सेवक। नौकर। ३. बौना व्यक्ति।

वण्ड (वंड)—[सं॰ √वन् + ड] *वि॰* १. किसी अंग से हीन। हीनांग। २. पंगु। लँगड़ा। ३. अविवाहित। कुँआरा। ४. जिसका ख़तना हुआ हो। (जैसे—मुसलमानों का)। *पुं॰* १. वह पुरुष जिसका ख़तना हुआ हो। मुसलमान। २. बिना पूँछ का बैल।

वण्डा (वंडा)—[सं॰ वण्ड + टाप्] *स्त्री॰* व्यभिचारिणी स्त्री।

***वतीतना**—[< सं॰ व्यतीत] *क्रिअ॰* (समय का) व्यतीत होना। बीतना। गुज़रना। *क्रिस॰* (समय को) व्यतीत करना। बिताना। गुज़ारना।

वतीरा—[< अरबी वतीरः] *पुं॰* १. पद्धति। ढंग। तरीक़ा। २. व्यवहार। आचरण।

वत्स—[सं॰ √वद् + स] *पुं॰* १. सन्तान। २. पुत्र। ३. बालक। ४. गाय का बच्चा। बछड़ा। ५. अपने से छोटे व्यक्ति या शिष्य आदि के लिए एक स्नेहपूर्ण सम्बोधन।

वत्सर—[सं॰ वत्स + सरन्] *पुं॰* १. बारह मास की अवधि। २. वर्ष।

वत्सल—[सं॰ वत्स + लच्] *वि॰* १. पुत्र/सन्तान के प्रति बहुत स्नेह करनेवाला। २. बालक या बालकों से प्रेम करनेवाला। वात्सल्यपूर्ण। ३. शिष्य/भक्त के प्रति बहुत स्नेहपूर्ण।

वद—[सं॰ √वद् + अच्] *वि॰* (समासयुक्त पद के अन्त में प्रयुक्त) बोलनेवाला। ***जैसे***—प्रियंवद (= प्रिय बोलनेवाला)।

वदतोव्याघात—[सं॰ वदतः ~ व्याघात] *पुं॰* किसी कथन/वाक्य का दोष। वह कथन जिसमें अपनी कही हुई बात कट रही हो। ***जैसे***—'उसकी माता बन्ध्या है' कथन में वदतोव्याघात दोष है।

वदन—[सं॰ √वद् + ल्युट्] *पुं॰* १. बोलने/कहने की क्रिया/भाव। कथन। २. मुख। चेहरा। ३. मुख। मुँह। ४. रूप। शक्ल। सूरत। ५. (किसी वस्तु का) अगला या सामने का भाग। अग्रभाग।

वदान्य—[सं॰ √वद् + आन्य] *वि॰* १. उदार। २. बड़ा दानी। ३. अपनी बातचीत से दूसरों को सन्तुष्ट करनेवाला। मधुरभाषी।

✣ **वदान्यता**—*स्त्री॰* = १. उदारता। २. अतिदानशीलता। ३. मधुरभाषिता।

वदि—[सं॰ √वद् + इन्] *अव्यय॰* (चान्द्र मास के) कृष्ण पक्ष में। वदी में। *पुं॰* (चान्द्र मास का) कृष्ण पक्ष।

वदय (वद्य)—[सं॰ √वद् + यत्] *वि॰* १. कहने योग्य। २. अनिन्द्य। *पुं॰* १. कथन। वचन। २. (चान्द्र मास का) कृष्ण पक्ष। बदी।

ं**वद्रिकाश्रम**—[< सं॰ वदरिकाश्रम] *पुं॰* हिमालय पर स्थित एक तीर्थ। बदरीनाथ। बदरीधाम।

वध—[सं॰ √हन् + अप्] १. चाबुक, बैंत आदि से प्राणियों को मारना। २. मार डालने की क्रिया। मारण। हत्या।

वधक—[सं॰ √हन् + क्वुन्, 'वध' आदेश] *वि॰* १. वध करनेवाला। २. हत्या करनेवाला। हत्यारा। *पुं॰* १. घातक/हिंसक व्यक्ति। २. जल्लाद। ३. व्याध।

वधन—[< सं॰ वध] *पुं॰* १. मारण। हत्या। २. नाश। *अव्यय॰* मारने के लिए।

वधना[१]—[< सं॰ वध] *क्रिस॰* मारना।

वधना[२]—[< सं॰ वर्धन] *क्रिअ॰* १. बढ़ना। २. समृद्ध होना या उन्नति करना।

वधिक—[< सं॰ वधक] *वि॰* वध करनेवाला। *पुं॰* १. वध करनेवाला व्यक्ति। वधक। हत्यारा।

वधुका—[सं॰ वधू + कन् + टाप्, ह्रस्व] *स्त्री॰* वधू।

वधू—[सं॰ √वह् + ऊ-ध आदेश] *स्त्री॰* १. ऐसी कन्या जिसका विवाह हो रहा हो या कुछ ही पहले हुआ हो। २. नवविवाहिता स्त्री। दुलहिन। ३. पत्नी।

वधूटी—[सं॰ वधू + टि + ङीष्] *स्त्री॰* १. वधू। २. पुत्रवधू। ३. विवाहित तरुणी।

वधूपक्ष—[सं॰ वधू ~ पक्ष] *पुं॰* विवाह में वधू/कन्या की ओर के लोग।

वधूशुल्क—[सं॰ वधू ~ शुल्क] *पुं॰* वर-पक्ष द्वारा वधू के परिवार को दी जानेवाली धन-सम्पत्ति या सेवाएँ।

वध्य—[सं॰ वध + यत्] *वि॰* १. जिसका वध किया जाना उचित हो। वध के योग्य। २. जिसका वध किया जाने वाला हो। जिसके लिए प्राणदंड की आज्ञा दी जा चुकी हो। ३. शिकार का पशु। ४. शत्रु। ∇ **विलोम**—अवध्य।

वध्यमाला—[सं॰ वध्य ~ माला] *स्त्री॰* कनेर के फूलों का हार।

वन—[सं° √वन् + अच्] *पु°* १. एक बड़ा क्षेत्र जो प्रमुखतः वृक्षों से ढँका होता है। जंगल। २. वाटिका। बग़ीचा। ***जैसे***—अशोक वन। ३. जल। पानी। ***जैसे***—वनद (= बादल)। ४. काष्ठ। लकड़ी।

वनकरी, वनकुञ्जर (वनकुंजर), वनगज—[सं° वनकरिन्, वन ~ कुञ्जर/गज] *पु°* जंगली हाथी।

वन-कुक्कुट—[सं°] *पु°* जंगली मुर्ग़ा। वनमुर्ग़।

वनगुल्म—[सं° वन ~ गुल्म] *पु°* जंगली झाड़ी।

वनगोचर—[सं° वन ~ गोचर] *वि°* जो वन में प्रायः रहता हो। *पु°* वनवासी व्यक्ति (मुनि, साधु आदि)।

वनचन्दन (वनचंदन)—[सं° वन ~ चन्दन] *पु°* १. अगरु/अगर की लकड़ी। २. देवदारु (वृक्ष)।

वनचर—[सं° वन ~ चर] *वि°* वन में रहने या विचरने वाला। वनचारी। *पु°* १. जंगली मनुष्य/पशु। २. वनचर। जलचर। ३. मत्स्य। मीन। मछली।

वन-छाग—[सं°] *पु°* १. जंगली बकरा। २. शूकर। सुअर।

वनज—[सं° वन + ज] *वि°* जंगल में उत्पन्न। २. पानी में उत्पन्न। *पु°* १. हाथी। २. नीलकमल (फूल)।

वनजा—[सं° वनज + टाप्] *स्त्री°* १. वनतुलसी। २. अश्वगन्धा। असगन्ध। ३. निर्गुंडी। ४. सफ़ेद कंटकारि। कँटियारी।

वनजीवी—[सं° वनजीविन्] *पु°* १. लकड़हारा। २. व्याध। बहेलिया।

वनद—[सं° वन + द] *पु°* जलद। मेघ। बादल।

वनदाभ—[सं° वनद ~ आभा] *वि°* जल-भरे बादल के समान आभा वाला। नीला/साँवला रंग। ***जैसे***—वनदाभ राम।

वनमाला—[सं° वन ~ माला] *स्त्री°* १.वन के फूलों की माला। २. घुटनों तक लम्बी ऋतु-पुष्पों की माला।

वनमाली—[सं° वनमालिन्] *वि°* वनमाला पहननेवाला। *पु°* (वासुदेव) कृष्ण। (छन्द°) एक समवर्णिक छन्द जिसके प्रत्येक चरण में तगण, भगण, तगण और भगण (त भ त भ) के योग से १२ वर्ण होते हैं तथा ४-४-४ पर यति होती है।

वनरुह—[सं° वन ~ रुह] *वि°* जल में उत्पन्न। *पु°* कमल। जलज।

वनरोपण—[सं° वन ~ रोपण] *पु°* किसी वन-रहित भूमि को पेड़-पौधे लगाकर जंगल या उपवन के रूप में बदलने का काम। भूमि पर वन लगाने की क्रिया। ∇ **विलोम**—निर्वनीकरण/वनोन्मूलन। Δ **पर्याय**—वनसंवर्धन।

वनलक्ष्मी—[सं° वन ~ लक्ष्मी] *स्त्री°* १. वन की शोभा। २. वन की शोभा की अधिष्ठात्री देवी।

वनलता—[सं° वन ~ लता] *स्त्री°* (कोई) जंगली बेल।

वनवाहन—[सं° वन ~ वाहन] *पु°* १. (कोई भी) जलवाहन। २. नौका। नाव।

वनविज्ञान—[सं° वन ~ विज्ञान] *पु°* वनरोपण इत्यादि से सम्बन्धित वैज्ञानिक अध्ययन।

वन-शूकर—[सं°] *पु°* जंगली सूअर।

वनशोभन—[सं° वन ~ शोभन] *पु°* कमल। जलज।

वनसंरक्षक—[सं° वन ~ संरक्षक] *पु°* वन/वनों के संरक्षण के लिए नियुक्त अधिकारी। वनपाल।

वन-संस्कृति—[सं°] *स्त्री°* १. वनों में विकसित होनेवाली मानव संस्कृति। २. वनवासी ऋषियों, मुनियों आदि के द्वारा विकसित प्राचीन भारतीय संस्कृति।

वनस्थ—[सं° वन + स्थ] *वि°* जंगल में स्थित। *पु°* १. वनवासी व्यक्ति। २. वानप्रस्थी। ३. वन्य पशु। जंगली जानवर।

वनस्पति—[सं° वन ~ पति, सुट्-आगम] *स्त्री°* १. वह पेड़ जिसमें फूल लगे बिना ही फल आएँ। २. पेड़-पौधे।

वनाग्नि—[सं° वन ~ अग्नि] *स्त्री°* जंगल में लगनेवाली आग। दावानल। दावाग्नि।

वनानी—[सं° वन + ङीष्, आनुक्-आगम] *स्त्री°* बड़ा लम्बा-चौड़ा वन। विशाल जंगल। अरण्यानी।

वनान्त (वनांत)—[सं° वन ~ अन्त] *पु°* १. जंगल की सीमा। २. वन-प्रान्त। वन-प्रदेश। जंगली भूमि।

वनान्तर (वनांतर)—[सं° वन ~ अन्तर] *पु°* १. दूसरा जंगल। अन्य वन। २. जंगल का भीतरी भाग।

वनापगा—[सं° वन ~ आपगा] *स्त्री°* जंगल की नदी।

वनालक्त—[सं° वन ~ अलक्त] *पु°* १. गेरू। २. लाल मिट्टी।

वनाली—[सं° वन ~ आली] *स्त्री°* १. वन-श्रेणी। वन-समूह। २. वृक्ष-समूह।

वनाश्रमी—[सं° वनाश्रमिन्] *वि°* वानप्रस्थी। *पु°* वानप्रस्थी व्यक्ति।

वनिका—[सं° वनी + कन् + टाप्, ह्रस्व] *स्त्री°* १. छोटा वन। २. कुंज। Δ **पर्याय**—वनी।

वनिता—[सं° √वन् + क्त + टाप्] *स्त्री°* १. नारी। स्त्री। २. पत्नी। ३. प्रेमपात्री। प्रेयसी।

वनी[1]—[सं° वन + ङीष्] *स्त्री°* १. छोटा वन। २. कुंज।

वनी[2]—[सं° वनिन्] *पु°* १. वृक्ष। २. सोमलता। ३. वानप्रस्थी व्यक्ति।

वनीकृत—[सं° वन + च्वि ~ कृत] *वि°* (भूमि) जिसमें अनेक पेड़ लगाए गए हों। जिसे जंगल के रूप में तैयार किया गया हो।

वनेचर—[सं° वने ~ चर, अलुक् समास] *वि°* वन में विचरण करनेवाला। जंगल में घूमने-फिरनेवाला। वनचर। *पु°* १. मुनि। २. वानप्रस्थी व्यक्ति। साधु-सन्न्यासी। ३. वन्य पशु। जंगली जानवर। ४. वनमानुष। ५. राक्षस।

***वनैला**—[< सं° वन] *वि°* १. जंगली। २. भयंकर।

वनोत्सर्ग—[सं° वन ~ उत्सर्ग] *पु°* कुआँ, तालाब, देवमन्दिर, उपवन आदि का शास्त्रीय विधि से समाज के लिए दान।

वनोन्मूलन—[सं° वन ~ उन्मूलन] *पु°* जंगल की कटाई। निर्वनीकरण।

वनौषधि—[सं° वन ~ ओषधि] *स्त्री°* दवा के काम में आनेवाली जंगली जड़ी-बूटी।

वन्दन (वंदन)—[सं° √वन्द् + ल्युट्] *पु°* १. प्रणाम। नमस्कार। २. सम्मान। ३. स्तुति। वन्दना। ४. अर्चना। पूजन। ५. प्रशंसा। तारीफ़। ६.सिन्दूर।

वन्दनधूरि (वंदनधूरि)—[सं॰ वन्दन ~ धूलि] *स्त्री॰* अबीर, गुलाल आदि।

वन्दीगृह (वंदीगृह)—[सं॰ वन्दी ~ गृह] *पु॰* कारागार। क़ैदखाना। जेल (अं॰)।

वन्दिजन (वंदिजन), वन्दीजन (वंदीजन)—[सं॰ वन्दि/वन्दी ~ जन] *पु॰* १. एक स्तुति-गायक जाति। चारण। भाट। २. उक्त जाति का व्यक्ति।

वन्द्य (वंद्य)—[सं॰ √वन्द् + ण्यत्] *वि॰* वन्दनीय।

वन्ध्या, वन्ध्या—दे॰ शुद्ध रूप बन्ध्य, बन्ध्या।

वन्य—[सं॰ वन + यत्] *वि॰* १. वन-सम्बन्धी। २. वन में उत्पन्न होनेवाला। ३. वन में रहनेवाला। जंगली। *जैसे*—वन्य प्राणी। ४. असभ्य। बर्बर।

वन्यवृत्ति—[सं॰ वन्य ~ वृत्ति] *वि॰* वन में उत्पन्न वस्तुओं पर जीवन बितानेवाला।

वन्या—[सं॰ वन + य + टाप्] *स्त्री॰* १. सघन वन। २. वन-समूह। ३. जल-राशि। ४. गुंजा। घुँघची।

वपन—[सं॰ √वप् + ल्युट्] *पु॰* (बीज आदि) बोना।

वपा—[सं॰ √वप् + अङ् + टाप्] *स्त्री॰* १. वसा। चर्बी। २. वल्मीक। बाँबी। (चिकित्सा॰) उदर-आवरण की एक परत जो आमाशय को अन्य उदरीय अंगों से जोड़ती है। (अं॰ ओमेन्टम्)

वपु—[सं॰ वपुस्] *पु॰* शरीर। देह।

वपुमान—[< सं॰ वपुष्मान्] *वि॰* १. उत्तम शरीर वाला। सुन्दर। २. शरीरधारी। ३. मूर्त। साकार।

वप्ता—[सं॰ वप्तृ] *पु॰* १. (बीज/बीजों को) बोनेवाला। २. पिता। जनक।

वप्र—[सं॰ √वप् + रन्] *पु॰* १. पहाड़ की चोटी। पर्वत-शिखर। २. पहाड़ के ऊपर की समतल भूमि। ३. पहाड़ का उतार। ४. नगर या क़िले की खाई से निकाली गयी मिट्टी से बना ऊँचा टीला। ४. टीला। भीटा। ५. (किसी) भवन की नींव।

वफ़ा—[अरबी] *स्त्री॰* १. प्रतिज्ञा-पालन। २. निष्ठा। भक्ति। ३. स्वामी/स्वामिनी, मित्र/प्रेमिका के प्रति भक्ति या निष्ठा (जो कठिन समय में साथ निबाहने से प्रकट होती है)।

वफ़ा-जफ़ा—[अरबी] *स्त्री॰* १. वफ़ादारी और अत्याचार। २. प्रेमिका द्वारा अत्याचार और प्रेमी द्वारा प्रेम-निर्वाह।

वफ़ात—[अरबी] *स्त्री॰* मृत्यु। मौत।

वबा—[अरबी] *स्त्री॰* व्यापक रूप में जनता में फैलने वाला संक्रामक रोग। महामारी। ✣ **वबाई**—*वि॰* = १. महामारी-सम्बन्धी। २. महामारी के रूप में फैला हुआ।

वबाल—[अरबी] *पु॰* १. कठिन विपत्ति। २. दुःख। कष्ट। ३. जंजाल। झंझट।

वबालेजान—[अरबी वबाल + फा॰ जान] *पु॰* १. अपने प्राणों के लिए कठिन विपत्ति। २. अपने लिए जंजाल या झंझट। ३. अत्यन्त कष्टप्रद।

वमन—[सं॰ √वम् + ल्युट्] *पु॰* १. क़ै। उलटी। २. बाहर निकालने की क्रिया। ३. क़ै/उलटी किया हुआ पदार्थ। वमित पदार्थ।

वय—[< सं॰ वयस्] *स्त्री॰* १. बीता हुआ जीवन-काल। अवस्था। उम्र। २. युवावस्था का आरम्भ या उसकी उम्र। ३. जीवन का वह समय जब कोई व्यक्ति प्राकृतिक रूप से या परम्परा से किसी बात विशेष के लिए योग्य हो जाता है।

वयः—[सं॰ वयस्] *पु॰* वय। (दे॰) ✣ **वयःक्रम**—*पु॰* = अवस्था। उम्र।

वयःसन्धि (वयःसंधि)—[सं॰ वयः ~ सन्धि] *स्त्री॰* बाल्यावस्था और युवावस्था के मिलन का समय।

वयःस्थ—[सं॰ वयस् + स्थ] *वि॰* वयस्क। बालिग़। ✣ **वयःस्था**—*वि॰* (*स्त्री॰*)। *स्त्री॰* = सखी। मित्र। सहेली।

वयस्—[सं॰ √अज् + असुन्, वी-आदेश] *पु॰* वय। (दे॰)

वयस्क—[सं॰ वयस् + क] *वि॰* युवा। तरुण। बालिग़। (विधि॰) विशिष्ट उम्र का व्यक्ति जिसे अपनी सम्पत्ति की व्यवस्था करने या विवाह करने आदि का अधिकार प्राप्त हो। ✣ **वयस्क मताधिकार**—*पु॰* = बालिग होने पर चुनाव आदि में भाग लेने का अधिकार।

वयस्य—[सं॰ वयस् + यत्] *वि॰* समान अवस्था/उम्र वाले। बराबर उम्र के। *पु॰* सखा। मित्र।

वयोवती—[सं॰ वयोवत् + ङीष्] *वि॰* (*स्त्री॰*) प्रौढ़ा।

वर—[सं॰ √वृ + अप्] *वि॰* १. उत्तम। श्रेष्ठ। २. वरण के योग्य। चुने जाने या पसन्द किए जाने योग्य। *पु॰* १. अनेक वस्तुओं/व्यक्तियों आदि में से किया गया चुनाव। चयन। वरण। २. किसी कन्या के विवाह के लिए निश्चित किया गया व्यक्ति। कन्या का होनेवाला पति। ३. (वधू का) पति। दूल्हा। ४. परमात्मा/देवता/ऋषि/योगी/गुरु आदि से माँगा गया या उसके द्वारा प्रसन्न होकर दिया गया आशीर्वाद। वरदान। Δ विलोम-शाप। ५. पुरस्कार के रूप में दिया गया वचन।

वरक़—[अरबी] *पु॰* १. पुस्तक आदि का पृष्ठ। पर्ण। पन्ना। २. धातु को पीट-पीट कर बनाया गया पत्रवत् रूप। *जैसे*—चाँदी का वरक़। ***वा॰* वरक़ स्याह करना**—लिखना।

वरचन्दन (वरचंदन)—[सं॰ वर ~ चन्दन] *पु॰* १. काला चन्दन। २. देवदारु (वृक्ष)।

वरञ्च (वरंच)—[< सं॰ परञ्च] *अव्यय॰* १. परन्तु। किन्तु। २. अपितु। बल्कि। *जैसे*—शास्त्रार्थ में वह जीतेगा नहीं वरंच पूरी तरह हारेगा।

वरण—[सं॰ √वृ + ल्युट्] *पु॰* १. अनेक वस्तुओं/व्यक्तियों आदि में से अपनी पसन्द से किया जाने वाला। चुनाव। चयन। २. कन्या द्वारा अपने लिए या सम्बन्धियों आदि द्वारा कन्या के लिए वर का निर्धारण या चयन।

वरण-मख—[सं॰] *पु॰* स्वयंवर।

वरण-माला—[सं॰] *स्त्री॰* वह माला जो द्वाराचार के समय कन्या

वर को पहनाती है। (विवाह की) जयमाला। जयमाल।

वरद—[सं॰ वर + द] *वि॰* १. वर देनेवाला। वरदायक। २. अभीष्ट पूरा करनेवाला या अभीष्ट वस्तु देनेवाला। ३. शुभ।

वरदमुद्रा—[सं॰ वरदा ~ मुद्रा] *स्त्री॰* (देवी/देवता/महात्मा आदि की) वर देने की मुद्रा।

वरदहस्त—[सं॰ वरद ~ हस्त] *वि॰* १. वर देने की हस्तमुद्रा वाला। २. वर देनेवाला। ***वा॰* वरदहस्त होना**—कृपालु होना।

वरदा—[सं॰ वरद + टाप्] *वि॰* (स्त्री॰) १. वर देनेवाली। वरदायिनी। ***जैसे***—वरदा देवी। २. अभीष्ट पूरा करनेवाली या अभीष्ट वस्तु देनेवाली। ३. शुभ।

वरदा चतुर्थी—[सं॰] *स्त्री॰* माघ शुक्ल चतुर्थी (तिथि)।

वरदान—[सं॰ वर ~ दान] *पु॰* किसी देवता या महात्मा आदि का प्रसन्न होने पर किसी को उसकी अभीष्ट वस्तु या सिद्धि का दान। ∇ **विलोम**—शाप। ✣ **वरदानी**—*वि॰* = १. वर देनेवाला। वरदाता। २. अभीष्ट पूर्ण करनेवाला।

वरन्—[< सं॰ परम्] *अव्यय॰* अपितु। बल्कि।

वरना—[< सं॰ वरण] *क्रिस॰* १. वरण करना। चुनना। २. पति का वरण करना। पति चुनना।

वरप्रद—[सं॰ वर ~ प्रद] *वि॰* वर देनेवाला। वरद।

वरप्रदान—[सं॰ वर ~ प्रदान] १. वर का दान। वर देना। २. अभीष्ट की पूर्ति। ३. सिद्धि का दान।

वरम—[अरबी] *पु॰* (शरीर के किसी अंग की) सूजन। शोथ। ***जैसे***—उसके पैरों पर वरम है।

वरयिता—[सं॰ वरयितृ] *वि॰* १. वरण करनेवाला। चुननेवाला या पसन्द करनेवाला। २. अपने विवाह के लिए कन्या का वरण करनेवाला। *पु॰* १. (कन्या का) वर। २. (स्त्री का) पति।

वरयुवती—[सं॰ वर ~ युवती] *स्त्री॰* श्रेष्ठ युवती। उत्तम तरुणी। (छन्द॰) एक समवर्णिक छन्द जिसके प्रत्येक चरण में क्रमशः भगण, रगण, यगण, नगण, नगण और गुरु (भ र य न न ग) के योग से १६ वर्ण होते हैं तथा ९-७ पर यति होती है।

वरवर्णता—[सं॰ वर ~ वर्णता] *स्त्री॰* रंगों का सौन्दर्य। ***जैसे***—चित्र की वरवर्णता।

वरवर्णिनी—[सं॰ वर ~ वर्णिनी] *वि॰* (*स्त्री॰*) वर्ण/रंग वाली। *स्त्री॰* १. सुन्दर स्त्री। २. लक्ष्मी। ३. सरस्वती। ४. पार्वती। दुर्गा।

वरवर्णी—[सं॰ वर ~ वर्णिन्] *वि॰* सुन्दर वर्ण/रंग वाला। *पु॰* सुन्दर पुरुष।

वरही[1]—[< सं॰ वर] *पु॰* स्वर्ण की लम्बी **पट्टी** जो विवाह में वधू को पहनाते हैं। टीका।

†**वरही**[2]—[< सं॰ वर्हीं] *पु॰* मयूर। मोर।

वराक—[सं॰ √वृ + पाकन्] *वि॰* १. दीन-हीन। तुच्छ। बेचारा। २. दयनीय। ३. अभागा।

वराङ्ग (वरांग)—[सं॰ वर ~ अङ्ग] *पु॰* १. श्रेष्ठ अंग। २. मस्तक। सिर। ३. योनि। भग। ५. हाथी। *वि॰* सुन्दर शरीर वाला। रूपवान्।

वराङ्गना (वरांगना)—[सं॰ वर ~ अङ्गना] *स्त्री॰* सुन्दर स्त्री।

वराङ्गी (वरांगी)—[सं॰ वराङ्गिन्] *वि॰* सुन्दर/उत्तम अंगों वाला।

वराट—[सं॰ वर √अट् + अण्] *पु॰* १. कौड़ी। २. डोरी। रस्सी। ३. कमलगट्टे का बीज।

वराटक—[सं॰ वराट + कन्] *पु॰* वराट। (दे॰) ✣ **वराटिका**—*स्त्री॰* = १. कौड़ी। २. (लाक्षणिक) तुच्छ/क्षुद्र वस्तु।

वरानन—[सं॰ वर ~ आनन] *वि॰* १. सुन्दर मुख वाला। २. सुन्दर (पुरुष)। *पु॰* सुन्दर मुख।

वरान्न—[सं॰ वर ~ अन्न] *पु॰* उत्तम अन्न।

वरायन—[< सं॰ वर] *पु॰* एक प्रकार के गीत जो विवाह के समय वर-पक्ष की स्त्रियाँ गाती हैं।

वरारोह—[सं॰ वर ~ आरोह] *वि॰* श्रेष्ठ वाहन वाला। *पु॰* १. गजारोही। २. उत्तम सवार। ३. विष्णु।

वरार्ह—[सं॰ वर ~ अर्ह] *वि॰* १. वरदान पाने योग्य। २. जो वर पाने योग्य हो या जिसके लिए वर मिल सके।

वरियार—[< सं॰ बला, या < वाट्यालक] *स्त्री॰* एक औषधोपयोगी क्षुप। बला। खिरैंटी।

वरिशी—[< सं॰ वडिश] *स्त्री॰* मछली फाँसने की वंशी। कँटिया।

वरिष्ठ—[सं॰ वर + इष्ठन्] *वि॰* सबसे बढ़कर। सबसे श्रेष्ठ। सर्वोत्तम। २. अन्यों से बड़ा या उच्च। ज्येष्ठ। वरीय। ∇ **विलोम**—कनिष्ठ।

वरीय—[< सं॰ वरीयस्] *वि॰* १. वरिष्ठ। २. बहुत में से चुने या लिए जाने योग्य। ३. तुलना में अधिक अच्छा और अधिक पसन्द किए जाने योग्य। अधिमान्य। ✣ **वरीयता**—*स्त्री॰* = वरीय होने की स्थिति/गुण/भाव। वरिष्ठता या अधिमान्यता।

***वरु**—[< सं॰ परम्] *अव्यय॰* अपितु। वरन्। बल्कि।

वरुण—[सं॰ √वृ + उनन्] *पु॰* १. एक देवता जो जल और समुद्र का अधिष्ठाता है तथा पश्चिम दिशा का स्वामी है। २. समुद्र। ३. आकाश। ४. हमारे सौर जगत् का सबसे दूरस्थ ग्रह। (अ॰ नेपट्यून) कहा जाता है।

वरुणालय/वरुणावास—[सं॰ वरुण ~ आलय/आवास] *पु॰* समुद्र। सागर।

वरूथ—[सं॰ √वृ + अथन्] *पु॰* १. कवच। २. प्राचीन काल में लोहे का बना एक प्रकार का जाल जो युद्ध में रथ की रक्षा के लिए उसके ऊपर डाला जाता था। ३. ढाल। ४. सेना। ५. समूह। ६. गृह। घर।

वरूथिनी—[सं॰ वरूथ + इनि + ङीष्] *स्त्री॰* १. सेना। २. रथ पर बैठी स्त्री। ३. कवच पहनी स्त्री। ४. रक्षिका। ५. वैशाख कृष्ण एकादशी।

वरूथी[1]—[सं॰ वरूथिन्] *वि॰* १. जो कवच पहने हो। कवचधारी। २. जो रथ पर सवार हो। रथारूढ़। *पु॰* १. रथ। २. रक्षक। ३. हाथी की पीठ पर रखने की काठी।

वरूथी[2]—[सं॰ वरूथ + ङीष्] *स्त्री॰* सेना।

†वरे—[< हि॰ परे] *क्रिवि॰* १. परे। दूर। २. उस पार। ३. उस ओर। उधर।

वरेण्य—[सं॰ √वृ + एण्य] *वि॰* १. वरण किए जाने योग्य। चयनीय। २. वांछनीय। ३. इच्छित। ४. सबसे अच्छा। सर्वश्रेष्ठ। सर्वोत्तम। ५. मुख्य। *पु॰* कुंकुम। केसर।

वर्ग—[सं॰ √वृज् + घञ्] *पु॰* १. कक्षा। श्रेणी। दर्जा। ***जैसे***—वर्ग ५ के लड़के; निम्न वर्ग के लोगों की सहायता। २. आकार-प्रकार में कुछ भिन्न परन्तु कोई विशेषता समान रूप से रखनेवाले व्यक्तियों/पदार्थों का समूह। श्रेणी। ***जैसे***—मनुष्य-वर्ग; वनस्पति-वर्ग; अध्यापक-वर्ग। ३. ग्रन्थ का विभाग। अध्याय, परिच्छेद या प्रकरण आदि। (व्या॰) देवनागरी वर्णमाला में एक स्थान से बोले जाने वाले स्पर्श व्यंजन वर्णों का समूह। ***जैसे***—कवर्ग; तवर्ग; पवर्ग। (गणित॰) १. (अंकगणित या बीजगणित में) किसी संख्या या राशि या व्यंजक को उसी से एक बार गुणा करने पर प्राप्त परिणाम। ***जैसे***—५ का वर्ग = ५ × ५ या २५ और क का वर्ग = क × क या क^२। २. (ज्यामिति में) वह चतुर्भुज जिसकी चारों भुजाएँ बराबर हों और परस्पर समकोण बनाती हों।

वर्गक—[सं॰ वर्ग + कन्] *पु॰* (प्राणि॰) ऐसे जीवों का समूह जो आनुवंशिक दृष्टि से आपस में सम्बन्धित माने जाते हैं [जैसे—स्पीशीज़ (= जाति) इत्यादि]। (अ॰ टैक्सोन)

वर्गाङ्कित (वर्गांकित)—[सं॰ वर्ग ~ अङ्कित] *पु॰* वर्गाकार ख़ानों वाला (काग़ज़ आदि)। (अ॰ ग्राफ़ पेपर)

वर्गान्त्य (वर्गांत्य)—[सं॰ वर्ग ~ अन्त्य] *पु॰* (व्या॰) देवनागरी वर्णमाला में कवर्ग आदि पाँचों वर्गों के अन्तिम वर्ण। पाँचों अनुनासिक वर्ण—ङ्, ञ्, ण्, न्, म्।

वर्गिकी—[< सं॰ वर्ग] *स्त्री॰* जीवविज्ञान की वह शाखा जिसमें प्राणियों या वनस्पतियों का लक्षणों के आधार पर वर्गीकरण किया जाता है। वर्गीकरणविज्ञान।

वर्गीय—[सं॰ वर्ग + छ] *वि॰* १. किसी वर्ग से सम्बन्धित। वर्ग का। ***जैसे***—'ख' कवर्गीय वर्ण है; लेखकवर्गीय नागरिकों का सम्मेलन। २. समान कक्षा/श्रेणी का। पु॰ सहपाठी।

वर्चस्व—[< सं॰ वर्चस्] *पु॰* १. तेज। दीप्ति। कान्ति। २. प्रबलता। ३. प्रधानता। ४. प्रताप।

वर्चस्वी—[सं॰ वर्चस्विन्] *वि॰* १. तेजस्वी। दीप्तियुक्त। कान्तियुक्त। २. पराक्रमी। शक्तिशाली। *पु॰* शक्तिशाली मनुष्य।

वर्जन—[सं॰ √वृज् + णिच् + ल्युट्] *पु॰* १. त्यजन। त्याग। छोड़ना। २. निषेध। मनाही।

वर्जना[१]—[सं॰ √वृज् + णिच् + युच् + टाप्] *स्त्री॰* निषेध। मनाही। वर्जन। (समाज॰) समाज द्वारा आरोपित वर्जन। परम्परागत निषेध। (अ॰ टैबू)

वर्जना[२]—[< सं॰ वर्जन] *क्रिस॰* वर्जन करना। निषेध करना। मना करना।

वर्जनाहीन—*वि॰* १. जिसमें निषेध या मनाही न हो। २. समाज द्वारा परम्परागत निषेध या वर्जना से रहित।

वर्जनीय—[सं॰ √वृज् + णिच् + अनीयर्] *वि॰* १. वर्जन किए जाने योग्य। २. छोड़ने योग्य। त्याज्य। अग्राह्य। ३. निषेध के योग्य। ४. अनुचित। निन्दनीय।

वर्जयिता—[सं॰ वर्जयितृ] *वि॰* वर्जक।

वर्ज़िश—[फ़ा॰] *स्त्री॰* व्यायाम। कसरत। ✣ **वर्ज़िशी**—*वि॰* = १. व्यायाम का अभ्यस्त। व्यायामशील। २. व्यायाम से स्वस्थ और शक्तिशाली बनाया गया (शरीर आदि)। ***जैसे***—वर्ज़िशी शरीर। ३. हृष्ट-पुष्ट।

वर्ज्य—[सं॰ √वृज् + णिच् + ण्यत्] *वि॰* वर्जन करने योग्य। वर्जनीय। ✣ **वर्ज्य-सूची**—*स्त्री॰* = क़ानून या समाज द्वारा वर्जित वस्तुओं या कार्यों की तालिका/सूची। (विधि॰) अवांछित कार्य करनेवालों की तालिका/सूची। (अ॰ ब्लैकलिस्ट)

वर्ण—[सं॰ √वर्ण् + घञ्] *पु॰* १. रंग। २. वैदिक दृष्टि से मनुष्य समाज के ब्राह्मण, क्षत्रिय आदि चार विभागों में से प्रत्येक। ३. जाति। ४. रूप। आकृति। ५. केसर। कुंकुम। (व्या॰) वह मूल ध्वनि जिसके खंड न हो सकें। स्वर और व्यंजन। ***जैसे***—अ, इ, उ, क्, ख्, च् आदि वर्ण, 'शक्ति' शब्द में ५ वर्ण हैं—श्, अ, क्, त्, इ।

वर्णक—[सं॰ वर्ण + कन् (अथवा √वर्ण् + ण्वुल्)] *पु॰* १. रंग। २. अंगराग। ३. अनुलेपन। उवटन। ४. सिन्दूर। ५. चन्दन। ६. (देवताओं को चढ़ाने का) ऐपन। ७. वेषभूषा। पोशाक। ८. अभिनेता की पोशाक। ९. सिर के बाल आदि रंगने की दवा आदि। १०. चारण। भाट। बन्दीजन। (प्राणि॰) प्राणियों के ऊतकों को रंगनेवाला पदार्थ (अ॰ पिगमेन्ट)।

वर्णकुट्टिम—[सं॰ वर्ण ~ कुट्टिम] *पु॰* पच्चीकारी।

वर्णक्रम—[सं॰ वर्ण ~ क्रम] *पु॰* १. वर्णमाला के अक्षरों का क्रम। वर्णानुक्रम। २. ब्राह्मण आदि वर्णों का क्रम। ३. (लाक्षणिक) घटनाओं/विषयों आदि की शृंखला। सिलसिला। (भौतिकी॰) प्रकाश के त्रिपांर्श्व में से जाने पर दिखनेवाले ७ रंग। इन्द्रधनुषी रंग। (अ॰ स्पेक्ट्रम)

वर्णच्छटा—[सं॰ वर्ण ~ छटा] *स्त्री॰* (किसी स्थान पर या वस्तु में) रंगों की शोभा। (चित्र॰) गहरी वर्णाभा के विरोध में हल्के रंग।

वर्णतूलिका—[सं॰ वर्ण ~ तूलिका] *स्त्री॰* चित्रकार की कूँची।

वर्णद—[सं॰ वर्ण + द] *वि॰* वर्ण/रंग देनेवाला। *पु॰* १. रंगसाज़। २. रतनजोत नामक सुगन्धित लकड़ी। *स्त्री॰* हल्दी।

वर्णदण्डक (वर्णदंडक)—[सं॰ वर्ण ~ दण्डक] *पु॰* (छन्द॰) वे समवर्णिक छन्द जिनके प्रत्येक चरण में २६ से अधिक वर्ण हों, चाहे गणों के क्रम का बन्धन हो या न हो।

वर्णधर्म—[सं॰ वर्ण ~ धर्म] *पु॰* १. ब्राह्मण आदि किसी वर्ण का धर्म/कर्तव्य। २. किसी व्यक्ति का अपने वर्ण के अनुसार धर्म/कर्तव्य।

वर्णन—[सं॰ √वर्ण् + ल्युट्, तथा √वर्ण् + णिच् + ल्युट्] •*पु॰*

१. वर्णों/रंगों का प्रयोग। रँगने की क्रिया। रँगाई। २. चित्रण। ३. किसी घटना/दृश्य/वस्तु/व्यक्ति/अनुभूति आदि का विस्तारपूर्वक कथन/निरूपण। ४. लेखन। ५. प्रशंसा। श्लाघा। सराहना। (काव्य॰) ऐन्द्रिय संवेदनाओं द्वारा पाठक/श्रोता के 'भाव' को उद्‌बुद्‌ध करने के लिए किसी साहित्यिक रचना में किया गया ऐन्द्रिय विषयों का चित्रण। ✣ **वर्णना**[१] — *स्त्री॰* = वर्णन।

वर्णना[२] —[< सं॰ वर्णन] *क्रिस॰* (किसी/घटना/दृश्य/व्यक्ति/अनुभूति आदि का) वर्णन करना।

वर्ण-परिप्रेक्ष्य—[सं॰] *पु॰* (चित्र॰) चित्र में हल्के और गहरे रंग-प्रयोग से वस्तुओं में त्रिआयाम तथा स्थान की दूरी का आभास कराने की एक विधि। रंग-परिप्रेक्ष्य। (अ॰ कलर पर्स्पेक्टिव)

वर्ण-प्रकर्ष—[सं॰] *पु॰* रंग की उत्तमता।

वर्णप्रभा—[सं॰ वर्ण ~ प्रभा] *स्त्री॰* (कला॰) रंग की चमक-दमक। वर्ण-दीप्ति। (अ॰ कलर-ग्लो)

वर्ण-प्रस्तार—[सं॰] *पु॰* (छन्द॰) वह प्रक्रिया जिससे निर्दिष्ट यह पता किया जाता है कि वर्णों की किसी संख्या के कितने समवर्णिक छन्द होंगे और उनके कितने भेद होंगे।

वर्णभेद—[सं॰ वर्ण ~ भेद] *पु॰* १. रंगों का अन्तर। २. ब्राह्मण आदि वर्णों के लोगों में माना जाने वाला भेद/अन्तर। ३. त्वचा के काले, गोरे, पीले आदि रंगों के आधार पर जातियों में किया जानेवाला पक्षपातपूर्ण भेद-भाव। ४. नस्लों के रंगों के आधार पर किया जानेवाला पक्षपातपूर्ण भेद।

वर्णमातृका—[सं॰ वर्ण ~ मातृका] *स्त्री॰* सरस्वती (देवी)।

वर्ण-रेखा—[सं॰] *स्त्री॰* शेष तल से भिन्न रंग की टेढ़ी रेखा। धारी।

वर्णलोप—[सं॰ वर्ण ~ लोप] *पु॰* १. ब्राह्मण आदि वर्गों का किसी समाज में अदर्शन/लोप/अभाव। २. शब्द लिखने में कोई वर्ण छूट जाना। ***जैसे***—'कृषक' को 'कृष' लिखने में 'क' वर्णलोप है। (भाषा॰) किसी शब्द के किसी वर्ण या किन्हीं वर्णों की कालान्तर में लुप्तता/लोप। ***जैसे***—वर्णलोप करके 'स्टेशन' को 'टेशन' बोलना।

वर्णवर्ति/वर्णवर्तिका—[सं॰ वर्ण ~ वर्ति/वर्तिका] *स्त्री॰* चित्रकार की कूँची। वर्णतूलिका।

वर्णविपर्यय—[सं॰ वर्ण ~ विपर्यय] *पु॰* (भाषा॰) किसी शब्द के वर्णों/अक्षरों के क्रम में परिवर्तन या उलट-फेर। ***जैसे***—'लखनऊ' को 'नखलऊ' बोलने में 'ल' और 'न' का वर्णविपर्यय है।

वर्णवृत्त—[सं॰ वर्ण ~ वृत्त] *पु॰* वह वर्णिक छन्द जिसके सभी चरणों में लघु-गुरु का क्रम और वर्णों की संख्या समान हो। समवर्णिक छन्द।

वर्णसङ्गत (वर्णसंगत)—[सं॰ वर्ण ~ सङ्गत] *वि॰* वर्ण/रंग के अनुकूल। वर्ण/रंग से मेल खाता हुआ।

वर्णाक्षर—[सं॰ वर्ण ~ अक्षर] *पु॰* (कोश॰) शब्द के प्रथम वर्ण/अक्षर से बना हुआ शब्द का संक्षिप्त रूप। ***जैसे***—भा.ज.पा. (भारतीय जनता पार्टी)।

वर्णाघात—[सं॰ वर्ण ~ आघात] *पु॰* [मनो॰] (मानसिक रोगी को) किसी रंग विशेष को देखने पर मन में होनेवाला विक्षोभ या उसकी सूचक अनुक्रिया। (अ॰ कलर शॉक)

वर्णात्मक—[सं॰ वर्ण ~ आत्मक] *वि॰* वर्णोंवाला। वर्णमय। ✣ **वर्णात्मक भाषा**—*स्त्री॰* = (भाषा॰) वर्णों से बने अर्थयुक्त शब्दों वाली भाषा। व्यवहार में सामान्य रूप से प्रयुक्त भाषा।

वर्णानुक्रम—[सं॰ वर्ण ~ अनुक्रम] *पु॰* लिपि में वर्णों का नियत क्रम।

वर्णानुक्रमण—[सं॰ वर्ण ~ अनुक्रमण] *पु॰* (पुस्तक॰) पुस्तकों आदि के शब्दों, नाम तथा वाक्यांशों की सूची की वर्णमाला के क्रम से व्यवस्था। आनुवर्णीकरण।

वर्णानुक्रमणिका—[सं॰ वर्ण ~ अनुक्रमणिका] *स्त्री॰* (लेखकों/पुस्तकों के नाम आदि की) वर्णमाला के क्रम से तैयार की हुई अनुक्रमणिका/सूची।

वर्णान्ध (वर्णांध)—[सं॰ वर्ण ~ अन्ध] *वि॰* १. (नेत्र-दोष के कारण) जो नीले, हरे, पीले इत्यादि रंगों को न पहचान सके। २. वर्णान्धता रोग से ग्रस्त।

वर्णाभा—[सं॰ वर्ण ~ आभा] *स्त्री॰* १. रंगत। २. किसी वर्ण-शृंखला के हल्के रंगों की तुलना में कुछ गहरे रंग या रंगत। (अ॰ कलर शेड)

वर्णाश्रम—[सं॰ वर्णा ~ आश्रम] *पु॰* ब्राह्मण, क्षत्रिय आदि चारों वर्ण और ब्रह्मचर्य, गृहस्थ आदि चारों आश्रम।

वर्णिक—[सं॰ वर्ण + ठक्] *वि॰* वर्ण-सम्बन्धी। वर्ण का। (छन्द॰) जो मात्रिक न हो। वर्णों के क्रम और संख्या पर आधारित (छन्द)। ✣ **वर्णिक गण**—*पु॰* = (छन्द॰) छन्दशास्त्र के यगण आदि ८ गण। ✣ **वर्णिक छन्द (छंद)**—*पु॰* = एक प्रकार के छन्द जो मात्रिक छन्दों से भिन्न होते हैं तथा सभी चरणों में वर्णों की संख्या तथा लघु वर्ण और गुरु वर्ण के नियत क्रम का पालन करते हैं। ***जैसे***—इन्द्रवज्रा, मन्दाक्रान्ता आदि वर्णिक छन्द।

वर्णिका—[सं॰ वर्णिक + टाप्] *स्त्री॰* १. मसि। स्याही। २. रंग। ३. अभिनय करनेवाले की वेशभूषा/पोशाक।

वर्णिकी—[< सं॰ वर्णिक] *स्त्री॰* (भौतकी॰) रंगों के विभिन्न तरंगदैर्घ्यों (अ॰ वेवलेंग्थ्स) से निर्धारित होनेवाला अभिकल्पनाओं का विज्ञान। (अ॰ क्रमैटिक्स)

वर्णिमा—[सं॰ वर्ण + इमनिच्] *स्त्री॰* किसी रंग की आभा। रंगत। वर्णाभा।

वर्णी—[सं॰ वर्णिन्] *वि॰* १. (समासयुक्त पद के अन्त में) किसी रंग या वर्ण का। रंगयुक्त। ***जैसे***—पीतवर्णी। २. रूपयुक्त। ३. ब्राह्मण आदि वर्णों में से किसी वर्ण का। *पु॰* १. चारों वर्णों में से किसी एक वर्ण का पुरुष। २. चित्रकार। ३. रंगरेज। ४. लेखक।

वर्तक—[सं॰ √वृत् + ण्वुल्] *वि॰* उपयोग/व्यवहार करनेवाला। बरतनेवाला। *पु॰* नर बटेर। ✣ **वर्तका**—*स्त्री॰* = स्त्री/मादा बटेर।

वर्तन—[सं॰ √वृत् + ल्युट्] *पु॰* १. काम में लाना। उपयोग। व्यवहार। २. व्यवहार। आचरण। (वाणि॰) क़ीमत पर छूट। कटौती।

वर्ति/वर्ती—[सं॰ √वृत् + इन्, वर्ति + ङीष्] *स्त्री॰* १. दीपक/लैम्प/लालटैन आदि की बत्ती। २. घाव में भरने की बत्ती या घाव पर बाँधने की पट्टी। ३. उबटन। ४. (वस्त्र आदि की) रंगीन रेखा। धारी।

वर्तिक—[सं॰ √वृत् + तिकन् (या वर्त + ठन्)] *पु॰* बटेर। (पक्षी)

वर्तिका[1]—[सं॰ वर्तिक + टाप्] *स्त्री॰* बटेर (पक्षिणी)।

वर्तिका[2]—[सं॰ वर्ति + कन् + टाप्] *स्त्री॰* १. चित्रकार की कूँची। तूलिका। २. दीपक की बत्ती। ***जैसे***—जीवन दीप, वर्तिका तन की। ३. रंग की बत्ती। ४. पेन्सिल (अ॰)।

वर्ती—[सं॰ वर्तिन्] *वि॰* १. बरतनेवाला। वर्तनशील। २. घूमनेवाला। ३. (समासयुक्त पद के अन्त में) स्थित रहनेवाला। ***जैसे***—दूरवर्ती; सीमावर्ती।

वर्तुल—[सं॰ √वृत् + उलच्] *वि॰* वृत्ताकार। मंडलाकार। गोल। *पु॰* परिधि।

वर्त्म—[सं॰ वर्त्मन्] *पु॰* १. पथ। मार्ग। रास्ता। २. (बैलगाड़ी आदि के चलने से बनी) लीक। ३. (नेत्र का) पलक। नेत्रच्छद। ४. किनारा। कोर। ५. स्थान। ६. आश्रय। ७. प्रथा चलन। रस्म।

वर्धकी—[सं॰ वर्धकिन्] *पु॰* बढ़ई।

वर्धन[1]—[सं॰ √वृध् + ल्यु/ल्युट्, √वृध् + णिच् + ल्यु] *वि॰* १. बढ़नेवाला। २. उन्नति करनेवाला। ३. समृद्धिदाता। *पु॰* १. वृद्धि। बढ़त। २. उन्नयन। उन्नति।

वर्धन[2]—[सं॰ √वर्ध् + ल्युट्] *क्रिस॰* १. काटना। २. कतरना। ३. छीलना। ४. पूर्ति।

वर्धमती—दे॰ वर्धमान।

वर्धमान—[सं॰ √वृध् + शानच्, मुक्] *वि॰* १. बढ़नेवाला। वर्धनशील। बढ़ता हुआ। *पु॰* १. सब प्रकार से बढ़े हुए ज्ञान वाला व्यक्ति। २. विष्णु। ३. (चौबीसवाँ जैन तीर्थंकर) महावीर स्वामी। ४. बंगाल के बर्दवान ज़िले का प्राचीन नाम। ❖ **वर्धमती**—*वि॰* (*स्त्री॰*) = बढ़ती हुई। वृद्धिशील। ***जैसे***—ऋषि की वर्धमती तपस्या।

वर्धयिता—[सं॰ वर्धयितृ] *वि॰* बढ़ानेवाला। वर्धक।

वर्धरोध—[सं॰ वर्ध ~ रोध] *पु॰* (प्राणियों, पौधों आदि के) विकास या वृद्धि की रोक।

वर्धापन—[सं॰ वर्ध् + णिच्, आपुक् + ल्युट्] *पु॰* १. उन्नति। वृद्धि। २. नवजात शिशु का नाल काटना। नाल काटने का संस्कार। ३. काट। तराश। ४. वर्षगाँठ का उत्सव।

वर्धित—[सं॰ √वृध् + णिच् + क्त] *वि॰* १. बढ़ाया हुआ। २. बढ़ा हुआ। ❖ **वर्धिता**—*वि॰* (*स्त्री॰*) = बढ़ी हुई या बढ़ायी हुई।

वर्धिष्णु—[सं॰ √वृध् + इष्णुच्] *वि॰* बढ़ता रहने वाला। वृद्धिशील। वर्धमान। ***जैसे***—वर्धिष्णु वैभव।

वर्ना—[< फा॰ वर्नः] *अव्यय॰* अन्यथा। नहीं तो।

वर्म—[सं॰ √वृ + मनिन्] *पु॰* १. कवच। २. घर। मकान। ३. छाल।

***वर्मन**—[< सं॰ वर्मन्] *पु॰* (क्षत्रिय जाति की सूचक एक उपाधि) वर्मा।

वर्मा—[सं॰ वर्मन्] *पु॰* क्षत्रियों या कायस्थों की एक जाति-सूचक उपाधि जो नाम के साथ आती है।

वर्मित—[सं॰ वर्मन् + णिच् + क्त (या वर्मन् + इतच्)] *वि॰* जिसने कवच धारण किया हो। कवचधारी।

वर्य—[सं॰ √वृ + यत्] *वि॰* (समासयुक्त पद के अन्त में प्रयुक्त) १. वरण किए जाने योग्य। चुनने योग्य। २. सर्वोत्तम। सर्वश्रेष्ठ। ३. प्रधान। मुख्य। ***जैसे***—पंडितवर्य; वैश्यवर्य।

वर्या—[सं॰ वर्य + टाप्] *स्त्री॰* १. वह कन्या जो स्वयं पति वरण करे। २. कन्या।

वर्ष—[सं॰ √वृष् + अच्] *पु॰* १. काल का एक मान। पृथ्वी द्वारा सूर्य की परिक्रमा में लगा समय। संवत्सर। बरस। साल। २. (काल-गणना की दृष्टि से) किसी ग्रह, उपग्रह, नक्षत्रमंडल आदि के एक चक्र के पूरा होने का समय। ***जैसे***—सौर वर्ष; चान्द्र वर्ष; नाक्षत्र वर्ष। ३. (प्राचीन भूगोल के अनुसार किसी 'द्वीप' अर्थात्) किसी महाद्वीप का एक बड़ा भूखंड। ***जैसे***—जम्बूद्वीप में स्थित भारतवर्ष। ४. किसी मास की किसी तिथि से फिर उसी मास की उसी तिथि के आने तक का समय।

वर्षक—[सं॰ √वृष् + ण्वुल्] *वि॰* १. बरसनेवाला। ***जैसे***—वर्षक बादल। २. (किसी वस्तु की) वर्षा करनेवाला। बरसानेवाला। ऊपर से फैंकनेवाला। ***जैसे***—पुष्पवर्षक युवती।

वर्षकामेष्टि—[सं॰ वर्ष ~ काम ~ इष्टि] *स्त्री॰* वर्षा कराने की कामना से किया जाने वाला यज्ञ।

वर्षगाँठ—[सं॰ वर्ष + हि॰ गाँठ] *स्त्री॰* जन्मदिवस। बरसगाँठ। सालगिरह।

वर्षघ्न (वर्षघ्न)—[सं॰ वर्ष + घ्न] *वि॰* (बादल उड़ाकर) वर्षा को रोकनेवाला। *पु॰* पवन। वायु। हवा।

वर्षज—[सं॰ वर्ष + ज] *वि॰* बरसात में उत्पन्न।

वर्षण—[सं॰ √वृष् + ल्युट्] *पु॰* १. (किसी वस्तु का) बरसना। २. वर्षा। वृष्टि। ३. छिड़काव।

वर्षधर—[सं॰ वर्ष ~ धर] *पु॰* १. मेघ। बादल। २. पर्वत। पहाड़। ३. एक 'वर्ष' (महाद्वीप का बड़ा भूखंड) को दूसरे वर्ष से विभक्त करनेवाला पर्वत। सीमा-पर्वत। वर्षपर्वत। ***जैसे***—हिमालय भारत का वर्षधर पर्वत है। ४. (ज्योतिष॰) वर्षपति।

वर्षपति—[सं॰ वर्ष ~ पति] *पु॰* (ज्योतिष॰) वर्ष विशेष का शासक ग्रह। वर्षेश।

वर्षपर्वत—[सं॰ वर्ष ~ पर्वत] *पु॰* (प्राचीन भूगोल के अनुसार) पृथ्वी को वर्षों में विभाजित करनेवाला पर्वत। ***जैसे***—हिमालय, निषध आदि अनेक वर्षपर्वत पुराणों में वर्णित हैं।

वर्षशत—[सं॰ वर्ष ~ शत] *पु॰* सौ वर्ष। शताब्दी।

वर्षाङ्क (वर्षांक)—[सं॰ वर्ष ~ अङ्क] *पु॰* किसी वर्ष (संवत् या सन्) का संख्याक्रम (जैसे—१९९४ ई॰ या २०५१ विक्रमी संवत्)।

वर्षागम—[सं॰ वर्ष/वर्षा ~ आगम] *पु॰* १. वर्षा का आरम्भ।

२. वर्षाऋतु का आरम्भ। ३. नए वर्ष का आगमन।

वर्षाधिप—[सं॰ वर्ष ~ अधिप] *पुं॰* (ज्योतिष॰) वर्ष विशेष का स्वामी ग्रह। वर्षेश।

वर्षानुवर्ष—[सं॰ वर्ष + अनु + वर्ष] *क्रि॰* निरन्तर हर साल। प्रतिवर्ष।

वर्षा-प्रभञ्जन (प्रभंजन)—[सं॰] *पुं॰* ऐसी आँधी जिसके साथ वर्षा भी हो। आँधी-पानी।

वर्षाभू—[सं॰ वर्षा ~ भू] *वि॰* वर्षा में उत्पन्न होनेवाला। *पुं॰* १. मेंढक। २. इन्द्रगोप। बीरबहूटी। *स्त्री॰* १. मेंढकी। २. केंचुवा।

वर्षाम्बु (वर्षांबु)—[सं॰ वर्षा ~ अम्बु] *पुं॰* वर्षा का जल।

वर्षिक—[सं॰ वर्ष/वर्षा + ष्णिक्] *वि॰* १. वर्ष-सम्बन्धी। वर्ष का। २. वर्षा-सम्बन्धी। वर्षा का।

वर्षी[1]—[सं॰ वर्षिन्] *वि॰* समासयुक्त पद के अन्त में प्रयुक्त) वर्षा करनेवाला। ***जैसे***—जलवर्षी बादल।

वर्षी[2]—[< सं॰ वर्ष] *वि॰* समासयुक्त पद के अन्त में प्रयुक्त) वर्ष का। वर्षीय। ***जैसे***—पंचवर्षी।

वर्षीय—[सं॰ वर्ष + छ] *वि॰* १. वर्ष से सम्बन्धित। वर्ष का। ***जैसे***—वर्षीय कार्यक्रम। २. वार्षिक। ***जैसे***—वर्षीय उत्सव। ३. (काल या वय/उम्र के विचार से) वर्षों का।

वर्षेश[1]—[सं॰ वर्ष ~ ईश] *पुं॰* (ज्योतिष॰) निर्दिष्ट वर्ष का स्वामी ग्रह। वर्षाधिपति।

वर्षेश[2]—[सं॰ वर्षा ~ ईश] *पुं॰* १. वर्षा का स्वामी। २. इन्द्र।

वर्षोपल—[सं॰ वर्ष ~ उपल] *पुं॰* (वर्षा में कभी-कभी बरसनेवाला) ओला। करका।

वर्ह—[सं॰ √वर्ह् + अच्] *पुं॰* १. मोर का पंख। २. पत्र। पत्ता।

वर्हण—[सं॰ √वर्ह् + ल्युट् (या √वबर्ह् + ल्यु)] *पुं॰* पत्र। पत्ता।

वर्हि—[सं॰ √वृह् + इसुन्, निपात॰, न-लोप] *पुं॰* १. अग्नि। २. जल। ३. यज्ञ। ४. कुश। ५. दीप्ति।

वर्हिच्छद—[सं॰ वर्हिन् + छद] *पुं॰* मोरपंख।

वर्हिध्वज, वर्हियान, वर्हिवाहन—[सं॰ वर्हि ~ ध्वज/यान/वाहन] *पुं॰* (शिव-पार्वती का पुत्र) कार्तिकेय। स्कन्द।

वर्ही—[सं॰ वर्हिन्] *पुं॰* मयूर। मोर।

वलक्ष—[सं॰ बलक्ष, ब → व] *वि॰* श्वेत। सफ़ेद। *पुं॰* सफ़ेद रंग।

वलद—[अरबी] *पुं॰* पुत्र। आत्मज। बेटा। ***जैसे***—रमेश वलद सन्दीप (= सन्दीप का पुत्र रमेश)।

वलन—[सं॰ √वल् + ल्युट्] *पुं॰* चक्कर खाना। घूमना। घुमाव। (भूविज्ञान॰) शैल की किसी एक परत में या सम्पूर्ण शैल में मोड़। (अं॰ फ़ोल्ड) (खगोल॰) ग्रह की वक्र गति।

वलना—[< सं॰ वलन] *क्रिअ॰* १. किसी ओर को घूमना/मुड़ना। २. वापस आना। लौटना। *क्रिस॰* १. घुमाना। फिरना। २. वापस आना। लौटना। *क्रिस॰* १. घुमाना। फिरना। २. लपेटना।

वलनी—[< सं॰ वलन] *स्त्री॰* १. घूमी हुई या मुड़ी हुई। २. वह स्थान जहाँ से कोई वस्तु घूमी हुई या मुड़ी हुई हो।

वलभी—[सं॰ √वल् + अभि + ङीष्] *स्त्री॰* १. घर के ऊपर बना हुआ मंडप। चन्द्रशाला। २. घर का सबसे ऊँचा भाग। ३. छप्पर का ठाठ।

वलय—[सं॰ √वल् + कयन्] *पुं॰* १. गोल घेरा। मंडल। २. मंडल/वृत्त की परिधि। ३. कंकण। कंगन। ४. छल्ला। ५. घेरने/लपेटने वाली वस्तु। वेष्टन। ६. घेरा। ७. कमर में बाँधने की पेटी। ८. कमर। ९. (बाँधने का) वस्त्र का नाड़ा। इज़ारबन्द। (भूविज्ञान॰) विपरीत दिशाओं से दबाब पड़ने पर शैल में पड़ा मोड़।

वलयाङ्गद (वलयांगद)—[सं॰ वलय ~ अङ्गद] *पुं॰* १. कंकण। कंगन। २. कड़ा। ३. चूड़ी। ४. बाज़ूबन्द।

वलयित—[सं॰ वलय + इतच्] *वि॰* १. घेरा हुआ। २. लपेटा हुआ। वेष्टित।

वलयिता—[सं॰ वलयितृ] *वि॰, पुं॰* परिवेष्टन करनेवाला। घेरनेवाला।

वलवला—[< अरबी वल्वल:] *पुं॰* उत्साह। उमंग। आवेग। जोश।

वलसूदन—[सं॰ वल ~ सूदन] *पुं॰* 'वल' नामक असुर को मारनेवाला। इन्द्र।

वलाक—[सं॰ बलाक, ब → व] *पुं॰* एक पक्षी। बक। बगुला।

वलाहक—[सं॰ वारिवाहक, पृषो॰] *पुं॰* १. मेघ। बादल। २. पर्वत। पहाड़।

वलि/वली—[सं॰ √वल् + इन्, वलि + ङीष्] *स्त्री॰* १. सिकुड़न। झुर्री। २. चन्दन आदि से शरीर पर बनायी गयी रेखा। ३. पेट में पड़नेवाली सिकुड़न की रेखाओं में से प्रत्येक। ***जैसे***—त्रिवली।

वलित—[सं॰ √वल् + क्त] *वि॰* १. घूमा हुआ। मुड़ा हुआ। २. घिरा हुआ या घेरा हुआ। ३. लपेटा हुआ। वेष्टित। ४. ढँका हुआ। ५. झुर्री पड़ा हुआ। ६. (समासयुक्त शब्द के अन्त में) युक्त। सहित। ***जैसे***—दीप्तिवलित। *पुं॰* (नृत्य॰) हाथ को भावपूर्वक मोड़ने की एक मुद्रा। ✣ **वलित पर्वत**—*पुं॰* = (भूविज्ञान॰) शैलों पर वलन क्रिया से बना पर्वत। (अं॰ फ़ोल्डिड माउन्टेन)

वली[1]—दे॰ वलि।

वली[2]—[अरबी] *पुं॰* १. महात्मा। २. सहायक। ३. उत्तराधिकारी। ४. मित्र। दोस्त। ५. किसी अ-वयस्क का या किसी सम्पत्ति का अभिभावक।

वल्क—[सं॰ वल् + क] *पुं॰* १. पेड़ की छाल। वल्कल। २. खंड। टुकड़ा। ३. मछली के शरीर के ऊपर का चमकीला आवरण/छिलका।

वल्कल—[सं॰ √वल् + कलन्] *पुं॰* १. पेड़ की छाल। २. पेड़ की छाल से बना वस्त्र। ***जैसे***—मुनियों के वल्कल। ✣ **वल्कलसंवीत**—*वि॰* = वल्कल-वस्त्रधारी।

वल्कली—[सं॰ वल्कलिन्] *वि॰* (वह वृक्ष) जिसकी छाल के वस्त्र पहने जाते हो।

वल्कुट—[सं॰] *पुं॰* (चिकित्सा॰) प्रमस्तिष्क के ऊपर पतली धूसर परत। मस्तिष्क का बाहरी भाग। बाह्यक। (अं॰ कोर्टेक्स)

वल्गन—[सं॰ √वल्ग् + ल्युट्] *पुं॰* १. गप्प लगाना। २. (घोड़े की) दुलकी चाल। ३. व्यर्थ उछल-कूद।

वल्गा—[सं॰ √वल्ग् + अच् + टाप्] *स्त्री॰* लगाम। बाग। रास।

वल्गु—[सं॰ √वल् + उ, गु → आगम] *वि॰* १. सुन्दर। मनोहर। २. मधुर। ३. बहुमूल्य। क़ीमती।

†**वल्द**—[< अरबी वलद] *पुं॰* पुत्र।

†**वल्दियत**—[< अरबी वलदीयत] *स्त्री॰* पिता का नाम।

वल्मीक—[सं॰ √वल् + कीकन्, मुम → आगम] *पुं॰* दीमकों द्वारा लगाया हुआ मिट्टी का ढेर। बाँबी।

वल्लभ—[सं॰ √वल्ल् + अभच्] *वि॰* १. प्रिय। प्यारा। २. प्रधान। प्रमुख। सर्वोपरि। *पुं॰* १. प्रेमी। २. पति। ३. अध्यक्ष। ४. प्रधान गोप। ५. शुभ लक्षणों वाला घोड़ा। ६. वल्लभाचार्य नामक एक प्रसिद्ध भक्त और दार्शनिक।

वल्लरि/वल्लरी—[सं॰ वल्ल √ऋ + इ, वल्लरि + ङीष्] *स्त्री॰* १. लता। बेल। २. मंजरी। ३. मेथी। ४. वचा। बच।

वल्लव—[सं॰ वल्ल √वा + क] *पुं॰* १. गोप। ग्वाला। २. रसोइया।

वल्लाह—[अरबी] *पुं॰* ईश्वर की शपथ। परमात्मा की क़सम।

वल्लि—[सं॰ वल्लिन्] *स्त्री॰* १. लता। बेल। २. पृथ्वी।

वल्लिका/वल्ली—[सं॰ वल्लि + कन्+ टाप्, वल्लि + ङीष्] *स्त्री॰* लता। बेल।

वश—[सं॰ √वश् + अप्] *पुं॰* १. नियन्त्रण में रखने की शक्ति। समर्थता। क़ाबू। २. अधिकार। स्वामित्व। प्रभुत्व। *वि॰* अधीनता/नियन्त्रण/क़ाबू में आया हुआ। अधीन। नियन्त्रित। *क्रिवि॰* (समासयुक्त पद के अन्त में) के कारण। ***जैसे***—रूढ़िवश।

वशंवद—[सं॰ वश √वद् + खच्, मुम्] *पुं॰* १. जो वश में हो। वशीभूत। वशवर्ती। २. आज्ञाकारी।

वशग—[सं॰ वश + ग] *वि॰* आज्ञाकारी। ***जैसे***—वशग पुत्र। ✣ **वशगा**—*वि॰* (*स्त्री॰*) = आज्ञाकारिणी। ***जैसे***—वशगा पुत्री। *स्त्री॰* = आज्ञाकारिणी पत्नी।

वशङ्कर (वशंकर)—[सं॰ वशम् + कर] *वि॰* वश में करनेवाला। वशीभूतकर्ता।

वशवर्तिनी—दे॰ वशवर्ती।

वशवर्ती—[सं॰ वशवर्तिन्] *वि॰* १. वशीभूत। ***जैसे***—वशवर्ती शिष्य। २. जो किसी के नियन्त्रण में हो। अधीन। ३. आज्ञाकारी।

वशा—[सं॰ √वश् + अच् + टाप्] स्त्री १. नारी। स्त्री। २. पत्नी। ३. पुत्री।

वशानुग—[सं॰ वश ~ अनुग] *वि॰* १. वश में रहनेवाला। वशवर्ती। २. वश में किया हुआ। वशीभूत। ३. आज्ञाकारी। *पुं॰* नौकर।

वशित्व—[सं॰ वशिन् + त्व] *पुं॰* १. वश में होने की अवस्था/भाव। २. सम्मोहन। (योग॰) अणिमा, महिमा आदि आठ सिद्धियों में से एक। पंचभूतों तथा उनसे बने पदार्थों का अधिकार में आ जाना।

वशिमा—[सं॰ वश + इमनिच्] *स्त्री॰* (योग॰) 'वशित्व' नामक सिद्धि।

वशी—[सं॰ वशिन्] *वि॰* १. अपने को वश में रखनेवाला। संयमी। २. वश में किया हुआ। वशवर्ती। अधीन।

वश्य—[सं॰ √वश् + यत्] *वि॰* १. वश में किया जाने योग्य। ***जैसे***—वश्य युवक। २. जो वश में किया गया हो। ३. जिसे वश में किया जाना हो। ४. अधीनस्थ। ५. जीता हुआ। *पुं॰* १. अनुचर। नौकर। २. आश्रित व्यक्ति। ३. आज्ञाकारी। ४. अबलम्बित। आश्रित।

वषट्—[सं॰ √वह् + डषटि] *अव्यय॰* यज्ञों में आहुति देते समय पितरों के प्रति बोला जाने वाला एक शब्द।

वष्कयणी/वष्कयिणी—[सं॰ वस्कय √नी + क्विप् + ङीष् (णत्व), वष्कय + इनि + ङीष् (णत्व)] *स्त्री॰* बहुत दिनों की ब्यायी हुई गाय। वह गाय जिसका बछड़ा बहुत बड़ा हो गया हो। बकेनी गाय।

वसति/वसती—[सं॰ √वस् + अति, वसति + ङीष्] *स्त्री॰* १. निवास। २. निवासस्थान। घर। ३. शिविर। ४. बस्ती। आबादी।

वसतिका—[< सं॰ वसति] *पुं॰* जैन साधु के ठहरने का स्थान।

वसन—[सं॰ √वस् + ल्युट्] *पुं॰* १. वस्त्र धारण करने की क्रिया। २. पहनने का कपड़ा। वस्त्र। परिधान। ३. स्त्रियों का कमर में पहनने का एक आभूषण करधनी। ४. किसी स्थान पर रहना। निवास। ५. घर। ६. आवरण। आच्छादन।

वसना[1]—[सं॰ वसन + टाप्] *स्त्री॰* स्त्रियों का कमर में पहनने का एक आभूषण। करधनी। *वि॰* (समास पद के अन्त में) वस्त्र/वस्त्रों को धारण करने वाली। ***जैसे***—श्वेतवसना; नीलवसना।

***वसना**[2]—[< सं॰ वसन] *क्रिअ॰* निवास करना। बसना।

***वसना**[3]—[< सं॰ वश] *क्रिअ॰* वश में होना।

वसनाभरण—[सं॰ वसन ~ आभरण] *पुं॰* वस्त्र और आभूषण।

वसन्त (वसंत)—[सं॰ √वस् + झच्, आदेश → अन्त] *पुं॰* १. एक ऋतु। हेमन्त और ग्रीष्म के बीच की ऋतु। २. उक्त ऋतु का मूर्त रूप जो 'कामदेव' का सखा है। ३. एक उत्सव जो वसन्त ऋतु के आगमन का सूचक होता है और माघ शुक्ल पंचमी को मनाया जाता है। वसन्तपंचमी उत्सव। (संगीत॰) एक मुख्य राग जो विशेष रूप से वसन्त ऋतु में गाया जाता है। Δ **विलोम**—पतझण।

वसन्तजा (वसंतजा)—[सं॰ वसन्त + ज + टाप्] *स्त्री॰* १. 'वसन्तपंचमी' नामक उत्सव। २. वासन्ती लता। माधवी लता। ३. सफ़ेद जूही।

वसन्तघोषी (वसंतघोषी)—[सं॰ वसन्तघोषिन्] *पुं॰* कोकिल। कोयल।

वसन्ततिलक (वसंततिलक)—[सं॰ वसन्त ~ तिलक] *पुं॰* १. वसन्त ऋतु का आभूषण। २. एक पौधा और उसके फूल। (छन्द॰) वसन्ततिलका छन्द। (दे॰) ✣ **वसन्ततिलका (वसंततिलका)**—*स्त्री॰* = (छन्द॰) एक समवर्णिक छन्द जिसके प्रत्येक चरण में क्रमशः तगण, भगण, २ जगण और २ गुरु (त भ ज ज ग ग) के योग से १४ वर्ण होते हैं।

वसन्तदूत (वसंतदूत)—[सं॰ वसन्त ~ दूत] *पुं॰* १. आम का वृक्ष। आम्रवृक्ष। २. कोकिल। कोयल। ३. चैत्रमास। (संगीत॰) पंचम राग।

वसन्तदूती (वसंतदूती)—[सं॰ वसन्त ~ दूती] *स्त्री॰* १. माधवी

लता। २. कोकिल। कोयल। ३. पाडर का पेड़। पाटली वृक्ष।

वसन्तबन्धु (वसंतबंधु)—[स°] *पु°* कामदेव। वसन्तसखा।

वसन्तविषुव (वसंतविषुव)—[स° वसन्त ~ विषुव] *पु°* (खगोल°) १. वह क्षण जब सूर्य दक्षिण से उत्तर को जाते हुए क्रान्तिवृत्त को पार करता प्रतीत होता है। २. क्रान्तिवृत्त का वह बिन्दु जहाँ उक्त क्षण पर सूर्य स्थित होता है। (अ° वर्नल ईक्विनाक्स)

वसवास—[< अरबी वस्वास] *पु°* १. भ्रम। २. सन्देह। ३. मोह।

वसामेह—[स° वसा ~ मेह] *पु°* (चिकित्सा°) मूत्र में वसा की अधिकता।

वसारक्तता—[स° वसा ~ रक्त + ता] *स्त्री°* (चिकित्सा°) रक्त में वसा की अधिकता। (अ° लाइपीमिया)

वसित—[स° √वस् + क्त] *वि°* १. धारण किया हुआ। पहना हुआ। धारित। २. बसा हुआ। निवसित। ३. जमा किया हुआ। एकत्रित। संगृहीत।

वसीय—[< स° वसा] *वि°* १. वसा-युक्त। २. वसा के समान।

वसीयत—[अरबी] *स्त्री°* १. मरनेवाले मनुष्य का अन्तिम कथन। २. मरने के बाद धन-सम्पत्ति के प्रबन्ध के विषय में या व्यय के लिए जीवन-काल में दिया गया अन्तिम लिखित निर्देश।

वसीला—[< अरबी वसील:] *पु°* १. साधन। २. माध्यम। ३. सम्बन्ध।

वसु—[स° √वस् + उ] *पु°* १. धन-सम्पत्ति। धन-दौलत। २. रत्न। ३. सुवर्ण। ४. जल। पानी। ५. लगाम। रास। बागडोर। ६. देवताओं का एक वर्ग। ७. (पद्य आदि में) ८ की संख्या।

वसुदेवसुत—[स° वसुदेव ~ सुत] *पु°* वसुदेव का पुत्र। कृष्ण।

वसुधा—[स° वसु √धा + क + टाप्] *स्त्री°* पृथ्वी। (छन्द°) एक समवर्णिक छन्द जिसके प्रत्येक चरण में क्रमशः सगण, जगण, सगण, यगण, लघु और गुरु (स ज स य ल ग) के योग से १४ वर्ण होते हैं तथा ५-९ पर यति होती है। मंजरी छन्द।

वसुधाधर—[स° वसुधा + धर] *वि°* पृथ्वी को धारण करनेवाला। *पु°* १. पर्वत। पहाड़। २. विष्णु।

वसुधारा—[स° वसु ~ धारा] *स्त्री°* कुबेर की राजधानी। अलकापुरी।

वसुधानन—[स° वसुधा ~ आनन] *पु°* पृथ्वी का मुख।

वसुन्धरा (वसुंधरा)—[स° वसु √धृ + णिच् + खच् (ह्रस्व, मुम्) + टाप्] *स्त्री°* पृथ्वी। धरती।

वसुप्रद—[स° वसु + प्रद] *वि°* धन-सम्पत्ति देनेवाला। *पु°* १. शिव। महादेव। २. कुबेर।

वसुमती—[स° वसु + मतुप् + ङीप्] *वि°* धनवती। *स्त्री°* १. पृथ्वी। २. धनी स्त्री। (छन्द°) एक समवर्णिक छन्द जिसके प्रत्येक चरण में क्रमशः तगण और सगण (त स) के योग से ६ वर्ण होते हैं।

वसुमान्—[स° वसुमत्] *वि°* धनवान्। धनी। रईस।

वस्तव्य—[स° √वस् + तव्य] *वि°* रहने योग्य या बसने योग्य (स्थान)।

वस्ति—[स°] *स्त्री°* १. (पेट की) नाभि के नीचे का भाग। २. मूत्राशय। (चिकित्सा°) गुदा में जल आदि की पिचकारी देना। (अ° एनिमा)

वस्तिकर्म—[स° वस्ति ~ कर्म (कर्मन्)] *पु°* (चिकित्सा°) आँतों में जमा हुआ कड़ा मल निकालने के लिए गुदामार्ग से आँतों में जल देने की क्रिया। (अ° एनिमा)

वस्तु—[स° √वस् + तुन्] *स्त्री°* १. वह जिसका अस्तित्व हो। २. पदार्थ। द्रव्य। अर्थ। चीज़। ३. धन-सम्पति। धन-दौलत। ४. कुछ बनाने में प्रयुक्त साधन। सामग्री। ५. विचार/आलोचना का विषय। (काव्य°) उपन्यास/कहानी/नाटक आदि का कथानक। कथावस्तु। (जैन°) परिणमन करती रहने वाली सत्ता।

वस्तुतः—[स° वस्तुतस्] *क्रिवि°* १. वास्तव में। दरअसल। ***जैसे***—संसार वस्तुतः असार है। २. वास्तविक रूप/स्थिति में। यथार्थतः। (विधि°) क़ानून के अनुसार न होने पर भी वास्तव में। वास्तविक। ***जैसे***—यह तो वस्तुतः युद्ध की घोषणा ही है।

वस्तुतस्तु—[स° वस्तुतः ~ तु] *अव्यय°* वस्तुतःतो। वास्तव में तो।

वस्तुत्व—[स° वस्तु + त्व] *पु°* १. वस्तु या पदार्थ का भाव/स्वरूप। वस्तुता। वस्तुपन। २. यथार्थ।

वस्तु-निर्देश—[स] *पु°* (नाट्य°) संस्कृत के नाटकों में मंगलाचरण का एक प्रकार जिसमें कथा का कुछ आभास भी दिया जाता है।

वस्तुनिष्ठ—[स° वस्तु ~ निष्ठ] *वि°* वस्तुपरक। व्यक्तिनिरपेक्ष। (अ° ऑब्जेक्टिव) ∇ **विलोम**—व्यक्तिनिष्ठ/वस्तुसापेक्ष।

वस्तुपरक—[स° वस्तु ~ परक] *वि°* जिसका सम्बन्ध मन या इन्द्रियों द्वारा ग्रहण किए गए तत्त्व से हो, मन या मनन करनेवाले से नहीं। वस्तुगत। वस्तुनिष्ठ। विषयनिष्ठ। व्यक्तिनिरपेक्ष। तात्त्विक। (अ° ऑब्जेक्टिव)।

वस्तुरचना—[स° वस्तु ~ रचना] *स्त्री°* (काव्य°) कथावस्तु का विकास।

वस्तु-विनिमय—[स°] *पु°* (अर्थ°) व्यापार का वह स्वरूप जिसमें मुद्रा का प्रयोग न करते हुए एक वस्तु के बदले दूसरी वस्तु का प्रत्यक्ष लेन-देन होता है। एक वस्तु के बदले दूसरी वस्तु का लेन-देन। (अ° बार्टर)

वस्तुशून्य—[स° वस्तु ~ शून्य] *वि°* १. द्रव्य से रहित। पदार्थरहित। २. जिसमें यथार्थता न हो। जो वास्तविक न हो। नक़ली।

वस्तुस्थिति—[स° वस्तु ~ स्थिति] *स्त्री°* वास्तविक स्थिति।

वस्तूत्प्रेक्षा—[स° वस्तु ~ उत्प्रेक्षा] *स्त्री°* (काव्य°) उत्प्रेक्षा अलंकार का एक भेद। उपमेय में उपमान की सम्भावना की जाने से होनेवाला अलंकार।

वस्त्र—[स° √वस् + ष्ट्रन्] *पु°* १. कपड़ा। २. वह वस्तु जो ओढ़ने, पहनने आदि के काम आती है। परिधान। पोशाक।

वस्त्रपूत—[स° वस्त्र ~ पूत] *वि°* कपड़े से छाना हुआ। ***जैसे***—वस्त्रपूत पानी पीना।

वस्त्वर्थ—[स° वस्तु ~ अर्थ] *अव्यय°* वस्तु के लिए।

वस्ल—[अरबी] *पु॰* (प्रेमी और प्रेमिका का) मिलन।

वह[१]—[स॰ √वह् + अच्] *वि॰* (समासयुक्त पद के अन्त में प्रयुक्त) वहन करनेवाला। उठाकर या ढोकर ले जानेवाला। ***जैसे***—भारवह (= बोझ ढोनेवाला) दुर्वह (= कठिनाई से वहन किया जानेवाला)।

वह[२]—[< प्रा॰ सो < स॰ सः] *सर्व॰* (बातचीत में) जो व्यक्ति/पदार्थ आदि प्रत्यक्ष सामने या दूर हो, उसके लिए संकेत का शब्द। ***जैसे***—वह अवश्य आएगा। *वि॰* = उक्त का विशेषण रूप में प्रयोग। ***जैसे***—वह दिन याद करो।

वहन—[स॰ √वह् + ल्युट्] *पु॰* १. ले जाने की क्रिया/भाव। २. पहुँचाने की क्रिया/भाव। ३. भार ढोना। लादना। ४. (नदी आदि का) प्रवाह। बहाव। ५. किसी दायित्व/कर्तव्य का निर्वाह।

वहम—[< अरबी वह्म] *पु॰* १. भ्रम। २. भ्रममूलक विचार। ३. मिथ्या सन्देह। झूठा शक। ✣ **वहमी**—*वि॰* १. वहम करने वाला। २. शक्की स्वभाव का। सन्देहशील। ३. भ्रमित।

वहशत—[< अरबी वह्शत] *स्त्री॰* १. जंगली पशु जैसा स्वभाव। २. पागलपन। सनक। ३. असभ्यता। उजड्डता। ४. किसी प्रबल मनोवेग के कारण पागलों के समान व्यवहार। ५. किसी उजाड़ या सुनसान स्थान का सन्नाटा जो उदास कर दे या डरा दे। ६. भयानकता। डरावनापन। ***वा॰* वहशत सवार होना**—(आवेश आदि के कारण) पागलपन के काम करने पर उतारू होना।

वहशी—[< अरबी वह्शी] *वि॰* १. जंगल में रहनेवाला। वन्य। २. जो पालतू न हो। जंगली (पशु)। ३. बर्बर (व्यक्ति)। *पु॰* १. जंगली मनुष्य। २. जंगली पशु। ३. वह व्यक्ति जो मनुष्यों से अलग और अकेला रहना चाहे। ४. पागल। सनकी।

वहाबी—[अरबी] *पु॰* १. एक मुस्लिम सम्प्रदाय। २. उक्त सम्प्रदाय का अनुयायी।

वहाँ—[< हि॰ वह] *क्रिवि॰* उस स्थान में। उस जगह पर।

वहि—[< स॰ वहिस्] *क्रिवि॰* बाहर।

वहित—[स॰ अव √हा + क्त, अ-लोप] *वि॰* १. वहन किया हुआ। ढोया हुआ। खींचा हुआ। २. निभाया हुआ (दायित्व/कर्तव्य आदि)। ३. ज्ञात। ४. प्राप्त।

वहित्र—[स॰ √वह् + इत्र] *पु॰* १. वहन करने का साधन। २. पोत। जहाज़। ३. नौका। नाव।

वहिनी—[स॰ √वह् + इनि + ङीप्] *स्त्री॰* वहित्र।

वही[१]—[< हि॰ वह ही] *सर्व॰* पहले कहा गया व्यक्ति ही, अन्य व्यक्ति नहीं। वह ही। *वि॰* उक्त का विशेषण रूप में प्रयोग। वह व्यक्ति ही।

वही[२]—[< हि॰ वहना] *वि॰* वहन करनेवाला। भार ढोनेवाला। *पु॰* बैल।

*__वहै__—[< हि॰ वह ही] *सर्व॰* वह ही। *वि॰* वैसा या वैसी। वही।

वह्नि (वह्नि)—[स॰ √वह् + नि] *पु॰* १. अग्नि। आग। २. क्षुधा। भूख। ३. चित्रक। चीता। ४. (पद्य आदि में) तीन की संख्या। ✣ **वह्निकर (वह्निकर)**—*वि॰* = १. जलानेवाला। २. भूख बढ़ानेवाला। *पु॰* १. चमकदार पत्थर। २. बिजली।

वह्निगर्भ (वह्निगर्भ)—[स॰ वह्नि ~ गर्भ] *पु॰* १. बाँस। २. शमी वृक्ष।

वह्निधौत (वह्निधौत)—[स॰ वह्नि ~ धौत] *वि॰* १. अग्नि जैसा शुद्ध। २. जो अग्नि में तप कर शुद्ध किया गया हो या तप कर शुद्ध हुआ हो।

वह्निमित्र (वह्निमित्र)—[स॰ वह्नि ~ मित्र] *पु॰* वायु। हवा।

वह्निमुख (वह्निमुख)—[स॰ वह्नि ~ मुख] *पु॰* देवता।

वह्निवधू/वह्निवल्लभा (वह्निवधू/वह्निवल्लभा)—[स॰ वह्नि ~ वधू/वल्लभा] *स्त्री॰* अग्नि की पत्नी। स्वाहा।

वह्निशिखा (वह्निशिखा)—[स॰ वह्नि ~ शिखा] *स्त्री॰* आग की लपट। ज्वाला।

वह्निस्फुलिङ्ग (वह्निस्फुलिंग)—[स॰ वह्नि ~ स्फुलिङ्ग] *पु॰* आग की चिनगारी।

वह्य (वह्य)—[स॰ √वह् + यत्] *वि॰* वहनीय। *पु॰* १. (कोई भी) वाहन। २. शकट। गाड़ी।

वा[१]—[स॰ √वा + क्विप्] *अव्यय॰* अथवा। या।

*__वा__[२]—[< हि॰ बार] *पु॰* बार।

†**वा**[३]—[< हि॰ वह] *सर्व॰* १. वह। ***जैसे***—वा न मिलो। *वि॰* उस। ***जैसे***—वा दिन।

वाइरस—[अं॰] *पु॰* १. जीवाणु से छोटा रोगाणु। विषाणु। २. (लाक्षणिक) हानिकारक वस्तु।

वाइसराय—[अं॰] *पु॰* १. प्रतिनिधि। २. ब्रिटिश शासनकाल में भारत का सर्वोच्च शासक जो ब्रिटेन का राजप्रतिनिधि होता था।

*__वाउ__—*स्त्री॰* ≤ *स॰* वायु। पवन। हवा।

वाउचर—[अं॰] *पु॰* (वाणि॰) १. ख़र्च करने की रसीद। २. पेशगी अदायगी का प्रमाणपत्र।

वाक्—[स॰ √वच् + घञ्] *पु॰* १. वाणी। वाक्य। २. शब्द। ३. कथन। ३. बोलने की इन्द्रिय। ४. सरस्वती। 'वाक्' शब्द संस्कृत 'वाच्' शब्द का प्रथमा एकवचन रूप है। सन्धि-नियमों के अनुसार, समासयुक्त शब्दों में इसे कहीं 'वाग्' अथवा 'वाङ्' रूप में देखा जाता है। (***जैसे***—वाङ्, वाग्विलास, वाङ्मय।)

वाक़फ़ियत—[< अरबी वाक़िफ़ीयत] *स्त्री॰* १. अभिज्ञता। जानकारी। २. परिचय। जान-पहचान।

वाकोपवाक्—[स॰ वाक ~ उपवाक] *पु॰* कथोपकथन। संवाद। बातचीत।

वाकोवाक्य—[< स॰ वाक ~ वाक्य] *पु॰* १. कथोपकथन। संवाद। बातचीत। २. उत्तर-प्रत्युत्तर। ३. तर्क।

वागतीत—[स॰ वाक् ~ अतीत] *वि॰* जिसका वर्णन न हो सके। वर्णनातीत। अनिर्वचनीय।

वागर्थ—[स॰ वाक् ~ अर्थ] *पु॰* वाणी और अर्थ। शब्द और अर्थ।

वागवयव—[स॰ वाक् ~ अवयव] *पु॰* बोलने में काम आने वाले अवयव (कंठ, ओंठ, दाँत आदि)।

वागा—[< सं॰ वल्गा] *पु॰* पहनने का एक वस्त्र। अँगरखा। *स्त्री॰* लगाम। बागडोर। रास।

वागाकर्ष—[सं॰ वाक् ~ आकर्ष] *पु॰* वाणी का लोप। शक्ति का लोप। वाचाघात। (अ॰ लोगोस्पैज़्म)

वागाडम्बर (वागाडंबर)—[सं॰ वाक् ~ आडम्बर] *पु॰* वाणी का आडम्बर। अपनी विद्वत्ता दिखाने के लिए गम्भीर शब्दावली का अनावश्यक प्रयोग।

वागिन्द्रिय (वागिंद्रिय)—[सं॰ वाक् ~ इन्द्रिय] *स्त्री॰* वाक् नामक ज्ञानेन्द्रिय जिससे व्यक्ति बोलता है। बोलने की इन्द्रिय।

वागीश/वागीश्वर—[सं॰ वाक् ~ ईश/ईश्वर] *वि॰* १. अच्छा बोलनेवाला। वाक्पटु। २. उत्तम वक्ता। *पु॰* १. बृहस्पति। २. ब्रह्मा। ३. वाक्पटु व्यक्ति। वाग्मी। ४. कवि।

वागीशा/वागीश्वरी—[वागीश + टाप्, वाक् ~ ईश्वरी] *स्त्री॰* सरस्वती (देवी)। ∴ **वागीश्वरी छन्द (छंद)**—*पु॰* = एक समवर्णिक छन्द जिसके प्रत्येक चरण में क्रमश: ७ यगण, लघु और गुरु के योग से २३ वर्ण होते हैं तथा १२-११ पर यति होती है।

वागुरा—[सं॰ वागुर (√वा + उरच्, गुक् → आगम + टाप्] *स्त्री॰* पाश। जाल। ∴ **वागुरावृत्ति**—*पु॰* = जंगली पशुओं और पक्षियों को पकड़ने का पेशा करनेवाला व्यक्ति। बहेलिया।

***वागुरि**—[< सं॰ वागुरा] *स्त्री॰* पाश। जाल।

वागुरिक—[सं॰ वागुरा + ठक्] *पु॰* बहेलिया। २. हिरन फाँसने वाला बहेलिया। मृगव्याध।

***वागेसरी**—*पु॰* ≤ *सं॰* वागीश्वरी। सरस्वती (देवी)।

वाग्कष्ट—[सं॰ वाक् ~ कष्ट] *पु॰* (चिकित्सा॰) बोलने में कठिनाई।

वाग्जाल—[सं॰ वाक् ~ जाल] *पु॰* धोखा देने या फाँसने के लिए की जाने वाली घुमाव-फिराव वाली बातें।

वाग्दण्ड (वाग्दंड)—[सं॰ वाक् ~ दण्ड] *पु॰* डाँट-डपट।

वाग्दत्ता—[सं॰ वाग् ~ दत्ता] *स्त्री॰* १. ऐसी कन्या जिसे व्यक्ति विशेष से विवाहने का वचन दे दिया गया हो। २. ऐसी कन्या जिसकी सगाई हो गयी हो।

वाग्दान—[सं॰ वाक् ~ दान] *पु॰* १. (किसी को) किसी बात का वचन देना। वादा। २. किसी पुरुष से कन्या का विवाह करने का वचन देना। ३. किसी के साथ कन्या का विवाह-सम्बन्ध निश्चित करना। सगाई।

वाग्दुष्करता—[सं॰ वाक् ~ दुष्करता] *स्त्री॰* (मनो॰) १. दुर्बोध वाणी। २. बोलते समय हकलाना या तुतलाना।

वाग्देवी—[सं॰ वाक् ~ देवी] *स्त्री॰* सरस्वती देवी।

वाग्दोष—[सं॰ वाक् ~ दोष] *पु॰* १. उच्चारण का दोष। बोलने की त्रुटि। २. बोलने में व्याकरण-सम्बन्धी दोष। ३. निन्दा। ४. गाली।

वाग्बद्ध (वाग्बद्ध)—[सं॰ वाक् ~ बद्ध] *वि॰* १. जो किसी को किसी बात का वचन दे चुका हो। वचनबद्ध। २. न बोलनेवाला। मौनी। चुप। ३. मुहावरेदार (भाषा)।

वाग्बन्ध (वाग्बंध)—[सं॰ वाक् ~ बन्ध] *पु॰* वाग्योग। मुहावरा।

वाग्बाण—[सं॰ वाक् ~ बाण] *पु॰* (तीर की तरह चुभनेवाला) अप्रिय/कठोर वचन।

वाग्मिता—[सं॰ वाग्मिन् + तल् + टाप्] *स्त्री॰* उत्तम वक्ता होने की अवस्था/गुण/भाव। वाक्पटुता। भाषण-पटुता। वक्तृत्व।

वाग्मित्व—[सं॰ वाग्मिन् + त्व] *पु॰* वाग्मिता।

वाग्मी—[सं॰ वाग्मिन्] *वि॰* १. उत्तम वक्ता। भाषण-पटु। वाक्पटु। २. विद्वान्। *पु॰* १. बृहस्पति। २. विष्णु। ३. वाक्पटु वक्ता।

वाग्वज्र—[सं॰ वाक् ~ वज्र] *पु॰* १. बहुत कठोर वाणी। बहुत कठोर शब्द। २. शाप।

वाग्विकृति—[सं॰ वाक् ~ विकृति] *स्त्री॰* शब्दों के उच्चारण का दोष। वाक्-विकार।

वाग्विद्—[सं॰ वाक् ~ विद्] *वि॰* वाणी का मर्मज्ञ। ***जैसे***—वाग्विद् कवि।

वाग्विभव (वाग्विभव)—[सं॰ वाक् ~ विभव] *पु॰* वर्णन करने की शक्ति। वर्णन-शक्ति।

वाग्विदग्ध—[सं॰ वाक् ~ विदग्ध] *वि॰* १. बोलने में चतुर। २. विद्वान्।

वाग्विलास—[सं॰ वाक् ~ विलास] *पु॰* १. शब्द क्रीड़ा। २. शब्दाडम्बर। ३. मनोरंजनार्थ बातचीत। आनन्दपूर्वक बातचीत।

वाग्वीर—[सं॰ वाक् ~ वीर] *पु॰* १. बहुत अधिक बोलने वाला और शेख़ी की बातें करने वाला। २. केवल बातें करने वाला, न कि उपयोगी काम करने वाला।

वाग्वैचित्र्य—[सं॰ वाक् ~ वैचित्र्य] *पु॰* १. वाणी/भाषा की विचित्रता। २. किसी बात का अनेक प्रकार से कथन।

वाग्वैदग्ध्य—[सं॰ वाक् ~ वैदग्ध्य] *पु॰* १. वाग्विदग्ध होने की अवस्था या भाव। वाक्पटुता। २. कथन, लेख या वक्तव्य आदि में होनेवाली पांडित्य-पूर्ण भाषा-शैली।

वाग्व्यवहार—[सं॰ वाक् ~ व्यवहार] *पु॰* १. बातचीत। २. जबानी बहस।

वाङ्मय—[सं॰ वाक् + मयट्] *वि॰* १. वाक्यात्मक। २. वचनयुक्त। वाणीसम्पन्न। ३. वाक्पटु। ४. जो पढ़ा/पढ़ाया जा सके। *पु॰* लिखित साहित्य।

वाङ्मयी—[सं॰ वाङ्मय + ङीप्] *स्त्री॰* सरस्वती (देवी)।

वाङ्मूर्ति—[सं॰ वाक् ~ मूर्ति] *स्त्री॰* सरस्वती (देवी)।

वाच—[अ॰] *स्त्री॰* घड़ी।

वाचन—[सं॰ √वच् + णिच् + ल्युट्] *पु॰* १. (बोलकर) पढ़ना। बाँचना। ***जैसे***—रामायण का वाचन। २. बताना। ३. किसी विचार/सिद्धान्त आदि का प्रतिपादन। (राज॰) विधानसभा या लोकसभा में किसी विधेयक के रखे जाने पर उसका विचार, बहस आदि के लिए (पहली, दूसरी अथवा तीसरी बार) पढ़ा जाना। ***जैसे***—तृतीय वाचन के बाद ही विधेयक स्वीकार किया जाता है।

वाचनालय—[सं॰ वाचन ~ आलय] *पु॰* १. पत्रिकाएँ पढ़ने का सार्वजनिक स्थान। २. अध्ययन का स्थान।

वाचनिक—[सं॰ वचन + ठक्] *पु॰* जो वचन/कथन से प्रकट किया जाए। मौखिक।

वाचस्पति—[सं॰ वाचः ~ पति] *पु॰* १. वाणी का स्वामी। २. बहुत महान् वक्ता या श्रेष्ठ विद्वान्। ३. बृहस्पति (देवता)। ४. ब्रह्मा (देवता)।

वाचस्पत्य—[सं॰ वाचस्पति + ष्यञ्] *पु॰* १. वाक्पटुता। २. उत्तम भाषण योग्यता? वक्तृता। ३. उत्तम भाषण देने का गुण। वक्तृत्व। ४. विद्वत्ता।

वाचा[1]—[सं॰ वाच् + टाप्] *स्त्री॰* १. वाणी। २. शब्द। ३. शपथ।

वाचा[2]—[सं॰ वाच्] *पु॰* वचन/वाणी द्वारा। वचन/वाणी से।

वाचाघात—[सं॰ वाचा ~ आघात] *पु॰* (चिकित्सा॰) पेशीय पक्षाघात आदि के कारण बोलने की शक्ति समाप्त या कम हो जाना। स्वर-हानि। स्वर-लोप। वाचाकर्ष।

वाचाभाव—[सं॰ वाचा ~ अभाव] १. वाणी का अभाव। २. बोलने की शक्ति का अभाव। वाक्-अक्षमता।

वाचाबद्ध (वाचाबद्ध)—[सं॰ वाचा ~ बद्ध] *वि॰* प्रतिज्ञा से बँधा हुआ। वचनबद्ध।

वाचाल—[सं॰ वाच् + आलच्] *वि॰* १. बहुत बोलने वाला। बातूनी। २. व्यर्थ बोलने वाला। बक्की। ∇ **विलोम**—मूक।

वाचिक—[सं॰ वाच् + ठक्] *वि॰* १. वाणी-सम्बन्धी। वाणी का। २. मौखिक। शाब्दिक। ज़बानी। ***जैसे***—वाचिक सन्देश।

वाची—[सं॰ वाचिन्] *वि॰* १. वाणी-सम्बन्धी। वाचक। २. वाणी के रूप में होनेवाला। ३. (समासयुक्त शब्द के अन्त में) बोध करानेवाला। ***जैसे***—धर्मवाची शब्द। ४. (समासयुक्त शब्द के अन्त में) वाचन करनेवाला। बाँचनेवाला। ***जैसे***—पत्रवाची व्यक्ति।

वाच्य—[सं॰ √वच् + ण्यत्] *वि॰* १. कहने योग्य। ∇ **विलोम**—अवाच्य। २. जिसका बोध शब्द द्वारा हो सकता हो। अभिधेय। ३. अभिधा शक्ति द्वारा बोधगम्य अर्थ। ४. वाचक शब्द से व्यक्त अर्थ। (व्या॰) वाक्य में क्रियारूप में वह तत्त्व जिसके कारण क्रियापद के पुरुष और वचन, कर्ता, कर्म या भाव के अनुरूप होते ह ।

❖ **वाच्यता**—*स्त्री॰* = वाच्य होने की अवस्था/भाव। वाच्यत्व।

वाच्यार्थ—[सं॰ वाच्य ~ अर्थ] *पु॰* वाचक शब्द का अर्थ। अभिधेयार्थ।

वाच्यावाच्य—[सं॰ वाच्य ~ अवाच्य] *पु॰* कहने और न कहने योग्य (बातें)।

†**वाजन्त्र (वाजंत्र)**—[< सं॰ वाद्य] *पु॰* विविध प्रकार के वाद्य। अनेक प्रकार के बाजे।

वाजपेयी—[सं॰ वाजपेयिन्] *पु॰* १. जिसने वाजपेय यज्ञ किया हो। २. ब्राह्मणों की एक उपाधि।

वाजसनेय—[सं॰ वाजसनि + ढक्] *पु॰* १. शुक्ल यजुर्वेद। २. याज्ञवल्क्य ऋषि। ❖ **वाजसनेयी**—*पु॰* = शुक्ल यजुर्वेदी।

वाजिनी—[सं॰ वाजिन् + ङीष्] *स्त्री॰* घोड़ी।

वाजिमेध—[सं॰ वाजिन् ~ मेध] *पु॰* अश्वमेध।

वाजिशाला—[सं॰ वाजिन् ~ शाला] *पु॰* अश्वशाला। घुड़साल। अस्तबल।

वाजी—[सं॰ वाजिन्] *पु॰* घोड़ा।

वाजीकरण—[सं॰ वाजि + च्वि√कृ + ल्युट्] *पु॰* औषध द्वारा काम-शक्ति का उद्दीपन।

वाञ्छन (वांछन)—[सं॰ √वाच्छ् + ल्युट्] *पु॰* वांछा। (दे॰)

वाञ्छनीय (वांछनीय)—[सं॰ √वाञ्छ् + अनीयर्] *वि॰* १. जिसकी कामना की जानी चाहिए या की जानी हो। २. वांछित। अभिलक्षित। इच्छित।

वाट—[सं॰ √वट् + घञ्] *पु॰* १. घेरा। अहाता। २. मार्ग। रास्ता। ३. उद्यान। बाग। ४. कटि। कमर। वाट नामक वैज्ञानिक के नाम पर रखा गया है। २. विद्युत् शक्ति की वह मात्रा जो एक वाल्ट विभवान्तर पर एक एम्पियर विद्युत्धारा प्रवाहित होने के तुल्य हो।

वाटर-कलर—[अं॰] *पु॰* (कला॰) १. पानी मिलाकर प्रयोग करने के रंग। जल-रंग। २. उक्त रंगों से बना हुआ चित्र।

वाटरमार्क—[अं॰] *पु॰* १. नदी आदि में जल के स्तर का चिह्न/निशान। जलांक। २. काग़ज़ या नोट पर बनी हल्की-सी आकृति या हल्का-सा विशेष निशान।

वाटिका—[सं॰ √वट् + ण्वुल् + टाप्] *स्त्री॰* छोटा बाग़। फुलबगिया। बग़ीचा।

वाटी—[सं॰ वाट + ङीष्] *स्त्री॰* वाटिका। उपवन। बग़ीचा।

***वाटुला**—[< सं॰ वर्तुल] *वि॰* वृत्ताकार। मंडलाकार।

वाडव—[सं॰ वाड √वा + क] *पु॰* १. समुद्र के अन्दर की अग्नि। बड़वानल।

वाडवाग्नि/वाडवानल—[सं॰ वाडव ~ अग्नि] *पु॰* समुद्र के अन्दर की अग्नि। बड़वानल।

वाण—*पु॰* ≤ *सं॰* बाण। शर। तीर।

वाणिज्य—[सं॰ वणिज् + ष्यञ्] *पु॰* व्यापार। व्यवसाय। तिजारत। (वाणि॰) वस्तुओं, सेवाओं, सम्पत्तियों को उत्पादक से उपभोक्ता तक पहुँचाने के क्रम में क्रय-विक्रय, परिवहन, अधिकोषण आदि क्रियाएँ। (अं॰ कामर्स)

वाणिज्यदूत—[सं॰ वाणिज्य ~ दूत] *पु॰* किसी देश में किसी दूसरे देश के वाणिज्य-सम्बन्धी कार्यों का प्रमुख सरकारी प्रतिनिधि। (अं॰ कोन्सल) ❖ **वाणिज्यीकरण**—*पु॰* = व्यापारिक/व्यावसायिक उपयोग में लाना। (किसी वस्तु का) व्यापार/व्यवसाय करने की क्रिया। ***जैसे***—तकनीकी वाणिज्यीकरण।

वाणिनी—[सं॰ √वण् + णिनि + ङीष्] *स्त्री॰* १. चालाक स्त्री। २. शराब के नशे में मत्त स्त्री। ३. नर्तकी। (छन्द॰) एक समवर्णिक छन्द जिसके प्रत्येक चरण में क्रमशः नगण, जगण, भगण, जगण, रगण तथा गुरु (न ज भ ज र ग) के योग से १६ वर्ण होते हैं।

वाणी—[सं॰ √वण् + णिच् + इण् + ङीप्] *स्त्री॰* १. मुँह से निकलनेवाली आवाज़। वाक्। ध्वनि, नाद या स्वर। २. सार्थक वचन,

शब्द या भाषा। ३. बोलने की शक्ति। ४. सरस्वती (देवी)।

वात—[सं॰ √वा + क्त] पु॰ १. वायु। हवा। २. वायु का अधिष्ठाता देवता। पवन देव। (आयुर्वेद॰) १. शरीर के तीन दोषों में से एक (अन्य दोष हैं—पित्त और कफ)। २. उक्त दोष का शरीर में होने वाला प्रकोप। *जैसे*—वात से उत्पन्न रोग।

वातकीर्ण—[सं॰ वात ~ कीर्ण] वि॰ हवा से प्रकीर्ण। (वनस्पति॰) हवा से प्रकीर्ण होनेवाले (बीज)।

वातगुल्म—[सं॰ वात ~ गुल्म] पु॰ आँधी। अन्धड़।

वातघ्न—[सं॰ वात + घ्न] वि॰ वातरोग को नष्ट करनेवाला। ✣ **वातघ्नी**—वि॰ (स्त्री॰) = वातरोग को नष्ट करनेवाली। *जैसे*—अश्वगन्धा वातघ्नी औषध है।

वातचक्र—[सं॰ वात ~ चक्र] पु॰ चक्रवात। बवंडर।

वातज—[सं॰ वात + ज] वि॰ वात/वायु से उत्पन्न। (आयुर्वेद॰) वात/वायु के प्रकोप से उत्पन्न।

वातज्वर—[सं॰ वात ~ ज्वर] पु॰ वात के प्रकोप से होनेवाला ज्वर/बुख़ार।

वातध्वज—[सं॰ वात ~ ध्वज] पु॰ मेघ। बादल।

वातपुत्र—[सं॰ वात ~ पुत्र] पु॰ १. वायु का पुत्र। पवन पुत्र २. हनुमान्। ३. भीम।

वात-प्रकोप—[सं॰] पु॰ वात/वायु का शरीर में ऐसा बढ़ना कि उससे कोई रोग हो जाए।

वातप्लवक (वातपूलवक)—[सं॰ वात ~ प्लवक] पु॰ वायु में तैरनेवाले सूक्ष्म जीव। वायुप्लवक।

वातरन्ध्र (वातरंध्र)—[सं॰ वात ~ रन्ध्र] पु॰ (वनस्पति) (वृक्षों की छालों में) वायु आने-जाने के लिए पाए जाने वाले प्राकृतिक छिद्र।

बातल—[सं॰ वात √ला + क] वि॰ १. तूफ़ानी। २. वात/वायु को कुपित करने वाला (पदार्थ) वायुवर्धक।

वातस्फीति—[सं॰ वात ~ स्फीति] स्त्री॰ (चिकित्सा॰) शरीर के ऊतकों या गुहाओं में वायु की असामान्य उपस्थिति।

वातात्मज—[सं॰ वात ~ आत्मज] पु॰ वातपुत्र। (दे॰)

वातानुकूलन—[सं॰ वात ~ अनुकूलन] पु॰ कमरे आदि की हवा को समशीतोष्ण बनाए रखने कि क्रिया। ताप-नियन्त्रण की क्रिया। (अं॰ एअरकन्डीशनिंग)

वातायन—[[illegible]ात ~ अयन] पु॰ १. (कमरे में) बाहर से प्रकाश और हवा अन्दर आने के लिए बनाया जानेवाला झरोखा। गवाक्ष। २. खिड़की।

वातास—[< सं॰ वात] पु॰ वायु।

वाताहत—[सं॰ वात ~ आहत] वि॰ वायु से आहत।

वाताहारी—[सं॰ वात ~ आहारी (आहारिन्)] वि॰ हवा पीकर जीनेवाला (तपस्वी आदि)

वातिक—[सं॰ वात + ठञ्] वि॰ १. वात/वायु-सम्बन्धी। वायु का। २. वात रोग से ग्रस्त। वायुरोगी। ३. तूफ़ानी। हवाई। ४. बकवाद करनेवाला। बकवादी। ५. गठिया रोग से ग्रस्त। ६. पागल। पु॰ वायु के प्रकोप से उत्पन्न ज्वर। वातज्वर।

वातीय—[सं॰ वात + छ] वि॰ तूफ़ानी। हवाई।

वातुल—[सं॰ वात + उलच्] वि॰ १. वायु-प्रकोप से पीड़ित। गठिया का रोगी। २. पागल। बावला। पु॰ बवंडर। बगूला।

वातोढ़ शैल—[< सं॰ वातोढ़ ~ शैल] पु॰ (भूविज्ञान॰) वायूढ़ शैल।

वातोन्माद—[सं॰ वात ~ उन्माद] पु॰ (चिकित्सा॰) (प्राय: स्त्रियों को होनेवाला) एक वातरोग जिसमें मूर्च्छा आती है (अं॰ हिस्टीरिया)

वातोर्मि—[< सं॰ वात ~ ऊर्मि] स्त्री॰ हवा की लहर। (छन्द॰) एक वर्णिक छन्द जिसके प्रत्येक चरण में क्रमश: मगण, भगण, तगण तथा २ गुरु (म भ त ग ग) के योग से ११ वर्ण होते हैं तथा ४-७ पर यति होती है।

वात्य—[सं॰ वात्य + टाप्] स्त्री॰ १. आँधी। तूफ़ान। २. बवंडर। बगूला।

वात्याचक्र—[सं॰ वात्या ~ चक्र] पु॰ चक्रवात। बवंडर।

वात्सरिक—[सं॰ वत्सर + ठक्] वि॰ १. वर्ष-सम्बन्धी। वर्ष का। *जैसे*—वात्सरिक कार्यक्रम। २. प्रति वर्ष होनेवाला। वार्षिक। *जैसे*—जन्मदिन का वात्सरिक उत्सव।

वात्सल्य—[सं॰ वत्सल + ष्यञ्] पु॰ बच्चों या अपने से छोटों के प्रति होनेवाला प्रेम। ✣ **वात्सल्यकामी**—वि॰ = वात्सल्य चाहनेवाला। वात्सल्याकांक्षी।

वाद—[सं॰ √वद् + घञ्] पु॰ १. तर्क। दलील। २. तर्क-वितर्क। विवाद। बहस। ३. हार-जीत के अभिप्राय से की जाने वाली किसी विषय की चर्चा। ४. यथार्थ ज्ञान को जानने के लिए तर्क और प्रमाण से किया गया शास्त्रार्थ। खंडन-मंडन। ७. (न्यायालय में प्रस्तुत या चल रहा) मुक़दमा। ८. सिद्धान्त या मत। *जैसे*—भाग्यवाद; दु:खवाद। ९. (समासयुक्त पद के अन्त में) ऐसा तत्त्व या सिद्धान्त जो किसी पक्ष के तत्त्वों द्वारा निश्चित किया गया हो। *जैसे*—अद्वैतवाद; द्वैतवाद। (न्याय॰) किसी तत्त्व के निर्णय के लिए गुरु या सहपाठी के साथ हुआ पूर्वपक्ष या उत्तरपक्ष के रूप में वार्तालाप। ∇ **विलोम**—प्रतिवाद।

वादक—[सं॰ √वद् + णिच् + ण्वुल्] वि॰ १. कहनेवाला। बोलनेवाला। २. वाद-विवाद करनेवाला। ३. बाजा बजानेवाला।

वादन—[सं॰ √वद् + णिच् + ल्युट्] पु॰ बजाने की क्रिया। वाद्य बजाना। *जैसे*—वंशी-वादन।

वादा—[< अरबी वाद:] पु॰ १. प्रतिज्ञा। वचन। २. संविदा। इक़रार। 'वादा' को 'वायदा' भी लिखा/बोला जाता है। ***वा॰* वादा टालना**—प्रतिज्ञा तोड़ना। वचन-भंग करना।

वादिक—[सं॰ वादि + कन्] वि॰ कहनेवाला। पु॰ तार्किक व्यक्ति।

वादित—[सं॰ √वद् + णिच् + क्त] वि॰ बजाया हुआ।

वादित्र—[सं॰ √वद् + णिच् + इत्र] पु॰ वाद्य। बाजा।

वादी[१]—[सं॰ वादिन्] वि॰ १. बोलनेवाला। वक्ता। २. (वाद-विवाद में) पूर्ववक्ता। ३. विवाद-कर्ता। ४. वाद्य बजाने वाला। (विधि॰)

न्यायालय में अभियोग चलाने वाला। मुद्दई। (संगीत॰) वादी स्वर। (दे॰) ∇ **विलोम**—प्रतिवादी।

वादी[2]—[अरबी] *स्त्री॰* १. घाटी। २. नदी-तट का मैदान। ३. वन।

वादी स्वर—[स॰ वादिन् ~ स्वर] *पु॰* (संगीत॰) किसी राग में प्रयुक्त स्वरों का प्रमुख स्वर जो अन्य स्वरों की अपेक्षा अधिक बार लिया जाता है।

वाद्य (वाद्य)—[स॰ √वद् + णिच् + यत्] *पु॰* बजाया जाने वाला यन्त्र। बाजा।

वाद्यवृन्द (वाद्यवृंद)—[स॰ वाद्य ~ वृन्द] *पु॰* वाद्यों का समूह। वाद्यसमूह। वृन्दवाद्य। (अ॰ ऑर्केस्ट्रा)

वान—[स॰ √वे + ल्युट्] *पु॰* १. बुनने की क्रिया। २. खाट बुनने की रस्सी। बान।

वानप्रस्थ—[स॰ वनप्रस्थ + अण्] *पु॰* १. (भारतीय आश्रम-व्यवस्था में) गृहस्थ आश्रम और सन्यास आश्रम के बीच का आश्रम। २. उक्त आश्रम में प्रविष्ट व्यक्ति।

वानस्पत्य—[स॰ वनस्पति + ष्यञ्] *पु॰* वह वृक्ष जिसमें बौर लगने पर फल लगते हैं (जैसे—आम)।

वानिक—[स॰ वन + ठक्] *वि॰* १. वन्य। जंगली। २. वन में रहनेवाला। वनवासी।

वानिकी—[< स॰ वानिक] *स्त्री॰* वनों के रोपण, विकास और उनके अनुरक्षण की विद्या। वन-विद्या। ***जैसे***—*वि॰* (*स्त्री॰*) १. वन्य व्यक्ति का। जंगली मनुष्य का। २. वन्य। जंगली। ३. वन में रहनेवाली। वनवासिनी।

वानीर—[स॰ √वन् + ईरन् + अण्] *पु॰* बेंत।

वान्त (वांत)—[स॰ √वम् + क्त] *वि॰* वमन किया हुआ। या उगला हुआ। *पु॰* १. वमन। क़ै। २. वमन किया हुआ पदार्थ।

वान्ति (वांति)—[स॰ √वम् + क्तिन्] *स्त्री॰* १. वमन। क़ै। २. उगाल।

वाप—[स॰ √वप् + घञ्] *पु॰* (बीज) बोने की क्रिया। वपन। बुआई।

वापिका—[स॰ वापिक + टाप्] *स्त्री॰* वापी। बावड़ी।

वापी—[स॰ √वप् + इञ् + ङीष्] *वि॰* (*स्त्री॰*) छोटा चौकोर तालाब या बड़ा और चौड़ा कुआँ जिसमें जल तक पहुँचने के लिए अनेक सीढ़ियाँ बनी होती हैं। बावली। (छन्द॰) एक समवर्णिक छन्द जिसके प्रत्येक चरण में क्रमशः मगण, यगण, गुरु और लघु (म य ग ल) के योग से ८ वर्ण होते हैं तथा ४-४ पर यति होती है।

वाप्य[1]—[स॰ √वप् + ण्यत्] *वि॰* बोए जाने योग्य।

वाप्य[2]—[स॰ वापी + यत्] *पु॰* १. वापी/बावली का जल। २. बोया हुआ अनाज।

वाम—[स॰ √वा + मन् या √वम् + ण] *वि॰* १. बायाँ। २. बाएँ भाग में स्थित। ३. प्रतिकूल। विरुद्ध। ४. कुटिल। टेढ़ा। ५. दुष्ट। बुरा। ६. निर्दय। कठोर। ७. नीच। ८. सुन्दर। *पु॰* (छन्द॰) एक वर्णिक छन्द। (दे॰ वाम सवैया)। ∇ **विलोम**—दक्षिण। ***वा॰* विधाता वाम होना**—भाग्य विपरीत होना।

वामदेव—[स॰ वाम ~ देव] *पु॰* शिव। महादेव। ✣ **वामदेवी**—*स्त्री॰* = पार्वती। दुर्गा।

वामन—[स॰ √वम् + णिच् + ल्यु] *वि॰* छोटे क़द का (व्यक्ति)। बौना। नाटा। ठिगना। *पु॰* १. बौना मनुष्य। २. विष्णु का एक अवतार। ✣ **वामन तारा**—*पु॰* = (खगोल॰) औसत ज्योति या उससे कम ज्योति का कोई तारा जो आयतन और द्रव्यमान में भी और तारों से कम हो। (अ॰ ड्वार्फ स्टार) ✣ **वामन द्वादशी (द्वादशी)**—*स्त्री॰* = वामन जयन्ती की तिथि। भाद्र शुक्ल द्वादशी।। ✣ **वामन वीर**—*पु॰* = (लाक्षणिक) बहुत चालाक व्यक्ति।

वाममार्ग—[स॰ वाम ~ मार्ग] *पु॰* बायाँ रास्ता। उलटा रास्ता। (तन्त्र॰) एक तान्त्रिक साधना-पद्धति जिसमें 'पंचमकार' का सेवन किया जाता है और जिसे वेद-विहित नहीं माना जाता।

वामलोचना—[स॰ वाम ~ लोचन + टाप्] *वि॰* (*स्त्री॰*) सुन्दर नेत्रों वाली। सुन्दर (स्त्री)। *स्त्री॰* सुन्दर स्त्री। सुन्दरी।

वामशील—[स॰ वाम ~ शील] *वि॰* १. बुरे स्वभाव वाला। २. जो प्रायः प्रतिकूल/विरुद्ध रहता हो। *पु॰* कामदेव।

वाम सवैया—[स॰ वाम + हि॰ सवैया] *पु॰* (छन्द॰) सवैया छन्द का एक भेद। एक समवर्णिक छन्द जिसके प्रत्येक चरण में क्रमशः ७ जगण और यगण के योग से २४ वर्ण होते हैं।

वामा—[स॰ √वम् + अण् + टाप्] *स्त्री॰* १. सुन्दर स्त्री। २. रमणी। स्त्री। ३. पार्वती। दुर्गा। ४. लक्ष्मी। ५. सरस्वती। (छन्द॰) एक समवर्णिक छन्द जिसके प्रत्येक चरण में क्रमशः तगण, यगण, मगण, गुरु (त य म ग) के योग से १० वर्ण होते हैं तथा २-८ पर यति होती है।

वामागम—[स॰ वाम ~ आगम] *पु॰* (तन्त्र॰) १. वाममार्गी साधना-पद्धति का शास्त्र। २. वाममार्गी साधना-पद्धति।

वामाङ्गी (वामांगी)—[स॰ वामाङ्गिन्] *स्त्री॰* पत्नी।

वामाचार—[स॰ वाम ~ आचार] *पु॰* तन्त्र की दक्षिणमार्गी साधना से भिन्न वाममार्गी तान्त्रिक मत जिसमें पंचमकारों का सेवन किया जाता है और जिसे वेदविहित नहीं माना जाता। वाममार्ग। ✣ **वामचारी**—*पु॰* तन्त्र में निर्दिष्ट वामाचार का अनुयायी। *वि॰* वामाचार से सम्बन्धित। वामाचार का।

वामावर्त—[स॰ वाम ~ आवर्त] *वि॰* १. बायीं ओर को घूमा हुआ। घड़ी की सुइयों की विपरीत दिशा में जानेवाला। २. बायीं ओर से घूमकर की जानेवाली (परिक्रमा)। *पु॰* १. वह शंख जिसमें बायीं ओर का घुमाव हो। २. वह परिक्रमा जो बायीं ओर घूमकर की जाती है। ∇ **विलोम**—दक्षिणावर्त।

वामिका—[स॰ वाम + कन् + टाप्, इत्व] *स्त्री॰* पार्वती/दुर्गा देवी का एक रूप। चंडी। चंडिका।

वामिनी—[< स॰ वाम] *स्त्री॰* आज्ञा का उल्लंघन करनेवाली पत्नी।

***वाय**—*स्त्री॰* ≤ *स॰* वायु। हवा।

वायक—[स॰ √वे + ण्वुल्] *वि॰* बुननेवाला। *पु॰* तन्तुवाय। जुलाहा।

वायन—[स॰ √वे + णिच् + ल्युट्] *पु॰* १. मांगलिक अवसरों पर

देवता के लिए मिठाई का नैवेद्य। पूजा आदि के अवसर पर बननेवाली मिठाई। २. व्रत के उद्यापन में ब्राह्मण के लिए मिठाई का भोजन। ३. उक्त मिठाई का वह अंश जो रिश्तेदारों आदि को उपहार के रूप में भेजा जाता है। ४. उपहार। सौग़ात।

वायना—*पु॰* ≤ *स॰* वायन।

वायल—[< अ॰ वाइल] *स्त्री॰* एक उत्तम प्रकार का महीन और कोमल सूती कपड़ा।

वायव—[स॰ वायु + अण्] *वि॰* १. वायु-सम्बन्धी। वायु का। २. वायु के कारण उत्पन्न। ३. जिसका कोई ठोस आधार न हो। हवाई। ***जैसे***—वायव योजनाएँ बनाना।

वायवान्तरण (वायवांतरण)—[स॰ वायव ~ अन्तरण] (भूविज्ञान॰) भूपृष्ठ का वायु की क्रिया द्वारा रूपान्तरण।

वायविकी—[< स॰ वायविक] *स्त्री॰* (भौतिकी॰) विज्ञान की वह शाखा जिसमें वायुमंडल के ऊपरी क्षेत्रों की भौतिक और रासायनिक परिघटनाओं का अध्ययन किया जाता है।

वायविडङ्ग (वायविडंग)—[< स॰ वायु + विडङ्ग] *पु॰* १. एक वनौषधि जिसके पेड़ बड़े-बड़े होते हैं जिनमें लाल फूल गुच्छों में लगते हैं, फल गोल-गोल होते हैं और पत्ते चिकने तथा लालिमा लिए होते हैं। २. उक्त वृक्ष का फल। विडंग।

वायवी—[स॰ वायव + ङीप्] *वि॰* १. वायु-सम्बन्धी। हवा का। हवाई। २. हवा की सहायता से या हवा द्वारा होनेवाला। ३. वायु से निर्मित। हवाई। ४. जिसका कोई ठोस आधार न हो। काल्पनिक। हवाई। ***जैसे***—वायवी योजनाएँ बनाना। ⁘ **वायवी छायाचित्रण/ फ़ोटोग्राफ़ी**—*स्त्री॰* = (पुरा॰) ज्ञात और अज्ञात पुरातात्त्विक स्थानों का अध्ययन करने के लिए एक विशेष प्रविधि जिसमें वायुयान आदि से फ़ोटो लिए जाते हैं।

वायवीय—[स॰ वायु + छ] *वि॰* १. वायु-सम्बन्धी। वायु का। हवाई। २. वायु की शक्ति से चलनेवाला। ३. वायु तत्त्व से बना हुआ। ***जैसे***—भूत-प्रेतों के वायवीय शरीर। ४. वायुमंडल से सम्बन्धित। *पु॰* पश्चिमोत्तर कोण।

वायव्य—[स॰ वायु + यत्] *वि॰, पु॰* वायवीय। (दे॰)

वायस—[स॰ √वय् + असच्, वृद्धि] *पु॰* काक। कौआ।

वायु—[स॰ √वा + उण्, युक्-आगम] *पु॰* १. पवन। हवा। २. हवा का अधिष्ठाता देवता। पवन देवता। ३. सृष्टि के आकाश, जल आदि पाँच तत्त्वों में से एक। ४. शरीर में स्थित पाँच प्रकार के प्राणों में से प्रत्येक।

वायुगतिकी—[< स॰ वायुगतिक] *स्त्री॰* (भौतिकी॰) गतिविज्ञान की वह शाखा जिसमें वायु तथा अन्य गैसों की गति का और इनके सापेक्ष गतिशील पिंडों पर कार्यशील बलों का अध्ययन किया जाता है। (अ॰ एअरोडाइनेमिक्स)।

वायुगुल्म—[स॰ वायु ~ गुल्म] *पु॰* १. आँधी। तूफ़ान। २. बवंडर। बगूला।

वायुजीवी—[स॰ वायुजीविन्] *पु॰* वायु या गैसीय आक्सीजन की उपस्थिति में ही जीवित या सक्रिय रह सकने वाले जीवाणु या वनस्पति आदि।

वायुजैविकी—[< स॰ वायुजैविक] *स्त्री॰* प्राणिविज्ञान की वह शाखा जिसमें उड़नेवाले प्राणियों का अध्ययन होता है। (अ॰ एअरोबायोलॉजि)।

वायुदीप्ति—[स॰ वायु ~ दीप्ति] मध्य अक्षांशों और निम्न अक्षांशों पर रात्रि के समय चन्द्रमा उदित न होने पर भी आकाश में दिखनेवाला धूमिल प्रकाश, जिसका ऊपरी वायुमंडल से विकर्णन होता है। (अ॰ एअर ग्लो)।

वायुपादप—[स॰ वायु ~ पादप] *पु॰* (वनस्पति॰) ऐसे पौधों का वर्ग जो दूसरे पौधों पर उगकर अपना निर्वाह करते हैं। २. उक्त वर्ग का पौधा।

वायुप्लवक—[स॰ वायु ~ प्लवक] *पु॰* वायुमंडल में तैरने वाले सूक्ष्मजीव।

वायुबगूला—[< स॰ वायु + हि॰ बगूला] *पु॰* हवा का बवंडर। चक्रवात।

वायुभट्टी—[स॰ वायु + हि॰ भट्टी] *स्त्री॰* (रसायन॰) केवल प्राकृतिक वायु के प्रवाह पर निर्भर भट्टी।

वायुवाह—[स॰ वायु ~ वाह] *पु॰* धूम। धुआँ।

वायुवाहित—[स॰ वायु ~ वाहित] *वि॰* वायु द्वारा इधर से उधर ले जाया जाने वाला। हवा में उड़कर इधर-उधर पहुँचनेवाला।

वायूढ़—[< स॰ वायूढ (वायु ~ ऊढ)] *वि॰* वायु द्वारा वाहित। वातोढ़। *पु॰* (भूविज्ञान॰) वायु द्वारा एक स्थान से दूसरे स्थान को ले जायी गयी मोटी बालू, धूल और मिट्टी। वायु द्वारा वाहित या निक्षिप्त आदि पदार्थ (***जैसे***—रेगिस्तान में बालू के टीले)। वातोढ़।

वार[१]—[स॰ √वृ + णिच् + अच्, अथवा √वृ + घञ्] *पु॰* १. सप्ताह का (कोई) दिन। ***जैसे***—बुधवार; बृहस्पतिवार। २. द्वार। दरवाज़ा। ३. अवसर। बार। दफ़ा। ***जैसे***—पाँच वार जाना। ४. अपनी ओर का जलाशय या नदी का तट। 'पार' का विलोम। ५. समूह। ६. मधपान। ७. रत्नराशि। ८. दाव। आघात। प्रहार।

वार[२]—[फ़ा॰] *प्रत्यय॰* क्रम से। ***जैसे***—सिलसिलेवार।

वारंवार—[स॰ वारम् ~ वार] *क्रिवि॰* अनेक बार। फिर-फिर। बार-बार। पुनः पुनः।

वारक—[स॰ √वृ + णिच् + ण्वुल्] *वि॰* १. वारण करनेवाला। २. बाधा/रुकावट डालनेवाला। अवरोधक। प्रतिबन्धक। ३. मना करनेवाला। निषेधक। वर्जक।

वार-कन्या—[स॰] *स्त्री॰* वेश्या। गणिका।

वारण—[स॰ √वृ + णिच् + ल्यु/ल्युट्] *वि॰* १. रोकनेवाला। ***जैसे***—विपत्तिवारण भगवान शिव। २. दूर करनेवाला। ***जैसे***—विघ्नवारण गणेश जी। *पु॰* १. रोक। रुकावट। २. बाधा। अड़चन। ३. रक्षा। बचाव। ४. निषेध। मनाही। ५. कवच। ६. (हाथी को नियन्त्रित रखनेवाला) अंकुश। ७. हाथी।

***वारन**[१]—[< स॰ वारण] *पु॰* १. हाथी। २. पर्दा।

वारन[२]—[< हि॰ वारना] *स्त्री॰* वारने की क्रिया/भाव। न्योछावर। निछावर।

वारन[३]—*पु॰* ≤ *स॰* वन्दनमाल। बन्दनवार।

वारना—[< स॰ वारण] *क्रिस॰* (किसी वस्तु को) किसी के सिर के चारों ओर घुमाकर निछावर करना। *पु॰* न्योछावर। ***वा॰* (किसी पर) वारी जाना**—स्वयं न्योछावर हो जाना। **(किसी पर) वारने जाना**—स्वयं को न्योछावर करना।

***वारि**—*क्रिवि॰* न्योछावर उतार कर।

वार-नारी—[स॰] *स्त्री॰* वेश्या। गणिका। **∆ पर्याय**—वार-कन्या, वार-मुखी, वार-युवती, वारवनिता, वारविलासिनी, वारसुन्दरी, वारस्त्री, वारांगना।

वार-पार—[स॰] *पु॰* १. (नदी आदि का) यह किनारा और दूसरा किनारा। दोनों तट। २. इस ओर और उस ओर। ***वा॰* वार-पार करना**—किसी वस्तु की पूरी मोटाई पार करके दूसरी ओर निकलना। वार-पार न होना—सीमा न होना। असीमित होना। अपार होना।

वारापार—[< स॰ वार ~ पार] *पु॰* १. (नदी आदि का) यह किनारा और वह किनारा। २. अन्तिम सीमा।

वारा-फेरा—[< हि॰ वारना + फेरना] *पु॰* १. (मांगलिक अवसरों पर) किसी के ऊपर कोई वस्तु या धन न्योछावर करने की क्रिया/भाव। २. न्योछावर की गयी वस्तु या धन। ३. विवाह आदि शुभ अवसरों पर न्योछावर करने की रीति/रस्म।

वाराह—[स॰ वराह + अण्] *वि॰* शूकर-सम्बन्धी। सुअर का। *पु॰* १. वराह। शूकर। सुअर। २. विष्णु का एक अवतार। वराह अवतार। ३. जल के पास होने वाला जल-बेंत। बेंत। ✣ **वाराही**—*स्त्री॰* = १. शूकरी। सुअरी। २. आठ मातृकाओं में से एक मातृका। वराहरूपधारी विष्णु की शक्ति। एक देवी विशेष।

वारि[१]—[स॰ √वृ + णिच् + इञ्] *पु॰* १. जल। पानी। २. द्रव पदार्थ। *स्त्री॰* १. सरस्वती। २. हाथी बाँधने की रस्सी/जंजीर आदि।

***वारि**[२]—[< स॰ वार/द्वार] *पु॰* द्वार पर।

***वारि**[३]—[< हि॰ वारना] *क्रिवि॰* न्योछावर करके।

वारिगर्भ—[स॰ वारि ~ गर्भ] *पु॰* मेघ। बादल।

वारिचर—[स॰ वारि ~ चर] *पु॰* १. पानी में रहनेवाला प्राणी। जलचर। २. मत्स्य। मीन।

वारिज/वारिजात—[स॰ वारि + ज/जात] *वि॰* जल में उत्पन्न। *पु॰* १. कमल। २. शंख। ३. घोंघा।

वारिद—[स॰ वारि + द] *वि॰* जल देनेवाला। *पु॰* मेघ। बादल। ✣ **वारिद-व्यूह**—*पु॰* = बादलों का समूह।

वारिदाभ—[स॰ वारिद ~ आभा] *वि॰* बादल के समान चमक वाला। *पु॰* बादल जैसी कान्ति।

वारिधर—[स॰ वारि ~ धर] *पु॰* मेघ। बादल। (छन्द॰) एक समवर्णिक छन्द जिसके प्रत्येक चरण में रगण, नगण और दो मगण (र, न, म, म) के योग से १२ वर्ण होते हैं।

वारिधि—[स॰ वारि + धि] *पु॰* समुद्र। सागर।

वारिनाथ—[स॰ वारि ~ नाथ] *पु॰* १. समुद्र। सागर। २. वरुण (देवता)।

वारिनिधि—[स॰ वारि ~ निधि] *पु॰* समुद्र। सागर।

वारिपथ—[स॰ वारि ~ पथ] *पु॰* जलमार्ग। ✣ **वरिद-माला**—*स्त्री॰* बादलों का समूह।

वारियन्त्र (वारियंत्र)—[स॰ वारि ~ यन्त्र] *पु॰* फ़ौवारा।

वारि-राशि—[स॰] *पु॰* १. जल-समूह। २. समुद्र।

वारिरुह—[स॰ वारि ~ रुह] *पु॰* कमल।

वारिवाह/वारिवाहन—[स॰ वारि ~ वाह/वाहन] *पु॰* मेघ। बादल।

वारिस—[अरबी] *पु॰* उत्तराधिकारी।

वारी[१]—[स॰ वारि + ङीष्] *स्त्री॰* १. हाथी बाँधने की ज़ंजीर। २. छोटा घड़ा। गगरी।

वारी[२]—[< हि॰ वारना] क्रिअ॰ न्योछावर हुई। बलिहारी।

वारी[३]—*प्रत्यय॰* ≤ हि॰ वाली।

वारीश—[स॰ वारि ~ ईश] *पु॰* १. समुद्र। सागर। २. वरुण (देवता)। ✣ **वारीश-कन्या**—*स्त्री॰* = (समुद्र-पुत्री) लक्ष्मी (देवी)।

वारु—[स॰ √ वृ + णिच् + उण्] *पु॰* (सेना का) वह हाथी जिस पर विजय-पताका रहती है। विजय-कुंजर।

वारुण—[स॰ वरुण + अण्] *वि॰* वरुण-सम्बन्धी। वरुण का। २. जो वरुण देवता को समर्पित किया गया हो। *पु॰* जल।

वारुणि—[स॰ वरुण + इञ्] *पु॰* १. अगस्त्य ऋषि। २. भृगु ऋषि। ३. वसिष्ठ ऋषि। ४. वरुण वृक्ष।

वारुणी—[स॰ वरुण + अण् + ङीष्] *स्त्री॰* १. वरुण की पत्नी या पुत्री। २. पश्चिम दिशा। ३. मदिरा। शराब। ४. शतभिषा नक्षत्र। ५. गाँडर दूब। ६. हथिनी। ✣ **वारुणी-वल्लभ**—*पु॰* = वरुण।

वार्ड—[अ॰] *पु॰* १. (नगर आदि का) प्रशासनिक खंड/क्षेत्र। हलक़ा। २. आश्रित बालक/बालिका। ३. (अस्पताल में) रोगी-कक्ष। ४. (कारागार में) बन्दी-गृह। (विधि॰) छोटी उम्र का बच्चा जो किसी अभिभावक की देख-रेख में रहता हो।

वार्डरोब—[< अ॰ वार्ड्रोब] *पु॰* कपड़ों की अलमारी जिसमें कपड़ों के लिए दराज़ें आदि हों।

वार्तमानिक—[स॰ वर्तमान + ठक्] *वि॰* वर्तमान से सम्बन्धित। वर्तमान काल का। आजकल का।

वार्ता—[स॰ वार्त + टाप्] *स्त्री॰* १. बातचीत। २. वृत्तान्त। हाल। ३. प्रसंग। विषय। ४. आजीविका। पेशा। ५. समाचार। ख़बर। ६. जनश्रुति। अफवाह। ७. भाषण या ज्ञानवर्धक कथन। ***जैसे***—रेडियो वार्ता। ८. (प्राचीन काल में) वैश्य का काम-धन्धा (कृषि, गोपालन, वाणिज्य, महाजनी इत्यादि)।

वार्तानुजीवी—[स॰ वार्ता ~ अनुजीवी (अनुजीविन्)] *वि॰* वैश्यवृत्ति से जीवन-निर्वाह करनेवाला। व्यापार या कृषि से जीविका चलानेवाला।

वार्तावह—[स॰ वार्ता ~ वह] *पु॰* दूत।

वार्ताहर/वार्ताहार—[< स॰ वार्ता ~ हर/हार] *पु॰* दूत।

वार्तिक/वार्त्तिक—[सं॰ वार्ता + ठक्] *वि॰* १. वार्ता-सम्बन्धी। २. समाचार/ख़बर लानेवाला। ३. व्याख्यात्मक। *पु॰* १. किसी ग्रन्थ के उक्त, अनुक्त और दुरुक्त अर्थों को स्पष्ट करनेवाला ग्रन्थ या वाक्य। २. सूत्र की सिद्धि न होने पर तर्क से उस आपत्ति का समाधान करनेवाला तथा ग्रन्थ का विशेष अर्थ प्रतिपादित करनेवाला वाक्य। ३. व्याख्या का ग्रन्थ या व्याख्या। ❖ **वार्त्तिककार**—*वि॰, पु॰* (किसी ग्रन्थ या सूत्रों आदि पर) वार्त्तिकों का रचयिता। ***जैसे***—वार्त्तिककार कुमारिल भट्ट।

वार्धक्य—[सं॰ वृद्ध + ष्यञ्, कुक्] १. वृद्धावस्था। बुढ़ापा। बुढ़ापे की कमज़ोरी। ❖ **वार्धक्य निवर्तन**—*पु॰* (नौकरी करनेवाले की) सेवा के लिए नियत अधिकतम उम्र हो जाने के कारण होनेवाली सेवा-निवृत्ति। (सेवा से निवृत्ति)। ❖ **वार्धक्य निवृत्ति वेतन**—*पु॰* = बुढ़ापे की पेंशन।

वार्ष्णेय—[सं॰ वृष्णि + ढक्] *पु॰* १. वृष्णि का वंशज। वृष्णिवंशी। २. (वसुदेव-पुत्र) कृष्ण।

वालधि—[सं॰ वाल + धि] *स्त्री॰* १. पूँछ के बाल। २. पूँछ।

वालिद—[अरबी] *पु॰* पिता। बाप।

वालिदा—[< अरबी वालिदः] *स्त्री॰* माता। जननी।

वालिदैन—[अरबी] *पु॰* माता-पिता। माँ-बाप।

वाल्कल—[सं॰ वल्कल + अण्] *वि॰* वृक्ष की छाल का बना हुआ। *पु॰* वृक्ष की छाल का बना कपड़ा।

वावदूक—[सं॰ वावद् + ऊक्] *वि॰, पु॰* १. उत्तम वक्ता। वाग्मी। २. बातूनी या बकवादी। (व्यक्ति)।

वावेला—[फ़ा॰] *पु॰* १. रोना-पीटना। ऊँचे स्वर में विलाप। २. कोलाहल। शोर। ३. हाहाकार।

वाष्प—[सं॰ बाष्प, ब → व] *पु॰* भाप। ❖ **वाष्पदाब**—*पु॰* = किसी विशेष ताप पर जल या जलीय विलयन के ऊपर की भाप का दाब। (अं॰ वेपर प्रेशर)। ❖ **वाष्पन/वाष्पीकरण/वाष्पीभवन**—*पु॰* = भाप बनने की क्रिया/भाव। भाप बनना। (भौतिकी॰) किसी पदार्थ का ठोस या द्रव रूप से गैसीय या वाष्प के रूप में परिवर्तन।

वाष्पोत्सर्जन—[सं॰ वाष्प ~ उत्सर्जन] *पु॰* वाष्प त्यागना। भाप छोड़ना। (प्राणि॰) १. जीवित पौधों के आकाशीय/वायवीय भागों से जल का वाष्प के रूप में उड़ना। २. पौधों या पत्तियों का गन्ध छोड़ना।

वास[1]—[सं॰ √वस् + घञ्] *पु॰* १. किसी स्थान पर रहना। निवास। ***जैसे***—तीर्थ-वास; कारा-वास। २. गृह। घर। मकान। ३. स्थान। जगह। ४. परिधान। वस्त्र।

वास[2]—[सं॰ √वास् + घञ्] *पु॰* १. गन्ध। बू। २. सुगन्ध।

वासक[1]—[सं॰ √वस् + णिच् + ण्वुल्] *वि॰* बसानेवाला। *पु॰* १. वस्त्र। २. वासर। दिन। ३. वासस्थान। ४. शयनागार।

वासक[2]—[सं॰ √वस् + णिच् + ण्वुल्] वि॰ १. सुगन्धित। ख़ुशबूदार। २. सुगन्धित करनेवाला।

वासन—[सं॰ √वास्/√वस् + णिच् + ल्युट्] *पु॰* १. सुगन्धित करना। बसाना। २. निवास। ३. किसी स्थान पर वास कराना/बसाना। ४. गृह। घर। मकान। ५. परिधान। वस्त्र। वसन। ६. (ओढ़ने की) चादर। ७. पात्र। बर्तन, टोकरा या पेटी आदि।

वासना—[सं॰ √वास् + णिच् + युच् + टाप्] *स्त्री॰* १. पहले के जन्मों से उत्पन्न संस्कार। अविद्या से उत्पन्न संस्कार। २. स्मृति का कारण। स्मृतिहेतु। ३. कल्पना। विचार। ख़्याल। ४. मिथ्या विचार। ५. अभिलाषा। कामना। ६. अज्ञान। ७. विषय-लालसा। (काव्य॰) रसास्वाद का कारण एक संस्कार विशेष। (अद्वैत वेदान्त॰) विषयों का स्थायी प्रभाव जो जीवात्मा के साथ बना रहता है। (द्वैत वेदान्त॰) ईश्वरेच्छा। अविद्या। महामाया। (छन्द॰) एक समवर्णिक छन्द जिसके प्रत्येक चरण में क्रमशः नगण, सगण, जगण, रगण (न स ज र) के योग से १२ वर्ण होते हैं।

वासन्त (वासंत)—[सं॰ वसन्त + अण्] *वि॰* १. वसन्त-सम्बन्धी। वसन्त का। २. वसन्त ऋतु में उत्पन्न। ३. वसन्त ऋतु के योग्य। *पु॰* १. कोकिल। कोयल। २. मलय पर्वत की हवा जो सुगन्धित और शीतल होती है। मलयपवन।

वासन्तक (वासंतक)—[सं॰ वसन्त + वुञ्] *वि॰* १. वसन्त-सम्बन्धी। वसन्त का। २. वसन्त ऋतु में बोया हुआ। ३. वसन्त ऋतु में होनेवाला।

वासन्तिक (वासंतिक)—[सं॰] *वि॰* १. वसन्त-सम्बन्धी। वसन्त का। वसन्तऋतुकालीन। *पु॰* १. विदूषक। २. भाँड़। ३. नट। ४. अभिनेता। ५. नर्तक। ❖ **वासन्तिकता (वासंतिकता)**—*स्त्री॰* = वसन्त ऋतु का सौन्दर्य। वासन्ती शोभा।

वासर—[सं॰ √वस् + अरण्] *पु॰* दिन। दिवस। ❖ **वासरकर्म**—*पु॰* = नित्यकर्म।

वासरान्त (वासरांत)—[सं॰ वासर ~ अन्त] *पु॰* दिन का अन्त। सन्ध्या काल।

वासव—[सं॰ वसु + अण्] *वि॰* १. वसु-सम्बन्धी। वसु का। २. इन्द्र-सम्बन्धी। इन्द्र का। *पु॰* इन्द्र।

वासवी—[सं॰] *स्त्री॰* १. शची। इन्द्राणी। २. (वेदव्यास की माता) सत्यवती।

वासु—[सं॰ √वस् + उण्] *पु॰* १. विश्वात्मा। परमात्मा। २. विष्णु। ३. जीवात्मा। ४. पुनर्वसु नक्षत्र।

वासुदेव—[सं॰ वसुदेव + अण्] *पु॰* १. वसुदेव का पुत्र या वंशज। २. (वसुदेव-पुत्र) कृष्ण।

***वासुर**—*पु॰* ≤ *सं॰* वासर। दिन।

वासोख़्त—[फ़ा॰] *पु॰* (काव्य॰) उर्दू-कविता का एक भेद जिसमें प्रेमी अपनी प्रेमिका पर निष्ठाहीनता का आरोप लगाता है तथा नयी और अधिक सुन्दर प्रेमिका को खोजने की इच्छा व्यक्त करता है।

वास्तव्य—[सं॰ √वस् + तव्यत्, णित्] *वि॰* १. बसा हुआ। आबाद। २. रहने के लायक़। निवास-योग्य। ३. रहनेवाला। निवासी। *पु॰* वह स्थान जहाँ लोग बसे हुए हों। बस्ती।

वास्तु—[सं॰ √वस् + तुन्, णित्] *पु॰* १. वह स्थान जिस पर कोई

रचना/इमारत खड़ी हो। २. घर बनाने योग्य स्थान। ३. घर। मकान। ४. मकान की नींव। ५. पत्थर, ईंट, लकड़ी आदि से निर्मित कोई रचना/इमारत (तालाब, पुल, भवन, स्तम्भ, कुआँ आदि)। ✣ **वास्तुकर्म**—*पु॰* = १. भवन आदि की रचना। २. गृह-निर्माण। ✣ **वास्तु-कला**—*स्त्री॰* = वास्तुशास्त्र। स्थापत्य।

वास्तुकार—[सं॰ वास्तु + कार] *पु॰* वास्तुविद्या जाननेवाला व्यक्ति। स्थपति।

वास्तुप्रस्तर—[सं॰ वास्तु ~ प्रस्तर] *पु॰* भवन आदि के निर्माण में उपयोगी पत्थर। सामान्य चिनाई, छत डालने, फ़र्श बनाने आदि में प्रयुक्त पत्थर। इमारती पत्थर।

वास्तुयाग—[सं॰ वास्तु ~ याग] *पु॰* वह यज्ञ/हवन आदि जो गृह-प्रवेश से पहले किया जाता है।

वास्य—[सं॰ वास + यत्] *वि॰* १. बसने/रहने के योग्य (स्थान)। २. छाए जाने के योग्य (स्थान)।

वाह[१]—[सं॰ √वह् + णिच् + अच्] *वि॰* १. ले जानेवाला। २. (समासयुक्त पद के अन्त में) वहन करनेवाला। ***जैसे***—भारवाह।

वाह[२]—[सं॰ √ वह + घञ्] *पु॰* १. ले जाना। ढोना। २. बोझ ढोनेवाला पशु (घोड़ा, बैल, भैंसा आदि)। ३. वाहन। सवारी। (रथ, घोड़ा, हाथी, बैलगाड़ी आदि)। ४. वायु। हवा।

वाह[३]—[फ़ा॰] *अव्यय॰* १. एक प्रशंसा-सूचक शब्द। बहुत अच्छा। धन्य। २. आश्चर्य या वृणा आदि का सूचक एक शब्द।

वाहक[१]—[सं॰ √वह् + ण्वुल्] *वि॰* १. लादकर ले जानेवाला। ढोनेवाला। २. ले जाने और पहुँचाने वाला। ***जैसे***—सन्देशवाहक। ३. (किसी दायित्व को) वहन करनेवाला। *पु॰* सामान ढोनेवाला मज़दूर। भारवाहक। कुली।

वाहक[२]—[सं॰ √वह् + णिच् + ण्वुल्] *पु॰* वाहन का चालक। गाड़ीवान।

वाहन—[सं॰ √वह् + णिच् + ल्युट्] *पु॰* १. ऐसा पशु/गाड़ी आदि जिस पर चढ़कर लोग कहीं आते-जाते हों। सवारी। ***जैसे***—रथ, घोड़ा, बैलगाड़ी आदि प्राचीन वाहन हैं और रेलगाड़ी आदि नए वाहन। २. सामान ढोनेवाला पशु आदि।

वाहिक—[सं॰ वाह + ठक्] *पु॰* १. रथ, बैलगाड़ी आदि कोई वाहन/यान। २. बोझ ढोनेवाला मजदूर। कुली। ३. एक वाद्य। बड़ा ढोल। ढक्का। ✣ **वाहिका**—*स्त्री॰* = १. वहन करनेवाली स्त्री। २. बोझ ढोनेवाली स्त्री। ३. किसी दायित्व को वहन करनेवाली स्त्री। कार्यवाहिका। ४. मार्ग या माध्यम। (भूविज्ञान॰) नदी का वह भाग जिससे होकर मुख्य जलधारा बहती है। (चिकित्सा॰) रक्त का वहन करनेवाली शिरा। रुधिरवाहिंनी। रक्तनलिका। (भौतिकी॰) १. किसी विशिष्ट कार्य के लिए निर्धारित रेडियो आवृत्तियों का पट्ट (अं॰ बैंड) २. संकेत (अं॰ सिग्नल) के लिए पथ। ३. संगणक (अं॰ कम्प्यूटर) में सूचना प्रवाहित करनेवाला पथ। ✣ **वाहिकाविज्ञान**—*पु॰* = (प्राणि॰) रुधिरवाहिनियों का अध्ययन। रक्तनलिकाविज्ञान।

वाहित—[सं॰ √वह् + णिच् + क्त] *वि॰* १. वहन किया हुआ। ढोया हुआ। २. बहाया हुआ। प्रवाहित। ३. चलाया हुआ। चालित। ४. पहुँचाया हुआ।

वाहिनी—[सं॰ वाह + इनि + ङीप्] *स्त्री॰* १. सेना। २. सेना का एक वर्तमानकालीन विभाग। (अं॰ ब्रिगेड)। ३. सेना का एक प्राचीनकालीन विभाग। ४. द्रव बहने के लिए मार्ग या नाली। ५. नदी। (छन्द॰) एक समवर्णिक छन्द जिसके प्रत्येक चरण में क्रमशः तगण, २ मगण और यगण (त म म य) के योग से १२ वर्ण होते है तथा ७-५ पर यति होती है। (प्राणि॰) रक्त को बहा ले जानेवाली नलिका। (अं॰ डक्ट)।

वाही—[< सं॰ वाह (= वहन करने वाला)] *वि॰* (प्रत्यय के समान प्रयुक्त) १. (दायित्व आदि) वहन करनेवाला। ***जैसे***—दायित्ववाही। २. ढोनेवाला। ***जैसे***—भारवाही। ३. ले जानेवाला। ***जैसे***—सन्देशवाही। ४. बहनेवाला। ***जैसे***—जलवाही।

वाह्य—[सं॰ √वह् + ण्यत्] *वि॰* १. वहन किए जाने योग्य। २. खींचे जाने योग्य। ३. ढोया जाने योग्य। सवारी के योग्य। *पु॰* १. यान। सवारी। २. बोझ ढोने के काम आने वाले पशु (घोड़ा, बैल आदि)।

वाह्लीक (वाह्लीक)—[सं॰ √वह् + लिण् + कन्] १. एक प्राचीन देश जो गान्धार के समीप था। आधुनिक बलख़-बुखारा का क्षेत्र। २. उक्त देश का निवासी।

वि—[सं॰ √वा + इण्, डित्] *अव्यय॰* क्रियाओं और संज्ञाओं के पहले लग कर प्रायः पृथकता/विपरीत/विशेष आदि अर्थ देनेवाला एक उपसर्ग (जैसे—क्रय→विक्रय; शेष→विशेष; गुण→विगुण)। *स्त्री॰* पक्षी। चिड़िया। हिन्दी में '**वि**' का प्रयोग उपसर्ग रूप में ही प्रचलित है। इसके अतिरिक्त 'वि॰' का प्रयोग प्रायः 'विक्रम संवत्' या 'विक्रमी' के संक्षिप्त रूप में होता है।

विंश—[सं॰ विंशति + डट्, ति→लोप] *वि॰* (क्रम से) बीसवाँ। *पु॰* बीसवाँ भाग।

विंशति—[सं॰ द्वि + दश, निपात॰] *स्त्री॰* बीस की संख्या (२०)। *वि॰* (गिनती में) बीस।

विंशोत्तर—[सं॰ विंश ~ उत्तर] *वि॰* (कही गयी किसी संख्या से) बीस अधिक।

***विअइल**—[< सं॰ विचकिल] *पु॰* चमेली की जाति का एक फूल।

विकच—[सं॰ वि √कच् + अच्] *वि॰* १. खिला हुआ। विकसित। ***जैसे***—विकच पुष्प। २. बिना बालों का। कच-रहित। केशविहीन। ३. व्यक्त। स्पष्ट। *पु॰* बालों का समूह। लट। ✣ **विकचित**—*वि॰* = खिला हुआ (फूल)।

विकट—[सं॰ वि√कट् + अच्] *वि॰* १. कुरूप। बदशक्ल। २. भयंकर। डरावना। ३. दुर्गम। ***जैसे***—जंगल का विकट मार्ग। ४. जिसे करना बहुत कठिन हो। दुस्साध्य। ५. भद्दा। भोंडा। ६. प्रचंड। विशाल। ***जैसे***—विकट जन-समूह। ✣ **विकटा**—*वि॰* (*स्त्री॰*) = विकट (स्त्री)। ***जैसे***—विकटा ताड़का को राम ने मार दिया।

विकत्थन—[सं॰ वि √कत्थ् + ल्यु/ल्युट्] *वि॰* १. डींग मारनेवाला। शेख़ीबाज़। २. व्याजस्तुति करनेवाला। *पुं॰* १. डींग। शेखी। २. झूठी प्रशंसा।

विकरण—[सं॰ वि + करण] *वि॰* इन्द्रियों से रहित। इन्द्रियहीन। *पुं॰* (व्या॰) प्रकृति या धातु और धातु के बीच में होनेवाला वर्ण-आगम। ***जैसे***—'बालकों में' 'बालक' और 'में' के मध्य का 'ओं' विकरण है।

विकराल—[सं॰ वि + कराल] *वि॰* अत्यन्त भयानक। डरावना।

विकर्ण—[सं॰ वि + कर्ण] *वि॰* १. बड़े और लम्बे कानों वाला। २. कर्णरहित। ३. बहरा। *पुं॰* (गणित॰) १. वह रेखा जो किसी बहुभुज के किन्हीं दो असंलग्न शीर्ष बिन्दुओं को मिलाए। २. वह रेखा जो किसी बहुफलक के दो असमीपस्थ शीर्ष बिन्दुओं को मिलाए।

विकर्म—[सं॰ वि + कर्म (कर्मन्)] *पुं॰* निषिद्ध कर्म। दुष्कर्म।

विकर्षण—[सं॰ वि + कर्षण] *पुं॰* १. विपरीत दिशा में खींचना। प्रतिकर्षण। २. खींचकर अपनी ओर लाना। ३. अरुचि। घृणा। विमुखता। (आयुर्वेद॰) शरीर में चुभे/धँसे शल्य को पकड़कर बाहर निकालना। ∇ **विलोम**—आकर्षण।

विकल—[सं॰ वि + कल] *वि॰* १. अपूर्ण। खंडित। २. जिसका कोई अंग नष्ट हो चुका हो। अंगहीन। ३. घबड़ाया हुआ। विह्वल। ४. व्याकुल। बेचैन। ५. रहित। हीन। ∇ **विलोम**—अविकल।

विकला—[सं॰ वि + कला] *स्त्री॰* (गणित॰) कोण मापने की इकाई। एक कला का ६०वाँ भाग या एक अंश (अं॰ डिग्री) का ३६००वाँ भाग।

विकलाना—[< सं॰ विकल] *क्रिअ॰* विकल/ व्याकुल होना। बेचैन होना। घबराना।

विकलित—[सं॰ वि√कल्+क्त] *वि॰* १. जिसे विकल/व्याकुल किया गया हो। २. व्याकुल। बैचेन। ३. दुःखी। पीड़ित।

विकल्प—[सं॰ वि √कृप् + घञ्] *पुं॰* १. ऐसी स्थिति जिसमें 'यह' या 'वह' के विषय में सोचना पड़ता है। २. किसी विचार/कल्पना के बाद आया उससे कुछ भिन्न विचार/कल्पना। ३. अनिश्चित विचार। संकल्प का विलोम। ४. दो या अधिक बातों में से किसी एक को चुनने की स्वतन्त्रता। ***जैसे***—इन चार प्रश्नों में विकल्प है और किसी एक का ही उत्तर देना है। ५. वह अवस्था जिसमें दो या अधिक विषयों/बातों में से किसी एक को चुनना होता है। ६. दूसरा पक्ष या दूसरा मार्ग। (अं॰ आल्टर्नेटिव) ७. अनिश्चय। सन्देह। मन में उत्पन्न होनेवाली अनेक प्रकार की कल्पनाएँ। (काव्य॰) एक अर्थालंकार जो वहाँ होता है जहाँ समान बल वाले परस्पर विरोधी पदार्थों की एक ही समय में एकत्र स्थिति का चमत्कारी वर्णन होता है। (अं॰ ऑप्शन) [व्या॰] किसी बात में दो या अधिक नियमों/विधियों में से अपनी इच्छा के अनुसार किसी एक को मानना या प्रयोग में लाना। (कोश॰) ऐसे रूप जो एक दूसरे की स्थिति में रखे जा सकते हों। वैकल्पिक रूप। *पुं॰* (आयुर्वेद॰) रोगी के शरीर में वातादि दोषों की मात्रा का ज्ञान। (योग॰) एक वृत्ति। शब्दज्ञानानुपाती वस्तु-शून्य वृत्ति (जैसे—'बन्ध्यापुत्र आता है' में बन्ध्यापुत्र (= बाँझ स्त्री का पुत्र) के आकाररूप चित्त की वृत्ति विकल्प है)।

विकल्पी—[सं॰ विकल्पिन्] *वि॰* १. जो असमंजस में पड़ा हुआ हो। २. जो संकल्प-विकल्प करता रहता हो।

विकल्मष—[सं॰ वि + कल्मष] *वि॰* १. कल्मषरहित। पापरहित। निष्पाप। २. कलंकरहित। ३. निरपराध। निर्दोष।

विकसन—[सं॰ वि √कस् + ल्युट्] *पुं॰* १. विकास। २. फूलों का खिलना। प्रस्फुटन। ⁘ **विकसना**—*क्रिअ॰* = १. विकसित होना। २. (फूल आदि का) खिलना।

विकसित—[सं॰ वि √कस् + क्त, इत्व] *वि॰* जिसका विकास हुआ हो। जिसका विकास किसी के द्वारा किया गया हो। २. खिला हुआ (फूल)। ३. (जाति/देश/राज्य आदि) राजनीतिक, सामाजिक, आर्थिक आदि क्षेत्रों में जो उन्नत हो। ***जैसे***—विकसित देश। ∇ **विलोम**—अविकसित।

विकस्वर—[सं॰ वि √कस्+वरच्] *वि॰* १. विकासशील। २. खिला हुआ (फूल)। ३. स्पष्ट रूप से समझ में आनेवाला। (काव्य॰) एक अर्थालंकार जो विशेष का सामान्य से समर्थन करने के बाद उसका विशेष द्वारा समर्थन करने पर होता है।

विकाङ्क्ष (विकांक्ष)—[सं॰ वि +काङ्क्ष] *वि॰* आकांक्षाहीन। कामनारहित।

विकाम—[सं॰ वि + काम] *वि॰* जिसमें कामना/इच्छा न हो। निष्काम।

विकार—[सं॰ वि √कृ + घञ्] *पुं॰* १. किसी पदार्थ की प्रकृति में होनेवाला परिवर्तन। २. किसी पदार्थ के गुण, स्वभाव, रूप आदि में होनेवाला दोषपूर्ण परिवर्तन। विकृति। बिगाड़। ३. रोग। बीमारी। ४. मानसिक दोष (लोभ/क्रोध आदि)। ५. वासना। ६. उद्वेग। घबराहट। (भा॰दर्शन॰) किसी पदार्थ के रूप आदि का परिवर्तन। परिणाम। ***जैसे***—दही, दूध का, विकार है। ⁘ **विकार-हेतु**—*पुं॰* = विकार उत्पन्न करनेवाला कारण।

विकार्बनन—[सं॰ वि + हिं॰ कार्बनन (< अं॰ कार्बन)] *पुं॰* (रसायन॰) कार्बनयुक्त किसी तन्त्र में से कार्बन को अलग करना। कार्बनविहीन करने/होने का प्रक्रम।

विकाल—[सं॰ वि + काल] *पुं॰* १. सायंकाल। शाम। २. विलम्ब। देर।

विकाश—[सं॰ वि √काश् + घञ्] *पुं॰* विकास।

विकाशी—[सं॰ विकाशिन्] *पुं॰* १. प्रकट होनेवाला। २. खिलनेवाला। *वि॰* (आयुर्वेद॰) शरीर की अन्य धातुओं से अलग कर ओज को सुखाने और शरीर के जोड़ों को ढीला करनेवाला (पदार्थ)। ***जैसे***—सुपारी विकाशी है।

विकास—[< सं॰ वि+√कास् + घञ्] *पुं॰* १. प्रस्फुटन। खिलना। २. उन्नति। अभिवृत्ति। ३. (आर्थिक) समृद्धि। (जीव॰) जीवों की उत्तरोत्तर पीढ़ियों में होनेवाले परिवर्तन जिनसे कालान्तर में अधिक जटिल संरचना प्रकट होती है। ∇ **विलोम**—ह्रास/विनाश। ⁘

विकासक—*वि॰* = (किसी का) विकास करनेवाला। बढ़ानेवाला।

विकासन—[सं॰ √कस् + ल्युट्] *पु॰* १. विकास करने की क्रिया/भाव। २. खुलना। ३. विस्तृत होना। फैलना।

विकासवाद—[सं॰ विकास ~ वाद] *पु॰* विकास का सिद्धान्त। यह सिद्धान्त/मत कि प्राणियों की विविध जातियाँ/उपजातियाँ किसी एक ही जाति से क्रमशः विकसित होकर बनी हैं, अलग-अलग उत्पन्न नहीं हुईं।

विकासी—[सं॰ विकासिन्] *वि॰* १. प्रकट होनेवाला। दिखनेवाला। २. प्रस्फुटित होनेवाला। खिलनेवाला। ३. विस्तृत होनेवाला। फैलनेवाला।

विकिट—[अं॰] *पु॰* (क्रिकेट के खेल में) तीन डंडे जिनके ऊपर दो गिल्लियाँ रखी रहती हैं।

विकिरण—[सं॰ वि √कृ + ल्युट्] *पु॰* १. इधर-उधर बिखेरना। छितराना। २. बिछाना। फैलाना। ३. ज्ञान। (भौतिकी॰) १. विद्युत्-चुम्बकीय तरंगों, ध्वनि-तरंगों और आयनकारी कणों के रूप में ऊर्जा का उत्सर्जन। आयनकारी कणों या तरंगों के रूप में ऊर्जा का सभी दिशाओं में बिखरना या फैलना। (अं॰ रेडिएशन) ✣ **विकिरण जैविकी**—*स्त्री॰* = जीवविज्ञान की एक शाखा जिसमें जीवों तथा जीवित कोशिकाओं पर विकिरण के प्रभावों का अध्ययन किया जाता है। (अं॰ रेडियो बाइओलॉजि)

विकिरित—[< सं॰ विकिरण] *वि॰* विकिरणयुक्त।

†विकीरना—[< सं॰ विकीर्णन] १. फैलाना। २. इधर-उधर बिखेरना। चारों ओर गिराना। छितराना।

विकीर्ण—[सं॰ वि √कृ + क्त] *वि॰* १. चारों ओर फैलाया हुआ। बिखेरा हुआ। २. बिखरे या उलझे हुए (बाल)। ● **विशेष**—उक्त व्युत्पत्ति में √कृ **दीर्घऋकार ॠ** से युक्त धातु है। ✣ **विकीर्ण केश**—*वि॰* = जिसने अपने बाल नोच डाले हों या जिसके बाल बिखरे हुए हों।

विकुञ्चन (विकुंचन)—[सं॰ वि + कुञ्चन] *पु॰* १. सिकुड़ना। २. मुड़ना।

विकुण्ठ (विकुंठ)—[सं॰ वि + कुण्ठ] *वि॰* १. कुंठा-रहित। २. (चाक़ू/छुरी आदि) जो कुंठित/भोथरा न हो। *पु॰* भगवान् विष्णु का निवासस्थान। वैकुंठ।

विकूजन—[सं॰ वि √कूज् + ल्युट्] *पु॰* १. पक्षियों का कलरव। चहक। २. (भ्रमर आदि का) गुंजार। ३. (पेट की) गुड़गुड़ाहट।

विकृत—[सं॰ वि + कृत] *वि॰* १. जिसमें कुछ विकार आ गया हो। २. बदला हुआ। परिवर्तित। ३. रोगी। बीमार। ४. जिसका आकार या रूप बिगड़ गया हो। बेडौल। ५. दूषित। ख़राब।

विकृति—[सं॰ वि + कृति] *स्त्री॰* १. विकृत होने की अवस्था/भाव। २. विकार। दोष। ख़राबी। ३. विकार से परिवर्तित रूप। बिगड़ा हुआ रूप। ४. परिवर्तन। रूपान्तरण। ५. मानसिक दोष (काम, क्रोध, लोभ आदि)। ६. रोग। बीमारी ७. माया। ८. कामवासना। (भा॰ दर्शन॰) परिणाम। ***जैसे***—मूल प्रकृति का प्रथम विकार 'महत्' तत्त्व है।

विकृष्ट—[सं॰ वि + कृष्ट] *वि॰* १. खींचा हुआ। २. खींच कर अलग किया हुआ। ३. फैलाया/बढ़ाया हुआ। ✣ **विकृष्टता/विकृष्टि**—*स्त्री॰* = विकृष्ट होने की अवस्था/भाव।

विकेन्द्रीकरण (विकेंद्रीकरण)—[सं॰ वि + केन्द्रीकरण] *पु॰* विकेन्द्रित करना। (राज॰) केन्द्र सरकार की सत्ता और कार्यों का, कुछ सीमा तक, प्रान्तीय/प्रादेशिक, छोटी और स्थानीय इकाइयों को सौंपने की प्रक्रिया।

विकेश—[सं॰ वि + केश] *वि॰* १. खुले केशों/बालों वाला। २. बिना केशों/बालों वाला। ३. गंजा। ✣ **विकेशी**—(*स्त्री॰*)

विकोश/विकोष—[सं॰ वि + कोश/कोष] *वि॰* १. कोष/म्यान से निकला हुआ (तलवार आदि)। २. जो आच्छादित न हो। खुला हुआ। आवरणरहित। ३. जिस का छिल्का/भूसी आदि हट गया हो या हटा दिया गया हो।

विक्रम—[सं॰ वि √क्रम् + अच्] *पु॰* १. पौरुष। वीरता। पराक्रम। २. विपरीत गति (∇ **विलोम**—संक्रम)। ३. पग। डग। क़दम। ४. साठ संवत्सरों के चक्र में से १४वाँ संवत्सर।

विक्रमण—[सं॰ वि√क्रम् + ल्युट्] *पु॰* १. क़दम रखना। चलना। २. आगे बढ़ना।

विक्रमार्क—[सं॰ विक्रम ~ अर्क] *पु॰* (उज्जयिनी का प्रतापी राजा) विक्रमादित्य।

विक्रमी[1]—[सं॰ विक्रमिन्] *वि॰* पराक्रमी। वीर।

विक्रमी[2]—[< सं॰ विक्रम] *वि॰* १. विक्रमीय। (दे॰) २. विक्रम संवत् से सम्बन्धित। ३. *पु॰* विक्रम संवत्। ***जैसे***—२००४ विक्रमी में भारत-विभाजन हुआ।

विक्रमीय—[सं॰ विक्रम + छ] *वि॰* १. विक्रम/पराक्रम से सम्बन्धित। पराक्रमीय। २. विक्रमादित्य-सम्बन्धी। विक्रमादित्य का।

विक्रय—[सं॰ वि + क्रय] *पु॰* बेचना। बिक्री। ∇ **विलोम**—क्रय।

विक्रय विलेख—[सं॰] *पु॰* वस्तु के क्रय-विक्रय का सूचक लेख्य। बैनामा। (अं॰ सेल डीड)

विक्रान्त (विक्रांत)—[सं॰ वि + क्रान्त] *वि॰* १. जिसमें विशेष विक्रम हो। पराक्रमी। प्रतापी। २. साहसी।

विक्रिया—[सं॰ वि + क्रिया] *स्त्री॰* १. विकार। ख़राबी। २. प्रतिक्रिया। ४. विकलता। व्याकुलता। घबराहट। ६. अचानक उत्पन्न रोग।

विक्रीत—[सं॰ वि + क्रीत] *वि॰* बेचा हुआ। बिका हुआ।

विक्रेता—[सं॰ वि + क्रेता] *पु॰* बेचनेवाला।

विक्रेय—[सं॰ वि + क्रेय] *वि॰* जो बेचा जाने के लिए हो। बिकाऊ।

विक्रोश—[सं॰ वि + क्रोश] *पु॰* १. अपनी सहायता के लिए लोगों को पुकारना। गुहार। चिल्लाहट। २. गाली।

विक्रोष्टा—[सं॰ विक्रोष्टृ] *पु॰* १. गुहार करनेवाला। २. गाली देनेवाला।

विक्लान्त (विक्लांत)—[सं॰ वि + क्लान्त] *वि॰* १. थका हुआ। श्रान्त। २. हतोत्साह।

विक्लिन्न—[सं॰ वि √क्लिद् + क्त] *वि॰* १. पूरी तरह भीगा हुआ। २. गला/सड़ा हुआ। ३. कुम्हलाया हुआ। मुर्झाया हुआ। ४. जीर्ण। ✣ **विक्लिन्नहृदय**—*वि॰* = करुणा से आर्द्र हृदयवाला। दयार्द्र।

विक्षत—[सं॰ वि + क्षत] *वि॰* बहुतआहत/घायल/ज़ख़्मी।

विक्षिप्त—[सं॰ वि + क्षिप्त] *वि॰* १. इधर-उधर बिखेरा हुआ। छितराया हुआ। २. जिसका मस्तिष्क ठीक तरह से काम न करता हो। पागल। ३. व्यग्र। व्याकुल।

विक्षुब्ध—[सं॰ वि + क्षुब्ध] *वि॰* १. अति क्षुब्ध। उद्विग्न। २. अस्तव्यस्त। अशान्त।

विक्षेप—[सं॰ वि + क्षेप] *पु॰* १. इधर-उधर फेंकना। बिखेरना। २. झटका देना या हिलाना। ३. (मन की) चंचलता या अशान्ति। ४. विकलता। घबराहट। बेचैनी। ५. भय। डर। ६. विघ्न। बाधा। (न्याय॰) प्रतिवादी द्वारा कार्य-व्यस्तता का बहाना करके शास्त्रार्थ को टाल देने का निग्रह-स्थान। (चिकित्सा॰) रोग का शरीर के एक भाग से दूसरे भाग को स्थानान्तरण। (मनो॰) कुंठाजन्य मन की स्थिति जिसमें व्यक्ति अप्रिय और भयजनक परिस्थितियों और तथ्यों की ओर से अपना ध्यान हटा लेता है। (भौतिकी॰) यन्त्र की सुई का शून्य बिन्दु से इधर-उधर हटना/हिलना। विचलना।

विक्षेपण—[सं॰ वि + क्षेपण] *पु॰* १. इधर-उधर फेंकना। बिखेरना। २. झटका देना या हिलाना। ३. (मन की) चंचलता या अशान्ति। ४. विकलता। घबराहट। बेचैनी। ५. भय। डर। ६. विघ्न। बाधा।

विक्षोभ—[सं॰ वि + क्षोभ] *पु॰* १. बहुत क्षोभ। उद्विग्नता। खिन्नता। ३. उथल-पुथल। ४. अशान्ति।

***विख**—*पु॰* ≤ *सं॰* विष। ज़हर।

विखण्ड (विखंड)—*वि॰* ≤ *सं॰* विखण्डित। खंड-खंड किया हुआ।

विखण्डन (विखंडन)—[सं॰ वि + खण्डन] *पु॰* १. बहुत छोटे-छोटे टुकड़ों या अंशों में विभाजन। २. विघटन। (भौतिकी॰) किसी भारी परमाणु के नाभिक का, हल्के परमाणुओं के नाभिकों में, खंडित होना।

विख्यात—[सं॰ वि + ख्यात] *वि॰* प्रसिद्ध। मशहूर। ∇ **विलोम**—कुख्यात।

विख्यापन—[सं॰ वि + ख्यापन] *पु॰* १. प्रसिद्ध करना। २. सार्वजनिक रूप से घोषणा करना।

विगत—[सं॰ वि + गत] *वि॰* १. बीता हुआ। गत। *जैसे*—विगत वर्षों में। २. अन्तिम बीते हुए से ठीक पहले का। पिछला। *जैसे*—यह बात विगत वर्ष की है। ३. (समासयुक्त शब्द के आरम्भ में) रहित। हीन। *जैसे*—विगतराग। ४. मृत। *जैसे*—विगत प्रधानमन्त्री। ∇ **विलोम**—आगामी। ✣ **विगतकल्मष**—*वि॰* = कल्मषरहित। पापरहित। निष्पाप। ✣ **विगतभी**—*वि॰* = जिसे किसी का भी भय न हो। भयरहित। निर्भय। निडर। ✣ **विगतविकार**—*वि॰* = विकाररहित। निर्विकार। ✣ **विगतलक्षण**—*वि॰* = १. लक्षणहीन। अशुभ। २. भाग्यहीन।

विगति—[सं॰ वि + गति] *स्त्री॰* दुर्गति। दुर्दशा।

विगन्ध (विगंध)—[सं॰ वि + गन्ध] *वि॰* १. जिसमें गन्ध न हो। २. जिसमें बुरी गन्ध हो। दुर्गन्धयुक्त। बदबूदार।

विगन्धकन/विगन्धकीकरण (विगंधकन-विगंधकीकरण)—[< सं॰ वि + गन्धकन/गन्धकीकरण] *पु॰* किसी मिश्रण या रासायनिक यौगिक में से गन्धक निकाल देना। गन्धकरहित करना।

विगर्हण—[सं॰ वि + गर्हण] *पु॰* १. भर्त्सना। फटकार। डाँट-डपट। २. निन्दा। ✣ **विगर्हणा**—*स्त्री॰* = १. भर्त्सना। २. निन्दा। ३. निन्दनीय स्थिति। दुर्दशा।

विगर्हा—[सं॰ वि + गर्हा] *स्त्री॰* विगर्हण।

विगर्हित—[सं॰ वि + गर्हित] *वि॰* १. डाँटा-फटकारा हुआ। २. निन्दित। ३. जिससे घृणा की गयी हो। घृणित। ४. वर्जित। निषिद्ध। ५. नीच। ६. बुरा। ७. दुष्ट।

विगर्ही—[सं॰ विगर्हिन्] *वि॰* विगर्हण करनेवाला।

विगर्ह्य (विगर्ह्य)—[सं॰ वि √गर्ह् + यत्] *वि॰* १. जो भर्त्सना का पात्र हो। डाँटने योग्य। २. निन्दनीय। ३. घृणा के योग्य। ४. वर्जनीय।

विगलन—[सं॰ वि + गलन] *पु॰* १. गलना। पिघलना। २. बहना, टपकना या रिसना। ३. मन का द्रवित होना। ४. नाश। ५. ग़ायब होना। ६. शिथिल होना। ढीला होना। (कृषि॰) कवक या जीवाणु संक्रमण के फलस्वरूप पौधे के गूदेदार ऊतक का मृदुकरण, विवर्णन और प्राय: विघटन।

विगाथा—[सं॰ वि + गाथा] *स्त्री॰* आर्या छन्द का एक भेद जिसके चार चरणों में क्रमश: १२, १५, १२ १८ मात्राएँ होती हैं।

विगाहन—[सं॰ वि √गाह् + अच्] *पु॰* अवगाहन। स्नान या डुबकी/ग़ोता।

विगुण—[सं॰ वि + गुण] *वि॰* १. जिसमें कोई गुण न हो। गुणरहित। गुणहीन। बुरा। २. विकृत। ३. जिसमें गुण/सूत्र/डोरी न हो।

विगूढ़—[सं॰ वि + गूढ़] *वि॰* छिपा हुआ। गुप्त।

विगृहीत—[सं॰ वि + गृहीत] *वि॰* १. पकड़ा हुआ। २. विश्लेषण किया हुआ। विश्लिष्ट। ३. विभाजित।

***विगोई**—[< हिं॰ बिगाड़ना] *वि॰* (*स्त्री॰*) बिगाड़नेवाली। ख़राब करनेवाली।

विग्गाहा—[< सं॰ विगाथा] *स्त्री॰* (छन्द॰) 'आर्या' छन्द का एक भेद। विगाथा।

विग्रसनकारी—[सं॰ वि + ग्रसनकारी (ग्रसनकारिन्)] *वि॰* ग्रसन करनेवाला। *पु॰* (कृषि॰) ऐसा कारक जो संक्रमण होने से पूर्व वातावरण में या पौधे के पृष्ठ या अंग पर रोगजनक को मार देता है या निष्क्रिय बना देता है।

विग्रह—[सं॰ वि + √ग्रह् + अच्] *पु॰* १. प्रसार। फैलाव। २. आकृति। शक्ल। सूरत। ३. शरीर। देह। ४. मूर्ति। प्रतिमा। *जैसे*—विष्णु-विग्रह। ५. युद्ध। ६. झगड़ा। ७. नीति का एक प्रकार। शत्रुओं/विपक्षियों में फूट डालना। (व्या॰) यौगिक शब्दों के या समासयुक्त पदों/शब्दों को अलग-अलग करना। *जैसे*—'राजपुरुष' शब्द का विग्रह कीजिए।

विग्रहगति—[सं॰ विग्रह ~ गति] *स्त्री॰* (जैन॰) एक शरीर को छोड़कर दूसरे शरीर को प्राप्त करने के लिए जीव का गमन।

विग्रही—[सं॰ विग्रहिन्] *वि॰* १. युद्ध करनेवाला। २. लड़ाई-झगड़ा करनेवाला। ३. मूर्ति की पूजा करनेवाला। मूर्तिपूजक।

विग्राह्य (विग्राह्य)—[सं॰ विग्रह + ण्यत्] *वि॰* १. जिसके साथ युद्ध/झगड़ा किया जाना उचित हो। २. जिसके साथ युद्ध/झगड़ा करना हो।

विघटन—[सं॰ वि √घट् + ल्युट्] *पुं॰* १. अलग करना/होना। २. किसी वस्तु के संयोजक अंगों का अलग होना जिससे उसका रूप नष्ट हो जाए। ३. तोड़ना। ४. छिन्न-भिन्न होना। ५. नाश। ६. भंग करना/होना। (वाणि॰) किसी संविदा या अनुबन्ध को सम्बद्ध पक्षों की सहमति से तोड़ना या निरस्त करना। (राज॰) किसी विशेष सदन की कालावधि की समाप्ति या सदन भंग कर देना। (भूविज्ञान॰) किसी शैल का भौतिक बलों की क्रिया से छोटे-छोटे खंडों में टूट जाना। (रसायन॰, भौतिकी॰) १. किसी पदार्थ का चूर्णन। २. विकिरणशील (अं॰ रेडिओ ऐक्टिव) पदार्थों का रूपान्तरण। ३. नाभिकीय रूपान्तरण। ४. किसी नाभिक द्वारा ऐल्फ़ा-कण या बीटा-कण उत्सर्जित करने का प्रक्रम। (अं॰ डिसइन्टीग्रेशन) ∇ **विलोम**—संघटन।

विघटिका—[सं॰ वि + घटिका] *स्त्री॰* समय की एक छोटी माप। एक घटी/घड़ी का ६०वाँ भाग। पल। ● **विशेष**—२४ मिनट = १ घटी/घड़ी; तथा, २४ सेकंड = १ विघटिका।

विघट्टन—[सं॰ वि √घट्ट् + ल्युट्] *पुं॰* १. वियोजित करने की क्रिया/भाव। २. रगड़। ३. व्यथन। पीड़न।

विघर्षण—[सं॰ वि + घर्षण] *पुं॰* अच्छी तरह घिसना/रगड़ना।

विघात—[सं॰ वि + घात] *पुं॰* १. विशेष आघात/चोट। २. नाश। ३. वध। हत्या। ४. निवारण। रोक। ५. बाधा। अड़चन। ६. जानबूझकर की गयी क्षति। ७. यन्त्रों आदि की तोड़-फोड़।

विघूर्णन—[सं॰ वि + घूर्णन] *पुं॰* १. चारों ओर घूमना। परिभ्रमण। २. चक्कर देना या घुमाना। घुमाव। ३. किसी केन्द्र/अक्ष आदि के चारों ओर चक्कर लगाना।

विघ्न—[सं॰ वि √हन् + क] *पुं॰* १. बाधा। अड़चन। रुकावट। २. कोई अशुभ लक्षण। अशकुन।

विचक्षण—[सं॰ वि √चक्ष्→युच्] *वि॰* १. बहुत दूर की वस्तुएँ देखनेवाला। दूरदर्शी। २. दूर की बातें समझनेवाला। दूरदर्शी। ३. बुद्धिमान्। समझदार। ४. विद्वान्। ५. निपुण। पटु। ६. सतर्क। सावधान। ७. बारीकी छाँटनेवाला। *पुं॰* १. बुद्धिमान् व्यक्ति। २. कुशल/निपुण व्यक्ति।

विचय—[सं॰ वि + चय] *पुं॰* १. इकट्ठा करना। जमा करना। एकत्रीकरण। संग्रह। २. अनुसन्धान। खोज। तलाश। ३. जाँच-पड़ताल। ४. क्रमबद्ध/व्यवस्थित रखना। (आयुर्वेद॰) किसी समुदाय के अलग-अलग घटकों का ज्ञान।

विचयन—[सं॰ वि + चयन] *पुं॰* १. इकट्ठा करना। जमा करना। एकत्रीकरण। संग्रह। २. अनुसन्धान। खोज। तलाश। ३. जाँच-पड़ताल। ४. क्रमबद्ध/व्यवस्थित रखना।

विचरण—[सं॰ वि + चरण] *पुं॰* १. इधर-उधर घूमना-फिरना। चलना। २. भ्रमण। *वि॰* जिसके पैर न हों।

विचर्चित—[सं॰ वि + चर्चित] *वि॰* १. मालिश किया हुआ। मला हुआ। २. लेप किया हुआ।

विचल—[सं॰ वि + चल] *वि॰* १. जो निरन्तर हिलता रहता हो। २. अस्थिर। चंचल। ३. अपने मार्ग/स्थान/प्रतिज्ञा/संकल्प/विचार आदि से हटा या डिगा हुआ। *पुं॰* (सांख्यिकी॰) किसी सांख्यिकीय विचार 'य' और किसी गृहीत या वास्तविक माध्य 'क' के सन्दर्भ में चर राशि य-क (अं॰ डीविएट)। ✣ **विचलता**—*स्त्री॰* = १. विचल होने की अवस्था/भाव। २. चंचलता। ३. अस्थिरता। ४. अपने मार्ग/स्थान/प्रतिज्ञा/संकल्प/विचार आदि से हटना या डिगना।

विचारण—[सं॰ वि √चर् + णिच् + ल्युट्] *पुं॰* विचार करने की क्रिया/भाव। विचार किया जाना। (विधि॰) न्यायालय द्वारा किसी विवादास्पद (तथ्यपरक या विधिपरक) विषय का न्यायिक परीक्षण। ***जैसे***—विचारण में अनेक नए तथ्य प्रकट हुए (अं॰ ट्राइअल)।

विचार समाधि—[सं॰] *स्त्री॰* (योग॰) समाधि का एक भेद। वितर्क समाधि से उच्चतर अवस्था जिसमें चित्त के विषय स्वयं इन्द्रियाँ और चित्त के प्रत्यय तथा संस्कार रहते हैं।

विचारी—[सं॰ विचारिन्] *वि॰* १. विचरण करनेवाला। इधर-उधर घूमने-फिरनेवाला। २. विचारक। चिन्तक। ३. विचारशील। ४. ज्ञानी। ५. समझदार।

विचार्य—[सं॰ वि √चर् + णिच् + यत्] *वि॰* विचार के योग्य। विचारणीय। ***जैसे***—विचार्य विषय। ∇ **विलोम**—अविचार्य।

विचालन—[सं॰ वि + चालन] *पुं॰* १. विचलित करना। २. इधर-उधर चलाना। ३. अलग करना। दूर करना। हटाना। ४. नष्ट करना।

विचिकित्सा—[सं॰ वि + चिकित्सा] *स्त्री॰* १. (किसी विषय में) सन्देह। शंका। शक। २. भूल। चूक।

विचित्ति—[सं॰ विचित्त + इनि] *स्त्री॰* १. मानसिक अशान्ति। २. अन्यमनस्कता। अनमनापन। ३. मूर्छा। बेहोशी।

विचित्र—[सं॰ वि + चित्र] *वि॰* १. अनेक रंगों वाला। रंगबिरंगा। २. चित्रित। ३. मन में कुतूहल उत्पन्न करनेवाला। असाधारण। विलक्षण। अजीब। अनोखा। ४. विस्मित करनेवाला। आश्चर्यजनक। ५. मनोरंजक। ६. सुन्दर। मनोहर। (काव्य॰) एक अर्थालंकार जो इष्ट फल की प्राप्ति के लिए विरुद्ध कार्य करने के चमत्कारी वर्णन में होता है।

विचित्रित—[सं॰ विचित्र + इतच्] *वि॰* १. अनेक रंगों से रँगा हुआ या अंकित किया हुआ। बहुरंगी। २. सजाया हुआ। सज्जित।

विचिन्तन (विचिंतन)—[सं॰ वि + चिन्तन] *पुं॰* चिन्तन।

विचुम्बकन (विचुंबकन)—[सं॰ वि + चुम्बकन] पुं॰ (किसी पदार्थ का) चुम्बकत्व समाप्त करने की क्रिया।

विचूर्णित—[स॰ वि + चूर्णित] *वि॰* पूरी तरह चूर-चूर।

विचेतन—[स॰ वि + चेतन] *वि॰* १. चेतनारहित। २. अचेत। निश्चेतन। संज्ञाहीन। मूर्छित। बेहोश। ३. जिसमें विवेक न हो। जो भले-बुरे का ज्ञान न कर पाता हो। विवेकहीन। ४. प्राणहीन। निर्जीव। ❖ **विचेतनक**—*वि॰* = शरीर या किसी अंग को संज्ञाहीन करनेवाला। निश्चेतक।

विचेता—[< स॰ विचेतस्] *वि॰* १. घबराया हुआ। विकल। व्याकुल। २. उद्विग्न। परेशान। ३. विवेकहीन। ४. दुष्ट। ५. मूर्ख।

विचेष्ट—[स॰ वि + चेष्टा] *वि॰* १. जो उद्योग/प्रयत्न न करे। चेष्टारहित। २. अक्रिय। निष्क्रिय। ३. गतिहीन।

विच्छर्दन—[स॰ वि √छर्द् + ल्युट्] *पु॰* वमन करने की क्रिया/भाव। क़ै।

विच्छर्दिका—[स॰ विच्छर्द + क + टाप्, इत्व] *स्त्री॰* वमन। क़ै।

विच्छाय—[स॰ वि + छाया] *वि॰* १. छायारहित। २. कान्तिहीन। विवर्ण। *पु॰* १. पक्षियों की छाया। २. मणि।

विच्छिन्न—[स॰ वि + छिन्न] *वि॰* १. काटकर अलग किया हुआ। २. विभाजित। ३. अलग किया हुआ। पृथक्। ४. छिन्न-भिन्न। ५. जिसका अन्त कर दिया गया हो। समाप्त। *पु॰* (राज॰) किसी दल या बड़े समूह का वह भाग जो मूल दल (या समूह) से अपना सम्बन्ध तोड़ने के पक्ष में हो या सम्बन्ध तोड़कर स्वतन्त्र काम करने लगा हो।

विच्छुरित—[स॰ वि + छुरित] *वि॰* १. छोड़ा हुआ या छोड़ता हुआ। २. बिखरा हुआ।

विच्छेद—[स॰ वि + छेद] *पु॰* १. काटकर अलग करने की क्रिया/भाव। टुकड़े करना। खंडन। २. तोड़ने की क्रिया। ३. बीच में होनेवाला क्रम-भंग। सिलसिला टूटना। ४. पृथक्ता। अलगाव। ५. नाश। बर्बादी।

विच्युत—[स॰ वि + च्युत] *वि॰* १. इधर-उधर गिरा हुआ। २. अपने स्थान से हटा/गिरा हुआ। स्थान-भ्रष्ट। ३. विनष्ट। ४. अलग किया हुआ। अलगाया हुआ।

***विछलना**[१]—[< हि॰ बिछलना] *क्रि॰अ॰* फिसलना।

विजट—[स॰ वि + जटा] *वि॰* १. जटा-रहित। २. (केश) जो बिना बँधे हुए हों।

विजड़—[< स॰ विजड] *वि॰* जो पूरी तरह से जड़ हो। चैतन्यहीन।

विजड़ित—[< स॰ विजडित] *वि॰* १. जो जड़ बन गया हो। जड़ीभूत। २. गतिहीन। ३. शक्तिहीन।

विजन—[स॰ वि + जन] *वि॰* १. जनशून्य। एकान्त। सुनसान। *पु॰* जनशून्य स्थान। सुनसान जगह। ❖ **विजनता**—*स्त्री॰* = निर्जनता। एकान्तता। सुनसानपन।

विजनन—[स॰ वि + जनन] *पु॰* (सन्तान को) जन्म देना। जनन।

†**विजना**—[< स॰ व्यजन] *पु॰* व्यजन। पंखा।

विजन्मा—[स॰ विजन्मन्] *पु॰* उपपति का पुत्र। जारज पुत्र। २. जातिच्युत व्यक्ति का पुत्र।

विजयच्छन्द (विजयच्छंद)—[स॰ विजय + छन्द] *पु॰* १. ऐसा हार जिसमें ५०० लड़ियाँ हों। २. ऐसा हार जिसमें ५०० मोती हों।

विजय-डिण्डिम (डिंडिम)—[स॰] *पु॰* १. लड़ाई का बड़ा ढोल। २. युद्ध में विजय मिलने पर बजनेवाला बड़ा ढोल।

विजयन्त (विजयंत)—[स॰ वि॰ √जि + झ] *पु॰* इन्द्र।

विजयमर्दल—[स॰ विजय ~ मर्दल] *पु॰* (प्राचीन काल का) एक बड़ा ढोल।

विजयसार—[स॰ विजय ~ सार] *पु॰* एक बड़ा वृक्ष जिसकी लकड़ी भवन आदि बनाने में काम आती है।

विजयस्थूण—[स॰ विजय ~ स्थूण] *पु॰* १. विजयस्तम्भ। २. लोहे का खम्भा।

विजया—[स॰ विजय + टाप्] *स्त्री॰* १. पार्वती। दुर्गा। २. आश्विन शुक्ल दशमी। विजयादशमी। दशहरा। ३. विजय का उत्सव। ४. भाँग। ५. हरीतकी। हर्र या हरड़। (छन्द॰) १. एक समवर्णिक छन्द जिसके प्रत्येक चरण में क्रमशः ३२ वर्ण होते हैं, ८-८-८-८ पर यति होती है तथा अन्त में लघु-गुरु या नगण होता है। २. एक सममात्रिक दंडक छन्द जिसके प्रत्येक चरण में ४० मात्राएँ होती है तथा १०-१०-१०-१० पर यति होती है। ❖ **विजयादशमी**—*स्त्री॰* = आश्विन शुक्ल दशमी। विजयदशमी।

विजयासप्तमी—[स॰ विजया ~ सप्तमी] *स्त्री॰* किसी भी मास के शुक्ल पक्ष की सप्तमी जो रविवार को हो।

विजल—[स॰ वि + जल] *वि॰* बिना पानी का। जलरहित। निर्जल। *पु॰* वर्षा का अभाव। अनावृष्टि। सूखा।

विजल्प—[स॰ वि + जल्प] *पु॰* १. व्यर्थ की बकवाद। २. द्वेषपूर्ण बातचीत। निन्दात्मक बातचीत।

विजात—[स॰ वि + जात] *वि॰* १. उत्पन्न। २. वर्णसंकर। दोग़ला।

विजाता—[स॰ विजात + टाप्] *स्त्री॰* १. वह स्त्री जिसके सन्तान हुए कुछ ही दिन बीते हों। २. माता। जननी। ३. जारज कन्या। दोग़ली लड़की।

विजाति—[स॰ वि + जाति] *वि॰* १. भिन्न जाति/वर्ग का। २. भिन्न प्रकार का। दूसरी क़िस्म का। *स्त्री॰* भिन्न जाति या वर्ग। (छन्द॰) १४ मात्राओं का एक सममात्रिक छन्द जिसके आदि में लघु होता है।

विजातीय—[स॰ विजाति + छ] *वि॰* भिन्न जाति या वर्ग का। ∇ **विलोम**—स्वजातीय।

विजानता—[स॰ विजान + तल् + टाप्] *स्त्री॰* १. जानकारी। २. चतुरता। चातुर्य।

विजानना—[स॰ वि + हि॰ जानना] *क्रि॰स॰* विशेष रूप से जानना।

विजिगीषा—[स॰ √जि + सन् + अ + टाप्] *स्त्री॰* १. विजय पाने की इच्छा। विजयाभिलाषा। २. सबसे आगे बढ़ जाने की इच्छा।

विजिगीषु—[वि √जि + सन् + उ] *वि॰* विजय पाने का इच्छुक। विजयाभिलाषी। *पु॰* योद्धा। ❖ **विजिगीषुता**—*स्त्री॰* = विजिगीषा।

विजितारि—[स॰ विजित ~ अरि] *वि॰* जिसने शत्रुओं को जीत लिया हो। शत्रु-जेता।

विजिह्म (विजिह्य)—[सं॰ वि + जिह्म] *वि॰* १. टेढ़ा-मेढ़ा। २. बेईमान।

विजृम्भा (विजृंभा)—[सं॰ विजृम्भ + टाप्] *स्त्री॰* जँभाई।

विजेय—[सं॰ वि √जि + यत्] *वि॰* १. जो जीता जा सके। २. जिसे जीत लेना चाहिए। जीते जाने के योग्य। ३. जो जीता जाने को हो।

***विज्जु**—[प्रा॰ < सं॰ विद्युत्] *स्त्री॰* विद्युत्। बिजली। ✣ **विज्जुमाला**—*स्त्री॰* = विद्युन्माला। (दे॰) ✣ **विज्जुलता**—*स्त्री॰* = विद्युल्लता।

विज्ञ—[सं॰ वि √ज्ञा + क] *वि॰* १. (किसी विषय को) अच्छी तरह जाननेवाला। विशेष जानकार। विद्वान्। २. विशेषज्ञ। ३. चतुर। निपुण। *पु॰* विद्वान्। ✣ **विज्ञता**—*स्त्री॰* = १. विज्ञ होने की अवस्था/भाव। २. विद्वत्ता। ३. विशेषज्ञता। ४. चतुरता। निपुणता।

विज्ञप्त—[सं॰ वि॰√ज्ञप् + क्त] *वि॰* १. जिसकी जानकारी दे दी गयी हो। सूचित। २. विज्ञापन के रूप में प्रकाशित।

विज्ञप्ति—[सं॰ वि √ज्ञप् + क्तिन्] *स्त्री॰* १. सूचित करने की क्रिया/भाव। २. सरकारी सूचना। सरकारी सूचना-पत्र। ३. औपचारिक रूप से दी जानेवाली सूचना। ४. प्रकाशित सूचना। ५. विज्ञापन। इश्तहार।

विज्ञातव्य—[सं॰ वि + ज्ञातव्य] *वि॰* जानने/समझने योग्य (विषय/बात)। ज्ञातव्य।

विज्ञाता—[सं॰ विज्ञातृ] *वि॰, पु॰* विज्ञ। (दे॰)

विज्ञात—[सं॰ वि + ज्ञात] *वि॰* १. जाना हुआ। समझा हुआ। ज्ञात। २. प्रसिद्ध। ∇ **विलोम**—अज्ञात।

विज्ञान—[सं॰ वि + ज्ञान] *पु॰* १. किसी विषय का क्रमबद्ध ज्ञान। (अं॰ साइन्स) २. विभिन्न प्रयत्नों और प्रयोगों से प्राप्त ज्ञान और तथ्यों को एकत्र करने तथा उन्हें अध्ययन और उपयोग के लिए नियमित रूप से क्रमबद्ध और सुसंगठित करने की व्यवस्था। (अं॰ साइन्स) ३. ज्ञान। जानकारी। ४. बुद्धि। ५. शिल्प और शास्त्र आदि का ज्ञान। (भा॰दर्शन॰) माया/अविद्या नामक वृत्ति। (बौद्ध॰) आत्मरूपज्ञान।

विज्ञानवाद—[सं॰ विज्ञान ~ वाद] *पु॰* (बौद्ध॰) महायानवादियों का यह मत कि संसार के सब पदार्थ असत्य हैं फिर भी विज्ञान चित् की दृष्टि से सत्य है।

विज्ञानात्मा—[सं॰ विज्ञान ~ आत्मा (आत्मन्)] *पु॰* व्यष्टि बुद्धि।

विज्ञानी—[सं॰ विज्ञानिन्] *पु॰* १. ज्ञानी। २. विज्ञानवेत्ता। वैज्ञानिक।

विज्ञानीय—[< सं॰ विज्ञान] *वि॰* विज्ञान-सम्बन्धी। विज्ञान का वैज्ञानिक।

विज्ञेय—[सं॰ वि + ज्ञेय] *वि॰* (विषय/बात) जो जानने/समझने के योग्य हो।

विट—[सं॰ √विट् + क] *पु॰* १. कामुक। लम्पट। २. वेश्याओं से सम्बन्ध रखनेवाला या वेश्या को घर में रखनेवाला व्यक्ति। ३. धूर्त। (नाट्य॰) संस्कृत नाटकों के शृंगारी प्रसंगों में नायक का एक प्रकार का सहायक जो कामशास्त्र की कलाओं में निपुण होता है और नायक-नायिका को मिलाने में भी चतुर होता है।

विटप—[सं॰ विट √पा + क] *पु॰* १. (वृक्ष की) शाखा। डाल। २. वृक्ष/लता की नयी शाखा। ३. कोंपल। ४. वृक्ष। पेड़। ५. लता। ६. झाड़ी।

विटपी—[सं॰ विटपिन्] *पु॰* १. वृक्ष। पेड़। २. बरगद का पेड़। वटवृक्ष। ३. शाखा। डाल। ✣ **विटपी-मृग**—*पु॰* = वानर। बन्दर।

विट्ठल—[मराठी] *पु॰* भगवान् विष्णु का, मराठी में प्रचलित, एक लोकप्रिय नाम।

विडङ्ग (विडंग)—[सं॰ √विड् + अङ्गच्] *पु॰* बायबिडंग। (दे॰)

विडम्ब (विडंब)—[सं॰ वि√डम्ब् + अप्] *पु॰* १. अनुकरण। नक़ल। २. दम्भ। ***जैसे***—विडम्ब-रत मनुष्य। ३. कष्ट। पीड़ा।

विडम्बन (विडंबन)—[सं॰ वि√डम्ब् + ल्युट्] *पु॰* विडम्बना। (दे॰)

विडम्बना (विडंबना)—[सं॰ वि√डम्ब् + णिच् + युच् + टाप्] *स्त्री॰* १. किसी की चाल, मुद्राओं आदि की पूरी तरह नक़ल उतारना। २. उक्त प्रकार की नक़ल उतारकर चिढ़ाने या अपमान करने की क्रिया। ३. चिढ़ाना। ४. उपहास करना। हँसी/मज़ाक़ उड़ाना। ५. उक्त हँसी-मज़ाक जिसका उद्देश्य चिढ़ाना या अपमानित करना होता है। ६. छल। ७. पीड़न। सन्तापन। ८. दूसरे के विचार का उपहास करने के लिए उससे सहमत होने का छल करना। व्यंग्योक्ति। ९. अभीष्ट घटना का असमय होना जिससे वह बुरी लगे। ***जैसे***—भाग्य की विडम्बना। १०. विसंगतियुक्त कथन। ११. असंगति।

विडरना—[< सं॰ वि + हिं॰ डालना] *क्रि॰अ॰* १. तितर-बितर होना। २. दौड़ना। भागना।

विडाल—[सं॰ √विड् + कालन्] *पु॰* बिडाल। नर बिल्ली। बिलाव।

विडालाक्षी—[सं॰ विडाल ~ अक्षि] *स्त्री॰* बिल्ली की आँखों के समान आँखोंवाली स्त्री।

विडाली—[सं॰ विडाल + ङीष्] *स्त्री॰* बिल्ली।

विडीन—[सं॰ वि√डी + क्त] *पु॰* पक्षियों की उड़ान का एक प्रकार।

विडौजा—[सं॰ विडौजस्] *पु॰* इन्द्र। मघवा।

***वित**—*पु॰* ≤ *सं॰* वित्त। धन-सम्पत्ति।

वितंस—[सं॰ वि√तंस् + घञ्] *पु॰* १. पिंजड़ा। २. पक्षियों या जंगल के पशुओं को पकड़ने का जाल या अन्य साधन।

वितत—[सं॰ वि√तन् + क्त] *वि॰* १. फैला हुआ। लम्बा-चौड़ा। विस्तृत। २. खींचा/ताना हुआ (धनुष आदि)। ३. पूर्ण किया हुआ। ४. व्याप्त। (संगीत॰) चमड़े आदि से मढ़ा हुआ बाजा। अवनद्ध वाद्य। ***जैसे***—तबला और मृदंग वितत वाद्य हैं।

विततधन्वा—[सं॰ वितत ~ धन्वा (धन्वन्)] *वि॰* जो धनुष ताने हुए हो।

विततवपु—[सं॰ वितत ~ वपु (वपुष्)] *वि॰* विशाल शरीर वाला।

***वितताना**—[< सं॰ व्यथा] *क्रि॰अ॰* व्याकुल होना। बेचैन होना।

वितति—[सं॰ वि॰ √तन् + क्तिन्] *स्त्री॰* १. विस्तार। फैलाव। २. समुदाय। ३. गुच्छा। ४. पंक्ति। क़तार।

वितथ—[सं॰ वि॰ √तन् + क्थन्] *वि॰* १. मिथ्या। झूठ। २. निष्फल। व्यर्थ। बेकार। ***जैसे***—वितथ प्रयत्नों वाला।

वितथ्य—[सं॰ वितथ + यत्] *वि॰* जो तथ्य के विपरीत हो। असत्य। झूठ।

वितनु—[सं॰ वि + तनु] *वि॰* १. शरीररहित। देहहीन। २. सूक्ष्म, कोमल और सुन्दर। *पु॰* कामदेव।

वितर्क—[सं॰ वि√तर्क् + अच्] *पु॰* १. किसी के तर्क से भिन्न या विपरीत तर्क। २. अनुमान। ३. विचार। ४. सन्देह। शंका। (नाट्य॰) एक संचारी भाव जिसका विभाव सन्देह, ऊहापोह आदि हैं और जिसकी अभिव्यक्ति विविध प्रकार के प्रश्नों, सिर एवं भौहों के क्षेप और उँगली नचाने से होती है।

वितर्कण—[सं॰ वि√तर्क् + ल्युट्] *पु॰* १. वादविवाद। बहस। २. अनुमान। ३. सन्देह।

वितर्क समाधि—[सं॰] *स्त्री॰* (योग॰) समाधि का एक प्रकार जिसमें समाधिस्थ चित्त का विषय विश्व का इन्द्रियग्राह्य अंश रहता है।

वितर्क्य—[सं॰ वि + तर्क्य] *वि॰* जिस पर वितर्क किया जा सकता हो।

वितल—[सं॰ वि + तल] *पु॰* पृथ्वी के नीचे स्थित 'अतल' आदि सात लोकों में से दूसरा। (भूविज्ञान॰) सागर या महासागर की अतुल गहराई पर स्थित निचला तल। ✣ वितलीय — *वि॰* वितल से सम्बन्धित।

वितस्ता—[सं॰] *स्त्री॰* पंजाब की 'झेलम' नदी का एक प्राचीन नाम।

वितस्ति—[सं॰ वि √तस् + ति] *पु॰ स्त्री॰* १२ अंगुल दूरी का एक माप। एक बित्ता/बालिश्त।

विताड़ित—[< सं॰ वि + ताडित] *वि॰* १. ताड़ित। २. पराजित।

वितान—[सं॰ वि√तन् + घञ्] *पु॰* १. विस्तार। फैलाव। २. (शामियाना आदि की) ऊपर तनी हुई चादर। चँदोवा। ३. समूह। ४. राशि। ढेर। (छन्द॰) एक समवर्णिक छन्द जिसके प्रत्येक चरण में क्रमश: सगण, भगण और २ गुरु (स भ ग ग) के योग से ८ वर्ण होते हैं।

विताल—[सं॰ वि + ताल] *वि॰* विसंगत (वाक्य)। (संगीत॰) जो ठीक ताल में न हो। बेताल। *पु॰* (संगीत॰) ऐसी ताल जो चल रहे गायन/वादन के लिए उपयुक्त न हो। बेताल।

वितिमिर—[सं॰ वि + तिमिर] *वि॰* जिसमें अन्धकार न हो। अन्धकाररहित।

वितुण्ड (वितुंड)—[सं॰ वि + तुण्ड] *पु॰* हाथी।

वितृप्त—[सं॰ वि + तृप्त] *वि॰* १. जो तृप्त न हुआ हो। अतृप्त। २. जिसे सन्तोष न हुआ हो। असन्तुष्ट।

वितृष्ण—[सं॰ वि + तृष्णा] *वि॰* तृष्णा से रहित। सन्तुष्ट।

वितृष्णा—[सं॰ वि + तृष्णा] *स्त्री॰* १. विरक्ति। २. घृणा। ३. अरुचि। ∇ **विलोम**—तृष्णा।

वित्त—[सं॰ √विद् + क्त] *पु॰* १. धन-सम्पत्ति। २. राज्य या संस्था आदि के आय-व्यय का विभाग और उसकी व्यवस्था।

वित्तनाथ—[सं॰ वित्त ~ नाथ] *पु॰* कुबेर (देवता)।

वित्तपति/वित्तपाल—[सं॰ वित्त ~ पति/पाल] *पु॰* १. कुबेर (देवता)। २. कोषाध्यक्ष। ख़ज़ांची।

वित्तपुरी—[सं॰ वित्त ~ पुरी] *स्त्री॰* (कुबेर की) अलकापुरी।

वित्तपोषण—[सं॰ वित्त ~ पोषण] *पु॰* (अर्थ॰) जब और जहाँ आवश्यकता हो, वहाँ मुद्रा की व्यवस्था। रुपया लगाना। वित्तीयन। वित्त-व्यवस्था।

वित्तीय—[सं॰ वित्त + छ] *वि॰* वित्त-सम्बन्धी। अर्थविषयक। आर्थिक। ✣ **वित्तीय वर्ष**—*पु॰* वित्तवर्ष।

वित्तेश/वित्तेश्वर—[सं॰ वित्त ~ ईश/ईश्वर] *पु॰* कुबेर।

वित्त्व—[सं॰ विद् + त्व] *पु॰* वेत्ता होने की अवस्था/भाव। वेत्तापन।

***वित्थार**—*पु॰* ≤ *सं॰* विस्तार।

वित्रप—[सं॰ वि + त्रपा] *वि॰* लज्जारहित। निर्लज्ज। बेशर्म।

***विथकना**—[सं॰ वि + हिं॰ थकना] *क्रिअ॰* १. शिथिल पड़ना। थकना। २. चकित या मुग्ध होने पर स्तब्ध/स्तम्भित होना।

***विथकित**—[हिं॰ विथकना] *वि॰* १. थका हुआ। शिथिल। २. चकित/मुग्ध होने के कारण स्तब्ध/स्तम्भित।

विथराना—[< सं॰ वितरण] *क्रिस॰* इधर-उधर फैलाना। बिखेरना।

***विथारना**—[< सं॰ वितरण] *क्रिस॰* इधर-उधर फैलाना। छितराना।

विद्—[सं॰ √विद् + क्विप्] *वि॰* (समासयुक्त पद के अन्त में) विद्वान्। वेत्ता। जाननेवाला। ***जैसे***—धर्मविद्; शास्त्रविद्। *पु॰* १. विद्वान्। २. बुध (ग्रह)।

विदग्ध—[सं॰ वि + दग्ध] *वि॰* १. आग से जला हुआ। भस्म किया हुआ। २. नष्ट। ३. चतुर। निपुण। ४. रसिक। *पु॰* १. विद्वान् व्यक्ति। २. रसिक व्यक्ति। ✣ **विदग्धा**—*वि॰* (*स्त्री॰*) = वह नायिका जो अपनी चतुराई से परपुरुष को अपने पर आसक्त कर ले।

विदर—[सं॰ वि√दॄ + अच्] *पु॰* १. विदारण। फाड़ना। फटन। २. दरार। (चिकित्सा॰) एक रोग। (पीड़ाजनक) दरार या फटन। (भूविज्ञान॰) शैलों में पड़ी दरार जिससे उनकी दीवारें अलग-अलग हो जाती हैं।

विदर्भजा—[सं॰ विदर्भ + जा] *स्त्री॰* १. विदर्भ देश/प्रदेश में जन्मी स्त्री। २. (अगस्त्य-पत्नी) लोपामुद्रा। ३. (नल-पत्नी) दमयन्ती। ४. (कृष्ण-पत्नी) रुक्मिणी।

विदल—[< सं॰ द्विदल] *वि॰* जिसके दो टुकड़े किए गए हों। *पु॰* चना आदि शुष्क धान्य।

विदलन—[सं॰ वि √दल् + ल्युट्] *पु॰* १. दलने/दरने की क्रिया। ***जैसे***—चनों और उर्दों का विदलन। २. टुकड़े-टुकड़े करना। ३. फाड़ना। चीरना। (प्राणि॰) समसूत्रण (अं॰ माइटोसिस) की क्रिया द्वारा कोशिकाओं के गुणन की प्रक्रिया। निषेचित अंडे के एककोशित अंडाणु से बहुकोशिक भ्रूण बनानेवाली प्रक्रिया। (अं॰ क्लीवेज)

विदलान्न (विदलान्न)—[हिं॰ विदल + सं॰ अन्न] *पु॰* १. दला हुआ अन्न। २. (चना, उर्द, मूँग आदि की) दाल।

विदाय—[सं॰ वि + दाय] *पु॰* १. विसर्जन। २. प्रस्थान। विदा। विदाई।

विदारक—[स॰ वि + दारक] *वि॰* विदीर्ण करनेवाला। चीरने-फाड़नेवाला।

विदारण—[स॰ वि + दारण + ल्यु] *पु॰* १. चीरना-फाड़ना। २. हत्या करना। मार डालना। ३. कष्ट देना। पीड़न। ४. युद्ध। लड़ाई।

विदारी—[स॰ वि √दृ + णिच् + अच् + ङीष्] *स्त्री॰* १. शालपर्णी। २. भूमिकूष्मांड। भुईं कुम्हड़ा। ३. विदारीकन्द। वाराहीकन्द। (आयुर्वेद॰) औषधियों का एक गण जिसमें देवदारु, सफ़ेद पुनर्नवा आदि सम्मिलित हैं।

विदारीकन्द (विदारीकंद)—[स॰ विदारी ~ कन्द] *पु॰* अधिक पानी में उत्पन्न होनेवाली एक बेल जिसके पत्ते बहुत बड़े होते हैं और जड़ में बड़ा कन्द निकलता है। वाराहीकन्द।

विदारीगन्धा (विदारीगंधा)—[स॰ विदारी ~ गन्धा] *स्त्री॰* १. शालपर्णी। २. शालपर्णी, गोखरू, भुईंकुम्हड़ा आदि अनेक औषधियों का एक गण।

विदाह—[स॰ वि + दाह] *पु॰* शरीर के किसी अंग में होनेवाली दाह/जलन। दाह।

विदित—[स॰ √विद् + क्त] *वि॰* १. जाना हुआ। अवगत। ज्ञात। २. प्रसिद्ध। ∇ **विलोम**—अविदित।

विदिश्—[स॰ वि + दिश्] *पु॰* दो दिशाओं के बीच का कोना।

विदिशा—[स॰ वि + दिशा] *स्त्री॰* १. विपरीत दिशा। २. मध्यप्रदेश की एक प्राचीन नगरी। भेलसा।

विदीर्ण—[स॰ वि॰ √दृ + क्त] *वि॰* जो बीच से फाड़ा गया हो।

विदुर—[स॰ √विद् + कुरच्] *वि॰* १. जाननेवाला। वेत्ता। २. चालाक। ३. चतुर। कुशल। निपुण। *पु॰* १. चतुर व्यक्ति। २. विद्वान्।

विदुष—[स॰ √विद् + क्वसु, व→उ] *पु॰* विद्वान्।

विदूर—[स॰ वि + दूर] *वि॰* बहुत दूर स्थित। सुदूरवर्ती। *पु॰* १. दूरस्थ देश या प्रदेश। २. एक पर्वत जिसमें प्राचीन काल में वैदूर्य मणि अधिक मिलती थी।

विदूषण—[स॰ वि + दूषण] *पु॰* १. दूषित/भ्रष्ट करना। २. निन्दा करना। ३. दूसरे पर दोष लगाना। दोषारोपण।

***विदूषणा**—[< स॰ विदूषण] *क्रिस॰* १. दूसरे पर दोष लगाना। २. दोष देना।

विदेह—[स॰ वि + देह] *वि॰* १. शरीर से रहित। देहरहित। २. शारीरिक चिन्ताओं आदि से रहित। ३. सांसारिक बातों से अलिप्त। ***जैसे***—राजा जनक संसार में रहते हुए भी विदेह थे। ✣ **विदेहता**—*स्त्री॰* = विदेहत्व। (दे॰) ✣ **विदेहत्व**—*पु॰* = विदेह होने का भाव। देहरहितता, शारीरिक चिन्ताओं से मुक्ति या सांसारिक बातों में अलिप्तता।

विदोहन—[स॰ वि + दोहन] *पु॰* १. दोहन। दुहना। २. (प्राकृतिक साधनों का) उपयोग। ३. दुरुपयोग या शोषण।

विद्दरनि**—[< स॰ विदारण] *वि॰* विदारण करनेवाला। तोड़नेवाला। ***जैसे—पर्वत-विद्दरनि।

विद्ध (विद्ध)—[स॰ √व्यध् + क्त] *वि॰* १. वेधा हुआ। छेदा हुआ। २. घायल। ज़ख़्मी। ३. जिसमें बाधा पड़ी हो। बाधित। ४ (किसी के साथ) बँधा हुआ। बद्ध। (ज्योतिष॰) ऐसी तिथि जो सूर्योदय के बाद आयी हो। ✣ **विद्धकर्ण (विद्धकर्ण)**—*वि॰* = (वह व्यक्ति) जिसके कान छिदे हुए हों।

विद्यमान (विद्यमान)—[स॰ विद् + शानच्] *वि॰* १. जो अस्तित्व में हो। वर्तमान। २. सामने उपस्थित/मौजूद। ∇ **विलोम**—अविद्यमान।

विद्या (विद्या)—[स॰ √विद् + क्यप् + टाप्] १. (अध्ययन और शिक्षा से प्राप्त होनेवाला) ज्ञान। २. पुस्तकों आदि में निहित ज्ञान। ३. किसी विषय का व्यवस्थित ज्ञान। ४. किसी गम्भीर विषय की कोई शाखा। ५. किसी कार्य को करने के लिए उपयोगी बातों का ज्ञान। ६. आत्मा, परमात्मा और प्रकृति का रहस्यपूर्ण ज्ञान। ७.इन्द्रजाल। जादू। ८. कला। ९. महाशक्ति। दुर्गा। १०. सरस्वती (देवी)। ११. निपुणता। कौशल। (शैव॰) सृष्टि-विकास के ३६ तत्त्वों में से एक। परमशिव की संकुचित सर्वज्ञत्व-शक्ति। (छन्द॰) एक सममात्रिक छन्द जिसके प्रत्येक चरण में २८ मात्राएँ होती हैं, और १४-१४ पर यति होती है। ∇ **विलोम**—अविद्या। ***वा॰*** **विद्या चलना**—चतुराई, धूर्तता आदि का सफल होना। में दो गुरु। **विद्या फलना**—विद्या का सफल होना। विद्या फलीभूत होना। ✣ **विद्याकर (विद्याकर)**—*पु॰* = विद्वान् व्यक्ति। पंडित। ✣ **विद्यागम (विद्यागम)**—*पु॰* = विद्या का आगम। विद्या/ज्ञान की प्राप्ति। विद्यार्जन। अध्ययन। ✣ **विद्याधारी (विद्याधारी)**—*पु॰* = विद्वान् व्यक्ति। पंडित। (छन्द॰) एक समवर्णिक छन्द जिसके प्रत्येक चरण में क्रमशः ४ मगण के योग से १२ वर्ण होते हैं।

विद्याधिप (विद्याधिप)—[स॰ विद्या ~ अधिप] *पु॰* १. विद्वान् व्यक्ति। पंडित। २. शिक्षक। गुरु। आचार्य।

विद्यानुसेवी (विद्यानुसेवी)—[स॰ विद्या ~ अनुसेवी (अनुसेविन्)] *वि॰* ज्ञान/विद्या प्राप्त करनेवाला।

विद्यापति (विद्यापति)—[स॰ विद्या ~ पति] *पु॰* १. राजसभा के सर्वश्रेष्ठ कवि की एक मध्यकालीन उपाधि। २. मिथिला क्षेत्र का एक यशस्वी कवि।

विद्यार्जन (विद्यार्जन)—[स॰ विद्या ~ अर्जन] *पु॰* विद्या/ज्ञान की प्राप्ति। विद्याध्ययन। अध्ययन।

***विद्यु (विद्यु)**—*स्त्री॰* ≤ *स॰* विद्युत्। बिजली।

विद्युज्ज्वाला (विद्युज्ज्वाला)—[स॰ विद्युत् ~ ज्वाला] *स्त्री॰* बिजली की दीप्ति/चमक।

विद्युत् (विद्युत्)—[स॰ वि √द्युत् + क्विप्] *स्त्री॰* बिजली। ✣ **विद्युत् (विद्युत्)-अपघटन**—*पु॰* = बिजली द्वारा यौगिक पदार्थ का विश्लेषण। (अ॰ इलेक्ट्रोलिसिस) ✣ **विद्युत् (विद्युत्)-अपघट्य**—*पु॰* = (भौतिकी॰, रसायन॰) वह द्रव जो विलयन में अपने आयनों में अशंतः या पूर्णतः वियोजित हो जाता है और इस कारण उसमें से विद्युत्-धारा जा सकती है। (अ॰ इलेक्ट्रोलाइट) ✣ **विद्युत् (विद्युत्)-आघात**—*पु॰* = बिजली

के स्पर्श से लगने वाला धक्का। ✣ **विद्युत् (विद्युत्) आवेश**—*पु॰* = (भौतिकी॰) किसी द्रव्य में धनात्मक विद्युत्कणों (प्रोटानों) या ऋणात्मक विद्युत्कणों (इलेक्ट्रानों) की अधिकता। (अ॰ इलेक्ट्रिक चार्ज)

विद्युन्मेष (विद्युदुन्मेष)—[सं॰] *पु॰* बिजली की कौंध।

विद्युद्दाम—[सं॰ विद्युत् ~ दामन्] *स्त्री॰* बिजली की रेखा।

विद्युद्द्योत (विद्युद्द्योत)—[सं॰ विद्युत् ~ द्योत] *पु॰* बिजली की दीप्ति/चमक।

विद्युन्मय (विद्युन्मय)—[सं॰ विद्युत् + मयट्] *वि॰* बिजली-भरा।

विद्युन्माला (विद्युन्माला)—[सं॰ विद्युत् ~ माला] *स्त्री॰* बिजली कौंधने पर दिखने वाली बिजली की चमक/रेखा। विद्युल्लता। (छन्द॰) एक समवर्णिक छन्द जिसके प्रत्येक चरण में क्रमशः २ मगण और २ गुरु (म म ग ग) के योग से ८ वर्ण होते हैं तथा ४-४ पर यति होती है।

विद्युल्लता (विद्युल्लता)—[सं॰ विद्युत् ~ लता] *स्त्री॰* बिजली कौंधने पर दिखनेवाली बिजली की चमकदार रेखा। विद्युन्माला।

विद्युल्लेखा (विद्युल्लेखा)—[सं॰ विद्युत् ~ लेखा] *स्त्री॰* विद्युल्लता। (दे॰) (छन्द॰) एक समवर्णिक छन्द जिसके प्रत्येक चरण में क्रमशः २ मगण के योग से ६ वर्ण होते हैं।

विद्रधि—[सं॰ विद् √रुध् + कि पुषो॰] *पु॰* शरीर के किसी अंग में पीप/मवाद का होना। फोड़ा। (अ॰ एब्सेस)

विद्रवण—[सं॰ वि + द्रवण] *पु॰* १. द्रवित होना। गलना या पिघलना। २. पलायन। भागना।

विद्रावक—[सं॰ वि + द्रावक] *वि॰* गलानेवाला या पिघलानेवाला।

विद्रावण—[सं॰ वि √द्रु + णिच् + ल्युट्] *पु॰* १. गलाना या पिघलाना। २. तरल करना। द्रव रूप में लाना। ३. भगाना। खदेड़ना।

विद्रावी—[सं॰ विद्राविन्] *वि॰* १. गलानेवाला या पिघलानेवाला। २. तरल करनेवाला। ३. पिघलनेवाला। ४. तरल होनेवाला। ✣ **विद्राविणी**—*वि॰* (*स्त्री॰*)।

विद्रुत—[सं॰ वि + द्रुत] *वि॰* १. गला या पिघला हुआ। द्रवित। २. भागा हुआ।

विद्रुम—[सं॰ वि + द्रुम] *पु॰* १. प्रवाल। मूँगा। २. वृक्ष काया पत्ता। कोंपल। *वि॰* वृक्षों से रहित (स्थान)।

विद्रूप—[< सं॰ विरूप] *वि॰* कुरूप। बदसूरत। *पु॰* (किसी का) उपहास। मज़ाक। (काव्य॰) भाषण, अभिनय या रचना जिसमें मनोरंजन या उपहास के लिए किसी गम्भीर विषय को मूर्खतापूर्ण या तुच्छ विषय को गम्भीर दिखाया जाता है।

विद्रूपण—[< हिं॰ विद्रूप + ल्यु] *पु॰* विद्रूप करने की क्रिया/अवस्था/भाव। विकृत करना। बिगाड़ना। (काव्य॰) किसी व्यक्ति या वस्तु की विशेषताओं का ऐसा अत्युक्तिपूर्ण या विकृत वर्णन/चित्रण जो हास्यजनक हो।

विद्रोह—[सं॰ वि + द्रोह] *पु॰* १. (किसी के प्रति) शत्रुतापूर्ण कार्य। द्रोह। २. दुर्भाव होने पर राज्य या शासन के क़ानूनों, आज्ञाओं, नियमों आदि के विरुद्ध किया जाने वाला कार्य और व्यवहार। राजद्रोह। बग़ावत। ३. देश/राज्य के विरुद्ध क्रान्ति के उद्देश्य से किया जाने वाला उपद्रव। विप्लव। ४. (विद्यार्थी/कर्मचारी आदि का) बड़ों के प्रति उत्पाती या उपद्रवी व्यवहार।

विद्वत्कल्प (विद्वत्कल्प)—[सं॰ विद्वत् ~ कल्प] *वि॰* थोड़ा या कम विद्वान्।

विद्वज्जन (विद्वज्जन)—[सं॰ विद्वत् ~ जन] विद्वान् लोग।

विद्वद्वाद (विद्वद्वाद)—[सं॰ विद्वत् ~ वाद] *पु॰* विद्वानों की परस्पर बहस। पंडितों का विवाद।

विद्वान् (विद्वान्)—[सं॰ विद्वत्] *वि॰, पु॰* १. ज्ञाता/ज्ञानकार व्यक्ति। २. पंडित। ज्ञानी। ३. पूर्ण शिक्षित। ∇ **विलोम**—मूर्ख।

विद्विष्ट (विद्विष्ट)—[सं॰ वि√द्विष् + का] *वि॰* जिसके प्रति द्वेष हो या जिसके प्रति द्वेष प्रकट किया गया हो।

विद्वेष (विद्वेष)—[सं॰ वि√द्विष् + घञ्] १. द्वेष-भाव। शत्रुता। वैर। दुश्मनी। २. घृणा।

विद्वेषक (विद्वेषक)—[सं॰ वि√द्विष् + ण्वुल्] *वि॰* द्वेष/वैर शत्रुता करनेवाला।

विद्वेष्य (विद्वेष्य)—[सं॰ विद्वेष + यत्] *वि॰* जिसके प्रति विद्वेष रखना उचित हो। विद्वेष के योग्य।

विध[1]—[सं॰ √विध् + क] *स्त्री॰* १. विधि। विधान। क़ानून। २. रीति। तरीका। ३. (समासयुक्त शब्द के अन्त में) प्रकार। क़िस्म।

***विध**[2]—[< सं॰ विधि] *पु॰* ब्रह्मा। विधाता।

***विधंस**—[< सं॰ विध्वंस] *पु॰* विध्वंस। नाश।

***विधंसना**—[< सं॰ विध्वंसन] *क्रिस॰* विध्वंस करना। ध्वस्त करना। नष्ट करना।

***विधना**[1]—[< हिं॰ विध < सं॰ विधि] *पु॰* विधाता। ब्रह्मा। *स्त्री॰* भवितव्यता। होनी।

विधना[2]—[< सं॰ विध] *क्रिस॰* १. अपने साथ लगाना। अपने ऊपर लेना। २. फाँस लेना।

विधर्म—[सं॰ वि +धर्म] *वि॰* १. धर्म-विरुद्ध। अधार्मिक। २. अन्यायपूर्ण। *पु॰* १. पराया धर्म। २. धर्मशास्त्र के नियम के विरुद्ध।

विधर्मी—[सं॰ विधर्मिन्] *वि॰* १. अपने धर्म के विपरीत आचरण करनेवाला। २. किसी भिन्न सम्प्रदाय/मज़हब का अनुयायी। ३. अपना सम्प्रदाय/मज़हब त्याग कर दूसरे का सम्प्रदाय/मज़हब ग्रहण करनेवाला।

विधवादाय—[सं॰ विधवा ~ दाय] *पु॰* मृत पति की धन-सम्पत्ति का वह भाग जो उसकी विधवा को जीवन-यापन के लिए क़ानून से मिलता है।

विधा—[सं॰ वि√धा + क्विप्] *स्त्री॰* १. रीति। ढंग। तरीक़ा। २. प्रकार। क़िस्म। ३. साहित्य का प्रकार (कविता, कहानी, उपन्यास, नाटक, एकांकी इत्यादि में से प्रत्येक)

विधाता—[सं॰ विधातृ] *वि॰* १. व्यवस्था/विधान करने वाला।

२. रचनेवाला। बनानेवाला। *पु°* सृष्टि का रचयिता। सृष्टिकर्ता। ब्रह्मा। (छन्द°) एक सममात्रिक छन्द जिसके प्रत्येक चरण में २८ मात्राएँ होती हैं, १४-१४ पर यति होती है तथा पहली, आठवीं और पन्द्रहवीं मात्राएँ लघु होती हैं।

विधात्री—[स° विधातृ + ङीप्] *वि°* १. विधान/व्यवस्था करनेवाली। २. रचनेवाली। बनानेवाली। *स्त्री°* १. सृष्टि को रचनेवाली (महाशक्ति/देवी)। २. (ब्रह्मा की पत्नी) ब्रह्माणी। ३. माता। जननी।

विधान—[स° वि° √धा + ल्युट्] *पु°* १. (किसी कार्य का) आयोजन और उसकी व्यवस्था। २. (किसी वस्तु का) निर्माण। रचना। ३. (धार्मिक) अनुष्ठान। ४. नियम। क़ायदा। ५. शास्त्र में वर्णित रीति या शास्त्र की आज्ञा। ***जैसे***—धर्मशास्त्र के विधान के अनुसार चलना। ६. निर्दिष्ट या बतायी गयी रीति/ढंग/तरीक़ा। ***जैसे***—मेरे विधान से ही तुम्हारा लाभ होगा। ७. उपाय। तरकीब। ***जैसे***—मुसीबत दूर करने का विधान सोचना। ८. शासन के द्वारा बताया गया या लागू किया गया कोई क़ानून जिसमें नियम और निषेध दिए होते हैं। ९. सरकारी क़ानून का निर्देश या सरकारी नियम। १०. निर्देश। आज्ञा। (व्या°) शब्दों में उपसर्ग/प्रत्यय जोड़ने में या सन्धि, समास आदि करने में व्याकरणशास्त्र द्वारा निर्दिष्ट क्रिया/रीति। (राज°) १. विधि/क़ानून बनाने का कार्य। ***जैसे***—विधान सभा। २. बनाया गया क़ानून। ✣ **विधानक**—*वि°* = विधान करने वाला। ✣ **विधान परिषद्**—*पु°* = (राज°) भारतीय संघ के किसी राज्य के द्विसदनी विधानमंडल का उच्च सदन। (अ° लेजिस्लेटिव कौंसिल) ✣ **विधानमण्डल (विधानमंडल)**—*पु°* = (राज°) शासन का एक प्रमुख अंग जिसका मुख्य कार्य क़ानून बनाना है। ✣ **विधानसभा**—*स्त्री°* = (राज°) भारतीय संघ के किसी राज्य में विधानमंडल का निचला सदन जिसके प्रति राज्य की मन्त्रिपरिषद् सामूहिक रूप से उत्तरदायी होती है।

विधानी—[< स° विधान] *वि°* १. विधान जाननेवाला। २. विधि-विधान से काम करनेवाला।

विधायन—[स° वि√धा + ल्यु] *पु°* १. विधान करना या विधान बनाना। २. शासन द्वारा विधान/क़ानून बनाना। ३. शासन द्वारा बनाए हुए क़ानून, अधिनियम आदि।

विधायिका—[स° विधायक + तल् + टाप्] *स्त्री°* (राज°) विधानमंडल। (दे°)

विधायी—[स° वि√धा + णिनि, युक्] *वि°* विधायक। *पु°* १. निर्माता। २. संस्थापक।

विधि—[स° वि√धा + कि (अथवा √विध् + इन्)] *पु°* १. सृष्टि का रचयिता। २. ब्रह्मा। ३. भाग्य। प्रारब्ध। *स्त्री°* १. कार्य करने की रीति। २. प्रणाली। ढंग। ३. आज्ञा। ४. धर्मशास्त्र की आज्ञा। शास्त्रसम्मत व्यवस्था। शास्त्र द्वारा निश्चित कर्तव्य। ५. धार्मिक विधान। ६. नियम। ७. क़ानून। ८. आचरण और व्यवहार। आचार-व्यवहार। ९. प्रकार। भाँति। तरह। (व्या°) वाक्य की एक 'वृत्ति' जिसमें श्रोता को कोई काम करने की आज्ञा दी जाती है या उसे सुझाव दिया जाता है या उससे प्रार्थना की जाती है। ∇ **विलोम**—निषेध।

विधिज्ञ—[स° विधि + ज्ञ] *पु°* १. विधि जाननेवाला। २. शास्त्रीय विधि-विधान जाननेवाला। ३. क़ानून का विद्वान्/ज्ञाता। ४. वकील। ५. काम करने का ठीक ढंग जाननेवाला।

विधितः—[स° विधि + तस्] *क्रिवि°* १. विधि के अनुसार। २. रीति के अनुसार। ३. शास्त्रीय विधान के अनुसार। ४. शास्त्रीय विधान के विचार से। ५. क़ानून के अनुसार। ६. क़ानून की दृष्टि से।

विधि रसायन—[स°] (रसायन°) रसायन विज्ञान की वह शाखा जिसमें रासायनिक ज्ञान और प्रक्रियाओं का उपयोग कर अपराधों की परीक्षा दीवानी या दंड-विधि के सहायतार्थ की जाती है।

विधिरानी—[स° विधि ~ रानी] *स्त्री°* (ब्रह्मा की पत्नी) ब्रह्माणी।

विधिलोक—[स° विधि ~ लोक] *पु°* ब्रह्मा का लोक। ब्रह्मलोक।

विधिवत्—[स° विधि + मतुप्] *क्रिवि°* १. विधिपूर्वक। नियमानुसार। विधितः। २. जिस प्रकार से होना चाहिए, उसी प्रकार से। यथोचित।

विधि-वाहन—[स°] *पु°* बह्मा का वाहन। हंस।

विधि-विहित—[स°] *वि°* १. जो विधि के अनुसार हो। शासन/क़ानून/नियम के अनुसार। २. शास्त्र, कानून या नियम के अनुसार आचरित। ३. जो शास्त्र द्वारा अनुमोदित हो।

विधिवेत्ता—[स° विधि ~ वेत्ता] *पु°* १. शास्त्रीय विधि का उत्तम जानकार। विधिज्ञ। २. क़ानून का उत्तम ज्ञाता। विधिज्ञ। न्यायशास्त्री। काननूदाँ।

विधिसंहिता—[स° विधि ~ संहिता] *स्त्री°* १. शास्त्रीय विधियों का निर्देशक ग्रन्थ। २. सरकारी कानूनों की पुस्तक। ३. किसी मुख्य विषय से सम्बन्धित विविध नियमों/क़ानूनों का इस प्रकार किया गया संग्रह कि कहीं परस्पर विरोध या पुनरावृत्ति न हो। (अ° कोड)

विधु—[स° √व्यध् + कु] *पु°* १. चन्द्रमा। २. कपूर। ३. विष्णु। ४. ब्रह्मा। ५. राक्षस।

विधुप्रिया—[स° विधु ~ प्रिया] *स्त्री°* (चन्द्रमा की पत्नी) रोहिणी (नक्षत्र)।

***विधुबदनी**—[< स° विधुवदन] *स्त्री°* विधुवदनी। (दे°)

विधु-बन्धु (बंधु)—[स°] *पु°* कुमुद का फूल।

विधुमण्डल (विधुमंडल)—[स° विधु ~ मण्डल] *पु°* चन्द्रमा।

विधुमुखी—[< स° विधु ~ मुख] *स्त्री°* चन्द्रमा के समान सुन्दर मुखवाली स्त्री। चन्द्रमुखी स्त्री। सुन्दरी।

विधुर—[स° वि + धूः + अच्] *वि°* १. दुःखी। पीड़ित। २. पत्नी-वियोग से दुःखी। *पु°* वह पुरुष जिसकी स्त्री मर चुकी हो।

विधु-लेखा—[स°] *स्त्री°* ज्योत्स्ना। चाँदनी।

विधु-वदनी—[< स° विधुवदन] *वि°* (*स्त्री°*) विधुमुखी (दे°)।

विधूत—[स° वि √धू + क्त] *वि°* १. काँपता हुआ। कम्पित। २. हिलता हुआ। ३. चंचल।

विधूनन—[स° वि √धू + णिच् + ल्युट्] *पु°* कम्पन। काँपना। ✣

विधूनित— *वि*° = १. कम्पित। २. क्षुब्ध।

विधृत—[सं° वि √धृ + क्त] *वि*° १. धारण किया हुआ। धारित। २. ग्रहण किया हुआ। गृहीत। ३. पकड़ा हुआ। धृत।

विधेय—[सं° वि √धा + यत्] *वि*° १. जिसे करना उचित हो। कर्तव्य। २. जो विधि या नियम द्वारा जाना जाए। ३. आज्ञापालक। ४. जो किया जाने को हो। *पु*° १. कर्तव्य कर्म। २. आवश्यकता। (व्या°) वाक्य का वह शब्द या अंश जो किसी के सम्बन्ध में कहा गया हो।

विधेयक—[सं° विधेय + कन्] *पु*° किसी क़ानून का पूर्व रूप जो संसद/विधानसभा आदि में विचारार्थ प्रस्तुत किया जाता है। (अं° बिल)

विध्य—[सं° विध् + यत्] *वि*° १. जिसका वेध हो सके। २. जो वेधा जानेवाला हो। Δ **पर्याय**—बेध्य।

विध्यात्मक—[सं° विधि ~ आत्मक] *वि*° १. विधि से सम्बन्धित। २. जो विधिपरक हो, निषेधात्मक नहीं। सकारात्मक। ∇ **विलोम**—निषेधात्मक।

विधुङ्कमाला (विधुंकमाला)—[सं° विधु ~ अङ्क ~ माला] *स्त्री*° चन्द्रमा की अंकमाला। (छन्द°) एक समवर्णिक छन्द जिसके प्रत्येक चरण में क्रमशः ३ तगण और २ गुरु के योग से ११ वर्ण होते हैं तथा ६-५ पर यति होती है।

विध्वंस—[सं° वि√ध्वंस् + घञ्] *पु*° विनाश। बर्बादी।

विध्वस्त—[सं° वि° √ध्वंस् + क्त] *वि*° नष्ट किया हुआ। नष्ट। बर्बाद।

†विन—[< हिं° उन] *सर्व*° उन। *जैसे*—विन के कहे से हम चले गए।

***विनण्ठा (विनंठा)**— *वि*° ≤ *सं*° विनष्ट। बर्बाद।

विनत—[सं° वि + नत] *वि*° १. झुका हुआ। नमित। २. जिसने किसी के सामने सिर झुका रखा हो। नतमस्तक। ३. विनीत। नम्र। शिष्ट। ∇ **विलोम**—उद्धत।

विनति[1]—[सं° वि + नति] *स्त्री*° १. झुकाव। २. नम्रता। ३. विनय। विनती।

विनति[2]—[< प्रा° विण्णत्ति < सं° विज्ञप्ति] १. निवेदन। प्रार्थना। २. ज्ञान। ✣ **विनती**— *स्त्री*° = विनयपूर्ण निवेदन। प्रार्थना।

विनमन—[सं° वि + नमन] *पु*° १. नमन। झुकना। लचना। २. विनम्रतापूर्वक नमन।

विनय—[सं° वि + नय] *स्त्री*° १. नम्रता। २. सौजन्य। शिष्टता। ३. नम्रतापूर्वक की जाने वाली प्रार्थना। विनती। (छन्द°) एक सममात्रिक दंडक छन्द जिसके प्रत्येक चरण में ४४ मात्राएँ होती हैं, १२-१२-१२-८ पर यति होती है तथा अन्त में प्रायः रगण होता है। ∇ **विलोम**—अविनय।

विनयन—[सं° वि√नी + ल्युट्] *पु*° १. ले जाना। २. हटाना। ३. शिक्षण। शिक्षा। ४. विनय। ५. अनुशासन।

विनयावनत—[सं° विनय ~ अवनत] *वि*° १. विनय के कारण झुका हुआ। २. विनययुक्त। विनम्र। विनयी।

विनयी—[सं° विनयिन्] *वि*° विनययुक्त। विनम्र।

***विनवना**[1]—[< सं° विनय] *क्रिअ*° १. झुकना। २. नम्र होना।

***विनवना**[2]—[< अप° विनवइ < सं° विज्ञापयति] *क्रिस*° नम्रतापूर्वक कहना। निवेदन करना। विनय करना।

विनशन—[सं° वि√नश् + ल्युट्] *पु*° १. नाश। बर्बादी। २. वह स्थान जहाँ सरस्वती नदी लुप्त हो गयी है।

***विनशना**—[< सं° विनशन] *क्रिअ*° १. नष्ट होना। बर्बाद होना। २. बिगड़ना। *क्रिस*° विनाश करना। बर्बाद करना। ✣ **विनशाना**— *क्रिस*° = १. नष्ट करना। बर्बाद करना। २. बिगाड़ना।

विनश्वर—[सं° वि + नश्वर] *वि*° विनाशशील। *जैसे*—शरीर विनश्वर है। ∇ **विलोम**—अविनश्वर।

विनष्ट—[सं° वि √नश् + नक्त] *वि*° १. पूरी तरह नष्ट/बर्बाद। २. बिगड़ा हुआ। विकृत। ३. पतित। भ्रष्ट। ४. लुप्त। मृत। ✣ **विनष्टि**— *स्त्री*° = १. विनाश। २. विकृति। ३. भ्रष्टता। ४. लोप। ५. मरण। मृत्यु।

विनष्टोपजीवी—[सं° विनष्ट ~ उपजीवी (उपजीविन्)] *वि*° मुर्दा खाकर जीनेवाला।

विना—[सं° वि + ना] *अव्यय*° १. न होने पर। अभाव में। बग़ैर। २. अतिरिक्त। छोड़कर। सिवा।

विनाड़ी—[< सं° विनाडि] *स्त्री*° समय की एक छोटी माप। एक घटी/घड़ी समय का ६०वाँ भाग। पल।

विनायक—[सं° वि + नायक] *पु*° १. विशेष/श्रेष्ठ नायक। २. (शिव-पार्वती का पुत्र) गणेश। ३. (पक्षिराज) गरुड़। ✣ **विनायक चतुर्थी**— *स्त्री*° = माघ शुक्ल चतुर्थी। गणेश चौथ।

विनाशन—[सं° वि + नाशन] *वि*° १. विनाश करनेवाला। विनाशक। *पु*° १. विनाश करना। २. मार डालना। ३. बिगाड़ना।

विनिगमना—[सं° वि + नि + गमन + टाप्] *स्त्री*° १. विचारपूर्वक निर्णय। २. सिद्धान्त। (वैशेषिक°) दो विरोधी पक्षों में से एक को युक्तिपूर्वक सिद्ध करना।

विनिग्रह—[सं° वि + निग्रह] *पु*° १. संयम। निग्रह। २. अवरोध। बाधा। रुकावट। ३. प्रतिबन्ध।

विनिद्र—[सं° वि + निद्रा] *वि*° १. निद्रारहित। २. खिला हुआ (फूल)।

विनिन्दक (विनिंदक)—[सं° वि + निन्दक] *वि*° १. निन्दा करनेवाला। २. (किसी से तुलना में) अधिक सुन्दर या अधिक अच्छा।

विनिपात—[सं° वि + निपात] *पु*° १. पतन। २. विनाश। ३. विपत्ति। संकट। ४. मृत्यु। ५. पीड़ा। ६. अपमान।

विनिपातक/विनिपाती—[सं° वि + निपातक, विनिपातिन्] *वि*° नष्ट करनेवाला। विनाशक।

विनिबन्ध (विनिबंध)—[सं° वि + निबन्ध] *पु*° किसी वस्तु का लिखित वर्णन। (शिक्षा°) किसी एक विषय पर या एक प्रकार के विषयों पर लिखा गया निबन्धात्मक ग्रन्थ। (अं° मोनोग्राफ़)

विनिमज्जित—[स॰ वि + निमज्जित] *वि॰* डूबी हुई।

विनिमय—[स॰] *पु॰* एक वस्तु को लेकर उसके बदले में दूसरी वस्तु देने का व्यवहार। अदल-बदल। ***जैसे***—वस्तु-विनिमय वाली अर्थव्यवस्था। (अर्थ॰) १. एक देश की मुद्रा का दूसरे देश की मुद्रा में परिवर्तन। २. दो पक्षों के बीच वस्तुओं या सेवाओं का ऐच्छिक, वैधानिक और पारस्परिक आदान-प्रदान।

विनिमेय—[स॰ वि + नि + मेय] *वि॰* जिसे परिवर्तित किया जा सके। जिसे अदला-बदला जा सके। परिवर्तनीय। ✣ **विनिमेयता**—*स्त्री॰* = परिवर्तनीयता। (वाणि॰) १. एक देश की मुद्रा की अन्य देश की मुद्राओं में सरलतापूर्वक बदले जा सकने की क्षमता। परिवर्तनीयता। २. वित्त-प्रदायकों की वह शर्त जिसके अनुसार दिए गए ऋणों या ऋणपत्रों को भविष्य में कम्पनी के अंशों में बदला जा सकता है। परिवर्तनीयता।

विनिमेष—[स॰ वि + निमेष] १. (आँखों के) पलकों का गिरना। २. आँखें झपकने की क्रिया। निमेष। ३. समय की एक इकाई। निमेष।

विनियन्त्रण (विनियंत्रण)—[स॰ वि + नियन्त्रण] *पु॰* नियन्त्रण-रहित करने की क्रिया/भाव। (वाणि॰) किसी वस्तु के उत्पादन, वितरण या क़ीमत पर से सरकारी नियन्त्रण हटा लेना और उसे बाज़ार की व्यवस्था के अधीन छोड़ देना। (अ॰ डी-कंट्रोल)

विनियम—[स॰ वि + नियम] *पु॰* १. संयम। नियन्त्रण। २. विशिष्ट नियम जो किसी नए निश्चय या आदेश के अनुसार बनाया गया हो। (प्रशासन॰) किसी प्रशासकीय अधिकारी द्वारा बनाया गया ऐसा नियम/अध्यादेश आदि जिसे क़ानून की मान्यता हो। (अ॰ रेग्युलेशन)

विनियुक्त—[स॰ वि + नियुक्त] *वि॰* १. काम में लगाया हुआ। ***जैसे***—व्यापार में विनियुक्त धन। २. जिसका विनियोग हुआ हो। ३. जिसे आज्ञा दी गयी हो। ४. नियुक्त। ✣ **विनियोक्ता**—*पु॰* = १. विनियोग करनेवाला। २. नियुक्त करनेवाला।

विनियोग—[स॰ वि + नि √युज् + घञ्] *पु॰* १. वांछित फल के लिए किसी वस्तु का प्रयोग। २. वैदिक कृत्यों में वैदिक मन्त्रों का प्रयोग/उपयोग। ३. (किसी व्यक्ति की) किसी कार्य को करने के लिए नियुक्ति। ४. (व्यापार में) पूँजी लगाना। ५. धन को किसी विशेष निमित्त से (व्यक्ति, कार्य आदि के लिए) अलग रखना।

विनियोजन—[स॰ वि + नियोजन] *पु॰* विनियोग। (दे॰)

विनिर्गत—[स॰ वि + निर् + गत] *वि॰* १. बाहर निकला हुआ। २. प्रकट किया हुआ। ***जैसे***—श्रीकृष्ण से विनिर्गत ज्ञान का नाम 'गीता' है।

विनिर्जन—[स॰ वि + निर्जन] *वि॰* पूर्ण रूप से निर्जन।

विनिर्णय—[स॰ वि + निर्णय] *पु॰* निर्णय। व्यवस्था। आदेश। ***जैसे***—न्यायाधीश का विनिर्णय सभी को मान्य है। (अ॰ रूलिंग)

विनिर्दिष्ट—[स॰ वि + निर्दिष्ट] *वि॰* विशेष रूप से स्पष्ट रूप से उल्लिखित। (अ॰ स्पिसिफ़िक) ✣ **विनिर्दिष्टि**—*स्त्री॰* = विनिर्देशन।

विनिर्देशन—[स॰ वि + निर्देशन्] *पु॰* १. नाम-निर्देश। स्पष्ट उल्लेख। २. (भवन आदि बनाने में लगनेवाले सामान का) पूर्ण विवरण। ३. किसी बात, योजना या प्रस्ताव का पूर्ण विवरण।

विनिर्माण—[स॰ वि + निर्माण] *पु॰* (वाणि॰) हाथ से या मशीनों से बड़े पैमाने पर वस्तुओं का निर्माण। (अ॰ मैन्युफ़ैक्चर)

विनिवेश—[स॰ वि + निवेश] *पु॰* प्रवेश। (वाणि॰) १. पूँजी के मूल्य में ह्रास की क्षतिपूर्ति न करना। २. पहले किए गए निवेश को वापस ले लेना।

विनिषिद्ध (विनिषिद्ध)—[स॰ वि + निषिद्ध] *वि॰* (वह माल) जिस पर रोक लगा दी गयी हो। निषिद्ध। वर्जित। *पु॰* (वाणि॰) १. देश/राज्य या किसी नगर में छिपाकर लाया गया वह माल जिसे लाना क़ानून में अपराध है। २. तस्कर व्यापार। ३. तस्की का माल।

विनीत—[स॰ वि√नी + क्त] *वि॰* १. विनय से युक्त। विनयी। २. नम्र। ३. सुशील। शिष्ट। ४. नम्रतापूर्वक किया जानेवाला। ***जैसे***—विनीत प्रार्थना। ✣ **विनीतता**—*स्त्री॰* = १. विनयशीलता। २. नम्रता। ३. शिष्टता। ✣ **विनीतत्व**—*पु॰* = विनीतता।

***विनीरव**—[स॰ वि + नीरव] *वि॰* मौन। चुप।

विनोक्ति—[स॰ विना ~ उक्ति] *स्त्री॰* (काव्य॰) एक अर्थालंकार जिसमें एक वस्तु के बिना दूसरी वस्तु के शोभित या अशोभित होने के वर्णन का चमत्कार होता है।

विनोद—[स॰ वि√नुद् + घञ्] *पु॰* १. मनोरंजन। आमोद-प्रमोद। २. परिहास। हँसी। क्रीड़ा।

विनोदिनी—[स॰ विनोदिन् + ङीष्] *वि॰* (*स्त्री॰*) विनोदी स्त्री।

विनोदी[१]—[स॰ विनोदिन्] *वि॰* १. विनोदप्रिय। विनोदशील। २. क्रीड़ाप्रिय। ३. हँसोड़। मजाक़िया।

विनोदी[२]—[< स॰ विनोद] *वि॰* विनोद-सम्बन्धी। विनोदपूर्ण। ***जैसे***—विनोदी बातचीत।

विन्दु (विंदु)—[स॰ विन्द् + उण्] *पु॰* १. पानी आदि द्रव का कण। बूँद। २. छोटा गोलाकार चिह्न। बिन्दी। ३. (स्त्रियों द्वारा लगायी जाने वाली) भौंहों के बीच की बिन्दी। ४. अनुस्वार का चिह्न या अनुस्वार। ५. शून्य का चिह्न या शून्य। ६. किसी वस्तु का बहुत छोटा टुकड़ा। कण। कनी। ७. दोषयुक्त रत्न में होनेवाला धब्बा। (हठयोग॰) नाद का व्यक्त रूप जो तेज का प्रतीक है और इच्छा, ज्ञान तथा क्रिया जिसके प्रकार मात्र हैं। [गणित॰] (रेखागणित में) सूक्ष्मतम स्थान जिसकी स्थिति मात्र हो किन्तु लम्बाई, चौड़ाई या मोटाई न हो।

***विन्ध (विंध)**—*पु॰* ≤ *स॰* विन्ध्य (पर्वत)। विन्ध्याचल।

विन्ध्य—[स॰ √निध् + यत्, पृषो॰ मुम्] *पु॰* विन्ध्याचल नामक पर्वत।

विन्यस्त—[स॰ वि + न्यस्त] *वि॰* १. रखा हुआ। स्थापित। २. क्रम से रखा हुआ। व्यवस्थित। ३. जड़ा हुआ। जड़ित। ४. किसी के पास जमा किया हुआ। न्यस्त। ५. सौंपा हुआ। अर्पित।

विन्यास—[स॰ वि + न्यास] *पु॰* १. रखना। स्थापन। २. रचना (का ढंग) बनावट। रूपरेखा। ***जैसे***—उपन्यास का वस्तु-विन्यास।

३. ठीक स्थान पर सजाकर रखने तथा ठीक क्रम से लगाने की क्रिया/भाव। *जैसे*—केश-विन्यास। (काव्य॰) किसी कृति में विचारों, भावों या बिम्बों के संयोजन का काम जिससे कलात्मक सौन्दर्य आता है। (रासायन॰) किसी अणु में परमाणुओं की तीन विमाओं की आपेक्षिक स्थिति। (अ॰ कान्फ़िगरेशन)

विपक्ष—[स॰ वि + पक्ष] *पु॰* १. विरोधी पक्ष/दल। २. प्रतिद्वन्द्वी। ३. शत्रु। ४. प्रतिवादी। ५. विरोध। ∇ **विलोम**—पक्ष।

विपज्जनक—[स॰ विपद् ~ जनक] *वि॰* विपत्ति उत्पन्न करनेवाला। संकट लानेवाला।

विपञ्चिका /विपञ्ची (विपंचिका/विपंची)—[स॰ विपञ्ची + कन् + टाप्] *स्त्री॰* १. वीणा। २. क्रीड़ा। आमोद-प्रमोद।

विपणन—[स॰ वि√पण् + ल्युट्] *पु॰* १. बिक्री। २. क्रय-विक्रय। ख़रीद और बिक्री। ३. छोटा व्यापार। (वाणि॰) मूल उत्पादक से अन्तिम उपभोक्ता तक वस्तुओं और सेवाओं को पहुँचाने में किए जाने वाले क्रय-विक्रय विज्ञापन, भंडारण, परिवहन आदि सभी कार्य।

विपणि—[स॰ वि√पण् + इन्] *स्त्री॰* १. दुकान। हाट। बाज़ार। २. दुकान। ३. बेचने के लिए रखा हुआ माल। व्यापारिक माल। ४. वाणिज्य। व्यापार।

विपत्र—[स॰ वि + पत्र] *पु॰* बेचे गए माल या की गयी सेवा अथवा किए गए कार्य के देय मूल्य या शुल्क का विवरणपत्र। बिल (अ॰)

विपत्सङ्कुल (विपत्संकुल)—[स॰ विपद् ~ सङ्कुल] *वि॰* विपत्तिग्रस्त।

विपथ—[स॰ वि + पथ] *पु॰* १. बुरा मार्ग। ग़लत। रास्ता। कुमार्ग। २. अनुचित कार्यों में लगना। ✣ **विपथगामी**—*वि॰* = बुरे रास्ते पर चलनेवाला। कुमार्गगामी।

विपथन—[< विपथ] *पु॰* १. नियत मार्ग से हट जाना। भटक जाना। २. ग़लत रास्ते पर जाना। पथभ्रष्ट होना। ३. आदर्श से गिर जाना। (मनो॰) कुछ अप्रत्याशित या तीव्र रूप से हुई हल्की मानसिक अवस्था।

विपद्—[स॰ वि॰ √पद् + क्विप्] *स्त्री॰* विपत्ति। आपत्ति। संकट। मुसीबत। आफ़त। ✣ **विपद्युक्त**—*वि॰* = १. संकट में पड़ा हुआ। विपत्तिग्रस्त। २. भाग्यहीन। अभागा। ३. दुःखी।

***विपद**—[< स॰ विपद्] *स्त्री॰* विपत्ति। मुसीबत।

विपदा—[स॰ विपद् + टाप्] *स्त्री॰* विपत्ति।

विपन्न—[स॰ वि√पद् + क्त] *वि॰* १. विपत्ति में पड़ा हुआ। विपत्तिग्रस्त। संकटग्रस्त। २. आर्त। दुःखी। ३. दरिद्र। ४. नष्ट। क्षीण। ५. भाग्यहीन। अभागा। बदक़िस्मत।

विपरिणमन/विपरिणाम—[स॰ वि + परिणमन, वि + परिणाम] *पु॰* १. परिवर्तन। २. रूप-परिवर्तन। रूपान्तर। (जैन॰) सत् की एक अवस्था से दूसरी अवस्था की प्राप्ति करना।

विपर्ण—[स॰ वि + पर्ण] *वि॰* जिसमें पत्ते न हों। पर्णविहीन। अपत्र।

विपर्यय—[स॰ वि + परि √इ + अच्] *पु॰* १. उलट-पुलट। २. विपरीतता। प्रतिकूलता। विरुद्धता। उलटापन। ३. दो वस्तुओं में परस्पर क्रम-परिवर्तन या परस्पर स्थान-परिवर्तन। *जैसे*—'लखनऊ' को 'नखलऊ' कहने में वर्णविपर्यय है। ४. वेष का परिवर्तन। ५. मिथ्या ज्ञान। भ्रम। (योग॰) अतद्रूप में प्रतिष्ठित मिथ्या ज्ञान। *जैसे*—सीप को चमक के कारण चाँदी समझना विपर्यय है।

विपर्यस्त—[स॰ वि + परि√अस् + क्त] *वि॰* १. बदला हुआ। परिवर्तित। २. उलटा। ३. इधर-उधर बिखरा हुआ। अस्त-व्यस्त। *जैसे*—विपर्यस्त देश। ४. भ्रमपूर्ण। ५. नष्ट। चौपट। बर्बाद। ✣ **विपर्यस्तता**—*स्त्री॰* = विपर्यास। (मनो॰) समाज द्वारा निन्दित आचरण, विशेषतः काम-सम्बन्धी। आचरणभ्रष्टता।

विपर्याय—[स॰ वि + पर्याय] *पु॰* क्रम-परिवर्तन या नियम-भंग। (भाषा॰) किसी शब्द का बिल्कुल विरोधी अर्थ प्रकट करनेवाला शब्द। विलोम।

विपर्यास—[स॰ वि + परि √अस् + घञ्] *पु॰* १. परिवर्तन। २. उलट-पलट। क्रम-भंग। विपर्यय। व्यतिक्रम। ३. प्रतिकूलता। विरोध। ४. भूल-चूक। ग़लती। भ्रम। भ्रान्ति। ५. जैसा होना चाहिए, उसके विपरीत हो जाना। (भाषा॰) वाक्य में सामान्य शब्द-क्रम के विपरीत शब्द-क्रम जैसा छन्द की दृष्टि से कविता में बहुधा होता है। (अ॰ रिवर्सल)

विपल—[स॰ वि + पल] *पु॰* समय का एक बहुत छोटा मान। पल का साठवाँ भाग।

विपश्चित्—[स॰ वि + प्र √चित् + क्विप्, पृषो॰] *वि॰ पु॰* १. बुद्धिमान। २. विद्वान्।

विपश्यना—[स॰ वि + पश्यना] *स्त्री॰* १. शान्त और पवित्र अन्तर्दृष्टि। २. उदार दृष्टि। प्रशस्त दृष्टि। (बौद्ध॰) तत्त्वपरिज्ञान के स्वभाववाली प्रज्ञा।

विपांसुल—[स॰ वि + पांसुल] *वि॰* जिसमें धूल न हो। धूलिरहित।

विपाक—[स॰ वि√पच् + घञ्] *पु॰* १. परिपक्व होना। पकना। २. पूर्ण विकास की दशा की प्राप्ति। चरम उत्कर्ष। ३. परिणाम। फल। *जैसे*—कर्म का विपाक। ४. पचना। ५. दुर्दशा। दुर्गति।

विपाटन—[स॰ वि √पट् + णिच् + ल्युट्] *पु॰* १. चीरना। फाड़ना। २. तोड़ना-फोड़ना। ३. उन्मूलन। उखाड़ना।

विपाटल—[स॰ वि + पाटल] *वि॰* गहरा लाल (रंग)

विपाण्डु/विपाण्डुर (विपांडु/विपांडुर)—[स॰ वि + पाण्डु/पाण्डुर] *पु॰* गहरा पीला (रंग)

विपात—[स॰ वि + पात] *पु॰* १. पतन। २. नाश।

विपातन—[स॰ वि + पातन] *पु॰* १. मिटाना। २. नाश कराना।

विपार्श्व—[स॰ बि + पार्श्व] *पु॰* भिन्नपार्श्व। ✣ **विपार्श्वी संवेदिता**—*स्त्री॰* = (चिकित्सा॰, मनो॰) शरीर के उद्दीप्त भाग में स्पर्श या पीड़ा का संवेदन न होकर उसके विपरीत भाग में उद्दीपन की अनुभूति होना।

विपाशा—[स॰ वि + पाश + टाप्] *स्त्री॰* पंजाब की व्यास नदी का प्राचीन नाम।

विपिन—[सं° √वेप् + इनन्, ह्रस्व] पु° वन। जंगल।

विपिनतिलका—[सं° विपिन ~ तिलका] स्त्री° (छन्द°) एक समवर्णिक छन्द जिसके प्रत्येक चरण में नगण, सगण, नगण तथा २ रगण (न स न र र) के योग से १५ वर्ण होते हैं।

विपिनपति—[सं° विपिन ~ पति] पु° वनराज। सिंह।

विपुत्र—[सं° वि + पुत्र] वि° जिसके कोई पुत्र न हो। पुत्रहीन।

विपुल—[सं° वि √पुल् + क] वि° १. संख्या या परिमाण में बहुत अधिक। २. विशाल। विस्तृत। बड़ा। ३. अगाध। बहुत गहरा। पु° १. मेरु पर्वत। २. हिमालय। ✣ **विपुलग्रीव**—वि° = लम्बी गर्दन वाला। ✣ **विपुलमति**—वि° = अति बुद्धिमान्। ✣ **विपुलहृदय**—वि° = बड़े मन वाला। उदार।

विपुला—[सं° विपुल + टाप्] स्त्री° पृथ्वी। (छन्द°) एक समवर्णिक छन्द जिसके प्रत्येक चरण में क्रमशः भगण, रगण और २ लघु (भ र ल ल) के योग से ८ वर्ण होते हैं।

विपुष्प—[सं° वि + पुष्प] वि° जिसमें फूल न हो। पुष्पहीन।

***विपोहना**—[< सं° वि + हिं° पोहना] क्रिस° १. लीपना। २. पोतना। ३. नाश करना। मिटाना। ४. पोहना। छेदना।

विप्र—[सं° √वप् + र, निपात°] पु° १. ब्राह्मण। २. मेधावी व्यक्ति।

विप्रकर्ष—[सं° वि + प्रकर्ष] पु° १. दूर खींच ले जाना। २. दूरी। फ़ासला।

विप्रकीर्ण—[सं° वि + प्रकीर्ण] वि° १. इधर-उधर बिखरा हुआ। छितरा हुआ। २. अस्त-व्यस्त। अव्यवस्थित।

विप्रतिपत्ति—[सं° वि + प्रतिपत्ति] स्त्री° १. वैचारिक विरोध। मतभेद। २. (किसी बात पर की गयी) आपत्ति। एतराज़। ३. विकलता। परेशानी। ४. पारस्परिक सम्बन्ध। (न्याय°) किसी कथन में परस्पर विरोधी दो वाद/बातें होना।

विप्रतिपन्न—[सं° वि + प्रतिपन्न] वि° १. वैचारिक विरोध से युक्त। परस्पर विरुद्ध। २. व्याकुल। परेशान। ३. विवादग्रस्त।

विप्रतिषिद्ध (विप्रतिषिद्ध)—[सं° वि + प्रतिषिद्ध] वि° १. निषिद्ध। वर्जित। २. विरुद्ध। उलटा।

विप्रतिषेध—[सं° वि + प्रतिषेध] पु° १. निषेध। वर्जन। २. दो बातों का परस्पर विरोध। ३. नियन्त्रण। (व्या°) दो भिन्न नियमों के एक साथ प्रयुक्त होने की कठिन स्थिति।

विप्रत्व—[सं° विप्र + त्व] पु° विप्रता। ब्राह्मणत्व।

विप्रयुक्त—[सं° वि + प्रयुक्त] वि° १. अलग किया हुआ। २. जो मिला न हो। ३. बिछुड़ा हुआ। ४. छोड़ा हुआ। मुक्त किया हुआ। ५. रहित किया हुआ। ***जैसे***—धन से विप्रयुक्त व्यक्ति।

विप्रयोग—[सं° वि + प्र + योग] पु° १. पृथक्ता। अलगाव। २. वियोग। विरह। बिछोह। ३. विच्छेद। ४. किसी वस्तु आदि से रहितता। (काव्य°) विप्रलब्ध शृंगार का एक भेद। नायक-नायिका का मिलन होकर वियोग हो जाना। ∇ **विलोम**—संयोग।

विप्रलब्ध—[सं° वि + प्रलब्ध] वि° १. जो छला गया हो। जिसे धोखा दिया गया हो। २. वंचित। ३. निराश। हताश। ४. जिसका अपकार/अनिष्ट किया गया हो। ५. विरही।

विप्रलब्धा—[सं° विप्रलब्ध + टाप्] वि° (स्त्री°) १. जो छली गयी हो। वंचिता। २. निराश (स्त्री)। स्त्री° (काव्य°) वह नायिका जो संकेत-स्थल पर नायक को न पाकर व्याकुल हो।

विप्रलम्भ (विप्रलंभ)—[सं° वि + प्र √लम्भ् + घञ्] पु° १. वचन। छल। धोखा। विशेषतः झूठ बोलकर या प्रतिज्ञा-भंग करके किया जाने वाला। धोखा। २. प्रेमी और प्रेमिका का वियोग/विरह/बिछोह। (काव्य°) विप्रलम्भ शृंगार। (दे°)

विप्रलम्भ शृङ्गार (विप्रलंभ शृंगार)—[सं°] पु° (काव्य°) शृंगार रस का एक भेद जो 'संयोग शृंगार' से भिन्न है। नायक-नायिका का वियोग दशा में होनेवाला प्रेम। वियोग शृंगार।

विप्रलाप—[सं° वि + प्रलाप] पु° व्यर्थ बकबक। प्रलाप। बकवाद।

विप्रस्व—[सं° विप्र + स्व] पु° ब्राह्मण की सम्पत्ति।

विप्लव—[सं° वि √प्लु + अप्] पु° १. उतराना। तैरना। २. उत्पात। उपद्रव। हंगामा। ३. अशान्ति। ४. उथल-पुथल। हलचल। ५. वह युद्ध जिसमें लूट-मार की जाए। ६. क्रान्ति के उद्देश्य से किया गया सरकार-विरोधी विद्रोह। बग़ावत।

विप्लाव—[सं° वि√प्लु + घञ्] पु° (नदी आदि की) बाढ़।

विबुध—[स वि √बुध् + क] पु° १. विद्वान्। २. देवता। ३. चन्द्रमा।

विबुध-प्रिया—[सं° विबुध ~ प्रिया] स्त्री° देवांगना। देवी। (छन्द°) एक समवर्णिक छन्द जिसके प्रत्येक चरण में रगण, सगण २ जगण, भगण और रगण (र स ज ज भ र) के योग से १८ वर्ण होते हैं तथा ८-१० पर यति होती है। चंचरी छन्द। चर्चरी छन्द।

विबुधविलासिनी—[सं° विबुध ~ विलासिनी] स्त्री° अप्सरा।

विबुधाचार्य—[सं° विबुध ~ आचार्य] पु° देवताओं का गुरु। बृहस्पति।

विबुधावास—[सं° विबुध ~ आवास] पु° १. देवमन्दिर। २. स्वर्ग।

विबुधेन्द्र (विबुधेंद्र), विबुधेश—[सं° विबुध ~ इन्द्र/ईश] पु° देवताओं का राजा। इन्द्र।

विबोध—[सं° वि + बोध] वि° जिसे ज्ञान/बोध न हो। अबोध। पु° १. जागरण। जागना। २. सम्यक् ज्ञान। ३. (निद्रा आदि के बाद) होश में आना। (काव्य°) एक संचारी भाव जिसके विभाव हैं—जँभाई लेना, आँखें मलना इत्यादि।

विबोधन—[सं° वि + बोधन] पु° १. जागरण। जागना। २. प्रबोधन। जगाना। ३. ज्ञान कराना। समझाना। ४. धैर्य बँधाना।

विभक्त—[सं° वि √भज् + क्त] वि° १. जिसका विभाजन किया गया हो। बाँटा हुआ। विभाजित। २. अलग किया हुआ। ३. जो अलग हो गया हो। ∇ **विलोम**—अविभक्त।

विभक्ति—[सं° वि√भज् + क्तिन्] स्त्री° १. विभाजन। बँटवारा। २. विभाग। बाँट। ३. पृथक्ता। अलगाव। (व्या°) शब्द में लगनेवाला प्रत्यय जो उस शब्द का क्रियापद से सम्बन्ध (कारक) बताता है तथा लिंग और वचन का सूचक भी होता है।

विभङ्ग (विभंग)—[सं° वि + भङ्ग] पु° १. भंग। टूटना। ***जैसे***—

अस्थि-विभंग। २. सिकुड़न। झुर्री। ३. अवरोध। बाधा। विघ्न। ४. तरंग। लहर।

विभङ्गि (विभंगि)—[सं॰ विभङ्ग + इनि] *स्त्री॰* १. अनुकृति। २. भंगिमा। भंगी।

विभञ्जन (विभंजन)—[सं॰ वि + भञ्जन] *वि॰, पु॰* ध्वंस करनेवाला। विनाशक। विध्वंसक।

विभव—[सं॰ वि√भू + अच्] *पु॰* १. धन-दौलत। सम्पत्ति। २. ऐश्वर्य। वैभव। ३. महिमा। बड़प्पन। ४. बल। शक्ति। पराक्रम। ५. साठ संवत्सरों के चक्र में ३६वाँ संवत्सर। ६. भगवान् का अवतार। (भौतिकी॰) किसी बल-क्षेत्र में किसी बिन्दु का वह वैशिष्ट्य जो संहति/विद्युत् इत्यादि की इकाई मात्रा को अनन्त से उस बिन्दु तक लाने में किए गए कार्य द्वारा सूचित होता है। (अं॰ पोटेन्शल)

विभवशाली/विभवी—[सं॰ विभवशालिन्/विभविन्] *वि॰* १. विभव से युक्त। विभववाला। २. ऐश्वर्यशाली। वैभवशाली। ३. धनी। ४. महिमायुक्त। ५. शक्तिशाली।

विभा—[सं॰ वि√भा + क्विप्] *स्त्री॰* १. दीप्ति। प्रभा। कान्ति। २. सौन्दर्य। शोभा। छवि। ३. रश्मि। किरण।

विभाकर—[सं॰ विभा + कर] *वि॰* प्रकाश देने/फैलाने वाला। *पु॰* १. सूर्य। २. अग्नि। आग। ३. चन्द्रमा। ४. राजा।

विभात—[सं॰ वि√भा + क्त] *पु॰* प्रभात। तड़का। सबेरा।

विभाना—[< सं॰ विभा] *क्रिअ॰* १. चमकना। २. शोभित होना। फबना। *क्रिस॰* १. चमकाना। २. शोभित करना।

विभाव—[सं॰ वि + भाव] *पु॰* (काव्य॰) काव्य या नाटक के पाठक/श्रोता/दर्शक के हृदय में भावों को जाग्रत अथवा उद्दीप्त करनेवाले व्यक्ति, पदार्थ या बाहरी विकार।

विभावन—[सं॰ वि + भावन] *पु॰* १. कल्पना। २. विचारने की क्रिया/भाव। चिन्तन। ३. अनुभूति। ४. परीक्षण। (काव्य॰) काव्य, नाटक आदि के पात्र के साथ पाठक/श्रोता/दर्शक के तादात्म्य की स्थिति। साधारणीकरण।

विभावना—[सं॰ विभावन + टाप्] *स्त्री॰* १. कल्पना। २. चिन्तन। ३. अनुभूति। ४. परीक्षण। (काव्य॰) एक अर्थालंकार जो कारण न होते हुए भी कार्य हो जाने के चमत्कारी वर्णन में होता है।

विभावरी—[सं॰ वि√भा + वनिप् + ङीप्, र→आदेश] *स्त्री॰* रात्रि। रात।

विभावरीश—[सं॰ विभावरी ~ ईश] *पु॰* (रात्रि का स्वामी) चन्द्रमा।

विभावसु—[सं॰ विभा ~ वसु] *पु॰* १. सूर्य। २. अग्नि। ३. चन्द्रमा।

विभावित—[सं॰ वि + भावित] *वि॰* १. जो स्पष्ट दिखे। प्रकट। २. जाना/समझा हुआ। ३. जिसका चिन्तन किया गया हो। ४. विचारित। विवेचित। ५. बतलाया हुआ। सूचित। ६. देखा हुआ। दृष्ट। ७. सिद्ध किया हुआ। स्थापित।

विभावी—[सं॰ विभाविन्] *वि॰* १. भाव/भावों का उदय करनेवाला। २. उदित भाव को उद्दीप्त करने वाला। ३. प्रकट करनेवाला। ४. शक्तिशाली।

विभाव्य—[सं॰ वि + भाव्य] *वि॰* विभावना के योग्य। विभावना के लिए उपयुक्त।

विभाषा—[सं॰ वि + भाषा] *स्त्री॰* विविध प्रकार के कथन। (भाषा॰) किसी भाषा का कोई भेद/उपभेद। उपभाषा। बोली।

विभास—[सं॰ वि √भास् + अप्] *पु॰* दीप्ति। कान्ति। प्रभा। चमक। संगीत॰) प्रातःकाल गाया जानेवाला एक राग।

विभासा—[सं॰ विभास + टाप्] *स्त्री॰* दीप्ति। कान्ति। प्रभा। चमक।

विभाँति—[सं॰ वि + हि॰ भाँति] *स्त्री॰* प्रकार। क़िस्म। *वि॰* बहुत प्रकार का। *क्रिवि॰* बहुत प्रकार से।

विभीत—[सं॰ वि + भीत] *वि॰* बहुत डरा हुआ। अति भयभीत।

विभीति—[सं॰ वि + भीति] *स्त्री॰* १. भीति। भय। २. शंका। सन्देह। (चिकित्सा॰) एक मानसिक रोग जिसमें व्यक्ति किसी विशेष वस्तु, स्थिति या गतिविधि से अकारण डरने लगता है।

विभीषिका—[सं॰ विभीषक + टाप्, इत्व] *स्त्री॰* १. (दूसरे को) भय दिखाना। भय-प्रदर्शन। डराना। २. डराने का साधन। ३. भय का अति उग्र रूप। त्रास। आतंक।

विभु—[सं॰ वि √भू + डु] *वि॰* १. सर्वव्यापक। ***जैसे***—परमात्मा विभु है। २. शक्तिशाली। ताक़तवर। ३. आत्मसंयमी। जितेन्द्रिय। ४. स्थिर। अचल। ५. ऐश्वर्यशाली। *पु॰* १. स्वामी। प्रभु। २. ब्रह्म। परमात्मा। ✣ **विभुता**—*स्त्री॰* = विभु होने की अवस्था/भाव।

विभूति—[सं॰ वि + भूति] *स्त्री॰* १. महत्ता। महत्त्व। बड़प्पन। २. ऐश्वर्य। विभव। ३. धन-सम्पत्ति। दौलत। ४. समृद्धि। ५. वृद्धि। ६. दिव्य शक्ति। ७. भगवान् विष्णु या परमात्मा का दिव्य ऐश्वर्य जो नित्य है। ८. शक्ति। ९. अणिमा आदि सिद्धियाँ। १०. चिता का भस्म जो भगवान् शिव द्वारा अपने शरीर पर लगायी जाती है। ११. शैव लोगों द्वारा माथे आदि पर लगायी जानेवाली यज्ञ/होम आदि से प्राप्त भस्म/राख। १२. महिमायुक्त पद।

विभूषण—[सं॰ वि + भूषण] *पु॰* १. अलंकरण। सजाने की क्रिया। सज्जा। साज। २. अलंकार। आभूषण। गहना।

विभूषना—[< सं॰ विभूषण] *क्रिस॰* १. सजाना-सँवारना। अलंकृत करना। २. आभूषणों से सजाना। विभूषित करना। ३. सौन्दर्य/शोभा से युक्त करना।

विभूषा—[सं॰ वि + भूषा] *स्त्री॰* १. आभूषण। अलंकार। गहना। २. दीप्ति। प्रभा। कान्ति। ३. सौन्दर्य। शोभा।

विभूषित—[सं॰ वि + भूषित] *वि॰* १. आभूषणों आदि से सजाया हुआ या सजा हुआ। अलंकृत। २. शोभित। सुशोभित। ३. अच्छे गुणों आदि से युक्त।

विभूष्य—[सं॰ वि॰ + भूष्य] *वि॰* सजाए जाने योग्य। अलंकरणीय।

विभेद—[सं॰ वि + भेद] *पु॰* १. भेद। अन्तर। भिन्नता। २. भेद या उपभेद। ३. भेद-भाव। अलगाव। ***जैसे***—जातीय विभेद।

विभेद्य (विभेद्य)—[सं॰ वि√भिद् + यत्] *वि॰* १. जिसका विभेदन हो सके। जिसे काटा, छेदा या अलग किया जा सके। २. जिसे काटा, छेदा या अलग किया जाना हो। ३. जिसमें भेद/अन्तर उत्पन्न

किया जा सके। ४. जिसमें भेद/अन्तर किया जाना हो।

विभोर—[‹ सं॰ विह्वल] *वि॰* १. मग्न। निमग्न। लीन। ***जैसे***—हर्षविभोर। २. मत्त। मस्त। ***जैसे***—प्रेम में विभोर।

विभ्रंश—[सं॰ वि + भ्रंश] *पु॰* १. पतन। २. अवनति। ३. विनाश। ध्वंस। क्षय। ४. ऊँचा कगार। ५. पहाड़ के ऊपर का समतल मैदान। ✣ **विभ्रंश घाटी**—*स्त्री॰* = (भूगर्भ॰) शैलों का भ्रंशन होने पर बीच का धँसा भाग। दरार। घाटी।

विभ्रम—[सं॰ वि + भ्रम] *पु॰* १. चारों ओर घूमना। चक्कर लगाना। चक्कर। फेरा। २. भ्रान्ति। भ्रम। ३. सन्देह। शंका। ४. किसी के कथन/आशय/उद्देश्य आदि को समझने में होनेवाली भूल। ग़लतफ़हमी। ५. उद्विग्नता। उतावली। (मनो॰) एक मानसिक रोग जिसमें रोगी को अनुपस्थित वस्तु उपस्थित लगती है। निर्मूल भ्रम। असत्य अनुभूति। (अं॰ **हलूसिनेशन**) (काव्य॰) स्त्रियों का एक हाव जिसमें वे प्रियतम का आगमन सुनकर या उससे मिलने जाते समय उतावली के कारण वस्त्र और आभूषण उलटे-सीधे या सही-ग़लत तरीक़े से पहन लेती हैं।

विभ्राट्—[सं॰ विभ्राज्] *पु॰* १. भयंकर विपत्ति। २. उत्पात। बखेड़ा। *वि॰* १. दीप्त। चमकीला। ***जैसे***—विभ्राट् नक्षत्र। २. अलंकारों से चमकीला। ३. बहुत शोभायमान।

विभ्रान्त (विभ्रांत)—[सं॰ वि + भ्रान्त] *वि॰* १. घूमता हुआ। चक्कर खाता हुआ। २. भ्रम में पड़ा हुआ। भ्रमित। भ्रान्त। ३. घबराया हुआ। विकल। व्याकुल। उद्विग्न। ४. ग़लतफ़हमी में पड़ा हुआ।

विमत—[सं॰ वि + मत] *वि॰* १. असंगत। असम्भव। २. वे जो एकमत न हों। परस्पर असहमत। ३. ऐसी राय जो प्रतिकूल हो। प्रतिकूल मत। ४. जिसका विचार/मत अच्छा न हो। ५. तुच्छ समझा हुआ। तिरस्कृत। *पु॰* १. शत्रु। दुश्मन। २. विरोधी व्यक्ति।

विमत्सर—[सं॰ वि + मत्सर] *वि॰* मत्सर से रहित। जो ईर्ष्यालु न हो। ईर्ष्यारहित।

विमद—[सं॰ वि + मद] *वि॰* १. मद से रहित। मदरहित। २. (हाथी) जिसके मद न बहता हो।

विमन/विमनस्क—[सं॰ विमनस्, विमनस् + कप्] *वि॰* १. खिन्न। उदास। २. जिसका मन अन्यत्र हो। अनमना। अन्यमनस्क। ३. विकल। परेशान। ४. अप्रसन्न।

विमना—[सं॰ विमन + टाप्] *वि॰* (*स्त्री॰*) १. खिन्न मन वाली। उदास। २. अनमनी। अन्यमनस्क (स्त्री)।

विमर्दन—[सं॰ वि + मर्दन] *पु॰* १. अति मर्दन। २. ख़ूब मलना-दलना, रगड़ना या रौंदना। ३. कुचलन। पिसाई। ४. नाश। ५. वध। हत्या। ६. कष्ट देना। पीड़न।

विमर्दी—[सं॰ विमर्दिन्] *वि॰* विमर्दक। ✣ **विमर्दिनी**—*वि॰* (*स्त्री॰*)।

विमर्श—[सं॰ वि√मृश् + घञ्] *पु॰* १. किसी तथ्य का पता लगाना। तथ्य-अनुसन्धान। २. (किसी विषय का) विवेचन या विचार। पर्यालोचन। ***जैसे***—धर्म-अधर्म का विमर्श। ३. गुण-दोष का विवेचन। आलोचना। समीक्षा। मीमांसा। ***जैसे***—विचार-विमर्श। ४. वाद-विवाद। बहस। ***जैसे***—इस्लामी और ईसाई विद्वानों के परस्पर विमर्श का कार्यक्रम। ५. परामर्श। सलाह। ***जैसे***—अपनी पत्नी से विमर्श के बाद ही नौकरी छोड़ना। (शैव॰) परमतत्त्व शिव की शक्ति विशेष जिसके कारण वह सृष्टि, स्थिति और संहार करने में समर्थ है। (नाट्य॰) नाटक की ५ सन्धियों में से एक। विमर्श-सन्धि। ✣ **विमर्श सन्धि (संधि)**—*स्त्री॰* = (नाट्य॰) नाटक की ५ सन्धियों में से चौथी।

विमर्शवैकल्य—[सं॰ विमर्श ~ वैकल्य] *पु॰* विमर्श में विकलता। (मनो॰) १. चिन्तन-मनन करने की योग्यता का कम हो जाना। २. निराशापूर्ण और अवसादमय मनोदशा।

विमर्ष—[सं॰ वि√मृष् + घञ्] *पु॰* १. विमर्श। २. विचार/विवेचन/पर्यालोचन या समीक्षा। ३. असहिष्णुता। असन्तोष।

विमल—[सं॰ वि + मल] *वि॰* १. मलरहित। निर्मल। २. स्वच्छ। साफ़। ३. दोष से रहित। निर्दोष। निष्कलंक। ***जैसे***—विमल जीवन। ४. सफ़ेद। चमकीला। ✣ **विमलता**—*स्त्री॰* = १. निर्मलता। २. स्वच्छता। ३. निर्दोषिता। ४. चमकीलापन।

***विमलख**—[‹ सं॰ विमलाक्ष] *वि॰* नेत्रों को विमल करनेवाला। *पु॰* अंजन।

विमला—[सं॰ विमल + टाप्] *वि॰* (*स्त्री॰*) विमल। (दे॰) *स्त्री॰* १. सरस्वती (देवी)। २. महाशक्ति। ब्रह्मशक्ति।

विमलाद्रि—[सं॰ विमल ~ अद्रि] *पु॰* (गुजरात का) गिरनार पर्वत।

विमलोदक—[सं॰ विमल ~ उदक] *वि॰* स्वच्छ जलवाला।

विमा—[सं॰ वि + मा] *स्त्री॰* लम्बाई, चौड़ाई, ऊँचाई या मोटाई का माप। विस्तार। आयाम। (गणित॰) १. किसी ज्यामितीय विन्यास के परिणाम को व्यक्त करनेवाली अवधारणा। आयाम। २. (बीजगणित में) किसी व्यंजक की उच्चतम घात। (अं॰ डाइमेन्ज़न)

विमाता—[सं॰ वि + माता (मातृ)] *स्त्री॰* सौतेली माँ।

विमात्मक—[सं॰ विमा + आत्मक] *वि॰* विमा-सम्बन्धी। विमा का।

विमार्ग—[सं॰ वि + मार्ग] *पु॰* १. ग़लत या बुरा रास्ता। कुमार्ग। २. बुरा आचरण। कदाचार। ३. चक्करदार मार्ग। टेढ़ा-मेढ़ा रास्ता।

विमिश्र/विमिश्रित—[सं॰ वि + मिश्र/मिश्रित] *वि॰* १. मिले हुए। २. जिसमें अनेक वस्तुओं का मिश्रण हो। मिला-जुला।

विमिश्रण—[सं॰ वि + मिश्रण] *पु॰* मिश्रण। मिलावट।

विमुक्त—[सं॰ वि + मुक्त] *वि॰* १. जो बन्धन या कारागार से स्वतन्त्र हुआ हो या किया गया हो। छुटकारा पाया हुआ। छूटा हुआ। २. फेंका या छोड़ा हुआ। ***जैसे***—विमुक्त बाण। ३. (नौकरी या किसी दायित्व के) कार्यभार से मुक्त किया हुआ। ४. त्यागा हुआ। व्यक्त। (विधि॰) जिसे किसी आरोप से मुक्त कर दिया गया हो। बरी।

विमुक्तकण्ठ (विमुक्तकंठ)—[सं॰ विमुक्त ~ कण्ठ] *वि॰* ज़ोर से चिल्लानेवाला या फूट-फूटकर रोनेवाला।

विमुक्ति—[सं॰ वि + मुक्ति] *स्त्री॰* १. कष्ट/संकट आदि से छुटकारा। २.बन्धन/क़ैद से मुक्ति। स्वतन्त्रता। ३. नियम या कार्यभार आदि

से मिलनेवाला छुटकारा। ४. मुक्ति। मोक्ष।

विमुख—[सं॰ वि + मुख] *वि॰* १. जिसने किसी ओर से अपना मुख फेर या मोड़ लिया हो। २. उदासीन। विरक्त। ३. जो किसी कार्य/विषय में मन न लगा रहा हो। अमनस्क। अनमना। ४. प्रतिकूल। विरुद्ध। ५. रहित। ६. मुखहीन। ∇ **विलोम**—उन्मुख/सन्मुख।

विमुग्ध—[सं॰ वि + मुग्ध] *वि॰* १. मोहित। आसक्त। २. भ्रम में पड़ा हुआ। भ्रान्त। ३. विकल। परेशान।

विमुद्र—[सं॰ वि + मुद्रा] *वि॰* १. जिस पर मुद्रा/मोहर/छाप न लगी हो। २. खिला/खुला/फूला हुआ। ***जैसे***—विमुद्र पुष्प।

विमुद्रीकरण—[सं॰ वि + मुद्रीकरण] *पुं॰* = (वाणि॰) सरकारी आदेश से किसी मुद्रा/सिक्के या नोट का प्रचलन बन्द करना।

विमूढ़—[सं॰ वि + हिं॰ मूढ़] *वि॰* १. भ्रम में पड़ा हुआ। मोहग्रस्त। २. अत्यन्त मोहित। अति मुग्ध। ३. मूर्ख। ४. बेसुध। ५. ज्ञानरहित।

विमूल—[सं॰ वि + मूल] *वि॰* १. बिना जड़ का। मूल-रहित। २. जड़ से उखाड़ा हुआ। उन्मूलित। ३. नष्ट किया हुआ। विनष्ट। बर्बाद।

विमृश्य—[सं॰ वि√मृश् + यत्] *वि॰* १. जिसपर विमर्श/विवेचन/पर्यालोचन/विचार करना हो। विमर्श के योग्य।

विमृष्ट[१]—[सं॰ वि√मृज् + क्त] *वि॰* जिसे अच्छी तरह मला/रगड़ा या साफ़ किया गया हो।

विमृष्ट[२]—[सं॰ वि√मृश् + क्त] *वि॰* १. जिसके विषय में विमर्श हो चुका हो। विवेचित। पर्यालोचित। २. सोचा-विचारा हुआ। विचारित।

विमोक—[सं॰ वि + मोक] *पुं॰* १. मुक्ति। छुटकारा। रिहाई। २. कामनाओं के प्रति अनासक्ति।

विमोक्ष—[सं॰ वि√मोक्ष् + घञ्] *पुं॰* १. बन्धन-मुक्ति। छुटकारा। रिहाई। २. मोक्ष। मुक्ति। ३. सूर्यग्रहण या चन्द्रग्रहण का अन्त। ४. प्रक्षेपण। छोड़ना। ***जैसे***—बाण का विमोक्ष होते ही।

विमोचन—[सं॰ वि + मोचन] *पुं॰* १. बन्धन/क़ैद/कष्ट/विपत्ति आदि से मुक्त करना। छुड़ाना या छोड़ना। २. बन्धन से मुक्ति। छुटकारा। ३. मुक्ति। मोक्ष। ४. वाहन में जुते हुए पशु को खोलना। ***जैसे***—रथ के घोड़ों का विमोचन। ५. अस्त्र का प्रक्षेपण। फेंकना या छोड़ना। ***जैसे***—धनुष से बाण का विमोचन। ६. ऋण से मुक्ति। ७. गिरवी रखी वस्तु को धन देकर छुड़ाना।

विमोच्य—[सं॰ वि√मुच् + यत्] *वि॰* विमोचन के योग्य।

विमोह—[सं॰ वि + मोह] *पुं॰* १. अज्ञान आदि से उत्पन्न मोह। २. अचेतता। बेहोशी।

विमोहा—[< सं॰ विमोह] *पुं॰* विमोह। (छन्द॰) एक समवर्णिक छन्द जिसके प्रत्येक चरण में दो रगण के योग से कुल ६ वर्ण होते हैं।

विम्लान—[सं॰ वि + म्लान] *वि॰* १. म्लान। कुम्हलाया हुआ। मुरझाया हुआ। २. थका हुआ। श्रान्त। ३. निर्बल। ४. मूर्छित। बेहोश। ५. उदास। ६. मलिन। मैला। ⁘ **विम्लानता**—*स्त्री॰* = विम्लान होने की अवस्था/गुण/भाव।

विय—[< प्रा॰ बिअ < सं॰ द्विक] *पुं॰* दो का समुदाय। युग्म। युगल। जोड़ा।

***वियङ्ग[१]* (वियंग[१])**—*वि॰* ≤ *सं॰* व्यङ्ग।

***वियङ्ग[२]* (वियंग[२])**—[< हिं॰ विय < सं॰ द्वि + सं॰ अङ्ग] *वि॰* दो अंगों वाला। *पुं॰* (अर्धनारीश्वर) शिव। महादेव।

वियन्मणि—[सं॰ वियत् ~ मणि] *पुं॰* सूर्य।

वियल्लोक—[सं॰ वियत् ~ लोक] *पुं॰* आकाश।

वियुक्त—[सं॰ वि + युक्त] वि॰ १. जो युक्त न हो। असंयुक्त। २. जो किसी से अलग हो चुका हो। अलग। ३. जिसे किसी ने छोड़ दिया हो। परित्यक्त। ४. वियोगी। ५. रहित। हीन। ***जैसे***—सुख-वियुक्त। ∇ **विलोम**—युक्त/संयुक्त।

***वियो**—[< हिं॰ विय < सं॰ द्वितीय] *वि॰* अन्य। दूसरा।

वियोगान्त (वियोगांत)—[सं॰ वियोग ~ अन्त] *वि॰* जिसका अन्त वियोग से हो। *पुं॰* वियोग का अन्त।

वियोजन—[सं॰ वि + योजन] *पुं॰* १. अलग करना या अलग होना। अलगाव। ***जैसे***—दृष्टिपटल-वियोजन। २. विघटन। ३. वियोग। बिछोह। जुदाई। (वनस्पति॰) फूलों, पत्रों या फलों को डंठल आदि से अलग करना।

विरक्त—[सं॰ वि √रञ्ज् + क्त] *वि॰* १. गहरा लाल (रंग)। २. जिसका रंग कुछ बदल गया हो। बदरंग। ३. सांसारिक राग-रंग, सम्बन्धों आदि के प्रति आसक्तिरहित। संसार के प्रति अनासक्त। वैराग्ययुक्त। ४. किसी के प्रति राग, मोह, ममता आदि से रहित। अनुरागरहित। ५. उदासीन। खिन्न।

विरक्ति—[सं॰ वि√रञ्ज् + क्तिन्] *स्त्री॰* १. विरक्त होने की अवस्था/भाव। वैराग्य। उदासीनता। २. सांसारिक विषयों के प्रति अनासक्ति। ३. किसी के प्रति राग, मोह, ममता आदि का अभाव। अनुरागहीनता। विराग। ४. उदासीनता। खिन्नता। ∇ **विलोम**—अनुरक्ति।

विरचन—[सं॰ वि√रच् + ल्युट्] *पुं॰* विरचना।

विरचना[१]—[सं॰ विरचन + टाप्] *स्त्री॰* निर्माण। रचना।

विरचना[२]—[< सं॰ विरचन] *क्रि॰स॰* १. रचना करना। बनाना। २. अलंकृत करना। सजाना।

विरज—[सं॰ वि + रजस्] *वि॰* १. धूल से रहित। धूलिरहित। २. स्वच्छ। निर्मल। ३. जो रजोगुणप्रधान न हो। जिसका स्वभाव रजोगुणी न हो। ४. निष्कलुष। निष्पाप। ५. सुख-वासना से मुक्त। ६. अनुरागरहित। ⁘ **विरजा**—*वि॰* (*स्त्री॰*)। ***जैसे***—विरजा वृत्ति। (वह स्त्री) जिसका मासिक स्राव या रजोधर्म रुक गया हो, **'विरजा'** कही जाती है।

विरजतन—[< सं॰ वि + रजतन] *पुं॰* (रसायन॰) किसी पदार्थ से चाँदी को अलग करना।

विरजा—*वि॰* (*स्त्री॰*) विरज। (दे॰)

विरञ्च/विरिञ्चि (विरंच/विरंचि)—[सं॰ वि √रच् + अच्/इन्, मुम्] *पुं॰* ब्रह्मा।

विरञ्जक (विरंजक)—[सं॰ वि + रञ्जक] *वि॰* रंग उड़ा देने वाला।

विरत—[स॰ वि + रत] *वि॰* १. जिसका मन किसी व्यक्ति/विषय आदि से हट गया हो। विमुख। २. जिसने सांसारिक विषयों से मन हटा लिया हो। विरक्त। अनासक्त। वैराग्ययुक्त। ३. जो अपना सम्बन्ध तोड़ चुका हो। जो अलग हो गया हो।

विरति—[स॰ वि + रति] *स्त्री॰* १. सांसारिक विषयों के प्रति मन की आसक्ति का अभाव। अनासक्ति। वैराग्यभाव। विराग। २. विमुखता। ३. उदासीनता। खिन्नता।

विरथ—[स॰ वि + रथ] *वि॰* १. जिसके पास रथ न हो या जो रथ पर बैठा न हो। २. पैदल। *पु॰* पैदल सैनिक।

विरद[1]—[स॰ वि + रद] *वि॰* जिसके दाँत न हों। दन्तहीन।

विरद[2]—[< स॰ विरुद] *पु॰* १. यश। कीर्ति। २. प्रसिद्धि। ख्याति। ३. यश या प्रशंसा की सूचक उपाधि।

***विरदैत**—[< हि॰ विरद] *वि॰* १. यशस्वी। २. प्रसिद्ध। ३. विरद बखाननेवाला। *पु॰* चारण। भाट।

विरम[1]—[स॰ वि √रम् + अप्] *पु॰* १. विराम। ठहराव। २. समाप्ति। अन्त।

विरम[2]—दे॰ विरमना।

विरमण—[स॰ वि√रम् + ल्युट्] *पु॰* १. विराम करना। रुकना। ठहरना। २. विश्राम करना। ३. रमण करना। रमना। ४. रमण से विरक्ति। रमण का परित्याग। ५. गति कम हो जाना।

†**विरमना**[1]—[< स॰ विरमण] *क्रिअ॰* १. रम जाना। मन लगाना। २. विराम करना। रुकना। ठहरना। ३. रमण करना। ४. मोहित होकर रुकना या ठहरना। ✣ **विरम**—*क्रिवि॰* = ठहरकर।

***विरमना**[2]—[< स॰ विलम्बन] *क्रिअ॰* विलम्ब करना। देर करना।

विरल—[स॰ वि√रा + कालन्] *वि॰* १. जो घना न हो, जिसके बीच-बीच में ख़ाली स्थान हो। २. शून्य। ख़ाली। ३. दुर्लभ। ४. जो गाढ़ा न हो। पतला। ५. अल्प। थोड़ा। कम। ६. निर्जन। एकान्त। ७. रिक्त। ख़ाली।

विरला—[< स॰ विरल] *वि॰* १. विरल। २. दुर्लभ। ***जैसे***—महाकवि प्रसाद का यह विरला चित्र है। कोई-कोई।

विरलीकरण—[स॰ विरल + च्वि + करण] *पु॰* सघन को विरल करने की क्रिया।

विरव—[स॰ वि + रव] *वि॰* १. जहाँ या जिस में शोर न हो। नीरव। २. जो शब्द न करता हो। निःशब्द।

विरस—[स॰ वि + रस] *वि॰* १. रसहीन। नीरस। २. जिसमें मिठास न हो। फीका। ३. अरुचिकर। अप्रिय। स्वादहीन। ४. निष्ठुर। ५. शुष्क। (काव्य॰) जिसमें रस न हो। नीरस। ✣ **विरसता**—*स्त्री॰* = १. विरस होने की अवस्था/गुण/भाव। २. नीरसता। ३. फीकापन। ४. अप्रियता। (काव्य॰) 'रस-भंग' दोष। (मनो॰) वह मानसिक स्थिति जिसमें व्यक्ति एकाग्र नहीं हो पाता और अकारण खिन्नता या उदासीनता अनुभव करता है। ऊब।

विरह—[स॰ वि √रह् + अच्] *पु॰* १. वियोग। बिछोह। २. प्रिय और प्रिया का वियोग/बिछोह। ३. वियोग में होनेवाला दुःख। ∇ **विलोम**—मिलन।

विरहज/विरहजनित/विरहजन्य—[स॰ विरह + ज, विरह ~ जनित/जन्य] *वि॰* वियोग से उत्पन्न। वियोगज। वियोगजन्य।

विरह-विधुरा—[स॰] *वि॰* (*स्त्री॰*) प्रिय व्यक्ति के वियोग से व्याकुल या पीड़ित। ***जैसे***—विरह-विधुरा गोपियाँ।

विरहार्क—[स॰ विरह ~ अर्क] *पु॰* वियोगरूपी सूर्य। प्रिय व्यक्ति के वियोग के कारण सूर्य के ताप के समान तीव्र और दाहक सन्ताप।

विरहार्त—[स॰ विरह ~ आर्त] *वि॰* वियोग से पीड़ित।

विरहिणी—[स॰ विरहिन् + ङीप्] *स्त्री॰* वह स्त्री जिसका अपने पति या प्रेमी से वियोग हो गया हो और इस कारण वह दुःखी हो। वियोगिनी।

विरहित[1]—[स॰ वि + रहित] *वि॰* रहित। हीन।

विरहित[2]—[< स॰ विरह] *पु॰* विरही। वियोगी।

विरही[1]—[स॰ विरहिन्] *पु॰* वह पुरुष जिसका अपनी पत्नी या प्रेमिका से वियोग हो गया हो और इस कारण वह दुःखी हो। वियोगी।

विरही[2]—[< स॰ विरह] *वि॰* विरह-सम्बन्धी। वियोग का।

विरहोत्कण्ठिता (विरहोत्कंठिता)—[स॰ विरह ~ उत्कण्ठित + टाप्] *स्त्री॰* (काव्य॰) नायिका-भेद में वह नायिका जो अपने प्रिय के न आने से दुःखी हो रही हो और प्रिय के आगमन के लिए व्याकुल हो।

विराग—[स॰ वि + राग] *पु॰* १. राग/अनुराग का अभाव। किसी वस्तु की कामना न होना। २. किसी वस्तु या बात से मन हट जाना। विरक्ति। ३. सांसारिक विषयों की इच्छा न रह जाना। वैराग्य। ४. अरुचि। (संगीत॰) दो रागों के मेल से बना हुआ राग। संकर राग। ∇ **विलोम**—अनुराग/राग।

विराजित—[स॰ वि॰ √राज् + क्त] *वि॰* १. शोभित। २. प्रकाशित। ३. उपस्थित। विद्यमान। ४. (आदर पूर्वक कहने में प्रयुक्त) बैठा हुआ। ***जैसे***—बाघाम्बर पर विराजित गुरु जी।

विराट—[स॰ विराज्] *वि॰* अति विशाल। बहुत बड़ा। ***जैसे***—परमात्मा का विराट् रूप; विराट् ग्रन्थ। (छन्द॰) एक समवर्णिक छन्द जिसके प्रत्येक चरण में मगण, सगण, जगण और गुरु (म स ज ग) के योग से १० वर्ण होते हैं।

विराध—[स॰ वि√राध् + घञ्] *पु॰* १. विरोध। २. अपमान। ३. अपकार।

विराम—[स॰ वि√रम् + घञ्] *पु॰* १. क्रिया या गति में होनेवाला रुकाव। ठहराव। २. रोकना। थामना। ३. कार्य/नौकरी आदि से अवकाश-ग्रहण। ४. विश्राम के लिए चुपचाप लेटे रहने की स्थिति। ५. विलम्ब। देर। (व्या॰) वाक्य के भीतर या अन्त में लगाए जाने वाले रुकने के चिह्न। (दे॰ विराम-चिह्न) (छन्द॰) यति। ✣ **विराम-काल**—*पु॰* = अवकाश/छुट्टी। विश्राम का समय। ✣ **विराम-चिह्न**—*पु॰* = लिखने या मुद्रण में प्रयुक्त कुछ विशेष चिह्न जिनसे किसी पद, वाक्यांश अथवा वाक्य के बाद रुकने इत्यादि के संकेत मिलते हैं। ***जैसे***—अल्पविराम, पूर्ण विराम, उद्धरण चिह्न इत्यादि। ✣ **विराम-सन्धि (संधि)**—*स्त्री॰* = (राज॰) कुछ समय

के लिए युद्ध बन्द कर देने की सन्धि।

विराव—[सं॰ वि√रु + घञ्] पु॰ १. शब्द। आवाज़। २. चिल्लाहट। ३. कोलाहल। शोर। ४. वाणी। बोली।

विराष्ट्रीयकरण—[सं॰ वि + राष्ट्रीयकरण] पु॰ (राज॰) जिन उद्योगों आदि का राष्ट्रीयकरण हो चुका है, उन्हें फिर व्यक्तिगत अधिकार में देना।

विरासत—[< अरबी वरासत] स्त्री॰ उत्तराधिकार।

विरिञ्च/विरिञ्चि (विरिंच/विरिंचि)—[सं॰ वि√रिच् + अच्/इन्, मुम्] पु॰ (सृष्टिकर्ता) ब्रह्मा।

विरुग्ण—[सं॰ वि + रुग्ण] वि॰ बहुत बीमार।

विरुचि—[सं॰ वि + रुचि] स्त्री॰ किसी अरुचिकर/अप्रिय व्यक्ति या वस्तु के प्रति मन में जमी हुई घृणा, द्वेष, विरक्ति आदि की भावना। नापसन्दगी।

विरुज—[सं॰ वि + रुज] वि॰ जिसे कोई रोग न हो। नीरोग। स्वस्थ।

***विरुझना**—क्रिअ॰ ≤ हि॰ उलझना।

विरुद—[सं॰] पु॰ १. यश। कीर्ति। २. प्रसिद्धि। ख्याति। ३. यश या प्रशंसा की सूचक उपाधि।

विरुदावलि/विरुदावली—[सं॰ विरुद ~ आवलि/आवली] स्त्री॰ १. विरुदों का संग्रह। २. किसी के गुण, प्रताप, वीरता, विजय आदि का विस्तृत वर्णन। विस्तृत यशोगान। गौरव-गाथा।

विरूप—[सं॰ वि + रूप] वि॰ १. विकृत रूप वाला। कुरूप। बदशक्ल। बदसूरत। २. अनेक रूपों वाला। ३. विविध प्रकार का। अनेकरूप। ४. अप्राकृतिक। ५. जिसका रूप बदल गया हो। परिवर्तित। ६. सौन्दर्य/श्री से रहित। ७. अन्य प्रकार का। भिन्न। ८. असमान रूपवाला। असदृश। ९. विपरीत। विरुद्ध। उलटा। पु॰ विकृत रूप। कुत्सित रूप। भद्दी शक्ल।

विरूपचक्षु—[सं॰ विरूपचक्षुस्] पु॰ शिव। महादेव।

विरूपण—[सं॰ वि√रूप् + ल्युट्] पु॰ १. विरूपकरण। २. शरीर के अंगों में कुछ परिवर्तन करना या उनका रूप बदलना। ३. शरीर के किसी अंग को टेढ़ा-मेढ़ा करना। ४. शब्द को बिगाड़कर बोलना।

विरूपाक्ष—[सं॰ विरूप ~ अक्ष] वि॰ जिसकी आँखें कुरूप हों। पु॰ शिव। महादेव।

विरेचन/विरेची—[सं॰ वि + रेचन, विरेचिन्] पु॰ १. ऐसी क्रिया जिससे दस्त आए। २. ऐसी औषधि या कोई पदार्थ जिसके सेवन से दस्त आते हों। विरेचक पदार्थ। जुलाब।

विरोचन—[सं॰ वि + रोचन] वि॰ दीप्तिमान्। चमकनेवाला। पु॰ १. सूर्य। २. चन्द्रमा। ३. अग्नि। ४. विष्णु।

विरोपण—[सं॰ वि + रोपण) + ल्युट्] पु॰ १. पौधा लगाना। पौधा रोपना। २. लेप करना/लगाना।

विरोम—[सं॰ वि + रोम] वि॰ बिना रोएँ वाला। रोमरहित।

विरोहण—[सं॰ वि + रोहण] पु॰ १. अंकुरित होना। अंकुरण। २. घाव का भरना। ३. रोग या चोट आदि के बाद फिर स्वस्थ होना। अच्छा होना (अ॰ हीलिंग)

विलक्ष—[सं॰ वि√लक्ष् + अच्] वि॰ १. विकल। व्याकुल। २. विस्मित। चकित। ३. विलक्षण। अनोखा।

विलक्षण—[सं॰ वि + लक्षण] वि॰ १. (अपने वर्ग के अन्यों की अपेक्षा) विशेष लक्षणोंवाला। असाधारण। अनोखा। अनूठा। २. विशेष/भिन्न प्रकार के चिह्नों वाला। ३. विशेष प्रकार का। ४. अशुभ लक्षणों वाला। ५. लक्षणहीन।

विलग—[< सं॰ वि + हि॰ लगना] वि॰ १. पृथक्। अलग। २. अलग प्रकार का। भिन्न।

विलगन—[< हि॰ विलग] पु॰ पृथक् होना। अलग होना। (समाज॰) एक समूह का अपने जैसे दूसरे समूहों से अलग रहना। निःसंगता। (वनस्पति॰) फल, फूल, पत्तियों आदि का वृक्ष से टूटकर स्वाभाविक रूप में गिर पड़ना।

विलग्न—[सं॰ वि॰ + लग्न] वि॰ १. (किसी के साथ) लगा हुआ। संलग्न। २. बीता हुआ। व्यतीत। ३. कोमल, नाजुक या पतली (कमर)। ⁘ **विलग्नमध्या**—स्त्री॰ = पतली कमर वाली स्त्री।

विलङ्घन (विलंघन)—[सं॰ वि√लङ्घ् + ल्युट्] पु॰ १. लाँघना। २. उल्लंघन। ३. उपवास करना। लंघन।

विलपन—[सं॰ वि√लप् + ल्युट्] पु॰ १. वार्तालाप। बातचीत। २. विलाप।

विलपना—[< सं॰ विलपना] क्रिअ॰ विलाप करना। रोना।

***विलमना**—[< सं॰ विलम्बन] क्रिअ॰ १. विलम्बित होना। २. देर करना। ३. ठहर जाना।

विलम्ब (विलंब)—[सं॰ वि√लम्ब् + घञ्] पु॰ १. वह स्थिति जिसमें अनुमान से अधिक समय लगे। अतिकाल। देर। *जैसे*—विलम्ब से मत जाना। २. (उक्त स्थिति में) अधिक लगने वाला समय। देर। देरी। *जैसे*—दो घंटे का विलम्ब। ३. साठ संवत्सरों के चक्र में बत्तीसवाँ संवत्सर। ∇ **विलोम**—अविलम्ब।

विलय—[सं॰ वि + लय] पु॰ १. एक पदार्थ का दूसरे पदार्थ में विलीन होना या घुल जाना। २. सृष्टि का नष्ट होकर अपने मूलतत्त्वों में मिल जाना। सृष्टि का नाश। प्रलय। ३. नाश। ४. मृत्यु। (राज॰) किसी देश या राज्य का दूसरे बड़े देश/राज्य में मिल जाना। विलीनीकरण।

विलयन—[सं॰ वि + लयन] पु॰ १. विलीन होने की क्रिया। विलय। २. नष्ट होना। (राज॰) विलय। (दे॰)

विलसन—[सं॰ वि√लस् + ल्युट्] पु॰ १. चमक। २. शोभित होना। सुशोभन। ३. विलास। क्रीड़ा। मनोरंजन।

विलाना—[< सं॰ विलय] क्रिस॰ विलीन होना। नष्ट होना। क्रिस॰ विलीन करना। नष्ट करना।

विलाप—[सं॰ वि√लप् + घञ्] पु॰ बिलख-बिलख कर रोने की क्रिया। रोकर दुःख प्रकट करने की क्रिया।

विलास—[सं॰ वि √लस् + घञ्] पु॰ १. ऐश्वर्यपूर्ण जीवन। वैभवपूर्ण भोग। सुखोपभोग। ऐश। २. क्रीड़ा। खेल। ३. सौन्दर्य। ४. ज्योति। चमक। ५. विषय-भोग या विषयसुख। ६. (स्त्री के) कामोत्तेजक

या काम-सूचक हाव-भाव। ७. कोई अंग-चेष्टा जो कोमल और आकर्षक हो। *जैसे*—भृकुटि-विलास; भ्रू-विलास। ७. कोई आकर्षक क्रिया। *जैसे*—विद्युत्-विलास। (काव्य॰) (स्त्री के) हाव-भाव। नाज़-नख़रा।

विलासन—[< स॰ विलास] *पु॰* विलास करने की क्रिया/भाव।

विलिङ्ग (विलिंग)—[< स॰ वि + लिङ्ग] *वि॰* विपरीत लिंग का। ⁘ **विलिङ्गी (विलिंगी) आचरण**—*पु॰* = (मनो॰) पुरुष द्वारा स्त्री या स्त्री द्वारा पुरुष की वेशभूषा और रहन-सहन अपनाने की अस्वाभाविक प्रकृति। विपरीतवेशी आचरण।

*विलीक—*वि॰* ≤ *स॰* व्यलीक। असत्य।

विलीन—[स॰ वि + लीन] *वि॰* १. जिसका किसी पदार्थ में विलय हो गया हो। दूसरे पदार्थ में घुला या मिला हुआ। २. (देश, राज्य आदि) जो अपनी स्वतन्त्र सत्ता खोकर दूसरे में मिल गया हो। ३. जो ग़ायब हो गया हो। लुप्त। अदृश्य। ४. जो किसी आड़ में छिप गया हो। छिपा हुआ। ५. नष्ट। ६. मृत।

विलुनन—[स॰ वि + लुनन] *पु॰* नाश।

विलुप्त—[स॰ वि + लुप्त] *वि॰* १. जिसका लोप हो गया हो। २. जो गायब हो गया हो। अदृश्य। ३. बरबाद किया हुआ। नष्ट।

विलुलित—[स॰ वि + लुलित (√लुल् + क्त)] *वि॰* १. इधर-उधर हिलनेवाला। काँपनेवाला। दृढ़ताहीन। २. जिसका क्रम-भंग किया गया हो। अव्यवस्थित।

विलेख—[स॰ वि + लेख] *पु॰* १. सम्पत्ति-सम्बन्धी अभिलेख। दस्तावेज़। २. अनुबन्ध। इक़रार। ३. अनुबन्ध-पत्र। इक़रारनामा।

विलेप—[स॰ वि + लेप] *पु॰* १. शरीर आदि पर चुपड़ने की वस्तु। लेप। २. दीवारों पर लगाने का लेप। गारा। पलस्तर।

विलेय—[स॰] *वि॰* १. जिसका विलय हो सके। २. जो द्रव विशेष में घुलनशील हो। (रसायन॰) किसी द्रव में किसी ठोस, द्रव या गैस की अथवा किसी गैस में अन्य गैस की पूर्णतया घुला-मिल जाने की क्षमता।

विलोकन—[स॰ वि√लोक् + ल्युट्] *पु॰* १. अवलोकन। देखना। २. विचार करना। ३. अध्ययन। पठन।

विलोचन—[स॰ वि + लोचन] *पु॰* नेत्र। लोचन। नयन। आँख। *वि॰* नेत्रों से रहित। अन्धा।

विलोड़न—[< स॰ विलोडन (=वि√लोड् + ल्युट्)] १. हिलाना। २. मथना। बिलोना।

विलोप—[स॰ वि + लोप] *पु॰* १. लोप। २. नाश। ३. हानि। ४. अभाव। ⁘ **विलोपक**—*वि॰* विलोप करनेवाला।

विलोभ—[स॰ वि + लोभ] *पु॰* १. मन को ललचानेवाली वस्तु या बात आदि। २. लोभ दिलाने वाली वस्तु/बात आदि। प्रलोभन। ३. बहकावा। फुसलावा।

विलोम—[स॰ वि + लोम] *वि॰* १. विपरीत। उलटा। २. विपरीत क्रम से होने वाला। ३. विपरीत क्रम से उत्पन्न किया हुआ। ४. क्रम की दृष्टि से उच्चता या ऊपर से नीचे की ओर जानेवाला। *जैसे*—विलोम स्वर। ५. जो सामान्य प्रथा/रीति/पद्धति के विपरीत हो। प्रतिलोम। ६. जिसके शरीर पर लोम/रोम न हों। लोम-रहित। *पु॰* विपरीत क्रम। (भाषा॰) विरुद्ध अर्थ वाला शब्द। विपर्याय। *जैसे*—'धर्म' का विलोम 'अधर्म' है। (संगीत॰) स्वरों का अवरोहात्मक साधन। (गणित॰) किसी प्रमेय की परिकल्पना और निष्कर्ष को परस्पर बदल देने से बननेवाला प्रमेय। (अं॰ कॉन्वर्स) ∇ **विलोम**—पर्याय।

विलोमक—[स॰ विलोम + कन्] *वि॰* १. उलटे क्रम से होनेवाला। २. विपरीत क्रम से चलनेवाला। ३. शरीर के लोमों को नष्ट कर देने वाला।

विलोमज/विलोमजात/विलोमवर्ण—[स॰ विलोम + ज, विलोम ~ जात/वर्ण] *वि॰* विपरीत क्रम से उत्पन्न। ऊँचे वर्ण की माता और उससे नीचे वर्ण के पिता से उत्पन्न (सन्तान)।

विलोमतः—[स॰ विलोमतस्] *क्रिवि॰* १. विपरीत दशा/रूप में। विपरीततः। *जैसे*—वह विलोमतः भी विचार कर लेता है। २. विपरीत क्रम से। प्रतिक्रम से। (अं॰ कॉन्वर्सली)

विलोमार्थ—[स॰ विलोम ~ अर्थ] *पु॰* (भाषा॰) किन्हीं विलोम शब्दों के परस्पर विपरीत अर्थ। *जैसे*—'सुन्दर' और 'कुरूप' के अर्थ परस्पर विलोमार्थ हैं। व्यतिरेकी अर्थ। विषमार्थ।

विलोल—[स॰ वि + लोल] *वि॰* १. हिलनेवाला। काँपनेवाला। चंचल। क्षुब्ध। २. अस्त-व्यस्त। ३. शिथिल। ढीला। ४. बिखरा हुआ। *जैसे*—विलोल केश।

विलोलिनी—[स॰ विलोलिन् + ङीप्] *वि॰* (*स्त्री॰*) चंचल। विलोल।

विलोहित—[स॰ वि + लोहित] *वि॰* गहरा लाल (रंग)। *पु॰* रुद्र। शिव। महादेव।

विवक्षा—[स॰ √वच् + सन् + अ + टाप्] *स्त्री॰* १. कुछ कहने या बोलने की इच्छा। २. वक्ता या लेखक की इच्छा। ३. तात्पर्य। निहितार्थ। भाव। अभिप्राय।

विवक्षित—[स॰ √वच् + सन् + क्त] *वि॰* १. जिसके कहने की इच्छा हो। २. इच्छित। अपेक्षित। ३. शब्द/वाक्य आदि का अभिप्रेत (अर्थ)।

विवदना—[< स॰ विवाद] *क्रिअ॰* १. विवाद करना। तर्क-वितर्क करना। बहस करना। २. झगड़ा करना।

विवर—[स॰ वि √वृ + अच्] *पु॰* १. छिद्र। बिल। २. गर्त। गड्ढा। ३. कन्दरा। गुफ़ा। ४. किसी ठोस वस्तु के अन्दर की ख़ाली जगह। कोटर। ५. सन्धि। दरार।

विवरण—[स॰ वि√वृ + ल्युट्] *पु॰* १. प्रकटन। प्रकाशन। २. किसी बात/घटना आदि का विस्तारपूर्वक वर्णन। ३. (ग्रन्थ की) व्याख्या। टीका।

विवर्जन—[स॰ वि √वृज् + ल्युट्] *पु॰* १. त्याग करने की क्रिया। परित्याग। त्यजन। २. वर्जन। निषेध। मनाही।

विवर्ण—[स॰ वि + वर्ण] *वि॰* १. जिसका रंग बिगड़ गया हो। बदरंग। २. जिसका कोई रंग न हो। रंगहीन। ३. कान्तिहीन। ४. भय आदि

के कारण जिसके चेहरे का रंग फीका पड़ गया हो। जिसके चेहरे का रंग उड़ गया हो। *जैसे*—सिंह की दहाड़ सुनते ही वह विवर्ण हो गया। Δ **पर्याय**—वैवर्ण्य।

विवर्त—[सं॰ वि√वृत् + घञ्] *पु॰* १. चक्कर। फेरा। २. भँवर। ३. प्रत्यावर्तन। वापसी। ४. किसी वस्तु आदि का रूपान्तर। परिवर्तन। ५. भ्रम। धोखा। ६. किसी वस्तु का किसी भिन्न रूप में प्रतीत होना (जैसे—अँधेरे में रस्सी का साँप प्रतीत होना)। भ्राञ्जिन्य प्रतीति।

विवर्तन—[सं॰ वि √वृत् + ल्युट्] *पु॰* १. किसी के चारों ओर घूमना। परिभ्रमण। चक्कर। फेरा। २. प्रत्यावर्तन। वापसी। ३. परिवर्तित अवस्था। बदली हुई दशा। ४. भिन्न-भिन्न दशाओं या योनियों में होकर जाना। (भौतिकी॰) १. प्रकाश की किरणों का बैंगनी से लाल तक सात रंगों में विश्लेषण। प्रकाशविश्लेषण। २. अपारदर्शी वस्तुओं के किनारों से या संकुचित रेखाछिद्रों आदि में से आते हुए प्रकाश का परावर्तित किए जाने पर होनेवाला रूपान्तरण। (अं॰ डिफ़्रैक्शन)

विवर्तवाद—[सं॰ विवर्त ~ वाद] *पु॰* (अद्वैत वेदान्त॰) शंकराचार्य आदि का यह सिद्धान्त कि जगत् ब्रह्म की भ्रान्तिजन्यप्रतीति या विवर्त है, ब्रह्म का रूपान्तर या परिणाम नहीं।

विवर्तित—[सं॰ वि√वृत् + क्त] *वि॰* १. जिसका विवर्तन हुआ हो। जो विवर्त के रूप में हो। २. घूमा/घुमाया हुआ या घूमता हुआ। ३. चक्कर खाता हुआ या चक्कर खाया हुआ। ४. बदला हुआ। परिवर्तित।

विवर्धन—[सं॰ वि + वर्धन] *पु॰* १. वृद्धि। उन्नति। बढ़ती। २. बहुत उन्नति। समृद्धि। ३. बढ़ाने की क्रिया। (किसी सिद्धान्त/विचार आदि का) विस्तारपूर्वक प्रतिपादन। (राज॰) अपने आकार, संसाधनों और गौरव को बढ़ाने के लिए किसी देश की अन्य देशों पर विजय प्राप्त करने की प्रवृत्ति, नीति या कार्यवाही।

विवल्कीभवन—[सं॰ वि + वल्क + च्वि + भवन] (वनस्पति॰) *पु॰* वल्क का अपने आप या किसी बाहरी कारण से उतर जाना।

विवश—[सं॰ वि√वश् + अच्] *वि॰* १. जिसका परिस्थिति पर वश न हो। बेबस। लाचार। मजबूर। २. जो स्वयं को वश में न रख सके। मजबूर। *जैसे*—क्रोध से विवश। ३. जो दूसरों के वश में हो। पराधीन। परवश। असहाय। लाचार। ४. जिसे कोई काम विशेष करने के अतिरिक्त अन्य उपाय/मार्ग न हो। बाध्य। मजबूर।

विवसन/विवस्त्र—[सं॰ वि + वसन/वस्त्र] *वि॰* जिसके पास वस्त्र न हों या जिसने वस्त्र उतार दिए हों। वस्त्रहीन। नंगा।

विवाचन—[सं॰ वि + वाचन] *पु॰* १. विवादों को सुलझाने की एक विधि जिसके अनुसार दोनों विवादी पक्ष किसी अन्य व्यक्ति को अपना पंच निश्चित कर उसके निर्णय को मानने पर सहमत हो जाते हैं। मध्यस्थता। २. पंचनिर्णय। पंचफ़ैसला। (प्रशासन॰) किसी विवाद के निर्णय के लिए उसे कुछ तटस्थ व्यक्तियों या एक व्यक्ति या किसी निकाय के पास भेजने की कार्यवाही। (अं॰ आरबिट्रेशन)

***विवि**—[< सं॰ द्वि/द्वितीय] *वि॰* १. (संख्या में) दो। २. द्वितीय। दूसरा।

विविक्त—[सं॰ वि√विच् + क्त] *वि॰* १. पृथक् किया हुआ या पृथक्। २. निर्जन। एकान्त। ३. अकेला। ४. विवेकी। ५. पहचाना हुआ। ६. पापरहित। निष्पाप। विशुद्ध। निर्दोष। *पु॰* निर्जन स्थान। एकान्त जगह।

विविक्ता—[सं॰ विविक्त + टाप्] *वि॰* (*स्त्री॰*) विविक्त (स्त्री)। *स्त्री॰* १. भाग्यहीन स्त्री। २. पति द्वारा नापसन्द की जाने वाली पत्नी।

विविध—[सं॰ वि + विधा] *वि॰* १. अनेक प्रकार का। भाँति-भाँति का। कई तरह का। नानाविध। *जैसे*—विविध वृक्षों वाला उपवन। २. मिला-जुला। पँचमेल। ३. प्रकीर्ण। फुटकर। ✣ **विविधवर्णी**—*वि॰* = १. अनेक प्रकार का। २. अनेक रंगों वाला। ✣ **विविधा**—*वि॰* (*स्त्री॰*) अनेक प्रकार की। भाँति-भाँति की। विविध।

विवृत—[सं॰ वि √वृ + क्त] *वि॰* १. फैला हुआ। विस्तृत। २. खोलकर सामने रखा हुआ। खुला हुआ। *जैसे*—विवृत मुख। ३. प्रकट किया हुआ। प्रदर्शित। व्यक्त। ४. घोषित। ५. जिसकी व्याख्या की गयी हो। ∇ **विलोम**—अविवृत। *पु॰* (भाषा॰, व्या॰) वह स्वर वर्ण जिसका उच्चारण करते समय मुखद्वार पूरा खुलता है। *जैसे*—देवनागरी वर्णमाला का 'आ' विवृत है।

विवृतदवार (विवृतद्वार)—[सं॰ विवृत ~ द्वार] *वि॰* = खुले हुए द्वार/फाटक वाला। ✣ **विवृत स्थान**—*पु* = १. खुला स्थान। २. एकान्त/निर्जन जगह। ✣ **विवृतस्थान-भीति**—*स्त्री॰* = (मनो॰) एक मानसिक रोग जिसमें रोगी को खुले स्थानों में या सार्वजनिक स्थानों में जाने से अकारण ही भय लगता है। विवृतिभीति। (अं॰ ऐगरफ़ोबिया)

विवृताक्ष—[सं॰ विवृत ~ अक्ष] *वि॰* १. खुली आँखों वाला। २. बड़ी आँखों वाला।

विवृति—[सं॰ वि + वृति] *स्त्री॰* १. प्रसार। फैलाव। २. (ग्रन्थ की) व्याख्या। टीका। (भाषा॰) विवृत स्वर को बोलने में मुख के अधिक खुलने और जीभ के नीचे रहने की क्रिया।

विवृतिभीति—[सं॰ विवृति ~ भीति] *स्त्री॰* (मनो॰) विवृतस्थान-भीति।

विवृत्त—[सं॰ वि√वृत् + क्त] *वि॰* १. घूमा हुआ। २. घूमता हुआ। चक्कर खाता हुआ। ३. घूमनेवाला। चक्कर खानेवाला।

विवृत्ति—[सं॰ वि√वृत् + क्तिन्] *स्त्री॰* भ्रमण। चक्कर।

विवेक—[सं॰ वि√विच् + घञ्] *पु॰* १. सत् और असत् का ज्ञान। २. अच्छे और बुरे का ज्ञान। ३. वह मानसिक शक्ति जिससे मनुष्य अच्छे और बुरे, अथवा करने योग्य और न करने योग्य, को समझता है। अच्छा-बुरा पहचानने की शक्ति। ४. अच्छी समझ। सद्बुद्धि। (भा॰ दर्शन॰) प्रकृति और पुरुष के अन्तर का ज्ञान।

विवेकज—[सं॰ विवेक + ज] *वि॰* विवेक से उत्पन्न। ✣ **विवेकज ज्ञान**—*पु॰* = (योग॰) बिना किसी बाहरी कारण के अपनी प्रमा से स्वयं उत्पन्न होनेवाला, सभी तत्त्वों को अपना विषय बनानेवाला ज्ञान।

विवेचन—[सं॰ वि√विच् + ल्युट्] *पु॰* १. सत् और असत् अथवा

अच्छे और बुरे का विचार। विवेक। २. किसी विषय के विविध अंगों/पक्षों पर वैचारिक दृष्टि से परीक्षण/आलोचनात्मक अध्ययन। समीक्षा। मूल्यांकन। जाँच। ३. तर्क-वितर्क। ४. तर्क-वितर्क के साथ गुण और दोषों की परीक्षा। मीमांसा। ५. किसी विषय/सिद्धान्त/पुस्तक आदि के सत्य-असत्य तथा औचित्य और अनौचित्य का अनुसन्धान। ✣ **विवेचना**— *स्त्री॰* = विवेचन।

विव्वोक—[सं॰ वि√वा + डु + ओक] *पु॰* (काव्य॰) स्त्रियों की एक शृंगार-चेष्टा जिसमें वे संयोग के समय पति/प्रिय का अनादर करती हैं।

विश्—[सं॰ √विश् + क्विप्] *पु॰* १. वैश्य। वणिक्। बनिया। २. मानव। मनुष्य। ३. लोभ। *स्त्री॰* १. (राजा या राज्य की) प्रजा। २. कन्या।

विशङ्क (विशंक)—[सं॰ वि + शङ्का] *वि॰* १. शंकारहित। निःशंक। २. निर्भय।

विशद—[सं॰ वि√शद् + अच्] *वि॰* १. स्वच्छ। निर्मल। साफ़। २. उज्ज्वल। श्वेत। सफ़ेद। ३. चमकीला। ४. सुन्दर। ५. स्पष्ट। ६. स्पष्ट और विस्तृत (वर्णन आदि)।

विशल्य—[सं॰ वि + शल्य] *वि॰* १. चुभे/धँसे हुए काँटे से मुक्त। २. कष्ट और चिन्ता से रहित। निश्चिन्त।

विशाख—[सं॰ विशाखा + अण्] *पु॰* १. (शिव-पार्वती का पुत्र) कार्तिकेय। स्कन्द। २. धनुष चलाते समय की एक मुद्रा जिसमें एक पैर आगे और दूसरा उससे कुछ पीछे रखा जाता है। *वि॰* शाखाओं से रहित (वृक्ष आदि)।

विशाखा—[सं॰ वि + शाखा] *स्त्री॰* १. अश्विनी आदि २७ नक्षत्रों में से १६वाँ नक्षत्र। २. बड़ी शाखा में से निकली हुई छोटी शाखा। ३. सफ़ेद पुनर्नवा।

विशारद—[सं॰ विशाल √दा + क, ल→र] *वि॰* १. निपुण। चतुर। कुशल। २. किसी विषय का विशेषज्ञ। ***जैसे***—नीति-विशारद। ३. विद्वान्। पंडित।

विशाल—[सं॰ √विश् + कालन्] *वि॰* १. बहुत लम्बा-चौड़ा। विस्तृत। ***जैसे***—विशाल मैदान। २. आकार-प्रकार, ऊँचाई आदि में बड़ा। ***जैसे***—विशाल वृक्ष; विशाल राक्षस। ३. संख्या की दृष्टि से बड़ा। ***जैसे***—विशाल सभा। ४. भव्य। सुन्दर। ∇ **विलोम**—लघु।

विशिख—[सं॰ वि + शिखा] *वि॰* जिसके सिर पर चोटी न हो। शिखाहीन। *पु॰* १. बाण। तीर। २. नरकुल। ३. भाले की तरह एक अस्त्र। तोमर।

विशिखा—[सं॰ विशिख + टाप्] *स्त्री॰* १. छोटा बाण। तीर। २. फावड़ा। ३. (चरखे का) तकुआ। ४. सुई।

विशिखासन—[सं॰ विशिख ~ आसन] *पु॰* धनुष।

विशित—[सं॰ वि √शो + क्त] *वि॰* तीक्ष्ण। पैना। तेज़।

विशिरस्क—[सं॰ विशिरस् + कप्] *वि॰* बिना सिर का या जिसका सिर कट गया हो। मस्तकरहित।

विशिष्ट—[सं॰ वि√शिष् + क्त] *वि॰* १. जिसमें किसी प्रकार की विशेषता हो। विशेषता-युक्त। असाधारण। ***जैसे***—विशिष्ट पुस्तक; विशिष्ट मन्त्र। २. विलक्षण। अद्‌भुत। ३. बहुत अधिक शिष्ट। ४. जो अन्यों की अपेक्षा अधिक सम्मान प्राप्त हो या उसका अधिकारी। ५. किसी विशेष गुण आदि का सूचक या उससे युक्त। ६. सामान्य से भिन्न और किसी विशेष क्षेत्र/शास्त्र आदि से सम्बन्धित। ७. प्रसिद्ध। ८. यशस्वी। ∇ **विलोम**—साधारण। सामान्य।

विशीर्ण—[सं॰ वि॰ √शृ + क्त] *वि॰* १. जो खंड-खंड हो गया हो। टूटा-फूटा। २. मुरझाया हुआ। ३. नीचे गिरा हुआ। पतित। ४. जिस पर झुर्रियाँ पड़ी हों। ५. सूखा हुआ।

विशुद्‌ध (विशुद्ध)—[सं॰ वि √शुध् + क्त] *वि॰* १. अतिशुद्‌ध। ***जैसे***—विशुद्‌ध दूध; विशुद्‌ध घी। २. पापरहित। पवित्र। ३. कलंकरहित। निष्कलंक। निर्दोष। ४. बिल्कुल ठीक। पूरी तरह सही। ***जैसे***—प्रश्न का विशुद्‌ध हल लिखना। ५. सत्य। सच्चा।

विशुद्‌धचक्र (विशुद्धचक्र)—[सं॰ विशुद्ध ~ चक्र] *पु॰* (हठयोग॰) शरीर के षट्‌चक्रों में से पाँचवाँ जिसका स्थान कंठ है और जिसकी आकृति १६ दलों वाले कमल के समान है।

विशुद्‌धि (विशुद्धि)—[सं॰ वि + शुद्धि] *स्त्री॰* १. अति शुद्‌धता। २. पापहीनता। पवित्रता। ३. निष्कलंकता। निर्दोषता। ४. पूरी तरह सहीपन। ५. सत्यता। सच्चाई। ६. त्रुटि-संशोधन। भूल-सुधार। (भा॰ दर्शन॰) मिथ्या ज्ञान आदि का सर्वथा विनाश।

विशृङ्खल (विश्रृंखल)—[सं॰ वि + शृङ्खला] *वि॰* १. जिसमें शृंखला न हो या न रह गयी हो। शृंखलारहित। २. जो मर्यादित न हो। मर्यादाहीन। ३. जो नियन्त्रित न किया जा सके। अनियन्त्रित। ४. जिसे दबाया या रोका न जा सके। अदम्य। ५. दुराचारी। लम्पट।

विशृङ्ग (विशृंग)—[सं॰ वि + शृङ्ग] *वि॰* जिसके शृंग न हो। शृंगहीन।

विशेषक[१]—[सं॰ वि√शिष् + ण्वुल्] *वि॰* भेद को स्पष्ट करनेवाला। विशिष्टता उत्पन्न करनेवाला।

विशेषक[२]—[सं॰ विशेष + कन्] *वि॰* १. विशेषता बतानेवाला चिह्न/पदार्थ/तत्त्व। २. (माथे का) तिलक। टीका। ३. चन्दन आदि से गाल, माथे आदि पर अनेक प्रकार की रेखाएँ बनाकर की जाने वाली सजावट। ४. (संस्कृत में) ऐसे तीन पद्यों/श्लोकों का समूह जिसमें एक ही क्रिया होती है और इस कारण तीनों का एक साथ ही अन्वय होता है। (छन्द॰) एक समवर्णिक छन्द जिसके प्रत्येक चरण में क्रमशः ५ भगण और गुरु (भ भ भ भ भ ग) के योग से १६ वर्ण होते हैं। ✣ **विशेषक चिह्‌न (चिह्न)**— *पु॰* = (कोश॰) ऐसे चिह्‌न जो किसी भाषा की ध्वनियों या शब्दों के उच्चारण या प्रयोग आदि की अतिरिक्त सूचना देने के लिए लगाए जाते हैं। (अं॰ डाइअ-क्रिटिकल मार्क्स)

विशेषज्ञ—[सं॰ विशेष + ज्ञ] *पु॰* किसी विषय का विशेष रूप से ज्ञाता/विद्वान्। ✣ **विशेषज्ञता**— *स्त्री॰* = ज्ञान-विज्ञान की किसी

एक शाखा में असाधारण योग्यता की प्राप्ति।

विशेषण—[सं॰ वि√शिष् + ल्यु/ल्युट्] *वि॰* विशेषता बतानेवाला। विशेष्य का गुण या रूप आदि बतानेवाला। *पु॰* (व्या॰) ऐसा शब्द जो किसी संज्ञा/सर्वनाम की विशेषता बतलाता हो, या उसकी स्थिति सीमित करता हो, या उसे अन्य संज्ञाओं से पृथक् करता हो।

विशेषण-विपर्यय—[सं॰] *पु॰* (काव्य॰) एक अर्थालंकार जिसमें व्यक्ति के विशेषण को उससे सम्बद्ध वस्तु का विशेषण बना दिया जाता है।

विशेषतः—[सं॰ विशेषतस्] *क्रिवि॰, अव्यय॰* विशेष करके। ख़ासतौर पर।

विशेषित—[सं॰ वि√शिष् + णिच् + क्त] *वि॰* १. जिसकी परिभाषा की गयी हो। २. जिसकी पहचान बतलायी गयी हो। ३. उत्तम। उत्कृष्ट। ४. जिसमें विशेषता लायी गयी हो। (व्या॰) जिसमें विशेषण लगा हो। विशेष्य।

विशेषी—[सं॰ विशेषिन्] *वि॰* जिसमें विशेषता हो। विशेषतायुक्त। विशिष्ट।

विशेषोक्ति—[सं॰ विशेष ~ उक्ति] *स्त्री॰* विशेष कथन। (काव्य॰) एक अर्थालंकार जो कारण होते हुए भी कार्य न होने के चमत्कारी वर्णन में होता है।

विशेष्य—[सं॰ वि √शिष् + ण्यत्] *पु॰* (व्या॰) वह संज्ञावाची शब्द/पद जिसकी विशेषता कोई विशेषण या विशेषण पदबन्ध सूचित करता है।

विशोक—[सं॰ वि + शोक] *वि॰* जिसे शोक न हो। शोकरहित। सुखी। *पु॰* अशोक वृक्ष।

विशोधन—[सं॰ वि + शोधन] *पु॰* १. शुद्ध करने की क्रिया। स्वच्छ करना। २. प्रायश्चित्त।

विश्रब्ध—[सं॰ वि√श्रम्भ् + क्त] *वि॰* १. जो उद्धत/उद्दंड न हो। शान्त। २. जिसका विश्वास किया जाए। विश्वास। ३. निर्भय। निडर।

विश्रान्त (विश्रांत)—[सं॰ वि + श्रान्त] *वि॰* १. जिसने विश्राम कर लिया हो। २. बन्द किया हुआ। ३. समाप्त। ४. शान्त।

विश्रान्ति (विश्रांति)—[सं॰ वि + श्रान्ति] *स्त्री॰* १. विश्राम। आराम। २. समाप्ति। अवसान। ✣ **विश्रान्ति (विश्रांति)-वास**—*पु॰* = आराम करने का कमरा/भवन। विश्राम-कक्ष।

विश्राम—[सं॰ वि√श्रम् + घञ्] *पु॰* १. थकावट मिटाने या कम करनेवाला। २. शान्ति। ३. समाप्ति। अन्त। ४. रुकना। ठहराव। विराम। ५. सुख-शान्ति। चैन। ६. कर्मचारियों आदि के लिए काम के बीच कुछ निश्चित समय का विश्राम-काल। मध्यावकाश। (छन्द॰) पद्य को पढ़ने में बीच में विराम का स्थान। यति।

विश्राव—[सं॰ वि√श्रु + घञ्] *पु॰* १. द्रव का बहना/झरना/रिसना। क्षरण। स्राव। २. प्रसिद्धि। ख्याति।

विश्री—[सं॰ वि + श्री] *वि॰* श्री से रहित। शोभाहीन। श्रीहीन।

विश्रुत—[सं॰ वि + श्रुत] *वि॰* १. प्रसिद्ध। ***जैसे***—विश्व के विश्रुत कवि। २. प्रसन्न। ३. बहा हुआ। ४. सुना हुआ। ध्वनित।

विश्रुति—[सं॰ वि + श्रुति] *स्त्री॰* १. (देव का) क्षरण। स्राव। २. प्रसिद्धि। ख्याति।

विश्लथ—[सं॰ वि + श्लथ] *वि॰* १. शिथिल। ढीला। २. थका हुआ। श्रान्त। ३. खुला हुआ। मुक्त। ४. सुस्त।

विश्लिष्ट—[सं॰ वि + श्लिष्ट] *वि॰* १. अलग किया हुआ। २. खुला हुआ। मुक्त। ३. जिसका विश्लेषण हो चुका हो।

विश्लेष—[सं॰ वि + श्लेष] *पु॰* १. अलग होना। पृथक्ता। २. (पति-पत्नी या प्रेमी-प्रेमिका का) वियोग। बिछोह। ३. एकता न होना। अनैक्य। ४. दरार।

विश्लेषण—[सं॰ वि + श्लेषण] *पु॰* १. अलग करना। पृथक्करण। २. विग्रह। खंडन। २. किसी साहित्यिक रचना या विषयवस्तु की बनावट की बारीकी से जाँच करने के लिए उसके संयोजक अंगों/द्रव्यों/तत्त्वों को अलग-अलग करना। (काव्य॰) किसी कृति में छिपे अर्थ के विभिन्न तत्त्वों को अलग करने की प्रक्रिया। किसी साहित्यिक कृति की आलोचनात्मक जाँच। (किसी विशेष उद्देश्य से) प्राप्त भाषिक सामग्री की कुछ निश्चित नियमों के आधार पर जाँच, इकाइयों की परस्पर तुलना, वर्गीकरण आदि प्रक्रिया। (समाज॰) किसी घटना, वस्तु अथवा प्रत्यय के विभिन्न घटकों या गुणों का अध्ययन करने की वैज्ञानिक पद्धति। (रसायन॰) विभिन्न विधियों द्वारा पदार्थों या उनके मिश्रण में उपस्थित घटकों की पहचान या उनकी मात्रा का आकलन। (गणित॰) १. किसी समस्या के समाधानार्थ विवरण में दिए गए आँकड़ों, अन्य सम्बद्ध आँकड़ों, प्राप्य परिणामों तथा बीच के चरणों को गणितीय भाषा में प्रस्तुत करना। (अं॰ अनैलिसिस)

विश्व—[सं॰ √विश् + क्वन्] *वि॰* सर्व। समस्त। सकल। सब। *पु॰* १. चौदह भुवनों का समूह। ब्रह्मांड। २. समस्त सृष्टि। सभी ब्रह्मांडों का समूह। २. संसार। जगत्। दुनिया। ३. आत्मा। ४. विष्णु। परमात्मा।

विश्वकर्मा—[सं॰ विश्वकर्मन्] *पु॰* १. सूर्य। २. भवन-निर्माण का काम करनेवाला। राजमिस्त्री, बढ़ई, लुहार आदि।

विश्वकाय—[सं॰ विश्व~काया] *पु॰* सारा विश्व जिसका शरीर है वह परमात्मा। विष्णु। ✣ **विश्वकाया**—*स्त्री॰* = महाशक्ति। पार्वती। दुर्गा।

विश्वगन्ध (विश्वगंध)—[सं॰ विश्व ~ गन्ध] *वि॰* जिसकी गन्ध बहुत दूर-दूर तक जाती हो। *पु॰* १. लहसुन। २. प्याज़। ३. गुग्गुल। ४. लोबान। ५. कोई तीव्र गन्धद्रव्य। ✣ **विश्वगन्धा**—*स्त्री॰* = पृथ्वी। धरती।

विश्वगर्भ—[सं॰ विश्व ~ गर्भ] *वि॰* विश्व को अपने अन्दर धारण करनेवाला। *पु॰* विष्णु। परमात्मा।

विश्वगोप्ता—[सं॰ विश्वगोप्तृ] *पु॰* विश्व का रक्षक। विष्णु। परमात्मा।

विश्वजन—[सं॰ विश्व ~ जन] *पु॰* मानव जाति।

विश्वजनीन—[सं॰ विश्व ~ जनीन] *वि॰* सम्पूर्ण मनुष्य जाति के लिए हितकर।

विश्वजित्—[सं॰ विश्व ~ जित्] *वि॰* सबको जीतनेवाला। *पु॰* एक यज्ञ जिसमें सर्वस्व दान कर दिया जाता है।

विश्वतः—[सं॰ विश्वतस्] *क्रिवि॰* १. विश्व-भर में। सब जगह। सर्वत्र। २. प्रत्येक ओर। हर तरफ़। ३. सम्पूर्ण विश्व के विचार से।

विश्वतोमुख—[सं॰ विश्वतः ~ मुख] *वि॰* प्रत्येक दिशा की ओर मुख वाला। *पु॰* परमात्मा। ईश्वर।

विश्वतोया—[सं॰ विश्व ~ तोया] *स्त्री॰* गंगा नदी।

विश्वत्रय—[सं॰ विश्व ~ त्रय] *पु॰* स्वर्गलोक, पृथ्वीलोक और पाताल लोक। त्रिभुवन। त्रिलोक।

विश्वदेव—[सं॰ विश्व ~ देव] *पु॰* देवताओं का एक वर्ग।

विश्वधर—[सं॰ विश्व √धृ + अच्] *वि॰* विश्व को धारण करनेवाला। *पु॰* विष्णु। परमात्मा।

विश्वधारिणी—[सं॰ विश्वधारिन् + ङीप्] *वि॰* (स्त्री॰) विश्व को धारण करनेवाली। ***जैसे***—विश्वधारिणी राजशक्ति। *स्त्री॰* पृथ्वी। धरती।

विश्वबीज—[सं॰ विश्व ~ बीज] १. मूल प्रकृति। २. (परमात्मा की) माया।

विश्वभेषज—[सं॰ विश्व ~ भेषज] *पु॰* (अदरक का सुखाया गया रूप) सोंठ।

विश्वम्भर (विश्वंभर)—[सं॰ विश्वम् ~ भर, अलुक् समास] *वि॰* सबका भरण-पोषण करनेवाला। *पु॰* १. परमात्मा। ईश्वर। २. विष्णु। ३. शिव। महादेव।

विश्वमुखी—[सं॰ विश्वमुख + ङीप्] *स्त्री॰* (सब ओर मुख/दृष्टि वाली) महाशक्ति। पार्वती। दुर्गा।

विश्वमूर्ति—[सं॰ विश्व ~ मूर्ति] *वि॰* सर्वरूपमय। सर्वव्यापी। *पु॰* परमात्मा। ईश्वर। विष्णु।

विश्वयोनि—[सं॰ विश्व ~ योनि] *वि॰* जिससे विश्व का जन्म हुआ हो। विश्व-रचयिता। *पु॰* १. ब्रह्मा। २. विष्णु।

विश्वराज—[सं॰ विश्व ~ राज (राजन्)] *पु॰* १. विश्व का स्वामी। २. सार्वदेशिक राजा। चक्रवर्ती सम्राट्।

विश्वरूप—[सं॰ विश्व ~ रूप] *वि॰* सर्वत्र विद्यमान। सर्वव्यापक। *पु॰* १. विराट रूप। २. विष्णु। परमात्मा।

विश्वलोचन—[सं॰ विश्व ~ लोचन] *वि॰* जो विश्व के नेत्रों के समान हो। *पु॰* १. सूर्य। २. चन्द्रमा।

विश्वविलोचन—[सं॰ विश्व ~ विलोचन] *पु॰* १. विश्व का द्रष्टा। सबको देखनेवाला। २. विश्व को दर्शन-शक्ति देनेवाला। ३. सूर्य। ४. चन्द्र।

विश्वसन—[सं॰ वि √श्वस् + ल्युट्] *पु॰* १. विश्वास करने की क्रिया। २. विश्वास।

विश्वसृष्टि—[सं॰ विश्व ~ सृष्टि] *स्त्री॰* १. सबकी सृष्टि/रचना। २. दुनिया की रचना। जगत्-सृष्टि।

विश्वस्त—[सं॰ वि √श्वस् + क्त] *वि॰* १. जिसका विश्वास किया जाए। विश्वसनीय। २. जिसके मन में विश्वास हो। ∇ **विलोम**—अविश्वस्त/विश्वासघाती।

विश्वहर्ता—[सं॰ विश्व ~ हर्ता (हर्तृ)] *पु॰* १. विश्व का संहार/नाश करनेवाला। २. शिव। महादेव।

विश्वहेतु—[सं॰ विश्व ~ हेतु] *पु॰* जगत् की सृष्टि करनेवाला। विश्व-रचयिता। परमात्मा।

विश्वातीत—[सं॰ विश्व ~ अतीत] *वि॰* १. सबसे परे। सर्वातीत। २. संसार से परे। *पु॰* परमात्मा। ईश्वर।

विश्वात्मवाद—[सं॰ विश्वात्म ~ वाद] *पु॰* यह सिद्धान्त कि सम्पूर्ण विश्व में एक ही परमतत्त्व/परमात्मा व्याप्त है।

विश्वात्मा—[सं॰ विश्वात्मन्] *पु॰* १. अखिल विश्व में व्याप्त परम तत्त्व जो उसका आधारस्वरूप है। परमात्मा। २. विष्णु। ३. शिव।

विश्वानुरक्त—[सं॰ विश्व ~ अनुरक्त] *वि॰* जो विश्व के सौन्दर्य आदि पर अनुरक्त हो।

विश्वायतन—[सं॰ विश्व ~ आयतन] *पु॰* विश्वरूप परमेश्वर।

विश्वावास—[सं॰ विश्व ~ आवास] *पु॰* १. विश्व का आश्रय। २. वह जो सब का आधार हो। ३. परमात्मा।

विश्वास—[सं॰ वि √श्वस् + घञ्] *पु॰* १. किसी बात, विषय, सिद्धान्त, व्यक्ति, देवता आदि की सत्यता से सम्बन्धित धारणा। आस्था। यक़ीन। २. केवल मन के आधार पर होनेवाला दृढ़ निश्चय। ३. भरोसा। एतबार। ४. आश्वासन।

विश्वास प्रस्ताव—[सं॰] *पु॰* (राज॰) संसद् के निचले सदन में या किसी राज्य की विधान सभा में प्रस्तुत किया जाने वाला यह प्रस्ताव कि सदन मन्त्रिमंडल के प्रति अपना विश्वास व्यक्त करता है।

विश्वेदेव—[सं॰ विश्वे ~ देव] पु॰ वैदिक देवताओं का एक गण।

विश्वेश/विश्वेश्वर—[सं॰ विश्व ~ ईश/ईश्वर] *पु॰* १. विश्व का स्वामी। परमात्मा। विष्णु। २. शिव।

विषकण्ठ (विषकंठ)—[सं॰ विष ~ कण्ठ] *वि॰* जिसके कंठ में विष है। *पु॰* शिव। महादेव।

विषकन्या—[सं॰ विष ~ कन्या] *स्त्री॰* विषमयी कन्या या स्त्री जिसके शरीर में बाल्यावस्था से धीरे-धीरे इतना विष भर दिया जाता है कि उसके साथ रमण करने से या उसके दंश से व्यक्ति मर जाता है।

विषकृत—[सं॰ विष ~ कृत] *वि॰* विषैला। विषाक्त। ज़हरीला।

विषकृमि—[सं॰ विष ~ कृमि] *पु॰* विष में पलनेवाला कीड़ा।

विष-गिरि—[सं॰] *पु॰* ज़हरीले पेड़-पौधोंवाला पहाड़।

विषघ्न—[सं॰ विष + घ्न] *वि॰* विष का प्रभाव नष्ट करनेवाला। विषनाशक।

विषण्ण—[सं॰ वि √सद् + क्त] *वि॰* १. विषादयुक्त। उदास। दुःखी। रंजीदा। २. निराश। हताश।

विषण्णानन—[सं॰ विषण्ण ~ आनन] *पु॰* उदास/निराश मुख। *वि॰* १. उदास या निराश मुखवाला। २. दुःखी, उदास या निराश (व्यक्ति)।

विषतन्त्र (विषतंत्र)—[सं॰ विष ~ तन्त्र] *पु॰* आयुर्वेद का एक विभाग। विष का प्रभाव नष्ट करने की चिकित्सा-पद्धति। अगदतन्त्र।

विष-तरु—[सं॰] *पु॰* १. विषैला। वृक्ष। २. कुचला।

विषता—[सं॰ विष + तल् + टाप्] *स्त्री॰* १. ज़हरीलापन। २. भीषण हानिकारकता। ✣ **विषत्व**—*पु॰* = विषाक्त।

विषद—[सं॰ विष + द] *वि॰* १. ज़हर देनेवाला। विषदायक। २. पानी देनेवाला। *पु॰* जलद। मेघ। बादल।

विषदंष्ट्रा—[सं॰ विष ~ दंष्ट्रा] *स्त्री॰* साँप का वह दाँत जिसमें विष होता है।

विषदन्तक (विषदंतक)—[सं॰ विष ~ दन्तक] *वि॰* ज़हरीले दाँतों वाला। *पु॰* सर्प। साँप।

विष-दुष्ट—[सं॰] *वि॰* जो विष के सम्पर्क से दूषित/ज़हरीला हो गया हो।

विष-पादप—[सं॰] *पु॰* विषैला वृक्ष।

विषपुष्प—[सं॰ विष ~ पुष्प] *पु॰* १. नीलकमल। २. मैनफल।

विष-बन्धु (बंधु)—[सं॰] *पु॰* चन्द्रमा।

विषम—[सं॰ वि + सम] *वि॰* १. जो समान/बराबर न हो। असमान। २. बहुत कठिन (कार्य/स्थिति)। विकट। ***जैसे***—विषम परिस्थिति। ३. (समस्या) जिसकी मीमांसा या हल सरलता से न हो सके। ***जैसे***—विषम अभियोग। ४. प्रचंड। विकट। ५. भयानक। भयंकर। भीषण। ६. प्रतिकूल। विपरीत। ७. परस्पर मेल न खानेवाला। ८. असमान तत्त्वों का बना हुआ। ९. विलक्षण। अनोखा। १०. ऊँचा-नीचा। ***जैसे***—विषम मार्ग। ११. कष्टदायक। पीड़ाप्रद। (गणित॰) (संख्या) जो सम न हो। जो २ से पूरी तरह विभाज्य न हो। *पु॰* विपत्ति। संकट। मुसीबत। (काव्य॰) एक विरोधमूलक अर्थालंकार जिसमें दो विरोधी या भिन्न पदार्थों में परस्पर सम्बन्ध दिखाया जाए या कारण और कार्य के गुण और क्रिया परस्पर विपरीत वर्णित हों अथवा कर्ता को अभीष्ट फल की प्राप्ति न होकर अनिष्ट की प्राप्ति वर्णित हो। (छन्द॰) १. वे मात्रिक/वर्णिक छन्द जिनके चारों चरणों में मात्राओं/वर्णों में समानता न हो। वे मात्रिक/वर्णिक छन्द जो न 'सम' हो और न 'अर्धसम'। २. छह चरणों वाला मात्रिक छन्द। ***जैसे***—छप्पय और कुंडलिया मात्रिक विषम छन्द हैं।

विषम ज्वर—[सं॰] *पु॰* (आयुर्वेद॰) एक प्रकार का बुख़ार जिसके आने का कोई निश्चित समय नहीं रहता और जिसमें ताप भी बदलता रहता है। शीतज्वर। मलेरिया (अं॰)।

विषमनयन—[सं॰ विषम ~ नयन] *पु॰* शिव। महादेव।

विषमन्त्र (विषमंत्र)—[सं॰ विष ~ मन्त्र] *पु॰* ऐसा मन्त्र जिससे विष का प्रभाव नष्ट होता है।

विषम भिन्न—[सं॰] *स्त्री॰* (गणित॰) १. वह अंकगणितीय भिन्न जिसमें अंश का मान हर के मान से अधिक हो। ***जैसे***—४/३। २. वह बीजगणितीय भिन्न जिसमें अंश की घात हर की घात से अधिक हो। (अं॰ इमप्रापर फ़्रैक्शन)

विषममात्रिक छन्द (छंद)—[सं॰ विषम ~ मात्रिक ~ छन्द] *पु॰* (छन्द॰) चारों चरणों में भिन्न-भिन्न मात्राओं वाले छन्द। वे मात्रिक छन्द जो न सममात्रिक हों और न अर्धसममात्रिक।

विषम युग्मन—[सं॰] *पु॰* (समाज॰) विषमजातीय अथवा विषम सांस्कृतिक स्तरों वाले व्यक्तियों में विवाह-सम्बन्ध।

विषमवर्णिक छन्द—[सं॰ विषम ~ वर्णिक ~ छन्द] *पु॰* वार्णिक छन्द जो न समवर्णिक हों और न अर्धसमवर्णिक।

विषमशर—[सं॰ विषम ~ शर] *पु॰* कामदेव। मदन।

विषमाक्ष—[सं॰ विषम ~ अक्षि] *पु॰* शिव। महादेव।

विषमाङ्ग (विषमांग)—[सं॰ विषम ~ अङ्ग] *वि॰* जिसके अंग या योजक तत्त्व विविध प्रकार के हों या परस्पर विरोधी प्रकार के हों। जो समांग न हो।

विषमार्थ—[सं॰ विषम ~ अर्थ] *पु॰* विलोम अर्थ या विलोम शब्द। ***जैसे***—'सुन्दर' का विषमार्थ 'कुरूप' है। ✣ **विषमार्थक**—*वि॰* = भिन्न अर्थ वाला। ✣ **विषमार्थक शब्द**—*पु॰* (भाषा॰) = भाषा के समान रूप वाले परन्तु भिन्न अर्थ वाले शब्द। (अं॰ हेटेरसिनॉनिम)

विषमित—[सं॰ विषम] *वि॰* १. जो विषम बनाया गया हो। २. ऊबड़-खाबड़। ३. जिसमें प्रवेश करना कठिन कर दिया गया हो। दुर्गम।

विषमेषु—[सं॰ विषम ~ इषु] *पु॰* कामदेव। मदन।

विषय—[सं॰ वि √सि + अच्, षत्व] *पु॰* १. ज्ञानेन्द्रियों द्वारा ग्रहण किए जाने वाले पदार्थ। शब्द, स्पर्श, रूप, रस और गन्ध। ***जैसे***—जिह्वा का विषय 'रस' है। २. कोई ऐसी वस्तु या बात जिसके सम्बन्ध में कुछ कहा, किया या विचारा जाए। ३. किसी शास्त्र/ग्रन्थ की प्रतिपाद्य वस्तु। ***जैसे***—न्यायदर्शन का विषय प्रमाण आदि १६ पदार्थ हैं। ४. अध्ययन, चिन्तन या विवेचन की बात। ५. व्याख्या का प्रकरण। विवेच्य बात। ६. किसी कहानी, नाटक आदि की आधारभूत कल्पना या विचार। विषयवस्तु। ७. वे विचार या बातें जिनका किसी ग्रन्थ, लेख आदि में विवेचन हुआ हो या किया जाने को हो। ८. (लौकिक वस्तुओं/व्यक्तियों से प्राप्त होनेवाला) इन्द्रिय-सुख। ९. सांसारिक भोगविलास और उसकी साधन-सामग्री। १०. स्त्री-पुरुष का समागम। ११. वस्तु। पदार्थ। १२. स्थान। १३. गिनती में सम्मिलित कोई एक वस्तु/बात। मद्द। ***जैसे***—इस सूची में दस विषय हैं। १४. (प्राचीन काल में) ज़िला जैसी एक प्रशासनिक इकाई। ***जैसे***—विषय का अधिपति। १५. (पद्य आदि में) पाँच की संख्या।

विषय-निरत—[सं॰] *वि॰* विषय-भोग में लीन/रत।

विषयनिष्ठ—[सं॰ विषय ~ निष्ठ] *वि॰* जिसका सम्बन्ध ज्ञानेन्द्रियों या बुद्धि द्वारा ग्रहण किए गए तत्त्व से हो, न कि ग्रहण करनेवाले व्यक्ति से। ज्ञाता की बुद्धि या मन पर निर्भर न रहनेवाला। वस्तुपरक। व्यक्तिनिरपेक्ष। ∇ **विलोम**—विषयिनिष्ठ/व्यक्तिसापेक्ष।

विषयवस्तु—[सं॰ विषय ~ वस्तु] *स्त्री॰* (काव्य॰) किसी साहित्यिक कृति (उपन्यास, कहानी, नाटक आदि) की रूपविधान से भिन्न वह सामग्री जिसमें विचार, कल्पना, घटना, कथा, पात्र आदि सम्मिलित है।

विषय-विमुख—[सं॰] *वि॰* विषय-भोग से विमुख। सांसारिक विषयों के प्रति उदासीन/विरक्त।

विषयात्मक—[सं० विषय ~ आत्मक] *वि०* १. विषय-सम्बन्धी। विषय का। २. जो विषयों के अनुसार बनी हो।

विषयान्त (विषयांत)—[सं० विषय ~ अन्त] *पु०* १. विषय का अन्त। २. विषय (देश/राज्य/ज़िला आदि) की सीमा।

विषयान्तर (विषयांतर)—[सं० विषय ~ अन्तर] *पु०* १. किसी विषय के बाद दूसरे विषय पर बोलने या लिखने लगना। २. वक्ता या लेखक का असावधानी या आवेश आदि के कारण मूल विषय से हटकर भिन्न विषय पर बोलने/लिखने लगना जो एक दोष है।

विषयासक्त—[सं० विषय ~ आसक्त] *वि०* सांसारिक विषय-भोगों में आसक्तिवाला। विषय-भोगों में लीन। विषय-निरत। विलासी।

विषयिनिष्ठ—[सं० विषयी ~ निष्ठ] *वि०* जिसका सम्बन्ध ग्रहण करनेवाले व्यक्ति से हो, न कि ज्ञानेन्द्रियों या बुद्धि से ग्रहण किए गए तत्त्व से। जो ज्ञाता की बुद्धि या उसके मन पर निर्भर हो। ∇ **विलोम**—वस्तुनिरपेक्ष/व्यक्तिसापेक्ष।

विषयी—[सं० विषयिन्] *वि०* १. विषयासक्त। बिलासी। २. कामुक। *पु०* १. संसारी मनुष्य। २. विषय-वासना में फँसा हुआ मनुष्य।

विष-वल्लरी—[सं०] *स्त्री०* विष की लता। विषैली बेल।

विषवृक्ष—[सं० विष ~ वृक्ष] *पु०* १. वह पेड़ जिसके अंग विषैले हों अथवा जिसके अंगों से विष बनाया जाता हो। २. (लाक्षणिक) अति हानिकारक व्यक्ति/वस्तु/नीति आदि जो क्रमशः और अधिक हानिकारक होती जाए। ***जैसे***—ग़लत नीतियों का विषवृक्ष।

विष-हन्ता (हंता)—[सं०] *वि०* विष का प्रभाव नष्ट करनेवाला। विषघ्न। विषहर। ***जैसे***—विषहन्ता चिकित्सक। ✣ **विष-हन्त्री (हंत्री)**—*वि०* (*स्त्री०*)।

विषहर—[सं० विष ~ हर] *वि०* विष का प्रभाव नष्ट करने वाला (वैद्य/मन्त्र/दवा इत्यादि)। विषघ्न।

विषहारक—[सं० विष ~ हारक] *वि०* विष का प्रभाव नष्ट करनेवाला। विषहर।

विषाक्त—[सं० विष ~ अक्त] १. जिसमें विष मिला हो। विषैला। ज़हरीला। २. (लाक्षणिक) बहुत दूषित। ***जैसे***—विषाक्त वातावरण।

विषाङ्कुर (विषांकुर)—[सं० विष ~ अङ्कुर] *वि०* विष में बुझा बाण। विषैला तीर।

विषाङ्गना (विषांगना)—[सं० विष ~ अङ्गना] *स्त्री०* विष-कन्या।

विषाण—[सं० √विष् + कानच्] *पु०* १. शृंग। सींग। २. हाथी का दाँत। ३. गणेश (देवता) का दाँत। ४. शिव/महादेव के सिर पर सींग जैसी जटा। ५. सींग का बना बाजा। शृंगवाद्य। सिंगी। ६. शूकर। सुअर।

विषाणी—[सं० विषाणिन्] *वि०* १. सींगवाला। २. नोकदार दाँतोंवाला। *पु०* १. सींगोंवाला पशु। २. नोकदार दाँतोंवाला पशु। ३. हाथी। ४. वृषभ। साँड।

विषाणु—[सं० विष ~ अणु] *पु०* विष के सूक्ष्म कण। (प्राणी०) जीवाणुओं से भी छोटे, अत्यन्त सूक्ष्म परासूक्ष्मदर्शीय अकोशिक कण जो केवल सजीव कोशिकाओं में बढ़ते हैं तथा रोग-संक्रमण का कारण होते हैं। ***जैसे***—चेचक के विषाणु। (अं० वाइरस) ✣ **विषाणुज्ञ**—*पु०* = विषाणुविज्ञान का विशेषज्ञ। विषाणुविज्ञानी।

विषाद—[सं० वि√सद् + घञ्] *पु०* १. अवसाद। खिन्नता। उदासी। २. निराशा। ३. दुःख। शोक। ४. मूढ़ता। अज्ञता। मूर्खता। ५. जड़ता। चेष्टाहीनता।

विषानन—[सं० विष ~ आनन] *पु०* सर्प। साँप।

विषान्तक (विषांतक)—[सं० विष ~ अन्तक] *वि०* १. विष का नाश करनेवाला। २. जिससे विष का प्रभाव दूर हो। *पु०* शिव। महादेव।

विषारि—[सं० विष √ अरि] *वि०* विष का शत्रु। विषनाशक।

विषालु—[सं० विष + आलुच्] *वि०* विषैला। ज़हरीला।

विषास्त्र—[सं० विष ~ अस्त्र] *पु०* १. ज़हर में बुझा हुआ हथियार। विषायुध। २. सर्प। साँप।

विषास्य—[सं० विष ~ आस्य] *पु०* सर्प। साँप।

विषी—[सं० विषिन्] *वि०* विषैला। ज़हरीला। *पु०* १. विषवाली वस्तु। ज़हरीली चीज़। २. विषैला साँप।

विषु—[सं० √विष् + कु] *क्रिवि०* दो बराबर भागों में। *वि०* १. समान। २. सदृश। बराबर।

विषुव—[सं० विषु √वा + क] *पु०* (खगोल०) १. वह दिनांक या समय जब सूर्य भूमध्यरेखा पर पहुँचता है और दिन तथा रात बराबर होते हैं। २. वह क्षण या बिन्दु जिस पर सूर्य खगोलीय विषुवद्वृत्त को काटता है। खगोलीय विषुवद्वृत्त और क्रान्तिवृत्त का कटाव बिन्दु। ● **विशेष**—**'शरद् विषुव'** २२ या २३ सितम्बर को होता है और **'वसन्त विषुव'** २० या २१ मार्च को। (अं० ईक्विनॉक्स)

विषुवत्—[सं० विषु + मतुप्, म→व] *वि०* बीच का। मध्य में स्थित। *पु०* (खगोल०) विषुव।

विषुवत् रेखा—[सं० विषुवत् ~ रेखा] *स्त्री०* (भूगोल०) पृथ्वीतल के ठीक मध्य भाग में पूर्व-पश्चिम जानेवाली वृत्ताकार कल्पित रेखा जो उसे दो बराबर भागों में बाँटती है जिन्हें **'उत्तरी गोलार्ध'** और **'दक्षिणी गोलार्ध'** कहा जाता है। भूमध्य रेखा। विषुवद्वृत्त। (अं० इक्वेटर)

विषुवदिन/विषुवद्दिन—[सं० विषुव ~ दिन, विषुवत् ~ दिन] *पु०* (खगोल०) वह दिन जब दिनमान और रात्रिमान बराबर होते हैं।

विषुवद्वृत्त—[सं० विषुवत् ~ वृत्त] पु० विषुवत् रेखा। (दे०)

विषुवांश—[सं० विषुव ~ अंश] *पु०* (खगोल०) किसी खगोलीय पिंड की स्थिति निर्धारित करनेवाला एक निर्देशांक जो विषुवद्वृत्त के अनुदिश पूर्व दिशा में मापी गयी कोणीय दूरी (0° से 360° तक या ० घंटे से २४ घंटे तक) होता है। (अं० राइट असेन्शन)

विषूचिका—[सं० वि + सूचिका (स्→ष), + टाप्] *स्त्री०* हैज़ा (रोग)।

***विषे**[१]—[< सं० विषये] *परसर्ग०* में।

विषे[२]—[सं॰ विष] *पु॰* जल में।

विषौषधि—[सं॰ विष ~ औषधि] *स्त्री॰* विष का प्रभाव नष्ट करने की दवा। विषनाशक औषधि।

विष्कम्भ (विष्कंभ)—[सं॰ वि √स्कम्भ् + अच्] *पु॰* १. बाधा। रुकावट। अड़चन। २. द्वार की अर्गला। ३. स्तम्भ। खम्भा। ४. वृक्ष। ५. विस्तार। प्रसार। फैलाव। (नाट्य॰) अर्थोपक्षेपक का एक भेद। रूपक में भूत और भविष्य की घटनाओं की सूचना देनेवाली एक प्रणाली जिसका प्रयोग प्रायः अंक के आरम्भ में होता है। (*जैसे*—भारतेन्दु हरिश्चन्द्र की 'चन्द्रावली नाटिका' के प्रथम अंक के आरम्भ में विष्कम्भ है)। विष्कम्भक। (ज्योतिष॰) सत्ताइस योगों में से प्रथम।

विषकम्भक (विषकंभक)—[सं॰ विष्कम्भ + कन्] *पु॰* विष्कम्भ। (दे॰)

विष्टि—[सं॰ √विष् + क्तिन्] *स्त्री॰* १. व्याप्ति। २. व्यवसाय। धन्धा। पेशा। ३. बेगार। ४. नरक-वास। (ज्योतिष॰) ११ करणों में से सातवाँ करण। भद्रा।

विष्ठा—[सं॰ वि√स्था + क, (स्→ष), + टाप्] *स्त्री॰* १. मल। पाख़ाना। २. (लाक्षणिक) बहुत गन्दी वस्तु जो घृणा के योग्य और त्याज्य हो।

विष्णु—[सं॰ √विष् + नुक्] *पु॰* १. सर्वव्यापी परम तत्त्व। परमात्मा। २. विश्व का पालन करनेवाला प्रधान देवता। ३. अग्नि (देवता)। ४. यज्ञ। ५. बारह आदित्यों में से एक।

विष्णुपञ्चक (विष्णुपंचक)—[सं॰ विष्णु ~ पञ्चक] *पु॰* कार्तिक मास के शुक्ल पक्ष की एकादशी से पूर्णिमा तक के पाँच दिन।

विष्णुपद—[सं॰ विष्णु ~ पद] *पु॰* १. आकाश। २. क्षीरसागर। ३. कमल। ४. विष्णु के चरण या उनकी बनायी हुई आकृति। ५. (गया) में भगवान् विष्णु का चरणचिह्न। (छन्द॰) एक सममात्रिक छन्द जिसके प्रत्येक चरण में २६ मात्राएँ होती हैं, अन्त में गुरु होता है तथा १६-१० पर यति होती है। ✣ **विष्णुपद शैली**—*स्त्री॰* = (संगीत॰) गायन की एक प्रमुख शैली जो ध्रुवपद शैली से भिन्न है।

विष्णुपदी—[सं॰ विष्णुपद + ङीष्] *स्त्री॰* (भगवान् विष्णु के चरणों से निकलनेवाली) गंगा नदी।

विष्णुलोक—[सं॰ विष्णु ~ लोक] *पु॰* भगवान् विष्णु का लोक। वैकुंठ लोक।

विष्णु-वल्लभा—[सं॰] *स्त्री॰* लक्ष्मी।

विसंवाद—[सं॰ वि + संवाद] *पु॰* १. विसंगति। असंगति। २. व्यर्थ बातचीत या बहस जिसमें निर्णयात्मक रूप से कुछ प्राप्त न हो।

विसङ्केतन (विसंकेतन)—[सं॰ वि + सङ्केतन] गूढ लेख को पढ़ने या साधारण लिपि में लिखने का कार्य।

विसङ्क्रमण (विसंक्रमण)—[सं॰ वि + सङ्क्रमण] *पु॰* किसी पदार्थ के रोगाणुओं को अधिक तापमान पर गर्म करके नष्ट करना। रोगाणुओं के संक्रमण को नष्ट करना। *जैसे*—शल्यचिकित्सा के औज़ारों का विसंक्रमण।

विसङ्गत (विसंगत)—[सं॰ वि + सङ्गत] *वि॰* १. असंगत। बेमेल। २. जिसका विचाराधीन विषय/प्रसंग/बात से कोई सम्बन्ध न हो। अप्रासंगिक। असम्बद्ध।

विसङ्ग्रहण (विसंग्रहण)—[सं॰ वि + सङ्ग्रहण] *पु॰* मुनाफ़ाखोरी की भावना से किए गए संग्रह या संग्रह-वृत्ति को समाप्त करना।

विसदृश—[सं॰ वि + सदृश] *वि॰* जो (प्रासंगिक वस्तु आदि के) सदृश न हो। भिन्न प्रकार का। असदृश। असमान। भिन्न। ✣ **विसदृशता**—*स्त्री॰* = असमानता। भिन्नता।

विसम्बन्ध (विसंबंध)—[सं॰ वि + सम्बन्ध] *पु॰* १. दो तथ्यों या वस्तुओं में प्रत्याशित सम्बन्ध का अभाव। २. अलगाव या अजनबीपन की अनुभूति। ३. वैमनस्य। मनमुटाव। (मनो॰) ऐसी मानसिक अवस्था जिसमें परिचित व्यक्ति या परिचित स्थिति अपरिचित लगे।

विसम्मत—[सं॰ वि + सम्मत] *वि॰* भिन्न मत का। असहमति का। अहमतिपूर्ण। ✣ **विसम्मति**—*स्त्री॰* = (दूसरे के मत से) असहमति।

विसरण—[सं॰ वि + सरण] *पु॰* १. प्रसार। विस्तार। फैलाव। २. गतिशीलता। ३. बहाव। (रसायन॰) १. वह प्रक्रम जिससे विभिन्न वस्तुएँ, विशेषतः द्रव और गैसें, परस्पर मिल जाती हैं। (अं॰ डिफ़्यूज़न) (भौतिकी॰) किसी माध्यम पर प्रकाश की किरणों का इधर-उधर बिखर जाना। (अं॰ डिफ़्यूजन)

विसरित चित्र—[< सं॰ विसृत चित्र] *पु॰* १. सिर से कन्धे तक का चित्र जिसके किनारे अस्पष्ट हों। २. कोई सुन्दर लघु चित्र। (अं॰ वीनेयेट)

विसर्ग—[सं॰ वि √सृज् + घञ्] *पु॰* १. विसर्जन। त्याग। छोड़ना। २. मल-मूत्र का त्याग। उत्सर्जन। ३. दान। ४. प्रस्थान। ५. मोक्ष। मुक्ति। (व्या॰) एक ध्वनि जिसका उच्चारण आधे 'ह' के समान होता है और जिसका चिह्न ऊपर-नीचे दो बिन्दु होते हैं (:)। *जैसे*—'दुःख' में विसर्ग है परन्तु 'दुख' में नहीं है।

विसर्जन—[सं॰ वि √सृज् + ल्युट्] *पु॰* १. परित्याग। त्याग। छोड़ना। २. आमन्त्रित देवी-देवता की पूजा-पाठ के बाद विदाई। ∇ **विलोम**—आवाहन। ३. (पूजन आदि के बाद नदी/जलाशय में) मूर्ति आदि को आदरपूर्वक प्रवाहित करना। ४. (सभा आदि की) समाप्ति। अन्त। ५. (धार्मिक कार्य के रूप में) वृषभ/साँड़ को दागकर छोड़ना। (मल का) उत्सर्जन।

विसर्प—[सं॰ वि√सृप् + घञ्] *पु॰* १. इधर-उधर घूमना। २. रेंगना। ३. सरकना। ४. किसी कार्य का अप्रत्याशित और दुःखद परिणाम। (भूविज्ञान॰) सरिता के मार्ग में मोड़ या घुमाव। (आयुर्वेद॰) सूखी खुजली।

विसर्पण—[सं॰ वि√सृप् + ल्यु] *पु॰* १. धीमी चाल से चलना। सरकना। २. रेंगना। (भूविज्ञान॰) अदृढ़ खंडित शैल-पदार्थों का ऊपर से नीचे की ओर मन्द संचलन।

विसाल—[अरबी] *पु॰* (आत्मा-परमात्मा या प्रेमी-प्रेमिका का) मिलन।

विसूरना—[< स० विसूरण] *क्रिअ०* बहुत शोक करना।

विसृत—[स० वि √सृ + क्त] *वि०* १. फैला हुआ या फैलाया हुआ। २. छाया हुआ। व्याप्त। ३. ताना हुआ। ४. कहा हुआ। कथित। उक्त। उच्चरित।

विसृष्ट—[स० वि +सृष्ट] *वि०* १. बनाया हुआ। निर्मित। रचित। २. छोड़ा हुआ। त्यागा हुआ। त्यक्त। ३. बहाया या फेंका हुआ।

विसृष्टि—[स० वि + सृष्टि] *स्त्री०* १. परित्याग। २. निर्माण। रचना। सृष्टि। ३. सन्तान।

विसैन्यीकरण—[स० वि + सैन्यीकरण] *पु०* (राज०) किसी क्षेत्र/प्रदेश से सेना हटा लेना।

विस्तरण—[स० वि√स्तृ + ल्युट्] *पु०* विस्तार करना।

विस्तारण—[वि√स्तृ + ल्युट्] *पु०* १. विस्तार करना। फैलाना। २. कार्यक्षेत्र बढ़ाना। ३. किसी वस्तु में कुछ नया जोड़ने का कार्य। ***जैसे***—व्याख्या का विस्तारण। ४. वृद्धि। बढ़ाव। ५. राज्य की सीमा-वृद्धि तथा अधिकार-क्षेत्र में वृद्धि।

विस्तीर्ण—[स० वि √स्तृ + क्त] *वि०* १. दूर तक फैला हुआ। विस्तृत। २. लम्बा-चौड़ा। बहुत बड़ा। विशाल। ***जैसे***—खेलने का विस्तृत मैदान। ३. बहुत अधिक। ∇ **विलोम**—संकीर्ण।

विस्तृत—[स० वि √स्तृ + क्त] *वि०* १. अधिक दूर तक फैला हुआ। विस्तीर्ण। २. बहुत बड़ा। लम्बा-चौड़ा। विशाल। ३. जिसमें सब बातें विस्तारपूर्वक बतायी गयी हों। विवरणयुक्त। ***जैसे***—विस्तृत व्याख्या। ∇ **विलोम**—संकुचित/संक्षिप्त।

विस्तृति—[स० वि √स्तृ + क्तिन्] *स्त्री०* १. विस्तार। फैलाव। २. व्याप्ति। ३. लम्बाई-चौड़ाई। ऊँचाई या गहराई।

विस्थानिक—[स० वि + स्थानिक] *वि०* जो स्थानीय न हो। (प्राणि०) परस्पर भिन्न भौगोलिक वितरण-क्षेत्र वाले।

विस्थापन—[स० वि + स्थापन] *पु०* १. किसी व्यक्ति या समूह को उसके निवास-स्थान (देश/राज्य/नगर आदि) से बलपूर्वक हटाने का कार्य। २. एक विषय-वस्तु से दूसरी विषय-वस्तु की ओर स्थानान्तरण। (प्रशासन०) पद से हटाना। पदच्युत करना। निकालना। (मनो०) एक मानसिक प्रक्रिया जिसमें अज्ञात मन की पूर्ण या आंशिक इच्छा-कल्पना मूल विषय-वस्तु से हटकर किसी अन्य विषय-वस्तु (स्थिति, व्यक्ति आदि) पर केन्द्रित हो जाती है (जैसे—स्वप्न आदि में)। (गणित०) किसी पिंड द्वारा चली गयी दूरी।

विस्पष्ट—[स० वि + स्पष्ट] *वि०* १. अत्यन्त स्पष्ट। सुस्पष्ट। २. प्रत्यक्ष। ३. प्रकट। ज़ाहिर।

विस्फार—[स० वि० स्फुर् + घञ्, उ→आ] *पु०* १. कम्पन। थरथराहट। २. (धनुष की प्रत्यंचा की) टंकार। ३. विकासयुक्त विस्तार। (चिकित्सा०) नलिका या अवयव का फैलाव। (अ० एक्टेज़िया)

विस्फारण—[स० वि √स्फुर् + ल्युट्] *पु०* १. खोलने या फैलाने की क्रिया/भाव। २. फाड़ना। ३. (पक्षियों का) पंख फैलाना। ३. धनुष की प्रत्यंचा चढ़ाना/खींचना/तानना।

विस्फीति—[स० वि + स्फीति] *स्त्री०* (अर्थ०) स्फीति की समाप्ति। सरकार द्वारा स्फीति के विरुद्ध विविध आर्थिक नीतियाँ अपनाकर क़ीमतों को नीचा किया जाना। (अ० डिसइन्फ़्लेशन)

विस्फुरण—[स० वि √स्फुर् + ल्युट्] *पु०* १. कम्पन। थरथराहट। २. (बिजली आदि की) कौंध। चमक।

विस्फुलिङ्ग (विस्फुलिंग)—[स० वि + स्फुलिङ्ग] *पु०* (आग की) चिनगारी। अग्निकण। स्फुलिंग।

विस्फूर्जन—[स० वि √स्फूर्ज् + ल्युट्] *पु०* १. गर्जन। दहाड़। २. बादलों की गड़गड़ाहट। मेघ-गर्जन। ३. लहरों का उत्थान। लहरें उठना। ४. (किसी पदार्थ का) बढ़ना या फैलना। स्फुटन।

विस्फूर्जित—[स० वि √स्फूर्ज् + क्त] *वि०* १. जिसका विस्फूर्जन हुआ हो। २. शब्दायमान। ३. स्फुटित। ४. कम्पित।

विस्मय—[स० वि√स्मि + अच्] *पु०* आश्चर्य। अचम्भा। (काव्य०) अद्भुत रस का स्थायी भाव।

विस्मयादिबोधक—[स० विस्मय ~ आदि ~ बोधक] *पु०* (व्या०) अव्यय का एक भेद। आश्चर्य, प्रसन्नता, घृणा, खेद इत्यादि भावों को प्रकट करनेवाला शब्द।

विस्मयाविष्ट—[स० विस्मय ~ आविष्ट] *वि०* आश्चर्यचकित। विस्मित।

विस्मरण—[स० वि + स्मरण] *पु०* स्मरण न होने की अवस्था/भाव। भूल जाना। विस्मृति। ∇ **विलोम**—स्मरण।

विस्मित—[स० वि √स्मि + क्त] *वि०* जिसे आश्चर्य हुआ हो। आश्चर्यचकित। छन्द० एक समवर्णिक छन्द जिसके प्रत्येक चरण में यगण, मगण, नगण, सगण, २ रगण और गुरु (य म न स र र ग) के योग से १९ वर्ण होते हैं तथा ६-६-७ पर यति होती है।

विस्मृत—[स० वि० √स्मृ + क्त] *वि०* १. जिसका स्मरण न रहा हो। भूला हुआ। २. भुलाया हुआ। ✣ **विस्मृति**—*स्त्री०* = भूल जाना। विस्मरण।

विस्रव/विस्राव—[स० वि √स्रु + अप्/घञ्] *पु०* १. क्षरण। स्राव। बहाव। २. धारा।

विस्रवण—[स० वि √स्रु + ल्युट्] *पु०* १. क्षरण। स्राव। बहाव। २. रिसना। टपकना। चूना।

***विस्राम**—*पु०* ≤ *स०* विश्राम। (दे०)

विस्राव—*दे०* विस्रव।

विस्रावण—[स० वि √स्रु + णिच् + ल्युट्] *पु०* १. प्रवाहित करने की क्रिया/भाव। क्षरण। बहाना। २. रक्त बहाना। ३. रस/अर्क़ चुआना।

विस्रुति—[स० वि √स्रु + क्तिन्] *स्त्री०* क्षरण। बहाव।

विस्वर—[स० वि + स्वर] *वि०* बेसुरा।

विस्वाद—[स० वि० + स्वाद] *वि०* १. जिसमें स्वाद न हो। स्वादहीन। २. फीका।

विहग—[स० विहायस् √गम् + ड, विह→आदेश] *पु०* पक्षी।

चिड़िया। ● **विशेष**—संस्कृत में इसके कुछ अन्य अर्थ भी हैं, (***जैसे***—बादल, बाण, सूर्य, चन्द्रमा)।

विहगावली—[सं॰ विहग ~आवली] *स्त्री॰* पक्षी-समूह।

विहङ्ग (विहंग)—[सं॰ विहायस् √गम् + खच्, विह→आदेश] *पु॰* १. विहग। (दे॰) २. पक्षी। चिड़िया।

विहङ्गम (विहंगम)—[सं॰ विहायस् √गम् + खच्, डित्त्व, मुम्, विह→आदेश] *पु॰* = १. पक्षी। चिड़िया। २. सूर्य। ✣ **विहङ्गम/(विहंगम) मार्ग**—*पु॰* = १. पक्षी का मार्ग। २. लक्ष्य तक सीधे और तेज़ी से जाने का मार्ग। (योग॰) योग-साधना में पिपीलिका मार्ग से भिन्न एक मार्ग जिससे साधक शीघ्र ही अपने प्राणों को ब्रह्मरन्ध्र तक ले जाता है।

विहङ्गमा/विहङ्गिका (विहंगमा/विहंगिका)—[सं॰ विहङ्गम + टाप्, विहङ्ग + कन् + टाप्] *स्त्री॰* १. नारी/मादा चिड़िया। २. दोनों सिरों पर बोझ लटकाने की लकड़ी। बहँगी।

विहङ्गराज/विहङ्गेन्द्र/विहङ्गेश्वर (विहंगराज/विहंगेन्द्र/विहंगेश्वर)—[सं॰ विहङ्ग ~ राज/इन्द्र ~ ईश्वर] *पु॰* पक्षियों का राजा। गरुड़।

विहङ्गेन्द्र/विहङ्गेश्वर (विहंगगेन्द्र/विहंगेश्वर)—दे॰ विहङ्गराज।

विहत—[सं॰ वि + हत] *वि॰* बुरी तरह घायल किया हुआ या मारा हुआ। हत।

विहरण—[< सं॰ वि√हृ + ल्युट्] *पु॰* १. विहार। मनोरंजन। आमोद-प्रमोद। २. घूमना-फिरना। सैर-सपाटा।

***विहरणा**—[< सं॰ विहार] *क्रिअ॰* १. विहार करना। —मनोरंजन करना। २. घूमना-फिरना। सैर-सपाटा करना।

विहँसना—[< सं॰ विहसन] १. मुस्कराना। २. हँसी/मज़ाक़ उड़ाना।

विहाग—[देशज] *स्त्री॰* (संगीत॰) रात्रि के दूसरे प्रहर में गाया जाने वाला करुण राग।

विहान—[देशज] *पु॰* प्रभात। सबेरा।

विहाना[१]—[< सं॰ विहीन] *क्रिस॰* अलग करना।

विहाना[२]—[< हिं॰ बिताना] *क्रिस॰* बिताना। *क्रिअ॰* बीतना।

विहार—[सं॰ वि √हृ + घञ्] *पु॰* १. घूमना-फिरना। सैर-सपाटा। भ्रमण। २. क्रीड़ा। मनोरंजन। आमोद-प्रमोद। ***जैसे***—जल-विहार। ३. बौद्ध भिक्षुओं के रहने का मठ। संघाराम। ४. उपवन।

विहार-विभ्राट—[सं॰] *पु॰* दूसरों के लिए कष्टदायक मनोविनोद। उपद्रवपूर्ण मनोरंजन।

विहारिका—[सं॰ विहारक + टाप्] *स्त्री॰* बौद्धों का छोटा विहार/मठ।

विहाल—[सं॰ वि + हिं॰ हाल] *पु॰* बुरी दशा। बुरा हाल।

विहास—[सं॰ वि + हास] *पु॰* मन्द और मधुर हास। मुस्कान।

विहिंसक—[सं॰ वि + हिंसक] *वि॰* १. हिंसक। २. हानि पहुँचानेवाला।

विहित—[सं॰ वि√धा + क्त] *वि॰* १. विधि/विधान के अनुसार। २. निर्धारित। निश्चित। ३. विधि के अनुसार किया हुआ। अनुष्ठित। ४. विधान किया हुआ। ५. निर्मित। रचित। ६. सम्पन्न किया हुआ। ७. करने योग्य।

विहृत—[सं॰ वि + हृत] *वि॰* १. खेला हुआ। क्रीड़ित। २. हटाया हुआ। ३. विस्तृत। (काव्य॰) नायिका का एक स्वभावज अलंकार। नायिका का मिलन-अवसर पर लज्जावश मौन रहना, कुछ न कह पाना।

वीक्षक—[सं॰ वि + ईक्षक] *वि॰* देखनेवाला।

वीक्षण—[सं॰ वि + ईक्षण] *पु॰* १. विशेष रूप से या अच्छी तरह देखना। देखने की क्रिया। २. निरीक्षण। जाँच। अवलोकन। ३. नेत्र। आँख।

वीक्षा—[सं॰ वि√ईक्ष् + अङ् + टाप्] *स्त्री॰* १. विशेष रूप से या अच्छी तरह देखने की क्रिया। वीक्षण। अवलोकन। २. जाँच। निरीक्षण। ३. ज्ञान।

वीचि/वीची—[सं॰ √वे + डीचि, वीचि + ङीष्] *स्त्री॰* १. तरंग। लहर। २. बीच का ख़ाली स्थान। अवकाश। ३. दीप्ति। चमक। ४. किरण। ✣ **वीचिशीला**—*वि॰* (*स्त्री॰*) = लहरों से युक्त। तरंगमयी। ***जैसे***—वीचिशीला यमुना नदी।

वीचिमाली—[सं॰ वीचिमालिन्] *पु॰* समुद्र।

वीज[१]—[सं॰ वि√जन् + ड, दीर्घ (अथवा, वि √ईज् + अच्)] *पु॰* बीज। (दे॰)

वीज**[२]—[< सं॰ द्वितीय] *पु॰* द्वितीया तिथि। ***जैसे—वीज का चाँद।

वीजक—[सं॰ वीज + कन् (अथवा, वीज √कै + क)] *पु॰* बीजक।

वीजन—[सं॰ वि √ईज् + ल्यु/ल्युट्] *पु॰* १. चक्रवाक। चकोर। २. व्यजन। पंखा। ३. पंखा झलने की क्रिया।

वीज़ा—[अं॰] *पु॰* किसी देश में जाने के लिए उस देश के द्वारा प्रवेश-अनुमति जो पारपत्र (अं॰ पासपोर्ट) पर अंकित रहती है।

वीटक—[सं॰ वीट + कन्] *पु॰* पान का बीड़ा।

वीटा—[सं॰ वि √इट् + क + टाप्] *स्त्री॰* १. (प्राचीन काल का) गिल्ली-डंडा का खेल। २. उक्त खेल की गिल्ली।

वीटि/वीटिका/वीटी—[सं॰ वि॰ √इट् + इन्, कित्; वीटक + टाप् + वीटि + ङीष्] *स्त्री॰* १. पान की बेल। २. पान का बीड़ा। ३. पान का बीड़ा तैयार करने की क्रिया। ४. बन्धन। गाँठ। ५. (स्त्री की) चोली की गाँठ।

वीणा—[सं॰ √वी + न, (न्→ण्) + टाप्] *स्त्री॰* एक वाद्य जिसके दोनों सिरों पर तूँबे लगे रहते हैं। ✣ **वीणाधारिणी**—*वि॰* (*स्त्री॰*) = वीणा लिए हुए (स्त्री)। *स्त्री॰* सरस्वती (देवी)। ✣ **वीणा-रव**—*पु॰* = वीणा का स्वर। *वि॰* = वीणा के स्वर की तरह गुनगुनानेवाला। मधुर स्वरवाला। ✣ **वीणावादिनी**—*वि॰* (*स्त्री॰*) = वीणा बजानेवाली। *स्त्री॰* = सरस्वती (देवी)

वीत—[सं॰ √वी + क्त, अथवा वि√इ + क्त] *वि॰* १. बीता हुआ। २. गया हुआ। गत। ३. अन्तर्धान। लुप्त। ४. रहित। ***जैसे***—वीतराग।

वीतसूत्र—[सं॰ वीत ~ सूत्र] *पु॰* यज्ञोपवीत। जनेऊ।

वीतहव्य—[स॰ वीत ~ हव्य] पु॰ यज्ञ में हव्य या आहुति देनेवाला।

वीतहोत्र—[स॰ वीत ~ होत्र] पु॰ १. अग्नि। २. सूर्य। ३. यज्ञ करनेवाला या करानेवाला। याज्ञिक।

वीथिका—[स॰ वीथि + कन् + टाप्] स्त्री॰ १. मार्ग। २. चित्रशाला।

वीथी—[स॰ √विथ् + इन् + ङीष्] स्त्री॰ १. पंक्ति। क़तार। २. मार्ग। रास्ता। सड़क। ३. सूर्य के भ्रमण का मार्ग। ४. बाज़ार। हाट। (नाट्य॰) रूपक के २७ भेदों में से एक जो शृंगाररसप्रधान होता है, एक अंक का होता है तथा जिसमें आकाशभाषित अधिक होते हैं।

***वीन**—[< स॰ वीण] स्त्री॰ वीणा। (दे॰)

वीप्सा—[स॰ वि√आप् + सन्, (ईत्व) + अ + टाप्] स्त्री॰ (शब्द की) आवृत्ति। दुहराना। *जैसे*—गाते-गाते। (काव्य॰) एक शब्दालंकार जो हर्ष, शोक, घृणा, आदर आदि किसी आकस्मिक भाव को प्रभावी बनाने के लिए शब्दों की आवृत्ति करने पर होता है। *जैसे*—हाय! हाय! ऐसा मत कहो।

वीर—[स॰ √वीर + अच्, (अथवा, √अज् + रक्, वी-आदेश)] वि॰ १. शूर। बहादुर। ∇ **विलोम**—कायर। २. शक्तिशाली। बलवान्। ताक़तवर। पु॰ १. योद्धा। शूर। भट। २. पुत्र। ३. पति। ४. बहन द्वारा भाई के लिए प्रयुक्त एक सम्बोधन। (काव्य॰) एक रस जिसका स्थायी भाव 'उत्साह' है। ∇ **विलोम**—कायर। (छन्द॰) एक सममात्रिक छन्द जिसके प्रत्येक चरण में ३१ मात्राएँ होती हैं, १६-१५ पर यति होती है तथा अन्त में गुरु-लघु होते हैं। आल्हा छन्द। स्त्री॰ सखी।

वीरगति—[स॰ वीर ~ गति] स्त्री॰ १. युद्ध क्षेत्र में मारे जाने पर स्वर्ग की प्राप्ति। २. युद्ध करते हुए मृत्यु।

वीरण—[स॰ वि√ईर + ल्यु] पु॰ उशीर। खस।

वीर नाटक—[स॰] पु॰ (पा॰ नाट्य॰) यूरोप में प्रचलित रही एक प्रकार की त्रासदी जिसमें नायक के कार्यों का अतिरंजित चित्रण होता था और रचना प्रायः तुकान्त पद्य में होती थी। (अ॰ हीरोइक ड्रामा)

वीर-बहूटी—[स॰ वीर + हि॰ बहूटी < वधूटी] स्त्री॰ गहरे लाल रंग का एक छोटा कीड़ा जो प्रायः वर्षा ऋतु में ही दिखता है। इन्द्रवधू। बीरबहूटी।

वीरमुद्रिका—[स॰ वीर ~ मुद्रिका] स्त्री॰ पैर की बीच की उँगली में पहना जाने वाला छल्ला।

वीर-मार्ग, वीर-लोक—[स॰] पु॰ स्वर्ग।

वीरवती—[स॰ वीर + मतुप्, (म→व), + ङीष्] स्त्री॰ वह स्त्री जिसका पति और पुत्र दोनों जीवित हों। वीरा।

वीरवर्य—[स॰ वीर ~ वर्य] पु॰ वीरों में प्रमुख। उत्तम वीर। महावीर।

वीरवर्योचित—[स॰ वीरवर्य ~ उचित] वि॰ उत्तम वीर के लिए उचित। महावीर के अनुरूप।

वीरव्रत—[स॰ वीर ~ व्रत] पु॰ १. किसी कठिन और साहसिक व्रत या दृढ़ संकल्प। २. वीरोचित साधना की प्रतिज्ञा। *जैसे*—क्रान्तिकारियों का वीरव्रत। ३. वीरता। ४. अपने व्रत पर सुदृढ़/अडिग रहनेवाला व्यक्ति।

वीरा—[स॰ वीर + टाप्] स्त्री॰ १. वीरपत्नी। २. पत्नी। ३. माता। ४. मदिरा। शराब।

वीराचार—[स॰ वीर ~ आचार] पु॰ (तंत्र॰) वाममार्गियों की साधना-पद्धति जिसमें मद्य, मांस आदि का सेवन और शव-साधना की जाती है। ✣ **वीराचारी**— पु॰ = वीराचार के अनुसार तान्त्रिक साधना करनेवाला। वाममार्गी।

वीरान—[< फा॰ वीरानः] वि॰ १. निर्जन (स्थान)। २. शोभारहित (स्थान)। पु॰ १. वन। जंगल। २. खंडहर मकान आदि।

वीरान्तक (वीरांतक)—[स॰ वीर ~ अन्तक] वि॰ (युद्ध में) वीरों को नष्ट करनेवाला। वीर-संहारक।

वीरासन—[स॰ वीर ~ आसन] पु॰ घुटने के बल बैठने का एक विशेष प्रकार जिसमें एक पैर घुटने के बल पृथ्वी से लगा रहता है और दूसरा पैर खड़ा रहता है। (योग॰) उक्त प्रकार का एक योगासन।

वीरुध—[स॰ वि√रुध् + क्विप्, वि→वी] पु॰ १. लता। बेल। २. झाड़ी। ३. वृक्ष की शाखा। डाली।

वीरेन्द्र (वीरेंद्र)—[स॰ वीर ~ इन्द्र] पु॰ वीरों में प्रधान। बहुत बड़ा वीर।

वीरेश—[स॰ वीर + ईश] पु॰ १. वीरों में प्रधान। बहुत बड़ा वीर। २. शिव। महादेव।

वीरेश्वर—[स॰ वीर + ईश्वर] पु॰ शिव। महादेव।

वीर्य—[स॰ वीर + यत् (अथवा, √वीर् + यत्)] पु॰ १. वीरता। पराक्रम। २. बल। शक्ति। ताक़त। ३. पुरुषत्व शक्ति। ४. (अन्न, फल आदि का) बीज। (आयुर्वेद॰) १. शरीर की सात धातुओं में से एक जिसके कारण शरीर में बल और कान्ति रहती है। शुक्र। २. किसी पदार्थ का मूल तत्त्व जिसके कारण उस पदार्थ में शक्ति रहती है।

वीर्यज—[स॰ वीर्य + ज] वि॰ वीर्य से उत्पन्न। पु॰ पुत्र।

वीर्यशुल्का—[स॰ वीर्यशुल्क + टाप्] वि॰ (स्त्री॰) (ऐसी कन्या) जिससे विवाह करने के लिए कोई शर्त पूरी करनी पड़े।

वीर्याधान—[स॰ वीर्य ~ आधान] पु॰ गर्भाधान।

वुज़ू—[अरबी] पु॰ नमाज़ के लिए हाथ-पैर और मुख धोना।

***वुराना**—[< व्रज॰ ओराना < हि॰ ओर] क्रि॰अ॰ १. ओर या सिरे पर आना। उराना। २. व्यय होते-होते समाप्त होना। चुकना।

वृक—[स॰ √वृ + कक् (अथवा, √वृक् + क)] पु॰ १. भेड़िया। २. शृगाल। गीदड़। ३. कौआ। ४. डाकू। ५. पेट में स्थित अग्नि विशेष। ✣ **वृकस्थली**— स्त्री॰ = भेड़ियों का स्थान।

वृकोदर—[स॰ वृक ~ उदर] पु॰ (कुन्ती-पुत्र) भीम।

वृक्क—[स॰] पु॰ पशुओं, पक्षियों आदि के पेट के अन्दर का एक अंग जो रक्त को छानकर मूत्र से अलग करता है। गुर्दा।

वृक्ष—[स॰ √व्रश्च् + स, क्ति] पु॰ १. मोटे तथा कठोर तने वाली वनस्पतियों का एक वर्ग अथवा उस वर्ग का प्रत्येक सदस्य। पादप। विटप। पेड़। रूख।

वृक्षचर—[सं॰ वृक्ष ~ चर] पु॰ वानर। बन्दर।

वृक्ष-दोहद—[सं॰] पु॰ १. कुछ वृक्षों का विशेष उपायों से असमय में ही खिलने लगना। २. एक भारतीय कवि-प्रसिद्धि की मान्यता और उसका वर्णन।

वृक्षनाथ—[सं॰ वृक्ष ~ नाथ] पु॰ १. वृक्षों में श्रेष्ठ वृक्ष। २. वटवृक्ष। बरगद।

वृक्ष-निर्यास—[सं॰] पु॰ पेड़ से निकलनेवाला रस। गोंद।

वृक्षराज—[सं॰ वृक्ष ~ राज] पु॰ १. वृक्षों का राजा। २. पारिजात।

वृक्षालय—[सं॰ वृक्ष ~ आलय] पु॰ १. पक्षी। चिड़िया। २. वह जिसने किसी वृक्ष पर अपना घर बनाया हो।

वृक्षाली—[सं॰ वृक्ष ~ आली] स्त्री॰ वृक्षों की पंक्ति। पेड़ों की क़तार।

वृक्षावास—[सं॰ वृक्ष ~ आवास] पु॰ १. वृक्ष पर बना घर। २. पक्षी। ३. तपस्वी। साधु। ४. वृक्ष के कोटर में रहनेवाला सर्प आदि। वि॰ जो वृक्ष पर घर बनाकर रहता हो।

वृत—[सं॰ √वृ + क्त] वि॰ १. चुना हुआ। छाँटा हुआ। २. (पर्दा आदि से) ढँका हुआ। ३. घिरा हुआ।

वृति—[सं॰ √वृ + क्तिन्] स्त्री॰ १. चयन। छाँट। २. गोपन। छिपाव। दुराव। ३. घेरा। ४. नियुक्ति।

वृत्त—[सं॰ √वृत् + क्त] वि॰ १. जो अस्तित्व में आ चुका हो। वर्तमान। २. जो घटित हो चुका हो। ३. बीता हुआ। व्यतीत। ४. वर्तुल। गोल। ५. प्रसिद्ध। पु॰ १. घटना। २. इतिहास। इतिवृत्त। ३. समाचार। वृत्तान्त। ख़बर। ४. कथा। कहानी। ५. चरित्र। ६. शास्त्र द्वारा अनुमोदित विधान/पद्धति। ७. व्यवसाय/धन्धा। पेशा। ८. दशा। हालत। (छन्द॰) १. छन्द। *जैसे*—वर्णवृत्त; मात्रिक वृत्त। २. एक समवर्णिक छन्द जिसके प्रत्येक चरण में क्रमशः रगण, जगण, रगण, जगण, रगण, जगण, गुरु तथा लघु (र ज र ज र ज ग ल) के योग से २० वर्ण होते हैं। एक समवर्णिक छन्द जिसके प्रत्येक चरण में क्रमशः गुरु-लघु १० बार आते हैं। (गणित॰, ज्यामिति) १. वह क्षेत्र जिसका घेरा/परिधि मंडलाकार हो। २. एक समतल वक्र जिसके सभी बिन्दु उस समतल में स्थित एक नियत बिन्दु से समान दूरी पर होते हैं। (अं॰ सर्किल)।

वृत्तचित्र—[सं॰ वृत्त ~चित्र] पु॰ सिनेमा चित्र जिसमें किसी विशेष कार्य, घटना आदि का वृत्तान्त दिखाया गया हो। (अं॰ 'न्यूज़रील' या 'डाक्युमेन्टरी फिल्म')

वृत्त-जाति—[सं॰] स्त्री॰ सर्मवर्णिक छन्दों की जाति। (छन्द॰)

वृत्त-पत्र—[सं॰] पु॰ १. दैनिक कार्यों, घटनाओं इत्यादि के संक्षिप्त उल्लेख वाला काग़ज़। २. किसी संस्था आदि के निश्चयों, कार्यों, समाचारों या तत्सम्बन्धी लेख आदि प्रकाशित करनेवाला सामयिक पत्र (अं॰ जर्नल)

वृत्तपत्रक—[सं॰ वृत्तपत्र + कन्] पु॰ (समाज॰) अपराधी प्रवृत्ति वाले व्यक्ति, समूह या परिवार के सम्बन्ध में चरित्र और अपराध-सम्बन्धी प्रारम्भिक सूचनाओं का प्रपत्र। पूर्वापराध-पत्र। (अं॰ हिस्ट्री-शीट)

वृत्तपरक—[सं॰ वृत्त ~ परक] वि॰ १. वृत्त-सम्बन्धी। २. वृत्त के समान। वृत्तसदृश।

वृत्त-पाद—[सं॰] पु॰ वृत्त का चतुर्थ भाग।

वृत्तपुष्प—[सं॰ वृत्त ~ पुष्प] १. कदम्ब का वृक्ष। २. शिरीष/सिरिस का पेड़। ३. चमेली। ४. सेवती। ५. बेला। मोतिया।

वृत्तबन्ध (वृत्तबंध)—[सं॰ वृत्त ~ बन्ध] पु॰ छन्दोबद्ध रचना।

वृत्तरङ्ग (वृत्तरंग)—[सं॰ वृत्त ~ रङ्ग] पु॰ (पा॰ नाट्य॰) ऐसा रंगस्थल जिसमें रंगमंच खुला होता है और चारों ओर बैठे दर्शक नाटक देख सकते हैं। (अं॰ एरेना थियेटर)।

वृत्त-रचना—[सं॰] स्त्री॰ कविता-लेखन। काव्य-सृजन। पद्य-रचना।

वृत्तवान्—[सं॰ वृत्तवत्] वि॰ चरित्रवान्। सदाचारी।

वृत्तहीन—[सं॰ वृत्त ~ हीन] वि॰ १. चरित्रहीन। २. विवरणहीन (घटना इत्यादि से सम्बन्धित कथन)।

वृत्ता—[सं॰ वृत्त + टाप्] स्त्री॰ (छन्द॰) एक समवर्णिक छन्द जिसके प्रत्येक चरण में क्रमशः २ नगण, सगण और २ गुरु (न न स ग ग) के योग से ११ वर्ण होते हैं।

वृत्तान्त (वृत्तांत)—[सं॰ वृत्त ~ अन्त] पु॰ १. किसी बीती घटना का वर्णन। इतिहास। इतिवृत्त। २. समाचार। ख़बर। हाल। ३. (ग्रन्थ का) अध्याय। ४. कथा। कहानी।

वृत्तानुसारी—[सं॰ वृत्तानुसारिन्] वि॰ १. अच्छा आचरण करनेवाला। सदाचारी। २. शास्त्रों द्वारा विहित कार्य करनेवाला।

वृत्तार्ध—[सं॰ वृत्त ~ अर्ध] पु॰ वृत्त का आधा भाग जो व्यास तथा चाप से घिरा होता है। अर्धवृत्त।

वृत्ति—[सं॰ √वृत् + क्तिन्] स्त्री॰ १. अस्तित्व। सत्ता। वर्तमानता। २. स्वभाव। ३. दशा। अवस्था। ४. व्यवहार। आचरण। ५. कार्य। ६. जीवन-निर्वाह का साधन। जीविका। पेशा आदि। ७. सहायतार्थ जीविका-निर्वाह या अध्ययन आदि के लिए नियमित रूप से मिलनेवाला धन। *जैसे*—छात्रवृत्ति। ८. पारिश्रमिक। ९. घूमना। चक्कर। १०. वृत्त की परिधि। ११. किसी मौलिक ग्रन्थ का, विशेषतः सूत्रग्रन्थ का, अर्थ स्पष्ट करनेवाली गम्भीर और संक्षिप्त टीका। (व्या॰) सूत्र के अर्थ की व्याख्या। (काव्य॰) १. अभिधा आदि शब्दशक्तियों में से प्रत्येक। *जैसे*—लक्षणा वृत्ति। २. काव्य में इस के अनुकूल वर्णों की योजना। ३. वृत्यनुप्रास नामक शब्दालंकार। (नाट्य॰) नाटक के पात्रों की मन, वाणी या शरीर की विचित्रतापूर्ण चेष्टा। आशय और भाव स्पष्ट करने में सहायक रचना-शैली के कैशिकी, भारती सात्वती तथा आरभटी नामक चार भेदों में से कोई। (योग॰) चित्त की ज्ञानरूपी कोई अवस्था।

वृत्तिका—[सं॰ वृत्तिक + टाप्] स्त्री॰ १. भरण-पोषण के लिए मिलनेवाला धन। २. छात्रवृत्ति। वज़ीफ़ा। २. कवि/पादरी आदि को मिलनेवाला वेतन या भरण-पोषण के लिए सहायतार्थ मिलनेवाला धन।

वृत्तिकार—[सं॰ वृत्ति + कार] पु॰ किसी सूत्रग्रन्थ आदि पर वृत्ति लिखनेवाला।

वृत्ति-मूल—[सं॰] *पु॰* जीविका का आधार।

वृत्तीय—[सं॰ वृत्त + छ] *वि॰* १. वृत्ति-सम्बन्धी। वृत्ति का। २. जो वृत्त के रूप में हो। वर्तुल। मंडलाकार। ✣ **वृत्तीय फलन**—*पु॰* = (गणित॰) ज्या, कोज्या आदि त्रिकोणमितीय फलन। (अं॰ सर्क्युलर फ़ंक्शन)

वृत्तौचित्य—[सं॰ वृत्त ~ औचित्य] *पु॰* (छन्द॰) पद्य-रचना में विषय के अनुरूप छन्द चुनने का विवेक। छन्द-औचित्य।

वृत्त्यनुप्रास—[सं॰ वृत्ति ~ अनुप्रास] *पु॰* (काव्य॰) अनुप्रास शब्दालंकार का एक भेद। किसी वाक्य के पदों में एक या अनेक वर्णों की स्वरूप और क्रम से दो या अधिक बार आवृत्ति। ***जैसे***—'चारु चन्द्र की चंचल किरणें' में 'चकार' की आवृत्ति से वृत्त्यनुप्रास अलंकार है।

वृत्र/वृत्रासुर—[सं॰ √वृत् + रक्, वृत्र ~ असुर] *पु॰* १. अन्धकार। अँधेरा। २. मेघ। बादल। ३. शत्रु। दुश्मन।

वृत्रघ्न (वृत्रघ्न)/वृत्तशत्रु/वृत्रहा/वृत्रारि—[सं॰ वृत्र + घ्न, वृत्र ~ शत्रु/हा/अरि] *पु॰* वृत्र नामक असुर को मारनेवाला। इन्द्र।

वृथा—[सं॰ √वृ + थाल्] *वि॰* १. व्यर्थ। निरर्थक। बेकार। ***जैसे***—वृथा आलोचना। २. मूर्खतापूर्ण। *क्रिवि॰* १. व्यर्थ। निरर्थक। बेकार। ***जैसे***—वृथा घूमना। २. अनावश्यक रूप से। ३. मूर्खता से। ४. अनुचित ढंग से।

वृद्ध (वृद्ध)—[सं॰ √वृध् + क्त] *वि॰* १. जो पूर्ण रूप से बढ़ चुका हो। २. जो अपनी प्रौढ़ावस्था पार कर चुका हो। बड़ी उम्र का। बूढ़ा। बुड्ढा। ३. बड़ा। ४. बुद्धिमान्। चतुर। *पु॰* १. बूढ़ा पुरुष। ६० वर्ष या अधिक उम्र वाला व्यक्ति। २. विद्वान्। ३. (योग्यता आदि के विचार से) श्रेष्ठ तथा सम्मानित व्यक्ति।

वृद्धि (वृद्धि)—[सं॰ √वृध् + क्तिन्] *स्त्री॰* १. वर्धन। विकास। बढ़त। २. अधिकता। ३. उन्नति। प्रगति। ४. धन-दौलत। समृद्धि। ५. लाभ। मुनाफ़ा। ६. वेतन आदि में होनेवाली अधिकता। (व्या॰) सन्धि आदि में 'अ, इ, उ' का क्रमशः 'आ, ऐ, औ' रूप हो जाना। ∇ **विलोम**—क्षय/ह्रास।

वृन्त (वृंत)—[सं॰ √वृ + क्त, मुम्] *पु॰* १. (फल या पत्ते का) डंठल। ***जैसे***—कमल-वृन्त। २. (स्त्री के) कुच का अगला भाग।

वृन्ता—[सं॰ वृन्त + टाप्] *स्त्री॰* वृन्त। (छन्द॰) 'वृत्ता' छन्द। (दे॰)

वृन्तिका (वृंतिका)—[सं॰ वृन्त + कन् + टाप्] छोटा डंठल।

वृन्द (वृंद)—[सं॰ √वृ + दन्, नुम्] *पु॰* १. समूह। समुदाय। ***जैसे***—कविवृन्द। २. राशि। ढेर। ३. गुच्छा। ४. सौ करोड़ की संख्या। एक अरब। ✣ **वृन्दगान (वृंदगान)**—*पु॰* = समूहगान।

वृन्दा (वृंदा)—[सं॰ वृन्द + टाप्] *स्त्री॰* १. तुलसी। २. राधा।

वृन्दाटवी (वृंदाटवी)—[सं॰ वृन्दा ~ अटवी] *स्त्री॰* वृन्दावन।

वृन्दार (वृंदार)—[सं॰ वृन्द√ऋ+अण्] *वि॰* १. अधिक। २. उत्तम। उत्कृष्ट। ३. सुन्दर।

वृन्दारक (वृंदारक)—[सं॰ वृन्द + आरकन्] *वि॰* १. बहुत अधिक। अत्यधिक। २. उत्तम। श्रेष्ठ। उत्कृष्ट। ३. सुन्दर। ४. सम्मान्य। प्रतिष्ठित। *पु॰* १. देवता। २. श्रेष्ठ व्यक्ति। ✣ **वृन्दारकवृन्द (वृंदारकवृंद)**—*पु॰* = देवताओं का समूह। देव-समुदाय।

वृन्दारण्य/वृन्दावन (वृंदारण्य/वृंदावन)—[सं॰ वृन्दा ~ अरण्य/वन] *पु॰* १. तुलसी के पौधों का समूह। २. मथुरा ज़िले का एक स्थान जहाँ भगवान् कृष्ण का शैशव से किशोरावस्था तक का जीवन व्यतीत हुआ था।

वृन्दावनेश्वर (वृंदावनेश्वर)—[सं॰ वृन्दावन ~ ईश्वर] *पु॰* भगवान् कृष्ण। ✣ **वृन्दावनेश्वरी (वृंदावनेश्वरी)**—*स्त्री॰* = राधा। राधिका।

वृन्दी (वृंदी)—[सं॰ वृन्दिन्] *वि॰* १. समूहवाला। २. जो समूहों में बँटा हुआ हो।

वृश्चिक—[सं॰ √व्रश्च् + किकन्] *पु॰* १. बिच्छू नामक विषैला जन्तु जिसके काटने से बहुत पीड़ा होती है। २. गोबर का कीड़ा। ३. कनखजूरा नामक जन्तु। (खगोल॰) मेष आदि १२ राशियों में से आठवीं राशि।

वृश्चिकेश—[सं॰ वृश्चिक ~ ईश] *पु॰* (ज्योतिष॰) वृश्चिक राशि का स्वामी। मंगल (देवता)।

वृष—[सं॰ √वृष् + क] १. साँड़। बिजार। २. बैल। ३. शक्तिशाली पुरुष। ४. कामदेव। ५. (भगवान् शिव का वाहन) नन्दी। ६. (कामशास्त्र में वर्णित) चार प्रकार के पुरुषों में से एक जो 'शंखिनी' प्रकार की स्त्री के लिए उपयुक्त होता है। (खगोल॰) मेष आदि १२ राशियों में से दूसरी राशि।

वृषकेतन/वृषकेतु—[सं॰ वृष ~ केतन/केतु] *पु॰* शिव। महादेव।

वृषक्रतु—[सं॰ वृष ~ क्रतु] *पु॰* (वर्षा करनेवाला) इन्द्र।

वृषण—[सं॰ √वृष् + क्यु] *पु॰* (पुरुष में) शुक्राणु उत्पन्न करनेवाली जनन-ग्रन्थि। अंडकोष।

वृषणार्ति—[सं॰ वृषण ~ आर्ति] *स्त्री॰* (आयुर्वेद॰) अंडकोष में होनेवाली पीड़ा। (अं॰ ऑरकिडैलेजिआ)

वृषध्वज—[सं॰ वृष ~ ध्वज] *पु॰* शिव। महादेव।

वृषभ—[सं॰ √वृष् + अभच्] *पु॰* १. वृष। (दे॰) २. किसी जाति/वर्ग/समुदाय का सर्वश्रेष्ठ पुरुष। ***जैसे***—क्षत्रिय-वृषभ।

वृषभकेतु/वृषभगति/वृषभध्वज—[सं॰ वृषभ ~ केतु/गति/ध्वज] *पु॰* शिव। महादेव।

वृषभाङ्क (वृषभांक)—[सं॰ वृषभ ~ अङ्क] *पु॰* शिव। महादेव।

वृषभानुजा, वृषभानुनन्दिनी (वृषभानुनंदिनी)—[सं॰ वृषभानु + जा, वृषभानु ~ नन्दिनी] *स्त्री॰* वृषभानु की पुत्री। राधा। राधिका।

वृषभी—[सं॰ वृषभ + ङीष्] *स्त्री॰* गौ। गाय।

वृषल—[सं॰ √वृष् + कलच्] *पु॰* १. शूद्र। २. दुष्ट। व्यक्ति। अधर्मी पुरुष। ३. पतित पुरुष। ४. जातिच्युत किया हुआ ब्राह्मण या क्षत्रिय।

वृषली—[सं॰ वृषल + ङीष्] *स्त्री॰* १. शूद्र स्त्री या शूद्र-पत्नी। शूद्रा २. बन्ध्या स्त्री। बाँझ स्त्री।

वृषवाहन—[सं॰ वृष ~ वाहन] *पु॰* शिव। महादेव।

वृषस्कन्ध (वृषस्कंध)—[सं॰ वृष ~ स्कन्ध] *वि॰* १. (साँड़ के समान) ऊँचे कन्धों वाला। ***जैसे***—वृषस्कन्ध अर्जुन। २. बलिष्ठ।

वृषाकपि—[सं॰ वृष ~ कपि] *पु॰* १. सूर्य। २. विष्णु। ३. शिव। ४. इन्द्र। ५. अग्नि।

वृषादित्य—[सं॰ वृष ~ आदित्य] *पु॰* वैशाख मास की संक्रान्ति से आरम्भ सौर वृष मास का सूर्य जो बहुत अधिक तपाता है।

वृषोत्सर्ग—[सं॰ वृष ~ उत्सर्ग] *पु॰* किसी मृत व्यक्ति के नाम पर किसी बड़े बछड़े या साँड़ को दाग़कर स्वतन्त्र घूमने के लिए छोड़ देने का धार्मिक कृत्य।

वृष्ट—[सं॰ √वृष् + क्त] *वि॰* वर्षा के रूप में गिरा हुआ। बरसा हुआ।

वृष्टि—[सं॰ √वृष् + क्तिन्] *स्त्री॰* १. बादलों से जल की वर्षा। पानी बरसना। बरसात। २. वर्षा का पानी। ३. वर्षा के समान किसी वस्तु का बड़ी संख्या में ऊपर से गिरना। बौछार। ***जैसे***—पुष्प-वृष्टि। ३. (लाक्षणिक) किसी क्रिया का कुछ समय तक लगातार होना। ***जैसे***—गालियों की वृष्टि; धन-वृष्टि। ∇ **विलोम**—अनावृष्टि।

वृष्णि—[सं॰ √वृष् + नि] *वि॰* १. प्रचंड। उग्र। तेज़। २. क्रोधी। *पु॰* १. शिव। २. विष्णु। ३. वायु। ४. अग्नि। ५. इन्द्र। ६. मेघ। बादल। ७. किरण। ८. यादवों का एक वंश जिसमे श्रीकृष्ण का जन्म हुआ था।

वृहती—[सं॰ √वृह + आत + ङीष्] *स्त्री॰* १. वाणी। २. देवर्षि नारद की वीणा। (छन्द॰) एक वैदिक छन्द। ३. (पद्य आदि में) छत्तीस की संख्या।

†*वेइ, वेई—[< हिं॰ वे ही] सर्व॰ वे ही।

वेग—[सं॰ √विज् + घञ्] *पु॰* १. उत्तेजना। २. गति। रफ़्तार। ३. प्रबल प्रवृत्ति। मनोवेग। ४. (नदी आदि का) प्रवाह। बहाव। ५. शक्ति। बल। ६. (किसी क्रिया में होने वाली) शीघ्रता। तेज़ी। ***जैसे***—वह हर काम वेग से करता है। ७. उतावली। जल्दबाज़ी। ***जैसे***—राजनीति में वेग से नहीं, धैर्य से काम लिया जाता है। ८. शरीर में से मल-मूत्र आदि के निकलने की प्रवृत्ति। (गणित॰) किसी निश्चित दिशा में गति की दर। (अं॰ विलोसिटि)

वेगानिल—[सं॰ वेग ~ अनिल] *पु॰* १. तेज़ हवा। २. प्रभंजन। तूफ़ान।

वेगिनी—[सं॰ वेगिन् + ङीष्] *वि॰* (*स्त्री॰*) वेगवती वेगवाली। *स्त्री॰* नदी।

वेगीय—[सं॰ वेग + छ] *वि॰* १. वेग-सम्बन्धी। २. वेग का। ३. वेग के परिणामस्वरूप होनेवाला।

वेङ्कटेश (वेंकटेश)—[सं॰ वेङ्कट ~ ईश] *पु॰* १. **'वेंकटाचल'** नामक पर्वत पर स्थापित भगवान् विष्णु की मूर्ति। २. (भगवान्) विष्णु।

वेणी—[सं॰ वेण + ङीष्] *स्त्री॰* १. (स्त्रियों के) केशों की चोटी या गूँथी हुई चोटी। कबरी। २. पानी का प्रवाह। जल-प्रवाह। जल-धारा। ३. दो या अधिक नदियों का संगम।

वेणु—[सं॰ √अज् + णु, अज्→वी→वे] *पु॰* १. बाँस। २. वंशी। बाँसुरी। मुरली।

वेणुक—[सं॰ वेणु + कन्] *पु॰* १. वह लकड़ी जिससे पशुओं को हाँकते हैं। २. पैना। चाबुक। ३. वंशी। बाँसुरी। मुरली। ४. हाथी को चलाने का अंकुश जिसमें बाँस की मूठ हो। ✣ **वेणुकार**—*पु॰* = वंशी बनानेवाला।

वेणुज—[सं॰ वेणु + ज] *वि॰* जो बाँस से उत्पन्न हो। ***जैसे***—वेणुज ध्वनि। *पु॰* १. बाँस का बीज। २. बाँस के फूल में होने वाले दाने जिनका आटा अन्य आटे में मिलाकर खाया जाता है। बाँस का चावल। वेणु-यव।

वेणु-यव—[सं॰] *पु॰* बाँस का चावल। वेणुज।

वेणु-यष्टि—[सं॰] *स्त्री॰* बाँस की छड़ी।

वेणु-वन—[सं॰] *पु॰* १. बाँसों का समूह। २. बाँसों का जंगल। अधिक बाँसों वाला वन।

वेतस—[सं॰ √वे + असच् तुट्→आगम] *पु॰* १. बेंत। (दे॰) २. बिजौरा नीबू।

वेतसी—[सं॰ वेतस + ङीष्] *स्त्री॰* बेंत।

वेताल—[सं॰ वे ~ ताल] *पु॰* १. द्वारपाल। २. शिव का एक गणाधिपति। ३. श्मशान में रहनेवाले भूतों का एक वर्ग। (छन्द॰) छप्पय छन्द का एक भेद।

वेत्ता—[सं॰ वेतृ] *वि॰, पु॰* (प्रायः समस्त पद के अंत में प्रयुक्त) जाननेवाला। ज्ञाता। जानकार। ***जैसे***—शास्त्रवेत्ता।

वेत्र—[सं॰ √वी + त्र] *पु॰* १. बेंत। २. द्वारपाल का बेंत या डंडा।

वेत्रकार—[सं॰ वेत्र + कार] *पु॰* बेंत का सामान बनाने का पेशा करनेवाला व्यक्ति।

वेत्रधर/वेत्रधारक—[सं॰ वेत्र + धर, वेत्र ~ धारक] *पु॰* १. द्वारपाल। दरबान। चोबदार। २. छड़ीनदार।

वेत्र-यष्टि—[सं॰] *स्त्री॰* बेंत की छड़ी।

वेत्रवती—[सं॰ वेत्रवत् + ङीप्] *स्त्री॰* १. स्त्री द्वारपाल। २. बेतवा नदी का प्राचीन नाम।

वेत्राघात/वेत्राभिघात—[सं॰ वेत्र ~ आघात/अभिघात] *पु॰* बेंत की मार। बेंत लगाना।

वेत्रासन—[सं॰ वेत्र ~ आसन] *पु॰* वेंत से बुना हुआ आसन।

वेत्रिक/वेत्री—[सं॰ वेत्र + ठक्, वेत्रिन्] *पु॰* १. द्वारपाल। पहरेदार। सन्तरी। २. चोबदार।

वेद—[सं॰ √विद् + घञ्/अच्] *पु॰* १. ज्ञान, विशेषतः सच्चा आध्यात्मिक ज्ञान। २. ऋग्वेद, यजुर्वेद, सामवेद और अथर्ववेद नामक चार ग्रन्थ। ३. (पद्य आदि में) चार की संख्या।

वेदक—[सं॰ √विद् + णिच् + ण्वुल्] *वि॰* ज्ञान कराने वाला।

वेदगर्भ—[सं॰ वेद ~ गर्भ] *पु॰* १. ब्रह्मा। २. वेदज्ञ विद्वान्।

वेदत्रय—[सं॰ वेद ~ त्रय] *पु॰* ऋक्, यजुब् और साम की त्रयी। पद्यात्मक ऋचाओं, गद्यात्मक यजुषों और गेयात्मक सामों से युक्त वेद। चारों वेद।

वेदत्रयी—[स॰ वेद ~ त्रयी] *स्त्री॰* वेदत्रय।

वेदत्व—[स॰ वेद + त्व] *पु॰* वेद का धर्म/भाव। ***जैसे***—वेदों का वेदत्व इसी तत्त्व में है।

वेदन—[स॰ √विद् + ल्युट्] *पु॰* १. ज्ञान। २. अनुभूति। ३. संवेदना। ४. बहुत तीव्र मानसिक व्यथा या शारीरिक कष्ट। पीड़ा। ५. चेतना।

वेदना—[स॰ √विद् + युच् + टाप्] *स्त्री॰* वेदन। (दे॰)

वेद-पारग—[स॰] *पु॰* वेदों का मर्मज्ञ विद्वान्। वेद-विद्या में पारंगत व्यक्ति।

वेद-माता—[स॰] *स्त्री॰* गायत्री मन्त्र।

वेदवदन—[स॰ वेद ~ वदन] *पु॰* १. (चार मुखों वाला) ब्रह्मा। २. (वेद के मुख के समान) व्याकरण।

वेदव्रत—[स॰ वेद ~ व्रत] *पु॰* १. वेद का अध्ययन करने का संकल्प/व्रत।

वेदस्वरूप—[स॰ वेद ~ स्वरूप] *पु॰* १. ज्ञानस्वरूप। २. वेद का मूर्त रूप। साकार वेद।

वेदाङ्ग (वेदांग)—[स॰ वेद ~ अङ्ग] *पु॰* १. वेद के ६ अंग-शिक्षा, कल्प, व्याकरण, निरुक्त, छन्द और ज्योतिष। २. उक्त अंगों में से प्रत्येक।

वेदादिवर्ण/वेदादिबीज—[स॰ वेद ~ आदि ~ वर्ण/वीज] *पु॰* प्रणव। ओम्।

वेदाधिगम—[स॰ वेद ~ अधिगम] *पु॰* वेदों का अध्ययन। वेदाध्ययन।

वेदान्त (वेदांत)—[स॰ वेद ~ अन्त] *पु॰* १. वेद का अन्तिम भाग। उपनिषद्। २. प्राचीन उपनिषदों पर आधारित एक भारतीय दर्शन जिसका षड्दर्शन में महत्त्वपूर्ण स्थान है। उत्तरमीमांसा।

वेदान्तसूत्र (वेदांतसूत्र)—[स॰ वेदान्त ~ सूत्र] *पु॰* 'ब्रह्मसूत्र' नामक ग्रन्थ।

वेदि—[स॰ √विद् + इन्] *पु॰* १. विद्वान्। २. ऋषि। ३. आचार्य। *स्त्री॰* वेदी।

वेदिका—[स॰ वेदी + कन् + टाप्] *स्त्री॰* १. यज्ञ के लिए ठीक किया गया स्थान या ऊँचा चबूतरा। यज्ञवेदी। २. आँगन के बीच में बना चबूतरा।

वेदी[१]—[स॰ वेदिन्] *वि॰* (प्राय: समासयुक्त पद के अन्त में प्रयुक्त) जाननेवाला। ज्ञाता। ***जैसे***—तत्त्ववेदी।

वेदी[२]—[स॰ वेदि + ङीष्] *स्त्री॰* १. यज्ञ के लिए ठीक किया गया स्थान। २. सरस्वती (देवी)। ३. शुभ कार्य के लिए तैयार किया गया चौकोर स्थान और उसके ऊपर तैयार किया गया मंडप।

वेद्य (वेद्य)—[स॰ √विद् + ण्यत्] *वि॰* जानने/समझने के योग्य (विषय/बात)। ***जैसे***—वेद्य नीति। ❖ **वेद्यता (वेद्यता)**—*स्त्री॰* = १. ज्ञान। जानकारी। २. जानने/समझने के योग्य होने का भाव। ***जैसे***—विज्ञान से अनेक रहस्यों की वेद्यता सिद्ध हो गयी है।

वेध—[स॰ √विध् + घञ्] *पु॰* १. किसी वस्तु में नुकीली वस्तु धँसाने का काम। वेधन। वेधना। छेदना। २. घायल करना। ३. निशाना लगाने का कार्य। निशाना। ४. खुदाई। (खगोल॰) दूरदर्शक यन्त्र आदि की सहायता से आकाश के ग्रह-नक्षत्रों आदि की स्थिति/स्थान को निश्चित करने का कार्य। ***जैसे***—ग्रह-वेध।

वेधक—[स॰ √विध् + ण्वुल्] *वि॰, पु॰* १. वेधन करनेवाला। छेदनेवाला। २. नुकीली वस्तु धँसाकर घायल करनेवाला। ३. रत्नों आदि को वेधकर अपनी जीविका चलानेवाला। ४. पत्थर या धातु का एक उपकरण जो छेद करने में काम आता है। रन्ध्रक।

वेध-छिद्र—[स॰] *पु॰* वेधने से किया गया छेद। (भूविज्ञान॰) (खनिज और जल की खोज आदि के लिए) पृथ्वी में यन्त्रों द्वारा किया जानेवाला गहरा छिद्र। (अ॰ बोर होल)

वेधनिका/वेधनी—[स॰ वेधनी + कन् + टाप्, ह्रस्व, वेधन + ङीप्] *स्त्री॰* वह उपकरण/साधन जिससे रत्न आदि में छेद किए जाते हैं।

वेधशाला—[स॰ वेध ~ शाला] *स्त्री॰* ग्रहों/नक्षत्रों आदि की स्थिति का निरीक्षण तथा उनकी गति का अध्ययन करने की प्रयोगशाला।

वेधस—[स॰ वेधस् + अच्] *पु॰* हथेली की अँगूठे की जड़ के समीप का स्थान। अंगुष्ठमूल।

वेधा—[स॰ वेधस्] *पु॰* १. सृष्टि का रचयिता। ब्रह्मा। २. दक्ष आदि प्रजापति। ३. विष्णु। ४. शिव। महादेव। ५. सूर्य।

वेधिनी—[स॰ वेधिन् + ङीष्] *स्त्री॰* जोंक। *वि॰* (*स्त्री॰*) १. वेधी (स्त्री)। वेध/छेद करनेवाली। २. निशाना लगानेवाली। (खगोल॰) ग्रहों/नक्षत्रों आदि का वेध करनेवाली।

वेधी—[स॰ वेधिन्] *वि॰, पु॰* वेधन/भेदन करनेवाला। छेद करनेवाला। (खगोल॰) ग्रहों/नक्षत्रों आदि का वेध करनेवाला।

वेपथु—[स॰ √वेप् + अथुच्] *पु॰* कम्पन। कँपकँपी। थरथरी।

वेल—[स॰ √वेल् + अच्] *पु॰* उपवन। बाग़। बग़ीचा।

वेलना—[< स॰ वेल्लन] *क्रिअ॰* १. काँपना। २. हिलना। ३. व्याकुल होना।

वेला—[स॰ √वेल् + अ + टाप्] *स्त्री॰* १. (किसी काम या बात के लिए निश्चित) समय। ***जैसे***—भोजन की वेला। २. समुद्र या नदी का तट। ३. अवसर। ***जैसे***—मिलन-वेला। ४. तरंग। लहर। ५. सहज मृत्यु। ६. मर्यादा। सीमा। (शिक्षा॰) विद्यालय आदि में कक्षा लगने की कुल अवधि के निश्चित खंडों में से एक कालखंड। घंटा। (अ॰ पीरियड)।

वेल्लि—[स॰ √वेल्ल् + इन्] *स्त्री॰* लता। बेल।

वेल्लित—[स॰ √वेल्ल् + क्त] *वि॰* १. काँपा हुआ या काँपता हुआ। कम्पित। २. लिपटा हुआ। ३. झुका हुआ। ४. लोटा हुआ।

वेल्ली—[स॰ वेल्लि + ङीष्] *स्त्री॰* लता। बेल।

वेश—[स॰ √विश् + घञ्] *पु॰* १. अन्दर जाने की क्रिया/भाव। प्रवेश। २. प्रवेश का द्वार या साधन। प्रवेश-द्वार। ३. घर। मकान। ४. वेश्या का घर। ५. पहनने के वस्त्र। पोशाक। ६. रूप बदलने के लिए पहने गए विशेष वस्त्र।

वेशकार—[स॰ वेश + कार] *पु॰* १. पहनने के वस्त्र बनाने का काम करनेवाला व्यक्ति। पोशाक बनानेवाला। दर्जी। २. पुतलियाँ बनाने और उन्हें सजानेवाला व्यक्ति।

वेशनारी—[स॰ वेश ~ नारी] *स्त्री॰* वेश्या। गणिका।

वेश-वधू, वेश-वनिता—[स॰] *स्त्री॰* वेश्या। गणिका।

वेश्म—[स॰ वेश्मन्] *पु॰* भवन या घर।

वेश्य—[स॰ वेश + यत्] *पु॰* वेश्यालय। रंडीख़ाना।

वेश्या—[वेश + यत् + टाप्] *स्त्री॰* १. धन लेकर लोगों के साथ विलास करनेवाली स्त्री। गणिका। रंडी। पतुरिया। २. (उक्त कार्य के साथ-साथ या उसके बिना) लोगों के मनोरंजन के लिए धन लेकर नाचने-गाने का काम करनेवाली स्त्री। तवायफ़।

वेश्याङ्गना (वेश्यांगना)—[स॰ वेश्या ~ अङ्गना] *स्त्री॰* वेश्या। गणिका।

वेष—[स॰ √वेष् + अच्] *पु॰* १. पहने हुए वस्त्र आदि। वेश। २. वेश्या का घर। वेश्यालय। (नाट्य॰) रंगमंच के पीछे का स्थान जहाँ नट/अभिनेता अपनी वेश-रचना करते हैं। नेपथ्य।

वेष-भूषा—[स॰] *स्त्री॰* पहनावा। पोशाक।

वेष्ट—[स॰ √वेष्ट् + घञ्] *पु॰* १. घिराव। २. घेरा। अहाता। ३. लिपटना। लिपटाव। ४. पगड़ी। ५. (वृक्ष का) गोंद या राल। ६. तारपीन।

वेष्टन—[स॰ √वेष्ट् + ल्युट्] *पु॰* १. किसी वस्तु के चारों ओर से अच्छी प्रकार लपेट कर बाँधने का कार्य। २. वस्तुओं को काग़ज़/टाट/कपड़ा आदि में लपेटकर भेजने के लिए तैयार करने की क्रिया। (अ॰ पैकिंग) ३. किसी वस्तु को किसी में लपेटने या घेरने में प्रयुक्त वस्तु। ४. बँधी हुई वस्तुएँ। पुलिन्दा। गट्ठर। (अ॰ पैकेज) ५. बँधवाई। ६. पगड़ी। साफ़ा। ७. घेरा। अहाता।

वेसर—[स॰ वेस √रा + क] *पु॰* खच्चर।

† *वेसासना—[< स॰ विश्वास] *क्रिस॰* विश्वास करना।

***वेहना**—[< स॰ वीक्षण] *क्रिस॰* देखना।

वै[1]—[स॰ √वा + डै] (अव्यय॰) निश्चय ही।

वै[2]—[< हि॰ वे] सर्व॰ १. वे। २. वे ही।

†वै[3]—[< स॰ द्वि] *वि॰* १. दो। २. दोनों।

वैकट्य—[स॰ विकट + ष्यञ्] *पु॰* विकटता।

वैकल्प—[स॰ विकल्प + अण्] *पु॰* १. विकल्प की स्थिति/भाव। विकल्पता। २. असमंजस। ३. अनिश्चयात्मकता।

वैकल्पिक—[स॰ विकल्प + ठक्] *वि॰* १. जो विकल्प रूप में हो। ऐच्छिक। २. सन्दिग्ध। अनिश्चयात्मक। ∇ **विलोम**—अनिवार्य।

वैकल्य—[स॰ विकल + ष्यञ्] *पु॰* १. विकलता। व्याकुलता। घबराहट। २. उत्तेजना। ३. दुर्बलता। कमज़ोरी। ४. न्यूनता। अपूर्णता। कमी। ५. भ्रम उत्पन्न करनेवाला दोष। ६. अंगहीनता। विकलांगता। ७. लँगड़ापन। ८. अभाव। अनस्तित्व।

वैकारिक—[स॰ विकार + ठक्] *वि॰* १. विकार-सम्बन्धी। २. बिगड़ा हुआ। विकृत। ३. विकार के कारण होनेवाला। ४. परिवर्तनशील।

वैकाल—[स॰ विकाल + अण्] *पु॰* १. दिन का तीसरा पहर। अपराह्न। २. सायंकाल। शाम।

वैकृत—[स॰ विकृत + अण्] *वि॰* १. विकार/विकृति से सम्बन्धित। विकृति का। २. विकार से उत्पन्न। विकृतिजन्य। ३. विकारग्रस्त। ४. परिवर्तित। ५. संशोधित। *पु॰* १. विकार। ख़राबी। २. घृणा। ३. अशकुन। ४. परिस्थिति या आकृति में परिवर्तन। ५. संशोधन।

वैकृतिक—[स॰ विकृति + ठक्] *वि॰* १. विकृति से सम्बन्धित। २. विकृति से उत्पन्न। ३. नैमित्तिक। ४. परिवर्तित। ५. संशोधित।

वैकृत्य—[स॰ विकृत + ष्यञ्] *पु॰* १. विकार। २. परिवर्तन। ३. दुर्दशा। ४. घृणा। ५. उद्वेग। ६. बीभत्स काम/बात।

वैक्लव्य—[स॰ विक्लव + ष्यञ्] १. विकलता। व्याकुलता। घबराहट। २. सन्ताप। पीड़ा। ३. शोक। ४. मानसिक अस्थिरता। ५. अस्तव्यस्तता। गड़बड़ी।

वैखरी—[स॰ वि + ख √रा + क + अण् + ङीप्] १. वाणी का एक प्रकार। २. बोलने की शक्ति। वाक्शक्ति। ३. वाणी की देवी। वाग्देवी। सरस्वती। (भार॰ दर्शन॰) वाणी के चार भेदों में से एक।

वैगुण्य—[स॰ विगुण +ष्यञ्] *पु॰* १. अच्छे गुण का अभाव। गुणहीनता। विगुणता। २. दोष। ऐब। ३. अवगुण। ४. नीचता। क्षुद्रता। ५. अपराध। ६. निपुणता की कमी। अनिपुणता।

वैग्रहिक—[स॰ विग्रह + ठक्] *वि॰* १. विग्रह-सम्बन्धी। २. शरीर-सम्बन्धी। शारीरिक।

वैचक्षण्य—[स॰ विचक्षण + ष्यञ्] *पु॰* १. विचक्षणता। चातुर्य। २. कुशलता। निपुणता।

वैचारिकी—[< स॰ वैचारिक] *स्त्री॰* १. विचारधारा। विचार-पद्धति। २. किसी सिद्धान्त के आधारभूत विचार।

वैचित्य—[स॰ विचित + ष्यञ्] *पु॰* १. चित्त की भ्रान्ति। भ्रम। २. अनमनापन। अन्यमनस्कता। ३. मानसिकता विकलता। शोक। ४. संज्ञाहीनता। बेहोशी।

वैचित्र्य—[स॰ विचित्र + ष्यञ्] *पु॰* १. विचित्रता। विलक्षणता। अनोखापन। २. भिन्नता। विभिन्नता। ३. सुन्दरता। ४. आश्चर्य।

वैजयन्त (वैजयंत)—[स॰ वैजयन्ती + अण्] *पु॰* १. इन्द्र का राजभवन। २. इन्द्र की ध्वजा। ३. ध्वजा। पताका। ४. घर। ५. अग्निमन्थ वृक्ष। अरणी।

वैजयन्तिका (वैजयंतिका)—[स॰ वैजयन्ती + कन् + टाप्, ह्रस्व] *स्त्री॰* १. ध्वज। पताका। झंडा। २. मोतियों का हार।

वैजयन्ती (वैजयंती)—[स॰ विजयन्त + अण् + ङीप्] *स्त्री॰* १. ध्वज। पताका। झंडा। २. घुटने तक लटकनेवाली पाँच रंगों की एक विशेष प्रकार की माला। ३. भगवान् विष्णु की माला। ४. माला। हार। ५. चिह्न। बिल्ला। ६. प्रतियोगिता आदि में विजय का सूचक उपहार। ७. विजयसूचक रागिनी।

वैजात्य—[स॰ विजाति + ण्यत्] *स्त्री॰* १. जातिगत भिन्नता। विजातीयता। २. वर्ण/वर्ग आदि की भिन्नता। ३. जाति से अलग किया जाना। जाति-बहिष्कार। ४. विलक्षणता। विचित्रता। ५. लम्पटता। दुश्चरित्रता।

वैज्ञानिक—[स॰ विज्ञान + ठक्] *पु॰* विज्ञान का ज्ञाता। विज्ञानी।

विज्ञानवेत्ता। *वि*० १. विज्ञान-सम्बन्धी। २. व्यवस्थित और क्रमबद्ध। ∇ **विलोम**—अवैज्ञानिक।

वैणव—[सं० वेणु + अण्] *पु*० १. बाँस का फल। २. वेणु। वंशी। बाँसुरी। मुरली। ३. बाँस की चटाइयाँ आदि बनानेवाला। वेणु-शिल्पी। *वि*० बाँस-सम्बन्धी। बाँस का।

वैणविक—[सं० वैणव + ठक्] *पु*० वंशी बजानेवाला। वंशीवादक।

वैणिक—[सं० वीणा + ठक्] *पु*० वीणा बजानेवाला। वीणावादक। *वि*० वीणा-सम्बन्धी। वीणा का।

वैणुक—[सं० वेणु √कै + क + अण्] *पु*० वंशी बजानेवाला। वंशीवादक।

वैतण्डिक (वैतंडिक)—[सं० वितण्डा + ठक्] *पु*० वितंडा करनेवाला। अकारण झगड़ा या विवाद करनेवाला व्यक्ति।

***वैतत**—[< हिं० वै + सं० तत्त्व] *पु*० वह तत्त्व।

वैतत्य—[सं० वितत + ष्यञ्] *पु*० वितति। विस्तार।

वैतथ्य—[सं० वितथ + ष्यञ्] *पु*० १. मिथ्यात्व। झूठ। २. निरर्थकता। ३. विफलता। असफलता।

वैतनिक—[सं० वेतन + ठक्] *वि*० १. वेतन-सम्बन्धी। वेतन का। २. वेतन लेकर काम करनेवाला। वेतनभोगी। *पु*० वेतनभोगी व्यक्ति। ∇ **विलोम**—अवैतनिक।

वैतरणी—[सं० वितरण + अण् + ङीप्] *स्त्री*० १. उड़ीसा की एक नदी जो पवित्र मानी जाती है। २. नरक की एक नदी जिसे (मृत्यु के बाद) पार करके ही जीवात्मा आगे जाता है।

वैताल—[सं० विताल + अण्] *पु*० प्राचीनकाल में वह व्यक्ति जिसका काम राजा को प्रात: काल जगाने के उद्देश्य से स्तुति-पाठ करना होता है। वैतालिक। बन्दीजन। भाट। *वि*० वेताल-सम्बन्धी। वेताल का।

वैतालिक[1]—[सं० विताल + ठक्] *पु*० १. प्राचीन काल में वह व्यक्ति जिसका काम राजा को प्रात: जगाने के उद्देश्य से उसका स्तुति-पाठ करना होता था। वैताल। बन्दीजन। भाट। २. जादूगर। ३. (लाक्षणिक) राष्ट्रीय/सामाजिक आदि जागरण का सन्देशवाहक। राष्ट्र या समाज आदि को जाग्रत करनेवाला।

वैतालिक[2]—[सं० वेताल + ठक्] *पु*० भूत-प्रेत वर्ग के। वेताल का उपासक। वेताल को पूजा-पाठ आदि से सिद्ध करनेवाला।

वैतृष्ण्य—[सं० वितृष्ण + ष्यञ्] *पु*० तृष्णारहित होने की अवस्था या भाव। वितृष्णा।

वैदग्ध/वैदग्ध्य—[सं० विदग्ध + अण्/ष्यञ्] *पु*० १. विदग्धता। विद्वत्ता। पांडित्य। २. कार्यकुशलता। दक्षता। निपुणता। पटुता। ३. चतुरता। चालाकी। ४. रसिकता। ५. प्रत्युत्पन्नमतित्व। हाज़िरजबाबी। ६. सौन्दर्य।

वैदर्भ—[सं० विदर्भ + अण्] *वि*० १. बातचीत करने में चतुर। २. विदर्भ देश का। ३. विदर्भ देश में उत्पन्न। *पु*० १. वाक्चातुर्य। २. विदर्भ का राजा।

वैदर्भी—[सं० वैदर्भ + ङीप्] *स्त्री*० १. विदर्भ देश/राज्य की कन्या या स्त्री। २. (अगस्य की पत्नी) लोपामुद्रा। ३. (राजा नल की पत्नी) दमयन्ती। ४. (कृष्ण की पत्नी) रुक्मिणी। (काव्य०) साहित्य-रचना की एक रीति।

वैदिक—[सं० वेद + ठक्] *वि*० १. वेद-सम्बन्धी। वेद का। २. जो वेदों में कहा गया हो। वेदोक्त। ३. वेदों के अनुकूल। वेदविहित। *पु*० १. वेद में कहे हुए कृत्य करनेवाला। २. वेद में वर्णित कर्मकांड करनेवाला। ३. वेदज्ञ विद्वान्।

वैदूर्य—[सं० विदूर + ञ्य] *पु*० १. एक अति कठोर रत्न जो हरे, नीले, पीले, गुलाबी अथवा श्वेत षट्कोणीय त्रिपार्श्वों के रूप में मिलता है। २. 'लहसुनिया' नामक रत्न। (अं० बेरिल)

वैदेशिक—[सं० विदेश + ठक्] *वि*० १. विदेश से सम्बन्धित। दूसरे देश का। विदेशी। २. विदेश में होनेवाला। *पु*० दूसरे देश का व्यक्ति। विदेशी। परदेसी।

वैदेह—[सं० विदेह + अण्] *पु*० १. विदेह देश का राजा। विदेहराज। २. विदेह देश का निवासी। विदेहवासी।

वैदेही—[सं० विदेह + अण् + ङीप्] *स्त्री*० १. विदेह देश की राजकुमारी या स्त्री। २. विदेहराज जनक की पुत्री। सीता।

वैद्युत (वैद्युत)—[सं० विद्युत् + अण्] *वि*० १. बिजली-सम्बन्धी। बिजली का। २. बिजली से उत्पन्न।

वैध—[सं० विधि + अण्] *वि*० जो विधि के अनुसार हो। जो क़ायदे या क़ानून के अनुसार हो। विधिमान्य। विधिसम्मत। ∇ **विलोम**—अवैध। ❖ **वैध मुद्रा**—*स्त्री*० = (वाणि०) किसी देश की ऐसी मुद्रा (सिक्का या नोट) जिसे स्वीकार करने के लिए उस देश का प्रत्येक व्यक्ति बाध्य है।

वैधर्मिक—[सं० विधर्मी + कन् + अण्] *वि*० १. जो धर्म-संगत न हो। धर्म-विरुद्ध। २. विधर्मियों के सदृश।

वैधर्म्य—[सं० विधर्म + ष्यञ्] *पु*० १. धर्म की भिन्नता। २. गुण या धर्म की भिन्नता। ३. असमानता। अन्तर। ४. धर्म-विमुखता। नास्तिकता।

वैधव्य—[सं० विधवा + ष्यञ्] *पु*० विधवापन।

वैधानिक—[सं० विधान + ठक्] *वि*० १. विधान-सम्बन्धी। विधान का। २. विधान के अनुसार/अनुकूल। विधानसम्मत। ∇ **विलोम**—अवैधानिक।

वैधुर्य—[सं० विधुर + ष्यञ्] *पु*० १. विधुरता। विधुरपन। २. वियोग। ३. निराशा।

वैधेय—[सं० विधि + ढक्] *वि*० १. विधि-सम्बन्धी। विधि/नियम/क़ानून का। २. नियमानुकूल।

वैन—[अं०] *स्त्री*० यान। गाड़ी। २. बन्द मोटरगाड़ी। ३. मालगाड़ी का डिब्बा।

वैनायक—[सं० विनायक + अण्] *वि*० गणेश-सम्बन्धी। गणेश का।

वैनाशिक—[सं० विनाश + ठक्] *वि*० १. विनाश-सम्बन्धी। विनाश का। २. नाशवान्। नश्वर। *पु*० १.बौद्ध सिद्धान्त। २. बौद्ध सिद्धान्त का अनुयायी।

वैनोदिक—[सं॰ विनोद + ठक्] *वि॰* १. विनोद से सम्बन्धित। विनोद का। २. विनोदात्मक। मनोरंजक।

वैन्ध्य (वैंध्य)—[सं॰ विन्ध्य + अण्] *पुं॰* १. विन्ध्य पर्वत से सम्बन्धित। विन्ध्याचल का। २. विन्ध्याचल पर उत्पन्न या विन्ध्याचल से प्राप्त। *जैसे*—वैन्ध्य जड़ी-बूटियाँ। ३. विन्ध्याचल क्षेत्र का निवासी।

वैपरीत्य—[सं॰ विपरीत् + ष्यञ्] *पुं॰* विपरीतता। प्रतिकूलता।

वैपुल्य—[सं॰ विपुल + ष्यञ्] *पुं॰* १. अधिकता। २. विशालता। विस्तार। विपुलता।

वैफल्य—[सं॰ विफल + ष्यञ्] *पुं॰* १. विफलता। असफलता। २. निरर्थकता। व्यर्थता।

वैभव—[सं॰ विभु + अण्] *पुं॰* १. विभवशीलता। धन-सम्पत्ति। ऐश्वर्य। *जैसे*—राजसी वैभव। २. महत्ता। महिमायुक्तता। ३. शक्ति। सामर्थ्य। ४. गौरवशाली पद। ५. शान-शौक़त। ∇ **विलोम**—दैन्य।

वैभाषिक—[सं॰ विभाषा + ठक्] *वि॰* १. विभाषा-सम्बन्धी। विभाषा का। २. वैकल्पिक। ऐच्छिक। ३. विभाषा/बोली से सम्बन्धित। किसी विभाषा या बोली का। *पुं॰* १. हीनयान के अन्तर्गत एक बौद्ध सम्प्रदाय। २. उक्त सम्प्रदाय का अनुयायी।

वैभिन्न्य—[सं॰ विभिन्न + ष्यञ्] *पुं॰* विभिन्नता। *जैसे*—विचारों का वैभिन्न्य।

वैभूतिक—[सं॰ विभूति + ठन्] *वि॰* १. विभूति-सम्बन्धी। २. विभूति का। ३. विभूति के कारण होनेवाला। ४. प्रचुर। अत्यधिक।

वैमत्य—[सं॰ विमति + ण्य] *पुं॰* १. मतों की भिन्नता। मतभेद। २. अनैक्य। फूट। ३. अरुचि। घृणा।

वैमनस्य—[सं॰ विमनस् + ष्यञ्] *पुं॰* १. मन-मुटाव। वैर। शत्रुता। २. मानसिक शिथिलता। अन्यमनस्कता। खिन्नता। उदासी।

वैमात्र—[सं॰ विमातृ + अण्] *वि॰* सौतेली माता से उत्पन्न। सौतेला। *पुं॰* सौतेला भाई। ✣ **वैमात्री**—*स्त्री॰* = सौतेली बहन।

वैमानिक—[सं॰ विमान + ठक्] *वि॰* १. विमान-सम्बन्धी। विमान का। २. विमान पर सवार होकर अन्तरिक्ष में उड़नेवाला। *पुं॰* १. हवाई जहाज़ चलानेवाला। विमानचालक। २. विमान पर सवार व्यक्ति।

वैमानिकी—[सं॰ वैमानिक + ङीष्] *स्त्री॰* १. हवाई जहाज़ चलाने की क्रिया। २. हवाई जहाज़ का विज्ञान। विमानशास्त्र। विमानचालनविज्ञान।

वैमुख्य—[सं॰ विमुख + ष्यञ्] *पुं॰* १. विमुखता। २. अरुचि। घृणा। ३. पलायन। भागना। *जैसे*—युद्ध से वैमुख्य दिखाना।

वैयक्तिक—[सं॰ व्यक्ति + कन् + अण्] *वि॰* १. किसी व्यक्ति विशेष का या उससे सम्बन्धित। व्यक्तिगत। निजी। *जैसे*—वैयक्तिक विचार; वैयक्तिक आय। (अं॰ पर्सनल) २. जिस पर एक ही व्यक्ति का क़ानूनी अधिकार हो अत: जो सर्वसाधारण लोगों के लिए न हो। जो पारिवारिक/सामूहिक/सार्वजनिक/सरकारी न हो। *जैसे*—वैयक्तिक पत्राचार। (अं॰ प्राइवेट)

वैयाकरण—[सं॰ व्याकरण + अण्, ऐच्] *वि॰* व्याकरण-सम्बन्धी। व्याकरण का। *पुं॰* १. व्याकरणशास्त्र का विद्वान्। २. व्याकरण-ग्रन्थ का रचयिता।

वैयाघ्र—[सं॰ व्याघ्र + अञ्] *वि॰* १. व्याघ्र-सम्बन्धी। चीते का। २. व्याघ्र जैसा।

वैयासकि—[सं॰ व्यास + इञ्, अकङ्-आदेश, ऐच्] *वि॰* जो व्यास का वंशज हो। *पुं॰* व्यास द्वारा रचित पुस्तक।

वैर—[सं॰ वीर + अण्] *पुं॰* १. शत्रुता। विरोध। दुश्मनी। २. प्रतिहिंसा। बदला। *जैसे*—वैर चुकाना। ∇ **विलोम**—प्रीति/प्रेम। ✣ **वैर-विरोध**—*पुं॰* = शत्रुता।

***वैरागर**—[सं॰ वज्राकर] *पुं॰* मध्यकालीन हीरों की एक प्रसिद्ध खान।

वैरागिक—[सं॰ विराग + ठञ्] *वि॰* १. विराग-सम्बन्धी। वैराग्य का। २. विराग उत्पन्न करनेवाला।

वैराग्य—[सं॰ विराग + ष्यञ्] *पुं॰* १. विषय-वासना और सांसारिक सम्बन्धों से मन की विमुखता। विरक्ति। उदासीनता। अनासक्ति। २. मन की राग-रहित अवस्था।

वैराङ्कुर (वैरांकुर)—[सं॰ वैर ~ अङ्कुर] *पुं॰* शत्रुता का अंकुर।

वैराज—[सं॰ विराज् + अण्] *वि॰* ब्रह्मा-सम्बन्धी। ब्रह्मा का। *पुं॰* परमात्मा।

वैराज्य—[सं॰ विराज + ष्यञ्] *पुं॰* १. वह शासन-प्रणाली जिसमें किसी राज्य का संचालन दो प्रभुसत्ताओं के अधीन होता है। २. उक्त शासनप्रणालीवाला राज्य।

वैराट—[सं॰ विराट + अण्] *वि॰* विराट-सम्बन्धी। विराट का। *पुं॰* वर्षाऋतु में दिखनेवाला एक छोटा कीट जो गहरे लाल रंग का और बहुत सुन्दर होता है। इन्द्रवधू। वीरबहूटी।

वैरी—[सं॰ वैरिन्] *पुं॰* जिसके साथ वैर-भाव हो। शत्रु।

वैरूप्य—[सं॰ विरूप + ष्यञ्] *पुं॰* १. विरूपता। कुरूपता। २. विकृति। ३. रूपों की विभिन्नता।

वैरोचन/वैरोचनि—[सं॰ विरोचन + अण्/इञ्] *पुं॰* विरोचन का पुत्र। २. (दैत्यराज) बलि।

वैलक्षण्य—[सं॰ विलक्षण + ष्यञ्] *पुं॰* १. किसी वस्तु/व्यक्ति को विलक्षण बनानेवाला गुण/धर्म। विलक्षणता। २. विचित्रता। ३. विविधता। ४. विरोध।

वैलक्ष्य—[सं॰ विलक्ष + ष्यञ्] *पुं॰* १. लज्जा। शर्म। २. अस्वाभाविकता। ३. विपरीतता।

वैलिङ्ग्य (वैलिंग्य)—[सं॰ विलिङ्ग + ष्यञ्] *पुं॰* परिचायक लक्षण न होना। लिंगहीनता।

वैलोम्य—[सं॰ विलोम + ष्यञ्] *पुं॰* विलोम होना। विलोमता।

वैवर्ण्य—[सं॰ विवर्ण + ष्यञ्] *पुं॰* १. रंग बदल जाना। विवर्णता। २. मलिनता। ३. भिन्नता। (काव्य॰) भय, लज्जा, क्रोध आदि के कारण किसी के मुँह का रंग बदल जाना।

वैवस्वत—[सं॰ विवस्वत् + अण्] *पुं॰* विवस्वान्/सूर्य का पुत्र।

यमराज। शनि (देवता)। सातवाँ मन्वन्तर। ✣ **वैवस्वती**— *स्त्री०* = १. यमुना (नदी)। २. दक्षिण दिशा।

वैशद्य (वैशद्य)—[सं० विशद + ष्यञ्] *पु०* १. स्वच्छता। निर्मलता। २. स्पष्टता। ३. उज्ज्वलता। ४. स्वस्थता। ५. (मानसिक) शान्ति। Δ **पर्याय**—विशदता।

वैशल्य—[सं० विशल्य + अण्] *पु०* १. अन्दर धँसा काँटा निकल जाना। २. किसी भारी कष्ट से मुक्ति।

वैशाख—[सं० विशाखा + अण्] *पु०* चैत्र मास से अगला महीना।

वैशाखी—[सं० विशाखा + अण् + ङीप्] *स्त्री०* १. वैशाख मास की संक्रान्ति या उसका उत्सव। *वि०* वैशाख मास का या उससे सम्बन्धित। *जैसे*—वैशाखी पूर्णिमा।

वैशारद्य (वैशारद्य)—[सं० विशारद + ष्यञ्] *पु०* १. विशारद होने का भाव। विशारदता। २. निपुणता। चतुरता। ३. विद्वत्ता।

वैशिक—[सं० वेश + ठक्] *वि०* १. वेश्यावृत्ति से सम्बन्धित। २. वेश्या-सम्बन्धी। *पु०* (काव्य०) एक प्रकार का नायक। वेश्यागामी नायक।

वैशेषिक—[सं० विशेष + ठक्] *पु०* (भा० दर्शन०) १. कणाद ऋषि द्वारा प्रवर्तित एक दर्शन जिसमें द्रव्य, गुण, कर्म, सामान्य, विशेष, अभाव समवाय नामक सात पदार्थों के आधार पर सम्पूर्ण चिन्तन किया गया है। *वि०* १. उक्त दर्शन का अनुयायी या समर्थक।

वैश्य—[सं० √विश् + क्विप् + ष्यञ्] *पु०* १. ब्राह्मण आदि चार वर्णों में तीसरा वर्ण। उक्त वर्ण का व्यक्ति। ✣ **वैश्यकर्म/वैश्यवृत्ति**— *पु०* = वैश्यों के लिए कर्म या आजीविका के साधन जिनमें व्यापार, कृषि और पशु-पालन प्रमुख हैं। ✣ **वैश्या**— *स्त्री०* = १. वैश्य जाति की स्त्री। २. वैश्य की पत्नी।

वैश्रवण—[सं० विश्रवण + अण्] *पु०* १. कुबेर। २. शिव। महादेव।

वैश्लेषिक—[सं० विश्लेष् + ठक्] *वि०* १. विश्लेषण से सम्बन्धित। विश्लेषण का। २. विश्लेषण से ज्ञात होनेवाला। ३. जिसके मूल में विश्लेषण हो। विश्लेषणमूलक। ✣ **वैश्लेषिक रसायन**— *पु०* = रसायनविज्ञान की वह शाखा जिसके अन्तर्गत किसी पदार्थ या उसके अवयवी तत्त्व। मूलक का गुणात्मक परीक्षणों से आकलन किया जाता है।

वैश्व—[सं० विश्व + अण्] *वि०* १. विश्व-सम्बन्धी। विश्व का। *जैसे*—वैश्व परिस्थिति। २. सब का।

वैश्वदेव—[सं० विश्वदेव + अण्] *वि०* विश्वेदेव-सम्बन्धी। *पु०* भोजन करने से पहले सब देवों के उद्देश्य से अग्नि में दी जाने वाली आहुति। विश्वेदेव का नैवेद्य/बलि। ✣ **वैश्वदेवी**— *वि०* (*स्त्री०*) = विश्वेदेव-सम्बन्धी। *जैसे*—वैश्वदेवी बलि। *स्त्री०* = (छन्द०) एक समवर्णिक छन्द जिसके प्रत्येक चरण में क्रमश: २ मगण और २ यगण के योग से १२ वर्ण होते हैं तथा ५-७ पर यति होती है। ✣ **वैश्वरूप**— *वि०* = १. अनेक रूपों वाला। २. विभिन्न प्रकार का।

वैश्वानर—[सं० विश्वानर + अण्] *पु०* १. अग्नि। २. अन्न पचानेवाली अग्नि। जठराग्नि। ३. परमात्मा।

वैश्विक—[सं० विश्व + ठक्] *वि०* १. विश्व-सम्बन्धी। विश्व का। *जैसे*—राजनीति का वैश्विक दृश्य। २. विश्वव्यापी। *जैसे*—नारी-स्वातन्त्र्य का वैश्विक आन्दोलन। ३. सब का।

वैषम्य—[सं० विषम + ष्यञ्] *पु०* विषमता। असमानता। (पा० काव्य०) विरोधी विचारों या बिम्बों की प्रत्यक्ष या अप्रत्यक्ष तुलना। (अं० कोन्ट्रास्ट)। ∇ **विलोम**—साम्य।

वैषयिक—[सं० विषय + ठक्] *वि०* १. विषय-सम्बन्धी। २. (किसी) पदार्थ से सम्बन्धित। *पु०* विषय-वासना में लिप्त रहनेवाला पुरुष। विषयी पुरुष। लम्पट पुरुष।

वैषिक—[सं० विष + ठक्] *वि०* १. विष-सम्बन्धी। २. विष का योग होने से उत्पन्न। विषजन्य। *जैसे*—वैषिक रोग से मृत्यु हो गयी।

वैष्णव—[सं० विष्णु + अण्] *वि०* १. विष्णु-सम्बन्धी। २. परमात्मा के विष्णु-रूप की उपासना करनेवाला। *पु०* १. विष्णु का उपासक। २. विष्णु के उपासकों का कोई सम्प्रदाय। ३. सात्त्विक आचार-विचारवाला व्यक्ति। ✣ **वैष्णवत्व**— *पु०* = वैष्णवता। वैष्णवपन।

वैष्णवाचार—[सं० वैष्णव ~ आचार] *पु०* वैष्णव सम्प्रदाय के सिद्धान्तों और नियमों के अनुसार व्यवहार और आचरण। २. वैष्णवों का आचार-विचार।

वैष्णवी—[सं० वैष्णव + ङीष्] *स्त्री०* वैष्णव स्त्री। २. विष्णु की शक्ति। ३. दुर्गा। पार्वती। ३. तुलसी। *वि०* १. वैष्णव/विष्णु से सम्बन्धित। *जैसे*—वैष्णवी पूजा-पाठ। २. सात्त्विक (आचार-विचार)।

***वैस**—[< सं० वयस्] *स्त्री०* वय। अवस्था।

वैसर्गिक—[सं० विसर्ग + ठञ्] *वि०* १. विसर्ग-सम्बन्धी। २. विसर्जन करने योग्य। त्यागने योग्य। त्याज्य।

वैसादृश्य—[सं० विसदृश + ष्यञ्] *पु०* सदृशता का अभाव। असमानता। विषमता। विसदृशता।

वैसिक— *पु०* ≤ *सं०* वैशिक। वेश्या-सम्बन्धी।

†वैसियै—[< हि० वैसी ही] *वि०* (*स्त्री०*) वैसी ही। उसी प्रकार की। *क्रिवि०* उसी प्रकार से।

वैहारिक—[सं० विहार + ठक्] *वि०* १. विहार-सम्बन्धी। विहार का। २. विहार में उपयोगी।

†वो— *सर्व०* ≤ हि० वह। ✣ **वोइ/वोई**— *सर्व०* = १. वह ही। वही। *जैसे*—यह वोई आदमी है। २. उसको ही। उसे ही। ✣ **वोउ/वोऊ**— *सर्व०* १. वह ही। २. वह भी।

वोहित—[< सं० वोहित्य] *पु०* १. पोत। जहाज़। २. बड़ी नाव।

व्यक्त—[सं० वि√अञ्ज् + क्त] *वि०* १. जो प्रकट किया गया हो। २. जो कहा गया हो। अभिव्यक्त। ४. स्पष्ट। प्रत्यक्ष। ∇ **विलोम**—अव्यक्त।

व्यक्ताक्षेप—[सं० व्यक्त ~ आक्षेप] *पु०* (काव्य०) आक्षेप अर्थालंकार का एक भेद। वक्तव्य वस्तु को कहकर उसका निषेध करने का चमत्कारपूर्ण वर्णन।

व्यक्ताव्यक्त—[सं॰ व्यक्त ~ अव्यक्त] *वि॰, पु॰* १. व्यक्त और अव्यक्त। २. व्यक्त या अव्यक्त।

व्यक्ति[1]—[सं॰ वि॰√अञ्ज् + क्तिन्] *स्त्री॰* व्यक्त होने की क्रिया/भाव। प्रकटन। अभिव्यक्ति।

व्यक्ति[2]—[सं॰ वि॰ √अञ्ज् + क्तिच्] *पु॰* १. मनुष्य। आदमी। २. प्राणियों की समष्टि/समाज/वर्ग में से प्रत्येक। जाति का प्रत्येक सदस्य। व्यष्टि। (दर्शन॰) वह वस्तु जो अपने गुणों के साथ व्यक्त या प्रत्यक्ष हो सके। गुणों का आधारस्वरूप मूर्तिमान् द्रव्य। (अं॰ इन्डिविजुअल) ∇ **विलोम**—जाति/समाज।

व्यक्तित्व—[सं॰ व्यक्ति + त्व] *पु॰* १. (व्यक्ति की) पृथक् सत्ता। अलग अस्तित्व। २. (व्यक्ति का) अपनापन। निजीपन। ३. किसी व्यक्ति की निजी विशेषता। वैशिष्ट्य। ४. व्यक्ति होने की अवस्था/भाव। वैयक्तिकता।

व्यक्तित्वान्तर (व्यक्तित्वांतर)—[सं॰ व्यक्तित्व ~ अन्तर] *पु॰* १. व्यक्ति की भिन्नता। २. दूसरा व्यक्तित्व।

व्यक्तिनिरपेक्ष—[सं॰ व्यक्ति ~ निरपेक्ष] *वि॰* १. जिसका सम्बन्ध मन या इन्द्रियों के द्वारा ग्रहण किए गए तत्त्व से हो, मन या व्यक्ति से नहीं। मनोबाह्य। विषयनिष्ठ। वस्तुगत। २. कर्ता से निरपेक्ष। कर्तृनिरपेक्ष। ***जैसे***—प्रयोग के लिए व्यक्तिनिरपेक्ष विधि अपनाना।

व्यक्तिपरक—[सं॰ व्यक्ति + परक] *वि॰* १. व्यक्ति-सम्बन्धी। २. व्यक्ति का अपना। वैयक्तिक। व्यक्तिगत।

व्यक्तिवाचक—[सं॰ व्यक्ति ~ वाचक] *वि॰, पु॰* = व्यक्ति का वाचक/सूचक (शब्द)। ✣ **व्यक्तिवाचक सञ्ज्ञा (संज्ञा)**—*पु॰* (व्या॰) = वह संज्ञा/शब्द जिससे किसी एक ही व्यक्ति, स्थान या वस्तु का बोध हो। (***जैसे***—कृष्ण, आगरा, रामायण इत्यादि)।

व्यक्तिवाद—[सं॰ व्यक्ति ~ वाद] *पु॰* (राजनीतिक, आर्थिक, धार्मिक आदि सभी क्षेत्रों में) व्यक्ति की स्वायत्तता तथा समाज-निरपेक्ष और शासन-निरपेक्ष अधिकार की मान्यता। (अं॰ इन्डिविजुअलिज़्म)

व्यक्तिवृत्त—[सं॰ व्यक्ति ~ वृत्त] *पु॰* १. व्यक्ति का इतिवृत्त या विवरण। व्यक्ति-इतिहास। २. किसी प्राणी के जीवन-काल में अंडे आदि की अवस्था से वयस्क होने तक के परिवर्धन का सम्पूर्ण क्रम। (अं॰ ओन्टोजिनि) ३. रोगी की समस्या विशेष से सम्बन्धित रोग, चिकित्सा, परिवेश, निजी अनुभव इत्यादि सामान्यत: सभी तथ्यों का क्रमबद्ध संकलन। (अं॰ केस-हिस्ट्री) ४. किसी व्यक्ति, समूह या समुदाय के सम्बन्ध में संकलित तथ्यों का क्रमबद्ध विवरण। (अं॰ केस-हिस्ट्री)

व्यक्तिश:—[सं॰ व्यक्तिशस्] *क्रिवि॰* १. व्यक्ति-व्यक्ति के हिसाब से। एक-एक करके। अलग-अलग। २. एक के बाद एक। क्रमश:।

व्यग्र—[सं॰ वि√अग्र् + रक्] *वि॰* घबराया हुआ। विकल। व्याकुल। परेशान। ∇ **विलोम**—शान्त। ✣ **व्यग्रता**—*स्त्री॰* = विकलता। व्याकुलता। परेशानी। घबराहट।

व्यङ्ग (व्यंग)—[सं॰ वि+ अङ्ग] *वि॰* १. अंग-रहित। २. जिसके कोई अंग न हो या ख़राब हो। विकलांग। ३. लँगड़ा।

व्यङ्गुल (व्यंगुल)—[सं॰ वि॰ + अङ्गुल] *पु॰* एक प्राचीन माप। एक अंगुल दूरी का साठवाँ भाग।

व्यङ्ग्य (व्यंग्य)—[सं॰ व्यङ्ग + यत्] *पु॰* १. शब्द की व्यंजनाशक्ति से प्राप्त अर्थ। संकेतित अर्थ। गूढ़ और छिपा हुआ अर्थ। व्यंग्यार्थ। २. किसी को चिढ़ाने अथवा दु:खी या अपमानित करने के लिए कही जाने वाली अभिप्रायपूर्ण गूढ़ बात। ३. कटाक्ष। ताना। चुटकी। *वि॰* शब्द की व्यंजना शक्ति द्वारा संकेतित । व्यंजित।

व्यङ्ग्यार्थ (व्यंग्यार्थ)—[सं॰ व्यङ्ग्य ~ अर्थ] *पु॰* (काव्य॰) शब्द की व्यंजना शक्ति से प्राप्त अर्थ। संकेतितार्थ। गूढ़ार्थ।

व्यजन—[सं॰ वि√अज् + ल्युट्] *पु॰* १. पंखा। २. पंखे आदि से हवा करना।

व्यजनी—[सं॰ व्यजनिन्] *पु॰* वह पशु जिसकी पूँछ से चँवर बनता है।

व्यञ्जन (व्यंजन)—[सं॰ वि॰√अञ्ज् + ल्युट्] *पु॰* १. प्रकट करना। प्रकटन। २. स्पष्ट करना। ३. चिह्न। निशान। ४. सभी तरह के, पकाकर तैयार किए हुए, खाद्य पदार्थ। पकवान। ५. वर्णमाला का वह वर्ण जिसका पूरा उच्चारण किसी स्वर की सहायता के बिना सम्भव न हो। ***जैसे***—क् से ह् तक के व्यंजनों को ठीक लिखो। ✣ **व्यञ्जनकार (व्यंजनकार)**—*पु॰* = अनेक प्रकार के पकवान बनानेवाला।

व्यञ्जना (व्यंजना)—[सं॰ व्यञ्जन + टाप्] *स्त्री॰* १. प्रकट करने की क्रिया/भाव/शक्ति। अभिव्यक्ति। २. व्यंग्यार्थ। संकेतितार्थ। गूढ़ार्थ। (काव्य॰) एक शब्दशक्ति जो अभिधा और लक्षणा से भिन्न होती है तथा संकेतित विशेष अर्थ प्रकट करती है।

व्यञ्जित (व्यंजित)—[सं॰ वि√अञ्ज् + णिच् + क्त] १. जिसकी व्यंजना हुई हो। २. प्रकटित। ३. संकेतित। ४. चिह्नित। (काव्य॰) जो व्यंजनाशक्ति द्वारा गूढ़ रूप में संकेतित हो।

व्यतिकर—[सं॰ वि + अति + कर] *पु॰* १. मिश्रण। मिलावट। २. सम्बन्ध। लगाव। ३. आघात या प्रत्याघात। ४. बाधा। रुकावट। अड़चन। ५. विपत्ति। ६. परिवर्तन। ७. विपरीतता। ८. संयोग। मिलन। १०. अन्त। नाश। ११. एक दूसरे पर आश्रित होने का सम्बन्ध। अन्योन्याश्रित सम्बन्ध।

व्यतिकरण—[सं॰ वि + अतिकरण] *पु॰* १. एक-दूसरे को मिलाना, बाधा डालना या काटना २. दो रेखाओं आदि का एक दूसरे को काटना। ***जैसे***—व्यतिकरण कोण। ✣ **व्यतिकार**—*पु॰* = १. मिश्रण। मिलावट। २. सम्बन्ध। लगाव। ३. बाधा। रुकावट। अड़चन। ४. अन्त। नाश। ५. व्यसन। ✣ **व्यतिकीर्ण**—*वि॰* = १. मिश्रित। २. जुड़ा हुआ।

व्यतिक्रम—[सं॰ वि + अतिक्रम] *पु॰* १. बाधा। रुकावट। अड़चन। २. क्रम में उलट-पलट। क्रम-विपर्यय। ३. अतिक्रमण। उल्लंघन। ४. विपत्ति। मुसीबत। ५. अवहेलना। लापरवाही। ६. विपरीतता। ७. व्यतीत होना। बीतना। ***जैसे***—अवधि का व्यतिक्रम। ८. (देय

आदि को समय पर चुकाने में की गयी) भूल। चूक। (काव्य॰) एक लेखकीय दोष। किसी विषय का वर्णन पूर्ण होने से पहले ही किसी अन्य विषय का वर्णन करने लगना। विषयान्तर।

व्यतिक्रान्त (व्यतिक्रांत)—[स॰ वि + अतिक्रान्त] *वि॰* १. बाधित। २. जिसका क्रम भंग किया गया हो। ३. उल्लंघित। ४. भंग किया हुआ (नियम आदि)। *जैसे*—व्यतिक्रान्त नियम। ५. बीता या बिताया हुआ। व्यतीत। *जैसे*—व्यतिक्रान्त समय।

व्यतिपात—[स॰ वि + अतिपात] बड़ा उत्पात। भारी उपद्रव। (ज्योतिष॰) विष्कम्भ आदि २७ योगों में से सत्रहवा ।

व्यतिरिक्त—[स॰ वि + अतिरिक्त] *वि॰* १. बहुत अधिक। २. अलगाया हुआ। अलग-अलग। भिन्न। *जैसे*—विज्ञान और कला अन्वित हैं, व्यतिरिक्त नहीं। ३. रहित। *जैसे*—बाधा-व्यतिरिक्त। ४. वर्जित। *क्रिवि॰* अतिरिक्त। *जैसे*—बताए हुए से व्यतिरिक्त करना।

व्यतिरेक—[स॰ वि +अतिरेक] *पु॰* १. अतिरेक। अधिकता। २. उत्कर्ष। श्रेष्ठता। ३. अति विषमता/विपरीततावाला। अन्तर। भेद। भिन्नता। ४. पृथक्ता। अलगाव। ५. वर्जन। ६. क्रमभंग। ७. अतिक्रमण। (काव्य॰) एक अर्थालंकार। किसी विशेष गुण के कारण उपमेय को उपमान की अपेक्षा अधिक ऊँचा दिखाने का वर्णन। उपमान की अपेक्षा उपमेय का उत्कर्ष-वर्णन।

व्यतिहार—[स॰ वि + अति + हार] *पु॰* १. दो वस्तुओं में परस्पर स्थान-परिवर्तन। विनिमय। अदल-बदल। २. आदान-प्रदान।

व्यतीपात—[स॰ वि + अति √पत् + घञ्, अति→अती] *पु॰* व्यतिपात।

व्यत्यय—[स॰ वि॰ + अति √इ + अच्] *पु॰* १. व्यतिक्रम। उलटफेर। २. उल्लंघन। ३. बाधा। रुकावट। अड़चन।

व्यथक—[स॰ √व्यथ् + णिच् + ण्वुल्] *वि॰* व्यथित करनेवाला। पीड़ाकारक।

व्यथन[१]—[स॰ √व्यथ् + णिच् + ल्यु] *वि॰* १. व्यथक। पीड़ाकारक। २. क्षुब्ध करनेवाला।

व्यथन[२]—[स॰ √व्यथ् + ल्युट्] *पु॰* व्यथा। पीड़ा।

व्यथा—[स॰ √व्यथ् + अङ् + टाप्] *स्त्री॰* १. मानसिक या शारीरिक पीड़ा। वेदना। २. कष्ट। ३. चिन्ता। ४. रोग। ५. व्याकुलता। विकलता।

व्यधिकरण—[स॰ वि + अधिकरण] *पु॰* १. भिन्न आधार पर होना। २. जिसका आधार भिन्न हो। (व्या॰) दूसरे कारक से सम्बद्ध। *जैसे*—व्यधिकरण समास। Δ **पर्याय**—समानाधिकरण।

व्यनुकूलन—[स॰ वि + अनुकूलन] *पु॰* परिवर्तनशील या परिवर्तित परिस्थितियों के अनुकूल बनाना। अनुकूलन। समंजन।

व्यन्तर (व्यंतर)—[स॰ वि + अन्तर] *पु॰* १. अन्तर का अभाव। अन्तरहीनता। २. भूत, पिशाच, यक्ष, राक्षस आदि।

व्यपगत—[स॰ वि + अपगत] *वि॰* १. जो दूर चला गया हो। जो हट गया हो। २. बीता हुआ। ३. जिसकी अवधि समाप्त हो गयी हो। ४. लुप्त। ५. वंचित। ६. रहित।

व्यपगति/व्यपगम/व्यपगमन—[स॰ वि + अपगति/अपगम/गमन] *स्त्री॰* १. प्रस्थान। २. लोप। ३. रहितता। ४. समय बीत जाना। अवधि निकल जाना। ५. किसी अधिकार, सुविधा, अनुदान आदि का अवधि के भीतर उपयोग न होने के कारण उसका निरस्त रद्द हो जाना। (अ॰ लैप्स)

व्यपदेश—[स॰ वि + अपदेश] *पु॰* १. निर्देश। २. सूचना। ३. वंचना। ४. छल। ५. बहाना।

व्यभ्र—[स॰ वि + अभ्र] *वि॰* मेघरहित। निरभ्र।

व्ययिक—[< स॰ व्यय] *वि॰* १. व्यय-सम्बन्धी। २. व्यय के कारण होनेवाला। *जैसे*—व्ययिक परेशानी।

व्ययी—[स॰ व्ययिन्] *वि॰* १. बहुत ख़र्च करनेवाला। व्ययशील। २. क्षय होनेवाला। क्षयी।

व्यर्थ—[स॰ वि + अर्थ] *वि॰* १. जो उपयोग में न आ सके। अनुपयोगी। २. अनावश्यक। ३. जो लाभप्रद न हो। निरर्थक। बेकार। ४. जो प्रभावी न हो। प्रभावहीन। निष्फल। ५. जिसका कुछ अर्थ न हो। अर्थहीन। ∇ **विलोम**—अव्यर्थ/सार्थक।

व्यलीक—[स॰ वि √अल् + कीकन्] *वि॰* १. असत्य। झूठा। २. अनुचित। ३. अप्रिय। ४. कष्टदायक। ५. अपरिचित। ६. अद्भुत। विलक्षण। *पु॰* १. असत्यता। झूठ। २. कपट। छल। ३. अपराध। क़सूर। ४. कष्ट। ५. विलक्षणता। ६. विपरीतता।

व्यवकलन—[स॰ वि + अवकलन] *पु॰* १. अलग होना। पृथक्ता। विच्छेद। २. घटाव। कमी। (गणित॰) घटाना। *जैसे*—५ में से ४ का व्यवकलन करें तो १ शेष रहता है। ⁘ **व्यवकलित**—*वि॰* = जो अलग किया गया हो या घटाया गया हो।

व्यवच्छेद—[स॰ वि + अवच्छेद] *पु॰* १. पृथक्ता। अलगाव। २. खंड। भाग। हिस्सा। ३. उच्छेद। *जैसे*—अनुबन्ध का व्यवच्छेद। ४. किसी पुस्तक का अध्याय आदि। ५. अस्त्र का चलाना/छोड़ना। *जैसे*—बाण का व्यवच्छेद। ६. निवृत्ति। छुटकारा। ७. विराम। ठहराव। ८. जन्म-मरण-परम्परा की समाप्ति। ⁘ **व्यवच्छेदक**—*वि॰* = व्यवच्छेद करनेवाला।

व्यवच्छिन्न—[स॰ वि + अव + छिन्न] *वि॰* १. काटकर अलग किया हुआ। २. विभक्त। वियोजित। ३. निश्चित। निर्धारित। ४. बाधित।

व्यवदात—[स॰ वि + अवदात] *वि॰* १. निर्मल। स्वच्छ। साफ़। २. प्रकाशमान। चमकीला।

व्यवधान—[स॰ वि + अवधान] *पु॰* १. दृष्टि को बीच में रोकनेवाली या आड़ करनेवाली वस्तु। पर्दा। २. बाधा। रुकावट। अड़चन। ३. बीच में पड़नेवाला अवकाश।

व्यवधायक—[स॰ वि + अवधायक] *वि॰* १. व्यवधान करनेवाला। आड़ करनेवाला। २. छिपानेवाला या ढँकने वाला। ३. रुकावट डालनेवाला। बाधक।

व्यवसाय—[स॰ वि + अण् √सो + घञ्] *पु॰* १. ऐसा कार्य जिससे जीविका का निर्वाह होता हो। वृत्ति। पेशा। २. व्यापार। रोज़गार। ३. प्रयत्न। प्रयास। उद्योग। काम-धन्धा। उद्यम। कारोबार। ४. कार्य। क्रिया।

व्यवसायी—[सं॰ व्यवसायिन्] *पु॰* १. मनुष्य जो किसी व्यवसाय/रोज़गार में लगा हुआ हो। २. वह व्यक्ति जो एक या अधिक प्रकार के व्यवसाय करता हो। *वि॰* १. काम-धन्धेवाला। पेशेवाला। व्यावसायिक। रोज़गारी। २. परिश्रमी। प्रयत्नशील। ३. किसी व्यवसाय में लगे हुए व्यक्ति से सम्बन्धित। ४. व्यवसाय-सम्बन्धी। व्यावसायिक।

व्यवस्थाता—[सं॰ व्यवस्थातृ] *वि॰* १. व्यवस्था करनेवाला। व्यवस्थापक। प्रबन्धक। २. किसी विषय पर शास्त्रीय, क़ानूनी या प्रशासनिक व्यवस्था देनेवाला। निर्णय देनेवाला।

व्यवस्थान—[सं॰ वि + अवस्थान] *पु॰* १. व्यवस्था। प्रबन्ध। २. नियम। ३. आदेश। निर्णय। व्यवस्था।

व्यवस्थापन—[सं॰ वि + अव √स्था + णिच् + ल्युट्, पुक्] *पु॰* १. व्यवस्था करने की क्रिया/भाव। २. (किसी विषय में) शास्त्रीय, क़ानूनी या प्रशासकीय व्यवस्था देना। ३. उपयुक्त क्रम या ढंग से और सँवार कर रखना। व्यवस्थित करना। ४. निश्चित करना। निर्धारण।

व्यवहरण—[सं॰ वि + अवहरण] *पु॰* अपने पास रखा हुआ दूसरे का धन मार लेना। धनापहरण। ग़बन।

व्यवहर्ता—[सं॰ व्यवहर्तृ] *वि॰, पु॰* १. व्यवहार करनेवाला। प्रयोगकर्ता। २. उपयोग करनेवाला।

व्यवहारज्ञ—[सं॰ व्यवहार + ज्ञ] *पु॰* १. समाज की रीतियों और विधियों को समझने वाला। २. नीतिज्ञ।

व्यवहारतः—[सं॰ व्यवहारतस्] *क्रिवि॰* १. व्यवहार के विचार से। २. (सैद्धान्तिक दृष्टि से भिन्न) प्रयोगात्मक दृष्टि से।

व्यवहारिक—[सं॰ व्यवहार + ठन्] *वि॰* १. व्यवहार-सम्बन्धी। २. व्यापार-सम्बन्धी। ३. व्यापार में लगा हुआ। ४. जो व्यवहार के योग्य हो। व्यवहार्य।

व्यवहारी—[सं॰ व्यवहारिन्] *वि॰* १. रीति, रस्म या प्रथा के अनुसार, व्यवहार करने वाला। २. धन लेने-देने का व्यवहार करनेवाला। महाजन। ३. जो व्यवहार/उपभोग/प्रयोग में आता हो।

व्यवहित—[सं॰ वि + अव √धा + क्त] *वि॰* १. अलग रखा हुआ। २. पर्दा/आड़ से बाधित। ३. बीच की किसी वस्तु से अलगाया हुआ। ४. जिसका निरन्तर सम्बन्ध न हो। ५. छोड़ा हुआ। ६. नीचा दिखाया हुआ। ७. दूर का। दूरवर्ती। दूरस्थ।

व्यवहृत—[सं॰ वि + अव √हृ + क्त] *वि॰* १. व्यवहार या प्रयोग में लाया हुआ। २. आचरित। ३. कार्यान्वित। लागू किया हुआ।

व्यवायी—[सं॰ व्यवायिन्] *वि॰* फैलनेवाला। व्यापक। जो (पदार्थ) पेट में बिना पके ही सारे शरीर पर अपने प्रभाव से फैल जाए और फिर पके। *पु॰* १. कामी/विलासी व्यक्ति। २.कामोद्दीपक पदार्थ।

व्यष्टि—[सं॰ वि √अश् + क्तिन्] *स्त्री॰* समष्टि का एक अंग। समष्टि का अंश। व्यक्ति। ∇ **विलोम**—समष्टि। ✣ **व्यष्टि अर्थशास्त्र**—*पु॰* = अर्थशास्त्र की वह शाखा जिसमें सम्पूर्ण अर्थव्यवस्था के एक छोटे भाग का अध्ययन किया जाता है। व्यक्तिगत फ़र्मों, छोटे समूहों, विशेष परिवारों, व्यक्तिगत क़ीमतों, मज़दूरी का निर्धारण इत्यादि का अध्ययन। (अं॰ माइक्रो इकोनामिक्स) ∇ **विलोम**—समष्टिगत अर्थशास्त्र।

व्यष्टिगत—[सं॰ व्यष्टि ~ गत] जो व्यष्टि/व्यक्ति से सम्बन्धित हो, समष्टि से नहीं। ∇ **विलोम**—समष्टिगत।

व्यष्टिवाद—[सं॰ व्यष्टि ~ वाद] *पु॰* (पा॰ दर्शन॰) १. व्यक्ति के हित को समाज के हित की तुलना में वरीयता देने का मतवाद। २. उक्त वरीयता देने की क्रिया। ∇ **विलोम**—समष्टिवाद।

व्यसन—[सं॰ वि√अस् + ल्युट्] *पु॰* १. बुरी आदत। लत। कुटेव। २. विषयों में अनुराग। विषयासक्ति। ३. किसी विषय में तीव्र प्रवृत्ति या शौक़ जिसके कारण मनुष्य प्रायः उसी में लगा रहता है। ***जैसे***—उपन्यास पढ़ने का व्यसन। ४. निरर्थक प्रयत्न। ५. व्यर्थ बात/काम।

व्याकरण—[सं॰ वि + आ + करण] *पु॰* १. पृथक्करण-प्रक्रिया। २. वह शास्त्र जिसमें भाषा के स्वरूप, उसके शब्दों, उनके रूपों, प्रयोगों इत्यादि का क्रमबद्ध अध्ययन होता है। ३. उक्त शास्त्र से सम्बन्धित कोई पुस्तक।

व्याकुल—[सं॰ वि + आकुल] *वि॰* १. घबराया हुआ। विकल। व्यग्र। अधीर। बेचैन। परेशान। २. डरा हुआ। भयभीत। ४. उत्सुक। उत्कंठित। आतुर।

व्याकृत—[सं॰ वि + आ + कृत] *वि॰* १. अलग-अलग किया हुआ। २. प्रकट किया हुआ। ३. जिसकी व्याख्या की गयी हो। ४. जिसका रूप-परिवर्तन हुआ हो। रूपान्तरित। ५. विकृत।

व्याख्या—[सं॰ वि + आख्या] *स्त्री॰* १.किसी कठिन वाक्य, पद आदि के अर्थ का स्पष्टीकरण। अधिक बोधगम्य रूप से समझाना। २. (ग्रन्थ आदि की) टीका। ३. (किसी वाक्य, पद आदि का) अपनी बुद्धि से या अपने दृष्टिकोण से लगाया जानेवाला अर्थ। ४. वर्णन। निरूपण। ५. प्रतिपादन। विवेचन।

व्याख्यागम्य—[सं॰ व्याख्या ~ गम्य] *वि॰* १. जिसकी व्याख्या सम्भव हो। २. जिसे व्याख्या से ही समझा जा सकता हो। अस्पष्ट।

व्याख्यात—[सं॰ वि + आख्यात] *वि॰* १. जिसकी व्याख्या या टीका की गयी हो। २. वर्णित। निरूपित। कथित।

व्याख्यान—[सं॰ वि + आख्यान] *पु॰* १. व्याख्या करने की क्रिया/भाव। विवेचन। निरूपण। २. व्याख्या। ३. टीका। ४. भाषण।

व्याख्येय—[सं॰ वि + आख्येय] *वि॰* १. व्याख्या किए जाने योग्य। स्पष्ट करके समझाए जाने योग्य। ***जैसे***—व्याख्येय ग्रन्थ। २. जिसकी व्याख्या होनी हो। ***जैसे***—व्याख्येय घटना।

व्याघात—[सं॰ वि + आघात] *पु॰* १. बाधा। रुकावट। अड़चन। २. परस्पर विरोध। असंगति। ३. आघात। प्रहार। (काव्य॰) एक अर्थालंकार। किसी व्यक्ति द्वारा किए गए कार्य को दूसरे व्यक्ति द्वारा उसी साधन से उसे व्यर्थ कर देने या उलट देने का चमत्कारी वर्णन। (भाषा॰) किसी अन्य भाषा से सम्पर्क होने के कारण वक्ता की ग़लतियाँ। (अं॰ इन्टरफ़िअरन्स)

व्याघातक/व्याघातकारी/व्याघाती—[सं॰ वि॰ + आघातक,

व्याघातकारिन्/आघातिन्] *वि°*, *पु°* १. आघात करनेवाला। २. विरोध करनेवाला। ३. विघ्नकारी।

व्याघ्र—[सं° वि + आ √घ्रा + क] *पु°* १. बाघ। चीता। २. (समासयुक्त शब्दों के अन्त में) मुख्य। प्रधान। ***जैसे***—नरव्याघ्र।

व्याघ्री—[सं° व्याघ्र + ङीप्] *स्त्री°* नारी/मादा व्याघ्र। बाघिन।

व्याज—[सं° वि√अज् + घञ्] *पु°* १. छल। कपट। धोखा। २. बहाना। मिस।

व्याज-वचन—[सं°] *पु°* वक्रोक्ति।

व्याजस्तुति—[सं° व्याज ~ स्तुति] *स्त्री°* निन्दा के बहाने से की जाने वाली प्रशंसा। (काव्य°) एक अर्थालंकार। निन्दा के बहाने प्रशंसा अथवा प्रशंसा के बहाने निन्दा का चमत्कारी वर्णन।

व्याजोक्ति—[सं° व्याज ~ उक्ति] *स्त्री°* छलपूर्ण कथन। (काव्य°) एक अर्थालंकार। गुप्त रहस्य के प्रकट होने पर उसे किसी कथन या क्रिया के बहाने से छिपाने का चमत्कारी वर्णन।

व्यादेश—[सं° वि + आदेश] *पु°* (विधि°) किसी व्यक्ति को कोई कार्य विशेष करने के लिए या उसका निषेध करने के लिए दिया गया न्यायालयी आदेश या निर्णय। (अ° इन्जंकशन)

व्याध—[सं° √व्यध् + ण्] *पु°* १. बहेलिया। चिड़ीमार। २. दुष्ट व्यक्ति। नीच मनुष्य।

व्याधि—[सं° वि + आधि] *स्त्री°* (शारीरिक) रोग। बीमारी। (काव्य°) एक संचारी भाव। शारीरिक अस्वस्थता या वियोग आदि से उत्पन्न मन का क्लेश।

व्यापक—[सं° वि √आप् + ण्वुल्] *वि°* १. चारो ओर फैला हुआ। २. जो चारो ओर से घेरे हुए हो या ढँके हुए हो। सब ओर छाया हुआ। ३. जिसके अन्तर्गत या जिसके कार्यक्षेत्र में बहुत बातें आती हों। विशद। सर्वसमावेशी। ४. सामान्य। आम। *पु°* = (न्याय°) वह गुण जो पदार्थ में सदा रहे। ∇ **विलोम**—संकुचित।

व्यापन—[सं° वि√आप् + ल्युट्] *पु°* १. व्याप्त होना। सर्वत्र फैलना। २. चारों ओर से घेरना या ढँकना।

व्यापन्न—[सं° वि + आपन्न] *वि°* मुसीबत में पड़ा हुआ। विपत्तिग्रस्त। संकटापन्न। २. अस्तव्यस्त। ३. परिवर्तित।

व्यापार—[सं° वि + आ √पृ + घञ्] *पु°* १. कार्य। काम। २. क्रिया। ३. वस्तुएँ ख़रीदने-बेचने का काम। वाणिज्य। ४. धन्धा। रोज़गार। ४. उद्योग। उद्यम। (न्याय°) विषय के साथ होनेवाला इन्द्रिय-संयोग।

व्यापी—[सं° व्यापिन्] *वि°* १. व्याप्त होनेवाला। व्यापक। २. सर्वत्र फैला हुआ या आच्छादक।

व्याप्त—[सं° वि√आप् + क्त] *वि* १. चारों ओर फैला हुआ। २. जो किसी के अन्दर पूरी तरह से फैला/समाया हुआ हो। अन्तर्भूत। ३. जिसमें कुछ फैला/समाया हुआ हो। ४. सब ओर से घिरा/ढँका हुआ। आच्छादित। ५. (किसी से) भरा हुआ। परिपूर्ण। ***जैसे***—जल से व्याप्त सरोवर। ∇ **विलोम**—अव्याप्त।

व्याप्ति—[सं° वि √आप् + क्तिन्] १. व्याप्त होने की अवस्था/क्रिया/भाव। व्यापकता। २. विस्तार। फैलाव। ३. दो वस्तुओं का सदा साथ रहना। नित्य साहचर्य। ४. परिपूर्णता। भरापन। ५. अनेक विषयों में समान रूप से लागू होना। सामान्यता। व्यापकता। ***जैसे***—नियम की व्याप्ति। (न्याय°) किसी कथन, तत्त्व, विषय आदि में दूसरे कथन, तत्त्व, विषय आदि का मिला होना। ***जैसे***—अतिव्याप्ति, अव्याप्ति।

व्याप्य—[सं° वि√आप् + ण्यत्] *वि°* जो व्याप्त हो सकता हो। व्याप्त होने या करने योग्य। व्यापनीय।

व्यामोह—[सं° वि + आ + मोह] पु १. मोह। अज्ञान। २. पुत्र, पत्नी, मित्र आदि का स्नेह। ममता। २. किंकर्तव्यविमूढ़ता। ३. भ्रम। भ्रान्ति। ४. व्याकुलता। परेशानी।

व्याय—[सं° वि + आय] *पु°* धनुष की डोरी को खींचना।

व्यायाम—[सं° वि + आ √यम् + घञ्] *पु°* १. शरीर के अंगों को स्वस्थ रखने/करने अथवा पुष्ट करने के लिए शरीर की विभिन्न स्थितियों का अभ्यास। २. शक्ति बढ़ाने के लिए किया जानेवाला शारीरिक श्रम। कसरत। ३. परिश्रम।

व्यायोग—[सं° वि + आ + योग] *पु°* (नाट्य°) रूपक के १० भेदों में से एक।

व्याल—[सं° वि + आ √अल् + अच्] *वि°* १. दुष्ट। शठ। २. अपकारी। ३. क्रूर। भयानक। *पु°* १. साँप। ४. ख़ूनी हाथी। ५. राजा। ६. विष्णु। ७. (पद्य आदि में) आठ की संख्या।

व्यालाद—[सं° व्याल ~ अद] *पु°* (सर्पों को खानेवाला) गरुड़।
✣ **व्यालादगामी**—*पु°* = (गरुड़वाहन) विष्णु।

व्याली—दे° व्याल।

व्यालारि—[सं° व्याल ~ अरि] *पु°* सर्पों का शत्रु। गरुड़।

व्यावर्त—[सं° वि + आवर्त] *पु°* १. घिराव। घेरना। २. चक्कर लगाना। भ्रमण।

व्यावर्तन—[सं° वि + आवर्तन] *पु°* १. घेरने की क्रिया। २. चारों ओर से छेंक लेना। अलग करना। ३. चक्कर लगाने की क्रिया। घूमना। घुमाव। ४. मोड़। ५. साँप की कुंडली। सर्पकुंडली।

व्यावसायिकी—[< सं° व्यावसायिक] *पु°* (समाज°) व्यवसायों का अध्ययन।

व्यावहारिक—[सं° व्यवहार + ठक्] *वि°* १. व्यवहार-सम्बन्धी। २. कार्य-सम्बन्धित। ३. दूसरे के प्रति आचरण से सम्बन्धित। बर्ताव-सम्बन्धी। ४. जिसे व्यवहार में लाया जा सकता हो। ***जैसे***—गीता व्यावहारिक शिक्षा देती है। ५. जो व्यवहार में लाभप्रद हो। उपयोगी। ६. रीति-रिवाज के अनुसार प्रचलित। ***जैसे***—आप व्यावहारिक रीति नहीं जानते। ७. अच्छा बर्ताव करनेवाला। व्यवहार-कुशल। ∇ **विलोम**—अव्यावहारिक। ✣ **व्यावहारिकता**—*स्त्री°* = १. सांसारिक व्यवहारकुशलता। २. प्रायोगिकता। ३. उपयोगिता।

व्यावृत्त—[सं° वि + आवृत्त] *वि°* १. छूटा हुआ। निवृत्त। २. मना किया हुआ। वर्जित। ३. टूटा हुआ। खंडित। ४. अलग किया हुआ।

५. चारों ओर से घेरा हुआ। ६. ढँका हुआ। आच्छादित। ७. घुमाया हुआ।

व्यावृत्ति—[सं॰ वि + आवृत्ति] *स्त्री॰* १. आवृत्ति। २. चारों ओर से घेरना। ३. (नेत्र आदि) घुमाना। ४. निषेध। ५. बाधा। (न्याय॰) सजातीय या विजातीय अन्य पदार्थों से भेद करने का कार्य।

व्यास—[सं॰ वि√अस् + घञ्] *पु॰* १. विस्तार। २. प्रसार। फैलाव। ३. संकलनकर्ता। ४. विभागकर्ता। ५. (रामायण, पुराण आदि का) कथावाचक। ६. ऋषि पराशर का पुत्र कृष्ण द्वैपायन व्यास या वेदव्यास। (गणित॰, ज्यामिति) किसी वृत्त के केन्द्र से होकर दोनों ओर परिधि तक जानेवाली सरल रेखा। **दे॰ परिशिष्ट के 'नाम-'संदर्भ कोश' में**—वेदव्यास।

व्यासक्त—[सं॰ वि + आसक्त] *वि॰* १. बहुत आसक्त। २. व्याकुल। परेशान।

व्यास-गद्दी—[सं॰ व्यास + हिं॰ गद्दी] रामायण, महाभारत या पुराण आदि के कथावाचक विद्वान् के बैठने के लिए ऊँची और विशेष चौकी, मंच या आसन। व्यासपीठ।

व्यासङ्ग (व्यासंग)—[सं॰ वि + आ √सञ्ज् + घञ्] *पु॰* बहुत आसक्ति। बहुत भक्ति/अनुराग। परिश्रमपूर्वक अध्ययन।

व्यासपीठ—[सं॰ व्यास ~ पीठ] *पु॰* व्यास-गद्दी।

व्यासपूजा—[सं॰ व्यास ~ पूजा] *स्त्री॰* आषाढ़ पूर्णिमा के दिन वेदव्यास की स्मृति में मनाया जाना वाला व्रतोत्सव। गुरु-पूजा उत्सव।

व्यास-शैली—[सं॰] *स्त्री॰* निबन्ध आदि के लेखक की शैली जिसमें वह अपनी बात सूत्र रूप में या संक्षेप में नहीं, विस्तारपूर्वक कहता है। ∇ **विलोम**—समास-शैली।

व्यासार्ध—[सं॰ व्यास ~ अर्ध] *पु॰* [गणित॰, ज्यामिति] (वृत्त या गोल के) व्यास का आधा। त्रिज्या। अर्धव्यास।

व्यासासन—[सं॰ व्यास ~ आसन] *पु॰* व्यासपीठ। व्यास-गद्दी।

व्यासीय—[सं॰ व्यास + छ] *पु॰* १. व्यास से सम्बन्धित। व्यास का। २. (गणित॰) वृत्त या गोल के व्यास से सम्बन्धित। व्यास का। ✣ **व्यासीय समतल**—*पु॰* = (गणित॰) व्यास से होकर जानेवाला समतल। (अं॰ डायमेट्रल प्लेन)

व्याहत—[सं॰ वि + आहत] *वि॰* १. विशेष रूप से आहत। घायल। २. रोका हुआ। बाधित। ३. निवारित। ४. निषिद्ध। ५. निराश किया हुआ। ६. घबराया हुआ। विकल। ७. व्यर्थ। निरर्थक।

व्याहार—[सं॰ वि + आ √हृ + घञ्] *पु॰* १. शब्दराशि। २. ध्वनि। नाद।

व्याहृत—[सं॰ वि + आहृत] १. कहा हुआ। कथित। २. उच्चारण किया हुआ। २. खाया हुआ। भुक्त।

व्याहृति—[सं॰ वि + आ √हृ + क्तिन्] *स्त्री॰* १. कथन। उक्ति। २. भाषण। ३. गायत्री मन्त्र के आरम्भ में बोले जाने वाले ३ शब्द विशेष—भूः, भुवः, स्वः।

व्युच्छित्ति/व्युच्छेद—[सं॰ वि + उद् √छिद् + क्तिन्/घञ्] *पु॰* १. उन्मूलन। २. विनाश। बर्बादी।

व्युत्क्रम—[सं॰ वि + उत्क्रम] *पु॰* १. क्रम में उलट-फेर। व्यतिक्रम। गड़बड़। २. मार्गभ्रष्टता। ३. विपरीतता।

व्युत्क्रम कोटिज्या—[सं॰] *स्त्री॰* (गणित॰) एक त्रिकोणमितीय अनुपात। समकोण त्रिभुज में किसी कोण के लिए कर्ण और आधार का अनुपात। (अं॰ सीकेन्ट)

व्युत्क्रमज्या—[सं॰ व्युत्क्रम ~ ज्या] *स्त्री॰* (गणित॰, त्रिकोणमिति) एक त्रिकोणामितीय अनुपात। समकोण त्रिभुज में किसी कोण के लिए कर्ण और लम्ब का अनुपात। (अं॰ कोसीकेन्ट)।

व्युत्क्रम सङ्करण (संकरण)—[सं॰] *पु॰* (कृषि॰) पारस्परिक संकरण। (दे॰) (अं॰ रिसिप्रोकल क्रॉस)

व्युत्क्रमानुपात—[सं॰ व्युत्क्रम ~ अनुपात] *पु॰* (गणित॰) उन दो चरों का अनुपात जो इस प्रकार घटते-बढ़ते है कि एक के बढ़ने से दूसरा कम हो जाता है और दोनों चरों का गुणनफल सदा स्थिर रहता है। (अं॰ इनवर्स रेशिओ)

व्युत्थान—[सं॰ वि + उत्थान] *पु॰* १. उठ खड़ा होना। २. किसी के विरुद्ध उठ खड़ा होना। ३. विरोध। ४. अवरोध। बाधा। रुकावट। (योग॰) चित्त की क्षिप्त, मूढ़ और विक्षिप्त अवस्थाएँ जिनमें चित्त बहुत चंचल रहता है।

व्युत्पत्ति—[सं॰ वि + उत्पत्ति] *स्त्री॰* १. पांडित्य। विद्वत्ता। २. उत्पत्ति का मूल स्थान। ३. किसी शब्द का मूल रूप जिससे विकसित होकर या बिगड़कर उसका प्रस्तुत रूप बना हो। (भाषा॰) १. व्याकरण, कोश आदि में किसी शब्द की रचना का मूल धातु, प्रत्यय, उपसर्ग आदि बताते हुए दिया जाना वाला विवरण। २. शब्दों के मूलरूप और मूल अर्थ के कालक्रम से हुए विकास का अध्ययन। ✣ **व्युत्पत्तिक**—*वि॰* = १. व्युत्पत्ति से सम्बन्धित। २. जो व्युत्पत्ति के रूप में हो।

व्युत्पन्न—[सं॰ वि + उत्पन्न] *वि॰* १. किसी वस्तु से उत्पन्न या बनाया गया। उत्पन्न। ***जैसे***—प्रोटीन से व्युत्पन्न। २. निकला हुआ या बना हुआ। ३. जो किसी शास्त्र आदि का अच्छा ज्ञाता हो। विद्वान्। शास्त्रज्ञ। (भाषा॰) १. किसी अन्य मूल शब्द से विकसित या बना हुआ (शब्द)। २. (शब्द) जिसकी व्युत्पत्ति ज्ञात हो। ∇ **विलोम**—अव्युत्पन्न।

व्युत्पादक—[सं॰ वि + उत्पादक] *वि॰* उत्पन्न करनेवाला। उत्पादक।

व्युत्पादन—[सं॰ वि॰ + उत्पादन] *पु॰* १. उत्पादन। व्युत्पत्ति।

व्युपदेश—[वि + उपदेश] *पु॰* १. उपदेश। २. बहाना। मिस। ३. छल। ठगी।

व्यूढ—[< सं॰ व्यूढ] *वि॰* १. ब्याहा हुआ। विवाहित। २. दृढ़। पक्का। मज़बूत। ३. फैला हुआ। विस्तृत। ४. चौड़ा। ५. व्यवस्थित। क्रमबद्ध। ६. व्यूह के रूप में लाया हुआ। व्यूहबद्ध।

व्यूह—[सं॰ वि√ऊह् + घञ्] *पु॰* युद्ध के लिए सैनिकों की किसी विशेष क्रम से की गयी स्थिति। सेना का विन्यास। सैन्य-रचना।

व्योम—[सं॰ व्योमन्] *पु॰* आकाश। अन्तरिक्ष। आसमान।

व्योमकेश/व्योमकेशी—[सं॰ व्योम (व्योमन्) ~ केश, व्योमकेशिन्] *पु॰* शिव। महादेव।

व्योमग—[सं॰ व्योमन् √गम् + ड] *वि॰* १. व्योमचर। २. स्वर्गीय। दिवंगत।

व्योमगङ्गा (व्योमगंगा)—[सं॰ व्योम (व्योमन्) ~ गङ्गा] *स्त्री॰* आकाशगंगा।

व्योमचर—[सं॰ व्योम (व्योमन्) ~ चर] *वि॰* जो आकाश में विचरण करता हो। आकाशचारी। गगनचर। *पु॰* देवता। २. पक्षी। ३. नक्षत्र।

व्योमधूम—[सं॰ व्योम ~ धूम] *पु॰* मेघ। बादल।

व्योमवीथिका—[सं॰ व्योम ~ वीथिका] *स्त्री॰* आकाशमार्ग।

व्योमोदक—[सं॰ व्योम ~ उदक] *पु॰* १. वर्षा का जल। वृष्टिजल। २. ओस।

***व्यौसाना**—[< सं॰ व्यवसाय] *क्रिअ॰* व्यवसाय करना।

व्रज—[सं॰ √व्रज् + क] *पु॰* १. समूह। झुंड। २. गो-स्थान। गोष्ठ। ३. गोपों/ग्वालों की बस्ती। ४. मथुरा-वृन्दावन और उसके आसपास का क्षेत्र।

व्रजक—[सं॰ √व्रज् + ण्वुल्] *वि॰* भ्रमण करनेवाला। *पु॰* सन्न्यासी। परिव्राजक।

व्रजकिशोर—[सं॰ व्रज ~ किशोर] *पु॰* (वासुदेव) कृष्ण।

व्रजनाथ—[सं॰ व्रज ~ नाथ] *पु॰* (व्रज के स्वामी) कृष्ण।

व्रजमोहन, व्रजराज, व्रजलाल, व्रजवल्लभ—[सं॰ व्रज ~ मोहन/राज/लाल/वल्लभ] *पु॰* (वासुदेव) कृष्ण।

व्रजयुवती / व्रजवधू / व्रजवनिता / व्रजसुन्दरी (व्रजसुंदरी)—[सं॰ व्रज ~ युवती/वधू/वनिता/सुन्दरी] *स्त्री॰* गोपिका। गोपी।

व्रजाङ्गना (व्रजांगना)—[सं॰ व्रज ~ अङ्गना] *स्त्री॰* १. व्रज की कन्या/युवती/स्त्री। २. गोपिका। गोपी।

व्रज्या—[सं॰ √व्रज् + क्यप् + टाप्] *स्त्री॰* १. घूमना-फिरना। टहलना। चलना। २. गमन। जाना। ३. सन्न्यासी के रूप में भ्रमण। ४. पगडंडी।

व्रण—[सं॰ √व्रण् + अच्] *पु॰* १. घाव। २. फोड़ा। *पु॰* (चिकित्सा॰) अपक्षय अथवा त्वचा या किसी श्लेष्मिक झिल्ली की निरन्तरता का लोप जिसके साथ प्रायः पूयता भी होती है। ✣ **व्रण-शोथ**—*पु॰* = घाव की सूजन।

व्रणित—[सं॰ व्रण + इतच्] *वि॰* १. जिसे फोड़ा निकला हो। २. जिसके घाव हुआ हो। आहत। घायल।

व्रत—[सं॰ √वृ + अतच्, कित्] *पु॰* १. (किसी बात का) दृढ़ निश्चय। पक्का संकल्प। २. प्रतिज्ञा। ३. प्रतिज्ञा करके अपनाया गया नियम। ४. धार्मिक अनुष्ठान या पुण्य-प्राप्ति के लिए उपवास आदि करने का नियम। ५. अनुष्ठान। **वा॰ व्रत ठानना**—१. नियम लेना। २. प्रतिज्ञा करना।

व्रत-चर्या—[सं॰] *स्त्री॰* १. व्रत रखना। व्रत-धारण। २. कोई धार्मिक अनुष्ठान करने का काम।

व्रतति/व्रतती—[सं॰ प्र √तन् + क्तिच्, पृषो॰ त्→व्, व्रतति + ङीष्] *स्त्री॰* १. लता। बेल। २. वृद्धि। फैलाव।

व्रतधर—[सं॰ व्रत ~ धर] *वि॰* व्रत करनेवाला। व्रतचारी।

व्रत-पारण—[सं॰] *पु॰* १. व्रत की समाप्ति पर किया जानेवाला प्रथम भोजन तथा सम्बन्धित कृत्य। २. व्रत की सफलतापूर्वक समाप्ति।

व्रतबन्ध (व्रतबंध)—[सं॰ व्रत ~ बन्ध] *पु॰* यज्ञोपवीत।

व्रत-लोपन—[सं॰] *पु॰* १. धारण किया हुआ व्रत भंग करना। २. प्रतिज्ञा तोड़ना।

व्रतवर्य—[सं॰ व्रत ~ वर्य] *पु॰* श्रेष्ठ व्रत।

व्रतस्थ—[सं॰ व्रत + स्थ] *वि॰* जिसने व्रत धारण किया है। व्रतधारी। *पु॰* ब्रह्मचारी।

व्रती—[सं॰ व्रतिन्] *वि॰* १. व्रत धारण करनेवाला। २. दृढ़ निश्चय/संकल्प करनेवाला। २. जिसने कोई व्रत लिया हो। ३. उपवास करनेवाला। *पु॰* १. ब्रह्मचारी। २. सन्न्यासी या साधु। ३. यज्ञ करनेवाला। यजमान।

व्राचड़—[देशज] *स्त्री॰* (भाषा॰) अपभ्रंश का एक भेद जिससे सिन्धी भाषा का उद्भव हुआ।

व्रात्य—[सं॰ व्रात + यत्] *पु॰* संस्कार-भ्रष्ट द्विज जिसे वैदिक कर्मकांड का अधिकार न रहा हो। *वि॰* व्रत-सम्बन्धी। व्रत का। ✣ **व्रात्यगण**—*वि॰* = प्राचीन काल का एक यायावर वर्ग। ✣ **व्रात्य-याजक**—*पु॰* = व्रात्यों के लिए यज्ञ करनेवाला। ✣ **व्रात्यस्तोम**—*पु॰* = व्रात्यों को पुनः द्विज बनाने के लिए किया जानेवाला एक यज्ञ।

व्रीड—[सं॰ √व्रीड् + घञ्] *पु॰* व्रीडा। (दे॰)

व्रीडा—[सं॰ √व्रीड् + अ + टाप्] *स्त्री॰* लज्जा। शर्म। (काव्य॰) एक संचारी भाव। संकोच/लज्जा का भाव।

व्रीड़ा—*स्त्री॰* ≤ *सं॰* व्रीडा।

व्रीहि—[सं॰ √वृह् + इन्, पृषो॰] *पु॰* १. कोई अनाज। २. धान। ३. चावल।

***व्वै**—[देशज] *वि॰* उदित।

श

देवनागरी वर्णमाला में ऊष्म वर्णों के वर्ग का पहला व्यंजन। (भाषाविज्ञान की दृष्टि से) यह तालव्य, अघोष, संघर्षी तथा ईषद्विवृत है। ● **विशेष—१.** 'श्' में प्राय: 'ऋ' जुड़ने पर उसका रूप 'शृ' या 'शृ' होता है। **२.** शँ, शाँ इत्यादि अनुनासिक रूपों में 'चन्द्रबिन्दु' के स्थान पर 'बिन्दु' लगाने की रीति वहीं (सुविधार्थ) प्रयुक्त होती है जहाँ कोई मात्रा शिरोरेखा के ऊपर होती है (शिँ→शिं, शीँ→शीं, शेँ→शें इत्यादि)। **३.** व्यंजन-गुच्छों में जब 'श' पहले आकर अन्य व्यंजनों से मिलता है, तब साधारणतया उसका रूप '**श्**' होता है (श्याम, विश्व, श्लोक) परन्तु 'र' से मिलने पर '**श्र**' होता है (श्री, विश्राम, श्रम)। पहले आकर 'श' से मिलनेवाले व्यंजन प्राय: अपनी खड़ी रेखा छोड़कर मिलते हैं (नक़्शा, बख़्शना) परन्तु 'र्' शिरोरेखा के ऊपर 'रेफ' के रूप में स्थित होता है (विमर्श, आदर्श)। **४.** भाषावैज्ञानिक कारणों से बहुत बार 'श' का 'स' में परिवर्तन विविध बोलियों में हो जाता है (शाक→साग, श्यामल→साँवला, श्रावण→सावन, देशी→देसी)। कहीं-कहीं 'श्' का 'ह्' में भी परिवर्तन पाया जाता है (केशरी→केहरी)। 'श' के स्थान पर 'स' के प्रयोग से कभी-कभी निरर्थक या भिन्न अर्थ वाला शब्द बन जाता है (शर→सर, शाल→साल, शील→सील, शकल→सकल) या तत्सम शब्द का तद्भव रूप (शठ→सठ, उपदेश→उपदेस।) **अत: वर्तनी में 'श' और 'स' के ठीक प्रयोग पर ध्यान देना चाहिए।**

श—[सं॰ √शी + ड] *पु॰* १. हर्ष। आनन्द। २. शस्त्रास्त्र। हथियार। ३. शिव। महादेव। ४. मंगल। कल्याण।

शंसन—[सं॰ √शंस् + ल्युट्] *पु॰* १. प्रशंसा करना। प्रशंसा। २. वर्णन। ३. कथन।

शक[१]—[सं॰ √शक् + अच्] *पु॰* १. मध्य एशिया की आमू नदी तथा सर नदी के मुहाने पर रहनेवाली एक प्राचीन यायावर जाति। २. एक प्राचीन संवत्। (दे॰ शक्-संवत्)

शक[२]—[अरबी] *पु॰* शंका। सन्देह। ***जैसे***—मुझे आपकी ईमानदारी पर शक नहीं है। ***वा॰* शक डालना**—सन्देह उत्पन्न करना।

शकट—[सं॰ शक + अटन्] *पु॰* १. गाड़ी जिसे पशु या मनुष्य खींचे। २. बैलगाड़ी या भैंसागाड़ी।

शकटव्यूह—[सं॰ शकट-व्यूह] *पु॰* (प्राचीन युद्धविद्या में) शकट के आकार की सैन्य-रचना।

शकटारि—[सं॰ शकट + अरि] *पु॰* (शकट नामक असुर का वध करनेवाला) कृष्ण।

शकटिका—[सं॰ शकट + ङीष् + कन् + टाप्, ह्रस्व] *स्त्री॰* १. छोटी बैलगाड़ी। २. घोड़ा-गाड़ी। ताँगा। ३. बच्चों के खेलने की छोटी गाड़ी।

शकरी—[< हिं॰ शकर] *वि॰* १. शकर का। २. शकर के रंग का। *पु॰* फ़ालसा नामक फल।

शकल—[सं॰ √शक् + कलच्] *पु॰* १. खंड। टुकड़ा। २. आँवला। ३. कमल नाल।

शक-संवत्—[सं॰] *पु॰* राजा शालिवाहन के द्वारा १३५ विक्रमी (७८ ई॰) में प्रारम्भ किया गया एक भारतीय संवत्। शकाब्द।

शकान्तक (शकांतक)—[सं॰ शक ~ अन्तक] *वि॰* शक लोगों का अन्त कर देनेवाला। शक-विजेता। *पु॰* सम्राट् विक्रमादित्य।

शकाब्द—[सं॰ शक ~ अब्द] *पु॰* शक संवत्।

शकारि—[सं॰ शक ~ आरि] *वि॰* १. शकों का शत्रु। २. शक-विजेता। *पु॰* सम्राट् विक्रमादित्य।

शकुन—[सं॰ शक् + उनन्] *पु॰* १. शुभ-सूचक चिह्न/लक्षण। २. किसी व्यक्ति/वस्तु/क्रिया/पशु/पक्षी आदि को देखने-सुनने आदि से मिलनेवाली शुभ-अशुभ की पूर्व-सूचना। सगुन। ३. शुभ अवसरों पर स्त्रियों के द्वारा गाए जाने वाले लोकगीत। ४. पक्षी। ५. चील। ६. गिद्ध।

शकुनज्ञ—[सं॰ शकुन + ज्ञ] *पु॰* १. शकुन जाननेवाला। २. शकुन-अपशकुन विचार कर शुभ-अशुभ बतानेवाला व्यक्ति। शकुनी।

शकुनि—[सं॰ √शक् + उनि] *पु॰* १. पक्षी। २. गिद्ध (पक्षी)। ३. चील।

शकुनी[१]—[सं॰ शकुन + ङीष्] *स्त्री॰* १. श्यामा चिड़िया। २. गौरैया चिड़िया।

शकुनी[२]—[सं॰ शकुनिन्] *वि॰, पु॰* शकुनज्ञ।

शकुनीश्वर—[सं॰ शकुनि ~ ईश्वर] *पु॰* (पक्षियों का राजा) गरुड़।

शकुन्त (शकुंत)—[सं॰ √शक् + उन्त] *पु॰* १. पक्षी। चिड़िया। २. नीलकंठ पक्षी।

शकृत्—[सं॰ शक् + ऋतिन्] *पु॰* विष्ठा। मल।

शक्कर—[फा॰] *स्त्री॰* शकर। चीनी।

शक्करी—[सं० शक्कर + ङीष्] *स्त्री०* १. नदी। २. अपवित्र/नीच जाति की स्त्री।

शक्त—[सं० √शक् + क्त] *वि०* १. शक्तिमान्। समर्थ। २. धनी। ३. योग्य। लायक़।

शक्तिग्रह—[सं० शक्ति ~ ग्रह] *वि०* १. शक्ति ग्रहण करनेवाला। २. भाला धारण करनेवाला। *पु०* १. शिव। महादेव। २. (पार्वती-पुत्र) स्कन्द। कार्तिकेय।

शक्तितः—[सं० शक्ति + तः (तस्)] *क्रिवि०* शक्ति-भर। पूरी ताक़त लगाकर। यथाशक्ति।

शक्तित्रय—[सं० शक्ति ~ त्रय] *पु०* तीन शक्तियों का समूह। (काव्य०) शब्द की तीन शक्तियाँ—अभिधा, लक्षणा और व्यंजना। (राज०) राज्य की तीन शक्तियाँ—प्रभु, मन्त्र, उत्साह।

शक्तिधर—[सं० शक्ति ~ धर] *वि०* १. शक्तिशाली। बलवान्। ताक़तवर। २. शक्ति नामक अस्त्र या भाला/बर्छी धारण करनेवाला। *पु०* (पार्वती-पुत्र) कार्त्तिकेय। स्कन्द। २. शक्ति नामक अस्त्र धारण करनेवाला व्यक्ति या भालाधारी या बर्छीधारी व्यक्ति।

शक्तिपात—[सं० शक्ति ~ पात] *पु०* योगी आदि के द्वारा शिष्य आदि की कुंडलिनी-शक्ति का सहसा जागरण।

शक्तिपूजा—[सं० शक्ति ~ पूजा] *स्त्री०* १. शक्ति की उपासना। २. देवी-पूजा। ३. दुर्गा/पार्वती की पूजा। ४. शक्तिशाली व्यक्ति, संस्था या राज्य आदि का सम्मान।

शक्ति-बोध—[सं०] *पु०* शक्ति/सामर्थ्य का ज्ञान। (काव्य०) शब्द-शक्ति से प्राप्त शब्द के अर्थ का ज्ञान।

शक्तिवादी—[सं० शक्तिवादिन्] *वि०* १. शक्ति का उपासक। २. शाक्त सम्प्रदाय का व्यक्ति। ३. जो किसी समस्या का समाधान शान्तिपूर्ण विचार-विमर्श, समझौता आदि में न खोजकर उसे शक्ति-प्रयोग से हल करने का विश्वासी हो।

शक्तिविग्रही—[सं० शक्तिविग्रहिन्] *पु०* [शैव०] (महाशक्ति-रूप शरीर वाला) परमशिव। शक्तिशरीरी।

शक्तिवीर—[सं० शक्ति ~ वीर] *पु०* १. शक्ति का उपासक। शाक्त। २. वाममार्गी तान्त्रिक।

शक्ति-वैकल्य—[सं०] *पु०* १. शक्ति का नाश। २. शक्ति का अभाव। दुर्बलता। कमज़ोरी। २. असमर्थता।

शक्तिशरीरी—[सं० शक्तिशरीरिन्] *पु०* (शैव०) शक्तिविग्रही। (दे०)

शक्य—[सं० √शक् + यत्] *वि०* १. जो किया जा सकता हो। जो हो सकता हो। साध्य। सम्भव। २. सरलता से करने योग्य। ✣ **शक्यता**—*स्त्री०* = हो सकने का भाव। साध्यता। सम्भवता।

शक्र—[सं० √शक् + रक्] *पु०* इन्द्र। १. (पद्य आदि में) चौदह की संख्या। ✣ **शक्रत्व**—*पु०* = इन्द्र का पद। इन्द्रत्व।

शक्रप्रस्थ—[सं० शक्र ~ प्रस्थ] *पु०* इन्द्रप्रस्थ नामक प्राचीन नगर।

शक्राणी—[सं० शक्र + ङीष्, आनुक्] *स्त्री०* इन्द्र की पत्नी। शची। इन्द्राणी।

शक्रात्मज—[सं० शक्र ~ आत्मज] *पु०* १. इन्द्र का पुत्र। जयन्त। २. अर्जुन।

शक्रारि—[सं० शक्र ~ अरि] *पु०* १. इन्द्र का शत्रु। २. वृत्रासुर।

शक्रासन—[सं० शक्र ~ आसन] *पु०* इन्द्र का आसन। स्वर्ग का राजसिंहासन। इन्द्रासन।

शक्रोत्सव—[सं० शक्र ~ उत्सव] *पु०* इन्द्र ध्वज नामक एक प्राचीन उत्सव।

शक्वर—[सं० शक् + वन + र] *पु०* वृष। बैल।

शक्वरी—[सं० शक्वर + ङीष्] *स्त्री०* १. गाय। २. उँगली। ३. मेखला।

शख़्स—[अरबी] *पु०* १. मनुष्य। आदमी। २. व्यक्ति। ✣ **शख़्सियत**—*स्त्री०* = १. व्यक्ति की अपनी विशेषताएँ। २. व्यक्तित्व।

शग़ल—[< अरबी शग़ूल] *पु०* १. काम। धन्धा। २. ख़ाली समय बिताने के लिए किया जाने वाला रुचिकर काम। मन बहलाने के लिए किया जाने वाला काम। रुचिकर्म। (अं० हॉबि)

शगुन—[< सं० शकुन] *पु०* १. शकुन। (दे०) २. वर-कन्या के विवाह की बात पक्की हो जाने की एक रीति/रस्म। तिलक। मँगनी। २. उक्त रीति में कन्या-पक्ष के लोगों द्वारा वर-पक्ष को दिया जाने वाला धन।

शङ्क (शंक)—[सं० √शङ्क् + घञ्] *स्त्री०* १. शंका। सन्देह। २. आशंका। ३. भय।

शङ्कन (शंकन)—[सं० √शङ्क् + ल्युट्] *पु०* १. शंका/सन्देह उत्पन्न करना। २. आशंका जगाना। ३. भय उत्पन्न करना।

शङ्कर (शंकर)—[शम् √कृ + अच्] *वि०* कल्याणकारी। मंगलकारी। शुभकारक। *पु०* १. शिव। महादेव। २. शंकराचार्य। (छन्द०) एक सममात्रिक छन्द जिसके प्रत्येक चरण में २६ मात्राएँ होती हैं, १६-१० पर यति होती है तथा अन्त में क्रमशः गुरु-लघु।

शङ्कर (शंकर)-शैल—[सं०] *पु०* कैलास पर्वत।

शङ्करा (शंकरा)—[सं० शंकर + टाप्] *वि० (स्त्री०)* मंगल करनेवाली। कल्याणकारिणी। शुभकारिणी। *स्त्री०* १. पार्वती। २. मंजिष्ठा। मजीठ। ३. शमी वृक्ष। (संगीत०) एक राग।

शङ्करालय/शङ्करावास (शंकरालय/शंकरावास)—[सं० शङ्कर ~ आलय/आवास] *पु०* भगवान् शिव का निवास-स्थान। कैलास पर्वत।

शङ्करी (शंकरी)—[सं० शङ्कर + ङीष्] *वि० (स्त्री०)* मंगल करनेवाली। कल्याणकारिणी। *स्त्री०* पार्वती।

शङ्की (शंकी)—[सं० शङ्किन्] *वि०* १. सन्देह करने वाला। संशयात्मा। २. शंकाशील। शंकालु। शक्की।

शङ्कु (शंकु)—[सं० √शङ्क् + कु] *पु०* १. बाण। तीर। २. बाण की नोक। ३. कील। ४. खूँटा या खूँटी। ५. कील। मेख़। ६. कोई नुकीली वस्तु। (गणित०) एक घनाकृति जिसका आधार वृत्त होता है और जो आधार की परिधि के बिन्दुओं को किसी नियत बिन्दु (शीर्ष) से सरल रेखाओं द्वारा मिलाने पर बनती है। (अं० कोन)

शङ्कुरूप (शंकुरूप)—[सं० शङ्कु ~ रूप] *वि०* शंकु के समान आकृति वाला। शंक्वाकार।

शङ्कु-वृक्ष (शंकु-वृक्ष)—[सं॰] *पु॰* वे वृक्ष जिन पर शंकु की आकृति के फल लगते हैं। (अं॰ कानिफ़र) ✣ **शङ्कुवृक्षी (शंकुवृक्षी) वन**—*पु॰* = नुकीली पत्तियों वाला जंगल।

शङ्क्य (शंक्य)—[सं॰ √शङ्क् + यत्] *वि॰* शंका के योग्य। शंकनीय।

शङ्खचूड़ (शंखचूड़)—[< सं॰ शङ्खचूड] *पु॰* एक प्रकार का अति विषैला नाग जिसके सिर पर लम्बा सफ़ेद धब्बा होता है।

शङ्खधर (शंखधर)—[सं॰ शङ्ख + धर] *वि॰* शंख को धारण करनेवाला। *पु॰* १. (भगवान्) विष्णु। २. (वासुदेव) कृष्ण।

शङ्खनारी (शंखनारी)—[सं॰ शङ्ख ~ नारी] *स्त्री॰* (छन्द॰) एक समवर्णिक छन्द जिसके प्रत्येक चरण में दो यगण के योग से कुल ६ वर्ण होते हैं। सोमराजी छन्द।

शङ्खपाणि (शंखपाणि)—[सं॰ शङ्ख ~ पाणि] *वि॰* (हाथ में) शंख धारण करनेवाला। *पु॰* १. (भगवान्) विष्णु। २. (वासुदेव) कृष्ण।

शङ्ख (शंख)-स्वन—[सं॰] *पु॰* शंख की आवाज़। शंखध्वनि।

शंखिनी (शङ्खिनी)—[सं॰ शङ्खिन् + ङीष्] *स्त्री॰* १. सीप। २. एक देवी। (कामशास्त्र॰) स्त्रियों के पद्मिनी आदि चार भेदों में से एक।

शङ्खी (शंखी)—[सं॰ शङ्खिन्] *पु॰* १. (भगवान्) विष्णु। २. समुद्र। ३. शंख बजानेवाला। ४. जिसके पास एक शंख धन हो। जिसके पास दस लाख करोड़ रुपए हों।

शची—[सं॰ √शच् + इन् + ङीष्] *स्त्री॰* इन्द्र की पत्नी। इन्द्राणी। ✣ **शची-पति, शचीश**—*पु॰* = इन्द्र।

शटा—[सं॰ शट् + टाप्] *स्त्री॰* १. जटा। २. सिंह के बाल। अयाल।

शटिल—[< अं॰ शटल] *स्त्री॰* (जुलाहे के करघे की) ढरकी। भरनी। ✣ **शटिल गाड़ी**—*स्त्री॰* = समीप के दो स्टेशनों के बीच में आने-जानेवाली रेलगाड़ी।

शठ—[सं॰ √शठ् + अच्] *वि॰* १. कपटी। छली। धूर्त। २. दुष्ट। ३. मूर्ख। मूढ़। ४. लम्पट। *पु॰* (काव्य॰) नायक का एक प्रकार। वह नायक जो वास्तव में परस्त्री से प्रेम करता हो परन्तु अपनी पत्नी के प्रति प्रेम प्रकट करने का कपट करता हो। ✣ **शठता**—*स्त्री॰* = शठ का कर्म। भाव। ✣ **शठत्व**—*पु॰* = शठता।

शण्ठ (शंठ)—[< सं॰ शण्ठ] *पु॰* १. मूर्ख व्यक्ति। २. नपुंसक। हिजड़ा।

शत—[सं॰ दशन् + त, श-आदेश] *वि॰* १. सौ। २. असंख्य। ३. सैकड़ों। *पु॰* सौ की संख्या।

शतकुण्डी (शतकुंडी)—[सं॰ शतकुण्डिन्] *वि॰* ऐसा यज्ञ-कार्यक्रम जिसमें एक समय में १०० कुंडों में हवन होता है।

शतकोटि—[सं॰ शत ~ कोटि] *वि॰* जो गिनती में सौ करोड़ हो। जो एक अरब हो। *स्त्री॰* सौ करोड़ की संख्या। एक अरब।

शतक्रतु—[सं॰ शत ~ क्रतु] *पु॰* १. जिसने सौ अश्वमेध किए हों। २. इन्द्र।

शतखण्ड (शतखंड)—[सं॰ शत ~ खण्ड] *वि॰* सौ या अनेक टुकड़ों में विभाजित।

शतगुण—[सं॰ शत ~ गुण] *वि॰* सौ गुना।

शतगुणित—[सं॰ शत ~ गुणित] *वि॰* सौ गुना किया हुआ।

शतचन्द्र (शतचंद्र)—[सं॰ शत ~ चन्द्र] *पु॰* एक मध्यकालीन आभूषण जिसमें चन्द्रमा की अनेक आकृतियाँ बनी होती थीं।

शततन्त्री (शततंत्री)—[सं॰ शततन्त्र + ङीप्] *स्त्री॰* सौ तारों वाली वीणा।

शतदल—[सं॰ शत ~ दल] *पु॰* कमल। ✣ **शतदला**—*स्त्री॰* = सेवती (फूल) या सफ़ेद गुलाब।

शतद्रु—[सं॰ शत √द्रु + कु] *स्त्री॰* (पंजाब की) सतलज नदी।

शतधा—[सं॰ शत + धाच्] *क्रिवि॰* १. सौ प्रकार से। अनेक प्रकार से। २. सौ भागों में। अनेक भागों में। *वि॰* सौ प्रकार का। अनेक प्रकार का। *पु॰* सौ या अनेक टुकड़े। सौ-सौ टूक।

शतधार—[सं॰ शत ~ धार] *वि॰* १. सौ धाराओं वाला। २. (वह अस्त्र आदि) जिसकी सौ धारें हो। *पु॰* (इन्द्र का) वज्र।

शतपथ—[सं॰ शत ~ पथ] *वि॰* सौ मार्गों वाला। अनेक मार्गों वाला।

शतपर्वा—[सं॰ शतपर्व + टाप्] *पु॰* वंश। बाँस। *स्त्री॰* १. दूर्वा। दूब। २. गन्ना।

शतपुष्पा—[सं॰ शतपुष्प + टाप्] *स्त्री॰* सौंफ।

शतमन्यु—[सं॰ शत + मन्यु] *वि॰* बहुत क्रोधी। *पु॰* इन्द्र।

शतमयूख—[सं॰ शत ~ मयूख] *पु॰* चन्द्रमा।

शतरुद्री—[सं॰ शतरुद्र + ङीष्] *स्त्री॰* १. यजुर्वेद का एक अंश विशेष। २. यज्ञ की हवि।

शतरूपा—[सं॰ शतरूप + टाप्] *वि॰ (स्त्री॰)* सौ या अनेक रूपों वाली। ***जैसे***—माया शतरूपा है। *स्त्री॰* स्वायम्भुव मनु की पत्नी।

शतशः—[सं॰ शत + शस्] *क्रिवि॰* सौ/सैकड़ों प्रकार से। अनेक प्रकार से। ***जैसे***—शतशः तर्क देना। *वि॰* १. सैंकड़ों बार। अनेक बार। बार-बार। ***जैसे***—आपको शतशः प्रणाम। २. सैकड़ों।

शतांश—[सं॰ शत ~ अंश] *पु॰* (किसी वस्तु का) सौवाँ भाग। ***जैसे***—२०० का शतांश २ है।

शताक्ष—[सं॰ शत ~ अक्ष] *वि॰* सौ/सैकड़ों या असंख्य नेत्रों वाला। *पु॰* सौ/सैकड़ों/असंख्य नेत्रों वाला व्यक्ति (राक्षस आदि)। ✣ **शताक्षी**—*वि॰ (स्त्री॰)* = सौ/सैकड़ों या असंख्य नेत्रों वाली। *स्त्री॰* १. पार्वती। दुर्गा। २. रात्रि। रात।

शताङ्ग (शतांग)—[सं॰ शत ~ अङ्ग] *वि॰* जिसके सौ/सैकड़ों/असंख्य अंग हों। *पु॰* युद्ध का रथ।

शतानन—[सं॰ शत ~ आनन] *वि॰* सौ/अनेक/सैकड़ों/असंख्य मुखों वाला। *पु॰* १. सौ/अनेक/सैकड़ों/असंख्य मुखों वाला व्यक्ति/प्राणी आदि। ***जैसे***—शतानन राक्षसों का समूह। २. श्रीफल। बेल।

शतानन्द (शतानंद)—[सं॰ शत ~ आनन्द] *पु॰* १. विष्णु। २. (वासुदेव) कृष्ण।

शताब्दी—[सं॰ शताब्द + ङीप्] *स्त्री॰* १. सौ वर्ष की अवधि। शती।

सदी। २. किसी संवत्/सन् के प्रथम वर्ष के आरम्भ से सौ वर्ष की समाप्ति तक का कालखंड। ३. किसी घटना के सौ वर्षों के बाद का विशेष समारोह। शतवार्षिकी।

शतायु—[सं॰ शत ~ आयु (आयस्)] *वि॰* १. सौ वर्षों की या अधिक आयु वाला। २. सौ वर्षों तक जीने वाला। दीर्घायु।

शतायुध—[सं॰ शत ~ आयुध] *वि॰* सौ या अनेक आयुधों को धारण करने वाला। सौ हथियारों वाला। *पु॰* सौ/सैकड़ों/असंख्य हथियार। ***जैसे***—शतायुध से सम्पन्न आतंकवादी।

शतार—[सं॰ शत ~ अर/आर] *पु॰* १. वज्र। २. सुदर्शन चक्र।

शतावधान—[सं॰ शत ~ अवधान] *पु॰* सौ बातों/प्रश्नों को क्रमशः सुनकर उन्हें स्मरण रखने की एकाग्रता। ✣ **शतावधानी**—*पु॰* = शतावधान से युक्त व्यक्ति।

शतावर—[सं॰ शत् + आ √वृ + अच्] *पु॰* एक वनौषधीय लता जिसका रंग सफ़ेदी लिए होता है, जिसमें काँटे होते हैं और जिसके फूल सफ़ेद तथा छोटे होते हैं।

शताशनि—[सं॰ शत ~ अशनि] *पु॰* (इन्द्र का) वज्र।

शतिक—[सं॰ शत् + ठन्] *वि॰* १. सौ वाला। २. सौ से सम्बन्धित। सौ का। ३. सौ में ख़रीदा हुआ। ४. प्रति सौ के हिसाब से लगनेवाला (कर आदि)।

शती—[सं॰ शत + इनि] *स्त्री॰* सौ का संग्रह या समूह। ***जैसे***—सप्तशती। २. शताब्दी। सदी।

शत्रुघाती/शत्रुघ्न—[सं॰ शत्रुघातिन्, शत्रु + घ्न] *वि॰* शत्रु का नाश करनेवाला।

शत्रुचर—[सं॰ शत्रु ~ चर] *पु॰* शत्रु का गुप्तचर। दुश्मन का जासूस।

शत्रुजित्—[सं॰ शत्रु ~ जित्] *वि॰* शत्रु को जीतनेवाला।

शत्रुञ्जय (शत्रुंजय)—[सं॰ शत्रु √जि + खच्, मुम्] *वि॰* शत्रु को जीतनेवाला। शत्रुजित्।

शत्रुहन्ता (शत्रुहंता), शत्रुहा—[सं॰ शत्रुहन्तृ, शत्रु + हा] *वि॰* शत्रु का नाश करनेवाला।

शनाख़्त—[फ़ा॰] *स्त्री॰* १. पूरी और ठीक पहचान। ***जैसे***—अपराधी की शनाख़्त करना। २. पहचानने का चिह्न/लक्षण/निशानी।

शनैः—[सं॰ शनैस्] *क्रिवि॰* १. धीरे। धीमे। हौले। २. क्रमशः। ३. थोड़ा-थोड़ा। ✣ **शनैः शनैः**—*क्रिवि॰* = १. धीरे-धीरे। मन्दगति से। २. क्रमशः। ३. थोड़ा-थोड़ा। ४. उत्तरोत्तर।

शपन—[सं॰ √शप् + ल्युट्] *पु॰* १. शाप देने की क्रिया/भाव। २. शपथ। क़सम।

†शप-शप—[अनु॰] *स्त्री॰* १. बेंत या तलवार मारने की ध्वनि। २. कुत्तों के पानी पीने की ध्वनि। *क्रिवि॰* १. जल्दी से। ***जैसे***—शप-शप चलो। २. जल्दी-जल्दी।

शपाशप—[अनु॰] *स्त्री॰* शरीर पर पड़नेवाले कोड़े/बेंत आदि की आवाज़। *स्त्री॰, क्रिवि॰* शपशप।

शप्त—[सं॰ √शप् + क्त] *वि॰* १. जिसे किसी ने शाप दिया हो। शापग्रस्त। २. जिसने शपथ ली हो।

शफ—[सं॰ √शम् + अच्, पृषो॰ म्→फ्] *पु॰* १. पशु का खुर। २. वृक्ष की जड़।

शफ़तालू—दे॰ शफ़्तालू।

शफरी—[< सं॰ शफर] *स्त्री॰* १. 'पौठी'/'सौरी' नामक मछली जिसके शरीर में चमक होती है। २. मछली।

शफ़ा—[< अरबी शिफ़ा] *स्त्री॰* १. नीरोगता। स्वास्थ्य। २. बीमारी में लाभ। रोग में कमी या रोग की समाप्ति। आरोग्य।

शफ़्तालू—[फ़ा॰] *पु॰* एक फल। आड़ू। शफ़तालू।

शबद/शबदी—[< सं॰ शब्द] *पु॰* १. शब्द। २. किसी सन्त के उपदेशात्मक पद/गीत या पद्य। ***जैसे***—गुरु नानक की शबदी।

शबनम—[फ़ा॰] *स्त्री॰* ओस।

शबबरात—[फ़ा॰ 'शब' + अरबी 'बरात'] *स्त्री॰* एक मुस्लिम त्योहार।

शबर—[सं॰ शवर, व्→ब्] *पु॰* १. पर्वतीय जातियों और वनस्पतियों के लिए एक व्यापक नाम। २. शिव। महादेव।

शबर-चन्दन (चंदन)—[हिं॰] *पु॰* एक प्रकार का चन्दन जो मिले हुए सफ़ेद और लाल रंग का होता है।

शबरी—[< सं॰ शवरी] *स्त्री॰* शबर जाति की स्त्री।

शबल—[सं॰ √शप् + बल्, प→ब] *वि॰* १. विविध रंगों वाला। २. चितकबरा। रंग-बिरंगा। *पु॰* चितकबरी या रंग-बिरंगी वस्तु। ✣ **शबलता**—*स्त्री॰* = १. चितकबरापन। २. रंगबिरंगापन।

शबला—[सं॰ शबल + टाप्] *स्त्री॰* १. चितकबरी/बहुरंगी गाय। २. कामधेनु।

शबलित—[सं॰ शबल + इतच्] *वि॰* १. रंग-बिरंगा। चितकबरा। २. अनेक रंगों में रंगा हुआ।

शबली—[सं॰ शबल + ङीष्] *स्त्री॰* = शबला। (दे॰)

शबाब—[फ़ा॰] *पु॰* १. युवावस्था। जवानी। २. जवानी का सौन्दर्य। ३. सौन्दर्य। ४. किसी वस्तु की उत्तम अवस्था।

शब्द—[सं॰ √शब्द् + घञ्] *पु॰* १. ध्वनि। आवाज़। नाद। २. वर्णसमूह से बना और बोला या लिखा जाने वाला संकेत। अर्थयुक्त ध्वनि। सार्थक ध्वनि। लफ़्ज़। ३. सन्त का उपदेशात्मक पद/गीत या पद्य। शबद। शबदी।

शब्दगत—[सं॰ शब्द ~ गत] *वि॰* १. शब्द-सम्बन्धी। शब्दपरक। २. शब्द में निहित। ***जैसे***—शब्दगत सौन्दर्य।

शब्द-ग्राम—[सं॰ शब्द ~ ग्राम] *पु॰* शब्द-समूह।

शब्दघटनवृत्ति—[सं॰ शब्द ~ घटन ~ वृत्ति] *स्त्री॰* बोलने में नए-नए शब्द गढ़ने की प्रवृत्ति।

शब्दचातुर्य—[सं॰ शब्द ~ चातुर्य] *पु॰* शब्द-प्रयोग की कला। वाक्पटुता।

शब्दचित्र—[सं॰ शब्द ~ चित्र] *पु॰* (काव्य॰) शब्दों से किसी व्यक्ति, घटना या वस्तु का सजीव वर्णन।

शब्ददोष—[सं॰ शब्द ~ दोष] *पु॰* (काव्य॰) काव्य-दोषों का एक प्रकार। काव्य में प्रयुक्त पदों में होनेवाले दोष।

शब्दप्रपञ्च (शब्दप्रपंच)—[सं॰ शब्द ~ प्रपञ्च] *पु॰* १. शब्दों का जाल। वाणी का आडम्बर। वागाडम्बर। २. वर्ग विशेष या व्यवसाय विशेष की शब्दावली जो सामान्य शब्दावली से भिन्न प्रकार की होने के कारण दूसरे के लिए दुर्बोध हो।

शब्दप्रमाण—[सं॰ शब्द ~ प्रमाण] *पु॰* किसी के कथन पर निर्भर प्रमाण। मौखिक प्रमाण। (भा॰दर्शन॰) आप्त व्यक्ति या यथार्थवक्ता का उपदेश। आप्त पुरुष का वचन। आप्तप्रमाण।

शब्दबोध—[सं॰ शब्द ~ बोध] *पु॰* १. शब्दों का ज्ञान। शब्दज्ञान। २. पुस्तकीय ज्ञान। ३. किसी के कथनमात्र से प्राप्त ज्ञान।

शब्दब्रह्म (शब्दब्रह्म)—[सं॰ शब्द ~ ब्रह्म] *पु॰* १. शब्द-रूप में ब्रह्मज्ञान या आध्यात्मिक ज्ञान। २. वेद। ३. प्रणव। ओंकार। ओम्।

शब्दभेद—[सं॰ शब्द ~ भेद] *पु॰* १. शब्दों में परस्पर भेद या अन्तर। २. शब्दवेध। (दे॰) (व्या॰) १. किसी दृष्टि से किए गए वर्गीकरण से निश्चित किए गए शब्दों के प्रकार या भेद। २. शब्दों के संज्ञा सर्वनाम, क्रिया आदि भेद। ३. तत्सम, तद्भव, देशज और विदेशी के रूप में शब्दों के तीन प्रकार। ४. शब्दों के यौगिक, रूढ़ तथा योग रूढ़ नामक तीन भेद।

शब्दभेदी—[सं॰ शब्दभेदिन्] *वि॰* शब्दवेधी।

शब्दवेध—[सं॰ शब्द ~ वेध] *पु॰* बिना देखे केवल ध्वनि सुनकर लक्ष्य-वेध करना। शब्दभेद। ❖ **शब्दवेधी**—*वि॰* बिना देखे, केवल सुनी गयी ध्वनि के आधार पर, लक्ष्य-वेध करनेवाला। शब्दभेदी। *पु॰* बिना देखे, केवल सुनी गयी ध्वनि के आधार पर, लक्ष्य-वेध करने वाला व्यक्ति या अस्त्र।

शब्दशः—[सं॰ शब्द + शस्] *क्रिवि॰* १. जैसे शब्द हैं, वैसे ही और उसी क्रम से। २. (भाव की उपेक्षा करते हुए) वाक्य के प्रत्येक शब्द का अनुसरण करते हुए। ३. शब्दावली के अनुसार। एक-एक शब्द करके। ३. Δ **पर्याय**—अक्षरशः।

शब्दशक्ति—[सं॰ शब्द-शक्ति] *स्त्री॰* (काव्य॰) शब्दों के अर्थ को ग्रहण करानेवाली शक्ति। शब्दों के अर्थों की प्रतीति करानेवाली वृत्ति। ***जैसे***—लक्षणा शब्दशक्ति।

शब्दशास्त्र—[सं॰ शब्द ~ शास्त्र] *पु॰* व्याकरण।

शब्द-शूर—[सं॰ शब्द + शूर] *पु॰* बढ़-चढ़कर बातें करने वाला परन्तु वास्तव में कायर। केवल बातों का बहादुर। वाग्शूर।

शब्दश्लेष—[सं॰ शब्द ~ श्लेष] *पु॰* (काव्य॰) एक शब्दालंकार। अनेक अर्थों वाले किसी शब्द के एक ही बार प्रयोग द्वारा दो या अधिक अर्थों का कथन।

शब्द-साधन—[सं॰] *पु॰* (व्या॰) शब्दों की रचना, रूपान्तर आदि।

शब्द-सौकर्य—[सं॰] *पु॰* १. शब्दों के उच्चारण में सुगमता। २. शब्द-प्रयोग की सरलता।

शब्द-सौष्ठव—[सं॰] *पु॰* (किसी कृति/भाषण में) शब्द-योजना का सौन्दर्य। शब्दों के प्रयोग का सौन्दर्य।

शब्दाडम्बर (शब्दाडंबर)—[सं॰ शब्द ~ आडम्बर] *पु॰* १. साधारण बात करने के लिए बड़े-बड़े शब्दों और जटिल वाक्यों का प्रयोग। शब्दजाल। भारी-भरकम शब्दों का निरर्थक प्रयोग। शब्दजाल। २. उक्त प्रकार की सौन्दर्यरहित या प्रभावशून्य उक्ति।

शब्दातिरेक—[सं॰ शब्द ~ अतिरेक] *पु॰* शब्दों की अधिकता। अतिरिक्त/फ़ालतू शब्दों का उपयोग।

शब्दातीत—[सं॰ शब्द ~ अतीत] *वि॰* १. जिस तक शब्दों की पहुँच न हो। जो शब्दों से परे हो। ***जैसे***—शब्दातीत परमात्मा। २. जिसका शब्दों से वर्णन न हो सके। वर्णनातीत। अकथनीय।

शब्दाधिष्ठान—[सं॰ शब्द ~ अधिष्ठान] *पु॰* १. शब्द का अधिष्ठान/आधार। २. श्रवणेन्द्रिय। कान।

शब्दानुशासन—[सं॰ शब्द ~ अनुशासन] *पु॰* व्याकरण।

शब्दायमान—[सं॰ शब्द + क्यङ् शानच्, मुम्] *वि॰* शब्द करता हुआ। शब्दकारी।

शब्दार्थ—[सं॰ शब्द ~ अर्थ] *पु॰* १. शब्द का अर्थ। २. शब्द और अर्थ।

शब्दादि—[सं॰ शब्द ~ आदि] *पु॰* १. शब्द इत्यादि। २. शब्द, स्पर्श, रूप, रस और गन्ध नामक पाँच सूक्ष्मभूत या तन्मात्राएँ। ३. श्रवणेन्द्रिय आदि पाँच ज्ञानेन्द्रियों के क्रमशः विषय—शब्द, स्पर्श, रूप, रस और गन्ध।

शब्दालङ्कार (शब्दालंकार)—[सं॰ शब्द ~ अलङ्कार] *पु॰* (काव्य॰) अर्थालंकार से भिन्न एक अलंकार-भेद। वे अलंकार जो किसी रचना में प्रयुक्त विशिष्ट शब्द या शब्दों या उनके किसी वर्ण या वर्णों के प्रयोग पर निर्भर रहते हैं, उनके अर्थ पर नहीं।

शब्दावलि/शब्दावली—[सं॰ शब्द ~ आवलि/आवली] *स्त्री॰* १. शब्दों का समूह। २. किसी वाक्य आदि में शब्दों का प्रकार तथा क्रम। ३. विशिष्ट प्रकार का शब्द-संग्रह। किसी कृति में या किसी कृतिकार के या किसी एक विषय के ही कठिन, विशिष्ट या पारिभाषिक शब्दों की संक्षिप्त सूची। ***जैसे***—शास्त्रीय शब्दावली।

शब्दित—[सं॰ √शब्द् + क्त] *वि॰* १. (विचार आदि) जो शब्दों में व्यक्त किया गया हो। ***जैसे***—शब्दित अनुभव। २. जिसकी व्याख्या की गयी हो। ३. शब्द करते हुए। शब्दायमान। ध्वनित।

शम—[सं॰ √शम् + घञ्] *पु॰* १. शान्ति। २. इन्द्रिय-निग्रह। ३. मन का संयम। ४. सांसारिक झंझटों से विराम। विरक्ति। निवृत्ति। ५. मोक्ष। ६. क्षमा। (काव्य॰) शान्त रस का स्थायी भाव। (वेदान्त॰) ज्ञानेन्द्रियों का निग्रह।

शमन—[सं॰ √शम् + ल्युट्/ल्यु] *पु॰* १. शान्त करना। २. शान्ति। ३. समाप्ति। ४. नाश। ५. बुझाना। ***जैसे***—अग्नि-शमन। ६. दबाना। दमन। ***जैसे***—वैर-शमन। *पु॰* (आयुर्वेद॰) वह पदार्थ जो शरीर के बढ़े हुए वात आदि दोषों को शोधता नहीं और न सम स्थित दोषों को बढ़ाता है परन्तु घटे-बढ़े दोषों को फिर से समान कर देता है। *वि॰* शान्त करनेवाला। शान्तकारी। *पु॰* यमराज।

शमशीर—[< फा॰ शम्शीर] *स्त्री॰* खड्ग। तलवार।

शमा—[< अरबी शमअ] *स्त्री॰* १. दीपक। २. मोमबत्ती।

शमान्तक (शमांतक)—[सं॰ शम ~ अन्तक] *पु॰* १. मानसिक शान्ति का नाशक। २. कामदेव।

शमित—[सं० √शम् + णिच् + क्त] *वि०* १. जिसका शमन किया गया हो। शान्त किया हुआ। २. (रोगी) जिसे पीड़ा आदि से आराम दिया गया हो या नीरोग किया गया हो।

शमी[1]—[सं० शमिन्] *वि०* १. शान्त। २. आत्मसंयमी। जितेन्द्रिय।

शमी[2]—[सं० शमि + ङीष्] *स्त्री०* १. सफ़ेद कीकर का वृक्ष। २. फलीवाला अनाज (मटर, मूँग, उर्द, अरहर, चना आदि)।

शमीगर्भ—[सं० शमी ~ गर्भ] *पुं०* अग्नि।

शमीधान्य—[सं० शमी ~ धान्य] *पुं०* वह अनाज जो फलियों में से निकलता है (जैसे—मटर, मूँग, उर्द, अरहर, चना आदि)।

शम्पा (शंपा)—[सं० शम् √पा + क + टाप्] *स्त्री०* १. तड़ित्। बिजली। २. मेखला।

शम्बर (शंबर)—[सं० शम्ब + अरच्] *पुं०* १. जल। २. मेघ। बादल। ३. साबर मृग। ४. एक असुर जिसे प्रद्युम्न ने मारा था। ५. संग्राम। युद्ध। *वि०* श्रेष्ठ। उत्कृष्ट।

शम्बरी (शंबरी)—[सं० शम्बर + ङीष्] *स्त्री०* १. माया। २. इन्द्रजाल। जादूगरी। ३. जादूगरनी।

शम्भु (शंभु)—[सं० शम् √भू + डु] *वि०* १. आनन्ददायक। २. कल्याणकारी। *पुं०* शिव। महादेव। (छन्द०) एक समवर्णिक छन्द जिसके प्रत्येक चरण में क्रमश: सगण, तगण, यगण, भगण, २ मगण तथा गुरु (स त य भ म म ग) के योग से १९ वर्ण होते हैं तथा ५-७-७ पर यति होती है।

शम्स—[अरबी] *पुं०* सूर्य। ⁘ **शम्सी**—*वि०* = सूर्य-सम्बन्धी। सूर्य का।

शयन—[सं० √शी + ल्युट्] *पुं०* १. निद्रा। सोना। २. शय्या/खाट/पलंग अथवा बिस्तर/बिछौना। ३. लेट कर किया जाने वाला विश्राम।

शयन-एकादशी—[सं०] *स्त्री०* आषाढ़ शुक्ल एकादशी। हरिशयनी एकादशी। शयनैकादशी।

शयन-बोधिनी एकादशी—[सं०] *स्त्री०* मार्गशीर्ष कृष्ण एकादशी (तिथि) जिस दिन भगवान् विष्णु का शयन-काल समाप्त होने के बाद जागरण का प्रथम दिन होता है।

शयनासन—[सं० शयन ~ आसन] *पुं०* सोने के लिए बना आसन (पलंग, चारपाई आदि)।

शयनिका—[सं० शयन + कन् + टाप्, इत्व] *स्त्री०* १. शयनागार। २. रेलगाड़ी का वह डिब्बा जिसमें यात्रियों के सोने की व्यवस्था रहती है। (अं० स्लीपर)

शयालु—[सं० √शी + आलुच्] *वि०* १. प्राय: सोता रहने वाला। निद्रालु। २. जिसे नींद आ रही हो। उनींदा।

शयित—[सं० √शी + क्त] *वि०* १. विश्राम के लिए लेटा हुआ। २. सोया हुआ। निद्रित।

शयिता—[सं० शयितृ] *वि०* शयन करनेवाला।

शय्या—[सं० √शी + क्यप् + टाप्] *स्त्री०* १. खाट या पलंग। २. बिस्तर। बिछौना।

शय्यादान—[सं० शय्या ~ दान] *पुं०* मृत व्यक्ति से सम्बन्धित दान-कर्मों के अन्तर्गत ग्यारहवें या बारहवें दिन पुरोहित आदि को शय्या, बिछावन आदि का दान।

शर—[सं० √शृ + अच्] *पुं०* १. बाण। तीर। २. सरकंडा। ३. खस। ४. (पद्य आदि में) पाँच की संख्या। (खगोल०) खगोलीय अक्षांश।

शरकत—दे० शर्कत।

शरकाण्ड (शरकांड)—[सं० शर ~ काण्ड] *पुं०* सरकंडा। नरकुल।

शर-कोट—[सं०] *पुं०* बाणों/तीरों का घेरा।

शर-क्षेप—[सं० शर ~ क्षेप] *पुं०* बाण/बाणों की मार।

शरघात—[सं० शर ~ घात] *पुं०* १. बाण की मार। २. तीरन्दाज़ी।

शरच्चन्द्र (शरच्चंद्र)—[सं० शरद् ~ चन्द्र] *पुं०* शरद् ऋतु का चन्द्रमा।

शरच्चन्द्रिका (शरच्चंद्रिका)—[सं० शरद् + चन्द्रिका] *स्त्री०* शरद् ऋतु की चाँदनी।

शरज—[सं० शर + ज] *वि०* शर से उत्पन्न। शर से बना हुआ।

शरजन्मा—[सं० शरजन्मन्] *पुं०* (शिव-पुत्र) कार्तिकेय। स्कन्द। कार्तिकेय।

शरज्ज्योत्स्ना—[सं० शरद् ~ ज्योत्स्ना] *स्त्री०* शरद ऋतु की चाँदनी। शरच्चन्द्रिका।

शरणद/शरणदाता—[सं० शरण + द, शरण ~ दाता] *वि०* १. शरण देनेवाला। आश्रयदाता। २. रक्षा करनेवाला। रक्षक।

शरणागत—[सं० शरण ~ आगत] *वि०* शरण में आया हुआ। शत्रु/विपत्ति आदि से रक्षा करवाने के लिए आया हुआ। शरणापन्न।

शरणागति—[सं० शरण ~ आगति] *स्त्री०* १. रक्षा के लिए किसी की शरण में आना। २. आश्रय की प्राप्ति।

शरणी—[< सं० शरण] *वि० (स्त्री०)* शरण देनेवाली। शरणदायिनी।

शरण्य—[सं० शरण + यत्] *वि०* १. शरण देने योग्य। जिसके पास जाकर शरण ली जा सके। ***जैसे***—शरण्य शिव जी। २. शरण लेने योग्य। असहाय। दीन। ***जैसे***—शरण्य भक्त। ३. रक्षा करनेवाला। रक्षक। ***जैसे***—रोगियों के शरण्य वैद्य होते हैं। ⁘ **शरण्या**—*वि० (स्त्री०)* = शरण्य (स्त्री)। *स्त्री०* = पार्वती। दुर्गा।

शरतल्प—[सं० शर ~ तल्प] *पुं०* बाणों की शय्या। बाणशय्या। शरशय्या। ***जैसे***—घायल भीष्मपितामह शरतल्प पर लेटे रहे।

शरत्काल—[सं० शरद् ~ काल] *पुं०* शरत्-ऋतु की अवधि। आश्विन और कार्तिक के महीने।

शरत्पद्म (शरत्पद्म)—[सं० शरद् ~ पद्म] *पुं०* सफ़ेद कमल।

शरत्पर्व—[सं० शरद् ~ पर्व (पर्वन्)] *पुं०* आश्विन मास की पूर्णिमा। शरत्पूर्णिमा।

शरत्पूर्णिमा—[सं० शरद् ~ पूर्णिमा] *स्त्री०* आश्विन मास की पूर्णिमा। (खगोल०) शरद् विषुव के निकटतम होनेवाली पूर्णिमा।

शरद्—[सं० √शृ + अदि] *स्त्री०* वर्षा ऋतु के बाद की ऋतु जो आश्विन और कार्तिक महीनों में रहती है।

शरदण्ड (शरदंड)—[सं० शर ~ दण्ड] *पुं०* सरकण्डा।

शरदण्डाग्र (शरदंडाग्र)—[सं० शरदण्ड ~ अग्र] *पुं०* बाण के अगले

भाग में लगा पत्थर या धातु का एक नुकीला त्रिकोणाकार भाग। बाणफलक।

शरदन्त (शरदंत)—[सं॰ शरद् ~ अन्त] *पु॰* शरद् ऋतु का अन्त। हेमन्त ऋतु का प्रारम्भ।

शरदम्बुधर (शरदंबुधर)—[सं॰ शरद् ~ अम्बुधर] *पु॰* शरत् ऋतु के बादल। शरत्कालीन मेघ।

शरदिन्दु (शरदिंदु)—[सं॰ शरत् + इन्दु] *पु॰* शरद् ऋतु का चन्द्रमा। शरच्चन्द्र।

शरद्घन—[सं॰ शरद् ~ घन] *पु॰* शरद ऋतु के समय के बादल। शरत्कालीन मेघ।

शरद्-विषुव—[सं॰] *पु॰* (खगोल॰) २२ या २३ सितम्बर का वह क्षण जब सूर्य विषुवत् रेखा को उत्तर से दक्षिण जाते हुए पार करता है जिससे दिनमान व रात्रिमान बराबर हो जाते हैं। तुला राशि का आदि। तुलादि। (अं॰ आटम्नल ईक्विनाक्स)

शरधि—[सं॰ शर√धा + कि] *पु॰* तूणीर। तरकश।

शरन्निशा—[सं॰ शरद् ~ निशा] *स्त्री॰* शरद् ऋतु की रात्रि।

शरन्मेघ—[सं॰ शरद् ~ मेघ] *पु॰* शरत्‌ऋतु के बादल। शरद्घन।

शर-पञ्जर (पंजर)—[सं॰] *पु॰* बाण फेंककर बनाया गया बाणों का घेरा। शर-कोट।

शरपुङ्ख (शरपुंख)—[सं॰ शर ~ पुङ्ख] *पु॰* १. तीर में लगा पंख। २. तीर का वह भाग जहाँ पंख लगे होते हैं।

शरफल—[सं॰ शर ~ फल] *पु॰* तीर की तीक्ष्ण नोक जहाँ नुकीला लोहा लगा होता है।

शरभ—[सं॰ √शृ + अभच्] *पु॰* १. हाथी का बच्चा। २. ऊँट। ३. टिड्डी। ४. एक कल्पित पशु जो सिंह से अधिक शक्तिशाली कहा जाता है। (छन्द॰) एक समवर्णिक छन्द जिसके प्रत्येक चरण में क्रमशः ४ नगण और १ सगण के योग से १५ वर्ण होते हैं। शशिकला छन्द।

शरमल्ल—[सं॰ शर ~ मल्ल] *पु॰* धनुर्धर। ✣ *वि॰* = शरमाने वाला। लजीला।

शरविद्ध (शरविद्ध)—[सं॰ शर ~ विद्ध] *वि॰* बाण से बिंधा हुआ।

शर-वृष्टि—[सं॰] *स्त्री॰* बाणों की वर्षा। तीरों की तेज़ मार।

शरव्य—[सं॰ शरु + यत् या शर √व्ये + ड] *वि॰* १. बाण का लक्ष्य/निशाना। २. धनुर्धर। तीरन्दाज।

शर-शय्या—[सं॰] *स्त्री॰* बाणों की शय्या। शरतल्प।

शर-सन्धान—[सं॰] *पु॰* १. बाण द्वारा निशाना लगाना। २. (लाक्षणिक) प्रहार करना।

शरह—[अरबी] *स्त्री॰* (पुस्तक की) व्याख्या या टीका।

शराबख़्वार—[अरबी शराब + फा॰ ख़्वार] *पु॰* मद्यप। शराबी।

शरायुध—[सं॰ शर ~ आयुध] *पु॰* धनुष।

शराटि/शराति—[सं॰ शर √अट्/अत् + इन्] *स्त्री॰* टिटिहरी (पक्षी)। कुररी।

शरारोप—[सं॰ शर ~ आरोप] *पु॰* धनुष।

शराव—[सं॰ शर √अव् + अण्] *पु॰* मिट्टी का एक छोटा बर्तन। सकोरा। सरवा। (आयुर्वेद॰) एक तौल जो ६४ तोले की होती है।

शरावरण—[सं॰ शर + आवरण] *पु॰* (बाणों आदि को रोकने की) ढाल।

शराश्रय—[सं॰ शर + आश्रय] *पु॰* तूणीर। तरकश।

शरासन/शरास्य—[सं॰ शर ~ आसन/आस्य] *पु॰* धनुष। कमान।

शरीक—[अरबी] *वि॰* १. सम्मिलित। शामिल। २. साझीदार। भागीदार। ३. साथ देने वाला।

शरीर[1]—[सं॰ √शृ + ईरन्] *पु॰* प्राणियों के सिर से पैर तक सब अंगों का समूह। देह। तन। काया। जिस्म।

शरीर[2]—[अरबी] *वि॰* १. दुष्ट। २. उपद्रवी। शैतान। ३. चंचल। ४. चिढ़ाने के लिए छेड़नेवाला। नटखट। शरारती। ५. लोगों से झगड़ा करानेवाला।

शरीरज—[सं॰ शरीर + ज] *वि॰* शरीर से उत्पन्न या शरीर से उत्पन्न होनेवाला। *पु॰* १. पुत्र। २. रोग। ३. विषय-वासना। काम-वासना। ४. कामदेव।

शरीरता—[सं॰ शरीर + तल् + टाप्] *स्त्री॰* शरीर का भाव/धर्म। शरीरत्व। देहत्व।

शरीरबद्ध (शरीरबद्ध)—[सं॰ शरीर ~ बद्ध] *वि॰* देहवाला। देहयुक्त।

शरीरयष्टि—[सं॰ शरीर ~ यष्टि] *स्त्री॰* १. दुबला-पतला शरीर। २. शरीर। देह।

शरीर-यात्रा—[सं॰] *स्त्री॰* १. जीवन। २. आजीविका। रोज़ी।

शरीर-विमोक्षण—[सं॰] *पु॰* १. जन्म-मृत्यु के बन्धन से मुक्ति। मोक्ष। २. शरीर से मुक्ति। मृत्यु।

शरीर-वृत्ति—[सं॰] *स्त्री॰* १. शरीर का निर्वाह करना। शरीर का पालन-पोषण। २. जीविका। रोज़ी।

शरीरवैकल्य—[सं॰ शरीर ~ वैकल्य] *पु॰* अस्वस्थता। रोग। बीमारी।

शरीरसम्पत्ति (शरीरसंपत्ति)—[सं॰ शरीर ~ सम्पत्ति] *स्त्री॰* शारीरिक स्वास्थ्य। स्वस्थ शरीर।

शरीरस्थ—[सं॰ शरीर + स्थ] *वि॰* १. शरीर में रहनेवाला। शरीर में स्थित। ***जैसे***—शरीरस्थ रोग। २. जीवित। ज़िन्दा।

शरीरान्त (शरीरांत)—[सं॰ शरीर ~ अन्त] *पु॰* मृत्यु। देहान्त।

शरीरान्तर (शरीरांतर)—[सं॰ शरीर ~ अन्तर] १. दूसरा शरीर। २. शरीर का भीतरी भाग।

शरीरार्पण—[सं॰ शरीर ~ अर्पण] *पु॰* १. शरीर का किसी को अर्पण। २. किसी अच्छे काम में सेवा-भाव से, तन-मन से, जुटना। ३. किसी उद्देश्य की पूर्ति के लिए मृत्यु का वरण। आत्मबलिदान।

शरीरास्थि—[सं॰ शरीर ~ अस्थि] *पु॰* शरीर की हड्डियाँ। कंकाल। अस्थि-पंजर।

शरीरी—[सं॰ शरीरिन्] *वि॰* १. शरीरधारी। २. जीवित। *पु॰* १. शरीरधारी व्यक्ति चाहे वह वृक्ष आदि के समान स्थावर/स्थिर

हो या मनुष्य, पशु, पक्षी के समान जंगम। २. सचेतन शरीर। ३. आत्मा। जीव।

शरीरोष्मा—[सं॰ शरीर ~ उष्मा/ऊष्मा (उष्मन्/ऊष्मन्)] *स्त्री॰* शरीर की गर्मी। देह-ताप। देह-ऊष्मा।

शर्कत—[< अरबी शिर्कत] *स्त्री॰* १. शरीक होना। सम्मिलन। २. साथ देना। सहयोग। ३. साझा। साझेदारी।

शर्करा—[सं॰ शर्कर + टाप्] *स्त्री॰* १. शकर। चीनी। २. बालू का कण। ३. कंकड़।

शर्कराप्रमेह—[सं॰ शर्करा ~ प्रमेह] *पु॰* मूत्र में शकर की अधिक मात्रा हो जाने का रोग।

शर्करामापी—[सं॰ शर्करा ~ मापी (मापिन्)] *पु॰* किसी तरल पदार्थ में शकर की मात्रा जानने का यन्त्र।

शर्करासव—[सं॰] *पु॰* शकर/चीनी से बननेवाली शराब।

शर्करिक—[सं॰ शर्करा + ठक्] *वि॰* १. शकर/चीनी से बना हुआ। २. शकर/चीनी मिला हुआ। चीनी से युक्त। ३. पथरीला। कँकरीला। ***जैसे***—शर्करिक मार्ग।

शर्क़ी—[अरबी] *वि॰* पूर्व दिशा का। पूर्वीय।

शर्बते दीदार—[अरबी शर्बत + फा॰ दीदार] *पु॰* दर्शन रूपी शर्बत। दृष्टि-रस। ***जैसे***—आप वहाँ शर्बते दीदार के लिए प्राय: जाते रहते हैं।

शर्म[१]—[सं॰ √शृ + मनिन्] *पु॰* १. सुख। २. गृह। घर। ३. कल्याण।

शर्म[२]—[फा॰] *स्त्री॰* १. लज्जा। २. पश्चात्ताप। पछतावा। ३. प्रतिष्ठा। इज़्ज़त। ४. किसी बड़े व्यक्ति के प्रति संकोच। लिहाज़।

शर्मसार—[फा॰] *वि॰* १. लज्जित। शर्मिन्दा। २. पश्चात्ताप करने वाला। पछताने वाला।

शर्मोहया—[फा॰ शर्म + अरबी हया] *स्त्री॰* शर्म और हया। लज्जा।

शर्व—[सं॰ √शृ + व] *पु॰* १. शिव। महादेव। २. विष्णु।

शर्व-पत्नी—[सं॰] *स्त्री॰* १. (शिव-पत्नी) पार्वती देवी। २. (विष्णु-पत्नी) लक्ष्मी देवी।

शर्वर—[सं॰ √शर्व् + अरन्] *पु॰* १. अन्धकार। अँधेरा। २. कामदेव।

शर्वरी—[सं॰ √शृ + वनिप्+ डीप्, र-आदेश] *स्त्री॰* १. सन्ध्याकाल। शाम। २. रात्रि। रात। ३. स्त्री। *पु॰* बृहस्पति के प्रभव आदि ६० संवत्सरों के चक्र में ३४वाँ संवत्सर।

शर्वरीकर/शर्वरीदीपक—[सं॰ शर्वरी + कर, शर्वरी ~ दीपक] *पु॰* चन्द्रमा।

शर्वरीनाथ/शर्वरीपति/शर्वरीश/शर्वरीश्वर—[सं॰ शर्वरी ~ नाथ/पति/ईश/ईश्वर] *पु॰* चन्द्रमा।

शर्वाक्ष—[सं॰ शर्व ~ अक्ष] *पु॰* रुद्राक्ष।

शर्वाचल—[सं॰ शर्व ~ अचल] *पु॰* भगवान् शिव का पर्वत। कैलास पर्वत।

शर्वाणी—[सं॰ शर्व-डीष्, आनुक्] *स्त्री॰* (शिव-पत्नी) पार्वती देवी।

शल—[सं॰ √शल् + अच्] *पु॰* १. भाला। बर्छा। २. साही का काँटा।

शलभ—[सं॰ शल् + अभच्] *पु॰* १. पतंग। २. टिड्डी।

शलाका—[सं॰ शल् + आक् + टाप्] *स्त्री॰* १. लकड़ी, लोहा आदि की लम्बी सलाई। २. आँख में सुरमा लगाने की सलाई। ✣ **शलाका पुरुष**—*पु॰* = किसी युग का अति महत्त्वपूर्ण व्यक्ति। ✣ **शलाका मुद्रा**—*स्त्री॰* = प्राचीन काल के सिक्के जो धातुओं की छड़ों के छोटे-छोटे टुकड़ों के रूप में होते थे।

शलूका—[< फा॰ झलूक:] *पु॰* स्त्रियों का एक पहनावा। कमर तक की एक प्रकार की कुर्ती जो आधी बाँह की होती है।

शल्क—[सं॰] *पु॰* १. खंड। टुकड़ा। २. (खड़े पत्थर आदि में से) टूटा टुकड़ा। ३. वृक्ष की छाल। वल्कल। ४. छिलका। ५. मछली के शरीर पर का छिलका। ६. पपड़ी। (वनस्पति॰) हरे रंग के अतिरिक्त किसी अन्य रंग की मांसल झिल्लीदार या कठोर संरचना। ***जैसे***—प्याज़ के छिलके। ✣ **शल्कीभवन**—*पु॰* = पपड़ी बनना। पपड़ियाना।

शल्य—[सं॰ शल् + यत्] *पु॰* १. काँटा। २. बाण। ३. भाला। बर्छी। ४. हृदय को बहुत दु:ख देने वाली बात। ५. संकट। ६. पाप। (आयुर्वेद॰) चीड़-फाड़ करने का उपकरण।

शल्यक—[सं॰ शल्य √कै + क] *वि॰* १. शल्य-सम्बन्धी। २. शल्य-चिकित्सा से सम्बन्धित।

शल्यकर्म—[सं॰ शल्य ~ कर्म (कर्मन्)] *पु॰* शल्यचिकित्सा।

शल्यकार—[सं॰ शल्य + कार] *पु॰* शल्य-चिकित्सा करनेवाला। शल्यचिकित्सक। (अं॰ सर्जन)

शल्याहरण/शल्योद्धार (शल्योद्धार)—[सं॰ शल्य ~ आहरण/उद्धार] *पु॰* शरीर में चुभे/धँसे/गड़े काँटा, बाण आदि को निकालने का काम।

शल्योपचार—[सं॰ शल्य ~ उपचार] *पु॰* १. शल्य-चिकित्सा। चीरफाड़कर स्वस्थ करने की चिकित्सा-पद्धति। (अं॰ सर्जरी) २. चीर-फाड़। ✣ **शल्योपचारिक**—*वि॰* = शल्योपचार-सम्बन्धी।

शल्लकी—[सं॰ शल्लक + डीष्] *स्त्री॰* एक प्रकार का मध्यम आकार का वृक्ष जिसका गोंद सुगन्धित और पीला होता है। सलई का पेड़।

शव—[सं॰ √शव् + अच्] *पु॰* मृत शरीर। लाश। मुर्दा। ***वा॰* शव की तरह जीना**—पौरुषहीन होकर जीना।

शवकर्म—[सं॰ शव-कर्म (कर्मन्)] *पु॰* शव का दाह-संस्कार।

शवच्छेद—[सं॰ शव-छेद] *पु॰* १. शव की चीर-फाड़। २. शव-परीक्षा के लिए की जाने वाली शव की चीर-फाड़।

शवता—[सं॰ शव + तल् + टाप्] *स्त्री॰* शव का भाव/धर्म। निर्जीवता। मुर्दापन। ✣ **शवत्व**—*स्त्री॰* = शवता।

शवदाह—[सं॰ शव-दाह] *पु॰* मृत शरीर जलाने की क्रिया। ✣ **शवदाहशाला**—*स्त्री॰* = बिजली से शवों को जलाने का स्थान। दाह-गृह। (अं॰ क्रिमेटोरियम)

शवभुक्—[सं॰ शवभुज्] *पु॰* १. शव/लाश को खाने वाला। २. गीदड़। सियार।

शव-मन्दिर (मंदिर)—[सं॰] *पु॰* श्मशान।

शवल—[सं॰ शव + कलन्] *वि॰* शबल। चितकबरा। रंगबिरंगा।

पु॰ चितकबरा रंग। ✣ **शवला/शवली**—*वि॰ (स्त्री॰)* चितकबरी। रंगबिरंगी। *स्त्री॰* १. चितकबरी गाय। २. कामधेनु।

शवलित—[स॰ शवल + इतच्] *वि॰* रंग-बिरंगा। चितकबरा। शबलित।

शव-संलेपन—[स॰] *पु॰* शव पर ऐसी रसायन सामग्री या अन्य वस्तुएँ लगाना जिससे वह सड़ न पाए।

शव-समाधि—[स॰] *स्त्री॰* शव को पृथ्वी में गाड़ने या जल में प्रवाहित करने का संस्कार।

शव-साधन—[स॰] *पु॰* (तंत्र॰) श्मशान आदि में शव पर बैठकर मन्त्र सिद्ध करने की साधना।

शवागार—[स॰ शव-आगार] *पु॰* १. समाधि। क़ब्र। २. मुर्दाघर।

शवागार-लुण्ठन (लुंठन)—[स॰] *पु॰* क़ब्रों के चोरों के द्वारा क़ब्र में दफ़न की गयी वस्तुओं को चुरा लेना। क़ब्र लूटना। क़ब्र-लुंठन।

शवाच्छादन—[स॰] *पु॰* (शव का) कफ़न।

शवाधान—[स॰] *पु॰* क़ब्र में दफ़न करना। दफ़नाना।

शवाधान-प्रक्रिया—[स॰] *स्त्री॰* शव को दफ़न करने से सम्बन्धित रीति-रिवाज।

शवासन—[स॰ शव ~ आसन] *पु॰* (योग॰) एक आसन जिसमें चित लेटकर शव की भाँति सब अंग शिथिल किए जाते हैं।

शवास्थिशाला—[स॰ शव-अस्थि-शाला] *स्त्री॰* शवों या उनकी अस्थियों को रखने का स्थान। शवागार। मुर्दाघर।

शश—[स॰ √ शश् + अच्] *पु॰* १. खरगोश (जन्तु)। खरहा। २. चन्द्रमा में स्थित कलंक। चन्द्रकलंक। (काम॰) चार प्रकार के पुरुषों में से एक।

शशक—[स॰ शश + कन्] *पु॰* ख़रगोश। खरहा।

शशधर—[स॰ शश ~ धर] *पु॰* चन्द्रमा।

शशधरमौलि—[स॰ शशधर ~ मौलि] *वि॰* चन्द्रमा को सिर पर धारण करनेवाला। *पु॰* शिव। महादेव।

शशलक्षण/शशलाञ्छन (शशलांछन)—[स॰ शश ~ लक्षण/लाञ्छन] *पु॰* चन्द्रमा।

शशविषाण/शशशृङ्ग (शशशृंग)—[स॰ शश ~ विषाण/शृङ्ग] *पु॰* १. ख़रगोश का सींग। २. ख़रगोश का सींग जैसी असम्भव बात। मिथ्या बात।

शशाङ्क (शशांक)—[स॰ शश ~ अङ्क] *पु॰* चन्द्रमा। ✣ **शशाङ्कज (शशांकज)**—*पु॰* १. चन्द्रमा का पुत्र। २. बुध (देवता/ग्रह)।

शशाङ्कशेखर (शशांकशेखर)—[स॰ शशाङ्क ~ शेखर] *वि॰* चन्द्रमा को सिर पर धारण करनेवाला। *पु॰* शिव। महादेव।

शशा—[स॰ शश + टाप्] *स्त्री॰* नारी/ मादा ख़रगोश।

शशाङ्कित (शशांकित), शशाङ्ग (शशांग)—[स॰ शश ~ अङ्कित/अङ्ग] *पु॰* चन्द्रमा।

शशि—[स॰ शशिन्] *पु॰* चन्द्रमा।

शशिकर—[स॰ शशि (शशिन्) ~ कर] *पु॰* चन्द्रमा की किरण।

शशिकला—[स॰ शशि (शशिन्) ~ कला] *स्त्री॰* चन्द्रमा की १६ कलाओं में से प्रत्येक। चन्द्रमा की कला। चन्द्रकला। (छन्द॰) एक समवर्णिक छन्द जिसके प्रत्येक चरण में क्रमश: ४ नगण और एक सगण (न न न न स) के योग से १५ वर्ण होते हैं तथा ६-९ पर यति होती है।

शशिकान्त (शशिकांत)—[स॰ शशि (शशिन्) ~ कान्त] *पु॰* १. चन्द्रकान्त मणि। २. कुमुद। कुईं।

शशिखण्ड (शशिखंड)—[स॰ शशि (शशिन्) ~ खण्ड] *पु॰* चन्द्रमा की कला। चन्द्रकला।

शशिग्रह—[स॰ शशि (शशिन्) ~ ग्रह] *पु॰* चन्द्रग्रहण।

शशिज—[स॰ शशि (शशिन्) + ज] *वि॰* चन्द्रमा से उत्पन्न। *पु॰* बुध (ग्रह/देवता)।

शशितनय—[स॰ शशि (शशिन्) ~ तनय] *पु॰* १. चन्द्रमा का पुत्र। २. बुध (ग्रह/देवता)।

शशिधर—[स॰ शशि (शशिन्) + धर] *वि॰* चन्द्रमा को धारण करनेवाला। *पु॰* शिव। महादेव।

शशिपोषक—[स॰ शशि (शशिन्) ~ पोषक] *पु॰* (चान्द्र मास का) वह पक्ष जिसमें चन्द्रमा बढ़ता रहता है। शुक्ल पक्ष। *वि॰* चन्द्रमा का पोषण करनेवाला। चन्द्रवर्धक।

शशिप्रभ—[स॰ शशि (शशिन्) ~ प्रभा] *वि॰* चन्द्रमा के समान कान्तिवाला। *पु॰* १. मोती। २. कुमुद। कुईं।

शशिप्रभा—[स॰ शशि (शशिन्) ~ प्रभा] *स्त्री॰* ज्योत्स्ना। चाँदनी।

शशिप्रिय—[स॰ शशि (शशिन्) ~ प्रिय] *पु॰* १. कुमुद। कुईं। २. मोती।

शशिप्रिया—[स॰ शशि (शशिन्) ~ प्रिया] *स्त्री॰* १. चन्द्रमा की पत्नी। २. सत्ताईस नक्षत्र।

शशिभाल/शशिभूषण—[स॰ शशि (शशिन्) ~ भाल/भूषण] *पु॰* शिव। महादेव।

शशिमणि—[स॰ शशि (शशिन्) ~ मणि] *पु॰* चन्द्रकान्त मणि।

शशिमुख—[स॰ शशि (शशिन्) ~ मुख] *वि॰*= १. चन्द्रमा के समान सुन्दर मुख वाला। सुन्दर। *पु॰* चन्द्रमा के समान सुन्दर मुख।

शशिमौलि—[स॰ शशि (शशिन्) ~ मौलि] *वि॰* चन्द्रमा को सिर पर धारण करनेवाला। *पु॰* शिव। महादेव।

शशि-रस—[स॰] *पु॰* अमृत।

शशिरेखा/शशिलेखा—[स॰ शशि (शशिन्) ~ रेखा/लेखा] *स्त्री॰* चन्द्रमा की एक कला। शुक्ल पक्ष की द्वितीया का चन्द्रमा।

शशिवदना—[स॰ शशि (शशिन्) ~ वेदना] *वि॰* १. चन्द्रमा के समान सुन्दर मुखवाली। शशिमुखी। चन्द्रमुखी। २. सुन्दरी। *स्त्री॰* सुन्दर स्त्री। सुन्दरी। (छन्द॰) एक समवर्णिक छन्द जिसके प्रत्येक चरण में क्रमश: नगण और यगण (न य) के योग से ६ वर्ण होते हैं। चण्डरसा (छन्द)।

***शशिशाला**—[स॰ शशि ~ शाला] *स्त्री॰* शीशे का बना हुआ भवन या अनेक शीशों से सजा हुआ भवन। शीशमहल।

शशिशेखर—[सं॰ शशि ~ शेखर] *वि॰* चन्द्रमा को सिर पर धारण करनेवाला। *पु॰* शिव। महादेव।

शशिशोषक—[सं॰ शशि ~ शोषक] *पु॰* (चान्द्र मास का) कृष्ण पक्ष। ∇ **विलोम**—शशिपोषक।

शशि-सुत—[सं॰ शशि (शशिन्) ~ सुत] *पु॰* १.चन्द्रमा का पुत्र। २. बुध (ग्रह/देवता)।

शशी—[< सं॰ शशि] *पु॰* चन्द्रमा।

शशीकर—*पु॰* ≤ *सं॰* शशिकर।

शशीश—[सं॰ शशि (शशिन्) ~ ईश] *पु॰* शिव। महादेव।

शशोपन्ज (शशोपंज)—[फ़ा॰] *पु॰* १. दुविधा। २. संकोच। हिचकिचाहट।

शष्प/शस्प—[सं॰ √शष् + पक्] *पु॰* १. नयी घास। नवतृण। २. प्रतिभा का नाश।

शस्त्र—[सं॰ √शस् + ष्ट्रन्] *पु॰* १. आयुध। हथियार। २. उपकरण। औज़ार। ३. (लाक्षणिक) विरोधी/विपक्षी/शत्रु को दबाने/हराने का कोई साधन।

शस्त्रग्राही—[सं॰ शस्त्रग्राहिन्] *वि॰* हथियार धारण करनेवाला। शस्त्रधारी।

शस्त्रजीवी—[सं॰ शस्त्रजीविन्] *वि॰* शस्त्र द्वारा जीविका चलानेवाला। शस्त्रवृत्ति। *पु॰* योद्धा। सैनिक।

शस्त्रज्ञ—[सं॰ शस्त्र + ज्ञ] *वि॰* शस्त्रविद्या में निपुण। शस्त्री।

शस्त्रधर—[सं॰ शस्त्र + धर] *वि॰, पु॰* शस्त्रधारी।

शस्त्रपाणि—[सं॰ शस्त्र ~ पाणि] *वि॰* जिसके हाथ में शस्त्र हो। शस्त्रधारी।

शस्त्रपूत—[सं॰ शस्त्र ~ पूत] *वि॰* शस्त्र से पवित्र किया हुआ। रणभूमि में शस्त्रों से घायल होने या मरने के कारण जो पापों से मुक्त या पवित्र हो गया हो।

शस्त्रभृत्—[सं॰ शस्त्र ~ भृत्] *पु॰* शस्त्रधर। शस्त्रधारी।

शस्त्रवृत्ति—[सं॰ शस्त्र ~ वृत्ति] *वि॰, पु॰* शस्त्रजीवी।

शस्त्रशाला—[सं॰ शस्त्र ~ शाला] *स्त्री॰* शस्त्रागार।

शस्त्रशास्त्र—[सं॰ शस्त्र ~ शास्त्र] *पु॰* १. शस्त्रविद्या। २. धनुर्वेद।

शस्त्रसंहति—[सं॰ शस्त्र ~ संहति] *स्त्री॰* १. शस्त्रों का संग्रह। २. शस्त्रों का समूह। ३. शस्त्रों का भंडारगृह। शस्त्रागार। हथियारघर।

शस्त्रहत—[सं॰ शस्त्र ~ हत] *वि॰* जो शस्त्र से मारा गया हो।

शस्त्रागार—[सं॰ शस्त्र ~ आगार] *पु॰* हथियारों को रखने का स्थान। शस्त्रशाला। हथियारघर।

शस्त्राजीव—[सं॰ शस्त्र ~ आजीव] *पु॰* शस्त्रजीवी।

शस्त्रास्त्र—[सं॰ शस्त्र + अस्त्र] *पु॰* शस्त्र और अस्त्र। विविध हथियार।

शस्त्री—[सं॰ शस्त्रिन्] *वि॰* १. शस्त्रयुक्त (व्यक्ति)। हथियारबन्द। २. शस्त्रविद्या में निपुण। शस्त्रज्ञ।

शस्त्रीकरण—[सं॰ शस्त्र + च्वि + करण] *पु॰* सेना अथवा नागरिकों को शस्त्रों आदि से सज्जित करना।

शस्त्रोपजीवी—[सं॰ शस्त्र ~ उपजीवी (उपजीविन्)] *वि॰, पु॰* शस्त्रजीवी।

शस्य[1]—[सं॰ √शंस् + क्यप्] *वि॰* १. प्रशंसा के योग्य। प्रशंसनीय। २. उत्तम। बढ़िया। *पु॰* सद्गुण।

शस्य[2]—[सं॰ √शस् + यत्] *पु॰* १. धान्य। अनाज। २. किसी वृक्ष की उपज। वृक्ष के फल। ३. नवतृण। नयी घास। ✣ **शस्य-क्षेत्र**—*पु॰* = अनाज का खेत। ✣ **शस्य-भक्षी**—*पु॰* = अनाज खानेवाला। ✣ **शस्य-मञ्जरी (मंजरी)**—*स्त्री॰* = अनाज की बाल।

शस्यशाली/शस्यसम्पन्न (शस्यसंपन्न)—[सं॰ शस्यशालिन्, शस्य ~ सम्पन्न] *वि॰* १. जिसमें बहुत अनाज हो। ***जैसे***—शस्यसम्पन्न खेत। २. (व्यक्ति) जिसके पास बहुत अनाज हो। ***जैसे***—शस्यसम्पन्न किसान।

शस्यागार—[सं॰ शस्य ~ आगार] *पु॰* कटी फ़सल रखने का स्थान। खलिहान।

शह—[फ़ा॰] *पु॰* १. 'शाह' का लघु रूप। बादशाह। ***जैसे***—शहज़ादा (= शाहजादा)। २. किसी को गुप्त रूप से भड़काना। बढ़ावा। ३. शतरंज के खेल में बादशाह पर आक्रमण की स्थिति। किश्त।

शहंशाह—[फ़ा॰] *पु॰* शाहों का शाह। राजाधिराज। सम्राट्।

शहज़ादगी—[< हि॰ शहज़ादा] *स्त्री॰* १. राजकुमारत्व। राजपुत्रत्व। २. युवराजत्व।

शहज़ादा—[< फ़ा॰ शाहज़ाद:] *पु॰* १. बादशाह का पुत्र। राजकुमार। राजपुत्र। २. युवराज।

शहतीर—[फ़ा॰] *पु॰* लकड़ी का बड़ा और लम्बा सीधा और घनाकार लट्ठा जो छत आदि को पाटने में काम आता है। छत की कड़ी।

शहबाज़—[फ़ा॰] *पु॰* एक प्रकार का बड़ा बाज़ (पक्षी)।

शहबाला—[< फ़ा॰ शहबाला] *पु॰* बरात में दूल्हे के साथ बैठकर कन्या के घर जानेवाला छोटा बालक।

शहबुलबुल—[फ़ा॰] *स्त्री॰* एक प्रकार की बुलबुल जिसका शरीर लाल परन्तु कंठ काला होता है और सिर पर सुनहली चोटी होती है।

शह-मात—[फ़ा॰ शह + मात] *स्त्री॰* शतरंज के खेल में ऐसी शह जिसके बाद विपक्षी के बादशाह को चलने के लिए कोई घर ही नहीं रहता अत: विपक्षी पर मात हो जाता है। ***वा॰* शह-मात कर देना**—(विवाद/बहस में) निरुत्तर कर देना। चुप कर देना।

शहरपनाह—[फ़ा॰] *स्त्री॰* नगर के चारों ओर रक्षा के लिए बनायी हुई ऊँची दीवार। प्राचीर। परकोटा।

शहरयार—[फ़ा॰] *वि॰* १. शासक। राजा। बादशाह। २. समकालीन राजाओं में प्रमुख।

शहरियत—[फ़ा॰] *स्त्री॰* १. शहरीपन। नागरता। २. नागरिकता। ३. सभ्यता। शिष्टता। ४. बड़े नगरों के लोगों का व्यवहार या रंग-ढंग। नगरीयता।

शहसवार—[फ़ा॰] *वि॰* घुड़सवारी में निपुण। *पु॰* कुशल घुड़सवार। ✣ **शहसवारी**—*स्त्री॰* = घुड़सवारी में निपुणता।

शहादत—[अरबी] *स्त्री°* धर्म या राष्ट्र या जन-हित आदि के लिए बलिदान होना। हुतात्मत्व।

शहाना—[८ फा° शहान:] *वि°* १. राजा जैसा। राजोचित। शाही। २. राजसी। ३. उत्तम। बढ़िया। ✣ **शहाना कान्हड़ा**—*पु°* = (संगीत°) सम्पूर्ण जाति का एक प्रकार का कान्हड़ा राग जिसमें सब शुद्ध स्वर लगते हैं।

शहीद—[अरबी] *पु°* अपने कर्तव्य, धर्म या राष्ट्र आदि के लिए या जन-हित के लिए बलिदान होनेवाला। हुतात्मा। ✣ **शहीदी**—*वि°* = १. हुतात्मा/शहीद से सम्बन्धित। शहीद का। २. जो आत्मबलिदान के लिए या धर्म, राष्ट्र आदि या जन-हित के लिए संघर्ष करने जा रहा हो।

शहीदेआज़म—[अरबी] *पु°* महान् शहीद।

शहीदेवतन—[अरबी] *पु°* स्वदेश के लिए बलिदान होनेवाला।

शाइस्ता—[फा° शाइस्त:] *वि°* १. सभ्य। शिष्ट। २. योग्य। ३. उत्तम। श्रेष्ठ। ४. नम्र।

शाक[१]—[स° √शक् + घञ्] *पु°* १. हरी पत्तियों वाली छोटी वनस्पति। साग। २. पत्ती, फूल, फल आदि जो पका कर खाए जाएँ। साग। तरकारी। ३. बनी हुई तरकारी/साग।

शाक[२]—[स° शक + अण्] *पु°* १. (प्राचीन काल में) एशिया का एक देश या उसमें रहनेवाली शक नामक जाति का व्यक्ति। २. महाराज शालिवाहन द्वारा प्रवर्तित संवत् जो शकों पर विजय के उपलक्ष्य में चलाया गया था। शक संवत्।

शाकटिक—[स° शकट + ठक्] *वि°* १. छकड़ा (गाड़ी) सम्बन्धी। २. छकड़े का। *पु°* १. गाड़ी में बैठकर जानेवाला। २. गाड़ीवाला।

शाकद्वीपीय (शाकद्वीपीय)—[स° शाकद्वीप + छ] *वि°* शाकद्वीप का रहने वाला। *पु°* १. शक जाति या उसका व्यक्ति। २. शकद्वीप से भारत में आ बसने वाले ब्राह्मणों का वर्ग। मग ब्राह्मण।

शाकम्भरी (शाकंभरी)—[स° शाक √भृ + खच्, मुम् + ङीष्] १. पार्वती/दुर्गा देवी का एक रूप। २. शाम्भर/साँभर नगर का प्राचीन नाम।

शाकल—[स° शकल + अण्] *वि°* शकल/खंड/टुकड़ा से सम्बन्धित। *पु°* १. खंड। अंश। टुकड़ा। २. ऋग्वेद की एक शाखा विशेष। ३. उक्त शाखा के अनुयायी लोग। ४. प्राचीन भारत में मद्रदेश की राजधानी जो वर्तमान स्यालकोट नगर (पाकिस्तान) है।

शाक-वृक्ष—[स°] *पु°* सागौन का पेड़।

शाकाष्टमी—[स°] *स्त्री°* फाल्गुन कृष्ण अष्टमी।

शाकिनी—[स° शाकिन् + ङीष्] *स्त्री°* १. शाकयुक्त भूमि। साग बोयी हुई ज़मीन। २. साग-सब्ज़ी की खेती। ३. एक प्रकार की पिशाचिनी। डाइन। चुड़ैल। (तंत्र°) एक देवी जिसकी साधना सिद्धियों के लिए की जाती है।

शाकुनि—[स° शाकुन + इन्] *पु°* चिड़ीमार। बहेलिया।

शाकुनी—[स° शाकुनिन्] *पु°* शकुनों का विचार करनेवाला व्यक्ति। शकुनज्ञ।

शाकुन्तिक (शाकुंतिक)—[स° शकुन्त + ठञ्] *पु°* चिड़ीमार। बहेलिया।

शाक्त—[स° शक्ति + अण्] *वि°* १. शक्ति-सम्बन्धी। शक्ति/बल/ताक़त का। २. महाशक्ति/पराशक्ति से सम्बन्धित। *पु°* १. शक्ति/पार्वती/दुर्गा की पूजा करनेवाला। शक्ति-पूजक। २. तन्त्र-साधना की पद्धति से देवी का उपासक। दक्षिणाचारी या वाममार्गी साधक।

शाक्तिक—[स° शक्ति ~ ढक्] *पु°* १. शक्ति-उपासक/शाक्त। २. भाला धारण करनेवाला सैनिक।

शाक्य—[स° शक + ञ्य्] *पु°* एक प्राचीन क्षत्रिय कुल जिसमें गौतम बुद्ध उत्पन्न हुए थे।

शाखायित—[स° शाखा + क्यङ् क्त] *वि°* शाखाओं वाला। शाखा-युक्त।

शाखालम्बी (शाखालंबी)—[स° शाखा ~ आलम्बी (आलम्बिन्)] *वि°* वृक्ष की शाखा में लटकनेवाला। ***जैसे***—शाखालम्बी फलों का आकर्षण।

शाखी—[स° शाखिन्] *वि°* शाखाओंवाला। शाखायुक्त। *पु°* १. वृक्ष। २. वेद। ३. वेद की किसी शाखा का अनुयायी या विद्वान्।

शाखीय—[स° शाखा + छ] *वि°* शाखा-सम्बन्धी। शाखा का। शाख्य।

शाखोच्चार—[स° शाखा ~ उच्चार] *पु°* विवाह के समय की एक प्रथा जिसमें वर और कन्या की वंशावली, गोत्र आदि का परिचय दिया जाता है।

शाख्य—[स° शाखा + यत्] *वि°* शाखा-सम्बन्धी। शाखीय।

शागिर्द—[फा°] *पु°* १. शिष्य। ***जैसे***—शागिर्द करना (= शिष्य बनाना)। २. विद्यार्थी। ✣ **शागिर्दाना**—*पु°* = शागिर्दों जैसा। शिष्योचित।

शाङ्कर/शांकर—[स° शङ्कर + अण्] *वि°* १. शंकर-सम्बन्धी। शिव का। २. शंकराचार्य-सम्बन्धी।

शाङ्कव (शांकव)—[स° शङ्कु + अण्] *वि°* शंकु के आकार का। (अ° कोनिकल)

शाङ्खिक (शांखिक)—[स° शङ्ख + ठक्] *वि°* १. शंख-सम्बन्धी। शंख का। २. शंख का बना हुआ। ३. शंख बजानेवाला। शंखवादक। *पु°* १. शंखवादक व्यक्ति। २. शंख को बनाने या बेचने वाला।

शाङ्ख्य (शांख्य)—[स° शङ्ख + घञ्] *वि°* १. शंख-सम्बन्धी। शंख का। २. शंख का बना हुआ। ***जैसे***—शांख्य आभूषण।

शाट[१]—[स° √शट् + घञ्] *पु°* १. कमर में लपेट कर पहनने का वस्त्र। २. कपड़े का टुकड़ा। ३. कोई ढीला पहनावा। ४. (प्राचीन काल में) एक प्रकार की कुर्ती।

शाट[२]—[८ अ° शॉट] *पु°* १. (तोप का) गोला, (बन्दूक़ की) गोली या छर्रा। २. (सिनेमा-कैमरे से लिया गया) छायाचित्र। फ़ोटो। ३. (बैडमिन्टन आदि खेलों में) गेंद आदि पर किया जाने वाला आघात। मार। ***जैसे***—शटल कार्क पर शाट ठीक लगाना।

शाटक—[सं॰ शाट + कन्] *पु॰* वस्त्र। (नाट्य॰) संस्कृत के नाटकों का एक भेद।

शाटिका/शाटी—[सं॰ शाटक + टाप्, इत्व तथा शाट + ङीष्] *स्त्री॰* (स्त्रियों की) साड़ी। धोती।

शाठ्य—[सं॰ शठ + ष्यञ्] *पु॰* १. शठता। दुष्टता। २. छल। कपट।

शाण[1]—[सं॰ √शण् + घञ्] *पु॰* १. एक पत्थर जिस पर धार तेज़ की जाती है। सान। २. कसौटी (का पत्थर)। निकष। ३. (पहले प्रचलित रही) चार माशे की एक तौल।

शाण[2]—[सं॰ √शण् + अन्] *वि॰* सन या पटसन से सम्बन्धित। सन का। *पु॰* सन के रेशों से बना वस्त्र।

शाणी—[सं॰ शाण + ङीप्] *स्त्री॰* १. धार तेज़ करने का पत्थर। शाण। सान। २. निकष। कसौटी (पत्थर)। ३. चार माशे के तुल्य एक पुरानी तौल। ४. सन/पटसन का बना वस्त्र। ५. हाथ और आँख का संकेत। सैन। इशारा।

शाणित—[सं॰ शाण + इतच्] *वि॰* १. शाण पर रखकर तेज़ धार वाला किया हुआ। सान रखा हुआ। तीक्ष्ण किया हुआ। पैनाया हुआ। २. तेज़ धार वाला। तीक्ष्ण। ३. कसौटी पर कसा हुआ।

शात—[सं॰ शो + क्त] *वि॰* १. शान पर चढ़ा हुआ पैना। २. क्षीण। पतला। ***जैसे***—शात कटि। ३. दुर्बल। ४. सुन्दर। ५. प्रसन्न।

शातकुम्भ (शातकुंभ)—[सं॰ शतकुम्भ + अण्] *पु॰* १. सुवर्ण। सोना। २. धतूरा। ३. कचनार वृक्ष। ४. कनेर वृक्ष।

शातन—[सं॰ √शो + णिच् + तन (लङ् + ल्युट्)] १. सान पर चढ़ाकर धार तेज़ करना। २. नष्ट करना। ३. वृक्ष को काटना या कटवाना। ४. लकड़ी रँदना। ५. छीलना या काटना। ६. छोटा करना।

शातिर—[अरबी] *वि॰* धूर्त। चालाक। *पु॰* १. पक्का चोर। २. (शतरंज आदि का) अच्छा खिलाड़ी। ✣ **शातिराना**—*वि॰* = १. शातिरों जैसा। २. धूर्ततापूर्ण।

शातोदर—[सं॰ शात ~ उदर] *वि॰* १. पतली कमर वाला। २. दुबला-पतला।

शाद—[फा॰] *वि॰* १. प्रसन्न। हर्षयुक्त। ख़ुश। ***जैसे***—शाद रहो, आबाद रहो। २. आनन्दित।

शादोआबाद—[फा॰] *वि॰* प्रसन्न और समृद्ध।

शाद्वल (शाद्वल)—[सं॰ शाद् + ड्वलच्] *वि॰* १. नयी हरी घास वाला। नवतृणाच्छादित। २. हरा-भरा। *पु॰* १. घास का मैदान। २. गोचारण-भूमि। ३. रेगिस्तान में हरा-भरा प्रदेश। मरुद्यान। नख़लिस्तान। ४. साँड़। ५. बैल।

शान्तिकर्म (शांतिकर्म)—[सं॰ शान्ति ~ कर्म (कर्मन्)] *पु॰* अमंगल या विपत्ति को दूर करने के लिए किया जाने वाला पूजा-पाठ, यज्ञ, हवन इत्यादि कर्म।

शान्ति (शांति)-कलश—[सं॰] *पु॰* शान्ति-कर्म में स्थापित कलश।

शान्ति (शांति)-निकेतन—[सं॰] *पु॰* शान्ति देनेवाला घर या कोई स्थान।

शान्ति (शांति)-निलय—[सं॰] *पु॰* शान्ति देनेवाला घर या कोई स्थान।

शान्तिपर्व (शांतिपर्व)—[सं॰ शान्ति ~ पर्व] *पु॰* 'महाभारत' ग्रन्थ का बारहवाँ पर्व।

शान्तिवाद (शांतिवाद)—[सं॰ शान्ति ~ वाद] *पु॰* यह सिद्धान्त/मत कि युद्ध सदा के लिए समाप्त किए जा सकते हैं और ऐसा किया जाना चाहिए।

शान्तिवाचन (शांतिवाचन)—[सं॰ शान्ति ~ वाचन] *पु॰* रोग, भूत-प्रेत का प्रकोप इत्यादि को दूर करने के लिए किए गए पूजा-पाठ, यज्ञ, हवन इत्यादि के अवसर पर किया जाने वाला मन्त्र-पाठ। शान्तिपाठ।

शान्ति-सन्धि (शांति-संधि)—[सं॰] *स्त्री॰* युद्ध की समाप्ति पर होनेवाली परस्पर सन्धि/सुलह।

शान्ति (शांति)-होम—[सं॰] *पु॰* अमंगल को दूर करने के लिए किया जाने वाला यज्ञ या हवन।

शाप—[सं॰ √शप् + घञ्] *पु॰* १. किसी का अनिष्ट करने के उद्देश्य से किया गया कथन। अनिष्टसूचक कथन। बददुआ। २. किसी ऋषि/मुनि/योगी/सिद्धपुरुष का क्रुद्ध होकर कहा गया अनिष्टसूचक वाक्य जो उसकी संकल्प-शक्ति या वाक्सिद्धि के कारण अवश्य पूरा होता है। ***जैसे***—दुर्वासा का शकुन्तला को शाप।

शाप-ज्वर—[सं॰] *पु॰* किसी के शाप से होनेवाला बुख़ार।

शापास्त्र—[सं॰ शाप ~ अस्त्र] *पु॰* वह जिसका अस्त्र केवल शाप हो। ऋषि/योगी आदि।

शाबर—[सं॰ शावर, व्→ब्] *वि॰* १. शबर जाति/व्यक्ति से सम्बन्धित। शबर/शबरों का। २. जंगली। ३. क्रूर। नीच। *पु॰* १. पाप। २. अपराध। ३. दुष्टता।

शाबरी—[सं॰] *स्त्री॰* शबर जाति की भाषा। एक प्रकार की प्राकृत भाषा।

शाब्द—[सं॰ शब्द + अण्] *वि॰* १. शब्द-सम्बन्धी। शब्द/शब्दों का। २. शब्द से उत्पन्न। ३. शब्द पर आश्रित। ४. शब्द करता हुआ। ५. ध्वनि-सम्बन्धी। ६. ध्वनि पर निर्भर। ७. ध्वनिकारक। ८. मौखिक। ज़बानी। ९. शब्दाडम्बर से युक्त (भाषण या शैली)।

शाब्दव्यञ्जना (शाब्दव्यंजना)—[सं॰ शाब्द ~ व्यञ्जना] *स्त्री॰* (काव्य॰) वह व्यंजना जो शब्द विशेष के प्रयोग पर ही निर्भर होती है और उसके पर्यायवाची शब्द का प्रयोग होने पर नहीं रहती। शाब्दी व्यंजना।

शाब्दिक—[सं॰ शब्द + ठक्] *वि॰* १. शब्द-सम्बन्धी। २. शब्द पर आधारित। ३. ध्वनिकारक। ४. मौखिक। ज़बानी। ५. मूल पाठ के एक-एक शब्द को लेकर किया हुआ। शब्दशः। ***जैसे***—शाब्दिक अनुवाद। ✣ **शाब्दिकता**—*स्त्री॰* = १. शब्दों का अर्थ जाने बिना उनका उपयोग करना। २. शब्दों को सुनकर और पढ़कर पहचानना। (लेखन/भाषण आदि में) विचार की अपेक्षा शब्दों की अधिकता।

शाब्दी, शाब्दी व्यञ्जना (व्यंजना)—दे॰ क्रमशः 'शाब्द' और 'शाब्दव्यंजना'।

शामक—[सं॰ √शम् + ण्वुल्] *वि॰* १. शमन करनेवाला। शान्त

करनेवाला। शान्तिकारक। २. (रोगी का) कष्ट समाप्त/कम करनेवाला। पीड़ाहर। *जैसे*—शामक औषधि।

शामत—[अरबी] *स्त्री॰* १. दुर्भाग्य। बदक़िस्मती। २. विपत्ति। ३. दुर्दशा। ***वा॰*** **शामत आना**—विपत्ति आना। **शामत का मारा**—१. दुर्दशाग्रस्त। २. भाग्यहीन। अभागा। ✣ **शामती**—*वि॰* = १. जिस पर विपत्ति हो। विपत्ति-ग्रस्त। २. जिसकी दुर्दशा हुई हो या होनेवाली हो। ३. दुर्दशाग्रस्त।

*__शामली__—[< स॰ श्यामल] *वि॰ (स्त्री॰)* श्यामल रंग की। साँवली।

शामियाना—[< फा॰ शामियान:] *पु॰* चँदोवा से युक्त चारों ओर खुला हुआ तम्बू।

शामी—[< अरबी शाम] *वि॰* १. सीरिया (शाम) देश का। २. उक्त देश में उत्पन्न या वहाँ बननेवाला। ✣ **शामी कबाब**—*पु॰* = विशेष रीति से तवा/तवे पर भूना गया माँस।

शाम्बर (शांबर)—[स॰ शम्बर + अण्] *वि॰* १. शम्बर से सम्बन्धित। २. शम्बर नामक असुर से सम्बन्धित। शम्बर का।

शाम्बरी (शांबरी)—[स॰ शाम्बर + ङीप्] *स्त्री॰* १. इन्द्रजाल। माया। जादू। २. मायाविनी। जादूगरनी।

शाम्भर (शांभर)—[स॰ शम्भर + अण्] *पु॰* साँभर नमक। *स्त्री॰* साँभर झील।

शाम्भव (शांभव)—[स॰ शम्भु + अव्] *वि॰* १. शिव-सम्बन्धी। शिव/महादेव का। २. शैव। *जैसे*—शाम्भव सिद्धान्त। *पु॰* १. शिव/महादेव का पुत्र। गणेश या कार्तिकेय। २. शिव का भक्त/उपासक। शैव। ३. विष। ज़हर। ४. देवदारु (वृक्ष)। ५. कपूर। ✣ **शाम्भवी**—*स्त्री॰* = १. पार्वती। उमा। २. नील दूर्वा। नीली दूब।

शाम्य—[स॰ शाम + यत्] *पु॰* शमन। शान्ति।

शायक—[स॰ √शो + ण्वुल्] *पु॰* बाण। तीर।

शायिका—[स॰ शायिक + टाप्] *स्त्री॰* १. शयन। २. निद्रा। ३. रेलगाड़ी में लेटने की व्यवस्था वाला डिब्बा। (अ॰ स्लीपर) ३. उक्त डिब्बे में लेटने या सोने की पटिया। (अ॰ बर्थ)

शायित—[स॰ √शी + णिच् + क्त] *वि॰* १. सुलाया या लिटाया हुआ। २. सोया या लेटा हुआ। ३. गिराया हुआ। ४. पड़ा हुआ या गिरा हुआ।

शायी—[स॰ शायिन्] *वि॰* (प्राय॰ समासयुक्त शब्द के अन्त में प्रयुक्त) शयन करनेवाला। विश्राम के लिए लेटने या सोने वाला। *जैसे*—शेषशायी विष्णु; धराशायी योद्धा। ✣ **शायिनी**—*वि॰ (स्त्री॰)* = शयन करनेवाली।

शारङ्ग (शारंग)—[स॰] *पु॰* सारंग।

शारङ्गी (शारंगी)—[स॰ शारङ्ग + ङीष्] *स्त्री॰* (गज से बजाया जाने वाला) सारंगी नामक बाजा।

शारद—[स॰ शरद् + अण्] *वि॰* १. शरद् ऋतु से सम्बन्धित। शरद् ऋतु का। २. शरद् ऋतु में उत्पन्न। ३. वर्ष-सम्बन्धी। वार्षिक। *पु॰* १. शरद् ऋतु में उत्पन्न अन्न। २. शरद् ऋतु में उत्पन्न होनेवाला रोग। ३. शरद् ऋतु की धूप। ४. सफ़ेद कमल। (छन्द॰) एक समवर्णिक छन्द जिसके प्रत्येक चरण में क्रमशः तगण, भगण, रगण, सगण और २ जगण (त भ र स ज ज) के योग से १८ वर्ण होते हैं तथा ९-९ पर यति।

शारदा—[स॰ शारद + टाप्] *स्त्री॰* १. सरस्वती (देवी)। २. एक प्रकार की वीणा।

शारदी—[स॰ शारद + ङीप्] *स्त्री॰* आश्विन मास की पूर्णिमा। शरद्पूर्णिमा/कोजागर। *वि॰* शरद् ऋतु से सम्बन्धित। शरद् ऋतु का।

शारदीय—[स॰ शरद् + छंण्] *वि॰* शरद् ऋतु से सम्बन्धित। शरत्कालीन। ✣ **शारदीय नवरात्र**—*पु॰* = आश्विन शुक्ल प्रतिपदा से नवमी तक के नौ दिन जिनमें देवी-पूजा का विशेष महत्त्व है।

शारि—[स॰ √शृ + इञ्] *पु॰* १. शतरंज का मोहरा। २.चौसर आदि के खेल की गोट। ३. एक प्रकार का पाँसा। *स्त्री॰* शारिका। मैना।

शारिका—[स॰ शारि + कन् + टाप्] *स्त्री॰* १. एक चिड़िया। मैना। सारिका। २. शतरंज का मोहरा। (संगीत॰) सारंगी आदि तन्त्र-वाद्यों को बजाने की धनुष-जैसी कमानी या गज।

शारी—[स॰ शारि + ङीष्] *स्त्री॰* सारिका। मैना।

शारीर—[स॰ शरीर + अण्] *वि॰* १. शरीर-सम्बन्धी। शरीर का। शरीर से उत्पन्न। दैहिक। कायिक। २. शरीर में वात, पित्त और कफ की विषमता से उत्पन्न (रोग आदि)। ३. शरीरधारी। मूर्तिमान्। *पु॰* जीवात्मा। (आयुर्वेद॰) १. शरीररचनाविज्ञान। (अ॰ अनैटमि) २. शरीर को प्रतिपाद्य विषय बनाकर रचा गया ग्रन्थ। ३. 'चरकसंहिता' ग्रन्थ का वह स्थान जिसमें शरीर की रचना आदि का अनेक दृष्टिकोणों से विचार किया जाता है।

शारीरक—[स॰ शारीर + कन्] *वि॰* शरीर-सम्बन्धी। शारीरिक। *पु॰* १. शरीरधारी जीवात्मा। २. जीवात्मा के स्वरूप का अन्वेषण या जिज्ञासा। ३. वेदव्यासकृत 'ब्रह्मसूत्र' नामक ग्रन्थ।

शारीरिक—[स॰ शरीर + ठक्] *वि॰* शरीर-सम्बन्धी। शरीर का। दैहिक। कायिक। ✣ **शारीरिक श्रमिक**—*पु॰* मुख्यत: शारीरिक श्रम से जीविका अर्जित करनेवाला व्यक्ति।

शार्ङ्ग—[स॰ शृङ्ग + अण्] *पु॰* १. धनुष। २. (भगवान्) विष्णु का धनुष। *वि॰* १. सींग-सम्बन्धी। सींग का। २. सींग का बना हुआ।

शार्ङ्गपाणि/शार्ङ्गी—[स॰ शार्ङ्ग ~ पाणि, शार्ङ्गिन्] *पु॰* शार्ङ्गधर।

शार्दूल—[स॰ √शृ + ऊलञ्, दुक्→आगम] *पु॰* १. व्याघ्र। बाघ। चीता। २. (समस्त पद के अन्त में प्रयुक्त होने पर) श्रेष्ठ। उत्तम। *जैसे*—नरशार्दूल। (छन्द॰) एक समवर्णिक छन्द जिसके प्रत्येक चरण में क्रमश: मगण, सगण, जगण, सगण, रगण और मगण (म स ज स र म) के योग से १८ वर्ण होते हैं तथा १२-६ पर यति होती है।

शार्दूलललित/शार्दूलललसित—[स॰ शार्दूल ~ ललित/लसित] *पु॰* सुन्दर शार्दूल। (छन्द॰) एक समवर्णिक छन्द जिसके प्रत्येक चरण में क्रमश: मगण, सगण, जगण, सगण, तगण और सगण (म स ज स त स) के योग से १८ वर्ण होते हैं तथा १२-६ पर यति होती है।

शार्वरिक—[सं॰ शर्वरी + ठक्] *वि॰* रात्रि-सम्बन्धी। रात का।

शार्वरी—[सं॰ शार्वर + ङीप्] *स्त्री॰* रात्रि। रात। *पु॰* बृहस्पति के ६० संवत्सरों के चक्र में से चौंतीसवाँ।

शाल[१]—[सं॰ √शल् + घञ्] *पु॰* १. 'साखू' नामक लम्बा वृक्ष जिसके फूल पीताभ सफ़ेद रंग के होते हैं और वसन्त ऋतु में खिलते हैं। ● **विशेष**—शाल की लकड़ी मकान बनाने में काम आती है।

शाल[२]—[फा॰] *स्त्री॰* ओढ़ने की गर्म चादर का एक प्रकार।

शालग्राम—[सं॰ शाल ~ ग्राम] *पु॰* १. गंडकी नदी के किनारे पर स्थित एक ग्राम जो वैष्णव-तीर्थ है। २. गंडकी नदी से प्राप्त होनेवाला विशेष प्रकार का छोटा पत्थर जो श्याम वर्ण का, चिकना और गोलाकार होता है और भगवान् विष्णु के प्रतीक के रूप में पूजा जाता है।

शालपर्णी—[सं॰ शाल ~ पर्णी (पर्णिन्)] *स्त्री॰* एक औषधोपयोगी क्षुप। सरिवन।

शालभञ्जिका (शालभंजिका)—[सं॰ शाल ~ भञ्जिका] *स्त्री॰* १. कठपुतली। पुतली। गुड़िया। २. वेश्या। (कला॰) पत्थरों पर अंकित/उत्कीर्ण ललित नारी-चित्र।

शाला—[सं॰ √शाल् + अच् + टाप्] *स्त्री॰* १. घर। मकान। २. कमरा। ३. वृक्ष की ऊपर की शाखा। ४. वृक्ष का तना/धड़। ५. (समासयुक्त शब्द के अन्त में प्रयुक्त होने पर) किसी कार्य के लिए बना हुआ स्थान विशेष। ***जैसे***—पाठशाला; कार्यशाला; नृत्यशाला; गोशाला। (छन्द॰) इन्द्रवज्रा और उपेन्द्रवज्रा के योग से बननेवाला एक वर्णिक छन्द।

शालाक्य—[सं॰ शलाक + ण्य] *पु॰* (आयुर्वेद॰) १. शल्य-चिकित्सा की वह शाखा जिसमें उत्तमांग के रोगों की चिकित्सा का विवेचन है। २. उक्त चिकित्सा का विशेषज्ञ।

शाला-मृग—[सं॰] *पु॰* शृगाल। गीदड़। सियार।

शाला-वृक—[सं॰] *पु॰* १. कुत्ता। २. बिल्ली। ३. वानर। बन्दर। ४. मृग। हिरन। ५. शृगाल। गीदड़।

शालि—[सं॰ शृ-इञ् र्→ल्] *पु॰* १. चावल। २. वह चावल जो हेमन्त ऋतु में होता है। ⁘ **शालिधान**—*पु॰* बासमती चावल।

शालिनी—[सं॰ शालिन् + ङीष्] *स्त्री॰* गृहस्वामिनी। गृहिणी। (छन्द॰) १. एक समवर्णिक छन्द जिसके प्रत्येक चरण में क्रमशः मगण, २ तगण और २ गुरु (म त त ग ग) के योग से ११ वर्ण होते हैं तथा ४-७ पर यति होती है। २. एक समवर्णिक छन्द जिसके प्रत्येक चरण में क्रमशः २ तगण और २ गुरु (त त ग ग) के योग से ८ वर्ण होते हैं तथा ४-४ पर यति होती है।

शालिहोत्र—[सं॰ शालि ~ होत्र] *पु॰* १. अश्व। घोड़ा। २. घोड़ा तथा अन्य पशुओं की चिकित्सा का विज्ञान। पशुचिकित्साविज्ञान। ३. 'अश्वचिकित्सा' पर एक संस्कृत-ग्रन्थ का प्राचीन लेखक।

शाली—[सं॰ शालिन्] *पु॰* (छन्द॰) एक समवर्णिक छन्द जिसके प्रत्येक चरण में क्रमशः रगण, २ तगण और २ गुरु (र त त ग ग) के योग से ११ वर्ण होते हैं तथा ४-७ पर यति होती है।

शालीन—[सं॰ शाला + खञ्] *वि॰* १. शाला-सम्बन्धी। २. नम्र। विनीत। ३. सुशील। शिष्ट। ४. लज्जाशील। शाला का।

शालेय[१]—[< सं॰ शाला] *वि॰* शाला-सम्बन्धी।

शालेय[२]—[< सं॰ शाल] *वि॰* शाल (वृक्ष)-सम्बन्धी।

शालू—[देशज] *पु॰* (छन्द॰) एक समवर्णिक छन्द जिसके प्रत्येक चरण में क्रमशः तगण, ८ नगण, लघु और गुरु के योग से २९ वर्ण होते हैं तथा १४-१५ पर यति होती है।

शाल्मली—[सं॰ शाल्मल + ङीष्] *स्त्री॰* सेमल का पेड़।

शावक—[सं॰ शाव + कन्] *पु॰* किसी पशु या पक्षी का बच्चा।

शाश्वत—[सं॰ शश्वत + अण्] *वि॰* जो सदा बना रहे। नित्य।

शाश्वती—[सं॰ शाश्वत + ङीप्] *स्त्री॰* पृथ्वी।

शासन—[सं॰ √शास् + ल्युट्] *पु॰* १. आज्ञा। आदेश। ***जैसे***—राज-शासन; गुरु का शासन। २. वश में रखना ताकि कोई व्यक्ति आदि आज्ञा, नियम, क़ानून आदि के विरुद्ध कार्य न करे। नियन्त्रण। ३. राज्य के कार्यों का प्रबन्ध-संचालन और नियन्त्रण। सरकार। हुकूमत। ४. सरकार के द्वारा की जाने वाली व्यवस्था तथा उससे सम्बन्धित कार्य। ५. देश, राज्य, प्रदेश या ज़िला आदि का शासक और उसके प्रमुख सहायकों का समूह। हुकूमत। ६. दंड। सज़ा। ७. शास्त्र। ***जैसे***—बौद्ध शासन। ८. वह आज्ञापत्र जिसमें किसी को प्रबन्ध करने का अधिकार दिया गया हो। ९. (समासयुक्त पद के अन्त में) दंड देनेवाला या नष्ट करनेवाला। ***जैसे***—कामशासन भगवान् शिव।

शासन-शिला—[सं॰] *स्त्री॰* वह पत्थर जिस पर किसी शासकीय आज्ञा/घोषणा/लेख आदि को उत्कीर्ण किया गया हो।

शासनिक—[सं॰ शासन + ठक्] *वि॰* १. शासन-सम्बन्धी। २. शासकीय। राजकीय। सरकारी।

शासनीय—[सं॰ √शास् + अनीयर्] *वि॰* १. शासन या नियन्त्रण के योग्य। २. दंडनीय। ३. सुधार करने के योग्य। सुधारणीय।

शासी—[सं॰ शासिन्] *पु॰* १. शासन करनेवाला। २. प्रबन्धक। व्यवस्थापक। प्रशासक। संचालक। ⁘ **शासीनिकाय**—*पु॰* = (किसी संस्था की) प्रशासनिक समिति। (अं॰ गवर्निंग बाडी)

शास्ता—[सं॰ शास्तृ] *पु॰* १. शासक। शासनकर्ता। २. राजा। ३. शिक्षक। गुरु। ४. पिता। ५. महात्मा बुद्ध। ५. जैन तीर्थंकर या उपदेशक।

शास्ति—[सं॰ √शास् + क्तिन्/ति] *स्त्री॰* १. शासन। २. आज्ञा। ३. राजदंड। ४. क़ानून/नियम आदि भंग करने के दंड के रूप में लिया जाने वाला धन/कार्य। जुर्माना। (अं॰ पेनल्टि)

शास्त्र—[सं॰ √शास् + ष्ट्रन्] *पु॰* १. किसी विषय का उपलब्ध सम्पूर्ण और क्रमबद्ध ज्ञान। विज्ञान। २. किसी विषय के ज्ञान का क्रमबद्ध और विवेचनात्मक ग्रन्थ। ***जैसे***—धर्मशास्त्र। ३. ज्ञान-विज्ञान की कोई शाखा। ***जैसे***—सौन्दर्यशास्त्र; गणितशास्त्र। ४. आचार, नीति आदि के नियमों का निर्देशक धर्मग्रन्थ। (छन्द॰) एक सममात्रिक छन्द जिसके प्रत्येक चरण में २० मात्राएँ होती हैं तथा अन्त में क्रमशः गुरु-लघु होते हैं।

शास्त्र-कोविद—[सं॰ शास्त्र ~ कोविद] *पु॰* शास्त्रों का उत्तम विद्वान्। शास्त्रवेत्ता।

शास्त्रचक्षु—[सं॰ शास्त्रचक्षुस्] *पु॰* अन्य शास्त्रों के अध्ययन के लिए नेत्र के समान उपयोगी शास्त्र। शास्त्रों का नेत्र। व्याकरण।

शास्त्रचिन्तापर—[सं॰ शास्त्र ~ चिन्ता + पर] *वि॰* किसी एक शास्त्र या विविध शास्त्रों का चिन्तन-मनन करनेवाला।

शास्त्रज्ञ—[सं॰ शास्त्र + ज्ञ] *वि॰ पु॰* किसी एक शास्त्र या विविध शास्त्रों को जानने वाला। शास्त्रज्ञाता। शास्त्रवेत्ता। ***जैसे***—योगशास्त्रज्ञ; सर्वशास्त्रज्ञ।

शास्त्रत्व—[सं॰ शास्त्र + त्व] *पु॰* शास्त्र का धर्म/भाव। शास्त्रीयता।

शास्त्रवाद—[सं॰ शास्त्र ~ वाद] *पु॰* शास्त्र को अक्षरशः मानने का, न कि अपनी बुद्धि को सर्वोपरि मानने का, मत।

शास्त्रविहित—[सं॰ शास्त्र ~ विहित] *वि॰* जो शास्त्र से समर्थित हो। शास्त्रसम्मत। शास्त्रानुमोदित।

शास्त्रातिक्रम—[सं॰ शास्त्र ~ अतिक्रम] *पु॰* शास्त्र की आज्ञा का उल्लंघन।

शास्त्रानुशीलन—[सं॰ शास्त्र + अनुशीलन] *पु॰* शास्त्र या शास्त्रों का अध्ययन और मनन।

शास्त्रार्थ—[सं॰ शास्त्र ~ अर्थ] *पु॰* १. शास्त्र का अर्थ। २. किसी शास्त्र या उसके किसी अंश आदि के ठीक अर्थ या उसकी सत्यता-असत्यता की परीक्षा के लिए होनेवाला वाद-विवाद। ३. किसी सिद्धान्त, तात्त्विक विषय या सम्प्रदाय आदि के पक्ष-विपक्ष या खंडन-मंडन के स्वरूप वाला गम्भीर वाद-विवाद।

शास्त्री—[सं॰ शास्त्रिन्] *पु॰* १. शास्त्र जाननेवाला। शास्त्र/शास्त्रों का विद्वान्। शास्त्रज्ञ। २. एक प्रकार की उपाधि जो संस्कृत के विश्वविद्यालय अपने स्नातकों को देते हैं।

शास्त्रीकरण—[सं॰ शास्त्र + च्वि + करण] *पु॰* किसी विषय की सब बातों को क्रमबद्ध और व्यवस्थित विधि से प्रस्तुत कर शास्त्र का रूप देना।

शास्त्रीय—[सं॰ शास्त्र + छ] *वि॰* १. शास्त्र-सम्बन्धी। शास्त्र/शास्त्रों का। २. शास्त्र में वर्णित प्रकार का। ३. जो शास्त्र के अनुसार हो। ४. शास्त्र से समर्थित। शास्त्रानुमोदित। ५. शास्त्र के ज्ञान या शास्त्र के शिक्षण से सम्बन्धित। ***जैसे***—शास्त्रीय व्याख्या। ६. शास्त्र के ज्ञान पर आधारित। ७. विज्ञान-सम्बन्धी। वैज्ञानिक।

शास्त्रोक्त—[सं॰ शास्त्र ~ उक्त] *वि॰* १. शास्त्र द्वारा कहा हुआ। शास्त्र में लिखित/वर्णित। शास्त्रीय। २. शास्त्रविहित। शास्त्रानुमोदित। शास्त्रीय।

शास्य—[सं॰ √शास् + ण्यत्] *वि॰* १. जिस पर शासन किया जाना चाहिए। शासन-योग्य। २. जिस पर शासन किया जाने वाला हो। ३. दंडित किए जाने योग्य। ४. सुधारे जाने योग्य। सुधारणीय। ५. सिखलाने/समझाने के योग्य।

शाहंशाह—[फा॰] *पु॰* शाहों का शाह। राजाओं का राजा। राजाधिराज। सम्राट्। ❖ **शाहंशाही**—*स्त्री॰* = १. राजाधिराजत्व। २. साम्राज्य।

शाहदरा—[< फा॰ शाहदरः] *पु॰* १. आम रास्ता। जन-पथ। २. वह ग्राम/बस्ती जो राजभवन/दुर्ग के सामने या नीचे हो। ३. दिल्ली नगर में यमुना-तट पर 'लाल क़िला' के सामने एक पुरानी बस्ती।

शाहनामा—[< फा॰ शाहनामः] *पु॰* किसी राज्य के राजाओं के वर्णन का ग्रन्थ। ***जैसे***—फ़िरदौसी का शाहनामा।

शाहबलूत—[सं॰ शाह + बलूत] *पु॰* बलूत वृक्ष।

शाहसवार—[फा॰] *वि॰* घोड़े का बहुत अच्छा सवार। *पु॰* निपुण अश्वारोही। अत्यन्त चंचल या उपद्रवी घोड़े पर भी सवारी कर सकनेवाला शहसवार।

शाहाना—[< फा॰ शाहानः] *वि॰* १. राजाओं का। २. राजाओं के समान। राजवत्। ३. राजाओं के योग्य। ४. उत्तम प्रकार का। उत्कृष्ट।

शिंशपा—[सं॰ शिव॰ √पा + क, पृषो॰] *स्त्री॰* १. शीशम (वृक्ष)। २. अशोक वृक्ष।

शिकमी—[फा॰] *वि॰* (वह किसान) जिसकी अपनी भूमि न हो और किसी से खेत लेकर जोते-बोए। ***जैसे***—शिकमी किसान।

शिकरा—[< फा॰ शिकरः] *पु॰* बाज़ की जाति का एक तेज़ शिकारी पक्षी जो पाला भी जाता है और जल्दी ही हाथों से उड़-उड़कर शिकार पकड़ना सीख जाता है।

शिकारा—[< फा॰ शिकारः] *पु॰* कश्मीर की झील में चलनेवाली एक प्रकार की बड़ी नौका जिसमें घर के समान सुखद व्यवस्था रहती है। (अं॰ हाउस-बोट)

शिक्षु—[सं॰ √शिक्ष् + उ] *वि॰, पु॰* शिक्षार्थी। ❖ **शिक्षुता**—*स्त्री॰* = शिक्षु होने का गुण/भाव। शिक्षार्थिता। शिक्षुत्व।

शिक्ष्यमाण—[सं॰ √शिक्ष् + यक् + शानच्, मुक्] *वि॰* जिसे किसी प्रकार की शिक्षा दी जा रही हो।

***शिख**—[< सं॰ शिखा] *पु॰* शिखा। चोटी।

.शिखण्ड (शिखंड)—[सं॰ शिखा √अम् + ड, शक॰ पररूप] *पु॰* १. शिखा। चोटी। २. काकपक्ष। काकुल। ३. कलग़ी। मोर की पूँछ। मयूरपुच्छ।

शिखण्डिनी (शिखंडिनी)—[सं॰ शिखण्डिन् + ङीप्] *वि॰ (स्त्री॰)* १. चोटीवाली। २. काकपक्षवाली। *स्त्री॰* १. मयूरी। मोरनी। २. मुर्गी। ३. पीली जूही। गुंजा। घुँघची। ४. (महाभारतकालीन) राजा द्रुपद की पुत्री जो बाद में पुरुष बनी ('शिखंडी' नामक महारथी)।

शिखण्डी (शिखंडी)—[सं॰ शिखण्डिन्] *वि॰* १. शिखायुक्त। २. काकपक्ष-युक्त। काकुल-युक्त। *पु॰* १. मोर। २. मोर की पूँछ। ३. मुर्गा। ४. गुंजा। घुँघची। ५. बाण। तीर। ६. (महाभारतकालीन) राजा द्रुपद का पुत्र जो एक महारथी था।

शिखरदशना—[सं॰ शिखरदशन + टाप्] *वि॰ (स्त्री॰)* जिसके दाँत कुन्द की कली के समान सफ़ेद और सुन्दर हों।

शिखरवासिनी—[सं॰ शिखर ~ वासिनी] *वि॰ (स्त्री॰)* शिखर पर रहनेवाली। *स्त्री॰* दुर्गा। पार्वती।

शिखर सम्मेलन—[सं॰] *पु॰* (राज॰) अनेक राष्ट्रों के सर्वोच्च अधिकारियों या शासकों का सम्मेलन।

शिखरस्थ—[सं॰ शिखर + स्थ] *वि॰* १. जो शिखर पर स्थित हो। २. जो सर्वोच्च पद पर हो। ३. सम्मान आदि की दृष्टि से जो सबसे ऊपर हो।

शिखरी—[सं॰ शिखरिन्] *वि॰* १. शिखरयुक्त। २. शृंगवाला। चोटीवाला। ३. नुकीला। *पु॰* १. पर्वत। पहाड़। २. वृक्ष। पेड़। ३. पर्वतीय दुर्ग। पहाड़ी क़िला।

शिखा—[सं॰ √शी + ख, (ह्रस्व) + टाप्] *स्त्री॰* १. सिर के ठीक बीच में छोड़ा हुआ बालों का गुच्छा। चोटी। २. मोर या मुर्ग़ा की कलग़ी। ३. दीपक या अग्नि की लौ। ज्वाला। ४. (किसी वस्तु का) नुकीला सिरा। नोक। ५. (पर्वत का) शिखर। शृंग। चोटी। ६. वृक्ष का ऊपरी भाग। ७. रश्मि। किरण। (छन्द॰) एक वर्णिक छन्द जिसके विषम चरणों में क्रमशः २८ लघु और एक गुरु तथा सम चरणों में ३० लघु और एक गुरु होते हैं।

शिखातरु—[सं॰ शिक्षा ~ तरु] *पु॰* दीपाधार। दीपवृक्ष। दीवट।

शिखाधर—[सं॰ शिखा + धर] *वि॰* शिखा धारण करनेवाला। *पु॰* १. मयूर। मोर। २. कबूतर की जाति का एक पक्षी जो हल्के कत्थई रंग का होता है। पेंडकी। पंडुक।

शिखान्त (शिखांत)—[सं॰ शिखा ~ अन्त] *पु॰* (सिर की) चोटी का सबसे ऊपरी या अन्तिम भाग।

शिखाभरण—[स शिखा ~ आभरण] *पु॰* १. सिर पर पहनने का आभूषण। शिरोभूषण। २. मुकुट।

शिखामणि—[सं॰ शिखा ~ मणि] *पु॰* १. सिर पर धारण की जाने वाली मणि/रत्न। २. मुकुट में लगा हुआ या लगाए जाने योग्य रत्न। ३. सर्वश्रेष्ठ वस्तु।

शिखावान्—[सं॰ शिखावत्] *वि॰* शिखावाला। *पु॰* १. अग्नि। २. मयूर। मोर। ३. केतु (उपग्रह)।

शिखावृक्ष—[सं॰ शिखा ~ वृक्ष] *पु॰* दीपक रखने का आधार। दीपाधार। दीवट।

शिखा-सूत्र—[सं॰] *पु॰* चोटी और जनेऊ।

शिखिध्वज—[सं॰ शिखिन् ~ ध्वज] *पु॰* १. धूम। धुआँ। २. (शिव-पुत्र) कार्तिकेय। स्कन्द।

शिखिनी—[सं॰ शिखिन् + ङीप्] *स्त्री॰* मयूरी। मोरनी।

शिखिवाहन—[सं॰ शिखि ~ वाहन] *पु॰* १. मोर की सवारी करने वाला। २. (शिव-पुत्र) कार्तिकेय। स्कन्द।

शिखी—[सं॰ शिखिन्] *वि॰* १. शिखा/शिखाओं वाला। चोटी/चोटियों वाला। २. नुकीला। नोकदार। *पु॰* १. मयूर। मोर। २. कुक्कुट। मुर्ग़ा। ३. बक बगला। ४. वृषभ। साँड़। ५. अश्व। घोड़ा। ६. पर्वत। पहाड़। ७. दीपक। ८. अग्नि। ९. बाण। तीर। १०. वृक्ष। ११. ब्राह्मण। १२. (पद्य आदि में) तीन की संख्या।

शिखीश्वर—[सं॰ शिखि ~ ईश्वर] *पु॰* (शिव-पुत्र) कार्तिकेय। स्कन्द।

शिगूफ़ा—[< फा॰ शिगूफ़ः] *पु॰* नयी या आश्चर्यजनक बात।

शिङ्गरफ़ (शिंगरफ़)—[< फा॰ शंगर्फ़] *पु॰* सिन्दूर। ईंगुर। ✣ **शिंगरफी**—*वि॰* = गहरा लाल (रंग)।

शिञ्जन (शिंजन)—[सं॰ √शिञ्ज् + ल्युट्] *पु॰* १. नूपुर, कंगन आदि आभूषणों की झंकार। रुनझुन। २. धातुओं की बनी वस्तुओं या धातु-खंडों के हिलने आदि से उत्पन्न ध्वनि।

शिञ्जा (शिंजा)—[सं॰ √शिञ्ज् + अ + टाप्] *स्त्री॰* १. आभूषणों का शब्द (विशेषतः पायजेब का शब्द)। रुनझुन ध्वनि। २. धनुष की प्रत्यंचा/डोरी।

शिञ्जी (शिंजी)—[सं॰ शिञ्जिन्] *वि॰* १. अलंकारों की झंकार से युक्त। २. रुनझुन आदि मधुर ध्वनि करनेवाला।

शिञ्जित (शिंजित)—[सं॰ √शिञ्ज् + क्त] *वि॰* १. रुनझुन का शब्द करता हुआ। झनझनाता हुआ। झंकृत। २. बजता हुआ। *पु॰* १. झंकार। २. पायज़ेब आदि आभूषणों की ध्वनि।

शिञ्जिनी (शिंजिनी)—[सं॰ √शिञ्ज् + णिनि + ङीप्] *स्त्री॰* १. धनुष की प्रत्यंचा/डोरी। २. पायज़ेब नामक पैर का आभूषण। ३. नूपुर। घुँघरू।

शित—[सं॰ √शो + क्त] *वि॰* १. सान (शाण) पर चढ़ा कर तेज़ किया हुआ। तेज़ धार वाला। २. नुकीला। ३. दुबला-पतला। ४. निर्बल। कमज़ोर। जीर्ण।

शिति—[सं॰ √शि + क्तिच्] *वि॰* १. श्वेत। सफ़ेद। २. काला या नीला। *पु॰* भोजपत्र का वृक्ष।

शितिकण्ठ (शितिकंठ)—[सं॰ शिति ~ कण्ठ] *पु॰* १. शिव। महादेव। २. मयूर। मोर।

शितिपक्ष/शितिच्छद—[सं॰ शिति ~ पक्ष/छद] *पु॰* हंस।

शितिरत्न—[सं॰ शिति ~ रत्न] *पु॰* नीलमणि। नीलम।

शिथिल—[सं॰ √श्लथ् + किलच्, पृषो॰] *वि॰* १. जो कसकर बँधा न हो। ढीला। २. वृद्धावस्था/रोग/थकावट आदि के कारण ढीले पड़ गए अंगों वाला। निर्बल। कमज़ोर। ३. मन्द गति वाला। तेज़ी/फुर्ती से रहित। ४. थका हुआ। ५. काम करने में ढीला। आलसी। ६. (बात/नियम आदि) जिसका पालन दृढ़तापूर्वक न हो। ७. जो अपनी बात कहकर दृढ़ न रहता हो। ८. असावधान।

***शिद**—[देशज] *क्रिवि॰* किसलिए। क्यों।

शिद्दत—[अरबी] *स्त्री॰* १. तीव्रता। प्रबलता। तेज़ी। २. उग्रता। प्रचंडता। भीषणता। ३. अधिकता।

शिप्रा—[सं॰ शिप्र + टाप्] *स्त्री॰* १. एक नदी जिसके तट पर उज्जैन नगर बसा हुआ है।

शिया—[अरबी] *पु॰* मुसलमानों का एक उप-सम्प्रदाय।

शिरः शूल—[सं॰ शिरः ~ शूल] *पु॰* सिर का दर्द।

शिरःस्थ—[सं॰ शिरस् + स्थ] *वि॰* १. सिर पर स्थित। २. सर्वोच्च स्थान पर स्थित। *पु॰* प्रधान। मुखिया। नेता।

***शिरज**—[< सं॰ शिरसिज] *पु॰* सिर के बाल। केश। शिरसिज।

†शिरमौर—[हिं॰ शिर + मौर] *पु॰* सर्वश्रेष्ठ व्यक्ति। शिरोमणि। सिरमौर।

शिरश्चन्द्र (शिरश्चंद्र)—[सं॰ शिरस् ~ चन्द्र] *पु॰* शिव। महादेव।

शिरश्छेदन—[सं॰ शिरस् ~छेदन] *पु॰* सिर काटने का कार्य।

शिरसा—[सं॰ शिरस्] *क्रिवि॰* १. सिर से। २. सिर झुकाकर। *जैसे*—शिरसा प्रणाम करना। ३. आदरपूर्वक। ४. शिरोधार्य करते हुए। आदरपूर्वक और सहर्ष स्वीकार करते हुए।

शिरस्त्रय—[सं॰ शिरस् ~ त्रय] *वि॰, पु॰* तीन सिर वाला। *पु॰* त्रिशिरा राक्षस जिसे राम ने मारा था।

शिरस्त्राण—[सं॰ शिरस् + त्राण] *पु॰* १. युद्ध आदि में पहनने के लिए सिर का कवच। २. सिर की रक्षा के लिए लोहे का टोप।

†**शिरहन**—[< हिं॰ शिर + सं॰ आधान] *पु॰* १. (सिर के नीचे लगाने का) तकिया। २. (खाट/पलंग पर) तकिया या सिर रखने का स्थान। सिरहाना।

शिरा—[सं॰ √शृ + क + टाप्] *स्त्री॰* अशुद्ध रुधिर को शरीर के विभिन्न अंगों से हृदय की ओर ले जाने वाली नलिकाओं में से प्रत्येक। नस। *जैसे*—नीले रंग की शिराएँ।

शिराजाल—[सं॰ शिरा ~ जाल] *पु॰* (चिकित्सा॰) नसों का समूह।

शिराविन्यास—[सं॰ शिरा ~ विन्यास] *पु॰* शिराओं का क्रम। (वनस्पति॰) पत्ते में शिराओं का क्रम। (अं॰ वेनेशन)।

***शिरिष**—[< सं॰ शिरीष] *पु॰* शिरीष का वृक्ष या फूल। (दे॰ शिरीष)

शिरीष—[सं॰ √शृ + ईषन्] *पु॰* एक प्रकार का ऊँचा वृक्ष जिसके फूल अति कोमल, पीताभ और तेज़ गन्ध वाले होते हैं। सिरस। सिरसा।

शिरोधार्य—[सं॰ शिरस् ~ धार्य] *वि॰* १. सिर पर धारण करने योग्य। २. आदर पूर्वक स्वीकार किए जाने योग्य। सादर स्वीकार्य।

शिरोबिन्दु—[सं॰ शिरस् ~ बिन्दु] *पु॰* [खगोल॰] (दर्शक की दृष्टि से) आकाश का उच्चतम बिन्दु। ठीक सिर के ऊपर का बिन्दु)। (अं॰ ज़ेनिथ)

शिरोमाली—[सं॰ शिरोमालिन्] *पु॰* (सिरों की माला धारण करनेवाले) शिव। महादेव। मुंडमालधारी।

शिरोरत्न—[सं॰ शिरस् ~ रत्न] *पु॰* शिरोमणि।

शिरोरेखा—[सं॰ शिरस् ~ रेखा] *स्त्री॰* वर्णों के ऊपर लगनेवाली पड़ी रेखा। *जैसे*—'भ' पर शिरोरेखा नहीं होती, 'म' पर होती है।

शिरोरुह—[सं॰ शिरस् ~ रुह] *पु॰* सिर के बाल। केश।

शिरोवर्ती—[सं॰ शिरोवर्तिन्] *पु॰* १. प्रधान। प्रमुख। २. अध्यक्ष।

शिरोवस्त्र—[सं॰ शिरस् ~ वस्त्र] *पु॰* सिर को ढँकने या बालों को बाँधने का वस्त्र।

शिरोवेष्टन—[सं॰ शिरस् ~ वेष्टन] *पु॰* पगड़ी। साफ़ा।

शिरोहारी—[सं॰ शिरोहारिन्] *पु॰* (मुंडों/कपालों की माला धारण करनेवाला) शिव। महादेव।

शिल[1]—[सं॰ √शिल् + क] *पु॰* खेत की फ़सल कट जाने के पश्चात् उसमें से शेष अन्न बीनने की क्रिया। उंछ।

शिल[2]—[< सं॰ शिला] *पु॰* १. शिला। पत्थर। २. मसाला आदि पीसने का पत्थर। सिल।

शिलवृत्ति—[सं॰ शिल ~ वृत्ति] *वि॰* शिल से निर्वाह करनेवाला। उंछजीवी। (दे॰ शिल[1])

शिला—[सं॰ शिल + टाप्] *स्त्री॰* १. पत्थर। २. चट्टान। ३. पत्थर की पटिया। सिल। ४. चौखट के नीचे की लकड़ी।

शिलाकुसुम—[सं॰ शिला ~ कुसुम] *पु॰* १. शिलाजीत। २. एक गन्धद्रव्य। शैलेय। शैलज।

शिलाजतु—[सं॰ शिला ~ जतु] *पु॰* १. शिलाजीत। २. गेरू।

शिलाजीत—[< सं॰ शिलाजतु] *स्त्री॰* शिलाओं के तपने से निकलनेवाला काला रस जो शरीर को पुष्ट करता है। शिलापुष्प। शिलाकुसुम।

शिलात्व—[सं॰ शिला + त्व] *पु॰* १. शिला का भाव। शिलापन। २. (शिला का गुण) कठोरता, गुरुत्व आदि।

शिलाधातु—[सं॰ शिला ~ धातु] *पु॰* १. खनिज पदार्थ। २. खरिया मिट्टी। ३. गेरू।

शिला-निर्यास—[सं॰] *पु॰* शिलाजीत।

शिलान्यास—[सं॰ शिला ~ न्यास] *पु॰* १. नए भवन की नींव का पहला पत्थर रखना। २. नींव रखने का कृत्य।

शिला-मुद्रण—[सं॰] *पु॰* एक प्रकार का मुद्रण। पत्थर पर अंकित अक्षरों या चिह्नों की सहायता से होनेवाली छपाई। (अं॰ लीथोग्राफ़ी)

शिलारस—[सं॰ शिला ~ रस] *पु॰* एक गन्धद्रव्य। शैलेय।

शिलारोपण—[सं॰ शिला ~ रोपण] *पु॰* शिलान्यास। (दे॰)

शिलालेख—[सं॰ शिला ~ लेख] *पु॰* १. पत्थर की पटिया पर अंकित या तक्षित कोई पद्य, आज्ञा, उपदेश, सन्देश, ऐतिहासिक विवरण आदि। पुरालेख। २. उक्त पत्थर जिस पर कोई लेख अंकित हो।

✣ **शिलालेखविद्**—*पु॰* = प्राचीन शिलालेखों को पढ़ने में निपुण व्यक्ति। पुरालेखविद्। (अं॰ एपिग्राफ़िस्ट)

शिलावृष्टि—[सं॰ शिला ~ वृष्टि] *स्त्री॰* १. पत्थरों को फेंकना। *जैसे*—शत्रु-सेना पर शिला-वृष्टि। २. ओलों की वर्षा।

शिलावेश्म—[सं॰ शिलावेश्मन्] *पु॰* १. पत्थरों से बना मकान। २. कन्दरा। गुफ़ा।

शिलासन—[सं॰ शिला ~ आसन] *पु॰* पत्थर का बना हुआ आसन। (चौकी आदि)।

शिलाहरि—[सं॰ शिला ~ हरि] *पु॰* (भगवान् विष्णु की पाषाण मूर्ति) शालग्राम।

शिलाहारी—[सं॰ शिलाहारिन्] *वि॰, पु॰* शिल वृत्ति से जीवनयापन करनेवाला। उंछजीवी।

शिलित—[< सं॰ शिला] *स्त्री॰* १. (पत्थर की तरह) कठोर या जड़। २. शिथिल।

शिलिँग (शिलिंग)—[अं॰] *पु॰* (इंग्लैंड का) चाँदी का एक सिक्का।

शिलीन्ध्र (शिलींध्र)—[सं॰ शिली √धृ + क, पृषो॰] *पु॰* १. केले का फूल। कदली-कुसुम। २. ओला। करका। ३. एक प्रकार की मछली। ४. कठ-केला। ५. कुकुरमुत्ता।

शिलीन्ध्रक (शिलींध्रक)—[सं॰ शिलीन्ध्र + कन्] *पु॰* कुकुरमुत्ता।

शिलीमुख—[सं॰ शिली ~ मुख] *पु॰* १. भ्रमर। भौंरा। २. बाण। तीर। *वि॰* मूर्ख। बेवक़ूफ़।

शिलोच्चय—[सं० शिला ~ उच्चय] पुं० १. पर्वत। पहाड़। २. बड़ी चट्टान।

शिलोञ्छ (शिलोंछ)—[सं० शिल ~ उञ्छ] पुं० १. खेत की फ़सल कट जाने पर खेत में बिखरे दाने चुनने की क्रिया। उंछवृत्ति। २. अनियमित जीविका। आकाशवृत्ति।

शिल्प—[सं० √शील् + प, ह्रस्व] पुं० हाथ से काम करने की कला। हस्तकला। कारीगरी। हुनर। दस्तकारी।

शिल्पकारी[1]—[सं० शिल्पकारिन्] पुं० शिल्पी। कारीगर।

शिल्पकारी[2]—[< सं० शिल्पकार] स्त्री० शिल्प।

शिल्पगृह—[सं० शिल्प ~ गृह] पुं० कारख़ाना।

शिल्पज्ञ—[सं० शिल्प + ज्ञ] वि०, पुं० शिल्प जाननेवाला। शिल्पविद्।

शिल्पप्रजापति—[सं० शिल्प ~ प्रजापति] पुं० (देवों का शिल्पकार) विश्वकर्मा।

शिल्पिक—[< सं० शिल्पिन् + कन्] पुं० शिल्पकार। शिल्पी। कारीगर। वि० शिल्प-सम्बन्धी।

शिल्पिनी—[सं० शिल्पिन् + ङीप्] स्त्री० नारी शिल्पी।

शिल्पी—[सं० शिल्पिन्] पुं० १. शिल्पकार। कारीगर। २. मकान बनानेवाला कारीगर। राज। मेमार।

शिव—[सं० √शो + वन्, पृषो०] वि० कल्याणकारी। मांगलिक। शुभ। पुं० १. त्रिदेव में से एक। शंकर। महादेव। २. परमात्मा। ३. कल्याण। मंगल। ४. मोक्ष। मुक्ति। (ज्योतिष०) विष्कम्भ आदि २७ योगों में से एक। (छन्द०) ११ मात्राओं का एक सममात्रिक छन्द जिसके अन्त में सगण, रगण या नगण होता है तथा तीसरी, छठी और नवीं मात्राएँ लघु होती हैं।

शिव-कान्ता (कांता)—[सं०] स्त्री० पार्वती। उमा। भवानी।

शिव-क्षेत्र—[प्र०] १. कैलास पर्वत। २. काशी।

शिव-गिरि—[सं०] पुं० कैलास पर्वत।

शिवङ्कर (शिवंकर)—[सं० शिव √कृ + खच्, मुम्] वि० १. कल्याणकारी। मंगलकारी। २. शुभ करनेवाला। शुभकारी। मंगलकर। आनन्द देनेवाला। आनन्ददायक।

शिव-तीर्थ—[सं०] पुं० काशी। वाराणसी।

शिवतेज—[सं० शिवतेजस्] पुं० पारद। पारा।

शिवत्व—[सं० शिव + त्व] पुं० १. शिव होने की अवस्था/भाव। २. शिव से एकरूपता/सायुज्य। मोक्ष। ३. कल्याणकारिता। मंगलत्व।

शिव-दारु—[सं०] पुं० देवदारु (वृक्ष)।

शिव-द्रुम—[सं०] पुं० बिल्व वृक्ष। बेल का पेड़।

शिव-दिशा—[सं०] स्त्री० ईशान कोण। उत्तर-पूर्व दिशा।

शिव-धातु—[सं०] पुं० पारद। पारा।

शिवनाथ—[सं० शिव ~ नाथ] पुं० शिव। महादेव।

शिवपीठिका—[सं० शिव ~ पीठिका] स्त्री० वह आधार जिस पर शिवलिंग की स्थापना होती है।

शिवपुरी—[सं० शिव ~ पुरी] स्त्री० शिव की नगरी। काशी। वाराणसी।

शिवप्रिय—[शिव ~ प्रिय] वि० जो शिव को प्रिय हो। पुं० १. रुद्राक्ष। २. धतूरा। ३. बिल्वपत्र। बेल का पत्ता।

शिवप्रिया—[सं० शिव ~ प्रिया] स्त्री० पार्वती (देवी)।

शिवम्—[सं० शिव] पुं० कल्याण। मंगल।

***शिवराई**—[सं० शिव + हिं० राई (< सं० राजन्)] पुं० शिव। महादेव।

शिवरात्रि—[सं० शिव ~ रात्रि] स्त्री० १. प्रत्येक चान्द्र मास के कृष्ण पक्ष की चतुर्दशी। २. फाल्गुन कृष्ण चतुर्दशी। महाशिवरात्रि।

शिव-रानी—[सं०] स्त्री० शिव की पत्नी। पार्वती (देवी)।

शिव-वाहन—[सं०] पुं० शिव/महादेव का वाहन। 'नन्दी' नामक वृष।

शिवशेखर—[सं० शिव ~ शेखर] पुं० (शिव/महादेव के मस्तक पर स्थित) चन्द्रमा।

शिव-शैल—[सं०] पुं० कैलास पर्वत।

शिव-सायुज्य—[सं०] पुं० १. भगवान् शिव में विलीनता। मोक्ष। २. मृत्यु।

शिवा—[सं० शिव + टाप्] स्त्री० पार्वती/दुर्गा (देवी)। २. शृगाली। स्यारिन। ३. शमी वृक्ष। (छन्द०) एक समवर्णिक छन्द जिसके प्रत्येक चरण में क्रमश: नगण, मगण, यगण, लघु और गुरु (न म य ल ग) के योग से ११ वर्ण होते हैं।

शिवाक्ष—[सं० शिव ~ अक्ष] पुं० रुद्राक्ष।

शिवानी—[सं० शिव + आ √नी + ड + ङीप्] स्त्री० पार्वती। भवानी।

शिवायतन—[सं० शिव ~ आयतन] पुं० १. शिव/महादेव का मन्दिर। शिवालय। २. कल्याण का स्थान। ३. कल्याणकारी/मंगलकारी व्यक्ति, वस्तु या स्थान।

शिवाराति[1]—[सं० शिव ~ अराति] पुं० १. शिव का शत्रु। २. कामदेव।

शिवाराति[2]—[सं० शिवा ~ अराति] पुं० १. शिवा/शृगालिनी का शत्रु। २. कुत्ता।

शिवा-रुत—[सं०] पुं० गीदड़ के बोलने का शब्द। 'हुआ-हुआ' शब्द।

शिवालय—[सं० शिव ~ आलय] पुं० भगवान् शिव का मन्दिर। शिवमन्दिर।

शिवालिक—[< सं० शिवालक] पुं० १. शिव/महादेव की अलक। २. एक पर्वत-शृंखला। मुख्य हिमालय पर्वत के समानान्तर तथा पश्चिमी हिमालय क्षेत्र में स्थित एक पर्वत-श्रेणी। हिमालय की बाहरी पर्वतश्रेणी।

शिविका—[सं० √शिव् + णिच् + ण्वुल् + टाप्, इत्व] स्त्री० पालकी। डोली।

शिविर—[सं० शिबिर→शिविर] पुं० १. खुले मैदान में तम्बू/डेरा लगाकर बना निवास। २. (यात्रियों का) कहीं पर अल्पकाल के लिए निवास। पड़ाव। डेरा। ३. सैनिकों को ठहराने और प्रशिक्षण देने का मैदान या स्थान। छावनी। ४. दुर्ग। क़िला। ५. लगे हुए तम्बुओं/डेरों वाला स्थान। ६. (लाक्षणिक) दल। पक्ष।

शिवेतर—[सं० शिव ~ इतर] वि० १. जो शिव न हो। अमांगलिक। अशुभ। अमंगलकारी। अनिष्टकर। २. शिव/महादेव से भिन्न।

शिशिर—[स॰ √शश् + किरच्] *वि॰* शीतल। ठंडा। *जैसे*—चन्द्रमा की शिशिर किरणें। *पुं॰* १. एक ऋतु जो भारत में माघ और फाल्गुन के महीनों में होती है। २. शीतकाल।

शिशिरात्यय—[स॰ शिशिर ~ अत्यय] *पुं॰* कड़े जाड़े की ऋतु की समाप्ति। शिशिर का अन्त।

शिशिरापगम—[स॰ शिशिर ~ अपगम] *पुं॰* जाड़े का अन्त। शिशिरान्त।

शिशुमार-चक्र—[स॰] *पुं॰* सौरमंडल।

शिश्न—[स॰ √शश् + नक्, निपात॰] *पुं॰* पुरुष की जननेन्द्रिय। उपस्थ। लिंग।

शिष्ट—[स॰ √शास् + क्त (अथवा √शिष् + क्त)] *वि॰* १. अच्छे स्वभाव और आचरण वाला। सभ्यतापूर्ण या सौजन्यपूर्ण व्यवहार करनेवाला। सज्जन। सुशील। २. आचार-व्यवहार में निपुण। ३. शालीन। विनीत। विनम्र। ४. आज्ञाकारी। ५. जो शेष रहा हो। बचा हुआ। अवशिष्ट। *पुं॰* १. शास्त्रविहित कर्म। शास्त्रानुमोदित कृत्य। २. शास्त्रज्ञ। ✣ **शिष्टता**—*स्त्री॰* = १. शिष्ट होने की अवस्था/गुण/भाव। २. शिष्ट आचरण। सुशीलता। विनम्रता।

शिष्टभाषी—[स॰ शिष्टभाषिन्] *वि॰, पुं॰* १. (बातचीत/व्यवहार में) शिष्ट शब्दों का प्रयोग करनेवाला। २. शिष्ट भाषा बोलनेवाला।

शिष्टमण्डल/शिष्टमंडल—[स॰ शिष्ट ~ मण्डल] *पुं॰* किसी कार्य के लिए कहीं भेजा जाने वाला विशेष प्रतिनिधियों का दल। प्रतिनिधिमंडल।

शिष्टाचार—[स॰ शिष्ट ~ आचार] *पुं॰* १. शिष्टतापूर्ण आचरण और व्यवहार। २. ऊपरी या दिखावटी शालीन व्यवहार। औपचारिक व्यवहार।

शिष्टाचाराश्रयी—[स॰ शिष्टाचार ~ आश्रयी (आश्रयिन्)] *वि॰* शिष्टाचारवाला। शिष्टाचारपूर्ण।

शिष्टाचारी[1]—[स॰ शिष्टाचारिन्] *वि॰* १. शिष्ट आचरण और व्यवहार करनेवाला। शिष्टाचार का पालन करनेवाला। शिष्टाचारपूर्ण। २. विनम्र। ३. अपने समाज/संस्था/कार्यालय आदि के नियमों के अनुसार आचरण और व्यवहार करनेवाला।

शिष्टाचारी[2]—[< स॰ शिष्टाचार] *वि॰* शिष्टाचार-सम्बन्धी।

शिष्टानुकरण—[स॰ शिष्ट ~ अनुकरण] *पुं॰* १. सज्जन या शास्त्रज्ञ का अनुकरण। २. बुद्धिमानों का अनुकरण।

शिष्टोक्ति—[स॰ शिष्ट ~ उक्ति] *स्त्री॰* १. कटु सत्य को शिष्ट शब्दों में कहना। शिष्टवचन। २. अशुभ या अशिष्ट कथन को शुभ या शिष्ट बनाकर कही हुई उक्ति। *जैसे*—'मरना' को 'स्वर्गवास होना' या 'दुकान बन्द करना' को 'दुकान बढ़ाना' कहना शिष्टोक्ति है। (पा॰ काव्य॰) एक अलंकार। किसी कटु कठोर या दुःखद शब्द के स्थान पर कोमल या शिष्ट शब्द का प्रयोग। *जैसे*—'मृत्यु' के स्थान पर 'स्वर्गवास' के प्रयोग में 'शिष्टोक्ति' अलंकार है। (अं॰ यूफ़िमिज़्म) ✣ **शिष्टोक्तिक/शिष्टोक्तिपरक**—*वि॰* = १. शिष्टोक्ति से सम्बन्धित। २. शिष्टोक्तिवाला।

शिष्या—[स॰ शिष्य + टाप्] *स्त्री॰* शिष्य बालिका या स्त्री। (छन्द॰) एक समवर्णिक छन्द जिसके प्रत्येक चरण में क्रमशः २ मगण और एक गुरु (म म ग) के योग से कुल ७ वर्ण होते हैं। शीर्षरूपक (छन्द)।

शीकर—[स॰ √शीक् + अर] *पुं॰* १. पानी की बूँद। जलकण। २. वर्षा आदि की फुहार। ३. तुषार। ओस।

शीघ्रावधि—[स॰ शीघ्र ~ अवधि] *वि॰* १. जिसकी अवधि बहुत कम हो। २. शीघ्र चुकाने योग्य (ऋण)।

शीघ्री—[स॰ शीघ्रिन्] *वि॰* १. शीघ्र काम करने वाला। शीघ्रकारी। २. तेज़ चलनेवाला। शीघ्रगामी। ३. तत्काल उच्चारण करनेवाला।

शीतक—[स॰ शीत + कन्] *वि॰* ठंड उत्पन्न करनेवाला। *पुं॰* १. जाड़े का मौसम। शीतकाल। जाड़ा। २. कोई भी शीतल वस्तु। ३. (गर्मी के दिनों में) कमरे को ठंडा रखनेवाला एक यन्त्र। कूलर (अं॰)।

शीत कटिबन्ध (शीत कटिबंध)—[स॰] *पुं॰* (भूगोल॰) पृथ्वी के उत्तर और दक्षिण के वे कटिबन्ध जो वर्ष-भर बहुत ठंडे रहते हैं।

शीतकर—[स॰ शीत ~ कर (किरण या करनेवाला)] *वि॰* १. ठंडी किरणों वाला। शीतकिरण। २. शीतल/ठंडा करने वाला। *पुं॰* चन्द्रमा।

शीतकिरण—[स॰ शीत ~ किरण] *वि॰* ठंडी किरणों वाला। *पुं॰* चन्द्रमा।

शीतच्छाय—[स॰ शीत ~ छाया] *वि॰* ठंडी छाया वाला। *पुं॰* वट वृक्ष।

शीतज्वर—[स॰ शीत ~ ज्वर] *पुं॰* जाड़ा देकर आनेवाला बुख़ार। विषमज्वर। जूड़ी। (अं॰ मलेरिया)

शीतद्युति (शीतद्युति)—[स॰ शीत ~ द्युति] *पुं॰* चन्द्रमा।

शीतनिष्क्रियता—[स॰ शीत ~ निष्क्रियता] *स्त्री॰* (प्राणि॰) कुछ प्राणियों की जाड़े की ऋतु में मन्द पड़े रहने की अवस्था। (अं॰ हाइबर्नेशन)

शीतप्रभ—[स॰ शीत ~ प्रभा] *पुं॰* चन्द्रमा।

शीतभण्डार (शीतभंडार)—[स॰ शीत ~ भण्डार] *पुं॰* विशेष प्रकार से बना हुआ भंडारगृह जिसमें यंत्रों से नियंत्रित नीचा तापमान रहता है जिससे उसमें रखी हुई वस्तुएँ ताप के कारण खराब होने से बची रहती हैं। शीतागार। ठंडा गोदाम। (अं॰ कोल्ड स्टोरेज)

शीतभानु/शीतमयूख/शीतमरीचि—[स॰ शीत ~ भानु/मयूख/मरीचि] *पुं॰* चन्द्रमा।

शीतरश्मि—[स॰ शीत ~ रश्मि] *पुं॰* चन्द्रमा।

शीतलचीनी—[स॰ शीतल + हि॰ चीनी] *स्त्री॰* मिर्च की जाति की एक झाड़ी जिसमें मिर्च या काली मिर्च की तरह के फल आते हैं जो मुख में डालने से शीतलता देते हैं और मुख से इलायची आदि की-सी सुगन्ध निकलती है। कबाबचीनी। कंकोल।

शीतलच्छाय—[< स॰ शीतल + छाया] *वि॰* १. शीतल छाया वाला। ठंडा। २. निस्तेज। तेजहीन।

शीतलपाटी—[स॰ शीतल + हि॰ पाटी] *स्त्री॰* एक प्रकार की पतली

और चिकनी चटाई जो गर्मियों में शरीर को ठंडक पहुँचाती है।

शीतला—[स० शीतल + टाप्] *स्त्री०* १. एक संक्रामक रोग। चेचक। २. चेचक रोग की अधिष्ठात्री देवी। ✣ **शीतला-वाहन**— *पु०* = शीतलादेवी का वाहन। गर्दभ। गधा।

शीतलाषष्ठी—[स० शीतला ~ षष्ठी] *स्त्री०* माघ शुक्ल षष्ठी।

शीतलाष्टमी—[स० शीतला ~ अष्टमी] चैत्र कृष्ण अष्टमी।

शीतवीर्य—[स० शीत ~ वीर्य] *वि०* (आयुर्वेद०) जिसका प्रभाव ठंडक देनेवाला हो। *जैसे*—शीतवीर्य औषध। ∇ **विलोम**— उष्णवीर्य।

शीतसह—[स० शीत ~ सह] *वि०* ठंड सहन करनेवाला। ठंड सहने की विशेष क्षमता वाला।

शीतागार—[स० शीत ~ आगार] *पु०* शीत भंडार-गृह।

शीतातप—[स० शीत ~ आतप] *पु०* जाड़ा और गर्मी।

शीताद्रि—[स० शीत ~ अद्रि] *पु०* हिमालय पर्वत।

शीतार्त/शीतालु—[स० शीत ~ आर्त, शीत + आलुच्] *वि०* १. शीत से पीड़ित। २. ठंड से काँपता हुआ।

शीतोष्ण—[स० शीत ~ उष्ण] *वि०* १. ठंडा और गरम। २. जो न बहुत ठंडा हो और न बहुत गर्म। ✣ **शीतोष्ण कटिबन्ध**— *पु०* = भूमंडल का वह भाग जहाँ न बहुत ठंड होती है, न बहुत गर्मी।

शीधु—[स० √शी + धुक्] *पु०* १. मदिरा। शराब। २. गन्ने के रस से बनी हुई शराब।

शीन—[स० √श्यै + क्त, सम्प्रसारण, न→आदेश] *वि०* जमा हुआ। गाढ़ा। ✣ **शीनन**— *पु०* १. (ठंड से) जमना या (ठंडा करके) जमाना। २. रक्त का गाढ़ा होना या जमना। ३. तेल आदि का गाढ़ा होना, जमना या जमाना। (अ० कन्जीलिंग)

शीया/शिया—[< अरबी शीअ:] *पु०* (इस्लाम०) एक इस्लामी/ शिया-उपसम्प्रदाय जो ईरान, इराक़ और भारत में ही अधिक पाया जाता है। *जैसे*—शीया और सुन्नी मुसलमानों का आपसी टकराव लखनऊ में बहुत बार हुआ है।

शीर—[फा०] *पु०* क्षीर। दूध।

शीरख़ोरा—[< फा० शीरख़्वार] *वि०* अभी माता का दूध पीनेवाला (शिशु)।

शीरमाल—[फा०] *पु०* एक प्रकार की मीठी रोटी।

शीरा—[< फा० शीर:] *पु०* गुड़ के घोल को उबालकर तैयार की गयी चाशनी।

शीराज़ा—[< फा० शीराज:] *पु०* १. पुस्तक की जिल्दबन्दी में दोनों तलों को जकड़नेवाला, ऊपर लगा, काग़ज़/कपड़े का एक टुकड़ा। २. (कपड़ों की) सिलाई। ३. क्रम। ४. प्रबन्ध। व्यवस्था। ५. संघटन।

शीरीनी—[फा०] *स्त्री०* १. मिठास। माधुर्य। २. मिष्ठान्न। मिठाई।

शीरीँ (शीरीं)—[फा०] *वि० (स्त्री०)* १. मधुर। २. सरस।

शीर्ण—[स० √शॄ + क्त] *वि०* १. नष्ट। २. टूटा-फूटा। ३. चिथड़े-चिथड़े हुआ। ४. कृश। दुर्बल। दुबला। ५. सड़ा हुआ। गला हुआ। ६. कुम्हलाया/मुर्झाया हुआ। *जैसे*—शीर्ण फूल। ✣ **शीर्णता**— *स्त्री०* = शीर्ण होने की अवस्था/भाव। शीर्णत्व।

शीर्ष—[स० शिरस्, पृषो०] *पु०* १. शीश। सिर। २. मस्तक। ललाट। माथा। ३. किसी वस्तु का सबसे ऊपर का सिरा। (वाणि०) खाते में किसी मद का नाम। (गणित०, ज्यामिति०) १. किसी कोण की दो भुजाओं का प्रतिच्छेद बिन्दु। (अ० वर्टेक्स) २. किसी समतल या ठोस आकृति में आधार के सामने का बिन्दु। *जैसे*—शंकु का शीर्ष। (अ० वर्टेक्स)

शीर्षक—[स० शीर्ष + कन्] *पु०* १. सिर। २. खोपड़ी। ३. शिरस्त्राण। ४. टोपी। ५. पगड़ी। साफ़ा। ६. सिरा। ७. किसी पुस्तक के मुखपृष्ठ पर अथवा लेख आदि के आरम्भ में ऊपर लिखा जाने वाला उसका नाम जिससे उसका कुछ परिचय मिलता हो।

शीर्षकोण—[स० शीर्ष ~ कोण] *पु०* [गणित०, ज्यामिति] (किसी ज्यामितीय आकृति में) आधार के सामने का कोण।

शीर्षरेखा—[स० शीर्ष ~ रेखा] *स्त्री०* १. ऊपरवाली लकीर। २. देवनागरी लिपि में अक्षरों के ऊपर पड़ी रहनेवाली रेखा। शिरोरेखा।

शीर्षलम्ब (शीर्षलंब)—[स० शीर्ष ~ लम्ब] *पु०* (गणित०, ज्यामिति) त्रिभुज आदि के किसी शीर्ष से उसके आधार पर खींची गयी लम्ब रेखा या उसकी लम्बाई।

शीर्षस्थ—[स० शीर्ष + स्थ] *वि०* १. शीर्ष पर स्थित। सबसे ऊपर या सिर पर स्थित। शीर्षस्थानीय। २. सर्वोच्च स्थित। ३. प्रधान। मुख्य।

शीर्षामय—[स० शीर्ष ~ आमय] *पु०* सिर का रोग।

शील—[स० √शील् + अच् (अथवा, √शी + लक्] *पु०* १. स्वभाव। २. आचरण। ३. चरित्र। चाल-चलन। ४. अच्छा स्वभाव। ५. उत्तम आचार। सदाचार। ६. विनम्रता। शिष्टता। ७. (स्त्री का) सतीत्व या यौन पवित्रता। (बौद्ध०) धर्म में निर्दिष्ट आचरण विशेष। (दे० शीलसम्पन्न) (छन्द०) एक समवर्णिक छन्द जिसके प्रत्येक चरण में क्रमश: ३ सगण और २ लघु के योग से ११ वर्ण होते हैं। *वि०* (समासयुक्त शब्द के अन्त में) करने वाला या करता हुआ।

शीलसम्पदा (शीलसंपदा)—[स० शील ~ सम्पदा] *स्त्री०* (बौद्ध०) शीलरूपी सम्पत्ति।

शीश: दिल—[फा०] *वि०* कोमल हृदय वाला (व्यक्ति)।

शीशएदिल—[< फा० शीश: दिल] *वि०* शीशे जैसा अति कोमल हृदय। हृदयरूपी शीशा।

शीशफूल—[हि० शीश + फूल] *पु०* (स्त्रियों का) सिर पर पहनने का एक आभूषण।

शीशा—[< फा० शीश:] *पु०* १. जल्दी टूट जाने वाला एक पदार्थ जो रेत आदि को आग में गला कर तैयार किया जाता है। काँच।

शीशागर—[< फा० शीश: गर] *पु०* शीशे या शीशे का सामान बनानेवाला कारीगर।

शुअरा—[अरबी, 'शायर' का बहुवचन] *पु०* अनेक शायर। कवि लोग। कविगण।

शुक—[स० √शुक् + क] *पु०* १. तोता। २. वेदव्यास-पुत्र शुकदेव।

शुक-तरु—[सं०] पु० शिरीष वृक्ष। सिरिस का पेड़।

शुक-तुण्ड (तुंड)—[सं०] पु० तोते की चोंच।

शुक-द्रुम—[सं०] पु० शिरीष वृक्ष। सिरिस का पेड़।

शुकनासिका—[सं० शुक ~ नासिका] स्त्री० १. तोते की नाक। २. (किसी मनुष्य की) तोते की नाक जैसी नाक।

शुकवाह/शुकवाहन—[सं० शुक ~ वाह/वाहन] पु० (जिसका वाहन तोता है) कामदेव।

शुक्त—[सं० √शुच् + क्त] वि० १. चमकीला। २. स्वच्छ या पवित्र। पु० १. अम्लता। खटाई। २. काँजी। ३. सिरका।

शुक्ति—[सं० √शुच् + क्तिन्] स्त्री० १. सीप। सीपी। २. सीपी का ख़ोल। ३. शंख। ४. घोंघा। ५. एक प्राचीन तौल जो ४ तोले या २ कर्ष के बराबर होती थी।

शुक्तिका—[सं० शुक्ति + कन् + टाप्] स्त्री० शुक्ति। सीप।

शुक्ति-वीज—[सं०] पु० मुक्ता। मोती।

शुक्र[१]—[सं० √शुच् + रन्] पु० १. हमारे सौरमंडल का एक ग्रह जो सूर्य और चन्द्र के बाद सबसे अधिक चमकीला है। २. सप्ताह का एक वार जो बृहस्पतिवार से अगला है। ३. (दैत्य-गुरु) शुक्राचार्य। ४. पुरुष शरीर की एक धातु। वीर्य। ५. किसी भी वस्तु का सारतत्त्व।

शुक्र[२]—[अरबी] पु० १. किसी उपकार/लाभ के लिए कृतज्ञता की अभिव्यक्ति। २. धन्यवाद।

शुक्रकर—[सं० शुक्र + कर] वि० वीर्य बनानेवाला। वीर्यवर्धक। पु० (शरीर की एक धातु) मज्जा।

शुक्रगुज़ार—[अरबी शुक्र + फा० गुज़ार] वि० १. कृतज्ञ। आभारी। २. आभार प्रकट करनेवाला।

शुक्रज—[सं० शुक्र + ज] वि० वीर्य से उत्पन्न। पु० पुत्र।

शुक्रल—[सं० शुक्र √ला + क] वि० वीर्य को बढ़ाने वाला (पदार्थ)। *जैसे*—असगन्ध, शतावर आदि शुक्रल पदार्थ हैं।

शुक्राणु—[सं० शुक्र ~ अणु] पु० (प्राणी०) प्राणियों में नर-युग्मक। वीर्य का वह अणु जो गर्भाशय में प्रविष्ट होकर सन्तान-उत्पत्ति का कारण होता है।

शुक्राना—[< अरबी शुक्र] पु० वह धन जो सफलता मिलने पर वकील, डॉक्टर आदि किसी हितैषी को सहयोग के लिए धन्यवाद के साथ दिया जाता है।

शुक्राशय—[सं० शुक्र ~ आशय] पु० (प्राणि०) पुरुष के जननतन्त्र का एक भाग जहाँ शुक्राणु जमा होते हैं।

शुक्रीय—[सं० शुक्र + छ] वि० शुक्र-सम्बन्धी। शुक्र का।

शुक्ल—[सं० √शुच् + रन्, र→ल] वि० १. श्वेत। सफ़ेद। २. चमकीला। ३. उज्ज्वल या उजालेवाला। *जैसे*—शुक्ल पक्ष। ४. सात्त्विक। ∇ **विलोम**—कृष्ण।

शुक्लकर्मा—[सं० शुक्लकर्मन्] वि० सात्त्विक कर्मों वाला। पुण्यशील। धर्मात्मा। ✣ **शुक्लता**—स्त्री० = श्वेतता। शुभ्रता। सफ़ेदी। पु० शुक्लत्व। ✣ **शुक्ल पक्ष**—पु० चान्द्र मास के दो भागों में से वह भाग जिसमें चन्द्रमा बढ़ता है। उजाला पाख। ∇ **विलोम**—कृष्ण पक्ष।

शुक्ला—[सं० शुक्ल + अच् + टाप्] वि० (स्त्री०) १. गोरे रंग की। २. उज्ज्वल या उजालेवाली। *जैसे*—श्रावण शुक्ला सप्तमी। स्त्री० १. गोरे रंग की स्त्री। २. सरस्वती (देवी)।

शुक्लाचार—[सं० शुक्ल ~ आचार] वि० शुद्ध आचरण वाला (व्यक्ति)। सात्त्विक। पु० १. शुद्ध आचरण। २. शुद्ध आचरण वाला व्यक्ति। सात्त्विक व्यक्ति।

शुक्लाङ्ग (शुक्लांग)—[सं० शुक्ल ~ अङ्ग] वि० सफ़ेद या चमकदार अंगों वाला।

शुक्लापाङ्ग (शुक्लापांग)—[सं० शुक्ल ~ अपाङ्ग] पु० मयूर। मोर।

शुक्लाम्बर (शुक्लांबर)—[सं० शुक्ल ~ अम्बर] वि० श्वेत वस्त्रधारी। पु० १. श्वेत वस्त्र। २. विष्णु।

शुक्लाभिसारिका—[सं० शुक्ला ~ अभिसारिका] वि० (काव्य०) नायिका-भेद का एक प्रकार। वह परकीया नायिका जो चाँदनी रात में अपने प्रेमी से अभिसार के लिए संकेत-स्थल पर जाती है।

शुङ्ग (शुंग)—[सं० √शुम् + ग, निपात०] पु० १. बरगद का पेड़। वट वृक्ष। २. पाकड़ का पेड़। ३. अनाज की बाल।

शुचि—[सं० √शुच् + इन्] वि० १. पवित्र। २. स्वच्छ। साफ़। ३. सफ़ेद। चमकीला। ४. धर्मात्मा। पुण्यात्मा। ५. ईमानदार। सच्चा। ६. निर्दोष। ७. निष्कपट। पु० १. सफ़ेद रंग। २. शुक्र (ग्रह)। ३. ग्रीष्म ऋतु। ज्येष्ठ और आषाढ़ के मास।

शुचिता—[सं० शुचि + तल् + टाप्] स्त्री० १. पवित्रता। द्रव्य, मन और वाक् की अथवा काम-सम्बन्धी पवित्रता। २. स्वच्छता। सफ़ाई। ३. निर्दोषता। ४. ईमानदारी। ✣ **शुचित्व**—पु० = शुचिता।

शुचिव्रत—[सं० शुचि ~ व्रत] वि० १. पवित्र संकल्प करनेवाला। २. केवल अच्छे काम करने का व्रत लेनेवाला।

शुजा—[< अरबी शुजाअ] वि० वीर। बहादुर।

शुण्ठी (शुंठी)—[सं० √शुण्ठ् + इन् + ङीष्] स्त्री० सोंठ।

शुण्ड (शुंड)—[सं० √शुन् + ड] पु० १. (हाथी की) सूँड़। २. (मतवाले हाथी की कनपटी से बहनेवाला) मद। दान। ३. मदिरा। शराब।

शुण्डी (शुंडी)—[सं० शुण्डिन्] पु० १. शराब बनानेवाला। कलवार। २. हाथी।

शुतुद्रि/शुतुद्रु—[सं०] स्त्री० (पंजाब की) सतलज नदी।

शुदा—[< फा० शुदः] वि० (प्रत्यय की तरह प्रयुक्त) जो हो चुका हो। *जैसे*—शादीशुदा; तयशुदा।

शुद्ध (शुद्ध) ध्वनि—[सं०] स्त्री० शुद्ध आवाज़। (छन्द०) एक सममात्रिक छन्द जिसके प्रत्येक चरण में ३२ मात्राएँ होती हैं, अन्त में गुरु वर्ण होता है तथा १०-८-८-६ पर यति होती है।

शुद्ध (शुद्ध) पक्ष—[सं०] पु० (चान्द्र मास का) शुक्ल पक्ष।

शुद्धविराट् (शुद्धविराट्)—[सं० शुद्ध ~ विराट्] पु० (छन्द०) एक समवर्णिक छन्द जिसके प्रत्येक चरण में क्रमशः मगण, सगण, जगण और गुरु (म स ज ग) के योग से १० वर्ण होते हैं। 'विराट्' छन्द।

शुद्धाद्वैत (शुद्धाद्वैत)—[सं॰ शुद्ध ~ अद्वैत] *पुं॰* शुद्ध अद्वैत (वेदान्त)। एक वेदान्ती सम्प्रदाय जिसके प्रवर्तक वल्लभाचार्य थे, जिसमें श्रीकृष्ण की भक्ति की प्रधानता है और परब्रह्म श्रीकृष्ण से ही भौतिक जगत्, जीवात्माओं तथा देवों की उत्पत्ति का सिद्धान्त मान्य है।

शुद्धान्त (शुद्धान्त)—[सं॰ शुद्ध ~ अन्त] *पुं॰* (प्राचीन भारत में) राजा का अन्त:पुर। रनिवास।

शुद्धापह्नुति (शुद्धापह्नुति)—[सं॰ शुद्ध ~ अपह्नुति] *स्त्री॰* (काव्य॰) अपह्नुति अर्थालंकार का एक भेद। वास्तविक उपमेय को निषेधपूर्वक छिपाकर उसी के समान गुण वाले उपमान को आरोपित करने में होने वाला अलंकार।

शुनक—[सं॰ √शुन् + क+ कन्] *पुं॰* कुत्ता।

शुनाशीर/शुनासीर—[सं॰ सु + नाशी/नासी + र, पृषो॰] *पुं॰* १. इन्द्र। २. उल्लू।

शुनी—[सं॰ श्वन् + ङीष्] *स्त्री॰* कुतिया।

शुबहा—[< अरबी शुबह:] *पुं॰* सन्देह। शक।

शुभ—[सं॰ √शुभ् + क] *वि॰* १.कल्याणकारी। मंगलमय। ***जैसे***—शुभ कामनाएँ। २. अच्छा। ३. कल्याण, अनुकूलता, लाभ आदि का सूचक (लक्षण, शकुन आदि)। ***जैसे***—यह शुभ शकुन है। *पुं॰* १. कल्याण। मंगल। ***जैसे***—आपका शुभ हो। २. सौभाग्य। ३. समृद्धि। ✣ **शुभ अक्षर, शुभाक्षर**—*पुं॰* = कल्याणकारी अक्षर/वर्ण। (छन्द॰) पद्य को आरम्भ करने के लिए कल्याणकारी माने गए सभी स्वर तथा १४ व्यंजन—क, ख, ग, घ, च, छ, ज, ड, द, ध, न, य, श, स।

शुभग—[सं॰ शुभ + ग] *वि॰* सुन्दर। *पुं॰* (छन्द॰) एक सममात्रिक छन्द जिसके प्रत्येक चरण में ४० मात्राएँ होती हैं, तथा १०-१०-१०-१० पर यति होती है।

शुभगति—[सं॰ शुभ ~ गति] *वि॰, पुं॰* शुभ गति वाला। *पुं॰* (छन्द॰) एक सममात्रिक छन्द जिसके प्रत्येक चरण में ७ मात्राएँ होती हैं तथा अन्त में गुरु होता है। 'सुगति' छन्द।

शुभगाथ—[< सं॰ शुभ ~ गाथा] *वि॰* सुप्रशंसित।

शुभगीता—[सं॰ शुभ ~ गीता] *वि॰ (स्त्री॰)* सबके द्वारा प्रशंसित। सर्वप्रशंसित। (छन्द॰) एक सममात्रिक छन्द जिसके प्रत्येक चरण में २७ मात्राएँ होती हैं, अन्त में रगण होता है तथा १५-१२ पर यति होती है।

शुभङ्कर (शुभंकर)—[सं॰ शुभम् + कर] *वि॰* १. शुभ करनेवाला। मंगलकारक। २. आनन्दकारी। ✣ **शुभङ्करी (शुभंकरी)**—*वि॰ (स्त्री॰)* = १. मंगल करनेवाली। कल्याणकारिणी। २. आनन्दकारिणी। *स्त्री॰* = पार्वती। दुर्गा।

शुभद—[सं॰ शुभ + द] *वि॰* शुभ फल देनेवाला। शुभ करनेवाला। कल्याणकारी।

शुभदन्ती (शुभदंती)—[सं॰ शुभ ~ दन्ती] *वि॰ (स्त्री॰), स्त्री॰* सुन्दर दाँतों वाली (स्त्री)।

शुभम्—[सं॰ √शुभ् + कमु] *वि॰* १. शुभ। कल्याणकारी। २. पहले राजा से 'शुभराज' कहकर बात करने की रीति राजस्थान आदि में थी। '**शुभराज**' = राजा का शुभ हो।

शुभा—[सं॰ शुभ + टाप्] *वि॰ (स्त्री॰)* १. जो शुभ करनेवाली हो। कल्याणी। शुभ। २. चमकीली। ३. पवित्र। *स्त्री॰* सुन्दर स्त्री। ✣ **शुभे**—*स्त्री॰* = (सम्बोधन रूप) हे कल्याणी।

शुभागम—[शुभ ~ आगम] *पुं॰* पवित्र आगम ग्रन्थ। (तन्त्र॰) समयाचार/कौलाचार आदि में मान्य तान्त्रिक संहिताएँ।

शुभागमन—[शुभ ~ आगमन] *पुं॰* १. शुभ आगमन। मंगलप्रद/कल्याणकारी आगमन। २. आनन्ददायक आगमन।

शुभाङ्ग (शुभांग)—[सं॰ शुभ ~ अङ्ग] *वि॰* १. शुभ/सुन्दर अंगों वाला। २. सुन्दर। ✣ **शुभाङ्गी (शुभांगी)**—*वि॰ (स्त्री॰)* १. शुभ/सुन्दर अंगों वाली। २. रूपवती। सुन्दर (स्त्री)। *स्त्री॰* (कामदेव की पत्नी) रति। (छन्द॰) एक सममात्रिक छन्द जिसके प्रत्येक चरण में ३० मात्राएँ होती हैं, अन्त में गुरु होता है और ८-८-८-६ पर यति होती है।

शुभाचार—[सं॰ शुभ ~ आचार] *वि॰* पवित्र आचरण वाला। धर्मात्मा।

शुभानन—[सं॰ शुभ ~ आनन] *वि॰* १. शुभ/सुन्दर मुख वाला। २. सुन्दर। *पुं॰* चन्द्रमा। ✣ **शुभानना**—*वि॰ (स्त्री॰)* = १. शुभ/सुन्दर मुख वाली। २. सुन्दर (स्त्री)।

शुभापांगा (शुभापाङ्गा)—[सं॰ शुभ ~ अपाङ्ग + टाप्] *स्त्री॰* सुन्दर नेत्रों वाली स्त्री। सुन्दर स्त्री। सुन्दरी।

शुभावह—[सं॰ शुभ ~ आवह] *वि॰* शुभ करनेवाला। मंगलकारक या आनन्ददायक।

शुभाशय—[सं॰ शुभ ~ आशय] *पुं॰* १. शुभ आशय। उत्तम तात्पर्य। २. उत्तम बात। *वि॰* अच्छे आशय/विचारों वाला।

शुभाशा—[सं॰ शुभ ~ आशा] *स्त्री॰* शुभ आशा। अच्छी उम्मीद।

शुभेक्षण—[सं॰ शुभ ~ ईक्षण] *वि॰* १. सुन्दर नेत्रों वाला। सुन्दर। २. सुन्दर दृष्टि वाला। जिसकी नज़र का प्रभाव शुभ हो।

शुभेतर—[सं॰ शुभ ~ इतर] *वि॰* १. शुभ से भिन्न। अशुभ। २. बुरा। ख़राब।

शुभोदय—[सं॰ शुभ ~ उदय] *पुं॰* १. शुभ/पुण्य का उदय। २. शुभ समय का आरम्भ।

शुभोदर—[सं॰ शुभ ~ उदर] *वि॰* १. सुन्दर उदर/पेट वाला। २. सुन्दर। *पुं॰* (छन्द॰) एक समवर्णिक छन्द जिसके प्रत्येक चरण में ३ भगण (भ भ भ) के योग से ९ वर्ण होते हैं।

शुभ्र—[सं॰ √शुभ् + रक्] *वि॰* १. श्वेत। सफ़ेद। २. उज्ज्वल। चमकीला। *पुं॰* सफेद रंग।

शुभ्रक—[सं॰ शुभ्र + कन्] *वि॰* १. शुभ्र/सफ़ेद करनेवाला। २. चमकीला करनेवाला।

शुभ्रकर—[सं॰ शुभ्र ~ कर (किरण)] *पुं॰* चन्द्रमा।

शुभ्रभानु/शुभ्ररश्मि/शुभ्रांशु—[सं॰ शुभ्र ~ भानु/रश्मि/अंशु] *पुं॰* चन्द्रमा।

शुभ्रा—[स॰ शुभ्र + टाप्] *वि॰ (स्त्री॰)* शुभ्र। सफ़ेद या चमकीली। *स्त्री॰* गंगा (नदी)।

शुमारी—[फा॰] *स्त्री॰* शुमार करने का काम। गणना। गिनती। ***जैसे***—मर्दुमशुमारी (= जनगणना)।

शुमाल—[अरबी] *पु॰* उत्तर (दिशा)।

शुम्भघातिनी/शुम्भमर्दिनी (शुंभघातिनी/शुंभमर्दिनी)—[स॰ शुम्भ ~ घातिनी/मर्दिनी] *वि॰ (स्त्री॰)* शुम्भ नामक असुर को मारनेवाली। *स्त्री॰* पार्वती। दुर्गा।

शुल्क—[स॰ √शुल्क् + घञ्] *पु॰* १. किसी वस्तु के उत्पादन/आयात/निर्यात पर सरकार द्वारा लिया जाने वाला कर/टैक्स। २. किसी शिक्षा-संस्थान या अन्य संस्था को नियमानुसार दिया जाने वाला धन। ***जैसे***—प्रवेश-शुल्क; परीक्षा-शुल्क। ३. नदी के घाट आदि पर लिया जाने वाला कर/महसूल। ४. (कुछ जातियों में) विवाह के लिए कन्या के पिता को वर द्वारा दिया जाने वाला धन। ५. (कन्या के विवाह में) कन्या के पिता आदि के द्वारा दिया जाने वाला दहेज। ६. किसी काम को करने के बदले में दिया जाने वाला धन। ७. किराया। भाड़ा। ८. पत्र-पत्रिका का चन्दा।

शुल्कार्ह—[स॰ शुल्क ~ अर्ह] *वि॰* १. (वस्तु) जो शुल्क/कर/महसूल लगाए जाने योग्य हो। २. (वस्तु) जिसका शुल्क देय हो।

शुल्ब—[स॰ √शुल्व् + अच्] *पु॰* १. डोरी। रस्सी। २. यज्ञीय कर्म।

शुश्रू—[स॰ √श्रु + यङ्, लुक्, द्वित्व + क्विप्] *स्त्री॰* (बच्चे की सेवा करनेवाली) माता। माँ।

शुश्रूषा—[स॰ √श्रु + सन्, द्वित्व + अ + टाप्] *स्त्री॰* १. सुनने की इच्छा। श्रवण-अभिलाषा। २. सेवा। चाकरी। ३. रोगी की देखरेख। परिचर्या। ४. आज्ञापालन। ५. कर्तव्यपरायणता।

शुषिर—[स॰ √शुष् + किरच्] *वि॰* छिद्रोंवाला। सूराख़ोंवाला। *पु॰* छिद्र। सूराख़। २. अन्तरिक्ष। ३. फूँक कर बजाया जाने वाला वाद्य। ***जैसे***—वंशी शुषिर/सुषिर वाद्य है। **Δ पर्याय**—सुषिर।

शुष्क—[स॰ √शुष् + क्त] *वि॰* १. जो आर्द्र/तर/नम न हों। आर्द्रतारहित। सूखा। ***जैसे***—शुष्क हवा; शुष्क वस्त्र। २. (स्थान) जहाँ वर्षा न हुई हो या न होती हो या नगण्य होती हो। ***जैसे***—रेगिस्तान शुष्क प्रदेश होते हैं। ३. (फल आदि) जिसमें रस न हो या गर्मी से समाप्त हो गया हो। ४. (सब्ज़ी/तरकारी) जिसमें तर अंश या रसा न हो। ५. (रोटी आदि) जिसमें घी/तेल न लगा हो। ६. (मनुष्य) जो हृदयहीन हो। जिसमें कोमलता/स्नेह/सहृदयता आदि सद्‌गुण न हो। भावनारहित। ७. जो सरस/मनोरंजक न हो। नीरस। ***जैसे***—शुष्क उपन्यास। ८. जो सरस बातचीत न करता हो। ***जैसे***—शुष्क मनुष्य लोकप्रिय नहीं हो पाते।

शुष्काङ्ग (शुष्कांग)—[स॰ शुष्क ~ अङ्ग] *वि॰* दुबला-पतला। ✣ **शुष्काङ्गी (शुष्कांगी)**—*वि॰ (स्त्री॰)* दुबली-पतली। *स्त्री॰* छिपकली।

शुष्कालेखन—[स॰ शुष्क ~ आलेखन] *स्त्री॰* बिजली के प्रयोग तथा स्थिर विद्युतीकरण से आवेशित प्लेट से लिखित या मुद्रित पृष्ठ आदि की अन्य प्रतियाँ तत्काल तैयार करने की विधि। (अ॰ ज़ीरोग्राफ़ी)

शूक—[स॰ √शिव + कक्, सम्प्रसारण] *पु॰* १. (जौ/गेहूँ आदि किसी अनाज की) बाल (जिसमें दाने लगते हैं) का नुकीला भाग। २. तीक्ष्ण अग्रभाग। नोक। ✣ **शूक-धान्य**—*पु॰* = (गेहूँ/जौ आदि) वह अनाज जिसके बीज या दाने फ़सल की बालों में लगते हैं।

शूकर—[स॰ शूक √रा + क (अथवा, श √कृ + अच्)] *पु॰* एक पशु। सुअर। वाराह।

शूद्रद्युति (शूद्रद्युति)—[स॰ शूद्र ~ द्युति] *स्त्री॰* शूद्रवर्ण का रंग। नीला रंग।

शूना—[स॰ √शिव + क्त + टाप्] *स्त्री॰* १. क़साईख़ाना। २. गृहस्थ के घर के चूल्हा, चक्की आदि वे स्थान जहाँ नित्य अनजाने ही अनेक जीवों की हत्या होती रहती है।

शून्यचक्र—[स॰ शून्य ~ चक्र] *पु॰* (योग॰) सहस्रारचक्र।

शून्यता—[स॰ शून्य + तल् + टाप्] *स्त्री॰* १. शून्य होने की अवस्था/भाव। शून्यत्व। २. अभाव। ३. रिक्तता। ख़ालीपन। ४. निर्जनता/सुनसानपन। सूनापन। ✣ **शून्यत्व**—*पु॰* = शून्यता।

शून्य दृष्टि—[स॰] *स्त्री॰* (व्यक्ति को) भावहीन और विचारहीन सूचित करनेवाली दृष्टि।

शून्यपथ—[स॰ शून्य ~ पथ] *पु॰* आकाश।

शून्यमध्य—[स॰ शून्य ~ मध्य] *वि॰* जिसके बीच में रिक्त स्थान हो। *पु॰* पोला। खोखला।

शून्यमनस्क—[स॰ शून्यमनस् + कप्] *वि॰* अन्यमनस्क। अनमना।

शून्यवाद—[स॰ शून्य ~ वाद] *पु॰* (बौद्ध॰) महायान सम्प्रदाय की 'माध्यमिक' शाखा का अनात्मवाद सिद्धान्त जिसके अनुसार संसार आदि सब कुछ शून्य है और ब्रह्म आदि का भी अस्तित्व नहीं है।

शून्यवादी[1]—[स॰ शून्यवादिन्] *पु॰* १. (बौद्ध माध्यमिक सिद्धान्त) शून्यवाद का अनुयायी। २. माध्यमिक शाखा का बौद्ध।

शून्यवादी[2]—[< स॰ शून्यवाद] *वि॰* शून्यवाद-सम्बन्धी।

शून्यालय—[स॰ शून्य ~ आलय] *पु॰* १. सूना घर। निर्जन घर। २. रिक्त स्थान। ख़ाली जगह। ३. निर्जन स्थान। एकान्त जगह।

शूम—[फा॰] *वि॰* १. कृपण। कंजूस। २. अशुभ। मनहूस। ३. अकल्याणकर। **Δ पर्याय**—सूम।

शूर—[स॰ √शूर् + अच्] *वि॰* १. वीर। बहादुर। २. युद्ध-कुशल। योद्धा। *पु॰* १. वीर व्यक्ति। २. योद्धा। ३. सूर्य। ४. सिंह। ५. (समासयुक्त शब्द के अन्त में) जो किसी बात में औरों से बहुत बढ़ा-चढ़ा हो। ***जैसे***—दान-शूर। (छन्द॰) एक समवर्णिक छन्द जिसके प्रत्येक चरण में क्रमशः भगण, मगण, सगण, तगण, यगण, गुरु और लघु (भ म स त य ग ल) के योग से १७ वर्ण होते हैं तथा ५-५-७ पर यति होती है।

शूरमानी—[स॰ शूरमानिन्] *पु॰* अपनी शूरवीरता का अभिमानी व्यक्ति।

शूरम्मन्य—[स॰ शूर √मन् + खश्, मुम्] *वि॰* जो अपनी वीरता की

बातें अतिशयोक्ति के साथ सुनाता हो परन्तु वास्तव में वीर न हो।

शूरवीर—[सं॰ शूर् ~ वीर] *पु॰* बहुत बड़ा वीर। वीरों में श्रेष्ठ।

शूरसेन—[सं॰ शूर ~ सेन] *पु॰* मथुरा और उसके समीपस्थ क्षेत्र का प्राचीन नाम।

शूर्प—[सं॰ √शूर्प् + घञ्] *पु॰* १. अनाज फटकने का एक उपकरण। सूप। २. दो द्रोण या बत्तीस सेर की एक प्राचीन तौल।

शूर्पकर्ण—[सं॰] *वि॰* जिसके कान सूप जैसे बड़े हों। बड़े-बड़े कानों वाला। *पु॰* १. हाथी। २. गणेश (देवता)।

शूर्पणखा—[< सं॰ शूर्पनखा] *वि॰ (स्त्री॰)* जिसके नाख़ून सूप जैसे हों। बड़े नाख़ूनों वाली। *स्त्री॰* १. वह स्त्री जिसके नाख़ूने बड़े-बड़े हों। २. (लंकापति) रावण की बहिन।

शूर्पारक—[सं॰] *पु॰* महाराष्ट्र का वर्तमान सोपारा (ठाणा ज़िला) जो प्राचीन काल में एक समृद्ध नगर तथा प्रमुख बन्दरगाह था।

शूल—[सं॰ √शूल् + क] *पु॰* १. एक प्राचीन अस्त्र जो नुकीला और बरछे की तरह होता था। २. त्रिशूल। ***जैसे***—शूलधारी शिव। ३. (प्राचीन काल में अपराधियों को प्राणदंड देने की) सूली। ४. काँटा। ५. नुकीला सिरा। नोक। ६. चुभने या कष्ट देनेवाली बात। ७. कोई उग्र पीड़ा। दर्द। ८. पेट में वायु गोले का दर्द। ९. छड़। सलाख़। १०. लोहे की सींक/सलाख़ जिस पर लपेट कर कबाब भूने जाते हैं। ११. (लाक्षणिक) बाधा या शत्रु। (ज्योतिष॰) विष्कम्भ आदि २७ योगों में से एक योग। (वनस्पति॰) प्राय: पत्तियों के रूपान्तरण से बनी एक कठोर और नुकीली संरचना। काँटा।

शूलग्रह/शूलग्राही—[सं॰ शूल + ग्रह, शूलग्राहिन्] *वि॰* शूल धारण करनेवाला। शूलधारी। ✣ **शूलग्राहिणी**—*वि॰ (स्त्री॰)* = शूलधारिणी। *स्त्री॰* = पार्वती। दुर्गा।

शूलघ्न—[सं॰ शूल + घ्न] *वि॰* शूल नष्ट करनेवाला। शूलनाशक। ✣ **शूलघ्नी**—*वि॰ (स्त्री॰)* = शूल नष्ट करनेवाली। शूलनाशिनी।

शूलधर/शूलधारी—[सं॰ शूल ~ धर, शूलधारिन्] *वि॰* शूल धारण करनेवाला। *पु॰* शिव। महादेव। ✣ **शूलधरा/शूलधारिणी**—*वि॰ (स्त्री॰)* = शूल धारण करनेवाली। *स्त्री॰* पार्वती। दुर्गा।

शूलना—[< सं॰ शूलन] *क्रिअ॰* १. शूल की तरह गड़ना। चुभना। *क्रिस॰* १. शूल गड़ाना या चुभाना। २. शूल के समान पीड़ा देना।

शूलनाशन—[सं॰ शूल ~ नाशन] *पु॰* शूल/पीड़ा को नष्ट करनेवाली वस्तु (हींग आदि)।

शूलपाणि—[सं॰ शूल ~ पाणि] *वि॰* शूल को धारण करनेवाला। शूलधारी। *पु॰* शिव। महादेव।

शूलस्थ—[सं॰ शूल + स्थ] *वि॰* सूली पर स्थित। जिसे सूली दी गयी हो। सूली पर चढ़ाकर मारा गया।

शूलहन्ता (शूलहंता)—[सं॰ शूल ~ हन्ता (हन्तृ)] *वि॰* पीड़ा नष्ट करनेवाला। शूलनाशक।

शूलाग्र—[सं॰ शूल ~ अग्र] *पु॰* शूल का सिरा। शूल की नोक। ✣ **शूलाग्री**—*वि॰* = नुकीली। *पु॰* (वनस्पति॰) पौधा आदि की वे शाखाएँ या अंग जिनके सिरे नुकीले हों।

शूलिनी—[सं॰ शूलिन् + ङीप्] *स्त्री॰* पार्वती। दुर्गा।

शूली[1]—[सं॰ शूलिन्] *वि॰* १. शूल/दर्द से पीड़ित। २. शूलधारी। *पु॰* शिव। महादेव।

†**शूली**[2]—[< सं॰ शूल] *स्त्री॰* १. सूली। फाँसी। २. फाँसी की सज़ा। मृत्युदंड।

शृगाल—[सं॰ असृज॰ √ला + क, पृषो॰] *पु॰* १. गीदड़। सियार। २. कायर व्यक्ति। ३. दुष्ट।

शृङ्खला (शृंखला)—[सं॰ शृङ्खल + टाप्] *स्त्री॰* १. परस्पर पिरोई हुई अनेक कड़ियों का समूह। ज़ंजीर। २. लोहे की ज़ंजीर। बेड़ी। ३. हाथी के पैर में बाँधने की ज़ंजीर। ४. क्रमश: होने वाली अनेक घटनाएँ आदि। ५. एक-जैसी या परस्पर सम्बन्धित वस्तुओं आदि का समुदाय। श्रेणी। ६. पुस्तकों, लेखों आदि के प्रकाशन का क्रम। माला। ७. क्रम। सिलसिला। ताँता। ८. श्रेणी। पंक्ति। क़तार। ९. (कमर में पहनने की) मेखला। करधनी। **शृङ्खलाबद्ध अलङ्कार (शृंखलाबद्ध अलंकार)**—*पु॰* = (काव्य॰) अलंकारों का एकवर्ग। कारणमाला, एकावली आदि वे अलंकार जिनमें एक पद या वाक्य, शृंखला के समान, दूसरे पद या वाक्य से सम्बद्ध रहता है।

शृङ्ग (शृंग)—[सं॰ √शृ + गन्, पृषो॰, मुम्] *पु॰* १. (पशु का) सींग। २. पहाड़ की चोटी। पर्वत-शिखर। ३. मन्दिर या मकान आदि का सबसे ऊँचा भाग। ४. ऊँचाई। ५. चन्द्रमा का अग्रभाग जो सींग के आकार का होता है। ६. सींग का बना या सींग के आकार का बाजा जो फूँकने से बजता है। शृंगी। सिंगी। ७. पिचकारी। ८. (स्त्री का) स्तन। ९. काम-वासना का उदय या वृद्धि। कामोद्रेक। १०. कमल। ११. (पानी की) लहर का ऊपरी भाग।

शृङ्गज (शृंगज)—[सं॰ शृङ्ग + ज] *वि॰* १. शृंग से उत्पन्न। २. सींग का बना हुआ। *पु॰* बाण। तीर।

शृङ्गधर (शृंगधर)—[सं॰ शृङ्ग + धर] *पु॰* पर्वत। पहाड़।

शृङ्गनाद (शृंगनाद)—[सं॰ शृङ्ग ~ नाद] *पु॰* शृंगी/सिंगी नामक बाजा जो फूँकने से बजता है।

शृङ्गार (शृंगार)—[सं॰ शृङ्ग √ऋ + अण्] *पु॰* १. मूर्ति/शरीर आदि को अधिक सुन्दर और आकर्षक बनाने के लिए उसमें लगायी जाने वाली शोभावर्धक वस्तुएँ। शारीरिक सजावट या प्रतिमा आदि की सजावट। २. अपनी शोभा बढ़ाने और अधिक आकर्षक दिखने के लिए प्रयुक्त सुन्दर वस्त्र, आभूषण आदि। सजावटी वस्त्र, आभूषण आदि। ३. प्रसाधन-सामग्री। ४. (लाक्षणिक) किसी की शोभा बढ़ानेवाला तथा अधिक आकर्षक बनानेवाला गुण। ५. प्रेम। रसिकता। ***जैसे***—शृंगार रस। (काव्य॰) करुण, हास्य आदि नौ रसों में से एक रस जिसमें नायक-नायिका या प्रेमी-प्रेमिका के मिलन से उत्पन्न सुख तथा वियोग से उत्पन्न पीड़ा के साथ पारस्परिक प्रेमपूर्ण व्यवहारों का वर्णन होता है। शृंगार रस। (छन्द॰) एक सममात्रिक छन्द जिसके प्रत्येक चरण में १६ मात्राएँ होती हैं, आदि में त्रिकल के बाद द्विकल होता है और अन्त में क्रमश: गुरु-लघु होते हैं।

शृङ्गारजन्मा (शृंगारजन्मा)—[सं॰ शृङ्गारजन्मन्] *पु॰* कामदेव।

शृङ्गारहाट (शृंगारहाट)—[सं॰ शृङ्गार + हिं॰ हाट] *पु॰* वेश्याओं का निवासस्थान। वेश्यालय। चकला।

शृङ्गारिणी (शृंगारिणी)—[सं॰ शृङ्गारिन् + ङीप्] *स्त्री॰* १. शृंगार करनेवाली स्त्री। २. अति शृंगार से युक्त स्त्री। (छन्द॰) 'स्रग्विणी' नामक समवर्णिक छन्द।

शृङ्गारिया (शृंगारिया)—[< सं॰ शृङ्गार] *पु॰* १. शृंगार करने की कला में निपुण। सजने-सजाने का विशेषज्ञ। २. देवी-देवताओं की मूर्तियों का शृंगार करनेवाला व्यक्ति। ३. बहुरूपिया।

शृङ्गारी[१] (शृंगारी[१])—[सं॰ शृङ्गारिन्] *वि॰* १. शृंगार की वृत्ति से युक्त। २. शृंगार या शृंगार रस का प्रेमी। ३. किसी के प्रेम में आसक्त। अनुरक्त। मुग्ध। *पु॰* १. वेशभूषा, सजावट आदि। २. 'लाल' नामक रत्न। माणिक्य।

शृङ्गारी[२] (शृंगारी[२])—[< सं॰ शृङ्गार] *वि॰* १. शृंगार-सम्बन्धी। शृंगार का। २. रसिक। कामुक। ३. सुन्दर वेश वाला। सजा-धजा (व्यक्ति)।

शृङ्गिका (शृंगिका)—[सं॰ शृङ्गिक + टाप्] *स्त्री॰* १. 'सिंघी' नामक बाजा। २. अतीस (विष)।

शृङ्गिणी (शृंगिणी)—[शृङ्गिन् + ङीष्] *वि॰ (स्त्री॰)* सींगवाली। *स्त्री॰* १. गौ। गाय। २. मल्लिका। मोतिया (पौधा/फूल)। ३. ज्योतिष्मती लता। मालकंगनी।

शृङ्गी[१] (शृंगी[१])—[सं॰ शृङ्ग + अच् + ङीष्] *स्त्री॰* १. 'अतीस' नामक विष। २. विष। ज़हर।

शृङ्गी[२] (शृंगी[२])—[सं॰ शृङ्गिन्] *वि॰* १. सींगोंवाला (पशु)। २. शिखरवाला (पर्वत)। चोटीदार। *पु॰* १. पर्वत। २. वृक्ष। ३. शिव। महादेव।

***शेख**—[< सं॰ शेष] *वि॰* १. शेष। बाक़ी राशि। २. समाप्त। *पु॰* शेषनाग।

शेख़—[अरबी] *पु॰* १. प्रतिष्ठित, श्रेष्ठ या वयोवृद्ध व्यक्ति। २. एक कुलसूचक नाम।

शेख़चिल्ली—[अरबी शेख़ + देशज चिल्ली] *पु॰* १. मूर्खता की अनेक लोकप्रचलित हास्यास्पद कहानियों का प्रमुख पात्र जो अति मूर्ख है। २. बड़ी-बड़ी परन्तु अव्यावहारिक योजनाएँ बनानेवाला व्यक्ति। अव्यावहारिक व्यक्ति। ३. अतिशयोक्तिपूर्ण या मूर्खतापूर्ण बातें करनेवाला व्यक्ति। ***वा॰* शेख़चिल्ली का मंसूबा**—काल्पनिक या अव्यावहारिक योजना।

शेखर—[सं॰ √शिङ्ख् + अरन्, पृषो॰] *पु॰* १. सिर का आभूषण। २. मुकुट। ३. सिर पर लपेटी जाने वाली माला। ४. पर्वत का शिखर। शृंग। चोटी। ५. (समासयुक्त पद के अन्त में) श्रेष्ठता/उच्चता का वाचक शब्द। समूह/वर्ग का श्रेष्ठ व्यक्ति। *जैसे*—कवि शेखर। (संगीत॰) ध्रुव/स्थायी पद का एक प्रकार।

शेफालि/शेफालिका/शेफाली—[सं॰ शेफ + आलि, शेफालि + कप् + टाप्, शेफालि + ङीष्] *स्त्री॰* नील सिन्दुवार का पौधा। निर्गुंडी। सम्बलू।

शेल—[< प्रा॰ सेल < सं॰ शल्य] *पु॰* बर्छा। भाला। सेल।

शेल्फ़—[अं॰] *पु॰* अलमारी का तख़्ता या पट्टी। निधानी।

शेवलिनी—[सं॰ शेवल + इनि + ङीप्] *स्त्री॰* १. नदी। २. शैवाल/सेवार वाली नदी।

शेवा—[< फ़ा/शेवः] *पु॰* (आचार-व्यवहार का) ढंग। तरीक़ा।

शेवाल—[सं॰ शे √वल् + घञ् (शे = √शी + विच्)] *पु॰* शैवाल। सेवार।

शेष—[सं॰ √शिष् + अच्] *वि॰* १. बचा हुआ। अवशिष्ट। बाक़ी। *जैसे*—शेष धन; शेष कहानी। २. छोड़ा हुआ। ३. उच्छिष्ट। जूठा। ४. समाप्त। पूर्ण। *जैसे*—स्नान-शेष (स्नान पूर्ण करके, स्नान करके)। *पु॰* १. बचा हुआ अंश। अवशिष्ट भाग। २. किसी व्यक्ति/घटना का स्मरण करानेवाली कोई बची हुई वस्तु। स्मारक वस्तु। ३. समाप्ति। ४. परिणाम। ५. नाश। ६. शेषनाग। ७. शेषनाग का अवतार कहे जाने वाले व्यक्तियों में से प्रत्येक (लक्ष्मण, बलराम या पतंजलि)। ८. वह शब्द जो किसी वाक्य का अर्थ/तात्पर्य पूरा करने के लिए उसमें ऊपर से जोड़ना पड़ता है। ९. वाक्य का अर्थ/तात्पर्य पूरा करने के लिए उसमें ऊपर से कोई शब्द जोड़ने की क्रिया। अध्याहार। (गणित॰) व्यवकलन या घटाने की क्रिया से प्राप्त फल। बाक़ी। (वाणि॰) किसी लेखा (अं॰ एकाउन्ट) में जमाखाते में नामखाते से अधिक बची राशि। (अं॰ बैलेन्स)।

शेषफल—[सं॰ शेष ~ फल] *पु॰* (गणित॰) १. किसी संख्या या राशि में से कोई अन्य संख्या/राशि घटाने से प्राप्त संख्या/राशि। २. भाजक से भाज्य को भाग देने के बाद बची संख्या/राशि। शेष। बाक़ी।

शेषराज—[सं॰ शेष ~ राज] *पु॰* (छन्द॰) एक समवर्णिक छन्द जिसके प्रत्येक चरण में दो मगण के योग से ६ वर्ण होते हैं।

शेषरात्रि—[सं॰ शेष ~ रात्रि] *पु॰* रात का अन्तिम प्रहर।

शेषशयन/शेषशायी—[सं॰ शेष ~ शयन, शेषशायिन्] *पु॰* (शेषनाग पर शयन करनेवाला) विष्णु।

शेषांश—[सं॰ शेष ~ अंश] *पु॰* १. बचा हुआ अंश। शेष भाग। बाक़ी हिस्सा। २. अन्तिम अंश। आख़िरी भाग।

शेषाङ्कन (शेषांकन)—[सं॰ शेष ~ अङ्कन] *पु॰* (पत्र॰) शेषांश को अंकित करने का कार्य।

शेषान्न—[सं॰ शेष ~ अन्न] *पु॰* जूठा खाद्य। उच्छिष्ट भोजन।

शेषान्त्र (शेषांत्र)—[सं॰ शेष ~ अन्त्र] *पु॰* छोटी आँत का अन्तिम भाग।

शेषावस्था—[सं॰ शेष ~ अवस्था] *पु॰* बुढ़ापा।

शेषोक्त—[सं॰ शेष ~ उक्त] *वि॰* १. जो सबसे अन्त में कहा गया हो। २. सब बात कहे जाने के बाद, अन्त में, कहा हुआ। ३. सबसे अन्त में लिखा हुआ।

शै—[फ़ा॰] *स्त्री॰* वस्तु। चीज़।

शैक्ष—[शिक्षा + अण्] *पु॰* १. नया-नया सीखा हुआ व्यक्ति। नौसिखिया। २. वह विद्यार्थी जिसने वेद पढ़ना आरम्भ किया हो।

३. वह विद्यार्थी जिसने वेद के ६ अंगों में से प्रथम 'शिक्षा' का ही अध्ययन किया हो। *वि॰* जो शिक्षा के अनुसार हो।

शैक्षणिक—[स॰ शिक्षण + ठक्] *वि॰* १. शिक्षा-सम्बन्धी। अध्ययन-सम्बन्धी। शैक्षिक। २. शिक्षाप्रद। ३. शास्त्रीय या सैद्धान्तिक परन्तु अव्यावहारिक। (अ॰ ऐकडेमिक)

शैक्षिक—[स॰ शिक्षा + ठक्] *वि॰* १. शिक्षा-सम्बन्धी। अध्ययन-सम्बन्धी। २. शिक्षाशास्त्र का ज्ञाता/विद्वान्। ३. शिक्षा में पटु/निपुण।

शैत्य—[स॰ शीत + ष्यञ्] *पु॰* १. शीतलता। ठंडक। २. बहुत ठंडक। ३. इतनी ठंडक जिससे पानी आदि जम जाए।

शैथिल्य—[स॰ शिथिल + ष्यञ्] *पु॰* १. शिथिलता। ढिलाई। २. तत्परता का अभाव। सुस्ती। काहिली। ३. दीर्घसूत्रता। ४. निर्बलता। कमज़ोरी। कायरता। ५. भीरुता।

शैदा—[फा॰] *वि॰* १. मुग्ध। मोहित। २. (किसी के) प्रेम में पागल।
❖ **शैदाएवतन**—*वि॰* = देश के प्रेम में पागल। उग्र देशभक्त।

शैल—[स॰ शिला + अण्] *वि॰* १. शिला-सम्बन्धी। पत्थर का। २. पथरीला। ३. कठोर। सख़्त। *पु॰* १. पर्वत। पहाड़। २. चट्टान। (छन्द॰) एक समवर्णिक छन्द जिसके प्रत्येक चरण में क्रमश: ३ यगण और १ जगण (य य य ज) के योग से १२ वर्ण होते हैं। (भूविज्ञान॰) १ कठोर और ठोस पत्थर जो पहाड़ी या पठारी स्थानों से प्राप्त होते हैं। २. प्राकृतिक तत्त्वों के ढेर या पदार्थ जो भू-पटल की रचना करते हैं। चट्टान।

शैलक—[स॰ शैल + कन्] *पु॰* १. शिलाजीत। २. राल।

शैलकटक—[स॰ शैल ~ कटक] *पु॰* पहाड़ का ढाल।

शैलकन्या/शैलकुमारी—[स॰ शैल ~ कन्या/कुमारी] *स्त्री॰* (हिमालय की पुत्री) पार्वती। उमा।

शैल-कूट—[स॰] *पु॰* पहाड़ की चोटी। पर्वत-शिखर।

शैलगृह—[स॰ शैल ~ गृह] *पु॰* पहाड़/चट्टान काट कर बनाया हुआ प्रासाद/भवन या मन्दिर।

शैलचित्र—[स॰ शैल ~ चित्र] *पु॰* प्राकृतिक गुफ़ाओं या पत्थर के मकानों की दीवारों पर बने चित्र। शिला-चित्र। (अ॰ रॉक पेन्टिंग)

शैलज/शैलजात—[स॰ शैल + ज, शैल ~ जात] *वि॰* १. पर्वत से उत्पन्न। २. पर्वत से प्राप्त होनेवाली (वस्तु)। *पु॰* १. शिलाजीत। २. राल। ३. पत्थर। ❖ **शैलजा**—*वि॰ (स्त्री॰)*। *स्त्री॰* = (हिमालय की पुत्री) १. उमा। पार्वती। २. गंगा।

शैल-तटी—[स॰] *स्त्री॰* पर्वत की तलहटी। पहाड़ की तराई।

शैलतनया/शैलदुहिता—[स॰ शैल ~ तनया/दुहिता] *स्त्री॰* शैल-पुत्री। (दे॰)

शैलधर—[स॰ शैल + धर] *पु॰* (गोवर्धन पर्वत को धारण करनेवाला) कृष्ण। गिरिधर।

शैलनिर्यास—[स॰ शैल ~ निर्यास] *पु॰* शिलाजीत।

शैलपति—[स॰ शैल ~पति] *वि॰* पर्वतों का राजा। शैलराज। *पु॰* हिमालय (पर्वत)।

शैलपुत्री—[स॰ शैल ~ पुत्री] *स्त्री॰* १. पर्वत की पुत्री। शैलनन्दिनी। शैलजा। २. (हिमालय की पुत्री) पार्वती। उमा। ३. गंगा।

शैलरन्ध्र (शैलरंध्र)—[स॰ शैल ~ रन्ध्र] *पु॰* (पर्वत की) गुफ़ा। पहाड़ी कन्दरा।

शैलराज—[स॰ शैल ~ राज] *पु॰* १. पर्वतों का राजा। पर्वतों में सर्वश्रेष्ठ और सबसे ऊँचा पर्वत। २. हिमालय (पर्वत)।

शैलसम्भव (शैलसंभव)—[स॰ शैल ~ सम्भव] *वि॰* १. पर्वत से उत्पन्न। २. पर्वत पर प्राप्त। *पु॰* शिलाजीत।

शैलसुता—[स॰ शैल ~ सुता] *स्त्री॰* १. शैलपुत्री। (दे॰) (छन्द॰) 'सवैया' छन्द का एक प्रकार जिसके प्रत्येक चरण में क्रमश: नगण, ६ जगण तथा लघु-गुरु (न ज ज ज ज ज ज ल ग) के योग से २३ वर्ण होते हैं तथा १३-१० पर यति होती है।

शैलाधिप/शैलाधिराज—[स॰ शैल ~ अधिप/अधिराज] *पु॰* शैलराज। (दे॰)

शैलाभ—[स॰ शैल ~ आभा] *वि॰* १. पर्वत के आकार वाला। पर्वताकार। २. विशाल।

शैली—[स॰ शील + ष्यञ् + ङीप्, य-लोप] *स्त्री॰* १. रीति/ढंग/तरीक़ा। २. कवि/लेखक की अभिव्यक्ति का ढंग। कृति या उसकी वाक्य-रचना की पद्धति/तरीक़ा। रीति। ३. किसी वस्तु को बनाने अथवा किसी वस्तु को सजाने या प्रदर्शित करने का कलात्मक ढंग। ४. चाल। ढब। ढंग। ५. परिपाटी। रीति। प्रथा। रस्म। ६. काम करने की पद्धति या ढंग या तरीक़ा।

शैलीकार—[स॰ शैली + कार] *पु॰* साहित्य, कला या वस्तु आदि के क्षेत्र में किसी नयी शैली का प्रवर्तक।

शैलूष—[स॰ शिलूष + अण्] *पु॰* १. नट। अभिनेता। २. नर्तक। नचैया। ३. संगीत-मंडली का प्रमुख व्यक्ति। ४. धूर्त व्यक्ति।

शैलेन्द्रजा, शैलेन्द्रसुता—[स॰ शैलेन्द्र + जा, शैलेन्द्र ~ सुता] *स्त्री॰* १. हिमालय की पुत्री। २. पार्वती। उमा ३. गंगा।

शैलेय—[स॰ शिला + ढक्] *वि॰* १. पहाड़ का। पहाड़ी। २. पहाड़ी चट्टान/पत्थर से उत्पन्न या निकला हुआ। ३. जिसमें पत्थर हों। पथरीला। ४. कठोर। कड़ा। सख़्त। *पु॰* १. शिलाजीत। २. सेंधा नमक। ३. सिंह।

शैलेयी—[स॰ शैलेय + ङीप्] *स्त्री॰* १. पर्वत की पुत्री २. पार्वती। उमा। ३. गंगा।

शैलेश्वर—[स॰ शैल ~ ईश्वर] *पु॰* शिव। महादेव।

शैव—[स॰ शिव + अण्] *वि॰* शिव-सम्बन्धी। शिव का। ***जैसे***—शैवमत। *पु॰* १. शिव/महादेव का भक्त। २. शिव/महादेव को परमतत्त्व माननेवाले उपासकों का कोई भी सम्प्रदाय। ३. उक्त किसी सम्प्रदाय का अनुयायी।

शैवलिनी—[स॰ शैवल + इनि + ङीप्] *स्त्री॰* नदी।

शैवागम—[स॰ शैव ~ आगम] *पु॰* शैवमत के प्रतिपादक शास्त्र।

शैवाल—[स॰ √शी + वालञ्] *पु॰* नदियों, तालाबों आदि में होनेवाली लम्बी घास जिसके किनारे तेज़ और कड़े होते हैं। सेवार।

शैशव—[स॰ शिशु + अण्] *पु॰* शिशु अवस्था। ८ वर्ष से कम

अवस्था। बचपन। *वि॰* शिशु-सम्बन्धी। बच्चे/बच्चों का। ❖ **शैशविक**—*वि॰* शैशव-सम्बन्धी। शैशव का। ❖ **शैशवी**—*वि॰* १. शिशुओं के समान। बचकाना। २. शिशुओं का या शिशुओं को होनेवाला। ***जैसे***—शैशवी रोग। ३. शिशु-अवस्था या शैशव से सम्बन्धित। शैशवकालीन। ***जैसे***—शैशवी स्मृतियाँ।

शैषिक—[स॰ शेष + ठञ्] *वि॰* शेष भाग से सम्बन्धित। शेष का।

शोकगीत—[स॰ शोक ~ गीत] *पु॰* मृत्यु के विषय में या किसी व्यक्ति की मृत्यु पर रचित गेय कविता। (अ॰ एलिजि)

शोकघ्न—[स॰ शोक + घ्न] *वि॰* शोक को नष्ट करनेवाला। शोकनाशक। *पु॰* अशोक वृक्ष।

शोकपरायण—[स॰ शोक ~ परायण] *वि॰* शोक से ग्रस्त।

शोकार्त—[स॰ शोक ~ आर्त] *वि॰* शोक के कारण व्याकुल/दुःखी। शोक के कारण करुण अवस्था को प्राप्त। शोकाकुल।

शोकाविष्ट—[स॰ शोक ~ आविष्ट] *वि॰* शोक से पीड़ित। शोकग्रस्त। शोकाकुल।

शोकावेग—[स॰ शोक ~ आवेग] *पु॰* शोक का आवेग। बार-बार और जल्दी-जल्दी शोक की अनुभूति।

शोख़—[फा॰] *वि॰* १. चपल। चंचल। चुलबुला। २. धृष्ट। ढीठ। नटखट। ३. चटकीला। तेज़ (रंग)। ❖ **शोख़ी**—*स्त्री॰* = १. चंचलता। ***जैसे***—प्रेमिका की शोख़ी पर मुग्ध युवक। २. धृष्टता। ३. (रंग का) चटकीलापन।

शोच—[स॰ शोचन्] *पु॰* १. शोक। रंज। २. चिन्ता। फ़िक्र।

शोचन—[स॰ शुच् + ल्युट्] *पु॰* १. शोच। २. शोक करना। रंज करना। ३. चिन्ता करना। फ़िक्र करना।

शोचनीय/शोच्य—[स॰ √शुच् + अनीयर्/ण्यत्] *वि॰* १. शोक करने योग्य। २. जो चिन्ता या फ़िक्र का विषय हो। चिन्त्य। ३. जिसे देखकर दुःख हो। ४. जो दया के योग्य हो।

शोण—[स॰ √शोण् + अच्] *वि॰* रक्तवर्ण। लाल। *पु॰* १. लाल रंग। २. लालिमा। लाली। ३. रक्त। लोहू। ख़ून। ४. माणिक्य। मानिक। लाल। ५. सिन्दूर। ६. मंगल (ग्रह)। ७. (गंगा की एक सहायक नदी) सोन। ❖ **शोणपत्र**—*पु॰* = लाल पुनर्नवा। ❖ **शोणपद्म (शोणपद्म)**—*पु॰* = लाल कमल। ❖ **शोणपुष्प**—*पु॰* = कचनार। ❖ **शोणरत्न**—*पु॰* = माणिक्य (रत्न)। मानिक। लाल।

शोणाश्म—[स॰ शोणाश्मन्] *पु॰* १. लाल पत्थर। २. माणिक्य (रत्न)। मानिक। लाल।

शोणित—[स॰ शोण + इतच् (अथवा √शोण् + क्त)] *वि॰* रक्तवर्ण। लाल। ***जैसे***—शोणित जल। *पु॰* १. रक्त। रुधिर। ख़ून। २. केसर।

शोणितप—[स॰ शोणित + प] *वि॰* ख़ून पीने/चूसने वाला।

शोणितोत्स—[स॰ शोणित ~ उत्स] *पु॰* रक्त-धारा।

शोणितोपल—[स॰ शोणित ~ उपल] *पु॰* १. लाल पत्थर। २. माणिक्य (रत्न)। मानिक। लाल।

शोणिमा—[स॰ शोणिमन्] *स्त्री॰* लालिमा। लाली।

शोणोपल—[स॰ शोण ~ उपल] *पु॰* १. लाल पत्थर। २. माणिक्य (रत्न)। मानिक। लाल।

शोथ—[स॰ √शु + थन्] *पु॰* १. शोफ। सूजन। २. शरीर के किसी अंग में सूजन होने का रोग।

शोद्‌धव्य (शोद्धव्य)—[स॰ √शुध् + तव्य] *वि॰* १. शोधे जाने योग्य। शोध के योग्य। २. शुद्ध करने के योग्य। ३. जिसको शुद्ध किया जाना हो। ४. जाँच के योग्य। परीक्षणीय। ५. अनुसन्धान के योग्य या जिसका अनुसन्धान किया जाना हो।

शोध—[स॰ √शुध् + घञ्] *पु॰* १. शुद्ध करना। शुद्धिकरण। शुद्धि-संस्कार। २. शुद्ध/साफ़ करना। सफ़ाई। ***जैसे***—गन्दे पानी का शोध। ३. कमी, त्रुटि आदि का ठीक किया जाना। सुधार। दुरुस्ती। ४. (ऋण/उधार का) चुकाना। अदायगी। ५. परीक्षण। जाँच। ६. अनुसन्धान। खोज।

शोधन-निधि—[स॰] *स्त्री॰* (वाणि॰) किसी भारी देयता की चुकौती के लिए प्रतिष्ठान की चालू आय से बनायी गयी विशेष निधि। धीरे-धीरे ऋण चुकाने के लिए अलग रखी गयी निधि। विशेष निधि। ऋणशोधन निधि। (अ॰ सिंकिंग फ़ंड)

शोधनी—[स॰ शोधन + ङीप्] *स्त्री॰* झाड़ू। बुहारी। (आयुर्वेद॰) वह वस्तु जो शरीर में स्थित मलों को अपने प्रभाव से मल-मूत्र के साथ या मुख आदि के मार्ग से बाहर निकाल दे।

शोधी—[स॰ शोधिन्] *वि॰* १. शोध करनेवाला। २. शुद्ध करनेवाला। ३. संशोधन करनेवाला। ३. (इतिहास, साहित्य आदि में) अनुसन्धान करनेवाला। ***जैसे***—शोधी विद्वानों का सम्मेलन।

शोध्य—[स॰ √शुध् + णिच् + यत्] *वि॰* शोधनीय। *पु॰* देय धन। पावना।

शोध्य पत्र—[स॰] *पु॰* मुद्रण के लिए तैयार की गयी सामग्री को छापने से पहले सुधारने के लिए तैयार किए गए पृष्ठ। प्रूफ़ (अ॰)। ***जैसे***—शोध्य पत्रों की अशुद्धियाँ बहुत ध्यान से सुधार दो।

शोफ—[स॰ √शु + फन्] *पु॰* शोथ। सूजन। ❖ **शोफ-नाशन**—*वि॰* सूजन दूर करने वाला। ❖ **शोफित**—*वि॰* = सूजा हुआ।

शोभन—[स॰ √शुभ + ल्यु/ल्युट्] *वि॰* १. चमकीला। २. शोभायुक्त। सुन्दर। ३. अच्छी तरह सजा हुआ। सुसज्जित। ४. शोभा बढ़ानेवाला। शोभावर्धक। ५. उपयुक्त लगनेवाला। फबनेवाला। फबीला। ६. शुभ। कल्याणकारी। मंगलकारक। *पु॰* १. आभा। चमक। २. सौन्दर्य। ३. आभूषण। (ज्योतिष॰) १. बृहस्पति के ६० संवत्सरों के चक्र में से ३७वाँ संवत्सर। २. विष्कम्भ आदि २७ योगों में से ५वाँ योग। (छन्द॰) एक सममात्रिक छन्द जिसके प्रत्येक चरण में २४ मात्राएँ होती हैं, अन्त में जगण होता है तथा १४-१० पर यति होती है। सिंहिका छन्द।

शोभना[१]—[स॰ √शुभ् + णिच् + ल्यु + टाप्] *स्त्री॰* १. सुन्दर स्त्री। २. पतिव्रता स्त्री।

शोभना[२]—[< स॰ शोभन] *क्रिअ॰* १. शोभित होना। २. सुन्दर लगना। ३. फबना। ४. उचित प्रतीत होना।

शोभाकर—[स॰ शोभा + कर] *वि॰* सौन्दर्य उत्पन्न करनेवाला।

शोभाढ्य—[स॰ शोभा ~ आढ्य] *वि॰* शोभायुक्त। सौन्दर्य-सम्पन्न।

शोभान्वित—[स० शोभा ~ अन्वित] *वि०* शोभायुक्त। सौन्दर्यपूर्ण। छबीला। छविमय।

शोरबा—[< फा० शोर्ब:] *पु०* पकी हुई दाल, सब्ज़ी आदि का तरल भाग। रसा। २. पके हुए मांस का तरल भाग। रसा।

शोरा—[< फा० शोर:] *पु०* एक प्रकार का क्षार।

शोला—[< अरबी शोल:] *पु०* अग्नि की ज्वाला। लपट।

शोशा—[< फा० शोश:] *पु०* १. आगे निकली हुई नोक (जैसी फ़ारसी वर्णमाला के 'सीन' और 'शीन' अक्षरों में होती है)। २. किसी विषय पर हो रही चर्चा में किसी के द्वारा कही गयी ऐसी अनोखी बात जिससे चर्चा का विषय ही बदल जाए या उद्देश्य को हानि हो। ३. किसी कथन/बात में दोष-दर्शन। ४. व्यंग्यपूर्ण या झगड़ा खड़ा करनेवाली बात। ***वा०* शोशा छोड़ना**—१. अनोखी बात कहना। २. झगड़ा खड़ा करनेवाली बात कहना। ३. दुष्टता से भरी बात कहना।

शोशेबाज़ी—[< फा० शोश:बाज़ी] *स्त्री०* कोई दोष निकालना और उसके आधार पर आपत्ति करना।

शोष—[स० √शुष् + घञ्] *पु०* १. सूखने की क्रिया/भाव। ख़ुश्क होना। सूखना। रस/आर्द्रता समाप्त होना या कम होना। २. क्षीण होना। क्षय। ३. (बच्चों को होने वाला) सूखा नामक रोग। (चिकित्सा०) (पोषण के अभाव इत्यादि के कारण) शरीर के किसी भाग का क्षीण होना। अपक्षय। *जैसे*—सन्धि-शोष; पेशी-शोष।

शोषण—[स० √शुष् + णिच् + ल्यु/ल्युट्] *पु०* १. सोखना या चूसना। २. कुम्हलाना। मुर्झाना। ३. किसी की धन-सम्पत्ति को धूर्तता से धीरे-धीरे अपने हाथ में करना। ४. (उद्योग आदि में) किसी के धन या श्रम आदि से अनुचित लाभ उठाना और धन लगानेवाले या श्रम करनेवाले का पूरा प्राप्य भाग उसे न मिलने देना।

शोषी—[स० शोषिन्] *वि०* १. शोषण करनेवाला। सोखनेवाला। चूसनेवाला। शोषक। २. सुखानेवाला। शोषक।

शोहदा—[< अरबी शुहद:] *पु०* व्यभिचारी। लम्पट। २. लम्पट और गुंडा। ३. बदमाश। ✣ **शोहदापन**—*पु०* = १. शोहदा होने की अवस्था/भाव। २. शोहदा जैसा कोई काम। गुंडे जैसी कोई हरकत।

शौक़त—[अरबी] *पु०* १. ठाट-बाट। वैभव। *जैसे*—शान-शौक़त से रहना। २. गौरव।

शौक्तिक—[स० शुक्ति + ठक्] *वि०* १. सीपी से उत्पन्न। सीपी का। २. मोती-सम्बन्धी। मोती का। *पु०* मुक्ता। मोती।

शौक्तिकेय/शौक्तेय—[स० शुक्तिका/शुक्ति + ढक्] *पु०* मुक्ता। मोती।

शौच—[स० शुचि + अण्] *पु०* १. शुचिता। शुद्धता। शुद्धि। पवित्रता। २. मृत व्यक्ति के सूतक से शुद्धि। ३. स्वच्छता। सफ़ाई। ४. मलत्याग। पाख़ाना जाना। ५. मलत्याग के बाद किया जाने वाला गुदा धोने का कार्य। टट्टी करने के बाद का गुदा-प्रक्षालन। ६. (प्रात: सोकर उठने के बाद) मलत्याग, कुल्ला, स्नान आदि शरीर के शुद्धिकारक कार्य।

शौचकूप, शौचगृह—[स० शौच ~ कूप/गृह] *पु०* शौचालय। पाख़ाना। संडास।

शौचविधि—[स० शौच ~ विधि] *स्त्री०* १. शौच की पद्धति/रीति/ढंग। २. शुद्धि का तरीक़ा।

शौचागार/शौचालय—[स० शौच ~ आगार/आलय] *पु०* टट्टी। पाख़ाना। संडास।

शौण्ड (शौंड)—[स० शुण्डा + अण्] *वि०* १. मद्यप। शराबी। २. नशे में चूर। ✣ **शौण्डता (शौंडता)**—*स्त्री०* (नशे में) मत्तता।

शौण्डिक/शौण्डी (शौंडिक/शौंडी)—[स० शुण्डा + ठक्, शौण्डिन्] *पु०* १. शराब बेचनेवाला। मद्य-विक्रेता। कलवार। २. उक्त कार्य करनेवाली एक उपजाति या उसका व्यक्ति। कलवार।

शौद्धोदनि (शौद्धोदनि)—[स० शुद्धोदन + इञ्] *पु०* (शुद्धोदन-पुत्र) गौतम बुद्ध।

शौनिक—[स० शूना + ठक्] *पु०* १. क़साई। २. बहेलिया। ३. आखेट। शिकार।

शौरसेन—[स० शूरसेन + अण्] *पु०* मथुरा के आस-पास के प्रदेश का प्राचीन नाम। आधुनिक ब्रजमंडल।

शौरसेनी—[शौरसेन + ङीप्] *स्त्री०* शौरसेन प्रदेश की भाषा। *वि०* शौरसेन प्रदेश की। *जैसे*—शौरसेनी प्राकृत; शौरसेनी अपभ्रंश।

शौरि—[स० शूर + इञ्] *पु०* १. विष्णु। २. कृष्ण। ३. बलराम। ४. शनि (ग्रह)।

शौर्य—[स० शूर + ष्यञ्] *पु०* १. शूरता। वीरता। २. पराक्रम। ३. वीरता का कार्य। (नाट्य०) 'आरभटी' नामक नाट्यवृत्ति।

शौल्क—[स० शुल्क + अण्] *वि०* शुल्क-सम्बन्धी। शुल्क का।

श्मशाननिलय—[स० श्मशान ~ निलय] *पु०* १. श्मशानवासी। २. शिव। महादेव। ३. भूत-प्रेत। ४. चांडाल।

श्मशान-पति—[स०] *पु०* शिव। महादेव।

श्मशान-बैताल—[< स० श्मशान ~ वेताल] *पु०* भूत-प्रेतों की एक योनि या उसका व्यक्ति।

श्मश्रु—[स० श्मन् √श्रु + डु] *पु०* दाढ़ी और मूँछें। दाढ़ी-मूँछ। ✣ **श्मश्रुमुखी**—*(स्त्री०)* = दाढ़ी-मूँछवाली स्त्री।

श्यान—[स० √श्यै + क्त] *पु०* धूम। धुआँ। *वि०* १. चिपचिपा। २. जो जमकर गाढ़ा हो गया हो। गाढ़ा। ३. सिकुड़ा हुआ। ४. सूखा। ✣ **श्यानता**—*स्त्री०* = १. चिपचिपाहट। २. गाढ़ापन। ३. सिकुड़ापन। ४. सूखापन। (भौतिकी०) द्रव्यों का वह गुण जो अपने ही विभिन्न तलों में सापेक्षिक गति का विरोध करे। (अ० विस्कॉसिटि)

श्याम—[स० √श्यै + मक्] *वि०* १. काला। २. काला और नीला मिला हुआ। ३. हल्का काला। साँवला। ४. गहरा हरा। *पु०* १. काला रंग। ३. (वासुदेव) कृष्ण। (छन्द०) एक समवर्णिक छन्द जिसके प्रत्येक चरण में क्रमश: नगण और २ यगण (न य य) के योग से ९ वर्ण होते हैं।

श्यामकण्ठ (श्यामकंठ)—[स० श्याम ~ कण्ठ] *वि०* काले/नीले/

हरे कंठ वाला। *पु०* १. शिव। महादेव। २. मयूर। मोर। ३. नीलकंठ (पक्षी)।

श्यामकर्ण—[सं० श्याम ~ कर्ण] *वि०* काले कानों वाला। *पु०* (अत्यन्त उत्तम माना जाने वाला) ऐसा घोड़ा जिसका शरीर सफ़ेद और कान काले हों।

श्यामकृष्ण—[सं० श्याम ~ कृष्ण] *वि०* जिसका रंग साँवलापन लिए नीलाभ हो। *पु०* १. साँवलापन लिए हुए नीला रंग। २. (वासुदेव) कृष्ण।

श्यामटीका—[सं० श्याम ~ टीका] *पु०* काजल का टीका जो शिशुओं के माथे पर अशुभ दृष्टि के निवारण के लिए लगाया जाता है। दिठौना।

श्यामता—[सं० श्याम + तल् + टाप्] *स्त्री०* १. श्याम होने की अवस्था/गुण/भाव। कालापन। २. मलिनता। ३. उदासी। ४. (कृष्ण का) कृष्णत्व। ✣ **श्यामत्व**—*पु०* = श्यामता।

श्यामपत्र—[सं० श्याम ~ पत्र] *पु०* तमाल वृक्ष।

श्याममञ्जरी (श्याममंजरी)—[सं० श्याम ~ मञ्जरी] *स्त्री०* उड़ीसा प्रदेश की एक प्रकार की काली मिट्टी।

श्यामल—[सं० श्याम + लच्] *वि०* श्याम रंग वाला। साँवला। *पु०* १. काला रंग। २. काली मिर्च। ३. भ्रमर। भौंरा। ✣ **श्यामलता**—*स्त्री०* = साँवलापन। हल्का कालापन।

श्यामला—[सं० श्यामल + टाप्] *वि० (स्त्री०)* साँवली। हल्की काली। *(स्त्री०)* साँवली स्त्री।

श्यामली—[सं० श्यामल + ङीप्] *स्त्री०* श्यामला। साँवली।

श्यामा—[सं० श्याम + टाप्] *वि० (स्त्री०)* श्याम रंग वाली। साँवले या हल्के काले रंग वाली। *स्त्री०* १. हल्के काले रंग की स्त्री। २. १६ वर्ष की युवती। षोडशी। ३. (कृष्ण पक्ष की) रात्रि। रात। ४. काले रंग की गाय। ५. नारी/मादा कोयल। ६. (महाशक्ति) काली देवी। कालिका। ७. छाया। छाँह। ८. (श्याम/कृष्ण की प्रिया) राधा। ९. (काले जल वाली) यमुना (नदी)। १०. कस्तूरी। ११. गोरोचन। १२. तुलसी का एक प्रकार जिसे 'श्यामा तुलसी' कहते हैं। १३. हरी दूब। १४. नील का पौधा। १५. प्रियंगु लता। १६. काली पुनर्नवा।

श्यामाक—[सं० श्यामा + कन्] *पु०* सावाँ नामक अनाज।

श्यामाङ्ग (श्यामांग)—[सं० श्याम ~ अङ्ग] *वि०* काले शरीर वाला।

श्यामायमान—[सं०] *वि०* १. श्यामल। साँवला। २. श्रीकृष्ण के रंग/प्रेम में रँगा हुआ।

श्यामा-श्याम—[सं०] *पु०* राधा और कृष्ण। राधा-कृष्ण।

श्यामिका—[सं० श्याम + ठन् + टाप्] *स्त्री०* १. श्यामता। कालापन। २. काला रंग। ३. अपवित्रता। ४. मलिनता। ५. मैल। ६. दोष। बुराई।

श्यामित—[सं० श्याम + इतच्] *वि०* काला किया हुआ।

श्याव—[सं० √श्यै + वन्] *वि०* १. धुएँ के रंग का। धूम्र। धुमैला। २. भूरा। *पु०* भूरा रंग। ✣ **श्यावता**—*पु०* = (चिकित्सा०) रक्त में आक्सीजन की कमी के कारण खाल का नीला पड़ जाना।

श्येन—[सं० श्यै + इनन्] *पु०* बाज़ (पक्षी)। ✣ **श्येनिका**—*स्त्री०* = नारी/मादा बाज़। श्येनी। (छन्द०) एक समवर्णिक छन्द जिसके प्रत्येक चरण में क्रमशः रगण, जगण, रगण, लघु और गुरु (र ज र ल ग) के योग से ११ वर्ण होते हैं।

श्रद्धान (श्रद्धान)—[< सं० श्रद्धा] *पु०* (जैन०) १. तत्त्वार्थों के प्रति उन्मुख दृष्टि। २. श्रद्धा। ३. रुचि। ४. दृष्टि।

श्रद्धाप्रवण (श्रद्धाप्रवण)—[सं० श्रद्धा ~ प्रवण] *वि०* श्रद्धा में प्रवृत्त। श्रद्धायुक्त।

श्रद्धास्पद (श्रद्धास्पद)—[श्रद्धा ~ आस्पद] *वि०* श्रद्धा का पात्र। जिसके प्रति दृढ़ भक्ति और विश्वास हो या होना चाहिए। श्रद्धा के योग्य। श्रद्धेय।

श्रद्धेय (श्रद्धेय)—[सं० श्रत् ~ धेय] *वि०* १. जिसके प्रति श्रद्धा हो या होनी चाहिए। श्रद्धा के योग्य। श्रद्धास्पद। २. विश्वसनीय।

श्रम—[सं० √श्रम् + घञ्] *पु०* १. शरीर को थकानेवाला काम। परिश्रम। मेहनत। २. श्रान्ति। थकावट। ३. प्रयत्न। ४. तपस्या। तप। ५. व्यायाम। कसरत। (अर्थ०) १. मनुष्य के वे सब शारीरिक और मानसिक प्रयत्न जो अंशतः या पूर्णतः आर्थिक लाभ के लिए किए जाते हैं। २. सभी प्रकार के (संघटित या असंघटित) श्रमिकों का एक व्यापक और समष्टिगत नाम। (अं० लेबर) ***वा० श्रम साधना***—१. परिश्रम से कठिन काम करना। २. किसी काम का अभ्यास करना। ✣ **श्रम-कण**—*पु०* = शारीरिक श्रम या परिश्रम से निकली पसीने की बूँदें। ✣ **श्रमकर**—*वि०* = थकावट उत्पन्न करनेवाला। क्लान्तिकारक।

श्रमजीवी—[सं० श्रमजीविन्] *वि०* परिश्रम करके जीविका चलानेवाला। *पु०* १. परिश्रम करके जीविका चलानेवाला व्यक्ति। २. मज़दूर।

श्रमण—[सं० √श्रम् + ल्युट्] *वि०* परिश्रम करनेवाला। मेहनती। *पु०* १. बौद्ध भिक्षु। २. सन्यासी। ✣ **श्रमणा/श्रमणी**—*स्त्री०* १. बौद्ध भिक्षुणी। २. सन्यासिनी।

श्रम-शिविर—[सं०] *पु०* ऐसा शिविर जहाँ अपराधियों को दंडस्वरूप परिश्रम करने के लिए रखा जाता है।

श्रम सङ्घ (श्रम संघ)—[सं०] *पु०* श्रमिक संघ। मज़दूर संघ। (अं० लेबर यूनियन, ट्रेड यूनियन)।

श्रमांश—[सं० श्रम ~ अंश] *पु०* किसी उत्पादन में लगी मानव-श्रम की मात्रा।

श्रमिक—[सं० श्रम + ठन्] *पु०* श्रम से जीविका कमानेवाला व्यक्ति। मज़दूर। मेहनतकश।

श्रमिक आवर्त—[सं०] *पु०* किसी प्रतिष्ठान के कर्मचारियों में या नियोजन में किए जाने वाले या होनेवाले परिवर्तन। (अं० लेबर टर्नओवर)

श्रमिक सङ्घ (संघ)—[सं०] *पु०* किसी उद्योग या शिल्प में काम

करनेवाले मजदूरों का संघ/संगठन जो मज़दूरों के हितों की रक्षा करता है और उन्हें शोषण से बचाता है। श्रम संघ। मज़दूर संघ। (अ॰ लेबर यूनियन, ट्रेड यूनियन)

श्रमित—[स॰ √श्रम + क्त] *वि॰* थका हुआ। थकित। श्रान्त।

श्रमी—[स॰ श्रमिन्] *वि॰* परिश्रमी। मेहनती। *पु॰* परिश्रमी व्यक्ति।

श्रवण—[स॰ √श्रु + ल्युट्] *पु॰* १. सुनने की क्रिया/भाव। सुनना। *जैसे*—उपदेशों का श्रवण। २. कर्ण। कान। ३. सुनने से उत्पन्न ज्ञान। (खगोल॰) अश्विनी आदि २७ नक्षत्रों में से २२ वाँ नक्षत्र। ✣ **श्रवण-कातरता**—*स्त्री॰* = सुनने की उत्सुकता। ✣ **श्रवण-गोचर**—*वि॰* = जो सुनाई पड़ने की सीमा में हो। ✣ **श्रवण-तीक्ष्णता**—*स्त्री॰* = कानों की संवेदनशीलता की तीव्रता।

श्रवणद्वादशी (श्रवणद्वादशी)—[स॰ श्रवण ~ द्वादशी] *स्त्री॰* भाद्र शुक्ल द्वादशी।

श्रवण-पालि (पाली)—[स॰] *स्त्री॰* कान का बाहरी नीचे लटकता कोमल भाग। पाली।

श्रवणपूर—[स॰ श्रवण ~ पूर] *पु॰* कान में पहनने का एक आभूषण। ताटंक। कर्णफूल।

श्रवणमिति—[स॰ श्रवण ~ मिति] *स्त्री॰* सुन पाने की क्षमता का मापन। श्रव्यतामिति।

श्रवणलेख—[स॰ श्रवण ~ लेख] *पु॰* श्रव्यतामापी यन्त्र से बना रेखाचित्र। (अ॰ आडियोग्राम)

श्रवणवैकल्य—[स॰ श्रवण ~ वैकल्य] *पु॰* (मनो॰) एक मानसिक रोग। कोलाहल के कारण अत्यन्त परेशान हो जाने की अवस्था।

श्रवण-सुभग—[स॰] *वि॰* जो सुनने में सुख देनेवाला हो। कर्ण-सुखद।

श्रवणादि—[स॰ श्रवण ~ आदि] *पु॰* श्रवण, कीर्तन, स्मरण आदि भक्ति के नौ प्रकार। नवधा भक्ति।

श्रवणामृत—[स॰ श्रवण ~ अमृत] *वि॰* जो सुनने में अमृत के समान मधुर हो। कर्णसुखद।

श्रवणेन्द्रिय (श्रवणेंद्रिय)—[स॰ श्रवण ~ इन्द्रिय] *स्त्री॰* १. सुनने की इन्द्रिय। सुनने की शक्ति। २. कर्ण। कान।

***श्रवन**—[‹ स॰ श्रवण] *पु॰* १. कर्ण। कान। २. सुनने की क्रिया। श्रवण।

***श्रवनवन्त (श्रवनवंत)**—[‹ स॰ श्रवणवत्] *वि॰* सुन सकने में समर्थ। कर्णयुक्त।

श्रव्य—[स॰ √श्रु + यत्] *वि॰* १. जो सुना जा सके। जो सुनाई पड़ता हो। कर्णगोचर। २. जो सुनने के योग्य हो। उत्तम। प्रशंसनीय। ✣ **श्रव्य काव्य**—*पु॰* [काव्य॰] (नाटक आदि देखे जाने वाले दृश्य काव्य से भिन्न) काव्य का वह प्रकार जो सुना या पढ़ा जा सकता है।

श्रव्यता—[स॰ श्रव्य + तल् + टाप्] *स्त्री॰* (ध्वनि का) सुना जा सकना। ✣ **श्रव्यता-परास**—*पु॰* = श्रव्यता की सीमा। श्रव्यता-सीमा।

श्रव्यतामिति—[स॰ श्रव्यता ~ मिति] *स्त्री॰* सुन पाने की क्षमता का मापन। श्रवणमिति।

श्रव्य परास—[स॰] *पु॰* वह मन्दतम ध्वनि जिसे सुना जा सके।

श्राद्ध (श्राद्ध)—[स॰ श्रद्धा + अण्] *वि॰* १. श्रद्धा से युक्त। २. श्रद्धा से सम्बन्धित। श्रद्धा का। ३. श्राद्धकर्म के अन्तर्गत होनेवाला। *पु॰* (शास्त्र-विधि तथा लोक-विधि से) पितरों या मृत आत्मीय जनों की तृप्ति के लिए अथवा उनके प्रति श्रद्धा प्रकट करने के लिए किए जाने वाले पिंडदान, अन्न-दान आदि कृत्य।

श्राद्धभोक्ता (श्राद्धभोक्ता)—[स॰ श्राद्ध ~ भोक्ता (भोक्तृ)] *पु॰* १. पितर आदि जिनका श्राद्ध किया गया हो। पितृगण। २. श्राद्ध में भोजन करनेवाला ब्राह्मण आदि।

श्राद्धीय (श्राद्धीय)—[स॰ श्राद्ध + छ] *वि॰* श्राद्ध-सम्बन्धी। श्राद्ध का।

श्रान्त (श्रांत)—[स॰ √श्रम् + क्त] *वि॰* थका हुआ। ✣ **श्रान्तचित्त**—*वि॰* = १. खिन्न। उदास। २. अशान्त मन वाला।

***†श्राप**—*पु॰* ≤ *स॰* शाप।

श्रावक—[स॰ √श्रु + ण्वुल्] *वि॰* सुनने वाला। *पु॰* १. श्रद्धापूर्वक गुरु आदि से उपदेश सुनने वाला। शिष्य। २. बौद्ध भिक्षु। (जैन॰) विवेकवान्, विरक्तचित्त और अणुव्रती गृहस्थ।

***श्रावग**—*पु॰* ≤ *स॰* श्रावक। ✣ **श्रावगी**—*पु॰* = जैन श्रावक।

श्रावण—[स॰ श्रवण+ अण्] *पु॰* वह चान्द्र मास जिसकी पूर्णिमा पर चन्द्रमा श्रवण नक्षत्र में या उसके समीप होता है। वह चान्द्र मास जो आषाढ़ के बाद और भाद्र/भादों के पहले होता है। सावन। *वि॰* १. कान से सम्बन्धित। कान का। २. श्रवण नक्षत्र से सम्बन्धित। श्रवण नक्षत्र का। ३. श्रवण नक्षत्र में उत्पन्न।

श्रावणी—[स॰ श्रावण + ङीप्] *स्त्री॰* १. श्रावण मास की पूर्णिमा। २. उक्त पूर्णिमा को होनेवाला 'रक्षाबन्धन' नामक त्योहार।

श्राविका—[स॰ श्रावक + टाप्] *वि॰* (स्त्री॰) सुनने वाली। *स्त्री॰* १. श्रद्धापूर्वक गुरु आदि से उपदेश सुनने वाली। शिष्या। २. बौद्ध भिक्षुणी। ३. जैन साध्वी। (जैन॰) विवेकवती, विरक्तचित्त और अणुव्रतधारिणी गृहस्थ नारी।

श्राव्य—[स॰ √श्रु + णिच् + यत्] *वि॰* सुनाने योग्य।

श्री—[स॰ √श्री + क्विप्] *स्त्री॰* १. धन-सम्पत्ति आदि की अधिष्ठात्री देवी। लक्ष्मी। २. धन-सम्पत्ति। ३. ऐश्वर्य। वैभव। ४. शोभा। सौन्दर्य। ५. प्रभा। कान्ति। चमक। ६. यश। कीर्ति। ७. शृंगार। सजावट। ८. गौरव। ९. धर्म, अर्थ और काम। त्रिवर्ग। १०. माथे पर ऊर्ध्व पुंड्र के बीच की लम्बी रेखा। ११. 'श्रीयुत' का संक्षिप्त रूप जो आदरसूचक शब्द के रूप में पुरुषों, मूर्तियों, पवित्र ग्रन्थों, तीर्थों इत्यादि के नाम के पहले लगाया जाता है। ● **विशेष**—'श्री' का प्रयोग कुल-नाम, उपाधि या नाम के संक्षिप्त रूप के पहले भी हो सकता है।

श्रीकण्ठ (श्रीकंठ)—[स॰ श्री ~ कण्ठ] *पु॰* १. शिव। महादेव। २. (संस्कृत के प्रसिद्ध नाटककार) भवभूति।

श्रीकान्त (श्रीकांत)—[सं॰ श्री ~ कान्त] *पु॰* (लक्ष्मीपति) विष्णु।

श्रीक्षेत्र—[सं॰ श्री ~ क्षेत्र] *पु॰* जगन्नाथपुरी।

श्रीखण्ड (श्रीखंड)—[सं॰ श्री ~ खण्ड] *पु॰* १. चन्दन। २. (महाराष्ट्र आदि में लोकप्रिय) दही से बननेवाला एक मीठा पकवान।

श्रीखण्ड (श्रीखंड) शैल—[सं॰] *पु॰* चन्दन वृक्षों वाला एक पर्वत जो केरल प्रदेश में है। मलयाचल। मलयगिरि।

श्रीचक्र—[सं॰ श्री ~ चक्र] *पु॰* १. पृथ्वीमंडल। भूगोल। २. त्रिपुरसुन्दरी देवी की पूजा में प्रयुक्त एक विशेष यन्त्र।

श्रीधर—[सं॰ श्री + धर] *पु॰* लक्ष्मी-पति। विष्णु।

श्रीधाम—[सं॰ श्री ~ धाम] *पु॰* १. श्री/लक्ष्मी के रहने का स्थान। वैकुंठलोक। २. कमल।

श्रीनन्दन (श्रीनंदन)—[सं॰ श्री ~ नन्दन] *पु॰* (लक्ष्मी का पुत्र) कामदेव।

श्रीनाथ—[सं॰ श्री ~ नाथ] *पु॰* लक्ष्मी-पति। विष्णु।

श्री-निधि—[सं॰] *पु॰* विष्णु।

श्रीपति—[सं॰ श्री ~ पति] *पु॰* १. लक्ष्मी-पति। विष्णु। २. राजा। नृपति। ३. धन-सम्पत्ति का स्वामी। अत्यन्त धनी/समृद्ध व्यक्ति।

श्रीपथ—[सं॰ श्री ~ पथ] *पु॰* राजमार्ग।

श्रीपद—[सं॰ श्री ~ पद] *पु॰* १. श्री का चरण। २. श्री का स्थान। (छन्द॰) एक समवर्णिक छन्द जिसके प्रत्येक चरण में क्रमशः नगण, तगण, जगण और यगण (न त ज य) के योग से १२ वर्ण होते हैं तथा ८-४ पर यति।

श्रीपुत्र—[सं॰ श्री ~ पुत्र] *पु॰* लक्ष्मी का पुत्र। कामदेव।

श्रीप्रद—[सं॰ श्री + प्रद] *वि॰* श्री देनेवाला।

श्रीफल—[सं॰ श्री ~ फल] *पु॰* १. बेल (फल या वृक्ष)। २. नारियल (फल या वृक्ष)। ३. धन।

श्रीबन्धु/श्रीभ्राता—[सं॰ श्री ~ बन्धु/भ्राता (भ्रातृ)] *पु॰* १. चन्द्रमा। २. अमृत।

श्रीभ्रष्ट—[सं॰ श्री ~ भ्रष्ट] *वि॰* शोभा, वैभव या कान्ति से रहित। श्रीहीन।

श्रीमद्—[सं॰ श्रीमत्] *वि॰* 'श्रीमत्' का सन्धि-नियमों के अनुसार कहीं-कहीं होनेवाला एक रूप। ***जैसे***—श्रीमद्भगवद्गीता।

श्रीमद—[सं॰ श्री ~ मद] *पु॰* धन-सम्पत्ति या सौन्दर्य आदि का अहंकाररूपी नशा।

श्रीमन्त (श्रीमंत)—[< सं॰ श्रीमत्] *वि॰* श्रीमान्।

श्रीमय—[सं॰ श्री + मयट्] *वि॰* श्रीयुक्त।

श्रीमान्—[सं॰ श्रीमत्] *वि॰* १. शोभायुक्त। २. धन-सम्पत्तिशाली। सम्पन्न। धनी। ३. एक आदरसूचक शब्द जो जीवित पुरुषों के नाम के पहले लगाया जाता है। ***जैसे***—श्रीमान् रामप्रकाश।

श्रीमुख—[सं॰ श्री ~ मुख] *पु॰* १. शोभायुक्त मुख। सुन्दर मुख। २. (आदरसूचक शब्दावली में) मुख। ३. वेद।

श्रीमुद्रा—[सं॰ श्री ~ मुद्रा] *स्त्री॰* वैष्णवों द्वारा माथे पर लगाया जाने वाला एक तिलक।

श्रीमूर्ति—[सं॰ श्री ~ मूर्ति] *स्त्री॰* १. श्री देवी या लक्ष्मी देवी की मूर्ति। २. (आदरसूचक शब्दावली में) किसी भी देवी-देवता की मूर्ति। ***जैसे***—भगवान् शिव की श्रीमूर्ति।

श्रीयुक्त/श्रीयुत—[सं॰ श्री ~ युक्त/युत] *वि॰* १. शोभायुक्त। २. धन-सम्पत्तिशाली। सम्पन्न। धनी। ३. भाग्यवान्। ४. एक आदरसूचक विशेषण जिसका प्रयोग जीवित पुरुषों के नाम के पहले 'श्रीमान्' की तरह किया जाता है। ***जैसे***—प्रभात प्रकाशन, के स्वामी, श्रीयुत श्यामसुन्दर जी।

श्रीरङ्ग (श्रीरंग)—[सं॰ श्री ~ रङ्ग] *पु॰* १. भगवान् विष्णु। २. लक्ष्मीसहित विष्णु। ३. भगवान् राम।

श्रीरमण—[सं॰ श्री ~ रमण] *पु॰* लक्ष्मी-पति विष्णु।

श्रील—[सं॰ श्री + लच्] *पु॰* १. भाग्यवान्। २. धनी। ३. सुन्दर। ४. यशस्वी। प्रसिद्ध। ***जैसे***—श्रील भक्तिवेदान्त स्वामी।

श्रीवत्स—[सं॰ श्री ~ वत्स] *पु॰* १. (भगवान्) विष्णु। २. (भगवान्) विष्णु के वक्ष पर एक चिहन विशेष। ❖ **श्रीवत्सधारी/श्रीवत्सलाञ्छन (श्रीवत्सलांछन)**—*पु॰* (भगवान्) विष्णु।

श्रीवत्साङ्क (श्रीवत्सांक)—[सं॰ श्रीवत्स ~ अङ्क] *पु॰* (भगवान्) विष्णु।

श्रीवन—[सं॰ श्री ~ वन] *पु॰* वृन्दावन।

श्रीवर—[सं॰ श्री ~ वर] *पु॰* १. लक्ष्मी-पति। विष्णु। २. (सीता-पति) राम।

श्रीवल्लभ—[सं॰ श्री ~ वल्लभ] *पु॰* १. (लक्ष्मी-पति) विष्णु। २. (लक्ष्मी का प्रिय) धनी व्यक्ति। ३. सौभाग्यशाली पुरुष।

श्रीविद्या (श्रीविद्या)—[सं॰ श्री ~ विद्या] *स्त्री॰* १. एक महाविद्या। २. त्रिपुरसुन्दरी।

श्रीवृद्धि (श्रीवृद्धि)—[सं॰ श्री ~ वृद्धि] *स्त्री॰* १. धन-सम्पत्ति की वृद्धि। २. उन्नति। ३. शोभा में वृद्धि।

श्रीवैष्णव—[सं॰ श्री ~ वैष्णव] *पु॰* १. विशिष्टाद्वैत सम्प्रदाय के वैष्णव जो लक्ष्मीसहित विष्णु की उपासना करते हैं। २. (उक्त सम्प्रदाय के प्रवर्तक) रामानुजाचार्य।

श्रीश—[सं॰ श्री ~ ईश] *पु॰* लक्ष्मी-पति। विष्णु।

श्रीसहोदर—[सं॰ श्री ~ सहोदर] *पु॰* चन्द्रमा।

श्रीहत—[सं॰ श्री ~ हत] *वि॰* १. श्री-हीन। २. कान्तिरहित। प्रभारहित। ३. सौन्दर्यरहित। शोभाहीन। ४. धन-सम्पत्ति से रहित। लक्ष्मीरहित। वैभवरहित।

श्रुत—[सं॰ √श्रु + क्त] *वि॰* १. सुना हुआ। २. जाना हुआ। ज्ञात। ३. सीखा हुआ। ४. प्रसिद्ध। विख्यात।

श्रुतकीर्ति—[सं॰ श्रुत ~ कीर्ति] *पु॰* उदार पुरुष। *वि॰* यशस्वी। प्रसिद्ध। *स्त्री॰* दशरथ-पुत्र शत्रुघ्न की पत्नी।

श्रुतकेवली—[सं॰ श्रुतकेवलिन्] *पु॰* (जैन॰) आत्मज्ञानी।

श्रुतज्ञान—[सं॰ श्रुत ~ ज्ञान] *पु॰* (जैन॰) शब्द से उत्पन्न अर्थज्ञान। प्रवचन का अर्थ।

श्रुतधर—[सं॰ श्रुत + धर] *वि॰, पु॰* सुने हुए या पढ़े हुए को स्मरण रखने वाला।

श्रुतलेख—[सं॰ श्रुत ~ लेख] *पु॰* किसी के द्वारा बोले हुए शब्दों/वाक्यों/पद्यों आदि को सुनकर लिखना। इमला। (अं॰ डिक्टेशन)

श्रुतविज्ञ—[सं॰ श्रुत ~ विज्ञ] *पु॰* वेद-शास्त्र का पंडित।

श्रुतशील—[सं॰ श्रुत ~ शील] *वि॰* जिसका शील प्रसिद्ध हो। उत्तम चरित्र वाला।

श्रुताध्ययन—[सं॰ श्रुत ~ अध्ययन] *पु॰* वेदों का अध्ययन।

श्रुतानुश्रुत—[सं॰ श्रुत ~ अनुश्रुत] *पु॰* सुनी-सुनायी बात। इधर-उधर से सुनी हुई बात। जनश्रुति। किंवदन्ती। अफ़वाह। *वि॰* बहुतों से सुना हुआ। चर्चित। ✣ **श्रुतानुश्रुत साक्ष्य**—*पु॰* = अन्य लोगों से सुनी हुई बातों पर आधारित गवाही, न कि अपने प्रत्यक्ष देखे हुए पर आधारित गवाही।

श्रुति—[सं॰ √श्रु + क्तिन्] *स्त्री॰* १. सुनने की क्रिया/भाव। श्रवण। सुनना। २. सुनने की इन्द्रिय। श्रवणेन्द्रिय। ३. शब्द। ध्वनि। ४. सुनी जा सकने वाली ध्वनि। श्रवणीय ध्वनि। ५. वेद। ६. (पद्य आदि में) ४ की संख्या। ७. उक्ति। कथन। ८. जनश्रुति। किंवदन्ती। अफ़वाह। (संगीत॰) ध्वनि जो गीत में प्रयुक्त की जा सके और उच्चारण के समय जिसको अलग से पहचाना जा सके। उन नाद-ध्वनियों में से प्रत्येक जिसे अन्यों से अलग और स्पष्ट रूप से पहचाना जा सके।

श्रुतिकटु—[सं॰ श्रुति ~ कटु] *वि॰* जो सुनने में अप्रिय लगे। कर्णकटु। ✣ **श्रुतिकटु दोष**—*पु॰* (काव्य॰) = शृंगार, हास्य आदि रसों की रचनाओं में प्रयुक्त अक्षरों की कठोरता के कारण सुनने में अप्रिय लगनेवाली रचना होने का दोष।

श्रुतिगम्य/श्रुतिगोचर—[सं॰ श्रुति ~ गम्य/गोचर] *वि॰* जो सुना जा सके। जो सुनायी देता हो। श्रव्य।

श्रुति-द्वैध (द्वैध)—[सं॰] *पु॰* वेद-वाक्यों का परस्पर विरोध। वेद-वाक्यों का अनैक्य।

श्रुतिधर—[सं॰ श्रुति + धर] *पु॰* १. वेद को कंठस्थ करनेवाला या वेदज्ञ विद्वान्। २. महान् विद्वान्। ३. वह व्यक्ति जिसे कोई वाक्य/श्लोक आदि एक बार सुनने से ही अक्षरशः याद हो जाते हैं।

श्रुतिधारी—[सं॰ श्रुतिधारिन्] *वि॰* १. वेदों का अध्ययन करनेवाला। २. जिसे वेद कंठस्थ हो/हों।

श्रुतिनिधि—[सं॰ श्रुति ~ निधि] *वि॰, पु॰* वेदों का ज्ञाता। वेदज्ञ।

श्रुति-पद्धति (पद्धति)—[सं॰] *स्त्री॰* वेद में वर्णित रीति/विधि। वेदोक्त रीति। वेद-विधि।

श्रुति-पुट—[सं॰] *पु॰* कानरूपी दोने। कान।

श्रुति-प्रमाण—[सं॰] *पु॰* १. वेद का प्रमाण। २. वेद के द्वारा स्वीकृति।

श्रुतिमाथा—[सं॰ श्रुति + हिं॰ माथा] *पु॰* १. वेदों का शीर्ष/सिर। २. विष्णु। परमात्मा।

श्रुतिमुख—[सं॰ श्रुति ~ मुख] *वि॰* चार मुखों वाला। चतुर्मुख। *पु॰* ब्रह्मा।

श्रुतिमूल—[सं॰ श्रुति ~ मूल] *पु॰* १. कान की जड़। कर्णमूल। २. वेदों का मूल पाठ। वेद-संहिता।

श्रुतिमूलक—[सं॰ श्रुति ~ मूलक] *वि॰* १. वेद के आधार पर स्थित। २. वेद से उत्पन्न/विकसित। ३. वेद से प्रमाणित। वेदविहित।

श्रुतिरञ्जक (श्रुतिरंजक)—[सं॰ श्रुति ~ रञ्जक] *वि॰* कानों को आनन्ददायक। कर्णप्रिय। कर्णमधुर।

श्रुतिवर्जित—[सं॰ श्रुति ~ वर्जित] *वि॰* १. वेदों में मना किया हुआ। जो वेदविहित न हो। वेद-प्रतिकूल। २. बधिर। बहरा।

श्रुतिवेध—[सं॰ श्रुति ~ वेध] *पु॰* कान छेदने का संस्कार। कर्णछेदन। कर्णवेध। कनछेदन।

श्रुतिहर/श्रुतिहारी—[सं॰ श्रुति ~ हर, श्रुतिहारिन्] *वि॰* कानों को आकर्षित करनेवाला।

श्रुत्यनुप्रास—[सं॰ श्रुति ~ अनुप्रास] *पु॰* (काव्य॰) अनुप्रास शब्दालंकार का एक भेद। कंठ, तालु आदि में से किसी एक ही स्थान से उच्चरित होने वाले वर्णों की किसी वाक्य में आवृत्ति। ***जैसे***—'अवनि में तुझको इतनी मिली, मधुरता, मृदुता, मनहारिता' में दन्त्य वर्णों (तकार और नकार) की आवृत्ति होने से श्रुत्यनुप्रास है।

श्रुवा—[सं॰ श्रुव + टाप्] *स्त्री॰* यज्ञ करते समय अग्नि में घी या हवन सामग्री की आहुति देने के लिए लम्बे चम्मच जैसा लकड़ी का पात्र। स्रुवा।

श्रूयमाण—[सं॰ √श्रु + शानच्, मुक्] *वि॰* १. जो सुना जा रहा हो। सुना जाता हुआ। ***जैसे***—श्रूयमाण शब्द। २. जो सुना जाए। ३. प्रसिद्ध। विख्यात।

श्रेढ़ी—[< सं॰ श्रेढी (श्रेणी √ढौक् + ड, पृषो॰)] *स्त्री॰* (गणित॰) किसी निरूपित नियम के अनुसार क्रमबद्ध पदों की परम्परा जिसमें सभी पद परस्पर धनात्मक या ऋणात्मक चिह्नों (+ या –) द्वारा जुड़े होते हैं। श्रेढ़ी। ***जैसे***—समान्तर श्रेढ़ी। (अं॰ प्राग्रेशन)।

श्रेणी—[सं॰ √श्रि + णि + ङीष्] *स्त्री॰* १. पंक्ति। क़तार। २. क्रम। शृंखला। ३. समूह। समुदाय। ४. एक-सी वस्तुओं या परस्पर सम्बन्धित वस्तुओं का समुदाय। ५. (प्राचीन काल में) समान प्रकार के व्यापारियों/शिल्पकारों/कारीगरों का संघ। ६. सीढ़ी। नसेनी। (गणित॰) श्रेढ़ी।

श्रेण्य—[सं॰ √श्रि + एण्य] *वि॰* १. उच्च कोटि का। उत्कृष्ट शैली का। उत्कृष्ट। वरेण्य। २. चिरप्रतिष्ठित। प्राचीन और शास्त्रीय। ३. संस्कृत, लैटिन, ग्रीक आदि प्राचीन भाषाओं के उत्कृष्ट साहित्य से सम्बन्धित। (अं॰ क्लैसिकल/क्लासिक)।

श्रेय—[सं॰ श्रेयस् (= प्रशस्य + ईयसुन्, श्र-आदेश)] *वि॰* १. सर्वोत्तम। श्रेष्ठ। २. उपयुक्त। ३. शुभ। मंगलमय। *पु॰* १. धर्म। २. मोक्ष। ३. शुभ। मंगल। ४. सुख। ५. पुण्य। ६. ऐसा धार्मिक कर्म जो प्रेय से भिन्न हो। पुण्यप्रद कर्म। [∇ **विलोम**—प्रेय।] ७. किए गए काम की सफलता से प्राप्त यश/प्रतिष्ठा या गौरव। (अं॰ क्रेडिट)। ***जैसे***—तुम्हारी प्रगति का श्रेय तुम्हारे माता-पिता को भी मिलना चाहिए।

श्रेयमार्ग—[सं॰ श्रेयस् ~ मार्ग] *पु॰* १. पारलौकिक कल्याण का मार्ग। २. मोक्ष देनेवाला मार्ग।

श्रेयसी—[सं॰ श्रेयस् + ङीप्] *वि॰ (स्त्री॰)* कल्याण करनेवाली। मंगलमयी।

श्रेयस्कर—[सं॰ श्रेयस् ~ कर] *वि॰* कल्याण करनेवाला। कल्याणकर। शुभदायक।

श्रेयार्थी—[हिं॰ श्रेय + सं॰ अर्थी (अर्थिन्)] *वि॰* १. श्रेय-प्राप्ति का अभिलाषी। २. पारलौकिक कल्याण का अभिलाषी।

श्रेष्ठिचत्वर—[सं॰ श्रेष्ठिन् ~ चत्वर] *पु॰* (प्राचीन भारत में) वह चबूतरा जिस पर बैठकर सेठ लोग अपना लेन-देन करते थे।

श्रेष्ठी—[सं॰ श्रेष्ठिन्] *पु॰* १. सेठ। २. अति धनी व्यक्ति। ३. व्यापारियों के संघ का प्रधान।

श्रोणि/श्रोणी—[सं॰ √श्रोण् + इन्, श्रोणि + ङीष्] *स्त्री॰* १. कटि। कमर। २. नितम्ब। ३. वस्ति। पेड़ू। ४. मार्ग। सड़क। (चिकित्सा॰) एक मोटा और भारी अस्थिकृत वलय जिस पर पृष्ठवंश आधारित है और जो नीचे लगी अध: शाखाओं पर आधारित है। नितम्ब अस्थियों, त्रिकास्थि और अनुत्रिकास्थि से बनी अस्थिमय संरचना। (अं॰ पेल्विस)

श्रोणिफलक—[सं॰ श्रोणि ~ फलक] *पु॰* (चिकित्सा॰) कूल्हे की हड्डी। (अं॰ इलियम)

श्रोणि-सूत्र—[सं॰] *पु॰* १. मेखला। करधनी। २. कमर में लटकती तलवार आदि का बन्धन।

श्रोत—[सं॰ श्रोतस् √श्रु + असुन्, तुट्] *पु॰* १. कर्ण। कान। २. नदी का स्रोत या वेग।

श्रोतव्य—[सं॰ √श्रु + तव्य] *वि॰* १. सुनने के योग्य। २. जिसे सुनना हो। ∆ **पर्याय**—श्रवणीय। श्रव्य।

श्रोता—[सं॰ श्रोतृ] *पु॰* १. सुननेवाला। २. किसी सभा आदि में हो रहे भाषण, वाद-विवाद इत्यादि को सुननेवाले (बहुवचन में)। श्रोतृवर्ग।

श्रोतृवर्ग—[सं॰ श्रोतृ ~ वर्ग] *पु॰* श्रोताओं का समूह। श्रोतागण।

श्रोत्र—[सं॰ √श्रु + ष्ट्रन्] *पु॰* १. कर्ण। कान। २. श्रुति। वेद। ३. वेद-ज्ञान। ✣ **श्रोत्र-पालि**—*स्त्री॰* = कान की ललरी। कान की लौ। ✣ **श्रोत्र-मार्ग**—*पु॰* = श्रवण-पथ। कान।

श्रोत्रिय—[सं॰ छन्दस् + घ, श्रोत्र-आदेश] *वि॰* वेद-वेदांग में पारंगत। *पु॰* विद्वान् ब्राह्मण जो वेद या धर्मशास्त्रों में पारंगत हो। वेदज्ञ या धर्मशास्त्रज्ञ ब्राह्मण।

***श्रोन**—*पु॰ ≤ सं॰* शोण। सोन (नदी)।

श्रौत—[सं॰ श्रुति + अण्] *वि॰* १. कान-सम्बन्धी। कान का। २. वेद-सम्बन्धी। वेद का। वैदिक। ३. वेदों में कहा हुआ। वेदोक्त। वेदसम्मत। ४. यज्ञ-सम्बन्धी। *पु॰* १. वेदोक्त कृत्य/कर्म। २. वैदिक विधान। ३. गार्हपत्य अग्नि आदि तीनों अग्नियाँ।

श्लथ—[सं॰ √श्लथ् + अच्] *वि॰* १. शिथिल। ढीला। ३. बिखरा हुआ। ***जैसे***—श्लथ केश। ✣ **श्लथन**—*पु॰* = १. ढीला छोड़ना। शिथिल करना। शिथिलीकरण। २. बन्धनरहित करना। ३. शरीर के अंगों को ढीला छोड़ना। शरीर का शिथिलीकरण।

श्लथाङ्ग (श्लथांग)—[सं॰ श्लथ ~ अङ्ग] *वि॰* जिसके अंग शिथिल हो गए हों।

श्लाघा—[सं॰ √श्लाघ् + अ + टाप्] *स्त्री॰* १. प्रशंसा। तारीफ़। २. आत्मप्रशंसा। अभिमान। ३. चापलूसी। ✣ **श्लाघा-विपर्यय**—*पु॰* = अभिमानहीनता। ✣ **श्लाघित**—*वि॰* = प्रशंसित।

श्लिष्ट (श्लिस्ट)—[सं॰ √श्लिष् + क्त] *वि॰* १. आलिंगन किया हुआ। आलिंगित। २. (किसी के साथ) मिला हुआ। सटा हुआ। लगा हुआ। ३. चिपका हुआ। (काव्य॰) श्लेषयुक्त। दो या अधिक अर्थों वाला (शब्द, वाक्यांश या वाक्य)। ✣ **श्लिष्टि**—*स्त्री॰* = १. आलिंगन। २. लगाव। सटाव।

श्लीपद—[सं॰ श्री ~ पद, पृषो॰ र्→ल्] *पु॰* (चिकित्सा॰) लसिकाओं का एक दीर्घकालिक रोग जिसमें पैर सूजकर बहुत मोटे (हाथी के पैर जैसे) हो जाते हैं। फ़ीलपाँव।

श्लील—[सं॰ श्री + लच्, पृषो॰ र्→ल्] *वि॰* १. शोभायुक्त। २. मंगलकारी। शुभ। ३. उत्तम। ∇ **विलोम**—अश्लील।

श्लेष—[सं॰ √श्लिष् + घञ्] *पु॰* १. आलिंगन। २. संयोग होना। जुड़ना। मिलना। सटाव। लगाव। ३. चिपकना। चिपकाना। ४. (बोलचाल में) किसी शब्द/वाक्य के ऐसे प्रयोग की स्थिति जिसमें उसके दो या अधिक अर्थ निकल रहे हों (जैसे—'हम तो बेकार आदमी हैं' में बेकार = १. निरुपयोगी/निरर्थक। २. बिना काम-धन्धे का। ठलुआ। ३. बिना कार/गाड़ी वाला)। [काव्य॰] एक अलंकार जिसमें किसी शब्द के द्वारा अनेक अर्थों का कथन होता है।

श्लेषण—[सं॰ √श्लिष् + ल्युट्] *पु॰* १. गले लगाना। आलिंगन करना। आलिंगन। २. (किसी के साथ) मिलाना। सटाना। लगाना। जोड़ना। ३. चिपकाना।

श्लेषवक्रोक्ति—[सं॰ श्लेष ~ वक्रोक्ति] *स्त्री॰* (काव्य॰) वक्रोक्ति शब्दालंकार का एक भेद जिसमें वक्ता के अभिप्रेत आशय से भिन्न अर्थ की कल्पना श्लेषयुक्त शब्द के कारण होती है।

श्लेषात्मक—[सं॰ श्लेष ~ आत्मक] *वि॰* श्लेष-युक्त। ***जैसे***—श्लेषात्मक वाक्य।

श्लेषोक्ति—[सं॰ श्लेष ~ उक्ति] *स्त्री॰* दो या अधिक अर्थों वाला कथन। श्लिष्टोक्ति।

श्लेष्मा—[सं॰ श्लेष्मन्] *पु॰* कफ। बलग़म। (प्राणि॰) श्लेष्मा ग्रन्थि या श्लेष्मा गले से निकलनेवाला एक तरल पदार्थ जो गाढ़ा, लसदार और चिकना होता है।

श्लोक—[सं॰ श्लोक् + अच्] *पु॰* १. प्रशंसा। स्तुति। २. यश। कीर्ति। ३. प्रशंसा का विषय। प्रशंसा की वस्तु। ४. संस्कृत का कोई पद्य जो अनुष्टुप् छन्द में हो। ५. (सामान्य बोलचाल में) संस्कृत का कोई पद्य।

श्वपच—[सं॰ श्वन् ~ पच] *पु॰* १. कुत्ते का मांस पकाने/खाने वाला व्यक्ति। २. चांडाल।

श्वपति—[सं॰ श्वन् ~ पति] *पु॰* १. कुत्ता पालनेवाला। २. कुत्ते का स्वामी/मालिक।

श्ववृत्ति—[सं॰ श्वन् ~ वृत्ति] *स्त्री॰* १. कुत्तों के समान जूठन खाने/चाटने की वृत्ति। दूसरे के आश्रित रहने का स्वभाव। २. पराधीन रहने की वृत्ति। सेवा। नौकरी।

श्वसित्र—[< सं॰ √श्वस्] *पु॰* अन्तः कृत्रिम साँस लेने का एक यन्त्र। श्वास-यन्त्र। (अं॰ इन्हेलर)

श्वान—[सं॰ श्वन् + अण्] *पु॰* कुत्ता।

श्वापद—[सं॰ शुन + आपद् + अच्] *वि॰* १. हिंसक। २. बर्बर। ३. भयानक। *पु॰* हिंसक पशु (सिंह, बाघ, चीता इत्यादि)।

श्वासायाम—[सं॰ श्वास ~ आयाम] *पु॰* १. साँस लेने में होनेवाला कष्ट या कठिनाई। २. कष्ट या कठिनाई से ली जाने वाली साँस।

श्वसोच्छ्वास—[सं॰ श्वास ~ उच्छ्वास] *पु॰* ज़ोर से साँस लेना और बाहर निकालना।

श्विति—[< सं॰ √श्वित् + क्तिन्] *स्त्री॰* (भौतिकी॰) अन्य ग्रह से देखने पर दिखनेवाली किसी ग्रह की चमक। [अं॰ अल्बिडो]

श्वित्र—[सं॰ √श्वित् + रक्] *पु॰* १. सफ़ेद कोढ़। २. कोढ़ का दाग़।

श्वेतक—[सं॰ श्वेत + कन्] *पु॰* चाँदी। (प्राणि॰) पक्षियों आदि के अंडों में भीतर का सफ़ेद पोषक पदार्थ जो पीतक को घेरे रहता है। (अं॰ एल्बूमेन)

श्वेतग्रीव—[सं॰ श्वेत ~ ग्रीवा] *वि॰* जिसकी गर्दन सफ़ेद हो। ***जैसे***—'लगलग' पक्षी श्वेतग्रीव होता है।

श्वेतत्व [सं॰ श्वेत ~ त्व]—*पु॰* श्वेतता।

श्वेतवाजी—[सं॰ श्वेतवाजिन्] *वि॰* सफ़ेद घोड़ों वाला। *पु॰* १. चन्द्रमा। २. इन्द्र। ३. अर्जुन।

श्वेतवाह/श्वेतवाहन—[सं॰ श्वेत ~ वाह/वाहन] *वि॰* सफ़ेद वाहन वाला। *पु॰* १. चन्द्रमा। २. इन्द्र। ३. अर्जुन।

श्वेतसार—[सं॰ श्वेत ~ सार] *पु॰* १. अनाज, आलू, मटर आदि में पाया जाने वाला एक प्रकार का सफ़ेद पदार्थ जो गन्धहीन होता है। (अं॰ स्टार्च)। २. चावलों का माँड़।

श्वेतहय—[सं॰ श्वेत ~ हय] *वि॰* सफ़ेद घोड़े/घोड़ों वाला। *पु॰* १. चन्द्रमा। २. इन्द्र। ३. अर्जुन।

श्वेता—[सं॰ श्वेत + टाप्] *वि॰ (स्त्री॰)* श्वेत। सफ़ेद।

श्वेताङ्ग (श्वेतांग)—[सं॰ श्वेत ~ अङ्ग] *वि॰* जिसके शरीर का रंग सफ़ेद/गौर हो। गौरवर्ण। गौरांग।

श्वेताणु—[सं॰ श्वेत ~ अणु] *पु॰* (प्राणि॰) लसीका/रुधिर की सफ़ेद कणिका।

श्वेताम्बर (श्वेतांबर)—[सं॰ श्वेत ~ अम्बर] *पु॰* १. श्वेत वस्त्र। सफ़ेद कपड़ा। २. जैन धर्म का एक सम्प्रदाय जिसके अनुयायी (और उनकी उपास्य तीर्थंकर-मूर्तियाँ) श्वेत वस्त्र पहनते हैं।

श्वेतित—[सं॰ श्वेत + इतच्] *वि॰* सफ़ेद किया हुआ।

श्वेतिमा—[सं॰ श्वेत + इमनिच् + टाप्] *स्त्री॰* श्वेतता। सफ़ेदी।

ष

देवनागरी वर्णमाला में ऊष्म वर्णों के वर्ग का दूसरा व्यंजन। (भाषाविज्ञान की दृष्टि से) यह मूर्धन्य, अघोष और संघर्षी है। 'ष्' व्यंजन संस्कृत भाषा की अपनी विशेषता है हिन्दी में इसका मूर्धन्य उच्चारण विलुप्त है और 'श्' (शकार) के समान ही 'ष' (षकार) का उच्चारण पाया जाता है। ● **विशेष—१.** हिन्दी के तत्सम (संस्कृत) शब्दों में षकार का प्रयोग अनेक के आरम्भ या मध्य में ही उपलब्ध है (षट्, विषय)। २. व्यंजन-गुच्छों में जब 'ष' किसी व्यंजन से पहले आकर उससे मिलता है, तब उसका रूप '**ष्**' हो जाता है और प्राय: '**क, ट, ण, प, फ, म, य, व' से उसका योग देखा जाता है** (शुष्क, कष्ट, निष्ठ, निष्णात, पुष्प, निष्फल, भीष्म, भविष्य)। **३.** 'ष' का द्वित्व प्राय: नहीं होता है। **४.** 'ष' से पहले आकर उससे मिलने वाले व्यंजनों में 'क' और 'र' महत्त्वपूर्ण हैं। **'क' और 'ष' का संयुक्त रूप 'क्ष' बनता है** (वृक्ष, कक्षा) और **'र्' का 'ष' से संयुक्त रूप 'र्ष' बनता है** (वर्ष, हर्ष)। **५.** भाषावैज्ञानिक कारणों से 'षकार' का 'खकार' में परिवर्तन भी अनेक शब्दों में पाया जाता है (क्षत्रिय→खत्री, वर्षा→बरखा)।

ष—[सं॰ √सो + क, पृषो॰ षत्व] *वि॰* सबसे अच्छा। सर्वोत्तम। सर्वश्रेष्ठ। *पु॰* १. मुक्ति। मोक्ष। २. नाश। ३. अवसान। अन्त। ४. शेष। बाक़ी।

षट्—[सं॰ षष्] *वि॰* छह। ***जैसे***—षट्पद। *पु॰* छह का सूचक अंक या संख्या। छह (६)।

***षट् आनन**—दे॰ शुद्ध शब्द 'षडानन'।

षट्क—[सं॰ षट् + कन्] *पु॰* १. किन्हीं छह वस्तुओं का समूह। २. काम, क्रोध, लोभ, मोह, मद और मत्सर—इन छह दोषों का समूह। ३. इच्छा, द्वेष, प्रयत्न, सुख, दु:ख और ज्ञान का समूह।

षट्कर्ण—[सं॰ षट् ~ कर्ण] *वि॰* १. छह कानों वाला। २. छह कानों के द्वारा सुना गया। ३. तीसरे व्यक्ति के द्वारा सुना गया।

षट्चक्र—[सं॰ षट् ~ चक्र] *पु॰* (योग॰) शरीर में स्थित ६ चक्र—मूलाधार चक्र, स्वाधिष्ठान चक्र, मणिपूर चक्र, अनाहत चक्र, विशुद्ध चक्र और आज्ञा चक्र।

षट्चरण—[सं॰ षट् ~ चरण] *वि॰* छह पैरों वाला। *पु॰* भ्रमर। भौंरा। षट्पद।

षट्तिला एकादशी—[सं॰] *स्त्री॰* माघ कृष्ण एकादशी।

***षट्दस**—[सं॰ षट् + हिं॰ दस] *वि॰, पु॰* सोलह (१६)।

षट्पद—[सं॰ षट् ~ पद] वि॰ छह पैरों वाला (प्राणी)। *पु॰* भ्रमर। भौंरा। ● **विशेष**—संस्कृत में दो अन्य अर्थ भी हैं—जूँ और टिड्डी। ⁘ **षट्पदी**—*स्त्री॰* भ्रमरी। भौंरी (भौंरा स्त्री॰)। (छन्द॰) ६ चरणों वाला छन्द। (कुंडलिया, छप्पय आदि)।

षट्पाद—[सं॰ षट् ~ पाद] *पु॰* १. छह पैरों वाला प्राणी। २. भ्रमर। भौंरा।

षट्प्रज्ञ—[सं॰ षट् ~ प्रज्ञ] *पु॰* धर्म, अर्थ, काम, मोक्ष, लोकार्थ और तत्त्वार्थ का ज्ञाता।

षट्प्रयोग—[सं॰ षट् ~ प्रयोग] (तंत्र॰) छह प्रकार के अभिचार—मारण, विद्वेषण, वशीकरण, स्तम्भन, उच्चाटन, शान्ति।

†षट्राग—[< सं॰ षड्राग] *पु॰* १. षड्राग। (दे॰) २. व्यर्थ का बखेड़ा। खटराग।

षट्वदन—[< सं॰ षड्वदन] *पु॰* (शिव-पार्वती का पुत्र) कार्तिकेय। स्कन्द।

षट्शास्त्र—[सं॰ षट् ~ शास्त्र] *पु॰* भारतीय दर्शन के ६ आस्तिक दर्शन। न्याय, वैशेषिक, सांख्य, योग, मीमांसा और वेदान्त दर्शनों का समूह। षड्दर्शन।

षट्शास्त्री—[सं॰ षट्शास्त्रिन्] *पु॰* षट्शास्त्र का ज्ञाता। न्याय आदि ६ दर्शनों का विद्वान्।

षट्सम्पत्ति (षट्संपत्ति)—[सं॰ षट् ~ सम्पत्ति] *स्त्री॰* मोक्ष-साधक के लिए आवश्यक ६ वृत्तियाँ या साधन-सम्पत्तियाँ—शम, दम, उपरति, तितिक्षा, श्रद्धा और समाधान।

षड्—[सं॰ षट्] *वि॰* **संस्कृत शब्द 'षष्' के प्रथमा एकवचन का रूप 'षट्' का सन्धि-नियमों से 'अ/आ/ग/व/द/ब/भ/र/व' के पहले आने पर परिवर्तित रूप।** छह।

षडक्षरी—[सं॰ षडक्षरिन्] *वि॰* (वह मन्त्र) जिसमें छह अक्षर हों। *स्त्री॰* विशिष्टाद्वैत सम्प्रदाय का दीक्षा-मन्त्र 'रां रामाय नम:' जिसमें ६ अक्षर हैं।

षडग्नि—[सं॰ षट् ~ अग्नि] *स्त्री॰* वैदिक कर्मकांड-सम्बन्धी गार्हपत्य आदि छह प्रकार की अग्नियाँ।

षडङ्ग (षडंग)—[सं॰ षड् ~ अङ्ग] *वि॰* ६ अंगों वाला। *पु॰* १. शरीर के ६ अंगों/अवयवों का समुदाय। सिर, धड़, दो बाँहे और २ जाँघों का समूह। २. वेद के ६ अंगों का समूह। शिक्षा, कल्प, व्याकरण, निरुक्त, छन्द और ज्योतिष। ३. गाय के दूध, दही, घी, गोमूत्र, गोबर और गोरोचन। ⁘ **षडङ्गधूप (षडंगधूप)**—*पु॰* गाय का घी, चीनी, मधु, गुग्गुल, अगरु, काष्ठ और सफ़ेद चन्दन

के मिश्रण से बत्ती की तरह बनाया और सुखाया गया धूप।

षडानन—[सं॰ षड् ~ आनन] *वि॰* छह मुखों वाला। *पु॰* (शिव-पार्वती का पुत्र) कार्त्तिकेय। स्कन्द।

षडाम्नाय—[सं॰ षड् ~ आम्नाय] *पु॰* ६ प्रकार के आम्नाय।

षडायतन—[सं॰ षड् ~ आयतन] *वि॰* १. छह आयतनों वाला। २. विज्ञान तथा आकाश आदि पाँच तत्त्वों से युक्त।

षडूर्मि—[सं॰ षड् ~ ऊर्मि] *स्त्री॰* ६ प्रकार के उद्‌वेग। भूख, प्यास, शोक, मोह, जरा और मृत्यु।

षडूषण—[सं॰ षड् + ऊषण] *पु॰* (आयुर्वेद॰) पीपल, पीपलामूल, चव्य, चीता, सोंठ और काली मिर्च का समान अनुपात में मिश्रण।

षड्ऋतु—[< सं॰ षड् + ऋतु] *स्त्री॰* छह ऋतुएँ।

षड्गुण—[सं॰ षड् ~ गुण] *पु॰* [राज॰] (प्राचीन भारतीय राजनीतिज्ञों के अनुसार) विदेशनीति में उपयोगी छह गुणों का समुदाय—सन्धि, विग्रह, यान, आसन, द्वैधी-भाव और संश्रय।

षड्ज—[सं॰ षड् + ज] *पु॰* भारतीय संगीत के सप्तक का प्रथम स्वर जिसका संकेत 'सा' है।

षड्दर्शन—[सं॰ षड् ~ दर्शन] *पु॰* ६ भारतीय दर्शन—न्याय, वैशेषिक, सांख्य, योग, मीमांसा, वेदान्त।

षड्दुर्ग—[सं॰ षड् ~ दुर्ग] *पु॰* ६ प्रकार के दुर्ग/क़िले। ● **विशेष**—उक्त ६ प्रकार के दुर्ग हैं—धन्वदुर्ग, महीदुर्ग, गिरिदुर्ग, मनुष्यदुर्ग, मृद्दुर्ग, वनदुर्ग।

षड्धा—[सं॰ षड् + धा] *क्रिवि॰* ६ प्रकार से।

षड्भाषा—[सं॰ षड् ~ भाषा] *स्त्री॰* छह भाषाओं के मिश्रण वाली प्राचीन हिन्दी।

षड्भावविकार—[सं॰ षड् ~ भावविकार] *पु॰* शरीर के छह गुणधर्म—होना, जन्म लेना, बढ़ना, बदलना, क्षीण होना और नष्ट होना।

षड्भुज—[सं॰ षड् ~ भुज] *वि॰* ६ भुजाओं वाला। *पु॰* (ज्यामिति में) ६ भुजाओं से घिरा क्षेत्र।

षड्भुजा—[सं॰ षड् ~ भुजा] *स्त्री॰* पार्वती/दुर्गा का एक रूप जिसमें देवी के ६ हाथ हैं।

षड्रस (षड्रस)—[सं॰ षड् ~ रस] *पु॰* १. (भोजन व पेय पदार्थों के) ६ रसों का समुदाय। मधुर, लवण, अम्ल, कषाय, कटु और तीक्ष्ण नामक ६ रस। २. छह प्रकार के स्वादोंवाला—मीठा, नमकीन, खट्टा, कसैला, कड़ुवा और तीखा।

षड्राग—[सं॰ षड् ~ राग] *पु॰* संगीत के छह मुख्य राग—भैरव, मल्हार, श्री, हिंडोल, मालकोश और दीपक।

षड्रिपु (षड्रिपु)—[सं॰ षड् ~ रिपु] *पु॰* वे छह मनोविकार जो मनुष्य के लिए शत्रु के समान हानिकारक हैं—काम, क्रोध, लोभ, मोह, मद और मत्सर।

षड्वक्त्र/षड्वदन—[सं॰ षड् ~ वक्त्र/वदन] *वि॰* छह मुखों वाला। *पु॰* कार्त्तिकेय।

षड्वर्ग—[सं॰ षड् ~ वर्ग] *पु॰* एक ही प्रकार की ६ वस्तुओं का समूह। (ज्योतिष॰) क्षेत्र, होरा, द्रेष्काण, नवांश, द्वादशांश और त्रिंशांश का समूह।

षड्विकार—[सं॰ षड् ~ विकार] *पु॰* १. छह दोष। २. काम, क्रोध, लोभ, मोह, मद और मत्सर नामक ६ दोष। (भा॰ दर्शन॰) प्राणियों के ६ विकार या परिवर्तन। जन्म, शरीर-वृद्धि, बाल्यावस्था, प्रौढ़ता, वृद्धावस्था और मृत्यु।

षण्ड (षंड)—[सं॰ √सन् + ड, पृषो॰ स्→ष्] *पु॰* १. बैल। २. शिव। महादेव। ३. नपुंसक। हिजड़ा।

षण्डी (षंडी)—[सं॰ षण्ड + ङीष्] *स्त्री॰* ऐसी स्त्री जिसमें स्त्रीत्व के मुख्य लक्षण न हों तथा जो पुरुष से समागम के अयोग्य हो।

षण्ढ (षंढ)—[सं॰ √सन् + ढ, पृषो॰ स्→ष्] *पु॰* षंड। (दे॰)

षण्मास—[सं॰ षण् ~ मास] *पु॰* छह मास। ६ महीने।

षण्मुख—[सं॰ षण् ~ मुख] *वि॰* छह मुखोंवाला। *पु॰* (शिव-पार्वती का पुत्र) कार्त्तिकेय। स्कन्द।

षष्टि—[सं॰ षट् + दशति, निपा॰] *वि॰* साठ। *स्त्री॰* साठ की संख्या (६०)।

षष्टिपूर्ति—[सं॰ षष्टि ~ पूर्ति] *स्त्री॰* साठ वर्ष की अवस्था होना।

षष्ठ—[सं॰ षष् + डट्, थुक्] *वि॰* छठा।

षष्ठांश—[सं॰ षष्ठ ~ अंश] *पु॰* १. छठा भाग। २. उपज का छठा भाग। *जैसे*—प्रजा षष्ठांश राजा को कर के रूप में देती थी।

षष्ठी—[सं॰ षष्ठ + ङीप्] १. चान्द्रमास के शुक्ल/कृष्ण पक्ष की छठी तिथि। छठ। २. षष्ठी तिथि की अधिष्ठात्री देवी। ३. पार्वती। दुर्गा। (व्या॰) सम्बन्धकारक की विभक्ति। सम्बन्ध-सूचक विभक्ति। ✣ **षष्ठी तत्पुरुष**—*पु॰* (व्या॰) = तत्पुरुष समास का एक भेद जिसमें पूर्वपद षष्ठी विभक्ति या सम्बन्धकारक का होता है।

षाडव—[सं॰ षड √अव् + अच् + अण्] *पु॰* १. मनोविकार। २. संगीत। (संगीत॰) राग की एक जाति जिसमें केवल ६ स्वर (सा, र, ग, म, प, ध) आते हैं और निषाद स्वर (नि) वर्जित है।

षाड्गुण्य—[सं॰ षड्गुण + ष्यञ्] *पु॰* १. छह उत्तम गुणों का समूह। षड्गुणसमुच्चय। २. किसी संख्या को छह से गुणा करने पर प्राप्त गुणनफल।

षाण्मातु—[सं॰ षण्मातृ + अण्, उत्व] *वि॰* छह माताओं वाला। *पु॰* (शिव-पार्वती का पुत्र) कार्त्तिकेय। स्कन्द।

षाष्टिक—[सं॰ षष्टि + ठक्] *वि॰* १. साठ का। *जैसे*—षाष्टिक पद्धति। २. साठ वर्ष की अवस्था का। ✣ **षाष्टिक पद्धति (पद्धति)**—*स्त्री॰* = (गणित॰) दशमिक पद्धति से भिन्न वह संख्या-पद्धति जिसमें ६० को आधार माना जाता है।

षाष्ठिक—[सं॰ षष्ट ~ ठञ्] १. छठे से सम्बन्धित। २. छठे का। ३. जिसकी छठे (अध्याय) में व्याख्या की गयी हो।

***षिवना**—[< सं॰ क्षिया] *पु॰* नष्ट होना।

षोड़श—[सं॰ षोडशन् + डट्] *वि॰* सोलह। *पु॰* सोलह की संख्या (१६)।

षोडशकरण भावना व्रत—[सं॰] *पु॰* (जैन॰) भाद्र, माघ और चैत्र में कृष्ण प्रतिपदा से अगले मास की कृष्ण प्रतिपदा तक क्रमशः ३२ उपवास या १६ उपवास और १६ पारण करने का व्रत।

षोडश कला—[सं॰] *स्त्री॰* सोलह चन्द्र-कलाएँ।

षोडशगण—[सं॰ षोडश ~ गण] *पु॰* १. १६ वस्तुओं का समूह। २. पाँच ज्ञानेन्द्रियों, पाँच कर्मेन्द्रियों, पंचभूत और मन का समूह।

षोडश चन्द्र-कला—[सं॰ षोडश ~ चन्द्र ~ कला] *स्त्री॰* तिथि के अनुसार घटने-बढ़ने वाली अमृता आदि चन्द्रमा की सोलह कलाएँ।

षोडशदान—[सं॰ षोडश ~ दान] *पु॰* श्राद्ध आदि के अवसर पर दान के लिए उत्तम भूमि आदि सोलह वस्तुएँ।

षोडशधा—[सं॰ षोडशन् + धाच्] *क्रिवि॰* सोलह प्रकार का।

षोडश नायिका—[सं॰] (काव्य॰) नायिका-भेद में वर्णित सोलह प्रकार की नायिकाएँ।

षोडशभुजा—[सं॰ षोडश ~ भुजा] *स्त्री॰* दुर्गा/पार्वती का एक रूप जिसमें देवी की १६ भुजाएँ होती हैं।

षोडशमातृका—[सं॰ षोडश ~ मातृका] *स्त्री॰* सोलह मातृकाएँ। सोलह मातृदेवियाँ।

षोडश शृङ्गार (शृंगार)—[सं॰ षोडश ~ शृङ्गार] *स्त्री॰* स्त्रियों के सोलह शृंगार।

षोडशसंस्कार—[सं॰ षोडश ~ संस्कार] *पु॰* (धर्मशास्त्र में वर्णित) गर्भाधान से अन्त्येष्टि तक के सोलह संस्कार।

षोडशाङ्ग (षोडशांग)—[सं॰ षोडश ~ अङ्ग] *वि॰* सोलह अंगों वाला। *पु॰* १. सोलह अंग। २. १६ प्रकार के गन्धद्रव्यों से तैयार किया गया धूप।

षोडशावर्त—[सं॰ षोडश ~ आवर्त] *पु॰* शंख।

षोडशांशु—[सं॰ षोडश ~ अंशु] *पु॰* शुक्र (ग्रह)।

षोडशिक—[सं॰ षोडशन् + ठक्] *वि॰* १. सोलह से सम्बन्धित। २. सोलहवाँ। ३. सोलह भागों का।

षोडशी—[सं॰ षोडश + डीप्] *स्त्री॰* १. दश महाविद्याओं में से एक। २. सोलह वर्ष की नवयुवती।

षोडशोपचार—[सं॰ षोडश ~ उपचार] *पु॰* देव-पूजन के आवाहन आदि सोलह अंग।

षोढा—[सं॰ षष् + धाच्] *क्रिवि॰* छह प्रकार से।

षोढान्यास—[सं॰ षोढा ~ न्यास] *पु॰* मन्त्र पढ़ते हुए शरीर को स्पर्श करने के छह प्रकार।

ष्ठीवन—[सं॰ ष्ठीव् + ल्युट्] *पु॰* १. थूकने की क्रिया। २. थूक। खखार।

स

देवनागरी वर्णमाला में ऊष्म वर्णों के वर्ग का तीसरा व्यंजन। (भाषाविज्ञान की दृष्टि से) यह वर्त्स्य (दन्त्य), अघोष और संघर्षी है। ● **विशेष**—१. 'सँ', 'साँ' इत्यादि अनुनासिक रूपों में 'चन्द्रबिन्दु' के स्थान पर 'बिन्दु'मात्र लगाने की रीति सुविधार्थ वहीं प्रयुक्त होती है जहाँ कोई मात्रा शिरोरेखा के ऊपर होती है (सिँ→सिं, सीँ→सीं, सोँठ→सोंठ, सौँध→सौंध)। २. व्यंजन-गुच्छों में जब 'स' पहले आकर अन्य व्यंजनों से मिलता है, तब साधारणतया उसका रूप '**स्‌**' होता है (स्कन्द, स्तुति, स्नान, हास्य, स्वर)। परन्तु 'र' से मिलने पर संयुक्त रूप '**स्र**' होता है (स्रष्टा, सहस्र) तीन व्यंजनों का गुच्छ '**स्त्र**' (स् + त् + र) बहुत शब्दों में प्रयुक्त होता है (अस्त्र, शस्त्र, वस्त्र, स्त्री)। **'स्र' तथा 'स्त्र' के अन्तर पर ध्यान देना आवश्यक है**। ३. व्यंजन-गुच्छों में, पहले आकर 'स' से मिलनेवाले व्यंजन प्रायः अपनी खड़ी रेखा छोड़कर मिलते हैं (बक्सा, शख़्स, वत्स, शम्स) परन्तु 'र्' शिरोरेखा के ऊपर स्थित होता है (उर्स, पर्स, वर्स)। और, ट्, ठ्, ड् तथा 'ढ्' अपने हलन्त रूप में ही मिलते हैं (नोट्स, बर्ड्स) ४. **'स्' का द्वित्व** भी होता है—स्स (क़िस्सा, ग़ुस्सा, रस्सा)। ५. बोलने या लिखने में असावधानी से 'स' के स्थान पर 'श' या 'श' के स्थान पर 'स' के प्रयोग से कभी तत्सम शब्द का तद्‌भव में परिवर्तन हो सकता है (शिर→सिर, दश→दस), कभी निरर्थक शब्द बन सकता है परन्तु कभी-कभी भिन्न अर्थ वाला शब्द बन जाता है (सील↔शील, शाला↔साला)। ६. प्रायः 'श' को '**तालव्य श**', 'ष' को 'मूर्द्धन्य ष' और 'स' को 'दन्त्य स' कहकर तीनों वर्णों में अन्तर स्पष्ट करना सरल होता है।

स—[सं॰ सो + ड] *पु॰*१. शिव। २. विष्णु। ३. चन्द्रमा। ४. जीवात्मा। ५. पवन। हवा। ६. ज्ञान। ७. चिन्तन। ८. दीप्ति। ९. सर्प। (छन्द॰) सगण (IIS) का सूचक चिह्न। ● **विशेष**—१. तत्सम संज्ञा शब्दों के पहले जुड़कर अनेक सार्थक शब्द बनाने की क्षमता के कारण (*जैसे*—सपरिवार) 'स' अत्यन्त व्यापक प्रयोग वाला **उपसर्ग** है।

सआदतमन्द (सआदतमंद)—[अरबी सआदत + फा॰ मन्द] *वि॰* आज्ञाकारी। ✣ **सआदतमन्दी (सआदतमंदी)**—*स्त्री॰* = आज्ञाकारिता।

***सइ**—[< सं॰ सह] कारक प्रत्यय से।

***सइयाँ**—*पु॰* ≤ *हि॰* सैयाँ। स्वामी। पति।

सई[1]—[देशज] *स्त्री॰* एक नदी जो वर्तमान रायबरेली ज़िला (उ.प्र.) में बहती है।

सई[2]—[अरबी] *स्त्री॰* लाभ। उन्नति।

सई[3]—[अरबी] *स्त्री॰* प्रयत्न। कोशिश। ।

सई[4]—*वि॰* ≤ *हि॰* सही।

सई साँझ—[< सं॰ सद्यः सन्ध्या] *स्त्री॰* सन्ध्या के आरम्भ का समय।

***सईं (सई)**—*वि॰* ≤ *सं॰* समान।

***सउछाह**—*वि॰* ≤ *सं॰* सोत्साह। उत्साहपूर्वक।

***सउज्जल**—*वि॰* ≤ *सं॰* उज्ज्वल।

***सउँ**—*कारक प्रत्यय* ≤ *हि॰* सों। से।

संयत—[सं॰ सम् √यम् + क्त] *वि॰*१. पकड़/दबाव में रखा हुआ। २. वश में लाया हुआ। वशीभूत। ३. व्यवस्थित। नियमबद्ध। ४. जितेन्द्रिय। निग्रही। ५. उचित सीमा में रोका हुआ।

संयतचेता—[सं॰ संयतचेतस्] *वि॰* मन को संयम में रखनेवाला। संयतमना। संयमी।

संयतप्राण—[सं॰ संयत ~ प्राण] *वि॰*१. जिसने प्राणायाम से प्राणों को वश में कर लिया हो। २. प्राणायाम करनेवाला।

संयताचार—[सं॰ संयत ~ आचार] *वि॰* १. व्यवस्थित/नियमबद्ध आचार वाला। २. खाने-पीने, बोलने-चालने, व्यवहार करने इत्यादि में संयमवाला।

संयतात्मा—[सं॰ संयतात्मन्] *वि॰*१. आत्मनिग्रही। २. आत्मनियन्ता।

संयताहार—[सं॰ संयत ~ आहार] *वि॰*१. जो आहार करने में संयम रखे। २. मिताहारी।

संयन्त्र (संयंत्र)—[सं॰ सम् + यन्त्र] *पु॰* (अर्थ॰) किसी कारख़ाने में प्रयुक्त होनेवाली स्थायी संरचनाओं, उपकरणों तथा यन्त्रों का समूह। (अं॰ प्लान्ट)।

संयम—[सम् √यम् + अप्] *पु॰*१. निग्रह। रोक। २. सम्यक् रूप से नियन्त्रण। ३. प्राणियों और इन्द्रियों के विषय में अशुभ प्रवृत्ति का त्याग। ४. मन को बुरे या ग़लत कामों की ओर जाने से रोकना। ५. मन की एकाग्रता। ६. स्वास्थ्य की दृष्टि से हानिकारक भोजन/कार्यों/बातों से अलग रहना। परहेज़। ७. व्यवहार में अनुचित बातों से स्वयं को रोकना। ८. क्रोध में न आकर शान्त बने रहना।

संयमन—[स॰ सम् √यम् + ल्युट्] *पु॰* १. संयम करने की क्रिया/भाव। २. निग्रह। रोक। ३. आत्मसंयम। आत्मनिग्रह।

संयमनी—[संयमन + ङीप्] *स्त्री॰* (मृत्यु के देवता) यमराज की पुरी। यमराज की राजधानी।

संयमी—[स॰ संयमिन्] *वि॰* १. संयम करनेवाला। २. चित्तवृत्तियों का निग्रह/निरोध करनेवाला। आत्मनिग्रही। जितेन्द्रिय। ३. (व्यवहार में) संयम से रहनेवाला।

संयुक्त—[स॰ सम् + युक्त] *वि॰* १. मिला हुआ, जुड़ा हुआ, लगा हुआ या सटा हुआ। २. (परिवार आदि) जो विघटित न हो। ***जैसे***—संयुक्त परिवार। ३. जिसके दो या अधिक भागीदार हों। ***जैसे***—बैंक में संयुक्त खाता। ४. सहित। ५. मिश्रित। ६. किसी प्रमुख अधिकारी के सहयोगी के रूप में साथ-साथ काम करनेवाला। ***जैसे***—संयुक्त लेखक; संयुक्त सम्पादक। ७. दो या अधिक व्यक्तियों का मिला-जुला। ***जैसे***—मकान का संयुक्त स्वामित्व।

संयुक्त क्रिया—[स॰] *स्त्री॰* (व्या॰) दो क्रियाओं के संयोग से बनी क्रिया (***जैसे***—पढ़ लेना (पढ़ना + लेना) हँसना-रोना; आना-जाना)।

संयुक्ततः—[स॰] संयुक्त + तस्] *क्रिवि॰* संयुक्त रूप से।

संयुक्ता—[स॰ संयुक्त + टाप्] *वि॰* (*स्त्री॰*) संयुक्त। किसी के साथ जुड़ी हुई, मिली हुई, लगी हुई या सटी हुई। (छन्द) 'संयुत' नामक १० वर्णों का समवर्णिक छन्द।

संयुक्ताक्षर—[स॰ संयुक्त ~ अक्षर] *पु॰* संयुक्त वर्ण।

संयुत—[स॰ सम् + युत] *वि॰* १. जुड़ा हुआ। युक्त। २. किसी के साथ मिला हुआ या लगाया हुआ। ३. जो इकट्ठा हो गया हो। संचित। *पु॰* (छन्द॰) एक समवर्णिक छन्द जिसके प्रत्येक चरण में क्रमशः सगण, जगण, जगण और गुरु (स ज ज ग) के योग से १० वर्ण होते हैं (अन्य नाम-'संयुक्ता' छन्द)।

संयोग—[स॰ सम् + योग] *पु॰* १. (कुछ वस्तुओं का) मेल। मिश्रण। २. समागम। मिलन। ३. स्त्री-पुरुष या प्रेमी-प्रेमिका का मिलन। ४. विवाह-सम्बन्ध। ५. कोई अप्रत्याशित घटना। आकस्मिक घटना। ६. अकस्मात् होनेवाली वह स्थिति जिसमें एक घटना के साथ ही कोई दूसरी घटना भी हो जाए। ७. (लाक्षणिक) अवसर। ८. किसी उद्देश्य के लिए दो या अधिक लोगों में होनेवाला मेल। ९. दो या अधिक ग्रहों की किसी एक राशि में स्थिति। ग्रह-योग। (व्या॰) दो या अधिक व्यंजनों का मेल। ***जैसे***—'रहस्य' शब्द में सकार और यकार का संयोग है। ***वा॰* संयोग बनना**—सुअवसर आना। **संयोग से**—आकस्मिक रूप से। अकस्मात्।

संयोग शृंगार (शृङ्गार)—[स॰] *पु॰* (काव्य॰) शृंगार रस का एक भेद। नायक-नायिका का एक साथ रहकर आनन्द अनुभव करना। ∇ **विलोम**—विप्रलम्भ/वियोग शृंगार।

संयोगिनी—[स॰ संयोगिन् + ङीप्] *वि॰* (*स्त्री॰*) १. संयोग करने या करानेवाली। २. मिलने या मिलानेवाली। ३. विवाहिता। ४. जो अपने पति या प्रेमी के साथ हो, वियुक्त न हो। ∇ **विलोम**—वियोगिनी।

संयोगी—[स॰ संयोगिन्] *वि॰* १. संयोगवाला। मेल का। २. संयोग करानेवाला। मिलानेवाला। ३. जिसका संयोग हो चुका हो। ४. विवाहित। जो अपनी पत्नी या प्रेमिका के साथ हो, वियुक्त न हो। ∇ **विलोम**—वियोगी।

संयोजन—[स॰ सम् √युज् + ल्युट्] *पु॰* १. जोड़ने या मिलने की क्रिया/भाव। २. (सभा आदि या किसी कार्य का) आयोजन/प्रबन्ध। ३. गठन। बनावट। (कला॰) १. अनेक वस्तुओं को जोड़कर कलाकृति बनाने का कार्य। २. कलात्मक रचना में प्रयुक्त वस्तुगत तत्त्वों को व्यवस्थित रूप में प्रस्तुत करने का कार्य जिससे अंकन प्रभावित होता है और कलाकृति संतुलित होती है। ***जैसे***—रंग-संयोजन। ✣ **संयोजना**—*स्त्री॰* = संयोजन।

संरक्षण—[सम् + रक्षण] *पु॰* १. रक्षा। हिफ़ाजत। २. सुरक्षा। बचाव। ३. देख-रेख। निगरानी। ४. अधिकार। कब्ज़ा। ५. आश्रय में रखकर पालन-पोषण। सरपरस्ती ६. सरकार द्वारा विदेशी उद्योगों से देशी उद्योगों की रक्षा।

संरक्षा—[स॰ सम् + रक्षा] *स्त्री॰* १. रक्षा। २. सुरक्षा। बचाव।

संरक्षिका—[स॰ संरक्षक + टाप्] *वि॰* (*स्त्री॰*), संरक्षक स्त्री।

संरक्ष्य—[स॰ सम् + रक्ष्य] *वि॰* संरक्षणीय।

संरचना—[स॰ सम् + रचना] *स्त्री॰* १. (अनेक अवयवों को जोड़ कर) निर्मित/रचित वस्तु। सावयव रचना। २. उक्त प्रकार से बनी वस्तु की रचना/बनावट। ३. भवन। इमारत। ४. गठन। बनावट। ***जैसे***—नाटक की संरचना।

संराशिकरण—[स॰ सम् + राशि ~ करण] *पु॰* एकमुश्त अदायगी। ***जैसे***—पेंशन का संराशिकरण।

संरुद्ध (संरुद्ध)—[स॰ सम् + रुद्ध] *वि॰* १. रोका हुआ। अवरुद्ध। २. मना किया हुआ। वर्जित ३. चारों ओर से घेरा हुआ।

संरूढ [स॰ सम् + रूढ] *वि॰* १. साथ-साथ उगा हुआ। २. अंकुरित। ३. अच्छी तरह जमा हुआ। अच्छी तरह जड़ पकड़ा हुआ।

संरूप—[स॰ सम् + रूप] *पु॰* (भाषा॰) एक रूपग्राम के परिपूरक वितरण वाले अनेक समानार्थी रूप। ***जैसे***—कर्ता कारक में संज्ञा शब्दों के बहुवचन बनाने के लिए एँ, ए और शून्य रूप [बहिन् (अ)→बहिनें, लड़क् (आ)→लड़के, साधु→साधु] 'एँ' के संरूप हैं। (अ॰ एलोमार्फ़)

संरूपण—[स॰ सम् + रूपण] *पु॰* (रसायन॰) अणु में अध्यारोपित न होनेवाले परन्तु एक ही आबन्ध होने के कारण घूर्णन द्वारा परस्पर परिवर्तित हो सकने वाले परमाणुओं की त्रि-विम व्यवस्था। (अ॰ कान्फ़ार्मेशन)।

संरेखण—[स॰ सम् + रेखण] *पु॰* रेखाओं का अंकन। रेखाएँ खींचना।

संरोध—[स॰ सम् + रोध] *पु॰* १. बाधा। अवरोध। रुकावट। अड़चन। ***जैसे***—नाली में पानी बहने का संरोध। २. बन्धन। घेरा। ***जैसे***—बर्फ़ से यात्रियों का संरोध। ३. दमन। ४. नाश। ५. शत्रु की सेना द्वारा किसी नगर या बन्दरगाह को सब ओर से घेर लेना और आने-जाने के रास्ते बन्द कर देना। नाकाबन्दी। (अ॰ ब्लॉकेड)

संलक्षण—[सं॰ सम् + लक्षण] *पु॰* १. ताड़ लेना। २. पहचान लेना। (मनो॰) किसी रोग या मनोविकार के सूचक अनेक लक्षणों का समूह। (अं॰ सिन्ड्रोम)

संलक्ष्यक्रमध्वनि—[सं॰ संलक्ष्य ~ क्रम ~ ध्वनि] *पु॰* (काव्य॰) काव्य का एक प्रकार जिसमें वाच्यार्थ अपना बोध कराके व्यंग्यार्थ की पुष्टि करता है और वाच्यार्थ से व्यंग्यार्थ की प्रतीति का पहले और बाद में होने का क्रम स्पष्ट रीति से लक्षित होता है।

संलग्न—[सं॰ सम् + लग्न] *वि॰* १. सटा हुआ। मिला हुआ। संयुक्त। २. (लड़ाई में) गुँथा हुआ। भिड़ा हुआ। ३. जुड़ा हुआ। सम्बद्ध। ४. किसी के साथ बाद में जोड़ा हुआ या लगाया हुआ। नत्थी किया हुआ। ⁖ **संलग्नक**—*पु॰* = किसी पत्र के साथ नत्थी करके भेजा जाने वाला पत्र, प्रलेख आदि। अनुलग्नक।

संलपन—[सं॰ सम् + लपन] *पु॰* गपशप।

संलय—[सं॰ सम् + लया] *पु॰* मिश्रण।

संलयन—[सं॰ सम् + लयन] *पु॰* १. चिपकाना। सटना। २. लीन होना। ३. लेटना। ४. शयन। सोना। ५. मिलकर एक होना। एकीकरण। (भौतिकी॰) १. ठोस से द्रव अवस्था में परिवर्तन। २. दो हल्के नाभिकों के परस्पर लीन हो जाने से एक भारी नाभिक बनने की प्रक्रिया जिसमें विशाल ऊर्जा है। (अं॰ फ़्यूज़न)।

संलाप—[सं॰ सम् + लाप] *पु॰* १. परस्पर वार्तालाप। आपस की बातचीत। २. गोपनीय बातचीत। रहस्यवार्ता। (नाट्य॰) कथोपकथन। संवाद।

संलेख—[सं॰ सम् + लेख] *पु॰* देशों में होनेवाली सन्धि का वह हस्ताक्षरयुक्त प्रारूप जिस पर सन्धि की मुख्य बातें लिखी होती हैं। सन्धि का मसौदा। (अं॰ प्रोटोकॉल)।

संवत्—[सं॰ सम् √वय् + क्विप्, य→लोप, तुक्] *पु॰* १. वर्ष। साल। २. किसी वर्ष-गणना का कोई वर्ष। सन्। ३. विक्रम संवत्सर।

संवत्सर—[सं॰ सम् + वत्सर] *पु॰* १. वर्ष। साल। २. प्राचीन पंचवर्षीय युग की गणना में प्रथम वर्ष। ३. विक्रमादित्य के काल से प्रचलित वर्ष-गणना का प्रत्येक वर्ष।

संवर—[सं॰ सम् + वर, (वर = √वृ + अप्/अच्)] *पु॰* १. रोकना। २. आत्मसंयम। ३. पसन्द। चुनाव। ४. (जलाशय का) बाँध। ५. दमन। ***जैसे***— रावण-संवर। ६. सहनशीलता। (जैन॰) कर्मों के प्रवाह का रुकना। आस्रव-निरोध। (बौद्ध॰) एक प्रकार का व्रत।

संवरण—[सं॰ सम् + वरण] *पु॰* १. रोकना। २. आत्मसंयम। आत्मनिग्रह। ३. निग्रह। ***जैसे***—लोभ-संवरण करना। ४. पसन्द करना। चुनना। ५. (जलाशय का) बाँध। ६. दमन। ७. सहनशीलता। ८. आच्छादन। ढँकना। ९. छिपाव। दुराव। १०. कन्या का अपने लिए वर/पति चुनना। ११. समाप्ति।

संवरणा—[सं॰ संवरण + टाप्] *स्त्री॰* (स्थापत्य॰) मन्दिर में महामंडप के घूमट की बनावट जिसमें छोटी-बड़ी, घंटियाँ लगाते हैं और शिखर पर बड़ी घंटी।

संवर्ग—[सं॰ सम् + वर्ग] *पु॰* १. कोटि। वर्ग। श्रेणी। (अं॰ कैटिगरि) २. समुच्चय। समूह। (अं॰ सेट)। ३. अनुभवी कार्यकर्ताओं का दल। (अं॰ काडर)।

संवर्त—[सं॰ सम् √वृत् + घञ्, अथवा सम् √वृत् + णिच् + अच्] *पु॰* १. फेरा। लपेट। घुमाव। २. नाश। ३. कल्प का अन्त। प्रलय। ४. बहुत जल वाला बादल। ५. प्रलयकालीन सात मेघों में से एक। ६. नाश।

संवर्ध—[सं॰ सम् + वर्ध] *पु॰* (कृषि॰) १. खाद्य सामग्री से या कृत्रिम रूप से सूक्ष्म जीवों को उगाना। २. कृत्रिम रूप से बनाए रखे गए सूक्ष्म जीवों की एक बस्ती।

संवर्धन—[सं॰ सम् + वर्धन] *पु॰* १. अच्छी तरह बढ़ना या बढ़ाना। वृद्धि होना/करना। ***जैसे***—मनुष्यता का संवर्धन। २. पालन-पोषण करके बड़ा करना। ३. मधुमक्खियों, रेशम के कीड़ों या मछली आदि का प्रजनन और पालन। ४. पौधों या पशु-पक्षियों के वंश-विकास, वंश-विस्तार आदि की वृद्धि अथवा उसके लिए सहायक कार्य।

संवलित—[सं॰ सम् √वल् + क्त] *वि॰* १. मिला हुआ। मिश्रित। २. (किसी से) सम्बन्ध-युक्त। युक्त। ३. जिसने शत्रु से मुठभेड़ की हो। शत्रु से भिड़ा हुआ।

संवहन—[सं॰ सम् + वहन] *पु॰* १. वहन करना। ले जाना। ढोना। २. गर्म हुए कणों की गति के कारण गर्मी का एक स्थान से दूसरे स्थान पर पहुँचना। ***जैसे***—संवहनवाली वर्षा। ३. विद्युत्-युक्त कणों की गति के कारण विद्युत् का एक स्थान से दूसरे स्थान पर पहुँचना। (अं॰ कन्वेन्शनं)

संवातक—[सं॰ सम् + वातक] *पु॰* १. कमरे आदि में हवा के आने-जाने का मार्ग। २. वातायन। खिड़की। झरोखा। ३. रोशनदान। ४. (कमरे आदि में) हवा संचारित करने का यन्त्र। (अं॰ वेन्टिलेटर)।

संवातन—[सं॰ सम् + वातन] *पु॰* १. (कमरे आदि में) हवा के आने-जाने का मार्ग या प्रबन्ध। २. (कमरे आदि में) हवा का आना-जाना। (अं॰ वेन्टिलेशन)।

संवाद—[सम् √वद् + घञ्] *पु॰* १. वार्तालाप। बातचीत। २. समाचार। ख़बर। ३. भेजा हुआ या प्राप्त वृत्तान्त।

संवादी—[सं॰ संवादिन्] *वि॰* १. बातचीत करनेवाला। २. सहमत होनेवाला। ३. एक-सा। सदृश। ⁖ **संवादी स्वर**—*पु॰* = (संगीत॰) उन स्वरों का युग्म या जोड़ा जिनके बीच ९ या १३ श्रुतियों का अन्तर हो। समान रस-भाव देनेवाले दो स्वरों का समूह। ***जैसे***—स और म परस्पर संवादी स्वर हैं।

संवार—[सं॰ सम् √वृ + घञ्] *पु॰* १. आच्छादन। २. छिपाना। ३. सुव्यवस्था। ४. रक्षण। (भाषा॰) उच्चारण में एक प्रकार का बाह्य प्रयत्न जिसमें कंठ आकुंचित होता है। ∇ **विलोम**—विवार।

संवारण—[सं॰ सम् + वारण] *पु॰* १. दूर करना। हटाना। निवारण। २. (आने से) रोकना। ३. निषेध करना। मनाही। ४. आच्छादन। ढँकना। ५. गोपन। छिपाना।

संवाह—[सम् √वह् + घञ्] *पु०* १. ले जाना। ढोना। २. पैर दबाना।

संवाहक[1]—[सं० सम् + वाहक] *वि०* (बोझ) ले जाने वाला। ढोनेवाला। (भौतिकी०) (ताप/विद्युत् आदि को) एक स्थान से दूसरे स्थान पर पहुँचानेवाली वस्तु।

संवाहक[2]—[सं० सम् √वह् + णिच् + ण्वुल्] *वि०* पैर दबानेवाला।

संवाही—[सं० संवाहिन्] *वि०* संवाहक।

संविग्न—[सं० सम् √विज् + क्त] *वि०* १. घबराया हुआ। उद्विग्न। क्षुब्ध। २. डरा हुआ। भयभीत।

संविज्ञ—[सं० सम् + विज्ञ] *वि०* अच्छा ज्ञाता। विज्ञ। सुविज्ञ।

संविज्ञान—[सं० सम् + वि+ ज्ञान] *पु०* सम्यक् ज्ञान। पूर्ण और सत्य ज्ञान।

संवितरण—[सं० सम् + वितरण] *वि०* (कार्यालयों आदि में होनेवाले व्ययों की राशि का) भुगतान। अदायगी। ***जैसे***—महाविद्यालय का संवितरण-अधिकारी।

संवित्ति—[सं० सम् √विद् + क्तिन्] *स्त्री०* १. चेतना। ज्ञान। २. बुद्धि। ३. सहमति। एकमतित्व। ४. अनुभव।

संविद्—[सं० सम् √विद् + क्विप्] *स्त्री०* १. चेतना। ज्ञान। बोध। २. प्रतिज्ञा। इक़रार। ३. स्वीकृति। सहमति। रज़ामन्दी। ४. संज्ञा। नाम।५. संकेत-शब्द जिससे प्रहरी, मित्र या शत्रु की, पहचान करता है।

संविदा—[सं० संविद् + टाप्] *स्त्री०* १. प्रतिज्ञा। इक़रार। २. कुछ निश्चित शर्तों पर दो या अधिक पक्षों का आपसी समझौता। इक़रार। अनुबन्ध। ठेका। (अं० कॉन्ट्रैक्ट)।

संविधान—[सं० सम् + विधान] *पु०* १. व्यवस्था। प्रबन्ध। २. रचना। बनावट। (काव्य०) कथावस्तु में घटनाओं की व्यवस्था करना। (राज०) वे लिखित नियम और अलिखित परिपाटियाँ जिनके अन्तर्गत किसी राज्य के विविध अंगों का संगठन किया जाता है, उनकी शक्तियाँ और उन शक्तियों के प्रयोग-क्षेत्र की सीमाएँ निर्धारित की जाती हैं तथा नागरिकों के अधिकारों और कर्तव्यों का निर्देश किया जाता है। ***जैसे***—भारतीय संविधान २६ जनवरी, १९५० से लागू हुआ; ब्रिटेन का संविधान अलिखित है।

संविधि—[सं० सम् + विधि] *स्त्री०* १. विधि। रीति। २. व्यवस्था। प्रबन्ध। (राज०) राज्य के विधानमंडल (अं० लेजिस्लेचर) द्वारा विधिवत् अधिनियमित क़ानून। (अं०स्टैट्यूट)।

संविभक्त—[सं० सम् + विभक्त] *वि०* (अच्छी तरह से) विभक्त किया हुआ। विभाजित।

संविभाग—[सं० सम् + विभाग] *पु०* (अच्छी तरह से किया गया) विभाजन/विभाग। (अं० पोर्टफ़ोलियो)।

संवीक्षक—[सं० सम् + वीक्षक] *पु०* संवीक्षा करनेवाला।

संवीक्षण—[सं० सम् + वीक्षण] *पु०* १. चारों ओर ताकना। ध्यान से इधर-उधर देखना। २. अन्वेषण। खोजना। ३. संवीक्षा।

संवीक्षा—[सं० सम् √वीक्ष् + अ + टाप्] *स्त्री०* सूक्ष्मता से परीक्षण। बारीक जाँच। छानबीन। (अं० स्क्रूटिनि)।

संवृत—[सं० सम् √वृ + क्त] *वि०* १. ढँका हुआ। आच्छादित। आवृत। २. छिपा हुआ। गुप्त। ३. बन्द। ४. सुरक्षित। ५. जो अलग/दूर हो गया हो। ६. युक्त। सहित। समन्वित। ७. भरा हुआ। परिपूर्ण। (भाषा०) जिसके उच्चारण में 'संवार' नामक बाह्य प्रयत्न होता हो। (वह वर्ण) जिसके उच्चारण में मुँह बहुत कम खोला जाए। [∇ **विलोम**—विवृत।] *पु०* (भाषा०) उच्चारण में होनेवाले 'संवार' नामक बाह्य प्रयत्न वाला वर्ण। **संवृत समाज**—*पु०* = वह समाज जिसमें किसी व्यक्ति की सामाजिक कोटि/स्तर मुख्यत: परिवार की प्रतिष्ठा/हैसियत पर आधारित होती है, उसकी अपनी योग्यता और उपलब्धियों पर नहीं। (अं० क्लोज़्ड सोसायटी)।

संवृति—[सं० सम् √वृ + क्तिन्] *स्त्री०* १. ढँकने या छिपाने की क्रिया। २. छिपाव। दुराव। ३. गुप्त अभिप्राय।

संवृत्त—[सं० सम् √वृत् + क्त] *वि०* १. जो हुआ हो। घटित। २. ढँका हुआ। आच्छादित। ३. (उद्देश्य) जो सिद्ध हो चुका हो। ४. अन्वित। ५. व्यतीत।

संवृत्ति—[सं० सम् + वृत्ति] *स्त्री०* १. घटित होना। होना। २. आच्छादन। ३. (उद्देश्य की) सिद्धि।

संवृद्ध (संवृद्ध)—[सं० सम् √वृध् + क्त] *वि०* १. पूरा बढ़ा हुआ। २. जो बढ़कर लम्बा/ऊँचा हो गया हो। ३. फला-फूला हुआ। ४. उन्नत।

संवेग—[सं० सम् + वेग] *पु०* १. उत्तेजना। क्षोभ। २. आवेग। उतावली। ३. प्रचंडता। तेज़ी। ४. गहरा भाव। तीव्र मनोवेग। (मनो०) मनोवैज्ञानिक कारणों से प्राणी के मन और शरीर की अत्यधिक उत्तेजित अवस्था जो उसकी चेतन अनुभूति, अन्दर के अवयवों और व्यवहार में क्षोभ उत्पन्न कर देती है।

संवेद—[सं० सम् √विद् + घञ्] *पु०* १.(सुख-दुःख आदि की) अनुभूति। २. ज्ञान। बोध।

संवेदन—[सं० सम् √विद् + ल्युट्] *पु०* १. बोध। ज्ञान। २. अनुभूति। प्रतीति। ३. प्रकट करना। जताना। (वेदान्त०) इन्द्रियों द्वारा उपभोग में आए विषयों का ज्ञान (जो संसार के चार अनर्थकारी बीजों में से एक है। अन्य तीन हैं—भावना, वासना, कला)।

संवेदना—[सं० संवेदन + टाप्] *स्त्री०* १. संवेदन। २. अनुभूति। ३. सहानुभूति। ४. किसी के कष्टग्रस्त या दु:खी या शोकग्रस्त होने पर शोक और सहानुभूति अभिव्यक्त किया जाने वाला दु:ख। ✣ **संवेदना-शून्य**—*वि०* = संवेदनाहीन। संवेदनारहित।

संवेदनाहरण—[सं० संवेदना ~ हरण] *पु०* १. संज्ञा-शून्य या बेहोश कर देने की क्रिया/भाव। २. औषधि के प्रभाव से रोगी को बेहोश करके या अंग को सुन्न करके शरीर के किसी अंग की पीड़ा को कुछ समय के लिए अनुभव न होने देने की स्थिति। (अं० एनेस्थीसिया)।

संवेदी—[< सं० संवेद] *वि०* संवेदन से सम्बद्ध। संवेदन का।

संवेष्टन—[सं० सम् + वेष्टन] *पु०* १. ढाँकना। २. चारों ओर से घेरना या बन्द करना। ३. लपेटना। बाँधना। वेष्टन। पैकिंग (अं०)।

४. वह कपड़ा/काग़ज़/टाट आदि जिसमें वस्तु को लपेट कर भेजा जाए। पैकिंग (अ॰)।

संवैधानिक—[स॰ सम् + वैधानिक] *वि॰* १. संविधान-सम्बन्धी। संविधान का। २. संविधान के अनुसार। संविधान-सम्मत। ∇ **विलोम**—असंवैधानिक।

संव्यथित—[स॰ सम् + व्यथित] *वि॰* अत्यन्त व्यथित/पीड़ित।

संशप्त—[स॰ सम् + शप्त] *वि॰* १. जिसे शाप मिला हो। शापग्रस्त। शप्त। २. जिसने किसी को वचन दिया हो। वचनबद्ध।

संशप्तक—[स॰ संशप्त + कप्] *पु॰* वह योद्धा जिसने शत्रु पर विजय पाए बिना युद्धक्षेत्र से न हटने की शपथ ली हो।

संशय—[स॰ सम् √शी + अच्] *पु॰* १. (किसी वस्तु का) अनिश्चयात्मक ज्ञान। २. चित्त की दोलायमान प्रतीति। दुविधा। शक। ३. सम्भावना और असम्भावना का मिश्रण। *जैसे*—इसमें संशय है कि तुम ईमानदार हो। ४. संकट की आशंका। ख़तरे की सम्भावना। *जैसे*—प्राणों का संशय होने की स्थिति। (काव्य॰) एक अर्थालंकार। सन्देह अलंकार। (दे॰ सन्देह)।

संशयात्मा—[स॰ संशयात्मन्] *वि॰* १. अविश्वासी। शक्की। २. संशयपूर्ण। ३. शंकालु।

संशयापन्न—[स॰ संशय ~ आपन्न] *वि॰* १. संशयग्रस्त। २. अनिश्चयात्मक संशयस्थ। २. अनिश्चित।

संशयिता—[स॰ संशयितृ] *वि॰* संशय करनेवाला।

संशयी—[स॰ संशयिन्] *वि॰* १. जो प्रायः संशय करता रहता हो। अविश्वासी। शक्की। २. (किसी बात पर) जिसे संशय हो।

संशयोपेत—[स॰ संशय ~ उपेत] *वि॰* संशययुक्त। अनिश्चयात्मक। संशयस्थ। दुविधाग्रस्त।

संशुदध (संशुद्ध)—[स॰ सम् + शुद्ध] *वि॰* १. पूरी तरह शुद्ध। विशुद्ध। २. साफ़ किया हुआ। ३. प्रायश्चित्त द्वारा पाप-मुक्त।

संशुदधि (संशुद्धि)—[स॰ सम् + शुद्धि] *स्त्री॰* १. पूरी तरह से शुद्धि। सम्यक् परिष्कार। *जैसे*—मन की संशुद्धि। २. सफ़ाई। ३. भूल सुधारने की क्रिया। संशोधन। सुधारना।

संशोधन—[स॰ सम् + शोधन] *पु॰* १. शुद्ध करना। शुद्धिकरण। २. सुधार करनेवाला। परिष्कार। ३. त्रुटियों/अशुद्धियों/भूलों आदि को दूर करके ठीक करना। दुरुस्त करना। ४. प्रस्तुत प्रस्ताव/विचारों में कुछ परिवर्तन या संशोधन। (राज॰) किसी क़ानून/संविधान में अर्थ और प्रभाव बदलनेवाला परिवर्तन।

संशोषण—[स॰ सम् + शोषण] *पु॰* सोखना या सुखाना। शोषण।

संश्रय—[स॰ सम् √श्रि + अच्] *पु॰* १. संयोग। मेल। २. सम्बन्ध। सम्पर्क। ३. आश्रय। शरण। ४. विश्रामस्थान, निवासस्थान या आश्रयस्थान। (राज॰) दो या अधिक राज्यों के बीच की मैत्रीसन्धि जिसमें परस्पर युद्ध न करने और किसी अन्य राज्य के साथ युद्ध होने पर सहायता करने की शर्तें होती हैं। (अ॰ एलाएंस)।

संश्लिष्ट—[स॰ सम् √श्लिष्+ क्त] *वि॰* १. अच्छी तरह मिला हुआ। मिश्रित। २. सम्बन्ध-युक्त। ३. अन्वित। एकीकृत। ४. आलिंगित।

संश्लेष—[स॰ सम् √श्लिष् + घञ्] *पु॰* १. मिलन। २. सम्बन्ध। ३. संयोग। ४. सन्धि। ५. आलिंगन।

संश्लेषण—[स॰ सम् √श्लिष् + णिच् + ल्युट्] *पु॰* १. मिलाना। जोड़ना। २. संलग्न करना/लगाना। ३. (तथ्यों, तत्त्वों आदि को) सम्बद्ध करना। ∇ **विलोम**—विश्लेषण। ● **विशेष**—व्याकरण में किसी दृश्य या घटना आदि से सम्बद्ध वाक्यों को जोड़ना '**वाक्य-संश्लेषण**' कहा जाता है।

संश्लेषात्मक—[स॰ संश्लेष ~ आत्मक] *वि॰* संश्लेष/संश्लेषणवाला।

संश्लेषित—[स॰ सम् √श्लिष् + णिच् + क्त] *वि॰* जिसका संश्लेषण हुआ हो। संश्लिष्ट।

संश्लेषी—[स॰ संश्लेषिन्] *वि॰* संश्लेषक। ✣ **संश्लेषिणी**—*वि॰* (*स्त्री॰*) = संश्लेषण करनेवाली।

***संस/संसइ/संसउ**—*पु॰* ≤ *स॰* संशय। अनिश्चयात्मक ज्ञान या दुविधावाली प्रतीति।

संसक्त—[सम् √सञ्ज् + क्त] *वि॰* १. लगा हुआ। सटा हुआ। संलग्न। युक्त। *जैसे*—जूए में संसक्त बैल। २. सम्बद्ध। ३. आसक्त। ४. इन्द्रियों के विषयों में आसक्त। विषयासक्त। ५. प्रेम में फँसा हुआ। अनुरक्त। ६. (किसी कार्य में) लवलीन। ✣ **संसक्तमन**—*वि॰* जिसका मन किसी विषय पर केन्द्रित/एकाग्र हो।

संसक्ति—[स॰ सम् √सञ्ज् + क्तिन्] *स्त्री॰* १. घनिष्ठ सम्बन्ध। २. संलग्नता। ३. आसक्ति। ४. गहरा अनुराग। (किसी कार्य में) लवलीनता। ५. सुसम्बद्धता। ६. संघटित रहने की प्रवृत्ति। ७. संघटन। ८. भक्ति। (भौतिकी॰) वह शक्ति जिसके प्रभाव से पदार्थों के अणु परस्पर जुड़े रहते हैं। किसी पदार्थ के अणुओं के बीच का आकर्षण। (अ॰ कोहीज़न)।

संसद्—[स॰ सम् √सद् + क्विप्] *स्त्री॰* १. सभा। २. (प्राचीन भारत में) राजसभा। ३. (प्राचीन भारत में) न्यायालय। (राज॰) संसद।

संसद—[< स॰ संसद्] *स्त्री॰* (किसी राज्य की) क़ानून बनानेवाली सर्वोच्च सभा। लोकतन्त्रीय शासन की विधि-निर्मात्री सर्वोच्चसभा। (अ॰ पार्लियामेन्ट)।

संसदज्ञ—[हि॰ संसद + स॰ ज्ञ] *वि॰, पु॰* १. संसद-सदस्य। सांसद। २. संसदीय विधान, रीति नीति आदि का विद्वान्। (अ॰ पार्लियामेन्टेरियन)।

संसरण—[स॰ सम् √सृ + ल्युट्] *पु॰* १. चलना-फिरना। गमन। सरकना। २. संसार। ३. जन्म और पुनर्जन्म। ४. सांसारिक जीवन।

***संसरि**—[< स॰ संसरण] *क्रिवि॰* संसरण रूप में। निरन्तर।

संसर्ग—[स॰ सम √सृज् + घञ्] *पु॰* १. सम्पर्क। सम्बन्ध। संगति। मेल-मिलाप। २. स्पर्श। *जैसे*—चेचक, हैजा, प्लेग आदि बीमारियाँ संसर्ग से भी फैलती हैं। ✣ **संसर्गज**—*वि॰* = १. संसर्ग से उत्पन्न। २. रोगी को छूने से उत्पन्न (रोग)। ✣ संसर्ग दोष—*पु॰* = वह बुराई जो बुरे लोगों के सम्पर्क से उत्पन्न हुई हो।

संसर्गी—[स॰ संसर्गिन्] *वि॰* संसर्ग रखनेवाला। *पु॰* साथी। संगी।

संसर्पण—[स॰ सम् √सृप् + ल्युट्] *पु॰* रेंगते हुए धीरे-धीरे आगे बढ़ना। सरकना।

संसाधन—[स॰ सम् + साधन] *पु॰* १. (किसी काम को) अच्छी तरह पूरा करना। २. (काम की) तैयारी। ३. अपनी सहायता या समर्थन के लिए अथवा अपने प्रयोजन को पूरा करने के लिए उपयोगी साधन। भरण-पोषण, रक्षा, विकास आदि की सामग्री। साधन-सामग्री। ***जैसे***—शिक्षा भी एक संसाधन है।

संसाध्य—[स॰ सम् + साध्य] *वि॰* १. पूरा करने योग्य (काम)। २. (काम) जिसे पूरा किया जाना हो। ३. प्राप्त करने योग्य। ४. जीते जाने योग्य। जेय। ५. दबाए जाने योग्य। दम्य।

संसार—[स॰ सम् √सृ + घञ्] *पु॰* १. निरन्तर चलते रहना। संसरण। २. निरन्तर एक अवस्था से दूसरी अवस्था में जाते रहना। ३. विश्व। जगत्। दुनिया। मृत्युलोक। ४. बार-बार जन्म-मरण, मृत्यु, और पुनर्जन्म की परम्परा। भवचक्र। ५. विश्व-प्रपंच और माया। ६. घर-गृहस्थी और उसमें व्यस्त जीवन। ७. (लाक्षणिक) मनुष्य-समुदाय। बहुत लोग। (शैव॰) प्रपंचमय जगत् जो परम शिव का व्यक्त रूप है।

संसारी[1]—[स॰ संसारिन्] *वि॰* १. संसरण करनेवाला। २. संसार में बार-बार जन्म लेने और मरने वाला। आवागमन करनेवाला। भव-चक्र में पड़ा हुआ। ३. जो आध्यात्मिक न हो। लौकिक। सांसारिक। ४. लोक-व्यवहार में निपुण। दुनियादार। ५. घर-गृहस्थी चलाने में व्यस्त रहनेवाला। गृहस्थ। ६. संसार-सम्बन्धी। संसार का। *पु॰* १. जीवधारी। जीवात्मा। २. अपने आत्मस्वरूप को न जाननेवाला जीव।

संसारी[2]—[प्रा॰] *वि॰* १.सांसारिक। २. संसार-सम्बन्धी। संसार का।

संसिक्त—[स॰ सम् √सिच् + क्त] *वि॰* १. अच्छी तरह सींचा हुआ। २. छिड़काव किया हुआ।

संसिद्ध (संसिद्ध)—[स॰ सम् + सिद्ध] *वि॰* १. (काम) जो अच्छी तरह पूरा हो गया हो। पूर्णतया सम्पन्न। २. (खाद्य पदार्थ) जो अच्छी तरह पका हो। ३. जिसका योग सिद्ध हो गया हो। ४. उद्यत। तैयार। ५. निपुण। कुशल।

संसूचन—[स॰ सम् √सूच् + णिच् + ल्युट्] *पु॰* १. प्रकट करना। जताना। प्रकटीकरण। २. संकेत करना। संकेतन। ३. भेद खोलना। रहस्य-प्रकटीकरण। (प्रशा॰) सूचना या संकेत।

***संसृत**—[< स॰ संसृति] *पु॰* १. प्रवाह। धारा। २. संसार रूपी प्रवाह। सार।

संसृति—[स॰ सम् √सृ + क्तिन्] *स्त्री॰* १. प्रवाह। धारा। २. संसार में बार-बार जन्म-मरण का क्रम। भवचक्र। आवागमन। ३. सृष्टि। निर्माण। ४. संसाररूपी प्रवाह। संसार। ✣ **संसृति-भीति**—*स्त्री॰* = बार-बार जन्म-मरण होने का डर। आवागमन का भय।

संसृष्ट—[स॰ सम् √सृज् + क्त] *वि॰* १. मिला हुआ। मिश्रित। संयुक्त। २. साझीदार के समान सम्मिलित। ३. रचित। ४. संयोजित। ५. पुनर्मिलित। ✣ **संसृष्टता**—*स्त्री॰* = १. संसृष्ट होने का भाव। २. सम्पत्ति का बँटवारा हो जाने के बाद फिर मिलकर एक होना।

संसृष्टि—[स॰ सम् √सृज् + क्तिन्] *स्त्री॰* १. संयोग मिश्रण। मिलावट। मेल। २. सम्बन्ध। लगाव। ३. घनिष्ठता। हेल-मेल। ४. संग्रह। समुदाय। ५. एक ही परिवार में रहना। (काव्य॰) एक अलंकार। तिलों और चावलों की भाँति परस्पर निरपेक्ष अनेक अलंकारों की एकत्र स्थिति से होने वाला अलंकार।

संसेचन—[स॰ सम् + सेचन] *पु॰* गर्भ धारण करवाना। गर्भाधान।

संसेवित—[स॰ सम् √सेव् + क्त] *वि॰* १. जिसकी भली-भाँति सेवा की गयी हो। ***जैसे***—सेवकों द्वारा संसेवित राजा। २. अच्छी तरह व्यवहार में लाया हुआ।

संस्करण—[स॰ सम √कृ + ल्युट्, सुट्] *पु॰* १. संस्कार करने की क्रिया/भाव। संस्कार करना। २. सुधारना। दुरुस्त करना। ३. नामकरण, यज्ञोपवीत आदि संस्कार करना। (मुद्रण॰) १. प्रकाशित पुस्तक या पत्र-पत्रिका का रूप तथा आकार। ***जैसे***—'गोदान' का विद्यार्थी संस्करण। २. किसी पुस्तक या पत्र-पत्रिका की एक ही साथ छपी सब प्रतियाँ। ३. प्रथम बार छप चुकी किसी पुस्तक या पत्र-पत्रिका की आवृत्ति वाला प्रकाशन। ***जैसे***—द्वितीय संस्करण; तृतीय संस्करण। ४. समाचारपत्रों का विशेष उद्देश्य या विशेष समय को ध्यान में रखकर किया जाने वाला मुद्रण-प्रकाशन। (अ॰ एडिशन)

संस्कर्ता—[स॰ संस्कर्तृ] *पु॰* संस्कार करनेवाला।

संस्कार—[स॰ सम् √कृ + घञ्, सुट्] *पु॰* १. ठीक करना। सुधारना। ***जैसे***—मन का संस्कार। २. किसी वस्तु की त्रुटियाँ, दोष आदि दूर करके उसे शुद्ध और उपयोगी बनाने की क्रिया। ***जैसे***—आयुर्वेद में पारद/पारा का संस्कार। ३. किसी वस्तु का भद्दापन आदि दूर करके उसे सुन्दर रूप देने की क्रिया। परिष्कार। ***जैसे***—महान् लेखक अपनी रचनाओं द्वारा भाषा का संस्कार भी करते हैं। ४. किसी वस्तु को स्वच्छ करने की क्रिया। मँजाई। ***जैसे***—स्नान द्वारा शरीर का संस्कार। ५. शिक्षा। उपदेश। ***जैसे***—विद्यालय में मिले संस्कारों से बुद्धि का विकास। ६. मनोवृत्ति या स्वभाव आदि का संशोधन और परिष्कार। ७. ज्ञानोपदेश, कला-अभ्यास, पुस्तक-पठन, पूजा-पाठ, सत्संगति आदि से होनेवाला मानसिक परिष्कार और विकास। मानसिक शिक्षा। ***जैसे***—बाल्यावस्था में सुनी रामायण और महाभारत की कथाओं का संस्कार जीवन-भर बना रहता है। ८. विशेष धार्मिक कृत्य द्वारा पवित्र करना। ***जैसे***—आर्य समाज ने मुसलमान या ईसाई बन गए हिन्दू लोगों को संस्कार द्वारा शुद्ध करने की रीति अपनायी। ९. वे धार्मिक कृत्य जो जन्म से मरण तक किए जाते हैं। ***जैसे***—नामकरण संस्कार; विवाह संस्कार; अन्त्येष्टि संस्कार। १०. अलंकरण। सजावट। ११. इन्द्रियों द्वारा विषय-भोग किए जाने से मन पर पड़नेवाला प्रभाव। १२. पूर्वजन्मों में या वर्तमान जीवन में किए गए कार्यों अथवा प्राप्त ज्ञान आदि का मन पर पड़नेवाला शुभ या अशुभ प्रभाव जो प्रवृत्तियों, कार्यों आदि का प्रेरक होता है। ***जैसे***—पूर्वजन्मों के अच्छे संस्कारों के कारण ही तुम्हारी धर्म में अधिक प्रवृत्ति है।

संस्काराङ्न (संस्कारांकन)—[सं॰ संस्कार ~ अङ्कन] *पु॰* १. संस्कार पड़ना। २. संस्कार देना/डालना। (मनो॰) मस्तिष्क का ऐसा स्मृतिचिह्न जो किसी पूर्वकालीन अनुभव का परिणाम है। (अं॰ इन्ग्राम)

संस्कार्य—[सं॰ सम् √कृ + ण्यत्, सुट्] *वि॰* १. जो संस्कार के योग्य हो। जिसका संस्कार हो सकता हो। २. जिसका संस्कार होना जरूरी और ठीक हो। ३. जिसका संस्कार किया जाने वाला हो।

संस्कृत—[सं॰ सम् √कृ + क्त, सुट्] *वि॰* १. जिसका संस्कार किया गया हो। संस्कारित। २. साफ़ किया हुआ। निखारा हुआ। ३. शुद्ध किया हुआ। शोधित। ४. परिमार्जित। परिष्कृत। ५. सुधारा हुआ। ठीक/दुरुस्त किया हुआ। ६. अच्छे रूप में लाया हुआ। सजाया हुआ। ७. शिष्ट। सभ्य। ८. सुरुचिसम्पन्न। ९. पकाया हुआ (खाद्य पदार्थ)। *स्त्री॰* भारत की प्राचीनतम लोकभाषा तथा साहित्यिक भाषा तथा जो आज भी प्रयोग में आ रही है। देववाणी। *पु॰* (व्या॰) वह शब्द जो संस्कृत भाषा के व्याकरण के अनुसार बना हो। वह शब्द जो प्राकृत न हो, उसका परिष्कृत रूप हो।

संस्कृति—[सं॰ सम् √कृ + क्तिन्, सुट्] *स्त्री॰* १. सुन्दर बनाने वाली सम्यक् कृति। भूषणभूत सम्यक् कृति। २. संस्कार करने की क्रिया/भाव। संस्कृत करना। परिमार्जित/शुद्ध करना। ३. किसी वस्तु की प्रकृति को संस्कारों द्वारा उन्नत कर बनायी हुई स्थिति। ४. वह दृष्टिकोण जिससे कोई मानव-समाज, समुदाय या वर्ग जीवन की समस्याओं पर दृष्टिकोण डालता है। *जैसे*—भारतीय संस्कृति; अरब संस्कृति, जर्मन संस्कृति; मध्ययुगीन रूसी संस्कृति; आधुनिक चीनी संस्कृति। ५. किसी राष्ट्र/समाज/देश/जाति आदि की सामूहिक विशेषताएँ जो उसकी परम्पराओं, विश्वासों, मान्यताओं तथा राजनीतिक, आर्थिक, सामाजिक, शैक्षिक आदि संस्थाओं अथवा उसके साहित्य, भाषाओं, आदर्शों, प्रतीकों, कलाओं, धर्म-सम्प्रदायों, मनोरंजन के उपायों आदि में व्यक्त होती हैं और उन्हें प्रभावित भी करती रहती हैं। ६. किसी राष्ट्र/समाज/देश/जाति आदि का आधारभूत उसका प्राणतत्त्व जो आध्यात्मिक, बौद्धिक, धार्मिक आदि आन्तरिक क्षेत्रों में भी और बाह्य सभ्यता में भी प्रकट होता है। (समाज॰) किसी मानव समाज/समुदाय से सम्बन्धित व्यवहार-प्रतिमानों, अभिवृत्तियों, मान्यताओं, प्रतीकों, मूल्यों, मानकों, कला-कौशल और अन्य क्षमताओं का ऐसा समुच्चय जिन्हें उस समाज/समुदाय के सदस्यों ने अर्जित, विकसित और संचित किया हो और जिनसे उस समाज/समुदाय की अलग पहचान होती हो।

संस्कृतिकरण—[सं॰ संस्कृत + च्वि + करण] *पु॰* १. किसी वस्तु को परिष्कृत करने की क्रिया। २. किसी भाषा के शब्दों को संस्कृत भाषा के साँचें में ढालना।

संस्क्रिया—[सं॰ सम् √कृ + श, इयङ् + टाप्] १. *स्त्री॰* संस्कार। २. प्रायश्चित्त कर्म। ३. अन्त्येष्टि संस्कार।

संस्तर—[सं॰ सम् √स्तृ + अच्] *पु॰* १. (नदी/समुद्र का) तल/तह। २.परत। *जैसे*—खान में कोयले का संस्तर। ३. घास-फूस आदि की चटाई/बिछौना। ४. आच्छादन या घास-फूस का छप्पर।

संस्तरीकरण—[सं॰ संस्तर + च्वि + करण] *पु॰* संस्तरों का निर्माण।

संस्तव—[सं॰ सम् √स्तु + अप्] *पु॰* १. प्रशंसा। स्तुति। २. उल्लेख। कथन। ३. परिचय। जान-पहचान। ४. यशोगान।

संस्तवन—[सं॰ सम् √स्तु + ल्युट्] *पु॰* १. प्रशंसा करना। स्तुति करना। स्तवन। २. यशोगान।

संस्तुत—[सं॰ सम् √स्तु + क्त] *वि॰* १. जिसकी स्तुति या प्रशंसा की गयी हो। २. जिसकी सिफ़ारिश की गयी हो।

संस्तुति—[सं॰ सम् + स्तुति] *स्त्री॰* १. प्रशंसा। स्तुति। २. अनुशंसा। सिफ़ारिश।

संस्थान—[सं॰ सम् √स्था + ल्युट्] *पु॰* १. संस्कृति, साहित्य, कला, विज्ञान आदि के विकास के लिए स्थापित संगठन। संस्था। ***जैसे***—ब्रज संस्कृति संस्थान का महत्त्व। २. किसी विषय या किन्हीं विषयों पर अध्ययन और अनुसन्धान करानेवाला संगठन। ३. परम्परा से चली आ रही कोई छोटी या विशाल संस्था जिसे किसी मनुष्य ने प्रवर्तित/स्थापित नहीं किया (जैसे—परिवार, राज्य आदि) जिससे सामाजिक इच्छाओं और आवश्यकताओं की पूर्ति होती है और जो व्यक्तियों को नियन्त्रित रखती है।

संस्थित—[सं॰ सम् + स्थित] *वि॰* १. ठहरा हुआ। रुका हुआ। टिका हुआ। २. बैठा हुआ। जमा हुआ। ३. दृढ़ता से स्थित। अड़ा हुआ। ४. पड़ोस का। पास का। समीपस्थ। ५. एकत्रित किया हुआ। ढेर लगाया हुआ। ६. स्थिर। अचल। ७. मरा हुआ। मृत।

संस्थिति—[सं॰ सम् + स्थिति] *स्त्री॰* १. साथ-साथ होना। साथ स्थित होना। २. समीपता। निकटता। ३. रहने का स्थान। निवासस्थान। ४. विश्राम का स्थान। विश्राम-स्थान। ५. राशि। ढेर। ६. परिस्थिति। दशा। हालत। ७. रोक-थाम। ८. मृत्यु। ९. अस्तित्व। १०. स्थिरता। ठहराव।

संस्पर्धा—[सं॰ सम् √स्पर्धा] *स्त्री॰* १. प्रतियोगिता। २. ईर्ष्या।

संस्पर्धी—[सं॰ सम् + स्पर्धी] *वि॰* १. संस्पर्धा करनेवाला। २. प्रतियोगी। ३. ईर्ष्या करनेवाला। ईर्ष्यालु।

संस्पर्श—[सं॰ सम् + स्पर्श] *पु॰* १. छूना या छू जाना। स्पर्श। २. संसर्ग। सम्पर्क। ३. संयोग। मेल। ४. इन्द्रियों का विषय-ग्रहण। ५. प्रभावित होना। ❖ **संस्पर्शी**—*वि॰* = १. छूनेवाला। २. सम्पर्क में आनेवाला।

संस्पृष्ट—[सं॰ सम् + स्पृष्ट] *वि॰* १. छुआ हुआ। २. सम्पर्क में लाया हुआ। ३. (किसी के साथ) सम्बद्ध। जुड़ा हुआ। ४. (किसी के साथ) लगा हुआ। संलग्न।

संस्मरणीय—[सं॰ सम् √स्मृ + अनीयर्] *वि॰* १. स्मरण करने योग्य। २. बहुत समय तक याद रखने योग्य।

संस्मृत—[सं॰ सम् √स्मृ + क्त] *वि॰* जिसका स्मरण किया गया हो।

संस्मरण—[सं॰ सम् + स्मरण] *पु॰* १. पूरी तरह याद। पूर्ण स्मरण। २. संस्कार से उत्पन्न ज्ञान। ३. निजी अनुभव तथा स्मृति पर आधारित व्यक्तियों, घटनाओं आदि का वर्णन जो इतिहास या जीवनी के लिए

उपयोगी होता है। जैसे—रायकृष्णदास द्वारा लिखित महाकवि प्रसाद के रोचक संस्मरण।

संस्रव—[स॰ सम् √स्रु + अप्] *पु॰* १. बहाव। २. प्रवाह। धारा। ३. टपकना। रसना।

संस्वन—[स॰ सम् + स्वन] *पु॰* (भाषा॰) एक ही स्वनिम के वे सदस्य स्वन जो परस्पर परिपूरक वितरण में हों। (अ॰ एलोफ़ोन) ❖ **संस्वनिक विवरण**—*पु॰* = संस्वनों से सम्बन्धित जानकारी।

संहत—[स॰ सम् √हन् + क्त] *वि॰* १. आपस में टकराया हुआ, भिड़ा हुआ या गुँथा हुआ। २. अच्छी तरह जड़ा, मिला या सटा हुआ। संयुक्त। युक्त। ३. दृढ़। मज़बूत। ४. ठोस या गाढ़ा। ६. एकत्रित। ***जैसे***—बिखरी हुई सम्पत्ति को संहत करना। ७. अच्छी तरह मिलाकर एक किया हुआ। ८. अच्छी तरह गठा हुआ। सुगठित। ***जैसे***—संहत समाज अभेद्य होता है। ९. एकमत। सहमत। १०. सघन। घना। ***जैसे***—संहत बस्ती। ११. घायल। ***जैसे***—युद्ध में संहत सैनिकों की संख्या। ❖ **संहतजानु**—*वि॰* = जिसके घुटने बहुत सटे हुए हों और इस कारण आपस में टकराते हों। ❖ **संहतता**—*स्त्री॰* = १. संहति। २. संयोग। ३. संक्षेप। ४. मेल। ५. एकता। ऐक्य।

संहति—[स॰ सम् √हन् + क्तिन्] *स्त्री॰* १. वस्तुओं का परस्पर मिलना। मेल। २. एकत्र होने का भाव। जुड़ाव। जुटाव। इकट्ठापन। ३. संघटन। संगठन। ४. घनत्व। ठोसपन। ५. सघनता। घनापन। ***जैसे***—जन-संहति वाली बस्ती। ६. राशि। ढेर। ७. समूह। झुंड। भीड़। ८. शक्ति। ताक़त। ***जैसे***—राष्ट्र-संहति। ९. अणुओं/परमाणुओं का परस्पर मेल। ९. शरीर। देह। (भौतिकी॰) १. अणुओं/परमाणुओं का परस्पर मेल। २. द्रव्यमान। ***जैसे***—विज्ञान में संहति और ऊर्जा का परस्पर सम्बन्ध है। ❖ **संहति-केन्द्र (केंद्र)**—*पु॰* (भौतिकी॰) वह बिन्दु जिस पर किसी पिंड का भार संकेन्द्रित माना जा सकता है।

संहनन—[स॰ सम् √हन् + ल्युट्] *पु॰* १. सम्बद्ध करना। संयुक्त करना। जोड़ना। २. अच्छी तरह घना या ठोस करना। ३. वध करना। मार डालना। ४. सामंजस्य।

संहरण—[स॰ सम् √हृ + ल्युट्] *पु॰* १. एकत्र करना। संग्रह करना। बटोरना। २. एक साथ बाँधना। ***जैसे***—केशों का संहरण। ३. (मन्त्र से) बाण को वापस लेना या लौटाना। ४. ग्रहण। ५. निग्रह। ६. नाश। ध्वंस। ७. प्रलय।

संहर्ता—[स॰ सम् + हर्ता (हर्तृ)] *वि॰, पु॰* १. संग्रह करनेवाला। संग्रही। २. नाश करनेवाला। नाशक। संहारक। मार डालनेवाला।

संस्रव—[स॰ सम् √स्रु + ल्युट्] *पु॰* १. प्रवाह या बहना। २. चूने/टपकने/रसने की क्रिया/भाव। टपकाव।

संस्रस्त—[स॰ सम् √स्रंस् + क्त] *वि॰* १. ढीला किया हुआ। शिथिल। २. गिरा हुआ या लटका हुआ। ३. अलग किया हुआ।

संस्राव—[स॰ सम् √स्रु + घञ्] *पु॰* १. संस्रव। २. शरीर के फोड़े/घाव आदि में मवाद/पीप का एकत्र होना। ३. किसी पात्र में रखे द्रव के नीचे जमा हुआ मैल। तलछट।

संस्रावण—[स॰ सम् √स्रु + णिच् + ल्युट्] *पु॰* १. प्रवाहित करना। बहा देना। २. प्रवाहित होना। बह जाना।

संहर्ष—[स॰ सम् + हर्ष] *पु॰* १. हर्ष के कारण शरीर के रोमों का खड़ा होना। रोमांच। पुलक। २. हर्ष।

संहार—[स॰ सम् √हृ + घञ्] *पु॰* १. एकत्र करना। संग्रह करना। समेटना। गूँथना। ***जैसे***—द्रौपदी का वेणी-संहार भीम ने दुःशासन आदि का वध करके कराया। २. छोड़े हुए बाण को (मन्त्र से) वापस लेना। ३. अन्त। समाप्ति। ४. युद्ध आदि में होनेवाली बहुत लोगों की हत्या। ***जैसे***—पाकिस्तान में समय-समय पर होनेवाला हिन्दू -संहार। ५. निवारण। परिहार। ६. सारपूर्ण संक्षिप्त कथन। ७. संकुचन। सिकुड़न। ८. सर्वनाश। ९. प्रलय।

संहित—[स॰ सम् √धा + क्त, हि→आदेश] *वि॰* १. साथ रखा हुआ। २. एकत्र किया हुआ। एकत्रित। ३. संग्रह किया हुआ। संगृहीत। संकलित। ४. मिलाया हुआ। सम्मिलित। ५. जुड़ा/लग्न हुआ। सम्बद्ध। ६. अन्वित। युक्त। ७. (शब्द-समूह) जिसका क्रम न टूटा हो। ८. संहिता के रूप में तैयार किया गया। संहिताबद्ध।

संहिता—[स॰ संहित + टाप्] *स्त्री॰* १. एक में मिला होना। संयोग। मेल। २. संकलन। संग्रह। ***जैसे***—वेद के मन्त्रों के संकलन ही विभिन्न वेद-संहिताएँ हैं। ३. वेदों का मन्त्र-भाग। ४. विश्व को संघटित रखनेवाली परम शक्ति। ब्रह्म-शक्ति। (व्या॰) वर्णों की परस्पर सन्धि। (प्रशा॰) किसी विषय से सम्बन्धित सभी नियमों या क़ानूनों का ऐसा संग्रह जिसमें कहीं परस्पर विरोध अथवा पुनरावृत्ति न हो। ***जैसे***—दंड-विधि-संहिता; व्यवहार-विधि-संहिता।

संहिति—[स॰ सम् √धा + क्तिन्, हि→आदेश] *स्त्री॰* १. संहित होने की अवस्था/भाव। २. अन्विति। युक्तता। ३. संहिता-रूप में स्थिति।

संहृति—[स॰ सम् √हृ + क्तिन्] *स्त्री॰* १. संहार। नाश। २. संग्रह। ३. परिहार। निवारण। ४. हरण। लूट।

संहृष्ट—[स॰ सम् √ हृष् + क्त] *वि॰* १. रोमांचित। पुलकित। २. प्रसन्न। हर्षित। ३. (हर्ष के कारण) खड़ा हुआ (रोम)।

सक**[१]*—[< हि॰ साका] *पु॰* १. वीरतापूर्ण कार्य। २. (शक्ति और वीरता की) धाक। ३. सीमा। मर्यादा। ***जैसे—सक बाँधना।

***सक**[२]*—[< स॰ शक्ति] *स्त्री॰* १. शक्ति। ताक़त। २. सामर्थ्य।

***सक**[३]*—*पु॰* ≤ अरबी शक। सन्देह/शंका/संशय।

सकट चौथ—[< स॰ सङ्कट चतुर्थी] स्त्री॰ भाद्र शुक्ल चतुर्थी। गणेश चतुर्थी।

†सकटी—[< स॰ शकट] *स्त्री॰* छोटी गाड़ी।

***सकत**[१]*—[< स॰ शक्ति] *स्त्री॰* १. शक्ति। ताक़त। २. सामर्थ्य। क्षमता। ३. धन-सम्पत्ति। *क्रिवि॰* जितना हो सके। यथासम्भव। यथाशक्ति।

***सकत**[२]*—*वि॰, पु॰* ≤ *स॰* शक्त। शक्तिशाली।

सकति**[1]—[< सं॰ शक्ति] *स्त्री॰* १. शक्ति। बल। ***जैसे—शरीर की सकति। २. अस्त्र विशेष। शक्ति। साँग।

***सकति**[2]—[< हि॰ सकना] *क्रिअ॰* 'सकना' क्रिया का एक रूप। सकती।

***सकन**—[< सं॰ सकर्ण] *क्रिवि॰* कान लगाकर।

सकम्प/सकम्पन (सकंप/सकंपन)—[सं॰ स + कम्प/कम्पन] *वि॰* कम्पनयुक्त। थरथराता हुआ। काँपता हुआ। ***जैसे***—सकम्प हाथ से लिखना। ✣ **सकम्प (सकंप) प्रलाप**— *पु॰* = (मनो॰) बहुत समय तक अधिक मद्यपान, कम भोजन और कम विश्राम के कारण होने वाली उग्र प्रलापावस्था जिसमें हाथ, मुँह आदि काँपते हैं तथा दृष्टि-भ्रम, बेचैनी और अनिद्रा भी होते हैं।

सकरना—[< सं॰ स्वीकरण] *क्रिअ॰* १. स्वीकृत किया जाना। मंजूर किया जाना। ***जैसे***—हुंडी/चेक सकरना। २. माना जाना। ***जैसे***—क़ीमत सकरना।

***सकरी**—[< हि॰ साँकल] १. शृंखला। साँकल। ज़ंजीर। २. एक आभूषण। ज़ंजीर।

सकर्ण—[सं॰ स + कर्ण] *वि॰* १. जिसके कान हों। कानोंवाला। कर्णयुक्त। २. जो सुन सकता हो।

सकर्म—[सं॰ स + कर्म (कर्मन्)] *वि॰* कर्म से युक्त। कर्मसहित। ∇ **विलोम**—अकर्म।

सकर्मक—[सं॰ सकर्म + कप्] *वि॰* १. कर्म से युक्त क्रियाशील। २. कोई काम करनेवाला। जिसने कोई कर्म किया हो। (व्या॰) दे॰ सकर्मक क्रिया। ✣ **सकर्मक क्रिया**— *स्त्री॰* = (व्या॰) कर्म से युक्त क्रिया। ***जैसे***—'राम ने फल खाया' में 'खाना' सकर्मक क्रिया का प्रयोग है। ∇ **विलोम**—अकर्मक क्रिया।

सकल—[सं॰ स + कल/कला] *वि॰* १. अवयवों सहित। भागों के साथ। २. समस्त। सब।

सकलङ्क (सकलंक)—[सं॰ स (सह) + कलङ्क] *वि॰* कलंकयुक्त।

सकलत्र—[सं॰ स + कलत्र] *स्त्री॰* = पत्नीसहित। ***जैसे***—शत्रु को सकलत्र और सबन्धु नष्ट करना।

सकलेन्दु (सकलेंदु)—[सं॰ सकल ~ इन्दु] *पु॰* पूर्ण चन्द्रमा। पूर्णिमा का चन्द्रमा।

***सकसना**—[< सं॰ शङ्का] *क्रिअ॰* १. भयभीत होना। डरना। २. अड़ना। ३. धँसना। ४. अटकना।

***सकसाना**—[अनु॰] *क्रिस॰* (किसी को) भयभीत करना। डराना।

***सकाना**—[< सं॰ √शङ्क्] *क्रिअ॰* १. शंका करना। आशंकित होना। २. संकोच करना। हिचकना ३. डरना। ४. दुःखी होना। ५. सन्देह में पड़ना।

सकाम—[सं॰ स + काम] *वि॰* १. जिसके मन में कोई कामना/इच्छा हो। कामनायुक्त। इच्छुक। २. जिसकी कामना पूरी हो गयी हो। लब्धकाम। सफलमनोरथ। ३. फल की इच्छा से कार्य करनेवाला। ४. कामवासनायुक्त। कामी। ५. प्रेमी। ६. स्वार्थ पूरा करने की इच्छा से काम करनेवाला।

सकामा—[सं॰ सकाम + टाप्] *वि॰ (स्त्री॰)* वह स्त्री जो कामवासना से युक्त हो। कामपीड़िता।

सकामी—[<सं॰ सकामि] *वि॰* १. कामनायुक्त। वासनायुक्त। ***जैसे***—सकामी भक्त। २. कामुक। कामलोलुप।

सकार[1]—[सं॰ स + कार] *पु॰* 'स' वर्ण या उसकी ध्वनि। ***जैसे***—'सीता' में सकार है परन्तु 'राम' में नहीं है।

***सकार**[2]—[< हि॰ सकारे] *पु॰* प्रातःकाल। तड़का। *क्रिवि॰* सवेरे। तड़के।

सकार[3]—[< हि॰ स्वीकारना] *स्त्री॰* १. स्वीकृति। मंजूरी। मान लेना। २. हुंडी स्वीकार करने की क्रिया/भाव। स्वीकृति। ३. हुंडी के देनदार द्वारा हुंडी पर हस्ताक्षर करके यह पुष्टि कर देना कि वह निर्धारित तिथि पर हुंडी का भुगतान कर देगा।

सकारण—[सं॰ स + कारण] *वि॰* जिसका हेतु/कारण हो। कारणयुक्त। *क्रिवि॰* किसी कारण से। कारणवश।

सकारना—[< सं॰ स्वीकरण] *क्रिस॰* स्वीकृत करना। मंजूर करना। (वाणि॰) हुंडी की तारीख़ समाप्त होने के पहले मिली हुंडी को स्वीकार करना और धनराशि देना स्वीकार करना।

सकारात्मक—[< सं॰ स्वीकारात्मक] *वि॰* १. जो सहमति/अनुमति/स्वीकृति वाला हो। जो नकारात्मक न हो। स्वीकृतिसूचक। ***जैसे***—सकारात्मक टिप्पणी। २. 'हाँ' वाला, न कि 'न' वाला (उत्तर/कथन)। (गणित॰) धनात्मक। जो ऋणात्मक न हो। *पु॰* = स्वीकृतिसूचक कथन।

सकारी—[< हि॰ सकारना] *पु॰* = (वाणि॰) (हुंडी या किसी विनिमय-पत्र को) सकारनेवाला व्यक्ति आदि। वह व्यक्ति आदि जिसके नाम हुंडी आदि लिखी गयी हो।

सकारे—[< सं॰ सकाल] *अव्यय॰* अति प्रायः। सवेरे। तड़के।

सकाल—[सं॰ स + काल] *पु॰* अति प्रातःकाल। प्रभात। तड़का। सबेरा। *वि॰* समयोचित। सामयिक। *क्रिवि॰* १. समय से। २. बहुत सबेरे। तड़के।

सकाश—[सं॰ स + काश] *वि॰* निकटवर्ती। समीप। *पु॰* १. समीपता। २. पड़ोस। ३. उपस्थिति।

सकुक्षि—[सं॰ स + कुक्षि] *वि॰, पु॰* एक ही कोख से उत्पन्न। एक माता से उत्पन्न। सहोदर।

सकुच[1]—[< सं॰ सङ्कोच] *पु॰* १. संकोच। लज्जा। २. झेंप।

***सकुच**[2]—[< हि॰ सकुचि] संकुचित होकर। संकुचित करके।

सकुचनि—[< सं॰ सङ्कुचन] *स्त्री॰* = संकोच। *क्रिवि॰* संकोचवश।

***सकुन**[1]—*पु॰* ≤ *सं॰* शकुन। शगुन।

सकुन[2]—[< सं॰ शकुन्त] *पु॰* पक्षी।

***सकुनी**—[< सं॰ शकुन्त] *स्त्री॰* पक्षी। चिड़िया।

***सकुपना**—[< सं॰ सकोप] *क्रिअ॰* क्रोध करना।

सकुल—[सं॰ स + कुल] *वि॰* १. उच्च कुल का। २. परिवारवाला। ३. परिवारसहित। सपरिवार। ४. एक ही कुल/परिवार का।

सकुल्य—[सं॰ सकुल + यत्] *वि॰* १. एक ही कुल में उत्पन्न। सगोत्र।

सकुल। २. जो एक ही कुल का परन्तु दूर का सम्बन्धी हो।

सकूनत—[अरबी]स्त्री॰ १. ठहरने का स्थान। २. निवास-स्थान। निवास।

सकृत्—[स॰ एक + सुच्, सकृत् आदेश, सुच्→लोप] *अव्यय॰* १. एक बार। २. एक अवसर पर। ३. तत्काल। एकदम। तुरन्त। फ़ौरन। ४. साथ-साथ। *वि॰* एक। *पु॰, स्त्री॰* मल। विष्ठा।

***सकेत**—[< स॰ सङ्कट] *पु॰* १. संकट की अवस्था/दशा/स्थिति। २. कष्ट। दुःख। ✣ **सकेतना**—*क्रिअ॰* = संकुचित होना। सिमटना। सिकुड़ना। *क्रिस॰* संकुचित करना। ✣ **सकेती**—*स्त्री॰* = १. कष्ट। दुःख। २. कष्टग्रस्तता।

सकेलना—[< स॰ सकल, अथवा < स॰ सङ्कलन] *क्रिस॰* १. एकत्र करना। इकट्ठा करना। जमा करना। संकलित करना। समेटना। २. सरका देना। सरकाना। खिसकाना।

सकेला—[< अरबी सैकल] *स्त्री॰* कठोर लोहा और कुछ कोमल लोहे के मिश्रण से तैयार की जाने वाली एक प्रकार की तलवार। *पु॰* एक प्रकार का लोहा।

सकेलि[१]—[स॰स+केलि] *क्रिवि॰* १. केलिसहित। क्रीड़ापूर्वक। २. कौतुक से।

***सकेलि**[२]—[< हि॰ सकेलना] *क्रिवि॰* १. संकलित कर। एकत्रित कर। समेटकर। २. सरकाकर। खिसकाकर।

***सकोरना**—*क्रिस॰* ≤ *हि॰* सिकोड़ना।

सकोरा—[< हि॰ कसोरा] *पु॰* मिट्टी की एक प्रकार की छोटी कटोरी। कसोरा।

***सकोह**—[< प्रा॰ सक्कोह < स॰ सक्रोध] *क्रिवि॰* क्रोधपूर्वक। सक्रोध। *वि॰* क्रुद्ध। ✣ **सकोहा**—*क्रिवि॰* = सक्रोध। *वि॰* क्रुद्ध।

सक्का—[< अरबी सक्क:] *पु॰* मशक में पानी भरकर छिड़काव आदि करनेवाला। भिश्ती।

सक्ति—[स॰ √सञ्ज् + क्तिन्] *स्त्री॰* १. आसक्ति। २. संयोग।

***सक्र**—*पु॰* ≤ *स॰* शक्र। इन्द्र। ✣ **सक्रधनु**—*पु॰* = इन्द्रधनुष। ✣ **सक्रसुत**—*पु॰* = इन्द्र का पुत्र। जयन्त।

सक्रम—[स॰ स + क्रम] *वि॰* क्रमयुक्त। क्रमवाला। ✣ **सक्रमित**—*वि॰* = जो क्रम से लगा हो या लगाया गया हो। क्रमबद्ध। क्रमयुक्त।

***सक्रारि**—[< स॰ शक्रारि] *पु॰* १. इन्द्र का शत्रु। शक्रारि। २. वृत्रासुर। ३. मेघनाद।

सक्रिय—[स॰ स + क्रिया] *वि॰* १. क्रियायुक्त। २. (स्वभाव से) क्रियाशील। कर्मठ। ३. क्रियात्मक रूप में होनेवाला। ४. फुर्तीला। ५. जंगम। जो स्थावर न हो। ✣ **सक्रिय ऋण**—*पु॰* = (वाणि॰) वह ऋण जिसका ब्याज मिलता रहता है। ✣ **सक्रिय जल**—*पु॰* = (भूविज्ञान॰) संक्षारक गुणों से युक्त जल। **सक्रिय पूँजी**—*स्त्री॰* = व्यापार के संचालन में सक्रिय रूप से लगी पूँजी। ✣ **सक्रिय शेष**—*पु॰* = (अर्थ॰) चालू खाते पर भुगतान शेष की अधिकता। ✣ **सक्रियण**—*पु॰* सक्रिय या अधिक सक्रिय करना।

सक्षम, सक्षमता—दे॰ क्रमशः शुद्ध शब्द 'क्षम' और 'क्षमता'।

सक्षेम—[स॰ स + क्षेम] *वि॰* कुशलतापूर्वक।

सखर—[स॰ स + खर] *वि॰* १. खर-युक्त। 'खर' नामक राक्षस या उसके वर्णन से युक्त। २. खरयुक्त। तीव्र रसों (वीर रस, रौद्र रस आदि) से युक्त। ३. तीव्र। ख़रा। तेज़। ४. कुरकुरा।

†सखरच/सखरज—[< फा॰ शाह-ख़र्च] *वि॰* राजाओं या धनिकों के समान बहुत व्यय/ख़र्च करनेवाला।

सखरना—[< हि॰ सखर] *क्रिअ॰* साफ़ होना।

†सखरा—[हि॰ 'निखरा' का अनु॰] *पु॰* घी में न पका हुआ भोजन। कच्चा भोजन। कच्ची रसोई (जैसे—रोटी, चावल, दाल)। *वि॰* = कच्ची रसोई में प्रयुक्त (बर्तन)। ∇ **विलोम**—निखरा।

सखा—[स॰ सखिन्] *पु॰* १. मित्र। दोस्त। २. सहचर। साथी। संगी। (नाट्य॰) नायक का सहचर।

सख़ावत—[अरबी] *स्त्री॰* दानशीलता।

सखि**—[< स॰ सखी] *स्त्री॰* १. सखी। सहेली। २. हे सखी! ***जैसे—सखि, मेरी बात मानो।

सखेद—[स॰ स + खेद] *क्रिवि॰* खेदपूर्वक। खेदसहित ***जैसे***—सम्पादक ने लेखक की रचना को सखेद लौटा दिया।

सख्य—[स॰ सखि + यत्] *पु॰* १. सखापन। २. मित्रता। दोस्ती। ३. समानता।

सगण—[स॰ स + गण] *वि॰* गण/दल/समुदाय के साथ। गणयुक्त। *पु॰* =(छन्द॰) वर्णिक गणों में से एक। क्रमशः लघु,लघु और गुरु वर्णों वाला गण।

सगन्ध (सगंध)—[स॰ स + गन्ध] *वि॰* जिससे गन्ध/बू निकल रही हो। गन्ध-युक्त। महकदार।

***सगबग**—[अनु॰] *वि॰* १. लथपथ। सराबोर। २. भरा हुआ। परिपूर्ण। ३. भयभीत। *क्रिवि॰* १. शीघ्रता से। जल्दी-जल्दी। २. तत्काल। तुरन्त।

***सगमगे**—[< स॰ सङ्ग] *वि॰* युक्त। सहित। साथ।

सगर—[स॰ स+ गर] *वि॰* विषयुक्त। विषैला। ज़हरीला।

***सगरभ**—[< स॰ सगर्भा] *वि॰ (स्त्री॰)* सगर्भा। गर्भवती।

†सगरा—[< स॰ सकल] *वि॰* १. सकल। पूरा। कुल। ***जैसे***—सगरा परिवार। २. समस्त। सब। तमाम।

सगर्भ—[स॰ स + गर्भ] *पु॰* सहोदर भाई। सगा भाई। *वि॰* गूढ़ अर्थ वाला (वचन/वाणी)

सगर्भा—[स॰ सगर्भ + टाप्] *वि॰ स्त्री॰* १. गर्भवती। गर्भिणी। २. गूढ़ अर्थ वाली (वाणी)। *स्त्री॰* १. गर्भवती स्त्री। २. सगी बहन। सहोदरा।

सगर्व—[स॰ स + गर्व] *वि॰* गर्व/अभिमान के साथ। गर्वपूर्वक। ***जैसे***—सगर्व घोषणा।

***सगल**—[< स॰ सकल] *वि॰* सकल। सब।

***सगला**—[< स॰ सकल] वि॰ सकल।

***सगलानि**—[< स॰ सग्लानि] *क्रिवि॰* १. ग्लानि के साथ। ग्लानिपूर्वक। २. दुःखी होकर। दुःख अनुभव करते हुए।

*सगली—[< हि॰ सगला] वि॰ (स्त्री॰) सकल।

*सगले—[< हि॰ सगरे] वि॰ (बहु॰) सकल।

सगुण—[स॰ स + गुण] वि॰ १. गुणों वाला। गुणयुक्त। २. सत्त्व, रज और तम से युक्त। त्रिगुणात्मक। ३. गुण से युक्त। डोरी या धागे से युक्त। ४. प्रत्यंचा से युक्त (धनुष)। ४. साकार (ब्रह्म/परमात्मा)। *जैसे*—निर्गुण ब्रह्म और सगुण ब्रह्म। (छन्द॰) एक सममात्रिक छन्द जिसके प्रत्येक चरण में १९ मात्राएँ होती हैं, आदि में लघु और अन्त में जगण होता है। ∇ **विलोम**—निर्गुण।

***सगुनौती**—[हि॰ सगुन (< स॰ शकुन)] स्त्री॰ शकुन-विचार।

***सगुर**—[< स॰ गुरु (=भारी)] वि॰ अति भारी।

***सगुरा**—[< स॰ सगुरु] वि॰ जो किसी गुरु का शिष्य हो। गुरुवाला। ∇ **विलोम**—निगुरा।

सगोत्र—[स॰ स + गोत्र] वि॰ एक ही गोत्र के। किसी एक ही कुल के (व्यक्ति के) वंशज। पु॰ एक ही गोत्र के लोग।

सघनपर्णी—[स॰ सघन ~ पर्णी (पर्णिन्)] वि॰ सघन पत्तों वाला। (वह वृक्ष) जिसमें पत्तियाँ पास-पास हों।

सघनशाखी—[स॰ सघन + शाखी (शाखिन्)] वि॰ [वनस्पतिय](वह वृक्ष) जिसमें शाखाएँ पास-पास और अधिक हों।

***सङ्कं (संक)**—[< स॰ शङ्का] पु॰ १. शंका। सन्देह। २. भय। डर।

सङ्कट चतुर्थी (संकट चतुर्थी)—[स॰ सङ्कट ~ चतुर्थी] स्त्री॰ माघ कृष्ण चतुर्थी।

सङ्कटस्थ (संकटस्थ)—[स॰ सङ्कट + स्थ] वि॰ संकट में पड़ा हुआ। जो विपत्ति/कठिनाई/कष्ट में फँसा हुआ हो। संकटापन्न। संकटग्रस्त।

सङ्कटोत्तीर्ण (संकटोत्तीर्ण)—[स॰ सङ्कट ~ उत्तीर्ण] वि॰ जो संकट से पार हो गया हो। जिसका संकट दूर हो गया हो।

***सङ्कठ (संकठ)**—[< प्रा॰ संकट्ठा < स॰ संकष्ट] पु॰ संकष्ट। अति कष्ट।

सङ्कना (संकना)—[< स॰ शङ्कन] क्रिअ॰ १. शंका करना। सन्देह करना। २. डरना।

सङ्कर[१] (संकर[१])—[स॰ सम् √कृ + अप्] वि॰ १. दो या अधिक भिन्न पदार्थों के मिलने से बना हुआ। मिला हुआ। २. दो भिन्न-भिन्न जातियों आदि के प्राणियों के संयोग से उत्पन्न। वर्णसंकर। दोगला। पु॰ १. दो या अधिक भिन्न पदार्थों का संयोग या मिलावट। २. दो जातियों के पुरुष-स्त्री के सम्बन्ध से उत्पन्न सन्तान। (काव्य॰) एक अलंकार। दूध और पानी की तरह अलग न हो सकने वाले दो या अधिक अलंकारों की सहस्थिति से होनेवाला मिश्रालंकार।

***सङ्कर[२] (संकर[२])**—[< स॰ शङ्कर] पु॰ शंकर। शिव। महादेव।

सङ्करक (संकरक)—[स॰ सङ्कृ + कन्] वि॰ १. मिश्रण करनेवाला। मिलानेवाला। २. संकर रूप में लानेवाला।

***सङ्कर-घरनी (संकर-घरनी)**—[< स॰ शङ्कर ~ गृहिणी] स्त्री॰ शिव-पत्नी। पार्वती।

सङ्करज (संकरज)—[स॰ सङ्कर + ज] वि॰ (चिकित्सा॰) विभिन्न नस्लों के स्त्री-पुरुष से उत्पन्न।

***सङ्करण (संकरण)**—[स॰ सम् √कृ + ल्युट्] पु॰ संकर/मिश्रित होने या करने की क्रिया/भाव। (जीव॰) अलग-अलग जातियों के पौधों या जीवों के संयोग द्वारा उत्पन्न करने की क्रिया/भाव या पद्धति। संकर प्राणी/पौधा उत्पन्न करना या उसकी पद्धति।

सङ्कर (संकर) शब्द—[स॰] पु॰ दो भिन्न भाषाओं के शब्दों से बना संयुक्त शब्द। *जैसे*—रेलगाड़ी (अ॰ रेल + हि॰ गाड़ी), धन-दौलत (स॰ धन + अरबी दौलत)।

सङ्कर (संकर) समास—[स॰] पु॰ (व्या॰) दो भाषाओं के शब्दों से बना हुआ समास। संकर शब्दों वाला समास।

सङ्करित (संकरित)—[स॰ सङ्कर + इत] वि॰ जिसका संकरण हुआ हो। मिश्रित।

सङ्कर्षण—[स॰ सम् + कर्षण] पु॰ १. खींचने की क्रिया। २. आकर्षण। ३. हल से जोतना। जुताई। ४. (कृष्ण का भाई) बलराम।

सङ्कर्षी—[स॰ सङ्कर्षिन्] वि॰ खींचनेवाला।

†**सङ्कल (संकल)**—[< स॰ शृङ्खला] स्त्री॰ शृंखला। ज़ंजीर। साँकल।

सङ्कलन (संकलन)—[स॰ सम् √कल् + ल्युट्] पु॰ १. संग्रह। एकत्रीकरण। २. ऐसी पुस्तक जिसमें तथ्यों या रचनाओं का चुनकर संग्रह किया गया हो। (गणित॰) जोड़। ⁘ **सङ्कलन (संकलन) यौगिक**—पु॰ (रसायन॰) दो या अधिक पदार्थों के सीधे संयोग से बना यौगिक। योगात्मक यौगिक।

***सङ्कलपना (संकलपना)**—[< स॰ सङ्कल्प] क्रिस॰ १. संकल्प करना। २. (किसी बात का) दृढ़ निश्चय करना। ३. संकल्प का मन्त्र-पाठ करते हुए दान करना। ४. मन में किसी बात का विचार/इरादा करना।

सङ्कल्प (संकल्प)—[स॰ सम् √कृप् + घञ्, र्→ल] पु॰ १. मन में उत्पन्न होनेवाली कार्य विशेष करने की इच्छा। २. विचार। ३. दृढ़ निश्चय। ४. कल्पना। ५. उद्देश्य। ६. धर्मशास्त्रीय विधि से दान, व्रत या पूजन आदि करने से पहले हाथ में जल लेकर, मन्त्र विशेष बोलते हुए किसी कार्य को सम्पन्न करने का निश्चय प्रकट करना। ७. उक्त मन्त्र विशेष।

सङ्कल्पज/सङ्कल्पजन्मा (संकल्पज, संकल्पजन्मा)—[स॰ सङ्कल्प + ज, सङ्कल्पजन्मन्] वि॰ जो संकल्प से उत्पन्न हो। संकल्प से उत्पन्न होनेवाला। पु॰ कामदेव।

सङ्कल्पन (संकल्पन)—[स॰ सम् √कृप् + ल्युट्, र्→ल्] पु॰ १. संकल्प करने की क्रिया/भाव। (काव्य॰) किसी कृति की रचना से पहले उसके पूरे रूप का मानसिक प्रत्यक्षीकरण। (अ॰ कन्सेप्शन)

सङ्कल्पना[१] (संकल्पना[१])—[< स॰ सङ्कल्पन] क्रिस॰ कोई संकल्प करना। ***सङ्कल्पि (संकल्पि)**—क्रिवि॰ = १. संकल्प करके। २. संकल्प मन्त्र बोलने आदि की विधि करके।

सङ्कल्पना[२] (संकल्पना[२])—[स॰ सङ्कल्पन + टाप्] स्त्री॰

१. संकल्प करने की क्रिया/भाव। संकल्पन। २. अवधारणा। ३. धारणा। (अ॰ कन्सेप्ट)। (कोश॰) किसी पदार्थ की विशेषताओं के सम्बन्ध में बनी सामान्य धारणा।

सङ्कल्परूप (संकल्परूप)—[स॰ सङ्कल्प ~ रूप] *वि॰* जो संकल्प/इच्छा के अनुरूप हो।

सङ्कल्प (संकल्प)-विकल्प—[स॰] *पु॰* असमंजस। दुविधा। *जैसे*— संकल्प-विकल्प में मत पड़ो, आदेश का पालन करो।

सङ्कल्प-सिद्धि (संकल्प-सिद्धि)—[स॰] *स्त्री॰* इच्छा, विचार या उद्देश्य की पूर्ति।

सङ्कल्पित (संकल्पित)—[स॰ सङ्कल्प + इतच्] *वि॰* १. संकल्प किया हुआ। २. जिसकी कल्पना की गयी हो।

सङ्कल्पी (संकल्पी)—[स॰ सङ्कल्पिन्] *वि॰ पु॰* संकल्प करनेवाला।

सङ्कष्ट (संकष्ट)—[स॰ सम् + कष्ट] *पु॰* अति कष्ट। भारी विपत्ति/पीड़ा।

***सङ्का (संका)**—[< स॰ शङ्का] *स्त्री॰* १. शंका या सन्देह। २. आशंका। ३. भय। डर। ✣ **सङ्काइ (संकाइ)**—*क्रिवि॰* = १. शंकित होकर। २. आशंकित होकर। ३. डरकर ।

सङ्काय (संकाय)—[स॰ सम् + काय] *स्त्री॰* (विश्वविद्यालय आदि में) अध्ययन के लिए ज्ञान का कोई विशेष विभाग (अ॰ फ़ैकल्टी)

सङ्कायाध्यक्ष (संकायाध्यक्ष)—[स॰ सङ्काय ~ अध्यक्ष] *पु॰* (विश्वविद्यालय में) किसी संकाय का अध्यक्ष या प्रमुख अधिकारी। (अ॰ डीन)

सङ्काश (संकाश)—[स॰ सम् √काश् + अच्] *वि॰* १.समान। सदृश। २. समीपवर्ती। समीपस्थ। *पु॰* १. विद्यमानता। उपस्थिति। मौजूदगी। २. सामीप्य। समीपता। निकटता।

***सङ्कि (संकि)**—[< हि॰ संकना] *क्रिवि॰* १. शंका में पड़कर। शंकित होकर। २. डरकर।

सङ्कीर्ण (संकीर्ण)—[स॰ सम् + कीर्ण] *वि॰* १. जो अधिक चौड़ा न हो। जो विस्तृत न हो। संकुचित। सँकरा। तंग। *जैसे*—गुफ़ा का मुख संकीर्ण है। २. (विचारों या व्यवहार में) जो उदार न हो। अनुदार। ३. क्षुद्र। ४. ओछा। ५. नीच। ६. जो विशुद्ध न हो। अविशुद्ध। मिलावटी। *पु॰* (संगीत॰) वह राग/रागिनी जो दो रागों/रागिनियों के मिश्रण से बना हो। ✣ **सङ्कीर्णता (संकीर्णता)**—*स्त्री॰* = संकीर्ण होने की अवस्था/भाव। संकुचितता, अनुदारता, क्षुद्रता, ओछापन, नीचता, अविशुद्धता या अस्पष्टता।

सङ्कीर्तन—[स॰ सम् + कीर्तन] *पु॰* १. प्रशंसा/स्तुति। यशोगान। २. परमात्मा या किसी देवी-देवता की महिमा का वर्णन। ३. परमात्मा या किसी देवी-देवता के नाम का बार-बार ज़ोर-ज़ोर से उच्चारण।

सङ्कुचन (संकुचन)—[स॰ सम् √कुच् + ल्युट्] *पु॰* सिकुड़ना। सिमटना।

सङ्कुपित (संकुपित)—[स॰ सम् + कुपित] *वि॰* १. क्रुद्ध। २. उत्तेजित।

सङ्कुल (संकुल)—[स॰ सम् √कुल् + क] *वि॰* १. घना। २. भरा हुआ। परिपूर्ण। ३. संकीर्ण। ४. जटिल। ५. अस्त-व्यस्त। ६. असंगत। *पु॰* १. जन-समूह। भीड़। २. दल। झुंड। गिरोह। ३. तुमुल युद्ध। घोर लड़ाई।

सङ्केत (संकेत)—[स॰ सम् √कित् + घञ्] *पु॰* १. अभिप्राय-सूचक अंग-चेष्टा। आँख, हाथ आदि से किसी पर अपना उद्देश्य/भाव/विचार प्रकट करना। इंगित। इशारा। २. शृंगारिक चेष्टा। ३. चिह्न। निशान। ४. निशानी/पहचान के रूप में किसी को दी गयी वस्तु। ५. कोई ऐसी बात/क्रिया जो किसी बात या कार्य की सूचक मानी जाती हो। ६. प्रतीक। ७. प्रेमी और प्रेमिका के मिलने का स्थान। ८. (ग्रन्थ आदि में) स्वल्पाक्षरों का उल्लेख या निर्देश।

सङ्केत-स्थल (संकेत-स्थल), सङ्केत-स्थान (संकेत-स्थान)—[स॰] *पु॰* प्रेमी और प्रेमिका के मिलन का स्थान।

सङ्केताक्षर (संकेताक्षर)—[स॰ सङ्केत ~ अक्षर] *पु॰* १. किसी शब्द या शब्द समूह को सूचित करने के लिए प्रयुक्त उसका संक्षिप्त रूप। स्वल्पाक्षर। अल्पाक्षर। संकेत चिह्न। *जैसे*—'राष्ट्रीय स्वयंसेवक संघ' के लिए 'रा॰स्व॰सं॰' संकेताक्षर हैं। २. संकेत-लिपि। गूढ़लिपि।

सङ्केताभिधान (संकेताभिधान)—[स॰ सङ्केत ~ अभिधान] *पु॰* संकेत रूप में अभिव्यक्ति।

सङ्केतितार्थ (संकेतितार्थ)—[स॰ सङ्केतित ~ अर्थ] *पु॰* १. वाक्य/पद का वाच्यार्थ से भिन्न संकेत रूप से व्यक्त/प्राप्त अर्थ। लक्ष्यार्थ। २. कूटलिपि/संकेतलिपि या संकेत भाषा में बोली गयी या लिखी गयी बात का अर्थ। कूटार्थ।

सङ्केतित प्रसङ्ग (संकेतित प्रसंग)—[स॰] *पु॰* (काव्य॰) १.कृति में किसी ऐतिहासिक या पौराणिक इत्यादि व्यक्ति या घटना का संकेत। २.ध्वनित निर्देश। (अ॰ ऐल्यूज़न)।

सङ्केन्द्रण (संकेंद्रण)—[< स॰ सम् +केन्द्रण] *पु॰* १. केन्द्र की ओर ले जाना। २. एक स्थान या केन्द्र पर लगाना। ३. केन्द्रीयकरण। ४. इकट्ठा करना। ५. संचय। एकत्रीकरण। जमाव। *जैसे*—सेनाओं का संकेन्द्रण। ६. एकाग्रता। मनोयोग।

सङ्केन्द्र वृत्त (संकेंद्र वृत्त)—[स॰] *पु॰* (गणित॰) एक समतल में स्थित वे वृत्त जिनका केन्द्र एक ही हो।

सङ्केन्द्रित (संकेंद्रित)—[स॰ सम् + केन्द्रित] *वि॰* १. केन्द्र की ओर ले जाया गया। २. एक स्थान या केन्द्र पर लगा हुआ या लगाया हुआ। ३. केन्द्रीकृत। ४. संचित। एकत्रित।

सङ्कोच (संकोच)—[स॰ सम् √कुच् + घञ्] *पु॰* १. संकुचन। सिकुड़ना। २. भय। ३. लज्जा। ४. झिझक। हिचक।

सङ्क्रम (संक्रम)—[स॰ सम् √क्रम् + घञ्] *पु॰* १. साथ जाना। सहगमन। २. परिवर्तन। ३. गमन। यात्रा। ४. (किसी वस्तु की) प्राप्ति का साधन। (खगोल॰) किसी ग्रह का एक राशि से दूसरी राशि में गमन/प्रवेश।

सङ्क्रमण (संक्रमण)—[स॰ सम् √क्रम् + ल्युट्] *पु॰* १. एक

स्थान/बिन्दु से दूसरे स्थान/बिन्दु पर गमन। २. एक स्थिति/अवस्था से दूसरी स्थिति/अवस्था में प्रवेश। ३. रोग के कीटाणुओं का या रोग का फैलते हुए, एक व्यक्ति से दूसरे को रोग-ग्रस्त करना। (खगोल॰) १. सूर्य का एक राशि से दूसरी राशि में गमन/प्रवेश। संक्रान्ति। २. उत्तरी गोलार्ध में सूर्य की दक्षिणायन स्थिति समाप्त होकर उत्तरायण स्थिति होने का दिन। मकर संक्रान्ति। (आयुर्वेद॰) रोग उत्पन्न करनेवाले जीवों द्वारा शरीर पर आक्रमण। उपसर्ग। (वनस्पति॰) परपोषी पौधे में परजीवी की स्थापना।

सङ्क्रमित (संक्रमित)—[स॰ सम् √क्रम् + क्त] *वि॰* १. जिसका संक्रमण हुआ हो। २. जिस पर रोग उत्पन्न करनेवाले जीवों द्वारा संक्रमण हुआ हो। ३. संक्रान्त। गया हुआ। घुसा हुआ। प्रविष्ट। बदला हुआ। परिवर्तित। ⁘ **सङ्क्रमी (संक्रमी)**—*वि॰* = संक्रमणशील।

सङ्क्रान्त (संक्रान्त)—[स॰ सम् √क्रम् + क्त] *वि॰* १. गया हुआ। २. घुसा हुआ। प्रविष्ट। ३. बदला हुआ। परिवर्तित। ४. (वह शरीर) जिस पर रोग उत्पन्न करने वाले जीवों द्वारा आक्रमण हुआ हो। संक्रमित।

सङ्क्रान्ति (संक्रान्ति)—[स॰ सम् + क्रान्ति] *स्त्री॰* (खगोल॰) १. परिवर्तन। सूर्य का एक राशि से दूसरी राशि में प्रवेश। २. सूर्य का विषुवत् रेखा से अधिकतम दूर पहुँचने का समय। अयनान्त। ***जैसे***—मकर संक्रान्ति; कर्क संक्रान्ति।

सङ्क्रामक (संक्रामक)—[स॰ सम् + क्रामक] *वि॰* संक्रमण करनेवाला। संक्रमणशील।

सङ्क्रामित (संक्रामित)—[स॰ सम् √क्रम् + क्त] *वि॰* संक्रमण के द्वारा किसी व्यक्ति/वस्तु/जीव/स्थान तक पहुँचाया हुआ।

सङ्क्रिया (संक्रिया)—[स॰ सम् + क्रिया] *स्त्री॰* १. किसी काम में होने वाली क्रियाओं का समूह। २. कार्यवाही। ३. गतिविधि।

सङ्क्षय (संक्षय)—[स॰ सम् √क्षि + अच्] *पु॰* १. पूर्ण विनाश। सर्वनाश। २. प्रलय।

सङ्क्षरण (संक्षरण)—[स॰ सम् + क्षरण] *पु॰* मोर्चा/जंग आदि लगने के कारण किसी पदार्थ का क्रमशः नष्ट/क्षीण होते जाना।

सङ्क्षिप्त (संक्षिप्त)—[स॰ सम् + क्षिप्त] *वि॰* १. जो थोड़े शब्दों में कहा या लिखा गया हो। २. (लेख/पुस्तक आदि का वह रूप) जो कुछ बातें कम करके छोटा किया गया हो। ***जैसे***—पुस्तकों के संक्षिप्त संस्करण। ३. (शब्द/नाम आदि का वह रूप) जो लघु हो।

सङ्क्षिप्ति (संक्षिप्ति)—[स॰ सम् √क्षिप् + क्तिन्] *स्त्री॰* संक्षेप करने की क्रिया। संक्षेपण।

सङ्क्षेप (संक्षेप)—[स॰ सम् + क्षेप] *पु॰* = १. थोड़े शब्दों में कथन/लेखन। ***जैसे***—संक्षेप में बात कहना। ४. किसी पुस्तक/लेख आदि का वह रूप जिसमें उसकी मुख्य बातों का समावेश हो। सारांश। सार। ५. शब्द/नाम के प्रथम वर्णों या अक्षरों से बना हुआ उसका संक्षिप्त रूप। ***जैसे***—सेवक राम का संक्षेप से. रा.।

सङ्क्षेपतः (संक्षेपतः)—[स॰ सङ्क्षेप + तसिल्] *क्रिवि॰* संक्षेप में। संक्षिप्त रूप में। थोड़े में।

सङ्क्षोभ (संक्षोभ)—[स॰ सम् √क्षुभ् + घञ्] *पु॰* १. कम्पन। थरथराहट। २. उत्तेजना। ३. विकलता। घबराहट। ४. अस्तव्यस्तता। उलट-पुलट। ४. अभिमान। घमंड। ५. किसी अप्रिय बात/घटना से होनेवाला दुःख और क्रोध के मिश्रणवाला उत्तेजनापूर्ण भाव।

सङ्खिया (संखिया)—[< स॰ शङ्खविष] *पु॰* १. एक विषैली उपधातु जो सफ़ेद होती है। २. उक्त उपधातु की भस्म।

सङ्ख्यक (संख्यक)—[< स॰ सङ्ख्या] *वि॰* (समासयुक्त) संख्यावाला। ***जैसे***—शतसंख्यक गोष्ठी (सौ संख्यावाली गोष्ठी); अल्पसंख्यक; बहुसंख्यक।

सङ्ख्यात (संख्यात)—[स॰ सम् √ख्या + क्त] *वि॰* १. गिना हुआ। २. समझा हुआ।

सङ्ख्यान (संख्यान)—[स॰ सम् √ख्या + ल्युट्] *पु॰* १. संख्या। गणना। गिनती। २. गिनने की क्रिया/भाव।

***सङ्ख्याना (संख्याना)**—[< स॰ सङ्ख्या] *क्रिअ॰* गिनती में आना। गिना जाना।

***सङ्ख्या-लिपि (संख्या-लिपि)**—[स॰] *स्त्री॰* वह सांकेतिक लिपि/पद्धति जिसमें अक्षरों की जगह अंकों का प्रयोग किया जाता है।

सङ्ख्यावान् (संख्यावान्)—[स॰ सङ्ख्यावत्] *वि॰* १ संख्यावाला।

सङ्ख्या सिद्धान्त (संख्या सिद्धान्त)—[स॰] *पु॰* (गणित॰) गणित की एक शाखा जिसमें पूर्णांकों और उनके परस्पर सम्बन्धों आदि का अध्ययन किया जाता है। (अ॰ नम्बर थीअरि)

सङ्ख्यासूचक (संख्यासूचक) शब्द—[स॰ सङ्ख्या-सूचक] *पु॰* पद्य आदि में अंकों और संख्याओं की सूचना देनेवाले शब्द (जैसे—० (शून्य) के लिए आकाश)। ● **विशेष**—संख्यासूचक अनेक शब्दों में से **कुछ प्रमुख** निम्नलिखित हैं **(जिनके पर्यायवाची शब्द भी समान रूप से मान्य हैं)**—

० के लिए आकाश।
१ के लिए आत्मा, परमात्मा, चन्द्र।
२ के लिए पक्ष, नेत्र, भुजा, कान, हाथ, पैर।
३ के लिए गुण, ताप, राम।
४ के लिए वेद, युग, वर्ण इत्यादि।
५ के लिए कामदेव के बाण, पांडव, अग्नि, इन्द्रिय।
६ के लिए ऋतु, रस, राग।
७ के लिए ऋषि, स्वर, सागर, पर्वत, लोक, पुरी।
८ के लिए सिद्धि।
९ के लिए निधि, भक्ति, ग्रह, काव्य-रस।
१० के लिए दिशा, रावण के सिर, अवतार।
११ के लिए रुद्र।
१२ के लिए सूर्य, राशि, मास।

सङ्ख्येय (संख्येय)—[स॰ सङ्ख्या + यत्] *वि॰* जो गिना जा सके। गणनीय।

सङ्ग[१] (संग[१])—[स॰ √सञ्ज् + घञ्] *पु॰* १. संयोग। मिलन। २. एकता। मेल। ३. संसर्ग। संस्पर्श। ४. मित्रता। मैत्री। ५. अनुराग। ६. सांसारिक विषयों/वस्तुओं में आसक्ति। ७. सम्पर्क। सम्बन्ध। ८. घनिष्ठ और चिरकालिक सहवास/साथ। साहचर्य। संगति। *क्रिवि॰* १. साथ में। २. एक साथ।

***सङ्ग[२] (संग[२])**— *स्त्री॰* ≤ *हि॰* साँग। पतली छोटी बर्छी।

सङ्ग[३] (संग[३])—[फा॰] *पु॰* पाषाण। पत्थर। ***जैसे***—संग-सा दिल। *वि॰* बहुत कठोर/कड़ा।

सङ्गठन (संगठन)—[< स॰ सङ्घटन] *पु॰* १. (किसी वस्तु के) विभिन्न/अवयवों को ठीक ढंग से मिलाकर एक सम्पूर्ण वस्तु बनाना। २. निर्माण। रचना। ३. भली प्रकार से गठन। गढ़न। ४. किसी उद्देश्य की प्राप्ति के लिए बनायी गयी संस्था। ५. विशेष उद्देश्य से जुड़े या कार्य विशेष के लिए परस्पर सम्बद्ध व्यक्तियों का एकतापूर्ण समूह। संघ। Δ **पर्याय**—संघटन/संस्था।

सङ्गठित (संगठित)—[< स॰ सङ्घटित] *वि॰* १. जिसका संगठन हुआ हो। २. (मनुष्यों का समूह) जो सामूहिक रूप से अपने उद्देश्य की पूर्ति के लिए कार्य कर रहा हो। ३. एकता-युक्त तथा परस्पर फूट से रहित मानव-समाज या मानव-समूह। Δ **पर्याय**—संघटित।

संगणक—[स॰ सम्√गण् +ण्वुल्] *पु॰* १. गणना करनेवाला व्यक्ति। २. एक अति आधुनिक यन्त्र जो गणना जानकारियों का संग्रह तथा उनका विश्लेषण करने के लिए प्रयोग में आता है। कम्प्यूटर (अ॰)।

संगणन—[स॰ सम् √गण् + ल्युट्] *पु॰* १. गणना। गिनती। २. अनुमान। अन्दाज़ा। ***जैसे***—प्राचीन सभ्यताओं के संगणन में भूल होना। ✣ **संगणना**— *स्त्री॰* = संगणना।

सङ्गत (संगत)—[स॰ सम् √गम् + क्त] *वि॰* १. (किसी से) जुड़ा/मिला/लगा हुआ। २. एकत्रित। ३. प्रासंगिक। उपयुक्त। ४. सम्बद्ध। सम्बन्धित। *स्त्री॰* ५. जिसमें संगति हो। मेल खानेवाला। *स्त्री॰* १. संग रहना/होना। साथ रहना। संगति। संग। साथ २. साथ रहने वालों का दल। ३. प्रासंगिकता। उपयुक्तता। ४. किसी विशेष प्रकार के लोगों का साथ। सोहबत। ५. नाचने-गाने या बजानेवालों के साथ रहकर तबला आदि किसी वाद्य को ठीक तरह बजाने का काम। ६. नाचने, गाने या बजाने वाले के साथ रहकर कोई वाद्य बजानेवाला व्यक्ति या उसका काम। ७. सम्पर्क। संसर्ग। लगाव।

सङ्गतराश (संगतराश)—[फा॰] *पु॰* १. पत्थरों को काटने का काम करनेवाला कारीगर। २. पत्थरों को काटने का एक उपकरण/औज़ार।

सङ्गत सङ्गम (संगत संगम)—[स॰] *पु॰* (भूविज्ञान॰) दो घाटियों या नदियों का एक ही तल पर संगम।

सङ्गत सम्बन्ध (संगत संबंध)—[स॰] *पु॰* (कोश॰) शब्दों की प्रयोगगत संगति। ***जैसे***— 'माता' का 'संगत सम्बन्ध' 'पिता' से है, परन्तु 'जननी' का संगत सम्बन्ध 'जनक' से है।

सङ्गति (संगति)—[स॰ सम् √गम् + क्तिन्] *स्त्री॰* १. संगत होने की अवस्था/क्रिया/भाव। संगतता। २. (किसी से) जुड़ा/मिला/लगा होना। संयोग/मेल या लगाव। मिलान। ३. प्रासंगिकता। उपयुक्तता। ४. उचितता। औचित्य। ५. जो संगत हो। मेल खाने वाला। ६. सम्बन्धित होने की स्थिति। सम्बद्धता। ७. संग। साथ। सोहबत। ८. सम्पर्क। सम्बन्ध। ९. मेल खाना। अनुकूलता। अनुरूपता। १०. विरोध का अभाव। सामंजस्य। ११. (आचरण/स्वभाव आदि की) एकरूपता। स्थिरता। (संगीत॰) सुरों का मेल। तालमेल।

सङ्गतिया (संगतिया)—[< स॰ सङ्गत] *वि॰* १. साथ देनेवाला। २. (वाद्य बजा कर) गायक/वादक/ नर्तक की संगत करने वाला। तबला/मँजीरा आदि बजानेवाला। ३. संगी। साथी।

सङ्गर (संगर)—[स॰ सम् √गृ + अप्] *पु॰* १. युद्ध। संग्राम। २. विपत्ति। ३. विष। ✣ **सङ्गर (संगर)-विनोद**— *पु॰* =युद्ध-क्रीड़ा। युद्ध। संग्राम।

सङ्गरोध (संगरोध)—[स॰ सङ्ग ~ रोध] *पु॰* रोग-संक्रमण को रोकने के लिए रोगकारी जीवों के वाहक प्राणियों, पौधों, जहाज़ों, यात्रियों तथा अन्य वस्तुओं के परिवहन पर लगाया जाने वाला प्रतिबन्ध या उन्हें अलग रखा जाना। संसर्ग-निरोध।

†सङ्गल (संगल)—[< स॰ शृङ्खला] *स्त्री॰* १. लोहे की ज़ंजीर। साँकल। २. पैरों की बेड़ी।

सङ्गलन (संगलन)—[स॰ सम् + गलन] *पु॰* गलन। पिघलना। पिघलन।

सङ्गव (संगव)—[स॰ सम् + गव] *पु॰* प्राचीन काल में प्रभात होने के तीन मुहूर्त (१४४ मिनट) बाद का समय जब गाएँ दुही जाकर चरने के लिए भेजी जाती थीं।

सङ्गसितारा (संगसितारा)—[< फा॰ संग + सितार:] *पु॰* गेरुए रंग का एक उपरत्न जिसमें स्वर्ण जैसे छींटे चमकते हैं। (अ॰ गोल्डस्टोन)

सङ्ग (संग)-सुरमा (सुर्मा)—[< फा॰ संग-सुर्म:] *पु॰* एक उपधातु जिसे पीसकर आँखों में लगाने का सुरमा बनाया जाता है।

सङ्गामी (संगामी)—[स॰ सङ्गामिन्] *वि॰* १. परस्पर मिल जाने वाले। २. मिलकर बहनेवाले। जिनका संगम हुआ हो।

सङ्गायन (संगायन)—[स॰ सम् + गायन] *पु॰* साथ-साथ गाने का कार्य।

***सङ्गिनि (संगिनि)**—[< स॰ सङ्गिनी] *स्त्री॰* १. संगिनी। साथिन। २. सखी।

सङ्गिनी (संगिनी)—[स॰ सङ्गिन् + ङीष्] *स्त्री॰* १. साथ रहनेवाली स्त्री। २. सखी। ३. पत्नी। सहचरी।

सङ्गीति (संगीति)—[स॰ सम् √गै + क्तिन्] *स्त्री॰* (बौद्ध॰) धर्म-सभा।

सङ्गीतिका (संगीतिका)—[स॰ सम् + गीतिका] *स्त्री॰* (नाट्य॰) पाश्चात्य शैली का गीति-नाट्य। गेय नाटक। (अ॰ ऑपेरा)।

सङ्गीन[१] (संगीन[१])—[फा॰] *वि॰* १. पत्थर के समान कठोर। २. गम्भीर तथा दंडनीय। ***जैसे***—संगीन जुर्म।

सङ्गीन[२] (संगीन[२])—[फा॰] *स्त्री॰* एक प्रकार की बर्छी जो बन्दूक

के सिरे पर लगी होती है। ***वा० संगीन के बल पर***—शस्त्रों का भय दिखाकर।

सङ्गीनी (संगीनी)—[< फा० संगीन] *स्त्री०* १. कठोरता। २. ठोसपन। ३. (अपराध आदि की) गम्भीरता।

***सङ्गु[१]/सङ्गू[१] (संगु[१]/संगू[१])**—[< स० सङ्ग] *पु०* संग। साथ।

***सङ्गु[२]/सङ्गू[२] (संगु[२]/संगू[२])**—[< स० सङ्घ] *पु०* १. संघ। २. समुदाय। समूह।

सङ्गूढ़ (संगूढ़)—[स० सम् √गुह् + क्त] *वि०* १. गूढ़। २. छिपा हुआ। ३. गुप्त। ४. ढँका हुआ। ५. गहन। ६. सुरक्षित।

सङ्गृहीत (संगृहीत)—[स० सम् + गृहीत] वि० १. संग्रह किया हुआ। जमा किया हुआ। संकलित। २. प्राप्त। ३. स्वीकृत।

सङ्गृहीता (संगृहीता)—[स० संगृहीतृ] *वि०* १. संग्रह करनेवाला। २. प्राप्त करनेवाला। ३. स्वीकार करनेवाला।

सङ्गे असबद (संगे असबद)—[< फा० संग +ए + अरबी अस्बद] *पु०* १. काला पत्थर। २. वह काला पत्थर जो काबा की दीवार में लगा है और श्रद्धालु मुसलमान जिसको चूमते हैं।

सङ्गे मूसा (संगे मूसा)—[फा० संग + ए + अरबी मूसा] *पु०* एक प्रकार का काला बहुमूल्य पत्थर जो चिकना होता है।

सङ्गोपन (संगोपन)—[स० सम् + गोपन] *पु०* १. (अच्छी तरह से) छिपाकर रखना। गोपन। छिपाव। २. (अच्छी तरह से) रक्षण। रक्षा।

सङ्गोपनीय (संगोपनीय)—[स० सम् + गोपनीय] *वि०* १. (अच्छी तरह से) छिपाकर रखने योग्य। गोपनीय। २. (अच्छी तरह से) रक्षा करने योग्य। रक्षणीय। ३. (पत्र आदि) जो सम्बंधित व्यक्ति के अतिरिक्त दूसरों से गुप्त रखने योग्य हो।

सङ्गोष्ठी (संगोष्ठी)—[स० सम् + गोष्ठी] *स्त्री०* १. विचारगोष्ठी। २. थोड़े दिनों का या कुछ घंटों का अनुशीलन-सत्र। ३. विश्वविद्यालय या महाविद्यालय आदि में अनुसन्धान तथा विचार-विमर्श के लिए लघु कक्षा। (अ० सेमिनार)

सङ्ग्रथन (संग्रथन)—[स० सम् + ग्रथन] *पु०* १. एक साथ बाँधना। २. गूँथना। ३. पुस्तक की रचना करना। ग्रन्थ लिखना।

सङ्ग्रहणी (संग्रहणी)—[स० सङ्ग्रहण + ङीप्] *स्त्री०* एक रोग जिसमें खायी हुई वस्तुएँ बिना पचे मल के रूप में बाहर निकल जाती हैं। दस्त।

सङ्ग्रहणीय (संग्रहणीय)—[< स० सम् √ग्रह् + अनीयर्] *वि०* १. संग्रह किए जाने योग्य। संग्राह्य। २. ग्रहण करने योग्य। ३. (दवा) जिसका सेवन लाभप्रद और आवश्यक हो।

सङ्ग्रहालय (संग्रहालय)—[स० सङ्ग्रह ~ आलय] *पु०* १. वह स्थान जहाँ एक ही प्रकार की या अनेक प्रकार की वस्तुओं का संग्रह हो। संग्रह-स्थान। २. अतीत काल की महत्त्वपूर्ण धार्मिक, सांस्कृतिक, वैज्ञानिक, कलात्मक या रोचक वस्तुओं के परिरक्षण, अध्ययन तथा प्रदर्शन के लिए सुरक्षित भवन या संस्थान। अजायबघर। म्यूज़ियम (अ०)।

सङ्ग्रही (संग्रही)—[स० सङ्ग्रहिन्] *वि०* १. संग्रह करनेवाला। इकट्ठा/जमा करने वाला। संग्राहक। ***जैसे***—धन-संग्रही; ज्ञान-संग्रही; लोकसंग्रही। २. संग्रह करने के स्वभाव वाला। जो त्यागी न हो, धन तथा वैभव-सामग्री को जोड़नेवाला हो। संचयशील। ३. आश्रय में लेनेवाला। ∇ **विलोम**—त्यागी।

सङ्ग्रहीता (संग्रहीता)—[स० संग्रहीतृ] *वि०* १. पानेवाला। २. स्वीकार करनेवाला। ३. पहचान लेने वाला।

सङ्ग्राम (संग्राम)—[स० √सङ्ग्राम् + अच्] *पु०* युद्ध। लड़ाई। ⁘ **सङ्ग्राम (संग्राम)-पटह**—*पु०* = युद्ध में बजाया जानेवाला एक प्रकार का बड़ा नगाड़ा युद्ध का डंका। रण-पटह।

सङ्ग्राही (संग्राही)—[स० संग्राहिन्] *वि०* संग्रह करनेवाला। संग्राहक।

सङ्ग्राह्य (संग्राह्य)—[स० सम् + ग्राह्य] *वि०* संग्रह के योग्य। जमा करने लायक । संग्रहणीय।

सङ्घ (संघ)—[स० सम् √हन् + अप्, टि-लोप्, घत्व] *पु०* १. समूह। समुदाय। झुंड। २. कुछ निश्चित उद्देश्यों की पूर्ति के लिए बनी हुई संस्था। ३. विशेष उद्देश्य से मिल-जुलकर रहनेवाले व्यक्तियों का समूह। दल। ४. किसी महान् उद्देश्य की प्राप्ति के लिए स्वयं को समर्पित करनेवाले आदर्शवादी व्यक्तियों का संगठन। ५. (प्राचीन भारत में) एक प्रकार का लोकतन्त्रीय राज्य जिसकी व्यवस्था जनता द्वारा निर्वाचित प्रतिनिधि करते थे। गणराज्य। ६. दो या अधिक राज्यों के परस्पर मिलने से बनाया हुआ एक नया राज्य जिसमें आधारभूत राज्यों को आन्तरिक विषयों में स्वतन्त्रता रहती है। ७. ऐसा देश/राज्य जिसने अपने प्रान्तों/प्रदेशों/राज्यों को संविधान के अनुसार साधारण काल में आन्तरिक शासन में तथा कुछ विशिष्ट विषयों में स्वतन्त्रता दे रखी हो परन्तु विशेष परिस्थितियों में राज्यों की अलग सरकारों को समाप्त किया जा सकता है तथा सारे देश में केन्द्रीय शासन की स्थापना हो सकती है। ८. अनेक संस्थाओं की संगठित संस्था। ९. 'राष्ट्रीय स्वयंसेवक संघ' (१९२५ ई. में नागपुर में स्थापित) का लोकप्रचलित संक्षिप्त नाम। १०. बौद्ध संगठन। ११. बौद्ध मठ। (प्राणि०) प्रमुख प्राणि-समूह। ● **विशेष**—प्राणियों के अनेक संघ हैं, ***जैसे***—एक कोशिका वाले सभी प्राणियों का संघ। (अ० फ़ाइलम)

सङ्घचारी (संघचारी)—[स० सङ्घचारिन्] *वि०* झुंड में चलनेवाला। (पक्षी/पशु) झुंड बनाकर रहनेवाला। *पु०* मत्स्य। मछली।

सङ्घट (संघट)—[स० सम् √घट् + अच्] *पु०* १. समूह। ढेर। २. संघर्ष। मुठभेड़। ३. संघटन। ४. संयोग। ⁘ ***सङ्घटु (संघटु)**—*पु०* १. संघट। २. संयोग।

सङ्घटन (संघटन)—[स० सम् √घट् + णिच् + ल्युट्] *पु०* १. मिलाना। २. व्यक्तियों का मिलना। ३. संगठन। (दे०) ४. बिखरी हुई शक्तियों को परस्पर मिलाकर किसी उद्देश्य के लिए तैयार करना। ५. उक्त उद्देश्य से बनायी गयी संस्था/परिषद्।

सङ्घटना² (संघटना²)—[< सं॰ सङ्घट्न] *क्रिस॰* १. रगड़ना। २. टकराना। भिड़ना। संघर्ष करना।

सङ्घटित (संघटित)—[सं॰ सम् √घट् + क्त] *वि॰* १. जिसका संघटन हुआ हो। २. जो एकता में बँध कर सामूहिक रूप से अपने उद्देश्य की प्राप्ति के लिए प्रयत्नशील हो।

सङ्घट्ट (संघट्ट)—[सं॰ सम् √घट्ट + अच्] *पु॰* १. रगड़। २. टक्कर। ३. संघर्ष। मुठभेड़। ४. योग। मेल। ५. गुत्थमगुत्था।

सङ्घट्टित—[सं॰ √घट्ट + क्त] *वि॰* १. रगड़ा हुआ। घर्षित। पीसा हुआ। २. संघटित। एकत्रित। ३. निर्मित। रचित।

सङ्घन (संघन)—[सं॰ सम् + घन] *क्रिवि॰* एक साथ।

सङ्घनन (संघनन)—[सं॰ सम् + घनन] *पु॰* घना या ठोस बना देना। घनीकरण। (अं॰ कन्डेन्सेशन)

सङ्घपति (संघपति)—[सं॰ सङ्घ ~ पति] *पु॰* १. किसी संघ का प्रधान या सर्वोच्च अधिकारी। २. दल का नायक।

***सङ्घरना (संघरना)**—[< सं॰ संहार] *क्रिस॰* १. संहार करना। मार डालना। २. नाश करना।

सङ्घर्ष (संघर्ष)—[सं॰ सम् √घृष् + घञ्] *पु॰* १. दो वस्तुओं का आपस में घर्षण। रगड़। २. स्पर्धा। होड़। ३. आपस में टकराव। टक्कर। भिड़न्त। ४. कठिनाइयों को समाप्त करने के लिए किया जाने वाला भरसक प्रयत्न। पूरी कोशिश। ५. विरोधी शक्तियों को हराने के लिए जूझने का कार्य। ६. (अधिकार पाने के लिए) परस्पर द्वन्द्व। खींचतान। कशमकश। ७. द्वेष। ८. युद्ध। लड़ाई। *जैसे*—राम-रावण का संघर्ष। (पा॰ नाट्य॰) नाटक की वह स्थिति जिसमें विरोधी शक्तियाँ अन्तिम बार परस्पर टकराती हैं तथा जिससे कथावस्तु को निर्णयात्मक क्षण मिलता है।

सङ्घाटी (संघाटी)—[सं॰ सम् √घट् + णिच् + ङीप्] *स्त्री॰* बौद्ध भिक्षुओं का उत्तरीय वस्त्र विशेष। चीवर।

सङ्घात (संघात)—[सं॰ सम् √हन् + घञ्] *पु॰* १. ऐक्य। संयोग। २. जन-समूह। जन-समुदाय। ३. (ज़ोर से लगनेवाला) आघात। टक्कर। ४. वध। हत्या। ५. शरीर। देह।

सङ्घातक (संघातक)—[सं॰ सम् √हन् + ण्वुल्] *वि॰* १. संघात करनेवाला। २. हत्या करनेवाला। हत्यारा। ३. प्राण लेनेवाला। ४. नष्ट करनेवाला। नाशक। संहारक। ५. ज़ोर से आघात करनेवाला। टक्कर देनेवाला।

सङ्घाधिप (संघाधिप)—[सं॰ सङ्घ ~ अधिप] *पु॰* १. किसी संघ का अध्यक्ष। संघ-पति। २. धार्मिक संघ का अध्यक्ष। *जैसे*—जैन संघाधिप; बौद्ध संघाधिप।

***सङ्घार (संघार)**—[< सं॰ संहार] *पु॰* संहार। नाश।

***सङ्घारना (संघारना)**—[< हिं॰ संघार] *क्रिस॰* संहार करना। वध या नाश करना। ✣ **सङ्घारि (संघारि)**—*क्रिवि॰* = मारकर। *जैसे*—रावण संघारि राम अयोध्या पहुँचे।

सङ्घाराम (संघाराम)—[सं॰ सङ्घ ~ आराम] *पु॰* बौद्ध मठ। (बौद्ध) विहार।

सङ्घी (संघी)—[< सं॰ सङ्घ] *वि॰* १. संघ से सम्बद्ध (व्यक्ति आदि)। संघ का। २. संघीय (शासन आदि)।

सङ्घृष्ट (संघृष्ट)—[सं॰ सम् √घृष् + क्त] *वि॰* जो घिस गया हो। रगड़ा हुआ। २. रगड़ खाया हुआ।

सङ्घोष (संघोष)—[सं॰ सम् + घोष] *पु॰* ज़ोर की ध्वनि।

***सचकित**—[< सं॰ चकित] *वि॰* चकित। आश्चर्ययुक्त।

सचक्र—[सं॰ स+ चक्र] *वि॰* १. चक्रसहित। चक्रधारी। *जैसे*—सचक्र श्रीकृष्ण। २. पहियोंवाला (रथ आदि)।

***सचना**—[< सं॰ सञ्चयन] *क्रिस॰* १. संचित करना। इकट्ठा करना। बटोरना। २. (कार्य को) पूरा करना। ३. रचना। बनाना। ४. सजाना। *क्रिअ॰* १. संचित होना। इकट्ठा होना। २. (कार्य का) पूरा होना। ✣ **सचि**—क्रि*वि॰* = संचित कर। ✣ **सचि-पचि**—*क्रि=वि॰* संचित कर तथा कष्ट उठाकर। यत्नपूर्वक संचित कर। सैंत-सैंत कर।

***सचर**—[< सं॰ चर] *वि॰* चर। चलायमान। गतिशील। जंगम।

***सचरना**—[< सं॰ सञ्चरण] *क्रिअ॰* १. संचरित होना। २. (किसी समुदाय/समाज में) प्रवेश करना। आना-जाना। हिलना-मिलना। ३. किसी वस्तु/बात का लोगों में प्रचलित होना। प्रसिद्ध होना। फैलना।

सचराचर—[सं॰ स + चर ~ अचर] *वि॰* १. सब चर और अचर वस्तुओं से युक्त। जिसमें स्थावर और जंगम दोनों हों। जड़ और चेतन दोनों के साथ। ३. संसार। दुनिया।

†**सचल**—[< सं॰ चल] *वि॰* १. चल। जो अचल न हो। जो चलता हो। चर। जंगम। २. जो एक स्थान पर स्थिर न हो। चलता-फिरता। गतिशील। *जैसे*—सचल पुस्तकालय। ✣ **सचल स्वर**—*पु॰* = (संगीत॰) स्वर-सप्तक के वे ५ स्वर (रे, ग, म, ध, नि) जो विकृत (कोमल या तीव्र) हो सकते हैं। स्वर-सप्तक के २ अचल स्वरों से भिन्न ५ स्वर।

***सचान**—[< सं॰ सञ्चान] *पु॰* श्येन (पक्षी)। बाज़। ✣ **सचानु**—*पु॰* बाज़ (पक्षी)।

†**सचाना**—[< हिं॰ सच] क्रिस॰ सच्चा करके दिखलाना। *जैसे*—झूठ को सचाना वकीलों का पेशा है।

***सचारना**—[< सं॰सञ्चारण] संचरित करना। चलाना, फैलाना, प्रचलित या प्रसिद्ध करना।

सचिक्कण—[<सं॰ चिक्कण] *वि॰* चिकना। ✣ ***सचिक्कन**—*वि॰* = चिकना।

सचित्—[सं॰ स + चित्] *वि॰* १. चेतनायुक्त। ज्ञानयुक्त। २. बुद्धिमान्। ३. संवेदनापूर्ण।

सचित्त—[सं॰ स + चित्त] *वि॰* १. जिसका ध्यान एक ही ओर हो। एकाग्र। *जैसे*—सचित्त अध्ययन। २. सावधान। *क्रिवि॰* १. ध्यानपूर्वक। एकाग्रता से। *जैसे*—सचित्त पढ़ो। २. सावधानी के साथ।

सचित्र—[सं॰ स + चित्र] *वि॰* चित्र/चित्रों से युक्त। तस्वीर वाला। चित्रयुक्त। *जैसे*—सचित्र पत्रिका।

सचिन्त (सचिंत)—[सं॰ स + चिन्ता] *वि॰* जिसे चिन्ता/हो। चिन्तित। फ़िक्रमन्द।

सचिव—[सं॰ सचि √वा + क] *पु॰* १. मन्त्री/वज़ीर (अं॰ मिनिस्टर)। २. किसी अधिकारी या विभाग का वह अधिकारी जिसका दायित्व आवश्यक काग़ज़ों को सुरक्षित रखना, पत्र-व्यवहार करना इत्यादि होता है (अं॰ सेक्रेटरी) ३. किसी विद्यालय, महाविद्यालय या अन्य किसी संस्था का वह कार्यकारी अधिकारी जो संस्था की ओर से पत्र-व्यवहार करने के साथ-साथ संस्था के ठीक से संचालन के लिए आवश्यक प्रबन्ध तथा नियन्त्रण भी रखता है। ४. (प्रशासन में) मंत्री/राजदूत का सहायक अधिकारी।

सची—[सं॰ सचि + ङीष्] *स्त्री॰* १. (देवराज) इन्द्र की पत्नी। शची। इन्द्राणी। २. चैतन्य महाप्रभु की माता का नाम। ❖ **सची-सुत**—*पु॰* १. (इन्द्र का पुत्र) जयन्त। २. चैतन्य महाप्रभु।

***सचु**[१]—[< प्रा॰ सच्च < सं॰ सत्य] *पु॰* सत्य। सच।

***सचु**[२]—[देशज] *पु॰* सुख।

सचेत—[सं॰ सचेतस्] *वि॰* १. बुद्धिमान्। २. सावधान। सजग। सतर्क।

सचेतन—[सं॰ स + चेतना] *वि॰* जिसमें चेतना हो। चेतनायुक्त। (मनो॰) मन का एक भाग जो चेतना से युक्त है तथा विचारशीलता और नीति-अनीति के भाव से सदा सम्पन्न रहता है। *पु॰* चेतनायुक्त प्राणी। विवेकशील प्राणी।

सचेष्ट—[सं॰ स + चेष्टा] *वि॰* जो चेष्टा करता हो या कर रहा हो। चेष्टाशील। प्रयत्नशील।

सच्चरित/सच्चरित्र—[सं॰ सत् ~ चरित/चरित्र] *वि॰* अच्छे चरित्र वाला। सदाचारी। *पु॰* १. अच्छा चरित्र। २. अच्छी जीवनी।

सच्चित्—[सं॰ सत् ~ चित्] *पु॰* सत् और चित्। ***जैसे***—सच्चित् प्रकृति और सच्चिदानन्द परमात्मा।

सच्चिदानन्द—[सं॰ सत् ~ चित् ~ आनन्द] *पु॰* १. सत्,चित् और आनन्द। २. (सत्, चित् और आनन्दस्वरूप) ब्रह्म/परमात्मा।

सच्चिन्मय—[सं॰ सत् चित् + मय] *वि॰* सत् और चैतन्य से युक्त।

***सच्छत**—[< सं॰ स + क्षत] *वि॰* क्षतयुक्त। घायल।

सच्छान्ति (सच्छांति)—[सं॰ सत् ~ शान्ति] स्त्री॰ सच्ची शान्ति।

सच्छाय—[सं॰ सत् + छाया] *वि॰* १. छायावाला। छायादार। २. सुन्दर रंगों वाला। ३. चमकदार।

सच्छास्त्र—[सं॰ सत् + शास्त्र] *पु॰* अच्छा/अच्छे शास्त्र।

सच्छील—[सं॰ सत् + शील] *वि॰* अच्छे शील वाला। सुशील। शीलवान्। *पु॰* १. सदाचार। २. अच्छा शील/चरित्र/आचरण/व्यवहार।

सछिद्र—[सं॰ + शील] *वि॰* १. छिद्रवाला। छेददार। सरन्ध्र। २. दोषयुक्त।

सज—[< सं॰ सज्जा] *स्त्री॰* १. सज्जा। सजावट। २. सुन्दरता। शोभा। (भवन आदि की) रचना/गठन का ढंग।

†सजाउ दही—[< हिं॰ सजाव + दही] *स्त्री॰* जमा हुआ दही जिसके ऊपर मलाई की तह जम गयी हो।

सजात—[< सं॰ स + जात] *वि॰* १. जो साथ उत्पन्न हुए हों। २. जो एक प्रकार के या एक वर्ग के हों। (भाषा॰) एक ही मूल भाषा से सम्बन्धित (शब्द, भाषाएँ आदि)। ***जैसे***—सजात शब्द। (अं॰ कॉग्नेट) ❖ **सजात भाषाएँ**—*स्त्री॰* (बहु॰) = एक ही मूल भाषा से विकसित भाषाएँ। ❖ **सजात रूप/शब्द**—*पु॰* = (भाषा॰) एक ही मूल भाषा से सम्बन्धित भाषाओं में पाए जाने वाले वे शब्द-रूप जो ध्वनि और अर्थ की दृष्टि से समान हों। ***जैसे***—'ब्रादर' (अँग्रेज़ी) तथा 'बिरादर' (फ़ारसी) 'भ्रातृ' (संस्कृत) के, सजात रूप हैं।

सजाति/सजातीय—[सं॰ स + जाति/जातीय] *वि॰* १. एक ही जाति/वर्ग के। २. समान प्रकार के। समान। सदृश।

***सजान**—[< सं॰ सज्ञान] *वि॰* १. जाननेवाला। जानकार। १. चतुर। निपुण।

सजाय[१]—[< सं॰ स + जाया] *वि॰* जाया-सहित। सपत्नीक। विवाहित।

***सजाय**[२]—[< फा॰ सज़ा] *पु॰* दंड। सज़ा।

***सजाय**[३]—[< हिं॰ सजाय] *क्रिवि॰* सुसज्जित कर। सजाकर।

सज़ायाफ़्ता—[< फा॰ सज़ायाफ़्त:] *वि॰* १. सज़ा पाया हुआ। दंडित। २. जो दंड भोग चुका हो।

सज़ायाब—[फा॰] *वि॰* = जिसे सज़ा हो गयी हो। दंडित।

सजाव—[< हिं॰ सजाना] *पु॰* सजावट।

सजि**—[< अप॰ सज्जि] *क्रिवि॰* १. सुसज्जितकर। सजाकर। २. सुसज्जित होकर। ***जैसे—सजि-सजि चले बराती। ३. (धनुष पर) चढ़ाकर। ४. *उत्पन्न कर। ५. अस्त्र-शस्त्र से सज्जित होकर।

सजीला—[< हिं॰ सज] *वि॰* १. सजा हुआ रहनेवाला। सज-धज से रहनेवाला। बना-ठना रहनेवाला। छैला। २. सुन्दर। आकर्षक। ३. बना-ठना।

सजीवन—[< सं॰ सञ्जीवनी]स्त्री॰= १. जीवन देनेवाला। जीवित करनेवाला। २. स्वस्थ करनेवाली। ३. संजीवनी बूटी।

***सजुता**—[< सं॰ संयुता] *वि॰ (स्त्री॰)* जो संयुत हो। जुड़ी/मिली/लगी/सटी हुई।

सज्ज[१]—[सं॰ √सस्ज् + अच्] *वि॰* १. तैयार किया हुआ या तैयार कराया हुआ। तैयार। २. सजाया हुआ। सँवारा हुआ। ३. ठीक किया हुआ। *पु॰* साज। *स्त्री॰* सज्जा।

***सज्ज**[२]—*स्त्री॰* ≤ सं॰ शय्या। सेज।

सज्जक—[√सं॰ सस्ज् + ण्वुल्]वि॰ १.सजानेवाला। २. सजावट करने का कार्य करनेवाला।

***सज्जण**—*पु॰* ≤ *हिं॰* सजन/साजन। स्वजन। पति या प्रेमी।

सज्जता—[सं॰ सज्ज + तल् + टाप्] *स्त्री॰* सजावट।

सज्जन[१]—[सं॰ √सस्ज् + णिच् + ल्युट्] *पु॰* १. सजावट। २. वस्त्र/हथियार धारण करना। ३. वस्त्रों और आभूषणों आदि से की जाने वाली सजावट। ❖ **सज्जना**—*वि॰* (स्त्री॰) सज्जा। सजावट।

सज्जन[२]—[सं॰ सत् ~ जन] *पु॰* भला मनुष्य। शरीफ़ आदमी।

सज्जा[१]—[स॰ √सस्ज् + अ+ टाप्] *स्त्री॰* १. सजावट। २. वेश-भूषा। परिधान। ३. साज-सामान। सजाने का सामान। साधन-सामग्री। ४. सजावट के उपकरण।

सज्जा[२]—*स्त्री॰* ≤ *स॰* शय्या। पलंग या चारपाई।

†सज्जा[३]—[‹ स॰ सव्य] *वि॰* दाहिना। ***जैसे***—सज्जा हाथ।

सज्जी—[‹ स॰ सर्जी] *स्त्री॰* एक प्रकार की क्षारयुक्त मिट्टी। सज्जीखार।

†सज्जे[१]—[‹ स॰ सर्व] *सर्व॰* सब।

†सज्जे[२]—[‹ स॰ सर्वतः] *क्रिवि॰* पूरी तरह।

†सज्जे[३]—[‹ स॰ सव्य] *क्रिवि॰* दाहिनी ओर। ***जैसे***—सज्जे जाना।

सज्ञान—[स॰ स + ज्ञान] *वि॰* १. ज्ञान सहित या अज्ञानयुक्त। ***जैसे***—सज्ञान भक्ति। २. ज्ञानवाला। समझदार। ३. वयस्क। बालिग़। ***जैसे***—अब तुम बच्चे नहीं हो, सज्ञान हो। ४. सावधान। सचेत। होशियार।

***सज्या**—*स्त्री॰* ≤ *स॰* शय्या। पलंग। चारपाई। सेज।

सझनी—[देशज] *स्त्री॰* एक प्रकार की छोटी चिड़िया जिसकी चोंच लम्बी होती है, पीठ काली और छाती सफ़ेद।

†सझिया—*वि॰, पु॰* ‹ *हि॰* साझी। साझेदार।

सञ्च (संच)—[स॰ सम् √चि + ड] *पु॰* १. (अतीत काल में) ऐसे पत्तों का ढेर जिन पर लिखा जाता था। २. संग्रह। ३. एक जैसी वस्तुओं का समुदाय/संग्रह। समुच्चय। ४. एक साथ काम आनेवाली वस्तुओं का समुदाय/संग्रह। ५. एक लेखक की एक प्रकार की सब रचनाओं का संग्रह। ग्रन्थमाला। ६. पुस्तक-प्रकाशक या पुस्तक-विक्रेता द्वारा बेचने के लिए बनाया गया पुस्तकों का संग्रह जो अलग-अलग पुस्तकों के मूल्य के योग से कम मूल्य पर ग्राहकों को दिया जाता है (अ॰ सेट)

***सञ्चकर (संचकर)**—[‹ स॰ सञ्चयकर] *वि॰* १. संचय करनेवाला। २. कृपण। कंजूस।

***सञ्चना**[१] **(संचना**[१] **)**—[‹ स॰ सञ्चरण] *क्रिअ॰* प्रवेश करना।

***सञ्चना**[२] **(संचना**[२] **)**—[‹ स॰ सञ्चयन] *पु॰* १. संचित करना। संचय करना। एकत्र करना। २. देखभाल करना।

सञ्चय (संचय)—[स॰ सम् √चि + अच्] *पु॰* १. एकत्रीकरण। २. अनुकूल मानकर ग्रहण। संग्रह। ३. राशि। ढेर। अम्बार। ४. अधिकता। बहुलता। ५. संचित सामान/माल। (आयुर्वेद॰) वात, पित्त अथवा कफ की वृद्धि होकर स्थान में ही जमा रहना। (गणित॰) कुछ वस्तुओं में से निर्दिष्ट संख्या में विविध वस्तुओं का चयन करने से बननेवाले विविध समूहों की संख्या जो परस्पर भिन्न हों तथा समूहों में वस्तुओं के क्रम का महत्त्व न हो। (अ॰ काम्बिनेशन)

सञ्चयन (संचयन)—[स॰ सम् + चयन] १. एकत्र करने की क्रिया/भाव। २. इकट्ठा करना/होना। जमा करता/होना। ३. शव भस्म होने के तीसरे दिन अस्थि बीनने की क्रिया। (अर्थ॰) किसी अर्थ-व्यवस्था या व्यवसाय के वास्तविक पूँजी-भंडार में वृद्धि करना। पूँजी-निर्माण।

सञ्चर (संचर)—[स॰ सम् √चर् + क] *पु॰* १. गमन। चलना। २. मार्ग। पथ। रास्ता। (खगोल॰) ग्रह आदि का एक राशि से दूसरी राशि में जाना।

सञ्चरण (संचरण)—[स॰ सम् √चर् + ल्युट्] *पु॰* १. गमन। चलना। ***जैसे***—पवन-संचरण। २. भ्रमण। ३. फैलना।

सञ्चरना (संचरना)—[‹ स॰ सञ्चरण] *क्रिअ॰* १. चलना-फिरना। गमन करना। २. फैलना। *क्रिस॰* १. चलने-फ़िरने में प्रवृत्त करना। संचारना। चलाना। ३. फैलाना।

सञ्चलन (संचलन)—[स॰ सम् √चल् + ल्युट्] *पु॰* १. हिलना-डुलना। २. काँपना। ३. (सैनिकों आदि का) पैर मिलाकर चलना। ***जैसे***—पथ-संचलन कार्यक्रम। (प्राणि॰) भोजन या अनुकूल वातावरण की खोज में प्राणियों द्वारा एक स्थान से दूसरे स्थान को जाना।

सञ्चार (संचार)—[स॰ सम् √चर् + घञ् (अथवा, सम् √चर् + णिच् + घञ्)] *पु॰* १. चलना-फिरना। २. भ्रमण। ३. चलाने की क्रियाभाव। चलाना। ४. अन्दर प्रवेश कर फैलना। ५. (रोग का) स्पर्श द्वारा संक्रमण। ६. दो स्थानों के बीच रेल, डाक, तार, रेडियो आदि से सम्पर्क। ७. आना-जाना। यातायात।

सञ्चारी (संचारी)—[स॰ सञ्चारिन्] *वि॰* १. गमनशील। २. घूमने-फिरने वाला। भ्रमणशील। ३. परिवर्तनशील। ४. प्रवेश करनेवाला। ५. आनेवाला। मिलनेवाला। आगन्तुक। ६. छुआछूतवाला। संक्रामक। *पु॰* ७. पवन। हवा। (काव्य॰) व्यभिचारी भाव। (दे॰ संचारी भाव)

सञ्चारी भाव (संचारी भाव)—[स॰] *पु॰* (काव्य॰) भावों का एक प्रकार जो स्थायी भाव से भिन्न है। स्थायी भाव को रस-दशा में पहुँचाने के लिए तत्पर और स्थायी भाव के अन्तर्गत आने-जाने वाले भाव। व्यभिचारी भाव। ***जैसे***—शृंगार रस के संचारी भाव लज्जा, गर्व, हर्ष, आशा, स्मृति, चिन्ता आदि हैं।

सञ्चालन (संचालन)—[स॰ सम् √चल् + णिच् + ल्युट्] *पु॰* १. चलाने की क्रिया। २. कोई काम चलते रहने के लिए की जाने वाली व्यवस्था/प्रबन्ध। प्रशासन। २. किसी कार्य का या संस्था/कम्पनी/विभाग/विद्यालय आदि का निर्देशन/निदेशन।

***सञ्चि (संचि)**—[‹ हि॰ संचना] *क्रिवि॰* संचित कर। एकत्र कर।
❖ **सञ्चि-सञ्चि (संचि-संचि)**—*क्रिवि॰* = एकत्र कर-करके।

संचिका—[‹ स॰ सञ्चना] *स्त्री॰* काग़ज़-पत्रों को एकत्रित रखने की वस्तु [तार, क्लिप, फ़ाइल (अ॰)] ***जैसे***—वकील के हाथ में अनेक संचिकाएँ हैं। (अ॰ फ़ाइल)।

सञ्चित (संचित)—[स॰ सम् √चि + क्त] *वि॰* १. संचय किया हुआ। इकट्ठा या संग्रह किया हुआ। २. ढेर लगा हुआ। ३. घनीभूत। घना। ४. संचिका (अ॰ फ़ाइल) में लगाया हुआ। ❖ **सञ्चित (संचित) कर्म**—*पु॰* = पूर्वजन्मों में किए हुए वे सब कर्म जिनका फल भोगना शेष है।

सञ्चिति (संचिति)—[स॰ सम् √चि + क्तिन्] *स्त्री॰* १. एकत्र/

जमा करने की क्रिया। संचयन। २. तह लगाना। चुनना।

***सञ्चिबौ (संचिबौ)**—[< हि॰ संचना] *पु॰* संचय करने का भाव।

सञ्चूर्णन (संचूर्णन)—[स॰ सम् + चूर्ण् + ल्युट्] १. खंड-खंड करना। २. चूण/चूरा बना देना।

सञ्चेय (संचेय)—[स॰ सम् √चि + यत्] *वि॰* संचय किए जाने योग्य।

***सञ्जमना (संजमना)**—[< स॰ संयमन] *क्रिस॰* १. संयमित करना। २. व्यवस्थित करना।

सञ्जय (संजय)—[स॰ सम् √जि + अच्] *पु॰* विजय।

सञ्जल्प (संजल्प)—[स॰ सम् √जल्प + घञ्] *पु॰* १.साथ बैठकर होनेवाली बातचीत। गपशप। २.कोलाहल। शोर।

सञ्जात (संजात)—[स॰ सम् + जात] *वि॰* उत्पन्न।

सञ्जीदगी (संजीदगी)—[फा॰] *स्त्री॰* १. गम्भीरता के साथ शान्त स्वभाव। २. आचरण और व्यवहार की गम्भीरता। ३. स्वभाव की शिष्टता। ४. ध्यानपूर्वक सुनने और विचार करने का गुण।

सञ्जीदा (संजीदा)—[< फा॰ संजीद:] *वि॰* १. गम्भीर और शान्त स्वभाव वाला। २. आचरण और व्यवहार में गम्भीर। ३. शिष्ट। ४. ध्यानपूर्वक सुनने और विचार करनेवाला। समझदार।

सञ्जीन (संजीन)—[स॰ सम् + अ॰ जीन] *पु॰* (जीव॰) किसी जाति के प्रत्येक केन्द्रक में पाए जाने वाले सभी गुणसूत्रों (अ॰ क्रोमोसोम) का समूह। गुणसूत्रों का एक मूल समूह । (अ॰ जीनोम)।

सञ्जीव (संजीव)—[स॰ सम् + जीव] *पु॰* (समासयुक्त पद में प्रयुक्त होने पर) पुन: जीवन। ***जैसे*—संजीवकरणी** = *वि॰* जीवित।

सञ्जीवक (संजीवक)—[स॰ सम् + जीवक] *वि॰* १. पुन:जीवित करनेवाला। २. साथ-साथ जीनेवाला।

सञ्जीवकरणी (संजीवकरणी)—[स॰ सञ्जीवकरण + ङीप्] *वि॰* (*स्त्री॰*) मृत प्राणी को जीवित करनेवाला। *स्त्री॰* १. संजीवनी बूटी (जो मृत प्राणी को जीवित कर देती है)। २. एक विद्या जिससे मृत प्राणी फिर जीवित किया जा सकता है।

सञ्जीवन (संजीवन)—[स॰ सम् + जीवन] *पु॰* १. साथ-साथ जीना। रहना। २. पुन: जीवित करना। ३. अच्छी तरह जीवित रहना। *वि॰* जीवन-शक्ति देनेवाला।

सञ्जीवित (संजीवित)—[स॰ सम् √जीव् + क्त] *वि॰* १. मर जाने पर पुन: जीवित किया हुआ। २. संजीवनी बूटी द्वारा पुन:जीवित किया हुआ।

सञ्जीवी (संजीवी)—[स॰ सञ्जीविन्] *वि॰* मृत प्राणी को जीवित करनेवाला।

***सञ्जुग (संजुग)**—[< स॰ संयुग] *पु॰* १. संयोग। मिलन। २. युद्ध। लड़ाई।

***सञ्जुत (संजुत)**—[< स॰ संयुत] *वि॰* संयुत। युक्त। सहित। साथ। *स्त्री॰* (छन्द॰) एक छन्द जिसके प्रत्येक चरण में क्रमश: सगण, २ जगण तथा गुरु (स ज ज ग) के योग से, १० वर्ण होते हैं। संयुत छन्द।

सञ्ज्ञक (संज्ञक)—[स॰ सञ्ज्ञ + कन्] *वि॰* (समासयुक्त पद के अन्त में प्रयुक्त) नामवाला। नामक। ***जैसे***—रामसंज्ञक राजा।

सञ्ज्ञपन (संज्ञपन)—[स॰ सम् + ज्ञपन] *पु॰* (कोई बात) अच्छी तरह बतलाना।

सञ्ज्ञप्त (संज्ञप्त)—[स॰ सम् + ज्ञप्त] *वि॰* सूचित किया हुआ।

सञ्ज्ञप्ति (संज्ञप्ति)—[स॰ सम् + ज्ञप्ति] *स्त्री॰* सूचना।

सञ्ज्ञा (संज्ञा)—[स॰ सम् + ज्ञा] *स्त्री॰* १. चेतना। होश। ***जैसे***—संज्ञारहित होकर वह गिर गया। २. बुद्धि। ३. ज्ञान। ४. नाम। ५. (हाथ हिलाकर या आँख आदि से किया जाने वाला) इशारा। संकेत। (व्या॰) किसी वास्तविक या काल्पनिक वस्तु, भाव, व्यक्ति या स्थान आदि का बोधक शब्द। नाम।

सञ्ज्ञाधारी (संज्ञाधारी)—[स॰ सञ्ज्ञाधारिन्] *वि॰* नाम वाला। नामक। ***जैसे***—अजगरसंज्ञाधारी प्राणी; रामसंज्ञाधारी महापुरुष।

सञ्ज्ञात (संज्ञात)—[स॰ सम् + ज्ञात] *वि॰* अच्छी तरह ज्ञात।

सञ्ज्ञान (संज्ञान)—[स॰ सम् + ज्ञान] *पु॰* १. सम्यक् अनुभूति। २. ज्ञान। (प्रशासन॰, विधि॰) १. किसी विषय में या किसी बात का सरकारी तौर पर विचार/हस्तक्षेप या उसका अधिकार। २. किसी बात पर सरकारी तौर से दिया गया ध्यान। ***जैसे***—न्यायालय ने डाक्टरों की हड़ताल का तत्काल संज्ञान लिया।

सञ्ज्ञापन (संज्ञापन)—[स॰ सम् + ज्ञापन] *पु॰* १. सूचित करने की क्रिया। सूचना। २. सिखलाने की क्रिया। सिखलाना।

सञ्ज्ञावान् (संज्ञावान्)—[स॰ सञ्ज्ञावत्] *वि॰* १. जो होश में हो। सचेत। २. वह जिसका कोई नाम हो। नाम वाला। नामयुक्त। (वाक्य) जिसमें संज्ञा हो। संज्ञायुक्त। ∇ **विलोम**—संज्ञाहीन।

सञ्ज्ञाहरण (संज्ञाहरण)—[स॰ सञ्ज्ञा ~ हरण] *पु॰* १. चेतना का क्षय। मूर्छा। संज्ञाहीनता। बेहोशी। (अ॰ ऐनिस्थीज़िया) २. संवेदनाशून्यता।

सञ्ज्ञाहारी (संज्ञाहारी)—[स॰ सञ्ज्ञाहारिन्] *वि॰* (चिकित्सा॰) (वह औषधि) जो रोगी की चेतना या संवेदना सुप्त कर दे। संवेदनाहारी। निश्चेतक। (अ॰ एनेस्थेटिक)।

सञ्ज्ञाहीन (संज्ञाहीन)—[स॰ सञ्ज्ञा ~ हीन] *वि॰* १. संज्ञा से रहित। जैसे—'तुम इधर आओ' एक संज्ञा-रहित वाक्य है। २. चेतनारहित। अचेत। बेसुध। बेहोश।

सञ्ज्ञित (संज्ञित)—[स॰ सञ्ज्ञा + इतच्] *वि॰* (समासयुक्त पद के अन्त में) संज्ञावाला। नामवाला। अभिहित। ***जैसे***—कृष्णसंज्ञित बालक (=कृष्ण नाम वाला बालक)।

सञ्ज्ञी (संज्ञी)—[स॰ सञ्ज्ञिन्] *वि॰* १. चेतन। ज्ञानयुक्त। सज्ञान। २. (समासयुक्त पद के अन्त में) नामवाला। नामक। ***जैसे***—शिवसंज्ञी बालक। *पु॰* जीव। प्राणी।

सञ्ज्ञेय (संज्ञेय)—[स॰ सम् + ज्ञेय] *वि॰* संज्ञान के योग्य। ध्यान देने, विचार करने या हस्तक्षेप करने योग्य। (प्रशासन॰, विधि॰) सरकारी तौर पर ध्यान देने, विचार करने या हस्तक्षेप करने योग्य।

सञ्ज्वालाश्म (संज्वालाश्म)—[स॰ सम् + ज्वाला ~ अश्म

(अश्मन्)] पु॰ (भूविज्ञान॰) ज्वालामुखी के विस्फोट से निकले राख, कंकड़, पत्थर और पिघली चट्टानों के लावा का, कालान्तर में शीतल होने पर जम जाने से, बना विशाल ढेर।

सट[1]—[स॰ √सट् + अच्, पृषो॰ ठ—>ट] पु॰ १. (साधु की) जटा। सटा। २. सिंह की गर्दन के बाल। अयाल। सटा। ३. कलग़ी। चोटी। सटा।

सट[2]—[अनु॰] स्त्री॰ ध्वनि विशेष जैसी छड़ी से मारने पर होती है। ❖ **सट-सट**—क्रिवि॰ = 'सट' शब्द की आवृत्ति करते हुए। *जैसे*—छड़ी से सट-सट मारना।

सटक[1]—[< हि॰ सेटक] स्त्री॰ १. लोगों के बीच से चुपके से चला जाना। खिसक जाने की क्रिया। २. छोटी गोली आदि को निगलने की क्रिया। ३. पतली और लचकदार छड़ी। साँट।

सटक[2]—[अनु॰] स्त्री॰ सनक। ख़ब्त। *जैसे*—कुछ लोगों को हर समय दूरदर्शन के कार्यक्रम देखने की सटक होती है।

सटकन—[< हि॰ सटकना] स्त्री॰ १. सटकने की क्रिया/भाव। खिसकना। २. निगलना।

***सटकारा**—[< हि॰ सटक] वि॰ चिकना और लम्बा (केश)।

†सटकारी—[अनु॰] स्त्री॰ पतली और लचीली छड़ी जिसे तेज़ी से हिलाने पर 'सट-सट' ध्वनि हो।

†सटक्का—[< हि॰ सटाक < प्रा॰ स्राक्] पु॰ १. दौड़। २. झपट। झपट्टा। **वा॰ सटक्का मारना**—१. तेज़ी से जाना। २. झपट्टा मारना। झपटना। ३. तेज़ी से निगल जाना या पी जाना।

सटपटाना—[अनु॰] क्रिअ॰ १. अभिलाषा, संकोच और घबराहट के मिश्रण वाली स्थिति में होना। २. घबड़ाना। ३. अनुचित स्थिति में किसी के द्वारा अचानक देख लिए जाने से भयभीत और भौचक्का रह जाना। **वा॰ सटपटाते फिरना**—परेशानी में घूमना। ❖ **सटपटी**—स्त्री॰ = सट-पट।

सटर-पटर—[अनु॰] वि॰ = १. साधारण। सामान्य। २. अव्यवस्थित। पु॰ १. उलझन/झंझट का काम। २. अनावश्यक और अप्रिय काम।

सटा—[स॰ सट + टाप्] स्त्री॰ १. (साधु की) जटा। २. शेर की गर्दन के बाल। अयाल। ३. कलग़ी। चोटी।

सटाक[1]—[अनु॰] पु॰ 'सट' की तीव्र ध्वनि। २. छड़ी से या कोड़े से मारने का शब्द। **वा॰ सटाक से**—'सट-सट' ध्वनि उत्पन्न करते हुए।

सटाक[2]—[< स॰ स्राक्] क्रिवि फुर्ती से। तेज़ी से। *जैसे*—वे सटाक (से) चले गए। ● **विशेष**—बोलचाल में '**सटाक से**' प्रचलित है।

सटान—[< हि॰ सटना] स्त्री॰ १. सटने की अवस्था/क्रिया/भाव। (दो वस्तुओं का) निकटतम होकर मिलना। *जैसे*—दीवार से मेज़ की सटान। २. दो वस्तुओं के सटने का स्थान।

सटिप्पण—[स॰ स + टिप्पण] वि॰ टिप्पण सहित। ❖ **सटिप्पण सूची**—स्त्री॰ = (पुस्तक॰) ऐसी सूची जिसमें ग्रन्थ-सम्बन्धी टिप्पण दिया गया हो।

सटीक—[स॰ स + टीका] वि॰ १. (पुस्तक) जिसमें मूल पाठ के साथ टीका भी हो। टीका से युक्त। *जैसे*—सटीक विनयपत्रिका। २. अति उपयुक्त या पूर्णत: ठीक (कथन)।

सटोरिया—[< हि॰ सट्टा] पु॰ (अर्थ॰) भविष्य में बाज़ार मूल्यों में वृद्धि से लाभ कमाने की आशा से, जोखिम उठाकर, बिना माल ख़रीदे-बेचे, वस्तुओं, अंशों, प्रतिभूतियों आदि का ज़बानी सौदा करनेवाला। सट्टेबाज़।

सट्टक—[स॰] पु॰ प्राकृत भाषा में लिखा जाने वाला उपरूपक या नाटिका का एक प्रकार।

सट्ट-घट्ट—[अनु॰] वि॰ नष्ट-भ्रष्ट।

सट्टा—[< प्रा॰ सट्ट] पु॰ (अ॰) भविष्य में बाज़ार मूल्यों में वृद्धि से लाभ कमाने की आशा से, जोखिम उठाकर, बिना माल ख़रीदे-बेचे, वस्तुओं, अंशों, प्रतिभूतियों आदि का ज़बानी सौदा।

सट्टा-बट्टा—[हि॰] पु॰ १. किसी उद्देश्य की पूर्ति के लिए की हुई धूर्ततापूर्ण तरकीब। चालबाज़ी। छल-कपट। २. किसी बुरे उद्देश्य की पूर्ति के लिए किया गया किसी से मेल-जोल। षड्यन्त्र की सिद्धि के लिए किसी से किया गया मेल।

***सठ**—[< स॰ शठ] वि॰ १. छली। कपटी। धूर्त। २. दुष्ट। ३. लम्पट। व्यभिचारी। ❖ **सठई/सठता**—स्त्री॰ = १. धूर्तता/छल-कपट। २. दुष्टता। ३. व्यभिचारी वृत्ति। लम्पटता। ❖ ***सठमति**—वि॰ = १. शठतापूर्ण बुद्धि वाला। २. दुष्ट।

सठियाना—[< हि॰ साठ] क्रिअ॰ १. साठ वर्ष या अधिक उम्र का हो जाना। २. वृद्ध होना।

†सठोड़ा/सठोरा—[< हि॰ सोंठ] पु॰ शिशु के जन्म के समय सोंठ का बना पुष्टिकारक लड्डू जो प्रसूता को खिलाया जाता है। सोंठोरा।

सड़ाक—[< हि॰ सटाक] स्त्री॰ पतली और लचीली छड़ी या कोड़ा आदि से मारने की आवाज़।

***सण्ठ (संठ)**—[< स॰ शठ] वि॰ १. शठ। २. मूर्ख।

†सण्ड (संड)—[< स॰ षण्ड] पु॰ वृष। साँड़। वि॰ साँड़ के समान शक्तिशाली।

†सण्ड-मुसण्ड (संड-मुसंड)—[< हि॰ संड + अनु॰ मुसंड] वि॰ साँड़ के समान हृष्ट-पुष्ट शरीर वाला। मोटा और तगड़ा (व्यक्ति)। हट्टा-कट्टा।

सण्डास (संडास)—[< फा॰ सन्दास] पु॰ मल-त्याग करने के लिए बनाया जाने वाला एक गड्ढा। एक प्रकार का शौचालय। पाख़ाना।

सत्—[स॰ √अस् + शतृ, अ-लोप] वि॰ १. सत्तायुक्त। विद्यमान। २. सत्य। वास्तविक। सच्चा। आलसी। ३. जिसका कभी नाश/लोप न हो। नित्य। शाश्वत। *जैसे*—आत्मा सत् है और शरीर असत् है। ४ धार्मिक। पवित्र। *जैसे*—सत् ग्रन्थ (सद्ग्रन्थ)। ५. पूज्य। मान्य। ६. सुन्दर। मनोहर। ७. श्रेष्ठ। प्रशंसनीय। अच्छा। *जैसे*—सत्पुरुष। (पा॰ दर्शन॰) बाह्य जगत् में अस्तित्ववान्। काल्पनिक या सम्भव मात्र से भिन्न अस्तित्व रखनेवाला। वास्तविक। पु॰

१. अस्तित्व। सत्ता। २. धर्मात्मा व्यक्ति। ३. अच्छा मनुष्य। ४. यथार्थ सत्य। ५. आत्मा। ६. प्रकृति। ७. परमात्मा। ब्रह्म।

***सत**[1]—[< सं॰ सत्] *वि॰* १. सत्। (दे॰) २. सत्यतापूर्ण। *पु॰* १. सत्। (दे॰) २. सत्यतापूर्ण धर्म। ३. सत्य व्रत।

सत[2]—[< सं॰ सत्य] *वि॰* सत्य। यथार्थ। वास्तविक।

***सत**[3]—[< प्रा॰ सत्त < सं॰ सत्त्व] *पु॰* १. (किसी वस्तु का) सार भाग। सारतत्त्व। २. जीवनी-शक्ति। ३. सभी सत्ताओं का मूल।

***सत**[4]—[< सं॰ शत] *वि॰* १. शत। सौ। २. सैकड़ों। *पु॰* सौ की संख्या। (१००)।

सत**[5]—[< हि॰ सात] *वि॰* 'सात' का संक्षिप्त रूप जो यौगिक शब्दों के आरम्भ में आता है। ***जैसे—सतसई सप्तशती। *पु॰* 'सात' की संख्या। सप्त। ⁘ **ǀसतई**—*वि॰* (*स्त्री॰*) = सातवीं। ⁘ **ǀसतएँ**—*क्रिवि॰* = सातवें स्थान पर।

सतगण्ठी (सतगंठी)**—[< हि॰ सात + गाँठ] *वि॰* सात गाँठों वाला। ***जैसे—सतगंठी वस्त्र। *वि॰* (*स्त्री॰*) १. सात गाँठों वाला। ***जैसे***—सतगंठी धोती। २. जीर्ण-शीर्ण। फटी-पुरानी।

सतत—[सं॰ सम् √तन् + क्त] *वि॰* लगातार होने वाला या रहनेवाला। ***जैसे***—सतत व्यायाम करते रहो। *क्रिवि॰* १. निरन्तर। अनबरत। लगातार। ***जैसे***—सतत बढ़ना। २. सदा। सर्वदा। हमेशा। ***जैसे***—सतत दानशील।

सतदन्ता (सतदंता)—[< हि॰ सात + सं॰ दन्त] *वि॰* सात दाँतों वाला।

***सतदल**—वि॰, *पु॰* ≤ *सं॰* शतदल। कमल।

सतनजा—[< हि॰ सात + अनाज] *पु॰* सात तरह के अनाजों का मिश्रण। *वि॰* अनेक प्रकार के पदार्थों के मिश्रण से बना हुआ।

सतनु—[सं॰ स + तनु] *वि॰* शरीरधारी। सशरीर।

सतफेरा—[< हि॰ सात + फेरा] *पु॰* (विवाह के) सात फेरे या भाँवरें। सप्तपदी।

सतबहिनी—*स्त्री॰* एक छोटी चिड़िया। (*दे॰* सतभैया)।

***सतभाइ/सतभाय/सतभाव**—[< सं॰ सत् भाव *पु॰* १. सत्यभाव। सच्चा मन। २. यथार्थ। वास्तविकता। ३. सद्भाव।

सतभैया—[< हि॰ सात + भाई] *पु॰* एक छोटा पक्षी जो प्राय: सात-सात के झुंड में घर के आँगन में या झाड़ी में फुदकता रहता है। इसका रंग मटमैला भूरा होता है तथा पूँछ लम्बी होती है। सतबहिनी।

***सतम**—[< सं॰ शततम] वि॰ सौवाँ।

***सतमख**—≤ *सं॰* शतमख। इन्द्र।

सतर[1]—[< प्रा॰ सत्तर] *वि॰* १.वक्र। टेढ़ा। २. क्रोधपूर्ण। कुपित। ⁘**सतर भौंह**—*स्त्री॰* = क्रोध प्रकट करती भौंह। २. धमकाने के भाव से भरी भौंह। कड़ी भौंह।

सतर[2]—[< सं॰ सत्वर] *क्रिवि॰* शीघ्रता से। तेज़ी से।

सतर[3]—[<अरबी सत्र] *स्त्री॰* १. रेखा। लकीर। २. पंक्ति। क़तार। ३. पुस्तक आदि की पंक्ति।

सतराना—[< हि॰ सतर] *क्रिअ॰* १. अहंकार करना। ऐंठना। ***जैसे***—बहुत धन पाकर सतराता है। २. गर्वयुक्त और अनमना होना। ३. (भौहें) टेढ़ी करना। ४. क्रोध करना। ***जैसे***—ग़लती तुम्हारी है परन्तु पत्नी पर सतरा रहे हो। ५. इठलाना। ६. चिढ़ना। *क्रिस॰* १. क्रुद्ध करना। २. चिढ़ना। ⁘**सतराइ**—*क्रिवि॰* = सतराकर।

ǀसतराहट—[< हि॰ सतराना] *स्त्री॰* सतराने की क्रिया/अवस्था/भाव।

***सतरि**—[< हि॰ सतर] *वि॰* १. टेढ़ी। २. क्रुद्ध।

सतरौंहाँ (सतरौंहां)—[< हि॰ सतराना] *वि॰* १. तरेरा हुआ। २. क्रोध-भरा या क्रोध-सूचक।

सतर्क—[सं॰ स + तर्क] *वि॰* १. तर्कयुक्त। तर्कपूर्ण। २. तर्क-कुशल। ३. सचेट। सावधान।

***सतर्पना**—[< सं॰ सन्तर्पण] *क्रिस॰* अच्छी तरह सन्तुष्ट करना। तृप्त करना।

सतवन—[< प्रा॰ सत्तवन्न < सं॰ सप्तपर्ण] *पु॰* एक प्रकार का ऊँचा पेड़। सप्तपर्ण। छितवन। सतौना।

***सतवन्ती (सतवंती)**—[< सं॰ सत्यवती] *वि॰* (*स्त्री॰*) सती-साध्वी। सत्यधर्म का पालन करनेवाली।

ǀसतवार—[< सं॰ सत्य + हि॰ वाला] *वि॰* १. सत्य से युक्त। सत्यधर्म का पालक। २. सदाचारी। ३. धर्मनिष्ठ।

ǀसतवारा—[< हि॰ सात + वार] *पु॰* सप्ताह।

सतसई—[< सं॰ सप्तशती] *स्त्री॰* सात सौ या लगभग सात सौ दोहों या अन्य पद्यों वाली पुस्तक। ***जैसे***—बिहारी सतसई।

***सतसार**—[सं॰ सत् + सार] *पु॰* सारतत्त्व। (किसी पदार्थ का) मुख्य और मूल तत्त्व। सार।

***सतार**—[सं॰ स + तारा] *वि॰* १.तारकों/ताराओं से युक्त। २. जिसमें तारे टँके। लगे हुए हों।

सतालू—[< फा॰ शफ़्तालू] *पु॰* १. आड़ू नामक फल या उसका पेड़। २. सफतालू।

सतावर—[< सं॰ शतावरी] *स्त्री॰* एक औषधोपयोगी लता जिसके फूल छोटे-छोटे, सुगन्धित और सफ़ेद या गुलाबी रंग के होते हैं। शतावरी।

***सति**[1]—*वि॰* ≤ *सं॰* सत्य।

***सति**[2]—*वि॰* ≤ *सं॰* सत्। अच्छा।

***सतिभाव**—[< सं॰ सत्य भाव] *पु॰* १. सत्य भाव। सच्चा मन। सहज भाव। निश्छल आशय। २. यथार्थ। वास्तविकता। *क्रिवि॰* १. सत्यभाव से। सच्चे मन से। सहज भाव से। २. सद्भाव से।

सतिया—[< सं॰ स्वस्तिक] *पु॰* १. स्वस्तिक। २. स्वस्तिक का चिह्न (卐)।

सती[1]—[सं॰ सत् + ङीप्] *स्त्री॰* १. पतिव्रता स्त्री। २. पति के शव के साथ चिता में जल जाने वाली स्त्री। ३. साध्वी, पवित्र स्त्री। (छन्द॰) एक समवर्णिक छन्द जिसके प्रत्येक चरण में क्रमश: नगण और गुरु (न ग) के योग से ४ वर्ण होते हैं (अन्य नाम — तरणिजा) छन्द। सती। ***वा॰* सती होना**—१. पति के शव के साथ चिता में जल जाना। २. किसी के लिए समर्पित या पतिव्रता होना। ३. मर मिटना।

सती²—[< सं॰ सत्] *पु॰* १. सत् धर्म का पालक महात्मा। २. सच्चा तपस्वी/साधु/महात्मा। ३. सत्यनिष्ठ। सच्चा।

सतीचौरा—[सं॰ सती¹ + हि॰ चौरा] *पु॰* किसी सती के स्मारक के रूप में बनी हुई वेदी या छोटा चबूतरा।

***सतीत**—[देशज] *वि॰* आर्द्र।

सतीत्व—[सं॰ सती + त्व] *पु॰* सती होने का धर्म/भाव। पातिव्रत्य। ***वा॰* सतीत्व नष्ट करना, सतीत्व बिगाड़ना**—(किसी स्त्री से) बलात्कार करना। शील-भंग करना। ✣ **सतीत्व-हरण**—*पु॰* = सतीत्व नष्ट करना। सतीत्व-नाश। शील-भंग।

सतीर्थ—[सं॰ स + तीर्थ] *पु॰* एक ही गुरु/आचार्य के अधीन पढ़नेवाले विद्यार्थियों में से प्रत्येक सहपाठी।

***सतु**—[< सं॰ सत्त्व] *पु॰* सत्त्व। बल।

सतुष—[सं॰ स + तुष] *वि॰* भूसीवाला (अनाज)। *पु॰* भूसीवाला अन्न। (वनस्पति॰) ऐसे पादप या पादप-अंग जिनमें तुष हों।

सतून—[< सं॰ स्थूण] *पु॰* स्तम्भ। खम्भा।

सतृष्ण—[सं॰ स + तृष्णा] *वि॰* तृष्णा-युक्त। तृष्णापूर्ण। ***जैसे***—सतृष्ण दृष्टि। *क्रिवि॰* तृष्णा के साथ। तृष्णापूर्वक।

सतेज—[सं॰ सतेजस्] *वि॰* तेजवाला। तेजस्वी। तेजोमय।

***सतोखना**—[< सं॰ सन्तोषण]क्रिस॰ १. सन्तोष देना। धैर्य बँधाना। ढाढ़स दिलाना। २. सन्तुष्ट करना। प्रसन्न करना। ३. तृप्त करना।

सतौना—[< हि॰ सतवन] *पु॰* सप्तपर्ण वृक्ष। सतवन। (दे॰ सतवन)

सत्करण (सत्‌करण)—[सं॰ सत् ~ करण] *पु॰* सत्कार करना। ✣ **सत्करणीय (सत्‌करणीय)**—*वि॰* = सत्कार के योग्य।

सत्कर्ता (सत्‌कर्ता)—[सं॰ सत् ~ कर्ता (कर्तृ)] *वि॰* १. अच्छे कर्म करनेवाला। सत्कर्मा। २. अतिथि-सत्कार करनेवाला।

सत्कार्यवाद (सत्‌कार्यवाद)—[सं॰ सत् ~ कार्य ~ वाद] *पु॰* (भा॰ दर्शन॰) यह सिद्धान्त या मत कि 'कारण' से कार्य तत्त्वत: भिन्न नहीं है तथा 'कार्य' अपने 'कारण' में ही अव्यक्त अवस्था में रहता है। ∇ **विलोम**—असत्कार्यवाद।

सत्कृत (सत्‌कृत)—[सं॰ सत् ~ कृत] *वि॰* १. अच्छी प्रकार से किया हुआ। १. सम्मानित। ३. जिसका अच्छा सत्कार/आतिथ्य किया गया हो। ४. जिसका स्वागत किया गया हो। *पु॰* १. आदर-सत्कार। २. आतिथ्य। ३. पुण्य। धर्म।

सत्कृति (सत्‌कृति)—[सं॰ सत् ~ कृति] *स्त्री॰* १. अच्छी कृति/कर्म। २. उत्तम रचना।

सत्त¹—[< सं॰ सत्त्व] *पु॰* १. (किसी पदार्थ का) सारतत्त्व। २. (किसी पदार्थ में से निकाला हुआ) सारपूर्ण भाग। ३. (किसी पदार्थ का) रस। अर्क़। निचोड़। ***जैसे***—पोदीने का सत्त। ४. (किसी पदार्थ का) मुख्य तत्त्व। ५. (किसी पदार्थ का) सबसे अधिक उपयोगी अंश। ६. शक्ति। ताक़त।

सत्त²—*पु॰* ≤ *सं॰* सत्य।

सत्तम (सत्‌तम)—[सं॰ सत् + तम] *वि॰* १. सर्वश्रेष्ठ। सर्वोत्तम। २. परम पूज्य। पूज्यतम।

सत्ता—[सं॰ सत् + तल् + टाप्] *स्त्री॰* १. अस्तित्व। हस्ती। २. अधिकार। ३. प्रचलित मान्यताओं या अपनी प्रतिष्ठा के बल पर आज्ञा-पालन कराने की शक्ति/अधिकार। ४. वह व्यक्ति/निकाय जिसे आज्ञा-पालन कराने की शक्ति/अधिकार प्राप्त हो। ५. शासन का अधिकार। शासकीय अधिकार। ६. अधिकार और उसे कार्यान्वित कराने की शक्ति। ७. शासन। सरकार।

सत्तान्तरण (सत्तांतरण)—[सं॰ सत्ता ~ अन्तरण] *पु॰* १. (अधिकार/सम्पत्ति/भूमि/देश/राज्य को किसी के लिए) छोड़ देना या दे देना। सौंप देना। सत्ताधारी व्यक्ति की सत्ता का परिवर्तन। २. सत्ताधारी का किसी अन्य व्यक्ति को सत्ता सौंपना। ३. शासक द्वारा किसी अन्य को शासन-भार सौंपना।

सत्तामीमांसा—[सं॰ सत्ता ~ मीमांसा] *स्त्री॰* तत्त्वमीमांसा की वह शाखा जो सत्ता के सामान्य स्वरूप का विवेचन करती है। 'अस्तित्व क्या है?' की मीमांसा। अस्तित्व के स्वरूप की मीमांसा। (अं॰ ओन्टोलॉजि)

सत्तारूढ़—[सं॰ सत्ता ~ आरूढ] *वि॰* १. जिसे सत्ता प्राप्त है। सत्ताधिकारी। सत्तावान्। २. शासक।

सत्त्व—[सं॰ सत् + त्व] *पु॰* १. होने का भाव। अस्तित्व। सत्ता। २. स्वाभाविक आचरण। ३. प्राकृतिक गुण। जन्मजात गुण। ४. प्रकृति। स्वभाव।५. जीवनी-शक्ति। प्राणतत्त्व। चैतन्य। ६. किसी पदार्थ का सारपूर्ण तत्त्व। सारतत्त्व। सत्त। ७. किसी पदार्थ में से निकाला हुआ सारपूर्ण भाग। सत्त। ८. किसी पदार्थ में से निकाला हुआ रस/अर्क़। निचोड़। ९. चित्त की शुभ कर्मों की ओर होने वाली प्रकृति। शुभ वृत्ति। १०. जीवधारी। प्राणी। ११. बल/शक्ति या स्फूर्ति। १२. साहस। १३. सात्त्विक भाव। १४. (किसी वस्तु की) गुण-सम्बन्धी विशेषता। विशिष्टता। ख़ासियत। १५. भूत-प्रेत। १६. गर्भ। [सांख्य॰] (प्रकृति के तीन गुणों में से एक) सत्त्वगुण। सतोगुण। (दे॰ सत्त्वगुण)। ✣ **सत्त्वगुण**—*पु॰* = [सांख्य॰] (प्रकृति के तीन गुणों में से) तमोगुण और रजोगुण से भिन्न तथा उनसे श्रेष्ठ मन को शुभ कर्मों की ओर प्रवृत्त करनेवाला गुण।

सत्त्वधाम—[सं॰ सत्त्व ~ धाम (धामन्)] *पु॰* (भगवान्) विष्णु।

सत्त्वलक्षण—[सं॰ सत्त्व ~ लक्षण] *पु॰* गर्भवती होने के चिह्न। ✣ **सत्त्वलक्षणा**—*स्त्री॰* = गर्भ के लक्षणों से युक्त स्त्री। गर्भिणी।

सत्त्वलोक—[सं॰ सत्त्व ~ लोक] *पु॰* जीवलोक।

सत्त्ववती—[सं॰ सत्त्ववत् + ङीष्] *वि॰* (स्त्री॰) १. सत्त्वगुण वाली (स्त्री॰)। २. गर्भवती (स्त्री॰)। *स्त्री॰* गर्भिणी।

सत्त्ववान्/सत्त्वशाली—[सं॰ सत्त्ववत्/सत्त्वशालिन्] *वि॰* १. सत्त्व से युक्त। सत्त्ववाला। २. सारतत्त्व या सारभाग से युक्त। ३. जीवनी-शक्ति से युक्त। जीवित। ४. शक्तिशाली। बलिष्ठ। ताक़तवर। ५. साहसी। ६. धर्मात्मा। पुण्यात्मा। ७. दृढ़। मज़बूत।

सत्त्वशील—[सं॰ सत्त्व ~ शील] *वि॰* १. सात्त्विक प्रकृति/स्वभाव/प्रवृत्ति वाला। सत्त्वगुणी। २. सदाचारी और धर्मात्मा।

सत्त्वस्थ—[सं॰ सत्त्व + स्थ] *वि॰* १. अपनी प्रकृति में स्थित।

२. अविचलित। धैर्यवान्। ३. सशक्त। बलवान्। ४. जीवनीशक्तिवाला। प्राणवान्।

सत्त्वात्मा—[सं॰ सत्त्व ~ आत्मा (आत्मन्)] *वि॰* सत्त्वगुणवाला। सत्त्वगुणी।

सत्त्वोद्रेक—[सं॰ सत्त्व ~ उद्रेक] *पु॰* १. सत्त्वगुण की अधिकता। २. साहस/बल की प्रधानता।

सत्पशु (सत्पशु)—[सं॰ सत् ~ पशु] *पु॰* १. अच्छा पशु। उत्तम जानवर। २. दान के योग्य दोषरहित पशु।

सत्यकाम—[सं॰ सत्य ~ काम] *वि॰* १. सत्य का प्रेमी। २. बहुत सच्चा।

सत्यकृत्—[सत्य + कृत्] *वि॰* उचित कार्य करनेवाला।

सत्यतः—[सं॰ सत्य + तस्] *क्रिवि॰* सत्य यह है कि। वास्तव में। वस्तुतः। यथार्थतः।

सत्यदर्शी—[सं॰ सत्यदर्शिन्] *वि॰* १. सत्य और असत्य का विवेक करनेवाला। २. सत्य को देखनेवाला। सत्यद्रष्टा।

सत्यधाम—[सं॰ सत्यधामन्] *वि॰* सत्य में प्रतिष्ठित। *पु॰* १. (सत्यस्वरूप) परमात्मा। परमार्थतत्त्वरूप परमात्मा। २. सत्यसंकल्प व्यक्ति।

सत्यनिष्ठ—[सं॰ सत्य ~ निष्ठ] *वि॰* सत्य में निष्ठा रखनेवाला। सदैव सत्य बोलनेवाला। सत्यव्रती।

सत्यनिष्ठा—[सं॰ सत्य ~ निष्ठा] *स्त्री॰* १. सत्य और उसकी महिमा में भक्ति/श्रद्धा/विश्वास। २. सदा सत्यवादिता।

सत्यपुरुष—[सं॰ सत्य ~ पुरुष]*पु॰*=विश्व-रचयिता परम तत्त्व। परमात्मा।

सत्यपूत—[सं॰ सत्य ~ पूत] *वि॰* सत्य से पवित्र किया हुआ। पूरी तरह सत्य। ***जैसे***—सत्यपूत कथन।

सत्यप्रतिज्ञ—[सं॰ सत्य ~ प्रतिज्ञा] *वि॰* १. प्रतिज्ञा/वचन का दृढ़तापूर्वक पालन करनेवाला। दृढ़प्रतिज्ञ। २. प्रतिज्ञा/वचन को पूर्ण करनेवाला। बात का धनी।

सत्यमूल—[सं॰ सत्य ~ मूल] *वि॰* जिसका मूल कारण 'सत्य' है। सत्य से उत्पन्न।

सत्ययुग—[सं॰ सत्य ~ युग] *पु॰* चार युगों में से पहला। कृतयुग। ⁘ **सत्ययुगाद्या तिथि**—*स्त्री॰* = वर्तमान कल्प के वर्तमान सत्ययुग के आरम्भ होने की तिथि। वैशाख शुक्ल तृतीया।

सत्यरत—[सं॰ सत्य ~ रत] *वि॰* १. सत्यनिष्ठ। सत्यव्रती। २. परमात्मा की साधना में प्रवृत्त/लीन।

सत्यलोक—[सं॰ सत्य ~ लोक] *पु॰* भूलोक आदि सात लोकों में सर्वोच्च लोक। ब्रह्मलोक।

सत्यवृत्ति—[सं॰ सत्य ~ वृत्ति] *स्त्री॰* १. सत्य का आचरण और व्यवहार। २. ईमानदारी।

सत्यव्रत—[सं॰ सत्य ~ व्रत] *वि॰* १. सदा सत्य बोलने का व्रत लेनेवाला। २. सदा सत्य बोलनेवाला। ३. अपनी प्रतिज्ञा या वचन को पूरा करनेवाला। सत्यप्रतिज्ञ। सत्यवचन। ४. प्रामाणिक। ईमानदार। सच्चा। ⁘ **सत्यव्रती**—*वि॰* = सत्यव्रत।

सत्यसन्ध (सत्यसंध)—[सं॰ सत्य ~ सन्ध] *वि॰* १. अपनी प्रतिज्ञा पूरी करनेवाला। सत्य प्रतिज्ञा वाला। २. दृढ़प्रतिज्ञ।

सत्यस्थ—[सं॰ सत्य + स्थ] *वि॰* सत्य पर स्थित। सत्य पर अडिग रहनेवाला।

सत्याग्रह—[सं॰ सत्य ~ आग्रह] *पु॰* १. सत्य पर आग्रह। २. सत्य की रक्षा और पालन के लिए आग्रह। ***जैसे***—महात्मा गांधी के सत्याग्रह से भारत-जागरण हुआ।

सत्यानृत—[सं॰ सत्य ~ अनृत] *पु॰* सत्य और असत्य। सच और झूठ। सत्यासत्य। *वि॰* १. सच्चा और झूठा। ईमानदारी और बेईमानी का। २. जो देखने में सच्चा परन्तु वास्तव में झूठा हो। ३. जिसमें कुछ सत्य हो और कुछ असत्य।

सत्यान्वेषण—[सं॰ सत्य ~ अन्वेषण] *पु॰* सत्य की खोज। ⁘ **सत्यान्वेषी**—*वि॰* = सत्य की खोज करनेवाला।

सत्यापन—[सं॰ सत्य + णिच्, पुक् + ल्युट्] *पु॰* जाँच या मिलान के बाद किसी घटना, वर्णन, प्रलेख की प्रतिलिपि इत्यादि की सत्यता प्रमाणित करना। (पा॰ दर्शन) प्रतिज्ञाओं के सत्य या असत्य को जाँचना।

सत्येतर—[सं॰ सत्य ~ इतर] *वि॰* १. जो सत्य से भिन्न हो। असत्य। २. मिथ्या। झूठ।

सत्र—[सं॰ सत्त्र→सत्र, (सत्त्र = √सद् + ष्ट्र)] *पु॰* १. 'सोमयज्ञ' पूरा होने का काल। २. यज्ञ। ३. शरण पाने का स्थान। आश्रयस्थान। ४. साधुओं या निर्धनों आदि को नियमित रूप से मुफ़्त भोजन दिए जाने का स्थान। अन्नसत्र। सदावर्त। लंगर। ५. अधिवेशन। ***जैसे***—आजकल संसद् का बजट-सत्र चल रहा है। ६. (संस्था/सभा आदि की) बैठक। ***जैसे***—हमारी सभा इस बार लम्बा सत्र चलाकर अनेक महत्त्वपूर्ण निर्णय करेगी। ७. शिक्षा-संस्थाओं के कार्य की दृष्टि से वर्ष।

सत्र-न्यायालय—[सं॰] *पु॰* (विधि॰) ज़िले के न्यायाधीश का वह न्यायालय जिसमें विशेष रूप से गम्भीर अपराधों का विचार होता है और शीघ्र निर्णय होने के लिए कार्रवाई निरन्तर चलती है। (अं॰ सेशन्स कोर्ट)

सत्रशाला—[सं॰ सत्र ~ शाला] *स्त्री॰* १. यज्ञ-भवन। २. आश्रयस्थान। ३. वह स्थान जहाँ साधुओं, निर्धनों आदि को मुफ़्त भोजन दिया जाता है। अन्नसत्र। लंगर।

***सत्राइ/सत्राई**—[< सं॰ शत्रु] *स्त्री॰* शत्रुता।

सत्वर—[< सं॰ स + त्वरा] *क्रिवि॰* १. शीघ्र। जल्दी। तुरन्त। २. तेज़ी से। तेज़ गति से। *वि॰* तेज़ चलनेवाला। तीव्रगामी। शीघ्रगामी।

***सद**[1]—[< सं॰ सद्यः] *क्रिवि॰* शीघ्र। तत्काल। तुरन्त। *वि॰* ताज़ा।

***सद**[2]—[< सं॰ सत्त्व] *स्त्री॰* १. स्वभाव। २. आदत।

***सदई**[1]—[< हिं॰ सदा + ही] *क्रिवि॰* सदा ही। सदैव। हमेशा।

***सदुई**[2]—[< सं॰ सदय] *वि॰* दयालु।

सदक़ा—[< अरबी सद्क़:] *पु॰* १. ईश्वर के नाम पर दी जानेवाली वस्तु। दान। २. बुरी नज़र का प्रभाव नष्ट करने के लिए या रोगी का रोग दूर करने के लिए पीड़ित व्यक्ति के सिर पर से घुमाकर किसी को दी जाने वाली या चौराहे पर रखी जानी वाली वस्तु। उतारा। ३. वह वस्तु जो न्योछावर की जाए। न्योछावर। ***वा॰* सदक़े जाना**—न्योछावर होना। बलि-बलि जाना।

सदङ्गता (सदंगता)—[स॰ सत् ~ अङ्गता] *स्त्री॰* अंगों की श्रेष्ठता।

सदन[१]—[स॰ √सद् + ल्युट्] *पु॰* १. निवास-स्थान। घर। २. भवन। ३. सभा। ४. लोकसभा, राज्यसभा या विधानसभा आदि का भवन। ५. किसी सभा का सत्र चलते समय उपस्थित सदस्य-समूह। ६. यज्ञ-मंडप।

***सदन[२]**—[< स॰ सद्य:] *वि॰* नवीन। ताज़ा।

सदना—[< स॰ सदन (= बल)] *क्रिअ॰* १. (पानी आदि का) छेद में से रिसना। चूना। २. नाव के तले में हो गए छेदों से पानी नाव में आना।

सदनुग्रह—[स॰ सत् + अनुग्रह] *पु॰* १. अच्छे लोगों पर कृपा। सज्जनों पर दया। २. (उत्तम) अनुग्रह। (अच्छी) कृपा।

सदबर्ग—[फ़ा॰] *पु॰* १. 'हज़ारा गेंदा' नामक फूल। २. उक्त फूल का पौधा।

सदम्बु (सदंबु)—[स॰ सत् ~ अम्बु] *पु॰* निर्मल जल।

सदम्भ (सदंभ)—[स॰ स + दम्भ] *वि॰* दम्भी। घमंडी। *क्रिवि॰* दम्भ के साथ। दम्भपूर्वक। ***जैसे***—सदम्भ बोलना।

सदय—[स॰ स + दया] *वि॰* १. दयालु। दयापूर्ण। २. सहृदय। *क्रिवि॰* दया के साथ। दयापूर्वक। ***जैसे***—सदय देखना। ✣ **सदय अन्त (अंत)**—*पु॰* १. (चिकित्सा॰) मरने की सरल और पीड़ारहित प्रक्रिया। २. किसी मरणासन्न रोगी को पीड़ारहित मरने में सहायता करने के परिणामस्वरूप होनेवाली मृत्यु। ✣ **सदयता**—*स्त्री॰* = १. दयालुता। २. सहृदयता।

सदया[१]—[स॰ सदय + टाप्] *वि॰* (*स्त्री॰*) १. दयालु। दयापूर्ण। *क्रिवि॰* दया के साथ। दयापूर्वक।

सदर—[< अरबी सद्र] *वि॰* १. प्रधान। मुख्य। प्रमुख। २. बड़ा। *पु॰* १. सभापति। अध्यक्ष। २. किसी संस्था का प्रधान/प्रमुख। ३. किसी राज्य का प्रधान शासक। ४. सीना। छाती। ✣ **सदर बाज़ार**—*पु॰* १. (सेना की) छावनी का बाज़ार। २. प्रमुख या बड़ा बाज़ार।

†सदरोज़ी—[< स॰ सद्य: + हि॰ रोज़ी] *स्त्री॰* प्रतिदिन की कमाई। नित्य की रोज़ी।

सदर्थ—[स॰ सत् ~ अर्थ] *पु॰* १. मुख्य बात। वास्तविक बात। २. मुख्य विषय। वास्तविक विषय।

सदर्प—[स॰ स + दर्प] *वि॰* दर्पयुक्त। घमंडी। ***जैसे***—सदर्प व्यवहार। *क्रिवि॰* दर्प के साथ। घमंड से। दर्पपूर्वक। ***जैसे***—सदर्प जाना।

सदल—[स॰ स + दल] *वि॰* दल के साथ। दलसहित। ***जैसे***—सदल राजा तुम्हारा स्वागत करने आएगा।

सदस—[स॰ √सद् + असि] *पु॰* १. रहने की जगह। निवास-स्थान। २. सभा। ✣ **सदसि**—*पु॰* = सभा में।

सदसत्—[स॰ सत् ~ असत्] *वि॰* सत और असत्। सच और झूठ। भला और बुरा। अच्छा और बुरा। *पु॰* १. किसी वस्तु के होने और न होने का भाव। विद्यमानता और अविद्यमानता। २. भलाई और बुराई।

सदसद्विवेक—[स॰ सत् ~ असत् ~ विवेक] *पु॰* १. सत् और असत् की पहचान। २. भले-बुरे का ज्ञान।

सदस्य—[स॰ सदस् + यत्] *पु॰* १. सभा में सम्मिलित व्यक्ति। सभासद। २. किसी समाज/परिवार/कुटुम्ब आदि के व्यक्तियों में से प्रत्येक। किसी समुदाय का घटक। ***जैसे***—कुटुम्ब का सदस्य। ३. वह व्यक्ति जिसका सम्बन्ध किसी संस्था/सभा/दल/परिषद्/संघ आदि से उसके घटक के रूप में हो, जो उसका शुल्क/चन्दा देता हो, उसके नियमों का पालन करता हो, उसके कार्यक्रमों आदि में सम्मिलित होता हो और सहयोग भी देता हो। मेम्बर (अं॰)।

सदहा—[फ़ा॰] *वि॰* सैकड़ों। *क्रिवि॰* बहुत। ***जैसे***—सदहा समझाने पर भी वह मेरी बात नहीं माना।

सदा[१]—[स॰ सर्व + दाच्, स→आदेश] *क्रिवि॰* १. नित्य। हमेशा। २. निरन्तर। सतत। लगातार।

सदा[२]—[अरबी] *स्त्री॰* १. ध्वनि। आवाज़। २. पुकार। ३. भिक्षुक के माँगने की ध्वनि।

***सदाई**—[< हि॰ सदा ही] *क्रिवि॰* सदा ही। हमेशा ही। सदैव।

सदाक़त—[अरबी] *स्त्री॰* सत्य। सच्चाई।

सदाकारी—[स॰ सत् ~ आकारी (आकारिन्)] *वि॰* अच्छे आकार वाला।

सदागति—[स॰ सदा ~ गति] *वि॰* सदा चलता रहने वाला। *पु॰* १. वायु। हवा। २. सूर्य। ३. ब्रह्म।

सदागम—[स॰ सत् + आगम] *पु॰* १. सज्जन का आगमन। २. श्रेष्ठ आगम। उत्तम शास्त्र।

सदानीरा—[स॰ सदा ~ नीरा] *स्त्री॰* १. वह नदी या स्त्रोत जिसमें सदा जल रहे। २. करतोया नदी।

सदापुष्पी—[स॰ सदा ~ पुष्पिन्] (वनस्पति॰) (वह वृक्ष) जिसके पुष्प निरन्तर या बहुत समय तक खिले रहते हैं।

सदाप्रसून—[स॰ सदा ~ प्रसून] *वि॰* प्रत्येक ऋतु में हमेशा फूलनेवाला (वृक्ष/पौधा)।

सदाफल—[स॰ सदा ~ फल] *वि॰* प्रत्येक ऋतु में फलनेवाला (वृक्ष)।

सदावर्त—[< स॰ सदा ~ व्रत] *पु॰* १. सदा अन्न बाँटने का नित्य व्रत। २. वह स्थान जहाँ साधु-सन्तों या निर्धनों को नित्य अन्न दिया जाता है। ✣ **सदावर्ती**—*वि॰* = सदा अन्न वितरण करनेवाला दानी।

सदाशय—[स॰ सत् + आशय] *वि॰* १. उच्च विचारों वाला। २. उदार। ३. अच्छे विचार उद्देश्य से किया जानेवाला।

सदाशा—[सं॰ सत् ~ आशा] *स्त्री॰* अच्छी आशा।

सदाशिव—[सं॰ सदा ~ शिव] *वि॰* सदा कल्याण और मंगल करनेवाला। *पुं॰* शिव। महादेव।

सदिश—[सं॰ स + दिशा] *वि॰* दिशासहित। *पुं॰* (गणित॰) वे राशियाँ जिनमें परिमाण और दिशा दोनों हों। ***जैसे***—बल, वेग, प्रवेग आदि। (अं॰ वेक्टर)।

सदी—[फा॰] *वि॰* सौ वर्ष का समय। शताब्दी। शती।

सदुक्ति—[सं॰ सत् ~ उक्ति] *स्त्री॰* १. उत्तम उक्ति। अच्छा कथन। श्रेष्ठ वचन। २. सुभाषित। सूक्ति।

***सदूर**—*पुं॰* ≤ *सं॰* शार्दूल। चीता।

सदेह—[सं॰ स + देह] *वि॰* १. शरीरयुक्त। ***जैसे***—सदेह देवता। २. मूर्तिमान्। प्रत्यक्ष। ***जैसे***—भगवान् राम सदेह धर्म थे। *क्रिवि॰* शरीर धारण किए हुए। बिना शरीर छोड़े। ***जैसे***—युधिष्ठिर तो सदेह स्वर्ग गए थे।

सदृश—[सं॰ स √दृश् + कञ्] *वि॰* समान। जैसा। अनुरूप।

सदृशवृत्ति—[सं॰ सदृश ~ वृत्ति] *वि॰* एक ही जैसी वृत्तिवाले।

सदैकरस—[सं॰ सदा ~ एकरस] *वि॰* १. जिसकी सदा एक ही इच्छा रहे। २. जो सदा एक रूप में रहे, कभी बदले नहीं। अपरिणामी।

सदैव—[सं॰ सदा ~ एव] *क्रिवि॰* सदा ही। सर्वदा ही।

सदोदित—[सं॰ सदा ~ उदित] *वि॰* सदा उदित। ***जैसे***—उत्तरी ध्रुव पर ६ महीने सदोदित सूर्य का दर्शन होता है। ✣ **सदोदित तारा**—*पुं॰*=(खगोल॰) सदा उदित रहनेवाला तारा। पृथ्वी के किसी स्थान के लिए वह तारा जिसकी सारी दैनिक परिक्रमा उस स्थान के क्षितिज के ऊपर रहती है। परिध्रुवीतारा। (अं॰ सर्कम्पोलर स्टार)

सदोष—[सं॰ स + दोष] *वि॰* जिसमें दोष हो। दोष-युक्त। २. दोषी। अपराधी।

†सदोसी—[< सं॰ सद्यः] *क्रिवि॰* १. शीघ्र। जल्दी। २. समय से कुछ पहले ही। ***जैसे***—सदोसी लौटना।

सद्गति—[सं॰ सत् ~ गति] *स्त्री॰* १. अच्छी गति। २. (मरने के बाद) मोक्ष की प्राप्ति। मुक्ति।

***सद्द**[1]—[प्रा॰ < सं॰ शब्द] *पुं॰* शब्द/ध्वनि।

***सद्द**[2]—[< सं॰ सद्यः] *क्रिवि॰* शीघ्र। तत्काल। तुरन्त।

सद्धर्म (सद्धर्म)—[सं॰ सत् + धर्म] *पुं॰* १. श्रेष्ठ धर्म। २. अच्छा नियम। ३. बौद्ध/जैन सम्प्रदाय।

सद्भाव—[सं॰ सत् ~ भाव] *पुं॰* १. (किसी के प्रति) शुभ भाव। हित का भाव। २. दो पक्षों में मैत्रीपूर्ण स्थिति। ३. अस्तित्व। सत्ता।

सद्भावना—[सं॰ सत् ~ भावना] *स्त्री॰* सद्भाव।

सद्म (सद्म)—[सं॰ सद्मन्] *पुं॰* १. घर। सदन। २. रहने का स्थान। निवास-स्थान। ३. मन्दिर। ४. वेदी।

सदयः (सद्यः)—[< सं॰ सद्यस्] *अव्यय* १. तत्काल। तुरन्त। ***जैसे***—सद्यःप्राणहर। २. आज ही। ***जैसे***—सद्यः क्रीत। ३. कुछ ही समय पहले। अभी-अभी। ***जैसे***—सद्यः प्रसूता। ४. जल्दी ही। ***जैसे***—सद्यःपाती।

सद्यश्चित्रण—[सं॰ सद्यस् + चित्रण] *पुं॰* तत्काल चित्र बनाना। तत्काल चित्रांकन। (कला॰) एक बार की बैठक में ही तैयार किया गया सम्पूर्ण तैलचित्र (जबकि प्रायः तैलचित्र तीन बैठकों में बनते हैं)। (अं॰ ऐला प्राइमा)

***सद्यहि**—[< सं॰ सद्यः] *क्रिवि॰* तत्काल। तुरन्त।

सद्युक्ति—[सं॰ सत् ~ युक्ति] *स्त्री॰* १. अच्छा तर्क। २. अच्छा उपाय।

सद्योजात—[सं॰ सद्यः ~ जात] *वि॰* अभी या कुछ ही समय पहले उत्पन्न। नवजात। ✣ **सद्योजाता**—*वि॰* (*स्त्री॰*) जो अभी या कुछ ही समय पहले उत्पन्न हुई हो। *स्त्री॰* वह नवप्रसूता जिसे हाल में ही प्रसव हुआ हो।

सद्योहत—[सं॰ सद्यः ~ हत] *वि॰* जो अभी घायल हुआ हो।

सद्योव्रण—[सं॰ सद्यः ~ व्रण] *पुं॰* ताज़ा घाव।

सद्वंश—[सं॰ सत् ~ वंश] *पुं॰* १. अच्छा कुल। २. अच्छा बाँस।

सद्वृत्त—[सं॰ सत् ~ वृत्त] *वि॰* १. सदाचारयुक्त। २. अच्छे चरित्र वाला। सच्चरित्र। चरित्रवान्। ३. अच्छे छन्दों वाला (पद्य आदि)। *पुं॰* १. उत्तम चरित्र। २. अच्छा स्वभाव।

सद्वृत्ति—[सं॰ सत् ~ वृत्ति] *स्त्री॰* १. सद्व्यवहार। २. सदाचार। ३. उत्तम वृत्ति।

सद्रव्य—[सं॰ स + द्रव्य] *वि॰* द्रव्ययुक्त। द्रव्य सहित।

सधन—[सं॰ सधन] *वि॰* धनवाला। धनयुक्त। *क्रिवि॰* धन के साथ। धन सहित। ∇ **विलोम**—निर्धन।

सधना—[< हिं॰ साधना] *क्रिअ॰* १. कार्य/बात का पूरा होना। कार्य सिद्ध होना। २. उद्देश्य पूरा होना। ३. अभ्यस्त होना। ४. (घोड़ों आदि का) सीखकर सवारी के योग्य होना। ५. अपने अनुकूल होना। ***जैसे***—रिश्वत देने से वह सध जाएगा। ६. निशाना ठीक होना। ***जैसे***—लक्ष्य पर बाण सधा। ७. नाप या तोल की दृष्टि में बैठना। ८. साधित होना। साधा जाना। ९. सँभलना। ***जैसे***—घोड़े पर घायल बालक सध नहीं सकेगा।

सधर्म—[सं॰ सधर्मन्] *वि॰* १. समान। सदृश। अनुरूप। २. समान, सदृश या अनुरूप गुणोंवाला या समान स्वभाववाला या समान कर्तव्योंवाला। ३. समान धर्म-सम्प्रदाय या जाति का। ४. *पुं॰* समान गुण, स्वभाव, धर्म-सम्प्रदाय या जाति। ✣ **सधर्मचारिणी**—*स्त्री॰* = सहधर्मिणी। धर्मपत्नी। पत्नी। ✣ **सधर्मा**—*वि॰* = सधर्म।

सधर्मिणी—[सं॰ सधर्मिन् + ङीष्] *स्त्री॰* सहधर्मिणी। धर्मपत्नी। पत्नी।

सधर्मी—[सं॰ सधर्मिन्] *वि॰* (किसी व्यक्ति की दृष्टि से)=समान धर्म या धर्म-सम्प्रदाय का अनुयायी। ∇ **विलोम**—विधर्मी।

सधवा—[सं॰ सधव + टाप्] *स्त्री॰* (*स्त्री*) जिसका पति जीवित हो। सौभाग्यवती। सुहागिन। ∇ **विलोम**—विधवा।

सधी-बदी—[< हिं॰ सधना +बदना] *स्त्री॰* पहले से आपस में तय की हुई। पूर्वनिश्चित।

सधूम—[सं॰ स + धूम] *वि॰* धुएँ से भरा हुआ। धूमयुक्त।

सन्—[अरबी] *पु॰* वर्ष। साल।

सन[1]—[< स॰ शण] *पु॰* एक पौधा जिसकी छाल के रेशों से रस्सियाँ, टाट, बोरे इत्यादि बनाए जाते हैं।

***सन[2]**—[< स॰ सङ्ग] *परसर्ग॰* १. (अवधी भाषा में) से। साथ। २. (अवधी भाषा में) ओर। तरफ़।

सन[3]—[अनु॰] *स्त्री॰* हवा चलने या बाण आदि चलने की ध्वनि। सन-सन। सनसनाहट।

सनअत—[अरबी सन्अत] *स्त्री॰* शिल्प। कारीगरी।

सनकादि—[स॰ सनक ~ आदि] *पु॰* ब्रह्मा के मानस पुत्रों के रूप में प्रसिद्ध चार भाई जो तत्त्वज्ञानी महात्मा हुए—सनक, सनन्दन, सनातन, सनत्कुमार।

सनकाना—[< हि॰ सनकना] *क्रिअ॰* सनकी होना। पागल होना। *क्रिस॰* किसी को सनकी बनाना। सनकियाना।

***सनकारना**—[< स॰ सङ्केत] *क्रिअ॰* १. संकेत करना। २. संकेत से बुलाना।

सनकियाना—[< हि॰ सनकाना] *क्रिस॰* किसी को सनकी बना देना। सनकाना।

सनकी—[हि॰ सनक] *वि॰* १. जिसे किसी प्रकार की सनक या धुन हो। धुनी। २. कुछ-कुछ पागल-जैसा। ख़ब्ती।

सनद—[अरबी] *स्त्री॰* १. प्रामाणिक कथन। २. प्रमाणपत्र। ३. उपाधि। डिग्री।

सनदयाफ़्ता—[अरबी सनद + फा॰ याफ़्त:] *वि॰* १. जिसे प्रमाणपत्र मिला हो। प्रमाणपत्रप्राप्त। २. उपाधिप्राप्त।

सनदी—[< अरबी सनद] *वि॰* १. जिसे प्रमाणपत्र प्राप्त हो। २. प्रमाणपत्र-सम्बन्धी। प्रमाणपत्र का। ३. प्रामाणिक। ४. प्रमाणित।

सनमकदा/सनमख़ाना—[< अरबी सनम + फा॰ कद:। ख़ान:] *पु॰* १. मूर्तिगृह। मन्दिर। २. प्रेमी/प्रेमिका का घर या निवास-स्थान।

सनमपरस्त—[अरबी सनम + फा॰ परस्त] *वि॰* १. मूर्तिपूजक। २. प्रेमी/प्रेमिका का दीवाना।

सनय—[स॰ स + नय] *वि॰* १. नीतिपूर्वक। ***जैसे***—सनय शासन। २. विनम्रतापूर्वक। ***जैसे***—सनय निवेदन।

सनयन—[स॰ स + नयन] *वि॰* १. नेत्रसहित। २. नेत्रयुक्त। ३. साकार।

सनसनी—[अनु॰ सनसन] *स्त्री॰* १. (आश्चर्य या भय आदि के कारण उत्पन्न) स्तब्धता, घबराहट या उत्तेजना। खलबली। २. सनसनाहट। ***वा॰* सनसनी फैलना**—१. भय और आश्चर्य के कारण सन्नाटा होना। २. खलबली मचना। ❖ **सनसनीख़ेज़**—*वि॰* = जनता में सनसनी फैलानेवाला। जन-उत्तेजक।

सनाई—[< हि॰ सनना/सानना] *स्त्री॰* १. सनने या साने जाने की क्रिया/भाव। २. सानने की क्रिया/भाव/मज़दूरी।

***सनाक**—[< हि॰ सनक] *वि॰* १. सनकी। २. मस्त।

सनाका—[अनु॰] *पु॰* १. सनसनाहट। २. किसी आकस्मिक दुर्घटना से होनेवाली विकलता और स्तब्धता। ३. सन्नाटा। ***वा॰* सनाका खा जाना**—स्तब्ध और विकल हो जाना।

सनातन—[स॰ सदा + ट्युल्, तुट्, निपात॰ द→न] *वि॰* १. सदा बना रहने वाला। नित्य। चिरन्तन। अनादि। शाश्वत। २. बहुत पुराना। ३. परम्परागत। *पु॰* परमात्मा।

सनातनधर्म—[स॰ सनातन ~ धर्म] *पु॰* १. शाश्वत धर्म। २. परम्परागत वैदिक धर्म जिसमें परमात्मा को साकार और निराकार दोनों रूपों में पूजा जाता है।

सनातनी[1]—[स॰ सनातन + ङीप्] *स्त्री॰* १. लक्ष्मी। २. पार्वती। दुर्गा। ३. सरस्वती।

सनातनी[2]—[< स॰ सनातन] *वि॰* १. सनातन धर्म का अनुयायी। २. परम्परागत वैदिक धर्मानुयायी हिन्दू जो निराकार और साकार दोनों रूपों में परमात्मा की उपासना को ठीक मानता है।

सनाथ—[स॰ स (< सह) + नाथ] *क्रिवि॰* नाथ/स्वामी के साथ। ***जैसे***—सनाथ बालक। *वि॰* १. जो अनाथ न हो। जिसका कोई माता-पिता, अभिभावक, रक्षक या सहायक या स्वामी हो। २. कृतकृत्य। कृतार्थ। सफल। ∇ **विलोम**—अनाथ। ***वा॰* सनाथ करना**—आश्रय देना।

सनाथा—[स॰ सनाथ + टाप्] *स्त्री॰* वह स्त्री जिसका पति जीवित हो। सुहागिन स्त्री।

सनाना—[< हि॰ सानना] *पु॰* १. किसी से सानने का काम कराना। ***जैसे***—तुमने दूध से चूर्ण सनाया। २. लिप्त करना। लिप्त होने देना। ***जैसे***—कीचड़ में पैर सनाना।

सनाभि—[स॰ स (= समान) + नाभि] *वि॰* १. एक ही माता से जन्मे। सहोदर। २. सजातीय। ३. अनुरूप। सदृश। *पु॰* १. सगा भाई। २. सातवीं पीढ़ी तक का सम्बन्धी।

सनामा—[स॰ सनामन्] *वि॰* समान नाम वाला/वाले।

सनाय—[< स॰ स्वर्णपत्री] *स्त्री॰* एक औषधीय क्षुप।

सनाल—[स॰ स + नाल] *वि॰* नाल-सहित। ***जैसे***—कमल का सनाल फूल।

सनाह—[< स॰ सन्नाथ] *पु॰* कवच।

सनिद्र—[स॰ स + निद्रा] *वि॰* सोया हुआ। निद्रित।

सनीड—[< स॰ स + नीड] *वि॰* १. जो एक ही घोंसले में रहते हों। २. एक ही स्थान पर साथ रहनेवाले। *क्रिवि॰* १. पड़ोस में। २. निकट। समीप। ❖ **सनीड़**—वि॰, *क्रिवि॰* = सनीड।

सनीर—[स॰ स + नीर] *वि॰* १. जलसहित। सजल। २. अश्रुपूर्ण (नेत्र)।

***सनेम**—[< स॰ सनियम] *क्रिवि॰* सनियम। नियमपूर्वक।

***सनेसड़ा**—*पु॰* ≤ *स॰* सन्देश।

सनेहमय—*वि॰* = स्नेहमय। स्नेहपूर्ण।

***सनेहिनि**—[< स॰ स्नेहिनी] *स्त्री॰* १. स्नेह करनेवाली। २. प्रेमिका।

सनोवर—[अरबी] *पु॰* चीड़ का पेड़।

सन्त (संत)—[प्रा॰ < स॰ शान्त, अथवा < सत्] *पु॰* १. सात्त्विक व्यक्ति। सत्पुरुष। सज्जन। धर्मात्मा व्यक्ति। २. संसार से विरक्त

व्यक्ति। ३. त्यागी व्यक्ति। ४. साधु। सन्यासी। ४. शान्त मन वाला। ५. योगी। महात्मा। ६. परम ईश्वर-भक्त। (छन्द॰) एक सममात्रिक छन्द जिसके प्रत्येक चरण में २१मात्राएँ होती हैं तथा ३-६-६-६ पर यति होती है। *वि॰* सत्-स्वभाव वाला। शान्त, पवित्र, वैराग्ययुक्त अथवा धार्मिक।

सन्तत (संतत)—[स॰ सम् √तन् + क्त] *वि॰* १. फैलाया हुआ। बढ़ाया हुआ। ***जैसे***—कारख़ानों द्वारा सन्तत प्रदूषण। २. निरन्तर। सतत। लगातार। ***जैसे***—एक सप्ताह से सन्तत वर्षा का संकट। *क्रिवि॰* १. सदा। सर्वदा। हमेशा। २. निरन्तर। लगातार। ३. स्थायी रूप से।

सन्तति (संतति)—[स॰ सम् √तन् + क्तिन्] *स्त्री॰* १. विस्तार। प्रसार। फैलाव। २. पंक्ति। ३. निरन्तरता। सततता। ४. सन्तान। बाल-बच्चे। औलाद। ५. वंश। कुल।

सन्तपन (संतपन)—[स॰ सम् √तप् + ल्युट्] *पु॰* १. बहुत तपना या तपाना। २. सन्ताप देना। दु:खी करना। उत्पीड़न। सताना।

सन्तप्त (संतप्त)—[स॰ सम् √तप् + क्त] *वि॰* १. बहुत तपा हुआ। अति तप्त। बहुत गर्म। २. दु:खी। पीड़ित। ३. थका हुआ। पीड़ित।

सन्तरण (संतरण)—[स॰ सम् + तरण] *वि॰* तारनेवाला। उद्धारक। *पु॰* १. पार करने की क्रिया। तरना। २. तैरना। ३. तैराना।

सन्तरी (संतरी)—[< अ॰ सेन्ट्री] *पु॰* १. (किसी स्थान पर) पहरा देनेवाला व्यक्ति। प्रहरी। पहरेदार। २. द्वारपाल।

सन्तर्पण (संतर्पण)—[स॰ सम् + तर्पण] *वि॰* तृप्ति करनेवाला। सन्तुष्ट करनेवाला। *पु॰* १. अति तृप्त करना। २. तर्पण।

सन्तान (संतान)—[स॰ सम् √तन् + घञ्] *स्त्री॰* १. प्रसार। व्याप्ति। फैलाव। २. वंश। कुल। ३. मनुष्य या पशु-पक्षी नर-नारी के संयोग से उत्पन्न उसी वर्ग के अन्य प्राणी। सन्तति। औलाद। ४. पुत्र या पुत्री। ५. निरन्तर चलता रहनेवाला क्रम। सन्तति। ६. (स्वर्ग का) कल्पवृक्ष या उसका फूल। ७. (किसी से) उपजा या विकसित विचार या संस्था आदि।

सन्ताप (संताप)—[स॰ सम् √तप् + घञ्] *पु॰* १. सूर्य/अग्नि आदि का बहुत अधिक ताप। तेज़ गर्मी। दाह। २. ज्वर। बुख़ार। ३. शरीर की जलन या शरीर का 'दाह' नामक रोग। ४. मानसिक दु:ख जो मन/शरीर को जलाता रहे। व्यथा। ५. दैहिक, दैविक और भौतिक दु:ख। ६. पाप करने से होनेवाला मानसिक कष्ट। ७. प्रायश्चित्त। ८. ताप से उत्पन्न थकावट।

सन्तापन (संतापन)—[स॰ सम् √तप् + णिच् + ल्यु/ल्युट्] *पु॰* १. तप्त करना। ताप देना। जलाना। तपन। २. कष्ट देना। पीड़न। ३. कामदेव के पाँच बाणों में से एक। *वि॰* सन्ताप/कष्ट देनेवाला। सन्तापकारक। उत्पीड़क।

सन्तुलन (संतुलन)—[स॰ सम् ~ तुलन] *पु॰* १, सम तौल। बराबर तौल। २. साम्यावस्था। साम्य। ३. तौलते समय तराज़ू के दोनों पलड़ों का ठीक या बराबर होना। (लाक्षणिक) वह स्थिति जिसमें किसी विषय/बात के सभी अंगों/पक्षों को उचित महत्त्व दिया गया हो। ४. (न्याय करने में) पक्षपातहीनता, निष्पक्षता। ५. अविचलता। ***जैसे***—मन का सन्तुलन। (गणित॰) वह स्थिति जिसमें किसी पिंड पर लगे बलों का परिणामी बल शून्य हो और उनके आघूर्णों का योग भी शून्य हो। साम्यावस्था। साम्य। (अर्थ॰) १. वह स्थिति जब सभी आर्थिक शक्तियों में अपनी शक्ति से परिवर्तित होने की प्रवृत्ति नहीं होती। किसी भी कीमत पर माँग और पूर्ति की समानतावाली स्थिति। २. किसी व्यापारिक संस्था या कम्पनी की वह स्थिति जब उद्यमी में उसके उत्पादन की विधि व पैमाने में परिवर्तन लाने की कोई प्रवृत्ति नहीं होती।

सन्तुष्ट (संतुष्ट)—[स॰ सम् √तुष् + क्त] *वि॰* १. जिसकी तृप्ति हो गई हो। तृप्त। २. जिसे सन्तोष हो गया हो।

सन्तृप्ति (संतृप्ति)—[स॰ सम् + तृप्ति] *स्त्री॰* १. पूर्ण तृप्ति। २. पूर्ण व्याप्ति। (विज्ञान॰) किसी विलयन की वह अवस्था जिसमें किसी निश्चित पदार्थ की अधिकतम मात्रा उसमें घुल चुकी हो। (अ॰ सेचरेशन)

सन्तोष (संतोष)—[स॰ सम् √तुष् + घञ्] *पु॰* १. अपनी वर्तमान स्थिति/दशा में ही पूरा सुख अनुभव करने की वृत्ति या मानसिक अवस्था। सन्तुष्टि। २. तृप्ति। सन्तुष्टि। ३. शान्ति। ४. प्रसन्नता। आनन्द। ५. धैर्य। सब्र।

***सन्तोषि (संतोषि)**—[< हि॰ सन्तोषना] *क्रिवि॰* १. सन्तुष्ट करके। २. सन्तुष्ट होकर। ३. धैर्य रख कर। सब्र कर के।

सन्त्यक्त (संत्यक्त)—[स॰ सम् + त्यक्त] *वि॰* जिसका परित्याग किया गया हो। परित्यक्त।

सन्त्रस्त (संत्रस्त)—[स॰ सम् + त्रस्त] *वि॰* १. बहुत डरा हुआ। बहुत भयभीत। २. जिसे बहुत त्रास दिया गया हो। आतंकित।

सन्त्रास (संत्रास)—[स॰ सम् √त्रस् + घञ्] *पु॰* १. बहुत भय। २. बहुत त्रास। आतंक।

सन्थाल (संथाल)—[देशज] *पु॰* १. भारत की एक वनवासी जाति जो झारखंड प्रदेश आदि में बसी हुई है। २. उक्त जाति का पुरुष। ❖ **सन्थाली (संथाली)**— *वि॰* सन्थाल-सम्बन्धी। सन्थाल का। *स्त्री॰* = सन्थाल जाति की स्त्री।

सन्दंश (संदंश)—[स॰ सम् + दंश] *पु॰* १. (बर्तन आदि पकड़ने की) सँड़सी। २. चिमटा। ३. (शास्त्रार्थ आदि में, तर्क द्वारा) प्रतिपक्षी को अच्छी तरह जकड़ लेना।

सन्दंशक (संदंशक)—[स॰ सन्दंश + कन्] *पु॰* १. (बर्तन आदि पकड़ने की) सँड़सी। २. चिमटा। ❖ **सन्दंशिका (संदंशिका)**— *स्त्री॰* = १. सँड़सी। २. चिमटी। ३. कैंची।

सन्द (संद)—[< स॰ सन्धि] *पु॰* १. रन्ध्र। दरार। २. चूहे आदि का बिल।

***सन्दन (संदन)**— *पु॰* ≤ *स॰* स्यन्दन। रथ।

सन्दर्भ (सदंर्भ)—[स॰ सम् √दृभ् + घञ्] *पु॰* १. उल्लेख। हवाला। ज़िक्र। २. लेख/पुस्तक आदि के पृष्ठ आदि का निर्देश या संकेत जहाँ कोई ज्ञातव्य बात लिखी हो। प्रसंग। ३. (लेख/पुस्तक आदि

के) किसी परिच्छेद के पहले और बाद में आनेवाले कुछ अंश जो उस परिच्छेद का तात्पर्य/अभिप्राय समझने में सहायक हों। प्रकरण। प्रसंग। ४. विमर्श के लिए, जानकारी बढ़ाने के लिए या सन्देह दूर करने के लिए किसी पुस्तक आदि का अंश विशेष। ❖ **सन्दर्भगत अर्थ-छाया**— *पु॰* = (कोश॰) शब्द का सन्दर्भ पर आधारित अर्थ। ❖ **सन्दर्भ-ग्रन्थ (संदर्भ-ग्रंथ)**— *पु॰* = १. वह पुस्तक (कोश, विश्वकोश आदि) जो लगातार पढ़ने के लिए नहीं, अपितु कोई विशेष ज्ञातव्य बात जानने के लिए, विमर्श के लिए, जानकारी बढ़ाने के लिए या सन्देह दूर करने के लिए, उलट-पुलट कर देखने के लिए होती है। सन्दर्भ-पुस्तक। २. किसी ग्रन्थ को लिखने में प्रयुक्त वे ग्रन्थ जिनका उसमें उल्लेख किया गया हो या अन्य प्रकार से उपयोग किया गया हो।

सन्दर्शिका (संदर्शिका)—[स॰ सम् + दर्शिका] *स्त्री* किसी विषय का संक्षिप्त विवरण। रूप-रेखा।

सन्दर्शित (संदर्शित)—[स॰ सम् + दर्शित] *वि॰* दिखाया हुआ।

सन्दल (संदल)—[फा॰] *पु॰* चन्दन। ❖ **सन्दली (संदली)**— *वि॰* = १. चन्दन-सम्बन्धी। चन्दन का। २. चन्दन की लकड़ी का बना हुआ। ३. चन्दन के रंग का। हल्के पीले रंग का।

सन्दष्ट (संदष्ट)—[स॰ सम् √दंश + क्त] *वि॰* १. दाँत से काटा या दबाया हुआ। २. कुचला हुआ। रौंदा हुआ।

सन्दाय (संदाय)—[स॰ सम् + दाय] *पु॰* १. भुगतान। अदायगी। २. ऋण का भुगतान। ऋण-शोधन।

सन्दिग्ध (संदिग्ध)—[स॰ सम् √दिह् + क्त] *वि॰* १. जिसके विषय में सन्देह हो या हुआ हो। २. अस्पष्ट। गड़बड़। ३. जिसके विषय में अनुमान हो कि यह दोषी/अपराधी है। ४. अनिश्चित। सन्देहयुक्त। (काव्य॰) एक अर्थ-दोष। प्रकरण आदि उल्लिखित न होने से दो या अधिक अर्थों की प्रतीति और किसी एक को निश्चयपूर्वक न कह (या अधिक) सकने का दोष।

सन्दिष्ट (संदिष्ट)—[स॰ सम् √दिश् + क्त] *वि॰* १. बताया हुआ। २. कहा हुआ। कथित। ३. सन्देश के रूप में कहा हुआ या कहलाया हुआ।

सन्दीपन (संदीपन)—[स॰ सम् √दीप् + ल्यु/ल्युट्] *वि॰* १. जलानेवाला। २. उत्तेजित करनेवाला। ३. उद्दीप्त करनेवाला। *पु॰* १. उद्दीपन। २. उत्तेजन। ३. कामदेव के पाँच बाणों में से एक। ४. उज्जैन के एक आचार्य जिनके विद्यार्थी कृष्ण, सुदामा आदि थे। ❖ **सन्दीपनी (संदीपनी)**— *स्त्री॰* = सन्दीपन करनेवाली। उद्दीप्त या उत्तेजित करनेवाली। ***जैसे***—वैराग्य-सन्दीपनी कविताएँ।

सन्दीप्ति (संदीप्ति)—[स॰ सम् + दीप्ति] *स्त्री॰* चमक। (भौतिकी॰) किसी पदार्थ द्वारा उच्च ताप के अतिरिक्त किसी अन्य कारण से प्रकाश का उत्सर्जन (***जैसे***—प्रतिदीप्ति)।

सन्दीप्य—[स॰ सम् √दीप् + यत्] *वि॰* सन्दीपन/उद्दीपन के योग्य।

†सन्दूख (संदूख)—[< अरबी सन्दूक़] *पु॰* सन्दूक़। बक्सा।

सन्दूषण (संदूषण)—[स॰ सम् + दूषण] *पु॰* १. संसर्ग से दूषित होना। ***जैसे***—धात्विक संदूषण। २. दूषित करना। ख़राब करना। ३. सूक्ष्म जीवों या रसायनों के सम्पर्क से मिट्टी या जल का प्रदूषित होना।

सन्देशकाव्य (संदेशकाव्य)—[स॰ सन्देश ~ काव्य] *पु॰* विरही या विरहिणी द्वारा अपने विरह की वेदना का सन्देश किसी सन्देशवाहक के द्वारा अपनी प्रिया या अपने प्रिय को भेजने का वर्णन करनेवाला काव्य।

सन्देशी (संदेशी)—[स॰ सन्देशिन्] *वि॰, पु॰* सन्देशवाहक।

सन्देह (संदेह)—[स॰ सम् √दिह् + घञ्] *पु॰* १. किसी वस्तु या बात के विषय में मन का यह भाव कि यह असत्य/अनुचित/त्याज्य तो नहीं है। शंका। शक। २. किसी विषय में अनिश्चय। संशय। (काव्य॰) एक अर्थालंकार जो उपमेय में उपमान का संशय वर्णित होने पर होता है। संशय अलंकार। ❖ **सन्देहवाद (संदेहवाद)**— *पु॰* = किसी विशेष वाद/मत आदि के प्रति सन्देह/संशय करने की प्रवृत्ति। (पा॰ दर्शन॰) यह मत कि सन्देहरहित ज्ञान प्राप्त करना असम्भव है।

सन्दोल (संदोल)—[स॰ सम् √दुल् + घञ्] *पु॰* कान में पहनने का एक आभूषण। कर्णफूल।

सन्दोह (संदोह)—[स॰ सम् √दुह् + घञ्] *पु॰* १. दोहन। दुहना। २. गायों आदि के पूरे समूह का सारा दुहा दूध। ३. समूह। ४. राशि। ढेर।

सन्दोहन (संदोहन)—[स॰ सम् √दुह् + ल्युट्] *पु॰* उपयोग। (अर्थ॰) १. किसी वस्तु/व्यक्ति आदि को अपने स्वार्थ के लिए उपयोग में लाना। २. शोषण।

सन्ध (संध)—[< स॰ सन्धि] *पु॰* १. सन्धि। जोड़। २. दो वस्तुओं के बीच में बहुत थोड़ी-सी ख़ाली जगह। ३. रन्ध्र। दरार। छेद।

सन्धना¹ (संधना¹)—[< हि॰ सन्ध] *क्रिअ॰* संयुक्त होना। मिलना। जुड़ना। *क्रिस॰* संयुक्त करना। मिलाना। जोड़ना।

सन्धना² (संधना²)— *क्रिस॰* ≤ हि॰ सन्धानना। (दे॰)

सन्धान (संधान)—[स॰ सम् √धा + ल्युट्] *पु॰* १. संयोग। मिलाना। जोड़ना। २. निशाना लगाने के लिए धनुष पर तीर को ठीक प्रकार से रखना। ३. खोज। ४. शराब खींचने की क्रिया। ५. शराब या कोई वैसा मादक द्रव। मुरब्बा/अचार बनाने की प्रक्रिया।

सन्धानना (संधानना)—[< स॰ सन्धान] *क्रिस॰* १. (धनुष पर बाण चढ़ाकर) निशाना लगाना। २. बाण चलाना। ३. अस्त्र चलाने के लिए निशाना साधना।

सन्धाना—[< स॰ सन्धानिका] *पु॰* अचार।

सन्धानी¹ (संधानी¹)—[स॰ सन्धान + ङीप्] *स्त्री॰* १. मदिरा खींचे जाने का स्थान। २. (पीतल आदि का) ढलाई का स्थान। ३. अन्वेषण। खोज। ४. अचार। ५. मुरब्बा।

सन्धानी² (संधानी²)—[स॰ सन्धानिन्] *वि॰* १. निशाना लगाने में कुशल। लक्ष्य-वेध में निपुण। २. शराब खींचनेवाला।

सन्धा (संधा)-भाषा—[< सं० अभिसन्धि ~ भाषा] *स्त्री०* १. अस्पष्ट कथन। गुप्त। अभिप्राययुक्त कथन। ३. बौद्ध तान्त्रिक वज्रयानी सिद्धों आदि की एक विशेष शैली की भाषा जो अभिप्रायात्मक और प्रतीकात्मक है और जिसमें कही हुई बात सामान्य श्रोता/पाठक के लिए अस्पष्ट रहती है।

सन्धि—[सं० सम् √धा + कि] *स्त्री०* १. दो वस्तुओं का मिलकर एक होना। संयोग। मेल। २. इक़रार। ३. वह स्थान जिस पर दो वस्तुएँ परस्पर जुड़ी हों। जोड़। ४. वह स्थान जहाँ शरीर का एक अंग दूसरे अंग से जुड़ा हो अथवा दो या अधिक अस्थियों के मिलन का बिन्दु जो उनकी परस्पर सम्बन्धित गति में सहायक होता है। जोड़। ५. मित्रता। मैत्री। ६. दो या अधिक राज्यों के बीच हुआ समझौता। ***जैसे***—युद्ध के बाद सन्धि हो गयी। ७. दो वस्तुओं के बीच का ख़ाली स्थान। अवकाश। ८. दो अति निकट वस्तुओं के बीच का बहुत थोड़ा-सा ख़ाली स्थान। दरार। सन्द। सन्ध। ९. चोरी करने के लिए दीवार में किया हुआ छेद। सेंध। १०. (बाल्यावस्था आदि में से) एक अवस्था की समाप्ति और दूसरी के आरम्भ के बीच का समय। ***जैसे***—वय:सन्धि। ११. (सत्ययुग आदि युगों में से) एक युग की समाप्ति और दूसरे युग के आरम्भ का समय। ***जैसे***—त्रेता-द्वापर की सन्धि। १२. भेद। रहस्य। (व्या०) समीप स्थित दो वर्णों के मेल से होने वाला विकार। ***जैसे***—'कार्य' और 'आलय' की सन्धि से 'कार्यालय' शब्द बनता है। (नाट्य०) नाटक की कार्यावस्थाओं और अर्थप्रकृति को मिलाने वाला स्थल।

सन्धिग्रह (संधिग्रह)—[सं० सन्धि ~ ग्रह] *पु०* (चिकित्सा०) किसी अस्थि-सन्धि की अस्थियों की असामान्य अचलता और दृढ़ीकरण। (अं० ऐंकिलोसिस)

लसन्धिज—[सं० सन्धि + ज] *वि०* सन्धि से उत्पन्न। सन्धि से बना हुआ। *पु०* १. मदिरा। शराब। २. शरीर के सन्धि-स्थान पर होनेवाली गाँठ या फोड़ा।

सन्धित (संधित)—*वि०* १. सन्धियुक्त। २. जुड़ा हुआ। संयुक्त। ३. बँधा/कसा हुआ। ४. मैत्री स्थापित किया हुआ। ५. जड़ा हुआ। ६. मिश्रित किया हुआ। ७. अचार डाला हुआ। *पु०* १. अचार। २. मदिरा। शराब।

सन्धिनी (संधिनी)—[सं० सन्धा+इनि+ ङीप्] *स्त्री०* १. मदिरा। शराब। २. अचार। ३. मुरब्बा।

सन्धिपत्र (संधिपत्र)—[सं० सन्धि ~ पत्र] *पु०* १. सन्धि करने के लिए लिखा जाने वाला पत्र/चिट्ठी। २. सन्धिलेख। (दे०)

सन्धिपूतिता (संधिपूतिता)—[सं० सन्धि ~ पूतिता] *स्त्री०* (चिकित्सा०) शरीर के जोड़/जोड़ों में मवाद पड़ना।

सन्धिभङ्ग (संधिभंग)—[सं० सन्धि ~ भङ्ग] *पु०* (हाथ या पैर आदि के) किसी जोड़ का अपने स्थान से हटना। मोच आना।

सन्धिलेख (संधिलेख)—[सं० सन्धि ~ लेख] *पु०* (राज०) राज्यों या शासकों के बीच होने वाली सन्धि का अभिलेख। सन्धि की शर्तों का दस्तावेज़।

सन्धिवात (संधिवात)—[सं० सन्धि ~ वात] *पु०* जोड़ों के दर्द का रोग। गठिया।

सन्धि-विग्रह (संधि-विग्रह)—[सं०] *पु०* १. सन्धि अथवा युद्ध। २. शान्ति और युद्ध। (व्या०) किसी शब्द में सन्धियुक्त वर्णों को अलग-अलग करने की रीति। सन्धि-विच्छेद। ***जैसे***—'हिमालय' का सन्धि-विग्रह 'हिम + आलय' है।

सन्धि-विच्छेद-(संधि-विच्छेद)—[सन्धि ~ विच्छेद] *पु०* दलों, व्यक्तियों अथवा राज्यों द्वारा पहले की गयी परस्पर की सन्धि तोड़ना। सन्धि-विग्रह। (व्या०) किसी सन्धियुक्त पद/शब्द की सन्धि या सन्धियों को तोड़ना। सन्धि-विग्रह।

सन्धिवेला (संधिवेला)—[सं० सन्धि ~ वेला] *स्त्री०* १. दो अवस्थाएँ/युगों आदि के मिलने का समय। ***जैसे***—किशोरावस्था और युवावस्था की सन्धि-वेला। २. वह समय जिसमें दिन और रात का मेल हो। सन्ध्याकाल।

सन्धिशोथ (संधिशोथ)—[सं० सन्धि ~ शोथ] *स्त्री०* (चिकित्सा०) शरीर की सन्धियों/जोड़ों का प्रदाह। (अं० आरथ्राइटिस)

सन्धि-स्वर (संधि-स्वर)—[सं०] *पु०* (व्या०) दो मूल स्वरों के मिलने से बना स्वर। ● **विशेष—ए, ऐ, ओ, औ सन्धि-स्वर हैं।**

सन्धेय (संधेय)—[सं० सम √ धा + यत्] *वि०* १. मिलाने योग्य। जोड़ने योग्य। २. मनाने या मेल करने योग्य। (रुष्ट व्यक्ति या विरोधी आदि)। ३. जिससे सन्धि की जा सके। सन्धि के योग्य। ४. निशाना लगाने के योग्य (वस्तु आदि)। लक्ष्ययोग्य।

सन्ध्य (संध्य)—[सं० सन्धि + यत्] *वि०* सन्धि-सम्बन्धी। सन्धि का।

सन्ध्यक्षर (संध्यक्षर)—[सं० सन्धि ~ अक्षर] *पु०* (व्या०) १. दो स्वरों के मेल से बना हुआ स्वर। ***जैसे***—'ए', 'ऐ', 'ओ', और 'औ' सन्ध्यक्षर हैं। २. दो व्यंजनों के मेल से बना संयुक्त रूप। सन्धि-वर्ण। ***जैसे***—'क्ष', 'त्र' और 'ज्ञ' व्यंजन नहीं हैं, सन्ध्यक्षर हैं।

सन्ध्यङ्ग (संध्यंग)—[सं० सन्धि ~ अङ्ग] *पु०* सन्धि के अंग। ***जैसे***—नाटक के सन्ध्यंग।

सन्ध्याकार्य—[सं० सन्ध्या ~ कार्य] *पु०* सायंकाल के पूजा आदि धार्मिक कृत्य।

सन्ध्याबल (संध्याबल)—[सं० सन्ध्या ~ बल] *वि०* सायंकाल से रात्रि-भर युद्ध आदि में अधिक बली रहनेवाला। *पु०* राक्षस। निशाचर।

सन्ध्या भाषा (संध्या भाषा)— दे० संधा भाषा।

सन्ध्याभ्र (संध्याभ्र)—[सं० सन्ध्या ~ अभ्र] *पु०* सायंकालीन बादल जिनका रंग सुनहला होता है।

सन्ध्याराग (संध्याराग)—[सं० सन्ध्या ~ राग] *पु०* १. सायंकालीन लालिमा। २. सिन्दूर।

सन्ध्यालोक (संध्यालोक)—[सं० सन्ध्या ~ आलोक] *पु०* सायंकालीन प्रकाश।

सन्न—[सं० सद् + क्त] *वि०* १. बैठा हुआ। उपविष्ट। २. गतिहीन।

स्थिर। ३. उदास। ४. ढीला। ५. मन्द। ६. विनष्ट। ७. चेतनाहीन-जैसा। जड़-जैसा। ८. स्तब्ध। भौचक्का। ९. मौन। चुप। ***वा॰* सन्न मारना**—(आवश्यकता होने पर भी) बिलकुल चुप रहना। **सन्न रह जाना**—भौचक्का रह जाना। **सन्न-सा हो जाना**—भयभीत और चकित हो जाना।

सन्नत—[स॰ सम् + नत] *वि॰* झुका हुआ। नत। प्रणत।

सन्नति—[सम् + नति] *स्त्री॰* १. नति। झुकाव। २. सम्मानपूर्वक प्रणाम। ३. विनम्रता।

सन्नद्ध (सन्नद्ध)—[स॰ सम् √नह् + क्त] *वि॰* १. (कोई कार्य करने के लिए) उद्यत। प्रस्तुत। तैयार। २. किसी के साथ जुड़ा या लगा हुआ। मिलाकर बाँधा हुआ। ३. युद्ध के लिए प्रस्तुत/तैयार। ४. निकट का। पास का।

सन्नारी—[स॰ सत् ~ नारी] *स्त्री॰* उत्तम स्त्री।

सन्नाह—[स॰ सम् √नह् + घञ्] *पु॰* कवच।

सन्निकट—[स॰ सम् + निकट] *क्रिवि॰* अति समीप। बहुत पास। बहुत नज़दीक। ***जैसे***—मन्दिर के सन्निकट धर्मशाला है।

सन्निकर्ष—[स॰ सम् + नि √कृष् + घञ्] *पु॰* १. समीप खींचना। समीप लाना। २. समीपता। सामीप्य। ३. उपस्थिति।

सन्निकर्षण—[स॰ सम् + नि + कर्षण] *पु॰* १. समीप जाना। २. समीप लाना। ३. समीपता। निकटता।

सन्निधि—[स॰ सम् + नि √धा + कि] *स्त्री॰* समीपता। निकटता। सान्निध्य। ***जैसे***—महात्माओं की सन्निधि के लाभ। (व्या॰, न्याय॰) वाक्य के पदों का एक साथ उच्चारण तथा पदों की परस्पर निकटता। आसत्ति।

सन्निपात—[सम् + नि √पत् + घञ्] *पु॰* १. एक साथ गिरना/पड़ना। २.नीचे आना। उतरना। ३. एकत्र होना। मिलना। ४. संयोग। संगम। ५. समूह। समुदाय। ***जैसे***—गुण-सन्निपात। ६. संघर्ष। टक्कर। टकराना। भिड़न्त। भिड़ना। ७. अनेक घटनाओं का एक साथ होना। (आयुर्वेद॰) १. वात, पित्त और कफ तीनों दोषों का एक साथ कुपित होना। त्रिदोष। २. उक्त के कारण होनेवाला ज्वर। त्रिदोषज ज्वर।

सन्निबद्ध (सन्निबद्ध)—[स॰ सम् + नि + बद्ध] *वि॰* १. मज़बूती से बाँधा हुआ। जकड़ा हुआ। २. फँसा हुआ। ३. (किसी) सहारे पर टिका हुआ।

सन्निविष्ट—[स॰ सम् + नि √विश् + क्त] *वि॰* १. अन्दर आया हुआ। प्रविष्ट। २. जिसका समावेश किया गया हो। समाविष्ट। ३. लगाया हुआ, जोड़ा हुआ, बढ़ाया हुआ या जुटाया हुआ।

सन्निवेश—[स॰ सम + निवेश] *पु॰* प्रवेश/समावेश।

सन्निहित—[स॰ सम् + निहित] *वि॰* = १. समीप रखा हुआ। एक साथ रखा हुआ। २. पास में स्थित। समीपस्थ। निकटस्थ। ३. उद्यत। तत्पर। ४. जो किसी के अन्तर्गत हो।

सन्न्यसन—[स॰ सम् + नि √अस् + ल्युट्] *पु॰* १. वैराग्य। विरक्ति। विराग। २. सांसारिक वस्तुओं के प्रति पूर्ण विरक्ति। संसार के प्रति वैराग्य। ३. सुपुर्द करना। सौंपना।

सन्न्यस्त—[स॰ सम् + नि √अस् + क्त] *वि॰* १. सौंपा हुआ। सुपुर्द किया हुआ। २. छोड़ा हुआ। त्यागा हुआ। ३. अलग किया हुआ। ४. फेंका हुआ।

सन्न्यास—[स॰ सम् + नि √अस् + घञ्] *पु॰* १. वैराग्य। २. त्याग। ३. सांसारिक वस्तुओं, सम्बन्धों आदि। ४. ब्रह्मचर्य आदि चार आश्रमों में से अन्तिम। ✣ सन्यास-ग्रहण — *पु॰* सन्न्यासी बनना।

सन्मति—[स॰ सत् ~ मति] *स्त्री॰* शुद्ध बुद्धि। अच्छी बुद्धि। सुबुद्धि। ***जैसे***—सबको सन्मति दे भगवान्।

सन्मार्ग—[स॰ सत् ~ मार्ग] *पु॰* १. उत्तम मार्ग। सुमार्ग। २. सही दिशा।

सन्मुख—[स॰ सत् ~ मुख] *मु॰* उत्तम मुख। सुन्दर मुख।

सपक्ष—[स॰ स ~ पक्ष] *वि॰* १. डैनों वाला। परों/पंखों वाला। ३. दो या अधिक पक्षों में से किसी एक पक्ष का। ३. समर्थक। ४. सहायक। साथी। ✣ **सपक्षी**—*वि॰* = सपक्ष।

सपङ्क (सपंक)—[स॰ स + पङ्क] *वि॰* कीचड़ से युक्त।

सपत्न—[स॰ स √पत् + न] *वि॰* वैर रखनेवाला। बैरी। *पु॰* शत्रु। वैरी। प्रतिद्वन्द्वी। ***जैसे***— सपत्न-नाश।

सपत्नीक—[स॰ सपत्नी + कप्] *वि॰* पत्नी के साथ।

***सपथ**—*स्त्री॰* ≤ *स॰* शपथ। सौगन्ध। क़सम।

सपदि—[स॰ सह √पद् + इन्, सह→स] *क्रिवि॰* १. तत्काल। तुरन्त। २. शीघ्र। जल्दी।

सपनाना—[‹ हि॰ सपना] *क्रिअ॰* स्वप्न देखना। *क्रिस॰* स्वप्न दिखाना।

ⁱसपनौती—[‹ स॰ स्वप्नवार्ता] *स्त्री॰* स्वप्न में हुई बातचीत।

सपर—[स॰ स + हि॰ पर] *वि॰* परोंवाला। सपक्ष।

***सपरन**— *वि॰* ≤ स॰ सपर्ण । पत्तियों से युक्त।

ⁱसपरना—[‹ स॰ सम्पादन] *क्रिअ॰* १. (कार्य) पूरा होना। २. (कार्य) किया जा सकना। करना सम्भव होना। हो सकना। ३. कार्य आदि से निवृत्त होना। निपटना। ४. किसी कार्य को करने से पहले के अन्य आवश्यक कार्यों से निपटना।

ⁱसपराना—[‹ हि॰ सपरना] *क्रिस॰* १. (काम को) पूरा करना। निबटाना। २. (किसी बात को) समाप्त करना।

सपरिकर—[स॰ स + परिकर] *वि॰* सपरिवार। २. नौकरों-चाकरों के साथ। सेवकगण के साथ।

सपरिजन—[स॰ स + परिजन] *वि॰* १. परिवार के लोगों के साथ। सपरिवार। २. आश्रित जनों के साथ। ३. सेवकों के साथ। सपरिवार।

सपर्ण—[स॰ स + पर्ण] *वि॰* पत्तियों से युक्त।

सपर्या—[स॰ √सपर्+ यक् + अ + टाप्] *स्त्री॰* १. पूजन। अर्चना। २. सेवा। परिचर्या। ३. सम्मान। सत्कार।

सपर्याय—[स॰ स + पर्याय] *वि॰* पर्याय-युक्त। *क्रिवि॰* सफलतापूर्वक।

सपर्व—[स॰ सपर्वन्] *वि॰* पर्व/पर्वों से युक्त। गाँठ/गाँठों वाला। ***जैसे***—सपर्व बाँस। २. पर्व या त्यौहार से युक्त। ***जैसे***—कार्तिक मास का सपर्व विवरण।

सपल्लव—[सं॰ स + पल्लव] *वि॰* पल्लव-सहित। पल्लवों/पत्तों से युक्त।

***सपष्ट/सपष्टा**—*वि॰* ≤ *सं॰* स्पष्ट।

सपाटा—[देशज] *पु॰* १. चलने का वेग। २. तेज़ चाल। दौड़। २. आक्रमण आदि के लिए झपटने की क्रिया/भाव। *जैसे*—डाकुओं का सपाटा पड़ना। ४. थप्पड़। तमाचा।

सपाद—[सं॰ स + पाद] *वि॰* १. चरणसहित। २. चरणयुक्त। ३. चतुर्थांशयुक्त। सवा। सवाया। ❖ **सपादलक्ष**—*वि॰* = जो गिनती में सवा लाख हो। *पु॰* १. सवा लाख। २. अजमेर राज्य का प्राचीन नाम। साँभर तथा अजमेर का क्षेत्र।

सपिण्ड (सपिंड)—[सं॰ स + पिण्ड] *पु॰* एक पूर्वज की वंश-परम्परा में ६ पीढ़ी तक के व्यक्तियों में से प्रत्येक जो श्राद्ध में पिंडदान करने का अधिकारी होता है।

***सपिय**—[< सं॰ स + हिं॰ पिय] *वि॰* जो प्रिय के साथ हो। प्रियसहित। पतिसहित। *जैसे*—सपिय सीता।

सपीड—[सं॰ स + पीडा] *वि॰* पीड़ा-युक्त।

सपुच्छ—[सं॰ स + पुच्छ] *वि॰* पुच्छयुक्त। दुमदार। पूँछवाला।

सपुर—[सं॰ स + पुर] *वि॰* नगरसहित।

सप्तक—[सं॰ सप्तन् + कन्] *पु॰* १. सात वस्तुओं का समूह। *जैसे*—काव्यसप्तक। २. (संगीत॰) सातों स्वरों का समूह। सा रे ग म प ध नि। सरगम। *वि॰* १. सात। २. सातवाँ।

सप्तकी—[सं॰ सप्तक + ङीष्] *स्त्री॰* १. सात वस्तुओं का समूह। २. सात लड़ियों वाली करधनी।

सप्तगङ्गा (सप्तगंगा)—[सं॰ सप्त (सप्तन्) ~ गङ्गा] *स्त्री॰* सात पवित्र नदियों का समुदाय। गंगा, यमुना, गोदावरी, सरस्वती, नर्मदा, सिन्धु तथा कावेरी का समूह।

सप्तग्रही—[सं॰सप्त (सप्तन्) + ग्रही] *स्त्री॰* (ज्योतिष॰) एक ही राशि में सात ग्रहों की एकत्र स्थिति।

सप्तजिह्व (सप्तजिह्व)/सप्तज्वाल—[सं॰ सप्त (सप्तन्) ~जिह्व/ज्वाल] *वि॰* १. सात जीभों वाला। २. सात ज्वालाओं/लपटों वाला। *पु॰* अग्नि।

सप्तद्वीप (सप्तद्वीप)—[सं॰ सप्त (सप्तन्) ~ द्वीप] *पु॰* १. सात द्वीप। २. (प्राचीन भूगोल शास्त्र में) पृथ्वी के सात महाद्वीप—**जम्बूद्वीप, कुशद्वीप, प्लक्षद्वीप, क्रौंचद्वीप, शकद्वीप, पुष्करद्वीप और शाल्मलि द्वीप।** *जैसे*—सप्तद्वीप पृथ्वी।

सप्तधातु—[सं॰ सप्त (सप्तन्) ~ धातु] *वि॰* सात धातुओं वाला। *स्त्री॰* (आयुर्वेद॰) १. शरीर के सात तत्त्व—पित्त, रक्त, मेद, वसा, अस्थि, मज्जा और शुक्र। २. सात धातुएँ—सोना, चाँदी, ताँबा, राँगा, जस्ता, सीसा, लोहा।

सप्तधान्य—[सं॰ सप्त (सप्तन्) ~ धान्य] *पु॰* सात अनाजों का समुदाय या मिश्रण। ● **विशेष**—उक्त सात अनाज हैं—गेहूँ, जौ, तिल, उड़द, मूँग, कांगनी और मसूर।

सप्तनदी—[सं॰ सप्त (सप्तन्) ~ नदी] *स्त्री॰* सात पवित्र नदियाँ। गंगा, यमुना, सरस्वती, सिन्धु, गोदावरी, कावेरी और ब्रह्मपुत्र।

सप्तपत्र—[सं॰ सप्त (सप्तन्) ~ पत्र] *पु॰* १. सात पत्ते। २. सप्तपर्ण वृक्ष। सतौना वृक्ष। छतिवन *वि॰* सात पत्तोंवाला।

सप्तपदी—[सं॰ सप्त (सप्तन्) ~पदी] *स्त्री॰* १. विवाह की एक रीति जिसमें वर-वधू वस्त्र से गाँठ जोड़कर अग्नि की सात बार परिक्रमा कर, अग्निदेव को साक्षी कर, पति-पत्नी हो जाते हैं। भाँवर। २. नयी मित्रता या किसी सन्धि को पक्का करने के लिए साथ-साथ की जाने वाली अग्नि की सात बार परिक्रमा।

सप्तपर्ण—[सं॰ सप्त (सप्तन्) ~ पर्ण] *वि॰* सात पत्तों वाला। सप्तपत्र। *पु॰* सात पत्ते। २. छतिवन/सतौना नामक वृक्ष।

सप्तपवन—[सं॰ सप्त (सप्तन्) ~ पवन] *पु॰* वायु के सात प्रकार। सप्तमरुत्। ● **विशेष**—प्राचीन ग्रन्थों में पवन के ७ भेद वर्णित हैं—**प्रवह, आवह, उद्वह, संवह, विवह, निवह तथा परिवह।**

सप्तपाताल—[सं॰ सप्त (सप्तन्) ~ पाताल] *पु॰* सात पाताल। पृथ्वी के नीचे के 'अतल' आदि सात भुवन। ● **विशेष**—उक्त सात पातालों के नाम क्रमश: इस प्रकार हैं—**अतल, वितल, सुतल, तलातल, महातल, पाताल और रसातल।**

सप्तपुरी—[सं॰ सप्त (सप्तन्) ~ पुरी] *स्त्री॰* धार्मिक दृष्टि से महत्त्वपूर्ण अयोध्या आदि सात प्राचीन पुरियाँ/नगरियाँ। ● **विशेष**—उक्त सात पुरियाँ हैं—**अयोध्या, मथुरा, माया (हरद्वार/हरिद्वार)), काशी, कांची, अवन्तिका (उज्जैन) और द्वारिका (द्वारका/द्वारावती)।**

सप्तप्रकृति—[सं॰ सप्त (सप्तन् ~ प्रकृति)] *स्त्री॰* राज्य के सात अंग—राजा, मन्त्री, सामन्त, देश, कोश, दुर्ग और सेना। सप्त राज्यांग।

सप्तभङ्गी (सप्तभंगी)—[सं॰ सप्त (सप्तन्) ~ भङ्गी] *वि॰* सात भंग वाला। सात प्रकार वाला। सात विकल्प। (जैन॰) स्याद्वाद के सात भंगों वाला। (जैन न्याय दर्शन में) प्रकारों/विकल्पों से युक्त। सात भंगों वाला।

सप्तभुज—[सं॰ सप्त (सप्तन्) ~ भुज] *पु॰* (गणित॰, ज्यामिति) सात भुजाओं वाली आकृति।

सप्त भुवन—[सं॰] *पु॰* सात भुवन। सात लोक। *वि॰* सात तलों/मंज़िलों वाला।

सप्तभूमिक/सप्तभौम—[सं॰ सप्त (सप्तन्) ~ भूमिक/भौम] *वि॰* सात मंज़िलों वाला (भवन)। सतमंज़िला।

सप्तम—[सं॰ सप्तन् + डट् + मट्] *वि॰* सातवाँ।

सप्तमरुत्—[सं॰ सप्त (सप्तन्)~ मरुत्] *पु॰* सप्तपवन। (दे॰)।

सप्तमातृका—[सं॰ सप्त (सप्तन्) ~ मातृका] *स्त्री॰* १. सात माताएँ। २. 'ब्राह्मी' आदि सात मातृशक्तियाँ या सात मातृदेवियाँ।

सप्तमृत्तिका—[सं॰ सप्त (सप्तन्) ~ मृत्तिका] *स्त्री॰* गोशाला आदि सात स्थानों की मिट्टी जो पूजा-पाठ में काम आती है।

सप्तरक्त—[सं॰ सप्त (सप्तन्) ~ रक्त] *पु॰* हथेली आदि शरीर के सात अंग जिनका रंग लाल होता है।

सप्तरात्र—[सं॰ सप्त (सप्तन्) ~ रात्र] *पु॰* सात रात्रियों का समय।

वि० सात रात्रियों में समाप्त होनेवाला। ***जैसे***—सप्तरात्र देवी-पूजन।

सप्तर्षि—[सं० सप्त (सप्तन्) ~ ऋषि] *पु०* प्राचीन काल में सात ऋषियों का समुदाय जो समाज का धार्मिक, सांस्कृतिक आदि विषयों में मार्ग-निर्देशन करता था। सप्तर्षिमंडल। ✣ **सप्तर्षिमण्डल (सप्तर्षिमंडल)**—*पु०* = सप्तर्षि समूह।

सप्तरात्रक—[सं० सप्त (सप्तन्) ~ रात्रक] *वि०* सात रातों तक चलनेवाला। ***जैसे***—सप्तरात्रक समारोह।

सप्तलोक—[सं० सप्त (सप्तन्) ~ लोक] *पु०* पृथ्वी से सत्य लोक तक के सात लोक। सप्तभुवन। (दे० सप्तभुवन)

सप्तवायु—[सं० सप्त (सप्तन्) ~ वायु] *पु०* वायु/पवन/मरुत् के सात प्रकार। सप्तपवन। (दे० सप्तपवन)

सप्तविध—[सं० सप्त (सप्तन्) ~ विधि] *वि०* सात प्रकार का। ***जैसे***—सप्तविध तप करने के बाद।

सप्तशती—[सं० सप्त (सप्तन्) ~ शती] *स्त्री०* (लगभग) ७०० पद्यों का संग्रह। ***जैसे***—दुर्गा-सप्तशती; गाथा-सप्तशती।

सप्तसागर—[सं० सप्त (सप्तन्) ~ सागर] *पु०* १. पृथ्वी के सातो सागरों का समूह। २. सात पात्रों में दूध, दही, घी आदि भरकर किया जाने वाला उनका दान।

सप्तसिन्धु (सप्तसिंधु)—[सं० सप्त (सप्तन्) ~ सिन्धु] *पु०* सिन्धु, सरस्वती तथा पंजाब की पाँच नदियों (सतलज, व्यास, रावी, चिनाब, झेलम) का सामूहिक नाम।

सप्तस्वर—[सं० सप्त (सप्तन्) ~ स्वर] *पु०* संगीत के आधारभूत सात स्वरों का समूह। स्वर-सप्तक। षड्ज, ऋषभ, गान्धार, मध्यम, पंचम, धैवत और निषाद। सा, रे, ग, म, प, ध, नि। सरगम।

सप्तांशु—[सं० सप्त (सप्तन्) ~ अंशु] *वि०* सात प्रकार की किरणोंवाला। *पु०* सूर्य।

सप्ताङ्ग (सप्तांग)—[सं० सप्त (सप्तन्) ~ अङ्ग)] *वि०* सात अंगों वाला। *पु०* सात अंग।

सप्तार्णव—[सं० सप्त (सप्तन्) ~ अर्णव] *पु०* सप्तसागर। (दे० सप्तसागर) ✣ **सप्तार्णवा**—*वि० (स्त्री०)* = सात समुद्रों वाली। सात समुद्रों से घिरी हुई (पृथ्वी)। *स्त्री०* = पृथ्वी।

सप्तावरण—[सं० सप्त (सप्तन्) ~ आवरण] *पु०* सात आवरण। ***जैसे***—पृथ्वी से सत्यलोक तक के सात भुवनों का सप्तावरण।

सप्ताश्व—[सं० सप्त (सप्तन्) ~ अश्व] *वि०* सात घोड़ों वाला। *पु०* १. सात घोड़े। २. सूर्य। ✣ **सप्ताश्ववाहन**—*पु०* = सूर्य।

सप्राण—[सं० स + प्राण] *वि०* १. प्राणयुक्त। जीवित। २. तेजस्वी। ३. ओजस्वी। ***जैसे***—सप्राण कविता। *पु०* प्राणवान्। प्राणी।

सप्रिय—[सं० स + प्रिय] *वि०* १. प्रिय व्यक्ति से युक्त। २. पति/प्रेमी से युक्त। *क्रिवि०* १. प्रिय व्यक्ति के साथ। प्रियसहित। २. पति/प्रेमी के साथ। पतिसहित या प्रेमीसहित। ✣ **सप्रिया**—*वि० (स्त्री०)* = प्रिय से युक्त (स्त्री)। *वि०* प्रिया से युक्त। पत्नी/प्रेमिका से युक्त। *क्रिवि०* पत्नी/प्रेमिका के साथ।

सप्रीति—[सं० स + प्रीति] *क्रिवि०* प्रेम के साथ। प्रेमपूर्वक।

***सफ**—[< सं० शफ] *पु०* १. (गाय, बैल आदि का) खुर। २. पेड़ की जड़।

सफ़—[अरबी] *स्त्री०* १. पंक्ति। क़तार। २. सेना की पंक्ति। ३. रेखा। लकीर। ४. बिछौना। बिस्तर। ५. लम्बी चटाई।

सफ़जङ्ग (सफ़जंग)—[< फा० सफ़ + जंग] *पु०* १. सेना का पंक्ति-युद्ध। २. युद्धक्षेत्र।

***सफजङ्गी (सफजंगी)**—[< फा० सफ़जंग] *वि० (स्त्री०)* युद्धक्षेत्र में आमने-सामने पंक्तिबद्ध होकर शत्रु-पंक्ति से भिड़नेवाली।

सफर—[सं० √सप् + अरन्, पृषो० प→फ] *पु०* १. एक प्रकार की छोटी और चमकीली मछली। २. मछली।

सफ़र—[अरबी] *पु०* १. यात्रा। २. हिजरी सन् का दूसरा महीना।

सफ़रमैना—[< अं० सैपर्स एंड माइनर्स] *स्त्री०* वे सैनिक जो सेना के आगे-आगे जाकर सेना के लिए सुरंग बनाने आदि का काम करते हैं।

सफरी[१]—[सं० सफर + ङीष्] *स्त्री०* सफर। मछली।

†सफरी[२]—[देशज] *पु०* अमरूद (फल)।

सफ़री—[< अरबी सफ़र] *वि०* १. यात्रा-सम्बन्धी। यात्रा का। ***जैसे***—सफ़री परेशानियाँ। २. यात्रा में साथ ले जाने का। ***जैसे***—सफ़री सामान।

सफलीभूत—[सं० सफल + च्वि + भूत] *वि०* १. जो सफल हो चुका हो। २. जो पूरा हो चुका हो।

सफ़हा/सफ़ा[१]—[< अरबी सफ़्हः] *पु०* काग़ज़ का एक पार्श्व। पृष्ठ। पन्ना।

सफ़ा—[अरबी] *वि०* १. स्वच्छ। निर्मल। साफ़। ***जैसे***—सफ़ा कमरा। २. साफ़ करनेवाला। ***जैसे***—मैलसफ़ा चूर्ण; बालसफ़ा पाउडर। ३. रिक्त। ख़ाली। *क्रिवि०* साफ़ तौर से। स्पष्टतः। ***जैसे***—उसने सहायता करने को सफ़ा मना कर दिया। ***वा०* सब रुपए सफ़ा कर देना**—सब धन ख़र्च कर डालना। **सिर/बालों को सफ़ा कर देना**—पूरी तरह मूँड देना।

सफ़ीर—[अरबी] *पु०* १. पत्रवाहक। २. सन्देशवाहक। ३. राजदूत या दूत।

सफ़ील—[अरबी] *स्त्री०* १. पक्की चारदीवारी। २. परकोटा।

सफूल—[सं० स + हिं० फूल] *वि०* फूल/फूलों से युक्त। पुष्पित। पुष्पयुक्त।

सफ़ेद निशोथ—[< हिं० सफ़ेद + सं० निशोथ] *पु०* एक औषधोपयोगी लता या उसका पुष्प।

सफ़ेदपोश—[फा०] *वि०* १. सफ़ेद वस्त्र पहननेवाला। श्वेतवस्त्रधारी। २. कुलीन और शिक्षित। ३. सभ्य। सज्जन।

सफ़ेदा—[< फा० सुफ़ेदा] *पु०* १. जस्ते का चूर्ण/भस्म। २. जस्ते के चूर्ण से बनाया जाने वाला एक प्रकार का सफ़ेद रंग जो लकड़ी आदि रंगने में काम आता है। ३. एक प्रकार का अच्छा आम (फल)। ४. एक बहुत ऊँचा और सफ़ेद तने वाला वृक्ष जिसकी पत्तियाँ सुगन्धित होती हैं और जिसका तेल औषधि के रूप में काम आता है। यूकलिप्टस (वृक्ष)।

सफ़ेदोस्याह—[फा॰ सफेद-व-स्याह] *वि॰* १. सफ़ेद और काला। श्वेत और कृष्ण। २. भला-बुरा। ३. लिखा हुआ। लिखित।

सबक़—[अरबी] *पु॰* १. पाठ। २. शिक्षा। सीख। नसीहत। ***वा॰* सबक़ पढ़ाना**—१. शिक्षा देना। २. बहकाना। **सबक सिखाना**—शिक्षा देना।

सबद**—[< सं॰ शब्द] *पु॰* १. शब्द। २. किसी सन्त-महात्मा के गीत, भजन आदि। ***जैसे—सन्त कबीर के सबद।

***सबदरसी**—[< सं॰ सर्वदर्शी] *वि॰, पु॰* सब कुछ देखनेवाला। सर्वदर्शी। सर्वज्ञ।

***सबदी**—[< सं॰ शब्द] *पु॰* १. शब्द। २. महात्माओं के गीत, भजन या वचन। *वि॰* किसी सन्त-महात्मा के वचन पर विश्वास रखनेवाला अथवा उसकी आज्ञा का पालन करने वाला।

सबन्ध, सबन्धक (सबंध, सबंधक)—[सं॰ स + बन्ध, स+बन्धक] *वि॰* जिसके लिए कोई ज़मानत दी गयी हो या बन्ध-पत्र (अं॰ बॉन्ड) लिखा गया हो।

सबब—[अरबी] *पु॰* कारण। हेतु। वजह।

***सबर**[१]—[< सं॰ शबर] *पु॰* शबर नामक वनवासी जाति या उसका व्यक्ति।

***सबर**[२]—[< अरबी सब्र] *पु॰* धैर्य। सब्र।

सब-रजिस्ट्रार—[अं॰] *पु॰* १. (विश्वविद्यालय आदि में) उपनिबन्धक। २. (सरकारी पंजीयन कार्यालय का) उपपंजीयक।

†सबरा, सबरे—[< हिं॰ सर्ब] *सर्व॰* सब।

सबाध—[सं॰ स + बाध] *वि॰* बाधासहित। सावरोध। ***जैसे***—सबाध पथ। ✣ **सबाध दौड़**—*पु॰* = वह दौड़ जिसमें पथ बाधायुक्त हो।

***सबार/सवारै**—[< सं॰ सवेला] *पु॰* १. प्रातःकाल। सबेरा। २. शीघ्र ही। जल्दी ही।

सबाल—[स + बाल] *वि॰* बालकसहित। गोद में शिशु लिए हुए।

***सबास**—[< सं॰ सुवास] *वि॰* सुगन्ध। (छन्द॰) 'सुवास' नामक ७ वर्णों का समवर्णिक छन्द।

***सबी**—[< फा॰ शबीह] *पु॰*=चित्र। तस्वीर।

***सबीज**—[सं॰ स + बीज] *वि॰* १. बीज के साथ। २. बीजमन्त्र से युक्त।

सबील—[अरबी] *स्त्री॰* १. मार्ग। रास्ता। उपाय। २. तदबीर। ३. पद्धति। ४.पानी पिलाने का स्थान। धर्मार्थ प्याऊ। पौसरा।

सबूत—*पु॰* ≤ अरबी सुबूत। प्रमाण।

सबेरा—[< सं॰ स + वेला] *पु॰* प्रातःकाल। सुबह। ✣ **सबेरे**—*क्रिवि॰* = १. प्रभात काल में। प्रातःकाल के समय। २. समय पर। शीघ्र। ३. सामान्य/उचित समय से कुछ पहले।

***सबै**[१]—[सं॰ स + वय] *वि॰* १. वयस्क। बालिग़। २. बराबर उम्र का। समवयस्क।

***सबै**[२]—[< हिं॰ सब] *सर्व॰* १. सभी। २. सब कुछ।

सब्ज़—[फा॰] *वि॰* १. हरा-भरा। हरे रंग का। हरित। २. कच्चा। हरा। ***वा॰* सब्ज़ होना**—१. हरा-भरा होना। २. फलना-फूलना।

सब्ज़बाग़—[फा॰] *पु॰* १. हरा-भरा उद्यान। २. मृग-मरीचिका। भविष्य के लिए व्यर्थ की आशा/कल्पना। ***वा॰* सब्ज़बाग़ दिखाना**—अपना काम निकालने के लिए या किसी जाल में फँसाने के लिए झूठी आशा देना या स्वर्णिम कल्पनाएँ दिखाना।

सब्ज़ा—[< फा॰ सब्ज़:] १. हरी घास, वनस्पति आदि। २. हरियाली।

सब्ज़ी—[फा॰] *स्त्री॰* १. शाक। साग-पात। हरी भाजी। २. हरापन। ३. पकायी हुई तरकारी। ***जैसे***—आलू-गोभी की सब्ज़ी।

सब्बल—[फा॰] गड्ढा खोदने में प्रयुक्त लोहे का एक उपकरण।

सभङ्ग (सभंग)—[सं॰ स + भङ्ग] *वि॰* टूटा हुआ। खंडयुक्त। भग्न।

सभय—[सं॰ स + भय] *वि॰* डरा हुआ। भययुक्त। भयभीत। *क्रिवि॰* भयपूर्वक। डरते हुए।

सभा—[सं॰ स √भा + क + टाप्] *स्त्री॰* १. अभीष्ट के निश्चय के लिए एक स्थान पर लोगों का एकत्रीकरण। परिषद्। मजलिस। २. (राजा आदि का) दरबार। ३. किसी विशेष उद्देश्य की पूर्ति के लिए गठित संस्था। ***जैसे***—काशी की नागरी प्रचारिणी सभा। ४. परिषद्/संस्था आदि का भवन या कमरा।

सभाग[१]—[स + भाग] *वि॰* १. जो भाग-युक्त हो। जिसके भाग/अंश हुए हों। २. (पैतृक सम्पत्ति आदि में) जिसे अपना भाग/अंश मिला हो।

सभाग[२]—[< सं॰ स + भाग्य] वि॰ भाग्यवान्। भाग्यशाली। ✣ ***सभागा**—*वि॰* = भाग्यशाली (पुरुष)। भाग्यवान्। ✣ **सभागिन/सभागी**[१]—*वि॰* (स्त्री॰) = भाग्यशालिनी। ✣ **सभागी**[२]—*वि॰* = भाग्यशाली (पुरुष)।

सभाजन—[सं॰ सभा ~ जन] *पु॰* सभा में उपस्थित लोग।

सभीति—[सं॰ स + भीति] *वि॰* १. डरा हुआ। भयभीत। भययुक्त। २. कायर। डरपोक।

सभ्य—[सं॰ सभा + यत्] *वि॰* १. सभा के योग्य। सभा/समाज के लिए उपयुक्त। २. सभा से सम्बन्धित। ३. शिष्टाचारपूर्ण व्यवहार करने वाला। शिष्ट। नम्र। विनीत। ४. सुसंस्कृत। सुशिक्षित और सज्जन। ५. (देश/समाज) जो आदिम जंगली अवस्था से क्रमशः आगे बढ़ता हुआ सामाजिक, धार्मिक, आर्थिक, राजनीतिक, वैज्ञानिक आदि दृष्टियों से पर्याप्त विकसित अवस्था में पहुँच गया हो।

सभ्यता—[सं॰ सभ्य + तल् + टाप्] *स्त्री॰* १. सभ्य होने का गुण/भाव। सभ्यपन। २. शिष्टता। नम्रता। विनयशीलता। ३. सुशिक्षित और सज्जन होने की अवस्था। ४. किसी देश/समाज/जाति की आदिम बर्बर अवस्था से क्रमशः उन्नत होते हुए सामाजिक, धार्मिक, आर्थिक, राजनैतिक, वैज्ञानिक आदि दृष्टियों से पर्याप्त उन्नत अवस्था।

सम[१]—[सं॰ √सम् + अच्] *वि॰* १. समान। सदृश। तुल्य। बराबर। २. जिसमें कहीं कमी या अधिकता अथवा उतार-चढ़ाव न हो। ***जैसे***—सम व्यय। ३. जिसका तल हर जगह समान हो। जो ऊबड़-

खाबड़ न हो। समतल। *जैसे*—सम भूमि; सम मार्ग। ४. पक्षपातहीन। *जैसे*—सम दृष्टि।५. ईमानदार। सच्चा।६. भला। नेक।७. उपयुक्त। उचित।८. सुव्यवस्थित। ठीक।९. सर्वत्र या सबके प्रति समान भाव रखनेवाला। समदर्शी। १०. अनुसार। अनुकूल। उचित। [अंक॰] (वह संख्या) जिसमें २ से भाग देने पर शून्य शेष रहे। *जैसे*—२, ४, ६, ८ इत्यादि सम संख्याएँ हैं और १, ३, ५, ७ इत्यादि विषम। *पु॰* (काव्य॰) एक अर्थालंकार जो अनुरूप वस्तुओं के यथायोग्य सम्बन्ध-वर्णन में होता है । (संगीत॰) वह स्थान जहाँ संगीत में लय की समाप्ति और ताल का आरम्भ होता है। ∇ **विलोम**—विषम।

***सम**[२]—[< स॰ शम] *पु॰* १. शम। वासना-शमन। इन्द्रिय-निग्रह। २. शान्ति। ३. क्षमा।

***समउ**—*पु॰* ≤ *स॰* समय। वक्त।

समकक्ष—[स॰ सम ~ कक्ष] *वि॰* १. तुल्य। समान। बराबर। *जैसे*—पद और अधिकार में समकक्ष; विद्वत्ता में समकक्ष। २. जोड़ का। बराबरी का। समतुल्य।

समकरण—[स॰ सम ~ करण] *पु॰* १. (किसी के) समान करना। तुल्य बनाना। बराबर करना। २. किसी की बराबरी पर पहुँचना। व (तराजू के दोनों पलड़ों को) बराबर करना। सन्तुलित करना। समभार करना।

समकालीन—[स॰ समकाल + ख] *वि॰* समकालिक। समसामयिक।

सम-कुलपति—[स॰] *पु॰* विश्वविद्यालय के कुलपति का सहायक सर्वोच्च अधिकारी। (अ॰ प्रो-वाइस-चान्सलर)।

समक्रिस्टलता—[< स॰ सम + अ॰ क्रिस्टल + स॰ तल् + टाप्] *स्त्री॰* = (रसायन॰) समान क्रिस्टलीय रूप वाले परन्तु भिन्न रासायनिक संघटन वाले पदार्थों का गुण-धर्म। (अ॰ एलोमरिज़्म)

समक्वाथ—[स॰ सम ~ क्वाथ] *पु॰* (आयुर्वेद॰) वह काढ़ा जिसे तैयार करने में पानी उबालकर आठवाँ भाग मात्र शेष रखा गया हो।

समक्ष—[स॰ सम् + अक्ष् + अच्] *वि॰* जो आँखों के सामने हो। प्रत्यक्ष। दृष्टिगोचर। *क्रिवि॰* सम्मुख। सामने। ⁘ **समक्षता**—*स्त्री॰* = प्रत्यक्ष दिखना। प्रत्यक्षता।

समग्र—[स॰ सम √गृह् + ड] *वि॰* सम्पूर्ण। सकल। समूचा। तमाम। सारा। *जैसे*—हिन्दी में क्रान्तिकारी सावरकर का समग्र साहित्य १० खंडों में प्रकाशित है। ⁘ **समग्रता**—*स्त्री॰* = सम्पूर्णता। सकलता।

समचतुर्भुज—[स॰ सम ~ चतुर्भुज] *पु॰* (गणित॰, ज्यामिति) वह समान्तर चतुर्भुज जिसकी चारों भुजाएँ बराबर हों परन्तु कोई कोण समकोण न हो। (अ॰ रॉम्बस)

समचर—[स॰ सम ~ चर] *वि॰* १. सब के साथ समान व्यवहार करनेवाला। २.सदा समान आचरण करनेवाला।

समचित्त—[स॰ सम ~ चित्त] *वि॰* १. समता/स्थिरता से युक्त चित्तवाला। सुखों से सुखी और दुःखों से दुःखी न होनेवाला। शान्तचित्त। स्थितप्रज्ञ। २. विरक्त।

समजात—[स॰ सम ~ जात] *वि॰* जो उत्पत्ति में समान हों। ⁘ **समजात अंग (अङ्ग)**—*पु॰* = (प्राणि॰) प्राणियों के वे अंग जो मूल रचना और भ्रूणीय परिवर्धन में समान होते हैं परन्तु जिनके कार्यों में भिन्नता होती है। ⁘ **समजातता**—*स्त्री॰* = १. समजात होने की अवस्था/भाव। २. (प्राणि॰) समजात अंग होने की अवस्था/भाव। विभिन्न प्राणियों के अंगों का कार्य में भिन्न परन्तु उद्भव में समान होना। ∇ **विलोम**—समवृत्तिता।

समजाति—[स॰ सम ~ जाति] *वि॰* समान जाति या बराबर स्तर/मान्यता की जाति वाले।

समञ्जन (समंजन)—[सम् √अञ्ज् + ल्युट्] पु॰ १. परस्पर मेल मिलाना। २. यन्त्रों के पुर्ज़ों आदि को यथास्थान बैठाना। ३. आय-व्यय का लेखा ठीक करना। लेखा-जोखा समान करना। ४. समायोजन।५. व्यक्ति का परिवेश के अनुकूल अपने से विभिन्न दूरियों पर स्थित वस्तुओं को साफ़ देखने के लिए आँखों में अपने आप होने वाला समायोजन। (मनो॰) ज्ञानेन्द्रियों में साधारण मात्रा की निरन्तर उत्तेजना के प्रति, संवेदना का धीरे-धीरे पूर्ण लोप हो जाने का गुण या स्थिति।

समञ्जस (समंजस)—[स॰ सम् √अञ्ज् + असच्] *वि॰* १. उचित। उपयुक्त। ठीक। *जैसे*—समंजस व्यवस्था। २. बिल्कुल ठीक। सही।३. स्पष्ट।४. आस-पास की वस्तुओं आदि से मेल खानेवाला। सामंजस्यपूर्ण।

समञ्जित (समंजित)—[स॰ सम् + अञ्जित] *वि॰* १. जिसका समंजन/समायोजन/सामंजस्य हुआ हो या किया गया हो। २. जो परिस्थितियों के अनुकूल किया गया हो या बनाया गया हो।

***समत**—*वि॰* ≤ *स॰* समस्त।

***समत**—*वि॰* ≤ *स॰* स-मति। बुद्धियुक्त।

समता—[स॰ सम + तल् + टाप्] *स्त्री॰* १. समानता। साम्य। तुल्यता। बराबरी। २. एकरूपता। ३. सदृशता। सादृश्य। ४. स्तर/कोटि की बराबरी। समकक्षता।५. निष्पक्षता।६. धीरता। धैर्य। Δ **पर्याय**—समता। ∇ **विलोम**—विषमता। ⁘ ***समताई**—*स्त्री॰* =समता।

समतापमण्डल (समतापमंडल)—[स॰ सम ~ ताप ~ मण्डल] *पु॰* भूमि-तल से लगभग ११ कि.मी. से २४ कि.मी. तक की ऊँचाई का वायुमंडल जिसमें तापमान सदा सम रहता है। (अ॰ स्ट्रैटस्फ़िअर)

समताप रेखा—[स॰ सम ~ ताप ~ रेखा] *स्त्री॰* पृथ्वी के मानचित्र पर वह कल्पित रेखा जो समान औसत तापमान वाले बिन्दुओं को मिलाती है।

समतापी भूतल रेखा—[स॰] *स्त्री॰* (भूविज्ञान॰) भूपृष्ठ के नीचे समान औसत तापमान वाले बिन्दुओं से होकर जाने वाली काल्पनिक रेखा।

समतुल्य—[स॰ सम ~ तुल्य] *वि॰* १. समान। बराबर। २. समान कोटि/स्तर का। समकक्ष। ३. सदृश। समरूप। *पु॰* (भाषा॰) द्विभाषा-कोश में स्रोत भाषा के शब्द के लिए लक्ष्य भाषा में दिया गया समानार्थक शब्द।

समतोलन—[सं॰ सम ~ तोलन] *पु॰* १. (तराजू के) दोनों पलड़ों को समान भार वाला रखना। ठीक तोलना। २. (लाक्षणिक) किसी बात/विचार/काम को बुद्धि की तुला पर ठीक तोलना। अच्छी तरह विचारकर निर्णय लेना। ३. भार/महत्त्व आदि की दृष्टि से सब व्यक्तियों/पक्षों/दलों आदि को समान मानना। ४. सन्तुलित रखना। सन्तुलन रखना।

समत्रिभाजन—[सं॰ सम ~ त्रि ~ भाजन] *पु॰* तीन बराबर भागों में बाँटना।

समत्रिभुज—[सं॰ सम ~ त्रि ~ भुज] *पु॰* ऐसा त्रिभुज जिसकी तीनों भुजाएँ बराबर हों।

समद[१]—[सं॰ स + मद] *वि॰* १. मदयुक्त। मतवाला। २. प्रसन्न। *पु॰* १. मस्त व्यक्ति। २. मस्त हाथी।

***समद**[२]—*पु॰* ≤ *सं॰* समुद्र।

***समदत**—[<हिं॰ समदना] *क्रिवि॰* १. समर्पित करते समय। सौंपते समय। २. भेंट करते हुए। मिलते समय।

समदन[१]—[सं॰ स + मदन] *वि॰* जिसमें प्रबल कामवासना हो। कामातुर। कामपीड़ित। *क्रिवि॰* प्रसन्नता से। ख़ुशी से। हर्षपूर्वक।

समदन[२]—[< हिं॰ समदना] *स्त्री॰* उपहार। भेंट।

***समदना**—[< सं॰ समद] *क्रिस॰* १. प्रेमपूर्वक मिलना। भेंट करना। २. ख़ुशी मनाना। ३. समर्पित करना। सौंपना। ४. (विवाह में कन्या) सौंपना/देना। ⁘ **समदि**—*क्रिवि॰* = १. मिलकर। भेंट करके। २. सौंपकर। ३. (विवाह में) कन्या देकर।

समदर्शन—[सं॰ सम ~ दर्शन] *पु॰* समदृष्टि। सबको समान समझना।

समदर्शी—[सं॰ समदर्शिन्] *वि॰* सबको समान दृष्टि से देखनेवाला। किसी प्रकार का भेद-भाव न रखनेवाला। राग-द्वेष-रहित। द्वन्द्वातीत। निर्द्वन्द्व।

***समदाना**—[< हिं॰ समदना] *क्रिस॰* १. समदना। (दे॰) २. विवाह के बाद कन्या को विदा करना (या बहू को विदा कराना)।

समदाब रेखा—[सं॰ सम + हिं॰ दाब + सं॰ रेखा] *स्त्री॰* मानचित्र में समान वायुमंडलीय दाब वाले स्थानों को जोड़नेवाली रेखा। (अं॰ आइसोबार)

†**समदावन**—[< हिं॰ समदना] *पु॰* मिथिला-क्षेत्र में कन्या की विदा के समय गाए जाने वाले गीत।

समदुःखसुख—[सं॰ सम ~ दुःख ~ सुख] *वि॰* १. सुख और दुःख को समान समझनेवाला। २. दुःख-सुख का साथी।

सम-दुःखी—[सं॰] *वि॰* १. समवेदना रखनेवाला। सहानुभूतिपूर्ण। हमदर्द।

समदृक्/समदृष्टि—[सं॰ सम ~ दृक्/दृष्टि] *स्त्री॰* १. समदर्शी व्यक्ति की दृष्टि। समदर्शिता की भावना से युक्त व्यवहार। २. समदर्शी।

समद्विबाहु (समद्विबाहु) त्रिभुज—[सं॰] *पु॰* (गणित॰, ज्यामिति) वह त्रिभुज जिसकी कोई दो भुजाएँ बराबर हों। समद्विभुज। त्रिभुज।

समद्विभाग (समद्विभाग)—[सं॰ सम ~ द्वि ~ भाग] *पु॰* दो बराबर भाग।

समद्विभाजन (समद्विभाजन)—[सं॰ सम ~ द्वि ~ भाजक] *पु॰* (किसी वस्तु को) दो समान/बराबर भागों में बाँटना।

समद्विभुज (समद्विभुज) त्रिभुज—[सं॰] *पु॰* समद्विबाहु त्रिभुज।

समधिक—[सं॰ सम् + अधिक] *वि॰* १. बहुत ज़्यादा। अत्यधिक। अतिशय। बेहद। २. साधारण/उचित/नियत मात्रा से अधिक। अतिरिक्त। फ़ालतू।

समधिकृत—[सं॰ सम् + अधिकृत] *वि॰* १. पूरी तरह से या ठीक प्रकार से अधिकृत। २. सुदृढ़। दृढ़।

समधिगत—[सं॰ सम् + अधिगत] *वि॰* १. समीप गया हुआ। पास पहुँचा हुआ। २. जो जाना/समझा गया हो।

समधी[१]—[< सं॰ सम्बन्धी] *पु॰* पुत्र या पुत्री का ससुर।

समधी[२]—[सं॰ सम ~ धी] *वि॰* जिसकी बुद्धि सम है। समदर्शी। *पु॰* सन्त। महात्मा।

समधीत—[सं॰ सम् + अधीत] *वि॰* १. (व्यक्ति) जिसने अच्छी तरह अध्ययन पूर्ण कर लिया हो। २. (विषय) जिसका अध्ययन अच्छी तरह किया गया हो। ३. जाना-पहचाना। परिचित।

समनन्तर (समनंतर)—[सं॰ सम् + अनन्तर] *वि॰* १. ठीक पास का। अति समीपस्थ। २. सटा हुआ।

***समनि/समनी**—[< सं॰ शमन] *वि॰* (*स्त्री॰*) शमन शान्त करनेवाली।

समनुकीर्तन—[सं॰ सम् + अनुकीर्तन] *पु॰* बहुत बढ़ाकर की गयी प्रशंसा। अत्यधिक प्रशंसा।

समनुज्ञा—[सं॰ सम् + अनुज्ञा] *स्त्री॰* १. पूर्ण स्वीकृति। २. जाने की आज्ञा। ३. अनुमति।

समनुज्ञात—[सं॰ सम् + अनुज्ञात] *वि॰* १. पूर्णतः स्वीकृत। २. जिसे जाने की आज्ञा दी गयी हो। ३. अधिकारप्राप्त। ४. जिसे अनुमति मिल गयी हो।

समनुदेशक—[सम् + अनुदेशक] *पु॰* (विधि॰) १. (जायदाद आदि पर) अपना स्वामित्व या अधिकार किसी को सौंप देनेवाला। अपनी सम्पत्ति आदि को किसी के नाम कर देने वाला या बाँट देने वाला। २. अपने स्थान पर कार्यवाही करने के लिए प्रतिनिधि नियुक्त करनेवाला। (अं॰ असाइनर)

समनुदेशन—[सं॰ सम् + अनुदेशन] *पु॰* सौंपा गया काम। नियत कार्य। *पु॰* (विधि॰) अधिकार आदि का हस्तान्तरण या समर्पण। (वाणि॰) किसी अधिकार, स्वामित्व या हित को किसी के प्रति अन्तरित करना। अधिकार आदि को किसी के नाम करना। (पत्र॰) १. संवाददाता आदि को समाचार-संग्रह का सौंपा गया कार्य विशेष। प्रदत्त कार्य। २. उक्त कार्य को सौंपा जाना।

समनुदेशिती—[< सं॰ सम् + हिं॰ अनुदेशित] *पु॰* (विधि॰) किसी के स्थान पर कार्यवाही करने के लिए नियुक्त व्यक्ति। समनुदेशित व्यक्ति। (अं॰ असाइनी)।

समनुरक्ति—[सं॰ सम् + अनुरक्ति] *स्त्री॰* उत्तम प्रेमभाव।

समनुषङ्ग (समनुषंग)—[सं॰ सम् + अनुषङ्ग] *वि॰* १. गौण।

१. सहायक। ३. पूरक। *पु॰* १. सहायक व्यक्ति/वस्तु। २. साधन। उपकरण। (अ॰ अक्सेसरी) ✣ **समनुषङ्गी (समनुषंगी)**— *वि॰* = जो प्रधान न हो। गौण।

समन्त—[स॰ सम् + अन्त] *वि॰* सम्पूर्ण। समग्र। समस्त। सारा। *पु॰* सीमा। हद। ✣ **समन्तदर्शी (समंतदर्शी)**— *वि॰* = जो सब कुछ देखता हो। सर्वदर्शी। *पु॰* १. परमात्मा। २. (महात्मा) बुद्ध।

समन्यु—[स॰ स + मन्यु] *वि॰* १. क्रोधयुक्त। २. क्रोधी। ३. शोकयुक्त। शोकग्रस्त।

समन्वय—[स॰ सम् + अन्वय] *पु॰* १. संयोग। २. मिलन। ***जैसे***—संगम पर दोनों धाराओं का समन्वय देखने योग्य है। ३. एक का दूसरे में विलय। ४. परस्पर विरोध का अभाव। वह अवस्था जिसमें दो या अधिक कथनों/सिद्धान्तों/मतों आदि का आपसी विरोध दूर करके उनमें मेल बैठाया जाए। सामंजस्य। ताल-मेल।

समन्वयक—[स॰ सम् + अन्वयक] *पु॰* १. समन्वय करनेवाला। २. विचारों में सामंजस्य करनेवाला। ३. किसी संस्था, योजना आदि के प्रबन्ध के विविध भागों/पक्षों/कार्यों आदि में ताल-मेल बैठाने का दायित्व पूरा करनेवाला। (अ॰ कोआर्डिनेटर)

समन्वित—[स॰ सम् +अन्वित] *वि॰* १. जिनका समन्वय हुआ हो। जिनमें ताल-मेल बैठाया गया हो। सामंजस्ययुक्त। २. संयुक्त। (किसी के साथ) जुड़ा हुआ। ***जैसे***—त्याग और भोग का समन्वित जीवन। ३. (किसी के साथ) मिला हुआ। ४. अन्वित। सम्पन्न।

समन्वेषण—[स॰ सम् + अन्वेषक] *पु॰* १. अच्छी तरह किया जाने वाला अनुसन्धान। गहरी खोज। २. जहाँ पहले कभी जाना नहीं हुआ या कोई भी वहाँ नहीं गया, उस स्थान की बहुविध जानकारी प्राप्त करने के लिए यात्रा। (*अ॰* एक्स्प्लीरेशन)

समपद—[स॰ सम् + पद] *पु॰* (धनुर्धारियों का) दोनों पैर बराबर रखकर खड़े होने का ढंग।

समपहरण—[स॰ सम् + अपहरण] *पु॰* (माल या अधिकार का) जब्त किया जाना। ज़ब्ती। (अ॰ फ़ॉर्फ़िचर)

समपहृत—[स॰ सम् + अपहृत] *वि॰* १. (अपराध या लापरवाही के कारण अधिकार आदि) जिसे खो दिया गया हो या जो छिन गया हो। (अधिकार या माल) आदि जिसे ज़ब्त किया गया हो। ***जैसे***—समपहृत अधिकार। (अ॰ फॉर्फिटिड)

समबल—[स॰ सम ~ बल] *वि॰* समान बलवाला। ***जैसे***—हम समबल योद्धा से भी लड़ सकते हैं और अधिकबल योद्धा से भी।

समबहुभुज—[स॰ सम + बहुभुज] *पु॰* (गणित॰, ज्यामिति) वह बहुभुज जिसकी सभी भुजाएँ बराबर हों।

समबुद्धि (समबुद्धि)—[स॰ सम ~ बुद्धि] *वि॰* १. हानि-लाभ, सुख-दुःख, शत्रु-मित्र आदि को समान समझनेवाला। २. जो पक्षपाती न हो। *स्त्री॰* कभी विचलित न होने वाली बुद्धि से युक्त। स्थिरबुद्धि।

समभाग—[स॰ सम ~ भाग] *पु॰* बराबर हिस्सा।

समभिसरण—[स॰ सम् + अभि + सरण] *पु॰* समीप गमन।

समभिहार—[स॰ सम् + अभि √हृ + घञ्] *पु॰* १. एक साथ ग्रहण। २. पुनरावृत्ति। दुहराव। ३. अधिकता।

समभुज—[स॰ सम ~ भुज] *वि॰* (गणित॰, ज्यामिति) (वह क्षेत्र) जिसकी सब भुजाएँ बराबर हों। ***जैसे***—समभुज त्रिकोण।

समभूकम्परेखा (समभूकंपरेखा)—[स॰ सम ~ भूकम्प ~ रेखा] *स्त्री॰* (भूविज्ञान॰) पृथ्वी के मानचित्र पर उन सभी बिन्दुओं को मिलानेवाली रेखा जहाँ भूकम्प के झटकों की तीव्रता समान होती है।

समभूमि—[स॰ सम ~ भूमि] *स्त्री॰* समतल भूमि। ✣ **समभूमिक** —*वि॰* = वह तल जो कहीं पर भी ऊँचा-नीचा न हो। समतल।

सममनस्क—[स॰ सम ~ मनस्क] *वि॰* सदृश/समान मानसिक स्थिति वाला।

सममात्रिक—[स॰ सम ~ मात्रिक] *वि॰* (छन्द॰) चारों चरणों में समान मात्राओं वाला (छन्द)। ***जैसे***— चौपाई, रोला आदि सममात्रिक छन्द।

सममित—[स॰ सम ~ मित] *वि॰* १. जिसके अंगों में आनुपातिक एकरूपता और सामंजस्य हो। सन्तुलित अवयवों वाला। २. सौष्ठवयुक्त। सुडौल। सुन्दर।

सममिति—[स॰ सम ~ मिति] *स्त्री॰* १. सापेक्ष स्थिति में सादृश्य या अनुरूपता। २. वस्तु के विभिन्न अवयवों का परस्पर ठीक अनुपात। ३. शरीर के विभिन्न अंगों का परस्पर सादृश्य या ठीक अनुपात होना। ४. दोनों ओर की एक सी सीध (जैसे लिखने आदि में)। (गणित॰, ज्यामिति) ऐसी आकृति जिसे किसी रेखा विशेष पर मोड़ने पर उसके दोनों भाग पूरी तरह एक-दूसरे पर आएँ। ***जैसे***—वृत्त की सममिति व्यास पर मोड़ने पर और वर्ग की किसी एक विकर्ण पर मोड़ने पर स्पष्ट हो जाती है। (अ॰ सिमिट्रि)

समय-चूक—[< स॰ समय + हि॰ चूकना] *स्त्री॰* प्राप्त अवसर का लाभ न उठाने की त्रुटि/भूल।

समयच्युति—[स॰ समय ~ च्युति] *स्त्री॰* अवसर पर चूक जाना। अवसर हाथ से निकल जाना।

समयज्ञ—[स॰ समय + ज्ञ] *वि॰* समय का ज्ञाता। समय के अनुसार व्यवहार करनेवाला।

समयनिष्ठ—[स॰ समय ~ निष्ठ] *वि॰* प्रत्येक काम समय पर करनेवाला। समय-परायण। समय-पालक।

समयपरायण—[स॰ समय ~ परायण] *वि॰* समयनिष्ठ।

समय-लाभ—[स॰] *पु॰* समय का सदुपयोग करने से प्राप्त लाभ। २, अवसर का लाभ।

समय-समीकार—[स॰] *पु॰* (खगोल॰) माध्य सौर समय और दृष्ट सौर समय का अन्तर। माध्य सूर्य और वास्तविक सूर्य के विषुवांशों का अन्तर।

समयाचार—[स॰ समय ~ आचार] *पु॰* प्रचलित व्यवहार।

समयातीत—[स॰ समय ~ अतीत] *वि॰* जो समय से परे हो। जिसे समय द्वारा व्यक्त नहीं किया जा सकता।

समयानुवर्ती—[स॰ समय ~ अनुवर्ती] *वि॰* १. प्रचलित रीति के

अनुसार चलनेवाला। २. सिद्धान्त आदि की चिन्ता न करते हुए समय के अनुसार बदल जाने वाला। अवसरवादी। मौक़ापरस्त।

समयान्त (समयांत)—[स॰ समय ~ अन्त] *पु॰* समय की समाप्ति। (पत्र॰) वह निश्चित समय जिसके बाद कोई भी समाचार सम्पादकीय विभाग से अक्षरयोजन कक्ष में नहीं भेजा जाना चाहिए और भेजा भी जाए तो अक्षरयोजन कक्ष को उसे स्वीकार नहीं करना चाहिए। (अ॰ ज़ीरो आवर)

समये—[स॰ समय] *क्रिवि॰* समय पर। ✣ **समये-समये**—*क्रिवि॰* = १. समय-समय पर। २. धीरे-धीरे।

समयोपरि—[स॰ समय ~ उपरि] *वि॰* नियत समय के बाद का (काम)। (काम) जो निश्चित समय से अतिरिक्त समय में किया गया हो। *पु॰* १. वैतनिक कर्मचारियों के काम करने के नियत दैनिक समय के अतिरिक्त काम करने का समय। अतिकाल। अतिसमय। (अ॰ ओवरटाइम) २. जो धन या भत्ता उक्त काम के लिए दिया गया हो। ***जैसे***—तुम्हें समयोपरि सात सौ रुपए मिलेंगे।

समर[1]—[स॰ सम् √ऋ + अप्] *पु॰* युद्ध। संग्राम। लड़ाई।

***समर[2]**—[< स॰ समर] *पु॰* १. कामदेव। २. काम-वासना। काम-भाव।

समर[3]—[< स॰ सम्बल] *पु॰* १. सम्बल। पाथेय। २. सहारा।

समरक्त—[स॰ सम ~ रक्त] *वि॰* समान या एक ही ख़ून वाले। एक ही पूर्वज की सन्तान। सगोत्र। सपिंड।

समरञ्जित (समरंजित)—[स॰ सम ~ रञ्जित] *वि॰* जिसका रंग सर्वत्र एक सा हो।

***समरथ**—[< स॰ समर्थ] *वि॰* समर्थ। *पु॰* समर्थ व्यक्ति।

***समरना**—[< हि॰ स्मरण] *क्रिस॰* स्मरण करना।

***समरपना**—[< स॰ समर्पण] *क्रिस॰* १. समर्पित करना। २. सौंपना।

समरबन्ध (समरबंध)—[स॰ समर ~ बन्ध] *पु॰* (राज॰) युद्ध कर रहे राष्ट्रों के बीच युद्धबन्दियों के साथ व्यवहार, उनके आदान-प्रदान की व्यवस्था और युद्ध से भिन्न सम्बन्धों के विषय में लिखित समझौता। (अ॰ कार्टेल)

समरभूमि—[स॰ समर ~ भूमि] *स्त्री॰* लड़ाई का मैदान। युद्धक्षेत्र। रणभूमि।

समरव्यसनी—[स॰ समर ~ व्यसनी (व्यसनिन्)] *वि॰* युद्ध-प्रेमी।

समरशायी—[स॰ समर ~ शायी (शायिन्)] *वि॰* युद्ध में मरनेवाला। वीर-गति को प्राप्त।

समरशूर—[स॰ समर ~ शूर] *पु॰* युद्ध में वीरता प्रकट करनेवाला व्यक्ति। योद्धा।

समरस—[स॰ सम ~ रस] *वि॰* १. (पदार्थ) जिसमें सर्वत्र एक ही प्रकार का रस/स्वाद हो। २. सामंजस्यपूर्ण। ३. (व्यक्ति) जिसकी सदा एक ही मानसिक स्थिति रहती हो। सदा एक-सा रहनेवाला। ४. आनन्द में पूर्णतया लीन। ५. (किसी समाज या मानव-समुदाय में परस्पर प्रेम के कारण होने वाली) समरूपता या एकरूपता जिसमें एक-दूसरे के सुख-दुःख की सह-अनुभूति होती है। एकरस। ***जैसे***—समरस समाज का निर्माण। (संगीत॰) सुरों के मेल वाला। ताल-मेल वाला। (शैव॰) जिसे विश्व के साथ अभिन्नता की आनन्दमय अनुभूति हो। (पा॰ काव्य॰) गति, प्रवाह, लय आदि की परस्पर संगति वाला(काव्य आदि)।

समराग्नि—[स॰ समर ~ अग्नि] *पु॰* युद्धरूपी आग।

समराङ्गण/समराजिर—[स॰ समर ~ अङ्गण/अजिर] *पु॰* लड़ाई का मैदान। युद्धक्षेत्र। रणभूमि।

***समराना**—[< हि॰ सँवरना] *क्रिस॰* पहनाना। *क्रिअ॰* पहनना।

***समरारि/समरारी**—[< स॰ स्मरारि] *पु॰* कामदेव का शत्रु। शिव। महादेव।

समरारूढ़—[< स॰ समर ~ आरूढ] *वि॰* युद्ध में लगा हुआ। युद्धरत।

समरूप—[स॰ सम ~ रूप] *वि॰* १. (किसी के) समान या सदृश रूप। २. जिनके रूप परस्पर सदृश हों। एक जैसे। ३. एकरूप। अपरिवर्तनशील। ४. निर्विकार।

समरेखीय—[स॰ सम ~ रेखीय] *वि॰* = जो सीधी रेखा की तरह हो।

समरोचित—[स॰ समर ~उचित] *वि॰* युद्ध में ठीक या युद्ध के लिए ठीक। युद्धोचित।

समर्चन—[स॰ सम् + अर्चन] *पु॰* १. विधिवत् पूजन। अच्छी तरह पूजन। २. सत्कार। आदर।

समर्थ—[स॰ सम् √अर्थ + अच्] *वि॰* १. क्षम। २. बलवान् शक्तिशाली। ३. योग्य। उपयुक्त। उचित। ४. धनवान्। ▽ विलोम—असमर्थ।

समर्थन—[स॰ सम् √अर्थ् + ल्युट्] *पु॰* १. (किसी बात की) पुष्टि। अनुमोदन। ***जैसे***—प्रस्ताव का समर्थन। २. पक्ष-ग्रहण। तरफ़दारी।

समर्थाङ्ग (समर्थांग)—[स॰ समर्थ ~ अङ्ग] *वि॰* (काम करने के लिए) जिसके अंग समर्थ हों।

समर्पण—[स॰ सम् + अर्पण] *पु॰* १. (किसी को कोई वस्तु आदि) सम्मानपूर्वक देना। भेंट करना। अर्पण। ***जैसे***—गुरु को शिष्य द्वारा दक्षिणा का समर्पण। २. लेखक द्वारा अपनी कृति का किसी व्यक्ति को श्रद्धापूर्वक, आदरपूर्वक या प्रेमपूर्वक अर्पण। ३. लेखकों द्वारा अपने ग्रन्थ का समर्पण करने के लिए ग्रन्थ के आरम्भ में लिखे गये वाक्य या शब्द। ४. अपना अधिकार, स्वामित्व आदि त्यागकर किसी अन्य को सौंपना। ५. सेना द्वारा अपनी पराजय या परेशानी की स्थिति में बाध्य होकर शत्रु को क़िला, हथियारों, अधिकारों आदि का समर्पण। आत्मसमर्पण।

समर्पि—*क्रिवि॰* = समर्पित करके। सौंप कर।

समर्पित—[स॰ सम् + अर्पित] *वि॰* समर्पण किया हुआ। अर्पित।

समर्पयिता—[स॰ समर्पयितृ] *वि॰, पु॰* समर्पण करनेवाला। समर्पक।

समर्प्य—[स॰ सम् √अर्प् + णिच् + यत्] *वि॰* १. समर्पण किए जाने योग्य। २. जिसका समर्पण किया जाने वाला हो।

समर्याद—[स॰ स + मर्यादा] *वि॰* १. मर्यादा-युक्त। सीमित। २. सामाजिक मर्यादाओं का पालन करनेवाला। २. अच्छे

आचरणवाला। सदाचारी। ३. शिष्ट। ४. विनम्र।

समल—[सं० स + मल] *वि०* १. मल से युक्त। २. मलिन। मैला। गन्दा। ३. अपवित्र। ४. पापी।

समलम्ब (समलंब)—[सं० सम ~ लम्ब] *पु०* (गणित०) दो समान्तर भुजाओं वाला चतुर्भुज।

समलोष्टकाञ्चन (समलोष्टकांचन)—[सम ~ लोष्ट ~ काञ्चन] *वि०* जिसकी दृष्टि में मिट्टी का ढेला और सोना बराबर महत्त्व का हो। समदृष्टि। समबुद्धि।

समवकार—[सं० सम् + अव + कार] *पु०* (नाट्य०) रूपक का एक भेद। एक प्रकार का संस्कृत-नाटक।

समवबोधन—[सं० सम् + अवबोधन] *पु०* (मनो०) १. स्पष्ट ज्ञान और उसकी प्रक्रिया। २. किसी वस्तु को देखने पर उसका अपने विद्यमान ज्ञान से मेल बैठाना। (अं० ऐपर्सेप्शन)

समवयस्क—[सं० सम ~ वयस्क] *वि०* १. (किसी के) बराबर उम्र वाला। २. जो आपस में बराबर उम्र के हों। हमउम्र। ***जैसे***—श्रीकृष्ण और सुदामा समवयस्क थे।

समवरोध—[सं० सम् + अवरोध] *पु०* चारों ओर से अच्छी तरह रोकना। (राजनीति०) नाकाबन्दी (नाकेबन्दी)।

समवर्तन—[सं० सम ~ वर्तन] *पु०* १. (किसी वस्तु का) आवश्यकता की दृष्टि से यथोचित विभाजन। २. ठीक व्यवहार। ३. समान व्यवहार।

समवर्ती—[सं० समवर्तिन्] *वि०* १. जो समान रूप से स्थिर रहता हो। २. जो समीप ही स्थित हो। पास में ही रहनेवाला या होनेवाला। ३. समान दूरी पर स्थित। ४. साथ-साथ रहनेवाला या होनेवाला। सहवर्ती। ५. एक-सा व्यवहार करनेवाला। पक्षपातहीन व्यवहार करनेवाला। ६. सदा एक-सी मानसिक स्थिति वाला। समचित्त। ✣ **समवर्ती प्रत्यायन**—*पु०* =(राज०) किसी राजनयिक प्रतिनिधि को एक साथ एक से अधिक राज्यों में प्रतिनिधित्व करने का अधिकार देने की कार्यवाही। (अं० कन्करन्ट अक्रेडिटेशन) ✣ **समवर्ती शक्तियाँ**—(*स्त्री०*) संघीय प्रणाली में क़ानून बनाने की वे शक्तियाँ जिनका प्रयोग केन्द्र सरकार और राज्य सरकार दोनों कर सकती हैं।

समवाय—[सं० सम् + अव √ इ + अच्] *पु०* १. समुदाय। समूह। २. राशि। ढेर। ३. घनिष्ठ या अटूट सम्बन्ध। (न्याय०, वैशेषिक०) नित्य सम्बन्ध। अटूट सम्बन्ध। वह सम्बन्ध जो अवयवी से अवयव का, गुणी से गुण का या जाति से व्यक्ति का होता है। (वाणि०) कम्पनी (अं०)।

समवस्थित—[सं० सम् + अवस्थित] *वि०* १. जो अचल रहा हो। २. दृढ़। ३. उद्यत। तैयार।

समवृत्त—[सं० सम ~ वृत्त] *पु०* (छन्द०) वह छन्द जिसके चारों चरण समान लक्षणों वाले हों। सममात्रिक या समवर्णिक छन्द।

समवृत्ति—[सं० सम ~ वृत्ति] *स्त्री०* १. समान वृत्ति। २. सुख-दुःख, हानि-लाभ आदि में मन की स्थिरता। समदृष्टि। *वि०* स्थिरचित्त। प्रशान्त। ✣ **समवृत्ति अङ्ग (अंग)**— *पु०* = (प्राणि०) प्राणियों के वे अंग जो समान कार्य करने के कारण समान से दिखाई देते हैं परन्तु मूल रचना और भ्रूणीय परिवर्धन में परस्पर भिन्न होते हैं। ✣ **समवृत्तिता**— *स्त्री०* = समवृत्ति अंग होने की स्थिति। कार्य में समान परन्तु उद्‌भव में भिन्न होना। ∇ **विलोम**—समजातता।

समवेत—[सं० सम् + अव √इ + क्त] *वि०* १. एक में मिला हुआ। २. इकट्ठा किया हुआ। एकत्र। ***जैसे***—समवेत युवक। ३. जमा किया हुआ। संचित। ४. किसी के साथ एक श्रेणी या वर्ग में आया हुआ या लाया हुआ। ५. अटूट सम्बन्ध वाला।

समवेष—[सं० सम ~ वेष] *पु०* एक जैसी पोशाक। समान वेष। २. गणवेष। (अं० यूनिफ़ार्म)

समशन—[सं० सम् + अशन] *पु०* (आयुर्वेद०) पथ्य और अपथ्य पदार्थों को एक साथ मिलाकर खाना।

समशील—[सं० सम ~ शील] *वि०* १. समदर्शी। ***जैसे***—समशील योगी। २. परस्पर समान स्वभाव वाले। ***जैसे***—दोनों मित्र समशील हैं। ३. समान स्वभाव वाले। एक-जैसे।

समष्टि—[सं० सम् √अश् + क्तिन्] *स्त्री०* १. सब का समूह। सब अंगों/व्यष्टियों/सदस्यों/व्यक्तियों का सामूहिक रूप। ***जैसे***—समष्टि के हित में सभी व्यष्टियों का हित होता है। २. समवेत सत्ता। ३. एक जैसी वस्तुओं का समूह। ४. समाज। ∇ **विलोम**—व्यष्टि। ✣ **समष्टिगत**—*वि०* = समष्टि-सम्बन्धी। ***जैसे***—समष्टिगत चिन्तन। ✣ **समष्टि निकाय**—*पु०* = वह संगठन या समूह जो एक सत्ता के रूप में कार्य करता है या कर सकता है। निगमित निकाय। (अं० कार्पिरिट बॉडि)

समष्टिवाद—[सं० समष्टि ~ वाद] *पु०* (अर्थ०) उत्पादन के साधनों के सामूहिक स्वामित्व का सिद्धान्त। समूहवाद। (राज०) १. सहकारिता और केन्द्रीय नियोजन पर आधारित एक प्रकार की आर्थिक और राजनीतिक व्यवस्था।

***समसर/समसरि**—[< सं० सम + सदृश)] *वि०* समान। तुल्य। बराबर। *स्त्री०* समानता।

समसामयिक—[सं० सम ~ सामयिक] *वि०* समकालीन। (दे०) समकालिक।

***समसील**[१]—[< सं० समशील] *वि०* १. समदर्शी। ३. समान आकार-प्रकार वाले। एक-जैसे।

समसील[२]—*वि०* ≤ *सं०* शमशील। शम से युक्त। संयमी। ***जैसे***—शमशील तपस्वी।

समस्त—[सं० सम् √अस् + क्त] *वि०* १. समग्र। सम्पूर्ण। सब। कुल। २. एक में मिलाया हुआ। जोड़ा हुआ। संयुक्त। ३. संक्षिप्त। (व्या०) जो समास-नियमों के अनुसार दो या अधिक शब्दों के मिलकर एक होने से बना हो। समासयुक्त। ***जैसे***—'हिमगिरि' (हिम + गिरि) एक समस्त शब्द है।

समस्थल—[सं० सम ~ स्थल] *पु०* १. समतल भूमि। २. मैदान। ✣ **समस्थली**—*स्त्री०* समस्थल।

समस्थानिक—[सं॰ सम् ~ स्थानिक] *पु॰* (भौतिकी॰) किसी तत्त्व के दो या अधिक रूपों में से प्रत्येक जिनकी परमाणु-संख्या समान होती है और रासायनिक गुण लगभग समान होते हैं परन्तु परमाणु-भार भिन्न-भिन्न होते हैं। (अं॰ आइसोटोप)

समस्वन—[सं॰ सम ~ स्वन] *पु॰* ऐसे शब्द जिनकी वर्तनी भिन्न हो परन्तु उच्चारण समान हो। ***जैसे***—अँग्रेज़ी में 'नो' (नहीं) और 'नो' (जानना) शब्द समस्वन है। (अं॰ होमोफ़ोन)

समस्वरूप—[सं॰ सम ~ स्वरूप] *वि॰* समान रूप वाला।

***समहर**—*पु॰* ≤ *सं॰* समर। युद्ध। लड़ाई।

समा[१]—[सं॰ सम् + अच् + टाप्] *स्त्री॰* वर्ष। साल।

समा[२]—[सं॰ सम + टाप्] *वि॰* (*स्त्री॰*) समान। समता वाला। ***जैसे***—कृष्ण-सम प्रेमी और राधा-समा प्रेमिका।

समा[३]—[सं॰ श्यामाक] *पु॰* एक क्षुद्र अनाज जिसे **'सवाँ/सावाँ'** भी कहा जाता है।

***समाउ**[१]—[< हिं॰ समाना] *पु॰* १. समावेश। अन्तर्भूतता। २. समर्थता। सामर्थ्य। ३. समाने का स्थान। ४. प्रबन्ध। जुगाड़।

***समाउ**[२]—[< सं॰ समाज] *पु॰* १. समाज। २. सामग्री।

समांश—[सं॰ सम ~ अंश] *पु॰* बराबर का हिस्सा। समान भाग। *वि॰* बराबर। एकसार। ***जैसे***—समांश वृद्धि।

समाकर्षण—[सं॰ सम् + आकर्षण] *पु॰* अत्यधिक/विशेष आकर्षण।

समाकलन—[सं॰ सम् + आकलन] *पु॰* १. उचित/ठीक आकलन। २. समन्वय। एकीकरण। ३. पूर्ण करना। ● **विशेष**—गणित की वह शाखा जिसमें फलनों के समाकलन और उनसे सम्बद्ध संकल्पनाओं और अनुप्रयोगों का अध्ययन किया जाता है **'समाकलन गणित'** या **'परिकलन गणित'** (अं॰ इन्टिग्रल कैल्क्युलस) कहा जाता है।

समाकार—[सं॰ सम ~ आकार] *पु॰* १. (किसी के) समान आकार। २. सर्वत्र एक-सा आकार। *वि॰* १. जो आकार में परस्पर समान हों। २. सर्वत्र एक-से आकार वाला।

समाकृति—[सं॰ सम ~ आकृति] *स्त्री॰* समान आकृति। समान रूप। *वि॰* समान आकृतिवाला। समरूप।

समाकृतिक—[सं॰ सम ~ आकृतिक] (रसायन वि॰) भिन्न संघटन परन्तु समान रासायनिक गुणों के वे पदार्थ जो समरूप केलास (अं॰ क्रिस्टल) बनाते हैं। (अं॰ आइसोमार्फ़स)।

समाख्या—[सं॰ सम् + आख्या] *स्त्री॰* १. प्रसिद्धि। ख्याति। नामवरी। २. संज्ञा। नाम। ३. व्याख्या।

समाख्यात—[सं॰ सम् + आख्यात] *वि॰* १. प्रसिद्ध। २. (नाम से) पुकारा हुआ। अभिहित। ३. अच्छी तरह वर्णित। ४. घोषित।

समागत—[सं॰ सम् + आगत] *वि॰* १. साथ आया हुआ या आया हुआ। ***जैसे***—समागत आचार्य; समागत मेहमान। २. आकर सामने उपस्थित हुआ। ३. सामने घटित हुआ। ***जैसे***—समागत विपत्ति।

⁘ **समागता**—*वि॰* (*स्त्री॰*) = आयी हुई समागत। ***जैसे***—समागता पार्वती। *स्त्री॰* = एक प्रकार की पहेली जिसका अर्थ पदों का सन्धि-विच्छेद करने से मिल जाता है।

समागम—[सं॰ सम् + आगम] *पु॰* १. भेंट। मिलन। २. सम्मेलन। सभा। ***जैसे***—सन्त-समागम। ३. स्त्री-पुरुष की कामक्रीड़ा। रतिक्रीड़ा।

समाङ्ग (समांग)—[सं॰ सम ~ अङ्ग] *वि॰* जिसके सब अंग या तत्त्व एक जैसे हों। समान अंगों वाला। ∇ **विलोम**—विषमांग।

समाचरण—[सं॰ सम् + आचरण] *पु॰* १. उत्तम आचरण। २. श्रेष्ठ व्यवहार।

***समाचरना**—[< सं॰ समाचरण] *क्रिस॰* आचरण/व्यवहार में लाना।

समाच्छन्न—[सं॰ सम् + आच्छन्न] *वि॰* चारों ओर से पूरी तरह छाया गया या ढँका हुआ।

समाच्छादन—[सं॰ सम् + आच्छादन] *पु॰* चारों ओर से अच्छी तरह छा देना या ढाँकना।

समाजपरक—[सं॰ समाज ~ परक] *वि॰* समाज-सम्बन्धी। समाजविषयक।

समाजवाद—[सं॰ समाज ~ वाद] *पु॰* = (राज॰) भूमि और उत्पादन के साधनों पर सामाजिक स्वामित्व का सिद्धान्त।

समाजव्याधिकी—[सं॰ समाज ~ व्याधिकी] *स्त्री॰* समाजशास्त्र की वह शाखा जो समाज में व्याप्त अपराध, अतिमद्यपता, दुर्व्यसन तथा अन्य असन्तुलित अवस्थाओं का वैज्ञानिक विश्लेषण करती है।

समाजशास्त्र—[सं॰ समाज ~ शास्त्र] *पु॰* सामाजिक संस्थाओं तथा सामाजिक सम्बन्धों का शास्त्र। समाज-विज्ञान।

समाजी—[< सं॰ समाज] *वि॰* १. समाज से सम्बन्धित। समाज का। सामाजिक। ***जैसे***—समाजी कार्य। २. व्यक्ति की अपेक्षा समाज को अधिक महत्त्वपूर्ण मानने वाला। *पु॰* 'आर्य समाज' का सदस्य या समर्थक। आर्यसमाज।

समाजीकरण—[सं॰ समाज + च्वि + करण] *पु॰* वह प्रक्रिया जिसमें मनुष्य दूसरों से अन्त:क्रिया करता हुआ सामाजिक विश्वासों, आदतों, रीतिरिवाजों, परम्पराओं तथा अन्य वृत्तियों आदि को सीखता है।

समाज्ञप्त—[सं॰ सम् + आज्ञप्त] *वि॰* जिसे आज्ञा दी गयी हो। आदिष्ट।

समातृक—[सं॰ स + मातृक] *वि॰* जिसके साथ उसकी माता भी हो। मातासहित।

समादत्त—[सं॰ सम् + आदत्त] (विधि॰) जिसका भुगतान हो गया हो। ***जैसे***—पूर्णत: समादत्त अंश, समादत्त पूँजी। (अं॰ पेड अप)

समादर—[सं॰ सम् + आदर] *पु॰* उचित आदर। उचित सम्मान/सत्कार। ***जैसे***—अध्यापक का समादर।

समादिष्ट—[सं॰ सम् + आदिष्ट] *वि॰* १. जिसका समादेश दिया गया हो। २. निर्दिष्ट।

समादृत—[सं॰ सम् + आदृत] *वि॰* जिसका सम्मान हुआ हो। सम्मानित।

समादेय—[सं॰ सम् + आदेय] *वि॰* ग्रहण करने योग्य।

समादेश—[सं॰ सम् + आदेश] *पु॰* (अधिकारपूर्वक दी गयी) आज्ञा।

आदेश। निदेश। (विधि॰) न्यायालय आदि का लिखित आदेश। (अ॰ रिट) ✣ **समादेशक**—*पु॰* = समादेश देनेवाला।

समाधा[1]—[स॰ सम + आ √धा + अङ् + टाप्] *स्त्री॰* समाधान।

***समाधा**[2]—*पु॰* ≤ *स॰* समाधि।

समाधान—[स॰ सम् + आधान] *पु॰* १. किसी विषय, वस्तु या विचार पर मन की पूर्ण एकाग्रता की स्थिति। २. मन को ब्रह्म पर एकाग्र करना। ३. ध्यान। ४. समाधि। ५. चित्त की शान्ति। ६. चिन्ता/आपत्ति/शंका का निवारण। ७. समस्या का हल। समस्या-निराकरण। ८. असंगति, विरोध या भ्रान्ति दूर करना। ९. (शास्त्रार्थ आदि में) पूर्वपक्ष का उत्तर। शंका-निवारण। (नाट्य॰) नाटक में कथा-भाग की मुख्य घटना।

समाधि—[स॰ सम् + आ √धा + कि] *स्त्री॰* १. किसी विषय, वस्तु या विचार पर चित्त की पूर्ण एकाग्रता की स्थिति। २. राजयोग के यम, नियम आदि आठ अंगों में से अन्तिम। चित्त को ब्रह्म पर केन्द्रित करना। ध्यान की उच्चतम अवस्था। चित्तवृत्ति-निरोध की दशा। ***जैसे***—योगी की समाधि। ३. विषय-मुक्त चित्त-दशा। ४. रोग, भय, शंका आदि का निवारण। समाधान। ५. (सन्नयासी आदि के) शव को मिट्टी में आसन-बद्ध स्थिति में दबाना। ६. उक्त शव के ऊपर बना हुआ स्मारक आदि। ***जैसे***—स्वामीजी की समाधि का दर्शन। (काव्य॰) एक अर्थालंकार जो किसी आकस्मिक कारण से कार्य के सरलतापूर्वक सिद्ध हो जाने के चमत्कारी वर्णन में होता है।

समाधिक—[स॰ सम ~ अधिक] *वि॰* १. बराबर या अधिक। २. बराबर से कुछ अधिक।

समाधित—[स॰ सम् + आ √धा + क्त] वि॰ १. जिसने समाधि लगायी हो। समाधिस्थ। २. (मृत शरीर) जिसे समाधि दे दी गयी हो। ३. जो गहरे ध्यान में डूबा हुआ हो।

समाधिमरण—[स॰ समाधि ~ मरण] *पु॰* (जैन॰) सल्लेखना। (दे॰)

समाधेय—[स॰ सम् + आ √धा + यत्] *वि॰* १. जिसका समाधान हो सके। २. जिसका समाधान किया जाना चाहिए। समाधान-योग्य। ३. जिसका समाधान किया जाने वाला हो।

समानकर्तृक—[स॰ समान ~ कर्तृक] *वि॰* (व्या॰) जिनका कर्ता एक ही हो।

समानकर्मक—[स॰ समान ~ कर्मक] *वि॰* एक ही तरह का काम करने वाले। समानकर्मी। (व्या॰) समान कर्म वाले (क्रियापद)।

समान सवैया—[स॰ समान + हि॰ सवैया] *पु॰* (छन्द॰) एक सममात्रिक छन्द जिसके प्रत्येक चरण में ३२ मात्राएँ होती हैं, १६-१६ पर यति होती है तथा अन्त में भगण (SII) होता है।

समानाधिकरण—[स॰ समान ~ अधिकरण] *वि॰* एक ही आधार वाले (पदार्थ)। २. जो एक ही श्रेणी के हों। (व्या॰) एक ही कारक की विभक्ति से युक्त। *पु॰* १. समान आधार। २. समान श्रेणी। (व्या॰) एक ही कारक की विभक्ति से युक्त होना। ***जैसे***—'कृष्ण के मित्र सुदामा को देखें' वाक्य में 'मित्र' और 'सुदामा' का समानाधिकरण है।

समानान्तर (समानांतर)—[स॰ समान ~ अन्तर] *पु॰* समान अन्तर। *वि॰* (रेखाएँ आदि) जो सदा परस्पर समान दूरी पर रहें। समान्तर। ***जैसे***—आयताकार चतुर्भुज में आमने-सामने की भुजाएँ समानान्तर होती हैं।

समानार्थ—[स॰ समान ~ अर्थ] *वि॰* १. एक अर्थ वाले। पर्याय। ***जैसे***—'सूर्य' और 'रवि' समानार्थ हैं। २. जिनका उद्देश्य समान हो। *पु॰* समान अर्थ।

समानार्थक—[स॰ समान ~ अर्थक] *वि॰* (किसी शब्द के) समान अर्थ वाला। पर्यायवाची। समानार्थी। ***जैसे***—'जल' और 'नीर' समानार्थक शब्द हैं।

समानिका—[< स॰ समान] *स्त्री॰* (छन्द॰) एक समवर्णिक छन्द जिसके प्रत्येक चरण में क्रमशः रगण, जगण और गुरु (र ज ग) के योग से ७ वर्ण होते हैं।

समानी—[स॰ समान] *स्त्री॰* (छन्द॰) 'मल्लिका' नामक समवर्णिक छन्द जिसके प्रत्येक चरण में क्रमशः रगण, जगण, गुरु और लघु (र ज ग ल) के योग से ८ वर्ण होते हैं।

समानुपात—[स॰ सम ~ अनुपात] *पु॰* समान अनुपात। ***जैसे***—१ और २ तथा ४ और ८ में समानुपात है।

समानुभूति—[स॰ सम ~ अनुभूति] *स्त्री॰* १. किसी कलात्मक वस्तु या अन्य दृश्य को देखने में पूर्ण तल्लीनता। २. कलात्मक अनुभूति। (मनो॰) १. किसी अन्य व्यक्ति के व्यक्तित्व में तन्मय होकर उसके भावों का अनुभव करने की अवस्था या शक्ति। २. किसी कलात्मक कृति या अन्य दृश्य में तन्मय होकर उसे पूर्णतः समझ पाने की अवस्था या शक्ति।

समान्तर (समांतर)—[स॰ सम ~ अन्तर] *पु॰* १. समान अन्तर। बराबर दूरी। समानान्तर। २. (रेखाएँ आदि) जो सदा परस्पर समान दूरी पर रहें और आगे बढ़ाएजाने पर भी परस्पर न मिलें। समानान्तर। ✣ **समान्तर (समांतर) चतुर्भुज**—*पु॰*=वह चतुर्भुज जिसकी आमने-सामने की भुजाएँ समान्तर हों। समानान्तर चतुर्भुज। ✣ **समान्तरता (समांतरता)**—*स्त्री॰* = १. समान्तर होने की स्थिति/भाव। २. अनुरूपता। सादृश्य। ३. समानता। समता। बराबरी। (काव्य॰) किसी उपन्यास या नाटक आदि में मुख्य कथावस्तु के साथ-साथ समान प्रकार से चलनेवाली दूसरी कथा (***जैसे***—नायक-नायिका की प्रेम-कथा के साथ-साथ उनके सखा-सखी की प्रेम-कथा)। ✣ **समान्तर (समांतर) माध्यम**—*पु॰* = कुल राशियों के योग को उनकी संख्या द्वारा भाग देने से प्राप्त राशि। अंकगणितीय औसत। ✣ **समान्तर (समांतर) रेखाएँ**—*पु॰*= ऐसी रेखाएँ जिनकी परस्पर दूरी सदैव समान रहती हैं। ✣ **समान्तर (समांतर) श्रेढी/श्रेढ़ी/श्रेणी**—*स्त्री॰* = (गणित॰) संख्याओं या राशियों की वह श्रेढी/श्रेढ़ी/श्रेणी जिसमें किसी पद और उससे अगले पद का अन्तर सदा समान रहता है। ***जैसे***—२, ५, ८, ११ या १७, १५, १३, ११ समान्तर श्रेढ़ियाँ हैं। (अ॰ अरिथमेटिकल प्रॉग्रेशन)। ✣ **समान्तर (समांतर) षट्फलक**—*पु॰*=छह (६) समतल

फलकों से परिबद्ध वह ठोस वस्तु/आकृति जिसके सम्मुख फलक समान्तर चतुर्भुज हों। (अ॰ पैरलिलोपिपिड)।

समापवर्तक—[स॰ सम ~ अपवर्तक] *पु॰* (गणित॰) वह संख्या या राशि जो दो या अधिक संख्याओं या राशियों में से प्रत्येक का गुणनखंड हो। ***जैसे***—६, १५, २७ का समापवर्तक ३ है। (अ॰ कॉमन फ़ैक्टर)

समापवर्तन—[स॰ सम ~ अपवर्तन] *पु॰* (गणित॰) संख्याओं/राशियों का अपवर्तन करके समापवर्तक निकालने की क्रिया। ● **विशेष**—**अपवर्तन करना** = (भाग देकर) संक्षिप्त करना।

सामामेलन—[स॰ सम् + आ + मेलन] *पु॰* अनेक वस्तुओं को परस्पर मिला देना। (वाणि॰) दो या अधिक कम्पनियों का परस्पर विलय। (अ॰ अमैल्गमेशन)

समाम्नात—[सम् + आ √म्ना + क्त] *वि॰* १. बार-बार कहा हुआ। २. परम्परा से चला आ रहा। परम्परा-प्राप्त। ३. वर्णित। *पु॰* १. वर्णन। २. कथन।

समाम्नाय—[स॰ सम् + आ √म्ना + य] *पु॰* १. परम्परागत पाठ। ***जैसे***—वेद-समाम्नाय। २. (शब्दों का) परम्परागत संग्रह। ३. शास्त्र। ४. समूह। ***जैसे***—अक्षरों का समाम्नाय।

समायुक्त—[स॰ सम् + आ + युक्त] *वि॰* १. जोड़ा हुआ। सम्बन्धयुक्त। २. अनुरक्त। ३. तैयार किया हुआ। ४. नियुक्त। ५. अन्वित।

समायोग—[स॰ सम् + आ + योग] *पु॰* १. संयोग। २. जन-समूह। भीड़। ३. सम्बन्ध। ४. तैयारी। ५. समन्वय। समायोजन। ताल-मेल।

समायोजन—[सम् + आयोजन] *पु॰* १. समायोग। २. समन्वय। सामंजस्य। ताल-मेल। (जीव॰) १. पर्यावरण से सामंजस्य बनाए रखने की प्रक्रिया। २. पर्यावरण से सामंजस्य होने की स्थिति।

समारञ्जन (समारंजन)—स॰ [सम् + आ + रञ्जन] *पु॰* (कला॰) १. मिट्टी के रंगों से बने विशेष सूखे चूर्ण रंग जो पानी में घोलकर चित्रकला में प्रयुक्त किए जाते हैं। २. दीवार आदि पर रंग करने के लिए उक्त प्रकार के रंग। (अ॰ डिस्टेम्पर)

समारब्ध—[स॰ सम् + आरब्ध] *वि॰* आरम्भ किया हुआ।

समारम्भ (समारंभ)—[स॰ सम् + आरम्भ] *पु॰* १. आरम्भ। प्रारम्भ। शुरुआत। २. साहसिक कार्य।

समारम्भण (समारंभण)—[स॰ सम् + आ √रभ् + ल्युट्, मुम्] *पु॰* १. कार्य आरम्भ करना। २. आलिंगन। ✣ **समारम्भित (समारम्भित)**—*वि॰* = १. जिसका आरम्भ हो चुका हो। २. आलिंगित।

समाराधन—[स॰ सम् + आराधन] *पु॰* १. सन्तुष्ट। प्रसन्न करना। तोषण। २. सेवा। परिचर्या। ३. अच्छी प्रकार से पूजन। उत्तम आराधना।

समारूढ़—[स॰ सम् + आरूढ़] *वि॰* (वाहन आदि पर) बैठा हुआ। चढ़ा हुआ। सवार।

समारोप—[स॰ सम् + आरोप] *पु॰* १. आरोप/दोष लगाने की क्रिया/भाव। समारोपण। २. लगाया गया दोष। आरोप।

समारोह—[स॰ सम् + आरोह] *पु॰* १. घोड़ा आदि किसी वाहन के ऊपर चढ़ने की क्रिया। सवार होना। सवारी। २. धूमधाम। ३. (धार्मिक अनुष्ठान, विवाह, उत्सव आदि का) ऐसा शुभ आयोजन जिसमें धूमधाम हो।

समार्थ—[स॰ सम् ~ अर्थ] *पु॰* समान अर्थ। *वि॰* (किसी शब्द के अर्थ के) समान अर्थवाला। पर्यायवाची। *पु॰* पर्यायवाची शब्द। पर्याय।

समार्थी—[स॰ समार्थिन्] *वि॰* १. बराबरी या बराबरी करने का इच्छुक (व्यक्ति)। २. समार्थ। पर्यायवाची।

समालङ्करण (समालंकरण)—[स॰ सम् + अलङ्करण] *पु॰* १. श्री-वृद्धि। सजावट। २. अलंकारों/आभूषणों से सजाना। अलंकरण।

समालम्बन (समालंबन)—[स॰ सम् + आलम्बन] *पु॰* (किसी का) सहारा लेना।

समालम्भ (समालंभ)—[स॰ सम् + आलम्भ] *पु॰* ग्रहण करने की क्रिया। पकड़ना। २. बलि देने के लिए पशु को ग्रहण करने की क्रिया या पकड़ना।

समालोचना—[स॰ सम् + आलोचना] *स्त्री॰* १. किसी व्यक्ति/संस्था/सिद्धान्त/मत आदि के गुण-दोष का विवेचन। आलोचना। (काव्य॰) किसी रचना/कृति, साहित्यिक सिद्धान्त/मत आदि के विषय में विवेचनात्मक लेख या पुस्तक। समीक्षा। आलोचना।

†समाव—[< हि॰ समाना] *पु॰* १. समाने की क्रिया/अवस्था/भाव। समाई। २. समाने की समर्थता या गुंजाइश। समाई। ३. समाने योग्य स्थान। समाई।

***समावना/समावनौ**—[< हि॰ सुहावना] *वि॰* मनोहर। सुहावना।

समावयव—[स॰ सम ~ अवयव] *वि॰* समान अवयव वाला। *पु॰* समान अवयव।

समावयवी—[स॰ समावयविन्] *वि॰* समान अवयव वाला। *पु॰* (रसायन॰) समावयव यौगिक। समावयवता वाले यौगिक। (अ॰ आइसोमर्स)

समावर्तन-[स॰ सम् + आवर्तन] *पु॰* १. वापस आना। प्रत्यावर्तन। २. विद्याध्ययन पूर्ण कर लेने पर ब्रह्मचारी का गुरुकुल से घर लौट आना। ३. वर्तमान विश्वविद्यालयों आदि में दीक्षान्त कार्यक्रम।

समावर्ती—[स॰ समावर्तिन्] *पु॰* अध्ययन पूर्ण करके, समावर्तन संस्कार के बाद गुरुकुल से लौटनेवाला ब्रह्मचारी। स्नातक।

समाविष्ट—[स॰ सम् + आविष्ट] *वि॰* १. जिसका समावेश हो गया हो या कर लिया गया हो। २. जो किसी पदार्थ के अन्तर्गत हो। अन्तर्भूत। ३. व्याप्त।

समावृत—[स॰ सम् + आवृत] *वि॰* १. ढँका हुआ। आवृत। ***जैसे***—लताओं से समावृत कुंज। २. छिपाया हुआ। ३. घिरा हुआ।

समावृत्त/समावृत्तक—[स॰ सम् + आवृत्त, समावृत्त + कन्] *पु॰*

वह ब्रह्मचारी जो गुरुकुल में अपना अध्ययन पूर्ण कर घर लौट आया हो। स्नातक।

समावेश—[सं॰ सम् + आ √विश् + घञ्] *पु॰*१. सम्मिलित होना। शामिल होना। मिलना। २. किसी पदार्थ का दूसरे पदार्थ के अन्तर्गत होना। अन्तर्भाव। ३. (किसी के शरीर में) भूत-प्रेत आदि का आवेश।

समाशोधन—[सं॰ सम् + आ + शोधन] *पु॰* रक़म का भुगतान। (वाणि॰) चेक (अं॰) आदि का भुगतान।

समाश्रित—[सं॰ सम् + आश्रित] *वि॰*१. (भली-भाँति) आश्रित। अवलम्बित। ***जैसे***—चाचा पर समाश्रित बालक। २. जिसने किसी स्थान पर आश्रय लिया हुआ हो। टिका हुआ। ३. (घटना आदि) जो किसी बात पर निर्भर हो। *पु॰* वह जो पालन-पोषण के लिए किसी पर अवलम्बित हो।

समाश्वासित—[सं॰ सम् + आश्वासित] *वि॰* जिसे पूरी तरह आश्वासन मिला हो। पूर्णतः आश्वस्त।

समाश्वास—[सं॰ सम् + आश्वास] *पु॰*१. किसी कठिनाई को पार करके साँस लेना। दम में दम आना। २. आश्रय। आसरा। भरोसा। ३. विश्वास।

समाश्वासन—[सं॰ सम् + आश्वासन] *पु॰* १. आश्वासन देना। २. धैर्य बँधाना। सान्त्वना देना। ३. आश्वासन।

समास—[सं॰ सम् √अस् + घञ्] *पु॰* १. योग। मेल। २. संक्षेप। [∇ **विलोम**—व्यास]। ३. समाहार। एकत्रीकरण। (व्या॰) दो या अधिक पदों को मिलाकर एक बनाने की सन्धि से भिन्न पद्धति या विधान विशेष। ***जैसे***—'दाल और रोटी' का समास होने पर 'दाल-रोटी' समस्त शब्द बनता है।

समासन्न—[सं॰ सम् + आसन्न] *वि॰* १.समीप का। निकटवर्ती। २. आया हुआ। प्राप्त। ३. पहुँचा हुआ।

समासादित—[सं॰ सम् + आ √सद् + णिच् + क्त] *वि॰*१. प्राप्त। २. समीप आया हुआ। २. युक्त।

समासीन—[सं॰ सम् + आसीन] *वि॰* (अच्छी तरह) आसीन। बैठा हुआ। ***जैसे***—मंच पर समासीन कवि।

समासोक्ति—[समास ~ उक्ति] *स्त्री॰* संक्षिप्त कथन। (काव्य॰) एक अर्थालंकार। उपमेय के वर्णन से उपमान की व्यंजना करने का चमत्कार।

समाहना—[< हिं॰ सामना] *क्रिस॰* सामना करना। ✣ ***समाहि**—*क्रिवि॰* = सामना करके।

समाहरण—[सं॰ सम् + आहरण] *पु॰*१. संग्रह। २. धन उगाहना। वसूली। ***जैसे***—चन्दे का समाहरण। (अं॰ कलेक्शन)

समाहर्ता—[सं॰ समाहर्तृ (सम् + आ √हृ + तृच्)] *वि॰*१. एकत्र करनेवाला। २. संग्रह करनेवाला। संग्राहक। ३. जमा करने के स्वभाव वाला। ४. धन उगाहनेवाला। वसूली करनेवाला।

समाहार—[सं॰ सम् + आ √हृ + घञ्] *पु॰*१. संग्रह। २. समूह। ३. राशि। ढेर। ४. संक्षिप्तीकरण या संक्षेप। (व्या॰) शब्दों या वाक्यों को मिलाकर एक करने की क्रिया।

समाहित—[सं॰ सम् + आ √धा + क्त] *वि॰*१. एकत्र किया हुआ। संगृहीत। २. निश्चित/तय किया हुआ। ३. शान्त (चित्त)। ४. एकाग्र। ५. समाप्त किया हुआ। ६. (धरोहर के रूप में) सौंपा हुआ। सुपुर्द किया हुआ।

समाहूत—[सं॰ सम् + आहूत] *वि॰* जिसे बुलाया/पुकारा/ललकारा गया हो। आहूत।

समाहृत—[सं॰ सम् + आ √हृ + क्त] *वि॰* १. संग्रह किया हुआ। संगृहीत। २. एक जगह किया हुआ। एकत्रित। ३. संक्षिप्त किया हुआ। ४. प्राप्त।

समाहृति—[सं॰ सम् + आ √हृ + क्तिन्] *स्त्री॰*१. संग्रह। २. संक्षेप।

समाह्वय (समाह्वय)—[सं॰ यम् + आ √ह्वे + अच्] *पु॰* १. आह्वान। चुनौती। ललकार। २. युद्ध। संग्राम। ३. पशुओं की लड़ाई जो मनोरंजन के लिए हो। ४. पशुओं की लड़ाई पर बाज़ी लगाना। ५. (दो व्यक्तियों का) द्वन्द्व-युद्ध।

समाह्वान (समाह्वान)—[सं॰ सम् + आह्वान] *पु॰*१. सम्यक् प्रकार से आह्वान। आवाहन। बुलावा। २. रण-निमन्त्रण।

समाँ—[अरबी] *पु॰* सुन्दर दृश्य। अच्छा नज़ारा। ***वा॰* समाँ बदल जाना**—स्थिति या दृश्य बदल जाना। **समाँ बँधना**—(काव्य-पाठ या गाने-नाचने का) प्रभावशाली दृश्य होना। रंग जमना। **समाँ बाँधना**—(काव्य-पाठ या गाने, नाचने आदि के द्वारा) प्रभावशाली दृश्य बनाना। रंग जमाना।

समिति—[सं॰ सम् √इ + क्तिन्] *स्त्री॰*१. (प्राचीन भारत में) राज्य की एक महत्त्वपूर्ण संस्था जो 'सभा' से भिन्न थी। २. युद्ध। संग्राम। लड़ाई। ३. (आजकल) कुछ चुने हुए या मनोनीत व्यक्तियों की एक परिषद् जिसका कोई विशेष दायित्व होता है। कमेटी (अं॰)। ***जैसे***—नगर महिला समिति; सेवा समिति। ४. समन्वय।

समिद्ध (समिद्ध)—[सं॰ सम् √इन्ध् + क्त] *वि॰*१. जलाया हुआ। प्रज्वलित। २. जलता हुआ। धधकता हुआ। ३. भड़काया हुआ। उत्तेजित।

समिधा—[सं॰ सम √इन्ध् + क + टाप्] *स्त्री॰* १. लकड़ी। ईंधन। २. यज्ञ/हवन में जलाने की लकड़ी। ✣ ***समिधि**—*स्त्री॰* = समिधा।

समी—[< सं॰ सम] *वि॰* सम करनेवाला। समीकार।

समीकरण—[सं॰ सम + च्वि + करण] *पु॰* १. समान करना। २. ऊँची-नीची भूमि को बराबर करना। ३. किन्हीं दो अभिव्यक्तियों के बीच समानता का कथन। (गणित॰) कोई कथन जिसमें दो राशियों के मध्य समान/ बराबर का चिह्न (=) रखकर उन की बराबरी प्रकट की गयी हो।

समीकार—[सं॰ सम + च्वि √कृ + घञ्] *वि॰* बराबर करनेवाला। *पु॰* (गणित॰, खगोल॰) कोई राशि जो किसी मापन में संशोधन के रूप में जोड़ी जाए। ***जैसे***—(खगोलविज्ञान में) समय-समीकार।

समीक्षक—[सं॰ सम् + ईक्षक] *वि॰*१. सम्यक् रूप से देखनेवाला। समीक्षा करनेवाला। *पु॰* (काव्य॰) समालोचक।

समीक्षा—[सं॰ सम् √ईक्ष् + अ + टाप्] *पु॰*१. अच्छी तरह देखना।

पर्यवेक्षण। २. ध्यानपूर्वक छान-बीन। परीक्षण। ३. अनुसन्धान। खोज। (काव्य॰)किसी रचना, लेख, पुस्तक आदि के गुण-दोषों का विवेचन। समालोचना।

समीचीन—[स॰ सम् √अञ्च् + क्विन् + ख] *वि॰* १. यथार्थ। सत्य। २. उचित। ठीक। ३. न्यायसंगत। तर्कपूर्ण। ४. जो स्थिति विशेष में लाभदायक हो। अवसरानुकूल। समयोचित।

***समीति**[1]—[< स॰ समिति] *स्त्री॰* समिति। २. संगति।

***समीति**[2]—[< स॰ स + हि॰ मीत] *क्रिवि॰* मित्रभाव से। प्रेम-भाव से।

समीति[3]—[< स॰ समवेत] *क्रिवि॰* एकत्रित कर। जुटा कर।

***समीय**—[< स॰ समित्] *पु॰* युद्ध। संग्राम। लड़ाई।

समीर—[स॰ सम् √ईर् + अच्] *पु॰* वायु। हवा।

समीरण—[स॰ सम् √ईर् + ल्युट्] *पु॰* १. वायु। हवा। २. शरीरस्थ वायु। प्राणवायु। ३. यात्री। पथिक।

समीहा—[स॰ सम् √ईह् + अ + टाप्] *स्त्री॰* १. अभिलाषा। कामना। इच्छा। २. उद्योग। प्रयत्न। ३. अनुसन्धान। ४. चेष्टा। क्रिया।

समुचित—[स॰ सम् + उचित] *वि॰* १. उपयुक्त। योग्य। २. उचित। ठीक। ३. (रीति के अनुसार) जैसा होना चाहिए वैसा।

समुच्चय—[स॰ सम् + उद् √चि + अच्] १. राशि। ढेर। २. किसी प्रकार की वस्तुओं का परिमित या अनन्त समुदाय। समूह। ३. समाहार। (व्या॰) शब्दों या वाक्यों का योग। (काव्य॰) एक अर्थालंकार। किसी कार्य की सिद्धि के लिए एक साधन के होने पर भी दूसरे साधन का कथन करने से होनेवाला अलंकार। (छन्द॰) **'नरेन्द्र'** नामक वर्णिक छन्द।

समुच्चयन—[सम् + उद् √चि + ल्युट्] *पु॰* समुच्चय-निर्माण। ढेर लगाना। २. ऊपर उठाना।

समुच्चयबोधक अव्यय—[स॰] *पु॰* (व्या॰) अव्यय का एक प्रकार। दो शब्दों, दो पदबन्धों, दो उपवाक्यों या दो वाक्यों को आपस में जोड़नेवाला शब्द। ***जैसे***—'राम और श्याम आ रहे हैं' में 'और' समुच्चयबोधक अव्यय है।

समुच्चयोपमा—[स॰ समुच्चय ~ उपमा] *स्त्री॰* (काव्य॰) एक अर्थालंकार जो अनेक धर्मों के आधार पर उपमेय की उपमान के साथ समता स्थापित करने में होता है।

समुच्चार—[स॰ सम् + उच्चार] *पु॰* सम्यक् उच्चारण। अच्छी प्रकार या ठीक उच्चारण।

समुच्चालित—[स॰ सम् + उच्चालित] *वि॰* भली प्रकार उछाली गयी या उछलती हुई।

समुच्छिन्न—[स॰ सम् + उद् + छिन्न] *वि॰* १. जिसका पूरी तरह नाश हो गया हो। विनष्ट। २. जिसे जड़ से उखाड़ दिया गया हो। उन्मूलित।

समुच्छेद—[स॰ सम् + उच्छेद] *पु॰* १. पूर्णतया नाश। विध्वंस। विनाश। २. जड़ से उखाड़ा जाना। उन्मूलन।

समुच्छ्वास—[सम् + उच्छ्वास] *पु॰* गहरी साँस। लम्बी उसाँस।

समुत्कर्ष—[स॰ सम् + उत्कर्ष] *पु॰* सम्यक् उत्कर्ष। उन्नति। वृद्धि।

समुत्कीर्ण—[स॰ सम् + उत्कीर्ण] *वि॰* सम्यक् प्रकार से उत्कीर्ण। अच्छी तरह खोदा हुआ।

समुत्तम—[स॰ सम् + उत्तम] *वि॰* अति उत्तम। बहुत श्रेष्ठ।

समुत्तारण—[स॰ सम् + उत्तारण] *पु॰* १. भली प्रकार पार उतारना। २. उद्धार।

समुत्थित—[स॰ सम् + उत्थित] *वि॰* १. अच्छी तरह उठा हुआ। २. उन्नत। ३. मर कर पुनः जीवित हुआ। पुनर्जीवित। ४. जो प्रकट हुआ हो। ५. इधर-उधर घिरा हुआ (बादल)। ६. बीमारी से ठीक होकर बिस्तर से उठा हुआ। पुनः आरोग्य प्राप्त करने वाला। ७. किसी का सामना करने के लिए उठा हुआ।

समुत्साह—[स॰ सम् + उत्साह] *पु॰* अत्यन्त उत्साह।

समुत्सुक—[स॰ सम् + उत्सुक] वि॰ अत्यन्त उत्सुक। अत्यन्त अधीर। उत्कंठित।

समुदय—[स॰ सम् + उदय] *पु॰* १. उदित होने की क्रिया। उदय। २. (सूर्य का) ऊपर आना। उदित होना। ३. विकास। उत्थान। ४. संग्रह, समूह, राशियाँ, योग।

समुदविलासिनी—[स॰ समुद ~ विलासिनी] *वि॰* (*स्त्री॰*) मोदपूर्वक विलास करनेवाली। *स्त्री॰* (छन्द॰) एक समवर्णिक छन्द जिसके प्रत्येक चरण में क्रमशः नगण, जगण, भगण, जगण, भगण, लघु, गुरु (न ज भ ज भ ल ग) के योग से १७ वर्ण होते हैं तथा १०-७ पर यति होती है।

†**समुदाना**—[देशज] *क्रिस॰* (दही) जमाना।

समुदाय—[स॰ सम् + उद् √अय् + घञ्] *पु॰* १. समूह। झुंड। ***जैसे***—जन-समुदाय। २. समाज। ३. वर्ग या जाति-बिरादरी।
⁘ **समुदाय-विघटन**—*पु॰* = समुदाय में स्थापित सामाजिक सम्बन्धों का बिखराव या शिथिल होना।

समुदित—[स॰ सम् + उदित] *वि॰* १. ऊपर गया हुआ। उठा हुआ। उदित। २. उन्नत। ऊँचा। ३. उत्पन्न।

समुद्गत—[स॰ सम् + उद्गत] *वि॰* १. जो ऊपर उठा हो। जो उगा हो। उदित। २. भूमि, शाखा आदि किसी में से जो निकला हो। जो प्रकट हुआ हो। ३. उत्पन्न। प्रादुर्भूत।

समुद्गम—[स॰ सम् + उद्गम] *वि॰* १. उदय। उठना। उगना। २. (भूमि, शाखा आदि में से) निकलना। प्रकटीकरण। ३. उत्पत्ति। प्रादुर्भाव।

समुद्देश (समुद्देश)—[स॰ सम् + उद्देश] *पु॰* १. पूर्ण कथन। पूरा वर्णन। २. अभिप्राय। आशय। मतलब।

समुद्धत (समुद्धत)—[स॰ सम् + उद्धत] *वि॰* १. आयोजित। २. अभिमान से अकड़ा हुआ। ३. उद्धत। अशिष्ट। उजड्ड। ४. दुष्ट व्यवहार करनेवाला। बदतमीज़। ५. चंचल।

समुद्धरण (समुद्धरण)—[स॰ सम् + उद् √हृ + ल्युट्] *पु॰* १. ऊपर करना, उठा लेना या ऊपर खींच लेना। २. उद्धार करना। उद्धार। ३. मुक्ति। छुटकारा। ४. जड़ से उखाड़ना। मूलोच्छेदन। उन्मूलन।

समुद्धर्ता—[सं॰ समुद्धर्तृ] *वि॰* १. उठानेवाला या ऊपर खींच लेने वाला। २. उद्धार करनेवाला। उद्धारक। ३. जड़ से उखाड़नेवाला। मूलोच्छेदक। उन्मूलक।

समुद्धार (समुद्धार)—[सं॰ सम् + उद्धार] *पु॰* उद्धार।

समुद्भव (समुद्भव)—[सं॰ सम् + उद्भव] *पु॰* १. उत्पत्ति। उद्भव। २. मरकर पुन: जीवित हो जाना। पुनरुज्जीवन।

समुद्भिन्न (समुद्भिन्न)—[सं॰ सम् + उद् + भिन्न] *वि॰* १. छिन्न-भिन्न। २. टूटा हुआ। खंडित।

समुद्भूत (समुद्भूत)—[सं॰ सम् + उद्भूत] *वि॰* १. उत्पन्न। उद्भूत। २. जो मरकर पुन: जीवित हुआ हो। पुनर्जीवित।

समुद्भृत—[सं॰ सम् + उद्भृत] *वि॰* अपने धरातल से बाहर उभरा हुआ। ***जैसे***—स्वर्ण-पात्र पर समुद्भृत आकृति। (अं॰ इम्बॉस्ड)।

समुद्यत (समुद्यत)—[सं॰ सम् + उद्यत] *वि॰* पूरी तरह तैयार। पूर्णत: उद्यत। ***जैसे***—युद्ध के लिए समुद्यत सेना।

समुद्यम (समुद्यम)—[सं॰ सम् + उद्यम] १. महान् उद्योग। बड़ा प्रयत्न। २. उद्योग का आरम्भ।

समुद्योग (समुद्योग)—[सं॰ सम् + उद्योग] *पु॰* पूरा प्रयत्न। पूरी चेष्टा।

समुद्रकाञ्ची (समुद्रकांची), समुद्रमेखला—[< सं॰ समुद्र ~ काञ्ची/मेखला] *स्त्री॰* (समुद्ररूपी करधनी/मेखला वाली) पृथ्वी।

समुद्रकान्ता (समुद्रकांता)—[सं॰ समुद्र ~ कान्ता] *स्त्री॰* समुद्र की पत्नी। नदी।

समुद्रग—[सं॰ समुद्र + ग] *पु॰* १. समुद्र में जानेवाला। २. समुद्री देशों में व्यापार करनेवाला।

समुद्रगा—[सं॰ समुद्रग + टाप्] *वि॰* (*स्त्री॰*) समुद्र में जानेवाली। *स्त्री॰* नदी।

समुद्रज—[सं॰ समुद्र + ज] *वि॰* समुद्र से प्राप्त या उसमें उत्पन्न। *पु॰* १. मोती। २. शंख। ३. अमृत। ४. चन्द्रमा।

समुद्रफल—[सं॰ समुद्र ~ फल] *पु॰* 'निचुल' नामक एक सदाबहार वृक्ष जो समुद्र तटवर्ती क्षेत्रों में पाया जाता है। हिज्जल का पेड़।

समुद्रफेन—[सं॰ समुद्र ~ फेन] *पु॰* समुद्र के पानी के झागों का सूखा हुआ रूप जो औषधोपयोगी होता है।

समुद्रमेखला—[सं॰ समुद्र ~ मेखला] *स्त्री॰* समुद्रकांची। पृथ्वी।

समुद्ररशना/समुद्ररसना—[सं॰ समुद्र ~ रशना/रसना] *स्त्री॰* पृथ्वी।

समुद्रलवण—[सं॰ समुद्र ~ लवण] *पु॰* समुद्री जल से प्राप्त किया जाने वाला नमक।

समुद्रवल्लभा (समुद्रवल्लभा)—[सं॰ समुद्र ~ वल्लभा] *स्त्री॰* समुद्र-पत्नी। नदी।

समुद्रवह्नि (समुद्रवह्नि)—[सं॰ समुद्र ~ वह्नि] *पु॰* बड़वानल। बाड़वाग्नि।

समुद्रान्त (समुद्रांत)—[सं॰ समुद्र ~ अन्त] *पु॰* समुद्र तट।

समुद्राम्बरा (समुद्रांबरा)—[सं॰ समुद्राम्बर + टाप्] *स्त्री॰* पृथ्वी।

समुद्री/समुद्रीय—[< सं॰ समुद्र] *वि॰* १. समुद्र-सम्बन्धी। समुद्र का। २. समुद्र में होनेवाला या समुद्र से उत्पन्न। ३. समुद्र में या उसके तट पर रहनेवाला। ४. नौ-सेना का। जंगी जहाज़ों का। ***जैसे***—समुद्री अड्डा।

समुद्वाह (समुद्वाह)—[सं॰ सम् + उद् + वाह] *पु॰* १. वहन। ढुलाई। २. विवाह।

समुद्वेग (समुद्वेग)—[सं॰ सम् + उद्वेग] १. भारी उद्वेग। बड़ा क्षोभ। बहुत घबराहट। २. अति भय। त्रास।

समुद्वेलन (समुद्वेलन)—[सं॰ सम् + उद्वेलन] *पु॰* १. उमड़कर बहने की क्रिया/भाव। २. व्याकुलता या भावाकुलता।

समुन्मूलन—[सं॰ सम् + उन्मूलन] *पु॰* १. जड़ से उखाड़ना। मूलोच्छेदन। पूरी तरह उखाड़ देना। पूर्ण उन्मूलन। २. विनाश। विध्वंस।

समुपकरण—[सं॰ सम् + उपकरण] *पु॰* उपकरण। साधन।

समुपार्जन—[सं॰ सम् + उपार्जन] *पु॰* एक साथ और एक ही समय में प्राप्ति।

समुपेत—[सं॰ सम् + उपेत] *वि॰* १. निकट आया/पहुँचा हुआ। २. इकट्ठा किया हुआ। एकत्रित। एकत्रीभूत। ३. अन्वित। युक्त।

समुल्लास (समुल्लास)—[सं॰ सम् + उल्लास] *पु॰* १. बहुत उल्लास/हर्ष। २. विशेष उमंग। ३. बहुत चमक। ४. (किसी ग्रन्थ का) अध्याय/परिच्छेद।

***समुहा**—[< प्रा॰ समुह < सं॰ सम्मुख] *वि॰* १. सामने का। २. सामने स्थित। *क्रिवि॰* सामने की ओर। सामने। ❖ **समुहाई**—*स्त्री॰* = ओर। तरफ़। ❖ **समुहान**—*क्रिअ॰* = सामने आया। ❖ **समुहाना**—*क्रिअ॰* = १. सामने आना। २. किसी की ओर जाना। ● **विशेष**—**समुहाहिं** = ओर। तरफ़। **समुही** = सामने या सामने आयी हुई।

समूर[1]—[सं॰ सम् + ऊरु, पृषो॰] एक प्रकार का हिरन। साबर हिरन। ❖ **समूरी**—*वि॰* = समूर की खाल से बना हुआ।

***समूर**[2]—[< सं॰ समूल] *वि॰* १.मूलसहित। २. सम्पूर्ण। ❖ **समूरे**—*वि॰* = समूल। *क्रिवि॰* = अच्छी प्रकार से।

समूहनिन—[< हि॰ समूहना] *पु॰* (प्राणि॰) रुधिर कणों, बैक्टीरिया आदि का समूहन करनेवाला प्रतिरक्षी पदार्थ। (अं॰ एग्लूटिनिन)।

समृद्धि (समृद्धि)—[सं॰ सम् √ऋध् + क्तिन्] *स्त्री॰* १. बहुत अधिक धन-सम्पत्ति होना। बहुत सम्पन्नता। ऐश्वर्य। अमीरी। २. भरा-पूरा होना। फलता-फूलता होना। ***जैसे***—पारिवारिक समृद्धि। ३. प्रचुरता। बहुलता। ***जैसे***—गुण-समृद्धि। ४. उन्नति।

समेकन—[< सं॰ सम् + एक] *पु॰* मिलाकर एक करना। संयुक्त करना। संहत करना। एकीकरण। ***जैसे***—मासिक प्रगति विवरण का समेकन; जहाज़ पर लदान का समेकन। (अर्थ॰) औद्योगिक क्रिया-कलाप में या किसी उद्योग में विभिन्न इकाइयों को एकीकृत नियंत्रण में लाने की प्रक्रिया। एकीकरण। ❖ **समेकनीय**—*वि॰* =१. समेकन किए जाने के योग्य। २. जिसका समेकन किया जाने वाला हो।

***समैब**—[< हि॰ समाना] *क्रिअ॰* १. समाना। २. जल में समाना। निमज्जित होना। स्नान करना।

***समोखना/समोधना**—[देशज] *क्रिस॰* ज़ोर देकर कहना। सहेज कर कहना।

समोच्च (समोच्च)रेखा—[स॰] *स्त्री॰* (भूगोल॰) मानचित्र में धरातल की ऊँचाई-निचाई दिखानेवाली रेखा। (मानचित्र में) किसी तल के समान ऊँचाई वाले बिन्दुओं को मिलाने से बनी रेखा। (अ॰ कॉन्टुअर)।

समोद—[स॰ स + मोद] *क्रिवि॰* मोदपूर्वक। सानन्द। आनन्दपूर्वक। *जैसे*—शादी की बातें समोद बताना।

समोदक—[स॰ सम ~ उदक] *वि॰* जिसमें आधा भाग पानी हो। *पु॰* तक्र। मठा।

समोद्भिद् (समोद्भिद्)—[स॰ सम + उद्भिद्] *पु॰* (वनस्पति॰) वे वृक्ष/पौधे जो उन स्थानों पर उगते हैं जहाँ जलवायु न बहुत शुष्क है, न बहुत नम है तथा ताप और वायुमंडल की आपेक्षिक आर्द्रता साधारण होती है।

समोना[१]—[< स॰ समावेशन] *क्रिस॰* १. किसी वस्तु के अन्दर कोई दूसरी वस्तु भरना। समाविष्ट करना। सम्मिलित करना। अन्तर्भूत करना। *जैसे*—हर बात में अपनी प्रशंसा समोना; समोसा बनाने के लिए आलू समोना। २. मिलाना। ३. एकत्र/संगृहीत करना। इकट्ठा करना। ४. बनाकर तैयार करना। बनाना। ५. भोगना। *क्रिअ॰* १. (जल में) निमग्न होना। २. (आनन्द आदि में) मग्न होना। ३. ओत-प्रोत होना। ४. मिलाना। *क्रिअ॰* १. मिलना। ५. अनुरक्त होना।

समोह—[स॰ सं + मोह] *वि॰* मोह-युक्त। *जैसे*—समोह प्राणी। *क्रिवि॰* मोहपूर्वक। *जैसे*—पुत्र को दूर जाने से समोह रोकना।

***समौ**—[< स॰ समय] *पु॰* १. समय। वक़्त। २. अवसर।

सम्पक्ष (संपक्ष)—[स॰ सम् + पक्ष] *पु॰* (पा॰ दर्शन॰) हेगेल के दर्शन में द्वन्द्वात्मक प्रक्रिया का तृतीय सोपान जिसमें प्रथम और द्वितीय सोपानों 'पक्ष' और 'प्रतिपक्ष' (अ॰ 'थीसिस' और 'एन्टीथीसिस') का संश्लेषण होता है। (अ॰ सिन्थिसिस)

सम्पद् (संपद्)—[स॰ सम् √पद + क्विप्] *स्त्री॰* १. धन-सम्पत्ति। दौलत। जायदाद। २. धन का भंडार। ३. समृद्धि। ४. सुख और समृद्धि की स्थिति। सौभाग्य। ५. विपुलता। प्रचुरता। अधिकता। ६. (किसी महत्त्वपूर्ण वस्तु का) भंडार। *जैसे*—ज्ञान-भंडार; शब्द-भंडार।

सम्पदा (संपदा)—[< स॰ सम्पद्] *स्त्री॰* सम्पद्। (दे॰) (छन्द॰) एक सममात्रिक छन्द जिसके प्रत्येक चरण में २३ मात्राएँ होती हैं और अन्त में जगण होता है।

सम्पर्कज (संपर्कज)—[< स॰ सम्पर्क+ज] *वि॰* सम्पर्क से उत्पन्न।

सम्पा (संपा)—[स॰ सम् √पत् + ड + टाप्] *स्त्री॰* विद्युत। बिजली।

सम्पाक (संपाक)—[स॰ सम् + पाक] *पु॰* अच्छी तरह पकना। सम्यक् पाक। परिपाक।

सम्पात (संपात)—[स॰ सम् √पत् + घञ्] *पु॰* १. एक साथ गिरना/पड़ना। २. पतन। ३. पक्षियों की उड़ान विशेष। ४. संघर्ष। मुठभेड़। ५. नैवेद्य का उच्छिष्ट।

सम्पादन (संपादन)—[स॰ सम् √पद् + णिच् + ल्युट्] *पु॰* १. तैयार करना। (किसी कार्य को) ठीक प्रकार से पूरा करना। २. किसी समाचार पत्र, पत्रिका, पुस्तक, लेख, चित्र, फिल्म आदि सामग्री को ध्यानपूर्वक पढ़कर/देखकर आवश्यक संशोधन करना तथा उसे प्रकाशन अथवा प्रस्तुति के योग्य बनाना।

सम्पारिस्थितिकी (संपारिस्थितिकी)—[स॰ सम् + पारिस्थितिकी] *पु॰* (प्राणि॰) वनस्पतियों या प्राणियों के समुदायों का परिस्थिति-वैज्ञानिक अध्ययन।

सम्पिण्डन (संपिंडन)—[स॰ सम् √पिण्ड् + ल्युट्] *पु॰* १. मिलाकर एक करना। संयुक्त करना। *जैसे*—छोटे-छोटे कणों का सम्पिंडन। २. पिंड बन जाना। ठोस बन जाना। ३. पिंड बना देना। ठोस कर देना। (भूविज्ञान॰) भूविज्ञान के वे प्रक्रम जिनके द्वारा श्लथ, असम्पिंडित, मृदु अथवा द्रव भू-पदार्थ दृढ़ और संसक्त हो जाते हैं।

सम्पिष्ट (संपिष्ट)—[स॰ सम् + पिष्ट] *वि॰* १. (अच्छी तरह) पीसा हुआ। २. नष्ट किया हुआ।

सम्पीडन (संपीडन)—[स॰ सम् √पीड् + ल्युट्] *पु॰* १. दबाव। २. कष्ट देना। पीड़न। ३. निचोड़ना। ४. (भाषा॰) शब्दों के उच्चारण में एक दोष। अनेक शब्दों को बोलते समय किसी शब्द पर अनावश्यक ज़ोर देकर उच्चारण। (अ॰ कम्प्रेशन)

सम्पीड्यता (संपीड्यता)—[स॰ सम् + पीड्यता] *स्त्री॰* = सम्पीड़ित होने का भाव। (भौतिकी॰) किसी पदार्थ का वह गुण जिससे उस पर दाब लगने पर आयतन में कमी आती है। (अ॰ कम्प्रेसिविलिटि)

सम्पीड़ित—[< स॰ सम्-पीड् +क्त] *वि॰* १. दबाया हुआ या निचोड़ा हुआ। २. पीड़ित। कष्ट से ग्रस्त। *जैसे*—रोग-सम्पीडित।

सम्पुञ्जित (संपुंजित)—[स॰ सम् + पुञ्जित] *वि॰* एकत्रित। पुंजीभूत।

सम्पुट (संपुट)—[स॰ सम् √पुट् + क] *पु॰* १. कटोरे जैसी कोई वस्तु। गोलाकार और अन्दर से ख़ाली आधार/पात्र के समान वस्तु। २. (पत्तों का बना) दोना। ३. (दोनों हथेलियाँ मिलाकर बनी) अंजलि। ४. फूल के दलों के बीच का ख़ाली स्थान। कोष। ५. ढक्कनदार पिटारी/डिब्बा/डिबिया। ६. मिश्रण। मिलावट। (आयुर्वेद) औषध पकाने या रस बनाने में पात्र का मुँह गीली मिट्टी आदि से बन्द कर और चारों ओर से गीली मिट्टी लपेटने से बना पात्र का रूप। (चिकित्सा॰) १. किसी अंग को आच्छादित करने वाली तन्तुमय या झिल्लीदार थैली। २. एक घुलनशील आवरण जिसमें औषधियों का चूर्ण बन्द किया जाता है। ३. जीवाणुओं को घेरने और उनकी रक्षा करने वाला एक विशेष प्रकर का आवरण। (अ॰ कैपस्यूल)

सम्पुटक (संपुटक)—[स॰ सम् √पुट् + अच् + कन्] *पु॰* १. रत्नों की पेटी। २. आभूषण रखने का डिब्बा। (चिकित्सा॰) काँच की छोटी नली या पात्र जिसमें सूचीवेध के लिए उपयोगी औषधि को विसंक्रमित कर निश्चित मात्रा में भरकर बन्द (अ॰ सील) कर दिया जाता है। (अ॰ एम्पूल)

सम्पुटिका (संपुटिका)—[सं० सम्पुटक + टाप्, इत्व] *स्त्री०* १. रत्नों की पेटी। २. आभूषण रखने का डिब्बा। (चिकित्सा०) सम्पुट। (अं० कैपृस्यूल)

सम्पुटित—[सं० सम् √पुट् + क्त] *वि०* जिसे सम्पुट के रूप में लाया गया हो। ⁘ **सम्पुटित व्यवहार**—*पु०* एकमुश्त सौदा। (अं० पैकेज डील)

सम्पुटी (संपुटी)—[< सं० सम्पुट] *स्त्री०* एक प्रकार की जलघड़ी।

सम्पुष्टि (संपुष्टि)—[सं० सम् + पुष्टि] *स्त्री०* अच्छी तरह होनेवाली पुष्टि। परिपुष्टि।

सम्पुष्पित (संपुष्पित)—[सं० सम् + पुष्पित] *वि०* अच्छी तरह खिले फूलों वाली। ***जैसे***—संपुष्पित लता।

सम्पूज्य (संपूज्य)—[सं० सम् + पूज्य] *वि०* अत्यन्त पूज्य। बहुत आदरणीय।

सम्पूरक (संपूरक)—[सं० सम् + पूरक] *वि०* पूरा करनेवाला। पूरक।

सम्पूरण(संपूरण)— [सं० सम् + पूर् + ल्युट्] *पु०* १. अच्छी तरह पूर्ण करने की क्रिया। पूरण। पूर्ति। २. अच्छी तरह भरना।

सम्पृक्त (संपृक्त)—[सं० सम् √पृच् + क्त] *वि०* १. मिश्रित। २. सम्बन्धयुक्त। सम्बन्धित। ३. सम्पर्क में आया हुआ। सम्पर्कित। ४. जुड़ा/लगा/सटा हुआ। संलग्न। सम्बद्ध। ***जैसे***—यथार्थ से सम्पृक्त। ५. जड़ा हुआ। जटित। खचित। ६. पूर्ण।

सम्पृक्तार्थ (संपृक्तार्थ)—[सं० सम्पृक्त ~ अर्थ] *पु०* = किसी शब्द से जुड़े विचारों, भावनाओं और अर्थ-छायाओं का समूह। शब्द के वाच्यार्थ के अतिरिक्त अन्य अर्थपरक सूचना।

सम्पृक्ति (संपृक्ति)—[सं० सम् √पृच् + क्तिन्] *स्त्री०* सम्पृक्त होने की क्रिया/भाव।

सम्पृष्ट (संपृष्ट)—[सं० सम् √प्रच्छ् + क्त] *वि०* १. जिससे प्रश्न किए गए हों। २. जिससे कुछ पूछताछ की गयी हो।

†**सम्पेखना (संपेखना)**—*पु०* ≤ *सं०* सम्प्रेक्षण। अवलोकन। देखना।

***सम्पै (संपै)**—*स्त्री०* ≤ *सं०* सम्पत्ति।

सम्पोषण (संपोषण)—[सं० सम् + पोषण] *पु०* १. अच्छी तरह पोषण करना। उत्तम पोषण। २. अच्छी तरह वर्धन/बढ़ाना।

सम्प्रक्षालन (संप्रक्षालन)—[सं० सम् + प्रक्षालन] *पु०* १. जल द्वारा अच्छी तरह शुद्धि। ख़ूब धोना। २. स्नान।

सम्प्रज्ञात (संप्रज्ञात)—[सं० सम् + प्र + ज्ञात] *वि०* अच्छी तरह जाना हुआ। *पु०* (योग०) समाधि का एक प्रकार।

सम्प्रति (संप्रति)—[सं० सम् + प्रति] *क्रिवि०* १. सामने। २. अभी। ३. इस समय। ४. कुछ ही समय पहले। हाल में। ४. आजकल।

सम्प्रतिपत्ति (संप्रतिपत्ति)—[सं० सम् + प्रतिपत्ति] *स्त्री०* १. समीप आना। २. विद्यमानता। मौजूदगी। ३. प्राप्ति। उपलब्धि। ४. स्वीकृति। ***जैसे***—न्यायालय में डाकू द्वारा अपने अपराधों की सम्प्रतिपत्ति। ४. बुद्धि। समझ। ६. (किसी के विचारों से) मत/विचार की एकता। ७. (किसी बात का) पूरा ज्ञान।

सम्प्रतीति (संप्रतीति)—[स सम् + प्रतीति] *स्त्री०* १. पूर्ण प्रतीति। पूरा विश्वास। २. प्रसिद्धि। कीर्ति। ३. (किसी बात का) पूर्ण ज्ञान या पूरी जानकारी।

सम्प्रत्यय (संप्रत्यय)—[सं० सम् + प्रत्यय] *पु०* १. दृढ़ विश्वास। २. यथार्थ बोध। यथार्थ ज्ञान। ३. भावना। ४. अवधारणा। (पातंजल योग०) किसी जाति की प्रत्येक वस्तु या अमूर्त विचार में समान रूप से निहित विशेषता। (***जैसे***—गायों में गोत्व, मनुष्यों में मनुष्यत्व,)। सामान्य प्रत्यय। संकल्पना। अवधारणा। (अं० कॉन्सेप्ट)

सम्प्रदान (संप्रदान)—[सं० सम् + प्र + दान] *पु०* १. अच्छी तरह दे डालना। भली प्रकार सौंप देना। २. गुरु द्वारा शिष्य को मन्त्र देना। दीक्षा। ३. उपहार। भेंट। ४. विवाह। (व्या०) कर्ता आदि कारकों में चतुर्थ कारक। जिसको कुछ दिया जाए या जिसके लिए कुछ किया जाए, उसका बोध कराने वाला शब्द-रूप।

सम्प्रदानीय (संप्रदानीय)—[सं० सम् + प्रदानीय] *वि०* सम्प्रदान की गयी वस्तु। *पु०* १. उपहार। भेंट। २. दान। ३. चन्दा। ४. पुरस्कार।

सम्प्रदाय (संप्रदाय)—[सं० सम् + प्रदाय] *पु०* १. गुरु-परम्परा से प्राप्त उपदेश या गुरु-मन्त्र। २. एक ही गुरु के शिष्यों या शिष्य-परम्परा के लोगों का समूह। ३. किसी धर्म के अन्तर्गत कोई मत विशेष। पन्थ। ४. किसी धर्म के अन्तर्गत किसी मत विशेष के अनुयायियों का समूह। ५. एक ही विचारदर्शन या सिद्धान्त की विविध शाखाओं में से प्रत्येक। ६. उक्त के अनुयायियों का वर्ग।

सम्प्रभु (संप्रभु)—[सं० सम् + प्रभु] *वि०* सर्वोच्च। प्रधान। ***जैसे***—सम्प्रभु शक्ति। (अं० सॉव्रिन)

सम्प्रवाह (संप्रवाह)—[सं० सम् + प्रवाह] *पु०* निरन्तर प्रवाह।

सम्प्रसाद (संप्रसाद)—[सं० सम् + प्रसाद] *पु०* १. सब प्रकार से प्रसाद सन्तुष्ट करना। सन्तोषण। २. अनुग्रह। कृपा। ३. (मन का) धैर्य। ४. विश्वास। भरोसा।

सम्प्रसादन (संप्रसादन)—[सं० सम् + प्रसादन] *पु०* सब प्रकार से सन्तुष्ट करना। सन्तोषण।

सम्प्रसारण (संप्रसारण)—[सं० सम्-प्रसारण] *पु०* १. प्रसार करना। विस्तार करना। २. प्रसार या विस्तार। (व्या०) य्, व्, र्, ल् का क्रमशः इ, उ, ऋ, लृ में परिवर्तन।

सम्प्रयुक्त (संप्रयुक्त)—[सं० सम् + प्रयुक्त] *वि०* १. (किसी के साथ) जोड़ा हुआ या मिलाया हुआ। संयुक्त। २. किसी के साथ बाँधा/लगाया हुआ। ३. उपयोग, प्रयोग में लाया हुआ। प्रयुक्त।

सम्प्रयोग (संप्रयोग)—[सं० सम् + प्रयोग] *पु०* १. (किसी के साथ) जोड़ने/मिलाने की क्रिया। २. संयोग या मेल। ३. संलग्नता। ४. प्रयोग। ५. जादूगरी। जादू। (तंत्र०) उच्चाटन, वशीकरण आदि प्रयोग।

सम्प्राप्ति (संप्राप्ति)—[सं० सम् + प्राप्ति] *स्त्री०* १. सम्यक् प्राप्ति। अच्छी उपलब्धि। २. पहुँच। *स्त्री०* (आयुर्वेद०) यह ज्ञान कि रोगी विशेष के कुपित हुए बात, पित्त और कफ शरीर में ऊपर, नीचे या

तिरछे जाकर किस-किस प्रकार से रोग उत्पन्न करते हैं। (पुस्तक॰) १. पुस्तकालय में पुस्तकों और अन्य पाठ्य सामग्री की ख़रीद, विनिमय या अनुदान द्वारा प्राप्ति। २. उक्त प्रकार से प्राप्त हुई पुस्तकें आदि।

सम्प्रेषण (संप्रेषण)—[स॰ सम् + प्र √इष् + ल्युट्] *पु॰* १. भेजना। २. पहुँचाना। ३. अपनी भावना, विचार या बात दूसरों तक पहुँचाना। ४. विभिन्न व्यक्तियों या समूहों के बीच समाचार-पत्र, रेडियो, दूरदर्शन आदि से होने वाली सम्पर्क-व्यवस्था। (अ॰ कम्यूनिकेशन) (काव्य॰) रचना, शैली आदि के माध्यम से लेखक के भावों और विचारों को पाठक तक पहुँचाना।

सम्प्रोक्षण (संप्रोक्षण)—[स॰ सम् + प्रोक्षण] *पु॰* १. जल को मंत्र पढ़कर छिड़कना। मार्जन। २. ख़ूब पानी छिड़ककर मन्दिर आदि साफ़ करना।

सम्प्लव (संप्लव)—[स॰ सम् + प्लव] *पु॰* १. जल में डूबना। २. जल की बाढ़ में डूबना। ३. जल की बाढ़। ४. तरंग। लहर। ५. विनाश। ६. कोलाहल। शोर। ७. हलचल।

सम्प्लुत (संप्लुत)—[स॰ सम् + प्लुत] *वि॰* १. जल से पूरी तरह भीगा हुआ। सराबोर। २. डूबा हुआ।

***सम्बत्/सम्बत**—*पु॰* ≤ *स॰* संवत्। (दे॰)

सम्बद्ध (सम्बद्ध)—[स॰ सम् √बन्ध् + क्त] *वि॰* १. जुड़ा हुआ। मिलाया हुआ। २. सम्बन्धित।

सम्बन्ध-तत्त्व (संबंध-तत्त्व)—[स॰] *पु॰* (भाषा॰) शब्द को पद बनाने के लिए और अर्थतत्त्वों का परस्पर सम्बन्ध दिखलाने के लिए अर्थतत्त्व में जोड़ा जाने वाला तत्त्व विशेष। ***जैसे***—'राम ने रावण को मारा' वाक्य में 'राम', 'रावण' और 'मारना' तीन अर्थ-तत्त्व हैं और 'ने', 'को' दिखनेवाले सम्बन्ध-तत्त्व हैं परन्तु 'मारना' से जुड़ा सम्बन्ध-तत्त्व उसमें इस प्रकार मिल गया है कि 'मारा' में उसका सहज़ता से पता नहीं चलता।

सम्बन्ध (संबंध)-समूह—[स॰] *पु॰* (कोश॰) ऐसा शब्द-समूह जो प्रयोग-सम्बन्ध के कारण एक कोशीय इकाई के रूप में प्रयुक्त होता हो (***जैसे***—वन्दे मातरम्)।

सम्बन्धातिशयोक्ति (संबंधातिशयोक्ति)—[स॰ सम्बन्ध ~ अतिशयोक्ति] *स्त्री॰* (काव्य॰) अतिशयोक्ति अलंकार का एक भेद जिसमें स्वाभाविक सम्बन्ध न रहने पर भी सम्बन्ध दिखाने या अयोग्य में योग्यता दिखाने का चमत्कारी प्रयोग होता है।

सम्बन्धी (संबंधी)—[स॰ सम्बन्धिन्] *वि॰* सम्बन्ध रखनेवाला। सम्बन्धयुक्त। सम्बन्धित। *पु॰* जिसके साथ रक्त या विवाह का सम्बन्ध हो। नातेदार। रिश्तेदार।

***सम्बरना (संबरना)**—[< स॰ संवरण] *क्रिस॰* संवरण करना। नियन्त्रण करना। रोकना।

***सम्बरारि (संबरारि)**—[< स॰ शम्बरारि] *पु॰* (श्रीकृष्ण का पुत्र) प्रद्युम्न जिसने 'शम्बर' असुर को मारा था।

सम्बल (संबल)—[स॰ √सम्ब् + कलच्] *पु॰* १. यात्रा में काम आने वाली भोजनसामग्री। पाथेय। २. सहायक वस्तु। सहारा।

सम्बाधक (संबाधक)—[स॰ सम् + बाधक] *वि॰* १. बाधा डालनेवाला। बाधक। २. परेशान करनेवाला। सतानेवाला। पीड़क।

सम्बुद्ध (संबुद्ध)—[स॰ सम् + बुद्ध] *वि॰* १. पूर्णतः जाग्रत। जागा हुआ। २. ज्ञानी। बुद्धिमान्। ३. पूर्णतः ज्ञात। *पु॰* १. ज्ञानी। २. (महात्मा) बुद्ध। ३. (जैन) तीर्थंकर।

सम्बुल (संबुल)—[< फा॰ सम्बुल] *पु॰* १. बालछड़ नामक वनस्पति। २. जटामासी का पौधा।

सम्बोध (संबोध)—[स॰ सम् + बोध या घञ्] *पु॰* १. सम्यक् बोध। पूर्ण ज्ञान। २. अच्छी तरह समझाने कि क्रिया/भाव।

सम्बोधगीत (संबोधगीत)—[स॰ सम्बोध ~ गीत] *पु॰* (पा॰ काव्य॰) (प्रायः) किसी को सम्बोधित गीत। (अ॰ ओड)।

सम्बोधन (संबोधन)—[स॰ सम् + बोधन] *पु॰* १. अच्छी तरह समझाना। सम्यक् बोधन। २. पुकारना। ३. कर्ता आदि कारकों में आठवाँ कारक। (दे॰ सम्बोधन कारक)। ४. भाषण। अभिभाषण। (अ॰ अड्रेस) ✣ **सम्बोधन कारक**—*पु॰* = (व्या॰) संज्ञा का वह रूप जिससे किसी को पुकारने या करने का भाव सूचित होता है। ***जैसे***—'हे अर्जुन! मेरी बात सुनो' वाक्य में 'हे अर्जुन!' सम्बोधनकारक है।

सम्बोधि (संबोधि)—[स॰ सम् + बोधि] *स्त्री॰* सम्यक् ज्ञान। पूर्ण ज्ञान।

***सम्भर (संभर)**—[< हि॰ साँभर] *पु॰* १. (राजस्थान की) साँभर झील। २. (राजस्थान का) प्राचीन साँभर राज्य।

सम्भरण (संभरण)—[स॰ सम् √भृ + ल्युट्] *पु॰* १. भरण-पोषण। पालन-पोषण। २. ज़रूरत की चीजें देना या पहुँचाना। पूर्ति।

सम्भरेश (संभरेश)—[हि॰ सम्भर + स॰ ईश] *पु॰* १. सम्भर/साँभर राज्य का स्वामी। २. सम्राट् पृथ्वीराज चौहान।

सम्भवन (संभवन)—[स॰ सम् √भू + ल्युट्] *पु॰* १. उत्पत्ति। जन्म। पैदाइश। २. शक्य/साध्य/मुमकिन होना। ३. घटित होना।

सम्भवना (संभवना)—[< स॰ सम्भवन] *क्रिस॰* उत्पन्न करना। जन्म देना। *क्रिअ॰* १. उत्पन्न होना। पैदा होना। २. हो सकना। सम्भव होना।

सम्भवा (संभवा)—[स॰ सम्भव + टाप्] *वि॰* (*स्त्री॰*) उत्पन्न। जन्मी। ***जैसे***—राजवंश-सम्भवा।

सम्भाग (संभाग)—[स॰ सम् + भाग] *पु॰* प्रदेश या राज्य का एक बड़ा भाग जिसमें अनेक ज़िले होते हैं। कमिश्नरी।

सम्भार (संभार)—[स॰ सम् + भार] *पु॰* १. संग्रह। संचय। २. साज-सामान। उपकरण। ***जैसे***—सेना की सम्भार-व्यवस्था। ३. समूह। ***जैसे***—पुष्प-सम्भार। ४. राशि। ढेर। ***जैसे***—स्वर्ण-सम्भार। ५. धन-सम्पत्ति। ६. भरण-पोषण। पालन-पोषण। ***जैसे***—परिवार-सम्भार। ७. अधिकता।

***सम्भारना[1] (संभारना[1])**—[<हि॰ सँभालना/सम्भालना] *क्रिस॰* व्यवस्थित करना। सँभालना। ● **विशेष— *सम्भारि[1]**

(**सम्भारि¹**) = व्यवस्थित कर। सभाल कर। **सम्भारी¹** (**संभारी¹**)— = सँभाला। *क्रिवि॰* सँभाल कर।

सम्भारना² (संभारना²)—[< स॰ स्मरण] *क्रिस॰* स्मरण करना। याद करना। ● **विशेष—सम्भारि²** = स्मरण करके।

सम्भाव्य (संभाव्य)—[स॰ सम् √भू + णिच् + यत्] *वि॰* १. जिसकी सम्भावना हो। जो हो सकता हो। सम्भव। २. आदरणीय। ३. कल्पनीय।

सम्भाषण (संभाषण)—[स॰ सम् + भाषण] *पु॰* परस्पर बातचीत। वार्तालाप।

सम्भाषी (संभाषी)—[स॰ सम्भाषिन्] *वि॰* १. बातचीत करनेवाला। २. कहनेवाला।

***सम्भु (संभु)**—[*प्रा॰* < *स॰* शम्भु] *पु॰* शम्भु। शिव। महादेव।

सम्भुक्त (संभुक्त)—[स॰ सम् √भुज् + क्त] *वि॰* १.। खाया हुआ। भक्षित २. भोगा हुआ। उपयोग किया हुआ। प्रयोग में लाया हुआ।

सम्भूत (संभूत)—[स॰ सम् √भू + क्त] *वि॰* १. उत्पन्न। २. युक्त। सहित।

सम्भूति (संभूति)—[स॰ सम् √भू + क्तिन्] *स्त्री॰* १. उत्पत्ति। २. वृद्धि। ३. उपयुक्तता। ४. योग्यता। ५. शक्ति।

सम्भृत (संभृत)—[स॰ सम् √भृ + क्त] *वि॰* १. एकत्र किया हुआ। संगृहीत। २. तैयार किया हुआ। ३. सुसम्पन्न। ४. धारण किया हुआ। ५. भरण-पोषण किया हुआ। पालित।

सम्भेदन (संभेदन)—[स॰ सम् + भेदन] *पु॰* भेदना, छेदना, चीरना, तोड़ना या धँसाना।

सम्भोक्ता (संभोक्ता)—[स॰ सम् + भोक्ता] *पु॰* उपभोग करनेवाला व्यक्ति। भोगनेवाला व्यक्ति।

सम्भोग (संभोग)—[स॰ सम् + भोग] *पु॰* १. (किसी वस्तु का) अच्छी तरह भोग/उपभोग/उपयोग। २. (स्त्री-पुरुष का) समागम। रति-क्रीड़ा। मैथुन। ✣ **सम्भोग शृङ्गार (संभोग शृंगार)**— *पु॰* = (काव्य॰) काव्य में शृंगार के दो प्रमुख भेदों में से एक। परस्पर प्रेम में अनुरक्त नायक और नायिका के परस्पर दर्शन, स्पर्शन इत्यादि से युक्त शृंगार। संयोग शृंगार।

सम्भोज्य (संभोज्य)—[स॰ सम् + भोज्य] *वि॰* १. जो खाया जा सकता हो। २. जो खाया जाने को हो। जो खाया जाने वाला हो।

सम्भ्रम (संभ्रम)—[स॰ सम् + भ्रम] *पु॰* १. चक्कर खाना। घूमना। २. उतावली। जल्दबाज़ी। हड़बड़ी। ३. भय। डर। ४. भूल। ५. मान। सम्मान। आदर। ६. श्री। शोभा। ७. विकलता। घबराहट। परेशानी। ८. किसी के प्रति आदरपूर्वक सिर झुकाना। ९. भारी भ्रम। ***जैसे***—आपको सम्भ्रम है कि आप सर्वज्ञ हैं। *क्रिवि॰* १. तत्काल। एकदम। २. घबराहट में।

सम्भ्राजना (संभ्राजना)—[< स॰ संभ्राजन] *क्रिअ॰* १. शोभित होना। २. दीप्त होना।

सम्भ्रान्त (संभ्रांत)—[स॰ सम् √भ्रम् + क्त, दीर्घ] *वि॰* १. चक्कर खाया हुआ। घूमा/घुमाया हुआ। २. घबराया हुआ। विकल। परेशान। ३. बहुत भ्रमित। ४. प्रतिष्ठित। सम्मानित। ५. कुलीन।

सम्मत/संमत**—[स॰ सम् √मन् + क्त] *वि॰* १. (किसी के मत के) समान मत वाला। सहमत। राज़ी। २. जिस पर सहमति हो। ३. समर्थित। ***जैसे—वेद-सम्मत नीति; धर्म-सम्मत व्यवहार; तर्क-सम्मत विचार।

***सम्मति (संमति)**—[स॰ सम् √मन् + क्तिन्] *स्त्री॰* १. (किसी प्रस्ताव/विचार आदि पर) सहमति। मतैक्य। २. विचार। राय। ख़्याल। ३. अनुमति। सहमति। स्वीकृति। मंजूरी। ४. सद्भाव।

सम्मन—[< अ॰ समन] *पु॰* न्यायालय द्वारा प्रतिवादी/गवाह आदि को भेजा जाने वाला, न्यायालय में उपस्थित होने का आदेश-पत्र।

सम्मर्द—[स॰ सम् √मृद् + घञ्] *पु॰* १. घर्षण। रगड़। २. पैरों से रौंदना। कुचलना। ३. भीड़। ४. युद्ध। लड़ाई।

सम्मर्दन—[स॰ सम् + मर्दन] *पु॰* अच्छी तरह किया जाने वाला मर्दन।

सम्मर्दी—[स॰ सम्मर्दिन्] *वि॰* (बहुत) मर्दन करनेवाला।

सम्मानी—[स॰ सम्मानिन्] *वि॰* जिसमें आत्मसम्मान का भाव हो। आत्मसम्मानवाला।

सम्मान्य—[स॰ सम् + मान्य] *वि॰* सम्मान के योग्य। सम्माननीय। आदरणीय।

सम्मार्जन—[स॰ सम् + मार्जन] *पु॰* १. झाड़ना। बुहारना। २. सफ़ाई।

सम्मित—[स॰ सम् √मा + क्त] *वि॰* १. नपा हुआ। मापा हुआ। २. समान माप/नाप का। ३. समान। बराबर। ४. जिसमें सममिति हो। ५. (सममिति के कारण) सौष्ठवयुक्त। सुडौल। ६. युक्त। ***जैसे***—बुद्धि-सम्मित।

सम्मिति—[स॰ सम् √मा + क्तिन्] *स्त्री॰* समानता। तुल्यता।

सम्मिलन—[स॰ सम् + मिलन] *पु॰* १. मेल। मिलाप। ***जैसे***—वर्षों बाद दोनों मित्रों के सम्मिलन का दृश्य आकर्षक था। २. दो वस्तुओं (देशों, राज्यों, पत्रिकाओं या संस्थाओं आदि) का मिलकर एक होना। ३. सम्मेलन। ४. एकत्रीकरण। रैली (अ॰)

सम्मिश्र/सम्मिश्रित—[स॰ सम् √मिश्र् + अच्/क्त] *वि॰* १. मिला-जुला। मिश्र। मिश्रित। २. मिलावटी। ✣ **सम्मिश्र परिवार**— *पु॰* = दो या अधिक मूल परिवारों से मिलकर बना परिवार। ✣ **सम्मिश्र प्रजाति**— *स्त्री॰* = दो या अधिक मुख्य प्रजातियों के मिले-जुले शारीरिक लक्षणों वाली प्रजाति।

सम्मीलन—[स॰ सम् √मील् + ल्युट्] *पु॰* १. (फूल का) मुँदना। २. ढँकना या ढँका जाना। ३. सूर्य/चन्द्र का पूर्ण ग्रहण। खग्रास। ✣ **सम्मीलना**—क्रिस॰=ढाँकना।

सम्मुख—[स॰ सम् + मुख] *क्रिवि॰* १. समक्ष। सामने। २. बिल्कुल सीधे। सामने। *वि॰* १. जो सामने हो। सामने का। अभिमुख। २. अनुकूल। ∇ **विलोम**—विमुख/प्रतिकूल।

सम्मूढ़—[< स॰ सम्मूढ (सम् + मूढ)] *वि॰* १. मूर्ख। मूढ़। २. मोहग्रस्त। अज्ञानी। ३. जिसकी बुद्धि काम न कर पा रही हो। हतबुद्धि।

सम्मूर्च्छन—[स॰ सम् √मूर्च्छ् + ल्युट्] *पु॰* मूर्च्छा/मूर्छा। बेहोशी।

सम्मृष्ट—[सं० सम् √मृज् + क्त] *वि०* १. अच्छी तरह झाड़ा-बटोरा हुआ। २. अच्छी तरह छाना हुआ। ३. अच्छी तरह साफ़ किया हुआ।

सम्मेय—[सं० सम् + मेय] *वि०* जिसे समान मापदंड से मापा जा सके या आँका जा सके।

सम्मोह—[सं० सम् + मोह] *पुं०* १. महामोह या मोह। २. प्रेम। ३. भ्रम। धोखा। ४. मूर्खता। अज्ञता। ५. मूर्छा। बेहोशी। ६. विकलता। घबराहट। परेशानी। ७. मोहने की क्रिया। वशीकरण।

सम्मोहन—[सं० सम् + मोहन] *पुं०* १. मोहने की क्रिया। वशीकरण। २. कामदेव के पाँच बाणों में से एक। ३. गहरी निद्रा जैसी अवस्था विशेष जिसमें व्यक्ति ऐसी अवस्था लाने वाले व्यक्ति के आदेश या संकेत के अनुरूप ही चेष्टाएँ करता है। (अं० हिप्नॉटिज़्म) *वि०* सम्मोहक।

सम्मोहा—[< सं० सम्मोह] *पुं०* मोह। (छन्द०) एक समवर्णिक छन्द जिसके प्रत्येक चरण में क्रमशः मगण और २ गुरु के योग से ५ वर्ण होते हैं।

सम्यक्—[सं० सम्यच्] *वि०* १. उपयुक्त। उचित। ठीक। ***जैसे***—सबका सम्यक् पालन। २. शुद्ध। सही। ३. एक-सा। ४. अधिक और उचित। ५. समस्त। सब। ६. अनुकूल। ७. यथार्थ। ८. जो एक पंक्ति में और सीध में हों। *क्रिवि०* १. उचित रूप में। २. उपयुक्त प्रकार से। अच्छी तरह से। भली भाँति। ३. ठीक-ठीक। सही-सही। शुद्धता से। ४. सम्पूर्ण रीति से। पूर्णतः। ५. स्पष्टता से। स्पष्टतया।

†सम्हालू—[देशज] *पुं०* 'निर्गुंडी' नामक एक औषधोपयोगी झाड़ीदार वृक्ष जिसमें ३-३ से ५-५ तक लगने वाले पत्ते होते हैं जिनसे उग्र गन्ध निकलती है और फूल गुच्छेदार तथा बैंगनी रंग के या फीके नीले या श्वेताभ नीले होते हैं। आयुर्वेद में इसे '**सिन्दुकर/सिन्दुक**' आदि कहते हैं।

***सम्हौं**[1] **(सम्हों**[1] **)**—*पुं० ≤ सं०* समय।

***सम्हौं**[2] **(सम्हों**[2] **)**—*स्त्री० ≤ सं०* समाधि।

***सम्राजना**—[सं० सम् + हिं० राजना] *क्रिसं०* १. विराजमान होना। २. (किसी स्थान पर) स्थापित/प्रतिष्ठित होना।

सम्राट्—[सं० सम्राज् (सम् √राज् + क्विप्)] *पुं०* १. साम्राज्य का स्वामी। २. राजाधिराज। ✣ **सम्राज्ञी**—*स्त्री०* = १. साम्राज्य की स्वामिनी। २. सम्राट् की पत्नी।

सम्वृत्त—दे० शुद्ध रूप 'संवृत्त'।

***सय**—*वि०, पुं० ≤ सं०* शत। सौ।

***सयगुन**—[< सं० शतगुण] *वि०* शतगुण। सौ गुना।

सयत्न—[सं० स + यत्न] *क्रिवि०* कोशिश करके। यत्नपूर्वक। *वि०* यत्नशील। प्रत्यत्नशील। ✣ **सयत्ना**—*वि०* (स्त्री०) प्रयत्नशील।

सयन**[1]—[< सं० शयन] *पुं०* १. शयन। निद्रा या विश्राम के लिए लेटना। २. शय्या। बिछौना। ***जैसे—भूमि-सयन। ३. शयन करनेवाला। ***जैसे***—क्षीरसागर-सयन।

***सयन**[2]—[< हिं० सैन] *पुं०* संकेत। इशारा।

***सयन-गति**—[हिं० सयन < सं० शयन + सं० गति] *स्त्री०* शयन की मुद्रा।

***सये**—विभक्ति-*प्रत्यय०/परसर्ग०* से।

***सयँसार**—*पुं० ≤ सं०* संसार।

***सयान**—[< प्रा० सयाण < सं० सज्ञान] *वि०* १. बुद्धिमान्। चतुर। २. होशियार। चालाक। *पुं०* १. बुद्धिमानी। चतुरता। ३. होशियारी। चालाकी।

***सयानप**—[< हिं० सयानपन] *पुं०* १. सज्ञानता। सजगता। *स्त्री०* चतुरता। चतुराई। ३. होशियारी। चालाकी। ✣ **सयानप काँचा**—*वि०* = चतुराई में कच्चा। ✣**†सयानपता**—*स्त्री०* = १. (उम्र की दृष्टि से) सयानापन। समझदारी की उम्र। २. बुद्धिमत्ता। चतुरता। ३. होशियारी। चालाकी।

***सयौ**—[< हिं० सय < सं० शत] *वि०* सभी सौ। पूरे सौ।

सय्याद—[अरबी] *पुं०* व्याध। चिड़ीमार। बहेलिया।

सय्याह—[अरबी] *पुं०* देश-विदेश घूमनेवाला। पर्यटक। ✣ **सय्याही**—*स्त्री०* = पर्यटन।

सर[1]—[सं० √सृ + अच्] *पुं०* १. जल। २. सरोवर। तालाब। ३. जलप्रपात। झरना। ४. गमन। गति। ५. शर। बाण। तीर। ६. नाभि। ७. (पद्य आदि में) पाँच की संख्या।

***सर**[2]—[< सं० शर] *पुं०* सरकंडे या बाँस की छड़ी जिसका प्रयोग कपड़ा बुनते समय ताना ठीक करने के लिए किया जाता है। *स्त्री०* चिता।

***सर**[3]—*पुं० ≤ सं०* स्वर। १. ध्वनि। आवाज़। २. नाद।

***सर**[4]—[< सं० अवसर] *पुं०* अनुपयुक्त समय। अनवसर।

सर[5]—[< सं० सदृश] *स्त्री०* समानता। बराबरी।

†सर[6]—[< सं० सह] *उपसर्ग०* 'सहित' या 'वाला' के अर्थ में अथवा 'स' के समान प्रयुक्त एक उपसर्ग। ***जैसे***—सरजीव (=सजीव)।

सर[7]—[< सं० शिर, या फा०] *पुं०* १. सिर। २. (किसी वस्तु का) सिरा। अन्तिम भाग या आरम्भ का भाग। ३. सीमा। हद। ४. समाप्त करना। *स्त्री०* (ताश के खेल में) जीती जाने वाली बाज़ी। हाथ। ***जैसे***—हमारे सात सर बनते ही हम जीत जाएँगे। *वि०* १. बलपूर्वक दबाया हुआ। दमित। २. पराजित। ३. समाप्त किया हुआ (काम) पूरा। ४. प्रधान। सर्वोच्च। ५. प्रधान सरदार। गिरोह का सरगना। ***वा०* सर करना**—१. विजय पाना। २. वश में करना। **(कोई बात) सर पहुँचाना**—१. हद तक पहुँचाना।

सर[8]—[अं०] *पुं०* १. (प्रायः सम्बोधन के रूप में प्रयुक्त) श्रीमान्। महोदय। जनाब। हुज़ूर। २. ब्रिटेन की एक सम्मानपूर्ण सरकारी उपाधि।

***सर-अवसर**—[<हिं० सर[4] + सं० अवसर] *पुं०* अनवसर और अवसर। असमय और समय। *क्रिवि०* १. समय-असमय। वक़्त-बेवक़्त। २. जब कभी।

सरकफुन्दी (सरकफुंदी)—[< हिं० सरकना + फन्दा] *स्त्री०* रस्सी

के सिरे का एक फन्दा विशेष जो किसी वस्तु पर डालकर खींचने से सरक कर कड़ी गाँठ के रूप में बदल जाता है।

सरकबन्धनी (सरकबंधनी)—[< हि॰ सरकना + सं॰ बन्धन] *स्त्री॰* धातु की बनी एक प्रकार की ज़ंजीर जिसमें दाँते होते हैं और जो कपड़े या चमड़े आदि की बनी वस्तुओं में लगती है और अपने दोनों किनारों के बीच में सरककर वस्तु को खोलने तथा बन्द करने के काम आती है (जैसे—थैले में लगी सरकबन्धनी)। (अं॰ ज़िप)

सरकश—[फा॰] *वि॰* १. आज्ञा का उल्लंघन करने वाला। अवज्ञाकारी। २. विद्रोही। ३. उद्दंड। उद्धत। ४. अशिष्ट। ५. अहंकारी। घमंडी। ६. स्वेच्छाचारी। ७. अति दुष्ट।

***सरकस**—*वि॰* ≤ *फा॰* सरकश। ❖ **सरकसी**—*स्त्री॰* सरकशी।

***सरखत**—[< फा॰ सर-ख़त] *पु॰* १. विजय-पत्र। २. अधिकार-पत्र या प्रमाण-पत्र। ३. आज्ञा-पत्र। ४. इकरारनामा। ५. लेन-देन का विवरण लिखने की छोटी बही या काग़ज़।

सरगई—[< अरबी सहर + फा॰ गह] *स्त्री॰* व्रत से पहले, रात्रि के अन्तिम प्रहर में किया गया भोजन। *जैसे*—करवा चौथ का व्रत रखनेवाली ये स्त्रियाँ सरगई में दूध-जलेबी खा चुकी हैं।

सरगतिय—[< सं॰ स्वर्ग +हि॰ तिय < सं॰ स्त्री] *स्त्री॰* अप्सरा।

***सरग-नसेनी**—[< सं॰ स्वर्ग ~ निःश्रेणी] *स्त्री॰* स्वर्ग की सीढ़ी/नसेनी।

सरग़ना—[< फा॰ सर्ग़नः] *पु॰* प्रमुख। मुखिया। सरदार। *जैसे*—चोरों का सरग़ना पकड़ा गया।

सरगम—[< हि॰ सा रे ग म] *पु॰* (संगीत॰) १. सात स्वरों के शास्त्रीय नामों— षड्ज, ऋषभ, गान्धार, मध्यम, पंचम, धैवत और निषाद का क्रमशः संक्षिप्त रूप **सा, रे, ग, म, प, ध, नि**। २. किसी गीत में लगने वाले स्वरों का उच्चारण। ३. स्वर-लिपि।

सरगर्म—[फा॰] *वि॰* १. उमंग से भरा हुआ। उत्साहपूर्ण। २. आवेशपूर्ण। जोशीला। ३. तन्मय। तल्लीन। ४. कटिबद्ध। तत्पर।

***सरगुन**—*वि॰* ≤ *सं॰* सगुण। ❖ **सरगुनिया**—*पु॰* = सगुण ब्रह्म का उपासक। सगुणोपासक।

***सरग्गि**—*पु॰* ≤ *सं॰* स्वर्ग।

***सरघर**—[सं॰ सर + हि॰ घर] *पु॰* (तीरों को रखने का) तूणीर। तरकश।

सरघा—[सं॰ सर √हन् + ड, निपात॰] *स्त्री॰* शहद की मक्खी। मधुमक्खी।

सरङ्ग[१] **(सरंग**[१] **)**—[सं॰ √सृ + अङ्गच्] *पु॰* १. चतुष्पद। चौपाया। २. पक्षी।

सरङ्ग[२] **(सरंग**[२] **)**—[सं॰ स + रङ्ग] *वि॰* रंगदार। रंगीन।

†**सरङ्गा (सरंगा)**—[< सं॰ सर + गा] *स्त्री॰* (पहले प्रचलित रही) तेज़ चलनेवाली एक प्रकार की नौका/नाव।

सरचार्ज—[अं॰] *पु॰* १. अतिरिक्त किराया/महसूल आदि। अधिभार। २. अतिरिक्त कर। अधिक। ३. अतिरिक्त शुल्क। अधिशुल्क। ४. अतिरिक्त मूल्य। अधिमूल्य।

***सरज**—*स्त्री॰* ≤ *सं॰* स्रज्। फूलों की माला। पुष्पमाला। गजरा।

***सरजना**—[< सं॰ सर्जन] *क्रिस॰* १. सर्जन करना। रचना। बनाना। २. सृष्टि करना।

सरज़मीन/सरज़मीं (सरज़मीं)—[फा॰] *स्त्री॰* १. पृथ्वी। २. देश। ३. हरी-भरी भूमि। श्रेष्ठ भूमि।

सरजा—[< फा॰ सरजाह] *पु॰* १. सरदार। २. सिंह।

†**सरजात**—[< फा॰ सरदार] *पु॰* मुखिया। प्रधान।

***सरजिव/सरजीव**—*वि॰* ≤ *सं॰* सजीव।

***सरजु/सरजू**—*स्त्री॰* ≤ *सं॰* सरयू (नदी)।

सरज़ोर—[फा॰] *वि॰* १. प्रबल। शक्तिशाली। २. उद्दंड। उद्धत।

सरञ्जाम (सरंजाम)—[फा॰] *पु॰* १. अन्त। २. परिणाम। ३. कार्य का पूरा होना। पूर्ति। ४. प्रबन्ध।

सरट—[सं॰ √सृ + अटन्] *पु॰* १. वायु। हवा। २. गिरगिट।

सरटि—[सं॰ √सृ + अटिन्] *पु॰* १. वायु। हवा। २. मेघ। बादल। ३. छिपकली।

सरण[१]—[सं॰ √सृ + युच्] *वि॰* १. गमनशील। गतिशील। २. बहनेवाला। प्रवाहशील।

सरण[२]—[सं॰ √सृ + ल्युट्] *पु॰* १. आगे गमन करना। अग्रगमन। २. प्रवाह। बहाव। ३. सरकना। खिसकना। ४. निकलना। निर्गमन।

सरणि/सरणी—[सं॰ √सृ + अनि, सरणि + ङीष्] *स्त्री॰* १. मार्ग। रास्ता। २. ढंग। तरीक़ा। ३. सरल रेखा। सीधी लकीर। ४. परिपाटी। प्रथा। ढर्रा।

***सरति**—*स्त्री॰* ≤ *सं॰* सरिता।

सरथ—[सं॰ स + रथ] *वि॰* जो एक ही रथ पर सवार हों। *पु॰* रथ पर सवार योद्धा।

***सरद**[१]—*स्त्री॰* ≤ *सं॰* शरद् (ऋतु)।

***सरद**[२]—*वि॰* ≤ *फा॰* सर्द। बहुत ठंडा। ***वा॰* सरद-गरम कहना**—भला-बुरा कहना।

सरदई—[< हि॰ सरदा] *वि॰* सरदा नामक फल के रंग का। हरापन लिए पीला। *पु॰* हरापन लिए पीला रंग।

†**सरद-परब**—*पु॰* ≤ *सं॰* शरत्पर्व। आश्विन मास की पूर्णिमा। शरत्पूर्णिमा।

सरदा—[< फा॰ सर्दः] *पु॰* एक मीठा फल जो ख़रबूज़े से अधिक बड़ा और अधिक मीठा होता है।

***सरदातप**—[< सं॰ शरदातप] *पु॰* १. शरद् ऋतु की तीखी धूप। शरद-आतप। २. शरद ऋतु की गर्मी।

सरदाना—[< फा॰ सर्द] *क्रिअ॰* १. शीत/सर्दी के कारण ठंडा होना। २. शीत/सर्दी के कारण मन्द या शिथिल होना।

†**सरदियाना**—[< हि॰ सरदी < सर्दी] *क्रिअ॰* १. ठंड लगने के कारण अस्वस्थ हो जाना। २. ठंडा पड़ना। ३. (लाक्षणिक) क्रोध आदि का आवेश शान्त होना।

सरदी—[< हि॰ सर्दी] *स्त्री॰* १. शीत। जाड़ा। सर्दी। २. शीत ऋतु। जाड़े का मौसम।

सरदेशमुखी—[< मराठी सरदेशमुख] *स्त्री०* मराठा शासन में जीते गए क्षेत्रों से वसूल किया जाने वाला एक प्रकार का सरकारी कर।

***सरधा**—*स्त्री०* [< सं० श्रद्धा] *स्त्री०* १. श्रद्धा। (दे०) २. कामना।

सरन**—*स्त्री०* ≤ *सं०* शरण। ***जैसे—राम-सरन में जाना।

***सरनगत**—[< सं० शरणगत/शरणागत] *वि०* शरण में गया हुआ या शरण में आया हुआ। शरणगत या शरणागत।

***सरनद**—*वि०* ≤ *सं०* शरणद। शरण देनेवाला। शरणदाता।

***सरनदीप**—*पु०* ≤ *सं०* स्वर्णद्वीप। सिंहलद्वीप। श्रीलंका।

सरना—[< सं० सरण] *क्रिअ०* १. सरकना। चलना। २. हिलना-डुलना। ३. सामर्थ्य/शक्ति के अनुसार होना। हो पाना। ४. उपयोग में आना। ५. (आपस में) सद्भाव बना रहना। निभना। (आपस में) पटना। ***जैसे***—दोनों परिवारों में अब और नहीं सरेगी। ६. (कार्य का) निर्वाह होना। पूरा हो पाना। बनना।

सरनाम—[फा०] *वि०* जिसका बहुत नाम हो। प्रसिद्ध। मशहूर। ✣ **सरनामी**—*स्त्री०* = प्रसिद्धि। *वि०* = सरनाम।

सरनामा—[फा०] *पु०* १. (लेख आदि का) शीर्षक। २. पत्र के ऊपर छपा लेखक का नाम आदि। पत्र-शीर्ष। ३. उक्त मुद्रशीर्षवाला काग़ज़। मुद्रशीर्ष-पत्रक। (अं० लेटरहेड)।

***सरनि[१]**—*स्त्री०* < *सं०* सरणि। सरणी।

***सरनि[२]**—[< सं० सर] *पु०* सरोवरों में।

***सरनि[३]**—[< सं० शरण] *पु०* शरण में।

सरन्ध्र (संरंध्र)—[सं० स + रन्ध्र] *वि०* १. जिसमें बहुत छोटे-छोटे छेद हों जिनसे होकर हवा जा सकती हो। रन्ध्रयुक्त। छेददार। झिरझिरा। २. रोमकूपों से युक्त (त्वचा)। ✣ **सरन्ध्रता (संरंध्रता)**—*स्त्री०* = १. छेददार होना। रन्ध्रयुक्तता। २. रोमकूप-युक्तता।

सरपना—[< सं० सर्पण] *क्रिअ०* १. आगे बढ़ना। २. (इधर-उधर) खिसकना।

सरपरस्त—[फा०] *वि०* १. जो पालन-पोषण करे। संरक्षक। २. अभिभावक। ✣ **सरपरस्ती**—*स्त्री०* = १. पालन-पोषण। संरक्षण। २. अभिभावकता।

***सरपि**—[< सं० सर्पिस्] *पु०* घृत। घी।

***सर-पिञ्जर (पिंजर)**—[< सं० शर ~ पिञ्जर] *पु०* बाणों का बना हुआ घेरा।

सरपेच—[फा०] *पु०* १. पगड़ी के ऊपर कलग़ी के समान लगने वाला एक जड़ाऊ आभूषण। २. एक प्रकार का गोटा।

सरफ़रोश—[फा०] *वि०* जान की बाज़ी लगा देने वाला।

सरफ़ा/सर्फ़ा—[< फा० सर्फ़:] *पु०* व्यय। ख़र्च।

सरबक—[< सं० सर्व] *सर्व०* सर्व। सब। *वि०* पूरी तरह मिलावट वाला।

सरबराहकार—[फा०] *पु०* १. कारिन्दा। २. प्रबन्धक। व्यवस्थापक।

***सरबरि**—[< हि० सरबर] *स्त्री०* = समानता। बराबरी।

***सरबरी[१]**—[देशज] *स्त्री०* (आपस में) कहा-सुनी।

***सरबरी[२]**—[< सं० शर्वरी] *स्त्री०* १. रात्रि। २. सन्ध्या। ३. स्त्री। ✣ **सरबरीनाथ**—*पु०* = चन्द्रमा।

***सरबस**—*पु०* ≤ *सं०* सर्वस्व। अपना सब कुछ।

सरभङ्ग (सरभंग) सम्प्रदाय—[< सं० शरभङ्ग ~ सम्प्रदाय] *पु०* शरभंग सम्प्रदाय।

सरमग़ज़ी—[< फा० सर + मग़ज़] *स्त्री०* (किसी बात में) दिमाग़ थकाना। माथापच्ची।

***सरमना**—[< हि० सरम] *क्रिअ०* लज्जित होना। शरमाना। *क्रिस०* लज्जित करना।

सरमाया—[< फा० सरमाय:] *पु०* १. पूँजी। धन। ***जैसे***—बड़े उद्योगों के लिए बड़ा सरमाया चाहिए। २. धन-सम्पत्ति।

सरमायादार—[फा०] *वि०* १. पूँजीपति। २. धनवान्।

सररर—[अनु०] *स्त्री०* पिचकारी आदि की जलधारा की ध्वनि।

सरराना—[< हि० सर-सर] *क्रिअ०* १. हवा बहने की आवाज़ होना। 'सर-सर' ध्वनि उत्पन्न होना। २. हवा में किसी वस्तु के चलने की आवाज़। ३. पिचकारी आदि की जलधारा निकलना या उसकी ध्वनि होना।

सरव—[सं० स + रव] *वि०* शब्दयुक्त। कोलाहलयुक्त।

***सरवना**—[< सं० स्रवण] *क्रिअ०* स्रवित होना। बहना या टपकना।

***सरवर[१]**—[< सं० सदृश] *स्त्री०* समानता। बराबरी।

सरवर[२]—[सं० सरः ~ वर] *पु०* सरोवर। तालाब।

***सरवरि[१]**—[< सं० सदृश] *स्त्री०* समानता। तुल्यता। बराबरी।

***सरवरि[२]**—[< सं० शर्वरी] *स्त्री०* १. रात्रि। २. सन्ध्या। ३. स्त्री।

सरवा—[< सं० सराव] *पु०* मिट्टी का कटोरा। सकोरा।

***सरवान[१]**—[देशज] *पु०* १. तम्बू। डेरा। ख़ेमा। २. ध्वजा। पताका। झंडा।

***सरवान[२]**—[< फा० सारवान] *पु०* ऊँट हाँकनेवाला।

†सरवार—[< सं० सरयू + हि० वार] *पु०* सरयू नदी के पार गोरखपुर आदि की ओर का क्षेत्र। सरयूपार।

सरवारि—[सं० सरः ~ वारि] *पु०* तालाब का पानी।

सरस[१]—[सं० स + रस] *वि०* १. रसमय। रसयुक्त। रसदार। रसीला। ***जैसे***—सरस फल। २. भीगा हुआ। आर्द्र। सजल। तर। गीला। ३. उत्तम स्वाद वाला। स्वादिष्ठ। ४. सहृदय। रसिक। ***जैसे***—सरस लोग ही काव्य का आनन्द ले सकते हैं। ५. प्रेमपूर्ण। स्नेहयुक्त। ६. नया। ताज़ा। टटका। ७. सुन्दर। मनोमुग्धकारी। मनोहर। ८. कामभावना जगाने वाला। भावपूर्ण। (काव्य०) भावपूर्ण। रसात्मक। (छन्द०) एक सममात्रिक छन्द जिसके प्रत्येक चरण में १४ मात्राएँ होती हैं तथा ७-७ पर यति होती है।

***सरस[२]**—[< सं० सरस्/सरः] *पु०* सरोवर। तालाब।

***सरसई[१]**—[< प्रा० सरस्सई < सं० सरस्वती] *स्त्री०* १. सरस्वती (देवी)। २. सरस्वती (नदी)।

***सरसई[२]**—[< सरस] *स्त्री०* १. सरसता। २. रसमयता। ३. आर्द्रता। सजलता। ४. आनन्दमयता।

सरसना—[< सं० सरस] *क्रिअ०* १. रसयुक्त होना। रसपूर्ण होना।

२. जलयुक्त होना। सजल होना। २. हरा-भरा होना। लहलहाना। ३. बढ़ना। पनपना। ४. शोभित होना। मनोहर होना। ५. कोमलता से युक्त होना। ६. सरलता युक्त होना। ७. (प्रेम आदि) किसी कोमल भाव से युक्त होना।

सरसब्ज़—[फा॰ सर-सब्ज़] *वि॰* १. हरा-भरा। लहलहाता हुआ। ***जैसे***—सरसब्ज़ पौधे। २. हरे-भरे पेड़-पौधों वाला। हरियालीवाला। ***जैसे***—सरसब्ज़ बग़ीचा। ३. समृद्ध। ***जैसे***—सरसब्ज़ परिवार। ४. उन्नतिशील। ५. आबाद। ६. उर्वर। उपजाऊ। ***जैसे***—सरसब्ज़ भूमि।

सरसराना—[< हि॰ सर-सर] *क्रिअ॰* १. 'सर-सर' की ध्वनि होना। २. हवा चलना या साँप आदि का रेंगना या पक्षियों का पंख फड़फड़ाना। २. तेज़ी से काम करना। जल्दी-जल्दी काम करना। *क्रिस॰* 'सर-सर' की ध्वनि उत्पन्न करना। ✣ **सरसराहट**—*स्त्री॰* = १. सरसराने की ध्वनि। 'सर-सर' ध्वनि। २. शरीर पर किसी कीड़े आदि के रेंगने से खुजली लगना। सुरसुराहट।

सरसरी—[< फा॰ सरासरी] *वि॰* १. जो जल्दी से किया गया हो और बहुत गम्भीरता से नहीं। क्षिप्र। ***जैसे***—सरसरी नज़र से पढ़ना। २. जो संक्षिप्त रूप का हो। चलते ढंग का। ***जैसे***—सरसरी तौर पर मामला समझना।

सरसाई[१]—[< हि॰ सरसना] *स्त्री॰* १. सरसने की अवस्था/भाव। २. शोभा। सौन्दर्य। मनोहरता। सुहावनापन।

***सरसाई[२]**—[< हि॰ सरस] *स्त्री॰* सरसता।

सरसाना—[< हि॰ सरसना] *क्रिस॰* १. सरसने में प्रवृत्त करना। २. रसयुक्त करना। जलयुक्त करना। ३. हरा-भरा करना। ४. बढ़ाना। पनपाना। ५. शोभित करना। मनोहर करना। सौन्दर्य बढ़ाना। ६. कोमलता या सरलता से युक्त करना। ७. (प्रेम आदि) किसी कोमल भाव से युक्त करना। (सुन्दर रूप में) प्रकट होना।

सरसाम—[फा॰] *पु॰* वात, पित्त और कफ नामक तीनों दोषों के कुपित होने से होनेवाला गम्भीर रोग। सन्निपात।

सरसिज—[स॰ सरुसि + ज] *वि॰* सरोवर में उत्पन्न। *पु॰* कमल। पद्म।

सरसी[१]—[स॰ सरस + ङीष्] *स्त्री॰* १. छोटा सरोवर। पुष्करिणी। (छन्द॰) १. एक समवर्णिक छन्द जिसके प्रत्येक चरण में क्रमशः नगण, जगण, भगण, ३ जगण और रगण (न ज भ ज ज ज र) के योग से २१ वर्ण होते हैं तथा ११-१० पर यति होती है। २. एक सममात्रिक छन्द जिसके प्रत्येक चरण में २७ मात्राएँ होती हैं, १६-११ पर यति होती है और अन्त में क्रमशः गुरु-लघु होते हैं।

सरसी[२]—[< स॰ सरस] *स्त्री॰* नमी/तरी वाली भूमि।

सरसीरुह—[स॰ सरसी + रुह] *पु॰* कमल। पद्म। ✣ **सरसीरुहलोचन**—*वि॰* = कमल के समान प्रफुल्लित नेत्रों वाला। सुन्दर नेत्रों वाला।

†**सरसौहाँ**—[< हि॰ सरसना] *वि॰* १. सरस। रसमय। ३. प्रिय। ४. सुन्दर। मनोहर।

सरह—[< स॰ शलभ] *पु॰* १. शलभ। पतंगा। २. टिड्डी।

***सरहना**—*स्त्री॰* ≤ *हि॰* सराहना। प्रशंसा। तारीफ़।

†**सरहरा**—*वि॰* ≤ *स॰* सरल। सीधा। ✣ **सरहरि/सरहरी**—*वि॰* (*स्त्री॰*) सरल। सीधी।

***सरा[१]**—[< स॰ शर] *पु॰* बाण। तीर। *स्त्री॰* चिता।

सरा[२]—[फा॰] *स्त्री॰* १. घर। मकान। २. प्रासाद। महल। ३. सराय। मुसाफ़िरख़ाना।

†**सराई[१]**—[< स॰ शलाका] *स्त्री॰* १. शलाका। सलाई। २. सरकंडे की पतली छड़/छड़ी।

†**सराई[२]**—[< स॰ शराव] *स्त्री॰* १. मिट्टी का प्याला। २. दीपक। दिया।

सराग[१]—[स॰ स + राग] *वि॰* १. रागयुक्त। आसक्तिपूर्ण। ***जैसे***—सराग नेत्रों से देखना। २. प्रेमयुक्त। सप्रेम। ***जैसे***—सराग व्यवहार। ३. रंगवाला। रंगदार।

***सराग[२]**—[< स॰ शलाका] *पु॰* शलाका। सलाख़।

***सराध**—*पु॰* ≤ *स॰* श्राद्ध। (दे॰)

***सरानल**—[< स॰ शरानल] पु॰ १. बाणों की अग्नि। २. चिता की अग्नि।

सराना—[हि॰ सरना/सारना का प्रेरणा॰] *क्रिस॰* सम्पादित कराना। पूरा कराना।

सरापा—[< फा॰ सर + पा] *क्रिवि॰* १. सिर से पैरों तक। आपादमस्तक। ***जैसे***—सरापा भीगा हुआ। २. ऊपर से नीचे तक। ३. आरम्भ से अन्त तक। ४. पूर्णतः। नितान्त। बिलकुल। ***जैसे***—शराब में सरापा डूबा हुआ। *पु॰* (काव्य में किसी के) सिर से पैर तक के सब अंगों का क्रमशः वर्णन।

सराबोर—[< फा॰ शराबोर] *वि॰* अच्छी तरह भीगा हुआ। तर-बतर।

सराय—[< तातारी सरा] *स्त्री॰* यात्रियों के ठहरने का स्थान। ***वा॰* सराय का कुत्ता**—१. बहुत लालची व्यक्ति। २. बहुत स्वार्थी और नीच व्यक्ति।

***सराव**—[< स॰ शराव] *पु॰* १. प्याला। २. शराब का प्याला। मद्य-पात्र। ३. दीपक। दिया। ४. एक पुरानी तौल जो ६४ तोले के बराबर होती थी।

***सरावक/सरावग**—[< स॰ श्रावक] *पु॰* जैन धर्म का अनुयायी। श्रावक। ✣ **सरावगी**—*पु॰* = जैन धर्म का अनुयायी।

***सरासन**—*पु॰* ≤ *स॰* शरासन। धनुष।

सरासरी—[फा॰] *स्त्री॰* (किसी काम में) ऐसी शीघ्रता जिसमें विवरणों पर ध्यान न दिया जाए। *क्रिवि॰* १. जल्दबाज़ी में। २. अनुमानतः।

सरि[१]—[स॰ √सृ + इन्] *स्त्री॰* निर्झर। झरना।

***सरि[२]**—[< स॰ स्रक्] *स्त्री॰* माला। लड़ी।

***सरि[३]**—*स्त्री॰* ≤ *स॰* सरिता। नदी।

***सरि[४]**—[< स॰ सदृश] *वि॰* समान। बराबर। *स्त्री॰* समानता। बराबरी।

***सरि[५]**—[< स॰ शर] *पु॰* बाण। तीर।

***सरि[६]**—[< स॰ सरः] *पु॰*=१. सरोवर। २. सरोवर में।

***सरि[७]**—[< हि॰ सरना (सड़ना)] *क्रिवि॰* सड़कर।

सरिका[१]—[< सं॰ स्रक्] *स्त्री॰* १. माला। २. मोतियों की माला। ३. मोती। ४. रत्न।

***सरिका**[२]—[< हि॰ सरि < सं॰ सर] *स्त्री॰* छोटा सरोवर।

सरित्—[सं॰√सृ + इति] *स्त्री॰* सरिता। नदी। ✣ **सरित**—*स्त्री॰*=सरिता। नदी। ✣ **सरितराज**—*पु॰* समुद्र। सागर।

सरिता—[< सं॰ सरित्] *स्त्री॰* १. जल-धारा। जल-प्रवाह। २. नदी। (छन्द॰) एक समवर्णिक छन्द जिसके प्रत्येक चरण में तगण, यगण, सगण, भगण, रगण, यगण, गुरु, लघु चरण में क्रमश: (त य स भ र य ग ल) के योग से २० वर्ण होते हैं तथा १०-१० पर यति होती है।

सरित्पति (सरित्पति)—[सं॰ सरित् ~ पति] *पु॰* समुद्र। सागर।

सरिद्भर्ता (सरिद्भर्ता)—[सं॰ सरित् ~ भर्ता] *पु॰* समुद्र। सागर।

***सरिबरि**—[< सं॰ सदृश] *स्त्री॰* श्रेष्ठता में समानता। बराबरी।

सरिया—[< सं॰ शर] *स्त्री॰* १. सरकंडे की छड़। २. लोहे की पतली और लम्बी छड़।

सरियाना—[देशज़] *क्रिस॰* १. एकत्र करना। ***जैसे***—बिखरी वस्तुओं को जल्दी सरियाओ। २. व्यवस्थित करना। ३. वस्त्रों की तह लगाना। ४. (सरिया आदि से) मारना। पीटना।

सरिवन—[< सं॰ शालपर्णी] *पु॰* एक औषधोपयोगी क्षुप। शालपर्णी।

***सरिवर/सरिवरि**—[< सं॰ सदृश ~ वर] श्रेष्ठता में समानता। बराबरी।

सरिश्ता—[फा॰ सरिश्त:] *पु॰* १. विभाग। महकमा। २. न्यायालय। कचहरी।

सरिश्तेदार—[फा॰] *पु॰* १. किसी सरकारी विभाग का अधिकारी। प्रमुख। २. कचहरी/का एक कर्मचारी विशेष।

सरिस**—[प्रा॰ < सं॰ सदृश] *वि॰* १. सदृश। समान। तुल्य। बराबर। ***जैसे— राम सरिस सुत। २. अनुरूप। अनुसार।

†**सरीकत**—*स्त्री॰* ≤ *हि॰* सरीखत। समानता। बराबरी।

***सरीकता**—[< अरबी शिरकत] *स्त्री॰* १. सम्मिलित/शरीक होने का भाव। साझेदारी। २. साझा। ३. भाग। अंश। हिस्सा।

†**सरीख**—[< प्रा॰ सरिक्ख < सं॰ सदृश] *वि॰* सदृश। तुल्य। जैसा। ✣ **सरीखत**—*स्त्री॰* = समानता। बराबरी। ***जैसे***—तुम अभी छोटे हो, पिता की सरीखत मत करो।

सरीखा—[< हि॰ सरीख] *वि॰* १. सदृश। तुल्य। २. समान। बराबर। ***जैसे***—तुम्हारे सरीखे वीर।

सरीसा**—*वि॰* ≤ *सं॰* सदृश। समान। ***जैसे—भरत सरीसा भाई।

सरीसृप—[स] वे जन्तु जो जमीन पर रेंगते हैं। (जैसे—छिपकली, साँप)।

सरु[१]—[सं॰ √सृ + उन्] *पु॰* तलवार की मूँठ।

***सरु**[२]—*पु॰* ≤ *सं॰* शर। बाण। तीर।

सरुचि—[सं॰ स + रुचि] *क्रिवि॰* शौक़ से। रुचिपूर्वक।

सरुज—[सं॰ स + रुज] *वि॰* रोगी। बीमार। ***जैसे***—सरुज शरीर।

सरुष—[सं॰ स + रुष] *वि॰* रुष्ट। *क्रिवि॰* रोषपूर्वक। क्रोधपूर्वक।

†**सरुहना**—[देशज] *क्रिअ॰* ≤ *हि॰* १. सुलझना। २. सुधरना। ***जैसे***—तुम कभी नहीं सरुहोगे। ✣ **सरुहाना**—*क्रिस॰*= १. सुलझांना। २. सुधारना। ३. (रोगी को) नीरोग करना। स्वस्थ करना।

***सरूकन**—[देशज] *क्रिवि॰* अनुमान से। अनुमानत:।

सरूप[१]—[सं॰ स + रूप] *वि॰* १. रूप-युक्त। आकारवान। मिलता-जुलता। समानरूप। सदृश।

***सरूप**[२]—[< सं॰ स्वरूप] *पु॰* स्वरूप। आकृति।

***सरूप**[३]—[< सं॰ सुरूप] *पु॰* सुन्दर रूप।

सरूर—[< फा॰ सुरूर] *पु॰* १. प्रसन्नता। ख़ुशी। २. नशीली वस्तु का नशा। ३. ख़ुमार।

सरेख—[< सं॰ श्रेष्ठ] *वि॰* १. उम्र में बड़ा और समझदार। सयाना। २. चतुर। चालाक।

सरेखना—[देशज] *क्रिस॰* सँभाल कर रखने के लिए सौंपना। ✣ **सरेखा**[१]—*पु॰* = सरेखने की क्रिया/भाव।

†**सरेखा**—*स्त्री॰* ≤ *सं॰* श्लेषा। आश्लेषा नक्षत्र। अश्विनी आदि नक्षत्रों में नवाँ नक्षत्र।

सरे नौ—[फा॰] *क्रिवि॰* १. नए सिरे से। २. आरम्भ से । शुरू से।

सरेबाज़ार—[फा॰] *क्रिवि॰* १. खुले बाज़ार में। जनता के सामने। २. खुले रूप में। लोगों के सामने।

सरे राह—[फा॰] *क्रि वि॰* रास्ते में। राह में। रास्ता चलते हुए।

सरेश—[फा॰] *पु॰* एक लसीला पदार्थ जो लकड़ियाँ आदि जोड़ने के काम आता है।

सरेशाम—[फा॰] *क्रिवि॰* शाम के समय। सायंकाल होते ही।

सरो—[< फा॰ सर्व] *पु॰* एक सुन्दर वृक्ष जो सीधा बढ़ता है। बनझाऊ।

सरोकार—[फा॰] *पु॰* १. प्रयोजन। मतलब। २. सम्बन्ध। वास्ता।

सरोज—[सं॰ सरस् + ज] *वि॰* सरोवर से उत्पन्न। *पु॰*— कमल। ***जैसे***—चरण-सरोज।

सरोजपाणि—[सं॰ सरोज ~ पाणि] *पु॰* कमल के समान सुन्दर और कोमल हाथ। कर-कमल।

***सरोजराग**—[सं॰ सरोज ~ राग] *पु॰* पद्मराग (रत्न)।

सरोजिनी—[सं॰ सरोज + इनि+ ङीप्] *स्त्री॰* १. कमल का पौधा। २. बहुत कमलों वाला सरोवर। ३. सरोवर में खिले हुए कमलों का समूह। कमलवन।

सरोजी—[सं॰ सरोजिन्] *वि॰* १. कमल-सम्बन्धी। कमल का। २. (स्थान) जहाँ बहुत कमल हों। ३. कमलोंवाला। कमल-युक्त।

***सरोतर**—*क्रिवि॰* ≤ *सं॰* सर्वत्र। सब जगह।

सरोद—[फा॰] *पु॰* (संगीत॰) एक तत वाद्य जो रबाब जैसी आकृति का होता है।

***सरोबर**—*पु॰* ≤ *सं॰* सरोवर। जलाशय, तालाब, झील।

सरोरुह—[सं॰ सरस् √रुह् + क] *पु॰* कमल। सरोज।

सरोवर—[सं॰ सरस् ~ वर] *पु॰* जलाशय। तालाब। झील।

सरोष—[सं॰ स + रोष] *क्रिवि॰* क्रोध के साथ। क्रोध- पूर्वक। *वि॰* क्रोध में भरा हुआ। क्रुद्ध।

सरो सामान—[फा॰] *पु॰* १. (सब) सामान। सामग्री। २. जीवन का आवश्यक सामान।

***सरौंट (सरोंट)**—*पु॰* (कपड़े की) सिलवट। शिकन।

***सरौट**—*स्त्री॰* ≤ हि॰ सिलवट। (कपड़े की) शिकन।

सरौता—[< सं॰ सारपत्र + क] *पु॰* १. लोहे का एक उपकरण जो सुपारियाँ काटने के काम आता है। २. कच्चे आम आदि काटने का एक उपकरण जो लोहे का होता है और लकड़ी में जड़ा होता है।

***सर्करा**—*स्त्री॰* ≤ *सं॰* शर्करा। शकर।

सर्ग[१]—[सं॰ √सृज् + घञ्] *पु॰* १. रचना। निर्माण। २. सृष्टि। ३. विश्व की सृष्टि। ४. जड़ जगत्। ५. प्रवाह। बहाव। ६. गति। चाल। ७. प्रकृति। ८. उत्पत्ति-स्थान। उद्गम। ९. मल-त्याग। १०. (ग्रन्थ का) अध्याय। परिच्छेद। ११. शिव। महादेव।

सर्ग[२]**—*पु॰* ≤ *सं॰* स्वर्ग। ***जैसे—सर्ग-पताल (=स्वर्ग-पाताल)।

सर्गकर्ता—[सं॰ सर्ग ~ कर्ता] *पु॰* १. सर्ग का कर्ता। २. सृष्टि का रचयिता। सृष्टिकर्ता।

सर्गक्रम—[सं॰ सर्ग ~ क्रम] *पु॰* सृष्टि का क्रम। सृष्टिक्रम।

सर्गबन्ध (सर्गबंध)—[सं॰ सर्ग ~ बन्ध] *पु॰* (महाकाव्य आदि में) सर्गों में विभाजन।

सर्गसम्भूत (सर्गसंभूत)—[सं॰ सर्ग ~ सम्भूत] *वि॰* प्राकृतिक।

***सर्गुन**—*वि॰* ≤ *सं॰* सगुण।

सर्चलाइट—[अं॰] *स्त्री॰* बिजली के तेज़ प्रकाशवाली बत्ती जिसे घुमा-घुमाकर विविध दिशाओं में प्रकाश डाला जा सकता है। खोज-बत्ती।

सर्ज[१]—[सं॰ √सृज् + अच्] *पु॰* शाल/साल का पेड़। ❖ **सर्ज-निर्यासक/रस**—*पु॰* = राल।

सर्ज[२]—[अं॰] *स्त्री॰* एक प्रकार का गर्म कपड़ा।

सर्जन[१]—[सं॰ √सृज् + ल्युट्] *पु॰* १. उत्पन्न करना। २. उत्पत्ति। ३.त्याग। ४. रचना। ***जैसे***—काव्य-सर्जन।

सर्जन[२]—[अं॰] *पु॰* शल्य-चिकित्सक।

सर्जना—[सं॰ सर्जन + टाप्] *स्त्री॰* १. सृष्टि। २. रचना। ***जैसे***—कहानी की सर्जना की प्रेरणा।

सर्पगन्धा (सर्पगंधा)—[सं॰ सर्प ~ गन्धा] *स्त्री॰* एक क्षुपजातीय औषधोपयोगी वनस्पति।

सर्पछत्र—[सं॰ सर्प ~ छत्र] *पु॰* कुकुरमुत्ता।

सर्पण—[सं॰ √सृप् + ल्युट्] *पु॰* १. रेंगने की क्रिया। २. धीरे-धीरे चलना। (पेट के बल) खिसकना। ३. टेढ़ा चलना।

सर्प-दंष्ट्र—[सं॰] *पु॰* साँप का विषदन्त।

सर्प-निर्मोचन/निर्मोक—[सं॰] *पु॰* साँप की केंचुली।

सर्प-लता, सर्प-वल्ली—[सं॰] *स्त्री॰* नागवल्ली। पान।

सर्पविवर—[सं॰ सर्प ~ विवर] *पु॰* साँप का बिल।

सर्पाभ—[सं॰ सर्प ~ आभा] *वि॰* साँप से मिलता-जुलता। साँप जैसा।

सर्पाराति/सर्पारि—[सं॰ सर्प ~ अराति/अरि] *पु॰* १. साँप का शत्रु। २. गरुड़। ३.मयूर। मोर। ४. नेवला।

सर्पावास—[सं॰ सर्प ~ आवास] *पु॰* १. साँप के रहने का स्थान। २. चन्दन का वृक्ष।

सर्पास्य—[सं॰ सर्प ~ आस्य] *पु॰* साँप का मुख। *वि॰* जिसका मुख साँप के समान हो।

सर्पिणी—[सं॰ √सृप् + णिनि + ङीप्] *स्त्री॰* साँपिन।

***सर्पिल**—[सं॰ सर्प + इलच्] *वि॰* साँप की तरह टेढ़ा-मेढ़ा। ❖ **सर्पिलता**—*स्त्री॰* साँप की तरह टेढ़ामेढ़ापन। वक्रता।

सर्पी[१]—[सं॰ सर्पिन् (√सृप् + णिनि)] *वि॰* १. रेंगनेवाला। २. वक्र गति से चलनेवाला।

***सर्पी[२]**—[< सं॰ सर्पिस्] *पु॰* घृत। घी।

सर्पेश्वर—[सं॰ सर्प ~ ईश्वर] *पु॰* (सर्पराज) वासुकि।

सर्पेष्ट—[सं॰ सर्प ~ इष्ट] *पु॰* चन्दन का वृक्ष।

सर्फ़—[अरबी] *वि॰* ख़र्च किया हुआ।

सर्फ़ा—[< अरबी सर्फ़ः] *पु॰* व्यय। ख़र्च।

***सर्ब[१]**—*सर्व॰* ≤ *सं॰* सर्व। सब।

***सर्ब[२]**—*पु॰* ≤ *सं॰* शर्व। शिव। महादेव।

***सर्बपर**—[< सं॰ सर्व ~ पर] *वि॰* सम्पूर्ण विश्व-प्रपंच से परे। सबसे परे। विश्वातीत। लोकातीत।

***सर्बस**—[< सर्वस्व] *सर्व॰* १. अपना सब कुछ। हर चीज़। सर्वस्व। २. सबसे अधिक महत्त्वपूर्ण वस्तु। सर्वस्व।

***सर्म**—*स्त्री॰* ≤ *फा॰* शर्म। लज्जा। शर्म।

सर्मन—[< सं॰ शर्मन्] *पु॰* १. (ब्राह्मणों की एक उपाधि) शर्मा। २. ब्राह्मण।

सर्राफ़ा—[< अरबी॰ सर्राफ़ः] *पु॰* सर्राफ़ों का बाज़ार। सराफ़ा।

सर्व—[सं॰ √सृ + व] *सर्व॰* सब। ***जैसे***—सर्व-उपस्थिति। *वि॰* सम्पूर्ण। समस्त। सारा। सब। ***जैसे***—सर्व समाज।

सर्वकामद—[सं॰ सर्व ~ काम + द] *वि॰* सब कामनाएँ पूरी करनेवाला। ***जैसे***—सर्वकामद देवता की पूजा।

सर्वकामेश्वर—[सं॰ सर्व ~ काम ~ ईश्वर] *पु॰* १. सब इच्छाओं को पूर्ण करनेवाला ईश्वर/स्वामी। २. शिव। महादेव।

सर्वकाम्य—[सं॰ सर्व ~ काम्य] *वि॰* सब का काम्य/प्रिय। सर्वप्रिय।

सर्वकार्यक्षम—[सं॰ सर्व ~ कार्य ~ क्षम] *वि॰* सब कुछ करने की शक्ति/क्षमतावाला। सर्वशक्तिमान्। *पु॰* परमात्मा।

सर्वकालीन—[सं॰ सर्व ~ कालीन] *वि॰* सब काल का। हर समय का।

सर्वकृत्—[सं॰ सर्व ~ कृत] *वि॰* सबका उत्पादक। सबका रचयिता। *पु॰* परमात्मा।

सर्वक्षमा—[सं॰ सर्व ~ क्षमा] *स्त्री॰* सबको क्षमा/माफ़ी। आम माफ़ी। (राज॰) राजनीतिक अपराधों या अन्य अपराधों के लिए सरकार द्वारा सब अपराधियों/बन्दियों को दी जाने वाली क्षमा। आम माफ़ी। (अं॰ ऐम्निस्टि)।

सर्वग/सर्वगामी—[सं॰ सर्व + ग, सर्वगामिन्] *वि॰* १. सब जगह जानेवाला। २. सर्वव्यापी। *पु॰* १. ब्रह्म। परमात्मा। २. आत्मा।

सर्वगत—[सं॰ सर्व ~ गत] *वि॰* १. सर्वव्यापक। अन्तर्यामी। ***जैसे***—परमात्मा सर्वगत है। ३. जो किसी जाति/समुदाय/समाज/वर्ग/संस्था आदि के सभी अंगों/घटकों/सदस्यों में पाया जाता हो।

सर्वगति—[सं॰ सर्व ~ गति] *वि॰* १. जो सबको चलने की शक्ति देता हो। सबको गति देनेवाला। २. जो सबको शरण/आश्रय देता हो।

सर्वगामी—दे॰ सर्वग। ● **विशेष**—'सर्वगामी' एक समवर्णिक छन्द भी है जिसका अन्य नाम 'अग्र' है इसके लक्षण हैं— प्रत्येक चरण में ७ तगण और २ गुरु के योग से २३ वर्ण तथा ११-१२ पर यति।

सर्वग्रास—[सं॰ सर्व ~ ग्रास] *पुं॰* १.सब कुछ खा जाना। सब कुछ पचा जाना। २. सूर्य/चन्द्रमा का पूर्ण ग्रहण। ख़ग्रास। ✣ **सर्वग्रासी**—*वि॰* = १. सब कुछ खा जाने वाला। २. किसी का सब कुछ ग्रसनेवाला। ३. किसी का सब कुछ अपने वश में कर लेने वाला। किसी का सर्वस्व अपने अधीन कर लेने वाला।

सर्वग्राही—[सं॰ सर्वग्राहिन्] *वि॰* १.सब कुछ ग्रहण करने वाला। २. सर्वग्रासी।

सर्वचारी—[सं॰ सर्वचारिन्] *वि॰* १. सब स्थानों पर जाने-आनेवाला। सर्वत्र घूमने-फिरनेवाला। २. सर्वव्यापी। *पुं॰* परमात्मा।

सर्वजन—[सं॰ सर्व ~ जन] *पुं॰* सब लोग। ✣ **सर्वजनीन**—*वि॰* = सब लोगों से सम्बन्ध रखनेवाला। जो व्यक्तिगत न हो। सार्वजनिक।

सर्वजित्—[सं॰ सर्व ~ जित्] *वि॰* १. सबको जीतनेवाला। सर्वविजयी। अजेय ***जैसे***—मृत्यु सर्वजित् है। २. सर्वोच्च सत्तावाला। *पुं॰* काल। मृत्यु।

सर्वज्ञ—[सं॰ सर्व + ज्ञ] *वि॰* सब कुछ जाननेवाला। सर्वज्ञानी। सर्वविद्। ***जैसे***—अपने को सर्वज्ञ समझनेवाले मनुष्य। ✣ **सर्वज्ञता**—*स्त्री॰* = सर्वज्ञ होने की अवस्था/गुण/भाव। सब कुछ जानना। सर्वज्ञ होना। सर्वज्ञत्व। ✣ **सर्वज्ञत्व**—*पुं॰* = सर्वज्ञता।

सर्वतः—[सं॰ सर्वतस् (सर्व + तस्)] *क्रिवि॰* १. सब ओर से। २. सब प्रकार से। हर तरह से। ३. सब जगह से। सर्वत्र। ४. पूरी तरह से। सम्पूर्णतः। पूर्णतया।

सर्वतापन—[सं॰ सर्व ~ तापन] *वि॰* सबको तपानेवाला। *पुं॰* १. सूर्य। २. कामदेव।

सर्वतोगामी—[सं॰ सर्वतः ~ गामी (गामिन्)] *वि॰* सर्वत्र या सब ओर जानेवाला या जा सकने वाला।

सर्वतोचक्र—[सं॰ सर्वतः ~ चक्र] *पुं॰* (ज्योतिष॰) शुभ-अशुभ फल जानने के लिए बनाया जाने वाला एक चक्र।

सर्वतोदक्ष—[सं॰ सर्वतः ~ दक्ष] *वि॰* १. सब कामों में या सब बातों में दक्ष/निपुण। २. सब प्रकार से दक्ष/निपुण। पूर्णतः दक्ष।

सर्वतोभद्रा—[सं॰ सर्वतोभद्र + टाप्] *स्त्री॰* १. नटी। अभिनेत्री। २. नर्तकी। नृत्यांगना।

सर्वतोभावेन—[सं॰ सर्वतः ~ भावेन] *क्रिवि॰* १. सब प्रकार से। पूर्णतः। सर्वतः। २. अच्छी तरह से। भलीभाँति।

सर्वतोमुख/सर्वतोमुखी—[सं॰ सर्वतः ~ मुख/मुखी (मुखिन्)] *वि॰* १. जिसका मुख सब ओर हो। २. पूर्ण। व्यापक। ३. जो सब ओर प्रवृत्त हो। ४. सभी प्रकार के कार्यों में दक्ष/निपुण। बहुमुखी योग्यता वाला। *पुं॰* १. (चार मुखों वाला) ब्रह्मा। २. (पाँच मुखों वाला) शिव। महादेव। ३. परमात्मा। ४. आत्मा। ५. अग्नि। ६. स्वर्ग। ७. आकाश। ८. जल। ९. बहुमुखी योग्यता वाला व्यक्ति।

सर्वतोविशिष्ट—[सं॰ सर्वतः ~ विशिष्ट] *वि॰* जो सब प्रकार से विशेष हो। पूर्णतः विशिष्ट।

सर्वथा—[सं॰ सर्व + थाल्] *क्रिवि॰* १. हर प्रकार से। सब तरह से। हर दृष्टि/विचार से। २. पूरी तरह से। पूर्णतः। ३. निरा। बिल्कुल। सरासर। ***जैसे***—यह बात सर्वथा झूठ है। ४. अत्यन्त।

सर्वथैव—[सं॰ सर्वथा + एव] *क्रिवि॰* १. सर्वथा ही। २. सर्वथा।

सर्वद—[सं॰ सर्व + द] *वि॰* १. सब कुछ देनेवाला। २. सारी कामनाएँ पूर्ण करनेवाला।

सर्वदमन—[सं॰ सर्व ~ दमन] *वि॰* सबका दमन करनेवाला। *पुं॰* दुष्यन्त-शकुन्तला का पुत्र। भरत।

सर्वदर्शी—[सं॰ सर्व ~ दर्शी (दर्शिन्)] *वि॰* सब कुछ देखनेवाला। *पुं॰* परमात्मा। ईश्वर।

सर्वद्रष्टा—[सं॰ सर्व ~ द्रष्टा] *वि॰* सबको देखनेवाला। सर्वदर्शी।

सर्वनाथ—[सं॰ सर्व ~ नाथ] *पुं॰* १. सबका स्वामी। २. परमात्मा।

सर्वनामा—[सं॰ सर्वनामन्] *वि॰* सब नामों वाला।

सर्वनियन्ता (सर्वनियंता)—[सं॰ सर्वनियन्तृ] *वि॰* सबको नियन्त्रित करनेवाला। सबको अपने वश में रखनेवाला। *पुं॰* परमात्मा।

सर्वनिलय—[सं॰ सर्व ~ निलय] *वि॰* जिसका निवास सर्वत्र हो। *पुं॰* परमात्मा।

सर्वनिष्ठ—[सं॰ सर्व ~ निष्ठ] *वि॰* १. सब में स्थित। २. सब से लगा हुआ। सब से संलग्न। ३. सबके प्रति भक्ति/श्रद्धा रखनेवाला।

सर्वपति—[सं॰ सर्व ~ पति] *पुं॰* १. सबका स्वामी। २. परमात्मा।

सर्वपालक—[सं॰ सर्व ~ पालक] *वि॰* सबका पालन/रक्षण करनेवाला। *पुं॰* परमात्मा।

सर्वपूत—[सं॰ सर्व ~ पूत] *वि॰* पूर्णतः शुद्ध।

सर्वप्रद—[सं॰ सर्व ~ प्रद] *वि॰* १. सब कुछ देनेवाला। *पुं॰* परमात्मा।

सर्वप्रभु—[सं॰ सर्व ~ प्रभु] *पुं॰* १. सबका स्वामी। २. परमात्मा।

सर्वप्रेरक—[सं॰ सर्व ~ प्रेरक] *वि॰* सबको प्रेरणा देनेवाला। सब के लिए प्रेरक। ***जैसे***—भगवान् श्रीकृष्ण का सर्वप्रेरक जीवन।

सर्वभावन—[सं॰ सर्व ~ भावन] *वि॰* १. सब को जन्म देनेवाला। २. विश्व की सृष्टि करनेवाला। *पुं॰* परमात्मा।

सर्वभूत—[सं॰ सर्व ~ भूत] *वि॰* जो सर्वत्र हो। सर्वव्यापक। *पुं॰* १. सब प्राणी। प्राणिमात्र। २. परमात्मा।

सर्वभृत्—[सं॰ सर्व ~ भृत्] *वि॰* सबका भरण-पोषण करनेवाला। *पुं॰* परमात्मा।

सर्वभोगी—[सं॰ सर्व ~ भोगी (भोगिन्)] *वि॰* १. सबका भोग करनेवाला। २. सब कुछ खा लेने वाला।

सर्वमङ्गल (सर्वमंगल)—[सं॰ सर्व ~ मङ्गल] *वि॰* जो सबके

लिए मंगलमय/कल्याणकारी/शुभ हो। *पु॰* परमात्मा। ✣ **सर्वमङ्गला (सर्वमंगला)**— *वि॰ (स्त्री॰)*= जो सबके लिए मंगलमयी/कल्याणकारिणी/शुभ हो। *स्त्री॰* १. पार्वती। दुर्गा। २. लक्ष्मी।

सर्वमय—[स॰ सर्व + मयट्] *वि॰* १. जिसमें सब सम्मिलित/समाविष्ट/अन्तर्भूत हों। २. जिसमें सम्पूर्ण विश्व समाया हुआ हो। विश्वमय। *पु॰* परमात्मा।

सर्वमान्य—[स॰ सर्व ~ मान्य] *वि॰* १. जिसे सब लोग मानते हों। सबके द्वारा मान्य। २. जिससे सब सहमत हों।

सर्वमेध—[स॰ सर्व ~ मेध] *पु॰* १. दस दिन चलने वाला एक सोमयज्ञ। २. सर्वस्व दान का यज्ञ।

सर्वलोकेश—[स॰ सर्व ~ लोक ~ ईश] *पु॰* १. सब लोकों का स्वामी। विश्वेश। २. सब लोगों का स्वामी। ३. परमात्मा।

सर्ववल्लभा (सर्ववल्लभा)—[स॰ सर्व ~ वल्लभा] *स्त्री॰* व्यभिचारिणी स्त्री। कुलटा।

सर्वविद्/सर्ववेत्ता—[स॰ सर्व √ विद् + क्विप्, सर्व ~ वेत्ता] *वि॰* सर्वज्ञ। *पु॰* परमात्मा।

सर्ववैनाशिक—[स॰ सर्व ~ वैनाशिक] *वि॰* सबको विनाशशील माननेवाला। *पु॰* १. बौद्ध। २. नास्तिक।

सर्वव्यापक/सर्वव्यापी—[स॰ सर्व ~ व्यापक/व्यापी (व्यापिन्)] *वि॰* सबमें रहनेवाला। सर्वत्र व्याप्त। विश्वव्यापक। विश्वव्यापी।

सर्वशः—[स॰ सर्व + शस्] *अ॰* १. पूर्ण रूप से। पूर्णतः। २. सब प्रकार से या सब ओर से। सर्वतः। ३. पूरा-पूरा।

सर्वशक्तिमान्—[स॰ सर्व ~ शक्तिमान्] *वि॰* २. सब कुछ करने की शक्ति से युक्त। २. जिसमें सब शक्तियाँ निहित हों। *पु॰* परमात्मा।

सर्वशास्त्रनिष्णात—[स॰ सर्व ~ शास्त्र ~ निष्णात] *वि॰* सब शास्त्रों में पारंगत।

सर्वशोषी—[< स॰ सर्वशोषिन्] *वि॰* १. सबका शोषण करनेवाला। २. सब कुछ सोख लेने वाला।

सर्वश्राव्य—[स॰ सर्व ~ श्राव्य] *वि॰* १. सबके सुनने योग्य। २. जो सबको सुनायी पड़ रहा हो।

सर्वश्री—[स॰ सर्व ~ श्री] *वि॰* सभी श्री-युक्त। सभी श्रीमान्। (अ॰ मेसर्स)

सर्वश्रेष्ठ—[स॰ सर्व ~ श्रेष्ठ] *वि॰* सबसे अच्छा। सर्वोत्तम।

***सर्वस**— *पु॰* ≤ *स॰* सर्वस्व। अपना सब कुछ।

सर्वसंहार—[स॰ सर्व ~ संहार] *पु॰* १. सबका संहार। सामूहिक हत्या। ऐसा संहार जिसमें कोई न बच पाया हो। २. (सब का संहार करने वाला) काल। मृत्यु।

सर्वसत्ताक—[स॰ सर्वसत्ता + क] *वि॰* १. सब सत्ताओं से सम्बन्धित। २. सब अधिकारोंवाला।

सर्वसम्पन्न (सर्वसंपन्न)—[स॰ सर्व ~ सम्पन्न] *वि॰* १. जो सब प्रकार से सम्पन्न/समृद्ध हो। २. सब आवश्यक वस्तुओं से युक्त।

सर्वसम्बन्धित (सर्वसंबंधित)—[स॰ सर्व ~ सम्बन्धित] *वि॰* १. सब से सम्बन्धित। २. वे सब जो सम्बन्धित हैं। सभी सम्बन्धित (लोग)। ***जैसे***—सर्वसम्बन्धितों के लिए सरकारी सूचना।

सर्वसम—[स॰ सर्व ~ सम] *वि॰* १. बिलकुल एक-जैसा। बिलकुल वैसा ही। सर्वथा अनुरूप। पूर्णतया समान। समरूप। ***जैसे***—दोनों आकृतियाँ सर्वसम हैं। २. सबके प्रति समानतावाला। सबके प्रति एक-सा।

सर्वसमावेशी—[स॰ सर्व ~ समावेशी (समावेशिन्)] *वि॰* १. सबको सम्मिलित करनेवाला। ***जैसे***—सर्वसमावेशी हिन्दू धर्म। २. सबको सम्मिलित करने के बाद का।

सर्वसमिका—[< स॰ सर्वसम] *स्त्री॰* पूर्ण समानता। तादात्म्य। (बीजगणित॰) समता का कोई कथन जो किसी भी प्रयुक्त प्रतीक के प्रत्येक निश्चित मान के लिए सत्य बना रहता है। ● **विशेष**— सर्वसमिका का चिह्न '≡' है।

सर्वसह—[स॰ सर्व ~ सह] *वि॰* सब कुछ सहन करने वाला। ✣ **सर्वसहा**— *वि॰ (स्त्री॰)* सब कुछ सहनेवाली। *स्त्री॰* पृथ्वी।

सर्वसाक्षी—[स॰ सर्व ~ साक्षी (साक्षिन्)] *वि॰* सब कुछ देखनेवाला। *पु॰* १. परमात्मा। २. वायु। हवा। ३. अग्नि। आग।

सर्वसाधारण—[स॰ सर्व ~ साधारण] *पु॰* सभी प्रकार के लोग। आम जनता। आम आदमी। *वि॰* १. सामान्य। २. जो सब मनुष्यों के लिए हो। सार्वजनिक।

सर्वसिद्धार्थ (सर्वसिद्धार्थ)—[स॰ सर्व ~ सिद्ध ~ अर्थ] *वि॰* १. जिसकी सारी इच्छाएँ पूरी हो गयी हों। २. जिसके सब काम बन गए हों।

सर्वसोख—[< स॰ सर्व + हि॰ सोखना] *वि॰* सब कुछ सोख लेनेवाला। सर्वशोषी।

सर्वस्वाहा—[स॰ सर्व ~ स्वाहा] *स्त्री॰* सब कुछ जला देना। सबका भस्मीकरण।

सर्वहर—[स॰ सर्व ~ हर] *वि॰* सब कुछ हरण कर लेने वाला। सब कुछ छीन लेने वाला। *पु॰* १. काल। मृत्यु। २. यमराज।

सर्वहरण—[स॰ सर्व ~ हरण] *पु॰* १. सब कुछ का हरण। २. सब धन-सम्पत्ति का हरण।

सर्वहारा—[< स॰ सर्व ~ हरण] *वि॰* अत्यन्त निर्धन। *पु॰* १. समाज का सबसे निर्धन वर्ग। अकिंचन वर्ग। २. श्रमिक वर्ग। मज़दूर वर्ग।

सर्वहारी—[स॰ सर्वहारिन्] *वि॰* सब कुछ छीन लेने वाला। सर्वस्व-हर्ता।

सर्वहित—[स॰ सर्व ~ हित] *पु॰* १. सब प्राणियों का हित। २. सबकी भलाई। *वि॰* सबका हितकारी। ✣ **सर्वहितवाद**— *पु॰*= यह विचार कि प्रत्येक मनुष्य को सबके हित के लिए कार्य करना चाहिए।

सर्वाङ्ग (सर्वांग)—[स॰ सर्व ~ अङ्ग] *पु॰* १. सब अंग। २. समस्त शरीर। ✣ **सर्वाङ्गतः(सर्वांगतः)**— *क्रिवि॰* = १. सब अंगों से। २. पूरी तरह से। पूर्णतः। ✣ **सर्वाङ्गयुद्ध (सर्वांगयुद्ध)**— *पु॰* = पूरे ज़ोर से युद्ध। सब साधनों से लड़ा जाने वाला युद्ध। सर्वांगीण युद्ध। (अ॰ फुल स्केल वार)। ✣

सर्वाङ्गसम (सर्वांगसम)—*वि॰* = सर्वसम। (दे॰) (गणित॰, ज्यामिति॰) दो आकृतियों का वह गुणधर्म जिसके अनुसार एक के ऊपर दूसरी आकृति को रखने पर एक का प्रत्येक भाग दूसरे के संगत भाग को पूरी तरह ढक लेता है। *जैसे*—दो समान त्रिज्याओं के वृत्तों में सर्वांगसमता होती है। (अ॰ कॉन्ग्रुएन्स)

सर्वाङ्गसुन्दर (सर्वांगसुंदर)—[सं॰ सर्वाङ्ग ~ सुन्दर] *वि॰* जिसके सब अंग सुन्दर हों। जिसके सौन्दर्य में कोई कमी न हो। पूर्णत: सुन्दर। अति सुन्दर।

सर्वाङ्गिक (सर्वांगिक)—[सं॰ सर्वाङ्ग + ठन्] *वि॰* १. सब अंगों से सम्बन्धित। सब अंगों का। २. सब अंगों में होनेवाला। *जैसे*—सर्वांगिक दुर्बलता।

सर्वाङ्गीण (सर्वांगीण)—[सं॰ सर्वाङ्ग + ख] *वि॰* १. सभी अंगों से सम्बन्धित। सभी अंगों का। २. हर दृष्टि से या हर बात में। *जैसे*—जीवन का सर्वांगीण विकास। ३. समस्त शरीर में व्याप्त। सर्वशरीरगत।

सर्वातिशायी—[सं॰ सर्व ~ अतिशायी, (अतिशायिन्)] *वि॰* सबसे बढ़ जाने वाला।

सर्वात्म—[सं॰ सर्व ~ आत्म (आत्मन्)] *वि॰* जो सबमें एक आत्मा या स्वयं को ही समझे। ⁘ **सर्वात्ममूलक**—*वि॰* = सर्वात्मता के विचार या अनुभूति से उत्पन्न। ⁘ **सर्वात्मवाद**—*पु॰* = (भा॰ दर्शन॰) सृष्टि की प्रत्येक वस्तु में एक ही आत्मा के अस्तित्व का सिद्धान्त। अद्वैतवाद।

सर्वात्मा—[सं॰ सर्व ~ आत्मा (आत्मन्)] *पु॰* १. समस्त विश्व की आत्मा। २. सर्वत्र व्याप्त और सबका आत्मस्वरूप। परमात्मा।

सर्वादाता—[सं॰ सर्व ~ आदाता] *वि॰* सबसे ग्रहण करनेवाला। *पु॰* (चिकित्सा॰) मानव-रक्त के ४ वर्गों में से 'ए बी' वर्ग के व्यक्ति।

सर्वाधिक—[सं॰ सर्व ~ अधिक] *वि॰, क्रिवि॰* सबसे अधिक। अधिकतम।

सर्वाधिकार—[सं॰ सर्व ~ अधिकार] *पु॰* १. सब प्रकार के अधिकार। सारे अधिकार। २. पूरा अधिकार। पूर्णाधिकार। ३. सब कुछ करने का अधिकार। ४. पूर्ण स्वामित्व। ● **विशेष—'सर्वाधिकार सुरक्षित'** एक वाक्य है जो पुस्तकों आदि पर प्राय: छपा होता है। इसका अर्थ है कि उस पुस्तक आदि के प्रतिलिपि अधिकार इत्यादि सुरक्षित हैं अर्थात् लेखक/प्रकाशक आदि के स्वामित्व में हैं।

सर्वाधिकारी—[सं॰ सर्वाधिकारिन्] *वि॰* = १. सब अधिकार रखनेवाला। सर्वाधिकारवाला। २. सबका शासक/अध्यक्ष।

सर्वाधिपति—[सं॰ सर्व ~ अधिपति] *पु॰* सबका अधिपति/प्रधान/स्वामी/शासक।

सर्वाध्यक्ष—[सं॰ सर्व ~ अध्यक्ष] *पु॰* सबका अध्यक्ष/सबका अधिपति/शासक/प्रधान/स्वामी।

सर्वान्त (सर्वांत)—[सं॰ सर्व ~ अन्त] *पु॰* सबका अन्त।

सर्वान्तरस्थ (सर्वांतरस्थ)—[सं॰ सर्वान्तर + स्थ] *वि॰* जो सब के अन्दर स्थित हो। *पु॰* परमात्मा।

सर्वान्तरात्मा (सर्वांतरात्मा)—[सं॰ सर्वान्तर ~ आत्मा (आत्मन्)] *वि॰* जो सब की अन्तरात्मा हो। जो सब के भीतर स्थित हो। *पु॰* परमात्मा।

सर्वान्न—[सं॰ सर्व ~ अन्न] *पु॰* सब तरह का अन्न। हर तरह का खाद्य पदार्थ। *जैसे*—सर्वान्नभक्षक (= सब तरह का अन्न खानेवाला)।

सर्वापहरण/सर्वापहार—[सं॰ सर्प ~ अपहरण/अपहार] *पु॰* किसी के सर्वस्व का अपहरण। किसी के पास जो कुठ वस्तुएँ या धन आदि हो, उसे छीन लेना। ⁘ **सर्वापहारी**—*वि॰* = सर्वस्व हरण करनेवाला।

सर्वापेक्षया—[सं॰ सर्व ~ अपेक्षया] *क्रिवि॰* सब की तुलना में। *जैसे*—सर्वापेक्षया अधिक आवश्यक बात को मत भूलो।

सर्वार्थ—[सं॰ सर्व ~ अर्थ] *पु॰* १. सब पदार्थ। २. सब विषय। *जैसे*—सर्वार्थ-कुशल; सर्वार्थ-चिन्तक। ३. सब प्रयोजन। सब उद्देश्य।

सर्वाश्रय—[सं॰ सर्व ~ आश्रय] *पु॰* १. सबका आश्रय। २. विश्व का आश्रय। ३. परमात्मा। *वि॰* सबका आश्रयदाता।

सर्वास्तिवाद—[सं॰ सर्व ~ अस्ति ~ वाद] *पु॰* (बौद्ध॰) बौद्ध धर्म के प्रमुख १८ निकायों में से एक जो संसार के पदार्थों की सत्ता स्वीकार करता है।

सर्वास्त्र—[सं॰ सर्व ~ अस्त्र] *पु॰* सब प्रकार के अस्त्र।

सर्वेक्षण—[सं॰ सर्व ~ ईक्षण] *पु॰* १. किसी विषय के सभी अंगों का वैज्ञानिक निरीक्षण। २. भूमि-मापन। ज़मीन की पैमाइश। ३. किसी विषय से सम्बन्धित सर्वांगीण और क्रमबद्ध विवेचन। *जैसे*—२००२ ईसवीं में प्रकाशित हिन्दी उपन्यासों का सर्वेक्षण।

सर्वेप्सित—[सं॰ सर्व ~ ईप्सित] *वि॰* जिसके लिए सब इच्छुक/अभिलाषी हों। सर्वाभिलषित। *जैसे*—सर्वेप्सित कार्यक्रम।

सर्वेश/सर्वेश्वर—[सं॰ सर्व ~ ईश/ईश्वर] *पु॰* १. सब का स्वामी। २. सम्राट्। ३. परमात्मा। ४. शिव। महादेव।

सर्वेश्वरवाद—[सं॰ सर्व ~ ईश्वर ~ वाद] *पु॰* यह दार्शनिक सिद्धान्त/मत कि विश्व के सभी पदार्थों में ईश्वर है और ईश्वर में विश्व समाया हुआ है। ब्रह्मवादी अद्वैतवेदान्त।

सर्वोदय—[सं॰ सर्व ~ उदय] *पु॰* १. सबका उदय/विकास। सबकी उन्नति/समृद्धि। २. सब लोगों के आर्थिक, नैतिक, सामाजिक आदि सभी प्रकार की समृद्धि के लिए चलाया गया एक भारतीय आन्दोलन जो महात्मा गान्धी अथवा गान्धीवाद से प्रेरित है।

सर्षप—[सं॰ √सृ + अप, सुक्] *पु॰* १. सरसों। २. सरसों के बराबर की एक छोटी तौल।

***सल**—[< हिं॰ सलवट] *पु॰* सिकुड़न। सिलवट।

सलई/सलाई—[< सं॰ शल्लकी] *स्त्री॰* बड़े जंगलों में पाया जाने वाला एक वृक्ष जिसके पत्ते नीम के पत्तों के सदृश होते हैं और फूल सुगन्धित होते हैं।

सलक्षण—[सं॰ स + लक्षण] *वि॰* १. समान चिह्नों वाला। २. लक्षण/लक्षणों के साथ।

***सलग**—[< सं॰ संलग्न] *वि॰* १. किसी के साथ लगा हुआ या सटा हुआ। संलग्न। २. पूर्ण। समग्र। सारा। ३. अखंड।

सलज[1]—[< सं॰ सलज्ज] *वि॰* १. सलज्ज। लज्जायुक्त। २. लज्जाशील। सलज्जा। लजीला। शरमीला। ३. विनम्र।

सलज[2]—[< सं॰ सल + ज] *वि॰* जल से उत्पन्न। *पु॰* कमल। नीरज।

सलज्ज—[< सं॰ स + लज्जा] *वि॰* १. लज्जायुक्त। २. लज्जाशील। लजीला। शरमीला। शर्मदार। हयादार।

सलना—[< सं॰ शल्य या < हि॰ सालना] *क्रिअ॰* १. गड़ना। २. छिदना। भिदना। ३. किसी छेद में लकड़ी आदि का बैठाया जाना। *पु॰* (बढ़ई का) बरमा।

सलपन—[देशज] *पु॰* एक प्रकार का क्षुप जिसके पत्ते औषधोपयोगी होते हैं। ● **विशेष**—'सलपन' वर्षा ऋतु में फूलता है।

सलमा—[< अरबी सल्मः] *पु॰* कपड़ों पर बेल-बूटे काढ़ने का सोने-चाँदी का तार।

सलसलाना—[अनु॰] *क्रिअ॰* १. सरसराना। (दे॰) २. धीमी खुजली होना/लगना। ३. गुदगुदी होना। *क्रिस॰* १. सरसराना। (दे॰) २. खुजलाना। ३. गुदगुदाना।

सलहज—[< हि॰ साला] *स्त्री॰* पत्नी के भाई की पत्नी। साले की पत्नी।

***सलाक**—[< सं॰ शलाका, या < फा॰ सलाख़] *स्त्री॰* १. शलाका। सलाई। २. बाण। तीर।

***सलाकना**—[< हि॰ सलाक] *क्रिस॰* १. सलाख़ से किसी वस्तु पर निशान लगाना। २. किसी की आँख में गर्म सलाख़ डालकर उसकी आँख फोड़ना।

सलाख़—[फा॰] *स्त्री॰* धातु की लम्बी छड़। ⁘ **सलाख़ना**—*क्रिस॰* = सलाकना।

सलाद—[< अ॰ सैलड] *स्त्री॰* १. भोजन के साथ खाने के लिए कच्ची सब्ज़ियों और उनके पत्तों, टमाटर, खीरा, नीबू, प्याज़ इत्यादि का मिश्रण (जो पाचक और पौष्टिक होने के कारण भोजन से कुछ पहले भी खाया जाता है)। २. एक पौधा जिसके पत्ते उक्त रूप में खाए जाते हैं।

सलाम—[अरबी] *पु॰* प्रणाम। ***वा॰* (किसी को) सलाम करना**—१. श्रेष्ठता मान लेना। २. विदा होना। ३. दूर रहने की इच्छा प्रकट करना। ४. त्यागना। **(किसी को) सलाम देना**—१. अपना प्रणाम कहलाना। २. प्रणाम करना। **(किसी को) दूर से सलाम करना**—१. सम्बन्ध रखने में अरुचि होना। २. बिल्कुल सम्बन्ध न रखना।

सलामत—[अरबी] *वि॰* १. जीवित और सकुशल (व्यक्ति)। २. स्वस्थ और सुखी (व्यक्ति)। ३. सुरक्षित और अच्छी दशा में। स्थित और सुदृढ़। क़ायम।

सलामी—[अरबी] *स्त्री॰* १. सलाम करने की क्रिया/भाव। २. प्रणाम। ३. किसी बड़े अधिकारी या प्रतिष्ठित व्यक्ति को सैनिकों या बालचरों आदि के द्वारा एक साथ विशेष रीति से किया जानेवाला अभिवादन/प्रणाम। मान-वन्दना। ४. (राजाओं आदि के सम्मान में) तोपों या बन्दूकों का अनेक बार दागा जाना। ५. मकान/दुकान आदि किराए पर लेते समय मालिक को अलग से दी जाने वाली धनराशि। पगड़ी। ६. भेंट। नज़राना। ***वा॰* सलामी देना**—(किसी के) सम्मानार्थ तोपें या बन्दूकें अनेक बार दागना।

***सलार**—[< फा॰ सालार] *पु॰* १.सेनापति। सिपहसालार। २. सरदार। ३. सिपाही या सैनिक।

***सलि**—[< सं॰ शर] *स्त्री॰* चिता।

सलिङ्ग (सलिंग)—[सं॰ स + लिङ्ग] *वि॰* समान लक्षणों/चिह्नों से युक्त।

सलिङ्गी (सलिंगी)—[सं॰ सलिङ्गिन्] *वि॰* केवल बाहरी चिह्न, विशेष (वेशभूषा, तिलक, माला आदि) धारण करनेवाला। ढोंगी।

***सलिता**—*स्त्री॰* ≤ *सं॰* सरिता। नदी।

सलिल—[सं॰ √सल् + इलच्] *पु॰* जल। पानी। ⁘ **सलिल-क्रिया**—*स्त्री॰* = १. शव को जल से स्नान कराने की क्रिया। २. (पितरों का) तर्पण। ⁘ **सलिलचर**—*पु॰* = पानी के जीव। जलचर।

सलिला—[< सं॰ सलिल] *स्त्री॰* नदी।

सलिलार्थी—[सं॰ सलिल ~ अर्थी (अर्थिन्)] *वि॰* प्यासा।

सलिलाशन—[सं॰ सलिल ~ अशन] *पु॰* केवल जल पीकर जीवित रहनेवाला, अन्य कुछ भी न खाने और न पीनेवाला।

सलिलाशय—[सं॰ सलिल ~ आशय] *पु॰* जलाशय। सरोवर। तालाब।

सलिलेशय—[सं॰ सलिले √शी + अच्, + अलुक्] *वि॰* जल में शयन करनेवाला। जलशायी। *पु॰* विष्णु।

सलिलोपजीवी—[सं॰ सलिल ~ उपजीवी (उपजीविन्)] *वि॰* पानी से जीविका प्राप्त करने वाला। *पु॰* १. मछुआ। २. मल्लाह।

सलीक़ा—[< अरबी सलीक़ः] *पु॰* १. कोई कार्य करने का प्रचलित/मान्य/अच्छा ढंग। २. योग्यता। शऊर। तमीज़। ढंग। ३. शिष्टता।

†सलीती—[देशज] *स्त्री॰* थैली। झोली।

सलीब—[अरबी] *स्त्री॰* १. सूली। २. तिरछे डंडे से युक्त खड़ा खम्भा जिस पर अपराधी को लटका कर प्राणदंड दिया जाता था। ***जैसे***—ईसा को सलीब पर लटकाया गया था।

सलील—[सं॰ स + लीला] *वि॰* १. खिलाड़ी। २. रसिक। ३. कामुक। लम्पट। *क्रिवि॰* = १. लीलापूर्वक। क्रीड़ासहित। २. सहज रूप में। अनायास। ⁘ **सलीले**—*क्रिवि॰* = लीलापूर्वक। खेल-खेल में।

सलीस—[अरबी] *वि॰* १.सुबोध। सरल। २. कोमल। ३. (भाषा) जो सरल और कोमल हो। ***जैसे***—सलीस गद्य लिखना।

सलूका/शलूका—[देशज] *पु॰* (स्त्रियों का) पूरी बाहों का, कमर तक का, एक पहनावा। एक प्रकार की कुर्ता।

सलूनो—[< फा॰ साल-ए-नौ] *पु॰* १. रक्षाबन्धन उत्सव का दिन। श्रावणी पूर्णिमा। २. रक्षाबन्धन उत्सव। श्रावणी। उत्सव।

सलैला—[देशज] *वि॰* इतना चिकना कि पैर फिसल जाए।

फिसलनवाला। रपटीला। ✣ **सलैली**—*वि॰ स्त्री॰*=फिसलनवाली। रपटीली।

सलोक—[सं॰ स + लोक] *वि॰* १.दूसरे के साथ एक ही लोक में रहनेवाला। २. लोगों से युक्त। जहाँ लोग हों।

सलोकता—[सं॰ सलोक + तल् + टाप्] *स्त्री॰* मोक्ष का एक प्रकार जिसमें आत्मा अपने आराध्य देव के लोक में रहता है। सालोक्य मुक्ति।

***सलोट**—*स्त्री॰* ≤ *हि॰* सिलवट। (वस्त्र आदि की) सिकुड़न या शिकन।

सलोना—[< सं॰ स + हि॰ लोन (< सं॰ लवण)] *वि॰* १.नमकवाला। नमकीन (पदार्थ)। २. लावण्य-युक्त। सुन्दर। ***जैसे***—साँवले-सलोने कृष्ण का दर्शन।

सल्तनत—[अरबी] *स्त्री॰* १. राज्य या साम्राज्य। २. शासन। हुकूमत।

सल्लकी—[सं॰ √शल् + वुन्, लुक् पृषो॰ श—>स] *स्त्री॰* सलई का पेड़। शल्लकी।

***सल्लना**—[< हि॰ सल्ल < सं॰ शल्य] *क्रि स॰* दु:ख देना। सालना।

†सल्लू—[< सं॰ सरल] *पु॰* बहुत सरल या मूर्ख व्यक्ति।

†सल्लो—[< सं॰ सरला] *स्त्री॰* बहुत सीधी या मूर्ख स्त्री।

सल्लेखना—[सं॰ सल्लेखन + टाप्] *स्त्री॰* (जैन॰) अतिवृद्ध या असाध्य रोगी हो जाने पर या अकाल आदि होने पर उत्तम रीति से शरीर और कषायों को क्रमशः दुर्बल करके शरीर त्यागना। समाधिमरण।

सव[1]—[सं॰ सु + अच्] *पु॰* १. जल। २. सोमरस निकालने की क्रिया। ३. यज्ञ। ४. नैवेद्य। भेंट। ५. सन्तान। औलाद।

***सव**[2]—*पु॰* ≤ *सं॰* शव। लाश।

***सवत/सवाते**—[< हि॰ सौत] *स्त्री॰* सपत्नी। सौत। ✣ **सवतिआ/सवतिया**—*वि॰*=१. सौत-सम्बन्धी। सौतिया। २. सपत्नी-भाव वाला। सौतपनवाला।

सवन—[देशज] *पु॰* हंस की श्रेणी की एक बतख़, जिसकी चोंच पीली और पैर गुलाबी होते हैं तथा सिर सफ़ेद, गर्दन भूरी और ऊपरी भाग राख के रंग का होता है।

सवत्स—[सं॰ स + वत्स] *वि॰* जिसके साथ उसका बच्चा हो। ✣ **सवत्सा**—*वि॰ (स्त्री॰)* १. जिसके साथ उसका बच्चा हो। २.सन्तानयुक्त (स्त्री)। ३. (गाय) जिसके साथ उसका बछड़ा हो।

सवन—[सं॰ √सु + ल्युट्] *पु॰* १. सोमरस निकालना। २. सोमरस पीना। ३.यज्ञ के बाद का स्नान। यज्ञ-स्नान। **जैसे**—प्रात:सवन्। ४. बच्चा जनना। प्रसव। ✣ **सवनिक**—*वि॰* = सवन-सम्बन्धी। सवन का। ✣ **सवनीय**—*वि॰* = सवन के योग्य।

सवय—[सं॰ सवयस्] *वि॰* १. (किसी के) बराबर उम्र वाला। समवयस्क। २. जो परस्पर एक ही वय/उम्र के हों। समवयस्क। हमउम्र। *पु॰* सखा। मित्र। साथी। संगी। *स्त्री॰* सखी। सहेली।

सवयस्क—[सं॰ सवयस्] *वि॰, पु॰* सवय।

सवर्ण—[सं॰ स + वर्ण] *वि॰* १. किसी के समान वर्ण (ब्राह्मण आदि) का। २. समान रंग का। ३.समान रूप-रंग का। ४. जो शूद्र वर्ण का न हो, ब्राह्मण, क्षत्रिय या वैश्य हो। (व्या॰) समान उच्चारण-स्थान वाले वर्ण। ***जैसे***—'च' और 'श' सवर्ण हैं क्योंकि दोनों का उच्चारण-स्थान तालु है। ✣ **सवर्ण-विवाह**—*पु॰* = एक ही वर्ण (या जाति) के स्त्री-पुरुष का परस्पर विवाह। ∇ **विलोम**—असवर्ण-विवाह, अन्तरजातीय विवाह।

सवा—[< सं॰ सपाद] *वि॰* पूरे से एक का चतुर्थ भाग अधिक। सपाद। ***जैसे***—सवा तीन (=३+१/४)। ✣ **†सवाई**—*वि॰* = १. सवा। सवाया। २. किसी की अपेक्षा कुछ अधिक। *पु॰* (मध्य युग में) जयपुर के महाराजाओं की उपाधि। ***जैसे***—सवाई मानसिंह का महल। (छन्द॰) सवैया का एक प्रकार। समान सवैया। (दे॰ समान)।

सवाई—दे॰ 'समान सवैया' (छन्द)।

सवाक्—[सं॰ स + वाक्] *वि॰* १. बोलनेवाला। वाणीयुक्त। २. बोलता हुआ। ✣ **सवाक् चित्र**—*पु॰* = १. बोलती हुई तस्वीर। २. बोलता हुआ चलचित्र, मूक नहीं। बोलता सिनेमा। ✣ **सवाक् चित्रपट**—*पु॰* = बोलता हुआ चलचित्र। बोलता सिनेमा। (अं॰ टाकी/टाकीज़)

***सवाती**—[< सं॰ स्वाती] *स्त्री॰* 'स्वाति/स्वाती' नक्षत्र।

***सवाद/सवादु**—[< सं॰ स्वाद] *पु॰* १. (जीभ का) स्वाद। ज़ायक़ा। २. (कविता आदि का) स्वाद। रस। ✣ **सवादिली**—*स्त्री॰* = स्वादिष्ठता। स्वादुता।

सवाब—[अरबी] *पु॰* अच्छे कर्म का फल। पुण्य।

सवाया—[< सं॰ सपाद] *वि॰* १. सवा। (दे॰) २. किसी की अपेक्षा कुछ अधिक। ***जैसे***—पढ़ने में कृष्ण सुदामा से सवाया है।

सवारू—[देशज] *पु॰* (छन्द॰) एक समवर्णिक छन्द जिसके प्रत्येक चरण में क्रमशः नगण, नगण, लघु (न न ल) के योग से ७ वर्ण होते हैं। ● **विशेष**—उक्त छन्द को '**सवारुण**' भी कहा जाता है।

***सवारे**[1]—[< सं॰ + वेला] *क्रिवि॰* १. प्रातः। सवेरे।

†सवारे[2]**/*सवारै**—[< सं॰ श्वोवारे (श्व: = अगला दिन, कल)] *क्रिवि॰* (आनेवाला) कल।

सवासन—[सं॰ स + वासन] *वि॰* १. वस्त्रों के साथ। सवस्त्र। सपरिधान। ***जैसे***—सवासन स्त्री। २. जो चादर ओढ़े हुए हो। आच्छादित। ३. घर-सहित। ४. पात्रसहित।

***सवाँ**—[< सं॰ समान] *वि॰* समान। बराबर। तुल्य।

***सवाँग**—*पु॰* ≤ *हि॰* स्वाँग। (दे॰) ✣ **सवाँगना**—*क्रिअ॰* = १. कृत्रिम/नक़ली वेष बनाना। २. किसी का रूप धारण करना।

सविकल्प—[सं॰ स + विकल्प] *वि॰* १. विकल्पयुक्त। ऐच्छिक। २. सन्दिध। (योग॰) समाधि का एक प्रकार जिसमें ज्ञाता और ज्ञेय के अन्तर का ध्यान रहता है। ∇ **विलोम**—निर्विकल्प।

सविकार—[सं॰ स + विकार] *वि॰* १. विकार/परिवर्तन से युक्त। २. जो ख़राब हो रहा हो या हो गया हो। ∇ **विलोम**—निर्विकार।

सविग्रह—[सं॰ स + विग्रह] *वि॰* १. विग्रहयुक्त। शरीरधारी। सशरीर। २. झगड़ालू।

सवितर्क—[सं॰ स + वितर्क] *वि॰* विचारवान्। विवेकी। *क्रिवि॰* (तर्क। वितर्कपूर्वक। *पु॰* (योग॰) समाधि का एक प्रकार।

सविता—[सं॰ सवितृ] १. जन्म देनेवाला। उत्पादक। २. सूर्य। ३. शिव। महादेव। ४. (पद्य आदि में) बारह की संख्या।

सवित्री—[सं॰ सवितृ + ङीप्] *वि॰* (*स्त्री॰*) जन्म देनेवाली *स्त्री॰* माता। माँ।

सविधि—[सं॰ स + विधि] *वि॰* विधियुक्त। *क्रिवि॰* विधि के अनुसार। विधिपूर्वक।

सविनय—[सं॰ स + विनय] *वि॰* १. विनययुक्त। विनम्र। २. शिष्टतापूर्ण। शिष्ट। *क्रिवि॰* विनयपूर्वक। ✣ **सविनय अवज्ञा**—*स्त्री॰* = (राज॰) विनम्रता के साथ तिरस्कार या उल्लंघन। सरकार की अनुचित नीतियों, प्रथाओं और क़ानूनों को तोड़कर उनके प्रति अपना विरोध शान्तिपूर्वक प्रकट करना तथा परिणामस्वरूप मिलनेवाले कष्टों को सहर्ष सहन करना।

सविभ्रम—[सं॰ स + विभ्रम] *वि॰* १. क्रीड़ा-युक्त। २. विलास-युक्त। रँगीला। ३. प्रणयचेष्टा से युक्त। *क्रिवि॰* विभ्रमपूर्वक। ✣ **सविभ्रमा**—*वि॰* (*स्त्री॰*)। ***जैसे***—सविभ्रमा नायिका (विलास-युक्त या प्रणयचेष्टा वाली नायिका)।

सविराम—[सं॰ स + विराम] *वि॰* १. विराम-युक्त। २. जो निरन्तर न हो। जिसके बीच-बीच में विराम हो। ***जैसे***—सविराम युद्ध। *क्रिवि॰* विरामपूर्वक।

सविशेष—[सं॰ स + विशेष] *वि॰* १. विशेष गुणों वाला। २. विशेष लक्षणों से युक्त। ३. विशेष प्रकार का। विशिष्ट। ४. विलक्षण। असाधारण। ५. मुख्य। प्रधान। प्रमुख। ६. जो विभेद करे। विभेदक। प्रभेदात्मक। *क्रिवि॰* विशेष रूप से। ∇ **विलोम**—निर्विशेष।

सविष—[सं॰ स + विष] *वि॰* विषयुक्त। विषैला। ज़हरीला।

सविषाद—[सं॰ स + विषाद] *वि॰* विषादयुक्त। *क्रिवि॰* विषादपूर्वक।

सवेग—[सं॰ स + वेग] *वि॰* वेगशील। वेग-युक्त। ***जैसे***—सवेग कार्य। *क्रिवि॰* तेज़ी से। वेगपूर्वक। ***जैसे***—सवेग जाना। *क्रिवि॰* वेगपूर्वक।

सवेतन—[सं॰ स + वेतन] *वि॰* वेतन के साथ। वेतन-सहित।

सवेरे—*क्रिवि॰* १. प्रातःकाल के समय। तड़के। २. निश्चित या सामान्य से कुछ पहले। जल्दी।

सवेश—[सं॰ सवेश] *वि॰* १. वेश-युक्त। वेश-सहित। २. सजा हुआ। सज्जित। ३. भूषित। साकार। **सवैया**—[< हिं॰ सवाया] *पु॰* १. पहले प्रचलित रही मन-सेर। छटाँक-वाली तौल में एक बाट जो सवा सेर का होता था। २. संख्याओं का वह पहाड़ा जिसमें संख्या का सवाया मान बोला जाता है। (छन्द॰) २२ से २६ वर्णों वाले ऐसे लयमूलक समवर्णिक छन्दों का वर्गीय नाम जिनके चारों चरणों में अन्त्याक्षर समान हों।

सव्य—[सं॰ √सू + यत्] *वि॰* १. वाम। बाँया। २. प्रतिकूल। *पु॰* १. विष्णु। २. यज्ञोपवीत। जनेऊ।

सव्यसाची—[सं॰ सव्यसाचिन्] *पु॰* (पांडव) अर्जुन की उपाधि।

सव्याज—[सं॰ स + व्याज] *वि॰* व्याज के साथ। व्याज-सहित। *क्रिवि॰* छलपूर्वक। बहाने से।

सव्रण—[सं॰ स + व्रण] *वि॰* घायल।

सव्रीड—[सं॰ स + व्रीडा] *वि॰* लज्जित। *क्रिवि॰* लज्जापूर्वक।

सशपथ—[सं॰ स + शपथ] *क्रिवि॰* क़सम खाकर। शपथपूर्वक।

सशल्क—[सं॰ स + शल्क] *वि॰* =छिलकेदार।

सशल्य—[सं॰ स + शल्य] *वि॰* १. कँटीला। २. काँटा, बाण या बर्छी से बिंधा हुआ। शल्क-विद्ध। ३. कष्टकर।

सशस्य—[सं॰ स + शस्य] *वि॰* १. शस्ययुक्त। अन्नयुक्त। अन्नवाला। २. जिसमें अन्न उत्पन्न हो। अन्नोत्पादक।

सश्मश्रु—[सं॰ स + श्मश्रु] *वि॰* दाढ़ी-मूँछ वाला।

सशेष—[सं॰ स + शेष] *वि॰* १. जिसका कुछ अंश अभी शेष हो। २. जो अभी पूर्ण न हुआ हो। अधूरा। ***जैसे***—सशेष काम।

सशोक—[< सं॰ स + शोक] *वि॰* शोक के साथ। शोक-युक्त। *क्रिवि॰* १. शोकपूर्वक। २. शोकवश।

सश्रद्ध (सश्रद्ध)—[सं॰ स + श्रद्धा] *वि॰* श्रद्धायुक्त। श्रद्धासहित।

सश्रीक—[सं॰ स + श्री + क] *वि॰* १. समृद्धिशाली। वैभवशाली। २. भाग्यवान्। ३. श्रीयुक्त। शोभायुक्त। सुन्दर। मनोहर।

सश्लेष—[सं॰ स + श्लेष] *वि॰* 'श्लेष' अलंकार से युक्त। दुहरे अर्थ वाला। *क्रिवि॰* श्लेषपूर्वक।

सश्वास—[सं॰ स + श्वास] *वि॰* श्वासयुक्त। जीवित।

ससत्त्व—[सं॰ स + सत्त्व] *वि॰* १. शक्तिपूर्ण। शक्तिमान्। २. साहसी। ३. जीव-युक्त। ✣ **ससत्त्वा**—*वि॰* (*स्त्री॰*) = १. शक्तिमती। २. साहसी। ३. गर्भयुक्त। *स्त्री॰* = गर्भवती स्त्री।

***ससन**—[< सं॰ श्वसन (वायु)] *पु॰* वायु। हवा।

***ससना**[1]—[< सं॰ सशङ्क] *क्रिअ॰* १. सशंक/आशंकित होना। घबराना। २. झिझकना।

***ससना**[2]—[< सं॰ श्वसन] साँस लेना।

***ससरना**—[< सं॰ सरण] *क्रिअ॰* सरकना।

।ससवाना—[हिं॰ 'ससना' (< सं॰ सशङ्क) का प्रेरणा॰] *क्रिस॰* १. सशकित करना। २. भयभीत कराना। डरवाना।

***ससहरना/ससिहरना**—[< फा॰ शशदर] भयभीत होना। डरना। ✣ **ससहरि/ससिहरि**—*क्रि॰* = चकित। स्तब्ध। *क्रिवि॰* डरकर।

***ससा**—[< सं॰ शशक] *पु॰* शशक। ख़रगोश।

***ससाध**—[< सं॰ स + श्रद्धा] *क्रिवि॰* इच्छापूर्वक।

***ससाना**—[< हिं॰ ससना < सं॰ सशङ्क] *क्रिस॰* १. सशंक करना। २. व्याकुल/बेचैन करना।

ससार्थ—[सं॰ स + सार्थ] *क्रिवि॰* सार्थ/कारवाँ के साथ। *वि॰* माल से लदा हुआ (जहाज़ आदि)।

***ससिअर**—[< सं॰ शशधर] *पु॰* शशि। चन्द्रमा।

***ससिगोती**—[< सं॰ शशि ~ गोत्री (गोत्रिन्)] *पु॰* मोती।

***ससिभान**—[< सं॰ शशि ~ भानु] *पु॰* चन्द्रमा का प्रकाश/किरण।

***ससिहर**[1]—*पु॰* ≤ *सं॰* शशिधर। शिव। महादेव।

***ससिहर**[२]—*पु॰* ≤ *स॰* शशधर। चन्द्रमा।

***ससील**—*वि॰* ≤ स॰ सशील। शीलसम्पन्न। शीलवान्। सुशील।

ससुधौटी—[स॰ स + हि॰ सुधौटी] *क्रिवि॰* सुधा के पात्र के साथ। अमृतपात्र-सहित।

***सस्त्री**[१]—*वि॰, पु॰* ≤ *स॰* शस्त्री (शस्त्रिन्)। शस्त्रधारी।

सस्त्री[२]—[स॰ स + स्त्री] *वि॰* १. स्त्री के साथ। स्त्री-सहित। १. पत्नी सहित।

सस्त्रीक—[स + स्त्रीक] *वि॰* १. जिसके साथ अपनी पत्नी हो। सपत्नीक। २. विवाहित।

सस्पृहा—[स॰ + स्पहा] *वि॰* स्पृहायुक्त। इच्छायुक्त। इच्छुक। *क्रिवि॰* स्पृहापूर्वक। इच्छापूर्वक।

सस्मित—[< स॰ + स्मिति] *वि॰* मुस्कराहट से युक्त। मुस्कराता हुआ। *क्रिवि॰* मुस्कुराते हुए। ✣ **सस्मिता**—*वि॰* (*स्त्री॰*) = मुस्कराती हुई।

सस्य—[स॰ √सस् + यत्] *पु॰* १. अन्न। धान्य। अनाज। २. (वृक्ष का) फल। ३. उपज। ४. फ़सल। ५. सद्‌गुण। ✣ **सस्य-क्षेत्र**—*पु॰* = अनाज का खेत। ✣ **सस्यप्रद**—*वि॰* = १. फल देनेवाला। फलने वाला। २. उपजाऊ। ✣ **सस्यश्यामला**—*वि॰*(*स्त्री॰*) फ़सलों से हरी-भरी (धरती)। ✣ **सस्योत्सव**—*पु॰* = नया अनाज होने का या उसके घर में आने का उत्सव। ***जैसे***—होली प्राचीन सस्योत्सव है।

सस्वर—[स॰ स + स्वर] *वि॰* बोलता हुआ। शब्दयुक्त। (संगीत॰) स्वर-युक्त। ***जैसे***—सस्वर वंशी।

सह[१]—[स॰ √सह् + अच्] *वि॰* (समास के अन्त में प्रयुक्त) सहन करनेवाला। सहिष्णु। ***जैसे***—तापसह; कष्टसह; अग्निसह। उपसर्ग॰ १. सहित। साथ। ***जैसे***—सहसम्पादक। २. (किसी क्रिया आदि में किसी के) साथ-साथ। ***जैसे***—सह अध्यापक। ३. किसी के अधीन या सहायक। ***जैसे***—सहनिदेशक।

सह[२]—[< स॰ √सह या < हि॰ सहना] *क्रिस॰* सहन करता है। सहता है।

सह-अस्तित्व—[स॰] *पु॰* १. साथ-साथ जीवित रहना। एक साथ रहना। मिल कर रहना। साथ-साथ बने रहना। २. एक ही काल में अस्तित्व रखना। एक ही समय में विद्यमान होना। ३. परस्पर विरोधी विचारों के होते हुए भी समुदायों का शान्तिपूर्वक साथ-साथ रहना।

सहकार—[स॰ सह + कार] *पु॰* १. सहयोग। २. क़लमी आम का वृक्ष। ३. आम का वृक्ष।

सहकारिता—[स॰ सहकारिन् + तल् + टाप्] *स्त्री॰* साथ मिलकर काम करना। सहायक होना। सहयोग। सहकार।

सहकारी—[स॰ सहकारिन्] *पु॰* साथी। संगी। *वि॰* १. (व्यक्ति) जो किसी कार्यालय, विभाग या संस्था आदि में साथ-साथ काम करते हैं। सहकर्मी। सहयोगी। २. सहायक। मददगार। ३. सहकारिता पर आधारित।

सहगामी—[स॰ सहगामिन्] *वि॰* साथ जानेवाला। ***जैसे***—मरने के बाद अपने कर्म-फल ही सहगामी होते हैं।

सहचर—[स॰ सह + चर] *वि॰* साथ चलनेवाला या साथ रहनेवाला। *पु॰* १. मित्र। साथी। २. पति।

सहचार—[स॰ सह + चार] *पु॰* १. साहचर्य। २. सामंजस्य। संगति। (मनो॰) मिलते-जुलते पदार्थों/विचारों का ऐसा सम्बन्ध जिससे एक का विचार आने पर दूसरे का भी आ जाए। विचार-साहचर्य।

सहचारी—[स॰ सहचारिन्] *पु॰* सहचर। राजदूत के कार्यालय में तकनीकी कार्य के लिए नियुक्त वरिष्ठ अधिकारी। ***जैसे***—सांस्कृतिक सहचारी। (अ॰ अटैची< फ्रा॰ अताश)।

सहजधारी—[स॰ सहजधारिन्] *पु॰* (सिक्ख॰) केश धारण न करनेवाला।

सहजन—[स॰ सह + जन] *पु॰* परिवार के लोग या आत्मीय लोग।

सहजन्मा—[स॰ सहजन्मन्] *वि॰* १. सहोदर। सगा (भाई)। २. यमज। जुड़वाँ (बालक)।

सहजन्य—[स॰ सह + अन्य] *वि॰* सहजन्मा।

सहजपन्थ (सहजपंथ)—[स॰ सहज + हि॰ पन्थ] (बंगाल आदि का) वैष्णव सहजिया सम्प्रदाय जो प्रेम-साधना पर आश्रित है और राधा-कृष्ण का उपासक है।

सहजमार्ग—[स॰ सहज ~ मार्ग] *पु॰* १. सरल मार्ग। २. स्वाभाविक मार्ग। ३. सहजिया सम्प्रदाय की साधना-पद्धति जिसमें प्रेम तथा राधा-कृष्ण की उपासना की प्रमुखता है।

सहज मित्र—[स॰] *पु॰* जो स्वाभाविक रूप से (परस्पर) मित्र हों। ***जैसे***—ईश्वर भक्त परस्पर सहज मित्र होते हैं। ∇ **विलोम**—सहज शत्रु।

सहजयान—[स॰ सहज ~ यान] *पु॰* (बौद्ध॰) वज्रयान की एक साधना-पद्धति जिसमें 'प्रज्ञा' और 'उपाय' अथवा 'शून्य' और 'करुणा' के सहगमन को साधा जाता है और सहज स्वभाव धारण किया जाता है। ● **विशेष**—सहजयान 'वज्रयान' से भिन्न नहीं था।

सहजलभ्य—[स॰ सहज ~ लभ्य] *वि॰* जो सरलता से प्राप्त हो सके। सुलभ।

सहजवत्सल—[स॰ सहज ~ वत्सल] *वि॰* १. स्वभाव से ही वात्सल्यपूर्ण। २. कोमल चित्त वाला।

सहजशून्य—[स॰] *पु॰* १. परम तत्त्व। २. परम तत्त्व के एकाग्र ध्यान की उच्चतम स्थिति।

सहजसुन्दरी—[स॰] *स्त्री॰* (बौद्ध॰) महामुद्रा की साधना में ललाट-स्थित कमलचक्र में स्थिति के समय की, आनन्दप्रद प्रज्ञा या नैरात्म प्रज्ञा।

सहजस्थान—[स॰ सहज ~ स्थान] *पु॰* (ज्योतिष॰) जन्मकुंडली का तीसरा भाव/घर जिससे जातक के सहोदर भाइयों-बहनों के विषय में जानकारी मिलती है।

सहजात—[स॰ सह + जात] *वि॰, पु॰* सहजन्मा।

सहजानन्द (सहजानंद)—[स॰ सहज ~ आनन्द] *पु॰* सहजावस्था में प्राप्त आनन्द।

सहजानि—[सं॰ सह + जानि] स्त्री॰ पत्नी।

सहजारि—[सं॰ सहज ~ अरि] *पु॰* स्वाभाविक शत्रु। सहजशत्रु।

सहजिया—[< सं॰ सहज] *वि॰* १. सहज साधना करनेवाला। २. सहजपन्थ का अनुयायी/साधक। सहजपन्थी।

सहजीवन—[सं॰ सह + जीवन] *पु॰* सह-अस्तित्व।

सहजेतर—[सं॰ सहज ~ इतर] *वि॰* सहज से भिन्न।

***सहजै**—[< सं॰ सहज] *क्रिवि॰* १. सहन रूप से। अनायास। २. सरलतापूर्वक। ३. सहज साधना द्वारा।

सहता[१]—[सं॰ सह + तल् + टाप्] *स्त्री॰* १. साथ। २. मेल-जोल। Δ **पर्याय**—सहत्व।

सहता[२]—[< हिं॰ सहना] *वि॰* १. जो सरलता से सहन किया जा सके। सह्य। २. जो इतना गर्म न हो कि सहन न किया जा सके।

†**सहताना**[१]—[< हिं॰ सहता < हिं॰ सस्ता] *क्रिअ॰* सस्ता होना।

***सहताना**[२]—[< हिं॰ सुस्ताना] *क्रिअ॰* थकान मिटाना। विश्राम करना। सुस्ताना।

सहत्व—[सं॰ सह + त्व] *पु॰* १. साथ। २. मेल-जोल। Δ **पर्याय**—सहता।

सहदानी—[देशज] *स्त्री॰* पहचान का चिह्न। स्मृति-चिह्न। निशानी।

***सहदूल**—*पु॰* ≤ *सं॰* शार्दूल। चीता।

सहदेई—[< सं॰ सहदेवी] *स्त्री॰* एक औषधोपयोगी क्षुप जिसका फूल पीला होता है।

***सहदेसी**—[< सं॰ समदेशीय] *वि॰* (किसी के) अपने ही देश का वासी। समान देश का वासी।

सहधर्मचारिणी/सहधर्मिणी—[सं॰ सह + धर्मचारिणी/धर्मिणी] *स्त्री॰* पत्नी।

सहधर्मचारी—[सं॰ सहधर्मचारिन्] *पु॰* पति।

सहधर्मी—[सं॰ सहधर्मिन] *पु॰* पति। *वि॰* १. समान धर्म वाला। २. समान धर्म-सम्प्रदाय वाला।

सहन[१]—[सं॰ √सह् + ल्युट्] *पु॰* १. सहने की क्रिया/भाव। बर्दाश्त। ***जैसे***—सहनशील। २. क्षमा।

सहन[२]—[अरबी] *पु॰* (घर का) आँगन।

***सहनि**—[< हिं॰ सहना] *स्त्री॰* सहन करने की क्रिया। सहत्व।

सहबन्ध (सहबंध)—[सं॰ सह + बन्ध] *पु॰* मैत्री। (राज॰) (देशों/राज्यों/राष्ट्रों में) सर्वसामान्य हितों की रक्षा के लिए किसी समझौते पर आधारित सन्धि। मैत्री-सन्धि ***जैसे***—ब्रिटेन और फ्रांस का सहबन्ध हो गया।

सहबात—[< सं॰ सह + वार्ता] स्त्री॰ सन्धि या मेल की बातचीत। सन्धि-वार्ता।

***सहबासी**—*वि॰ पु॰* ≤ *सं॰* सहवासी। साथ रहने वाला/वाले।

सहभागिता—[सं॰ सहभागिन् + तल् + टाप्] *स्त्री॰* साझा। साझेदारी।

सहभागी—[सं॰ सहभागिन्] *वि॰* (किसी कार्य में) किसी के साथ सम्मिलित होनेवाला। *पु॰* १. (व्यापार आदि में) साझेदार। २. पैतृक सम्पत्ति आदि में भागीदार। हिस्सेदार।

सहम—[फा॰] *पु॰* भय। डर।

सहमना—[< फा॰ सहम] *क्रिअ॰* १. भयभीत होना। डरना। २. घबरा जाना। ***जैसे***—कभी-कभी ज्योतिषियों की भविष्यवाणी से लोग सहम जाते हैं। ✣ ***सहमि**—*क्रिवि॰* = सहमकर। डरकर या घबराकर।

सहमाना—[< हिं॰ सहमना] *क्रिस॰* १. ऐसा काम करना जिससे कोई सहम जाए। भयभीत करना। डराना। २. ऐसा काम करना जिससे कोई घबरा जाए।

सहयोजन—[सं॰ सह + योजन] *पु॰* १. सहयोगी के रूप में सम्मिलित करना। २. किसी संस्था/समिति के वर्तमान सदस्यों द्वारा किसी अ-निर्वाचित या बाहरी व्यक्ति को सदस्य या सहयोगी के रूप में सम्मिलित किए जाने का काम। (अं॰ कोआप्टेशन/कोआप्शन)

***सहर**[१]—*पु॰* ≤ *फा॰* शहर। नगर।

***सहर**[२]—[अरबी] *स्त्री॰* प्रातःकाल। प्रभात। सबेरा।

***सहरष**—*क्रिवि॰* ≤ *सं॰* सहर्ष। हर्षपूर्वक।

सहरा—[अरबी] *पु॰* वन। जंगल। (चित्र॰) चित्र की भूमिका जिसमें वन, पर्वत आदि अंकित हों। ✣ **सहराई**—*वि॰* = १. वन्य। जंगली। २. (लाक्षणिक) पागल।

सहरी[१]—[< हिं॰ सहर < फा॰ शहर] *वि॰* शहरी। नगर का। नागर।

सहरी[२]—[< सं॰ सफरी] *स्त्री॰* १. सफरी/शफरी नामक एक प्रकार की छोटी मछली। २. मछली।

सहरी[३]—[अरबी] *वि॰* प्रातः काल का। प्रभातकालीन। *स्त्री॰* सरगई।

***सहरोसा**—[< सं॰ सहर्ष] *क्रिवि॰* हर्ष के साथ। हर्षपूर्वक। सहर्ष।

सहल—[अरबी] *वि॰* सरल। आसान।

सहलग्न—[सं॰ सह + लग्न] *वि॰* साथ लगा हुआ।

सहवर्ती—[सं॰ सहवर्तिन्] *वि॰* साथ रहनेवाला या साथ में होनेवाला। साथ लगा हुआ। सहचारी। ***जैसे***—सहवर्ती घटनाएँ; सहवर्ती परिस्थितियाँ।

सहवर्धित—[सं॰ सह + वर्धित] *वि॰* साथ-साथ बढ़े हुए। *पु॰* (वनस्पति॰) [वृक्ष के] साथ-साथ बढ़नेवाले अंग।

सहवसति—[सं॰ सह + वसति] *स्त्री॰* साथ बसना। एकत्र वास। सहवास।

सहवास—[सं॰ सह + वास] *स्त्री॰* १. एकत्र बसना। सहवसति। २. (स्त्री-पुरुष की) काम-क्रीड़ा या रति। सम्भोग।

सहशासन/सहराज्य—[सं॰ सह + शासन/राज्य] *पु॰* किसी देश या क्षेत्र पर दो विदेशी राज्यों का मिला-जुला शासन। संयुक्त शासन।

***सहस**[१]—*वि॰, पु॰* ≤ *सं॰* सहस्र। हज़ार।

***सहस**[२]—*क्रिवि॰* सहर्ष। प्रसन्नतापूर्वक।

***सहसकिरन**—*पु॰* ≤ *सं॰* सहस्रकिरण। सूर्य।

***सहसगो**—*पु॰* ≤ *सं॰* सहस्रगु। सूर्य।

***सहसजीभ**—*पु॰* ≤ *सं॰* सहस्रजिह्व। शेषनाग।

सहसज्जात (सहसंजात)—[सं॰ सह + सज्जात] *वि॰* साथ-साथ उत्पन्न।

***सहसाखी**—[< सं॰ सहस्राक्ष] *वि॰* हज़ार नेत्रों वाला। सहस्रनयन। *क्रिवि॰* हज़ार नेत्रों से।

सहस्र—[सं॰ √हस् + र, स → आदेश] *वि॰* १. गिनती में हज़ार। २. अनेक। बहुत। ३. असंख्य। अगणित। अनन्त। *पु॰* हज़ार की संख्या (१०००)। ***वा॰* सहस्र मुखों से भी वर्णन न कर/हो पाना**—अवर्णनीय होना। वर्णन से परे होना।

सहस्वामी—[सं॰ सह् स्वामी (स्वामिन्)] *पु॰* वह व्यक्ति जो किसी के साथ (किसी पदार्थ का) स्वामी हो। स्वामित्व में साझीदार व्यक्ति।

†**सहँगा**—[हि॰ 'महँगा का अनु॰'] *वि॰* अल्प मूल्य में मिलनेवाला। सस्ता। ∇ **विलोम**—महँगा।

सहांश—[सं॰ सह ~ अंश] *पु॰* धन-सम्पत्ति या लाभ आदि का किसी के साथ मिलनेवाला अंश/भाग। ✣ **सहांशी**—*पु॰* = धन-सम्पत्ति या लाभ आदि में अपना भाग पानेवाला। सहभागी। साझेदार।

सहा—[सं॰ √सह् + अच् + टाप्] *स्त्री॰* (बोझ सहन करनेवाली) पृथ्वी।

***सहाइ/सहाई/सहाउ**—[< सं॰ सहाय] *पु॰* १. सहायक। २. सहचर। साथी। ३. मित्र। *स्त्री॰* १. सहायता। मदद। २. संगति। संग। साथ।

***सहाए**—[< हि॰ सहाय] *पु॰* (बहु॰) सहायक लोग।

सहाध्यायी—[सं॰ सहाध्यायिन्] *वि॰, पु॰* साथ पढ़नेवाला (विद्यार्थी आदि)। सहपाठी।

सहाना—[< हि॰ सहना] *क्रिस॰* सहन कराना।

सहानुज—[सं॰ सह + अनुज] *वि॰* छोटे भाई के साथ। अनुजसहित। सानुज।

सहानुभूति—[सं॰ सह ~ अनुभूति] *स्त्री॰* १. दूसरे के सुख या दुःख में उसी प्रकार की अपनी अनुभूति। समवेदना। हमदर्दी। २. किसी कष्टग्रस्त व्यक्ति के प्रति प्रकट की जाने वाली। कृपा। दया।

सहायिकी—[< सं॰ सहायक] *स्त्री॰* सरकार द्वारा किसी समाजसेवी संस्था या उद्योग-धंधे या क़ीमतों को कम रखने के उद्देश्य से दी जानेवाली आर्थिक सहायता। ***जैसे***—अनाज पर दी गयी सहायिकी।

†**सहारना**—[< सं॰ सहन] *क्रिस॰* १. सहन करना। सहना। ***जैसे***—भूख और प्यास सहारना। २. कष्ट आदि होने पर उस पर ध्यान न देना। गवारा करना। ३. सहारा देना। ४. किसी बोझ आदि के भार को अपने ऊपर लेकर सँभालना या सँभाले रहना।

सहार्थ—[सं॰ सह + अर्थ] *वि॰* समान अर्थ वाले। समान अर्थ के वाचक। समानार्थी।

सहालग—[< सं॰ शुभ ~ लग्न] *पु॰* ज्योतिषीय दृष्टि से विवाह के लिए शुभ दिन।

सहास—[सं॰ स + हास] *क्रिवि॰* १. हँसी के साथ। हासपूर्वक। हँसते हुए। २. प्रसन्नतापूर्वक। २. प्रसन्न।

सहासन—[सं॰ सह ~ आसन] *पु॰* १. राजसिंहासन या आसन पर साथ बैठनेवाला व्यक्ति। २. समानता का अधिकार।

सहिक—[< हि॰ सही] *वि॰* १. निश्चित। निश्चयात्मक। पक्का। २. वास्तविक। प्रामाणिक। सच्चा। ३. (फ़ोटो-चित्र) जिसमें मूल पदार्थ के छाया या प्रकाश वाले स्थान यथावत् (ज्यों के त्यों) हों। ४. (गणित में) शून्य से अधिक। धनात्मक या धन। ∇ **विलोम**—नहिक। ✣ **सहिकता**—*स्त्री॰* = १. 'सहिक' होने की अवस्था/भाव। २. निश्चितता। निश्चयात्मकता। ३. वास्तविकता। सच्चापन।

***सहिथी**—[< सं॰ शल्य] *स्त्री॰* बर्छी।

***सहिदान**—*पु॰* ≤ *हि॰* सहदानी। (दे॰)

***सहिदानी**—*स्त्री॰* ≤ *हि॰* सहदानी। (दे॰)

सहिया—[देशज] *पु॰* कीड़ा।

सहिरिया—[देशज] *स्त्री॰* बिना सींचे होनेवाली वसन्त ऋतु की फ़सल।

सहिष्णु—[सं॰ √सह् + इष्णुच्] *वि॰* १. सहनशील। २. क्षमाशील।

***सहीते**—*क्रिवि॰* ≤ *सं॰* सहित। साथ।

***सहु/सहुँ**—[< सं॰ सम्मुख] *क्रिवि॰* १. सामने। २. ओर। तरफ़।

***सहेट**—*पु॰* ≤ *हि॰* सहेत। (दे॰) ✣ **सहेटी**—*स्त्री॰* = अभिसारिणी नायिका/स्त्री।

***सहेत**—[< सं॰ सङ्केत] *पु॰* प्रेमी-प्रेमिका के मिलने का स्थान। संकेत-स्थल।

सहेतु/सहेतुक—[सं॰ स ~ हेतु/हेतुक] *वि॰* जिसका कोई हेतु/कारण/उद्देश्य हो। जो निरर्थक न हो। सप्रयोजन।

***सहेलरी**—*स्त्री॰* ≤ *हि॰* सहेली। सखी।

***सहैया**[१]—[< हि॰ सहना] *वि॰* १. सहनेवाला। २. सह सकने वाला। सहनशील।

***सहैया**[२]—[< सं॰ सहाय] *वि॰* सहायक। मददगार।

सहोक्ति—[सं॰ सह ~ उक्ति] *स्त्री॰* 'सह' के साथ कथन। (काव्य॰) एक अर्थालंकार जिसमें 'सह' अथवा उसके पर्यायवाची किसी शब्द 'संग/साथ' आदि के प्रयोग से एक ही क्रियापद के अनेक अर्थों का वाचक होने का, जिनमें से एक अर्थ ही प्रधान होता है, चमत्कार होता है।

सहोढ़—[< सं॰ सहोढ] *पु॰* १. चोरी के माल के साथ पकड़ा गया चोर। २. गर्भिणी कन्या का विवाह के बाद जन्मा पुत्र।

सहोत्पाद—[सं॰ सह + उत्पाद] *पु॰* किसी उद्योग में प्रमुख उत्पाद के साथ तैयार होनेवाला कोई अन्य उत्पाद।

सहोत्साह—[सं॰ सह + उत्साह] *क्रिवि॰* उत्साह/उमंग के साथ। उत्साहपूर्वक। ***जैसे***—वह सहोत्साह खेलेगा।

सहोदर—[सं॰ सह ~ उदर] *वि॰* एक ही माता से उत्पन्न लड़के। *पु॰* सगा भाई। ✣ **सहोदरा**—*स्त्री॰* = सगी बहिन।

सहोर—[< सं॰ शाखोट] *पु॰* एक प्रकार का जंगली पेड़। सिहोर का पेड़।

सह्य (सह्य)—[सं॰ √सह् + यत्] *वि॰* १. जिसे सहा जा सके। जो सहन किया जा सके। २. जिसे सहना चाहिए। सहे जाने योग्य। ३. शक्तिशाली। ∇ **विलोम**—असह्य।

सहयाद्रि (सह्याद्रि)—[सं॰ सह्य ~ अद्रि] *पु॰* महाराष्ट्र के पश्चिमी

घाट नामक पर्वत-श्रेणी का एक भाग।

सँकराई—[< सं॰ सङ्कट] *स्त्री॰* संकट। विपत्ति या दुःख।

सँकराना[१]—[< हि॰ सँकरा] *क्रिस॰* संकुचित/संकीर्ण करना। तंग करना। *क्रिअ॰* संकुचित/संकीर्ण होना। तंग होना। ***जैसे***—यह वस्त्र सँकराता है।

सँकराना[२]—[< हि॰ साँकर < सं॰ शृङ्खला] *क्रिस॰* द्वार में साँकल/ज़ंजीर लगाना। ज़ंजीर लगाकर द्वार बन्द करना।

सँकारना—[देशज] *क्रिस॰* संकेत करना। इशारा करना।

सँकुचना—[< सं॰ सङ्कुचन] *क्रिअ॰* १. संकोच करना। २. संकुचित होना। ३. लज्जा करना। शरमाना। ४. सिकुड़ना। ५. (फूलों का) सम्पुटित/बन्द होना। मुँदना।

सँकेलना—[< प्रा॰ सकेलिअ < सं॰ सङ्केलन] *क्रिस॰* संकलित करना। संचित करना। एकत्र करना। बटोरना। ❖ **सँकेलि**—*क्रिवि॰* = एकत्र करके। बटोरकर।

***सँकोपना**—[< सं॰ सङ्कोपन] *क्रिअ॰* क्रोध करना। नाराज़ होना।

***सँघात/सँघाता**—[< सं॰ सङ्घ] *क्रिवि॰* साथ में।

***सँघाती**—[< सं॰ सङ्घ] *पु॰* १. साथ में रहनेवाला व्यक्ति। सहचर। साथी-संगी। २. मित्र। दोस्त। ३. साथ जानेवाला।

***सँघातैं**—[< हि॰ सँघात] क्रिवि॰ साथ ही।

***सँचना**[१]—[< सं॰ सञ्चयन] *क्रिस॰* संचय करना। एकत्र करना।

***सँचना**[२]—[< सं॰ संरचन] *क्रिस॰* संरचना करना। बनाना।

सँचरना—[< सं॰ सञ्चरण] *क्रिअ॰* १. संचरण करना। संचार करना चलना। २. व्याप्त होना। फैलना। ३. प्रवेश करना।

***सँजोइ**—[< हि॰ सँजोना] *क्रिवि॰* सँजोकर। एकत्रकर। जुटाकर।

सँजोइल—[< हि॰ सँजोना] *वि॰* १. एकत्र किया हुआ। २. सुसज्जित।

***सँजोऊ**—[< हि॰ सँजोना] *पु॰* १. सजावट। २. तैयारी। ३. सामग्री। सामान।

सँजोग—≤ *सं॰* संयोग। *पु॰* १. संयोग। मिलन। २. आकस्मिक रूप से दो घटनाओं का एक साथ घटित होना या अचानक एक घटना के तत्काल बाद दूसरी घटना घटित होना। संयोग। ३. संयोग। सम्बन्ध। लगाव। ४. वर-कन्या के विवाह का योग।

सँजोना/†सँजोवना—[< प्रा॰ सजोअण < सं॰ संयोजन] *क्रिस॰* १. संचित करना। (धन-सम्पत्ति) जोड़ना। २. व्यवस्थित करना। क्रम से रखना। ❖ **सँजोवन/सँजोवा**—*पु॰* = १. संचय। संग्रह। २. सज्जा। सजावट। ३. लोगों का एकत्रीकरण।

* **सँजोवल**—[< हि॰ सँजोना] *वि॰* १.सुसज्जित। २. आवश्यक वस्तुओं से युक्त। ३. सैनिक सामग्री वाला। ४. सावधान।

सँझबाती/सँझवाती—[< सं॰ सन्ध्या ~ वर्तिका] *वि॰* सन्ध्या-सम्बन्धी। सन्ध्या का। *स्त्री॰* १. संध्या होने पर जलाया जानेवाला दीपक। सायंकालीन दिया-बत्ती। २. सन्ध्या-काल में दीपक जलाते समय के लोकगीत।

सँझला[१]—[हि॰ 'मँझला' का अनु॰] *वि॰* जो मँझला हो, उससे छोटा (पुत्र/बालक)। ***जैसे***—राम बड़े थे, भरत मँझले थे, लक्ष्मण सँझले थे और शत्रुघ्न छोटे थे। ❖ **सँझली**—*वि॰* (*स्त्री॰*)।

सँझला[२]—[< हि॰ संझा < सं॰ सन्ध्या] *वि॰* सायंकाल-सम्बन्धी। सन्ध्या का।

सँझाना—[< हि॰ साँझ < सं॰ सन्ध्या] *क्रिअ॰* १. साँझ/शाम होना। २. सूर्य का अस्त होना। ***जैसे***—सूर्य सँझा गया।

सँटिया—*स्त्री॰* ≤ *हि॰* सँटी। पेड़ की बहुत पतली और हरी शाखा के अंश से बनी एक प्रकार की छड़ी जो बच्चों को पीटने या डराने में काम आती है।

***सँतपना**—[< सं॰ सन्तपन] *क्रिअ॰* सन्तप्त होना। दुःखी होना।

***सँतापना**—[हि॰ सँतपना का प्रेरणा॰ अथवा < हि॰ सन्तापना < सं॰ सन्तापन] *क्रिस॰* सन्तप्त करना। दुःखी करना।

सँधना—[< हि॰ सन्धना] *क्रिअ॰* १. सम्मिलित होना। २. संयुक्त होना। मिलना। *क्रिस॰* १. सम्मिलित करना। २. संयुक्त करना। मिलाना।

***सँधानो**—[< सं॰ सन्धान] *पु॰* (आम, नींबू, मिर्च आदि का) अचार।

***सँबाहना**—[< सं॰ संवहन] *क्रिस॰* सँभाल लेना। (हाथ में) ले लेना। ❖ **सँबाहि**—*क्रिवि॰* = १. सँभाल कर या हाथ में लेकर।

***सँभरना**—[< सं॰ स्मरण] *क्रिस॰* स्मरण करना।

***सँभार**[१]—*पु॰* ≤ हि॰ सम्भार। १. व्यवस्थिति। सँभाल। २. सुध-बुध।

***सँभार**[२]—[< हि॰ सँभरन < सं॰ स्मरण] *पु॰* १. स्मरण। २. चिन्ता। फ़िक्र।

सँभारना**[१]—[< सं॰ सम्भार] *क्रिस॰* व्यवस्थित करना। सँभालना। ***जैसे—भार सँभारना। ❖ ***सँभारि**[१]**/सँभारी**[१]—*क्रिवि॰* = १. सँभालकर। २. सचेत होकर। सँभल कर। *क्रिस॰* = सँभाल ली। सँभाली।

सँभारना[२]—[< प्रा॰ संभरण < सं॰ स्मरण] *क्रिअ॰* १. सुध रखना। २. स्मरण करना। ***सँभारि**[२]**/सँभारी**[२]—*क्रिवि॰* = स्मरण करके। *स्त्री॰* = १. स्मरण। २. चेतना। सुध-बुध। होश-हवास।

***सँवर**—[< सं॰ स्मरण] *स्त्री॰* १. स्मृति। स्मरण। याद। २. समाचार। खबर। ३. वृत्तान्त। हाल। ❖ **सँवर-सँवर**—*क्रिवि॰* = स्मरण करके।

सँवरना[१]—[< सं॰ समारचयन] *क्रिअ॰* १. सुधारे हुए या सुन्दर रूप में आना। सुधरना। २. सज्जित होना। अलंकृत होना। सजना। ३. बनाना। ***जैसे***—बिगड़ा काम सँवर गया। ❖ **सँवराना**[१]—*क्रिस॰* = १. सजवाना। ***जैसे***—घर सँवराए। २. सुधरवाना। ❖ **सवरि**[१]—*क्रिवि॰* = १. सँवरकर। २. सुधरकर। ३. सज्जित होकर। ४. बनकर।

सँवरना[२]—[< सं॰ स्मरण] *क्रिस॰* स्मरण करना। *क्रिअ॰* स्मरण होना। याद होना। ❖ **सँवराना**[२]—*क्रिस॰* = स्मरण कराना। ❖ ***सँवरि**[२]—*क्रिवि॰* = स्मरण करके। याद करके।

†सँवरिया—[< हि॰ साँवरा] *वि॰* साँवला। *पु॰* कृष्ण। श्याम।

सँवरी[१]—[< हि॰ सँवरना] *वि॰* १. सुन्दर रूप में लायी हुई। सँवरी हुई। २. सजी हुई। सुसज्जित। अलंकृत। ३. बनी-बनायी।

***सँवरी**[२]—[< सं॰ सफरी] *स्त्री॰* मछली।

सँवार[१] —[< हि॰ सँवरना[१]/सँवारना[२]] *स्त्री॰* १. सँवरने की स्थिति/क्रिया/भाव। २. सँवारने की स्थिति/क्रिया/भाव। २. सँवारने की स्थिति/क्रिया/भाव। ३. सँवारा हुआ रूप। सज्जित किया हुआ या अलंकृत रूप। ४. सुधार। संशोधन।

***सँवार**[२] —[हि॰ संवरना[२] < स॰ स्मरण] *स्त्री॰* समाचार या वृत्तान्त। ख़बर या हाल।

सांयोगिक—[स॰ संयोग + ठक्] *वि॰* संयोग से होनेवाला। अचानक होनेवाला। आकस्मिक। अप्रत्याशित। ***जैसे***—सांयोगिक भेंट। *क्रिवि॰* संयोगवश। अकस्मात्। अचानक।

सांवत्सर/सांवत्सरिक—[स॰ संवत्सर + अन्/ठञ्] *वि॰* १. संवत्सर-सम्बन्धी। वर्ष का। २. प्रतिवर्ष होनेवाला। वार्षिक। सालाना। *पु॰* ज्योतिषी। दैवज्ञ।

सांवादिक—[स॰ संवाद + ठञ्] *वि॰* १. बोलचाल का। २. (बोलचाल में) प्रचलित। ३. संवाद-सम्बन्धी। संवाद का। ४. समाचार-सम्बन्धी। समाचार का। ५. विवादात्मक। *पु॰* १. न्यायदर्शन का ज्ञाता। नैयायिक। २. संवाददाता।

सांविधानिक—[< स॰ संविधान] *वि॰* १. संविधान-सम्बन्धी। संविधान का। २. संविधान-सम्मत। ३. संविधान के अनुरूप/अनुसार। ***जैसे***—सांविधानिक अध्यक्ष। Δ **पर्याय**—संवैधानिक।

सांविधिक—[स॰ संविधि + ठञ्] *वि॰* १. संविधि-सम्बन्धी। संविधि का। क़ानून का। २. संविधि/विधि/ क़ानून द्वारा विहित। विधि-विहित। विधिगत। विधिक। ***जैसे***—सांविधिक प्रावधान। (अ॰ स्टैट्यूटरि)

सांवृतिक—[स॰ संवृति + ठक्] *वि॰* १. प्रत्यक्ष। २. प्रत्यक्ष घटना से सम्बन्धित।

सांवृत्तिक—[स॰ संवृत्ति + ठक्] *वि॰* भ्रमात्मक। मायामय। मिथ्या।

सांवेगिक—[स॰ संवेग + ठञ्] *वि॰* १. संवेग-सम्बन्धी। संवेगपरक। २. संवेगात्मक। भावात्मक। ३. भावनात्मक।

सांवेदिक—[स॰ संवेद + ठञ्] *वि॰* १. संवेदना-सम्बन्धी। संवेदना का। संवेदनात्मक। २. ज्ञानेन्द्रिय-सम्बन्धी। ज्ञानेन्द्रियों का। ३. संवेदना-केन्द्र का। ४. (शरीर के) संवेदना-सूत्रों से सम्बन्धित। (अ॰ सेन्सरी)

सांश—[स॰ स + अंश] *वि॰* अंश के साथ। अंशयुक्त। अंशसहित।

सांशयिक—[स॰ संशय + ठञ्] *वि॰* १. संशय-सम्बन्धी। संशय का। २. जिसके विषय में संशय हो। संशयात्मक।

सांसर्गिक—[स॰ संसर्ग + ठञ्] *वि॰* १. संसर्ग-सम्बन्धी। संसर्ग का। २. संसर्ग से उत्पन्न होने वाला या संसर्ग से बढ़ने वाला।

सांसिद्धिक (सांसिद्धिक)—[स॰ संसिद्धि + ठञ्] *वि॰* १. संसिद्धि-सम्बन्धी। संसिद्धि का। २. स्वाभाविक। प्रकृतिगत। ३. मोक्ष-सम्बन्धी।

सांस्कृतिक—[स॰ संस्कृति + ठक्] *वि॰* १. संस्कृति-सम्बन्धी। संस्कृति का। २. जो संस्कृति के क्षेत्र में हो।

सांस्थानिक—[स॰ संस्थान + ठक्] *वि॰* १. संस्थानयुक्त। २.(किसी) संस्थान या संस्था का। संस्थान-सम्बन्धी। ३. एक ही स्थान (देश आदि) का।

सांस्पर्शिक—[स॰ संस्पर्श + ठञ्] *वि॰* १. संस्पर्श-सम्बन्धी। २. संस्पर्श से उत्पन्न होनेवाला या संस्पर्श से फैलनेवाला।

***साइ/साई/सायी**—[< स॰ शायी] *वि॰* शयन करनेवाला। शायी।

***साइनि**—*स्त्री॰* ≤ *हि॰* साथिन।

***साइयाँ**—*पु॰* ≤ साँई। स्वामी।

***साइर**—*पु॰* ≤ *स॰* सागर। समुद्र।

***साइँ**—*पु॰* ≤ *हि॰* साईं। स्वामी। प्रभु। ● **विशेष**—'साइँ' की अपेक्षा 'साईं/साँई/साँईं' का प्रयोग अधिक होता है।

साई—[प्रा॰ < स॰ साति:] *स्त्री॰* १. कार्य कराने के लिए दिया गया अग्रिम/पेशगी धन। ***जैसे***—बीजवालों को सौ रुपए साई दे दो। २. साईकाँटा नामक वृक्ष।

साईकाँटा—[< हि॰ साही + काँटा] *पु॰* लम्बे खड़े काँटों वाली साही/सेई जन्तु के काँटों के समान काँटोंवाला एक वृक्ष। साई।

***साईदोह**—[< स॰ स्वामिद्रोह] *वि॰* स्वामी के प्रति द्रोहशील/द्रोही (व्यक्ति)। स्वामिद्रोही। ⁘ **साईदोहाई**—*स्त्री॰* = स्वामी के प्रति द्रोह की भावना। स्वामिद्रोह।

साईस—[अरबी 'रईस' (धनी व्यक्ति) का अनु॰] *पु॰* (किसी रईस द्वारा नियुक्त) घोड़े/घोड़ों की देखभाल करनेवाला तथा घोड़ेवाला वाहन हाँकनेवाला नौकर।

साईं (साईं)—[< स॰ स्वामी] *पु॰* स्वामी। प्रभु।

साउज—[< प्रा॰ साउज्ज < स॰ श्वापद] *पु॰* जंगली पशु जिनका शिकार किया जाता है।

***साऊ**—[< हि॰ साहू < स॰ साधु] *वि॰* उत्तम। साधु। भला। *पु॰* १. महाजन। साहूकार। २. श्रेष्ठ व्यक्ति।

***साक**—*पु॰* ≤ *स॰* शाक। साग। सब्ज़ी। भाजी। तरकारी। ⁘ **साक-बनिक**—*पु॰* = शाक-वणिक। साग-सब्ज़ी बेचनेवाला।

***साकट/साकत**—[< स॰ शाक्त] *पु॰* १. शक्ति का उपासक। देवी-पूजक। २. वाममार्गी तान्त्रिक जो मद्य-मांस आदि खाता-पीता है।

साकल्य—[स॰ सकल + ष्यञ्] *पु॰* सकलता। सम्पूर्णता।

साका—[< स॰ शक] *पु॰* १. ऐसा कठिन कार्य जिसे करने से यश प्राप्त हो। कीर्तिप्रद कोई महत्त्वपूर्ण काम।। २. शक संवत् या शाका अथवा संवत्। ३. प्रसिद्धि। ४. ख्याति। यश। ५. कीर्ति-गाथा। यश:प्रशस्ति। ***वा॰* साका करके**—दृढ़तापूर्वक और वीरतापूर्वक सबके सामने। **साका चलना**—१. प्रभाव जमना। २. विश्वास/साख जमना। **साका चलाना/बँधाना**—रोब/दबदबा जमाना। **साका पूजना**—कोई बड़ा अभीष्ट कार्य या बहुत बड़ा कार्य सम्पन्न होना।

साकाङ्क्ष (साकांक्ष)—[स॰ स + आकाङ्क्षा] *वि॰* १. आकांक्षावाला। इच्छुक। २. (वस्तु आदि) जिसे किसी अन्य वस्तु आदि की कुछ अपेक्षा हो। (व्या॰) जिसके लिए पूरक पद आवश्यक हो। (काव्य॰) एक अर्थ-दोष। वाक्य द्वारा अभीष्ट अर्थ

की अभिव्यक्ति न हो पाने में कुछ शब्दों की कमी होना, उनकी आकांक्षा होना।

साकार—[सं॰ स + आकार] *वि॰* १. आकारवाला। आकारयुक्त। मूर्त। *जैसे*—परमात्मा के साकार रूप की पूजा। २. किसी कल्पना, योजना या बात का कार्यान्वित प्रत्यक्ष रूप।

साकारोपासना—[सं॰ साकार ~ उपासना] *स्त्री॰* परमात्मा के किसी रूप, मूर्ति, चित्र आदि की या अवतार की पूजा जो निराकार परमात्मा की पूजा से भिन्न होती है।

साकिट/साकेट—[अं॰ सॉकेट] *पु॰* किसी वस्तु को बैठाने या उसके घूमने के लिए बना खोखला स्थान या गड्ढा। कोटर।

साकिन—[अरबी] *वि॰* (स्थान विशेष का) निवासी। *जैसे*—अब्दुल्ला साकिन दिल्ली

साक़ी—[अरबी] *वि॰* शराब के प्याले/पात्र में शराब भरकर देनेवाला या पिलानेवाला।

साकृतिक—[सं॰ स + आकृतिक] *वि॰* आकृतिवाला। आकृतियुक्त। साकार।

साकेत—[सं॰ स + आकेत] *पु॰* अयोध्या। ✣ **साकेतक**—*पु॰* = अयोध्यावासी। *वि॰* = साकेत-सम्बन्धी। साकेत का।

साक्ष—[सं॰ स + अक्ष] *वि॰* १. अक्ष/धुरी वाला। अक्षयुक्त। २. आँखोंवाला। नेत्रयुक्त।

साक्षात्—[सं॰ स + अक्षात्] *क्रिवि॰* १. स्पष्टतः आँखों के सामने। प्रत्यक्ष। *जैसे*—मैं तुम्हें साक्षात् देखना चाहता हूँ। २. शरीरधारी व्यक्ति के रूप में। ३. स्वयं। *जैसे*—साक्षात् शिव सामने खड़े थे। *वि॰* मूर्तिमान्। साकार। *जैसे*—वीरता में वह साक्षात् राम है।

साक्षात्कार—[सं॰ साक्षात् + कार] *पु॰* १. पदार्थों का इन्द्रियों द्वारा होनेवाला ज्ञान। प्रतीति। २. आँखों के सामने प्रत्यक्ष उपस्थिति। सामने आना। ३. मिलन। भेंट। मुलाक़ात। ४. नौकरी देने से पहले प्रार्थी को प्रत्यक्ष बुलाकर ली जाने वाली जानकारी, बातचीत के द्वारा गुण-दोषों की परख इत्यादि का कार्य। इन्टरव्यू (अं॰)। (पत्र॰) कुछ जानकारी लेने अथवा किसी विषय पर विचार/अभिमत जानने के लिए किसी व्यक्ति से बातचीत करना। इन्टरव्यू (अं॰)। भेंटकर्ता।

साक्षिता—[सं॰ साक्षिन् + तल् + टाप्] *स्त्री॰* साक्ष्य। गवाही।

साक्षित्व—[सं॰ साक्षिन्+त्व] *पु॰* = साक्ष्य। गवाही।

साक्षिभूत—[सं॰ साक्षिन् + भूत] *वि॰* जो साक्षी हो या रहा हो।

साक्षी—[सं॰ साक्षिन्] *वि॰* जो किसी घटना को स्वयं देखता हो, देख रहा हो या देख चुका हो। प्रत्यक्षदर्शी। *पु॰* १. किसी घटना का प्रत्यक्षदर्शी व्यक्ति। चश्मदीद गवाह। २. गवाह।

साक्षेप—[सं॰ स + आक्षेप] *वि॰* आक्षेपयुक्त। *क्रिवि॰* आक्षेप के साथ। आक्षेप करते हुए। आक्षेपपूर्वक।

साक्ष्य—[सं॰ साक्षिन् + ष्यञ्] *पु॰* प्रत्यक्ष देखी हुई घटना का कथन। गवाही।

साक्ष्याङ्कन (साक्ष्यांकन)—[सं॰ साक्ष्य ~ अङ्कन] *पु॰* किसी पत्र, हस्ताक्षर आदि के वास्तविक होने का प्रमाणीकरण। अनुप्रमाणन। (अं॰ अटेस्टेशन)

साख[1]—[< हिं॰ साका] *पु॰* १. प्रभाव। २. धाक। रोब। ३. प्रतिष्ठा। इज़्ज़त। (वाणि॰) १. व्यापार में लेन-देन-सम्बन्धी ईमानदारी की सन्देहरहित लोक-मान्यता। सुनाम। *जैसे*—बाज़ार में बिड़ला की फ़र्मों की बहुत साख है। २. धन उधार लेने का सामर्थ्य।

***साख**[2]—[< सं॰ शाखा] *स्त्री॰* १. वृक्ष आदि की शाखा। डाली। डाल। २. (वंश की) पीढ़ी। पुश्त।

साख[3]—*स्त्री॰* ≤ *सं॰* साक्षी। गवाही।

***साखना**—[< सं॰ साक्षी] *क्रिस॰* गवाही देना।

***साखोचार/साखोच्चार**—[< सं॰ शाखोच्चार] पु॰ विवाह में वर और वधू के पितृवंश के गोत्र और पूर्वजों का विस्तृत कथन जो दोनों ओर के पंडित करते हैं।

सागरज—[सं॰ सागर + ज] *वि॰* समुद्र से उत्पन्न (शंख, घोंघा आदि)।

सागरमेखला—[सं॰ सागर ~ मेखला] *स्त्री॰* पृथ्वी। धरती।

सागरवसना—[सागर ~ वसन + टाप्] *स्त्री॰* सागर-रूपी वस्त्र वाली। पृथ्वी।

सागरान्त (सागरांत)—[सं॰ सागर ~ अन्त] *वि॰* समुद्र का तट। *पु॰* समुद्र-तट। ✣ **सागरान्ता (सागरांता)**—*स्त्री॰* = पृथ्वी। धरती।

सागराम्बरा (सागरांबरा)—[सं॰ सागराम्बर (सागर ~ अम्बर) + टाप्] *वि॰ (स्त्री॰)* सागररूपी वस्त्र वाली। समुद्रवसना। *स्त्री॰* पृथ्वी। धरती।

सागरालय—[सं॰ सागर ~ आलय] *वि॰* समुद्र में रहनेवाला। *पु॰* (जल का देवता) वरुण।

सागार—[सं॰ स + आगार] *वि॰* जिसका कोई घर हो। घरवाला। आगार-युक्त। *पु॰* गृहस्थ व्यक्ति। गृहस्थ।

सागू—[< अं॰ सेगो] *पु॰* एक वृक्ष जिसके तने के गूदे से सागूदाना तैयार किया जाता है। ✣ **सागूदाना**—*पु॰* = सागू वृक्ष के तने के गूदे से, जो आटा-जैसा होता है, तैयार किए जाने वाले दाने।

साग्नि—[सं॰ स + अग्नि] *वि॰* अग्नियुक्त। अग्निसहित।

साग्र—[सं॰ स + अग्र] *वि॰* १. अग्रसहित। २. समस्त। सब। कुल।

साग्रह—[सं॰ स + आग्रह] *वि॰* आग्रहपूर्वक। *जैसे*—साग्रह निवेदन।

साङ्कर्य (सांकर्य)—[सं॰ सङ्कर + ष्यञ्] *पु॰* संकरता। मिश्रण। मिलावट। *जैसे*—जाति-सांकर्य।

साङ्ख्य (सांख्य)—[सं॰ सङ्ख्या + अण्] *वि॰* १. संख्या-सम्बन्धी। २. गणनात्मक। *पु॰* १. एक प्रमुख भारतीय दर्शन। ✣ **साङ्ख्यमार्ग**—*पु॰* = सांख्यदर्शन का मार्ग। ज्ञानयोग। ✣ **साङ्ख्ययोग**—*पु॰*=१. सांख्य दर्शन की विचारधारा के अनुसार जीवनयापन की विधि। २. सांख्य दर्शन और योगदर्शन।

साङ्ख्यिक (सांख्यिक)—[< सं॰ सङ्ख्या] *वि॰* संख्या-सम्बन्धी। गिनती से सम्बन्धित। ✣ **साङ्ख्यिकी**—*स्त्री॰* = आँकड़े एकत्र करके तथा उन्हें सारणीबद्ध करके उनका अध्ययन करने का गणितीय विज्ञान।

साङ्ग (सांग)—[सं॰ स + अङ्ग] *वि॰* १. अंगों या अवयवों वाला।

२. अंगों के सहित। अंगयुक्त। ३. सब प्रकार से पूर्ण। परिपूर्ण।

साङ्गोपाङ्ग (सांगोपांग)—[सं॰ स + अङ्ग ~ उपाङ्ग] *वि॰* अंगों और उपांगों से युक्त। *क्रिवि॰* १. सभी अंगों और उपांगों के साथ। २. अच्छी प्रकार से और पूर्णता से।

साङ्ग्रहिक (सांग्रहिक)—[सं॰ सङ्ग्रह + ठक्] *वि॰* संग्रह करनेवाला। संग्रहकर्ता।

साङ्ग्रामिक (सांग्रामिक)—[सं॰ सङ्ग्राम + ठञ्] *वि॰* युद्ध-सम्बन्धी। *पु॰* सेनापति।

साङ्घातिक (सांघातिक)—[सं॰ सङ्घात + ठञ्] *वि॰* १. समूह-सम्बन्धी। २. जो मार सकता हो। मारक। ३. जिसके परिणामस्वरूप मनुष्य मर सकता हो। घातक। ४. संकटपूर्ण। जोखिमवाला। (ज्योतिष॰) जन्म-नक्षत्र से सोलहवाँ नक्षत्र जो घातक होता है।

***साच/साचा**—*वि॰, पु॰* ≤ *सं॰* सत्य। ✣ **साचिलो**—*पु॰* = सच्ची बात। ✣ **साची**—*वि॰ स्त्री॰* = सत्य। ✣ **साचे**—*वि॰* = यथार्थ। सच्चा। ✣ **साचेहुँ**—*क्रिवि॰* = यथार्थतः। सत्यतः।

साजा—[< हिं॰ सजाना] *क्रिस॰* ('सजाना' का एक भूतकालिक रूप) सजाया। सज्जित किया। *वि॰* १. सजा हुआ। सज्जित। २. शोभित। सुन्दर। ३. उत्तम। बढ़िया।

साज़िन्दा (साज़िंदा)—[< फा॰ साज़िन्दः] *पु॰* किसी गायक के साथ साज़ बजानेवाला। संगत करनेवाला वादक (तबलची आदि)।

साजि-साजि—[< हिं॰ साजना] *क्रिवि॰* सजा-सजाकर।

***साजुज्य**—[< सं॰ सायुज्य] *स्त्री॰* सायुज्य मुक्ति।

साट[१]—[प्रा॰ सट्ट] *पु॰* १. विक्रय। बिक्री। २. विनिमय। अदला-बदली का लेन-देन। ३. व्यापार। सट्टा।

साट[२]—[< हिं॰ सटना] *स्त्री॰* सटने की क्रिया/भाव।

साटक[१]—[सं॰ √साट्] *पु॰* प्रदर्शन।

साटक[२]—[< सं॰ शाटक] *पु॰* वेश-विन्यास। परिधान। पहनावा।

साटक[३]—[< सं॰ सट्टक] *पु॰* एक प्रकार का ग्राम-नाट्य। सट्टक।

साटक[४]—[देशज] *पु॰* (अन्न आदि की) भूसी।

साटन—[< अं॰ सैटिन] *स्त्री॰* एक प्रकार का रेशमी कपड़ा जो एक ओर से चमकदार होता है।

***साटना[१]**—*क्रिस॰* ≤ *हिं॰* सटाना। मिलाना, जोड़ना या चिपकाना।

साटना[२]—[< सं॰ √शट्] *क्रिअ॰* कष्ट उठाना। ✣ **साटि[१]**—*क्रिवि॰* = कष्ट उठाकर।

***साटि[२]**—[< हिं॰ सट्टा] *स्त्री॰* १. सट्टा। सौदा २. मोल-भाव।

साटे—[< हिं॰ साट] *क्रिवि॰* बदले में।

साठी—[< प्रा॰ सट्ठीअ < सं॰ षष्टिक] *पु॰* एक छोटा और मोटा धान जो कुछ लाली लिए होता है और साठ दिन में पकता है।

साढ़े—[सार्ध] *वि॰* (संख्या) जो आधे के साथ हो। ***जैसे***—साढ़े सात (सात + आधा, ७ +१/२)।

सातकुम्भ (सातकुंभ)—[सं॰ शातकुम्भ] *पु॰* १. सोना। २. धतूरा। ३. कचनार।

सातत्य—[सं॰ सतत + ष्यञ्] *पु॰* १. निरन्तरता। सततता। अविच्छिन्नता। २. सदा बना रहना। नित्यता। शाश्वतता।

सातत्यक—[< सं॰ सातत्य] *पु॰* (देश-काल की) अविच्छिन्नता (अं॰ कन्टिन्युअम)।

†**सातपूती**—[< हिं॰ सात + पूत (< सं॰ पुत्र)] *वि॰* सात पुत्रों वाली।

सातला—[< सं॰ सप्तला] *स्त्री॰* नीले रंग की पतली एक मीटर ऊँची वनौषधि जिसके पत्ते चपटे और गहरे बैंगनी रंग के होते हैं। इसका नाम '**सीज**' भी है।

***सातहयजान**—[हिं॰ सात + सं॰ हय + हिं॰ जान (< सं॰ यान)] *वि॰* सात घोड़ों के रथवाला। *पु॰* सूर्य।

सातङ्क (सातंक)—[सं॰ स+आतङ्क] *वि॰* आतंकयुक्त। भयभीत।

सात्त्वत—[सं॰ सात्त्व √तन् + ड] *पु॰* १. विष्णु। २. बलराम। ३. कृष्ण।

सात्त्वती—[सं॰ सात्त्वत + ङीष्] *वि॰* (*स्त्री॰*) सत्त्वशालिनी। (नाट्य॰) नाटकों की चार वृत्तियों में से एक जिसमें युद्ध और वीरतापूर्ण कार्य वर्णित होते हैं और जो वीर रस के लिए उपयुक्त होती है।

सात्त्विक—[सं॰ सत्त्व + ठञ्] *वि॰* १. जिसमें सत्त्व गुण हो। सत्त्वगुणयुक्त। २. सत्त्वगुणी। सत्त्वगुण प्रधान। ३. सत्त्वगुण-सम्बन्धी। ४. सत्त्यनिष्ठ। ५. सत्त्वगुण से उत्पन्न। सत्त्वगुणसम्भूत। ✣ **सात्त्विक अनुभाव**—*पु॰* = (काव्य॰) अनुभावों का एक प्रकार। सत्त्व (अन्तः करण का विशेष धर्म अथवा प्राण) से उत्पन्न या सम्बन्धित ऐसे अंग-विकार या चेष्टाएँ जिनसे मन के भाव का पता चलता है। सात्त्विक भाव। ✣ **सात्त्विक अलङ्कार (अलंकार)**—*पु॰* = (नाटक॰) नायिकाओं के विशेष क्रिया-कलाप तथा सौन्दर्यवर्धक तत्त्व।

सात्त्विकी—[सं॰ सात्त्विक + ङीप्] *वि॰* (*स्त्री॰*) सात्त्विक। ***जैसे***—सात्त्विकी श्रद्धा।

सात्म—[सं॰ स + आत्मा (आत्मन्)] *वि॰* आत्मा से युक्त। आत्मासहित।

***साथर/साथरा**—[< सं॰ स्तरण] *पु॰* १. बिस्तर। बिछौना। २. कुश की बनी चटाई। ३. चटाई। ✣ **साथरी**—*स्त्री॰* = साथरा। (दे॰)

सादन—[< सं॰ स्यन्दन] *पु॰* एक प्रकार का बड़ा और औषधोपयोगी वृक्ष जो देखने में 'बबूल' और 'खैर' के सदृश लगता है। तिनिश/तिरिच्छ का पेड़।

***सादूर**—*पु॰* ≤ शार्दूल। चीता।

सादृश्य—[सं॰ सदृश + ष्यञ्] *पु॰* १. समानता। तुल्यता। एकरूपता। बराबरी। २. प्रतिमूर्ति। ३. तुलना।

साद्यन्त (साद्यंत)—[सं॰ स + आदि ~ अन्त] *वि॰* आदि से अन्त तक का। सम्पूर्ण। सारा। *क्रिवि॰* आदि से अन्त तक।

***साध[१]**—[< सं॰ साधु] *वि॰* उत्तम। अच्छा। *पु॰* १. साधु। सन्त। २. सज्जन।

साध[२]—[< सं॰ श्रद्धा] *स्त्री॰* तीव्र इच्छा। लालसा। कामना।

अभिलाषा। *वि॰* श्रद्धालु। ***वा॰*(किसी बात की) साध न रहने देना**—सब प्रकार की इच्छा पूरी कर देना। **साध साधना**—अभिलाषा पूरी करना।

साधनचतुष्टय—[सं॰ साधन ~ चतुष्टय] *पु॰* चार साधनों का वर्ग। (वेदान्त॰) वेदान्तदर्शन के साधकों के लिए वैराग्य आदि चार अनिवार्य साधन।

साधनता—[सं॰ साधन + तल् + टाप्] *स्त्री॰* = १. साधन का धर्म/भाव। सिद्धि। २. साधन की क्रिया। सिद्ध करने की क्रिया। ३. उद्देश्य पूरा करने का माध्यम होना।

साधनहार—[< सं॰ साधन] *हिं॰ वि॰* १. साधनेवाला। साधक। २. जिसकी सिद्धि की जा सके। साध्य।

साधनिक—[< सं॰ साधन] *वि॰* १. साधन-सम्बन्धी। साधन का। २. साधनों से सम्पन्न। साधनयुक्त।

साधनी—[< सं॰ साधन] *स्त्री॰* १. लोहे या लकड़ी का एक उपकरण जिससे भूमि/दीवार के तल की सीध नापी जाती है। २. मकान आदि बनानेवाला कारीगर। राज।

साधर्म्य—[सं॰ सधर्म + ष्यञ्] *पु॰* समान धर्म से युक्त होना। समानधर्मता। एकधर्मता।

साधयिता—[सं॰ साधयितृ] *वि॰* जो साधन करता हो। साधक।

***साधस**—*पु॰* ≤ *सं॰* साध्वस। पु १.भय २. गति-शक्ति का अभाव। जड़ता। ३. घबराहट। परेशानी।

साधारणीकरण—[सं॰ साधारण + च्वि + करण] *पु॰* १. (किसी बात को) साधारण या सर्वसामान्य कर देना। सामान्यीकरण। २. सामान्य सिद्धान्त का निर्धारण। ३. सामान्य/व्यापक कथन। (काव्य) काव्य या नाटक आदि के पढ़ने/देखने से पाठक/श्रोता को होनेवाली रसानुभूति का कारण एक मनोवैज्ञानिक व्यापार/कार्य। विभाव आदि का व्यक्ति-विशिष्ट सम्बन्ध छूटना और सामाजिक (दर्शक/श्रोता) का व्यक्तित्व-बन्धन नष्ट होकर उसकी अनुभूति का साधारण या सर्वसामान्य हो जाना।

साधित[1]—[सं॰ √सिध् + णिच्, (साध्→आदेश) + क्त] *वि॰* (प्रयत्न द्वारा) सिद्ध किया हुआ या पूरा किया हुआ। २. अधीन या वश में किया हुआ। ३. प्रमाण द्वारा सिद्ध किया हुआ। प्रमाणित। ४. प्राप्त। ५. दमन किया हुआ। दमित। ६. शुद्ध किया हुआ। शोधित। ***जैसे***—साधित गन्धक और साधित पारा।

साधित[2]—[< सं॰ सन्धान] *वि॰* निशाना लगाने के लिए छोड़ा हुआ। ***जैसे***—साधित बाण।

साधित्र—[< सं॰ साध् + इत्र] *पु॰* उपकरण। (अं॰ ऐपरेटस)

साधु—[सं॰ √साध् + उण्] *वि॰* १. उत्तम। अच्छा। २. धार्मिक। ३. विरक्त। ४. सदाचारी। ५. उपयुक्त। योग्य। ठीक। *क्रिवि॰* अति उत्तम। बहुत अच्छा। शाबाश। वाह-वाह। *पु॰* १. उत्तम आचरण तथा उत्तम प्रवृत्ति वाला पुरुष। सदाचारी। २. भला व्यक्ति। सज्जन। ३. दूसरों का हित करनेवाला व्यक्ति। परहितकारी व्यक्ति। ४. संसार-त्यागी या सांसारिक प्रपंचों से विरक्त व्यक्ति। सन्त। महात्मा। (छन्द॰) एक समवर्णिक छन्द जिसके प्रत्येक चरण में क्रमशः नगण, सगण, तगण, जगण (न स त ज) के योग से १२ वर्ण होते हैं, ७-५ पर यति होती है।

साधुवाद—[सं॰ साधु ~ बाद] *पु॰* १. किसी के अच्छा काम करने पर 'साधु-साधु', 'शाबाश' या 'वाह-वाह' आदि कहना। २. प्रशंसा। शाबाशी।

साध्य—[सं॰ √सिध् + णिच्, साध्→आदेश, + यत्] *वि॰* जिसका साधन हो सके या होना चाहिए। २. होने योग्य। सम्भव। ३. जो सिद्ध किया जा सके। सिद्ध करने योग्य। ४. प्रमाणित करने योग्य। ५. (काम/बात/समस्या आदि) जो प्रतिकार के योग्य है ६. (रोग) जिसे चिकित्सा आदि के द्वारा नष्ट/दूर किया जा सकता है। ७. अधीन या वश में करने योग्य। ८. प्रयत्न करने पर जाना जा सकने योग्य। ९. साधन द्वारा प्राप्य। १०. आराधना/उपासना किए जाने योग्य। आराध्य। उपास्य। *पु॰* १. (वह वस्तु/बात) जिसे सिद्ध करना हो। २. लक्ष्य या उद्देश्य। ३. आराध्य। उपास्य। इष्ट देवता। ४. (न्याय॰) वह पदार्थ जिसका अनुमान किया जाए। अनुमेय। (गणित॰) किसी ऐसे तथ्य का कथन जिसकी उपपत्ति देना आवश्यक होता है। (अं॰ प्रोपोज़िशन)। ∇ **विलोम**—असाध्य।

साध्यवसाना लक्षणा—[सं॰] *स्त्री॰* (काव्य) 'लक्षणा' शब्दशक्ति का एक प्रकार। वह लक्षणा जिसमें आरोप के विषय को नहीं कहा जाता और केवल आरोप्यमान के कथन से लक्ष्यार्थ व्यक्त होता है।

साध्वाचार—[सं॰ साधु ~ आचार] *पु॰* १. सज्जनों का आचार। शिष्ट आचार। २. सन्त-महात्माओं के समान आचरण। ३. सदाचार।

सान[1]—[< सं॰ शाण] *स्त्री॰* एक प्रकार के पत्थर का उपकरण जिस पर चाक़ू, क़ैंची, अस्त्रों आदि की धार तेज़ की जाती है।

***सान**[2]—[< सं॰ सञ्ज्ञपन] *पु॰* संकेत। इशारा।

सान-गुमान—[हिं॰ सान (=संकेत) + गुमान] *पु॰* थोड़ा-भी अनुमान।

सानल—[सं॰ सअनल] *वि॰* अग्नियुक्त।

***साना**[1]—[< सं॰ शान्त] *क्रिअ॰* १. शान्त होना। २. समाप्त होना। ३. नष्ट हो जाना। *क्रिस॰* १. शान्त करना। २. समाप्त करना। ३. नष्ट करना।

साना[2]—[< हिं॰ सानना] *पु॰* मिश्रित। ओतप्रोत। गुँधा हुआ।

✣ ***सानि**—*क्रिवि॰* = १. गूँधकर। २. मिश्रित करके। ✣

सानी[1]—*वि॰ (स्त्री॰)* १. गूँधी हुई। २. मिश्रित की हुई। ३. ओतप्रोत। *क्रिवि॰* = सानि। (दे॰) *स्त्री॰* = पशुओं का भूसा, खली आदि मिला हुआ चारा।

सानी[2]—[अरबी] *वि॰* १. द्वितीय। २. बराबरी का। जोड़ का। तुल्य। समान। ● **विशेष**—लासानी= अद्वितीय।

सानु—[सं॰ √सन् + ञुण्] *पु॰* १. (पर्वत का) शिखर। चोटी। २. पर्वत-शिखर की समतल भूमि। ३. ढालू भूमि। ४. वन।

सानुकम्प (सानुकंप)—[सं॰ स + अनुकम्प] *वि॰* दयालु। *क्रिवि॰* दया करते हुए। कृपापूर्वक।

सानुकूल—[सं॰ स + अनुकूल] *क्रिवि॰* अनुकूलता के साथ। अनुकूलतापूर्वक। अनुकूल आचरण करते हुए।

सानुग—[सं॰ स + अनुग] *वि॰, क्रिवि॰* सेवक/सेवकों के साथ। २. अनुगामियों के साथ।

सानुज—[सं॰ स + अनुज] *वि॰* छोटे भाई के साथ। ***जैसे***—सानुज राम ने सुग्रीव से भेंट की।

सानुनय—[सं॰ स + अनुनय] *क्रिवि॰* विनयपूर्वक।

सानुनासिक—[सं॰ स + अनुनासिक] *वि॰* १. (वर्ण) जिसके उच्चारण के समय नाक का भी उपयोग हो। २. नाक के योग से गाने या बोलने वाला। नकियाकर गाने या बोलनेवाला।

सानुप्रास—[सं॰ स + अनुप्रास] *वि॰* अनुप्रास से युक्त। *क्रिवि॰* अनुप्रास के साथ। अनुप्रासपूर्वक।

सानुराग—[सं॰ स + अनुराग] *वि॰* अनुरागसहित। अनुरागयुक्त। प्रेमपूर्ण। *क्रिवि॰* अनुरागपूर्वक। प्रेमपूर्वक।

सान्त[१] (सांत[१])—[सं॰ स + अन्त] *वि॰* १. जो अन्त सहित हो। अन्तवाला। ***जैसे***—सान्त विश्व। २. जो अनन्त न हो। सीमित।

***सान्त[२] (सांत[२])**—*वि॰* ≤ *सं॰* शान्त। *स्त्री॰* ≤ *सं॰* शान्ति।

सान्तर (सांतर)—[सं॰ स + अन्तर] *वि॰* बीच-बीच के अवकाश वाला। झीना।

सान्तराल (सांतराल)—[सं॰ स + अन्तराल] *वि॰* १. अन्तराल-युक्त। २. अक्षरों, पंक्तियों आदि में थोड़ी-थोड़ी दूरी वाला। सावकाश।

सान्तापिक (सांतापिक)—[सं॰ सन्ताप + ठक्] *वि॰* सन्ताप देनेवाला। सन्तापजनक।

सान्त्वन (सांत्वन)—[सं॰ √सान्त्व् + ल्युट्] *पु॰* १. सान्त्वना देने की क्रिया/भाव। २. सान्त्वना।

सान्त्वना (सांत्वना)—[सं॰ √सान्त्व् + णिच् + युच् + टाप्] *स्त्री॰* १. किसी दुःखी व्यक्ति को समझाने-बुझाने के द्वारा दुःख हल्का करने का काम। धैर्य बँधाना। २. आश्वासन। तसल्ली।

सान्दर्भिक (सांदर्भिक)—[सं॰ सन्दर्भ + ठक्] *वि॰* सन्दर्भ-सम्बन्धी। सन्दर्भ का। ✣ **सान्दर्भिक (सांदर्भिक) अर्थ**—*पु॰* = शब्द का वह अर्थ जो सन्दर्भ पर आधारित हो।

सान्दृष्टिक (सांदृष्टिक)—[सं॰ सन्दृष्टि+ ठक्] *वि॰* एक ही दृष्टि/नज़र में होनेवाला। देखते-देखते ही होनेवाला। तात्कालिक।

सान्द्र (सांद्र)—[सं॰ स √अन्द् + रक्] *वि॰* १. घना। गाढ़ा। २. अधिक। बहुत। *पु॰* १. स्तवक। गुच्छा। २. राशि। ढेर। ✣ **सान्द्रपद (सांद्रपद)** —*पु॰* = (छन्द॰) एक समवर्णिक छन्द जिसके प्रत्येक चरण में क्रमशः भगण, तगण, नगण और २ गुरु (भ त न ग ग) के योग से ११ वर्ण होते हैं। ✣ **सान्द्र (सांद्र) वर्ण**—*पु॰* = (चित्रकला॰) चित्रसतह पर रंगों का गाढ़ा प्रयोग करने की विधि। (इटालियन॰ इम्पेस्टो)

सान्धिक (सांधिक)—[सं॰ सन्धि + ठक्] *वि॰* सन्धि/मेल करानेवाला।

सान्धिविग्रहिक (सांधिविग्रहिक)—[सं॰ सन्धिविग्रह + ठक्] *पु॰* (प्राचीन भारत में) अन्य देशों से सन्धि, युद्ध आदि करने के निर्णय के अधिकारवाला मन्त्री। विदेश मन्त्री।

सान्ध्य (सांध्य)—[सं॰ सन्ध्या + अण्] *वि॰* १. सन्ध्या-सम्बन्धी। सन्ध्या का। २. सन्ध्या-काल में होनेवाला। ✣ **सान्ध्य (सांध्य) प्रकाश**—*पु॰* = सूर्योदय के पूर्व और सूर्यास्त के पश्चात् कुछ समय तक पृथ्वी का वायुमंडल प्रकाशित रहने की स्थिति। द्वाभा। (अं॰ ट्वाइलाइट)

सान्निध्य—[सं॰ सन्निधि + ष्यञ्] *पु॰* १. निकटता। समीपता। २. उपस्थिति। विद्यमानता। मौजूदगी।

सान्निपातिक—[सं॰ सन्निपात् + ठक्] *वि॰* (आयुर्वेद॰) १. सन्निपात-सम्बन्धी। सन्निपात का। २. वात, पित्त और कफ तीनों दोषों के कोप से पीड़ित (रोगी)।

सान्वय—[सं॰ स + अन्वय] *वि॰* १. अन्वय के साथ। अन्वयसहित। २. किसी विशेष अर्थ से युक्त। ३. आनुवंशिक। वंशानुगत। *क्रिवि॰* १. अन्वयपूर्वक। २. परिवार या वंशजों के साथ।

सापत्न्य—[सं॰ सपत्नी + ष्यञ्] *पु॰* सौतिया भाव। सौतपन।

सापत्य—[सं॰ स + अपत्य] *वि॰* १. जिसकी कोई सन्तान हो। २. जो अपनी सन्तान के साथ हो।

***सापना**—[< हिं॰ साप] *क्रिस॰* १. शाप देना। कोसना। २. गालियाँ देना।

सापवाद—[सं॰ स + अपवाद] *वि॰* (नियम) जिसका अपवाद भी हो।

सापेक्ष—[सं॰ स + अपेक्षा] *वि॰* १. जिसमें किसी की अपेक्षा हो। अपेक्षासहित। आपेक्षिक। २. जो दूसरे पर आश्रित या आधारित हो। ३. तुलनात्मक।

सापेक्षमिति—[सं॰ सापेक्ष ~ मिति] *स्त्री॰* (प्राणि॰) शरीर के किसी अंग की सापेक्ष वृद्धि का मापन तथा अध्ययन।

सापेक्षवाद—[सं॰ सापेक्ष ~ वाद] *पु॰* (दर्शन॰) ज्ञान, सत्य और मूल्य सदा समय, स्थान, और निजी अनुभव के अनुसार बदलते हैं—यह माननेवाला मत। (अं॰ रिलेटिविज़्म) ✣ **सापेक्षवादी**—*वि॰* = सापेक्षवाद-सम्बन्धी। *पु॰* सापेक्षवाद का समर्थक।

साफल्य—[सं॰ सफल + ष्यञ्] *पु॰* १. सफलता। कामयाबी। २. कृतार्थता। कृतकार्यता। ३. लाभ। प्राप्ति।

साफ़ा—[अरबी] *पु॰* (सिर पर बाँधने की) पगड़ी।

साफ़ी—[< अरबी साफ़] *वि॰* १. स्वच्छ या साफ़ करने वाला। २. रक्त को साफ़ करनेवाली (औषध)। ३. पोंछने के काम आनेवाला कपड़े का टुकड़ा। ४. छानने का कपड़ा। छन्ना।

***साबर[१]**—[< सं॰ शाबर] *पु॰* १. शाबर। (दे॰) २. शाबरी विद्या।

साबर[२]—[< सं॰ शम्बर] *पु॰* १. साबर मृग। २. उक्त मृग का चमड़ा जो बहुत कोमल होता है।

***साबरमन्त्र (साबरमंत्र)**—*पु॰* ≤ *सं॰* शाबर मन्त्र।

***साबिक**—*वि॰* अरबी साबिक़। पहले का। शेष। पिछला।

साबिक़ा—[< अरबी साबिक़] *पु०* १. व्यावहारिक सम्बन्ध। सरोकार। २. सामना। मुक़ाबला। वास्ता।

साभा—[सं० स + आभा] *वि०* आभा से युक्त। कान्तियुक्त। चमकदार। चमकीला।

साभिनय—[सं० स + अभिनय] *वि०* अभिनय के साथ। अभिनययुक्त। *क्रिवि०* अभिनय करते हुए। अभिनयपूर्वक।

साभिप्राय—[सं० स + अभिप्राय] *वि०* १. अभिप्राय से युक्त। अभिप्राययुक्त। २. जिसका कोई विशेष उद्देश्य या प्रयोजन हो। ३. जानबूझकर किया हुआ। *क्रिवि०* अभिप्राय/आशय/प्रयोजन सामने रखकर। अभिप्रायपूर्वक।

साभिमान—[सं० स + अभिमान] *वि०* अभिमानसहित। गर्वीला। घमंडी। *क्रिवि०* अभिमानपूर्वक। घमंड से।

साम[१]—[सं० सामन्] *पु०* १. सामवेद के मन्त्रों में से प्रत्येक। ***जैसे***—साम-गान। २. सामवेद। ३. शान्तिकरण। ४. सान्त्वना। ५. (बातचीत-सम्बन्धी) कोमलता। मृदुता। ६. (प्राचीन भारतीय राजनीति में) शत्रु या विरोधी को वश में करने के ४ उपायों में से एक जिसमें मित्रतापूर्ण और कोमल बातचीत का प्रयोग होता है। *स्त्री०* १. मधुर भाषण। २. मित्रता। ३. स्नेह से प्राप्त कृपा।

साम[२]—[सं० स + आम] *वि०* (आयुर्वेद०) जो अच्छी तरह पचा न हो।

***साम[३]**—[< सं० श्याम] *वि०* १. श्याम रंग का। काला। २. (वासुदेव) कृष्ण।

साम[४]—[< अरबी या सीरियाई शाम] *पु०* (पश्चिमी एशिया के) 'सीरिया' देश का प्राचीन नाम। शाम देश। (दे० सामी भी)

सामकारी—[सं० सामकारिन्] *वि०* १. मधुर वचन कहकर किसी को सान्त्वना देनेवाला। २. कोमल वचनों द्वारा शान्त करनेवाला। ३. मधुरभाषी। मृदुभाषी।

सामग—[सं० साम + ग] *पु०* १. सामवेद के मन्त्रों को विधिपूर्वक गानेवाला या पढ़नेवाला। २. सामवेदज्ञ। ३. सामवेदी ब्राह्मण।

सामञ्जस्य (सामंजस्य)—[सं० समञ्जस + ष्यञ्] *पु०* १. वह स्थिति जिसमें परस्पर किसी प्रकार की विपरीतता या विषमता न हो। अविरोध। २. अनुकूलता। ३. अनुरूपता। ४. संगति। मेल। ५. औचित्य।

***सामध**—[< हि० समधी] *पु०* विवाह के अवसर की एक रीति/रस्म जिसमें दोनों समधी गले मिलते हैं। मिलनी।

सामन्त—[सं० समन्त + अण्] *पु०* १. (सम्राट् के) अधीन बड़ा राजा। मांडलिक। २. राजा के अधीन बड़ा सरदार। ३. जागीरदार। ४. योद्धा।

सामन्ततन्त्र (सामंततंत्र)—[सं० सामन्त ~ तन्त्र] *पु०* सामन्तवाद।

सामन्तिक (सामंतिक)—[सं० सामन्त + ठञ्] *वि०* सामन्त-सम्बन्धी। सामन्त का। सामन्ती। २. सामन्ततन्त्र से सम्बन्धित। सामन्ती।

सामन्ती (सामंती)—[< सं० सामन्त] *वि०* सामन्तिक। (दे०)

सामन्तेश्वर (सामंतेश्वर)—[सं० सामन्त ~ ईश्वर] *पु०* सामन्तों का स्वामी। सम्राट् या महाराजा।

सामयिक—[सं० समय + ठक्] *वि०* १. समय-सम्बन्धी। २. ठीक समय पर होनेवाला। ठीक समय का। ३. समय के विचार से अनुकूल/उपयुक्त। समयोचित। समयानुसार। समयानुकूल। ४. वर्तमान समय का ***जैसे***—सामयिक विषयों पर चर्चा करना। ५. जो समझौते या शर्त के अनुसार हो। ६. थोड़े समय के लिए होनेवाला। अस्थायी। ⁘ **सामयिकता**—*स्त्री०* १. सामयिक होने का भाव। २. समयोचितता। ३. वर्तमान समय/परिस्थिति आदि के विचार से उचित दृष्टि। अवसरानुकूल दृष्टि। ⁘ **सामयिकी**—*स्त्री०* = १. सामयिकता। २. सामयिक बातों से सम्बद्ध चर्चा/विवेचन।

सामर[१]—[सं० समर + अण्] *वि०* युद्ध-सम्बन्धी। युद्ध का।

***सामर[२]**—[< सं० श्यामल] *वि०* श्यामल। साँवला।

***सामरा**—[< सं० श्यामल] *वि०* श्यामल। साँवला। *पु०* (वासुदेव) श्याम। कृष्ण।

सामरिक—[सं० समर + ठक्] *वि०* युद्ध-सम्बन्धी। ***जैसे***—सामरिक जय-पराजय। २. युद्ध-नीति-सम्बन्धी। ***जैसे***—सामरिक बमबारी।

सामरेय—[सं० समर + ढक्] *वि०* युद्ध-सम्बन्धी। सामरिक।

सामर्थ्य—[सं० समर्थ + ष्यञ्] *पु०* १. शक्ति। ताक़त। २. क्षमता। (काव्य०) शब्द की अर्थ-शक्ति।

सामवायिक—[सं० समवाय + ठञ्] *वि०* १. समवाय-सम्बन्धी। अभेद्य सम्बन्ध वाला। २. समूह-सम्बन्धी।

सामविद्—[सं० साम ~ विद्] *पु०* सामवेद का विद्वान्।

सामशाली—[सं० सामशालिन्] *वि०* सान्त्वना देनेवाला। धैर्य बँधानेवाला।

सामहिँ (सामहिं), सामुहेँ (सामुहें)**—[< सं० सम्मुख] *क्रिवि०* सम्मुख। समक्ष। सामने। ***जैसे— सामुहें आना।

***सामा**—*स्त्री०* ≤ *फा०* सामान। सामग्री।

सामानाधिकरण्य—[सं० समानाधिकरण + ष्यञ्] *पु०* समान अधिकार या समानता का सम्बन्ध। (व्या०) समान अधिकरण होने की स्थिति। दो शब्दों का एक ही विभक्ति में प्रयुक्त समान अधिकरण होना।

सामान्यतः/सामान्यतया—[सं० सामान्य + तस्, सामान्यता] *क्रिवि०* १. आमतौर से। २. सामान्य रूप से। मामूली तौर से। Δ **पर्याय**—साधारणतः, साधारणतया।

सामान्या—[सं० सामान्य+ टाप्] *स्त्री०* वेश्या। गणिका। (काव्य०) वह नायिका जो धन प्राप्त करने के लिए ही अनेक पुरुषों से प्रेम का दिखावा करती है।

सामान्यीकरण—[सं० सामान्य + च्वि + करण] *पु०* १. सामान्य सिद्धान्त निर्धारित करना। २. अनुकूलित परिस्थिति से मिलती-जुलती सभी परिस्थितियों में प्रायः एक जैसी अनुक्रियाएँ करना। ३. थोड़े-से उदाहरणों के आधार पर किया गया अविचारित सामान्य कथन जो वास्तव में व्यापक नहीं होता है।

सामायिक—[सं०]पु०= (जैन०) १. जीवन-मरण, संयोग-वियोग,

प्रिय-अप्रिय, शत्रु-मित्र, सुख-दु:ख आदि में समभाव। २. सब जीवों के प्रति समान भाव रखना। ३. उक्त का प्रतिपादक शास्त्र।

सामासिक—[सं॰ समास + ठक्] *वि॰* १. समास-सम्बन्धी। समास का। २. जो समास के रूप में हो। ३. सामूहिक। ४. मिश्रित। ***जैसे***—सामासिक संस्कृति। ५.संक्षिप्त।

सामिधेन—[सं॰ सम् √इन्ध् + ल्युट्, निपातेन॰] *वि॰* १. यज्ञ की अग्नि से सम्बन्धित। २. समिधा से सम्बन्धित। ✣ **सामिधेनी**—*स्त्री॰* = ऋग्वेद के एक प्रकार के मन्त्र जिनका पाठ यज्ञ/हवन की अग्नि जलाते समय या समिधाएँ छोड़ते समय करते हैं। २. समिधा।

***सामी**[1]—*पु॰* ≤ *सं॰* स्वामी।

सामी[2]—[< हि॰ साम (शाम देश)] *वि॰* साम देश (सीरिया) या उसके सहित अनेक प्राचीन देशों का। *पु॰* यहूदियों, अरबों और प्राचीन काल के बेबिलोनिया, असीरिया इत्यादि के निवासियों में से किसी जाति का व्यक्ति। शामी। *स्त्री॰* उक्त की भाषाओं में से कोई। ***जैसे***— हिब्रू, अरबी, सीरियाई, फ़िनीशियाई इत्यादि भाषाएँ सामी भाषाएँ हैं। (अं॰ सेमिटिक)

सामीप्य—[सं॰ समीप + ष्यञ्] *पु॰* १. समीपता। निकटता। २. एक प्रकार की मुक्ति जिसमें मुक्त आत्मा परमात्मा के समीप रहता है।

सामुदायिक—[सं॰ समुदाय + ठक्] *वि॰* १. समुदाय-सम्बन्धी। समुदाय का। ***जैसे***—सामुदायिक जीवन। २. समुदाय में होनेवाला।

सामुद्र—[सं॰ समुद्र + अण्] *वि॰* १. समुद्र-सम्बन्धी। समुद्र का। ***जैसे***—सामुद्र-जल। २.समुद्र में या समुद्र से उत्पन्न। *पु॰* १. सामुद्री व्यापारी। २. समुद्रफेन। ३. समुद्री नमक। ४. शरीर के शुभ-अशुभ चिह्न (तिल, रेखाएँ, पर्वत, मस्सा इत्यादि)। सामुद्रिक चिह्न।

सामुद्रिक—[सं॰ समुद्र + ठञ्] *वि॰* १. समुद्र-सम्बन्धी। समुद्री। ***जैसे*** सामुद्रिक स्वतन्त्रता। २. समुद्र से उत्पन्न या समुद्र में उत्पन्न। ३. शरीर के चिह्नों से सम्बन्धित। पु॰ १. शरीर के चिह्नों (रेखा, पर्वत, तिल, मस्सा इत्यादि) के शुभ-अशुभ फलों का जानने की विद्या। २. उक्त विद्या का ज्ञाता।

***सामुहाँ**—*क्रिवि॰* ≤ *सं॰* सम्मुख। समक्ष। सामने। *वि॰* सामने का। ✣ **सामुहीं (सामुहीं)**—*वि॰ (स्त्री॰)* सामने की।

सामूहिक—[सं॰ समूह + ठञ्] *वि॰* १. समूह से सम्बन्ध रखनेवाला। समूह का। ***जैसे***—सामूहिक इच्छा। २. समूह द्वारा किया जाने वाला ***जैसे***—सामूहिक विरोध; सामूहिक खेती।

सामोद—[सं॰ स + आमोद] *वि॰* १. आमोद से युक्त। प्रसन्न। हर्षित। २. सुगन्धित। *क्रिवि॰* हर्षपूर्वक। सहर्ष।

साम्पत्तिक (सांपत्तिक)—[सं॰ सम्पत्ति + ठक्] *वि॰* सम्पत्ति-सम्बन्धी। सम्पत्ति का। साम्पद।

साम्पद (सांपद)—[सं॰ सम्पद् + अण्] *वि॰* सम्पत्ति-सम्बन्धी। साम्पत्तिक।

साम्पातिक (सांपातिक)—[सं॰ सम्पात + ठञ्] *वि॰* (खगोल॰) १. सम्पात-सम्बन्धी। सम्पात का। २. सम्पात-काल में होनेवाला। ३. सम्पात-काल से सम्बन्धित।

साम्प्रदायिक (सांप्रदायिक)—[सं॰ सम्प्रदाय + ठक्] *वि॰* १. सम्प्रदाय-सम्बन्धी। किसी सम्प्रदाय का। २. किसी विशेष सम्प्रदाय से ही सम्बद्ध रहकर अन्य सम्प्रदायों का विरोध करनेवाला। संकुचित सम्प्रदाय-निष्ठा वाला।

साम्ब (सांब)—[सं॰ स + अम्ब] *पु॰* पार्वतीसहित शिव।

साम्बन्धिक (सांबंधिक)—[सं॰ सम्बन्ध + ठक्] *वि॰* सम्बन्ध का। सम्बन्धी।

साम्बर (सांबर)—[सं॰ सम्बर + अण्] *वि॰* साबर मृग-सम्बन्धी। *पु॰* १. साबर मृग। २. साँभर नमक।

साम्बरी (सांबरी)—[सं॰ सम्बर +अण् + ङीप्] *स्त्री॰* १. माया। जादूगरी। २. मायाविनी। जादूगरनी।

साम्मुखी—[सं॰ सम्मुख + अण् + ङीप्] *स्त्री॰* (ज्योतिष॰) सूर्योदय से सूर्यास्त तक रहनेवाली तिथि।

साम्य—[सं॰ सम + ष्यञ्] *पु॰* १. समानता। सादृश्य। तुल्यता। बराबरी। २. एकमतता। ३. पक्षपातहीनता। निष्पक्षता।

साम्यवाद—[सं॰ साम्य ~ वाद] *पु॰* १. साम्य या सब मनुष्यों की समानता और ऊँच-नीच, गोरे-काले इत्यादि भेदों से मुक्त मानवता का सिद्धान्त। २. कार्लमार्क्स का विचारदर्शन। मार्क्सवाद। कम्युनिज़्म (अं॰)।

साम्यावस्था—[सं॰ साम्य ~ अवस्था] *स्त्री॰* साम्य/सन्तुलन की स्थिति। (गणित॰) किसी पिंड पर लगे हुए बलों की वह स्थिति जब इन बलों का परिणामी बल शून्य हो।

साम्राज्य—[सं॰ सम्राज् + ष्यञ्] *पु॰* १. वह विशाल राज्य जिसके अधीन अनेक देश/राज्य हों और जो एक सम्राट् के द्वारा शासित हो। सार्वभौम राज्य। २. पूर्ण अधिकार। (लाक्षणिक) बाहुल्य। अधिकता। (जैन॰) परम ऐश्वर्य। ***जैसे***—अध्यात्म-साम्राज्य (=आत्मसम्पत्तिरूपी परम ऐश्वर्य)।

***साम्हने**—*क्रिवि॰* ≤ हि ॰ सामने। सम्मुख।

सायक—[√सो + ण्वुल्] *पु॰* १. बाण। तीर। २. तलवार। ३. (पद्य आदि में) पाँच की संख्या का वाचक शब्द। (छन्द॰) एक समवर्णिक छन्द जिसके प्रत्येक चरण में क्रमश: सगण, भगण, तगण, नगण, गुरु, लघु (स भ त न ग ल) के योग से ११ वर्ण होते हैं।

सायत/साइत—[< अरबी साअत] *स्त्री॰* (किसी काम के लिए) शुभ समय। शुभ मुहूर्त।

सायन—[सं॰ स + अयन] *पु॰* (खगोल॰) १. अयन से युक्त। अयनसहित। २. नक्षत्रचक्र में किसी ग्रह की गति जिसकी गणना वसन्त सम्पात बिन्दु से की जाती है। ∇ **विलोम**—निरयन।

***सायब**—*पु॰* ≤ *फा॰* साहब। ✣ **सायबी**—*स्त्री॰* साहबी।

सायबान—[< फा॰ साय:बान] *पु॰* धूप या वर्षा से बचाव के लिए कमरे आदि के आगे लगाया गया छप्पर या कपड़े आदि का पर्दा।

सायम् (सायं)—[सं॰ √सो + अमु] *पु॰* सन्ध्या। शाम। *वि॰* सन्ध्याकाल का। सन्ध्याकालीन। *क्रिवि॰* सन्ध्या के समय। शाम के वक़्त। ***जैसे***—कल सायं मिलना।

***सायर**—[< सं॰ सागर] *पु॰* सागर। समुद्र। ⁘ **सायर काँठा**—*पु॰* सागर का तट। समुद्र-तट।

सायल—[अरबी] *वि॰* माँगनेवाला। *पु॰* १. याचक। २. प्रार्थी। ३. भिखारी।

साया—[फा॰] *पु॰* १. छाया। छाँह। ***जैसे***—पेड़ का साया ठंडा होता है। २. छाया। प्रतिबिम्ब। परछाईं। ***जैसे***—पानी में अपना साया देखा ३. आश्रय। शरण। ***जैसे***—आपके साये में पल रहे बच्चे। ४. संगति का प्रभाव। ५. भूत-प्रेत-बाधा। प्रेतावेश। ६. बारीक साड़ी के नीचे पहनने का एक वस्त्र जो छोटे लहँगे के समान होता है। ७. एक यूरोपीय पहनावा जो घाघरा जैसा होता है।

सायाम—[सं॰ स + आयाम] *वि॰* विस्तृत। विशाल। लम्बा-चौड़ा।

सायास—[सं॰ स + आयास] *क्रिवि॰* आयासपूर्वक। प्रयत्नपूर्वक। परिश्रमपूर्वक। ***जैसे***—परिस्थिति को सायास सँभालना।

सायुज्य—[सं॰ सयुज् + ष्यञ्] *पु॰* १. (किसी से) पूर्णतया मिलकर एक हो जाना। २. मुक्ति का एक प्रकार जिसमें आत्मा परमात्मा में लीन हो जाती है।

सायुध—[सं॰ स + आयुध] *वि॰* हथियार के साथ। आयुधसहित। शस्त्रयुक्त। सशस्त्र।

सार[१]—[सं॰ √सृ + घञ्] *पु॰* १. (किसी पदार्थ का) मूल/मुख्य/उपयोगी अंश या आवश्यक तत्त्व। २. (किसी पदार्थ का) रस/अर्क आदि। स्वरस। ३. गूदा। ४. मींगी। ५. किसी ग्रन्थ/लेख/भाषण/कथन/विवरण आदि का अति संक्षिप्त रूप जिसमें उसकी सभी मुख्य बातें हों। संक्षेप। ***जैसे***—गीता में उपनिषदों का सार है। ६. तात्पर्य। निष्कर्ष। ७. शक्ति। बल। ताक़त। ८. धन-सम्पत्ति। दौलत। ९. चौसर/शतरंज आदि का मोहरा/गोट। १०. इमली/आम आदि का पना। ११. (दूध की) मलाई। १२. ताज़ा मक्खन। नवनीत। १३. शूरता। वीरता। १४. दृढ़ता। मज़बूती। १५. उत्तमता। १६. किसी-किसी वृक्ष के तने के अन्दर के बीच के भाग की गहरी कत्थई या काली लकड़ी जो ठोस और दृढ़ होने के कारण अनेक प्रकार से उपयोगी होती है। (काव्य॰) एक अर्थालंकार जो वस्तुओं के उत्तरोत्तर उत्कर्ष अथवा अपकर्ष का वर्णन शृंखला के रूप में करने से होता है। (छन्द॰) १. एक समवर्णिक छन्द जिसके प्रत्येक चरण में क्रमशः गुरु और लघु के योग से २ वर्ण होते हैं। २. एक सममात्रिक छन्द जिसके प्रत्येक चरण में २८ मात्राएँ होती हैं, १६-१२ पर यति होती है तथा अन्त में २ गुरु होते है। *वि॰* १. अति उत्तम। अति श्रेष्ठ। सर्वोत्तम। २. यथार्थ। वास्तविक। असली। ३. दृढ़। मजबूत। ⁘ **सार का सार**, ***सार कौ सार**—*पु॰* = सर्वोत्तम तत्त्व।

सार[२]—[सं॰ सर + अण्] *पु॰* १. जल। २. वन। ३. लोहा। ४. लोहे का हथियार।

सार[३]—[< हि॰ सँभार] *स्त्री॰* १. ख़बर। २. सुधि। सँभाल। देखभाल।

***सार[४]**—[< सं॰ शाला] *पु॰* शाला। भवन।

***सार[५]**—[< सं॰ शल्य] *पु॰* १. शल्य। २. शरीर के भीतर रह जानेवाला और पीड़ा देनेवाला शल्य।

सारक—[<सं॰ √सार] *वि॰* १. सारण करनेवाला। हटाने या निकालने वाला। २. विरेचक। (वस्तु)। *पु॰* १. हल्का जुलाब। मृदु विरेचक वस्तु। २. जमालगोटा।

सारगन्ध (सारगंध)—[सं॰ सार ~ गन्ध] *पु॰* चन्दन की लकड़ी।

सारगर्भित—[सं॰ सार ~ गर्भित] *वि॰* जिसमें कुछ महत्त्व की बात हो। सारपूर्ण। ***जैसे***—सारगर्भित भाषण।

सारग्राही—[सं॰ सार ~ ग्राही (ग्राहिन्)] *वि॰* १. किसी वस्तु का प्रमुख तत्त्व ग्रहण करनेवाला। २. ग्रन्थ आदि का तात्पर्य/निष्कर्ष/तत्त्व समझनेवाला।

सार-घाट—[सं॰ सार (=लोहा) ~ घाट] *पु॰*=तलवार के घाट।

***सारङ्ग (सारंग)**—[< सं॰ शार्ङ्ग] *पु॰* १. भगवान् विष्णु/राम का शार्ङ्ग धनुष। २. धनुष।

***सारङ्गपाणि / सारङ्गपानि / सारङ्गपानी (सारंगपाणि/सारंगपानि/सारंगपानी)**—[< सं॰ शार्ङ्गपाणि] *वि॰* जो हाथ में शार्ङ्ग धनुष को लिए हो। *पु॰* (भगवान्) विष्णु या राम।

सारङ्गा[१] (सारंगा[१])—[< हि॰ सारङ्ग] *पु॰* अवधी क्षेत्र में प्रचलित एक प्रेमकथात्मक गेय लोकगाथा जिसमें 'सदाब्रज' नायक और 'सारंगा' नायिका है।

सारङ्गा[२] (सारंगा[२])—[< सं॰ सारङ्ग (=जल/समुद्र)] *स्त्री॰* १. एक प्रकार की छोटी नौका/नाव। २. एक प्रकार की बहुत बड़ी नाव जो माल लादने के काम आती है।

सारङ्गिक[१] (सारंगिक[१])—[सं॰ सारङ्ग + ठक्] *पु॰* चिड़ीमार। बहेलिया। ⁘ **सारङ्गिका (सारंगिका)**—*स्त्री॰* = बहेलिया की पत्नी या बहेलिया स्त्री।

सारङ्गिक[२] (सारंगिक[२])—[<सं॰ शार्ङ्ग] *पु॰* = १. धनुष-सम्बन्धी। २. विष्णु/राम के धनुष का। ३. शार्ङ्ग धनुष। (छन्द॰) एक समवर्णिक छन्द जिसके प्रत्येक चरण में क्रमशः तगण, यगण, सगण (त य स)के योग से ९ वर्ण होते हैं।

सारङ्गिका (सारंगिका)—[< सं॰ सारङ्गी] *स्त्री॰* सारंगी।

सारङ्गिया (सारंगिया)—[< सं॰ सारङ्गी] *पु॰* सारंगी बजानेवाला कलाकार।

सारङ्गी (सारंगी)—[सं॰ सारङ्ग + ङीप्] *स्त्री॰* (संगीत॰) १. एक तत वाद्य । जिसमें चपटा तथा ऊपर से डमरू के आकर का चमड़े से मुढ़ा डूबा रहता है। २. एक रागिनी। (छन्द॰) एक समवर्णिक छन्द जिसके प्रत्येक चरण में ५ मगण के योग से १५ वर्ण होते हैं तथा ८-७ पर यति होती है।

सारज—[सं॰ सार + ज] *पु॰* ताज़ा मक्खन। नवनीत।

सारण—[सं॰ √सृ + णिच् + ल्यु/ल्युट्] *वि॰* १. प्रवाहित करनेवाला। बहानेवाला। २. भेजनेवाला। *पु॰* १. अतिसार रोग। दस्तों की बीमारी। २. आमलक। आँवला। ३. नवनीत। मक्खन।

सारणि—[सं॰ √सृ + णिच् + अनि] *स्त्री॰* १. छोटी नदी। २. नहर। ३. नाली। Δ **पर्याय**—सारणी।

सारणिक—[< सं॰ सरणि + ठक्] *पु॰* १. पथिक। राही। २. व्यापारी।

सौदागर। पु॰ (गणित॰) राशियों की सारणियों का वर्गाकार व्यूह जो दो या अधिक पंक्तियों का होता है। (अ॰ डिटर्मिनन्ट)

सारणित—[स॰ √सृ + णिच् + क्त] *वि॰* सारणी के रूप में लाया हुआ (संख्या-समूह या तथ्य-समूह)। सारणी के रूप में अंकित।

सारणी—[स॰ सारणि + ङीष्] *स्त्री॰* १. सारणि। (दे॰) २. संख्याओं आदि का ऐसा विन्यास जिसकी सहायता से किन्हीं सम्बन्धों या तथ्यों को दिखाया जाता है। तालिका। (अ॰ टेबल)

सारतत्त्व—[स॰ सार ~ तत्त्व] *पु॰* सारपूर्ण तत्त्व। सर्वोत्तम। सारभूत अंश। निचोड़।

सारथि—[स॰ सारथ + इञ्] *पु॰* रथ हाँकनेवाला। रथवान। सूत।

सारथी—*पु॰* ≤ *स॰* सारथि। ✣ **सारथ्य** = *पु॰* सारथी का काम।

सारद[1]—*स्त्री॰* ≤ *स॰* सारदा। सरस्वती (देवी)।

सारद**[2]—*वि॰* ≤ *स॰* शारद। शरद् ऋतु-सम्बन्धी। शरद् ऋतु का। ***जैसे—सारद ससि।

सारदा—[स॰ सार + दा] *स्त्री॰* १. सरस्वती (देवी)। शारदा। २. दुर्गा। पार्वती।

सार-दारु—[स॰] *पु॰* ऐसी लकड़ी जिसमें अन्दर का सार (तने के अन्दर की काली और मज़बूत लकड़ी) अधिक हो।

सारद्रुम—[स॰ सार ~ द्रुम] *पु॰* १. खदिर/खैर का वृक्ष। २. सार-दारु।

सार-धार—[स॰] *पु॰* तलवार की धार।

सारन[1]—[< हि॰ सारना] *पु॰* १. सारने की क्रिया/भाव। सारना। *क्रिवि॰* सारने के लिए। (विविध अर्थों के लिए दे॰ सारना)।

सारन[2]—[देशज] *स्त्री॰* बाजे की ध्वनि।

सारना[1]—[< प्रा॰ सारन < स॰ सारयति] *क्रिस॰* १. सम्पन्न करना। बनाना। पूरा करना। २. सुन्दर बनाना। सजाना। ३. ठीक करना। सँवारना। ४. देख-रेख करना। पालना-पोसना। सँभालना। ५. स्वच्छ करना। पोंछना। ६. अंजन,काजल, सिन्दूर आदि लगाना। ७. हथियार चलाना या प्रहार करना। ८. (खेत में) खाद डालना।

सारना[2]—[< स॰ सारण] *क्रिस॰* १. दूर करना। हटाना। २. (आग) बुझाना। ***जैसे***—आग सारना।

सार-पत्रिका—[स॰] *स्त्री॰* ऐसी पत्रिका जिसमें सामान्य पुस्तकों, पत्रिकाओं आदि की विषय-वस्तु का सार-संक्षेप हो। (अ॰ ऐब्स्ट्रैक्ट जर्नल)

सारभूत—[स॰ सार ~ भूत] *वि॰* १. जो किसी पदार्थ आदि का सार हो। ***जैसे***—वेदों का सारभूत ज्ञान। २. सर्वोत्तम। श्रेष्ठ।

सारमेय—[स॰ सरमा + ढक्] *पु॰* श्वान। कुत्ता। *वि॰* सरमा-सम्बन्धी। ● **विशेष**—देवों की कुतिया का नाम '**सरमा**' है।

सार लोह—[स॰ सार ~ लोह] *पु॰* लौहसार। इस्पात। फ़ौलाद। (अ॰ स्टील)

सारल्य—[स॰ सरल + ष्यञ्] *पु॰* सरलता। सीधापन। ***जैसे***—स्वभाव का सारल्य।

सारवती—[स॰ सारवत् + ङीप्] *वि॰(स्त्री॰)* १. सारयुक्त। ***जैसे***—सारवती कहानी। २. ठोस। ३. मज़बूत। ४. रसीली। ५. उपजाऊ। ६. क़ीमती। (छन्द॰) एक समवर्णिक छन्द जिसके प्रत्येक चरण में क्रमश: ३ भगण और १ गुरु (भ भ भ ग) के योग से १० वर्ण होते हैं।

सारवत्ता—[स॰ सारवत् + तल् + टाप्] *स्त्री॰* सारयुक्त होने की अवस्था/गुण/भाव। सारयुक्तता।

सारवान्—[स॰ सारवत्] *वि॰* १. सारयुक्त। ***जैसे***—सारयुक्त भाषण। २. ठोस। ३. मज़बूत। ४. रसीला। ५. उपजाऊ। ६. मूल्यवान्। क़ीमती।

सारस—[स॰ सरस + अण्] *पु॰* १. हंस की जाति का एक सफ़ेद पक्षी जिसकी टाँगें लम्बी होती हैं और जो तालाब, नदी आदि के पास जोड़े में रहता है। २. कमल। ३. चन्द्रमा। ४. (कमर में पहनने की) करधनी। (छन्द॰) एक सममात्रिक छन्द जिसके प्रत्येक चरण में २४ मात्राएँ होती हैं, आदि में गुरु होता है तथा १२-१२ पर यति होती है।

सारसाक्ष—[स॰ सारस ~ अक्ष] *वि॰* कमल के समान सुन्दर नेत्रों वाला। कमलनयन। *पु॰* 'लाल' नामक रत्न का एक भेद। ✣ **सारसाक्षी**—*वि॰ (स्त्री॰)* कमलनयनी।

सारसिका—[स॰ सारसक + टाप्, इत्व] *स्त्री॰* नारी/मादा सारस। सारसी।

सारसी—[स॰ सारस + ङीप्] *स्त्री॰* नारी/मादा सारस। सारसिका।

***सारसुता**—*स्त्री॰* ≤ *स॰* सारङ्ग-सुता। यमुना नदी।

***सारसुती**—*स्त्री॰* ≤ *स॰* सरस्वती। शारदा (देवी)

सार-सेवा—[स॰] *स्त्री॰* ज्ञान की शाखा विशेष में संक्षेपित सामग्री या सार तैयार करने की किसी व्यक्ति या संगठन द्वारा की गयी व्यवस्था। (अ॰ ऐब्स्ट्रैक्टिंग सर्विस)

सारस्वत—[स॰ सरस्वती + अण्] *वि॰* १. सरस्वती (देवी या नदी) से सम्बन्धित। सरस्वती का। २. विद्या, ज्ञान या विद्वत्ता से सम्बन्धित। विद्या/ज्ञान/विद्वत्ता का। ३. (प्राचीन भारत में) सरस्वती नदी का तटवर्ती (प्रदेश/क्षेत्र/देश)। *पु॰* १. वाणी। २. उक्त प्रदेश/क्षेत्र/ देश का निवासी।

सारस्वतोत्सव—[स॰ सारस्वत ~ उत्सव] *पु॰* १. सरस्वती के पूजन का समारोह। २. वसन्तपंचमी को होनेवाला सरस्वती-पूजन। ३. किसी विद्वान् या ग्रन्थ के सम्मानार्थ किया जाने वाला समारोह।

***सारहल**—[< हि॰ सार < स॰ शल्य ~ देशज हल < हि॰ फल] *पु॰* भाला/बर्छी/बाण आदि का नुकीला भाग।

सारा[1]—[< स॰ समग्र] *वि॰* १. जितना हो, वह सब। समस्त। सबकुछ। २. आदि से अन्त तक सब। समग्र। समस्त। सब। पूरा।

***सारा**[2]—[< स॰ सार] *पु॰* १. सार। २. निष्कर्ष।

सारा[3]—[< हि॰ सँभार।] *पु॰* १. देखभाल या सँभाल।

सारा[4]—[< हि॰ सारना] *क्रिस॰* १. 'सारना' क्रिया का एक भूतकालिक रूप। (दे॰ सारना) २. सँवारा।

सारांश—[स॰ सार ~ अंश] *पु॰* १. (किसी भाषण/कथन/पुस्तक/

लेख/विवरण आदि का) मुख्य सार भाग। निचोड़। २. संक्षिप्त विवरण। संक्षेप। ३. सार-संकलन। सार-संग्रह। (दे॰) ४. तात्पर्य। आशय। ✣ **सारांशतः**—*क्रिवि॰* = सारांश के रूप में। साररूप में।

सारासार—[स॰ सार ~ असार] *वि॰* १. सार और असार। २. दृढ़ और कमज़ोर। ३. मूल्यवान् और मूल्यहीन। ४. उपयोगी और व्यर्थ। *पु॰* १. सारता और निस्सारता। २. ठोसपन और खोखलापन। ३. शक्ति और दुर्बलता। ताक़त और कमज़ोरी।

सारि[१]—[√सृ + इण्] पु॰, *स्त्री॰* १. शतरंज या चौपड़ की गोटी। २. जुआ खेलने का पाँसा। ३. सारिका। मैना(पक्षी)।

***सारि[२]**—*वि॰* ≤ *हि॰* सारी। *वि॰* १. समस्त। सब। २. समग्र। पूरी।

***सारि[३]**—[< हि॰ सारना] *क्रिवि॰* १. सारकर। २. पूरा करके या बनाकर। ३. ठीक करके। ४. (तिलक आदि) लगाकर। ५. पूरा करके। ६. ग्रहण करके।

***सारिउँ**—*स्त्री॰* ≤ *स॰* सारि। मैना।

सारिका—[स॰ √सृ + ण्वुल् + टाप्] *स्त्री॰* १. मैना (पक्षी) २. प्रसारित करनेवाली। प्रसारिका। ३. वीणा के स्वर-स्थान या पर्दे। (छन्द॰) एक समवर्णिक छन्द जिसके प्रत्येक चरण में क्रमशः ५ सगण और लघु-गुरु के योग से १७ वर्ण होते हैं तथा १०-७ पर यति होती है।

***सारिख/सारिखा**—वी॰ ≤ *हि॰* सरीखा। सदृश। समान। तुल्य।

सारिणी—[स॰ सारिन् + ङीप्] *वि॰ स्त्री॰* १. जानेवाली। २. पीछा करनेवाली।

सारित—[√सृ + णिच् + क्त] *वि॰* १. दूर किया हुआ। २. हटाया हुआ या हटा हुआ। ३. बहाया हुआ। ४. भेजा हुआ।

सारि-फलक—[स॰] *पु॰* (शतरंज/चौसर आदि खेलने की) बिसात।

सारी[१]—[स॰ सारि + ङीष्] *स्त्री॰* १. सारिका। मैना (पक्षी)। २. जुआ खेलने का पाँसा। ३. चौसर/शतरंज की गोटी या मोहरा। चौसर शतरंज की बिसात।

सारी[२]—[स॰ सारिन् (√सृ + णिनि)] *वि॰* जानेवाला। २. पीछा करनेवाला।

सारी[३]—[स॰ सार + इनि] *वि॰* सारयुक्त। सारवान्।

सारी[४]—[< हि॰ सारा[१]] *वि॰* (*स्त्री॰*) १. समस्त। कुल। सब। ***जैसे***—सारी कहानी। २. सम्पूर्ण। समग्र। पूरी। ***जैसे***—आग में सारी लकड़ी जल गयी।

***सारी[५]**—*स्त्री॰* ≤ *हि॰* साली। पत्नी की बहिन।

सारी[६]—[< हि॰ सारना] *क्रिस॰* 'सारना' क्रिया के भूतकालिक रूप 'सारा' का *स्त्री॰*। (दे॰ सारना) *स्त्री॰* बनायी हुई वस्तु। रचना। सृष्टि।

***सारीखा**—*वि॰* ≤ *हि॰* सरीखा। सदृश। समान। तुल्य।

सारूप्य—[स॰ सरूप + ष्यञ्] *पु॰* १. एकरूपता। रूप सादृश्य। समरूपता। २. मुक्ति का एक प्रकार जिसमें आत्मा परमात्मा से एकरूप हो जाती है।

सारोप—[स॰ स + आरोप] *वि॰* आरोपयुक्त। *क्रिवि॰* = आरोपपूर्वक। ✣ **सारोपा**—*वि॰* (*स्त्री॰*) = सारोप। ✣ **सारोपा लक्षणा**—*स्त्री॰* = (काव्य॰) लक्षणा शब्दशक्ति का एक भेद। वह लक्षणा जिसमें विषयी और विषय दोनों को शब्द द्वारा कहा जाता है।

***सारौ/सारौं (सारौं)**—[< हि॰ सारि] *स्त्री॰* सारिका। मैना।

सार्गल—[स॰ स + अर्गल] *वि॰* १. अर्गला-युक्त। २. रोकवाला। रोकसहित। रोका हुआ। ३. बाधित।

सार्थ—[स॰ स + अर्थ] *वि॰* १. अर्थ से युक्त (शब्द, आदि)। अर्थवान्। २. अभिप्राययुक्त। उद्देश्ययुक्त। ३. धनी। धनवान्। ४. उपयोगी। *पु॰* १. धनी व्यक्ति। २. व्यापारियों का समूह। कारवाँ। ३. दल। टोली। ४. समुदाय। समूह। ५. तीर्थयात्रियों का दल।

सार्थपति—[स॰ सार्थ ~ पति] *पु॰* १. सार्थ का नायक। कारवाँ का प्रमुख। सार्थवाह। २. व्यापारी। सौदागर। ३. दल का नेता/सरदार।

सार्थवाह—[स॰ सार्थ ~ वाह] *पु॰* सार्थपति। (दे॰)

सार्ध—[स॰ स + अर्ध] वि॰ आधा सहित। किसी पूर्ण संख्या के साथ आधा और। ***जैसे***—सार्ध पाँच (=साढ़े पाँच)।

सार्व—[स॰ सर्व + अण्] *वि॰* १. सब का। २. सब के लिए ठीक।

सार्वकामिक—[स॰ सर्वकाम + ठक्] *वि॰* सब कामनाओं को पूरा करनेवाला।

सार्वकालिक—[स॰ सर्वकाल + ठक्] *वि॰* १. जिसका सम्बन्ध सब कालों/समयों से हो। सर्वकाल-सम्बन्धी। २. सब कालों में होने/रहने वाला। सब समयों का। ***जैसे***—परमात्मा सार्वकालिक है।

सार्वजनीन—[स॰ सर्वजन + खञ्] *वि॰* सार्वजनिक। सार्वलौकिक।

सार्वत्रिक—[स॰ सर्वत्र + ठक्] *वि॰* १. सब स्थानों से सम्बन्धित। हर स्थान का। २. सर्वत्र लागू होनेवाला। ३. सब स्थानों में प्राप्त होनेवाला। सर्वत्र प्राप्य।

सार्वदेशिक—[स॰ सर्वदेश + ठक्] *वि॰* १. सब देशों से सम्बन्धित। हर देश का। २. जो सब देशों में होता है। ३. सम्पूर्ण देश में होनेवाला। ४. जो सब देशों को अपना देश मानता हो। विश्वप्रेमी। *पु॰* विश्वनागरिक।

सार्वनामिक—[स॰ सर्वनाम + ठक्] *वि॰* (व्या॰) १. सर्वनाम-सम्बन्धी। सर्वनाम का। २. सर्वनाम से बना हुआ। ***जैसे***—सार्वनामिक विशेषण।

सार्वभौतिक—[स॰ सर्वभूत + ठक्] *वि॰* प्रत्येक तत्त्व/प्राणी से सम्बन्धित। प्रत्येक तत्त्व/प्राणी का। ***जैसे***—सार्वभौतिक सृष्टि; सार्वभौतिक हित।

सार्वभौम—[स॰ सर्वभूमि + अण्] *वि॰* १. समस्त भूमि-सम्बन्धी। सब भूमि का। २. सब पृथ्वी पर शासन करने-वाला। *पु॰* चक्रवर्ती राजा। सम्राट्। राजाधिराज।

सार्वलौकिक—[स॰ सर्वलोक + ठञ्] *वि॰* १. सब संसार में व्याप्त। २. सारे विश्व में प्रचलित। ३. जिसका सम्बन्ध सब लोगों से हो। सार्वजनिक।

सार्ववर्णिक—[स॰ सर्ववर्ण + ठक्] *वि॰* १. हर वर्ण/जाति का। २. हर प्रकार का।

सार्वविभक्तिक—[स॰ सर्वविभक्ति + ठञ्] *वि॰* १. व्या॰ सब विभक्तियों से सम्बन्धित। २. व्या॰ जो सब विभक्तियों में लगता हो।

सार्विक—[< स॰ सर्व] *वि॰* १. सार्वत्रिक (दे॰)। २. किसी समाज/वर्ग के सब सदस्यों में समान रूप से मिलने/होने वाला। सामान्य। आम।

साल[१]—[स॰ √सल् + घञ्] *पु॰* १. शाल/साखू नामक वृक्ष। २. उक्त वृक्ष का गोंद। राल। ३. वृक्ष। पेड़। ४. किसी भवन का परकोटा/चारदीवारी। प्राकार। ५. भित्ति। दीवार। ६. बाड़ा। ७. गवाक्ष। झरोखा।

***साल[२]**—[< स॰ शल्य] *पु॰* १. शल्य। काँटा। २. घाव। ज़ख्म। ३. बाण। तीर। ४. तीखी नोक। ५. चुभन। ६. पीड़ा। ७. दुःखकारक वस्तु।

***साल[३]**—*पु॰* ≤ *स॰* शालि। धान।

साल[४]—[फा॰] *पु॰* वर्ष। बरस। ***जैसे***—पाँच साल का बालक।

साल[५]**—*स्त्री॰* ≤ *स॰* साला। घर। ***जैसे—परन-साल (=पर्णसाला)

सालक[१]—[< हि॰ सालना] *वि॰* १. सालनेवाला। चुभनेवाला। २. दुःख देनेवाला। कष्टप्रद। ***जैसे***—खल-सालक।

सालक[२]—[स॰ स + अलक] *वि॰* अलकों से युक्त। अलक-युक्त।

सालन[१]—[< स॰ स-लवण] पु॰ १. मसालेदार तरकारी। २. मसालेदार माँस/मछली।

***सालन[२]**—[< स॰ साल (=प्राकार)] *पु॰* (बहु॰) प्राकारों/बाड़ों/झरोखों से।

सालना—[< प्रा॰ साल अथवा < स॰ शल्य] *क्रिस॰* १. कष्ट देना। पीड़ा देना। २. चुभना। ३. कोई नुकीली वस्तु किसी के अन्दर गड़ाना/धँसाना। *क्रिअ॰* १. कष्टकर होना। २. चुभना। वेंधना। ३. खटकना।

साल-निर्यास—[स॰] *पु॰* साल वृक्ष की राल।

सालपर्णी—[स॰ सालपर्ण + ङीप्] *स्त्री॰* शालपर्णी। सरिवन (वृक्ष)।

सालब मिश्री—दे॰ सालम मिश्री।

सालम मिश्री—[< अरबी सअलब + हि॰ मिश्री] *स्त्री॰* (मिस्र देश के) एक पौधे का कन्द जो औषधोपयोगी है।

सालम्ब (सालंब)—[स॰ स + आलम्ब] *वि॰* जिसे किसी का सहारा हो। अवलम्बयुक्त।

सालस—[स॰ स + अलस] *वि॰* १. आलस्य-युक्त। २. अलसानेवाला। २.आलस्यप्रद।

सालसा लता—[< स॰ सारिवा ~ लता] स्त्री॰ एक लता जिसके पत्ते जामुन के पत्तों के समान होते है। सारिवा।

साला[१]—[< स॰ श्यालक] *पु॰* पत्नी का भाई।

साला[२]—[स॰ साल + अच् + टाप्] *पु॰* १. घर। २. दीवार।

†साला[३]—[< स॰ सारिका] *स्त्री॰* सारिका/मैना (पक्षी)।

सालारेजङ्ग (सालारेजंग)—[फा॰ सालार-ए-जंग] *पु॰* सेनापति।

***सालि[१]**—*स्त्री॰* ≤ *स॰* शालि। धान।

सालि[२]**—[< स॰ शाली (शालिन्)] *वि॰* (समास के अन्त में प्रयुक्त) शाली। सम्पन्न। युक्त। ***जैसे—बलसालि (=बलशाली)।

सालिम—[अरबी] *वि॰* १. सम्पूर्ण। समग्र। समूचा। २. स्वस्थ। ३. सुरक्षित। ४. ज्यों का त्यों। यथावत्।

सालिसिटर—[अ॰ सॉलिसिटर] *पु॰* एक प्रकार का वकील जो मुक़दमों की मिसल तैयार करता है और स्वयं न्यायालय में प्रायः उपस्थित नहीं होता। न्यायाभिकर्ता।

साली[१]—[< हि॰ साला] *स्त्री॰* पत्नी या साले की बहिन।

†साली[२]—[< फा॰ साल] *स्त्री॰* काम करने वालों (बढ़ई, नाई आदि) को उनके वर्षभर के काम के बदले में दी जाने वाली वार्षिक धनराशि इत्यादि।

***सालू**—[< हि॰ सालना] *वि॰* १. मन को सालनेवाला (कथन आदि)। २. ईर्ष्यालु। ३. सालनेवाली बात/घटना आदि।

सालोक्य—[स॰ सालोक + ष्यञ्] *पु॰* १. किसी के साथ एक ही लोक/स्थान में निवास। २. मुक्ति का एक प्रकार। भक्त की आत्मा का मुक्त रूप में आराध्य के साथ उन्हीं के लोक में रहना।

साल्व—[<स॰ शाल्व (√शाल् + व), श→स] *पु॰* १. एक प्राचीन जाति जो प्राचीन काल में पंजाब के किसी भाग में रहती थी। शाल्व। २. उक्त जाति का प्रदेश। ⁘ **साल्वेय**—*वि॰* = साल्व देश/जाति से सम्बन्धित। साल्व का।

†साव[१]—[< हिं॰ साहु] *पु॰* साहूकार।

***साव[२]**—*पु॰* ≤ *स॰* स्वाद।

***सावक**—*पु॰* ≤ *स॰* शावक। बच्चा।

सावकाश—[स॰ स + अवकाश] *क्रिवि॰* अवकाश होने पर। छुट्टी/फ़ुर्सत मिलने पर। *वि॰* = अवकाशयुक्त।

सावचेत—[स॰ स + अव + हि॰ चेत] *वि॰* सतर्क। सावधान।

सावज—[< स॰ श्वापद] *पु॰* (शिकार किए जाने वाले) जंगली पशु।

***सावण**—पु॰ ≤ स॰ श्रावण (मास)। सावन। ⁘ **सावणिया**—*वि॰* =श्रावण/सावन मास का। *पु॰* सावन के महीने का मेघ/बादल।

***सावत**—[< प्रा॰ सावत्त < स॰ सापत्न्य] *पु॰* १. सपत्नियों/सौतों का परस्पर भेदभाव या ईर्ष्याभाव। सौतिया भाव। २. ईर्ष्या। जलन। शत्रुता।

सावद्य (सावद्य)—[स॰ स + अवद्य] *वि॰* आपत्ति-योग्य। निन्दनीय। ∇ **विलोम**—निरवद्य।

सावधि—[स॰ स + अवधि] *वि॰* जिसकी कोई अवधि निश्चित हो। जिसकी सीमा बाँध दी गयी हो। सीमाबद्ध। ⁘ **सावधिक**—*वि॰* = सावधि। ⁘ **सावधिक प्रतिबन्ध (प्रतिबंध)**—*पु॰* = (पत्र॰) किसी सूचना, वक्तव्य, समाचार या आलेख के प्रकाशन के लिए निर्धारित समय-सीमा (जैसे—२६ जनवरी से पहले प्रकाशित न करें)।

सावन[१]—[< स॰ श्रावण] *पु॰* (भारतीय कालगणना में) आषाढ़ और भाद्रपद (भादों) के बीच का महीना। श्रावण मास।

सावन[२]—[स॰ सवन + अण्] *वि॰* तीन सवनों वाला। *पु॰* १. (यज्ञ करनेवाला) यजमान। यज्ञकर्ता। २. वह कर्म-विशेष जिसके द्वारा

यज्ञ समाप्त किया जाता है। ३. तीस दिन का सौर मास। ✣ **सावन कालमान**— *पु०*=कालगणना की एक पद्धति जिसका आधार एक सूर्योदय से अगले सूर्योदय तक का काल है।

सावन हिंडोला (हिंडोला)—[हिं०] *पु०* १. सावन महीने में देवी-देवताओं को झूला झुलाने का उत्सव मनाते समय गाए जाने वाले गीत। २. सावन महीने में स्त्रियों द्वारा झूले पर बैठकर गाए जाने वाले गीत जो संयोग शृंगार और वियोग शृंगार दोनों प्रकार के होते हैं।

सावनी[1]—[< हिं० सावन] *वि०* श्रावण-सम्बन्धी। सावन मास का। २. श्रावण मास में होनेवाला। ***जैसे***—सावनी हवा। *स्त्री०* १. सावन मास के लगभग तैयार होने वाली फ़सल। २. सावन में गाए जाने वाले लोकगीत-विशेष। ३. सावन में वर-पक्ष से कन्या के लिए भेजा जाने वाला मिठाई, फल, मेवा, वस्त्र आदि का उपहार विशेष। ४. एक प्रकार का पौधा और उसका फूल।

†**सावनी**[2]—*स्त्री०* ≤ सं० श्रावणी। 'रक्षाबन्धन' त्योहार।

सावयव—[सं० स + अवयव] *वि०* अवयवों से बना हुआ। अवयवों/अंगों/भागों वाला। अवयवयुक्त। अंगयुक्त।

सावरण—[सं० स + आवरण] *वि०* १. आवरणसहित। २. छिपा हुआ। ३. ढँका हुआ।

सावर्णिक—[सं० सावर्णिक + कन्] *वि०* एक ही वर्ण का। समान रंग या एक ही वर्ण/जाति का।

सावर्ण्य—[सं० सवर्ण + ष्यञ्] *पु०* १. वर्ण की समानता। २. रंग की समानता। ३. वर्ण/जाति की एकरूपता।

सावलीन—[सं० स + अवलीन] *वि०* अवलीन। तल्लीन।

सावशेष—[सं० स + अवशेष] *वि०* १. जिसमें कुछ शेष हो। २. अपूर्ण। अधूरा।

सावहेल—[सं० स + अवहेला] *वि०* अवहेलना से युक्त। उपेक्षायुक्त या घृणायुक्त।

***सावँतु**—[< सं० सामन्त] *पु०* १. सामन्त। २. सामन्तता। सामन्तपन। ३. अधीनता।

सावित्र—[सं० सवितृ + अण्] *वि०* १. सूर्य-सम्बन्धी। सूर्य का। ***जैसे***—सावित्र प्रभाव। २. सूर्य से उत्पन्न। ३. सूर्यवंशी। *पु०* १. सूर्य। २. शिव। महादेव। ३. सूर्य-पुत्र। शनि, यम या कर्ण इत्यादि। ४. यज्ञोपवीत। जनेऊ।

सावित्री—[सं० सावित्र + ङीप्] *स्त्री०* १. सूर्य की किरण। २. पार्वती। गौरी। ३. गायत्री मन्त्र। ४. यज्ञोपवीत संस्कार। उपनयन संस्कार।

सावेग—[सं० स + आवेग] *वि०* आवेगयुक्त। जोशीली। ***जैसे***—सावेग वाणी।

साशंस—[सं० स + आशंसा] *वि०* १. आशावान्। आशायुक्त। २. कामना-युक्त। इच्छुक। आकांक्षी।

साश्रु—[सं० स + अश्रु] *वि०* (आँखों में) आँसुओं वाला। अश्रुपूर्ण। रोता हुआ। *क्रिवि०* आँखों में आँसू भरकर। रोते हुए। अश्रुपूर्वक।

साष्टाङ्ग (साष्टांग)—[सं० स + अष्टाङ्ग] *वि०* १. आठ अंगों सहित। अष्टांगयुक्त। २. निर्दिष्ट आठों अंगों के साथ। *पु०* निर्दिष्ट आठों अंगों के साथ प्रणाम।

सास[1]—[< सं० श्वश्रु] *स्त्री०* १. पति या पत्नी की माता। २. उक्त के समान स्तरीय सम्बन्ध की स्त्री।

सास[2]—*पु०* ≤ सं० शासन। ● **विशेष**—सूर्य का शासन अर्थात् 'तपन' के अर्थ में भी 'सास' का प्रयोग हुआ है।

***सासति**—[< सं० शास्ति] *स्त्री०* १. शासन। २. दंड। सज़ा। ३. कष्ट।

***सासन**—[< सं० सु-आसन] *पु०* उत्तम आसन। सुआसन।

***सासना/सासनाँ**—[< सं० शासन] *स्त्री०* कष्ट।

***सासरा**—[< सं० श्वसुरालय] *पु०* ससुराल।

***सासा**[1]—[< सं० + संशय] *स्त्री०* १. संशय। सन्देह।

***सासा**[2]—*पु०* ≤ *सं०* श्वास। साँस।

सास्ना—[सं० √सस् + न, णित्, वृद्धि] स्त्री० (गाय का) गलकम्बल।

साह[1]—[< सं० साधु] पु० १. भला आदमी। सत्पुरुष। सज्जन। २. साहूकार।

***साह**[2]—*स्त्री०* ≤ *हिं०* साख।

***साह**[3]—*पु०* ≤ *फा०* शाह। राजा।

साहचर्य—[सं० सहचर + ष्यञ्] *पु०* १. सहगमन। सहचारिता। २. साथ-साथ रहना। संग-साथ। ३. मेल-मिलाप। मित्रता।

साहचर्यात्मक—[सं० साहचर्य ~ आत्मक] *वि०* जिसमें साहचर्य हो। साहचर्यमय। साहचर्ययुक्त। ***जैसे***—साहचर्यात्मक शिक्षा।

***साहण**—[< सं० साधन] *पु०* १. साथी। २. सेना।

***साहन**—[< हिं० सहना] *पु०* सहन करने की क्रिया/भाव। ✣ **साहनहार**—*वि०* = सहनेवाला।

***साहना**—[< सं० साधना] *क्रिस०* साधित करना। साधना। *स्त्री०* साधना। उपासना।

साहनी[1]—[< प्रा० साहणिअ < सं० साधनिक] *पु०* सेनापति।

साहनी[2]—[< अरबी शहन (हाँकना)] *पु०* अश्वारोही। घुड़सवार।

साहब**—[< अरबी साहिब] *पु०* १. स्वामी। प्रभु। मालिक। २. (सन्तों और भक्तों के साहित्य में) परमात्मा। ईश्वर। ३. एक सम्मानसूचक शब्द जो नाम/पद/उपाधि के अन्त में प्रायः लगाया जाता है। महोदय/जी। ४. एक सम्मानसूचक शब्द जो भक्तों द्वारा किसी-किसी धर्मग्रन्थ या धर्मस्थान के नाम के अन्त में लगाया जाता है। ***जैसे—गुरुग्रन्थ साहब; बीजक साहब, मन्दिर साहब।

साहसाङ्क (साहसांक)—[सं० साहस ~ अङ्क] *पु०* अति साहसी व्यक्ति।

साहस्र—[सं० सहस्र + अण्] *वि०* १. सहस्र-सम्बन्धी। सहस्र का। २. एक हज़ार में ख़रीदा हुआ। ३. सहस्र गुना। हज़ार गुना। *पु०* एक हज़ार का समूह।

साहाय्य—[सं० सहाय + ष्यञ्] *पु०* १. सहायता। मदद। २. मित्रता। दोस्ती। ✣ **साहाय्यकार**—*पु०* = सहायता देनेवाला। सहायक। मददगार।

साहार—[सं० स + आहार] *वि०* आहारसहित। भोजन-सहित।

***साहि**[१]—[< फा॰ शाह] *पु॰* १. राजा। शाह। २. स्वामी। मालिक।

***साहि**[२]—[< स॰ साधु] *वि॰* १. भला मनुष्य। सज्जन। २. साहूकार। धनी व्यक्ति।

***साहित**—*पु॰* ≤ *स॰* साहित्य।

साहित्य—[स॰ सहित + ष्यञ्] *पु॰* १. सहितता। साथ। [∇ **विलोम**—राहित्य।] २. शब्द और अर्थ की सहितता। ३. सभी सार्थक शब्द। ४. भावों और विचारों की समष्टि। विचारों, भावों और कल्पनाओं की अभिव्यक्ति का लिखित रूप जो समाज के लिए हितकारी है। वाङ्मय। ***जैसे***—साहित्य समाज का दर्पण है। ५. किसी विषय के प्रतिपादक ग्रन्थों का समूह। शास्त्र। ***जैसे***—दार्शनिक साहित्य; विज्ञान-साहित्य। ६. अनुभूतिप्रधान ग्रन्थों का समूह। ***जैसे***—नाट्य-साहित्य, उपन्यास-साहित्य। ७. गद्यात्मक या पद्यात्मक या मिश्रित रचना। ८. भाषा विशेष या रचयिता विशेष या विषय विशेष की सब कृतियाँ। ***जैसे***—संस्कृत-साहित्य; तुलसी-साहित्य; ज्योतिष-साहित्य; निबन्ध-साहित्य; आलोचना-साहित्य। ९. समस्त ग्रन्थों का समूह।

साहित्यशास्त्र—[स॰ साहित्य ~ शास्त्र] *पु॰* १. कृतियों/रचनाओं के स्वरूप, गुण, दोष आदि पर साहित्यिक दृष्टि से आलोचनात्मक विचार करनेवाला शास्त्र। काव्यशास्त्र। समीक्षाशास्त्र। आलोचनाशास्त्र। २. उक्त विवेचन का ग्रन्थ।

साहिबा—[अरबी] *स्त्री॰* एक सम्मानसूचक शब्द जो स्त्रियों के नाम, पद या उपाधि आदि के अन्त में प्रायः लगाया जाता है। महोदया। जी। ***जैसे***—रानी साहिबा; डॉक्टरनी साहिबा; नूरजहाँ साहिबा; आचार्या साहिबा।

साहिबिनी—[< अरबी साहिब] *स्त्री॰* स्वामिनी। मालकिन।

साहिल—[अरबी] *पु॰* (समुद्र या नदी आदि का) तट। किनारा। ✣ **साहिली**[१]—*वि॰* = १. तट-सम्बन्धी। तटीय। २. तट पर रहनेवाला। तटवासी।

साही—[< स॰ शल्यकी] *स्त्री॰* बिल बनाकर रहनेवाला एक जन्तु जिसके शरीर पर लम्बे और खड़े काँटे होते हैं। सेई।

***साहु**—[< स॰ साधु] *पु॰* १. साहूकार। सेठ। धनी व्यक्ति। २. व्यापारी। सौदागर। ३. सत्पुरुष। साधु। सज्जन।

साहुल—[< फा॰ शाक़ूल] *पु॰* लम्बी डोरी से लटके हुए सीसे का गोला या कोई अन्य भारी पदार्थवाला एक उपकरण जो ऊर्ध्वाधर रेखा बताता है। (अ॰ प्लम)। ✣ **साहुल-सूत्र**—*पु॰* = ऊर्ध्वाधर दिशा जाँचने के लिए प्रयुक्त डोरी जिसके निचले सिरे पर साहुल बँधा होता है। (अ॰ प्लम लाइन)

साहेब—[< अरबी साहिब] *पु॰* साहब।

***साहैं**[१] **(साहैं**[१] **)**—[< हि॰ सामुहैं < स॰ सम्मुख] *क्रिवि॰* सम्मुख। सामने।

साहैं[२] **(साहैं**[२] **)**—[< अप॰ साहँइ < प्रा॰ साहाओ < स॰ शाखाः] स्त्री॰ (बहु॰) द्वार की शाखाएँ। दरवाज़े के खम्भे/बाज़ू।

साह्लाद (साह्लाद)—[स॰ स + आह्लाद] *क्रिवि॰* ख़ुशी के साथ। आह्लादपूर्वक। हर्षपूर्वक।

साँईं (साँईं)—[< स॰ स्वामी] *पु॰* १. स्वामी। प्रभु। मालिक। २. पति। ३. परमात्मा। ४. मुसलमान फ़कीर के लिए एक आदरपूर्ण सम्बोधन। ५. (बोलचाल में) किसी व्यक्ति के लिए कहीं-कहीं प्रयुक्त एक आदरपूर्ण सम्बोधन, विशेषतः सिन्धी व्यक्तियों के लिए।

***साँकटा**—[< स॰ सङ्कट] *पु॰* संकट। कष्ट।

***साँकड़**[१]—[< स॰ सङ्कीर्ण] *वि॰* संकीर्ण। सँकरा।

†साँकड़[२]—[< स॰ शृङ्खला] *स्त्री॰* १. साँकल। (दे॰)। २. साँकड़ा। (दे॰)। ३. लोहा आदि से बनी लम्बी और मोटी ज़ंजीर। सिक्कड़।

साँकड़ा—[< स॰ शृङ्खला] *पु॰* पैरों में पहनने का 'कड़ा' के समान एक आभूषण। साँकरा।

***साँकरा**[१]—[< स॰ सङ्कीर्ण] *वि॰* संकीर्ण। सँकरा। तंग। पतला। ✣ **साँकरी**—*वि॰* (*स्त्री॰*) = संकीर्ण। सँकरी। तंग। पतली।

साँकरा[२]—[< स॰ शृङ्खला] *पु॰* पैरों का एक आभूषण जो 'कड़ा' के समान होता है।

***साँकरे**—[< स॰ सङ्कट] *पु॰* संकट। कष्ट। दुःख।

साँकल—[< प्रा॰ संकल < स॰ शृङ्खला] *स्त्री॰* १. शृंखला। ज़ंजीर। २. द्वार में लगायी जाने वाली कुंडी/ज़ंजीर। ४. गले का एक आभूषण। सोने-चाँदी की ज़ंजीर।

***साँख**—[< स॰ शङ्ख] *पु॰* शंख।

साँग—[देशज] *स्त्री॰* लोहे के दंड वाला छोटा भाला या बर्छी।

***साँच**—[< प्रा॰ सच्च < स॰ सत्य] *वि॰* १. सत्य। सच्चा। २. यथार्थ। वस्तुतः। *पु॰* सच्ची बात। सत्य।

***साँचना**[१]—[< हि॰ संचना < स॰ सञ्चयन] *क्रिस॰* १. संचित करना। २. एकत्र करना।

***साँचना**[२]—[देशज] *क्रिअ॰* किसी मान्य व्यक्ति का आना। पधारना।

साँचर नमक—[< स॰ सौवर्चल + हि॰ नमक] *पु॰* काला नमक।

†साँचला—[< हि॰ साँच] *वि॰* १. सच बोलनेवाला। सत्यवादी। २. सच्चा। ✣ **साँचली**—*वि॰* (*स्त्री॰*) १. सत्यवादिनी। २. सच्ची।

साँचा[१]—[< स॰ सञ्चक] *पु॰* वह उपकरण जिसमें कोई गीली चीज़ भरकर विशेष रूप की वस्तुएँ ढालते हैं। ***जैसे***—धातु ढालने का साँचा; मूर्ति बनाने का साँचा; मिठाइयाँ बनाने के साँचे। ***वा॰* साँचे में ढलना**—अत्यन्त सुन्दर होना। **साँचे में ढला, साँचे में ढला-सा**—१. सुगठित। सुडौल। २. अति सुन्दर रूप वाला।

***साँचा**[२]—[< हि॰ सच्चा] *वि॰* १. सच बोलनेवाला। सत्यवादी। २. सच्चा। सत्य।

***साँचिला**—*वि॰* ≤ *हि॰* साँचला। (दे॰) ✣ **साँचिली**—*वि॰* (*स्त्री॰*) साँचली।

***साँची**—[< हि॰ साँचा < हि॰ सच्चा] *वि॰* (स्त्री॰) १. सच बोलनेवाली। सत्यवादिनी। २. सच्ची। सत्य। ***जैसे*—दे॰ परिशिष्ट के 'नाम-सन्दर्भ कोश' में**—साँची बात; साँची कहानी।

साँझ—[< स॰ सन्ध्या] *स्त्री॰* सन्ध्याकाल। शाम। ***वा॰* साँझ फूलना**—लाली छाना।

†साँझला—[< स॰ सन्ध्या] *पु॰* सबेरे से शाम तक एक ही हल से जोती जा सकने वाली भूमि।

साँझी—[< हि॰ साँझ] *स्त्री॰* एक लोक-कला। रंगोली। अल्पना।

साँट[1]—[< स॰ सट्ट] *स्त्री॰* १. पौधे या पेड़ की बहुत पतली और लचकदार शाखा से बनी छड़ी जो किसी को पीटने आदि में काम आती है। २. पशुओं को हाँकने के डंडे या चाबुक में लगी चमड़े की डोरी। कोड़ा। ३. उक्त छड़ी या कोड़े की मार से शरीर पर पड़ा निशान।

साँट[2]—[< हि॰ सटना] *स्त्री॰* १. सटने की क्रिया या भाव। संलग्नता। साट। २. लगन। लौ। ३. किसी उद्देश्य/षड्यन्त्र के लिए की जाने वाली मैत्री या मेल-जोल।

साँटना—[< हि॰ साँट] *क्रिस॰* पुरानी खाट में स्थान-स्थान की टूटी रस्सी या टूटे बानों को जहाँ-तहाँ रस्सी या बानों से बुनकर ठीक कर देना।

साँटा—[< हि॰ साँट] *पु॰* १. (मोटे कपड़े का) कोड़ा। २. (घोड़े को लगायी जानेवाली) एड़। ३. गन्ना। ईख।

साँटि**—[< हि॰ साँट] *स्त्री॰* १. मेल-जोल। ***उदा॰ दे॰ नीचे। २. ख़रीदने-बेचने की बातचीत।

***साँटिया**—[< हि॰ साँटी] *पु॰* १. डुग्गी पीटने/बजाने वाला। २. सार्वजनिक घोषणा करने के लिए डुग्गी पीटनेवाला।

साँटी—[< हि॰ साँट] *स्त्री॰* १. पीटने की छड़ी या कपड़े का कोड़ा। साँट। २. साँट-गाँठ। ३. प्रतिशोध। बदला।

साँटे—[देशज] *क्रिवि॰* बदले में।

साँटेमार—[< हि॰ साँट + मारना] *पु॰* सिपाही, द्वारपाल या प्रहरी आदि जो कभी-कभी साँटें चलाकर भीड़ हटाता है अथवा घोड़ों, हाथियों आदि को वश में करता है।

साँठ[1]—[< हि॰ साँट] *पु॰* १. गन्ना। ईख। २. डंडा। ३. सरकंडा। ४. सम्बन्ध। मेल-मिलाप।

साँठ[2]—[< स॰ संस्था] *पु॰* धन। पूँजी।

साँठ[3]—[देशज] *पु॰* पैरों का एक आभूषण।

***साँठना**—[< हि॰ साँठ] *क्रिस॰* पकड़े रहना।

***साँठि/साँठी[1]**—[< स॰ संस्था] *स्त्री॰* पूँजी। धन ।

साँठी[2]—[< हि॰ साँठ < साँट] स्त्री॰=१.सरकंडे का भाग। २. सारहीन पदार्थ।

साँठें—[< हि॰ साँठना] *क्रिवि॰* १. बँधे हुए। २. नथे हुए।

साँड़नी—[< हि॰ साँड़िया] *स्त्री॰* ऊँटनी।

साँड़ा—[देशज] *पु॰* एक पशु जिसकी चर्बी से औषधि बनती है।

ꜝसाँड़िया—[< हि॰ साँड़] *पु॰* तेज़ चलनेवाला ऊँट।

***साँड़ी**—[< हि॰ साढ़ी] *स्त्री॰* (दूध की) मलाई। साढ़ी।

***साँति, साँती**—*स्त्री॰* ≤ *स॰* शान्ति।

***साँथरा**—[< स॰ संस्तर] *पु॰* बिस्तर। चटाई। बिछौना। ✣ **साँथरी**—*स्त्री॰* ।

साँद/साँदा—[देशज] *पु॰* पशु को भागने न देने के लिए उसके गले में बाँधी जाने वाली भारी लकड़ी। लंगर। ढेका।

***साँध[1]**—[< स॰ सन्धान] *पु॰* १. लक्ष्य। २. निशाना।

***साँध[2]**—[< स॰ सन्धि] *स्त्री॰* १. सीमा। हद। २. सन्धि। (दे॰)

साँधना[1]—[< स॰ सन्धान] *क्रिस॰* १. सन्धान करना। २. लक्ष्य/निशाना साधना। ३. लक्ष्य करना। ४. अचार डालना।

***साँधना[2]**—[हि॰ साँध < स॰ सन्धि] *क्रिस॰* १. सन्धि करना। मिलाकर एक करना। मिलाना। २. गूँथना।

साम्प्रतिक (सांप्रतिक)—[स॰ सम्प्रति + ठक्] *वि॰* १. वर्तमान समय का। आधुनिक। २. उचित। ठीक।

साँबर—[< स॰ शम्बर] *पु॰* एक प्रकार का हिरन जिसका चर्म कोमल होता है। साँभर मृग।

साँभर—[देशज] *पु॰* १. (राजस्थान की) एक झील जिसके खारे पानी से नमक बनाया जाता है। २. उक्त प्रकार से तैयार किया गया नमक।

साँभलना—[< स॰ सम्भार] *क्रिस॰* स्मरण करना।

***साँमी**—[< स॰ सम्मुख] *क्रिवि॰* सम्मुख। सामने।

ꜝसाँवटा—[< स॰ सम] *वि॰* १. समतल। बराबर। २. पूरी तरह से समाप्त किया हुआ। ***जैसे***—खा-पीकर साँवटा कर देना।

ꜝसाँवती—[देशज] *स्त्री॰* बैलगाड़ी में नीचे की वह जाली जिसमें बैलों के लिए घास आदि रखते हैं।

साँवन—[देशज] *पु॰* एक पहाड़ी पेड़ जिसका गोंद दवा के रूप में काम आता है।

***साँवर**—[< स॰ श्यामल] *वि॰* साँवला। साँवरा।

***साँवरकन**—[< स॰ श्यामकर्ण] *पु॰* ऐसा सफ़ेद घोड़ा जिसके कान काले हों। श्यामकर्ण घोड़ा।

साँवरा—[< हि॰ साँवला < स॰ श्यामल] *वि॰* श्यामल रंग का। साँवला। ***जैसे***—साँवरा बालक। *पु॰* (वासुदेव) कृष्ण। श्याम। ✣ **साँवरी**—*वि॰ (स्त्री॰)* = श्याम रंग वाली। साँवली।

***साँवलताई**—[< हि॰ श्यामलता] *स्त्री॰* साँवलापन।

साँवाँ—[< स॰ श्यामक] *पु॰* 'कंगनी' नामक एक अनाज।

***साँसरना**—[< हि॰ साँसत] *क्रिस॰* १. कष्ट देना। २. दंड देना।

***साँसा[1]**—[< हि॰ साँस] *पु॰* श्वास। साँस।

***साँसा[2]**—[< स॰ संशय] *पु॰* १. संशय। सन्देह। २. भय। डर। खटका। ३. चिन्ता। फ़िक्र।

***साँहि**—[< स॰ स्वामी] *पु॰* १. स्वामी। प्रभु। मालिक। २. संरक्षक।

सिंसपा/सिंसुपा—[< स॰ शिंशपा] *पु॰* शीशम का पेड़।

सिंहकर्मा—[स॰ सिंहकर्मन्] *वि॰* (सिंह के समान) पराक्रमपूर्ण काम करनेवाला। पराक्रमी। वीर।

सिंहकेसर—[स॰] *पु॰* सिंह की गर्दन के बाल।

सिंहनन्दन (सिंहनंदन)—[स॰ सिंह ~ नन्दन] *पु॰* १. सिंह का बच्चा। २. (लाक्षणिक) वीर बालक या वीर पुरुष।

सिंहनी—[< स॰ सिंह] *स्त्री॰* १. सिंहिनी। शेरनी। २. (लाक्षणिक) वीर और पराक्रमी स्त्री। (छन्द॰) 'कलहंस' नामक वर्णिक छन्द।

***सिंहबारू**—[< स॰ सिंहद्वार] *पु॰* सिंहद्वार। प्रवेशद्वार।

सिंहल—[स॰ सिंह + लच्] *पु॰* १. भारत के दक्षिण का एक द्वीप।

आधुनिक देश 'श्रीलंका' का प्राचीन नाम। २. श्रीलंका देश का निवासी। सिंहली।

सिंहलक—[सं॰ सिंहल + कन्] पु॰ सिंहल द्वीप। वि॰ सिंहल-सम्बन्धी। सिंहल का।

सिंहली—[< हिं॰ सिंहल] पु॰ १. सिंहल द्वीप का निवासी। सिंहल। २. सिंहल द्वीप का हाथी। स्त्री॰ १. सिंहल द्वीप की भाषा। २. सिंहल द्वीप की स्त्री।

सिंहवाहना/सिंहवाहिनी—[सं॰ सिंहवाहन + टाप् सिंहवाहिन् + ङीप्] वि॰ (स्त्री॰) सिंह की सवारी करनेवाली। स्त्री॰ पार्वती। दुर्गा। (देवी)

सिंहविक्रान्त (सिंहविक्रांत)—[सं॰ सिंह ~ विक्रान्त] पु॰ १. सिंह की गति। शेर की चाल। २. सिंह के समान वीर और पराक्रमी मनुष्य। (छन्द॰) वर्णिक दंडक का एक भेद जिसमें प्रत्येक चरण में २ नगण और ७ या ७ से अधिक यगण हों।

सिंहविक्रीड—[सं॰ सिंह ~ विक्रीड] पु॰ सिंह के समान क्रीड़ा करनेवाला। (छन्द॰) वर्णिक दंडक का एक भेद जिसमें नौ या अधिक यगण होते हैं।

सिंहविस्फूर्जित—[सं॰ सिंह ~ विस्फूर्जित] पु॰ सिंहनाद। सिंह-गर्जना। (छन्द॰) एक समवर्णिक छन्द जिसके प्रत्येक चरण में क्रमशः दो मगण, भगण, मगण और दो यगण (म म भ म य य) के योग से १८ वर्ण होते हैं तथा ५-६-७ पर यति होती है।

सिंहस्थ—[सं॰ सिंह + स्थ] वि॰ (ज्योतिष॰) सिंह राशि में स्थित। ✣ **सिंहस्थ गुरु**— पु॰ = सिंह राशि में स्थित बृहस्पति।

सिंहानन—[सं॰ सिंह ~ आनन] पु॰ सिंह का मुख। वि॰ सिंह के मुख के सदृश मुखवाला।

†**सिंहारहार**—[< हिं॰ हरसिंगार] पु॰ हरसिंगार का वृक्ष या पुष्प।

सिंहावलोकन—[सं॰ सिंह ~ अवलोकन] पु॰ १. सिंह का दृष्टिपात। सिंह की चितवन। २. शेर के समान पीछे देखते हुए आगे बढ़ना। ३. [लाक्षणिक (पुस्तक आदि में)]आगे वर्णन करने के पहले पिछली बातों का संक्षेप में वर्णन। (काव्य॰) पद्य-रचना का एक प्रकार जिसमें दूसरा चरण पहले चरण के अन्तिम शब्द या अन्त के कुछ शब्दों से आरम्भ होता है। (पत्र॰) परस्पर सम्बद्ध विविध घटनाओं या तथ्यों का सारांश।

सिंहिका—[सं॰ सिंह + कन् + टाप्, ह्रस्व] स्त्री॰ राहु की माता। (छन्द॰) 'शोभन' नामक मात्रिक छन्द। ✣ **सिंहिका-तनय/पुत्र/सुत**— पु॰ = सिंहिका का पुत्र। राहु।

सिंहिनी—[< सं॰ सिंह] स्त्री॰ नारी/मादा सिंह। शेरनी।

सिंही—[सं॰ सिंह + ङीष्] स्त्री॰ १. सिंहिनी। शेरनी। २. राहु की माता। सिंहिका।

सिंहेश्वरी—[सं॰ सिंह ~ ईश्वरी] स्त्री॰ (सिंहवाहिनी) पार्वती (देवी)। दुर्गा।

सिंहोन्नता—[सं॰ सिंह ~ उन्नता] वि॰ स्त्री॰= जो सिंह के समान उन्नत हो। पु॰ (छन्द॰) वसन्ततिलका छन्द।

†**सिअना**—[< सं॰ सीवन] क्रिस॰ सिलाई करना। सिलना। सीना। ✣ ***सिअनि**— स्त्री॰ = सिलाई।

***सिअरा**—[< सं॰ शीतल] वि॰ शीतल। ठंडा।

***सिआना**—[< हिं॰ सिअना] क्रिस॰ सिलाना।

***सिआल**—[सं॰ शृगाल] पु॰ १. शृगाल। गीदड़। २. (लाक्षणिक) कायर/दुष्ट/धूर्त व्यक्ति।

***सिउँ**—[प्रा॰ < सं॰ समम्] अव्यय॰ १. सहित। साथ। २. समीप।

सिकटा—[देशज] पु॰ टूटे हुए मिट्टी के बर्तन का छोटा टुकड़ा।

सिकड़ी—[< हिं॰ साँकर < सं॰ शृङ्खला] या स्त्री॰ १. शृंखला। ज़ंजीर। साँकल। २. द्वार/किवाड़ की साँकल ३. (कमर की) करधनी ४. गले में पहनने का एक सोने/चाँदी का आभूषण। ज़ंजीर। सिकरी। ५. जंजीर के आकार की बनावट वाली वस्तु।

सिकता—[सं॰ √सिक् + अतच्, कित् + टाप्] स्त्री॰ बालू। रेत।

सिकतिल—[सं॰ सिकता + इलच्] वि॰ रेतीला।

सिकदार—[< शिक़दार (अरबी शिक़ + फा॰ दार)] पु॰ नायक। अधिपति।

सिकली—[< अरबी सिक्ल] वि॰ १. भारी। २. दृढ़। मज़बूत।

सिकलीगर—[< अरबी सैक़ल + फा॰ गर] पु॰ तलवार आदि पर सान/धार धरनेवाला।

***सिकहर**—[< सं॰ शिक्या] पु॰ रस्सी की बनी एक वस्तु जिसे दही इत्यादि को सुरक्षित रखने के लिए किसी ऊँचे स्थान (छत आदि) से टाँगा जाता है। छींका। सीका। ✣ **सिकहरा**— पु॰ = सिकहर।

†**सिकुहली**—[< हिं॰ सींक] स्त्री॰ मूँज, कास आदि से बनी डलिया।

सिकुला—[< सं॰ शुक्ति] पु॰ शंख के समान आकृति वाली छोटी-सी सीपी जो पोखरों में पायी जाती है और जिसका कोई महत्त्व नहीं होता।

***सिकोरा**—[< हिं॰ सकोरा] पु॰ 'सकोरा' या 'कसोरा' नामक मिट्टी का पात्र।

सिकोली—[देशज] स्त्री॰ कास, मूँज, बेंत या बाँस की कमाचियों की बनी हुई टोकरी।

सिक्कड़—[< हिं॰ साँक] पु॰ लोहे इत्यादि की बनी बड़ी तथा मोटी ज़ंजीर। सिकड़ी।

†**सिक्खी**—[< हिं॰ सिक्ख] स्त्री॰ सिक्ख धर्म-सम्प्रदाय। सिक्ख/सिख मत।

सिक्त—[सं॰ √सिच् + क्त] वि॰ १. सींचा हुआ। सिंचित। २. भीगा हुआ। गीला। तर।

सिक्थ—[सं॰ √सिच् + थक्] पु॰ १. मधुमक्खी का मोम। २. भात या भात का पिंड।

सिक्थकर्म—[सं॰ सिक्थ ~ कर्म (कर्मन्)] पु॰ मोम की मूर्तियाँ आदि बनाने का काम।

सिख[१]—[< हिं॰ < सं॰ शिष्य] पु॰ गुरु नानक द्वारा प्रवर्तित सम्प्रदाय का अनुयायी। सिक्ख।

***सिख**[२]—[< सं॰ शिक्षा] स्त्री॰ शिक्षा। उपदेश। सीख। सलाह।

***सिख[३]**—[< सं॰ शिखा] *स्त्री॰* १. शिखा। २. (केशों की) चोटी। शिखा।

***सिखण्ड(सिखंड)**—[< सं॰ शिखण्ड] *पु॰* १. शिखा। चोटी। २. मोर का पंख। मयूरपक्ष। ३. मुकुट। ४. कनपटी पर के लम्बे बाल। काकपक्ष। काकुल।

***सिखण्डी (सिखंडी)**—[< सं॰ शिखण्डी] *पु॰* मयूर। मोर। २. सिर का एक आभूषण। ३. (द्वापरयुग के) राजा द्रुपद का पुत्र। शिखंडी।

सिखरन—[< सं॰ शिखरिणी] *स्त्री॰* १. जलहीन किए गए दही से तैयार किया जाने वाला एक स्वादिष्ठ पदार्थ (जिसे मराठी में '**श्रीखंड**' कहते हैं)। २. दही की मीठी लस्सी।

***सिखि[१]**—*पु॰* ≤ *सं॰* शिखी। *पु॰* १. मयूर। मोर। २.कुक्कुट। मुर्ग़ा।

सिखि[२]—[< हि॰ सीखना] *क्रिवि॰* सीखकर।

***सिखि[३]**—[< हि॰ सिखाना] *क्रिवि॰* सिखाकर।

***सिखी**—[< सं॰ शिखी] *पु॰* १. मयूर। मोर। २.कुक्कुट। मुर्ग़ा।

सिगरा—[< सं॰ समग्र] *वि॰* १. सब (संख्यावाचक)। सारा। ***जैसे***—सिगरे लड़के। २. समस्त। सारा (परिमाणवाचक)। ***जैसे***—सिगरा काम। ✣ **सिगरी**—*वि॰ (स्त्री॰)* = १. सब। २. सारी।

***सिगरोइ**—[< हि॰ सिगरा ही] *वि॰* सारा ही।

सिङ्गरफ़ (सिंगरफ़)—[< फा॰ सिंग्रफ़] *पु॰* पारद/पारा का एक रासायनिक यौगिक जो खनिज रूप में प्राप्त होता है। हिंगुल।

सिङ्गा (सिंगा)—[हि॰ सींग] *पु॰* फूँक कर बजाया जानेवाला एक बाजा। शृंग। रणसिंगा।

सिंगारपट्टी—[< हि॰ सिंगार + पट्टी] *स्त्री॰* सिर पर पहनने का स्त्रियों का एक आभूषण।

सिङ्गारहार (सिंगारहार)—[< हि॰ हरसिंगार] *पु॰* हरसिंगार का वृक्ष या उसका फूल। पारिजात।

***सिङ्गारी (सिंगारी)**—[< हि॰ सिंगार] *वि॰* शृंगार करनेवाला। शृंगारी।

†सिङ्गाला (सिंगाला)—[< हि॰ सींगवाला] *वि॰* सींगवाला पशु।

सिङ्गिया (सिंगिया)—[सं॰ शृङ्गिक] *पु॰* एक प्रकार का विष। शृंगिक विष।

सिङ्गी (सिंगी)—[< हि॰ सींग] *स्त्री॰* १. भैंसे या हिरन के सींगों का या धातु का बना एक सुषिर वाद्य। २. (जर्राहों द्वारा प्रयुक्त) शरीर से दूषित रक्त निकालने का एक उपकरण जो सींग की तरह का, नली के आकार का, होता है।

सिङ्गी मोहरा—[हि॰] *पु॰* 'सिंगिया' नामक विष।

***सिङ्घेला (सिंघेला)**—[< सं॰ सिंह] *पु॰* शेर का बच्चा।

***सिचान**—[< देशज] *पु॰* श्येन। बाज़ (पक्षी)।

सिज्दा—[< फा॰ सज्दः] *पु॰* सर झुकाना। नमन। (इस्लाम॰) (नमाज़ में) ज़मीन पर सर रखना।

***सिज्या**—*स्त्री॰* ≤ *सं॰* शय्या। सेज।

सिझाना—[< हि॰ सीझना] *क्रिस॰* १. आँच पर पकाकर गलाना। राँधना। २. चमड़ा पकाना। ३. बर्तन बनाने के लिए मिट्टी तैयार करना। ४. कष्ट देना।

सिञ्चन (सिंचन)—[सं॰ √सिञ्च् + ल्युट्] *पु॰* १. (खेत आदि में) पानी से सिंचाई। २. (पानी का) छिड़काव।

सिञ्जा (सिंजा)—[सं॰ शिञ्जा, पृषो॰→सिञ्जा] *स्त्री॰* (पहने हुए आभूषणों की) झंकार। (गहनों की) झनक। रुनझुन। ✣ **सिञ्जित (सिंजित)**—*पु॰* = सिंजा।

***सिटकारी**—[< हि॰ सीटी] *स्त्री॰* सीटी बजाने की क्रिया/भाव।

सिटी—[अं॰] *पु॰* नगर। शहर। ***जैसे***—बरेली सिटी।

†सिट्टी—[< हि॰ सीटना] *स्त्री॰* १. बहुत बोलना। वाचालता। बातूनीपन। २. बढ़ा-चढ़ा कर बातें करना। वाचालता। बातूनीपन। ✣ **सिट्टी-पिट्टी**—*स्त्री॰* = सिट्टी।

सिठाई—[< हि॰ सीठा] *स्त्री॰* सीठा होने की अवस्था/भाव। सीठापन।

सिड़—[< हि॰ सिड़ी] *स्त्री॰* विचित्र प्रकार का हठपूर्ण परन्तु हल्का पागलपन। झक। सनक।

सिड़बिल्ला—[< हि॰ सिड़ वाला] *वि॰* सिड़ी। झक्की। सनकी। ✣ **सिड़बिल्ली**—*वि॰ (स्त्री॰)* सिड़िन। झक्की या सनकी (स्त्री)।

सिड़ी—[< स देशज] *वि॰* झक्की। सनकी। ✣ **सिड़ीपन**—*पु॰* = सिड़। झक। सनक।

सित[१]—[सं॰ √सि √सो + क्त] *वि॰* १. श्वेत। सफ़ेद। ***जैसे***—सित चन्द्रमा। २. चमकीला। ३. निर्मल। उजला। *पु॰* १. सफ़ेद रंग। २. (चान्द्र मास का) शुक्ल पक्ष। ३. शुक्र ग्रह। ४. रजत। चाँदी।

***सित[२]**—[< सं॰ शीत] *पु॰* १. शीत। ठंड। २. तुषार। ओस। कुहरा।

***सितकण्ठ (सितकंठ)**—[< सं॰ शितिकण्ठ] *वि॰* जिसका कंठ काला/नीला हो। *पु॰* १. मयूर। मोर। २. शिव। महादेव।

सितकर—[सं॰ सित ~ कर] *वि॰* सफ़ेद किरणों वाला। *पु॰* १. चन्द्रमा। २. कपूर।

सित कुञ्जर (कुंजर)—[सं॰] *पु॰* १. सफ़ेद हाथी। २. (इन्द्र का हाथी) ऐरावत।

सितकुञ्जर (सितकुंजर)—[सं॰ सित ~ कुञ्जर] *पु॰* (सफेद रंग के हाथी ऐरावत का स्वामी)इन्द्र।

सितता—[सं॰ सित + तल् + टाप्] *स्त्री॰* श्वेतता। सफ़ेदी।

सिततुरग—[सं॰ सित ~ तुरग] *वि॰* १. सफ़ेद घोड़े वाला। २. (पांडव) अर्जुन।

सित पक्ष—[सं॰] *पु॰* (चान्द्र मास का) शुक्ल पक्ष। उजाला पाख।

सितपक्ष—[< सं॰ सित ~ पक्ष] *पु॰* (सफ़ेद पंखोंवाला) हंस।

***सितपख/सितपच्छ**—[< सं॰ सितपक्ष] *पु॰* १. (चान्द्र मास का) शुक्ल पक्ष। उजाला पाख।

सितप्रभ—[सं॰ सित ~ प्रभा] *पु॰* रजत। चाँदी।

सितभान—[< सं॰ सित ~ भान] *पु॰* (सफ़ेद आभा वाला) चन्द्रमा।

सितरश्मि—[सं॰ सित ~ रश्मि] *वि॰* सफ़ेद किरणों वाला। *पु॰* चन्द्रमा।

***सितलाई**—[< हि॰ सीतल] *स्त्री॰* शीतलता।

सितशर्करा—[सं॰ सित ~ शर्करा] *स्त्री॰* मिश्री। मिसरी।

सिता—[सं॰ सित + टाप्] *वि॰ (स्त्री॰)* १. श्वेत। सफ़ेद। **जैसे**—सिता धारा। २. चमकीली। ३. उजली। *स्त्री॰* १. चन्द्रिका। चाँदनी। २. (चान्द्र मास का) शुक्ल पक्ष। उजाला पाख। ३. मिश्री। मिसरी। ४. शकर। चीनी। ५. सुन्दर स्त्री। ६. रजत। चाँदी। ७. गंगा (नदी)। ८. मोतिया का पौधा या पुष्प। मल्लिका। ९. मदिरा। शराब। १०. सफ़ेद पुनर्नवा। ११. सफ़ेद कंटकारी। भटकटैया। १२. सफ़ेद दूर्वा/दूब। १३. गोरोचन।

सितांशु—[सं॰ सित ~ अंशु] *वि॰* सफ़ेद किरणों वाला। *पु॰* १. चन्द्रमा। २. कपूर।

सितांशुक—[सं॰ सित ~ अंशुक] *वि॰* जो सफ़ेद वस्त्र पहने हुए हो। श्वेतवस्त्रधारी। सफ़ेदपोश।

सिताखण्ड (सिताखंड)—[सिता ~ खण्ड] *पु॰* मिश्री। मिसरी।

सिताङ्ग (सितांग)—[सं॰ सित ~ अङ्ग] *वि॰* सफ़ेद अंगों वाला। *पु॰* २. शिव। महादेव।

सिताचल—[सं॰ सित ~ अचल] *पु॰* सफ़ेद पर्वत। बर्फ़ से ढँका पर्वत।

सितानन—[सं॰ सित ~ आनन] *वि॰* सफ़ेद मुख वाला। *पु॰* गरुड़ (पक्षी)।

सिताब्ज—[सं॰ सित ~ अब्ज] *पु॰* सफ़ेद कमल।

सिताम्बर (सितांबर)—[सं॰ सित ~ अम्बर] *पु॰* १. सफ़ेद वस्त्र। २. श्वेताम्बरी जैन साधु।

सितालिका—[सितालक + टाप्] *स्त्री॰* (तालाबों में मिलनेवाली) छोटी सीपी।

सितासित—[सं॰ सित ~ असित] *पु॰* श्वेत और श्याम। सफ़ेद और काला। **जैसे**—गंगा-यमुना के संगम पर सितासित जल का सुन्दर दृश्य।

सितेतर—[सं॰ सित ~ इतर] *वि॰* १. श्वेत से इतर/सफ़ेद से भिन्न। २. कृष्ण। काला।

सितोत्पल—[सं॰ सित ~ उत्पल] *पु॰* सफ़ेद कमल।

सितोदर—[सं॰ सित ~ उदर] *वि॰* सफ़ेद पेट वाला। *पु॰* कुबेर (देवता)।

सितोपल—[सं॰ सित ~ उपल] *पु॰* स्फटिक। बिल्लौर।

सितोपला—[सं॰ सित ~ उपला] *स्त्री॰* १. शकर। चीनी। २. मिश्री। मिसरी।

सिदरी—[? फा॰ सेह + दर] *स्त्री॰* तीन द्वारों वाला कमरा या दालान। तिदरी।

सिद्ध (सिद्ध)—[सं॰ √सिध् + क्त] *वि॰* १. जिसका साधन हो गया हो। जो पूरा हो चुका हो। सम्पन्न। **जैसे**—आपका उद्देश्य सिद्ध नहीं हुआ। २. प्राप्त। उपलब्ध। **जैसे**—राजनीति में बार-बार दल बदलने से कुछ सिद्ध नहीं होता; जन्मसिद्ध अधिकार। ३. सफल। **जैसे**—तुम्हारे मनोरथ सिद्ध होंगे। ४. साधना द्वारा सफल। **जैसे**—यह मन्त्र एक करोड़ बार जपने से सिद्ध होगा। ५. (तर्क, प्रमाण आदि से) स्थापित। प्रमाणित। **जैसे**—अपना कथन तर्क से सिद्ध करिए। ६. जिसने योग की आठ सिद्धियों में से एक भी प्राप्त कर ली हो। **जैसे**—सिद्ध पुरुष। ७. जो नियम/क़ानून/सिद्धान्त आदि के अनुसार ठीक हो। **जैसे**—संस्कृत-व्याकरण के अनुसार सिद्ध शब्द-रूप। ८. वशीभूत या अनुकूल किया हुआ। **जैसे**—विरोधी व्यक्ति को बातचीत से सिद्ध कर लेना। ९. निपुण। पटु। प्रवीण। **जैसे**—सिद्ध शिक्षक। १०. (आग पर रखकर) राँधा हुआ। **जैसे**—सिद्ध दाल-चावल। ११. बनाकर तैयार किया हुआ। *पु॰* १. व्यक्ति जिसकी साधना पूरी हो चुकी हो। २. सफल साधना द्वारा कोई सिद्धि या दिव्य शक्ति प्राप्त कर चुका सन्त/योगी आदि। चमत्कार-पूर्ण दिव्य शक्तियों वाला महात्मा। ३. यक्ष, गन्धर्व आदि से भिन्न एक देवयोनि या उसका व्यक्ति। ४. (जैन मत में) अर्हत। जिन। ५. पूर्वी भारत के ८४ वज्रयानी बौद्ध तान्त्रिकों का एक वर्ग जो लगभग ८०० से ११०० ईसवीं के मध्य हुए। बौद्ध सिद्धाचार्य। ६. शैव नाथ-योगी। ७. आध्यात्मिक दृष्टि से महान् और लोक-प्रसिद्ध त्यागी-विरागी महात्मा। ८. बिना पकाया हुआ दाल-चावल आदि। सीधा।

सिद्धगुटिका (सिद्धगुटिका)—[सं॰ सिद्ध ~ गुटिका] *स्त्री॰* ऐसी मन्त्रसिद्ध गुटिका/गोली जिसे मुख में रखने पर व्यक्ति अद्भुत कार्य (**जैसे**—अदृश्य होना, उड़ना) कर सकता है।

सिद्धपक्ष (सिद्धपक्ष)—[सं॰ सिद्ध ~ पक्ष] *पु॰* किसी तर्क का वह भाग/अंश जो प्रमाणित हो चुका हो। सिद्ध/प्रमाणित बात।

सिद्धमातृका (सिद्धमातृका)—[सं॰ सिद्ध ~ मातृका] *स्त्री॰* १. एक देवी। २. (प्राचीन भारत की) एक लिपि।

सिद्धरस (सिद्धरस)—[सं॰ सिद्ध ~ रस] *पु॰* १. पारद। पारा। २. वह व्यक्ति जिसने पारा सिद्ध करके 'सिद्ध-रसायन' बना लिया हो। सिद्धरसायनी।

सिद्धरसायन (सिद्धरसायन)—[सं॰] *पु॰* एक रसौषधि जो पारा सिद्ध करके बनायी जाती है और जिसके सेवन से व्यक्ति स्वस्थ और शक्तिशाली होकर दीर्घायु प्राप्त करता है। ❖ **सिद्धरसायनी (सिद्धरसायनी)**—*पु॰* = वह व्यक्ति जिसने पारा सिद्ध करके 'सिद्ध-रसायन' तैयार कर लिया हो। सिद्धरस।

सिद्धविनायक (सिद्धविनायक)—[सं॰ सिद्ध ~ विनायक] *पु॰* गणेश का एक विशेष रूप।

सिद्ध (सिद्ध)-साधन—[सं॰] *पु॰* जो बात पहले सिद्ध या प्रमाणित की जा चुकी हो, उसी को पुन: सिद्ध करने का प्रयत्न।

सिद्धहस्त (सिद्धहस्त)—[सं॰ सिद्ध ~ हस्त] *वि॰* जो किसी काम के अभ्यास से उसमें कुशल/निपुण हो गया हो। (किसी काम में) जिसका हाथ मँजा हुआ हो।

सिद्धा (सिद्धा)—[सं॰ सिद्ध + टाप्] *वि॰ (स्त्री॰)* सिद्ध (स्त्री)। *स्त्री॰* आध्यात्मिक दृष्टि से श्रेष्ठ और लोकप्रसिद्ध त्यागी-विरागी योगिनी या सन्यासिनी आदि या महान् स्त्री।

सिद्धाग्नि (सिद्धाग्नि)—[सं॰ सिद्ध ~ अग्नि] *स्त्री॰* १. जलती हुई अग्नि। २. पवित्र अग्नि जो दूसरों को भी पवित्र कर दे।

३. किसी सिद्ध महात्मा/योगी आदि के आश्रम की पवित्र अग्नि/धूनी आदि।

सिद्धाङ्गना (सिद्धांगना)—[स॰ सिद्ध ~ अङ्गना] 'सिद्ध' नामक देव जाति के पुरुष की पत्नी।

सिद्धाञ्जन (सिद्धांजन)—[स॰ सिद्ध ~ अञ्जन] *पु॰* वह दिव्य अंजन जिसे आँखों में लगाने पर दिव्य दृष्टि मिल जाती है जिससे भूमि के नीचे गड़े खज़ाने आदि स्पष्ट दिखने लगते हैं।

सिद्धा (सिद्धा) तिथि—[स॰] *स्त्री॰* (ज्योतिष॰) वार के विशेष संयोग से शुभ मानी गयी तिथि।

सिद्धान्त (सिद्धांत)—[स॰ सिद्ध ~ अन्त] *पु॰* १. तर्क-वितर्क आदि से अन्ततः सिद्ध या प्रमाणित विचार। किसी विषय पर एक निश्चित विचार जिसे सत्य के रूप में ग्रहण किया जाए। भली-भाँति सोच-विचार के बाद स्थिर किया हुआ मत। उसूल। २. वादी और प्रतिवादी द्वारा निर्णीत अर्थ। ३. विषय प्रमाण द्वारा सिद्ध/स्थापित हो गया हो। ४. विद्वानों द्वारा सत्य मानी जाने वाली बात या मत। ५. किसी विद्वान् या अनेक विद्वानों द्वारा प्रतिपादित ज्ञान-विज्ञान सम्बन्धी तत्त्व की बात। तत्त्वज्ञान। ***जैसे***—शंकराचार्य का अद्वैत-सिद्धान्त। ६. (धार्मिक/राजनीतिक/आर्थिक/वैज्ञानिक) मत। वाद। (गणित॰) एक निश्चित संकल्पना से सम्बन्धित नियम और उसके विषय में गृहीत तथा सिद्ध किए गए तथ्य। (रसायन॰) वह परिकल्पना जो प्रयोग के परिणामों से सिद्ध हो जाए। ***जैसे***—डाल्टन का सिद्धान्त।

सिद्धान्तीय (सिद्धांतीय)—[स॰ सिद्धान्त + छ] *वि॰* सिद्धान्त-सम्बन्धी। सैद्धान्तिक।

सिद्धान्न—[स॰ सिद्ध + अन्न] *पु॰* राँधा हुआ अन्न।

सिद्धार्थ (सिद्धार्थ)—[स॰ सिद्ध ~अर्थ] *वि॰* जिसका उद्देश्य पूर्ण हो चुका हो। जिसकी इच्छा पूर्ण हो चुकी हो। पूर्णकाम। सफलमनोरथ। *पु॰* महात्मा बुद्ध का पूर्वनाम।

सिद्धार्थक (सिद्धार्थक)—[स॰ सिद्ध ~ अर्थक] *वि॰* अर्थ सिद्ध करनेवाला। निश्चित अर्थ/बात बतानेवाला। *पु॰* सफ़ेद सरसों। ✣

सिद्धार्थी (सिद्धार्थी)—[स॰ सिद्धार्थिन्] *वि॰* १. सफल मनोरथ होने की इच्छा वाला। २. सफल मनोरथ। पूर्ण काम। *पु॰* (ज्योतिष॰) ६० संवत्सरों के चक्र में ५३ वें संवत्सर का नाम।

सिद्धि (सिद्धि)-योग—[स॰] *पु॰* (ज्योतिष॰) वार और नक्षत्र का ऐसा संयोग जो कार्य-सिद्धि के लिए शुभ होता है।

सिद्धीश्वर (सिद्धीश्वर)—[स॰ सिद्धि ~ ईश्वर] *पु॰* शिव। महादेव। ✣ **सिद्धीश्वरी (सिद्धीश्वरी)**— *स्त्री॰* पार्वती। दुर्गा। (देवी)

सिद्धेश्वर (सिद्धेश्वर)—[स॰ सिद्ध ~ ईश्वर] *पु॰* १. महान् सिद्ध। २. महान् योगी। ३. शिव। महादेव। ✣ **सिद्धेश्वरी (सिद्धेश्वरी)**— *स्त्री॰* = १. महान् सिद्ध स्त्री। २. महान् योगी स्त्री। ३. पार्वती। दुर्गा। (देवी)।

सिद्धौषधि (सिद्धौषधि)—[स॰ सिद्ध ~ औषधि] *स्त्री॰* १. पारा सिद्ध करके तैयार की गई औषधि। २. निश्चित रूप से रोगनाशक औषधि।

सिद्ध्यसिद्धि (सिद्ध्यसिद्धि)—[स॰ सिद्धि ~ असिद्धि] *स्त्री॰* १. सिद्धि और असिद्धि। सफलता और विफलता। ***जैसे***—फल की आसक्ति छोड़कर सिद्ध्यसिद्धि में मन की वृत्ति समान रखनी चाहिए। २. सिद्धि की प्राप्ति या अप्राप्ति।

†सिधवाना—[< हि॰ सीधा] *क्रिस॰* (टेढ़ी वस्तु को) सीधा कराना। ***जैसे***—कुत्ते की दुम को सिधवाना असम्भव है।

सिधाई—[< हि॰ सीधा] *स्त्री॰* सरलता। सीधापन।

***सिधाना**— *क्रिअ॰ ≤हि॰* सिधारना। १. जाना। २. मर जाना।

†सिधावना— *क्रिअ॰ ≤हि॰* सिधारना।

***सिन**[१]—[< स॰ तः (तसि प्रत्यय)] विभक्ति प्रत्यय से।

सिन[२]—[अरबी] *पु॰* वय। उम्र।

सिनी—[स॰ सिन + ङीप्] *स्त्री॰* गोरे रंग की स्त्री। गौरवर्णा स्त्री।

सिनीवाली—[स॰ सिनी √वल् + अण् + ङीप्] *स्त्री॰* १. शुक्ल पक्ष की प्रतिपदा। २. पार्वती। दुर्गा। (देवी)।

***सिन्दन (सिंदन)**— *पु॰ ≤स॰* स्यन्दन। रथ।

सिन्दुवार (सिंदुवार)—[स॰] *पु॰* एक झाड़ीदार वृक्ष। निर्गुंडी। सम्हालू।

सिन्दूर (सिंदूर)—[स॰ √स्यन्द् + अरन्, सम्प्रसारण] *पु॰* १. ईंगुर का चूर्ण जो चमकीले रंग का होता है और जिसे सौभाग्यवती स्त्रियाँ माँग में भरती हैं। २. बलूत की जाति का एक पहाड़ी वृक्ष। ***वा॰*** **सिन्दूर चढ़ना**—कुमारी का विवाह होना। **सिन्दूर भरना/देना**—विवाह की एक रीति के रूप में वर का कन्या की माँग में सिन्दूर भरना/लगाना।

सिन्दूरतिलका (सिन्दूरतिलका)—[स॰ सिन्दूरतिलक + टाप्] *स्त्री॰* १. माँग में सिन्दूर भरी स्त्री। २. सौभाग्यवती स्त्री। सधवा स्त्री।

सिन्दूर (सिंदूर)-दान—[स॰] *पु॰* विवाह की एक रीति। वर द्वारा कन्या की माँग में सिन्दूर भरे जाने का कार्य।

सिन्दूरपुष्पी (सिंदूरपुष्पी)—[स॰ सिन्दूरपुष्पिन्] *पु॰, स्त्री॰* लाल फूलों वाला एक पौधा। सिन्दूरी। सदासुहागिन।

सिन्दूरिया (सिंदूरिया)—[< स॰ सिन्दूर] *वि॰* सिन्दूर के रंग का। *स्त्री॰* सिन्दूरपुष्पी का पौधा। सिन्दूरी । सदासुहागिन।

सिन्दूरी (सिंदूरी)—[< स॰ सिन्दूर] *वि॰* १. सिन्दूर के समान रंग का। पीला मिला चमकीला लाल। *पु॰* २. उक्त प्रकार का रंग। पीला मिला चमकीला लाल रंग। *पु॰, स्त्री॰* लाल फूलों वाला एक पौधा। सिन्दूरपुष्पी। सदासुहागिन। सिन्दूरिया।

सिन्दोरा/सिन्दौरा (सिंदोरा/सिंदौरा)—[< स॰ सिन्दूर] *स्त्री॰* (स्त्रियों की) सिन्दूर रखने की लकड़ी की डिबिया।

सिन्ध—[< स॰ सिन्धु] *पु॰* १. अखंड भारत का एक प्रदेश/प्रान्त (जो अब 'पाकिस्तान' का अंग है) २. 'सिन्धु' नामक नदी।

सिन्धारा (सिंधारा)—[देशज] *पु॰* सावन मास के कृष्ण/शुक्ल पक्ष की तृतीया को वर के घरवालों की ओर से वधू को उसके मायके में भेजा जानेवाला उपहार जिसमें फल, मिठाई, मेवा, वस्त्र आदि तथा शृंगार का सामान होता है।

सिन्धी (सिंधी)—[< हि॰ सिन्ध] *वि॰* १. सिन्ध प्रदेश-सम्बन्धी। २. सिन्ध प्रदेश में बनने/होने वाला। *पु॰* सिन्ध प्रदेश का निवासी। *स्त्री॰* १. सिन्ध प्रदेश की निवासी स्त्री। २. सिन्ध प्रदेश की भाषा।

सिन्धु (सिंधु)—[स॰ √स्यन्द् + उ, सम्प्रसारण, द→ध] *पु॰* १. समुद्र। सागर। २. सिन्धु नदी के आस-पास का क्षेत्र। ३. सिन्धु देश/प्रदेश। ४. हाथी। ५. वरुण। ६. सिन्ध प्रदेश का निवासी। सिन्धी। ७. पद्य में ४ या ७ की संख्या। (छन्द॰) एक सममात्रिक छन्द जिसमें २१ मात्राएँ होती हैं तथा पहली, आठवीं और पन्द्रहवीं मात्राएँ लघु होती हैं।

सिन्धुज (सिंधुज)—[स॰ सिन्धु + ज] *वि॰* १. सिन्धु नदी से उत्पन्न। २. समुद्र से उत्पन्न। ३. सिन्ध प्रदेश में उत्पन्न या सिन्ध प्रदेश में होनेवाला। *पु॰* समुद्र या सिन्ध नदी से उत्पन्न वस्तु। १. चन्द्रमा। २. सेंधा नमक। ३. शंख। ४. सिन्धी घोड़ा। ५. सिन्ध प्रदेश का निवासी। सिन्धी व्यक्ति।

सिन्धुजन्मा/सिन्धुजात—[स॰ सिन्धुजन्मन् सिन्धु ~ जात] *पु॰* सिन्धुज।

सिन्धुनन्दन (सिंधुनंदन)—[स॰ सिन्धु ~ नन्दन] *पु॰* समुद्र का पुत्र। चन्द्रमा।

सिन्धुनाथ (सिंधुनाथ) सिन्धुपति (सिंधुपति)—[स॰ सिन्धु ~ नाथ/पति] *पु॰* सिन्ध प्रदेश/देश का शासक। ***जैसे***—अर्जुन ने सिन्धुपति जयद्रथ को मारा था।

सिन्धुपुत्र (सिंधुपुत्र)—[स॰ सिन्धु ~ पुत्र] *पु॰* समुद्र का पुत्र। चन्द्रमा।

सिन्धुर (सिंधुर)—[स॰ सिन्धु + र] *पु॰* हाथी।

सिन्धुरगामिनी (सिंधुगामिनी)—[स॰ सिन्धुर ~ गामिनी] *वि॰ (स्त्री॰)* हाथी के समान मस्त चाल चलनेवाली । गजगामिनी। *स्त्री॰* गजगामिनी स्त्री।

सिन्धुरमणि (सिंधुरमणि)—[स॰ सिन्धुर ~ मणि] *स्त्री॰* हाथी के मस्तक का मोती। गज-मुक्ता।

***सिन्धुरमनि**—*स्त्री॰* ≤ *स॰* सिन्धुरमणि। गज-मुक्ता। ✣ **सिन्धुरमनिमय**—*वि॰* = गज-मुक्ताओं से युक्त या निर्मित।

सिन्धुरवदन (सिंधुरवदन)—[स॰ सिन्धुर ~ वदन] *वि॰* हाथी के मुख वाला। *पु॰* गणेश। गजानन।

सिन्धुवार (सिंधुवार)—[< स॰ सैन्धव] *पु॰* अश्व। घोड़ा।

सिन्धुशयन (सिंधुशयन)—[स॰ सिन्धु ~शयन] *पु॰* (भगवान) विष्णु।

सिन्धु संस्कृति—[स॰] *स्त्री॰* सिन्धु नदी घाटी में स्थित प्रदेश की प्राचीन संस्कृति।

सिन्धु (सिंधु)-सुत—[स॰] *पु॰* समुद्र में उत्पन्न पदार्थ। *पु॰* १. चन्द्रमा। २. मोती। ३. शंख।

सिन्धु (सिंधु)-सुता—[स॰] *स्त्री॰* १. लक्ष्मी। २. शुक्ति। सीप।

सिन्धोरा/सिन्धौरा (सिंधोरा/सिंधौरा)—[< स॰ सिन्दूर] *स्त्री॰* (स्त्रियों की) सिन्दूर रखने की लकड़ी की डिबिया। सिन्दूर-पात्र। सिन्दोर। सिन्दौरा।

सिपहसालार—[फा॰] *पु॰* सेनापति।

†सिप्पी—*स्त्री॰* ≤ *हि॰* सीपी। शुक्ति। सीप।

सिप्रा—[< स॰ शिप्रा] *स्त्री॰* शिप्रा नामक नदी जिसके किनारे उज्जैन नगर बसा हुआ है।

सिफ़त—[अरबी] *स्त्री॰* १. व्यक्ति की विशेषता जो उसकी प्रसिद्धि का कारण हो। विशेष गुण। २. (किसी पदार्थ, वनस्पति आदि का) गुण या प्रभाव।

सिमाना—[< स॰ सीमान्त] *पु॰* १. ग्राम की सीमा। सीमान्त। २. जहाँ दो ग्रामों के खेतों की सीमाएँ मिलती हैं, वहाँ उसका सूचक गड़ा पत्थर। ३. ग्राम की सीमा। ***जैसे***—सिमाने के खेत।

सिम्त—[< अरबी सम्त] *स्त्री॰* दिशा। ***जैसे***—सब सिम्तों से आ रही सेनाएँ।

***सिम्भू (सिंभू)**—[< स॰ शम्भु] *पु॰* शम्भु। शिव। महादेव।

***सिय**—*स्त्री॰* ≤ *स॰* सीता। जानकी।

***सियना**[1]—[< स॰ सर्जन] क्रिअ॰ १. सर्जन करना। २. उत्पन्न करना। बनाना।

सियना[2]—[< हि॰ सीना] *क्रिस॰* सिलाई करना। सीना। सिलना। क्रिअ॰ सिया जाना। सिला जाना।

***सियनि**[1]—[< स॰ सीवन] *स्त्री॰* सुई का काम। सिलाई। सूची-कर्म।

***सियनि**[2]**/ सियनी**—[< स॰ सीवनी] *स्त्री॰* सूची। सुई।

***सियरवन**—[< स॰ सीता ~ रमण] *पु॰* सीता-पति। राम।

***सियरा**—[< स॰ शीतल] *वि॰* १. शीतल। ठंडा। २. जो परिपक्व न हो। अपक्व। कच्चा। *पु॰* शान्त मन। *क्रिवि॰* मन देकर। ✣ **सियराई**—*स्त्री॰* = १. शीतलता। ठंडक। २. अपरिपक्वता। कच्चापन।

***सियराना**—[< हि॰ सिराना] *क्रिअ॰* शीतल होना। ठंडा होना।

सिया**—*स्त्री॰* ≤ स॰ सीता। ***जैसे—सियापति रामचन्द्र।

सियाने—[< हि॰ सिवान < स॰ सीमान्त] *क्रिवि॰* सीमा पर।

सियारा[1]—[< स॰ सीता] *पु॰* एक प्रकार का फावड़ा जो जोती हुई ज़मीन को समतल करने में काम आता है।

***सियारा**[2]—*पु॰* ≤ *हि॰* सियाला। शीतकाल। जाड़े की ऋतु।

***सियारा**[3]—[< *हि॰* सियरा] *वि॰* १. शीतल। ठंडा। २. अपरिपक्व। कच्चा।

सियाल—*पु॰* ≤ *स॰* शृगाल। गीदड़। सियार।

सियाला—[< *स॰* शीतकाल] *पु॰* जाड़े की ऋतु। ठंड के दिन।

सिरकी—[< हि॰ सरकंडा] *स्त्री॰* १. सरकंडा। २. सरकंडे की बनी हुई टट्टी जिसे धूप, वर्षा आदि से बचने के लिए बैलगाड़ियों पर लगाया जाता है।

सिरखपी—[< हि॰ सिर + खपना] *स्त्री॰* समझाने आदि में सिर थकाना। माथापच्ची।

सिरगिरी—[< हि॰ सिर + गिरी (= चोटी)] *स्त्री॰* चिड़ियों के सिर की कलगी।

***सिरजक**—[< स० सर्जक] *वि०* रचनेवाला। बनाने वाला। सर्जक। *पु०* सृष्टिकर्ता। परमेश्वर। ईश्वर।

***सिरजन**—[< स० सर्जन] *पु०* १. रचना। २. सृष्टि। ✣ ***सिरजनहार**—*वि०* = बनानेवाला। रचयिता। *पु०* सृष्टिकर्ता। परमेश्वर।

***सिरजना**—[< स० सर्जन] *क्रिस०* १. सर्जन करना। बनाना। २. (विश्व की) सृष्टि करना।

***सिरटीकौ**—[< हि० सिर + टीका] *वि०* शिरोमणि। श्रेष्ठतम। अग्रगण्य। मुख्य। पु० १. सिरकाटीका। २. (अपने वर्ग में) सर्वश्रेष्ठ व्यक्ति या वस्तु।

***सिरत्राण**—*पु०* ≤ *स०* शिरस्त्राण। सिर का कवच।

सिरधरा—[< हि० सिर + धरना] *वि०* १. सिर पर धारण करने योग्य। शिरोधार्य। २.बहुत लाड़-प्यार में पला हुआ। *पु०* संरक्षक।

सिर-धामिनी—[< हि० सिर + स० धामन)] *वि० (स्त्री०)* सिर पर रहनेवाली। ***जैसे***—शिव की सिर-धामिनी गंगा।

सिरपच्ची—[< हि० सिर + पचना] *स्त्री०* किसी काम में दिमाग़/सिर खपाना। सिरखपी। दिमाग़ी काम करने के कारण होनेवाली मस्तिष्क की पीड़ा/थकावट।

सिरफूल—[< हि० सिर + फूल] *पु०* (स्त्रियों का) एक आभूषण जो सिर पर पहना जाता है।

सिरबन्दी (सिबंदी)—[हि० सिर + फा० बन्दी] *स्त्री०* (स्त्रियों का) एक आभूषण जो माथे पर पहना जाता है।

***सिरमणि**—[< स० शिरोमणि] *वि०* शिरोमणि। श्रेष्ठतम। *पु०* सिर की मणि।

सिरमौर—[< हि० सिर + मौर (< स० मुकुट)] *वि०* सिर पर मुकुट के समान श्रेष्ठ। शिरोमणि। ✣ ***सिरमौरिहा**—*वि०* = सिरमौर जैसा। सर्वश्रेष्ठ।

***सिररुह**—[< स० शिरोरुह] *पु०* सिर के बाल। केश।

सिरस—[< स० शिरीष] *पु०* 'शिरीष' नामक लम्बा वृक्ष जो जंगलों में होता है।

सिरहाना—[< हि० सिर] *पु०* १. पलंग, खाट इत्यादि का वह भाग जिधर सिर रहता है। २. तकिया।

सिरा—[< हि० सिर] *पु०* १. ऊपरी भाग या किसी छोर का अन्तिम अंश। ***जैसे***—लाठी का सिरा; रस्सी के सिरे। २. किसी काम या वस्तु का अन्तिम अंश। समाप्ति वाला अंश। ***वा० सिरे का***—१. चोटी का। उच्चतम (नेता आदि)। २. अन्तिम। किनारे का। ३. अत्यधिक। ***जैसे***—सिरे का आलसी। **सिरे चढ़ना**—ठीक तरह से पूर्णता या समाप्ति तक पहुँचना।

सिराना[१]—[< हि० सीरा < स० शीतल] *क्रिअ०* १. शीतल/ठंडा होना। २. मन्द/धीमा होना। ३. तृप्त होना। ४. शान्त होना। *क्रिस०* १. शीतल/ठंडा करना। २. मन्द/धीमा करना। ३. तृप्त करना। ४. (जलाशय में) आदरपूर्वक प्रवाहित करना।

सिराना[२]—[< हि० सिरा < सिर] *क्रिव०* १. सिरे तक पहुँचना। पूर्णता/समाप्ति तक पहुँचना। समाप्त होना। २. पार होना। पार मिल जाना। ३. (समय) व्यतीत होना। बीतना। गुज़रना। ***जैसे***—बातचीत में रात सिराना। ४. बन पड़ना। होना। ***जैसे***—अवगुण गुण न सिराहिं (=अवगुण गुण नहीं हो जाते हैं)। *क्रिस०* १. सिरे तक पहुँचाना। पूर्णता/समाप्ति तक पहुँचाना। २. समाप्त करना। ३. (समय) व्यतीत करना। बिताना। गुज़ारना। ४. पार करना। पार पा लेना। ५. तय करना। निपटाना।

सिरावन**[१]—[< हि० सिरावना] *वि०* १. शीतल/ठंडा करने वाला। २. सन्ताप दूर करनेवाला। *पु०* सिराने की क्रिया/भाव। ***जैसे—निसा सिरावन (=रात्रि बिताना)।

सिरावन[२]—[< स० सीर (हल)] *पु०* (खेत की मिट्टी को समतल करनेवाली लकड़ी) पाटा चलाने का कार्य। हेंगा।

†सिरावना—*क्रिस०* ≤ *हि०* सिराना। (दे० सिराना[१], सिराना[२])

सिराली—[< हि० सिर] *स्त्री०* मयूर की शिखा। मोर की कलग़ी।

***सिरि**[१]—[< हि० सिर] *पु०* सिर या सिर पर। *परसर्ग०* पर।

***सिरि**[२]—[< हि० सिर] *पु०* सिरा/छोर, अथवा सिरे या छोर पर।

***सिरि**[३]—[< स० श्री] *स्त्री०* श्री। शोभा।

***सिरिजना**—*क्रिस०* ≤ *हि०* सरजना। १. रचना करना। २. (विश्व की) सृष्टि करना।

†सिरिस—*पु०* ≤ *स०* शिरीष। सिरस वृक्ष।

***सिरी**—[< हि० सिर] *स्त्री०* मस्त हाथी के नेत्रों पर डालने का वस्त्र।

***सिरीधरण**—[< स० श्री ~ धरण] *वि०* श्री को धारण करनेवाली। शोभायुक्त। *पु०* (श्री-पति) विष्णु।

***सिरैं (सिरैं)**—[< हि० सिर] *क्रिवि०* शीर्ष पर। *वि०* सर्वोत्तम।

सिरोपाव—[< हि० सिर + पाँव] *पु०* सिर से पैर तक का पहनावा (पगड़ी, उत्तरीय आदि) जो राजा आदि के द्वारा किसी को सम्मानार्थ दिया जाता है। सिरोपा।

***सिरोरुह**—[< स० शिरोरुह] *पु०* सिर के बाल। केश।

सिरोही[१]—[देशज] *पु०* राजस्थान का एक नगर। *स्त्री०* १. उक्त नगर में बननेवाली तलवारों में से प्रत्येक जो बहुत उत्तम होती है। २. तलवार। ३. बर्छी।

सिरोही[२]—[देशज] *स्त्री०* एक काली चिड़िया जिसकी चोंच और पंजे लाल होते हैं।

सिल[१]—[< स० शिला] *स्त्री०* १. शिला। चट्टान। पत्थर। २. मसाला आदि पीसने में प्रयुक्त होने वाली पत्थर की समतल पटिया।

सिल[२]—[< स० शिल] *पु०* १. कटाई के बाद खेत में बचे हुए अनाज के दाने। २. फ़सल की कटाई के बाद खेत में पड़े हुए अनाज के दानों को बीनकर पेट भरने की वृत्ति। उंछवृत्ति।

सिल[३]—[देशज] *पु०* एक पहाड़ी वृक्ष।

सिलिक[१]—[< हि० सलग (=निरन्तर लगातार)] *पु०* १. शृंखला। लड़ी। २. पंक्ति। ३. धागा। तागा।

†सिलक[२]—*स्त्री०* ≤ अ० सिल्क। रेशम।

सिलसिला[१]—[< अरबी सिल्सिलः] *पु०* १. श्रेणी। पंक्ति। ***जैसे***—

पहाड़ों का सिलसिला दूर तक गया है। २. क्रम। व्यवस्था। ***जैसे***—पुस्तकें सिलसिले से लगाना।

सिलसिला[२]—[< हि॰ सील (=नमी)] *वि॰* = फिसलनेवाला। ✣ **सिलसिली**—*वि॰(स्त्री॰)* = फिसलनेवाली।

सिलसिलेवार—[अरबी सिल्सिल:] *क्रिवि॰* = क्रम के अनुसार। क्रमशः। *वि॰* = क्रम से लगा हुआ। क्रमबद्ध। व्यवस्थित। तरतीबवार।

सिलह—[अरबी सिलाह] *पु॰* अस्त्र-शस्त्र। हथियार। ✣ **सिलहख़ाना**—*पु॰* = हथियारों को रखने का स्थान। शस्त्रागार। आयुधागार। ✣ **सिलहबन्द**—*वि॰* = शस्त्रों से युक्त। सशस्त्र।

***सिलहला**—[< हि॰ सील (=नमी, आर्द्रता)] *वि॰* जिस पर हाथ या पैर फिसलते हों। फिसलनवाला। रपटीला।

सिलहार/सिलहारा—[< हि॰ सिला] *वि॰* १. जो उंछवृत्ति से अपनी जीविका चलाता हो। खेत में सिला बीननेवाला। २. बहुत ग़रीब। दरिद्र। ✣ **सिलहारी**—*स्त्री॰* = गेहूँ या जौ के खेत में सिला बीननेवाली स्त्री। बहुत निर्धन स्त्री।

***सिला**[१]—[< स॰ शिला] *स्त्री॰* १. शिला। बड़ा पत्थर या चट्टान। २. पत्थर की सिल (जो मसाले आदि पीसने के काम आती है)।

सिला[२]—[< स॰ शिल्] पु॰ १. फ़सल की लुनाई/कटाई के बाद खेत में पड़े हुए अनाज के दानों को बीनने का काम। २. उक्त प्रकार से खेत में पड़े हुए दाने। ३. उक्त दानों को बीनकर पेट भरने की वृत्ति। उंछवृत्ति।

सिला[३]—[< हि॰ सिलना] *वि॰* जो सी दिया गया हो। ***जैसे***—सिला कपड़ा।

सिला[४]—[< अरबी सिलह] *पु॰* १. बदला। २. भलाई या बुराई का बदला ३. पुरस्कार। इनाम।

***सिलाकन**—[< स॰ शिला ~ कण] *पु॰* पत्थर के बहुत छोटे टुकड़े। शिला-कण।

***सिलातल**—[< स॰ शिला ~ तल] *पु॰* चट्टान का समतल चौरस ऊपरी भाग।

सिलापुष्प—[< स॰ शिलापुष्प] *पु॰* शिलापुष्प। शैलेय। पत्थरफूल। भूरिछरीला।

सिलारस—[< स॰ शिलारस, या < फा॰ सलारस] *पु॰* १. (तुर्की देश के)सिह्लक वृक्ष का गोंद। शिलारस।

***सिलिप**—[< स॰ शिल्प] *पु॰* शिल्प। कारीगरी। ✣ **सिलिपि**—*स्त्री॰* = शिल्पविद्या।

***सिलीमुख**—*पु॰≤ स॰* शिलीमुख। १. भ्रमर। भौंरा। २. बाण। तीर।

सिलेट—[< अ॰ स्लेट] *पु॰* १. एक प्रकार का कम कड़ा और मटमैला पत्थर। २. उक्त पत्थर की एक चौकोर पट्टी जिस पर विशेष बत्ती से सरलता से लिखा जा सकता है और मिटाया भी जा सकता है। ✣ **सिलेटी**—*वि॰* = १. सिलेट की तरह का ख़ाकी रंग। २. उक्त प्रकार के रंग का।

सिलौटा—[< हि॰ सिल + बट्टा (< स॰ पट्ट)] *पु॰* वस्तुएँ पीसने की, बड़ी सिल-बट्टा। ✣ **सिलौटी**—*स्त्री॰* = छोटी सिल और छोटा बट्टा।

सिल्ट—[अ॰] *स्त्री॰* नदी, नहर या बन्दरगाह में जमी गाद/कीचड़। ✣ **सिल्टी**—*वि॰* = जिसमें गाद जमी/भरी हुई हो। गादवाला।

सिल्ली—[< स॰ शिला] *स्त्री॰* १. छोटी शिला। पत्थर का टुकड़ा। २. पत्थर की छोटी और पतली पटिया जो छत पाटने में प्रयुक्त होती है। ३. नाई द्वारा उस्तरों की धार तेज़ करने के लिए प्रयुक्त विशेष प्रकार के पत्थर का छोटा टुकड़ा।

सिवान—[< स॰ सीमान्त] *पुं॰* १. सीमा। ***जैसे***—गाँव का सिवान। २. गाँव की सीमा पर की भूमि। वि॰=समीप। पास।

सिवार/सिवाल—*स्त्री॰≤ हि॰* सेवार। शैवाल नामक जलीय पौधा।

***सिवि**—*पु॰≤ स॰* शिबि। उशीनर देश का एक अति दयालु राजा।

***सिविका**—*पु॰≤ स॰* शिविका। पालकी।

†**सिसियाँद/सिसियाँध**—[अनु॰ सिसि + स॰ गन्ध] *स्त्री॰* मछली की-सी गन्ध। बिसायँध।

सिसृक्षा—[स॰ √सृज् + सन्+अ +टाप्] *स्त्री॰* सृष्टि या रचना करने की इच्छा। सर्जनेच्छा।

सिसृक्षु—[स॰ √सृज् + सन् + अ + उ] *वि॰* सृष्टि करने का इच्छुक। रचना करने की कामना करनेवाला।

सिसोदिया—[देशज] *पु॰* गहलौत राजपूतों की एक शाखा जिसमें महाराणा साँगा, महाराणा प्रताप आदि अनेक महापुरुष हुए।

***सिहर**[१]—[< स॰ शिखर] *पु॰* (पर्वत का) शिखर। चोटी।

सिहर[२]—[< अरबी सिह्र] *पु॰* १. अभिचार-कर्म। टोना। टोटका। २. आश्चर्यचकित करनेवाली बात/वस्तु। ३. इन्द्रजाल। जादू। ✣ ***सिहरू**—पु॰= सिहर। इन्द्रजाल। जादू।

सिहरन—[< हि॰ सिहरन] *स्त्री॰* १. सिहरने की दशा/क्रिया/भाव। २. सहलाने से होनेवाला रोमांच। ३. (ठंड या भय से होनेवाला) कम्पन।

सिहरी—[< हि॰ सिहरावन] *स्त्री॰* १. सिहरन। (दे॰) २. ठंड के कारण होने वाली कँपकँपी। ३. रोमांच। ४. ज्वर। बुखार।

***सिहरु**—दे॰ सिहर।

†**सिहरू**—[देशज] *पु॰* सिन्दवार नामक वृक्ष। सम्हालू। निर्गुंडी।

सिहान—[< स॰ सिङ्घाण] पु॰ लोहे का मोर्चा। लोहे का मैल। मंडूर।

सिहाना—[< स॰ स्पृहा] *क्रिअ॰* १. दुःखी होना। २. ईर्ष्या करना। ३. ललचाना। ४. तृप्त होना। ५. मुग्ध होना। ६. प्रशंसा करना। *क्रिस॰* १. प्रसन्न करना। २. ईर्ष्यापूर्वक या तृष्णा से देखना।

***सिहारना**—[देशज] *क्रिस॰* १. एकत्र करना। संचित करना। २. खोजना। ढूँढना।

सिहाँना—[< हि॰ सिरहाना] *पु॰* पलंग/चारपाई आदि में सिर की ओर का भाग। ✣ **सिहाँनैं (सिँहानैं)**—*क्रिवि॰* सिरहाने की ओर। सिर के पास।

सिहोरा—[< स॰ शाखोट] 'शाखोट' नामक झाड़दार पेड़ जिसके पत्ते नीले रंग के होते हैं। सिहोड़।

सिह्ल/सिह्लक (सिह्ल/सिह्लक)—[सं॰ √स्निह् + लक्, पृषो॰, सिह्ल + कन्] *पु॰* (तुर्की देश का) एक वृक्ष जिसका गोंद ही सिलारस नामक औषधोपयोगी द्रव्य होता है।

***सिउँ (सिंउँ)**—[< हि॰ सो यों] *क्रिवि॰* उस प्रकार से। त्यों।

सिँगारना (सिंगारना)—[< हि॰ सिंगार] *क्रिस॰* १. शृंगार करना। सजाना। २. सँवारना। सजाना।

सिँगौटी (सिंगौटी)— *स्त्री॰* १. सींग की बनी वस्तु। २. बैल के सींग का एक आभूषण। ३. जंगल में मरे पशुओं के सींग।

***सीउ**[१]—*पु॰* ≤ *सं॰* शिव। महादेव।

***सीउ**[२]—*पु॰* ≤ *सं॰* शीत। ठंड। जाड़ा।

***सीउ**[३]—[< हि॰ सीवँ < सं॰ सीमा] *स्त्री॰* सीमा। हद।

***सीक**—[< सं॰ इषीका] *पु॰* बाण। तीर।

सीकड़—*पु॰* ≤ *हि॰* सीकर। ज़ंजीर।

सीकर[१]—[सं॰ √सीक्+ अरन्] *पु॰* १. पानी का छींटा। पानी की बूँद। जल-कण। २. वर्षा की फुहार। ३. तुषार। ओस।

सीकर[२]—[< सं॰ शृङ्खला] *पु॰* ज़ंजीर। सीकड़। ✣ **सीकरनवारी**—*वि॰ (स्त्री॰)* = १. सीकड़वाली। ज़ंजीर वाली। २. जकड़ने या बाँधने वाली।

सीकल[१]—[देशज] *पु॰* डाल का पका हुआ आम।

सीकल[२]—[< अरबी सैक़ल] *स्त्री॰* हथियारों की धार तेज़ करने और उन्हें चमकाने के लिए की जानेवाली मँजाई। सिकली।

सीका—[< सं॰ शीर्षक] *पु॰* (स्त्रियों का) एक स्वर्ण-आभूषण जो सिर पर पहना जाता है।

***सीखण्ड/सीखंड**—[< सं॰ शिखण्ड] *पु॰* मयूर-पक्ष। मोर-पंख।

सीख़चा—[< फा॰ सीख़च:] *पु॰* छोटी सलाख़।

सीखपर—[< हि॰ सींक + पर (डैना)] *पु॰* एक पक्षी जो बहुत सुन्दर होता है, प्राय: पानी में रहता है तथा जिसकी दुम के बीच के दो पर सींक जैसे लम्बे होते हैं।

***सीझ**—[< सं॰ सिद्ध] *वि॰* सिद्ध। तैयार। *स्त्री॰* सिद्धता। तैयारी।

†सीझना—[< हि॰ सीझ] *क्रिअ॰* १. सिद्ध होना। (किसी वस्तु का) उपयोग के लिए तैयार होना। २. आग पर पकना/गलना। ३. आग में पड़कर जलना। भस्म होना। ४. ताप सहना। शारीरिक कष्ट सहना। ५. तपस्या करना। ६. वृक्ष की ताज़ी कटी लकड़ी का सूख कर दृढ़ होना। ७. (मृत पशुओं के) सूखे चमड़े का मसाले आदि के प्रयोग से भीग कर कोमल और मज़बूत होना। ब्याज, दलाली आदि में धन मिलना। *क्रिस॰* सिद्ध करना। ✣ **सीझी**—*वि॰* (स्त्री॰) = जो सीझ चुकी है।

सीठा—[< सं॰ शिष्ट] *वि॰* १. (शेष बचा) सारहीन (अंश)। २. नीरस। फीका। *वि॰* नीरस। *पु॰* फल निचोड़ लेने या चूस लेने के बाद बचा शेष अंश। ✣ **सीठी**—*वि॰ (स्त्री॰)* = १. सीठा। २. (लाक्षणिक) प्रकाशहीन। *स्त्री॰* १. सारहीन वस्तु। फल निचोड़ लेने के बाद बचा शेष अंश। ***जैसे***—सन्तरे की सीठी। २. नीरस वस्तु।

***सीत**[१]—[< सं॰ शीत] *पु॰* १. शीत। जाड़ा। सर्दी। ठंड। २. कोहरा। पाला। *वि॰* शीतल। ठंडा।

सीत[२]—*पु॰* ≤ *हि॰* सीथ। सिक्थ। *पु॰* १. पके हुए चावल के दाने। २. कण। दाना।

***सीत**[३]—[< सं॰ श्वेत्] वि॰ श्वेत । सफ़ेद।

सीतलपाटी—[< सं॰ शीतल + पाटी] *स्त्री॰* एक प्रकार की चटाई जो गर्मियों में, ठंडक देने के कारण लेटने-बैठने के काम आती है।

सीता—[सं॰ √सि+ त, पृषो॰ दीर्घ + टाप्] *स्त्री॰* १. (भूमि जोतते समय) हल के फाल के धँसने से भूमि पर बनी रेखा। कूँड़। २. जोती हुई भूमि। ३. कृषि। खेती। ४. मिथिला की एक राजकुमारी। राम की पत्नी जानकी। (छन्द॰)एक समवर्णिक छन्द जिसके प्रत्येक चरण में क्रमश: रगण, तगण, मगण, यगण और रगण (र त म य र) के योग से १५ वर्ण होते हैं। ✣ **सीता-जानि**—*पु॰* = सीता-पति। राम।

सीथ—[< सं॰ सिक्थ] *पु॰* पके हुए चावल के दाने।

सीदना—[< सं॰ सीदन] *क्रिअ॰* कष्ट पाना। दु:खी होना।

सीधु—[सं॰ √सिध् + उ, पृषो॰] *पु॰* मदिरा। शराब। गन्ने के रस से या गुड़ से बनी मदिरा।

सीनाज़ोर—[< फा॰ सीन: ज़ोर] *वि॰* १. दूसरों से ज़बरदस्ती अपना काम करानेवाला। २. अत्याचारी। ३. विद्रोही। ४. उद्दंड। ✣

सीनाबन्द (सीनाबंद)—[< फा॰ सीन:बन्द] *पु॰* १. (स्त्री द्वारा प्रयुक्त) वक्ष/सीना बाँधने की पट्टी आदि। २. अँगिया। चोली।

***सीपज**—[< हि॰ सीप] *वि॰* सीप से उत्पन्न। *पु॰* मोती।

***सीपति**—*पु॰* ≤ *सं॰* श्रीपति। विष्णु।

***सीपर**—[< फा॰ सिपर] *स्त्री॰* ढाल।

***सीप-सुत**—[हि॰ सीप + सं॰ सुत] *पु॰* मोती।

†सीपि/सीपी—[< प्रा॰ सिप्पि] *स्त्री॰* शुक्ति। सीप।

सीपिज—[< हि॰ सीपि/सीपी] *पु॰* मोती।

सीमन्त (सीमंत)—[सं॰ सीमन् + अन्त] *स्त्री॰* १. सीमा का चिह्न या रेखा। २. (स्त्रियों के सिर की) माँग। ३. 'सीमन्तोन्नयन' नामक एक वैदिक संस्कार।

सीमन्तक (सीमंतक)—[सं॰ सीमन्त + कन्] *पु॰* १. सीमन्त/माँग निकालने की क्रिया। २. (माँग में भरा जानेवाला) सिन्दूर।

सीमन्तवान्—[सं॰ सीमन्तवत्] *वि॰* १. सीमा वाला। २. जिसके केशों के बीच में माँग निकली हुई हो। ✣ **सीमन्तवती**—*वि॰ (स्त्री॰)* = १. सीमावाली २. (वह स्त्री) जिसके केशों के बीच में माँग निकली हुई हो।

सीमन्तित (सीमंतित)—[सं॰ सीमन्त + इतच्] *वि॰* १. सीमन्त/माँग की तरह अलग किया हुआ। २. रेखा से अलग चिह्नित किया हुआ। ३. (केशों के बीच में) माँग निकाला हुआ।

सीमन्तिनी (सीमंतिनी)—[सं॰ सीमन्त + इनि + ङीप्] *स्त्री॰* नारी। स्त्री।

सीमन्तोन्नयन—[सं॰ सीमन्त ~ उन्नयन] पु॰ एक वैदिक संस्कार

जो प्रथम बार गर्भवती हुई स्त्री के गर्भ के चौथे, छठे या आठवें महीने में किया जाता है।

सीमन्तिनी (सीमंतिनी)-शिखा—[सं॰] *स्त्री॰* नारियों की अग्रणी।

सीमाधिप—[सं॰ सीमा ~ अधिप] *पु॰* (किसी देश की) सीमा से मिले हुए राज्य का राजा। पड़ोसी राजा।

सीमान्त (सीमांत)—[सं॰ सीमा ~ अन्त] *पु॰* १. सीमा का अन्त। सीमा की समाप्ति। २. ग्राम/नगर आदि की सीमा। सरहद। ३. लिखे जाने वाले काग़ज़ के पार्श्व में (बायीं ओर या दाहिनी-बायीं दोनों ओर) छोड़ा जाने वाला स्थान। उपान्त। हाशिया। ***जैसे***—कम-से-कम ३ सेंटीमीटर सीमान्त छोड़कर लेख लिखो। (अं॰ मार्जिन)। ✣ **सीमान्त (सीमांत) उत्पादन/उपज**—*पु॰* = (वाणि॰) ऐसा उत्पादन/उपज जिससे बस खर्चा ही निकल सके, न लाभ हो और न हानि। ✣ **सीमान्त (सीमांत) प्रदेश**—*पु॰* = किसी देश का वह प्रदेश जो सीमा पर स्थित हो। सीमा-प्रदेश। (अं॰ फ्रन्टियर)।

सीमा-विनिर्णय—[सं॰] *पु॰* विवादग्रस्त सीमा का निर्णय/फ़ैसला।

***सीयरा**—*वि॰* ≤ *हि* सियरा/(शीतल)। ठंडा।

सीर[१]—[सं॰ √सि + रक्, पृषो॰ दीर्घ] *पु॰* १. हल। २. सूर्य। ३. आक या मदार (वृक्ष)। *स्त्री॰* १. साझेदारी। हिस्सेदारी। २. वह भूमि जिसे व्यक्ति स्वयं न जोतकर किसी व्यक्ति को अपनी शर्त पर जोतने के लिए देता है। ३. वह भूमि जिसकी उपज/आय कई साझेदारों में विभाजित होती हो। साझे का खेत। ४. साझे का माल।

सीर[२]—[< हि॰ सीयरा < सं॰ शीतल] *वि॰* शीतल ठंडा। *स्त्री॰* धारा।

सीरक—[सं॰ सीर + कन्] *पु॰* १. (खेती का एक उपकरण) हल। २. सूर्य। *वि॰* शीतल/ठंडा करनेवाला। *स्त्री॰* ठंडक।

सीरत—[अरबी] *स्त्री॰* स्वभाव। आदत।

सीरधर—[सं॰ सीर + धर] *वि॰* हल धारण करनेवाला। हलधर। *पु॰* (वसुदेव-पुत्र) बलराम। हलधर।

सीरध्वज—[सं॰ सीर ~ ध्वज] *वि॰* १. जिसका चिह्न हल या सूर्य हो। २. जिसके ध्वज पर हल या सूर्य अंकित हो। *पु॰* मिथिला के राजा जनक का नाम। सीता का पिता जनक।

सीरपाणि—[सं॰ सीर ~ पाणि] *पु॰* (वसुदेव-पुत्र) बलराम। हलधर।

सीरम—[अं॰] *पु॰* (प्राणि॰) रुधिर में स्कन्दन (जमाव) हो जाने के बाद शेष तरल भाग। ✣ **सीरम विज्ञान**—*पु॰* = (प्राणि॰) प्राणिविज्ञान की एक शाखा जिसमें सीरम का अध्ययन किया जाता है।

***सीरा[१]**—[< सं॰ शीत/शीतल] *वि॰* १. शीतल। ठंडा। २. शान्त स्वभाव वाला (व्यक्ति)।

सीरा[२]—[< हि॰ शीरा < फा॰ शीर:] *पु॰* (गन्ने के रस का) शीरा।

†सीरा[३]—[< हि॰ सिर] *पु॰* १. पलंग/खाट का वह भाग जिस पर लेटनेवाले का सिर रहता है। सिरहाना। २. तकिया। सिरहाना।

सीरायुध—[सं॰ सीर ~ आयुध] *वि॰* जिसका हथियार सीर/हल हो। *पु॰* (वसुदेव-पुत्र) बलराम। हलधर।

सील[१]—[< हि॰ सीड़ < सं॰ शीत] *स्त्री॰* भूमि की नमी। सीलन। ***जैसे***—यहाँ धूप कभी नहीं आती इसीलिए बहुत सील है।

सील[२]—[≤ *हि॰* सिल < *सं॰* शिला] *पु॰* सिल।

सील[३]—[अं॰] *स्त्री॰* मुद्रा। मुहर। ***जैसे***—डाकघर की सील साफ़ नहीं लगी है।

सील[४]—[अं॰] *स्त्री॰* (प्राणि॰) एक स्तनपायी विशाल जलचर जो मछलियाँ खाता है और जिसका चमड़ा और तेल क़ीमती होते हैं।

सीलदार[१]—[< हि॰ सील[२] + फा॰ दार] *वि॰* शीलयुक्त।

सीलदार[२]—[< हि॰ सील[१] फा॰ दार] *वि॰* सीलवाला। नमीवाला। सीलनवाला।

सीलना—[< हि॰ सील[१]] *वि॰* सील से युक्त। सीलनवाला। सीला हुआ। *क्रिअ॰* १. सील से युक्त होना। सील के प्रभाव से युक्त होना। ***जैसे***—कमरा सीलना; दीवार सीलना। २. सील के कारण ठंडा होना। ३. सील के कारण ख़राब होना।

***सीलनिधान**—*वि॰* ≤ *सं॰* शील-निधान। शीलसम्पन्न। शीलयुक्त। सुशील।

***सीलनिधि**—*वि॰* ≤ *सं॰* शील-निधि। शीलसम्पन्न।

***सील बरत**—[< सं॰ शील ~ व्रत] *पु॰* शील और व्रत। आचार-व्यवहार।

सीला[१]—[< हि॰ सील[१]] *वि॰* जिसमें सील/सीलन हो। नमी से युक्त। नम।

सीला[२]—[< सं॰ शिल] *पु॰* १. फ़सल कटने के बाद खेत में पड़े रह गए अनाज के दाने। शिल। २. उक्त दानों को बीनकर उन्हीं पर जीवन-निर्वाह करने की वृत्ति। उंछवृत्ति।

***सीवं**—*पु॰* ≤ *सं॰* शिव। महादेव।

सीवर—[< अं॰ स्यूअर] *पु॰* गन्दे पानी का नाला या नाली। गन्दा नाला। गन्दी नाली।

सीवँ/सीवा/सीवाँ—*स्त्री॰* ≤ *सं॰* सीमा। हद।

सीसई—[< हि॰ सीसा] *वि॰* सीसे का बना हुआ। सीसज।

सीसज—[सं॰ सीस + ज] *पु॰* सिन्दूर। *वि॰* सीसा नामक धातु का बना हुआ।

सीसताज—[< हि॰ सीस + फा॰ ताज] *पु॰* १. शिकार करने के लिए पाले हुए शिकारी पशुओं के सिर पर चढ़ाने का आवरण जिसे शिकार के समय उतार दिया जाता है। २. टोपी। कुलहा।

***सीसत्रान**—[< हि॰ सीस + सं॰ त्राण] *पु॰* सिर का कवच। शिरस्त्राण।

***सीसदस**—[< सं॰ + दशशीश] *पु॰* (दस सिरों वाला) रावण। दशशीश।

सीसफूल—[हि॰ सीस + फूल] *पु॰* (स्त्रियों का) सिर पर पहनने का आभूषण जो फूल के आकार का होता है।

†सीसल—[देशज] *पु॰* रामबाँस।

सीसोदिया/सिसौदिया—*पु॰* ≤ *हि॰* सिसोदिया। राजपूतों की एक जाति जिसमें महाराणा साँगा और महाराणा प्रताप जैसे महापुरुष हुए।

सींक[१] (सींक[१])—[< सं॰ इषीका] *स्त्री॰* १. मूँज, सरपत आदि के

तृण की तीली। २. किसी वनस्पति का पतला और लम्बा तिनका। ३. स्त्रियों का एक आभूषण। नाक में पहनने की कील। लौंग। ४. किसी वस्तु पर बनी पतली और लम्बी धारी।

सींक² (सींक²)—[देशज] *स्त्री॰* वह बल्ली जिस पर छप्पर ठहरता है।

सींकर (सींकर)—[< हि॰ सींक < स॰ इषीका] *पु॰* सींक में लगा फूल।

सींका (सींका)—[< स॰ शिक्य] *पु॰* (वस्तुएँ रखने का) छींका।

सींगरी (सींगरी)—[देशज] *स्त्री॰* १. एक पौधा जिसकी फली तरकारी के रूप में खाते हैं। २. उक्त पौधे की फली। सींगर। मोगरे की फली।

सींगी (सींगी)—[< स॰ शृङ्गी] *स्त्री॰* १. हिरन के सींग की बनी तुरही। २. रोगी के शरीर से दूषित रक्त खींचने में प्रयुक्त खोखला सींग जिसका प्रयोग जर्राह करते हैं। ३. सिंगी नामक बाजा। ४. एक प्रकार की मछली।

सींड़ (सींड़)—[< स॰ सिंहाण] *पु॰* नाक के अन्दर से निकलनेवाला मल/कफ। रेंट।

***सींव (सींव)**—[< स॰ सीमा] *स्त्री॰* १. सीमा। हद। २. मर्यादा। सीमा।

***सींह (सींह)**—[< स॰ सिंह] *पु॰* सिंह। शेर।

***सुअ**—[प्रा॰ < स॰ सुत] *पु॰* सुत। पुत्र। बेटा।

†सुअटा—[< हि॰ सुआ] *पु॰* शुक। तोता। सुआ।

***सुअना¹**—*पु॰* ≤ *स॰* शुक। तोता। सुआ।

***सुअना²**—[< प्रा॰ सुअ] *क्रिअ॰* १. उत्पन्न होना। २. उदय होना।

सुअंसुक—[स॰ सु + अंसुक] *पु॰* उत्तम परिधान। सुन्दर वेशभूषा।

सुअङ्ग (सुअंग)—[< स॰ सु + अङ्ग] *पु॰* १. उत्तम अंग। २. सुन्दर अंग।

***सुअसन**—[< स॰ सु + अशन] *पु॰* उत्तम भोजन।

***सुआ¹**—[< स॰ शुक] *पु॰* शुक। तोता।

सुआ²—[< हि॰ सुई] *पु॰* बड़ी और मोटी सुई जिससे टाट, बोरे आदि सिले जाते हैं। सूजा। सूआ।

***सुआउ**—[< स॰ सु ~ आयु] *स्त्री॰* दीर्घ आयु। लम्बी उम्र। *वि॰* दीर्घायु। लम्बी उम्र वाला।

***सुआर**—*पु॰* ≤ *स॰* सूपकार। रसोइया।

सुआरव—[< स॰ सु + आ +रव] *वि॰* १. मधुर ध्वनि करनेवाला। २. सुरीला।

***सुक¹**—[< स॰ शुक] *पु॰* १. शुक। तोता।

***सुक²**—[< स॰ शुक्र] *पु॰* १. शुक्र (ग्रह/तारा)। २. (दैत्य-गुरु) शुक्राचार्य।

सुकर¹—[स॰ सु + कर] *वि॰* जो सरलता से किया जा सके। जो आसानी से हो सके। सुगम। सरल। आसान। ∇ **विलोम**—दुष्कर।

***सुकर²**—*पु॰* ≤ *स॰* स्व-कर। अपना हाथ।

***सुकरमा**—[< स॰ सुकर्म/सुकर्मा] *पु॰* उत्तम कर्म। *वि॰* १. उत्तम कर्म करनेवाला। २. अच्छी तरह करनेवाला।

सुकरा—[स॰ सुकर + टाप्] *स्त्री॰* अच्छी और सीधी गाय।

***सुकारित**—[< स॰ सुकृत] *वि॰* १. अच्छी तरह किया हुआ। . अच्छा। भला। *पु॰* १. पुण्यकार्य। पुण्य। २. अच्छा काम।

सुकल¹—[स॰ सु + कल] *वि॰* १. कोमल, मधुर और अस्पष्ट ध्वनि करनेवाला। गुंजारनेवाला। २. उदारतापूर्वक अच्छे कामों में अपना धन व्यय करने के लिए प्रसिद्ध (व्यक्ति)।

***सुकल²**—[< स॰ शुक्ल] *वि॰* शुक्ल। उज्ज्वल। उजला। सफ़ेद। *पु॰* (चान्द्र मास का) शुक्ल पक्ष। उजाला पाख।

***सुकवाना**—[देशज] *क्रिअ॰* आश्चर्यचकित होना।

सुकाण्डी (सुकांडी)—[< स॰ सुकाण्डिन्] *वि॰* १. सुन्दर तने/शाखाओं वाला (वृक्ष)। २. सुन्दर कांडों/अध्यायों/भागों वाला (ग्रन्थ)। ३. सुन्दर रीति से जुड़ा हुआ।

***सुकाना**—[< स॰ शुष्क] *क्रिस॰* सुखाना।

***सुकानी**—[< अरबी सुक्कान (=पतवार)] *पु॰* नाविक। केवट। मल्लाह।

सुकाष्ठ—[स॰ सु + काष्ठ] *पु॰* १. अच्छी लकड़ी। २. 'देवदारु' नामक वृक्ष। देवदार। *वि॰* अच्छी या बहुत लकड़ी वाला (वृक्ष)।

***सुकी**—*स्त्री॰* ≤ *स॰* शुकी। नारी/मादा तोता। शुकी। तोती। सुग्गी।

***सुकीय/सुकीया**—*स्त्री॰* ≤ *स॰* स्वकीया (नायिका)।

***सुकीरति**—[< स॰ सुकीर्ति] *स्त्री॰* उत्तम कीर्ति या बहुत कीर्ति। सुकीर्ति। सुयश।

***सुकुति**—*स्त्री॰* ≤ *स॰* शुक्ति। सीप।

सुकुल—[स॰ सु + कुल] *पु॰* उत्तम कुल। श्रेष्ठ वंश। *वि॰* श्रेष्ठ कुल में उत्पन्न।

सुकृत्—[स॰ सु + कृत्] *वि॰* १. दानशील। दानी। २. पुण्यात्मा। धर्मात्मा। ३. बुद्धिमान्। ४. विद्वान्। ५. भाग्यवान्। सौभाग्यशाली। *पु॰* निपुण कारीगर।

सुकृत—[स॰ सु + कृत] *वि॰* १. जो अच्छे ढंग से किया गया हो। भली-भाँति किया हुआ। २. पूर्ण रूप से किया हुआ। ३. भली-भाँति बनाया हुआ। ४. शुभ। ५. धर्मात्मा। धर्मशील। ६. भाग्यवान्। *पु॰* १. पवित्र/अच्छ कर्म। सत्कर्म। पुण्य। २. सौभाग्य। ३. दया। ४. पुण्यात्मा व्यक्ति। ५. भाग्यशाली व्यक्ति।

सुकृति—[स॰ सु + कृति] *स्त्री॰* १. अच्छी कृति/रचना। उत्तम ग्रन्थ। २. शुभ कर्म। सत्कर्म। पुण्यकर्म। ३. तपस्या।

सुकृती—[स॰ सु + कृती (कृतिन्)] *वि॰* १. भली-भाँति कार्य करनेवाला। २. सत्कर्म करनेवाला। पुण्यात्मा। धर्मात्मा। ३. बुद्धिमान्। ४. भाग्यवान्। सौभाग्यशाली।

सुकृत्य—[स॰ सु + कृत्य] *पु॰* १. उत्तम कर्म। सत्कर्म। २. पवित्र कर्म। पुण्यकर्म।

सुकृपा—[स॰ सु ~ कृपा] *स्त्री॰* बहुत कृपा।

सुकेश—[स॰ सु + केश] *वि॰* सुन्दर केशों वाला। घने, लम्बे और बहुत अच्छे बालों वाला। ✣ **सुकेशा**—*वि॰* (*स्त्री॰*) सुन्दर केशों

वाली। घने, लम्बे और बहुत अच्छे बालों वाली। सुकेशिनी।

सुकेशिनी—[सं॰ सुकेशिन् + ङीष्] *वि॰ (स्त्री॰)* सुकेशा।

सुकेशी—[सं॰ सुकेशिन्] *वि॰* सुकेश।

***सुक्ति**—*स्त्री॰* ≤ *सं॰* शुक्ति। सीप।

सुक्र**—*पु॰* ≤ *सं॰* शुक्र। ***जैसे—सुक्र का उदय।

***सुक्रित, सुक्ल, सुक्ष्म**—दे॰ क्रमशः 'सुकृत', 'शुक्ल', 'सूक्ष्म'।

सुखकन्द (सुखकंद)—[सं॰ सुख ~ कन्द] *वि॰* सुख देनेवाला। सुखकारी। सुखद।

***सुख-कन्दर (कंदर)**—[< सं॰ सुख ~ कन्दरा] *वि॰* सुखदायक स्थान।

सुखकरण/सुखकारक/सुखकारी—[सं॰ सुख ~ करण/कारक/कारिन्] *वि॰* सुख देनेवाला। सुखद। ✣ ***सुखकरन**—*वि॰* = सुखकरण।

सुखढरन—[< सं॰ सुख + हिं॰ ढरना] *वि॰* १. सुख देनेवाला। सुखद। २. जल्दी से प्रसन्न होकर सुख देनेवाला।

***सुखथर**—[< सं॰ सुख ~ स्थल] *पु॰* १. सुख का स्थान। २. ऐसा स्थान/क्षेत्र जहाँ के लोग सुखी हों।

***सुखदानि**[१]—*वि॰* ≤ *सं॰* सुखदानी। *वि॰* सुख देनेवाला। *पु॰* पति, प्रियतम या प्रिय व्यक्ति/वस्तु।

***सुखदानि**[२]—*वि॰ (स्त्री॰)* ≤ *सं॰* सुखदायिनी। सुख देनेवाली। *स्त्री॰* (छन्द॰) एक मात्रिक छन्द जिसके प्रत्येक चरण में ८ मात्राएँ होती हैं।

सुखपाल—[< सं॰ सुख + हिं॰ पालकी] *स्त्री॰* एक प्रकार की पालकी।

सुखबोध—[सं॰ सुख ~ बोध] *वि॰* १. जिसको सरलता से जाना जा सकता हो। २. जिसका ज्ञान सरलता से हो सकता हो। *पु॰* १. सुख/आनन्द का अनुभव। २. सरल ज्ञान/बोध।

***सुखमन/सुखमनि**[१]—*स्त्री॰* ≤ *सं॰* सुषुम्णा (नाड़ी)। (दे॰)

***सुखमनि**[२]—[सं॰ सुख ~ मणि] *स्त्री॰* १. सुख/आनन्द देने वाली मणि या अमूल्य वस्तु या दिव्य वस्तु। २. एक सिक्ख धर्मग्रन्थ जिसे श्रद्धापूर्वक '**सुखमनि साहिब**' कहा जाता है।

***सुखमा**—*स्त्री॰* ≤ *सं॰* सुषमा। शोभा या सौन्दर्य।

सुखमाला—[सं॰ सुख ~ माला] *स्त्री॰* सुख की निधि।

सुखमूल—[सं॰ सुख ~ मूल] *पु॰* १. सुख का मूल। सुख का कारण। २. अति सुखप्रद व्यक्ति/वस्तु।

***सुखमैन**—[< सं॰ सुख + हिं॰ मयन (काम)] *पु॰* सुख की कामना।

सुखवती—[< सं॰ सुखवत् + ङीष्] *वि॰ (स्त्री॰)* सुखी। प्रसन्न।

सुखवत्ता—[सं॰ सुखवत् + तल् + टाप्] *स्त्री॰* सुखी होने की अवस्था/भाव।

सुखवना**—*क्रिस॰* ≤ *हिं॰* सुखाना। ***जैसे—वस्त्र सुखवत श्याम।

***सुखवन्त (सुखवंत)**—[< सं॰ सुखवत्] *वि॰* १. सुखी। प्रसन्न। २. सुख देनेवाला। सुखदायी। सुखद।

सुखवार—[< सं॰ सुख + हिं॰ वाला] *वि॰* १. सुखी। प्रसन्न। २. सरल। आसान।

सुखवास—[सं॰ सुख ~ वास] *पु॰* १. सुखपूर्वक निवास। २. वह स्थान जहाँ रहना सुखद हो।

सुखसङ्गी (सुखसंगी)—[सं॰ सुख ~ सङ्गी (सङ्गिन्)] *वि॰* सुख का साथी।

सुखहारा—[< सं॰ सुख] *वि॰* १. सुख देनेवाला। सुखदायक। २. सुखी। प्रसन्न।

सुखाकर—[सं॰ सुख ~ आकर] *पु॰* १. सुख की खान। सुख की राशि। सुख-राशि। *वि॰* सुखमय।

सुखाधार—[सं॰ सुख ~ आधार] *वि॰* जो सुख का आधार हो। *पु॰* १. सुख का आधार। २. सुख का कारण।

सुखान्त (सुखांत)—[सं॰ सुख ~ अन्त] *वि॰* जिसका अन्त/परिणाम सुखकर हो। [काव्य॰] (नाटक/महाकाव्य/उपन्यास आदि) जिसका अन्त नायक-नायिका के लिए सुखमय होता है। ∇ **विलोम**—दुःखान्त।

सुखामोद—[सं॰ सुख + आमोद] *पु॰* सुख और आमोद। चैन और प्रसन्नता।

***सुखारा**—[< सं॰ सुख] *वि॰* १. सुखी। प्रसन्न। २. सरल। आसान। ✣ **सुखारी**[१]—*वि॰ (स्त्री॰)*।

***सुखारी**[२]—[< सं॰ सुखारि] *पु॰* देवता।

सुखारोह—[सं॰ सुख ~ आरोह] *वि॰* सहज में सवारी के योग्य।

सुखार्थी—[सं॰ सुख ~ अर्थी (अर्थिन्)] *वि॰* सुख की इच्छा करनेवाला। सुखेच्छु।

सुखाशा—[सं॰ सुख ~ आशा] *स्त्री॰* सुख पाने की आशा।

सुखाश्रय—[सं॰ सुख ~ आश्रय] *पु॰* १. सुख का आश्रय/आधार। २. वह स्थान जहाँ सुख प्राप्त हो। सुख मिलने का स्थान।

सुखित[१]—[सं॰ सुख + इतच्] *वि॰* सुखी। ∇ **विलोम**—दुःखित।

†**सुखित**[२]—[< हिं॰ सूखना] *वि॰* सूखा हुआ। शुष्क।

***सुखिर**—[< सं॰ सुषिर] *वि॰, पु॰* सुषिर। (दे॰)।

सुखेत—[सं॰ सु + हिं॰ खेत < सं॰ क्षेत्र] *पु॰* १. अच्छा क्षेत्र/खेत। २. उपजाऊ खेत। ३. युद्धक्षेत्र। रणभूमि। ***वा॰* सुखेत रहना, खेत रहना**—युद्धक्षेत्र में मारा जाना। लड़ते-लड़ते वीर-गति प्राप्त करना।

सुखेन—[सं॰ सुख] *पु॰* सुख द्वारा। सुख से। *क्रिवि॰* १. सुखपूर्वक सुख से। २. बिना प्रयत्न/परिश्रम किए। सरलता से।

सुखेलक—[सं॰ सु √खेल् + ण्वुल्] *वि॰* अच्छी तरह खेलनेवाला। *पु॰* (छन्द॰) 'प्रभद्रिका' नामक वर्णिक छन्द।

***सुखेलनिहारा**—[< सं॰ सु + हिं॰ खेलना] *पु॰* अच्छा खेलनेवाला। उत्तम खिलाड़ी।

***सुखैन/सुखैना**[१]—[< सं॰ सुख ~ अयन] *वि॰* १. सुखी। २. सुख देनेवाला। सुखदाता।

***सुखैना**[२]—[< सं॰ सुखेन] *वि॰* सहज में प्राप्त होनेवाला। बिना परिश्रम या प्रयत्न किए मिलनेवाला।

सुखैषी—[सं॰ सुखैषिन् (सुख ~ एषिन्)] *वि॰* सुख चाहनेवाला। सुखेच्छुक। सुखार्थी।

सुखोदक—[सं॰ सुख ~ उदक] *पुं॰* हल्का गर्म पानी। गुनगुना पानी।

सुखोदय—[सं॰ सुख ~ उदय] *पुं॰* सुख की प्राप्ति। सुख का अनुभव।

सुखोन्माद—[सं॰ सुख ~ उन्माद] *पुं॰* सुख का उन्माद/नशा।

सुखोपविष्ट—[सं॰ सुख ~ उपविष्ट] *वि॰* सुखपूर्वक उपविष्ट। आराम से बैठा हुआ।

सुखोष्ण—[सं॰ सुख ~ उष्ण] *वि॰* जो इतना ही गर्म हो कि अच्छा लगे। जो अधिक गर्म न हो। गुनगुना। ***जैसे***—सुखोष्ण जल।

सुगठित—[सं॰ सु + हिं॰ गठित] *वि॰* १. अच्छी तरह गठा हुआ (शरीर)। सुडौल। सुगढ़। २. गठे हुए शरीर वाला। ३. संघटित (समाज/संस्था आदि)। संगठित।

सुगढ़[1]—[सं॰ सु + हिं॰ गढ़] *पुं॰* अच्छा दुर्ग/क़िला/गढ़।

सुगढ़[2]—*वि॰* [< सं॰ सु + हिं॰ गढ़ना] *वि॰* १. अच्छा गढ़ा हुआ। २. सुडौल और सुन्दर। (शरीर आदि।)

***सुगथ**—[< सं॰ सु + ग्रन्थ] *पुं॰* बहुत पूँजी। बहुत धन-सम्पत्ति। *वि॰* सुंदर प्रकार से जोड़कर बनाए गए। सुडौल। सुन्दर।

†सुगना—*पुं॰ ≤ सं॰* शुक। तोता। सुग्गा।

सुगन्धबाला (सुगंधबाला)—[सं॰ सुगन्ध ~ बाला] *स्त्री॰* एक प्रकार का छोटा औषधोपयोगी क्षुप जिसके कन्द और कन्दमूल की गन्ध कस्तूरी की गन्ध के समान होती है और पुष्प छोटे होते हैं।

सुगन्धा (सुगंधा)—[सं॰ सुगन्ध + टाप्] *स्त्री॰* १. पीली जूही। २. तुलसी। ३. सौंफ। ४. नवमल्लिका। माधवी। सेवती। ५. रास्ना। ६. बकुची।

सुगन्धि (सुगंधि)—[सं॰ सु + गन्धि] *वि॰* सुन्दर गन्ध वाली। *स्त्री॰* प्रिय लगनेवाली गन्ध। अच्छी गन्ध। सुवास। ख़ुशबू।

सुगम—[सं॰ सु √गम् + अच्] *वि॰* १. सरलता से जाने योग्य (मार्ग)। २. सरलता से पहुँचने योग्य (स्थान)। ३. सरलता से करने योग्य (कार्य)। ४. सरलता से पढ़ने/समझने/जानने योग्य (ग्रन्थ/विषय)। बोधगम्य। ५. सरल। आसान। ***जैसे***—सफलता का सुगम उपाय परिश्रम है। ∇ **विलोम**—दुर्गम। ⁘ **सुगमता**—*स्त्री॰* = सुगम होने का गुण/भाव। सरलता। आसानी।

†सुगमुग—[अनु॰] *स्त्री॰* कानाफूसी। ***जैसे***—लोगों में तुम्हारे प्रेम-विवाह के विषय में सुगमुग चल रही है।

सुगम्य—[सं॰ सु + गम्य] *वि॰* सुगम। ***जैसे***—सुगम्य मार्ग; सुगम्य ग्रन्थ।

सुगसुग/सुगसुगी—[अनु॰] *स्त्री॰* १. हल्की चर्चा। २. कानाफूसी।

***सुगह**—*वि॰ ≤ सं॰* सुग्राह्य।

***सुगाइ**—[< सं॰ सु + हिं॰ गाना (=गीत गाना)] *क्रिवि॰* अच्छी प्रकार गाकर।

***सुगात**—[< सं॰ सु गात्र] *पुं॰* सुन्दर अंग या सुन्दर शरीर। *वि॰* सुन्दर अंगों या सुन्दर शरीर वाला।

***सुगाना**[1]—[< सं॰ शोक] *क्रिअ॰* १. दुःखी होना। २. क्रोध करना। नाराज़ होना।

†सुगाना[2]—[देशज] *क्रिअ॰* सन्देह करना। शक करना।

सुगाहक—*पुं॰ ≤ सं॰* सुग्राहक। अच्छा ग्राहक।

सुग्रथित—[सं॰ सु + ग्रथित] *वि॰* १. अच्छी प्रकार से परस्पर गुँथे/बँधे/सटे/जुड़े हुए। सुसंहत। ***जैसे***—आचार और धर्म सुग्रथित है। २. किसी से अच्छी प्रकार गुँथा/बँधा/सटा/जुड़ा हुआ। सुसंहत।

सुग्रह—[सं॰ सु + ग्रह] *पुं॰* १.सुन्दर ग्रहण। सुन्दर रीति से ग्रहण करने का कार्य। २. शुभ ग्रह। ***जैसे***—बृहस्पति सुग्रह है, परन्तु शनि पाप ग्रह है। ३. उत्तम/सुन्दर बन्धन।

सुग्रास—[सं॰ सु + ग्रास] *पुं॰* स्वादिष्ठ ग्रास। मज़ेदार कौरा/निवाला।

सुग्राहिता—[सं॰ सु + ग्राहिता] *स्त्री॰* १. संवेदनशीलता। २. ज़रा-सा परिवर्तन भी बताने की क्षमता। सूक्ष्मग्राहिता। ३. (उपकरण की) यह क्षमता कि वह ज़रा-सा उतार-चढ़ाव भी बता सके। ४. (पौधे की) सूक्ष्मग्राहिता।

सुग्रीव—[सं॰ सु + ग्रीवा] *वि॰* १. सुन्दर गर्दन वाला। २. सुन्दर। मनोहर। रूपवान्।

सुघट—[सं॰ सु + घट] *पुं॰* सुन्दर घट/कलश/घड़ा। *वि॰* १. जो सरलता से बनाया/किया जा सके। २. सम्भव।

सुघटविघटन—[सं॰ सुघट ~ विघटन] *वि॰* सम्भव को असम्भव करनेवाला।

सुघटित—[सं॰ सु + घटित] *वि॰* १. जिसका गठन सुन्दर हो। सुगठित। सुडौल। २. गठे हुए शरीर वाला (व्यक्ति)। ३. संघटित। संगठित। ४. जो अच्छी प्रकार घटित हुआ हो। जो अच्छी प्रकार बना हुआ हो।

सुघट्य—[सं॰ सु √घट् + यत्] *वि॰* वह ठोस पदार्थ जिसे सरलता से कोई भी आकार/रूप दिया जा सके। जिसे आसानी से ढाला जा सके। ***जैसे***—गीली मिट्टी, द्रव-रूप में लोहा आदि सुघट्य हैं। (अं॰ प्लास्टिक)। ⁘ **सुघट्यता**—*स्त्री॰* = किसी पदार्थ का यह गुण कि उसे इच्छानुकूल सभी रूपों में लाया जा सकता है। ढलनशीलता।

***सुघर**—*वि॰ ≤ हिं॰* सुघड़।

***सुघराई**—[< हिं॰ सुघर] *स्त्री॰* १. सुडौलता और सुन्दरता। सुघड़ता। २. सुन्दरता। मनोहरता। ३. (काम करने की) निपुणता। कुशलता। होशियारी। ४. सुन्दर। मनोहर। *क्रिवि॰* सुन्दरतापूर्वक या सुरुचिपूर्वक।

***सुघरी**—[< सं॰ सु + हिं॰ घड़ी < सं॰ घटी] *स्त्री॰* १. शुभ घड़ी। सुघड़ी। सु-घटी। २. शुभ समय।

***सुघाय**—[< सं॰ सुघात] *पुं॰* सहनीय प्रहार।

सुघोष—[सं॰ सु + घोष] *वि॰* १. सुन्दर घोष/ध्वनि करनेवाला। ***जैसे***—सुघोष वाद्य। २. सुन्दर स्वर वाला।

***सुचार**[1]—[< सं॰ सुचारु] *वि॰* अति सुन्दर। *क्रिवि॰* बहुत अच्छी तरह से।

***सुचार**[2]—*स्त्री॰ ≤ हिं॰* सुचाल। अच्छी चाल।

सुचारु [सं॰ सु + चारु] *वि॰* अति सुन्दर। बहुत मनोहर।

सुचाली—[< हिं॰ सुचाल] *वि॰* १. जिसकी चाल अच्छी हो। उत्तम गति वाला। २. अच्छे चरित्र/आचरण वाला। सच्चरित्र।

सुचिक्कण—[सं॰ सु + चिक्कण] *वि॰* बहुत चिकना।

सुचित**—[< सं॰ सुचित्त] *पु॰* १. उत्तम चित्त। निर्मल चित्त। २. एकाग्र चित्त। *वि॰* १. उत्तम चित्त/मन वाला। जिसका चित्त दोषरहित हो। निर्मल चित्त वाला। २. जो चिन्तारहित हो। निश्चिन्त। *क्रिवि॰* ध्यान से। ध्यानपूर्वक। ***जैसे—मैंने कहानी को सुचित सुना।

***सुचिमन्त (सुचिमंत)**—[< सं॰ शुचिमत्] *वि॰* १. पवित्र। २. शुद्ध चरित्र/आचरण वाला। सदाचारी।

सुचिर—[सं॰ सु + चिर] *वि॰* १. बहुत दिनों तक रहनेवाला। चिरस्थायी। २. प्राचीन।

सुचिरायु—[सं॰ सुचिर ~ आयु (आयुस्)] *वि॰* बहुत लम्बी उम्र वाला। सुदीर्घायु। *पु॰* देवता।

सुचेत—[< सं॰ सुचेतस्] *पु॰* ध्यान। *वि॰* सचेत। सावधान।

सुचेल/सुचैल—[सं॰ सु + चेल/चैल] *वि॰* जो अच्छे वस्त्र पहने हुए हो। ***जैसे***—कुचैल सुदामा श्रीकृष्ण-कृपा से सुचैल हो गया। ∇ **विलोम**—कुचेल/कुचैल।

सुच्छाय—[सं॰ सु + छाया] *पु॰* १. अच्छी और बहुत छाया वाला (वृक्ष)। २. बहुत चमकीला (रत्न)।

सुजनन—[सं॰ सु + जनन] *पु॰* उत्तम सन्तान उत्पन्न करना। सुन्दर और स्वस्थ सन्तान उत्पन्न करना।

सुजननिक—[सं॰ सु + जननिक] *वि॰* नस्ल की उन्नति करनेवाला। नस्ल का उत्कर्षक। ✣ **सुजननिकी**—*स्त्री॰* = सुजनन-विज्ञान।

सुजन्मा—[सं॰ सुजन्मन्] *वि॰* १. उत्तम कुल में उत्पन्न। कुलीन। २. विवाहित स्त्री-पुरुष से उत्पन्न। सुजात।

सुजय—[सं॰ सु + जय] *वि॰* जिस पर जय पाना सरल हो।

***सुजरनि**—[< सं॰ सु + हि॰ जलन] *स्त्री॰* बहुत अधिक जलन। दाह।

सुजल्प—[सं॰ सु + जल्प] *पु॰* स्पष्टता, गम्भीरता आदि गुणों से युक्त कथन।

सुजागर—[सं॰ सु + जागर] *वि॰* १. प्रकाशमान। चमकीला। २. सुन्दर। मनोहर। शोभन।

सुजात—[सं॰ सु + जात] *वि॰* १. जो अच्छे कुल/वंश में जन्मा हो। कुलीन। २. जो विवाहित माता-पिता की सन्तान हो। ३. सुन्दर। मनोहर।

†सुजातिया[१]—[< सं॰ सुजाति] *वि॰* १. अच्छी जाति का। २. अच्छे कुल/वंश का।

†सुजातिया[२]—[< सं॰ स्वजाति] *वि॰* स्वजातीय। अपनी जाति का। ***जैसे***—वह मेरा सुजातिया है।

सुजान—[< सं॰ सज्ञान] *वि॰* १. चतुर। बुद्धिमान्। समझदार। २. कुशल। प्रवीण। निपुण। ३. ज्ञानी। *पु॰* १. गुणी व्यक्ति। २. पति या प्रेमी। ३. परमात्मा। ४. भला व्यक्ति। सज्जन। (छन्द॰) एक सममात्रिक छन्द जिसके प्रत्येक चरण में २३ मात्राएँ होती हैं, अन्त में क्रमशः गुरु, लघु होते हैं और १४-९ पर यति होती है। ✣ **सुजानता**—*स्त्री॰* = १. सुजान होने की अवस्था/धर्म/भाव। २. चतुरता। ३. कुशलता। ४. सुविज्ञता। ५. सज्जनता। ✣ **सुजानि/सुजानी**—*वि॰, पु॰* सुजान। *वि॰ (स्त्री॰), स्त्री॰*।

सुजीर्ण—[सं॰ सु + जीर्ण] *वि॰* १. अच्छी तरह पचा हुआ (भोजन)। सुपचित। २. (पदार्थ) जो बहुत पुराना और जीर्ण/जर्जर हो गया हो। अति जीर्ण।

सुजीवन[१]—[सं॰ सु + जीवन] *पु॰* उत्तम जीवन।

***सुजीवन**[२]—*पु॰* ≤ *सं॰* स्वजीवन। अपना जीवन। अपने प्राण।

***सुजोर**[१]—[< सं॰ सु + फा॰ ज़ोर] *वि॰* प्रबल। ज़ोरदार।

सुजोर**[२]—[< सं॰ सु + हि जोड़] *वि॰* १. अच्छे जोड़ों वाला। २. बहुत दृढ़। सुदृढ़। पक्का। मज़बूत। ***जैसे—सुजोर स्तम्भ।

सुज्ञ—[सं॰ सु + ज्ञ] *वि॰* १. अच्छा ज्ञाता। २. बुद्धिमान्।

सुझर—[< सं॰ सु + झरना (=झर-झर गिरना)] *वि॰* अच्छी तरह झरनेवाला। प्रवाहपूर्ण।

सुझाना—[हि॰ 'सूझना' का प्रेरणा॰] *क्रिस॰* १. दिखाना। २. सुझाव/प्रस्ताव/सलाह के रूप में कोई नयी बात कहना। किसी के ध्यान में कोई नयी बात लाना। ३. सूचना देना। बताना।

†सुटका—[अनु॰ < सट-सट] *पु॰* लम्बी छड़ी या चाबुक।

सुटुकना—[< हि॰ सुटका] *क्रिस॰* सुटका मारना। चाबुक लगाना। ✣ ***सुटुकि**—*क्रिवि॰* = चाबुक मारकर/लगाकर।

***सुठान**—[< सं॰ सुस्थान] *पु॰* (सुन्दर मर्मस्थान)। हृदय। *वि॰* सुगठित। सुडौल।

***सुठाना**—[< सं॰ सु + हि॰ उठाना] *क्रिस॰* उठाना।

***सुठार**—*वि॰* ≤ *हि॰* सुढार। सुडौल।

***सुठि/सुठ**—[< सं॰ सुष्ठु] *वि॰* १. उत्तम। अच्छा। बढ़िया। २. सुन्दर। मनोहर। ३. ठीक-ठीक। *क्रिवि॰* १. नितान्त। निरा। बिलकुल। २. उत्तमता से। ३. सचाई से। सत्यतापूर्वक। ४. अत्यन्त।

***सुठौन**—[< सं॰ सु + हि॰ ठवन] *स्त्री॰* सुन्दर ठवन। बैठने का सुन्दर ढंग।

सुड़क—[< हि॰ सुड़कना] *स्त्री॰* १. सुड़कन की क्रिया/भाव। २. नाक सुड़कते समय होनेवाली ध्वनि/आवाज़।

***सुडीठि**—[< सं॰ + हि॰ दीठि < सं॰ दृष्टि] *स्त्री॰* १. उत्तम दृष्टि। २. अनुकूल दृष्टि।

सुढर—[< सं॰ सु + हि॰ ढलना/ढरना] *वि॰* १. सुन्दर ढला हुआ। सुडौल। सुन्दर। २. दयालु स्वभाव वाला। ३. सहज प्रसन्न होनेवाला।

***सुढार**[१]—[< सं॰ सु + हि॰ ढरना] *वि॰* सुन्दर ढला हुआ। सुडौल। सुन्दर।

सुढार[२]—[< सं॰ सु + हि॰ ढाल/ढार] *वि॰* उत्तम ढाल या ऊँचे-नीचे के क्रम वाला।

सुण्डभुसुण्ड (सुंडभुसुंड)—[< सं॰ शुण्ड ~ भुशुण्डि] *वि॰* जिसका अस्त्र सूँड़ हो। *पु॰* गज। हाथी।

†सुण्डा—[< हि॰ सुण्ड] *पु॰* १. (हाथी की) सूँड़। २. अनाज आदि में हो जाने वाले 'सुँड़ी' नामक कीड़े का नर रूप। सुँड़ा।

सुत—[सं॰ √सु + क्त] *पु॰* पुत्र। बेटा। *वि॰* १. निचोड़ कर निकाला हुआ (रस)।

***सुतधार/सुतधारि**—पु॰ ≤ स॰ सूत्रधार।

सुतन—[स॰ सु + हि॰ तन] पु॰ १. सुन्दर शरीर। २. स्वस्थ शरीर। *वि॰* सुन्दर शरीर वाला। *वि॰ (स्त्री॰)* सुन्दर शरीर वाली। सुन्दर (स्त्री)। *स्त्री॰* सखी। सहेली।

***सुतना**—[< स॰ सुप्त] क्रिअ॰ शयन करना। सोना।

सुतनु—[स॰ सु + तनु] *वि॰* १. अच्छे शरीर वाला। स्वस्थ। २. सुन्दर शरीर वाला। मनोहर। ३. अति सुकुमार। बहुत दुबला-पतला। *पु॰* सुन्दर शरीर। *स्त्री॰* १. सुन्दर स्त्री। २. सुकुमार स्त्री। कोमलांगी स्त्री। ✣ **सुतनुता**—*स्त्री॰* = १. सुन्दरता। २. सुकुमारता।

***सुतन्तर (सुतंतर), सुतन्त्र (सुतंत्र)**—[< स॰ स्वतन्त्र] *वि॰* १. स्वतन्त्र। स्वाधीन । बन्धनरहित। आज़ाद। २. स्वच्छन्द।

सुतप—[स॰ सुतपस्] *वि॰* १. बहुत अधिक तपनेवाला। २. बहुत अधिक तपस्या करनेवाला। *पु॰* १. सूर्य। २. विष्णु। ३. जिसमें बहुत अधिक गर्मी हो। ३. बड़ी कठिन तपस्या।

सुतप्त—[स॰ सु + तप्त] *वि॰* अति उष्ण। बहुत गर्म। ***जैसे***—सुतप्त पानी।

***सुतबहु/सुतबहू**—[< स॰ सुत ~ वधू] *स्त्री॰* पुत्र की वधू/पत्नी।

सुतमाल—[सु + तमाल] *पु॰* उत्तम तमाल वृक्ष।

सुतराम्—[स॰ सु + तरप् + आम्] *अव्यय॰* १. अतः। इसलिए। २. और अधिक। ३. अतिशय। बहुत अधिक। ४. और अधिक क्या कहना। किं बहुना।

सुतल—[स॰ सु + तल] *पु॰* १. पृथ्वी के नीचे के सात लोकों में से एक। २. विशाल भवन की नींव।

सुतली—[< स॰ सूत्र] *स्त्री॰* पटसन/सन आदि के सूतों को बटकर बनायी गयी डोरी। ***जैसे***—सुतली से काग़ज़ों को बाँधना।

ꜝसुतहा—[< हि॰ सूत] *वि॰* १. सूत-सम्बन्धी। सूत का। २. सूत का बना हुआ। सूती। *पु॰* सूत का व्यापारी।

***सुतहार**—[< स॰ सूत्रधार] *पु॰* सूत्रधार। बढ़ई।

सुता—[स॰ सुत + टाप्] स्त्री पुत्री। बेटी।

***सुताति**—[< स॰ सुतप्त] *वि॰ (स्त्री॰)* बहुत गर्म। दाहक।

सुतात्मज—[स॰ सुत/सुता ~ आत्मज] *पु॰* १. पुत्र का पुत्र। पौत्र। पोता। २. पुत्री का पुत्र। दौहित्र। नाती। ✣ **सुतात्मजा**—*स्त्री॰* = १. पुत्र की पुत्री। पौत्री। पोती। २. पुत्री की पुत्री। नातिन।

सुतान—[स॰ सु + तान] *स्त्री॰* (गायन में) अच्छी तान या अच्छा स्वर। *वि॰* अच्छी तान वाला या अच्छे स्वर वाला।

सुतार[1]—[स॰ सु + तार] *वि॰* १. बहुत ऊँचा। २. बहुत चमकीला। ३. जिसकी आँख की पुतली सुन्दर हो। *पु॰* १. उच्च स्वर। २. सुन्दर और बड़ा मोती। ३. आँख की सुन्दर पुतली।

***सुतार[2]**—[< स॰ सूत्रधार] *पु॰* १. सूत्रधार। बढ़ई। २. शिल्पी। कारीगर।

सुतारी—[< हि॰ सुतार < स॰ सूत्रधार] *स्त्री॰* १. बढ़ई का काम। बढ़ईगीरी। २. (चर्मकार/मोची द्वारा प्रयुक्त) चमड़ा सिलने/सीने का सूजा। जूता सीने का सुआ। *पु॰* शिल्पी। कारीगर।

सुतार्थी—[स॰ सुत ~ अर्थी (अर्थिन्)] *पु॰* जो पुत्र की कामनावाला हो। पुत्राभिलाषी।

सुतासुत—[स॰ सुता ~ सुत] *पु॰* पुत्री का पुत्र। दौहित्र। धेवता।

सुतिक्त—[स॰ सु + तिक्त] *वि॰* अधिक तिक्त। बहुत तीता।

सुतिथि—[स॰ सु + तिथि] *वि॰* शुभ तिथि।

सुतिनी—[स॰ सुतिन् + ङीप्] *वि॰ (स्त्री॰)* पुत्र/पुत्रों वाली। *स्त्री॰* माता। माँ।

सुतिय/सुतिया[1]—[स॰ सु +हि॰ तिय/तिया] *स्त्री॰* १. उत्तम स्त्री। २. सुन्दर स्त्री।

सुतिया[2]—[देशज] *स्त्री॰* एक आभूषण जो गले में पहना जाता है। हँसुली।

ꜝसुतिहार—[< स॰ सूत्रधार] *पु॰* सूत्रधार। बढ़ई।

सुती—[स॰ सुतिन्] *वि॰* पुत्र/पुत्रों वाला। *पु॰* पिता। बाप।

सुतीक्ष्ण—[स॰ सु + तीक्ष्ण] *वि॰* १. अधिक तीक्ष्ण। बहुत तीखा/चरपरा २. तेज़ धारदार/पैना। ***जैसे***—सुतीक्ष्ण तलवार।। ३. अति पीड़ाकारक। ४. बहुत तेज़। अति तीव्र। ***जैसे***—सुतीक्ष्ण बुद्धि। *पु॰* एक प्राचीन मुनि।

***सुतीछी**—[< स॰ सुतीक्ष्ण] *वि॰* (स्त्री॰) १. अधिक तीक्ष्ण। बहुत तीखी/चरपरी। ३. अति पीड़ाकारक।

***सुतीय**—[स॰ सु + हि॰ तीय < स॰ स्त्री] *स्त्री॰* १. उत्तम स्त्री। २. सुन्दर स्त्री।

सुतुङ्ग (सुतुंग)—[स॰ सु + तुङ्ग] *वि॰* बहुत ऊँचा। अत्युच्च। *पु॰* नारियल का पेड़।

ꜝसुतुहा—[< हि॰ सुतुही] *पु॰* बड़ी सुतुही।

सुतुही—[< स॰ शुक्ति] *स्त्री॰* शुक्ति/सीपी का प्रयोग में आनेवाला कोई रूप। ***जैसे***—शिशुओं को दूध पिलाने की सुतुही; आम के छिलके छीलने की सुतुही।

सुथना/सुथन्ना—[< देशज सूथन] *पु॰* पाजामा। ✣ **सुथनिया/सुथनी**—*स्त्री॰* स्त्रियों के पहनने का एक प्रकार का ढीला पाजामा।

सुथरा—[< स॰ सु-स्थल] *वि॰* स्वच्छ। ***जैसे***—साफ़ सुथरा।

सुथरेशाही—[< हि॰ सुथरेशाह] *स्त्री॰* (गुरु नानक के एक शिष्य) सन्त सुथरेशाह द्वारा प्रवर्तित पन्थ। *पु॰* उक्त पन्थ का अनुयायी साधु।

सुथल—[< स॰ सु + हि॰ थल < स॰ स्थल] *पु॰* १. सुन्दर स्थान। २. रमणीक स्थान। ३. पवित्र स्थान। पुण्यस्थल (तीर्थ आदि)। ४. उत्तम भूमि। ५. योग्य व्यक्ति। सुपात्र।

सुथिर**—[स॰ सु + हि॰ थिर < स॰ स्थिर] *वि॰* अति स्थिर। सुदृढ़। सुस्थिर। ***जैसे—हृदय में सुथिर प्रेम।

सुदक्षिण—[स॰ सु + दक्षिण] *वि॰* १. बहुत कुशल। २. बहुत सच्चा। बहुत ईमानदार। ३. यज्ञ की दक्षिणा देने में उदार।

सुदर्शन—[स॰ सु + दर्शन] *वि॰* १. जो देखने में मनोहर लगे। प्रियदर्शन। सुन्दर। २. जिसका दर्शन सरलता से होता हो। *पु॰* १. प्रिय या अच्छा दर्शन। शुभ दर्शन। २. (भगवान्) विष्णु का चक्र। ३. अस्त्र के रूप में एक प्रकार का विशेष चक्र जो चलाने

पर लक्ष्य पर पहुँचकर वापस आ जाता है। ४. एक बड़ा और सफ़ेद फूल या उसका पौधा। ५. एक आयुर्वेदिक चूर्ण। (दे॰ सुदर्शन चूर्ण)

सुदर्शन चूर्ण—[स॰] *पु॰* (आयु॰) हरड़, बहेड़ा आदि ५२ द्रव्यों को सम भाग लेकर चूर्ण करके, उसका आधा चिरायता का चूर्ण मिलाने से बना एक उत्तम चूर्ण जो विविध रोगों का नाशक और सभी प्रकार के ज्वरों का नाशक होता है।

***सुदाउ**—[< हि॰ सुदाँव] *पु॰* अपने अनुकूल दाँव। सुदाँव।

सुदाता—[स॰ सु + दाता (दातृ)] *वि॰, पु॰* १. उत्तम दाता। अच्छा दानी। २. वांछित वस्तु देनेवाला।

सुदामा—[स॰ सुदामन्] *वि॰* उदारतापूर्वक देनेवाला। सुदाता। *पु॰* १. मेघ। बादल। २. पर्वत। पहाड़। ३. समुद्र। सागर। ५. कृष्ण का एक सहपाठी विद्वान्।

सुदामिनि—[< स॰ सु + दामिनी] *स्त्री॰* विद्युत्। सौदामिनी। बिजली।

सुदाय[१]—[स॰ सु + दाय] *पु॰* १. शुभ दान। किसी पर्व के अवसर पर दिया जाने वाला दान। २. यज्ञोपवीत के समय ब्रह्मचारी को दी जाने वाली भिक्षा। ३. विवाह पर कन्या/दामाद को दिया जाने वाला धन। ४. उक्त प्रकार का दान करनेवाला व्यक्ति।

***सुदाय[२]**—[< हि॰ सुदाँव] *पु॰* (खेल या जुआ आदि में) अपने अनुकूल दाँव। सुदाँव।

सुदि—[स॰ सु √दिव् + डि] *पु॰* (चान्द्र मास का) शुक्ल पक्ष। उजाला पाख।

सुदी—[< स॰ सुदि] *स्त्री॰* (चान्द्रमास का) शुक्ल पक्ष। ***जैसे***—चैत्र सुदी नवमी को 'रामनवमी' मनाते हैं।

सुदीप्ति—[स॰ सु + दीप्ति] *स्त्री॰* १. अच्छी या प्रिय लगने वाली दीप्ति/कान्ति। २. बहुत दीप्ति/चमक।

सुदेशिक—[स॰ सु + देशिक] *पु॰* १. आध्यात्मिक गुरु। २. उत्तम मार्गदर्शक।

***सुदेस[१]**—*पु॰* [< स॰ सुदेश] *पु॰* १. उत्तम देश। धन-धान्य से सम्पन्न तथा शान्तिपूर्ण देश २. सुन्दर और उचित स्थान। *वि॰* उचित स्थान पर स्थित।

***सुदेस[२]**—*पु॰* ≤ *स॰* स्वदेश। अपना देश। मातृभूमि। ❖**सुदेसी[१]**—*वि॰* सुदेशीय। ❖**†सुदेसी[२]**—*वि॰* = स्वदेशी।

सुदैव—[स॰ सु + दैव] *पु॰* १. अच्छा भाग्य। सौभाग्य। २. अच्छा संयोग। सुयोग।

सुदोहा—[*सु॰* सुदोह + टाप्] *वि॰ स्त्री॰* सरलता से दुही जाने वाली (गाय आदि)।

†सुद्धा, सुद्धाँ (सुद्धा, सुद्धाँ)—[< स॰ सहित] *क्रिवि॰* मिलाकर। सहित। समेत। ***जैसे***—तुम्हारे सुद्धा चार लोग ही यहाँ आए।

सुध[१]—[< स॰ सुधी (सु + धी)] *स्त्री॰* १. चेतना। चेत। होश। ***जैसे***—अपनी सुध खोना। २. स्मृति। स्मरण। याद। ***वा॰* सुध दिलाना**—१. भूली हुई बात का स्मरण कराना। २. किसी व्यक्ति या बात की ओर किसी का ध्यान आकर्षित करना। **सुध न रहना**—१. स्मरण न रहना। २. होश न रहना। अचेत होना।

***सुध[२]**—[< स॰ शुद्ध] *वि॰* शुद्ध। २. उच्च।

सुधङ्ग (सुधंग)—[< स॰ सु + हि॰ ढंग] *पु॰* अच्छा ढंग। सुढंग। *क्रिवि॰* १. अच्छे ढंग से। २. कलात्मक रीति से।

सुधन्वा—[स॰ सु +धन्वन्] *वि॰* अच्छे धनुष वाला। २. अच्छा धनुर्धर/तीरन्दाज़। *पु॰* (देवताओं का कारीगर) विश्वकर्मा।

सुध-बुध—[हि॰] *स्त्री॰* १. चेतना। होश। २. स्मृति। स्मरण। ३. ध्यान। ४. बोध। *वि॰* १. प्रबुद्ध। समझदार। २. संवेदनशील।

सुधराई—[< हि॰ सुधरना/सुधारना] *स्त्री॰* १. सुधरने/सुधारने की क्रिया/भाव। सुधार। २. सुधारने का पारिश्रमिक/मज़दूरी।

सुधर्म—[स॰ सु + धर्म] *पु॰* उत्तम धर्म। *वि॰* १. धर्मात्मा। २. धर्मनिष्ठ।

सुधर्मा—[स॰ सु + धर्मा] *वि॰* धर्मनिष्ठ। धर्मपरायण। *स्त्री॰* देवताओं की सभा। देव-सभा।

सुधर्मी—[स॰ सु + धर्मी] *वि॰* धर्मनिष्ठ। धर्मपरायण।

सुधा—[स॰ सु √धा + क + टाप्] *स्त्री॰* १. अमृत। पीयूष। २. फूलों का रस। मकरन्द। ३. रस। ४. जल। ५. चूना। (छन्द॰) एक समवर्णिक छन्द जिसके प्रत्येक चरण में यगण, मगण, नगण, सगण, तगण, सगण (य म न स त स) के योग से १८ वर्ण होते हैं तथा ६-६-६ पर यति होती है।

सुधांशु—[स॰ सुधा ~ अंशु] *पु॰* १. चन्द्रमा। २. कपूर। ❖ **सुधांशुरत्न**—*पु॰* = मोती।

***सुधाई[१]**—[< हि॰ सूधा (=सीधा)] *स्त्री॰* सरलता। निश्छलता। सीधापन। सिधाई। भोलापन।

†सुधाई[२]—[< हि॰ सोधना <स॰ शोधन] *स्त्री॰* शोधन। शेध।

सुधाकण्ठ (सुधाकंठ)—[स॰ सुधा ~ कण्ठ] *वि॰* १. (गायक) जिसका कंठ सुरीला और मधुर हो। २. मधुरभाषी।

सुधाकर/सुधाघट/सुधाङ्ग (सुधांग)—[स॰ सुधा ~ कर/घट/अङ्ग] *पु॰* १.चन्द्रमा। २. कपूर।

सुधाकार/सुधाजीवी—[स॰ सुधा + कार/जीवी जीविन्] *पु॰* १. (मकान बनानेवाला) स्थपति। राज। मेमार। २. (मकान आदि की) पुताई करने वाला।

सुधाद्रव—[स॰ सुधा ~ द्रव] *पु॰* अमृत के समान मधुर, शीतल या गुणकारी द्रव पदार्थ।

सुधादीधिति—[स॰ सुधा ~ दीधिति] *वि॰* अमृतमयी किरणों वाला। *पु॰* १.चन्द्रमा। २. कपूर।

सुधाधर—[स॰ सुधा ~ अधर/धर] *वि॰* जिसके अधर/होंठ में अमृत हो। *पु॰* चन्द्रमा।

सुधा-धवलित—[स॰] *वि॰* चूना से पुता हुआ।

सुधाधाम—[स॰ सुधा ~ धाम] *पु॰* १.चन्द्रमा। २. कपूर।

सुधाधार—[स॰ सुधा ~ आधार] *पु॰* १. अमृत का पात्र/बर्तन। २. चन्द्रमा। ३. कपूर।

सुधाधौत—[स॰ सुधा ~ धौत] *वि॰* चूना से पुता हुआ। सुधा-धवलित।

सुधाना[१]—[< हि॰ सुध] *क्रिस॰* १. सुध कराना। होश मे लाना। २. स्मरण कराना। याद दिलाना।

†सुधाना²—[< सं॰ शोधन] *क्रिस॰* १. शोध कराना। शोधवाना। खोज कराना। ढुँढवाना। २. (पंचांग से) मुहूर्त निकलवाना।

सुधानिधि—[सं॰ सुधा ~ निधि] *पु॰* १. चन्द्रमा। २. कपूर। (छन्द॰) वर्णिक दंडक छन्द का एक भेद जिसके प्रत्येक चरण में १६ बार क्रमशः गुरु, लघु के प्रयोग से ३२ वर्ण होते हैं।

सुधापाणि—[सं॰ सुधा ~ पाणि] *वि॰* १. जिसके हाथ में अमृत हो। २. (चिकित्सक) जिसकी औषधि से सबको लाभ होता हो। *पु॰* (समुद्र-मन्थन होने पर, अमृत-घट हाथ में लिए, समुद्र से प्रकटित) धन्वन्तरि।

सुधाम¹—[सं॰ सु + धाम (धामन्)] *पु॰* १. अच्छा घर। २. अच्छा स्थान।

सुधाम²—*पु॰* ≤ *सं॰* सुधामा (सुधामन्)। चन्द्रमा।

सुधामयूख/सुधामा—[सं॰ सुधा ~ मयूख, सुधामन्] *पु॰* चन्द्रमा।

सुधारा¹—[सं॰ सु + धारा] *स्त्री॰* उत्तम धारा। उत्तम जल-प्रवाह।

सुधारा²—[< हिं॰ सुधारना] *क्रिस॰* सुधार दिया।

***सुधारी**—[< हिं॰ सूधा(=सीधा)] *वि॰* सरल। सीधा। भोला-भाला।

***सुधारे**—[< हिं॰ सु + धारा] *क्रिवि॰* निरन्तर। लगातार।

सुधावास—[सं॰ सुधा ~ वास] *पु॰* १. चन्द्रमा। २. कपूर।

सुधासित—[सं॰ सुधा ~ सित] *वि॰* १. चूने या चन्द्रमा की तरह सफ़ेद। २. अमृत के समान उज्ज्वल/चमकीला। ३. चूना से पुता हुआ।

सुधास्पर्धी—[सं॰ सुधा ~ स्पर्धी (स्पर्धिन्)] *वि॰* १. अमृत की समानता करनेवाला। अमृततुल्य। २. अमृत के समान मधुर (उपदेश, भाषण आदि)।

सुधाहर—[सं॰ सुधा ~ हर] *वि॰* अमृत का हरण करनेवाला। *पु॰* गरुड़।

***सुधि**—[< सं॰ सुधी (सु + धी)] *स्त्री॰* १. चेतना। चेत। होश। २. स्मृति। स्मरण। याद। ३. ध्यान। ४. समाचार। हाल। पता। खोज-खबर।

***सुधि-बुधि**—[< हिं॰ सुध + बुद्धि] *स्त्री॰* १. स्मृति, ध्यान तथा बुद्धि। चेतना। होश।

***सुधियाना**—[< हिं॰ सुधि] *क्रिस॰* १. स्मरण करना। २. समाचार प्राप्त करना। हाल-चाल पूछना। पता करना। ३. ध्यान में लाना।

सुधी—[सं॰ सु + धी] *स्त्री॰* अच्छी बुद्धि। सुबुद्धि। *पु॰* विद्वान्। बुद्धिमान् व्यक्ति। (छन्द॰) एक समवर्णिक छन्द जिसके प्रत्येक चरण में क्रमशः एक जगण और एक गुरु के योग से ४ वर्ण होते हैं। *वि॰* अच्छी बुद्धि वाला।

सुधीर—[सं॰ सु + धीर] *वि॰* बहुत धैर्यवान्।

सुधोपम—[सं॰ सुधा ~ उपमा] *वि॰* अमृत के समान। अमृततुल्य।

सुधौटी—[< सं॰ सुधा] *स्त्री॰* सुधा/अमृत का पात्र।

सुनख—[सं॰ सु + नख] *पु॰* सुन्दर नाख़ून।

सुनट—[सं॰ सु + नट] *पु॰* उत्तम नट। नटवर।

***सुनत/सुनति**—[< अरबी सुन्नत] *स्त्री॰* (मुसलमान की) सुन्नत।

सुनन्दा (सुनंदा)—[सं॰ सु + नन्दा] *स्त्री॰* १. नारी। स्त्री। २. उमा। पार्वती। ३. सफ़ेद गाय।

सुनन्दिनी (सुनंदिनी)—[सं॰ सु + नन्दिनी] *स्त्री॰* १. अच्छी पुत्री। २. अच्छी ननद। (छन्द॰) एक समवर्णिक छन्द जिसके प्रत्येक चरण में क्रमशः सगण, जगण, सगण, जगण, गुरु (स ज स ज ग) के योग से १३ वर्ण होते हैं। 'मंजुभाषिणी' छन्द।

सुनम्य—[सं॰ सु + नम्य] *वि॰* १. जो सरलता से झुकाया/दबाया जा सकता है। लचीला। २. जिसे सरलता से ढाला जा सके। सुघट्य। ***जैसे***—सुनम्य मिट्टी। ३. जिसे सिखाया जा सके। ***जैसे***—सुनम्य मस्तिष्क।

सुनय—[सं॰ सु + य] *पु॰* १. अच्छी नीति। सुनीति। २. अच्छा चरित्र। सदाचरण।

***सुनवानी**—[< सं॰ स्वर्णवर्णी] *वि॰* स्वर्ण के रंग वाला। सुनहला।

†सुनहा—*पु॰* ≤ *सं॰* श्वान। कुत्ता।

सुनाज—[सं॰ सु + हिं॰ नाज < अनाज] *पु॰* उत्तम अन्त। रुचिकर भोज्य अन्न।

***सुनात¹**—[< सं॰ सु + हिं॰ नाता] *पु॰* उत्तम सम्बन्ध। अच्छा नाता।

†सुनात²—[< हिं॰ सुनाना] *क्रिस॰* 'सुनाना' क्रिया का एक वर्तमानकालिक रूप। सुनाता है। ***जैसे***—भाई कहानी सुनात है, बहिन सुनत है (सुनत=सुनती)।

सुनाभ/सुनाभि—[सं॰ सु + नाभि] *वि॰* १. सुन्दर नाभि वाला। २. सुन्दर केन्द्र वाला।

सुनाम—[सं॰ सु + नाम (नामन्)] *पु॰* १. अच्छा नाम। २. यश। (वाणि॰) किसी प्रतिष्ठित व्यवसायी संस्थान (अं॰ फ़र्म) को संस्थान के प्रचलित नाम से कारोबार करने से संस्थान की प्रसिद्धि, ईमानदारी आदि से लाभ उठाने का, बेचनेवाले के द्वारा खरीदनेवाले को दिया हुआ अधिकार। (अं॰ गुडविल) ⁘ **सुनामी¹**—*वि॰* = १. सुनाम-वाला। २. प्रसिद्ध। ३. यशस्वी।

सुनामी²—[< जापानी शुनामी (= **शु**=बन्दरगाह; नामी = लहर)] *स्त्री॰* एक प्रकार की बड़ी महासागरीय लहरें (अं॰ टाइडल वेव्स) जो महासागर के अन्दर की भूगर्भीय चट्टानों के आपस में टकराने से उत्पन्न भूकम्पों से जन्म लेती है अथवा महासागर के भीतर होनेवाले ज्वालामुखी विस्फोट इत्यादि के कारण तथा अपने प्रबल वेग और भीषण ऊँचाई के कारण भयंकर तूफ़ान लाती हैं। ⁘ **सुनामी तूफ़ान**— *पु॰* = सुनामी लहरों द्वारा लाया गया तूफ़ान जो भयंकर रूप में सर्वनाशक होता है।

सुनासिक—[सं॰ सु + नासिका] *वि॰* सुन्दर नाक वाला।

सुनासीर—[सं॰ सु + नासीर] *पु॰* इन्द्र।

सुनिर्धार—[< सं॰ सु + हिं॰ निर्धारना] *क्रिवि॰* अच्छी तरह निर्धारत करके।

सुनिहित—[सं॰ सु + निहित] *वि॰* १. अच्छी तरह से निहित। २. सुस्थापित। ३. भली प्रकार छिपा हुआ।

सुनीत—[सं॰ सु + नीत] *वि॰* १. अच्छे व्यवहार वाला। शिष्ट।

२. जो अच्छी तरह ले जाया गया हो। ✣ **सुनीता**—*वि॰ (स्त्री॰)*= १. अच्छे व्यवहार वाली। शिष्ट। २. जो अच्छी तरह ले जायी गयी हो।

सुनीति—[सं॰ सु + नीति] *स्त्री॰* अच्छी नीति।

सुनील—[सं॰ सु + नील] *वि॰* १. गहरा नीला। २. गहरा काला।

सुनेत्र—[सं॰ सु + नेत्र] *पु॰* १. सुन्दर आँख/आँखें। २. उत्तम आँख/आँखें। *वि॰* सुन्दर/उत्तम आँखों वाला।

***सुनेम**—[< सं॰ सुनियम] *वि॰* उत्तम नियम।

†सुनैया—*वि॰* ≤ *हि॰* सुनवैया। १. सुननेवाला। २. सुनानेवाला।

सुन्दरायतन (सुंदरायतन)—[< सं॰ सुन्दर ~ आयतन] *वि॰* १. उत्तम विचार वाला। विशाल। २. सुन्दर घर वाला। *पु॰* १. सुन्दर स्थान। २. सुन्दर निवासस्थान। सुन्दर घर। ३. सुन्दर देव-मन्दिर।

सुन्दरि (सुंदरि)—[< सं॰ सुन्दरी] *स्त्री॰* १. सुन्दर स्त्री। सुन्दरी। २. हे सुन्दरी। ***जैसे***—सुन्दरि! मेरी बात सुनो। (छन्द॰) एक समवर्णिक छन्द जिसके प्रत्येक चरण में क्रमशः २ सगण, भगण, सगण, तगण, २ जगण, लघु, गुरु (स स भ स त ज ज ल ग) के योग से २३ वर्ण होते हैं, तथा ६-७-१० पर यति होती हैं।

सुन्नत—[अरबी] *स्त्री॰* (इस्लाम॰) मुसलमानों की एक प्रथा जिसमें बालकों/पुरुषों की मूत्रेन्द्रिय के अग्र भाग का कुछ चमड़ा काटा जाता है और तभी व्यक्ति मुसलमान हो गया, ऐसा माना जाता है। मुसलमानी।

***सुन्नि**—[< सं॰ शून्य] *पु॰* १. शून्य। २. ब्रह्म। परमात्मा। सहज शून्य।

***सुन्नि मण्डल (मंडल)**—[< सं॰ शून्य ~ मण्डल] *पु॰* शून्यचक्र। ब्रह्मरन्ध्र। सहस्रारचक्र।

***सुन्नि सिखर**—[< सं॰ शून्य शिखर] *पु॰* सहस्रारचक्र।

सुपक्ष—[सं॰ सु + पक्ष] *वि॰* सुन्दर पंख वाला (पक्षी या बाण)।

***सुपच**[1]—*पु॰* ≤ *सं॰* श्वपच। चांडाल।

***सुपच**[2]—*वि॰* ≤ *सं॰* सुपाच्य। शीघ्र पचने वाला (खाद्य पदार्थ)।

सुपट—[सं॰ सु + पट] *पु॰* सुन्दर वस्त्र। *वि॰* सुन्दर वस्त्रों वाला।

***सुपत**[1]—*वि॰* ≤ *सं॰* सुपत्र। ∇ विलोम—अपत।

***सुपत**[2]—[सं॰ सु + हि॰ पत] *वि॰* अच्छी पत/प्रतिष्ठा वाला। प्रतिष्ठित। माननीय।

***सुपत्थ**—*पु॰* ≤ *सं॰* सुपथ। उत्तम मार्ग।

***सुपत्याना**—[< *सं॰* सु + हि॰ पतियाना] *क्रिअ॰* विश्वासपात्र बनना।

सुपत्र—[सं॰ सु + पत्र] *वि॰* सुन्दर पत्तों वाला (वृक्ष आदि)। *पु॰* १. तेजपत्र। तेजपत्ता। २. हिंगोट। इंगुदी।

सुपत्रित/सुपत्री—[सं॰ सु + पत्रित/पत्री (पत्रिन्)] *वि॰* सुपत्र। (दे॰)

***सुपन**—*पु॰* ≤ *सं॰* स्वप्न। सपना। ✣ **†सुपनक**—*वि॰* स्वप्न देखनेवाला।

***सुपनन्तरि (सुपनंतरि), सुपनान्तर (सुपनांतर)**—[< सं॰ स्वप्न + अन्तर] *पु॰* स्वप्न में भी।

सुपर—[अं॰] *उपसर्ग॰* अँग्रेजी का एक उपसर्ग जिसके प्रमुख अर्थ हैं—ऊपर, बहुत बढ़कर, से अधिक, के पार, से परे, के अतिरिक्त। ✣ **सुपर नैचरल**—*वि॰* = अलौकिक (दृश्य/स्वप्न आदि)। २. दिव्य/दैवी/असाधारण/अतिप्राकृत (शक्तियाँ आदि)। ✣ **सुपर पावर**—*स्त्री॰* = अति शक्तिशाली राष्ट्र। महाशक्ति।

सुपर्ण—[सं॰ सु + पर्ण] *वि॰* १. अच्छे पंख वाला। २. अच्छे पत्तों वाला। *पु॰* १. सूर्य की किरण। २. अश्व। घोड़ा। ३. गरुड़। ✣ **सुपर्णराज**—*पु॰* = गरुड़।

सुपर्व—[सं॰ सु + पर्व (पर्वन्)] *वि॰* १. सुन्दर पर्वों/गाँठों/पोरों वाला (गन्ना, बाँस इत्यादि)। २. सुन्दर पर्वों/अध्यायों वाला। ***जैसे***—सुपर्व महाभारत ग्रन्थ। *पु॰* १. बाँस। २. सुन्दर पर्व । शुभ समय। ३. बाण। तीर। ४. देवता।

सुपाक—[< सं॰ सु + हि॰ पकना] *वि॰* १. अच्छी तरह पका हुआ। सुपक्वा। २. अच्छी तरह पका हुआ होने के कारण पीले-लाल रंग का।

सुपाद—[सं॰ सु + पाद] *वि॰* सुन्दर पैरों वाला।

सुपार—[सं॰ सु + पार] *वि॰* (नदी आदि) जिसे सरलता से पार किया जा सकता हो। ✣ **सुपारग**—*वि॰* = सरलता से पार जा सकने वाला।

सुपार्श्व—[सं॰ सु + पार्श्व] *वि॰* सुन्दर पार्श्व वाला।

***सुपास**—[< प्रा॰ सुपस्स (=सुख से देखने योग्य)] *पु॰* सुख-सुविधा। आराम। ✣ **सुपासी/सुपासू**—**वि॰** सुख-सुविधा से युक्त। सुखी।

***सुपिनन्तर (सुपिनंतर)**—[< सं॰ स्वप्नान्तर] *पु॰* स्वप्न में, स्वप्न का या स्वप्न में भी।

सुपीत—[सं॰ सु + पीत] *वि॰* १. सुन्दर पीले रंग का। बढ़िया पीला। ***जैसे***—सुपीत फूल। २. अच्छी तरह पिया हुआ। ३. जिसने जी भरकर पिया हो।

सुपीन—[सं॰ सु + पीन] *वि॰* बहुत पुष्ट और स्थूल। ***जैसे***—सुपीन बाहु।

सुपूर—[सं॰ सु + हि॰ पूर] *पु॰* बिजौरा नीबू। *वि॰* १. अच्छी तरह भरा हुआ २. जिसे अच्छी तरह भरा जा सके। ३. सहज ही पूरा हो सकने वाला (कार्य)।

सुपूर्ण—[सं॰ सु + पूर्ण] *वि॰* १. सम्पूर्ण। २. अच्छी तरह भरा हुआ। ***जैसे***—दूध से सुपूर्ण पात्र; ज्ञान से सुपूर्ण मस्तिष्क।

†सुपेत—*वि॰* ≤ *फा॰* सिपेद। सफ़ेद। श्वेत। ✣ **सुपेती**—*स्त्री॰* = सफ़ेदी। श्वेतता। *स्त्री॰* = सफ़ेद चादर।

***सुपेम**—*पु॰* ≤ *सं॰* सुप्रेम। सुन्दर/अनन्य/अविचल प्रेम। सुन्दर/श्रेष्ठ प्रेम।

***सुपेसल**—[< सं॰ सुपेशल] *वि॰* १. अति पेशल। २. कोमल और गुदगुदा।

सुप्त—[सं॰ √स्वप् + क्त, सम्प्रसारण] *वि॰* १. सोया हुआ। निद्रित। २. (फूल) जो मुँदा हुआ हो, खिला हुआ न हो। ३. (गुण/प्रभाव/शक्ति आदि) जो दबा हुआ हो और सक्रिय न हो। ४. निष्क्रिय। ५. शिथिल। सुस्त।

सुप्ताङ्ग (सुप्तांग)—[सं॰ सुप्त ~ अङ्ग] *पु॰* शरीर का सोया हुआ अंग। चेष्टाहीन हो गया अंग।

सुप्ति—[सं॰ √स्वप् + क्तिन्, सम्प्रसारण] *स्त्री॰* १. निद्रा या ऊँघ। २. (फूल का) मुँदा होना। ३. (गुण/प्रभाव/शक्ति आदि की) दबी हुई और निष्क्रिय अवस्था। ४. निष्क्रियता। ५. शिथिलता। सुस्ती।

सुप्तोत्थित—[सं॰ सुप्त ~ उत्थित] *वि॰* सोकर अभी जागा हुआ। सो कर उठा हुआ।

सुप्रज्ञ—[सं॰ सु + प्रज्ञा] *वि॰* अति बुद्धिमान्।

सुप्रतिज्ञ—[सं॰ सु + प्रतिज्ञा] *वि॰* दृढ़ प्रतिज्ञा वाला। दृढ़प्रतिज्ञ।

सुप्रतिष्ठ—[सं॰ सु + प्रतिष्ठा] *वि॰* १. अच्छी प्रकार स्थित रहनेवाला। २. जिसकी बहुत प्रतिष्ठा हो। ३. अति प्रसिद्ध।

सुप्रतिष्ठा—[सं॰ सु + प्रतिष्ठा] *स्त्री॰* १. अच्छी प्रतिष्ठा। अति प्रसिद्धि। २. अच्छी स्थिति। सुस्थिति। ३. मन्दिर या मूर्ति आदि की स्थापना। ४. अभिषेक।

सुप्रतीक—[सं॰ सु + प्रतीक] *वि॰* सुन्दर। मनोहर। *पु॰* १. सुन्दर उत्तम प्रतीक। २. शिव। महादेव। ३. कामदेव।

सुप्रभ—[सं॰ सु + प्रभ] *वि॰* १. सुन्दर प्रभा वाला। सुन्दर चमक वाला। २. सुन्दर। ३. बहुत तड़कीला-भड़कीला।

सुप्रभा—[सं॰ सु + प्रभा] *स्त्री॰* अग्नि की सात जिह्वाओं में से एक।

***सुफर/सुफरु**—*वि॰, पु॰* ≤ *सं॰* सुफल।

***सुफँसौरि**—[< सं॰ सु + हि॰ फाँस/फँसौरी] *स्त्री॰* १. अच्छा फन्दा। २. भारी बन्धन।

सुफुल्ल—[सं॰ सु + फुल्ल] *वि॰* १. सुन्दर फूलों वाला। २. अच्छी तरह पुष्पित (वृक्ष आदि)।

सुफेर—[सं॰ सु + हि॰ फेर] *पु॰* १. अच्छा फेरा/मोड़। २. अनुकूल समय। अवसर । ∇ **विलोम**—कुफेर।

***सुबट्ट**—[< सं॰ सुवाट] *वि॰* उत्तम मार्गों से युक्त। *पु॰* उत्तम मार्ग। सुन्दर रास्ता।

***सुबनक**—[< हि॰ सुबानक] *पु॰* १. सुन्दर वेश-भूषा। २. शोभा। सौन्दर्य। ३. सुन्दर छटा।

सुबन्त (सुबंत)—[< सं॰ सुप् + अन्त] *वि॰* (संस्कृत व्या॰) 'सुप्' प्रत्ययों में से किसी प्रत्यय से युक्त शब्द। ***जैसे***—'राम' प्रातिपदिक है परन्तु 'रामः रामौ, रामाः, रामम्, रामेण' आदि सुबन्त शब्द हैं।

***सुबनाउ**—[< सं॰ सु + हि॰ < बनाव < बनाना] *पु॰* १. उत्तम शृंगार। अच्छा बनाव-सिंगार। २. अच्छी सजावट। ठीक निर्माण।

सुबन्ध (सुबंध)—[सं॰ सु + बन्ध] *वि॰* अच्छी तरह बँधा हुआ।

सुबन्धु (सुबंधु)—[सं॰ सु + बन्धु] *वि॰* अच्छे बन्धु/बन्धुओं वाला। अच्छे मित्र/मित्रों वाला।

***सुबस**[1]—[< सं॰ सु + हि॰ बसना] *वि॰* अच्छी तरह बसा हुआ।

***सुबस**[2]—[< सं॰ स्ववश] *वि॰* स्ववश। स्वतंत्र। स्वाधीन। *क्रिवि॰* १. स्वतन्त्रतापूर्वक। २. अपनी इच्छा से। स्वेच्छा से।

सुबसन—*पु॰* ≤ *सं॰* सुवसन। सुन्दर वस्त्र।

***सुबसि**—*वि॰* ≤ *सं॰* सुवासित। सुगन्धित।

सुबातास—[< सं॰ सुवात] *स्त्री॰* सुन्दर हवा। सुगन्धित हवा।

सुबानक—[सं॰ सु + हि॰ बानक] *पु॰* १. सुन्दर वेश-भूषा। २. बनाव-सिंगार। ३. शृंगार। सज्जा। सजावट।

***सुबानि/सुबानी**—*स्त्री॰* ≤ *सं॰* सुवाणी। अच्छी वाणी।

***सुबाम**—[< सं॰ सुवामा] *स्त्री॰* १. सुन्दर स्त्री। २. श्रेष्ठ स्त्री। ३. सुन्दर पत्नी। ४. श्रेष्ठ पत्नी।

***सुबारि**—*पु॰* ≤ *सं॰* सुवारि। १. उत्तम जल। २. स्वच्छ जल।

सुबाल—[सं॰ सु + बाल] *पु॰* १. छोटा बालक। २. अच्छा/सुन्दर बालक। *वि॰* १. बाल अवस्था का। २. बच्चों-जैसा। बचकाना।

सुबाला—[सं॰ सु + बाला] *स्त्री॰* १. सुन्दर/अच्छी बालिका। २. सुन्दर युवती/किशोरी।

***सुबास**—[< सं॰ सुवास] *पु॰* १. सुन्दर वास/निवास। २. सुन्दर गन्ध। सुगन्ध।

सुबासना**—[< हि॰ सुबास] *क्रिस॰* सुगन्धित करना। महकाना। ***जैसे—वस्त्रों को इत्र से सुबासा है । *पु॰* सुगन्धित। ख़ुशबू। ✣ **सुबासिक, सुबासित**—*वि॰* = सुवासित। सुगन्धित।

सुबाहु—[सं॰ सु + बाहु] *वि॰* १. सुन्दर भुजाओं वाला। २. शक्तिशाली भुजाओं वाला। ३. वीर। बहादुर। ४. योद्धा। *पु॰* एक राक्षस जिसे राम ने मारा था।

सुबीज—[सं॰ सु + बीज] *पु॰* उत्तम बीज। *वि॰* अच्छे बीजों वाला।

सुबुध—[सं॰ सु + बुध] *वि॰* १. बुद्धिमान्। २. सावधान। सतर्क। होशियार। *स्त्री॰* अच्छी बुद्धि। सुबुद्धि।

***सुबेनि**—[सं॰ सु + वेणि] *स्त्री॰* सुन्दर वेणी।

***सुबेल**—[< सं॰ सुवेल] *पु॰* लंका का एक पर्वत। *वि॰* १. शान्त। २. विनीत।

***सुबेला**—[< सं॰ स्व + वेला] *स्त्री॰* अपना तट। स्ववेला।

***सुबेलि**—[< सं॰ सु + हि॰ बेलि < सं॰ वल्ली] *स्त्री॰* उत्तम बेल। अच्छी लता।

***सुबेष/सुबेस**—[≤ सं॰ सु + वेष] *वि॰* १. उत्तम वेष वाला। *पु॰* उत्तम वेष। २. उत्तम वस्त्रों आदि के द्वारा रूप-सज्जा।

सुबोध—[सं॰ सु + बोध] *पु॰* अच्छा बोध। उत्तम ज्ञान। *वि॰* जो आसानी से समझ में आ जाए। बोधगम्य। सरल। आसान।

***सुब्यक्त**—*वि॰* ≤ *सं॰* सुव्यक्त। १. प्रत्यक्ष। स्पष्ट। २. अच्छी तरह व्यक्त।

सुब्रह्मण्य—[सं॰ सु + ब्रह्मण्य] *पु॰* १. (शिव-पुत्र) कार्तिकेय। स्कन्द। २. शिव। महादेव। ३. विष्णु। ४. (वैदिक) उद्‌गाता पुरोहित या उसके तीन साथियों में से प्रत्येक।

सुभक्ष्य—[सं॰ सु + भक्ष्य] *वि॰* खाने योग्य। भोज्य। खाद्य। *पु॰* अच्छा भोजन।

सुभग—[सं॰ सु + भग] *वि॰* १. भाग्यशाली। समृद्ध और सुखी। २. सुन्दर। ३. सुख देने वाला। सुखद। ४. प्रिय। *पु॰* (छन्द॰) मात्रिक दंडक का एक प्रकार जिसके प्रत्येक चरण में ४० मात्राएँ होती है, १०-१०-१०-१० पर यति होती है तथा अन्त में तगण होता है।

सुभङ्ग (सुभंग)—[सं॰ सु + भङ्ग] *वि॰* जो सरलता से टूट जाए।

सुभट—[सं॰ सु + भट] *पु॰* वीर योद्धा। उत्तम योद्धा।

सुभट्ट—[सं॰ सु + भट्ट] *पु॰* बहुत बड़ा विद्वान्।

***सुभट्टा**—*पु॰* ≤ *सं॰* सुभट।

***सुभद**—*वि॰* ≤ *सं॰* शुभद। कल्याणप्रद। कल्याणकारी। शुभदाता। शुभकारक।

सुभद्र—[सं॰ सु + भद्र] *वि॰* १. अति शुभ। बहुत मंगलकारक। २. सर्वोत्तम। ३. अति सुन्दर। ४. अति प्रशंसनीय। ५. अति प्रिय। ६. अति भाग्यवान्। ७. अति प्रसन्न। ✣ **सुभद्रा**—*वि॰ (स्त्री॰)* = सुभद्र। (दे॰) *स्त्री॰* = १. पार्वती/दुर्गा का एक रूप। २. बलराम और कृष्ण की बहिन।

सुभद्रिका—[सं॰ सु + भद्रिका] *स्त्री॰* (बलराम और कृष्ण की बहिन) सुभद्रा। (छन्द॰) एक समवर्णिक छन्द जिसके प्रत्येक चरण में क्रमशः २ नगण, एक रगण और लघु, गुरु (न न र ल ग) के योग से ११ वर्ण होते हैं।

सुभद्रेश—[सं॰ सुभद्रा ~ ईश] *पु॰* सुभद्रा का स्वामी/पति। अर्जुन।

***सुभना**—[< सं॰ शुभ/शोभन] *क्रिअ॰* शोभित। प्रतीत होना। सुन्दर लगना।

***सुभर**—[< सं॰ सु + हि॰ भरना] *वि॰* अच्छी तरह से भरा हुआ।

सुभव—[सं॰ सु + भव] *वि॰* जो अच्छे रूप में उत्पन्न हुआ हो।

***सुभसील**—[< सं॰ शुभशील] *वि॰* शुभ प्रकृति वाला। उत्तम स्वभाव वाला। सुशील।

***सुभा**—[< सं॰ शुभा] *वि॰ (स्त्री॰)* शुभ।

***सुभाइ[१]/सुभाउ[१]**—[< सं॰ स्वभाव] *पु॰* १. स्वभाव। प्रकृति। २. स्वभाव। आदत। *क्रिवि॰* स्वाभाविक रूप से।

***सुभाइ[२]/सुभाउ[२]**—[< सं॰ सुभाव] *पु॰* १. सुभाव। उत्तम भाव। २. आत्मीयता। *क्रिवि॰* १. उत्तम भाव से। २. बहुत आत्मीयता से।

सुभाए—[< सं॰ सुभाव/स्वभाव] *क्रिवि॰* १. अच्छे/सुन्दर भाव से। सद्भावतः। २. स्वभाव से ही। स्वभावतः।

***सुभानन**—[< सं॰ शुभानन] *वि॰* १. शुभ/प्रसन्न मुख वाला। शुभानन। प्रसन्नमुख। *पु॰* १. शुभ मुख। २. शोभायुक्त या प्रसन्न मुख।

सुभाना**—[< सं॰ शोभन/शुभ] *क्रिअ॰* १. शोभित होना। देखने में सुन्दर लगना। फबना। सुहाना। ***जैसे—रंग रूप सुभाइ। २. शुभ प्रतीत होना। ३. प्रिय लगना। **जैसे**—यह शिशु मुझे सुभाता है।

सुभानु—[सं॰ सु + भानु] *वि॰* बहुत प्रकाशमान। चमकीला।

***सुभामिनी**—[< सं॰ सु + भामिनी] *स्त्री॰* सुन्दर युवती। कामिनी।

सुभाव[१]—[सं॰ सु + भाव] *पु॰* १. सुन्दर भाव। २. सद्भाव। ३. शील। (काव्य॰) उत्साह, क्रोध आदि भाव।

***सुभाव[२]**—[< सं॰ स्वभाव] *पु॰* स्वभाव। प्रकृति। *क्रिवि॰* सहज भाव से। स्वभावतः।

सुभावित—[सं॰ सु + भावित] *वि॰* अच्छी तरह विचारा हुआ। सुविचारित। (आयुर्वेद॰) जिसकी अच्छी तरह या अनेक बार भावना की गयी हो। अच्छी तरह तैयार की हुई। ***जैसे***—सुभावित औषध।

सुभाषा—[सं॰ सु + भाषा] *स्त्री॰* १. उत्तम वाणी। २. उत्तम कथन। ३. उत्तम भाषा। (काव्य॰) अलंकारों, वक्रोक्ति आदि से युक्त उत्तम भाषा।

सुभाषित—[सं॰ सु + भाषित] *पु॰* १. उत्तम वाणी। अच्छी बोली। २. संस्कृत में रचित, पद्यमय, नीति आदि से सम्बन्धित सुन्दर कथन। ३. किसी पुस्तक आदि का सुन्दर उद्धरण। सूक्ति।

सुभाषी—[सं॰ सु + भाषी (भाषिन्)] *वि॰* १. सुन्दर बोलनेवाला। अच्छी वाणी वाला। २. मधुर बोलनेवाला। मधुरभाषी। ✣ **सुभाषिणी**—*वि॰ (स्त्री॰)* = १. सुन्दर बोलनेवाली। अच्छी वाणी वाली। ***जैसे***—सुभाषिणी महादेवी वर्मा की रसीली भाषा।

सुभास—[सं॰ सु + भास] *वि॰* बहुत प्रकाशमान। चमकीला।

***सुभासा**—[≤ *स्त्री॰* सुभाषा] *स्त्री॰* १. उत्तम वाणी। २. उत्तम कथन। ३. उत्तम भाषा। (काव्य॰) वक्रोक्ति, अलंकारों आदि से युक्त उत्तम काव्य-भाषा।

सुभास्वर—[सं॰ सु + भास्वर] *वि॰* बहुत चमकनेवाला। प्रकाशमान्। दीप्तिमान्।

सुभिक्ष—[सं॰ सु + भिक्षा] *पु॰* १. ऐसा समय जिसमें भिक्षुओं को सरलता से भिक्षा मिलती है। वह समय जिसमें अन्न सुलभ हो। सुकाल। २. अनाज की प्रचुरता। अन्न-प्राचुर्य। ∇ **विलोम**—दुर्भिक्ष।

सुभुज—[सं॰ सु + भुजा] *वि॰* १. सुन्दर भुजाओं वाला। सुबाहु। *पु॰* 'सुबाहु' नामक राक्षस जिसे राम ने मारा था।

सुभेषज—[सं॰ सु + भेषज] *पु॰* गुणकारी औषधि। लाभप्रद दवा।

सुभोगमय—[सं॰ सुभोग + मयट्] *वि॰* उत्तम भोगों से युक्त।

सुभोजक—[सं॰ सु + हि॰ भोजक] *वि॰* अच्छा भोजन करनेवाला।

सुभ्रामर—[सं॰ सु + भ्रामर] *पु॰* (छन्द॰) एक मात्रिक छन्द। 'दोहा' छन्द का एक भेद जिसमें दोहे के चारों चरणों में २१ गुरु और ६ लघु होते हैं।

सुभ्रू—[सं॰ सु + भ्रू] *वि॰* सुन्दर भौंहों वाला। *स्त्री॰* १. सुन्दर भौंहोंवाली स्त्री। २ सुन्दर स्त्री।

सुम[१]—[सं॰ सु √ मा + क] *पु॰* पुष्प। सुमन। फूल।

सुम[२]—[सं॰ √ सु + मक्] *पु॰* १. चन्द्रमा। २. कपूर। ३. आकाश।

सुम[३]—[देशज] *पु॰* रेशम के कीड़े पालने में उपयोगी एक वृक्ष जो असम प्रदेश में होता है।

सुम[४]—[फा॰] *पु॰* (चौपायों का) खुर।

सुमग—[< सं॰ सुमार्ग] *पु॰* अच्छा रास्ता। सुमार्गी।

सुमङ्गलाचार (सुमंगलाचार)—[सं॰ सुमङ्गल ~ आचार] *पु॰* मांगलिक उत्सवों/समारोहों की सामग्री, रचना, वेशभूषा, सजावट इत्यादि।

सुमङ्गली (सुमंगली)—[< सं॰ सु + मङ्गली] *स्त्री॰* १. नवविवाहिता। स्त्री। २. वधू। पत्नी।

सुमत[१]—[सं॰ सु + मत] *पु॰* सुन्दर मत/राय/ विचार।

***सुमत**[2]—*स्त्री॰* ≤ *स॰* सुमति। (दे॰)

सुमति—[स॰ सु + मति] *वि॰* सुन्दर बुद्धि/विचार वाला। २. बहुत बुद्धिमान्। बहुत चतुर/होशियार। *स्त्री॰* १. अच्छी बुद्धि। सद्बुद्धि। २.आपस में सद्भावपूर्ण बुद्धि। मित्रता। (छन्द॰) एक समवर्णिक छन्द जिसके प्रत्येक चरण में क्रमशः नगण, रगण, नगण, यगण (न र न य) के योग से १२ वर्ण होते हैं।

सुमध्य/सुमध्यम—[स॰ सु + मध्य/मध्यम] *वि॰* पतली कमर वाला। ✣ **सुमध्या/सुमध्यमा**—*स्त्री॰* = पतली कमर वाली स्त्री।

सुमन—[स॰ सुमनस्] *वि॰* १. अच्छे मन वाला। मनस्वी। २. सुन्दर। मनोहर। ३. प्रसन्न। *पु॰* १. पुष्प। फूल। २. उत्तम मन। निश्छल हृदय। ३. सहृदय। सरस व्यक्ति। ४. विद्वान्। ५. देवता। ६. नीम का वृक्ष। ✣ **सुमनचाप**—*पु॰*=(फूलों के धनुष वाला) कामदेव।

सुमनमाल—[< हि॰ सुमन + माला] *स्त्री॰* फूलों की माला। पुष्पहार।

सुमना—[< हि॰ सुमन] *वि॰ (स्त्री॰)* सुन्दर मन वाली। *स्त्री॰* १. चमेली। २. सेवती। ✣ **सुमना-जात, सुमना-सुत**—पु॰ = चमेली का तेल। फुलेल।

***सुमन्त (सुमंत)**—*पु॰* ≤ *स॰* सुमन्त्र।

सुमन्त्र (सुमंत्र)—[स॰ सु + मन्त्र] *पु॰* १. अच्छा मन्त्र। २. (प्राचीन काल में) आधुनिक वित्तमन्त्री जैसा मन्त्री।

सुमन्त्रित (सुमंत्रित)—[स॰ सु + मन्त्रित] *वि॰* जिसे अच्छा मन्त्र/परामर्श दिया गया हो। २. जिस पर विचार-विमर्श हुआ हो। जिस के विषय में मन्त्रणा हुई हो। ३. मन्त्रों द्वारा पवित्र किया हुआ। अभिमन्त्रित।

सुमन्द (सुमंद)—[स॰ सु + मन्द] *वि॰* मन्द गति वाला। बहुत धीमा। ***जैसे***—सुमन्द पवन का आनन्द।

सुमन्द्र—[स॰ सु + मन्द्र] *वि॰* १. बहुत गम्भीर। २. अति प्रसन्न। ३. अति आह्लादकारी।

सुमन्यु—[सु + मन्यु] *पु॰* अधिक मन्यु/क्रोध। *वि॰* अति क्रोधी।

सुमानस—[स॰ सु + मानस] *पु॰* १. निष्पाप चित्त। २. मानसरोवंर। *वि॰* अच्छे मन वाला। सुमन।

सुमानी—[स॰ सुमानिन्] *वि॰* प्रतिष्ठित। सम्मानित। अति अभिमानी या स्वाभिमानी।

सुमान्य—[स॰ सु + मान्य] *वि॰* अति मान्य। सम्मानित। प्रतिष्ठित।

सुमार—[< स॰ सु + हि॰ मार (< मारना)] १. भारी मार/पिटाई। २. अच्छा निशाना। सफल चोट।

***सुमार**—[< फा॰ शुमार] *पु॰* गणना या संख्या। गिनती। शुमार। २. हिसाब या जोड़। *वि॰* असंख्य। बेशुमार।

सुमालिनी—[स॰ सु + मालिनी] *स्त्री॰* अच्छी/सुन्दर मालिन।

सुमित्र—[स॰ सु + मित्र] *पु॰* अच्छा मित्र। *वि॰* जिसके अच्छे मित्र हों। ✣ **सुमित्रा**—*स्त्री॰* = अच्छी मित्र। *वि॰ (स्त्री॰)* अच्छे मित्रों वाली।

सुमिल—[स॰ सु + हि॰ मिलना] *वि॰* १. जो सरलता से किसी से मिल जाता है। २. स्वाभाविक रूप से मेल-जोल या प्रेम बढ़ानेवाला। ३. मेल-जोल या प्रेम का सम्बन्ध रखनेवाला। ४. अनुकूलता के साथ सहयोग देनेवाला। ***जैसे***—सरस सुमिल चित्त।

***सुमीचु**—[< स॰ सु + मृत्यु] *स्त्री॰* उत्तम मृत्यु।

सुमीड़ना—[< स॰ सु + हि॰ मीड़ना] *क्रिस॰* अच्छी तरह से मसलना। ✣ ***सुमीड़ि**—*क्रिवि॰*=अच्छी तरह से मसलकर।

सुमीत—[स॰ सु + हि॰ मीत] *पु॰* उत्तम मित्र।

सुमुक्त—[स॰ सु + मुक्त] *वि॰* पूरी तरह मुक्त। पूर्ण मुक्त।

सुमुख—[स॰ सु + मुख] *वि॰* १. सुन्दर मुख वाला। २. सुन्दर। मनोहर। ३. आह्लादकर। प्रसन्नतादायक। ४. अनुकूल। ४. दयालु। *पु॰* विद्वान्। पंडित।

सुमुखा—[स॰ सुमुख + टाप्] *स्त्री॰* सुमुखी। *वि॰* (भवन आदि) जिसका प्रवेश-द्वार उत्तम हो।

सुमुखी—[स॰ सुमुख + ङीष्] *स्त्री॰* १. सुन्दर मुख वाली स्त्री। २. सुन्दर स्त्री। सुन्दरी। (छन्द॰)। एक प्रकार का सवैया। एक समवर्णिक छन्द जिसके प्रत्येक चरण में क्रमशः ७ जगण, लघु, गुरु के योग से २३ वर्ण होते है तथा ११-१२ पर यति होती है। २. एक समवार्णिक छन्द जिसके प्रत्येक चरण में क्रमशः नगण, २ जगण, लघु-गुरु के योग से ११ वर्ण होते हैं।

सुमुद्रित—[स॰ सु + मुद्रित] *वि॰* सुन्दर छपा हुआ। ***जैसे***—सुमुद्रित पुस्तक।

सुमूल—[स॰ सु + मूल] *वि॰* १. उत्तम मूल वाला। २. लम्बी और मज़बूत जड़ों वाला। ३. सुदृढ़ और उत्तम आधार वाला। ४. (कार्य) जिसका आरम्भ अच्छा हो।

सुमृग—[स॰ सु + मृग] *पु॰* १. उत्तम/सुन्दर पशु। २. सुन्दर हिरन। ३. अनेक जंगली पशुओं वाला स्थान। ४. वह स्थान जहाँ शिकार के लिए अनेक जंगली पशु मिलते हैं।

सुमेध/सुमेधा[1]—[< स॰ सुमेधस्] *वि॰* १. बुद्धिमान्। २. मेधावी।

सुमेधा[2]—[< स॰ सु + मेधा] *स्त्री॰* उत्तम मेधा। १. अच्छी धारणा-शक्ति। २. अच्छी बुद्धि।

सुमेरु—[स॰ सु + मेरु] *पु॰* पुराण-वर्णित एक उत्तम पर्वत। मेरु पर्वत। (छन्द॰) एक सममात्रिक छन्द जिसके प्रत्येक चरण में १९ मात्राएँ होती हैं, १२-७ या १०-९ पर यति होती है, आदि अन्त में लघु वर्ण रहता है तथा तगण, जगण या रगण नहीं होता।

***सुमोति**—[< स॰ सु + हि॰ मोती] *पु॰* उत्तम जाति का मोती।

सुम्बी (सुंबी)—[देशज] *स्त्री॰* लोहा काटने की छेनी।

सुम्भी—[< स॰ सूर्मी] *स्त्री॰* लोहे की एक प्रकार की कील जिसे चक्की के पाट में गड्ढे करते समय काम में लाते हैं।

***सुम्मृति**—[< स॰ स्मृति] *स्त्री॰* स्मृति (शास्त्र)। धर्मशास्त्र।

***सुम्रत**—[< हि॰ सुमिरत] *वि॰* स्मरण करते हुए। *क्रिवि॰* स्मरण करते ही।

***सुम्रिति**—*स्त्री॰* ≤ *स॰* स्मृति। स्मृति (ग्रन्थ)। धर्मशास्त्र।

सुयज्ञ—[स॰ सु + यज्ञ] *पु॰* १. उत्तम यज्ञ। विधिपूर्वक किया गया यज्ञ। २. अच्छे उद्देश्य से किया जानेवाला यज्ञ। *वि॰* १. उत्तम रीति

से यज्ञ करनेवाला। २. सफलतापूर्वक यज्ञ करनेवाला।

सुयुद्ध (सुयुद्ध)—[स॰ सु + युद्ध] *पु॰* १. उत्तम युद्ध। युद्धकला की दृष्टि से श्रेष्ठ युद्ध। २. धर्मपूर्वक किया गया युद्ध। उत्तम युद्ध जिसमें अन्याय न हुआ हो। ३. धर्म की रक्षा के उद्देश्य से किया जाने वाला युद्ध।

सुर[१]—[स॰ सु √रा + क] *पु॰* १. देव। देवता। २. (पद्य आदि में) तेंतीस की संख्या (३३)।

सुर[२]—[‹ स॰ स्वर] *पु॰* १. कंठ/वाद्य आदि से निकलने वाली संगीतात्मक ध्वनि। स्वर। २. बोलने का लहजा। जैसे-आज तो वह नाराज़गी के सुर में बोल रहा था।

†सुरक—[‹ हि॰ सुरकना] *पु॰* १. सुरकने/सुड़कने की क्रिया/भाव। २. सुड़कन से होनेवाली आवाज़। (स्त्रियों द्वारा) नाक पर लगाया जाने वाला वह तिलक जो बाण के फल की आकृति का होता है।

†सुरकना—[अनु॰] *क्रिस॰* 'सुर-सुर' आवाज़ करते हुए, एक - एक घूँट करके, दूध आदि तरल-वस्तु पीना।

***सुरकन्त (सुरकंत)**—[‹ स॰ सुर ~ कान्त] *पु॰*=देवों का स्वामी। इन्द्र।

सुर-कानन—[स॰] *पु॰* देवताओं का वन। स्वर्ग का नन्दनकानन।

सुर-कारु—[स॰] *पु॰* देव-शिल्पी। विश्वकर्मा।

सुर-कार्मुक—[स॰] *पु॰* इन्द्रधनुष।

सुर-कुल—[स॰] *पु॰* १. देव जाति। देवतागण।

सुरक्त—[स॰ सु + रक्त] *पु॰* सुन्दर रक्त। अच्छा ख़ून। *वि॰* १. जिसमें अच्छा/स्वस्थ ख़ून हो। २. स्वस्थ। ३. गहरे लाल रंग का। ४. बहुत अनुरक्त।

सुरक्षण—[स॰ सु + रक्षण] *पु॰* सुरक्षा। रखवाली। हिफ़ाज़त।

सुरक्षा—[स॰ सु + रक्षा] *स्त्री॰* १. उचित प्रकार से की जाने वाली रक्षा। २. आक्रमण/संकट/आघात आदि से बचने या बचाने के लिए किया जाने वाला प्रबन्ध।

सुरक्षी—[स॰ सुरक्षिन्] *पु॰* १. अच्छा/योग्य विश्वसनीय रक्षक। २. उत्तम/योग्य अभिभावक।

सुरख़—[‹ फा॰ सुर्ख़] *वि॰* लाल रंग का। सुर्ख़।

सुर-गज—[स॰] *पु॰* (इन्द्र का) ऐरावत हाथी।

सुर-गाय—[स॰ सुर + हि॰ गाय] *स्त्री॰* कामधेनु।

सुर-गायक—[स॰] *पु॰* गन्धर्व।

सुर-गुरु—[स॰] *पु॰* (देव-गुरु) बृहस्पति।

सुर-गृह—[स॰] *पु॰* देवालय। देव-मन्दिर। मन्दिर।

सुरघाती—[स॰ सुरघातिन्] *वि॰, पु॰* देवों का संहार करने वाला। सुर-संहारक। ***जैसे***—सुरघाती दैत्य।

सुरङ्ग[१] (सुरंग[१])—[स॰ सु + रङ्ग] *वि॰* १. अच्छे रंग का। उत्तम रंग वाला। ***जैसे***—सुरंग फूल। २. लाल रंग का। ३. सुन्दर। ४. स्वच्छ। ५. सरस। मज़ेदार। *पु॰* १. नारंगी। २. शिंगरफ़।

सुरङ्ग[२] (सुरंग[२])—[‹ प्रा॰ सुरंगा ‹ स॰ सुरङ्गा] *स्त्री॰* १. ज़मीन के नीचे बनाया हुआ मार्ग। २. (चोरी करने के लिए दीवार में लगायी जाने वाली) सेंध। ३. भूमि के कुछ नीचे विस्फोटक पदार्थ गाड़ने का मार्ग।

सुरङ्गिका (सुरंगिका)—[‹ स॰ सुरङ्गक + टाप्] *स्त्री॰* छोटी सुरंग।

सुरङ्गी (सुरंगी)—[‹ स॰ सुरङ्ग] *वि॰* सुन्दर रंग/रंगों वाला। *पु॰* लाल सहिजन (वृक्ष)।

***सुरच्छन, सुरज[१]**— दे॰ क्रमशः सुरक्षण, सूरज।

सुरज[२]—[स॰ सुर + रज (रजस्)] *वि॰* उत्तम/अधिक पराग वाला (फूल)।

सुरजन—[स॰ सुर ~ जन] *पु॰* देवता या देव-समूह।

***सुरजूथ**—[‹ स॰ सूर ~ यूथ] *पु॰* देव-समूह।

सुरज्येष्ठ—[स॰ सुर ~ ज्येष्ठ] *पु॰* (देवताओं में ज्येष्ठ/बड़ा) ब्रह्मा।

सुरत[१]—[स॰ सु + रत] *वि॰* अति अनुरक्त। ***जैसे***—युवती में सुरत युवक। *पु॰* १. अति हर्ष। बहुत आनन्द। २. काम-क्रीड़ा। भोग-विलास।

सुरत[२]—[‹ स॰ स्मृति] *स्त्री॰* १. स्मृति। स्मरण। याद। ***जैसे***—हमारी तो सुरत भी भूल गए। २. ध्यान। सुध।

सुरतटिनी—[स॰ सुर ~ तटिनी] *स्त्री॰* १. गंगा (नदी)। २. आकाशगंगा।

सुरतरङ्गिणी (सुरतरंगिणी)—[स॰ सुर ~ तरङ्गिणी] *स्त्री॰* १. गंगा (नदी)। २. आकाशगंगा।

सुरतरु—[स॰ सुर ~ तरु] *पु॰* (स्वर्ग का) कल्पवृक्ष। २.कदम्ब वृक्ष।

सुरता[१]—[स॰ सुर + तल् + टाप्] *स्त्री॰* १. सुर/देवता होने की अवस्था/भाव। सुरत्व। देवत्व। २. देवता होने का गुण/धर्म। सुरत्व। देवत्व।

†सुरता[२]—[‹ हि॰ (बहुत) सुरता ‹ स॰ बहुश्रुत] *वि॰* १. बुद्धिमान्। समझदार। २. चालाक। होशियार।

सुर-तात—[स॰] *पु॰* १. (आदित्य आदि) देवताओं का पिता। कश्यप (ऋषि)। २. देवताओं का राजा। इन्द्र।

सुरतान—[हि॰ सुर + तान] *स्त्री॰* १. गायन में सुर पर आधारित तान। २. सुर/स्वर और तान।

सुरताल—[हि॰ सुर + स॰ ताल] *स्त्री॰* (संगीत में) सुर और ताल।

सुरता—[स॰ सुर + तल् + टाप्] *स्त्री॰* देवत्व। सुरत्व। देवतापन।

सुरति[१]—[स॰ सु + रति] *स्त्री॰* १. काम-क्रीड़ा। भोग-विलास। ***जैसे***—सुरति-श्रमित। २. प्रेम। ३. चित्त की अनुरागात्मिका वृत्ति।

सुरति[२]**—[‹ स॰ स्मृति] *स्त्री॰* १. स्मृति। स्मरण। याद। २. ध्यान। सुध। ***जैसे—कार्यों की सुरति ।

***सुरति[३]**—[‹ स॰ श्रुति] *स्त्री॰* (हृदय में होनेवाला) अनाहत नाद। अनहद नाद।

***सुरति[४]**— *स्त्री॰* ≤ *फा॰* सूरत। आकृति। रूप। शक्ल।

सुरति कमल—[स॰] *पु॰* (योग॰) सहस्रारचक्र।

सुरतिगोपना—[स॰ सुरति ~ गोपन + टाप्] *स्त्री॰* (काव्य॰) अपनी काम-केलि को सखियों से छिपाने का प्रयत्न करनेवाली नायिका।

सुरति-निरति—[सं॰] *स्त्री॰* सुरति और निरति। (सन्तों की भक्तिपूर्ण योगसाधना में) परमात्मा का प्रेमपूर्ण ध्यान और पूर्णरूप से नादब्रह्म में लय।

***सुरतिय**—[< सं॰ सुर ~ स्त्री] *स्त्री॰* १. देवांगना। देवी। २. देवांगना। अप्सरा।

***सुरतिवन्त**—[< सं॰ सुरतिवत्] *वि॰* सुरतिवान्। कामातुर।

सुरती[1]—[< सं॰ सुरत] *वि॰ (स्त्री॰)* अति आसक्त (स्त्री)।

सुरती[2]—[< हिं॰ सूरत=(गुजरात का एक नगर)] *स्त्री॰* १. तम्बाकू का पत्ता। २. तम्बाकू के पत्तों का चूर्ण जो पान के साथ या यों ही चूना मिलाकर खाया जाता है।

सुरत्न—[सं॰ सु + रत्न] *पु॰* १. श्रेष्ठ रत्न। अच्छा रत्न। २. माणिक्य/लाल नामक रत्न।

सुरत्राण—[सं॰ सुर ~ त्राण] *वि॰, पु॰* सुरत्राता।

सुरत्राता—[सं॰ सुर ~ त्राता] *वि॰* देवताओं की रक्षा करनेवाला। **जैसे**—विष्णु प्रसिद्ध सुरत्राता हैं।

सुरत्व—[सं॰ सुर + त्व] *पु॰* देवत्व। देवतापन।

सुरदार—[< हिं॰ सुर + फा॰ दार] *वि॰* १. (गायन में) अच्छे सुर वाला या सुरीला (गाना/बजाना)। २. उत्तम स्वर में गानेवाला। सुरीला (गायक)।

सुरदारु—[< सं॰ सुर ~ दारु] *पु॰* देवदार (वृक्ष)।

सुरधनु—[< सं॰ सुर ~ धनुस्] *पु॰* इन्द्रधनुष।

सुरधनुस्—[< सं॰ सुरधनुस्] *पु॰* इन्द्रधनुष।

सुरधुनि/सुरधुनी—[सं॰ सुर ~ धुनि/धुनी] *स्त्री॰* १. गंगा (नदी)। २. आकाशगंगा।

सुरधेनु—[सं॰ सुर ~ धेनु] *स्त्री॰* कामधेनु।

सुर-नदी—[सं॰] *स्त्री॰* १. गंगा (नदी)। २. आकाशगंगा।

सुर-नाथ/नायक—[सं॰] *पु॰* १. देवताओं का स्वामी या नायक। २. (देवराज) इन्द्र। ३. (भगवान्) विष्णु। ४. शिव। महादेव।

सुर-नारी—[रा॰] *स्त्री॰* अप्सरा।

***सुर-नाह**—*पु॰* ≤ *सं॰* सुर-नाथ। इन्द्र।

सुर-निलय—[सं॰] *पु॰* १. स्वर्ग। २. सुमेरु (पर्वत)।

सुरप—[सं॰ सुर + प] *पु॰* सुरपति। इन्द्र।

सुरपति—[सं॰ सुर + पति] *पु॰* देवराज। इन्द्र।

सुरपथ—[सं॰ सुर ~ पथ] *पु॰* आकाश।

सुरपर्वत—[सं॰ सुर ~ पर्वत] *पु॰* सुमेरु (पर्वत)।

सुरपादप—[सं॰ सुर ~ पादप] *पु॰* कल्पवृक्ष।

सुरपाल—[सं॰ सुर + पाल] *पु॰* १. (देवराज) इन्द्र। २. (भगवान्) विष्णु।

सुर-पुर—[सं॰] *पु॰* देवताओं की राजधानी। अमरावती।

सुर-पौर—[सं॰ सुर + हिं॰ पौर] *पु॰* १. राजमहल की ड्योढ़ी। राजद्वार। २. राज-सभा। राज-दरबार।

सुरप्रिय—[सं॰ सुर ~ प्रिय] *वि॰* जो देवताओं को प्रिय हो।

सुरबहार—[हिं॰ सुर + फा॰ बहार] *पु॰* एक तत वाद्य जिसमें ७ तार लगे होते हैं और जिसकी आकृति तथा वादन-शैली प्रायः सितार के समान होती है।

***सुरबारी**—[< हिं॰ सुर वाली] *वि॰ (स्त्री॰)* सुरीली।

सुरबाला—[सं॰ सुर ~ बाला] *स्त्री॰* १. देवी। २. अप्सरा। ३. देवजाति की युवती/बालिका/किशोरी आदि।

***सुरबेल/सुरबेलि**—[< सं॰ सुर ~ वेल्लि] *स्त्री॰* (स्वर्ग की) कल्पलता।

सुर-भवन—[सं॰] *पु॰* १. देवता का निवास-स्थान। देव मन्दिर। मन्दिर। २. (स्वर्ग की राजधानी) अमरावती।

सुरभि—[सं॰ सु √रभ् + इन्] *स्त्री॰* १. पृथ्वी। २. गौ। गाय। ३. कामधेनु। ४. सुगन्ध। *वि॰* सुगन्धित। प्रसिद्ध। ✣ **सुरभित**—*वि॰* = सुगन्धित। सुवासित। ✣ **सुरभिता**—*स्त्री॰* = सुगन्ध। ✣ **सुरभिबाण**—*पु॰* = कामदेव। ✣ **सुरभिमान्**—*वि॰* = सुगन्धित। सुवासित। ✣ **सुरभि-मास**—*पु॰* = वसन्त ऋतु के महीने।

सुर-भिषक्—[सं॰] *पु॰* देवताओं के वैद्य। अश्विनी कुमार।

सुरभि-समय—[सं॰] *पु॰* वसन्त ऋतु।

***सुरभी**—[≤ *सं॰* सुरभि।] *स्त्री॰* १. गाय। २. कामधेनु।

***सुर-भूप**—[सं॰] *पु॰* १. इन्द्र। २. विष्णु या उनका कोई अवतार। ३. राम।

सुर-भोग—[सं॰] *पु॰* अमृत।

सुरमण्डल (सुरमंडल)—[हिं॰ सुर + सं॰ मण्डल] *पु॰* १. देवताओं का मंडल/समूह। देव-समूह। २. एक तरह का वाद्य (जो सितार के समान होता है)।

सुरमन्दिर (सुरमंदिर)—[सं॰ सुर ~ मन्दिर] *पु॰* देव-मन्दिर। देवालय। मन्दिर।

सुरमणि—[सं॰ सुर ~ मणि] *स्त्री॰* चिन्तामणि नामक दिव्य रत्न।

सुरम्य—[सं॰ सु + रम्य] *वि॰* अति रम्य। बहुत रमणीक। बहुत रमणीय।

सुरर्षभ—[सं॰ सुर ~ ऋषभ] *पु॰* १. (देवताओं में) श्रेष्ठ देवता (इन्द्र, गणेश, शिव/महादेव या विष्णु आदि)

***सुरलभ**—[< सं॰ दुर्लभ का अनु॰] *वि॰* सुलभ।

सुर-ललना—[सं॰] *स्त्री॰* देवबाला। देवांगना। देवी या अप्सरा।

सुरलहर—[सं॰ सुर ~ लहर] *स्त्री॰* बोलते समय स्वर का उतार-चढ़ाव। वाणी का आरोह-अवरोह।

सुरली—[सं॰ सु + हिं॰ रली] *स्त्री॰* १. सुन्दर क्रीड़ा। २. प्रेम-क्रीड़ा।

सुर-वधू—[सं॰] *पु॰* देवता की पत्नी। देवी। देवांगना।

सुरवर—[सं॰ सुर ~ वर] *पु॰* (देवताओं में) श्रेष्ठ देवता। (इन्द्र, गणेश, शिव/महादेव या विष्णु आदि)

सुरवर्त्म—[सं॰ सुर ~ वर्त्म (वर्त्मन्)] *पु॰* देवों का मार्ग। आकाश।

सुर-वाणी—[सं॰] *स्त्री॰* देवों की वाणी/भाषा। देवभाषा। संस्कृत भाषा।

सुर-वीथी—[सं॰ सुर ~ वीथी] *स्त्री॰* देवताओं का मार्ग। नक्षत्रों का मार्ग। आकाश।

सुरवेश्म—[सं॰ सुर ~ वेश्म (वेश्मन्)] *पु॰* देवलोक। स्वर्ग।

सुरशिल्पी—[सं॰ सुर ~ शिल्पी (शिल्पिन्)] *पु॰* देवताओं का शिल्पी/कारीगर। विश्वकर्मा।

सुरश्रेष्ठ—[सं॰ सुर ~ श्रेष्ठ] *पु॰* १. (देवताओं में) सबसे श्रेष्ठ देवता। २. विष्णु/शिव/गणेश या इन्द्र।

सुरस—[सं॰ सु ~ रस] *वि॰* १. सुन्दर रसवाला। २. सरस। रसीला। ३. मधुर। ४. स्वादिष्ट। रसयुक्त। ५. सुन्दर। *पु॰* सुन्दर/उत्तम रस।

सुरसत्तम—[सं॰ सुर ~ सत्तम] *पु॰* सुरश्रेष्ठ। (दे॰)

सुरसदन—[सं॰ सुर ~ सदन] *पु॰* देवताओं का निवास स्थान। स्वर्ग।

सुरसद्‌म (सुरसद्म)—[सं॰ सुर ~ सद्‌म (सद्‌मन्)] *पु॰* स्वर्ग।

सुर-सर—[सं॰] *पु॰* मानसरोवर।

सुरसरि—[< सं॰ सुरसरित्] *स्त्री॰* गंगा (नदी)। (छन्द॰) एक समवर्णिक छन्द जिसके प्रत्येक चरण में क्रमशः तगण, नगण, भगण, सगण (त न भ स) के योग से १२ वर्ण होते हैं।

सुर-सरित्, सुर-सरिता—[सं॰] *स्त्री॰* गंगा (नदी)।

***सुरसरी**—*स्त्री॰* ≤ *हि॰* सुरसरि। गंगा (नदी)।

सुरसा—[सं॰ सुरस + टाप्] *वि॰* (स्त्री॰) सुरस। (दे॰) *स्त्री॰* १. तुलसी (पौधा)। २. ब्राह्मी (पौधा)। ३. पार्वती। दुर्गा। (छन्द॰) एक समवर्णिक छन्द जिसके प्रत्येक चरण में क्रमशः मगण, रगण, भगण, नगण, यगण, नगण और गुरु (म र भ न य न ग) के योग से १९ वर्ण होते हैं तथा ७-७-५ पर यति होती है।

सुरसाँई—[सं॰ सुर + हि॰ साँई <सं॰ स्वामी] *पु॰* १. देवताओं का स्वामी। २. इन्द्र। ३. (भगवान्) विष्णु। ४. शिव। महादेव।

***सुरसालु**—[< सं॰ सुर + हि॰ सालना] *वि॰* देवताओं को दुःख देनेवाला। *पु॰* राक्षस, असुर या दैत्य।

सुरसिन्धु—[सं॰ सुर ~ सिन्धु] *स्त्री॰* गंगा (नदी)।

***सुरसील**—[< सं॰ सु + हि॰ रसीला] *वि॰* अति रसीला।

***सुरसैयाँ**—*पु॰* ≤ *सं॰* सुर-स्वामी।

सुरहर[१]/सुरहरा[१]—[< सं॰ सरल] *वि॰* सीधा ऊर्ध्वाधर/सीधा ऊपर को गया हुआ।

सुरहर[२]/सुरहरा[२]—[< अनु॰ सुर-सुर] *वि॰* 'सुर-सुर' ध्वनि करता हुआ।

सुरही[१]—[< हि॰ सोलह] *स्त्री॰* १. सोलह (१६) की संख्या। २. जुआ खेलने की चित्तीदार १६ कौड़ियाँ। ३.उक्त कौड़ियों से होनेवाला एक प्रकार का खेल जो प्रायः जुए के रूप में खेला जाता है।

***सुरही**—[< सं॰ सुरभि] *स्त्री॰* सुरभि। गाय।

सुरा—[सं॰ सु √रा + अङ् + टाप्] *स्त्री॰* १. चावलों के चूर्ण से बनायी गयी शराब। २. मदिरा। शराब।

***सुराई[१]**—[< सं॰ सुर] *स्त्री॰* १. 'सुर' होने की अवस्था/भाव। सुरत्व। देवत्व। २. आधिपत्य। स्वामित्व। प्रभुता।

***सुराई[२]**—[< सं॰ शूर] *स्त्री॰* शूरता। वीरता। पराक्रम।

***सुराऊ**—*पु॰* ≤ *सं॰* सुराजा। अच्छा राजा।

सुरा गाय—[< प्रा॰ सुरहि < सं॰ सुरभि] *पु॰* एक प्रकार का पहाड़ी पशु जिसका दूध पिया जाता है, जो बोझ ढोने के काम भी आता है, और जिसकी पूँछ से चमर/चँवर बनाया जाता है। चमरी गाय। (तिब्बत का) याक पशु।

सुरागार[१]—[सं॰ सुर ~ आगार] *पु॰* देवताओं का स्थान।

सुरागार[२]—[सं॰ सुरा ~ आगार] *पु॰* शराब बनाने/बेचने का स्थान। मदिरालय। शराबघर।

सुराङ्गना (सुरांगना)—[सं॰ सुर ~ अङ्गना] *स्त्री॰* १. देवांगना। देवी या अप्सरा। २. देव जाति की स्त्री।

सुराचार्य—[सं॰ सुर ~ आचार्य] *पु॰* देवताओं का आचार्य। बृहस्पति।

सुराजीवी—[सं॰ सुरा ~ जीवी (जीविन्)] *पु॰* शराब बनाने और बेचने का धन्धा करनेवाला। कलाल। कलवार।

***सुराति/सुराती**—*स्त्री॰* ≤ *सं॰* सुरात्रि। १.चन्द्रमा और तारों से युक्त रात्रि। २. सुन्दर रात्रि।

सुराथी—[देशज] *स्त्री॰* अनाज के दाने निकालने के लिए बालियाँ पीटने का लकड़ी का डंडा।

सुराद्रि—[सं॰ सुर ~ अद्रि] *पु॰* सुमेरु (पर्वत)।

सुराधिप/सुराधीश—[सं॰ सुर ~ अधिप/अधीश] *पु॰* १. देवताओं में सबसे प्रमुख देवता। २. (भगवान्) विष्णु। ३. शिव। महादेव। ४. ब्रह्मा। ५. इन्द्र।

सुरानीक—[सं॰ सुर ~ अनीक] *पु॰* देवताओं की सेना।

सुरापगा—[सं॰ सुर ~ आपगा] *स्त्री॰* १. आकाशगंगा। २. गंगा नदी।

सुरारि—[सं॰ सुर ~ अरि] *पु॰* १.देवताओं का शत्रु। देव-शत्रु। २. राक्षस, असुर, दानव या दैत्य।

सुरारिघ्न/सुरारिहन्ता (सुरारिहंता)—[सं॰ सुरारि + घ्न हन्ता] *पु॰* १. राक्षसों, असुरों, दानवों या दैत्यों का नाश करनेवाला। २. विष्णु या राम, कृष्ण आदि विष्णु-अवतार।

सुरार्चन—[सं॰ सुर ~ अर्चना] *पु॰* देवता की पूजा। देवपूजन।

सुरार्दन—[सं॰ सुर ~ अर्दन] *पु॰* १. देवताओं का नाशक या देवताओं को पीड़ित करनेवाला। २. राक्षस, असुर, दानव या दैत्य।

सुराव—[सं॰ सु + राव] *पु॰* १. सुन्दर नाद/गर्जन। २. उच्च स्वर का नाद/गर्जन।

सुरावट—[< हि॰ सुर] *पु॰* (गायन में) सुरों का उचित/सुन्दर उतार-चढ़ाव। स्वरों का मनोहर आरोह-अवरोह।

सुरासव—[सं॰ सुरा ~ आसव] *पु॰* १. तेज़ शराब [**जैसे**—ब्रांडी, जिन, रम या व्हिस्की आदि] २. अल्कोहल नामक तरल पदार्थों का एक प्रकार। स्पिरिट (अं॰)।

सुरासार—[सं॰ सुरा-सार] *पु॰* वह मूल द्रव जिससे शराब बनती है। मद्यसार। एक प्रकार का अल्कोहल (अं॰ एथिल एल्कोहल)।

सुरा-सुप्त—[सं॰] *वि॰* शराब के नशे में सोया हुआ या बेसुध।

सुरुख़—[< सं॰ सु + फा॰ रुख़] *वि॰* १. चेष्टाओं से अनुकूल या प्रसन्न होनेवाला। २. प्रसन्न रहकर कृपा करनेवाला। अनुकूल होनेवाला। ✣ **सुरुख़**—*वि॰* = सुरुख।

सुरुचि—[सं॰ सु + रुचि] *स्त्री॰* परिष्कृत रुचि। अच्छी रुचि। *वि॰* अच्छी रुचि वाला।

सुरुचिर—[सं॰ सु + रुचिर] *वि॰* १. जो मन को बहुत रुचिकर हो। २. सुन्दर। ३. उज्ज्वल। प्रकाशमान। चमकीला।

सुरेतर—[सं॰ सुर ~ इतर] *वि॰* सुरों/देवताओं से भिन्न। *पु॰* मानव, असुर, दैत्य, दानव या राक्षस।

***सुरेता**—[< सं॰ सुरेतस्] *वि॰* १. अति वीर्यवान्। २. अति शक्तिशाली।

सुरेन्द्र (सुरेंद्र)—[सं॰ सुर ~ इन्द्र] *पु॰* १.देवताओं का राजा। इन्द्र। २. (इन्द्र के समान) महान् राजा। महाराज। (छन्द॰) एक समवर्णिक छन्द जिसके प्रत्येक चरण में क्रमशः यगण, मगण, २ नगण, और गुरु (य म न न ग) के योग से १३ वर्ण होते हैं तथा ५-८ पर यति होती है।

सुरेश/सुरेश्वर—[सं॰ सुर ~ ईश/ईश्वर] *पु॰* १. देवताओं का राजा। इन्द्र। २. भगवान् विष्णु या उनका कोई अवतार (राम, कृष्ण आदि)। ३. शिव। महादेव। ❖ **सुरेश्वरी**—*स्त्री॰*=१. देवताओं की स्वामिनी। २. पार्वती। दुर्गा। ३. लक्ष्मी।

सुरोत्तम—[सं॰ सुर ~ उत्तम] *पु॰* देवताओं में सबसे श्रेष्ठ देवता (इन्द्र, विष्णु, शिव, ब्रह्मा इत्यादि)।

सुरोपम—[सं॰ सुर ~ उपमा] *वि॰* १. देवताओं के समान। देवतुल्य। २. महान्। ३. धर्मात्मा। पुण्यात्मा।

सुरोमा—[सं॰ सुरोमन्] *वि॰* सुन्दर या अधिक रोमों/लोमों वाला।

सुर्ख़—[फा॰] *वि॰* रक्तवर्ण। लाल रंग का। सुर्ख़ फूल। *पु॰* लाल रंग। ❖ **सुर्ख़रङ्ग (सुर्ख़रंग)**—[फा॰] *वि॰* लाल रंग वाला। रक्तवर्ण।

सुर्ख़ा—[< फा॰ सुर्ख़] *पु॰* एक प्रकार का कबूतर जो लाल रंग का होता है।

सुर्ख़ाब—[फा॰] *पु॰* १. चक्रवाक। चकवा (पक्षी)। २. एक सुनहले या नारंगी-कत्थई रंग की बत्तख़ के आकार की चिड़िया जिसका सिर और गर्दन बादामी रंग के, पीठ, चोंच और दुम काली होती है और पंख सफ़ेद, काले तथा चमकीले हरे होते हैं। ***वा॰* सुर्ख़ाब का पर**—१. कोई विलक्षण विशेषता। २. दुर्लभ वस्तु। **सुर्ख़ाब के पर लगे होना**—कोई विलक्षण विशेषता होना।

†सुर्ता—[< हि॰ बहुत सूरता < सं॰ बहुश्रुत] *वि॰* १. बुद्धिमान्, समझदार या चालाक। २. होशियार। ❖ **सुर्ती**[१]—*वि॰ (स्त्री॰)* बुद्धिमती या चालाक (स्त्री)।

†सुर्रा[१]—[देशज] *पु॰* छोटी थैली या बटुआ।

सुर्रा[२]—[अनु॰ < हि॰ सुर-सुर] *पु॰* १. हवा का तेज़ झोंका। २. हवा के तेज़ झोंके की सुर-सुर या सर-सर ध्वनि।

***सुर्लभ**—[सं॰ 'दुर्लभ' का अनु॰] *वि॰* सुलभ। सुगम।

सुलक्षित—[सं॰ सु + लक्षित] *वि॰* १. अच्छी प्रकार से देखा हुआ। २. अच्छी प्रकार से परीक्षित। ३. अच्छी प्रकार से निश्चित। ***जैसे***—सुलक्षित उपाय। ४. जिसे लक्ष्य बनाया गया हो। जो लक्ष्य के रूप में हो। ❖ **सुलक्षिता**—*वि॰ (स्त्री॰)*। ***जैसे***—सुलक्षिता नीति।

सुलक्ष्य—[सं॰ सु + लक्ष्य] *पु॰* उत्तम लक्ष्य। *वि॰* जो स्पष्ट दिखे। सहज दृश्य।

सुलग—[< सं॰ सु + हि॰ लगना] *वि॰* १.(किसी से) लगा हुआ या समीप होना, अलग नहीं। *क्रिवि॰* (अलग नहीं) निकट। समीप। पास।

सुलगन[१]—[< हि॰ सुलगना] *स्त्री॰* सुलगने की अवस्था/क्रिया/भाव।

सुलगन[२]—[सं॰ सु + हि॰ लगन] *स्त्री॰* १. (किसी काम के प्रति) अच्छी लगन/धुन। २. उत्तम लग्न के उदय होने का समय। शुभ लग्न/मुहूर्त। सुलग्न।

सुलग्न—[सं॰ सु + लग्न] *वि॰* अच्छी तरह से लगा/सटा हुआ। संलग्न। *क्रिवि॰* समीप। निकट। पास। *पु॰, स्त्री॰* उत्तम लग्न के उदय का समय। शुभ समय। शुभ मुहूर्त।

†सुलछ—[< सं॰ सुलक्ष/सुलक्ष्य] *वि॰* १. सुलक्ष। २. सुलक्ष्य।

***सुलज**—[< सं॰ सु + लज्जा] *वि॰* लज्जा/मर्यादा की भावना से युक्त।

सुलटा—[हि॰ 'उलटा' का अनुकरणात्मक] *वि॰* १. औंधा न हो, सीधा। ***जैसे***—औंधा लोटा सुलटा कर दो। २. जो विपरीत न हो, सीधा। ***जैसे***— उलटे काम मत करो, सुलटे काम करो।

***सुलप**[१]—[< सं॰ स्वल्प] *वि॰* १. बहुत थोड़ा। स्वल्प। २. मन्द। धीमा। *क्रिवि॰* धीरे-धीरे। मन्द।

***सुलप**[२]—[< हि॰ सुलफ] *वि॰* झूलती हुई।

सुलफ—[सं॰ सु + हि॰ लफना] *वि॰* १. लचीला। २. कोमल। मुलायम।

सुलफ़ा—[< फा॰ सुल्फ़ः] *पु॰* १. गाँजा/चरस आदि जो चिलम में भरकर पिया जाता है। २. सूखी तम्बाकू जो चिलम में भरकर पी जाती है।

सुलभेतर—[सं॰ सुलभ ~ इतर] *वि॰* १. 'सुलभ' से भिन्न। जो सरलता से प्राप्त न हो सके। दुर्लभ। अलभ्य। २. कठिन। मुश्किल।

सुलभ्य—[सं॰ सु + लभ्य] *वि॰* जो सरलता से प्राप्त हो या हो सकता हो। सुलभ।

सुललित—[सं॰ सु + ललित] *वि॰* अति ललित। अति सुन्दर।

***सुलषना**—[< सं॰ सुलक्षण] *वि॰* १. शुभ लक्षणों वाला। सुलक्षण। २. भला। अच्छा।

***सुलाक**—[< सं॰ शलाका] *स्त्री॰* १. शलाका। सलाई या सलाख़। २. तपी हुई सलाई या सलाख़। ३. छेद या दाग।

***सुलाकत**—[< हि॰ सुलाकना] *क्रिवि॰* तपी हुई शलाका से छेद करते समय या दागते समय।

***सुलाकी**—[< हि॰ सुलाक] *स्त्री॰* तपी हुई शलाका की आग।

सुलाखना—[< सं॰ सुलक्षण] *क्रिस॰* १. भली भाँति लक्षणों से परीक्षा करना। खरा-खोटा परखना। २. (सोना या चाँदी को) तपाकर परखना। ❖ **सुलाखि**—*क्रिवि॰*

सुलाज—[सं॰ सु + हि॰ लाज (< सं॰ लज्जा)] *स्त्री॰* लज्जा। मर्यादा। *पु॰* लज्जा/मर्यादा का ध्यान।

सुलास—[< सं॰ सु + लास्य] *पु॰* उत्तम लास्य/नृत्य।

***सुलाहु**—*पु॰* ≤ *सं॰* सुलाभ।

सुलिपि—[सं॰ सु + लिपि] *स्त्री॰* १. सुन्दर लिपि। २. स्पष्ट लिखावट।

सुलूक—[अरबी] *पु॰* व्यवहार। बर्ताव।

सुलेमानी—[< फा॰ सुलेमान] *वि॰* सुलेमान-सम्बन्धी। सुलेमान का। ***जैसे***—सुलेमानी चमत्कार। *पु॰* १. कई वस्तुओं के मिश्रण से बना एक पाचक नमक। २. एक प्रकार का काला-सफ़ेद पत्थर।

सुलोचन—[सं॰ सु + लोचन] *वि॰* १. सुन्दर नेत्रों वाला। २. सुन्दर। *पु॰* १. सुन्दर नेत्र। २. मृग। हिरन। ३. खंजन (पक्षी)। ✣ **सुलोचना**—*वि॰ (स्त्री॰)* = सुन्दर नेत्रों वाली। *स्त्री॰* १. सुन्दर स्त्री। सुन्दरी। २. रावण-पुत्र मेघनाद की पत्नी जो पतिव्रता तथा अति सुन्दर थी।

सुलोम—[सं॰ सुलोमन्] *वि॰* सुन्दर लोमों/रोमों वाला। ✣ **सुलोमा**—*वि॰ (स्त्री॰)*।

सुलोल—[सं॰ सु + लोल] *वि॰* १. बहुत चंचल। २. बहुत कामुक। ३. (किसी बात के लिए) बहुत उत्सुक। ४. बहुत विकल/बेचैन।

सुलोहित—[सं॰ सु + लोहित] *वि॰* लाल रंग का। रक्तवर्ण। *वि॰ (स्त्री॰)* ✣ **सुलोहिता**—*वि॰* (*स्त्री॰*) अग्नि की सात जिह्वाओं में से एक।

सुल्फ़ा—[देशज] *पु॰* सामान। ***जैसे***—सौदा-सुल्फ़।

***सुव**—[< हिं॰ सुवन] *पु॰* सुत। पुत्र। बेटा।

सुवक्त्र—[सं॰ सु + वक्त्र] *पु॰* १. सुन्दर मुख। अच्छा चेहरा। २. शुद्ध उच्चारण। *वि॰* १. सुन्दर मुख वाला। २. शुद्ध उच्चारण करनेवाला। ३. सुन्दर।

सुवच—[सं॰ सु + वच] *वि॰* जिसके उच्चारण में कठिनाई न हो। जो सरलता से कहा जा सके।

†**सुवटा**—[< हिं॰ सुआ (< सं॰ शुक)] *पु॰* शुक। तोता। ✣ **सुवटी**— *स्त्री॰* = नारी। मादा तोता। तोती। शुकी।

सुवदन—[सं॰ सु + वदन] *वि॰* १. सुन्दर मुख वाला। सुमुख। २. सुन्दर। ✣ **सुवदना**—*स्त्री॰* = १. सुन्दर मुख वाली स्त्री। २. सुन्दर स्त्री। (छन्द॰) एक समवर्णिक छन्द जिसके प्रत्येक चरण में क्रमशः मगण, रगण, भगण, नगण, यगण, भगण, लघु, गुरु (म र भ न य भ ल ग) के योग से २० वर्ण होते हैं तथा ७-७-६ पर यति होती है।

***सुवन**—[< सं॰ सूनु] *पु॰* पुत्र। बेटा।

सुवपु—[सं॰ सु + वपु] *पु॰* सुन्दर शरीर। *वि॰* सुन्दर शरीर वाला। सुदेह।

सुवर्चा—[सं॰ सुवर्चस्] *वि॰* १. शक्तिशाली। २. तेजस्वी।

सुवर्ण—[सं॰ सु + वर्ण] *वि॰* १. सुन्दर रंग का। २. चमकदार रंग का। ३. सुनहले रंग का। सुनहला। ४. पीले रंग का। ***जैसे***—सुवर्णकदली। *पु॰* १. एक धातु। स्वर्ण। सोना। २. (प्राचीन भारत में) सोने का एक सिक्का। ३. सुन्दर वर्ण/रंग। ४. सुन्दर वर्ण/जाति। ५. सुन्दर वर्ण/अक्षर। ६. एक खनिज। स्वर्णमाक्षिक। सोनामाखी। ७. स्वर्ण की एक प्राचीन तौल जो १६ माशे की होती थी। ८. धन। दौलत। ९. पीला चन्दन। हरिचन्दन। १०. धतूरा।

सुवर्णयूथिका—*स्त्री॰* पीली जूही। सोनजुही (पौधा/फूल)।

सुवर्णवर्ण—[सं॰ सुवर्ण ~ वर्ण] *वि॰* = सुवर्ण के रंग के समान रंग वाला। सुनहला लाल या पीलापन लिए हुए लाल।

सुवर्णसिद्‌ध (सुवर्णसिद्ध)—[सं॰ सुवर्ण ~ सिद्ध] *पु॰* वह जो जादू से सोना बना सकता हो।

सुवर्णा—[सं॰ सुवर्ण + टाप्] *स्त्री॰* अग्नि की ७ जिह्वाओं में से एक।

सुवर्णाकर—[सं॰ सुवर्ण ~ आकर] *पु॰* स्वर्ण की खान।

सुवर्णाभ—[सं॰ सुवर्ण ~ आभा] *वि॰* स्वर्ण की-सी आभा/कान्ति/चमक वाला। *पु॰* 'लाजवर्द/रामावर्त' नामक रत्न।

सुवर्तुल—[सं॰ सु + वर्तुल] *वि॰* पूरी तरह वर्तुल। गोल। चक्राकार।

सुवर्मा—[सं॰ सुवर्मन्] *वि॰* १. जिसने उत्तम कवच पहना हुआ हो। २. जिसके पास उत्तम कवच हो।

***सुवस**[1]—[< सं॰ स्ववश] *वि॰* जो अपने वश में हो। स्ववश। स्वाधीन।

***सुवस**[2]—[< सं॰ सु + वास] *पु॰* सुन्दर वस्त्र। *वि॰* सुन्दर रूप से सजा हुआ।

सुवसन्त (सुवसंत)—[सं॰ सु + वसन्त] *पु॰* १. चैत्र मास की पूर्णिमा। चैत्र पूर्णिमा। २. प्राचीन काल में उक्त तिथि को मनाया जानेवाला एक उत्सव। मदनोत्सव। ✣ **सुवसन्तक (सुवसंतक)**—*पु॰* = प्राचीन काल में चैत्र पूर्णिमा को मनाया जानेवाला मदनोत्सव।

सुवसित—[सं॰ सु + वसित] *वि॰* १. सुन्दर वस्त्रों आदि को धारण किया हुआ। २. अच्छी तरह बसा हुआ।

सुवह—[सं॰ सु + वह] *वि॰* जो सरलता से वहन किया जा सके। जिसे आसानी से उठाया जा सके। २. धैर्यशाली। धीर।

सुवा—[< हिं॰ सुआ < सं॰ शुक] *पु॰* शुक। तोता।

सुवाच्य—[सं॰ सु + वाच्य] *वि॰* जिसे पढ़ने में कठिनाई न हो। जो सरलता से स्पष्ट पढ़ा जा सके। साफ़-साफ़ लिखा हुआ। सुपाठ्य। ***जैसे***—उसका पत्र सुवाच्य अक्षरों में लिखा हुआ है।

***सुवाना**—*क्रिस॰* ≤ हिं॰ सुलाना। शयन कराना। ✣ **सुवाइ**—*क्रिवि॰* = सुलाकर।

सुवार—[सं॰ सु + वार] *पु॰* उत्तम वार। अच्छा दिन।

सुवास—[सं॰ सु + वास] *स्त्री॰* सुगन्ध। ख़ुशबू। *पु॰* सुन्दर/अच्छा निवास-स्थान। (छन्द॰) एक समवर्णिक छन्द जिसके प्रत्येक चरण में क्रमशः नगण, जगण और लघु (न ज ल) के योग से ७ वर्ण होते हैं। *वि॰* जो अच्छे/सुन्दर वस्त्र पहने हो।

सुवासा—[< सं॰ सुवासस्] *वि॰* जो अच्छे/सुन्दर वस्त्र पहने हुए हो।

सुवासिक—[सं॰ सु + वासिक] *वि॰* सुगन्धित।

सुवासित—[सं॰ सु + वासित] *वि॰* १. सुवास-युक्त। २. सुगन्धित। ३. सुन्दर वस्त्रों से सज्जित।

सुवासी—[सं॰ सुवासिनी] *वि॰* १. आराम से रहनेवाला। २. वस्त्रों से सुसज्जित। ✣ **सुवासिनी**—*वि॰ (स्त्री॰)* = आराम से रहनेवाली। *स्त्री॰* १. विवाहित होकर अपने माता-पिता के घर में रहनेवाली युवती। २.वस्त्रों से सुसज्जित स्त्री।

सुवाह—[सं॰ सु + वाह] *वि॰* १. जो सरलता से वहन कर सके। २. अच्छे घोड़े/घोड़ों से युक्त। *पु॰* अच्छा घोड़ा।

सुविक्रम—[सं॰ सु + विक्रम] *पु॰* अच्छा विक्रम। उत्तम पराक्रम। *वि॰* अति विक्रमी/पराक्रमी।

सुविक्रान्त (सुविक्रांत)—[सं॰ सु + विक्रान्त] *वि॰* अति पराक्रमी। बहुत वीर।

सुविग्रह—[सं॰ सु + विग्रह] *पु॰* सुन्दर शरीर। *वि॰* सुन्दर शरीर वाला। सुरूप। रूपवान्।

सुविज्ञ—[सं॰ सु + विज्ञ] *वि॰* बहुत विज्ञ। बहुत जानकार। उत्तम ज्ञानी।

सुविज्ञात—[सं॰ सु + वि + ज्ञात] *वि॰* १. अच्छी तरह से जाना हुआ। पूरी तरह से ज्ञात। सुविदित। २. प्रसिद्ध। विख्यात। ३. सुपरिचित।

सुवित्त—[सं॰ सु + वित्त] *पु॰* बहुत धन-सम्पत्ति। *वि॰* बहुत धनी।

सुविद्—[सं॰ सु + विद्] *पु॰* १. विद्वान् व्यक्ति। २. चतुर व्यक्ति। *स्त्री॰* विदुषी। २. चतुर स्त्री।

सुविद्य (सुविद्य)—[सं॰ सु + विद्या] *वि॰, पु॰* श्रेष्ठ विद्वान्।

सुविधि—[सं॰ सु + विधि] *स्त्री॰* १. अच्छी विधि। २. अच्छा ढंग। अच्छी रीति। सुरीति। ३. अच्छा उपाय। अच्छी युक्ति।

सुविनीत—[सं॰ सु + विनीत] *वि॰* १. बहुत विनीत। अति नम्र। २. भली-भाँति सिखाकर अपने अनुकूल किया हुआ (पशु)। ✣ **सुविनीता**—*वि॰ (स्त्री॰)*।

सुविनेय—[सं॰ सु + विनेय] *वि॰* जिसे सरलता से विनीत बनाया जा सकता हो।

सुविशुद्ध (सुविशुद्ध)—[सं॰ सु + विशुद्ध] *वि॰* १. पूर्णतया शुद्ध। *जैसे*—सुविशुद्ध मन। २. पूर्णतः दोषरहित।

सुवीज—[सं॰ सु + वीज] *वि॰* १. अच्छे बीजवाला। सुबीज। *पु॰* १. अच्छा बीज। सुबीज।

सुवीर—[सं॰ सु + वीर] *पु॰* बड़ा वीर। श्रेष्ठ योद्धा।

सुवीर्य—[सं॰ सु + वीर्य] *पु॰* १. उत्तम वीर्य/शुक्र। २. वीरता। *वि॰* पराक्रमी। शक्तिशाली।

सुवृत्त—[सं॰ सु + वृत्त] *वि॰* १. अच्छे चरित्र वाला। चरित्रवान्। २. गुणवान्। गुणी। ३. अच्छे छन्द/छन्दों में रचित (काव्य/पद्य)। *पु॰* १. अच्छा चरित्र। २. अच्छा वर्णन। ३. अच्छा छन्द।

सुवृत्ति—[सं॰ सु + वृत्ति] *स्त्री॰* १. उत्तम वृत्ति। अच्छी जीविका। २. सदाचार। सच्चरित्रता। *वि॰* १. जिसकी वृत्ति/जीविका उत्तम हो। २. सदाचारी। सच्चरित्र।

सुवेग—[सं॰ सु + वेग] *वि॰* तेज़ गति वाला। अतिवेगवान्।

सुवेल—[सं॰ सु + वेल] *वि॰* शान्त। निस्तब्ध। *जैसे*—सुवेल समुद्र।

सुवेश—[सं॰ सु + वेश] *वि॰* १. अच्छी वेश-भूषावाला। जो सुन्दर वस्त्र, अलंकार आदि पहने हुए हो। २. सुन्दर। *पु॰* सुन्दर वेश-भूषा। अच्छी पोशाक।

†सुवैया—[< हिं॰ सोना/सुवाना] *वि॰* १. सोनेवाला। २. सुलानेवाला।

सुव्यक्त—[सं॰ सु + व्यक्त] *वि॰* १. अच्छी प्रकार से व्यक्त/कथित। भली प्रकार स्पष्ट किया हुआ। २. इतने विस्तार के साथ बताया हुआ कि कुछ भी अस्पष्ट या अव्यक्त न रहे। विस्तारपूर्वक व्यक्त/वर्णित/कथित। ३. जो साफ़ दिखे। स्पष्ट। ✣ **सुव्यक्तता**—*स्त्री॰* = सुव्यक्त होने का गुण/भाव।

सुव्रत—[सं॰ सु + व्रत] *वि॰* १. दृढ़ता से अपने व्रत का पालन करनेवाला। २. धर्मनिष्ठ। *पु॰* ब्रह्मचारी। ✣ **सुव्रता**—वि॰ *(स्त्री॰)*।

सुशक्त—[सं॰ सु + शक्त] *वि॰* अति शक्तिशाली।

सुशरीर—[सं॰ सु + शरीर] *पु॰* १. अच्छा या सुन्दर शरीर। २. स्वस्थ। बलिष्ठ शरीर। *वि॰* अच्छे शरीर वाला। सुन्दर।

सुशान्त (सुशांत)—[सं॰ सु + शान्त] *वि॰* अति शान्त।

सुशिख—[सं॰ सु + शिखा] *वि॰* सुन्दर शिखा वाला। *पु॰* अग्नि।

सुशिखा—[सं॰ सु + शिखा] *स्त्री॰* १. सुन्दर शिखा। २. मोर/मुर्गे की कलग़ी।

सुशीत—[सं॰ सु + शीत] *वि॰* बहुत ठंडा।

सुशृङ्ग (सुशृंग)—[सं॰ सु + शृङ्ग] *पु॰* १. सुन्दर सींग। **जैसे**—हमारे बैलों के सुशृंग गोवर्धन-पूजा के दिन सजाए जाएँगे। २. (पर्वत का) सुन्दर शिखर/चोटी। *जैसे*—हिमालय के सुशृंगों का दर्शन। *वि॰* १. सुन्दर सींगों वाला (पशु)। २. सुन्दर शिखरों वाला (पर्वत)।

सुशोभन—[सं॰ सु + शोभन] *वि॰* १. बहुत शोभा वाला। अति सुन्दर। २. फबनेवाला। *जैसे*—सिर पर सुशोभन पगड़ी।

सुश्रव—[सं॰ सु + श्रव] *वि॰* जो सरलता से अच्छी तरह सुना जा सके।

सुश्रवा—[सं॰ सु + श्रवा] *वि॰* १. यशस्वी। २. प्रसिद्ध।

सुश्रव्य—[सं॰ सु + श्रव्य] *वि॰* जो सुनने में अच्छा लगे। कर्णमधुर। श्रुतिमधुर। ✣ **सुश्रव्यता**—*स्त्री॰* = सुश्रव्य होने का गुण/भाव। कर्णमधुरता। श्रुतिमधुरता।

सुश्री—[सं॰ सु + श्री] *वि॰* १. श्री से युक्त। शोभायुक्त। अति सुन्दर। २. अति धनी। *स्त्री॰* किसी स्त्री के नाम के पहले लगाया जाने वाला एक आदरसूचक शब्द, विशेषत: जब यह पता न हो कि वह विवाहित है या नहीं।

सुश्रुत—[सं॰ सु + श्रुत] *वि॰* १. अच्छी तरह सुना हुआ। २. प्रसिद्ध। ३. वेद के ज्ञान में निपुण।

सुश्रोणि—[सं॰ सु + श्रोणि/श्रोणी] *वि॰* सुन्दर नितम्बों वाली। *स्त्री॰* १. सुन्दर स्त्री। सुन्दरी। २. सुन्दर कटि/कमर। ३. सुन्दर नितम्ब।

सुश्लिष्ट—[सं॰ सु + शिलष्ट] *वि॰* १. अच्छी तरह से मिला/जुड़ा/सटा हुआ। २. अच्छी तरह आलिंगित। ३. (वाक्य में प्रयुक्त) श्लेष युक्त या श्लिष्ट (पद)।

सुश्लोक—[सं॰ सु + श्लोक] *वि॰* १. उत्तम कीर्ति वाला। अति

यशस्वी। २. उत्तम चरित्र वाला। ३. प्रसिद्ध विख्यात। मशहूर।

***सुषमन/सुषमना/सुषमनि**—स्त्री॰ ≤ हि॰ सुषुम्ना (नाड़ी)।

सुषम—[सं॰ सु+ सम, स→ष] वि॰ १. अति सन्तुलित। सुसन्तुलित। २. अति सम। समतायुक्त।

सुषमा—[सं॰ सुषम (सु + सम) + टाप्] वि॰ अति मनोहर। बहुत सुन्दर। स्त्री॰ १. परम शोभा। बहुत सौन्दर्य। २. प्रकृति की शोभा। प्राकृतिक सौंदर्य।

सुषमाकर—[सं॰ सुषमा ~ आकर] पु॰ १. सौन्दर्य की खान। २. अति सौन्दर्य। अति शोभा।

सुषमित—[सं॰ सुषम + इतच्] वि॰ १. सुषमा से युक्त। अति मनोहर। बहुत सुन्दर। २. सन्तुलित।

सुषिर—[सं॰ √शुष् + किरच्, पृषो॰ श→स] वि॰ छेदों/सुराखों से भरा हुआ। अनेक छेदों वाला। पु॰ छेद। सुराख़। २. लकड़ी, बाँस या बेंत। ३. हवा के दबाव से बजाया जाने वाला कोई वाद्य/बाजा।

सुषुप्त—[सं॰ सु √स्वप् + क्त] वि॰ १. गहरी नींद में सोया हुआ। २. सोया हुआ। सुप्त। ३. (सुप्त मनुष्य की तरह) निष्क्रिय। ***जैसे***—सुषुप्त भारत। ४. (सुप्तावस्था की तरह) अव्यक्त (गुण/तत्त्व)। ***जैसे***—अपनी सुषुप्त शक्तियों को जगाओ।

सुषुप्तावस्था—[सं॰ सुषुप्त ~ अवस्था] स्त्री॰ गहरी नींद की अवस्था। सुषुप्ति।

सुषुम्ना—[< सं॰ सुषुम्णा] स्त्री॰ शरीर की एक अत्यन्त प्रमुख नाड़ी जो नाभि से मेरुदंड (रीढ़ की हड्डी) में से होती हुई ब्रह्मरन्ध्र तक फैली है।

सुषेण—[सं॰ सु √सेन् + अच्] पु॰ १. (भगवान्) विष्णु।

सुष्ट—[सं॰ 'दुष्ट' का अनुकरणत्मक] वि॰, पु॰ अच्छा। भला। ∇ **विलोम**—दुष्ट।

सुष्ठु—[सं॰ सु √स्था + कु] क्रिवि॰ १. उत्तमता से। अच्छी तरह। भली-भाँति। २. बहुत अधिक। अत्यधिक। अत्यन्त। ३. सचाई से। ठीक-ठीक। ४. जैसा होना चाहिए, वैसा ही। ***जैसे***—सुष्ठु विकसित।

सुसंवाद—[सं॰ सु + संवाद] पु॰ १. अच्छा संवाद। २. सुन्दर वार्तालाप। अच्छी बातचीत। ३. शुभ सन्देश। अच्छी ख़बर। ४. अच्छा वाद-विवाद। अच्छी बहस। ∇ **विलोम**—कुसंवाद।

सुसंस्कृत—[सं॰ सु + संस्कृत] वि॰ १. अच्छी तरह शुद्ध किया हुआ। २. सुधारा हुआ। परिमार्जित। परिष्कृत। ३. अच्छे रूप में लाया हुआ। सजाया हुआ। सुसज्जित। ४. अच्छी तरह संस्कार किया हुआ। ६. सांस्कृतिक दृष्टि से उन्नत। ७. शिष्टतापूर्ण। ***जैसे***—सुसंस्कृत व्यवहार। ८. संस्कृति के अनुरूप। ***जैसे***—सुसंस्कृत विचार। ९. श्रेष्ठ संस्कृति वाला। ***जैसे***—सुसंस्कृत भारत। १०. (घी आदि से) भली-भाँति छौंका और पकाया हुआ। ***जैसे***—सुसंस्कृत दाल खाना।

सुसंहत—[सं॰ सु + संहत] वि॰ १. जो अच्छी तरह संहत हो। जिसमें सुसंहिति हो। २. अच्छी तरह गठा हुआ। सुगठित। ३. जिसमें थोड़े शब्दों में बहुत कहा जाए। सुसंहितियुक्त। ४. ठसाठस भरा हुआ। सघन।

सुसंहिति—[सं॰ सु + संहिति] स्त्री॰ १. अच्छी संहिति। २. अच्छा गठन। ३. ठसाठस भरे होने की स्थिति/गुण/भाव। सघनता। (काव्य॰) शैली का एक गुण। रचना में भाषा की सुसम्बद्धता, अर्थ-गम्भीरता और संक्षिप्तता। थोड़े शब्दों में बहुत गम्भीर बात कहने का गुण।

सुसदस—[सं॰ सु + सदस्] पु॰ उत्तम सभा। ✣ ***सुसदसि**—स्त्री॰=उत्तम सभा।

सुसन्ध (सुसंध)—[सं॰ सु + सन्धा] वि॰ दृढ़ प्रतिज्ञा वाला। वचन का पक्का। सत्यसंकल्प।

***सुसरित**—[< सं॰ सु + सरित्] स्त्री॰ १. उत्तम/पवित्र नदी।

***सुसला**—[< सं॰ शश] पु॰ शश। शशक। खरगोश।

सुसह—[सं॰ सु + सहना] वि॰ जो सरलता से सहन किया जा सके। सुसह्य।

†**सुसा**[1]—[< सं॰ स्वसृ] स्त्री॰ भगिनी। बहिन।

***सुस**[2]—[< सं॰ शशक] पु॰ शश। खरगोश।

सुसाखी—[सं॰ सु + साक्षी] पु॰ उत्तम साक्षी।

सुसाजी—[< सं॰ सुसज्जी] वि॰, पु॰ १. सुसज्जित करनेवाला। २. कल्याणकारी बनानेवाला। —तुलसी (कृष्ण॰, ६१)

सुसाधित—[< सं॰ सु + साधित] वि॰ १. अच्छी तरह सफल/पूर्ण किया हुआ। ***जैसे***—सुसाधित कार्य। २. उत्तम प्रकार से प्राप्त किया हुआ। ***जैसे***—सुसाधित धन-सम्पत्ति। ३. सहज रूप में सिद्ध/पूर्ण किया हुआ।

सुसाध्य—[सं॰ सु + साध्य] पु॰ १. जो सरलता से सिद्ध/सफल/पूर्ण किया जा सकता हो। सुख-साध्य। २. जो सरलता से प्राप्त किया जा सकता हो। सुप्राप्य।

सुसामध—[< सं॰ सु + हि॰ समधी (< सं॰ सम्बन्धी)] स्त्री॰ (विवाह में) वर और कन्या दोनों पक्षों के समधियों की स्नेहपूर्वक परस्पर मिलन की रीति।

सुसार—[सं॰ सु + सार] पु॰ अच्छा सार। वि॰ सारपूर्ण। सार-तत्त्व।

***सुसालि/सुसाली**—[< सं॰ सु + शालि] स्त्री॰ उत्तम जाति का धान।

सुसेव्य—[सं॰ सु + सेव्य] वि॰ १. जिसकी अच्छी प्रकार सेवा की जानी चाहिए। उत्तम सेवा के योग्य। ***जैसे***—सुसेव्य योगी। २. भली प्रकार सेवन के योग्य जिसे अच्छी तरह खाया-पिया या ग्रहण किया जाना चाहिए। ***जैसे***—सुसेव्य औषधि; सुसेव्य नियम।

सुस्थ—[सं॰ सु √स्था + क] वि॰ १. ठीक तरह से स्थित। २. स्वस्थ। ३. सुखी। ४. सुन्दर। मनोहर।

सुस्थचित्त—[सं॰ सुस्थ ~ चित्त] वि॰ प्रसन्न/सुखी चित्त वाला। प्रसन्नचित्त।

सुस्थता—[सं॰ सुस्थ + तल् + टाप्] स्त्री॰ सुस्थ होने की स्थिति/भाव। ✣ **सुस्थत्व**—पु॰ = सस्थता।

सुस्थल—[सं॰ सु + स्थल] पु॰ उत्तम स्थान।

सुस्मित—[सं॰ सु + स्मित] *वि॰, पु॰* सुन्दर/मधुर हँसी हँसने वाला। ***जैसे***—सुस्मित कृष्ण।

सुस्वन—[सं॰ सु + स्वन] *वि॰* १. सुन्दर ध्वनि/शब्द करनेवाला। २. सुन्दर। मनोहर। ३. सुरीला। मधुर। ४. गूँजनेवाला। गूँजता हुआ। गुंजायमान। *पु॰* शंख।

सुस्वप्न—[सं॰ सु + स्वप्न] पु॰ १. अच्छा स्वप्न/सपना। २. शुभ सपना। ३. रोचक स्वप्न।

***सुहथ**—[< सं॰ स्व + हि॰ हाथ] *पु॰* अपना हाथ। स्वहस्त। *क्रिवि॰* अपने हाथ से।

***सुहम**—[दक्खिनी हिन्दी < सं॰ सोऽहम्] *पु॰* परमात्मा।

सुहस्त—[सं॰ सु + हस्त] *पु॰* १. सुन्दर हाथ। *वि॰* १. सुन्दर हाथों वाला। २. किसी काम को करने में निपुण हाथों वाला। किसी काम को सरलता से और उत्तम प्रकार से करनेवाला।

सुहाग—[< सं॰ सौभाग्य] *पु॰* १. (विवाहित स्त्री की दृष्टि से) पति का जीवित और साथ होना। सौभाग्यवती/सुहागिन होने की अवस्था। सौभाग्य। अविधवात्व। अवैधव्य। अहिबात। २. विवाह में गाए जाने वाले एक प्रकार के गीत जिन्हें कन्या-पक्ष की स्त्रियाँ गाती हैं और जिनमें कन्या के अचल सौभाग्य की कामना की जाती है।

सुहागा—[< सं॰ सुभग] *पु॰* एक क्षार-द्रव्य जो औषधोपयोगी है और सोना गलाने में काम आता है।

सुहागिन—[< हि॰ सुहाग] *स्त्री॰* सौभाग्यवती स्त्री। सधवा स्त्री। ⁘ ***सुहागिनि/सुहागिनी/सुहागिल**—*वि॰ (स्त्री॰), स्त्री॰* = सुहागिन।

सुहाड़—[< सं॰ सु + हि॰ हाड़ (< हड्डी)] *पु॰* मज़बूत हड्डियाँ।

सुहाथ[१]—[< सं॰ स्व + हि॰ हाथ] *पु॰* अपना हाथ।

सुहाथ[२]—[सं॰ सु + हि॰ हाथ] *पु॰, वि॰* सुहस्त। (दे॰)

सुहाना—[< शोभन्] *क्रिअ॰* १. सुन्दर प्रतीत होना। शाभित होना। मन को सुन्दर लगना। २. पसन्द आना। ३. अच्छा लगना या सुखद होना। *वि॰* १. सुन्दर। मनोहर। २. सुखद।

सुहारी—[< सं॰ सु + आहार] *स्त्री॰* 'पूड़ी/पूरी' नामक व्यंजन।

सुहाल/सुहार—[< सं॰ सु + आहार] *पु॰* मैदा से बनाया जाने वाला एक नमकीन व्यंजन जो परतोंवाला और तिकोना होता है।

†सुहाली—*स्त्री॰* ≤ *हि॰* सुहारी। पूरी। पूड़ी।

***सुहाव**[१]—[< हि॰ सुहाना] *वि॰* १. सुन्दर और सुहावना। २. सुखद।

सुहाव[२]—[सं॰ सु + हाव] *पु॰* सुन्दर हाव। आकर्षक हाव-भाव।

सुहावता—[< हि॰ सुहाना] *वि॰* सुहावना (दे॰)

सुहावना—[< हि॰ सुहाना] *वि॰* सुन्दर और सुखद।

सुहावा—[< हि॰ सुहाना] *वि॰* सुन्दर और सुखद । सुहावना। *क्रिस॰* 'सुहाना' क्रिया का एक भूतकालिक रूप। सुहाया।

सुहास—[सं॰ सु + हास] *पु॰* सुन्दर हास। मनोहर हँसी। *वि॰* सुन्दर हँसी वाला। जिसका हास सुन्दर हो। सुहासी।

सुहासिनी—[सं॰ सु + हासिनी] *वि॰ (स्त्री॰)* सुन्दर हँसी वाली। मधुरहासिनी। ***जैसे***—सुहासिनी बालिका।

सुहासी—[सं॰ सुहासिन्] *वि॰* सुन्दर हँसी वाला। जिसका हास सुन्दर हो। मधुरहासी ***जैसे***—सुहासी कृष्ण।

सुहित—[सं॰ सु + हित] *पु॰* अच्छा हित। उत्तम उपकार। *वि॰* अति हितकारी। ⁘ **सुहिता**—*स्त्री॰* = अग्नि की ७ जिह्वाओं में से एक।

सुही**—[देशज] *वि॰ (स्त्री॰)* लाल रंग की। ***जैसे—सुही साड़ी।

सुहृद्—[सं॰ सु + हृद्] *वि॰* १.अच्छे हृदय वाला। २. प्रिय। *पु॰* १. मित्र। २. बन्धु।

***सुहेत**—[< सं॰ सु + हेतु] *पु॰* १. उत्तम हेतु। २. उत्तम साधन।

सुहेला—[सं॰ सु + हेला] *स्त्री॰* आमोद-प्रमोदवाली सुन्दर क्रीड़ा। *पु॰* १. एक प्रकार के गीत जो विवाह के अवसर पर स्त्रियों द्वारा गाए जाते हैं। २. प्रशंसा। ३. प्रिय जन। प्रिय लोग। *वि॰* १. सुहावना। २. सह्य। *क्रिवि॰* सहज में। ⁘ **सुहेली**—*वि॰ (स्त्री॰)* = १. सुहावनी २. सह्य।

सू[१]—[सं॰ √सू + क्विप्] *वि॰* (समासयुक्त पद के अन्त में प्रयुक्त) उत्पन्न करनेवाला। ***जैसे***—वीरसू भूमि।

†सू[२]—[< हि॰ से] *परसर्ग॰* से। ***जैसे***—राजा सू कहौ।

सूआ[१]—[< सं॰ शुक] *पु॰* शुक। तोता (पक्षी)।

***सूआ**[२]—[< हि॰ सुई] *पु॰* लम्बी और मोटी सुई जिससे टाट, बोरे आदि सिले जाते हैं। सूजा।

सूक—[सं॰ सू + कन्] *पु॰* १. पवन। हवा। २. बाण। तीर। ३. कमल।

सूकर—[सं॰ सू √कृ + अच्] *पु॰* १. शूकर। सुअर। २. (भगवान्) विष्णु का एक अवतार। वाराहावतार।

†सूकरखेत—[< सं॰ सूकर-क्षेत्र] *पु॰* सोरों (उत्तर प्रदेश) नामक स्थान।

सूकरी—[सं॰ सूकर + ङीष्] *स्त्री॰* १. नारी/मादा शूकर। सुअरी। सूअरी। २. वाराही देवी।

***सूका**—[< सं॰ शुष्क] *वि॰* शुष्क। सूखा।

सूक्त—[सं॰ सु + उक्त] *पु॰* १. भली भाँति कथित। २. बुद्धिमत्तापूर्ण कहावत। ३. वेदमन्त्रों का विशिष्ट समूह। ***जैसे***—वेदों के रात्रिसूक्त, देवीसूक्त, पुरुषसूक्त आदि बहुत अर्थपूर्ण हैं।

सूक्तदर्शी/सूक्तद्रष्टा—[सं॰ सूक्तदर्शिन्, सूक्तद्रष्टृ] *पु॰* सूक्त के मन्त्रों का अर्थ करनेवाला या प्रचारक ऋषि।

सूक्ति—[सं॰ सु + उक्ति] *स्त्री॰* १. सुन्दर उक्ति। अच्छा कथन। २. नीति-वाक्य। सुभाषित। ***जैसे***—संस्कृत में सूक्तियों का अमूल्य भंडार है। ३. बुद्धिमत्तापूर्ण कथन। ४. उद्धृत किए जाने योग्य कथन/वचन। सुन्दर उद्धरण।

सूक्ष्म—[सं॰ √सच् +मन्, सुक्] *वि॰* १. बहुत छोटा, बहुत बारीक/महीन। १. जो स्थूल न हो। २.बहुत थोड़ा। ३. जो जल्दी समझ में आनेवाला न हो। दुर्बोध। दुर्गम। ***जैसे***—वेदान्त दर्शन के सूक्ष्म विषयों का उपदेश। (काव्य॰) एक अर्थालंकार। किसी संकेत या मुस्कराहट आदि से जाने हुए सूक्ष्म अर्थ को किसी युक्ति/उपाय से सूचित करना। (आयुर्वेद॰) शरीर के रोमकूपों में प्रवेश कर जाने वाली (औषधि)। ***जैसे***—नीम का तेल, शहद आदि सूक्ष्म पदार्थ हैं।

(भौतिकी॰) १. एक के दस लाखवें भाग के लिए प्रयुक्त शब्द। *जैसे*—सूक्ष्म-मीटर। (अ॰ माइक्रो मीटर) २. 'सूक्ष्मदर्शीय आकारवाला' के अर्थ में प्रयुक्त शब्द। *जैसे*—सूक्ष्म फ़िल्म (अ॰ माइक्रो फ़िल्म); सूक्ष्म तरंग (अ॰ माइक्रो-वेव)। ∇ **विलोम**—स्थूल।

सूक्ष्मदर्शी—[स॰ सूक्ष्मदर्शिन्] *वि॰* १. सूक्ष्म पदार्थों को देखनेवाला। २. सूक्ष्म विषयों को समझनेवाला। बारीक बातें सोचने-समझनेवाला। अति बुद्धिमान्। *पु॰* अणुवीक्षण यन्त्र। सूक्ष्मदर्शक। ख़ुर्दबीन। ✣ **सूक्ष्मदर्शीय**—*वि॰* = (भौतिकी॰) १. किसी सूक्ष्मदर्शक की सहायता से ही दर्शनीय। २. सूक्ष्मदर्शी यन्त्र से सम्बन्धित। ३. सूक्ष्म (वस्तु)।

सूक्ष्मदेह—[स॰ सूक्ष्म ~ देह] *पु॰* बहुत छोटा शरीर। (योग॰) सूक्ष्मशरीर।

सूक्ष्मदेही—[स॰ सूक्ष्मदेहिन्] *वि॰* १. बहुत छोटे शरीर वाला। २. जीवात्मा।

सूक्ष्मपाद—[स॰ सूक्ष्म ~ पाद] *वि॰* सूक्ष्म या बहुत छोटे पैरों वाला।

सूक्ष्मपाषाण—[स॰ सूक्ष्म ~ पाषाण] *पु॰* सूक्ष्माश्म।

सूक्ष्म भूत—[स॰] *पु॰* आकाश, अग्नि, वायु, जल और पृथ्वी भूतों/तत्वों का मूल अमिश्रित रूप जो अति सूक्ष्म होता है।

सूक्ष्मभूत—[स॰ सूक्ष्म ~ भूत] *वि॰* जो स्थूल से सूक्ष्म हो गया हो।

सूक्ष्ममापी—[स॰ सूक्ष्ममापिन्] *पु॰* (भौतिकी॰) बहुत छोटी वस्तुओं का सूक्ष्मतम माप ज्ञात करने का यन्त्र। (अ॰ माइक्रोमीटर)

सूक्ष्मवीक्षक—[स॰ सूक्ष्म ~ वीक्षक] *वि॰* सूक्ष्म पदार्थ देखनेवाला। *पु॰* सूक्ष्म पदार्थों को बड़ा करके दिखानेवाला वैज्ञानिक यन्त्र विशेष। सूक्ष्मदर्शक यन्त्र। सूक्ष्मदर्शी। (अ॰ माइक्रस्कोप)

सूक्ष्मशरीर—[स॰ सूक्ष्म ~ शरीर] *पु॰* (योग॰ वेदान्त॰) प्राणी का वह शरीर जो पाँच ज्ञानेन्द्रियों, पाँच कर्मेन्द्रियों, पाँच प्राणों, मन और बुद्धि का समूह है। सूक्ष्मदेह। लिंगशरीर।

सूक्ष्मशल्यकर्म—[स॰ सूक्ष्म ~ शल्यकर्म] *पु॰* सूक्ष्मदर्शी और लघु उपकरणों का उपयोग करते हुए की जानेवाली शल्यचिकित्सा। (अ॰ माइक्रोसर्जरी)

सूक्ष्माक्ष—[स॰ सूक्ष्म ~ अक्ष] *वि॰* सूक्ष्म दृष्टिवाला। सूक्ष्मदृष्टि। तीव्रदृष्टि।

सूक्ष्माश्म—[स॰ सूक्ष्म ~ अश्म] *पु॰* (पुरा॰) पत्थर के बने, छोटे आकार के, प्रागैतिहासिक उपकरण। सूक्ष्मपाषाण। (अ॰ माइक्रोलिथ)

सूचक—[स॰ √ सूच् + ण्वुल्] *वि॰* सूचना देनेवाला। सूचित करनेवाला। सूचनादायक। ज्ञापक। २. रहस्य/भेद बतानेवाला। ३. संकेत देनेवाला। संकेतक। *जैसे*—ये सब शकुन हमारी विजय के सूचक हैं। *पु॰* सिलाई करनेवाला दर्ज़ी। २. गुप्तचर। जासूस। भेदिया। ३. चुग़लखोर। वे पौधे जो किसी धातु की अधिक मात्रा अवशोषित करते हैं और इस कारण धातुओं का पता लगाने में सहायक होते हैं। ✣ **सूचक वाक्य**—*पु॰* = १. सूचना देनेवाला कथन। २. गुप्तचर/भेदिया द्वारा बतायी हुई बात।

सूचकाङ्क (सूचकांक)—[स॰ सूचक ~ अङ्क] *पु॰* (अर्थ॰) अनाज आदि के मूल्यों में विभिन्न समयों पर होनेवाले उतार-चढ़ाव को बतानेवाला अंक। (अ॰ इन्डेक्स नम्बर)

सूचन—[स॰ √सूच् + ल्युट्] *पु॰* १. बताने/जताने की क्रिया/भाव। सूचित करना। ज्ञापन। २. छेदने या छिद्र करने की क्रिया/भाव। ३. रहस्य/भेद का प्रकटीकरण। गोपनीय बात को खोल देना। ४. संकेत। ५. सूचना। इत्तिला।

सूचि—[स॰ √सूच् + णिन्] *स्त्री॰* १. छेदन। भेदन। २. सुई। ३. (किसी वस्तु की) नोक।

सूचिक—[स॰ सूचि + ठन्] *पु॰* दर्ज़ी।

सूचिका—[स॰ सूचि + क + टाप्] *स्त्री॰* १. सुई। २. हाथी की सूँड। ✣ **सूचिकाधर**—*पु॰* = (हाथी)। ✣ **सूचिकामुख**—*वि॰* = १. सुई की तरह पतले मुख वाला। २. नुकीली चोंच वाला।

सूचित—[स॰ √सूच् + क्त] *वि॰* १. (सुई आदि से) छेदा हुआ। छेद किया हुआ। २. जिसके विषय में सूचना दी गयी हो। बतलाया हुआ। ३. संकेत या इशारे से बतलाया हुआ। संकेतित। ४. सूचना के रूप में कहा हुआ। *जैसे*—सूचित विवरण। ५. जिसे सूचना दी गई हो। *जैसे*—वह पहले से ही सूचित है।

सूचिनी—[स॰ सूचिन् + ङीप्] *स्त्री॰* १. सुई। सूचना देनेवाली स्त्री। ३. गुप्तचर स्त्री। जासूस स्त्री। भेदिया स्त्री। *वि॰ (स्त्री॰)* १. छेद करनेवाली। २. सूचित करनेवाली। बतलानेवाली। ३. संकेत द्वारा बतलानेवाली। ४. जासूसी करनेवाली।

सूचिभेद्य (सूचिभेद्य)—[स॰ सूचि ~ भेद्य] *वि॰* १. जो सुई से भेदा/छेदा जा सकता हो। २. बहुत घना। *जैसे*—सूचिभेद्य अन्धकार।

सूची[1]—[स॰ सूचि + ङीष्] *स्त्री॰* १. छेदन। भेदन। २. सुई। ३. (किसी वस्तु की) नोक। ५. (ग्रन्थ आदि की) विषयों की क्रमबद्ध तालिका। अनुक्रमणिका। विषयसूची। ६. तालिका। फ़ेहरिस्त। (अ॰ लिस्ट) ७. (पुस्तकों आदि की) नाम-तालिका। सूचीपत्र। (छन्द॰) वह रीति जिससे प्रत्येक जाति के मात्रिक छन्दों तथा वर्णिक छन्दों की संख्या जानी जाती है।

सूची[2]—[स॰ सूचिन् (√सूच् + णिनि)] *वि॰* १. छेद करनेवाला। भेदनेवाला। २. बतलानेवाला। सूचक। ३. जासूसी करनेवाला। भेद लेनेवाला। *पु॰* १. गुप्तचर। जासूस। भेदिया। २. सूचना देनेवाला व्यक्ति। सूचक।

सूचीकरण—[स॰ सूची ~ करण] *पु॰* वस्तुओं/व्यक्तियों/कार्यों आदि की सूची बनाने का काम।

सूचीमुख—[स॰ सूची ~ मुख] *वि॰* सूचिमुख। *पु॰* १. सुई की नोक। २. सुई का छेद जिसमें डोरा/धागा पिरोया जाता है।

सूचीवेध—[स॰ सूची ~ वेध] *पु॰* शरीर में सुई चुभाना। (चिकित्सा॰) १. इन्जेक्शन (अ॰)। २. एक्यूपंक्चर (अ॰)।

सूच्य—[स॰ √सूच् + ण्यत्] *वि॰* सूचना देने योग्य। बतलाने लायक़। *जैसे*—सूच्य समाचार।

सूच्यग्र—[सं॰ सूची ~ अग्र] *पुं॰* सुई की नोक। *वि॰* १. सुई की तरह तीक्ष्ण नोंकवाला। २. सुई की नोक के बराबर। बहुत थोड़ा।

सूच्याकार—[सं॰ सूची ~ आकार] *वि॰* सुई के समान आकार वाला। लम्बा और नुकीला। ***जैसे***—चीड़ वृक्ष की पत्तियाँ सूच्याकार होती हैं।

सूच्यार्थ—[सं॰ सूच्य ~ अर्थ] *पुं॰* सूचना देने योग्य अर्थ/विषय/बात। (काव्य॰) व्यंजन शक्ति द्वारा सूचित/प्राप्त अर्थ। व्यंग्यार्थ।

***सूज**[१]—*स्त्री॰* ≤ *हिं॰* सूजन।

***सूज**[२]—*स्त्री॰* ≤ *हिं॰* सूई। सूची। सुई।

***सूझि**—[< हिं॰ सूझ] *स्त्री॰* १. सूझ-बूझ। २. समझ। ३. कल्पना। ४. ध्यान में आयी युक्ति।

सूत[१]—[< प्रा॰ सुत्त < सं॰ सूत्र] *पुं॰* १. (रुई का बटा हुआ) सूत्र। तन्तु। धागा। डोरा। २. (भवन-निर्माण के काम में) लकड़ी या पत्थर पर निशान डालने की डोरी। ३. (कमर में पहनी जानेवाली) करधनी। ४. यन्त्र, ताबीज़ आदि से युक्त डोरा जो भुजा पर बाँधा जाता है या गर्दन में पहना जाता है। ५. एक इंच का सोलहवाँ भाग। ***जैसे***—यह काग़ज़ ५ इंच दो सूत चौड़ा है।

सूत[२]—[सं॰ सू + क्त] *वि* उत्पन्न। प्रसूत। *पुं॰* १. रथ हाँकने का काम करनेवाली जाति या उसका व्यक्ति। ***जैसे***—महावीर कर्ण का पालक-पोषक पिता सूत था। २. पुराण-इतिहास की कथा बाँचने का काम करनेवाली एक प्राचीन जाति या उसका व्यक्ति। ३. बन्दीजन। भाट। ४. बढ़ई।

सूतक[१]—[सं॰ सूत + कन्] *पुं॰* १. उत्पत्ति। जन्म। प्रसूति। २. घर में सन्तान का जन्म होने पर परिवार के लोगों के लिए अशौच/अपवित्रता। ३. घर में किसी की मृत्यु होने पर परिवार के लोगों के लिए अशौच/अपवित्रता। ४. अशौच। अपवित्रता। ***जैसे***—सूर्यग्रहण लगते ही सूतक का आरम्भ और ग्रहण-समाप्ति पर स्नान करने पर सूतक की समाप्ति होती है। ⁘ **सूतक-गृह/गेह**—*पुं॰* = सूतिकागार।

***सूतक**[२]—[< हिं॰ सूता (=सोता हुआ)] *वि॰* सोता हुआ।

सूतकाशौच—[सं॰ सूतक ~ अशौच] *पुं॰* सूतक से होनेवाली अपवित्रता/अशुद्धता।

सूतकी—[सं॰ सूतक + ङीप्] *वि॰* जिसे सूतक/अशौच लगा हो। सूतकवाला।

सूतज/सूततनय—[सं॰ सूत + ज. सूत ~ तनय] *पुं॰* **सूत**[२] **का पुत्र**। सूतपुत्र।

***सूतना**—[< सं॰ सुप्त] *क्रि॰अ॰* शयन करना। सोना।

सूतपुत्र—[सं॰ सूत ~ पुत्र] *पुं॰* सूत का पुत्र। जैसे—सूतपुत्र कर्ण।

†**सूतरी**—[< सं॰ सूत्र] *स्त्री॰* सुतली।

***सूता**[१]—[< सं॰ सूत्र] *पुं॰* सूत्र। सूत। धागा। डोरा।

***सूता**[२]—[< सं॰ सुप्त] *वि॰* सोया हुआ। सोता हुआ।

सूति[१]—[सं॰ सू + क्तिन्] *स्त्री॰* १. उत्पत्ति। प्रसूति। प्रसव। जन्म। २. उद्‌गम। ३. सन्तान। ४. उत्पत्ति-स्थान। उद्‌गम स्थान। ५. (यज्ञ में) सोम लता का रस निकालने की क्रिया। ६. उक्त सोम रस निकालने का स्थान।

***सूति**[२]—[< सं॰ स्वाति] *स्त्री॰* स्वाति (नक्षत्र)। ६ पुण्य फल, ज्ञान या सात्त्विक वृत्ति का उदय।

सूतिका—[सं॰ सूतक + टाप्, इत्व] *स्त्री॰* १. वह स्त्री जिसने हाल ही में सन्तान को जन्म दिया हो। प्रसूता। ज़च्चा। २. नवप्रसूता गाय।

सूतिकागार/सूतिकागृह/सूतिकागेह—[सं॰ सूतिका ~ आगार/गृह, सूतिका + हिं॰ गेह] *पुं॰* वह कमरा जिसमें प्रसूता ने सन्तान को जन्म दिया हो। प्रसवगृह। सौरी। ज़च्चाघर।

सूतिकाल—[सं॰ सूति ~ काल] *पुं॰* प्रसव-काल। बच्चा जनने का समय।

सूती[१]—[< हिं॰ सूत] *वि॰* १. सूत का बना हुआ। ***जैसे***—सूती कपड़े। २. सूत से सम्बन्धित। सूत का। ***जैसे***—सूती कारखाना।

***सूती**[२]—[< सं॰ शुक्ति] *स्त्री॰* शुक्ति। सीप। सीपी।

***सूती**[३]—[< सं॰ स्वाति] *स्त्री॰* स्वाति (नक्षत्र)।

सूत्र—[सं॰ √सूत्र् + अच्] *पुं॰* १. सूत। तागा। धागा। डोरा। २. किसी प्रकार के रेशों का लम्बा रूप या धातु का बहुत पतला तार। ३. यज्ञोपवीत। जनेऊ। ४. (कमर में पहनने की) करधनी। ५. करधनी के समान कमर में बाँधने का आभूषण। ६. शरीर के अन्दर की कोई मोटी नस। ७. यन्त्र या ताबीज़ से युक्त डोरी या धागा जो भुजा पर बाँधा जाता है या कण्ठ में पहना जाता है। ८. किसी समस्या/पहेली/घटना/रहस्य आदि को हल करने में उपयोगी संकेत। ९. किसी योजना/विचार के महत्त्वपूर्ण तत्त्वों/बिन्दुओं में से प्रत्येक। ***जैसे***—इस योजना के पाँच सूत्र हैं। १०. संक्षिप्त रूप में कथित नियम/सिद्धान्त। ***जैसे***—संस्कृत व्याकरण के सूत्र। ११. थोड़े अक्षरों या शब्दों में कहा हुआ सांकेतिक कथन जो किसी सिद्धान्त, प्रक्रिया या नियम को समझने में सहायक हो। सांकेतिक शब्द। ***जैसे***—गणित के सूत्र; रासायनिक सूत्र। (अं॰ फ़ार्मूला) १२. थोड़े अक्षरों का सारगर्भित वचन। ***जैसे***—पतंजलि के योग-सूत्र। १३. किसी व्यवस्था के लिए निर्दिष्ट/निर्धारित संक्षिप्त नियम। ***जैसे***—व्यवस्था के सभी सूत्रों का समान महत्त्व है। १४. माध्यम, साधन या स्रोत। ***जैसे***—विश्वस्त सूत्रों से ज्ञात समाचार।

सूत्रकण्ठ (सूत्रकंठ)—[सं॰ सूत्र ~ कण्ठ] *पुं॰* १. कंठ में यज्ञोपवीत/जनेऊ धारण करनेवाला व्यक्ति २. कबूतर, खंजन या पेंडुकी (पक्षी)।

सूत्रज्ञ—[सं॰ सूत्र + ज्ञो] *पुं॰* १. सूत्र/सूत्रों का ज्ञाता। २. सूत्रग्रन्थ का ज्ञाता/विद्वान्।

सूत्रण—[सं॰ √सूत्र् + ल्युट्] *पुं॰* १. सूत्र बनाने का कार्य। २. सूत्र बटने का कार्य। ३. (फूलों आदि को) सूत्र में गूँथने की क्रिया/भाव। सूत्रबद्ध करना। ४. क्रमबद्ध करना।

सूत्रधार—[सं॰ सूत्र + धार] *पुं॰* १. संस्कृत की नाट्यकला में नाट्यशाला का व्यवस्थापक और प्रधान नट जो प्रस्तुत किए जाने वाले नाटक की प्रस्तावना सुनाता है और जिसके निर्देशन के अनुसार

नाटक का सभी कार्य होता है। २. अपने हाथ के सूत्रों/डोरों की सहायता से कठपुतलियों को नचाने तथा उनका तमाशा दिखानेवाला व्यक्ति। ३. (लाक्षणिक) किसी कार्य की सम्पूर्ण व्यवस्था का संचालक या प्रमुख। ४. बढ़ई।

सूत्रपात—[सं॰ सूत्र ~ पात] *पु॰* १. भवन-निर्माण के लिए नींव रखते समय की पैमाइश। २. किसी योजना/कार्य का आरम्भ। शुभारम्भ। स्थापना।

सूत्रपिटक—[सं॰ सूत्र ~ पिटक] *पु॰* १. सूत्रों का पिटारा। २. बौद्धों के सूत्र-संग्रह ग्रन्थों का नाम।

सूत्रविद्—[सं॰ सूत्र ~ विद्] *वि॰, पु॰* १. (किसी बात के) सूत्र जाननेवाला। २. (सूत्रग्रन्थ के) सूत्रों को जानने/समझने वाला। सूत्रों का ज्ञाता। सूत्रज्ञ।

सूत्रवेष्टन—[सं॰ सूत्र ~ वेष्टन] *पु॰* १. (सूत बनाने का) करघा। २. करघे की ढरकी। ३. सूत बुनने की क्रिया। सूतों की बुनाई।

सूत्रित—[सं॰ √सूत्र् + क्त] *वि॰* १. सूत्र में प्रस्तुत किया हुआ। सूत्रबद्ध। २. पिरोया/गूँथा हुआ। ३. क्रमबद्ध किया हुआ।

सूत्री—[सं॰ सूत्रिन्] *वि॰* (समास के अन्त में) सूत्र वाला। सूत्रों से युक्त। ***जैसे***—पंचसूत्री कार्यक्रम। *पु॰* सूत्रधार।

सूत्रीय—[सं॰ सूत्र + छ] *वि॰* १. सूत्र-सम्बन्धी। सूत्र का। २. सूत्र/सूत्रों से युक्त। सूत्रवाला।

सूत्रोल्लेख—[सं॰ सूत्र ~ उल्लेख] *पु॰* (पत्र॰) समाचार पत्रों में वह पंक्ति जिसमें समाचार देनेवाली एजेन्सी का नाम लिखा होता है। (अं॰ क्रेडिट लाइन)

सूथन/सूथना—[देशज] *पु॰* १. पाजामा। सुथना। २. एक प्रकार का बड़ा वृक्ष जिसकी लकड़ी अच्छी और मज़बूत होती है। ✣ **सूथनी**—*स्त्री॰* = (स्त्रियों का) पाजामा।

सूद—[फा॰] *पु॰* १. लाभ। फ़ायदा। २. ऋण दिए गए धन पर मिला लाभ। ब्याज।

सूदन[१]—[सं॰ √सूद् + ल्युट्] *पु॰* १. वध। हत्या। क़त्ल। २. प्रतिज्ञा। ३. फेंकना। क्षेपण।

सूदना**—[< सं॰ सूदन] *क्रिस॰* नष्ट करना। २. मार डालना। ✣ **सूदनी**—*वि॰ (स्त्री॰)* १. नष्ट करनेवाली। २. मार डालनेवाली। ***जैसे—असुरसूदनी दुर्गा।

***सूदा**—[< सं॰ शूद्र] *पु॰* शूद्र।

सूदी—[< फा॰ सूद] *वि॰* १. सूद से सम्बन्धित। सूद का। २. (धन) जो सूद पर दिया या लिया गया हो।

***सूधना**—[< सं॰ शुद्ध] *क्रिअ॰* १. शुद्ध होना। २. ठीक सिद्ध होना।

सूधा**—[< सं॰ शुद्ध] *वि॰* १. शुद्ध। निष्कपट। सीधा। २. जो टेढ़ा न हो। ऋजु। सरल। सीधा। ***जैसे—सूधा बाँस। ✣ **सूधी**—*वि॰ (स्त्री॰)* १.शुद्ध। निष्कपट। सीधी। ***जैसे***—सूधी वाणी। २. जो टेढ़ी न हो। ऋजु। सरल। सीधी। ***जैसे***—सूधी राह चलना। ✣ **सूधे**—*वि॰* = सरल। *क्रिवि॰* १. बिन कहीं मुड़े हुए। सीधे। सामने। ***जैसे***—सूधे जाओ। २. सीधेपन से। नम्रता से। बिना कुटिलता के। ***जैसे***—सूधे बोलोगे तो काम नहीं बनेगा। ✣ ***सूधै/सूधैं (सूधें)**—*क्रिवि॰* = सीधे। सीधी तरह से।

सून[१]—[सं॰ √सू + क्त, त→न] *वि॰* १. उत्पन्न। २. खिला हुआ। *पु॰* १. प्रसव। २. कली। ३. फूल। ४. पुत्र।

सून[२]—[< सं॰ शून्य] *वि॰* १. शून्य। निर्जन। सूना। २. रिक्त। ख़ाली।

सूननायक/सूनशर—[सं॰ सून ~ नायक/शर] *पु॰* (फूलों के बाणों वाला) कामदेव।

†**सूनरी**—[< सं॰ सु + नरी] *स्त्री॰* १. सुखी स्त्री। २. सुन्दर स्त्री। सुन्दरी।

सूना—[सं॰ सून + टाप्] *स्त्री॰* १. क़साईखाना। २. वध। ३. गृहस्थ के घर में चूल्हा, चक्की, ओखली, घड़ा और झाड़ू में से प्रत्येक वस्तु जिससे जीव-हिंसा हो सकती हैं।

सूनु—[सं॰ √सू + नुक्] *पु॰* १. पुत्र। ***जैसे***—पवन-सूनु हनुमान। २. पुत्री का पुत्र। दौहित्र। धेवता। ३. छोटा भाई। ४. सूर्य। ५. आक का पेंड़। मदार।

सूनू—[सं॰ सूनु + ऊङ्] *स्त्री॰* पुत्री।

सूनृत—[सं॰ सु √नृत् + क, सु→सू] *पु॰* सत्य और प्रिय वाणी। *वि॰* १. शिष्ट। २. प्रिय। ३. शुभ। ✣ **सूनृता**—*स्त्री॰* = १. सत्यता। २. सत्य और प्रिय भाषण।

सूप[१]—[सं॰ सु √पा + क] *पु॰* १. पकी हुई दाल। २. उक्त दाल का पानी।

सूप[२]—[अं॰] *पु॰* १. तरकारी का रस। शोरबा। २. कच्ची तरकारी का रसा। ***जैसे***—टमाटर का सूप पियो।

सूप[३]—[< प्रा॰ सुप्प < सं॰ शूर्प] *पु॰* अनाज फटकने का सींको आदि से बना एक उपकरण।

सूपकार—[सं॰ सूप ~ कार] *पु॰* (भोजन पकानेवाला) रसोइया। पाचक।

सूपकारी—[सं॰ सूपकारिन्] *पु॰* १. (भोजन पकानेवाला) रसोइया। २. भोजन परोसनेवाला।

सूपशास्त्र—[सं॰ सूप ~ शास्त्र] *पु॰* भोजन बनाने की कला/विद्या।

सूफ़ी—[अरबी] *पु॰* १. मुसलमानों का एक सम्प्रदाय जिसकी साधना-पद्धति में प्रेम और विरह का महत्त्व है। २. उक्त सम्प्रदाय का सन्त या अनुयायी।

***सूभर**[१]—*वि॰* ≤ *सं॰* शुभ्र। १. उज्ज्वल। सफ़ेद। २. सुन्दर। मनोहर। ३. स्वच्छ।

***सूभर**[२]—[< सं॰ सु + हि॰ भरना] *वि॰* अच्छी तरह भरा हुआ।

सूम—[< अरबी शूम] *वि॰* १. कृपण। कंजूस। २. (लाक्षणिक) अशुभ। मनहूस।

सूर[१]—[प्रा॰ < सं॰ सूर्य] *पु॰* १. सूर्य। २. अर्क (वृक्ष)। आक। मदार। ३. विद्वान्। पंडित। ४. (हिंदी का महाकवि) सूरदास। (योग॰) सूर्य नाड़ी। पिंगला नाड़ी। *वि॰* अन्धे व्यक्ति के लिए एक सम्मानपूर्ण संबोधन।

***सूर**[२]— [प्रा॰ < सं॰ शूर] *वि॰, पु॰* शूर। वीर।

सूरकन्द (सूरकंद)—[सं॰ सूर ~ कन्द] *पु॰* ज़िमीकन्द। सूरन। ओल।

सूरजा—[< सं॰ सूर्यजा] *स्त्री॰* सूर्य-पुत्री। यमुना (नदी)।

सूरण—[सं॰ सूर + ल्यु] *पु॰* ज़िमीकन्द। सूरन। ओल।

***सूरतन**—*पु॰* ≤ *सं॰* शूरत्व। शूरता। वीरता।

***सूरता**—*स्त्री॰* ≤ *सं॰* शूरता। वीरता। ✣ **सूरताई**—*स्त्री॰* सूरता। शूरता। वीरता।

***सूरति**—*स्त्री॰* ≤ *हिं॰* सुरति।

***सूरसावन्त (सूरसावंत)**—[< सं॰ शूर ~ सामन्त] *पु॰* १. शूर सामन्त। २. नायक। सरदार।

सूर-सूत—[सं॰] *पु॰* सूर्य का सारथि। अरुण।

सूरसेनपुर—[< सं॰ शूरसेन ~ पुर] *पु॰* मथुरा नगरी।

सूरा—[अरबी] *पु॰* इस्लामी धर्मग्रन्थ 'क़ुरान' का प्रकरण। ***जैसे***—क़ुरान में कुल ११४ सूरा हैं।

***सूरातन**—[< सं॰ शूरता] *पु॰* शूरता। पराक्रम।

सूरि—[सं॰ √सू + क्रिन्] *पु॰* १. सूर्य। २. विद्वान्। ३. पुजारी। ४. (वासुदेव) कृष्ण। ५. बृहस्पति।

सूरिणी—[सं॰ सूरिन् + ङीष्] *स्त्री॰* विदुषी स्त्री।

सूरी—[सं॰ सूरिन्] *वि॰* विद्वान्। *पु॰* विद्वान् व्यक्ति।

सूर्मि/सूर्मी—[सं॰ शूर्मि, पृषो॰ श→स; सूर्मि + ङीष्] १. लोहा आदि किसी धातु की बनी मूर्ति। धातु-विग्रह। २. घर का खम्भा। ३. आभा। दीप्ति। चमक। ४. अंगारा।

सूर्य—[स √सृ + क्यप्] *पु॰* वह दीप्त खगोलिक पिंड या तारा जो हमारे ग्रहमंडल का आधार/केन्द्र है तथा हमारे प्रकाश और ऊष्मा का स्रोत है। रवि। आदित्य। सूरज। ***वा॰*** दे॰ 'सूरज' के वाग्बन्ध/मुहावरे। ✣ **सूर्य कमल**—*पु॰* = सूरजमुखी फूल। ✣ **सूर्य-कर**—*पु॰* = सूर्य की किरण। ✣ **सूर्य-कलङ्क (कलंक)**—*पु॰* = (खगोल॰) सूर्य के पृष्ठ पर कभी-कभी दिखाई देने वाले धब्बे। सूर्य के धब्बे। ✣ **सूर्यकान्त**—*पु॰* = उत्तल ताल जो सूर्य की किरणों को एक बिन्दु पर केन्द्रित कर सकता है जिससे काग़ज़ आदि को जलाया जा सकता है। आतशी शीशा। ✣ **सूर्यकान्ति (सूर्यकांति)**—*स्त्री॰* = सूर्य की चमक। ✣ **सूर्यकाल**—*पु॰* सूर्योदय से सूर्यास्त तक का समय। दिवस। दिन। ✣ **सूर्यज/सूर्यतनय**—*पु॰* = सूर्यपुत्र। (दे॰) ✣ **सूर्यजा/सूर्यतनया**—*स्त्री॰* सूर्यपुत्री। (दे॰) ✣ **सूर्यतेज**—*पु॰* = १. सूर्य की चमक। २. आतप। धूप। ✣ **सूर्य-पुत्र**—*पु॰* सूर्य का पुत्र। शनि, यम, सुग्रीव या कर्ण। ✣ **सूर्य-पुत्री**—*स्त्री॰* = सूर्य की पुत्री। यमुना (नदी)। ✣ **सूर्यप्रभव**—*वि॰* = १. सूर्य से उत्पन्न। २. सूर्य से निकला हुआ। ✣ **सूर्यभा**—*वि॰* = सूर्य के समान कान्तिमान्/चमकीला। ✣ **सूर्यमणि**—*स्त्री॰* = सूर्यकान्त मणि। ✣ **सूर्यवल्लभा**—*स्त्री॰* = कमलिनी। ✣ **सूर्य-विलोकन**—*पु॰* = चार मास के शिशु को प्रथम बार बाहर निकालकर सूर्य का दर्शन कराने का मांगलिक कार्य।

सूर्य-सारथि—[सं॰] *पु॰* सूर्य के रथ का सारथि। अरुण।

सूर्यांशु—[सं॰ सूर्य ~ अंशु] *पु॰* सूर्य की किरण।

सूर्या—[सं॰ सूर्य + टाप्] *स्त्री॰* सूर्य की पत्नी। संज्ञा।

सूर्यातप—[सं॰ सूर्य ~ आतप] *पु॰* सूर्य की गर्मी। २. धूप।

सूर्याश्म—[सं॰ सूर्य ~ अश्म (अश्मन्)] *पु॰* सूर्यकान्त मणि।

सूर्याश्व—[सं॰ सूर्य ~ अश्व] *पु॰* सूर्य के रथ के घोड़े।

सूर्येन्दुसङ्गम (सूर्येंदुसंगम)—[सं॰ सूर्य ~ इन्दु ~ सङ्गम] *पु॰* १. सूर्य और चन्द्रमा की एक साथ स्थिति। २. अमावस्या (तिथि)।

सूर्योच्च—[सं॰ सूर्य ~ उच्च] *पु॰* (खगोल॰) किसी ग्रह की कक्षा का, सूर्य के केन्द्र से, अधिकतम दूरी का बिन्दु।

सूर्योपस्थान—[सं॰ सूर्य ~ उपस्थान] *पु॰* सूर्य के सामने खड़े होकर की जाने वाली सूर्य की स्तुति या पूजा।

***सूलधर/सूलधारी**—[< सं॰ शूलधर/शूलधारिन्] *वि॰* १. शूल धारण करनेवाला। शूलधर। शूलधारी। २. त्रिशूल धारण करनेवाला। त्रिशूलधारी। *पु॰* शिव। महादेव।

***सूलना**—[< हिं॰ सूल] *क्रिस॰* १. कोई नुकीली चीज़ चुभाना। २. काँटा चुभाना। २. बर्छा, भाला या साँग से छेदना। ४. कष्ट देना। पीड़ित करना। *क्रिअ॰* १. कोई नुकीली चीज़ चुभना। २. काँटा चुभना। ३. कष्ट पाना। पीड़ित होना। ४. मानसिक कष्ट होना। वेदना होना। ५. दर्द होना।

***सूलपानि**—[< सं॰ शूलपाणि] *वि॰* १. जिसके हाथ में शूल हो। शूलपाणि। २. त्रिशूलधारी। ३. शिव। महादेव।

***सूवना**—[< सं॰ स्रवण] *क्रिअ॰* स्रवित होना। प्रवाहित होना। बहना।

सूस/सूसमार/ *सूसि—*पु॰* ≤ *सं॰* शिंशुमार। 'सूँस' नामक जलचर।

***सूहा**—[< हिं॰ सोहना] *पु॰* चमकीला गहरा लाल रंग। *वि॰* चमकीले गहरे लाल रंग का। ✣ **सूही**—*स्त्री॰* = सूहा।

सूण्डाल (सूंडाल)—[< सं॰ शुण्डाल] *वि॰* सूँडवाला। *पु॰* हाथी।

सूण्डी (सूंडी)—[< सं॰ शुण्ड] १. पौधों आदि में पाया जाने वाला एक प्रकार का छोटा और लम्बा-सा कीड़ा। २. अनाज में पाया जाने वाला एक छोटा और लम्बा-सा कीड़ा।

सूँस—[< सं॰ शिंशुमार] *स्त्री॰* एक बहुत लम्बा और शक्तिशाली जलचर। शिंशुमार।

सृक—[सं॰ √सृ + कक्] *पु॰* १. वायु। हवा। २. बाण। तीर। ३. वज्र। ४. कमल।

सृग[1]—[सं॰ √सृ + गक्] *पु॰* 'भिन्दिपाल' नामक एक प्राचीन हथियार जो गदा की तरह प्रयुक्त होता था।

***सृग**[2]—[< सं॰ स्रक्] (स्रज्) पु॰=फूलों की माला। पुष्पमाला।

सृजन—[< सं॰ √सृज्] *पु॰* १. निर्माण। रचना। २. जन्म। उत्पत्ति। ३. विश्व की सृष्टि। ✣ **सृजनशील**—*वि॰* = रचना करता रहने वाला। रचनाशील। ✣ **सृजनहार**—*पु॰* = १. रचना करनेवाला। २. उत्पत्ति करनेवाला। जन्म देनेवाला। ३. सृष्टि का रचयिता।

सृत—[सं॰ √सृ + क्त] *वि॰* १. जो चला गया हो। २. जो खिसक/सरक गया हो। खिसका हुआ या सरका हुआ।

सृति—[सं॰ √सृ + क्तिन्] *स्त्री॰* १. गमन। जाना। २. खिसकन।

खिसकाव। ३. पथ। मार्ग। ४. उत्पत्ति। जन्म।

सृष्ट—[स० √सृज् + क्त] *वि०* १. उत्पन्न किया हुआ। २. रचित। निर्मित। ***जैसे***—ब्रह्म द्वारा सृष्ट विश्व। ३. त्यागा हुआ। छोड़ा हुआ। त्यक्त।

सृष्टि—[स० √सृज् + क्तिन्] *स्त्री०* १. निर्मिति। निर्माण। रचना। २. संसार की रचना। ३. प्रकृति। ४. विश्व और उसके सभी प्राणी तथा पदार्थ।

***सेइ**—[< स० √सेव्] *क्रिवि०* सेवा करके। ● **विशेष—सेइए/सेइयै** = १. सेवा करिए। २. भजन करिए।

सेई[1]—[< से० सेव्] *क्रिस०* १. सेवित की। २. पोषित की। पाली-पोसी।

†सेइ[2]—[< हि० से ही] *सर्व०* वही। ***जैसे***—सेई तुम, सेई हम।

सेई[3]—[< प्रा० सेह < स० शल्लकी] *स्त्री०* साही नामक एक जन्तु (दे० साही)

***सेउ**[1]**/सेउ**—[< हि० से] *परसर्ग०* से।

***सेउ**[2]—[< हि० से (= वह)] *सर्व०* उसने।

***सेउ**[3]—[< स० सेवा] *स्त्री०* सेवा।

†सेउ[4]—[< हि० सेब] *पु०* 'सेब' नामक फल।

सेक—[स० √सिच् + घञ्] *पु०* १. सींचने की क्रिया। सिंचाई। २. छिड़काव। ३. (ऊपर से जल डालकर) स्नान। अभिषेक। ४. तर्पण।

सेघ—[देशज] *स्त्री०* छटा। शोभा।

सेचक—[स० √सिच् + ण्वुल्] *वि०* १. सिंचाई करनेवाला। २. जल छिड़कनेवाला। *पु०* मेघ। बादल।

सेचन—[स० √सिच् + ल्युट्] *पु०* १. सिंचाई। २. छिड़काव। ***जैसे***—सेचन-पात्र।

सेचनी—[स० सेचन + ङीष्] *स्त्री०* सींचने का पात्र (बाल्टी आदि)। *वि०* सीचने या छिड़काव करने योग्य।

सेज—[< स० शय्या] *स्त्री०* १. शय्या। बिछौना। २. कोमल शय्या। ३. पति/पत्नी की कोमल और सजी हुई शय्या।

†सेझना—[देशज] *क्रिस०* दूर करना। हटाना। *क्रिअ०* दूर होना। हटाना।

***सेतदुति**—*पु०* ≤ *स०* श्वेतद्युति। चन्द्रमा।

***सेतवाह**—[≤स० श्वेतवाहन] *वि०* सफ़ेद वाहन/रथ और सफ़ेद घोड़ों वाला। *पु०* (पांडव) अर्जुन।

सेति**—[< हि० सेंति] *क्रिवि०* सेंति। १. सँभालकर रखकर। २. एकत्र करके। संचित करके। बटोरकर। ***जैसे—कहा करौगे सेति।

***सेती**—[देशज] *परसर्ग०* से।

सेतु—[स० √सि + तुन्] *पु०* १. पुल। २. बाँध। ३. खेत की मेंड़। ४. भूमि की सीमा।

सेतुक—[< स० सेतु + क] *पु०* पुल।

सेतुपति—[स० सेतु ~ पति] *पु०* १. सेतु का स्वामी। २. (सेतुबन्ध रामेश्वरम् का स्वामी होने के कारण) तमिलनाडु के प्राचीन 'रामनाड़' राज्य के राजा की परम्परागत उपाधि।

सेतुभेदी—[स० सेतुभेदिन्] *वि०* १. पुल/बाँध तोड़नेवाला। २. सीमा तोड़नेवाला।

सेतुशैल—[स० सेतु ~ शैल] *पु०* दो पड़ोसी देशों/राज्यों की सीमा का सूचक पर्वत। सीमा-सूचक पर्वत।

***सेतैं**[1] **(सेतैं**[1] **)**—*क्रिवि०* ≤ *स०* सहित।

***सेतैं**[2] **(सेतैं**[2] **)**—[< हि० सेंत में (= व्यर्थ ही)] *क्रिवि०* व्यर्थ ही। अनावश्यक ही। नाहक़।

***सेतैं**[3] **(सेतैं**[3] **)**—[देशज] *परसर्ग०* से।

***सेद**—*पु०* ≤ *स०* स्वेद। पसीना।

सेन[1]—[स० स + इन] *वि०* जिसका कोई प्रभु/स्वामी हो। सनाथ। *पु०* देह। शरीर।

सेन[2]—*स्त्री०* ≤ *स०* सेना। फ़ौज।

सेनाङ्ग (सेनांग)—[स० सेना ~ अङ्ग] *पु०* १. (प्राचीन काल में) सेना के चार अंगों में से प्रत्येक।

सेनि**—*स्त्री०* ≤ *स०* श्रेणी। (दे०) ***जैसे—हंस सेनि (= हंसों की पंक्ति)।

***सेनिका**—[< स० श्येनिका] *स्त्री०* नारी/मादा बाज़ (पक्षी)। श्येनी। श्येनिका।

सेनी—*स्त्री०* ≤ *स०* श्येनी। नारी/मादा बाज़ (पक्षी)।

सेन्द्रिय (सेंद्रिय)—[स० स + इन्द्रिय] *वि०* १. जो इन्द्रिय/इन्द्रियों वाला हो। २. इन्द्रियों के संयोग से संघटित।

सेप्टिक—[अ०] *वि०* १. पीप/मवाद पड़ा हुआ। २. विषाक्त। *पु०* घाव में पीप उत्पन्न करनेवाला पदार्थ। २. रक्त को विषाक्त करनेवाला पदार्थ।

सेफ़—[अ०] *वि०* सुरक्षित। निरापद। *पु०* सामान रखने के लिए छोटी अलमारी। तिजोरी।

सेफ़्टी वाल्व—[अ०] *पु०* १. (किसी उपकरण या पात्र का) सुरक्षा वाल्व जो भाप का दबाव बढ़ने पर अपने आप खुलकर कुछ भाप निकाल देता है। २. (लाक्षणिक) किसी के उद्वेग को कम करने की सहज विधि।

***सेबरा**—[< स० श्वेताम्बर/श्वेतपट] *पु०* १. श्वेताम्बर जैन। २. (लाक्षणिक) ऊपर से साधु होते हुए भी दुराचारी/ढोंगी व्यक्ति।

सेबी—[< स० सेबी] *वि०* सेवी। सेवाशील। सेवाकारी।

सेमन्ती (सेमंती)—[स० √सिम् + झि + ङीष्] *स्त्री०* सफ़ेद गुलाब। सेवती।

सेमिनरी—[अ०] *स्त्री०* (ईसाई०) पादरियों का प्रशिक्षण-विद्यालय।

सेमिनार—[अ०] *पु०* १. विचारगोष्ठी। परिचर्चा। २. (विश्वविद्यालय में) अनुसन्धान तथा विचार-विमर्श के लिए छोटी कक्षा। ३. संगोष्ठी।

सेमेस्टर—[< अ० सिमेस्टर] *पु०* (विश्वविद्यालय आदि की) ६ महीने का अध्ययन-सत्र। अर्धवार्षिक सत्र।

सेर[1]—[स०] *वि०* एक भारतीय तौल जो किलोग्राम आदि के लागू

किए जाने से पहले प्रचलित थी। एक मन का चालीसवाँ भाग।

†सेर[२]—*पु॰* ≤*हि॰* शेर। सिंह।

सेराह—[स॰] *पु॰* १. सुनहले रंग का घोड़ा। २. (दूध के रंग का) सफ़ेद घोड़ा।

***सेरी**—[< स॰ श्रेणी] *स्त्री॰* १. (लम्बी और पतली) गली। २. मार्ग।

सेल[१]—[प्रा॰ < स॰ शल] *पु॰* १. बर्छा या भाला। २. शक्ति या साँग (हथियार)।

सेल[२]—[देशज] *स्त्री॰* गले में पहनने की एक प्रकार की माला। (दे॰ सेली)।

सेल[३]—[अ॰] *पु॰* १. कोठरी। २. कारागार की छोटी कोठरी। ३. प्रचार-केन्द्र। (भौतिकी॰) १. रासायनिक शक्ति से विद्युत शक्ति के उत्पादन का एक उपकरण। २. बिजली की बैटरी का एक महत्त्वपूर्ण अंग। (जीव॰) कोशिका।

सेल[४]—[अ॰] *स्त्री॰* १. विक्रय। बिक्री। ***जैसे***—सेल-टैक्स = बिक्री-कर। २. (अनबिका माल जल्दी बेच देने के लिए) सस्ती बिक्री का आयोजन।

सेलखड़ी—[< स॰ शिला + हि॰ खड़िया] *स्त्री॰* एक प्रकार की खड़िया।

†सेलना—[< प्रा॰ सेल (= जाना)] *क्रिअ॰* मर जाना।

सेला[१]—[स॰ शल्लक] *पु॰* १. (वर आदि की) रेशमी चादर या उत्तरीय/दुपट्टा। २. एक प्रकार की पगड़ी। साफ़ा।

सेला[२]—[< स॰ शालि] *पु॰* एक प्रकार का साधारण चावल।

सेली[१]—[< हि॰ सेल] *स्त्री॰* १. बर्छी या भाला। २. शक्ति या साँग।

सेली[२]—[< हि॰ सेला] *स्त्री॰* १. छोटा उत्तरीय/दुपट्टा। २. सूत, रेशम या ऊन की माला जिसे जोगी लोग सिर पर लपेटते हैं या गले में पहनते हैं। ३. (स्त्रियों का) गले का एक आभूषण।

सेल्युलोज़—[< अ॰ सेल्युलोज़] *पु॰* (वनस्पति॰) वनस्पतियों की कोशिकाओं का आवरण बनानेवाला एक रासायनिक यौगिक।

सेल्सियस पैमाना (स्केल)—[अ॰ सेल्सियस + हि॰ पैमाना] *पु॰* (भौतिकी॰) एक तापमापी पैमाना जिसमें बर्फ का गलनांक शून्य अंश(०°) और क्वथनांक सौ अंश (१००°) है। सेल्सियस शतिक तापमान।

***सेल्ह/सेल्हा**[१]—[< हि॰ सेल] *पु॰* १. बर्छा। भाला। २. शक्ति। साँग।

सेल्हा[२]—[< स॰ शालि] *पु॰* एक प्रकार का साधारण धान जो बहुत दिनों तक ठीक बना रहता है।

सेल्ही—[< हि॰ सेली] *स्त्री॰* जोगियों की सूती, रेशमी या ऊनी माला। सेली।

सेव—[स॰ सेविका] *पु॰* बेसन का बना एक नमकीन या मीठा पकवान। ***जैसे***—बारीक पतले सेव; मोटे सेव।

सेवईं[१] **(सेवई**[१]**)**—[< स॰ सेविका] *स्त्री॰* मैदे के बहुत पतले सूत जैसे बारीक लच्छे जो दूध में पकाकर मीठे पकवान के रूप में खाए जाते हैं। ● **विशेष**—'सेवई' को 'सिमईं' भी कहा जाता है।

सेवईं[२] **(सेवई**[२]**)**—[< हि॰ सावाँ < स॰ श्यामक] एक प्रकार की लम्बी घास जिसकी बालें प्राय: पशुओं के चारे के काम आती हैं।

सेवकपाल—[स॰ सेवक ~ पाल] *पु॰* अपने सेवकों/भक्तों का रक्षक।

†सेवड़ा—[< स॰ श्वेताम्बर/श्वेतपट] *पु॰* १. श्वेताम्बर जैन साधु। २. साधु होते हुए भी भ्रष्ट/दुराचारी व्यक्ति। ढोंगी साधु।

सेवती—[< स॰ सेमन्ती] *स्त्री॰* सफ़ेद गुलाब। *वि॰* सफ़ेद रंग का। *पु॰* सफ़ेद रंग।

सेवनी—[< स॰ सीवनी] *स्त्री॰* १. सूची। सुई। २. सिलाई के टाँके। सीवन। सीअन। ३. शरीर के किसी अंग में दिखनेवाला सीवन जैसा प्राकृतिक जोड़।

***सेवरा**—[< स॰ श्वेताम्बर/श्वेतपट] *पु॰* श्वेताम्बर जैन साधु।

सेवा—[स॰ √सेव् + अङ् + टाप्] *स्त्री॰* १. किसी पूज्य/आदरणीय व्यक्ति को सुख पहुँचाने के लिए किया जाने वाला काम। परिचर्या। सेवकाई। सेवा-टहल। २. सेवक होने की अवस्था/काम। नौकरी। चाकरी। ३. (किसी विद्यालय, संस्था, कम्पनी आदि में) वेतन लेकर किया जानेवाला काम। नौकरी। ४. (सार्वजनिक हित के लिए) किसी कार्य की प्रक्रिया के अन्तर्गत या किसी की उन्नति या भलाई आदि के लिए किया जानेवाला कार्य। ***जैसे***—साहित्य-सेवा, राष्ट्रीय सेवा, बस-सेवा, रेल-सेवा। ५. किसी के पालन-पोषण आदि के लिए किया जानेवाला कार्य। ***जैसे***—गो-सेवा, वृक्षों की सेवा। ६. उपासना। पूजा। ***जैसे***—भक्ति-भाव से सरस्वती देवी की सेवा किया करो। ७. (नवधा भक्ति में) देव-मूर्ति को स्नान कराना, फूल आदि चढ़ाना, भोग लगाना इत्यादि। ***जैसे***—राधा-कृष्ण की सेवा में प्रात: काल २ घंटे लग जाते हैं। ८. सरकारी संस्था या कम्पनी आदि का विभाग या विभाग का कार्य। ***जैसे***—अब सरकारी डाक-सेवा असन्तोषजनक रीति से चल रही है। ९. रोगी की शुश्रूषा। बीमार की परिचर्या। १०. (किसी का) आश्रय। शरण। ***जैसे***—कृपया अपनी सेवा में हमें रख लीजिए। (छन्द॰) एक समवर्णिक छन्द जिसके प्रत्येक चरण में क्रमश: तगण, रगण, सगण और लघु (त र स ल) के योग से १० वर्ण होते हैं।

सेवागम्य—[स॰ सेवा ~ गम्य] *वि॰* १. जो सेवा से प्राप्त किया जा सकता है। ***जैसे***—सेवागम्य उच्च पद। २. सेवा से अनुकूल किए जाने योग्य। ***जैसे***—सेवागम्य गुरु। ३. भक्ति से अनुकूल किए जाने योग्य (देवता आदि)। ***जैसे***—पार्वती ने समझ लिया था कि भगवान् शिव केवल सेवागम्य हैं। ४. जिसे सेवा-शुश्रूषा से प्राप्त किया जा सकता है। ***जैसे***—तुम्हारी बीमार माता का स्वास्थ्य अभी सेवागम्य तो है।

सेवाञ्जलि (सेवांजलि)—[स॰ सेवा ~ अञ्जलि] *स्त्री॰* गुरु या देवता आदि को अंजलि में रखी वस्तु का समर्पण।

सेवादास—[स॰ सेवा ~ दास] *पु॰* छोटी-बड़ी सेवा करनेवाला व्यक्ति। नौकर। ✣ **सेवादासी**—*स्त्री॰* = छोटी-बड़ी सेवा करनेवाली स्त्री।

सेवार—[< स॰ सैवाल] *पु॰* शैवाल।

सेव्य—[सं॰ √सेव् + ण्यत्] *वि॰* १. सेवा किए जाने योग्य। २. पूज्य। ३. व्यवहार में लाने योग्य।

सेव्य-सेवक भाव—[सं॰] पु॰ १. स्वामी और सेवक का भाव। २. उपास्य और उपासक की भावना।

सेश्वर—[सं॰ स+ईश्वर] *पु॰* ईश्वर की विद्यमानता की स्वीकृति/मान्यता वाला। ***जैसे***—सांख्यदर्शन सेश्वर है या निरीश्वर? ∇ **विलोम**—निरीश्वर।

सेही—[< प्रा॰ सेह < सं॰ शल्य की] *स्त्री॰* 'साही' नामक जन्तु।

सँगर (सेंगर)—[< सं॰ शृङ्गक] *पु॰* १. एक प्रकार का का पौधा जिसकी फलियों की तरकारी बनती है। २. उक्त पौधे की फली।

सँटा (सेंटा)—[देशज] *पु॰* मूँज या सरकंडे की सींक का निचला भाग जो मोटा और दृढ़ होता है।

सँत (सेंत)—[< हि॰ सेंति] *वि॰, पु॰* जो बिना कुछ दिए प्राप्त हो। मुफ़्त में प्राप्त (वस्तु)। **जैसे**—सेंत-मेंत में काम कराना।

***सँतना (सेंतना)**—[< सं॰ संहति] *क्रिस॰* १. सँभालकर रखना। २. एकत्र करना। बटोरना। ⁂ **सँति (सेंति)**—*क्रिवि॰* = १. सँभाल कर रखकर। २. एकत्र करके। बटोरकर। संचित करके।

†सँति[१] (सेंति[१])—[< सं॰ संहति] *स्त्री॰* मुफ़्त। *क्रिवि॰* मुफ़्त में।

सँतिहि/सँतिहुँ (सेंतिहि/सेंतिहुँ)—[< हि॰ सेंत] *क्रिवि॰* मुफ़्त में या व्यर्थ में।

†सँती (सेंती)—[< सं॰ संहति] *स्त्री॰* वह स्थिति जिसमें कोई वस्तु बिना परिश्रम किए, मुफ़्त में, मिल जाती है।

सँदुर (सेंदुर)—*पु॰* ≤ *सं॰* सिन्दूर। ईंगुर।

†सँदुरा/सँदुरिया (सेंदुरा/सेंदुरिया)—*वि॰, पु॰* ≤ *हि॰* सिन्दूरिया।

सँवई (सेंवई)—*स्त्री॰* दे॰ सेवईं।

***सै[१]**—[< प्रा॰ सय < सं॰ शत] *वि॰, पु॰* शत। सौ।

***सै[२]**—[< सं॰ सत्त्व] *स्त्री॰* १. सत्त्व। २. सार-तत्त्व। ३. शक्ति। बल। ४. वृद्धि। ५. प्राप्ति। लाभ।

सैंह—[सं॰ सिंह + अण्] *वि॰* सिंह-सम्बन्धी। शेर का। ***जैसे***—सैंह बल। ⁂ **सैंही**—*वि॰ (स्त्री॰)* सिंह की। ***जैसे***—सैंही शक्ति।

सैंहिक/सैंहिकेय—[सं॰ सिंहिका + ठक्/ढक्] *पु॰* सिंहिका का पुत्र। राहु।

सैक—[< हि॰ सैकड़ों] *वि॰* १. सौ। सैकड़ा। २. शत-शत। सैकड़ों।

सैकत—[सं॰ सिकता + अण्] *वि॰* १. सिकता/रेत से सम्बन्धित। रेत का। २. रेत से बना। रेतीला। ३. रेतीली भूमि वाला।

सैकतिक—[सं॰ सैकत + ठन्] *वि॰* १. रेतीले तट से सम्बन्धित। २. सन्देह से ग्रस्त रहनेवाला। सन्देहजीवी। *पु॰* १. सन्यासी। २. (स्त्रियों का) मंगलसूत्र।

सैकती—[सं॰ सैकतिन्] *वि॰* सिकता-युक्त। रेतीला।

सैकल—[अरबी] *पु॰* हथियारों या धातु के बर्तनों को साफ़ करने और चमकाने का काम। ⁂ **सैकलगर**—*पु॰* = सैकल करनेवाला कारीगर। सिकलीगर।

सैका—[< हि॰ सैक] *पु॰* १. कटी हुई फ़सल का ढेर। २. घास, डंठलों आदि के सौ पूलों/गट्ठों का समूह।

सैक्य—[सं॰ स + ऐक्य] *वि॰* ऐक्य से युक्त। एकता वाला/वाले।

सैक्सन—[अं॰] *पु॰* १. जर्मनी आदि देशों से, पाँचवीं-छठी शती ईसवी में, ब्रिटेन में जाकर बसी एक जाति। २. उक्त जाति का व्यक्ति। *स्त्री॰* १. उक्त जाति की भाषा। २. अँग्रेज़ी भाषा का वह अंश जो लैटिन भाषा आदि से नहीं, जर्मन भाषा से आया है। *वि॰* सैक्सन जाति का। ***जैसे***—सैक्सन रीति-रिवाज। २. अँग्रेज़ी भाषा में जर्मन भाषा से आया हुआ (शब्द आदि)। ***जैसे***—सैक्सन शब्द।

***सैण[१]**—*स्त्री॰* ≤ *सं॰* सेना। फ़ौज।

†सैण[२]—*पु॰* ≤ *हि॰* सैन। संकेत।

सैतुख—[देशज] *पु॰* प्रत्यक्ष।

†सैथी—*स्त्री॰* ≤ *हि॰* सैंथी। बर्छी।

सैद—[अरबी] *पु॰* १. मृगया। शिकार। २. शिकार किया हुआ पशु।

सैद्धान्तिक (सैद्धांतिक)—[सं॰ सिद्धान्त + ठक्] *वि॰* १. सिद्धान्त-सम्बन्धी। २. सिद्धान्त से होनेवाला। ३. सिद्धान्त के अनुसार चलनेवाला। *पु॰* १. सिद्धान्त को आचरण में लानेवाला व्यक्ति। २. सिद्धान्तों को यथार्थ रूप में जाननेवाला व्यक्ति।

सैन[१]—[< सं॰ संज्ञपन] *पु॰* (शरीर के किसी अंग से किया जाने वाला) संकेत। इशारा। ***जैसे***—आँखों के सैन से मना करना।

***सैन[२]**—*स्त्री॰* ≤ *सं॰* सैन्य। सेना। फ़ौज।

***सैन[३]**—[< सं॰ श्येन] *पु॰* १. श्येन। बाज़ (पक्षी)। २. एक प्रकार का बगुला।

†सैन[४]—*पु॰* ≤ *सं॰* शयन। ***जैसे***—देवता का सैन-भोग।

***सैना**—[< हि॰ सैन] *पु॰* संकेत। सैन। इशारा।

सैनिटोरियम—[< अं॰ सैनेटोरियम] *पु॰* १. स्वास्थ्यकर स्थान जहाँ स्वास्थ्य-लाभ करने के लिए बीमारी से उठे हुए लोग जाकर रहते हैं। आरोग्याश्रम। आरोग्यधाम। २. क्षय रोग की चिकित्सा का संस्थान।

सैनी—[< हि॰ 'सेना भगत' नामक नाई ईश्वर-भक्त] *पु॰* (हजामत बनाने का काम करनेवाली) नाई जाति या उसका व्यक्ति।

†सैनी—*स्त्री॰* ≤ *सं॰* सेना। फ़ौज।

***सैनेश/सैनेस**—*पु॰* ≤ *सं॰* सैन्येश। सेनापति।

सैन्धव (सैंधव)—[सं॰ सिन्धु + अण्] *वि॰* १. सिन्धु देश में उत्पन्न। २. सिन्धु नदी-सम्बन्धी। सिन्धु नदी का। ३. सिन्धु नदी में उत्पन्न। ४. समुद्र/नदी में उत्पन्न। ५. सिन्ध देश/प्रदेश से आया हुआ। *पु॰* १. सिन्धु देश/प्रदेश का घोड़ा। २. अश्व। घोड़ा। ३. सेंधा नमक। ४. सिन्ध देश/प्रदेश से आयी हुई वस्तु।

सैन्य—[सं॰ सेना + ञ्य] *वि॰* सेना-सम्बन्धी। सेना का। *पु॰* १. सेना। फ़ौज। २. सैनिक। ३. शिविर। छावनी।

सैमन्तिक (सैमंतिक)—[सं॰ सीमन्त + ठक्] *वि॰* सीमन्त-सम्बन्धी। (सिर की) माँग का। *पु॰* सिन्दूर। ईंगुर।

सैयद—[अरबी] *पु॰* १. मुसलमानों में एक वर्ग/उपजाति या उसका व्यक्ति।

***सैया**— *स्त्री०* ≤ *स०* शय्या। पलंग। बिछौना।

सैयाद—[अरबी] *पु०* १. व्याध। शिकारी। २. बहेलिया। चिड़ीमार।

सैयाह—[अरबी] *वि०, पु०* १. यात्री। मुसाफ़िर। २. देश-देश में घूमनेवाला। पर्यटक। ✣ **सैयाही**— *स्त्री०* = १. यात्रा। २. पर्यटन।

सैरन्ध्र (सैरंध्र)—[स० सीरन्ध्र + अण् + अच्] *पु०* घर में काम करनेवाला निम्न श्रेणी का नौकर। ✣ **सैरन्ध्री**— *स्त्री०* = १. अन्तःपुर की नौकरानी। २. अज्ञातवास में 'द्रौपदी' द्वारा ग्रहण किया गया नाम।

सैर-सपाटा—[फा० सैर + हि० सपाटा] *पु०* सैर। मनोरंजन के लिए घूमना-फिरना।

***सैल**[1]— *पु०* ≤ *स०* शैल। पर्वत। पहाड़।

***सैल**[2]—[< अरबी सैर] *स्त्री०* सैर।

सैल[3]—[अरबी] *पु०* १. प्रवाह। बहाव। २. पानी की बाढ़। सैलाब।

***सैलराज**—[≤ *स०* शैलराज] *पु०* १. पर्वतों का राजा। शैलराज। २. हिमालय।

सैला—[देशज] *पु०* १. लकड़ी की पच्चड़ जो किसी सन्धि/छेद में ठोंकी जाती है या कहीं फँसाई जाती हैं। २. चरते पशुओं के गले में डाली जाने वाली लकड़ी जो उन्हें दौड़ने-भागने में बाधक होती है।

***सैलात्मजा**—[< स० शैलात्मजा] *स्त्री०* १. शैलराज हिमालय की पुत्री। २. पार्वती। उमा। ३. गंगा। (नदी)।

सैलानी—[< हि० सैल] *वि०* १. बहुत अधिक सैर करनेवाला। २. बहुत अधिक इधर-उधर घूमने-फिरनेवाला। ३. पर्यटक। जैसे—विदेशी सैलानियों से भारत को बहुत आर्थिक आय होती है। ४. पर्यटन-प्रेमी। घुमक्कड़। मनमौजी।

सैलाब—[अरबी सैल + फा० अरब] *पु०* पानी की बाढ़। जल-प्लावन। ✣ **सैलाबा**— *पु०* = पानी में डूबी हुई फ़सल। ✣ **सैलाबी**— *वि०* = १. सैलाब-सम्बन्धी। बाढ़ का। ***जैसे***—सैलाबी दृश्य। २. जिसकी सिंचाई बाढ़ के पानी से होती हो।

सैली[1]—[< स० स्वैर] *वि०* स्वच्छन्दतापूर्वक। *स्त्री०* १. सैर करनेवाली स्त्री। सैलानी स्त्री। २. स्वच्छन्द घूमनेवाली स्त्री। स्वैरिणी स्त्री।

सैली[2]—[< हि० सैला] *स्त्री०* लकड़ी का टुकड़ा। चैली।

***सैलूख**— *पु०* ≤ *स०* शैलूष। अभिनेता। नट।

***सैलोपरि**—[< स० शैल ~ उपरि] *क्रिवि०* पर्वत के ऊपर।

***सैवल**— *पु०* ≤ *स०* शैवाल। सेवार।

***सैवलिनी**— *स्त्री०* ≤ *स०* शैवालिनी। नदी।

सैवाल—[स० सेवाल (सेवा √अल् + अच्)+ अण्] *पु०* शैवाल। सेवार।

¹सैसाँझ/सईसाँझ—[ब्रज०, < स० सद्यः + हि० साँझ < स० सन्ध्या] *स्त्री०* सन्ध्या के आरम्भ का समय।

¹सैहथी—[< स० शक्ति] *स्त्री०* एक हथियार। सैंथी। बर्छी।

***सैं (सैं)**—[देशज] **विभक्ति** *प्रत्यय०* या **परसर्ग०** से। प्रति।

सैंजल (सैंजल)—[< हि० सैं (< स० सम्) + स० जल] *वि०* १. जलयुक्त। आर्द्र। गीला। २. कोमल। नरम।

सैंतना (सैंतना)—[< स० सञ्चयन] *क्रिस०* १. संचित करना। एकत्र करना। इकट्ठा करना। बटोरना। २. सँभालकर रखना। सँभालना। सहेजना। ✣ **सैंति (सैंति)**— *क्रिवि०* = १. एकत्र करके। २. सँभाल कर रख कर। सँभाल कर।

सैंतुक (सैंतुक)—[< स० सम् + प्रत्यक्ष] *वि०* प्रत्यक्ष।

सैंथी (सैंथी)—[< स० शक्ति] *स्त्री०* बर्छी।

***सैंबल (सैंबल)**—[< स० शाल्मलि] *पु०*। सेमल का पेड़। (दे० सेमल)

सो[1]—[प्रा० < स० सः] *सर्व०* १. वह। २. 'जो' के साथ आनेवाला सम्बन्ध-सूचक शब्द। वह। ***जैसे***—जो मिला, सो खाया। वही।

सो[2]—[< हि० सो < स० समम्] वि० सदृश। समान।

¹सो[3]—[देशज] *अव्यय०* अतः। इसलिए। ***जैसे***—उसने बहुत कहा सो जाना पड़ा।

सोआ—[देशज] *पु०* १. एक प्रकार का पौधा जिसकी पत्तियों का साग बनाकर खाया जाता है। सोया। २. उक्त पौधे की पत्तियाँ।

***सोइ**[1]—[< हि० सोई] *सर्व०* वही। ✣ **सोइ-सोइ**— *सर्व०* =वही-वही।

सोइ**[2]—[< हि० सोना] *क्रिवि०* सोकर। ***जैसे—घंटों सोइ उठे।

¹सोइबो—[< स० शयन] *क्रिअ०* नींद लेना। सोना।

***सोउ/सोऊ**—[< हि० सो (= वह)] *सर्व०* वह भी।

¹सोकना[2]— *क्रिस०* ≤ *हि०* सोखना।

***सोग**—[< स० शोक, या फा०] *पु०* किसी की मृत्यु का रंज। शोक। मातम।

सोगवार—[फा०] *वि०* शोक से युक्त। शोकग्रस्त। ✣ **सोगवारी**— *स्त्री०* =१. मृत व्यक्ति के शोक में होना। मातमी दशा में होना। ✣ **¹सोगिनी/सोगी**— *वि० (स्त्री०)* = शोक मनानेवाली। शोक से विह्वल। शोकाकुल (स्त्री)।

***सोचि**—[< हि० सोचना] *क्रिवि०* विचारकर। सोच कर।

सोच्छ्वास—[स० स + उच्छ्वास] *वि०* उच्छ्वास-युक्त। *क्रिवि०* १. गहरी साँस भरते हुए। उसाँस लेते हुए। उच्छ्वासपूर्वक। २. (वेदना-सूचक) आह भरते हुए।

सोज़—[फा०] *स्त्री०* १. ताप। यह जलन। २. तीव्र वेदना।

सोज़िश—[फा०] *स्त्री०* ताप। दाह। जलन।

¹सोझना—[< स० शोधन] *क्रिस०* १. शुद्ध करना। शोधना। २. खोजना। शोधना।

***सोझा**[1]—[< स० सम्मुख या < हि० सूधा] *वि०* १. समक्ष। सामने। २. जो टेढ़ा न हो। सरल। सीधा। ३. सरल स्वभाव वाला। सीधा। ४. सीधा। खड़ा। ऊर्ध्वाधर।

सोटा—[देशज] *पु०* = १. सोंटा। डंडा। २. चलने में सहारे के लिए काम आने वाला बाँस/लकड़ी।

***सोडष**— *वि०* ≤ *स०* षोडश। सोलह।

सोडा—[अं०] *पु०* १. एक रासायनिक यौगिक जो क्षारीय होता है।

सोढर—[< सं० सु + हि० ढरना] *वि०* १. सरलता से किसी ओर प्रवृत्त/अनुरक्त हो जाने वाला। २. मूर्ख।

***सोणक**—[< सं० शोण] *वि०* लाल रंग का। रक्तवर्ण। लाल।

***सोणित/सोनित**—[≤ *सं०* शोणित] *पु०* रुधिर। ख़ून।

†सोत—[< प्रा० सोत्त < सं० स्रोतः (स्रोतस्)] *पु०* स्रोत। सोता।

सोता[१]—[< सं० स्रोत] *पु०* १. ज़मीन से फूटकर निकलनेवाले जल की धारा। स्रोत। सोता। झरना। चश्मा। ***जैसे***—भीषण गर्मी से कूपों के सोते और छोटे तालाब सूख गए। † २. नदी की छोटी शाखा।

सोता[२]—[< प्रा० सुत्त < सं० सुप्त] *वि०* सोया हुआ। निद्रित। ***वा०*** **सोते जागते**—१. हर समय। २. निरन्तर। लगातार।

†सोतिहा—[< हि० सोता] *वि०* (कुआँ/तालाब) जिसके नीचे पानी का सोता बह रहा हो।

सोती[१]—[< हि० सोता] *स्त्री०* १. पानी का छोटा सोता। †२. नदी की छोटी धारा।

सोती[२]—*स्त्री०* ≤ *सं०* स्वाती (नक्षत्र)।

सोती[३]—*पु०* ≤ *सं०* श्रोत्रिय। ब्राह्मणों की एक उपजाति।

सोत्कण्ठ (सोत्कंठ)—[सं० स + उत्कण्ठा] *वि०* विशेष उत्कंठा/उत्सुकता वाला। अत्यन्त उत्सुक। *क्रिवि०* अति उत्सुकता से।

सोत्कर्ष—[सं० स + उत्कर्ष] *वि०* १. उत्कर्षयुक्त। उन्नत। २. उत्तम। श्रेष्ठ।

सोदर—[सं० स + उदर] *वि०* एक उदर/पेट से उत्पन्न। *पु०* सहोदर। सगा भाई। ✣ **सोदरा**—*स्त्री०* = सहोदरा। सगी बहिन।

सोद्देश्य प्रतिदर्श—[सं०] पु०=(सांख्यिकी) वह प्रतिदर्श जिसके अलग-अलग एककों का चुनाव किसी उद्देश्यपूर्ण विधि से किया जाता है। (अं० परपज़िव साम्पल)।

सोद्वेग (सोद्वेग)—[सं० स + उद्वेग] *वि०* १. उद्वेगसहित। २. घबड़ाया हुआ। विकल। ३. भयभीत। ४. शंकित ५. चिन्तित। *क्रिवि०* उद्वेगपूर्वक। भय/विकलता/चिन्ता/शंका के साथ। उद्विग्न होकर।

सोन[१]—[< सं० शोण] *वि०* लाल रंग का। रक्तवर्ण। लाल। *पु०* गंगा की एक सहायक नदी।

सोन[२]—[< सं० सुवर्ण] *पु०* सुवर्ण। स्वर्ण। सोना। *वि०* (समस्त पद के आरम्भ में) सुनहरा/सुनहला या पीले रंग का। ***जैसे***—सोनकेला। स्त्री० एक प्रकार की लता जिसमें पीले फूल आते हैं।

सोन[३]—[देशज] *पु०* एक जलपक्षी।

सोनकिरवा—[< हि० सोन + कीड़ा] *पु०* सुनहले रंग और चमकीले परों वाला एक कीट। २. खद्योत। जुगनू।

सोनकीकर—[< हि० सोन + कीकर] *पु०* कीकर की जाति का एक बड़ा पेड़।

सोनकेला—[< हि० सोन + केला] *पु०* पीला केला। चम्पा केला।

सोनचम्पा (सोनचंपा)—[< हि० सोन + चम्पा] *स्त्री०* पीला चम्पा (वृक्ष/फूल)।

सोनज़रद (सोनज़र्द)—[< हि० सोन + फा० ज़र्द] *वि०* सोने के समान पीले रंग वाला। सुवर्णपीत। *पु०* उक्त प्रकार का रंग।

सोनजुही/सोनजूही—[< सं० सुवर्णयूथिका] *स्त्री०* जूही का एक प्रकार जिसके फूल हल्के पीले रंग के होते हैं।

सोनपेडुकी—[हि० सोन + पेडुकी] *स्त्री०* सुनहरापन लिए हरे रंग का एक पक्षी।

सोनपङ्खी (सोनपंखी)—[< हि० सोना + पंख] *स्त्री०* गुबरैले जैसा एक पतंगा।

†सोनहा—[< हि० सोना] *वि०* १. सुनहला। २. सुनहले पंखोंवाला (पक्षी)।

सोना-गेरू—[< सं० सुवर्ण गैरिक] *पु०* गेरु का एक प्रकार जो चिकना, पीलापन लिए हुए लाल तथा कुछ सुगन्धयुक्त होता है। सुवर्णगेरू।

सोना पाठा—[< सं० श्योनाक] *पु०* एक बहुत बड़ा और ऊँचा पेड़ जिसमें शाखाएँ बहुत कम होती हैं, पत्तों के वृन्त/डंठल बहुत लम्बे होते हैं और फली लम्बी होती है। अरलु।

सोनामक्खी/सोनामाखी—[< सं० स्वर्णमाक्षिक] *पु०* एक खनिज जिसमें लोहा, ताँबा, गन्धक तथा स्वर्ण का कुछ अंश होता है और उनके कुछ गुण भी रहते हैं। स्वर्णमाक्षिक।

सोनी[१]—[देशज] *पु०* एक वृक्ष जो तुन की जाति का होता है।

***सोनी[२]**—[< हि० सोना] *पु०* स्वर्णकार। सुनार।

सोनैया—[< हि० सोना] *स्त्री०* एक प्रकार की लता जिसका फूल ५ पंखड़ियों वाला पीला/सफ़ेद/लाल होता है, फल बहुत लगते हैं परन्तु खुरदरे होते हैं।

***सोनो**—*पु०* ≤ *हि०* सोना। सुवर्ण।

सोपध/सोपधि—[सं० स + उपधा/उपधि] *वि०* कपटी। धूर्त। छली। धोखेबाज़।

सोपप्लव—[सं० स + उपप्लव] *वि०* १. किसी बड़े संकट में पड़ा हुआ। अति संकटग्रस्त। २. शत्रुओं से आक्रान्त। ३. ग्रहण आदि में फँसा हुआ (सूर्य/चन्द्र)। ***जैसे***—सोपप्लव सूर्य।

सोपम—[सं० स + उपमा] *वि०* उपमायुक्त।

सोपरोध—[सं० स + उपरोध] *वि०* उपरोधयुक्त। अवरुद्ध। बाधित।

सोपसर्ग—[सं० स + उपसर्ग] *वि०* १. उपसर्गयुक्त। २. किसी बड़े संकट में पड़ा हुआ। ३. जिस पर भूत-प्रेत का आवेश हो। भूत-प्रेत से आविष्ट। (व्या०) उपसर्ग से युक्त (शब्द)।

सोपान—[सं० स + उपान (उप √अन् + घञ्)] *पु०* १. सीढ़ी। नसेनी। ज़ीना। २. सीढ़ी का डंडा। ***जैसे***—प्रथम सोपान। ३. (लाक्षणिक) उन्नति या उद्देश्य-प्राप्ति का साधन। ४. (ग्रन्थ का) अध्याय।

सोपानी—[< सं० सोपान] *वि०* १. सोपान की तरह का। २. श्रेणी-रूप में। ३. (प्रक्रम) जो अनेक चरणों में सम्पन्न हो। (अं० कैस्केड) ✣ **सोपानी जलप्रपात**—*पु०* (भू-विज्ञान०) छोटे झरनों की श्रेणी जो बड़े झरने के शैलों के ऊपर गिरने से बनती है।

सोपाश्रय—[सं० स + उपाश्रय] *वि०* अवलम्ब/सहारा वाला। आश्रययुक्त।

सोपि/सोऽपि—[सं॰ सः ~ अपि] १. वह भी।

***सोबन**—*पु॰* ≤ *सं॰* सुवर्ण। सोना।

सोभार—[सं॰ स + हिं॰ उमार] *वि॰* जिसमें उभार हो। उभारदार। *क्रिवि॰* उभरते हुए।

सोम—[सं॰ √सु + मन्] *पु॰* १. एक लता जिसका रस यज्ञ-कार्य में वैदिक काल में प्रयुक्त होता था। २. उक्त लता का रस। ३. चन्द्रमा। ४. अमृत। ५. जल। ६. एक वैदिक देवता। ७. शिव। महादेव। ८. रविवार से अगला दिन। सोमवार। एक प्रकार का कठोर वृक्ष जो हिमालय आदि पर ऊँचाई पर पाया जाता है। ✣ **सोम-कर**—*पु॰* चन्द्रमा की किरण/किरणें। ✣ **सोमकान्त (सोमकांत)**—*पु॰* = १. चन्द्रकान्तमणि। २. जो चन्द्रमा के समान सुन्दर तथा सर्वप्रिय हो। ३. जिसे चन्द्रमा प्रिय हो। ✣ **सोमग्रहण**—*पु॰* = चन्द्र-ग्रहण। ✣ **सोमज**—*वि॰* = चन्द्रमा से उत्पन्न। *पु॰* बुध (देवता/ग्रह)। ✣ ***सोमजाजी**—*पु॰*=सोमयज्ञ करनेवाला। सोमयाजी। ✣ **सोमनाथ**—*पु॰* = १. शिव। महादेव। २. बारह ज्योतिर्लिंगों में से एक जो गुजरात में है ३. गुजरात का एक प्राचीन नगर जहाँ 'सोमनाथ मन्दिर' है। ✣ **सोमपति**—*पु॰* = इन्द्र। ✣ **सोमपायी**—*वि॰* = सोमरस पीनेवाला। ✣ **सोम-पुत्र**—*पु॰* = चन्द्रमा का पुत्र। बुध (देवता/ग्रह)। ✣ **सोमप्रभ**—*वि॰* = चन्द्रमा के समान प्रभा/कान्ति वाला। नेत्रों को प्रिय लगनेवाली दीप्ति वाला। ✣ **सोमबन्धु (सोमबंधु)**—*पु॰* = १. सूर्य। २. बुध। ३. कुमुद (पुष्प)। ✣ **सोमभा**—*स्त्री॰* = चन्द्रमा की कान्ति। चन्द्र-प्रभा। ✣ **सोमयज्ञ/सोमयाग**—*पु॰* = एक प्राचीन वैदिक यज्ञ जिसमें सोमरस का उपयोग होता था। ✣ **सोमयाजी**—*पु॰* = सोमयज्ञ करनेवाला व्यक्ति। ✣ **सोमरस**—*पु॰* = सोम लता का रस। (छन्द॰) एक समवर्णिक छन्द जिसके प्रत्येक चरण में २ यगण के योग से ६ वर्ण होते हैं। ✣ **सोमराज्य**—*पु॰* = चन्द्रलोक। ✣ **सोम लता**—*स्त्री॰* = १. 'सोम' नामक एक लता जो अब अनुपलब्ध है परन्तु वैदिक काल में बहुत महत्त्वपूर्ण थी। सोमवल्लरी। सोमवल्ली। २. थूहर की जाति की एक वेल। ✣ **सोमलोक**—*पु॰* = चन्द्रलोक। ✣ **सोमवंश**—*पु॰* = एक प्राचीन क्षत्रिय वंश। चन्द्रवंश। ✣ **सोमवंशी/सोमवंशीय**—*वि॰* = १. चन्द्रवंश में उत्पन्न। *जैसे*—भगवान् कृष्ण चन्द्रवंशी थे और भगवान् राम सूर्यवंशी।

सोमवती—[सं॰ सोमवत् + ङीष्] *वि॰ (स्त्री॰)* [तिथि] जो सोमवार से युक्त हो। *स्त्री॰* वह लड़की/स्त्री जिसका जन्म सोमवार को हुआ हो। ✣ **सोमवती अमावस्या**—*स्त्री॰* = वह अमावस्या तिथि जो सोमवार को हो।

सोमवल्लरी—[सं॰ सोम ~ वल्लरी] *स्त्री॰* १. सोम लता। २. ब्राह्मी (लता) (छन्द॰) एक समवर्णिक छन्द जिसके प्रत्येक चरण में क्रमशः रगण, जगण, रगण, जगण, रगण (र ज र ज र) के योग से १५ वर्ण होते हैं। चामर छन्द।

सोमवल्ली—[सं॰ सोम ~ वल्ली] *स्त्री॰* १. सोमलता। २. ब्राह्मी (लता)। ३. गुडूची। गिलोय। ४. गजपीपल। ५. सुदर्शन (पौधा)। ६. सोमराजी। बाकुची।

सोमवान्—[सं॰ सोमवत्] *वि॰* १. सोम से युक्त। २. चन्द्रमा से युक्त। ३. शीतल और सुन्दर। *पु॰* चन्द्रमा से युक्त ग्रह।

सोमवीथी—[सं॰ सोम ~ वीथी] *स्त्री॰* चन्द्रमंडल।

सोमवृक्ष/सोमसार—[सं॰ सोम~ वृक्ष/सार] *पु॰* सफ़ेद खदिर/खैर/कत्था का पेड़।

सोम-सुत—[सं॰] *पु॰* चन्द्रमा का पुत्र। बुध (देवता/ग्रह)।

सोम-सुता—[सं॰] *स्त्री॰* नर्मदा नदी।

सोमसुन्दर (सोमसुंदर)—[सं॰ सोम ~ सुन्दर] *वि॰* चन्द्रमा के समान सुन्दर। अति सुन्दर। *पु॰* शिव। महादेव।

सोम-सूत्र—[सं॰] *पु॰* शिवलिंग पर चढ़ाए जाने वाले जल के निकलने की नाली।

सोमांशु—[सं॰ सोम/सोम ~ अंशु] *पु॰* चन्द्रमा की किरण।

सोमाभ—[सं॰ सोम ~ आभा] *वि॰* चन्द्रमा के समान आभा/दीप्ति वाला। *स्त्री॰* चन्द्रमा की किरणें।

सोमाष्टमी—[सं॰ सोम ~ अष्टमी] *स्त्री॰* सोमवार अष्टमी तिथि।

सोमी—[सं॰ सोमिन्] *वि॰* १. सोम-युक्त। २. सोमरस की आहुति देनेवाला। ३. सोमयज्ञ करनेवाला।

सोमीय—[सं॰ सोम + द्य] *वि॰* १. सोम-सम्बन्धी। सोम का। २. सोमरस से युक्त।

***सोमेल**—[< सं॰ सु + हिं॰ मेल] *वि॰* सन्तुलित।

सोमेश्वर—[सं॰ सोम ~ ईश्वर] *पु॰* १. शिव। महादेव। २. सोमनाथ मन्दिर।

सोमोत्पत्ति—[सं॰ सोम ~ उत्पत्ति] *स्त्री॰* १. चन्द्रमा का जन्म। २. अमावस्या के बाद चन्द्रमा का फिर से कलायुक्त होकर दिखाई देना।

सोमोद्भव—[सं॰ सोम ~ उद्भव] *वि॰* चन्द्रमा से उत्पन्न। *पु॰* बुध (देवता/ग्रह)। ✣ **सोमोद्भवा**—*स्त्री॰* 'नर्मदा' नदी।

सोम्य—[सं॰ सोम + यत्] *वि॰* १. सोमरस पीने के योग्य। सोमरस पीने का अधिकारी। २. (यज्ञकुंड में) सोमरस की आहुति देनेवाला। ३. सोम/चन्द्रमा के समान सुन्दर रूप वाला। ४. कोमल। मुलायम। ५. सुन्दर। रूपवान्।

***सोय**—[< हिं॰ सो] *सर्व॰* १. वह। २. वही।

सोया—[< हिं॰ सोना < प्रा॰ सो] *क्रिअ॰* 'सोना' क्रिया का एक भूतकालिक रूप। निद्रित रहा। *जैसे*—वह केवल दो घंटे सोया।

¹सोरट्ठ—[प्रा॰ < सं॰ सौराष्ट्र] *पु॰* 'सौराष्ट्र' प्रदेश (गुजरात) का प्राचीन लोकप्रचलित नाम। (छन्द॰) सोरठा (छन्द)।

सोरठ—[< सं॰ सौराष्ट्र] *पु॰* गुजरात का दक्षिणी-पश्चिमी क्षेत्र। (संगीत॰) ओडव जाति का एक राग।

सोरठा—[< हिं॰ सोरठ] *पु॰* (छन्द॰) एक अर्धसममात्रिक छन्द जिसके विषम चरणों में ११ मात्राएँ और सम चरणों में १३ मात्राएँ होती हैं तथा विषम चरण तुकान्त होते हैं।

सोरठी—[< हिं॰ सोरठ] *वि॰* सोरठ-सम्बन्धी। सोरठ का। *स्त्री॰* अवध क्षेत्र में प्रचलित एक प्रेमकथात्मक लोकगाथा।

†सोरनी—[< सं॰ शोधनी] *स्त्री॰* १. झाड़ू। बुहारी। २. शव की भस्म को जल में प्रवाहित करने का धार्मिक संस्कार।

सोरह**—*वि॰, पु॰* ≤ सोलह। षोडश। ***जैसे—सोरह योजन। ✣ **सोरही**—*स्त्री॰* = सोलह।

†सोरा—*पु॰* ≤ फा॰ शोरा। ● **विशेष**—काव्य में 'सोर' (शोर) को **'सोरा/सोरु/सोरु'** भी लिखा जाता है।

सोराना—[< हि॰ सोर (वृक्षों की जड़)] *क्रिअ॰* बोयी गयी चीज़ में मूल/जड़ निकलना।

सोर्मि/सोर्मिक—[सं॰ स + ऊर्मि/ऊर्मिक] *वि॰* लहरोंवाला। ऊर्मि-युक्त। तरंगयुक्त।

सोर्स—[अं॰] *पु॰* १. उत्पत्ति-स्थान। उद्भव। उद्गम। २. मूल कारण। ३. स्रोत। ४. (जानकारी का) सूत्र या आधार-सामग्री। ५. कोई प्रभावी अधिकारी आदि जिससे अपना काम सम्पन्न कराने में सफलता मिल सके। ***जैसे***—नौकरी भी सोर्स से ही मिलेगी।

सोलह[१]—[< प्रा॰ सोलस < सं॰ षोडश] *वि॰* १. दस से छह अधिक। षोडश। २. उक्त की संख्या (१६)। ***वा॰* सोलह/सोलहों आने**—पूरी तौर से। [● **विशेष**—'आना' एक सिक्का था जो बहुत समय तक प्रचलित रहा। एक रुपए में १६ आने होते थे।] **सोलह परी का नाच**—कौड़ियों का जुआ। [● **विशेष**—उक्त जुआ १६ कौड़ियों से खेला जाता है।] **सोलह सिंगार करना/सजाना**—बहुत शृंगार करना। ✣ **सोलह शृङ्गार (शृंगार), सोलह सिङ्गार (सिंगार)**—*पु॰* स्त्रियों का पूर्ण शृंगार जिसमें १६ कार्य सम्मिलित हैं। ✣ **†सोलही**—*स्त्री॰* = १. सोलह कौड़ियाँ जिनसे जुआ खेला जाता है। २. सोलह कौड़ियों से खेला जानेवाला जुआ। ३. खेत की उपज के १६ पूलों के एक समूह के रूप में गणना।

सोलह[२]—[देशज] *पु॰* दलदली भूमि में उगनेवाला एक झाड़। सोला।

†सोवज—[< हि॰ सावज < सं॰ श्वापद] *पु॰* जंगली हिंसक पशु (चीता आदि)। श्वापद। सावज।

***सोवना**[१]—[< प्रा॰ सोव < सं॰ √सुप्] *क्रिअ॰* शयन करना। नींद लेना। सोना।

सोवना**[२]—[< सं॰ स्वर्ण] *वि॰* १. सोने के रंग का। सुनहरा। सुनहला। २. सोने का। ***जैसे—सोवना महल।

***सोवनार**—[< हि॰ सोवन] *स्त्री॰* सोने का कमरा। शयन-कक्ष। शयनागार।

†सोवनिहार—[< हि॰ सोवना] *वि॰* सोनेवाला। निद्राशील।

सोवाना**—[हि॰ 'सोवना' (शयन करना) का प्रेरणा॰] *क्रिस॰* सुलाना। ***जैसे—यशोदा जी कृष्ण को लोरियाँ गाकर सोवाती थी।

सोविनियर/सोवेनियर—[< अं॰ सूवेनिअर] १. अतीत घटना की यादगार। २. (किसी अधिवेशन/सम्मेलन या किसी घटना विशेष की स्मृति में प्रकाशित) स्मारिका।

†सोषु—[< सं॰ शोष] *वि॰* सोखनेवाला। शोषक।

†सोस—[< सं॰ शोष] *वि॰* १. शुष्क। सूखा। २. सोखनेवाला। शोषक। *पु॰* १. शोषण। २. चिन्ता। फ़िक्र।

सोसन—[< फा॰ सौसन] *स्त्री॰* एक नीला फूल जिसकी पंखुड़ी जीभ जैसी होती है। सौसन।

सोसि—[< सं॰ सोऽसि] *वाक्य॰* तू वह है।

***सोसु**—[< सं॰ शोषी] *वि॰* सुखा डालने वाला।

***सोह**—[< हि॰ सोहना] *क्रिअ॰* १. अच्छा लगता है। २. शोभित होता है या शोभित हो रहा है।

†सोहगी—[< हि॰ सोहाग/सुहाग] *स्त्री॰* भावी सुहाग/सौभाग्य की सूचक वस्तुओं का उपहार जो वर-पक्ष द्वारा कन्या को विवाह के पूर्व भेजा जाता है।

***सोहण**—[< सं॰ स्वप्न] *पु॰* स्वप्न। सपना।

सोहन—[प्रा॰ सोहण < सं॰ शोभन] *वि॰* शोभित। सुन्दर। सुहावना। *पु॰* १. सुन्दर पुरुष। २. पति या प्रियतम। ✣ **सोहन चिड़िया**—*स्त्री॰* = एक सुन्दर पक्षी जो आकार और वज़न में बहुत छोटे शुतुरमुर्ग के समान होता है तथा उड़ने और दौड़ने में तेज़ होता है। ✣ **सोहन पपड़ी**—*स्त्री॰* = मैदा/बेसन की एक मिठाई। ✣ **सोहन हलुआ**—*पु॰* = एक प्रकार की स्वादिष्ठ मिठाई जिसमें घी की अधिकता होती है।

सोहना[१]—[< सं॰ शोभन] *क्रिअ॰* १. सुशोभित होना। बहुत सुन्दर लगना। फबना। *वि॰* १. शोभन। सुन्दर। ***जैसे***—सोहना कृष्ण। २. सुहावना। ***जैसे***—सोहना दृश्य। ३. आकर्षक। मोहक। ✣ **सोहनी**—*वि॰ (स्त्री॰)*।

सोहना[२]—[< प्रा॰ सोहण < सं॰ शोधन] *क्रिस॰* १ साफ़ करना। २. (खेत की) निराई करना।

सोहनी[१]—[< हि॰ सोहना] *वि॰ (स्त्री॰)* १. शोभन। सुन्दर। ***जैसे***—सोहनी राधा। २. सुहावनी। ***जैसे***—सोहनी वर्षा। ३. आकर्षक। मोहक।

सोहनी[२]—[< हि॰ सोहना < सं॰ शोधन] *स्त्री॰* १. सफ़ाई। २. खेत की निराई।

सोहनी[३]—[< प्रा॰ सोहणी <सं॰ शोधनी] *स्त्री॰* झाड़ू। बुहारी।

सोहम्/सोऽहम्/सोहं—[सं॰ सः ~ अहम्] *वाक्य॰* १. वह मैं हूँ। २. वह ब्रह्म/परमात्मा मैं हूँ।

सोहर[१]—[< सं॰ सूतिगृह] *पु॰* सन्तान होने पर घर में गाए जाने वाले एक प्रकार के बधाई-गीत। मांगलिक गीत।

सोहर[२]—[देशज] *स्त्री॰* नाव के पाल को खींचनेवाली डोरी/रस्सी।

***सोहरा**[१]—[< हि॰ सहल] *वि॰* सरल। सहल।

***सोहरा**[२]—[< फा॰ शोहरत] *पु॰* प्रसिद्धि। ख्याति। शोहरत।

†सोहला[१]—*पु॰* ≤ *हि॰* सोहर (मांगलिक गीत)।

†सोहला[२]—[< हि॰ सोहना] *स्त्री॰* (स्त्रियों का) एक आभूषण जो माथे पर पहना जाता है।

†सोहँ—*स्त्री॰* ≤ *हि॰* सौंह। सौगन्ध। शपथ। क़सम।

†सोहँ—*क्रिवि॰* ≤ सं॰ सम्मुख। सामने।

†सोहाई—[< हि॰ सोहना] *स्त्री॰* १. सोहने की क्रिया/भाव। (खेत की) निराई। २. निराई करने की मज़दूरी।

सोहाना—[< हि॰ सोहना] *क्रिअ॰* अच्छा लगना। सुहाना।

सोहारी/ *सोहरी—[< हि॰ सोहाना] *स्त्री॰* १. देवी-देवताओं की पूजा के लिए बनायी जाने वाली पूड़ियाँ। सोहाली। २. आटे को बेलकर धूप में सुखाने के बाद घी में तली हुई पूड़ी। ३. बड़ी पूड़ी/पूरी।

सोहाली—*स्त्री॰* ≤ *हि॰* सोहारी।

सोहावटी—[< हि॰ सोहाना] *स्त्री॰* द्वार या खिड़की के ऊपर का आड़ा शहतीर या पत्थर अथवा उसके समान ईटों या सीमेण्ट आदि की रचना। (अ॰ लिन्टल)।

***सोहि**[१]—*क्रिवि॰* ≤ *हि॰* सौंह। सम्मुख। सामने।

***सोहि**[२]—*सर्व॰* ≤ *हि॰* सो ही। वही।

सोहिला/ *सोहिलौ—*पु॰* ≤ *हि॰* सोहर (मांगलिक गीत)।

सौं**[१] **(सों**[१] **)**—[< स॰ तः (तस्)→तो →तों →सों] *परसर्ग॰* से। ***जैसे—राम सों प्रेम करो। *क्रिवि॰* संग। साथ।

***सौं**[२] **(सों**[२] **)**—[< स॰ समम्] *वि॰* समान। जैसा। **उदा॰** माखन सों मन।

***सौं**[३] **(सों**[३] **)**—[< हि॰ सौंहि] *स्त्री॰* सौगन्ध। शपथ। क़सम।

सौं**[४] **(सों**[४] **)**—[< हि॰ सौंह <स॰ सम्मुख] *क्रिवि॰* सम्मुख। समक्ष। सामने। ***जैसे—पंडितन सों।

सौंचर (सोंचर) नमक—[< स॰ सौवर्चल + फा॰ नमक] *पु॰* काला नमक।

सौंटा (सोंटा)—[देशज] पु॰=१. लम्बी, सीधी और मोटी लकड़ी। डंडा। २. भाँग घोटने का छोटा डंडा। ***वा॰* सोंटा चलना**—डंडे आदि से मारपीट होना। **सोंटा चलाना/जमाना**—डंडे से मारना।

ǀसौंठौरा (सोंठौरा)—[< हि॰ सोंठ] *पु॰* सूजी, मेवा, सोंठ आदि से बने लड्डू।

ǀसौंध (सोंध)—*स्त्री॰* ≤ *स॰* सुगन्ध। ख़ुशबू। ***जैसे***—ताजे भुने चने की सोंध।

सौंधा (सोंधा)—[< स॰ सुगन्ध] *वि॰* १. सुगन्धवाला। सुगन्धित। ख़ुशबूदार। २. उस सुगन्ध से युक्त जो मिट्टी के नए बर्तन में पानी डालने से, सूखी भूमि पर पानी पड़ने से, भुने हुए चनों से या बेसन भूनने पर निकलती है। ३. उक्त के समान गन्धवाला। ४. (लाक्षणिक) उत्तम। अच्छा। भला। + *पु॰* सुगंध।

सौंधिया (सोंधिया)—[< हि॰ सोंधा] पु॰=रूसा (स॰ रोहिष) नामक घास।

सौंधी (सोंधी)—[< हि॰ सोंधा] *वि॰ (स्त्री॰)* १. जिसमें सोंधापन हो। ***जैसे***—सोंधी मिट्टी। २. सुगन्धित। ***जैसे***—सोंधी मिठाई। ३. (लाक्षणिक) उत्तम। अच्छी। ***जैसे***—सोंधी बातें।

***सौंह (सोंह)**—*स्त्री॰* ≤ *हि॰* सौंह = सौगन्ध। शपथ। क़सम।

ǀसौंही (सोंही)—[< हि॰ सौंह[२]] *क्रिवि॰* सम्मुख। समक्ष। सामने।

ǀसौकन—*स्त्री॰* ≤ स॰ सपत्नी। सौत।

सौकर—[स॰ सूकर + अण्] *वि॰* १. शूकर-सम्बन्धी। सुअर का। २. सूअर के समान। ३. भगवान् विष्णु के बाराह अवतार से सम्बन्धित। ✣ **सौकरिक**—*पु॰*=१. शिकारी। अहेरी। २. सुअरों का व्यापारी।

सौकर्य[१]—[स॰ सूकर + ष्यञ्] *पु॰* शूकरता। सुअरपन।

सौकर्य[२]—[स॰ सुकर + ष्यञ्] *पु॰* १. (किसी काम का) सरलता से होने या किए जाने का गुण। सहजता। सरलता। २. सुसाध्यता। ३. निपुणता। ४. (किसी भोज्य वस्तु को) सरलता से बनाने का उपाय/तरकीब।

सौक्तिक—[स॰ सूक्त/सूक्ति + ठक्] *वि॰* १. (वेद के) सूक्त/सूक्तों से सम्बन्धित। सूक्त/सूक्तों का। २. सूक्त के रूप में होनेवाला। ३. सूक्ति/सूक्तियों से सम्बन्धित। सूक्ति/सूक्तियों का।

ǀसौखा—[< स॰ सुख] *वि॰* सुख से होनेवाला। सरल। सहज। सुगम।

सौख्य—[स॰ सुख + ष्यञ्] *पु॰* सुख।

सौगत—[स॰ सुगत + अण्] *वि॰* सुगत-सम्बन्धी। बुद्ध-सम्बन्धी। (महात्मा) बुद्ध का। *पु॰* १. (महात्मा) बुद्ध का अनुयायी। २. बौद्ध।

सौगतिक—[स॰ सुगत + ठक्] *पु॰* १. बौद्ध। २. बौद्ध भिक्षु। ३. नास्तिक व्यक्ति।

***सौचेत**—[< हि॰ सोचना] *क्रिवि॰* सोचवाने पर भी।

***सौजना**—*क्रिअ॰* ≤ हि॰ सजना। १. सँवरना। २. शोभित होना।

सौजन्य—[स॰ सुजन + ष्यञ्] *पु॰* १. सज्जनता। सुजनता। भलमनसाहत। २. भद्रता। भलाई। नेकी। ३. उदारता। ४. कृपालुता।

ǀसौजा—[< स॰ श्वापद] *पु॰* जंगली हिंसक जन्तु। (चीता आदि)। श्वापद। सावज।

ǀसौड़—[< स॰ स्वापपट] *पु॰* १. (सोते समय) ओढ़ने की मोटी चादर। २. (ओढ़ने की) रुई-भरी मोटी रज़ाई।

***सौति-साल**—[< हि॰ सौत + स॰ शल्य] *पु॰* सौतिया डाह।

***सौतुक/सौतुख**—[< स॰ सम्मुख] *क्रिवि॰* १. सम्मुख। प्रत्यक्ष। सामने। २. आगे। सामने। *पु॰* १. आगा। सामना। २. प्रत्यक्ष। सत्य।

सौत्र—[स॰ सूत्र + अण्] *वि॰* १. सूत्र-सम्बन्धी। सूत्र/सूत्रों के रूप में लिखा हुआ। २. सूत/धागा से सम्बन्धित। धागे का। *पु॰* ब्राह्मण।

सौत्रान्तिक (सौत्रांतिक)—[स॰] *पु॰* बौद्ध सम्प्रदाय की एक शाखा।

सौत्रिक—[स॰ सूत्र + ठञ्] *वि॰* १. सूत्र/सूत्रों से सम्बन्धित। २. सूत से बना हुआ। सूती। *पु॰* १. काते हुए सूत बेचनेवाला या सूत का व्यापारी। २. जुलाहा। ३. सूत से बनी वस्तु (कपड़ा आदि)।

सौदर्य—[स॰ सोदर + ष्यञ्] *वि॰* १. सहोदर का। २. सहोदर के समान। सहोदर जैसा। *पु॰* भ्रातृत्व। भाईपन। भाईचारा।

सौदामनी—[स॰ सुदामन् + अण् + ङीप्] *स्त्री॰* विद्युत्। चंचला। तड़ित्। बिजली।

सौदामिनी/सौदाम्नी—[स॰ सौदाम्नी, पृषो॰] स्त्री॰ = सौदामनी। ✣ **सौदामिनीय**—*वि॰* =विद्युत्-सम्बन्धी। बिजली का।

सौध[१]—[स॰ सुधा + अण्] *वि॰* १. सुधा-सम्बन्धी। सुधा का। २. अमृत-सम्बन्धी। अमृत का। ३. चूना से पुता हुआ। *पु॰* १. चूना से पुता हुआ भवन। २. राजप्रासाद। महल। ३. चाँदी। रजत। ४. दूधिया पत्थर। ✣ **सौधकार**—*पु॰* = भवन/प्रासाद बनानेवाला

कारीगर। राज। स्थपति। मेमार। ✣ **सौधवास**— *पु॰* = महल के समान मकान। राजसी भवन।

***सौध**[२]—[< स॰ प्रतिशोध] *पु॰* १. प्रतिशोध। २. ईर्ष्या।

सौधर्म—[स॰ सुधर्म + अण्] *पु॰* १. 'सुधर्म' का गुण/भाव। सुधर्मता। २. सज्जनता। भलमनसाहत। ३. ईमानदारी।

सौन—[स॰ सूना + अण्] *वि॰* १. क़साईघर से सम्बन्धित। २. क़साईपन का।

***सौनजाइ**—[< हि॰ सोनजुही] *स्त्री॰* पीली चमेली।

सौनिक—[स॰ सूना + ठण्] *पु॰* क़साई।

सौन्दर्य (सौंदर्य)—[स॰ सुन्दर + ष्यञ्] *पु॰* १. सुन्दर होने की अवस्था/गुण/भाव। सुन्दरता। २. किसी मनुष्य, वस्तु या कलाकृति की वह विशेषता जो उसे आकर्षक बनाती है और दर्शक के मन में सुखद प्रभाव उत्पन्न करती है। सुन्दरता। रमणीयता। चारुता। मनोहरता। ३. गुण। विशेषता। ख़ूबी। *जैसे*—उसकी बातचीत का सौन्दर्य।

सौन्दर्यवाद (सौंदर्यवाद)—[स॰ सौन्दर्य ~ वाद] *पु॰* १. कला आदि में सौन्दर्य को सर्वोपरि महत्त्व देने का सिद्धान्त। सौन्दर्यतत्त्व को आधारतत्त्व मानने का दार्शनिक सिद्धान्त। २. कलात्मक/रचनात्मक स्वायत्तता का मतवाद। यह मतवाद कि कलाकार/रचयिता पर राजनीतिक, धार्मिक, नैतिक, सामाजिक आदि बन्धन नहीं होने चाहिए।

सौन्दर्यसुधासागर (सौंदर्यसुधासागर)—[स॰ सौन्दर्य ~ सुधा ~ आगार] *पु॰* १. सौन्दर्य और प्रेम का सागर या अनन्त भंडार। २. (सौन्दर्य और प्रेम का अनन्त आगार) परमात्मा।

सौन्दर्योपभोग (सौंदर्योपभोग)—[स॰ सौन्दर्य ~ उपभोग] *पु॰* १. सौन्दर्य का आस्वाद। २. रसोपभोग। २. किसी सुन्दर रचना/वस्तु या कलाकृति का आनन्द लेना।

सौपर्ण—[स॰ सुपर्ण + अण्] *वि॰* गरुड़-सम्बन्धी। गरुड़ का। *पु॰* १. गरुड़पुराण। २. गरुड़मन्त्र। ३. पन्ना (रत्न)। मरकतमणि।

सौप्तिक—[स॰ सुप्ति + ठञ्] *वि॰* निद्रा-सम्बन्धी। *पु॰* रात्रि के समय का आक्रमण। रात में सोते हुए लोगों पर किया जानेवाला आक्रमण।

सौबल—[स॰ सुबल + अण्] *पु॰* (सुबल का पुत्र) शकुनि (जो दुर्योधन का मामा और गान्धारी का भाई था)।

सौबली/सौबलेयी—[स॰ सौबल + डीप्, सुबला + ढक् + डीप्] *स्त्री॰* (सुबल की पुत्री) गान्धारी (जिसका पति धृतराष्ट्र और पुत्र दुर्योधन था)।

सौभग—[स॰ सुभग + अण्] *पु॰* १. सौभाग्य। २. समृद्धि। धन-सम्पत्ति। ३. सौन्दर्य। ४. आनन्द।

सौभद्र/सौभद्रेय—[स॰ सुभद्रा + अण्/ढक्] *पु॰* (अर्जुन-पत्नी) सुभद्रा का पुत्र। अभिमन्यु।

सौभागिनी—[< स॰ सौभाग्य] *स्त्री॰* सधवा स्त्री। सौभाग्यवती। सुहागिन।

सौमनस—[स॰ सुमनस् + अण्] *वि॰* १. फूल-सम्बन्धी। फूल/फूलों का। २. मन के अनुकूल। मनोनुकूल। *पु॰* १. कृपालुता। अनुग्रह। २. आनन्द। ३. सन्तोष।

सौमनस्य—[स॰ सुमनस् + ष्यञ्] *पु॰* १. आनन्द, प्रसन्नता या सन्तोष। २. आपसी सद्भाव।

सौमित्र/सौमित्रि—[स॰ सुमित्रा + अण्/इञ्] *पु॰* सुमित्रा का पुत्र। लक्ष्मण या शत्रुघ्न। ✣ **सौमित्रीय**— *वि॰* = लक्ष्मण/शत्रुघ्न-सम्बन्धी। लक्ष्मण/शत्रुघ्न का।

सौम्य—[स॰ सोम + ड्यण् (अथवा, सोम + य + अण्)] *वि॰* १. चन्द्रमा-सम्बन्धी। २. सोम (देवता)। ३. सोमलता-सम्बन्धी। ४. सुन्दर। ५. कोमल। ६. स्निग्ध। ७. विनम्र और शान्त (स्वभाव वाला)। *जैसे*—सन्त स्वभाव से सौम्य होते हैं। ८. प्रसन्न। ९. शुभ। मांगलिक। १०. सज्जन और सुशीलता। *पु॰* १. (चन्द्रमा का पुत्र) बुध (देवता/ग्रह)। २. सोमयज्ञ। ३. उपासक। ४. मृगशिरा नक्षत्र। ५. मार्गशीर्ष मास। अगहन महीना। ६. बायाँ हाथ। ७. बायीं आँख। (ज्योतिष॰) आनन्द आदि २८ मुहूर्तों में से पाँचवाँ। (आयुर्वेद॰) १. (पेट में) अन्न से बननेवाला रस। २. लाल होने से पहले रक्त की दशा।

सौम्यशिखा—[स॰ सौम्य ~ शिखा] *पु॰* (छन्द॰) एक विषम वर्णिक छन्द जिसके पहले दल के दोनों चरणों में ८-८ गुरु वर्ण और दूसरे दल के दोनों चरणों में १६-१६ लघुवर्ण होते हैं। अनंगक्रीड़ा छन्द।

सौम्या—[स॰ सौम्य + टाप्] *वि॰ (स्त्री॰)* सौम्य स्वभाव वाली। *स्त्री॰* १. दुर्गा। पार्वती। २. सुन्दर स्त्री। ३. सुशील स्त्री। ४. मृगशिरा नक्षत्र। ५. ब्राह्मी (लता)। ६. घुँघुची।

सौम्योपचार—[स॰ सौम्य ~ उपचार] *पु॰* उपचार/चिकित्सा का वह ढंग जो चीर-फाड़ वाला या कठोर न हो। शान्त/कोमल उपचार।

सौर[१]—[स॰ सूर + अण्] *वि॰* १. सूर्य-सम्बन्धी। सूर्य का। २. सूर्य से उत्पन्न। ३. सूर्य के कारण या उसके प्रभाव से होनेवाला। *पु॰* १. सूर्य का उपासक। सूर्य-पूजक। २. (सूर्य का पुत्र) शनि (ग्रह/देवता)। ३. (सूर्य का पुत्र) यमराज। ४. दाहिनी आँख। ✣ **सौर जगत्**— *पु॰* = सूर्य तथा सब ग्रह, नक्षत्र आदि। सौर परिवार। सौर मंडल। ✣ **सौर दिन**— *पु॰* = किसी सूर्योदय से अगले सूर्योदय के बीच का समय। सावन दिन। ✣ **सौरभौतिकी**— *स्त्री॰* = भौतिकी की वह शाखा जिसमें मुख्यत: सूर्य से निकलने वाले ऊर्जा प्रवाह का अध्ययन होता है। (अ॰ सोलर फिज़िक्स)। ✣ **सौरमास**— *पु॰* = सूर्य के एक राशि में प्रवेश से अगली राशि में प्रवेश के बीच का समय। सूर्य की किसी संक्रान्ति से अगली संक्रान्ति के बीच का समय। ✣ **सौर वर्ष**— *पु॰* = (खगोल॰) किसी मेष संक्रान्ति से अगली मेष संक्रान्ति तक का समय। सूर्य को सम्पूर्ण राशिचक्र में भ्रमण करने में लगने वाला समय।

***सौर**[२]—[< स॰ स्वापपट] *स्त्री॰* १. (जाड़ों में ओढ़ने की) मोटे कपड़े की रुई-भरी मोटी रजाई। २. ओढ़ने की मोटी चादर। ✣ **सौर सुपेती**— *स्त्री॰* = १. सौर और सुपेती। जाड़ों में ओढ़ने के वस्त्र। ओढ़ने की रुई भरी रज़ाई और बिछौना। ओढ़ने-बिछाने के वस्त्र। ओढ़ना-बिछौना। बिस्तर।

***सौरज**—*पु॰* ≤ *स॰* शौर्य। शूरता। वीरता।

सौरभ—[स॰ सुरभि + अण्] *वि॰* सुगन्धयुक्त। ख़ुशबूदार। *पु॰* १. सुगन्ध। ख़ुशबू। २. केसर । ३. धनिया। ४. आम्र वृक्ष। आम का पेड़ (छन्द॰) एक समवर्णिक छन्द जिसके प्रत्येक चरण में क्रमशः भगण, जगण, और २ सगण (भ ज स स) के योग से १२ वर्ण होते हैं। ✣ **सौरभक**—*वि॰* = सुगन्धप्रद। *पु॰* (छन्द॰) एक विषम वर्णिक छन्द जिसके प्रथम चरण में क्रमशः सगण, जगण, सगण, लघु (स ज स ल), द्वितीय चरण में क्रमशः लघु, सगण, जगण, गुरु (ल स ज ग), तृतीय चरण में रगण, नगण, भगण, गुरु (र ज भ ग) और चतुर्थ चरण में सगण, जगण, सगण, जगण, गुरु (स ज स ज ग) आते हैं।

सौरभवाह—[स॰ सौरभ ~ वाह] *पु॰* पवन। हवा।

सौरभित—[< स॰ सौरभ] *वि॰* सौरभयुक्त। सुगन्धित।

सौरभी—[स॰ सुरभि + अण् + ङीप्] *स्त्री॰* गाय।

सौरभीला—[< स॰ सौरभ] *वि॰* १. सौरभ से युक्त। सुगन्धित। २. सुखद और सुन्दर।

सौरभेय—[स॰ सुरभि + ढक्] *पु॰* वृषभ। साँड या बैल। ✣ **सौरभेयी**—*स्त्री॰* = गाय।

सौराज्य—[स॰ सुराज्य + ष्यञ्] *पु॰* अच्छा राज्य। उत्तम शासन। सुशासन।

सौराष्ट्र—[स॰ सुराष्ट्र + अण्] *पु॰* १. पश्चिमी गुजरात या काठियावाड़ का प्राचीन नाम। २. उक्त प्रदेश का निवासी।

सौरि[1]—[स॰ सूर + इञ्] *पु॰* (सूर्य का पुत्र) शनि (ग्रह/देवता)।

सौरि[2]—[< हि॰ सौर < स॰ स्वापपट] *स्त्री॰* सौर। (दे॰, सौर[2])

सौरिरत्न—[स॰ सौरि ~ रत्न] *पु॰* नीलम नामक रत्न।

सौरी[1]—[स॰ सौर + ङीष्] *स्त्री॰* सूर्य की पत्नी।

सौरी[2]—[< हि॰ सौर < स॰ सूतिका-गृह] *स्त्री॰* वह कमरा जिसमें स्त्री ने बच्चे को जन्म दिया हो। सूतिकागृह। जच्चाखाना।

सौरीय—[स॰ सूर + छण्] *वि॰* १. सूर्य के योग्य। सूर्य के लिए उपयुक्त। २. सूर्य-सम्बन्धी। सूर्य का।

***सौरे**—[< स॰ सौरभ] *पु॰* धनिया।

सौर्य—[स॰ सूर्य + अण्] *वि॰* १. सूर्य-सम्बन्धी। सूर्य का। २. सूर्य से उत्पन्न होनेवाला।

***सौलि/सौल्विक**—[स॰ सुल्व + ठक्] *पु॰* धातु के बर्तन आदि बनानेवाला। ठठेरा।

सौवर्ण—[स॰ सुवर्ण + अण्] *वि॰* १. सुवर्ण का। सोने का। २. सुवर्ण का बना हुआ। ३. एक प्राचीन तौल। *पु॰* १. सुवर्ण। सोना। २. एक कर्ष-भर स्वर्ण। ३. (कानों में पहनने की) सुवर्ण की बाली। ✣ **सौवर्णिक**—*वि॰* = सुवर्ण-सम्बन्धी। *पु॰* स्वर्णकार। सुनार।

सौवस्तिक—[स॰ स्वस्ति + ठक्] *वि॰* १. 'स्वस्ति' से सम्बन्धित। २. आशीर्वादात्मक। ३. 'स्वस्ति' कहकर आशीर्वाद देनेवाला। *पु॰* कुल का पुरोहित। कुलपुरोहित।

सौवाँ—[< हि॰ सौ] *वि॰* जो क्रम या गिनती में १०० के स्थान पर हो। *जैसे*—यहाँ से सौवाँ मकान।

सौवीर—[स॰ सुवीर + अण्] *पु॰* १. सिन्धु नदी के आस-पास स्थित एक प्राचीन देश/प्रदेश। २. उक्त प्रदेश का निवासी। ३. (उक्त प्रदेश का राजा) जयद्रथ जो दुर्योधन की बहन 'दुःशला' का पति था।

सौषम्य—[स॰ सुसम + ष्यञ्] *पु॰* १. सन्तुलन। समतौल। २. समता। समानता। ✣ **सौषम्य-वैषम्य**—*पु॰* = समता और विषमता।

सौष्ठव—[स॰ सुष्टु + अण्] *पु॰* १. सुष्ठु होने की अवस्था/गुण/भाव। सुष्ठुता। २. सुन्दरता। सौन्दर्य। ३. निपुणता। पटुता। चातुर्य। चतुराई। ४. अधिकता। आधिक्य। ५. उत्तमता। भलमनसाहत।

सौसन—[फा॰] *पु॰* १. ईरान देश का एक पौधा जिसमें नीले फूल आते हैं। २. उक्त पौधे का फूल जिसकी पंखुड़ियाँ जीभ की तरह की होती हैं। ✣ **सौसनी**—*वि॰* = सौसन के रंग का। नीले रंग का।

***सौहँ**—[< हि॰ सौगन्ध] *स्त्री॰* शपथ। सौगन्ध। क़सम।

सौहार्द—[स॰ सुहृद् + अण्] *पु॰* १. सुहृद् का भाव। सुहृद्ता। २. सद्भाव। ३. मित्रता। मैत्री। दोस्ती।

†सौहीँ (सौहीं)—[< हि॰ सौंह < स॰ सम्मुख] *क्रिवि॰* सम्मुख। समक्ष। सामने।

सौँ (सौं)—[< देशज] *परसर्ग* से।

***सौँ**[2] **(सौं**[2] **)**—[< स॰ सम] *वि॰* समान। जैसा।

***सौँ**[3] **(सौं**[3] **)**—[< हि॰ सौंह[1]] *स्त्री॰* सौगन्ध। शपथ। क़सम।

***सौँ**[4] **(सौं**[4] **)**—[< हि॰ सौंह[2]] *क्रिवि॰* सम्मुख। समक्ष। सामने।

***सौँकरा (सौंकरा)**—[< स॰ सकाल] पु॰=१. प्रातःकाल। सबेरा। तड़का। २. उचित समय से कुछ पहले का समय। ✣ **सौँकारे/सौँकेरे (सौंकारे/सौंकेरे)**—*क्रिवि॰* = १. सबेरे। तड़के। २. उचित समय से कुछ पहले।

†सौँघा (सौंघा)—[< स॰ समर्घ] *वि॰* सस्ता। मन्दा। ∇ **विलोम**—महँगा।

†सौँघाई (सौंघाई)—[< स॰ समर्घता] *स्त्री॰* १. बाज़ार भाव की मन्दी। ∇ **विलोम**—महँगाई। २. प्रचुरता। अधिकता।

†सौँघे (सौंघे)—[< हि॰ सौंघा] *वि॰ (बहु॰)* कम मूल्य में प्राप्त। सस्ते। मन्दे।

सौँचना (सौंचना)—[< स॰ शौच] *क्रिस॰* १. शौच के बाद गुदा को जल से धोना। २. मल-त्याग करना। शौच करना।

सौँचर (सौंचर)—[< स॰ सौवर्चल + फा॰ नमक] *पु॰* काला नमक।

सौँचाना (सौंचाना)—[हि॰ 'सौंचना' का प्रेरणा॰] *क्रिस॰* १. (बालक आदि को) सौंचने के लिए पानी डालने आदि में सहायक होना। २. मल-त्याग कराना। शौच कराना।

***सौँज (सौंज)**—[< फा॰ साज] *पु॰* १. वस्तु। सामान। २. बर्तन, कपड़े आदि घरेलू सामान। ✣ **सौँजाई (सौंजाई)**—*स्त्री॰* = सामान।

सौँड़ (सौंड़)—[< स॰ < चापपट] *पु॰* सोते समय ओढ़ने की मोटी चादर या रुई की रज़ाई या लिहाफ़ आदि।

***सौंतना (सौंतना)**—[< हि॰ सैंतना] *क्रिस॰* १. एकत्र करना। समेटना। बटोरना। २. सँभालना। सैंतना। ✣ **सौंति (सौंति)**—*क्रिवि॰* = १. एकत्र कर। २. सँभाल कर। सैंत कर।

***सौंतुख (सौंतुख)**—[< स॰ सम्मुख] *क्रिवि॰* १. सम्मुख। प्रत्यक्ष। सामने। २. आगे। सामने। *पु॰* १. आगा। सामना। २. प्रत्यक्ष। सत्य।

।सौंदना (सौंदना)—[< स॰ सन्धान] *क्रिस॰* १. मिलाना। २. सानना। ३. (धोबी का) रेह मिले पानी में कपड़े भिगोना।

सौंध (सौंध)—*स्त्री॰* ≤ *स॰* सुगन्ध। (मिट्टी आदि का) सोंधापन।

सौंधना (सौंधना)—[< स॰ सुगन्ध] *क्रिस॰* सुगन्धित करना। महकाना।

सौंधा (सौंधा)—[< हि॰ सौंधना] *वि॰* सौंधा। (दे॰)

सौंधे (सौंधे)—*पु॰* ≤ *स॰* सुगन्ध।

***सौंन (सौंन)**—[< स॰ श्रवण] *पु॰* श्रवणेन्द्रिय या कान।

सौंर (सौंर)—[< हि॰ सौरी] *स्त्री॰* वह कमरा जिसमें स्त्री बच्चे को जन्म देती है। सूतिकागार।

सौंरई (सौंरई)—[< हि॰ साँवरा] स्त्री॰= श्यामलता। साँवलापन। साँवरापन।

***सौंरना[१] (सौंरना[१])**—[< स॰ स्मरण] *क्रिस॰* स्मरण करना। ध्यान करना।

***सौंरना[२] (सौंरना[२])**—[< हि॰ सँवरना] *क्रिअ॰* सँवरना। सजना-सँवरना। *क्रिस॰* सँवारना। सजाना-सँवारना।

***सौंरा (सौंरा)**—*वि॰* ≤ *हि॰* साँवरा। श्यामल। ✣ **सौंराई**—*स्त्री॰* = साँवलापन। श्यामलता।

***सौंरी (सौंरी)**—[< हि॰ सँवरना] *वि॰* १. सँवरी हुई। सुसज्जित। २. स्वादिष्ठ।

***सौंसे (सौंसे)**—[< स॰ समस्त] *वि॰* समस्त। सब। कुल।

सौंह[१] (सौंह[१])—[< हि॰ सौगन्ध] *स्त्री॰* शपथ। सौगन्ध। क़सम।

सौंह[२] (सौंह[२])—[< प्रा॰ सउँह < प्रा॰ सम्मुह < स॰ सम्मुख] *क्रिवि॰* सम्मुख। समक्ष। सामने। ✣ **सौंही (सौंही)**—*क्रिवि॰* = सौंह ✣ **सौंहौं (सौंहौं)**= सौंहें

सौंहौं (सौंहौं)—[< स॰ सम्मुख] *क्रिवि॰* १. सम्मुख। समक्ष। सामने। २. आगे। सामने।

स्कन्द—[स॰ √स्कन्द् + घञ्/अच्] *पु॰* १. उछाल। छलाँग। कुलाँच। २. पारद। पारा। ३. (शिव-पार्वती का पुत्र) कार्त्तिकेय। ४. नाश। ध्वंस। [चिकित्सा॰] (रक्त का) थक्का। (अ॰ क्लॉट)

स्कन्दन—[स॰ √स्कन्द् + ल्युट्] *पु॰* १. क्षरण। बहाव। २. मल का बाहर निकलना। रेचन। ३. गमन। ४. (चिकित्सा॰) १. शीतल उपचार से ख़ून का बहना बन्द करने की क्रिया। २. रक्त का थक्का जमने की क्रिया। (अ॰ क्लॉटिंग, कोएग्युलेशन)

स्कन्ध (स्कंध)—[स॰ √स्कन्द् + घञ्, पृषो॰] *पु॰* १. कन्धा। २. पेड़ का तना/धड़। ३. पेड़ की मोटी शाखा/डाल। ४. शास्त्र/विज्ञान का कोई विभाग/शाखा। ५. ग्रन्थ का प्रकरण के अनुसार कोई विभाग/जिसमें कोई पूरा प्रसंग वर्णित हो। ६. सेना की कोई टुकड़ी/टोली। ७. दल। समूह। टोली। (भा॰ दर्शन॰) पाँचों ज्ञानेन्द्रियों के विषय। शब्द, स्पर्श, रूप, रस, गन्ध। (बौद्ध॰) रूप, वेदना, संज्ञा, संस्कार और विज्ञान में से प्रत्येक। (जैन॰) परमाणुओं के परस्पर बन्धन से उत्पन्न स्थूल और सूक्ष्म दोनों प्रकार के पदार्थ। ✣ **स्कन्धचाप (स्कंधचाप)**—*पु॰* = वह बाँस/लकड़ी जिसके दोनों सिरों पर लटकाकर बोझे ले जाए जाते हैं। बहँगी। ✣ **स्कन्धज (स्कंधज)**—*पु॰* = १. बरगद का पेड़। वटवृक्ष। २. शल्लकी/एलई का पेड़। ✣ **स्कन्धतरु (स्कंधतरु)**—*पु॰* =नारियल का पेड़। ✣ **स्कन्ध-देश (स्कंध देश)** *पु॰* = १. (शरीर का) कन्धा या कन्धेवाला भाग। २. हाथी के शरीर का वह भाग जिस पर महावत बैठता है। ३. (वृक्ष का) तना या धड़। ३. गूलर का पेड़। ✣ **स्कन्धबीज (स्कंधबीज)**—*पु॰* = ऐसा वृक्ष जिसके स्कन्ध से ही शाखाएँ निकलकर भूमि के अन्दर पहुँचकर नए वृक्षों का रूप धारण करती हैं। *जैसे*—बरगद का पेड़ स्कन्धबीज है।

स्कन्धवाह (स्कंधवाह), स्कन्धवाहक (स्कंधवाहक)—[स॰ स्कन्ध ~ वाह/वाहक] *पु॰* कन्धों पर बोझ ढोनेवाला व्यक्ति/पशु।

स्कन्धावार (स्कंधावार)—[स॰ स्कन्ध ~ आवार] *पु॰* १. सेना का शिविर/पड़ाव। छावनी। २. सेना। ३ (यात्रियों/व्यापारियों आदि का) शिविर। पड़ाव।

स्कन्न (स्कन्न)—[स॰ √स्कन्द् + क्त] *वि॰* १. जिसका स्कन्दन हुआ हो। २. टपका/चुआ हुआ। ३. सूखा हुआ। शुष्क।

स्कम्भ (स्कंभ)—[स॰ √स्कम्भ् + घञ्] *पु॰* १. सहारा। २. वह कील जिसके ऊपर कोई वस्तु घूमे। ३. स्तम्भ। खम्भा। ४. परमात्मा। ब्रह्म।

स्खलन—[स॰ √स्खल् + ल्युट्] *पु॰* १. नीचे गिरना। पतन। २. अच्छे मार्ग से विचलित होना। सत्पथ से भ्रष्ट होना। नैतिक पतन। ३. (कार्य में) प्रमाद। भूल। ग़लती। चूक। ४. लड़खड़ाने की क्रिया। लड़खड़ाहट। ५. उच्चारण में अशुद्धता।

स्तन—[स॰ √स्तन् + अच्] *पु॰* १. स्त्रियों का अंग विशेष जिसमें से दूध निकलता है। कुच। २. उक्त के समान नारी/मादा पशुओं का अंग। थन। ✣ **स्तन-कलश**—*पु॰* = १. कलश के समान गोल स्तन। २. स्तनरूपी कलश। ३. गोल और स्थूल स्तन। ✣ **स्तन-चित्रण**—*पु॰* = (चिकित्सा॰) असामान्यताओं को जानने के लिए स्तन का क्षकिरण चित्रण या अवरक्त परीक्षण। (अ॰ मैमोग्राफ़ी) ✣ **स्तन-पायक**—*वि॰* = स्तन-पान करनेवाला। स्तन चूसकर दूध पीनेवाला। दुधमुँहा। *पु॰* उक्त प्रकार का शिशु। दुधमुँहा बच्चा। Δ **पर्याय**—स्तनन्धय/स्तनप/स्तनपा/स्तनपायी। ✣ **स्तनपायी**—*वि॰, पु॰* स्तन-पायक।

स्तनन—[स॰ √स्तन् + ल्युट्] *पु॰* १. कोलाहल। शोर। २. ध्वनि। आवाज़। ३. (बादलों की) गड़गड़ाहट। गर्जन। ४. कराहने का शब्द।

स्तनन्धय (स्तनंधय)—[स॰ स्तन √धे + खश्, मुम्] *वि॰* स्तन से दूध पीनेवाला। *पु॰* स्तन से दूध पीनेवाला बच्चा। दुधमुँहा। Δ **पर्याय**—स्तनपायक।

स्तनांशुक—[सं० स्तन ~ अंशुक] *पुं०* स्तन बाँधने का वस्त्र। स्तनोत्तरीय।

स्तनान्तर (स्तनांतर)—[सं० स्तन ~ अन्तर] *पुं०* १. दोनों स्तनों के बीच का स्थान। २. हृदय। दिल।

स्तनित—[सं० √स्तन् + क्त] *वि०* १. गर्जित। २. ध्वनित। निनादित। ३. कोलाहल/शोर से युक्त। २. (बादलों की) गर्जन/गड़गड़ाहट से युक्त। ३. ताली बजने का शब्द। करतल-ध्वनि।

स्तनी—[< सं० स्तन] *वि०* (स्त्री०) स्तनोंवाली। *पुं०* स्तनपायी प्राणी। (अं० मैमल) ❖ **स्तनी-विज्ञान**—*पुं०* प्राणिविज्ञान की एक शाखा जिसमें स्तनी प्राणियों का अध्ययन किया जाता है। (अं० मैमोलाजी)

स्तनोत्तरीय—[सं० स्तन ~ उत्तरीय] *पुं०* स्तन बाँधने का वस्त्र। स्तनांशुक।

स्तन्य—[सं० स्तन + यत्] *वि०* १. स्तन-सम्बन्धी। स्तन का। २. जो स्तन में हो या स्तन से प्राप्त हो। स्तन से निकलने वाला। *पुं०* १. माता का दूध। २. स्तन से निकलनेवाला दूध। ३. दूध।

स्तन्यप/स्तन्यपा—[सं० स्तन्य + प/पा] *वि०* १. स्तन से दूध पीनेवाला। स्तन पीनेवाला। *पुं०* स्तन का दूध पीता बच्चा। दुधमुँहा।

स्तन्यपायी—[सं० स्तन्यपायिन्] *वि०, पुं०* स्तनपायी।

स्तन्य-रोग—[सं०] *पुं०* माता का दूध पीने के कारण होने वाला रोग।

स्तन्य-स्राव—[सं०] *पुं०* १. वात्सल्य भाव से विभोर माता के स्तनों से अपने आप दूध निकलने लगना। २. उक्त प्रकार से बहनेवाला दूध।

स्तब्ध—[सं० √स्तम्भ् + क्त] *वि०* १. गतिहीन। अचल। जड़। २. आश्चर्यचकित। भौचक्का। हक्का-बक्का। ❖ **स्तब्धदृष्टि, स्तब्धनयन, स्तब्धलोचन**—*वि०* = जिसके पलक न गिर रहे हों। निर्निमेष देखनेवाला। जो टकटकी लगाकर देख रहा हो। ❖ **स्तब्धपाद**—*वि०* = १. जिसका पैर जकड़ गया हो। २. पंगु। लँगड़ा।

स्तब्धमति—[सं० स्तब्ध ~ मति] *वि०* १. जिसकी बुद्धि मन्द हो। मन्दबुद्धि। २. मूर्ख।

स्तम्ब (स्तंब)—[सं० √स्था + अम्बच्, पृषो०] *पुं०* १. घास का गट्ठा/पूला। २. अनाज की बाल। ३. झाड़ी। ४. झुरमुट। ५. ऐसा पौधा जिसमें कड़ी लकड़ी न हो। डंठल-सहित पौधा। गुल्म। ६. हाथी बाँधने का खूँटा। ७. स्तम्भ। खम्भा। ८. पर्वत। पहाड़। ९. गुच्छा। ❖ **स्तम्बक**—*पुं०* = गुच्छा।

स्तम्भ (स्तंभ)—[सं० √स्तम्भ् + घञ्/अच्] *पुं०* १. दृढ़ता। २. कठोरता। ३. गतिहीनता। अचलता। ४. खम्भा ५. आधार या अवलम्ब/सहारा। ६. मूढ़ता। जड़ता। ७. (पेड़ का) तना/धड़। वृक्ष का वह बेलनाकार प्रमुख अंग जिस पर शाखाएँ, पत्तियाँ और फूल लगते हैं। ८. भय, लज्जा आदि के कारण अंगों की पूरी शिथिलता। निष्क्रियता। ९. अलौकिक शक्ति, मन्त्र-शक्ति या तान्त्रिक प्रयोग से किसी भी शक्ति/वेग/भाव को रोकने/दबाने की क्रिया। (काव्य०) एक सात्त्विक अनुभाव। हर्ष, भय, रोग, विस्मय, लज्जा या क्रोध आदि से शरीर के अंगों का अकस्मात् संचालन, रुकना या पूरी तरह शिथिल हो जाना। (गणित०) किसी आव्यूह (अं० मैट्रिक्स), सारणिक (अं० डिटर्मिनेंट) आदि में ऊर्ध्वाधर अवयवों का कोई समुच्चय। (अं० कालम) (पत्र०) १. पत्र-पत्रिका के किसी पृष्ठ पर रहनेवाले विविध ऊर्ध्वाधर भागों में से प्रत्येक (अं० कालम)। २. पत्र-पत्रिका के प्रत्येक अंक में या नियमित अन्तराल से एक ही लेखक द्वारा लिखी जाने वाली सामग्री। ३. किसी पत्र-पत्रिका में किसी विशेष विषय पर प्रत्येक अंक में या नियमित अन्तराल से प्रस्तुत सामग्री।

स्तम्भन[1] (स्तंभन[1])—[सं० √स्तम्भ् + ल्युट्] *पुं०* १. रोकने की क्रिया/भाव। २. अवरोध। बाधा। अड़चन। रुकावट। ३. स्तब्ध करना। ४. शान्त/चुप करना। ४. शरीर को जड़/निष्क्रिय/शिथिल बना देना। ५. वीर्य का शीघ्र स्खलन या वीर्यपात रोकना। ६. अलौकिक शक्ति, मन्त्र-शक्ति या तान्त्रिक प्रयोग से किसी भी शक्ति को कुंठित करना।

स्तम्भन[2] (स्तंभन[2])—[सं० √स्तम्भ् + णिच् + ल्यु] *पुं०* कामदेव के पाँच बाणों में से एक।

स्तम्भन-द्रव्य (स्तंभन-द्रव्य)—[सं०] *पुं०* (आयुर्वेद०) वह पदार्थ जो (शीघ्र पचने वाला होने के कारण वात को उत्पन्न करके) शरीर के मल आदि को रोकता है। अजीर्ण करनेवाला। ***जैसे***—सोनापाठा स्तम्भन-द्रव्य है।

स्तम्भित (स्तंभित)—[< सं० स्तम्भ] *वि०* १. जो अचल/जड़ हो गया हो या कर दिया गया हो। गतिहीन। जड़ी भूत। निश्चेष्ट। स्तब्ध। २. ठहरा हुआ या रुका हुआ। ३. आश्चर्यचकित। स्तब्ध। भौचक्का। हक्का-बक्का।

स्तम्भी (स्तंभी)—[सं० स्तम्भिन्] *वि०* १. स्तम्भ-युक्त। खम्भे/खम्भोंवाला। २. स्तम्भन करनेवाला। स्तम्भक।

स्तम्भोत्कीर्ण (स्तंभोत्कीर्ण)—[सं० स्तम्भ ~ उत्कीर्ण] *वि०* १. स्तम्भ पर उत्कीर्ण (लेख)। २. स्तम्भ में खोदकर निर्मित (मूर्ति आदि)।

स्तर—[सं० स्तृ + अप्/अच्] *पुं०* १. एक दूसरे के ऊपर लगा हुआ/पड़ा/जमा हुआ तल। परत। तह। २. (तल की) ऊँचाई। **(ऊपरी)** ***जैसे***—बाढ़ में नदी का जल-स्तर अधिक होने से आया संकट। समतलता। (अं० लेवल) ३. कोटि या दर्जा। ४. आर्थिक/सामाजिक/बौद्धिक आदि दृष्टि से कोटि/दर्जा।

स्तर-क्रम विज्ञान—[सं०] *पुं०* = भूविज्ञान की एक शाखा। शैल-स्तरों की निक्षेपण-स्थिति, आयु, स्वरूप, स्तरण आदि का अध्ययन। (अं० स्ट्रेटिग्राफ़ि)

स्तरण—[सं० √सृ + ल्युट्] *पुं०* १. फैलाना। बिखेरना। २. बिछाना। ३. शय्या। बिस्तर। बिछौना। ४. स्तरों/परतों के रूप में होने की स्थिति। ५. दीवारों आदि पर पलस्तर करने की क्रिया। (भूविज्ञान०) प्राकृतिक कारणों से पृथ्वी के धरातल, पर्वतों, खनिजों आदि की रचना स्तरों/परतों में होना। (अं० स्ट्रैटिफ़िकेशन)

स्तरापनयन—[सं० स्तर ~ अपनयन] *पुं०* १. छिलका उतारना।

छीलना। २. पेड़ की छाल उतरना/उतारना। ३. पपड़ी उतरना। (पुरा०) उत्खनन में भूमि के स्तरों/तहों को क्रमशः काटना। (अ० पीलिंग)

स्तरिका—[< सं० स्तर] *स्त्री०* १. पत्थर की पतली परत। सिल्ली। २. धातु की पतली चद्दर। पत्तर। वर्क़। वरक़। (गणित०) नगण्य मोटाई की समतल पट्टिका या परत। पटल (अ० लैमिना)।

स्तरिकी—[< सं० स्तर] *स्त्री०* भूविज्ञान की एक शाखा। स्तर-क्रम विज्ञान।

स्तरित—[सं० √स्तृ + क्त] *वि०* १. जो अनेक स्तरों में हो। स्तरमय। २. जिसे फैलाया/बिखेरा/बिछाया गया हो। फैलाया/बिखेरा/बिछाया हुआ।

स्तव—[सं० √स्तु + अप्] *पु०* १. प्रशंसा। २. स्तुति। ३. प्रार्थना। ४. स्तोत्र। *जैसे*—शिवस्तव का गान।

स्तवक—[सं० √स्तु + वुन्] *पु०* १. फूलों का गुच्छा। पुष्पगुच्छ। २. (अनेक तरह के फूलों का) गुलदस्ता। ३. समूह। समुदाय। ढेर। राशि। ४. (पुस्तक का) परिच्छेद या अध्याय। ५. स्तुति या स्तोत्र। *वि०* स्तुति करनेवाला या स्तोत्र पढ़नेवाला।

स्तवन—[सं० √स्तु + ल्युट्] *पु०* १. स्तुति करने की क्रिया/भाव। स्तुति करना। २. स्तुति। ३. प्रशंसा। ✣ **स्तवन-गीत**—*पु०* = स्तुति-गान।

स्तव्य—[सं० √स्तु + तव्यत्] *वि०* स्तवनीय।

स्तिमित—[सं० √स्तिम् + क्त] *वि०* १. आर्द्र। गीला। नम। तर। २. स्तब्ध। निश्चल। शान्त। ३. गतिहीन। अचल। ४. लक़वा मारा हुआ। ५. सुन्न। ६. कोमल। मुलायम। ७. प्रसन्न। सन्तुष्ट। ✣ **स्तिमित नयन**—*पु०* = टकटकी लगाकर देखते नेत्र। निर्निमेष नेत्र। ✣ **स्तिमितसमाधि**—*पु०* = १. दृढ़ ध्यान। ध्यानमग्नता। *वि०* ध्यानमग्न (व्यक्ति)।

स्तीर्ण—[सं० √स्तृ + क्त] *वि०* १. फैलाया/बिखेरा/छितराया हुआ। २. फैला हुआ। ३. विस्तीर्ण। विस्तृत। लम्बा-चौड़ा।

स्तुत—[सं० √स्तु + क्त] *वि०* १. जिसकी स्तुति की गयी हो। २. जिसकी प्रशंसा की गयी हो। प्रशंसित।

स्तुति—[सं० √स्तु + क्तिन्] *स्त्री०* १. पूजा के भाव से किसी देवी-देवता या परमात्मा आदि के गुणों का वर्णन। *जैसे*—सरस्वती देवी की स्तुति। २. वह कविता/पद आदि जिसमें किसी देवी-देवता या परमात्मा का गुणगान हो। स्तोत्र। ३. यशोगान। ✣ **स्तुति-पाठक**—*पु०* बन्दीजन। भाट।

स्तुतिवाक्य—[सं० स्तुति ~ वाक्य] *पु०* (न्याय०) विहित कर्म का अच्छा फल बताकर उसकी प्रशंसा करने वाला वाक्य।

स्तुतिवाद—[सं० स्तुति ~ वाद] *पु०* प्रशंसात्मक वचन। गुण-कीर्तन। गुणगान। यशोगान। ✣ **स्तुतिवादी**—*वि०* = १. प्रशंसक। २. चाटुकार। ख़ुशामदी। चापलूस।

स्तुत्य—[सं० √स्तु + क्यप्] *वि०* १. स्तुति के योग्य। प्रशंसनीय। सराहनीय। श्लाघ्य। *जैसे*—स्तुत्य साहस। ३. जिसकी प्रशंसा/स्तुति की जाने वाली हो।

स्तूप—[सं० √स्तूप् + अच्] *पु०* १. मिट्टी, पत्थर आदि का ऊँचा ढूह/टीला। २. ऊँचा ढेर। ३. उलटे कटोरे के आकार की या अर्धगोलाकार रचना विशेष। (बौद्ध०) वह ढूह/टीला जो महात्मा बुद्ध या किसी बौद्ध महात्मा के केश, दाँत या अस्थि आदि के स्मृति-चिह्नों को सुरक्षित रखने के लिए उनके ऊपर उल्टे कटोरे के आकार में बनाया गया हो। *जैसे*—साँची का स्तूप।

स्तेन—[सं० √स्तेन् + अच्] *पु०* १. चुराने का कार्य। चोरी। २. चोर, डाकू या लुटेरा।

स्तेय—[सं० स्तेन + यत्, न-लोप] *पु०* १. चोरी। २. चुराई गयी वस्तु। ३. वह वस्तु जिसके चुराए जाने की सम्भावना हो।

स्तेयी—[सं० स्तेयिन्] *पु०* १. चोर। २. स्वर्णकार। सुनार। ३. चूहा।

स्तोक[१]—[सं० √स्तुच् + घञ्] *पु०* १. अल्प परिमाण। थोड़ी मात्रा। २. बूँद।

स्तोक[२]—[सं० स्तोक + अच्] *वि०* १. लघु। छोटा। २. थोड़ा। ज़रा। ३. नीच। *पु०* चातक (पक्षी)।

स्तोकशः—[सं० स्तोकशस्] *क्रिवि०* थोड़ा-थोड़ा करके।

स्तोता—[सं० स्तोतृ] *वि०* १. स्तुति करनेवाला। २. उपासना करनेवाला। ३. प्रार्थना करनेवाला।

स्तोत्र—[सं० √स्तु + ष्ट्रन्] *पु०* १. स्तुति। २. स्तुति-परक गीत या कविता। ३. संस्कृत में रचित परमात्मा, देवी-देवता या गुरु आदि की पद्यात्मक स्तुति। ४. यज्ञ में उद्गाता और सहायक ऋत्विजों द्वारा गाए जाने वाले स्तुतिपरक वेद-मन्त्र। ✣ **स्तोत्रीय**—*वि०* = स्तोत्र-सम्बन्धी। स्तोत्र का।

स्त्रियम्मन्य—[सं० स्त्रियम् ~ मन्य] *वि०* अपने को स्त्री मानने/ समझने वाला (पुरुष)।

स्त्रीघ्न (स्त्रीघ्न)—[सं० *स्त्री०* + घ्न] *वि०* स्त्री की हत्या करनेवाला।

स्त्रीजित—[सं० स्त्री ~ जित] *वि०* पत्नी को सदा प्रसन्न रखने में लगा रहने वाला व्यक्ति। पत्नी के कहने के अनुसार चलनेवाला पुरुष। पत्नी का वशीभूत पुरुष। स्त्रैण पुरुष।

स्त्रीतन्त्र (स्त्रीतंत्र)—[सं० स्त्री ~ तन्त्र] पु०=ऐसा शासन या समाज-व्यवस्था जिसमें स्त्रियों का प्रभुत्व हो।

स्त्रीत्व—[सं० स्त्री + त्व] *पु०* १. 'स्त्री' होने का भाव। स्त्रीपन। नारीत्व। औरतपन। २. स्त्रियों के समान गुण, रुचि या ढंग होना। ज़नानापन।

स्त्री-देश—[सं०] *पु०* वह देश/राज्य जहाँ रानी राज्य करती हो और सभी प्रमुख राजनीतिक तथा सामाजिक अधिकार स्त्रियों के हाथ में हों, पुरुषों के नहीं। स्त्री-राज्य।

स्त्रीधन—[सं० स्त्री ~ धन] *पु०* १. स्त्री की निजी सम्पत्ति। २. स्त्री को विवाह के समय उपहार के रूप में मिलनेवाला धन और सम्पत्ति जिस पर स्त्री का क़ानूनी अधिकार रहता है।

स्त्रीधर्म—[सं० स्त्री ~ धर्म] *पु०* १. नारी का धर्म/कर्तव्य। २. पत्नी का धर्म/कर्तव्य। ३. स्त्रियों से सम्बन्धित नियम या विधान। ४. (स्त्रियों का) रजस्वला होना। मासिक धर्म।

स्त्री-वश्य—[सं०] जो स्त्री/पत्नी के वश में हो। पत्नी का वशीभूत। स्त्रीजित।

स्त्रीसुलभ—[सं० स्त्री ~सुलभ] *वि०* स्त्रियों में स्वाभाविक रूप से पाया जाने वाला (गुण)। नारीसुलभ।

स्त्रैण—[सं० स्त्री + नञ्] *वि०* १. स्त्री-सम्बन्धी। स्त्री का। २. स्त्रियों के निर्देश/परामर्श/इच्छा के अनुसार ही चलनेवाला (पुरुष)। स्त्री-वशीभूत। ३. स्त्रियों के लिए उचित। ४. पुरुष होकर भी स्त्रियों के समान हाव-भाव, गुण, वेशभूषा आदि से युक्त। ज़नाना। *पु०* १. स्त्रीत्व। २. स्त्री-स्वभाव। स्त्री-प्रकृति। ३. (वनस्पति०) स्त्री-केसरों में परिवर्तित हो जाने वाले पुंकेसर।

स्त्र्याजीव—[सं० स्त्री ~ आजीव] *पु०* १. वह पुरुष जो स्वयं धन न कमाकर अपनी पत्नी की कमाई खाता हो। २. स्त्री/स्त्रियों से वेश्यावृत्ति कराकर दलाली का धन कमानेवाला पुरुष। वेश्यावृत्ति के लिए स्त्रियाँ रखनेवाला पुरुष।

स्त्र्युपयोगी—[सं० स्त्री ~ उपयोगी] *वि०* विशेष रूप से स्त्रियों के लिए उपयोगी। ***जैसे***—स्त्र्युपयोगी विषयों की पुस्तकें।

स्थगन—[सं० √स्थग् + ल्युट्] *पु०* १. छिपाव। दुराव। २. आगे के लिए टाल देना। भविष्य में करने के लिए रोक देना। ३. निरन्तर चलनेवाले कार्य/गतिविधि को अस्थायी रूप से रोकना। ४. चल रहे मुक़दमे, हो रही जाँच/बैठक अथवा संसद् आदि की चल रही बैठक/कार्यवाही को निर्दिष्ट अवधि/समय तक निलम्बित करने (रोक देने) की क्रिया। (अं० एडजर्नमेन्ट)

स्थण्डिल (स्थंडिल)—[सं० √स्थल् + इलच्, वुक्, ल→ड] *पु०* १. यज्ञ के लिए समतल की हुई चौकोर भूमि। चत्वर। चबूतरा। यज्ञ के लिए परिष्कृत भूमि। २. ऊसर खेत। ३. ढेलों का ढेर। ४. सीमा/हद या सीमा-चिह्न।

स्थपति—[सं० स्थ + पति (स्थ √स्था + क)] *वि०* १. प्रधान। मुख्य। २. श्रेष्ठ। उत्तम। *पु०* १. वास्तुशास्त्र का ज्ञाता। स्थापत्यविद्। वास्तुविद्। २. वास्तुशिल्पी।

स्थल—[सं० √स्थल् + अच्] *पु०* १. दृढ़ और सूखी भूमि। थल। २. भूमि। धरती। ज़मीन। ३. (समुद्र/नदी का) तट। किनारा। ४. स्थान। जगह। ५. भूमि का कोई भाग। भू-खंड। भू-भाग। ६. टीला। दूह। ७. किसी बात, घटना, रचना आदि का स्थान या उसका भावी स्थान। ८. दर्शनीय स्थल। ९. (किसी ग्रन्थ आदि का) भाग। १०. अवसर। मौक़ा।

स्थलाकृति—[सं० स्थल ~ आकृति] *स्त्री०* १. किसी नगर/क्षेत्र/इलाक़े की प्राकृतिक (नदी, वन, पर्वत आदि) तथा मानव-निर्मित्त (सड़क, भवन आदि) आकृति। २. उक्त का विस्तृत वर्णन या मानचित्र/नक़्शा। (अं० टोपोग्राफ़ि)

स्थलान्तर—[सं० स्थल ~ अन्तर] *पु०* दूसरा स्थान। भिन्न जगह।

स्थलारूढ़—[सं० स्थल ~ आरूढ] *पु०* १. पृथ्वी पर उतरा हुआ। २. पृथ्वी पर स्थित।

स्थलालेख्य—[सं० स्थल ~ आलेख्य] *पु०* किसी स्थल का आलेख्य या रेखाचित्र। नक़्शा। (अं० साइट प्लैन)

स्थली—[सं० स्थल + ङीष्] *स्त्री०* १. स्थल। स्थान। २. सूखी भूमि। ३. ऊँची समतल भूमि। ४. सुन्दर प्राकृतिक दृश्यों से युक्त रमणीय स्थान।

स्थलेशय—[सं० स्थले ~ शय] *वि०* ज़मीन पर सोनेवाला। *पु०* वराह, हिरन आदि पशु जो ज़मीन पर सोते हैं, बिल आदि नहीं बनाते।

स्थविर—[सं० √स्था + किरच्, 'स्थव' आदेश] *वि०* १. दृढ़। मज़बूत। २. अचल। ३. प्राचीन। पुराना। *पु०* १. वृद्ध व्यक्ति। २. बौद्ध भिक्षु। ३. ब्रह्मा। ❖ **स्थविरा**—*स्त्री०* = १. वृद्ध स्त्री। २. बौद्ध भिक्षुणी।

स्थाणु—[सं० √स्था + नु, पृषो० न→ण] *वि०* १. दृढ़। मज़बूत। २. अचल। गतिहीन। स्थावर। *पु०* १. शिव। महादेव। २. वृक्ष का धड़ मात्र। ठूँठ (वृक्ष)। ४. स्तम्भ। खम्भा। ❖ **स्थाणव**—*वि०* = स्थाणु/वृक्ष के तने से उत्पन्न या बना हुआ। ❖ **स्थाणवीय**—*वि०* = शिव/महादेव से सम्बन्धित। शिव का।

स्थानक—[सं० स्थान + क] *पु०* १. (प्राचीन काल में) पद। ओहदा। २. स्थान। जगह। ३. स्थिति। अवस्थान। ४. नगर। शहर। ५. वृक्ष का थाला। आलवाल। (नाट्य०) १. अभिनय के समय का हाव-भाव विशेष। २. कोई विशेष स्थिति। ***जैसे***—प्रकरी स्थानक।

स्थान-च्युत—[सं०] *वि०* १. अपने स्थान से गिरा/हटा या अलग हुआ। स्थान-भ्रष्ट। २. पद से हटाया हुआ। पद-च्युत।

स्थानतः—[सं० स्थान + तस्] *क्रिवि०* १. अपने स्थान/पद के अनुसार। २. उपयुक्त स्थान से। उचित जगह से। (व्या०) उच्चारण करने की जगह से।

स्थानबद्ध (स्थानबद्ध)—[सं० स्थान ~ बद्ध] *वि०* किसी एक ही स्थान से बँधा हुआ।

स्थानभीति—[सं० स्थान ~ भीति] *स्त्री०* (मनो०) किसी स्थान को देखकर अकारण भयभीत होने का मानसिक रोग। (अं० टोपोफ़ोबिया)

स्थानस्थ—[सं० स्थान + स्थ], *वि०* १. किसी स्थान पर स्थित रहनेवाला। किसी जगह पर टिका रहनेवाला। २. पद विशेष पर आरूढ़।

स्थानान्तर (स्थानांतर)—[सं० स्थान ~ अन्तर] *पु०* १. (प्रस्तुत स्थान से) भिन्न कोई स्थान। दूसरा स्थान। २. किसी स्थान से अन्य स्थान पर जाने की क्रिया/भाव। ३. वस्तु का स्थान-परिवर्तन। बदली।

स्थानान्विति—[सं० स्थान ~ अन्विति] *स्त्री०* स्थान की एकता। (मा० नाट्य०) नाटक की त्रिविध एकता में से एक। नाटक में स्थान/देश की एकता। नाटक के समस्त कार्य एक ही स्थल में घटित होना।

स्थानापत्ति—[सं० स्थान ~ आपत्ति] *स्त्री०* १. स्थानापन्न होने की क्रिया/भाव। किसी के स्थान पर या एवज़ी काम करना। स्थानापन्नता। २. प्रतिस्थापन।

स्थानापन्न (स्थानापन्न)—[सं० स्थान ~ आपन्न] *वि०* १. किसी के स्थान पर काम करनेवाला। एवज़ी काम करनेवाला। २. एवज़ी। ३. जिसे किसी के स्थान पर रखा गया हो। ***जैसे***—स्थानापन्न नौकर।

३. प्रतिस्थापित। (प्रशासन॰) किसी कर्मचारी/अधिकारी के अवकाश/स्थानान्तरण के कारण उसके स्थान पर काम करनेवाला। *जैसे*—स्थानापन्न अधिकारी।

स्थानिक—[स॰ स्थान + ठक्] *वि॰* १. किसी स्थान विशेष का। स्थानीय। *जैसे*—मथुरा की स्थानिक संस्कृति। (अं॰ लोकल) २. जो किसी के बदले प्रयुक्त हो।

स्थानी—[स॰ स्थानिन्] *वि॰* १. स्थानवाला। २. स्थायी। ३. जिसका कोई एवज़दार/एवज़ी हो।

स्थानीकरण—[स॰ स्थान + च्वि + करण] *पु॰* अनेक स्थानों पर फैले हुए कार्यों को नियन्त्रित करके किसी एक स्थान में सीमित करना। २. स्थान/क्षेत्र विशेष तक सीमित रखना, अन्यत्र न फैलने देना। (मनो॰) निरीक्षक द्वारा किसी भी स्थान-सम्बन्धी या आवाज़-सम्बन्धी उद्दीपन के स्थान या मूल कारण को निश्चित किया जाना।

स्थानीय—[स॰ स्थान + छ] *वि॰* १. उल्लिखित/प्रस्तुत स्थान का। २.प्रस्तुत वक्ता/लेखक के स्थान का। स्थानिक। मुक़ामी। *जैसे*—सभी दैनिक पत्रों में स्थानीय समाचार भी बहुत होते हैं। ३. ग्राम/नगर आदि के लोगों का। *जैसे*—स्थानीय स्वशासन।

स्थाने—[स॰ स्थान] *क्रिवि॰* १. के स्थान पर। २. वैसे ही। उसी प्रकार। ३. किसी व्यक्ति की ओर से या उसके स्थान पर अन्य प्राधिकृत व्यक्ति का हस्ताक्षर करने का अधिकार। कृते। वास्ते।

स्थापक—[स॰ स्था + णिच्, पुक् + ण्वुल्] *वि॰* १. स्थापित करनेवाला। २. संस्थापक। *पु॰* १. किसी मूर्ति की स्थापना/प्रतिष्ठा करनेवाला व्यक्ति। (नाट्य॰) प्राचीन भारत में सूत्रधार द्वारा मंगलाचरण आदि हो जाने के बाद उसके चले जाने पर मंच पर आनेवाला विशिष्ट वेशभूषाधारी एक नट जो नाटक, नाटकादि तथा नाटककार का परिचय देता था।

स्थापत्य—[स॰ स्थपति + ष्यञ्] *पु॰* स्थपति का कार्य। भवन-निर्माण-कला। मकान। भवन बनाने की विद्या। राजगीरी। मेमारी।

स्थापन—[स॰ √ स्था + णिच्, पुक् + ल्युट्] पु॰=१. स्थापित करने की क्रिया/भाव। रखना। जमाना। २. किसी सिद्धान्त/तर्क/विचार/बात आदि का प्रतिपादन। ३. किसी मठ/मन्दिर/मूर्ति आदि को प्रतिष्ठित करने की क्रिया। ४. किसी संस्था/कार्य आदि का प्रवर्तन। संस्थापन।

स्थायिता—[स॰ स्थायिन् + तल् + टाप्] *स्त्री॰* स्थायित्व। (दे॰)

स्थायित्व—[स॰ स्थायिन् + त्व] *पु॰* स्थायी होने की अवस्था/गुण/धर्म/भाव। स्थायीपन। स्थायिता। टिकाऊपन।

स्थायी—[स॰ स्थायिन्] *वि॰* १. बना रहनेवाला। स्थितिशील। २. बहुत दिन चलनेवाला। जो अस्थायी न हो। टिकाऊ। *जैसे*—स्थायी नौकरी। ३. सदा बना रहनेवाला। अक्षय। *पु॰* स्थायी भाव। (दे॰) ⁘ **स्थायीभाव**—*पु॰* संस्कार-रूप से सभी मनुष्यों में सदा रहने वाले तीव्र भाव। मौलिक मनोवेग। (काव्य॰) (संचारी भावों तथा सात्त्विक भावों से भिन्न) रति, हास आदि ९ तीव्र भाव जो सभी मनुष्यों में सदा रहते हैं और काव्य, नाटक आदि के पाठक/दर्शक द्वारा 'रस' के रूप में आस्वाद्य होते हैं।

स्थावर—[स॰ √स्था + वरच्] *वि॰* एक ही जगह पर स्थिर रहने वाला। अचल। क्रियाहीन। गतिहीन। *पु॰* १. निर्जीव वस्तु। जड़ वस्तु। २. पर्वत। पहाड़। ३. अचल सम्पत्ति। ∇ **विलोम**—अस्थावर/जंगम।

स्थित—[स॰ √स्था + क्त] *वि॰* १. (किसी स्थान पर) खड़ा/ठहरा/बना हुआ। *जैसे*—सड़क पर स्थित वृक्ष; द्वार पर स्थित भिक्षु; यमुना-तट पर स्थित ताजमहल। २. बैठा हुआ। *जैसे*—वृक्ष के नीचे स्थित बालक। ३. स्थिर। *जैसे*—स्थित प्रज्ञा वाला।

स्थितधी/स्थितप्रज्ञ—[स॰ स्थित ~ धी/प्रज्ञा] *वि॰* १. स्थिर बुद्धि वाला। २. शान्तचित्त। ३. सुख-दुःख में विचलित/चंचल न होनेवाला।

स्थिति—[स॰ स्था + क्तिन्] *स्त्री॰* १. स्थित होने की क्रिया/दशा/भाव। २. निवास। अवस्थान। रहना। टिकाव। ३. अवस्था। दशा। हालत। ४. स्तर। दर्जा। ५. सामाजिक स्तर। हैसियत। ६. आपेक्षिक स्थान/जगह। ७. पद। ओहदा। ८. वैचारिक रुख़। दृष्टिकोण। ९. (सैनिक) ठिकाना। मोर्चा। १०. सीमा। हद। ११. जीवन का बना रहना। अस्तित्व। १२. किसी व्यक्ति/संस्था आदि की सामाजिक मान्यता।

स्थितिज—[स॰ स्थिति + ज] *वि॰* १. स्थिति से उत्पन्न। २. स्थिति के कारण होनेवाला। ⁘ **स्थितिज ऊर्जा**—*स्त्री॰* = (भौतिकी॰) वस्तु की अपनी स्थिति के कारण होनेवाली ऊर्जा। (अं॰ पोटेन्शियल एनर्जि)

स्थिर—[स॰ √स्था + किरच्] *वि॰* १. सदा एक ही रूप/स्थिति में रहनेवाला। परिवर्तनहीन। अचल। २. एक ही स्थान पर जड़ा/बैठा/लगा रहनेवाला। अचल। ३. गतिहीन। निश्चल। अचल। *जैसे*—पर्वत स्थित रहते हैं। ४. सदा रहनेवाला। स्थायी। ५. बहुत समय तक रहनेवाला। स्थायी। ६. निश्चित। दृढ़। *जैसे*—स्थिर योजना; स्थिर विचार। ७. दृढ़प्रतिज्ञ। दृढ़संकल्प। अटल। ८. किसी स्थान पर पहुँचकर रुका/ठहरा/टिका हुआ। लगातार होने वाला। *जैसे*—स्थिर पीड़ा। १०. जिसमें कभी उतार-चढ़ाव या कमी-बेशी न हो। ज्यों का त्यों। *जैसे*—स्थिर क़ीमतें। ११. जिसमें कोई चंचलता, उद्वेग, विकलता आदि न हो। शान्त। *जैसे*—स्थिर चित्त वाला। १२. काम, क्रोध, राग आदि से रहित। धीर। शान्त। १३. सदा एक ही भाव से युक्त या एक-सा ही रहनेवाला। एकरस। १४. विश्वसनीय। (ज्योतिष॰) वृष, सिंह, वृश्चिक और कुम्भ राशियों में से प्रत्येक। ∇ **विलोम**—अस्थिर। ⁘ **स्थिरचित्त/स्थिरचेता**—*वि॰* = १. दृढ़ मन वाला। २. उत्तेजित, उद्विग्न या क्रुद्ध न होनेवाला। शान्त। ३. काम-क्रोध आदि से रहित। धीर। ⁘ **स्थिरता**—*स्त्री॰* = १. स्थिर रहने/होने की अवस्था/गुण/भाव। २. स्थायित्व। ३. धीरता। ४. दृढ़ता। ५. सततता। निरन्तरता। ⁘ **स्थिरधी/ स्थिरबुद्धि (स्थिरबुद्धि)/स्थिरमति**—*वि॰* = १. दृढ़ मन वाला। २. स्थिर बुद्धि वाला। ३. शान्त। धीर। ⁘ **स्थिरयौवन**—*वि॰* = (पुरुष)

जिसकी जवानी सदा बनी रहे। ✣ **स्थिरयौवना**— *वि॰* (स्त्री॰) = (नारी) जिसकी जवानी सदा बनी रहे। ✣ **स्थिरश्री**— *स्त्री॰* = अनन्त/दीर्घ काल तक बनी रहनेवाली श्री/शोभा/सुन्दरता। वि॰ अनन्त/दीर्घ काल तक बनी रहनेवाली समृद्धि/शोभा/सुन्दरता से युक्त व्यक्ति या वस्तु।

स्थिरा—[स॰ स्थिर + टाप्] *वि॰ (स्त्री॰)* १. स्थिर रहनेवाली। २. सदा एक समान रहनेवाली। *स्त्री॰* १. दृढ़प्रतिज्ञ/दृढ़संकल्प स्त्री। २. स्थिर चित्त वाली स्त्री। ३. पृथ्वी।

स्थिरात्मा—[स॰ स्थिरात्मन् (स्थिर ~ आत्मन्)] *वि॰* स्थिरचित्त। स्थिरबुद्धि।

स्थिरानुराग—[स॰ स्थिर ~ अनुराग] *वि॰* जिसका अनुराग/प्रेम सदा एक-सा बना रहे।

स्थूण—[स॰ √स्था + नक्, पृषो॰] *पु॰* १. खम्भा। २. लोहे की प्रतिमा। पुतली। ३. (लुहार की) निहाई। ४. थूनी। ५. वृक्ष का ठूँठ। वृक्ष का तना/धड़ मात्र।

स्थूल—[स॰ √स्थूल् + अच्] *वि॰* १. बड़े आकार का। बड़ा। २. जो सूक्ष्म या बहुत छोटा न हो। जो सामान्य आँखों से देखा जा सके। असूक्ष्म। ३. जिसे ज्ञानेन्द्रियों द्वारा ग्रहण किया जा सके। *जैसे*—स्थूल शरीर। ४. अंगों की दृष्टि से मोटा। ५. जो गूढ़/जटिल न हो। ६. अनुमान की दृष्टि से मोटा। *जैसे*—स्थूल अनुमान। ७. जो महीन/बारीक न हो। *जैसे*—स्थूल कपड़ा। ८. जो तत्काल या बिना परिश्रम किए समझ में आ जाए। ९. (दुकान/व्यापार आदि में) कुल आय जिसमें से व्यय तथा लागत आदि को घटाया न गया हो। *जैसे*—स्थूल आय। १०. अपरिष्कृत या अशिष्ट (भाषा) *जैसे*—स्थूल भाषा का प्रयोग। *पु॰* वह पदार्थ जिसे ज्ञानेन्द्रियों द्वारा ग्रहण किया जा सके। ∇ **विलोम**—सूक्ष्म।

स्थैतिक—[स॰ स्थिति + उक्] *वि॰* १. स्थिति-सम्बन्धी। २. स्थिर। अचल। निश्चल। ३. जिसमें उतार-चढ़ाव या कमी-बेशी न हो। ज्यों का त्यों। स्थिर। *जैसे*—स्थैतिक क़ीमतें; स्थैतिक बाज़ार। (भौतिकी॰) स्थैतिकी-सम्बन्धी। स्थैतिकीय। *जैसे*—स्थैतिक दबाव। ✣ **स्थैतिक सन्तुलन (संतुलन)**— *पु॰* = (अर्थ॰) किसी भी बाज़ार या अर्थ-व्यवस्था की विशेष स्थिति जिसमें परिवर्तन होते रहने पर भी परिवर्तनों का निवल परिणाम शून्य होता है। ✣ **स्थैतिक स्थिति**— *स्त्री॰* = (अर्थ॰) वह काल्पनिक स्थिति जिसमें सभी आर्थिक चरों का निवल मान स्थिर/अपरिवर्तित रहे। ✣ **स्थैतिकी**— *स्त्री॰* = (गणित॰) स्थितिविज्ञान। (अ॰ स्टैटिक्स)।

स्थैर्य—[स॰ स्थिर + ष्यञ्] *पु॰* १. स्थिरता। २. निरन्तरता। सततता। सातत्य। ३. मन की दृढ़ता। ४. धैर्य।

स्नात—[स॰ √स्नान + क्त] *वि॰* नहाया हुआ।

स्नातक—[स॰ √स्ना + क्त + क] *पु॰* १. गुरुकुल में अध्ययन पूर्ण करके गृहस्थाश्रम में प्रवेश करने से पूर्व ब्रह्मचर्य-व्रत की समाप्ति का सूचक स्नान कर चुका व्यक्ति। २. विश्वविद्यालय की(बी.ए.या उसकी समकक्ष कोई परीक्षा) उत्तीर्ण कर चुका व्यक्ति। (अ॰ ग्रेजुएट)।

स्नातकोत्तर—[स॰ स्नातक ~ उत्तर] *वि॰* विश्वविद्यालय की प्रथम उपाधि परीक्षा (बी.ए. अथवा उसके समकक्ष परीक्षा) के बाद की। एम.ए. आदि की। *पु॰* विश्वविद्यालय की प्रथम उपाधि-परीक्षा उत्तीर्ण (बी.ए. आदि) करने के बाद उच्चतर-उपाधि परीक्षा उत्तीर्ण व्यक्ति। (अ॰ पोस्ट-ग्रेजुएट)।

स्नानोदक—[स॰ स्नान ~ उदक] *पु॰* स्नान का जल। नहाने का पानी।

स्नापन—[स॰ √सा + णिच्, पुक् + ल्युट्] *पु॰* स्नान कराना। नहलाना। ✣ **स्नापित**— *वि॰* =नहलाया हुआ।

स्नायविक/स्नायवीय—[स॰ स्नायु + छ] *वि॰* स्नायु-सम्बन्धी। नस/नसों का। स्नायविक।

स्नायु—[स॰ √स्ना + उण्, वुक्] *पु॰* १. (शरीर में) दो या अधिक चल हड्डियों को मिलानेवाली एक संरचना जो रेशेदार, लचीली और मज़बूत ऊतकों की महीन पट्टी-जैसी होती है। (अ॰ लिगमेन्ट)। २. धनुष की डोरी। प्रत्यंचा। ३. तंत्रिका। ४.नस।

स्नायुमण्डल (स्नायुमंडल)—[स॰ स्नायु ~ मण्डल] *पु॰* १. (शरीर का) स्नायु-समूह।

स्निग्ध—[स॰ √स्निह् + क्त] *वि॰* १. जिसमें स्नेह/प्रेम हो। स्नेही। २. प्रिय/प्यारा। ३. जिसमें स्नेह/तेल हो। ४. चिपचिपा। ५. दयालु। ६. कोमल। ७. जो किसी मशीन के पुर्जों को अपनी चिकनाहट देता हो। ओंगने में उपयोगी। ✣ **स्निग्धता**— *स्त्री॰* = १. चिकनाहट। चिकनापन। २. प्रेम। ३. दयालुता। ४. कोमलता।

स्नेह—[स॰ √स्निह् + घञ्] *पु॰* १. वह प्रेम जो बराबर वालों में या प्रेमी के प्रति या बड़ों का छोटों के प्रति होता है। २. घी या तेल। ३. चिकनाहट। चिकनापन। ४. नमी। तरी।

स्नेहक—[स॰ √स्निह् + ण्वुल्] *वि॰* चिकना करनेवाला। *पु॰* १. तेल या कोई चिकना पदार्थ जो मशीन के पुर्जों को चिकना करता है जिससे वे सरलता से अपना काम कर सकते हैं। (अ॰ लुब्रिकेन्ट)। २.स्नेही। प्रेमी।

स्नेहच्छेद—[स॰ स्नेह ~छेद] *पु॰* मित्रता या स्नेह का सम्बन्ध टूटना। स्नेह-भंग।

स्नेहाक्त—[स॰ स्नेह ~ अक्त] *वि॰* १. जिसमें तेल दिया गया हो। २. तेल से चिकनाया हुआ।

स्नेहानुवृत्ति—[स॰ स्नेह ~ अनुवृत्ति] *स्त्री॰* १. स्नेह-भाव। २. मैत्री-भाव। मित्रता।

स्नेहित—[< स॰ स्नेह] *वि॰* १. स्नेह से युक्त किया हुआ। २. तेल लगाया हुआ। २. चिकनाया हुआ। ३. जिसे स्नेह प्राप्त हो। जिससे कोई स्नेह करता हो।

स्नेहिल—[< स॰ स्नेह] *वि॰* १. स्नेहयुक्त। २. स्नेही।

स्नेही—[स॰ स्नेहिन्] *वि॰* १. जिससे स्नेह किया जाता हो। स्नेहप्राप्त। प्रिय। प्यारा। २. जो स्नेह करता हो। प्रेमयुक्त। प्रेमी। ३. जिस पर तेल/घी आदि की चिकनायी लगायी गयी हो। चिकनाया हुआ। *पु॰* १. प्रेमी। २. प्रिय व्यक्ति। ३. मित्र। ४. (किसी के शरीर पर) तेल

मलनेवाला। ५. (किसी के) उबटन लगानेवाला।

स्पन्ज (स्पंज)—[अं॰] *पु॰* १. एक छिद्रयुक्त जल-जन्तु। २. उक्त जल-जन्तु का पंजर जो जल सोखने के काम आता है। ३. जल-शोषक गद्दी। ❖ **स्पञ्जी (स्पंजी)**— *वि॰* = स्पंज जैसा छिद्रिल।

स्पन्द (स्पंद)—[सं॰ √स्पन्द् + घञ्] *पु॰* १. रुक-रुक कर और धीरे-धीरे हिलना/काँपना। मन्द कम्पन। २. अंगों आदि का फड़कना। प्रस्फुरण। ३. धीमी-धीमी गति।

स्पन्दन (स्पंदन)—[सं॰ √स्पन्द् + ल्युट्] *पु॰* १. रुक-रुक कर और धीरे-धीरे हिलना/काँपना। स्पन्द। २. (हृदय या नाड़ी की) धड़कन। ३. गर्भ में बच्चे का फड़कना। प्रस्फुरण। ४. (लाक्षणिक) धीमी-धीमी गति। ***जैसे***—जीवन का स्पन्दन।

स्पर्धन—[सं॰ √स्पर्ध् + ल्युट्] *पु॰* स्पर्धा करने की क्रिया/भाव। स्पर्धा।

स्पर्धनीय—[सं॰ √स्पर्ध् + अनीयर्] *वि॰* १. स्पर्धा के योग्य (व्यक्ति/विषय) जिसके लिए स्पर्धा की जा सके। ***जैसे***—स्पर्धनीय युद्ध। २. जिसके लिए स्पर्धा की जानी चाहिए। ***जैसे***—स्पर्धनीय युवती।

स्पर्धा—[सं॰ √स्पर्ध् + अ + टाप्] *स्त्री॰* १. एक दूसरे को दबाने की इच्छा। प्रतिस्पर्धा। २. प्रतियोगिता। ३. (प्रतियोगिता आदि में होनेवाली) होड़। लाग-डाँट। ४. प्रतिद्वन्द्विता। मुक़ाबला। ५. ईर्ष्या न करते हुए किसी के समान होने की इच्छा।

स्पर्श—[सं॰ √स्पृश् + अच्] *पु॰* १. त्वचा का विषय। २. किसी व्यक्ति या वस्तु को छूने की क्रिया/भाव। ३. किसी वस्तु या तल का दूसरी वस्तु या तल से संसर्ग/संलग्नता । सटाव। ४. छूने से होनेवाली कोमलता या सर्दी-गर्मी की सुखात्मक या दुःखात्मक अनुभूति। ५. तनिक-सा मिश्रण। पुट। जैसे—इस औषधि में गन्धक का स्पर्शमात्र है। (व्या॰) 'क्' से 'म्' तक की २५ ध्वनियों में से प्रत्येक। (ज्योतिष॰) सूर्य-ग्रहण या चन्द्र-ग्रहण का आरम्भ। ❖ **स्पर्श-ग्राह्य (ग्राह्य)**— *वि॰* = स्पर्श द्वारा जाना/समझा जा सकने वाला। स्पर्श द्वारा ज्ञेय। ❖ **स्पर्श-जन्य**— *वि॰* = १. स्पर्श से उत्पन्न। २. स्पर्श के फलस्वरूप होनेवाला। ३. संक्रामक। छूतवाला। छुतहा। ***जैसे***—स्पर्शजन्य रोगों से बचो। ❖ **स्पर्शज्या**— *स्त्री॰* = (गणित॰, त्रिकोणमिति) एक त्रिकोणमितीय अनुपात। किसी समकोण त्रिभुज में लम्ब और आधार का अनुपात (अं॰ टैन्जेन्ट)। ● **विशेष**—'स्पर्शज्या' को संक्षेप में '**स्प**' लिखते हैं। ***जैसे***—स्प ४५° = १। ❖ **स्पर्शता**— *स्त्री॰* = स्पर्श का धर्म/भाव। स्पर्शत्व। छुआव। छुअन।

स्पर्शमणि—[सं॰ स्पर्श ~ मणि] *स्त्री॰* पारस पत्थर। स्पर्शोपल।

स्पर्शरेखा—[सं॰ स्पर्श ~ रेखा] *स्त्री॰* (गणित॰, ज्यामिति) वह रेखा जो किसी वक्र या पृष्ठ को स्पर्श करती है। स्पर्शी। (अं॰ टैन्जेन्ट)

स्पर्शवैकल्य—[सं॰ स्पर्श ~ वैकल्य] *पु॰* (मनो॰) एक विकृति। स्पर्श-संवेदन के क्षीण हो जाने की अवस्था।

स्पर्शसंवेदनमिति—[सं॰ स्पर्श ~ संवेदन ~ मिति] *स्त्री॰* (मनो॰) मनोभौतिकी की एक शाखा जिसमें स्पर्श-संवेदनों और दाब-संवेदनों तथा उनकी सीमाओं को मानने से सम्बन्धित कार्य होता है।

स्पर्श-सङ्घर्षी (स्पर्श-संघर्षी)—[सं॰ स्पर्शसङ्घर्षिन्] *वि॰* (व्या॰) (ऐसी ध्वनियाँ) जिनके उच्चारण का आरम्भ स्पर्श से हो परन्तु ध्वनि निकलने का कार्य (उन्मोचन/स्फोट) झटके के साथ या एकदम न हो कर धीरे-धीरे हो। ***जैसे***—हिन्दी में 'च्, छ्, ज्, झ्' स्पर्श-संघर्षी ध्वनियाँ हैं।

स्पर्शाज्ञ—[सं॰ स्पर्श ~ अज्ञ] *वि॰* १. जिसे स्पर्श की अनुभूति न होती हो या न हो रही हो। मूर्छित। संज्ञाहीन। बेहोश।

स्पर्शास्पर्श—[सं॰ स्पर्श + अस्पर्श] *पु॰* १. स्पर्श और अस्पर्श। छूना और न छूना। २. छुआछूत का विचार/भावना।

स्पर्शी—[सं॰ स्पर्शिन्] *वि॰* १. स्पर्श करनेवाला। छूनेवाला। ***जैसे***—गगन-स्पर्शी प्रासाद। २. प्रभावित करने वाला। ***जैसे***—हृदय-स्पर्शी भाषण। ❖ **स्पर्शिनी**— *वि॰* (*स्त्री॰*)

स्पर्शेन्द्रिय (स्पर्शेंद्रिय)—[सं॰ स्पर्श ~ इन्द्रिय] *स्त्री॰* वह इन्द्रिय जिसका विषय 'स्पर्श' है। स्पर्श से कोमल-कठोर तथा ठंडा-गर्म का ज्ञान प्राप्त करके मस्तिष्क को देनेवाली इन्द्रिय। त्वचा।

स्पर्शोपल—[सं॰ स्पर्श ~ उपल] *पु॰* पारस पत्थर। स्पर्शमणि।

स्पृष्ट—[सं॰ स्पृश् + क्त] *वि॰* १. जिसे स्पर्श किया गया हो। छुआ हुआ। २. प्रभावित। ३. छूकर भ्रष्ट किया हुआ। (व्या॰, भाषा॰) जिह्वा के स्पर्श से बना हुआ या उच्चरित (वर्ण)। स्पर्श (वर्ण)। (दे॰ स्पर्श)।

स्पृहणीय—[सं॰ √स्पृह् + अनीयर्] *वि॰* १. इच्छा करने योग्य। कामना के योग्य। वांछनीय। काम्य। २. रमणीय। ३. उत्तम। प्रशंसनीय। ४. स्पर्धा के योग्य।

स्पृहा—[सं॰ √स्पृह् + अ + टाप्] *स्त्री॰* अभिलाषा। कामना।

स्पृही—[सं॰ स्पृहिन्] *वि॰* स्पृहा करनेवाला। अभिलाषी।

स्फटिक—[सं॰ स्फटि √कै + क] *पु॰* १. बिल्लौर पत्थर। २. सूर्यकान्त मणि। ३. कपूर। ४. फिटकरी। ❖ **स्फटिकप्रभ**— *वि॰* = बिल्लौर पत्थर के समान प्रभावान/चमकीला। ❖ **स्फटिकमणि/स्फटिकशिला**— *स्त्री॰* = बिल्लौर पत्थर। ❖ **स्फटिकहर्म्य**— *पु॰* = बिल्लौर पत्थर का बना हुआ प्रासाद/महल/भवन।

स्फटिकाचल/स्फटिकाद्रि—[सं॰ स्फटिक ~ अचल/अद्रि] *पु॰* कैलास पर्वत।

स्फटिकाश्म—[सं॰ स्फटिकाश्मन् (स्फटिक ~ अश्मन्)] *पु॰* स्फटिक या बिल्लौर नामक पत्थर।

स्फार—[सं॰ √स्फाय + रक्] *वि॰* १. बहुत अधिक। अति विपुल। प्रचुर। २. फैला हुआ। विस्तृत। ३. घना। ४. विकट। ५. बड़ा। ६. बढ़ा हुआ।

स्फारण—[सं॰ √स्फुर् + णिच्, स्फार-आदेश, + ल्युट्] *पु॰* स्फुरण। कम्पन। कँपकँपी। थरथराहट।

स्फाल—[सं॰ √स्फल् + घञ्] *पु॰* १. स्फुरण। स्फारण। कँपकँपी। थरथराहट। २. धड़कन।

स्फालन—[सं॰ √स्फल् + णिच् + ल्युट्] *पु॰* १. हिलाना। कँपाना।

२. रगड़ना। सहलाना। ३. फड़फड़ाना। फटफटाना।

सिफ़इक्स (सिफ़ंक्स)—[अ॰] *स्त्री॰* १. ग्रीक पुराकथाओं में वर्णित एक पंखयुक्त राक्षसी जिसका धड़ शेर का और सिर स्त्री का था और जो राहगीरों को पकड़ कर उनसे कोई पहेली पूछती थी और ठीक उत्तर न देनेवाले को खा जाती थी। २. मिस्र देश की एक मूर्ति। पुरुष के सिर और शेर के धड़ वाली मूर्ति। ३. व्यक्ति जिसे समझना कठिन हो। रहस्यमय/जटिल व्यक्ति। ४. पहेली या पहेली जैसी बात।

स्फीत—[स॰ √स्फाय् + क्त, स्फी-आदेश] *वि॰* १. बढ़ा हुआ। २. उभरा/फूला हुआ। ३. बढ़ाया हुआ। फुलाया हुआ।

स्फीति—[स॰ स्फाय् + क्तिन्, स्फी-आदेश] *स्त्री॰* १. वृद्धि। बढ़त। बाढ़। २. अधिकता। विपुलता। प्रचुरता। ३. समृद्धि। (अर्थ॰) सामान्य क़ीमत-स्तर में लगातार वृद्धि जिससे धन की क्रयशक्ति घट जाती है। मुद्रा-स्फीति। ❖ **स्फीति अन्तराल (अंतराल)**—*पु॰* = (अर्थ॰) वह अन्तर जो सरकार की आय से व्यय अधिक होने पर, करों तथा सार्वजनिक ऋणों से भी पूरा नहीं किया जा सका हो।

स्फुट—[स॰ √स्फुट् + क] *वि॰* फटा हुआ या टूटा हुआ। फूटा। १. (पूरा) खिला हुआ। विकसित। २. स्पष्ट। प्रकट। ३. छाया हुआ। व्याप्त। ४. स्पष्ट उच्चारित। ५. विविध और अनिश्चित प्रकारों का। फुटकर। ६. थोड़ी-थोड़ी मात्रा में (बिक्री)। खुदरा। फुटकर। ❖ **स्फुटता**—*स्त्री॰* = स्फुट होने की अवस्था/गुण/भाव। स्फुटपन।

स्फुटन—[स॰ √स्फुट् + ल्युट्] *पु॰* १. फूट जाना। २. फट जाना। ३. विकसित होना। खिलना।

स्फुर—[स॰ √स्फुर् + क] *पु॰* स्फुरण। फड़कना/धड़कन/कम्पन या थरथराहट। २. दीप्ति। चमक।

स्फुरण—[स॰ √स्फुर् + ल्युट्] *पु॰* १. (अंगों की) फड़कन। *जैसे*—दाहिनी आँख का स्फुरण। २. धड़कन। ३. कम्पन। कँपकपी। थरथराहट। ४. सहसा स्मरण। ५. दीप्ति। चमक।

स्फुरदीप्त—[स॰ ~ दीप्त] *वि॰* जिसमें स्फुरदीप्ति हो।

स्फुलिङ्ग (स्फुलिंग)—[स॰ √स्फुल् + इङ्गच्] *पु॰* अग्निकण। चिनगारी।

स्फूर्ज—[स॰ √स्फूर्ज् + घञ्] *पु॰* १. बिजली गिरने की आवाज़। २. इन्द्र का वज्र। मेघ-गर्जन। ३. अचानक होनेवाला विस्फोट। (काव्य॰) नायक-नायिका का प्रथम मिलन जिसमें हर्ष के साथ भय भी मिला रहता है।

स्फूर्जन—[स॰ √स्फूर्ज् + ल्युट्] *पु॰* (मेघों का) गर्जन। गड़गड़ाहट। २. विस्फोट। *वि॰* विस्फोटक।

स्फूर्त—[स॰ √ स्फुर् + क्त] *वि॰* १. स्फुरित। २. जो स्फूर्ति के कारण हुआ हो। ३. मन में सहसा आया हुआ।

स्फूर्ति—[स॰ √स्फुर् + क्तिन्] *स्त्री॰* १. स्फुरण। फड़कन/धड़कन या कम्पन/थरथराहट। २. विकसन। खिलना। ३. प्रकटन। प्राकट्य। ४. स्मरण आना। ५. काव्य आदि की रचना या कलात्मक रचना आदि की अन्तःप्रेरणा। ६. तेज़ी। फुरती ❖ **स्फूर्तिकारक**—*वि॰* = स्फूर्ति उत्पन्न करनेवाला। स्फूर्ति देनेवाला। ❖ **स्फूर्तिमान्**—*वि॰* = १. स्फूर्ति से युक्त। २. फुरतीला।

स्फोट[1]—[स॰ स्फुट् + घञ्] *पु॰* १. फूटना या फटना। विस्फोट। *जैसे*—ज्वालामुखी का स्फोट। २. फूट कर निकलना। *जैसे*—फोड़े के मवाद का स्फोट। ३. (शरीर का) फोड़ा। ४. मन का वह भाव जो किसी शब्द को सुनने से मन में आता है। ५. (किसी बात का) प्रकट हो जाना। प्रकटन। (व्या॰) वर्णों से अभिव्यक्त शब्द या अर्थ का प्रकाशक शब्द। नित्य शब्द।

स्फोट[2]—[स॰ √स्फुट् + अच्] *पु॰* (शरीर पर होनेवाला) फोड़ा।

स्फोटन[1]—[स॰ √ स्फुट् + ल्युट्] *पु॰* १. सहसा तड़कना। फटना। २. विस्फोट होना। विस्फोट।

स्फोटन[2]—[स॰ √स्फुट् + णिच् + ल्युट्] *पु॰* १. विदीर्ण करना। फाड़ना। विदारण। २. व्यक्त करना। सामने लाना। प्रकटीकरण। ३. उँगली चटकाना। ४. संयुक्त व्यंजन वर्णों का अलग-अलग उच्चारण।

स्फोटवाद—[स॰ स्फोट ~ वाद] *पु॰* १. वैयाकरणों का 'स्फोट' मानने का सिद्धान्त। २. 'स्फोट' या 'नित्य शब्द' को संसार का कारण मानने का सिद्धान्त।

स्मय—[स॰ √स्मि + अच्] *पु॰* १. आश्चर्य। विस्मय। ताज्जुब। २. अहंकार। अभिमान। घमंड।

स्मर—[स॰ √स्मृ + अप्] *पु॰* कामदेव। मदन।

स्मरणासक्ति—[स॰ स्मरण ~ आसक्ति] *स्त्री॰* परमात्मा या इष्ट देवी-देवता आदि के गुण, कर्म, नाम आदि का स्मरण करने में मन का सुखी होना।

स्मर-दशा—[स॰] *स्त्री॰* विरह के काल में काम-भावना से सन्तप्त प्रेमी/प्रेमिका की दशा। विरहावस्था।

स्मरदहन—[स॰ स्मर ~ दहन] *पु॰* १. शिव/महादेव द्वारा कामदेव को भस्म करने की घटना। २. (कामदेव का दहन करनेवाला) शिव। महादेव।

***स्मरना**—[< स॰ स्मरण] *क्रि॰स॰* स्मरण करना। याद करना।

स्मर-प्रिया—[स॰] *स्त्री॰* कामदेव की पत्नी। रति।

स्मरवल्लभ—[स॰ स्मर ~ वल्लभ] *पु॰* १. वसन्त ऋतु। २. (श्रीकृष्ण के पुत्र प्रद्युम्न का पुत्र) अनिरुद्ध।

स्मरशर—[स॰ स्मर ~ शर] *पु॰* १. कामदेव का बाण। २. कामदेव के पाँच बाण।

स्मरशासन—[स॰ स्मर ~ शासन] *पु॰* (कामदेव को दंडित करनेवाला) शिव। महादेव।

स्मरसखा—[स॰ स्मर ~ सखा] *पु॰* १. चन्द्रमा। २. वसन्त (ऋतु)।

स्मरहर—[स॰ स्मर ~ हर] *पु॰* शिव। महादेव।

स्मरातुर—[स॰ स्मर ~ आतुर] *वि॰* १. प्रेम-विह्वल। २. काम-पीड़ित। कामातुर। Δ **पर्याय**—कामातुर/कामार्त/कामोत्सुक/स्मरार्त/स्मरोत्सुक।

स्मरान्ध (स्मरांध)—[सं० स्मर ~ अन्ध] *वि०* जिसे तीव्र काम-भाव के कारण उचित-अनुचित का विवेक न हो रहा हो। कामान्ध।

स्मरारि—[सं० स्मर ~ अरि] *पु०* १. कामदेव का शत्रु। २. शिव। महादेव।

स्मर्ता—[सं० स्मर्तृ] *वि०*१. स्मरण करनेवाला। २. स्मरण रखनेवाला। याद रखनेवाला।

स्मार्त—[सं० स्मृति + अण्] *वि०* १. स्मरणशक्ति-सम्बन्धी। स्मृति का। २. याद किया हुआ। ३. स्मृतिग्रन्थों/धर्मशास्त्रों में लिखा हुआ। ४. स्मृतिग्रन्थों का अनुगामी। *पु०* १. स्मृतिशास्त्रों में निपुण व्यक्ति। २. स्मृतिग्रन्थों के अनुसार चलनेवाला धार्मिक वर्ग। ३. उक्त धार्मिक वर्ग का अनुगामी व्यक्ति। ✣ **स्मार्त यज्ञ**— *पु०* = वे यज्ञ जिनका विधान गृह्यसूत्रों और धर्मसूत्रों में मिलता है, वेद की संहिताओं और ब्राह्मण ग्रन्थों में नहीं।

स्मित—[सं० √स्मि + क्त] *वि०* १. मन्द-मन्द हँसता हुआ। २. मुस्कराया हुआ। ३. खिला हुआ। विकसित। ***जैसे***—स्मित फूल। *पु०* मन्द हास। मुस्कान।

स्मिति—[सं० √स्मि + क्तिन्] *स्त्री०* मन्द हास। धीमी हँसी। मुस्कराहट।

स्मृत—[सं० √स्मृ + क्त] *वि०* १. स्मरण। याद किया हुआ। २. स्मृति में आया हुआ। याद आया हुआ। ३. किसी स्मृति 'मनुस्मृति' आदि ग्रन्थ में आया हुआ।

स्मृति—[सं० √स्मृ + क्तिन्] *स्त्री०* १. स्मरण-शक्ति। २. ज्ञात विषय का ज्ञान। संस्कारजन्य ज्ञान। ३. स्मरण। याद। ४. 'मनुस्मृति' आदि प्राचीन धर्मशास्त्रीय ग्रन्थ या उनमें से कोई। ५. (अठारह प्रमुख स्मृतियाँ होने के कारण) पद्य आदि में अठारह की संख्या (१८)। (मनो०) एक जटिल मानसिक प्रक्रिया जिसमें सीखना, धारण करना, प्रत्यभिज्ञान तथा पुनः स्मरण सम्मिलित है। घटनाओं और अनुभवों को याद रखने की क्षमता। (काव्य०) १. पूर्वराग में काम की एक दशा। किसी अन्य सदृश वस्तु को देखकर प्रिय/प्रिया अथवा उसकी किसी सदृश वस्तु का स्मरण हो आना। २. एक संचारी भाव। सदृश वस्तु के दर्शन अथवा चिन्तन आदि से पूर्वानुभूत वस्तु का स्मरण जिसका सम्बन्ध किसी स्थायी भाव से हो। ● **विशेष**— 'स्मृति' भाव के अनुभाव भौंहें चढ़ाना, सिर झुकाकर नीचे देखना इत्यादि होते हैं। ३. 'स्मरण' नामक अर्थालंकार। **स्मृतिशास्त्र**— *पु०*= (मनु आदि के) स्मृतिग्रन्थ। ***जैसे***—याज्ञवल्क्य का स्मृतिशास्त्र।

स्मृत्यर्थ—[सं० स्मृति ~ अर्थ] *वि०* १. स्मरण के लिए। स्मरणार्थ। २. स्मृति के लिए। ***जैसे***—देश के शहीदों के स्मृत्यर्थ कार्यक्रम करना।

स्मृत्युक्त—[सं० स्मृति ~ उक्त] *वि०* स्मृतियों में वर्णित/कथित।

स्यन्द/स्यन्दन (स्यंदन)—[सं० स्यन्द् + घञ् + ल्युट्/ल्यु] *पु०* १. किसी तरल पदार्थ का चूना/टपकना/रिसना या बहना। चुआव/टपकाव/रिसाव या बहाव। २. (शरीर से) पसीना निकलना। ३. तीव्र धारा/प्रवाह। ४. रथ।

स्यन्दी (स्यंदी)—[सं० स्यन्दिन्] *वि०* १. चूने/टपकने/रिसने या बहने वाला। २. तेज़ चलनेवाला।

***स्यम्भ (स्यंभ)**—[< सं० स्वयम्भू/शम्भु] *पु०* १. स्वयम्भू। परमात्मा। २. शम्भु। शिव। महादेव। ✣ **स्यम्भ (स्वंभ)- दुवार**— *पु०* = ब्रह्मरन्ध्र।

स्यात्—[सं०] *क्रिवि०* कदाचित्। शायद। ***जैसे***—स्यात् अभी तुम्हारा तप अपूर्ण है। [जैन०] ('अनेकान्त' का द्योतक शब्द) हो सकता है।

स्याद्‌वाद (स्याद्वाद)—[सं० स्यात् ~ वाद] *पु०* (जैन०) सप्तभंगीन्याय। निश्चय पर पहुँचने के लिए किसी बात को ७ प्रकार से विचारने का सिद्धान्त। अनेकान्तवाद। ✣ स्याद्‌वाद दर्शन— *पु०* = अनेकान्तवाद दर्शन। जैन दर्शन।

***स्यान**— *वि०, पु०* ≤ सं० सज्ञान। सयाना।

स्यानपन— *पु०* ≤ *हि०* सयानपन। १.चतुरता २. धूर्तता या चालाकी। ३. ओझा का कार्य।

स्याना—[< हि० सयाना] *वि०* १. चतुर। २. धूर्त। चालाक। *पु०* १. चतुर पुरुष। २. वयस्क पुरुष। ३. भूत-प्रेत उतारनेवाला व्यक्ति। झाड़-फूँक करनेवाला व्यक्ति। ओझा। ✣ **स्यानापन**— *पु०*=सयानापन। चतुरता। धूर्तता। चालाकी। ३. वयस्कता। ४. ओझा का कार्य। ✣ **स्यानी**— *स्त्री०*=१. चतुर स्त्री। २. धूर्त/चालाक स्त्री। ३. वयस्क स्त्री। ४. भूत-प्रेत उतारने वाली स्त्री। झाड़-फूँ क करनेवाली स्त्री।

स्यापा—[< फा० स्याहपोश] *पु०* किसी की मृत्यु पर शोक के कारण कुछ दिनों तक होनेवाला रोना-पीटना। २. कुछ जातियों में मृत व्यक्ति के शोक में, कुछ दिनों तक, घर की तथा सम्बन्धित अन्य स्त्रियों की, प्रतिदिन एकत्र होकर, रोने और शोक मनाने की प्रथा। ***वा०* स्यापा पड़ना**—१. (किसी की मृत्यु के शोक के बिना ही) ज़ोर-ज़ोर से रोना-चिल्लाना। २. (किसी स्थान का) सुनसान या जन-विहीन हो जाना।

स्याबड़—[< सं० सीतावट्ट] *पु०* (कृषि०) खेत में बीजों की बुवाई करना आरम्भ करते समय या फ़सल काटने के तत्काल बाद उठाया गया उसी खेत की मिट्टी का एक ढेला। ✣ **स्याबड़ी**— *स्त्री०* = खेत में जमा फ़सल की अन्नराशि/रास में से पुरोहित आदि को दान के लिए निकालकर रखा गया अनाज।

***स्याम**—[< सं० श्याम] *पु०* १. (वासुदेव) कृष्ण। २. दक्षिणपूर्वी एशिया के एक देश 'कम्बोडिया' का प्राचीन नाम। **वि०* श्याम। काला या साँवला। ✣ **स्यामकरन**— *वि०* =काले कानों वाला। श्यामकर्ण।

***स्यामल**—[< सं० श्यामल] *वि०* श्यामवर्ण। श्यामल। साँवला।

***स्यामलिया**—[< हि० स्यामल] *पु०* (वासुदेव) कृष्ण । साँवलिया।

स्यामा—[< सं० श्यामा] *स्त्री०* १. श्यामा। (दे०) २. राधिका। राधा। ३. काली देवी। ४. यमुना (नदी)।

स्याह—[फा०] *वि०* काला। ***वा०* काग़ज़ स्याह करना**—लिखना।

***स्यौं (स्यों)/स्यौँ (स्यौं)**—[< हि॰ सों] *क्रिवि॰* १. सहित। साथ। २. समीप। पास।

स्रंस—[स॰√स्रंस् + घञ्] *पु॰* पतन।

स्रंसन[१]—[स॰√स्रंस + णिच् + ल्युट्] *पु॰* गिरवाने की क्रिया/भाव।

स्रंसन[२]—[स॰√स्रंस् + ल्युट्] *पु॰* १. पतन। २. गिरने की क्रिया/भाव। पतन होना। ३. गर्भपात। (आयुर्वेद॰) वह पदार्थ जो कोष्ठ में चिपके हुए कच्चे मल को बिना पकाए ही मलद्वार से गिरा देता है (जैसे—अमलतास का गूदा)।

स्रंसी—[स॰ स्रंसिन्] *वि॰* १. गिरनेवाला। पतनशील। २. लटकनेवाला या झूलनेवाला।

***स्रई**—[< हि॰ स्रवना] *क्रिअ॰* प्रवाहित हुई। बही।

स्रक्—[स॰ स्रज् (√सृज् + क्विन्)] *स्त्री॰* फूलों की माला या गजरा। पुष्पमाला।

***स्रक/स्रग**—[< स॰ स्रक्] *स्त्री॰* फूलों की माला या गजरा। पुष्पमाला।

***स्रगाल**—*पु॰* ≤ स॰ शृगाल। गीदड़। सियार।

स्रगदाम—[स॰ स्रग्दामन्] *पु॰* वह धागा/डोरा जिसमें माला के फूल पिरोए रहते हैं। पुष्पमाला का सूत्र।

स्रग्धर—[स॰ स्रक् + धर] *वि॰* फूलों की माला धारण करनेवाला। मालाधारी। ✣ **स्रग्धरा**—*स्त्री॰* = फूलों की माला धारण करनेवाली स्त्री। मालाधारिणी स्त्री। (छन्द॰) एक समवर्णिक छन्द जिसके प्रत्येक चरण में क्रमशः मगण, रगण, भगण, नगण और ३ यगण, (म र भ न य य य) के योग से २१ वर्ण होतें हैं तथा ७-७-७ पर यति होती है।

स्रग्वी—[स॰ स्रग्विन् (स्रज्+ विनि)] *वि॰* पुष्पमाला धारण करनेवाला। मालाधारी। ✣ **स्रग्विणी**—*वि॰* (*स्त्री॰*) = पुष्पमाला धारण करनेवाली। मालाधारिणी। *स्त्री॰* पुष्पमाला धारण करनेवाली स्त्री। (छन्द॰) एक समवर्णिक छन्द जिसके प्रत्येक चरण में ४ रगण (र र र र) के योग से १२ वर्ण होते हैं।

***स्रङ्ग (स्रंग)**—[< स॰ शृङ्ग] *पु॰* १. शृंग। (दे॰) २. पर्वत का शिखर। पहाड़ की चोटी। ३. (पशु का) सींग।

***स्रज**—[< स॰ स्रज्] *स्त्री॰* पुष्पमाला। माला। हार।

***स्रजन**—[< स॰ सर्जन] *पु॰* १. रचना करने की क्रिया/भाव। रचना। २. सृष्टि करने की क्रिया। सृष्टि।

***स्रजना**—[< स॰ सर्जन] *क्रिस॰* १. रचना करना। २. विश्व की रचना करना। सृष्टि रचना। सृष्टि करना। सृजना।

***स्रमि**—[< हि॰ स्रमना] *क्रिवि॰* थक कर।

***स्रमित**—[< स॰ श्रमित] *वि॰* १. थका हुआ। श्रान्त। २. शिथिल।

स्रव—[स॰ स्रु + अप्] *पु॰* १. टपकाव/चुआव/रिसाव या क्षरण। झरने की क्रिया/भाव। २. धारा। प्रवाह। स्रोत। सोता। चश्मा।

स्रवण—[स॰√स्रु + ल्युट्] *पु॰* १. टपकना/चूना/रिसना या झरना। २. पसीना। ३. मूत्र। पेशाब। ४. गर्भपात। ५. मासिक धर्म के समय होनेवाला रक्तस्राव। (प्राणि॰) १. जीवों में कोशिका या ग्रन्थि से निकला विशिष्ट तरल। २. उक्त तरल निकलने की प्रक्रिया।

***स्रवन**[१]—[≤ स॰ श्रवण] *पु॰* १. श्रवण। (दे॰) २. कान।

***स्रवन**[२]—*पु॰* ≤ स॰ स्रवण। (दे॰)

***स्रवना**—[< स॰ स्रवण] *क्रिअ॰* १. टपकना/चूना/रिसना या झरना/क्षरण होना। २. बहना। *३. गिरना। *क्रिस॰* १. टपकाना। चुवाना। २. बहाना।

स्रष्टा—[स॰ सृष्ट् (√स्रज् + तृच्, अम्-आगम)] *वि॰* १. सर्जन करनेवाला। निर्माण करनेवाला। रचनेवाला। २. सृष्टि/विश्व को रचनेवाला। विश्व-निर्माता। *पु॰* १. परमात्मा। २. ब्रह्मा। विधाता।

स्रस्त—[स॰√स्रंस् + क्त] *वि॰* १. गिरा हुआ। च्युत। पतित। २. लटका हुआ। ***जैसे***—स्रस्त हाथ। ३. डूबा हुआ। ४. ढीला किया हुआ। ढीला। शिथिल। ५. घायल किया हुआ। आहत। ६. बिखरा हुआ। विच्छिन्न। ७. अलग किया हुआ। ८. धँसा हुआ। ***जैसे***—स्रस्त आँखें। ९. झुका हुआ। ***जैसे***—स्रस्त स्कन्धों वाला।

स्रस्ताङ्ग (स्रस्तांग)—[स॰ स्रस्त ~ अङ्ग] *वि॰* १. ढीले अंगों वाला। शिथिल शरीर वाला। २. मूर्छित। अचेत। बेहोश।

***स्राद्ध (स्राद्ध), स्राध**—*पु॰* ≤ स॰ श्राद्ध। (दे॰)

***स्राप**—*पु॰* ≤ स॰ शाप। ✣ **स्रापित**—*वि॰* शापित। जिसे शाप मिला हो।

स्राव—[स॰√स्रु + घञ्] *पु॰* १. टपकाव/चुआव/रिसाव, क्षरण या बहाव। २. गर्भपात। ३. पेड़ों का निर्यास। (जीव॰) रुधिर या वनस्पति के रस से अलग होकर बाहर निकलने वाला द्रव। (अं॰, सिक्रीशन)

स्रावक—[स॰√स्रु + ण्वुल्, या √स्रु + णिच् + ण्वुल्] *वि॰* १. बहनेवाला या टपकने/रिसने/चूने/झरने वाला। २. बहानेवाला या टपकाने वाला।

स्रावण[१]—[स॰√स्रु + णिच् + ल्युट्] *वि॰* स्राव करानेवाला। स्रावक। *पु॰* बहाकर या चुआ कर निकालना।

स्रावण[२]—*पु॰* ≤ स॰ श्रावण। (दे॰) ✣ **स्रावणी**—*स्त्री॰* = श्रावणी (पर्व)। सावन मास की पूर्णिमा को मनाया जाने वाला 'रक्षाबन्धन' उत्सव।

स्रावना—[< स॰ स्रावण] *क्रिस॰* १. स्राव करना/कराना। बहाकर / टपकाकर /चुआकर निकालना। २.टपकाना, चुआना या बहाना। ✣ **स्रावित**—*वि॰* = १. स्राव द्वारा निकाला हुआ। २. टपकाया/बहाया/चुआया हुआ।

स्रावी—[स॰ स्राविन्] *वि॰* टपकाने/चुआने/रिसाने या बहानेवाला।

स्राव्य—[स॰√स्रु + णिच् + यत्] *वि॰* १. स्राव कराने योग्य। टपकाने/बहाने योग्य। २. जिसका स्राव किया जाना हो।

***स्रिग**—*पु॰* ≤ स॰ स्रक्। पुष्पमाला।

स्रुत[१]—[स√स्रु + क्त] *वि॰* १. टपका हुआ, चुआ हुआ, रिसा हुआ या क्षरित। २. बहा हुआ।

***स्रुत**[२]— वि॰ ≤ स॰ श्रुत। सुना हुआ।

स्रुति[१]—[स॰√स्रु + क्तिन्] *स्त्री॰* १. टपकाव, चुआव, रिसाव या क्षरण। २. बहाव। ३. स्रोत। सोता। चश्मा।

***स्रुति**[2]—[< स॰ श्रुति] *स्त्री॰* १. श्रुति। वेद। २. कर्ण। कान।

स्रुव—[स॰ स्रु + क] *पु॰* यज्ञ की अग्नि में घी की आहुति देने के लिए पलाश आदि की लकड़ी का बना हुआ एक पात्र। दर्वी। चमचा।

स्रुवा—[स॰ स्रुव + टाप्] *स्त्री॰* १. स्रुव। (दे॰) २. सलई का वृक्ष। ३. निर्झर। झरना।

स्रोत[1]—[स॰√स्रु + तन्] *पु॰* (पानी का) सोता। चश्मा।

स्रोत[2]—[< स॰ स्रोतस् (√स्रु + तसि)] *पु॰* १. जल का प्रवाह। धारा। २. तेज़ बहाव वाली नदी। ३. नदी। ४. शरीर के रन्ध्र/छिद्र। ५. (नदी का) उद्‌गम। आरम्भ। ६. (लाक्षणिक) किसी वस्तु का उद्‌गम या आरम्भ। ७. (लाक्षणिक) आधार। साधन।

स्रोतस्वती, स्रोतस्विनी—[स॰ स्रोतस् + मतुप्/विनि + ङीप्] *स्त्री॰* १. नदी। २. धारा।

***स्रोता**—*पु॰* ≤ स॰ श्रोता (श्रोतृ) । सुननेवाला।

स्रोतापत्ति—[स॰ स्रोत ~ आपत्ति] *स्त्री॰* नदी/स्रोत में प्रवेश। (बौद्ध॰) १. निर्वाण-मार्ग में प्रवेश। २. धर्म का आश्रय। ३. धर्मोन्मुखता। ४. पाप-निवृत्ति। ५. रूपान्तरण। ६. निर्वाण की कामना।

स्रोतापन्न—[स॰ स्रोत ~ आपन्न] *वि॰* नदी/स्रोत में प्रविष्ट। (बौद्ध॰) जिसकी स्रोतापत्ति हो चुकी हो। *पु॰* नदी/स्रोत में प्रविष्ट व्यक्ति।

स्रोतोवहा—[स॰ स्रोतस् + वह + टाप्] *स्त्री॰* नदी।

***स्रोन, स्रोनित**—दे॰ क्रमश: श्रवण, श्रोणित।

***स्रौन**—[< स॰ श्रवण] *पु॰* श्रवणेन्द्रिय। कर्ण। कान।

स्लेज—[अ॰] *स्त्री॰* बर्फ पर चलनेवाली एक प्रकार की गाड़ी जिसमें कुत्ते या बारहसिंगे जोते जाते हैं और जो मनुष्य तथा माल ढोती है।

स्व—[स॰ स्वन् + ड] *वि॰* १. अपना। निजी। ***जैसे***—स्वधर्म; स्वमति। २. स्वाभाविक। स्वभावगत। प्रकृतिगत। ३. अपने परिवार, जाति, वर्ग या राष्ट्र आदि का। ४. अपने आप होनेवाला। ***जैसे***—स्वप्रेरित, स्वचालित। *पु॰* १. जीवात्मा। आत्मा। ***जैसे***—स्व की ईश्वर-भक्ति। २. आत्मीय जन। सम्बन्धी। नातेदार। रिश्तेदार। ३. धन। धन-सम्पत्ति। धन-दौलत। ***जैसे***—राजस्व, परस्व। *सर्व॰* स्वयं। ***जैसे***—स्व का धर्म।

स्वः—[स॰ स्वर् (√स्वृ + विच्)] *पु॰* १. स्वर्ग। २. आकाश। ३. सूर्य और ध्रुव के बीच का स्थान। ४. (गायत्री मन्त्र की) तीन व्याहृतियों में से तीसरी।

स्वक—[स॰ स्व + अकच्] *वि॰* १. अपना। निजी। २. अपने वंश/कुटुम्ब/परिवार का।

स्वकयुग्मन—[स॰ स्वक ~ युग्मन] *पु॰* (वनस्पति॰) पुष्प का निषेचन अपने ही परागकणों से होने की अवस्था।

स्वकर—[स॰ स्व ~ कर] *पु॰* अपना हाथ।

स्वकशाघात—[स॰ स्व ~ कशाघात] *पु॰* १. स्वयं को कोड़े मारना। २. अपने आपको शारीरिक अथवा मानसिक यातना देना। ३. धार्मिक तप के अन्तर्गत स्वयं पर चाबुक आदि का प्रयोग करना या करवाना।

स्वकीय—[स॰ स्व + छ, कुक्-आगम] *वि॰* १. अपना। निजी। ***जैसे***—स्वकीय वैभव। २. अपने परिवार/समाज/वर्ग/देश आदि का। *पु॰* १. अपने लोग। आत्मीय जन। २. सम्बन्धी। रिश्तेदार। ३. मित्र। ∇ **विलोम**—परकीय।

स्वकीया—[स॰ स्वकीय + टाप्] *वि॰ (स्त्री॰)* १. अपनी। निजी। ***जैसे***—स्वकीया सम्पत्ति। २. अपने परिवार/समाज/वर्ग/देश आदि की। *स्त्री॰* (अपनी) पत्नी। (काव्य॰) वह नायिका जो अपने पति से ही प्रेम करती है, परपुरुष से नहीं। ∇ **विलोम**—परकीया।

स्वकुल—[स॰ स्व + कुल] *पु॰* अपना कुल/वंश।

स्वकृत—[स॰ स्व ~ कृत] *वि॰* अपना किया हुआ।

स्वगत—[स॰ स्व ~ गत] *वि॰* १. स्व-सम्बन्धी। अपने से सम्बन्धित। २. अपने मन में आया हुआ (विचार आदि)। *पु॰* मन में आया हुआ विचार। (नाट्य॰) स्वगत-कथन।

स्वगत-कथन—[स॰] *पु॰* मन में आयी हुई बात कहना। (नाट्य॰) किसी पात्र के चरित्र और अभिप्राय को दर्शकों पर प्रकट करने के लिए, उस पात्र का अपने मन के विचारों को किसी विशेष नाटकीय विधि से (जैसे मंच के बिल्कुल आगे आकर बोलना) इस प्रकार प्रकट करना कि मानों दूसरे पात्र उसकी बात सुन ही नहीं सकते और वह मन ही मन कुछ कह रहा है या विचार रहा है। अश्राव्य। स्वगत उक्ति। स्वगतोक्ति।

स्वगति—[स॰ स्व ~ गति] *स्त्री॰* १. अपनी दशा। २. अपनी गति/चाल। ३. अपनी रफ़्तार। ⁘ **स्वगति-असंवेदिता**—*स्त्री॰* = (चिकित्सा॰) एक शारीरिक विकृति। अपने ही शरीर के अंगों की गतियों का अनुभव न कर सकने की दशा।

स्वगतोक्ति—[स॰ स्वगत ~ उक्ति] *स्त्री॰* स्वगत-कथन।

स्वङ्ग (स्वंग)—[स॰ सु + अङ्ग] *वि॰* अच्छे अंगों वाला।

स्वचल—[स॰ स्व ~ चल] *वि॰* अपने आप चलनेवाला। अपने आप काम करनेवाला। स्वचालित।

स्वचेतन—[स॰ स्व ~ चेतन] *पु॰* १. अपना मन। २. अपनी आत्मा। *वि॰* आत्मचेतनायुक्त।

स्वच्छन्द (स्वच्छंद)—[स॰ स्व ~ छन्द] *वि॰* १. केवल अपनी इच्छा के अनुसार काम करनेवाला। मनमौजी। २. किसी प्रकार के नियंत्रण/मर्यादा का ध्यान न रखते हुए मनमाना आचरण/व्यवहार करने वाला। अनियंत्रित। ३. सामाजिक और नैतिक दृष्टि से अनुचित आचरण/व्यवहार करनेवाला। ४. बिना भय या संकोच किए मनमाने ढंग से इधर-उधर घूमने-फिरने वाला। *क्रिवि॰* १. मर्यादा का ध्यान न रखते हुए मनमाने ढंग से। ***जैसे***—स्वच्छन्द घूमना-फिरना। २. बिना भय/संकोच के। Δ **पर्याय**—मनमौजी। स्वेच्छाचारी।

स्वच्छन्दचारी (स्वच्छंदचारी)—[स॰ स्वच्छन्दचारिन्] *वि॰* स्वच्छन्द घूमनेवाला। स्वेच्छाचारी। मनमौजी। ⁘ **स्वच्छन्दचारिणी (स्वच्छंदचारिणी)**—*स्त्री॰* = १. स्वच्छन्द घूमनेवाली स्त्री। २. दुश्चरित्र स्त्री। ३. वेश्या।

स्वच्छन्द छन्द (स्वच्छंद छंद)—[स॰] *पु॰* (छन्द॰) मुक्त छन्द।

स्वच्छन्दता (स्वच्छंदता)—[स॰ स्वच्छन्द +तल् +टाप्] *स्त्री॰* स्वच्छन्द होने की अवस्था/गुण/भाव। २. मनमानापन। मनमौजीपन।

३. अनियन्त्रितता। निरंकुशता। Δ **पर्याय**—स्वेच्छाचारिता।

स्वच्छमण्डल (स्वच्छमंडल)—[स॰ स्वच्छ ~ मण्डल] *पु॰* (चिकित्सा॰) नेत्र-गोलक के अग्रतल का पारदर्शी आवरण। (अ॰ कार्निआ)

स्वजन—[स॰ स्व ~ जन] *पु॰* १. अपने लोग। वे लोग जो पराए न हों। २. अपने परिवार के लोग। आत्मीय जन। ३. बन्धु-बान्धव। सम्बन्धी। नातेदार। रिश्तेदार। ४. जाति/बिरादरी के व्यक्ति। (समाज॰) ऐसे सम्बन्धी जिनके पूर्वज एक ही हों। ज्ञाति-बन्धु। ∇ **विलोम**—परजन।

स्वजा—[स॰ स्व + जा] *वि॰ (स्त्री॰)* जो अपने से उत्पन्न हुई हो। *स्त्री॰* पुत्री। बेटी।

स्वजात—[स॰ स्व ~ जात] *वि॰* जो अपने से उत्पन्न हुआ हो। *पु॰* पुत्र। बेटा। ✣ **स्वजाता**—*वि॰* (स्त्री॰) = जो अपने से उत्पन्न हुई हो। *स्त्री॰* पुत्री। बेटी।

स्वजाति—[स॰ स्व ~ जाति] *स्त्री॰* १. अपनी जाति/क़ौम। २. अपना वर्ग/प्रकार। अपनी क़िस्म।

स्वतः—[स॰ स्व + तस्] *क्रिवि॰* अपने आप ही। स्वयं। ✣ **स्वतः पूर्ण**—*वि॰* = स्वयं पूर्ण। पूर्ण। ✣ **स्वतः स्पष्ट**—*वि॰* = अपने आप में स्पष्ट। ✣ **स्वतः स्फूर्त**—*वि॰* = अपने आप स्फुरित।

स्वता—[स॰ स्व + तल् + टाप्] *स्त्री॰* 'स्व' का भाव। अपना होने का भाव। अपनापन। स्वकीयता। ∇ **विलोम**—परता।

स्वत्व—[स॰ स्व + त्व] *पु॰* १. अपना अस्तित्व। २. स्वामित्व। अधिकार। हक़। *जैसे*—पुस्तक का स्वत्व लेखक का है या प्रकाशक का? ✣ **स्वत्व प्रलेख**—*पु॰* = (वाणि॰) विक्रेता या ग्राहक के हस्ताक्षर से युक्त काग़ज़ जिसमें खरीदनेवाले को उसमें उल्लिखित वस्तु के स्वामित्व का अधिकार दिया जाता है। ✣ **स्वत्व-पारिश्रमिक, स्वत्व-शुल्क**—*पु॰* = १. स्वत्व/स्वामित्व का पारिश्रमिक या शुल्क। २. लेखक को पुस्तक छापने का अधिकार देने के लिए प्रकाशक द्वारा दी जाने वाली धनराशि/रक़म। ३. खान के मालिक को खान के पट्टेदार द्वारा खनिज निकालने के लिए दी जाने वाली धनराशि/रक़म। (अ॰ रॉयल्टी) ✣ **स्वत्वहानि**—*स्त्री॰* = स्वत्व की हानि। अधिकार न रहना।

स्वत्वाधिकार—[स॰ स्वत्व ~ अधिकार] *पु॰* स्वामित्व। स्वामित्व का अधिकार। स्वत्व।

स्वदार/स्वदारा—[स॰ स्व ~ दारा] *स्त्री॰* अपनी पत्नी।

स्वदेश-प्रतिप्रेषण—[स॰ स्वदेश ~ प्रति ~ प्रेषण] *पु॰* (राज॰) अपने देश को वापस भेजना। *जैसे*— भारत में रह रहे अफ़गानिस्तान के शरणार्थियों को स्वदेश-प्रतिप्रेषण किया जाएगा। ✣ **स्वदेश-प्रतिप्रेषित**—*वि॰* ‹(राज॰) जिसे अपने देश को वापस भेजा गया हो।

स्वधर्म—[स॰ स्व ~ धर्म] *पु॰* १. अपना धर्म। अपना कर्त्तव्य-कर्म। २. अपना धर्म-सम्प्रदाय। अपना धर्म-पन्थ। ३. अपनी विशेषता। अपना गुण विशेष। ∇ **विलोम**—परधर्म/विधर्म।

स्वधर्मी[1]—[स॰ स्वधर्मिन्] *वि॰* स्वधर्म-पालक।

स्वधर्मी[2]—[‹ स॰ स्वधर्मीय, या ‹ स॰ स्वधर्म] *वि॰* जो विधर्मी या परधर्मी न हो। जो अपने ही धर्म-सम्प्रदाय का अनुयायी हो। समानधर्मी।

स्वधा—[स॰ √स्वद् + आ, पृषो॰ द् → ध्, अथवा ‹ स॰ स्व √धे + क + टाप्] *स्त्री॰* १. स्वतः प्रवृत्ति। २. निजी संकल्प। ३. मृत पुरुषों के उद्देश्य से यज्ञ में हवि का अर्पण। ४. पितरों को भोजन आदि निवेदित करना। ५. उक्त उद्देश्य से तैयार किया गया भोज्य पदार्थ या नैवेद्य। *अव्यय॰* (यज्ञ में प्रयक्त) एक वैदिक शब्द जिसका उच्चारण करके पितरों को नैवेद्य किया जाता है।

स्वधाम—[स॰ स्व ~ धाम (धामन्)] *पु॰* अपना धाम। अपना निवासस्थान। *जैसे*—भगवान् विष्णु का स्वधाम 'वैकुण्ठ' है और भगवान्, शिव का 'कैलास' है।

स्वधामद—[स॰ स्वधामन् + द] *वि॰* अपना धाम देनेवाला।

स्वधिष्ठित—[स॰ सु + अधिष्ठित] *वि॰* अच्छी प्रकार से अधिष्ठित/स्थित। अच्छी प्रकार से ठहरा हुआ या रहता हुआ।

स्वधीत—[स॰ सु + अधीत] *वि॰* अच्छी तरह से अध्ययन किया हुआ। अच्छी तरह पढ़ा हुआ।

स्वन—[स॰√स्वन् + अप्] *पु॰* = ध्वनि। आवाज़। ✣ **स्वन-परिवर्तन**—*पु॰* = ध्वनि-परिवर्तन। ✣ **स्वन-विज्ञान**—*पु॰* = भाषाविज्ञान की एक शाखा जिसमें संसार की सभी शाखाओं का सामान्य अध्ययन ध्वनि-उत्पादक अंगों, स्वर-लहरों तथा/स्वनों के वर्गीकरण की दृष्टि से किया जाता है। (भाषाविज्ञान के अन्तर्गत) ध्वनिविज्ञान।

स्वनामधन्य—[स॰ स्वनाम~ धन्य] *वि॰* अपने नाम से ही प्रसिद्ध (व्यक्ति)। सुप्रसिद्ध। यशस्वी। *जैसे*—स्वनामधन्य महाराणा प्रताप के त्याग का स्मरण करो।

स्वनिक—[स॰ स्वन + ठन्] *वि॰* ध्वनि/शब्द करनेवाला।

स्वनित—[स॰√स्वन् + क्त] *वि॰* ध्वनित। *पु॰* १. ध्वनि। आवाज़। २. बादलों की गड़गड़ाहट। मेघ-गर्जन।

स्वनिम—[‹ स॰ स्वन] *पु॰* किसी भाषा की विभिन्न ध्वनियों में से प्रत्येक। भाषिक अभिव्यक्ति की लघुतम अर्थहीन इकाई। ध्वनिग्राम। ✣ **स्वनिमविज्ञान**—*पु॰* = भाषाविज्ञान की एक शाखा जिसमें किसी भाषा के स्वनिमों का अध्ययन किया जाता है। ध्वनिग्रामविज्ञान।

स्वनिल—[‹ स॰ स्वन] *वि॰* ध्वनियुक्त। ✣ **स्वनिलता**—*स्त्री॰* = १. ध्वनियुक्तता। २.कोलाहल/शोर करना। कोलाहलयुक्तता।

स्वपति—[स॰ स्व ~ पति] *पु॰* १. अपना पति। २. अपना स्वामी।

स्वपन[1]—[स॰ √ स्वप् + ल्युट्] *पु॰* १. सोने की क्रिया/भाव। शयन करना। २. सेाने की अवस्था। शयन। निद्रा। नींद।

***स्वपन**[2]—*पु॰* ≤ स॰ स्वप्न। सपना।

स्वपरागण—[स॰ स्व + परागण] *पु॰* (वनस्पति॰) एक पुष्प के परागकोष से उसी पुष्प के या उसी पौधे के दूसरे पुष्प के वर्तिकाग्र पर पराग का स्थानान्तरण।

स्वपर्यवसित—[स्व ~ पर्यवसित] *वि॰* १. अपने द्वारा निश्चित किया हुआ। २. अपने द्वारा पूरा/समाप्त किया हुआ। ३. अपने द्वारा नष्ट।

स्वपारिस्थितिकी—[स॰ स्व + पारिस्थितिकी] *स्त्री॰* (प्राणि॰) विज्ञान की वह शाखा जिसमें किसी जीव विशेष या जाति विशेष (अ॰ स्पीशीज़) और उसके वातावरण के बीच सम्बन्धों का अध्ययन किया जाता है।

स्वपीड़न-रति—[< स॰ स्व + हि॰ पीड़न + स॰ रति (<स॰ पीड़न)] *स्त्री॰* (मनो॰) एक विशेष यौन प्रवृत्ति जिसमें व्यक्ति अपने आप को पीड़ा देकर काम-सुख की अनुभूति करता है। (अ॰ मेसोकिज़्म)। ∇ **विलोम**—परपीड़न-रति।

स्वप्नज—[स॰ स्वप्न +ज] *वि॰* स्वप्न में या स्वप्न से उत्पन्न। २. नींद में या नींद से उत्पन्न।

स्वप्नतन्द्रिता (स्वप्नतंद्रिता)—[स॰ स्वप्न ~ तन्द्रिता] *स्त्री॰* स्वप्न से या निद्रा से उत्पन्न शिथिलता। ❖ **स्वप्न-दर्शन**—*पु॰* = १. स्वप्न देखना। सपना देखना। २. (किसी व्यक्ति आदि को) स्वप्न में देखना। ३. किसी को स्वप्न में देखकर उस पर अनुरक्त होना।

स्वप्नद्रष्टा—[स॰ स्वप्न ~ द्रष्टा] *वि॰, पु॰* १.स्वप्न/ सपना देखनेवाला। २. अव्यावहारिक बातों/घटनाओं/योजनाओं की कल्पना करनेवाला। ३. आदर्शवादी बातों/घटनाओं/योजनाओं की कल्पना करनेवाला।

स्वप्नप्रपञ्च (स्वप्नप्रपंच)—[स॰ स्वप्न ~ प्रपञ्च] *पु॰* १. स्वप्न के समान मिथ्या संसार। २. स्वप्न में दिखनेवाला संसार। स्वप्नजगत्।

स्वप्नलब्ध—[स॰ स्वप्न ~ लब्ध] *वि॰* १. स्वप्न में प्राप्त। सपने में पाया हुआ। २. स्वप्न में देखा हुआ। ३.कल्पना में प्राप्त।

स्वप्नस्थ—[स॰ स्वप्न + स्थ] *वि॰* १. स्वप्न में स्थित। स्वप्न देखता हुआ। २. निद्रित। ३. ध्यानस्थ या कल्पना में लीन।

स्वप्नादेश—[स॰ स्वप्न ~ आदेश] *पु॰* वह आज्ञा जो किसी को स्वप्न में देवी/देवता/महात्मा आदि से मिली हो।

स्वप्नाना**—[< स॰ स्वप्न] *क्रिस॰* १. किसी को स्वप्न में मिलना, दिखाई देना या कोई आदेश देना आदि। ***जैसे—अनेक महात्मा भक्तों को स्वप्नाते भी हैं। २. स्वप्न देखना।

स्वप्नान्त (स्वप्नांत)—[स॰ स्वप्न ~ अन्त] *पु॰* स्वप्न का अन्त। सपने की समाप्ति।

स्वपनालु—[स॰ स्वप्न] *वि॰* १. जिसे नींद आ रही हो। जो ऊँघ रहा हो। २. जिसे प्रायः स्वप्न दिखते हों। स्वप्नशील।

स्वप्नावस्था—[स॰ स्वप्न ~ अवस्था] *स्त्री॰* १. निद्रा/सोने की स्थिति। २. स्वप्न के समान मिथ्या अवस्था। ***जैसे***—वृद्धों को अपना अतीत स्वप्नावस्था ही प्रतीत होता है।

स्वप्नाविष्ट—[स॰ स्वप्न ~ आविष्ट] *वि॰* १. निद्रित। २. स्वप्नों अथवा कल्पनाओं में खोया हुआ।

स्वप्निल—[< स॰ स्वप्न + इलच्] *वि॰* १. जो स्वप्न के समान हो। २. स्वप्न के समान आकर्षक। ३. स्वप्न के समान मिथ्या।

स्वप्नोपम—[स॰ स्वप्न ~ उपमा] *वि॰* १. सपने की तरह। स्वप्नसदृश। २. सपने की तरह मिथ्या।

स्वप्रकाश—[स॰ स्व ~ प्रकाश] *पु॰* अपना प्रकाश। निजी उजाला। *वि॰* जो स्वयं प्रकाशमान हो। ***जैसे***—चन्द्रमा स्वप्रकाश नहीं है परन्तु सूर्य स्वप्रकाश है।

स्वप्राण/ *स्वप्रान—[स॰ स्व ~ प्राण, स॰ स्व + हि॰ प्रान < स॰ प्राण] *पु॰* अपने प्राण। अपना जीवन।

स्वभाव—[स॰ स्व ~ भाव] *पु॰* १. अपना भाव। आन्तरिक भाव। आभ्यन्तर भाव। २. किसी पदार्थ की वह विशेषता जो उसमें सदा रहती है और उसे अन्य पदार्थों से भिन्न बनाती है। गुण-धर्म। ३. प्राणियों की जन्मजात मानसिक प्रवृत्ति। प्रकृति। मनोवृत्ति। चित्तवृत्ति। झुकाव। रुझान। ४. किसी विशिष्ट परिस्थिति के लिए स्वप्रेरित प्रतिक्रिया जो अभ्यास और पुनरावृत्ति के परिणामस्वरूप होती है। आदत।

स्वभावज—[स॰ स्वभाव + ज] *वि॰* स्वभाव से उत्पन्न। स्वाभाविक। प्राकृतिक। सहज। ❖ **स्वभावज अलङ्कार (अलंकार)**—*पु॰* = (काव्य॰) सात्त्विक अनुभावों का एक प्रकार। नायिकाओं के आकर्षण को बढ़ानेवाले वे अलंकार जो संयोग की विभिन्न अवस्थाओं में उनकी आन्तरिक भावनाओं को प्रकट करते हैं और स्वाभाविक होते हैं। हाव।

स्वभावतः—[स॰ स्वभावतस्] *क्रिवि॰* १. स्वभाव के कारण। स्वाभाविक रूप से। ***जैसे***—गाय स्वभावतः शान्तिप्रेमी है। २. आदत के कारण। आदतन। ***जैसे***—तुम स्वभावतः चाय अधिक पीते हो।

स्वभावी—[अ॰ स्वभाविन्] *वि॰* १. स्वभाववाला। ***जैसे***—शान्तस्वभावी। २. मनमाना काम/आचरण करनेवाला। नीति/मर्यादा की उपेक्षा कर स्वच्छन्दतापूर्ण आचरण/व्यवहार करने वाला। स्वच्छन्द। स्वेच्छाचारी। मनमौजी।

स्वभावोक्ति—[स॰ स्वभाव ~ उक्ति] *स्त्री॰* स्वभाव का वर्णन। (काव्य॰) एक अर्थालंकार। किसी पदार्थ की जाति, स्वभाव या गुण का यथावत् परन्तु बारीकी के साथ और चमत्कारपूर्ण वर्णन।

स्वभू—[स॰ स्व ~ भू] *वि॰* स्वयं उत्पन्न होनेवाला। स्वयम्भू। *पु॰* १. परमात्मा। ब्रह्म। २. ब्रह्मा। २. विष्णु। ३. शिव। महादेव।

स्वमति—[स॰ स्व ~ मति] *स्त्री॰* अपनी बुद्धि।

स्वमूल्यन—[स॰ स्व ~ मूल्यन] *पु॰* स्वयं अपना मूल्यांकन।

स्वयंवर—[स॰ स्वयम् ~ वर] *पु॰* १. स्वयं वरण करना। ख़ुद चुनना। अपनी इच्छा से चुनाव। २. अपने आप अपने लिए पति का चुनाव। ३. अपने लिए स्वयं पति चुनने की एक विशेष रीति जो प्राचीन काल में प्रचलित थी। ४. (उक्त रीति के अनुसार किया गया) एक विशेष प्रकार का समारोह जिसमें कन्या उपस्थित प्रत्याशियों में से किसी एक को अपने पति के रूप में चुनती है। ***जैसे***—स्वयंवरों के आयोजन राजकुमारियों के लिए ही होते थे। ❖ **स्वयंवरा**—*स्त्री॰* = वह कन्या जो अपने पति को स्वयं चुने।

स्वयंसिद्ध (स्वयंसिद्ध)—[स॰ स्वयम् ~ सिद्ध] *वि॰* १. जो बिना

प्रयत्न किए ही, अपने आप पूर्ण हो गया है। अनायास सफल। २. जिसे सिद्ध करने की आवश्यकता न हो क्योंकि वह स्पष्ट है अथवा सबको स्वीकार है। स्वयंप्रमाण। *पु*० १. ऐसा सिद्धान्त या तथ्य जो स्वयं स्पष्ट है तथा जिसे किसी प्रमाण की आवश्यकता नहीं है। ऐसा सिद्धान्त या तथ्य जो सबको स्वीकार है। सर्वसम्मत सिद्धान्त। स्वयम्प्रमाण। (अ० ऐक्सियम)

स्वयंसिद्धि (स्वयंसिद्धि)— *स्त्री*० १. स्वयंसिद्ध होने की स्थिति/गुण/भाव। २. स्वत:प्रमाणता। स्वयंसिद्धता। ३. अनायास सफलता।

स्वयंसेवक—[स० स्वयम् ~ सेवक] *पु*० १. वह व्यक्ति जो आन्तरिक प्रेरणा या अपनी इच्छा से किसी महान् कार्य में अपना समय बिना वेतन आदि लिए लगाता हो। २. किसी समाज-सेवी संस्था का सदस्य। (अ० वालन्टिअर)

स्वयम्/स्वयं—[स० सु √ अय् + अमु] *सर्व*० =१. अपना आप। ख़ुद (व्यक्ति)। ***जैसे***—स्वयं मत जाना। २. (बल देने के लिए प्रयुक्त) अपने आप। ख़ुद। ***जैसे***—मैं स्वयं ऐसे समझाऊँगा। *पु*० १. अपनी आत्मा। अपना अहम्। २. स्वार्थ। *क्रिवि*० १. स्वत:। अपने आप। ***जैसे***—स्वयं चालित। २. अपनी इच्छा से, बिना किसी दबाव के। ३. व्यक्तिगत रूप से। ४.अकेले।

स्वयमर्जित—[स० स्वयम् ~ अर्जित] *वि*० ख़ुद कमाया हुआ। स्वयम् अर्जित/उपार्जित। ***जैसे***—स्वयमर्जित धन।

स्वयमागत—[स० स्वयम् ~ आगत] *वि*० स्वयं आया हुआ। अपने आप, बिना बुलाए, आया हुआ।

स्वयमुक्ति—[स० स्वयम् ~ उक्ति] *स्त्री*० स्वयं किया गया कथन। अपने आप कही हुई बात।

स्वयमुदित—[स० स्वयम् ~ उदित] *वि*० जिसका उदय अपने आप हुआ हो।

स्वयमेव—[स० स्वयम् ~ एव] *क्रिवि*० स्वयं ही। ख़ुद ही। ***जैसे***—स्वयमेव प्रयत्न करो। २. व्यक्तिगत रूप से। स्वत:।

स्वयम्भुव (स्वयंभुव)—[स० स्वयम् ~ भुव] *पु*० १. परमात्मा। २. ब्रह्मा।

स्वयम्भू (स्वयंभू)—[स० स्वयम् ~भू] *वि*० १. स्वयम् उत्पन्न। २. बिना योग्यता या अधिकार के और स्वयं ही बन जाने वाला। *पु*० १. ब्रह्मा। २. विष्णु। ३. शिव। महादेव। ४. कामदेव। ५. (मूर्तिमान्) काल।

स्वयम्भूत (स्वयंभूत)—[स० स्वयम् ~ भूत] *वि*० स्वयम् उत्पन्न। स्वयम्भू।

स्वयम्पाकी (स्वयंपाकी)—[स० स्वयम् ~ पाकी (पाकिन्)] *पु*० १. अपना भोजन स्वयं बनानेवाला व्यक्ति। २. किसी अन्य के हाथ का बना भोजन नहीं, अपना बनाया हुआ भोजन ही करनेवाला व्यक्ति।

स्वर—[स०√स्वर् + अच्, या स०√स्वृ + अप्] *पु*० १. कंठध्वनि। नाद। आवाज़। २. श्वास। साँस। ३. (पद्य आदि में) सात की संख्या (७)। (व्या०) १. वह वर्ण जिसका उच्चारण अन्य किसी वर्ण की सहायता के बिना सम्भव हो। २. देवनागरी वर्णमाला में व्यंजन से भिन्न वर्णों का वर्ग। हिन्दी की वर्णमाला में 'अ, आ, इ, ई, उ ऊ, ऋ, ए ,ऐ ओ, औ' का सामूहिक नाम। ३. उदात्त, अनुदात्त और स्वरित। (संगीत०) १. कानों को अच्छी लगनेवाली ध्वनि। रंजक अनुरणनात्मक ध्वनि। रंजक श्रुति। २. षड्ज, ऋषभ आदि सात में से प्रत्येक। ३. षड्ज, ऋषभ आदि सातों 'सा, रे, ग, म, प,ध, नि' का सामूहिक नाम। सरगम। ४. स्वर-सप्तक को प्रथमत: '**शुद्ध स्वर**' कहा जाता है। इन सात स्वरों में से 'सा' और 'प' '**अचल स्वर**' हैं। शेष पाँच 'शुद्ध स्वर' होने के अतिरिक्त कभी '**विकृत**' अर्थात् '**तीव्र**' या '**कोमल**' भी हो जाते हैं, अत: इन्हें '**सचल**' कहा जाता है। इस प्रकार सप्तस्वर ही शुद्ध और विकृत के आधार पर बारह हो जाते हैं। ५. 'स्वर' श्रुतियों से बनते हैं। '**श्रुति**' '**स्वर**' **से अधिक सूक्ष्म ध्वनि** (अ० माइक्रोटोन) है।

स्वरकम्प (स्वरकंप)—[स० स्वर ~ कम्प] *पु*० स्वर का कम्पन।

स्वरकर—[स० स्वर + कर] *वि*० १. स्वर को उत्पन्न करनेवाला। २. स्वर को मधुर/उत्तम करनेवाला। *पु*० ऐसा पदार्थ जिसका सेवन गले का स्वर मधुर बनाए।

स्वर-क्षय—[स०] *पु*० १. कंठ-स्वर का बन्द या मन्द होना। बोलने में बाधा होना। २. गला बैठना। आवाज़ बैठना। स्वरभंग।

स्वरक्षयन—[स० स्वर ~ क्षयन] *पु*० (मनो०) कंठ-स्वर का क्षीण होना। आवाज़ हल्की होना।

***स्वरग**— *पु*० ≤ स० स्वर्ग।

स्वरगत—[स० स्वर ~ गत] *वि*० स्वर-सम्बन्धी।

स्वरग्राम—[स० स्वर ~ ग्राम] *पु*० स्वरों का समूह। स्वर-समूह। (संगीत०) स्वरसप्तक। सरगम (सा, रे, ग, म, प ध, नि)।

स्वरतान—[स० स्वर + तान] *पु*० (संगीत०) तान का एक भेद (बोलतान से भिन्न) वह तान जिसका स्वरसमूह ध्वनि के आश्रय से उच्चरित होता है और वाणी की उसमें कोई विशेषता नहीं होती।

स्वरति—[स० स्व ~ रति] *स्त्री*० (मनो०) किसी अन्य व्यक्ति के बिना केवल अपने कार्यों या विचारों द्वारा काम-भावना जागने और सन्तुष्ट होने की विकृत प्रवृत्ति। ∇ **विलोम**—परनिष्ठरति।

स्वरमात्रा—[स० स्वर ~ मात्रा] *स्त्री*० १. स्वर की मात्रा। २. स्वर वर्ण की मात्रा। ***जैसे***—आ, इ, ई, की स्वरमात्राएँ क्रमश: 'ा', 'ि', 'ी' हैं; इन्हें 'का', 'कि', और 'की' से समझिए।

स्वरयन्त्र (स्वरयंत्र)—[स० स्वर ~ यन्त्र] *पु*० (शरीर में) वायुनली के ऊपरी सिरे पर स्थित गले का वह अवयव जिसकी सहायता से ध्वनि या शब्द निकलते हैं। कंठ में हवा की नली का ऊपरी सिरा।

स्वरवान्—[स० स्वरवत्] *वि*० १. स्वरवाला। २. स्वर या उसकी मात्रा से युक्त। ३. ध्वनि से युक्त आवाज़ वाला। ∇ **विलोम**—स्वरहीन।

स्वरवाही—[स० स्वर ~ वाही (वाहिन्)] *वि*, *पु*० (वह वाद्य या वाद्य-समूह) जो स्वर उत्पन्न करता है, ताल नहीं देता। ***जैसे***—ढोलक, तबला और मँजीरा ताल देते हैं परन्तु वंशी और वीणा स्वरवाही हैं।

स्वरविज्ञान/स्वरशास्त्र—[सं॰ स्वर ~ विज्ञान/शास्त्र] *पु॰* स्वर-सम्बन्धी अध्ययन और विवेचन करनेवाला विज्ञान/शास्त्र।

स्वरशून्य—[सं॰ स्वर ~ शून्य] *वि॰* १. स्वर से रहित। मौन। चुप। २. नीरव। वह ध्वनिरहित। (संगीत॰) जिसमें स्वरों की मधुरता न हो। जो स्वरबद्ध न हो। बेसुरा।

स्वरस—[सं॰ स्व ~ रस] *पु॰* १. अपना रस। २. जीव को समाधि आदि में मिलनेवाला स्व/आत्मा का आनन्द। आत्मानन्द। ३. स्वाभाविक स्वाद। (आयुर्वेद॰) १. ताज़ी रसदार ओषधि या पत्तियों को कूट कर कपड़े में रखकर निचोड़ने से प्राप्त रस। २. सूखी वनस्पति का चूर्ण बनाकर थोड़े पानी में चौबीस घंटे रखकर, मसलकर, कपड़े से छान कर प्राप्त रस।

स्वर-सङ्क्रम (स्वर-संक्रम)—[सं॰] *पु॰* स्वर के उतार-चढ़ाव का क्रम। (संगीत॰) स्वरों/सुरों के आरोह-अवरोह का क्रम।

स्वर-सङ्गति (स्वर-संगति)—*स्त्री॰* (संगीत॰) स्वरों/सुरों का परस्पर मेल।

स्वरसप्तक—[सं॰ स्वर ~ सप्तक] *पु॰* सात स्वरों का समूह। (संगीत॰) सात मूल स्वरों का समूह। 'सा, रे, ग, म, प, ध, नि' स्वरों का समूह। सरगम।

स्वरसम्पन्न (स्वरसंपन्न)—[सं॰ स्वर ~ सम्पन्न] *वि॰* १. स्वरयुक्त। २. मधुर स्वर वाला। सुरीला।

स्वर साधन—[सं॰ स्वर ~ साधन] *पु॰* विभिन्न सप्तकों के स्वरों को ठीक-ठीक निकालने का अभ्यास।

स्वरागम—[सं॰ स्वर ~ आगम] *पु॰* (भाषा॰) ध्वनि-परिवर्तन के अन्तर्गत शब्द के आदि, मध्य या अन्त में किसी स्वर का आकर जुड़ जाना। ***जैसे***—'धर्म' (ध्, अ, र्, म्, अ) का 'धरम' (ध् अ र् अ म् अ) में परिवर्तन होने पर मध्य में 'र्' और 'म्' के बीच में स्वरागम हुआ है (क्योंकि 'अ' स्वर आकर जुड़ गया है)।

स्वराघात—[सं॰ स्वर ~ आघात] *पु॰* (व्या॰) भाषा में किसी शब्द आदि के उच्चारण में किसी वर्ण(व्यंजन/स्वर) पर दिया जाने वाला बल। बलाघात।

स्वराङ्कन (स्वरांकन)—[सं॰ स्वर ~ अङ्कन्] *पु॰* (संगीत॰) स्वरलिपि। (अं॰ नोटेशन)

स्वराज—[< सं॰ स्वराज्य] *पु॰* १. अपना राज्य। अपना शासन। २. स्वतन्त्रता। आज़ादी। ✣ **स्वराजी**—*पु॰* = देश में स्वराज लाने के लिए प्रयत्न करनेवाला या प्रयत्न करनेवालों का समर्थक। *वि॰* १. स्वराज-सम्बन्धी। स्वराज्य का। २. स्वराज्य स्वतन्त्रता के लिए आन्दोलन करनेवाला।

स्वराज्य—[सं॰ स्व ~ राज्य] *पु॰* १. अपना राज्य। अपना शासन। २. अपने देश की स्वतन्त्रता।

स्वराट्—[सं॰ स्वराज्] *वि॰* जो स्वयं प्रकाशमान हो। *पु॰* १. परमात्मा। ब्रह्म। २. स्वतन्त्र देश का राजा।

स्वरादि—[सं॰ स्वर ~ आदि] *वि॰* (शब्द) जिसके आरम्भ में 'स्वर' हो। ***जैसे***—'आनन्द' स्वरादि है परन्तु 'कमल' नहीं। *पु॰* स्वर इत्यादि।

स्वरान्त (स्वरांत)—[सं॰ स्वर ~ अन्त] *वि॰* (शब्द) जिसके अन्त में 'स्वर' हो। ***जैसे***—'सेवा' और 'दवाई' स्वरान्त हैं; 'आओ' स्वरादि भी है और स्वरान्त भी।

स्वरान्तर (स्वरांतर)—[सं॰ स्वर ~ अन्तर] *पु॰* (भाषा॰, व्या॰) दो स्वरों के बीच का अवकाश।

स्वरापगा—[सं॰ स्वर् ~ आपगा] *स्त्री॰* आकाशगंगा।

स्वराष्ट्र—[सं॰ स्व ~ राष्ट्र] *पु॰* अपना राष्ट्र।

स्वरित—[सं॰ √ स्वर् + क्त] *वि॰* १. स्वर-युक्त। २. ध्वनित। ३. उच्चरित। (भाषा॰) एक प्रकार का वैदिक स्वर/सुर जो उदात्त और अनुदात्त के बीच का होता है।

स्वरुचि—[सं॰ स्व ~ रुचि] *स्त्री॰* १. अपनी रुचि। अपनी प्रवृत्ति। २. अपनी पसन्द। ३. अपना शौक़। *वि॰* अपनी रुचि के अनुसार ही काम करनेवाला। मनमौजी।

स्वरूप—[सं॰ स्व ~ रूप] *पु॰* १. अपना रूप। अपनी आकृति। अपनी शक्ल। २. आकार-प्रकार। आकृति। ३. तप। आकृति। शक्ल। ४. प्रकृत्ति। स्वभाव। ५. किसी चीज़ का बँधा हुआ क्रम, पद्धति या ढंग। ६. देवी/देवता आदि की मूर्ति या चित्र। ७. रामलीला, रासलीला नाटक आदि में किसी देवी/देवता का धारण किया गया रूप। ८. आत्मा। ९. प्रकार। तरह। क़िस्म। *वि॰* १. सुन्दर। मनोहर। २. समान। सदृश। तुल्य। *क्रिवि॰* के रूप में। के तौर पर। ✣ **स्वरूपगत**—*वि॰* = स्वरूप-सम्बन्धी। स्वरूप का।

स्वरूपज्ञ—[सं॰ स्वरूप + ज्ञ] *पु॰* १. स्वरूप का ज्ञाता। २. तत्त्वज्ञ।

स्वरूपासिद्ध (स्वरूपासिद्ध)—[सं॰ स्वरूप ~ असिद्ध] *वि॰* जो कभी सिद्ध न हो सकता हो। स्वरूप से ही असिद्ध।

स्वरूपी—[सं॰ स्वरूपिन्] *वि॰* १. स्वरूप-युक्त। स्वरूपवाला। २. जिसने किसी का स्वरूप धारण किया हो। ***जैसे***—कृष्णस्वरूपी बालक बहुत चपल है।

स्वैरक्य—[सं॰ स्वर ~ ऐक्य]पु॰ १. स्वरों की एकता। एकस्वरता। २. सामंजस्य। ***जैसे***—उत्तम कविता में भाव और भाषा का स्वरैक्य होता है।

स्वरोदय—[सं॰ स्वर ~ उदय] *पु॰* १. स्वर की उत्पत्ति। २. नाक के दोनों रन्ध्रों/नथुनों में से दाहिने, बाएँ या दोनों से साँस का चलना।

स्वर्ग—[सं॰ सु√ऋण + घञ्] *पु॰* १. ऊपर के सात लोकों में से तीसरा जिसमें प्रथम लोक 'भूलोक' में सत्कर्म/पुण्य करनेवाली जीवात्माएँ अपना पुण्यफल भोगने के लिए अस्थायी रूप से रहती हैं। २. (लाक्षणिक) दु:खरहित तथा बहुत सुखद स्थान। ***जैसे***—आपका घर तो स्वर्ग है। ३. (लाक्षणिक) बहुत ऊँचा स्थान। ४. देवताओं का निवास-स्थान। देवलोक। ∇ **विलोम**—नरक/पाताल। ***वा॰*** **स्वर्ग के पथ पर पैर रखना**—१. मर जाना। २. अति संकटपूर्ण काम करना। **स्वर्ग छूना**—बहुत अधिक ऊँचा होना। ***जैसे***—भवनों की ध्वजाएँ स्वर्ग छू रही थीं। **स्वर्ग सिधारना**—मर जाना।

स्वर्गकाम—[सं॰ स्वर्ग ~ काम] *वि॰* स्वर्ग-प्राप्ति की इच्छा रखनेवाला। स्वर्गाभिलाषी।

स्वर्गगत—[सं॰ स्वर्ग ~ गत] *वि॰* १. जो स्वर्ग चला गया हो। २. जो मर गया हो। मृत। ३. स्वर्ग-सम्बन्धी। स्वर्ग का। स्वर्गीय।

स्वर्गति—[सं॰ स्वर ~ गति] *पु॰* १. स्वर्ग जाना। स्वर्गगमन। २. मरण। मृत्यु।

स्वर्गतरु—[सं॰ स्वर्ग ~ तरु] *पु॰* कल्पवृक्ष।

स्वर्गङ्गा (स्वर्गंगा)—[सं॰ स्वर ~ गङ्गो] *स्त्री॰* आकाशगंगा।

स्वर्गद/स्वर्गदायक—[सं॰ स्वर्ग + द, स्वर्ग ~ दायक] *वि॰* स्वर्ग प्राप्त करानेवाला। ***जैसे***—दान स्वर्गदायक होता है।

स्वर्गधाम—[सं॰ स्वर्ग ~ धाम (धामन्)] *पु॰* स्वर्गलोक।

स्वर्ग-पति—[सं॰] *पु॰* १. स्वर्ग का राजा। देवलोक का स्वामी। २. इन्द्र।

स्वर्गपुरी—[सं॰ स्वर्ग ~ पुरी] *स्त्री॰* स्वर्ग की नगरी। देवलोक की राजधानी। अमरावती।

स्वर्ग-वधू—[सं॰] *स्त्री॰* अप्सरा।

स्वर्गश्री—[सं॰ स्वर्ग ~ श्री] *स्त्री॰* स्वर्ग का सौन्दर्य/वैभव। स्वर्ग की शोभा/श्री।

स्वर्गस्थ—[सं॰ स्वर्ग + स्थ] *वि॰* १. जो स्वर्ग में स्थित हो। २. मृत। स्वर्गीय। ***जैसे***—स्वर्गस्थ सहित्यकार।

स्वर्गाधिप—[सं॰ स्वर्ग ~ अधिप] *पु॰* १.स्वर्ग का राजा। २. इन्द्र।

स्वर्गापगा—[सं॰ स्वर्ग ~ आपगा] *स्त्री॰* आकाशगंगा।

स्वर्गामी—[सं॰ स्वर्गामिन् (=स्वर् ~ गामिन्)] *वि॰* १. स्वर्ग जानेवाला। २. मृत। मरनेवाला। *पु॰* १. स्वर्ग जानेवाला व्यक्ति। दिवंगत व्यक्ति। २. मरनेवाला व्यक्ति। Δ **पर्याय**—स्वर्गगामी।

स्वर्गारूढ़—[< सं॰ स्वर्ग + हिं॰ आरुढ़] *वि॰* स्वर्ग सिधारा हुआ। मृत। स्वर्गवासी।

स्वर्गारोहण—[सं॰ स्वर्ग ~ आरोहण] *पु॰* १.स्वर्ग पर आरोहण। स्वर्ग जाना। २. मर कर स्वर्ग जाना। मरना।

स्वर्गिक—[< सं॰ स्वर्ग] *वि॰* १. स्वर्ग का। स्वर्गीय। २. दिव्य।

स्वर्गी—[सं॰ स्वर्गिन्] *पु॰* देवता। *वि॰* १. स्वर्ग में रहनेवाला। २. स्वर्ग को जानेवाला।

स्वर्गीय—[सं॰ स्वर्ग + छ] *वि॰* १. स्वर्ग-सम्बन्धी। स्वर्ग का। २. जिसका स्वर्गवास हो चुका हो। मृत। ३. अलौकिक। दिव्य। ***जैसे***—स्वर्गीय शान्ति देनेवाला स्थान।

स्वर्ग्य—[सं॰ स्वर्ग + यत्] *वि॰* १. स्वर्ग की प्राप्ति करानेवाला। २. स्वर्ग-सम्बन्धी। स्वर्ग का।

स्वर्ण—[सं॰ सु + अर्ण] *पु॰* १. एक मूल्यवान् धातु। सुवर्ण। सोना। कनक। २. धतूरा। कनक। *वि॰* (स्वर्ण की तरह रंगवाला) लाल या पीला। ● **विशेष**—स्वर्ण तपाने में लाल रंग का होता है। Δ **पर्याय**—✣ **स्वर्ण-आरक्षण**—*पु॰* (अर्थ॰) = देश में जारी की गयी मुद्रा की प्रत्याभूति (अं॰ गारन्टी) के रूप में सरकार द्वारा सुरक्षित रखा जाना वाला स्वर्ण/सोने का संग्रह। (अं॰ गोल्ड रिज़र्व) ✣ **स्वर्णकाय**—*वि॰* = सुनहले शरीर वाला। ✣ **स्वर्ण-गिरि**—*पु॰* = सुमेरु पर्वत। ✣ **स्वर्णगैरिक**—*पु॰* = एक प्रकार का गेरू जो चिकना, पीलापन लिए हुए लाल और सुगन्धवाला होता है। ✣ **स्वर्णचूड़**—*पु॰* = १. नीलकंठ (पक्षी)। २. मुर्गा (पक्षी)। ✣ **स्वर्णज**—*वि॰* = स्वर्ण से उत्पन्न। *पु॰* = 'राँगा' नामक धातु। ✣ **स्वर्णजयन्ती (स्वर्णजयंती)**—*स्त्री॰* = किसी व्यक्ति की ५० वर्ष उम्र हो जाने पर, किसी संस्था के कार्य-काल के ५० वर्ष पूरे हो जाने पर या किसी महत्त्वपूर्ण कार्य के आरम्भ होने के बाद ५० वर्ष पूरे होने पर मनाया जाने वाला समारोह या उत्सव। ✣ **स्वर्ण-तरी**—*स्त्री॰* = स्वर्ण की बनी नौका/नाव। ✣ **स्वर्णदीधिति**—*वि॰* = सुनहली किरणों वाला। *पु॰* अग्नि। ✣ **स्वर्णपक्ष**—*वि॰* स्वर्ण के या सुनहलों पंखों/पक्षों वाला। *पु॰* गरुड़ (पक्षी)। ✣ **स्वर्णपत्र**—*पु॰* =स्वर्ण का पत्तर। सोने का वर्क। ✣ **स्वर्णपीत**—*वि॰* = सुनहरा पीला। *पु॰* = सुनहरा पीला रंग। ✣ **स्वर्णपुङ्ख (स्वर्णपुंख)**—*वि॰* = सोने के पंखों वाला (बाण/तीर)। ✣ **स्वर्णभृङ्गार (स्वर्णभृंगार)**—*पु॰* = १. सोने का कलश। स्वर्णकलश। २. पीला भृंगराज/भँगरा (वनस्पति)। ✣ **स्वर्णमाक्षिक**—*पु॰* = 'सोनामाखी' नामक उपधातु। ✣ **स्वर्णवर्ण**—*वि॰* = सोने के रंग का। सुनहला। *पु॰* सोने का रंग। ✣ **स्वर्णशृङ्ग (स्वर्णशृंग)**—*वि॰* = सोने से मढ़े सींगों वाला (बैल आदि) *पु॰* = १. सोने का पर्वत-शिखर। २. सोने का या सुनहला सींग।

स्वर्णाकर—[सं॰ स्वर्ण ~ आकर] *पु॰* सोने की खान।

स्वर्णाञ्चल (स्वर्णांचल)—[सं॰ स्वर्ण ~ अञ्चल] *पु॰* सुनहला अंचल।

स्वर्णातप—[सं॰ स्वर्ण ~ आतप] *पु॰* = सुनहली धूप।

स्वर्णाभ—[सं॰ स्वर्ण ~ आभा] *वि॰* स्वर्ण के समान आभावाला। सोने की तरह चमकदार। सुनहला।

स्वर्णारि—[सं॰ स्वर्ण ~ अरि] *वि॰* स्वर्ण का शत्रु। *पु॰* १. गन्धक। २. 'सीसा' नामक धातु।

स्वर्णालङ्कार (स्वर्णालंकार)—[सं॰ स्वर्ण ~ अलङ्कार] *पु॰* स्वर्ण के आभूषण। सोने के ज़ेवर।

स्वर्णिम—[< सं॰ स्वर्ण] *वि॰* स्वर्ण का। सुनहला। ***जैसे***—सूर्य की स्वर्णिम धूप। २. (लाक्षणिक) भव्य। शानदार।

स्वर्दन्ति (स्वर्दंति)—[सं॰ स्वर् ~ दन्ति] *पु॰* स्वर्ग का हाथी। ऐरावत।

स्वर्भू—[सं॰ स्वर् ~ भू] *पु॰* स्वर्गलोक।

स्वर्वाजि—[सं॰ स्वर् ~ वाजि] *पु॰* स्वर्ग का घोड़ा। उच्चैःश्रवा।

स्वर्वासी—[सं॰ स्वर् ~ वासी (वासिन्)] *वि॰* स्वर्ग में रहनेवाला।

स्वल्प—[सं॰ सु + अल्प] *वि॰* बहुत थोड़ा। बहुत कम। जैसे—स्वल्प व्यय। ✣ **स्वल्पस्मृति**—*वि॰* = जिसे बहुत कम याद रहता हो। बहुत कम स्मरणशक्ति/स्मृति वाला।

स्वल्पायु—[सं॰ स्वल्प ~ आयु (आयुस्)] *वि॰* बहुत कम आयु वाला। बहुत कम समय जीवित रहनेवाला।

स्ववासिनी—[सं॰ स्व ~ वासिनी] *स्त्री॰* विवाहित या अविवाहित स्त्री जो वयस्क हो जाने पर भी अपने पिता के घर में रहे।

स्वविग्रह—[स॰ स्व ~ विग्रह] *पु॰* अपना शरीर।

स्ववित्त—[स॰ स्व ~ वित्त] *पु॰* १. अपना धन। २. अपनी धन-सम्पत्ति।

स्वविषाक्तता—[स॰ स्व~विषाक्त + तल् + टाप्] *स्त्री॰* (चिकित्सा॰) शरीर में उत्पन्न विषैले पदार्थों का शरीर में पुनः शोषण।

स्वशासन—[स॰ स्व ~ शासन] *पु॰* १. अपना शासन। अपना स्वाधीन राज्य। २. अपने क्षेत्र में प्रबन्ध और शासन करने का पूरा अधिकार जिसमें सरकार आदि का हस्तक्षेप न हो। स्वायत्त शासन। ***जैसे***—महानगर का स्वशासन ⁘ **स्वशासी**—*वि॰* = १. स्वशासित। २. स्वायत्त शासन वाला। ***जैसे***—स्वशासी निकाय। ३. स्वतन्त्र। स्वाधीन।

स्वसंवेद्य (स्वसंवेद्य)—[स॰ स्व ~ संवेद्य] *वि॰* १. जिसका संवेदन स्वयं ही अनुभव किया जा सके। २. जिसका ज्ञान केवल अपने आप को हो सके।

स्वसम्भूत (स्वसंभूत)—[स॰ स्व ~ सम्भूत] *वि॰* स्वयं उत्पन्न। स्वयम्भू।

स्वस्ति—[स॰ सु ~ अस्ति, या सु√ अस् + क्तिच्] *अव्यय॰* १. कल्याण, आशीर्वाद आदि का सूचक शब्द। 'कल्याण हो', 'मंगल हो', 'शुभ हो', या 'भला हो' २. स्वीकृति का सूचक शब्द। 'मान्य है' या 'ठीक है'। *स्त्री॰* कल्याण। मंगल।

स्वस्तिक—[स॰ स्वस्ति + ठन्] *पु॰* एक मांगलिक चिह्न 卐 जो शुभ अवसरों पर दीवार या काग़ज़ पर तथा पत्र लिखने में प्रयोग किया जाता है। सतिया।

स्वस्त्ययन—[स॰ स्वस्ति ~ अयन] *पु॰* १. कल्याण-प्राप्ति का साधन। २. किसी कार्य के आरम्भ में विघ्नशान्ति की कामना से किया जानेवाला मांगलिक मन्त्रोच्चार। ३. मन्त्रों द्वारा अनिष्ट का निवारण। ४. भेंट आदि पाने के बाद पुरोहित/ब्राह्मण आदि का दिया हुआ आशीर्वाद।

स्वस्थानिक—[स॰ स्व ~ स्थानिक] *वि॰* (भू विज्ञान॰) (वे शैल) जिनके प्रधान घटक उसी स्थान पर बने थे। ***जैसे***—सेंधा नमक की स्वस्थानिक चट्टानें।

स्वस्थाने—[स॰ स्व ~ स्थाने ('स्थान' का सप्तमी एकवचन)] *क्रिवि॰* अपने ही स्थान में। ***जैसे***—स्वस्थाने शैल।

स्वस्वार्थाय—[स॰ स्व ~ स्व ~ अर्थाय ,या स्व ~ स्वार्थाय] *क्रिवि॰* १. अपने-अपने अर्थ/हित/मतलब के लिए। २. अपने स्वार्थ/मतलब के लिए।

स्वहस्त—[स॰ स्व ~ हस्त] *पु॰* १. अपना हाथ। २. अपने हाथ की लिखावट।

स्वहित—[स॰ स्व ~ हित] *पु॰* अपना हित। अपनी भलाई।

स्वाकृति—[स॰ सु + आकृति] *वि॰* अच्छी आकृति वाला। सुन्दर स्वरूप वाला। रूपवान्। सुन्दर। मनोहर।

स्वाक्षर—[स॰ स्व ~ अक्षर] *पु॰* १. अपने हाथ से लिखे हुए अक्षर। अपना हस्तलेख। अपनी लिखावट। २. हस्ताक्षर। दस्तख़त। ३. अपने हाथ से किसी के अनुरोध पर लिखित कुछ सुन्दर शब्द या वाक्य आदि तथा अपना हस्ताक्षर और दिनांक जिसे लोग स्मृति के रूप में सँजो कर रखते हैं। (अ॰ आटोग्राफ़)

स्वागता—[स॰ स्वागत + टाप्] *स्त्री॰* स्वागत। (छन्द॰) एक समवर्णिक छन्द जिसके प्रत्येक चरण में क्रमशः रगण, नगण, भगण और २ गुरु (र न भ ग ग) के योग से ११ वर्ण होते हैं।

स्वागती—[< स॰ स्वागत] *वि॰* १. स्वागत-सम्बन्धी। स्वागत का। २. स्वागत करनेवाला। *पु॰* १. स्वागत करनेवाला व्यक्ति। २. (होटल आदि में) स्वागत-अधिकारी। (अ॰ रिसेप्शनिस्ट) २. घर में आनेवाले अतिथियों का स्वागत करनेवाला। ३. आतिथेय।

स्वागम—[स॰ सु + आगम] *पु॰* १. शुभागमन। २. स्वागत।

स्वाग्रह[1]—[स॰ सु + आग्रह] *पु॰* १. बहुत आग्रह। २. ठीक आग्रह। ∇ **विलोम**—दुराग्रह।

स्वाग्रह[2]—[स॰ स्व ~ आग्रह] *पु॰* १. अपना आग्रह। २. अपने विषय में आग्रह।

स्वाङ्ग (स्वांग)—[स॰ स्व ~ अङ्ग] *पु॰* अपना अंग।

स्वाङ्गीकरण (स्वांगीकरण)—[स॰ स्वाङ्ग + च्वि + करण] *पु॰* १. किसी पदार्थ को अपना अंग बना लेना। २. अंगीकार करना। (जीव॰) जीवों में भोजन के बाद अवशोषित पोषक पदार्थों का जीवद्रव्य में परिवर्तन। (अ॰ प्रोटोप्लाज़्म)।

स्वाचरण[1]—[स॰ सु + आचरण] *पु॰* अच्छा आचरण। अच्छा चरित्र/चालचलन।

स्वाचरण[2]—[स॰ स्व + आचरण] *पु॰* अपना आचरण। अपना चरित्र/चालचलन।

स्वातन्त्र्य (स्वातंत्र्य)—[स॰ स्वतन्त्र + ष्यञ्] *पु॰* स्वतन्त्रता। स्वाधीनता। आज़ादी। ⁘ **स्वातन्त्र्य-युद्ध (स्वातंत्र्य-युद्ध)**—*पु॰* =अपने देश को विदेशी शासन से मुक्त करने के लिए या अपनी स्वतन्त्रता बनाए रखने के लिए किया जाने वाला युद्ध। स्वातन्त्र्य-संग्राम। आज़ादी की लड़ाई। ⁘ **स्वातन्त्र्य-सङ्ग्राम (स्वातंत्र्य-संग्राम)**—*पु॰* =स्वातन्त्र्य-युद्ध।

स्वाति/स्वाती—[स॰ स्व√ अत् + इन्, स्वाति + ङीष्] *स्त्री॰* अश्विनी आदि २७ नक्षत्रों में से १५वाँ नक्षत्र।

स्वादिष्ठ—[स॰ स्वादु + इष्ठन्, डित्] *वि॰* = बहुत स्वाद वाला। बहुत ज़ायक़ेदार। स्वादु।

स्वादी—[स॰ स्वादिन्] *वि॰* १. स्वाद लेनेवाला। चखनेवाला। २. (कला/काव्य आदि में) रस लेनेवाला। रसिक।

स्वादु—[स॰ स्वद् + उण्] *वि॰* १. स्वादयुक्त। स्वादिष्ठ। ज़ायक़ेदार। २. मधुर। मीठा। ३. सुन्दर। मनोहर। ४. प्रिय। पु॰=१. मधुर या स्वादिष्ठ वस्तु। २. मधुर रस।

स्वादुविवेकी—[स॰ स्वादु ~ विवेकी (विवेकिन्)] *वि॰* १. स्वाद का विवेक करनेवाला। २. वस्तुओं के स्वादों में अन्तर स्पष्ट करनेवाला।

स्वाधिकार—[स॰ स्व ~ अधिकार] पु॰ = १. अपना अधिकार/शासन। २. स्वाधीनता। आज़ादी।

स्वाधिपत्य—[स्व ~ आधिपत्य] *पु॰* १. अपना स्वामित्व/प्रभुत्व। अपना अधिकार। २. अपना शासन। अपना राज्य।

स्वाधिष्ठान—[स॰ स्व ~ अधिष्ठान] *पु॰* १. अपना अधिष्ठान। २. अपना आधार। ३. अपना अधिकार। ४. अपना निवास-स्थान। ५. अपनी बस्ती। (योग॰) शरीर के षट्चक्र में मूलाधार चक्र से अगला चक्र।

स्वाधीन—[स॰ स्व ~ अधीन] *वि॰* १. जो अपने ही अधीन हो, किसी अन्य के नहीं। जो पराधीन न हो। स्वाधीन। आज़ाद। ***जैसे***—स्वाधीन भारत। २. आत्मनिर्भर। ३. जो अपनी शक्ति के भीतर हो। ४. अपनी इच्छा के अनुसार काम करने के लिए स्वतन्त्र। निरंकुश। ५. जो किसी बन्धन में न हो। मुक्त। ∇ **विलोम**—पराधीन। ✣

स्वाधीनपतिका/स्वाधीनभर्तृका—[स॰ स्वाधीनपतिक + टाप्, स्वाधीनभर्तृक + टाप्] *स्त्री॰* (काव्य॰) नायिका का एक प्रकार। वह नायिका जिसका पति उसके वश में हो।

स्वाध्याय—[स॰ स्व ~ अध्याय] *पु॰* १. वेद का अध्ययन। २. अपने मानसिक या आत्मिक विकास के लिए ग्रन्थ/ग्रन्थों का नियमपूर्वक अध्ययन। ३. किसी तात्त्विक विषय का गम्भीर अध्ययन या अनुशीलन। (जैन॰) तत्त्वज्ञान का अध्ययन, अध्यापन और स्मरण।

स्वान[१]—[स॰ √स्वन् + घञ्] *पु॰* १. ध्वनि। आवाज़। २. कोलाहल। शोर।

***स्वान**[२]—*पु॰* ≤ स॰ श्वान। कुत्ता।

***स्वाना**—*क्रिस॰* ≤ *हि॰* सुवाना। सुलाना।

स्वानुभव—[स॰ स्व ~ अनुभव] *पु॰* १. अपना अनुभव। अपना तजुर्बा। २. ऐसी घटना जो अपने साथ घटित हुई हो। आप-बीती।

स्वानुभूति—[स॰ स्व ~ अनुभूति] *पु॰* १. अपनी अनुभूति। २. स्व की अनुभूति/ज्ञान। आत्मज्ञान। ३. आध्यात्मिक साधक का अपना मानसिक अनुभव। आत्मज्ञान या आत्मदर्शन के साधक को होनेवाली अनुभूति।

स्वानुरूप—[स॰ स्व ~ अनुरूप] *वि॰* १. अपने अनुरूप। अपने समान/सदृश। ***जैसे***—स्वानुरूप वीरों का संगठन बनाओ। २. अपने योग्य। अपने लिए उपयुक्त। अपने लायक़।

स्वान्त (स्वांत)—[स॰ स्व ~ अन्त] *पु॰* १. स्व का अन्त। २. अपना अन्त। मृत्यु।

स्वान्तः सुख (स्वांतः सुख)—[स॰ स्व ~ अन्तः सुख] *पु॰* अपना आत्मिक/मानसिक सुख। ✣ **स्वान्तः सुखाय**—*क्रिवि॰* = अपने आत्मिक/मानसिक सुख के लिए। अपने सन्तोष/आनन्द के लिए, किसी सांसारिक/भौतिक लाभ के लिए किसी मनुष्य आदि को प्रसन्न करने के लिए नहीं।

स्वान्न (स्वान्न)—[स॰ स्व ~ अन्न] *पु॰* अपना अन्न/अनाज।

स्वाप—[स॰√स्वप् + घञ्] *पु॰* १. निद्रा। नींद। २. स्वप्न। सपना। ३. तन्द्रा। निद्रालुता। ऊँघ।

स्वापन—[स॰ √स्वप् + णिच् + ल्युट्] *पु॰* १. निद्रामग्न करना। सुलाना। २. नींद लानेवाली दवा या कोई वस्तु। *वि॰* निद्रामग्न करनेवाला (पदार्थ)। निद्राकारक। स्वापक।

स्वापिका—[स॰ स्वापक + टाप्, इत्व] *वि॰ (स्त्री॰)* नींद लानेवाली। निद्राकारक। *स्त्री॰* (बच्चों को सुलाने के लिए गायी जाने वाली) लोरी।

स्वापी—[स॰ स्वापिन्] *वि॰, पु॰* स्वापक।

स्वाभाविक—[स॰ स्वभाव + ठञ्] *वि॰* १. स्वभाव-सम्बन्धी। स्वभाव का। ***जैसे***—स्वाभाविक गुणों का विवेचन। २. प्रकृति-जन्य। प्राकृतिक। क़ुदरती। ३. स्वभाव के अनुसार साधारणतः होनेवाला। ✣ **स्वाभाविक रोग**—*पु॰* = प्राकृतिक रोग। ***जैसे***—भूख, प्यास, वृद्धावस्था और मृत्यु स्वाभाविक रोग हैं। ✣ **स्वाभाविक वर्णन**—*पु॰* = १. यथार्थ वर्णन। २. स्वभाव-सम्बन्धी वर्णन।

स्वाभाविकेतर—[स॰ स्वाभाविक ~ इतर] *वि॰* १. जो स्वाभाविक न हो। अस्वाभाविक। २. अप्राकृतिक।

स्वामि—[< स॰ स्वामी] *पु॰* १. (सम्बोधन के रूप में) हे स्वामी। *२. स्वामी।

स्वामित्व—[स॰ स्वामिन् + त्व] *पु॰* = १. स्वामी होने की अवस्था/गुण/भाव। स्वामीपन। मालिकी। २. प्रभुता। प्रभुत्व। ३. अधिकार। ४. सम्पत्ति का स्वत्व-अधिकार। ५. शासन। ६. आधिपत्य। ✣ **स्वामित्व-हरण**—*पु॰* = धन-सम्पत्ति आदि का छीना जाना। राज्य, जागीर, जायदाद आदि की ज़ब्ती। अधिकारच्युत करना। (जागीर आदि से) बेदख़ली।

स्वामी—[स॰ स्वामिन्] *पु॰* वह पुरुष जिसे किसी वस्तु पर सब प्रकार के और पूरे अधिकार प्राप्त हों। प्रभु। २. राजा। ३. परमात्मा या इष्ट देवता। ४. संसार से विरक्त पुरुष। सन्यासी। वैरागी। तपस्वी। ५. (स्त्री का) पति। ६. (शिष्य का) गुरु। ७. (घर का) मुख्य व्यक्ति। मुखिया।

स्वाम्नाय—[स्व ~ आम्नाय] *पु॰* १. (ब्राह्मण, आरण्यक और उपनिषद् सहित) अपना या अपने वंश का वेद। २. अपने वंश की परम्परागत परिपाटी। अपने कुल की रीति।

स्वायत्त—[स॰ स्व ~ आयत्त] *वि॰* १. जिस पर अपना अधिकार हो। जो अपने अधीन हो। २. जिसे स्वशासन का अधिकार प्राप्त हो। ३. स्वाधीन। स्वतन्त्र। ✣ **स्वायत्त पाशन**—*पु॰* = (मनो॰) मूल उत्तेजना समाप्त हो जाने पर भी बहुत देर तक पेशियों का तना रहना। ✣ **स्वायत्त शासन**—*पु॰* = नगर, ग्राम आदि में वहाँ के लोक-प्रतिनिधियों द्वारा की जानेवाली शासन-व्यवस्था। स्वशासन।

स्वायम्भुव (स्वायंभुव)—[स॰ स्वयम्भू + अण्] *पु॰* १. स्वयम्भू/ब्रह्मा का पुत्र। जैसे—स्वायम्भुव मनु। २. (ब्रह्मा का मानसपुत्र) नारद या स्वायम्भुव मनु। *वि॰* ब्रह्मा-सम्बन्धी। ब्रह्मा का।

***स्वारथ**—*पु॰* ≤ स॰ स्वार्थ। ✣ **स्वारथी**—*वि॰* = स्वार्थी।

स्वारस्य—[स॰ स्वरस + ष्यञ्] *स्त्री॰* १. स्वाभाविक उत्तमता/श्रेष्ठता। २. स्वाभाविकता। ३.सौन्दर्य। ✣ **स्वारस्यार्थ**—*क्रिवि॰* = १. स्वारस्य के लिए। स्वाभाविक श्रेष्ठता के लिए। २. स्वाभाविकता के लिए या सौन्दर्य के लिए।

स्वार्जित—[सं॰ स्व ~ अर्जित] *वि॰* १. अपना अर्जित किया हुआ। स्वयं कमाया हुआ। ***जैसे***—स्वार्जित धन। २. अपने परिश्रम आदि से स्वयं प्राप्त किया हुआ। ***जैसे***—स्वार्जित ज्ञान।

स्वार्थांय (स्वार्थांध)—[सं॰ स्वार्थ] *पु॰* स्वार्थ के लिए।

स्वार्थिक—[सं॰ स्वार्थ + ठक्] *वि॰* १. स्वार्थ से सम्बन्धित। २. जिससे अपना प्रयोजन/मतलब पूरा हो। ३. लाभदायक। ४. अपने धन से किया जाने वाला या किया हुआ (कार्य/पदार्थ) [काव्य॰, व्या॰] १. (शब्द आदि के) अपने अर्थ से सम्बन्धित। २. वाच्यार्थ से सम्बन्धित।

स्वार्थिनी—[सं॰ स्वार्थिन् + ङीप्] *वि॰ (स्त्री॰)* स्वार्थमयी (नारी)। स्वार्थी या मतलबी (स्त्री)। ***जैसे***—स्वार्थिनी शूर्पणखा।

स्वार्थी—[सं॰ स्वार्थिन्] *वि॰* केवल स्वार्थों को पूरा करने में लगा रहनेवाला। स्वार्थमय। स्वार्थपरायण। ख़ुदग़र्ज़।

स्वार्थोपपत्ति—[सं॰ स्वार्थ ~ उपपत्ति] *स्त्री॰* १. स्वार्थ की सिद्धि। २. अपना प्रयोजन/मतलब पूरा होना।

स्वार्थोपरत—[सं॰ स्वार्थ ~ उपरत] *वि॰* स्वार्थ से विमुख। निःस्वार्थ।

स्वावलम्बन (स्वालंबन)—[सं॰ स्व ~ अवलम्बन] *पु॰* अपने ही भरोसे रहना और किसी दूसरे से सहायता न लेना। आत्मनिर्भरता।

स्वावलम्बिनी (स्वावलंबिनी)—दे॰ स्वावलम्बी।

स्वावलम्बी—[सं॰ स्वावलम्बिन्] *वि॰* आत्मनिर्भर। स्वाश्रित (व्यक्ति)। ✣ **स्वावलम्बिनी (स्वावलंबिनी)**—*वि॰ (स्त्री॰)* आत्मनिर्भर (स्त्री)। स्वाश्रिता। *स्त्री॰* आत्मनिर्भर स्त्री।

स्वाश्रित—[सं॰ स्व ~ आश्रित] *वि॰* स्वावलम्बी।

***स्वास/स्वासा**—[< सं॰ श्वास] *पु॰* (नाक से आने-जानेवाला) श्वास। साँस।

स्वाहा—[सं॰ सु + आ √ ह्वे + डा] *अव्यय॰* यज्ञ में हवि छोड़ते समय उच्चारण किया जाने वाला एक वैदिक शब्द जिसमें जिस देवता के लिए हवि है, उसका नाम भी कहा जाता है। ***जैसे***—अग्नये स्वाहा; आदित्याय स्वाहा (अग्नि के लिए स्वाहा; सूर्य के लिए स्वाहा) *स्त्री॰* अग्नि देवता की पत्नी। *वि॰* (लाक्षणिक) १. जो स्वयं जलकर नष्ट हो गया हो या जलाकर नष्ट कर दिया गया हो। भस्मसात्। भस्मीभूत। २. पूरी तरह नष्ट। विनष्ट

स्वाहाकार—[सं॰ स्वाहा + कार] *पु॰* 'स्वाहा' शब्द का उच्चारण।

स्वाहार—[सं॰ सु + आहार] *पु॰* अच्छा भोजन।

स्वाहार्ह—[सं॰ स्वाहा ~ अर्ह] *वि॰* १. स्वाहा के योग्य। हवि पाने के योग्य। २. जो जलाकर भस्म किए जाने योग्य हो। ३. जो नष्ट किए जाने योग्य हो।

स्वाँग—[< सं॰ समाङ्ग] *पु॰* १. किसी दूसरे व्यक्ति का वेश या रूप धारण करना जिससे दर्शक उसे दूसरा व्यक्ति ही समझें। किसी का रूप-धारण। किसी की नक़ल। २. उक्त प्रकार का वेश-धारण जो मनोरंजन के लिए, हँसाने के लिए या किसी का उपहास करने के लिए हो। ३. एक प्रकार का लोक-प्रचलित संगीत रूपक जो किसी लोक-कथा पर आधारित होता है। ४. (लाक्षणिक) दिखावा, बहाना या ढोंग। ५. नक़ली वेश। *६. रूप।

स्वाँस/स्वाँसा—*पु॰* ≤ सं॰ श्वास। साँस।

स्वीकरण—[सं॰ स्व + च्वि + करण] *पु॰* १. स्वीकार करना। अंगीकार करना। अपनाना। २. मान लेना। क़बूल करना। स्वीकृति। ३. ग्रहण करना। लेना।

स्वीकार्य—[सं॰ स्वी√कृ + यत्] *वि॰* स्वीकार करने योग्य।

स्वीकृत—[सं॰ स्वी√कृ + क्त] *वि॰* १. (उपहार आदि) जिसे स्वीकार/ग्रहण किया गया हो। २. (प्रस्ताव/सुझाव/सलाह) जिसे स्वीकार किया गया हो। ३. जिसे मंजूर कर लिया गया हो।

स्वीकृति—[सं॰ स्वी√कृ+ क्तिन्] *स्त्री॰* १. स्वीकार करने की क्रिया/भाव। २. सहमति। ३. मंजूरी। ४. किसी तथ्य को या अपने अपराध को स्वीकार/क़बूल करना। ५. (शर्तें आदि) मान लेना। ६. छोटों की प्रार्थना, अनुरोध आदि मान लेना।

स्वीय—[सं॰ स्व + छ] *वि॰* १. निजी २. अपना। ***जैसे***—स्वीय निवेदन। *पु॰* आत्मीय जन। नातेदार। रिश्तेदार।

स्वीया—[सं॰ स्वीय + टाप्] *वि॰ (स्त्री॰)* १. निजी। २. अपनी। *स्त्री॰* पत्नी। (काव्य॰) स्वकीया नायिका।

स्वेच्छया—[सं॰ स्वेच्छा] *क्रिवि॰* अपनी इच्छा से। बिना किसी प्रलोभन, भय, धमकी या दबाव आदि के। अपनी मर्ज़ी से। स्वेच्छा से प्रेरित होने के कारण।

स्वेच्छा—[सं॰ स्व ~ इच्छा] *स्त्री॰* अपनी इच्छा/मर्ज़ी।

स्वेच्छाचार—[सं॰ स्वेच्छा ~ आचार] *पु॰* उचित-अनुचित का विचार किए बिना मन-माना आचरण। यथेच्छाचार।

स्वेच्छित—[सं॰ स्व ~इच्छित] *वि॰* जो अपनी इच्छा के अनुसार/अनुकूल हो। अपना काम्य/वांछित। मनचाहा।

***स्वेत**—*वि॰* ≤ सं॰ श्वेत। सफ़ेद।

स्वेद—[सं॰ √ स्विद् + घञ्] *पु॰* पसीना।

स्वेदज—[सं॰ स्वेद + ज] *वि॰* पसीने से उत्पन्न। *पु॰* पसीने से उत्पन्न होनेवाला प्राणी। ***जैसे***—जूँ स्वेजद है और मनुष्य जरायुज।

स्वेदन—[सं॰ √ स्विद् + ल्युट्] *पु॰* १. (शरीर से) पसीना निकलना। २. (शरीर पर) पसीना लाना। ३. पसीना लानेवाला पदार्थ। स्वेदक। *वि॰* पसीना लानेवाला। स्वेदक। स्वेदी।

स्वेदी—[सं॰ स्वेदिन्] *वि॰* पसीना लानेवाली (विधि, साधन या वस्तु)। स्वेदक।

स्वेद्य (स्वेद्य)—[सं॰ स्वेद + यत्] *वि॰* जिसे पसीना लाया जा सके या लाया जाना हो या लाया जाना चाहिए। *वि॰* (आयुर्वेद॰) पसीना लानेवाले साधनों से चिकित्सा के योग्य।

***स्वै**—[< हि॰ सो] *सर्व॰* वह।

स्वैच्छिक—[सं॰ स्व ~ ऐच्छिक] *वि॰* १. जो अपनी/निजी इच्छा के अनुसार हो। २. (किसी की) अपनी निजी इच्छा से सम्बन्धित। ३. स्वेच्छा से किया जानेवाला। ***जैसे***—स्वैच्छिक सेवा-निवृत्ति।

स्वैर—[सं॰ स्व √ ईर् + अच्] *वि॰* मनमाना काम करनेवाला। निरंकुश आचरण वाला। स्वेच्छाचारी।

स्वैरचारिणी—[सं० स्वैरचारिन् + ङीप्] *वि०* मनमाना आचरण करनेवाली। स्वेच्छाचारिणी। *स्त्री०* १. स्वेच्छाचारिणी स्त्री। २. व्यभिचारिणी स्त्री। Δ **पर्याय**—स्वैरिणी।

स्वैरचारी—[सं० स्वैरचारिन्] *वि०* १. स्वेच्छाचारी। २. व्यभिचारी।

स्वैरतन्त्र (स्वैरतंत्र)—[सं० स्वैर ~ तन्त्र] *पुं०* स्वेच्छाचारी शासन। निरंकुश शासन। तानाशाही।

स्वैरता—[सं० स्वैर + तल् + टाप्] *स्त्री०* १. स्वच्छन्दता। मनमानी। २. स्वच्छन्द यौन सम्बन्ध रखना।

स्वैराचार—[सं० स्वैर ~ आचार] *पुं०* १. स्वेच्छाचार। २. नैतिक, धार्मिक, सामाजिक आदि नियमों और मर्यादाओं की उपेक्षा वाला मनमाना आचरण।

स्वैरिणी—[सं० स्वैरिन् + ङीप्] *स्त्री०* व्यभिचारिणी स्त्री।

*** स्वैहैं (स्वैहैं)**—[< हिं० सोना] *क्रि०अ०* सोएँगे।

स्वोपार्जन—[सं० स्व ~ उपार्जन] *पुं०* १. स्वयं उपार्जन/अर्जन। २. अपने प्रयत्नों से धन-सम्पत्ति आदि की प्राप्ति। स्वयं कमाई करना। *जैसे*—धन की क़ीमत स्वोपार्जन के बाद ही समझ में आएगी।

ह

देवनागरी वर्णमाला में 'ऊष्म वर्णों' के वर्ग का चौथा व्यंजन और देवनागरी वर्णमाला का अन्तिम व्यंजन। (भाषाविज्ञान की दृष्टि से) यह कंठ्य, घोष, संघर्षी और ऊष्म है। इसका अघोष रूप ही 'विसर्ग' ध्वनि है। अल्पप्राण व्यंजनों में 'ह' ध्वनि जुड़ने से ही वे 'महाप्राण' व्यंजन में बदल जाते हैं (क→ख, ग→घ)। ● **विशेष—१.** 'ह' वर्ण में 'ऋ' की मात्रा लगने पर '**हृ**' रूप बनता है (हृदय, हृष्ट)। ह् और 'र' के संयुक्त रूप '**ह्र**' (ह्रद, ह्रस्व) से इसका अन्तर ध्यान में रहना चाहिए। **२.** 'ह', 'हा' इत्यादि के अनुनासिक रूपों में जब शिरोरेखा के ऊपर कोई मात्रा लगी हो, तभी चन्द्रबिन्दु के स्थान पर केवल बिन्दु लगाने की रीति सुविधार्थ प्रचलित है (*जैसे*—हँसना, कहाँ, कहिं, कहीं, कहें, बहैं, हों, सौंह)। **३.** व्यंजन-गुच्छों में जब 'ह्' पहले आकर किसी व्यंजन (सामान्यत: न, म, य, र, ल, व) से मिलता है, तब इसे परम्परागत रीति से क्रमश: **ह्न, ह्म, ह्य, ह्र, ह्ल, ह्व** लिखा जाता है (चिह्न, ब्रह्मा, सह्य, ह्रद, प्रह्लाद, आह्वान) परन्तु सुविधा और स्पष्टता के लिए हलन्त रूप में लिखने की रीति भी प्रचलित है (चिह्न, ब्रह्मा, सह्य, ह्रद, प्रह्लाद, आह्वान)। ४. व्यंजन-गुच्छों में जब कोई व्यंजन 'ह' से पहले आकर मिलता है, तब 'ह' अपरिवर्तित रहता है और वह व्यंजन प्राय: अपनी खड़ी रेखा छोड़कर मिलता है (कन्हैया, आल्हा) परन्तु 'र' शिरोरेखा के ऊपर रेफ के रूप में रहता है (र्ह, *जैसे*—अर्हता)। स्मरणीय है कि 'ह' का द्वित्व नहीं होता और इसीलिए महाप्राण ध्वनियाँ भी 'ह' से संयुक्त नहीं होतीं। ५. भाषावैज्ञानिक कारणों से अनेक तत्सम शब्दों के तद्भव रूपों में 'स' ध्वनि का 'ह' में परिवर्तन पाया जाता है (केसरी→केहरी, स्नान→नहान/नहाना) परन्तु कभी-कभी महाप्राण ध्वनियों का भी 'ह्' में परिवर्तन देखा जाता है (मुक्ताफल→मुक्ताहल, आभीर→अहीर, वधू→बहू)।

ह—[सं॰ √हा + ड] *पु॰* १. शिव। २. विष्णु। ३. चन्द्रमा। ४. जल। ५. आकाश। ६. स्वर्ग। ७. शून्य। ८. ब्रह्म। ९. आनन्द। १०. अस्त्र। ११. हास। हँसी। १२. ज्ञान। १३. गर्व। १४. युद्ध। १५. आह्वान। १६. ध्यान। १७. धारणा। १८. प्रसिद्धि। १९. निन्दा। २०. रक्त। २१. अश्व। घोड़ा।

***हअना**[१]—[< सं॰ हनन] *क्रिस॰* १. मार डालना। हनन करना। २. नष्ट करना। ३. (वाद्य) बजाना। ✣ ***हई**[१]—*क्रिस॰* = १. मार डाला। २. नष्ट कर दिया। ३. पीड़ित किया। *वि॰* मारी हुई। हत।

***हई**[२]—[देशज] *स्त्री॰* १. आश्चर्य। विस्मय। अचम्भा। २. निराशा।

हए—[< हिं॰ हअना] *क्रिअ॰* = झुक गए। *क्रिस॰* १. मारे। २. (बाजे) बजाए।

***हउँ**—[< सं॰ अहम्] *सर्व॰* मैं।

हंसक[१]—[सं॰ हंस + कन्] *पु॰* हंस (पक्षी)।

हंसक[२]—[सं॰ हंस √कै + क] *पु॰* १. (स्त्रियों का) पैर की उँगली में पहनने का एक आभूषण। बिछिया। बिछुआ।

हंसकान्ता (हंसकांता), हंसकुमारी—[सं॰ हंस ~ कान्ता/कुमारी] *स्त्री॰* नारी/मादा हंस। हंसिनी। हंसी।

हंसगति—[स-हंस ~ गति] *स्त्री॰* १. हंस के समान सुन्दर और धीमी चाल। २. ब्रह्मप्राप्ति। मोक्ष। (छन्द॰) एक सममात्रिक छन्द जिसके प्रत्येक चरण में २० मात्राएँ होती हैं तथा ११-९ पर यति होती है। *वि॰* हंस के समान सुन्दर चाल वाली। हंसगामिनी।

हंसजा—[सं॰ हंस + जा] *स्त्री॰* सूर्य की पुत्री। यमुना (नदी)।

हंसनाद—[सं॰ हंस ~ नाद] *पु॰* हंस के बोलने की ध्वनि। हंसों का कलरव।

हंसनादिनी—[सं॰ हंस ~ नादिनी] *वि॰ (स्त्री॰)* हंस के समान सुन्दर बोलनेवाली। मधुरभाषिणी। *स्त्री॰* सुन्दर स्त्री। सुन्दरी।

हंसपद—[सं॰ हंस ~ पद] *पु॰* १. हंस का पैर। २. एक विशेष चिह्न (‸) जो वाक्य में छूटे हुए शब्द या वाक्यांश को बढ़ाने के लिए लगाते हैं।

हंसपदी/हंसपादी—[सं॰ हंसपद/हंसपाद + ङीष्] *स्त्री॰* एक प्रकार की लता।

हंसमाला—[सं॰ हंस ~ माला] *स्त्री॰* हंसों की पंक्ति। (छन्द॰) एक समवर्णिक छन्द जिसके प्रत्येक चरण में क्रमश: मगण, सगण और गुरु (म स ग) के योग से ७ वर्ण होते हैं।

हंसयान—[सं॰ हंस ~ यान] *वि॰* हंस की सवारी करनेवाला। हंसवाहन। *पु॰* ब्रह्मा।

हंसरव—[सं॰ हंस ~ रव] *पु॰* १. हंसों के बोलने की ध्वनि। २. हंस का कलरव।

हंसलिपि—[सं॰ हंस ~ लिपि] *स्त्री॰* एक प्राचीन भारतीय लिपि।

हंसवंश—[सं॰ हंस ~ वंश] *पु॰* सूर्यवंश।

हंसवाहन—[सं॰ हंस ~ वाहन] *वि॰* १. हंस की सवारी करनेवाला। हंसयान। *पु॰* ब्रह्मा। ✣ **हंसवाहिनी**—*वि॰ (स्त्री॰)* = हंस की सवारी करनेवाली। *स्त्री॰* १. ब्रह्माणी (देवी)। २. सरस्वती (देवी)।

हंसश्रेणी—[सं॰ हंस ~ श्रेणी] *स्त्री॰* हंसों की पंक्ति। हंसमाला।

हंस-सुता—[सं॰ हंस ~ सुता] *स्त्री॰* सूर्य की पुत्री। यमुना।

हंसाधिरूढ़/हंसारूढ़—[< सं॰ हंस ~ अधिरूढ/रूढ] *वि॰* १. हंसवाहन। (दे॰) २. हंस पर विराजमान। *पु॰* ब्रह्मा। ✣ **हंसाधिरूढ़ा/हंसारूढ़ा**—*वि॰ (स्त्री॰)* = १. हंसवाहिनी। (दे॰) २. हंस पर बैठी हुई। *स्त्री॰* ब्रह्माणी (देवी)। सरस्वती (देवी)।

***हंसाल**—[≤ *सं॰* हंसालि] *स्त्री॰* हंसों की पंक्ति।

हंसालि—[सं॰] *स्त्री॰* हंसों की पंक्ति। (छन्द॰) एक मात्रिक दंडक जिसके प्रत्येक चरण में ३७ मात्राएँ होती हैं, २०-१७ पर यति होती है और अन्त में यगण होता है।

हंसावधूत—[सं॰ हंस ~ अवधूत] *पु॰* अवधूतों के चार प्रकारों में से एक।

हंसावर—[< सं॰ हंस] *पु॰* हंस की जाति का एक पक्षी जिसकी गर्दन और टाँगें लम्बी होती हैं। अं॰ फ्लमिंगो।

हंसावलि/हंसावली—[सं॰ हंस ~ आवलि/आवली] *स्त्री॰* हंसों की पंक्ति। हंस-श्रेणी। हंसमाला।

हंसिका—[सं॰ हंसक + टाप्, इत्व] *स्त्री॰* नारी/मादा हंस। हंसिनी। हंसी।

हंसिनी—[< सं॰ हंस] *स्त्री॰* नारी/मादा हंस/हंसी।

हंसी—[सं॰ हंस + ङीष्] *स्त्री॰* (छन्द॰) नारी/मादा हंस। हंसिनी। १. एक समवर्णिक छन्द जिसके प्रत्येक चरण में क्रमशः २ मगण, तगण, ३ नगण, सगण और गुरु (म म त न न न स ग) के योग से २२ वर्ण होते हैं और ८-१४ पर यति होती है। २. एक समवर्णिक छन्द जिसके प्रत्येक चरण में क्रमशः मगण, भगण, नगण और गुरु (म भ न ग) के योग से १० वर्ण होते हैं।

हक़तलफ़ी—[अरबी] *स्त्री॰* किसी का हक़ मारा जाना। अधिकार-हानि।

हक-दक—[अनु॰] *वि॰* आश्चर्यचकित। हक्का-बक्का।

हक़-नाहक़—[अरबी हक़ + फा॰ ना + अरबी हक़] *क्रिवि॰* १. उचित-अनुचित का विचार न करते हुए। २. बलात्। जबरदस्ती। ३. बिना किसी वजह के। अकारण। व्यर्थ ही। *पु॰* १. न्याय और अन्याय। २. सत्य और असत्य।

हक़परस्त—[अरबी हक़ + फा॰ परस्त] *वि॰* १. जो सत्य का पुजारी हो। सत्यनिष्ठ। सच्चा। २. जो ईश्वर का पुजारी हो। ईश्वर-भक्त। ३. धर्मनिष्ठ। ४. न्यायशील।

हकार—[सं॰ ह + कार] *पु॰* 'ह' वर्ण या उसकी ध्वनि।

हकाहक—[अनु॰] *वि॰* भीषण या घोर (युद्ध)। *स्त्री॰* भीषण युद्ध। घोर लड़ाई।

हक़ीर—[अरबी] *वि॰* १. तुच्छ। क्षुद्र। हेय। २. बहुत छोटा। बहुत थोड़ा।

हक़ूक़—[अरबी] *पु॰* 'हक़' का बहुवचन। विविध न्यायपूर्ण अधिकार। ***जैसे***—जनता अपने हक़ूक़ चाहती है।

हक्क—[सं॰ हक् √कै + क] *पु॰* हाथियों को बुलाने के लिए प्रयुक्त ध्वनि विशेष। हाथियों का आह्वान।

हक्कार—[सं॰ हक् + कार] *पु॰* ज़ोर से पुकारने का शब्द। २. आह्वान। पुकार।

हङ्क (हंक)—[< हि॰ हाँक] स्त्री॰ हक्कार। पुकार। बुलाना। हाँक।

***हङ्कार[1] (हंकार[1])**—[≤ सं॰ अहङ्कार] *पु॰* १. अभिमान। गर्व। घमंड। २. प्राणी का अहंभाव। अहंकार।

***हङ्कार[2] (हंकार[2])**—*पु॰* ≤ *सं॰* हुङ्कार।

***हङ्कारी (हंकारी)**—*वि॰* ≤ *सं॰* अहङ्कारी। अभिमानी। गर्वी। घमंडी।

हचक—[< हि॰ हचकना] *स्त्री॰* १. अधिक भार पड़ने पर चारपाई आदि का नीचे को दबना या बार-बार हिलने की क्रिया/भाव। धचक। ***वा॰* हचक खाना**—१. झटका लगना। २. आगे-पीछे या नीचे-ऊपर हिलना-डुलना।

हचकना—[< हि॰ धचकना] *क्रिअ॰* अधिक भार पड़ने पर चारपाई आदि का नीचे को दबना या बार-बार हिलना। धचकना। ✣ **हचका**—*पु॰* = (हल्का-सा) धक्का। धचका।

हचकोला—[< हि॰ हचकना] *पु॰* १. धक्का। धचका। २. किसी चली हुई वस्तु (रेलगाड़ी या बैलगाड़ी आदि) पर बैठे हुए व्यक्ति को लगनेवाले हल्के-हल्के धक्के/झटके।

हचमचाना—[अनु॰] *क्रिअ॰* (चारपाई आदि का) चरमरा उठना। झकझोरा जाना।

हचर-मचर—[अनु॰] *स्त्री॰* १. टालमटोल। बहानेबाज़ी। २. देर लगाना। ३. काम करने में तेज़ी न होना। काम को शिथिलतापूर्वक या धीरे-धीरे करना।

हज—[अरबी] *पु॰* [इस्लाम॰] (मुसलमानों में प्रचलित) अरब देश के 'मक्का' नगर की तीर्थयात्रा।

हज़रत—[अरबी] *पु॰* एक आदरसूचक सम्बोधन। महोदय। श्रीमान्। महानुभाव। ✣ **हज़रते आली**—*पु॰* = श्रेष्ठ महोदय।

हजारक/हज़ारक—[< हि॰ हज़ार एक, या < एक हज़ार] *वि॰* १. एक हज़ार या लगभग एक हज़ार। २. हज़ारों या असंख्य।

हज़ारदास्ताँ—[फा॰] *स्त्री॰* एक प्रकार की बुलबुल (पक्षी) जो उत्तम श्रेणी की मानी जाती है। *वि॰* मनोरंजक कहानियाँ/बातें कहनेवाला (व्यक्ति)।

हज़ारा—[< फा॰ हज़ार:] *वि॰* (फूल) जिसमें एक हज़ार या बहुत पंखुड़ियाँ हों। सहस्रदल। *पु॰* १. एक फूल जिसमें बहुत पंखुड़ियाँ होती हैं। २. फ़ौवारा। ३. पौधों को पानी देने या छिड़काव करने का एक पात्र जिसकी टोंटी में फ़ौवारा होता है।

हज़ारी/ *हजारी—[< फा॰ हज़ार] *वि॰* १. हज़ार से सम्बन्धित। हज़ार का। २. हज़ारवाला। *पु॰* (मध्य युग में) एक हज़ार सैनिकों का नायक।

हञ्जा/हञ्जे (हंजा/हंजे)—[सं॰ हम् √जप् + डा/डे] *अव्यय॰* प्राचीन काल में नौकरानी/दासी को पुकारने/बुलाने के लिए प्रयुक्त एक शब्द।

हटक—[< हिं॰ हटकना] *स्त्री॰* मना करने की क्रिया या भाव। निषेध। वर्जन। रोक। मनाही।

हटका—[< हिं॰ हटकना] *पु॰* द्वार की अर्गला। द्वार को खुलने से रोकने के लिए लगाया जाने वाला डंडा या अर्गला।

हटतार—[< सं॰ हठ ~ तार (= क्रम)] *स्त्री॰* १. हठपूर्वक देखने का क्रम। २. बिना पलक झपकाए देखने की क्रिया। टकटकी। ३. माला का सूत्र/डोरा जिसमें उसके दाने पिरोए रहते हैं।

***हटबए**—[< हिं॰ हाट] *वि॰* तौल करनेवाला। तौलने-वाला।

***हटि**[1]—[< हिं॰ हटकि] *क्रिवि॰* १. हटक कर। २. रोक कर।

***हटि**[2]—[< हिं॰ हटना] *क्रिवि॰* हटकर।

***हटी**—[< हिं॰ हाट] *स्त्री॰* हाट। बाज़ार।

हट्ट—[सं॰ √हट् + ट] *पु॰* १. हाट। बाज़ार। २. दुकान। । ❖ **हट्ट-विलासिनी**—*स्त्री॰* = वेश्या। वारांगना। ❖ **हट्टा**—*पु॰* = १. हाट। बाज़ार। २. मार्ग। रास्ता।

हट्टी—[< हिं॰ हट्टा] *स्त्री॰* १. बाज़ार। २. दुकान।

***हठना**—[< सं॰ हठ] *क्रिअ॰* १. हठ करना। ज़िद करना। २. दुराग्रह करना। ३. दृढ़ प्रतिज्ञा या दृढ़ संकल्प करना। ४. आग्रह करना। ज़ोर देना। ❖ ***हठनि**—*स्त्री॰* = १. हठशीलता। *क्रिवि॰* हठपूर्वक। ज़िद करके।

हठमत—[सं॰ हठ ~ मत] *पु॰* १. हठपूर्वक स्थापित मज़हबी मत। २. उस मज़हबी विश्वास का कट्टरपन जो तर्कसंगत न हो। हठधर्म।

हठयोग—[सं॰ हठ ~ योग] *पु॰* योग का एक प्रकार जो राजयोग से भिन्न है और जिसमें सुप्त कुंडलिनी को जगाकर क्रमशः विभिन्न चक्रों में स्थित करते हुए शीर्षस्थ 'सहस्रारचक्र' तक ले जाया जाता है।

हठात्—[सं॰ हठ] *क्रिवि॰* १. हठ से। हठपूर्वक। २. बलपूर्वक। बलात्। जबरदस्ती।

***हठि**—[< हिं॰ हठना] १. हठ करके। दुराग्रहपूर्वक। २. बलात्। ज़बरदस्ती। ३. दृढ़तापूर्वक।

हड़क—[अनु॰] *स्त्री॰* १. किसी वस्तु को पाने की तीव्र इच्छा। लालसा। २. किसी प्रकार के अभाव में तीव्र आकुलता। ३. पागल कुत्ते के काटने पर (व्यक्ति की) पानी के लिए तीव्र आकुलता।

हड़कना—[< हिं॰ हड़क] *क्रि॰ अ॰* १. (किसी वस्तु के लिए) लालायित होना। २. किसी वस्तु के लिए आकुल होना। तरसना।

हड़का—[< हिं॰ हड़कना] *पु॰* किसी अभाव के कारण दुःखी होने या तरसने की स्थिति/भाव।

हड़जोड़—[< हिं॰ हाड़ + जोड़ना] *वि॰* टूटी हड्डी को जोड़ सकने वाला। *पु॰* (हड्डी आदि पर) चोट लगने पर बाँधने से लाभ करनेवाला एक प्रकार का पौधा या उसका पत्ता।

†हड़होड़ा—[ब्रज॰] तेज़ और गर्म दक्षिण-पश्चिमी हवा जो कृषक के लिए या तो वर्षा ऋतु में सूखा पड़ने की या घोर वर्षा होने की सूचक होती है।

हड़ावरि, हड़ावल—[< हिं॰ हाड़ + सं॰ आवलि] *स्त्री॰* १. हड्डियों का समूह। २. हड्डियों का ढाँचा। अस्थि-पंजर। ३. बहुत दुबला-पतला व्यक्ति।

हड़ीला—[< हिं॰ हाड़] *वि॰* १. जिसमें हड्डी हो। २. इतना दुर्बल कि हड्डियाँ दिखती हों। अति दुर्बल।

हण्डा (हंडा)—[सं॰ √हन् + डा] *पु॰* १. पीतल या ताँबे का एक प्रकार का बड़ा बर्तन जो पानी रखने/भरने के काम आता है। २. मिट्टी का बहुत बड़ा पात्र। ३. गैसीय प्रकाश देने वाला एक उपकरण।

हण्डिका/हण्डी (हंडिका/हंडी)—[सं॰ हण्डा + कन् + टाप्, हण्डा + ङीष्] *स्त्री॰* (मिट्टी की) हाँड़ी। हँड़िया।

हत—[सं॰ √हन् + क्त] *वि॰* १. जो मार डाला गया हो। वध किया हुआ। २. जो मारा-पीटा गया हो। ताड़ित। ३. जिस पर आघात हुआ हो या जिसे ठोकर लगी हो। ४. (समासयुक्त पद के आरम्भ में) हीन। रहित। ***जैसे***—हतबुद्धि। ५. वंचित किया हुआ। खोया हुआ। ६. नष्ट।

हतक[1]—[सं॰ हत + कन्] *वि॰* १. दीन। दुःखी। २. नीच। ३. नष्टप्राय। *पु॰* १. कायर व्यक्ति। २. नीच व्यक्ति। पापी।

हतक[2]—[< अरबी हत्क] *स्त्री॰* अपमान। बेइज़्ज़ती। ❖ **हतक-ए-इज़्ज़त**—*स्त्री॰* = इज़्ज़त पर आक्रमण। मानहानि। तौहीन।

हतकण्टक (हतकंटक)—[सं॰ हत ~ कण्टक] *वि॰* १. काँटों से रहित। कण्टकविहीन। २. शत्रुओं से रहित। शत्रुविहीन।

हतचित्त—[सं॰ हत ~ चित्त] *वि॰* १. अचेत। हतज्ञान। बेसुध। २. घबराया हुआ। व्याकुल। परेशान। ३. जो कोई निश्चय न कर पा रहा हो। उलझन में पड़ा हुआ। ❖ **हतचेत/हतचेतन/हतचेता**—*वि॰* = हतचित्त।

हतज्ञान—[सं॰ हत ~ ज्ञान] *वि॰* १. हतचित्त (दे॰) २. जो ज्ञानहीन हो गया हो।

हतदैव—[सं॰ हत ~ दैव] *वि॰* दैव/भाग्य के द्वारा मारा हुआ। भाग्यहीन। अभागा। बदक़िस्मत।

हतना—[< सं॰ हत] *क्रिस॰* १. वध करना। हत्या करना। मार डालना। २. मारना-पीटना। ३. आघात करना। घायल करना।

हतप्रभ—[सं॰ हत ~ प्रभ] *वि॰* १. जिसकी प्रभा या कान्ति नष्ट हो गयी हो। २. निरुत्तर।

हतप्रभाव—[सं॰ हत ~ प्रभाव] *वि॰* १. जिसका प्रभाव नष्ट हो गया हो। प्रभावहीन। २. शक्तिहीन। पराक्रमहीन।

हतप्राय—[सं॰ हत ~ प्रायः] *वि॰* जो लगभग मार डाला गया हो।

हतबल—[सं॰ हत ~ बल] *वि॰* १. जिसकी शक्ति नष्ट या बहुत कम हो गयी हो। २. शक्तिरहित। बलहीन ।

हतबुद्धि (हतबुद्धि)—[सं॰ हत ~ बुद्धि] *वि॰* १. (भय/घबराहट आदि के कारण) जिसकी बुद्धि काम न दे रही हो। २. बुद्धिहीन। मूर्ख।

हतभाग/हतभाग्य—[स॰ हत ~ भाग/भाग्य] *वि॰* भाग्यहीन। अभागा। बदक़िस्मत।

हतमना—[स॰ हतमनस्] *वि॰* उदास। खिन्न।

हतवाना—[हि॰ 'हतना' का प्रेरणा॰] *क्रिस॰* १. हत्या/वध कराना। २. पिटवाना। ३. आहत/घायल कराना। ४. नष्ट कराना।

हतवीर्य—[स॰ हत ~ वीर्य] *वि॰* १. जिसकी शक्ति नष्ट या बहुत कम हो गयी हो। २. शक्तिहीन। बलहीन। Δ **पर्याय**—हतप्रभाव/हतबल।

हतवेग—[स॰ हत ~ वेग] *वि॰* जिसका वेग नष्ट हो गया हो।

हतश्री—[स॰ हत ~ श्री] *वि॰* जिसका वैभव/सौन्दर्य नष्ट हो गया हो। श्री-भ्रष्ट। श्रीहीन। धनहीन।

हतसञ्ज्ञ (हतसंज्ञ)—[स॰ हत ~ सञ्ज्ञा] *वि॰* संज्ञाहीन। मूर्छित। अचेत। बेहोश।

हता[1]—[स॰ हत + टाप्] *वि॰* (स्त्री॰) १. हत (स्त्री)। २. (वह स्त्री) जिसका चरित्र/शील नष्ट हो गया हो।

†हता[2]/हतो—[ब्रज 'होना' क्रिया का एक भूतकालिक रूप *क्रिअ॰* था। ***जैसे***—जब तू छोटा हता। ✣ **हती**—*क्रिअ॰* = थी।

हताशा—[स॰ हत ~ आशा] *स्त्री॰* निराशा।

हताश्रय—[स॰ हत ~ आश्रय] *वि॰* जिसका आश्रय/सहारा नष्ट हो गया हो। निराश्रय। बेसहारा।

हताश्वास—[स॰ हत ~ आश्वास] *वि॰* १. जिसे मिला हुआ आश्वासन पूरा न हुआ हो। २. जिसे कहीं से कोई आश्वासन न मिल रहा हो। ३. हताश। निराश।

हताहत—[स॰ हत ~ आहत] *वि॰* हत तथा आहत। मृत और घायल।

हति[1]—[स॰ √हन् + क्तिन्] *स्त्री॰* १. वध। हत्या। २. नाश। ३. आघात। ४. हानि। ५. विफलता। असफलता।

हति[2]**—[< हि॰ हतना] *क्रिवि॰* १. मार कर। ***जैसे—हति हति असुर (असुरों को मार-मार कर)। २. नष्ट करके। ३. आघात करके।

हतोत्तर—[स॰ हत ~ उत्तर] *वि॰* जो प्रश्न का उत्तर न दे सके। निरुत्तर।

हतोस्मि—[< स॰ हतोऽस्मि (= हतः ~ अस्मि)] वाक्य॰ १. (मैं) हत हुआ हूँ। मारा गया हूँ। २. हाय।

***हत्थ**—[प्रा॰ < स॰ हस्त] *पु॰* हस्त। हाथ।

हथकल—[< हि॰ हाथ + कल] *स्त्री॰* हाथ से चलाने की छोटी कल/मशीन।

हथनाल—[< हि॰ हाथी + नाल] *पु॰* हाथी पर रख कर चलायी जाने वाली तोप।

हथपई—[< हि॰ हाथ + पई] *स्त्री॰* हाथ पर पानी लगाकर, बिना बेले हुए, बनायी गयी रोटी।

हथबना—[< हि॰ हाथ + बनना] *वि॰* मशीन का उपयोग किए बिना हाथ का बना हुआ। ***जैसे***—हथबना काग़ज़।

***हथलेवा/हथलेआ**—[< हि॰ हाथ + लेना] *पु॰* १. (विवाह में) पति-पत्नी की परस्पर हाथ पकड़ने की रीति। पाणि-ग्रहण। २. विवाह।

***हथवाँसना[1]**—[< स॰ हस्तवास] *क्रिस॰* हाथ में करना। अधिकार में करना।

हथवाँसना[2]—[< हि॰ हाथ + अवाँसना] *पु॰* प्रयोग में लाने योग्य नयी वस्तु में पहली बार हाथ लगाना। प्रयोग का आरम्भ। बरतने का आरम्भ।

हथसार/हथिसार—[< प्रा॰ हत्थिसाल < स॰ हस्तिशाला] *स्त्री॰* हाथी रखने का स्थान। गजशाला। हाथीख़ाना।

हथसिलाई—[< हि॰ हाथ + सिलाई] *स्त्री॰* (मशीन से की गयी सिलाई नहीं) हाथ की सिलाई।

***हथा**—[< हि॰ हाथ] *पु॰* ऐपन आदि से बनायी हुई हाथ की छाप/चिह्न।

हथाहथी—[प्रा॰ हत्थाहत्थि] *क्रिवि॰* १. एक के हाथ से दूसरे के हाथ में। हाथों हाथ। २. अति शीघ्र। तत्काल। तुरन्त।

हथिसार— दे॰ हथसार।

†हथुई—[< हि॰ हाथ] *वि॰* १. हाथ की या हाथ की बनायी हुई। २. हथेली की या हथेली की सहायता से बनायी गयी।

हथौना—[< हि॰ हाथ] *पु॰* १. वर-वधू के हाथ में मिठाई देने की रीति। २. (नवजात) शिशु को पहली बार देखने पर उसके हाथ पर रुपया रखने की रीति।

†हदका—[< हि॰ हचका] *पु॰* हचका। धक्का।

हदस—[< अरबी हादिसः] *स्त्री॰* १. मन में जम गया डर। २. किंकर्तव्यविमूढ़ करने वाला भाव। ✣ **हदसना**—*क्रिअ॰* = मन में भय बैठ जाना। बहुत डर जाना। ✣ **हदसाना**—*क्रिस॰* = मन में भय बैठा देना। बहुत डरा देना।

हदीस—[अरबी] *स्त्री॰* एक प्रकार के अरबी ग्रन्थ जिनमें इस्लाम के प्रवर्तक मुहम्मद के द्वारा किए गए कामों और कही गयी बातों का वर्णन है।

हनन—[स॰ √हन् + ल्युट्] *पु॰* १. मार डालने की क्रिया/भाव। वध। हत्या। २. आघात। प्रहार। ३. (धातुओं आदि को) ठोंकना-पीटना। ४. घायल करना। ५. (इच्छा/भाव आदि का) दमन।

हननार्थ—[स॰ हनन ~ अर्थ] *क्रिवि॰* १. हनन करने के लिए। हनने के लिए। २. मारने के लिए।

हननीय—[स॰ √हन् + अनीयर्] *वि॰* १. हनन के योग्य। हनने योग्य। २. मार डालने के योग्य। ३. मार खाने के योग्य। पिटने के योग्य। ४. ठोंकने-पीटने के योग्य। ५. घायल करने के योग्य।

हनवाना[1]—[हि॰ 'हनना' का प्रेरणा॰] *क्रिस॰* १. हनने का काम किसी अन्य से कराना। किसी को हनने में प्रवृत्त करना। २. मरवाना। ३. चोट पहुँचवाना। घायल करवाना। ३. ठुकवाना। पिटवाना।

†हनवाना[2]—[हि॰ 'हनाना' का प्रेरणा॰] *क्रिस॰* किसी को नहलाना/नहलवाना।

†हनाना—[< स॰ स्नान या < हि॰ नहाना] *क्रिअ॰* स्नान करना। नहाना।

हनीमून—[अं॰] *पु॰* (पाश्चात्य जीवन शैली में) विवाह के पश्चात् के वे कुछ दिन जिन्हें वर-वधू दूर कहीं मनोरंजक स्थान (पर्वतीय/

समुद्रतटीय आदि) में साथ रहकर मनाते हैं।

हनु—[सं° √हन् + उन्] *पु°* १. (मुख का) ऊपरी जबड़ा। २. चिबुक। ठोड़ी।

हनुग्रह—[सं° हनु ~ ग्रह] *पु°* एक रोग। हनुस्तम्भ।

***हनुथल**—[सं° हनु ~ स्थल] *पु°* ठोड़ी के नीचे का भाग।

हनुमन्त (हनुमंत)—[< सं° हनुमत्] *पु°* (अंजना-पुत्र और राम-भक्त) हनुमान्। हनुमान।

हनुस्तम्भ (हनुस्तंभ)—[सं° हनु ~ स्तम्भ] *पु°* (आयुर्वेद°) धनुष्टंकार रोग का एक भेद जिसमें जबड़ा जकड़ जाता है और जल्दी नहीं खुलता। हनुग्रह।

हन्त (हंत)—[सं° √हन् + त] *विस्मयादि° अव्यय°* विषाद, शोक, आश्चर्य आदि का सूचक शब्द। हाय। ✣ **हन्तकार (हंतकार)**—*पु°* = 'हन्त' कहने की ध्वनि। 'हन्त' शब्द वाला चीत्कार।

हन्ता (हंता)—[सं° हन्तृ] *वि°* १. हनन करनेवाला। २. हत्या/वध करनेवाला। ***जैसे***—शत्रु-हन्ता। ३. नाश करनेवाला। नाशक। ***जैसे***—राष्ट्र-हन्ता। *पु°* १. वध/हत्या करनेवाला व्यक्ति। वधिक। हत्यारा। २. नाशक व्यक्ति।

हन्त्री (हंत्री)—[सं° √हन्तृ + ङीप्] *स्त्री°* वध/हत्या करनेवाली स्त्री। हत्यारी स्त्री। हत्यारिन।

†**हन्नाह (हन्नाह)**—*पु°* ≤ *सं°* सन्नाह। कवच।

हन्यमान—[सं° हन् ~ मतुप्] *वि°* १. मारे जाने के योग्य। हननीय। २. मारा जाता हुआ। ***जैसे***—हन्यमान राक्षस।

हप—[अनु°] *पु°* १. मुख में खाने की वस्तु रखकर ओंठ बन्द करके खाने का शब्द। ***जैसे***—हप = हप करके खाना। २. जल्दी से खा लेने की क्रिया।

हपना—[< हिं° हप] १. 'हप' शब्द करते हुए कोई वस्तु खाना या निगलना। २. हड़पना। ✣ **हप्पा**—*पु°* १. (बालकों की बोली में) खाने की कोई उत्तम वस्तु। २. ग्रास। कौर। ✣ **हप्पू**—*पु°* = बहुत खानेवाला। पेटू।

हफ़्त—[< फा°] *वि°* सप्त। सात। ✣ **हफ़्तरोज़ा**—*वि°* = साप्ताहिक।

हबश—[अरबी] *पु°* अफ्रीका का एक देश। इथियोपिया।

हबाब—[फा°] *पु°* बुलबुला। बुद्‌बुद।

हबूब[१]—[अरबी] *पु°* हवा का बवंडर। धूल मिली हुई तेज़ हवा। अन्धड़।

हबूब[२]—[फा° 'हबाब' का बहु°]। *पु°* १. पानी के बुलबुले। २. सारहीन वस्तु/बात।

हब्बा—[< अरबी हब्ब:] *पु°* १. (अनाज आदि का) दाना। बीज। २. (तौल में) एक रत्ती भार। ३. बहुत थोड़ा अंश। ज़रा-सा अंश। ✣ **हब्बा-भर**—*वि°* = १. (तौल में) एक रत्ती भर। २. बहुत थोड़ा। ज़रा-सा। ✣ **हब्बा-हब्बा**—*क्रिवि°* = १. थोड़ा-थोड़ा। २. पैसा-पैसा। कौड़ी-कौड़ी।

हब्शिन—[< हिं° हब्शी] *स्त्री°* १. हब्शी स्त्री। २. (लाक्षणिक) बहुत काली स्त्री।

हब्शी—[अरबी] *पु°* १. हबश देश का। इथियोपिया का निवासी। २. हबश आदि विविध अफ्रीकी देशों के निवासियों के लिए प्रयुक्त एक व्यापक नाम। (अं° नीग्रो)

हम[१]—[< सं° अहम्] *सर्व°* 'मैं' का बहुवचन शब्द। ***जैसे***—मैं ही नहीं, हम सभी लोग हिन्दी के भक्त हैं।

हम[२]—[फा°] *उपसर्ग°* सदृश। समान। ***जैसे***—हमउम्र।

***हमता**—[< सं° अहन्ता (अहम् + ता)] *स्त्री°* १. 'मैं' का भाव। मैं-पन। अहंभाव। २. अहंकार। अभिमान। घमंड।

हमशीरा—[< फा° हमशीर:] *स्त्री°* १. सगी बहन। २. भगिनी। बहन।

हमाम—[< अरबी हम्माम] *पु°* १. स्नानागार। ग़ुसलख़ाना। २. गर्म पानी और गर्म कमरों वाला स्नानागार। Δ **पर्याय**—हम्माम। **वा° हमाम में सब नंगे होना**—सभी लोगों का दोषी होना। कोई भी निर्दोष न होना।

हमाल/हम्माल—[< अरबी हम्माल] *पु°* बोझ ढोनेवाला। भारवाही श्रमिक। भारवाहक। बोझिया।

हमाहमी—[< हिं° हम + हम] *स्त्री°* १. यह हठ करना कि जो बात हम कह रहे हैं, वही उचित है और वही होनी चाहिए। हठधर्मी। ज़िदबाज़ी। २. यह धारणा कि हमीं श्रेष्ठ हैं, हमारी तुलना में शेष सब तुच्छ हैं। अहम्मन्यता। अहंकार। ३. प्रतिद्वन्द्विता। स्पर्धा। होड़। अहमहमिका। ४. ईर्ष्या। ५. (लाक्षणिक) अपने-अपने स्वार्थ के लिए आतुरतापूर्ण प्रयत्नशीलता या आपाधापी। **वा° हमाहमी करना**—१. अति स्वार्थी होना। २. अपनी बात ज़बरदस्ती मनवाने का प्रयत्न करना। ३. आपाधापी करना।

हमीँ (हमीं)—[< हिं° हम ही] *सर्व°* हम ही। केवल हम।

***हमेल**—[< हिं° हुमेल] *स्त्री°* सोने या चाँदी के सिक्कों अथवा धातु के सिक्कों के समान गोल टुकड़ों की माला जो आभूषण के रूप में पहनी जाती है। हुमेल।

***हमेव**—[< सं° अहमेव] *सर्व°* मैं ही। मैं ही सबकुछ या श्रेष्ठ हूँ। *पु°* १. यह धारणा कि मैं ही सब कुछ या श्रेष्ठ हूँ। २. अभिमान। घमंड।

हमेशा—[< फा° हमेश:] *क्रिवि°* १. सदा। सर्वदा। २. नित्य। ३. निरन्तर।

हमेँ (हमें)—[< हिं° हम] *सर्व°* १. 'हम' का 'कर्म कारक' में रूप। हमको। ***जैसे***—हमें देखो। २. 'हम' का 'सम्प्रदान कारक' में रूप। हमारे लिए। हमको। ***जैसे***—हमें धन दीजिए।

हम्बा/हम्भा (हंबा/हंभा)—[सं° हम्मा = हम् √भा + अङ्, टाच्, हम्बा < सं° हम्मो, पृषो°] *स्त्री°* गाय आदि के बोलने की ध्वनि। रँभाना। ✣ **हम्बा-रव, हम्भा-रव (हंबा-रव, हंभा-रव)**—*पु°* = गाय आदि के रँभाने की ध्वनि।

हम्माम, हम्माल—दे° क्रमशः हमाम, हमाल।

हम्मीर—[देशज] *पु°* राजस्थान के एक वीर महाराणा।

हय—[सं° √हय् + अच्, या √हि + अच्] *पु°* अश्व। घोड़ा।

हयग्रीव—[सं° हय ~ ग्रीवा] *वि°* जिसकी गर्दन घोड़े की गर्दन के समान हो।

***हयना**—[< हि॰ हनना] *क्रिस॰* १. हनना। वध/हत्या करना। मारना। २.नष्ट करना।

***हयन्द (हयंद)**—[< स॰ हयेन्द्र] *पु॰* उत्तम अश्व। श्रेष्ठ घोड़ा।

हयविद्या—[स॰ हय ~ विद्या] *स्त्री॰* घोड़ों को परखने, पालने और सिखाने की विद्या। अश्वविद्या। अश्वशास्त्र।

हयशाला—[स॰ हय ~ शाला] *स्त्री॰* अश्वशाला। घुड़साल। अस्तबल।

हयशीर्ष—[स॰ हय ~ शीर्ष] *वि॰* घोड़े के सिर वाला। *पु॰* (विष्णु का एक अवतार) हयग्रीव।

हयात—[अरबी] *स्त्री॰* जीवन। ज़िन्दगी।

हयादार—[अरबी हया + फा॰ दार] *वि॰* हया-वाला। ✣ **हयादारी**—*स्त्री॰* = हयादार होने की अवस्था/भाव।

हयी[1]—[स॰ हयिन्] *स्त्री॰* १. घोड़ेवाला। २. अश्वारोही। घुड़सवार।

हयी[2]—[स॰ हय + ङीष्] *स्त्री॰* घोड़ी।

हर[1]—[स॰ √हृ + अच्] *पु॰* शिव। महादेव। (गणित॰) किसी भिन्न की भाजक संख्या/राशि। किसी भिन्न में भाग रेखा के नीचे की संख्या। *जैसे*—२/३ में ३ 'हर' है और २ 'अंश' है। (अ॰ डिनामिनेटर) *वि॰* (समासयुक्त पद के अन्त में) १. हरण करनेवाला। छीनने या लूटने वाला। *जैसे*—मनोहर। २. दूर करनेवाला। *जैसे*—कष्टहर (कष्ट को दूर करनेवाला)। ३. लानेवाला या ले जानेवाला। *जैसे*—सन्देशहर (सन्देश ले जानेवाला या सन्देश लानेवाला)। ४. ग्रहण करनेवाला।

हर[2]—[< स॰ धर] *वि॰* (समासयुक्त पद के अन्त में) धारण करनेवाला। *जैसे*—जलहर (= जलधर, बादल)।

†**हर**[3]—[< हि॰ हल] *पु॰* (खेत जोतने का एक उपकरण) हल। *जैसे*—हर और बैल; हरवाहा (हलवाहा)।

हर[4]—[फा॰] *वि॰* एक-एक। प्रत्येक। *जैसे*—हर मकान।

***हरई/ *हरएँ**—[< हि॰ हरुअ] *क्रिवि॰* १. धीरे-धीरे। २. बिना शक्ति-प्रयोग किए।

हरकना[1]—[देशज] *क्रिअ॰* किसी वस्तु को पाने के लिए लालायित/आतुर होना। *जैसे*—हीरा पाने के लिए हरकना।

***हरकना**[2]—*क्रिस॰* ≤ *हि॰* हटकना। वर्जन करना। मना करना। रोकना।

हरकारा—[फा॰] *पु॰* १. पत्र या सन्देश ले जाने वाला। २. 'डाकिया' से भिन्न व्यक्ति जो पहले ग्रामों में डाक पहुँचाया करता था।

***हरख**—*पु॰* ≤ *स॰* हर्ष। प्रसन्नता। ख़ुशी। ✣ **हरखना**—*क्रिअ॰* = हर्षित होना। ख़ुश होना। ✣ **हरखाना**—*क्रिस॰* = हर्षित करना। ख़ुश करना। ✣ **हरखि**—*क्रिवि॰* = हर्षित होकर। ख़ुश होकर।

हरगिरि—[स॰ हर ~ गिरि] *पु॰* (शिव/महादेव का पर्वत) कैलास पर्वत।

हरगौरी—[स॰ हर ~ गौरी] *स्त्री॰* १. शिव और पार्वती। २. शिव की अर्धनारीश्वर मूर्ति।

हरचन्द (हरचंद)—[फा॰] *अव्यय॰* १. कितनी ही तरह से। २. अनेक बार। ३. यद्यपि। ४. कितना ही/भी।

हरचूड़ामणि—[< स॰ हर ~ चूडामणि] *पु॰* (शिव/महादेव की जटाओं में चूडामणि के समान शोभित) चन्द्रमा।

हरज—[अरबी] *पु॰* हानि। क्षति। नुक़्सान।

***हरजना**—[< स॰ वर्जन] *क्रिस॰* वर्जन करना। मना करना। रोकना। बरजना। ✣ **हरज्यौ**—*क्रिस॰* = वर्जित किया। बरजा। *पु॰* वर्जन। रोक।

हरजा[1]—[फा॰] *क्रिवि॰* हर स्थान पर। हर जगह।

हरजा[2]—[< अरबी हरज] *पु॰* हानि। क्षति।

हरजा[3]—[< फा॰ हर्जः] *पु॰* क्षतिपूर्ति। हरजाना।

हरजाई—[फा॰] *वि॰* १. हर जगह पहुँचनेवाली। २. व्यभिचारिणी। कुलटा।

***हरट्ट**—[< स॰ हृष्ट] *वि॰* हृष्ट-पुष्ट। हट्टा-कट्टा। मोटा-ताज़ा। तगड़ा।

***हरता**—*वि॰* ≤ *स॰* हर्ता। हरण करनेवाला। ✣ **हरता-करता**—*वि॰, पु॰* = हर्ता-कर्ता। बिगाड़ने और बनाने वाला।

हरताल—*पु॰* ≤ *स॰* हरिताल। (दे॰) ✣ **हरताली**—*वि॰* = हरताल के रंग का। पीला। *पु॰* गन्धक-जैसा पीला रंग।

हर-तिलक—[स॰ हर ~ तिलक] *पु॰* चन्द्रमा।

***हरद**—*स्त्री॰* ≤ *स॰* हरिद्रा। हल्दी।

***हरदिया**—[< हि॰ हरदी] *वि॰* हल्दी के रंग का। पीला। *पु॰* उक्त प्रकार का रंग।

***हरन**—*पु॰* ≤ *स॰* हरण। जैसे—सीता-हरन ।

हरनर्तन—[स॰ हर ~ नर्तन] *पु॰* शिव/महादेव का नृत्य। (छन्द॰) एक समवर्णिक छन्द जिसके प्रत्येक चरण में क्रमशः रगण, सगण, २ जगण, भगण और रगण (र स ज ज भ र) के योग से १८ वर्ण होते हैं तथा ८-५-५ पर यति होती है।

***हरनहार**—*वि॰, पु॰* १. हरनेवाला। हर्ता। २. (कष्ट आदि को) दूर करनेवाला। मिटानेवाला। ३. संहारक। *जैसे*—विश्व का हरनहार।

***हरनि**—[< हि॰ हरना] *वि॰ (स्त्री॰)* हरण करने वाली। हरनेवाली। ✣ **हरनिहार**—*वि॰, पु॰* = हरनहार।

हरनी[1]—[< हि॰ हरना] *वि॰ (स्त्री॰)* १. हरनेवाली। बलपूर्वक छीनने/लूटने वाली। २. अपहरण करनेवाली। उठा ले जाने वाली। ३. चुरा लेने वाली। *जैसे*—धन-हरनी। ४. (कष्ट आदि को) दूर करनेवाली। हटाने/मिटाने वाली। ५. संहार करनेवाली। नष्ट करनेवाली। नाशिनी। ६. (शोभा आदि को) नीचा दिखानेवाली। ७. (मन को) आकर्षित और आसक्त करनेवाली।

***हरनी**[2]—*स्त्री॰* ≤ *स॰* हरिणी।

हरनेत्र—[स॰ हर ~ नेत्र] *पु॰* १. शिव का नेत्र। २. (पद्य आदि में) तीन की संख्या।

हरनौटा—[< हि॰ हिरन] *पु॰* हिरन का बच्चा। छोटा हिरन।

***हरपारेउरी**—*दे॰* हरफारेवरी।

हरपुर—[स॰ हर ~ पुर] *पु॰* शिव/महादेव का नगर। काशी। वाराणसी।

हतभाग/हतभाग्य—[सं॰ हत ~ भाग/भाग्य] *वि॰* भाग्यहीन। अभागा। बदक़िस्मत।

हतमना—[सं॰ हतमनस्] *वि॰* उदास। खिन्न।

हतवाना—[हिं॰ 'हतना' का प्रेरणा॰] *क्रिस॰* १. हत्या/वध कराना। २. पिटवाना। ३. आहत/घायल कराना। ४. नष्ट कराना।

हतवीर्य—[सं॰ हत ~ वीर्य] *वि॰* १. जिसकी शक्ति नष्ट या बहुत कम हो गयी हो। २. शक्तिहीन। बलहीन। **Δ पर्याय**—हतप्रभाव/हतबल।

हतवेग—[सं॰ हत ~ वेग] *वि॰* जिसका वेग नष्ट हो गया हो।

हतश्री—[सं॰ हत ~ श्री] *वि॰* जिसका वैभव/सौन्दर्य नष्ट हो गया हो। श्री-भ्रष्ट। श्रीहीन। धनहीन।

हतसञ्ज्ञ (हतसंज्ञ)—[सं॰ हत ~ सञ्ज्ञा] *वि॰* संज्ञाहीन। मूर्छित। अचेत। बेहोश।

हता[१]—[सं॰ हत + टाप्] *वि॰* (स्त्री॰) १. हत (स्त्री)। २. (वह स्त्री) जिसका चरित्र/शील नष्ट हो गया हो।

†हता[२]**/हतो**—[ब्रज 'होना' क्रिया का एक भूतकालिक रूप *क्रिअ॰* था। ***जैसे***—जब तू छोटा हता। ✣ **हती**—*क्रिअ॰* = थी।

हताशा—[सं॰ हत ~ आशा] *स्त्री॰* निराशा।

हताश्रय—[सं॰ हत ~ आश्रय] *वि॰* जिसका आश्रय/सहारा नष्ट हो गया हो। निराश्रय। बेसहारा।

हताश्वास—[सं॰ हत ~ आश्वास] *वि॰* १. जिसे मिला हुआ आश्वासन पूरा न हुआ हो। २. जिसे कहीं से कोई आश्वासन न मिल रहा हो। ३. हताश। निराश।

हताहत—[सं॰ हत ~ आहत] *वि॰* हत तथा आहत। मृत और घायल।

हति[१]—[सं॰ √हन् + क्तिन्] *स्त्री॰* १. वध। हत्या। २. नाश। ३. आघात। ४. हानि। ५. विफलता। असफलता।

हति**[२]—[< हिं॰ हतना] *क्रिवि॰* १. मार कर। ***जैसे—हति हति असुर (असुरों को मार-मार कर)। २. नष्ट करके। ३. आघात करके।

हतोत्तर—[सं॰ हत ~ उत्तर] *वि॰* जो प्रश्न का उत्तर न दे सके। निरुत्तर।

हतोस्मि—[< सं॰ हतोऽस्मि (= हतः ~ अस्मि)] वाक्य॰ १. (मैं) हत हुआ हूँ। मारा गया हूँ। २. हाय।

***हत्थ**—[प्रा॰ < सं॰ हस्त] *पु॰* हस्त। हाथ।

हथकल—[< हिं॰ हाथ + कल] *स्त्री॰* हाथ से चलाने की छोटी कल/मशीन।

हथनाल—[< हिं॰ हाथी + नाल] *पु॰* हाथी पर रख कर चलायी जाने वाली तोप।

हथपई—[< हिं॰ हाथ + पई] *स्त्री॰* हाथ पर पानी लगाकर, बिना बेले हुए, बनायी गयी रोटी।

हथबना—[< हिं॰ हाथ + बनना] *वि॰* मशीन का उपयोग किए बिना हाथ का बना हुआ। ***जैसे***—हथबना काग़ज़।

***हथलेवा/हथलेआ**—[< हिं॰ हाथ + लेना] *पु॰* १. (विवाह में) पति-पत्नी की परस्पर हाथ पकड़ने की रीति। पाणि-ग्रहण। २. विवाह।

***हथवाँसना**[१]—[< सं॰ हस्तवास] *क्रिस॰* हाथ में करना। अधिकार में करना।

हथवाँसना[२]—[< हिं॰ हाथ + अवाँसना] *पु॰* प्रयोग में लाने योग्य नयी वस्तु में पहली बार हाथ लगाना। प्रयोग का आरम्भ। बरतने का आरम्भ।

हथसार/हथिसार—[< प्रा॰ हत्थिसाल < सं॰ हस्तिशाला] *स्त्री॰* हाथी रखने का स्थान। गजशाला। हाथीख़ाना।

हथसिलाई—[< हिं॰ हाथ + सिलाई] *स्त्री॰* (मशीन से की गयी सिलाई नहीं) हाथ की सिलाई।

***हथा**—[< हिं॰ हाथ] *पु॰* ऐपन आदि से बनायी हुई हाथ की छाप/चिह्न।

हथाहथी—[प्रा॰ हत्थाहत्थि] *क्रिवि॰* १. एक के हाथ से दूसरे के हाथ में। हाथों हाथ। २. अति शीघ्र। तत्काल। तुरन्त।

हथिसार—*दे॰* हथसार।

†हथुई—[< हिं॰ हाथ] *वि॰* १. हाथ की या हाथ की बनायी हुई। २. हथेली की या हथेली की सहायता से बनायी गयी।

हथौना—[< हिं॰ हाथ] *पु॰* १. वर-वधू के हाथ में मिठाई देने की रीति। २. (नवजात) शिशु को पहली बार देखने पर उसके हाथ पर रुपया रखने की रीति।

†हदका—[< हिं॰ हचका] *पु॰* हचका। धक्का।

हदस—[< अरबी हादिसः] *स्त्री॰* १. मन में जम गया डर। २. किंकर्तव्यविमूढ़ करने वाला भाव। ✣ **हदसना**—*क्रिअ॰* = मन में भय बैठ जाना। बहुत डर जाना। ✣ **हदसाना**—*क्रिस॰* = मन में भय बैठा देना। बहुत डरा देना।

हदीस—[अरबी] *स्त्री॰* एक प्रकार के अरबी ग्रन्थ जिनमें इस्लाम के प्रवर्तक मुहम्मद के द्वारा किए गए कामों और कही गयी बातों का वर्णन है।

हनन—[सं॰ √हन् + ल्युट्] *पु॰* १. मार डालने की क्रिया/भाव। वध। हत्या। २. आघात। प्रहार। ३. (धातुओं आदि को) ठोंकना-पीटना। ४. घायल करना। ५. (इच्छा/भाव आदि का) दमन।

हननार्थ—[सं॰ हनन ~ अर्थ] *क्रिवि॰* १. हनन करने के लिए। हनने के लिए। २. मारने के लिए।

हननीय—[सं॰ √हन् + अनीयर्] *वि॰* १. हनन के योग्य। हनने योग्य। २. मार डालने के योग्य। ३. मार खाने के योग्य। पिटने के योग्य। ४. ठोंकने-पीटने के योग्य। ५. घायल करने के योग्य।

हनवाना[१]—[हिं॰ 'हनना' का प्रेरणा॰] *क्रिस॰* १. हनने का काम किसी अन्य से कराना। किसी को हनने में प्रवृत्त करना। २. मरवाना। ३. चोट पहुँचवाना। घायल करवाना। ३. ठुकवाना। पिटवाना।

†हनवाना[२]—[हिं॰ 'हनाना' का प्रेरणा॰] *क्रिस॰* किसी को नहलाना/नहलवाना।

†हनाना—[< सं॰ स्नान या < हिं॰ नहाना] *क्रिअ॰* स्नान करना। नहाना।

हनीमून—[अं॰] *पु॰* (पाश्चात्य जीवन शैली में) विवाह के पश्चात् के वे कुछ दिन जिन्हें वर-वधू दूर कहीं मनोरंजक स्थान (पर्वतीय/

हञ्जा/हञ्जे (हंजा/हंजे)—[सं॰ हम् √जप् + डा/डे] *अव्यय॰* प्राचीन काल में नौकरानी/दासी को पुकारने/बुलाने के लिए प्रयुक्त एक शब्द।

हटक—[< हि॰ हटकना] *स्त्री॰* मना करने की क्रिया या भाव। निषेध। वर्जन। रोक। मनाही।

हटका—[< हि॰ हटकना] *पु॰* द्वार की अर्गला। द्वार को खुलने से रोकने के लिए लगाया जाने वाला डंडा या अर्गला।

हटतार—[< सं॰ हठ ~ तार (= क्रम)] *स्त्री॰* १. हठपूर्वक देखने का क्रम। २. बिना पलक झपकाए देखने की क्रिया। टकटकी। ३. माला का सूत्र/डोरा जिसमें उसके दाने पिरोए रहते हैं।

***हटबए**—[< हि॰ हाट] *वि॰* तौल करनेवाला। तौलने-वाला।

***हटि[१]**—[< हि॰ हटकि] *क्रिवि॰* १. हटक कर। २. रोक कर।

***हटि[२]**—[< हि॰ हटना] *क्रिवि॰* हटकर।

***हटी**—[< हि॰ हाट] *स्त्री॰* हाट। बाज़ार।

हट्ट—[सं॰ √हट् + ट] *पु॰* १. हाट। बाज़ार। २. दुकान। । ✣ **हट्ट-विलासिनी**—*स्त्री॰* = वेश्या। वारांगना। ✣ **हट्टा**—*पु॰* = १. हाट। बाज़ार। २. मार्ग। रास्ता।

हट्टी—[< हि॰ हट्टा] *स्त्री॰* १. बाज़ार। २. दुकान।

***हठना**—[< सं॰ हठ] *क्रिअ॰* १. हठ करना। ज़िद करना। २. दुराग्रह करना। ३. दृढ़ प्रतिज्ञा या दृढ़ संकल्प करना। ४. आग्रह करना। ज़ोर देना। ✣ ***हठनि**—*स्त्री॰* = १. हठशीलता। *क्रिवि॰* हठपूर्वक। ज़िद करके।

हठमत—[सं॰ हठ ~ मत] *पु॰* १. हठपूर्वक स्थापित मज़हबी मत। २. उस मज़हबी विश्वास का कट्टरपन जो तर्कसंगत न हो। हठधर्म।

हठयोग—[सं॰ हठ ~ योग] *पु॰* योग का एक प्रकार जो राजयोग से भिन्न है और जिसमें सुप्त कुंडलिनी को जगाकर क्रमशः विभिन्न चक्रों में स्थित करते हुए शीर्षस्थ 'सहस्रारचक्र' तक ले जाया जाता है।

हठात्—[सं॰ हठ] *क्रिवि॰* १. हठ से। हठपूर्वक। २. बलपूर्वक। बलात्। ज़बरदस्ती।

***हठि**—[< हि॰ हठना] १. हठ करके। दुराग्रहपूर्वक। २. बलात्। ज़बरदस्ती। ३. दृढ़तापूर्वक।

हड़क—[अनु॰] *स्त्री॰* १. किसी वस्तु को पाने की तीव्र इच्छा। लालसा। २. किसी प्रकार के अभाव में तीव्र आकुलता। ३. पागल कुत्ते के काटने पर (व्यक्ति की) पानी के लिए तीव्र आकुलता।

हड़कना—[< हि॰ हड़क] *क्रि॰ अ॰* १. (किसी वस्तु के लिए) लालायित होना। २. किसी वस्तु के लिए आकुल होना। तरसना।

हड़का—[< हि॰ हड़कना] *पु॰* किसी अभाव के कारण दुःखी होने या तरसने की स्थिति/भाव।

हड़जोड़—[< हि॰ हाड़ + जोड़ना] *वि॰* टूटी हड्डी को जोड़ सकने वाला। *पु॰* (हड्डी आदि पर) चोट लगने पर बाँधने से लाभ करनेवाला एक प्रकार का पौधा या उसका पत्ता।

†हड़होड़ा—[ब्रज॰] तेज़ और गर्म दक्षिण-पश्चिमी हवा जो कृषक के लिए या तो वर्षा ऋतु में सूखा पड़ने की या घोर वर्षा होने की सूचक होती है।

हड़ावरि, हड़ावल—[< हि॰ हाड़ + सं॰ आवलि] *स्त्री॰* १. हड्डियों का समूह। २. हड्डियों का ढ़ाँचा। अस्थि-पंजर। ३. बहुत दुबला-पतला व्यक्ति।

हड़ीला—[< हि॰ हाड़] *वि॰* १. जिसमें हड्डी हो। २. इतना दुर्बल कि हड्डियाँ दिखती हों। अति दुर्बल।

हण्डा (हंडा)—[सं॰ √हन् + डा] *पु॰* १. पीतल या ताँबे का एक प्रकार का बड़ा बर्तन जो पानी रखने/भरने के काम आता है। २. मिट्टी का बहुत बड़ा पात्र। ३. गैसीय प्रकाश देने वाला एक उपकरण।

हण्डिका/हण्डी (हंडिका/हंडी)—[सं॰ हण्डा + कन् + टाप्, हण्डा + ङीष्] *स्त्री॰* (मिट्टी की) हाँडी। हँड़िया।

हत—[सं॰ √हन् + क्त] *वि॰* १. जो मार डाला गया हो। वध किया हुआ। २. जो मारा-पीटा गया हो। ताड़ित। ३. जिस पर आघात हुआ हो या जिसे ठोकर लगी हो। ४. (समासयुक्त पद के आरम्भ में) हीन। रहित। ***जैसे***—हतबुद्धि। ५. वंचित किया हुआ। खोया हुआ। ६. नष्ट।

हतक[१]—[सं॰ हत + कन्] *वि॰* १. दीन। दुःखी। २. नीच। ३. नष्टप्राय। *पु॰* १. कायर व्यक्ति। २. नीच व्यक्ति। पापी।

हतक[२]—[< अरबी हत्क] *स्त्री॰* अपमान। बेइज़्ज़ती। ✣ **हतक-ए-इज़्ज़त**—*स्त्री॰* = इज़्ज़त पर आक्रमण। मानहानि। तौहीन।

हतकण्टक (हतकंटक)—[सं॰ हत ~ कण्टक] *वि॰* १. काँटों से रहित। कण्टकविहीन। २. शत्रुओं से रहित। शत्रुविहीन।

हतचित्त—[सं॰ हत ~ चित्त] *वि॰* १. अचेत। हतज्ञान। बेसुध। २. घबराया हुआ। व्याकुल। परेशान। ३. जो कोई निश्चय न कर पा रहा हो। उलझन में पड़ा हुआ। ✣ **हतचेत/हतचेतन/हतचेता**—*वि॰* = हतचित्त।

हतज्ञान—[सं॰ हत ~ ज्ञान] *वि॰* १. हतचित्त (दे॰) २. जो ज्ञानहीन हो गया हो।

हतदैव—[सं॰ हत ~ दैव] *वि॰* दैव/भाग्य के द्वारा मारा हुआ। भाग्यहीन। अभागा। बदक़िस्मत।

हतना—[< सं॰ हत] *क्रिस॰* १. वध करना। हत्या करना। मार डालना। २. मारना-पीटना। ३. आघात करना। घायल करना।

हतप्रभ—[सं॰ हत ~ प्रभ] *वि॰* १. जिसकी प्रभा या कान्ति नष्ट हो गयी हो। २. निरुत्तर।

हतप्रभाव—[सं॰ हत ~ प्रभाव] *वि॰* १. जिसका प्रभाव नष्ट हो गया हो। प्रभावहीन। २. शक्तिहीन। पराक्रमहीन।

हतप्राय—[सं॰ हत ~ प्रायः] *वि॰* जो लगभग मार डाला गया हो।

हतबल—[सं॰ हत ~ बल] *वि॰* १. जिसकी शक्ति नष्ट या बहुत कम हो गयी हो। २. शक्तिरहित। बलहीन ।

हतबुद्‌धि (हतबुद्धि)—[सं॰ हत ~ बुद्धि] *वि॰* १. (भय/घबराहट आदि के कारण) जिसकी बुद्धि काम न दे रही हो। २. बुद्धिहीन। मूर्ख।

✣ **हरपुरी**—*स्त्री०* = काशी। वाराणसी।

हरपूजा[१]—[सं० हर ~ पूजा] *स्त्री०* शिव/महादेव की पूजा।

†**हरपूजा**[२]—[हि० हर (< सं० हल) + सं० पूजा] *स्त्री०* हल की पूजा। ***जैसे***—कार्तिक में किसान हर पूजा करते हैं।

हरफ़—[< अरबी हर्फ़] *पु०* अक्षर। वर्ण। ***वा०* (किसी पर) हरफ़/हर्फ़ आना**—कलंक या दोष लगना जिससे सम्मान में कमी हो। **हरफ़/हर्फ़ बनाना**—अक्षर लिखना। **(किसी पर) हरफ़/हर्फ़ लगाना**—दोष/कलंक लगाना।

हरफारेवरी/हरपारेउरी—[< देशज हरफा/हरपा + सं० लवली] *स्त्री०* १. खट्टे-मीठे और छोटे फलों का एक वृक्ष जो कमरख की जाति का होता है। २. उक्त वृक्ष का फल।

†**हरफा**—[देशज] *पु०* भूसा रखने का स्थान जो लट्ठों आदि से घेर कर बनाया जाता है।

***हरबर**—≤ *हि०* हड़बड़। *स्त्री०* हड़बड़ी। *क्रिवि०* १. हड़बड़ी के साथ। उतावली में। २. शीघ्र। तत्काल। तुरन्त।

हरबा—[< अरबी हर्बः] *पु०* अस्त्र-शस्त्र हथियार।

हरबौंग (हरबोंग)—[हि० हर (= हल) + देशज बोंग (= लट्ठ)] *वि०* १. गँवार और उजड्ड। २. मूर्ख। *पु०* १. गँवार, उजड्ड और मूर्ख व्यक्ति। २. उपद्रव। उत्पात। ३. कोलाहल। शोर। ४. भारी अव्यवस्था। बहुत गड़बड़ी।

हरबोला—[< सं० हर (= शिव) + हि० बोलना] *वि०* 'हर हर महादेव' का नाद करनेवाला। *पु०* हिन्दू सैनिक/योद्धा।

***हर-भारजा**—[< सं० हरभार्या] १. शिव की पत्नी। २. पार्वती। ३. गंगा।

***हर-भूषन**—[सं० हर ~ भूषण] १. शिव/महादेव का भूषण। २. चन्द्रमा।

हरम—[अरबी] *पु०* अन्तःपुर। ज़नानख़ाना।

हरमख़ाना/हरमगाह/हरमसरा—[< अरबी हरम + फा० खानः/गाह/सरा] *पु०* (राजा और सरदारों या धनी/नामी व्यक्तियों का) अन्तःपुर। ज़नानख़ाना।

हरमल—[देशज] *पु०* एक झाड़ी जैसा पौधा जिसका फूल मेंहदी के फूल की तरह गोलाकार होता है और पत्तियाँ लम्बी तथा पतली होती हैं।

हरयाई—[< हि० हरा] *स्त्री०* १. हरापन। २. ताज़गी।

***हरयाल**[१]—[< हि० हरा] *वि०* हरा-भरा।

***हरयाल**[२]—*स्त्री०* ≤ *हि०* हरियाली।

***हरवा**[१]—[< सं० हार] *पु०* (फूलों आदि का) हार। माला।

†**हरवा**[२]—[< हि० हरुआ] *वि०* भारहीन। हल्का।

हरवाह/हरवाहा—*पु०* ≤ *हि०* हलवाहा। दूसरे के खेतों पर हल जोतने का काम करनेवाला व्यक्ति।

हरवाहन—[सं० हर ~ वाहन] *पु०* शिव/महादेव का वाहन। नन्दी (वृषभ)

हरशेखरा—[सं० हर ~ शेखरा] *स्त्री०* (शिव/महादेव के सिर पर विराजनेवाली) गंगा (नदी)।

***हरष**—*पु०* ≤ *सं०* हर्ष। प्रसन्नता। ख़ुशी।

***हरषइ**—[< हि० हरषना] *क्रिअ०* हर्षित होता है। प्रसन्न होता है।

***हरसा**—[< सं० हलीषा] *पु०* हल का लम्बा दंड या लट्ठा जिसके एक सिरे पर फाल वाली लकड़ी होती है, दूसरे सिरे पर जुआ अटका रहता है।

हरसूनु—[सं० हर ~ सूनु] *पु०* १. शिव का पुत्र। २. स्कन्द। कार्त्तिकेय। ३. गणेश।

†**हरहट/हरहठ**—[< हि० हार (= खेत) + हटना] *वि० (स्त्री०)* १. अवसर मिलते ही बार-बार दौड़कर खेतों की फ़सल को चरने चली जाने वाली (गाय आदि)। हरहाई। २. नटखट (गाय आदि)। *वि०* नटखट। शैतान।

हरहरि—[सं० हर ~ हरि] *पु०* हर और हरि। शिव और विष्णु।

हरहा—[देशज] *पु०* वृक। भेड़िया।

हरहाई—[< हि० हार (खेत)] *वि० (स्त्री०)* १. अवसर मिलते ही बार-बार दौड़कर खेतों की फ़सल को चरने चली जाने वाली (गाय आदि)। २. नटखट। शरारती।

हरहाया—[< हि० हार (खेत)] *वि०* १. फ़सल की हानि करनेवाला (पशु)। २. उपद्रवी (पशु)। ***जैसे***—हरहाया बैल।

हर-हार—[सं० हर + हार] *पु०* १. शिव/महादेव का हार। २. सर्प। साँप।

***हरहरी**—[< हि० हारना] *क्रिवि०* अन्त में हार कर।

हराई—[< हि० हरना] *स्त्री०* हारने की क्रिया/भाव। पराजय। हार।

हरात्मक—[सं० हर ~ आत्मक] *वि०* हर-सम्बन्धी। हर का। ✣ **हरात्मक माध्य**—*पु०* = (गणित०) दो या अधिक राशियों के व्युत्क्रमों के समान्तर माध्य का व्युत्क्रम। ***जैसे***—३ और ५ का हरात्मक माध्य १/३ और १/५ के समान्तर माध्य ८/१५ का व्युत्क्रम १५/८ है। (अं० हार्मोनिक मीन) ✣ **हरात्मक श्रेढ़ी/श्रेणी**—*स्त्री०* = (गणित०) ऐसी राशियों की श्रेढ़ी/श्रेणी (अं० सीरीज़) जिनके व्युत्क्रम समान्तर श्रेढ़ी में हों। ***जैसे***—१/३, १/५, १/७, १/९ एक हरात्मक श्रेढ़ी है क्योंकि ३, ५, ७, ९ समान्तर श्रेढ़ी में हैं। (अं० हार्मोनिक प्रॉग्रेशन)

हराम—[अरबी] *वि०* १. धर्म/मज़हब के द्वारा करने या खाने-पीने के लिए वर्जित। निषिद्ध। नाजायज़। २. त्याज्य। अग्राह्य। *पु०* १. पाप-कर्म। २. व्यभिचार। ∇ **विलोम**—हलाल। ***वा०* (किसी वस्तु या बात को) हराम कर देना**—(किसी वस्तु को प्राप्त करना या बात/काम को) करना असम्भव कर देना। २. निषिद्ध कर देना। ३. कठिन बना देना। **हराम का पिल्ला/बच्चा**—अलग-अलग वर्णों या जातियों के माता-पिता की सन्तान। दोग़ला व्यक्ति। २. (ग़ाली में) दुष्ट। **हराम का पेट**—व्यभिचार के कारण बना गर्भ।

हरामकार—[अरबी हराम + फा० कार] *वि०, पु०* १. धर्म या समाज के द्वारा निषिद्ध घोषित कर्म को करनेवाला।

हरामज़ादा—[< अरबी हराम + फा॰ ज़ाद:] *वि॰* १. अवैध सन्तान। हरामी। २. दुष्ट। नीच। *पु॰* १. अवैध सन्तान। हराम की औलाद। जारज। २. वर्णसंकर। दोग़ला व्यक्ति। ३. (ग़ाली के रूप में) बहुत धूर्त व्यक्ति। बहुत नीच व्यक्ति। ✣ **हरामज़ादी**—*वि॰ (स्त्री॰),* स्त्री॰।

हरामी—[< अरबी हराम] *वि॰* १. हराम-सम्बन्धी। हराम का। पाप का। ***जैसे***—हरामी आमदनी। २. व्यभिचार से उत्पन्न। हरामज़ादा। ३. (गाली के रूप में) अति दुष्ट। बहुत नीच।

हरावल—[< स॰ हार (= युद्ध) या < हि॰ हराना] *पु॰* सेना का अग्र/अगला भाग।

***हरास[१]**—*पु॰ ≤ स॰* ह्रास। क्षीणता, कमी या छीजन आदि।

हरास[२]—[< फा॰ हिरास (भय/आशंका/निराशा)] १. भय। डर। २. आशंका। ३. दुःख। शोक। ४. निराशा। उदासी।

***हराहर[१]**—*पु॰ ≤ स॰* हलाहल (विष)।

हराहर[२]—[< हि॰ हारना (= थक जाना)] *स्त्री॰* थकान। थकावट।

हराहर[३]—[< हि॰ हरना (छीनना)] *स्त्री॰* क्रीड़ापूर्वक छीना-झपटी।

हरि[१]—[स॰ √हृ + इन्] *वि॰* १. हरे रंग का। हरा। २. भूरा या बादामी। ३. पीला। *पु॰* १. परमात्मा। ईश्वर। २. विष्णु या विष्णु का कोई अवतार। इन्द्र। ३. सूर्य। ४. चन्द्रमा। ५. अग्नि। ६. सिंह। ७. घोड़ा। ८. वानर। बन्दर। ९. सर्प। १०. मयूर। मोर। ११. श्रृगाल। गीदड़। (छन्द॰) एक समवर्णिक छन्द जिसके प्रत्येक चरण में क्रमशः नगण और लघु (न ल) के योग से ४ वर्ण होते हैं।

***हरि[२]**—[< हि॰ हरुए] *क्रिवि॰* धीरे।

***हरि[३]**—[< हि॰ हरना] *क्रिवि॰* हरण करके।

हरिकांस्य—[स॰ हरि ~ कांस्य] *पु॰* (पुरा॰) काँसे की बनी प्राचीन वस्तुओं (मूर्तियों, बर्तनों आदि) पर लगी हुई हरे रंग की ज़ंग।

हरिकान्त (हरिकांत)—[स॰ हरि ~ कान्त] १. जो हरि को प्रिय हो। २. जो हरि के समान सुन्दर हो।

हरिकेश—[स॰ हरि ~ केश] *वि॰* पीले या भूरे बालों वाला। *पु॰* शिव। महादेव।

हरिक्षेत्र—[स॰ हरि ~ क्षेत्र] *पु॰* तीर्थस्थान।

हरिगीता—[स॰ हरि ~ गीता] *स्त्री॰* भगवान् श्रीकृष्ण द्वारा उपदिष्ट प्रसिद्ध धर्मग्रन्थ। भगवद्गीता। (छन्द॰) 'हरिगीतिका' नामक मात्रिक छन्द।

हरिगीतिका—[स॰ हरि ~ गीतिका] *स्त्री॰* एक सममात्रिक छन्द जिसके प्रत्येक चरण में २८ मात्राएँ होती हैं, १६-१२ पर या १४-१४ पर यति होती है, अन्त में क्रमशः लघु-गुरु होते हैं।

हरिचन्दन (हरिचंदन)—[स॰ हरि + चन्दन] *पु॰* १. पीला चन्दन। पीतचन्दन। २. स्वर्ग के मन्दार आदि ५ वृक्षों में से एक। ३. चाँदनी। ४. केसर।

हरिचर्म—[स॰ हरि ~ चर्म (चर्मन्)] *पु॰* शेर की खाल। व्याघ्रचर्म। बाघाम्बर।

हरिचाप—[स॰ हरि ~ चाप] *पु॰* इन्द्रधनुष।

***हरिजान**—[< स॰ हरि ~ यान] *पु॰* विष्णु का वाहन। गरुड़।

हरिण—[स॰ √हृ + इनन्] *पु॰* मृग। हिरन। ✣ **हरिणक**—*पु॰* = छोटा कस्तूरी-मृग।

हरिणकलङ्क (हरिणकलंक)—[स॰ हरिण ~ कलङ्क] *पु॰* चन्द्रमा।

हरिणप्लुता—[स॰ हरिण ~ प्लुता] *स्त्री॰* हिरन की उछल-कूद। (छन्द॰) एक अर्धसमवर्णिक छन्द जिसके प्रथम और तृतीय चरणों में क्रमशः ३ सगण, लघु और गुरु (स स स ल ग) के योग से ११ वर्ण होते हैं तथा दूसरे और चौथे चरणों में क्रमश नगण, २ भगण, रगण (न भ भ र) के योग से १२ वर्ण होते हैं।

हरिणलक्षण, हरिणलाञ्छन (हरिणलांछन)—[स॰ हरिण ~ लक्षण/लाञ्छन] *पु॰* चन्द्रमा।

हरिणवारि—[स॰ हरिण ~ वारि] *पु॰* मृगमरीचिका। मृगतृष्णा।

हरिणहृदय—[स॰ हरिण ~ हृदय] *वि॰* हरिण के समान हृदय वाला। भीरु। कायर। डरपोक।

हरिणाक्ष—[स॰ हरिण-अक्ष] *पु॰* १. हिरण जैसी आँखों वाला। २. चन्द्रमा। ✣ **हरिणाक्षी**—*वि॰ (स्त्री॰), स्त्री॰* मृगनयनी।

हरिणाङ्क (हरिणांक)—[स॰ हरिण ~ अङ्क] *पु॰* चन्द्रमा। मृगांक।

हरिणिप्लुता—[स॰ हरिणी ~ प्लुता] *स्त्री॰* हिरनी की उछल-कूद। (छन्द॰) एक समवर्णिक छन्द जिसके प्रत्येक चरण में क्रमशः मगण, सगण, २ जगण, भगण और रगण (म स ज ज भ र) के योग से १८ वर्ण होते हैं और ८-५-५ पर यति होती है।

हरिणी—[स॰ हरिण + ङीष्] *स्त्री॰* १. मृगी। हिरनी। २. कामशास्त्र में वर्णित स्त्रियों के ४ भेदों में से एक। चित्रिणी। ३. सुन्दर स्त्री। ४. तरुणी। युवती। (छन्द॰) १. एक समवर्णिक छन्द जिसके प्रत्येक चरण में क्रमशः ३ जगण, लघु और गुरु (ज ज ज ल ग) के योग से ११ वर्ण होते हैं। २. एक समवर्णिक छन्द जिसके प्रत्येक चरण में क्रमशः नगण, सगण, मगण, रगण, सगण, लघु और गुरु (न स म र स ल ग) के योग से १७ वर्ण होते हैं तथा ६-४-७ पर यति होती है।

हरिणीदृशी—[स॰ हरिणी ~ दृशी] *वि॰ (स्त्री॰), स्त्री॰* मृगनयनी। हरिणनयना।

हरित्—[स॰ हृ + इति] *वि॰* १. हरा मिश्रित पीला। २. हरा। सब्ज़। ३. पीला या भूरा। *पु॰* १. विष्णु। २. सूर्य। ३. सिंह। ४. मरकत या पन्ना (रत्न)। ***जैसे***—हरिन्मणि (हरित् + मणि)। ५. घास।

हरित—[स॰ हृ + इतच्] *वि॰* १. हरे रंग का। हरा। सब्ज़। २. भूरे रंग का। ३. ताज़ा। ***जैसे***—हरित फल। *पु॰* १. हरा रंग। २. भूरा रंग। ३. सिंह। ४. शाक। भाजी। सब्ज़ी। ५. हरियाली। ✣ **हरितन**—*पु॰* = १. हरति करना। हरे रंग में रँगना। २. हरियाली-युक्त करना। (अ॰ ग्रीनिंग)

हरित-कपिश—[स॰] *वि॰* १. पीलापन लिए भूरा। २. हरापन लिए भूरा।

***हरितदुति**—[< सं॰ हरित ~ द्युति] *वि॰* १. हरे रंग वाला। २. हरा-भरा। प्रसन्न-वदन। ३. जिसका तेज क्षीण/नष्ट हो गया हो। ४. भयंकरता-रहित।

हरितन— दे॰ हरित।

हरित-नील—[सं॰] *पु॰* हरापन लिए हुआ नीला रंग। नील-हरित रंग। ***जैसे***—समुद्र का जल हरित-नील होता है।

हरितपुष्पी—[सं॰ हरितपुष्पिन्] *वि॰* (वनस्पति॰) छोटे तथा हरे फूलों वाला। ***जैसे***—बथुआ और चौलाई हरितपुष्पी शाक हैं।

हरितप्रभ—[सं॰ हरित ~ प्रभा] *वि॰* १. जिसका रंग पीला पड़ गया हो। २. जिसके मुख की आभा समाप्त हो गयी हो। जिसके चेहरे का रंग उड़ गया हो। विवर्ण।

हरित मणि—[< सं॰ हरित् ~ मणि] *स्त्री॰* मरकत मणि। पन्ना। ✣ ***हरितमनि**— *स्त्री॰* = हरितमणि।

हरिता—[सं॰ हरि + तल् + टाप्] *स्त्री॰* १. हरित्व। विष्णुत्व। २. ईश्वरत्व।

हरितान्धता (हरितांधता)—[सं॰ हरित ~ अन्धता] *स्त्री॰* (चिकित्सा॰) एक नेत्र-रोग। एक प्रकार का दृष्टिदोष। हरा रंग पहचानने की अक्षमता।

हरिताभ—[सं॰ हरित ~ आभा] *वि॰* हरी आभा से युक्त। हरी कान्ति वाला।

हरि-ताम्र—[सं॰] *पु॰* (पुरा॰) ताँबे की बनी प्राचीन वस्तुओं (मूर्तियों, बर्तनों आदि) पर लगी हुई हरे रंग की ज़ंग।

हरिताल—[सं॰] *पु॰* एक खनिज जो २ भाग संखिया और ३ भाग गन्धक का मिश्रण होता है और जिसे शुद्ध करके आयुर्वेद के अनुसार औषधियाँ तैयार की जाती हैं। हरताल।

हरितालिका—[सं॰ हरि ~ तालिका] *स्त्री॰* १. भाद्र शुक्ल तृतीया। २. भाद्र शुक्ल तृतीया को होनेवाला स्त्रियों का 'हरियाली तीज' का पर्व/समारोह। हरियाली तीज का त्यौहार।

हरिताली—[सं॰ हरि ~ ताली] *स्त्री॰* १. हरितालिका। हरियाली तीज। २. दूर्वा घास।

हरिताश्म—[सं॰ हरित ~ अश्मन्] *पु॰* १. मरकत मणि। पन्ना। २. तूतिया।

हरिताश्व—[सं॰ हरित ~ अश्व] *वि॰* पीले रंग के घोड़े वाला। *पु॰* सूर्य।

हरितोपल—[सं॰ हरित ~ उपल] *पु॰* हरे रंग का एक रत्न। मरकत मणि। पन्ना।

हरितोषण—[सं॰ हरि ~ तोषण] *वि॰* भगवान् को तुष्ट/प्रसन्न करनेवाला (कार्य, साधन आदि) *पु॰* (भक्त आदि पर) भगवान् की प्रसन्नता। ✣ **हरितोषन**— *वि॰, पु॰* = हरितोषण।

हरिदश्व—[सं॰ हरित् ~ अश्व] *पु॰* सूर्य। हरिताश्व।

हरिद्रा—[सं॰ हरिद्रु + ड + टाप्] *स्त्री॰* १. हल्दी। २. हल्दी का चूर्ण।

हरिद्राभ—[सं॰ हरिद्रा ~ आभा] *वि॰* हल्दी के रंग का। पीला।

हरिधनु—[< सं॰ हरि ~ धन्/धनुस्/धनुष्] *पु॰* १. हरि का धनुष। २. इन्द्रधनुष। ३. विष्णु/राम का धनुष।

हरिधनुष—[< सं॰ हरि ~ धनुष्] *पु॰* इन्द्रधनुष।

हरिधाम—[सं॰ हरि ~ धाम (धामन्)] *पु॰* १. हरि/परमात्मा का धाम/स्थान/लोक। २. विष्णु का लोक। वैकुंठ। साकेत। ३. गोलोक।

***हरिन**— *पु॰ ≤ सं॰* हरिण। मृग। हिरन।

हरि-नक्षत्र—[सं॰] *पु॰* श्रवण नक्षत्र।

हरिनख—[सं॰ हरि ~ नख] *पु॰* सिंह का नख। बाघ का नाख़ून। बघनखा।

***हरि-नग**—[सं॰] *पु॰* सर्प की मणि।

***हरिन-बारि**—[< सं॰ हरिण ~ वारि] *पु॰* १. मृगमरीचिका। मृगतृष्णा। २. मृगतृष्णा का जल।

हरिनी— *स्त्री॰ ≤ सं॰* हरिणी। मृगी। हिरनी।

हरिन्मणि—[सं॰ हरित् ~ मणि] *स्त्री॰* हरे रंग का रत्न विशेष। मरकत मणि। पन्ना।

हरिपद—[सं॰ हरि ~ पद] *पु॰* १. भगवान् विष्णु का लोक/धाम। वैकुंठ। २. भगवान् के चरण। (छन्द॰) एक अर्धसममात्रिक छन्द जिसके प्रथम और तृतीय चरण में १६-१६ मात्राएँ होती हैं तथा द्वितीय और चतुर्थ चरणों में ११-११ तथा सम चरणों के अन्त में क्रमशः गुरु-लघु भी होते हैं।

हरिप्रबोधिनी—[सं॰ हरि ~ प्रबोधिनी] *वि॰ (स्त्री॰)* (भगवान्) विष्णु को जगानेवाली। ✣ **हरिप्रबोधिनी एकादशी**— *स्त्री॰* = (भगवान्) विष्णु के जागने की तिथि के रूप में मनायी जाने वाली कार्तिक शुक्ल एकादशी। देवोत्थानी एकादशी।

हरिप्रिय—[सं॰ हरि ~ प्रिय] *वि॰* जो हरि को प्रिय हो। ***जैसे***—हरिप्रिय योगी। *पु॰* १. भगवान् को प्रिय व्यक्ति/वस्तु आदि। २. (कृष्ण को प्रिय) कदम्ब वृक्ष। ३. शिव। महादेव। ४. शंख। ५. मूर्ख व्यक्ति। ६. उन्मत्त पुरुष। पागल। ७. लाल या काला चन्दन।

हरिप्रिया—[सं॰ हरि ~ प्रिया] *वि॰ (स्त्री॰)* जो हरि की प्रिय हो। ***जैसे***—हरिप्रिया भक्ति। *स्त्री॰* १. (विष्णु की पत्नी) लक्ष्मी। २. पृथ्वी। ३. तुलसी। ४. एकादशी तिथि। (छन्द॰) मात्रिक दंडक छन्दों का एक प्रकार जिसके प्रत्येक चरण में ४६ मात्राएँ होती हैं, १२-१२-१२-१० पर यति होती है तथा अन्त में गुरु होता है।

हरिप्रीत—[सं॰ हरि ~ प्रीत] *वि॰* जो हरि को प्रिय हो। हरिप्रिय। ✣ **हरिप्रीता**— *वि॰ (स्त्री॰)* = जो हरि की प्रिय हो। हरिप्रिया।

हरिबोधिनी—[सं॰ हरि ~ बोधिनी] *वि॰ (स्त्री॰), स्त्री॰* हरिप्रबोधिनी।

***हरिबधू**—[< सं॰ हरि ~ वधू] *स्त्री॰* १. हरि की पत्नी। २. सिंहिनी। शेरनी।

हरिमा—[< सं॰ हरि] *स्त्री॰* १. हरीतिमा। हरापन। २. हरियाली।

हरियाला—[< हि॰ हरा] *वि॰* हरे रंग का। हरित। हरा। ✣ **हरियाली**— *स्त्री॰* = १. हरे-भरे पेड़ों, पौधों, फ़सलों अथवा हरी घास आदि का समूह या बड़ा फैलाव। २. पशुओं को खिलाने का हरा चारा। ३. दूब (घास)। ४. हरा रंग। ५. (लाक्षणिक) सुख,

सम्पन्नता या प्रसन्नता। **वा॰ हरियाली सूझना**—१. अज्ञानवश सुख ही सुख प्रतीत होना। २. विपत्ति आदि के समीप होने पर भी उसका ज्ञान न होना और प्रसन्न रहना।

हरियाली तीज—[< स॰ हरितालिका तृतीया] भाद्र शुक्ल तृतीया को स्त्रियों द्वारा मनाया जानेवाला एक पर्व/समारोह।

हरि-रस—[स॰] १. ईश्वर-भक्ति का रस या आनन्द। २. विष्णु-भक्ति का आनन्द। ३. भगवान् विष्णु या उनके अवतारों की लीलाओं का आनन्द। लीला-रस।

हरि-राज—[स॰] *पु॰* १. विष्णु। २. कृष्ण। ३. मृगराज। शेर बबर।

हरिलीला—[स॰ हरि ~ लीला] *स्त्री॰* परमात्मा, विष्णु या कृष्ण की लीला। (छन्द) एक समवर्णिक छन्द जिसके प्रत्येक चरण में क्रमशः, तगण, भगण, २ जगण, गुरु और लघु (त भ ज ज ग ल) के योग से १४ वर्ण होते हैं। 'मुकुन्द' छन्द।

हरि-लोक—[स॰] *पु॰* भगवान् विष्णु का लोक/धाम। वैकुंठ।

हरिवंश—[स॰ हरि ~ वंश] *पु॰* १. कृष्ण का वंश। २. एक संस्कृत ग्रन्थ 'हरिवंशपुराण'।

हरिवल्लभा—[स॰ हरि-वल्लभा] *वि॰ (स्त्री॰)* जो (स्त्री) परमात्मा/विष्णु/कृष्ण को प्रिय हो। *स्त्री॰* १. लक्ष्मी। २. राधा। ३. कृष्ण की कोई प्रिय पत्नी (रुक्मिणी/ सत्यभामा आदि)। ४. तुलसी पौधा। ५. अधिक मास या पुरुषोत्तम मास के कृष्ण पक्ष की एकादशी।

हरि-वासर—[स॰] *पु॰* (वैष्णव-दृष्टि से) विष्णु का दिन। एकादशी (तिथि)।

हरि-वाहन—[स॰] *पु॰* विष्णु का वाहन। गरुड़।

हरिशयनी एकादशी—[स॰] *स्त्री॰* भगवान् विष्णु के शयन की तिथि के रूप में मनायी जाने वाली आषाढ़ शुक्ल एकादशी। देवशयनी एकादशी।

हरिस—[< स॰ हलीषा] १. हल का भारी लम्बा लट्ठा जिसके नीचेवाले सिरे पर फाल वाली लकड़ी होती है और ऊपरी सिर पर जुआ अटकाया जाता है। २. बैलगाड़ी में प्रयुक्त उक्त के समान परन्तु हल्का, लम्बा लट्ठा।

हरिसङ्कीर्तन (हरिसंकीर्तन)—[स॰ हरि ~ सङ्कीर्तन] *पु॰* १. परमात्मा के नामों का कीर्तन। २. भगवान् विष्णु या उनके अवतारों (राम, कृष्ण आदि) के नामों का कीर्तन।

हरिहर—[स॰ हरि ~ हर] *पु॰* विष्णु और शिव। (छन्द॰) एक समवर्णिक छन्द जिसके प्रत्येक चरण में क्रमशः नगण, जगण, मगण, सगण, तगण और २ जगण (न ज म स त ज ज) के योग से २१ वर्ण होते हैं तथा ८-५-८ पर यति होती है।

हरिहाइ/हरिहाया—[< हि॰ हरहट] *वि॰* अवसर मिलते ही खेत चरने के लिए दौड़ जानेवाली तथा फ़सल को नष्ट करनेवाली (गाय)। हरहट। हरहठ।

हरिहित—[< स॰ हरि ~ हित] *स्त्री॰* इन्द्रवधू। बीरबहूटी।

हरी[१]—*पु॰* ≤ *स॰* हरि[१]। (दे॰)

हरी[२]—[< हि॰ हरा] *वि॰ (स्त्री॰)* 'हरा' का स्त्रीलिंग रूप। हरे रंग की। *जैसे*—हरा मैदान और हरी घास। **वा॰ हरी झंडी दिखाना**—अनुमति-सूचक संकेत देना।

हरी[३]—[< हि॰ हरना] *क्रिस॰ (स्त्री॰)* अपहरण किया। हर ली। *जैसे*—रावण ने सीता हरी। *वि॰ (स्त्री॰)* [समासवाले शब्द के अन्त में] हरण करनेवाली। *जैसे*—कष्टहरी दवा।

हरी खाद—[हि॰] *पु॰* (कृषि॰) फलीदार और दलहनी फ़सलों (मूँग, उड़द, लोबिया आदि) को खेत में जोतकर सड़ाने से बनी उर्वरक सामग्री।

हरीतकी—[स॰ हरि + ईत (ई + क्त) + कन् + ङीष्] *स्त्री॰* पीले रंग का एक फल जो औषधोपयोगी है। हर्र। हड़। हरड़।

हरीतिमा—[स॰ हरीतिमन्] *स्त्री॰* १. हरापन। *जैसे*—पत्तों की हरीतिमा। २. हरियाली। *जैसे*—वन की हरीतिमा आकर्षक होती है।

हरीफ़—[अरबी] *पु॰* शत्रु। दुश्मन।

हरीरा—[अरबी, हरीरः] *पु॰* सोंठ, गुड़, हरड़ इत्यादि से तैयार किया जाने वाला एक पेय। ✣ **हरीरी**—*वि॰* हरीरा के रंग का। *जैसे*—हरीरी कपड़ा।

हरीश—[स॰ हरि ~ ईश] *पु॰* १. वानरों का राजा। कपिराज। २. सुग्रीव। ३. वानरों में प्रमुख/श्रेष्ठ। ४. हनुमान्।

***हरु[१]**—[< प्रा॰ लहुअ < स॰ लघुक] *वि॰* जो भारी न हो। हल्का।

***हरु[२]**—[< स॰ हर] *पु॰* शिव। महादेव।

***हरु[३]**—[< स॰ हर (त्वं हर = हरण कर)] १. (तू) हरण कर। २. (तू) दूर कर।

हरुअ/हरुआ—[< प्रा॰ लहुअ < स॰ लघुक] *वि॰* जो भारी न हो। हल्का।

***हरुआइ**—[< हि॰ हरुआना] *क्रिवि॰* १. हल्का होकर। २. जल्दी से आकर। तेज़ी से आकर। ३. हल्का करके। ४. हड़बड़ा कर। ✣ ***हरुआई**—*क्रिवि॰* = हरुआइ। *क्रिअ॰* = १. हल्की हुई। २. जल्दी से या तेज़ी से आयी। ३. हड़बड़ाई। *क्रिस॰* = हल्का किया। *स्त्री॰* = १. हल्कापन। २. तेज़ी। फुर्ती। *वि॰* हल्की अथवा फुर्तीली।

***हरुआना**—[< हि॰ हरुआ] *क्रिअ॰* १. हल्का होना। २. शीघ्रता से या तेज़ी से आना। ३. हड़बड़ाना। *क्रिस॰* हल्का करना।

***हरुए**—[< हि॰ हरुअ] *क्रिवि॰* १. धीरे से। चुपके से। आहट/शब्द न करते हुए। २. बहुत मन्द स्वर में। धीरे से ✣ **हरुएँ (हरुऐं)**—*क्रिवि॰* = हरुए। (दे॰) *वि॰* = हल्का।

***हरुवा**—*वि॰* ≤ *हि॰* हरुआ। (दे॰) ✣ **हरुवाइ**—*क्रिवि॰* = हड़बड़ाकर या शीघ्रता से। ✣ **हरुवाई**—*स्त्री॰* = हल्कापन। *वि॰* = हल्का। *क्रिवि॰* = हड़बड़ाकर या शीघ्रता से।

***हरू[१]**—[< हि॰ हरु < स॰ लघुक] वि हल्का।

***हरू[२]**—[< हि॰ हारना] *वि॰* बहुत हारनेवाला। प्रायः हार जाने वाला। *जैसे*—जुए में तभी मज़ा आता है जब तुम जैसे हरू खेलें।

हरूफ़—[अरबी] *पु॰* 'हर्फ़' (= अक्षर/वर्ण) का बहुवचन।

हरेवा—[< हि॰ हरा] *पु॰* एक हरी चिड़िया जिसका मस्तक चमकीला सुनहरा होता है। हरी बुलबुल।

***हरैया**—[< हि॰ हरना] *वि॰* १. हरण करनेवाला। हरनेवाला। हर्ता। ***जैसे**—हृदय-हरैया। २. दूर करने-वाला। मिटानेवाला। हर्ता। ***जैसे**—कष्ट-हरैया कृष्ण।

***हरैं (हरें)**—[< हि॰ हरे] *क्रिवि॰* धीरे से। चुपके से। ✣ **हरैं-हरैं**—*क्रिवि॰* १. धीरे-धीरे। २. चुपके-चुपके।

हर्ज—[< अरबी हरज] *पु॰* हानि। नुक़्सान। ***जैसे**—अपने कार्य का हर्ज मत करो।

हर्ज़ा[1]—[< फ़ा॰ हर्ज:] *पु॰* क्षति-पूर्ति। हर्जाना।

हर्ज़ा[2]—*पु॰* ≤ *हि॰* हर्ज। हानि। नुक़्सान।

हर्जाना—[< फ़ा॰ हर्जान:] *पु॰* (किसी की) क्षति-पूर्ति के लिए दिया गया धन आदि। हरजाना।

हर्तव्य—[सं॰ √हृ + तव्यत्] *वि॰* हरण के योग्य। हरणीय।

हर्ता—[सं॰ हर्तृ] *वि॰* १. हरण करनेवाला। हरनेवाला। २. ज़बरदस्ती छीननेवाला। ३. ले जानेवाला। ***जैसे**—भार-हर्ता। ४. दूर करनेवाला। ***जैसे**—कष्ट-हर्ता। *पु॰* चोर या डाकू।

हर्तार—[< सं॰ हर्तार: ('हर्तृ')] *वि॰* हर्ता।

हर्फ़—[अरबी] *पु॰* अक्षर। वर्ण। ✣ **हर्फ़-ब-हर्फ़**—*क्रिवि॰* अक्षरश:। ✣ **हर्फ़-हर्फ़**—*पु॰* = अक्षर-अक्षर। प्रत्येक अक्षर।

हर्बा—[< अरबी हर्ब:] *पु॰* अस्त्र-शस्त्र। हथियार। हरबा।

हर्म्य—[सं॰ √हृ + यत्, मुट्] *पु॰* १. राजप्रासाद। राजभवन। राजमहल। २. कोई विशाल भवन। प्रासाद। ३. हवेली। ✣ **हर्म्यतल/हर्म्यपृष्ठ**—पु॰ = हर्म्य की ऊपर की मंज़िल की छत।

हर्यक्ष—[सं॰ हरि ~ अक्ष] *वि॰* भूरी आँखों वाला। *पु॰* १. शिव। महादेव। २. सिंह। शेर। ३. वानर। बन्दर।

हर्राफ़—[अरबी] *वि॰* १. वाचाल। मुखर। बातूनी। २. धूर्त या चालाक। *पु॰* १. बातूनी व्यक्ति। २. धूर्त या चालाक व्यक्ति।

हर्राफ़ा—[< अरबी हर्राफ़:] *स्त्री॰* १. बातूनी स्त्री। २. धूर्त या चालाक स्त्री।

हर्ष—[सं॰ √हृष् + घञ्] *पु॰* १. प्रसन्नता। ख़ुशी। २. रोंगटों का खड़ा होना। रोमांच।

हर्षज—[सं॰ हर्ष + ज] *वि॰* हर्ष से उत्पन्न।

हर्षाविष्ट—[सं॰ हर्ष ~ आविष्ट] *वि॰* हर्ष के आवेश से युक्त। बहुत ख़ुश। हर्षपूर्ण। आनन्दयुक्त।

हर्षाश्रु—[सं॰ हर्ष ~ अश्रु] *पु॰* आनन्द की अधिकता से निकले हुए आँसू। ख़ुशी के आँसू। आनन्दाश्रु।

हर्षी—[सं॰ हर्षिन्] *वि॰* १. प्रसन्न। हर्षित। २. प्रसन्न करनेवाला।

हर्षोत्कर्ष—[सं॰ हर्ष ~ उत्कर्ष] *पु॰* १. हर्ष की वृद्धि। २. हर्ष की अधिकता। प्रसन्नता का अतिरेक। आनन्दातिरेक।

हर्षोत्फुल्ल—[सं॰ हर्ष ~ उत्फुल्ल] *वि॰* हर्ष से फूला हुआ। प्रसन्नता से प्रफुल्लित।

हर्षोद्रेक—[सं॰ हर्ष ~ उद्रेक] *पु॰* १. हर्ष की अधिकता। हर्षातिरेक।

हर्षोन्मत्त—[सं॰ हर्ष ~ उन्मत्त] *वि॰* हर्ष से उन्मत्त। ख़ुशी से पागल।

हर्स—[< सं॰ हलीषा] *पु॰* एक छोटी बल्ली जो कुड़ (हल का प्रधान भाग, मोटा डंडा) के बीच के छेद में ठुकी रहती है।

हल्—[सं॰] *पु॰* १. स्वर-रहित व्यंजन (जैसे—'जगत्' में त्; 'कृष्ण' में ष्)। २. स्वर-रहित व्यंजन का चिह्न जो उसके नीचे तिरछी लकीर के रूप में होता है (जैसे 'त्' में '्')। (पाणिनीय व्याकरण में) सब व्यंजनों के समूह का सूचक शब्द विशेष।

हलकन—[< सं॰ हल्लन] *स्त्री॰* हलकने की क्रिया/स्थिति/भाव।

***हलकना**—[< सं॰ हल्लन] *क्रिअ॰* १. हिलना-डुलना। २. पानी आदि का इस प्रकार हिलना-डुलना कि उससे आवाज़ निकले। ***जैसे**—पेट में पानी हलक रहा है। ३. तरंगित होना। लहरना।

हलकान—[< तुर्की हल्कान] *पु॰* १. श्रम। मेहनत। २. क्लान्ति। थकावट। *वि॰* थका हुआ। क्लान्त। श्रान्त।

हलकाना[1]—[< हि॰ हलका] *क्रिअ॰* हल्का होना। बोझ कम होना। *क्रिस॰* हल्का करना। बोझ कम करना।

हलकाना[2]—[< हि॰ हलकना] *क्रिस॰* १. (पानी में) लहरें उत्पन्न करना। तरंगित करना। २. किसी वस्तु में भरे हुए पानी को हिलाना या हिलाकर बुलबुले उत्पन्न करना।

हलकारी[1]—[< हि॰ हड़ + सं॰ कारी (कारिन्)] *स्त्री॰* १. कपड़ा रँगने के पहले उसमें फिटकरी, नमक, हड़ या तेज़ाब आदि का पुट देना जिससे रंग पक्का हो।

हलकारी[2]—[< हि॰ हल्की + सं॰ कारी (कारिन्)] *स्त्री॰* १. हल्दी के योग से बने हुए रंग से कपड़ों के किनारे की छपाई।

हल-कृषि—[सं॰] *स्त्री॰* हल से की जाने वाली खेती।

हलकोर—[हि॰ हलहल] *स्त्री॰* तरंग। लहर। हिलोर।

हलजीवी—[सं॰ हल ~ जीवी (जीविन्)] *वि॰* हल के सहारे जीविका चलानेवाला। *पु॰* कृषक। किसान।

हलदू—[देशज] *पु॰* एक प्रकार का ऊँचा पेड़ जिसकी लकड़ी कंघियाँ आदि बनाने के काम आती है।

हलधर—[सं॰ हल ~ धर] *वि॰* हल धारण करनेवाला। *पु॰* १. कृषक। किसान। २. (हल को शस्त्र के रूप में धारण करनेवाला) बलराम।

हलना—[< सं॰ हल्लन] *क्रिअ॰* १. हिलना। २. अस्थिर होना। ३. प्रविष्ट होना। घुसना।

हलन्त (हलंत)—[सं॰ हल् ~ अन्त] *वि॰* १. (वह शब्द) जिसके अन्त में स्वर-रहित व्यंजन हो। २. 'हल्' के चिह्न से युक्त व्यंजन। स्वर-रहित व्यंजन।

हलफ़—[< अरबी हल्फ़] *स्त्री॰* ईश्वर को साक्षी करके ली जाने वाली शपथ/क़सम। ✣ **हलफ़नामा**—*पु॰* शपथपत्र। हल्फ़नामा। (अ॰ ऐफ़िडेविट)

†**हलफा**—[< हि॰ हलहल] *पु॰* १. तरंग। हिलोर। २. दमे के रोगी की साँस का ज़ोर से चलना। ***वा॰* हलफा उठना/मारना**—लहरें उठना। लहराना।

हलफ़ी—[< अरबी हल्फ़ी] *क्रिवि॰* शपथपूर्वक। हल्फ़ी।

***हलबल**[1]—[< हि॰ हलचल] *स्त्री॰* हलचल। खलबली।

***हलबल**[2]—[< हि॰ हड़बड़] *पु॰* १. हड़बड़। हड़बड़ी। २. घबराहट। ३. उतावलापन। ४. घबराहट तथा उतावलेपन के कारण ऊटपटाँग कथन।

***हलबलाना**—[< हि॰ हलबल] *क्रिअ॰* १. (भय आदि के कारण) घबराना। २. (उतावली के कारण) हड़बडाना। *क्रिस॰* ऐसा कुछ करना जिससे दूसरा व्यक्ति घबरा जाए या हड़बड़ा जाए।

***हलभलई/हलभलाई**—[< हि॰ हाल + भलाई] *स्त्री॰* भला बनने के लिए की गई चाटुकारिता।

हलमुखी—[स॰ हल + हि॰ मुखी] *स्त्री॰* (छन्द॰) एक समवर्णिक छन्द जिसके प्रत्येक चरण में क्रमशः रगण, नगण, सगण (र न स) के योग से ९ वर्ण होते हैं और ३-६ पर यति होती है।

†हलरा—[< हि॰ लहर] *पु॰* तरंग। लहर। हिलोर।

***हलराइ**—[< हि॰ हलराना] *क्रिवि॰* १. हलराकर। २. हिलाकर और झुलाकर।

हलराना—[< हि॰ हलरा] *क्रिअ॰* लहराना। *क्रिस॰* १. लहराना। २. झुलाना। ३. शिशु को हाथों पर लेकर इधर-उधर हिलाना-डुलाना। शिशु को हाथों पर लेकर स्नेह से, रोते को चुप कराने के लिए या सुलाने के लिए धीरे-धीरे इधर-उधर हिलाना-डुलाना। ४. बहलाना।

हलवाहा—[< स॰ हलवाह] *पु॰* अपने हल से दूसरों के खेत जोतने का काम करनेवाला व्यक्ति।

हला—[स॰ ह √ला + क + टाप्] *स्त्री॰* १. सखी। सहेली। २. पृथ्वी। धरती। ***जैसे***—हलाचला (= भूचाल, भूकम्प)। *अव्यय॰* (संस्कृत-नाटकों आदि में) स्त्रियों को सम्बोधित करने में प्रयुक्त एक शब्द। ***जैसे***—हला शकुन्तले।

हलाक—[अरबी] *वि॰* १. क़त्ल किया गया। मारा गया। हत। २. जो किसी दुर्घटना/महामारी में मर गया हो।

हलाकान—[< अरबी हल्कान] *वि॰* (परिश्रम आदि के कारण) बहुत थका हुआ। अति श्रान्त/क्लान्त।

हलाकी—[< अरबी हलाक] *वि॰* वध/हत्या करनेवाला। मारनेवाला। घातक। वधिक।

हलाकू—[< तुर्की हुलाकू] *पु॰* १. एक क्रूर और अत्याचारी राजा जो छिंगिस खाँ (चिंगेज़ खाँ) का पोता था। २. क्रूर/अत्याचारी व्यक्ति। ३. हत्या करनेवाला। हत्यारा।

†हलाचला—[स॰ हला (= पृथ्वी) + हि॰ चलना] *पु॰* भूचाल। भूकम्प।

†हलाचली—*स्त्री॰* ≤ *हि॰* हलचल।

हलायुध—[स॰ हल ~ आयुध] *वि॰* जिसका हथियार (खेत जोतने का) हल हो। *पु॰* (वदुदेव-पुत्र) बलराम।

हलाल—[अरबी] *वि॰* १. विधि-विहित। जायज़। २. जिसका खाना-पीना समाज या मज़हब में वर्जित न हो। ***वा॰*** **हलाल करके खाना**—किसी से प्राप्त धन या भोजन के बदले में पूरा परिश्रम करना। **हलाल करना**—१. मार डालना। २. (बकरा आदि को) गला घिसकर मारना, झटकेवाले आघात से नहीं। ३. (किसी व्यक्ति को) अत्यन्त निर्दयता से कष्ट देना। ४. अपने कर्तव्य का पालन करना। ५. ईमानदारी के साथ व्यवहार करना। **हलाल का**—ईमानदारी और परिश्रम से प्राप्त या अर्जित।

†हलाव—[हि॰ 'हलाना' का ब्रज॰ रूप] *क्रिस॰* हिलाना।

हलाहल[1]—[स॰ हल ~ आहल (= आ √हल + अच्)] *पु॰* १. (पुराण-वर्णित) समुद्र-मन्थन से सबसे पहले निकला तीव्र विष। २. एक विषैला पौधा। Δ **पर्याय**—हालाहल।

***हलाहल**[2]—[देशज] *वि॰* भर-पूर। पूरा।

हली—[स॰ हलिन्] *वि॰* हल जोतनेवाला। १. कृषक। किसान। २. (कृष्ण का भाई) बलराम।

हलीम—[अरबी] *वि॰* शान्त। सहनशील।

हलो—[अं॰] *अव्यय॰* ध्यान आकर्षित करने के लिए दूरभाष पर या मिलने पर बोला जाने वाला एक शब्द। अहो। अरे।

***हलोर**—*स्त्री॰* ≤ हि॰ हिलोर। तरंग। लहर।

***हलोरा**—*स्त्री॰* ≤ *हि॰* हलोर। तरंग। लहर।

हल्दिया—[< हि॰ हल्दी] *वि॰* हल्दी के रंग का। पीला। ***जैसे***—हल्दिया कपड़ा।

हल्फ़िया/हलफ़िया—[< अरबी हल्फ़ी] *वि॰* शपथपूर्वक।

हल्फ़ी—[अरबी] *वि॰* = शपथपूर्वक।

हल्लित्र—[स॰ √हल्ल् + त्र] *पु॰* (वस्तुओं को) हिलाकर मिलाने का उपकरण। (अं॰ शेकर)।

हल्लीश/हल्लीशक—[स॰ √हल् + क्विप् + √लष् (लस्) + अच्, पृषो॰ ईत्व, हल्लीश + कन्] *पु॰* स्त्रियों का मंडलाकार नृत्य जिसमें एक पुरुष तथा अनेक स्त्रियाँ होती हैं। (नाट्य॰) १८ उपरूपकों में से एक। एक अंक का उपरूपक जिसमें ७, ८ या १० स्त्रियाँ होती हैं और एक पुरुष होता है जो ऊँचे स्वर से वचन बोलता रहता है।

हवलदार—[< अरबी हवालः (सुपुर्दगी) + फा॰ दार] *पु॰* १. पुलिस या सेना का एक छोटा अधिकारी जिसके अधीन कुछ सिपाही होते हैं। २. (मध्ययुग में) मुस्लिम शासकों द्वारा राजकर को वसूलने और फ़सल को देखने के लिए नियुक्त सैनिक अधिकारी।

हवस—[अरबी] *स्त्री॰* १. तीव्र लालसा। २. लोभ। लालच। ***वा॰*** **हवस निकलना**—लालसा पूरी होना। **हवस निकालना**—लालसा पूरी करना। **हवस बुझना**—लालसा समाप्त होना।

हवाल—[< अरबी अह्वाल ('हाल' का बहुवचन)] *पु॰* १. समाचार। ख़बर। हाल। ***जैसे***—अपने हाल-हवाल सुनाओ। २. दशा। अवस्था। हालत।

***हवाला**[1]—[< अरबी हवाल] *पु॰* दशा। अवस्था। हालत।

हवाला[2]—[< अरबी हवालः] *पु॰* १. उल्लेख। चर्चा। ज़िक्र। २. (पुस्तक आदि का) उद्धरण। ३. प्रमाण के रूप में दिया गया सन्दर्भ। ४. देख-रेख आदि के लिए। ५. विदेश से भारत आदि किसी देश में धनराशि भेजने की एक अवैध रीति जिसमें विदेश में

किसी व्यक्ति को धन दे दिया जाता है और उसके किसी बताए हुए व्यक्ति से उस देश में प्राप्त कर लिया जाता है। *जैसे*—हवाला-कांड के अपराधियों पर मुक़दमा। ✣ **हवाले**—*क्रिवि°* = १. अधिकार में। *जैसे*—पुत्र के हवाले राज्य करो और वन को प्रस्थान करो। २. (विवशता में) किसी के अधिकार में या अधीनता में। *जैसे*—विवशता में हम उनके हवाले पड़े रहे और अपमान सहते रहे। ३. सुपुर्द। जिम्मे। *पु°* = १. पूरी तरह सौंप देने की क्रिया/भाव। हस्तान्तरण। सुर्पुदगी। २. 'हवाला' का बहुवचन। विविध उल्लेख, विविध सन्दर्भ या विविध उद्धरण आदि।

हवास—[अरबी] *पु°* १. (आँख, कान, नाक, आदि) ज्ञानेन्द्रियाँ। २. स्मृति, कल्पना आदि मन की शक्तियाँ। *जैसे*—होश-हवास न रहना। ३. चेतना । ज्ञान। होश। ***वा°* हवास उड़ना, हवास गुम होना**—बुद्धि का काम न करना। होश न रहना।

हवासिल—[अरबी] *पु°* गिद्ध के आकार का एक जलीय पक्षी जो मोटा और बड़े आकार का होता है, जिसका रंग धूसर और धूसर-सफ़ेद होता है तथा चोंच भारी और चपटी होती है।

हवि—[स° हविस्] *स्त्री°* १. हवन की वस्तु। यज्ञ/होम की सामग्री। हवनीय पदार्थ। २. घी। ३. आहुति। Δ **पर्याय**—हविष्य।

हवित्री—[स° √हु + इत्रन् +ङीप्+] *स्त्री°* हवनकुंड।

हविर्धूम—[स° हविः ~ धूम] *पु°* हवन का धुआँ।

हविष्य—[स° हविस् + यत्] *वि°* १. हवन/आहुति के लिए तैयार किया हुआ। २. हवन/आहुति के योग्य। *पु°* १. हवन/आहुति के योग्य पदार्थ। २. घी। ३. यज्ञ में आहुति के रूप में डाली गयी सामग्री।

हविष्यान्न—[स° हविष्य ~ अन्न] *पु°* वे भोज्य पदार्थ जो यज्ञ/हवन के अवसर पर या व्रत आदि में खाए जा सकें।

हव्य—[स° √हु + यत्] *वि°* होम/हवन करने के योग्य। आहुति के योग्य। *पु°* १. देवताओं के योग्य अन्न। २. होम/हवन सामग्री। ३. घृत। घी। ४. किसी देवता के लिए दी जाने वाली आहुति।

हशीश—[अरबी] *स्त्री°* भाँग की पत्तियाँ और कोमल भाग जिन्हें सुखा कर नशे के लिए खाया/पिया जाता है। चरस।

हश्र—[अरबी] *पु°* १. परिणाम। अन्त। नतीजा। २. महाप्रलय। क़यामत। ३. (ईसाइयों, मुसलमानों आदि के धार्मिक विश्वास के अनुसार) क़यामत होने पर मरे हुए लोगों का क़ब्रों से निकल कर ईश्वर के सामने उपस्थित होना और उनके कर्मों के अनुसार उनको सदा के लिए स्वर्ग या नरक में भेजे जाने का निर्णय।

हसद—[अरबी] *पु°* ईर्ष्या। जलन।

हसन[१]—[स° √हस् + ल्युट्] *पु°* १. हँसने की क्रिया/भाव। हास। २. परिहास। मज़ाक़।

हसन[२]—[अरबी] *पु°* (इस्लाम°) पैग़म्बर मुहम्मद का एक नाती जो अली का बड़ा पुत्र था।

हसन्तिका (हसंतिका)—[स° हसन्ती + कन् + टाप्] स्त्री° अँगीठी।

हसन्ती (हसंती)—[स° √हस् + झ + ङीप्] *स्त्री°* अँगीठी।

हसरत—[< अरबी हस्रत] *स्त्री°* लालसा। अभिलाषा। **हसरते दीदार (हसरत-ए-दीदार)**—*(स्त्री°)* देखने की लालसा।

हसावर—[देशज] *पु°* मटमैले रंग का एक बड़ा पक्षी जिसकी गर्दन बहुत ही लम्बी होती है।

***हसि**—[< स° असि] *क्रिअ°* (तू) है।

हसित—[स° √हस् + क्त] *वि°* १. हँसता हुआ। २. जिसका उपहास हुआ हो। ३. खिला हुआ या विकसित (फूल)। *पु°* हँसी। ठठोली।

हस्त—[स° √हस् + तन्] *पु°* १. हाथ। २. एक हाथ की माप जो २४ अंगुल या लगभग २० इंच के बराबर होती है। ३. अश्विनी आदि २७ नक्षत्रों में से १३वाँ नक्षत्र। (संगीत°, नाट्य°) हाथ हिलाकर भावों का संकेत करने की क्रिया। *वि°* (समासयुक्त पदों के आरम्भ में) हाथ का, हाथों से किया हुआ या हाथों से किया जाने वाला। *जैसे*—हस्तशिल्प।

हस्तक—[स° हस्त + कन्] *पु°* हाथ। (नृत्य°) नृत्य में हाथ की मुद्राएँ। हस्तमुद्राएँ।

हस्तक्षेप—[स° हस्त ~ क्षेप] *पु°* १. हाथ फेंकना। २. किसी काम में दख़ल देना। दख़लन्दाज़ी। ३. किसी के काम में अनावश्यक रूप से या अधिकार न होते हुए भी टोकना या बाधा डालना।

हस्तगत—[स° हस्त ~ गत] *वि°* हाथ में आया हुआ। २. मिला हुआ। प्राप्त।

हस्तगति—[स° हस्त ~ गति] *पु°* हाथ की गति। हाथ को चलाना/हिलाना।

हस्तचापल्य—[स° हस्त ~ चापल्य] *पु°* १. हाथ की फुर्ती/सफ़ाई। २. हस्तकौशल।

हस्ततल—[स° हस्त ~ तल] *पु°* करतल। हथेली।

हस्त-ताल—[स°] *पु°* हाथ से ताली बजाना।

हस्तत्राण—[स° हस्त ~ त्राण] *पु°* (योद्धाओं द्वारा) हाथ की रक्षा के लिए पहना जाने वाला दस्ताना।

हस्तदोष—[स° हस्त ~ दोष] *पु°* १. हाथ की भूल। २. नाप-तौल में बेईमानी/चोरी। वस्तु लेते समय अधिक और देते समय कम नापना-तोलना।

हस्तपाद—[स° हस्त ~ पाद] *पु°* हाथ और पैर। हाथ-पैर।

हस्तपृष्ठ—[स° हस्त ~ पृष्ठ] *पु°* हथेली के दूसरी ओर का भाग। करपृष्ठ।

हस्तलाघव—[स° हस्त ~ लाघव] *पु°* हाथ की फुर्ती।

हस्तवारण—[स° हस्त ~ वारण] *पु°* किसी का प्रहार हाथ से रोकना।

हस्तसंवाहन—[स° हस्त ~ संवाहन] *पु°* १. हाथ से मालिश। २. हाथ से रगड़ना या सहलाना।

हस्ताग्र—[स° हस्त ~ अग्र] *पु°* हाथ का अगला भाग। उँगलियों के सिरे/पोर।

हस्ताङ्क (हस्तांक)—[स° हस्त ~ अङ्क] *पु°* अपने लिखे हुए अक्षर। अपनी लिखावट। हस्तलिपि।

हस्ताङ्कन (हस्तांकन)—[स° हस्त ~ अङ्कन] *पु°* हाथ से लिखने की क्रिया।

हस्तान्तर (हस्तांतर)—[सं॰ हस्त ~ अन्तर] *पुं॰* १. दूसरा हाथ। २. एक हस्त/हाथ की दूरी। ***जैसे***—दोनों पौधों में केवल हस्तान्तर है।

हस्तान्तरण (हस्तांतरण)—[सं॰ हस्त ~ अन्तरण] *पुं॰* १. एक हाथ से दूसरे हाथ में जाना। २. (सम्पत्ति/अधिकार आदि का) एक व्यक्ति से दूसरे व्यक्ति पर जाना।

हस्ताभरण—[सं॰ हस्त + आभरण] *पुं॰* हाथ में पहनने का गहना। हाथ का आभूषण।

हस्तामलक—[ह॰ हस्त ~ आमलक] *पुं॰* १. हाथ में या हथेली पर रखा हुआ आँवला (फल)। २. (लाक्षणिक) पूर्णतया स्पष्ट या प्रत्यक्ष बात। ✣ **हस्तामलकवत्**—*वि॰* = जो हाथ में रखे हुए आँवले के समान हो। २. अति हल्का। भारहीन। ३. स्पष्ट, प्रत्यक्ष या सरल।

हस्तावलम्ब (हस्तावलंब)—[सं॰ हस्त + अवलम्ब] *पुं॰* १. हाथ का सहारा। २. आश्रय। सहारा।

हस्ति—[सं॰ हस्तिन्] *वि॰* १. हाथवाला। २. सूँड़वाला। *पुं॰* गज। हाथी।

हस्तिजीवी—[सं॰ हस्तिजीविन्] *पुं॰* (हाथी का) महावत। फ़ीलवान।

हस्तिदन्त (हस्तिदंत)—[सं॰ हस्ति ~ दन्त] *पुं॰* हाथी का दाँत। हाथीदाँत।

हस्तिबन्ध (हस्तिबंध)—[सं॰ हस्ति ~ बन्ध] *पुं॰* हाथी फँसाने का स्थान।

हस्तिमुख—[सं॰ हस्ति ~ मुख] *वि॰* हाथी के मुख वाला। *पुं॰* गणेश। Δ **पर्याय**—गजानन।

हस्तिराज—[सं॰ हस्तिन् ~ राज] *पुं॰* श्रेष्ठ हाथी। गजराज।

हस्तिवाह—[सं॰ हस्ति ~ वाह] *पुं॰* १. महावत। २. अंकुश।

हस्ती[१]—[< सं॰ हस्ति (हस्तिन्)] *पुं॰* गज। हाथी।

हस्ती[२]—[फ़ा॰] *स्त्री॰* १. अस्तित्व। २. जीवन। ज़िन्दगी। ३. व्यक्तित्व। ४. शक्ति। सामर्थ्य। ***वा॰* हस्ती खोना**—नष्ट होना। **हस्ती होना**—१. विद्यमान रहना। २. महत्त्वपूर्ण होना। ३. महत्त्वपूर्ण व्यक्तित्व होना। ४. प्रभाव होना।

हस्ते—[सं॰ 'हस्त' का सप्तमी एकवचन] *क्रिवि॰* १. हाथ में। २. किसी के हाथ से। द्वारा।

हस्त्य—[स हस्त + यत्] *वि॰* १. हाथ-सम्बन्धी। २. हाथ से किया हुआ। ३. हाथ से दिया हुआ। ४. 'हस्त' नक्षत्र से सम्बन्धित। हस्त नक्षत्र का।

हस्त्यध्यक्ष—[सं॰ हस्ति ~ अध्यक्ष] *पुं॰* (प्राचीन भारत में) हाथियों का प्रमुख अधिकारी और निरीक्षक या उसका पद।

हस्त्याजीव—[सं॰ हस्ति ~ आजीव] *पुं॰* १. हाथियों का व्यवसायी। २. महावत।

हस्त्यायुर्वेद—[सं॰ हस्ति ~ आयुर्वेद] *पुं॰* हाथियों की चिकित्सा का शास्त्र।

हस्त्यारोही—[सं॰ हस्ति+ आरोही (आरोहिन्)] *वि॰* हाथी पर सवारी करनेवाला। गजारोही। *पुं॰* हाथी पर सवार व्यक्ति। गजारोही।

हस्ब—[अरबी] *क्रिवि॰* (समासयुक्त पद के आरम्भ में) के अनुसार। के अनुसार। के मुताबिक़।

हहर—[< हि॰ हहरना] *स्त्री॰* १. कँपकँपी। थरथराहट। २. भय। डर। *क्रिअ॰* (आज्ञार्थक) १. तू कम्पित हो। तू थरथरा। ***जैसे***—मत हहर। २. तू भयभीत हो। तू डर। ***जैसे***—अपने पापों से हहर। ✣ **हहर-थहर**—*क्रिवि॰* = १. काँपकर। २. डरकर।

हहा[१]—[अनु॰] *स्त्री॰* ज़ोर से हँसने का शब्द। अट्टहास। ठहाका। ***वा॰* हहा होना**—बहुत अच्छा होना। बहुत ख़ूब होना।

हहा[२]—[< सं॰ हा-हा या < हि॰ हाय-हाय] *अव्यय॰ स्त्री॰* १. दुःखी या आर्त होने की सूचक ध्वनि। हा-हा। हाय। *पुं॰* १. दैन्य का सूचक 'हाय' शब्द। २. हाहाकार। *सम्बोधन॰ अव्यय॰* १. प्रार्थना करते हुए या गिड़गिड़ाते हुए बात कहने में प्रयुक्त एक सम्बोधनात्मक शब्द। २. अति विनयपूर्वक और 'हा-हा सखि' इत्यादि के सम्बोधन के साथ बात करने में प्रयुक्त शब्द 'हा-हा' या 'हाय'। ***वा॰* हहा खाना**—१. बहुत विनती करना। २. गिड़गिड़ाना।

हहारी—[< हि॰ हहा] *स्त्री॰* दीनता, शोक या भय की सूचक ध्वनि।

***हहि**—*क्रिअ॰* ≤ *हि॰* है। ✣ **हहिँ (हहिं)**—*क्रिअ॰* (बहुवचन) हैं। ✣ **हहु**—*क्रिअ॰* = हो।

हँकरना—[< हि॰ हँकारना] *क्रिस॰* १. ज़ोर से पुकारना। २. ललकारना।

हँकराना—[हि॰ हँकारना का प्रेरणा॰] *क्रिस॰* १. बुलवाना। २. हँकवा देना। ***जैसे***—गाएँ हँकराना।

†**हँकवा**—[< हि॰ हाँकना] *पुं॰* १. हाँकनेवाला व्यक्ति। २. (शिकार का) हाँका। ३. (शिकार में) हाँका करनेवाला व्यक्ति जो ढोल आदि बजाता है जिससे जंगली पशु शिकारी की ओर जाते हैं।

†**हँका**—*पुं॰* ≤ *हि॰* हाँक। पुकार या ललकार।

हँकारना[१]—[< हि॰ हाँक] *क्रिस॰* १. हाँक लगाना। ज़ोर से आवाज़ देकर पुकारना/बुलाना।

हँकारना[२]—[< हि॰ हुंकारना] *क्रिअ॰* हुंकारना। *क्रिस॰* ललकारना।

हँकारा—[< हि॰ हँकारना] *पुं॰* १. पुकार। हाँक। २. निमन्त्रण। बुलावा।

हँकारी[१]—[< हि॰ हँकारना] *पुं॰* वह व्यक्ति जो किसी को बुलाने के लिए भेजा जाए। दूत।

हँकारी[२]—*पुं॰* ≤ *सं॰* हुङ्कार।

***हँथोरी**—*स्त्री॰* ≤ *हि॰* हथेली। करतल।

***हँफनि**—[< हि॰ हाँफना] *स्त्री॰* हाँफने की क्रिया/भाव। हाँफ। हाँफी।

हँसला—[देशज] *पुं॰* ऐसा घोड़ा जिसका शरीर मेंहदी के रंग का और चारों पैर कालापन लिए हों।

हँसली—[< सं॰ अंसली] *स्त्री॰* १. गले के नीचे और छाती के ऊपर की एक हड्डी। २. गले का एक आभूषण जो उक्त हड्डी के समान्तर पहना जाता है।

हँसिया—[< सं॰ असि, या < वैदिक सं॰ असिद] *पुं॰* लोहे का एक अर्धचन्द्राकार उपकरण जिससे फ़सल, सब्ज़ी आदि काटते हैं।

हँसौहा/हँसौहाँ—[< हि॰ हँसना] *वि॰* १. हँसता हुआ। हँसी से युक्त। ***जैसे***—हँसौहा मुख। २. हँसता हुआ-सा।

हँसौही—[< हि॰ हँसना] *स्त्री॰* उपहास। हँसी।

हा[1]—[स॰ √हा + का] *अव्यय॰* शोक, दुःख, पीड़ा, दीनता, भय आदि का सूचक शब्द। हाय। ***जैसे***—हा राम!

†**हा**[2]—[< हि॰ होना] *क्रिअ॰* 'होना' क्रिया का एक भूतकालिक रूप। था। ***जैसे***—एक राजा हा। ❖ **ही**—*क्रिअ॰* = थी। ***जैसे***—एक रानी ही।

हाइपरबोला—[अ॰] *स्त्री॰* (गणित॰) एक प्रकार की वक्र रेखा। अतिपरवलय।

हाइपेरान—[अ॰] *पु॰* (भौतिकी॰) न्यूट्रान और ड्यूट्रॉन के द्रव्यमानों के बीच के द्रव्यमान वाले अत्यन्त भारी और अस्थायी मूल कण जो परमाणु में विद्यमान होते हैं।

हाइल/हायल—[देशज] *वि॰* लालसा-युक्त। लालायित। ❖ ***हाइलु**—*वि॰* हाइल। लालायित।

हाई—[देशज या < स॰ घात] *स्त्री॰* १. हानि पहुँचाने की तरकीब। घात। २. पद्धति। ढंग। ***जैसे***—दुष्ट की हाई। ३. स्थिति। अवस्था। दशा। हालत।

हाऊ—[देशज] *पु॰* छोटे बच्चों को डराने के लिए एक कल्पित प्राणी जो भयंकर होता है। हौआ।

हाकर—[< अ॰ हॉकर] *पु॰* १. फेरी लगानेवाला। फेरीवाला। २. घरों में दैनिक समाचार पत्र वितरित करने वाला। ३. आवाज़ लगाकर सामान बेचनेवाला।

हाकलि—[स॰] (छन्द॰) एक सममात्रिक छन्द जिसके प्रत्येक चरण में १४ मात्राएँ होती हैं, अन्त में गुरु होता है और चरण में ३ चौकल होना अनिवार्य है।

हाकिनी—[स॰] *स्त्री॰* एक तान्त्रिक देवी जो 'शाकिनी' और 'डाकिनी' से भिन्न है।

हाकिम—[अरबी] *पु॰* १. शासक। २. प्रधान अधिकारी। ***वा॰* हाकिम के कुत्ते**—किसी बड़े अधिकारी के अधीन कर्मचारी जो बिना रिश्वत प्राप्त किए किसी व्यक्ति को भी उस अधिकारी के पास नहीं जाने देते।

***हाकी-बाकी**—*वि॰ (स्त्री॰)* ≤ हि॰ हक्की-बक्की। चकित। स्तब्ध। भौंचक।

हाजत—[अरबी] *स्त्री॰* १. इच्छा। अभिलाषा। ख़्वाहिश। २. मल-त्याग या मूत्र-त्याग की तीव्र इच्छा। ३. (किसी व्यक्ति को) हिरासत में रखने का स्थान। हवालात। ❖ **हाजती**—*वि॰* = १. जिसे किसी प्रकार की हाजत हो। २. जिसे पेशाब या शौच करने की तीव्र इच्छा का अनुभव हो रहा हो।

***हाजरियो**—[राजस्थ॰, < अरबी हाज़िर] *पु॰* १. सेवक। नौकर। २. हाथ में रखने का डंडा।

हाज़िम—[अरबी] *वि॰* भोजन को पचानेवाला। पाचक। ***जैसे***—मूली और उसकी पत्तियाँ हाज़िम होती है।

हाज़िरोनाज़िर—[अरबी हाज़िर-व-नाज़िर] *वि॰* जो किसी स्थान पर उपस्थित हो और सब घटनाएँ देख भी रहा हो। उपस्थित और सर्वद्रष्टा। *पु॰* परमात्मा। ईश्वर।

हाजी—[< अरबी हाज] *पु॰* 'हज' करनेवाला मुसलमान पुरुष।

हाट—[< स॰ हट्ट] *स्त्री॰* १. बाज़ार। २. दुकान। ***वा॰* हाट चढ़ना**—१. बाज़ार में बिकने के लिए जाना। २. सभी वस्तुओं के बाज़ार-भाव बढ़ना। **हाट-बाज़ार करना**—सामान ख़रीदने के लिए बाज़ार जाना। **हाट लगना**—दुकान में बेचने के लिए चीज़ों का सजाया जाना। बाज़ार लगना।

हाटक—[स॰ √हट् + ण्वुल्] *पु॰* १. स्वर्ण। सोना। २. धतूरा। ३. दुकान का किराया। *वि॰* स्वर्ण से बना हुआ। स्वर्णनिर्मित। स्वर्णमय।

हाटक-घटित—[स॰] *वि॰* हाटकीय। स्वर्णनिर्मित।

हाटकीय—[स॰ हाटक + छ] *वि॰* १. सोने से बना हुआ। स्वर्णनिर्मित। २. स्वर्ण-सम्बन्धी। सोने का।

हाड़ा—[देशज] *पु॰* राजपूतों की एक शाखा। ***जैसे***—हाड़ा सरदार चूँड़ावत का पराक्रम। ❖ **हाड़ी**[1]—*स्त्री॰* = १. हाड़ा राजपूत की पत्नी। २. हाड़ा राजपूत जाति की स्त्री। ***जैसे***—हाड़ी रानी की वीरता।

***हाड़ी**—[देशज] *पु॰* डाकू।

हात[1]—[स॰ √हा + क्त] *वि॰* त्यागा हुआ। छोड़ा हुआ। त्यक्त।

***हात**[2]—[< हि॰ हाथ] *पु॰* हस्त। हाथ।

हातना[1]—[< स॰ हात] *क्रिस॰* दूर करना। अलग करना। हटाना।

हातना[2]—[< हि॰ हतना] *क्रिस॰* १. मारना-पीटना। २. पालन न करना। न मानना। ३. भंग करना। तोड़ डालना।

हातव्य—[स॰ √हा + तव्यत्] *वि॰* छोड़े जाने के योग्य। त्यागे जाने के योग्य। त्याज्य।

हाता[1]—[स॰ हातृ] *वि॰* १. हरण करनेवाला। हर्ता। ***जैसे***—हृदय-हाता। २. नष्ट करनेवाला। नाशक। ***जैसे***—कष्ट-हाता।

हाता[2]—[< स॰ हात] *वि॰* दूर किया हुआ। परित्यक्त।

***हाता**[3]—[< स॰ हन्ता] *वि॰* वध/हत्या करनेवाला।

हाता[4]—[< हि॰ अहाता] १. चार दीवारी या चारदीवारी से घिरा हुआ स्थान। अहाता।

***हाती**—[< हि॰ हातना] *वि॰, क्रिवि॰* दूर। अलग।

हातौ—[< हि॰ हातना] *वि॰, क्रिवि॰* दूर। अलग।

हाथ रोकड़—[हि॰] *स्त्री॰* (वाणि॰) प्रतिष्ठान के पास मौजूद नक़द धन। रोकड़ शेष। ● **विशेष**—यह '**रोकड़ लेखा**' का शेष होता है। (अ॰ कैश इन हैन्ड)

†**हाथा**—[< हि॰ हाथ] *पु॰* १. हाथ की छाप जो मांगलिक अवसरों पर हल्दी, ऐपन आदि से दीवारों पर लगाई जाती है। २. खेत की सिंचाई में प्रयुक्त लकड़ी का एक उपकरण जिससे खेत में आया हुआ पानी उलीचकर चारों ओर पहुँचाया जाता है। ३. हाथ। ४. (किसी उपकरण या हथियार का) हत्था। मुट्ठा। दस्ता।

हान—[स॰ √हा + क्त] *पु॰* हानि।

हानीय—[स॰ √हा + अनीयर्] *वि॰* छोड़ने योग्य। त्याज्य।

हाफ़िज—[अरबी] *वि॰* १. हिफ़ाजत करनेवाला। रक्षक। २. जिसकी स्मरण शक्ति अच्छी हो। *पु॰* वह धार्मिक मुसलमान जिसे क़ुरान कंठस्थ हो।

हाफ़िज़ा—[< अरबी हाफ़िज:] *पु॰* स्मरण-शक्ति।

हाबी—[< अ॰ हॉबि] *स्त्री॰* ख़ाली समय बिताने के लिए या दिल बहलाने के लिए किया जाने वाला काम। (अपने व्यवसाय से भिन्न) रुचि/शौक़ का काम।

हाबूड़ा—[देशज] *पु॰* १. एक अपराधकर्मी जाति। २. उक्त उपजाति का पुरुष। ❖ **हाबूड़ी**—*स्त्री॰* = १. हाबूड़ा जाति की स्त्री। २. हाबूड़ा जाति के पुरुष की पत्नी। ३. हाबूड़ा जाति की बोली।

हामी[१]—[< हि॰ हाँ] *स्त्री॰* १. 'हाँ' कहने की क्रिया। 'हाँ' कहना या उसका संकेत देना। २. स्वीकृति या सहमति।

हामी[२]—[अरबी] *वि॰* १. हिमायत करनेवाला। पक्षधर। २. सहायक। मददगार। ३. मित्र। दोस्त। ४. साहस/हिम्मत बढ़ानेवाला। पृष्ठपोषक।

हाय-तोबा—[हि॰ हाय + तोबा (< अरबी तौब:)] *स्त्री॰* १. रोना-धोना। विलाप। ***वा॰* हाय-तोबा मचना**—१. उपद्रव होना। २. कोलाहल होना।

हायन—[स॰ √हा + ल्यु] *पु॰* १. वर्ष। साल। २. परित्याग। छोड़ना।

हायल/ *हायिल—[देशज] *वि॰* लालसा-युक्त। लालायित। हाइल।

हारक—[स॰ √हृ + ण्वुल्] *वि॰* १. हरण करनेवाला। २. (धन आदि को) बेईमानी से या बलपूर्वक ले लेने वाला। चुरा लेने या लूट लेने वाला। ३. आकर्षक। सुन्दर। मोहक। *पु॰* १. मोतियों की लड़ी/हार। मुक्ताहार। २. चोर या लुटेरा। ३. धूर्त या कपटी व्यक्ति।

***हारद**—[< स॰ हृदय] *वि॰* १. हृदय-सम्बन्धी। हृदय का। २. हार्दिक। *पु॰* हृदय की बात।

हारबन्ध (हारबंध)—[स॰ हार ~ बन्ध] *पु॰* (काव्य॰) वह चित्रकाव्य जो हार/माला के रूप में हो।

हारमुक्ता—[स॰ हार ~ मुक्ता] *स्त्री॰* हार/माला के मोती। मुक्ताहार के मोती।

हाराकिरी—[जापानी] *स्त्री॰* जापान के कुलीन लोगों द्वारा अपमानित अनुभव करने पर की जाने वाली विशेष प्रकार की आत्महत्या।

हारावलि/हारावली—[स॰ हार ~ आवलि/आवली] *स्त्री॰* मोतियों की लड़ी।

हारि[१]—[स॰ √हृ + णिच् + इन्] *स्त्री॰* १. पराजय। हार।

***हारि[२]**—[< हि॰ हारना] *क्रिवि॰* १. पराजित होकर। हारकर। २. थककर। ३. विवश होकर। मजबूर होकर।

हारि[३]**—[< स॰ हारी (हारिन्)] *वि॰* (समासयुक्त पद के अन्त में) हरनेवाला। ***जैसे—कष्टहारि; भयहारि।

हारिणी—[स॰ हारिन् + ङीप्] वि॰ *(स्त्री॰)* १. ले जाने वाली। २. ढोनेवाली। ३. हरण करनेवाली। ४. (समासयुक्त शब्द के अन्त में) नष्ट करनेवाली। जैसे—कष्टहारिणी, भयहारिणी। स्त्री॰ (छन्द॰) एक समवर्णिक छन्द जिसके प्रत्येक चरण में क्रमशः मगण, भगण, नगण, मगण, यगण, लघु, गुरु (म भ न म य ल ग) के योग से १७ वर्ण होते हैं तथा ४-६-७ पर यति होती है।

हारित—[स॰ √हृ + णिच् + क्त] *वि॰* १. हरण किया हुआ या हरण कराया हुआ। २. हारा हुआ। पराजित। ३. खोया या गँवाया हुआ। ४. आकर्षित/मुग्ध किया हुआ।

हारिद्र—[स॰ हरिद्रा + अण्] *वि॰* १. हल्दी से रँगा हुआ। २. हल्दी के रंग का। पीला। *पु॰* १. पीला रंग। २. एक प्रकार का विषैला पौधा जिसकी जड़ हल्दी की जड़ के समान गाँठवाली परन्तु बहुत विषैली होती है। ३. कदम्ब वृक्ष।

हारी[१]—[स॰ हारि + ङीष्] *स्त्री॰* पराजय। हार। ***जैसे***—उसके हारी मान लेने पर मैंने अपनी पहेली का उत्तर उसे बताया।

हारी[२]—[स॰ हारिन् (√हृ + णिनि)] *वि॰* (समासयुक्त शब्द के अन्त में प्रयुक्त) १. ले जानेवाला। २. वहन करनेवाला। ढोनेवाला। ३. हरण करनेवाला। लूटनेवाला। चोरी करनेवाला। ***जैसे***—मनोहारी। ४. नष्ट करने वाला। ***जैसे***—कष्टहारी; भयहारी। *पु॰* (छन्द॰) एक समवर्णिक छन्द जिसके प्रत्येक चरण में क्रमशः तगण और २ गुरु (त ग ग) के योग से ५ वर्ण होते हैं। हारीत (छन्द)।

हारी[३]—[< हि॰ हारना] *क्रिअ॰ (स्त्री॰)* १. 'हारना' क्रिया का एक भूतकालिक रूप। हार गयी। पराजित हुई। २. थक गयी। ३. विवश हो गयी। *क्रिस॰ (स्त्री॰)* १. (धन आदि को) हार गयी। २. खो दी। गँवा दी। *स्त्री॰* श्रान्ति। थकावट।

†हारी[४]—[< हि॰ हर < स॰ हल] *पु॰* हल जोतनेवाला। हलवाहा।

हारीत—[स॰ √हृ + णिच् + इतच्] *पु॰* १. एक प्रकार का कबूतर। २. एक स्मृतिकार जिनकी कृति 'हारीतस्मृति' है। (छन्द॰) 'हारी' छन्द।

हार्द—[स॰ हृदय + अण्, हृद्→आदेश] *पु॰* १. प्रेम। स्नेह। २. कृपा। दया। ३. कोमलता। ४. दृढ़ संकल्प। ५. हृदय की बात। अभिप्राय। ❖ **हार्दिक**—*वि॰* = १. हृदय-सम्बन्धी। हृदय का। २. जो हृदय से हो, दिखावा मात्र न हो। सच्चा। दिली। ***जैसे***—हार्दिक सहानुभूति। ३. प्रेमपूर्ण। सस्नेह।

हार्दी—[स॰ हार्दिन्] *वि॰* १. स्नेहयुक्त। स्नेही। २. सहृदय। ३. अति प्रिय।

हार्य—[स॰ √हृ + ण्यत्] *वि॰* १. जो हरण किए जाने के योग्य हो या जिसका हरण किया जाना हो। छीन लेने या लूट लेने के योग्य या जिसे छीना या लूटा जाना हो। २. जीत लेने के योग्य या जिसे जीता जाना हो। ३. (इधर-उधर) हटा देने के योग्य। ४. आकर्षण करने के योग्य। (नाट्य॰) अभिनय के योग्य। अभिनेय।

हाल[१]—[स॰ हल + अण्] *पु॰* १. (खेत जोतने का) हल। २. (हलधर) बलराम। ३. (सम्राट्) शालिवाहन।

†हाल[२]—[< हि॰ हालना (हिलना)] *स्त्री॰* १. हिलने की क्रिया/भाव। कम्प। २. हिलने से लगनेवाला झटका।

हाल[३]—[< अ॰ हॉल] *पु॰* १. बहुत बड़ा कमरा। विशाल कक्ष।

जैसे—इस भवन में अनेक हाल हैं जिनमें समारोह होते हैं। २. संस्था का भवन।

हाल[४]—[< फा॰ हाल:] *पु॰* १. मंडल। २. चन्द्रमा/सूर्य के चारों ओर पड़ने वाला मंडल/घेरा। परिवेष। *स्त्री॰* लकड़ी के पहिए पर उसके कसाव के लिए चढ़ाया जाने वाला लोहे का पट्टा।

हाल[५]—[फा॰] *पु॰* १. चौगान के खेल की गेंद। २. वे स्तम्भ जो चौगान के खेल में दोनों पालियों के स्थान पर गाड़े जाते हैं और जिनके बीच से गेंद निकाल देने पर बाजी जीती जाती है। ३. चौगान का खेल या उसकी बाज़ी/पाली।

हाल[६]—[अरबी] *पु॰* १. दशा। अवस्था। हालत। *जैसे*—हर हाल में मस्त रहो। २. समाचार। ख़बर। *जैसे*—अपने हाल-हवाल सुनाओ। ३. बहुत बुरी दशा या परिणाम/फल। ३. वृत्तान्त। विवरण। कैफ़ियत। **वा॰ हाल बेहाल होना**—१. बुरी दशा हो जाना। २. मरने के समीप होना। ४. वर्तमान काल। ५. वर्तमान काल से कुछ ही दिन/समय पहले का। *जैसे*—यह तो अभी हाल की घटना है। ६. ईश्वर-भक्त साधक की भावावेशवाली अवस्था जिसमें वह प्रेम की अधिकता से आत्मविस्मृत हो जाता है। आनन्द की अधिकता से साधक को होनेवाली आत्मविस्मृति। ७. (साधक का) भावावेश में या आनन्द की अवस्था में झूमना। *जैसे*—सूफ़ी साधकों में हाल का बहुत महत्त्व है।

हालत[१]—[अरबी] *स्त्री॰* अवस्था। दशा। स्थिति। *जैसे*—देश की हालत। **वा॰ हालत पतली होना**—बुरी दशा होना। दयनीय अवस्था हो जाना।

हालत[२]—[< हि॰ हालना] *क्रिअ॰* १. हिलता है। २. काँपता है। *वि॰* १. हिलता हुआ। २. काँपता हुआ।

हालना—[< स॰ हल्लन] *क्रिअ॰* १. हिलना। हिल जाना। हिलना-डुलना। २. कम्पित होना। काँपना। ३. झूलना।

हालरा—[< हि॰ हालना] *पु॰* १. झटका। झोंका। २. तरंग। लहर। हिलोर। ३. बच्चों को स्नेहपूर्वक हाथ पर झुलाने की क्रिया ताकि वे रोते हुए हों तो चुप जाएँ अथवा प्रसन्न हों।

***हालरु**—[< हि॰ हालरा] *पु॰* झूला।

[१]हालरौ—[< हि॰ हालरा] *पु॰* झूला या पालना। *क्रिस॰* झूलो।

हाल-हवाल—[< अरबी हाल + अह्वाल] *पु॰* हाल। दशा, समाचार या वृत्तान्त।

हाल-हूल—[< अरबी हाल + अनु॰ हूल] *स्त्री॰* हाल। दशा, समाचार या वृत्तान्त।

हाला—[स॰ √हल् + घञ् + टाप्] *स्त्री॰* मदिरा। शराब।

हालात—[अरबी 'हालत' का बहुवचन] *पु॰* १. (बहुवचन) दशाएँ। हालतें। *जैसे*—यहाँ के हालात अच्छे नहीं हैं। २. समाचार। ३. वृत्तान्त।

हालावाद—[स॰ हाला ~ वाद] *पु॰* (काव्य॰) एक प्रकार का व्यक्तिवादी काव्य जिसमें वासनात्मक और निराशायुक्त कवि, क्षणवादी दृष्टि से, लौकिक प्रेम की अतिभावुकता और प्रेम में तल्लीनता का, शराब तथा उसे पीने से उत्पन्न बेहोशी आदि के प्रतीकों से सरस वर्णन करता है।

हालाहल—[स॰ हलाहल, पृषो॰] *पु॰* १. एक विषैला पौधा या उसकी जड़ से बना प्राणघातक विष। २. पुराण-वर्णित समुद्र-मन्थन से सबसे पहले निकला विष। Δ **पर्याय**—हलाहल। ✣ **हालाहली**[१]—*स्त्री॰* = मद्य। मदिरा। शराब। *वि॰* विषैला। ज़हरीला।

हालाहली[२]—[< हि॰ हाली + अनु॰ हाला] *स्त्री॰* १. जल्दबाज़ी। २. शीघ्रता। जल्दी। ३. जल्दी मचाने की क्रिया/भाव।

हालिम/हालों (हालों)/—[< फा॰ हालम] *पु॰* १. एक प्रकार का क्षुपजातीय पौधा जिसके बीज औषधोपयोगी होते हैं। २. उक्त बीज जो काले रंग के होते हैं। चन्द्रसूर। चनसुर।

हाली[१]—[< प्रा॰ हालिअ < स॰ हालिक] *पु॰* हल वाला। हलधर। कृषक। किसान।

हाली[२]—[अरबी] *वि॰* वर्तमान काल का। हाल का। आधुनिक। *क्रिवि॰* शीघ्र। जल्दी।

हाव—[स॰ √ह्वे + घञ्, सम्प्रसारण] *पु॰* पास बुलाना। आह्वान। बुलावा। पुकार। (काव्य॰) १. सब सात्त्विक अलंकार। २. अंगज अलंकार का एक भेद। भाव की वह विकसित अवस्था जिसमें नायिका अपने प्रेम और भोग की इच्छा के सूचक कटाक्ष आदि करके नायक को आकृष्ट करती है। ✣ **हाव-भाव**—*पु॰* = नायक/पुरुषों को आकृष्ट और अनुरक्त करने के लिए नायिका/स्त्रियों की स्वाभाविक, आकर्षक और शृंगारपूर्ण चेष्टाएँ। नाज़-नख़रे। *जैसे*—हाव-भाव दिखानेवाली युवती।

हावन—[फा॰] *पु॰* दवा आदि कूटने की ओखली के समान लोहे का पात्र।

हावनदस्ता—[< फा॰ हावनदस्त:] *पु॰* हावन और उसका दवा आदि कूटने का मूसल।

हावला-बावला—[अनु॰ हावला + हि॰ बावला] *वि॰* पागलों के समान आचरण करनेवाला।

हाव-हाव—[अनु॰] *स्त्री॰* १. लालचभरी आकुलता। २. कभी तृप्त न होने वाली लोभी वृत्ति।

हावी—[अरबी] *वि॰* १. (किसी पर) छाया हुआ। *जैसे*—अनेक युवकों पर बहुत धनी बनने की लालसा हावी है। २. अपने गुण/शक्ति/छल आदि से दूसरे/दूसरों को दबाकर रखनेवाला। अभिभूत करनेवाला। *जैसे*—अनेक राजनीतिज्ञ छल-कपट से दूसरों पर हावी रहना जानते हैं।

हाशिया—[< अरबी हाशिय:] *पु॰* १. पुस्तक आदि में या लिखते समय काग़ज़ के दोनों ओर या केवल बाईं ओर छोड़ा गया स्थान। ख़ाली किनारा। सीमान्त। उपान्त। २. चादर, साड़ी आदि के किनारे का बेल-बूटे वाला भाग या किनारे की गोट।

हास—[स॰ √हस् + घञ्] *पु॰* १. हँसने की क्रिया/भाव। हास्य। हँसी। २. हर्ष। आनन्द। ३. विनोद। हँसी। मज़ाक़। दिल्लगी। ४. उपहास। ५. (फूल का) प्रस्फुटन। खिलना। *जैसे*—पुष्पहास।

(काव्य॰) 'हास्य रस' का स्थायी भाव जिसकी उत्पत्ति किसी की वाणी, रूप आदि के विकारों को देखकर होती है और हर्ष, कम्प, चपलता आदि जिसके व्यभिचारी भाव हैं।

***हास-अवास**—[< स॰ हासावास (हास ~आवास)] *पु॰* वह स्थान जहाँ भाँवर के बाद वर-वधू जाते हैं तथा हास-परिहास और मनोरंजन क्रीड़ाएँ होती हैं। कोहवर।

हासकर—[स॰ हास + कर] *वि॰* हँसी उत्पन्न करनेवाला। हँसाने वाला।

हासिका—[स॰ √हस् + ण्वुल् + टाप्] *स्त्री॰* १. हास। हँसी। २. विनोद। मज़ाक़। ठिठोली। ३. हर्ष। उल्लास।

हासिल—[अरबी] *वि॰* १. प्राप्त। वसूल। २. उपलब्ध। *पु॰* मराठों के द्वारा विजित राज्यों पर लगाया जाने वाला कर विशेष। चौथ।

हासी—[स॰ हासिन्] *वि॰* १. हँसनेवाला। २. हँसीवाला। ***जैसे***—चारुहासी कृष्ण। ⁘ **हासिनी**—*वि॰ (स्त्री॰)* = १. हँसनेवाली। २. हँसीवाली। ***जैसे***—चारुहासिनी राधा।

हासोच्छल—[स॰ हास ~ उच्छल] *वि॰* हँसता हुआ। हासयुक्त।

हाहारव—[स॰ हा-हा ~ रव] *पु॰* हाहाकार।

†**हाही**—[< हि॰ हाय] *स्त्री॰* अतृप्त लोभ के कारण किसी वस्तु को प्राप्त करके भी और अधिक पाने की लालसा या आतुरता/उतावली। ***जैसे***—धन की हाही भी ख़राब है और खाने की हाही भी।

†**हाँड़ना**—[< स॰ हिण्डन] *क्रिअ॰* १. पैदल चलना। २. घूमना-फिरना। भ्रमण। ३. पीछे की ओर हटना। *वि॰* व्यर्थ घूमने-फिरनेवाला।

हाँडी/हाँड़ी—[< स॰ हण्डिका/भाण्डिका] *स्त्री॰* मिट्टी का एक पात्र। हँडिया। ***वा॰* हाँडी उबलना**—ओछे व्यक्ति का इतराना या घमंड दिखाना। **हाँडी पकना**—१. गुप्त परामर्श होना या षड्यन्त्र रचा जाना। २. गप्पें लड़ना। **(किसी के नाम पर) हाँडी फोड़ना**—किसी का दोष अन्य व्यक्ति के मत्थे मढ़ना। **काठ की हाँडी**—छल। कपट। चाल।

हाँतना[1]—[< स॰ हात] *क्रिस॰* १. त्यागना। छोड़ना। २. अलग करना। ३. दूर करना। हटाना।

हाँतना[2]—[< स॰ हत] *क्रिस॰* हत करना। वध करना। मार देना।

***हाँता**—[< हि॰ हाँतना] *वि॰* १. त्यागा हुआ। छोड़ा हुआ। त्यक्त। २. अलग किया हुआ। पृथक्। अलग। ३. दूर किया हुआ। हटाया हुआ। ४. मारा हुआ। हत। ५. नष्ट किया हुआ।

***हाँसी**—[< हि॰ हाँसना] *स्त्री॰* १. हँसी। २. उपहास। मज़ाक़।

हि**[1]—[अवधी, ब्रज॰] *कारक प्रत्यय॰* १. 'को' या 'के लिए'। ***जैसे—रामहि; भरतहि। २. से। ३. का।

हि**[2]—[< स॰ हि] *अव्यय॰* ही। ***जैसे—मनहि मन मुसकाय।

***हिअ, हिआ**—[प्रा॰, < प्रा॰ हिअय < स॰ हृदय] *पु॰* १. (शरीर का एक अंग) हृदय। दिल। २. मन। ३. वक्ष। छाती।

†**हिआउ/हिआव**—*पु॰* ≤ *हि॰* हियाव। साहस। हिम्मत।

***हिए**—[< प्रा॰ हिअय < स॰ हृदय] *पु॰* १. (शरीर का एक अंग) हृदय। दिल। २. मन। ३. वक्ष। छाती। *क्रिवि॰* हृदय, मन या वक्ष में। ● **विशेष**— ***हिएँ** = १. हृदय, मन या वक्ष में। २. मन से।

***हिंस**—[< हि॰ हींस] *स्त्री॰* घोड़े की हिनहिनाहट। हींस।

हिंसक—[स॰ √हिंस् + ण्वुल्] *पु॰* १. हिंसा करनेवाला। जीवघाती। हत्यारा। २. दूसरों को कष्ट देनेवाला। पीड़क। ३. हानिकारी। ४. जंगली (पशु)।

हिंसन—[स॰ हिंस् + ल्युट्] *पु॰* १. वध/हत्या करना। मारना। हनन। २. कष्ट देना। सताना। पीड़न। ३. चोट पहुँचाना। ४. अनिष्ट करना। हानि पहुँचाना। Δ **पर्याय**—हिंसा।

हिंसा—[स॰ √हिंस् + अ + टाप्] *स्त्री॰* १. हत्या या आघात करना। २. हानि पहुँचाना। ३. अनिष्ट करना। ४. कष्ट या दुःख देना।

हिंसारु—[स॰ हिंसा + आरु] *पु॰* १. कोई भी अनिष्टकारी पशु। हिंसक पशु। २. चीता।

हिंसोन्मत्त—[स॰ हिंसा ~ उन्मत्त] *वि॰* १. हिंसा करने के लिए उतावला। २. जो हिंसा करके उन्मत्त हो गया हो।

हिंस्र—[स॰ √हिंस् + र] *वि॰* १. हिंसा करनेवाला। हिंसक। २. अनिष्टकर। ३. उपद्रवी। ४. भयानक। *पु॰* १. हिंसक पशु। २. नाशक व्यक्ति। ⁘ **हिंस्रक**—*पु॰* = हिंस्र पशु। ख़ूँख़ार जानवर।

हिकायत—[अरबी] *स्त्री॰* कथा-कहानी।

हिक़ारत—[< अरबी हक़ारत] *स्त्री॰* १. तिरस्कार। अपमान। बेइज़्ज़ती। २. घृणा। ३. उपेक्षा। अवमानना। ***वा॰* हिक़ारत की नज़र/निगाह से देखना**—तुच्छ समझना। हेय मानना।

हिक्का—[स॰ √ हिक्क् + अ + टाप्] *स्त्री॰* १. हिचकी। २. बहुत हिचकियाँ आने का रोग।

हिङ्करना (हिंकरना)—[< स॰ हिंकार] *क्रिअ॰* (घोड़े का) हिनहिनाना। हींसना।

हिङ्कार (हिंकार)—[स॰ हिङ् + कार] *पु॰* १. 'हिङ्' या 'हिम्' ध्वनि या उसे करने की क्रिया। २. (घोड़े की) हिनहिनाहट। ३. सामवेद को गाते समय बीच-बीच में 'हिङ्' का उच्चारण।

हिङ्गु (हिंगु)—[स॰ हिम √गम् + डु, निपात॰] *पु॰* हींग।

हिङ्गुपत्र (हिंगुपत्र)—[स॰ हिङ्गु ~ पत्र] *पु॰* इंगुदी का वृक्ष। गोंदी। हिंगोट।

हिङ्गुल—[स॰ हिङ्गु + ल (√ला + क)] *पु॰* ईंगुर।

हिङ्गोट (हिंगोट)—[< स॰ हिङ्गुपत्र] *पु॰* इंगुदी का वृक्ष। हिंगुपत्र। गोंदी।

हिचक—[अनु॰] *स्त्री॰* हिचकने की क्रिया/भाव। किसी काम को करने में मन में अनुभव की जाने वाली रुकावट। आगा-पीछा। संकोच। झिझक।

हिचर-मिचर—[देशज हिचर + अनु॰] *स्त्री॰* टालमटोल।

हिजरत—[< अरबी हिज्रत] *स्त्री॰* १. विपत्ति के समय स्वदेश छोड़कर अन्यत्र चले जाना। प्रवास। २. इस्लाम के प्रवर्तक मुहम्मद का मक्का से भाग कर मदीना जाना।

हिजरी—[अरबी] *पु॰* अरब देश द्वारा प्रचलित एक सन्/संवत् जो

हज़रत मुहम्मद की हिजरत के दिनांक से आरम्भ किया गया और चान्द्र कालगणना पर आधारित है।

हिजाब—[अरबी] *पु॰* १. आड़। ओट। परदा। २. लज्जा। शर्म। ३. संकोच। झिझक। हिचकिचाहट।

हिज्जल—[स॰] *पु॰* बेंत के समान एक प्रकार का पेड़ जो जलाशयों के समीप उत्पन्न होता है और औषधीयोपयोगी होता है।

हिज्जे—[< अरबी हिज्जा] *पु॰* १. शब्द में प्रयुक्त वर्ण/अक्षर। वर्तनी। वर्ण-विन्यास। २. किसी शब्द के वर्णों का अलग-अलग और क्रमशः उच्चारण। (अ॰ स्पेलिंग)

हिज्र—[अरबी] *पु॰* वियोग। बिछोह।

***हिण्डोर (हिंडोर), हिण्डोरना (हिंडोरना)**— दे॰ क्रमशः हिण्डोल, हिण्डोलना।

हिण्डोल (हिंडोल)—[< स॰ हिन्दोल] *पु॰* हिंडोला। (दे॰) (संगीत॰) एक राग। ✣ **हिण्डोलना (हिंडोलना)**— *पु॰* = १. छोटा हिंडोला। २. बच्चों का झूला। पालना।

हिण्डोला (हिंडोला)—[< स॰ हिन्दोल] *पु॰* १. झूला। २. वृक्ष या छत्त से लटका झूला। ३. चक्राकार बड़ा झूला। ४. बच्चों का झूला। पालना।

हित—[स॰ √धा + क्त] *वि॰* १. उपयुक्त। उचित। ठीक। २. उपयोगी। लाभप्रद। फ़ायदेमन्द। ३. हितैषी। ४. कृपालु। ५. स्नेही। ६. स्वास्थ्यकर। *पु॰* १. लाभ। फ़ायदा। ***जैसे***—हित और हानि। २. कल्याण। मंगल। भलाई। ३. उपकार। ४. (कोई भी) उपयुक्त वस्तु। ५. कुशल। क्षेम। ६. मित्र। ७. सम्बन्धी। रिश्तेदार। ८. सम्बन्धी। नाता। रिश्ता। ९. भलाई चाहनेवाला व्यक्ति। हितैषी। *१०. प्रेम। (छन्द॰) एक समवर्णिक छन्द जिसके प्रत्येक चरण में क्रमशः सगण, नगण, यगण और २ गुरु (स न य ग ग) के योग से ११ वर्ण होते हैं तथा ५-६ पर यति। ✣**हितकर/हितकर्ता**— *वि॰* = १. हित/कल्याण करनेवाला। अनुकूल। २. उपकारी। हितैषी। ✣ **हितकाम**— *वि॰* = हितचिन्तक। (दे॰) ✣ **हितकारक/ हितकारी**— *वि॰* = हितकर।

***हित-चार**—[स॰ हित ~ चार] *पु॰* १. भेंट। २. प्रेम-क्रीडा।

***हितचित**—[< स॰ हित ~चित्त] *पु॰* प्रेमी मन वाला।

हितचिन्तक (हितचिंतक)—[स॰ हित ~ चिन्तक] वि, *पु॰* (किसी का) हित चाहनेवाला। हितेच्छु। शुभचिन्तक। हितैषी।

हितचिन्तन (हितचिंतन)—[स॰ हित ~ चिन्तन] *पु॰* किसी के हित का चिन्तन। हितैषिता। हित-कामना।

***हितता**—[स॰ हित + तल् + टाप्] *स्त्री॰* हित। भलाई।

***हितना**—[< स॰ हित] *क्रिस॰* १. (किसी का) हित करना। भला करना। २. (किसी से) प्रेम करना।

हितभाषिणी—दे॰ हितभाषी।

हितभाषी—[स॰ हित ~ भाषी (भाषिन्)] *वि॰* भलाई की बात कहनेवाला। हितकारक परामर्श देनेवाला।

हित-वचन—[स॰] *पु॰* हितकारक कथन। कल्याणकारी वाणी।

हितवाद—[स॰ हित ~ वाद] *पु॰* हितकारी वचन/बात। हित-वचन। ✣ **हितवादिनी**— *वि॰ (स्त्री॰), स्त्री॰* = हितकर बात कहनेवाली (स्त्री)। ✣ **हितवादी**— *वि॰, पु॰* = १. हित की सलाह देनेवाला (व्यक्ति)। २. हितकारी बात कहनेवाला (व्यक्ति)।

हितसङ्घर्ष (हितसंघर्ष)—[स॰ हित ~ सङ्घर्ष] *पु॰* १. हितों का संघर्ष। अलग-अलग व्यक्तियों/पक्षों/दलों के अपने-अपने हितों का टकराव। २. स्वार्थों के लिए संघर्ष/टकराव।

हिताई—[< स॰ हित] *स्त्री॰* १. सम्बन्ध। रिश्ता। नाता। २. सम्बन्धी का घर। ३. हित। ४. प्रेम।

हिताकाङ्क्षिणी (हिताकांक्षिणी)—[स॰ हित ~ आकाङ्क्षिणी] *वि॰ (स्त्री॰)* हित/भलाई चाहनेवाली। हितैषिणी। शुभेच्छु (स्त्री)। ***जैसे***—माता सदैव अपने पुत्रों की हिताकांक्षिणी होती है।

हिताकाङ्क्षी (हिताकांक्षी)—[स॰ हित ~ आकाङ्क्षी (आकाङ्क्षिन्)] *वि॰* हित/भलाई चाहनेवाला। हितैषी। शुभेच्छु।

***हिताना**—[< स॰ हित] *क्रिअ॰* १. हितैषी होना। हितकारी होना। २. मित्र के समान होना। ३. प्रिय लगना। रुचिकर होना। ४. प्रेमयुक्त होना। १. लालायित करना। ललचाना। २. लज्जित करना।

हितार्थी—[स॰ हित ~ अर्थी (अर्थिन्)] *वि॰* कल्याण/भलाई चाहनेवाला। हितैषी। हितेच्छु।

हितावह—[स॰ हित ~ आवह] *वि॰* हितकारी।

हिताहित—[स॰ हित ~ अहित] *पु॰* हित और अहित। भलाई-बुराई, उपकार-अपकार अथवा लाभ-हानि।

***हितु[1]**—[< स॰ हित] *पु॰* १. हित। २. कल्याण या उपकार। २. सगे-सम्बन्धी। प्रियजन।

***हितू[2]**— *पु॰* [< हिं॰ हित] *पु॰* १. निकट-सम्बन्धी। प्रियजन। २. हित कारी। हित करने वाला। ३. हितैषी। ४. प्रेमी व्यक्ति। मित्र या स्नेही व्यक्ति।

हितेच्छा—[स॰ हित ~ इच्छा] *स्त्री॰* (किसी की) भलाई की इच्छा। हितकामना। हितैषी।

हितेच्छु—[स॰ हित ~ इच्छु] *वि॰, पु॰* हितैषी। हितचिन्तक।

***हितै**—[< स॰ हित] *वि॰* हितकारी या हितैषी।

हितैषणा—[स॰ हित ~ एषणा] (किसी के) हित की इच्छा। हित-कामना।

हितैषिता—[स॰ हितैषिन् + तल् + टाप्] *स्त्री॰* १. हितैषी होने का भाव। हितैषीपन। २. (किसी की) हित-कामना। शुभेच्छा। कल्याण-कामना। ३. (किसी का) हित/कल्याण/भलाई/उपकार करने की वृत्ति।

हितैषी—[स॰ हितैषिन्] *वि॰* हिताकांक्षी। (दे॰) *पु॰* १. हित-चिन्तक व्यक्ति। २. मित्र। दोस्त।

हितोक्ति—[स॰ हित ~ उक्ति] *स्त्री॰* हितकर सलाह। सत्परामर्श।

हित्ती—[< स॰ क्षत्रिय] *पु॰* १. ईसापूर्व द्वितीय सहस्राब्दि में पश्चिमी एशिया में साम्राज्य स्थापित करने वाली एक जाति जिसकी संस्कृति वैदिक थी। २. उक्त लोगों की भाषा जो ईसापूर्व सहस्राब्दि में सीरिया देश आदि में प्रचलित थी।

हिनक—[हि॰ हिनकना] *स्त्री॰* हिनहिनाहट।

हिनकना—[अनु॰] (घोड़े का) हिनहिनाना। हींसना। ✣ **हिनकाना**—*क्रिस॰* = ऐसा कुछ करना जिससे घोड़ा हिनहिनाए।

हिना—[फा॰] *स्त्री॰* १. मेंहदी का पेड़। २. उक्त की पत्तियाँ। मेंहदी।

हिन्ट (हिंट)—[अ॰] *पु॰* संकेत। इशारा।

हिन्ताल (हिंताल)—[< स॰ हीन ~ ताल, पृषो॰] *पु॰* एक प्रकार का जंगली खजूर या छोटा ताड़ वृक्ष जो जलाशयों के समीप उगता है।

हिन्द (हिन्द)—[फा॰] *पु॰* हिन्दुस्थान। भारत। ✣ ***हिन्दवाना**—*पु॰* १. हिन्दुस्थान देश या हिन्दू जाति। ✣ **हिन्दवी (हिंदवी)**—*वि॰* = हिन्दुस्थान का। भारत का। *स्त्री॰* १. हिन्दुस्थान देश की भाषा। २. हिन्दी भाषा।

हिन्दसा (हिंदसा)—[< अरबी हिन्दसः] *पु॰* (अंकगणित के) अंक।

हिन्दु (हिंदु)—[< स॰ सिन्धु] *पु॰* हिन्दू। ● **विशेष**—'हिन्दु' शब्द संस्कृत में प्रचलित है परन्तु यह संस्कृत के 'सिन्धु' शब्द से विकसित है।

***हिन्दुआन**—[< हि॰ हिन्दू] *पु॰* (बहु॰) हिन्दू लोग। हिन्दुओं। ✣ **हिन्दुआनी**—*स्त्री॰* = १. हिन्दुत्व। हिन्दूपन। २. हिन्दूजाति।

†**हिन्दुई**—*स्त्री॰* < फा॰ हिन्दवी। हिन्दी भाषा।

हिन्दुत्व (हिंदुत्व)—[< स॰ हिन्दु + त्व] *पु॰* १. हिन्दू होने की स्थिति/गुण/भाव। हिन्दूपन। २. हिन्दू संस्कृति या हिन्दू धर्म। ३. हिन्दू समाज का आचार-विचार और व्यवहार। ४. हिन्दू धर्म और संस्कृति के प्रति आत्मीयता और श्रद्धा।

हिन्दोरना (हिंदोरना)—[< स॰ हिन्दोल] *क्रिस॰* पानी आदि किसी द्रव में हाथ को या किसी वस्तु को डाल कर इधर-उधर चलाना। घँघोलना।

हिन्दोल (हिंदोल)—[स॰ हिल्लोल + घञ्, पृषो॰] १. हिंडोला। झूला। २. भगवान् कृष्ण आदि के भक्तों का 'दोलोत्सव' (झूले का उत्सव) जो श्रावण शुक्ल एकादशी से पूर्णिमा तक मनाया जाता है।

हिप्नोटिज़्म—[अ॰] *पु॰* १. सम्मोहन। २. सम्मोहन-विद्या।

हिफ़्ज़—[अरबी] *वि॰* कंठस्थ। ***जैसे**—इन बच्चों को गीता के अनेक श्लोक हिफ़्ज़ हैं।

हिब्रू—[< अरबी इब्रानी] *पु॰* यहूदी। *स्त्री॰* यहूदियों की भाषा। *वि॰* यहूदी से सम्बन्धित। यहूदी का।

हिम—[स॰√हि + मक्] *वि॰* ठंडा। *पु॰* १. (प्राकृतिक) बर्फ़। २. तुषार, कोहरा या पाला। ३. ठंड। ठंडक। ४. जाड़े की ऋतु। शीतकाल।

हिमछत्रक—[स॰ हिमछत्र + कन्] *पु॰* = (भूविज्ञान॰) बर्फ़ का एक स्थायी आवरण जो किसी भू-क्षेत्र को सदा ढँके रहता है और जिसमें केन्द्र से हर दिशा में बर्फ़ चलती रहती है। बर्फ़-टोप। (अ॰ आइस कैप)

हिमज—[स॰ हिम + ज] *पु॰* हिमालय का पुत्र। मैनाक पर्वत। *वि॰* ठंडक से उत्पन्न। हिमालय से उत्पन्न। ✣ **हिमज-गह्वर**—*पु॰* बर्फ़ से बना गहरा गड्ढा।

हिमजा—[स॰ हिम + जा] *स्त्री॰* १. हिमालय की पुत्री। २. पार्वती या गंगा।

हिम-झ्ज्झावात (हिम-झंझावात)—[स॰ हिम ~ झ्ज्झावात] *पु॰* बर्फ़ीला तूफ़ान। ओलों की वर्षा वाला तूफ़ान।

हिमतैल—[स॰ हिम ~ तैल] *पु॰* १. कपूर मिलाकर बनाया हुआ सिर में मलने का तेल। २. शीतल तेल।

हिमदाह—[स॰ हिम ~ दाह] *पु॰* बहुत ठंड के कारण (हाथ-पाँवों की उँगुलियों, नाक, कान आदि में) रक्त-संचार की कमी। हिमोपहति।

हिम-दुर्दिन—[स॰] *पु॰* अधिक ठंड और बादलों के कारण बुरा दिन।

हिम-द्रवण—[स॰] *पु॰* बर्फ़ का पिघलना।

हिमधाव—[स॰ हिम ~ धाव] *पु॰* पहाड़ से टूट कर गिरने वाली हिम-राशि। (अ॰ ऐवलांश)

हिम-ध्वस्त—[स॰] *वि॰* तुषार/पाला का मारा हुआ। पाले से नष्ट किया हुआ।

हिमनद—[स॰ हिम-नद] *पु॰* धीरे-धीरे सरकता हुआ हिम-समूह। हिमनदी। हिमानी। (अ॰ ग्लैसिअर) ✣ **हिमनदीय**—*वि॰* = हिमनद से सम्बन्धित। हिमनद का। ✣ **हिमनदीय निक्षेप**—*पु॰* (भूविज्ञान॰) = हिमनदों द्वारा बहाकर लाए गए बजरी, मिट्टी इत्यादि के ढेर।

हिमनदन—[स॰ हिम ~ नदन] *पु॰* (भूविज्ञान॰) १. हिमनद बर्फ़ के द्वारा किए हुए अपरदन तथा निक्षेपण से पृथ्वी के ठोस पृष्ठ के रूप-परिवर्तन। २. हिमनदी का निर्माण। ३. भू-पृष्ठ का बर्फ़ से ढँक जाना। ∆ **पर्याय**—हिमावर्तन।

हिमनद युग—[स॰ हिमनद ~ युग] *पु॰* (भूवैज्ञानिक कालानुक्रम में) वह युग जिसमें पृथ्वी का बहुत बड़ा भाग बर्फ़ से ढँका हुआ था।

हिमनदीय, हिमनदीय निक्षेप—दे॰ हिमनद।

हिमप्रस्थ—[स॰ हिम ~ प्रस्थ] *पु॰* हिमालय पर्वत।

हिम-भानु—[स॰] *पु॰* चन्द्रमा।

हिममयूख—[स॰ हिम ~ मयूख] *पु॰* चन्द्रमा। हिमकर।

हिमयुग—[स॰ हिम ~ युग] *पु॰* वह भूवैज्ञानिक युग जिसमें पृथ्वी का एक बड़ा भाग बर्फ़ की चादरों में ढँक जाता है। हिमकाल। (अ॰ आइस-एज)

***हिमराती**—[< स॰ हिमरात्रि] *स्त्री॰* = जाड़े की रात। हिमरात्रि।

हिमरात्रि—[स॰ हिम ~ रात्रि] *स्त्री॰* जाड़े की रात।

***हिम रितु**—[स॰ हिम ~ ऋतु] *स्त्री॰* १. जाड़े का मौसम। शीत ऋतु। २. हेमन्त ऋतु।

हिमरेखा—[स॰ हिम-रेखा] वह ऊँचाई-सीमा जिसके ऊपर बर्फ़ सदा जमी रहती है। (अ॰ स्नो-लाइन)

हिमर्तु—[सं॰ हिम ~ऋतु] *स्त्री॰* १. जाड़े का मौसम। हिम-ऋतु। २. हेमन्त ऋतु।

हिमवन्त (हिमवंत)—[< सं॰ हिमवत्] *पुं॰* हिमालय पर्वत।

हिमवान्—[सं॰ हिमवत्] *वि॰* बर्फ़ीला। *पुं॰* १. हिमालय पर्वत। २. चन्द्रमा। *वि॰* बर्फ़ीला।

हिमशैलजा/हिमशैलसुता—[सं॰ हिमशैल + जा, हिमशैल ~ सुता] *स्त्री॰* १. हिमालय की पुत्री। २. पार्वती (देवी)। ३. गंगा।

हिमश्वेत—[सं॰ हिम ~श्वेत] *वि॰* १. बर्फ़ के समान सफ़ेद रंग का। २. बहुत सफ़ेद।

हिमसरण—[सं॰ हिम ~ सरण] *पुं॰* बर्फ़ पर फिसलने का खेल। (अं॰ आइस स्केटिंग।)

हिमा—[< सं॰ हिम] *स्त्री॰* १. पार्वती/दुर्गा (देवी)। २. हेमन्त ऋतु।

हिमांशु—[सं॰ हिम ~ अंशु] *पुं॰* चन्द्रमा।

हिमाक़त—[< अरबी हमाक़त] *स्त्री॰* १. मूर्खता। नासमझी। बेवक़ूफ़ी। २. धृष्टता।

हिमागम—[सं॰ हिम ~ आगम] *पुं॰* जाड़े का मौसम। शीतकाल।

हिमाङ्क (हिमांक)—[सं॰ हिम ~ अङ्क] *पुं॰* वह ताप जिस पर कोई द्रव ठोस बन जाता है। (अं॰ फ्रीज़िंग प्वाइन्ट)

हिमाच्छन्न/हिमाच्छादित—[सं॰ हिम ~ आच्छन्न/आच्छादित] *वि॰* बर्फ़ से ढँका हुआ।

हिमाद्रि—[सं॰ हिम ~अद्रि] *पुं॰* हिमालय पर्वत। हिमगिरि। ✣ **हिमाद्रिजा/हिमाद्रितनया/हिमाद्रिसुता**—*स्त्री॰* १. हिमालय की पुत्री। २. पार्वती (देवी)। ३. गंगा।

हिमानिल—[सं॰ हिम ~ अनिल] *पुं॰* बर्फ़ीली हवा। बहुत ठंडी हवा।

हिमानी—[सं॰ हिम + ङीप्, आनुक्] *स्त्री॰* १. बर्फ़ का ढेर। हिमराशि। (भूविज्ञान॰) हिमपिंड जो पर्वत के ढाल या घाटी की ओर धीरे-धीरे संचालित होता है। हिमनद। ग्लेशियर (अं॰)। ✣ **हिमानी युग**—*पुं॰* = हिम-युग।

हिमान्त—[सं॰ हिम ~ अन्त] *पुं॰* शीतऋतु की समाप्ति।

हिमान्ध (हिमांध)—[सं॰ हिम ~ अन्ध] *वि॰* (हिमाच्छादित प्रदेश में) बर्फ़ की चमक के कारण देखने में असमर्थ। ✣ **हिमान्धता (हिमांधता)**—*स्त्री॰* हिमाच्छादित (प्रदेश में) बर्फ़ की चमक के कारण देखने में होनेवाली असमर्थता।

हिमाभ—[सं॰ हिम.~ आभा] *वि॰* १. हिम की आभा वाला। बर्फ़ के समान चमकदार। २. जो देखने में बर्फ़ जैसा लगे।

हिमामदस्ता—[< फा॰ हावनदस्तः] *पुं॰* मसाले आदि कूटने का एक उपकरण जिसमें लोहे का खरल और लोहे का मूसल होता है। हावनदस्ता।

हिमायत—[अरबी] *स्त्री॰* १. पक्षपात। पक्षधरता। तरफ़दारी। २. सहायता। मदद। ३. पीठ ठोंककर हिम्मत बढ़ाना। पृष्ठपोषण।

हिमाराति—[सं॰ हिम ~ अराति] *वि॰* ठंड का शत्रु। *पुं॰* १. अग्नि। २. सूर्य।

हिमार्त—[सं॰ हिम ~ आर्त] *वि॰* १. हिम से पीड़ित/दुखी। २. जिसे जाड़ा कष्ट दे रहा हो। ३. ठंड खाया हुआ।

हिमाहत—[सं॰ हिम ~ आहत] *वि॰* १. बर्फ़/ठंड से पीड़ित। २. ठंड खाया हुआ।

हिमित—[सं॰ हिम + इतच्] *वि॰* १. जो बर्फ़ में बदल गया हो। *जैसे*—हिमित जल। २. बर्फ़ से ढँका हुआ। हिमाच्छादित। ३. जिसमें बर्फ़ मिला दिया गया हो। ४. जो बहुत ठंडा हो गया हो या कर दिया गया हो।

हिमी—[< सं॰ हिम] *वि॰* १. हिम-सम्बन्धी। हिम का। २. ओलोंवाला। *जैसे*—हिमी वर्षा। ✣ **हिमी वर्षा**—*स्त्री॰* = ऐसी वर्षा जिसमें ओले भी पड़ें।

***हिरकना**—[देशज] *क्रिअ॰* १. (परिचित हो जाने के कारण) समीप आना। २. सटना या चिपटना। *जैसे*—कोई खिड़की में कोई हिर की किवाड़ में। २. धीरे-धीरे परिचित होना। ३. आश्चर्यचकित होना। ४. मना करना। रोकना।

***हिरकाना**—[< हि॰ हिरकना] *क्रिस॰* १. समीप ले जाना। सटाना। २. स्पर्श कराना। ३. परिचित कराना। ४. आश्चर्यचकित करना।

हिरण्य—[सं॰ हिरण + यत्] *पुं॰* १. सोना/चाँदी या कोई भी बहुमूल्य धातु। २. धतूरा। ३. सम्पत्ति। जायदाद।

हिरण्यकशिपु—[सं॰ हिरण्य ~ कशिपु] *पुं॰* स्वर्ण की शय्यावाला।

हिरण्यकेश—[सं॰ हिरण्य ~ केश] *वि॰* जिसके केश सुनहले हों। *पुं॰* विष्णु।

हिरण्यमय—[सं॰ हिरण्य + मयट्] *वि॰* स्वर्ण का बना हुआ।

हिरण्यकोश/हिरण्यगर्भ—[सं॰ हिरण्य ~ कोश/गर्भ] *पुं॰* १. वह स्वर्णिम/ज्योतिर्मय अंड जिससे सृष्टिकर्त्ता ब्रह्मा का जन्म हुआ। २. ब्रह्मा। सूक्ष्म शरीर।

हिरण्यरेता—[सं॰ हिरण्यरेतस्] *पुं॰* १. अग्नि। २. सूर्य। ३. शिव। महादेव।

हिरण्यवान्—[य॰ हिरण्यवत्] *पुं॰* १. जिसके पास स्वर्ण/सोना हो। २. धनी व्यक्ति।

हिरण्यवाह—[सं॰ हिरण्य ~ वाह] *पुं॰* 'शोण/सोन' नदी।

हिरनौरा—[< हि॰ हिरन, या < सं॰ हरिणपोतक] *पुं॰* हिरन का बच्चा। मृगशावक।

हिरमजी—[अरबी] *स्त्री॰* लाल रंग की एक मिट्टी जो कपड़ों और दीवारों को रँगने में काम आती है। हिरौंजी। *वि॰* लाल रंग का। ✣ **हिरमिजी**—*वि॰* = हिरमजी।

हिरसा—[< सं॰ दृशद्] *पुं॰* पत्थर का बहुत छोटा पटा। *जैसे*—चन्दन को हिरसा पर घिसना।

हिराना[1]—[< सं॰ हरण] *क्रिअ॰* १. खो जाना। २. मिट जाना। दूर हो जाना। ३. नष्ट हो जाना। ४. विलीन हो जाना। ५. भटक जाना। भूल जाना। ६. सुध न रह पाना।

हिरासत—[अरबी] *स्त्री॰* १. अपराध करने के कारण या उसके सन्देह में किसी व्यक्ति को हर प्रकार के बन्धन, देखरेख या रोक

में रखना जिससे वह भाग न जाए। २. (पुलिस की) हवालात। ✣ **हिरासती**—*वि॰* = १. हिरासत-सम्बन्धी। हिरासत का। २. हिरासत में रखा हुआ। *पु॰* = हिरासत में रखा हुआ व्यक्ति।

हिरिस—*पु॰* (देशज) एक प्रकार का छोटा वृक्ष जिसकी छाल भूरे रंग की और फल खट्टे-मीठे होते हैं।

हिरौंजी (हिरौंजी)—*स्त्री॰, वि॰* ≤ अरबी हिरमजी।

हिर्स[1]—[< सं॰ ईर्ष्या] *स्त्री॰* किसी को देख कर ईर्ष्या-वश होड़ के रूप में कुछ करने की प्रवृत्ति। ईर्ष्या से की जानेवाली स्पर्धा।

हिर्स[2]—[अरबी] *स्त्री॰* लोभ। लिप्सा। लालच। हवस।

हिर्सा-हिर्सी—[< हि॰ हिर्स < सं॰ ईर्ष्या] *क्रिवि॰* दूसरों के प्रति ईर्ष्यावश होड़ करने के लिए।

हिर्सी[1]—[< हि॰ हिर्स < सं॰ ईर्ष्या] *वि॰* दूसरों के प्रति ईर्ष्यावश होड़ करने की प्रवृत्तिवाला। हिर्सवाला।

हिर्सी[2]—[< अरबी हिर्स] *वि॰* लोभी। लालची।

हिर्सौंहा (हिर्सौंहा)—[< अरबी हिर्स] *वि॰* हिर्स के स्वभाव वाला। हिर्सी। लोभी। लालची।

हिलक—[< हि॰ हिलकना] *स्त्री॰* हिलकने की क्रिया/भाव।

हिलकना[1]—[< हि॰ हिलगना < सं॰ अभिलग्न] *क्रिअ॰* १. (किसी बात में या किसी वस्तु से) उलझना या हिलगना। २. (किसी काम में) हिलगना। ३. (किसी के प्रति) अनुरक्त होना। प्रेम होना।

हिलकना[2]—[< सं॰ हिक्का + हि < लगना] *क्रिस॰* हिचकियाँ लेना। २. देर तक रोने के कारण हिचकियाँ या सिसकियाँ आना।

हिलकना[3]—[< हि॰ हिलाना] *क्रिअ॰* उछलना।

हिलकी—[< हि॰ हिलकना < सं॰ हिक्की] देर तक रोने के कारण उत्पन्न हिचकी या सिसकी।

हिलकोरा—[< सं॰ हिल्लोल] *पु॰* १. तरंग। लहर। हिलोर। २. लहरों के कारण नाव की डगमगाहट।

हिलग/हिलगन—[< हि॰ हिलगना] *स्त्री॰* १. अटकने की अवस्था, क्रिया/भाव। २. सम्बन्ध। लगाव। ३. लगन। ४. प्रेम। स्नेह। अनुराग। ५. मेल-जोल। ६. स्वभाव। आदत।

***हिलन**—[< हि॰ हिलना] *पु॰* १. मेलजोल। २. प्रेम। ✣ **हिलन-मिलन**—*पु॰* = मिलना-जुलना।

हिलसा—[< सं॰ इल्लिश] *स्त्री॰* एक प्रकार की मछली जो बहुत काँटोंवाली होती है।

हिल-स्टेशन—[अं॰] *पु॰* स्वास्थ्यवर्धक पर्वतीय स्थान।

***हिलि**—[< हि॰ हिलना] *क्रिवि॰* हिलकर।

***हिलुरना**[1]—[< हि॰ हिलोर] *क्रिअ॰* (जल का) लहरों से युक्त होना। हिलोरें लेना। तरंगित होना।

***हिलुरना**[2]—*क्रिअ॰* ≤ हि॰ हिलना।

हिलोर—[< सं॰ हिल्लोल] *स्त्री॰* तरंग। लहर।

हिल्लोल—[सं॰ √हिल्लोल् + अच्] *पु॰* १. तरंग। लहर। २. आनन्द/मस्ती की लहर। (संगीत) 'हिंडोल' नामक राग।

हिल्लोलन—[सं॰ √हिल्लोल् + ल्युट्] *पु॰* १. पानी में लहरें उठना। लहराना। २. मन की मस्ती। मौज। ३. कम्पन। काँपना। ४. हिलना। ५. झुलाना। ✣ **हिल्लोलित**—*वि॰* १. तरंगित। २. आनन्द/मस्ती से युक्त किया गया। आनन्दित/मस्त किया गया।

***हिवड़ा**—*पु॰* ≤ हि॰ हिय। हृदय।

***हिवार**—[< सं॰ हिमालय] *पु॰* १. बर्फ़ीला स्थान। २. हिमालय पर्वत।

***हिवाँर**—[< सं॰ हिम] *पु॰* १. हिम। बर्फ़। २. तुषार। पाला। *वि॰* बहुत ठंडा।

***हिसका**—[< सं॰ ईर्ष्या] *पु॰* १. ईर्ष्या। जलन। डाह। २. प्रतिस्पर्धा। होड़। ✣ **हिसका-हिसकी**—*स्त्री॰* = प्रतिस्पर्धा। होड़।

हिसार—[फा॰] पु १. घेरा। परकोटा। चारदीवारी। २. दुर्ग। क़िला। ३. हरियाणा प्रदेश का एक नगर और ज़िला।

हिसालू—[देशज] *पु॰* एक प्रकार का पौधा या उसके लाल रंग के छोटे-छोटे और मीठे फल। (अं॰ स्ट्राबेरी)

***हिसिषा**—[< सं॰ ईर्ष्या] *स्त्री॰* प्रतिस्पर्धा। होड़।

हिंकरि (हिंकरि)—दे॰ हिङ्करि (हिंकरि)।

हिंडोरना (हिंडोरना)—दे॰ हिंडोलना।

***हिँडोरा**—*पु॰* ≤ हि॰ हिंडोला। ✣ **हिँडोरी (हिंडोरी)**—*स्त्री॰* = छोटा हिंडोला।

हिंडोल (हिंडोल)—[< सं॰ हिन्दोल्] *पु॰* १. हिंडोल।(दे॰)

†**हिँडोलना**[1]/ **हिँडोरना/(हिंडोलना/ हिंडोरना)**—*पु॰* छोटा हिंडोला।

†**हिँडोलना**[2] **(हिडोलना)**—[< सं॰ आलोडन] *क्रिस॰* आलोड़ित करना।

हिंडोला (हिंडोला)—*पु॰* ≤ हि॰ हिंडोल। (दे॰)

हीक—[देशज] *स्त्री॰* दुर्गन्ध। ***जैसे***—गर्मियों में बासी दाल में हीक आने लगती है।

***हीचना**—*क्रिअ॰* ≤ हि॰ हिचकना।

***हीछना**—[< सं॰ इच्छा] *क्रिस॰* इच्छा करना। चाहना।

***हीछा**—*स्त्री॰* ≤ *सं॰* इच्छा।

***हीतल**—[हि॰ हिय + सं॰ तल] *पु॰* हृदय-तल। हृदय या मन।

हीन—[सं॰ √हा + क्त, त→न, ईत्व] *वि॰* १. बुरा। ख़राब। ***जैसे***—हीन अवस्था। २. नीच क्षुद्र। अधम। ***जैसे***—हीन कुल में जन्म। ३. (तुलना में) निम्न कोटि का। घटिया। ४. तुलना में कम मूल्य का, कम महत्त्व का, थोड़ा या हल्का। ५. जिसका महत्त्व न हो। तुच्छ। नगण्य। ६. (समासयुक्त शब्द के अन्त में) किसी तत्त्व/वस्तु आदि से रहित ***जैसे***—ज्ञानहीन; जलहीन; शक्तिहीन।

हीनयान—[सं॰ हीन ~ यान] *पु॰* (बौद्ध॰) १. हीनमार्ग। घटिया पन्थ। २. बौद्ध मत की अनेक शाखाओं में से मूल शाखा जिसके अनुसार निर्वाण-प्राप्ति ही भिक्षु का उद्देश्य है और अष्टांगिक मार्ग ही उसका साधन है। ✣ **हीनयानी**—*वि॰* = हीनयान से सम्बन्धित हीनयान का। *पु॰* = 'हीनयान' का अनुयायी या समर्थक।

हीनयोग—[सं॰ हीन ~ योग] *वि॰* भ्रष्ट। *पु॰* (आयुर्वेद॰) आहार,

विहार और आचरण में जो कार्य करने योग्य हैं, उन्हें बिल्कुल न करना।

हीनवीर्य—[सं॰ हीन ~ वीर्य] *वि॰* १. बहुत दुर्बल। अशक्त। २.क्लीव। नपुंसक।

हीनाङ्ग—[सं॰ हीन ~ अङ्ग] *वि॰* अंगहीन। विकलांग।

हीनार्थ—[सं॰ हीन ~ अर्थ] *वि॰* १. जिसका काम सिद्ध न हुआ हो। विफल। २. निरर्थक। व्यर्थ। ३. (शब्द/वाक्य आदि) जिसका कोई अर्थ न हो। अर्थहीन। (भाषा॰) जिसके अर्थ का अपकर्ष हुआ हो। जिसका अर्थ समय बीतने पर बदल कर घटिया/या बुरा हो गया हो।

हीमोग्लोबिन—[अं॰] *पु॰* (प्राणि॰) लाल रुधिर कोशिकाओं में उपस्थित जटिल प्रोटीन जिसके द्वारा आक्सीजन का संवहन होता है और जो इन कोशिकाओं को लाल रंग देता है। रुधिर को लाल रंग देनेवाला पदार्थ।

हीयमान—[सं॰ √हा + शानच्] *वि॰* क्रमशः कम होता हुआ। क्रमशः घटता हुआ। ∇ **विलोम**—वर्धमान।

हीर[१]—[सं॰ √हृ + क, निपात॰] *पु॰* १. हीरा २. वज्र ३. हार। माला। ४. सिंह। ५. साँप। (छन्द॰) एक समवर्णिक छन्द जिसके प्रत्येक चरण में क्रमशः भगण, सगण, नगण, जगण, नगण, रगण (भ, स, न, ज, न, र) के योग से १८ वर्ण होते हैं तथ १०-८ पर यति होती है। २. एक सममात्रिक छन्द जिसके प्रत्येक चरण में २३ मात्राएँ होती हैं, ६-६-११ पर यति होती है, आरम्भ में गुरु तथा अन्त में रगण होता है।

हीर[२]—[< हि॰ हीरा] *पु॰* १. (वस्तु का) सारतत्त्व। सार भाग। ***जैसे***—आँवला का हीर। २. वृक्ष की उत्तम लकड़ी के अन्दर का सारभाग। ***जैसे***—वृक्ष का हीर लाल, सफ़ेद आदि अनेक रंगों का होता है। ३. शरीर की शक्ति। शरीर का बल। ४. (शरीर का) शुक्र। वीर्य।

हीर[३]—[देशज़] *स्त्री॰* एक लता जिसके पके फलों के रंग से बैंगनी स्याही बनती है और जड़ तथा पत्तियाँ औषधोपयोगी होती हैं। करसनी।

***हीर**[४]—[देशज] *पु॰* हर्ष।

हीरक—[सं॰ हीर + कन्] *पु॰* १. हीरा (रत्न)। २. वज्र। (छन्द॰) 'हीर' नामक सममात्रिक छन्द। ✣ **हीरक जयन्ती (जयंती)**—*पु॰* = १. किसी व्यक्ति/संस्था आदि के जन्म/आरम्भ होने के ७५ वें वर्ष में होने वाली वर्षगाँठ। २. विवाह के ६० वें वर्ष में मनाया जाने वाला उत्सव। ✣ **हीरकसम**—*वि॰* = १. हीरे के समान। २. हीरे के समान चमकवाला या कठोर।

हीर पट्ट (पट)—[सं॰] *पु॰* १. (मध्य युग में प्रचलित रहे) इराक़ देश के 'हीर' स्थान के बने हुए वस्त्र। २. हेरात के मार्ग से भारत आनेवाले वस्त्रों का सामान्य नाम।

हीर-पटोर—[सं॰ हीर + हि॰ पटोर] *पु॰* १. (मध्य युग में प्रचलित रहा) उच्च कोटि का रेशमी वस्त्र। २. ऐसा रेशमी वस्त्र जिस पर हीरे की आकृति बनी हो। ३. हीरपट्ट।

हीरा कसीस—[< हि॰ हीरा + सं॰ काशीश] *पु॰* लोहा और गन्धक के तेज़ाब की रासायनिक क्रिया से बनने वाला एक यौगिक।

हीरामन—[< हि॰ हीरा + सं॰ मणि] *पु॰* (लोककथाओं में वर्णित) एक प्रकार का कल्पित सुनहरे रंग का तोता। ✣ **हीरामन तोता**—*पु॰* = कबूतर के आकार की एक दुबली-पतली हरी बड़ी चिड़िया जिसकी दुम छोटी, मोटी और बीच से फटी हुई होती है।

हीरो—[अं॰] *पु॰* १. वीर पुरुष। २. (उपन्यास/कहानी/नाटक आदि का) नायक।

हील[१]—[देशज] *पु॰* पंक। कीचड़।

हील[२]—[अं॰] *स्त्री॰* १.पैर की एड़ी। २. मोज़े या जूते आदि की एड़ी।

हीला—[< अरबी हील:] १. बहाना। ***जैसे***—अपने हीले जताता रहा, रुपए नहीं दिये। २. छल-कपट। ३. टालमटोल। ***वा॰* हीला होना**—१. (काम न करने के लिए) बहाना होना। २. (किसी का) सहारा मिल जाना ३. नौकरी लग जाना। ✣ **हीलाबाज़/ हीलेबाज़**—*वि॰* = १. (काम न करने के लिए) प्रायःबहाने बनाने वाला २. छली। चालबाज़। ३. टालने/टरकाने वाला

हीला-हवाला—[< अरबी हील: + हवाल:] *पु॰* १. (काम न करने का) बहाना। २. टालमटोल।

हीस—[देशज] *स्त्री॰* एक प्रकार की लता जो गर्मी में फूलती और बरसात में फलती है।

†**हीसना**—[< सं॰ √ह्रस्] *क्रिस॰* कम करना। घटाना। *क्रिअ॰* कम होना। घटना।

***हीँगलू (हींगलू)**—[< सं॰ हिङ्गुल] *पु॰* ईंगुर। सिन्दूर।

***हीँछ (हींछ)**—*स्त्री॰* ≤ हि॰ हींछा। इच्छा। कामना।

***हीँछा (हींछा)**—*स्त्री॰* ≤ *सं॰* इच्छा। कामना।

हीँडना (हींडना)—[< सं॰ हिण्डन] *क्रिअ॰* १. घूमना-फिरना। भ्रमण करना। २. जाना। *क्रिस॰* खोजना। ढूँढना।

हीँस[१] **(हींस**[१] **)**—[< सं॰ हेषा] *स्त्री॰* १. (घोड़े की) हिनहिनाहट। २. (गधे की) रेंकने की ध्वनि।

हीँस[२] **(हींस**[२] **)**—[देशज] एक झाड़ीदार पौधा जिसका फूल सफ़ेद होता है और फल लाल, छोटा और गोल होता है।

हीँसना (हींसना)—[< हि॰ हींस < प्रा॰ हेसा] *क्रिअ॰* १. (घोड़े का) हिनहिनाना। २. (गधे का) रेंकना।

हीँसा (हींसा)—*दे॰* हींस[२]।

हुक—[अं॰] *पु॰* १. कोई वस्तु टाँगने या फँसाने के लिए लोहा आदि का मुड़ा हुआ काँटा या कील आदि। २. मछली पकड़ने का हुक।

हुक्काम—[अरबी 'हाकिम' का बहुवचन] *पु॰* हाकिम लोग। अधिकारीगण।

हुङ्करित (हुंकरित)—[< सं॰ हुङ्कृत] *वि॰* १. हुंकारा हुआ। हुंकारा गया। हुंकृत। २. उच्च स्वर से घोषित।

हुङ्कृति (हुंकृति)—[सं॰ हुम्/हुं ~ कृति] *स्त्री॰* हुंकार।

हुचकी[१]—[देशज] *स्त्री॰* एक प्रकार की लता जिसके फूल लाली-युक्त सफ़ेद और सुगन्धित होते हैं।

हुचकी[२]—*स्त्री॰* ≤ हि॰ हिचकी।

हुजरा—[< अरबी हुजर:] *पु॰* (इस्लाम॰) मस्जिद के निकट की कोठरी जिसमें ईश्वर का ध्यान किया जाता है।

हुज़ूरी—[अरबी] *स्त्री॰* १. उपस्थिति। हाज़िरी। २. विद्यमानता। मौजूदगी। ३. सम्मुखता। सामना।

हुज़ूरेवाला—[अरबी] *पु॰* प्रतिष्ठित व्यक्ति के लिए सम्बोधन। हे श्रीमान्।

हुज्जत—[अरबी] *स्त्री॰* १. तर्क। दलील। २. दो व्यक्तियों या दो पक्षों में होनेवाला व्यर्थ का विवाद/बहस। ३. (सामान्य बात पर होनेवाली) कहा-सुनी। तू-तू मैं-मैं। ४. ज़बानी झगड़ा। तकरार।

हुड़क/हुड़कन—[< हि॰ हुड़कना] *स्त्री॰* १. किसी बात की तीव्र इच्छा। २. शिशु की, अपने प्रिय व्यक्ति के न मिलने पर, दु:खी होकर रोना,खाना-पीना छोड़ देने इत्यादि द्वारा व्यक्त मानसिक बेचैनी की अवस्था। हुड़कने की क्रिया/भाव/अवस्था। ३. डाँट-डपट। धमकी।

हुड़कना[१]—[देशज] *क्रिस॰* शिशु का अपने प्रिय व्यक्ति के न मिलने पर दु:खी होना और मानसिक बेचैनी के कारण रोना, खाना-पीना छोड़ देना इत्यादि।

हुड़कना[२]—[< स॰ हुडन (< √हुड्)] *क्रिअ॰* १. एकत्रित होना। २. मुठभेड़ करना।

हुड़कार—[< हि॰ हुड़कना (< स॰ हुडन)] *पु॰* उत्साहपूर्ण/जोशीले शब्द।

हुडुक/हुड़ुक—[< स॰ हुडुक्क] *पु॰* एक प्रकर का छोटा ढोल जिसे प्राय: धोबी आदि बजाते हैं।

हुण्डी (हुंडी)—[स॰] *स्त्री॰* १. (पहले प्रचलित महाजनी पद्धति में) किसी महाजन का लिखा हुआ वह ऋण-प्रमाण-पत्र जिसमें यह लिखा होता था कि अमुक ऋणदाता को अमुक समय पर अमुक ऋणराशि ब्याज सहित चुका दी जाएगी। २. (पहले प्रचलित महाजनी पद्धति में) महाजन द्वारा किसी को कोई धनराशि दिलाने के लिए किसी व्यक्ति/महाजन/बैंक के नाम लिखा गया आदेश पत्र (जो चेक/ड्राफ्ट/बिल का पुराना रूप था)। ● **विशेष**—महाजनी पद्धति में **'हुंडी करना'** (= किसी के नाम हुंडी लिखना); **'हुंडी पटना'** (= हुंडी में निर्दिष्ट धनराशि का भुगतान होना); **हुंडी सकारना** = महाजन का हुंडी को स्वीकार करना अर्थात् भुगतान करने की बात मान लेना। ✣ **हुण्डी (हुंडी) बही**—*स्त्री॰* = १. वह बही/पुस्तिका जिसमें सब हुंडियों की प्रतिलिपि/नक़ल रहती है। २. वह बही जिसमें से काटकर हुंडी दी जाती है। ✣ **हुण्डी (हुंडी) बाज़ार**—*पु॰* = वह बाज़ार जहाँ हुंडियों तथा विनिमय-पत्रों का, उनकी परिपक्वता की तिथि के पहले, बट्टे पर क्रय-विक्रय होता है। (अ॰ डिस्काउन्ट मार्किट)

हुत[१]—[स॰ √हु + क्त] *वि॰* १. हवन/होम किया हुआ। (हवन/होम में) आहुति या नैवेद्य के रूप में दिया हुआ। २. अर्पित किया हुआ। ३. जिसे नैवेद्य अर्पित किया गया हो। *पु॰* १. हवन की वस्तु या नैवेद्य। २. हवन-सामग्री।

हुत**[२]—[देशज] *परसर्ग॰* से। ***जैसे—देश हुत (= देश से), कित हुत (= कहाँ से); उँह हुत (= वहाँ से) सात योजन।

हुतशेष—[स॰ हुत ~ शेष] *पु॰* हवन/होम करने से बची हुई सामग्री।

†हुता/हुतो—[< हि॰ हुत (< होना)] *क्रिअ॰* था। ***जैसे***—एक राजा हुता/हुतो। ● **विशेष**—**हुती** = थी; **हुते** = थे।

हुताग्नि—[स॰ हुत ~ अग्नि] *वि॰* हवन/होम करनेवाला (व्यक्ति)।

हुतात्मा—[स॰ हुतात्मन्] *पु॰* आत्म-बलिदान करने-वाला। शहीद। ***जैसे***—हुतात्मा चन्द्रशेखर आज़ाद।

हुताश—[स॰ हुत~ आश (√अश् + अच्)] *पु॰* १. अग्नि। आग। २. 'चित्रक'/' चीता' नामक वृक्ष। ३. (पद्य आदि में) तीन की संख्या का वाचक शब्द।

हुताशन—[स॰ हुत~ अशन] *पु॰* अग्नि। आग।

***हुतासन**—*पु॰* ≤ *स॰* हुताशन। अग्नि। आग।

हुति[१]—[स॰ √हु + क्तिन्] *स्त्री॰* होम। हवन।

हुति[२]—[देशज] परसर्ग॰ से। द्वारा। *क्रिवि॰* ओर से। तरफ़ से।

†हुतैं (हुतैं)—[देशज] *क्रिवि॰* ओर से। तरफ़ से।

†हुदकना—[देशज] *क्रिअ॰* १. उत्साहयुक्त होना। २. उमंग से आगे बढ़ना। ✣ **हुदकाना**—*क्रिस॰* = १. प्रोत्साहित करना। २. उत्तेजित करना। उकसाना। उभाड़ना।

हुदहुद—[फ़ा॰] *पु॰* एक कलग़ीदार पक्षी जिसकी चोंच पतली, लम्बी और तीखी होती है, पर काले होते हैं और उनपर मोटी सफ़ेद धारियाँ होती हैं तथा दुम का भीतरी भाग सफ़ेद और बाहरी भाग काला होता है।

†हुन[१]—[< स॰ हून] *पु॰* १. सोने का सिक्का विशेष। स्वर्ण-मुद्रा। २. मोहर। अशर्फ़ी। ३. सुवर्ण। सोना। ***वा॰* (कहीं पर) हुन बरसना**—१. धन की अधिकता होना। २. बहुत अधिक आय या धन-प्राप्ति होना। **हुन बरसाना**—धन लुटाना।

†हुन[२]—[पंजाबी] *क्रिवि॰* अब। ***जैसे***—हुन कुछ खा लो। ✣ **हुनै**—*क्रिवि॰* = अभी। अभी-अभी। ***जैसे***—बेटा हुनै आया है।

हुनक**—[< हि॰ उन + का] *सर्व॰* उनका। ***जैसे—हुनक भाग्य।

हुनना[१]—[< स॰ √हु] *क्रिस॰* १. किसी वस्तु को अग्नि में डालकर जलाना। २. होम/हवन करना। ३. आहुति देना। ४. मार डालना।

हुबाब—[< फ़ा॰ हबाब] *पु॰* (पानी का) बुलबुला।

हुमगना[१]—[देशज] *क्रिअ॰* १. उछलना। २. कूदना। ३. पैरों से ढकेलना। ४. पूरी शक्ति से दबाना। ५. (बच्चों का) ठुमकना।

†हुमगना[२]—*क्रिअ॰* ≤हि॰ हुमसना। १. उल्लसित होना। २. उमंग से भरना।

हुमसना—[देशज] *क्रिअ॰* १. उल्लसित होना। उमंग आना। २. (किसी भाव या विचार का) उत्पन्न होना।

हुमा—[फ़ा॰] *पु॰* फ़ारसी साहित्य आदि में वर्णित एक कल्पित पक्षी जिसकी छाया पड़ने मात्र से कोई भी व्यक्ति राजा हो जाता है। ✣ **हुमाई**—*वि॰* = १. हुमा-सम्बन्धी। हुमा का। २. (जिस पर हुमा की छाया पड़ी हो अत:) भविष्य में राजा बननेवाला भाग्यशाली।

हुमास—[< हि॰ हुमसना] *स्त्री॰* १. उल्लास। उमंग। २. (मन में) विचार/भाव की उत्पत्ति।

हुमेल—[< अरबी हमायल] *स्त्री॰* १. रुपयों, अशर्फ़ियों, सिक्कों या

धातु के टुकड़ों की माला जिसे स्त्रियाँ पहनती हैं। २. घोड़ों के गले में पहनाने का एक आभूषण जो उक्त माला के समान होता है।

***हुरक**—[< अरबी हूर] *पु॰* (हूरों/परियों के समान) बहुत सुन्दर पुरुष।

हुरकिनी—[देशज] *स्त्री॰* नाचने-गाने के द्वारा जीविका कमानेवाली स्त्री। बेड़िनी जाति की स्त्री।

हुरमत—[अरबी] *स्त्री॰* सम्मान। प्रतिष्ठा। इज़्ज़त। ✣ ***हुरमति**—*स्त्री॰* = सम्मान। प्रतिष्ठा। इज़्ज़त।

***हुरिहाई**—[< हि॰होरी (= होली)] *स्त्री॰* धूम-धाम से होली खेलनेवाली स्त्री। होली खेलने में उन्मत्त/ मस्त स्त्री।

हुरिहार—[< हि॰ होरी (= होली)] *पु॰* १. होली खेलने-वाला व्यक्ति। २. इधर-उधर जाकर धूम-धाम से होली खेलनेवाला व्यक्ति। ३. इधर-उधर उपद्रव मचानेवाला स्वच्छन्द व्यक्ति।

हुर्र—[अनु॰] *स्त्री॰* १.(पक्षी की) सहसा या तीव्र उड़ान। २. पक्षी के उड़ने से उत्पन्न ध्वनि। ३. अचानक अदृश्य/ग़ायब हो जाना। ४. (खाने-पीने की वस्तु की) जल्दी ही समाप्ति।

हुलना—[< हि॰ हूलना] *क्रिअ॰* (वक्ष आदि पर) लाठी, भाला आदि का सिरा धँसाया जाना। **क्रिस॰* हूलना।

हुलमुक—[दक्खिनी हिन्दी] *पु॰* भवन का सामने का बुर्ज़।

हुलहुल—[< हि॰ हिलमोचिका] *स्त्री॰* एक प्रकार की घास जो लगभग ९० से.मी. ऊँची होती है और जिसमें सफ़ेद फल आते हैं।

हुलहुला—[देशज] *पु॰* १. अद्‌भुत बात। २. उत्पात। उपद्रव। ३. शोक।

हुलहुली—[स॰ हुलहुल + ङीष्] *स्त्री॰* आनन्द के अवसरों पर स्त्रियों के द्वारा किया जाने वाला एक प्रकार का अस्पष्ट शब्द।

हुला—[< हि॰ हूलना] *पु॰* लाठी के लोहे से मढ़े हुए दो सिरों में से प्रत्येक।

हुलाल—[< स॰ हिल्लोल] *पु॰* तरंग। लहर।

हुलास[1]—[< स॰ उल्लास] *पु॰* १. उल्लास। हर्ष। २. उत्साह। उमंग। ***जैसे**—बहुत हुलास से अतिथियों का स्वागत किया।

†**हुलास**[2]—[देशज] *स्त्री॰* सुँघनी।

हुलासी—[< हि॰ हुलास] १. उल्लासपूर्ण। आनन्दमय। २. उत्साहपूर्ण। उत्साहमय। उत्साही।

† ***हुल्लास**—[< स॰ उल्लास] *पु॰* १. उल्लास। आनन्द। २. उत्साह। उमंग।

हुस्न—[अरबी] *पु॰* १. सौन्दर्य। २. शोभा।

***हुँकरना**—[< हि॰ हुंकारना] *क्रिअ॰* हुंकार करना। हुंकारना। ✣ **हुँकरि**—*क्रिवि॰* = हुंकम् करके।

हूक—[< स॰ हिक्का] *स्त्री॰* १. वक्ष, पेट आदि में अचानक होनेवाली पीड़ा। शूल। २. घोर मानसिक पीड़ा। (मन की) कसक।

हूकना—[< हि॰ हूक] *क्रिअ॰* १. पीड़ा होना। दर्द उठना। २. (मन को कष्ट देनेवाली) किसी स्मृति/बात के होने से मन का कसकना।

हूटना—[< स॰ हूडन] *क्रिअ॰* १. हटना। २. मुड़ना। ३. घूमना। ४. किसी की ओर पीठ करना। ५. पीछे हटना। *क्रिस॰* खदेड़ना।

हूठना—[< स॰ हूडन] *क्रिअ॰* १. हूटना। २. (इठलाती हुई स्त्रियों का) दोनों हाथों को मुट्ठी बाँधकर कमर पर रख लेना। हूठा देना।

हूठा—[< हि॰ अँगूठा] *पु॰* १. किसी को उसकी इच्छित वस्तु न देकर चिढ़ाने के लिए दिखाया गया अँगूठा। ठेंगा। २. इठलाती हुई स्त्री का अपने हाथों को मुट्ठी बाँधकर कमर पर रख लेने की मुद्रा। **वा॰ हूठा देना**—अँगूठा दिखा कर चिढ़ाना। अँगूठा दिखाना।

हूड़—[< स॰ हूण] *पु॰* १.असभ्य। उजड्ड। गँवार। २. मूर्ख। बेवकूफ़। ३. हठी। ज़िद्दी।

हूण—[स॰ √ह्वे + नक्, सम्प्रसारण, पृषो॰, णत्व] *पु॰* १. एक विदेशी जाति जिसने भारत पर अनेक बार आक्रमण किए तथा जो बर्बर और क्रूर थी। २. (लाक्षणिक) क्रूर/असभ्य मनुष्य। ३. स्वर्ण। सोना। ४. (लाक्षणिक) धन। **वा॰ हूणें बरसना**—बहुत धन-प्राप्ति होना। बहुत आय होना। **हूणें बरसाना**—बहुत धन लुटाना।

हूत—[स॰ √ह्वे + क्त] *वि॰* १. बुलाया हुआ। आमंत्रित। आहूत। २. ललकारा हुआ।

हूति—[स॰ ह्वे + क्तिन्] १. आमंत्रण। बुलावा। २. ललकार।

†**हूदना**—[देशज] बार-बार पैर के आघातों से तोड़ना। रौंदना।

हून—[स॰ √ह्वे + नक्, सम्प्रसारण] *पु॰* १. प्राचीन काल की एक स्वर्ण-मुद्रा। २. सुवर्ण/सोना। ३. स्वर्ण। सोना। ४. (लाक्षणिक) धन। **वा॰ हूनें बरसना**—बहुत धन-प्राप्ति होना। **हूनें बरसाना**—बहुत धन लुटाना।

†**हूनना**—[< स॰ हवन] *क्रिस॰* १. अग्नि में डालना। २. (अग्नि पर रख कर) भूनना। ३. (किसी को) विपत्ति में फँसाना।

हूर—[अरबी] *स्त्री॰* १. (स्वर्ग की) अप्सरा या परी। २. (लाक्षणिक) बहुत सुन्दर लड़की या स्त्री।

***हूरना**[1]—[< हि॰ हूलना] *क्रिस॰* १. ज़ोर से घुसाना/धँसाना। हूलना। २. ढकेलना। धक्का देना। *क्रिअ॰* जल्दी-जल्दी ठूँस ठूँस कर खाना।

हूरना[2]—[< हि॰ हूरा] *क्रिस॰* घूँसों से मारना।

हूरा[1]—[अनु॰] *पु॰* घूँसा। मुक्का।

***हूरा**[2]—*पु॰* ≤हि॰ हूला।

हूरा-हूरी—[हि॰ हूरा[1] + अनु॰ हूरी] *स्त्री॰* १. आपस में घूँसों से लड़ाई। मुक्केबाज़ीवाली लड़ाई। २. आपस में धक्केबाज़ी के साथ लड़ाई।

हूल[1]—[< स॰ शूल] *स्त्री॰* १. लाठी/भाला/तलवार आदि के सिरे या नोक को तेज़ी से कहीं गड़ाने/भोंकने/धँसाने की क्रिया। २. तीव्र पीड़ा। तेज़ दर्द या अति कष्ट।

हूल[2]—[< स॰ हुलहुल] *स्त्री॰* १. आनन्द/हर्ष की ध्वनि। २. आनन्द। हर्ष। प्रसन्नता। ३. कोलाहल। शोर।

हूलना—[< हि॰ हूल] *क्रिस॰* १. लाठी/भाला/तलवार आदि के सिरे या नोक को तेज़ी से कहीं गड़ाना/भोंकना/धँसाना। २. तीव्र पीड़ा देना। **वा॰ हूल देना**—आगे बढ़ाना। ठेलना।

हूल-फूल—[< हि॰ हूल + हि॰ फूलना, (या < स॰ हुलहुल)] *स्त्री॰* आनन्द। हर्ष। प्रसन्नता। ***जैसे**—विवाह की हूल-फूल।

हूला[1]—[< हि॰ हूलना] *पु॰* (लाठी या तलवार आदि को) हूलने की क्रिया/भाव।

हूला[2]—[देशज] (ब्रजक्षेत्र आदि में प्रचलित) एक प्रकार का पुरुष-नृत्य जिसमें पेट और पेड़ू को लचकाया और मटकाया जाता है

तथा दोनों हाथों को एक स्थान पर मिलाकर बाँधी गयी मुट्ठी को बार-बार आगे पीछे किया जाता है।

हूह/हूहा—[< हि॰ हू (कोलाहल) + हा (हा - हा)] *स्त्री॰* १. युद्ध की ललकार। २. गर्जन। हुंकार। ३. प्रसन्नता का शब्द। आनन्द-ध्वनि। ४. उपहास/तिरस्कार की ध्वनि।

हू-हू—[अनु॰] *पु॰* १. कोलाहल। शोर। २. शृगालों/गीदड़ो की बोलने की आवाज़। हुआ-हुआ।

हूँ[1]—[< हि॰ होना] *क्रिअ॰* 'होना' क्रिया का एक वर्तमानकालिक रूप जो 'मैं' के साथ प्रयुक्त होता है। ***जैसे***—तुम कवि हो और मैं पाठक हूँ।

हूँ[2]—[अनु॰] *अव्यय॰* १. समर्थन या स्वीकृति का सूचक शब्द। हाँ। २. (किसी कारण न बोल सकने की दशा में) निषेध का सूचक शब्द। नहीं। ३. कोई बात सुनते समय श्रोता द्वारा यह सूचित करने का शब्द कि वह सुन रहा है। ४. एक विस्मयबोधक शब्द। ***जैसे***—हूँ! उसने यह कहा।

***हूँ**—[< हि॰ हौं] *सर्व॰* मैं।

हूँकना—[अनु॰] *क्रिअ॰* बच्चे के वियोग में या किसी अन्य कारण से गाय का धीरे-धीरे रँभाना।

हूँकरा—[< हि॰ हूँ + करना] *पु॰* किसी बात को सुन कर स्वीकृति या सहमति स्पष्ट रूप से व्यक्त न करते हुए उदासीनता के साथ केवल 'हाँ' या 'हूँ' कहना। ***जैसे***—उन्होंने कुछ विशेष कहा नहीं, हूँकरा भरते रहे।

†हूँठ—[देशज] *वि॰* साढ़े तीन गुना।

हूँ/हूँता/हूँताँ**—[राजस्थ॰] *परसर्ग॰* १. द्वारा। से। ***जैसे—मुख हूँताँ (= मुख से)। २. तुलना में। से। ३. सहित। से।

हूँधना—[देशज] *क्रिअ॰* हा-हा की ध्वनि करना। हाय-हाय करना। ✣ **हूँधि (हूंधि)**—*क्रिवि॰* हा-हा की ध्वनि करके।

हूँस—[< हि॰ हूँसना] *स्त्री॰* १. हूँसने की क्रिया/भाव। २. किसी को कोसते रहने के कारण उस पर पड़ा बुरा प्रभाव। ***जैसे***—बच्चों को हूँस लग जाती है।

हृच्छूल—[स॰ हृद् ~ शूल] *पु॰* हृदय का शूल/दर्द। (चिकित्सा॰) एक भीषण हृदय-रोग जिसमें रोगी को सीने में दर्द और दम घुटने का अनुभव होता है। (अ॰ एनज़ाइना)

हृच्छोक—[स॰ हृद् ~ शोक] *पु॰* १. हृदय का शोक। २. दिल की जलन।

हृत—[स॰ √हृ + क्त] *वि॰* १. हरण किया हुआ। छीना/चुराया हुआ। बलपूर्वक या अनुचित रूप से लिया हुआ। २. जिसे कोई ले गया हो। ३. (समासयुक्त शब्द के आरम्भ में) हर लिया गया अथवा वंचित या नष्ट किया हुआ। ***जैसे***—हृतधन; हृतसर्वस्व। ✣ **हृतसर्वस्व**—*वि॰* = जिसका सब कुछ नष्ट हो गया हो। ***जैसे***—हृतसर्वस्व पांडव।

हृताधिकार—[स॰ हृत ~ अधिकार] *वि॰* १. जो अपने न्यायपूर्ण अधिकारों से वंचित हो या कर दिया गया हो। २. जिसे पद से हटा दिया गया हो। बरख़ास्त किया हुआ। पदच्युत।

हृति—[स॰ √हृ + क्तिन्] *स्त्री॰* १. हरण करने की क्रिया/भाव। हरण। २. लूटपाट। ३. नाश। विनाश।

हृत्कम्प (हृत्कंप)—[स॰ हृद् ~ कम्प] *पु॰* हृदय की धड़कन। हृदय-स्पन्दन।

हृत्तन्त्री (हृत्तंत्री)—[स॰ हृद् ~ तन्त्री] *स्त्री॰* १. हृदय रूपी वीणा। २. हृदय की धड़कन। हृद्य-स्पन्दन।

हृत्तल (हृत्तल)—[स॰ हृद् ~ तल] *पु॰* १. हृदय-तल। अन्तर्मन। २. हृदय। मन।

हृत्पटल—[स॰ हृत् ~ पटल] *पु॰* हृदय। मन।

हृत्पिण्ड (हृत्पिंड)—[स॰ हृद् ~ पिण्ड] *पु॰* (शरीर का एक अवयव) हृदय। दिल।

हृत्स्पन्द (हृत्स्पंद)—[स॰ हृद् ~ स्पन्द] *पु॰* हृदय की धड़कन। दिल की धुकधुकी। हृत्कम्प।

हृद्-अतालता—[स॰] *स्त्री॰* (चिकित्सा॰) हृदय के कार्य में ताल/लय का अभाव। हृदय के कार्य में अनियमितता। ***जैसे***—नाड़ी की गति से हृद्-अतालता मालूम पड़ जाती है।

हृदयग्राही—[स॰ हृदय ~ ग्राही (ग्राहिन्)] *वि॰* १. (किसी के) हृदय को वश में करनेवाला। ***जैसे***—हृदयग्राही कृष्ण। २. आकर्षक, सुन्दर या रुचिकर। ***जैसे***—यात्रा का हृदयग्राही वर्णन। ✣ **हृदयग्राहिणी**—*वि॰ (स्त्री॰)* = १. किसी के हृदय को वश में करनेवाली। ***जैसे***—हृदयग्राहिणी राधा। २. आकर्षक, सुन्दर या रुचिकर। ***जैसे***—हृदयग्राहिणी राम-कथा।

हृदयङ्गम (हृदयंगम)—[स॰ हृदय √ गम् + खच्, मुम्] *वि॰* १. हृदयगत होनेवाला। मन में बैठने/जमने वाला। २. अच्छी तरह समझ में आया हुआ।

हृदयज्ञ—[स॰ हृदय + ज्ञ] *वि॰* १.मन की बात समझनेवाला। २. रहस्य जाननेवाला।

हृदयदाही—[स॰ हृदय ~ दाही (दाहिन्)] *वि॰* दिल जलानेवाला। मन को कष्ट/शोक देनेवाला।

हृदयनिकेत—[स॰ हृदय—निकेत] *पु॰* १. मन में रहनेवाला। २. कामदेव।

हृदय-प्रमाथी—[स॰ हृदय ~ प्रमाथी (प्रमाथिन्)] *वि॰* १. हृदय को चंचल करनेवाला। ***जैसे***—हृदय-प्रमाथी यौवन। २. मन को मोहित करनेवाला। ***जैसे***—युवती का हृदय-प्रमाथी युवक। ✣ **हृदय-प्रमाथिनी**—*वि॰ (स्त्री॰)* = १. हृदय को चंचल करनेवाली। २. मन को मोहित करनेवाली।

हृदय-वल्लभ—[स॰] *पु॰* १. हृदय का स्वामी। हृदयेश। २. अत्यन्त प्रिय पुरुष। पति या प्रेमी। हृदयेश। ✣ **हृदय-वल्लभा**—*स्त्री॰* = १. हृदय की स्वामिनी। हृदयेश्वरी। २. अत्यन्त प्रिय स्त्री। पत्नी या प्रेमिका। हृदयेश्वरी।

हृदयवान्—[स॰ हृदयवत्] *वि॰* १. संवेदनशील। २. भावुक। रसिक। सहृदय। ३. करुणायुक्त। ४. दयालु। ✣ **हृदयवती**—*वि॰ (स्त्री॰)* १. सहृदय स्त्री। २. भावुक/रसिक स्त्री। ३. करुणामयी। ४. दयामयी।

हृदयविदारक—[स॰ हृदय ~ विदारक] *वि॰* १. हृदय विदीर्ण करनेवाला। जिससे हृदय फटने लगे। २. अति शोकप्रद।

हृदय-विदारण—[स॰] *पु॰* १. हृदय को विदीर्ण करना या हृदय विदीर्ण होना। हृदय फाड़ना या हृदय फटना। २. हृदय को बहुत शोक पहुँचाना। ३. मन को बहुत कष्ट पहुँचाना।

हृदयवेधी—[सं० हृदय ~ वेधी (वेधिन्)] *वि०* १. हृदय को वेधने/छेदने वाला। मन को घायल करनेवाला। ***जैसे***—युवती की हृदयवेधी मुद्राएँ। २. मन को बहुत कष्ट देनेवाला। ***जैसे***—भाभी के हृदयवेधी ताने सुनना। ३. बहुत अप्रिय लगनेवाला। ***जैसे***—हृदयवेधी दुर्वचन।

हृदयस्थ—[सं० हृदय + स्थ] *वि०* हृदय में स्थित। हृदय में बैठा हुआ। ***जैसे***—हृदयस्थ परमात्मा।

हृदयस्पर्शी—[सं० हृदय ~ स्पर्शी (स्पर्शिन्)] *वि०* १. हृदय को स्पर्श करनेवाला। दिल छूनेवाला। २. मन को प्रभावित करनेवाला। ***जैसे***—सन्त का हृदयस्पर्शी प्रवचन ३. मन को द्रवित करनेवाला। मन में करुणा, दया आदि उत्पन्न करनेवाला। ✣ **हृदयस्पर्शिनी**—*वि० (स्त्री०)*।

हृदयहारक, हृदयहारी—[सं० हृदय ~ हारक हृदयहारिन्] *वि०* हृदय हरनेवाला। मन मोहनेवाला। लुभानेवाला। मनोहर। सुन्दर। आकर्षक। ***जैसे***—हिमालय का हृदयहारी सौन्दर्य। ✣ **हृदयहारिणी**—*वि० (स्त्री०)*। ***जैसे***—हृदयहारिणी प्रकृति।

हृदयावरण—[सं० हृदय ~ आवरण] *पु०* (चिकित्सा०) हृदय को आवृत करनेवाली चिकनी और झिल्लीदार थैली। (अं० पेरिकार्डिअम)

हृदयावसाद—[सं० हृदय ~ अवसाद] *पु०* हृदय का अवसाद। हृदय की शिथिलता। (चिकित्सा०) हृदय की दोषपूर्ण क्रिया के कारण उत्पन्न अवसन्नता/शिथिलता की अवस्था। (अं० कोलैप्स)

हृदयासन—[सं० हृदय ~ आसन] *पु०* हृदयरूपी आसन।

हृदयेश/हृदयेश्वर—[सं० हृदय ~ ईश/ईश्वर] *पु०* १. हृदय का स्वामी। २. परम प्रिय पुरुष। पति या प्रेमी। ✣ **हृदयेश्वरी**—*स्त्री०* = १. हृदय की स्वामिनी। २. परम प्रिय स्त्री। पत्नी या प्रेमिका।

हृदयोद्गार—[सं० हृदय ~ उद्गार] *पु०* (दिखावटी नहीं) मन से कही हुई बात। हार्दिक कथन।

हृदयोन्मादी—[सं० हृदय ~ उन्मादी (उन्मादिन्)] *वि०* १. (किसी के) हृदय को उन्मत्त/पागल करनेवाला। ***जैसे***—हृदयोन्मादी प्रेम। २. (किसी के) मन को अनुरक्त/मोहित करनेवाला। मनमोहक।

*__हृदि__—[सं० हृद्] *पु०* हृदय में।

हृद्गत—[सं० हृद् ~ गत] *वि०* १. मन में वर्तमान। हृदयस्थ। हृदय-सम्बन्धी। मन का। हार्दिक। जो वाणी आदि से प्रकट न हो। गुप्त। ***जैसे***—हृद्गत इच्छा। २. मन में बैठनेवाला। मन को प्रभावित करनेवाला। ३. अच्छी तरह समझ में आया हुआ। आत्मसात्। *पु०* १. अभिलाषा। इच्छा। २. विचार या धारणा। ***जैसे***—आपका हृद्गत हम समझ रहे हैं। Δ **पर्याय**—मनोगत। हृदयस्थल।

हृद्घात—[सं० हृद् ~ घात] *पु०* हृदय-गति का बन्द होना। हृदय की गति रुक जाना। (अं० हार्ट फ़ेल्यर)

हृद्देश—[सं० हृद् ~ देश] *पु०* हृदयस्थल। हृदय। ***जैसे***—शत्रु का हृद्देश जलाना।

हृद्धाम (हृद्धाम)—[सं० हृद् ~ धाम] *पु०* हृदयरूपी घर। हृदय-स्थल। हृदय। मन।

हृद्य (हृद्य)—[सं० √हृद् + यत्] *वि०* १. हृदय-सम्बन्धी। हृदय का। २. हृदय में रहनेवाला। ३. हृदय में होनेवाला। ४. आन्तरिक। भीतरी। ५. हृदय को अच्छा लगनेवाला। सुन्दर। ६. स्वादिष्ट। ७. आनन्ददायक। ८. प्रिय।

हृद्रोध (हृद्रोध)—[सं० हृद् ~ रोध] *पु०* एक प्रकार का हृदय-रोग जिसमें हृदय के निलय और अलिन्द के बीच सम्पर्क न रहने पर दोनों अलग-अलग स्पन्दन करते हैं।

हृद्लेख—[सं० हृद् + लेख] *पु०* (चिकित्सा०) हृदय की गति और बल का आलेख। (अं० कार्डिओग्राम)

हृद्लेखन—[सं० हृद + लेखन] *पु०* (चिकित्सा०) हृदय की गति और बल का अभिलेखन। (अं० कार्डियोग्राफ़ी)

हृद्लेखित्र—[सं० हृद् ~ लेखित्र] *पु०* (चिकित्सा०) हृदय की गति और बल का अभिलेखन करनेवाला यन्त्र। (अं० कार्डिओग्राफ़)

हृषीक—[सं० √हृष् + ईकक्] *पु०* (नेत्र, कान आदि) ज्ञानेन्द्रिय।

हृषीकेश—[सं० हृषीक ~ ईश] *पु०* १. ज्ञानेन्द्रियों का स्वामी। २. (भगवान्) विष्णु/कृष्ण/परमात्मा।

हृष्ट—[सं० √हृष् + क्त] *वि०* १. हर्षित। आनन्दित। प्रसन्न। २. उठा/खड़ा हुआ। ***जैसे***—हृष्ट रोम। ✣ **हृष्टचित्त/हृष्टमानस**—*वि०* = प्रसन्न मन वाला। प्रसन्नचित्त। ✣ **हृष्टरोम**—*वि०* = रोमांचित। ✣ **हृष्टसङ्कल्प (हृष्टसंकल्प)**—*वि०* = सन्तुष्ट। ✣ **हृष्टहृदय**—*वि०* = हृष्टचित्त। (दे०)

हृष्ट-पुष्ट—[सं०] *वि०* मोटा-ताज़ा। बलवान्। हट्टा-कट्टा। तगड़ा। ***जैसे***—हृष्ट-पुष्ट बालक।

हे[1]—[सं० √हा +डे] अव्यय० एक सम्बोधन-सूचक शब्द। रे। अरे। **जैसे**—हे राम! कृपा करो।

†**हे**[2]—[हा (< हि० होना) का बहु०] *क्रिअ०* थे। ***जैसे***—एक राजा हा और उनके आठ मन्त्री हे।

*__हेक__—[राजस्थ०, < हि० एक] *वि०* १. एक। २. बहुत थोड़े। एक-दो।

हेकड़—[देशज] *वि०* १. अक्खड़। अकड़बाज़। २. उद्दंड। उजड्ड। ✣ **हेकड़ी**—*स्त्री०* = १. अक्खड़पन। अकड़। २. उद्दंडता। उजड्डता। **वा० हेकड़ी जताना/दिखाना**—१. अकड़ या ऐंठ दिखाना। २. डाँटना। **(किसी की) हेकड़ी निकाल देना, हेकड़ी भुला देना**—गर्व/अकड़ नष्ट कर देना। **हेकड़ी भूलना**—गर्व/अकड़ नष्ट होना।

†**हेकरा**—[हि० < हे-हे करना] *पु०* 'हे-हे' का स्वर। ***जैसे***—हेकरा मारते हुए गाना।

हेक्ट/हेक्टो—[अं०] *वि०* सौ गुना। (विशेषत: माप की मैट्रिक प्रणाली में) ● **विशेष**—'हेक्टो' का प्रयोग उपसर्ग के रूप में होता है। तदनुसार—**हेक्टेअर** = १०० मीटर का वर्ग अर्थात् १०,००० वर्ग मीटर क्षेत्रफल); **हेक्टोग्राम** = १०० ग्राम; **हेक्टोमीटर** = १०० मीटर; **हेक्टोलीटर** = १०० लीटर।

हेच—[फा०] *वि०* १. हेय। तुच्छ। महत्त्वहीन। २. सारहीन। ३. व्यर्थ।

*__हेज__—[< हि० हेत (= प्रेम)] *पु०* प्रेम। स्नेह।

*__हेट__—[< हि० हेत (प्रेम)] *पु०* प्रेम। स्नेह।

हेठ[1]—[सं० √हेठ् + घञ्] *पु०* १. बाधा। रुकावट। २. विरोध। ३. अनिष्ट।

हेठ[2]—[< प्रा० हेट्ठ] *वि०* १. नीचा। २. (तुलना में) हीन। घटिया।

३. कम। *जैसे*—तौल में हेठ निकलना। *क्रिवि॰* नीचे।

हेठा—[< हि॰ हेठ] *वि॰* १. नीचा। २. (तुलना में) हीन। घटिया। ३. कम। ✣ **हेठापन**—*पु॰* = १. नीचापन। २. (तुलना में) हीनता। घटियापन। ३. कमी।

हेठी—[< हि॰ हेठा] *वि॰ (स्त्री॰)* १. नीची। *जैसे*—हेठी जाति का आदमी। २. (तुलना में) हीन। घटिया। *जैसे*—तुम्हारी तुलना में तुम्हारे भाई की दुकान हेठी है। ३. कम। *जैसे*—हेठी तौल। *स्त्री॰* १. प्रतिष्ठा में कमी। मान-हानि। २. अपमान। ३. हीनता।

हेड़—[देशज] *पु॰* भेड़, बकरी आदि पशुओं का समूह/झुंड।

***हेत**[१]—[< स॰ हेतु] *क्रिवि॰* १. (के) कारण से। २. (के) लिए। वास्ते।

***हेत**[२]—[< स॰ हित] *पु॰* प्रेम। स्नेह।

***हेता**—[< हि॰ हेत < स॰ हेतु] *क्रिवि॰* हेत।

हेति[१]—[स॰ √हन् + क्तिन्, निपातेन॰] *स्त्री॰* १. शस्त्रास्त्र। हथियार। २. आघात। चोट। ३. किरण। ४. प्रकाश। चमक। ५. (धनुष की) टंकार।

हेति[२]—[स॰ हा ~ इति] *अव्यय॰* हा। हाय।

***हेति**[३]**/हेती**—[< हि॰ हितू] *पु॰* १. आत्मीय जन। सम्बन्धी। रिश्तेदार। २. मित्र या हितैषी।

हेतु[१]—[स॰ √हि + तुन्] *पु॰* १. कारण। २. उद्देश्य। अभिप्राय। प्रयोजन। ३. उद्भवस्थल। उत्पत्ति-स्थान। ४. साधन। जरिया। ५. तर्क। ६. अंकुर। बीज। ७. बीजमन्त्र। *क्रिवि॰* १. के कारण। २. के लिए। ३. वास्ते। *जैसे*—भक्त हेतु अवतार। (*न्याय॰*) १. वह तर्क जिसमें साध्य को सिद्ध करने की शक्ति हो। साधक तर्क। २. पाँच अवयवों वाले वाक्य-समूह का दूसरा अवयव। (काव्य॰) एक अर्थालंकार। कार्य और कारण के अभेद वर्णन से होनेवाला अलंकार। (आयुर्वेद॰) रोग के ५ निदानों में से प्रथम। रोगी के रोग की उत्पत्ति का कारण।

***हेतु**[२]—[< स॰ हित] *पु॰* प्रेम। स्नेह।

हेतुक—[स॰ हेतु + क] *पु॰* कारण। ✣ **हेतुकी**—*स्त्री॰* = (चिकित्सा॰) रोगों के कारणों का अध्ययन। रोग-उत्पत्ति-विज्ञान। हेतुविज्ञान। निदानशास्त्र।

हेतुता—[स॰ हेतु + तल् + टाप्] *स्त्री॰* १. हेतु का भाव। हेतुपन। २. कारण की विद्यमानता। हेतु का होना।

हेतुत्व—[स॰ हेतु + त्व] *पु॰* हेतुता।

हेतुमद्वाक्य—[स॰ हेतुमत् ~ वाक्य] *पु॰* तर्कयुक्त वाक्य/वचन।

हेतुमान्—[स॰ हेतुमत्] *वि॰* १. जिसका कोई हेतु हो। २. सकारण। कारणयुक्त। ३. तर्कयुक्त। *पु॰* (कारण का) कार्य।

हेतुवाद—[स॰ हेतु ~ वाद] *पु॰* १. तर्क-वितर्क। २. हर विषय/बात पर तर्क करना। तर्कवाद। ३. व्यर्थ का वाद-विवाद। ४. नास्तिकता। ✣ **हेतुवादी**—*वि॰* = १. हर विषय/बात पर तर्क करनेवाला। २. व्यर्थ का वाद-विवाद करने वाला। ३. नास्तिक।

हेतुविज्ञान—[स॰ हेतु ~ विज्ञान] *पु॰* हेतुकी। (दे॰)

हेतुविद्या (हेतुविद्या)—[स॰ हेतु ~ विद्या] *स्त्री॰* तर्कशास्त्र।

हेतुशास्त्र—[स॰ हेतु ~ शास्त्र] *पु॰* तर्कशास्त्र। (चिकित्सा॰) हेतुविज्ञान। हेतुकी।

हेतुहेतुमत्/हेतुहेतुमान्—[स॰ हेतु ~ हेतुमत्] *पु॰* हेतु और हेतुमान्। कारण और कार्य।

हेतुहेतुमद्भाव—[स॰ हेतुहेतुमत् ~ भाव] *पु॰* कारण और कार्य का सम्बन्ध।

हेतुहेतुमद्भूत—[स॰ हेतुहेतुमत् ~ भूत] *पु॰* (*व्या॰*) क्रिया का एक भूतकालिक रूप। क्रिया का वह रूप जिससे यह ज्ञात होता है कि कार्य भूतकाल में होनेवाला था परन्तु हुआ नहीं। *जैसे*—बादल आते तो वर्षा होती।

हेतूत्प्रेक्षा—[स॰ हेतु ~ उत्प्रेक्षा] *स्त्री॰* (काव्य॰) 'उत्प्रेक्षा' अलंकार का एक भेद। अहेतु/अकारण को हेतु/कारण मान कर की जाने वाली चमत्कारपूर्ण सम्भावना वाली उत्प्रेक्षा।

हेत्वपहनुति (हेत्वपह्नुति)—[स॰ हेतु ~ अपह्नुति] *स्त्री॰* (काव्य॰) अपह्नुति अलंकार का एक भेद। उपमेय का निषेध और उसके स्थान पर उपमान का आरोप करने में हेतु की कल्पना करने पर होनेवाला अलंकार।

हेत्वाभास—[स॰ हेतु ~ आभास] *पु॰* (न्याय॰) वह हेतु जो वास्तव में हेतु न हो, केवल हेतु के समान प्रतीत हो। वह तर्क जिसमें साध्य को सिद्ध करने की शक्ति न हो।

हेम—[स॰ हेमन्] *पु॰* १. स्वर्ण। सोना। २. जल। ३. हिम। बर्फ़। पाला। ४. धतूरा। ५. नागकेशर। ✣ **हेमक**—*पु॰* सोने का टुकड़ा। ✣ **हेमकार**—*पु॰* = स्वर्णकार। सुनार। ✣ **हेम-किञ्जल्क (हेम-किंजल्क)**—*पु॰* = नागकेशर का फूल। ✣ **हेम-कुरङ्ग (कुरंग)**—*पु॰* = सोने का हिरन। स्वर्णमृग। **हेमकूट**—*पु॰* = हिमालय के उत्तर में स्थित एक पर्वत। ✣ **हेमकेश**—*पु॰* = शिव। महादेव। ✣ **हेमगिरि**—*पु॰* = सुमेरु पर्वत। ✣ **हेमज्वाल**—*पु॰* = अग्नि। आग। ✣ **हेमनलिनी**—*स्त्री॰* = सुनहले रंग की कमलिनी। ✣ **हेमनी**—*वि॰* = स्वर्ण की बनी हुई। सोने की।

हेमन्त (हेमंत)—[स॰ √हि + झ, मुट्-आगम] *पु॰* १. वसन्त आदि ६ ऋतुओं में से एक जो शरद् के बाद और शिशिर से पहले आती है तथा जिसके महीने मार्गशीर्ष और पौष (अगहन और पूस) हैं। २. जाड़े का मौसम। शीतकाल। ✣ **हेमन्ती**—*वि॰* = हेमन्त से सम्बन्धित। हेमन्त का। *जैसे*—हेमन्ती हवा। *स्त्री॰* हेमन्त ऋतु। शीतकाल। ✣ **हेमपर्वत**—*पु॰* = हेमकूट।

हेममाली—[स॰ हेममालिन्] *पु॰* सूर्य।

हेम-मुद्रा—[स॰] *स्त्री॰* १. सोने का सिक्का। २. अशरफ़ी। मोहर।

हेमयूथिका—[स॰ हेम ~ यूथिका] *स्त्री॰* सोनजूही (पौधा/पुष्प)।

हेमलता—[स॰ हेम ~ लता] *स्त्री॰* १. स्वर्ण की बनी लता। २. स्वर्णमाला। ३. हेमयूथिका सोनजूही (पौधा)।

हेम्शृङ्ग (हेमशृंग)—[स॰ हेम ~ शृङ्ग] *पु॰* १. (पर्वत आदि का) सुनहला शिखर/चोटी। २. (बैल आदि का) सुनहला सींग।

हेमागार—[स॰ हेम~ आगार] *पु॰* स्वर्ण-भंडार।

हेमाङ्ग (हेमांग)—[स॰ हेम ~ अङ्ग] *वि॰* स्वर्णिम। सुनहला। *पु॰* १. ब्रह्मा। २. विष्णु। ३. सुमेरु पर्वत। ४. गरुड़। ५. सिंह ६. चम्पक (वृक्ष)।

हेमाङ्गद (हेमांगद)—[स॰ हेम ~ अङ्गद] *पु॰* सोने का बाज़ूबन्द।

हेमाचल/हेमाद्रि—[स॰ हेम ~ अचल/अद्रि] *पु॰* सुमेरु पर्वत।

हेमाभ—[सं॰ हेम ~ आभा] *वि॰* सुनहली चमक वाला।

हेमाम्भोज (हेमांभोज)—[सं॰ हेम ~ अम्भोज] *पु॰* १. सोने का कमल। स्वर्णकमल। २. सुनहले रंग का कमल।

हेय—[सं॰ √हा + यत्] *वि॰* १. छोड़ देने लायक़। त्यागने योग्य। त्याज्य। २. तुच्छ।

हेर—[प्रा॰] *स्त्री॰* १. हेरने की क्रिया/भाव। २. दृष्टि। ३. खोज। तलाश। *क्रिवि॰* देखकर। ***जैसे***—नयनों में हेर कहो जो कहना है।

***हेरक/हेरनहार**—[< हि॰ हेरना] *वि॰* १. हेरने वाला। २. देखनेवाला। ३. खोजने/ढूँढने वाला।

हेरम्ब (हेरंब)—[सं॰ हे √रम्ब् + अच्] *पु॰* (पार्वती-पुत्र) गणेश।

✣ **हेरम्ब-जननी (हेरंब-जननी)**— *स्त्री॰* = पार्वती (देवी)।

***हेरि**—[≤ हि॰ हेरना] *क्रिवि॰* १. देखकर। २. खोजकर। ३. हटाकर।

✣ **हेरि-हेरि**— *क्रिवि॰* = १. देख-देखकर। २. खोज-खोजकर।

हेरी—[< हि॰ हेली] *स्त्री॰* १. (सम्बोधनात्मक) हे सखी। री सखी। २. बुलाने की आवाज़। पुकार। ३. कोलाहल। शोर।

हेरोइन—[अं॰] *स्त्री॰* अफ़ीम के सार से तैयार की जाने वाली एक नशीली और कीमती वस्तु। अहिफेनक।

हेलन—[सं॰ √हिल् + ल्युट्] *पु॰* १. अवहेलना। अवमानना। उपेक्षा। २. केलि/खेल या मनोविनोद। ✣ **हेलना**[१] — *स्त्री॰*।

हेलना[२]—[< सं॰ हेलना] *क्रिअ॰* १. क्रीड़ा करना। २. तुच्छ/हेय समझना। ३. तिरस्कार करना। ४. उपेक्षा करना। ५. प्रवेश करना।

✣ **हेलित**— *वि॰* = उपेक्षित।

हेलया—[सं॰ हेला] *क्रिवि॰* १. क्रीड़ा/खेल के रूप में। २. खेल-खेल में। ३. लीलापूर्वक। ४. सरलता से। आसानी से। ५. सुलभता से। आसानी से।

†हेलरी—[बुन्देली, < हि॰ हेली] *स्त्री॰* सखी। सहेली।

हेला—[सं॰ √हेड् + अ+ टाप्, ड→ल] *स्त्री॰* १. अपमान। तिरस्कार। २. आमोद-प्रमोदवाली क्रीड़ा। ३. शृंगारिक प्रेमपूर्ण क्रीड़ा। केलि। ४. सुलभता। आसानी। ५. चन्द्रिका। चाँदनी। (काव्य॰) सात्त्विक, अलंकारों के अन्तर्गत अंगज अलंकार का एक भेद। नायिका के शृंगार भाव का सहज संकेत देनेवाली अभिव्यक्ति।

हेलि—[सं॰ √हिल् + इन्] *पु॰* सूर्य। *स्त्री॰* १. क्रीड़ा। केलि। २. अवज्ञा। अवेहलना। उपेक्षा।

हेली—[< प्रा॰ हेल्लि] *स्त्री॰* १. (सम्बोधनात्मक) हे सखी। २. सखी। सहेली। *सम्बोधन॰ अव्यय॰* अरी। री।

हेली-मेली—[≤ हि॰ हेल-मेल] *वि॰* जिससे हेल-मेल हो। मेल-जोल का व्यक्ति। संगी-साथी।

हेलुआ/ *हेलुवा—[देशज] *पु॰* सरोवर आदि में जाकर साथियों पर पानी के छींटे मारने का खेल।

***हेल्या-मेल्या**—[< हि॰ हेलना-मेलना] *वि॰* हेली-मेली। (दे॰)

***हेवर**—[≤ हि॰ हैवर ≤ सं॰ हयवर] *पु॰* उत्तम घोड़ा। हयवर।

***हेवँ**— *पु॰ ≤ सं॰* हिम। बर्फ़। पाला।

हेष—[सं॰ √हेष् + घञ्] *पु॰* (घोड़े की) हिनहिनाहट। ✣ **हेषा**— *स्त्री॰* = हेष।

हेषी—[सं॰ हेषिन्] *पु॰* घोड़ा।

***हेह**—[≤ सं॰ हेय] *वि॰* १. हेय। (दे॰) २. व्यर्थ।

हैंगा (हेंगा)—[देशज] *पु॰* खेत जोतने के बाद ढेले फोड़ने के लिए प्रयुक्त लकड़ी का एक लम्बा और लगभग ८-१० से.मी. मोटा तख़्ता।

हैंगुरि (हेंगुरि)—[< सं॰ हय ~ अर्गल] *पु॰* १. (घुड़सवारों का गेंद और डंडे से खेला जाने वाला) चौगान खेल। २. उक्त चौगान खेल का डंडा।

***हैंव (हेंव)**— *पु॰ ≤ सं॰* हेमन्त (ऋतु)।

है[१]—[< हि॰ होना] *क्रिअ॰* 'होना' क्रिया का एक वर्तमानकालिक एकवचन रूप। ***जैसे***—मोर सुन्दर पक्षी है; जेब में रुपया है।

***है**[२]— *पु॰ ≤ सं॰* हय। घोड़ा।

हैकल—[< सं॰ हय ~ गल] *स्त्री॰* १. घोड़ों के गले में पहनाने की एक प्रकार की जड़ी माला। २. स्त्रियों के पहनने की एक प्रकार की माला जिसमें चौकोर या पान के आकार के दाने होते हैं। हुमेल। ३. (कंठ का) हार। माला।

हैज़ा—[< अरबी हैज़:] *पु॰* एक घातक और संक्रामक रोग जिसमें वमन और दस्तों की अधिकता होती है।

हैट—[अं॰] *पु॰* (सिर पर पहनने का) टोप।

हैतुक—[सं॰ हेतु + ठण्] *वि॰* १. हेतु-सम्बन्धी। कारण-सम्बन्धी। २. कारणात्मक। ३. तर्क-सम्बन्धी। ४. तर्कात्मक। ५. जो युक्तिपूर्ण बोलता हो। युक्तियुक्त वाक्य का प्रयोग करनेवाला। ६. जिसका कोई हेतु/उद्देश्य/प्रयोजन हो। *पु॰* १. तार्किक। २. मीमांसादर्शन का अनुयायी। मीमांसक। २. तर्क द्वारा धर्म-कर्म में सन्देह करनेवाला व्यक्ति। नास्तिक। ४. बेकार के तर्क करनेवाला। कुतर्की।

***हैदर**[१]—[< सं॰ हय ~ दल] *पु॰* १. घोड़ों का समूह। २. घुड़सवारों का दल।

हैदर[२]—[अरबी] *पु॰* सिंह। शेर।

***हैना**—[< सं॰ हनन] *क्रिस॰* हनन करना। मारना।

***हैबर**—[< सं॰ हयवर] *पु॰* उत्तम घोड़ा। हयवर।

हैम[१]—[सं॰ हिम + अण्] *वि॰* १. ठंडा। २. हिम-सम्बन्धी। बर्फ़ का। ३. कोहरे के कारण होनेवाला। ४. बर्फ़ में होनेवाला या बर्फ़ से बननेवाला। ५. हिमालय-सम्बन्धी। हिमालय का। ६. हेमन्त ऋतु से सम्बन्धित या हेमन्त ऋतु में होनेवाला। *पु॰* १. ओस। २. पाला।

हैम[२]—[सं॰ हेम + अण्] *वि॰* १. स्वर्ण/सोने का बना हुआ। ३. सुनहला।

हैम जल—[सं॰] *पु॰* बर्फ़ के पिघलने से बना पानी।

हैमन्त (हैमंत)—[सं॰ हेमन्त + अण्] *पु॰* १. हेमन्त ऋतु। शीतकाल। २. मार्गशीर्ष मास। अगहन का महीना। *वि॰* १. हेमन्त ऋतु से सम्बन्धित। हेमन्त ऋतु का। शीतकालीन। २. हेमन्त ऋतु में उत्पन्न होनेवाला।

हैमरेज—[अं॰] *पु॰* (चिकित्सा॰) रक्तवाहिका के फटने से रक्त का बाहर निकलना। रक्तस्राव।

हैमवत—[सं॰ हिमवत् + अण्] *वि॰* १. बर्फ़ीला। २. हिमालय (पर्वत) पर उत्पन्न या उस पर पालित-पोषित। ३. हिमालय से सम्बन्धित। हिमालय का। ४. हिमालय में स्थित।

हैमवती—[सं॰ हैमवत + ङीप्] *स्त्री॰* १. (हिमालय की पुत्री) पार्वती

(देवी)। २. (हिमालय से उत्पन्न) गंगा।

हैमा—[स॰ हेम + अण् + टाप्] *स्त्री॰* स्वर्णयूथिका। पीली चमेली। सोनजूही।

हैरण्य—[स॰ हिरण्य + अण्] *वि॰* १. स्वर्ण-सम्बन्धी। सोने का। २. स्वर्ण का बना हुआ। ३. स्वर्ण उत्पन्न करनेवाला।

हैरत—[अरबी] *स्त्री॰* आश्चर्य। विस्मय। अचम्भा। ✣ **हैरतअङ्गेज़ (हैरतअंगेज़)**—*वि॰* = आश्चर्यजनक।

***हैवर**—*पु॰* ≤ *स॰* हयवर। उत्तम घोड़ा।

है-है—[स॰ हा-हा] *विस्मय॰ अव्यय॰* १. शोक/दु:ख का सूचक शब्द। हाय। २. बहुत आश्चर्य का सूचक शब्द। ***जैसे***—है-है! इतना सुन्दर आभूषण!

हैं[1] **(हैं**[1]**)**—[< हि॰ है] *क्रिअ॰* 'है' का बहुवचन। ***जैसे***—वहाँ एक अध्यापक है और तीस विद्यार्थी हैं।

हैं[2] **(हैं**[2]**)**—[स॰ हा] *विस्मय॰ अव्यय॰* १. आश्चर्यसूचक शब्द। ***जैसे***—हैं! तुम आ गए।

हो[1]—[स॰ √ह्वे + डो, निपात॰] सम्बोधना॰ *अव्यय* पुकारने का शब्द। हे। अरे। ***जैसे***—हो रामा हो! (= राम!)

†हो[2]—[< स॰ हा] *विस्मय॰ अव्यय॰* हा। हाय।

†हो[3]—[< हि॰ होना] *क्रिअ॰* १. था। ***जैसे***—एक राजा हो। २. भविष्य में होना। होवे। ***जैसे***—ऐसा हो कि आप सफल हो जाएँ।

होड़ाहोड़ी—[< हि॰ होड़] *स्त्री॰* १. एक-दूसरे से आगे बढ़ने का प्रयत्न। प्रतिस्पर्धा। २. शर्त। बाज़ी। *क्रिवि॰* प्रतिस्पर्धापूर्वक।

†होत—[< हि॰ होना] *स्त्री॰* १. अस्तित्व। २. आर्थिक सम्पन्नता की स्थिति। ***जैसे***—होत में दुनिया साथ होती है। ३. सामर्थ्य। समर्थता।

होतव्य—[< हि॰ होना + स॰ भवितव्य] *वि॰* भविष्य में अवश्य घटित होनेवाला। अवश्यम्भावी। भवितव्य। होनहार। *पु॰* भवितव्यता। ✣ **होतव्यता**—*स्त्री॰* = भविष्य में अवश्य घटित होनेवाली बात। अवश्यम्भावी घटना/बात। भवितव्यता। होनहार। होनी।

होता—[स॰ होतृ (√हु + तृच्)] *वि॰* हवन/होम करनेवाला। *पु॰* १. यज्ञकर्ता। २. ऋत्विज। ३. अग्नि।

†होतै—[< हि॰ होते ही] *क्रिवि॰* जन्म लेते ही। ***जैसे***—होतै मर जाना।

होत्र—[स॰ √हु + ष्ट्रन्] *सु॰* १. होम। २. हवन-सामग्री, घृत इत्यादि। हवि।

होत्री[1]—[स॰ होतृ + ङीप्] *वि॰ (स्त्री॰)* हवन/होम करनेवाली। *स्त्री॰* यज्ञ करनेवाली स्त्री।

होत्री[2]—[स॰ होत्रिन्] *वि॰* होम/हवन करने वाला। होता। अग्निहोत्री।

होत्रीय—[स॰ होतृ + छ] *वि॰* होता-सम्बन्धी। होता का। *पु॰* यज्ञमंडप। यज्ञशाला।

***होनैं (होनैं)**—[< स॰ हून] *स्त्री॰* स्वर्ण-मुद्रा या अशर्फ़ी।

होमना—[< स॰ होम] *क्रिस॰* १. हवन करना। २. पूरी तरह से नष्ट करना। ३. पूरी तरह त्यागना/छोड़ना। ***जैसे***—सुख होमना। ४. बलिदान करना। ***जैसे***—देश के लिए जीवन होमना।

होमाग्नि—[स॰ होम ~ अग्नि] *स्त्री॰* हवन या यज्ञ करने के लिए जलायी हुई अग्नि।

होमामोद—[स॰ होम ~ आमोद] *पु॰* हवन से निकलनेवाली सुगन्ध।

होमीय—[स॰ होम + छ] *वि॰* १. हवन-सम्बन्धी। हवन का। ***जैसे***—होमीय सामग्री। २. हवन के लिए उपयुक्त। ***जैसे***—सूखी लकड़ी होमीय होती है।

होम्योपैथी—[अ॰] *स्त्री॰* एक चिकित्सा-पद्धति जो 'सदृश चिकित्सा सिद्धान्त' पर आधारित है जिसके अनुसार किसी रोग की उत्पादक वस्तु की सूक्ष्म और शक्तियुक्त मात्रा उस रोग की औषधि भी होती है।

होय**—[< हि॰ होना] *क्रिअ॰* १. होता है या हो जाता है। २. हो जाए। ***जैसे—ऐसा ही होय। ३. हो सकता है। ***जैसे***— तुमसे सब कुछ होय।

***होरना**—[< स॰ होरा] *क्रिअ॰* १. रेखा खींचना। २. रेखा खींच कर कहना। ज़ोर देकर कहना। ✣ **हौरे**—*क्रिवि॰* १. रेखा खींचकर। २. (अपनी बात पर) ज़ोर दे कर।

होरसा—[< स॰ घर्षण] *पु॰* चन्दन घिसने का पत्थर का छोटा और गोल पटा। हुरसा।

†होरहा—[< स॰ होलक] *पु॰* १. चने का छोटा पौधा जो उखाड़ लिया जाता है और उसमें लगी चने की छोटी और कोमल दानेदार फलियों के लिए बेचा जाता है। (कच्चा) होला। २. चना या मटर आदि की आग में भुनी हुई अधपकी फलियाँ।

होरा—[स॰ √हु +रन् + टाप् , या 'अहोरात्र' के 'हो' + 'रा' से बना] *स्त्री॰* १. चिह्न। २. रेखा। ३. एक घंटा या ढाई घड़ी का समय। (ज्योतिष॰) १. राशि का उदय। २. राशि का आधा भाग। ३. जन्मपत्री।

होरा कोण—[स॰] *पु॰* (खगोल॰) प्रेक्षक के खगोलीय याम्योत्तर से तारे के क्रान्ति-वृत्त (अ॰ डेक्लिनेशन सर्किल) की कोणीय दूरी (अ॰ आवर ऐंगल)।

होरा वृत्त—[स॰] *पु॰* (खगोल॰) किसी ग्रह आदि खगोलीय पिंड के सन्दर्भ में उस पिंड से और खगोलीय ध्रुवों से होकर जानेवाला बृहद् वृत्त। (अ॰ आवर सर्किल)

†होरी—[< हि॰ होली] *स्त्री॰* १. 'होली' नामक उत्सव। २. एक प्रकार के लोकगीत जिनमें प्राय: कृष्ण और गोपियों के होली खेलने का वर्णन होता है और जो प्राय: होली के अवसर पर गाए जाते हैं।

होला[1]—[स॰ हो √ला + क] *पु॰* १. होली (उत्सव) २. सिक्खों के द्वारा होलिका-दहन के अगले दिन मनाया जाने वाला होली का उत्सव।

होला[2]—[< स॰ होलक] *पु॰* १. आग में भूनी हुई हरे चने की फली। २. उक्त भुनी फली के दाने। भुने हुए हरे चने।

होलाष्टक—[स॰ होला ~ अष्टक] *पु॰* होलिकाष्टक। फाल्गुन शुक्ल अष्टमी से फाल्गुन पूर्णिमा (होली) तक के आठ दिन।

***होलिय**—[< स॰ होलिका] *स्त्री॰* १. होली। २. होली की अग्नि।

होलिहार—[< हि॰ होली] *पु॰* होली के उत्सव में सर्वत्र घूम-फिर कर, आनन्दपूर्वक रँगे-पुते, होली मचाते और होली गाते हुए समूह में घूमते लोग। (दे॰ हुरिहार)

***हौकना**—[देशज] *क्रिस॰* पंखा हिलाना-डुलाना।

हौदा—[< अरबी हौदज] पु॰ हाथी की पीठ पर रखा जाने वाला आसन।

***हौर**—पु॰ ≤ अरबी हौल। भय। डर।

***हौरा**—[< हि॰ होहल्ला] पु॰ कोलाहल। हल्ला। शोर।

***हौरे**—*क्रिवि॰* ≤ हि॰ हौले। धीरे। ✣ **हौरे-हौरे**—*क्रिवि॰* = हौले-हौले। धीरे-धीरे।

हौल—[अरबी] पु॰ भय। डर। **वा॰ हौल बैठ जाना, होल बैठना**—मन में डर भर जाना।

हौलदिल—[फा॰] वि॰ १. जिसके मन में भय भरा रहता हो। २. जल्दी घबरा जानेवाला। ✣ **हौलदिला**—*वि॰* = हौलदिल। ✣ **हौलनाक**—*वि॰* = बहुत भयानक। डरावना।

हौलू—[< फा॰ हौलदिल] वि॰ १. हौलदिल। (दे॰) २. कोई भी काम मिलने पर जल्दी घबरा जाने वाला। ३. (लाक्षणिक) नासमझ।

***हौस**—[< अरबी हवस] *स्त्री॰* १.मन की तीव्र इच्छा। लालसा। कामना। २. उत्साह। उमंग।

***हौँ[१] (हौं[१])**—[ब्रज॰ < स॰ अहम्] *सर्व॰* मैं। ● **विशेष—हौँहु (हौंहु)** = मैं भी।

***हौँ[२] (हौं[२])**—[ब्रज॰ < हि॰ होना] *क्रिस॰* 'होना' क्रिया का एक वर्तमान कालिक रूप जो मैं के साथ प्रयुक्त होता है। हूँ।

†हौँकना[१] (हौंकना[१])—[< स॰ हुङ्कार] किअ॰ हुंकारना। गरंजना।

†हौँकना[२] (हौंकना[२])—*क्रिस॰* ≤ *हि॰* धौंकना।

†हौँकना[३] (हौंकना[३])—[देशज] *क्रिअ॰* हाँफना।

हौँस (हौंस)—[< अरबी हवस] *स्त्री॰* तीव्र इच्छा। १. लालसा। कामना। २. उत्साह। उमंग। हौसला। **वा॰ हौंस न रखना**—लालसा पूरी कर लेना। कामना शेष न रखना। **हौंस मिटना**—लालसा/कामना पूर्ण होना।

***ह्याँ (ह्याँ)**—*क्रिवि॰* ≤ *हि॰* यहाँ। इस स्थान पर।

ह्यो (ह्यो)—[ब्रज॰, < हि॰ हो < होना] *क्रिअ॰* था।

ह्रद (ह्रद)—[स॰ √ह्रद् + अच् , निपात॰] पु॰ १.गहरी झील। २. बड़ा और गहरा सरोवर/तालाब। ३. कुंड। ४. गहरी गुफ़ा।

ह्रदिनी (ह्रदिनी)—[स॰ ह्रद + इनि + ङीप्] *स्त्री॰* १.नदी। २.विद्युत्। बिजली।

ह्रसित (ह्रसित)—[स॰ √ह्रस् + क्त] वि॰ जिसका ह्रास हुआ हो या जिसका ह्रास किया गया हो।

ह्रस्व (ह्रस्व)—[स॰ √ह्रस् + वन्] वि॰ १. छोटे आकार का। छोटा। २. थोड़ा। कम। (व्या॰) लघु (स्वर)। ***जैसे***—'अ', 'इ','उ', 'ऋ' ह्रस्व स्वर हैं। (छन्द॰) लघु वर्ण। एकमात्रिक वर्ण। पु॰ वामन। बौना। ✣ **ह्रस्वता (ह्रस्वता)**—*स्त्री॰* = ह्रस्व होने की अवस्था, गुण या भाव।

ह्रस्वाङ्ग [(ह्रस्वांग)]—[स॰ ह्रस्व ~ अङ्ग] *वि॰* =ठिगने क़द का। बौना। *पु॰* = वामन। बौना।

ह्रस्वीकरण (ह्रस्वीकरण)—[स॰ ह्रस्व + च्वि + करण] पु॰ ह्रस्व करना। (भाषा॰) भाषा-परिवर्तन का एक प्रकार। दीर्घ स्वर के स्थान पर ह्रस्व स्वर हो जाना।

ह्राद (ह्राद)—[स॰ √ह्राद् + घञ्] पु॰ १. ध्वनि। आवाज़। २. बादलों की गड़गड़ाहट। मेघगर्जन।

ह्रादिनी (ह्रादिनी)—[स॰ ह्रादिन् + ङीप्] *स्त्री॰* १. विद्युत्। बिजली। २.वज्र। ३. नदी।

ह्रादी (ह्रादी)—[स॰ ह्रादिन् (√ह्राद् + णिनि)] *वि॰* ध्वनि करनेवाला। गरजनेवाला।

ह्रास (ह्रास)—[स॰ √ह्रस् + घञ्] पु॰ १. क्षय। क्षीणता। नाश। २. कमी। घटत। धरती। ३. अवनति। पतन।

ह्रासित (ह्रासित)—[स॰ ह्रास + इतच्] *वि॰* १. जिसका ह्रास हो गया हो। २. जिसके शारीरिक, मानसिक या नैतिक गुणों का ह्रास हो गया हो। पतित। अपभ्रष्ट। अध: पतित। ३. जो मूल की अपेक्षा कम हुआ हो। घटा हुआ। ✣ **ह्रासित (ह्रासित) मूल्य**—*पु॰* = किसी वस्तु की घिसाई, टूट-फूट होने या उसके पुराने हो जाने के कारण उसका घटा हुआ या कम किया हुआ मूल्य।

ह्रासोन्मुख (ह्रासोन्मुख)—[स॰ ह्रास ~ उन्मुख] *वि॰* १. जिसका ह्रास हो रहा हो। ह्रासशील। २. पतनशील। ***जैसे***—कलियुग ह्रासोन्मुख युग है। ✣ **ह्रासोन्मुखी (ह्रासोन्मुखी)**—*वि॰* = ह्रासोन्मुख। ***जैसे***—ह्रासोन्मुखी मनोवृत्ति।

ह्री (ह्री)—[स॰ √ह्री + क्विप्] *स्त्री॰* लज्जा। शर्म।

ह्रीण (ह्रीण)—[स॰ ह्रीत, त→न→ण] *वि॰* लज्जित। शर्मिन्दा २. लजाया/शरमाया हुआ। ✣ **ह्रीणमुख**—*वि॰* = लज्जित मुख वाला।

ह्रीत (ह्रीत)—[स॰ √ह्री + क्त] *वि॰* १. लज्जित। शर्मिन्दा। २. लाज से भरा हुआ। लजाया/ शरमाया हुआ। ✣ **ह्रीतमुख (ह्रीतमुख)**—*वि॰* = लज्जित मुख वाला।

ह्रीति (ह्रीति)—[स॰ √ह्री + क्तिन्] *स्त्री॰* १. लज्जा। शर्म। २. संकोच।

ह्रीमान् (ह्रीमान्)—[स॰ ह्रीमत] *वि॰* लज्जाशील। शर्मदार। ✣ **ह्रीमती**—*वि॰ (स्त्री॰)*।

ह्रेषा (ह्रेषा)—[स॰ √ह्रेष् + अ + टाप्] *स्त्री॰* (घोड़े की) हिनहिनाहट।

ह्रेषी (ह्रेषी)—[स॰ ह्रेषिन्] *वि॰* हिनहिनानेवाला। *पु॰* अश्व। घोड़ा।

ह्लाद (ह्लाद)—[स॰ √ह्लाद् + घञ्] पु॰ आनन्द आह्लाद। प्रसन्नता। हर्ष। ख़ुशी।

ह्लादन (ह्लादन)—[स॰ √ह्लाद् + ल्युट्] पु॰ प्रसन्न करने की क्रिया/भाव। आनन्द देना। आह्लादन।

ह्लादिनी (ह्लादिनी)—[स॰ ह्लादिन् + ङीप्] *वि॰ (स्त्री॰)* आनन्द देनेवाली। आह्लादिनी। *स्त्री॰* १. महाशक्ति का एक रूप। एक देवी। २. ह्रादिनी।

ह्लादी (ह्लादी)—[स॰ ह्लादिन्] *वि॰* १. प्रसन्न होनेवाला। २. आनन्द/प्रसन्नता देनेवाला। हर्षप्रद।

†ह्वाँ (ह्वाँ)—[ब्रज॰ < हि॰ वहाँ] *क्रिवि॰* उस स्थान पर। वहाँ।

ह्वै (ह्वै)**—[< हि॰ होना] *क्रिवि॰* १. होकर। ***जैसे— धनी ह्वै आना। २. जन्म लेकर। ● **विशेष—ह्वैकै (ह्वैकै)**—*क्रिवि॰* = होकर। ✣ **ह्वैहै (ह्वैहै)** = १. उत्पन्न होगा। २. होगा। ***जैसे***—अब क्या ह्वैहै? ✣ **ह्वैहौ (ह्वैहौ)** = होगे। ✣ **ह्वै-ह्वै (ह्वै-ह्वै)** = हो-होकर।

□□□